Treatment of the English...

...etical ...to the ...onetic Alphabet.

cel·e·brate ['seləbreɪt] *vi, vt* feiern **cel·e·brat·ed** ['seləbreɪtɪd] *adj* berühmt **cel·e·bra·tion** [ˌseləˈbreɪʃən] *n* Feier *f*; …	
mac·ro·bi·ot·ic [ˌmækrə(ʊ)barˈɒtɪk] *adj* makrobiotisch	
lead·ing¹ ['liːdɪŋ] I. *adj attr* führend II. *n no pl* (*guidance*) Führung *f* **lead·ing**² ['ledɪŋ] *n no pl* BRIT ❶ (*of roof*) Verbleiung *f* ❷ (*of windows*) Bleifassung *f*	Words with the same spelling but different meanings are marked with superscript numbers.
Inter·net ['ɪntənet] *n* Internet *nt*; **to browse** [*or* **surf**] **the ~** im Internet surfen; **on the ~** im Internet	A swung dash substitutes headwords in examples and idioms.
get <got, got *or* Am *usu* gotten> [get] I. *vt* ❶ (*obtain*) erhalten; …	The irregular inflection of nouns, verbs and adjectives is given in angle brackets.
chat [tʃæt] I. *n* ❶ (*informal conversation*) Unterhaltung *f*; **to have a ~** plaudern ❷ (*euph: admonition*) **to have a little ~ with sb** mit jdm ein Wörtchen reden ❸ *no pl* (*gossip*) Gerede *nt* II. *vi* <-tt-> ❶ (*talk informally*) plaudern; (*gossip*) schwätzen ❷ COMPUT chatten	Roman numerals structure the entry according to part of speech. Arabic numerals introduce different meanings within a part of speech category.
short-'change *vt* ■ **to ~ sb** (*after purchase*) jdm zu wenig Wechselgeld herausgeben	Grammatical constructions are marked with a small square.
ice [aɪs] I. *n no pl* Eis *nt* ▸ **to break the ~** das Eis zum Schmelzen bringen; **sth cuts no ~ with sb** etw lässt jdn ziemlich kalt; **to put sth on ~** etw auf Eis legen …	A small triangle introduces a separate section containing idioms. Guide words are underlined for ease of consultation.
◆ **win back** *vt* ■ **to ~ back ○ sth** etw zurückgewinnen ◆ **win over** *vt* (*persuade*) überzeugen; (*gain support*) für sich *akk* gewinnen ◆ **win round** *vt* BRIT überzeugen ◆ **win through** *vi* [letztlich] Erfolg haben	Each phrasal verb entry is marked with a diamond.
ere [eər] *prep, conj* (*old liter*) ehe; **~ long** binnen kurzem '**wind·bag** *n* (*pej fam: excessive talker*) Schwätzer(in) *m(f)*	Usage labels, age labels and rhetoric labels provide information on style and register.
A lev·el ['eɪlevəl] *n* BRIT ≈ Abitur *nt*; **to take one's ~s** das Abitur machen '**free·way** *n* AM, AUS Autobahn *f*	Regional labels are used when usage is restricted to a certain region.

Das intelligente Online-Wörterbuch:
1x intelligent nachschlagen –
6-fach Wissen sammeln

Schlagen Sie im intelligenten Online-Wörterbuch nach und erfahren Sie alles zu dem von Ihnen gesuchten Begriff:

 Schlagen Sie die richtige Übersetzung in der PONS Wörterbuchdatenbank nach. Lassen Sie sich alle Stichwörter und Beispielsätze vorlesen und trainieren Sie die englische Aussprache.

 Mit ergänzenden Informationen aus Wikipedia® – so lernen Sie mit einem Klick alles über die Herkunft und die Bedeutung des Wortes und erhalten alle relevanten Hintergrundinformationen.

 Mit veranschaulichenden Bildern zum gesuchten Begriff – so bleibt der Wortschatz besser haften.

 Mit ergänzenden Videos aus Youtube® – so erfahren Sie in bewegten Bilder alles über das von Ihnen gesuchte Wort.

 Mit Übersetzerfunktion für ganze Texte – so sparen Sie Zeit bei der Übertragung vom Deutschen ins Englische und vom Englischen ins Deutsche.

 Mit Beispielsätzen aus englischen Originaltexten – so erfahren Sie, wie Muttersprachler den von Ihnen gesuchten Begriff verwenden.

Viel Erfolg beim Nachschlagen wünscht Ihnen

Ihre
PONS-Redaktion

So einfach können Sie jetzt zusätzlich online nachschlagen:

1. Gehen Sie auf die Seite **www.pons.de/meinpons**

2. Geben Sie Ihren persönlichen Code ein: `het-rs9-333-g1y`
   und registrieren Sie sich mit Ihrer E-Mail-Adresse und dem von Ihnen gewählten Passwort.

3. Danach erhalten Sie eine E-Mail mit dem Link für die Freischaltung Ihres persönlichen Zugangs zum Online-Wörterbuch.

4. Der Zugang ist jetzt für Sie freigeschaltet. Mit Ihrem Benutzernamen und Ihrem Passwort können Sie nun online nachschlagen: **wann Sie wollen und von wo Sie wollen.**

Unsere Nutzungsbedingungen finden Sie im Impressum.

KOMPAKTWÖRTERBUCH
ENGLISCH

Englisch – Deutsch
Deutsch – Englisch

Neubearbeitung 2017

PONS GmbH
Stuttgart

PONS

Kompaktwörterbuch
Englisch

Bearbeitet von: Ian Dawson und Dr. Christiane Wirth

Entwickelt auf der Basis des
PONS Kompaktwörterbuchs Englisch,
ISBN 978-3-12-517373-6,
in der Bearbeitung von Ian Dawson und Anette Dralle.

Landkarten
Klett-Perthes, Justus Perthes Verlag, Leipzig

Online-Angebot
PONS verpflichtet sich, den Zugriff auf das Online-Angebot, das
zu diesem Buch gehört, mindestens bis Ende 2020 kostenlos zu
gewährleisten. Einen Anspruch auf Nutzung, der darüber hinausgeht,
gibt es nicht.
Weitere Informationen entnehmen Sie bitte unseren AGBs.

Warenzeichen, Marken und gewerbliche Schutzrechte
Wörter, die unseres Wissens eingetragene Warenzeichen oder
Marken oder sonstige gewerbliche Schutzrechte darstellen,
sind als solche – soweit bekannt – gekennzeichnet. Die jeweiligen
Berechtigten sind und bleiben Eigentümer dieser Rechte.
Es ist jedoch zu beachten, dass weder das Vorhandensein noch
das Fehlen derartiger Kennzeichnungen die Rechtslage hinsichtlich
dieser gewerblichen Schutzrechte berührt.

1. Auflage 2017 (1,01 - 2017)
© PONS GmbH, Stuttgart 2017
Alle Rechte vorbehalten

www.pons.de
E-Mail: info@pons.de

Projektleitung: Barbara Krüger
Online-Angebot: Anika Gebhardt
Gestaltung: Petra Michel, Essen
Sprachdatenverarbeitung: Andreas Lang conTEXT AG
  für Informatik und Kommunikation, Zürich
Umschlaggestaltung: Anne Helbich
Logoentwurf: Erwin Poell, Heidelberg
Logoüberarbeitung: Sabine Redlin, Ludwigsburg
Satz: Dörr + Schiller GmbH, Stuttgart
Druck: CPI - Clausen & Bosse, Leck
Printed in Germany

ISBN 978-3-12-516086-6

Inhalt
Contents

Seite / page

Seite		
4	Übersicht über die Infokästen mit Formulierungshilfen	Info-boxes with useful English phrases
5	Hinweise zur Benutzung des Wörterbuchs	Notes on dictionary use
20	Verwendete Lautschriftzeichen	Phonetic symbols used in this dictionary
22	Zeichen und Abkürzungen	Symbols and abbreviations
27	**Wörterbuch Englisch–Deutsch**	**English-German Dictionary**
1035	**Wörterbuch Deutsch–Englisch**	**German-English Dictionary**
1917	Anhang	Appendix
1919	Englische Kurzgrammatik	Brief English grammar
1931	Unregelmäßige englische Verben	Irregular English verbs
1933	Deutsche Kurzgrammatik	Brief German grammar
1946	Unregelmäßige deutsche Verben	Irregular German verbs
1949	Gegenüberstellung: amerikanisches und britisches Englisch	American and British English – A brief comparison
1955	Zahlwörter	Numerals
1959	Britische und amerikanische Maße und Gewichte	British and American weights and measures
1962	Deutsche Maße und Gewichte	German weights and measures
1964	Temperaturumrechnung	Temperature conversion table
1965	Deutschland – Länder (und Hauptstädte)	Germany – Federal states (and capital cities)
1966	Österreich – Bundesländer (und Hauptstädte)	Austria – Provinces (and capital cities)
1967	Die Schweiz – Kantone (und Hauptorte)	Switzerland – Cantons (and capital cities)
1969	Vereinigtes Königreich – England – Wales – Schottland – Nordirland	United Kingdom – England – Wales – Scotland – Northern Ireland
1973	Republik Irland – Provinzen und Grafschaften	Republic of Ireland – Provinces and counties
1974	Vereinigte Staaten von Amerika – Bundesstaaten (und Hauptstädte)	United States of America – Federal states (and capital cities)
1976	Kanada – Provinzen und Territorien (und Hauptstädte)	Canada – Provinces and territories (and capital cities)
1977	Australien – Staaten und Territorien (und Hauptstädte)	Australia – States and territories (and capital cities)
1978	Neuseeland – Inseln und Schutzgebiete	New Zealand – Islands and dependencies
	Landkarten	Maps

Infokästen mit Formulierungshilfen
Info-boxes with useful English phrases

Im englisch-deutschen Wörterbuchteil

Seite / page		Seite / page	
39	affirming	422	interrupting
42	agreement	426	inviting
55	apologizing	467	letters
68	aversion	569	offering and responding
82	belief	575	opinions
118	calming down	614	permission
167	consent	632	pleasure
172	contradicting	648	praise
188	criticizing	684	asking questions
204	deciding	686	requesting quiet
223	disdain	699	rebuking somebody
226	displeasure	708	refusing to answer
236	doubt	714	relief
291	fear	721	request
311	forbidding something	722	requiring and demanding
343	saying goodbye	726	responsibility
348	gratitude	752	sadness and disappointment
373	hesitating	882	suggestions
392	ignorance	961	understanding
419	intent		

Im deutsch-englischen Wörterbuchteil

Seite / page		Seite / page	
1045	Abneigung ausdrücken	1364	glauben
1051	Absicht ausdrücken	1487	Kritik äußern
1072	etwas anbieten	1516	Lob
1078	Angst/Sorge ausdrücken	1534	Meinungen äußern
1089	Antwort verweigern	1650	Rückfrage
1094	Ärger ausdrücken	1652	Um Ruhe bitten
1101	auffordern	1760	Traurigkeit/Enttäuschung/Bestürzung ausdrücken
1159	jemanden beruhigen	1797	jemanden unterbrechen
1181	bitten	1808	sich verabschieden
1193	Briefe	1810	etwas verbieten
1210	sich bedanken	1817	sich vergewissern/versichern
1252	einladen	1833	Verständnis
1260	einwilligen	1852	etwas vorschlagen
1271	sich entscheiden	1871	widersprechen, einwenden
1272	sich entschuldigen	1876	Nichtwissen
1280	Erlaubnis	1895	zögern
1281	Erleichterung ausdrücken	1902	jemanden zurechtweisen
1318	Fragen	1909	Zuständigkeit ausdrücken
1322	Freude/Begeisterung ausdrücken	1910	Zustimmung geben
1352	Geringschätzung ausdrücken	1913	zweifeln

Hinweise zur Benutzung des Wörterbuchs
Notes on dictionary use

1. Die Stichwörter
1. Headwords

Bindestriche, Schrägstriche, Punkte, Kommas und Wortzwischenräume zählen nicht als Buchstaben; sie werden bei der alphabetischen Einordnung ignoriert.

Hyphens, slashes, full stops, commas and spaces between words are ignored in the alphabetic organization.

Adop·tiv·kind *nt* adopted child
Adr. *f Abk von* **Adresse** addr.
Ad·re·na·lin <-s> [adrena'liːn] *nt kein pl* adrenalin *no pl*

Flut·wel·le *f* tidal wave
f-Moll <-s, -> ['ɛfmɔl] *nt kein pl* MUS F flat minor
focht ['fɔxt] *imp von* **fechten**

IC [ˌaɪˈsiː] *n abbrev of* **integrated circuit**
i/c *abbrev of* **in charge** [**of**] v. D.
ice [aɪs] **I.** *n no pl* Eis *nt* ▶ **to break the ~** das Eis zum Schmelzen bringen; **sth** <u>cuts</u> **no ~ with sb** etw lässt jdn ziemlich kalt; **to** <u>put</u> **sth on ~** etw auf Eis legen **II.** *vt* glasieren ◆ **ice over** *vi* ■ **to be ~d over** *road* vereist sein; *lake* zugefroren sein

'stick in·sect *n* Gespenstheuschrecke *f*
'stick-in-the-mud I. *n* (*fam*) Muffel *m*, Spaßverderber(in) *m(f) pej* **II.** *adj attr* altmodisch, rückständig
stick·le·back ['stɪk|bæk] *n* ZOOL Stichling *m*

Eingeklammerte Buchstaben werden bei der alphabetischen Einordnung berücksichtigt. Die Klammern zeigen an, dass das Wort auch in einer Variante ohne den betreffenden Buchstaben existiert.

Brackets in headwords indicate that the word may be written without the letters in question. Bracketed letters are relevant to the alphabetical organization of the headwords.

Gru·sel·ge·schich·te *f* horror story
gru·s(e)·lig ['gruːz(ə)lɪç] *adj* gruesome; **jdm wird ~ zumute** sb has a creepy feeling
gru·seln ['gruːzl̩n] **I.** *vt, vi impers* …

fledged [flɛdʒd] *adj* **fully ~** flügge *a. fig*
fledg(e)·ling ['flɛdʒlɪŋ] **I.** *n* Jungvogel *m* **II.** *adj* neu, Jung-
flee <fled, fled> [fliː] **I.** *vi* (*run away*) fliehen (**from** vor); …

Zusammengesetzte Stichwörter, deren erster Wortteil gleich ist und die alphabetisch aufeinanderfolgen, werden in Gruppen zusammengefasst.	**Kaf·fee·au·to·mat** *m* coffee machine **Kaf·fee·bar** *f* coffeehouse **Kaf·fee·boh·ne** *f* coffee bean **kaf·fee·braun** *adj* coffee-coloured **Kaf·fee·fil·ter** *m* ❶ (*Vorrichtung*) coffee filter ❷ (*fam: Filterpapier*) filter paper **Kaf·fee·haus** *nt* ÖSTERR coffee-house **Kaf·fee·kan·ne** *f* coffee pot **Kaf·fee·kap·sel** *f* coffee capsule **Kaf·fee·klatsch** *m kein pl* (*fam*) coffee morning BRIT, kaffeeklatsch AM
Compound headwords with the same first component are grouped together.	**'cof·fee bar** *n* Café *nt* **'cof·fee bean** *n* Kaffeebohne *f* **'cof·fee break** *n* Kaffeepause *f*; **to have a ~** eine Kaffeepause machen **'cof·fee cake** *n* ❶ BRIT, AUS (*cake*) Mokkakuchen *m* ❷ AM, AUS (*sweet bread*) Stuten *m* **'cof·fee capsule** *n* Kaffeekapsel *f* **'cof·fee cup** *n* Kaffeetasse *f* **'cof·fee-grind·er** *n* Kaffeemühle *f* **'cof·fee grounds** *npl* Kaffeesatz *m kein pl* **'cof·fee house** *n* Café *nt*, Kaffeebar *f*
Verschiedene Schreibweisen eines Wortes werden an alphabetisch korrekter Stelle angegeben und erscheinen nur dann gemeinsam, wenn im Alphabet kein anderes Stichwort dazwischenkommt.	**Mi·nu·ten·zei·ger** *m* minute hand **mi·nu·ti·ös, mi·nu·zi·ös** [minu'tsi̯øːs] **I.** *adj* (*geh*) meticulously exact **II.** *adv* (*geh*) meticulously **Min·ze** <-, -n> ['mɪntsə] *f* BOT mint *no pl*
Spelling variants are generally given in correct alphabetical order. When there is no other form between them in the alphabet, they are listed on the same line and separated by a comma.	**di·etet·ics** [ˌdaɪə'tetɪks] *n + sing vb* Ernährungslehre *f* **di·eti·cian, di·eti·tian** [ˌdaɪə'tɪʃ^ən] *n* Diätassistent(in) *m(f)* **dif·fer** ['dɪfər] *vi* ❶ (*be unlike*) sich unterscheiden ❷ (*not agree*) verschiedener Meinung sein
Andernfalls wird von der selteneren Variante auf die frequentere verwiesen.	**Wan·da·lis·mus** [vanda'lɪsmʊs] *m s.* **Vandalismus** **Van·da·lis·mus** <-> [vanda'lɪsmʊ] *m kein pl* vandalism
Less common spelling variants are cross-referred to more common ones.	**dike** *n see* **dyke** **dyke** [daɪk] *n* ❶ (*wall*) Deich *m* ❷ (*drainage channel*) [Abfluss]graben *m* ❸ (*pej! sl: lesbian*) Lesbe *f*

Amerikanische Schreibvarianten

Die amerikanische Schreibung wird an ihrer korrekten alphabetischen Stelle aufgeführt, versehen mit einem Verweis auf die britische Schreibung.

American spellings

American spellings appear in their correct alphabetic position with a cross-reference to the main entry in British spelling.

aes·thet·ic [iːsˈθetɪk] **I.** *adj* ästhetisch
II. *n* Ästhetik *f*
es·thet·ic *adj* AM *see* **aesthetic**

Mehrgliedrige englische Verben

Feste Verbindungen von Verb und Adverb bzw. Präposition (sog. *phrasal verbs*) werden am Ende des Eintrags für das Grundverb in einer eigenen, in sich alphabetisch geordneten Kategorie zusammengefasst. Um ein Auffinden des jeweiligen *phrasal verbs* zu erleichtern, ist jedes mit einer Raute markiert und gänzlich ausgeschrieben. In den Kontextangaben steht für das Verb eine Tilde (~), die Ergänzung wird wiederholt.

Phrasal verbs

Phrasal verbs are listed in a block at the end of the entry for the base verb. For ease of consultation each phrasal verb entry is marked with a diamond and written out in full. Within a phrasal verb entry the swung dash (~) stands for the base verb.

ask [ɑːsk] **I.** *vt* **❶** (*request information*) fragen; … ◆**ask after** *vi* ■to ~ **after sb** sich nach jdm erkundigen ◆**ask around** *vi* herumfragen *fam* ◆**ask out** *vt* to ~ **sb out for dinner** jdn ins Restaurant einladen; **I'd like to ~ her out** ich würde gern mit ihr ausgehen ◆**ask over,** Brit *also* **ask round** *vt* (*fam*) ■to ~ **sb over** [*or* **round**] jdn [zu sich *dat*] einladen

In den Einträgen von *phrasal verbs* gibt das Symbol ⟳ an, dass die Reihenfolge von Objekt und Ergänzung auch vertauscht werden kann.

The symbol ⟳ in phrasal verb entries shows that the sequence of object and complement can be reversed.

◆**lay off I.** *vt* ■to ~ **off** ⟳ **sb** jdm kündigen …
◆**win back** *vt* ■to ~ **back** ⟳ **sth** etw zurückgewinnen …

2. Besondere Zeichen in und an den Stichwörtern
2. Symbols surrounding the headwords

2.1 Die Rechtschreibreform

Dieses Wörterbuch berücksichtigt die im August 2006 in Kraft getretene Neuregelung der deutschen Rechtschriebung mit den vom Rat für deutsche Rechtschreibung vorgeschlagenen Änderungen.

Im englisch-deutschen Teil folgen sämtliche Übersetzungen der neuen deutschen Rechtschreibung.

Im deutsch-englischen Teil werden neue Schreibungen mit RR gekennzeichnet, alte Schreibungen mit ALT. Folgen Neu- und Altschreibungen alphabetisch nicht unmittelbar aufeinander, so wird ein Verweis von der alten zur neuen Schreibung gemacht; dort ist dann die Übersetzung verzeichnet.

2.1 The German Spelling Reform

This dictionary follows the rules set out by the German Spelling Council (Rat für deutsche Rechtschreibung) in the revision of the German spelling rules which took effect in August 2006.

Translations in the English-German half of the dictionary follow the new spelling rules.

In the German-English half, new spellings are labelled RR, while old spellings are marked ALT. Where both forms occur at different points in the alphabet, a cross-reference refers from the old to the new spelling. Full headword treatment can be found under the new spelling.

---

aufwändigRR I. adj ❶ (*teuer und luxuriös*) lavish; ~**es Material** costly material[s *pl*] ❷ (*umfangreich*) costly, expensive II. *adv* lavishly
auf·wen·dig *adj, adv s.* **aufwändig**

abendALT ['aːbn̩t] *adv s.* **Abend** 1
Abend <-s, -e> ['aːbn̩t] *m* ❶ (*Tageszeit*) evening; **'n** ~! (*fam*) evening!; **gestern/morgen** ~ yesterday/tomorrow evening; **guten** ~! good evening!; **jdm guten** ~ **sagen** [*o* **wünschen**] to wish sb good evening, to say good evening to sb; **heute** ~ tonight, this evening; **übermorgen** ~ the evening after next; **vorgestern** ~ the evening before last; **jeden** ~ every evening; **letzten** ~ yesterday evening, last night; **am** [*o* **den**] **nächsten** ~ tomorrow evening; ~ **sein/werden** to be/get dark; **um 20 Uhr ist es ja schon** ~! it's already dark at 8 o'clock!; **es wird so langsam** ~ the evening's beginning to draw in; **zu** ~ **essen** to eat dinner; **am** ~ in the evening; **der Unfall geschah am** ~ **des 13.** the accident occurred on the evening of the 13th; ~ **für** [*o* **um**] ~ every night, night after night; **gegen** ~ towards evening; **den ganzen** ~ **über** the whole evening, all evening; **des** ~**s** (*geh: abends*) in the evening; **eines** ~**s** [on] one evening

Quänt·chenRR <-s, -> *nt* **ein** ~ **Glück** a little bit of luck; **ein** ~ **Hoffnung** a glimmer of hope; **kein** ~ not one iota
Quent·chenALT <-s, -> ['kvɛntçən] *nt s.* **Quäntchen**

Von der Reform betroffene Komposita werden lediglich in der neuen Schreibung erfasst und mit RR gekennzeichnet.

Compound headwords are given only in their reformed spellings and are labelled with RR.

FlussRR <-es, Flüsse> *m*, **Fluß**ALT <-sses, Flüsse> [flʊs, *pl* 'flʏsə] *m* ❶ (*Wasserlauf*) river; …
fluss·auf·wärtsRR [flʊs'ʔaʊfvɛrts] *adv* upriver **Fluss·be·gra·di·gung**RR *f* river straightening **Fluss·bett**RR *nt* riverbed

In zahlreichen Fällen wird aus einem bisher zusammengeschriebenen Wort ein kleines Syntagma, d. h. eine Fügung aus mehreren Wörtern, die kein Stichwort mehr ist, sondern nun innerhalb des Eintrags steht. Das Auffinden solch einer Fügung wird dadurch erleichtert, dass bei dem Stichwort alter Schreibung ein Verweis die genaue Position der Fügung angibt.

In many cases, a word that used to be written together is now written as two words. As a result, it loses its headword status and becomes a phrase within an entry. To simplify finding such elements a cross-reference system has been developed which directs you to the exact part of the entry in which the item is listed.

all·zu ['altsu:] *adv* all too; ~ **früh** far too early; **ruf mich am Sonntag an, aber bitte nicht ~ früh!** call me on Sunday, but not too early!; **magst du Fisch? — Nicht ~ gern** do you like fish? — Not very much; ~ **oft** only too often; **nicht ~ oft** not [all] too often; ~ **sehr** too much; **nicht ~ gerne** reluctantly; **fühlst du dich nicht gut? — Nicht ~ sehr!** are you all right? — Not really; ~ **viel** too much

ạll·zu·gern[ALT] *adv s.* **allzu**

eben·so ['e:bn̩zo:] *adv* ❶ (*genauso*) just as; ~ **gern** [**wie**] just as well/much [as]; ~ **gut** [just] as well; ~ **lang[e]** just as long; ~ **oft** just as often; ~ **sehr** just as much; ~ **viel** just as much; ~ **wenig** just as little ❷ (*auch*) as well

eben·so·gern[ALT] *adv s.* **ebenso** 1

In vielen Fällen ersetzt die reformierte Schreibweise nicht die bisherige Schreibung, sondern tritt lediglich als Variante neben dieser. Wird zwischen einer Haupt- und Nebenvariante unterschieden, führt der Verweis in der Regel von der Neben- zur Hauptvariante.

In many cases, old spellings may continue to be used as an alternative to the reformed variants. Entries featuring spellings classified as secondary to the main form contain a cross-reference to this variant.

fan·tas·tisch[RR] **I.** *adj* ❶ (*fam: toll*) fantastic ❷ *attr* (*unglaublich*) incredible ...
phan·tas·tisch [fanˈtastɪʃ] *adj, adv s.* **fantastisch**

2.2 Silbentrennung und Betonungszeichen

Die Silbentrennung wird im Stichwort angegeben. Die Worttrennung wird jeweils durch einen Trennungspunkt markiert.

2.2 Syllabification and intonation

Syllabification is given where relevant. The small dots in headwords indicate the points at which the word may be separated by a hyphen.

Dienst·leis·tung *f meist pl* services *npl*
Ka·ta·kom·be <-, -n> [kataˈkɔmbə] *f* catacomb

lem·on·ade [ˌleməˈneɪd] *n* Zitronenlimonade *f*
poly·un·satu·rat·ed [ˌpɒliʌnˈsætʃəreɪt-ɪd] *adj* mehrfach ungesättigt

Bei Stichwörtern ohne Phonetikangabe wird die Betonung direkt im Stichwort durch das Zeichen ' markiert.	'hot dog *n* ... multi-'cul·tur·al *adj* ...
Where no phonetic code is given, the main spoken emphasis of the headword is indicated by a stress mark.	

Der tiefgestellte Strich zeigt an, dass die Betonung auf einem Diphthong (Zwielaut: ai, ei, eu, au, äu) oder einem langen Vokal (Selbstlaut) liegt; der tiefgestellte Punkt kennzeichnet einen betonten kurzen Vokal.	Eu·ro·mün·ze *f* euro coin ge·schla·fen *pp von* schlafen Koch·buch *nt* cook[ery]book
When a diphthong (ai, ei, eu, au, äu) or long vowel in a German headword is underlined it indicates stress. A dot indicates a stressed short vowel.	

Unregelmäßige Pluralformen, Verb- und Steigerungsformen werden in spitzen Klammern angegeben.	In·dex <-[es], -e *o* Indizes> ['ɪndɛks, *pl* 'ɪnditseːs] *m* index
Irregular inflections of nouns, verbs and adjectives are given in angle brackets.	get <got, got *or* Am *usu* gotten> [gɛt] ...

2.3 Grammatische Zeichen

Der feine Strich kennzeichnet den ersten Teil bei trennbaren Verben.

durch|bli·cken ['dʊrçblɪkn̩] *vi* ...

2.3 Grammatical symbols

A vertical line in German headwords shows where a separable verb can be separated.

Das hochgestellte Sternchen (*) zeigt an, dass das Partizip Perfekt des Verbs ohne ge- gebildet wird.	ver·ler·nen* *vt* to forget; ...
A superscript star (*) shows that the German perfect participle is formed without *ge-*.	

Hochgestellte arabische Ziffern machen gleich geschriebene Wörter mit unterschiedlichen Bedeutungen (Homographe) kenntlich.	**Ka·pel·le**[1] <-, -n> [ka'pɛlə] *f* chapel **Ka·pel·le**[2] <-, -n> [ka'pɛlə] *f* MUS orchestra
Words with the same spelling but with significantly different meanings are distinguished from each other by a superscript Arabic numeral.	**in·cense**[1] ['ɪnsen(t)s] *n no pl* ❶ (*substance*) Räuchermittel *nt*; (*in church*) Weihrauch *m;* **stick of ~** Räucherstäbchen *nt* ❷ (*smoke*) wohlriechender Rauch; (*in church*) Weihrauch *m* **in·cense**[2] [ɪn'sen(t)s] *vt* empören; **to be ~d by sb/sth** über jdn/etw erbost sein

3. Besondere Zeichen im Eintrag
3. Symbols within the dictionary entry

Die Tilde (~) ersetzt in Anwendungsbeispielen und Redewendungen das Stichwort. Ändert sich dessen Kleinschreibung, steht vor der Tilde der entsprechende Großbuchstabe. The swung dash substitutes the headword in examples. Where necessary, the dash is preceded by upper or lower case letters not given in the headword.	**ab·schre·ckend** I. *adj* ❶ (*abhaltend, warnend*) deterrent; **ein ~es Beispiel** a warning ❷ (*abstoßend*) abhorrent II. *adv* (*abhaltend*) **~ wirken** to act as a deterrent; **die hohen Geldstrafen sollen ~ wirken** the high fines are designed to be a powerful deterrent **fol·gend** ['fɔlgn̩t] *adj* following; ■**F~es** the following; ■**im F~en** in the following
	fa·cul·ty ['fækəlti] *n* ❶ (*university department*) **the F~ of Arts/Law/Science** die philosophische/juristische/naturwissenschaftliche Fakultät ... **smile** [smaɪl] I. *n* Lächeln *nt;* **wipe that ~ off your face!** hör auf, so zu grinsen!; **to bring a ~ to sb's face** jdn zum Lächeln bringen; **to be all ~s** über das ganze Gesicht strahlen; ...
Grammatische Konstruktionen sind mit einem Kästchensymbol markiert. Grammatical constructions are marked with a grey square.	**Uhr·zei·ger·sinn** *m* ■**im ~** clockwise; ■**entgegen dem ~** anticlockwise, counterclockwise AM
	fond [fɒnd] *adj hope* kühn; *memories* lieb; *smile* liebevoll; ■**to be ~ of sb/sth** jdn/etw gerne mögen; ■**to be ~ of doing sth** etw gerne machen

4. Aufbau der Einträge
4. Entry structure

4.1. Römische Ziffern

Römische Ziffern untergliedern einen Eintrag in verschiedene Wortarten und zeigen bei Verben den transitiven, intransitiven und reflexiven Gebrauch an.

4.1 Roman numerals

Roman numerals subdivide an entry into different parts of speech and verbs into transitive, intransitive and reflexive usage.

wäh·rend ['vɛːrənt] I. *präp* +*gen* during II. *konj* ❶ (*zur selben Zeit*) while ❷ (*wohingegen*) whereas

ab|ar·bei·ten I. *vt* ❶ (*durch Arbeit tilgen*) to work off *sep* ❷ (*der Reihe nach erledigen*) to work through II. *vr* ■ **sich ~** (*fam*) to work like a madman

her [hɜːʳ, həʳ] I. *pron pers* sie *in akk*, ihr *in dat;* **it is/was ~** sie ist's/war's II. *adj poss* ihr(e, n); (*ship, country, boat, car*) sein(e, n); **what's ~ name?** wie heißt sie?; **the boat sank with all ~ crew** das Boot sank mit seiner ganzen Mannschaft III. *n* (*fam*) Sie *f;* **is it a him or a ~?** ist es ein Er oder eine Sie?

◆**follow through** I. *vt* zu Ende verfolgen II. *vi* SPORTS durchschwingen

4.2. Arabische Ziffern

Die arabischen Ziffern kennzeichnen die unterschiedlichen Bedeutungen des Stichworts innerhalb einer Wortart. Die eingeklammerten Angaben in kursiver Schrift (oder – in anderen Fällen – die abgekürzten Sachgebietshinweise) erläutern, welche Bedeutung jeweils vorliegt.

4.2 Arabic numerals

Arabic numerals indicate different meanings of the headword within a part of speech category. The elements in brackets or subject labels show which sense is being dealt with in each category.

Rol·le² <-, -n> ['rɔlə] *f* ❶ FILM, THEAT (*a. fig*) role, part; **eine ~ spielen** to play a part ❷ (*Beteiligung, Part*) role, part; **das spielt doch keine ~!** it's of no importance! ❸ SOZIOL role; **eine Ehe mit streng verteilten ~n** a marriage with strict allocation of roles ▶ **aus der ~ fallen** to behave badly; **sich in jds ~ versetzen** to put oneself in sb's place

'state·room *n* ❶ (*in a hotel*) Empfangszimmer *nt;* (*in a palace*) Empfangssaal *m* ❷ NAUT Luxuskabine *f* ❸ RAIL Luxusabteil *nt*

4.3. Phraseologischer Block

Ein Dreieck leitet den Block der festen Wendungen ein. Dies sind in der Regel bildhafte Redewendungen, die sich nur schwer oder gar nicht auf die Grundbedeutung (oder -bedeutungen) des Stichworts zurückführen lassen. Die Unterstreichung dient der besseren Orientierung im Wendungsblock.

4.3 Idiom block

Idiom blocks are introduced by a triangle. They consist of set idioms that cannot be attributed to a particular sense of the headword. The underlined guide words help you find your way through the block.

Hand <-, Hände> [hant, *pl* 'hɛndə] *f* ❶ANAT hand; **Hände hoch!** hands up!; ▸**für jdn seine ~ ins Feuer legen** (*fam*) to vouch for sb; **~ und Fuß haben** to be purposeful; **weder ~ noch Fuß haben** to have no rhyme or reason; **~ aufs Herz!** (*fam*) cross your heart; **von der ~ in den Mund leben** to live from hand to mouth; [**bei etw** *dat*] **die Hände im Spiel haben**

ice [aɪs] **I.** *n no pl* Eis *nt* ▸**to break the ~** das Eis zum Schmelzen bringen; **sth cuts no ~ with sb** etw lässt jdn ziemlich kalt; **to put sth on ~** etw auf Eis legen **II.** *vt* glasieren …

5. Wegweiser zur richtigen Übersetzung
5. How to find the correct translation

Übersetzungen, die, nur durch Kommas getrennt, nebeneinanderstehen, sind gleichbedeutend und somit austauschbar.

Equivalents that are separated from each other only by commas are interchangeable.

Ken·ner(in) <-s, -> ['kɛnɐ] *m(f)* expert, authority

start [stɑːt] **I.** *n usu sing* ❶ (*beginning*) Anfang *m*, Beginn *m*; …

5.1. Sachgebietsangaben

Sachgebietsangaben zeigen an, auf welchen Wissensbereich sich die vorliegende Wortbedeutung und ihre Übersetzung beziehen.

5.1 Field labels

Field labels indicate the field in which a particular usage is common.

Klam·mer·af·fe *m* ❶ZOOL spider monkey ❷INFORM at sign

'air brake *n* AUTO Druckluftbremse *f*; AVIAT Luftbremse *f*

5.2. Bedeutungshinweise

Bedeutungshinweise sind notwendig bei Stichwörtern, die mehr als eine Bedeutung – mit jeweils unterschiedlichen Übersetzungen – haben. Die Hinweise stehen hinter den arabischen Ziffern in runden Klammern. Sie geben an, für welche Bedeutung des Stichworts die Übersetzung gilt.

5.2 Sense glosses

When a headword has more than one sense, meaning discrimination is given. This information is given in brackets and shows which sense of the headword is being treated.

gän·gig ['gɛŋɪç] *adj* ❶ (*üblich*) common ❷ (*gut verkäuflich*) in demand; **die ~ste Ausführung** the bestselling model ❸ (*im Umlauf befindlich*) current; **die ~e Währung** the local currency

as·sail [ə'seɪl] *vt* ❶ (*attack*) angreifen ❷ (*verbally*) anfeinden ❸ *usu passive* (*torment*) **to be ~ed by doubts** von Zweifeln geplagt werden ❹ (*overwhelm*) **to be ~ed with letters** massenweise Briefe bekommen *fam*

5.3. Kursive Angaben

Kursive Wörter geben den jeweiligen Kontext an, von dem die einzelne Übersetzung abhängt. Sie kommen in den folgenden Eintragstypen vor.

In Verbeinträgen: Typische Subjekte des Verbs oder des verbalen Ausdrucks

5.3 Elements in italics

Context elements denote which translation of a word can be used to transport a particular sense. These are given in italics and occur in the following entry type.

In verb entries: typical subjects of the verb

sur·ren ['zʊrən] *vi Insekt* to buzz; *Motor* to hum; *Kamera* to whirr

fiz·zle ['fɪzl] *vi* zischen ◆**fizzle out** *vi fireworks, enthusiasm* verpuffen; *attack, campaign* im Sand verlaufen; *interest* stark nachlassen

In Verbeinträgen: Typische direkte Objekte des Verbs

In verb entries: typical objects of the verb

ab|hol·zen *vt* to chop down *sep; Baum* to fell; *Wald* to clear

ac·cept [ək'sept] *vt* ❶ (*take*) annehmen; *award* entgegennehmen; *bribe* sich bestechen lassen; … ❸ (*acknowledge*) anerkennen; *blame* auf sich nehmen; *decision* akzeptieren; *fate* sich abfinden mit; *responsibility* übernehmen; …

In Adjektiveinträgen: Substantive, die typischerweise zusammen mit dem Adjektiv vorkommen **In adjective entries**: nouns that are typically modified by the adjective	**strup·pig** [ˈʃtrʊpɪç] *adj Haare* tousled; *Fell* shaggy **soft** [sɒft] *adj* … ②(*smooth*) weich; *cheeks, skin* zart; *leather* geschmeidig; *hair* seidig … ⑤(*not loud*) *music* gedämpft; *sound, voice* leise; *words* sanft
In Substantiveinträgen: Typische Genitivanschlüsse **In noun entries**: typical "of" complements	**Straff·heit** <-> *f kein pl* ① *der Haut* firmness; *eines Seils* tautness ②(*fig*) *einer Ordnung* strictness **hum** [hʌm] **I.** *vi* <-mm-> ①(*make sound*) brausen; *engine* brummen; *small machine* surren; *bee* summen; *crowd* murmeln … **III.** *n* Brausen *nt; of machinery* Brummen *nt; of insects* Summen *nt; of a conversation* Gemurmel *nt; of a small machine* Surren *nt*

6. Beschreibende Angaben zu Quell- und Zielsprache
6. Source and target language labels

6.1. Stilangaben

Weicht ein Stichwort von der neutralen Standardsprache ab, so wird dies grundsätzlich angegeben. Stilangaben zu Beginn eines Eintrags oder einer Kategorie (d. h. eines römisch oder arabisch bezifferten Absatzes) beziehen sich auf den gesamten Eintrag oder auf den gesamten Absatz.

6.1 Usage labels

If a headword or a translation deviates from neutral style then it is marked. Usage labels given at the beginning of an entry or at the start of a Roman or Arabic numeral section apply to the entire entry or section.

derb	bezeichnet im Deutschen einen sehr saloppen Sprachgebrauch, der nur von meist jüngeren Sprechern untereinander verwendet wird. Dieser Stil wirkt leicht flapsig und kann daher Anstoß erregen.	in German, designates very informal language that is generally only used by young people amongst themselves. This style may appear flippant and can cause offence.
fam	bezeichnet umgangssprachlichen Sprachgebrauch, wie er zwischen Familienmitgliedern und Freunden in zwangloser Unterhaltung und in privater Korrespondenz verwendet wird.	refers to informal language as it is used between family members and friends in a relaxed atmosphere and in private letters.
fam!	bezeichnet im Englischen stark umgangssprachlichen, saloppen Sprachgebrauch.	designates English language that is very informal but not vulgar.

Hinweise zur Benutzung des Wörterbuchs

form	bezeichnet im Englischen gehobenen Sprachgebrauch, wie er bei gewählter Ausdrucksweise üblich ist; bezeichnet im Deutschen förmlichen Sprachgebrauch, wie er im amtlichen Schriftverkehr, auf Formularen oder in formellen Ansprachen üblich ist.	designates spoken and written formal English usage; in German, designates official language as used in official correspondence, in forms or in official statements.
geh	bezeichnet im Deutschen gehobenen Sprachgebrauch, sowohl in der gesprochenen wie der geschriebenen Sprache, wie er bei gewählter Ausdrucksweise üblich ist.	designates spoken and written formal German language.
liter	bezeichnet literarischen Sprachgebrauch, wie er nur in Romanen zu finden ist.	refers to literary language.
poet	bezeichnet im Englischen poetischen Sprachgebrauch, wie er nur in der Lyrik vorkommt.	indicates poetic usage.
sl	bezeichnet im Englischen Slang oder Jargon; bezeichnet im Deutschen stark umgangssprachlichen, saloppen Sprachgebrauch oder die Ausdrucksweise bestimmter Gruppen.	in English, designates slang or jargon; in German, designates usage that is very informal but not vulgar as well as language of certain social groups.
vulg	bezeichnet Wörter, die allgemein als vulgär gelten und daher tabu sind. Ihr Gebrauch erregt meist Anstoß.	designates taboo language that is generally considered vulgar and that causes offence.

6.2. Altersangaben

Es wird in beiden Sprachen grundsätzlich angegeben, wenn ein Wort oder Ausdruck nicht mehr dem heutigen Sprachgebrauch entspricht.

6.2 Age labels

When a word no longer belongs to contemporary language this is indicated in both languages.

dated	bezeichnet im Englischen Wörter, die noch im Gebrauch sind, die aber etwas altmodisch klingen.	in English, designates language that is still in use, but which sounds old-fashioned.
hist	für Wörter, die gar nicht mehr im Gebrauch sind.	for words that have completely disappeared from current usage.
old	bezeichnet im Englischen ein Wort oder einen Ausdruck, der heutzutage nicht benutzt, aber durchaus noch verstanden wird.	in English, designates a word or expression that is no longer in current use, but which is still understood.
veraltend	bezeichnet im Deutschen Wörter, die noch im Gebrauch sind, die aber etwas altmodisch klingen.	in German, designates language that is still in use, but which sounds somewhat old-fashioned.
veraltet	bezeichnet im Deutschen ein Wort oder einen Ausdruck, der heutzutage nicht benutzt, aber durchaus noch verstanden wird.	in German, designates a word or expression that is no longer in current use, but which is still understood.

6.3. Rhetorische Angaben

Viele Wörter und Wendungen können in einer bestimmten Sprechabsicht verwendet werden. Dies wird durch folgende Abkürzungen vermerkt:

6.3 Rhetoric labels

Many words and phrases carry a particular connotation. These are indicated by the following abbreviations:

approv	bezeichnet aufwertende, bejahende Wörter und Ausdrücke, die zeigen, dass der Sprecher eine positive Einstellung gegenüber einer Person oder Sache hat.	designates words and expressions that are used in a positive way, showing that the speaker has a good opinion of somebody or something.
emph	bezeichnet emphatischen Sprachgebrauch.	designates emphatic usage.
euph	bezeichnet verhüllenden Sprachgebrauch; statt des eigentlichen Worts wird stellvertretend dieser beschönigende Ausdruck gebraucht.	designates euphemistic usage, i.e. words or expressions that are used to describe a word that the speaker wishes to avoid.
fig	bezeichnet übertragenen Sprachgebrauch. Das Wort oder die Wendung dient – im übertragenen Sinn – als Bild für das, was man ausdrücken will.	designates figurative usage.
hum	bezeichnet scherzhaften Sprachgebrauch.	designates humorous usage.
iron	bezeichnet ironischen Sprachgebrauch. Der Sprecher meint eigentlich das Gegenteil dessen, was er sagt.	designates ironic usage; the speaker really means the opposite of what he/she is saying.
pej	bezeichnet einen abwertenden Sprachgebrauch. Der Sprecher drückt damit seine abschätzige Haltung aus.	designates pejorative usage; the speaker expresses contempt or disapproval.
pej!	bezeichnet im Englischen einen beleidigenden Sprachgebrauch.	designates offensive usage.
prov	bezeichnet ein Sprichwort.	designates a proverb.

6.4. Regionale Angaben

Die im Wörterbuch verwendete „Grundsprache" ist das Deutsch aus Deutschland bzw. das britische Englisch. Weitere Angaben werden zu beiden Sprachen gemacht, wenn der Gebrauch eines Wortes auf eine bestimmte Region beschränkt ist.

6.4 Regional labels

The "base" languages used in this dictionary are German from Germany and British English. Further labels are used for both languages when the usage is restricted to a certain region.

6.4.1. Englisch-deutscher Teil

Amerikanisches Englisch wird berücksichtigt:

6.4.1 The English-German part

American English is supplied:

'mail·box *n* AM Briefkasten *m*, Postkasten *m bes* NORDD
malt [mɔːlt] I. *n no pl* ❶ (*grain*) Malz *nt* ❷ (*whisky*) Malzwhisky *m* ❸ AM (*malted milk*) Malzmilch *f* II. *vt* **to ~ barley** Gerste mälzen
'air·plane *n* AM *see* **aeroplane**

Australisches Englisch wird hauptsächlich auf der Wortschatzebene aufgeführt.

Australian English is treated mainly on a lexical level.

tuck·er ['tʌkəʳ] (*fam*) **I.** *n no pl* Aus Essen *nt* **II.** *vt* Am fix und fertig machen

---

Die wichtigsten kanadischen Wörter wurden ebenfalls aufgenommen.

The most important Canadianisms have also been included.

Con·fed·er·a·tion Day *n* Can Confederation Day *m* (*der Nationalfeiertag Kanadas*)

In der Zielsprache werden außer dem Binnendeutschen auch das Schweizerdeutsche und das österreichische Deutsch berücksichtigt.

Besides German from Germany, German from Austria and Switzerland are shown in equivalents.

to·ma·to <*pl* -es> [təˈmɑːtəʊ] *n* Tomate *f*, Paradeiser *m* ÖSTERR
hos·pi·tal [ˈhɒspɪtəl] *n* Krankenhaus *nt*, Spital *nt* SCHWEIZ; **to have to go to** ~ ins Krankenhaus müssen

---

6.4.2. Deutsch-englischer Teil

Außer dem Deutschen Deutschlands werden das Deutsche von Österreich und der Schweiz berücksichtigt.

6.4.2 The German-English part

The German spoken in Austria and Switzerland is included.

Jän·ner <-s, -> [ˈjɛnɐ] *m* ÖSTERR January
Spül·trog <-(e)s, -tröge> *m* SCHWEIZ sink [unit]

Deutsche Wörter und Wendungen, die ausschließlich regional Verwendung finden, werden entsprechend markiert.

Expressions used exclusively in Northern or Southern Germany are also supplied.

Dös·kopp <-s, -köppe> [-kɔp] *m* NORDD (*fam*) dope
Ka·po <-s, -s> [ˈkapo] *m* SÜDD (*fam: Vorarbeiter*) gaffer

In der Zielsprache wird amerikanisches Englisch auch berücksichtigt.

American spellings, words and phrases are given in equivalents.

Dop·pel·haus *nt* two semi-detached houses *pl* BRIT, duplex house AM
Ge·päck·kon·trol·le *f* luggage [*or* AM *esp* baggage] check

6.4.3. Übersicht über die verwendeten regionalen Abkürzungen

6.4.3 Table of regional labels used in the dictionary

AM	nur in USA gebrauchter Ausdruck	item used only in the USA
AUS	nur in Australien gebrauchter Ausdruck	item used only in Australia
BRD	v. a. typisch bundesrepublikanische Phänomene	cultural item specific to Germany
BRIT	nur in Großbritannien gebrauchter Ausdruck	item used only in Great Britain
CAN	nur in Kanada gebrauchter Ausdruck	item used only in Canada
DIAL	regional begrenzt gebrauchter Ausdruck	regional item
IRISH	Ausdruck aus dem Irischen	item used only in Ireland
NBRIT	nur in Nordengland gebrauchter Ausdruck	item used only in Northern England
NORDD	nur im Norden Deutschlands gebrauchter Ausdruck	item used only in Northern Germany
NZ	nur in Neuseeland gebrauchter Ausdruck	item used only in New Zealand
ÖSTERR	nur in Österreich gebrauchter Ausdruck	item used only in Austria
SA	nur in Südafrika gebrauchter Ausdruck	item used only in South Africa
SCHWEIZ	Ausdruck, der nur in der Schweiz gebraucht wird	item used only in Switzerland
SCOT	nur im Schottischen gebrauchter Ausdruck	item used only in Scottish English
SÜDD	nur im Süden Deutschlands gebrauchter Ausdruck	item used only in Southern Germany

6.5. Sonstige Angaben

Weitere Angaben werden zu beiden Sprachen gemacht, wenn der Gebrauch eines Wortes auf eine bestimmte Altersgruppe, Sprechsituation oder Zeit beschränkt ist.

6.5 Other labels

Further markers are used in both languages to indicate restriction of an item to a certain age-group, situation or frequency of use.

bezeichnet einen von Laien nicht benutzten Fachausdruck.	*fachspr*	*spec*	designates specialist language that lay people would generally not use.
bezeichnet einen Ausdruck, der nur im Gespräch mit kleinen Kindern benutzt wird.	*Kindersprache*	*childspeak*	designates a word or expression used mainly when speaking to children.
bezeichnet selten gebrauchte Sprache.	*selten*	*rare*	designates language that is only rarely used.

Verwendete Lautschriftzeichen
Phonetic symbols used in this dictionary

	Zeichen der Lautschrift	
cat	[æ]	
	[a]	hat
	[aː]	Bahn
father, card	[ɑː]	
pot, bottom	[ɒ] (BRIT)	
	[ɐ]	bitter
	[ɐ̯]	Uhr
	[ã]	Chanson
	[ãː]	Gourmand
croissant	[ɑ̃ː]	
	[aj]	heiß
ride, my	[aɪ]	
	[aʊ]	Haus
house, about	[aʊ]	
big	[b]	Ball
	[ç]	ich
dad	[d]	dicht
edge, juice	[dʒ]	Gin, Job
pet, best	[e]	Etage
	[eː]	Beet, Mehl
	[ɛ]	Nest, Wäsche
	[ɛː]	wählen
bird, cur, berth	[ɜː]	
	[ɛ̃]	timbrieren
fin de siècle	[ɛ̃ː]	Teint
Africa, potato	[ə]	halte
sudden	[ᵊ]	
bust, multi	[ʌ]	
rate	[eɪ]	
there, hair	[eə] (BRIT)	
fast	[f]	Fett, viel
gold	[g]	Geld
hello	[h]	Hut
sit	[ɪ]	Bitte
abbey	[i]	Vitamin

	Zeichen der Lautschrift	
read, meet	[iː]	Bier
	[i]	Studie
here, beer	[ɪə] (BRIT)	
yellow	[j]	ja
cat, king	[k]	Kohl, Computer
	[kv]	Quadrat
queen	[kw]	
little	[l]	Last
little	[l̩]	Nebel
mom	[m]	Meister
	[m̩]	großem
nice	[n]	nett
	[n̩]	sprechen
ring, rink, bingo	[ŋ]	Ring, blinken
	[ɲ]	Gascogne
	[o]	Oase
	[oː]	Boot, drohen
	[o̞]	loyal
	[ɔ]	Post
caught, ought	[ɔː]	
boat, rode	[əʊ] (BRIT)	
boat, rode	[oʊ] (AM)	
	[õ]	Fondue
	[õː]	Fonds
restaurant	[ɔ̃ː]	
	[ø]	Ökonomie
	[øː]	Öl
	[œ]	Götter
	[œ̃]	Lundist
	[œ̃ː]	Parfum
boy, noise	[ɔɪ]	
	[ɔy]	Mäuse
pat	[p]	Papst
right	[r]	Rad

Verwendete Lautschriftzeichen

	Zeichen der Laut- schrift		
bitter	[ʳ] (BRIT)		
bitter	[ɚ] (AM)		
soft	[s]	Rast, besser, heiß	
shift	[ʃ]	Schaum, sprechen, Chef	
take	[t]	Test, treu	
better	[t̬] (AM)		
chip, patch	[tʃ]	Matsch, Tschüss	
think, bath	[θ]		
father, bathe	[ð]		
	[u]	zunächst	
moose, lose	[uː]	Hut	
	[u̯]	aktuell	
book, put	[ʊ]	Mutter	
allure	[ʊə] (BRIT)		

	Zeichen der Laut- schrift	
vitamin	[v]	wann
wish	[w]	
loch	[x] (SCOT)	Schlauch
fix	[ks]	Fix, Axt, Lachs
	[y]	Mykene
	[yː]	Typ
	[y̆]	Hyäne
	[ʏ]	füllen
	[Y]	Gelderland
zebra, jazz	[z]	Hase, sauer
pleasure	[ʒ]	Genie
glottal stop	ʔ	Knacklaut
primary stress	ˈ	Haupt- betonung
secondary stress	ˌ	Neben- betonung

Zeichen und Abkürzungen
Symbols and abbreviations

▶	phraseologischer Block	phrase block
|	trennbares Verb	separable verb
=	Kontraktion	contraction
*	Partizip ohne *ge-*	German past participle formed without *ge-*
≈	entspricht etwa	comparable to
–	Sprecherwechsel in einem Dialog	change of speaker in a dialogue
ALT	alte Schreibung	unreformed German spelling
RR	reformierte Schreibung	reformed German spelling
■	grammatische Konstruktion	grammatical construction
○	zeigt variable Stellung des Objektes und der Ergänzung bei Phrasal Verbs auf	indicates the variable position of the object in phrasal verb sentences
®	Warenzeichen	trade mark
a.	auch	also
abbrev, Abk	Abkürzung	abbreviation
acr	Akronym	acronym
adj	Adjektiv	adjective
ADMIN	Verwaltung	administration
adv	Adverb	adverb
AEROSP	Raum- und Luftfahrt	aerospace
AGR	Landwirtschaft	agriculture
akk	Akkusativ	accusative
Akr	Akronym	acronym
AM	amerikanisches Englisch	American English
ANAT	Anatomie	anatomy
approv	aufwertend	approving
ARCHÄOL, ARCHEOL	Archäologie	archaeology
ARCHIT	Architektur	architecture
ART	Kunst	art
art	Artikel	article
ASTROL	Astrologie	astrology
ASTRON	Astronomie	astronomy
attr	attributiv	attributive
AUS	australisches Englisch	Australian English
AUTO	Auto	automobile
aux	Hilfsverb	auxiliary
AVIAT	Luftfahrt	aviation
BAHN	Eisenbahnwesen	railway
BAU	Bauwesen	construction
BERGB	Bergbau	mining

bes	besonders	especially
BIOL	Biologie	biology
BÖRSE	Börse	stock exchange
BOT	Botanik	botany
BOXING	Boxen	boxing
BRD	Binnendeutsch	German of Germany
BRIT	britisches Englisch	British English
CAN	kanadisches Englisch	Canadian English
CARDS	Karten	cards
CHEM	Chemie	chemistry
CHESS	Schach	chess
childspeak	Kindersprache	language of children
COMM	Handel	commerce
comp	komparativ	comparative
COMPUT	Informatik	computing
conj	Konjunktion	conjunction
COSM	Kosmetik	cosmetics
dat	Dativ	dative
dated	veraltend	dated
def	bestimmter Artikel	definite
dekl	dekliniert	declined
dem	demonstrativ	demonstrative
derb	derb	coarse language
det	Bestimmungswort	determiner
DIAL	dialektal	dialect
dim	Diminutiv	diminutive
ECOL	Ökologie	ecology
ECON	Wirtschaft	economy
ELEK, ELEC	Elektrizität	electricity
emph	emphatisch	emphatic
esp	besonders	especially
etw	etwas	something
euph	euphemistisch	euphemistic
f	Femininum	feminine
fachspr	fachsprachlich	specialist term
fam	umgangssprachlich	informal
fam!	stark umgangssprachlich	very informal
fem	feminine Form in der Zielsprache	feminine form
FASHION	Mode	fashion
FBALL	Fußball	football
fig	bildlich	figurative
FILM	Film, Kino	film, cinema
FIN	Finanzen	finance
FOOD	Kochkunst	food and cooking
form	förmlicher Sprachgebrauch	formal

FORST	Forstwirtschaft	forestry
FOTO	Fotografie	photography
geh	gehobener Sprachgebrauch	formal
gen	Genitiv	genitive
GEOG	Geographie	geography
GEOL	Geologie	geology
HANDEL	Handel	commerce
HIST	Geschichte	history
hist	historisch	historical
HORT	Gartenbau	gardening
hum	scherzhaft	humorous
HUNT	Jagd	hunting
imp	Imperfekt	imperfect
impers	unpersönliches Verb	impersonal use
indef	unbestimmt	indefinite
INET	Internet	internet
infin	Infinitiv	infinitive
INFORM	Informatik	computing
interj	Interjektion	interjection
interrog	fragend	interrogative
IRISH	irisch	Irish
iron	ironisch	ironic
irreg	unregelmäßig	irregular
JAGD	Jagd	hunting
jd	jemand	somebody *(nominative)*
jdm	jemandem	somebody *(dative)*
jdn	jemanden	somebody *(accusative)*
jds	jemandes	somebody's *(genitive)*
JOURN	Journalismus	journalism
JUR	Jura	law
KARTEN	Karten	cards
kindersprache	Kindersprache	language of children
KOCHK	Kochkunst	food and cooking
konj	Konjunktion	conjunction
KOSM	Kosmetik	cosmetics
KUNST	Kunst	art
LAW	Jura	law
LING	Linguistik	linguistics
LIT	Literatur	literature
liter	literarisch	literary
LUFT	Luftfahrt	aviation
m	Maskulinum	masculine
masc	maskuline Form in der Zielsprache	masculine form
MATH	Mathematik	mathematics
MECH	Mechanik	mechanics

MED	Medizin	medicine
MEDIA	Medien	media
METEO	Meteorologie	meteorology
MIL	Militär	military
MIN	Bergbau	mining
MODE	Mode	fashion
MUS	Musik	music
n	Substantiv	noun
NAUT	Seefahrt	navigation
NBRIT	Nordenglisch	Northern English
neg	verneinend, Verneinung	negative, negation
nomin	Nominativ	nominative
NORDD	Norddeutsch	Northern German
nt	Neutrum	neuter
NUCL, NUKL	Kernphysik	nuclear science
NZ	Englisch aus Neuseeland	New Zealand English
o	oder	or
ÖKOL	Ökologie	ecology
ÖKON	Wirtschaft	economics
old	veraltet	old
ORN	Vogelkunde	ornithology
ÖSTERR	österreichisches Deutsch	Austrian German
part	Partizip	participle
pej	abwertend	pejorative
pej!	beleidigend	offensive
pers	Personal(pronomen)	personal pronoun
pers.	Person	person
PHARM	Pharmazie	pharmacy
PHILOS	Philosophie	philosophy
PHOT	Fotografie	photography
PHYS	Physik	physics
pl	plural	plural
poet	poetisch	poetic
POL	Politik	politics
poss	possessiv	possessive
pp	Partizip Perfekt	past participle
präd	Prädikativ	predicative
präp	Präposition	preposition
pred	Prädikativ	predicative
prep	Präposition	preposition
pres	Präsenz	present
pron	Pronomen	pronoun
prov	Sprichwort	proverb
PSYCH	Psychologie	psychology
pt	erste Vergangenheit	past tense
PUBL	Verlagswesen	publishing

RADIO	Rundfunk	radio broadcasting
RAIL	Eisenbahnwesen	railway
RAUM	Raumfahrt	aerospace
refl	reflexiv	reflexive
reg	regulär	regular
rel	relativ	relative
REL	Religion	religion
S.	Sache	thing
SA	südafrikanisches Englisch	South African English
sb	jemand/jemandem/jemanden	somebody
sb's	jemandes	somebody's
SCH	Schule	school
SCHACH	Schach	chess
SCHWEIZ	schweizerisches Deutsch	Swiss German
SCI	Naturwissenschaften	science
S$_{COT}$	schottisch	Scottish
sep	trennbar	separable
sing	Einzahl	singular
SKI	Skifahren	skiing
sl	salopp	slang
SOCIOL, SOZIOL	Soziologie	sociology
spec	fachsprachlich	specialist term
SPORT, SPORTS	Sport	sports
sth	etwas	something
STOCKEX	Börse	stock exchange
SÜDD	Süddeutsch	Southern German
superl	Superlativ	superlative
TECH	Technik	technology
TELEC, TELEK	Nachrichtentechnik	telecommunications
TENNIS	Tennis	tennis
THEAT	Theater	theatre
TOURIST	Tourismus	tourism
TRANSP	Transport und Verkehr	transportation
TV	Fernsehen	television
TYPO	Buchdruck	typography
UNIV	Universität	university
usu	gewöhnlich	usually
vb	Verb	verb
veraltend	veraltend	dated
veraltet	veraltet	old
VERLAG	Verlagswesen	publishing
vi	intransitives Verb	intransitive verb
vr	reflexives Verb	reflexive verb
vt	transitives Verb	transitive verb
vulg	vulgär	vulgar
ZOOL	Zoologie	zoology

Aa

A <*pl* -'s *or* -s>, **a** <*pl* -'s> [eɪ] *n* ❶ (*letter*) A *nt*, a *nt*; **A for Andrew** [*or* AM **as in Abel**] A wie Anton ❷ MUS A *nt*, a *nt*; **A flat** As *nt*, as *nt*; **A sharp** Ais *nt*, ais *nt*; **A major** A-Dur *nt*; **A minor** a-Moll *nt* ❸ (*school mark*) ≈ Eins *f*; **to get [an] A** eine Eins schreiben ❹ (*blood type*) A ▶ **from A to Z** von A bis Z

a [eɪ, ə], *before vowel* **an** [æn, ᵊn] *art indef* ❶ (*undefined*) ein(e) ❷ *after neg* ■ **not a** kein(e); **there was not a person to be seen** es war niemand zu sehen; **I haven't got a chance** ich habe nicht die geringste Chance ❸ (*one*) ein(e); **can I have a knife and fork please?** kann ich bitte Messer und Gabel haben?; **for half a mile** eine halbe Meile; **to count to a thousand** bis tausend zählen; **one and a half** eineinhalb ❹ *before profession, nationality* **she's a teacher** sie ist Lehrerin; **he's an Englishman** er ist Engländer ❺ *introducing state* ein(e); **a 17th-century cottage** ein Landhaus im Stil des 17. Jahrhunderts; **this is a very mild cheese** dieser Käse ist sehr mild ❻ (*per*) **she earns $100,000 a year** sie verdient im Jahr 100.000 Dollar; **three times a day** dreimal täglich; **twice a week** zweimal die Woche; **once a month** einmal im Monat

A *n* ❶ *abbrev of* **ampere** A ❷ *abbrev of* **answer** Antw.

AA [ˌeɪ'eɪ] *n* ❶ + *sing/pl vb abbrev of* **Alcoholics Anonymous** AA ❷ + *sing/pl vb* BRIT *abbrev of* **Automobile Association** britischer Automobilklub

AAA [ˌtrɪpl'eɪ] *n* + *sing/pl vb* AM *abbrev of* **American Automobile Association** amerikanischer Automobilklub

AB [eɪ'biː] *n* AM *abbrev of* **Artium Baccalaureus** Bachelor *m* der philosophischen/ naturwissenschaftlichen Fakultät

aback [ə'bæk] *adv* **to be taken ~** erstaunt sein; (*sad*) betroffen sein

aba·cus <*pl* -es> ['æbəkəs] *n* MATH Abakus *m*

aban·don [ə'bændən] I. *vt* ❶ (*leave*) verlassen; *baby* aussetzen; **to ~ sb to his/her fate** jdn seinem Schicksal überlassen ❷ (*leave behind*) zurücklassen; *car* stehen lassen ❸ (*give up*) aufgeben; *attempt* abbrechen; *plan* fallen lassen; ■ **to be ~ed** *search* eingestellt werden ❹ SPORTS abbrechen II. *n no pl* **with ~** mit Leib und Seele

aban·doned [ə'bændənd] *adj* ❶ (*discarded*) verlassen; *baby* ausgesetzt; *car* stehen gelassen ❷ (*empty*) *building* leer stehend; *property* herrenlos ❸ (*carefree*) unbekümmert

abashed [ə'bæʃt] *adj* verlegen

abate [ə'beɪt] *vi rain* nachlassen; *storm, anger* abflauen; *pain, fever* abklingen

abate·ment [ə'beɪtmənt] *n no pl* ❶ (*lessening*) Nachlassen *nt; of storm, anger also* Abflauen *nt* ❷ (*reducing*) Verminderung *f*; **noise ~** Lärmbekämpfung *f*

ab·at·toir ['æbətwɑːʳ] *n* BRIT Schlachthof *m*

ab·bess <*pl* -es> ['æbes] *n* Äbtissin *f*

ab·bey ['æbi] *n* Abtei[kirche] *f*

ab·bot ['æbət] *n* Abt *m*

ab·bre·vi·ate [ə'briːvieɪt] *vt* abkürzen; **Susan is often ~d to Sue** Susan wird oft mit Sue abgekürzt

ab·bre·vi·a·tion [əˌbriːvi'eɪʃᵊn] *n* Abkürzung *f*

ABC¹ [ˌeɪbiː'siː] *n* ❶ (*alphabet*) ABC *nt*; **as easy as ~** kinderleicht ❷ (*rudiments*) ABC *nt*, Einmaleins *nt*

ABC² [ˌeɪbiː'siː] *n* ❶ *abbrev of* **Australian Broadcasting Corporation** *australische Rundfunk- und Fernsehanstalt des öffentlichen Rechts* ❷ *abbrev of* **American Broadcasting Corporation** *kommerzieller amerikanischer Rundfunk- und Fernsehsender*

ab·di·cate ['æbdɪkeɪt] I. *vi monarch* abdanken; *pope* zurücktreten II. *vt* (*resign, renounce*) *throne, right* verzichten auf +*akk*

ab·di·ca·tion [ˌæbdɪ'keɪʃᵊn] *n* ❶ *of a monarch* Abdankung *f*; **~ of the throne** Verzicht *m* auf den Thron ❷ *no pl* (*renunciation*) Verzicht *m*

ab·do·men ['æbdəmən, æb'dəʊ-] *n* ❶ MED Unterleib *m* ❷ ZOOL Hinterleib *m*

ab·domi·nal [æb'dɒmɪnᵊl] *adj* Unterleibs-; **~ wall** Bauchdecke *f*

ab·duct [əb'dʌkt] *vt* entführen

ab·duc·tion [əb'dʌkʃᵊn] *n* Entführung *f*

ab·er·ra·tion [ˌæbə'reɪʃᵊn] *n* ❶ (*deviation*) Abweichung *f* ❷ SCI Aberration *f*

abet <-tt-> [ə'bet] *vt* unterstützen; **to ~ a crime** Beihilfe zu einem Verbrechen leisten

abey·ance [ə'beɪən(t)s] *n no pl* **in ~** [vorübergehend] außer Kraft [gesetzt]; *hostilities* eingestellt; *issue* auf Eis gelegt

ab·hor <-rr-> [əbˈhɔːʳ] vt verabscheuen
ab·hor·rence [əbˈhɒrᵊn(t)s] n no pl Abscheu f (**of** vor)
ab·hor·rent [əbˈhɒrᵊnt] adj abscheulich; **I find his cynicism ~** sein Zynismus ist mir zuwider
abide [əˈbaɪd] I. vt usu neg (like) ausstehen; (endure) ertragen II. vi (continue) fortbestehen ◆ **abide by** vi rule befolgen; **to ~ by a law** sich an ein Gesetz halten
abid·ing [əˈbaɪdɪŋ] adj beständig; love immer während; values bleibend
abil·ity [əˈbɪləti] n ❶(capability) Fähigkeit f; **to the best of my ~** so gut ich kann ❷(talent) Talent nt; **someone of her ~** jemand mit ihrer Begabung; **a woman of ~** eine fähige Frau; **mixed abilities** SCH unterschiedliche Leistungsstufen
ab·ject [ˈæbdʒekt] adj ❶(extreme) äußerste(r, s); coward elend; failure komplett; poverty bitter; **in ~ fear** in größter Angst ❷(degraded) conditions erbärmlich ❸(humble) unterwürfig; apology also demütig; failure kläglich
ablaze [əˈbleɪz] adj ❶(burning) ■ **to be ~** in Flammen stehen; **to set ~** in Brand stecken ❷(bright) **to be ~ with colour** von Farben leuchten; **to be ~ with lights** hell erleuchtet sein ❸(fig: impassioned) **to be ~ with anger** vor Zorn glühen; **their eyes were ~ with excitement** ihre Augen leuchteten vor Aufregung
able [ˈeɪbl] adj ❶<more or better able, most or best able> (can do) ■ **to [not] be ~ to do sth** etw [nicht] tun können ❷<abler or more ~, ablest or most ~> (clever) talentiert; mind fähig
able-bodied [ˌeɪblˈbɒdɪd] adj gesund; MIL [wehr]tauglich
ABM [eɪbiˈem] n abbrev of **anti-ballistic missile** Antiraketenrakete f
ab·nor·mal [æbˈnɔːmᵊl] adj anormal; weather also ungewöhnlich
ab·nor·mal·ity [ˌæbnɔːˈmæləti] n ❶MED (anomaly) Anomalie f; **fetal ~** fetale Missbildung ❷no pl (unusualness) Abnormität f; of a situation Außergewöhnlichkeit f
ab·nor·mal·ly [æbˈnɔːməli] adv ungewöhnlich, abnorm, außergewöhnlich
aboard [əˈbɔːd] adv, prep (on plane, ship) an Bord; (on train) im Zug; **all ~!** (on train, bus) alles einsteigen!; (on plane, ship) alle Mann an Bord!
abode [əˈbəʊd] n ❶(hum: home) Wohnung f ❷no pl (residence) Wohnsitz m; **of no fixed ~** ohne festen Wohnsitz

abol·ish [əˈbɒlɪʃ] vt abschaffen; law aufheben
abo·li·tion [ˌæbəˈlɪʃᵊn] n no pl Abschaffung f; LAW Abolition f; of a law Aufhebung f
abomi·nable [əˈbɒmɪnəbl] adj furchtbar; noise grässlich; smell widerwärtig; weather scheußlich; **to taste ~** abscheulich schmecken
abomi·nably [əˈbɒmɪnəbli] adv schrecklich, furchtbar; **she behaved ~** sie benahm sich unmöglich; **to stink ~** abscheulich stinken
abomi·nate [əˈbɒmɪneɪt] vt verabscheuen
abomi·na·tion [əˌbɒmɪˈneɪʃᵊn] n ❶no pl (loathing) Abscheu m (**of** vor) ❷(detestable thing) Abscheulichkeit f
Abo·rig·i·nal [ˌæbəˈrɪdʒᵊnᵊl] adj der Aborigines nach n
Abo·rig·i·ne [ˌæbəˈrɪdʒᵊni] n [australischer] Ureinwohner m/[australische] Ureinwohnerin f
abort [əˈbɔːt] vt ❶(prevent birth) baby, fetus abtreiben; pregnancy abbrechen ❷(stop) abbrechen
abor·tion [əˈbɔːʃᵊn] n Schwangerschaftsabbruch m, Abtreibung f
abor·tive [əˈbɔːtɪv] adj ❶(not successful) attempt gescheitert; plan misslungen ❷MED abortiv fachspr, abtreibend
abound [əˈbaʊnd] vi [sehr] zahlreich sein; **rumours ~ that ...** zahlreiche Gerüchte kursieren, dass ...; ■ **to ~ in** reich sein an dat
about [əˈbaʊt] I. prep ❶(on the subject of) über; **what's that book ~?** worum geht es in dem Buch?; **the movie is ~ the American Civil War** der Film handelt vom Amerikanischen Bürgerkrieg; **it's all ~ having fun** es geht einfach nur darum, Spaß zu haben; **anxiety ~ the future** Angst f vor der Zukunft; **a phobia ~ spiders** eine Spinnenphobie; **to ask sb ~ sb/sth** jdn nach jdm/etw fragen ❷(affecting) gegen; **to do something ~ sth** etw gegen etw akk machen; **to do nothing ~ a problem** ein Problem nicht anpacken ❸(surrounding) um ❹after vb (expressing movement) **to wander ~ the house** im Haus herumgehen; **to look ~ the room** sich im Zimmer umsehen ❺(expressing location) **she must be ~ the place somewhere** sie muss hier irgendwo sein ❻(being a characteristic of) an; **there's something strange ~ him** er hat etwas Merkwürdiges an sich ❼BRIT (fam: in the process of) **while you're ~ it** wo Sie gerade dabei sind ▶ **how ~ sb/sth?** wie wäre es mit jdm/etw?; **to know what one is ~** (fam) wis-

sen, was man tut; **what ~ it?** was ist damit? II. *adv* ①(*approximately*) ungefähr; **~ eight [o'clock]** [so] gegen acht [Uhr]; **~ two days ago** vor etwa zwei Tagen ②(*almost*) fast ③(*barely*) **we just ~ made it** wir haben es gerade noch [so] geschafft ④ *esp* BRIT (*around*) herum; **there's a lot of flu ~ at the moment** im Moment geht die Grippe um; **up and ~** auf den Beinen ⑤ *esp* BRIT (*in the area*) hier; **is Cathy ~?** ist Cathy hier irgendwo?; **there was nobody ~** es war keiner da ⑥(*intending*) **we're just ~ to have supper** wir wollen gerade zu Abend essen ▸ **that's ~ all** [*or* **it**] das wär's

about-'face AM, AUS, **about-'turn** BRIT I. *n* ①*esp* MIL Kehrtwendung *f* ②(*fig*) **they've done a complete ~** sie haben ihre Meinung um 180° geändert II. *vi* MIL **~!** kehrt!

above [əˈbʌv] I. *prep* ①(*over*) über; **~ the spectators** über den Zuschauern ②(*greater than*) über; **to be barely ~ freezing** kaum über dem Gefrierpunkt sein; **~ and beyond all expectation** weit über allen Erwartungen ③(*superior to*) **he thinks he's ~ everyone else** er hält sich für besser als alle anderen; **to be ~ criticism** über jede Kritik erhaben sein ④(*more importantly than*) **they value freedom ~ all else** für sie ist die Freiheit wichtiger als alles andere; **~ all** vor allem ⑤(*louder than*) **we could hardly hear each other speak ~ the music** wir konnten einander bei der Musik kaum verstehen ▸ **that's ~ me** das ist mir zu hoch II. *adv* ①(*on higher level*) oberhalb, darüber; **they live in the flat ~** sie wohnen in der Wohnung darüber; ②(*above oneself*) sie wohnen in der Wohnung über mir/uns ②(*overhead*) **from ~** von oben ③(*in the sky*) am Himmel; **he looked up to the stars ~** er blickte hinauf zu den Sternen ④(*in heaven*) im Himmel ⑤(*higher-ranking*) **from ~** von oben ⑥(*earlier in text*) oben; **the address given ~** die oben genannte Adresse III. *adj* obige(r, s); **the ~ address** die oben genannte Adresse IV. *n* ▪ **the ~** (*thing*) das Obengenannte; (*person*) der/die Obengenannte

above 'board *adj* (*fam*) einwandfrei

above-'men·tioned *adj* oben genannte(r, s)

ab·ra·ca·dab·ra [ˌæbrəkəˈdæbrə] I. *interj* Abrakadabra II. *n* Abrakadabra *nt*

abra·sion [əˈbreɪʒən] *n* (*injury*) Abschürfung *f*

abra·sive [əˈbreɪsɪv] I. *adj* ①(*rubbing*) abreibend; **~ cleaner** Scheuermittel *nt* ②(*unpleasant*) aggressiv II. *n* MECH Schleifmittel *nt*

abreast [əˈbrest] *adv* ①(*side by side*) nebeneinander ②(*alongside*) **to draw ~ of sb/sth** mit jdm/etw gleichziehen ③(*up to date*) **to keep ~ of sth** sich über etw *akk* auf dem Laufenden halten

abridge [əˈbrɪdʒ] *vt* kürzen

abridg(e)·ment [əˈbrɪdʒmənt] *n* gekürzte Ausgabe

abroad [əˈbrɔːd] *adv* ①(*in foreign country*) im Ausland; **to go ~** ins Ausland fahren; **from ~** aus dem Ausland ②(*current*) ▪ **to be ~** *rumour* umgehen

ab·rupt [əˈbrʌpt] *adj* ①(*sudden*) abrupt; *departure* plötzlich; **to come to an ~ end** ein jähes Ende finden ②(*brusque*) schroff ③(*steep*) steil

ab·rupt·ly [əˈbrʌptli] *adv* ①(*suddenly*) abrupt, plötzlich ②(*brusquely*) schroff ③(*steeply*) steil, schroff

ABS [ˌeɪbiːˈes] *n no pl abbrev of* **anti-lock braking system** ABS *nt*

ab·scess <*pl* -es> [ˈæbses] *n* Abszess *m*

ab·scond [əbˈskɒnd] *vi* (*run away*) sich davonmachen; **to ~ with sb** mit jdm durchbrennen *fam*

ab·seil [ˈæbseɪl] *vi* [sich] abseilen

ab·sence [ˈæbsən(t)s] *n* ①*no pl* (*non-appearance*) Abwesenheit *f*; (*from school, work*) Fehlen *nt* ②*no pl* (*lack*) Fehlen *nt*; ▪ **in the ~ of sth** in Ermangelung einer S. *gen* ▸ **~ makes the heart grow fonder** (*prov*) die Liebe wächst mit der Entfernung

ab·sent [ˈæbsənt] I. *adj* ①(*not there*) abwesend; **to be ~ from school/work** in der Schule/auf der Arbeit fehlen ②(*lacking*) ▪ **to be ~** fehlen ③(*distracted*) [geistes]abwesend II. *vt* [ˈæbsent] ▪ **to ~ oneself** sich zurückziehen

ab·sen·tee [ˌæbsənˈtiː] *n* Abwesende(r) *f(m)*, Fehlende(r) *f(m)*

ab·sen·tee 'bal·lot *n* AM (*postal vote*) Briefwahl *f*

ab·sen·tee·ism [ˌæbsənˈtiːɪzəm] *n no pl* häufiges Fernbleiben

ab·sen·tee 'land·lord *n* nicht ortsansässiger Vermieter oder Verpächter **ab·sen·tee 'vot·ing** *n* AM Briefwahl *f*

absent-'minded *adj* (*momentarily*) geistesabwesend; (*habitually*) zerstreut

absent-'minded·ly *adv* (*momentarily*) geistesabwesend; (*habitually*) zerstreut

absent-'minded·ness *n no pl*

(*moment*) Geistesabwesenheit *f*; (*trait*) Zerstreutheit *f*

ab·so·lute [ˌæbsəˈluːt] *adj* ❶ (*complete*) absolut, vollkommen ❷ *angel* wahr; *disaster, mess* einzig; *idiot* ausgemacht; *nonsense* komplett; *ruler* unumschränkt; **in ~ terms** absolut gesehen

ab·so·lute·ly [ˌæbsəˈluːtli] *adv* absolut; **you're ~ right** Sie haben vollkommen Recht; **~ not!** nein, überhaupt nicht!; **~ no idea** überhaupt keine Ahnung; **~ delicious** einfach köstlich; **~ determined** fest entschlossen; **to trust sb ~** jdm bedingungslos vertrauen; **~ nothing** überhaupt nichts

ab·so·lu·tion [ˌæbsəˈluːʃ°n] *n no pl* REL Absolution *f*

ab·so·lut·ism [ˌæbsəˈluːtɪz°m] *n no pl* POL Absolutismus *m*

ab·solve [əbˈzɒlv] *vt* (*from blame*) freisprechen; (*from sins*) lossprechen

ab·sorb [əbˈzɔːb, -ˈsɔːb] *vt* ❶ (*soak up*) aufnehmen; *attention* in Anspruch nehmen ❷ (*reduce*) *blow* abfangen; *light* absorbieren; *noise* dämpfen ❸ ■ **to be ~ed in sth** in etw *akk* vertieft sein ❹ ■ **to be ~ed into sth** in etw *akk* integriert werden

ab·sorb·ent [əbˈzɔːbənt, -ˈsɔː-] *adj* absorptionsfähig; *cotton, paper* saugfähig

ab·sorb·ing [əbˈzɔːbɪŋ, -ˈsɔː-] *adj* fesselnd; *problem* knifflig

ab·sorp·tion [əbˈzɔːpʃ°n] *n no pl* ❶ (*absorbing*) Aufnahme *f*; **power of ~** Absorptionsfähigkeit *f* ❷ *of a blow* Abfangen *nt* ❸ (*engrossment*) Vertieftsein *nt*

ab·stain [əbˈsteɪn] *vi* ❶ (*eschew*) ■ **to ~ [from sth]** sich [einer S. *gen*] enthalten; **to ~ from alcohol** keinen Alkohol trinken ❷ (*not vote*) sich der Stimme enthalten

ab·ste·mi·ous [æbˈstiːmɪəs] *adj* enthaltsam

ab·sten·tion [əbˈsten(t)ʃ°n] *n* POL [Stimm]enthaltung *f*

ab·sti·nence [ˈæbstɪnən(t)s] *n no pl* Abstinenz *f*

ab·sti·nent [ˈæbstɪnənt] *adj* enthaltsam, abstinent

ab·stract I. *adj* [ˈæbstrækt] abstrakt; **~ noun** Abstraktum *nt* II. *n* ❶ (*summary*) Zusammenfassung *f* ❷ (*generalized form*) ■ **the ~** das Abstrakte; **in the ~** abstrakt ❸ ART abstraktes Werk III. *vt* [æbˈstrækt] ❶ (*summarize*) zusammenfassen ❷ (*remove*) entnehmen

ab·stract·ed [æbˈstræktɪd] *adj* gedankenverloren

ab·strac·tion [æbˈstrækʃ°n] *n* ❶ (*generalization*) Abstraktion *f* ❷ *no pl* (*distraction*) [Geistes]abwesenheit *f* ❸ (*removal*) Entnahme *f*

ab·struse [æbˈstruːs] *adj* abstrus

ab·surd [əbˈzɜːd, -ˈsɜːd] *adj* absurd; **don't be ~!** sei nicht albern!; **to look ~** lächerlich aussehen

ab·surd·ity [əbˈzɜːdəti, -ˈsɜː-] *n* Absurdität *f*; **the ~ of the situation** das Absurde an der Situation

abun·dance [əˈbʌndən(t)s] *n no pl* Fülle *f*; **to have an ~ of sth** reich an etw *dat* sein; **in ~** in Hülle und Fülle

abun·dant [əˈbʌndənt] *adj* reichlich; *harvest* reich; *vegetation* üppig; **~ evidence** jede Menge Beweise

abuse I. *n* [əˈbjuːs] ❶ *no pl* (*affront*) [**verbal**] **~** Beschimpfung[en] *f*[*pl*]; **a term of ~** ein Schimpfwort *nt* ❷ *no pl* (*maltreatment*) Missbrauch *m*; **child ~** Kindesmissbrauch *m*; **mental/physical ~** psychische/körperliche Misshandlung ❸ *no pl* (*misuse*) Missbrauch *m*; **drug ~** Drogenmissbrauch *m*; **to be open to ~** sich leicht missbrauchen lassen ❹ (*breach*) **~ of human rights** Menschenrechtsverletzungen *pl* II. *vt* [əˈbjuːz] ❶ (*verbally*) beschimpfen ❷ (*maltreat*) misshandeln; (*sexually*) missbrauchen ❸ (*exploit*) *authority, trust* missbrauchen; *kindness* ausnützen ❹ (*breach*) *rights* verletzen

abu·sive [əˈbjuːsɪv] *adj* ❶ (*insulting*) beleidigend; **~ language** Beleidigungen *pl* ❷ (*maltreating*) misshandelnd

abut <-tt-> [əˈbʌt] *vt, vi* ■ **to ~ [on] sth** an etw *akk* grenzen

abys·mal [əˈbɪzm°l] *adj* entsetzlich

abyss [əˈbɪs] *n* (*also fig*) Abgrund *m*

AC [ˌeɪˈsiː] *n* ❶ AM *abbrev of* **air conditioning** ❷ *abbrev of* **alternating current** WS

a/c, AM *also* **A/C** *n abbrev of* **account** Kto.

aca·cia [əˈkeɪʃə] *n* Akazie *f*; **~ gum** Gummi arabicum *nt*

aca·dem·ic [ˌækəˈdemɪk] I. *adj* ❶ (*university*) akademisch; **~ year** Studienjahr *nt* ❷ (*not vocational*) wissenschaftlich ❸ (*theoretical*) akademisch II. *n* Lehrkraft *f* an der Universität

aca·dem·ical·ly [ˌækəˈdemɪkli] *adv* wissenschaftlich; **to be ~ gifted** intellektuell begabt sein; **to be ~ inclined** eine wissenschaftliche Ader haben

acad·emy [əˈkædəmi] *n* ❶ (*training*) Akademie *f*; **police ~** Polizeischule *f* ❷ *esp* AM, SCOT (*school*) [höhere] Schule

ACAS [ˈeɪˌkæs] *n abbrev of* **Advisory, Conciliation, and Arbitration Service** Schlichtungsstelle für Arbeitskonflikte

ac·cede [æk'siːd] *vi* ❶(*agree*) ■**to ~ to sth** etw *dat* zustimmen; **to ~ to a demand** einer Forderung nachgeben ❷(*assume*) übernehmen; **to ~ to the throne** den Thron besteigen

ac·cel·er·ate [ək'seləreɪt] I. *vi* ❶(*go faster*) beschleunigen; *driver* Gas geben *fam* ❷(*increase*) zunehmen II. *vt* beschleunigen

ac·cel·era·tion [əkˌselə'reɪʃən] *n no pl* Beschleunigung *f*

ac·cel·era·tor [ək'seləreɪtəʳ] *n* ❶(*in car*) Gas[pedal] *nt* ❷PHYS [Teilchen]beschleuniger *m*

ac·cent ['æksənt] *n* ❶LING Akzent *m* ❷(*stress*) Betonung *f;* **to put the ~ on sth** etw in den Mittelpunkt stellen

ac·cen·tu·ate [ək'sentʃueɪt] *vt* ❶(*highlight*) *aspect, feature* betonen ❷MUS, LING akzentuieren

ac·cept [ək'sept] *vt* ❶(*take*) annehmen; *award* entgegennehmen; *bribe* sich bestechen lassen; **do you ~ credit cards?** kann man bei Ihnen mit Kreditkarte zahlen?; **to ~ sb as a member** jdn als Mitglied aufnehmen ❷(*believe*) glauben ❸(*acknowledge*) anerkennen; *blame* auf sich nehmen; *decision* akzeptieren; *fate* sich abfinden mit; *responsibility* übernehmen; ■**to ~ [that]** ... akzeptieren, dass ... ❹(*include socially*) akzeptieren

ac·cept·able [ək'septəbl̩] *adj* ❶(*satisfactory*) akzeptabel (**to** für); **if these terms are ~ to you,** ... wenn Sie mit diesen Bedingungen einverstanden sind, ... ❷(*welcome*) willkommen; **to make an ~ gift** als Mitbringsel gut ankommen

ac·cept·ance [ək'septən(t)s] *n* ❶*no pl* (*accepting*) Annahme *f;* (*of idea*) Zustimmung *f* zu +*dat* ❷(*positive answer*) Zusage *f;* **letter of ~** schriftliche Zusage ❸*no pl* (*toleration*) Hinnahme *f* ❹*no pl* (*recognition*) Anerkennung *f*

ac·cept·ed [ək'septɪd] *adj* anerkannt

ac·cess ['ækses] I. *n no pl* Zugang *m;* (*to room, building*) Zutritt *m;* **the only ~ to the village is by boat** das Dorf ist nur mit dem Boot zu erreichen; **no ~ to the top floor** kein Durchgang zum obersten Stockwerk; BRIT **"~ only"** „Anlieger frei"; **~ to the children** LAW das Recht, die Kinder zu sehen; **~ to information** Zugriff *m* auf Informationen II. *vt* COMPUT *data* zugreifen auf; *file* öffnen

ac·ces·sibil·ity [əkˌsesə'bɪləti] *n no pl* Zugänglichkeit *f*

ac·ces·sible [ək'sesəbl̩] *adj* ❶(*approachable*) [leicht] erreichbar ❷(*obtainable*) [leicht] verfügbar; ■**to be ~ to sb** jdm zugänglich sein

ac·ces·sion [ək'seʃən] *n no pl* Antritt *m;* **~ to the throne** Thronbesteigung *f*

ac·ces·so·ry [ək'sesəri] *n* ❶FASHION Accessoire *nt* ❷(*equipment*) Zubehör *nt* ❸(*tool*) Extra *nt* ❹(*criminal*) Helfershelfer *m;* **he became an ~ to the crime** er machte sich am Verbrechen mitschuldig

ac·ci·dent ['æksɪdənt] *n* ❶(*with injury*) Unfall *m;* **~ and emergency unit** Notaufnahme *f;* **plane/train** ~ Flugzeug-/Zugunglück *nt;* **road ~** Verkehrsunfall *m* ❷(*without intention*) **sorry, it was an ~** tut mir leid, es war keine Absicht; **by ~** aus Versehen ❸(*chance*) Zufall *m;* **by ~** zufällig ❹(*mishap*) Missgeschick *nt* ▸**~s will happen** so was kommt vor

ac·ci·den·tal [ˌæksɪ'dentəl] *adj* ❶(*unintentional*) unbeabsichtigt; **it was ~** es war ein Versehen ❷TRANSP Unfall- ❸(*chance*) zufällig

ac·ci·den·tal·ly [ˌæksɪ'dentəli] *adv* ❶(*unintentionally*) versehentlich; **~ on purpose** (*hum*) rein zufällig *iron* ❷(*by chance*) zufällig

ac·claim [ə'kleɪm] I. *vt* ■**to be ~ed** gefeiert werden II. *n no pl* Anerkennung *f*

ac·cla·ma·tion [ˌæklə'meɪʃən] *n no pl* Beifall *m*

ac·cli·mate ['ækləmeɪt] *vt, vi* AM *see* **acclimatize**

ac·cli·ma·ti·za·tion [əˌklaɪmətaɪ'zeɪʃən] *n no pl* Akklimatisation *f;* **~ to a new environment** Eingewöhnung *f* in eine neue Umgebung

ac·cli·ma·tize [ə'klaɪmətaɪz] *vi, vt* sich akklimatisieren; *new conditions* sich gewöhnen an

ac·co·lade ['ækəleɪd] *n* Anerkennung *f*

ac·com·mo·date [ə'kɒmədeɪt] *vt* ❶(*have room for*) unterbringen; **the chalet ~s up to 6 people** die Hütte bietet Platz für bis zu 6 Personen ❷(*help*) entgegenkommen

ac·com·mo·dat·ing [ə'kɒmədeɪtɪŋ] *adj* entgegenkommend

ac·com·mo·da·tion [əˌkɒmə'deɪʃən] *n* ❶*no pl* BRIT, AUS (*lodging*) Unterkunft *f;* **"~ wanted"** „Zimmer gesucht"; **to find ~** eine Unterkunft finden ❷AM (*lodging*) ■**~s** *pl* Unterkunft *f* ❸*no pl* (*space*) Platz *m* ❹AM (*space*) ■**~s** *pl* [Sitz]plätze *pl* ❺(*compromise*) Einigung *f*

ac·com·pa·ni·ment [ə'kʌmpənɪmənt] *n* Begleitung *f;* **to be the perfect ~ to ...** ideal passen zu ...; **to the ~ of** begleitet von

ac·com·pa·nist [əˈkʌmpənɪst] *n* MUS Begleiter(in) *m(f)*
ac·com·pa·ny <-ie-> [əˈkʌmpəni] *vt* ❶ (*escort*) begleiten ❷ (*occur together*) ■ **to be accompanied by sth** mit etw *dat* einhergehen ❸ MUS begleiten
ac·com·plice [əˈkʌmplɪs] *n* Komplize *m*/Komplizin *f*
ac·com·plish [əˈkʌmplɪʃ] *vt* schaffen; *goal* erreichen; *task* erledigen
ac·com·plished [əˈkʌmplɪʃt] *adj* fähig; *actor* versiert; *performance* gelungen
ac·com·plish·ment [əˈkʌmplɪʃmənt] *n* ❶ *no pl* (*completion*) Vollendung *f*; *of an aim* Erreichen *nt*; *of a task* Erledigung *f* ❷ *usu pl* (*skill*) Fähigkeit *f* ❸ (*achievement*) Leistung *f*
ac·cord [əˈkɔːd] I. *n* ❶ (*treaty*) Vereinbarung *f* ❷ *no pl* (*agreement*) Übereinstimmung *f*; **with one ~** geschlossen ▶ **of one's/its own ~** (*voluntarily*) von sich *dat* aus; (*without external cause*) von alleine II. *vt* gewähren III. *vi* ■ **to ~ with** übereinstimmen mit
ac·cord·ance [əˈkɔːd^ən(t)s] *prep* **in ~ with** gemäß
ac·cord·ing·ly [əˈkɔːdɪŋli] *adv* ❶ (*appropriately*) [dem]entsprechend ❷ (*thus*) folglich
ac·cord·ing to [əˈkɔːdɪŋ] *prep* nach; **~ to season** der Jahreszeit entsprechend; **~ to the weather report** dem Wetterbericht zufolge
ac·cor·di·on [əˈkɔːdiən] *n* Akkordeon *nt*
ac·cost [əˈkɒst] *vt* ansprechen; (*more aggressively*) anpöbeln
ac·count [əˈkaʊnt] *n* ❶ (*description*) Bericht *m*; **by** [*or* **from**] **all ~s** nach allem, was man so hört; **by his own ~** seinen [eigenen] Aussagen zufolge ❷ (*bank service*) Konto *nt* (**with** bei) ❸ (*credit*) [Kunden]kredit *m*; **will that be cash or ~?** zahlen Sie bar oder geht das auf Rechnung? ❹ (*bill*) Rechnung *f* ❺ (*records*) ■ **~s** *pl* [Geschäfts]bücher *pl*; **to keep the ~s** die Buchhaltung machen; **to keep an ~ of sth** über etw *akk* Buch führen ❻ (*customer*) Kunde *m*/Kundin *f* ❼ COMPUT Account *nt o m*; **to create an ~** sich *dat* ein [*or* einen] Account einrichten ❽ *no pl* (*consideration*) **to take into ~** berücksichtigen; **to take no ~ of** nicht berücksichtigen ❾ (*reason*) **on ~ of** aufgrund +*gen*; **on my ~** meinetwegen; **on her/his ~** ihret-/seinetwegen; **on no ~** auf keinen Fall ❿ *no pl* (*importance*) **of little ~** von geringer Bedeutung; **to be of no ~** keinerlei Bedeutung haben ⓫ *no pl* (*responsibility*) **on one's own ~** auf sein eigenes Risiko ▶ **to give a good ~ of oneself** sich wacker schlagen; **to be brought to ~** zur Rechenschaft gezogen werden; **to settle ~s with sb** mit jdm abrechnen
ac·count·abil·ity [əˌkaʊntəˈbɪləti] *n no pl* Verantwortlichkeit *f* (**to** gegenüber)
ac·count·able [əˈkaʊntəbl] *adj* verantwortlich
ac·count·an·cy [əˈkaʊntən(t)si] *n no pl* Buchhaltung *f*
ac·count·ant [əˈkaʊntənt] *n* [Bilanz]buchhalter(in) *m(f)*
acˈcount book *n* Kassenbuch *nt*
acˈcount man·ag·er *n* Kundenbetreuer(in) *m(f)*
ac·cred·it [əˈkredɪt] *vt* ❶ (*approve*) ■ **to have been ~ed** *certificate* anerkannt worden sein ❷ (*authorize*) ■ **to be ~ed to sb/sth** *ambassador* bei jdm/etw akkreditiert sein
ac·crue [əˈkruː] *vi* ❶ FIN zuwachsen; *interest* auflaufen ❷ (*be due*) ■ **to ~ to sb/sth** jdm/etw zukommen
ac·cu·mu·late [əˈkjuːmjəleɪt] I. *vt* ansammeln II. *vi* sich ansammeln
ac·cu·mu·la·tion [əˌkjuːmjəˈleɪʃ^ən] *n* (*quantity*) Ansammlung *f*; *of sand* Anhäufung *f*
ac·cu·mu·la·tor [əˈkjuːmjəleɪtə^r] *n* BRIT, AUS Akkumulator *m*, Akku *m fam*
ac·cu·ra·cy [ˈækjərəsi] *n no pl* Genauigkeit *f*
ac·cu·rate [ˈækjərət] *adj* ❶ (*precise*) genau ❷ (*correct*) richtig; *report* getreu
ac·cu·rate·ly [ˈækjərətli] *adv* ❶ (*precisely*) genau, exakt ❷ (*correctly*) richtig ❸ (*without missing*) *hit* zielgenau
ac·cu·sa·tion [ˌækjʊˈzeɪʃ^ən] *n* ❶ (*charge*) Anschuldigung *f*; LAW Anklage *f* (**of** wegen); **to make an ~ against sb** jdn beschuldigen ❷ *no pl* (*accusing*) Vorwurf *m*; **with an air of ~** vorwurfsvoll
ac·cu·sa·tive [əˈkjuːzətɪv] *n no pl* Akkusativ *m*; **~ case** Akkusativ *m*
ac·cu·sa·tory [əˈkjuːzət^əri] *adj look* anklagend; *tone* vorwurfsvoll
ac·cuse [əˈkjuːz] *vt* ❶ (*charge*) ■ **to ~ sb [of sth]** jdn [wegen einer S. *gen*] anklagen ❷ (*claim*) ■ **to ~ sb of sth** jdn einer S. *gen* beschuldigen; **are you accusing me of lying?** willst du damit sagen, dass ich lüge?; **I'm often ~d of ...** mir wird oft vorgeworfen, dass ...
ac·cused <*pl* -> [əˈkjuːzd] *n* ■ **the ~** der/die Angeklagte/die Angeklagten *pl*
ac·cus·ing·ly [əˈkjuːzɪŋli] *adv look* anklagend; *say* vorwurfsvoll

ac·cus·tom [əˈkʌstəm] *vt* ■ **to ~ sb/oneself to sth** jdn/sich an etw *akk* gewöhnen

ac·cus·tomed [əˈkʌstəmd] *adj* ■ **to be ~ to sth** etw gewohnt sein; **to become ~ to sth** sich an etw *akk* gewöhnen

AC/DC [ˌeɪsiːˈdiːsiː] I. *n abbrev of* **alternating current/direct current** WS/GS II. *adj (fam: bisexual)* bi *fam*

ace [eɪs] I. *n (all meanings)* Ass *nt*; **~ of spades** Pikass *nt*; **~ reporter** Starreporter(in) *m(f)* ▶ **to hold all the ~s** alle Trümpfe in der Hand halten II. *adj (fam)* klasse

ac·etate [ˈæsɪteɪt] *n no pl* CHEM Acetat *nt*

acetic ˈacid *n no pl* Essigsäure *f*

acety·lene [əˈsetɪliːn] *n no pl* CHEM Acetylen *nt*

ache [eɪk] I. *n* Schmerz[en] *m[pl]*; **~s and pains** Wehwehchen *pl* II. *vi* ❶ *(cause pain)* schmerzen; **I'm aching all over** mir tut alles weh ❷ *(desire)* ■ **to be aching to do sth** sich danach sehnen, etw zu tun

achieve [əˈtʃiːv] *vt* erreichen; *fame* erlangen; *success* erzielen; *victory* erringen

achieve·ment [əˈtʃiːvmənt] *n* ❶ *(feat)* Leistung *f* ❷ *no pl (achieving)* Erreichen *nt*

ach·ing [ˈeɪkɪŋ] *adj* ❶ *(painful)* schmerzend *attr*; **~ back/head/tooth** schmerzender Rücken/Kopf/Zahn ❷ *(woeful)* schmerzend *attr*; **with an ~ heart** mit wehem Herzen *poet*

acid [ˈæsɪd] I. *n* ❶ CHEM Säure *f* ❷ *no pl (sl: LSD)* Acid *nt* II. *adj* ❶ CHEM sauer; **~ soil** saurer Boden; **~ stomach** übersäuerter Magen ❷ *(sour) taste* sauer

ˈacid house *n no pl* Acid House *nt*

acid·ic [əˈsɪdɪk] *adj* ❶ CHEM säurehaltig ❷ *(sour)* sauer

acid·ify <-ie-> [əˈsɪdɪfaɪ] I. *vt* übersäuern II. *vi water* sauer werden; *soil* versauern

acid·ity [əˈsɪdəti] *n no pl* ❶ CHEM Säuregehalt *m* ❷ *(sourness)* Säure *f*

acid rain *n no pl* saurer Regen **ˈacid test** *n* ❶ CHEM Säureprobe *f* ❷ *(fig)* Feuerprobe *f* **acid-ˈtongued** *adj person* scharfzüngig, bissig

ac·knowl·edge [əkˈnɒlɪdʒ] *vt* ❶ *(admit)* zugeben ❷ *(respect)* anerkennen; **he was generally ~d to be an expert** er galt allgemein als Experte ❸ *(reply to) greeting* erwidern; *receipt* bestätigen ❹ *(notice)* wahrnehmen

ac·knowl·edg(e)·ment [əkˈnɒlɪdʒmənt] *n* ❶ *no pl (admission)* Bekenntnis *nt* (**of** zu); **~ of guilt** Schuldeingeständnis *nt* ❷ *no pl (respect)* Anerkennung *f* ❸ *no pl (reply)* Erwiderung *f* ❹ *(confirmation)* [Empfangs]bestätigung *f* ❺ PUBL ■ **~s** *pl* Danksagung *f*

acne [ˈækni] *n no pl* Akne *f*

acorn [ˈeɪkɔːn] *n* Eichel *f*

acous·tic [əˈkuːstɪk] *adj* akustisch

acous·ti·cal·ly [əˈkuːstɪkli] *adv* akustisch

acous·tic ˈcou·pler *n* Akustikkoppler *m*

acous·tic gui·ˈtar *n* Akustikgitarre *f*

acous·tic ˈnerve *n* [Ge]hörnerv *m*

acous·tics [əˈkuːstɪks] *n* ❶ + *pl vb of hall* Akustik *f*; **the ~ of a room** die Raumakustik ❷ + *sing vb* PHYS Akustik *f*

ac·quaint [əˈkweɪnt] *vt* vertraut machen

ac·quaint·ance [əˈkweɪntən(t)s] *n* ❶ *(friend)* Bekannte(r) *f(m)* ❷ *no pl (relationship)* Bekanntschaft *f*

ac·qui·esce [ˌækwiˈes] *vi* ■ **to ~ [to sth]** [in etw *akk*] einwilligen

ac·qui·es·cence [ˌækwiˈesən(t)s] *n no pl* Einwilligung *f* (**to** in)

ac·qui·es·cent [ˌækwiˈesənt] *adj* fügsam

ac·quire [əˈkwaɪəʳ] *vt* erwerben; *habit* annehmen; *knowledge* sich *dat* aneignen; *reputation* bekommen; **to ~ a taste for sth** Geschmack an etw *dat* finden; **to be an ~d taste** gewöhnungsbedürftig sein

ac·qui·si·tion [ˌækwɪˈzɪʃən] *n* ❶ *(purchase)* Anschaffung *f* ❷ *no pl (acquiring)* Erwerb *m*; *of firm* Übernahme *f*; *of habits* Annehmen *nt*; *of knowledge* Aneignung *f*

ac·quisi·tive [əˈkwɪzɪtɪv] *adj* habgierig

ac·quit <-tt-> [əˈkwɪt] *vt* ❶ *(free)* freisprechen ❷ *(perform)* **to ~ oneself well** seine Sache gut machen

ac·quit·tal [əˈkwɪtəl] *n* Freispruch *m* (**on** von)

acre [ˈeɪkəʳ] *n* ❶ *(unit)* ≈ Morgen *m* ❷ *(fig)* **~s of space** jede Menge Platz

acre·age [ˈeɪkərɪdʒ] *n no pl* ≈ Morgen *m*

ac·rid [ˈækrɪd] *adj smell* stechend; *smoke* beißend; *taste* bitter

ac·ri·mo·ni·ous [ˌækrɪˈməʊniəs] *adj* erbittert

ac·ri·mo·ny [ˈækrɪməni] *n no pl* Verbitterung *f*; *of row* Schärfe *f*

ac·ro·bat [ˈækrəbæt] *n* Akrobat(in) *m(f)*

ac·ro·bat·ic [ˌækrəˈbætɪk] *adj* akrobatisch

ac·ro·bat·ics [ˌækrəˈbætɪks] *n* ❶ + *pl vb (movements)* Akrobatik *f* ❷ + *sing vb (skill)* Akrobatik *f*; **mental ~** *pl* Gehirnakrobatik *f*, geistige Klimmzüge *hum*

ac·ro·nym [ˈækrə(ʊ)nɪm] *n* Akronym *nt*

across [əˈkrɒs] I. *prep* ❶ *(on other side of)* über; **~ town** am anderen Ende der Stadt; **~ the street** auf der gegenüberliegenden Straßenseite ❷ *(from one side to other)* über; **~ country** über Land ▶ **~ the board** allgemein II. *adv* ❶ (*to other side*) hinüber; (*from other side*) herüber ❷ (*on other side*) drüben; **~ from sb/sth** jdm/etw gegenüber ❸ (*wide*) breit; *of circle* im Durchmesser ❹ (*diagonal*) querdurch ❺ (*crossword*) waagerecht ▶ **to get one's point ~** sich verständlich machen

acryl·ic [əˈkrɪlɪk] *n* ❶ *no pl* (*fibre*) Acryl *nt* ❷ (*paint*) Acrylfarbe *f*

act [ækt] I. *n* ❶ (*deed*) Tat *f*; **~ of aggression** Angriff *m*; **~ of kindness** Akt *m* der Güte; **~ of God** höhere Gewalt; **~ of terrorism** Terrorakt *m*; **to catch sb in the ~** jdn auf frischer Tat ertappen ❷ (*of a play*) Akt *m*; **one-~ play** Einakter *m* ❸ *no pl* (*pretence*) Schau *f*; **to put on an ~** Theater spielen ❹ (*performance*) Nummer *f* ❺ LAW Gesetz *nt* ▶ **to get in on the ~** mitmischen; **to get one's ~ together** sich am Riemen reißen II. *vi* ❶ (*take action*) handeln; (*proceed*) vorgehen; **to ~ [up]on sb's advice** jds Rat befolgen ❷ (*function*) *person* fungieren; *thing* dienen ❸ (*represent*) ■**to ~ for** [*or* **on behalf of**] **sb** jdn vertreten ❹ (*behave*) sich benehmen; **~ your age!** benimm dich gefälligst deinem Alter entsprechend!; ■**to ~ as if ...** so tun, als ob ... ❺ (*play*) spielen; (*be an actor*) Schauspieler(in) *m(f)* sein ❻ (*sham*) schauspielern ❼ (*take effect*) ■**to ~ [on sth]** [auf etw *akk*] wirken III. *vt* spielen ▶ **to ~ a part** (*pej*) schauspielern; **to ~ the part** ◆**act out** *vt* ❶ (*realize*) ausleben ❷ (*perform*) nachspielen ◆**act up** *vi* (*fam*) ❶ *person* ein Theater machen ❷ *thing* Ärger machen

act·ing [ˈæktɪŋ] I. *adj* stellvertretend II. *n* *no pl* Schauspielerei *f*

ac·tion [ˈækʃən] *n* ❶ *no pl* (*activeness*) Handeln *nt*; (*proceeding*) Vorgehen *nt*; (*measures*) Maßnahmen *pl*; **we need ~** wir brauchen Taten; **let's see some ~!** legt euch ins Zeug!; **course of ~** Vorgehensweise *f*; **a man of ~** ein Mann der Tat; **decisive ~** ein entschlossenes Vorgehen; **to put into ~** in die Tat umsetzen; **to spring into ~** in Aktion treten; **to take ~** etwas unternehmen; **out of ~** außer Gefecht ❷ (*act*) Handlung *f*, Tat *f* ❸ *no pl* FILM Action *f* ❹ *no pl* (*combat*) Einsatz *m*; **to go into ~** ins Gefecht ziehen; **to be killed in ~** fallen; **to see ~** im Einsatz sein ❺ *no pl* ■**the ~** (*excitement*) das Geschehen; (*fun also*) die Action ❻ (*movement*) Bewegung *f* ❼ *no pl* (*function*) **in/out of ~** in/außer Betrieb ❽ LAW Klage *f* ❾ *no pl* **to take** [**industrial**] **~** streiken ▶**~s speak louder than words** (*prov*) Taten sagen mehr als Worte; **to want a piece** [*or* **slice**] **of the ~** eine Scheibe vom Kuchen abhaben wollen

'ac·tion-packed *adj* spannungsgeladen

ac·tion 're·play *n* BRIT, AUS TV Wiederholung *f*

ac·ti·vate [ˈæktɪveɪt] *vt* aktivieren; *alarm* auslösen

ac·ti·va·tion [ˌæktɪˈveɪʃən] *n* *no pl* Aktivierung *f*; *of alarm* Auslösen *nt*

ac·tive [ˈæktɪv] I. *adj* aktiv; *children* lebhaft II. *n* *no pl* LING [**voice**] Aktiv *nt*; **in the ~** im Aktiv

ac·tive·ly [ˈæktɪvli] *adv* aktiv

ac·tiv·ist [ˈæktɪvɪst] *n* Aktivist(in) *m(f)*

ac·tiv·ity [ækˈtɪvəti] *n* ❶ (*activeness*) Aktivität *f* ❷ *no pl* (*liveliness*) Lebhaftigkeit *f* ❸ *usu pl* (*pastime*) Aktivität *f*; **classroom activities** schulische Aktivitäten

ac·tor [ˈæktə'] *n* Schauspieler *m*

ac·tress <*pl* -es> [ˈæktrəs] *n* Schauspielerin *f*

ac·tual [ˈæktʃuəl] *adj* ❶ (*real*) eigentlich; *facts* konkret; **in ~ fact** tatsächlich ❷ (*precise*) genau

ac·tu·al·ly [ˈæktʃuəli] *adv* ❶ (*in fact*) eigentlich ❷ (*really*) wirklich; **did you ~ say that?** hast du das tatsächlich gesagt?

ac·tu·ate [ˈæktʃueɪt] *vt* in Gang setzen

acu·men [ˈækjʊmən] *n* *no pl* Scharfsinn *m*; **business ~** Geschäftssinn *m*; **political ~** politischer Weitblick

acu·pres·sure [ˈækjʊpreʃə'] *n* *no pl* Akupressur *f*

acu·punc·ture [ˈækjʊpʌŋ(k)tʃə'] *n* *no pl* Akupunktur *f*

acute [əˈkjuːt] I. *adj* ❶ (*serious*) akut; *difficulties* ernst; *anxiety* ernsthaft; *pain* heftig ❷ (*keen*) *hearing* fein; *sense of smell* ausgeprägt ❸ (*shrewd*) scharf[sinnig] ❹ MATH *angle* spitz II. *n* LING Akut *m*

acute·ly [əˈkjuːtli] *adv* ❶ (*extremely*) äußerst; **to be ~ aware of sth** sich *dat* einer S. *gen* sehr bewusst sein ❷ (*shrewdly*) scharfsinnig

acute·ness [əˈkjuːtnəs] *n* *no pl* ❶ (*severity*) Ernsthaftigkeit *f*; *of illness* Akutheit *f*; *of pain* Intensität *f* ❷ (*shrewdness*) Scharfsinn *m*; *of sb's observations* Genauigkeit *f*

ad [æd] *n* (*fam*) *short for* **advertisement** Anzeige *f*; (*on TV*) Werbespot *m*

AD [ˌeɪˈdiː] *adj* *abbrev of* **Anno Domini** n. Chr.

ad·age [ˈædɪdʒ] *n* Sprichwort *nt*

ada·gio [əˈdɑː(d)ʒiəʊ] MUS **I.** *adv* adagio **II.** *n* Adagio *nt*

Adam [ˈædəm] *n* Adam *m* ▶ **to not know sb from ~** jdn überhaupt nicht kennen

ada·mant [ˈædəmənt] *adj* unnachgiebig; ■ **to be ~ about sth** auf etw *dat* beharren

Ad·am's ˈap·ple *n* Adamsapfel *m*

adapt [əˈdæpt] **I.** *vt* ❶ (*modify*) anpassen (**to** an); *machine* umstellen ❷ (*rewrite*) bearbeiten **II.** *vi* ■ **to ~** [**to sth**] sich [einer S. *dat*] anpassen

adapt·abil·ity [əˌdæptəˈbɪləti] *n no pl* Anpassungsfähigkeit *f* (**to**/**for** an +*akk*)

adapt·able [əˈdæptəbl] *adj* anpassungsfähig; *machine* vielseitig

ad·ap·ta·tion [ˌædæpˈteɪʃən] *n* ❶ *no pl* (*adapting*) Anpassung *f* (**to** an) ❷ *no pl* (*modifying*) Umbau *m* (**to** +*gen*); *of machine* Umstellung *f* (**to** auf) ❸ (*work*) Bearbeitung *f* ❹ BIOL Adaptation *f*

adapt·er *n*, **adap·tor** [əˈdæptəʳ] *n* ELEC Adapter *m*; (*with several*) Mehrfachsteckdose *f*

add [æd] *vt* ❶ hinzufügen ❷ MATH ■ **to ~ [together]** addieren; ■ **to ~ sth to sth** etw zu etw *dat* [dazu]zählen ❸ (*contribute*) beitragen ◆ **add up I.** *vi* ❶ (*do sums*) addieren ❷ (*total*) ■ **to ~ up to sth** *bill* sich auf etw *akk* belaufen ❸ (*accumulate*) sich summieren ❹ (*fam: make sense*) **it doesn't ~ up** es macht keinen Sinn **II.** *vt* addieren

ad·den·dum <*pl* -da> [əˈdendəm, *pl* -də] *n* ❶ (*addition*) Nachtrag *m* ❷ (*in book*) ■ **addenda** *pl* Addenda *pl*

ad·der [ˈædəʳ] *n* Otter *f*

ad·dict [ˈædɪkt] *n* Süchtige(r) *f(m)*; **drug ~** Drogenabhängige(r) *f(m)*; **to become an ~** süchtig werden

ad·dict·ed [əˈdɪktɪd] *adj* ■ **to be ~ to sth** nach etw *dat* süchtig sein; **~ to heroin** heroinsüchtig

ad·dic·tion [əˈdɪkʃən] *n no pl* Sucht *f* (**to** nach)

ad·dic·tive [əˈdɪktɪv] *adj* süchtig; **to be highly ~** schnell süchtig machen; **~ substance** Suchtmittel *nt*

ad·di·tion [əˈdɪʃən] *n* ❶ *no pl* (*adding*) Addition *f* ❷ *no pl* (*attaching*) Hinzufügen *nt* (**to** an); (*of building*) Anbau *m* (**to** an) ❸ (*extra*) Ergänzung *f*; **~ to the family** [Familien]zuwachs *m* ❹ ■ **in ~** außerdem; ■ **in ~ to** zusätzlich zu

ad·di·tion·al [əˈdɪʃənəl] *adj* zusätzlich; **~ charge** Aufpreis *m*

ad·di·tion·al·ly [əˈdɪʃənəli] *adv* außerdem

ad·di·tive [ˈædɪtɪv] *n* Zusatz *m*

ad·dress I. *n* <*pl* -es> [əˈdres] ❶ (*abode*) Adresse *f*; **"not known at this ~"** „Empfänger unbekannt" ❷ (*speech*) Rede *f* (**to** an) ❸ (*title*) **form of ~** [Form *f* der] Anrede *f* **II.** *vt* [əˈdres] ❶ (*write address*) adressieren (**to** an) ❷ (*direct*) *remark* richten (**to** an) ❸ (*speak to*) anreden

ad·dres·see [ˌædresˈiː] *n* Empfänger(in) *m(f)*

ad·enoids [ˈædɪnɔɪdz] *npl* (*in throat*) Rachenmandelwucherungen *pl*; (*in nose*) Polypen *pl*

ad·eno·ma <*pl* -s *or* -ata> [ˌædɪˈnəʊmə, *pl* -mətə] *n* MED Adenom *nt*

adept [əˈdept] *adj* geschickt (**at** in)

ad·equa·cy [ˈædɪkwəsi] *n no pl* ❶ (*sufficiency*) Angemessenheit *f* ❷ (*suitability*) Tauglichkeit *f*

ad·equate [ˈædɪkwət] *adj* ❶ (*sufficient*) ausreichend ❷ (*suitable*) angemessen; *words* passend ❸ (*barely sufficient*) zulänglich

ad·equate·ly [ˈædɪkwətli] *adv* ❶ (*sufficiently*) ausreichend ❷ (*suitably*) angemessen ❸ (*barely sufficiently*) zulänglich

ad·here [ədˈhɪəʳ] *vi* ❶ (*stick*) kleben (**to** an) ❷ (*follow*) ■ **to ~ to sth** sich an etw *akk* halten

ad·her·ence [ədˈhɪərən(t)s] *n no pl* Festhalten *nt* (**to** an); (*of rule*) Befolgung *f* (**to** +*gen*)

ad·her·ent [ədˈhɪərənt] *n* Anhänger(in) *m(f)*

ad·he·sive [ədˈhiːsɪv] **I.** *adj* haftend; **~ plaster** Heftpflaster *nt* **II.** *n no pl* Klebstoff *m*

ad hoc [ˌæd ˈhɒk] *adv* ad hoc

adi·pose ˈtis·sue *n no pl* MED Fettgewebe *nt*

ad·ja·cent [əˈdʒeɪsənt] *adj* angrenzend; **her room was ~ to mine** ihr Zimmer lag neben meinem

ad·jec·ti·val [ˌædʒɪkˈtaɪvəl] *adj* adjektivisch; **~ ending** Adjektivendung *f*

ad·jec·tive [ˈædʒɪktɪv] *n* Adjektiv *nt*, Eigenschaftswort *nt*

ad·join [əˈdʒɔɪn] *vt* angrenzen an

ad·join·ing [əˈdʒɔɪnɪŋ] *adj* angrenzend; **~ room** Nebenzimmer *nt*

ad·journ [əˈdʒɜːn] **I.** *vt* (*interrupt*) unterbrechen; (*suspend*) verschieben; LAW vertagen **II.** *vi* (*stop temporarily*) eine Pause einlegen; (*end*) aufhören

ad·journ·ment [əˈdʒɜːnmənt] *n* ❶ (*temporary stop*) Unterbrechung *f* ❷ *no pl* (*until another day*) Verschiebung *f* ❸ LAW (*until another day*) Vertagung *f* (**until** bis +*dat*)

ad·ju·di·cate [ə'dʒuːdɪkeɪt] *vi, vt* ■ **to** ~ **[on]** sth über etw *akk* entscheiden; LAW über etw *akk* ein Urteil fällen

ad·just [ə'dʒʌst] I. *vt* ❶ (*set*) [richtig] einstellen; *lever* verstellen ❷ (*rearrange*) *clothing* in Ordnung bringen ❸ (*tailor*) umändern II. *vi* (*adapt*) ■ **to** ~ **to sth** sich an etw *akk* anpassen; (*feel comfortable with*) sich an etw *akk* gewöhnen

ad·just·able [ə'dʒʌstəbl] *adj* verstellbar

ad·just·able 'span·ner *n* Engländer *m*

ad·just·ment [ə'dʒʌstmənt] *n* ❶ (*mental*) Anpassung *f*; **to make an** ~ **to sth** sich auf etw *akk* umstellen ❷ (*mechanical*) Einstellung *f* ❸ (*alteration*) *of a knob* Verstellung *f*; *of clothing* Änderung *f*

ad·ju·tant ['ædjʊtənt] *n* Adjutant *m*

ad-lib <-bb-> [ˌæd'lɪb] *vi, vt* improvisieren

'ad·man *n* Werbefachmann *m*

ad·min ['ædmɪn] *n* (*fam*) ❶ short for **administration** ❷ COMPUT short for **administrator** Administrator(in) *m/f*)

ad·min·is·ter [əd'mɪnɪstə'] *vt* ❶ (*manage*) verwalten ❷ (*dispense*) geben; (*issue*) ausgeben; *medicine* verabreichen; *oath* abnehmen; **to** ~ **first aid [to sb]** [jdm] erste Hilfe leisten

ad·min·is·tra·tion [ədˌmɪnɪ'streɪʃən] *n* ❶ *no pl* Verwaltung *f* ❷ *esp* AM (*term in office*) Amtszeit *f* ❸ (*government*) Regierung *f* ❹ *no pl* (*dispensing*) *of a medicine* Verabreichung *f*; ~ **of an oath** Vereidigung *f*

ad·min·is·tra·tive [əd'mɪnɪstrətɪv] *adj* administrativ, Verwaltungs-

ad·min·is·tra·tor [əd'mɪnɪstreɪtə'] *n* ❶ (*person in charge*) Leiter(in) *m(f)* ❷ (*clerk*) Verwaltungsbeamte(r) *m*/-beamtin *f* ❸ LAW Verwalter(in) *m(f)* ❹ COMPUT Administrator(in) *m(f)*

ad·mi·rable ['ædmərəbl] *adj* bewundernswert; *job* hervorragend

ad·mi·ral ['ædmərəl] *n* Admiral(in) *m(f)*

Ad·mi·ral·ty ['ædmərəlti] *n no pl* BRIT Marineministerium *nt*

ad·mi·ra·tion [ˌædmə'reɪʃən] *n no pl* ❶ (*respect*) Hochachtung *f* (**for** vor) ❷ (*wonderment*) Bewunderung *f*

ad·mire [əd'maɪə'] *vt* bewundern

ad·mir·er [əd'maɪərə'] *n* ❶ (*with romantic interest*) Verehrer(in) *m(f)* ❷ (*supporter*) Anhänger(in) *m(f)*

ad·mis·sible [əd'mɪsəbl] *adj* zulässig

ad·mis·sion [əd'mɪʃən] *n* ❶ *no pl* (*entering*) Eintritt *m*; (*acceptance*) Zutritt *m*; (*into university*) Zulassung *f*; (*into hospital*) Einlieferung *f* ❷ *no pl* (*entrance fee*) Eintritt[spreis] *m* ❸ (*acknowledgment*) Eingeständnis *nt*; **by his/her own** ~ nach eigenem Eingeständnis

ad·mit <-tt-> [əd'mɪt] I. *vt* ❶ (*acknowledge*) zugeben; *defeat* eingestehen ❷ (*allow entrance*) hineinlassen; (*towards spectator*) hereinlassen; **this ticket ~s one person only** diese Eintrittskarte ist nur für eine Person gültig; ■ **to** ~ **sb to [AM the] hospital** jdn ins Krankenhaus einliefern ❸ (*allow*) zulassen II. *vi* ■ **to** ~ **to sth** etw zugeben

ad·mit·tance [əd'mɪtən(t)s] *n no pl* (*entrance*) Zutritt *m*; (*to club*) Aufnahme *f*; **"no ~"** „Betreten verboten"

ad·mit·ted·ly [əd'mɪtɪdli] *adv* zugegebenermaßen

ad·mon·ish [əd'mɒnɪʃ] *vt* ermahnen

ad·mon·ish·ment [əd'mɒnɪʃmənt] *n*, **ad·mo·ni·tion** [ˌædmə'nɪʃən] *n* Ermahnung *f*

ado [ə'duː] *n no pl* großer Aufwand; **much ~ about nothing** viel Lärm um nichts; **without [further]** ~ ohne [weitere] Umstände

ado·les·cence [ˌædə'lesən(t)s] *n no pl* Jugend[zeit] *f*

ado·les·cent [ˌædə'lesənt] I. *adj* ❶ (*of teenagers*) heranwachsend, jugendlich ❷ (*pej: immature*) pubertär II. *n* Jugendliche(r) *f(m)*

adopt [ə'dɒpt] *vt* ❶ (*raise*) adoptieren; **to have one's child ~ed** sein Kind zur Adoption freigeben ❷ (*sponsor*) die Patenschaft übernehmen ❸ (*put into practice*) annehmen; *pose* einnehmen; *strategy* verfolgen; **to ~ a pragmatic approach** pragmatisch herangehen ❹ (*select*) auswählen; **to ~ sth as one's slogan** etw zu seinem Slogan erklären

adopt·ed [ə'dɒptɪd] *adj* ❶ (*into a family*) adoptiert, Adoptiv-; ~ **child** Adoptivkind *nt* ❷ (*selected*) Wahl-; **Rome is her ~ city** sie ist Wahlrömerin; **to be sb's ~ country** jds Wahlheimat sein

adop·tion [ə'dɒpʃən] *n* ❶ *no pl* Adoption *f* ❷ *no pl* (*taking on*) Annahme *f*; *of a technology* Übernahme *f*; *of a method* Aneignung *f* ❸ *no pl* (*choice*) **country of** ~ Wahlheimat *f*

ador·able [ə'dɔːrəbl] *adj* entzückend

ado·ra·tion [ˌædə'reɪʃən] *n no pl* ❶ (*respectful love*) Verehrung *f*; (*devotion*) grenzenlose Liebe ❷ REL Anbetung *f*

adore [ə'dɔːr] *vt* ❶ (*love*) über alles lieben; (*admire*) aufrichtig bewundern ❷ (*like very much*) ■ **to** ~ **sb** für jdn schwärmen;

to [**absolutely**] **~ sth** etw [einfach] wunderbar finden; **I ~ chocolate** ich liebe Schokolade

ador·ing [əˈdɔːrɪŋ] *adj* (*loving*) liebend; (*devoted*) hingebungsvoll; *mother* liebevoll

adorn [əˈdɔːn] *vt* schmücken

adorn·ment [əˈdɔːnmənt] *n* ❶ (*ornament*) Schmuck *m* ❷ *no pl* (*act*) Verschönerung *f*

adrena·lin(e) [əˈdrenəlɪn] *n no pl* Adrenalin *nt*

aˈdrena·line sport *n* Adrenalinsport *m*

Adri·at·ic [ˌeɪdriˈætɪk] *n* ■ **the ~** [**Sea**] die Adria

adrift [əˈdrɪft] **I.** *adv* **to cut ~** losmachen **II.** *adj* **to be ~** treiben

adroit [əˈdrɔɪt] *adj* geschickt

adu·la·tion [ˌædjuˈleɪʃən] *n no pl* (*admiration*) Vergötterung *f*; (*flattery*) Schmeichelei *f*

adult [ˈædʌlt, əˈdʌlt] **I.** *n* ❶ (*grown-up*) Erwachsene(r) *f(m)*; ■ **to be an ~** erwachsen sein ❷ (*animal*) ausgewachsenes Tier **II.** *adj* ❶ (*grown-up*) *person* erwachsen; *animal* ausgewachsen ❷ *behaviour* reif ❸ (*sexually explicit*) [nur] für Erwachsene

adult eduˈca·tion *n no pl* Erwachsenenbildung *f*; **~ institute** Weiterbildungseinrichtung *f*; ≈ Volkshochschule *f*

adul·ter·ate [əˈdʌltəreɪt] *vt* verfälschen; *wine* panschen

adul·tera·tion [əˈdʌltəreɪʃən] *n no pl* Verunreinigung *f*; *of a drink* Panschen *nt*; **~ of food** Nahrungsmittelfälschung *f*

adul·ter·er [əˈdʌltərər] *n* Ehebrecher *m*

adul·ter·ess <*pl* -es> [əˈdʌltərəs] *n* Ehebrecherin *f*

adul·ter·ous [əˈdʌltərəs] *adj* ehebrecherisch

adul·tery [əˈdʌltəri] *n no pl* Ehebruch *m*

adult·hood [ˈædʌlthʊd, AM BRIT *also* əˈdʌlt-] *n no pl* (*state*) Erwachsensein *nt*; (*period*) Erwachsenenalter *nt*; **to reach ~** erwachsen werden

ad·vance [ədˈvɑːn(t)s] **I.** *vi* ❶ (*make progress*) Fortschritte *pl* machen ❷ (*be promoted*) aufsteigen ❸ (*move forward*) sich vorwärtsbewegen; MIL vorrücken **II.** *vt* ❶ (*develop*) voranbringen; **to ~ one's career** seine Karriere vorantreiben ❷ (*make earlier*) vorverlegen; *money* vorschießen ❸ (*postulate*) vorbringen **III.** *n* ❶ *no pl* (*forward movement*) Vorrücken *nt* ❷ (*progress*) Fortschritt *m* ❸ (*ahead of time*) **in ~** im Voraus ❹ (*payment*) Vorschuss *m* (**on** auf) ❺ (*flirtation*) ■ **~s** *pl* Annäherungsversuche *pl* **IV.** *adj* vorherig; **~ booking** Reservierung *f*; **~ copy** Vorausexemplar *nt*

ad·vanced [ədˈvɑːn(t)st] *adj* ❶ (*in skills*) fortgeschritten; **~ mathematics** höhere Mathematik ❷ (*in development*) fortschrittlich ❸ (*in time*) fortgeschritten; **a person of ~ years** eine Person vorgerückten Alters

ad·vance·ment [ədˈvɑːn(t)smənt] *n* ❶ *no pl* (*improvement*) Verbesserung *f*; (*furtherance*) Förderung *f* ❷ *no pl* (*in career*) Aufstieg *m*

ad·vance ˈnotice *n no pl* Vorankündigung *f* **ad·vance ˈpayment** *n* Vorauszahlung *f*

ad·van·tage [ədˈvɑːntɪdʒ] *n* Vorteil *m*; **to have the ~ of sb** jdm gegenüber im Vorteil sein; **to take ~ of sb** (*pej*) jdn ausnutzen; **to take ~ of sth** (*approv*) etw nutzen

ad·van·ta·geous [ˌædvənˈteɪdʒəs] *adj* günstig; ■ **to be ~ to sb** für jdn vorteilhaft sein

ad·vent [ˈædvent] *n no pl* ❶ (*coming*) Beginn *m*, Anfang *m* ❷ REL ■ **A~** Advent *m*

ad·ven·ture [ədˈventʃər] *n* Abenteuer *nt*; **to have an ~** ein Abenteuer erleben; **~ holiday** Abenteuerurlaub *m*

ad·ven·tur·er [ədˈventʃərər] *n* Abenteurer(in) *m(f)*

ad·ven·tur·ous [ədˈventʃərəs] *adj* ❶ (*filled with adventures*) abenteuerlich ❷ (*daring*) abenteuerlustig

ad·verb [ˈædvɜːb] *n* Adverb *nt*

ad·ver·bial [ədˈvɜːbiəl] *adj* adverbial

ad·ver·sary [ˈædvəsəri] *n* Gegner(in) *m(f)*

ad·verse [ˈædvɜːs] *adj* ungünstig; *criticism, effect* negativ; *conditions* widrig

ad·ver·sity [ədˈvɜːsəti] *n no pl* Not *f*; **in ~** in der Not

ad·vert [ˈædvɜːt] *n* BRIT (*fam*) *short for* **advertisement** (*in a newspaper*) Anzeige *f*; (*on a notice board*) Aushang *m*; (*on TV*) Werbespot *m*

ad·ver·tise [ˈædvətaɪz] **I.** *vt* ❶ (*publicize*) Werbung machen für; (*in a newspaper*) inserieren; (*on a noticeboard*) in einem Aushang anbieten ❷ (*announce*) ankündigen **II.** *vi* ❶ (*publicize*) werben ❷ (*in a newspaper*) inserieren; (*on a noticeboard*) einen Aushang machen; ■ **to ~ for sb/sth** jdn/etw per Inserat suchen

ad·ver·tise·ment [ədˈvɜːtɪsmənt] *n* Werbung *f*; (*in a newspaper*) Anzeige *f*; (*on a notice board*) Aushang *m*; **TV ~** Werbespot *m*; (*fig*) Reklame *f*

ad·ver·tis·er [ˈædvətaɪzər] *n* Werbungtrei-

bende(r) *f(m)*; (*in a newspaper*) Inserent(in) *m(f)*
ad·ver·tis·ing ['ædvətaɪzɪŋ] *n no pl* Werbung *f*
'ad·ver·tis·ing agen·cy *n* Werbeagentur *f*
'ad·ver·tis·ing cam·paign *n* Werbekampagne *f*
ad·vice [əd'vaɪs] *n* ❶ *no pl* (*recommendation*) Rat *m;* **some ~** ein Rat[schlag] *m;* **to take legal ~** sich juristisch beraten lassen; **to take sb's ~** jds Rat[schlag] *m* befolgen; ■ **on sb's ~** auf jds Rat *m* hin ❷ (*notification*) Bescheid *m*
ad·vis·able [əd'vaɪzəbl] *adj* ratsam
ad·vise [əd'vaɪz] I. *vt* ❶ (*give council*) beraten; ■ **to ~ sb against sth** jdm von etw *dat* abraten; ■ **to ~ sb to do sth** jdm [dazu] raten, etw zu tun ❷ (*inform*) informieren (**of** über) II. *vi* (*give council*) raten; ■ **to ~ against sth** von etw *dat* abraten; ■ **to ~ on sth** bei etw *dat* beraten; ■ **to ~ with sb** Am sich mit jdm beraten
ad·vis·er [əd'vaɪzə'], **ad·vis·or** *n* Berater(in) *m(f)*
ad·vi·so·ry [əd'vaɪzəri] *adj* beratend; **~ committee** Beratungsausschuss *m*
ad·vo·cate I. *vt* ['ædvəkeɪt] befürworten II. *n* ['ædvəkət, -keɪt] ❶ POL Befürworter(in) *m(f)* ❷ LAW Rechtsanwalt *m*/Rechtsanwältin *f,* Anwalt *m*/Anwältin *f*
AEC [ˌeɪiː'siː] *n* Am *abbrev of* **Atomic Energy Commission** Atomenergiekommission *f*
Aegean [iː'dʒiːən] *n* ■ **the ~** [**Sea**] die Ägäis
aegis ['iːdʒɪs] *n no pl* Schirmherrschaft *f*
aer·ate [eə'reɪt] *vt* durchlüften; *soil* auflockern; *liquid* mit Kohlensäure versetzen; *blood* Sauerstoff zuführen
aer·ial ['eərɪəl] I. *adj* Luft- II. *n* Antenne *f*
aero·bat·ic [ˌeərə(ʊ)'bætɪk] *adj* Kunstflug-
aero·bat·ics [ˌeərə(ʊ)'bætɪks] *npl* ❶ (*manoeuvres*) Flugkunststücke *pl* ❷ + *sing vb* (*stunt flying*) Kunstflug *m*
aero·bics [eə'rəʊbɪks] *n no pl* ❶ (*exercise*) Aerobic *nt* ❷ (*class*) Aerobickurs *m*
aero·drome ['eərədrəʊm] *n* Flugplatz *m*
aero·dy·nam·ic [ˌeərə(ʊ)daɪ'næmɪk] *adj* aerodynamisch
aero·dy·nam·ics [ˌeərə(ʊ)daɪ'næmɪks] *n* Aerodynamik *f*
aero·naut·ic [ˌeərə(ʊ)'nɔːtɪk] *adj* aeronautisch; **~ engineering** Luftfahrttechnik *f*
aero·naut·ics [ˌeərə(ʊ)'nɔːtɪks] *n* + *sing vb* Luftfahrt[technik] *f*
aero·plane ['eərə(ʊ)pleɪn] *n* Flugzeug *nt*
aero·sol ['eərəsɒl] *n* ❶ (*mixture*) Aerosol *nt;* **~ deodorant** Deospray *nt* ❷ (*spray container*) Spraydose *f*
'aero·space in·dus·try *n* Raumfahrtindustrie *f*
aes·thet·ic [iːs'θetɪk] I. *adj* ästhetisch II. *n* Ästhetik *f*
aes·thet·ics [iːs'θetɪks] *n no pl* Ästhetik *f*
afar [ə'fɑː'] *adv* **from ~** aus der Ferne
af·fable ['æfəbl] *adj* freundlich
af·fair [ə'feə'] *n* ❶ (*matter, event*) Angelegenheit *f;* **that's my own ~** das ist ganz allein meine Sache; **he is an expert in South American ~s** er ist ein Südamerikakenner; **the state of ~s** der Stand der Dinge; **to handle sb's ~s** jds Geschäfte *pl* besorgen ❷ (*controversial situation, relationship*) Affäre *f*
af·fect [ə'fekt] *vt* ❶ (*have effect on*) ■ **to ~ sb/sth** sich auf jdn/etw auswirken; (*negatively*) **to ~ one's health** seiner Gesundheit schaden; (*concern*) jdn/etw betreffen ❷ (*move*) ■ **to be ~ed by sth** von etw *dat* bewegt sein ❸ (*feign*) vortäuschen
af·fec·ta·tion [ˌæfek'teɪʃ*ə*n] *n* Affektiertheit *f*
af·fect·ed [ə'fektɪd] *adj* ❶ (*insincere*) affektiert ❷ (*influenced*) betroffen
af·fect·ed·ly [ə'fektɪdli] *adv* (*pej*) affektiert *pej,* geziert *pej*
af·fec·tion [ə'fekʃ*ə*n] *n no pl* Zuneigung *f* (**for** zu)
af·fec·tion·ate [ə'fekʃ*ə*nət] *adj* liebevoll; **your ~ daughter** (*in a letter*) deine dich liebende Tochter
af·fec·tion·ate·ly [ə'fekʃ*ə*nətli] *adv* liebevoll, zärtlich
af·fi·da·vit [ˌæfɪ'deɪvɪt] *n* [schriftliche] eidesstattliche Erklärung
af·fili·ate I. *vt* [ə'fɪlɪeɪt] ■ **to be ~d with sth** mit etw *dat* assoziiert sein; (*in subordinate position*) etw *dat* angeschlossen sein II. *n* [ə'fɪlɪət] Konzernunternehmen *nt*
af·filia·tion [əˌfɪlɪ'eɪʃ*ə*n] *n* Angliederung *f;* **political ~s** politische Zugehörigkeit
af·fin·ity [ə'fɪnəti] *n* ❶ (*solidarity*) Verbundenheit *f;* **to feel an ~ for sb** sich jdm verbunden fühlen ❷ (*similarity*) Gemeinsamkeit *f*
af·firm [ə'fɜːm] *vt* beteuern
af·fir·ma·tion [ˌæfə'meɪʃ*ə*n] *n* ❶ (*positive assertion*) Bekräftigung *f* ❷ (*declaration*) Beteuerung *f*
af·firma·tive [ə'fɜːmətɪv] I. *adj* zustimmend; *answer positive* Bejahung *f;* **to answer in the ~** mit Ja antworten III. *interj* ■ **~!** *esp* Am jawohl!

af·fix [əˈfɪks, ˈæfɪks] *vt* (*attach*) befestigen; (*stick on*) ankleben; (*clip on*) anheften
af·flict [əˈflɪkt] *vt* plagen; **he is ~ed with severe rheumatism** er leidet an schwerem Rheumatismus
af·flic·tion [əˈflɪkʃ°n] *n* ❶ (*illness*) Leiden *nt* ❷ *no pl* (*distress*) Kummer *m*
af·flu·ence [ˈæfluən(t)s] *n no pl* Wohlstand *m*
af·flu·ent [ˈæfluənt] *adj* reich; **~ society** Wohlstandsgesellschaft *f*
af·ford [əˈfɔːd] *vt* ❶ (*have money, time for*) sich *dat* leisten; **you can't ~ to miss this once-in-a-lifetime opportunity** diese einmalige Gelegenheit darfst du dir nicht entgehen lassen ❷ (*provide*) ■**to ~ sb| sth** [jdm] etw bieten
af·ford·able [əˈfɔːdəbl̩] *adj* erschwinglich
af·for·esta·tion [əˌfɒrɪˈsteɪʃ°n] *n no pl* [Wieder]aufforstung *f*
af·front [əˈfrʌnt] I. *n* Beleidigung *f* II. *vt* beleidigen
Af·ghan [ˈæfgæn] I. *n* ❶ (*person*) Afghane *m*/Afghanin *f* ❷ (*dog*) Afghane *m* II. *adj* afghanisch
Af·ghani·stan [æfˈgænɪstæn] *n* Afghanistan *nt*
afield [əˈfiːld] *adv* entfernt
afloat [əˈfləʊt] *adj* (*also fig*) über Wasser; ■**to be ~** schwimmen
afoot [əˈfʊt] I. *adj* im Gange II. *adv* Am zu Fuß
afore·men·tioned [əˈfɔːmen(t)ʃ°nd], **afore·said** [əˈfɔːsed] *adj* oben erwähnt
afraid [əˈfreɪd] *adj* ❶ (*frightened*) verängstigt; **to |not| be ~ |of sb/sth|** [keine] Angst [vor jdm/etw] haben; **to be ~ of heights** Höhenangst haben; **to be ~ that ...** befürchten, dass ...; **to make sb ~** jdm Angst machen ❷ (*expressing regret*) **I'm ~ not/so** leider nicht/ja; **I don't agree at all, I'm ~** da kann ich Ihnen leider nicht zustimmen
afresh [əˈfreʃ] *adv* [noch einmal] von vorn
Af·rica [ˈæfrɪkə] *n* Afrika *nt*
Af·ri·can [ˈæfrɪkən] I. *n* Afrikaner(in) *m(f)* II. *adj* afrikanisch **Af·ri·can Ameri·can**

---

affirming

making sure	sich vergewissern
Everything OK?	Alles in Ordnung?
Have I done that right?	Habe ich das so richtig gemacht?
Did you enjoy the meal?	Hat es Ihnen geschmeckt?
Is that/this the bus for/to Frankfurt?	Ist das der Bus nach Frankfurt?
(*on the phone:*) Is that the jobcentre?	(*am Telefon:*) Bin ich hier richtig bei der Agentur für Arbeit?
Is that the film you were raving about? (*fam*)	Ist das der Film, von dem du so geschwärmt hast?
Are you sure you've got the right door number?	Bist du dir sicher, dass die Hausnummer stimmt?

assuring someone of something	jemandem etwas versichern, beteuern
The train really was late.	Der Zug hatte wirklich Verspätung.
I honestly didn't know anything about it.	Ganz ehrlich, ich habe davon nichts gewusst.
Believe it or not; they really have split up.	Ob du's nun glaubst oder nicht: Sie haben sich tatsächlich getrennt.
I assure you the car will go on running for a good while yet.	Ich kann Ihnen versichern, dass das Auto noch einige Jahre fahren wird.
Trust me, the concert is going to be a huge success.	Glaub mir, das Konzert wird ein Riesenerfolg.
You can be sure/certain he didn't notice a thing.	Du kannst ganz sicher sein, er hat nichts gemerkt.
I guarantee (you) the majority will vote against (it).	Ich garantiere Ihnen, dass die Mehrheit dagegen stimmen wird.
I can vouch for the fact that the takings have been properly declared.	Die Einnahmen sind ordnungsgemäß versteuert, das kann ich beschwören.

[ˌæfrɪkənəˈmerɪkən] *n* Afroamerikaner(in) *m(f)*

Af·ri·kaans [ˌæfrɪˈkɑːn(t)s] *n no pl* Afrikaans *nt*

Afro-Ameri·can [ˌæfrəʊəˈmerɪkən] **I.** *n* Afroamerikaner(in) *m(f)* **II.** *adj* afroamerikanisch

Afro-Car·ib·bean [ˌæfrəʊkærɪˈbiːən] *adj* afrokaribisch

af·ter [ˈɑːftər] **I.** *prep* ❶ (*later time*) nach; **~ lunch** nach dem Mittagessen; [**a**] **quarter ~ six** AM [um] Viertel nach sechs ❷ (*in pursuit of*) ▪ **to be ~ sb/sth** nach jdm/etw her sein ❸ (*following*) nach; **~ you!** nach Ihnen! ❹ (*behind*) **he shut the door ~ them** er machte die Tür hinter ihnen zu; **she stared ~ him in disbelief** sie starrte ihm ungläubig nach ❺ (*result of*) nach; **~ what he did to me, ...** nach dem, was er mir angetan hat, ... ❻ (*similar to*) nach; **a painting ~ Picasso** ein Gemälde im Stil von Picasso ▶**~ all** (*in spite of*) trotz; (*giving reason*) schließlich; **he rang and told me that he couldn't come ~ all** er hat angerufen und mir gesagt, dass er doch nicht kommen könne; **you are my husband, ~ all** du bist schließlich mein Mann; **she promised it, ~ all** sie hat es immerhin versprochen **II.** *conj* nachdem **III.** *adv* danach; **shortly ~** kurz darauf

ˈ**after·birth** *n* Nachgeburt *f* ˈ**after·care** *n no pl* Nachbehandlung *f* ˈ**after-ef·fect** *n* Nachwirkung *f* ˈ**after·life** *n no pl* Leben *nt* nach dem Tod ˈ**after·math** [-mɑːθ] *n no pl* Folgen *pl*; ▪ **in the ~ of** infolge **after·noon** [ˌɑːftəˈnuːn] *n* Nachmittag *m*; **good ~!** guten Tag!; **on Friday ~s** freitagnachmittags; **on the ~ of May 23rd** am Nachmittag des 23. Mai; **on Wednesday ~** [am] Mittwochnachmittag; **~ nap** [Nach]mittagsschläfchen *nt*; **early/late ~** am frühen/späten Nachmittag; **mid-~** am Nachmittag; **this ~** heute Nachmittag; **at 4.00 in the ~** um vier Uhr nachmittags; **in the ~** am Nachmittag, nachmittags ˈ**after·pains** *npl* Nachwehen *pl* ˈ**after·sales** ˈ**ser·vice** *n no pl* Kundendienst *m* ˈ**after·shave** *n no pl* Aftershave *nt* ˈ**after·taste** *n* Nachgeschmack *m* ˈ**after·thought** *n* **as an ~** im Nachhinein; **sth was added as an ~** etw kam erst später hinzu

after·ward [ˈɑːftəwəd], **after·wards** [ˈɑːftəwədz] *adv* (*later*) später; (*after something*) danach; **shortly ~** kurz danach

again [əˈgen, əgeɪn] *adv* ❶ (*as a repetition*) wieder; (*one more time*) noch einmal; **~ and ~** immer wieder; **what's her name ~?** wie ist nochmal ihr Name?; **as much ~** noch [ein]mal so viel ❷ (*anew*) noch einmal

against [əˈgen(t)st] **I.** *prep* gegen; **~ one's better judgement** wider besseres Wissen; **the dollar rose ~ the euro** der Dollar stieg gegenüber dem Euro **II.** *adv* gegen; **only twelve voted ~** es gab nur zwöf Gegenstimmen

ag·ate [ˈæɡət] *n* Achat *m*

age [eɪdʒ] **I.** *n* ❶ (*length of existence*) Alter *nt;* **he's about your ~** er ist ungefähr so alt wie du; **the club takes children of all ~s** der Verein nimmt Kinder aller Altersstufen auf; **to be 45 years of ~** 45 [Jahre alt] sein; **wrinkled with ~** vom Alter runzlig; **to be under ~** minderjährig sein; **to come of ~** volljährig werden; **to feel one's ~** die Jahre spüren; **sb looks his/her age** man sieht jdm sein Alter an; **at the ~ of eighty** mit achtzig [Jahren]; **at your ~** in deinem Alter ❷ (*era*) Zeitalter *nt;* **in this day and ~** heutzutage; **down the ~s** durch die Jahrhunderte ❸ (*long time*) ▪ **an ~**, ▪ **~s** eine Ewigkeit, Ewigkeiten *pl;* **the meeting took ~s** die Besprechung dauerte ewig [lang] **II.** *vi* ❶ (*become older*) altern ❷ FOOD reifen **III.** *vt* ❶ FOOD reifen lassen; *wine* ablagern lassen ❷ (*make look older*) älter machen; *strain, suffering* altern lassen

ˈ**age-band·ing** *n no pl* Altersklasseneinteilung *f* ˈ**age brack·et** *n* Altersgruppe *f*

aged[1] [ˈeɪdʒd] *adj* **a boy ~ 12** ein zwölfjähriger Junge; **children ~ 8 to 12** Kinder [im Alter] von 8 bis 12 Jahren

aged[2] [ˈeɪdʒɪd] **I.** *adj* (*old*) alt **II.** *n* ▪ **the ~ pl** die alten Menschen

age group *n* Altersgruppe *f*

age·ing [ˈeɪdʒɪŋ] *adj person* alternd; *machinery* veraltend

age·less [ˈeɪdʒləs] *adj* zeitlos

ˈ**age lim·it** *n* Altersgrenze *f*

agen·cy [ˈeɪdʒ³n(t)si] *n* ❶ (*private business*) Agentur *f* ❷ (*of government*) Behörde *f*

agen·da [əˈdʒendə] *n* ❶ (*for a meeting*) Tagesordnung *f* ❷ (*for action*) Programm *nt;* **to have a hidden ~** geheime Pläne haben

agent [ˈeɪdʒ³nt] *n* ❶ (*representative*) [Stell]vertreter(in) *m(f);* (*for artists*) Agent(in) *m(f)* ❷ (*of a secret service*) Agent(in) *m(f)* ❸ (*substance*) Mittel *nt*

ˈ**age spot** *n* Altersfleck *m*

ag·glom·er·ate [ə'glɒmᵊrət], **ag·glom·er·a·tion** [əˌglɒmə'reɪʃᵊn] *n* Anhäufung *f*

ag·gra·vate ['ægrəveɪt] *vt* ① *(worsen)* verschlechtern ② *(fam: annoy)* auf die Nerven gehen; ■ **to get ~d** sich ärgern

ag·gra·vat·ing ['ægrəveɪtɪŋ] *adj (fam: annoying)* ärgerlich

ag·gra·va·tion [ˌægrə'veɪʃᵊn] *n no pl* ① *(worsening)* Verschlimmerung *f* ② *(fam: annoyance)* Ärger *m*

ag·gre·gate I. *n* ['ægrɪgət] ① *(totality)* Gesamtmenge *f* ② SPORTS Gesamtergebnis *nt* II. *adj* ['ægrɪgeɪt] Gesamt-

ag·gres·sion [ə'greʃᵊn] *n no pl* Aggression *f*; **act of ~** Angriffshandlung *f*

ag·gres·sive [ə'gresɪv] *adj* aggressiv; *salesman* aufdringlich

ag·gres·sive·ly [ə'gresɪvli] *adv* ① *(in a violent way)* aggressiv, angriffslustig ② *(with great energy)* energisch, forsch; SPORTS offensiv

ag·gres·sive·ness [ə'gresɪvnəs] *n no pl* ① *(hostility)* Aggressivität *f*, Angriffslust *f* ② *(active behaviour)* Forschheit *f*; SPORTS Offensivspiel *nt*

ag·gres·sor [ə'gresəʳ] *n* Angreifer(in) *m(f)*

ag·grieved [ə'gri:vd] *adj* gekränkt (**at** wegen)

aghast [ə'gɑ:st] *adj* entsetzt (**at** über)

ag·ile ['ædʒaɪl] *adj* geschickt; *fingers* flink; **to have an ~ mind** geistig beweglich sein

ag·il·ity [ə'dʒɪləti] *n no pl* Flinkheit *f*; **mental ~** geistige Beweglichkeit

ag·ing *adj* AM, AUS *see* **ageing**

ag·i·tate ['ædʒɪteɪt] I. *vt* ① *(make nervous)* aufregen; ■ **to get ~d** sich aufregen ② *(shake)* schütteln; *(stir)* [um]rühren II. *vi* ■ **to ~ against/for sth** sich [öffentlich] gegen/für etw *akk* einsetzen

ag·i·tat·ed ['ædʒɪteɪtɪd] *adj* aufgeregt, beunruhigt

ag·i·ta·tion [ˌædʒɪ'teɪʃᵊn] *n no pl* ① *(nervousness)* Aufregung *f* ② *(activism)* Agitation *f* ③ *(of a liquid)* [Auf]rühren *nt*

ag·i·ta·tor ['ædʒɪteɪtəʳ] *n* ① *(person)* Agitator(in) *m(f)* ② *(device)* Rührapparat *m*

AGM [ˌeɪdʒi:'em] *n* BRIT, AUS *abbrev of* **annual general meeting**

ag·nos·tic [æg'nɒstɪk] I. *n* Agnostiker(in) *m(f)* II. *adj* agnostisch

ago [ə'gəʊ] *adv* **how long ~ was that?** wie lange ist das her?; **a year ~** vor einem Jahr; **[not] long ~** vor [nicht] langer Zeit; **as long ~ as 1924** schon 1924

agog [ə'gɒg] *adj* gespannt; **to be ~ with curiosity** vor Neugierde fast platzen

ago·nize ['ægənaɪz] *vi* ■ **to ~ about** [*or* **over**] **sth** sich über etw *akk* den Kopf zermartern

ago·niz·ing ['ægənaɪzɪŋ] *adj* qualvoll; *pain* unerträglich

ag·o·ny ['ægəni] *n* ① *no pl (pain)* Todesqualen *pl*; ■ **to be in ~** große Schmerzen leiden ② *(fig)* **oh, the ~ of defeat!** was für eine schmachvolle Niederlage!; **to be in an ~ of suspense** von qualvoller Ungewissheit geplagt werden ▶ **to pile on the ~** dick auftragen

ag·o·ny 'aunt *n* BRIT *(fam)* Briefkastentante *f*

ag·o·ra·pho·bia [ˌægᵊrə'fəʊbiə] *n no pl* Platzangst *f*, Agoraphobie *f fachspr*

agree [ə'gri:] I. *vi* ① *(have same opinion)* zustimmen; **I don't ~** ich bin anderer Meinung; **to be unable to ~** sich nicht einigen können; ■ **to ~ with sb** mit jdm einer Meinung sein; **we couldn't ~ more with them** wir stimmen mit ihnen absolut überein; ■ **to ~ on sth** über etw *akk* einer Meinung sein ② *(consent to)* zustimmen; **~d!** einverstanden!; **let's ~ to disagree** [*or* **differ**] ich fürchte, wir können uns nicht einigen ③ *food* ■ **to ~ with sb** jdm [gut] bekommen ④ *(match up)* übereinstimmen II. *vt* ■ **to ~ sth** mit etw *dat* einverstanden sein; ■ **to ~ that ...** sich darauf einigen, dass ...

agree·able [ə'gri:əbl] *adj* ① *(pleasant)* angenehm; *weather* freundlich ② *(acceptable)* ■ **to be ~ to sb** für jdn akzeptabel sein ③ *(consenting)* ■ **to be ~ to sth** mit etw *dat* einverstanden sein

agreed [ə'gri:d] *adj* ① *pred (of one opinion)* einig; ■ **to be ~ [on sth]** sich [auf etw *akk*] geeinigt haben; **are we all ~ on that?** sind alle damit einverstanden? ② *(accepted)* akzeptiert; **it's generally ~ that ...** es ist eine allgemein anerkannte Tatsache, dass ...

agree·ment [ə'gri:mənt] *n* ① *no pl (same opinion)* Übereinstimmung *f*; **to reach an ~** zu einer Einigung kommen; ■ **to be in ~ with sb** mit jdm übereinstimmen ② *(approval)* Zustimmung *f* ③ *(arrangement)* Vereinbarung *f* ④ *(contract)* Vertrag *m* ⑤ LING Übereinstimmung *f*; **to be in ~** übereinstimmen

ag·ri·busi·ness ['ægrɪˌbɪznɪs] *n no pl* Agroindustrie *f*

ag·ri·cul·tur·al [ˌægrɪ'kʌltʃᵊrᵊl] *adj* landwirtschaftlich; **~ land** Agrarland *nt*

ag·ri·cul·tur·al·ly [ˌægrɪ'kʌltʃᵊrᵊli] *adv* landwirtschaftlich

ag·ri·cul·ture ['ægrɪˌkʌltʃəʳ] *n no pl* Landwirtschaft *f*

ag·ro·'ter·ror·ism *n no pl* Agroterrorismus *m*

ag·ro·'tour·ism *n no pl* Ferien *pl* auf dem Bauernhof

aground [əˈgraʊnd] **I.** *adv* **to run ~** auf Grund laufen **II.** *adj* auf Grund gelaufen

ah [ɑː] *interj* (*in realization*) ach so; (*in happiness*) ah; (*in sympathy*) oh; (*in pain*) au[a], autsch

aha [ɑːˈhɑː] *interj* (*in understanding*) aha; (*in glee*) haha

AHA [ˌeɪeɪtʃˈeɪ] *n abbrev of* **alpha-hydroxy acid** AHA *f*

ahead [əˈhed] *adv* ❶ (*in front*) vorn; **the road ~** die Straße vor uns; **full speed ~** volle Kraft voraus; **to put sb ~** jdn nach vorne bringen ❷ (*more advanced*) **to be way ~ of sb** jdm um einiges voraus sein ❸ (*in the future*) **he has a lonely year ~** es liegt ein einsames Jahr vor ihm; **look ~** nach vorne sehen ❹ *person* **to go [on] ~** vor[aus]gehen ❺ *project* **to go ~** vorangehen

ahoy [əˈhɔɪ] *interj* ahoi

AI [ˌeɪˈaɪ] *n no pl* ❶ COMPUT *abbrev of* **artificial intelligence** ❷ SCI *abbrev of* **artificial insemination**

aid [eɪd] **I.** *n* ❶ *no pl* (*assistance*) Hilfe *f;* **to come to sb's ~** jdm zu Hilfe kommen; **in ~ of** zugunsten ❷ (*helpful tool*) [Hilfs]mittel *nt;* **hearing ~** Hörgerät *nt;* **walking ~** Gehhilfe *f* ▸ **what's this in ~ of?** BRIT (*fam*) wofür soll das gut sein? **II.** *vt* helfen ▸ **to ~ and abet** LAW begünstigen

AID[1] [ˌeɪaɪˈdiː] *n abbrev of* **Agency for International Development** amerikanische Behörde für Entwicklung und Zusammenarbeit

AID[2] [ˌeɪaɪˈdiː] *n abbrev of* **artificial insemination by donor** künstliche Befruchtung durch Spendersperma

'aid con·voy *n* Hilfskonvoi *m*

aide [eɪd] *n* Berater(in) *m(f)*

AIDS [eɪdz] *n*, **Aids** *n no pl abbrev of* **acquired immune deficiency syndrome** Aids *nt*

ail [eɪl] *vt* plagen; **what ~s you?** was fehlt dir?

ail·er·on [ˈeɪlərɒn] *n* AVIAT Querruder *nt*

ail·ing [ˈeɪlɪŋ] *adj* kränkelnd

ail·ment [ˈeɪlmənt] *n* Leiden *nt;* **minor ~s** leichte Beschwerden

aim [eɪm] **I.** *vi* ❶ (*point*) zielen (**at** auf) ❷ (*try for a time*) **to ~ for 7.30/next week** 7.30 Uhr/nächste Woche anpeilen ❸ (*try to achieve*) ■ **to ~ at** [*or* **for**] **sth** etw zum Ziel haben; ■ **to ~ to do** [*or* **to do**] **sth** sich *dat* vornehmen, etw zu tun; **to ~ to please** gefallen wollen ▸ **to ~ high** hoch hinaus wollen **II.** *vt* ❶ (*point*) ■ **to ~ sth at sb/sth** mit etw *dat* auf jdn/etw zielen; **to ~ a camera/weapon at sb/sth** eine Kamera/Waffe auf jdn/etw richten; **to ~ a kick/punch at sb** nach jdm treten/schlagen ❷ (*direct at*) *remark* richten (**at** an) **III.** *n* ❶ *no pl* (*skill*) Zielen *nt;* **her ~ is good/bad** sie kann gut/schlecht zielen; **to take ~** [**at sb/sth**] [auf jdn/etw] zielen ❷ (*goal*) Ziel *nt;* **~ in life** Lebensziel *nt;* ■ **with the ~ of doing sth** in der Absicht, etw zu tun

aim·less [ˈeɪmləs] *adj* ziellos

aim·less·ly [ˈeɪmləsli] *adv* (*without direction*) ziellos; (*without purpose*) planlos

ain't [eɪnt] (*sl*) ❶ = **has not, have not** *see* **have** ❷ = **am not, is not, are not** *see* **be**

air [eə^r] **I.** *n* ❶ *no pl* Luft *f;* **by ~** mit dem Flugzeug; **to send sth by ~** etw auf dem

---

agreement

expressing agreement	zustimmen
Yes, I think so too.	Ja, das denke ich auch.
I completely agree with you on that.	Da bin ich ganz Ihrer Meinung.
I endorse that. *(form)*	Dem schließe ich mich an. *(form)*
I absolutely agree with you.	Ich stimme Ihnen voll und ganz zu.
Yes, that's exactly what I think.	Das sehe ich genauso.
That's exactly how I see it.	Ich sehe es nicht anders.
You're absolutely right.	Du hast vollkommen recht.
I can only agree with you on that.	Da kann ich Ihnen nur recht geben.
That's (just/exactly) what I said.	(Genau) das habe ich auch gesagt.
I think so too.	Finde ich auch.
Exactly!/(That's) right!	Genau!/Stimmt!

Luftweg versenden; **to be [up] in the ~** (*fig*) in der Schwebe sein ❷ *no pl* TV, RADIO Äther *m;* **to go off [the] ~ programme** abgesetzt werden; *station* den Sendebetrieb einstellen; **on [the] ~** auf Sendung ❸ *no pl* (*facial expression*) Miene *f;* (*manner*) Auftreten *nt;* **she has an ~ of confidence [about her]** sie strahlt eine gewisse Selbstsicherheit aus ❹ (*affected manner*) **to give oneself** [*or* **put on**] **~s [and graces]** (*pej*) vornehm tun ❺ MUS Melodie *f* **II.** *vt* ❶ (*ventilate*) lüften; *clothes* auslüften [lassen] ❷ (*express*) äußern; **to ~ one's frustration** seinem Frust Luft machen ❸ AM (*broadcast*) senden **III.** *vi* ❶ AM TV, RADIO gesendet werden ❷ (*ventilate*) auslüften

air 'am·bu·lance *n* Rettungshubschrauber *m* **'air bag** *n* Airbag *m* **'air·base** *n* Luftwaffenstützpunkt *m* **'air·borne** *adj* ❶ (*transported by air*) in der Luft befindlich; *disease* durch die Luft übertragen; **~ troops** Luftlandetruppen *pl* ❷ (*flying*) ▪ **to be ~** in der Luft sein; **to get ~** *plane* abheben; *bird* losfliegen **'air brake** *n* AUTO Druckluftbremse *f;* AVIAT Luftbremse *f* **'air·brushed** *adj* (*fig*) geschönt; **an ~ situation** eine beschönigt dargestellte Situation; **an ~ person** eine hochgestylte Person **'air bub·ble** *n* Luftblase *f* **air-con·di·tioned** *adj* klimatisiert **air con·di·tion·er** *n* Klimaanlage *f* **air con·di·tion·ing** *n no pl* ❶ (*process*) Klimatisierung *f* ❷ (*plant*) Klimaanlage *f* **'air-cooled** *adj* luftgekühlt **air 'cor·ri·dor** *n* Luftkorridor *m*

'air·craft <*pl -*> *n* Luftfahrzeug *nt;* **commercial ~** Verkehrsflugzeug *nt*

'air·craft car·ri·er *n* Flugzeugträger *m* **'air·craft in·dus·try** *n no pl* Flugzeugindustrie *f*

'air·crew *n + sing/pl vb* Crew *f,* Flugpersonal *nt*

'air cur·tain *n* Luftschleier *m* **'air cush·ion** *n* Luftkissen *nt* **air·drome** *n* AM *see* **aerodrome** **'air·field** *n* Flugplatz *m* **'air fil·ter** *n* Luftfilter *m* **'air force** *n* Luftwaffe *f* **'air freight** *n no pl* Luftfracht *f* **'air gun** *n* Luftgewehr *nt* **'air hole** *n* Luftloch *nt*

'air·ing cup·board *n* BRIT [Wäsche]-trockenschrank *m*

air·less ['eələs] *adj* stickig

'air·lift I. *n* Luftbrücke *f* **II.** *vt* (*sth in*) über eine Luftbrücke befördern; (*sb out*) per Flugzeug evakuieren **'air·line** *n* Fluggesellschaft *f* **'air·lin·er** *n* Verkehrsflugzeug *nt*

'air·mail I. *n no pl* Luftpost *f* **II.** *vt* per Luftpost schicken **'air·man** *n* MIL Flieger *m* **'air·plane** *n* AM *see* **aeroplane** **'air pol·lut·ant** *n* Luftschadstoff *m* **'air pol·lu·tion** *n* Luftverschmutzung *f* **'air·port** *n* Flughafen *m;* **~ bus** Flughafenbus *m;* **~ tax** Flughafengebühr *f* **'air qual·ity** *n* Luftqualität *f* **'air rage** *n no pl* (*fam*) Randale *f* im Flugzeug; **flight attendants are concerned about passengers' ~** Flugbegleiter sind beunruhigt über randalierende Passagiere **'air raid** *n* Luftangriff *m* **'air·sick** *adj* luftkrank **'air·space** *n no pl* Luftraum *m* **'air stew·ard** *n,* **'air stew·ard·ess** *n* Flugbegleiter(in) *m(f)* **'air·strip** *n* Start- und Landebahn *f* **'air ter·mi·nal** *n* Terminal *nt o m* **'air tick·et** *n* Flugschein *m* **'air·tight** *adj* luftdicht; (*fig*) hieb- und stichfest **'air traf·fic** *n no pl* Flugverkehr *m;* **high volume of ~** hohes Flugaufkommen **air traf·fic con·'trol** *n no pl* ❶ (*job*) Flugsicherung *f* ❷ (*facility*) Flugleitung *f* **air traf·fic con·'trol·ler** *n* Fluglotse *m/*-lotsin *f* **'air·way** *n* ❶ ANAT Luftröhre *f* ❷ (*airline company*) Fluggesellschaft *f* **'air·worthy** *adj* flugtüchtig

airy ['eəri] *adj* ❶ ARCHIT luftig ❷ (*lacking substance*) leichtfertig

airy-fairy [ˌeəri'feəri] *adj* (*fam*) wirklichkeitsfremd

aisle [aɪl] *n* Gang *m; of church* Seitenschiff *nt* ▶ **to have sb rolling in the ~s** jdn dazu bringen, sich vor Lachen zu kugeln; **to take sb down the ~** jdn zum Traualtar führen

ajar [əˈdʒɑːʳ] *adj* einen Spalt offen

aka [ˌeɪkeɪˈeɪ] *abbrev of* **also known as** alias

akim·bo [əˈkɪmbəʊ] *adj* [**with**] **arms ~** die Arme in die Hüften gestemmt

akin [əˈkɪn] *adj* ähnlich

ala·bas·ter [ˈæləbæstəʳ] *n no pl* Alabaster *m*

à la carte [ˌælə'kɑːt] *adj* à la carte

alac·rity [ə'lækrəti] *n no pl* (*speed*) Schnelligkeit *f;* (*eagerness*) Eilfertigkeit *f;* **with ~** (*speedily*) schnell; (*eagerly*) bereitwillig

alarm [ə'lɑːm] **I.** *n* ❶ *no pl* (*worry*) Angst *f;* **to give sb cause for ~** jdm einen Grund zur Sorge geben ❷ (*signal*) Alarm *m* ❸ (*device*) Alarmanlage *f* ❹ (*alarm clock*) Wecker *m* **II.** *vt* ❶ (*worry*) beunruhigen; (*frighten*) erschrecken ❷ (*warn of danger*) alarmieren

'alarm clock *n* Wecker *m*

alarmed [ə'lɑːmd] *adj* ❶ (*worried*) beunruhigt; (*frightened*) erschrocken; **please**

don't be ~ bitte bleiben Sie ruhig ❷ *(with device)* **to be ~** eine Alarmanlage besitzen, mit einer Alarmanlage ausgerüstet sein

alarm·ing [əˈlɑːmɪŋ] *adj* (*worrying*) beunruhigend; (*frightening*) erschreckend

alarm·ing·ly [əˈlɑːmɪŋli] *adv* (*worryingly*) beunruhigend[erweise]; (*frighteningly*) erschreckend[erweise]

alarm·ism [əˈlɑːmɪzᵊm] *n no pl* Schwarzmalerei *f fig*

alarm·ist [əˈlɑːmɪst] (*pej*) **I.** *adj* schwarzseherisch **II.** *n* Schwarzseher(in) *m(f)*

Alas·ka [əˈlæskə] *n* Alaska *nt*

Al·ba·nia [ælˈbeɪniə] *n* Albanien *nt*

Al·ba·nian [ælˈbeɪniən] **I.** *n* ❶ (*person*) Albaner(in) *m(f)* ❷ (*language*) Albanisch *nt* **II.** *adj* albanisch

al·ba·tross <*pl* -es> [ˈælbətrɒs] *n* Albatros *m*

al·be·it [ɔːlˈbiːɪt] *conj* wenn auch

al·bi·no [ælˈbiːnəʊ] **I.** *adj* Albino- **II.** *n* Albino *m*

al·bum [ˈælbəm] *n* Album *nt*

al·co·hol [ˈælkəhɒl] *n no pl* Alkohol *m*; **I could smell the ~ on his breath** ich konnte seine Fahne riechen

al·co·hol-free [ˌælkəhɒlˈfriː] *adj* alkoholfrei

al·co·hol·ic [ˌælkəˈhɒlɪk] **I.** *n* Alkoholiker(in) *m(f)* **II.** *adj person* alkoholsüchtig; *drink* alkoholisch

al·co·hol·ism [ˈælkəhɒlɪzᵊm] *n no pl* Alkoholismus *m*

al·co·pop [ˈælkəpɒp] *n* Alcopop *m o nt*, Alkopop *m o nt*

al·cove [ˈælkəʊv] *n* (*niche*) Nische *f*; (*for sleeping*) Alkoven *m*

al·der [ˈɔːldəʳ] *n* Erle *f*

al·der·man [ˈɔːldəmən] *n* Alderman *m*

ale [eɪl] *n* Ale *nt*

alert [əˈlɜːt] **I.** *adj* ❶ (*mentally*) aufgeweckt ❷ (*watchful*) wachsam; (*attentive*) aufmerksam; (*conscious*) bewusst; ■ **to be ~ to sb/sth** vor jdm/etw auf der Hut sein **II.** *n* ❶ (*alarm*) Alarmsignal *nt*; **red ~** höchste Alarmstufe ❷ *no pl* (*period of watchfulness*) Alarmbereitschaft *f*; **on full ~** *army* in Gefechtsbereitschaft; ■ **to be on the ~** [**for sth**] [vor etw *dat*] auf der Hut sein **III.** *vt* ■ **to ~ sb to sth** ❶ (*notify*) jdn auf etw *akk* aufmerksam machen ❷ (*warn*) jdn vor etw *dat* warnen

A lev·el [ˈeɪlevᵊl] *n* BRIT ≈ Abitur *nt*; **to take one's ~s** das Abitur machen

alga <*pl* -e> [ˈælgə, *pl* -dʒiː, -dʒaɪ] *n* Alge *f*

al·gal bloom [ˌælgᵊlˈbluːm] *n* ECOL Algenbefall *m*

al·ge·bra [ˈældʒɪbrə] *n no pl* Algebra *f*

al·ge·bra·ic [ˌældʒɪˈbreɪɪk] *adj* algebraisch

Al·ge·ria [ælˈdʒɪəriə] *n* Algerien *nt*

Al·ge·rian [ælˈdʒɪəriən] **I.** *n* Algerier(in) *m(f)* **II.** *adj* algerisch

Al·giers [ælˈdʒɪəz] *n* Algier *nt*

al·go·rithm [ˈælgᵊrɪðᵊm] *n* Algorithmus *m*

ali·as [ˈeɪliəs] **I.** *n* Deckname *m* **II.** *adv* alias

ali·bi [ˈælɪbaɪ] *n* Alibi *nt*

al·ien [ˈeɪliən] **I.** *adj* ❶ (*foreign*) ausländisch ❷ (*strange*) fremd **II.** *n* ❶ (*foreigner*) Ausländer(in) *m(f)* ❷ (*from space*) Außerirdische(r) *f(m)*

al·ien·ate [ˈeɪliəneɪt] *vt* befremden; ■ **to feel ~d** sich entfremdet fühlen (**from** +*dat*)

al·iena·tion [ˌeɪliəˈneɪʃᵊn] *n no pl* Entfremdung *f*

alight¹ [əˈlaɪt] *adj* ❶ (*on fire*) **to be ~** brennen; **to set ~** in Brand stecken; (*fig*) begeistern ❷ (*shining brightly*) ■ **to be ~** strahlen

alight² [əˈlaɪt] *vi* ❶ (*from train, bus etc.*) aussteigen (**from** aus) ❷ *bird, butterfly* landen; (*fig*) **her eyes ~ed upon the painting** ihr Blick fiel auf das Gemälde ♦ **alight on** *vi* ■ **to ~ on sth** auf etw *akk* stoßen

align [əˈlaɪn] *vt* ❶ (*move into line*) ■ **to ~ sth** [**with sth**] etw [auf etw *akk*] ausrichten ❷ ARCHIT fluchten ❸ (*fig: support*) ■ **to ~ oneself with sb/sth** sich hinter jdn/etw stellen

align·ment [əˈlaɪnmənt] *n* Ausrichten *nt*; **the wheels are out of ~** die Räder sind nicht in der Spur

alike [əˈlaɪk] **I.** *adj* ❶ (*identical*) gleich ❷ (*similar*) ähnlich **II.** *adv* ❶ (*similarly*) gleich; **to look ~** sich *dat* ähnlich sehen; **to think ~** gleicher Ansicht sein ❷ (*both*) gleichermaßen

ali·mony [ˈælɪməni] *n no pl* Unterhalt *m*

aline *vt* AM *see* **align**

A-list·er [ˈeɪlɪstəʳ] *n* Promi *m fam*, Publikumsliebling *m*; **they get ~s for the series** für die Serie nehmen sie nur die erste Garnitur

alive [əˈlaɪv] *adj* ❶ (*not dead*) lebendig, lebend; ■ **to be ~** leben, am Leben sein; **to keep sb ~** jdn am Leben erhalten; **to be eaten ~** lebendigen Leibes aufgefressen werden; **to make sth come ~** *story* etw lebendig werden lassen ❷ (*aware*) ■ **to be ~ to sth** sich *dat* einer S. *gen* bewusst sein ❸ (*swarming*) **to be ~ with sth** von etw *dat* wimmeln

al·ka·li <*pl* -s *or* -es> [ˈælkᵊlaɪ] *n* Alkali *nt*

al·ka·line [ˈælkᵊlaɪn] *adj* alkalisch

all [ɒːl] **I.** *adj* ❶ + *pl* (*every one of*) alle; **are those ~ the strawberries you can find?** sind das alle Erdbeeren, die du finden kannst?; **of ~ the stupid things to do!** das ist ja wohl zu blöd!; **why her, of ~ people?** warum ausgerechnet sie?; **~ her children** alle ihre Kinder; **~ the people** alle [Leute]; **~ the others** alle anderen; **on ~ fours** auf allen Vieren ❷ + *sing n* (*the whole (amount) of*) der/die/das ganze; **~ her life** ihr ganzes Leben; **~ the time** die ganze Zeit; **~ week** die ganze Woche; **for ~ her money** trotz ihres ganzen Geldes ❸ + *sing n* (*every type of*) jede(r, s); **people of ~ ages** Menschen jeden Alters ❹ (*the greatest possible*) all; **she denied ~ knowledge of him** sie stritt ab, irgendetwas über ihn zu wissen; **beyond ~ doubt** jenseits allen Zweifels; **in ~ honesty** ganz ehrlich; **in ~ probability** aller Wahrscheinlichkeit nach; **with ~ due respect** bei allem Respekt **II.** *pron* ❶ (*every one*) alle; **we saw ~ of them** wir haben [sie] alle gesehen; **~ but one of the pupils took part** bis auf einen Schüler nahmen alle teil; **the best of ~** der Beste von allen ❷ (*everything*) alles; **above ~** vor allem; **tell me ~ about it** erzähl mir alles darüber; **~ I want is to be left alone** ich will nur in Ruhe gelassen werden; **~ it takes is a bit of luck** man braucht nur etwas Glück; **that's ~ I need right now** das hat mir jetzt gerade noch gefehlt; **for ~ I care, ….** von mir aus …; **for ~ I know, …** soviel ich weiß …; **first of ~** zuerst; **most of ~** am meisten; **most of ~, I'd like to be …** aber am liebsten wäre ich …; **to give one's ~** alles geben; **and ~** (*fam*) und all dem; **what with the fog and ~** bei dem Nebel und so; **~ in one** alles in einem ❸ (*for emphasis*) **at ~** überhaupt; **not at ~, it was a pleasure** keine Ursache, es war mir ein Vergnügen; **nothing at ~** überhaupt nichts ▶ **and ~** (*sl: as well*) auch; **get one for me and ~** bring mir auch einen; **~ in ~** alles in allem; **~ told** insgesamt; **~'s well that ends well** (*prov*) Ende gut, alles gut **III.** *adv* ❶ (*entirely*) ganz; **it's ~ about money these days** heutzutage geht es nur ums Geld; **she's been ~ over the world** sie war schon überall auf der Welt; **a good performance ~ round** eine rundum gelungene Vorstellung; **he bought drinks ~ round** er gab eine Runde Getränke aus; **he's ~ talk** er ist nur ein Schwätzer; **to be ~ ears** ganz Ohr sein; **to be ~ for doing sth** ganz dafür sein, etw zu tun; **~ along** die ganze Zeit; **to be ~ over** aus und vorbei sein ❷ ■ **~ the …** umso …; **~ the better!** umso besser!; **not ~ that …** (*not really*) nicht gerade …; **he's not ~ that important** so wichtig ist er nun auch wieder nicht; **~ but** fast ❸ (*for emphasis*) **now don't get ~ upset about it** nun reg dich doch nicht so [furchtbar] darüber auf; **that's ~ very well, but …** das ist ja schön und gut, aber …; **~ too …** nur zu … ❹ SPORTS (*to both sides*) **it's three ~** es steht drei zu drei; **15 ~** 15 beide ▶ **to go ~ out for sth** alles für etw *akk* tun; **~ in** (*exhausted*) völlig erledigt; BRIT (*including everything*) alles inklusive; **~ over** typisch; **that's Bill ~ over!** typisch Bill!; **to be ~ over sb** sich [geradezu] auf jdn stürzen; **not ~ there** (*fam*) nicht ganz richtig [im Kopf]

Allah ['ælə] *n* Allah

'all-around *adj* AM *see* **all-round**

allay [ə'leɪ] *vt* beschwichtigen; *suspicions* zerstreuen

all-'clear *n* Entwarnung *f*; **to give** [*or* **sound**] **the ~** Entwarnung geben

al·le·ga·tion [ælə'geɪʃən] *n* Behauptung *f*; **to make an ~ against sb** jdn beschuldigen

al·lege [ə'ledʒ] *vt* behaupten

al·leged [ə'ledʒd] *adj* angeblich

al·leg·ed·ly [ə'ledʒɪdli] *adv* angeblich

al·le·giance [ə'liːdʒən(t)s] *n* Loyalität *f*; **oath of ~** Fahneneid *m*; **to pledge ~ to sb** jdm Treue schwören

al·le·gori·cal [ælə'gɒrɪkəl] *adj* allegorisch

al·le·go·ry ['ælɪgəri] *n* Allegorie *f*

al·le·luia [ˌælɪ'luːjə] **I.** *interj* halleluja **II.** *n* Halleluja *nt*

al·ler·gen ['ælədʒən] *n* Allergen *nt*

al·ler·gen·ic [ælə'dʒenɪk] *adj* allergen

al·ler·gic [ə'lɜːdʒɪk] *adj* allergisch (**to** gegen)

al·ler·gy ['ælədʒi] *n* Allergie *f* (**to** gegen); **dust/sun ~** Staub-/Sonnenallergie *f*

al·le·vi·ate [ə'liːvieɪt] *vt fears* abbauen; *pain* lindern; *stress* verringern

al·le·vi·a·tion [əˌliːvi'eɪʃən] *n no pl* Reduzierung *f*, Verminderung *f*; *of pain, discomfort* Linderung *f*

al·ley ['æli] *n* ❶ (*between buildings*) Gasse *f*; **blind ~** (*also fig*) Sackgasse *f* ❷ (*in park*) Allee *f* ▶ **this is right up my ~** AM, AUS das ist ganz mein Fall

All 'Fools' Day *n* der erste April

al·li·ance [ə'laɪən(t)s] *n* Allianz *f*; **to form an ~** ein Bündnis schließen

al·lied ['ælaɪd] *adj* ❶ (*united*) verbündet; MIL alliiert ❷ (*related*) verwandt ❸ (*together with*) ■ **~ with** gepaart mit

al·li·ga·tor ['ælɪgeɪtəʳ] *n* Alligator *m*

all-'in *adj* alles inbegriffen; ~ **rate** Inklusivpreis *m*

al·lit·er·a·tion [ˌəlɪtəˈreɪʃᵊn] *n no pl* Alliteration *f*, Stabreim *m*

al·lo·cate [ˈæləkeɪt] *vt* zuteilen; *funds* bereitstellen

al·lo·ca·tion [ˌæləˈkeɪʃᵊn] *n usu sing* (*assignment*) Zuteilung *f*; (*distribution*) Verteilung *f*; *of funds* Bereitstellung *f*

al·lot <-tt-> [əˈlɒt] *vt* zuteilen; *time* vorsehen

al·lot·ment [əˈlɒtmənt] *n* ❶ (*assignment*) Zuteilung *f*; (*distribution*) Verteilung *f* ❷ BRIT (*plot of land*) Schrebergarten *m*

all-'out *adj* umfassend; ~ **attack** Großangriff *m*

al·low [əˈlaʊ] I. *vt* ❶ (*permit*) erlauben; *access* gewähren; *goal* anerkennen; ~ **me** erlauben Sie; **she isn't** ~**ed any sweets** sie darf keine Süßigkeiten essen; ▪**to** ~ **oneself sth** sich *dat* etw gönnen ❷ (*allocate*) einplanen ❸ (*concede*) zugeben ▸ **to** ~ **sb a free hand** jdm freie Hand lassen II. *vi* **if time** ~**s** wenn die Zeit es zulässt ◆ **allow for** *vi* berücksichtigen; *error, delay* einkalkulieren

al·low·able [əˈlaʊəbl] *adj* zulässig

al·low·ance [əˈlaʊən(t)s] *n* ❶ (*permitted amount*) Zuteilung *f*; (*entertainment*) Aufwandsentschädigung *f* ❷ *no pl* (*for student*) Ausbildungsbeihilfe *f*; *esp* AM (*pocket money*) Taschengeld *nt* ❸ (*prepare for*) **to make** ~**s for sth** etw berücksichtigen; **to make** ~**s for sb** mit jdm nachsichtig sein

al·loy [ˈælɔɪ] *n* Legierung *f*; ~ **wheels** Alufelgen *pl*

all-'pow·er·ful *adj* allmächtig

all-'pur·pose *adj* Allzweck- **all right** I. *adj* ❶ (*OK*) in Ordnung; **that's** ~ (*apologetically*) das macht nichts; (*you're welcome*) keine Ursache; **it was** ~, **nothing special** na ja, es war nichts Besonderes; **would it be** ~ **if ...?** wäre es dir recht, wenn ...?; **it'll be** ~ **to leave your car here** du kannst deinen Wagen ruhig hier lassen; **to be a bit of** ~ BRIT (*fam*) nicht schlecht aussehen; ▪**to be** ~ **with sb** jdm recht sein ❷ (*healthy*) gesund; (*safe*) gut; **to get home** ~ gut nach Hause kommen II. *interj* ❶ (*in agreement*) o.k., in Ordnung ❷ (*approv fam*) bravo ❸ BRIT (*fam: greeting*) ~ ? wie geht's? III. *adv* ❶ (*doubtless*) auf jeden Fall ❷ (*quite well*) ganz gut

all-'round *adj* Allround- **all-'round·er** [-ˈraʊndə'] *n* BRIT, AUS Multitalent *nt*; SPORTS Allroundsportler(in) *m(f)* **All** **'Saints' Day** *n* Allerheiligen *nt* **All 'Souls' Day** *n* Allerseelen *nt*; **all-time** *adj attr* Rekord-, unübertroffen; ~ **high/ low** Höchststand *m*/Tiefstand *m* **'all-too-brief** *adj* allzu [*o* viel zu] kurz

al·lude [əˈluːd] *vi* ▪**to** ~ **to sth** auf etw *akk* anspielen

al·lure [əˈljʊə'] *n no pl* (*attractiveness*) Anziehungskraft *f*, Reiz *m*; (*enticing charm*) Verführungskraft *f*

al·lur·ing [əˈljʊərɪŋ] *adj* (*attractive*) anziehend; (*enticing*) verführerisch

al·lu·sion [əˈluːʒᵊn] *n* Anspielung *f* (**to** auf)

'all-weath·er *adj* Allwetter-

ally [ˈælaɪ] I. *n* Verbündete(r) *f(m)*; HIST Alliierte(r) *m* II. *vt* <-ie-> ▪**to** ~ **oneself with** sich verbünden mit +*dat*

al·ma·nac(k) [ˈɔːlmənæk, ˈæl-] *n* Almanach *m*

al·mighty [ɔːlˈmaɪti] *adj* ❶ REL allmächtig ❷ (*fam: huge*) Riesen-

al·mond [ˈɑːmənd] *n* (*nut*) Mandel *f*; (*tree*) Mandelbaum *m*

al·most [ˈɔːləʊst] *adv* fast, beinahe; **we're** ~ **there** wir sind gleich da; **they'll** ~ **certainly forget** es ist so gut wie sicher, dass sie vergessen werden

alms [ɑːmz] *npl* Almosen *pl*

aloe vera [ˌæləʊˈvɪərə] *n* Aloe vera *f*

alone [əˈləʊn] *adj, adv* allein; **am I** ~ **in thinking that ...** bin ich als Einzige der Meinung, dass ...; **to leave sb** ~ jdn in Ruhe lassen; **let** ~ ganz zu schweigen von ▸ **to go it** ~ sich selbstständig machen; (*act independently*) etw im Alleingang machen

along [əˈlɒŋ] I. *prep* entlang; *before n* + *dat;* **the trees** ~ **the river** die Bäume entlang dem Fluss; *after n* + *akk;* ~ **Highway 1** den Highway 1 entlang; ~ **the way** unterwegs, auf dem Weg II. *adv* **go on ahead, I'll be** ~ **in a minute** geh du vor, ich komme gleich nach; **to bring** ~ mitbringen; **all** ~ die ganze Zeit; ▪ ~ **with** [zusammen] mit

along·side [əˌlɒŋˈsaɪd] I. *prep* neben; NAUT längsseits II. *adv* daneben; **the lorry pulled up** ~ der Laster fuhr heran; **a tanker with a tugboat** ~ ein Tanker und ein Schleppboot Bord an Bord

aloof [əˈluːf] I. *adj* zurückhaltend II. *adv* **to remain** ~ [**from sth**] sich [von etw *dat*] fernhalten

aloof·ness [əˈluːfnəs] *n no pl* Zurückhaltung *f*, Distanziertheit *f*

aloud [əˈlaʊd] *adv* laut

al·pha [ˈælfə] *n* ❶ (*Greek letter*) Alpha *nt* ❷ BRIT UNIV (*mark*) Eins *f*

al·pha·bet ['ælfəbet] *n* Alphabet *nt*
al·pha·bet·i·cal [ælfə'betɪk³l] *adj* alphabetisch
alpha-hy·droxy acid [ˌælfəhaɪˌdrɒksi'æsɪd] *n* CHEM AHA-Fruchtsäure *f*
al·pha·nu·mer·ic [ˌælfənjuː'merɪk] *adj* alphanumerisch
'**al·pha par·ti·cle** *n* PHYS Alphateilchen *nt*
al·pine ['ælpaɪn] I. *adj* alpin; ~ **scene** [Hoch]gebirgslandschaft *f* II. *n* [Hoch]gebirgspflanze *f*
Alps [ælps] *npl* ■ **the** ~ die Alpen
al Qae·da, al-Qai·da [æl'kʌɑɪdə, ˌalkɑː'iːdə] *n no pl, no art* [die] El Kaida, [die] al-Qaida
al·ready [ɔːl'redi] *adv* ❶ (*before now*) schon, bereits ❷ AM (*fam: indicating impatience*) endlich
al·right [ɔːl'raɪt] *adj, adv, interj see* **all right**
Al·sace [æl'sæs] *n* Elsass *nt*
Al·sace-Lor·raine [ælˌsæslɒ'reɪn] *n* Elsass-Lothringen *nt*
Al·sa·tian [æl'seɪʃ³n] I. *n* (*dog*) [deutscher] Schäferhund *m* II. *adj* elsässisch
also ['ɔːlsəʊ] *adv* ❶ (*too*) auch ❷ (*furthermore*) außerdem
al·tar ['ɔːltə'] *n* Altar *m*
'**al·tar boy** *n* Ministrant *m*
al·ter ['ɔːltə'] I. *vt* ändern; **that doesn't ~ the fact that ...** das ändert nichts an der Tatsache, dass ... II. *vi* sich ändern
al·ter·able ['ɔːltə'əbl] *adj* veränderbar
al·tera·tion [ˌɔːltə'reɪʃ³n] *n* Änderung *f;* (*to house*) Umbau *m*
al·ter·ca·tion [ˌɔːltə'keɪʃ³n] *n* heftige Auseinandersetzung
al·ter·nate I. *vi* ['ɔːltəneɪt] abwechseln II. *vt* **he ~d working in the office with working at home** abwechselnd arbeitete er mal im Büro und mal zu Hause III. *adj* [ɔːl'tɜːnət] ❶ (*by turns*) abwechselnd; **on ~ days** jeden zweiten Tag ❷ (*alternative*) alternativ
al·ter·nate·ly [ɔːl'tɜːnətli] *adv* abwechselnd, im Wechsel
al·ter·nat·ing ['ɔːltəneɪtɪŋ] *adj* alternierend
al·ter·na·tive [ɔːl'tɜːnətɪv] I. *n* Alternative *f* (**to** zu) II. *adj* alternativ; ~ **date** Ausweichtermin *m*
al·ter·na·tive·ly [ɔːl'tɜːnətɪvli] *adv* statt dessen
al·ter·na·tor ['ɔːltəneɪtə'] *n* [Drehstrom]generator *m*
al·though [ɔːl'ðəʊ] *conj* obwohl
al·time·ter ['æltɪmiːtə'] *n* Höhenmesser *m*
al·ti·tude ['æltɪtjuːd] *n* Höhe *f;* **at high/low ~** in großer/niedriger Höhe

alto ['æltəʊ] I. *n* ❶ (*singer*) Altist(in) *m(f)* ❷ (*vocal range*) Altstimme *f;* **to sing ~** Alt singen II. *adj* Alt-
al·to·geth·er [ˌɔːltə'geðə'] *adv* ❶ (*completely*) völlig, ganz ❷ (*in total*) insgesamt
al·tru·ism ['æltruːɪz³m] *n no pl* Altruismus *m*
al·tru·ist ['æltruːɪst] *n* Altruist(in) *m(f)*
al·tru·is·tic [ˌæltru'ɪstɪk] *adj* altruistisch
alu·min·ium [ˌæljə'mɪniəm, -jʊ'mɪnjəm] *n no pl* Aluminium *nt*
alu·min·ium 'foil *n* Alufolie *f* **alu·min·ium 'ox·ide** *n* Aluminiumoxid *nt*
alu·mi·num *n no pl* AM *see* **aluminium**
al·ways ['ɔːlweɪz] *adv* ❶ (*at all times*) immer ❷ (*as last resort*) immer noch
am [æm, əm] *vi first pers sing of* **be**
a.m. [ˌeɪ'em] *abbrev of* **ante meridian: at 6 ~** um sechs Uhr morgens
amal·gam [ə'mælgəm] *n* Mischung *f* (**of** aus)
amal·gam·ate [ə'mælgəmeɪt] I. *vt companies* fusionieren; *departments* zusammenlegen II. *vi* sich zusammenschließen
amal·gama·tion [əˌmælgə'meɪʃ³n] *n* Vereinigung *f*
amass [ə'mæs] *vt* anhäufen
ama·teur ['æmətə'] I. *n* Amateur(in) *m(f);* (*pej*) Dilettant(in) *m(f)* II. *adj* Hobby-; SPORTS Amateur-; ~ **dramatics** Laienspiel *nt*
ama·teur·ish ['æmət³rɪʃ] *adj* (*pej*) dilettantisch
ama·teur·ish·ly ['æmət³rɪʃli] *adv* (*pej*) dilettantisch
amaze [ə'meɪz] *vt* erstaunen; **it never ceases to ~ me that ...** es wundert mich immer wieder, dass ...; ■ **to be ~d by sth** über etw *akk* verblüfft sein
amazed [ə'meɪzd] *adj* erstaunt, verblüfft
amaze·ment [ə'meɪzmənt] *n no pl* Verwunderung *f;* **to shake one's head in ~** erstaunt den Kopf schütteln
amaz·ing [ə'meɪzɪŋ] *adj* ❶ (*very surprising*) erstaunlich ❷ (*fam: excellent*) toll
amaz·ing·ly [ə'meɪzɪŋli] *adv* erstaunlich, unglaublich; ~ **enough** erstaunlicherweise, überraschenderweise
Ama·zon ['æməz³n] *n* ❶ (*female warrior*) Amazone *f* ❷ (*in South America*) ■ **the** [**River**] ~ der Amazonas
am·bas·sa·dor [æm'bæsədə'] *n* ❶ (*of a country*) Botschafter(in) *m(f)* (**to** in) ❷ (*authorized messenger*) Gesandte(r) *f(m)*
am·ber ['æmbə'] *n no pl* ❶ (*fossil*) Bernstein *m* ❷ (*colour*) Bernsteingelb *nt;* BRIT (*traffic light*) Gelb *nt*

am·bi·dex·trous [ˌæmbɪˈdekstrəs] *adj* beidhändig

am·bi·ence [ˈæmbɪən(t)s] *n no pl* Ambiente *nt*, Atmosphäre *f*

am·bi·gu·ity [ˌæmbɪˈgjuːəti] *n* Zweideutigkeit *f*

am·bigu·ous [æmˈbɪgjuːəs] *adj* zweideutig, mehrdeutig; *feelings* gemischt

am·bigu·ous·ly [æmˈbɪgjuːəsli] *adv* (*with double meaning*) zweideutig; (*not clearly*) unklar; **~ worded** missverständlich ausgedrückt; **to smile ~** vieldeutig lächeln

am·bi·tion [æmˈbɪʃ°n] *n* ❶ *no pl* (*wish to succeed*) Ehrgeiz *m* ❷ (*aim*) Ambition[en] *f[pl]*; **burning ~** brennender Wunsch

am·bi·tious [æmˈbɪʃəs] *adj* ehrgeizig; *target* hochgesteckt

am·biva·lent [æmˈbɪvələnt] *adj* zwiespältig; *attitude* ambivalent; *feelings* gemischt

am·ble [ˈæmbl] I. *vi* schlendern II. *n no pl* ❶ (*stroll*) Schlendern *nt* ❷ (*of a horse*) Passgang *m*

am·bu·lance [ˈæmbjələn(t)s] *n* Krankenwagen *m*; **~ crew/service** Rettungsmannschaft *f*/-dienst *m*; **~ siren** Krankenwagensirene *f*

am·bush [ˈæmbʊʃ] I. *vt* ■ **to be ~ed** aus dem Hinterhalt überfallen werden II. *n* Überfall *m* aus dem Hinterhalt; **to lie in ~ for sb** jdm auflauern

ame·ba <*pl* -s *or* -bae> *n* AM *see* **amoeba**

ame·bic *adj* AM *see* **amoebic**

ame·lio·rate [əˈmiːliəreɪt] *vt* verbessern; *symptoms* lindern

ame·lio·ra·tion [əˌmiːliəˈreɪʃ°n] *n* Verbesserung *f*

amen [ˌɑːˈmen, ˌeɪ-] *interj* Amen; **~ to that!** Gott sei's gedankt!

ame·nable [əˈmiːnəbl] *adj* aufgeschlossen (**to** gegenüber)

amend [əˈmend] *vt* [ab]ändern

amend·ment [əˈmen(d)mənt] *n* Änderung *f*; **the fifth ~** AM der Fünfte Zusatzartikel [zur Verfassung]

amends [əˈmendz] *npl* **to make ~ for sth** etw wieder gutmachen

amen·ity [əˈmiːnəti] *n* (*facilities*) ■ **amenities** *pl* Freizeiteinrichtungen *pl*; **accommodation with basic amenities** Unterkunft *f* mit einfachstem Komfort; **public amenities** öffentliche Einrichtungen

Ameri·ca [əˈmerɪkə] *n* Amerika *nt*; **the ~s** Nord-, Mittel- und Südamerika *nt*

Ameri·can [əˈmerɪkən] I. *adj* amerikanisch II. *n* Amerikaner(in) *m(f)*

Ameri·can ˈfoot·ball *n* American Football *m* **Ameri·can ˈIn·dian** *n* Indianer(in) *m(f)*

Ameri·can·ism [əˈmerɪkənɪz°m] *n* Amerikanismus *m*

Ameri·ca·nize [əˈmerɪkənaɪz] *vt* amerikanisieren

am·ethyst [ˈæməɪst] I. *n* Amethyst *m* II. *adj* amethystfarben

ami·abil·ity [ˌeɪmiəˈbɪləti] *n* Freundlichkeit *f*

ami·able [ˈeɪmiəbl] *adj* freundlich

ami·cable [ˈæmɪkəbl] *adj* freundlich; *divorce* einvernehmlich; *settlement* gütlich

ami·cably [ˈæmɪkəbli] *adv* freundlich; **to settle sth ~** etw freundschaftlich regeln; **to settle a dispute ~** einen Streit gütlich beilegen

amid [əˈmɪd] *prep*, **amidst** [əˈmɪdst] *prep* inmitten

ami·no acid [əˌmiːnəʊˈ-] *n* Aminosäure *f*

amiss [əˈmɪs] I. *adj* **there's something ~** etwas stimmt nicht II. *adv* **a word of apology would not go ~** eine Entschuldigung könnte nicht schaden; **to take sth ~** etw übelnehmen

am·meter [ˈæmɪtəʳ] *n* Amperemeter *nt*

am·mo·nia [əˈməʊniə] *n* ❶ (*gas*) Ammoniak *nt* ❷ (*liquid*) Salmiakgeist *m*

am·mu·ni·tion [ˌæmjəˈnɪʃ°n] *n no pl* Munition *f*

am·ne·sia [æmˈniːziə] *n* Amnesie *f*

am·nes·ty [ˈæmnəsti] *n* Amnestie *f*

amoe·ba <*pl* -s *or* -bae> [əˈmiːbə, *pl* -biː] *n* Amöbe *f*

amoe·bic [əˈmiːbɪk] *adj* Amöben-

amok [əˈmɒk] *adv* **to run ~** Amok laufen

among [əˈmʌŋ] *prep*, **amongst** [əˈmʌŋst] *prep* ❶ (*between*) unter; **they wanted to discuss it ~ themselves** sie wollten es untereinander besprechen; **~ her talents are ...** zu ihren Talenten zählen ...; [**just**] **one ~ many** [nur] eine(r, s) von vielen; **~ other things** unter anderem ❷ (*in midst of*) inmitten

amor·al [ˌeɪˈmɒrəl] *adj* amoralisch

amo·rous [ˈæmərəs] *adj* amourös; *look* verliebt; **~ advances** Annäherungsversuche *pl*

amor·phous [əˈmɔːfəs] *adj* amorph, formlos

amor·ti·za·tion [əˌmɔːtɪˈzeɪʃ°n] *n* Amortisation *f*

amor·tize [əˈmɔːtaɪz] *vt* amortisieren

amount [əˈmaʊnt] I. *n* ❶ (*quantity*) Menge *f*; **a certain ~ of difficulty** gewisse Schwierigkeiten ❷ *of land* Fläche *f* ❸ *of money* Betrag *m* II. *vi* ❶ (*add up to*) ■ **to ~ to sth** sich auf etw *akk* belaufen; (*fig*) etw *dat* gleichkommen ❷ (*be successful*) **he'll never ~ to much** er wird es nie zu etwas bringen

amp [æmp] ❶ *short for* **ampere** Ampere *nt* ❷ *short for* **amplifier** Verstärker *m*

am·pere ['æmpeə'] *n* Ampere *nt*

am·pheta·mine [æm'fetəmiːn] *n* Amphetamin *nt*

am·phib·ian [æm'fɪbɪən] *n* ❶ (*animal*) Amphibie *f* ❷ (*vehicle*) Amphibienfahrzeug *nt*

am·phibi·ous [æm'fɪbɪəs] *adj* amphibisch; **~ vehicle** Amphibienfahrzeug *nt*

am·phi·thea·tre [-fɪˌθɪətə'] *n* BRIT, AUS Amphitheater *nt*

am·ple <-r, -st> ['æmpl] *adj* ❶ (*plentiful*) reichlich; (*enough*) genügend ❷ (*large*) groß

am·pli·fi·ca·tion [ˌæmplɪfɪ'keɪʃ°n] *n* ❶ (*making loud*) Verstärkung *f* ❷ (*detail*) **it needs no further ~** es braucht nicht weiter ausgeführt zu werden

am·pli·fi·er ['æmplɪfaɪə'] *n* Verstärker *m*

am·pli·fy <-ie-> ['æmplɪfaɪ] *vt* ❶ (*make louder*) verstärken ❷ (*enlarge upon*) weiter ausführen

am·pli·tude ['æmplɪtjuːd] *n* (*breadth*) Weite *f*; (*range*) Umfang *m*

am·ply ['æmpli] *adv* reichlich

am·poule ['æmpuːl] *n*, AM **am·pul(e)** *n* Ampulle *f*

am·pu·tate ['æmpjəteɪt] *vt, vi* amputieren

am·pu·ta·tion [ˌæmpjə'teɪʃ°n] *n* Amputation *f*

am·pu·tee [ˌæmpjə'tiː] *n* Amputierte(r) *f(m)*

amuck *adv see* **amok**

amu·let ['æmjʊlət] *n* Amulett *nt*

amuse [ə'mjuːz] I. *vt* amüsieren; ■ **to be ~d by sth** sich über etw *akk* amüsieren II. *vi* unterhalten

amused [ə'mjuːzd] *adj* look, smile amüsiert; ■ **to be ~ at sth** sich über etw *akk* amüsieren; **I told Helen about it and she was not ~** ich erzählte es Helen, und sie fand das gar nicht komisch; ■ **to keep oneself ~** sich *dat* die Zeit vertreiben; **to keep a child ~** [*or* **entertained**] ein Kind bespaßen *fam*

amuse·ment [ə'mjuːzmənt] *n* Belustigung *f;* **she smiled in ~** sie lächelte vergnügt; **what do you do for ~?** was machst du so in deiner Freizeit?; [**much**] **to her ~** [sehr] zu ihrem Vergnügen

a'muse·ment ar·cade *n* BRIT Spielhalle *f*

a'muse·ment park *n* Freizeitpark *m*

amus·ing [ə'mjuːzɪŋ] *adj* amüsant; **that's** [**not**] **very ~** das ist [nicht] sehr witzig

an [æn, ən] *art indef* ein(e) (*unbestimmter Artikel vor Vokalen oder stimmlosem h*); *see also* **a**

ana·bol·ic ster·oid [ˌænəbɒlɪk'-] *n* anaboles Steroid

anach·ron·ism [ə'nækrənɪz°m] *n* Anachronismus *m*

anach·ro·nis·tic [əˌnækrə'nɪstɪk] *adj* anachronistisch

ana·con·da [ˌænə'kɒndə] *n* Anakonda *f*

anaemia [ə'niːmɪə] *n* Anämie *f*

anaemic [ə'niːmɪk] *adj* anämisch; (*fig*) saft- und kraftlos

an·aes·the·sia [ˌænəs'θiːzɪə] *n* Anästhesie *f*

an·aes·thet·ic [ˌænəs'θetɪk] I. *n* Betäubungsmittel *nt;* **under ~** in Narkose II. *adj* betäubend

anaes·the·tist [ə'niːsθətɪst] *n* Anästhesist(in) *m(f)*

anaes·the·tize [ə'niːsθətaɪz] *vt* betäuben

ana·gram ['ænəgræm] *n* Anagramm *nt*

anal ['eɪn°l] *adj* ❶ ANAT anal ❷ (*fam*) hyperordentlich

an·alge·sic [ˌæn°l'dʒiːzɪk] I. *adj* schmerzlindernd II. *n* Analgetikum *nt*

anal·ly ['eɪn°li] *adv* ❶ ANAT anal ❷ PSYCH **~ retentive** krankhaft ordnungsbedürftig

ana·log *n, adj* AM *see* **analogue**

ana·log com·'put·er *n* AM COMPUT Analogrechner *m*

analo·gous [ə'næləɡəs] *adj* analog; ■ **to be ~ to sth** etw *dat* entsprechen

ana·logue ['ænəlɒɡ] I. *n* ❶ Entsprechung *f* ❷ (*euph: imitation*) **cheese ~** Analogkäse *m*, Kunstkäse *m* II. *adj* analog, Analog-; **~ clock/watch** Analoguhr *f;* **~ computer** Analogrechner *m*

anal·ogy [ə'nælədʒi] *n* (*similarity*) Analogie *f;* **to draw an ~** eine Parallele ziehen; **by ~** in Analogie (**with** zu)

ana·lyse ['æn°laɪz] *vt* analysieren

analy·sis <*pl* -ses> [ə'næləsɪs, *pl* -siːz] *n* ❶ (*examination*) Analyse *f;* (*conclusions*) Beurteilung *f* ❷ PSYCH [Psycho]analyse *f;* ■ **to be in ~** AM in psychiatrischer Behandlung sein ▶ **in the <u>final</u> ~** letzten Endes

ana·lyst ['æn°lɪst] *n* Analytiker(in) *m(f);* FIN Analyst(in) *m(f);* (*psychoanalyst*) Psychoanalytiker(in) *m(f)*

ana·lyti·cal [ˌæn°'lɪtɪk°l] *adj* analytisch

ana·lyti·cal·ly [ˌæn°'lɪtɪk°li] *adv* analytisch

ana·lyze *vt* AM *see* **analyse**

an·aph·ro·dis·i·ac [ˌænæfrə(ʊ)'dɪzɪæk] *adj* antiaphrodisisch

an·ar·chic(al) [æn'ɑːkɪk(°l)] *adj* anarchisch

an·ar·chism ['ænəkɪzəm] *n* Anarchismus *m*
an·ar·chist ['ænəkɪst] I. *n* Anarchist(in) *m(f)* II. *adj* anarchistisch
an·ar·chis·tic [ˌænə'kɪstɪk] *adj* anarchistisch
an·ar·chy ['ænəki] *n* Anarchie *f*
anath·ema [ə'næθəmə] *n* Gräuel *m*
ana·tom·i·cal [ˌænə'tɒmɪkəl] *adj* anatomisch
ana·tom·i·cal·ly [ˌænə'tɒmɪkəli] *adv* anatomisch
anato·my [ə'nætəmi] *n* Anatomie *f*
an·ces·tor ['ænsestər] *n* Vorfahr[e] *m*/Vorfahrin *f*
an·ces·tral [æn'sestrəl] *adj* Ahnen-; *rights* angestammt; ~ **home** Stammsitz *m*
an·ces·tress <*pl* -es> ['ænsestrəs] *n* Ahnin *f*, Vorfahrin *f*
an·ces·try ['ænsestri] *n* Abstammung *f*
an·chor ['æŋkər] I. *n* ❶ NAUT Anker *m*; **to be at ~** vor Anker liegen ❷ *(fig)* **she was my ~ when things were difficult for me** sie war mein Halt, als ich in Schwierigkeiten war II. *vt* ❶ NAUT verankern ❷ *radio/TV program* moderieren III. *vi* vor Anker gehen
an·chor·age ['æŋkərɪdʒ] *n* Ankerplatz *m*
'an·chor·man *n* Moderator *m* **'an·chor·woman** *n* Moderatorin *f*
an·cho·vy ['æntʃəvi] *n* An[s]chovis *f*, Sardelle *f*
an·cient ['eɪn(t)ʃənt] *adj* alt; *(fam: very old)* uralt; **~ Rome** das antike Rom ▶ **to be ~ history** ein alter Hut sein
an·cil·lary [æn'sɪləri] *adj* *(additional)* zusätzlich; *(of secondary importance)* zweitrangig; **~ staff** Hilfspersonal *nt*
and [ænd, ənd] *conj* und; **let's wait ~ see** warten wir mal ab; **come ~ see me tomorrow** komm mich morgen besuchen; **try ~ remember** versuche, dich zu erinnern; **I tried ~ tried** ich versuchte es immer wieder; **nice ~ hot** schön heiß; **four hundred ~ twelve** vierhundert[und]zwölf; **more ~ more** immer mehr; **~ so on** und so weiter
An·des ['ændiːz] *npl* ■ **the ~** die Anden
An·dor·ra [æn'dɔːrə] *n* Andorra *nt*
An·dor·ran [æn'dɔːrən] I. *n* Andorraner(in) *m(f)* II. *adj* andorranisch
an·drogy·nous [æn'drɒdʒɪnəs] *adj* androgyn
an·droid ['ændrɔɪd] *n* Androide *m*
an·ec·do·tal [ˌænɪk'dəʊtəl] *adj* anekdotisch
an·ec·dote ['ænɪkdəʊt] *n* Anekdote *f*

anemia *n* AM *see* **anaemia**
anemic *adj* AM *see* **anaemic**
anemo·ne [ə'nemən i] *n* Anemone *f*
an·es·thesia *n* AM *see* **anaesthesia**
an·es·thet·ic *n* AM *see* **anaesthetic**
an·es·the·tist *n* AM *see* **anaesthetist**
an·es·the·tize *n* AM *see* **anaesthetize**
anew [ə'njuː] *adv* aufs Neue
an·gel ['eɪndʒəl] *n* Engel *m;* **be an ~ and help me with this** sei so lieb und hilf mir dabei
an·gel·ic [æn'dʒelɪk] *adj* engelhaft
an·ger ['æŋgər] I. *n no pl* Ärger *m* (**at** über); *(fury)* Wut *f* (**at** auf); *(wrath)* Zorn *m* II. *vt* ärgern; *(more violently)* wütend machen; ■ **to be ~ed by sth** sich über etw *akk* ärgern; *(more violently)* über etw *akk* wütend sein
an·gi·na *n*, **an·gi·na pec·to·ris** [æn'dʒaɪnə/pektərɪs] *n* MED Angina *f* pectoris
an·gle ['æŋgl] *n* ❶ *(between two lines)* Winkel *m;* **to hang at an ~** schief hängen; **at an ~ of 20°** in einem Winkel von 20° ❷ *(perspective)* Blickwinkel *m;* **from all ~s** von allen Seiten ❸ *(opinion)* Standpunkt *m*
an·gler ['æŋglər] *n* Angler(in) *m(f)*
An·gli·can ['æŋglɪkən] I. *adj* anglikanisch; **~ Church** anglikanische Kirche II. *n* Anglikaner(in) *m(f)*
An·gli·can·ism ['æŋglɪkənɪzəm] *n* Anglikanismus *m*
An·gli·cism ['æŋglɪsɪzəm] *n* Anglizismus *m*
an·gli·cize ['æŋglɪsaɪz] *vt* anglisieren
an·gling ['æŋglɪŋ] *n* Angeln *nt*
Anglo-A'merican I. *n* Angloamerikaner(in) *m(f)* II. *adj* angloamerikanisch
An·glo·phile ['æŋglə(ʊ)faɪl] I. *n* Englandliebhaber(in) *m(f)* II. *adj* anglophil
An·glo·phobe ['æŋglə(ʊ)fəʊb] I. *n* Englandhasser(in) *m(f)* II. *adj* anglophob
Anglo-'Saxon I. *n* ❶ *(person)* Angelsachse *m*/Angelsächsin *f* ❷ *(language)* Angelsächsisch *nt* II. *adj* angelsächsisch
An·go·la [æŋ'gəʊlə] *n* Angola *nt*
an·go·ra [æŋ'gɔːrə] *n* Angorawolle *f*
an·gri·ly ['æŋgrɪli] *adv* verärgert; *(furious)* zornig; *(enraged)* wütend
an·gry ['æŋgri] *adj* ❶ *(annoyed)* verärgert; *(stronger)* zornig; *(enraged)* wütend; **I'm not ~ at you** ich bin dir nicht böse; **to make sb ~** jdn verärgern; *(stronger)* jdn wütend machen ❷ *(fig) sky* bedrohlich; *wound* schlimm
angst [æŋ(k)st] *n* [neurotische] Angst
an·guish ['æŋgwɪʃ] *n no pl* Qual *f;* **to cause sb ~** jdm Leid zufügen

an·gu·lar ['æŋgjʊlə'] *adj* kantig; (*bony*) knochig

ani·mal ['ænɪmᵊl] *n* Tier *nt;* ~ **fat** tierisches Fett

ani·mal 'hus·band·ry *n* Viehzucht *f* **ani·mal 'king·dom** *n* Tierreich *nt* **ani·mal 'rights** *npl* das Recht der Tiere auf Leben und artgerechte Haltung; ~ **activist** Tierschützer(in) *m(f)* **ani·mal 'train·er** *n* Dompteur *m*/Dompteuse (*o* Dompteurin) *f*

ani·mal 'wel·fare *n* ≈ Tierschutz *m*

ani·mate I. *adj* ['ænɪmət] belebt **II.** *vt* ['ænɪmeɪt] beleben

ani·mat·ed ['ænɪmeɪtɪd] *adj* ① *discussion* lebhaft ② FILM ~ **cartoon** [Zeichen]trickfilm *m*

ani·mat·ed·ly ['ænɪmeɪtɪdli] *adv* lebhaft; **to talk** ~ sich angeregt unterhalten

ani·ma·tion [ænɪ'meɪʃᵊn] *n* ① (*energy*) Lebhaftigkeit *f* ② FILM Animation *f*

ani·ma·tor ['ænɪmeɪtə'] *n* Trickfilmzeichner(in) *m(f)*

ani·mos·i·ty [ˌænɪ'mɒsəti] *n* Feindseligkeit *f* (**towards** gegenüber)

an·ise ['ænɪs] *n* Anis *m*

ani·seed ['ænɪsiːd] *n* Anis[samen] *m*

an·kle ['æŋkl] *n* [Fuß]knöchel *m*

'an·kle-bit·er *n esp* AM, AUS (*hum*) Balg *m o nt meist pej fam* **'an·kle bone** *n* Sprungbein *nt* **'an·kle-deep** *adj* knöcheltief **'an·kle sock** *n* BRIT Söckchen *nt*

an·klet ['æŋklət] *n* ① (*chain*) Fußkettchen *nt* ② AM (*sock*) Söckchen *nt*

an·nals ['ænᵊlz] *npl* Annalen *pl*

an·nex ['æneks] **I.** *vt* annektieren **II.** *n* <*pl* -es> AM *see* **annexe**

an·nexa·tion [ˌænek'seɪʃᵊn] *n* Annektierung *f*

an·nexe ['æneks] *n* Anbau *m*

an·ni·hi·late [ə'naɪɪleɪt] *vt* vernichten

an·ni·hi·la·tion [əˌnaɪɪ'leɪʃᵊn] *n* Vernichtung *f*

an·ni·ver·sa·ry [ænɪ'vɜːsᵊri] *n* Jahrestag *m;* ~ **party** Jubiläumsparty *f*

an·no·tate ['ænə(ʊ)teɪt] *vt* kommentieren

an·no·ta·tion [ˌænə(ʊ)'teɪʃᵊn] *n* ① *no pl* (*act*) Kommentierung *f* ② (*note*) Kommentar *m*

an·no·ta·tor ['ænə(ʊ)teɪtə'] *n* Kommentator(in) *m(f)*

an·nounce [ə'naʊn(t)s] *vt* bekannt geben; *result* verkünden

an·nounce·ment [ə'naʊn(t)smənt] *n* Bekanntmachung *f;* (*on train, at airport*) Durchsage *f;* (*on radio*) Ansage *f;* (*in newspaper*) Anzeige *f;* **to make an** ~ **about sth** etw mitteilen

an·nounc·er [ə'naʊn(t)sə'] *n* [Radio-/ Fernseh]sprecher(in) *m(f)*

an·noy [ə'nɔɪ] *vt* ärgern

an·noy·ance [ə'nɔɪən(t)s] *n* ① (*anger*) Ärger *m;* (*weaker*) Verärgerung *f* ② (*pest*) Ärgernis *nt*

an·noyed [ə'nɔɪd] *adj* verärgert (**with** über +*akk*); **don't get so** ~ lass dich dadurch nicht ärgern; **to be** ~ **to discover/hear/ see that ...** mit Verärgerung entdecken/ hören/sehen, dass ...

an·noy·ing [ə'nɔɪɪŋ] *adj* ärgerlich; *habit* lästig

an·noy·ing·ly [ə'nɔɪɪŋli] *adv* ① (*irritatingly*) störend; **she's so** ~ **sure of herself** ihr Selbstbewusstsein geht mir so was von auf die Nerven *fam* ② (*to one's annoyance*) ~ [**enough**] ärgerlicherweise

an·nual ['ænjuəl] **I.** *adj* jährlich; *event* alljährlich; ~ **income** Jahreseinkommen *nt;* ~ **rainfall** Niederschlagsmenge *f* pro Jahr **II.** *n* ① (*publication*) Jahrbuch *nt* ② (*plant*) einjährige Pflanze

an·nual ge·ne·ral 'meet·ing *n* BRIT, AUS Jahreshauptversammlung *f*

an·nu·al·ly ['ænjuəli] *adv* [all]jährlich

an·nu·ity [ə'njuːəti] *n* Jahresrente *f*

an·nul <-ll-> [ə'nʌl] *vt* annullieren; *contract* auflösen

an·nul·ment [ə'nʌlmənt] *n* Annullierung *f; of a contract* Auflösung *f*

An·nun·cia·tion [əˌnʌn(t)si'eɪʃᵊn] *n* REL ■ **the** ~ ① (*event*) die Verkündigung ② (*church festival*) Mariä Verkündigung

an·ode ['ænəʊd] *n* Anode *f*

ano·dyne ['ænə(ʊ)daɪn] *adj* einlullend; *music* unauffällig; *approach* neutral

anoint [ə'nɔɪnt] *vt* ① (*with oil*) einölen ② REL **to** ~ **sb** [**king**] jdn [zum König] salben; ~**ed successor** auserwählter Nachfolger

a'noint·ing *n* Salbung *f*

anoma·lous [ə'nɒmələs] *adj* anomal

anoma·ly [ə'nɒməli] *n* ① (*irregularity*) Anomalie *f* ② (*state*) Absonderlichkeit *f*

ano·nym·ity [ˌænə'nɪməti] *n* Anonymität *f*

anony·mous [ə'nɒnɪməs] *adj* anonym

anony·mous·ly [ə'nɒnɪməsli] *adv* anonym

ano·rak ['ænəræk] *n* ① (*jacket*) Anorak *m* ② BRIT (*fam*) Einzelgänger, der sich einem speziellen Hobby obsessiv hingibt

ano·rexia [ˌænə'reksɪə] *n*, **ano·rexia ner·vo·sa** [-nɜː'vəʊzə] *n no pl* Magersucht *f*

ano·rex·ic [ˌænə'reksɪk] **I.** *adj* magersüchtig **II.** *n* Magersüchtige(r) *f(m)*

an·other [ə'nʌðə'] **I.** *adj* ① (*one more*)

noch eine(r,s); **piece of cake** noch ein Stück Kuchen ❷ (*similar to*) ein zweiter/ein zweites/eine zweite; **the Gulf War could have been ~ Vietnam** der Golfkrieg hätte ein zweites Vietnam sein können ❸ (*not the same*) ein anderer/ein anderes/eine andere; **that's ~ story** das ist eine andere Geschichte; **to be in ~ world** ganz woanders sein II. *pron no pl* ❶ (*different one*) ein anderer/eine andere/ein anderes; **one way or ~** irgendwie ❷ (*additional one*) noch eine(r, s); **one piece after ~** ein Stück nach dem anderen; **yet ~** noch eine(r, s) ❸ (*each other*) **one ~** einander

an·swer ['ɑ:n(t)sə^r] I. *n* ❶ (*reply*) Antwort *f* (**to** auf); (*reaction also*) Reaktion *f*; **there was no ~** (*telephone*) es ist keiner rangegangen; (*doorbell*) es hat keiner aufgemacht; **in ~ to your letter ...** in Beantwortung Ihres Schreibens ... ❷ MATH Ergebnis *nt;* **~ to a problem** Lösung *f* eines Problems II. *vt* beantworten, antworten auf; *door* öffnen; **to ~ the telephone** ans Telefon gehen; ■**to ~ sb** jdm antworten; **that ~ed our prayers** das war wie ein Geschenk des Himmels; LAW **to ~ charges** sich wegen einer Klage verantworten III. *vi* antworten; **nobody ~ed** (*telephone*) es ist keiner rangegangen; (*doorbell*) es hat keiner aufgemacht ◆ **answer back** *vi* widersprechen; **don't ~ back!** keine Widerrede! ◆ **answer for** *vi* Verantwortung tragen für; **to have a lot to ~ for** vieles zu verantworten haben ◆ **answer to** *vi* ❶ (*take orders*) ■**to ~ to sb** jdm Rede und Antwort stehen ❷ *description* entsprechen ❸ (*hum: respond to*) **to ~ to the name of ...** auf den Namen ... hören

an·swer·able ['ɑ:n(t)s^ərəbl] *adj* ❶ (*responsible*) verantwortlich ❷ (*accountable*) haftbar; ■**to be ~ to sb** jdm gegenüber zur Rechenschaft verpflichtet sein

'**an·swer·ing ma·chine** *n* Anrufbeantworter *m* '**an·swer·ing ser·vice** *n* Fernsprechauftragsdienst *m*

an·swer·phone ['ɑ:n(t)səfəʊn] *n* BRIT Anrufbeantworter *m*

ant [ænt] *n* Ameise *f*; **to have ~s in one's pants** Hummeln im Hintern haben

an·tago·nism [æn'tægənɪzm^ə] *n* Feindseligkeit *f* (**towards** gegenüber)

an·tago·nist [æn'tægənɪst] *n* Antagonist(in) *m(f)*, Gegner(in) *m(f)*, Widersacher(in) *m(f)*

an·tago·nis·tic [æn,tægə'nɪstɪk] *adj* ■**to be ~ toward[s] sb** jdm gegenüber feindselig eingestellt sein

an·tago·nize [æn'tægənaɪz] *vt* ■**to ~ sb** sich jdn zum Feind machen

Ant·arc·tic [æn'tɑ:ktɪk] I. *n* ■**the ~** die Antarktis II. *adj* antarktisch; *expedition, explorer* Antarktis-; **~ Circle** südlicher Polarkreis; **~ Ocean** südliches Eismeer

Ant·arc·ti·ca [æn'tɑ:ktɪkə] *n* die Antarktis

ante ['ænti] *n* **to up the ~** den Einsatz erhöhen

ant·eater ['ænt,i:tə^r] *n* Ameisenbär *m*

ante·ced·ent [,æntɪ'si:d^ənt] *n* (*forerunner*) Vorläufer(in) *m(f);* ■**~s** *pl* (*past history*) Vorgeschichte *f kein pl; of a person* Vorleben *nt*

ante·cham·ber ['æntɪ,tʃeɪmbə^r] *n* Vorzimmer *nt*

ante·di·lu·vian [,æntɪdɪ'lu:vɪən] *adj* vorsintflutlich

ante·lope <*pl* -s *or* -> ['æntɪləʊp] *n* Antilope *f*

ante·na·tal [,æntɪ'neɪt^əl] I. *adj* pränatal; **~ class** Geburtsvorbereitungskurs *m;* **~ clinic** Klinik *f* für Schwangere II. *n* Schwangerschaftsvorsorgeuntersuchung *f*

an·ten·na [æn'tenə] *n* ❶ <*pl* -nae> *of an insect* Fühler *m;* **pair of ~e** Fühlerpaar *nt* ❷ <*pl* -s> (*aerial*) Antenne *f*

ante·ri·or [æn'tɪərɪə^r] *adj* vordere(r, s)

ante·room ['æntɪru:m] *n* Vorzimmer *nt*

an·them ['æn(t)θəm] *n* Hymne *f*

ant·hill ['ænthɪl] *n* Ameisenhaufen *m*

an·thol·ogy [æn'θɒlədʒi] *n* Anthologie *f*

an·thra·cite ['æn(t)θrəsaɪt] *n* Anthrazit *m*

an·thrax ['æn(t)θræks] *n no pl* MED Milzbrand *m*, Anthrax *m fachspr*

'**an·thrax at·tack** *n* Milzbrandattentat *nt*

an·thro·poid ['æn(t)θrə(ʊ)pɔɪd] *n* Anthropoid[e] *m;* **~ ape** Menschenaffe *m*

an·thro·po·logi·cal [,æn(t)θrəpə'lɒdʒɪk^əl] *adj* anthropologisch

an·thro·polo·gist [,æn(t)θrə'pɒlədʒɪst] *n* Anthropologe *m/*Anthropologin *f*

an·thro·pology [,æn(t)θrə'pɒlədʒi] *n* Anthropologie *f*

anti ['ænti] I. *n* Gegner(in) *m(f)* II. *adj* ■**to be ~** dagegen sein III. *prep* gegen

anti-a'bor·tion·ist *n* Abtreibungsgegner(in) *m(f)* **anti-'air·craft** *adj* Flugabwehr- *f*; **~ gun** Flak *f* **anti-A'meri·can·ism** *n no pl* Anti-Amerikanismus *m* **anti·bi·ot·ic** [-baɪ'ɒtɪk] I. *n* Antibiotikum *nt* II. *adj* antibiotisch '**anti·body** *n* Antikörper *m* **anti-'cak·ing agent** *n* Antiklumpmittel *nt* '**Anti·christ** *n* Antichrist *m*

an·tici·pate [æn'tɪsɪpeɪt] *vt* ❶ *(expect)* erwarten; *(foresee)* vorhersehen ❷ *(act in advance)* vorgreifen

an·tici·pa·tion [æn͵tɪsɪ'peɪʃ(ə)n] *n no pl* ❶ *(expecting)* Erwartung *f*; *(pleasure in advance)* Vorfreude *f*; **thank you in ~** vielen Dank im Voraus ❷ *(being first)* Vorwegnahme *f*

an·tici·pa·tory [æn͵tɪsɪ'peɪtᵊri] *adj* vorwegnehmend

anti·'cleri·cal *adj* kirchenfeindlich **anti·cli·'mac·tic** *adj* enttäuschend **anti·'cli·max** *n* Enttäuschung *f*; LIT Antiklimax *m* **anti·'clock·wise** *adv* BRIT, AUS gegen den Uhrzeigersinn **anti·co·agu·lant** [-kəʊ'ægjʊlənt] I. *n* Antikoagulans *nt* II. *adj* [blut]gerinnungshemmend **anti·cor·'ro·sive** *adj* Korrosionsschutz-

an·tics ['æntɪks] *npl* Kapriolen *pl*

anti·'cy·clone *n* Hochdruckgebiet *nt* **anti·'dazzle** *adj* blendfrei **anti·de·'pres·sant** *n* Antidepressivum *nt*

anti·dote ['æntɪdəʊt] *n* Gegenmittel *nt*

'anti·freeze *n* Frostschutzmittel *nt*

anti·gen ['æntɪdʒən] *n* Antigen *nt*

'anti·hero *n* Antiheld *m* **anti·'his·ta·mine** *n* Antihistamin *nt* **'anti·knock** *n* Antiklopfmittel *nt* **anti·lock 'brak·ing sys·tem** *n* Antiblockiersystem *nt* **'anti·mat·ter** *n* Antimaterie *f* **'anti·mine** *adj attr* Anti-Minen- **anti·'mis·sile** *adj* Antiraketen- **anti·'oxi·dant** *n* Antioxidationsmittel *nt*

an·tipa·thy [͵æn'tɪpəθi] *n* Antipathie *f*

anti·per·spi·rant [͵æntɪ'pə:spərənt] *n* Antitranspirant *nt*

An·tipo·dean [æn͵tɪpə(ʊ)'di:ən] I. *adj* BRIT ❶ australisch ❷ neuseeländisch II. *n* ❶ Australier(in) *m(f)* ❷ Neuseeländer(in) *m(f)*

An·tipo·des [æn'tɪpədi:z] *npl* BRIT ■ **the ~** Australien *nt* und Neuseeland *nt*

anti·quar·ian [͵æntɪ'kweəriən] I. *n* *(collector)* Antiquitätensammler(in) *m(f)*; *(trader)* Antiquitätenhändler(in) *m(f)* II. *adj* antiquarisch

anti·quar·ian 'book·shop *n* Antiquariat *nt*

anti·quat·ed ['æntɪkweɪtɪd] *adj* antiquiert

an·tique [æn'ti:k] I. *n* ❶ *(collectable object)* Antiquität *f*; **~ dealer** Antiquitätenhändler(in) *m(f)* ❷ *(iron)* Antiquität *f* II. *adj* antik

an·tiq·uity [æn'tɪkwəti] *n* ❶ *no pl (ancient times)* Altertum *nt* ❷ *no pl (great age)* hohes Alter ❸ *(relics)* ■ **antiquities** *pl* Altertümer *pl*

anti·'rust *adj* Rostschutz- **anti·'Se·mite** *n* Antisemit(in) *m(f)* **anti·'Se·mit·ic** *adj* antisemitisch **anti·'Se·mi·tism** *n* Antisemitismus *m* **anti·'sep·tic** I. *n* Antiseptikum *nt* II. *adj* antiseptisch; *(fig)* steril **'anti·shat·ter** *adj attr glass, windows* mit Splitterschutz *nach n; coating* splitterfest **anti·'so·cial** *adj* ❶ *(harmful)* unsozial; *(alienated)* asozial ❷ *(not sociable)* ungesellig **anti·'spam** [͵æntɪ'spæm] *adj attr* COMPUT, INET anti-Spam- **anti·'stat·ic** *adj* antistatisch **anti·'tank** *adj* Panzerabwehr-

an·tith·esis <*pl* -ses> [æn'tɪθəsɪs, *pl* -si:z] *n* Gegenteil *nt*

anti·thet·ic(al) [͵æntɪ'θetɪk(ᵊl)] *adj* gegensätzlich

anti·'tox·in *n* Gegengift *nt* **anti·'vi·rus** *adj* COMPUT **~ programme** Virenschutzprogramm *nt* **anti·'war** *adj march, speech* Antikriegs- **anti·'wrin·kle cream** *n* Faltencreme *f*

ant·ler ['æntləʳ] *n* Geweihstange *f*; **pair of ~s** Geweih *nt*

an·to·nym ['æntənɪm] *n* Antonym *nt*

anus ['eɪnəs] *n* Anus *m*

an·vil ['ænvɪl] *n* Amboss *m*

anxi·ety [æŋ'zaɪəti] *n* ❶ *no pl (feeling of concern)* Sorge *f* ❷ *(concern)* Angst *f* ❸ *no pl (desire)* Verlangen *nt*

anx·ious ['æŋ(k)ʃəs] *adj* ❶ *(concerned)* besorgt ❷ *(eager)* bestrebt; ■ **to be ~ for sth** ungeduldig auf etw *akk* warten

anx·ious·ly ['æŋ(k)ʃəsli] *adv* ❶ *(with concern)* besorgt ❷ *(eagerly)* sehnsüchtig; **~ awaited** sehnsüchtig erwartet; *(with excitement)* mit Spannung erwartet

any [eni, əni] I. *adj* ❶ *(in questions, conditional)* [irgend]eine(e); *(with uncountables)* etwas; **do you have ~ brothers and sisters?** haben Sie Geschwister?; **do you have ~ problems?** haben Sie [irgendwelche] Probleme?; **if I had ~ money ...** wenn ich [etwas] Geld hätte, ...; **if it's of ~ help [at all]** wenn das irgendwie hilft ❷ *(with negative)* **I haven't [got] ~ money** ich habe kein Geld ❸ *(every)* jede(r, s); **in ~ case** *(whatever happens)* auf jeden Fall; *(anyway)* außerdem; **~ min·ute** jeden Augenblick; **~ time** jederzeit; **~ time now** jederzeit ❹ *(whichever you like)* jede(r, s) [beliebige]; *(with uncountables, pl n)* alle; *(not important which)* irgendein(e); *(with pl n)* irgendwelche; **~ number** beliebig viele; **~ old** jede(r, s) x-beliebige II. *pron* ❶ *(some of many)* welche; *(one of many)* eine(r, s); **do you have ~ [at all]?** haben Sie [überhaupt] welche?;

did ~ of you hear anything? hat jemand von euch etwas gehört? ❷ (*some of a quantity*) welche(r, s); is there ~ left? ist noch etwas übrig?; ~ at all überhaupt welche(r, s); hardly ~ kaum etwas ❸ (*with negative*) I haven't seen ~ of his films ich habe keinen seiner Filme gesehen; don't you have ~ at all haben Sie denn überhaupt keine? ❹ (*each*) jede(r, s); ~ of the cars jedes der Autos ❺ (*not important which*) irgendeine(r, s); (*replacing pl n*) irgendwelche; ~ will do egal welche III. *adv* ❶ (*emphasizing*) noch; (*a little*) etwas; (*at all*) überhaupt; if I have to stay here ~ longer, ... wenn ich noch länger hierbleiben muss, ...; none of us is getting ~ younger wir werden alle nicht jünger; are you feeling ~ better? fühlst du dich [denn] etwas besser?; I don't feel ~ better mir geht es überhaupt nicht besser; ~ more noch mehr ❷ (*expressing termination*) not ~ longer [*or* more] nicht mehr

any·body ['enɪˌbɒdi] *pron*, **any·one** *pron* ❶ (*each person*) jede(r, s) ❷ (*someone*) jemand; ~ **else for coffee?** möchte noch jemand Kaffee? ❸ (*no one*) ■**not** ~ niemand ❹ (*unimportant person*) **he's not just** ~ er ist nicht irgendwer **any·how** ['enɪhaʊ] *adv* ❶ (*in any case*) sowieso ❷ (*in a disorderly way*) irgendwie **any·one** ['enɪwʌn] *pron see* **anybody any·place** ['enɪpleɪs] *adv* AM irgendwo **any·thing** ['enɪθɪŋ] *pron* ❶ (*each thing*) alles ❷ (*something*) **is there ~ I can do to help?** kann ich irgendwie helfen?; (*in shop*) ~ **else?** darf es noch etwas sein?; **does it look ~ like an eagle?** sieht das einem Adler irgendwie ähnlich?; **hardly** ~ kaum etwas ❸ (*nothing*) **you don't have to sing or** ~ du musst weder singen noch sonst was; **not** ~ nichts; **not** ~ **like ...** nicht annähernd ... ▶ [**as**] ... **as** ~ ausgesprochen ...; **not for** ~ [**in the world**] um nichts in der Welt; **like** ~ wie verrückt **any·time** ['enɪtaɪm] *adv* jederzeit **any·way** ['enɪweɪ], AM *also* **any·ways** *adv* (*fam*) ❶ (*in any case*) sowieso; **what's he doing there** ~? was macht er dort überhaupt? ❷ (*well*) jedenfalls; ~! na ja! **any·where** ['enɪ(h)weə^r] *adv* ❶ (*in any place*) überall; ~ **else** irgendwo anders; **not** ~ **else** nirgendwo anders ❷ (*some place*) irgendwo; **I'm not getting** ~ ich komme einfach nicht weiter; **are we** ~ **near finishing yet?** kommen wir jetzt irgendwie zum Ende?; **miles from** ~ am Ende der Welt; **to go** ~ irgendwohin gehen; ~ **between nine and ten** irgendwann zwischen neun und zehn Uhr

AOB [ˌeɪəʊ'biː] *n no pl* BRIT *abbrev of* **any other business** Diverses

aor·ta [eɪ'ɔːtə] *n* Aorta *f*

apart [ə'pɑːt] *adv* ❶ (*not together*) auseinander; **to live** ~ getrennt leben ❷ *after n* (*to one side*) **joking** ~ Spaß beiseite; **a breed** ~ eine besondere Sorte ❸ (*except for*) ~ **from** abgesehen von

apart·heid [ə'pɑːteɪt] *n no pl* Apartheid *f*

apart·ment [ə'pɑːtmənt] *n* Wohnung *f*; (*smaller*) Appartement *nt*

a'part·ment build·ing *n* AM, **a'part·ment house** *n* AM Wohnhaus *nt*; (*with smaller flats*) Appartementhaus *nt*

apa·thet·ic [ˌæpə'θetɪk] *adj* apathisch

apa·thy ['æpəθi] *n no pl* Apathie *f*

ape [eɪp] I. *n* [Menschen]affe *m* ▶ **to go** ~ [*or* ~ **shit**] (*sl*) ausflippen II. *vt* nachahmen

ape·ri·tif [əˌperə'tiːf] *n* Aperitif *m*

ap·er·ture ['æpətʃə^r] *n* [kleine] Öffnung; PHOT Blende *f*

apex <*pl* -es *or* apices> ['eɪpeks, *pl* 'eɪpɪsiːz] *n* Spitze *f*

aphid ['eɪfɪd] *n* Blattlaus *f*

apho·rism ['æfərɪzəm] *n* Aphorismus *m*

aph·ro·disi·ac [ˌæfrə(ʊ)'dɪziæk] *n* Aphrodisiakum *nt*

apia·rist ['eɪpɪərɪst] *n* Imker(in) *m(f)*

api·ary ['eɪpɪəri] *n* Bienenhaus *nt*

api·cul·ture ['eɪpɪkʌltʃə^r] *n* Bienenzucht *f*

apiece [ə'piːs] *adv* das Stück; **give them five** ~ gib jedem fünf

aplenty [ə'plenti] *adj* in [Hülle und] Fülle

aplomb [ə'plɒm] *n* Aplomb *m*

apoca·lypse [ə'pɒkəlɪps] *n* Apokalypse *f*

apoca·lyp·tic [əˌpɒkə'lɪptɪk] *adj* apokalyptisch

apolo·get·ic [əˌpɒlə'dʒetɪk] *adj* ❶ (*showing regret*) entschuldigend; ■**to be ~ about** sich entschuldigen für ❷ (*diffident*) bescheiden

apolo·geti·cal·ly [əˌpɒlə'dʒetɪkli] *adv* entschuldigend; **to smile** ~ zaghaft lächeln

apolo·gize [ə'pɒlədʒaɪz] *vi* sich entschuldigen (**to** bei)

apo·logy [ə'pɒlədʒi] *n* ❶ (*statement of regret*) Entschuldigung *f*; **please accept our apologies** wir bitten vielmals um Entschuldigung; **you owe him an** ~ du musst dich bei ihm entschuldigen; **to make an** ~ um Entschuldigung bitten; **to send one's apologies** sich entschuldigen lassen ❷ (*esp hum fam*) **what an** ~ **for a buffet!** was ist denn das für ein armseliges Büfett!

apo·plec·tic [ˌæpə'plektɪk] *adj* ❶ MED apo-

plektisch ❷ (*fig*) **to be ~ with rage** vor Wut schäumen
apos·tle [ə'pɒsl] *n* Apostel *m*
ap·os·tol·ic [ˌæpə'stɒlɪk] *adj* apostolisch
apos·tro·phe [ə'pɒstrəfi] *n* Apostroph *m*
app [æp] *n short for* **application** INET App *f* o nt
ap·pal <-ll-> [ə'pɔ:l] *vt* entsetzen; ■**to be ~led at** [*or* **by**] **sth** über etw *akk* entsetzt sein
ap·pall *vt* AM *see* **appal**
ap·pal·ling [ə'pɔ:lɪŋ] *adj* entsetzlich
ap·pa·ra·tus [ˌæpəˈreɪtəs] *n* ❶ *no pl* (*equipment*) [**piece of**] **~** Gerät *nt* ❷ (*system*) Apparat *m*
ap·par·el [ə'pærəl] *n no pl* Kleidung *f*
ap·par·ent [ə'pærənt] *adj* ❶ (*obvious*) offensichtlich; **for no ~ reason** aus keinem ersichtlichen Grund ❷ (*seeming*) scheinbar
ap·par·ent·ly [ə'pærəntli] *adv* (*evidently*) offensichtlich; (*it seems*) anscheinend
ap·pa·ri·tion [ˌæpərˈɪʃən] *n* (*ghost*) Erscheinung *f*

ap·peal [ə'pi:l] I. *vi* ❶ (*attract*) ■**to ~ to sb/sth** jdn/etw reizen; (*aim to please*) jdn/etw ansprechen ❷ (*protest formally*) Einspruch einlegen (**against** gegen) ❸ (*plead*) bitten; **to ~ to sb's conscience** an jds Gewissen *nt* appellieren II. *n* ❶ (*attraction*) Reiz *m* ❷ (*formal protest*) Einspruch *m* (**against** gegen); **court of ~** Berufungsgericht *nt* ❸ (*request*) Appell *m*; **~ for donations** Spendenaufruf *m*; **to make an ~** appellieren (**to** an)

ap·peal·ing [ə'pi:lɪŋ] *adj* ❶ (*attractive*) attraktiv; *idea* verlockend; ■**to be ~** [**to sb**] [für jdn] verlockend sein ❷ (*beseeching*) flehend

ap·peal·ing·ly [ə'pi:lɪŋli] *adv* ❶ (*attractively*) reizvoll, ansprechend ❷ (*beseechingly*) flehend

ap·pear [ə'pɪər] *vi* ❶ (*become visible*) erscheinen; (*be seen also*) sich *dat* zeigen; (*arrive also*) auftauchen; (*come out also*) herauskommen ❷ (*come out*) *film* anlaufen; *newspaper* erscheinen; (*perform*) auftreten ❸ (*seem*) scheinen; **to ~** [**to be**]

---

apologizing

admitting, confessing	*zugeben, eingestehen*
It's my fault.	*Es ist meine Schuld.*
Yes, it was my mistake.	*Ja, es war mein Fehler.*
I've really messed that/things up. *(fam)*	*Da hab ich Mist gebaut. (fam)*
I admit I acted too hastily.	*Ich gebe es ja zu: Ich habe da vorschnell gehandelt.*
You are right; I should have given the matter more consideration.	*Sie haben recht, ich hätte mir die Sache gründlicher überlegen sollen.*

apologizing	*sich entschuldigen*
(Oh,) I didn't mean to do that! – I'm sorry!	*(Oh,) das hab ich nicht gewollt! – Es tut mir leid!*
Excuse me!/Sorry!/I beg your pardon!	*Entschuldigung!/Verzeihung!/Pardon!*
Please excuse me!/I'm sorry!	*Entschuldigen Sie bitte!*
I didn't mean it.	*Das habe ich nicht gewollt.*
That wasn't my intention. *(form)*	*Das war nicht meine Absicht. (form)*
I really must apologize for that.	*Dafür muss ich mich wirklich entschuldigen.*

accepting apologies	*auf Entschuldigungen reagieren*
That's okay! *(fam)*	*Schon okay!/Nichts passiert! (fam)*
It doesn't matter at all!	*Das macht doch nichts!*
That's all right!/Never mind!/Not a problem!	*Keine Ursache!/Macht nichts!/Kein Problem!*
Don't worry about it.	*Mach dir deshalb keine Sorgen.*
Don't lose any sleep over it. *(fam)*	*Lass dir deswegen [bloß] keine grauen Haare wachsen. (fam)*

calm ruhig erscheinen; **so it ~s** sieht ganz so aus; **it ~s not** sieht nicht so aus

ap·pear·ance [əˈpɪərᵊn(t)s] n ❶ (*instance of appearing*) Erscheinen nt; (*on TV, theatre*) Auftritt m; **to make an ~** auftreten ❷ no pl (*looks*) Aussehen nt; **neat ~** gepflegtes Äußeres ❸ (*outward aspect*) ■ **~s** pl äußerer [An]schein ► **to** [*or* AM **from**] **all ~s** allem Anschein nach; **~s can be deceptive** (*saying*) der Schein trügt; **to keep up ~s** den Schein wahren

ap·pease [əˈpiːz] vt besänftigen

ap·pease·ment [əˈpiːzmənt] n Besänftigung f

ap·pel·la·tion [ˌæpəˈleɪʃᵊn] n Bezeichnung f

ap·pend [əˈpend] vt hinzufügen

ap·pend·age [əˈpendɪdʒ] n Anhang m

ap·pen·di·ci·tis [əˌpendɪˈsaɪtɪs] n Blinddarmentzündung f

ap·pen·dix [əˈpendɪks, pl -dɪsiːz] n ❶ <pl -es> (*body part*) Blinddarm m ❷ <pl -dices *or* -es> (*in book*) Anhang m

ap·per·tain [ˌæpəˈteɪn] vi no passive ■ **to ~ to sth** (*form*) zu etw dat gehören

ap·pe·tite [ˈæpɪtaɪt] n Appetit m; **to give sb an ~** jdn hungrig machen

ap·pe·tiz·er [ˈæpɪtaɪzəʳ] n ❶ (*before meal*) Appetithappen m ❷ esp AM (*first course*) Vorspeise f

ap·pe·tiz·ing [ˈæpɪtaɪzɪŋ] adj (*enticing*) appetitlich; *fig: attractive*) reizvoll

ap·plaud [əˈplɔːd] I. vi applaudieren, Beifall klatschen II. vt ❶ (*clap*) ■ **to ~ sb** jdm applaudieren ❷ (*praise*) loben; **decision** begrüßen

ap·plause [əˈplɔːz] n no pl [**a round of**] **~** Applaus m; **loud ~** tosender Beifall

ap·ple [ˈæpl] n Apfel m

ˈ**ap·ple juice** n Apfelsaft m **ap·ple ˈpie** n FOOD gedeckter Apfelkuchen ► **as American as ~** durch und durch amerikanisch; **apple-pie order** schönste Ordnung **ap·ple ˈsauce** n Apfelmus nt **ap·ple ˈtart** n [ungedeckter] Apfelkuchen ˈ**ap·ple tree** n Apfelbaum m

ap·pli·ance [əˈplaɪən(t)s] n ❶ (*for household*) Gerät nt ❷ MED Instrument nt; **surgical ~s** Stützapparate pl ❸ (*fire engine*) [Feuer]löschfahrzeug nt

ap·pli·ca·ble [əˈplɪkəbl] adj anwendbar (**to** auf); (*on application form*) **not ~** nicht zutreffend

ap·pli·cant [ˈæplɪkənt] n Bewerber(in) m(f) (**for** für)

ap·pli·ca·tion [ˌæplɪˈkeɪʃᵊn] n ❶ (*for a job*) Bewerbung f (**for** um); (*for a permit*) Antrag m (**for** auf); (*for a patent*) Anmeldung f (**for** +gen) ❷ no pl (*process of requesting*) Anfordern nt; **on ~ to** auf Anfrage bei ❸ (*implementation*) Anwendung f ❹ (*coating*) Anstrich m; *of ointment* Auftragen nt ❺ (*diligence*) Eifer m ❻ COMPUT Anwendung f

ap·pli·ˈca·tion form n (*for job*) Bewerbungsformular nt; (*for permit*) Antragsformular nt; (*for patent*) Anmeldungsformular nt

ap·plied [əˈplaɪd] adj angewandt

ap·pli·qué [æpˈliːkeɪ] n no pl FASHION Applikation f

ap·ply <-ie-> [əˈplaɪ] I. vi ❶ (*formally request*) ■ **to ~** [**to sb**] **for sth** (*for a job*) sich [bei jdm] um etw akk bewerben; (*for permission, passport*) etw [bei jdm] beantragen ❷ (*pertain*) gelten; ■ **to ~ to** betreffen II. vt ❶ (*put on*) anwenden (**to** auf); *cream* auftragen; *make-up* auflegen ❷ (*use*) gebrauchen; *force* anwenden; *sanctions* verhängen; **to ~ the brakes** bremsen; **to ~ common sense** sich des gesunden Menschenverstands bedienen; **to ~ pressure to sth** auf etw akk drücken ❸ (*persevere*) ■ **to ~ oneself** sich anstrengen

ap·point [əˈpɔɪnt] vt ■ **to ~ sb** [**to do sth**] jdn [dazu] berufen[, etw zu tun]; ■ **to ~ sb** [**as**] **sth** jdn zu etw dat ernennen; **to ~ sb as heir** jdn als Erben einsetzen

ap·point·ed [əˈpɔɪntɪd] adj ❶ (*selected*) ernannt ❷ (*designated*) vereinbart ❸ (*furnished*) eingerichtet

ap·poin·tee [əˌpɔɪnˈtiː] n Ernannte(r) f(m)

ap·point·ment [əˈpɔɪntmənt] n ❶ no pl (*being selected*) Ernennung f (**as** zu) ❷ (*selection*) Einstellung f ❸ (*official meeting*) Verabredung f; **dental ~** Zahnarzttermin m; **by ~ only** nur nach Absprache ► **by ~ to sb** auf jds Geheiß; **Carter's Ltd, confectioners by ~ to the Queen** Carter's Ltd, königliche Hofkonditorei

ap·ˈpoint·ment book n Terminbuch nt

ap·por·tion [əˈpɔːʃᵊn] vt aufteilen; *blame* zuweisen

ap·po·site [ˈæpəzɪt] adj passend; *remark* treffend

ap·po·si·tion [ˌæpəˈzɪʃᵊn] n LING Apposition f

ap·prai·sal [əˈpreɪzᵊl] n ❶ (*evaluation*) Bewertung f, Beurteilung f ❷ (*estimation*) [Ab]schätzung f

ap·praise [əˈpreɪz] vt ❶ (*evaluate*) bewer-

ap·pre·ci·able [əˈpriːʃəbl] *adj* beträchtlich; *difference* nennenswert

ap·pre·ci·ate [əˈpriːʃieɪt] **I.** *vt* ❶ (*value*) schätzen; (*be grateful for*) zu schätzen wissen; **I'd ~ it if …** könnten Sie … ❷ (*understand*) Verständnis haben für; **to ~ the danger** sich *dat* der Gefahr bewusst sein; ▪ **to ~ that …** verstehen, dass … **II.** *vi* **to ~ in value** im Wert steigen

ap·pre·cia·tion [əˌpriːʃiˈeɪʃ⁽ə⁾n] *n no pl* ❶ (*gratitude*) Anerkennung *f*; **a token of ~** ein Zeichen *nt* der Dankbarkeit ❷ (*understanding*) Verständnis *nt* (**of** für) ❸ (*increase in value*) [Wert]steigerung *f*

ap·pre·cia·tive [əˈpriːʃiətɪv] *adj* ❶ (*grateful*) dankbar (**of** für) ❷ (*showing appreciation*) anerkennend; *audience* dankbar

ap·pre·hend [ˌæprɪˈhend] *vt* festnehmen

ap·pre·hen·sion [ˌæprɪˈhen(t)ʃ⁽ə⁾n] *n no pl* ❶ (*arrest*) Festnahme *f* ❷ (*anxiety*) Besorgnis *f*; **in a state of ~** voller Befürchtungen

ap·pre·hen·sive [ˌæprɪˈhen(t)sɪv] *adj* besorgt; (*scared*) ängstlich; ▪ **to be ~ about sth** vor etw *dat* Angst haben

ap·pren·tice [əˈprentɪs] **I.** *n* Auszubildende(r) *f(m)*; **~ carpenter** Tischlerlehrling *m* **II.** *vt* ▪ **to be ~d to sb** bei jdm in die Lehre gehen

ap·pren·tice·ship [əˈprentɪsʃɪp] *n* ❶ (*training*) Ausbildung *f*; **to do an ~** eine Lehre machen ❷ (*period of training*) Lehrzeit *f*

ap·proach [əˈprəʊtʃ] **I.** *vt* ❶ (*come closer*) ▪ **to ~ sb/sth** sich jdm/etw nähern; (*come towards*) auf jdn/etw zukommen; **he is ~ing 80** er wird bald 80; **it's ~ing lunchtime** es geht auf Mittag zu ❷ (*ask*) ▪ **to ~ sb** jdn ansprechen (**about** wegen); ▪ **to ~ sb for sth** jdn um etw *akk* bitten ❸ (*handle*) angehen **II.** *vi* sich nähern **III.** *n* ❶ (*coming*) Nähern *nt;* **at the ~ of winter …** wenn der Winter naht, … ❷ (*preparation to land*) [Lande]anflug *m* ❸ (*access*) Zugang *m;* **~ road** Zufahrtsstraße *f* ❹ (*appeal*) Herantreten *nt;* **to make an ~ to sb** an jdn herantreten ❺ (*proposal*) Vorstoß *m;* **to make an ~ to sb** sich an jdn wenden ❻ (*sexual advance*) Annäherungsversuch *m* ❼ (*methodology*) Ansatz *m*

ap·proach·abil·ity [əˌprəʊtʃəˈbɪləti] *n* Zugänglichkeit *f kein pl*

ap·proach·able [əˈprəʊtʃəbl] *adj person* umgänglich; *place* zugänglich

ap·proach·ing [əˈprəʊtʃɪŋ] *adj attr* herannahend *a. fig*

ap·pro·ba·tion [ˌæprə(ʊ)ˈbeɪʃ⁽ə⁾n] *n* Zustimmung *f*

ap·pro·pri·ate I. *adj* [əˈprəʊpriət] ❶ (*suitable*) angemessen, angebracht; *words* richtig ❷ (*relevant*) entsprechend **II.** *vt* [əˈprəʊprieɪt] sich *dat* aneignen

ap·pro·pri·ate·ly [əˈprəʊpriətli] *adv* passend; **to answer/speak ~** angemessen antworten/sprechen

ap·pro·pri·ate·ness [əˈprəʊpriətnəs] *n no pl* Angemessenheit *f*

ap·pro·pria·tion [əˌprəʊpriˈeɪʃ⁽ə⁾n] *n* Aneignung *f*

ap·prov·al [əˈpruːv⁽ə⁾l] *n* ❶ (*praise*) Anerkennung *f* ❷ (*consent*) Zustimmung *f*; **a nod of ~** ein zustimmendes Nicken ▶ **on ~** ECON zur Ansicht; (*to try*) zur Probe

ap·prove [əˈpruːv] **I.** *vi* ❶ (*agree with*) ▪ **to ~ of sth** etw *dat* zustimmen ❷ (*like*) ▪ **to ~/not ~ of sb** etwas/nichts von jdm halten; ▪ **to ~ of sth** etw gutheißen **II.** *vt* (*permit*) genehmigen; (*consent*) billigen; *minutes* annehmen; *expenses* übernehmen

ap·proved [əˈpruːvd] *adj* ❶ (*agreed*) bewährt ❷ (*sanctioned*) [offiziell] anerkannt

ap·prov·ing [əˈpruːvɪŋ] *adj* zustimmend

ap·prov·ing·ly [əˈpruːvɪŋli] *adv* anerkennend, zustimmend

approx *adv abbrev of* **approximately** ca.

ap·proxi·mate I. *adj* [əˈprɒksɪmət] ungefähr; **~ number** [An]näherungswert *m* **II.** *vt* [əˈprɒksɪmeɪt] sich nähern **III.** *vi* [əˈprɒksɪmeɪt] ▪ **to ~ to sth** etw *dat* annähernd gleichkommen

ap·proxi·mate·ly [əˈprɒksɪmətli] *adv* ungefähr, ca.

ap·proxi·ma·tion [əˌprɒksɪˈmeɪʃ⁽ə⁾n] *n* Annäherung *f*; **could you give me a rough ~ of …** können Sie mir ungefähr sagen, …; **that's only an ~** das ist nur eine grobe Schätzung

APR [ˌeɪpiːˈɑːʳ] *n* FIN *abbrev of* **annual percentage rate** Jahreszinssatz *m*

après-ski [ˌæpreɪˈskiː] **I.** *n no pl* Après-Ski *nt* **II.** *adj bar, entertainment* Après-Ski-

apri·cot [ˈeɪprɪkɒt] **I.** *n* (*fruit*) Aprikose *f*, Marille *f* ÖSTERR **II.** *adj* apricotfarben

April [ˈeɪpr⁽ə⁾l] *n* April *m; see also* **February**

April 'Fools' Day *n* der erste April

apron [ˈeɪprən] *n* ❶ (*clothing*) Schürze *f* ❷ AVIAT **~ [area]** Vorfeld *nt* ❸ THEAT Vorbühne *f*

ap·ro·pos [ˌæprəˈpəʊ] **I.** *adj* passend **II.** *adv, prep* apropos

apse [æps] *n* Apsis *f*

apt [æpt] *adj* ❶ *(appropriate)* passend; *description, remark* treffend; *moment* geeignet ❷ *(talented)* begabt ❸ *(likely)* ■ **to be ~ to do sth** dazu neigen, etw zu tun
APT [ˌeɪpiːˈtiː] *n abbrev of* **advanced passenger train** Hochgeschwindigkeitszug *m*
ap·ti·tude [ˈæptɪtjuːd] *n* Begabung *f*
ˈap·ti·tude test *n* Eignungstest *m*
aqua·cul·ture [ˌækwəˈkʌltʃəʳ] *n* Aquakultur *f* **aqua jog·ging** [ˈækwədʒɒgɪŋ] *n no pl* Aquajogging *nt* **aqua·lung** [ˌækwəˈlʌŋ] *n* Tauchgerät *nt* **aqua·marine** [ˌækwəməˈriːn] *n no pl* ❶ *(stone)* Aquamarin *m* ❷ *(colour)* Aquamarinblau *nt* **aqua·plan·ing** *n* ❶ SPORTS Skurfen *nt* ❷ AUTO Aquaplaning *nt*
Aquar·ian [əˈkweəriən] *n* Wassermann *m*
aquar·ium <*pl* -s *or* -ria> [əˈkweəriəm] *n* Aquarium *nt*
Aquar·ius [əˈkweəriəs] *n* Wassermann *m*
aqua·ro·bics [ˌækwəˈrəʊbɪks] *npl* Aquarobic *nt*
aquat·ic [əˈkwætɪk] *adj* Wasser-
aque·duct [ˈækwɪdʌkt] *n* Aquädukt *m o nt*
aqui·fer [ˈækwɪfəʳ] *n* GEOG Aquifer *m*, Grundwasserleiter *m*
aqui·line [ˈækwɪlaɪn] *adj* adlerähnlich
Arab [ˈærəb] I. *n* Araber(in) *m(f)* II. *adj* arabisch; **the ~ Spring** POL der Arabische Frühling
ara·besque [ˌærəˈbesk] *n* Arabeske *f*
Ara·bia [əˈreɪbiə] *n no pl* Arabien *nt*
Ara·bian [əˈreɪbiən] *adj* arabisch
Ara·bic [ˈærəbɪk] I. *n* Arabisch *nt* II. *adj* arabisch
ar·able [ˈærəbl] *adj* anbaufähig; **~ land** Ackerland *nt;* **~ area** landwirtschaftliche Nutzfläche
arach·nid [əˈræknɪd] *n* Spinnentier *nt*
ar·bi·ter [ˈɑːbɪtəʳ] *n* Vermittler(in) *m(f)*
ar·bi·trage [ˌɑːbɪˈtrɑːʒ] *n* FIN Arbitrage *f*
ar·bi·trari·ly [ˌɑːbɪˈtreərəli] *adv* ❶ *(randomly)* arbiträr *geh* ❷ *(pej: despotically)* willkürlich
ar·bi·trari·ness [ˈɑːbɪtrərɪnəs] *n* Willkür *f*
ar·bi·trary [ˈɑːbɪtrəri] *adj* willkürlich
ar·bi·trate [ˈɑːbɪtreɪt] I. *vt* schlichten II. *vi* vermitteln
ar·bi·tra·tion [ˌɑːbɪˈtreɪʃən] *n no pl* Schlichtung *f;* **to go to ~** einen Schlichter anrufen
ar·bi·tra·tor [ˈɑːbɪtreɪtəʳ] *n* Schlichter(in) *m(f)*
ar·bor *n* AM, AUS *see* **arbour**
ar·bori·cul·ture [ˈɑːbəʳrɪˌkʌltʃəʳ] *n* Baumzucht *f*
ar·bour [ˈɑːbəʳ] *n* Laube *f*

arc [ɑːk] I. *n* Bogen *m* II. *vi* einen Bogen beschreiben
ar·cade [ɑːˈkeɪd] *n* Arkade *f;* [**shopping**] **~** [Einkaufs]passage *f*
arch¹ [ɑːtʃ] I. *n* Bogen *m;* **~ of the foot** Fußgewölbe *nt* II. *vi* sich wölben III. *vt back* krümmen; *eyebrows* heben
arch² [ɑːtʃ] *adj* verschmitzt
ar·chaeo·logi·cal [ˌɑːkiəˈlɒdʒɪkəl] *adj* archäologisch; **~ dig** [Aus]grabungsort *m*
ar·chae·olo·gist [ˌɑːkiˈɒlədʒɪst] *n* Archäologe *m/*Archäologin *f*
ar·chae·ol·ogy [ˌɑːkiˈɒlədʒi] *n* Archäologie *f*
ar·cha·ic [ɑːˈkeɪɪk] *adj* veraltet
arch·angel [ˈɑːkeɪndʒəl] *n* Erzengel *m*
archˈbishop *n* Erzbischof *m* **archˈdea·con** *n* Erzdiakon *m* **archˈdio·cese** *n* Erzdiözese *f*
arched [ɑːtʃt] *adj* gewölbt; **~ window** Bogenfenster *nt*
archˈen·emy *n* Erzfeind(in) *m(f)*
ar·cheo·logi·cal *adj* AM *see* **archaeological**
ar·che·olo·gist *n* AM *see* **archaeologist**
ar·che·ol·ogy *n* AM *see* **archaeology**
arch·er [ˈɑːtʃəʳ] *n* Bogenschütze *m/*-schützin *f*
ar·chery [ˈɑːtʃəri] *n* Bogenschießen *nt*
ar·che·typ·al [ˌɑːkɪˈtaɪpəl] *adj* urbildlich, archetypisch; **an ~ English gentleman** ein vorbildlicher englischer Gentleman
ar·che·type [ˈɑːkɪtaɪp] *n* Archetyp *m*
archi·pela·go <*pl* -s *or* -es> [ˌɑːkɪˈpeləgəʊ] *n* Archipel *m*
archi·tect [ˈɑːkɪtekt] *n* Architekt(in) *m(f)*
archi·tec·tur·al [ˌɑːkɪˈtektʃərəl] *adj* architektonisch; **~ plan** Bauplan *m*
archi·tec·ture [ˈɑːkɪtektʃəʳ] *n* Architektur *f*
ar·chive [ˈɑːkaɪv] *n* Archiv *nt*
ar·chi·vist [ˈɑːkɪvɪst] *n* Archivar(in) *m(f)*
ˈarch·way *n* Torbogen *m*
ˈarc lamp, **ˈarc light** *n* Bogenlampe *f*
Arc·tic [ˈɑːktɪk] *n* ■ **the ~** die Arktis
Arc·tic ˈCircle *n* nördlicher Polarkreis
Arc·tic ˈOcean *n* nördliches Eismeer
arc ˈweld·ing *n no pl* Lichtbogenschweißen *nt*
ar·dent [ˈɑːdənt] *adj* leidenschaftlich; *admirer* glühend
ar·dent·ly [ˈɑːdəntli] *adv* leidenschaftlich, inbrünstig *geh*
ar·dour [ˈɑːdəʳ] *n,* AM, AUS **ar·dor** [ˈɑːdəʳ] Leidenschaft *f*
ar·du·ous [ˈɑːdjuːəs] *adj* anstrengend
are [ɑːʳ] *vi, vt see* **be**
area [ˈeəriə] *n* ❶ *(region)* Gebiet *nt;* **~ of**

the brain Hirnregion *f;* **danger** ~ Gefahrenzone *f* ❷ (*surface measure*) Fläche *f;* ~ **of a circle** Kreisfläche *f* ❸ FBALL Strafraum *m* ❹ (*approximately*) ■**in the** ~ **of ...** ungefähr ...
area 'code *n* AM, AUS Vorwahl *f*
arena [ə'riːnə] *n* Arena *f*
Ar·gen·ti·na [ˌɑːʒᵊn'tiːnə] *n* Argentinien *nt*
Ar·gen·tine ['ɑːdʒᵊntaɪn], **Ar·gen·tin·ian** [ˌɑːdʒᵊn'tɪniən] I. *adj* argentinisch II. *n* Argentinier(in) *m(f)*
ar·gu·able ['ɑːgjuəbl] *adj* fragwürdig
ar·gu·ably ['ɑːgjuəbli] *adv* wohl; **he is** ~ **one of the best** er dürfte zu den Besten gehören
ar·gue ['ɑːgjuː] I. *vi* ❶ (*disagree*) [sich] streiten ❷ (*reason*) argumentieren; ■**to** ~ **against/for sth** sich gegen/für etw *akk* aussprechen II. *vt* erörtern; ■**to** ~ **that ...** dafür sprechen, dass ...
ar·gu·ment ['ɑːgjəmənt] *n* ❶ (*heated discussion*) Auseinandersetzung *f;* **to get into an** ~ [**with sb**] [mit jdm] streiten ❷ (*case*) Argument *nt*
ar·gu·men·ta·tion [ˌɑːgjəmen'teɪʃᵊn] *n no pl* Argumentation *f*
ar·gu·men·ta·tive [ˌɑːgjə'mentətɪv] *adj* streitsüchtig
argy-bargy [ˌɑːdʒi'bɑːdʒi] *n no pl* BRIT (*fam*) Geplänkel *nt fam*
aria ['ɑːriə] *n* Arie *f*
arid ['ærɪd] *adj* dürr; ~ **climate** Trockenklima *nt*
Aries ['eəriːz] *n* ASTROL Widder *m*
arise <arose, arisen> [ə'raɪz] *vi* ❶ (*come about*) sich ergeben; **should the need** ~, ... sollte es notwendig werden, ... ❷ (*liter: rise*) sich erheben
arisen [ə'rɪzᵊn] *pp of* **arise**
ar·is·to·cra·cy [ˌærɪ'stɒkrəsi] *n + sing/pl vb* Aristokratie *f*
aris·to·crat ['ærɪstəkræt] *n* Aristokrat(in) *m(f)*
aris·to·crat·ic [ˌærɪstə'krætɪk] *adj* aristokratisch
arith·me·tic I. *n* [ə'rɪθmətɪk] Arithmetik *f* II. *adj* [ˌærɪθ'metɪk] arithmetisch
arith·meti·cal [ˌærɪθ'metɪkᵊl] *adj* Rechen-
arith·meti·cal·ly [ˌærɪθ'metɪkᵊli] *adv* arithmetisch; **to solve a problem** ~ ein Problem rechnerisch lösen
ark [ɑːk] *n* (*boat*) Arche *f;* **Noah's** ~ die Arche Noah
arm[1] [ɑːm] *n* ❶ ANAT, GEOG Arm *m;* **on one's** ~ am Arm ❷ (*sleeve*) Ärmel *m* ❸ (*armrest*) Armlehne *f* ❹ (*division*) Abteilung *f* ▶ **to cost an** ~ **and a leg** Unsummen kosten; **to keep sb at** ~**'s length** jdn auf Distanz halten

arm[2] [ɑːm] I. *vt* ❶ (*supply with weapons*) bewaffnen; ■**to** ~ **oneself** (*fig*) sich wappnen ❷ (*prime*) bomb scharfmachen II. *n* ■~**s** *pl* ❶ (*weapons*) Waffen *pl;* **to take up** ~**s** den Kampf aufnehmen; **under** ~**s** kampfbereit ❷ (*heraldic insignia*) Wappen *nt;* **the King's A**~**s** Zum König (*auf Wirtshaustafeln*) ▶ **to be up in** ~**s about sth** über etw *akk* in Streit geraten
ar·ma·dil·lo [ˌɑːmə'dɪləʊ] *n* Gürteltier *nt*
ar·ma·ment ['ɑːməmənt] *n* ❶ *usu pl* (*weapons*) Waffen *pl* ❷ *no pl* (*process of arming*) Bewaffnung *f,* Aufrüstung *f*
'ar·ma·ments pro·gramme *n* Rüstungsprogramm *nt*
'arm·band *n* ❶ (*on sleeve*) Armbinde *f* ❷ (*swimming aid*) Schwimmflügel *m*
'arm can·dy *n* (*fam*) vorzeigbare(r) Begleiter(in) bei gesellschaftlichen Anlässen
'arm·chair *n* Sessel *m;* ~ **politician** Stammtischpolitiker(in) *m(f)*
armed [ɑːmd] *adj* bewaffnet
armed 'forces *npl* Streitkräfte *pl*
Ar·me·nia [ɑː'miːniə] *n* Armenien *nt*
Ar·me·nian [ɑː'miːniən] I. *adj* armenisch; **she is** ~ sie ist Armenierin II. *n* ❶ (*person*) Armenier(in) *m(f)* ❷ (*language*) Armenisch *nt*
arm·ful *n* Arm *m* voll
arm·hole *n* Armloch *nt*
arm·ing ['ɑːmɪŋ] *n* Bewaffnung *f*
ar·mi·stice ['ɑːmɪstɪs] *n* Waffenstillstand *m*
ar·mor *n no pl* AM *see* **armour**
ar·mored *adj* AM, AUS *see* **armoured**
ar·mour ['ɑːmə^r] *n no pl* ❶ HIST Rüstung *f;* **suit of** ~ Panzerkleid *nt* ❷ MIL (*tanks*) Panzerfahrzeuge *pl;* ~ **plate** Panzerplatte *f*
ar·moured ['ɑːməd] *adj* gepanzert; ~ **car** Panzer[späh]wagen *m*
ar·mour-'plat·ed *adj* gepanzert
'arm·pit *n* Achselhöhle *f* **'arm·rest** *n* Armlehne *f*
'arms con·trol, arms 'limi·ta·tion *n* Abrüstung *f*
'arms race *n* Wettrüsten *nt* **'arms re·duc·tion** *n* Rüstungsabbau *m*
army ['ɑːmi] *n* ❶ MIL Armee *f;* ■**the** ~ das Heer; **in the** ~ beim Militär; **to join the** ~ zum Militär gehen ❷ (*fig*) Heer *nt*
aro·ma [ə'rəʊmə] *n* Duft *m*
aroma·thera·py [əˌrəʊmə'θerəpi] *n* Aromatherapie *f*
aro·mat·ic [ˌærə(ʊ)'mætɪk] *adj* aromatisch
arose [ə'rəʊz] *pt of* **arise**

around [əˈraʊnd] **I.** adv ❶ (round) herum; **to get ~ to doing sth** endlich dazu kommen, etw zu tun; **to show sb ~** jdn herumführen ❷ (round about) rundum; **from miles ~** von weither; **to [have a] look ~** sich umsehen ❸ (in circumference) im Durchmesser ❹ (in different directions) umher; **to get ~** herumkommen; **to walk ~** umhergehen; **to wave one's arms ~** mit den Armen [herum]fuchteln ❺ (nearby) in der Nähe; **will you be ~ next week?** bist du nächste Woche da?; **there's a lot of flu ~ at the moment** die Grippe grassiert im Augenblick; **mobile phones have been ~ for quite a while** Handys sind bereits seit längerem auf dem Markt ▶**see you ~** bis demnächst mal **II.** prep um; **all ~ the house** um das ganze Haus herum; **~ the table** um den Tisch herum; **from all ~ the world** aus aller Welt; **to stand ~** herumstehen; (before number) ungefähr; **~ 12:15** gegen 12.15 Uhr

arous·al [əˈraʊzᵊl] n no pl sexuelle Erregung; **in a state of ~** sexuell erregt

arouse [əˈraʊz] vt ❶ (stir) erwecken; suspicion erregen ❷ (sexually excite) erregen

arr. **I.** n abbrev of **arrival** Ank. **II.** adj MUS abbrev of **arranged** arr.

ar·range [əˈreɪndʒ] **I.** vt ❶ (organize) arrangieren; date vereinbaren; marriage in die Wege leiten, arrangieren; matters regeln ❷ (put in order) ordnen; flowers arrangieren; **to ~ according to height** der Größe nach aufstellen ❸ MUS arrangieren **II.** vi festlegen; ■**to ~ to do sth** etw vereinbaren; ■**to ~ for sb to do/have sth** etw für jdn organisieren

ar·range·ment [əˈreɪndʒmənt] n ❶ (preparations) ■**~s** pl Vorbereitungen pl ❷ (agreement) Abmachung f; **to come to an ~** zu einer Übereinkunft kommen; **by [prior] ~** nach vorheriger Absprache ❸ (ordering, also music) Arrangement nt; **an ~ of dried flowers** ein Gesteck nt von Trockenblumen

ar·rang·er [əˈreɪndʒə^r] n ❶ MUS Arrangeur(in) m(f) ❷ (of flowers) **flower ~** Florist(in) m(f)

ar·ray [əˈreɪ] **I.** n stattliche Reihe **II.** vt ❶ (display) aufreihen ❷ (deploy) aufstellen

ar·rears [əˈrɪəz] npl Rückstände pl; **in ~** in Verzug; **to be paid in ~** nachträglich beglichen werden

ar·rest [əˈrest] **I.** vt ❶ (apprehend) verhaften ❷ (stop) zum Stillstand bringen **II.** n Verhaftung f; **to place under ~** in Haft nehmen

ar·rest·ing [əˈrestɪŋ] adj ❶ (striking) faszinierend; account fesselnd; performance eindrucksvoll ❷ LAW **~ officer** festnehmender Polizeibeamter/festnehmende Polizeibeamtin

ar·ri·val [əˈraɪvᵊl] n ❶ (at a destination) Ankunft f; of a baby Geburt f ❷ (person) Ankommende(r) f(m); **new ~** Baby nt

ar·rive [əˈraɪv] vi ❶ bus etc. ankommen; baby, mail, season kommen; **to ~ at a compromise** einen Kompromiss erzielen; **to ~ at a conclusion** zu einem Schluss gelangen; **to ~ at a town** in einer Stadt eintreffen ❷ (establish one's reputation) es schaffen

ar·ri·viste [ˌærɪˈviːst] n Emporkömmling m

ar·ro·gance [ˈærəgən(t)s] n Arroganz f

ar·ro·gant [ˈærəgənt] adj arrogant

ar·ro·gant·ly [ˈærəgəntli] adv arrogant

ar·row [ˈærəʊ] n Pfeil m

ˈarrow·head n Pfeilspitze f

arse [ɑːs] BRIT, AUS **I.** n (vulg) Arsch m ▶**move your ~!** (get moving) beweg dich!; (make room) rutsch rüber!; **to work one's ~ off** sich dat den Arsch aufreißen **II.** vi (vulg) ■**to ~ about** herumblödeln

ˈarse·hole n BRIT, AUS (vulg) Arschloch nt vulg

ar·senal [ˈɑːsᵊnᵊl] n [Waffen]arsenal nt

ar·senic [ˈɑːsᵊnɪk] n Arsen nt

ar·son [ˈɑːsᵊn] n Brandstiftung f

ar·son·ist [ˈɑːsᵊnɪst] n Brandstifter(in) m(f)

art [ɑːt] n Kunst f; **~s and crafts** Kunsthandwerk nt; ■**the ~s** pl die Kunst; UNIV die Geisteswissenschaften

ar·te·fact [ˈɑːtɪfækt] n Artefakt nt

ar·te·rial [ɑːˈtɪəriəl] adj ❶ ANAT arteriell ❷ TRANSP Haupt-

ar·te·rio·scle·ro·sis [ɑːˌtɪəriəʊskləˈrəʊsɪs] n Arterienverkalkung f

ar·tery [ˈɑːtəri] n ❶ ANAT Arterie f ❷ TRANSP Hauptverkehrsader f

art·ful [ˈɑːtfᵊl] adj geschickt; **~ dodger** durchtriebenes Bürschchen

art·ful·ly [ˈɑːtfᵊli] adv geschickt

ˈart gal·lery n Kunsthalle f

ar·thrit·ic [ɑːˈθrɪtɪk] adj arthritisch

ar·thri·tis [ɑːˈθraɪtɪs] n Gelenkentzündung f

ar·ti·choke [ˈɑːtɪtʃəʊk] n Artischocke f

ar·ti·cle [ˈɑːtɪkl] n ❶ (writing) Artikel m ❷ (object) Gegenstand m, Artikel m; **~ of clothing/furniture** Kleidungs-/Möbelstück nt; **~ of value** Wertgegenstand m ❸ LAW Paragraph m

ar·ticu·late I. *adj* [ɑːˈtɪkjələt] ❶ *person* redegewandt ❷ *speech* verständlich II. *vt* [ɑːˈtɪkjəleɪt] ❶ (*express*) aussprechen; *idea* äußern ❷ (*pronounce*) artikulieren; *sound* bilden

arˈticu·lat·ed lor·ry *n* Sattelschlepper *m*

ar·ticu·la·tion [ɑːˌtɪkjəˈleɪʃ*ə*n] *n* ❶ (*expression*) deutliche Formulierung ❷ (*pronunciation*) Artikulation *f*

ar·ti·fact [ˈɑːtəfækt] *n* AM Artefakt *nt*

ar·ti·fice [ˈɑːtɪfɪs] *n* List *f*

ar·ti·fi·cial [ˌɑːtɪˈfɪʃ*ə*l] *adj* ❶ (*not natural*) künstlich; ~ **colour[ing]** Farbstoff *m*; ~ **flavouring** Geschmacksverstärker *m*; ~ **leg** Beinprothese *f*; ~ **sweetener** Süßstoff *m*; ~ **turf** Kunstrasen *m* ❷ (*pej: not genuine*) unecht; *smile* aufgesetzt

ar·ti·fi·cial in·semiˈna·tion *n* künstliche Befruchtung **ar·ti·fi·cial in·ˈtel·li·gence** *n* künstliche Intelligenz

ar·ti·fi·cial·ly [ˌɑːtɪˈfɪʃ*ə*li] *adv* künstlich

ar·til·lery [ɑːˈtɪl*ə*ri] *n* Artillerie *f*

arˈtil·lery·man *n* Artillerist *m*

ar·ti·san [ˈɑːtɪzæn] *n* Handwerker(in) *m(f)*

art·ist [ˈɑːtɪst] *n* Künstler(in) *m(f)*

ar·tiste [ɑːˈtiːst] *n* THEAT, TV Artist(in) *m(f)*

ar·tis·tic [ɑːˈtɪstɪk] *adj* künstlerisch; *arrangement* kunstvoll

ar·tis·ti·cal·ly [ɑːˈtɪstɪkli] *adv* künstlerisch

art·ist·ry [ˈɑːtɪstri] *n* Kunstfertigkeit *f*

art·less [ˈɑːtləs] *adj* ungekünstelt

artsy *adj* AM *see* **arty**

ˈart·work *n no pl* Illustrationen *pl*

arty [ˈɑːti] *adj* gewollt bohemienhaft

a·ru·gu·la [əˈruːgələ] *n no pl* AM ❶ BOT Rucola *f*, Rukola *f* ❷ (*salad*) Rucola *m*, Rukola *m*

Aryan [ˈeərɪən] I. *n* Arier(in) *m(f)* II. *adj* arisch

as [æz, əz] I. *conj* ❶ (*while*) während ❷ (*in the way that, like*) wie; **do ~ I say!** mach, was ich sage!; ~ **it is** (*already*) sowieso schon; ~ **it were** sozusagen; ~ **it happens** rein zufällig; ~ **if** [*or* **though**] als ob; ~ **if!** wohl kaum!; ~ **you do** du weißt schon ❸ (*because*) weil ❹ (*though*) **sweet ~ he is, ...** so süß er auch ist, ... ▶ ~ **for ...** was ... betrifft; ~ **from** [*or* **of**] ab; ~ **to ...** was ... angeht; ~ **and when** sobald II. *prep* als; **speaking ~ a mother, ...** als Mutter ...; **the news came ~ no surprise** die Nachricht war keine Überraschung; **such big names ~ ...** so große Namen wie ...; **I always thought of her ~ a good mother** ich habe sie immer für eine gute Mutter gehalten; ~ **a child** als Kind; **dressed ~ a banana** als Banane verkleidet; ~ **a matter of principle** aus Prinzip III. *adv* ❶ (*in comparisons*) wie; ▪ |**just**| ~ **... ~ ...** [genau]so ... wie ...; **if you play ~ well ~ that, ...** wenn du so gut spielst, ... ❷ (*indicating an extreme*) ~ **tall ~ eight feet** bis zu acht Fuß hoch; ~ **many/much ~** immerhin; (*even*) sogar; ~ **little ~** nur

asap [ˌeɪeɪesˈpi, ˈeɪsæp] *adv abbrev of* **as soon as possible** baldmöglichst

as·bes·tos [æsˈbestɒs] *n* Asbest *m*

as·bes·to·sis [ˌæsbesˈtəʊsɪs] *n* Asbestose *f*

ASBO, asbo [ˈæzbəʊ] *n acr for* **antisocial behaviour order** gerichtliche Verfügung wegen Erregung öffentlichen Ärgernisses

as·cend [əˈsend] I. *vt* hinaufsteigen; (*fig*) *throne* besteigen II. *vi* ❶ (*move upwards*) aufsteigen; *lift* hinauffahren; **Christ ~ed into heaven** Christus ist in den Himmel aufgefahren; **in ~ing order of importance** nach zunehmender Wichtigkeit ❷ (*lead up*) *path* hinaufführen

as·cend·ancy *n*, **as·cend·ency** [əˈsendən(t)si] *n* Vormachtstellung *f*

as·cend·ant, as·cend·ent [əˈsendənt] *n* ❶ (*form*) **to be in the ~** (*be gaining influence*) im Kommen sein; (*have supremacy*) beherrschenden Einfluss haben ❷ ASTROL Aszendent *m*

as·cen·sion [əˈsen(t)ʃ*ə*n] *n* ❶ (*going up*) Aufstieg *m* ❷ REL ▪ **the A~** Christi Himmelfahrt

Asˈcen·sion Day *n* Himmelfahrtstag *m*

as·cent [əˈsent] *n* ❶ (*upward movement*) Aufstieg *m*; *of a mountain* Besteigung *f* ❷ (*slope*) Anstieg *m*

as·cer·tain [ˌæsəˈteɪn] *vt* feststellen

as·cet·ic [əˈsetɪk] I. *n* Asket(in) *m(f)* II. *adj* asketisch

as·ceti·cal·ly [əˈsetɪk*ə*li] *adv* asketisch

as·ceti·cism [əˈsetɪsɪz*ə*m] *n* Askese *f*

ASCII [ˈæskiː] *n acr for* **American Standard Code for Information Interchange** ASCII *m*

as·cribe [əˈskraɪb] *vt* zurückführen (**to** auf); **to ~ a play to sb** jdm ein Bühnenstück zuschreiben

as·crip·tion [əˈskrɪpʃ*ə*n] *n* Zuschreibung *f*

asexu·al [ˌeɪˈseksʃʊəl] *adj* asexuell; *reproduction* ungeschlechtlich

ash¹ [æʃ] *n* Asche *f*; ▪ **~es** *pl* Asche *f kein pl*; **to reduce to ~es** völlig niederbrennen; **~es to ~es** Erde zu Erde

ash² [æʃ] *n* (*tree*) Esche *f*; (*wood*) Eschenholz *nt*

ashamed [əˈʃeɪmd] *adj* ▪ **to be ~** [**of sb/sth**] sich [für jdn/etw] schämen; **that's**

nothing to be ~ of! deswegen brauchst du dich [doch] nicht zu schämen!; ▪**to be ~ of oneself** sich schämen

ashore [ə'ʃɔːr] *adv* an Land; **to swim ~** ans Ufer schwimmen

'ash·tray *n* Aschenbecher *m*

Ash 'Wednes·day *n* Aschermittwoch *m*

Asia ['eɪʃə] *n* Asien *nt*

Asia 'Mi·nor *n* Kleinasien *nt*

Asian ['eɪʃ°n] I. *n* Asiate *m*/Asiatin *f* II. *adj* asiatisch

Asi·at·ic [ˌeɪʃi'ætɪk] (*esp pej*) I. *n* Asiate *m*/Asiatin *f* II. *adj* asiatisch

aside [ə'saɪd] I. *adv* zur Seite; [all] **jok·ing ~** Spaß beiseite; **to leave sth ~** etw [weg]lassen; **to put ~ some money** etwas Geld beiseitelegen; **to take sb ~** jdn beiseitenehmen II. *n* ① (*incidental*) Nebenbemerkung *f* ② THEAT Aparte *f*

aside from *prep* abgesehen von

ask [ɑːsk] I. *vt* ① (*request information*) fragen; **to ~ a question [about sth]** [zu etw *dat*] eine Frage stellen; **may I ~ you a question?** darf ich Sie etwas fragen? ② (*request*) *favour* bitten [um]; **she ~ed me for help** sie bat mich, ihr zu helfen ③ (*invite*) einladen ④ (*demand a price*) verlangen; **how much are they ~ing for the car?** was wollen sie für das Auto haben? ⑤ (*expect*) **that's ~ing a lot!** Sie verlangen eine ganze Menge! II. *vi* ① (*request information*) fragen; **you may well ~** gute Frage; **I was only ~ing!** war ja nur 'ne Frage!; ▪**to ~ about sb** nach jdm fragen ② (*request*) bitten ③ (*wish*) ▪**to ~ for sth** sich *dat* etw wünschen ④ (*fig: take a risk*) ▪**to be ~ing for sth** etw geradezu herausfordern; **you're ~ing for trouble?** du willst wohl Ärger haben! ◆**ask after** *vi* ▪**to ~ after sb** sich nach jdm erkundigen ◆**ask around** *vi* herumfragen *fam* ◆**ask out** *vt* **to ~ sb out for dinner** jdn ins Restaurant einladen; **I'd like to ~ her out** ich würde gern mit ihr ausgehen ◆**ask over**, BRIT *also* **ask round** *vt* (*fam*) ▪**to ~ sb over** [*or* **round**] jdn [zu sich *dat*] einladen

askance [ə'skæn(t)s] *adv* misstrauisch

askew [ə'skjuː] I. *adj* schief II. *adv* ① (*not level*) schief ② (*wrong*) **to go ~** schieflaufen

ask·ing ['ɑːskɪŋ] *n* **it's yours for the ~** du kannst es gerne haben

asleep [e'sliːp] *adj* ① (*sleeping*) ▪**to be ~** schlafen; ▪**to pretend to be ~** sich schlafend stellen; **to fall ~** einschlafen ② (*numb*) eingeschlafen

as·para·gus [ə'spærəgəs] *n* Spargel *m*

ASPCA [ˌeɪespiːsiː'eɪ] *n abbrev of* **American Society for the Prevention of Cruelty to Animals** ≈ Tierschutzverein *m*

as·pect ['æspekt] *n* ① (*point of view*) Aspekt *m*, Gesichtspunkt *m* ② (*outlook*) Lage *f*; **the dining room has a southern ~** das Esszimmer liegt nach Süden

as·pen ['æspən] *n* Espe *f*

as·per·sion [ə'spɜːʃ°n] *n* **to cast ~s on sb** jdn verleumden

as·phalt ['æsfælt] I. *n* Asphalt *m* II. *vt* asphaltieren

as·phyxia [əs'fɪksiə] *n* Asphyxie *f*

as·phyxi·ate [əs'fɪksieɪt] *vi, vt* ersticken

as·phyxia·tion [əsˌfɪksi'eɪʃ°n] *n* Erstickung *f*; **to die from ~** ersticken

as·pir·ant ['æspɪrənt] *n* Aspirant(in) *m(f)*

as·pi·ra·tion [ˌæspər'eɪʃ°n] *n* Ambition *f*

as·pire [ə'spaɪər] *vi* anstreben; **to ~ to be president** danach trachten, Präsident zu werden

as·pir·in ['æspərɪn] *n* Aspirin® *nt*

as·pir·ing [ə'spaɪərɪŋ] *adj* aufstrebend

ass <*pl* **-es**> [æs] *n* ① (*donkey*) Esel *m*; **to make an ~ of oneself** sich lächerlich machen ② AM (*fam!: arse*) Arsch *m* ◆**ass about** *vi* AM herumblödeln

as·sail [ə'seɪl] *vt* ① (*attack*) angreifen ② (*verbally*) anfeinden ③ *usu passive* (*torment*) **to be ~ed by doubts** von Zweifeln geplagt werden ④ (*overwhelm*) **to be ~ed with letters** massenweise Briefe bekommen *fam*

as·sail·ant [ə'seɪlənt] *n* Angreifer(in) *m(f)*

as·sas·sin [ə'sæsɪn] *n* Mörder(in) *m(f)*; (*esp political*) Attentäter(in) *m(f)*

as·sas·si·nate [ə'sæsɪneɪt] *vt* ▪**to ~ sb** ein Attentat auf jdn verüben

as·sas·si·na·tion [əˌsæsɪ'neɪʃ°n] *n* Attentat *nt* (**of** auf)

as·sault [ə'sɔːlt] I. *n* Angriff *m* II. *vt* angreifen

as·'sault course *n* MIL Übungsgelände *nt*

as·sem·ble [ə'sembl] I. *vi* sich versammeln II. *vt* zusammenbauen

as·sem·bly [ə'sembli] *n* ① (*gathering*) Versammlung *f*; AM Unterhaus *nt* ② SCH Schülerversammlung *f* ③ TECH Montage *f*; **~ line** Fließband *nt*

as·sent [ə'sent] *n* Zustimmung *f*; **royal ~** königliche Genehmigung

as·sert [ə'sɜːt] *vt* ① (*state firmly*) beteuern ② (*demand*) geltend machen; *independence* behaupten ③ (*act confidently*) ▪**to ~ oneself** sich durchsetzen

as·ser·tion [ə'sɜːʃ°n] *n* ① (*claim*) Behauptung *f*; *of innocence* Beteuerung *f* ❷ *no pl of authority* Geltendmachung *f*

as·ser·tive [əˈsɜːtɪv] *adj* ■ **to be ~** Durchsetzungsvermögen zeigen

as·ser·tive·ness [əˈsɜːtɪvnəs] *n* Durchsetzungsvermögen *nt*

as·sess [əˈses] *vt* ❶ (*evaluate*) einschätzen; *cost* veranschlagen; *damage* schätzen (**at** auf) ❷ (*tax*) ■ **to be ~ed** *person* veranlagt werden; *property* steuerlich geschätzt werden

as·sess·able [əˈsesəbl] *adj* BRIT besteuerbar; *income* steuerpflichtig

as·sess·ment [əˈsesmənt] *n* ❶ *of damage* Schätzung *f* ❷ (*tax*) *of person* Veranlagung *f*; *of amount* Festsetzung *f* ❸ *no pl* (*evaluation*) Beurteilung *f*; **~ centre** BRIT [*or* AM **center**] Assessment-Center *nt* ❹ SCH, UNIV Einstufung *f*

as·ses·sor [əˈsesəʳ] *n* Taxator(in) *m(f)*, Schätzer(in) *m(f)*

as·set [ˈæset] *n* ❶ (*good quality*) Pluspunkt *m* ❷ (*valuable person*) Bereicherung *f*; (*useful thing*) Vorteil *m* ❸ COMM ■ **~s** *pl* Vermögenswerte *pl*

ass·hole [ˈæshoʊl] *n* AM (*vulg: arsehole*) Arschloch *nt vulg*

as·sid·u·ous [əˈsɪdjuəs] *adj* gewissenhaft, eifrig

as·sign [əˈsaɪn] *vt* zuweisen; *task* zuteilen; ■ **to ~ sb to do sth** jdn damit betrauen, etw zu tun

as·sign·ment [əˈsaɪnmənt] *n* (*task*) Aufgabe *f*; (*job*) Auftrag *m*; **homework ~** Hausaufgabe *f*

as·sim·i·late [əˈsɪmɪleɪt] I. *vt* integrieren; *information* aufnehmen II. *vi* sich eingliedern

as·sim·i·la·tion [əˌsɪmɪˈleɪʃən] *n* ❶ (*integration*) Eingliederung *f* ❷ (*understanding*) Aneignung *f*

as·sist [əˈsɪst] I. *vt, vi* helfen (**with** bei) II. *n* SPORTS Vorlage *f*

as·sis·tance [əˈsɪstən(t)s] *n* Hilfe *f*; **can I be of any ~?** kann ich Ihnen irgendwie behilflich sein?

as·sis·tant [əˈsɪstənt] I. *n* Assistent(in) *m(f)*; (*in shop*) Verkäufer(in) *m(f)*; [**foreign language**] **~** SCH muttersprachliche Hilfskraft *im fremdsprachlichen Unterricht* II. *adj* stellvertretend

as·so·ci·ate I. *n* [əˈsəʊʃiət] (*friend*) Gefährte *m*/Gefährtin *f*; (*colleague*) Kollege *m*/Kollegin *f*; (*of criminals*) Komplize *m*/Komplizin *f*; **business ~** Geschäftspartner(in) *m(f)* II. *vt* [əˈsəʊʃieɪt] in Verbindung bringen; ■ **to be ~d with sth** in Zusammenhang mit etw *dat* stehen III. *vi* verkehren

as·so·ci·ate pro·ˈfes·sor *n* AM außerordentlicher Professor

as·so·ci·a·tion [əˌsəʊʃiˈeɪʃən] *n* ❶ (*organization*) Vereinigung *f*; (*corporation*) Verband *m* ❷ *no pl* (*involvement*) Verbundenheit *f*; **in ~ with** in Verbindung mit ❸ (*mental connection*) Assoziation *f*

as·sort·ed [əˈsɔːtɪd] *adj* gemischt; *colours* verschieden

as·sort·ment [əˈsɔːtmənt] *n* Sortiment *nt*

as·suage [əˈsweɪdʒ] *vt grief* besänftigen; *pain* lindern; *thirst* stillen

as·sume [əˈsjuːm] *vt* ❶ (*regard as true*) annehmen; **to ~ sb's guilt** jdn für schuldig halten ❷ (*adopt*) annehmen; *role* übernehmen ❸ (*take on*) *power* ergreifen; *responsibility* übernehmen; **to ~ office** sein Amt antreten

as·sumed [əˈsjuːmd] *adj* **under an ~ name** unter einem Decknamen

as·sum·ing [əˈsjuːmɪŋ] *adj* anmaßend

as·sump·tion [əˈsʌm(p)ʃən] *n* ❶ (*supposition*) Annahme *f*; (*presupposition*) Voraussetzung *f*; **on the ~ that ...** wenn man davon ausgeht, dass ... ❷ *no pl* (*taking over*) Übernahme *f*

as·sur·ance [əˈʃʊərən(t)s] *n* ❶ (*self-confidence*) Selbstsicherheit *f* ❷ (*promise*) Zusicherung *f* ❸ BRIT (*insurance*) [Lebens]versicherung *f*

as·sure [əˈʃʊəʳ] *vt* ❶ (*confirm certainty*) zusichern; ■ **to ~ oneself of sth** sich *dat* etw sichern ❷ (*promise*) ■ **to ~ sb of sth** jdm etw zusichern ❸ BRIT **to ~ one's life** eine Lebensversicherung abschließen

as·sured [əˈʃʊəd] I. *n* BRIT Versicherte(r) *f(m)* II. *adj* ❶ (*confident*) selbstsicher ❷ (*certain*) sicher

as·sur·ed·ly [əˈʃʊəʳɪdli] *adv* ❶ (*confidently*) selbstsicher ❷ (*certainly*) sicher[lich]

as·ter·isk [ˈæstərɪsk] I. *n* Sternchen *nt* II. *vt* mit einem Sternchen versehen

astern [əˈstɜːn] *adv* ❶ NAUT achtern; **to go ~** achteraus fahren ❷ (*behind*) hinter

as·ter·oid [ˈæstərɔɪd] *n* Asteroid *m*

asth·ma [ˈæsθmə] *n* Asthma *nt*; **asthma attack** Asthmaanfall *m*

asth·mat·ic [æsθˈmætɪk] I. *n* Asthmatiker(in) *m(f)* II. *adj* asthmatisch

as·ton·ish [əˈstɒnɪʃ] *vt* erstaunen

aston·ished [əˈstɒnɪʃt] *adj* erstaunt; ■ **to be ~ at sth** über etw *akk* erstaunt sein; **we were ~ to hear that ...** wir waren erstaunt, dass ...

aston·ish·ing [əˈstɒnɪʃɪŋ] *adj* erstaunlich
aston·ish·ment [əˈstɒnɪʃmənt] *n* Erstaunen *nt;* **to stare in ~** verblüfft starren
astound [əˈstaʊnd] *vt* verblüffen
astound·ing [əˈstaʊndɪŋ] *adj* erstaunlich; *fact* verblüffend
astound·ing·ly [əˈstaʊndɪŋli] *adv* ❶ (*surprisingly*) erstaunlich, verblüffend ❷ (*extremely*) erstaunlich, außerordentlich
astray [əˈstreɪ] *adv* verloren; **to lead sb ~** (*fig*) jdn auf Abwege bringen
astride [əˈstraɪd] *prep* rittlings auf +*dat*
as·trolo·ger [əˈstrɒlədʒər] *n* Astrologe *m/* Astrologin *f*
as·tro·logi·cal [ˌæstrəˈlɒdʒɪkəl] *adj* astrologisch
as·trol·ogy [əˈstrɒlədʒi] *n* Astrologie *f*
as·tro·naut [ˈæstrənɔːt] *n* Astronaut(in) *m(f)*
as·trono·mer [əˈstrɒnəmər] *n* Astronom(in) *m(f)*
as·tro·nomi·cal [ˌæstrəˈnɒmɪkəl] *adj* (*also fig*) astronomisch
as·trono·my [əˈstrɒnəmi] *n* Astronomie *f*
as·tute [əˈstjuːt] *adj* scharfsinnig
as·tute·ly [əˈstjuːtli] *adv* schlau
as·tute·ness [əˈstjuːtnəs] *n* Scharfsinn *m*
asy·lum [əˈsaɪləm] *n* ❶ (*protection*) Asyl *nt;* **~ seeker** Asylbewerber(in) *m(f)* ❷ (*dated: institution*) Anstalt *f*
asym·met·ric(al) [ˌeɪsɪˈmetrɪk(əl)] *adj* asymmetrisch
asym·me·try [eɪˈsəmetri] *n* ❶ (*lack of regularity*) Asymmetrie *f* ❷ *no pl* (*imbalance*) Unausgewogenheit *f*
at [æt, ət] *prep* ❶ (*in location of*) an +*dat*; **~ the baker's** beim Bäcker; **~ home** zu Hause; **~ the museum** im Museum; **the man ~ number twelve** der Mann in Nummer zwölf; **my number ~ the office is ...** meine Nummer im Büro lautet ...; **~ the party** auf der Party; **~ school** in der Schule; **~ work** bei der Arbeit ❷ (*during time of*) **~ the age of 60** im Alter von 60; **~ Christmas** an Weihnachten; **~ the election** bei der Wahl; **~ lunchtime** in der Mittagspause; **~ the moment** im Moment; **~ night** in der Nacht, nachts; **~ this stage** bei diesem Stand; **~ the weekend** am Wochenende; **~ 10:00** um 10 Uhr; **~ a/ the time** zu diesem Zeitpunkt; **several things ~ a time** mehrere Sachen auf einmal; **~ the same time** (*simultaneously*) zur gleichen Zeit; (*on the other hand*) auf der anderen Seite; **~ no time** [*or* **point**] nie[mals] ❸ (*to amount of*) **~ a distance of 50 metres** auf eine Entfernung von 50 Metern; **~ a gallop** im Galopp; **~ a rough guess** grob geschätzt; **~ regular intervals** in regelmäßigen Abständen; **~ 50 kilometres per hour** mit 50 km/h; **~ that price** für diesen Preis ❹ (*in state of*) **~ a disadvantage** im Nachteil; **~ fault** im Unrecht; **~ play** beim Spielen; **~ war** im Krieg; **+** *superl;* **~ his happiest** am glücklichsten ❺ *after adj* (*in reaction to*) über +*akk;* **~ the thought of** bei dem Gedanken an +*akk* ❻ (*in response to*) **~ your invitation** auf Ihre Einladung hin; **~ that** daraufhin ❼ (*in ability to*) **~ bad/good ~ maths** schlecht/gut in Mathematik; **he is bad ~ giving instructions** er kann keine guten Anweisungen geben ❽ *after vb* (*repeatedly do*) an +*dat;* **to be ~ sth** mit etw *dat* beschäftigt sein ▸ **~ all** überhaupt; **I haven't been ~ all well** mir ging es gar nicht gut; **did she suffer ~ all?** hat sie denn gelitten?; **not ~ all** (*polite response*) gern geschehen; (*definitely not*) keineswegs; **~ that** noch dazu; **where it's ~** wo etwas los ist
ata·vis·tic [ˌætəˈvɪstɪk] *adj* atavistisch
ATC [ˌeɪtiːˈsiː] *n* BRIT *abbrev of* **Air Training Corps** *für die Fliegerausbildung zuständige Abteilung der Royal Air Force*
ate [et, eɪt] *pt of* **eat**
athe·ism [ˈeɪθiɪzəm] *n* Atheismus *m*
athe·ist [ˈeɪθiɪst] **I.** *n* Atheist(in) *m(f)* **II.** *adj* atheistisch
athe·is·tic(al) [ˌeɪθiˈɪstɪk(əl)] *adj* atheistisch
Ath·ens [ˈæθənz] *n* Athen *nt*
ath·lete [ˈæθliːt] *n* Athlet(in) *m(f)*
ath·let·ic [æθˈletɪk] *adj* athletisch, sportlich; **~ club** Sportklub *m;* **~ shorts** kurze Sporthose
ath·let·ics [æθˈletɪks] *n no pl* Leichtathletik *f*
atishoo [əˈtɪʃuː] *interj* BRIT hatschi
At·lan·tic [ətˈlæntɪk] *n* ■**the ~** [**Ocean**] der Atlantik
at·las <*pl* -es> [ˈætləs] *n* Atlas *m*
ATM [ˌeɪtiːˈem] *n abbrev of* **automated teller machine** Geldautomat *m*, Bankomat *m bes* SCHWEIZ
at·mos·phere [ˈætməsfɪər] *n* Atmosphäre *f* a. *fig*
at·mos·pher·ic [ˌætməsˈferɪk] *adj* ❶ PHYS atmosphärisch ❷ (*fig*) stimmungsvoll
at·oll [ˈætɒl] *n* Atoll *nt*
atom [ˈætəm] *n* PHYS Atom *nt;* (*fig*) Bisschen *nt*
ˈatom bomb *n* Atombombe *f*
atom·ic [əˈtɒmɪk] *adj* Atom-, atomar

at·om·ize ['ætəmaɪz] *vt* zerstäuben
at·om·iz·er ['ætəmaɪzəʳ] *n* Zerstäuber *m*
atone [ə'təʊn] *vi* ■ **to ~ for sth** etw wieder gutmachen; **to ~ one's sins** für seine Sünden büßen
atone·ment [ə'təʊnmənt] *n no pl* Buße *f*
atro·cious [ə'trəʊʃəs] *adj* grässlich; *weather, food* scheußlich; *conditions* grauenhaft
atroc·ity [ə'trɒsəti] *n* Gräueltat *f*
at·ro·phy ['ætrəfi] I. *n* Atrophie *f* II. *vi* <-ie-> atrophieren
at·tach [ə'tætʃ] I. *vt* ❶ (*fix*) befestigen (**to** an); *label* anbringen ❷ (*connect*) verbinden (**to** mit) ❸ (*send as enclosure*) ■ **to ~ sth [to sth]** etw [etw *dat*] beilegen ❹ (*join*) ■ **to ~ oneself to sb** sich jdm anschließen ❺ (*assign*) ■ **to be ~ed to sth** etw *dat* zugeteilt sein ❻ (*attribute*) value legen (**to** auf); **to ~ significance to sth** etw *dat* Bedeutung beimessen ❼ (*associate*) *conditions* knüpfen (**to** an) II. *vi* **no blame ~es to you** dich trifft keine Schuld
at·ta·ché [ə'tæʃeɪ] *n* Attaché *m*
at·'ta·ché case *n* Aktenkoffer *m*
at·tach·ment [ə'tætʃmənt] *n* ❶ (*fondness*) Sympathie *f*; **to form an ~ to sb** sich mit jdm anfreunden ❷ *no pl* (*support*) Unterstützung *f* ❸ *no pl* (*assignment*) **he is on ~ to the War Office** er ist dem Kriegsministerium unterstellt ❹ (*for appliances*) Zusatzgerät *nt* ❺ COMPUT Anhang *m*
at·tack [ə'tæk] I. *n* ❶ (*assault*) Angriff *m*; **to come under ~** angegriffen werden ❷ (*bout*) Anfall *m* II. *vt* ❶ (*physically, verbally*) angreifen; *by criminal* überfallen; *by dog* anfallen ❷ (*fig*) *problem* anpacken III. *vi* angreifen
at·tack·er [ə'tækəʳ] *n* Angreifer(in) *m(f)*
at·tain [ə'teɪn] *vt* erreichen; *independence* erlangen
at·tain·able [ə'teɪnəbl] *adj* erreichbar
at·tain·ment [ə'teɪnmənt] *n* ❶ *no pl* (*achievement*) Leistung *f* ❷ *no pl* (*achieving*) Erreichen *nt* ❸ (*accomplishments*) ■ **~s** *pl* (*accomplishments*) Fertigkeiten *pl*
at·tempt [ə'tem(p)t] I. *n* Versuch *m*; **make an ~** versuchen; **make an ~ on sb's life** einen Mordanschlag auf jdn verüben II. *vt* versuchen
at·tend [ə'tend] I. *vt* ❶ (*be present at*) besuchen; **to ~ a funeral/wedding** zu einer Beerdigung/Hochzeit gehen ❷ (*care for*) [ärztlich] behandeln II. *vi* ❶ (*be present*) teilnehmen ❷ (*listen carefully*) aufpassen
at·tend·ance [ə'tendən(t)s] *n* ❶ (*being present*) Anwesenheit *f*; **in ~** anwesend ❷ (*number of people present*) Besucherzahl *f*
at·tend·ant [ə'tendənt] *n* Aufseher(in) *m(f)*; (*in swimming pool*) Bademeister(in) *m(f)*; **car park ~** Parkwächter(in) *m(f)*; **flight ~** Flugbegleiter(in) *m(f)*; **museum ~** Museumswärter(in) *m(f)*; **petrol** [or **gas**] **station ~** Tankwart(in) *m(f)*
at·ten·tion [ə'ten(t)ʃən] *n* ❶ (*notice*) Aufmerksamkeit *f*; **~!** Achtung!; **may I have your ~, please?** dürfte ich um Ihre Aufmerksamkeit bitten?; **to pay ~ to sb** jdm Aufmerksamkeit schenken; **to pay ~ to sth** auf etw *akk* achten ❷ (*care*) Pflege *f*; MED Behandlung *f* ❸ (*in letters*) **for the ~ of** zu Händen von ❹ MIL Stillstand *m*; **~!** stillgestanden!; **to stand at ~** stillstehen ❺ (*interests*) ■ **~s** *pl* Aufmerksamkeit *f kein pl*
at·'ten·tion span *n* Konzentrationsvermögen *f*; **to have a short ~** sich nur kurz auf etwas konzentrieren können
at·ten·tive [ə'tentɪv] *adj* ❶ (*caring*) fürsorglich ❷ (*listening*) aufmerksam
at·ten·tive·ly [ə'tentɪvli] *adv* ❶ (*caringly*) fürsorglich ❷ (*taking notice*) aufmerksam; **to listen ~** aufmerksam zuhören
at·ten·tive·ness [ə'tentɪvnəs] *n no pl* ❶ (*care*) Fürsorglichkeit *f* ❷ (*listening*) Aufmerksamkeit *f*
at·test [ə'test] I. *vt* ❶ (*demonstrate*) *support, excellence* beweisen ❷ LAW bestätigen II. *vi* ■ **to ~ to sth** *competence, fact* etw beweisen
at·tic ['ætɪk] *n* Dachboden *m*; **in the ~** auf dem Dachboden
at·tire [ə'taɪəʳ] *n* Kleidung *f*
at·ti·tude ['ætɪtjuːd] *n* ❶ (*way of thinking*) Haltung *f*; **an ~ problem** eine falsche Einstellung; **to take the ~ that ...** die Meinung vertreten, dass ... ❷ (*body position*) Stellung *f*
at·tor·ney [ə'tɜːrni] *n* AM Anwalt *m*/Anwältin *f*
at·tract [ə'trækt] *vt* anziehen; *attention* erregen; *criticism* stoßen auf +*akk*
at·trac·tion [ə'trækʃən] *n* ❶ *no pl* PHYS Anziehungskraft *f* ❷ *no pl* (*between people*) Anziehung *f*; **she felt an ~ to him** sie fühlte sich zu ihm hingezogen ❸ (*entertainment*) Attraktion *f* ❹ (*appeal*) Reiz *m*; **I don't understand the ~ of ...** ich weiß nicht, was so toll daran sein soll, ...
at·trac·tive [ə'træktɪv] *adj* attraktiv
at·trac·tive·ness [ə'træktɪvnəs] *n no pl* Attraktivität *f*; *of view, countryside* Reiz *m*;

physical/sexual ~ körperliche/sexuelle Anziehungskraft

at·tri·bute I. vt [ə'trɪbjuːt] ❶ (ascribe) zurückführen (**to** auf) ❷ (give credit for) zuschreiben (**to** +dat) II. n ['ætrɪbjuːt] Eigenschaft f

at·tribu·tive [ə'trɪbjətɪv] adj attributiv

at·tri·tion [ə'trɪʃ^ən] n ❶ (wearing down) Abrieb m ❷ (gradual weakening) Zermürbung f ❸ AM, AUS Personalabbau durch Einstellungsstopp

atypi·cal [ˌeɪ'tɪpɪk^əl] adj atypisch, untypisch; ▪ **to be ~ of sb/sth** für jdn/etw nicht typisch sein

auber·gine ['əʊbəʒiːn] n Aubergine f

auburn ['ɔːbən] adj rotbraun

auc·tion ['ɔːkʃ^ən] I. n Auktion f, Versteigerung f; **to put sth up for ~** etw zur Versteigerung anbieten; **to be sold at ~** versteigert werden II. vt ▪ **to ~ [off]** versteigern

auc·tion·eer [ˌɔːkʃ^ən'ɪə^r] n Auktionator(in) m(f)

auda·cious [ɔː'deɪʃəs] adj ❶ (bold) kühn ❷ (impudent) dreist

auda·cious·ness [ɔː'deɪʃəsnəs] n, **audac·ity** [ɔː'dæsəti] n ❶ (boldness) Kühnheit f ❷ (impudence) Dreistigkeit f

audi·ble ['ɔːdəbl] adj hörbar

audib·ly ['ɔːdəbli] adv hörbar

audi·ence ['ɔːdiən(t)s] n ❶ + sing/pl vb (at performance) Publikum nt; THEAT also Besucher pl; TV Zuschauer pl; RADIO [Zu]hörer pl ❷ (formal interview) Audienz f (**with** bei)

audio ['ɔːdiəʊ] adj Ton-, Hör-, Audio-; **~ tape** Tonband nt; **~ frequency** Tonfrequenz f; **~ book** Hörbuch nt; **~ cassette** [Hör]kassette f; **~ tour** [or **guide**] Audioguide m; **~ file** COMPUT Audiodatei f

audit ['ɔːdɪt] I. n FIN Rechnungsprüfung f; **general ~** ordentliche Buchprüfung II. vt ❶ FIN [amtlich] prüfen ❷ AM, AUS UNIV class [nur] als Gasthörer besuchen

audi·tion [ɔː'dɪʃ^ən] I. n (for actor) Vorsprechen nt; (for singer) Vorsingen nt; (for dancer) Vortanzen nt; (for instrumentalist) Vorspielen nt II. vi vorsprechen/vorsingen/vorspielen/vortanzen III. vt vorsprechen/vorsingen/vortanzen/vorspielen lassen

audi·tor ['ɔːdɪtə^r] n Rechnungsprüfer(in) m(f)

audi·to·rium <pl -s or -ria> [ˌɔːdɪ'tɔːriəm] n THEAT Zuschauerraum m; (hall) Zuhörersaal m; (for concerts) Konzerthalle f

aug·ment [ɔːg'ment] vt vergrößern; income verbessern

augur ['ɔːgə^r] I. vi **to ~ ill/well** ein schlechtes/gutes Zeichen sein II. vt verheißen

august [ɔː'gʌst] adj (liter) erhaben, hoheitsvoll

August ['ɔːgəst] n August m; see also **February**

aunt [ɑːnt] n Tante f

au pair [ˌəʊ'peə^r] n Aupair nt

aura ['ɔːrə] n Aura f

aural ['ɔːr^əl] adj akustisch; MED aural; **~ material** Tonmaterial nt

auri·cle ['ɔːrɪkl] n ❶ (of heart) Herzohr nt ❷ (of ear) Ohrmuschel f

auricu·lar [ɔː'rɪkjʊlə^r] adj aurikulär

auro·ra [ɔː'rɔːrə] n Polarlicht nt

aus·pices ['ɔːspɪsɪz] npl Schirmherrschaft f

aus·pi·cious [ɔː'spɪʃəs] adj viel versprechend

Aus·sie ['ɒzi] (fam) I. n Australier(in) m(f) II. adj australisch

aus·tere [ɒs'tɪə^r] adj ❶ (without comfort) karg; (severely plain) nüchtern; room schmucklos; (ascetic) asketisch ❷ (joyless and strict) streng

aus·ter·ity [ɒs'terəti] n ❶ no pl (absence of comfort) Rauheit f ❷ no pl (sparseness) Kargheit f; (asceticism) Askese f; **~ measures** Sparmaßnahmen pl ❸ no pl (strictness) Strenge f ❹ ▪ **austerities** pl Entbehrungen pl

Aus·tralia [ɒs'treɪliə] n Australien nt

Aus·tral·ian [ɒs'treɪliən] I. n ❶ (person) Australier(in) m(f) ❷ (language) australisches Englisch II. adj australisch

Aus·tria ['ɒstriə] n Österreich nt

Aus·trian ['ɒstriən] I. n ❶ (person) Österreicher(in) m(f) ❷ (language) Österreichisch nt II. adj österreichisch

AUT [ˌeɪjuː'tiː] n BRIT abbrev of **Association of University Teachers** ≈ Verband m der Hochschullehrer

authen·tic [ɔː'θentɪk] adj authentisch

authen·ti·cate [ɔː'θentɪkeɪt] vt [die Echtheit einer S. gen] bestätigen; LAW beglaubigen

authen·ti·ca·tion [ɔːˌθentɪ'keɪʃ^ən] n Bestätigung f [der Echtheit]; LAW Beglaubigung f

au·then·tic·ity [ˌɔːθen'tɪsəti] n Echtheit f

author ['ɔːθə^r] n (profession) Schriftsteller(in) m(f); of particular book Autor(in) m(f)

author·ess <pl -es> [ɔːθ^əres] n Autorin f

authori·tar·ian [ˌɔːθɒrɪ'teəriən] I. adj autoritär II. n ▪ **to be an ~** autoritär sein

authori·ta·tive [ɔː'θɒrɪtətɪv] adj ❶ (defini-

tive) maßgebend ❷ (*commanding*) Respekt einflößend
author·ity [ɔːˈθɒrəti] *n* ❶ *no pl* (*right of control*) Autorität *f*; **in ~** verantwortlich ❷ *no pl* (*permission*) Befugnis *f*; (*to act on sb's behalf*) Vollmacht *f*; **on whose ~?** wer hat das genehmigt?; **to have the ~ to do sth** befugt [*o* bevollmächtigt] sein, etw zu tun; **without ~** unbefugt ❸ *no pl* (*knowledge*) **to speak with ~ on sth** sich [sehr] kompetent zu etw *dat* äußern ❹ (*expert*) **an ~ on microbiology** eine Autorität auf dem Gebiet der Mikrobiologie ❺ (*organization*) Behörde *f*; **education ~** Schulamt *nt*; ■**the authorities** *pl* die Behörden ❻ *no pl* (*source*) **to have sth on good ~** etw aus zuverlässiger Quelle wissen
authori·za·tion [ˌɔːθərʳaɪˈzeɪʃʳn] *n* (*approval*) Genehmigung *f*; (*delegation of power*) Bevollmächtigung *f*
author·ize [ˈɔːθəʳraɪz] *vt* genehmigen; ■**to ~ sb** jdn bevollmächtigen
author·ized [ˈɔːθəʳraɪzd] *adj* bevollmächtigt, autorisiert; ■**to be ~ to do sth** berechtigt sein, etw zu tun; **"~ personnel only"** „Zutritt nur für Befugte"
author·ship [ˈɔːθəʃɪp] *n* Autorschaft *f*
autis·tic [ɔːˈtɪstɪk] *adj* autistisch
auto [ˈɔːtəʊ] I. *n* Auto *nt* II. *adj* (*concerning cars*) Auto-; (*automatic*) automatisch; **~ restart** COMPUT Selbstanlauf *m*
auto·bio·gra·phi·cal [ˌɔːtəˌbaɪə(ʊ)ˈɡræfɪkʳl] *adj* autobiografisch
auto·bi·og·ra·phy [ˌɔːtəbaɪˈɒɡrəfi] *n* Autobiografie *f*
autoc·ra·cy [ɔːˈtɒkrəsi] *n* Autokratie *f*
auto·crat [ˈɔːtəkræt] *n* Autokrat(in) *m(f)*
auto·crat·ic [ˌɔːtəˈkrætɪk] *adj* autokratisch
auto·cue® [ˈɔːtə(ʊ)kjuː] *n* BRIT TV Teleprompter® *m*
auto·graph [ˈɔːtəɡrɑːf] I. *n* Autogramm *nt* II. *vt* signieren
auto·mate [ˈɔːtəmeɪt] *vt* automatisieren
auto·mat·ed ˈtell·er ma·chine *n* AM Geldautomat *m*
auto·mat·ic [ˌɔːtəˈmætɪk] I. *adj* automatisch; **~ rifle** Selbstladegewehr *nt*; **~ washing machine** Waschautomat *m* II. *n* ❶ (*non-manual machine*) Automat *m* ❷ (*car*) Automatikwagen *m* ❸ (*rifle*) Selbstladegewehr *nt*
auto·mati·cal·ly [ˌɔːtəˈmætɪkʳli] *adv* ❶ (*without human control*) automatisch; (*train doors*) selbsttätig ❷ (*without thinking*) mechanisch ❸ (*inevitably*) automatisch, zwangsläufig
auto·mat·ic ˈpi·lot *n* Autopilot *m*

auto·ma·tion [ˌɔːtəˈmeɪʃʳn] *n* Automatisierung *f*
automa·ton <*pl* -mata *or* -s> [ɔːˈtɒmətʳn] *n* Automat *m*
auto·mo·bile [ˈɔːtəmə(ʊ)biːl] *n esp* AM Auto *nt*
auto·mo·tive [ˌɔːtəˈməʊtɪv] *adj* Auto-
autono·mous [ɔːˈtɒnəməs] *adj* autonom
autono·my [ɔːˈtɒnəmi] *n* Autonomie *f*
auto·pi·lot [ˈɔːtəʊpaɪlət] *n* ❶ (*on aircraft*) Autopilot *m*; **to be on ~** mit Autopilot fliegen ❷ *no pl* (*fig*) **to be on ~** etw automatisch abspulen
autop·sy [ˈɔːtɒpsi] *n* Autopsie *f*
ˈ**auto·tune** *n* Autotuner-System *nt* (*bei* [*Auto*]*radios*)
autumn [ˈɔːtəm] *n* Herbst *m*; **in** [**the**] **~** im Herbst; [**in**] **late ~** [im] Spätherbst; **~ term** Wintersemester *nt*
autum·nal [ɔːˈtʌmnʳl] *adj* herbstlich; **~ colours** Herbstfarben *pl*
aux·ilia·ry [ɔːɡˈzɪliʳri] I. *n* ❶ (*assistant*) Hilfskraft *f*; (*soldier*) Soldat(in) *m(f)* der Hilfstruppen; (*nurse*) Hilfsschwester *f* ❷ LING Hilfsverb *nt* II. *adj* Hilfs-; (*additional*) Zusatz-
AV *adj* AM *abbrev of* **audio-visual** audiovisuell
Av. AM *abbrev of* **avenue**
avail [əˈveɪl] I. *n* Nutzen *m*; **to no ~** vergeblich II. *vt* **to ~ oneself of the opportunity ...** die Gelegenheit nutzen ...
avail·abil·ity [əˌveɪləˈbɪləti] *n no pl* Verfügbarkeit *f*; ECON Lieferbarkeit *f*; **the offer is subject to ~** das Angebot gilt, solange der Vorrat reicht
avail·able [əˈveɪləbʳl] *adj* ❶ (*free for use*) verfügbar; **in the time ~** in der vorhandenen Zeit; **to make ~** zur Verfügung stellen ❷ (*not busy*) abkömmlich ❸ ECON erhältlich; (*in stock*) lieferbar; **size** vorrätig ❹ (*romantically unattached*) frei
ava·lanche [ˈævʳlɑːn(t)ʃ] *n* Lawine *f*
avant-garde [ˌævɑː(ŋ)ˈɡɑːd] I. *n* Avantgarde *f* II. *adj* avantgardistisch
ava·rice [ˈævʳrɪs] *n* Habgier *f*
ava·ri·cious [ˌævʳˈrɪʃəs] *adj* habgierig
ava·tar [ævəˈtɑːʳ] *n* INET Avatar *m*
Ave. *n abbrev of* **avenue**
avenge [əˈvendʒ] *vt* rächen; ■**to ~ oneself on sb** sich an jdm rächen
aveng·er [əˈvendʒəʳ] *n* Rächer(in) *m(f)*
av·enue [ˈævənjuː] *n* ❶ (*broad street*) Avenue *f*; **~ of lime trees** Lindenallee *f* ❷ (*fig: possibility*) Weg *m*
av·er·age [ˈævʳrɪdʒ] I. *n* Durchschnitt *m*; **on ~** im Durchschnitt; [**to be**] [**well**]

above/below ~ [weit] über/unter dem Durchschnitt [liegen]; **law of ~s** Gesetz *nt* der Serie **II.** *adj* durchschnittlich; **~ income** Durchschnittseinkommen *nt;* **~ person** Otto Normalverbraucher **III.** *vt* im Durchschnitt betragen; **to ~ 40 hours a week** durchschnittlich 40 Stunden pro Woche arbeiten; **to ~ £18,000 per year** durchschnittlich 18.000 Pfund im Jahr verdienen

averse [əˈvɜːs] *adj* ▪**to be ~ to sth** etw *dat* abgeneigt sein

aver·sion [əˈvɜːʃən] *n* ❶ (*intense dislike*) Abneigung *f* ❷ (*hated thing*) Gräuel *m*

avert [əˈvɜːt] *vt* ❶ (*turn away*) abwenden ❷ (*prevent*) verhindern

avian *adj* Vogel-; **~ flu** Vogelgrippe *f*

aviary [ˈeɪviəri] *n* Vogelhaus *nt*

avia·tion [ˌeɪviˈeɪʃən] *n* Luftfahrt *f;* **aviation industry** Flugzeugindustrie *f*

avid [ˈævɪd] *adj* eifrig, begeistert

avo·ca·do <*pl* -s *or* -es> [ˌævəˈkɑːdəʊ] *n* Avocado *f*

avoid [əˈvɔɪd] *vt* ❶ (*stay away from*) meiden ❷ (*prevent sth happening*) vermeiden; **to narrowly ~ sth** etw *dat* knapp entgehen ❸ (*not hit*) ausweichen

avoid·able [əˈvɔɪdəbl] *adj* vermeidbar

avoid·ance [əˈvɔɪdən(t)s] *n* Vermeidung *f;* **~ of taxes** Umgehung *f*

avow [əˈvaʊ] *vt* bekennen

AWACS [ˈeɪwæks] *n acr for* **airborne warning and control system** AWACS *nt*

await [əˈweɪt] *vt* erwarten; **long ~ed** lang ersehnt

awake [əˈweɪk] **I.** *vi* <awoke *or* AM *also* awaked, awoken> ❶ (*stop sleeping*) erwachen ❷ (*fig*) ▪**to ~ to sth** sich *dat* einer S. *gen* bewusst werden **II.** *vt* <awoke *or* AM *also* awaked, awoken *or* AM *also* awaked> ❶ (*from sleep*) [auf]wecken ❷ (*fig: rekindle*) wiedererwecken **III.** *adj* ❶ (*not asleep*) wach ❷ (*fig*) ▪**to be ~ to sth** sich *dat* einer S. *gen* bewusst sein

awak·en [əˈweɪkən] **I.** *vt* ❶ (*wake up*) ▪**to be ~ed** geweckt werden ❷ (*fig: start*) [er]wecken ❸ (*fig: make aware*) bewusst machen **II.** *vi* erwachen

awak·en·ing [əˈweɪkənɪŋ] *n* **rude ~** böses Erwachen

award [əˈwɔːd] **I.** *vt damages* zusprechen; *grant* gewähren; *prize* verleihen **II.** *n* ❶ (*prize*) Auszeichnung *f* ❷ (*compensation*) Entschädigung *f* ❸ LAW Zuerkennung *f*

---

aversion

expressing antipathy	Antipathie ausdrücken
I don't like him (very much).	Ich mag ihn nicht (besonders).
I think that bloke is just impossible.	Ich finde diesen Typ unmöglich.
He's an (a real) arsehole [*or* AM asshole]. (*sl*)	Das ist ein (richtiges) Arschloch. (*sl*)
I can't stand/bear him.	Ich kann ihn nicht ausstehen.
That woman gets on my nerves/drives me mad. (*fam*)	Diese Frau geht mir auf den Geist/Wecker/Keks. (*fam*)

expressing boredom	Langeweile ausdrücken
How boring!/Talk about boring!	Wie langweilig!/So was von langweilig!
I'll fall asleep/nod off in a minute!	Ich schlaf gleich ein!
It's enough to send you to sleep!	Das ist ja zum Einschlafen!
The film is (just) one big yawn.	Der Film ist ja eine Schlaftablette.
This nightclub is dead boring. (*sl*)	Diese Disco ist total öde. (*sl*)

expressing disgust	Abscheu ausdrücken
Yuk!	Igitt!
You make me sick!	Du widerst mich an!
That is absolutely revolting!	Das ist geradezu widerlich!
That is (quite) disgusting!	Das ist (ja) ekelhaft!
That disgusts me!	Das ekelt mich an!
That makes me (want to) puke! (*sl*)	Ich find das zum Kotzen! (*sl*)

award·win·ning [əˈwɔːdwɪnɪŋ] *adj attr* preisgekrönt

aware [əˈweər] *adj* ❶ (*knowing*) ■ **to be ~ of sth** sich *dat* einer S. *gen* bewusst sein; **as far as I'm ~** soviel ich weiß; **not that I'm ~ of** nicht, dass ich wüsste ❷ (*physically sensing*) ■ **to be ~ of sb/sth** jdn/etw bemerken ❸ (*well informed*) informiert; **environmentally ~** umweltbewusst

aware·ness [əˈweərnəs] *n* Bewusstsein *nt*

awash [əˈwɒʃ] *adj* ❶ *with water* unter Wasser, überflutet ❷ (*fig*) ■ **to be ~ with sth** voll von etw *dat* sein; **to be ~ with money** im Geld schwimmen

away [əˈweɪ] I. *adv* ❶ (*distant*) weg; **to be ~ on business** geschäftlich unterwegs sein; **five miles ~ [from here]** fünf Meilen [von hier] entfernt; **~ from each other** voneinander entfernt; **two days ~** in zwei Tagen; **summer still seems a long time ~** der Sommer scheint noch weit entfernt ❷ (*all the time*) **we danced the night ~** wir tanzten die ganze Nacht durch; **you're dreaming your life ~** du verträumst noch dein ganzes Leben; **to be laughing ~** ständig am Lachen sein; **to write ~** drauflosschreiben ❸ SPORTS auswärts II. *adj* SPORTS auswärtig; **~ game** Auswärtsspiel *nt*; **~ team** Gastmannschaft *f*

awe [ɔː] I. *n* Ehrfurcht *f*; **to hold sb in ~** großen Respekt vor jdm haben II. *vt* <BRIT aweing *or* AM awing> einschüchtern

awe·in·spir·ing *adj* Ehrfurcht gebietend, ehrfurchtgebietend

awe·some [ˈɔːsəm] *adj* ❶ (*impressive*) beeindruckend ❷ (*intimidating*) beängstigend ❸ AM (*sl: very good*) spitze

awe·strick·en [ˈɔːˌstrɪkən] *adj*, **awe·struck** [ˈɔːˌstrʌk] *adj* [von Ehrfurcht] ergriffen; *expression* erfurchtsvoll

aw·ful [ˈɔːfəl] *adj* ❶ (*extremely bad*) furchtbar; **what an ~ thing to say!** das war aber gemein von dir!; **you're really ~** du bist wirklich schlimm!; **to look ~** schrecklich aussehen; **to smell ~** fürchterlich stinken ❷ (*great*) außerordentlich; **an ~ lot** eine riesige Menge

aw·ful·ly [ˈɔːfli] *adv* furchtbar; **not ~ good** nicht besonders gut; **an ~ long way** ein schrecklich weiter Weg

awhile [əˈ(h)waɪl] *adv* eine Weile

awk·ward [ˈɔːkwəd] *adj* ❶ (*difficult*) schwierig ❷ (*embarrassing*) peinlich; **to feel ~** sich unbehaglich fühlen ❸ (*inconvenient*) ungünstig ❹ (*clumsy*) unbeholfen

awk·ward·ly [ˈɔːkwədli] *adv* ❶ (*inconveniently*) ungünstig, unpassend; **~ timed** zu einem ungünstigen Zeitpunkt ❷ (*feeling embarrassed*) verlegen, betreten ❸ (*clumsily*) unbeholfen, ungeschickt ❹ (*unskilfully*) ungeschickt

awn·ing [ˈɔːnɪŋ] *n* (*on house*) Markise *f*; (*on caravan*) Vorzelt *nt*; (*on wagon*) Plane *f*; (*on ship*) Sonnensegel *nt*

awoke [əˈwəʊk] *pt of* **awake**

awok·en [əˈwəʊkən] *pp of* **awake**

AWOL [ˈeɪwɒl] *adj acr for* **absent without leave**: **to go ~** MIL sich unentschuldigt von der Truppe entfernen; (*fig*) verschwinden

awry [əˈraɪ] *adj* schief

axe [æks], AM **ax** I. *n* Axt *f* ▶ **to get the ~** *workers* entlassen werden; *projects* gestrichen werden II. *vt things* streichen; *people* entlassen

axi·om [ˈæksiəm] *n* Axiom *nt*

axis <*pl* axes> [ˈæksɪs, *pl* -siːz] *n* Achse *f*

axle [ˈæksl] *n* Achse *f*

aya·tol·lah [ˌaɪəˈtɒlə] *n* Ayatollah *m*

aye [aɪ] I. *interj* ❶ SCOT, NBRIT (*yes*) ja ❷ NAUT **~, ~, sir!** zu Befehl, Herr Kapitän! II. *n* POL Jastimme *f*; **the ~s have it** die Mehrheit ist dafür

azalea [əˈzeɪliə] *n* Azalee *f*

Azer·bai·jan *n* [ˌæzəbarˈdʒɑːn] Aserbaidschan *nt*

Az·tec [ˈæztek] I. *n* Azteke *m*/Aztekin *f* II. *adj* aztekisch; **~ language** Aztekisch *nt*

az·ure [ˈæʒər] I. *n* Azur[blau] *nt* II. *adj* azur[blau]

Bb

B <pl -'s or -s>, **b** <pl -'s> [biː] n ① (*letter*) B nt, b nt; *see also* **A 1** ② MUS H nt, h nt; **B flat** B nt, b nt; **B sharp** His nt, his nt ③ (*school mark*) ≈ Zwei f, ≈ gut

BA [ˌbiːˈeɪ] n ① *abbrev of* **Bachelor of Arts** B. ② *abbrev of* **British Airways** BA f

bab·ble [ˈbæbl̩] I. n ① (*confused speech*) Geplapper nt ② *of water* Plätschern nt II. vi ① (*talk incoherently*) plappern; *baby* babbeln ② *water* plätschern III. vt (*incoherently*) stammeln

bab·bling [ˈbæblɪŋ] I. adj attr ① (*muttering nonsense*) plappernd ② (*of water*) plätschernd II. n Geplapper nt

babe [beɪb] n ① (*baby*) Kindlein nt ② (*fam: form of address*) Schatz m ③ (*fam: attractive person*) Süße(r) f(m)

ba·boon [bəˈbuːn] n Pavian m

baby [ˈbeɪbi] I. n ① (*child*) Baby nt; **to have a ~** ein Baby bekommen ② (*youngest person*) Jüngste(r) f(m); **the ~ of the family** das Nesthäkchen ③ (*childish person*) Kindskopf m ④ (*fam: affectionate address*) Baby nt ▶ **to throw the ~ out with the bath water** das Kind mit dem Bade ausschütten II. adj klein; **~ carrots** Babymöhren pl; **~ clothes** Babywäsche f III. vt <-ie-> ■ **to ~ sb** jdn wie ein kleines Kind behandeln

'**baby car·riage** n AM Kinderwagen m

'**baby food** n Babynahrung f

ba·by·hood [ˈbeɪbihʊd] n Säuglingsalter nt

ba·by·ish [ˈbeɪbiɪʃ] adj kindisch

'**baby sign·ing** n no pl, no art SOCIOL, PSYCH Gebärdensprache f für Kleinkinder '**baby·sit·ter** n Babysitter(in) m(f)

bach·elor [ˈbætʃələʳ] n ① (*unmarried man*) Junggeselle m ② UNIV **B~ of Arts/Science** Bachelor m der philosophischen/naturwissenschaftlichen Fakultät (*unterster akademischer Grad in englischsprachigen Ländern*)

ba·cil·lus <pl bacilli> [bəˈsɪləs, pl bəˈsɪlaɪ] n Bazillus m

back [bæk] I. n ① (*of body*) Rücken m; **to put one's ~ out** sich verheben; **~ to ~** Rücken an Rücken ② (*not front*) *of building, page* Rückseite f; *of car* Heck nt; *of chair* Lehne f; (*in car*) Rücksitz[e] m[pl]; **Ted is round the ~** [*or* AM **out ~**] Ted ist draußen hinterm Haus; **at** [*or* **in**] **the ~** [**of the bus/book**] hinten [im Bus/Buch]; **at the ~ of the theatre** hinten im Theater; **~ to front** verkehrt herum; **~ of the hand/head/leg** Handrücken m/Hinterkopf m/Wade f ③ FBALL Verteidiger(in) m(f) ▶ **to get off sb's ~** jdn in Ruhe lassen; **to get sb's ~ up** jdn wütend machen; **to know sth like the ~ of one's hand** etw in- und auswendig kennen; **in** [*or* **at**] **the ~ of one's mind** im Hinterkopf; **to put one's ~ into sth** sich in etw akk hineinknien II. adj ① <backmost> (*rear*) Hinter-; **~ pocket** Gesäßtasche f; **~ seat** Rücksitz m; **~ tooth** Backenzahn m ② (*of body*) Rücken- ③ (*old*) alt; **~ issue** alte Ausgabe III. adv ① (*to previous place*) [wieder] zurück; **there and ~** hin und zurück; **~ and forth** hin und her; **I'll be ~** ich komme wieder ② (*to past*) **as far ~ as I can remember** so weit ich zurückdenken kann; **that was ~ in 1950** das war [schon] 1950; **two months ~** vor zwei Monaten IV. vt ① (*support*) unterstützen; **to ~ a horse** auf ein Pferd setzen ② (*drive*) **she ~ed the car into the garage** sie fuhr rückwärts in die Garage ③ (*accompany*) begleiten V. vi ◆ **back away** vi **to ~ away** zurückweichen (**from** vor) ◆ **back down** vi nachgeben ◆ **back into** ■ **to ~ into sb** *person* mit jdm zusammenstoßen; ■ **to ~ into sth** *vehicle* rückwärts gegen [*o* in] etw akk fahren ◆ **back off** vi sich zurückziehen; **~ off!** lass mich in Ruhe! ◆ **back onto** vi ■ **to ~ onto sth** hinten an etw akk [an]grenzen ◆ **back out** vi einen Rückzieher machen ◆ **back up** I. vi sich stauen II. vt ① (*support*) unterstützen; (*confirm*) bestätigen ② COMPUT sichern ③ (*reverse*) zurücksetzen

'**back·ache** n no pl Rückenschmerzen pl

back·'bench·er n BRIT POL Hinterbänkler(in) m(f) '**back·biting** n Lästern nt '**back·bone** n Rückgrat nt a. fig '**back·chat** n Widerrede f '**back·cloth** n THEAT Prospekt m **back 'door** n Hintertür f '**back·drop** n Hintergrund m a. fig

back·er [ˈbækəʳ] n Förderer m/Förderin f; **financial ~s** Geldgeber pl

'**back·fire** vi ① AUTO frühzünden ② (*go wrong*) fehlschlagen **back·ground** [ˈbækgraʊnd] n ① Hintergrund m; THEAT Kulisse f ② SOCIAL Herkunft f; **to come from a poor ~** aus armen Verhältnissen stammen; **to do a ~ check on sb** jdn polizeilich überprüfen ③ (*experience*) **with a ~ in sth** mit Erfahrung in etw dat

hand *n* Rückhand *f* ˈ**back·hand·er** *n* BRIT (*fam*) Schmiergeld *nt*
back·ing [ˈbækɪŋ] *n* ❶ (*support*) Unterstützung *f* ❷ (*stiffener*) Verstärkung *f* ❸ MUS Begleitung *f*
ˈ**back·lash** *n* Gegenreaktion *f* ˈ**back·log** *n usu sing* Rückstand *m* **back ˈnum·ber** *n* alte Ausgabe ˈ**back·pack I.** *n* Rucksack *m* **II.** *vi* mit dem Rucksack reisen ˈ**back·pack·er** *n* Rucksackreisende(r) *f(m)* ˈ**back pay** *n* (*wages*) Lohnnachzahlung *f*; (*salaries*) Gehaltsnachzahlung *f* ˈ**back·ped·al** *vi* ❶ (*pedal backwards*) rückwärtstreten ❷ (*fig: reverse opinion, action*) zurückrudern *fam*, einen Rückzieher machen *fam* (**on** bei +*dat*) ˈ**back seat** *n* ❶ (*in car*) Rücksitz *m* ❷ (*fig*) **to take a ~** in den Hintergrund treten ˈ**back·side** *n* (*fam*) Hintern *m* ▸ **to get off** one's **~** seinen Hintern in Bewegung setzen ˈ**back·slash** *n* Backslash *m* ˈ**back·space** *n*, ˈ**back·space key** *n* Backspace-Taste *f* ˈ**back·stage I.** *n* Garderobe *f* **II.** *adj, adv* hinter der Bühne ˈ**back·stroke** *n* Rückenschwimmen *nt*; **to swim ~** rückenschwimmen ˈ**back talk** *n* AM (*fam*) Widerrede *f* **back-to-ˈschool** *adj* shopping, merchandise zum Schulbeginn nach *n* ˈ**back·track** *vi* ❶ (*go back*) wieder zurückgehen ❷ (*change opinion*) einlenken
ˈ**back·up** [ˈbækʌp] *n* ❶ (*support*) Unterstützung *f*; **~ generator** Notstromaggregat *nt*; **~ staff** Reservepersonal *nt* ❷ COMPUT Sicherung *f*, Backup *nt*
back·ward [ˈbækwəd] **I.** *adj* ❶ (*facing rear*) rückwärts gewandt; (*reversed*) Rück[wärts]-; **a ~ step** ein Schritt nach hinten ❷ (*slow in learning*) zurückgeblieben ❸ (*underdeveloped*) rückständig **II.** *adv see* **backwards**
back·ward·ness [ˈbækwədnəs] *n no pl* Rückständigkeit *f*
back·wards [ˈbækwədz] *adv* ❶ (*towards the back*) nach hinten; **to walk ~ and forwards** hin- und hergehen ❷ (*in reverse*) rückwärts; **to know sth ~** etw in- und auswendig kennen ❸ (*into past*) zurück
ˈ**back·water** *n* ❶ (*of river*) stehendes Gewässer ❷ (*pej: isolated place*) toter Fleck ˈ**back·woods** *npl* hinterste Provinz ˈ**back·woodsman** *n* Hinterwäldler(in) *m(f)* **back·ˈyard** *n* ❶ BRIT (*courtyard*) Hinterhof *m* ❷ AM (*back garden*) Garten *m* hinter dem Haus ▸ **in** one's **own ~** vor der eigenen Haustür
ba·con [ˈbeɪkən] *n* [Schinken]speck *m*; **~ and eggs** Eier *pl* mit Speck

bac·te·ria [bækˈtɪərɪə] *n pl of* **bacterium** Bakterien *pl*
bac·te·rial [bækˈtɪərɪəl] *adj* bakteriell, Bakterien-
bac·te·rio·log·i·cal [bækˌtɪərɪəˈlɒdʒɪkəl] *adj* bakteriologisch
bac·te·ri·ol·o·gist [bækˌtɪərɪˈɒlədʒɪst] *n* Bakteriologe *m*/Bakteriologin *f*
bac·te·ri·ol·o·gy [bækˌtɪərɪˈɒlədʒi] *n no pl* Bakteriologie *f*
bac·te·rium <*pl* -ria> [bækˈtɪərɪəm] *n* Bakterie *f*
bad <worse, worst> [bæd] **I.** *adj* schlecht; *dream* böse; *smell* übel; *cold* schlimm; *debt* uneinbringlich; *storm* heftig; **things are going from ~ to worse** es wird immer schlimmer; **too ~** zu schade; **~ blood** böses Blut; **to fall in with a ~ crowd** in eine üble Bande geraten; **~ language** Kraftausdrücke *pl*; **~ luck** Pech *nt*; **~ at maths** schlecht in Mathe; **to have a ~ temper** jähzornig sein; **nowhere near as ~ as ...** nicht halb so schlimm wie ... **II.** *adv* (*fam*) sehr **III.** *n no pl* **to take the ~ with the good** auch das Schlechte in Kauf nehmen
badge [bædʒ] *n* Abzeichen *nt*; (*made of metal*) Button *m*; (*on car*) Plakette *f*; **police ~** Polizeimarke *f*
badg·er [ˈbædʒəʳ] **I.** *n* Dachs *m* **II.** *vt* bedrängen
bad·ly <worse, worst> [ˈbædli] *adv* schlecht; **to be ~ in need of sth** etw dringend benötigen; **~ hurt** schwer verletzt
bad·min·ton [ˈbædmɪntən] *n* Badminton *nt*, Federball *m*
bad-ˈtem·pered *adj* (*easily irritated*) leicht aufbrausend; (*in a bad mood*) schlecht gelaunt
baf·fle [ˈbæfl̩] *vt* verwirren
baf·fle·ment [ˈbæfl̩mənt] *n no pl* Verblüffung *f*
baf·fling [ˈbæflɪŋ] *adj* (*confusing*) verwirrend; (*mysterious*) rätselhaft
bag [bæg] **I.** *n* ❶ (*container*) Tasche *f*; (*drawstring bag*) Beutel *m*; (*sack*) Sack *m*; **paper/plastic ~** Papier-/Plastiktüte *f*; **a ~ of sweets** eine Tüte Bonbons ❷ (*handbag*) Handtasche *f*; (*travelling bag*) Reisetasche *f*; **to pack** one's **~s** die Koffer packen ❸ (*skin*) **to have ~s under** one's **eyes** Tränensäcke *pl* haben ❹ BRIT, AUS (*fam*) ▪ **~s of ...** jede Menge ... ❺ (*pej*) **old ~** alte Schachtel ▸ **sth is in the ~** (*fam: as good as done*) etw ist in trockenen Tüchern **II.** *vt* <-gg-> eintüten
ba·gel [ˈbeɪgəl] *n* Bagel *m*
bag·gage [ˈbægɪdʒ] *n no pl* (*luggage*) Ge-

päck *nt;* **pieces of** ~ Gepäckstücke *pl;* **excess** ~ Übergepäck *nt*
'bag·gage al·low·ance *n* Freigepäck *nt*
'bag·gage car *n* AM, AUS Gepäckwagen *m*
'bag·gage check *n* Gepäckkontrolle *f*
'bag·gage claim *n* Gepäckausgabe *f*
bag·gy ['bægɪ] *adj* [weit] geschnitten
'bag lady *n* Obdachlose *f* **'bag·pip·er** *n* Dudelsackspieler(in) *m/f/* **'bag·pipes** *npl* Dudelsack *m*
ba·guette [bæ'gət] *n* Baguette *nt o f,* Stangenweißbrot *nt*
Ba·ha·mas [bə'hɑːməz] *npl* ■**the** ~ die Bahamas
Ba·ha·mian [bə'heɪmɪən] **I.** *n* Baham[a]er(in) *m/f/* **II.** *adj* baham[a]isch
Bah·rain [bɑː'reɪn] *n no pl* Bahrain *nt*
bail [beɪl] **I.** *n* (*money*) Kaution *f;* **to grant** ~ die Freilassung gegen Kaution gewähren; **to jump** ~ die Kaution verfallen lassen und fliehen; **to stand** ~ **for sb** für jdn [die] Kaution stellen **II.** *vt* [Wasser] [aus]schöpfen **III.** *vt* ❶ (*remove*) [aus]schöpfen ❷ (*release*) ■**to** ~ **sb** jdn gegen Kaution freilassen ♦**bail out I.** *vt* ❶ (*pay to release*) ■**to** ~ **out** ⊂ **sb** für jdn [die] Kaution stellen ❷ (*help*) ■**to** ~ **sb out** jdm aus der Klemme helfen **II.** *vi* ❶ (*jump out*) [mit dem Fallschirm] abspringen ❷ (*fig*) aussteigen
bail·iff ['beɪlɪf] *n* ❶ BRIT Verwalter(in) *m/f/* ❷ AM (*court official*) Justizwachtmeister(in) *m/f/*
bait [beɪt] **I.** *n* Köder *m a. fig;* **to take the** ~ anbeißen **II.** *vt* ❶ (*put bait on*) mit einem Köder versehen ❷ (*harass*) *person* schikanieren; *animal* mit Hunden hetzen
bake [beɪk] **I.** *vi* ❶ (*cook*) backen ❷ (*fam*) **it's baking outside** draußen ist es wie im Backofen; **I'm baking** ich komme fast um vor Hitze **II.** *vt* ❶ (*cook*) [im Ofen] backen ❷ (*pottery*) brennen **III.** *n* ❶ FOOD Auflauf *m* ❷ AM gesellige Zusammenkunft (*mit bestimmten Speisen*)
bak·er ['beɪkəʳ] *n* Bäcker(in) *m/f/*
bak·ery ['beɪkəri] *n* Bäckerei *f*
'bak·ing pow·der *n no pl* Backpulver *nt*
bal·ance ['bæləns] **I.** *n no pl* ❶ Gleichgewicht *nt a. fig;* **the** ~ **of opinion is that ...** es herrscht die Meinung vor, dass ...; **to hang** [*or* **be**] **in the** ~ (*fig*) in der Schwebe sein; **to strike a** ~ den goldenen Mittelweg finden; **on** ~ alles in allem ❷ FIN Kontostand *m;* [**annual**] ~ **sheet** [Jahres]bilanz *f;* (*amount left to pay*) Rest[betrag] *m;* ~ **of payments** Zahlungsbilanz *f;* ~ **of trade** Handelsbilanz *f* ❸ (*scales*) Waage *f* ❹ (*harmony*) Ausgewogenheit *f* ❺ MUS, NAUT Balance *f* **II.** *vt* ❶ (*compare*) abwägen ❷ (*keep steady*) balancieren ❸ (*achieve equilibrium*) ■**to** ~ **sth against sth** etw gegen etw *akk* abwägen ❹ FIN *account* ausgleichen; *books* abschließen ❺ TECH *wheels* auswuchten **III.** *vi* ❶ (*also fig: keep steady*) das Gleichgewicht halten; **she** ~**d on one foot** sie balancierte auf einem Fuß ❷ FIN ausgeglichen sein ♦**balance out I.** *vt* aufwiegen **II.** *vi* sich aufwiegen
bal·anced ['bælən(t)st] *adj* ausgewogen; *personality* ausgeglichen
'bal·ance sheet *n* Bilanz *f*
bal·co·ny ['bælkəni] *n* Balkon *m*
bald [bɔːld] *adj* ❶ (*lacking hair*) glatzköpfig; ~ **spot** [*or* **patch**] kahle Stelle; **to go** ~ eine Glatze bekommen ❷ *tyre* abgefahren ❸ *statement* unverblümt
bald-'head·ed *adj* glatzköpfig *attr;* **a** ~ **man** ein Glatzkopf *m*
baldie ['bɔːldi] *n* (*pej fam*) Glatzkopf *m fam*
bald·ly ['bɔːldli] *adv* unumwunden
bald·ness ['bɔːldnəs] *n* ❶ (*lacking hair*) Kahlheit *f* ❷ (*bluntness*) Unverblümtheit *f*
bale [beɪl] **I.** *n* Ballen *m* **II.** *vt* bündeln
Bal·e·ar·ic Is·lands *n* ■**the** ~ die Balearen *pl*
bale·ful ['beɪlfəl] *adj* böse
balk [bɔːk, BRIT *also* bɔːlk] *vi* ❶ (*stop short*) *horse* scheuen ❷ (*be unwilling*) ■**to** ~ **at sth** vor etw *dat* zurückschrecken
Bal·kans ['bɔːlkənz] *npl* ■**the** ~ der Balkan
Bal·kan States [ˌbɔːlkən'steɪts] *npl* Balkanstaaten *pl*
ball [bɔːl] *n* ❶ Ball *m* ❷ (*ball-shaped*) *of wool* Knäuel *m o nt; of dough* Kugel *f;* **to crush paper into a** ~ Papier zusammenknüllen; **to curl** [**oneself**] **into a** ~ sich [zu einem Knäuel] zusammenrollen ❸ (*body part*) Ballen *m;* ~ **of the foot** Fußballen *m* ❹ (*dance*) Ball *m* ❺ (*root ball*) [Wurzel]ballen *m* ❻ *pl* (*fam!*) ■~**s** (*testicles*) *see* **balls** ▶ **to be on the** ~ auf Zack sein; **to start the** ~ **rolling** eine Sache in Gang bringen; **to have a** ~ Spaß haben; **to play** ~ mitmachen
bal·lad ['bæləd] *n* Ballade *f*
bal·lad·eer [ˌbælə'dɪəʳ] *n* Liedermacher(in) *m/f/*
bal·last ['bæləst] *n no pl* ❶ (*for ship, balloon*) Ballast *m* ❷ RAIL Schotter *m*
ball 'bear·ing *n* (*bearing*) Kugellager *nt;* (*ball*) Kugellagerkugel *f*

'**ball-break·er** *n* (*fam: sexually demanding woman who destroys men's self-confidence*) Femme *f* fatale
bal·le·ri·na [ˌbæləˈriːnə] *n* Ballerina *f*
bal·let [ˈbæleɪ] *n no pl* Ballett *nt*
'**bal·let danc·er** *n* Balletttänzer(in) *m(f)*
'**ball game** *n* AM Baseballspiel *nt* ▶ **that's a whole new ~** das ist eine ganz andere Sache
bal·lis·tic [bəˈlɪstɪk] *adj* ballistisch ▶ **to go ~** ausflippen
bal·loon [bəˈluːn] **I.** *n* Ballon *m* **II.** *vi* ■ **to ~ out** sich aufblähen
bal·loon·ist [bəˈluːnɪst] *n* Ballonfahrer(in) *m(f)*
bal·lot [ˈbælət] **I.** *n* [geheime] Abstimmung; (*election*) Geheimwahl *f*; **first/second ~** erster/zweiter Wahlgang; **to hold a ~** abstimmen; (*elect*) wählen **II.** *vi* abstimmen **III.** *vt* ■ **to ~ sb [on sth]** jdn [über etw *akk*] abstimmen lassen
'**bal·lot box** *n* Wahlurne *f* '**bal·lot pa·per** *n* Stimmzettel *m*
'**ball·park** *n* AM Baseballstadion *nt* '**ball play·er** *n* AM Baseballspieler(in) *m(f)*
'**ball·point** *n*, **ball·point 'pen** *n* Kugelschreiber *m*
'**ball·room** *n* Ballsaal *m*
ball·room 'danc·ing *n no pl* Gesellschaftstanz *m*
balls [ˈbɔːlz] *n pl* (*fam!*) Eier *pl derb*
'**balls-up** *n* BRIT (*fam!*) Scheiß *m*; (*confusion*) Durcheinander *nt*
balm [bɑːm] *n* Balsam *m*
balmy [ˈbɑːmi] *adj* mild
bal·sam [ˈbɔːlsəm] *n no pl* Balsam *m*
Bal·tic [ˈbɔːltɪk] **I.** *adj* baltisch; **the ~ Sea** die Ostsee **II.** *n* ■ **the ~** die Ostsee
bam·boo [bæmˈbuː] *n* Bambus *m*
bam·boo·zle [bæmˈbuːzl] *vt* ❶ (*confuse*) verwirren ❷ (*trick*) übers Ohr hauen
ban [bæn] **I.** *n* Verbot *nt*; **~ on smoking** Rauchverbot *nt*; **to put a ~ on sth** etw verbieten **II.** *vt* <-nn-> ■ **to ~ sth** etw verbieten; ■ **to ~ sb** jdn ausschließen; **she was ~ned from driving for two years** sie erhielt zwei Jahre Fahrverbot
ba·nal [bəˈnɑːl] *adj* banal
ba·nal·ity [bəˈnæləti] *n* Banalität *f*
ba·na·na [bəˈnɑːnə] *n* Banane *f*
ba·na·na re'pub·lic *n* Bananenrepublik *f*
ba'na·na tree *n* Bananenstaude *f*
band [bænd] **I.** *n* ❶ *of metal, cloth* Band *nt* ❷ *of colour* Streifen *m*; (*section also*) Abschnitt *m* ❸ (*range*) Bereich *m*; **age ~** Altersgruppe *f*; **tax ~** Steuerklasse *f* ❹ MUS (*modern*) Band *f*; (*traditional*) Kapelle *f* ❺ *of robbers* Bande *f* **II.** *vt* BRIT SCH einstufen ◆ **band together** *vi* sich vereinigen

band·age [ˈbændɪdʒ] **I.** *n* Verband *m*; (*of cloth*) Binde *f*; (*for support*) Bandage *f* **II.** *vt limb* bandagieren; *wound* verbinden
'**Band-Aid®** *n* Hansaplast® *nt*
B and B [ˌbiːənˈd(ə)biː] *n* BRIT *abbrev of* **bed and breakfast**
bandit [ˈbændɪt] *n* ❶ (*robber, murderer*) Bandit(in) *m(f)* ❷ (*swindler*) Gauner(in) *m(f)*
'**band mem·ber**, '**bands·man** *n* (*modern music*) Bandmitglied *nt*; (*traditional music*) Mitglied *nt* einer Kapelle '**band·stand** *n* Musikpavillon *m* '**band·wagon** *n* ▶ **to jump on the ~** auf den fahrenden Zug aufspringen **band·width** [ˈbændwɪtθ] *n* Bandbreite *f*
ban·dy [ˈbændi] **I.** *adj* **~ legs** O-Beine *pl* **II.** *vt* ■ **to be bandied about** verbreitet werden
bang [bæŋ] **I.** *n* ❶ (*loud sound*) Knall *m* ❷ (*blow*) Schlag *m* ❸ *pl* (*fringe*) ■ **~s** AM [kurzer] Pony ▶ **to go** [AM **over**] **with a ~** ein echter Knaller sein **II.** *adv* ❶ (*precisely*) genau; **~ in the middle of the road** mitten auf der Straße; ~ **on** BRIT (*fam*) genau richtig; **~ up-to-date** topaktuell ❷ (*make loud noise*) **to go ~** [mit einem lauten Knall] explodieren ▶ **~ goes sth** etw geht dahin; **~ goes my pay rise** das war's dann wohl mit meiner Gehaltserhöhung *fam* **III.** *interj* ■ **~!** Peng! **IV.** *vi* Krach machen; *door* knallen; **to ~ at the door** an die Tür hämmern **V.** *vt* ❶ (*hit*) *door* zuschlagen; **to ~ one's fist on the table** mit der Faust auf den Tisch hauen; **to ~ one's head on sth** sich den Kopf an etw *akk* anschlagen; **to ~ the phone down** den Hörer auf die Gabel knallen ❷ AM **to ~ one's hair** sich *dat* einen Pony schneiden ◆ **bang away** *vi* herumhämmern
bang·er [ˈbæŋər] *n* ❶ BRIT (*old car*) Klapperkiste *f* ❷ (*firework*) Knaller *m* ❸ BRIT (*fam: sausage*) [Brat]wurst *f*; **~s and mash** Würstchen *pl* mit Kartoffelbrei
Bang·la·desh [ˌbæŋɡləˈdeʃ] *n* Bangladesh *nt*
Ban·gla·deshi [ˌbæŋɡləˈdeʃi] **I.** *n* Bangale *m*/Bangalin *f* **II.** *adj* bangalisch
ban·gle [ˈbæŋɡl] *n* (*for arm*) Armreif[en] *m*; (*for ankle*) Fußreif *m*
ban·ish [ˈbænɪʃ] *vt* verbannen (**from** aus); *from a country* ausweisen
ban·ish·ment [ˈbænɪʃmənt] *n* Verbannung *f*

ban·is·ter [ˈbænɪstəʳ] *n usu pl* [Treppen]geländer *nt*

ban·jo [ˈbændʒəʊ] *n* <*pl* -s *or* -es> Banjo *nt*

bank[1] [bæŋk] I. *n* ❶ *of a river* Ufer *nt;* (*elevated area*) Abhang *m;* **grassy ~s** grüne Hänge ❷ (*row of objects*) Reihe *f* II. *vi* AVIAT in die Querlage gehen III. *vt* ❶ AVIAT in die Querlage bringen ❷ (*confine*) *water* eindämmen

bank[2] [bæŋk] I. *n* ❶ (*financial institution*) Bank *f;* **in the ~** auf der Bank; **to break the ~** die Bank sprengen ❷ (*storage place*) Bank *f* ▶ **to be a safe ~** eine sichere Bank sein II. *vi* ■ **to ~ with sb** bei jdm ein Konto haben III. *vt* [auf der Bank] einzahlen

'bank ac·count *n* Bankkonto *nt* **'bank bal·ance** *n* Kontostand *m* **'bank book** *n* Sparbuch *nt* **'bank charges** *npl* Bankgebühren *pl* **'bank clerk** *n* Bankangestellte(r) *f/m*)

bank·er [ˈbæŋkəʳ] *n* ❶ (*in bank*) Banker(in) *m(f)* ❷ (*in gambling*) Bankhalter(in) *m(f)*

bank 'holi·day *n* ❶ BRIT öffentlicher Feiertag ❷ AM Bankfeiertag *m*

bank·ing [ˈbæŋkɪŋ] *n* Bankwesen *nt;* **to be in ~** bei einer Bank arbeiten

'bank·ing hours *npl* Schalterstunden *pl*

bank 'man·ag·er *n* Leiter(in) *m(f)* einer/der Bankfiliale **'bank·note** *n* Banknote *f* **'bank rate** *n* Diskontsatz *m* **'bank rob·ber** *n* Bankräuber(in) *m(f)*

bank·rupt [ˈbæŋkrʌpt] I. *adj* ❶ (*insolvent*) bankrott; **to go ~** in Konkurs gehen ❷ (*deficient*) arm; **morally ~** moralisch verarmt II. *vt* [finanziell] ruinieren III. *n* Konkursschuldner(in) *m(f)*

bank·rupt·cy [ˈbæŋkrʌp(t)si] *n* ❶ *no pl* (*insolvency*) Konkurs *m* ❷ (*individual case*) Konkursfall *m* ❸ *no pl* (*fig*) **moral ~** moralische Verarmung

'bank state·ment *n* Kontoauszug *m* **'bank trans·fer** *n* Überweisung *f*

ban·ner [ˈbænəʳ] *n* ❶ (*sign*) Transparent *nt* ❷ (*flag*) Banner *nt*

ban·ner 'ad·vert *n* INET Bannerwerbung *f*

banns [bænz] *npl* **to publish the ~** das Aufgebot verkünden

ban·quet [ˈbæŋkwɪt] I. *n* Bankett *nt* II. *vi* festlich speisen

ban·tam [ˈbæntəm] *n* Bantamhuhn *nt*

ban·ter [ˈbæntəʳ] I. *n* scherzhaftes Gerede II. *vi* herumscherzen

bap·tism [ˈbæptɪzᵊm] *n* Taufe *f;* **~ of fire** (*fig*) Feuertaufe *f*

bap·tis·mal [bæpˈtɪzmᵊl] *adj* Tauf-

Bap·tist [ˈbæptɪst] *n* Baptist(in) *m(f);* **the ~ Church** die Baptistengemeinde

bap·tize [bæpˈtaɪz] *vt* taufen

bar [bɑːʳ] I. *n* ❶ (*long rigid object*) Stange *f; of a cage* Gitterstab *m;* **to be behind ~s** hinter Schloss und Riegel sein ❷ (*in shape of bar*) *of chocolate* Riegel *m; of soap* Stück *nt;* **a ~ of gold** ein Goldbarren *m* ❸ (*band of colour*) Streifen *m* ❹ BRIT (*heating element*) Heizelement *in künstlichen Kaminen* ❺ (*obstacle*) Hemmnis *nt* ❻ (*for drinking*) Lokal *nt,* Bar *f;* (*counter*) Bar *f,* Theke *f* ❼ MUS Takt *m* II. *vt* <-rr-> ❶ (*fasten*) verriegeln ❷ (*obstruct*) blockieren ❸ (*prohibit*) *something* verbieten; *somebody* ausschließen III. *prep* außer; **~ none** [alle] ohne Ausnahme

Bar [bɑːʳ] *n* LAW **to be called to the ~** als Anwalt/Anwältin [vor Gericht] zugelassen werden

barb [bɑːb] *n* ❶ *of hook, arrow* Widerhaken *m* ❷ (*insult*) Gehässigkeit *f*

Bar·ba·dos [bɑːˈbeɪdɒs] *n* Barbados *nt*

bar·bar·ian [bɑːˈbeərɪən] *n* Barbar(in) *m(f)*

bar·bar·ic [bɑːˈbærɪk] *adj* barbarisch

bar·bar·ity [bɑːˈbærəti] *n* Barbarei *f*

bar·ba·rous [ˈbɑːbᵊrəs] *adj* grausam

bar·be·cue [ˈbɑːbɪkjuː] I. *n* (*utensil*) Grill *m;* (*event*) Grillparty *f;* **to have a ~** grillen II. *vt* grillen

barbed [bɑːbd] *adj* ❶ *hook, arrow* mit Widerhaken ❷ (*fig: hurtful*) bissig

barbed 'wire *n* Stacheldraht *m*

bar·ber [ˈbɑːbəʳ] *n* [Herren]friseur *m*

'bar·ber·shop *n* AM Friseurgeschäft *nt*

bar·bi·tu·rate [bɑːˈbɪtʃᵊrət] *n* Barbiturat *nt*

'bar chart *n* Histogramm *nt*

'bar code *n* Strichcode *m*

bard [bɑːd] *n* (*liter*) Barde *m;* **the B~ of Avon** Shakespeare

bare [beəʳ] I. *adj* ❶ (*unclothed*) nackt; **in ~ feet** barfuß; **with one's ~ hands** (*fig*) mit bloßen Händen ❷ (*uncovered*) *branch* kahl; *landscape* karg ❸ (*empty*) leer ❹ (*unadorned*) nackt; *room* karg ❺ (*basic*) **the ~ essentials** das Allernötigste; **the ~ minimum** das absolute Minimum II. *vt* entblößen; **to ~ one's heart** [*or* **soul**] **to sb** jdm sein Herz ausschütten; **to ~ one's teeth** die Zähne zeigen

'bare·back *adj, adv* ohne Sattel **'bare·faced** *adj* unverschämt **'bare·foot, bare·'foot·ed** *adj, adv* barfuß

bare·ly [ˈbeəli] *adv* ❶ (*hardly*) kaum ❷ (*scantily*) karg

bare·ness [ˈbeənəs] *n of a person* Nacktheit *f*; *of a landscape* Kargheit *f*; *of a room* Leere *f*

barf [bɑːf] *vi* AM (*fam!*) kotzen

bar·gain ['bɑːgɪn] **I.** *n* ❶ (*agreement*) Handel *m*; **to drive a hard ~** hart verhandeln ❷ (*good buy*) guter Kauf; **a real ~** ein echtes Schnäppchen; **~ counter** Sonderangebotstisch *m* ▶ **into the ~** darüber hinaus **II.** *vi* (*negotiate*) [ver]handeln; (*haggle*) feilschen (**for** um) ◆**bargain for** *vi* (*reckon with*) rechnen mit *+dat*; **to get more than one ~ed for** eine unangenehme Überraschung erleben ◆**bargain on** *vi* zählen auf *+akk*

bar·gain 'base·ment *n* AM Untergeschoss *nt* mit Sonderangeboten **'bar·gain price** *n* Sonderpreis *m* **'bar·gain-priced** *adj* stark reduziert, zum Schleuderpreis nach *n* **'bar·gain sale** *n* Ausverkauf *m*

barge [bɑːdʒ] **I.** *n* (*for cargo*) Lastkahn *m*; (*for pleasure*) Prunkschiff *nt* **II.** *vi* ■ **to ~ into sb** jdn anrempeln **III.** *vt* **to ~ one's way through sth** sich *dat* seinen Weg durch etw *akk* bahnen; **to ~ one's way to the front** sich nach vorne drängeln ◆**barge in** *vi* (*enter*) hinein-/hereinplatzen; (*interrupt*) sich einmischen

bar·is·ta <*pl* -s> [bɑˈrɪstə] *n* Barista *m*

bari·tone ['bærɪtəʊn] *n* Bariton *m*

bar·ium [beərɪəm] *n no pl* CHEM Barium *nt*

bark[1] [bɑːk] *n no pl* (*part of tree*) [Baum]rinde *f*

bark[2] [bɑːk] **I.** *n* (*animal cry*) Bellen *nt*; (*fig*) Anblaffen *nt* ▶ **his ~ is worse than his bite** Hunde, die bellen, beißen nicht **II.** *vi* bellen ▶ **to ~ up the wrong tree** auf dem Holzweg sein ◆**bark out** *vt* [barsch] bellen

'bar·keep·er *n* ❶ (*owner*) Barbesitzer(in) *m(f)* ❷ (*server of drinks*) Barkeeper *m*

bar·ley ['bɑːli] *n no pl* Gerste *f*

'bar·maid *n* Bardame *f* **'bar·man** *n* Barmann *m*

bar·my ['bɑːmi] *adj esp* BRIT (*fam*) bekloppt

barn [bɑːn] *n* Scheune *f*

bar·na·cle ['bɑːnəkl] *n* Rankenfußkrebs *m*

bar·net ['bɑːnɪt] *n* BRIT (*rhyming sl: a person's hair*) Haare *pl*

'barn·yard *n esp* AM [Bauern]hof *m*

ba·rom·e·ter [bəˈrɒmɪtər] *n* Barometer *nt*

bar·on ['bærən] *n* Baron *m*, Freiherr *m*; **press ~** Pressezar *m*

bar·on·ess ['bærənəs] *n* Baronin *f*

ba·ro·nial [bəˈrəʊniəl] *adj* ❶ (*great*) fürstlich ❷ (*of a baron*) Barons-

ba·roque [bəˈrɒk] **I.** *adj* barock **II.** *n no pl* ■ **the ~** der [*o* das] Barock

bar·rack ['bærək] *vt* BRIT ausbuhen

bar·racks ['bærəks] *npl + sing/pl vb* Kaserne *f*

bar·rage ['bærɑː(d)ʒ] *n* ❶ MIL Sperrfeuer *nt* ❷ (*fig*) Hagel *m*; **they received a ~ of criticism** es hagelte nur so an Kritik; **a ~ of questions** ein Schwall *m* von Fragen ❸ BRIT (*barrier*) Wehr *nt*

bar·rel ['bærəl] *n* ❶ (*container*) Fass *nt* ❷ (*measure*) Barrel *nt* ❸ *of a gun* Lauf *m*; *of a cannon* Rohr *nt* ▶ **a ~ of laughs** eine Stimmungskanone

'bar·rel or·gan *n* Drehorgel *f*

bar·ren ['bærən] *adj* ❶ *man, animal, plant* unfruchtbar; *landscape* karg ❷ (*fig*) unproduktiv; *years* mager

bar·ri·cade ['bærɪkeɪd, ˌbærəˈkeɪd] **I.** *n* Barrikade *f* **II.** *vt* verbarrikadieren

bar·ri·er ['bæriər] *n* Barriere *f*; (*man-made*) Absperrung *f*; (*at railway station*) Schranke *f*

bar·ring ['bɑːrɪŋ] *prep* ausgenommen; **~ any unexpected delays** wenn es keine unerwarteten Verspätungen gibt

bar·ris·ter ['bærɪstər] *n* BRIT, AUS Rechtsanwalt *m*/-anwältin *f* [bei höheren Gerichten]

bar·row ['bærəʊ] *n* ❶ (*wheelbarrow*) Schubkarren *m* ❷ (*cart*) Karren *m*

bar·tend·er ['bɑːˌtendər] *n* Barkeeper *m*

bar·ter ['bɑːtər] **I.** *n* (*handel*) Tausch[handel] *m* **II.** *vi* Tauschhandel [be]treiben; **to ~ for sth** etw *akk* handeln **III.** *vt* [ein]tauschen (**for** gegen)

base[1] [beɪs] **I.** *n* ❶ (*bottom*) Fuß *m*; *of spine* Basis *f* ❷ (*main location*) Hauptsitz *m*; MIL Basis *f* ❸ (*main ingredient*) Hauptbestandteil *m* ❹ (*first ingredient used*) Grundlage *f*; (*for painting*) Grundierung *f* ❺ CHEM Base *f* ❻ MATH Basis *f* ❼ SPORTS Base *f* ▶ **to touch ~** sich mit jdm in Verbindung setzen **II.** *vt* ❶ ■ **to be ~d** *firm* seinen/ihren Sitz haben; *soldier* stationiert sein ❷ (*taken from*) ■ **to be ~d on sth** auf etw *dat* basieren

base[2] *adj* ❶ (*immoral*) niederträchtig ❷ (*menial*) niedrig

'base·ball *n* Baseball *m o nt* **'base camp** *n* Basislager *nt*

Ba·sel ['bɑːzəl] *n* Basel *nt*

'base·less *adj* unbegründet

'base·line *n* SPORTS ❶ (*in tennis, volleyball*) Grundlinie *f* ❷ (*in baseball*) Baseline *f* (*Verbindungslinie zwischen zwei Malen*)

base·ment ['beɪsmənt] *n* (*living area*) Untergeschoss *nt;* (*cellar*) Keller *m*

'base rate *n* FIN Leitzins *m*

bash [bæʃ] **I.** *n* <*pl* -es> ❶ (*blow*) [heftiger] Schlag ❷ BRIT (*sl*) Versuch *m;* **to have a ~ at sth** etw [einmal] probieren ❸ (*sl: party*) Fete *f* **II.** *vi* ■ **to ~ into** zusammenstoßen mit +*dat* **III.** *vt* (*fam: hit hard*) ■ **to ~ sb** jdn verhauen; **to ~ one's knee on sth** mit dem Knie gegen etw *akk* knallen

bash·ful ['bæʃfəl] *adj* schüchtern

bash·ful·ness ['bæʃfəlnəs] *n no pl* Schüchternheit *f*

ba·sic ['beɪsɪk] *adj* ❶ (*fundamental*) grundlegend; **to have a ~ command of sth** [nur] Grundkenntnisse in etw *dat* besitzen; **~ requirements** Grundvoraussetzungen *pl;* **~ vocabulary** Grundwortschatz *m;* ■ **the ~s** *pl* die Grundlagen; **to go back to [the] ~s** zum Wesentlichen zurückkehren ❷ (*very simple*) [sehr] einfach

ba·si·cal·ly ['beɪsɪkəli] *adv* im Grunde

ba·sic 'pay *n* Grundlohn *m* **ba·sic 'sal·a·ry** *n* Grundgehalt *nt*

bas·il ['bæzəl] *n* Basilikum *nt*

ba·sil·i·ca [bə'zɪlɪkə] *n* ARCHIT Basilika *f*

ba·sin ['beɪsən] *n* ❶ (*for cooking, washing-up*) Schüssel *f;* (*washbasin*) Waschbecken *nt* ❷ GEOG Becken *nt*

ba·sis <*pl* bases> ['beɪsɪs, *pl* -siːz] *n* Grundlage *f,* Basis *f;* ■ **to be the ~ for sth** als Grundlage für etw *akk* dienen; **~ for discussions** Diskussionsgrundlage *f;* **on a regular ~** regelmäßig; **on a voluntary ~** auf freiwilliger Basis

bask [bɑːsk] *vi* ❶ (*sun oneself*) **to ~ in the sun** sich in der Sonne aalen ❷ (*fig*) ■ **to ~ in sth** *success* sich in etw *dat* sonnen

bas·ket ['bɑːskɪt] *n* Korb *m*

'bas·ket·ball *n* Basketball *m* **'bas·ket case** *n* (*fam*) hoffnungsloser Fall

bask·ing shark ['bɑːskɪŋˌʃɑːk] *n* Riesenhai *m*

Basle ['bɑːzəl] *n* GEOG Basel *nt*

Basque [bæsk] **I.** *n* ❶ (*person*) Baske *m/* Baskin *f* ❷ (*language*) Baskisch *nt* **II.** *adj* baskisch

bass[1] [beɪs] *n* MUS Bass *m;* **~ clef** Bassschlüssel *m*

bass[2] [bæs] *n* (*fish*) Barsch *m*

bas·soon [bə'suːn] *n* Fagott *nt*

bas·tard ['bɑːstəd] *n* (*fam!*) ❶ (*pej*) Dreckskerl *m;* **lucky ~** (*hum*) verdammter Glückspilz ❷ (*pej old: illegitimate child*) uneheliches Kind

baste [beɪst] *vt* ❶ FOOD mit [Braten]saft beträufeln ❷ AM (*tack*) [an]heften

bas·tion ['bæstiən] *n* Bollwerk *nt a. fig*

bat[1] [bæt] *n* ❶ (*animal*) Fledermaus *f* ❷ (*pej fam*) **an old ~** eine alte Schrulle ▶ **to have ~s in the belfry** eine Meise haben; [as] **blind as a ~** blind wie ein Maulwurf

bat[2] [bæt] *vt* **to ~ one's eyelashes** mit den Wimpern klimpern; **to ~ one's eyelashes at sb** jdm zuzwinkern; **to not ~ an eyelid** (*fig*) nicht mal mit der Wimper zucken

bat[3] [bæt] **I.** *n* SPORTS Schläger *m* ▶ [**right**] **off the ~** AM prompt; **to do sth off one's own ~** BRIT etw auf eigene Faust tun **II.** *vi, vt* <-tt-> SPORTS schlagen

batch [bætʃ] *n* <*pl* -es> Stapel *m; of bread* Schub *m*

'batch file *n* COMPUT Batchdatei *f*

bat·ed ['beɪtɪd] *adj* **with ~ breath** mit angehaltenem Atem

bath [bɑːθ] **I.** *n* ❶ (*tub*) [Bade]wanne *f* ❷ (*water*) Bad[ewasser] *nt;* **~ essence** Badezusatz *m;* **to run** [**sb**] **a ~** [jdm] ein Bad einlassen ❸ (*washing*) Bad *nt;* **to give sb a ~** jdn baden; **to have** [*or esp* AM **take**] **a ~** ein Bad nehmen, baden **II.** *vi, vt* [sich] baden

bathe [beɪð] **I.** *vi* ❶ BRIT (*swim*) schwimmen ❷ AM (*bath*) ein Bad nehmen **II.** *vt* ❶ MED baden; **to ~ one's eyes** ein Augenbad machen; **to ~ one's feet** ein Fußbad nehmen ❷ AM (*bath*) baden ❸ (*fig: cover*) tauchen; **to be ~d in sweat** schweißgebadet sein **III.** *n no pl* Bad *nt*

bath·er ['beɪðəʳ] *n* Badende(r) *f(m)*

bath·ing ['beɪðɪŋ] *n no pl* Baden *nt;* **to go ~** baden gehen

'bath·ing cap *n* Bademütze *f* **'bath·ing cos·tume** *n* BRIT, AUS (*dated*), AM **'bath·ing suit** *n* Badeanzug *m* **'bath·ing trunks** *npl* Badehose *f*

'bath·robe *n* Bademantel *m* **'bath·room** *n* Bad[ezimmer] *nt;* **to go to the ~** AM, AUS auf die Toilette gehen **'bath tow·el** *n* Bade[hand]tuch *nt* **'bath·tub** *n esp* AM Badewanne *f*

ba·tik [bæ'tiːk] *n no pl* Batik *m o f*

ba·ton ['bætən] *n* ❶ (*in conducting*) Taktstock *m* ❷ (*majorette*) [Kommando]stab *m* ❸ (*in relay races*) Staffelholz *nt;* **~ change** Stabwechsel *m* ❹ (*truncheon*) Schlagstock *m*

bats·man *n* Schlagmann *m*

bat·tal·ion [bə'tæliən] *n* Bataillon *nt*

bat·ten ['bætən] *n* Latte *f* ◆**batten down** *vt* mit Latten befestigen; **to ~ down the hatches** (*fig*) sich auf etwas gefasst machen

bat·ter[1] ['bætə'] FOOD I. *n* [Back]teig *m* II. *vt* panieren

bat·ter[2] ['bætə'] I. *n* SPORTS Schlagmann *m* II. *vt* ▪to ~ sb jdn verprügeln; ▪to ~ sth auf etw *akk* einschlagen III. *vi* schlagen; (*with fists*) hämmern

bat·tered ['bætəd] *adj* ❶ (*beaten*) misshandelt ❷ (*damaged*) böse zugerichtet; *car* verbeult; *equipment* schadhaft; *furniture, image* ramponiert; *hat* zerbeult; *toys* beschädigt ❸ (*covered in batter*) paniert

bat·ter·ing ['bætərɪŋ] *n* ❶ (*attack*) Prügel *pl;* **to give sb a ~** jdn verprügeln ❷ (*fam: defeat*) Niederlage *f*

'**bat·ter·ing ram** *n* Rammbock *m;* (*hist*) Sturmbock *m*

bat·tery ['bætəri] *n* ❶ (*power*) Batterie *f;* **~-operated** [*or* **-powered**] batteriebetrieben ❷ (*large number*) Unmenge *f* ❸ MIL Batterie *f* ❹ *no pl* LAW Körperverletzung *f*

'**bat·tery charg·er** *n* [Batterie]ladegerät *nt*
'**bat·tery hen** *n* BRIT, AUS Batteriehuhn *nt*

bat·tle ['bætl] I. *n* Kampf *m;* **~ of wills** Machtkampf *m;* **to do ~** kämpfen; **in ~** im Kampf ▸ **that is half the ~** damit ist die Sache schon halb gewonnen; **to fight a losing ~** verlorene Posten kämpfen II. *vi* kämpfen *a. fig* III. *vt* AM ▪**to ~ sth** gegen etw *akk* [an]kämpfen

'**bat·tle-axe** *n* ❶ (*hist*) Streitaxt *f* ❷ (*pej sl: woman*) Schreckschraube *f* '**bat·tle cry** *n* Schlachtruf *m* '**bat·tle·dress** *n no pl* Kampfanzug *m* '**bat·tle·field** *n,* '**bat·tle·ground** *n* ❶ (*site*) Schlachtfeld *nt* ❷ (*fig*) Reizthema *nt*

bat·tle·ments ['bætlmənts] *npl* Zinnen *pl*
'**bat·tle·ship** *n* Schlachtschiff *nt*

baulk [bɔ:k] *vt see* **balk**

baux·ite ['bɔ:ksaɪt] *n* Bauxit *m*

Ba·varia [bə'veərɪə] *n no pl* GEOG Bayern *nt*

Ba·var·ian [bə'veərɪən] I. *adj* bay[e]risch II. *n* Bayer(in) *m(f)*

bawdy ['bɔ:di] *adj* schlüpfrig, zweideutig

bawl [bɔ:l] I. *vi* ❶ (*bellow*) brüllen, schreien; ▪**to ~ at sb** jdn anbrüllen ❷ (*weep*) heulen II. *vt* ❶ (*bellow*) brüllen, schreien; *song* grölen ❷ (*weep*) **to ~ one's eyes out** sich die Augen ausweinen

bay [beɪ] I. *n* ❶ GEOG Bucht *f;* **the B~ of Biscay** der Golf von Biskaya ❷ (*for parking*) Parkbucht *f;* (*for unloading*) Ladeplatz *m* ❸ (*tree*) Lorbeer[baum] *m;* **~ leaf** Lorbeerblatt *nt* ❹ (*horse*) Braune(r) *m* ▸ **at ~** in die Enge getrieben; **to keep sb at ~** sich *dat* jdn vom Leib halten; **to keep one's fears at ~** seine Ängste unter Kontrolle halten II. *vi* bellen; HUNT melden; **to ~ for blood** (*fig*) nach Blut lechzen

bayo·net ['beɪənət] I. *n* Bajonett *nt* II. *vt* mit dem Bajonett aufspießen

bay 'win·dow *n* Erkerfenster *nt*

ba·zaar [bə'zɑ:'] *n* Basar *m*

ba·zil·lion [bə'zɪljən] *n* AM (*fam*) jede Menge

BBC [,bi:bi:'si:] *n* BRIT *abbrev of* **British Broadcasting Corporation** BBC *f*

BC [bi:'si:] *adv abbrev of* **before Christ** v. Chr.

be <was, been> [bi:, bi] *vi + n or adj* ❶ (*describes*) sein; **what is that?** was ist das?; **she's a doctor** sie ist Ärztin; **what do you want to ~ when you grow up?** was willst du einmal werden, wenn du erwachsen bist?; **to ~ from a country** aus einem Land kommen; **to ~ [all] for sth** [ganz] für etw *akk* sein ❷ (*calculation*) **two and two is four** zwei und zwei ist vier; **these books are 50p each** diese Bücher kosten jeweils 50p; **how much is that?** wie viel macht das? ❸ (*timing*) **to ~ late/ [right] on time** zu spät/[genau] rechtzeitig kommen ❹ (*location*) sein; *town, country* liegen; **the keys are in that box** die Schlüssel befinden sich in der Schachtel; **the food was on the table** das Essen stand auf dem Tisch; **to ~ in a fix** in der Klemme stecken ❺ *pp* (*visit*) sein; **the postman hasn't been yet** der Briefträger war noch nicht da; **I've never been to Kenya** ich bin noch nie in Kenia gewesen ❻ (*take place*) stattfinden; **the meeting is next Monday** die Konferenz findet am nächsten Montag statt ❼ (*do*) **to ~ on benefit** [*or* AM **welfare**] Sozialhilfe bekommen; **to ~ on a diet** auf Diät sein; **to ~ on the pill** die Pille nehmen; ▪**to ~ up to sth** etw im Schild[e] führen ❽ (*exist*) **to ~ or not to ~, that is the question** Sein oder Nichtsein, das ist die Frage; **there is/ are ...** es gibt ... ❾ (*expresses future*) **we are [going] to visit Australia in the spring** im Frühling reisen wir nach Australien; (*expresses future in past*) **she was never to see her brother again** sie sollte ihren Bruder nie mehr wiedersehen; **what are we to do?** was sollen wir tun?; (*in conditionals*) **if I were you, I'd ...** an deiner Stelle würde ich ...; **if he was to work harder, he'd get better grades** wenn er härter arbeiten würde, bekäme er bessere Noten; **were I to refuse, they'd be very annoyed** würde ich mich weigern, wären sie äußerst verärgert ❿ (*impersonal use*)

what's it to ~? (*what are you drinking*) was möchten Sie trinken?; (*please decide now*) was soll es denn [nun] sein?; **is it true that ...?** stimmt es, dass ...?; **it's not that I don't like her — it's just that we rarely agree on anything** es ist nicht so, dass ich sie nicht mag – wir sind nur selten einer Meinung; **as it were** sozusagen ⓫ (*expresses imperatives*) ~ **quiet or I'll ...!** sei still oder ich ...!; ~ **seated!** setzen Sie sich!; ~ **yourself!** sei du selbst! ⓬ (*expresses continuation*) **she's studying to be a lawyer** sie studiert, um Rechtsanwältin zu werden; **it's raining** es regnet; **you're always complaining** du beklagst dich dauernd; **while I'm eating** während ich beim Essen bin ⓭ (*expresses passive*) **to ~ asked** gefragt werden; **to ~ left speechless** sprachlos sein; **what is to ~ done?** was kann getan werden?; **the exhibition is currently to ~ seen at the City Gallery** die Ausstellung ist zurzeit in der Stadtgalerie zu besichtigen ▶ **the ~-all and end-all** das Ein und Alles; **~ that as it may** wie dem auch sei; **so ~ it** so sei es; **far ~ it from me to ...** nichts liegt mir ferner, als ...; **to ~ off** (*go away*) weggehen; (*begin spoiling*) schlecht sein; ~ **off with you! go away!** geh! hau ab!; **let her ~!** lass sie in Ruhe!

beach [biːtʃ] I. *n* <*pl* -es> Strand *m;* **on the ~** am Strand II. *vt* auf [den] Strand setzen; **~ed whale** gestrandeter Wal
'**beach ball** *n* Wasserball *m* '**beach·wear** *n* Strandkleidung *f*
bea·con ['biːkən] *n* ❶ (*signal*) Leuchtfeuer *nt* ❷ (*fig: inspiration*) Leitstern *m*
bead [biːd] *n* ❶ (*for jewellery*) Perle *f* ❷ (*fig: droplet*) Tropfen *m;* **~s of perspiration** Schweißtropfen *pl* ❸ REL ■ **~s** *pl* Rosenkranz *m;* **to count one's ~s** den Rosenkranz beten
bead·ing ['biːdɪŋ] *n* Perlstab *m*
beady ['biːdi] *adj* ~ **eyes** [glänzende] Knopfaugen; **to have one's ~ eye on** (*fig*) ein wachsames Auge haben auf +*akk*
beak [biːk] *n* Schnabel *m*
beak·er ['biːkə^r] *n* ❶ (*mug*) Becher *m* ❷ SCI Becherglas *nt*
beam [biːm] I. *n* ❶ (*light*) [Licht]strahl *m;* **full ~** Fernlicht *nt* ❷ (*baulk*) Balken *m* ❸ SPORTS Schwebebalken *m* II. *vt* (*transmit*) ausstrahlen III. *vi* strahlen; ■ **to ~ at sb** jdn anstrahlen
beam·ing ['biːmɪŋ] *adj* strahlend
bean [biːn] *n* (*seed*) Bohne *f;* (*pod*) [Bohnen]hülse *f;* **baked ~s** Baked Beans *pl*
▶ **full of ~s** putzmunter; ~ **feast** BRIT, AUS Riesenfete *f*
beanie ['biːni] *n* [Beanie-]mütze *f*
'**bean·pole** *n* (*hum fam*) Bohnenstange *f hum fam* '**bean sprouts** *npl* Sojabohnensprossen *pl*
bear¹ [beə^r] *n* ❶ (*animal*) Bär *m;* **she ~** Bärin *f;* **to be like a ~ with a sore head** (*fig*) ein richtiger Brummbär sein ❷ FIN Baissier *m*
bear² <bore, borne *or* AM *also* born> [beə^r] I. *vt* ❶ (*carry*) tragen; *gifts* mitbringen; (*liter*) *tidings* überbringen; **to ~ the blame** die Schuld auf sich *akk* nehmen; **to ~ the cost** die Kosten tragen ❷ (*endure*) ertragen; **it doesn't ~ thinking about** man darf gar nicht daran denken; ■ **to not be able to ~ the suspense** die Spannung nicht aushalten; ■ **to not be able to ~ criticism** Kritik nicht vertragen ❸ (*harbour*) **to ~ sb a grudge** einen Groll gegen jdn hegen; **to ~ no ill-will** keine Feindschaft empfinden ❹ (*display*) **to ~ a likeness to sb** Ähnlichkeit mit jdm haben; **to ~ the scars** (*fig*) gezeichnet sein ❺ (*keep*) **I'll ~ that in mind** ich werde das berücksichtigen ❻ (*give birth to*) gebären; **his wife bore him a son** seine Frau schenkte ihm einen Sohn ❼ BOT **to ~ fruit** Früchte tragen *a. fig* ❽ FIN **to ~ interest at 8%** 8 % Zinsen bringen ❾ (*testify*) **to ~ witness** Zeugnis ablegen (**to** von) II. *vi* ❶ (*tend*) **to ~ right** sich rechts halten ❷ (*be patient*) ■ **to ~ with sb** mit jdm Geduld haben ❸ (*approach*) ■ **to ~ down on** zusteuern auf +*akk* ❹ (*be relevant*) ■ **to ~ on** betreffen; (*have affect on*) beeinflussen ❺ (*put pressure on*) **to bring pressure to ~ on** Druck ausüben auf +*akk* ◆ **bear off** *vt* ❶ (*defend against*) abwehren ❷ (*carry away*) wegtragen ◆ **bear up** *vi* standhalten; **she's ~ing up** sie lässt sich nicht unterkriegen
bear·able ['beərəbl] *adj* erträglich
beard [bɪəd] *n* Bart *m;* **to have a ~** einen Bart tragen [*o* haben]
beard·ed ['bɪədɪd] *adj* bärtig
beard·less ['bɪədləs] *adj* bartlos; ■ **to be ~** keinen Bart haben
bear·er ['beərə^r] *n* ❶ (*messenger*) Überbringer(in) *m(f)* ❷ (*pallbearer*) Sargträger *m*
bear·ing ['beərɪŋ] *n* ❶ NAUT Peilung *f;* **to take a ~ on sth** etw anpeilen; ■ **~s** *pl* (*position*) Lage *f kein pl;* (*direction*) Kurs *m kein pl;* **to get** [*or* **find**] **one's ~s** (*fig*) sich zurechtfinden; **to lose one's ~s**

die Orientierung verlieren ❷ *no pl* (*deportment*) Benehmen *nt*; (*posture*) Haltung *f* ❸ TECH Lager *nt* ❹ (*relevance*) **to have no ~ on sth** für etw *akk* belanglos sein
'bear·skin *n* ❶ (*bear fur*) Bärenfell *nt* ❷ (*military hat*) Bärenfellmütze *f*
beast [bi:st] *n* ❶ (*animal*) Tier *nt*; **~ of burden** Lasttier *nt* ❷ (*fam: nasty person*) Biest *nt*; (*cruel person*) Bestie *f*; **to be a ~ to sb** zu jdm biestig sein; **a ~ of a day** BRIT ein scheußlicher Tag
beast·ly ['bi:s(t)li] *adj* (*fam*) ❶ (*disappointing, nasty*) scheußlich, garstig, ekelhaft ❷ (*unfair, unpleasant*) gemein, fies
beat [bi:t] **I.** *n* ❶ (*throb*) Schlag *m* ❷ *no pl* (*act*) Schlagen *nt*; *of the heart* Klopfen *nt*; **her heart skipped a ~** ihr stockte das Herz ❸ *no pl* MUS Takt *m* ❹ *usu sing* (*police patrol*) Runde *f* **II.** *adj* (*fam*) fix und fertig; **dead ~** total geschafft **III.** *vt* <beat, beaten *or fam* beat> ❶ (*hit*) schlagen; ■ **to ~ sth** gegen [*o* auf] etw *akk* schlagen; *carpet* [aus]klopfen; **to ~ a drum** trommeln; **to ~ time** den Takt schlagen; **to ~ sb to death** jdn totschlagen; **to ~ sb black and blue** jdn grün und blau schlagen ❷ FOOD schlagen ❸ (*force*) **to ~ a path through sth** sich *dat* einen Weg durch etw *akk* bahnen ❹ (*defeat*) schlagen, besiegen; (*score better*) übertreffen; **you can't ~ a cool beer on a hot day** es geht [doch] nichts über ein kühles Bier an einem heißen Tag; **you simply can't ~ their prices** ihre Preise sind schlichtweg nicht zu unterbieten; **it ~s me** (*fam*) das ist mir zu hoch; ■ **to ~ sb to sth** jdm bei etw *dat* zuvorkommen; **it ~s me** [*or* **what ~s me is**] **how/why ...** es ist mir ein Rätsel, wie/warum ... ❺ (*avoid*) umgehen ▶ **if you can't ~ 'em, join 'em** (*saying*) verbünde dich mit ihnen, wenn du sie nicht besiegen kannst; **that ~s everything** das schlägt dem Fass den Boden aus; **~ it!** hau ab!; **to ~ a** [**hasty**] **retreat** [schnell] einen Rückzieher machen **IV.** *vi* <beat, beaten *or fam* beat> ❶ (*throb,*) schlagen; *heart also* klopfen, pochen; *drum* dröhnen ❷ (*strike*) ■ **to ~ against** [*or* **on**] **sth** gegen etw *akk* schlagen; (*continuously*) gegen etw *akk* hämmern ❸ (*fig*) *rain* prasseln; *sun* [nieder]brennen; *waves* schlagen ❹ AM (*hurt*) ■ **to ~ on sb** auf jdn einschlagen ▶ **to ~ about** [*or* AM **around**] **the bush** um den heißen Brei herumreden ◆**beat back** *vt* abwehren; MIL zurückschlagen ◆**beat down I.** *vi rain* [her]niederprasseln; *sun* [her]niederbrennen **II.** *vt* (*haggle*) herunterhandeln (**to** auf) ◆**beat off** *vt* abwehren; MIL zurückschlagen ◆**beat out** *vt* ❶ (*extinguish*) ausschlagen ❷ (*drum*) schlagen ❸ (*flatten*) aushämmern ▶ **to ~ sb's brains out** jdm den Schädel einschlagen ◆**beat up I.** *vt* verprügeln, zusammenschlagen **II.** *vi* AM ■ **to ~ up on** verprügeln
beat·en ['bi:t^ən] *adj* geschlagen; *metal* gehämmert ▶ **off the ~ track** abgelegen
beat·er ['bi:tə^r] *n* ❶ (*for cookery*) Rührbesen *m*; (*for carpets*) [Teppich]klopfer *m* ❷ HUNT Treiber(in) *m(f)*
be·ati·fi·ca·tion [bi‚ætɪfɪ'keɪʃ^ən] *n* Seligsprechung *f*
be·ati·fy [bi'ætɪfaɪ] *vt* selig sprechen
beat·ing ['bi:tɪŋ] *n* ❶ (*smacking*) Prügel *pl* ❷ (*defeat*) Niederlage *f* ❸ (*hard to better*) **her time will take some ~** ihre Zeit ist kaum zu übertreffen
Be·ati·tudes [bi'ætɪtju:dz] *npl* ■ **the ~** die Seligpreisungen
beau·ti·cian [bju:'tɪʃ^ən] *n* Kosmetiker(in) *m(f)*
beau·ti·ful ['bju:tɪfl] *adj* ❶ (*very attractive*) schön; **extremely ~** wunderschön ❷ (*uplifting*) herrlich, großartig
beau·ti·fy ['bju:tɪfaɪ] *vt* verschönern; (*hum*) **to ~ oneself** sich schön machen
beau·ty ['bju:ti] *n* ❶ *no pl* (*attractiveness*) Schönheit *f* ❷ (*very attractive woman*) Schönheit *f* ❸ (*fam: outstanding specimen*) Prachtstück *nt* ❹ *no pl* (*attraction*) **the ~ of our plan ...** das Schöne an unserem Plan ... ▶ **~ is in the eye of the <u>beholder</u>** (*prov*) über Geschmack lässt sich [bekanntlich] nicht streiten
'beau·ty con·test *n*, 'beau·ty pag·eant *n* Schönheitswettbewerb *m* 'beau·ty spot *n* ❶ (*in countryside*) schönes Fleckchen [Erde] ❷ (*on face*) Schönheitsfleck *m*
bea·ver ['bi:və^r] **I.** *n* ❶ ZOOL Biber *m* ❷ (*fig*) Arbeitstier *nt* **II.** *vi* (*fam*) **to ~ away** schuften
be·calmed [bɪ'kɑ:md] *adj* in eine Flaute geraten
be·came [bɪ'keɪm] *pt of* **become**
be·cause [bɪ'kɒz] **I.** *conj* ❶ (*for reason that*) weil, da; **that's ~ ...** es liegt daran, dass ...; **why are you laughing? – B~!** warum lachst du? – Darum! ❷ (*fam: for*) denn ▶ **just ~!** [einfach] nur so! **II.** *prep* ■ **~ of** wegen
beck [bek] *n* BRIT [Wild]bach *m* ▶ **to be at sb's ~ and <u>call</u>** nach jds Pfeife tanzen
beck·on ['bek^ən] **I.** *vt* ■ **to ~ sb** jdm ein

Zeichen geben; ■**to ~ sb over** jdn herüberwinken **II.** vi winken a. fig

be·come <became, become> [bɪˈkʌm] **I.** vi werden; **this species almost became extinct** diese Art wäre fast ausgestorben; **what became of ...?** was ist aus ... geworden?; **to ~ interested in sb/sth** anfangen, sich für jdn/etw zu interessieren **II.** vt ① (*change into*) werden; **she wants to ~ an actress** sie will Schauspielerin werden ② (*look good*) **sth ~s sb** etw steht jdm ③ (*befit*) ■**to ~ sb** sich für jdn schicken

be·com·ing [bɪˈkʌmɪŋ] adj ① (*attractive*) vorteilhaft; **that dress is very ~** das Kleid steht dir sehr gut ② (*appropriate*) schicklich

bed [bed] n ① (*furniture*) Bett nt; **to get out of ~** aufstehen; **to go to ~** zu [o ins] Bett gehen; **to put sb to ~** jdn ins Bett bringen; **in ~** im Bett ② (*flower patch*) Beet nt ③ (*foundation substratum*) Unterlage f; **~ of sand** Sandschicht f; **sea ~** Meeresgrund m ④ FOOD Beilage f; **served on a ~ of rice** auf Reis serviert ▶ **to get out of the wrong side? of the ~** mit dem linken Fuß [zuerst] aufstehen; **as you make your ~ so you must lie on it** (*prov*) wie man sich bettet, so liegt man ♦**bed down** vi ① (*sleep*) **to ~ down on the couch** auf dem Sofa kampieren ② (*reach state of normality*) sich legen

BEd [biːˈed] n BRIT abbrev of **Bachelor of Education** Bachelor m der Erziehungswissenschaften

bed and 'break·fast n Übernachtung f mit Frühstück; **~ place** Frühstückspension f

'bed·bug n [Bett]wanze f **'bed·clothes** npl Bettzeug nt kein pl

bed·ding [ˈbedɪŋ] **I.** n no pl Bettzeug nt **II.** adj attr Freiland-, Beet-; **~ plant** Gartenpflanze f

be·dev·il <BRIT -ll- or AM usu -l-> [bɪˈdevəl] vt ■**to be ~ed by sth** von etw dat geplagt werden

'bed·fel·low n (*fig*) Verbündete(r) f(m); **the priest and the politician made strange ~s** der Pfarrer und der Politiker gaben ein merkwürdiges Gespann ab

bed·lam [ˈbedləm] n Chaos nt

'bed lin·en n Bettwäsche f **'bed·pan** n Bettpfanne f, Bettschüssel f

be·drag·gled [bɪˈdrægld] adj durchnässt [und verdreckt]

'bed·rid·den adj bettlägerig **'bed·rock** n Grundgestein nt; (*fig*) Fundament nt

'bed·room n Schlafzimmer nt **'bed·side** n no pl Seite f des Bettes; **to be at sb's ~** an jds Bett sitzen **bed·side 'lamp** n Nachttischlampe f **bed·side 'rug** n Bettvorleger m **bed·side 'table** n Nachttisch m **'bed·sit** n BRIT short for **bedsitter** Einzimmerappartement nt **bed·'sit·ter** n, form **bed·'sit·ting room** n esp BRIT Einzimmerappartement nt **'bed·sore** n wund gelegene Stelle **'bed·spread** n Tagesdecke f **'bed·stead** n Bettgestell nt **'bed·time** n Schlafenszeit f; **it's ~!** Zeit fürs Bett!; **it's long past your ~** du solltest schon längst im Bett sein; **at ~** vor dem Schlafengehen **bed·wet·ter** [ˈbedwetər] n PSYCH Bettnässer(in) m(f)

bee [biː] n ① (*insect*) Biene f ② AM, AUS (*meet*) Treffen nt; **sewing ~** Nähkränzchen nt ③ (*competition*) Wettbewerb m ▶ **to have a ~ in one's bonnet** einen Tick haben; **he thinks he's the ~s' knees** er hält sich für den Größten; **to be a busy** [or (**as**) **busy as a**] **~** fleißig wie eine Biene sein

beech [biːtʃ] n Buche f

'beech·nut n Buchecker f

beef [biːf] **I.** n ① (*meat*) Rindfleisch nt; **minced** [or AM **ground**] **~** Rinderhack[fleisch] nt ② (*complaint*) Beschwerde f **II.** vi sich beschweren (**about** über)

'beef·bur·ger n Beefburger m **'beef·cake** n (sl) Muskelpaket nt **'beef·steak** n Beefsteak nt

beefy [ˈbiːfi] adj (fam) ① (*muscular*) muskulös ② (*high-powered*) leistungsstark ③ (*like beef*) Rindfleisch-

'bee·hive n ① (*of bees*) Bienenstock m; (*rounded*) Bienenkorb m ② (*hairstyle*) toupierte Hochfrisur

'bee·keep·er n Imker(in) m(f) **'bee·line** n no pl **to make a ~ for sb/sth** schnurstracks auf jdn/etw zugehen

been [biːn] pp of **be**

beep [biːp] **I.** vt ① (*make brief noise*) **to ~ one's horn** hupen ② (*fam: on pager*) ■**to ~ sb** jdn anpiepen **II.** vi piepen; (*in car*) hupen; ■**to ~ at sb** jdn anhupen **III.** n Piep[s]ton m; *of a car* Hupen nt

beep·er [ˈbiːpər] n (fam) Piepser m

beer [bɪər] n Bier nt

'beer gar·den n Biergarten m **'beer mat** n Bierdeckel m

'bees·wax n no pl Bienenwachs nt

beet [biːt] n ① (*edible plant root*) [Runkel]rübe f ② AM (*beetroot*) Rote Bete

bee·tle [ˈbiːtl] **I.** n Käfer m **II.** adj **~ brows** buschige Augenbrauen **III.** vi BRIT (fam)

■**to ~ along** entlangpesen; ■**to ~ off** abschwirren
beet·root ['biːtruːt] *n* BRIT Rote Bete; **to go as red as a ~** rot werden wie eine Tomate
be·fit <-tt-> [bɪˈfɪt] *vt* (*form*) **as ~s a princess** wie es einer Prinzessin geziemt
be·fore [bɪˈfɔːʳ] I. *prep* ❶ (*earlier*) vor +*dat;* **the day ~ yesterday** vorgestern; **the year ~ last** vorletztes Jahr; **~ everything else** zuallererst; **~ long** in Kürze; **~ now** schon früher ❷ (*in front of*) vor +*dat;* with verbs of motion vor +*akk;* **the letter K comes ~ L** der Buchstabe K kommt vor dem L; **he was brought ~ the judge** er wurde vor den Richter gebracht; **the task ~ us** die Aufgabe, vor der wir stehen; **I'd go to prison ~ asking her for money** ich würde eher ins Gefängnis gehen, als sie um Geld zu bitten II. *conj* ❶ (*at previous time*) bevor; **but ~ I knew it, she was gone** doch ehe ich mich versah, war sie schon verschwunden; **just ~ ...** kurz bevor ... ❷ (*rather than*) bevor, ehe ❸ (*until*) bis; **~ not ~** erst wenn ❹ (*so that*) damit III. *adv* (*earlier*) zuvor, vorher; **I have never seen that ~** das habe ich noch nie gesehen; **have you been to Cologne ~?** waren Sie schon einmal in Köln?; **she has seen it all ~** sie kennt das alles schon; **to be as ~** wie früher sein; **life went on as ~** das Leben ging wieder seinen gewohnten Gang; **~ and after** davor und danach IV. *adj after n* zuvor; **the day ~, it had rained** tags zuvor hatte es geregnet; **read this line and the one ~** lies diese Zeile und die vorhergehende [*o* davor]
before·hand [bɪˈfɔːhænd] *adv* vorher
be·friend [bɪˈfrend] *vt* ❶ (*become friends with*) sich anfreunden mit +*dat* ❷ (*look after*) sich annehmen
be·fuddled [bɪˈfʌd|d] *adj* ❶ (*muddled*) verwirrt ❷ (*intoxicated*) benebelt; **to be ~ by drink** benebelt sein
beg <-gg-> [beg] I. *vt* ❶ (*request*) bitten; **to ~ sb's forgiveness** jdn um Verzeihung bitten; **I ~ your pardon** entschuldigen Sie bitte ❷ (*leave unresolved*) **to ~ the question** keine Antwort auf die [eigentliche] Frage geben ▶ **to go ~ging** noch zu haben sein II. *vi* ❶ (*seek charity*) betteln (**for** um) ❷ (*request*) **I ~ to inform you that ...** (*form*) ich möchte Ihnen mitteilen, dass...; **I ~ to differ** (*form*) ich erlaube mir, anderer Meinung zu sein; **to ~ for mercy** um Gnade flehen; ■**to ~ of sb** jdn anflehen ❸ *dog* Männchen machen
be·gan [bɪˈgæn] *pt of* **begin**

beg·gar [ˈbegəʳ] I. *n* ❶ (*poor person*) Bettler(in) *m(f)* ❷ + *adj esp* BRIT **little ~** kleiner Schlingel; **lucky ~** Glückspilz *m* ▶**~s can't be choosers** (*prov*) in der Not frisst der Teufel Fliegen II. *vt* ▶ **to ~ belief** [einfach] unglaublich sein
beg·ging [ˈbegɪŋ] *n no pl* Betteln *nt*
be·gin <-nn-, began, begun> [bɪˈgɪn] *vt, vi* (*commence*) anfangen, beginnen; **I began this book two months ago** ich habe mit diesem Buch vor zwei Monaten angefangen; **she began acting at fifteen** sie fing mit fünfzehn mit der Schauspielerei an; **I began to think he'd never come** ich dachte schon, er würde nie kommen; **he didn't even ~ to answer my questions** er hat keinerlei Anstalten gemacht, meine Fragen zu beantworten; **it doesn't ~ to do him justice** es wird ihm nicht [einmal] annähernd gerecht; **she was ~ning to get angry** sie wurde allmählich wütend; **I'll ~ by welcoming our guests** zuerst werde ich unsere Gäste begrüßen; **I don't know where to ~** ich weiß nicht, wo ich anfangen soll!; **the play ~s with the sisters in the kitchen** am Anfang des Stücks sitzen die Schwestern in der Küche; **he began by saying ...** zunächst einmal sagte er ...; **to ~ school** in die Schule kommen; **to ~ work** mit der Arbeit beginnen; **to ~ to roll/stutter** ins Rollen/Stottern kommen; **to ~ again** neu anfangen; ■**to ~ with** (*before anything*) **to ~ with, I want to ...** zunächst einmal möchte ich ...; **there were six of us to ~ with** anfangs waren wir noch zu sechst; **to ~ with, the room is too small, then ...** erstens ist das Zimmer zu klein, [und] dann ...; **before school ~s** vor Schulanfang; **~ning from September 1** ab dem ersten September
be·gin·ner [bɪˈgɪnəʳ] *n* Anfänger(in) *m(f);* **~'s luck** Anfängerglück *nt*
be·gin·ning [bɪˈgɪnɪŋ] *n* ❶ (*starting point*) Anfang *m;* (*in time*) Beginn *m;* **at** [*or* **in**] **the ~** am Anfang, zu Beginn; **the ~ of the end** der Anfang vom Ende; **from ~ to end** (*place*) von vorn bis hinten; (*temporal*) von Anfang bis Ende ❷ (*origin*) ■**~s** *pl* Anfänge *pl* ❸ *pl* (*start*) ■**~s** erste Anzeichen; **I've got the ~s of a headache** ich glaube, ich bekomme Kopfschmerzen
be·grudge [bɪˈgrʌdʒ] *vt* ■**to ~ sb sth** jdm etw missgönnen; **I don't ~ him his freedom** ich gönne ihm seine Freiheit
be·gun [bɪˈgʌn] *pp of* **begin**
be·half [bɪˈhɑːf] *n no pl* **on ~ of sb** [*or* **on sb's ~**] (*speaking for*) im Namen einer Per-

son *gen;* (*as authorized by*) im Auftrag einer Person *gen*
be·have [bɪˈheɪv] **I.** *vi* ❶ *people* sich verhalten; **to ~ badly/well** sich schlecht/gut benehmen; **~!** benimm dich! ❷ *object, substance* sich verhalten **II.** *vt* ■**to ~ oneself** sich [anständig] benehmen
be·ˈhav·ior *n* AM *see* **behaviour**
be·hav·ior·al *adj* AM *see* **behavioural**
be·hav·ior·ism *n no pl* AM *see* **behaviourism**
be·hav·iour [bɪˈheɪvjəʳ] *n* ❶ *of a person* Benehmen *nt,* Verhalten *nt;* **to be on one's best ~** sich von seiner besten Seite zeigen; **~ pattern** Verhaltensmuster *nt* ❷ *of a car* [Fahr]verhalten *nt*
be·hav·iour·al [bɪˈheɪvjəʳrəl] *adj* Verhaltens-
be·hav·iour·ism [bɪˈheɪvjəʳrɪzəm] *n no pl* PSYCH Behaviorismus *m*
be·head [bɪˈhed] *vt* köpfen
be·hind [bɪˈhaɪnd] **I.** *prep* ❶ hinter +*dat;* *with verbs of motion* hinter +*akk;* **to be ~ schedule** in Verzug sein; **~ the wheel** hinterm Lenkrad; **to fall ~ sb** hinter jdn zurückfallen ❷ (*fig*) **I'm ~ you all the way** ich stehe voll hinter dir; **who's ~ [all] this?** wer steckt dahinter? ▶**to go ~ sb's back** jdn hintergehen; **to be ~ the times**

hinter der Zeit zurück sein **II.** *adv* hinten; **to walk ~ [sb]** hinter [jdm] hergehen **III.** *adj* ❶ (*in arrears*) im Rückstand ❷ (*slow*) **to be [a long way] ~** [weit] zurück sein; **to be ~ in a subject** in einem Fach hinterherhinken **IV.** *n* (*fam*) Hintern *m*
be·hind·hand [bɪˈhaɪndhænd] *adj* im Rückstand
be·hold <beheld, beheld> [bɪˈhəʊld] *vt* (*liter*) erblicken
beige [beɪʒ] *adj* beige[farben]
be·ing [ˈbiːɪŋ] *n* **I.** *n* ❶ (*creature*) Wesen *nt* ❷ (*existence*) Dasein *nt;* **to come into ~** entstehen **II.** *adj* **for the time ~** vorerst **III.** *see* **be**
Be·la·rus *n* [beləˈruːs] Weißrussland *nt*
be·lat·ed [bɪˈleɪtɪd] *adj* verspätet; *birthday greetings* nachträglich
belch [beltʃ] **I.** *n* <*pl* -es> Rülpser *m* **II.** *vi* rülpsen **III.** *vt* ausstoßen; *volcano* ausspeien
bel·fry [ˈbelfriː] *n* Glockenturm *m* ▶**to have bats in the ~** einen Vogel haben
Bel·gian [ˈbeldʒən] **I.** *n* Belgier(in) *m(f)* **II.** *adj* belgisch
Bel·gium [ˈbeldʒəm] *n* Belgien *nt*
Bel·grade [belˈgreɪd] *n* Belgrad *nt*
be·lief [bɪˈliːf] *n* ❶ (*faith*) Glaube *m kein pl*

---

belief

expressing belief	glauben
I think she will pass the exam.	Ich glaube, dass sie die Prüfung bestehen wird.
Our team will definitely win.	Unsere Mannschaft wird hundertprozentig gewinnen.
I reckon this story is true.	Ich denke schon, dass diese Geschichte wahr ist.
I believe this story to be true. *(form)*	Ich halte diese Geschichte für wahr.

expressing assumption	*Vermutungen ausdrücken*
I don't think she will come.	Ich glaube nicht, dass sie kommt.
I assume/suppose he's happy in his new job.	Ich nehme an, dass ihm seine neue Arbeit gefällt.
I consider it to be a distinct possibility that the stock market will crash in the near future. *(form)*	Ich halte einen Börsenkrach in der nächsten Zeit für durchaus denkbar. *(form)*
I've got a feeling about it.	Ich habe da so eine Ahnung.
I get the feeling he's keeping something from us.	Ich habe so den Eindruck, dass er uns etwas verheimlicht.
I suspect she might have made a mistake with the final bill.	Es kommt mir so vor, als ob sie bei der Abrechnung einen Fehler gemacht hat.
I have an inkling she won't put up with it much longer.	Ich habe das Gefühl, dass sie das nicht mehr lange mitmacht.

(**in** an); **religious ~s** religiöse Überzeugungen; **to be beyond ~** [einfach] unglaublich sein ❷ (*view*) Überzeugung *f;* **it is my firm ~ that ...** ich bin der festen Überzeugung, dass ...; **to the best of my ~** nach bestem Wissen und Gewissen; **contrary to popular ~** entgegen der allgemeinen Auffassung
be·liev·able [bɪˈliːvəbl] *adj* glaubwürdig
be·lieve [bɪˈliːv] I. *vt* ❶ (*presume true*) glauben; **~ [you] me!** du kannst mir glauben!; **would you ~ it?** kannst du dir das vorstellen?; **she couldn't ~ her eyes** sie traute ihren Augen nicht; **I couldn't ~ my luck** ich konnte mein Glück [gar] nicht fassen; **I can't ~ how ...** ich kann gar nicht verstehen, wie ...; **~ it or not** ob du es glaubst oder nicht; ▪**to ~ sb to be sth** jdn für etw *akk* halten ❷ (*pretend*) **to make ~ [that] ...** so tun, als ob ... ▶ seeing is believing was ich sehe, glaube ich II. *vi* ❶ (*be certain of*) glauben (**in** an) ❷ (*have confidence*) ▪**to ~ in sb/sth** auf jdn/etw vertrauen ❸ (*support sincerely*) ▪**to ~ in sth** viel von etw *dat* halten ❹ (*think*) glauben; **the robbers are ~d to ...** man nimmt an, dass die Räuber ...; **we have [every] reason to ~ that ...** wir haben [allen] Grund zu der Annahme, dass ...; **I ~ so** ich glaube schon
be·liev·er [bɪˈliːvəʳ] *n* ❶ REL Gläubige(r) *f(m)* ❷ (*enthusiast*) [überzeugter] Anhänger/[überzeugte] Anhängerin; **to be a [great] ~ in sth** [sehr] viel von etw *dat* halten
be·lit·tle [bɪˈlɪtl] *vt* herabsetzen; *success* schmälern
Be·lize [bəˈliːz] *n* Belize *nt*
Be·li·zean [bəˈliːziən] I. *adj* belizisch II. *n* Belizer(in) *m(f)*
bell [bel] *n* ❶ (*for ringing*) Glocke *f;* (*small one*) Glöckchen *nt;* **bicycle/door ~** Fahrrad-/Türklingel *f* ❷ (*signal*) Läuten *nt kein pl,* Klingeln *nt kein pl;* **there's the ~ for lunch** es läutet zur Mittagspause; **to give sb a ~** BRIT (*fam*) jdn anrufen ▶ **[as] clear as a ~** (*pure*) glasklar; (*obvious*) völlig klar; **sth rings a ~ [with sb]** etw kommt jdm bekannt vor
'**bell·boy** *n* [Hotel]page *m*
bel·li·cose [ˈbelɪkəʊs] *adj* kriegerisch
bel·lig·er·ent [bəˈlɪdʒərənt] *adj* kampflustig
bel·lig·er·ent·ly [bəˈlɪdʒərəntli] *adv* kämpferisch; **to behave ~** sich aggressiv verhalten
'**bell jar** *n* Glasglocke *f*

bel·low [ˈbeləʊ] I. *vt, vi* brüllen II. *n* Gebrüll *nt;* **to give a ~ of rage** voller Wut schreien
bel·lows [ˈbeləʊz] *npl* [a pair of] ~s [ein] Blasebalg *m*
'**bell-push** *n* BRIT Klingel *f*
bel·ly [ˈbeli] *n* (*fam*) Bauch *m* ▶ **his eyes are bigger than his ~** bei ihm sind die Augen größer als der Magen; **to go ~ up** pleitegehen
'**bel·ly·ache** I. *n* (*fam*) Bauchschmerzen *pl,* Bauchweh *nt kein pl* II. *vi* (*fam*) jammern '**bel·ly bar** *n* Nabelstecker *m* '**bel·ly but·ton** *n* (*fam*) [Bauch]nabel *m* '**bel·ly-danc·er** *n* Bauchtänzerin *f* '**bel·ly flop** I. *n* Bauchklatscher *m* II. *vi* <-pp-> einen Bauchklatscher machen
be·long [bɪˈlɒŋ] *vi* ❶ (*be property of*) gehören; (*be in right place*) hingehören; **who does this ~ to?** wem gehört das?; **where do these spoons ~?** wohin gehören diese Löffel? ❷ (*should be*) **he ~s in jail** er gehört ins Gefängnis; **you don't ~ here** Sie haben hier nichts zu suchen ❸ (*fit in*) [dazu]gehören; **she doesn't really ~ here** sie passt eigentlich nicht hierher
be·long·ings [bɪˈlɒŋɪŋz] *npl* Hab und Gut *nt kein pl;* **personal ~** persönliche Sachen
Be·lo·rus·sian [ˌbeləʊˈrʌʃən] I. *adj* weißrussisch II. *n* ❶ (*person*) Weißrusse *m*/-russin *f* ❷ *no pl* LING Weißrussisch *nt*
be·loved [bɪˈlʌvɪd] I. *n no pl* Geliebte(r) *f(m)* II. *adj* geliebt; **dearly ~, ...** REL liebe Brüder und Schwestern im Herrn, ...
be·low [bɪˈləʊ] I. *adv* ❶ (*lower*) unten, darunter; **down ~** NAUT unter Deck ❷ (*on page*) unten; **the information ~** die nachstehenden Hinweise; **see ~** siehe unten ❸ (*in temperature*) unter null, minus II. *prep* ❶ unter +*dat;* with verbs of motion unter +*akk;* **~ average** unter dem Durchschnitt ❷ (*south of*) unterhalb +*gen*
belt [belt] I. *n* ❶ (*for waist*) Gürtel *m;* **below the ~** unter der Gürtellinie ❷ (*in martial arts*) **she's a black ~** sie hat den schwarzen Gürtel ❸ (*conveyor*) Band *nt* ❹ (*area*) Gebiet *nt;* **commuter ~** Einzugsbereich *m* [einer Großstadt]; **green ~** Grüngürtel *m* ❺ (*fam: a punch*) Schlag *m;* (*drink from bottle*) Schluck *m* ▶ **to tighten one's ~** den Gürtel enger schnallen; **under one's ~** hinter sich +*dat* II. *vt* (*fam: hit*) hauen; *ball* knallen III. *vi* (*fam*) **to ~ along** [*or* **down**] entlanggrasen ◆ **belt out** *vt* (*fam*) *song* schmettern ◆ **belt up** *vi* ❶ esp

BRIT, AUS (*sl: be quiet*) die Klappe halten ❷ AUTO sich anschnallen
'belt·way *n* AM (*ring road*) Umgehungsstraße *f*
be·moan [bɪˈməʊn] *vt* (*form*) beklagen
be·mused [bɪˈmjuːzd] *adj* verwirrt
bench <*pl* -es> [bentʃ] *n* Bank *f*; ■ **the ~** LAW die [Richter]bank; (*people*) die Richter; BRIT POL die Regierungsbank; **the opposition ~es** die Oppositionsbank
'bench·mark *n usu sing* ❶ (*in surveying*) Höhenmarke *f* ❷ (*standard*) Maßstab *m*
bend [bend] I. *n* ❶ (*in a road*) Kurve *f*; (*in a pipe*) Krümmung *f*; (*in a river*) Biegung *f*; **to take a ~** um die Kurve fahren ❷ *pl* MED ■ **the ~s** die Caissonkrankheit *kein pl* ▸ **to go round the ~** durchdrehen; **to drive sb round the ~** jdn zum Wahnsinn treiben II. *vi* <bent, bent> ❶ (*turn*) *road* biegen; **to ~ forwards** sich vorbeugen; **to be bent double** sich krümmen ❷ (*be flexible*) sich biegen; *tree* sich neigen; **be careful, that wire ~s easily** Vorsicht, der Draht verbiegt sich leicht; (*fig*) **to ~ to sb's will** sich jdm fügen III. *vt* biegen; (*deform*) verbiegen; **to ~ one's knees** seine Knie beugen; **to ~ the rules** (*fig*) sich nicht ganz an die Regeln halten ◆ **bend back** I. *vt* zurückbiegen; **to ~ sth back into shape** etw wieder in [die ursprüngliche] Form bringen II. *vi* sich nach hinten beugen ◆ **bend down** *vi* sich niederbeugen ◆ **bend over**, **bend forward** *vi* sich vorbeugen ▸ **to ~ over backwards** sich *dat* die allergrößte Mühe geben
bend·ed [ˈbendɪd] *adj* (*form*) **on ~ knee[s]** auf Knien *a. fig*
bend·ing [ˈbendɪŋ] *n no pl* Bücken *nt*
be·neath [bɪˈniːθ] I. *prep* unter +*dat*; *with verbs of motion* unter +*akk*; **to be ~ sb** (*lower rank than*) unter jdm stehen; (*lower standard than*) unter jds Würde sein; **~ contempt** verachtenswert II. *adv* unten, darunter
ben·edic·tion [ˌbenɪˈdɪkʃən] *n* (*form*) Segnung *f*
ben·efac·tor [ˈbenɪfæktəʳ] *n* (*philanthropist*) Wohltäter *m*; (*patron*) Gönner *m*
ben·efac·tress <*pl* -es> [ˈbenɪfæktrəs] *n* (*philanthropist*) Wohltäterin *f*; (*patroness*) Gönnerin *f*
be·nefi·cent [bɪˈnefɪsənt] *adj* (*form: kindly*) gütig; (*charitable*) wohltätig
ben·efi·cial [ˌbenɪˈfɪʃəl] *adj* nützlich; **~ effect** positive Auswirkung, Nutzen *m*
bene·fi·ciary [ˌbenɪˈfɪʃəri] *n* Nutznießer(in) *m(f)*

ben·efit [ˈbenɪfɪt] I. *n* ❶ (*advantage*) Vorteil *m*; (*profit*) Nutzen *m*; **for the ~ of those who weren't listening, ...** für all diejenigen, die nicht zugehört haben, ...; **to give sb the ~ of the doubt** im Zweifelsfall zu jds Gunsten entscheiden; **to derive** [*or* **get**] [**much**] **~ from sth** [großen] Nutzen aus etw *dat* ziehen; **with the ~ of hindsight** im Nachhinein ❷ BRIT (*welfare payment*) Beihilfe *f*; **housing ~** Wohngeld *nt*; **unemployment ~** Arbeitslosengeld *nt*; **to be on ~** Sozialhilfe bekommen II. *vi* <-t- *or* -tt-> ■ **to ~ from sth** von etw *dat* profitieren, aus etw *dat* Nutzen ziehen III. *vt* <-t- *or* -tt-> ■ **to ~ sb/sth** jdm/etw nützen
be·nevo·lent [bɪˈnevələnt] *adj* (*approv: warm-hearted*) gütig, mild, wohlwollend; (*generous*) wohltätig
be·nevo·lent·ly [bɪˈnevələntli] *adv* wohlwollend, gütig
be·nign [bɪˈnaɪn] *adj* ❶ (*approv: kind*) gütig ❷ MED ■ **polyp/tumour** gutartiger Polyp/Tumor
Be·nin [benˈiːn] *n* Benin *nt*
Be·ni·nese [ˌbeniˈniːz] I. *adj* beninisch II. *n* Beniner(in) *m(f)*
bent [bent] I. *pt, pp of* **bend** II. *n* (*inclination*) Neigung *f*; ■ **a** [**natural**] **~ for sth** einen [natürlichen] Hang zu etw *dat* III. *adj* ❶ (*curved*) umgebogen; *wire* verbogen; *person* gekrümmt ❷ (*determined*) ■ **to be** [**hell**] **~ on** [**doing**] **sth** zu etw *dat* [wild] entschlossen sein ❸ *esp* BRIT (*sl: corrupt*) korrupt
ben·zene [ˈbenziːn] *n* Benzol *nt*
ben·zine [ˈbenziːn] *n* Benzin *nt*
be·queath [bɪˈkwiːð] *vt* hinterlassen
be·quest [bɪˈkwest] *n* Vermächtnis *nt*
be·reaved [bɪˈriːvd] I. *adj* trauernd II. *n* ■ **the ~** *pl* die Hinterbliebenen
be·reave·ment [bɪˈriːvmənt] *n* (*death*) Trauerfall *m*; (*loss*) schmerzlicher Verlust
be·ret [ˈbereɪ] *n* Baskenmütze *f*; MIL Barett *nt*
Ber·mu·da [bəˈmjuːdə] *n* Bermudas *pl*
Ber·mu·da shorts [bəˌmjuːdəˈʃɔːts] *npl* Bermudas *pl*
Ber·nese [bɜːˈniːz] I. *n* Berner(in) *m(f)* II. *adj* Berner; **~ Alps** Berner Alpen *pl*
ber·ry [ˈberi] *n* Beere *f*
ber·serk [bəˈzɜːk] *adj* außer sich +*dat*; **to go ~** [fuchsteufels]wild werden
berth [bɜːθ] I. *n* ❶ (*bed*) NAUT [Schlaf]koje *f*; RAIL Schlafwagenbett *nt* ❷ (*for ship*) Liegeplatz *m* ❸ NAUT (*distance*) Seeraum *m*; **to give sb a wide ~** (*fig*) um jdn einen

großen Bogen machen **II.** *vt, vi* festmachen
be·seech <beseeched *or* besought, beseeched *or* besought> [bɪˈsiːtʃ] *vt* (*liter*) anflehen
be·seech·ing [bɪˈsiːtʃɪŋ] *adj* flehentlich
be·set <-tt-, beset, beset> [bɪˈset] *vt usu passive* ■ **to be ~ by sth** von etw *dat* bedrängt werden; **~ by worries** von Sorgen geplagt
be·side [bɪˈsaɪd] *prep* ❶ (*next to*) neben +*dat*; *with verbs of motion* neben +*akk*; **right ~ sb** genau neben jdm; **~ the sea** am Meer ❷ (*overwhelmed by*) **she was ~ herself with joy** sie war außer sich vor Freude ❸ (*irrelevant to*) **~ the point** nebensächlich
be·sides [bɪˈsaɪdz] **I.** *adv* außerdem; **many more ~** noch viele mehr **II.** *prep* ❶ (*in addition to*) außer ❷ (*except for*) abgesehen von +*dat*
be·siege [bɪˈsiːdʒ] *vt* ❶ MIL (*surround*) belagern ❷ (*overwhelm*) überschütten
be·sot·ted [bɪˈsɒtɪd] *adj* ■ **~ with sb** in jdn völlig vernarrt; **~ with sth** von etw *dat* besessen
be·sought [bɪˈsɔːt] *pt, pp of* **beseech**
best [best] **I.** *adj superl of* **good** ❶ (*finest*) beste(r, s); **what subject are you ~ at?** in welchem Fach bist du am besten?; **~ regards** [*or* **wishes**] viele [*o* herzliche] Grüße; **give my ~ wishes to your wife** richten Sie Ihrer Frau herzliche Grüße von mir aus; ■ **the ~ ...** der/die/das beste ...; **to be on one's ~ behaviour** sich von seiner besten Seite zeigen; **the ~ days of my life** die schönste Zeit meines Lebens ❷ (*most favourable*) **he is acting in her ~ interests** er handelt nur in ihrem Besten; **the ~ thing she can do is forget him** am besten vergisst sie ihn möglichst schnell!; **what's the ~ way to the station?** wie komme ich am besten zum Bahnhof?; ■ **to be ~** am besten sein ❸ (*most*) **the ~ part of sth** der Großteil einer S. *gen*; **it took the ~ part of an hour** es dauerte fast eine Stunde; **the ~ part of the summer** der Großteil des Sommers; **for the ~ part of two decades** fast zwei Jahrzehnte lang ▶ **sb's ~ bet** (*fam*) **your ~ bet would be to take a taxi** am besten nehmen Sie ein Taxi; **the ~ thing since sliced bread** das [absolute] Nonplusultra **II.** *adv superl of* **well** am besten; **try as ~ you can** versuch es so gut du kannst; **to do as one thinks ~** tun, was man für richtig hält; **~ of all** am allerbesten; **to like sth ~** [**of all**] etw am [aller]liebsten mögen **III.** *n no pl* ❶ (*finest person, thing*) ■ **the ~** der/die/das Beste; **to the ~ of your ability** so gut Sie können; **the ~ of friends** die besten Freunde; **in the ~ of health** bei bester Gesundheit; **to the ~ of my knowledge** meines Wissens; **at it's ~** vom Feinsten; **at one's ~** (*performance*) in Höchstform; (*condition*) in bester Verfassung; **and ~ of all** und allem voran; *people* und allen voran ❷ (*most favourable*) **all the ~!** (*fam*) alles Gute!; **~ of luck!** viel Glück!; **please give her my ~** bitte richten Sie ihr meine Grüße aus; **to send one's ~** seine besten [Glück]wünsche senden; **it's for the ~** es ist besser so; **at ~** bestenfalls ❸ SPORTS **to play the ~ of three/five** spielen, bis eine Seite zweimal/dreimal gewonnen hat ▶ **to get the ~ of the bargain** [*or* **it**] am besten dabei wegkommen; **to make the ~ of things** [*or* **it**] das Beste daraus machen; **to wear one's Sunday ~** seine Sonntagskleider tragen; **the ~ of both worlds** das Beste von beidem
bes·tial [ˈbestɪəl] *adj* bestialisch
bes·ti·al·ity [ˌbestɪˈæləti] *n* Bestialität *f*
best ˈman *n* Trauzeuge *m* (*des Bräutigams*)
be·stow [bɪˈstəʊ] *vt* (*form*) ■ **to ~ sth** [**up**]**on sb** jdm etw verleihen
best-ˈsell·er *n* Bestseller *m*
bet [bet] **I.** *n* ❶ (*gamble*) Wette *f*; **to lay** [*or* **make**] [*or* **place**] **a ~ on sth** auf etw *akk* wetten; **to make a ~ with sb** mit jdm wetten ❷ (*fig: guess*) Tipp *m*; **all ~s are off** alles ist möglich; **it's a safe ~ that ...** ich könnte wetten, dass ... **II.** *vt, vi* <-tt-, bet *or* -ted, bet *or* -ted> wetten; **I ~ you £25 that ...** ich wette mit dir um 25 Pfund, dass ...; **I'll ~ him anything he likes** ich gehe jede Wette mit ihm [darauf] ein; **to ~ heavily** hoch wetten ▶ **you ~!** (*fam*) das kannst du mir aber glauben!; **I'll ~!** und ob!
beta [ˈbiːtə] *n* Beta *nt*; BRIT SCH gut
ˈbeta-block·er *n* Betablocker *m* **ˈbeta test·ing** *n* COMPUT Testen *nt* der Betaversion *nt* **ˈbeta ver·sion** *n* COMPUT Betaversion *f*
be·tray [bɪˈtreɪ] *vt* ❶ (*be disloyal*) verraten; *trust* missbrauchen; ■ **to ~ sb** (*be unfaithful*) jdm untreu sein; (*deceive*) jdn betrügen ❷ (*reveal feelings*) zeigen; *ignorance* verraten
be·tray·al [bɪˈtreɪəl] *n* (*treachery*) Verrat *m*; *of trust* Enttäuschung *f*
bet·ter¹ [ˈbetə] **I.** *adj comp of* **good** ❶ (*superior*) besser; **~ luck next time** vielleicht klappt's ja beim nächsten Mal; **it's ~ that way** es ist besser so; **she is**

much ~ at tennis than I am sie spielt viel besser Tennis als ich ❷ (*healthier*) besser; **I'm much ~ now** mir geht's schon viel besser; **to get ~** sich erholen ❸ (*most*) **the ~ part** der größte Teil; **the ~ part of an hour** fast eine Stunde [lang] ▸ **to go one ~** noch einen draufsetzen II. *adv comp of* **well** ❶ (*in superior manner*) besser; **or ~ still ...** oder noch besser ... ❷ (*to a greater degree*) mehr; *like* lieber; **she is much ~-looking** sie sieht viel besser aus; **you had ~ go home now** es wäre besser, wenn Sie jetzt nach Hause gingen; **to think ~ of sth** sich *dat* etw anders überlegen III. *n no pl* ❶ (*improvement*) **I have not seen ~** ich habe nichts Besseres gesehen; **to change for the ~** sich zum Guten wenden; **to expect ~ of sb** was Besseres von jdm erwarten; **all** [*or so much*] **the ~** umso besser ❷ *pl* (*hum old*) ■ **one's ~s** Leute, die über einem stehen ▸ **to get the ~ of sb** über jdn die Oberhand gewinnen; **for ~ or** [**for**] **worse** was immer daraus werden wird IV. *vt* verbessern; ■ **to ~ oneself** (*improve social position*) sich verbessern; (*further one's knowledge*) sich weiterbilden

bet·ter² ['betə^r] *n*, **bet·tor** ['betə^r] *n esp* AM Wetter(in) *m(f)*

bet·ter-'off I. *adj* besser dran *präd fam;* (*financially*) bessergestellt *präd,* wohlhabender *präd* II. *n + pl vb* ■ **the ~** die Bessergestellten *pl,* die Bessersituierten *pl geh;* (*earning more money*) die Besserverdienenden *pl*

bet·ting ['betɪŋ] I. *n no pl* Wetten *nt;* **what's the ~ that ... ?** (*fig fam*) um was wetten wir, dass ... ? II. *adj* Wett-; **if I were a ~ person, ...** wenn ich darum wetten müsste, ...

'**bet·ting of·fice** *n,* '**bet·ting shop** *n* BRIT Wettbüro *nt*

be·tween [bɪ'twi:n] I. *prep* zwischen +*dat;* *with verbs of motion* zwischen +*akk;* **~ you and me** unter uns gesagt; **you shouldn't eat ~ meals** du sollst zwischen den Mahlzeiten nichts essen; **halfway ~ Rome and Florence** auf halbem Weg zwischen Rom und Florenz; **~ times** in der Zwischenzeit II. *adv* ■ [**in-**]**~** dazwischen; **~-meal snack** Zwischenmahlzeit *f*

bev·er·age ['bev^ərɪdʒ] *n* Getränk *nt*

bevy ['bevi] *n* Schar *f*

be·ware [bɪ'weə^r] *vi, vt* sich in Acht nehmen (**of** vor); **~!** Vorsicht!; "**~ of pickpockets!**" „Vor Taschendieben wird gewarnt!"; "**~ of the dog**" „Vorsicht, bissiger Hund!"; ■ **to ~ of doing sth** sich davor hüten, etw zu tun

be·wil·der [bɪ'wɪldə^r] *vt* verwirren

be·wil·der·ment [bɪ'wɪldəmənt] *n* Verwirrung *f*

be·witch [bɪ'wɪtʃ] *vt* ❶ (*put under spell*) verzaubern ❷ (*enchant*) bezaubern

be·witch·ing [bɪ'wɪtʃɪŋ] *adj* bezaubernd

be·yond [bɪ'ɒnd] I. *prep* ❶ (*on the other side of*) über +*akk,* jenseits +*gen* ❷ (*after*) nach +*dat* ❸ (*further than*) über +*akk;* **to go ~ a joke** über einen Witz hinaus gehen; **to be ~ the reach of sb** außerhalb jds Reichweite sein; **to see ~ sth** über etw *akk* hinaus sehen ❹ (*too difficult for*) **this is ~ my comprehension** das geht über meinen Verstand; **that's way ~ me** das ist mir viel zu hoch ❺ (*except for*) außer ❻ (*surpassing*) **sb is ~ help** jdm ist nicht mehr zu helfen; **to be ~ question** außer Frage stehen; **damaged ~ repair** irreparabel beschädigt II. *adv* (*in space*) jenseits; (*in time*) darüber hinaus; **with the mountains ~** mit den Bergen dahinter; **to go ~** hinausgehen über; **to go far ~ sth** etw bei weitem übersteigen III. *n* ■ **the ~** das Jenseits ▸ **at the back of ~** *esp* BRIT am Ende der Welt

bi [baɪ] *adj* (*fam*) bi *fam,* bisexuel

bi·an·nual [baɪ'ænjuəl] *adj* halbjährlich; **~ report** Halbjahresbericht *m*

bias ['baɪəs] I. *n usu sing* ❶ (*prejudice*) Vorurteil *nt* ❷ *no pl* (*one-sidedness*) Befangenheit *f* (**against** gegenüber) ❸ (*predisposition*) Neigung *f* (**towards** für) ❹ *no pl* FASHION **~-cut** schräg geschnitten II. *vt* <BRIT **-ss-** *or* AM *usu* **-s-**> ■ **to ~ sth** etw einseitig darstellen; ■ **to ~ sb** jdn beeinflussen; ■ **to ~ sb against sth** jdn gegen etw *akk* einnehmen

bi·ased ['baɪəst] *adj,* BRIT *esp* **bi·assed** *adj* voreingenommen

bi·ath·lon [baɪ'æθlən] *n* Biathlon *m*

bib [bɪb] *n* Lätzchen *nt*

Bi·ble ['baɪbḷ] *n* Bibel *f*

bib·li·cal ['bɪblɪk^əl] *adj* biblisch

bib·li·og·ra·pher [ˌbɪbli'ɒgrəfə^r] *n* Bibliograf(in) *m(f)*

bib·li·o·graph·ic [ˌbɪbliə(ʊ)'græfɪk], **bib·lio·graph·i·cal** [ˌbɪbliə(ʊ)'græfɪkəl] *adj* bibliografisch

bib·li·og·ra·phy [ˌbɪbli'ɒgrəfi] *n* Bibliografie *f*

bib·lio·phile ['bɪbliə(ʊ)faɪl] *n* Bibliophile(r) *f(m)*

bi·car·bo·nate [ˌbaɪ'kɑ:b^ənət] *n,* **bi·car·**

bo·nate of ˈso·da *n* Natriumbikarbonat *nt;* (*in cookery*) Natron *nt*
bi·cen·tenary [ˌbaɪsənˈtiːnərɪ], AM **bi·centen·nial** *n* zweihundertjähriges Jubiläum; **the ~ of Goethe's death** Goethes zweihundertster Todestag
bi·ceps <*pl* -> [ˈbaɪseps] *n* Bizeps *m*
bick·er [ˈbɪkəʳ] *vi* sich zanken
bick·er·ing [ˈbɪkərɪŋ] *n no pl* Gezänk *nt*
bi·cy·cle [ˈbaɪsɪkl̩] *n* Fahrrad *nt;* **by ~** mit dem Fahrrad; **~ clip** Hosenklammer *f*
ˈbi·cy·cle lane *n* Fahrradweg *m*
bid¹ <-dd-, bid *or* bade, bid *or* bidden> [bɪd] *vt* (*form*) ① (*greet*) **to ~ sb farewell** jdm Lebewohl sagen; **to ~ sb good morning** jdm einen guten Morgen wünschen; **to ~ sb welcome** jdn willkommen heißen ② (*old: command*) ■**to ~ sb [to] do sth** jdn etw tun heißen
bid² [bɪd] **I.** *n* ① (*offer*) Angebot *nt;* (*at an auction*) Gebot *nt* ② (*attempt*) Versuch *m;* **to make a ~ for power** nach der Macht greifen ③ CARDS Ansage *f* **II.** *vi* <-dd-, bid, bid> ① (*offer money*) bieten ② (*tender*) ein Angebot unterbreiten; **to ~ for a contract** sich um einen Auftrag bewerben ③ CARDS reizen **III.** *vt* <-dd-, bid, bid> bieten
bid·der [ˈbɪdəʳ] *n* Bieter(in) *m(f);* **highest ~** Meistbietende(r) *f(m)*
bid·ding [ˈbɪdɪŋ] *n no pl* ① (*making of bids*) Bieten *nt;* (*at an auction*) Steigern *nt;* **to open** [*or* **start**] **the ~** das erste Gebot machen ② (*form: command*) Geheiß *nt;* **to do sb's ~** tun, was einem gesagt wird ③ CARDS Reizen *nt*
bide [baɪd] *vt* **to ~ one's time** den rechten Augenblick abwarten
bi·det [ˈbiːdeɪ] *n* Bidet *nt*
bi·en·na·le [biːəˈnɑːleɪ] *n* Biennale *f*
bi·en·nial [baɪˈenɪəl] **I.** *adj* zweijährlich **II.** *n* zweijährige Pflanze
bier [bɪəʳ] *n* Bahre *f*
bi·fo·cal [baɪˈfəʊkəl] *adj* Bifokal-
bi·fo·cals [baɪˈfəʊkəlz] *npl* Bifokalbrille *f*
big <-gg-> [bɪɡ] *adj* ① (*of size, amount*) groß; **meal** üppig; **tip** großzügig; **a ~ drop in prices** ein starker Preisrückgang; **the ~ger the better** je größer desto besser ② (*significant*) bedeutend; **decision** schwerwiegend; **when's the ~ day?** wann ist der große Tag?; **he fell for her in a ~ way** er verliebte sich bis über beide Ohren in sie ③ (*iron: generous*) bieten ▸ **a ~ fish in a small pond** der Hecht im Karpfenteich; **the ~ger they are, the harder they fall** (*prov*) wer hoch steigt, fällt tief;

to make it ~ großen Erfolg haben ◆ **big up** *vt* (*sl*) ■ **to ~ up** ↻ **sb/sth** jdn/etw groß herausbringen
biga·mist [ˈbɪɡəmɪst] *n* Bigamist(in) *m(f)*
biga·my [ˈbɪɡəmɪ] *n* Bigamie *f*
Big ˈAp·ple *n* (*fam*) ■ **the ~** New York *nt*
big ˈbang *n* Urknall *m* **ˈbig-bucks** *adj* AM (*fam*) teuer **big ˈbusi·ness** *n no pl* ■ **to be ~** ein lukratives Geschäft sein **Big ˈEasy** *n* ■ **the ~** New Orleans *nt* **big ˈgame** *n no pl* Großwild *nt*
big·ot [ˈbɪɡət] *n* Eiferer *m*
big·ot·ed [ˈbɪɡətɪd] *adj* (*pej*) fanatisch
big·ot·ry [ˈbɪɡətrɪ] *n* (*pej*) Fanatismus *m* **ˈbig shot** *n* (*fam*) hohes Tier **big ˈtop** *n* großes Zirkuszelt **big ˈwheel** *n* BRIT Riesenrad *nt* **ˈbig·wig** *n* (*fam*) hohes Tier
bike [baɪk] **I.** *n* ① (*fam: bicycle*) [Fahr]rad *nt;* **by ~** mit dem [Fahr]rad ② (*motorcycle*) Motorrad *nt* ▸ **on yer ~!** BRIT (*sl*) hau ab! **II.** *vi* mit dem Fahrrad fahren
bik·er [ˈbaɪkəʳ] *n* (*fam*) Motorradfahrer(in) *m(f);* (*in gang*) Rocker(in) *m(f)*
bi·ki·ni [bɪˈkiːnɪ] *n* Bikini *m;* **~ bottoms** Bikinihose *f;* **~ top** Bikinioberteil *nt*
bi·lat·er·al [baɪˈlætərəl] *adj* bilateral
bil·berry [ˈbɪlbərɪ] *n* Heidelbeere *f*
bile [baɪl] *n no pl* ① ANAT Galle *f;* **~ duct** Gallengang *m meist pl* ② (*fig*) Bitterkeit *f*
bil·har·zia [bɪlˈhɑːzɪə] *n* Bilharziose *f*
bi·lin·gual [baɪˈlɪŋɡwəl] *adj* zweisprachig; **~ secretary** Fremdsprachensekretär(in) *m(f)*
bili·ous [ˈbɪlɪəs] *adj* ① MED Gallen-; **~ attack** Gallenkolik *f* ② (*fig: bad-tempered*) übellaunig
bill¹ [bɪl] **I.** *n* ① (*invoice*) Rechnung *f;* **could we have the ~, please?** zahlen bitte! ② AM (*bank note*) Geldschein *m;* [one-]**dollar ~** Dollarschein *m* ③ (*proposed law*) Gesetzentwurf *m* ④ (*placard*) Plakat *nt;* **"stick no ~s"** „Plakate ankleben verboten" ⑤ (*list of celebrities*) Besetzungsliste *f;* **to top the ~** der Star des Abends sein ▸ **to fit the ~** der/die/das Richtige sein **II.** *vt* ① (*invoice*) ■ **to ~ sb** jdm eine Rechnung ausstellen; ■ **to ~ sb for sth** jdm etw in Rechnung stellen ② *usu passive* (*listed*) ■ **to be ~ed** angekündigt werden
bill² [bɪl] *n of bird* Schnabel *m*
ˈbill·board *n* Reklamefläche *f*
bil·let [ˈbɪlɪt] MIL **I.** *n* Quartier *nt* **II.** *vt usu passive* ■ **to be ~ed** einquartiert werden
ˈbill·fold *n* AM Brieftasche *f*
bil·liard [ˈbɪlɪəd] *adj* Billard-; **~ ball** Billardkugel *f*

bil·liards ['bɪliədz] *n no pl* Billard *nt*
bill·ing ['bɪlɪŋ] *n no pl* ❶ (*list*) Programm *nt*; **to get top ~** an oberster Stelle auf dem Programm stehen ❷ (*publicity*) **advance ~** Reklame *f*
bil·lion ['bɪliən] *n* Milliarde *f*
bil·lion·aire [ˌbɪliə'neərʳ] *n esp* Am Milliardär(in) *m(f)*
bil·low ['bɪləʊ] I. *vi* (*bulge*) *cloth* sich blähen; *smoke* in Schwaden aufsteigen; *skirt* sich bauschen II. *n usu pl* Schwaden *pl*
'**bill post·er** *n* Plakat[an]kleber(in) *m(f);* "**~s will be prosecuted**" „Das Ankleben von Plakaten wird strafrechtlich verfolgt" '**bill post·ing** *n no pl* Plakatkleben *nt* '**bill stick·er** *n* Plakat[an]kleber(in) *m(f)*
'**bil·ly·can** *n* Brit, Aus Kochgeschirr *nt* (*zum Campen*)
'**bil·ly goat** *n* Ziegenbock *m*
bim·bo <*pl* -es *or* -s> ['bɪmbəʊ] *n* (*pej sl*) Puppe *f*
bi-'month·ly *adj, adv* ❶ (*twice a month*) zweimal im Monat ❷ (*every two months*) zweimonatlich
bin [bɪn] I. *n* ❶ Brit, Aus (*for waste*) Mülleimer *m;* Brit Mülltonne *f* ❷ (*for storage*) Behälter *m; ~* Brotkasten *m* II. *vt* Brit (*fam*) wegwerfen
bi·na·ry ['baɪnəri] *adj* binär
bind [baɪnd] I. *n* (*fam: obligation*) Verpflichtung *f;* (*burden*) Belastung *f;* **to be [a bit of] a ~** [ziemlich] lästig sein II. *vi* <bound, bound> binden III. *vt* <bound, bound> ❶ (*fasten*) ▪**to ~ sb** jdn fesseln (**to** an); **to be bound hand and foot** an Händen und Füßen gefesselt sein; ▪**to ~ sth** etw einbinden (**to** an); *feet* einbinden ❷ (*commit*) **to ~ sb to secrecy** jdn zum Stillschweigen verpflichten ❸ Food, Typo binden
bind·er ['baɪndər] *n* Einband *m*
bind·ing ['baɪndɪŋ] I. *n no pl* ❶ (*covering*) Einband *m* ❷ (*act*) Binden *nt* ❸ (*textile strip*) [Naht]band *nt* ❹ (*on ski*) Bindung *f* II. *adj* verbindlich
bind·weed ['baɪndwiːd] *n no pl* Bot Winde *f*
binge [bɪndʒ] (*fam*) I. *n* Gelage *nt;* **shopping ~** Kaufrausch *m* II. *vi* ▪**to ~ on sth** sich mit etw *dat* vollstopfen
'**binge drink·ing** *n* Komatrinken *nt*, Komasaufen *nt sl*
bing·er ['bɪndʒər] *n* jd, der etw bis zum Exzess tut
bin·go ['bɪŋɡəʊ] I. *n* Bingo *nt* II. *interj* (*fam*) ▪**~!** bingo!

bin·ocu·lars [bɪ'nɒkjələz] *npl* [**a pair of**] ~ [ein] Fernglas *nt*
'**bio-attack** *n* Bioangriff *m* '**bio-chem** *adj short for* **biological-chemical** biochemisch **bio·'chemi·cal** *adj* biochemisch **bio·'chem·ist** *n* Biochemiker(in) *m(f)* **bio·'chem·is·try** *n no pl* Biochemie *f* '**bio·de·fence**, Am **biodefense** *n* Verteidigung *f* gegen Biowaffen **bio·de'grad·able** *adj* biologisch abbaubar **bio·de'grade** *vi* sich zersetzen **bio·di·'ver·sity** *n* Artenvielfalt *f* **bio·en·gi·'neered** *adj* genmanipuliert **bio·en·gi·'neer·ing** *n* Biotechnik *f* **bio·'feed·back** *n* Biofeedback *nt* '**bio·fuel** *n no pl* Biotreibstoff *m* '**bio·gas** *n* Biogas *nt*
bi·og·raph·er [baɪ'ɒɡrəfər] *n* Biograf(in) *m(f)*
bio·graphi·cal [ˌbaɪəʊ'ɡræfɪkəl] *adj* biografisch
bi·og·ra·phy [baɪ'ɒɡrəfi] *n* Biografie *f*
bio·logi·cal [ˌbaɪə'lɒdʒɪkəl] *adj* biologisch **bio·logi·cal 'in·di·ca·tor** *n* biologischer Indikator
bio·logi·cal·ly [ˌbaɪə'lɒdʒɪkəli] *adv* biologisch
bi·olo·gist [baɪ'ɒlədʒɪst] *n* Biologe *m/*Biologin *f*
bi·ol·ogy [baɪ'ɒlədʒi] *n* Biologie *f*
'**bio·mass** [ˌbaɪəʊ'mæs] *n* Biomasse *f*
bio·me·'chan·ics *npl* + *sing vb* Biomechanik *f*
bio·met·ric [baɪə(ʊ)'metrɪk] *adj* biometrisch
bio·met·rics [baɪə(ʊ)'metrɪks] *n + sing vb,* **bio·met·ry** [baɪ'ə(ʊ)metri] *n* Biometrie *f*
bi·o·pic ['baɪə(ʊ)pɪk] *n* TV, Cine Filmbiografie *f*, Biopic *nt*
bi·op·sy ['baɪɒpsi] *n* Biopsie *f*
'**bio·rhythm** *n* Biorhythmus *m*
bio·se·'cu·rity *n no pl* Sicherheitsvorkehrung[en] *f[pl]* gegen Bioangriffe '**bio·sphere** *n* Biosphäre *f* **bio·tech·'nol·ogy** *n* Biotechnologie *f* **bio·'ter·ror·ist** *n* Bioterrorist(in) *m(f)* **bio·tope** ['baɪə(ʊ)təʊp] *n* Biotop *m o nt* **bio·'vil·lage** *n ≈* sanfte Entwicklungshilfe
bi·par·ti·san [ˌbaɪpɑː'tɪzæn] *adj* von zwei Parteien getragen
bi·ped ['baɪped] *n* Zweifüß[l]er *m*
bi·plane [baɪpleɪn] *n* Doppeldecker *m*
bi·po·lar [baɪ'pəʊlər] *adj* bipolar
birch [bɜːtʃ] *n <pl* -es> ❶ (*tree*) Birke *f* ❷ *no pl* (*hist: type of punishment*) ▪**the ~** Züchtigung mit der Rute
bird [bɜːd] *n* ❶ (*creature*) Vogel *m; ~* **life**

Vogelwelt *f*; ~ **sanctuary** Vogelschutzgebiet *nt* ❷ (*fam: young female*) Biene *f*; **game old** ~ BRIT, AUS (*approv*) flotte Alte ▶ **to know about the** ~**s and bees** (*euph*) aufgeklärt sein; ~**s of a feather flock together** (*prov*) Gleich und Gleich gesellt sich gern; **a** ~ **in the hand is worth two in the bush** (*prov*) besser ein Spatz in der Hand als eine Taube auf dem Dach; **to kill two** ~**s with one stone** zwei Fliegen mit einer Klappe schlagen; **the early** ~ **catches the worm** (*prov*) Morgenstund hat Gold im Mund; [**strictly**] **for the** ~**s** AM, AUS für die Katz
'**bird·cage** *n* Vogelkäfig *m* '**bird flu** *n no pl* Vogelgrippe *f*
birdie ['bɜːdi] **I.** *n* ❶ (*esp childspeak: small bird*) Piepmatz *m* ❷ (*golf*) Birdie *nt* ▶ **watch the** ~ PHOT gleich kommt's Vögelchen **II.** *vt* (*in golf*) einen Schlag unter Par spielen
bird of '**pa·ra·dise** <*pl* birds of paradise> *n* Paradiesvogel *m* '**bird·seed** *n no pl* Vogelfutter *nt* **bird's-eye** '**view** *n* Vogelperspektive *f* '**bird ta·ble** *n* BRIT Futterplatz *m* (*für Vögel*) '**bird·watch·ing** *n* Beobachten *nt* von Vögeln
biro® ['baɪ(ə)rəʊ] *n* BRIT Kuli *m*
birth [bɜːθ] *n* ❶ (*event of being born*) Geburt *f*; **from** ~ von Geburt an; **date of** ~ Geburtsdatum *nt;* **place of** ~ Geburtsort *m;* **to give** ~ **to a child** ein Kind zur Welt bringen ❷ *no pl* (*family*) Abstammung *f*; **English by** ~ gebürtiger Engländer/gebürtige Engländerin
'**birth cer·tifi·cate** *n* Geburtsurkunde *f* '**birth con·trol** *n* Geburtenkontrolle *f*; ~ **pill** Antibabypille *f*
birth·day ['bɜːθdeɪ] *n* Geburtstag *m;* **happy** ~ [**to you**]! alles Gute zum Geburtstag!
'**birth·day cake** *n* Geburtstagstorte *f* '**birth·day card** *n* Geburtstagskarte *f* '**birth·day par·ty** *n* Geburtstagsparty *f* '**birth·day pres·ent** *n* Geburtstagsgeschenk *nt* '**birth·day suit** *n* **in one's** ~ (*fam*) im Adamskostüm
'**birth·mark** *n* Muttermal *nt* '**birth·place** *n* Geburtsort *m* '**birth rate** *n* Geburtenrate *f* '**birth·right** *n* Geburtsrecht *nt*
Bis·cay ['bɪskeɪ] *n* Biskaya *f*
bis·cuit ['bɪskɪt] *n* ❶ BRIT, AUS Keks *m*; **dog** ~ Hundekuchen *m* ❷ AM (*bread type*) Brötchen *nt* ▶ **that** [**really**] **takes the** ~ BRIT das schlägt dem Fass den Boden aus
bi·sect [baɪ'sekt] *vt* zweiteilen
bi·sex·ual [baɪ'sekʃʊəl] **I.** *n* Bisexuelle(r) *f(m)* **II.** *adj* bisexuell

bish·op ['bɪʃəp] *n* ❶ REL Bischof *m* ❷ CHESS Läufer *m*
bish·op·ric ['bɪʃəprɪk] *n* ❶ (*term*) Amtszeit *f* (*eines Bischofs*) ❷ (*diocese*) Bistum *nt*
bi·son <*pl* -s *or* -> ['baɪsən, -zən] *n* (*American*) Bison *m;* (*European*) Wisent *m*
bit¹ [bɪt] *n* (*fam*) ❶ (*piece*) Stück *nt;* (*fig: some*) **a** ~ **of advice** ein Rat *m;* **a** ~ **of news** eine Neuigkeit; ~**s of glass** Glasscherben *pl;* **little** ~**s** [**of metal**] [Metall]stückchen *pl;* ~**s of paper** Papierfetzen *pl;* **to blow sth to** ~**s** etw zerfetzen; **to fall to** ~**s** kaputtgehen; **to smash sth to** ~**s** etw zerschmettern ❷ (*part*) Teil *m; of a story, film* Stelle *f;* **to do one's** ~ seinen Teil beitragen; ~ **by** ~ Stück für Stück ❸ (*a little*) ■ **a** ~ ein bisschen; **just a** ~ ein kleines bisschen ❹ (*rather*) ■ **a** ~ ziemlich; **he's put on a** ~ **of weight** er hat ziemlich zugenommen; **he's a** ~ **of a bore** er ist ein ziemlicher Langweiler; **that was a** ~ **much** das war ein starkes Stück; **that was a** ~ **too much of a coincidence** das konnte kein Zufall mehr sein; **he's a good** ~ **older than his wife** er ist um einiges älter als seine Frau; **to be a** ~ **of an artist** künstlerisch ziemlich begabt sein; [**quite**] **a** ~ **of money** ziemlich viel Geld; **to be a** ~ **of a nuisance** ziemlich lästig sein ❺ (*short time*) **I'm just going out for a** ~ ich gehe mal kurz raus; **I'll come along in a** ~ ich komme gleich nach; **hold on** [*or* **wait**] **a** ~ warte mal [kurz] ❻ (*in negations*) ■ **not a** ~ kein bisschen; **not the least** [*or* **slightest**] ~ kein bisschen; **but not a** ~ **of it!** BRIT aber nicht die Spur! ❼ *pl* BRIT ~**s and pieces** [*or* **bobs**] Krimskrams *m* ▶ **a** ~ **of all right** BRIT (*sl*) große Klasse; ~ **on the side** heimliche Geliebte; **thrilled to** ~**s** ganz aus dem Häuschen
bit² [bɪt] *vt, vi pt of* **bite**
bit³ [bɪt] *n* (*for horses*) Trense *f* ▶ **to get the** ~ **between one's teeth** sich an die Arbeit machen
bit⁴ [bɪt] *n* (*drill*) Bohrer[einsatz] *m*
bit⁵ [bɪt] *n* COMPUT Bit *nt*
bitch [bɪtʃ] **I.** *n* <*pl* -es> ❶ (*female dog*) Hündin *f* ❷ (*fam: complaint*) **to have a good** ~ mal richtig lästern ❸ (*fam!: mean woman*) Miststück *nt* ❹ (*sl: bad situation*) **what a** ~! so ein Mist!; **life's a** ~ das Leben ist ungerecht; **a** ~ **of a job** ein Scheißjob *m* **II.** *vi* (*fam*) lästern (**about** über)
bitchy ['bɪtʃi] *adj* (*fam!*) gehässig
bite [baɪt] **I.** *n* ❶ (*using teeth*) Biss *m; of an insect* Stich *m;* ~ **mark** Bisswunde *f;* **to**

have a ~ to eat (*fam*) eine Kleinigkeit essen; **to take a ~ of a pizza** von einer Pizza abbeißen ❷ (*fig: sharpness*) Biss *m* ❸ (*fish*) **at last I've got a ~** endlich hat etwas angebissen ❹ *no pl* (*pungency*) Schärfe *f* II. *vt* <bit, bitten> (*cut with teeth*) beißen; *insect* stechen; **to ~ one's nails** an seinen Nägeln kauen; **to ~ one's tongue** sich *dat* auf die Zunge beißen *a. fig*; **what's biting you?** (*fig*) was ist mit dir los? III. *vi* <bit, bitten> ❶ (*with teeth*) beißen; *insect* stechen ❷ (*also fig: take bait*) anbeißen ❸ (*affect*) einschneidende Wirkung haben ▶ **once bitten, twice shy** (*prov*) ein gebranntes Kind scheut das Feuer

'**bite-sized** *adj* mundgerecht; (*fig fam: small*) winzig

bit·ing ['baɪtɪŋ] *adj* beißend *a. fig*

bit·ten ['bɪtən] *vt, vi pp of* **bite**

bit·ter ['bɪtər] I. *adj* <-er, -est> ❶ (*sour*) *taste* bitter; ~ **chocolate** Brit Zartbitterschokolade *f* ❷ (*fig: painful*) bitter ❸ (*resentful*) verbittert II. *n* Brit, Aus **a glass of** ~ ein Glas *nt* Bitter; **half a** ~ ein kleines Bitter

bit·ter·ly ['bɪtəli] *adv* bitter; ~ **cold** bitterkalt; ~ **contested** heftig umstritten; ~ **disappointed** schwer enttäuscht; ~ **jealous** krankhaft eifersüchtig

bit·ter·ness ['bɪtənəs] *n no pl* ❶ (*rancour*) Verbitterung *f* (**towards** gegenüber) ❷ FOOD Bitterkeit *f*

'**bit·ter·sweet** *adj* bittersüß *a. fig*; ~ **chocolate** AM Zartbitterschokolade *f*

bi·tu·men ['bɪtʃəmɪn] *n no pl* Bitumen *nt*

bi·tu·mi·nous [bɪ'tʃuːmɪnəs] *adj* bituminös

bi·valve ['baɪvælv] *n* zweischalige Muschel

bivou·ac ['bɪvuæk] I. *n* Biwak *nt* II. *vi* <-ck-> biwakieren

bi·week·ly [baɪ'wiːkli] *adj, adv* ❶ (*every two weeks*) zweiwöchentlich ❷ (*twice a week*) zweimal wöchentlich

bi·zarre [bɪ'zɑːr] *adj* bizarr; *behaviour* seltsam

blab <-bb-> [blæb] (*fam*) I. *vt* ausplaudern II. *vi* plaudern; ■ **to ~ to sb** jdm gegenüber nicht dichthalten

black [blæk] I. *adj* (*colour*) schwarz *a. fig*; ~ **despair** tiefste Verzweiflung; **to beat sb ~ and blue** jdn grün und blau schlagen II. *n* ❶ (*person*) Schwarze(r) *f(m)* ❷ (*colour*) Schwarz *nt* ❸ (*not in debt*) **to be in the ~** schwarze Zahlen schreiben III. *vt* ❶ (*darken*) schwarz färben ❷ Brit (*boycott*) boykottieren ♦ **black out** I. *vi* [kurz] das Bewusstsein verlieren II. *vt* ❶ (*not show light*) verdunkeln ❷ (*fig: censure*) unterschlagen

black and 'white I. *adj* ❶ (*documented*) [**down**] **in** ~ schwarz auf weiß ❷ (*not in colour*) schwarz-weiß ❸ (*clear-cut*) sehr einfach [*o* klar] II. *n* ❶ (*in film, photography*) Schwarz-Weiß-Technik *f* ❷ (*oversimplified view*) Vereinfachung *f*

'**black·ball** *vt* ■ **to ~ sb** (*vote against*) gegen jdn stimmen; (*reject*) jdn ausschließen

black·berry ['blækəri] *n* Brombeere *f* '**black·bird** *n* Amsel *f* '**black·board** *n* Tafel *f* '**black book** *n* (*fig*) schwarze Liste; **to be in sb's ~s** bei jdm schlecht angeschrieben sein **black 'box** *n* AEROSP Flugschreiber *m* **black·cur·rant** [‚blæk-'kʌrənt] *n* schwarze Johannisbeere

black·en ['blækən] I. *vt* ❶ (*make black*) schwärzen ❷ (*malign*) anschwärzen; **to ~ sb's name** dem Ruf einer Person *gen* schaden II. *vi* schwarz werden

black 'eye *n* blaues Auge **black·guard** ['blægɑːd] *n* Bösewicht *m* '**black·head** *n* Mitesser *m* **black 'hole** *n* schwarzes Loch *a. fig* **black 'ice** *n* Glatteis *nt*

black·ish ['blækɪʃ] *adj* schwärzlich

black·jack ['blækdʒæk] *n* ❶ CARDS Siebzehnundvier *nt* ❷ AM (*cosh*) Totschläger *m* '**black·leg** *n* Brit (*pej*) Streikbrecher(in) *m(f)* '**black·list** I. *vt* auf die schwarze Liste setzen II. *n* schwarze Liste '**black·mail** I. *n* Erpressung *f*; **open to ~** erpressbar II. *vt* erpressen

'**black·mail·er** *n* Erpresser(in) *m(f)*

black 'mark *n* Tadel *m*; SCH Verweis *m* **black 'mar·ket** *n* Schwarzmarkt *m*; **there was a thriving ~ in cigarettes during the war** während des Krieges blühte der Schwarzhandel mit Zigaretten **black mar·ke·'teer** *n* Schwarzhändler(in) *m(f)*

black·ness ['blæknəs] *n no pl* Schwärze *f*

black·out ['blækaʊt] *n* ❶ (*unconsciousness*) Ohnmachtsanfall *m* ❷ ELEC [Strom]ausfall *m* ❸ (*censor*) Sperre *f*; **news ~** Nachrichtensperre *f* ❹ (*covering of lights*) Verdunkelung *f*

black 'pud·ding *n* Brit Blutwurst *f* **Black 'Sea** *n* ■ **the ~** das Schwarze Meer **black 'sheep** *n* (*fig*) schwarzes Schaf '**black·smith** *n* [Huf]schmied *m*

blad·der ['blædər] *n* [Harn]blase *f*

blade [bleɪd] I. *n* (*flat part*) Klinge *f*; ~ **of grass** Grashalm *m*; ~ **of an oar** Ruderblatt *nt* II. *vi* SPORTS (*fam*) bladen

blame [bleɪm] I. *vt* ■ **to ~ sb/sth for sth**

[*or* sth on sb/sth] jdm/etw die Schuld an etw *dat* geben; **he has only himself to ~** er hat es sich selbst zuzuschreiben; ■**to ~ sb for doing sth** jdn beschuldigen, etw getan zu haben; ■**to not ~ sb for sth** jdm etw nicht verübeln II. *n no pl* ❶ (*guilt*) Schuld *f;* **where does the ~ lie?** wer hat Schuld?; **to lay the ~ on sb/sth for sth** jdm/etw die Schuld an etw *dat* zuschieben; **to take the ~** die Schuld auf sich nehmen ❷ (*censure*) Tadel *m*

blame·less ['bleɪmləs] *adj* schuldlos; *life* untadelig

blame·less·ly ['bleɪmləsli] *adv* untadelig

blanch [blɑːn(t)ʃ] I. *vi* erblassen II. *vt* ❶ (*cause to whiten*) bleichen ❷ (*parboil*) blanchieren

blanc·mange [blə'mɒn(d)ʒ] *n no pl* Pudding *m*

bland [blænd] *adj* fade; (*fig*) vage; **~ diet** Schonkost *f*

blan·dish·ments ['blændɪʃmənts] *npl* Schmeicheleien *pl*

blank [blæŋk] I. *adj* ❶ (*empty*) leer; **~ space** Leerraum *m;* **~ tape** Leerband *nt;* **my mind went ~** ich hatte ein Brett vor dem Kopf; **the screen went ~** das Bild fiel aus ❷ (*without emotion*) ausdruckslos; (*without comprehension*) verständnislos ❸ (*complete*) **~ refusal** glatte Ablehnung II. *n* ❶ (*empty space*) Leerstelle *f*, Lücke *f* ❷ (*mental void*) Gedächtnislücke *f;* **my mind is a complete ~** ich habe eine totale Mattscheibe ❸ (*non-lethal cartridge*) Platzpatrone *f* ▶ **to draw a ~** kein Glück haben III. *vt* ■**to ~ out** ausstreichen

blan·ket ['blæŋkɪt] I. *n* [Bett]decke *f;* (*fig*) Decke *f;* **~ of snow** Schneedecke *f* II. *vt* bedecken III. *adj* umfassend; *coverage* ausführlich

blank·ly ['blæŋkli] *adv* (*without expression*) ausdruckslos; (*without comprehension*) verständnislos

blare [bleər] I. *n no pl* Geplärr *nt;* **~ of trumpets** Trompetengeschmetter *nt* II. *vi radio* plärren; *music* dröhnen; *trumpets* schmettern

blas·pheme [ˌblæs'fiːm] *vi* [Gott] lästern

blas·phem·er [ˌblæs'fiːmər] *n* Gotteslästerer *m*/-lästerin *f*

blas·phe·mous ['blæsfəməs] *adj* blasphemisch

blas·phe·my ['blæsfəmi] *n no pl* Blasphemie *f*

blast [blɑːst] I. *n* ❶ (*explosion*) Explosion *f* ❷ (*air*) **~ of air** Luftstoß *m* ❸ (*noise*) **a ~ of music** ein Schwall *m* Musik; **a ~ from the past** (*hum*) eine Begegnung mit der Vergangenheit; **~ of a trumpet** Trompetenstoß *m;* **~ of a whistle** Pfeifton *m;* **at full ~** *radio* in voller Lautstärke ❹ AM (*fam: lot of fun*) tolle Zeit II. *interj* (*fam!*) verdammt! III. *vt* ❶ (*explode*) sprengen ❷ (*fig*) heftig angreifen

blast·ed ['blɑːstɪd] *adj* (*fam!*) verdammt

'blast fur·nace *n* Hochofen *m*

blast·ing ['blɑːstɪŋ] *n no pl* ❶ (*blowing up*) Sprengung *f*, Detonation *f* ❷ (*fig: reprimand*) Verweis *m* ❸ (*fig: criticism*) Verriss *m*, vernichtende Kritik

blast-off ['blɑːstɒf] *n* [Raketen]start *m*

'blast wave *n* Detonationswelle *f*

bla·tant ['bleɪtənt] *adj* offensichtlich; *lie* unverfroren; *racism* unverhohlen

blaze [bleɪz] I. *n* ❶ (*fire*) Brand *m* ❷ (*light*) Glanz *m;* (*fig*) **~ of colour** [*or* AM **color**] Farbenpracht *f;* **in a ~ of glory** mit Glanz und Gloria ❸ (*sudden attack*) **~ of anger** Wutanfall *m* II. *vi* glühen; *eyes* blinzen; *fire* [hell] lodern; *sun* brennen III. *vt* **to ~ a trail** einen Weg markieren ◆**blaze away** *vi* ❶ (*shine*) [nicht aufhören zu] strahlen ❷ (*shoot*) drauflosfeuern ◆**blaze up** *vi* aufflammen

blaz·er ['bleɪzər] *n* Blazer *m;* **school ~** Jacke *f* der Schuluniform

blaz·ing ['bleɪzɪŋ] *adj fire* lodernd; *inferno* flammend; *row* heftig; *sun* grell; **~ hot** glühend heiß

bleach [bliːtʃ] I. *vt* bleichen II. *n* <*pl* -es> (*chemical*) Bleichmittel *nt;* (*for hair*) Blondierungsmittel *nt*

bleach·ers ['bliːtʃəz] *npl* AM unüberdachte [Zuschauer]tribüne

bleak [bliːk] *adj* kahl, öde; (*fig*) trostlos, düster

bleak·ness ['bliːknəs] *n no pl* ❶ (*dreariness*) Kargheit *f* ❷ (*hopelessness*) Hoffnungslosigkeit *f*, Trostlosigkeit *f*

bleary ['blɪəri] *adj* ❶ (*sleepy*) verschlafen; **~ eyes** müde Augen ❷ (*blurred*) verschwommen

bleary-'eyed *adj* mit müden Augen; **to look ~** verschlafen aussehen

bleat [bliːt] I. *vi sheep* blöken; *goat* meckern; (*fig, pej*) *person* jammern II. *n of sheep* Blöken *nt;* *of goat* Meckern *nt*

bled [bled] *pt, pp of* **bleed**

bleed [bliːd] I. *vi* <bled, bled> bluten ▶ **my heart ~s** (*iron*) mir blutet das Herz II. *vt* <bled, bled> ❶ (*hist: take blood*) ■**to ~ sb** jdn zur Ader lassen; **to ~ sb dry** (*fig*) jdn [finanziell] bluten lassen ❷ *brakes, radiator* entlüften

bleed·er ['bli:dəʳ] *n* BRIT **little ~s** kleine Biester *pl;* **you lucky ~!** du Glückspilz!

bleed·ing ['bli:dɪŋ] *adj* BRIT (*fam!*) verdammt

bleep [bli:p] BRIT **I.** *n* TECH Piepton *m* **II.** *vi* piepsen **III.** *vt* ▪ **to ~ sb** jdn über einen Piepser rufen

bleep·er ['bli:pəʳ] *n* BRIT Piepser *m*

blem·ish ['blemɪʃ] *n* <*pl* -**es**> Makel *m;* **without ~** makellos; (*fig*) untadelig

blench [blen(t)ʃ] *vi* bleich werden; (*fig*) **to ~ at a thought** vor einem Gedanken zurückschrecken

blend [blend] **I.** *n* Mischung *f*; *of wine* Verschnitt *m* **II.** *vt* [miteinander] vermischen **III.** *vi* ❶ (*match*) ▪ **to ~ with sb/sth** zu jdm/etw passen; MUS mit jdm/etw harmonisieren ❷ (*not be noticeable*) ▪ **to ~ into sth** mit etw *dat* verschmelzen

blend·ed 'fami·ly *n* Patchworkfamilie *f*

blend·er ['blendəʳ] *n* Mixer *m*

bless <-ed *or liter* blest, -ed> [bles] *vt* segnen ▶ **~ him/her!** der/die Gute!; **~ you!** (*after a sneeze*) Gesundheit!; (*as thanks*) das ist lieb von dir!

bless·ed ['blesɪd] *adj* gesegnet, selig; **not a ~ soul** keine Menschenseele ▶ **~ are the meek ...** (*prov*) selig sind die Sanftmütigen, ...

bless·ing ['blesɪŋ] *n* Segen *m* ▶ **to be a ~ in disguise** sich im Nachhinein als Segen erweisen; **to count one's ~s** für das dankbar sein, was man hat

blew [blu:] *pt of* **blow**

blight [blaɪt] **I.** *vt* vernichten; (*fig*) zunichtemachen **II.** *n* Pflanzenkrankheit *f;* **potato ~** Kartoffelfäule *f;* (*fig*) Plage *f*

blight·er ['blaɪtəʳ] *n* BRIT (*fam*) Luder *nt*, Lümmel *m*

bli·mey ['blaɪmi] *interj* BRIT (*fam*) [ach] du liebe Zeit!

blind [blaɪnd] **I.** *n* ❶ (*for window*) Jalousie *f;* **roller ~** Rollo ❷ (*people*) ▪ **the ~** *pl* die Blinden; **for the ~** für Blinde **II.** *vt* ❶ (*permanently*) blind machen; (*temporarily*) blenden; **~ed by tears** blind vor Tränen ❷ (*fig: impress*) **to ~ sb with science** jdn mit seinem Wissen beeindrucken **III.** *adj* ❶ (*sightless*) blind; **to go ~** blind werden; **~ in one eye** auf einem Auge blind ❷ (*fig: unable to perceive*) blind; ▪ **to be ~ to sth** etw nicht bemerken ❸ (*fig: unprepared*) unvorbereitet ❹ *esp* BRIT (*fig: without reserve*) rückhaltlos; **he swore ~ that ...** er versicherte hoch und heilig, dass ... ❺ (*fig: lack judgement*) blind; *acceptance* bedingungslos ❻ (*concealed*) *bend* schwer einsehbar ❼ *esp* BRIT (*fam: any*) **to not take a ~** [*or* **the ~est**] **bit of notice of sth** etw überhaupt nicht beachten ▶ **as ~ as a bat** so blind wie ein Maulwurf; **to turn a ~ eye to sth** vor etw *dat* die Augen verschließen; **love is ~** Liebe macht blind **IV.** *adv* blind; **~ drunk** stockbetrunken

blind 'al·ley *n* Sackgasse *f a. fig*

blind·er ['blaɪndəʳ] *n* (*fam*) ❶ BRIT SPORTS **to play a ~** ein Superspiel hinlegen; **a ~ of a goal** ein Traumtor *nt* ❷ AM (*blinkers*) ▪ **~s** *pl* Scheuklappen *pl*

blind·fold ['blaɪn(d)fəʊld] **I.** *n* Augenbinde *f* **II.** *vt* ▪ **to ~ sb** jdm die Augen verbinden

blind·fold·ed ['blaɪn(d)fəʊldɪd] **I.** *adj* ▪ **to be ~** die Augen verbunden haben **II.** *adv* (*fig*) **to do sth ~** etw mit verbundenen Augen tun

blind·ing ['blaɪndɪŋ] *adj flash* blendend; *light also* grell; *headache* rasend ▶ **to come to sb in a ~ flash** jdm blitzartig klar werden

blind·ly ['blaɪndli] *adv* ❶ (*without seeing*) blind ❷ (*fig: without thinking*) blindlings; (*without plan*) ziellos; (*without purpose*) sinnlos

blind man's 'bluff *n esp* AM, **blind man's 'buff** *n* Blindekuh *kein art*

blind·ness ['blaɪndnəs] *n no pl* Blindheit *f*

'blind spot *n* ❶ MED blinder Fleck ❷ TRANSP toter Winkel ❸ (*weakness*) Schwachpunkt *m*

bling [blɪŋ] (*fam*) **I.** *n* Klunker *m*, Brillies *pl* **II.** *adj pred look* glamourös; *person* goldbehängt **III.** *vt* ▪ **to ~ out** ⟳ **sth** etw schmücken

bling-bling ['blɪŋblɪŋ] *n* (*fam*) *see* **bling I.**

blink [blɪŋk] **I.** *vt* **to ~ one's eyes** mit den Augen zwinkern; **without ~ing an eye** ohne mit der Wimper zu zucken; **to ~ back tears** die Tränen zurückhalten **II.** *vi* ❶ (*as protective reflex*) blinzeln; (*intentionally*) zwinkern ❷ (*of a light*) blinken; **to ~ left/right** links/rechts anzeigen **III.** *n* (*eye reflex*) Blinzeln *nt;* (*intentionally*) Zwinkern *nt;* **in the ~ of an eye** (*fig*) blitzschnell ▶ **to be on the ~** (*fam*) kaputt sein

blink·er ['blɪŋkəʳ] *n* ❶ AUTO Blinker *m* ❷ *esp* BRIT ▪ **~s** *pl* Scheuklappen *pl a. fig*

blink·ered ['blɪŋkəd] *adj esp* BRIT ▪ **to be ~** Scheuklappen tragen *a. fig*

blink·ers ['blɪŋkəz] *npl esp* BRIT Scheuklappen *pl;* (*fig*) **to have ~ on** engstirnig sein, Scheuklappen tragen

blink·ing [ˈblɪŋkɪŋ] *adj esp* Brit (*fam*) verflixt

bliss [blɪs] *n no pl* [Glück]seligkeit *f*; **what ~!** herrlich!; **wedded ~** Eheglück *nt*

bliss·ful [ˈblɪsfəl] *adj* glückselig; *couple* glücklich; *smile* selig

blis·ter [ˈblɪstəʳ] I. *n* Blase *f* II. *vt* Blasen hervorrufen auf +*dat* III. *vi paint* Blasen werfen; *skin* Blasen bekommen

blis·ter·ing [ˈblɪstərɪŋ] *adj* Wahnsinns-; *attack* massiv; *heat* brütend; *pace* mörderisch

blith·er·ing [ˈblɪðərɪŋ] *adj* **~ idiot** [Voll]idiot(in) *m(f)*

blitz [blɪts] I. *n no pl* ① (*air attack*) [plötzlicher] Luftangriff; ■ **the B~** deutsche Luftangriffe auf britische Städte im Zweiten Weltkrieg ② (*fig*) **to have a ~ on sth** etw in Angriff nehmen II. *vt* ① (*attack*) **to ~ a city** Luftangriffe *pl* auf eine Stadt fliegen ② (*fig*) in Angriff nehmen

bliz·zard [ˈblɪzəd] *n* Schneesturm *m*

bloat·ed [ˈbləʊtɪd] *adj* ① (*swollen*) aufgedunsen ② (*overindulgence*) vollgestopft ③ (*fig: excessive*) aufgebläht

blob [blɒb] *n* ① (*spot*) Klecks *m*; **~ of paint** Farbfleck *m* ② (*vague mass*) Klümpchen *nt*

bloc [blɒk] *n* pol Block *m*

block [blɒk] I. *n* ① (*solid lump*) Block *m*; **~ of wood** Holzklotz *m* ② (*toy*) **building ~** Bauklötzchen *nt* ③ (*for executions*) Richtblock *m*; **to be sent to the ~** hingerichtet werden ④ sports Startblock *m* ⑤ Brit (*building*) Hochhaus *nt*; **~ of flats** Wohnblock *m*; **tower ~** Bürohochhaus *nt* ⑥ *esp* Am, Aus (*part of neighbourhood*) [Häuser]block *m* ⑦ *usu sing* (*obstruction*) Verstopfung *f* ⑧ (*impediment*) Sperre *f* ⑨ (*pulley*) Block *m* II. *adj* **to make ~ bookings** blockweise reservieren III. *vt* blockieren; *artery, pipeline* verstopfen; *exit, passage* versperren; *progress* aufhalten; *account* sperren; *ball* abblocken ◆**block off** *vt* [ver]sperren ◆**block out** *vt* ① (*ignore*) *emotions, thoughts* verdrängen; *noise, pain* ausschalten ② (*obscure*) **to ~ out the light** das Licht nicht durchlassen [*o* abhalten] ③ (*suppress*) etw unterdrücken ◆**block up** *vt* ① (*obstruct*) blockieren; (*clog*) verstopfen; **my nose is all ~ed up** meine Nase ist total zu ② (*fill in*) zumauern

block·ade [blɒkˈeɪd] I. *n* Blockade *f* II. *vt* abriegeln

block·age [ˈblɒkɪdʒ] *n* Verstopfung *f*

block ˈcapi·tals *npl* Blockbuchstaben *pl*; **in ~** in Blockschrift

blocked [blɒkt] *adj* ① (*obstructed*) *entrance, road* gesperrt; *pipe, nose, pore* verstopft; **~ artery** Arterienverschluss *m* ② (*prevented*) ■ **to be ~** verhindert werden

ˈblock·head *n* (*pej fam*) Trottel *m* **ˈblock·house** *n* Blockhaus *nt*

blog [blɒg] inet I. *n* Blog *nt o m*, Internettagebuch *nt* II. *vt, vi* <-gg-> bloggen

blog·ger [ˈblɒgəʳ] *n* Blogger(in) *m(f)*

blog·ging [ˈblɒgɪŋ] *n no pl, no art* inet Bloggen *nt*, Blogging *nt* **blogo·sphere** [ˈblɒgə(ʊ)sfɪəʳ] *n* inet Blogosphäre *f*, Blogwelt *f*

bloke [bləʊk] *n* Brit (*fam*) Typ *m*, Kerl *m*

blond(e) [blɒnd] I. *adj* blond II. *n* (*person*) Blonde(r) *f(m)*; (*woman*) Blondine *f*

blood [blʌd] I. *n no pl* Blut *nt* ▶**~ is thicker than water** (*prov*) Blut ist dicker als Wasser; **bad ~** böses Blut; **to make sb's ~ run cold** jdm das Blut in den Adern gefrieren lassen; **in cold ~** kaltblütig; **to be after sb's ~** es jdm heimzahlen wollen; **it makes my ~ boil** es macht mich rasend II. *vt* [neu] einführen

ˈblood bank *n* Blutbank *f* **ˈblood·bath** *n* Blutbad *nt* **ˈblood clot** *n* Blutgerinnsel *nt* **ˈblood·curdling** *adj* markerschütternd **ˈblood do·nor** *n* Blutspender(in) *m(f)* **ˈblood group** *n* Blutgruppe *f* **ˈblood·hound** *n* Bluthund *m*

blood·less [ˈblʌdləs] *adj* ① (*without violence*) unblutig ② (*pale*) blutleer

ˈblood poi·son·ing *n no pl* Blutvergiftung *f* **ˈblood pres·sure** *n no pl* Blutdruck *m* **ˈblood prod·uct** *n* med Blutprodukt *nt* **blood re·ˈla·tion** *n* Blutsverwandte(r) *f(m)*

ˈblood·shed *n no pl* Blutvergießen *nt* **ˈblood·shot** *adj* blutunterlaufen **ˈblood sport** *n usu pl* Sportarten, bei denen Tiere getötet werden, z.B. Hetzjagden und Hahnenkämpfe **ˈblood·stained** *adj* blutbefleckt **ˈblood·stock** *n* +*sing/pl vb* Vollblutpferde *pl* **ˈblood·stream** *n* Blutkreislauf *m* **ˈblood·suck·er** *n* Blutsauger *m a. fig* **ˈblood sug·ar** *n* Blutzucker *m* **ˈblood test** *n* Bluttest *m* **ˈblood·thirsty** *adj* blutrünstig **ˈblood transfusion** *n* [Blut]transfusion *f* **ˈblood type** *n* Blutgruppe *f* **ˈblood ves·sel** *n* Blutgefäß *nt*; **to burst a ~** (*fig*) ausflippen

bloody [ˈblʌdi] I. *adj* ① (*with blood*) blutig; **to give sb a ~ nose** jdm die Nase blutig schlagen ② Brit, Aus (*fam!: emphasis*) verdammt; **you're a ~ genius!** du bist [mir] vielleicht ein Genie!; **~ hell!** (*in surprise*) Wahnsinn!; (*in anger*) verdammt [nochmal]; **not a ~ thing** überhaupt nichts **II.** *adv* BRIT, AUS (*fam!*) total, verdammt; **I'll do what I ~ well like!** verdammt noch mal, ich mache was ich will!; **not ~ likely!** kommt nicht in Frage!; **~ marvellous** großartig *a. iron;* **to be ~ useless** zu gar nichts taugen

bloody-'mind·ed *adj* stur

bloom [bluːm] **I.** *n no pl* Blüte *f;* **to come into ~** aufblühen **II.** *vi* ❶ (*produce flowers*) blühen ❷ (*fig: flourish*) seinen Höhepunkt erreichen

bloom·er ['bluːmə'] *n* BRIT (*fam*) Fehler *m*

bloom·ing¹ ['bluːmɪŋ] *adj* blühend

bloom·ing² ['bluːmɪŋ], **bloomin'** ['bluːmɪn] *adj* BRIT (*fam*) verdammt

blos·som ['blɒsəm] **I.** *n no pl* [Baum]blüte *f* **II.** *vi* blühen *a. fig*

blot [blɒt] *n* ❶ (*mark*) Klecks *m;* **ink ~** Tintenklecks *m* ❷ (*ugly feature*) **a ~ on the landscape** ein Schandfleck *m* in der Landschaft

blotch [blɒtʃ] *n* <*pl* -es> Fleck *m*

blotchy ['blɒtʃi] *adj* fleckig

blot·ter ['blɒtə'] *n* [Tinten]löscher *m*

'blot·ting pa·per *n no pl* Löschpapier *nt*

blot·to ['blɒtəʊ] *adj* (*sl*) stinkbesoffen

blouse [blaʊz] *n* Bluse *f*

blow¹ [bləʊ] **I.** *vi* <blew, blown> ❶ *wind* wehen; **an icy wind began to ~** ein eisiger Wind kam auf; **the window blew open/shut** das Fenster wurde auf-/zugeweht ❷ (*exhale*) blasen, pusten ❸ *esp* BRIT (*pant*) keuchen ❹ *whale* spritzen; **there she ~s!** Wal in Sicht! ❺ (*break*) *fuse* durchbrennen; *gasket* undicht werden; *tyre* platzen ❻ (*fam: leave*) abhauen **II.** *vt* <blew, blown> ❶ (*propel*) blasen; *wind* wehen ❷ (*send*) **to ~ sb a kiss** jdm ein Küsschen zuwerfen ❸ (*play*) blasen; **to ~ the trumpet** Trompete spielen; **to ~ the whistle** (*start a match*) [das Spiel] anpfeifen; (*stop, end a match*) [das Spiel] abpfeifen ❹ (*clear*) **to ~ one's nose** sich *dat* die Nase putzen ❺ (*create*) **to ~ bubbles** [Seifen]blasen machen; **to ~ smoke rings** [Rauch]ringe *pl* [in die Luft] blasen ❻ (*destroy*) **we blew a tyre** uns ist ein Reifen geplatzt; **I've ~n a fuse** mir ist eine Sicherung durchgebrannt; **to be ~n to pieces** in die Luft gesprengt werden; *person* zerfetzt werden; **to ~ a safe [open]** einen Safe [auf]sprengen ❼ (*fam: squander*) verpulvern ❽ (*fam: expose*) auffliegen lassen; ■ **to be ~n** auffliegen ❾ <blowed, blowed> BRIT (*fam: damn*) **~ [it]!** verflixt!; **I'll be ~ed!** ich glaub, mich tritt ein Pferd!; **I'm ~ed if ...!** das wollen wir doch mal sehen, ob ...! ❿ (*fam: bungle*) vermasseln **III.** *n no pl* **to have a [good] ~** sich *dat* [gründlich] die Nase putzen ◆**blow about, blow around** *vi* herumgewirbelt werden ◆**blow away** *vt* ❶ *wind* wegwehen ❷ (*fam: kill*) wegpusten ◆**blow back** *vi,* ❶ *vt* zurückwehen ◆**blow down I.** *vi* umgeweht werden **II.** *vt* umwehen ◆**blow in I.** *vi* ❶ *window* eingedrückt werden ❷ *sand* hineinwehen **II.** *vt* window eindrücken ◆**blow off I.** *vt* ❶ (*remove*) wegblasen; *wind* wegwehen ❷ (*rip off*) wegreißen **II.** *vi* (*blow away*) weggeweht werden ◆**blow out I.** *vt* ❶ (*extinguish*) ausblasen ❷ (*stop*) **the storm had ~n itself out** der Sturm hatte sich ausgetobt ❸ (*kill*) **to ~ out** ◯ **one's brains** sich eine Kugel durch den Kopf jagen ❹ (*fill*) *cheeks* aufblasen **II.** *vi* ❶ *candle* verlöschen ❷ *tyre* platzen ◆**blow over I.** *vi* ❶ (*fall*) umstürzen ❷ (*stop*) *storm* sich legen **II.** *vt* umwerfen ◆**blow up I.** *vi* ❶ (*come up*) *storm* [her]aufziehen ❷ (*explode*) explodieren; (*fig fam: become angry*) an die Decke gehen **II.** *vt* ❶ (*inflate*) aufblasen ❷ (*fig: exaggerate*) hochspielen ❸ (*enlarge*) vergrößern ❹ (*destroy*) [in die Luft] sprengen

blow² [bləʊ] *n* ❶ (*hit*) Schlag *m;* **to come to ~s over sth** sich wegen einer S. *gen* prügeln ❷ (*misfortune*) [Schicksals]schlag *m* (**to**/**for**)

blow-by-'blow *adj* detailgenau; **to give sb a ~ account** jdm haarklein Bericht erstatten

'blow-dry I. *vt* <-ie-> fönen **II.** *n* Fönen *nt*

blow·er ['bləʊə'] *n* BRIT, AUS (*fam*) Telefon *nt*

'blow·fly *n* Schmeißfliege *f* **'blow·hole** *n* Atemloch *nt* **'blow·lamp** *n* Lötlampe *f*

blown [bləʊn] *vt, vi pp of* **blow**

blow·out ['bləʊaʊt] *n* ❶ BRIT (*fam: huge meal*) Schlemmerei *f* ❷ AM (*party*) Fete *f* ❸ (*eruption*) Eruption *f* ❹ (*of tyre*) Platzen *nt* [eines Reifens]

'blow·pipe *n* (*weapon*) Blasrohr *nt* **'blow·torch** *n* Lötlampe *f* **'blow-up I.** *n* ❶ PHOT Vergrößerung *f* ❷ (*fam: quarrel*) Krach *m* **II.** *adj* aufblasbar

blub <-bb-> [blʌb] *vi* BRIT (*fam*) plärren

blub·ber¹ ['blʌbə'] *vi* (*fam*) flennen

blub·ber² ['blʌbəʳ] *n no pl* Speck *m a. fig*
bludg·eon ['blʌdʒᵊn] *vt* verprügeln; **to ~ sb to death** jdn zu Tode prügeln
blue [bluː] **I.** *adj* <-r, -st> ❶ (*colour*) blau; **~ with cold** blaugefroren; **to go ~** blau anlaufen ❷ (*depressed*) traurig ❸ (*fam*) **~ movie** Pornofilm *m* ▶ **once in a ~ moon** alle Jubeljahre einmal **II.** *n* Blau *nt*; **the boys in ~** (*hum fam*) die Gesetzeshüter ▶ **out of** the **~** aus heiterem Himmel
'blue·bell *n* [blaue Wiesen]glockenblume
'blue·ber·ry ['bluːbᵊri] *n* Heidelbeere *f*
'blue·bot·tle *n* Schmeißfliege *f* **'blue chip** *n* FIN Blue Chip *m* **blue-'col·lar** *adj* **~ worker** Arbeiter(in) *m(f)* **'blue·print** *n* Blaupause *f*; (*fig*) Plan *m* **blue-rinse bri·gade** [ˌbluːˈrɪn(t)sbrɪgeɪd] *n* (*pej fam: elderly and conservative women*) Omis *pl*
blues [bluːz] *npl* ❶ (*fam*) **to have the ~** melancholisch gestimmt sein ❷ (*music*) Blues *m*
'blue-sky *adj* **~ thinking** zukunftsorientiertes Denken
Blue·tooth-com·'pat·ible *adj* Bluetooth-kompatibel
blue 'whale *n* Blauwal *m*
bluff¹ [blʌf] **I.** *vi* bluffen **II.** *vt* täuschen; **to ~ one's way into/out of sth** sich in etw *akk* hinein-/aus etw *dat* herausmogeln **III.** *n* (*pretence*) Bluff *m*; **to call sb's ~** jdn bloßstellen
bluff² [blʌf] **I.** *n* (*steep bank*) Steilhang *m*; (*shore*) Steilküste *f* **II.** *adj manner* direkt
bluff·er ['blʌfəʳ] *n* Bluffer(in) *m(f)*
bluff·er's guide [blʌfəzˈgaɪd] *n* Ratgeber *m* für Bluffer
blu·ish ['bluːɪʃ] *adj* bläulich
blun·der ['blʌndəʳ] **I.** *n* schwer[wiegend]er Fehler **II.** *vi* ❶ (*make a bad mistake*) einen groben Fehler machen ❷ (*act clumsily*) ■ **to ~** [**about** [*or* **around**]] [herum]tappen; ■ **to ~ into sth** in etw *akk* hineinplatzen
blunt [blʌnt] **I.** *adj* ❶ (*not sharp*) stumpf ❷ (*outspoken*) direkt **II.** *vt* ❶ (*make less sharp*) stumpf machen ❷ (*fig*) *enthusiasm, interest* dämpfen
blunt·ly ['blʌntli] *adv* direkt
blunt·ness ['blʌntnəs] *n* Direktheit *f*
blur [blɜːʳ] **I.** *vi* <-rr-> verschwimmen **II.** *vt* <-rr-> verschwimmen lassen **III.** *n no pl* undeutliches Bild; ■ **to be a ~** verschwimmen; (*fig*) **it's all just a ~ to me now** ich erinnere mich nur noch vage daran
blurb [blɜːb] *n* (*fam*) Klappentext *m*
blurred [blɜːd] *adj* ❶ (*vague*) verschwommen; *picture* unscharf ❷ (*not clearly separated*) nicht klar voneinander getrennt

blush [blʌʃ] **I.** *vi* erröten **II.** *n* ❶ (*red face*) Erröten *nt kein pl;* **to spare sb's ~es** jdn nicht verlegen machen ❷ AM (*blusher*) Rouge *nt*
blush·er ['blʌʃəʳ] *n* Rouge *nt*
blush·ing ['blʌʃɪŋ] *adj* errötend
blus·ter ['blʌstəʳ] **I.** *vi* ❶ (*speak angrily*) poltern ❷ *wind* toben **II.** *n no pl* Theater *nt*
blus·tery ['blʌstᵊri] *adj weather* stürmisch
BMI [ˌbiːemˈaɪ] *n abbrev of* **body mass index** MED BMI *m*
BNP [ˌbiːenˈpiː] *n* POL *abbrev of* **British National Party**
BO [ˌbiːˈəʊ] *n no pl abbrev of* **body odour** Körpergeruch *m*
boa ['bəʊə] *n* Boa *f*
boar [bɔːʳ] *n* (*pig*) Eber *m*; **wild ~** Wildschwein *nt*; (*male*) Keiler *m*
board [bɔːd] **I.** *n* ❶ (*plank*) Brett *nt*; (*blackboard*) Tafel *f*; (*notice board*) Schwarzes Brett; (*floorboard*) Diele *f* ❷ + *sing/pl vb* ADMIN Behörde *f*; **~ of directors** Vorstand *m*; **B~ of Education** AM Bildungsausschuss *m*; **~ of governors** Kuratorium *nt*; **supervisory ~** Aufsichtsrat *m*; **Tourist B~** Fremdenverkehrsamt *nt*; **B~ of Trade** BRIT Handelsministerium *nt*; AM Handelskammer *f* ❸ *no pl* (*in a hotel*) **~ and lodging** BRIT, **room and ~** AM Kost und Logis; **full ~** Vollpension *f*; **half ~** Halbpension *f* ❹ TRANSP **on ~** an Bord *a. fig* ▶ **to let sth go by the ~** etw unter den Tisch fallen lassen; **to sweep the ~** alles gewinnen; **to take on ~** bedenken; **across the ~** rundum **II.** *vt* ❶ (*cover with wood*) ■ **to ~ up** mit Brettern vernageln ❷ *plane, ship* besteigen; *bus, train* einsteigen ❸ (*uninvited*) *ship* entern **III.** *vi* ❶ TOURIST wohnen (*als Pensionsgast*) ❷ SCH im Internat wohnen ❸ AVIAT **flight BA345 is now ~ing at Gate 2** die Passagiere für Flug BA345 können jetzt über Gate 2 zusteigen
board·er ['bɔːdəʳ] *n* ❶ SCH Internatsschüler(in) *m(f)* ❷ (*lodger*) Pensionsgast *m*
'board game *n* Brettspiel *nt*
board·ing ['bɔːdɪŋ] *n* Unterbringung *f* in einem Internat
'board·ing card *n* BRIT Bordkarte *f* **'board·ing house** *n* Pension *f* **'board·ing pass** *n* AM Bordkarte *f* **'board·ing school** *n* Internat *nt*
'board meet·ing *n* of executives Vorstandssitzung *f*; of owners' representatives Aufsichtsratssitzung *f* **'board·room** *n* Sitzungssaal *m*
'board·walk *n* AM Uferpromenade *f* (*aus Holz*)

boast [bəʊst] **I.** vi (pej) prahlen; ▪to ~ **about sth** mit etw dat angeben **II.** vt (possess) sich einer S. gen rühmen **III.** n (pej) großspurige Behauptung

boast·er ['bəʊstəʳ] n (pej) Angeber(in) m(f)

boast·ful ['bəʊstfəl] adj (pej) großspurig; ▪**to be** ~ prahlen

boat [bəʊt] n Boot nt; (large) Schiff nt; **to travel by** ~ mit dem Schiff fahren ▸**to be in the same** ~ im selben Boot sitzen; **to miss the** ~ den Anschluss verpassen; **to push the** ~ **out** BRIT ganz groß feiern

'**boat hook** n Bootshaken m '**boat house** n Bootshaus nt

boat·ing ['bəʊtɪŋ] n no pl Bootfahren nt; ~ **lake** See m mit Wassersportmöglichkeiten

'**boat·man** n Bootsführer m '**boat race** n Bootsrennen nt; ▪**the B~ R~** BRIT die Oxford-Cambridge-Regatta **boat·swain** ['bəʊsən, 'bəʊtsweɪn] n NAUT [Hoch]bootsmann m '**boat train** n Zug m mit Fährenanschluss '**boat trip** n Bootsfahrt f

bob¹ [bɒb] n Bubikopf m

bob² [bɒb] n abbrev of **bobsleigh** Bob m

bob³ [bɒb] n BRIT (hist: shilling) fünf Pence

bob⁴ <-bb-> [bɒb] **I.** vi ① (move) ▪to ~ [**up and down**] sich auf und ab bewegen; ▪to ~ [**up**] [plötzlich] auftauchen a. fig ② (curtsy) knicksen **II.** n (curtsy) [angedeuteter] Knicks

bob·bin ['bɒbɪn] n Spule f

'**bob·ble hat** n BRIT Pudelmütze f

bob·by ['bɒbi] n BRIT (dated fam) Polizist(in) m(f)

'**bob·sled** n Bob[schlitten] m

'**bob·sleigh** n Bob[sleigh] m

'**bob·tail** n kupierter Schwanz

bode [bəʊd] vi, vt **to ~ ill/well** etwas Schlechtes/Gutes bedeuten

bod·ice ['bɒdɪs] n (of dress) Oberteil nt

bodi·ly ['bɒdɪli] **I.** adj körperlich; [grievous] ~ **harm** [schwere] Körperverletzung **II.** adv ① (with force) gewaltsam ② (as a whole) als Ganzes

body ['bɒdi] n ① (physical structure) Körper m; **the ~ of Christ** der Leib Christi; ~ **and soul** mit Leib und Seele ② + sing/pl vb (organized group) Gruppe f; **advisory** ~ beratendes Gremium; **governing** ~ Leitung f; **legislative** ~ gesetzgebendes Organ; **student** ~ Studentenschaft f ③ (central part) Hauptteil m; of a church Hauptschiff nt; of a plane, ship Rumpf m ④ AUTO Karosserie f ⑤ (corpse) Leiche f; of an animal Kadaver m; SCI Körper m; **celestial ~** Himmelskörper m; **foreign ~** Fremdkörper m ⑥ (substance) of hair Fülle f; of wine Gehalt m ⑦ FASHION Body m ▸**over my dead** ~ nur über meine Leiche

'**body bag** n Leichensack m '**body-building** n no pl Bodybuilding nt '**body·guard** n ① (person) Bodyguard m ② + sing/pl vb (group) Leibwache f '**body im·age** n Körperwahrnehmung f '**body jew·el·lery** n Körperschmuck m '**body lan·guage** n no pl Körpersprache f '**body lo·tion** n Körperlotion f '**body mass in·dex** n Body-Mass-Index m, Körpermasseindex m '**body search** n Leibesvisitation f '**body·suit** n FASHION Body[suit] m '**body·work** n no pl AUTO Karosserie f

bog [bɒg] n ① (wet ground) Sumpf m ② BRIT, AUS (sl) Klo nt ◆**bog down** vt ▪**to be ~ged down** stecken bleiben; **to get ~ged down** sich verheddern a. fig

bo·gey ['bəʊgi] n ① (fear) Schreckgespenst nt ② BRIT (sl: snot) Popel m ③ (golf score) Bogey nt

bog·gle ['bɒgl] **I.** vi sprachlos sein; **the mind ~s** man fasst sich an den Kopf **II.** vt **to ~ the mind** unglaublich sein

bog·gy ['bɒgi] adj morastig

bo·gie in AM see **bogey**

bo·gus ['bəʊgəs] adj unecht; documents, name falsch; ~ **company** Scheinfirma f

bogy n see **bogey**

Bo·he·mia [bəʊ'hi:mɪə] n no pl Böhmen nt

bo·he·mian [bə(ʊ)'hi:mɪən] **I.** n Bohemien m **II.** adj ~ **life** Künstlerleben nt

boil [bɔɪl] **I.** n ① no pl FOOD kochen; **to let sth come to the** [or AM **a**] ~ etw aufkochen lassen ② MED Furunkel m o nt ▸**to go off the** ~ BRIT das Interesse verlieren **II.** vi ① FOOD kochen; **to** ~ **dry** verkochen ② CHEM den Siedepunkt erreichen ③ (fig) sea brodeln ④ (fig fam: angry) **to ~ with rage** vor Wut kochen ⑤ (fig fam: hot) **I'm ~ing** ich schwitze mich zu Tode **III.** vt ① (heat) kochen; ~ **the water before you drink it** koch das Wasser ab, bevor du es trinkst ② (bring to boil) zum Kochen bringen; **the kettle's ~ed!** das Wasser hat gekocht! ③ laundry [aus]kochen ◆**boil away** vi verkochen ◆**boil down I.** vi (reduce) sauce einkochen ▸**it all ~s down to ...** es läuft auf ... hinaus **II.** vt ① FOOD (reduce) einkochen ② (fig: condense) zusammenfassen ◆**boil over** vi ① (flow over) überkochen ② (fig) situation außer Kontrolle geraten; person ausrasten

boiled-down ['bɔɪlddaʊn] adj gekürzt

boil·er ['bɔɪləʳ] n Boiler m

'**boiler·house** n Kesselhaus nt '**boil·er**

room *n* Kesselraum *m* **'boil·er suit** *n* Brit, Aus Overall *m*

boil·ing ['bɔɪlɪŋ] *adj* ① (*100 °C*) kochend ② (*extremely hot*) sehr heiß; **I'm ~** ich komme um vor Hitze; **~** [**hot**] **weather** unerträgliche Hitze

'boil·ing point *n* Siedepunkt *m a. fig*

bois·ter·ous ['bɔɪstərəs] *adj* ① (*rough*) wild; (*noisy*) laut ② (*exuberant*) übermütig; **in ~ spirits** in ausgelassener Stimmung

bois·ter·ous·ly ['bɔɪstərəsli] *adv* ① (*noisily*) laut ② (*exuberantly*) übermütig, ausgelassen

bold [bəʊld] *adj* ① (*brave*) mutig; **to take a ~ step** ein Wagnis eingehen ② *colour* kräftig; *pattern* auffällig; *handwriting* schwungvoll; **~ brush strokes** kühne Pinselstriche; **printed in ~ type** fett gedruckt ▶ **as ~ as brass** frech wie Oskar

bold·ly ['bəʊldli] *adv* ① (*bravely*) mutig ② (*defiantly*) keck, frech, unverschämt *pej*

bold·ness ['bəʊldnəs] *n* Mut *m*

bo·lero ['bɒlərəʊ] *n* Bolero *m*

Bo·liv·ia [bə'lɪvɪə] *n* Bolivien *nt*

Bo·liv·ian [bə'lɪvɪən] **I.** *n* Bolivianer(in) *m(f)* **II.** *adj* bolivianisch

bol·lard ['bɒlaːd] *n* Poller *m*

bol·lock·ing ['bɒləkɪŋ] *n* Brit (*vulg*) Standpauke *f fam*; **to give sb a good ~** jdn zur Sau machen *fam!*

Bol·ly·wood [bɒlɪwʊd] *n* (*fam*) Bollywood *nt* (*in Bombay angesiedelte Unterhaltungsfilmindustrie*)

Bol·she·vik ['bɒlʃəvɪk] *n* Bolschewik *m*

Bol·she·vism ['bɒlʃəvɪzəm] *n no pl* Bolschewismus *m*

bol·ster ['bəʊlstə'] **I.** *n* Nackenrolle *f* **II.** *vt* ① (*prop up*) stützen ② (*encourage*) unterstützen ③ (*increase*) erhöhen

bolt [bəʊlt] **I.** *vi* ① (*move quickly*) rasen ② (*run away*) ausreißen; *horse* durchgehen **II.** *vt* ① (*gulp down*) ■**to ~ sth** ↻ [**down**] etw hinunterschlingen ② (*lock*) verriegeln ③ (*fix*) ■**to ~ sth on**[**to**] **sth** etw mit etw *dat* verbolzen **III.** *n* ① (*lightning*) **~ of lightning** Blitz[schlag] *m* ② (*on a door*) Riegel *m* ③ (*screw*) Schraubenbolzen *m* ④ (*of a crossbow*) Bolzen *m* ⑤ (*of a gun*) Schlagbolzen *m* ⑥ (*roll of cloth*) [Stoff]ballen *m* ▶ **to be a ~ from the blue** aus heiterem Himmel kommen

'bolt-hole *n* Brit, Aus Unterschlupf *m*

bomb [bɒm] **I.** *n* ① (*explosive*) Bombe *f*; **unexploded ~** Blindgänger *m*; **to put a ~ under sb** (*fig fam*) jdn völlig umkrempeln ② Am (*fam*) Flop *m* ③ Brit (*fig fam: success*) **to go** [**like**] **a ~** ein Bombenerfolg sein **II.** *vt* bombardieren **III.** *vi* (*fam*) [völlig] danebengehen

bom·bard [bɒm'baːd] *vt* bombardieren *a. fig*

bom·bard·ment [bɒm'baːdmənt] *n* Bombardierung *f*

bom·bast ['bɒmbæst] *n no pl* Schwulst *m*

bom·bas·tic [bɒm'bæstɪk] *adj* bombastisch

'bomb cra·ter *n* Bombentrichter *m*

'bomb dis·pos·al unit *n* Brit Bombenräumkommando *nt*

bombed [bɑːmd] *adj* Am (*fam: on drugs*) total zu; (*on alcohol*) voll

bomb·er ['bɒmə'] *n* ① (*plane*) Bombenflugzeug *nt* ② (*person*) Bombenleger(in) *m(f)*

bomb·ing ['bɒmɪŋ] *n* MIL Bombardierung *f*; (*terrorist attack*) Bombenanschlag *m*

'bomb·proof *adj* bombensicher **'bomb·shell** *n* Bombe *f a. fig*; **to come as a ~** (*fig*) wie eine Bombe einschlagen; **to drop a ~** (*fig*) die Bombe platzen lassen

bona fide [ˌbəʊnəˈfaɪdi] *adj* echt; *offer* seriös

bo·nan·za [bə'nænzə] *n* Goldgrube *f*; **a fashion ~** ein Modetreff *m*

bond [bɒnd] **I.** *n* ① (*emotional connection*) Bindung *f*; **~**[**s**] **of friendship** Bande *pl* der Freundschaft ② FIN Schuldschein *m*; **government ~** Staatsanleihe *f*; **savings ~** festverzinsliches Wertpapier ③ LAW schriftliche Verpflichtung ④ CHEM Bindung *f* **II.** *vt* ① (*unite emotionally*) verbinden ② (*stick together*) ■**to ~ together** zusammenfügen **III.** *vi* haften

bond·age ['bɒndɪdʒ] *n no pl* ① (*liter: slavery*) Sklaverei *f* ② (*sexual act*) Fesseln *nt*

bond·ed ['bɒndɪd] *adj* **a ~ travel agent/ tour operator** Brit Reisebüro/Reiseunternehmen, das sich im Interesse seiner Kunden gegen den eigenen Bankrott versichert hat

bone [bəʊn] **I.** *n* ① ANAT Knochen *m*; *of fish* Gräte *f*; FOOD **off the ~** *fish* entgrätet; *meat* entbeint ② *no pl* (*material*) Bein *nt*; **made of ~** aus Bein ▶ **to be a bag of ~s** nur noch Haut und Knochen sein; **to work one's fingers to the ~** sich abrackern; **to be close to the ~** unter die Haut gehen; **to feel sth in one's ~s** etw instinktiv fühlen; **to make no ~s about sth** kein Geheimnis aus etw *dat* machen; **to have a ~ to pick with sb** mit jdm ein Hühnchen zu rupfen haben **II.** *vt fish* entgräten; *meat* ausbeinen

'bone den·si·ty *n* MED Knochendichte *f*

'bone·head *n* (*pej sl*) Holzkopf *m pej*

fam, Dumpfbacke *f sl* **bone idle** *adj,* **bone lazy** *adj (pej)* stinkfaul **bone marrow** *n no pl* Knochenmark *nt* **boneshaker** *n* BRIT *(hum fam)* Klapperkiste *f*
bonfire ['bɒnfaɪəʳ] *n* Freudenfeuer *nt*
bonkers ['bɒŋkəz] *adj (fam)* verrückt
bonnet ['bɒnɪt] *n* ❶ *(hat)* Mütze *f*; *(dated)* Haube *f* ❷ BRIT, AUS AUTO Motorhaube *f*
bonny ['bɒnɪ] *adj* BRIT strahlend gesund; *baby* prächtig; *lass* hübsch
bonsai ['bɒnsaɪ] *n* Bonsai *m*
bonus ['bəʊnəs] *n* ❶ FIN Prämie *f*; **Christmas ~** Weihnachtsgratifikation *f*; **productivity ~** Ertragszulage *f*; **~ share** Gratisaktie *f*; **scrapping** [*or* **junk** *fam*] **~** Verschrottungsprämie *f*, Abwrackprämie *f* ❷ *(fig: sth extra)* Bonus *m*
bony ['bəʊnɪ] *adj* ❶ *(with prominent bones)* knochig ❷ *(full of bones) fish* voller Gräten; *meat* knochig
boo [buː] **I.** *interj (fam)* ❶ *(to surprise)* huh ❷ *(to show disapproval)* buh **II.** *vi* buhen **III.** *vt* ausbuhen; **to ~ sb off the stage** jdn von der Bühne buhen **IV.** *n* Buhruf *m*
boob [buːb] **I.** *n* ❶ *usu pl (sl: breast)* **big ~s** große Titten ❷ *(fam: blunder)* Schnitzer *m* ❸ AM *(person)* Trottel *m* **II.** *vi (fam)* einen Schnitzer machen
booby ['buːbɪ] *n* Trottel *m*
'booby prize *n* Trostpreis *m* **'booby trap** *n* getarnte Bombe
boogie ['buːgɪ] *(dated)* **I.** *vi (fam)* shaken *fam* **II.** *n (fam)* Schwof *m* BRD *sl*; **I enjoy a good ~ from time to time** ich schwinge immer mal wieder gern das Tanzbein
book [bʊk] **I.** *n* ❶ *(for reading)* Buch *nt*; **to be in the ~** im Telefonbuch stehen ❷ *(set)* **~ of stamps/tickets** Briefmarken-/Fahrkartenheftchen *nt* ❸ *pl* FIN **the ~s** die [Geschäfts]bücher; **on the ~s** eingetragen ▶ **to be in sb's good/bad ~s** bei jdm gut/schlecht angeschrieben sein; **to do sth by the ~** etw nach Vorschrift machen; **to throw the ~ at sb** jdm gehörig den Kopf waschen; **in my ~** meiner Meinung nach **II.** *vt* ❶ *(reserve)* buchen; ■ **to ~ sth for sb** etw für jdn reservieren ❷ *(by policeman)* verwarnen; **to be ~ed for speeding** eine Verwarnung wegen erhöhter Geschwindigkeit bekommen **III.** *vi* buchen, reservieren; **to ~ into a hotel** in ein Hotel einchecken; **to be fully ~ed** ausgebucht sein ◆ **book in I.** *vi esp* BRIT einchecken **II.** *vt* ■ **to ~ sb** ○ **in** für jdn ein Hotel buchen ◆ **book up** *vi* buchen; ■ **to be ~ed up** ausgebucht sein

bookable ['bʊkəbl] *adj* ❶ *(able to be reserved)* erhältlich ❷ SPORTS **a ~ offence** ein zu ahndender Regelverstoß
'bookbinder *n* Buchbinder(in) *m(f)*
'bookbinding *n no pl* Buchbinderhandwerk *nt* **'bookcase** *n* Bücherschrank *m*
'book club *n* Buchklub *m* **'bookend** *n* Buchstütze *f*
bookie ['bʊkɪ] *n (fam) short for* **bookmaker** Buchmacher(in) *m(f)*
booking ['bʊkɪŋ] *n* ❶ *(reservation)* Reservierung *f*; **block ~** Gruppenreservierung *f*; **advance ~s** Vorreservierung[en] *f[pl]*; **advance ~ discount** Frühbucherrabatt *m*; **to make a ~** etw buchen ❷ SPORTS Verwarnung *f*
'booking clerk *n* Schalterbeamte(r) *m*/-beamtin *f* **'booking office** *n* Theaterkasse *f*
bookish ['bʊkɪʃ] *adj* ❶ *(studious)* streberhaft ❷ *(unworldly)* weltfremd
'bookkeeper *n* Buchhalter(in) *m(f)*
'bookkeeping *n no pl* Buchhaltung *f*
booklet ['bʊklət] *n* Broschüre *f*
'bookmaker *n* Buchmacher(in) *m(f)*
'bookmark *n* Lesezeichen *nt* **'book review** *n* Buchbesprechung *f* **'book reviewer** *n* Buchkritiker(in) *m(f)* **'bookseller** *n* Buchhändler(in) *m(f)* **'bookshelf** *n* Bücherregal *nt* **'bookshop** *n* Buchgeschäft *nt* **'bookstall** *n* Bücherstand *m* **'bookstore** *n* AM Buchgeschäft *nt* **'book token** *n* Büchergutschein *m* **'bookworm** *n* Bücherwurm *m*
boom¹ [buːm] ECON **I.** *vi* florieren **II.** *n* Boom *m,* Aufschwung *m* **III.** *adj* florierend; *town* aufstrebend
boom² [buːm] **I.** *n* Dröhnen *nt kein pl* **II.** *vi* ■ **to ~ [out]** dröhnen **III.** *vt* ■ **to ~ [out] sth** etw mit dröhnender Stimme befehlen
boom³ [buːm] *n* ❶ *(floating barrier)* Baum *m* ❷ NAUT Baum *m* ❸ FILM, TV Galgen *m*
boomerang ['buːməræŋ] **I.** *n* Bumerang *m* **II.** *vi (fig)* ■ **to ~ on sb** *plan* sich für jdn als Bumerang erweisen
boon [buːn] *n usu sing* Segen *m fig*
boor [bɔːʳ] *n (pej)* Rüpel *m*
boorish ['bɔːrɪʃ] *adj (pej)* rüpelhaft
boost [buːst] **I.** *n* Auftrieb *m* **II.** *vt* ansteigen lassen; *morale* heben; ELEC verstärken
booster ['buːstəʳ] *n* ❶ *(improvement)* Verbesserung *f*; **to be a confidence ~** das Selbstvertrauen heben ❷ MED **~ vaccination** [*or fam* **shot**] Auffrischungsimpfung *f*
'booster rocket *n* Trägerrakete *f*
'booster seat *n* AUTO Kindersitz *m*

boot [buːt] **I.** *n* ① *(footwear)* Stiefel *m* ② *(fam: kick)* Stoß *m*; **to get the ~** *(fig)* hinausfliegen; **to give sb the ~** *(fig)* jdn hinauswerfen; **to put the ~ in** BRIT jdn mit Fußtritten fertigmachen; *(fig)* einer Sache die Krone aufsetzen ③ BRIT AUTO Kofferraum *m*; AM Wegfahrsperre *f* ④ BRIT *(fam: woman)* **old ~** Schreckschraube *f* ▸ **the ~'s on the other foot** die Lage sieht anders aus; **to be/get too big for one's ~s** hochnäsig sein/werden **II.** *vt* (*fam*) einen Tritt versetzen; ■ **to be ~ed off sth** achtkantig aus *dat* fliegen ♦ **boot out** *vt* (*fam*) rausschmeißen

bootee ['buːti] *n* gestrickter Babyschuh

booth [buːð, buːθ] *n* ① *(cubicle)* Kabine *f*; *(in a restaurant)* Sitzecke *f* ② *(at a fair)* Stand *m*

'**boot·lace** *n* Schnürsenkel *m* '**boot·leg** *adj* ① *(sold illegally)* geschmuggelt ② *(illegally made)* illegal hergestellt; **~ alcohol** schwarz gebrannter Alkohol; **~ CDs** Raubpressungen *pl*; **~ tapes** Raubkopien *pl* '**boot·lick·er** *n* (*pej*) Kriecher(in) *m(f)* '**boot·mak·er** *n* Schuhmacher(in) *m(f)*

boo·ty ['buːti] *n* Beutegut *nt*

'**booty call** *n* AM (*sl*) überraschender Besuch bei jdm mit sexuellen Absichten

booze [buːz] **I.** *n* (*fam*) ① *no pl (alcohol)* Alk *m*; **to be off the ~** nicht mehr trinken ② *(activity)* **to go out on the ~** auf Sauftour gehen **II.** *vi* (*fam*) saufen; **to have been boozing all night** die ganze Nacht durchgezecht haben

booz·er ['buːzər] *n* (*fam*) ① BRIT *(pub)* Kneipe *f* ② *(person)* Säufer(in) *m(f)*

booze-up ['buːzʌp] *n* (*fam*) Besäufnis *nt sl*

booz·ing ['buːzɪŋ] *n no pl* Trinken *nt*

boozy ['buːzi] *adj* (*fam*) versoffen; **~ breath** Fahne *f*

bor·der ['bɔːdər] **I.** *n* ① *(frontier)* Grenze *f*; **~ dispute** Grenzstreit *m* ② *(edge)* Begrenzung *f*; *of picture* Umrahmung *f* ③ *(in garden)* FASHION Rabatte *f* Borte *f* **II.** *vt* ① *(be or act as frontier)* grenzen an ② *(bound)* begrenzen ♦ **border on** *vi* grenzen an *a. fig*

bor·der·ing ['bɔːdərɪŋ] *adj* angrenzend

bor·der·land ['bɔːdəlænd] *n* ① GEOG Grenzgebiet *nt* ② *(fig)* Grenzbereich *m* **bor·der·line** ['bɔːdəlaɪn] **I.** *n usu sing* Grenze *f* **II.** *adj* ① Grenz-; **~ fence** Grenzzaun *m* ② *(fig)* Grenz-; **~ case** Grenzfall *m*; **to be a ~ failure/pass** knapp durchfallen/durchkommen

bore¹ [bɔːr] *n* Flutwelle *f*

bore² [bɔːr] *pt of* **bear**

bore³ [bɔːr] **I.** *n* ① *(thing)* langweilige Sache; **what a ~** wie langweilig ② *(person)* Langweiler(in) *m(f)* **II.** *vt* langweilen

bore⁴ [bɔːr] **I.** *n* ① *(of pipe)* Innendurchmesser *m* ② *(of gun)* Kaliber *nt* **II.** *vt* bohren **III.** *vi* ■ **to ~ through** durchbohren

bored [bɔːd] *adj* gelangweilt; **~ stiff** *(fig)* zu Tode gelangweilt

bore·dom ['bɔːdəm] *n no pl* Langeweile *f*

'**bore·hole** *n* Bohrloch *nt*; **to sink a ~** ein Bohrloch [in die Erde] treiben

bor·ing ['bɔːrɪŋ] *adj* langweilig

born [bɔːn] *adj* geboren; **she's a Dubliner ~ and bred** sie ist eine waschechte Dublinerin; *(fig) idea* entstanden; **English-~** in England geboren ▸ **I wasn't ~ yesterday** ich bin schließlich nicht von gestern

'**born-again** *adj* überzeugt

borne [bɔːn] *vi pt of* **bear**

bo·ron ['bɔːrɒn] *n no pl* CHEM Bor *nt*

bor·ough ['bʌrə] *n* Verwaltungsbezirk *m*; **the London ~ of Westminster** die Londoner Stadtgemeinde Westminster

bor·row ['bɒrəʊ] **I.** *vt* ① *(take temporarily)* leihen; *(from a library)* ausleihen ② LING entlehnen ③ MATH borgen **II.** *vi* Geld leihen

bor·rowed ['bɒrəʊd] *adj* ausgeliehen; **he lives on ~ time** seine Tage sind gezählt

bor·row·er ['bɒrəʊər] *n* ① *(from a bank)* Kreditnehmer(in) *m(f)* ② *(from a library)* Entleiher(in) *m(f)*

bor·row·ing ['bɒrəʊɪŋ] *n* ① *(take temporarily)* Ausleihen *nt* ② LING Entlehnen *nt* ③ FIN **public ~** Staatsverschuldung *f*; ■ **~s** *pl (debts)* Darlehenssumme[n] *f*[*pl*]

Bos·nia ['bɒzniə] *n* Bosnien *nt*

Bos·nia-Her·ze·'go·vi·na *n* Bosnien-Herzegowina *nt*

Bos·nian ['bɒzniən] **I.** *adj* bosnisch **II.** *n* Bosnier(in) *m(f)*

bos·om ['bʊzəm] *n usu sing* ① *(breasts)* Busen *m* ② *(fig)* **in the ~ of one's family** im Schoß der Familie

bos·om 'bud·dy *n* AM, '**bos·om friend** *n* Busenfreund(in) *m(f)*

boss [bɒs] **I.** *n* Chef(in) *m(f)*; **to be one's own ~** sein eigener Herr sein **II.** *vt* (*fam*) ■ **to ~ sb [about]** [*or* **around**] jdn herumkommandieren **III.** *adj* AM (*fam*) spitzenmäßig

bossy ['bɒsi] *adj* (*pej*) herrschsüchtig

bot [bɒt] *n* COMPUT, INET *short for* **robot** Bot *nt*

bo·tani·cal [bəˈtænɪkəl] *adj* botanisch

bota·nist ['bɒtənɪst] *n* Botaniker(in) *m(f)*

bota·ny ['bɒtəni] *n* Botanik *f*

botch [bɒtʃ] **I.** *n* Pfusch *m*; **to make a ~ of**

botch-up → **bottomless**

sth etw verpfuschen **II.** *vt* ■**to ~ sth** [**up**] etw verpfuschen

botch-up ['bɒtʃʌp] *n* Pfusch *m*

both [bəʊθ] **I.** *adj, pron* beide; **~ sexes** Männer und Frauen; **would you like milk or sugar or ~?** möchtest du Milch oder Zucker oder beides?; **a picture of ~ of us** ein Bild von uns beiden; **I've got two children, ~ of whom are good at maths** ich habe zwei Kinder, die beide gut in Mathe sind **II.** *adv* **I felt ~ happy and sad at the same time** ich war glücklich und traurig zugleich; **to be competitive in terms of ~ quality and price** sowohl bei der Qualität als auch beim Preis wettbewerbsfähig sein; **~ men and women** sowohl Männer als auch Frauen

both·er ['bɒðə^r] **I.** *n no pl* ❶ (*effort*) Mühe *f;* (*work*) Aufwand *m;* **it is no ~** [**at all**]**!** [überhaupt] kein Problem!; **I don't want to put you to any ~** ich will dir keine Umstände machen; **to not be worth the ~** kaum der Mühe wert sein; **to go to** [**all**] **the ~ of doing sth** sich die Mühe machen, etw zu tun ❷ (*trouble*) Ärger *m;* (*difficulties*) Schwierigkeiten *pl;* (*problem*) Problem[e] *nt*[*pl*]; **to get oneself into a spot of ~** in Schwierigkeiten bringen ❸ BRIT (*nuisance*) **to be a ~** lästig sein **II.** *interj esp* BRIT [**oh**] **~!** [so ein] Mist! *fam* **III.** *vi* **don't ~!** lass nur!; **shall I wait? — No, don't ~!** soll ich warten? – Nein, nicht nötig!; **why ~?** warum sich die Mühe machen?; **you needn't have ~ed** du hättest dir die Mühe sparen können; **don't ~ about** [**doing**] **the laundry** um die Wäsche brauchst du dich nicht zu kümmern; **he hasn't even ~ed to write** er hat sich nicht mal die Mühe gemacht zu schreiben; **why ~ asking if you're not really interested?** warum fragst du überhaupt, wenn es dich nicht wirklich interessiert?; **she didn't even ~ to let me know** sie hat es nicht einmal für nötig gehalten, es mir zu sagen; **do they ~ about punctuality in your job?** wird bei deiner Arbeit Wert auf Pünktlichkeit gelegt? **IV.** *vt* ❶ (*worry*) beunruhigen; **it ~ed me that I hadn't done anything** es ließ mir keine Ruhe, dass ich nichts getan hatte; **what's ~ing you?** was hast du?; **you shouldn't let that ~ you** du solltest dir darüber keine Gedanken machen ❷ (*concern*) **it doesn't ~ me** das macht mir nichts aus; **it doesn't ~ me if he doesn't turn up** es schert mich wenig, wenn er nicht kommt; **I'm not ~ed about what he thinks** es ist mir egal, was er denkt ❸ (*disturb*) stören; **don't ~ me** [**with that**]**!** verschone mich damit!; **stop ~ing me when I'm working** stör mich doch nicht immer, wenn ich arbeite; **I'm sorry to ~ you, but ...** entschuldigen Sie bitte [die Störung], aber ... ❹ (*annoy*) belästigen; **quit ~ing me!** lass mich in Ruhe!; **my tooth is ~ing me** mein Zahn macht mir zu schaffen ❺ *usu passive* (*not make the effort*) **I just couldn't be ~ed to answer the phone** ich hatte einfach keine Lust, ans Telefon zu gehen

both·er·some ['bɒðəs^əm] *adj* lästig

Bo·tox® ['bəʊtɒks] *n* Botox *nt*

Bo·toxed ['bəʊtɒkst] *adj* Botox-gespritzt

Bot·swa·na [bɒt'swɑːnə] *n* Botsuana *nt*

Bot·swa·nan [bɒt'swɑːnən] **I.** *adj* botsuanisch **II.** *n* Botsuaner(in) *m(f)*

bot·tle ['bɒtl] **I.** *n* ❶ (*container*) Flasche *f;* **baby's ~** Fläschchen *nt;* **a ~ of milk** eine Flasche Milch ❷ (*fam: alcohol*) **to hit the ~** saufen *derb* ❸ BRIT (*sl: courage*) Mumm *m* **II.** *vt* ❶ (*preserve in jars*) einmachen ❷ (*put into bottles*) abfüllen

'bot·tle bank *n* BRIT Altglascontainer *m*

'bot·tle brush *n* Flaschenbürste *f*

bot·tled ['bɒtld] *adj* ❶ (*sold in bottles*) in Flaschen abgefüllt; **~ beer** Flaschenbier *nt* ❷ BRIT (*preserved in jars or bottles*) eingemacht

'bot·tle-fed *adj* mit der Flasche gefüttert; **a ~ baby** ein Flaschenkind *nt* **'bot·tle-feed** *vt* mit der Flasche füttern **'bot·tle-feeding** *n no pl* Fütterung *f* mit der Flasche **'bot·tle-green** *adj* flaschengrün **'bot·tle·neck** *n* Engpass *m a. fig* **'bot·tle open·er** *n* Flaschenöffner *m*

bot·tom ['bɒtəm] **I.** *n* ❶ (*lowest part*) Boden *m;* (*on chair*) Sitz *m;* (*in valley*) Talsohle *f;* **at the ~ of the page** am Seitenende; **pyjama ~s** Pyjamahose *f;* **rock ~** (*fig*) Tiefststand *m;* **the ~ of the sea** der Meeresgrund; **at the ~ of the stairs** am Fuß der Treppe; **from top to ~** von oben bis unten; **to sink to the ~** auf den Grund sinken; **to start at the ~** ganz unten anfangen ❷ (*end*) **at the ~ of the garden** im hinteren Teil des Gartens; **at the ~ of the street** am Ende der Straße ❸ ANAT Hinterteil *nt* ▶ **from the ~ of one's heart** aus tiefster Seele; **to get to the ~ of sth** einer Sache auf den Grund gehen; **~s up!** (*fam*) ex! **II.** *adj* untere(r, s); **in ~ gear** BRIT im ersten Gang; **the ~ shelf** das unterste Regal **III.** *vi* ECON ■**to ~ out** seinen Tiefstand erreichen

bot·tom·less ['bɒtəmləs] *adj* ❶ (*without*

limit) unerschöpflich ❷ (*fig: very deep*) unendlich; **a ~ pit** ein Fass *nt* ohne Boden

bot·tom 'line *n usu sing* ❶ FIN Bilanz *f* ❷ (*fig: main point*) Wahrheit *f*

botu·lism ['bɒtjʊlɪzᵊm] *n no pl* MED Nahrungsmittelvergiftung *f*

bough [baʊ] *n* (*liter*) Ast *m*

bought [bɔːt] *vt pt of* **buy**

bouil·lon ['buːjɔ̃(ŋ)] *n* Bouillon *f*

boul·der ['bəʊldə'] *n* Felsbrocken *m*

boule·vard ['buːləvɑːd] *n* Boulevard *m*

bounce [baʊn(t)s] **I.** *n* ❶ *ball* Aufprall *m* ❷ *no pl* (*spring*) Sprungkraft *f*; *of hair* Elastizität *f* ❸ (*fig: vitality*) Schwung *m* ❹ AM (*fam: eject, sack*) **to give sb the ~** jdn hinauswerfen **II.** *vi* ❶ *ball* aufspringen ❷ (*move up and down*) hüpfen ❸ FIN (*fam*) *cheque* platzen **III.** *vt* aufspringen lassen; *baby* schaukeln ◆ **bounce back** *vi* ❶ (*rebound*) zurückspringen ❷ (*fig: recover*) wieder auf die Beine kommen

bounc·er ['baʊn(t)sə'] *n* Rausschmeißer *m*

bounc·ing ['baʊn(t)sɪŋ] *adj* lebhaft; **a ~ baby boy** ein strammer Junge

bouncy ['baʊn(t)si] *adj* ❶ *mattress* federnd; **a ~ ball** ein Ball, der gut springt; **~ castle** Hüpfburg *f* ❷ (*lively*) frisch und munter

bound¹ [baʊnd] **I.** *vi* (*leap*) springen; *kangaroo* hüpfen **II.** *n* (*leap*) Sprung *m*

bound² [baʊnd] **I.** *vt usu passive* (*border*) ■ **to be ~ed by sth** von etw *dat* begrenzt werden **II.** *n* ■ **~s** *pl* Grenze *f*; **to be out of ~s** *ball* im Aus sein; *area* Sperrgebiet sein

bound³ [baʊnd] *adj* ■ **to be ~ for X** unterwegs nach X sein

bound⁴ [baʊnd] **I.** *pt, pp of* **bind II.** *adj* ❶ (*certain*) **she's ~ to come** sie kommt ganz bestimmt; **to be ~ to happen** zwangsläufig geschehen; **it was ~ to happen** das musste so kommen ❷ (*obliged*) verpflichtet

bounda·ry ['baʊndᵊri] *n* Grenze *f*

bound·less ['baʊndləs] *adj* grenzenlos

boun·ty ['baʊnti] *n* ❶ (*reward*) Belohnung *f*; (*for capturing sb*) Kopfgeld *nt* ❷ *no pl* (*liter: generosity*) Freigebigkeit *f*

bou·quet [bʊ'keɪ] *n* Bukett *nt*

bour·bon [bɜːbən] *n* Bourbon *m*

bour·geois ['bɔːʒwɑː] *adj* bürgerlich; (*pej*) spießbürgerlich

bour·geoi·sie [ˌbɔːʒwɑː'ziː] *n + sing/pl vb* ❶ (*middle class*) Bürgertum *nt*; **petty ~** Kleinbürgertum *nt* ❷ (*capitalist class*) ■ **the ~** die Bourgeoisie

bout [baʊt] *n* ❶ (*short attack*) Anfall *m*; **a ~ of coughing** ein Hustenanfall *m*; **drinking ~** Trinkgelage *nt* ❷ (*in boxing*) Boxkampf *m*; (*in wrestling*) Ringkampf *m*

bou·tique [buːˈtiːk] *n* Boutique *f*

bou·tique ho·tel *n* Boutique-Hotel *nt*

bo·vine ['bəʊvaɪn] *adj* (*of cows*) Rinder-

bow¹ [bəʊ] *n* ❶ (*weapon*) Bogen *m*; **~ and arrow** Pfeil und Bogen ❷ (*for an instrument*) Bogen *m* ❸ (*knot*) Schleife *f*

bow² [baʊ] **I.** *vi* sich verbeugen (**to** vor); **to ~ to public pressure** (*fig*) sich öffentlichem Druck beugen **II.** *vt* **to ~ one's head** den Kopf senken **III.** *n* ❶ (*bending over*) Verbeugung *f*; **to take a ~** sich [unter Applaus] verbeugen ❷ NAUT Bug *m* ◆ **bow down** *vi* ❶ (*to show reverence*) sich verbeugen ❷ (*obey sb*) ■ **to ~ down to sb** sich jdm fügen ◆ **bow out** *vi* sich verabschieden

bow·el ['baʊəl] *n* ❶ *usu pl* MED (*intestine*) Darm *m* ❷ (*liter: depths*) ■ **~s** *pl* Innere(s) *nt kein pl*

'bow·el move·ment *n* Stuhl[gang] *m*

bowl¹ [bəʊl] *n* ❶ (*dish*) Schüssel *f*; (*shallower*) Schale *f*; **a ~ of soup** eine Tasse Suppe ❷ AM ■ **the B~** das Stadion

bowl² [bəʊl] SPORTS **I.** *vi* ❶ (*in cricket*) werfen ❷ (*tenpins*) bowlen, Bowling spielen; (*skittles*) kegeln; (*bowls*) Bowls spielen **II.** *vt* ❶ (*bowling, cricket*) werfen; (*bowls*) rollen ❷ (*cricket: dismiss*) ■ **to ~ sb** jdn ausschlagen **III.** *n* Kugel *f*; BRIT ■ **~s** + *sing vb* Bowls *kein art* (*Spiel mit Kugeln, das dem Boccia ähnelt*) ◆ **bowl out** *vt* (*in cricket*) ausschlagen ◆ **bowl over** *vt* umwerfen *a. fig*

bow-leg·ged [bəʊˈlegɪd] *adj* O-beinig

bowl·er ['bəʊlə'] *n* ❶ (*cricket*) Werfer(in) *m(f)* ❷ (*bowls*) Bowlsspieler(in) *m(f)*; (*bowling*) Bowlingspieler(in) *m(f)* ❸ (*hat*) Bowler *m*, Melone *f*

bowl·ing ['bəʊlɪŋ] *n no pl* ❶ (*tenpins*) Bowling *nt*; (*skittles*) Kegeln *nt* ❷ (*in cricket*) Werfen *nt*; **to open the ~** den ersten Wurf machen

'bowl·ing al·ley *n* (*tenpins*) Bowlingbahn *f*; (*skittles*) Kegelbahn *f* **'bowl·ing green** *n* Rasenfläche *f* für Bowls

bow·man ['bəʊmən] *n* Bogenschütze *m*

'bow·string *n* Bogensehne *f*

bow 'tie *n* FASHION Fliege *f*

bow 'win·dow *n* Erkerfenster *nt*

box¹ [bɒks] **I.** *vi* boxen **II.** *vt* ❶ (*in match*) ■ **to ~ sb** gegen jdn boxen ❷ (*slap*) **to ~ sb's ears** jdn ohrfeigen **III.** *n* **to give sb a ~ on the ears** jdm eine Ohrfeige geben

box² [bɒks] **I.** *n* ❶ (*container*) Kiste *f*; *out*

of cardboard Karton *m; of chocolates, cigars, matches* Schachtel *f* ❷ (*rectangular space*) Kästchen *nt;* FBALL (*fam*) Strafraum *m* ❸ (*in theatre*) Loge *f* ❹ BRIT, AUS SPORTS (*protective equipment*) Suspensorium *nt* ❺ (*fam: television*) ■ **the ~** die [Flimmer]kiste **II.** *vt* ■ **to ~ sth** etw in einen Karton [*o* in eine Schachtel] verpacken ◆ **box in** *vt car* einparken; **to feel ~ed in** (*fig*) sich eingeengt fühlen ◆ **box up** *vt* [in Kartons] einpacken

box³ [bɒks] *n* (*tree*) Buchsbaum *m*

box·er ['bɒksə'] *n* ❶ (*dog*) Boxer *m* ❷ (*person*) Boxer(in) *m(f)*

box·er·cise® ['bɒksəsaɪz] *n no pl* Boxercise *nt* (*Kombination aus Aerobic und Kampfsport*)

box·ers ['bɒksəz] *npl,* '**box·er shorts** *npl* Boxershorts *pl*

box·ing ['bɒksɪŋ] *n no pl* Boxen *nt*

'**Box·ing Day** *n* BRIT, CAN zweiter Weihnachtsfeiertag, der 26. Dezember

'**box·ing gloves** *npl* Boxhandschuhe *pl* '**box·ing match** *n* Boxkampf *m* '**box·ing ring** *n* Boxring *m*

'**box num·ber** *n* Chiffre[nummer] *f* '**box of·fice** *n* Kasse *f* (*im Theater*)

boy [bɔɪ] **I.** *n* ❶ (*child*) Junge *m* ❷ *pl* (*friends*) ■ **the ~s** die Kumpel ▶ **the big ~s** die Großen; **the ~s in blue** die Polizei *kein pl;* **~s will be ~s** Jungs sind nun mal so **II.** *interj* [oh] **~!** Junge, Junge!

boy·cott ['bɔɪkɒt] **I.** *vt* boykottieren **II.** *n* Boykott *m*

'**boy·friend** *n* Freund *m*

boy·hood ['bɔɪhʊd] *n no pl* Kindheit *f*

boy·ish ['bɔɪɪʃ] *adj* jungenhaft

boy '**scout** *n* Pfadfinder *m*

BP [ˌbiːˈpiː] *n* MED *abbrev of* **blood pressure** Blutdruck *m*

Bq *abbrev of* **becquerel** Bq

bra [brɑː] *n* BH *m*

brace [breɪs] **I.** *n* ❶ MED (*for teeth*) Zahnspange *f; (for back*) Stützapparat *m* ❷ BRIT, AUS (*for trousers*) ■ **~s** *pl* Hosenträger *pl* ❸ *esp* AM (*callipers*) ■ **~s** *pl* Stützapparat *m* **II.** *vt* ❶ (*prepare for*) ■ **to ~ oneself for sth** sich auf etw *akk* vorbereiten ❷ (*support*) [ab]stützen; (*horizontally*) verstreben

brace·let ['breɪslət] *n* Armband *nt*

braces ['breɪsɪz] *npl* COMPUT geschweifte Klammern

brack·en ['brækən] *n no pl* Adlerfarn *m*

brack·et ['brækɪt] **I.** *n* ❶ *usu pl* TYPO Klammer *f;* **in** [**angle**/**round**/**square**] **~s** in [spitzen/runden/eckigen] Klammern ❷ (*category*) **age ~** Altersgruppe *f;*

income ~ Einkommensstufe *f;* **tax ~** Steuerklasse *f* ❸ (*L-shaped support*) [Winkel]stütze *f* **II.** *vt* ❶ (*put into brackets*) in Klammern setzen ❷ (*include in one group*) in einen Topf werfen

brack·ish ['brækɪʃ] *adj* brackig

brag <-gg-> [bræg] *vi, vt* ■ **to ~ about sth**] [mit etw *dat*] prahlen

braid [breɪd] **I.** *n* ❶ *no pl* (*on cloth*) Borte *f;* (*on uniform*) Litze *f;* (*with metal threads*) Tresse[n] *f*[*pl*] ❷ *esp* AM (*plait*) Zopf *m* **II.** *vt, vi esp* AM flechten

Braille [breɪl] *n no pl* Blindenschrift *f*

brain [breɪn] **I.** *n* ❶ (*organ*) Gehirn *nt;* ■ **~s** *pl* [Ge]hirn *nt* ❷ (*intelligence*) Verstand *m;* ■ **~s** *pl* Intelligenz *f kein pl;* **to have ~s** Grips haben ❸ (*fam: intelligent person*) heller Kopf; **the best ~s** die fähigsten Köpfe ▶ **to have sth on the ~** immer nur an etw *akk* denken **II.** *vt* (*fam*) ■ **to ~ sb** jdm den Schädel einschlagen

'**brain buck·et** *n* AM (*sl*) Helm *m* '**brain·child** *n* genialer Einfall '**brain dam·age** *n* [Ge]hirnschaden *m* '**brain dead** *adj* [ge]hirntot '**brain death** *n* [Ge]hirntod *m* '**brain drain** *n* Braindrain *m* '**brain-drain·ing** *adj* (*fig: mentally exhausting*) nervig, stressig

brain·less ['breɪnləs] *adj* hirnlos

'**brain·pan** *n* (*fam*) Schädel *m* '**brain scan** *n* Computertomographie *f* des Schädels '**brain·storm I.** *vi* ein Brainstorming machen **II.** *n* ❶ BRIT (*fam: brain shutdown*) Anfall *m* geistiger Umnachtung ❷ AM (*brainwave*) Geistesblitz *m* '**brain·storm·ing** *n no pl* Brainstorming *nt* '**brain tu·mour** *n* [Ge]hirntumor *m* '**brain·wash** *vt* (*pej*) ■ **to ~ sb** jdn einer Gehirnwäsche unterziehen '**brain·wash·ing** *n* Gehirnwäsche *f* '**brain·wave** *n* Geistesblitz *m* '**brain·work** *n no pl* Kopfarbeit *f*

brainy ['breɪni] *adj* gescheit

braise [breɪz] *vt* FOOD schmoren

brake [breɪk] **I.** *n* Bremse *f* **II.** *vi* bremsen; **to ~ hard** scharf bremsen

'**brake fluid** *n* Bremsflüssigkeit *f* '**brake shoe** *n* Bremsklotz *f*

brak·ing ['breɪkɪŋ] *n no pl* Bremsen *nt* '**brak·ing dis·tance** *n* Bremsweg *m*

bram·ble ['bræmbl] *n* ❶ (*bush*) Brombeerstrauch *m* ❷ *esp* AM Dornenstrauch *m*

bran [bræn] *n no pl* Kleie *f*

branch [brɑːn(t)ʃ] **I.** *n* ❶ *of a bough* Zweig *m; of a trunk* Ast *m* ❷ *esp* AM **~ of a river** Flussarm *m* ❸ (*local office*) Zweigstelle *f,* Filiale *f* **II.** *vi* ❶ (*form branches*) Zweige treiben ❷ (*fig: fork*) sich gabeln

◆**branch off** I. *vi* sich verzweigen II. *vt* **to ~ off a subject** vom Thema abkommen
◆**branch out** *vi* ❶ (*enter a new field*) seine Aktivitäten ausdehnen; **to ~ out on one's own** sich selbständig machen ❷ (*get active*) **to ~ socially** gesellschaftlich mehr unternehmen
'**branch line** *n* Nebenstrecke *f* '**branch of·fice** *n* Filiale *f*
brand [brænd] I. *n* ❶ (*product*) Marke *f*; **own** [*or* AM **store**] [*or* AUS **generic**] **~** Hausmarke *f* ❷ (*fig: type*) Art *f* ❸ (*mark*) Brandzeichen *nt* II. *vt* ❶ (*fig, pej: label*) ■ **to be ~ed** [**as**] **sth** als etw gebrandmarkt sein ❷ *animal* mit einem Brandzeichen versehen
Bran·den·burg ['brændənbɜ:g] I. *n no pl* Brandenburg *nt* II. *adj attr* Brandenburger *inv*; [**the**] **~ Gate** das Brandenburger Tor
bran·dish ['brændɪʃ] *vt* (*drohend*) schwingen
'**brand name** *n* Markenname *m*
brand 'new *adj* [funkel]nagelneu
brand 're·inforce·ment *n* Markenpflege *f*
bran·dy ['brændi] *n* Weinbrand *m*
'**bran·dy snap** *n* dünnes, oft mit Schlagsahne gefülltes Ingwerteigröllchen
brash [bræʃ] *adj* (*pej*) ❶ (*cocky*) dreist ❷ (*gaudy*) grell
brass [brɑ:s] *n* ❶ (*metal*) Messing *nt* ❷ (*engraving*) Gedenktafel *f* (*aus Messing*) ❸ + *sing/pl vb* MUS ■ **the ~** die Blechblasinstrumente *pl*
brass 'band *n* Blaskapelle *f*
brassi·ness ['brɑ:sinəs] *n no pl* kitschiger Glamour; *of a person* aufgetakeltes Aussehen, Aufgemotztheit *f fam*
brass 'plate *n* Messingschild *nt* '**brass·ware** *n no pl* Messinggegenstände *pl*
brassy ['brɑ:si] *adj* ❶ (*like brass*) messingartig ❷ *sound* blechern
brat [bræt] *n* (*pej fam*) Balg *m o nt*
brat·tish·ness ['brætɪʃnəs] *n* kindisches Getue
bra·va·do [brə'vɑ:dəʊ] *n no pl* Draufgängertum *nt*
brave [breɪv] I. *adj* (*fearless*) mutig; (*stoical*) tapfer ▶ **to put on a ~ face** sich *dat* nichts anmerken lassen II. *vt* trotzen
brave·ly ['breɪvli] *adv* (*fearlessly*) mutig; (*stoically*) tapfer
brav·ery ['breɪvəri] *n no pl* Tapferkeit *f*, Mut *m*
brawl [brɔ:l] I. *n* [lautstarke] Schlägerei II. *vi* sich [lautstark] schlagen
brawn [brɔ:n] *n no pl* ❶ (*strength*) Muskelkraft *f* ❷ BRIT, AUS FOOD Schweinskopfsülze *f*
brawny ['brɔ:ni] *adj* muskulös
bray [breɪ] I. *vi donkey* schreien; *person* kreischen II. *n* [Esels]schrei *m*
bra·zen ['breɪzən] I. *adj* unverschämt; **~ hussy** frecher Fratz *hum* II. *vt* ■ **to ~ it out** ❶ (*pretend there is no problem*) es aussitzen ❷ (*show no remorse*) eisern auf seiner Meinung beharren
bra·zen·ness ['breɪzənnəs] *n no pl* Dreistigkeit *f*, Unverfrorenheit *f*
bra·zi·er ['breɪziəʳ] *n* ❶ (*heater*) [große, flache] Kohlenpfanne ❷ AM (*barbecue*) [Grill]rost *m*
Bra·zil [brə'zɪl] *n* Brasilien *nt*
Bra·zil·ian [brə'zɪliən] I. *n* Brasilianer(in) *m(f)* II. *adj* brasilianisch
Bra·'zil nut *n* Paranuss *f*
breach [bri:tʃ] I. *n* ❶ (*infringement*) Verletzung *f*; **~ of confidence** Vertrauensbruch *m*; **~ of contract** Vertragsbruch *m*; **~ of the law** Gesetzesübertretung *f*; **~ of the peace** öffentliche Ruhestörung; **~ of promise** Wortbruch *m*; **security ~** Verstoß *m* gegen die Sicherheitsbestimmungen ❷ (*estrangement*) Bruch *m* ❸ (*gap*) Bresche *f* II. *vt* ❶ (*break*) verletzen; *contract* brechen ❷ *defence* durchbrechen III. *vi whale* auftauchen
bread [bred] *n no pl* Brot *nt* ▶ **to know which side one's ~ is buttered** seinen Vorteil kennen; **the best thing since sliced ~** die beste Sache seit Menschengedenken
bread and 'but·ter *n* ❶ (*food*) Butterbrot *nt*; **~ pudding** Brotauflauf *m* ❷ (*fig: income*) Lebensunterhalt *m*; (*job*) Broterwerb *m*; **this is my ~** damit verdiene ich mir meinen Lebensunterhalt '**bread bas·ket** *n* ❶ (*container*) Brotkorb *m* ❷ (*region*) Kornkammer *f* '**bread bin** *n* BRIT, AUS Brotkasten *m* '**bread·crumb** *n* Brotkrume *f*; ■ **~s** *pl* (*for coating food*) Paniermehl *nt kein pl*; **to coat with ~s** panieren '**bread·mak·er** *n* Brotbackautomat *m*
breadth [bretθ, bredθ] *n no pl* ❶ (*broadness*) Breite *f*; (*width*) Weite *f* ❷ (*fig*) Ausdehnung *f*
'**bread·win·ner** *n* Ernährer(in) *m(f)*
break [breɪk] I. *n* ❶ (*fracture*) Bruch *m* ❷ (*gap*) Lücke *f*; (*in line*) Unterbrechung *f* ❸ (*escape*) Ausbruch *m*; **to make a ~** *prisoner* ausbrechen ❹ (*interruption*) Unterbrechung *f*; *esp* BRIT SCH Pause *f*; TV Werbung *f*; **coffee/lunch ~** Kaffee-/Mittagspause *f*; **Easter/Christmas ~** Oster-/

Weihnachtsferien *pl;* **a short ~ in Paris** ein Kurzurlaub *m* in Paris; **a ~ in the weather** ein Wetterumschwung *m;* **to have** [*or* **take**] **a ~** eine Pause machen; **to need a ~ from sth** eine Pause von etw *dat* brauchen ❺ (*end of relationship*) **to make a clean/complete ~** einen sauberen/endgültigen Schlussstrich ziehen ❻ (*opportunity*) Chance *f* ❼ SPORTS Break *m o nt* ▶ **give me a ~!** hör auf [damit]! **II.** *vt* <broke, broken> ❶ (*shatter*) zerbrechen; (*in two pieces*) entzweibrechen; (*damage*) kaputtmachen; (*fracture*) brechen; **to ~ one's arm** sich *dat* den Arm brechen; **to ~ sb's heart** (*fig*) jdm das Herz brechen; **to ~ a nail/tooth** sich *dat* einen Nagel/Zahn abbrechen; **to ~ a window** ein Fenster einschlagen ❷ (*momentarily interrupt*) unterbrechen; *fall* abfangen ❸ (*put an end to*) brechen; *habit* aufgeben; **to ~ the back of sth** BRIT, AUS das Schlimmste einer S. *gen* hinter sich bringen; **to ~ camp** das Lager abbrechen; **to ~ a deadlock** einen toten Punkt überwinden; **to ~ sb's spirit** jdn mutlos machen ❹ TENNIS ein Break erzielen ❺ (*violate*) *agreement* verletzen; *law* übertreten; *promise* brechen; **to ~ a treaty** gegen einen Vertrag verstoßen ❻ (*code*) entschlüsseln ❼ (*tell*) *news* ▪ **to ~ sth to sb** jdm etw mitteilen ❽ MIL **to ~ cover** aus der Deckung hervorbrechen; **to ~ formation** MIL aus der Aufstellung heraustreten **III.** *vi* <broke, broken> ❶ (*stop working*) kaputtgehen; (*collapse*) zusammenbrechen; (*fall apart*) auseinanderbrechen; (*shatter*) zerbrechen ❷ (*interrupt*) **shall we ~** [**off**] **for lunch?** machen wir Mittagspause? ❸ *wave* sich brechen ❹ (*change in voice*) **her voice broke with emotion** vor Rührung versagte ihr die Stimme; **the boy's voice is ~ing** der Junge ist [gerade] im Stimmbruch ❺ METEO *weather* umschlagen; *dawn, day* anbrechen; *storm* losbrechen ❻ *news* bekannt werden ❼ SPORTS (*snooker*) anstoßen; (*boxing*) sich trennen ❽ (*move out of formation*) MIL, SPORTS sich auflösen ❾ MED [auf]platzen; **the waters have broken** die Fruchtblase ist geplatzt ▶ **to ~ even** kostendeckend arbeiten; **to ~ free** ausbrechen; **to ~ loose** sich losreißen ◆ **break away** *vi* ❶ (*move away forcibly*) sich losreißen ❷ (*split off*) sich absetzen ◆ **break down I.** *vi* ❶ (*stop working*) stehen bleiben; *engine* versagen ❷ (*dissolve*) sich auflösen; *marriage* scheitern ❸ (*emotionally*) zusammenbrechen **II.** *vt* ❶ (*force open*) aufbrechen; (*with foot*) eintreten ❷ (*overcome*) niederreißen ❸ CHEM aufspalten ❹ (*separate into parts*) aufgliedern; *figures* aufschlüsseln ◆ **break in I.** *vi* ❶ (*enter by force*) einbrechen ❷ (*interrupt*) unterbrechen; ▪ **to ~ in on sth** in etw *akk* hineinplatzen **II.** *vt* ❶ (*condition*) *shoes* einlaufen ❷ (*tame*) zähmen; (*train*) abrichten; *horse* zureiten ◆ **break into** *vi* ❶ (*forcefully enter*) einbrechen in; *car* aufbrechen ❷ (*start doing sth*) **to ~ into applause/tears** in Beifall/Tränen ausbrechen; **to ~ into a run** [plötzlich] zu laufen anfangen ◆ **break off I.** *vt* ❶ (*separate forcefully*) abbrechen ❷ (*terminate*) beenden; *engagement* lösen; *talks* abbrechen **II.** *vi* abbrechen ◆ **break out** *vi* ❶ (*escape*) ausbrechen ❷ (*begin*) ausbrechen; *storm* losbrechen; **to ~ out laughing** in Gelächter ausbrechen ❸ (*become covered with*) **to ~ out in a rash** einen Ausschlag bekommen; **to ~ out in a sweat** ins Schwitzen kommen; **I broke out in a cold sweat** mir brach der kalte Schweiß aus ◆ **break through** *vi* ❶ (*make one's way*) sich durchdrängen; **the sun broke through the clouds** die Sonne brach durch die Wolken ❷ (*be successful*) einschlagen ◆ **break up I.** *vt* ❶ (*end*) beenden; *marriage* zerstören; (*dissolve*) auflösen ❷ (*split up*) aufspalten; *gang, monopoly* zerschlagen; *coalition* auflösen; *collection, family* auseinanderreißen; **~ it up, you two!** auseinander, ihr beiden! **II.** *vi* ❶ (*end relationship*) sich trennen ❷ (*come to an end*) enden; *meeting* sich auflösen; *marriage* scheitern ❸ (*fall apart*) auseinandergehen; *coalition* auseinanderbrechen; *aircraft, ship* zerschellen; (*in air*) zerbersten ❹ SCH **when do you ~ up?** wann beginnen bei euch die Ferien? ❺ (*laugh*) loslachen; *esp* AM (*be upset*) zusammenbrechen

break·able ['breɪkəbl] *adj* zerbrechlich
break·age ['breɪkɪdʒ] *n* Bruch *m;* **~ s must be paid for** zerbrochene Ware muss bezahlt werden
'**break·away I.** *n* ❶ Lossagung *f;* (*splitting off*) Absplitterung *f* ❷ FBALL Konter *m* **II.** *adj* Splitter- '**break-dance** *vi* Breakdance tanzen '**break danc·er** *n* Breakdancer(in) *m(f)* '**break·danc·ing** *n no pl* Breakdance *m*
'**break·down** *n* ❶ (*collapse*) Zusammenbruch *m;* (*failure*) Scheitern *nt* ❷ AUTO Panne *f* ❸ (*list*) Aufgliederung *f,* Aufschlüsselung *f* ❹ (*decomposition*) Zersetzung *f* ❺ PSYCH [Nerven]zusammenbruch *m*

'break·down lor·ry *n* BRIT Abschleppwagen *m* **'break·down ser·vice** *n* Abschleppdienst *m*

break·er ['breɪkəʳ] *n* (*wave*) Brecher *m*

break·fast ['brekfəst] I. *n* Frühstück *nt;* **to have ~** frühstücken II. *vi* (*form*) frühstücken

'break·fast bar *n* Frühstückstheke *f*

'break-in *n* Einbruch *m*

'break·ing point *n* Belastungsgrenze *f;* (*fig*) **her nerves were at ~** sie war nervlich völlig am Ende

'break·neck *adj* **at ~ speed** mit halsbrecherischer Geschwindigkeit **'break·out** *n* Ausbruch *m* **'break·through** *n* Durchbruch *m* (**in** bei) **'break-up** *n* Auseinanderbrechen *nt;* (*on rocks*) Zerschellen *nt;* (*in air*) Zerbersten *nt;* (*of a marriage*) Scheitern *nt;* (*of a group*) Auflösung *f*

'break·wa·ter *n* Wellenbrecher *m*

breast [brest] *n* ❶ (*mammary gland*) Brust *f;* (*bust*) Busen *m* ❷ (*of bird*) Brust *f* ▸ **to make a clean ~ of sth** etw gestehen

'breast·bone *n* Brustbein *nt* **'breast can·cer** *n* Brustkrebs *m* **'breast-feed** <-fed, -fed> *vi, vt* stillen **'breast-feed·ing** *n* Stillen *nt* **breast 'pock·et** *n* Brusttasche *f* **'breast·stroke** *n no pl* Brustschwimmen *nt;* **to do** [**the**] **~** brustschwimmen

breath [breθ] *n* ❶ (*air*) Atem *m;* (*act of breathing in*) Atemzug *m;* **bad ~** Mundgeruch *m;* **to catch one's ~** [*or* **get one's ~ back**] verschnaufen; **to draw ~** Luft holen; **to save one's ~** sich *dat* die Worte sparen; **to take a deep ~** tief Luft holen; **to take sb's ~ away** jdm den Atem rauben; **to waste one's ~** in den Wind reden; **out of ~** außer Atem; **under one's ~** leise vor sich *akk* hin ❷ *no pl* (*wind*) **a ~ of air** ein Hauch *m;* **she's like a ~ of fresh air** sie ist so erfrischend; **to go out for a ~ of fresh air** frische Luft schnappen gehen

breath·able ['briːðəbl] *adj* ❶ (*of air*) das Atmen zulassend ❷ (*of clothes*) luftdurchlässig

breatha·lyse ['breθəlaɪz] *vt,* **breatha·lyze** *vt* AM [ins Röhrchen] blasen lassen

breatha·lys·er® ['breθəlaɪzəʳ] *n,* **Breatha·lyz·er**® *n* AM Alcotest® *m,* Alkoholtestgerät *nt*

breathe [briːð] I. *vi* atmen; **to ~ again** [*or* **more easily**] (*fig*) [erleichtert] aufatmen ▸ **to ~ down sb's neck** jdm im Nacken sitzen II. *vt* ❶ (*exhale*) [aus]atmen; **to ~ a sigh of relief** erleichtert aufatmen ❷ (*whisper*) flüstern ▸ **to ~** [**new**] **life into sth** [neues] Leben in etw *akk* bringen; **to not ~ a word** kein Sterbenswörtchen sagen

breath·er ['briːðəʳ] *n* [Verschnauf]pause *f*

breath·ing ['briːðɪŋ] *n no pl* Atmung *f*

'breath·ing ap·pa·rat·us *n* Sauerstoffgerät *nt* **'breath·ing room** *n,* **'breath·ing space** *n* (*fig*) Bewegungsfreiheit *f*

breath·less ['breθləs] *adj* atemlos

breath·less·ly ['breθləsli] *adv* außer Atem, atemlos; (*holding one's breath*) mit angehaltenem Atem

'breath·tak·ing *adj* atemberaubend

'breath test *n* Alkoholtest *m*

bred [bred] *pt, pp of* **breed**

breech [briːtʃ] *n* ❶ (*of gun*) Verschluss *m* ❷ MED **~ birth** Steißgeburt *f*

breeches ['brɪtʃɪz, 'briː-] *npl* Kniehose *f;* **riding ~** Reithose *f*

breed [briːd] I. *vt* <bred, bred> züchten; (*fig*) *crime* hervorbringen; *resentment* hervorrufen II. *vi* <bred, bred> sich fortpflanzen; *birds* brüten; *rabbits* sich vermehren III. *n* ❶ (*of animal*) Rasse *f;* (*of plant*) Sorte *f* ❷ (*fam: of person*) Sorte *f;* **to be a dying ~** einer aussterbenden Gattung angehören

breed·er ['briːdəʳ] *n* Züchter(in) *m(f)*

breed·ing ['briːdɪŋ] *n no pl* ❶ (*of animals*) Zucht *f* ❷ (*of people*) Erziehung *f*

'breed·ing ground *n* Brutstätte *f a. fig*

breeze [briːz] I. *n* ❶ (*light wind*) Brise *f* ❷ (*fam: sth very easy*) Kinderspiel *nt* II. *vi* ▸ **to ~ through sth** etw spielend schaffen

'breeze block *n* Bimsstein *m*

breezy ['briːzi] *adj* ❶ (*pleasantly windy*) windig ❷ (*jovial*) unbeschwert

brev·ity ['brevəti] *n no pl* Kürze *f*

brew [bruː] I. *n* Gebräu *nt;* (*fig*) Mischung *f* II. *vi* ❶ *tea* ziehen ❷ (*fig*) *trouble* sich zusammenbrauen III. *vt* brauen ◆ **brew up** *vi* BRIT (*fam*) sich *dat* einen Tee machen

brew·er ['bruːəʳ] *n* [Bier]brauer(in) *m(f)*

brew·ery ['bruːəri] *n* Brauerei *f*

bri·ar ['braɪəʳ] *n* Dornbusch *m*

bribe [braɪb] I. *vt* bestechen II. *n* Bestechung *f;* **to take a ~** sich bestechen lassen

brib·ery ['braɪbəri] *n no pl* Bestechung *f*

bric-a-brac ['brɪkəˌbræk] *n no pl* Nippes *pl*

brick [brɪk] *n* (*building block*) Ziegel[stein] *m,* Backstein *m* ◆ **brick in** *vt* einmauern ◆ **brick up** *vt* zumauern

brickie ['brɪki] *n esp* BRIT, AUS (*fam*), **'brick·lay·er** *n* Maurer(in) *m(f)*

brick 'wall *n* [Ziegelstein]mauer *f,* [Backstein]mauer *f* ▸ **to come up against a ~** gegen eine Mauer rennen; **to be talking**

to a ~ gegen eine Wand reden **'brickwork** n no pl Mauerwerk nt **'brickworks** n + sing/pl vb, **'brickyard** n Ziegelei f

brid·al ['braɪdəl] adj (of a wedding) Hochzeits-; (of the bride) Braut-

bride [braɪd] n Braut f

bride·groom ['braɪdgrʊm, -gruːm] n Bräutigam m

'brides·maid n Brautjungfer f

bridge [brɪdʒ] I. n ❶ (over gap) Brücke f; (fig) Überbrückung f ❷ (for teeth) [Zahn]brücke f ❸ (of nose) Nasenrücken m ❹ (of glasses) Brillensteg m ❺ (of instrument) Steg m ❻ (on ship) Kommandobrücke f ❼ no pl (card game) Bridge nt ▸ **to be water under the ~** der Vergangenheit angehören II. vt ■**to ~ sth** über etw akk eine Brücke schlagen; (fig) **to ~ a gap** eine Kluft überwinden

'bridg·ing loan n BRIT, AUS Überbrückungskredit m

bri·dle ['braɪdl] I. n Zaumzeug nt II. vt aufzäumen III. vi ■**to ~ at sth** sich über etw akk entrüsten

'bri·dle path, **'bri·dle·way** n Reitweg m

brief [briːf] I. adj kurz; ■**to be ~** sich kurzfassen; **in ~** kurz gesagt II. n ❶ BRIT, AUS (instructions) Anweisungen pl ❷ BRIT (fam: lawyer) Anwalt m/Anwältin f ❸ pl ■**~s** (underpants) Slip m III. vt informieren

brief·case ['briːfkeɪs] n Aktentasche f

brief·ing ['briːfɪŋ] n ❶ (meeting) [Einsatz]besprechung f, Briefing nt ❷ (information) Anweisung[en] f/pl / **brief·ly** ['briːfli] adv kurz **brief·ness** ['briːfnəs] n no pl Kürze f

bri·gade [brɪˈgeɪd] n Brigade f

briga·dier 'ge·ne·ral n MIL Brigadegeneral m

bright [braɪt] I. adj ❶ (shining) light hell; (blinding) grell; star leuchtend; sunshine strahlend ❷ (vivid) **~ blue** strahlend blau; **~ red** leuchtend rot; **a ~ red face** ein knallrotes Gesicht ❸ (full of light) hell ❹ (intelligent) intelligent; child aufgeweckt; idea glänzend a. iron ❺ (cheerful) fröhlich; **the one ~ spot** der einzige Lichtblick ❻ (promising) viel versprechend ▸ **to look on the ~ side** [of sth] etw positiv sehen; **~ and early** in aller Frühe II. n AM AUTO ■**~s** pl Fernlicht nt

bright·en ['braɪtən] I. vt ❶ (make brighter) heller machen ❷ (make more cheerful) auflockern; **to ~ up sb's life** Freude in jds Leben nt bringen II. vi ■**to ~** [**up**] ❶ (become cheerful) fröhlicher werden; eyes aufleuchten ❷ METEO sich aufklären

bright·ly ['braɪtli] adv ❶ (not dimly) hell; **the sun is shining ~** die Sonne strahlt; **~ lit** hell erleuchtet ❷ (vividly) leuchtend; **~ coloured** knallbunt ❸ (cheerfully) fröhlich, heiter

bright·ness ['braɪtnəs] n no pl ❶ of light Helligkeit f; of the sun Strahlen nt; of eyes Leuchten nt ❷ TV Helligkeit f

brill [brɪl] adj BRIT, AUS (fam) toll

bril·liance ['brɪlɪən(t)s] no pl ❶ (great ability) Brillanz f; (cleverness) Scharfsinn m; of an idea Genialität f ❷ (brightness) of the sun Strahlen nt; of stars, eyes Funkeln nt; of snow Glitzern nt

bril·liant ['brɪlɪənt] I. adj ❶ (brightly shining) colour, eyes leuchtend; smile, sun(shine) strahlend; **~ white** strahlend weiß ❷ (clever) person hoch begabt; plan brillant; idea glänzend ❸ BRIT (fam: excellent) hervorragend II. interj BRIT (fam) toll!

bril·liant·ly ['brɪlɪəntli] adv ❶ (with great skill) brillant, meisterhaft, erstklassig ❷ (extremely brightly) leuchtend attr, glänzend attr; **~ lit** hell erleuchtet; **to shine ~** strahlen

brim [brɪm] I. n ❶ (of hat) Krempe f ❷ (top) Rand m; **filled** [or **full**] **to the ~** randvoll II. vi <-mm-> **her eyes ~med with tears** ihr standen die Tränen in den Augen; **to be ~ming with confidence** vor Selbstbewusstsein nur so strotzen; **to ~ with ideas** vor Ideen übersprudeln

brim·ful ['brɪmfʊl] adj **~ of ideas** voller Ideen

brine [braɪn] n [Salz]lake f

bring <brought, brought> [brɪŋ] vt ❶ (convey) mitbringen; **I didn't ~ my keys with me** ich habe meine Schlüssel nicht mitgenommen; **to ~ sth to sb's attention** jdn auf etw akk aufmerksam machen; **to ~ news** Nachrichten überbringen ❷ (cause to come/happen) bringen; **so what ~s you here to London?** was hat dich hier nach London verschlagen?; **the walk brought us to a river** der Spaziergang führte uns an einen Fluss; **her screams brought everyone running** durch ihre Schreie kamen alle zu ihr gerannt; **this ~s me to the second part of my talk** damit komme ich zum zweiten Teil meiner Rede; **to ~ sb luck** jdm Glück bringen ❸ LAW **to ~ charges against sb** Anklage gegen jdn erheben ❹ (force) ■**to ~ oneself to do sth** sich [dazu] durchringen, etw zu tun ◆**bring about** vt

① (*cause*) verursachen ② (*achieve*) ■ **to have been brought about by sth** durch etw *akk* zustande gekommen sein ♦ **bring along** *vt* mitbringen ♦ **bring back** *vt* ① (*return*) zurückbringen ② (*reintroduce*) wieder einführen ③ (*call to mind*) memories wecken ♦ **bring down** *vt* ① (*fetch down*) herunterbringen ② (*make fall over*) zu Fall bringen ③ (*shoot down*) abschießen ④ (*depose*) stürzen ⑤ (*reduce*) senken ⑥ (*make depressed*) deprimieren ▶ **to ~ the house down** einen Beifallssturm auslösen ♦ **bring forth** *vt* (*form*) hervorbringen ♦ **bring forward** *vt* (*reschedule*) vorverlegen ♦ **bring in** *vt* ① (*fetch in*) hereinbringen; *harvest* einbringen ② (*introduce*) einführen ③ (*ask to participate*) einschalten ④ (*earn*) [ein]bringen ♦ **bring off** *vt* (*fam*) zustande bringen ♦ **bring on** *vt* (*cause to occur*) herbeiführen; MED verursachen; **she brought disgrace on the whole family** sie brachte Schande über die ganze Familie; **you brought it on yourself** du bist selbst schuld ♦ **bring out** *vt* ① (*fetch out*) herausbringen ② BRIT, AUS (*encourage*) ■ **to ~ sb out** jdm die Hemmungen nehmen ③ COMM (*introduce to market*) herausbringen ④ (*reveal*) zum Vorschein bringen; **seafood ~s me out in a rash** von Meeresfrüchten bekomme ich einen Ausschlag ♦ **bring over** *vt* ① (*fetch over*) herbeibringen ② (*persuade*) **to ~ sb over to one's side** jdn auf seine Seite bringen ♦ **bring round** *vt esp* BRIT ① (*fetch round*) mitbringen ② (*bring back to consciousness*) wieder zu Bewusstsein bringen ③ (*persuade*) überreden ♦ **bring to** *vt* wieder zu Bewusstsein bringen ♦ **bring up** *vt* ① (*carry up*) heraufbringen ② (*rear*) großziehen; **a well brought-up child** ein gut erzogenes Kind ③ (*mention*) zur Sprache bringen; **don't ~ up that old subject again** fang nicht wieder mit diesem alten Thema an; **to ~ sth up for discussion** etw zur Diskussion stellen ④ (*fam: vomit*) ausspucken ⑤ COMPUT aufrufen ▶ **to ~ up the rear** das Schlusslicht bilden; **to ~ sb up short** jdn plötzlich zum Anhalten bringen

brink [brɪŋk] *n no pl* Rand *m a. fig*

briny ['braɪni] *adj* salzig

bri·quet(te) [brɪ'ket] *n* Brikett *nt*

brisk [brɪsk] *adj* ① (*quick*) zügig; *walk* stramm ② (*busy*) lebhaft ③ *wind* frisch

bris·ket ['brɪskɪt] *n no pl* FOOD Bruststück *nt*

brisk·ness ['brɪsknəs] *n no pl* of *a pace* Zügigkeit *f*; *of trade* Lebhaftigkeit *f*

bris·tle ['brɪsl̩] I. *n* Borste *f*; (*on a face*) [Bart]stoppel *f meist pl* II. *vi* ① *fur* sich sträuben ② (*fig*) sich empören (**at** über)

brist·ly ['brɪsl̩i] *adj* borstig; *chin* stoppelig

Brit [brɪt] *n* (*fam: person*) Brite *m*/Britin *f*

Brit·ain ['brɪtən] *n* Großbritannien *nt*

Bri·tan·nia [brɪ'tænjə] *n no pl* [allegorische] Britannia; (*fig*) Britannien *nt*

Brit·ish ['brɪtɪʃ] I. *adj* britisch II. *npl* ■ **the ~** die Briten *pl*

Brit·ish Co·'lum·bia *n* Britisch Kolumbien *nt* **Brit·ish 'Isles the ~** die Britischen Inseln **Brit·ish 'Na·tion·al Par·ty** *n*, **BNP** *n* POL Britische Nationalpartei (*rechtsradikale Partei*)

Brit·on ['brɪtən] *n* Brite *m*/Britin *f*

Brit·ta·ny ['brɪtəni] *n* die Bretagne

brit·tle ['brɪtl̩] *adj* ① (*fragile*) zerbrechlich; *bones* brüchig ② (*fig*) *laugh* schrill

broach [brəʊtʃ] I. *vt subject* anschneiden II. *n* <*pl* -es> AM (*brooch*) Brosche *f*

broad [brɔːd] I. *adj* ① (*wide*) breit; *expanse* weit ② (*obvious*) **a ~ hint** ein Wink *m* mit dem Zaunpfahl ③ (*general*) allgemein; *generalization* grob; **to be in ~ agreement** weitgehend übereinstimmen ④ (*wide-ranging*) weitreichend; *interests* vielseitig ⑤ (*liberal*) tolerant ⑥ (*strong*) *accent/grin* breit ▶ **in ~ daylight** am hellichten Tag[e] II. *n* AM (*sl*) Tussi *f*

'**broad·band** *n* PHYS, ELEC Breitband *nt*

'**broad bean** *n* dicke Bohne

broad·cast ['brɔːdkɑːst] I. *n* Übertragung *f*; (*programme*) Sendung *f* II. *vi, vt* <broadcast *or* AM broadcasted, broadcast *or* AM broadcasted> senden; *match* übertragen; *rumour* [überall] verbreiten; **to be ~ live** live ausgestrahlt werden

broad·cast·er ['brɔːdkɑːstəʳ] *n* (*announcer*) Sprecher(in) *m(f)*; (*presenter*) Moderator(in) *m(f)*

broad·cast·ing ['brɔːdkɑːstɪŋ] *n no pl* (*radio*) Rundfunk *m*; (*TV*) Fernsehen *nt*

'**broad·cast·ing sta·tion** *n* Rundfunkstation *f*

broad·en ['brɔːdən] I. *vi* breiter werden II. *vt* ① (*make wider*) verbreitern ② (*fig*) vergrößern; **to ~ one's mind** seinen Horizont erweitern; **to ~ the scope of a discussion** eine Diskussion ausweiten

broad·ly ['brɔːdli] *adv* ① (*widely*) breit ② (*generally*) allgemein; **I ~ agree with you** ich stimme weitgehend mit dir überein; **~ speaking, ...** ganz allgemein gesehen, ...

broad·'mind·ed *adj* tolerant

broad·ness ['brɔːdnəs] *n no pl* Weite *f*; *of accent, grin* Breite *f*

'broad·sheet *n* BRIT, AUS großformatige [seriöse] Zeitung
'broad·side *n* Breitseite *f* a. *fig*
bro·cade [brə(ʊ)'keɪd] *n no pl* Brokat *m*
broc·co·li ['brɒkəli] *n no pl* Brokkoli *m*
bro·chure ['brəʊʃəʳ] *n* Broschüre *f*
brogue[1] [brəʊg] *n usu sing* LING *irischer oder schottischer Akzent*
brogue[2] [brəʊg] *n* (*shoe*) Brogue *m*
broil [brɔɪl] *vt* AM grillen
broil·er ['brɔɪləʳ] *n* ❶ (*chicken*) [Brat]hähnchen *nt* ❷ AM (*grill*) Grill[rost] *m*
broke [brəʊk] I. *pt of* **break** II. *adj* (*fam*) pleite
bro·ken ['brəʊkən] I. *pp of* **break** II. *adj* ❶ *arm* gebrochen; *bottle* zerbrochen; *watch* kaputt; **~ glass** Glasscherben *pl* ❷ (*not fluent*) **in ~ English** in gebrochenem Englisch ❸ (*dotted*) gestrichelt **'bro·ken-down** *adj* ❶ (*not working*) kaputt ❷ (*dilapidated*) verfallen **bro·ken-'heart·ed** *adj* untröstlich
bro·ker ['brəʊkəʳ] I. *n* ❶ ECON [Börsen]makler(in) *m(f)* ❷ (*negotiator*) Vermittler(in) *m(f)* II. *vt* aushandeln
bro·ker·age ['brəʊkərɪdʒ] *n no pl* ECON ❶ (*activity*) Maklergeschäft *nt* ❷ (*fee*) Maklergebühr *f*
brol·ly ['brɒli] *n* BRIT, AUS (*fam*) Schirm *m*
bro·mide ['brəʊmaɪd] *n* CHEM Bromid *nt*
bro·mine ['brəʊmiːn] *n no pl* CHEM Brom *nt*
bron·chi ['brɒŋki:] *n pl of* **bronchus**
bron·chial ['brɒŋki:əl] *adj* Bronchial-
bron·chi·tis [brɒŋ'kaɪtɪs] *n no pl* Bronchitis *f*
bron·chus <*pl* -chi> ['brɒŋkəs *pl* ki:] *n* MED Bronchus *m fachspr*
bronze [brɒnz] *n* Bronze *f*
'Bronze Age *n no pl* **the ~** die Bronzezeit **bronze 'med·al** *n* Bronzemedaille *f*
brooch <*pl* -es> [brəʊtʃ] *n* Brosche *f*
brood [bru:d] I. *n* Brut *f*. *fig* II. *vi* ▪ **to ~ on** [*or* **over**] **sth** über etw *dat* brüten
brood·ing ['bru:dɪŋ] *adj* beunruhigend; *silence* drückend; **dark ~ clouds** dunkle, schwere Wolken
broody ['bru:di] *adj* ❶ ZOOL brütig ❷ (*fam*) **to feel ~** den Wunsch nach einem Kind haben ❸ (*mopey*) grüblerisch
brook[1] [brʊk] *n* Bach *m*
brook[2] [brʊk] *vt* (*form: tolerate*) dulden
broom [bru:m, brʊm] *n* ❶ (*brush*) Besen *m* ❷ *no pl* BOT Ginster *m*
'broom han·dle, **'broom·stick** ['bru:mstɪk, 'brʊm-] *n* Besenstiel *m*
broth [brɒθ] *n no pl* Brühe *f*
brotha ['brʌðə] *n* AM (*sl*) Digger *m* (*hauptsächlich von Schwarzafrikanern gebrauchte Anrede für einen Mann*)
broth·el ['brɒθəl] *n* Bordell *nt*
broth·er ['brʌðəʳ] I. *n* ❶ Bruder *m;* **~s and sisters** Geschwister *pl*; **~s in arms** Waffenbrüder *pl* ❷ *esp* AM (*fam*) Kumpel *m* II. *interj* (*fam*) Mann!
broth·er·hood ['brʌðəhʊd] *n* ❶ + *sing/pl vb* (*group*) Bruderschaft *f* ❷ *no pl* (*feeling*) Brüderlichkeit *f*
'broth·er-in-law <*pl* brothers-in-law> *n* Schwager *m*
broth·er·ly ['brʌðəli] *adj* brüderlich
brought [brɔ:t] *pp, pt of* **bring**
brow [braʊ] *n* ❶ (*forehead*) Stirn *f*; **to wrinkle one's ~** die Stirn runzeln ❷ *usu sing* (*fig*) **~ of a hill** Bergkuppe *f*
brow·beat <-beat, -beaten> ['braʊbiːt] *vt* einschüchtern; ▪ **to ~ sb into doing sth** jdn so unter Druck setzen, dass er etw tut
brown [braʊn] I. *n* Braun *nt* II. *adj* braun III. *vt* FOOD *onion* [an]bräunen; *meat* anbraten ◆ **brown off** *vt* BRIT, AUS (*fam*) ▪ **to be ~ed off with sth** etw satthaben
brown 'bread *n no pl* locker gebackenes Brot aus dunklem Mehl, etwa wie Mischbrot **'brown·field** *adj* **~ site** aus gewerblichen Brachflächen hervorgegangenes Bauland
brownie *n esp* AM Brownie *m* (*kleiner Schokoladenkuchen mit Nüssen*)
brown·ish ['braʊnɪʃ] *adj* bräunlich
brown 'pa·per *n no pl* Packpapier *nt* **brown 'rice** *n no pl* ungeschälter Reis **'brown·stone** *n* AM ❶ *no pl* (*stone*) rötlich brauner Sandstein ❷ (*house*) [rotbraunes] Sandsteinhaus
browse [braʊz] I. *vi* ❶ (*look through*) **to ~ through a magazine** eine Zeitschrift durchblättern ❷ (*look around*) **to ~ [around a shop]** sich [in einem Geschäft] umsehen ❸ INET browsen, surfen ❹ (*graze*) grasen II. *vt* INET **to ~ the Internet** [*or* **the World Wide Web**] im Internet [*o* World Wide Web] surfen III. *n no pl* ❶ (*look-around*) **to have a ~ around** sich umsehen ❷ (*look-through*) **to have a ~ through a magazine** eine Zeitschrift durchblättern
brows·er ['braʊzəʳ] *n* ❶ (*in shop*) *jd, der in einem Geschäft [herum]stöbert* ❷ COMPUT Browser *m*
bruise [bru:z] I. *n* ❶ MED blauer Fleck, Bluterguss *m* ❷ (*on fruit*) Druckstelle *f* II. *vt* ❶ (*injure*) **to ~ one's arm** sich am Arm stoßen ❷ (*fig*) *ego, pride* verletzen III. *vi* einen blauen Fleck bekommen; *fruit* Druckstellen bekommen

bruised [bru:zd] *adj* (*injured*) geprellt; **to be badly ~** eine schwere Prellung haben; **to be battered and ~** grün und blau sein
bruis·er ['bru:zə^r] *n* (*fam*) Schläger[typ] *m*
brunch <*pl* -es> [brʌntʃ] *n* Brunch *m*
Bru·nei [bru:'naɪ] *n* Brunei *nt*
bru·nette [bru:'net] I. *n* Brünette *f* II. *adj* brünett
brunt [brʌnt] *n no pl* **to bear the ~ of sth** etw am stärksten zu spüren bekommen
brush [brʌʃ] I. *n* <*pl* -es> ❶ (*for hair, cleaning*) Bürste *f*; (*broom*) Besen *m*; (*for painting*) Pinsel *m* ❷ *no pl* (*act*) Bürsten *nt*; **to give sth a ~** etw abbürsten; **to give one's teeth a ~** sich *dat* die Zähne putzen ❸ *usu sing* (*stroke*) leichte Berührung ❹ (*encounter*) Zusammenstoß *m*; **to have a ~ with the law** mit dem Gesetz in Konflikt geraten ❺ *no pl* AM, AUS (*brushwood*) Unterholz *nt* ❻ (*fox's tail*) Fuchsschwanz *m* II. *vt* ❶ (*clean*) abbürsten; **to ~ one's hair** sich *dat* die Haare bürsten; **she ~ed the hair out of her eyes** sie strich sich die Haare aus dem Gesicht; **to ~ one's teeth** sich *dat* die Zähne putzen ❷ (*touch lightly*) leicht berühren ❸ (*apply a substance*) bestreichen III. *vi* (*touch lightly*) ■**to ~ against** streifen; ■**to ~ by** vorbeieilen ◆ **brush aside** *vt* ❶ (*move aside*) wegschieben ❷ (*dismiss*) *thing* abtun; *person* ignorieren ◆ **brush away** *vt* ❶ (*wipe*) wegwischen; *fly* verscheuchen; *tears* sich *dat* abwischen ❷ (*dismiss*) [aus seinen Gedanken] verbannen ◆ **brush off** *vt* ❶ (*remove with brush*) abbürsten ❷ (*ignore*) *person* abblitzen lassen; *thing* zurückweisen ◆ **brush up** I. *vi* ■**to ~ up on sth** etw auffrischen II. *vt* auffrischen
'**brush-off** *n no pl* **to get the ~ from sb** von jdm einen Korb bekommen; **to give sb the ~** jdm eine Abfuhr erteilen
'**brush·wood** *n no pl* Reisig *nt*
brusque [bru:sk] *adj* schroff
brusque·ly ['bru:skli] *adv* *answer, say* schroff, brüsk; **to behave ~** sich ungehobelt benehmen
brusque·ness ['bru:sknəs] *n no pl* Schroffheit *f*
Brus·sels ['brʌs^əlz] *n no pl* Brüssel *nt*
Brus·sel(s) 'sprout *n* ■**~s** *pl* Rosenkohl *m kein pl*
bru·tal ['bru:t^əl] *adj* brutal *a. fig*; *honesty* schonungslos; *truth* ungeschminkt
bru·tal·ity [bru:'tæləti] *n no pl* Brutalität *f*
bru·tal·ize ['bru:t^əlaɪz] *vt* ❶ (*treat cruelly*) brutal behandeln ❷ (*make brutal*) brutalisieren

bru·tal·ly ['bru:t^əli] *adv* brutal *a. fig*; **to be ~ honest with sb** zu jdm schonungslos offen sein
brute [bru:t] I. *n* ❶ (*savage*) Bestie *f* ❷ (*brutal person*) brutaler Kerl ❸ (*animal*) Vieh *nt* II. *adj* **~ force** rohe Gewalt
brut·ish ['bru:tɪʃ] *adj* brutal
BSc *n abbrev of* **Bachelor of Science** Bachelor *m* der Naturwissenschaften
BSE *n no pl* BRIT *abbrev of* **bovine spongiform encephalopathy** BSE *nt o f*
BST *n no pl* *abbrev of* **British Summer Time** britische Sommerzeit
bub·ble ['bʌbl] I. *n* Blase *f*; **to blow a ~** eine Seifenblase machen II. *vi* kochen *a. fig*; *coffee, stew* brodeln; *boiling water, fountain* sprudeln; *champagne* perlen; (*make bubbling sound*) blubbern ◆ **bubble over** *vi* ■**to ~ over with sth** vor etw *dat* [über]sprudeln
'**bub·ble bath** *n* Schaumbad *nt* '**bub·ble·gum** I. *n* Bubblegum *m* II. *adj* (*pej*) *music* Bubblegum- *pej*, seicht, oberflächlich **bub·ble-jet 'print·er** [ˌbʌbldʒet'prɪntə^r] *n* Bubblejet-Drucker *m* '**bub·ble tea** *n* FOOD Bubbletea *m*
bub·bly ['bʌbli] I. *n no pl* (*fam*) Schampus *m* II. *adj* ❶ *drink* sprudelnd; *melted cheese* Blasen werfend ❷ *person* temperamentvoll
bu·bon·ic plague [bju:ˌbɒnɪk'pleɪg] *n no pl* Beulenpest *f*
buc·ca·neer [ˌbʌkə'nɪə^r] *n* Seeräuber(in) *m(f)*
buck[1] [bʌk] *n* AM, AUS (*fam*) Dollar *m*
buck[2] [bʌk] I. *n* <*pl* - *or* -s> (*male deer*) Bock *m*; (*male rabbit*) Rammler *m*; (*antelope*) Antilope *f* II. *vi* bocken III. *vt* **to ~ the trend** sich dem Trend widersetzen
buck[3] [bʌk] *n no pl* (*fam*) **the ~ stops here!** auf meine Verantwortung!; **to pass the ~ [to sb]** die Verantwortung [auf jdn] abwälzen ◆ **buck up** I. *vi* (*fam*) ❶ (*cheer up*) [wieder] Mut fassen; **~ up!** Kopf hoch! ❷ (*hurry up*) sich beeilen II. *vt* aufmuntern ▶ **to ~ one's** <u>ideas</u> **up** sich zusammenreißen
buck·et ['bʌkɪt] I. *n* ❶ (*pail*) Eimer *m*; *champagne* ~ Sektkübel *m* ❷ (*fam: large amounts*) ■**~s** *pl* Unmengen *pl*; **in ~s** eimerweise ▶ **to** <u>kick</u> **the ~** (*sl*) ins Gras beißen II. *vi* BRIT, AUS (*fam*) ■**to ~ down** wie aus Eimern gießen
'**buck·et·ful** <*pl* -s *or* bucketsful> *n* Eimer *m*
'**buck·et hat** *n* weicher Hut, der die Form eines flachen, umgestülpten Eimers hat

buck·le ['bʌkl] **I.** *n* Schnalle *f* **II.** *vt* ❶ *belt* [zu]schnallen ❷ *(bend)* verbiegen **III.** *vi* sich verbiegen; **my knees began to** ~ ich bekam weiche Knie ◆**buckle down** *vi* sich dahinterklemmen *fam* ◆**buckle in** *vt* anschnallen

Buck's Fizz [bʌksˈfɪz] *n* Orangensaft *m* mit Sekt oder Champagner

buck·shot *n no pl* grobkörniger Schrot

buck·skin ['bʌkskɪn] *n no pl* Wildleder *nt*

'**buck·wheat** *n no pl* Buchweizen *m*

bud [bʌd] **I.** *n* Knospe *f;* **to be in** ~ Knospen haben **II.** *vi* <-dd-> knospen

Bud·dhism ['bʊdɪzᵊm] *n no pl* Buddhismus *m*

Bud·dhist ['bʊdɪst] **I.** *n* Buddhist(in) *m(f)* **II.** *adj* buddhistisch

bud·ding ['bʌdɪŋ] *adj (fig)* angehend

bud·dy ['bʌdi] *n* AM *(fam)* Kumpel *m*

budge [bʌdʒ] **I.** *vi* ❶ *(move)* sich [vom Fleck] rühren ❷ *(change mind)* nachgeben; ▪**to** ~ **from sth** von etw *dat* abrücken **II.** *vt* ❶ *(move)* [von der Stelle] bewegen ❷ *(cause to change mind)* umstimmen

budg·eri·gar ['bʌdʒᵊrɪgɑːʳ] *n* Wellensittich *m*

budg·et ['bʌdʒɪt] **I.** *n* Budget *nt;* ▪**the B~** der öffentliche Haushalt[splan] **II.** *vi* ▪**to** ~ **for sth** etw [im Budget] vorsehen **III.** *adj* preiswert; ~ **travel** Billigreisen *pl;* ~ **prices** Tiefpreise *pl*

'**bud·get defi·cit** *n* Haushaltsdefizit *nt*

budgie ['bʌdʒi] *n (fam)* Wellensittich *m*

buff [bʌf] **I.** *n (fam)* Fan *m* ▶ ▪**in the** ~ nackt **II.** *adj* gelbbraun **III.** *vt* ▪**to** ~ [**up**] polieren

buf·fa·lo <*pl* - *or* -oes> ['bʌfᵊləʊ] *n* Büffel *m*

buff·er ['bʌfəʳ] *n* Puffer *m; (railway)* Prellbock *m*

'**buffer zone** *n* Pufferzone *f*

buf·fet¹ ['bʊfeɪ, 'bʌ-] *n* ❶ *(food)* Büfett *nt* ❷ BRIT *(restaurant)* [Bahnhofs]imbiss *m*

buf·fet² ['bʌfɪt] *vt* [heftig] hin und her bewegen

'**buf·fet car** *n esp* BRIT ≈ Speisewagen *m*

buf·foon [bəˈfuːn] *n* Clown *m*

bug [bʌg] **I.** *n* ❶ *(insect)* ▪**~s** *pl* Ungeziefer *nt kein pl;* **bed** ~ Bettwanze *f* ❷ MED Bazillus *m* ❸ COMPUT *(fault)* Bug *m* ❹ *(listening device)* Wanze *f* ❺ *(fam: enthusiasm)* Fieber *nt;* **to catch the travel** ~ vom Reisefieber gepackt werden **II.** *vt* <-gg-> ❶ *(install bugs)* verwanzen ❷ *(eavesdrop on)* abhören ❸ *(fam: annoy)* ▪**to** ~ **sb** [**about sth**] jdm [mit etw *dat*] auf die Nerven gehen; **stop** ~**ging me!** hör auf zu nerven! ❹ *(fam: worry)* ▪**to** ~ **sb** jdm Sorgen bereiten

'**bug·bear** *n* Ärgernis *nt*

bug·ger ['bʌgəʳ] **I.** *n* BRIT, AUS *(vulg)* Scheißkerl *m;* **poor** ~ *(sl)* armes Schwein; **you lucky** ~! *(sl)* du hast vielleicht ein Schwein! ▶ ▪**it's got** ~ **all to do with you!** BRIT, AUS *(vulg)* das geht dich einen Dreck an!; **he knows** ~ **all about computers** BRIT, AUS *(sl)* er hat keinen blassen Schimmer von Computern **II.** *interj* BRIT, AUS *(vulg)* ~! Scheiße! **III.** *vt* ❶ BRIT, AUS *(sl: ruin)* ruinieren ❷ *(vulg)* ▪**to** ~ **sb** jdn in den Arsch ficken ◆**bugger off** *vi (sl)* abhauen ◆**bugger up** *vt (sl)* versauen

bug·gery ['bʌgᵊri] *n no pl* Analverkehr *m*

bug·gy ['bʌgi] *n* ❶ BRIT *(pushchair)* Buggy *m* ❷ AM *(pram)* Kinderwagen *m* ❸ *(small vehicle)* Buggy *n* ❹ *(carriage)* Kutsche *f*

bu·gle ['bjuːgl] *n* Horn *nt*

bu·gler ['bjuːgləʳ] *n* Hornist(in) *m(f)*

build [bɪld] **I.** *n no pl* Körperbau *m* **II.** *vt* <built, built> ❶ *(construct)* bauen; *building also* errichten; *fire* machen; *wall* ziehen ❷ *(fig)* aufbauen **III.** *vi* <built, built> ❶ *(construct)* bauen ❷ *(increase)* zunehmen; *tension* steigen ◆**build in** *vt* einbauen ◆**build on** *vi* ❶ *(take advantage of)* bauen auf +*akk* ❷ *(add extension)* anbauen ◆**build up I.** *vt* aufbauen; *lead* ausbauen; *speed* erhöhen **II.** *vi (increase)* zunehmen; *traffic* sich verdichten; *backlog* größer werden; *pressure* sich erhöhen

build·er ['bɪldəʳ] *n (worker)* Bauarbeiter(in) *m(f); (contractor)* Bauherr(in) *m(f)*

build·ing ['bɪldɪŋ] *n* Gebäude *nt*

'**building con·trac·tor** *n* Bauunternehmer(in) *m(f)* '**building regu·la·tions** *npl* Baugesetze *pl* '**building site** *n* Baustelle *f* '**building so·ci·ety** *n* BRIT, AUS Bausparkasse *f*

'**build qual·ity** *n no pl of car, computer* Verarbeitungsqualität *f*

'**build-up** *n* ❶ *(increase)* Zunahme *f;* ~ **of pressure** Druckanstieg *m;* ~ **of traffic** Verkehrsverdichtung *f;* ~ **of troops** Truppenaufmarsch *m* ❷ *(hype)* Werbung *f* ❸ *(preparations)* Vorbereitung *f*

built [bɪlt] *pp, pt of* **build**

built-in ['bɪltɪn] *adj* eingebaut; ~ **cupboard** Einbauschrank *m* **built-up** ['bɪltʌp] *adj* ❶ *area* verbaut ❷ *shoes* erhöht

bulb [bʌlb] *n* ❶ BOT Zwiebel *f* ❷ ELEC [Glüh]birne *f*

bulb·ous ['bʌlbəs] *adj* knollig; ~ **nose** Knollennase *f*

Bul·garia [bʌlˈgeəriə] *n* Bulgarien *nt*
Bul·gar·ian [bʌlˈgeəriən] **I.** *adj* bulgarisch **II.** *n* ❶ (*person*) Bulgare *m*/Bulgarin *f* ❷ (*language*) Bulgarisch *nt*
bulge [bʌldʒ] **I.** *n* (*protrusion*) Wölbung *f*; (*in tyre*) Wulst *m* **II.** *vi* sich runden; *eyes* hervortreten
bulg·ing [ˈbʌldʒɪŋ] *adj* ❶ (*full*) *container* zum Bersten voll; *stomach, wallet* prall gefüllt ❷ (*protruding*) *eyes* hervorquellend
bu·limia [buˈlɪmiə] *n*, **bu·limia ner·vo·sa** [buˌlɪmiənɜːˈvəʊsə] *n no pl* Bulimie *f*
bulk [bʌlk] *n* ❶ *no pl* (*mass*) Masse *f* ❷ (*size*) Ausmaß *nt* ❸ (*quantity*) **in** ~ in großen Mengen ❹ (*large body*) massiger Körper ❺ *no pl* (*largest part*) Großteil *m*; **the ~ of the work** die meiste Arbeit
bulk ˈbuy·ing *n no pl* Großeinkauf *m*
ˈbulk·head *n* Schott *nt*
bulky [ˈbʌlki] *adj* ❶ *person* massig ❷ *luggage* sperrig
bull [bʊl] *n* ❶ (*male bovine*) Stier *m*, Bulle *m* ❷ (*male elephant, walrus*) Bulle *m*; **~ elephant** Elephantenbulle *m* ❸ (*fig*) Bulle *m* ❹ *no pl* (*fam: nonsense*) Quatsch *m*; **to tell** [*or* **to give**] **sb a whole load of ~** (*fam*) jdm was [*o* einen] vom Pferd erzählen *fam* ❺ STOCKEX Haussier *m* ▶ **like a ~ in a china shop** wie ein Elefant im Porzellanladen; **to take the ~ by the horns** den Stier bei den Hörnern packen; **to be** [**like**] **a red rag to a ~** [wie] ein rotes Tuch sein
ˈbull·dog *n* Bulldogge *f*
bull·doze [ˈbʊldəʊz] *vt* ❶ (*level off*) einebnen; (*clear*) räumen; (*tear down*) abreißen ❷ (*fig*) **to ~ sth through** etw durchboxen
bull·doz·er [ˈbʊldəʊzə^r] *n* Bulldozer *m*
bul·let [ˈbʊlɪt] *n* ❶ MIL Kugel *f*; **~ hole** Einschussloch *nt*; **~ wound** Schusswunde *f* ❷ TYPO großer Punkt ▶ **to bite the ~** in den sauren Apfel beißen; **to give sb the ~** jdn feuern
bul·letin [ˈbʊlətɪn] *n* Bulletin *nt*; (*update*) [kurzer] Lagebericht; [**news**] **~** [Kurz]nachrichten *pl*
ˈbul·letin board *n* schwarzes Brett
ˈbul·let·proof *adj* kugelsicher
ˈbull·fight *n* Stierkampf *m*
ˈbull·fight·er *n* Stierkämpfer(in) *m(f)*
ˈbull·finch *n* Dompfaff *m*
bul·lion [ˈbʊliən] *n no pl* **gold ~** Goldbarren *pl*
bull·ock [ˈbʊlək] *n* Ochse *m*
ˈbull·ring *n* Stierkampfarena *f* **ˈbull's eye** *n* Zentrum *nt* der Zielscheibe; **to hit the ~** einen Volltreffer landen *a. fig* **ˈbull**

shit (*fam!*) **I.** *n no pl* Schwachsinn *m*; **don't give me that ~** komm mir nicht mit so 'nem Scheiß **II.** *adj excuse* windig **III.** *vt* <-tt-> verscheißern **IV.** *vi* <-tt-> Scheiß erzählen
bul·ly [ˈbʊli] **I.** *n* Rabauke *m*; **you're a big ~** du bist ein ganz gemeiner Kerl **II.** *vt* <-ie-> tyrannisieren; ■ **to ~ sb into doing sth** jdn soweit einschüchtern, dass er etw tut **III.** *adj* ▶ **~ for you** (*esp iron*) gratuliere!
bul·rush <*pl* -es> [ˈbʊlrʌʃ] *n* [große] Binse
bul·wark [ˈbʊlwək] *n* Bollwerk *nt*
bum [bʌm] **I.** *n* ❶ (*pej: good-for-nothing*) Penner *m* ❷ *esp* BRIT, AUS (*fam: bottom*) Hintern *m*; **to give sb a kick up the ~** jdn in den Hintern treten ▶ **to give sb the ~'s rush** AM (*fam*) jdn rausschmeißen **II.** *adj* (*pej fam*) mies; **~ rap** AM ungerechte Behandlung; **~ steer** AM, AUS Verschaukelung *f* **III.** *vt* <-mm-> (*fam*) ■ **to ~ sth off sb** etw von jdm schnorren
bum·ble [ˈbʌmbl] *vi* ■ **to ~ through sth** sich durch etw *akk* wursteln
bum·ble·bee [ˈbʌmblbiː] *n* Hummel *f*
bum·bling [ˈbʌmblɪŋ] *adj* tollpatschig; **~ idiot** ausgemachter Volltrottel
bumf [bʌm(p)f] *n no pl esp* BRIT, AUS (*fam*) Papierkram *m*
bump [bʌmp] **I.** *n* ❶ (*on head*) Beule *f*; (*in road*) Unebenheit *f*; **speed ~** Bodenschwelle *f* ❷ (*fam: light blow*) leichter Stoß ❸ (*thud*) Bums *m*; **to go ~** rumsen ❹ BRIT (*hum*) dicker Bauch **II.** *vt* ❶ (*have accident*) AUTO zusammenstoßen mit; ■ **to ~ oneself** sich [an]stoßen ❷ *usu passive* AM (*fam*) **to get ~ed from a flight** von der Passagierliste gestrichen werden **III.** *vi* ■ **to ~ along** entlangrumpeln ◆ **bump into** *vi* ■ **to ~ into sb** (*knock against*) mit jdm zusammenstoßen; ■ **to ~ into sth** gegen etw *akk* stoßen ❷ (*fig: meet by chance*) jdm [zufällig] in die Arme laufen ◆ **bump off** *vt* (*sl*) umlegen
bump·er [ˈbʌmpə^r] *n* Stoßstange *f*
ˈbump·er car *n* [Auto]skooter *m* **ˈbump·er stick·er** *n* Autoaufkleber *m* **bumper-to-ˈbumper** *adv attr* Haube an Haube
bumph [bʌm(p)f] *n no pl see* **bumf**
bump·kin [ˈbʌmpkɪn] *n* (*pej fam*) **country ~** Bauerntölpel *m*
bump·tious [ˈbʌmpʃəs] *adj* überheblich
bumpy [ˈbʌmpi] *adj* holp[e]rig; *flight, ride* unruhig
bun [bʌn] *n* ❶ (*pastry*) [rundes] Gebäckstück *m* ❷ *esp* AM (*bread roll*) Brötchen *nt* ❸ (*hair style*) [Haar]knoten *m* ▶ **she has a ~ in the oven** sie kriegt ein Kind

bunch <*pl* -**es**> [bʌn(t)ʃ] I. *n* ❶ (*group*) *of bananas* Büschel *nt; of carrots, parsley* Bund *m; of files* Bündel *nt; of flowers* Strauß *m; of people* Haufen *m;* **~ of grapes** Weintraube *f;* **~ of keys** Schlüsselbund *m;* **thanks a ~!** tausend Dank!; **a whole ~ of problems** jede Menge Probleme ❷ (*wad*) **in a ~** aufgebauscht ❸ *pl* Brit **to wear one's hair in ~es** Zöpfe tragen ▸ **to be the best** [*or* **pick**] **of the ~** der/die/das Beste von allen sein II. *vt* bündeln III. *vi* sich bauschen

bun·dle ['bʌndl] I. *n* Bündel *nt;* **a ~ of nerves** (*fig*) ein Nervenbündel *nt* II. *vt* **to ~ sb into the car** jdn ins Auto verfrachten
♦ **bundle up** *vt* bündeln

bung [bʌŋ] I. *n* ❶ *esp* Brit Pfropfen *m* ❷ (*fam: underhand payment*) Schmiergeld *nt* II. *vt* ❶ *esp* Brit ▪ **to be ~ed up** verstopft sein ❷ *esp* Brit, Aus (*fam: throw*) schmeißen

bun·ga·low ['bʌŋgələʊ] *n* Bungalow *m*

'bun·gee jump·ing *n no pl* Bungeespringen *nt*

bun·gle ['bʌŋgl] I. *vt* verpfuschen II. *vi* Mist bauen III. *n* **to make a ~ of sth** etw verpfuschen

bun·gler ['bʌŋglə^r] *n* (*pej*) Pfuscher(in) *m(f)*

bun·gling ['bʌŋglɪŋ] I. *n no pl* Stümperei *f* II. *adj* ungeschickt; **~ idiot** ausgemachter Trottel

bunk [bʌŋk] I. *n* ❶ (*in boat*) Koje *f* ❷ (*part of bed*) **bottom/top ~** unteres/oberes Bett (*eines Etagenbetts*) ▸ **to do a ~** Brit, Aus [heimlich] abhauen II. *vi* (*fam*) ▪ **to ~ [down]** sich aufs Ohr legen; **to ~ together** Am sich *dat* eine Bude teilen

bunk 'bed *n* Etagenbett *nt*

bun·ker ['bʌŋkə^r] *n* Bunker *m*

bun·ny ['bʌni] *n* Häschen *nt*

Bun·sen burn·er [bʌn(t)s^ən,bɜːnə^r] *n* Bunsenbrenner *m*

bunt·ing ['bʌntɪŋ] *n no pl* Schmücken *nt* mit Fähnchen

buoy [bɔɪ] I. *n* Boje *f* II. *vt* (*encourage*) ▪ **to ~ sb up** jdm Auftrieb geben

buoy·an·cy ['bɔɪən(t)si] *n no pl* Schwimmfähigkeit *f* **buoy·ant** ['bɔɪənt] *adj* ❶ (*able to float*) schwimmfähig ❷ (*cheerful*) **to be in a ~ mood** in bester Stimmung sein ❸ econ lebhaft

bur·ble ['bɜːbl] I. *vi* ❶ (*of water*) plätschern ❷ (*pej: babble*) plappern II. *vt* (*pej*) brabbeln

bur·den ['bɜːd^ən] I. *n* ❶ (*load*) Last *f* ❷ (*fig*) Belastung *f;* **to place a ~ on sb** jdn einer Belastung aussetzen II. *vt* ❶ (*load*) beladen ❷ (*bother*) belasten

bur·den·some ['bɜːd^ənsəm] *adj* (*form*) belastend

bu·reau <*pl* -**x** *or* Am, Aus *usu* -**s**> ['bjʊərəʊ] *n* ❶ (*government department*) Amt *nt*, Behörde *f* ❷ Am (*office*) [Informations]büro *nt* ❸ Brit (*desk*) Sekretär *m* ❹ Am (*chest of drawers*) Kommode *f*

bu·reau·cra·cy [bjʊəˈrɒkrəsi] *n* Bürokratie *f*

bu·reau·crat ['bjʊərə(ʊ)kræt] *n* Bürokrat(in) *m(f)*

bu·reau·crat·ic [ˌbjʊərə(ʊ)ˈkrætɪk] *adj* bürokratisch

bu·reau·crati·cal·ly [ˌbjʊərəʊˈkrætɪk^əli] *adv* bürokratisch

bur·geon·ing ['bɜːdʒ^ənɪŋ] *adj* rasch wachsend

bur·ger ['bɜːgə^r] *n* (*fam*) *short for* **hamburger** [Ham]burger *m*

bur·glar ['bɜːglə^r] *n* Einbrecher(in) *m(f)*

'bur·glar alarm *n* Alarmanlage *f*

bur·glar·ize ['bɜːglərаɪz] *vt* Am einbrechen in +*akk*

bur·gla·ry ['bɜːgl^əri] *n* Einbruch[diebstahl] *m*

bur·gle ['bɜːgl] *vt* Brit, Aus einbrechen in +*akk;* **they were ~d** bei ihnen wurde eingebrochen

bur·gun·dy ['bɜːg^əndi] I. *n* ❶ (*wine*) Burgunder *m* ❷ (*colour*) Burgunderrot *nt* II. *adj* burgunderrot

bur·ial ['beriəl] *n* Beerdigung *f;* **~ at sea** Seebestattung *f*

'bur·ial ground *n* Friedhof *m;* hist Begräbnisstätte *f* **'bur·ial ser·vice** *n* Trauerfeier *f*

Bur·ki·na Fa·so [bɜːˌkiːnəˈfæsəʊ] *n* Burkina Faso *nt*

bur·lesque [bɜːˈlesk] *n* ❶ (*written*) Parodie *f* ❷ *no pl* (*genre*) Burleske *f* ❸ Am (*variety show*) Varietévorstellung *f;* (*comedy*) Klamauksendung *f*

bur·ly ['bɜːli] *adj* kräftig [gebaut]

Bur·ma ['bɜːmə] *n no pl* geog, hist Burma *nt*

burn¹ [bɜːn] *n* scot Bächlein *nt*

burn² [bɜːn] I. *n* ❶ (*injury*) Verbrennung *f*, Brandwunde *f;* (*sunburn*) Sonnenbrand *m* ❷ (*damage*) Brandfleck *m;* **cigarette ~** Brandloch *nt* II. *vi* <burnt *or* Am *usu* burned *or* Am *usu* burned> ❶ (*be in flames*) brennen; *house* in Flammen stehen; **to ~ to death** verbrennen ❷ food anbrennen ❸ (*sunburn*) einen Sonnenbrand bekommen ❹ (*acid*) ätzen III. *vt* <burnt *or* Am *usu* burned, burnt *or* Am *usu* burned> ❶ (*damage with heat*) verbrennen; *village* niederbrennen; **to ~ one's fingers** (*also fig*) sich *dat* die Finger verbrennen ❷ FOOD anbrennen lassen ❸ (*sunburn*) ▪**to be ~t** einen Sonnenbrand haben ❹ (*acid*) verätzen ❺ (*use up*) *calories* verbrennen; *oil* verbrauchen ❻ COMPUT brennen ◆**burn away** I. *vi* herunterbrennen; (*continuously*) vor sich hinbrennen II. *vt* abbrennen ◆**burn down** I. *vt* abbrennen II. *vi building* niederbrennen; *forest* abbrennen; *candle, fire* herunterbrennen ◆**burn out** I. *vi* ❶ *fire, candle* herunterbrennen ❷ *rocket* ausbrennen ❸ AM (*fam: reach saturation*) ▪**to ~ out on sth** etw schnell überhaben ❹ *bulb* durchbrennen; (*slowly*) durchschmoren II. *vt* ❶ (*stop burning*) **the candle ~t itself out** die Kerze brannte herunter ❷ (*lose*) **to be ~t out of house and home** durch einen Brand Haus und Hof verlieren ❸ (*person*) ▪**to ~ [oneself] out** sich völlig verausgaben ◆**burn up** I. *vi* ❶ verbrennen ❷ (*fig: be feverish*) glühen ❸ AEROSP *rocket, satellite* verglühen II. *vt* verbrauchen; *calories* verbrennen

burn·er ['bɜːnə^r] *n* Brenner *m*; AM *also* Kochplatte *f*

burn·ing ['bɜːnɪŋ] I. *adj* ❶ (*on fire*) brennend; *face* glühend ❷ (*fig: intense*) brennend ❸ (*controversial*) *issue* heiß diskutiert; *question* brennend ❹ (*stinging*) brennend II. *n no pl* **there's a smell of ~** es riecht verbrannt

burnt [bɜːnt] I. *vt, vi pt, pp of* **burn** II. *adj* (*completely*) verbrannt; (*partly*) *food* angebrannt; (*from sun*) verbrannt; **there's a ~ smell** es riecht verbrannt

burp [bɜːp] I. *n* Rülpser *m*; *of a baby* Bäuerchen *nt* II. *vi* aufstoßen, rülpsen *fam; baby* ein Bäuerchen machen III. *vt baby* aufstoßen lassen

burr [bɜːʳ] *n* ❶ BOT Klette *f* ❷ LING **to speak with a ~** ein gerolltes Zäpfchen-R sprechen (*wie im Westen Englands und in Schottland*)

bur·row ['bʌrəʊ] I. *n* Bau *m* II. *vt* graben III. *vi* (*dig*) einen Bau graben; ▪**to ~ through** sich [hin]durchgraben durch +*akk*

bur·sar ['bɜːsəʳ] *n* Finanzverwalter(in) *m(f)*

bur·sa·ry ['bɜːsªri] *n esp* BRIT Stipendium *nt*

burst [bɜːst] I. *n* **~ of activity** plötzliche Geschäftigkeit; **~ of applause** Beifallssturm *m;* **~ of laughter** Lachsalve *f;* **~ of speed** Spurt *m* II. *vi* <burst *or* AM *also* bursted, burst *or* AM *also* bursted> ❶ (*explode*) platzen *a. fig; bubble* zerplatzen; *dam* bersten ❷ (*fig*) ▪**to be ~ing to do sth** darauf brennen, etw zu tun ❸ (*fam*) **I'm ~ing to go to the loo!** ich muss ganz dringend aufs Klo! ❹ (*be full*) *suitcase* zum Bersten voll sein; **to be ~ing with curiosity/pride** vor Neugier/Stolz platzen; **to be ~ing with energy** vor Kraft [nur so] strotzen; **to be ~ing with happiness** vor Glück ganz außer sich sein III. *vt* <burst *or* AM *also* bursted, burst *or* AM *also* bursted> zum Platzen bringen; *balloon* platzen lassen; **the river ~ its banks** der Fluss trat über die Ufer; **she ~ a blood vessel** ihr ist eine Ader geplatzt ◆**burst in** *vi* hineinstürzen; (*towards spectator*) hereinstürzen; ▪**to ~ in on sb** bei jdm hereinplatzen; **to ~ in on a meeting** in eine Versammlung hineinplatzen ◆**burst out** *vi* ❶ (*hurry out*) herausstürzen ❷ (*speak*) losplatzen ❸ (*commence*) **to ~ out crying/laughing** in Tränen/Gelächter ausbrechen ❹ (*appear*) hervorbrechen ◆**burst through** *vi* durchbrechen

Bu·run·di [bʊ'rʊndi] *n* Burundi *nt*

bury <-ie-> ['beri] *vt person* begraben; *thing* vergraben *a. fig;* **to ~ oneself in one's book** sich in sein Buch vertiefen

bus [bʌs] I. *n* <*pl* -es *or* AM *also* -ses> [Omni]bus *m;* **to go by ~** mit dem Bus fahren II. *vt* <-ss- *or* AM *usu* -s-> mit dem Bus befördern III. *vi* <-ss- *or* AM *usu* -s-> mit dem Bus fahren

'**bus driv·er** *n* Busfahrer(in) *m(f)*

bush <*pl* -es> [bʊʃ] *n* ❶ (*plant*) Busch *m* ❷ (*thicket*) Gebüsch *nt* ❸ (*fig*) **~ of hair** [dichtes] Haarbüschel *no pl* (*in Africa, Australia*) Busch *m* ▸**to beat about the ~** um den heißen Brei herumreden

'**Bush baby** *n* AM (*fam*) *jd, der sich wie Präsident George W. Bush ausdrückt und verhält*

bush·el [bʊʃªl] *n* Bushel *m* ▸**to hide one's light under a ~** sein Licht unter den Scheffel stellen

bushy ['bʊʃi] *adj* buschig

busi·ly ['bɪzɪli] *adv* eifrig; **~ engaged on sth** intensiv mit etw *dat* beschäftigt

busi·ness <*pl* -es> ['bɪznɪs] *n* ❶ *no pl* (*commerce*) Handel *m;* **to combine ~ with pleasure** das Angenehme mit dem Nützlichen verbinden; **to do ~ with sb** mit jdm Geschäfte machen; **to go out of ~** das Geschäft aufgeben; **to talk ~** zur Sache kommen; **on ~** beruflich, dienstlich, geschäftlich ❷ *no pl* (*sales volume*) Geschäft *nt;* **how's ~?** was machen die Geschäfte? ❸ (*profession*) Branche *f*; **what line of ~ are you in?** in welcher Branche

sind Sie tätig? ❹ (*company*) Unternehmen *nt* ❺ *no pl* (*matter*) Angelegenheit *f*; **that's none of your ~** das geht dich nichts an; **to have no ~ doing sth** nicht das Recht haben, etw zu tun; **to make sth one's ~** sich *dat* etw zur Aufgabe machen ❻ *no pl* **to mean ~** es [wirklich] ernst meinen ▶**~ before pleasure** (*prov*) erst die Arbeit, dann das Vergnügen; **to be ~ as usual** (*prov*) den gewohnten Gang gehen; **to get down to ~** zur Sache kommen; **to be the ~** BRIT (*sl*) spitze sein; **like nobody's ~** (*fam*) ganz toll
'**busi·ness ad·dress** *n* Geschäftsadresse *f*
'**busi·ness card** *n* Visitenkarte *f* '**busi·ness class** *n no pl* Businessclass *f*
'**busi·ness hours** *npl* Geschäftszeiten *pl* '**busi·ness let·ter** *n* Geschäftsbrief *m*
'**busi·ness·like** *adj* geschäftsmäßig
'**busi·ness·man** *n* Geschäftsmann *m*
'**busi·ness mod·el** *n* Geschäftsmodell *nt* '**busi·ness park** *n* Industriepark *m* '**busi·ness trip** *n* Dienstreise *f*, Geschäftsreise *f* '**busi·ness·wom·an** *n* Geschäftsfrau *f*
busk [bʌsk] *vi* BRIT, AUS Straßenmusik machen **busk·er** ['bʌskəʳ] *n* Straßenmusikant(in) *m(f)*
'**bus·load** *n* Busladung *f*
'**bus ser·vice** *n* Busverbindung *f* '**bus sta·tion** *n* Busbahnhof *m* '**bus stop** *n* Bushaltestelle *f*
bust[1] [bʌst] *n* ❶ (*statue*) Büste *f* ❷ (*breasts*) Büste *f*; (*circumference*) Oberweite *f*
bust[2] [bʌst] **I.** *n* ❶ (*recession*) [wirtschaftlicher] Niedergang ❷ (*sl*) Razzia *f* **II.** *adj* (*fam*) ❶ (*broken*) kaputt ❷ (*bankrupt*) **to go ~** Pleite machen **III.** *vt* <bust *or* AM *usu* busted, bust *or* AM *usu* busted> (*fam*) ❶ (*break*) kaputtmachen ❷ AM (*arrest*) festnehmen ❸ AM SCH erwischen ◆ **bust out** *vt* ■ **to ~ sb out** [**from prison**] jdm helfen auszubrechen
bus·tle ['bʌsl] **I.** *n no pl* Getriebe *nt* **II.** *vi* **the street ~d with activity** auf der Straße herrschte reger Betrieb; ■ **to ~ about** herumwuseln; ■ **to ~ in/out** geschäftig hinein-/hinauseilen
bus·tling ['bʌslɪŋ] *adj place* belebt
bust-up ['bʌstʌp] *n* BRIT, AUS (*fam*) Krach *m*
busy ['bɪzi] **I.** *adj* ❶ (*occupied*) beschäftigt; **I'm very ~ this week** ich habe diese Woche viel zu tun; **to keep oneself ~** sich beschäftigen; **to keep sb ~** jdn in Atem halten ❷ (*active*) *day* arbeitsreich; *life* bewegt; *street* verkehrsreich; **I've had a ~ day** ich hatte heute viel zu tun; **the busiest time of year** die Jahreszeit, in der am meisten los ist ❸ TELEC besetzt **II.** *vt* <-ie-> ■ **to ~ oneself with sth** sich mit etw beschäftigen
'**busy·body** *n* (*pej fam*) Wichtigtuer(in) *m(f)*
but [bʌt, bət] **I.** *conj* ❶ (*although, however*) aber; **~ then I'm no expert** ich bin allerdings keine Expertin ❷ (*except*) als ❸ (*rather*) sondern; **not only ... ~ also ...** [*too*] nicht nur[,] ... sondern auch ... **II.** *prep* **last ~ one** vorletzte(r, s); **anything ~** alles außer; **nothing ~ trouble** nichts als Ärger **III.** *n* **no ~s, go clean your room!** keine Widerrede, räum jetzt dein Zimmer auf!; **no [ifs and] ~s about it** da gibt es kein Wenn und Aber **IV.** *adv* ❶ (*form: only*) nur ❷ (*really*) aber auch ▶**~ for** bis auf; **~ for the storm, ...** wäre der Sturm nicht gewesen, ...; **~ then** [**again**] (*on the other hand*) andererseits; (*after all*) schließlich
bu·tane ['bju:teɪn] *n no pl* Butan[gas] *nt*
butch [bʊtʃ] *adj* maskulin
butch·er ['bʊtʃəʳ] **I.** *n* Metzger(in) *m(f)* **II.** *vt* ❶ (*slaughter*) schlachten ❷ (*murder*) niedermetzeln
butch·ery ['bʊtʃəri] *n no pl* (*murder*) Abschlachten *nt*
but·ler ['bʌtləʳ] *n* Butler *m*
but'n'ben [ˌbʌtən'ben] *n* SCOT kleines [*o* armseliges] Häuschen
butt [bʌt] *n* ❶ *of rifle* Kolben *m; of cigarette* Stummel *m* ❷ AM (*sl*) Hintern *m;* **to get off one's ~** seinen Hintern in Bewegung setzen ❸ (*hit with head*) Stoß *m* [mit dem Kopf] ❹ (*usu fig: target*) Zielscheibe ❺ (*barrel*) Tonne *f* **II.** *vt* ■ **to ~ sb/sth** jdm/etw einen Stoß mit dem Kopf versetzen **III.** *vi person* mit dem Kopf stoßen; *goat* mit den Hörnern stoßen
but·ter ['bʌtəʳ] **I.** *n no pl* Butter *f* ▶**she looks as if ~ wouldn't melt in her mouth** sie sieht aus, als könnte sie kein Wässerchen trüben **II.** *vt* mit Butter bestreichen ◆ **butter up** *vt* ■ **to ~ sb up** jdm Honig um den Bart schmieren
'**but·ter·cup** *n* Butterblume *f* '**but·ter·dish** *n* Butterdose *f* '**but·ter·fin·gers** <*pl* -> *n* (*hum*) Tollpatsch *m*
but·ter·fly ['bʌtəflaɪ] *n* ❶ Schmetterling *m* ❷ (*in swimming*) Butterfly *m* ▶**to have butterflies [in one's stomach]** ein flaues Gefühl [im Magen] haben
'**but·ter·milk** *n no pl* Buttermilch *f*
but·tery ['bʌtəri] *adj* butt[e]rig

but·tock ['bʌtək] *n* [Hinter]backe *f;* ▪ **~s** *pl* Gesäß *nt*

but·ton ['bʌtªn] **I.** *n* ❶ *(fastening device)* Knopf *m* ❷ TECH Knopf *m;* **to push a ~** auf einen Knopf drücken ❸ AM *(badge)* Button *m* ▶ **at the push of a ~** auf Knopfdruck; **to be right on the ~** den Nagel auf den Kopf treffen **II.** *vt* zuknöpfen ▶ **to ~ it** [*or* **one's lip**] den Mund halten **III.** *vi* **to ~ down the front/at** [*or* AM **in**] **the back** sich vorne/hinten knöpfen lassen ◆ **button up** *vt* zuknöpfen

'**but·ton·hole I.** *n* ❶ *(on clothing)* Knopfloch *nt* ❷ BRIT *also* Blume *f* im Knopfloch **II.** *vt* zu fassen kriegen

but·tress ['bʌtrəs] *n* <*pl* -es> ARCHIT Strebepfeiler *m*

bux·om ['bʌksəm] *adj* vollbusig

buy [baɪ] **I.** *n* Kauf *m* **II.** *vt* <bought, bought> ❶ *(purchase)* ▪ **to ~ sb sth** [*or* **sth for sb**] jdm etw kaufen; ▪ **to ~ sth from** [*or fam* **off**] **sb** jdm etw abkaufen; **silence** erkaufen; **time** gewinnen ❷ *(fam: believe)* abkaufen ❸ *(agree to)* zustimmen ◆ **buy off** *vt* kaufen ◆ **buy out** *vt company* aufkaufen; *person* auszahlen ◆ **buy up** *vt* aufkaufen

buy·er ['baɪəʳ] *n* Käufer(in) *m(f);* (*as job*) Einkäufer(in) *m(f)*

'**buy·out** ['baɪaʊt] *n* Übernahme *f* **buy-to-'let I.** *n* Immobilie *f* zum Kaufen und Vermieten, Immobilien als Renditeobjekte **II.** *adj attr mortgage, property* zum Kaufen und Vermieten präd

buzz [bʌz] **I.** *vi bee, buzzer* summen; *fly* brummen; *ears* dröhnen; **my head was ~ing** mir schwirrten alle möglichen Gedanken durch den Kopf; **the room was ~ing with conversation** das Zimmer war von Stimmengewirr erfüllt **II.** *vt* ❶ *(telephone)* anrufen ❷ AVIAT im Tiefflug über etw *akk* hinwegsausen **III.** *n* <*pl* -es> ❶ *of a bee, buzzer* Summen *nt; of a fly* Brummen *nt;* **~ of conversation** Stimmengewirr *nt* ❷ *(call)* **to give sb a ~** jdn anrufen ❸ *(fam: high feeling)* Kick *m;* (*from alcohol*) Rausch *m* ◆ **buzz off** *vi* (*fam!*) abzischen

buz·zard ['bʌzəd] *n* ❶ BRIT *(hawk)* Bussard *m* ❷ AM *(turkey vulture)* Truthahngeier *m*

'**buzz cut** *n* Stoppelhaare *pl,* kurz geschorene Haare

buzz·er ['bʌzəʳ] *n* Summer *m*

'**buzz word** *n* Schlagwort *nt*

buzzy ['bʌzi] *adj* (*fam*) *club, pub, resort* voller Leben *nach n; atmosphere* lebhaft;

there are ~ cafés on the square in den Cafés am Platz ist viel los

by [baɪ] **I.** *prep* ❶ *(beside)* bei, an; **come and sit ~ me** komm und setz dich zu mir ❷ *(part of sb/sth)* bei; **~ the arm/hair** am Arm/Schopf; **~ the hand** bei der Hand ❸ *(not later than)* bis; **~ 14 February** [spätestens] bis zum 14.02.; **~ now** [*or* **this time**] inzwischen; **~ the time** [**that**] **this letter reaches you ...** wenn dieser Brief dich erreicht, ... ❹ *(during)* bei; **~ candlelight** bei Kerzenlicht; **~ day/night** tagsüber/nachts ❺ *(happening progressively)* **bit ~ bit** nach und nach; **day ~ day** Tag für Tag; **minute ~ minute** Minute um Minute; **~ the minute** von Minute zu Minute; **two ~ two** in Zweiergruppen ❻ *(agent)* von; **a painting ~ Picasso** ein Gemälde von Picasso; **I swear ~ Almighty God that ...** ich schwöre bei dem allmächtigen Gott, dass ... ❼ *(by means of)* durch, mit; **you switch it on ~ pressing this button** man schaltet es ein, indem man auf diesen Knopf drückt; **~ boat/bus/car/train** mit dem Schiff/Bus/Auto/Zug; **~ chance** durch Zufall; **~ cheque** mit Scheck; **~ contrast** im Gegensatz; **caused ~ fire** durch einen Brand verursacht; **~ her last name** mit ihrem Nachnamen; **to travel ~ road** über Land fahren; **to travel ~ sea** auf dem Seeweg reisen ❽ *(according to)* nach, von; **he could tell ~ the look on her face that ...** er konnte an ihrem Gesichtsausdruck ablesen, dass ...; **that's all right ~ me** ich bin damit einverstanden; **what is meant ~ 'cool'?** was bedeutet ‚cool'?; **~ birth** von Geburt; **~ law** dem Gesetz nach; **~ profession** von Beruf; **~ my watch** nach meiner Uhr ❾ *(quantity)* **~ the day** tageweise; **~ the hour** stundenweise; **~ the metre** am Meter; **~ the thousand** zu Tausenden ❿ *(margin)* um; **it would be better ~ far to ...** es wäre weitaus besser, ...; **to go up ~ 20%** um 20 % steigen ⓫ MATH **8 divided ~ 4 equals 2** 8 geteilt durch 4 ist 2; **8 multiplied ~ 3 equals 24** 8 mal 3 macht 24; **he multiplied it ~ 20** er hat es mit 20 multipliziert; **5 metres ~ 8 metres** 5 mal 8 Meter **II.** *adv* ❶ *(past)* vorbei; **excuse me, I can't get ~** Entschuldigung, ich komme nicht vorbei; **time goes ~ so quickly** die Zeit vergeht so schnell ❷ *(near)* **close ~** ganz in der Nähe ▶ **~ and large** im Großen und Ganzen; **~ oneself** *(alone)* allein; (*unaided*) selbst

bye [baɪ] *interj* (*fam*) tschüs

bye-bye [ˌbaɪˈbaɪ] *interj* (*fam*) tschüs
ˈby-elec·tion *n* BRIT, CAN Nachwahl *f*
ˈby·gone **I.** *adj* vergangen **II.** *n* ▶ **to let ~s be ~s** die Vergangenheit ruhen lassen
ˈby-law *n* Gemeindeverordnung *f*
ˈby·pass **I.** *n* ❶ TRANSP Umgehungsstraße *f* ❷ MED Bypass *m* **II.** *vt* ❶ (*detour*) umfahren ❷ (*not consult*) übergehen
ˈby·play *n no pl* Nebenhandlung *f*
ˈby-prod·uct *n* Nebenprodukt *nt*; (*fig*) Begleiterscheinung *f*
ˈby·road *n* Nebenstraße *f*
ˈby·stand·er *n* Zuschauer(in) *m(f)*
byte [baɪt] *n* COMPUT Byte *nt*
ˈby·way *n* Seitenweg *m*
ˈby·word *n* Musterbeispiel *nt*
byz·an·tine [brˈzæntaɪn] *adj* ❶ (*pej: overly complicated*) *explanations, procedures* hoch kompliziert, schwer durchschaubar ❷ ARCHIT ■ **B~** byzantinisch
Byz·an·tium [brˈzæntiəm] *n no pl* HIST Byzanz *nt*

Cc

C <*pl* -'s *or* -s>, **c** <*pl* -'s> [siː] *n* ❶ (*letter*) C *nt*, c *nt*; *see also* **A 1** ❷ MUS C *nt*, c *nt*; **C flat** ces *nt*, Ces *nt*; **C sharp** Cis *nt*, cis *nt* ❸ (*school mark*) ≈ Drei *f*, ≈ befriedigend
C¹ <*pl* -'s *or* -s> [siː] *n* (*symbol for 100*) **C-note** AM Hundertdollarschein *m*
C² ❶ *after n abbrev of* **Celsius** C ❷ *abbrev of* **cancer: the Big C** (*fam*) Krebs *m*
c *abbrev of* **circa** ca.
cab [kæb] *n* ❶ (*of a truck*) Führerhaus *nt* ❷ (*taxi*) Taxi *nt*
caba·ret [ˈkæbəreɪ] *n* (*performance*) Varietee *nt*; (*satirical*) Kabarett *n*
cab·bage [ˈkæbɪdʒ] *n* Kohl *m kein pl*, Kraut *nt kein pl bes* SÜDD; (*head*) Kohlkopf *m*
ˈcab·by [ˈkæbi] *n*, *esp* AM **ˈcab·driv·er** *n* Taxifahrer(in) *m(f)*
cab·in [ˈkæbɪn] *n* ❶ (*on ship*) Kabine *f*; (*on plane*) Fahrgastraum *m* ❷ (*wooden house*) [Block]hütte *f*; (*for holidays*) Ferienhütte *f*
ˈcab·in class *n* zweite Klasse **ˈcab·in cruis·er** *n* Kajütboot *nt*
cabi·net [ˈkæbɪnət] *n* ❶ (*storage place*) Schrank *m* ❷ + *sing/pl vb* POL Kabinett *nt*
ca·ble [ˈkeɪbl] **I.** *n* ❶ *no pl* NAUT Tau *nt* ❷ ELEC [Leitungs]kabel *nt*, Leitung *f* ❸ *no pl* TV Kabelfernsehen *nt* ❹ TELEC Kabelnetz *nt* ❺ (*message*) Telegramm *nt* **II.** *vt* ❶ (*send telegram*) ein Telegramm schicken ❷ TV ■ **to be ~d** verkabelt sein
ˈca·ble car *n* (*on mountain*) Seilbahn *f*; (*cabin*) [Seilbahn]kabine *f*; (*on street*) Kabelbahn *f*; (*car*) [Kabelbahn]wagen *m* **ˈca·ble net·work** *n* TV Kabelnetz *nt* **ca·ble ˈrail·way** *n* Kabelbahn *f* **ˈca·ble**
stitch *n* Zopfmuster *nt* **ca·ble ˈtele·vi·sion** *n no pl*, **ca·ble TˈV** *n no pl* Kabelfernsehen *nt*
ˈcab rank *n*, **ˈcab stand** *n* Taxistand *m*
cab·rio·let [ˈkæbriə(ʊ)leɪ] *n* Kabrio[lett] *nt*
ca·cao [kæˈkaʊ] *n no pl* Kakaobaum *m*
cache [kæʃ] **I.** *n* ❶ (*hiding place*) Versteck *nt*; **~ of weapons** geheimes Waffenlager ❷ COMPUT Cache *m* **II.** *vt* COMPUT ■ **to ~ sth** etw im Cache speichern
ca·chet [ˈkæʃeɪ] *n no pl* Ansehen *nt*
cack·le [ˈkækl] **I.** *vi* gackern **II.** *n* ❶ (*chicken noise*) Gackern *nt kein pl* ❷ (*laughter*) Gegacker *nt*
ca·copho·ny [kəˈkɒfəni] *n no pl* (*form*) Missklang *m*
cac·tus <*pl* -es *or* cacti> [ˈkæktəs, *pl* -taɪ] *n* Kaktus *m*
CAD [kæd] *n no pl abbrev of* **Computer-Aided Design** CAD *nt*
ca·dav·er [kəˈdɑːvəʳ] *n* (*form*) *of humans* Leiche *f*; *of an animal* Kadaver *m*
cad·die [ˈkædi], **cad·dy** [ˈkædi] **I.** *n* Caddie *m* **II.** *vi* ■ **to ~ for sb** jds Caddie sein
ca·dence [ˈkeɪdən(t)s] *n* ❶ (*intonation*) Tonfall *m*; (*rhythm*) Rhythmus *m* ❷ MUS Kadenz *f*
ca·det [kəˈdet] *n* MIL Kadett *m*
cadge [kædʒ] *vt*, *vi* (*fam*) schnorren (**from/off** von)
cadg·er [ˈkædʒəʳ] *n* (*pej*) Schnorrer(in) *m(f)*
cad·mium [ˈkædmiəm] *n no pl* Kadmium *nt*, Cadmium *nt*
ca·dre [ˈkɑːdəʳ] *n* ❶ (*elite trained group*) Führungsgruppe *f*; MIL, POL, SPORTS Kader *m* ❷ (*individual member*) Kadermitglied *nt*
Cae·sar·ean [sɪˈzeəriən] MED **I.** *adj* ~ **de-**

livery [*or* **birth**] Kaiserschnittgeburt *f*; **~ section** Kaiserschnitt *m* **II.** *n* Kaiserschnitt *m*

ca·fé *n*, **cafe** [ˈkæfeɪ] *n* Café *nt*

caf·e·te·ri·a [ˌkæfəˈtɪəriə] *n* Cafeteria *f*

caf·fein(e) [ˈkæfiːn] *n no pl* Koffein *nt*

cage [keɪdʒ] **I.** *n* Käfig *m* **II.** *vt* einsperren, in einen/in den Käfig sperren; **like a ~d animal** wie ein Tier im Käfig

cag·ey [ˈkeɪdʒi] *adj* (*fam*) ❶ (*secretive*) verschlossen ❷ (*sneaky*) durchtrieben

ca·goul(e) [kəˈguːl] *n* BRIT Regenjacke *f* [mit Kapuze]

cairn [keən] *n* Steinhaufen *m*

Cai·ro *n* [ˈkaɪ(ə)rəʊ] Kairo *nt*

ca·jole [kəˈdʒəʊl] *vt* beschwatzen

cake [keɪk] **I.** *n* ❶ (*in baking*) Kuchen *m*; (*layered*) Torte *f* (*patty*) Küchlein *nt*; **fish ~** Fischfrikadelle *f*; **potato ~** Kartoffelpuffer *m* ▶ **a piece of ~** (*fam*) ein Klacks *m*; **to have one's ~ and eat it** [**too**] beides gleichzeitig wollen **II.** *vt* **~d with mud** dreckverkrustet

cal. *n abbrev of* **calorie** cal

ca·lam·i·ty [kəˈlæməti] *n* Katastrophe *f*

cal·ci·fy <-ie-> [ˈkælsɪfaɪ] *vt, vi* verkalken

cal·ci·um [ˈkælsiəm] *n no pl* Kalzium *nt*

cal·cu·la·ble [ˈkælkjələbl] *adj* ❶ MATH kalkulierbar ❷ AM (*reliable*) verlässlich

cal·cu·late [ˈkælkjəleɪt] **I.** *vt* berechnen; (*estimate*) veranschlagen **II.** *vi* ■ **to ~** [**on sth**] [mit etw *dat*] rechnen

cal·cu·lat·ed [ˈkælkjəleɪtɪd] *adj* beabsichtigt; *risk* kalkuliert

cal·cu·lat·ing [ˈkælkjəleɪtɪŋ] *adj* berechnend

cal·cu·la·tion [ˌkælkjəˈleɪʃən] *n* ❶ MATH Berechnung *f*; (*estimate*) Schätzung *f* ❷ *no pl* (*in math*) Rechnen *nt*; **it took some ~** es bedurfte einiger Rechnerei ❸ *no pl* (*pej: selfish planning*) Berechnung *f*

cal·cu·la·tor [ˈkælkjəleɪtəʳ] *n* Rechner *m*

cal·cu·lus [ˈkælkjələs] *n no pl* MATH Differenzialrechnung *f*

cal·en·dar [ˈkæləndəʳ] *n* Kalender *m*

cal·en·dar ˈmonth *n* Kalendermonat *m*

calf <*pl* **calves**> [kɑːf, *pl* kɑːvz] *n* ❶ (*animal*) Kalb *nt*; **in ~** trächtig ❷ ANAT Wade *f*

cali·ber *n no pl* AM *see* **calibre**

cali·brate [ˈkælɪbreɪt] *vt* eichen

cali·bre [ˈkælɪbəʳ] *n* ❶ *no pl* (*quality*) Niveau *nt* ❷ *no pl* (*diameter*) Kaliber *nt*

Cali·for·nia [ˌkælɪˈfɔːniə] *n* Kalifornien *nt*

call [kɔːl] **I.** *n* ❶ (*on the telephone*) [Telefon]anruf *m*, [Telefon]gespräch *nt*; **were there any ~s for me?** hat jemand für mich angerufen?; **to give sb a ~** jdn anrufen; **to make a ~** telefonieren; **to return sb's ~** jdn zurückrufen; **to take a ~** ein Gespräch annehmen ❷ (*visit*) Besuch *m*; *a doctor, nurse* Hausbesuch *m* ❸ (*request to come*) **to be on ~** Bereitschaftsdienst haben ❹ (*shout*) Ruf *m*; **a ~ for help** ein Hilferuf *m*; **to give sb a ~** jdn rufen ❺ *no pl* (*appeal*) **the ~ of the sea** der Ruf der See; **to answer the ~ of nature** (*euph*) mal kurz verschwinden ❻ (*request*) Forderung *f* (**for** nach) ❼ *no pl* ECON (*demand*) Nachfrage *f* (**for** nach); **there's not much ~ for fur coats these days** Pelzmäntel sind zur Zeit nicht sehr gefragt; **to have many ~s on one's time** zeitlich sehr beansprucht sein ❽ *no pl* (*form: need*) Grund *m*; **there was no ~ to shout** es war nicht nötig zu schreien ❾ (*summoning*) Aufruf *m* (**for** zu) ❿ STOCKEX ▸ [**option**] Kaufoption *f* ⓫ (*decision*) Entscheidung *f* **II.** *vt* ❶ (*on the telephone*) anrufen; (*by radio*) rufen ❷ (*name*) nennen; **what's that actor ~ed again?** wie heißt dieser Schauspieler nochmal?; **what's that ~ed in Spanish?** wie heißt [*o* nennt man] das auf Spanisch?; **to ~ sb names** jdn beschimpfen ❸ (*shout*) rufen; ■ **to ~ sth at** [*or* **to**] **sb** jdm etw zurufen ❹ (*read aloud*) SCH *roll* durchgehen ❺ (*summon*) rufen; **please wait over there until I ~ you** warten Sie bitte dort drüben, bis ich Sie aufrufe; **to ~ a doctor/a taxi** einen Arzt/ein Taxi kommen lassen; **to ~ sb to order** jdn um Ruhe bitten; **to ~ sb into a room** jdn in ein Zimmer bitten ❻ (*bring*) **to ~ sb's attention to sth** jds Aufmerksamkeit auf etw *akk* lenken; **to ~ attention to oneself** auf sich *akk* aufmerksam machen; **to ~ sth to mind** (*recall*) sich etw ins Gedächtnis zurückrufen; (*remember*) sich an etw *akk* erinnern; **to ~ into question** in Frage stellen ❼ (*summon to office*) berufen ❽ (*wake*) wecken ❾ (*give orders for*) *meeting* einberufen; *strike* ausrufen; **to ~ an election** Wahlen ansetzen; **to ~ a halt to the fighting** kämpferischen Auseinandersetzungen Einhalt gebieten ❿ SPORTS geben ⓫ LAW **to ~ sb to the bar** BRIT jdn als Anwalt zulassen; *witness* aufrufen; **to ~ sb as a witness** jdn als Zeugen benennen **III.** *vi* ❶ (*telephone*) anrufen; **who's ~ing, please?** wer ist am Apparat? ❷ (*drop by*) vorbeischauen ❸ (*shout*) rufen; *animal* schreien; ■ **to ~ to sb** jdm zurufen ❹ (*summon*) ■ **to ~ to sb** nach jdm rufen

♦ **call after I.** *vi* ■ **to ~ after sb** jdm nachrufen **II.** *vt* **he's ~ed after his grand-**

father er ist nach seinem Großvater benannt ◆**call at** vi ❶ (*visit*) ■**to ~ at sth** bei etw *dat* vorbeigehen ❷ NAUT anlaufen; TRANSP **to ~ at a town/station** in einer Stadt/an einem Bahnhof halten ◆**call away** vt wegrufen ◆**call back** I. vt zurückrufen II. vi ❶ (*phone*) zurückrufen ❷ (*return*) wiederkommen ◆**call by** vi vorbeischauen ◆**call for** vi ❶ (*collect*) abholen ❷ (*shout*) ■**to ~ for sb** nach jdm rufen; **to ~ for help** um Hilfe rufen ❸ (*demand*) ■**to ~ for sth** nach etw *dat* verlangen; **this ~s for a celebration** das muss gefeiert werden ◆**call forth** vt (*form*) hervorrufen ◆**call in** I. vt ❶ (*ask to come*) [herein]rufen ❷ (*consult*) hinzuziehen ❸ (*ask for the return of*) zurückfordern II. vi ❶ RADIO anrufen ❷ (*drop by*) ■**to ~ in on sb** bei jdm vorbeischauen; **to ~ in at the butcher's** beim Metzger vorbeigehen ◆**call off** vt ❶ (*cancel*) absagen; (*stop*) abbrechen ❷ (*order back*) zurückrufen ◆**call on** vt ❶ (*appeal to*) ■**to ~ on sb to do sth** jdn dazu auffordern, etw zu tun; **I now ~ on everyone to raise a glass to the happy couple** und nun bitte ich Sie alle, Ihr Glas auf das glückliche Paar zu erheben ❷ (*visit*) bei jdm vorbeischauen ❸ (*use*) zusammennehmen ◆**call out** I. vt ❶ (*shout*) rufen; **to ~ out ○ sth to sb** jdm etw zurufen; ■**to ~ out ○ sb's name** jdn [*o* jds Namen] aufrufen ❷ (*summon*) **to ~ out the fire brigade** die Feuerwehr alarmieren ❸ (*order*) **to ~ out on strike** zum Streik aufrufen II. vi (*shout*) rufen; (*yell*) aufschreien ◆**call over** vt ■**to ~ sb over** jdn zu sich *dat* hinüberrufen; (*towards oneself*) jdn zu sich *dat* herüberrufen ◆**call round** vi BRIT vorbeischauen ◆**call up** vt ❶ *esp* AM (*telephone*) anrufen ❷ COMPUT aufrufen ❸ MIL einberufen ❹ (*conjure up*) wachrufen ◆**call upon** vi ❶ (*appeal to*) ■**to ~ upon sb** sich an jdn wenden; ■**to ~ upon sb to do sth** jdn dazu auffordern, etw zu tun; ■**to ~ upon sth** an etw *akk* appellieren ❷ (*use*) in Anspruch nehmen; *courage* zusammennehmen

'**call box** n BRIT Telefonzelle *f*

call·er ['kɔːlə] n ❶ (*on telephone*) Anrufer(in) *m(f)* ❷ (*visitor*) Besucher(in) *m(f)*

cal·lig·ra·phy [kə'lɪɡrəfi] n no pl Kalligraphie *f*

call-in ['kɔːlɪn] n Anruf *m*

call·ing ['kɔːlɪŋ] n ❶ (*profession*) Beruf *m* ❷ (*inner impulse*) Berufung *f*

'**call·ing card** n ❶ AM (*for telephone*) Telefon[kredit]karte *f* ❷ *esp* AM (*personal*) Visitenkarte *f*, Visitkarte *f* ÖSTERR

cal·lous ['kæləs] *adj* hartherzig

cal·lous·ly ['kæləsli] *adv* hartherzig, herzlos, ungerührt

'**call sign** n, '**call sig·nal** n [Funk]rufzeichen *nt* '**call-up** n MIL Einberufung *f*

cal·lus <*pl* -es> ['kæləs] n MED Kallus *m fachspr*; (*of skin*) [Horn]schwiele *f*; (*of bone*) [Knochen]narbe *f*

calm [kɑːm] I. *adj* ruhig II. n ❶ (*calmness*) Ruhe *f* ❷ METEO Windstille *f*; **the ~ before the storm** die Ruhe vor dem Sturm *a. fig*; **dead ~** Flaute *f* III. vt beruhigen ◆**calm down** vi, vt beruhigen

calm·ly ['kɑːmli] *adv* ruhig, gelassen; **she reacted surprisingly ~ to the news** sie reagierte erstaunlich gefasst auf die Nachricht; **to do sth ~ and collectedly** etw in aller Seelenruhe tun

calm·ness ['kɑːmnəs] n no pl Ruhe *f*

cal·o·rie ['kæləri] n Kalorie *f*; **high/low in ~s** kalorienreich/-arm; **~-controlled diet** Kaloriendiät *f*; **~-reduced** brennwertvermindert

---

calming down

calming down	beruhigen
Don't panic!	Nur keine Panik!
Don't you worry about a thing.	Machen Sie sich da keine Sorgen.
Don't worry; we'll manage it all right.	Keine Angst, das werden wir schon hinkriegen.
We'll just have to wait and see (what happens).	Abwarten und Tee trinken!
It'll be all right.	Es wird schon werden.
It's not as bad as all that.	Alles halb so schlimm.
Stay calm!/Relax!/Keep cool!	Immer mit der Ruhe!

ca·lo·rif·ic [ˌkæləˈrɪfɪk] *adj* ❶ PHYS kalorisch; **~ value** Heizwert *m;* FOOD Brennwert *m* ❷ *(fam: high-calorie)* kalorienreich

cal·um·ny [ˈkæləmni] *n (form) no pl* Verleumdung *f*

calve [kɑːv] *vi* kalben

Cal·vin·ism [ˈkɑːlvɪnɪzᵊm] *n no pl* REL Kalvinismus *m*

Cal·vin·ist [ˈkɑːlvɪnɪst] REL I. *n* Kalvinist(in) *m(f)* II. *adj* kalvinistisch

CAM [kæm] *n abbrev of* **computer assisted manufacture** CAM

ca·ma·ra·derie [ˌkæməˈrɑːdᵊri] *n no pl* Kameradschaft *f*

cam·ber [ˈkæmbə^r] *n* [Straßen]wölbung *f*

Cam·bo·dia [ˌkæmˈbəʊdiə] *n no pl* Kambodscha *nt*

cam·cord·er [ˈkæmˌkɔːdə^r] *n* Camcorder *m*

came [keɪm] *vi pt of* **come**

cam·el [ˈkæmᵊl] *n* Kamel *nt;* **~ hair** Kamelhaar *nt*

ca·mel·lia [kəˈmiːliə] *n* BOT Kamelie *f*

Cam·em·bert [ˈkæməmbeə^r] *n usu no pl* Camembert *m*

cameo <*pl* -os> [ˈkæmiəʊ] *n* ❶ *(stone)* Kamee *f* ❷ FILM Kurzauftritt *m* [eines/einer Prominenten]

cam·era [ˈkæmᵊrə] *n* Kamera *f;* **to be on ~** vor der Kamera stehen

'cam·era an·gle *n* Aufnahmewinkel *m*

'cam·era dock *n* PHOT, COMPUT Kameradock *nt* **'cam·era·man** *n* Kameramann *m*

cam·era·phone [ˈkæmᵊrəfəʊn] *n* Fotohandy *nt* **'cam·era-shy** *adj* kamerascheu

'cam·era·wom·an *n* Kamerafrau *f*

Cam·eroon [ˌkæməˈruːn] *n* Kamerun *nt*

Cam·eroon·ian [ˌkæməˈruːniən] I. *adj* kamerunisch II. *n* Kameruner(in) *m(f)*

cami [ˈkæmi] *n short for* **camisole** Mieder *nt*

camo·mile [ˈkæmə(ʊ)maɪl] *n* Kamille *f;* **~ tea** Kamillentee *m*

camou·flage [ˈkæməflɑːʒ] I. *n no pl* Tarnung *f a. fig;* **~ paint** Tarnfarbe *f* II. *vt* tarnen

camp¹ [kæmp] I. *n* ❶ *(encampment)* [Zelt]lager *nt;* **summer ~** Sommerlager *nt;* **to pitch/break ~** ein Lager [*o* die Zelte] aufschlagen/abbrechen ❷ MIL [Feld]lager *nt;* **prison/refugee ~** Gefangenen-/Flüchtlingslager *nt* ❸ *(fig)* Lager *nt;* **the pro-abortion ~** die Abtreibungsbefürworter *pl* II. *vi* **~to ~** [**out**] zelten; **to go ~ing** campen gehen

camp² [kæmp] I. *n no pl* Manieriertheit *f* II. *adj* ❶ *(pej: theatrical)* manieriert ❷ *(effeminate)* tuntenhaft *sl* III. *vt* ■ **to ~ sth** ↺ **up** bei etw *dat* zu dick auftragen

cam·paign [kæmˈpeɪn] I. *n* ❶ *(action)* Kampagne *f* (**for** für, **against** gegen); **advertising ~** Werbekampagne *f;* **~ of violence** Gewaltaktion *f* ❷ *(for election)* [election] **~** Wahlkampf *m;* **~ pledge** Wahlversprechen *nt* ❸ MIL Feldzug *m* II. *vi* kämpfen, sich engagieren

cam·paign·er [kæmˈpeɪnə^r] *n* ❶ *(in election)* Wahlwerber(in) *m(f)* ❷ *(advocate)* Kämpfer(in) *m(f);* **environmental ~** Umweltschützer(in) *m(f)* ❸ MIL Kämpfer *m*

camp 'bed *n* Campingliege *f;* MIL Feldbett *nt*

camp·er [ˈkæmpə^r] *n* ❶ *(person)* Camper(in) *m(f)* ❷ *(vehicle)* Wohnmobil *nt*

'camp·fire *n* Lagerfeuer *nt*

cam·phor [ˈkæm(p)fə^r] *n no pl* Kampfer *m*

cam·ping [ˈkæmpɪŋ] *n no pl* Camping *nt;* **to go ~** zelten gehen

'camp·ing ground *n,* **'camp·ing site** *n* Campingplatz *m* **'camp·ing van** *n* Wohnmobil *nt*

'camp·site *n* Campingplatz *m*

cam·pus [ˈkæmpəs] *n* Campus *m;* **on ~** auf dem Campus

cam·shaft [ˈkæmʃɑːft] *n* AUTO Nockenwelle *f*

can¹ [kæn] I. *n* ❶ *(container)* Dose *f,* Büchse *f;* **petrol ~** Benzinkanister *m* ❷ AM *(fam: prison)* Knast *m* ❸ AM *(fam: toilet)* Klo *nt* ❹ *(fam: headphones)* ■ **~s** *pl* Kopfhörer *pl* ▶ **to have to carry the ~** BRIT die Sache ausbaden müssen; **in the ~** FILM im Kasten; **a ~ of worms** eine verzwickte Angelegenheit II. *vt* ❶ *(package)* eindosen ❷ AM *(fam: stop)* **~ it!** hör auf damit! ❸ AM *(fam: fire)* rausschmeißen

can² <could, could> [kæn, kən] *aux vb (be able to)* können; *(be allowed to)* dürfen; *(less formal)* können; **~ you hear me?** kannst du mich hören?, hörst du mich?; **you ~'t park here** hier dürfen [*o* können] Sie nicht parken; **could I borrow your car?** könntest du mir dein Auto leihen?; **you could [always] try** du könntest es ja mal versuchen; **you ~'t** [*or* **cannot**] **be serious!** das ist nicht dein Ernst!; **how on earth could you do that!** wie konntest du nur so etwas tun!; **you could have told me before!** das hättest du mir auch schon vorher sagen können!; **the car could do with a clean** der Wagen müsste mal wieder gewaschen werden; **who ~ blame her?** wer will es ihr verdenken?; **~ do** kein Problem; **no ~ do** tut mir leid

Ca·na·da ['kænədə] *n no pl* Kanada *nt*
Ca·na·dian [kə'neɪdiən] **I.** *n* Kanadier(in) *m(f)* **II.** *adj* kanadisch
ca·nal [kə'næl] *n* Kanal *m*
ca·na·li·za·tion [ˌkænəlaɪ'zeɪʃᵊn] *n no pl* Kanalisierung *f*
ca·na·lize ['kænəlaɪz] *vt* ■ **to ~ sth** *a river* etw kanalisieren
ca·na·pé ['kænəpeɪ] *n* Appetithappen *m*, Kanapee *nt meist pl*
ca·nary [kə'neəri] *n* Kanarienvogel *m*; **~ yellow** kanariengelb
Ca·nary Is·lands *npl* Kanarische Inseln
can·cel <BRIT -ll- *or* AM *usu* -l-> ['kæn(t)sᵊl] **I.** *vt* ❶ (*call off*) absagen ❷ (*remove from schedule*) streichen ❸ (*undo*) *cheque, reservation* stornieren ❹ (*annul*) *ticket* entwerten; (*revoke*) widerrufen ❺ (*discontinue*) beenden; *subscription* kündigen; COMPUT abbrechen ❻ MATH [weg]kürzen; **to ~ each other out** sich gegenseitig aufheben **II.** *vi* absagen
can·cel·la·tion [ˌkæn(t)sᵊl'eɪʃᵊn] *n* ❶ (*calling off*) Absage *f* ❷ (*from schedule*) Streichung *f* ❸ (*undoing*) Stornierung *f* ❹ (*annulling*) Annullierung *f*; *of a ticket* Entwertung *f*; (*revocation*) Widerruf *m*; *of a debt* Erlass *m* ❺ (*discontinuation*) Kündigung *f*; *of a subscription* Abbestellung *f* ❻ FIN Stornierung *f*
can·cer ['kæn(t)sər] *n* ❶ *no pl* (*disease*) Krebs *m*; **~ check-up** Krebsvorsorgeuntersuchung *f*; **~ clinic** Krebsklinik *f*; **~ research** Krebsforschung *f*; **~ of the stomach/throat** Magen-/Kehlkopfkrebs *m* ❷ (*growth*) Krebsgeschwulst *f*
Can·cer ['kæn(t)sər] *n no art, no pl* ASTROL Krebs *m*
can·cer·ous ['kæn(t)sᵊrəs] *adj* krebsartig
can·de·la·bra <*pl* - *or* -s> [ˌkændᵊl'ɑː-brə] *n* Leuchter *m*
can·did ['kændɪd] *adj* offen; **~ camera** versteckte Kamera
can·di·da·cy ['kændɪdəsi] *n no pl* Kandidatur *f*
can·di·date ['kændɪdət] *n* ❶ POL, SCH Kandidat(in) *m(f)* ❷ ECON Bewerber(in) *m(f)* ❸ (*possible choice*) [möglicher] Kandidat
can·di·da·ture ['kændɪdətʃər] *n no pl* Kandidatur *f*
can·died ['kændɪd] *adj* kandiert
can·dle ['kændl] *n* Kerze *f*; **~ bulb** Kerze[nbirne] *f*; **scented ~** Duftkerze *f* ► **to burn the ~ at both ends** Raubbau mit seiner Gesundheit treiben
'can·dle·light *n no pl* Kerzenlicht *nt*; **~ [**or **candlelit] dinner** Abendessen *nt* bei Kerzenschein
'can·dle·stick *n* Kerzenständer *m*
can·dour ['kændər], AM **can·dor** *n no pl* Offenheit *f*
can·dy ['kændi] *n* ❶ *no pl* (*sugar*) Kandiszucker *m* ❷ AM (*sweets*) Süßigkeiten *pl*; (*piece of candy*) Bonbon *m o nt*; (*chocolate*) Praline *f* ► **like taking ~ from a baby** ein Kinderspiel *nt*
'can·dy·floss *n no pl* BRIT Zuckerwatte *f*
'can·dy store *n* AM Süßwarenladen *m*
cane [keɪn] **I.** *n* ❶ *no pl* (*of plant*) Rohr *nt*; **~ basket** Weidenkorb *m*; **~ furniture** Rattanmöbel *pl*; **~ sugar** Rohrzucker *m* ❷ (*stick*) Stock *m* ❸ *no pl* (*punishment*) **to get the ~** [eine Tracht] Prügel bekommen **II.** *vt* [mit einem Stock] züchtigen
ca·nine ['keɪnaɪn] *adj* Hunde-
can·is·ter ['kænɪstər] *n* Behälter *m*; (*for fluids*) Kanister *m*; **metal ~** Blechbüchse *f*; **plastic ~** Plastikbehälter *m*
can·na·bis ['kænəbɪs] *n no pl* Cannabis *m*
canned [kænd] *adj* ❶ FOOD Dosen- ❷ MEDIA **~ music** Musik *f* aus der Konserve ❸ (*fam: drunk*) blau ❹ AM (*fam: fired*) entlassen
can·nery ['kænᵊri] *n* Konservenfabrik *f*
can·ni·bal ['kænɪbᵊl] *n* Kannibale *m*/Kannibalin *f*
can·ni·bal·ism ['kænɪbᵊlɪzᵊm] *n no pl* Kannibalismus *m*
can·ni·bal·ize ['kænɪbᵊlaɪz] *vt car* ausschlachten
can·ning ['kænɪŋ] *n no pl* Konservierung *f*; **~ factory** Konservenfabrik *f*
can·non ['kænən] **I.** *n* ❶ MIL Kanone *f* ❷ (*in billiards*) Karambolage *f* ► **a loose ~** ein unberechenbarer Faktor **II.** *vi* ❶ (*collide*) ■ **to ~ into sb/sth** mit jdm/etw zusammenprallen ❷ (*in billiards*) karambolieren
'can·non ball *n* Kanonenkugel *f* **'can·non fod·der** *n* Kanonenfutter *nt*
can·not ['kænɒt] *aux vb see* **can not: we ~ but succeed** wir können nur gewinnen
can·ny ['kæni] *adj* ❶ (*clever*) schlau ❷ NBRIT, SCOT (*approv: nice*) nett ❸ (*cautious*) vorsichtig
ca·noe [kə'nuː] *n* Kanu *nt*
ca·noe·ing [kə'nuːɪŋ] *n no pl* Paddeln *nt*; SPORTS Kanufahren *nt*
ca·noe·ist [kə'nuːɪst] *n* Kanufahrer(in) *m(f)*
can·on ['kænən] *n* ❶ REL Kanoniker *m* ❷ MUS Kanon *m*
can·oni·za·tion [ˌkænənaɪ'zeɪʃᵊn] *n* Heiligsprechung *f*
can·on·ize ['kænənaɪz] *vt* heiligsprechen

'can open·er *n* Dosenöffner *m*
cano·py ['kænəpi] *n* ❶ (*awning*) Überdachung *f*; (*over throne, bed*) Baldachin *m* ❷ (*sunshade*) Sonnendach *nt* ❸ (*on parachute*) Fallschirmkappe *f* ❹ (*treetops*) Blätterdach *nt*
cant [kænt] *n no pl* Scheinheiligkeit *f*
can't [kɑ:nt] (*fam*) = **cannot**
can·tan·ker·ous [ˌkæn'tæŋkᵊrəs] *adj* streitsüchtig
can·ta·ta [kæn'tɑ:tə] *n* Kantate *f*
can·teen [kæn'ti:n] *n* ❶ (*restaurant*) Kantine *f*; UNIV Mensa *f* ❷ MIL Feldflasche *f*
can·ter ['kæntə'] I. *n* ❶ (*gait*) Handgalopp *m* ❷ (*ride*) [Aus]ritt *m* II. *vi* leicht galoppieren
can·ti·lever ['kæntɪli:və'] *n* ~ **bridge** Auslegerbrücke *f*
can·ton ['kæntɒn] *n* ADMIN Kanton *m*
Can·ton [ˌkæn'tɒn] *n* GEOG Kanton *nt*
can·vas ['kænvəs] *n* <*pl* -**es**> ❶ *no pl* (*cloth*) Segeltuch *nt*; (*for painting*) Leinwand *f*; **under** ~ im Zelt ❷ (*painting*) [Öl]gemälde *nt*
can·vass ['kænvəs] I. *vt* ❶ (*gather opinion*) befragen ❷ POL werben II. *vi* POL um Stimmen werben
can·vass·er ['kænvəsə'] *n* POL Wahlhelfer(in) *m(f)*
can·vass·ing ['kænvəsɪŋ] *n* POL Wahlwerbung *f*
can·yon ['kænjən] *n* Schlucht *f*
CAP [ˌsi:eɪ'pi:] *n* POL *abbrev of* **Common Agricultural Policy** GAP *f*
cap [kæp] I. *n* ❶ (*hat*) Mütze *f*; **peaked ~** Schirmmütze *f* ❷ *esp* BRIT SPORTS (*fig*) Ziermütze als Zeichen der Aufstellung für die Nationalmannschaft ❸ (*top*) Verschlusskappe *f*; (*on tooth*) Schutzkappe *f*; **lens ~** PHOT Objektivdeckel *m* ❹ GEOL Deckschicht *f* ❺ (*limit*) Obergrenze *f* ❻ BRIT (*contraceptive*) Pessar *nt* ❼ (*for toy gun*) Zündplättchen *nt* ▶ **to go ~ in hand** kleinlaut auftreten; **to put on one's thinking ~** scharf nachdenken; **if the ~ fits, wear it** (*prov*) wem der Schuh passt, der soll ihn sich anziehen II. *vt* <-**pp-**> ❶ (*limit*) begrenzen ❷ *esp* BRIT SPORTS für die Nationalmannschaft aufstellen ❸ (*cover*) bedecken; *teeth* überkronen ❹ (*outdo*) überbieten; **and to ~ it all ...** und um allem die Krone aufzusetzen ...
ca·pa·bil·ity [ˌkeɪpə'bɪləti] *n* ❶ *no pl* (*ability*) Fähigkeit *f* ❷ MIL Potenzial *nt*
ca·pable ['keɪpəbl] *adj* ❶ (*competent*) fähig; *worker* tüchtig; **to leave sth in sb's ~ hands** (*also hum*) etw vertrauensvoll in jds Hände legen ❷ (*able*) fähig; ■ **to be ~ of doing sth** in der Lage sein, etw zu tun
ca·paci·tor [kə'pæsɪtə'] *n* ELEC Kondensator *m*
ca·pac·ity [kə'pæsəti] *n* ❶ (*available space*) Fassungsvermögen *nt*; **to have a seating ~ of 50,000** 50.000 Sitzplätze haben ❷ *no pl* (*ability*) Fähigkeit *f*; **mental ~** geistige Fähigkeiten *pl* ❸ *no pl* (*maximum*) Kapazität *f*; **full to ~** absolut voll; **below/at full ~** nicht ganz/voll ausgelastet; **a ~ crowd** ein volles Haus ❹ (*position*) Funktion *f*; (*role*) Eigenschaft *f*
cape¹ [keɪp] *n* Kap *nt*; **the C~ of Good Hope** das Kap der guten Hoffnung; **C~ Horn** Kap Hoorn
cape² [keɪp] *n* Umhang *m*, Cape *nt*
ca·per ['keɪpə'] I. *n* ❶ *usu pl* FOOD Kaper *f* ❷ (*dubious activity*) krumme Sache II. *vi* Luftsprünge machen
'Cape Town *n* Kapstadt *nt*
Cape Verde [ˌkeɪp'vɜ:d] *n* Kap Verde *nt*
ca·pil·lary [kə'pɪlᵊri] *n* Kapillare *f*
capi·tal ['kæpɪtᵊl] *n* ❶ (*city*) Hauptstadt *f* ❷ (*letter*) Großbuchstabe *m* ❸ ARCHIT Kapitell *nt* ❹ *no pl* FIN Kapital *nt*
capi·tal 'as·sets *npl* FIN Kapitalvermögen *nt kein pl* **capi·tal 'crime** *n* Kapitalverbrechen *nt* **'capi·tal flight** *n no pl* Kapitalflucht *f* **capi·tal 'gains tax** *n no pl* Kapitalgewinnsteuer *f* **capi·tal in·'vest·ment** *n* FIN Kapitalanlage *f*
capi·tal·ism ['kæpɪtᵊlɪzᵊm] *n no pl* Kapitalismus *m*
capi·tal·ist ['kæpɪtᵊlɪst] I. *n* Kapitalist(in) *m(f)* II. *adj* kapitalistisch
capi·tal·ist·ic [ˌkæpɪtᵊl'ɪstɪk] *adj* kapitalistisch
capi·tali·za·tion [ˌkæpɪtᵊlaɪ'zeɪʃᵊn] *n no pl* ❶ LING Großschreibung *f* ❷ FIN Kapitalisierung *f*
capi·tal·ize ['kæpɪtᵊlaɪz] I. *vt* ❶ LING großschreiben ❷ FIN kapitalisieren II. *vi* (*fig*) ■ **to ~ on sth** aus etw *dat* Kapital schlagen
capi·tal 'let·ter *n* Großbuchstabe *m* **capi·tal 'pun·ish·ment** *n no pl* Todesstrafe *f*
Capi·tol ['kæpətᵊl] *n* AM ❶ (*hill*) **on ~ Hill** im amerikanischen Kongress ❷ (*building*) **State ~** Parlamentsgebäude *nt*, Kapitol *nt*
ca·pit·u·late [kə'pɪtjʊleɪt] *vi* kapitulieren (**to** vor)
ca·pit·u·la·tion [kəˌpɪtjʊ'leɪʃᵊn] *n* Kapitulation *f* (**to** vor)
cap·puc·ci·no <*pl* -**s**> [ˌkæpʊ'tʃi:nəʊ] *n* Cappuccino *m*
ca·pri·cious [kə'prɪʃəs] *adj* (*liter*) *person* launisch; *weather* wechselhaft

Cap·ri·corn ['kæprɪkɔːn] *n no art, no pl* ASTROL Steinbock *m*

cap·size [kæp'saɪz] NAUT **I.** *vi* kentern **II.** *vt* zum Kentern bringen

cap·stan ['kæpstən] *n* NAUT [Anker]winde *f*

cap·sule ['kæpsjuːl] *n* ❶ BOT, ANAT, PHARM, AEROSP Kapsel *f* ❷ (*for one cup of coffee*) [Dosier]kapsel *f*

cap·sule 'word·robe *n* Grundgarderobe

cap·tain ['kæptɪn] **I.** *n* ❶ NAUT, AVIAT Kapitän(in) *m(f)*; SPORTS [Mannschafts]kapitän(in) *m(f)*; (*in army*) Hauptmann *m* ❷ ECON ~ **of industry** Großindustrielle(r) *f(m)* **II.** *vt* anführen; MIL befehligen; **to ~ a team** Mannschaftskapitän(in) sein

cap·tain·cy ['kæptɪnsi] *n* Führung *f*

CAPTCHA ['kæptʃə] *n* COMPUT Captcha *m o nt*

cap·tion ['kæpʃən] *n* ❶ (*heading*) Überschrift *f* ❷ (*under illustration*) Bildunterschrift *f*

cap·ti·vate ['kæptɪveɪt] *vt* faszinieren

cap·ti·vat·ing ['kæptɪveɪtɪŋ] *adj* (*approv*) faszinierend, bezaubernd; ~ **smile** einnehmendes [*o* gewinnendes] Lächeln

cap·tive ['kæptɪv] **I.** *n* Gefangene(r) *f(m)* **II.** *adj* gefangen; *animal* in Gefangenschaft; ~ **audience** unfreiwilliges Publikum

cap·tiv·i·ty [kæp'tɪvəti] *n no pl* Gefangenschaft *f*

cap·ture ['kæptʃə'] **I.** *vt* ❶ (*take prisoner*) gefangen nehmen; *police* festnehmen ❷ (*take possession*) *city* einnehmen; *ship* kapern ❸ (*fig: gain*) erringen ❹ (*depict accurately*) einfangen ❺ COMPUT erfassen **II.** *n of a person* Gefangennahme *f*; (*by police*) Festnahme *f*; *of a city* Einnahme *f*; *of a ship* Kapern *nt*

car [kɑːʳ] *n* ❶ (*vehicle*) Auto *nt*, Wagen *m*; ~ **factory** Automobilfabrik *f*; ~ **rental service** Autovermietung *f*, Autoverleih *m*; ~ **tax** Kfz-Steuer *f*; **by ~** mit dem Auto ❷ RAIL Waggon *m*, Wagen *m* ❸ (*in airship, balloon*) Gondel *f*

car ac·'ces·so·ry *n* Autozubehörteil *m*

car 'aer·ial *n* BRIT, **car an·'ten·na** *n* AM Autoantenne *f*

ca·rafe [kə'ræf] *n* Karaffe *f*

cara·mel ['kærəm°l] *n* Karamell *m*; (*sweet*) Karamellbonbon *nt*

car·at ['kærət] *n* <*pl* -s *or* -> Karat *nt*; **24-~ gold** 24-karätiges Gold

cara·van ['kærəvæn] *n* ❶ BRIT (*vehicle*) Wohnwagen[anhänger] *m* ❷ + *sing/pl vb* (*group of travellers*) Karawane *f*

cara·way ['kærəweɪ] *n no pl* Kümmel *m*

'carb-con·trol·led *adj attr short for* **carbohydrate-controlled** *diet* kohlenhydratarm

car·bine ['kɑːbaɪn] *n* MIL Karabiner *m*

'car body *n* Karosserie *f*

car·bo·hy·drate [,kɑːbə(ʊ)'haɪdreɪt] *n* Kohle[n]hydrat *nt*; **to be high/low in ~s** viele/wenig Kohle[n]hydrate enthalten

car·bol·ic [kɑː'bɒlɪk] *adj* Karbol-

'car bomb *n* Autobombe *f*

car·bon ['kɑːbən] *n no pl* CHEM Kohlenstoff *m*

car·bon·at·ed ['kɑːbəneɪtɪd] *adj* kohlensäurehaltig, mit Kohlensäure

'car·bon copy *n* Durchschlag *m*; (*fig*) Ebenbild *nt* **car·bon 'dat·ing** *n no pl* Radiokarbonmethode *f* **car·bon di·'ox·ide** *n no pl* Kohlendioxid *nt* **car·bon 'foot·print** *n* CO_2-Bilanz *f*, CO_2-Fußabdruck *m*

car·bon·if·er·ous [,kɑːbə'nɪfᵊrəs] *adj* GEOL kohlehaltig, kohleführend

car·bon·ize ['kɑːbənaɪz] *vt, vi* verkohlen

car·bon mon·'ox·ide *n no pl* Kohlenmonoxid *nt* **'car·bon pa·per** *n no pl* (*dated*) Kohlepapier *nt*

car-'boot sale *n* BRIT *privater Flohmarkt, bei dem der Kofferraum als Verkaufsfläche dient*

car·bun·cle ['kɑːbʌŋkl] *n* ❶ MED Karbunkel *m* ❷ (*gem*) Karfunkel *m*

car·bu·ret·tor [,kɑːbjə'retəʳ], AM **car·bu·retor** *n* AUTO Vergaser *m*

car·cass <*pl* -es> ['kɑːkəs] *n* ❶ *of an animal* Tierleiche *f*; *of a meat animal* Rumpf *m*; *of poultry* Gerippe *nt* ❷ (*of a vehicle*) [Auto]wrack *nt*

car·cino·gen [kɑː'sɪnədʒən] *n* Krebserreger *m*

car·cino·gen·ic [,kɑːsɪnə(ʊ)'dʒenɪk] *adj* Krebs erregend

card [kɑːd] **I.** *n* ❶ *no pl* (*paper*) Pappe *f*, Karton *m* ❷ (*piece of paper*) Karte *f*; (*postcard*) [Post]karte *f*, Ansichtskarte *f*; (*with a message*) [Glückwunsch]karte *f*; **birthday ~** Geburtstagskarte *f* ❸ (*game*) [Spiel]karte *f*; [**game of**] **~s** *pl* Kartenspiel *nt* ❹ (*for paying*) Karte *f*; **credit/phone ~** Kredit-/Telefonkarte *f* ❺ (*official document*) **identy** [*or* **ID**] ~ Personalausweis *m*; **membership ~** Mitgliedskarte *f* ❻ COMPUT **expansion ~** Steckkarte *f*; **memory** [*or* **flash**] ~ Speicherkarte *f* ▶ **to have a ~ up one's sleeve** noch etwas in petto haben; **to put one's ~s on the table** seine Karten auf den Tisch legen; **to play one's ~s right** geschickt vorgehen; **on** [*or* AM **in**] **the ~s** zu erwarten **II.** *vt* AM ■ **to be ~ed** seinen Ausweis vorzeigen müssen

car·da·mom ['kɑ:dəməm], BRIT *also* **car·da·mum**, AM *also* **car·da·mon** *n* Kardamom *m o nt*

'card·board *n no pl* Pappe *f*, [Papp]karton *m*; **~ box** [Papp]karton *m*

car·di·ac ['kɑ:diæk] *adj* Herz-

car·di·gan ['kɑ:dɪgən] *n* Strickjacke *f*

car·di·nal ['kɑ:dɪnəl] I. *n* Kardinal *m* II. *adj* **~ error** Kardinalfehler *m*; **~ number** Kardinalzahl *f*; **~ point** Himmelsrichtung *f*; **~ rule** Grundregel *f*; **~ sin** Todsünde *f*

'card in·dex *n* Kartei *f*

car·dio ['kɑ:rdioʊ] *in* AM *(fam) short for* **cardiovascular** Kardio-

car·di·o·gram ['kɑ:diə(ʊ)græm] *n* MED Kardiogramm *nt*

car·di·ol·o·gist [ˌkɑ:di'ɒlədʒɪst] *n* MED Kardiologe *m*/Kardiologin *f*

car·di·ol·o·gy [ˌkɑ:di'ɒlədʒi] *n no pl* MED Kardiologie *f*

car·dio·vas·cu·lar [ˌkɑ:diə(ʊ)'væskjʊləʳ] *adj* kardiovaskulär *fachspr*, Herz-Kreislauf-

card-key ID [ˌkɑ:dki:aɪ'di:] *n no pl* Schlüsselkarte *f*

'card·phone *n* Kartentelefon *nt*

'card read·er *n* Kartenleser *m*

care [keəʳ] I. *n* ① *no pl (attention)* **take ~ you don't fall!** pass auf, dass du nicht hinfällst!; **to do sth with ~** etw sorgfältig machen; **to drive with ~** umsichtig fahren; **driving without due ~ and attention** BRIT LAW fahrlässiges Verhalten im Straßenverkehr; **to handle sth with ~** mit etw *dat* vorsichtig umgehen; **"handle with ~"** „Vorsicht, zerbrechlich!"; **to take ~ with sth** bei etw *dat* sorgfältig sein; **you need to take a bit more ~ with your spelling** du musst dir mit deiner Rechtschreibung mehr Mühe geben; **~ of ...** c/o ..., zu Händen von ... ② *no pl (looking after)* Betreuung *f*; *(of children, the elderly)* Pflege *f*; *(in hospital)* Versorgung *f*; **hair ~** Haarpflege *f*; **to take [good] ~ of sb** sich [gut] um jdn kümmern; **to take good ~ of sth** etw schonen; **take ~ [of yourself]!** pass auf dich auf!; **let me take ~ of it** lass mich das übernehmen; **all the travel arrangements have been taken ~ of** sämtliche Reisevorbereitungen wurden getroffen; **in ~** in Pflege; **to be put/taken into ~** in Pflege gegeben/genommen werden ③ *(worry)* Sorge *f*; **to not have a ~ in the world** keinerlei Sorgen haben II. *vi* ① *(be concerned)* betroffen sein; **I think he ~s quite a lot** ich glaube, es macht ihm eine ganze Menge aus; **I couldn't ~ less** das ist mir völlig egal; **as if I ~d** als ob mir das etwas ausmachen würde; **for all I ~** meinetwegen; **who ~s?** *(it's not important)* wen interessiert das schon?; *(so what)* was soll's?; **I didn't know you ~d!** ich wusste ja gar nicht, dass du dir etwas aus mir machst ② *(want)* ■ **to ~ for sth** etw mögen ③ *(look after)* ■ **to ~ for sb/sth** sich um jdn/etw kümmern III. *vt* ■ **sb does not ~ what/who/whether ...** jdm ist es egal, was/wer/ob ...

CARE [keəʳ] *n abbrev of* **Cooperative for American Relief Everywhere** *international tätige amerikanische Hilfsorganisation*

ca·reer [kə'rɪəʳ] I. *n* ① *(profession)* Beruf *m*; **~s office** BRIT Berufsberatung *f*; **~ politician** Berufspolitiker(in) *m(f)* ② *(working life)* Karriere *f*, Laufbahn *f* II. *vi* rasen; **to ~ out of control** außer Kontrolle geraten

ca·reer·ist [kə'rɪərɪst] *n (usu pej)* Karrierist(in) *m(f)*

ca·'reer lad·der *n* Karriereleiter *f*

'care·free *adj* sorgenfrei

care·ful ['keəfᵊl] *adj* ① *(cautious)* vorsichtig; *driver* umsichtig; **to be ~ with sth** mit etw *dat* vorsichtig umgehen; ■ **to be ~ [that] ...** darauf achten, dass ...; ■ **to be ~ where/what/who/how ...** darauf achten, wo/was/wer/wie ... ② *(meticulous)* sorgfältig; *analysis* umfassend; *consideration* reiflich; *examination* gründlich; *worker* gewissenhaft; **to pay ~ attention to sth** auf etw *akk* genau achten

care·ful·ly ['keəfᵊli] *adv* ① *(cautiously)* vorsichtig; **to handle sth ~** mit etw *dat* achtsam umgehen ② *(painstakingly)* sorgfältig, gewissenhaft; **to examine sb ~** jdn gründlich untersuchen; **to listen ~** aufmerksam zuhören

care·ful·ness ['keəfᵊlnəs] *n no pl* ① *(caution)* Vorsicht *f* ② *(meticulousness)* Sorgfalt *f*

care·less ['keələs] *adj* ① *(lacking attention)* unvorsichtig; *driver* leichtsinnig ② *(unthinking) remark* unbedacht; *talk* gedankenlos ③ *(not painstaking)* nachlässig ④ *(carefree)* unbekümmert

care·less·ly ['keələsli] *adv* ① *(without attention)* unvorsichtig ② *(negligently)* nachlässig ③ *(thoughtlessly)* gedankenlos ④ *(nonchalantly)* lässig

care·less·ness ['keələsnəs] *n no pl* ① *(lack of care)* Nachlässigkeit *f* ② *(thoughtlessness)* Gedankenlosigkeit *f* ③ *(lack of carefulness)* Unvorsichtigkeit *f*

car·er ['keərəʳ] *n* BRIT Betreuer(in) *m(f)*

ca·ress [kə'res] I. *n* <*pl* -es> Streicheln *nt*;

■ **~es** *pl* Zärtlichkeiten *pl* **II.** *vt* streicheln **III.** *vi* Zärtlichkeiten austauschen

'**care·tak·er I.** *n* BRIT Hausmeister(in) *m(f);* AM Hausverwalter(in) *m(f)* **II.** *adj* ~ **government** Übergangsregierung *f*

'**care·worn** *n* vergrämt

'**car fer·ry** *n* Autofähre *f*

car·go ['kɑːgəʊ] *n* <*pl* -s *or* -es> ❶ *no pl* (*goods*) Fracht *f;* ~ **plane** Transportflugzeug *nt* ❷ (*load*) Ladung *f*

'**car hire** *n no pl esp* BRIT Autovermietung *f;* ~ **company** Autoverleih *m*

Car·ib·bean [ˌkærɪˈbiːən, kəˈrɪbɪ-] **I.** *n no pl* ■ **the** ~ die Karibik **II.** *adj* karibisch; **the** ~ **Islands** die Karibischen Inseln

cari·ca·ture ['kærɪkətʃʊə'] **I.** *n* Karikatur *f* **II.** *vt* (*draw*) karikieren; (*parody*) parodieren

cari·ca·tur·ist ['kærɪkətʃʊərɪst] *n* Karikaturist(in) *m(f)*

car·ing ['keərɪŋ] *adj* warmherzig; *person* fürsorglich; *society* sozial

'**car in·sur·ance** *n no pl* Kfz-Versicherung *f* '**car·jack·ing** *n* Autoentführung *f*

'**car li·cence** *n* BRIT Kfz-Zulassung *f*

car·nage ['kɑːnɪdʒ] *n no pl* Gemetzel *nt*

car·nal ['kɑːnəl] *adj* sinnlich

car·na·tion [kɑːˈneɪʃən] *n* Nelke *f;* ~ **pink** zartrosa

car·ni·val ['kɑːnɪvəl] **I.** *n* ❶ (*festival*) Volksfest *nt;* AM (*funfair*) Jahrmarkt *m* ❷ (*pre-Lent*) Karneval *m*, Fasching *m bes* SÜDD, ÖSTERR **II.** *adj* Fest-, Karnevals-; ~ **atmosphere** ausgelassene Stimmung

car·ni·vore ['kɑːnɪvɔː'] *n* Fleischfresser *m*

car·niv·o·rous [kɑːˈnɪvərəs] *adj* Fleisch fressend

car·ol ['kærəl] *n* [**Christmas**] ~ Weihnachtslied *nt;* ~ **concert** Weihnachtssingen *nt;* **to go** ~**ling** als Sternsinger von Haus zu Haus ziehen

'**car·ol sing·er** *n* Sternsinger(in) *m(f)*

caro·tene [ˈkærətiːn] *n no pl* Karotin *nt*

carou·sel [ˌkærəˈsel] *n* ❶ AM (*merry-go-round*) Karussell *nt* ❷ AVIAT [Gepäck]ausgabeband *nt* ❸ PHOT Rundmagazin *nt*

'**car own·er** *n* Autobesitzer(in) *m(f)*

carp <*pl* - *or* -s> [kɑːp] **I.** *n* Karpfen *m* **II.** *vi* meckern

'**car park** *n* BRIT, AUS Parkplatz *m;* (*multi-storey*) Parkhaus *nt;* (*underground*) Tiefgarage *f*

car·pen·ter ['kɑːpəntə'] *n* (*making wooden parts of buildings*) Zimmermann *m;* (*making furniture*) Schreiner(in) *m(f),* Tischler(in) *m(f)*

car·pen·try ['kɑːpəntri] *n no pl* ❶ (*activity*) Schreinerhandwerk *nt,* Tischlerhandwerk *nt;* (*in buildings*) Zimmermannshandwerk *nt* ❷ (*item*) [**piece of**] ~ Schreinerarbeit *f,* Tischlerarbeit *f;* (*in buildings*) Zimmermannsarbeit *f*

car·pet ['kɑːpɪt] **I.** *n* Teppich *m a. fig;* (*fitted*) Teppichboden *m* ▶ **to sweep sth under the** ~ etw unter den Teppich kehren **II.** *vt* [mit einem Teppich] auslegen; **to** ~ **the stairs** einen Läufer auf die Treppe legen

'**car·pet·bag·ger** *n esp* AM (*pej*) politischer Abenteurer (*insbesondere Politiker aus dem Norden der USA, der nach dem Amerikanischen Bürgerkrieg in den Südstaaten Karriere machen wollte*)

'**car·pet·ing** ['kɑːpɪtɪŋ] *n no pl* Teppich[boden] *m*

'**car·pet sweep·er** *n* Teppichkehrer *m*

'**car·pool** *n* Fahrgemeinschaft *f*

car·riage ['kærɪdʒ] *n* ❶ (*horse-drawn*) Kutsche *f* ❷ BRIT (*train wagon*) Personenwagen *m* ❸ (*posture*) [Körper]haltung *f* ❹ *no pl* BRIT (*transport costs*) Transportkosten *pl*

'**car·riage re·turn** *n* Wagenrücklauftaste *f*

'**car·riage·way** *n* BRIT Fahrbahn *f*

car·ri·er ['kærɪə'] *n* ❶ (*person*) Träger(in) *m(f)* ❷ (*vehicle*) Transporter *m;* [**aircraft**] ~ Flugzeugträger *m* ❸ (*transport company*) *of people* Personenbeförderungsunternehmen *nt;* *of goods* Transportunternehmen *nt,* Spedition *f;* (*by air*) Fluggesellschaft *f;* **budget** [*or* **no-frills**] ~ Billigfluglinie *f,* Billigflieger *m fam* ❹ (*entrepreneur, person*) Frachtunternehmer(in) *m(f),* Spediteur(in) *m(f)* ❺ MED [Über]träger(in) *m(f)*

'**car·ri·er bag** *n* BRIT Tragetasche *f;* (*of plastic*) [Plastik]tüte *f;* (*of paper*) [Papier]tüte *f*

car·ri·on ['kærɪən] *n no pl* Aas *nt*

'**car·ri·on 'crow** *n* Rabenkrähe *f*

car·rot ['kærət] **I.** *n* ❶ (*vegetable*) Möhre *f,* Karotte *f,* Mohrrübe *f* NORDD, gelbe Rübe SÜDD, Rüebli *nt* SCHWEIZ ❷ (*fam: reward*) Belohnung *f;* **the** ~ **and** [**the**] **stick** Zuckerbrot und Peitsche **II.** *adj* Karotten-, Möhren-

car·roty ['kærəti] *adj* karottenrot; ~ **hair** feuerrotes Haar

car·ry <-ie-> ['kæri] **I.** *vt* ❶ (*bear*) tragen *a. fig;* ■ **to** ~ **sth around** etw mit sich *dat* herumtragen; **to be carried downstream** flussabwärts treiben ❷ (*transport*) transportieren ❸ (*have, incur*) **murder used to** ~ **the death penalty** auf Mord stand früher die Todesstrafe; **all cigarette packets** ~ **a warning** auf allen Zigarettenpäckchen steht eine Warnung; **to ~ conviction** überzeugend sein; **to ~ a penalty** eine [Geld]strafe nach sich *dat* ziehen; **to ~ sail** Segel gesetzt haben; **to ~ weight with sb** Einfluss auf jdn haben ❹ (*transmit*) MED übertragen; *electricity, oil* leiten ❺ (*posture*) **to ~ oneself well** sich gut halten ❻ (*sell*) führen ❼ (*win*) **to ~ the day** den Sieg davontragen; **the Conservatives will surely ~ the day at the next election** die Konservativen werden die nächsten Wahlen bestimmt für sich entscheiden ❽ *usu passive* (*approve*) *motion* annehmen ❾ JOURN bringen ❿ (*develop*) **to ~ sth too far** mit etw *dat* zu weit gehen ⓫ MATH (*on paper*) *number* übertragen; (*in one's head*) behalten II. vi (*reach*) *sound* zu hören sein; *ball* nicht zu früh den Boden berühren ◆ **carry along** *vt* mitnehmen; *water, food* bei sich *dat* haben ◆ **carry away** *vt* ❶ (*take away*) wegtragen; *current* wegtreiben; (*stronger*) [mit sich *dat*] fortreißen ❷ *usu passive* ■ **to be carried away** (*be overcome*) sich mitreißen lassen; (*be enchanted*) hingerissen sein; **to get carried away** es übertreiben ◆ **carry forward** *vt* FIN übertragen ◆ **carry off** *vt* ❶ (*take away*) wegtragen; SPORTS vom Spielfeld tragen ❷ (*succeed*) hinbekommen ❸ (*win*) gewinnen ◆ **carry on** I. *vt* ❶ (*continue*) fortführen; **~ on the good work!** weiter so!; **we'll ~ on this conversation later** wir reden später weiter; **to ~ on reading** weiterlesen; **we carried on talking till way past midnight** wir setzten unser Gespräch bis weit nach Mitternacht fort ❷ (*conduct*) führen; **to ~ on one's work** arbeiten II. *vi* ❶ (*continue*) weitermachen ❷ (*fam: behave uncontrolledly*) sich danebenbenehmen; (*make a fuss*) ein [furchtbares] Theater machen; (*talk incessantly*) pausenlos reden ◆ **carry out** *vt* ❶ (*move*) hinaustragen; (*towards speaker*) heraustragen; (*by current*) hinaustreiben ❷ (*perform*) durchführen; *order, plan* ausführen; *threat* wahr machen ◆ **carry over** *vt* ❶ (*postpone*) verschieben; *holiday* ins neue Jahr herübernehmen ❷ FIN vortragen ◆ **carry through** *vt* ❶ (*sustain*) durchbringen ❷ (*complete*) durchführen

ˈcar·ry-all *n* AM ❶ (*travel bag*) Reisetasche *f* ❷ TRANSP (*horse-drawn vehicle*) einspänniges, vierrädriges Fuhrwerk; (*motorized*) Kombiwagen *m* ˈcar·ry-cot *n* BRIT Babytragetasche *f*

ˈcar·ry·ing ca·pac·i·ty *n* Nutzlast *f*

car·ry·ing-ˈon <*pl* carryings-on> *n* (*fam*) Machenschaft[en] *f*[*pl*]

ˈcar·ry-on *n no pl* BRIT (*fam: fuss*) Aufregung *f*; **what a ~!** was für ein Getue!

ˈcar·ry-on ˈlug·gage *n no pl* Handgepäck *nt*

CARS [kɑːʳs] *n no pl acr for* **Car Allowance Rebate System** AM Abwrackprämie *f*

cart [kɑːt] I. *n* ❶ (*pulled vehicle*) Wagen *m*, Karren *m* ❷ AM (*supermarket trolley*) Einkaufswagen *m* ▶ **to put the ~ before the horse** das Pferd von hinten aufzäumen II. *vt* (*fam*) schleppen

carte blanche [ˌkɑːtˈblɑ̃(nt)ʃ] *n no pl* **to give sb ~** jdm freie Hand geben

car·tel [kɑːˈtel] *n* Kartell *nt*

cart·horse [ˈkɑːthɔːs] *n* Zugpferd *nt*

car·ti·lage [ˈkɑːtɪlɪdʒ] *n no pl* MED Knorpel *m*

ˈcart·load *n* Wagenladung *f* (**of** von + *dat*); (*fig fam: large quantity*) Unmenge *f*

car·tog·ra·pher [kɑːˈtɒgrəfəʳ] *n* Kartograph(in) *m*(*f*)

car·tog·ra·phy [kɑːˈtɒgrəfi] *n no pl* Kartographie *f*

car·ton [ˈkɑːtᵊn] *n* Karton *m*; (*small*) Schachtel *f*; **milk ~** Milchtüte *f*

car·toon [kɑːˈtuːn] *n* ❶ (*drawing*) Cartoon *m o nt* ❷ FILM Zeichentrickfilm *m*

car·toon·ist [kɑːˈtuːnɪst] *n* ❶ ART Karikaturist(in) *m*(*f*) ❷ FILM Trickzeichner(in) *m*(*f*)

car·tridge [ˈkɑːtrɪdʒ] *n* ❶ (*for ink, ammunition*) Patrone *f* ❷ (*for film*) Kassette *f* ❸ (*pick-up head*) Tonabnehmer *m*

ˈcar·tridge case *n* Patronenhülse *f* ˈcar·tridge pa·per *n* Zeichenpapier *nt*

ˈcart·wheel I. *n* ❶ (*wheel*) Wagenrad *nt* ❷ SPORTS Rad *nt*; **to do a ~** ein Rad schlagen II. *vi* Rad schlagen

carve [kɑːv] I. *vt* ❶ (*cut a figure*) schnitzen; (*with a chisel*) meißeln; (*cut a pattern*) [ein]ritzen ❷ FOOD tranchieren ❸ (*fig*) *niche* finden II. *vi* tranchieren

carv·er [ˈkɑːvəʳ] *n* ❶ (*person*) Bildhauer(in) *m*(*f*); *wood* Holzschnitzer(in) *m*(*f*); (*at the table*) Vorschneider(in) *m*(*f*) ❷ (*knife*) Tranchiermesser *nt*

car·very [ˈkɑːvᵊri] *n* BRIT offene Fleischzubereitung in einem Restaurant

carv·ing [ˈkɑːvɪŋ] *n* ART ❶ *no pl* (*art of cutting*) Bildhauerei *f*; *of wood* Schnitzen *nt* ❷ (*ornamental figure*) in Stein gemeißelte Figur; (*of wood*) Schnitzerei *f*

ˈcarv·ing knife *n* Tranchiermesser *nt*

ˈcar wash *n* Autowaschanlage *f*

casa·no·va [ˌkæsəˈnəʊvə] *n* (*pej*) Casanova *m fam*

cas·cade [kæsˈkeɪd] **I.** *n* (*natural*) Wasserfall *m;* (*artificial*) Kaskade *f a. fig* **II.** *vi* sich ergießen; (*fig*) *hair* in Wellen herabfallen

case[1] [keɪs] *n* ❶ (*situation, instance*) Fall *m;* **it's not a ~ of wanting to but of having to** mit Wollen hat das nichts zu tun, eher mit Müssen; **in ~ of an emergency** im Notfall; **a ~ in point** ein [zu]treffendes Beispiel; **in most ~s** meistens; **as |**or **whatever| the ~ may be** wie auch immer; **in ~ ...** falls ...; **just in ~** für alle Fälle; **in any ~** (*besides*) sowieso; (*at least*) zumindest; (*regardless*) jedenfalls ❷ LAW [Rechts]fall *m;* (*suit*) Verfahren *nt;* **there was no ~ against her** es lag nichts gegen sie vor; **murder ~** Mordfall *m* ❸ MED Fall *m* ❹ *usu sing* (*arguments*) **to make out a good ~** gute Argumente vorbringen; **is there a good ~ for reinstating him?** was spricht dafür, ihn wieder einzusetzen? ❺ (*fig: person*) Fall *m* ❻ *no pl* (*fam: nerves*) **get off my ~!** hör auf, mich zu nerven! ❼ LING Fall *m,* Kasus *m;* **to be in the accusative ~** im Akkusativ stehen

case[2] [keɪs] *n* ❶ (*suitcase*) Koffer *m* ❷ (*for display*) Vitrine *f* ❸ (*packaging plus contents*) Kiste *f;* (*for instruments*) Kasten *m* ❹ (*small container*) Schatulle *f;* (*for hat*) Schachtel *f;* (*for spectacles*) Etui *nt;* (*for musical instrument*) Kasten *m;* (*for CD, umbrella*) Hülle *f* ❺ TYPO **written in lower/upper ~** kleingeschrieben/großgeschrieben

case[3] [keɪs] *vt* (*fam*) **to ~ the joint** sich *dat* den Laden mal ansehen

case·ment, case·ment ˈwin·dow [ˈkeɪsmənt-] *n* Flügelfenster *nt;* (*frame*) Fensterflügel *m*

ˈcase study *n* Fallstudie *f*

cash [kæʃ] **I.** *n no pl* Bargeld *nt;* **to pay by [**or **in] ~** bar bezahlen **II.** *vt* ■ **to ~ |in|** ⊃ **sth** etw einlösen; *chips* etw eintauschen ◆**cash in** *vi* ■ **to ~ in on sth** von etw *dat* profitieren

cash and ˈcar·ry I. *n* Discountladen *m* **II.** *adj* Discount· **ˈcash box** *n* Geldkassette *f* **ˈcash card** *n esp* BRIT Geldautomatenkarte *f* **ˈcash crop** *n* ausschließlich zum Verkauf bestimmte Agrarprodukte **ˈcash dis·pens·er** *n* BRIT Geldautomat *m* **cash ˈdown** *adv* **to pay ~** bar bezahlen

cash·ew [ˈkæʃuː] *n,* **ˈcash·ew nut** *n* Cashewkern *m*

ˈcash flow *n* Cashflow *m*

cash·ier [kæʃˈɪər] *n* Kassierer(in) *m(f)*

cash·less [ˈkæʃləs] *adj* bargeldlos; **~ pay·ments** *pl* bargeldloser Zahlungsverkehr

ˈcash ma·chine *n esp* BRIT Geldautomat *m* **cash·mere** [ˈkæʃmɪər] *n* FASHION Kaschmir *m* **cash ˈover(s)** *n* AM FIN Kassenüberschuss *m* **ˈcash pay·ment** *n* Barzahlung *f* **ˈcash·point** *n* BRIT Geldautomat *m* **ˈcash reg·is·ter** *n* Registrierkasse *f*

cas·ing [ˈkeɪsɪŋ] *n* Hülle *f;* *of a machine* Verkleidung *f*

ca·si·no <*pl* -os> [kəˈsiːnəʊ] *n* [Spiel]kasino *nt*

cask [kɑːsk] *n* Fass *nt*

cas·ket [ˈkɑːskɪt] *n* ❶ (*box*) Kästchen *nt* ❷ AM (*coffin*) Sarg *m*

Cas·pian Sea [ˌkæspiənˈsiː] *n* ■ **the ~** das Kaspische Meer

cas·se·role [ˈkæsərəʊl] *n* ❶ (*pot*) Schmortopf *m* ❷ (*stew*) ≈ Eintopf *m*

cas·sette [kəˈset] *n* Kassette *f*

casˈsette deck *n* Kassettendeck *nt* **casˈsette play·er** *n,* **casˈsette re·cord·er** *n* Kassettenrecorder *m*

cast [kɑːst] **I.** *n* ❶ + *sing/pl vb* THEAT, FILM Besetzung *f* ❷ (*moulded object*) [Ab]guss *m* ❸ (*plaster*) Gips[verband] *m* **II.** *vt* <cast, cast> ❶ (*throw*) werfen *a. fig; fishing line* auswerfen; **to ~ doubt on sth** etw zweifelhaft erscheinen lassen ❷ (*allocate roles*) **to ~ sb in a role** jdm eine Rolle geben ❸ (*give*) *vote* abgeben ❹ (*make in a mould*) gießen ◆**cast about** *vi,* **cast around** *vi* auf der Suche sein ◆**cast aside** *vt* sich befreien von +*dat* ◆**cast away** *vt* ❶ (*discard*) wegwerfen ❷ NAUT ■ **to be ~ away somewhere** irgendwo stranden ❸ *see* **cast aside** ◆**cast off** NAUT **I.** *vt* losmachen **II.** *vi* ablegen ◆**cast out** *vt* vertreiben

cas·ta·nets [ˌkæstəˈnets] *npl* Kastagnetten *pl*

cast·away [ˈkɑːstəweɪ] *n* Schiffbrüchige(r) *f(m)*

caste [kɑːst] *n* Kaste *f*

cast·er [ˈkɑːstər] *n see* **castor**

cast·ing [ˈkɑːstɪŋ] *n* ❶ (*mould*) Guss *m; no pl* (*moulding*) Gießen *nt* ❷ THEAT Casting *nt* ❸ (*fishing*) Auswerfen *nt*

ˈcast·ing vote *n* POL entscheidende Stimme

cast ˈiron I. *n no pl* Gusseisen *nt* **II.** *adj* ❶ *cooking pot, nail* aus Gusseisen ❷ (*fig*) *alibi* wasserdicht; *guarantee* sicher

cas·tle [ˈkɑːsl̩] **I.** *n* ❶ (*fortress*) Burg *f;* (*mansion*) Schloss *nt* ❷ CHESS (*fam*) Turm *m* **II.** *vi* CHESS rochieren

ˈcast-off I. *n* ■ **~s** *pl* abgelegte Kleidung **II.** *adj* (*second-hand*) gebraucht; (*discarded*) abgelegt

cas·tor ['kɑ:stə^r] n (wheel) Laufrolle f
'cas·tor stand n AM [silberne] Menage f (Gestell für Salz, Pfeffer und Öl oder Pickles)
'cas·tor sug·ar n Streuzucker m
cas·trate [kæs'treɪt] vt kastrieren
cas·ual ['kæʒjuəl] adj ❶ (not planned) zufällig; *acquaintance, glance* flüchtig ❷ (irregular) gelegentlich; ~ **sex** Gelegenheitssex m; ~ **work** Gelegenheitsarbeit f ❸ (careless) gleichgültig; (offhand) beiläufig ❹ (informal) lässig, salopp; *clothes* leger; ~ **shirt** Freizeithemd nt
cas·ual·ly ['kæʒjuəli] adv ❶ (accidentally) zufällig ❷ (informally) lässig, leger; ~ **dressed** salopp gekleidet ❸ (without seriousness) beiläufig
cas·ual·ness ['kæʒjuəlnəs] n no pl ❶ (unconcern) Gleichgültigkeit f, Teilnahmslosigkeit f ❷ (carelessness) Achtlosigkeit f, Nachlässigkeit f
cas·ual·ty ['kæʒjuəlti] n ❶ (accident victim) [Unfall]opfer nt; (injured person) Verletzte(r) f(m); (dead person) Todesfall m ❷ (fig) Opfer nt ❸ no pl BRIT (hospital department) Unfallstation f
cat[1] [kæt] n Katze f ▶ **to let the ~ out of the bag** die Katze aus dem Sack lassen; **to look like the ~ that got the cream** *esp* BRIT sich freuen wie im Schneekönig; **to rain ~s and dogs** wie aus Eimern schütten; **a ~ in hell's chance** BRIT nicht die Spur einer Chance; **to look like something the ~'s brought in** wie gerädert aussehen; **while the ~'s away the mice will play** (prov) wenn die Katze nicht zu Hause ist, tanzen die Mäuse auf dem Tisch; **to put the ~ among the pigeons** BRIT für die Katze im Taubenschlag sorgen; **there's no room to swing a ~** BRIT man kann sich vor lauter Enge kaum um die eigene Achse drehen
cat[2] [kæt] n AUTO (fam) *short for* **catalytic converter** Kat m
CAT [kæt] n no pl MED *abbrev of* **computerized axial tomography** Computertomographie f
cata·clys·mic [ˌkætəˈklɪzmɪk] adj (liter) verheerend
cata·comb ['kætəku:m, -kəʊm] n usu pl Katakombe f
cata·logue ['kætəlɒg], AM **cata·log** I. n Katalog m; **a ~ of mistakes** (fig) eine [ganze] Reihe von Fehlern II. vt katalogisieren
ca·taly·sis [kəˈtæləsɪs] n no pl CHEM Katalyse f

cata·lyst ['kætəlɪst] n ❶ CHEM Katalysator m ❷ (fig) Auslöser m
cata·lyt·ic [ˌkætəˈlɪtɪk] adj katalytisch; ~ **converter** Katalysator m
cata·ma·ran [ˌkætəməˈræn] n Katamaran m
cata·pult ['kætəpʌlt] I. n Katapult nt II. vt katapultieren
cata·ract[1] ['kætərækt] n MED grauer Star
cata·ract[2] ['kætərækt] n GEOG Katarakt m, Wasserfall m
ca·tarrh [kəˈtɑ:^r] n no pl Schleimhautentzündung f
ca·tas·tro·phe [kəˈtæstrəfi] n Katastrophe f
cata·stroph·ic [ˌkætəˈstrɒfɪk] adj katastrophal
cata·strophi·cal·ly [ˌkætəˈstrɒfɪkəli] adv katastrophal
'cat·call I. n Hinterherpfeifen nt II. vi pfeifen
catch [kætʃ] I. n <pl -es> ❶ (ball) Fang m; **good ~!** gut gefangen!; **to miss a ~** den Ball nicht fangen ❷ (fish) Fang m kein pl ❸ (fastener) Verschluss m; (bolt) Riegel m; (hook) Haken m; **window ~** Fensterriegelung f ❹ no pl (fam: partner) [guter] Fang ❺ no pl (trick) Haken m; **what's the ~?** wo ist der Haken? ❻ no pl (game) Fangen nt II. vt <caught, caught> ❶ (intercept) fangen; *light* einfangen; *person* auffangen ❷ (grab) ergreifen ❸ (capture) *person* ergreifen; (arrest) festnehmen; *animal* fangen; *escaped animal* einfangen; (fig) **the virus was caught in time** das Virus wurde rechtzeitig erkannt ❹ (surprise, get hold of) erwischen; **have I caught you at a bad time?** komme ich ungelegen?; **you won't ~ me in that shop!** in dem Laden wirst du mich niemals finden; **to ~ sb in the act** jdn auf frischer Tat ertappen; **to be caught in a thunderstorm** von einem Gewitter überrascht werden; ▪**to ~ sb/oneself doing sth** jdn/sich bei etw *dat* ertappen ❺ (meet) treffen; **I'll ~ you later** bis später ❻ MED ▪**to ~ sth [from sb]** sich [bei jdm] mit etw *dat* anstecken; **you've caught the sun** du hast einen [leichten] Sonnenbrand bekommen; **to ~ a cold** sich erkälten ❼ SPORTS ▪**to ~ sb** jdn durch Abfangen des Balls ausscheiden lassen ❽ ▪**to ~ sth in sth** (trap) etw in etw *akk* einklemmen; (entangle) mit etw *dat* in etw *dat* hängen bleiben; ▪**to get caught [in sth]** sich [in etw *dat*] verfangen; ▪**to get caught on sth** an etw *dat* hängen bleiben ❾ (fig: become involved) ▪**to get caught in sth** in etw *akk* verwickelt wer-

den; **to be caught in the crossfire** ins Kreuzfeuer geraten ⑩ (*take*) bus, train nehmen; (*be in time for*) kriegen; **to ~ the post** rechtzeitig zur Post kommen ⑪ (*collect*) liquid auffangen ⑫ (*depict*) festhalten ⑬ (*attract*) attention erregen; *imagination* anregen ⑭ (*notice*) bemerken; **I didn't quite ~ what you said** ich habe nicht ganz mitbekommen, was du gesagt hast; **to ~ sight** [*or* **a glimpse**] **of sb/sth** jdn/etw [kurz] sehen; (*by chance*) jdn/etw zufällig sehen ⑮ (*hit*) **she caught her head on the mantelpiece** sie schlug mit dem Kopf auf dem Kaminsims auf; **his head caught the edge of the table** er schlug mit dem Kopf auf die Tischkante auf; **to ~ sb on the arm** jdn am Arm treffen ⑯ (*burn*) **to ~ fire** [*or* **light**] Feuer fangen ▶ **to ~ it** (*fam*) Ärger kriegen **III.** *vi* <caught, caught> ❶ BRIT, AUS (*grab*) ■ **to ~ at sth** nach etw *dat* greifen ❷ (*entangle*) sich in etw *dat* verfangen; ■ **to ~ on sth** an etw *dat* hängen bleiben ❸ (*ignite*) Feuer fangen; *engine* zünden ◆**catch on** *vi* (*fam*) ❶ (*become popular*) sich durchsetzen ❷ (*understand*) kapieren ◆**catch out** *vt* BRIT ❶ (*detect*) ertappen ❷ (*trick*) hereinlegen ❸ (*cause difficulty*) [unangenehm] überraschen ◆**catch up I.** *vi* ❶ (*reach*) ■ **to ~ up with** einholen *a. fig;* **she's ~ing up!** sie holt auf! ❷ (*fig: complete*) ■ **to ~ up with** [*or* **on**] **sth** etw aufarbeiten; **to ~ up on one's sleep** versäumten Schlaf nachholen **II.** *vt* ❶ (*reach*) ■ **to ~ sb up** jdn einholen ❷ *usu passive* **to get caught up in sth** sich in etw *dat* verfangen; (*fig*) in etw *akk* verwickelt werden

catch·er ['kætʃəʳ] *n* Fänger(in) *m(f)*
catch·ing ['kætʃɪŋ] *adj* ansteckend
'**catch·ment area** *n* Einzugsgebiet *nt*
'**catch·phrase** *n* Slogan *m* '**catch ques·tion** *n* Fangfrage *f* **catch·up** ['kætʃʌp, 'ketʃ-] *n* FOOD *see* **ketchup** '**catch·word** *n* Schlagwort *nt*
catchy ['kætʃi] *adj* eingängig; **~ tune** Ohrwurm *m*
cat·echism ['kætəkɪzᵊm] *n* Katechismus *m;* (*fig*) Fragenkatalog *m*
cat·egori·cal [ˌkætəˈgɒrɪkᵊl] *adj* kategorisch
cat·egori·cal·ly [ˌkætəˈgɒrɪkᵊli] *adv* definitiv; (*final*) endgültig, kategorisch; **to ~ deny sth** etw kategorisch bestreiten; **to ~ refuse sth** etw unmissverständlich ablehnen
cat·ego·rize ['kætəgᵊraɪz] *vt* kategorisieren

cat·ego·ry ['kætəgᵊri] *n* Kategorie *f*
ca·ter ['keɪtəʳ] *vi* ❶ (*serve food, drink*) für Speise und Getränke sorgen; *firm* Speisen und Getränke liefern ❷ (*provide for*) sich kümmern (**for** um)
ca·ter·er ['keɪtᵊrəʳ] *n* (*company*) Cateringservice *m;* (*for parties*) Partyservice *m*
ca·ter·ing ['keɪtᵊrɪŋ] *n no pl* Versorgung *f* mit Speisen und Getränken; (*trade*) Catering *nt;* (*service*) Partyservice *m*
cat·er·pil·lar ['kætəpɪləʳ] *n* Raupe *f*
cat·er·pil·lar® '**trac·tor** *n* Raupenfahrzeug *nt*
'**cat·fish** <*pl* -> *n* Wels *m,* Seewolf *m,* Katfisch *m*
'**cat·gut** *n no pl* MUS [Darm]saite *f;* MED Katgut *nt*
ca·thar·tic [kəˈθɑːtɪk] *adj* kathartisch
ca·thedral [kəˈθiːdrᵊl] *n* Kathedrale *f,* Dom *m,* Münster *nt;* **Cologne ~** der Kölner Dom; **Freiburg ~** das Freiburger Münster
Cath·erine wheel ['kæθᵊrɪnˌ(h)wiːl] *n* Feuerrad *nt*
cath·eter ['kæθɪtəʳ] *n* Katheter *m*
cath·ode ['kæθəʊd] *n* Kat[h]ode *f*
catho·lic ['kæθᵊlɪk] **I.** *n* ■ C~ Katholik(in) *m(f)* **II.** *adj* ❶ (*Roman Catholic*) ■ C~ katholisch ❷ (*form: varied*) [all]umfassend
Ca·tholi·cism [kəˈθɒlɪsɪzᵊm] *n no pl* Katholizismus *m*
'**cat·kin** *n* BOT Kätzchen *nt*
'**cat lit·ter** *n no pl* Katzenstreu *f* '**cat·nap** (*fam*) **I. to have a ~** ein Nickerchen machen **II.** *vi* <-pp-> kurz schlafen
cat·sup ['kætsəp, 'ketʃəp] *n* AM Ketchup *m o nt*
cat·tle ['kætl] *npl* Rinder *pl;* **200 head of ~** 200 Stück Vieh; "**~ crossing**" „Vorsicht Viehbetrieb"
'**cat·tle breed·er** *n* Rinderzüchter(in) *m(f)*
'**cat·tle thief** *n* Viehdieb(in) *m(f)*
cat·ty ['kæti] *adj* gehässig; *remark* bissig
'**cat·walk** *n* FASHION Laufsteg *m*
Cau·ca·sian [kɔːˈkeɪʒᵊn] **I.** *n* (*white person*) Weiße(r) *f(m)* **II.** *adj* ❶ (*white-skinned*) weiß ❷ (*of Caucasus*) kaukasisch
Cau·ca·sus ['kɔːkəsəs] *n* ■ **the ~** der Kaukasus
caught [kɔːt] *pt, pp* of **catch**
caul·dron ['kɔːldrən] *n* ❶ (*pot*) [großer] Kessel ❷ (*fig*) brodelnder Hexenkessel
cau·li·flow·er ['kɒlɪflaʊəʳ] *n* Blumenkohl *m,* Karfiol *m* SÜDD, ÖSTERR
caus·al ['kɔːzᵊl] *adj* (*form*) kausal
cau·sal·ity [kɔːˈzæləti] *n* (*form*) Kausalität *f*
caus·al·ly ['kɔːzᵊli] *adv* (*form*) ursächlich,

kausal *geh;* **the two events are connected** ~ zwischen den beiden Vorfällen besteht ein kausaler Zusammenhang

cau·sa·tive [ˈkɔːzətɪv] *adj (form)* kausativ

cause [kɔːz] **I.** *n* ❶ *(of effect)* Ursache *f;* ~ **of death** Todesursache *f* ❷ *no pl (reason)* Grund *m;* **to have good ~ for complaint** allen Grund haben, sich zu beschweren; ~ **for concern** Anlass *m* zur Sorge; **a just ~** ein triftiger Grund; ▪ **to be the ~ of sth** der Grund für etw *akk* sein ❸ *(object of support)* Sache *f;* **a rebel without a ~** *jd, der sich gegen jegliche Autorität widersetzt;* **a good ~** ein guter Zweck; **a lost ~** eine verlorene Sache **II.** *vt* verursachen; **to ~ trouble** Unruhe stiften; ▪ **to ~ sb to do sth** jdn veranlassen, etw zu tun; **the bright light ~d her to blink** das helle Licht ließ sie blinzeln

cause·way [ˈkɔːzweɪ] *n (road)* Damm *m;* *(path)* Knüppeldamm *m*

caus·tic [ˈkɔːstɪk] *adj* ätzend *a. fig; humour* beißend; ~ **soda** Ätznatron *nt*

cau·tion [ˈkɔːʃən] **I.** *n* ❶ *no pl (carefulness)* Vorsicht *f;* **with [great] ~** [sehr] umsichtig; **to treat sth with ~** etw mit Vorbehalt aufnehmen ❷ BRIT *(legal warning)* Verwarnung *f* ▸ **to throw ~ to the winds** Bedenken *pl* in den Wind schlagen **II.** *vt (form)* ❶ *(warn)* ▪ **to ~ sb [against sth]** jdn [vor etw *dat*] warnen ❷ *esp* BRIT, AUS *(warn officially)* verwarnen

cau·tion·ary [ˈkɔːʃənəri] *adj* warnend; ~ **tale** Geschichte *f* mit einer Moral

cau·tious [ˈkɔːʃəs] *adj (careful)* vorsichtig; *(prudent)* umsichtig; *optimism* verhalten

cau·tious·ly [ˈkɔːʃəsli] *adv* vorsichtig; *(circumspectly)* umsichtig

cav·al·cade [ˌkævəlˈkeɪd] *n* Kavalkade *f*

cava·lier [ˌkævəlˈɪər] **I.** *n* Kavalier *m* **II.** *adj* unbekümmert

cav·al·ry [ˈkævəlri] *n no pl, usu + pl vb* ▪ **the ~** die Kavallerie

cav·al·ry·man *n* Kavallerist *m*

cave [keɪv] **I.** *n* Höhle *f* **II.** *vi* BRIT, AUS Höhlen erforschen ♦ **cave in** *vi* ❶ *(collapse)* einstürzen ❷ *(give in)* kapitulieren; ▪ **to ~ in to sth** sich etw *dat* beugen

ˈ**cave art** *n* HIST Höhlenmalereien *pl*

ca·veat [ˈkæviæt] *n (form)* Vorbehalt *m;* ~ **emptor** Ausschluss *m* der Gewährleistung

ˈ**cave-in** *n* Einsturz *m* ˈ**cave·man** *n* Höhlenmensch *m* ˈ**cave paint·ing** *n* Höhlenmalerei *f*

ˈ**cav·er** [ˈkeɪvər] *n* BRIT, AUS Höhlensportler(in) *m(f)*

cav·ern [ˈkævən] *n* Höhle *f*

cav·ern·ous [ˈkævənəs] *adj* ❶ *(cave-like)* höhlenartig ❷ *(fig) cheeks* hohl; *eyes* tief liegend

cavi·ar|e [ˈkæviɑːr] *n no pl* Kaviar *m*

cav·ity [ˈkævəti] *n (hole)* Loch *nt;* *(hollow space)* Hohlraum *m*

ca·vort [kəˈvɔːt] *vi (hum, euph fam: have sex)* herumspielen

caw [kɔː] **I.** *n* Krächzen *nt* **II.** *vi* krächzen

cay·enne [keɪˈen] *n no pl,* **cay·enne** ˈ**pep·per** *n no pl* Cayennepfeffer *m*

Cay·man Is·lands [ˈkeɪmən] *npl* ▪ **the ~** die Cayman-Inseln *pl*

CB [ˌsiːˈbiː] *n no pl abbrev of* **Citizen's Band** CB-Funk *m*

CBI [ˌsiːbiːˈaɪ] *n* BRIT *abbrev of* **Confederation of British Industry** *britischer Unternehmerverband*

CBT [ˌsiːbiːˈtiː] *abbrev of* **Computer Based Training** computergestütztes Lernen

CBW [ˌsiːbiːˈdʌbljuː] *n abbrev of* **chemical and biological warfare** chemische und biologische Kriegführung

cc <*pl* - *or* -s> [ˌsiːˈsiː] *n abbrev of* **cubic centimetre** cm^3

CCL [ˌsiːsiːˈel] *n* BRIT *abbrev of* **climate change levy** Klimaschutzabgabe *f*

CCTV [ˌsiːsiːtiːˈviː] *n abbrev of* **closed-circuit television** Überwachungskamera *f*

ccw. *adv abbrev of* **counterclockwise** gegen den Uhrzeigersinn

CD [ˌsiːˈdiː] *n* ❶ *abbrev of* **compact disc** CD *f* ❷ *abbrev of* **Corporate Design** CD *nt*

CDC [ˌsiːdiːˈsiː] *n no pl abbrev of* **Centers for Disease Control and Prevention** *amerikanische Gesundheitsbehörde*

CDI [ˌsiːdiːˈaɪ] *n* COMPUT *abbrev of* **compact disc interactive** CDI *f*

CˈD play·er *n* CD-Spieler *m*

CD-R [ˌsiːdiːˈɑːr] *n abbrev of* **Compact Disc Recordable** Rohling *m* **CD-ROM** [ˌsiːdiːˈrɒm] **I.** *n abbrev of* **compact disc read-only memory** CD-ROM *f* **II.** *adj player* CD-ROM-Spieler *m;* *writer* CD-ROM-Brenner *m; drive* CD-ROM-Laufwerk *nt* **CD-RW** [ˌsiːdiːɑːˈdʌbljuː] *n abbrev of* **Compact Disc-Rewritable** CD-RW *f*

cease [siːs] *(form)* **I.** *vi* aufhören **II.** *vt* beenden; *fire* einstellen; **it never ~s to amaze me** es überrascht [mich] doch immer wieder

ˈ**cease-fire** *n* Waffenruhe *f*

cease·less [ˈsiːsləs] *adj* endlos; *noise* ständig

ce·dar ['si:dəʳ] n Zeder f
ceil·ing ['si:lɪŋ] n [Zimmer]decke f; (fig) Obergrenze f ▶ **to hit the ~** an die Decke gehen
cel·ebrate ['seləbreɪt] vi, vt feiern
cel·ebrat·ed ['seləbreɪtɪd] adj berühmt
cel·ebra·tion [ˌseləˈbreɪʃᵊn] n Feier f; **this calls for a ~!** das muss gefeiert werden!; **cause for ~** Grund m zum Feiern; ■ **in ~** zur Feier
cel·ebra·tory [ˌseləˈbreɪtᵊri] adj Fest-
ce·leb·rity [səˈlebrəti] n ❶ (person) Prominente(r) f(m) ❷ no pl (fame) Ruhm m
cel·eri·ac [səˈleriæk] n no pl [Knollen]sellerie m ÖSTERR a. f
cel·ery ['seləri] n no pl Stangensellerie m o f, Staudensellerie m o f
ce·les·tial [səˈlestiəl] adj ❶ ASTRON Himmels- ❷ REL himmlisch
celi·ba·cy ['seləbəsi] n no pl Zölibat m o nt
celi·bate ['seləbət] I. n Zölibatär m II. adj zölibatär
cell [sel] n Zelle f
cel·lar ['seləʳ] n Keller m
cel·list ['tʃelɪst] n Cellist(in) m(f)
cel·lo <pl -s> ['tʃeləʊ] n Cello nt
cel·lo·phane® ['seləfeɪn] n no pl Cellophan® nt; **~ wrapper** [Klarsicht]folie f
'cell phone n esp AM Mobiltelefon nt, Handy nt, Natel nt SCHWEIZ; **~ cover/case/pouch** Handyhülle f, Natelhülle f SCHWEIZ
cel·lu·lar ['seljələʳ] adj zellular
cel·lu·lar 'phone n Mobiltelefon nt
cel·lu·lite ['seljəlaɪt] n no pl Zellulitis f
cel·lu·loid ['seljəlɔɪd] n no pl Zelluloid nt
cel·lu·lose ['seljələʊs] n no pl Zellulose f
Cel·sius ['selsiəs] n Celsius
Celt [kelt, selt] n Kelte m/Keltin f
Celt·ic ['keltɪk, 'sel-] adj keltisch
ce·ment [sɪˈment] I. n no pl Zement m II. vt ❶ (with concrete) betonieren; (with cement) zementieren; ■ **to ~ up** zumauern ❷ (also fig: bind) festigen
ce·'ment mix·er n Betonmischmaschine f
cem·etery ['semətᵊri] n Friedhof m
cen·ser ['sen(t)səʳ] n Räuchergefäß nt
cen·sor ['sen(t)səʳ] I. n Zensor(in) m(f) II. vt zensieren
cen·so·ri·ous [sen(t)ˈsɔ:riəs] adj [übertrieben] kritisch
cen·sor·ship ['sen(t)səʃɪp] n no pl Zensur f
cen·sure ['sen(t)sjəʳ] I. n no pl Tadel m II. vt tadeln
cen·sus ['sen(t)səs] n Zählung f
cent [sent] n Cent m; **to not be worth a ~** keinen Pfifferling wert sein

cen·te·nar·ian [ˌsentɪˈneəriən] n Hundertjährige(r) f(m)
cen·te·nary [senˈti:nᵊri] n, AM **cen·ten·nial** [senˈteniəl] n Hundertjahrfeier f; **the orchestra celebrated its ~** das Orchester feierte sein hundertjähriges Bestehen; **~ celebrations** Feierlichkeiten pl zum hundertsten Jahrestag
'cen·ter n, vt AM see **centre**
cen·ti·grade ['sentɪgreɪd] n no pl Celsius
cen·ti·gram, esp BRIT **cen·ti·gramme** ['sentɪgræm] n Zentigramm nt
cen·ti·li·tre, AM **cen·ti·li·ter** ['sentɪli:təʳ] n Zentiliter m
cen·ti·me·tre ['sentɪmi:təʳ] n, AM **cen·ti·me·ter** Zentimeter m
cen·ti·pede ['sentɪpi:d] n Tausendfüßler m
cen·tral ['sentrᵊl] adj ❶ (in the middle) zentral ❷ (paramount) wesentlich ❸ (national) **~ bank** Zentralbank f
cen·tral·ism ['sentrᵊlɪzᵊm] n no pl POL Zentralismus m
cen·trali·za·tion [ˌsentrᵊlaɪˈzeɪʃᵊn] n no pl Zentralisierung f
cen·tral·ize ['sentrᵊlaɪz] vt zentralisieren
cen·tral·ly ['sentrᵊli] adv zentral; **to be ~ heated** Zentralheizung haben; **to be ~ located** zentral gelegen sein
cen·tre ['sentəʳ] I. n ❶ (middle) Zentrum nt, Mitte f; of chocolates Füllung f; **to be the ~ of attention** im Mittelpunkt der Aufmerksamkeit stehen ❷ POL Mitte f; **left/right of ~** Mitte links/rechts ❸ SPORTS Mittelfeldspieler(in) m(f); (basketball) Center m; (ice hockey) Sturmspitze f II. vt ❶ (put in middle) zentrieren ❷ (focus) **to ~ one's attention on sth** seine Aufmerksamkeit auf etw akk richten ❸ (spiritually, emotionally) ■ **to be ~d** ausgeglichen sein
'cen·tre ground n no pl politische Mitte
'cen·trepiece n ❶ (on table) Tafelaufsatz m ❷ (central feature) Kernstück nt
cen·trifu·gal [ˌsentrɪˈfju:gᵊl] adj zentrifugal
cen·tri·fuge ['sentrɪfju:dʒ] I. n MED, TECH Zentrifuge f fachspr, Schleuder f II. vt CHEM ■ **to ~ sth** etw zentrifugieren [o abschleudern]
cen·trip·etal [senˈtrɪpɪtᵊl] adj zentripetal
cen·tu·ry ['sen(t)ʃᵊri] n ❶ (period) Jahrhundert nt; **turn of the ~** Jahrhundertwende f ❷ (in cricket) 100 Läufe pl
CEO [ˌsi:i:ˈəʊ] n abbrev of **chief executive officer** Generaldirektor(in) m(f)
ce·ram·ic [səˈræmɪk] adj keramisch
ce·ram·ics [səˈræmɪks] n + sing vb Keramik f
ce·real ['sɪəriəl] n ❶ (grain) Getreide nt

❷ (*for breakfast*) Frühstückszerealien *pl* (*Cornflakes, Müsli etc.*)
'ce·real bar *n* Müsliriegel *m*
cer·ebel·lum <*pl* -s *or* -la> [ˌserɪˈbeləm, *pl* -lə] *n* ANAT Kleinhirn *nt*
cer·ebral [ˈserəbrəl, səˈriː-] *adj* ❶ ANAT Gehirn· ❷ (*intellectual*) hochgeistig; **it was all too ~ for me** es war mir alles zu hoch
cer·ebrum <*pl* -s *or* -bra> [səˈriːbrəm, *pl* -brə] *n* ANAT Großhirn *nt*
cer·emo·nial [ˌserɪˈməʊniəl] **I.** *adj* zeremoniell **II.** *n* (*form*) Zeremoniell *nt*
cer·emo·nial·ly [ˌserɪˈməʊniəli] *adv* feierlich
cer·emo·ni·ous [ˌserɪˈməʊniəs] *adj* förmlich
cer·emo·ny [ˈserɪməni] *n* Zeremonie *f*, Feier *f*; **without ~** ohne viel Aufhebens; **to stand on ~** förmlich sein
cert [sɜːt] *n usu sing* BRIT (*fam*) *short for* certainty: ▪**to be a dead ~** eine todsichere Sache sein
cer·tain [ˈsɜːtən] **I.** *adj* ❶ (*sure*) sicher; (*unavoidable*) bestimmt; **to mean ~ death** den sicheren Tod bedeuten; **to feel ~** sicher sein; **to make ~ [that ...]** darauf achten[, dass ...]; **to make ~ of sth** sich einer S. *gen* vergewissern; ▪**for ~** ganz sicher; **I don't know yet for ~** ich weiß noch nicht genau ❷ (*limited*) gewiss; **to a ~ extent** in gewissem Maße ❸ (*particular*) **at a ~ age** in einem bestimmten Alter; **in ~ circumstances** unter gewissen Umständen **II.** *pron* (*form*) einige
cer·tain·ly [ˈsɜːtənli] *adv* ❶ (*surely*) sicher[lich]; (*without a doubt*) bestimmt, gewiss ❷ (*gladly*) gern[e]; (*of course*) [aber] selbstverständlich; **~ not** auf [gar] keinen Fall; **I ~ will not!** ich denke gar nicht dran!
cer·tain·ty [ˈsɜːtənti] *n* Gewissheit *f*; **with ~** mit Sicherheit; **he'll arrive late, that's a [virtual] ~** er wird zu spät kommen, darauf kannst du wetten!
cer·ti·fi·able [ˌsɜːtɪˈfaɪəbl] *adj* ❶ (*officially admissible*) nachweisbar ❷ (*psychologically ill*) unzurechnungsfähig
cer·tifi·cate [səˈtɪfɪkət] *n* ❶ (*official document*) Urkunde *f*; (*attestation*) Bescheinigung *f*; **~ of achievement** Leistungsnachweis *m*; **~ of baptism** Taufschein *m*; **doctor's** [*or* **medical**] **~** ärztliches Attest; **examination ~** Prüfungszeugnis *nt*; **marriage ~** Trauschein *m* ❷ FILM **an 18 ~** [Film]freigabe *f* ab 18 Jahren
cer·ti·fi·ca·tion [ˌsɜːtɪfɪˈkeɪʃən] *n no pl* ❶ (*state*) Qualifikation *f*; (*process*) Qualifizierung *f* ❷ (*document*) Zertifikat *nt*; (*attestation*) Beglaubigung *f*
cer·ti·fy <-ie-> [ˈsɜːtɪfaɪ] *vt* ❶ (*declare as true*) bescheinigen [*o* bestätigen]; LAW beglaubigen; **to ~ sb [as] dead** jdn für tot erklären ❷ (*declare mentally ill*) für unzurechnungsfähig erklären
cer·ti·tude [ˈsɜːtɪtjuːd] *n no pl* Sicherheit *f*
cer·vi·cal [ˈsɜːvɪkəl] *adj* ANAT ❶ (*of neck*) zervikal; **~ vertebra** Halswirbel *m* ❷ (*of cervix*) Gebärmutterhals-
cer·vix <*pl* -es *or* -vices> [ˈsɜːvɪks, *pl* -vɪsiːz] *n* ANAT Gebärmutterhals *m*
ces·sa·tion [seˈseɪʃən] *n no pl* (*form: end*) Ende *nt*; (*process*) Beendigung *f*; *of hostilities* Einstellung *f*
cess·pit [ˈsespɪt] *n*, cess·pool [ˈsespuːl] *n* Jauchegrube *f*; (*fig, pej*) Sumpf *m*
CET [ˌsiːiːˈtiː] *n abbrev of* Central European Time MEZ *f*
cf [ˈsiːef] *vt* (*form*) *abbrev of* compare vgl.
CFC [ˌsiːefˈsiː] *n abbrev of* chlorofluorocarbon FCKW *nt*
CGI [ˌsiːdʒiːˈaɪ] *n* FILM *abbrev of* computer-generated image/imaging CGI
c/h *n abbrev of* central heating ZH *f*
Chad [tʃæd] *n no pl* Tschad *m*
Chad·ian [ˈtʃædiən] **I.** *adj* tschadisch **II.** *n* Tschader(in) *m(f)*
chafe [tʃeɪf] **I.** *vi* ❶ (*make sore*) sich [wund]scheuern; *hands* wund werden ❷ (*fig: become irritated*) sich ärgern ❸ (*fig: be impatient*) ▪**to ~ to do sth** erpicht darauf sein, etw zu tun **II.** *vt* ❶ (*rub sore*) [wund]scheuern ❷ (*rub warm*) warm reiben
chaff [tʃæf, BRIT *also* tʃɑːf] *n no pl* Spreu *f* ▸**to separate the wheat from the ~** die Spreu vom Weizen trennen
chaf·finch <*pl* -es> [ˈtʃæfɪn(t)ʃ] *n* Buchfink *m*
cha·grin [ˈʃægrɪn] *n no pl* (*form*) ❶ (*sorrow*) Kummer *m* ❷ (*annoyance*) Verdruss *m*
chain [tʃeɪn] **I.** *n* ❶ (*series of links*) Kette *f* ❷ (*fig: oppression*) ▪**~s** *pl* Fesseln *pl* ❸ (*jewellery*) [Hals]kette *f* ❹ (*fig: series*) Reihe *f*; *of mishaps* Verkettung *f*; **~ of command** Hierarchie *f*; MIL Befehlskette *f*; **fast food ~** [Schnell]imbisskette *f*; **~ of shops** Ladenkette *f* **II.** *vt* ▪**to ~ [up]** [an]ketten (**to** an); **to be ~ed to a desk** (*fig*) an den Schreibtisch gefesselt sein
'chain let·ter *n* Kettenbrief *m* 'chain mail *n no pl* Kettenhemd *nt* chain re·ˈac·tion *n* Kettenreaktion *f* 'chain saw *n*

Kettensäge *f* **'chain-smok·er** *n* Kettenraucher(in) *m(f)* **'chain store** *n* Kettenladen *m*
chair [tʃeə^r] **I.** *n* ❶ (*seat*) Stuhl *m;* **easy ~** Sessel *m* ❷ UNIV Lehrstuhl *m;* **to be ~** den Lehrstuhl innehaben ❸ (*head*) Vorsitzende(r) *f(m)* ❹ (*position*) **to take the ~** den Vorsitz übernehmen ❺ AM (*electric chair*) ▪**the ~** der elektrische Stuhl **II.** *vt* ❶ (*be leader*) ▪**to ~ sth** bei etw *dat* den Vorsitz führen ❷ (*carry*) tragen
'chair·lift *n* Sessellift *m*
'chair·man *n* Vorsitzende(r) *m*
'chair·man·ship *n* Vorsitz *m*
'chair·per·son *n* Vorsitzende(r) *f(m)*
'chair·wom·an *n* Vorsitzende *f*
cha·let ['ʃæleɪ] *n* Chalet *nt*
chal·ice ['tʃælɪs] *n* (*poet or liter*) Kelch *m;* REL Abendmahlskelch *m*
chalk [tʃɔːk] **I.** *n* no pl ❶ (*type of stone*) Kalkstein *m* ❷ (*for writing*) Kreide *f* ▶ |**as different as**| **~ and cheese** {so verschieden wie} Tag und Nacht; **as alike as ~ and cheese** grundverschieden; |**not**| **by a long ~** BRIT bei weitem {nicht}; **as white as ~** kreidebleich **II.** *vt* (*write*) mit Kreide schreiben; (*draw*) mit Kreide zeichnen; (*in billiards*) mit Kreide einreiben ◆**chalk out** *vt design* entwerfen; *strategy* planen ◆**chalk up** *vt* ❶ (*write*) {mit Kreide} aufschreiben ❷ (*fig: achieve*) *victory* verbuchen können ❸ (*write off*) **to ~ sth up to experience** etw als Erfahrung sehen
'chalk·board *n* AM, AUS (*blackboard*) Tafel *f*
chalky ['tʃɔːki] *adj* ❶ (*of chalk*) kalk{halt}ig ❷ (*dusty*) **to be all ~** voll{er} Kreide sein ❸ (*chalk-like*) kreideartig ❹ (*pale*) kreidebleich
chal·lenge ['tʃælɪndʒ] **I.** *n* ❶ (*hard task*) Herausforderung *f;* **to find sth a ~** etw schwierig finden; **to issue a ~ to sb** jdn herausfordern ❷ MIL Werdaruf *m* (*militärischer Befehl, sich auszuweisen*) **II.** *vt* ❶ (*ask to compete*) herausfordern ❷ (*call into question*) in Frage stellen ❸ MIL anrufen
chal·lenged ['tʃælən(d)ʒd] *adj* (*euph or iron*) **physically ~** behindert; **vertically ~** kurz geraten
chal·leng·er ['tʃælɪndʒə^r] *n* Herausforderer *m/*-forderin *f;* **~ for a title** Titelanwärter(in) *m(f)*
chal·leng·ing ['tʃælɪndʒɪŋ] *adj* {heraus}fordernd
cham·ber ['tʃeɪmbə^r] *n* ❶ (*old: room*) {Schlaf}gemach *nt* ❷ (*meeting hall*) Sitzungssaal *m;* **Lower/Upper ~** Zweite/Erste Kammer (*des britischen Abgeordnetenhauses*) ❸ (*lawyer's offices*) ▪**~s** *pl* Anwaltsbüro *nt*, Kanzlei *f;* (*private room of a judge*) Richterzimmer *nt* ❹ MED Kammer *f;* **~ of the heart** Herzkammer *f*
cham·ber·lain ['tʃeɪmbəlɪn] *n* HIST Kammerherr *m*
'cham·ber·maid *n* Zimmermädchen *nt*
'cham·ber mu·sic *n no pl* Kammermusik *f* **'cham·ber pot** *n* Nachttopf *m*
cha·me·le·on [kəˈmiːliən] *n* Chamäleon *nt* a. *fig*
cham·ois¹ <*pl* -> ['ʃæmwɑː] *n* Gämse *f*
cham·ois² ['ʃæmiː] *n*, **cham·ois 'leath·er** *n* Fensterleder *nt*
champ [tʃæmp] **I.** *n short for* **champion** Champion *m* **II.** *vi, vt* {geräuschvoll} kauen ► **to ~ at the bit** vor Ungeduld fiebern
cham·pagne [ʃæmˈpeɪn] *n* Champagner *m;* **~ brunch** Sektfrühstück *nt*
cham·pi·on ['tʃæmpiən] **I.** *n* ❶ SPORTS Champion *m;* **world ~** Weltmeister(in) *m(f);* **defending ~** Titelverteidiger(in) *m(f);* **Olympic ~** Olympiasieger(in) *m(f);* **reigning ~** amtierender Meister/amtierende Meisterin ❷ (*supporter*) Verfechter(in) *m(f);* **to ~** (*of +gen*) **II.** *vt* verfechten; **to ~ a cause** für eine Sache eintreten **III.** *adj* BRIT (*fam*) klasse; **~ boxer** Boxchampion *m;* **~ dog** preisgekrönter Hund; **~ racehorse** Turfsieger(in) *m(f)* **IV.** *adv* BRIT (*fam*) super
cham·pi·on·ship ['tʃæmpiːənʃɪp] *n* ❶ SPORTS Meisterschaft *f;* **European ~** Europameisterschaft *f* ❷ *no pl* (*for a cause*) Einsatz *m* (**of** für)
chance [tʃɑːn(t)s] **I.** *n* ❶ *no pl* Zufall *m;* **to leave nothing to ~** nichts dem Zufall überlassen; **by ~** zufällig ❷ (*prospect*) Chance *f;* |**the**| **~s are ...** aller Wahrscheinlichkeit nach ...; **given half a ~, I'd ...** wenn ich nur könnte, würde ich ...; **no ~!** BRIT (*fam*) niemals!; **the ~ of a lifetime** eine einmalige Chance; **~s of survival** Überlebenschancen *pl;* **to be in with** [*or* **stand**] **a ~** eine Chance haben; **to do sth on the off ~** etw auf gut Glück tun ❸ (*risk*) Risiko *nt;* **~ of injury** Verletzungsrisiko *nt;* **to take ~s** [*or* **a ~**] etwas riskieren; **to take no ~s** kein Risiko eingehen ▶ **~ would be a fine thing** BRIT schön wär's **II.** *vt* (*fam*) riskieren; **to ~ one's arm** es riskieren; **to ~ one's luck** sein Glück versuchen ◆**chance on** *vi*, **chance upon** *vi* ▪**to ~ on sb** jdn zufällig treffen; ▪**to ~** [**up**]**on sth** zufällig auf etw *akk* stoßen

chan·cel·lery ['tʃɑːn(t)sᵊlᵊri] *n* ❶ (*place*) Kanzleramt *nt* ❷ (*position*) Amt *nt* des Kanzlers, Kanzlerschaft *f*

chan·cel·lor ['tʃɑːn(t)sᵊlᵊr] *n* Kanzler(in) *m(f)*; *of federal state* [Bundes]kanzler(in) *m(f)*

chan·cel·lor·ship ['tʃɑːnsᵊləʃɪp] *n no pl* ❶ POL (*office of chancellor*) Kanzleramt *nt* ❷ BRIT POL Amt *nt* des Finanzministers

chancy ['tʃɑːn(t)si] *adj* riskant

chan·de·lier [ˌʃændəˈlɪər] *n* Kronleuchter *m*

change [tʃeɪndʒ] **I.** *n* ❶ (*alteration*) [Ver]änderung *f*; ~ **of direction** Richtungsänderung *f a. fig*; ~ **of heart** Sinneswandel *m*; ~ **of pace** Tempowechsel *m a. fig*; ~ **in the weather** Wetterumschwung *m*; **to be a ~ for the better/worse** eine Verbesserung/Verschlechterung darstellen ❷ *no pl* (*substitution*) Wechsel *m*; **a ~ of clothes** Kleidung *f* zum Wechseln; ~ **of government** Regierungswechsel *m*; ~ **of scene** THEAT Szenenwechsel *m*; (*fig*) Tapetenwechsel *m* ❸ *no pl* (*variety*) Abwechslung *f*; **it'll make a ~** das wäre mal was anderes; **for a ~** zur Abwechslung ❹ *no pl* (*coins*) Kleingeld *nt*; (*money returned*) Wechselgeld *nt*, Retourgeld *nt* SCHWEIZ; **could you give me ~ for fifty dollars?** (*return all*) könnten Sie mir fünfzig Dollar wechseln?; (*return balance*) könnten Sie mir auf fünfzig Dollar herausgeben?; **keep the ~** der Rest ist für Sie; **to have the correct ~** es passend haben; **to give the wrong ~** falsch herausgeben ❺ TRANSP **to have to make several ~s** mehrmals umsteigen müssen **II.** *vi* ❶ (*alter*) sich [ver]ändern; *traffic light* umspringen; *weather* umschlagen; *wind* sich drehen; **nothing** [*ever*] **~s** alles bleibt beim Alten; **to ~ for the better/worse** sich verbessern/verschlechtern; **to ~ into sth** sich in etw *akk* verwandeln ❷ (*substitute, move*) ▪ **to ~** [*over*] **to sth** zu etw *dat* wechseln; **to ~ to** [*driving*] **an automatic** [*car*] auf ein Auto mit Automatik umsteigen; **to ~** [*over*] **from gas heating to electric** die Heizung von Gas auf Strom umstellen ❸ TRANSP umsteigen; **all ~!** alle aussteigen! ❹ (*dress*) sich umziehen; **to ~ into** etw anziehen; **to ~ out of** ausziehen ❺ AUTO schalten ❻ TV umschalten **III.** *vt* ❶ (*make different*) [ver]ändern; (*transform*) verwandeln; **to ~ one's mind** seine Meinung ändern; **to ~ around** umstellen ❷ (*exchange, move*) wechseln; (*in a shop*) umtauschen (**for** gegen); (*replace*) auswechseln; **to ~ hands** den Besitzer wechseln; **to ~ places with sb** mit jdm den Platz tauschen; (*fig*) mit jdm tauschen ❸ (*make fresh*) *bed* neu beziehen; *baby* [frisch] wickeln; **the baby needs changing** das Baby braucht eine frische Windel; **to ~ one's clothes** sich umziehen; **to ~ one's shirt** ein anderes Hemd anziehen ❹ (*money*) wechseln; **could you ~ a £20 note?** (*return all*) könnten Sie mir 20 Pfund wechseln?; (*return balance*) könnten Sie mir auf 20 Pfund herausgeben?; **to ~ £100 into euros** 100 Pfund in Euro umtauschen ❺ TRANSP **to ~ planes** das Flugzeug wechseln; **to ~ buses** [*or* **trains**] umsteigen ❻ AUTO **to ~ gear**[**s**] schalten ♦ **change down** *vi* AUTO herunterschalten ♦ **change up** *vi* AUTO hochschalten

change·able ['tʃeɪndʒəbl] *adj* unbeständig; *moods* wechselnd; *weather* wechselhaft

'change·over *n usu sing* Umstellung *f* (**to** auf)

chang·ing ['tʃeɪndʒɪŋ] *adj* wechselnd

chan·nel ['tʃænᵊl] **I.** *n* ❶ RADIO, TV Programm *nt*; **on ~ five** im fünften Programm; **cable ~** Kabelkanal *m*; **commercial ~** kommerzieller Sender; **pay ~** Pay-TV *nt*; **to change ~s** umschalten; **to turn to ~ two** ins zweite Programm umschalten ❷ (*waterway*) [Fluss]bett *nt*; (*artificial*) Kanal *m*; **navigable ~** schiffbare Fahrrinne; **the** [**English**] **C~** der Ärmelkanal ❸ (*in airport or port*) **the red/green ~** der rot/grün gekennzeichnete Ausgang ❹ (*means*) Weg *m*; **to go through the official ~s** den Dienstweg gehen; **through the usual ~s** auf dem üblichen Weg **II.** *vt* <BRIT -ll- *or* AM *usu* -l-> (*direct*) leiten; **to ~ one's energies/money into sth** seine Energien/sein Geld in etw *akk* stecken

'chan·nel con·trol·ler *n* Intendant(in) *m(f)* eines Fernsehsenders

Chan·nel Is·lands *n* **the ~** die Kanalinseln *pl* **Chan·nel 'Tun·nel** *n no pl* ▪ **the ~** der [Ärmel]kanaltunnel

chant [tʃɑːnt] **I.** *n* ❶ REL [Sprech]gesang *m* ❷ SPORTS *of fans* Sprechchor *m* **II.** *vi* ❶ REL einen Sprechgesang anstimmen ❷ (*crowd*) im Sprechchor rufen **III.** *vt* ❶ REL skandieren; (*sing*) singen ❷ *crowd* im Sprechchor rufen

chan·te·relle [ˌʃɑː(n)təˈrel] *n* Pfifferling *m*

cha·os ['keɪɒs] *n no pl* Chaos *nt*, Durcheinander *nt*

cha·ot·ic [keɪˈɒtɪk] *adj* chaotisch

cha·oti·cal·ly [keɪˈɒtɪkᵊli] *adv* chaotisch

chap¹ [tʃæp] *n* BRIT (*fam*) Typ *m;* **well, ~s, anyone for a pint?** na Jungs, hat jemand Lust auf ein Bier?

chap² <-pp-> [tʃæp] *vi skin* aufspringen

chap³ *n abbrev of* **chapter** Kap.

chap·el [ˈtʃæpəl] *n* ❶ (*for worship*) Kapelle *f* ❷ SCH (*service*) Andacht *f*

chap·er·on(e) [ˈʃæpərəʊn] **I.** *n* ❶ (*dated*) Anstandsdame *f* ❷ AM (*adult supervisor*) Aufsichtsperson *f* **II.** *vt* ❶ (*dated: accompany*) begleiten ❷ AM (*supervise*) beaufsichtigen

chap·lain [ˈtʃæplɪn] *n* Kaplan *m*

chapped [tʃæpt] *adj* (*cracked*) aufgesprungen; (*rough*) spröde

chap·ter [ˈtʃæptər] *n* ❶ (*of book*) Kapitel *nt;* **to quote ~ and verse** den genauen Wortlaut wiedergeben ❷ (*of time*) Abschnitt *m*, Kapitel *nt;* **a tragic ~ in the country's history** ein tragisches Kapitel in der Geschichte des Landes ❸ *esp* AM (*of organization*) Zweig *m*

ˈ**chap·ter house** *n* Kapitelsaal *m*

char¹ [tʃɑːʳ] *n* BRIT (*dated*) ❶ (*maid*) ~ [**woman**] Putzfrau *f* ❷ (*tea*) Tee *m*

char² <-rr-> [tʃɑːʳ] *vi, vt* verkohlen

char·ac·ter [ˈkærəktəʳ] *n* ❶ *no pl* Charakter *m;* **to be similar in ~** sich *dat* im Wesen ähnlich sein; **out of ~** ungewöhnlich ❷ (*unique person*) Original *nt* ❸ LIT (*representation*) [Roman]figur *f* ❹ TYPO Zeichen *nt*

ˈ**char·ac·ter ac·tor** *n* Charakterdarsteller *m*

char·ac·ter·is·tic [ˌkærəktəˈrɪstɪk] **I.** *n* ❶ charakteristisches Merkmal ❷ AVIAT, NAUT (*signal*) Kennung *f* **II.** *adj* charakteristisch; ■ **to be ~ of sth** typisch für etw *akk* sein

char·ac·ter·is·ti·cal·ly [ˌkærəktəˈrɪstɪkəli] *adv* typisch

char·ac·teri·za·tion [ˌkærəktərarˈzeɪʃən] *n no pl* ❶ LIT [Personen]beschreibung *f;* FILM Darstellung *f* ❷ (*description*) Charakterisierung *f*

char·ac·ter·ize [ˈkærəktəraɪz] *vt* kennzeichnen

cha·rade [ʃəˈrɑːd] *n* ❶ *usu pl* (*game*) Scharade *f* ❷ (*lie*) Farce *f*

char·coal [ˈtʃɑːkəʊl] *n no pl* ❶ (*fuel*) Holzkohle *f;* **charcoal burner** [Holz]kohle[n]ofen *m* ❷ (*for drawing*) Kohle *f*

charge [tʃɑːdʒ] **I.** *n* ❶ (*cost*) Gebühr *f;* **is there a ~ for children?** kosten Kinder [auch] etwas?; **what's the ~ for this?** was kostet das?; **for an extra ~** gegen Aufpreis; **free of ~** kostenlos ❷ LAW (*accusation*) Anklage *f* (**of** wegen); ■ **~s** *pl* Anklagepunkte *pl;* (*in civil cases*) Ansprüche *pl;* **to answer ~s** sich [wegen eines Vorwurfs] verantworten; **to bring ~s against sb** Anklage gegen jdn erheben; **to drop ~s [against sb]** die Anklage gegen jdn zurückziehen; **to press ~s against sb** gegen jdn Anzeige erstatten ❸ *no pl* (*responsibility*) Verantwortung *f;* (*care*) Obhut *f;* **to be in ~** die Verantwortung tragen; **who's in ~ here?** wer ist hier zuständig?; **she's in ~ of the department** sie leitet die Abteilung; **you're in ~ until I get back** Sie haben bis zu meiner Rückkehr die Verantwortung; **in ~ of a motor vehicle** (*form*) als Führer eines Kraftfahrzeuges; **to leave sb in ~ of sth** jdm für etw *akk* die Verantwortung übertragen ❹ *no pl* ELEC Ladung *f;* **to put on ~** BRIT aufladen ❺ (*attack*) Angriff *m* ❻ (*dated: person*) Schützling *m* **II.** *vi* ❶ FIN eine Gebühr verlangen; **to ~ for admission** Eintritt verlangen ❷ ELEC laden ❸ (*attack*) [vorwärts]stürmen; **~!** vorwärts!; ■ **to ~ at sb** auf jdn losgehen; MIL jdn angreifen ❹ (*move quickly*) stürmen; **to come charging into a room** in ein Zimmer stürmen **III.** *vt* ❶ FIN berechnen; **how much do you ~ for a wash and cut?** was [*o* wie viel] kostet bei Ihnen Waschen und Schneiden?; **to ~ sth to sb's account** etw auf jds Rechnung setzen; ■ **to ~ sth to sb** jdm etw in Rechnung stellen; **we were not ~d [for it]** wir mussten nichts [dafür] bezahlen ❷ LAW (*accuse*) ■ **to ~ sb [with sth]** jdn [wegen einer S. *gen*] anklagen; **to ~ sb with murder** jdn des Mordes anklagen; **to ~ sb with doing sth** jdn beschuldigen, etw getan zu haben ❸ ELEC aufladen ❹ *usu passive* (*fill with emotion*) **a highly ~d atmosphere** eine hochgradig geladene Atmosphäre ❺ BRIT (*form: fill*) füllen; **please ~ your glasses** lasst uns unsere Gläser füllen ❻ (*attack*) angreifen

ˈ**charge ac·count** *n* Kreditkonto *nt*

ˈ**charge card** *n* [Kunden]kreditkarte *f*

charged *adj* geladen

ˈ**charg·er plate** *n* Unterteller *m*

ˈ**charg·ing ca·ble** *n* Ladekabel *nt* ˈ**charg·ing sta·tion** *n* Ladestation *f;* (*for electric vehicles*) Stromtankstelle *f*

chari·ot [ˈtʃærɪət] *n* Streitwagen *m*

cha·ris·ma [kəˈrɪzmə] *n no pl* Charisma *nt*

chari·table [ˈtʃærɪtəbl] *adj* ❶ (*generous with money*) großzügig; (*uncritical*) gütig ❷ (*of charity*) wohltätig, karitativ; **~ donations** Spenden *pl* für einen wohltätigen Zweck; **~ organization** Wohltätigkeitsorganisation *f*

chari·tably [ˈtʃærɪtəbli] *adv* (*generously*) großzügig; (*kindly*) freundlich

char·ity ['tʃærɪti] *n* ❶ *no pl* (*generosity*) Barmherzigkeit *f*; **human ~** Nächstenliebe *f* ❷ *no pl* (*assistance*) **the proceeds go to ~** die Erträge sind für wohltätige Zwecke bestimmt; **~ work** ehrenamtliche Arbeit [für einen wohltätigen Zweck]; **to accept ~** Almosen annehmen; **to depend on ~** auf Sozialhilfe angewiesen sein; **to donate sth to ~** etw für wohltätige Zwecke spenden ❸ (*organization*) Wohltätigkeitsorganisation *f*

'**char·ity or·gani·za·tion** *n* Hilfsorganisation *f* '**char·ity shop** *n* BRIT *Laden, in dem gespendete, meist gebrauchte Waren verkauft werden, um Geld für wohltätige Zwecke zu sammeln*

char·la·tan ['ʃɑːlətən] *n* Scharlatan *m*

charm [tʃɑːm] I. *n* ❶ *no pl* (*attractive quality*) Charme *m*; **to turn on the ~** seinen [ganzen] Charme spielen lassen ❷ (*jewellery*) Anhänger *m*; **lucky ~** Glücksbringer *m* II. *vt* bezaubern

charmed [tʃɑːmd] *adj* ❶ (*delighted*) bezaubert ❷ (*fortunate*) vom Glück gesegnet; **to lead a ~ life** ein [richtiges] Glückskind sein

charm·er ['tʃɑːmə'] *n* ❶ (*likeable person*) Liebling *m* aller ❷ (*pej: smooth talker*) Schmeichler(in) *m(f)*; (*man*) Charmeur *m*

charm·ing ['tʃɑːmɪŋ] *adj* (*approv*) bezaubernd, reizend, charmant; (*pej*) reizend *iron*

charm·ing·ly ['tʃɑːmɪŋli] *adv* reizend, charmant

charred [tʃɑːd] *adj* verkohlt

chart [tʃɑːt] I. *n* ❶ (*visual*) Diagramm *nt*; NAUT Karte *f*; **medical ~** Krankenblatt *nt*; **weather ~** Wetterkarte *f* ❷ *pl* ▪**the ~s** die Charts; **to top the ~s** ein Nummereins-Hit *m* sein II. *vt* (*plot*) aufzeichnen; (*register*) erfassen

char·ter ['tʃɑːtə'] I. *n* ❶ (*constitution*) Charta *f*; **of society** Satzung *f* ❷ (*exclusive right*) Freibrief *m* ❸ *no pl* (*renting*) **they went to a place that had boats for ~** sie gingen zu einem Bootsverleih ❹ TRANSP Charter *m* II. *vt* chartern

'**char·ter com·pa·ny** *n* Chartergesellschaft *f*

char·tered ['tʃɑːtəd] *adj* ❶ (*rented out*) gechartert; **~ plane** Chartermaschine *f* ❷ BRIT, AUS (*officially qualified*) staatlich geprüft

char·ter·er ['tʃɑːtərə'] *n* (*company*) Verleih *m*; (*person*) Verleiher(in) *m(f)*

'**char·ter flight** *n* Charterflug *m*

chase [tʃeɪs] I. *n* ❶ (*pursuit*) Verfolgungsjagd *f*; **to give ~ to sb** jdm hinterherrennen ❷ HUNT Jagd *f* II. *vi* ▪**to ~ after sb** hinter jdm herlaufen; ▪**to ~ around** herumhetzen III. *vt* ❶ (*pursue*) verfolgen ❷ (*scare away*) ▪**to ~ away** vertreiben; ▪**to ~ off** verscheuchen ❸ BRIT (*fam: put under pressure*) ▪**to ~ sb [up]** jdm Dampf machen

chasm ['kæzəm] *n* Kluft *f a. fig*

chas·sis <*pl* -> ['ʃæsi] *pl n* Fahrgestell *nt*

chaste [tʃeɪst] *adj* (*form*) keusch

chas·ten ['tʃeɪstən] *vt* ▪**to be ~ed by sth** durch etw *akk* zur Einsicht gelangen

chas·tise [tʃæs'taɪz] *vt* (*form*) züchtigen

chas·tity ['tʃæstəti] *n no pl* Keuschheit *f*; **vow of ~** Keuschheitsgelübde *nt*

chat [tʃæt] I. *n* ❶ (*informal conversation*) Unterhaltung *f*; **to have a ~** plaudern ❷ (*euph: admonition*) **to have a little ~ with sb** mit jdm ein Wörtchen reden ❸ *no pl* (*gossip*) Gerede *nt* II. *vi* <-tt-> ❶ (*talk informally*) plaudern; (*gossip*) schwätzen ❷ INET chatten

'**chat room** *n* INET Chatroom *m* '**chat show** *n* Talkshow *f*

chat·ter ['tʃætə'] I. *n* Geschwätz *nt* II. *vi* ❶ (*converse*) plaudern; ▪**to ~ away** endlos schwätzen; ▪**to ~ on** unentwegt reden ❷ (*make clacking noises*) *teeth* klappern; *machines* knattern; *birds* zwitschern ▸ **the ~ting classes** BRIT (*pej*) das Bildungsbürgertum

'**chat·ter·box** *n* (*pej*) Plaudertasche *f*

chat·ty ['tʃæti] *adj* (*fam: person*) gesprächig; (*pej*) geschwätzig; **a very ~ letter** ein äußerst unterhaltsamer Brief

chauf·feur ['ʃəʊfə'] I. *n* Chauffeur(in) *m(f)* II. *vt* ▪**to ~ sb around** jdn herumfahren

chau·vin·ism ['ʃəʊvɪnɪzəm] *n no pl* Chauvinismus *m*

chau·vin·ist ['ʃəʊvɪnɪst] *n* Chauvinist(in) *m(f)*

chau·vin·is·tic [ʃəʊvɪ'nɪstɪk] *adj* (*pej*) chauvinistisch

chau·vin·is·ti·cal·ly [ʃəʊvɪ'nɪstɪkəli] *adv* (*pej*) chauvinistisch *pej*

chav [tʃæv], **chav·ster** ['tʃævstə'] *n* (*pej sl*) Proll *m*

cheap [tʃiːp] *adj* billig *a. fig*; (*reduced*) ermäßigt ▸ **~ at half the price** BRIT, AUS äußerst günstig; **a ~ shot** ein Schuss *m* unter die Gürtellinie; **~ and cheerful** BRIT, AUS gut und preiswert; **~ and nasty** BRIT, AUS billig und schäbig; **to get sth on the ~** etw für 'nen Appel und 'n Ei bekommen

cheap·en ['tʃiːpən] *vt* herabsetzen

cheap·ly ['tʃiːpli] *adv* billig

cheap·ness ['tʃiːpnəs] *n no pl* ❶ (*low*

price) Billigkeit *f* ❷ (*fam: miserliness*) Geiz *m*
'**cheap·skate I.** *n* (*pej fam*) Geizkragen *m* **II.** *adj* (*pej fam*) knick[e]rig
cheat [tʃi:t] **I.** *n* ❶ (*person*) Betrüger(in) *m(f)*; (*in game*) Mogler(in) *m(f)*; (*in school*) Schummler(in) *m(f)* ❷ (*fraud*) Täuschung *f* **II.** *vi* betrügen; (*in exam, game*) mogeln (**at/in** bei); ■**to ~ on sb** jdn betrügen **III.** *vt* ❶ (*treat dishonestly*) täuschen; (*financially*) betrügen (**out of** um) ❷ (*liter*) **to ~ death** dem Tod entkommen
check[1] [tʃek] **I.** *n* ❶ (*inspection*) Kontrolle *f* ❷ (*look*) **to take a quick ~** schnell nachsehen [*o bes* SÜDD, ÖSTERR, SCHWEIZ nachschauen] ❸ (*search for information*) Suchlauf *m* ❹ *no pl* (*restraint*) Kontrolle *f*; **to keep in ~** unter Kontrolle halten ❺ AM (*ticket*) Garderobenmarke *f* ❻ (*pattern*) Karo[muster] *nt* ❼ CHESS Schach *nt*; **to be in ~** im Schach stehen ❽ AM (*tick*) Haken *m* **II.** *adj* Karo- **III.** *vt* ❶ (*inspect*) überprüfen ❷ (*prevent*) attack aufhalten ❸ *esp* AM (*temporarily deposit*) zur Aufbewahrung geben; AVIAT einchecken ❹ CHESS Schach bieten ❺ AM (*make a mark*) abhaken **IV.** *vi* ❶ (*examine*) nachsehen, nachschauen *bes* SÜDD, ÖSTERR, SCHWEIZ; ■**to ~ on sth** nach etw *dat* sehen ❷ (*consult*) ■**to ~ with sb** bei jdm nachfragen ❸ *esp* AM (*be in accordance*) übereinstimmen
♦**check in I.** *vi* (*at airport*) einchecken; (*at hotel*) sich [an der Rezeption] anmelden; **II.** *vt* (*at airport*) person abfertigen; (*at hotel*) anmelden; *luggage* einchecken
♦**check off** *vt* abhaken ♦**check out I.** *vi* sich abmelden; **to ~ out of a room** ein [Hotel]zimmer räumen **II.** *vt* ❶ (*investigate*) untersuchen ❷ (*sl: observe*) **~ it out!** schau dir bloß mal das an! ♦**check up** *vt* ■**to ~ up on** ❶ (*monitor*) überprüfen [*o* kontrollieren] ❷ (*research*) Nachforschungen anstellen über +*akk*
check[2] *n* ❶ AM *see* **cheque** ❷ AM, SCOT (*bill*) Rechnung *f*
checked [tʃekt] *adj* kariert
'**check·er·board** *n* AM Damebrett *nt*
check·ered *adj* AM *see* **chequered**
'**check-in** ['tʃekɪn] *n* ❶ (*registration for flight*) Einchecken *nt*, Abfertigung *f* ❷ (*place in airport*) Abfertigungsschalter *m*; (*in hotel*) Rezeption *f*
'**check-in count·er** *n*, '**check-in desk** *n* Abfertigungsschalter *m*
check·ing ['tʃekɪŋ] *n no pl* AM gebührenfreie [Scheck]abbuchung

'**check·ing ac·count** *n* AM Girokonto *nt*
'**check-in time** *n* Eincheckzeit *f*
'**check·list** *n* Checkliste *f*
'**check·mate I.** *n no pl* ❶ CHESS Schachmatt *nt* ❷ (*fig*) das Aus **II.** *vt* ❶ CHESS schachmatt setzen ❷ (*fig*) mattsetzen
'**check·out** *n* Kasse *f* '**check·out count·er** *n* [Supermarkt]kasse *f*
'**check·point** *n* Kontrollpunkt *m* '**check·room** *n* AM ❶ (*for coats*) Garderobe *f* ❷ (*for luggage*) Gepäckaufbewahrung *f*
'**check-up** *n* [Kontroll]untersuchung *f*; **to go for a ~** einen Check-up machen lassen
ched·dar ['tʃedə^r] *n no pl* Cheddar[käse] *m*
cheek [tʃi:k] *n* ❶ *of face* Backe *f*; **to dance ~ to ~** Wange an Wange tanzen ❷ *no pl* (*impertinence*) Frechheit *f*; **to give sb ~** frech zu jdm sein; **to have the ~ to do sth** die Stirn haben, etw zu tun ▶ **to turn the other ~** die andere Wange [auch] hinhalten
'**cheek·bone** *n usu pl* Backenknochen *m*
cheeki·ly ['tʃi:kɪli] *adv* frech, dreist, vorlaut
cheeky ['tʃi:ki] *adj* frech
cheep [tʃi:p] **I.** *n* ❶ *of bird* Piepser *m*; (*act*) Piepen *nt* ❷ (*any small noise*) Pieps *m* **II.** *vi* piep[s]en
cheer [tʃɪə^r] **I.** *n* ❶ (*shout*) Beifallsruf *m*; (*cheering*) Jubel *m*; **three ~s for the champion!** ein dreifaches Hoch auf den Sieger!; **to give a ~** Hurra rufen ❷ *no pl* (*joy*) Freude *f*; **to be of good ~** (*liter*) guten Mutes sein **II.** *vi* ■**to ~ for sb** jdn anfeuern ♦**cheer on** *vt* anfeuern ♦**cheer up I.** *vi* bessere Laune bekommen; **~ up!** Kopf hoch! **II.** *vt* aufmuntern
cheer·ful ['tʃɪəfəl] *adj* ❶ (*happy*) fröhlich; (*positive*) heiter; **in a ~ mood** gut gelaunt ❷ (*bright*) heiter; *colour, tune* fröhlich
cheer·ful·ly ['tʃɪəfəli] *adv* vergnügt; (*willingly*) [bereit]willig
cheer·ful·ness ['tʃɪəfəlnəs] *n no pl* Fröhlichkeit *f*
'**cheer·ing I.** *n no pl* Jubel *m* **II.** *adj* jubelnd
cheerio ['tʃɪəriəʊ] *interj* BRIT (*fam*) tschüs[s]
'**cheer·lead·er** *n* Cheerleader *m*
cheer·less ['tʃɪələs] *adj* (*gloomy*) düster, trüb; (*joyless*) freudlos
cheers [tʃɪəz] *interj* BRIT (*fam*) ❶ (*good health*) prost ❷ (*thanks*) danke [schön] ❸ (*goodbye*) tschüs[s]
cheery ['tʃɪəri] *adj* fröhlich
cheese [tʃi:z] *n no pl* Käse *m*; **~ sandwich** Käsebrot *nt* ▶ **hard** [*or* AUS **tough**] **~!** (*fam*) Künstlerpech! *hum*; **say ~!** bitte [schön] lächeln!

'cheese·burg·er *n* Cheeseburger *m*
'cheese·cake *n* Käsekuchen *m*
'cheese·cloth *n no pl* indische Baumwolle
cheesed off [ˌtʃiːzdˈɒf] *adj* BRIT, AUS (*fam*) angeödet; ▪ **to be ~ with sb** auf jdn sauer sein
cheesy [ˈtʃiːzi] *adj* ① (*with cheese flavour*) käsig ② (*fam: smelly*) übel riechend; **~ feet** Käsefüße *pl* ③ (*fam: not genuine*) **~ grin** Zahnpastalächeln *nt* ④ AM (*fam: corny*) abgedroschen
chee·tah [ˈtʃiːtə] *n* Gepard *m*
chef [ʃef] *n* Koch *m*/Köchin *f*, Küchenchef(in) *m(f)*
chem-bio [ˌkemˈbaɪəʊ] *adj short for* **chemical-biological** bio-chemisch
chemi·cal [ˈkemɪkəl] I. *n* (*substance*) Chemikalie *f*; (*additive*) chemischer Zusatz II. *adj* chemisch; **~ industry** Chemieindustrie *f*
chemi·cal·ly [ˈkemɪkəli] *adv* chemisch
chem·ist [ˈkemɪst] *n* ① (*student of chemistry*) Chemiker(in) *m(f)* ② BRIT, AUS (*pharmacist*) Drogist(in) *m(f)*, Apotheker(in) *m(f)* ③ BRIT, AUS (*shop*) **~'s** Drogerie, in der man auch Medikamente erhält
chem·is·try [ˈkemɪstri] *n no pl* ① (*study*) Chemie *f* ② CHEM (*make-up*) chemische Zusammensetzung ③ (*fig: attraction*) **the ~ is right between them** die Chemie stimmt zwischen den beiden
chemo·pre·ven·ta·tive [ˌkiːməʊprɪˈventətɪv] *adj* MED, CHEM chemopräventiv
chemo·thera·peu·tic [ˌkiːməʊθerəˈpjuːtɪk] *adj* MED, CHEM chemotherapeutisch
chemo·thera·py [ˌkiːmə(ʊ)ˈθerəpi] *n no pl* Chemotherapie *f*
cheque [tʃek] *n* Scheck *m* (**for** über)
'cheque ac·count *n* Girokonto *nt*
'cheque·book *n* Scheckheft *nt*
cheq·uered [ˈtʃekəd] *adj* ① (*patterned*) kariert ② (*inconsistent*) bewegt
cher·ish [ˈtʃerɪʃ] *vt person* liebevoll umsorgen; *hope* hegen; *sb's memory* in Ehren halten; **although I ~ my children, …** auch wenn mir meine Kinder lieb und teuer sind, …
cher·ry [ˈtʃeri] *n* ① (*fruit*) Kirsche *f* ② (*tree*) Kirschbaum *m*
'cher·ry blos·som *n* Kirschblüte *f* **cher·ry 'bran·dy** *n no pl* Kirschlikör *m*
cher·ub <*pl* -s *or* -im> [ˈtʃerəb, *pl* -bɪm] *n* ART Putte *f*, Putto *m*
cher·vil [ˈtʃɜːvɪl] *n no pl* Kerbel *m*
chess [tʃes] *n no pl* Schach[spiel] *nt*

'chess·board *n* Schachbrett *nt* **'chess·man** *n*, **'chess piece** *n* Schachfigur *f*
chest [tʃest] *n* ① (*torso*) Brust *f* ② (*trunk*) Truhe *f*; (*box*) Kiste *f* ▶ **to get sth off one's ~** sich *dat* etw von der Seele reden
'chest·nut *n* ① (*nut*) Kastanie *f*; **hot ~** heiße [Ess]kastanie [*o* Marone]; **~ hair** kastanienbraunes Haar ② (*tree*) **horse ~** Rosskastanie *f*; **sweet ~** Edelkastanie *f* ③ (*horse*) Fuchs *m*
chesty [ˈtʃesti] *adj* erkältet; **~ cough** tief sitzender Husten
chew [tʃuː] I. *n* **to have a ~ on sth** auf etw *dat* herumkauen II. *vt, vi* kauen; **to ~ one's fingernails/lips** an den Nägeln kauen/auf den Lippen herumbeißen ▶ **to bite off more than one can ~** sich zu viel zumuten
'chew·ing gum *n no pl* Kaugummi *m o nt*
chewy [ˈtʃuːi] *adj meat* zäh; *toffee* weich
chic [ʃiːk] I. *n* Schick *m* II. *adj* schick
chi·cane [ʃɪˈkeɪn] *n* SPORTS Schikane *f*
chick [tʃɪk] *n* ① (*baby chicken*) Küken *nt*; (*young bird*) [Vogel]junge(s) *nt* ② (*sl: young female*) Mieze *f*
chick·en [ˈtʃɪkɪn] I. *n* ① (*farm bird*) Huhn *nt* ② *no pl* (*meat*) Hähnchen *nt*; **fried** [*or* **roasted**] **~** Brathähnchen *nt*; **grilled ~** Grillhähnchen *nt* ③ (*pej sl: coward*) Angsthase *m*; **to play ~** eine Mutprobe machen ▶ **don't count your ~s before they're hatched** (*prov*) man soll den Tag nicht vor dem Abend loben II. *adj* (*pej sl*) feige
'chick·en broth *n no pl* Hühnerbrühe *f*
'chick·en farm *n* Hühnerfarm *f* **'chick·en·feed** *n no pl* ① (*fodder*) Hühnerfutter *nt* ② (*of money*) nur ein paar Groschen
'chick·en·pox *n* Windpocken *pl* **'chick·en run** *n* [Hühner]auslauf *m*
'chick lit *n* (*fam*) Frauenromane für trendige, erfolgreiche Mittzwanziger- bis Mittdreißigerinnen
chick-mag·net *n* AM (*sl*) Teenieschwarm *m*
'chick·pea [ˈtʃɪkpiː] *n* Kichererbse *f*
chic·ory [ˈtʃɪkəri] *n no pl* ① (*vegetable*) Chicorée *m o f* ② (*in drink*) Zichorie *f*
chief [tʃiːf] I. *n* ① (*head of organization*) Chef(in) *m(f)* ② (*leader of people*) Führer(in) *m(f)*; (*head of clan*) Oberhaupt *nt*; (*head of tribe*) Häuptling *m* II. *adj* ① (*main*) Haupt- ② (*head*) **~ administrator** Verwaltungschef(in) *m(f)*; **~ minister** Ministerpräsident(in) *m(f)*
chief ex·'ecu·tive *n* ① AM (*head of state*)

Präsident(in) *m(f)* ❷ (*head of organization*) ~ [**officer**] Generaldirektor(in) *m(f)*
chief 'jus·tice *n* Oberrichter(in) *m(f)*
chief·ly ['tʃiːfli] *adv* hauptsächlich
chief·tain ['tʃiːftən] *n of a tribe* Häuptling *m; of a clan* Oberhaupt *nt*
chif·fon ['ʃɪfɒn] *n* ❶ *no pl* Chiffon *m* ❷ Am **lemon ~ pie** Zitronensahne[torte] *f*
chil·blain ['tʃɪlbleɪn] *n* Frostbeule *f*
child <*pl* -dren> [tʃaɪld, *pl* tʃɪldrən] *n* Kind *nt*
'**child abuse** *n no pl* Kindesmisshandlung *f;* (*sexually*) Kindesmissbrauch *m*
'**child·bear·ing I.** *n no pl* [Kinder]gebären *nt* **II.** *adj* **of ~ age** im gebärfähigen Alter **child 'ben·efit** *n* Brit Kindergeld *nt*
'**child·birth** *n no pl* Geburt *f* '**child·care** *n no pl* Kinderpflege *f;* (*social services department*) Kinderfürsorge *f;* (*for older children*) Jugendfürsorge *f*
child·hood ['tʃaɪldhʊd] *n no pl* Kindheit *f;* **~ friend** Freund(in) *m(f)* aus Kindertagen
child·ish ['tʃaɪldɪʃ] *adj* (*pej*) kindisch
child·ish·ly ['tʃaɪldɪʃli] *adv* (*pej*) kindisch, infantil *pej*
child·ish·ness ['tʃaɪldɪʃnəs] *n no pl* kindisches Benehmen [*o* Betragen], infantiles Verhalten *pej*
child·less ['tʃaɪldləs] *adj* kinderlos
'**child·like** *adj* kindlich
'**child·mind·er** *n* Tagesmutter *f* '**child·proof** *adj* kindersicher
chil·dren ['tʃɪldrən] *n pl of* **child**
'**child's play** *n* **to be ~** ein Kinderspiel sein
child sup·'port *n* Unterhalt *m*
Chile ['tʃɪli] *n* Chile *nt*
Chil·ean ['tʃɪliən] **I.** *n* Chilene *m*/Chilenin *f* **II.** *adj* chilenisch
chili <*pl* -es> ['tʃɪli] *n esp* Am *see* **chilli**
chill [tʃɪl] **I.** *n* ❶ *no pl* (*coldness*) Kühle *f;* (*feeling of coldness*) Kältegefühl *nt;* **to take the ~ off** leicht erwärmen ❷ (*cold*) Erkältung *f;* **to catch a ~** sich erkälten ▶ **to take a ~ pill** Am (*sl*) sich abregen **III.** *vi* ❶ (*grow cold*) abkühlen; **~ed to the bone** ganz durchgefroren ❷ *esp* Am (*fam*) **~** [**out**] chillen *sl* **IV.** *vt* [ab]kühlen [lassen]
chil·li <*pl* -es> ['tʃɪli] *n* Chili *m*
chill·ing ['tʃɪlɪŋ] *adj* ❶ (*making cold*) eisig ❷ (*causing fear*) abschreckend ❸ (*damaging*) ernüchternd
chill-out ['tʃɪlaʊt] *adj attr room, area* Ruhe-
chil·ly ['tʃɪli] *adj* kühl *a. fig;* **to feel ~** frösteln
chime [tʃaɪm] **I.** *n* (*bell tones*) Geläute *nt;* (*single one*) Glockenschlag *m; of doorbell*

Läuten *nt kein pl* **II.** *vi* klingen; *church bells* läuten **III.** *vt* **the clock ~d eleven** die Uhr schlug elf
chim·ney ['tʃɪmni] *n* Schornstein *m; of factory* Schlot *m; of stove* Rauchfang *m;* **to smoke like a ~** (*fig*) wie ein Schlot rauchen
'**chim·ney·pot** *n* Schornsteinaufsatz *m*
'**chim·ney·stack** *n* Brit Schornstein *m; of factory* Schlot *m* '**chim·ney·sweep** *n* Schornsteinfeger(in) *m(f)*
chim·pan·zee [ˌtʃɪmpən'ziː] *n* Schimpanse *m*
chin [tʃɪn] *n* Kinn *nt* ▶ **to keep one's ~ up** sich nicht unterkriegen lassen; **keep your ~ up!** Kopf hoch!; **to take it on the ~** etw mit [großer] Fassung [er]tragen
chi·na ['tʃaɪnə] *n no pl* ❶ (*porcelain*) Porzellan *nt* ❷ (*tableware*) Geschirr *nt*
Chi·na ['tʃaɪnə] *n no pl* China *nt*
Chi·nese <*pl* -> [tʃaɪ'niːz] **I.** *n* ❶ (*person*) Chinese *m*/Chinesin *f;* ■ **the ~** *pl* die Chinesen *pl* ❷ *no pl* (*language*) Chinesisch *nt* ❸ *no pl* (*food*) chinesisches Essen **II.** *adj* chinesisch
Chi·nese 'cab·bage *n* Chinakohl *m* **Chi·nese 'lan·tern** *n* Lampion *m* **Chi·nese 'res·tau·rant** *n* Chinarestaurant *nt*
chink [tʃɪŋk] **I.** *n* ❶ (*opening*) Spalt *m;* **a ~ in sb's armour** jds Schwachstelle ❷ (*noise*) Klirren *nt; of coins, keys* Klimpern *nt* **II.** *vi* klirren; (*with coins, keys*) klimpern
chintz [tʃɪnts] *n no pl* Chintz *m*
'**chin·wag** ['tʃɪnwæɡ] *n* (*dated fam*) Schwatz *m;* **to have a good ~ with sb** mit jdm ein nettes Schwätzchen halten
chip [tʃɪp] **I.** *n* ❶ (*broken-off piece*) Splitter *m; of wood* Span *m* ❷ (*crack*) ausgeschlagene Ecke; (*on blade*) Scharte *f;* **this cup has got a ~ in it** diese Tasse ist angeschlagen ❸ Brit (*fried potato*) ■ **~s** *pl* Pommes frites *pl;* **fish and ~s** Fisch und Chips ❹ Am (*crisps*) ■ **~s** *pl* Chips *pl* ❺ comput Chip *m* ❻ (*for gambling*) Chip *m* ▶ **to be a ~ off the old block** ganz der Vater/die Mutter sein; **to have a ~ on one's shoulder** einen Komplex haben [und daher sehr empfindlich sein]; **when the ~s are down** wenn es drauf ankommt **II.** *vt* <-pp-> ❶ (*damage*) abschlagen; (*break off*) abbrechen ❷ sports chippen **III.** *vi* <-pp-> [leicht] abbrechen
◆ **chip away** *vi* ■ **to ~ away at sth** an etw *dat* nagen ◆ **chip in** *vi* (*fam*) ❶ (*pay*) beisteuern ❷ (*help*) mithelfen ❸ Brit (*interrupt*) dazwischenreden

'chip·bas·ket *n* BRIT Frittiersieb *nt*
chip-en'hanced *adj* mit einem Mikrochip ausgestattet; ~ **online security** Online-Sicherheit *f* durch eingepflanzten Mikrochip
chip·munk ['tʃɪpmʌŋk] *n* Backenhörnchen *nt*
'chip pan *n* BRIT Fritteuse *f*
chipped [tʃɪpt] *adj* abgeschlagen; *blade* schartig; *plate* angeschlagen; *tooth* abgebrochen
chip·per ['tʃɪpə^r] *adj* (*fam*) aufgekratzt *fam,* munter
chip·py ['tʃɪpi] *n* ❶ BRIT (*fam: food outlet*) Frittenbude *f* ❷ AM (*pej! sl: female prostitute*) [billiges] Flittchen ❸ BRIT (*fam: carpenter*) Schreiner(in) *m(f)*
chi·ropo·dist [kɪˈrɒpədɪst, ʃɪ-] *n* Fußpfleger(in) *m(f)*
chi·ropo·dy [kɪˈrɒpədi, ʃɪ-] *n no pl* Fußpflege *f*
chi·ro·prac·tic [ˈkaɪ(ə)rə(ʊ)præktɪk] *n no pl* Chiropraktik *f*
chi·ro·prac·tor [ˈkaɪ(ə)rə(ʊ)ˌpræktə^r] *n* Chiropraktiker(in) *m(f)*
chirpi·ly [ˈtʃɜːpɪli] *adv* munter, fröhlich
chirpy [ˈtʃɜːpi] *adj* aufgekratzt
chir·rup ['tʃɪrəp], chirp [tʃɜːp] I. *n* Zwitschern *nt* II. *vi, vt* <-pp-> zwitschern
chis·el [ˈtʃɪzəl] I. *n* Meißel *m*; (*for wood*) Beitel *m* II. *vt* <BRIT -ll- *or* AM *usu* -l-> meißeln; *wood* hauen
chit [tʃɪt] *n* BRIT Bescheinigung *f*; (*from doctor*) Krankschreibung *f*
chit-chat [ˈtʃɪtʃæt] *n no pl* (*fam*) Geplauder *nt;* **idle** ~ leeres Gerede
chiv·al·rous [ˈʃɪvəlrəs] *adj* ritterlich
chiv·al·ry [ˈʃɪvəlri] *n no pl* Ritterlichkeit *f*
chive [tʃaɪv] *n* ■~**s** *pl* Schnittlauch *m* kein *pl*
chlo·ride [ˈklɔːraɪd] *n no pl* Chlorid *nt*
chlo·rin·ate [ˈklɔːrɪneɪt] *vt* chloren
chlo·rine [ˈklɔːriːn] *n no pl* Chlor *nt*
chloro·fluoro·car·bon [ˌklɔːrə(ʊ)flʊərə(ʊ)ˈkɑːbən] *n* Fluorchlorkohlenwasserstoff *m*
chlo·ro·form [ˈklɔːrəfɔːm] I. *n no pl* Chloroform *nt* II. *vt* chloroformieren
chlo·ro·phyll [ˈklɔːrəfɪl] *n no pl* Chlorophyll *nt*
choc-ice [ˈtʃɒkaɪs] *n* BRIT Eis[riegel] *mit* Schokoladenüberzug
chock [tʃɒk] *n* Bremsklotz *m*
chock-a-block [ˌtʃɒkəˈblɒk] *adj* (*fam*) vollgestopft **chock-'full** *adj* (*fam*) ❶ (*full*) proppenvoll ❷ (*fig*) ~ **of vitamins** vitaminreich

choco·late [ˈtʃɒk^ələt] *n* ❶ *no pl* (*substance*) Schokolade *f;* ~ **biscuit** Schokoladenkeks *m;* ~ **mousse** Mousse *f* au Chocolat; **baking** ~ Blockschokolade *f;* **dark** ~ [*or* BRIT *also* **bitter**] [*or* AM *also* **bittersweet**] Zartbitterschokolade *f* ❷ (*sweet*) Praline *f*
choice [tʃɔɪs] I. *n* ❶ *no pl* (*selection*) Wahl *f;* **it's your choice!** du hast die Wahl!; **to make a** ~ eine Wahl treffen; **by** ~ freiwillig ❷ *no pl* (*variety*) **a wide** ~ **of sth** eine reiche Auswahl an etw *dat* ▶ **to be spoilt for** ~ die Qual der Wahl haben II. *adj* ❶ (*top quality*) erstklassig ❷ (*iron: abusive*) *language* deftig; *words* beißend
choir [kwaɪə^r] *n* Chor *m*
'choir·boy *n* Chorknabe *m* 'choir·mas·ter *n* Chorleiter(in) *m(f)* 'choir stalls *npl* Chorgestühl *nt*
choke [tʃəʊk] I. *n no pl* AUTO Choke *m* II. *vt* ❶ (*strangle*) erwürgen; (*suffocate*) ersticken ❷ *usu passive* (*fam: overwhelm emotionally*) überwältigen ❸ (*blocked*) ■**to be** ~**d** verstopft sein III. *vi* ❶ (*have problems breathing*) keine Luft bekommen; **to** ~ **to death** ersticken; ■**to** ~ **on sth** sich an etw *dat* verschlucken ❷ SPORTS (*sl*) versagen ◆ **choke back** *vt* unterdrücken ◆ **choke down** *vt* hinunterschlucken ◆ **choke off** *vt* drosseln ◆ **choke up** *vt* überwältigen
chok·er [ˈtʃəʊkə^r] *n* ❶ (*necklace*) eng anliegende Halskette; (*ribbon*) Halsband *nt* ❷ AM (*fam: person*) Versager(in) *m(f)*
chol·era [ˈkɒlərə] *n no pl* Cholera *f*
cho·les·ter·ol [kəˈlestərɒl] *n no pl* Cholesterin *nt;* **high-**~ **foods** Nahrungsmittel *pl* mit hohem Cholesteringehalt; ~ **level** Cholesterinspiegel *m*
choose <chose, chosen> [tʃuːz] I. *vt* [aus]wählen; **they chose her to lead the project** sie haben sie zur Projektleiterin gewählt II. *vi* (*select*) wählen; (*decide*) sich entscheiden; **you can** ~ **from these prizes** Sie können sich etwas unter diesen Preisen aussuchen; **to** ~ **to do sth** es vorziehen, etw zu tun ▶ **there is little** to ~ **between them** sie unterscheiden sich kaum
choos(e)y [ˈtʃuːzi] *adj* (*fam*) ■**to be** ~ [**about sth**] [bei etw *dat*] wählerisch sein
chop [tʃɒp] I. *vt* <-pp-> ❶ (*cut*) ■**to** ~ **sth** ↻ [**up**] etw klein schneiden; *wood* etw hacken ❷ (*reduce*) kürzen II. *vi* <-pp-> hacken ▶ **to** ~ **and change** BRIT, AUS (*of opinion*) ständig die Meinung ändern; (*of action*) häufig wechseln III. *n* ❶ (*meat*)

Kotelett *nt* ❷ (*hit*) Schlag *m* ❸ *no pl* (*of water*) Wellengang *m* ❹ *esp* BRIT, AUS (*fam*) **to get the ~** gefeuert werden
◆ **chop away** *vt* abschlagen; (*fig*) kürzen
◆ **chop down** *vt* fällen ◆ **chop off** *vt* abhacken

chop-chop [ˌtʃɒpˈtʃɒp] *interj* (*fam*) hopphopp

chop·per [ˈtʃɒpəʳ] *n* ❶ (*sl: helicopter*) Hubschrauber *m* ❷ BRIT (*for meat*) Hackbeil *nt*; (*for wood*) Hackmesser *nt* ❸ (*sl: motorcycle*) Chopper *m*

'chop·ping block *n* Hackklotz *m*

'chop·ping board *n* Hackbrett *nt*

chop·py [ˈtʃɒpi] *adj* NAUT bewegt

'chop·stick *n usu pl* [Ess]stäbchen *nt*

chop suey [ˌtʃɒpˈsuːi] *n* Chopsuey *nt*

cho·ral [ˈkɔːrᵊl] *adj* Chor-; **~ society** Gesangverein *m*

chord [kɔːd] *n* Akkord *m* ▶ **to strike a ~ with sb** jdn berühren

chore [tʃɔːʳ] *n* ❶ (*routine task*) Routinearbeit *f;* **to do the ~ s** die Hausarbeit erledigen ❷ (*tedious task*) lästige Aufgabe

cho·reo·graph [ˈkɒriəɡrɑːf] *vt* **to ~ a ballet** ein Ballett choreografieren

cho·reog·ra·pher [ˌkɒriˈɒɡrəfəʳ] *n* Choreograf(in) *m(f)*

cho·reo·graph·ic [ˌkɒriəʊˈɡræfɪk] *adj* choreografisch

cho·reog·ra·phy [ˌkɒriˈɒɡrəfi] *n no pl* Choreografie *f*

chor·is·ter [ˈkɒrɪstəʳ] *n* Chormitglied *nt*; (*in cathedral choir*) Kirchenchorsänger(in) *m(f)*

cho·rus [ˈkɔːrəs] **I.** *n* <*pl* -es> ❶ (*refrain*) Refrain *m;* **they burst into a ~ of Happy Birthday** alle stimmten ein Happy Birthday an ❷ + *sing/pl vb* (*group of singers*) Chor *m* **II.** *vi* im Chor sprechen

chose [tʃəʊz] *pt of* **choose**

cho·sen [ˈtʃəʊzᵊn] *pp of* **choose**

chow [tʃaʊ] *n* AM (*sl: food*) Futter *nt*

chow·der [ˈtʃaʊdəʳ] *n no pl* AM sämige Suppe mit Fisch, Muscheln etc.

Christ [kraɪst] **I.** *n* Christus *m* **II.** *interj* (*sl*) **~ almighty!** Herrgott noch mal!

chris·ten [ˈkrɪsᵊn] *vt* ❶ (*give name to*) taufen; (*give nickname to*) einen Spitznamen geben ❷ (*use for first time*) einweihen

chris·ten·ing [ˈkrɪsᵊnɪŋ] *n*, **'chris·ten·ing cer·emo·ny** *n* Taufe *f*

Chris·tian [ˈkrɪstʃən] **I.** *n* Christ(in) *m(f)* **II.** *adj* christlich *a. fig;* (*decent*) anständig

Chris·ti·an·ity [ˌkrɪstiˈænɪti] *n no pl* Christentum *nt*

'Chris·tian name *n esp* BRIT Vorname *m*

Christ·mas <*pl* -es or -ses> [ˈkrɪs(t)məs] *n* Weihnachten *nt;* **Happy** [*or* **Merry**] **~!** Frohe [*o* Fröhliche] Weihnachten!; **at ~** [an] Weihnachten

'Christ·mas card *n* Weihnachtskarte *f*

'Christ·mas carol *n* Weihnachtslied *nt*

Christ·mas 'crack·er *n* BRIT Knallbonbon *nt* **Christ·mas 'Day** *n* erster Weihnachtsfeiertag **Christ·mas 'Eve** *n* Heiligabend *m;* **on ~** Heiligabend **Christ·mas 'pud·ding** *n* BRIT Plumpudding *m*

'Christ·mas tree *n* Weihnachtsbaum *m*

chrome [krəʊm], **chro·mium** [ˈkrəʊmiəm] *n no pl* Chrom *nt; ~* **bumper** verchromte Stoßstange; **~ -plated** verchromt

chro·mo·some [ˈkrəʊməsəʊm] *n* Chromosom *nt*

chron·ic [ˈkrɒnɪk] *adj* ❶ (*continual*) chronisch; *liar* notorisch ❷ BRIT, AUS (*fam: extremely bad*) furchtbar

chroni·cle [ˈkrɒnɪkl] **I.** *vt* aufzeichnen **II.** *n* Chronik *f*

chroni·cler [ˈkrɒnɪkləʳ] *n* Chronist(in) *m(f)*

chrono·logi·cal [ˌkrɒnəˈlɒdʒɪkᵊl] *adj* chronologisch

chrono·logi·cal·ly [ˌkrɒnəˈlɒdʒɪkᵊli] *adv* chronologisch; **to be listed ~** in chronologischer Reihenfolge aufgelistet sein

chro·nol·ogy [krɒnˈɒlədʒi] *n no pl* Chronologie *f*

chro·nom·eter [krɒnˈɒmɪtəʳ] *n* Zeitmesser *m*, Chronometer *nt fachspr*

chrysa·lis <*pl* -es> [ˈkrɪsᵊlɪs] *n* BIOL Puppe *f*

chry·san·themum [krɪˈsæn(t)θəməm] *n* Chrysantheme *f*

chub·by [ˈtʃʌbi] *adj* pummelig; *face* pausbäckig; **~ child** Pummelchen *nt;* **~ fingers** Wurstfinger *pl*

chuck [tʃʌk] **I.** *n* NBRIT (*fam*) Schnucki *nt* **II.** *vt* (*fam*) ❶ (*throw*) schmeißen ❷ (*end a relationship*) ■ **to ~ sb** mit jdm Schluss machen ❸ (*fam: give up*) [hin]schmeißen
◆ **chuck away** *vt* (*fam*) wegschmeißen
◆ **chuck out** *vt* (*fam*) ❶ (*throw away*) wegschmeißen ❷ (*force to leave*) an die [frische] Luft setzen ◆ **chuck up** (*fam*) **I.** *vt* hinschmeißen **II.** *vi* kotzen *derb*

chuck·er-'out <*pl* chuckers-out> *n* BRIT (*fam*) Rausschmeißer *m*

'chuck·ing-out time [ˌtʃʌkɪŋˈaʊttaɪm] *n* (*fam*) *of pub* Polizeistunde *f*

chuck·le [ˈtʃʌkl] **I.** *n* Gekicher *nt kein pl* **II.** *vi* in sich *akk* hineinlachen

chug [tʃʌɡ] **I.** *vi* <-gg-> tuckern **II.** *n* Tuckern *nt*

chum [tʃʌm] n (fam) Freund(in) m(f)
chum·my ['tʃʌmi] adj (fam) freundlich; **to get ~ with sb** sich mit jdm anfreunden
chump [tʃʌmp] n (fam) Trottel m ▸ **to be off one's ~** seinen Verstand verloren haben
chunk [tʃʌŋk] n ❶ (thick lump) Brocken m; ~ **of bread/cheese** [großes] Stück Brot/Käse; ~**s of meat** Fleischbrocken pl; **pineapple ~s** Ananasstücke pl ❷ (fig fam: large part of sth) großer Batzen
chunky ['tʃʌŋki] adj garment grob; jewellery klobig; person stämmig
Chun·nel ['tʃʌnəl] n (fam) ▪ **the ~** der Kanaltunnel
church [tʃɜːtʃ] n <pl -es> Kirche f; **to go to** [or **attend**] ~ in die [o zur] Kirche gehen; **the Catholic C~** die Katholische Kirche; ~ **elder** Kirchenälteste(r) f(m); ~ **fête** esp BRIT Kirchenbasar m; ~ **wedding** kirchliche Trauung
'**church·goer** n Kirchgänger(in) m(f)
Church of 'Eng·land n BRIT Kirche f von England **church·'ward·en** n BRIT (in Anglican Church) Gemeindevorsteher(in) m(f); AM (administrator) Vermögensverwalter(in) m(f) einer Kirche '**church·yard** n Friedhof m
churl·ish ['tʃɜːlɪʃ] adj ungehobelt
churn [tʃɜːn] **I.** n Butterfass nt; **milk ~** Milchkanne f **II.** vt ground, sea aufwühlen; milk quirlen **III.** vi (fig) sich heftig drehen
chute[1] [ʃuːt] n Rutsche f; **laundry ~** Wäscheschacht m; **rubbish** [or AM **garbage**] ~ Müllschlucker m
chute[2] [ʃuːt] n short for **parachute** Fallschirm m
chut·ney ['tʃʌtni] n Chutney nt
CIA [ˌsiːaɪ'eɪ] n AM abbrev of **Central Intelligence Agency** CIA m o f
CID [ˌsiːaɪ'diː] n BRIT abbrev of **Criminal Investigation Department** Oberste Kriminalpolizeibehörde, ≈ Kripo f fam
ci·der ['saɪdər] n no pl Apfelwein m, Apfelmost m; ~ **apples** Pressäpfel pl
ci·gar [sɪ'gɑːr] n Zigarre f
ci·'gar box n Zigarrenkiste f **ci·'gar case** n Zigarrenetui nt **ci·'gar-cut·ter** n Zigarrenabschneider m
ciga·rette [ˌsɪgə'ret] n Zigarette f
ciga·'rette case n Zigarettenetui nt **ciga·'rette hold·er** n Zigarettenspitze f **ciga·'rette pa·per** n Zigarettenpapier nt
ciga·ril·lo [ˌsɪgə'rɪloʊ] n Zigarillo m o nt, fam a. f
cig·gy ['sɪgi] n (fam: cigarette) Kippe f sl
ci·lan·tro [sɪ'læntroʊ] n AM no pl frischer Koriander

cinch <pl -es> [sɪntʃ] n usu sing ▪ **a ~** (easy task) ein Kinderspiel nt; (a certainty) eine todsichere Sache
cin·der ['sɪndər] n Zinder m; **burnt to a ~** verkohlt; ▪ ~**s** pl Asche f kein pl; ~ **track** Aschenbahn f
Cin·der·ella [ˌsɪndəˈrelə] n Aschenputtel nt
'**cine-cam·era** n Filmkamera f
'**cine-film** n Schmalfilm m
cin·ema ['sɪnəmə] n Kino nt; **to go to the ~** ins Kino gehen
'**cin·ema·goer** n Kinogänger(in) m(f)
cin·emat·ic [ˌsɪnɪ'mætɪk] adj Film-
'**cine-pro·jec·tor** n Filmprojektor m
cin·na·mon ['sɪnəmən] n no pl Zimt m
ci·pher ['saɪfər] n ❶ (secret code) [Geheim]code m; (sign) Chiffre f ❷ AM (zero) Null f
cir·ca ['sɜːkə] prep (form) circa
cir·cle ['sɜːkl] **I.** n ❶ (round shape) Kreis m; **to have ~s under one's eyes** Ringe unter den Augen haben; **to go round in ~s** sich im Kreis drehen a. fig ❷ (group of people) Kreis m, Runde f; ~ **of friends** Freundeskreis m ❸ no pl (in theatre) Rang m ▸ **vicious ~** Teufelskreis m **II.** vt ❶ (draw) umkringeln ❷ (walk) umkreisen **III.** vi kreisen
cir·clet ['sɜːklət] n Reif m
cir·cuit ['sɜːkɪt] n ❶ ELEC Schaltsystem nt ❷ SPORTS Rennstrecke f; **to do a ~** eine Runde drehen ❸ (circular route) Rundgang m (**of** um/durch) ❹ (sequence of events) Runde f; **lecture ~** Vortragsreihe f; **tennis ~** Tennis(turnier)runde f ❺ LAW Gerichtsbezirk m; ~ **court** Bezirksgericht nt
'**cir·cuit board** n Schaltbrett nt '**cir·cuit break·er** n Schutzschalter m
cir·cui·tous [sə'kjuːɪtəs] adj umständlich; ~ **route** Umweg m
cir·cu·lar ['sɜːkjələr] **I.** adj [kreis]rund **II.** n Rundschreiben nt; (advertisement) Wurfsendung f
cir·cu·lar 'let·ter n Rundschreiben nt
cir·cu·lar 'saw n Kreissäge f **cir·cu·lar 'tour** n, **cir·cu·lar 'trip** n Rundreise f, Rundfahrt f
cir·cu·late ['sɜːkjəleɪt] **I.** vt news in Umlauf bringen; petition herumgehen lassen **II.** vi zirkulieren; rumours kursieren; ~ **among your guests!** mach mal eine Runde!
cir·cu·la·tion [ˌsɜːkjə'leɪʃən] n no pl ❶ MED [Blut]kreislauf m, Durchblutung f; **poor ~** Durchblutungsstörungen pl ❷ (copies sold) Auflage f ❸ (seen in public) **to be/be taken out of ~** aus dem Verkehr

gezogen sein/werden *a. fig;* **to be back in** ~ wieder mitmischen
cir·cum·cise ['sɜːkəmsaɪz] *vt* beschneiden
cir·cum·ci·sion [ˌsɜːkəm'sɪʒ³n] *n* Beschneidung *f*
cir·cum·fer·ence [sə'kʌm(p)f³r³n(t)s] *n* Umfang *m*
cir·cum·navi·gate [ˌsɜːkəm'nævɪgeɪt] *vt* umfahren; (*by sailing boat*) umsegeln
cir·cum·navi·ga·tion [ˌsɜːkəmˌnævɪ'geɪʃ³n] *n* Umschiffung *f;* (*by sailing boat*) Umseg[e]lung *f*
cir·cum·spect ['sɜːkəmspekt] *adj* umsichtig
cir·cum·stance ['sɜːkəmstæn(t)s] *n* Umstände *pl;* **to be a victim of** ~[**s**] ein Opfer der Verhältnisse sein; **in reduced** ~ **s** in beschränkten Verhältnissen; **in** [*or* **under**] **no/these** ~ **s** unter keinen/diesen Umständen
cir·cum·stan·tial [ˌsɜːkəm'stæn(t)ʃ³l] *adj* indirekt; ~ **evidence** Indizienbeweis *m*
cir·cum·vent [ˌsɜːkəm'vent] *vt* umgehen
cir·cum·ven·tion [ˌsɜːkəm'ven(t)ʃ³n] *n no pl of a law, regulation* Umgehung *f*
cir·cus ['sɜːkəs] *n* ❶ (*show*) Zirkus *m* ❷ BRIT (*in city*) [runder] Platz; **Piccadilly C**~ Piccadilly Circus *m*
cir·rus <*pl* -ri> ['sɪrəs, *pl* -ri] *n* METEO Zirrus *m*
cis·tern ['sɪstən] *n* (*of toilet*) Spülkasten *m;* (*in roof*) Wasserspeicher *m*
cita·del ['sɪtəd³l] *n* Zitadelle *f*
ci·ta·tion [saɪ'teɪʃ³n] *n* ❶ (*quotation*) Zitat *nt* ❷ AM (*commendation*) lobende Erwähnung
cite [saɪt] *vt* ❶ (*mention*) anführen ❷ (*quote*) zitieren ❸ AM (*officially commend*) ■ **to be** ~ **d** lobend erwähnt werden
citi·zen ['sɪtɪz³n] *n* [Staats]bürger(in) *m(f)*
Citi·zens' Band 'ra·dio *n* CB-Funk *m*
citi·zen·ship ['sɪtɪz³nʃɪp] *n no pl* ❶ (*national status*) Staatsbürgerschaft *f* ❷ (*behaviour*) Nachbarschaft *f*
cit·ric ['sɪtrɪk] *adj* Zitrus-; ~ **acid** Zitronensäure *f*
cit·rus ['sɪtrəs] *n* <*pl* - *or* -es> Zitrusgewächs *nt;* ~ **fruit** Zitrusfrucht *f*
city ['sɪti] *n* ❶ (*large town*) [Groß]stadt *f* ❷ BRIT ■ **the C**~ das Londoner Banken- und Börsenviertel
city 'hall *n* AM Rathaus *nt;* ■ **C**~ Stadtverwaltung *f*
civ·ic ['sɪvɪk] *adj* städtisch; (*of citizenship*) bürgerlich; ~ **authorities** Stadtverwaltung *f;* ~ **centre** BRIT Verwaltungszentrum *nt*

civ·il ['sɪv³l] *adj* ❶ (*non-military*) zivil; (*of ordinary citizens*) bürgerlich ❷ (*courteous*) höflich; **to keep a** ~ **tongue in one's head** seine Zunge im Zaum halten
civ·il 'court *n* Zivilgericht *nt* **civ·il de·'fence** *n no pl* Zivilschutz *m* **civ·il dis·o'bedi·ence** *n no pl* ziviler Ungehorsam
civ·il en·gi·'neer *n* Bauingenieur(in) *m(f)*
ci·vil·ian [sɪ'vɪliən] I. *n* Zivilist(in) *m(f)* II. *adj* Zivil-
ci·vil·ity [sɪ'vɪlətiz] *n* ❶ *no pl* (*politeness*) Höflichkeit *f* ❷ (*remarks*) ■ **civilities** *pl* Höflichkeitsfloskeln *pl*
civi·li·za·tion [ˌsɪv³laɪ'zeɪʃ³n] *n* Zivilisation *f*
civi·lize ['sɪv³laɪz] *vt* zivilisieren
civi·lized ['sɪv³laɪzd] *adj* ❶ (*advanced in social customs*) zivilisiert; ~ **nation** Kulturnation *f* ❷ (*polite, reasonable*) höflich ❸ (*showing good taste*) kultiviert
civ·il 'law *n* Zivilrecht *nt* **civ·il 'lib·er·ties** *npl* [bürgerliche] Freiheitsrechte
civ·il·ly ['sɪv³li] *adv* höflich, zuvorkommend
civ·il 'rights *npl* Bürgerrechte *pl* **civ·il 'serv·ant** *n* [Staats]beamte(r) *m/-*beamtin *f* **civ·il 'ser·vice** *n* öffentlicher Dienst
civ·il 'war *n* Bürgerkrieg *m*
civ·vies ['sɪvɪz] *npl esp* BRIT (*dated fam*) Zivil *nt kein pl*
ckw. *adv abbrev of* **clockwise** im Uhrzeigersinn
clack [klæk] *vi* klappern
clad [klæd] *adj* gekleidet; **ivy-**~ efeubewachsen
claim [kleɪm] I. *n* ❶ (*assertion*) Behauptung *f* ❷ (*demand for money*) Forderung *f* ❸ (*right*) Anspruch *m* (**to** auf); **legal** ~ Rechtsanspruch *m* ❹ (*insurance*) Versicherungsanspruch *m* ❺ LAW Klage *f;* **small** ~ **s court** Gericht, das für Geldansprüche bis zu einer bestimmten Höhe zuständig ist ❻ MIN Claim *nt* II. *vt* ❶ (*assert*) behaupten; *responsibility* übernehmen; *victory* für sich *akk* in Anspruch nehmen ❷ (*declare ownership*) Anspruch erheben auf +*akk; luggage* abholen; *throne* beanspruchen; *diplomatic immunity* sich berufen auf +*akk* ❸ (*require*) in Anspruch nehmen ❹ (*demand in writing*) beantragen; *damages, a refund* fordern; **to** ~ **one's money back** sein Geld zurückverlangen ❺ (*cause death*) fordern III. *vi* seine Ansprüche geltend machen; ■ **to** ~ **for sth** etw fordern; **to** ~ **on the insurance** Schadenersatz bei der Versicherung beantragen ◆ **claim back** *vt* zurückfordern

claim·ant [kleɪmənt] *n* Anspruchsteller(in) *m(f)*; (*for benefits*) Antragsteller(in) *m(f)*; LAW Kläger(in) *m(f)*; ~ **to a throne** Thronanwärter(in) *m(f)*

clair·voy·ance [ˌkleəˈvɔɪən(t)s] *n no pl* Hellsehen *nt*

clair·voy·ant [ˌkleəˈvɔɪənt] **I.** *n* Hellseher(in) *m(f)* **II.** *adj* hellseherisch; ■ **to be ~** hellsehen können

clam [klæm] **I.** *n* Venusmuschel *f* **II.** *vi* <-mm-> ■ **to ~ up** keinen Piep[s] mehr sagen

clam·ber [ˈklæmbəʳ] **I.** *vi* klettern **II.** *n usu sing* Kletterei *f*

clam ˈchow·der *n* [sämige] Muschelsuppe

clam·my [ˈklæmi] *adj* feuchtkalt

cla·mor *n, vi* AM *see* **clamour**

cla·mour [ˈklæməʳ] **I.** *vi* (*demand*) schreien (**for** nach); (*protest*) protestieren **II.** *n* ① (*popular outcry*) Aufschrei *m*; (*demand*) lautstarke Forderung ② (*loud noise*) Lärm *m*

clamp [klæmp] **I.** *n* Klammer *f*; (*screwable*) Klemme *f* **II.** *vt* ① (*fasten together*) ■ **to ~ sth to sth** etw an etw *dat* festklammern; ■ **to ~ sth together** etw [mittels einer Zwinge] zusammenpressen ② (*hold tightly*) fest halten; **he ~ed his hand over her mouth** er hielt ihr mit der Hand den Mund zu ③ *esp* BRIT **to ~ a car** eine Wegfahrsperre an einem Auto anbringen
♦**clamp down** *vi* ■ **to ~ down on sth** gegen etw *akk* scharf vorgehen

ˈclam·shell *n* TELEC Klapphandy *nt*

clan [klæn] *n + sing/pl vb* SCOT Clan *m*; (*hum fam: family*) Sippschaft *f*

clan·des·tine [klænˈdestɪn] *adj* heimlich

clang [klæŋ] **I.** *vi* scheppern; *bell* [laut] läuten **II.** *n usu sing* Scheppern *nt*; *bell* [lautes] Läuten

clang·er [ˈklæŋəʳ] *n* BRIT (*fam*) Fauxpas *m*

clank [klæŋk] **I.** *vi* klirren; *chain* rasseln **II.** *vt* klirren mit *+dat* **III.** *n usu sing* Klirren *nt*

clap [klæp] **I.** *n* ① (*act*) Klatschen *nt*; **to give sb a ~** jdm applaudieren ② (*noise*) Krachen *nt*; **~ of thunder** Donner[schlag] *m* **II.** *vt* <-pp-> ① (*slap palms together*) **to ~ one's hands [together]** in die Hände klatschen; ■ **to ~ sb** jdm Beifall klatschen ② (*place quickly*) **she ~ped her hand over her mouth** sie hielt sich schnell den Mund zu; **to ~ sb on the back** jdm auf die Schulter klopfen; **to ~ sb in chains** jdn in Ketten legen; **to ~ handcuffs on sb** jdm Handschellen anlegen ▶ **to ~ <u>eyes</u> on** [erstmals] zu sehen bekommen **III.** *vi* <-pp-> [Beifall] klatschen; **to ~ along** mitklatschen

ˈclap ˈdoc·tor *n* (*sl*) Facharzt *m*/-ärztin *f* für Geschlechtskrankheiten

clapped-out [ˈklæptaʊt] *adj* BRIT, AUS (*fam*) klapprig

clap·per [ˈklæpəʳ] *n* Klöppel *m* ▶ **like the ~s** BRIT (*fam*) mit einem Affenzahn

clap·trap [ˈklæptræp] *n no pl* (*pej fam*) Unsinn *m*

clar·et [ˈklærət] *n* ① (*wine*) roter Bordeaux ② (*colour*) Weinrot *nt*

clari·fi·ca·tion [ˌklærɪfɪˈkeɪʃ^ən] *n* Klarstellung *f*

clari·fy <-ie-> [ˈklærɪfaɪ] *vt* klarstellen

clari·net [ˌklærɪˈnet] *n* Klarinette *f*

clar·ity [ˈklærəti] *n no pl* Klarheit *f*

clash [klæʃ] **I.** *vi* ① (*come into conflict*) zusammenstoßen ② (*compete against*) aufeinandertreffen ③ (*contradict*) im Widerspruch stehen ④ (*be discordant*) nicht harmonieren; *colours* sich beißen ⑤ *esp* BRIT, AUS (*coincide inconveniently*) sich überschneiden **II.** *vt* *cymbals* gegeneinanderschlagen **III.** *n* <*pl* -es> ① (*hostile encounter*) Zusammenstoß *m* ② (*contest*) Aufeinandertreffen *nt* ③ (*conflict*) Konflikt *m* ④ (*incompatibility*) Unvereinbarkeit *f* ⑤ *esp* BRIT, AUS (*coincidence*) unglückliches Zusammentreffen

clasp [klɑːsp] **I.** *n* ① (*firm grip*) Griff *m* ② (*fastening device*) Verschluss *m* **II.** *vt* umklammern; **to ~ one's hands** die Hände ringen

ˈclasp knife *n* Klappmesser *nt*

class [klɑːs] **I.** *n* <*pl* -es> ① + *sing/pl vb* (*pupils*) [Schul]klasse *f* ② (*lesson*) [Unterrichts]stunde *f*; SPORTS Kurs[us] *m*; **~es have been cancelled today** heute fällt der Unterricht aus ③ + *sing/pl vb* AM (*graduates*) Jahrgang *m* ④ + *sing/pl vb* (*stratum*) Klasse *f*, Schicht *f* ⑤ (*category, quality*) Klasse *f* **II.** *adj* erstklassig **III.** *vt* einstufen

class-ˈcon·scious *adj* klassenbewusst

clas·sic [ˈklæsɪk] **I.** *adj* klassisch **II.** *n* Klassiker *m*

clas·si·cal [ˈklæsɪk^əl] *adj* klassisch

Clas·si·cism [ˈklæsɪsɪz^əm] *n no pl* Klassizismus *m*

clas·si·cist [ˈklæsɪsɪst] *n* Altphilologe *m*/-philologin *f*

clas·sics [ˈklæsɪks] *n + sing vb* Altphilologie *f*

clas·si·fi·ca·tion [ˌklæsɪfɪˈkeɪʃ^ən] *n no pl* Klassifikation *f*

clas·si·fied ['klæsɪfaɪd] *adj* geheim; ■ **to be ~** unter Verschluss stehen
clas·si·fy <-ie-> ['klæsɪfaɪ] *vt* klassifizieren
class·less ['klɑːsləs] *adj* klassenlos
'**class·mate** *n* Klassenkamerad(in) *m(f)*
class re·'un·ion *n* Klassentreffen *nt*
'**class·room** *n* Klassenzimmer *nt*
classy ['klɑːsi] *adj* erstklassig
clat·ter ['klætəʳ] I. *vt* klappern mit +*dat* II. *vi* ❶ (*rattle*) klappern ❷ *hooves* trappeln III. *n no pl* Klappern *nt; hooves* Getrappel *nt*
clause [klɔːz] *n* ❶ (*part of sentence*) Satzglied *nt* ❷ (*in a contract*) Klausel *f*
claus·tro·pho·bia [ˌklɔːstrəˈfəʊbiə] *n no pl* Klaustrophobie *f*
claus·tro·pho·bic [ˌklɔːstrəˈfəʊbɪk] I. *adj person* klaustrophobisch; **my room's a bit ~** in meinem Zimmer kriegt man fast Platzangst II. *n jd, der unter Klaustrophobie leidet*
claw [klɔː] I. *n* Kralle *f; of birds of prey, big cats* Klaue *f; of sea creatures* Schere *f* II. *vt* [zer]kratzen
claw-foot bath [ˌklɔːfʊtˈbɑːθ] *n* freistehende Badewanne auf Krallenfüßen
clay [kleɪ] *n no pl* ❶ (*earth*) Lehm *m;* (*for pottery*) Ton *m;* **modelling ~** Modelliermasse *f* ❷ TENNIS Sand *m*
clay 'pig·eon *n* Tontaube *f*
clean [kliːn] I. *adj* ❶ (*not dirty*) sauber; *sheet* frisch ❷ LAW **~ driving licence** Führerschein *m* ohne Strafpunkte; **to have a ~ record** nicht vorbestraft sein ❸ *joke* anständig; *living* makellos ❹ *lines* klar ❺ (*complete, entire*) gründlich; **to make a ~ break from sth** unter etw *dat* einen Schlussstrich ziehen ❻ MED **to give sb a ~ bill of health** jdn für gesund erklären ▸ **to come ~** reinen Tisch machen II. *adv* total, glatt; **the thief got ~ away** der Dieb ist spurlos verschwunden; **~ bowled** BRIT (*cricket*) sauber geschlagen III. *vt* ❶ (*remove dirt*) sauber machen; *car* waschen; *floor* wischen; *furniture* reinigen; *shoes, windows* putzen; *wound* reinigen; **to ~ the house** putzen; **to ~ one's teeth** sich *dat* die Zähne putzen; ■ **to ~ sth off** etw abwischen ❷ FOOD *chicken, fish* ausnehmen; *vegetables* putzen IV. *vi* sich reinigen lassen V. *n* **to give sth a [good] ~** etw [gründlich] sauber machen; *shoes, window, teeth, room* [gründlich] putzen; *furniture, carpet* [gründlich] reinigen ◆ **clean out** *vt* ❶ (*clean thoroughly*) [gründlich] sauber machen; (*with water*) auswaschen; *stables* ausmisten; (*throw away*) entrümpeln ❷ (*fam: take all resources*) *person* [wie eine Weihnachtsgans] ausnehmen; *bank, store* ausräumen *fam;* (*in games*) sprengen; **to be completely ~ed out** völlig blank sein ◆ **clean up** I. *vt* ❶ (*make clean*) sauber machen; *building* reinigen; *room* aufräumen; **to ~ up the mess** aufräumen ❷ (*fig*) säubern II. *vi* ❶ (*make clean*) aufräumen; (*freshen oneself*) sich frisch machen; ■ **to ~ up after sb** jdm hinterherräumen ❷ (*sl: make profit*) absahnen
'**clean-cut** *adj* klar umrissen
clean·er ['kliːnəʳ] *n* ❶ (*person*) Reinigungskraft *f,* Putzfrau *f* ❷ *no pl* (*substance*) Reiniger *m*
clean·er's *n* + *sing vb,* **clean·ers** ['kliːnəz] *npl* Reinigung *f;* **at the ~** in der Reinigung ▸ **to have been taken to the ~** (*cheated*) reingelegt worden sein *fam;* (*badly beaten*) fertiggemacht worden sein *fam*
clean·ing ['kliːnɪŋ] *n no pl* Reinigung *f;* **to do the ~** sauber machen
'**clean·ing lady** *n,* '**clean·ing wom·an** *n* Putzfrau *f*
clean·li·ness ['klenlɪnəs] *n no pl* Sauberkeit *f*
clean·ly ['kliːnli] *adv* sauber
clean·ness ['kliːnnəs] *n no pl* Sauberkeit *f*
'**clean room** *n* Reinraum *m*
cleanse [klenz] *vt* reinigen
cleans·er ['klenzəʳ] *n* Reiniger *m;* (*for skin*) Reinigungscreme *f*
clean-'shav·en *adj* glatt rasiert
'**cleans·ing cream** *n* Reinigungscreme *f*
'**cleans·ing tis·sue** *n* Kosmetiktuch *nt*
'**clean-up** *n* Reinigung *f*
clear [klɪəʳ] I. *adj* ❶ (*understandable*) klar; (*definite*) eindeutig; *signs* deutlich; *picture* scharf; **to make oneself ~** sich deutlich ausdrücken; **as ~ as a bell** glockenhell; [**as**] **~ as day** eindeutig ❷ (*obvious*) klar; **he's got a ~ lead** er führt eindeutig; **as ~ as day** sonnenklar; **to make one's position ~** seine Haltung deutlich machen; **to make oneself ~** sich verständlich machen; ■ **to be ~ about sth** sich *dat* über etw *akk* im Klaren sein ❸ (*guilt-free*) *conscience* rein ❹ (*unobstructed*) frei ❺ (*transparent*) *glass* durchsichtig; *liquid* klar ❻ (*pure*) rein; *sound* klar ❼ (*of weather*) klar ❽ (*net*) rein; **~ profit** Reingewinn *m* ❾ (*away from*) **to keep ~** sich fernhalten ▸ **all ~** die Luft ist rein II. *n* ■ **to be in the ~** außer Verdacht sein III. *adv* ❶ (*away from*) **stand ~ of the doors** (*in*

underground) bitte zurückbleiben; (*at train station*) Türen schließen selbsttätig – Vorsicht bei der Abfahrt; **to be thrown ~ of sth** aus etw *dat* herausgeschleudert werden ❷ (*distinctly*) **loud and ~** klar und deutlich **IV.** *vt* ❶ (*remove doubts*) klären ❷ (*remove confusion*) **to ~ one's head** einen klaren Kopf bekommen ❸ (*remove obstruction*) [weg]räumen; **to ~ one's throat** sich räuspern ❹ (*remove blemish*) reinigen ❺ (*empty*) ausräumen; *building* räumen; *table* abräumen ❻ (*acquit*) freisprechen; *name* reinwaschen ❼ (*complete*) erledigen ❽ FIN *debts* begleichen ❾ (*jump*) springen über +*akk* ❿ (*get approval*) klären ⓫ (*give permission*) genehmigen; **to ~ a plane for take-off** ein Flugzeug zum Start freigeben ⓬ SPORTS **to ~ [the ball]** klären ▶ **to ~ the decks** klar Schiff machen **V.** *vi* ❶ (*delete*) löschen ❷ (*become transparent*) sich klären ❸ (*become free of blemish*) sich reinigen ❹ (*weather*) sich [auf]klären; *fog* sich auflösen ◆ **clear away I.** *vt* wegräumen **II.** *vi* abräumen ◆ **clear off** *vi* (*fam*) verschwinden ◆ **clear out I.** *vt* ausräumen; *attic* entrümpeln **II.** *vi* (*fam*) verschwinden ◆ **clear up I.** *vt* ❶ (*explain*) klären; *mystery* aufklären ❷ (*clean*) aufräumen **II.** *vi* ❶ (*tidy*) aufräumen; ■ **to ~ up after sb** hinter jdm herräumen ❷ (*become cured*) verschwinden, sich legen ❸ (*stop raining*) aufhören zu regnen; (*brighten up*) sich aufklären

clear·ance ['klɪərᵊn(t)s] *n no pl* ❶ (*act of clearing*) Beseitigung *f*; **slum ~ programme** Slumsanierungsprogramm *nt* ❷ (*space*) Spielraum *m*; *of a door* lichte Höhe ❸ FIN *of a debt* Tilgung *f*; (*official permission*) Genehmigung *f*; (*for take-off*) Starterlaubnis *f*; (*for landing*) Landeerlaubnis *f*; **security ~** Unbedenklichkeitsbescheinigung *f*

'**clear·ance sale** *n* Räumungsverkauf *m*
'**clear-cut I.** *adj* ❶ (*sharply outlined*) scharf geschnitten; *features* markant ❷ (*definite*) klar; *case* eindeutig **II.** *vt* abholzen **clear-'head·ed** *adj* ■ **to be ~** einen klaren Kopf haben
clear·ing ['klɪərɪŋ] *n* Lichtung *f*
'**clear·ing of·fice** *n* BRIT Abrechnungsstelle *f*
clear·ly ['klɪəli] *adv* ❶ (*distinctly*) klar, deutlich; **to see ~** klar [*o* deutlich] sehen ❷ (*obviously*) offensichtlich; (*unambiguously*) eindeutig; (*undoubtedly*) zweifellos

clear·ness ['klɪənəs] *n no pl* Klarheit *f*; (*unambiguousness*) Eindeutigkeit *f*
clear-'sight·ed *adj* scharfsichtig
cleav·age ['kliːvɪdʒ] *n no pl* Dekolletee *nt*
cleav·er ['kliːvəʳ] *n* Hackbeil *nt*
clef [klef] *n* [Noten]schlüssel *m*
cleft [kleft] **I.** *adj* gespalten; **~ palate** Gaumenspalte *f* **II.** *n* Spalt *m*
clema·tis <*pl* -> ['klemətɪs] *n* Klematis *f*
clem·en·cy ['klemən(t)si] *n no pl* Milde *f*; **appeal for ~** Gnadengesuch *nt*
clem·en·tine ['klemənti:n] *n* Klementine, Clementine *f* SCHWEIZ
clench [klen(t)ʃ] *vt* [fest] umklammern; *fist* ballen; *teeth* fest zusammenbeißen; **to ~ sth between one's teeth** sich *dat* etw zwischen die Zähne klemmen
cler·gy ['klɜːdʒi] *n* + *pl vb* ■ **the ~** die Geistlichkeit; **to join the ~** Geistliche(r) werden
'**cler·gy·man** *n* Geistliche(r) *m* '**cler·gy·wom·an** *n* Geistliche *f*
cler·ic ['klerɪk] *n* Kleriker(in) *m(f)*
cleri·cal ['klerɪkᵊl] *adj* ❶ (*of the clergy*) geistlich ❷ (*of offices*) Büro-; **~ error** Versehen *nt*
'**cleri·cal staff** *n* + *sing/pl vb* Büropersonal *nt* '**cleri·cal work** *n no pl* Büroarbeit *f*
clerk [klɑːk] **I.** *n* ❶ Büroangestellte(r) *f(m)*; AM (*hotel receptionist*) Herr *m*/Dame *f* am Empfang; **sales ~** AM Verkäufer(in) *m(f)* **II.** *vi* **to ~ in an office** in einem Büro beschäftigt sein
clev·er ['klevəʳ] *adj* ❶ (*intelligent*) klug; **to be ~ at a subject** in einem Fach sehr gut sein ❷ (*skilful*) geschickt (**at** in); (*showing intelligence*) clever *a. pej*; *trick* raffiniert
'**clev·er clogs** <*pl* -> *n* BRIT, '**clev·er dick** *n* BRIT (*pej*) Klugscheißer *m sl*
clev·er·ly ['klevᵊli] *adv* klug; (*skillfully*) geschickt; **to handle a situation ~** eine Situation sehr geschickt meistern
clev·er·ness ['klevənəs] *n no pl* ❶ (*quickwittedness*) Schlauheit *f* ❷ (*skill*) Geschick *nt*
cliché ['kliːʃeɪ] *n* Klischee *nt*
click [klɪk] **I.** *n* ❶ (*short, sharp sound*) Klicken *nt*; *of fingers* Knipsen *nt*; *of heels* Zusammenklappen *nt*; *of lock* Einschnappen *nt*; *of tongue* Schnalzen *nt* ❷ COMPUT Klick *m* ❸ AM (*sl*) Kilometer *m* **II.** *vi* ❶ (*short, sharp sound*) klicken; *lock* einschnappen ❷ (*fam: become friendly*) sich auf Anhieb verstehen ❸ (*fam: become understandable*) [plötzlich] klar werden ❹ COMPUT klicken; ■ **to ~ on sth** etw anklicken **III.** *vt* ❶ (*make sound*) **to ~ one's fingers** [mit den Fingern] schnippen; *heels*

zusammenklappen; **to ~ one's tongue** mit der Zunge schnalzen ❷ COMPUT anklicken

'**click fraud** *n no pl* Betrug, bei dem jd unzählige Male Pop-up-Werbung anklickt, damit dem Werber Kosten entstehen, ohne jedoch an dem Produkt interessiert zu sein

cli·ent ['klaɪənt] *n* Kunde *m*/Kundin *f*; LAW Klient(in) *m(f)*

cli·en·tele [ˌkliːɑ̃(n)'tel] *n + sing/pl vb* Kundschaft *f*

cliff [klɪf] *n* Klippe *f*

'**cliff·hang·er** *n* Thriller *m*

cli·mac·tic [klaɪ'mæktɪk] *adj* sich steigernd

cli·mate ['klaɪmət] *n* Klima *nt a. fig;* **change of ~** Klimawechsel *m;* **the ~ of opinion** die allgemeine Meinung; **to move to a warmer ~** in wärmere Gegenden ziehen

'**cli·mate change** *n no pl* Klimaveränderung *f* '**cli·mate change levy** *n* BRIT Klimaschutzabgabe *f (Abgabe auf den Stromverbrauch im nicht-privaten Sektor)* '**cli·mate-neu·tral** *adj attr event, process* klimaneutral

cli·mat·ic [klaɪ'mætɪk] *adj* klimatisch; **~ changes** Klimaveränderungen *pl;* **~ disaster** Klimakatastrophe *f*

cli·ma·tolo·gist [ˌklaɪmə'tɒlədʒɪst] *n* Klimatologe *m*/Klimatologin *f*

cli·ma·tol·ogy [ˌklaɪmə'tɒlədʒi] *n no pl* Klimatologie *f*

cli·max ['klaɪmæks] **I.** *n* Höhepunkt *m* **II.** *vi* ❶ *(reach a high point)* einen Höhepunkt erreichen; ■ **to ~ in sth** in etw *dat* gipfeln ❷ *(achieve orgasm)* einen Orgasmus haben

climb [klaɪm] **I.** *n* ❶ *(ascent)* Aufstieg *m a. fig* ❷ AVIAT Steigflug *m* ❸ *(increase)* Anstieg *m* (**in** *+gen*) **II.** *vt* ❶ *(ascend)* **to ~ [up] a hill** auf einen Hügel [hinauf]steigen; **to ~ [up] a ladder** eine Leiter hinaufklettern; **to ~ [up] the stairs** die Treppe hochgehen; **to ~ [up] a tree** auf einen Baum [hoch]klettern ❷ *(conquer)* ersteigen **III.** *vi* ❶ *(ascend)* [auf]steigen *a. fig;* ■ **to ~ up** *path* sich hochschlängeln; *plant* hochklettern ❷ *(increase rapidly)* [an]steigen ❸ *(get into)* hineinklettern (**into** in); **he ~ed into his suit** er stieg in seinen Anzug ❹ *(get out)* herausklettern (**out of** aus) ◆ **climb down** *vi* ❶ *(descend)* heruntersteigen; *(from summit)* absteigen; **to ~ down [from] a tree** von einem Baum herunterklettern ❷ BRIT, AUS *(give in)* klein beigeben

'**climb-down** *n* BRIT [Ein]geständnis *nt*

climb·er ['klaɪmə^r] *n* ❶ *(mountaineer)* Bergsteiger(in) *m(f); of rock faces* Kletterer *m*/Kletterin *f* ❷ *(climbing plant)* Kletterpflanze *f* ❸ *(striver for higher status)* Aufsteiger(in) *m(f)* ❹ AM *(climbing frame)* Klettergerüst *nt*

climb·ing ['klaɪmɪŋ] **I.** *n no pl of mountains* Bergsteigen *nt; of rock faces* Klettern *nt* **II.** *adj* Kletter-; **~ irons** Steigeisen *pl*

clinch [klɪn(t)ʃ] **I.** *n <pl -es>* ❶ *(embrace)* Umschlingung *f* ❷ BOXING Clinch *m* **II.** *vt* entscheiden; *deal* perfekt machen **III.** *vi* BOXING clinchen

clinch·er [klɪn(t)ʃə^r] *n (fam)* entscheidender Faktor

cling <clung, clung> [klɪŋ] *vi* ❶ *(hold tightly)* [sich] klammern (**to** an); **~ on** halt dich fest ❷ *(stick)* kleben; *smell* hängen bleiben

'**cling film** *n no pl* BRIT Frischhaltefolie *f*

cling·ing ['klɪŋɪŋ] *adj* ❶ *(close-fitting)* eng anliegend ❷ *(emotionally)* klammernd

clingy ['klɪŋi] *adj* klammernd

clin·ic ['klɪnɪk] *n (building)* Klinik *f*; BRIT *(medical advice)* Sprechstunde *f*

clini·cal ['klɪnɪkəl] *adj* ❶ *attr* klinisch ❷ *rooms, clothes* steril, kalt ❸ *(emotionless)* distanziert

clini·cal·ly ['klɪnɪkəli] *adv* klinisch; **~ dead** klinisch tot; **~ proven** klinisch getestet

cli·ni·cian ['klɪnɪʃən] *n* Kliniker(in) *m(f)*

clink [klɪŋk] **I.** *vi* klirren; *esp metal* klimpern *dat* **II.** *vt* klirren mit *+dat; esp metal* klimpern mit *+dat;* **to ~ glasses** die Gläser klingen lassen **III.** *n* ❶ *no pl* Klirren *nt; coins* Klimpern *nt* ❷ *(fam)* Knast *m*

clip[1] [klɪp] **I.** *n* ❶ *(fastener)* Klipp *m; (for wires)* Klemme *f;* **bicycle ~** [Fahrrad]klammer *f;* **hair ~** [Haar]spange *f;* **paper ~** Büroklammer *f* ❷ *(for gun)* Ladestreifen *m* ❸ *(jewellery)* Klipp *m* **II.** *vt* <-pp-> ■ **to ~ together** zusammenklammern

clip[2] [klɪp] **I.** *n* ❶ *(trim)* Schneiden *nt* ❷ FILM Ausschnitt *m* ❸ *(sharp blow)* Schlag *m;* **to get a ~ round the ear** eins hinter die Ohren bekommen **II.** *vt* <-pp-> ❶ *(trim) dog* trimmen; *hedge* stutzen; *sheep* scheren; **to ~ one's nails** sich *dat* die Nägel schneiden ❷ BRIT *ticket* entwerten ❸ *(fig: reduce)* verkürzen ❹ *(attach)* anheften (**to** an) ❺ *(touch)* streifen; **to ~ sb's ear** jdm eins hinter die Ohren geben ▶ **to ~ sb's wings** *(fig)* jdm die Flügel stutzen

'**clip·board** *n* Klemmbrett *nt*

clipped [klɪpt] *adj* ❶ (*trimmed*) gestutzt ❷ (*cut short*) *way of speaking* abgehackt

clip·ping [ˈklɪpɪŋ] *n* **grass ~s** das gemähte Gras; **nail ~s** abgeschnittene Nägel; **newspaper ~** Zeitungsausschnitt *m*

clique [kliːk] *n + sing/pl vb* (*pej*) Clique *f*

cli·quish [ˈkliːkɪʃ] *adj*, **cli·quey** [ˈkliːki] *adj* (*pej*) cliquenhaft

clito·ris [ˈklɪtᵊrɪs] *n* Klitoris *f*, Kitzler *m*

cloak [kləʊk] I. *n* ❶ (*garment*) Umhang *m* ❷ (*fig*) Deckmantel *m* II. *vt* verhüllen; **to be ~ed in secrecy** geheim gehalten werden

ˈ**cloak·room** *n* ❶ (*for coats*) Garderobe *f* ❷ Brit (*public toilet*) Toilette *f*

clob·ber [ˈklɒbər] (*fam*) I. *vt* ❶ (*strike*) verprügeln ❷ (*fig: punish*) bestrafen ❸ (*defeat*) vernichtend schlagen II. *n no pl* Brit, Aus Zeug *nt*

clock [klɒk] I. *n* ❶ (*for time*) Uhr *f*; **to run against the ~** auf Zeit laufen; **to work against the ~** gegen die Zeit arbeiten; **round the ~** rund um die Uhr ❷ (*speedometer*) Tacho[meter] *m* o nt II. *vt* ❶ (*measure speed*) **the police ~ed him doing 90 mph** die Polizei blitzte ihn mit 145 km/h; **to be ~ed at** [*or* ~] **10 seconds in** [*or* **for**] **the 100 metres** die 100 Meter in 10 Sekunden laufen ❷ (*fam: strike*) ■ **to ~ sb** [**one**] jdm eine kleben ◆**clock in** *vi* stechen

ˈ**clock face** *n* Zifferblatt *nt* ◆**clock out** *vi* stechen **clock ˈra·dio** *n* Radiowecker *m* ˈ**clock-watch·er** *n* (*pej*) jd, der ständig auf die Uhr sieht **clock·wise** [ˈklɒkwaɪz] *adj*, *adv* im Uhrzeigersinn ˈ**clock·work** *n no pl* Uhrwerk *nt*; **everything is going like ~** alles läuft wie am Schnürchen; **~ toy** Spielzeug *nt* zum Aufziehen; **regular as ~** pünktlich wie ein Uhrwerk

clod [klɒd] *n* Klumpen *m*

clog [klɒg] I. *n* Holzschuh *m*; (*modern*) Clog *m* II. *vi*, *vt* <-gg-> ■ **to ~** [**up**] verstopfen

clois·ter [ˈklɔɪstə] *n usu pl* Kreuzgang *m*

clone [kləʊn] I. *n* Klon *m* II. *vt* klonen

clon·ing [ˈkləʊnɪŋ] *n no pl* Klonen *nt*

close¹ [kləʊs] I. *adj* ❶ (*near*) nah[e]; **it's ~ to Christmas** Weihnachten steht vor der Tür; **~ combat** Nahkampf *m*; **the ~st pub** das nächste Pub; ■ **to be ~ to sth** in der Nähe einer S. *gen* liegen; **to be ~ to tears** den Tränen nahe sein ❷ (*intimate*) eng; **~ relatives** nahe Verwandte; **~ secret** großes Geheimnis; ■ **to be ~ to sb** jdm [sehr] nahestehen ❸ (*almost equal*) knapp; **the election was too ~ to call** der Ausgang der Wahl war völlig offen; **~ race** Kopf-an-Kopf-Rennen *nt* ❹ (*exact*) genau; **to pay ~ attention to sb** jdm gut zuhören; **to pay ~ attention to sth** genau auf etw *akk* achten; **to keep a ~ eye on sth** etw gut im Auge behalten ❺ (*airless*) schwül; (*in room*) stickig ❻ (*almost*) **~ to** [*or* **on**] ... nahezu ...; **~ to midnight** kurz vor Mitternacht ▶ **that was a ~ call!** das war knapp! II. *adv* (*near*) nahe; **please come ~r** kommen Sie doch näher!; **the election is getting ~** die Wahlen stehen unmittelbar vor der Tür; **she came ~ to getting that job** fast hätte sie die Stelle bekommen; **the child stood ~ to his mother** das Kind stand dicht bei seiner Mutter; **to come ~ to tears** den Tränen nahe kommen; **to get ~ to sb/sth** jdm/etw nahekommen; **to hold sb ~** jdn fest an sich *akk* drücken; ■ **~ by** in der Nähe; ■ **from ~ up** aus der Nähe; ■ **~ together** dicht beieinander; **please stand ~r together** können Sie vielleicht noch ein bisschen aufrücken? III. *n* Brit Hof *m*; (*in street names*) Straßenname für Sackgassen

close² [kləʊz] I. *vt* ❶ (*shut*) schließen; *book, door, mouth* zumachen; *curtains* zuziehen; *road* sperren ❷ (*end*) abschließen; *bank account* auflösen; *meeting* beenden II. *vi* ❶ (*shut*) *wound* sich schließen; *door, lid* zugehen; *shop* schließen; *eyes* zufallen ❷ (*shut down*) schließen; *shop* zumachen; *factory* also stillegen ❸ (*end*) zu Ende gehen; *meeting* schließen; **the pound ~d at $1.62** das Pfund schloss mit 1,62 Dollar ❹ (*approach*) sich nähern III. *n no pl* Ende *nt*, Schluss *m*; **at the ~ of business** bei Geschäftsschluss; **to bring** [*or* **draw**] **sth to a ~** etw beenden; **to come to a ~** zu Ende gehen, enden ◆**close down** I. *vi business* schließen, zumachen; *factory* stillgelegt werden II. *vt* schließen; *factory* stilllegen ◆**close in** *vi darkness* hereinbrechen; *days* kürzer werden; ■ **to ~ in on sb/sth** sich jdm/etw nähern; (*surround*) jdn/etw umzingeln ◆**close off** *vt* absperren ◆**close up** I. *vi* ❶ (*shut*) *flower, oyster, wound* sich schließen ❷ (*get nearer*) *people* zusammenrücken; *troops* aufrücken ❸ (*lock up*) abschließen II. *vt* [ab]schließen

closed [kləʊzd] *adj* geschlossen, zu; **behind ~ doors** (*fig*) hinter verschlossenen Türen

closed-ˈdoor *adj* geheim; **~ meeting** Besprechung *f* hinter verschlossenen Türen

'**close-down** *n* [Geschäfts]schließung *f*; *of a factory* Stilllegung *f*
'**close-knit** *adj* eng verbunden
close·ly ['kləʊsli] *adv* ❶ (*near*) dicht ❷ (*intimately*) eng ❸ (*carefully*) sorgfältig ❹ (*almost equally*) ~ **fought** hart umkämpft ❺ (*exactly*) genau
close·ness ['kləʊsnəs] *n* ❶ *no pl* (*nearness*) Nähe *f* ❷ *no pl* (*intimacy*) Vertrautheit *f* ❸ BRIT (*airlessness*) Schwüle *f*; (*stuffiness*) Stickigkeit *f*
'**close sea·son** *n* Schonzeit *f*
clos·et ['klɒzɪt] **I.** *n esp* AM (*cupboard*) [Wand]schrank *m* ▶ **to come out of the ~** seine Homosexualität bekennen **II.** *vt* ■ **to be ~ed with sb** mit jdm hinter verschlossenen Türen tagen
'**close-up** *n* Nahaufnahme *f*
clos·ing ['kləʊzɪŋ] **I.** *adj* abschließend; ~ **phase** Endphase *f*; ~ **speech** Schlussrede *f* **II.** *n* ❶ (*bringing to an end*) Beenden *nt kein pl*; (*action of closing*) Schließung *f* ❷ (*end of business hours*) Geschäftsschluss *m*
'**clos·ing date** *n* Schlusstermin *m*; (*for competition*) Einsendeschluss *m*; (*for work due*) Abgabetermin *m* **clos·ing 'down** *n* Schließung *f* **clos·ing-'down sale** *n* Räumungsverkauf *m* '**clos·ing price** *n* Schlussnotierung *f* '**clos·ing time** *n* (*for shop*) Ladenschluss *m*; (*for staff*) Feierabend *m*; (*of pub*) Sperrstunde *f*
clo·sure ['kləʊʒəʳ] *n* ❶ *of institution* Schließung *f*; *of street* Sperrung *f*; *of pit* Stilllegung *f* ❷ (*end*) **to have ~ of sth** etw abgeschlossen haben
clot [klɒt] **I.** *n* ❶ MED [**blood**] ~ [Blut]gerinnsel *nt* ❷ BRIT (*fam: stupid person*) Trottel *m* **II.** *vi* <-tt-> gerinnen
cloth [klɒθ] *n* ❶ *no pl* (*material*) Tuch *nt*, Stoff *m* ❷ (*for cleaning*) Lappen *m* ❸ (*clergy*) Geistlichkeit *f*; **a man of the ~** ein Geistlicher *m*
clothe [kləʊð] *vt* [be]kleiden *a. fig*
clothes [kləʊ(ð)z] *npl* Kleider *pl*; (*collectively*) Kleidung *f kein pl*
'**clothes-hang·er** *n* Kleiderbügel *m* '**clothes horse** *n* Wäscheständer *m* '**clothes line** *n* Wäscheleine *f* '**clothes-moth** *n* [Kleider]motte *f* '**clothes peg** *n* BRIT, '**clothes pin** *n* AM Wäscheklammer *f*
cloth·ing ['kləʊðɪŋ] *n no pl* Kleidung *f*
clot·ting ['klɒtɪŋ] *n no pl* BIOL, CHEM Gerinnung *f*, Koagulierung *f*
cloud [klaʊd] *n* Wolke *f*; *of insects* Schwarm *m*; **ash** ~ Aschewolke *f* ▶ **every ~ has a silver lining** (*prov*) jedes Unglück hat auch sein Gutes; **to be under a ~** keinen guten Ruf haben **II.** *vt issue* verschleiern ◆ **cloud over** *vi* ❶ *sky* sich bewölken; **it always ~s over like this in the afternoon** es zieht sich am Nachmittag immer so zu ❷ (*fig*) *face* sich verfinstern
'**cloud bank** *n* Wolkenbank *f* '**cloud·burst** *n* Wolkenbruch *m* '**cloud-capped** *adj* wolkenverhangen '**cuckoo land** *n* (*pej*) Wolkenkuckucksheim *nt*
cloud·ed ['klaʊdɪd] *adj* ❶ (*cloudy*) bewölkt, bedeckt ❷ *liquid* trüb ❸ *mind* vernebelt, getrübt
cloud·less ['klaʊdləs] *adj* wolkenlos
cloudy ['klaʊdi] *adj* ❶ (*overcast*) bewölkt, bedeckt ❷ *liquid* trüb
clout [klaʊt] (*fam*) **I.** *n* ❶ (*hit*) Schlag *m*; **to get a ~ round the ears** eins hinter die Ohren kriegen; **to give sb a ~** jdm eine runterhauen; **to give sth a ~** auf etw *akk* schlagen ❷ *no pl* (*power*) Schlagkraft *f* **II.** *vt* ■ **to ~ sb** jdm eine schmieren; ■ **to ~ sth** auf etw *akk* schlagen
clove [kləʊv] *n* ❶ (*spice*) Gewürznelke *f* ❷ (*section*) ~ **of garlic** Knoblauchzehe *f*
clo·ven ['kləʊvən] *adj* Spalt-
clo·ver ['kləʊvəʳ] *n no pl* Klee *m* ▶ **to live in ~** wie Gott in Frankreich leben
'**clo·ver·leaf** *n* BOT, TRANSP Kleeblatt *nt*
clown [klaʊn] **I.** *n* ❶ (*entertainer*) Clown *m* ❷ (*funny person*) Kasper *m*; (*pej*) Trottel *m* **II.** *vi* ■ **to ~ around** [*or* **about**] herumalbern
clown·ish ['klaʊnɪʃ] *adj* albern
cloy·ing ['klɔɪɪŋ] *adj* (*liter*) ❶ (*pej: too sweet*) übermäßig süß; ~ **perfume** widerwärtig süßliches Parfüm ❷ (*pej: emotionally excessive*) übersteigert, exzessiv; ~ **sentimentality** übertriebene Sentimentalität
club [klʌb] **I.** *n* ❶ (*group*) Klub *m*, Verein *m* ❷ SPORTS (*implement*) Schläger *m* ❸ (*weapon*) Knüppel *m* ❹ CARDS Kreuz *nt*; **queen of ~s** Kreuzdame *f* ❺ (*disco*) Klub *m* **II.** *vt* <-bb-> einknüppeln auf +*akk*; **to ~ to death** erschlagen; **to ~ sb to the ground** jdn niederknüppeln ◆ **club together** *vi* sich zusammentun
club·ber ['klʌbəʳ] *n* Discobesucher(in) *m(f)*; ~**s** Nachtschwärmer *pl*
club·bing ['klʌbɪŋ] *n no pl* **to go ~** in die Disko gehen
'**club car** *n* AM Zugrestaurant *nt*
'**club 'foot** *n* MED Klumpfuß *m*
'**club·house** *n* Klubhaus *nt* **club 'member** *n* Klubmitglied *nt* **club 'sand-**

wich *n* Klubsandwich *nt* **club ˈsoda** *n* AM Sodawasser *nt*

cluck [klʌk] *vi* gackern

clue [kluː] *n* ❶ (*evidence*) Hinweis *m*; (*hint*) Tipp *m*; (*in criminal investigation*) Spur *f* ❷ (*idea*) Ahnung *f*; **I haven't a ~!** [ich hab'] keine Ahnung! ◆ **clue up** *vt* ■ **to ~ sb up** [**on sth**] jdn [über etw *akk*] informieren

clue·less [ˈkluːləs] *adj* (*fam*) ahnungslos; ■ **to be ~ about sth** von etw *dat* keine Ahnung haben

clump [klʌmp] I. *n* ❶ (*group*) Gruppe *f*; **~ of bushes** Gebüsch *nt*; **~ of trees** Baumgruppe *f* ❷ (*lump*) Klumpen *m* ❸ *no pl* (*sound*) Sta[m]pfen *nt* II. *vi* ■ **to ~ around** herumtrampeln

clum·si·ly [ˈklʌmzɪli] *adv* unbeholfen

clum·si·ness [ˈklʌmzɪnəs] *n* Ungeschicktheit *f*

clum·sy [ˈklʌmzi] *adj* ❶ (*bungling*) ungeschickt, unbeholfen; *attempt* plump; **~ idiot** Tollpatsch *m* ❷ (*ungainly*) klobig

clung [klʌŋ] *pp, pt of* **cling**

clunk [klʌŋk] *n* dumpfes Geräusch

clus·ter [ˈklʌstəʳ] I. *n* Bündel *nt*; *of people* Traube *f*; *of gems* Büschel *nt*; *of eggs* Gelege *nt*; *of islands* Gruppe *f*; **~ of stars** Sternhaufen *m* II. *vi* ■ **to ~ around sth** sich um etw *akk* scharen

ˈclus·ter bomb *n* Splitterbombe *f*

clutch [klʌtʃ] I. *vi* sich klammern (**at** an) II. *vt* umklammern III. *n* ❶ *usu sing* AUTO Kupplung *f*; **to let the ~ in/out** ein-/auskuppeln ❷ (*group*) **~** [**of eggs**] Gelege *nt*; (*fig*) Schar *f* ❸ (*control*) **to fall into the ~es of sb** jdm in die Klauen fallen

ˈclutch bag *n* Unterarmtasche *f*, Clutch[bag] *f* **ˈclutch hit·ter** *n* AM sehr zuverlässiger Schläger im Baseball

clut·ter [ˈklʌtəʳ] I. *n no pl* ❶ (*mess*) Durcheinander *nt* ❷ (*unorganized stuff*) Kram *m fam* II. *vt* durcheinanderbringen ◆ **clutter up** *vt* ■ **to be ~ed up** vollgestopft sein, übersät sein

cm <*pl* -> *n abbrev of* **centimetre** cm

c'mon [kəˈmɒn] (*fam*) *see* **come on**

CO [ˌsiːˈəʊ] *n* MIL *abbrev of* **Commanding Officer** Befehlshaber(in) *m(f)*

Co [kəʊ] *n abbrev of* **company**

c/o [ˈkeəʳɒv] *abbrev of* **care of** c/o, bei

coach [kəʊtʃ] I. *n* ❶ BRIT (*private bus*) Reisebus *m*; **by ~** mit dem Bus ❷ (*horse-drawn carriage*) Kutsche *f* ❸ (*railway carriage*) [Eisenbahn]wagen *m* ❹ (*teacher*) Nachhilfelehrer(in) *m(f)*; SPORTS Trainer(in) *m(f)* II. *vt* ❶ SPORTS trainieren ❷ (*help to learn*) Nachhilfe geben

coach·ing [ˈkəʊtʃɪŋ] *n no pl* ❶ SPORTS Training *nt* ❷ (*teaching*) Nachhilfe *f*

ˈcoach·ing staff *n* SPORTS Trainingspersonal *nt* **ˈcoach·man** *n* Kutscher *m* **ˈcoach sta·tion** *n* BRIT Busbahnhof *m*

co·ag·u·late [kəʊˈægjəleɪt] I. *vi* gerinnen II. *vt* gerinnen lassen

co·ag·u·la·tion [kəʊˌægjəˈleɪʃ³n] *n no pl* Gerinnung *f*

coal [kəʊl] *n* Kohle *f* ▶ **to carry ~s to Newcastle** Eulen nach Athen tragen; **to haul sb over the ~s** jdm die Leviten lesen

ˈcoal-black *adj* kohlrabenschwarz **ˈcoal bun·ker** *n* Kohlenbunker *m*

coa·lesce [kəʊəˈles] *vi* (*form*) sich verbinden

coa·les·cence [kəʊəˈles³n(t)s] *n no pl* (*form*) Vereinigung *f*

ˈcoal-fired *adj* kohlebeheizt

coa·li·tion [ˌkəʊəˈlɪʃ³n] *n* Koalition *f*

ˈcoal mine *n* Kohlenbergwerk *nt* **ˈcoal min·er** *n* Bergmann *m* **ˈcoal min·ing** *n* Kohle[n]bergbau *m* **ˈcoal scut·tle** *n* Kohleneimer *m*

coarse [kɔːs] *adj* ❶ (*rough*) grob ❷ (*vulgar*) derb

coarse·ly [ˈkɔːsli] *adv* derb

coars·en [ˈkɔːs³n] I. *vt* rau machen II. *vi* rau werden

coarse·ness [ˈkɔːsnəs] *n no pl* Grobheit *f*

coast [kəʊst] I. *n* Küste *f*; **on the west ~** an der Westküste; **off the ~** vor der Küste ▶ **the ~ is clear** die Luft ist rein II. *vi* dahinrollen; **to ~** [**along**] mühelos vorankommen

coast·al [ˈkəʊst³l] *adj* Küsten-

coast·er [ˈkəʊstəʳ] *n* ❶ (*boat*) Küstenmotorschiff *nt* ❷ (*table mat*) Untersetzer *m*

ˈcoast·guard *n* Küstenwache *f* **ˈcoast·line** *n no pl* Küste[nlinie] *f* **coast-to-ˈcoast** *adj* von Küste zu Küste

coat [kəʊt] I. *n* ❶ (*outer garment*) Mantel *m* ❷ (*animal's fur*) Fell *nt* ❸ (*layer*) Schicht *f*; *of paint* Anstrich *m* II. *vt* überziehen; **to ~ with breadcrumbs** panieren

coat·ed [ˈkəʊtɪd] *adj* überzogen; *tongue* belegt; *textiles* imprägniert; *glass* getönt; *wire* isoliert

ˈcoat hang·er *n* Kleiderbügel *m* **ˈcoat hook** *n* Kleiderhaken *m*

coat·ing [ˈkəʊtɪŋ] *n* Schicht *f*, Überzug *m*; *of paint* Anstrich *m*

coat of ˈarms *n* Wappen *nt* **ˈcoat peg** *n* BRIT Kleiderhaken *m* **ˈcoat-tails** *npl* Frackschöße *pl* ▶ **to hang onto sb's ~**

auf der Erfolgswelle eines anderen mitschwimmen
co·author [kəʊˈɔːθəʳ] **I.** *n* Mitautor(in) *m(f)* **II.** *vt* gemeinsam verfassen
coax [kəʊks] *vt* ■ **to ~ sb into doing sth** jdn dazu bringen, etw zu tun; **to ~ a smile out of sb** jdm ein Lächeln entlocken
coax·ing [ˈkəʊksɪŋ] **I.** *n no pl* Zuspruch *m* **II.** *adj* schmeichelnd
coax·ing·ly [ˈkəʊksɪŋli] *adv* schmeichelnd
cob[1] [kɒb] *n short for* **corncob** Kolben *m*
cob[2] [kɒb] *n* BRIT (*bread*) Laib *m*
cob·ble [ˈkɒbl̩] *n* Kopfstein *m* ◆**cobble together** *vt* zusammenschustern
cob·bled [ˈkɒbl̩d] *adj* ~ **streets** Straßen *pl* mit Kopfsteinpflaster
cob·bler [ˈkɒbləʳ] *n* [Flick]schuster *m*
ˈcob·ble·stone *n* Kopfstein *m*
ˈcob·nut *n* Haselnuss *f*
co·bra [ˈkəʊbrə] *n* Kobra *f*
cob·web [ˈkɒbweb] *n* (*web*) Spinnennetz *nt*; (*single thread*) Spinn[en]webe *f*
co·caine [kə(ʊ)ˈkeɪn] *n no pl* Kokain *m*
co·citi·zen [kəʊˈsɪtɪzᵊn] *n* verantwortungsbewusster Mitbürger/verantwortungsbewusste Mitbürgerin
cock [kɒk] **I.** *n* ❶ (*male chicken*) Hahn *m* ❷ (*vulg: penis*) Schwanz *m* **II.** *adj* ORN männlich **III.** *vt* ❶ *ears* spitzen; *head* auf die Seite legen ❷ (*ready gun*) **to ~ a gun** den Hahn spannen
cock-a-doodle-doo [ˌkɒkəduːdl̩ˈduː] *n* Kikeriki *nt* **cock-and-bull ˈsto·ry** *n* Lügenmärchen *nt*
cocka·tiel [ˌkɒkəˈtiːl] *n* Nymphensittich *m*
cocka·too <*pl* -s *or* -> [ˌkɒkəˈtuː] *n* Kakadu *m*
cock·chafer [ˈkɒkˌtʃeɪfəʳ] *n* Maikäfer *m*
cocked [kɒkt] *adj hat* aufgestülpt
cock·er·el [ˈkɒkᵊrᵊl] *n* junger Hahn
cock·eyed [ˈkɒkaɪd] *adj* ❶ (*not straight*) schief ❷ (*ridiculous*) verrückt
ˈcock fight *n* Hahnenkampf *m*
cocki·ness [ˈkɒkinəs] *n* Großspurigkeit *f*
cock·le [ˈkɒkl̩] *n* Herzmuschel *f*
cock·pit [ˈkɒkpɪt] *n* Cockpit *nt*
cock·roach [ˈkɒkrəʊtʃ] *n* Küchenschabe *f*
cock·tail [ˈkɒkteɪl] *n* Cocktail *m*; **~ of gases** Gasgemisch *nt*
ˈcock·tail cabi·net *n* Hausbar *f* **ˈcock·tail dress** *n* Cocktailkleid *nt* **ˈcock·tail lounge** *n* Cocktailbar *f* **ˈcock·tail stick** *n* Spießchen *nt*
cock-up [ˈkɒkʌp] *n* (*sl*) Schlamassel *m*; **what a ~!** so ein Mist!; **to make a ~ of sth** bei etw *dat* Scheiße bauen
cocky [ˈkɒki] *adj* (*fam*) großspurig

co·coa [ˈkəʊkəʊ] *n no pl* Kakao *m*
coco·nut [ˈkəʊkənʌt] *n* Kokosnuss *f*; **grated ~** Kokosraspel *pl*, Kokosette *nt* ÖSTERR
coco·nut ˈbut·ter *n* Kokosfett *nt* **coco·nut ˈmat·ting** *n* Kokosmatte *f* **coco·nut ˈmilk** *n* Kokosmilch *f* **coco·nut ˈoil** *n* Kokosöl *nt* **coco·nut ˈpalm** *n* Kokospalme *f* **ˈcoco·nut shy** *n* BRIT Wurfbude *f*
co·coon [kəˈkuːn] **I.** *n* Kokon *m* **II.** *vt* (*fig*) abschirmen
cod <*pl* - *or* -s> [kɒd] *n* Kabeljau *m*; (*in Baltic*) Dorsch *m*
coda [ˈkəʊdə] *n* MUS Koda *f*
cod·dle [ˈkɒdl̩] *vt* ❶ (*cook gently*) langsam köcheln lassen; *eggs* pochieren ❷ (*treat tenderly*) verhätscheln
code [kəʊd] **I.** *n* ❶ (*ciphered language*) Kode *m*; **to write sth in ~** etw verschlüsseln ❷ LAW Kodex *m*; **~ of honour** Ehrenkodex *m* **II.** *vt* chiffrieren
co·de·fend·ant *n* LAW Mitbeklagte(r) *f(m)*
co·deine [ˈkəʊdiːn] *n* Kodein *nt*
ˈcode name *n* Deckname *m* **ˈcode num·ber** *n* Kodenummer *f*; ADMIN Kennziffer *f* **code of ˈcon·duct** *n* Verwaltungsvorschrift[en] *f[pl]* **code of ˈprac·tice** *n* Verhaltensregeln *pl*
co·de·pend·en·cy [kəʊdɪˈpendənsi] *n no pl* Koabhängigkeit *f*
co·de·ter·mi·na·tion [ˌkəʊdɪtɜːmɪˈneɪʃᵊn] *n* Mitbestimmung *f*
ˈcode word *n* Kennwort *nt*
codg·er [ˈkɒdʒəʳ] *n* [alter] Knacker
cod·ing [ˈkəʊdɪŋ] *n* ❶ (*assigning a code*) Kodierung *f*, Verschlüsselung *f* ❷ (*the assigned code*) Kodierung *f*
cod liv·er ˈoil *n* Lebertran *m*
cod·piece [ˈkɒdpiːs] *n* (*hist*) Hosenbeutel *m*
co·driv·er [ˈkəʊdraɪvəʳ] *n* Beifahrer(in) *m(f)*
cods·wal·lop [ˈkɒdzˌwɒləp] *n no pl* BRIT, AUS (*fam*) Quatsch *m*
co-ed [ˌkəʊˈed] *adj* SCH (*fam*) gemischt
co·edu·ca·tion [ˌkəʊedʒuːˈkeɪʃᵊn] *n no pl* Koedukation *f* **co·edu·ca·tion·al** [ˌkəʊedʒuːˈkeɪʃᵊnᵊl] *adj* koedukativ
co·ef·fi·cient [ˌkəʊɪˈfɪʃᵊnt] *n* Koeffizient *m*
co·erce [kəʊˈɜːs] *vt* (*form*) ■ **to ~ sb into doing sth** jdn dazu zwingen, etw zu tun
co·er·cion [kəʊˈɜːʃᵊn] *n no pl* (*form*) Zwang *m*
co·er·cive [kəʊˈɜːsɪv] *adj* Zwangs-
co·ex·ist [ˌkəʊɪgˈzɪst] *vi* nebeneinander bestehen
co·ex·ist·ence [ˌkəʊɪgˈzɪstᵊn(t)s] *n no pl* Koexistenz *f*

co·ex·ist·ent [ˌkəʊɪɡˈzɪstənt] *adj* koexistent

C of E [ˈsiːəviː] *n abbrev of* **Church of England**

cof·fee [ˈkɒfiː] *n* Kaffee *m*

ˈ**cof·fee bar** *n* Café *nt* ˈ**cof·fee bean** *n* Kaffeebohne *f;* **to have a ~** eine Kaffeepause machen ˈ**cof·fee cake** *n* ❶ BRIT, AUS (*cake*) Mokkakuchen *m* ❷ AM, AUS (*sweet bread*) Stuten *m* ˈ**cof·fee cap·sule** *n* Kaffeekapsel *f* ˈ**cof·fee cup** *n* Kaffeetasse *f* ˈ**cof·fee-grind·er** *n* Kaffeemühle *f* ˈ**cof·fee grounds** *npl* Kaffeesatz *m kein pl* ˈ**cof·fee house** *n* Café *nt,* Kaffeebar *f* ˈ**cof·fee ma·chine** *n* Kaffeemaschine *f* ˈ**cof·fee mill** *n* Kaffeemühle *f* ˈ**cof·fee morn·ing** *n* BRIT Morgenkaffee *m* (*Wohltätigkeitsveranstaltung*) ˈ**cof·fee pod** *n* Kaffeepad *nt* ˈ**cof·fee pot** *n* Kaffeekanne *f* ˈ**cof·fee shop** *n* (*for drinking*) Café *nt;* (*for selling*) Kaffeegeschäft *nt* ˈ**cof·fee ta·ble** *n* Couchtisch *m* ˈ**cof·fee-ta·ble book** *n* Bildband *m*

cof·fer [ˈkɒfə] *n* ❶ (*box*) Truhe *f* ❷ *pl* (*money reserves*) Rücklagen *pl;* **of the state** Staatssäckel *nt*

cof·fin [ˈkɒfɪn] *n* Sarg *m*

cog [kɒɡ] *n* ❶ (*part of wheel*) Zahn *m* ❷ (*wheel*) Zahnrad *nt* ❸ (*fig*) Rädchen *nt*

co·gency [ˈkəʊdʒən(t)si] *n no pl* (*form*) Stichhaltigkeit *f*

co·gent [ˈkəʊdʒənt] *adj* (*form*) stichhaltig

co·gent·ly [ˈkəʊdʒəntli] *adv* (*form*) stichhaltig

cog·nac [ˈkɒnjæk] *n* Cognac *m*

cog·nate [ˈkɒɡneɪt] LING **I.** *adj* [ur]verwandt (**with** mit +*dat*) **II.** *n* verwandtes Wort; **false ~** Faux ami *m,* falscher Freund

cog·ni·tive [ˈkɒɡnətɪv] *adj* (*form*) kognitiv; **~ therapy** Kognitionstherapie *f*

co·gno·scen·ti [ˌkɒnjə(ʊ)ˈʃenti] *npl* (*form*) Kenner(innen) *mpl(fpl)*

cog·wheel [ˈkɒɡwiːl] *n* Zahnrad *nt*

co·hab·it [kəʊˈhæbɪt] *vi* (*form*) zusammenleben; LAW in eheähnlicher Gemeinschaft leben

co·hab·it·ant [kəʊˈhæbɪtənt] *n* (*form*) Lebensgefährte *m/*-gefährtin *f*

co·hab·i·ta·tion [kəʊˌhæbɪˈteɪʃən] *n no pl* Zusammenleben *nt;* LAW eheähnliche Gemeinschaft

co·hab·itee [kəʊhæbɪˈtiː] *n* (*form*) Lebensgefährte *m/*-gefährtin *f*

co·here [kə(ʊ)ˈhɪə] *vi* (*form*) zusammenhängen

co·her·ence [kə(ʊ)ˈhɪərən(t)s] *n no pl* Zusammenhang *m*

co·her·ent [kə(ʊ)ˈhɪərənt] *adj* zusammenhängend

co·her·ent·ly [kə(ʊ)ˈhɪərəntli] *adv* zusammenhängend; **to speak ~** verständlich sprechen

co·he·sion [kə(ʊ)ˈhiːʒən] *n no pl* Zusammenhalt *m*

co·he·sive [kə(ʊ)ˈhiːsɪv] *adj* geschlossen

co·he·sive·ness [kə(ʊ)ˈhiːsɪvnəs] *n no pl* (*in physics*) Kohäsionskraft *f;* (*in group*) Zusammenhalt *m*

co·hort [ˈkə(ʊ)hɔːt] *n* ❶ (*subgroup*) [Personen]gruppe *f* ❷ *esp* AM (*pej: crony*) ■ **~s** *pl* Konsorten *pl*

COI [ˌsiːəʊˈaɪ] *n* BRIT *abbrev of* **Central Office of Information** Offizieller Britischer Informationsdienst

coil [kɔɪl] **I.** *n* ❶ (*wound spiral*) Rolle *f;* ELEC Spule *f* ❷ (*contraceptive*) Spirale *f* **II.** *vi* sich winden **III.** *vt* aufwickeln; ■ **to ~ oneself around sth** sich um etw *akk* winden

coiled [kɔɪld] *adj* gewunden; **~ spring** Sprungfeder *f*

coin [kɔɪn] **I.** *n* Münze *f* **II.** *vt* **to ~ it** [**in**] BRIT, **to ~ money** AM (*fam*) Geld scheffeln; **to ~ a phrase ...** ich will mal so sagen ...

coin·age [ˈkɔɪnɪdʒ] *n no pl* (*set of coins*) Münzen *pl;* (*act*) Prägung *f*

coin-box ˈtele·phone *n* Münzfernsprecher *m*

co·in·cide [ˌkəʊɪnˈsaɪd] *vi subjects* übereinstimmen; *events* zusammenfallen; **our views ~ on a range of subjects** wir sind in vielen Dingen einer Meinung

co·in·ci·dence [kəʊˈɪn(t)sɪdən(t)s] *n* ❶ (*instance*) Zufall *m;* **by ~** durch Zufall ❷ (*agreement*) Übereinstimmung *f; of events* Zusammenfallen *nt*

co·in·ci·dent·al [kəʊˌɪn(t)sɪˈdəntəl] *adj* zufällig

co·in·ci·dent·al·ly [kəʊˌɪn(t)sɪˈdəntəli] *adv* zufällig[erweise]

coi·tus [ˈkəʊɪtəs] *n no pl* (*form*) Geschlechtsverkehr *m;* MED Koitus *m;* LAW Beischlaf *m*

coke [kəʊk] *n no pl* Koks *m*

Coke® [kəʊk] *n short for* **Coca-Cola®** Cola *f*

col *n abbrev of* **column** Sp.

COL [ˌsiːəʊˈel] *n abbrev of* **computer-oriented language** COL *f*

Col *n abbrev of* **colonel**

cola [ˈkəʊlə] *n* Cola *nt o f fam*

col·an·der [ˈkʌləndə, ˈkɒ-] *n* Sieb *nt*

col·can·non [kəlˈkænən] *n* FOOD *irisches*

und schottisches Gericht aus gekochtem Kohl und gekochten Kartoffeln, die zerstampft und vermischt werden

cold [kəʊld] **I.** *adj* kalt; **as ~ as ice** eiskalt; **to be** [*or* **feel**] **~** frieren; **I'm ~** mir ist kalt; **don't get ~** pass auf, dass du nicht frierst; **to go ~** kalt werden ▶ **to get ~ feet** kalte Füße bekommen; **to pour ~ water on sth** etw *dat* einen Dämpfer versetzen **II.** *n* ❶ (*low temperature*) Kälte *f;* **with ~** vor Kälte ❷ MED Erkältung *f,* Schnupfen *m;* **to catch** [*or* **get**] **a ~** sich erkälten; **to have a ~** erkältet sein

'**cold bag** *n* BRIT Kühltasche *f* **cold-blood·ed** [ˌkəʊld'blʌdɪd] *adj* kaltblütig '**cold call** *n* unangemeldeter Vertreterbesuch **cold 'com·fort** *n* schwacher Trost '**cold cream** *n* Cold Cream *f* (*halbfette Feuchtigkeitscreme*) '**cold cuts** *npl* Aufschnitt *m kein pl* '**cold-eyed** *adj* **she gave him a ~ stare** sie blickte ihn kalt an '**cold frame** *n* Frühbeet *nt* '**cold front** *n* Kaltfront *f* **cold-'heart·ed** *adj* kaltherzig **cold·ish** ['kəʊldɪʃ] *adj* kühl
cold·ness ['kəʊldnəs] *n no pl* Kälte *f*
cold shoul·der *n* (*fig*) **to give sb the ~** jdn schneiden '**cold snap** *n* kurze Kälteperiode '**cold sore** *n* Bläschenausschlag *m* **cold 'start** *n* Kaltstart *m* **cold 'stor·age** *n* **to put in ~** kühl lagern; (*fig*) auf Eis legen '**cold store** *n* Kühlhalle *f* **cold 'sweat** *n* kalter Schweiß **cold 'truth** *n* nackte Wahrheit **cold 'tur·key** *n* (*sl*) kalter Entzug '**cold war** *n* kalter Krieg
cole·slaw ['kəʊlslɔː] *n no pl* Krautsalat *m*
col·ey <-(s)> ['kəʊli] *n* BRIT Seelachs *m*
col·ic ['kɒlɪk] *n no pl* Kolik *f*
col·labo·rate [kə'læbəreɪt] *vi* ❶ (*work together*) zusammenarbeiten (**on** an) ❷ (*with enemy*) kollaborieren
col·labo·ra·tion [kəˌlæbə'reɪʃən] *n* ❶ (*working with sb*) Zusammenarbeit *f* ❷ *no pl* (*with enemy*) Kollaboration *f*
col·labo·ra·tive [kə'læbərətɪv] *adj* **effort** gemeinsam
col·labo·ra·tor [kə'læbəreɪtər] *n* ❶ (*colleague*) Mitarbeiter(in) *m(f)* ❷ (*pej: traitor*) Kollaborateur(in) *m(f)*
col·lage ['kɒlɑːʒ] *n* Collage *f*
col·lapse [kə'læps] **I.** *vi* ❶ (*fall down*) *things, buildings* zusammenbrechen, einstürzen; *people* zusammenbrechen; **to ~ with laughter** [**at a joke**] (*fig*) sich [über einen Witz] kaputtlachen ❷ (*fail*) zusammenbrechen; *enterprise* zugrunde gehen; *government* stürzen; *hopes* sich zerschlagen; *prices* einbrechen; *society* zerfallen; *talks* scheitern **II.** *n* ❶ (*act of falling down*) Einsturz *m,* Zusammenbruch *m* ❷ (*failure*) Zusammenbruch *m;* **of marriage** Scheitern *nt;* **~ of prices** Preissturz *m* ❸ MED Kollaps *m*

col·laps·ible [kə'læpsɪbl] *adj* zusammenklappbar; **~ chair** Klappstuhl *m*
col·lar ['kɒlər] **I.** *n* Kragen *m;* (*for animals*) Halsband *nt* **II.** *vt* (*fam*) ■ **to ~ sb** jdn schnappen
'**col·lar·bone** *n* Schlüsselbein *nt*
col·late [kə'leɪt] *vt* ❶ (*analyse*) vergleichen ❷ (*arrange*) zusammenstellen
col·lat·er·al [kə'lætərəl] *n* FIN [zusätzliche] Sicherheit
col·lat·er·al 'dam·age *n* Kollateralschaden *m*
col·league ['kɒliːg] *n* [Arbeits]kollege *m/* [Arbeits]kollegin *f*
col·lect ['kɒˈlekt] **I.** *adj* AM TELEC **~ call** R-Gespräch *nt* **II.** *adv* AM TELEC **to call ~** ein R-Gespräch führen **III.** *vi* (*gather*) sich versammeln; (*accumulate*) sich ansammeln **IV.** *vt* ❶ (*gather*) einsammeln; *money, stamps* sammeln ❷ (*pick up*) abholen ❸ (*form: regain control*) ■ **to ~ oneself** sich sammeln; **to ~ one's thoughts** seine Gedanken ordnen ◆ **collect up** *vt* **belongings** zusammenpacken; *empties* aufsammeln; *tickets* einsammeln
col·lect·able [kə'lektəbl] **I.** *adj* sammelbar **II.** *n* Sammlerstück *nt*
col·lect call *n* AM R-Gespräch *nt;* **to make a ~** ein R-Gespräch anmelden
col·lect·ed [kə'lektɪd] *adj* (*calm*) beherrscht
col·lect·ible [kə'lektəbl] *adj, n see* **collectable**
col·lec·tion [kə'lekʃən] *n* ❶ *of money, objects* Sammlung *f;* (*in church*) Kollekte *f* ❷ *of people* Ansammlung *f* ❸ (*fig: large number*) Auswahl *f* ❹ FASHION Kollektion *f* ❺ (*act of collecting*) Abholung *f;* BRIT (*from letterbox*) [Briefkasten]leerung *f;* **rubbish ~** Müllabfuhr *f*
col·lec·tive [kə'lektɪv] **I.** *adj* gemeinsam; *leadership* kollektiv; **~ interests** Gesamtinteressen *pl;* **~ opinion** Mehrheitsmeinung *f* **II.** *n* Gemeinschaft *f;* POL Kollektiv *nt;* ECON Genossenschaftsbetrieb *m*
col·lec·tive 'bar·gain·ing *n* Tarifverhandlungen *pl* **col·lec·tive 'farm** *n* landwirtschaftliche Produktionsgenossenschaft **col·lec·tive 'noun** *n* LING Sammelbegriff *m*
col·lec·tor [kə'lektər] *n* Sammler(in) *m(f);* **tax ~** Steuereintreiber(in) *m(f)*

col·lec·tor's item *n*, **col·lec·tor's piece** *n* Sammlerstück *nt*
col·leen ['kɒliːn, kɒ'liːn] *n* IRISH [junges] Mädchen
col·lege ['kɒlɪdʒ] *n* ❶ (*school*) Gymnasium *nt*; (*privately funded*) Kolleg *nt* ❷ (*university*) Universität *f*, Hochschule *f*; (*privately funded*) College *nt*; **art ~** Kunstakademie *f*; **to go to ~** auf die Universität gehen, studieren ❸ BRIT (*division of university*) College *nt* ❹ AM (*university faculty*) Fakultät *f*
col·lege 'gradu·ate *n* AM Hochschulabsolvent(in) *m(f)*
col·legi·ate [kə'liːdʒiət] *adj* **Cambridge is a ~ university** die Universität von Cambridge ist in mehrere Colleges untergliedert; **~ sports** Hochschulsport *m*
col·lide [kə'laɪd] *vi* zusammenstoßen
col·lie ['kɒli] *n* Collie *m*
col·li·er ['kɒliə'] *n* (*form*) ❶ (*man*) Kohlenarbeiter *m* ❷ (*ship*) Kohlenschiff *nt*
col·liery ['kɒljəri] *n* Bergwerk *nt*
col·li·sion [kə'lɪʒən] *n* Zusammenstoß *m*
col·lo·cate ['kɒləkeɪt] *vi* LING kollokieren
col·lo·ca·tion [ˌkɒlə'keɪʃən] *n* LING Kollokation *f*
col·lo·quial [kə'ləʊkwiəl] *adj* umgangssprachlich; **~ language** Umgangssprache *f*
col·lo·qui·al·ism [kə'ləʊkwiəlɪzəm] *n* umgangssprachlicher Ausdruck
col·lude [kə'luːd] *vi* unter einer Decke stecken
col·lu·sion [kə'luːʒən] *n no pl* geheime Absprache; **to act in ~ with sb** mit jdm gemeinsame Sache machen
col·ly·wob·bles ['kɒliwɒblz] *npl* (*hum fam*) Muffensausen *nt*
co·logne [kə'ləʊn] *n no pl* Kölnischwasser *nt*
Co·lom·bia [kə'lɒmbiə, -'lʌm-] *n* Kolumbien *nt*
Co·lom·bian [kə'lɒmbiən, -'lʌm-] I. *adj* kolumbisch II. *n* Kolumbier(in) *m(f)*
co·lon ['kəʊlɒn] *n* ❶ ANAT Dickdarm *m* ❷ LING Doppelpunkt *m*
colo·nel ['kɜːnəl] *n* Oberst *m*
co·lo·nial [kə'ləʊniəl] I. *adj* Kolonial- II. *n* Kolonist(in) *m(f)*
co·lo·ni·al·ism [kə'ləʊniəlɪzəm] *n no pl* Kolonialismus *m*
co·lo·ni·al·ist [kə'ləʊniəlɪst] I. *n* Kolonialist(in) *m(f)* II. *adj* kolonialistisch
colo·nist ['kɒlənɪst] *n* Kolonist(in) *m(f)*
colo·ni·za·tion [ˌkɒlənaɪ'zeɪʃən] *n no pl esp* AM Kolonisation *f*
colo·nize ['kɒlənaɪz] *vt* kolonisieren
colo·niz·er ['kɒlənaɪzə'] *n* Kolonisator *m*
col·on·nade [ˌkɒlə'neɪd] *n* ARCHIT Säulengang *m*, Kolonnade *f geh*
colo·ny ['kɒləni] *n* Kolonie *f*
col·or *n*, *adj*, *vi*, *vt* AM *see* **colour**
col·or·a·tion [ˌkʌlə'reɪʃən] *n no pl* Färbung *f*
col·ored *adj* AM *see* **coloured**
col·or·ful *adj* AM *see* **colourful**
col·or·ing *n no pl* AM *see* **colouring**
col·or·less *adj* AM *see* **colourless**
co·los·sal [kə'lɒsəl] *adj* ungeheuer, riesig
co·los·sus <*pl* -es *or* colossi> [kə'lɒsəs, *pl* -aɪ] *n* ❶ (*statue*) Koloss *m* ❷ (*person*) Gigant(in) *m(f)*
col·our ['kʌlə'] I. *n* ❶ Farbe *f*; **what ~ is her hair?** was hat sie für eine Haarfarbe?; **~ photos** Farbfotos *pl*; **to give ~ to sth** etw *dat* [mehr] Farbe verleihen ❷ *of complexion* Gesichtsfarbe *f*; **to have ~ in one's cheeks** gerötete Wangen haben ❸ (*skin colour*) Hautfarbe *f* ❹ SCH, UNIV ■ **~s** *pl* Sportabzeichen *nt* ❺ (*flag*) ■ **~s** *pl* Fahne *f* ▶ **to pass with flying ~s** glänzend abschneiden; **to show one's true ~s** sein wahres Gesicht zeigen II. *vt* ❶ (*change colour of*) färben ❷ (*distort*) beeinflussen III. *vi* face rot werden; *leaves* sich verfärben

'**col·our bar** *n* Rassenschranke *f* '**col·our blind** *adj* farbenblind '**col·our blind·ness** *n no pl* Farbenblindheit *f*
col·oured ['kʌləd] *adj* ❶ (*having colour*) farbig; **~ pencil** [*or* **crayon**] Buntstift *m* ❷ (*often pej: dark-skinned*) farbig ❸ SA (*of mixed race*) gemischtrassig
'**col·our-fast** *adj* farbecht '**col·our fil·ter** *n* Farbfilter *m o nt*
col·our·ful ['kʌləfəl] *adj* ❶ (*full of colour*) *paintings* farbenfroh; *clothing* bunt ❷ (*vivid*) lebendig; *description* anschaulich ❸ (*interesting*) [bunt] schillernd; *past* bewegt ❹ (*euph: vulgar*) *language* schlüpfrig
col·our·ful·ly, AM **col·orful·ly** ['kʌləfəli] *adv* ❶ (*with colours*) farbenfroh, bunt; **to be dressed ~** bunte Kleider tragen ❷ (*vividly*) lebhaft; (*interestingly*) auffallend; **to describe sth ~** etw anschaulich schildern
col·our·ing ['kʌlərɪŋ] *n no pl* ❶ (*complexion*) Gesichtsfarbe *f* ❷ (*chemical*) Farbstoff *m*
col·our·less ['kʌlələs] *adj* farblos
col·our·safe ['kʌləseɪf] *adj* detergent, bleach mit Farbschutz *nach n*; **~ detergents** Colorwaschmittel *nt* '**col·our scheme** *n* Farbzusammenstellung *f* '**col·our slide** *n* Farbdia *nt* **col·our 'tele·vi·sion** *n* Farbfernseher *m* '**col·our-**

themed *adj* *table-setting, window display* farblich aufeinander abgestimmt

colt [kəʊlt] *n* [Hengst]fohlen *nt*

Co·lum·bia [kəˈlʌmbɪə] *n* **the District of ~** der District of Columbia (*Bundesdistrikt der USA um Washington*)

col·umn [ˈkɒləm] *n* ① (*pillar*) Säule *f* ② MIL Kolonne *f* ③ (*article*) Kolumne *f*, Spalte *f* ④ (*vertical row*) Kolonne *f*, Reihe *f*

col·umn·ist [ˈkɒləmnɪst] *n* Kolumnist(in) *m(f)*

coma [ˈkəʊmə] *n* MED Koma *nt*; **to be in a ~** im Koma liegen

co·ma·tose [ˈkəʊmətəʊs] *adj* ① MED komatös ② (*fig*) apathisch

comb [kəʊm] **I.** *n* Kamm *m* **II.** *vt* ① *hair* kämmen ② (*search thoroughly*) durchkämmen

com·bat I. *n* [ˈkɒmbæt] *no pl* Kampf *m* **II.** *vt* <-tt- *or* -t-> [ˈkɒmbæt] bekämpfen

com·bat·ant [ˈkɒmbətənt] *n* Kämpfer(in) *m(f)*

com·bat·ive [ˈkɒmbətɪv] *adj* angriffslustig

com·bi·na·tion [ˌkɒmbɪˈneɪʃən] *n* Kombination *f* (**of** aus)

com·bine [kəmˈbaɪn] **I.** *vt* verbinden; **to ~ family life with a career** Familie und Karriere unter einen Hut bringen **II.** *vi* ① (*mix together*) sich verbinden ② (*work together*) sich verbünden

com·bined [kəmˈbaɪnd] *adj* vereint; **~ total** Gesamtsumme *f*

com·bine ˈhar·vest·er *n* Mähdrescher *m*

com·bus·ti·ble [kəmˈbʌstəbl] *adj* (*form*) ① (*highly flammable*) brennbar, entflammbar ② (*fig*) reizbar

com·bus·tion [kəmˈbʌstʃən] *n no pl* Verbrennung *f*

come [kʌm] *vi* <came, come> ① (*move towards*) kommen; **~ here a moment** kommst du mal einen Moment [her]?; **my sister came rushing out of the room** meine Schwester stürmte aus dem Zimmer; **coming!** ich komme!; **have you ~ straight from the airport?** kommen Sie direkt vom Flughafen?; **~ to sunny Bridlington for your holidays!** machen Sie Urlaub im sonnigen Bridlington!; ■**to ~ towards sb** auf jdn zugehen ② (*arrive*) ankommen; **has she ~ yet?** ist sie schon da?; **Christmas is coming** bald ist Weihnachten; **~ Monday morning you'll regret ...** Montagmorgen wirst du es bereuen, dass ...; **~ March, I will have been married for two years** im März bin ich zwei Jahre verheiratet; **I think the time has ~ to ...** ich denke, es ist an der Zeit, zu ...; **how's your headache? — it ~s and goes** was machen deine Kopfschmerzen? - mal besser, mal schlechter; **I've ~ to read the gas meter** ich soll den Gaszähler ablesen; **the year to ~** das kommende Jahr; **in years to ~** in der Zukunft; ■**to ~ for sb/sth** jdn/etw abholen ③ (*accompany someone*) mitkommen; **do you want to ~ to the pub with us?** kommst du mit einen trinken? ④ (*originate from*) stammen; **where is that awful smell coming from?** wo kommt dieser schreckliche Gestank her? ⑤ (*in sequence*) **Monday ~s before Tuesday** Montag kommt vor Dienstag; **the article ~s before the noun** der Artikel steht vor dem Substantiv ⑥ (*in competition*) **to ~ first/second** Erste(r)/Zweite(r) werden; **to ~ from behind** aufholen ⑦ (*have priority*) **to ~ before sth** wichtiger als etw sein; **to ~ first** [bei jdm] an erster Stelle stehen ⑧ (*happen*) geschehen; **how exactly did you ~ to be naked in the first place?** wie genau kam es dazu, dass Sie nackt waren?; **~ to think of it ...** wenn ich es mir recht überlege, ...; **~ what may** komme, was wolle; **you could see it coming** das war ja zu erwarten; **how ~?** wieso?; **how ~ you missed the train?** wie kommt's, dass du den Zug verpasst hast? ⑨ (*be, become*) **all my dreams came true** all meine Träume haben sich erfüllt; **everything will ~ right in the end** am Ende wird alles gut werden; **nothing came of it** daraus ist nichts geworden; **his hair ~s [down] to his shoulders** seine Haare reichen ihm bis auf die Schultern; **your shoelaces have ~ undone** deine Schnürsenkel sind aufgegangen; **to ~ into money** zu Geld kommen; **to ~ under pressure** unter Druck geraten; **to ~ loose** sich [ab]lösen; **to ~ open** sich öffnen; *door* aufgehen ⑩ (*be available*) erhältlich sein; (*exist*) vorkommen ▶ **~ again?** [wie] bitte?; **to be as stupid as they ~** dumm wie Stroh sein; **he/she had it coming** das hat er/sie sich selbst zu verdanken; **I don't know whether I'm coming or going** ich weiß nicht, wo mir der Kopf steht; **don't ~ it with me!** komm mir jetzt bloß nicht so! ◆**come about** *vi* ① (*happen*) passieren ② NAUT wenden ◆**come across I.** *vi* ① (*be evident*) *feelings* zum Ausdruck kommen ② (*create an impression*) wirken; **she ~s across really well on television** sie macht sich im Fernsehen wirklich gut; **how did her explanation ~ across?** wie ist ihre Erklärung angekommen? **II.** *vt*

❶ (*by chance*) ■ **to ~ across sb** jdm [zufällig] begegnen; ■ **to ~ across sth** [zufällig] auf etw *akk* stoßen ❷ (*encounter*) **have you ever ~ across anything like this before?** ist dir so etwas schon einmal begegnet? ◆**come along** *vi* ❶ (*hurry*) **~ along!** jetzt komm [endlich]! ❷ (*go too*) mitgehen, mitkommen; **I'll ~ along later** ich komme später nach ❸ (*arrive*) ankommen; *job* sich bieten ❹ (*progress*) Fortschritte machen; *person* sich gut machen; **how is the project coming along?** wie geht's mit dem Projekt voran? ◆**come apart** *vi* auseinanderfallen ◆**come around** *vi see* **come round** ◆**come at** *vi* ■ **to ~ at sb** auf jdn losgehen; **the ball was coming straight at me** der Ball kam genau auf mich zu ◆**come away** *vi* ❶ (*leave*) weggehen ❷ (*become detached*) sich lösen ❸ (*be left*) **to ~ away with the feeling that ...** mit dem Gefühl gehen, dass ... ◆**come back** *vi* ❶ (*return*) zurückkommen ❷ (*be remembered*) *name* wieder einfallen ❸ (*return to fashion*) wieder in Mode kommen; *artist* ein Come-back haben ❹ SPORTS aufholen ◆**come by** *vi* ❶ (*visit*) vorbeikommen ❷ (*obtain*) kriegen; **how did you ~ by that black eye?** wie bist du denn zu dem blauen Auge gekommen? ◆**come down** *vi* ❶ (*fall*) fallen; *trousers* rutschen; *plane* [not]landen; (*crash*) abstürzen ❷ (*collapse*) einstürzen; **the building will have to ~ down** das Gebäude muss abgerissen werden ❸ (*move down*) herunterkommen ❹ (*visit south*) runterkommen ❺ (*become less*) sinken ❻ (*depend on*) ankommen (**to** auf) ❼ (*amount to*) hinauslaufen (**to** auf) ❽ (*reach decision*) **to ~ down on the side of sb/sth** sich für jdn/etw entscheiden ❾ BRIT UNIV [von der Universität] abgehen ❿ (*be taken ill*) ■ **to ~ down with sth** sich *dat* etw eingefangen haben ⓫ (*rebuke*) ■ **to ~ down on sb** [**for doing sth**] jdn [wegen einer S. *gen*] rankriegen ⓬ (*be removed*) **those pictures will have to ~ down** diese Bilder müssen runter ◆**come forward** *vi* sich melden ◆**come in** *vi* ❶ (*enter*) hereinkommen; **do ~ in** komm doch rein; **~ in!** herein! ❷ (*arrive*) ankommen, eintreffen; *ship* einlaufen; *train* einfahren; *plane* landen; *fruit, vegetables* geerntet werden; *supplies* eintreffen; *tide* kommen; *money* reinkommen; *news* hereinkommen; **reports are just coming in of a major oil spillage** soeben erreichen uns Berichte von einer großen Ölpest ❸ (*become fashionable*) in Mode kommen ❹ + *adj* (*be*) **to ~ in handy** gelegen kommen; **to ~ in useful** sich als nützlich erweisen ❺ (*play a part*) **where do I ~ in?** welche Rolle spiele ich dabei?; **and that's where you ~ in** und hier kommst du dann ins Spiel; **and here's where experience ~s in** und hier ist es dann wichtig, dass man eine gewisse Erfahrung hat ❻ (*begin to participate*) sich einschalten; ■ **to ~ in on sth** sich an etw *dat* beteiligen ❼ (*be positioned*) **to ~ in first/second** Erste(r)/Zweite(r) werden ❽ (*radio communication*) **~ in, bravo four** Bravo Four, bitte melden! ❾ (*be subjected to*) ■ **to ~ in for sth** etw erregen; **to ~ in for criticism** Kritik hervorrufen ◆**come into** *vi* ❶ (*inherit*) erben ❷ (*be involved*) **love doesn't ~ into it** Liebe spielt dabei keine Rolle; **where do I ~ into it?** was habe ich damit zu tun? ◆**come off** *vi* ❶ (*fam: succeed*) klappen ❷ (*take place*) stattfinden ❸ (*end up*) abschneiden; **to always ~ off worse** immer den Kürzeren ziehen ❹ (*become detached*) abgehen ❺ (*removable*) *stain* rausgehen ❻ (*fall off*) [he]runterfallen ❼ (*stop taking*) ■ **to ~ off sth** mit etw *dat* aufhören ▸ **~ off it!** jetzt mach aber mal halblang! ◆**come on** *vi* ❶ **~ on!** (*impatient*) komm jetzt!; (*encouraging*) komm schon!; (*annoyed*) jetzt hör aber auf! ❷ (*improve*) vorankommen; **how's your English coming on?** wie geht's mit deinem Englisch voran? ❸ (*express interest*) ■ **to ~ on to sb** jdn anmachen ❹ (*appear*) *actor* auftreten ❺ (*begin*) *film* anfangen; (*start to work*) *heating* angehen; **I've a cold coming on** ich kriege eine Erkältung ❻ (*see accidentally*) [zufällig] stoßen auf +*akk* ◆**come out** *vi* ❶ (*go outside*) herauskommen; (*go out socially*) ausgehen ❷ (*be released*) *book* herauskommen; (*onto the market*) auf den Markt kommen; *results* bekannt gegeben werden; *film* anlaufen; **to ~ out of prison** aus dem Gefängnis kommen ❸ (*become known*) bekannt werden ❹ (*reveal homosexuality*) sich outen ❺ (*end up*) herauskommen; **these figures have ~ out wrong** diese Zahlen haben sich als falsch herausgestellt; **your painting has ~ out really well** Ihr Gemälde ist wirklich gut geworden; **she came out of the divorce settlement a rich woman** sie ging aus der Scheidung als reiche Frau hervor ❻ PHOT [gut] herauskommen; **damn, the photo hasn't ~ out** Mist, das Foto ist nichts geworden! ❼ (*ex*-

press opinion) **to ~ out in favour of/against sth** sich für/gegen etw *akk* aussprechen ⑧(*tell*) ■**to ~ out with sth truth** mit etw *dat* herausrücken; **to ~ out with a remark** eine Bemerkung loslassen ⑨(*appear*) herauskommen; *stars* zu sehen sein ⑩(*in contest*) **to ~ out top/the winner** Beste(r)/Sieger(in) werden ⑪ BRIT (*strike*) **to ~ [on strike]** in Streik treten ⑫(*remove itself*) *tooth* herausfallen ⑬(*fade*) *stain* herausgehen ⑭(*break out*) ausbrechen; **to ~ out in a rash/spots** einen Ausschlag/Pickel bekommen ◆**come over** *vi* ❶(*to a place*) [her]überkommen; (*to sb's home*) vorbeischauen ❷ + *adj* BRIT, AUS (*feel*) **to ~ over dizzy** sich [plötzlich ganz] benommen fühlen; **I don't know what came over me** ich weiß wirklich nicht, was in mich gefahren ist ❸(*change point of view*) überwechseln ❹(*create impression*) wirken ◆**come round** *vi* esp BRIT, AUS ❶(*visit sb's home*) vorbeikommen ❷(*regain consciousness*) [wieder] zu sich *dat* kommen ❸(*change one's mind*) seine Meinung ändern; **to ~ round to sb's point of view** sich jds Standpunkt anschließen ❹(*recur, arrive*) kommen ◆**come through** *vi* ❶(*survive*) durchkommen ❷ BRIT, AUS (*arrive*) *results, visa* eintreffen; *call* eingehen; **my divorce still hasn't ~ through** meine Scheidung ist noch nicht durch ◆**come to** *vi* ❶(*regain consciousness*) [wieder] zu sich *dat* kommen ❷(*amount to*) sich belaufen auf +*akk*; **that ~s to £25** das macht 25 Pfund ❸(*reach*) **what is the world coming to?** wo soll das alles nur hinführen?; **writing ~s naturally to me** Schreiben fiel mir noch nie schwer; **it'll ~ to me later** es wird mir schon noch einfallen; **he won't ~ to any harm** ihm wird nichts passieren; **he will never ~ to much** er wird es nie zu viel bringen; **it ~s to the same thing** das läuft auf dasselbe hinaus; **to ~ to the conclusion ...** zu dem Schluss kommen, dass ...; **to have ~ to a decision** eine Entscheidung getroffen haben; **to ~ to an end** zu Ende gehen; **to ~ to nothing** zu nichts führen; **to ~ to the point** zum Punkt kommen; **to ~ to rest** zum Stehen kommen ❹(*concern*) **when it ~s to travelling ...** wenn's ums Reisen geht, ... ◆**come under** *vi* ❶(*be listed under*) stehen unter; *soups* ~ **under 'starters'** Suppen sind als Vorspeisen aufgeführt ❷(*subject to*) **to ~ under fire/sb's influence** unter Beschuss/jds Einfluss geraten ◆**come up** *vi*

❶(*to higher place*) hochkommen; *sun, moon* aufgehen; **do you ~ up to Edinburgh often?** kommen Sie oft nach Edinburgh? ❷(*be mentioned*) aufkommen; *topic* angeschnitten werden; *name* erwähnt werden ❸ LAW *case* verhandelt werden ❹(*happen*) passieren ❺(*present itself*) **to ~ up for sale** zum Verkauf stehen ❻(*become vacant*) *job* frei werden ❼(*on TV*) **coming up next on BBC 2 ...** und auf BBC 2 sehen Sie als Nächstes ... ❽(*of plants*) herauskommen ◆**come upon** ■**to ~ upon sth** [zufällig] auf etw *akk* stoßen; ■**to ~ upon sb** [zufällig] jdm begegnen

come·back ['kʌmbæk] *n* ❶(*return*) Comeback *nt* ❷(*retort*) Reaktion *f*

co·me·dian [kə'miːdiən] *n* ❶(*professional*) Komiker(in) *m(f)* ❷(*amateur*) Clown *m*

co·me·di·enne [kəˌmiːdi'en] *n* ❶(*professional*) Komikerin *f* ❷(*amateur*) Clown *m*

come·down ['kʌmdaʊn] *n no pl* (*fam*) Abstieg *m*

com·e·dy ['kɒmədi] *n* Komödie *f*

come-on ['kʌmɒn] *n* (*fam*) Anmache *f*

com·et ['kɒmɪt] *n* Komet *m*

come-up·pance [ˌkʌm'ʌpən(t)s] *n no pl* **to get one's ~** die Quittung kriegen *fam*

com·fort ['kʌm(p)fət] **I.** *n* ❶ *no pl* (*comfortable feeling*) Bequemlichkeit *f*; **the deadline is getting too close for ~** der Termin rückt bedrohlich näher ❷ *no pl* (*consolation*) Trost *m*; **to take ~ from the fact that ...** sich damit trösten, dass ... ❸(*pleasurable things in life*) ■**~s** *pl* Komfort *m kein pl* **II.** *vt* trösten

com·fort·able ['kʌm(p)ftəbl] *adj* ❶(*offering comfort*) bequem; *house, room* komfortabel; *income* ausreichend; *temperature* angenehm ❷(*at ease*) **to be** [*or* **feel**] ~ sich wohl fühlen; **are you ~?** sitzt du bequem?; **to feel ~ with sth** mit etw *dat* zufrieden sein; **to make oneself ~** es sich *dat* bequem machen ❸ MED wohlauf ❹ SPORTS (*substantial*) deutlich

com·fort·ably ['kʌm(p)ftəbli] *adv* ❶(*in a comfortable manner*) bequem ❷(*easily*) leicht ❸(*in financially stable manner*) **they are ~ off** es geht ihnen [finanziell] gut; **to live ~** sorgenfrei leben ❹(*substantially*) deutlich

com·fort·er ['kʌm(p)fətəʳ] *n* AM (*duvet*) Oberbett *nt*

com·fort·ing ['kʌm(p)fətɪŋ] *adj thought* beruhigend; *word* tröstend

com·fort·less ['kʌm(p)fətləs] *adj* (*form*) trostlos

'com·fort sta·tion *n* AM öffentliche Toilette

com·fy ['kʌm(p)fi] *adj* (*fam*) bequem

com·ic ['kɒmɪk] **I.** *n* ❶ (*magazine*) Comicheft *nt* ❷ (*amateur comedian*) Clown *m* ❸ (*professional comedian*) Komiker(in) *m(f)* **II.** *adj* komisch

comi·cal ['kɒmɪkəl] *adj* komisch

'com·ic book *n* AM Comicbuch *nt* **'com·ic strip** *n* Comic *m* (*in einer Zeitung*)

com·ing ['kʌmɪŋ] **I.** *adj* (*next*) kommend; (*approaching*) herannahend; *elections* anstehend; **this ~ Friday** nächsten Freitag **II.** *n* ❶ *no pl* (*arrival*) Ankunft *f* ❷ (*approaching*) **~s and goings** ein Kommen und Gehen *nt*

com·ing 'out <*pl* comings out> *n* Outing *nt*, Coming-out *nt*

com·ma [ˌkɒmə] *n* Komma *nt*

com·mand [kəˈmɑːnd] **I.** *vt* ❶ (*order*) ■ **to ~ sb** jdm einen Befehl geben ❷ MIL ■ **to ~ sth** den Oberbefehl über etw *akk* haben; *company* etw leiten; *ship* etw befehligen ❸ (*form: inspire*) gebieten; **to ~ sb's respect** jdm Respekt einflößen **II.** *vi* Befehle erteilen **III.** *n* ❶ (*order*) Befehl *m* ❷ *no pl* (*authority*) Kommando *nt*; **to be in ~ of** befehligen; ■ **to be at sb's ~** (*hum*) jdm zur Verfügung stehen ❸ *no pl* (*control*) Kontrolle *f* ❹ *no pl* (*knowledge*) Beherrschung *f*

com·man·dant ['kɒməndænt] *n* Kommandant(in) *m(f)*

com·'mand chain *n* Befehlskette *f*, Befehlshierarchie *f*

com·man·deer [ˌkɒmənˈdɪər] *vt* beschlagnahmen

com·mand·er [kəˈmɑːndər] *n* ❶ MIL Kommandant(in) *m(f)* ❷ BRIT NAUT Fregattenkapitän(in) *m(f)*

com·mand·er-in-'chief *n* MIL Oberbefehlshaber(in) *m(f)*

com·mand·ing [kəˈmɑːndɪŋ] *adj* ❶ (*authoritative*) gebieterisch ❷ (*dominant*) *position* beherrschend ❸ (*considerable*) beachtlich

com·'mand key *n* COMPUT Befehlstaste *f*

com·mand·ment [kəˈmɑːn(d)mənt] *n* REL **the Ten C~s** die Zehn Gebote *pl*

com·'mand mod·ule *n* Kommandokapsel *f*

com·man·do <*pl* -s *or* -es> [kəˈmɑːndəʊ] *n* MIL ❶ + *sing/pl vb* (*group*) Kommando *nt* ❷ (*member*) Angehörige(r) *f(m)* eines Kommandotrupps

com·'mand post *n* MIL Kommandoposten *m* **com·'mand prompt** *n* COMPUT Befehlsaufforderung *f*

com·memo·rate [kəˈmeməreɪt] *vt* gedenken +*gen*

com·memo·ra·tion [kəˌmeməˈreɪʃən] *n no pl* im Gedenken an jdn; **in ~ of sth** zur Erinnerung an etw *akk*

com·memo·ra·tive [kəˈmemərətɪv] *adj* **~ issue** Gedächtnisausgabe *f*; **~ plaque** Gedenktafel *f*

com·mence [kəˈmen(t)s] *vi* (*form*) beginnen, anfangen

com·mence·ment [kəˈmen(t)smənt] *n* (*form*) ❶ (*beginning*) Beginn *m*, Anfang *m*; **~ of a flight** Abflug *m* ❷ AM UNIV Abschlussfeier *f*

com·mend [kəˈmend] *vt* ❶ (*praise*) loben ❷ (*recommend*) empfehlen; **'highly ~ed'** ‚sehr empfehlenswert'

com·mend·able [kəˈmendəbl] *adj* lobenswert

com·men·da·tion [ˌkɒmenˈdeɪʃən] *n* ❶ *no pl, no indef art* (*praise*) Belobigung *f* ❷ (*honour*) Auszeichnung *f*

com·ment ['kɒment] **I.** *n* Kommentar *m* **II.** *vi* einen Kommentar abgeben; ■ **to ~ on sth** sich zu etw *dat* äußern; ■ **to ~ that ...** bemerken, dass ...

com·men·tary ['kɒmentəri] *n* Kommentar *m* (**on** über)

com·men·tate ['kɒməntˌeɪt] *vi* TV, RADIO ■ **to ~ on sth** etw kommentieren

com·men·ta·tor ['kɒməntˌeɪtər] *n* Kommentator(in) *m(f)*, Reporter(in) *m(f)*

com·merce ['kɒmɜːs] *n* Handel *m*

com·mer·cial [kəˈmɜːʃəl] **I.** *adj* ❶ (*relating to commerce*) kaufmännisch, Handels- ❷ (*profit-orientated*) kommerziell **II.** *n* Werbespot *m*

com·mer·cial·ism [kəˈmɜːʃəlɪzəm] *n no pl* Kommerzialisierung *f*

com·mer·ciali·za·tion [kəˌmɜːʃəlaɪˈzeɪʃən] *n no pl* Kommerzialisierung *f*

com·mer·cial·ize [kəˈmɜːʃəlaɪz] *vt* kommerzialisieren

com·mer·cial·ly [kəˈmɜːʃəli] *adv* ❶ (*on the market*) kommerziell; **to succeed ~** auf dem Markt bestehen können ❷ (*for public consumption*) auf dem Markt; **~ available** im Handel erhältlich

com·mis·er·ate [kəˈmɪzəreɪt] *vi* mitfühlen

com·mis·era·tion [kəˌmɪzəˈreɪʃən] *n* ❶ *no pl* (*sympathy*) Mitgefühl *nt* ❷ (*expression of sympathy*) **~s** *pl* Beileid *nt kein pl*

com·mis·sion [kəˈmɪʃən] **I.** *vt* ❶ (*order*) ■ **to ~ sth** etw in Auftrag geben; ■ **to ~ sb**

[to do sth] jdn beauftragen[, etw zu tun] ❷ MIL ■**to be ~ed as sth** zu etw *dat* ernannt werden II. *n* ❶ (*order*) Auftrag *m* ❷ (*system of payment*) Provision *f* ❸ + *sing/pl vb* (*investigative body*) Kommission *f* ❹ MIL **to get a** [*or* **one's**] **~** zum Offizier ernannt werden; **to resign one's ~** aus dem Offiziersdienst ausscheiden ❺ *no pl* **in/out of ~** *machine* in/außer Betrieb; *battleship* in/außer Dienst; (*fig*) **to put sb out of ~** jdn außer Gefecht setzen

com·mis·sion·aire [kə‚mɪʃəˈneər] *n esp* BRIT Portier(in) *m(f)*

com·mis·sioned 'of·fic·er *n* Offizier(in) *m(f)*

com·mis·sion·er [kəˈmɪʃənər] *n* Beauftragte(r) *f(m)*; **police ~** Polizeipräsident(in) *m(f)*

com·mit <-tt-> [kəˈmɪt] I. *vt* ❶ (*carry out*) begehen ❷ (*bind*) *money* bereitstellen; *soldiers* entsenden; ■**to ~ oneself to sth** sich etw *dat* voll und ganz widmen; **to ~ oneself to a relationship** sich auf eine Beziehung einlassen; ■**to ~ oneself to doing sth** sich verpflichten, etw zu tun ❸ (*institutionalize*) einweisen (**to** in) ❹ (*entrust*) **to ~ sth to memory** sich *dat* etw einprägen; **to ~ sth to paper** etw zu Papier bringen II. *vi* (*bind oneself*) ■**to ~ to sth** sich auf etw *akk* festlegen

com·mit·ment [kəˈmɪtmənt] *n* ❶ *no pl* (*dedication*) Engagement *nt* ❷ (*obligation*) Verpflichtung *f* (**to** gegenüber); **with absolutely no ~ to buy!** es besteht keinerlei Kaufzwang! ❸ (*sending to hospital*) Einweisung *f*; (*sending to prison*) Einlieferung *f*

com·mit·ted [kəˈmɪtɪd] *adj* ❶ (*obliged*) verpflichtet; ■**to be ~ to sth** auf etw *akk* festgelegt sein ❷ (*dedicated*) engagiert; *Christian* überzeugt; ■**to be ~ to sth** sich für etw *akk* engagieren

com·mit·tee [kəˈmɪti] *n* + *sing/pl vb* Ausschuss *m*, Komitee *nt*

com·mode [kəˈmoʊd] *n* ❶ (*chair with toilet*) Nachtstuhl *m* ❷ (*chest of drawers*) [dekorative] Kommode

com·mod·ity [kəˈmɒdəti] *n* (*product*) Ware *f*; *raw material*) Rohstoff *m*

com·mo·dore [ˈkɒmədɔːr] *n* ❶ (*in navy*) Kommodore *m* ❷ (*of yacht club*) Präsident(in) *m(f)*

com·mon [ˈkɒmən] I. *adj* <-er, -est *or* more ~, most ~> ❶ (*often encountered*) üblich, gewöhnlich; *disease* weit verbreitet; *name* gängig ❷ (*normal*) normal; **it is ~ knowledge/practice ...** es ist allgemein bekannt/üblich ...; **~ courtesy** ein Gebot *nt* der Höflichkeit ❸ (*shared*) gemeinsam; **by ~ consent** mit allgemeiner Einwilligung; **for the ~ good** für das Gemeinwohl; **in ~** gemeinsam ❹ ZOOL, BOT gemein ❺ <-er, -est> (*pej: vulgar*) vulgär ❻ (*ordinary*) einfach; *criminal* gewöhnlich; *thief* gemein II. *n* Gemeindeland *nt*

com·mon de·ˈnomi·na·tor *n* gemeinsamer Nenner

com·mon·er [ˈkɒmənər] *n* Bürgerliche(r) *f(m)*

com·mon 'land *n* Gemeindeland *nt*

com·mon 'law *n no pl* [ungeschriebenes englisches] Gewohnheitsrecht

'com·mon-law *adj* **~ marriage** eheähnliche Gemeinschaft, Konsensehe *f*; **~ husband/wife** Lebensgefährte *m*/Lebensgefährtin *f*

com·mon·ly [ˈkɒmənli] *adv* ❶ (*often*) häufig; (*usually*) gemeinhin; **a ~ held belief** eine weit verbreitete Annahme; **~ known as ...** oft auch ... genannt ❷ (*pej: vulgarly*) gewöhnlich

com·mon-or-ˈgar·den *adj* BRIT (*fam*) stinknormal

'com·mon·place I. *adj* ❶ (*normal*) alltäglich ❷ (*pej: trite*) banal II. *n* Gemeinplatz *m*

'com·mon room *n* BRIT SCH Gemeinschaftsraum *m*

Com·mons [ˈkɒmənz] *n* + *sing/pl vb* POL ■**the ~** das Unterhaus

com·mon 'sense *n no pl* gesunder Menschenverstand; **a ~ approach** ein praktischer Ansatz **com·mon 'stocks** *npl* AM STOCKEX Stammaktien *pl*

Com·mon·wealth [ˈkɒmənwelθ] *n* ■**the ~** das Commonwealth

com·mo·tion [kəˈmoʊʃən] *n usu no pl* ❶ (*fuss*) Theater *nt* (**over** um) ❷ (*noisy confusion*) Spektakel *m*

com·mu·nal [ˈkɒmjʊnəl, kəˈmjuː-] *adj* ❶ (*shared*) gemeinsam; **~ bathroom** Gemeinschaftsbad *nt* ❷ (*of racial communities*) Rassen- ❸ (*of religious communities*) Gemeinde- ❹ (*of a commune*) Kommunen-

com·mune [ˈkɒmjuːn] *n* + *sing/pl vb* Kommune *f*

com·mu·ni·cable [kəˈmjuːnɪkəbl] *adj* vermittelbar; *disease* übertragbar

com·mu·ni·cate [kəˈmjuːnɪkeɪt] I. *vt* ❶ (*pass on*) mitteilen; *knowledge* vermitteln ❷ *disease* übertragen auf +*akk* II. *vi* ❶ (*give information*) kommunizieren; **to ~ with one's hands** sich mit den Händen

ver·stän·di·gen ② (*be in touch*) in Verbindung stehen; (*socially*) sich verstehen

com·mu·ni·ca·tion [kəˌmjuːnɪˈkeɪʃən] *n no pl* ① (*being in touch*) Kommunikation *f*; **~ gap** Informationslücke *f* ② (*passing on*) *of ideas* Vermittlung *f*; *of information* Übermittlung *f*; *of emotions* Ausdruck *m* ③ (*form: thing communicated*) Mitteilung *f* ④ MED *of a disease* Übertragung *f* (**to** auf) ⑤ (*connection*) Verbindung *f*

com·mu·ni·ca·tive [kəˈmjuːnɪkətɪv] *adj esp* gesprächig; **~ skills** kommunikatives Talent

Com·mun·ion [kəˈmjuːnɪən] *n no pl* ■[**Holy**] **~** (*Protestant*) das [heilige] Abendmahl; (*Catholic*) die [heilige] Kommunion

com·mu·ni·qué [kəˈmjuːnɪkeɪ] *n* Kommuniqué *nt*

com·mun·ism [ˈkɒmjənɪzəm] *n no pl* Kommunismus *m*

com·mun·ist [ˈkɒmjənɪst] **I.** *n* Kommunist(in) *m(f)* **II.** *adj* kommunistisch

com·mu·ni·ty [kəˈmjuːnəti] *n* ① ADMIN Gemeinde *f*; **~ hospital** Kommunalkrankenhaus *nt* ② (*group*) **the business ~** die Geschäftswelt; **the scientific ~** die Wissenschaftler *pl* ③ *no pl* (*togetherness*) **sense of ~** Gemeinschaftsgefühl *nt* ④ *no pl* (*public*) ■**the ~** die Allgemeinheit

com·mu·ni·ty ˈhome *n* Fürsorgeanstalt *f*

com·mu·ni·ty ˈser·vice *n no pl* gemeinnützige Arbeit **com·ˈmu·ni·ty work·er** *n* Sozialarbeiter(in) *m(f)*

com·muˈta·tion tick·et *n* AM RAIL Zeitkarte *f*

com·mute [kəˈmjuːt] **I.** *n* (*fam*) Pendelstrecke *f* **II.** *vi* pendeln **III.** *vt* (*form*) umwandeln

com·mut·er [kəˈmjuːtəʳ] *n* Pendler(in) *m(f)*

com·ˈmut·er belt *n* städtischer Einzugsbereich **com·ˈmut·er traf·fic** *n* Pendelverkehr *m* **com·ˈmut·er train** *n* Pendlerzug *m*

Como·ran [ˈkɒmərən] **I.** *adj* komorisch **II.** *n* Komorer(in) *m(f)*

Como·ros [ˈkɒmərəʊz] *npl* ■**the ~** die Komoren *pl*

com·pact I. *adj* [kəmˈpækt] kompakt; *snow* fest; *style* knapp **II.** *vt* [kəmˈpækt] (*form: by a person*) festtreten; (*by a vehicle*) festfahren **III.** *n* [ˈkɒmpækt] ① (*cosmetics*) Puderdose *f* ② AM, AUS AUTO Kompaktwagen *m* ③ (*formal agreement*) Übereinkunft *f*; **European Fiscal C~** POL, FIN Europäischer Fiskalpakt

com·pact ˈdisc, AM *also* **com·pact ˈdisk** *n* Compactdisc *f*

com·pact·ness [kəmˈpæktnəs] *n no pl* Kompaktheit *f*; *of style* Knappheit *f*

com·pan·ion [kəmˈpænjən] *n* (*person accompanying sb*) Begleiter(in) *m(f)*; (*associate*) Gefährte *m*/Gefährtin *f*; **trav·elling ~** Reisebegleiter(in) *m(f)*

com·pan·ion·able [kəmˈpænjənəbl̩] *adj* angenehm

com·pan·ion·ship [kəmˈpænjənʃɪp] *n no pl* (*company*) Gesellschaft *f*; (*friendship*) Kameradschaft *f*

com·pa·ny [ˈkʌmpəni] *n* ① COMM Firma *f*, Unternehmen *nt*; **Adams and C~** Adams & Co.; **shipping ~** Reederei *f*; **~ policy** Firmenpolitik *f* ② *no pl* (*companionship*) Gesellschaft *f*; **present ~ excepted** die Anwesenden ausgenommen; **to keep sb ~** jdm Gesellschaft leisten ③ *no pl* (*visitors*) Besuch *m kein pl*, Gäste *pl* ④ THEAT Schauspieltruppe *f* ⑤ MIL Kompanie *f*

com·pa·rable [ˈkɒmpərəbl̩] *adj* vergleichbar (**to/with** mit)

com·par·a·tive [kəmˈpærətɪv] **I.** *n* Komparativ *m* **II.** *adj* ① (*involving comparison*) vergleichend ② (*relative*) relativ

com·par·a·tive·ly [kəmˈpærətɪvli] *adv* ① (*relatively*) verhältnismäßig ② (*by comparison*) im Vergleich

com·pare [kəmˈpeəʳ] **I.** *vt* vergleichen (**to/with** mit) ▸ **to ~ notes on sth** Meinungen über etw *akk* austauschen **II.** *vi* vergleichbar sein; **to ~ favourably** vergleichsweise gut abschneiden **III.** *n no pl* (*liter*) **beyond ~** unvergleichlich

com·pari·son [kəmˈpærɪsən] *n* Vergleich *m;* **there's no ~!** das ist gar kein Vergleich!; **there's no ~ between them** man kann sie nicht vergleichen; **to bear** [*or* **stand**] **~** einem Vergleich gewachsen sein; **to draw** [*or* **make**] **a ~** einen Vergleich anstellen; **by ~ with** verglichen mit +*dat*

com·part·ment [kəmˈpɑːtmənt] *n* ① RAIL [Zug]abteil *nt,* Coupé *nt* ÖSTERR ② (*section*) Fach *nt*

com·pass <*pl* -**es**> [ˈkʌmpəs] *n* ① (*for showing direction*) Kompass *m;* **they took a ~ reading** sie nahmen den Kompass ab ② (*for drawing circles*) Zirkel *m* ③ *no pl* (*liter: range*) Umfang *m*

com·pas·sion [kəmˈpæʃn] *n no pl* **to feel** [*or* **have**] **~ for** [*or* **towards**] **sb** Mitleid mit jdm haben; **to show ~ for** [*or* **towards**] **sb** Mitgefühl für jdn zeigen; **with ~** voller Mitgefühl

com·pas·sion·ate [kəmˈpæʃənət] *adj* mitfühlend

com·pat·ibil·ity [kəmˌpætəˈbɪləti] *n no pl* Vereinbarkeit *f*; COMPUT, MED Kompatibilität *f*

com·pat·ible [kəmˈpætɪbl] *adj* ❶ ■ **to be ~** zusammenpassen ❷ COMPUT, MED kompatibel ❸ (*consistent*) vereinbar

com·pat·ri·ot [kəmˈpætriət] *n* (*form*) Landsmann *m* /-männin *f*

com·pel <-ll-> [kəmˈpel] *vt* ■ **to ~ sb to do sth** jdn [dazu] zwingen, etw zu tun; **to feel ~led [to do sth]** sich gezwungen sehen[, etw zu tun]

com·pel·ling [kəmˈpelɪŋ] *adj reason* zwingend; *performance* fesselnd

com·pen·dium <*pl* -s *or* -dia> [kəmˈpendiəm, *pl* -diə] *n* Handbuch *nt*, Kompendium *nt geh*

com·pen·sate [ˈkɒmpənseɪt] **I.** *vt* [finanziell] entschädigen **II.** *vi* kompensieren; ■ **to ~ for sth** etw ausgleichen

com·pen·sa·tion [ˌkɒmpənˈseɪʃən] *n no pl* Entschädigung[sleistung] *f*, Schadenersatz *m*

com·père [ˈkɒmpeər] BRIT **I.** *n* Showmaster(in) *m(f)* **II.** *vt* konferieren

com·pete [kəmˈpiːt] *vi* ■ **to ~ [with sb]** [gegen jdn] kämpfen (**for** um); **~ in a race** an einem Rennen teilnehmen

com·pe·tence [ˈkɒmpɪtən(t)s], **com·pe·ten·cy** [ˈkɒmpɪtən(t)si] *n no pl* ❶ (*ability*) Fähigkeiten *pl*, Kompetenz *f*; **he reached a reasonable level of ~ in English** sein Englisch erreichte ein recht gutes Niveau ❷ LAW Zuständigkeit *f*

com·pe·tent [ˈkɒmpɪtənt] *adj* ❶ (*capable*) fähig; (*qualified*) kompetent ❷ (*adequate*) **he speaks quite ~ German** er spricht recht gutes Deutsch ❸ LAW zuständig

com·pe·tent·ly [ˈkɒmpɪtəntli] *adv* gekonnt

com·pe·ti·tion [ˌkɒmpəˈtɪʃən] *n* ❶ *no pl* (*state of competing*) Konkurrenz *f*, Wettbewerb *m*; ■ **to be in ~ with sb** mit jdm konkurrieren ❷ COMM Konkurrenz *f* ❸ (*contest*) Wettbewerb *m*

com·peti·tive [kəmˈpetɪtɪv] *adj* ❶ (*characterized by competition*) konkurrierend; (*eager to compete*) kampfbereit; **acting is very ~** in der Schauspielerei herrscht harte Konkurrenz; **~ spirit** Wettkampfgeist *m*; **~ sports** Leistungssport *m* ❷ COMM konkurrenzfähig, wettbewerbsfähig; **~ edge** Wettbewerbsvorteil *m*

com·peti·tive·ness [kəmˈpetɪtɪvnəs] *n no pl* ❶ (*ambition*) Konkurrenzdenken *nt* ❷ COMM Wettbewerbsfähigkeit *f*

com·peti·tor [kəmˈpetɪtər] *n* ❶ (*one who competes*) [Wettkampf]gegner(in) *m(f)*; (*participant*) [Wettbewerbs]teilnehmer(in) *m(f)* ❷ COMM Konkurrent(in) *m(f)*

com·pi·la·tion [ˌkɒmpɪˈleɪʃən] *n* ❶ *no pl* (*act of compiling*) Zusammenstellung *f* ❷ (*collection*) Sammlung *f*

com·pile [kəmˈpaɪl] *vt* ❶ (*put together*) *list* erstellen ❷ (*gather*) *facts* zusammentragen ❸ COMPUT kompilieren

com·pil·er [kəmˈpaɪlər] *n* ❶ (*one who compiles*) Sammler(in) *m(f)* ❷ COMPUT Compiler *m fachspr*

com·pla·cence [kəmˈpleɪsən(t)s], **com·pla·cen·cy** [kəmˈpleɪsən(t)si] *n no pl* (*pej*) Selbstzufriedenheit *f*

com·pla·cent [kəmˈpleɪsənt] *adj* (*pej*) selbstzufrieden

com·plain [kəmˈpleɪn] *vi* klagen, sich beklagen (**about/of** über); **stop ~ing!** hör auf zu jammern!

com·plain·ant [kəmˈpleɪnənt] *n* LAW ❶ (*complainer*) Beschwerdeführer(in) *m(f)* ❷ (*plaintiff*) Kläger(in) *m(f)*

com·plaint [kəmˈpleɪnt] *n* ❶ (*expression of displeasure*) Beschwerde *f*, Klage *f* ❷ LAW Klageschrift *f*; **to lodge** [*or* **make**] **a ~ against sb** jdn verklagen; AM gegen jdn Anzeige erstatten ❸ COMM Mängelrüge *f* ❹ (*illness*) Leiden *nt*

com·ple·ment [ˈkɒmplɪmənt] **I.** *vt* ergänzen; **to ~ each other** sich [gegenseitig] ergänzen **II.** *n* ❶ (*accompaniment*) Ergänzung *f* ❷ *no pl* **a full ~ of staff** eine komplette Ersatzmannschaft

com·ple·men·tary [ˌkɒmplɪˈmentəri] *adj* [einander] ergänzend

com·plete [kəmˈpliːt] **I.** *vt* ❶ (*add what is missing*) vervollständigen; *form* [vollständig] ausfüllen ❷ (*finish*) fertig stellen; *course* absolvieren; *studies* zu Ende bringen **II.** *adj* ❶ (*with nothing missing*) vollständig, komplett; **the ~ works of Shakespeare** Shakespeares gesammelte Werke ❷ (*including*) **~ with** inklusive ❸ (*total*) absolut; *breakdown* total; *darkness, stranger, surprise* völlig; **a ~ fool** ein Vollidiot *m*; **~ and utter** total

com·plete·ly [kəmˈpliːtli] *adv* völlig; **~ certain** absolut sicher; **to be ~ convinced** der vollen Überzeugung sein

com·plete·ness [kəmˈpliːtnəs] *n no pl* Vollständigkeit *f*

com·ple·tion [kəmˈpliːʃən] *n no pl* Fertigstellung *f*; **on ~ of the project** nach Abschluss des Projekts

com·plex I. *adj* [ˈkɒmpleks] komplex;

(*complicated*) kompliziert; *issue, personality* vielschichtig; *plot* verwickelt II. *n* <*pl* -es> ['kɒmpleks] ❶ ARCHIT Komplex *m*; **sports and leisure** ~ Sport- und Freizeitzentrum *nt*; **shopping** ~ Einkaufszentrum *nt* ❷ PSYCH Komplex *m* (**about** wegen); **to give sb a** ~ bei jdm Komplexe verursachen

com·plex·ion [kəmˈplekʃⁿn] *n* Teint *m*; **clear/spotty** ~ reine/unreine Haut; **healthy** ~ gesunde Gesichtsfarbe ▶ **to put a <u>different</u>** ~ **on sth** etw in einem anderen Licht erscheinen lassen

com·plex·ity [kəmˈpleksəti] *n* ❶ *no pl* (*intricacy*) Komplexität *f* ❷ (*complication*) Kompliziertheit *f*

com·pli·ance [kəmˈplaɪən(t)s] *n no pl* (*form*) ❶ (*conformity*) Übereinstimmung *f*; **in** ~ **with sb's order** gemäß jds Befehl; **in** ~ **with the regulations** unter Einhaltung der Bestimmungen ❷ (*pej: obedience*) Willfährigkeit *f*

com·pli·ant [kəmˈplaɪənt] *adj* (*form*) gefügig

com·pli·cate [ˈkɒmplɪkeɪt] *vt* [noch] komplizierter machen

com·pli·cat·ed [ˈkɒmplɪkeɪtɪd] *adj* kompliziert

com·pli·ca·tion [ˌkɒmplɪˈkeɪʃⁿn] *n* Komplikation *f*

com·plic·ity [kəmˈplɪsəti] *n no pl* (*form*) Mittäterschaft *f*

com·pli·ment [ˈkɒmplɪmənt] I. *n* Kompliment *nt*; **my** ~ **s to the chef!** mein Kompliment an die Köchin!; **to pay sb a** ~ jdm ein Kompliment machen ▶ ~ **s of the <u>season</u>** frohes Fest; **to be <u>fishing</u> for** ~**s** auf Komplimente aus sein II. *vt* ■ **to** ~ **sb** jdm ein Kompliment machen

com·pli·men·tary [ˌkɒmplɪˈmentⁿri] *adj* ❶ (*expressing a compliment*) schmeichelhaft ❷ (*free*) *tickets, books* Frei-

com·ply [kəmˈplaɪ] *vi* sich fügen; **to** ~ **with the regulations** die Bestimmungen erfüllen

com·po·nent [kəmˈpəʊnənt] *n* [Bestand]teil *m*

com·po·nent ˈparts *npl* Einzelteile *pl*

com·pose [kəmˈpəʊz] I. *vi* komponieren II. *vt* ❶ MUS komponieren; LIT verfassen; *letter* aufsetzen ❷ (*comprise*) ■ **to be** ~ **d of sth** aus etw *dat* bestehen ❹ (*calm*) ordnen; **to** ~ **oneself** sich beruhigen ❺ TYPO setzen

com·posed [kəmˈpəʊzd] *adj* gefasst

com·pos·er [kəmˈpəʊzəʳ] *n* Komponist(in) *m(f)*

com·po·site [ˈkɒmpəzɪt] I. *n* Gemisch *nt* II. *adj* zusammengesetzt

com·po·si·tion [ˌkɒmpəˈzɪʃⁿn] *n* ❶ *no pl* (*in music*) Komponieren *nt*; (*in literature*) Verfassen *nt* ❷ (*piece*) Komposition *f* ❸ (*arrangement*) Gestaltung *f*; *of painting* Komposition *f* ❹ (*short essay*) Aufsatz *m* (**on** über); ❺ *no pl* (*make-up*) Zusammenstellung *f*; CHEM Zusammensetzung *f* ❻ *no pl* TYPO Satz *m*

com·post [ˈkɒmpɒst] I. *n no pl* Kompost *m* II. *vt* kompostieren

com·po·sure [kəmˈpəʊʒəʳ] *n no pl* Fassung *f*

com·pound¹ [kəmˈpaʊnd] *vt* verschlimmern

com·pound² [ˈkɒmpaʊnd] I. *n* ❶ (*combination*) Mischung *f* ❷ CHEM Verbindung *f* ❸ MIL Truppenlager *nt*; **embassy** ~ Botschaftsgelände *nt*; **prison** ~ Gefängnishof *m* II. *adj* zusammengesetzt

com·pound ˈfrac·ture *n* MED komplizierter Bruch **com·pound ˈin·ter·est** *n* FIN Zinseszins *m meist pl*

com·pre·hend [ˌkɒmprɪˈhend] *vi*, *vt* begreifen, verstehen

com·pre·hen·sibil·ity [ˌkɒmprɪhen(t)səˈbɪləti] *n no pl* Verständlichkeit *f*

com·pre·hen·sible [ˌkɒmprɪˈhen(t)səbl] *adj* verständlich (**to** für)

com·pre·hen·sibly [ˌkɒmprɪˈhen(t)səbli] *adv* verständlich

com·pre·hen·sion [ˌkɒmprɪˈhen(t)ʃⁿn] *n no pl* Verständnis *nt*; **to be beyond sb's** ~ jdm unbegreiflich [*o* unverständlich] sein; **listening/reading** ~ [**test**] Hör-/Leseverständnistest *m*

com·pre·hen·sive [ˌkɒmprɪˈhen(t)sɪv] I. *adj* umfassend; *answer* ausführlich; *list* vollständig; ~ **insurance** BRIT Vollkaskoversicherung *f* II. *n* BRIT Gesamtschule *f*

com·pre·hen·sive·ly [ˌkɒmprɪˈhen(t)sɪvli] *adv* umfassend; ~ **defeated** deutlich geschlagen

com·pre·hen·sive ˈschool *n* BRIT Gesamtschule *f*

com·press¹ [kəmˈpres] *vt* ❶ (*squeeze together*) zusammendrücken ❷ (*condense*) zusammenfassen

com·press² <*pl* -es> [ˈkɒmpres] *n* MED Kompresse *f*

com·pressed [kəmˈprest] *adj* komprimiert

com·pres·sion [kəmˈpreʃⁿn] *n no pl* Kompression *f*

com·pres·sor [kəmˈpresəʳ] *n* Kompressor *m*, Verdichter *m*

com·prise [kəmˈpraɪz] *vt* (*form*) ■ **to ~ sth** aus etw *dat* bestehen

com·pro·mise [ˈkɒmprəmaɪz] **I.** *n* Kompromiss *m;* **to reach** [*or* **arrive at**] **a ~** zu einem Kompromiss gelangen **II.** *vi* Kompromisse eingehen **III.** *vt* etw *dat* schaden; ■ **to ~ oneself** sich kompromittieren

com·pro·mis·ing [ˈkɒmprəmaɪzɪŋ] *adj* kompromittierend

com·pul·sion [kəmˈpʌlʃən] *n no pl* Zwang *m*

com·pul·sive [kəmˈpʌlsɪv] *adj* ① (*obsessive*) zwanghaft; *liar* notorisch; **~ eating disorder** krankhafte Essstörung ② (*captivating*) fesselnd; **her latest book is a ~ read** ihr letztes Buch muss man einfach gelesen haben; **~ viewing** TV Pflichttermin *m;* **utterly ~** überaus faszinierend

com·pul·so·ri·ly [kəmˈpʌlsərəli] *adv* zwangsweise

com·pul·so·ry [kəmˈpʌlsəri] *adj* obligatorisch; **~ retirement** Zwangspensionierung *f;* **~ military service** [allgemeine] Wehrpflicht; **~ subject** Pflichtfach *nt*

com·punc·tion [kəmˈpʌŋ(k)ʃən] *n no pl* Schuldgefühle *pl;* ■ **to have no ~ about sth** keine Skrupel wegen einer S. *gen* haben

com·pu·ta·tion [ˌkɒmpjəˈteɪʃən] *n* Berechnung *f*

com·pute [kəmˈpjuːt] *vt* berechnen ② AM **that doesn't ~** das ergibt keinen Sinn

com·put·er [kəmˈpjuːtəʳ] *n* Computer *m*

com·put·er-ˈaid·ed, **com·put·er-as·ˈsist·ed** *adj* COMPUT computergestützt, rechnerunterstützt **com·put·er-ˈani·mat·ed** *adj* computeranimiert **com·ˈput·er game** *n* Computerspiel *nt* **com·put·er ˈgraph·ics** *n* + *sing/pl vb* Computergrafik *f*

com·put·eri·za·tion [kəmˌpjuːtəraɪˈzeɪʃən] *n no pl* ① (*computer storage*) Computerisierung *f* ② (*equipping with computers*) Ausrüstung *f* mit Computern

com·put·er·ize [kəmˈpjuːtəraɪz] **I.** *vt* ① (*store on computer*) [im Computer] speichern ② (*equip with computers*) computerisieren **II.** *vi* auf EDV umstellen

com·put·er ˈnet·work *n* Rechnernetz *nt* **com·put·er ˈpro·gram·mer** *n* Programmierer(in) *m(f)* **com·put·er ˈsci·ence** *n no pl* Informatik *f* **com·put·er ˈsci·en·tist** *n* Informatiker(in) *m(f)* **com·ˈput·er search** *n* Recherche *f* am Computer **com·put·er ˈvi·rus** *n* Virus *m*

com·put·ing [kəmˈpjuːtɪŋ] *n no pl* (*calculating*) Berechnen *nt* ② COMPUT EDV *f*

com·rade [ˈkɒmreɪd] *n* ① (*friend*) Kamerad(in) *m(f)* ② POL Genosse *m/* Genossin *f*

com·rade·ship [ˈkɒmreɪdʃɪp] *n no pl* Kameradschaft *f*

COMSAT [ˈkɑːmsæt] *n* AM *abbrev of* **communications satellite** Nachrichtensatellit *m*

con¹ [kɒn] (*fam*) **I.** *vt* <-nn-> **to ~ one's way into a building** sich in ein Gebäude einschleichen; ■ **to ~ sb** jdn reinlegen; ■ **to ~ sb into doing sth** jdn [mit Tricks] dazu bringen, etw zu tun; **to ~ sb into believing** [*or* **thinking**] **that ...** jdm weismachen wollen, dass ...; ■ **to ~ sb out of sth** [*or* **sth out of sb**] jdm etw abluchsen **II.** *n* ① (*trick*) Schwindel *m kein pl* ② (*convict*) Knacki *m*

con² [kɒn] *n usu pl* (*fam*) **the pros and ~s** das Pro und Kontra

ˈcon art·ist *n* Schwindler(in) *m(f)*

con·cave [ˈkɒnkeɪv] *adj* konkav

con·ceal [kənˈsiːl] *vt* verbergen (**from** vor)

con·cealed [kənˈsiːld] *adj* versteckt; *entrance* verborgen; *lighting* indirekt

con·ceal·ment [kənˈsiːlmənt] *n no pl* Verheimlichung *f;* *of feelings* Verbergen *nt;* **place of ~** Versteck *nt*

con·cede [kənˈsiːd] **I.** *vt* ① (*acknowledge*) zugeben; **to ~ defeat** sich geschlagen geben ② (*surrender*) aufgeben ③ (*grant*) einräumen ④ SPORTS *goal* kassieren; *point*, *match* abgeben **II.** *vi* sich geschlagen geben

con·ceit [kənˈsiːt] *n no pl* Einbildung *f*

con·ceit·ed [kənˈsiːtɪd] *adj* eingebildet

con·ceiv·able [kənˈsiːvəbl] *adj* vorstellbar; **by every ~ means** mit allen [nur] erdenklichen Mitteln

con·ceive [kənˈsiːv] **I.** *vt* ① (*conceptualize*) kommen auf +*akk* ② (*create*) entwerfen ③ (*imagine*) sich *dat* vorstellen ④ (*become pregnant with*) empfangen **II.** *vi* ① (*imagine*) ■ **to ~ of sth** sich *dat* etw vorstellen ② (*become pregnant*) empfangen

con·cen·trate [ˈkɒn(t)səntreɪt] **I.** *vi* ① (*focus one's thoughts*) sich konzentrieren ② (*come together*) sich sammeln **II.** *vt* konzentrieren; **to ~ one's mind on sth** sich auf etw *akk* konzentrieren; **most of the country's population is ~d in the north** der Großteil der Bevölkerung ballt sich im Norden **III.** *n* Konzentrat *nt*

con·cen·trat·ed [ˈkɒn(t)səntreɪtɪd] *adj* konzentriert; *attack* geballt; *effort* gezielt

con·cen·tra·tion [ˌkɒn(t)sənˈtreɪʃən] *n* ❶ *no pl* (*mental focus*) Konzentration *f* (**on** auf); **to lose** [**one's**] **~** sich nicht mehr konzentrieren können ❷ (*accumulation*) Konzentrierung *f*; *of troops* Zusammenziehung *f* ❸ CHEM Konzentration *f*

con·cen·ˈtra·tion camp *n* Konzentrationslager *nt*

con·cen·tric [kənˈsentrɪk] *adj* konzentrisch

con·cept [ˈkɒnsept] *n* ❶ (*abstract idea*) Vorstellung *f* ❷ (*plan*) Entwurf *m*, Konzept *nt* (**of** für)

con·cep·tion [kənˈsepʃən] *n* ❶ (*basic understanding*) Vorstellung *f* ❷ (*idea*) Idee *f*, Konzept *nt*; (*creation*) Konzeption *f* ❸ *no pl* BIOL Empfängnis *f*

con·cep·tual [kənˈseptʃuəl] *adj* begrifflich

con·cep·tu·al·ize [kənˈseptʃuəlaɪz] **I.** *vi* [begrifflich] denken **II.** *vt* begrifflich erfassen

con·cern [kənˈsɜːn] **I.** *n* ❶ (*interest*) Anliegen *nt*; (*preoccupation*) Sorge *f*; **the company's sole ~ is to ensure the safety of its employees** das Unternehmen ist einzig und allein um die Gewährleistung der Sicherheit seiner Mitarbeiter besorgt ❷ (*worry*) Sorge *f*, Besorgnis *f* (**about** um); **~ for the safety of the two missing teenagers is growing** die Sorge um die beiden vermissten Teenager wächst beständig; **my ~ is that ...** ich mache mir Sorgen, dass ...; **there's no cause for ~** es besteht kein Grund zur Sorge; **to give rise to ~** besorgniserregend sein ❸ (*business*) Angelegenheit *f*; **it's no ~ of mine!** das ist nicht meine Angelegenheit!; **that's none of your ~** das geht dich nichts an ❹ COMM Unternehmen *nt*; **industrial ~** Industriekonzern *m* **II.** *vt* ❶ (*apply to*) angehen; (*affect*) betreffen; **as far as I'm ~ed** was mich betrifft ❷ (*be sb's business*) angehen; **to whom it may ~** (*in a letter*) sehr geehrte Damen und Herren ❸ (*take an interest in*) ■**to ~ oneself with sth** sich mit etw *dat* befassen ❹ (*be about*) handeln von +*dat* ❺ (*worry*) beunruhigen; ■**to ~ oneself** sich *dat* Sorgen machen

con·cern·ing [kənˈsɜːnɪŋ] *prep* bezüglich +*gen*

con·cert [ˈkɒnsət] *n* ❶ MUS Konzert *nt*; **in ~** live ❷ (*form*) **in ~** gemeinsam; **to act in ~** zusammenarbeiten

con·cert·ed [kənˈsɜːtɪd] *adj* ❶ (*joint*) gemeinsam ❷ (*resolute*) entschlossen

con·cert ˈgrand *n* Konzertflügel *m*

con·cer·ti·na [ˌkɒn(t)səˈtiːnə] **I.** *n* Ziehharmonika *f* **II.** *vi* BRIT, AUS sich [ziehharmonikaförmig] zusammenschieben

ˈcon·cert·mas·ter *n* AM Konzertmeister(in) *m(f)*

con·cer·to <*pl* -s *or* -ti> [kənˈtʃeətəu, pl -ti] *n* Konzert *nt*

con·ces·sion [kənˈseʃən] *n* ❶ (*compensation*) Zugeständnis *nt*; **as a ~** als Ausgleich; **to make no ~ to sth** auf etw *akk* keine Rücksicht nehmen ❷ (*admission of defeat*) Eingeständnis *nt* [einer Niederlage] ❸ ECON Konzession *f*

con·cili·ate [kənˈsɪlieɪt] **I.** *vi* schlichten **II.** *vt* (*placate*) besänftigen

con·cili·ation [kənˌsɪliˈeɪʃən] *n no pl* (*form*) ❶ (*reconciliation*) Besänftigung *f* ❷ (*mediation*) Schlichtung *f*

con·ciliˈation board *n* Schlichtungskommission *f*

con·cili·a·tory [kənˈsɪliətəri] *adj* versöhnlich; (*mediating*) beschwichtigend

con·cise [kənˈsaɪs] *adj* präzise; *answer* kurz und bündig; *style also* knapp

con·cise·ness [kənˈsaɪsnəs] *n*, **con·ci·sion** [kənˈsɪʒən] *n no pl* Prägnanz *f*

con·clude [kənˈkluːd] **I.** *vi* enden, schließen; **"that's all I have to say," he ~d** „mehr habe ich nicht zu sagen", meinte er abschließend **II.** *vt* ❶ (*finish*) [ab]schließen ❷ (*determine*) beschließen ❸ (*infer*) ■**to ~ [from sth] that ...** [aus etw *dat*] schließen, dass ...

con·clud·ing [kənˈkluːdɪŋ] *adj* abschließend; **~ remark** Schlussbemerkung *f*

con·clu·sion [kənˈkluːʒən] *n* ❶ (*end*) Abschluss *m*; *of a story* Schluss *m*; **in ~** zum Abschluss, abschließend ❷ (*decision*) **to come to a ~** einen Beschluss fassen; **to reach a ~** zu einem Entschluss gelangen ❸ (*inference*) Schluss *m*, Schlussfolgerung *f*; **to come to/draw** [*or* **reach**] **the ~ that ...** zu dem Schluss kommen/gelangen, dass ...

con·clu·sive [kənˈkluːsɪv] *adj* ❶ (*convincing*) schlüssig ❷ (*decisive*) eindeutig; *evidence* stichhaltig

con·coct [kənˈkɒkt] *vt dish* zusammenstellen; *drink* mixen; *excuse* sich *dat* zurechtbasteln; *plan* aushecken; *story* sich *dat* ausdenken

con·coc·tion [kənˈkɒkʃən] *n* (*dish*) Kreation *f*; (*drink*) Gebräu *nt*

con·cord·ance [kənˈkɔːdən(t)s] *n* LIT Konkordanz *f fachspr*, Übereinstimmung *f*

con·course [ˈkɒnkɔːs] *n* Halle *f*

con·crete [ˈkɒŋkriːt] **I.** *n no pl* Beton *m* **II.** *adj* ❶ *path* betoniert ❷ *proof* eindeutig

con·crete mix·er *n* Betonmischmaschine *f*

con·cu·bine ['kɒŋkju:baɪn] *n* Konkubine *f*

con·cur <-rr-> [kən'kɜː'] *vi* übereinstimmen; **to ~ with sb's opinion** jds Meinung zustimmen; ■**to ~ with sb** [*in* [*or* on] **sth**] jdm [in etw *dat*] beipflichten

con·cur·rent [kən'kʌrənt] *adj* ❶ (*simultaneous*) gleichzeitig ❷ (*together*) gemeinsam

con·cur·rent·ly [kən'kʌrəntli] *adv* ❶ (*simultaneously*) gleichzeitig ❷ (*together*) gemeinsam

con·cuss [kən'kʌs] *vt* ■**to be ~ed** eine Gehirnerschütterung erleiden

con·cus·sion [kən'kʌʃən] *n no pl* Gehirnerschütterung *f*

con·demn [kən'dem] *vt* ❶ (*reprove*) verurteilen ❷ LAW verurteilen; **to be ~ed to death** zum Tode verurteilt werden ❸ (*declare unsafe*) für unbrauchbar erklären; *food* als für den Verzehr ungeeignet erklären; *building* für unbewohnbar erklären

con·dem·na·tion [ˌkɒndem'neɪʃən] *n* ❶ (*reproof*) Verurteilung *f*; (*fig*) Verdammung *f* ❷ (*legal act*) Verurteilung *f* ❸ (*declaration as unsafe*) Untauglichkeitserklärung *f*

con·den·sa·tion [ˌkɒnden'seɪʃən] *n* ❶ *no pl* (*process*) Kondensation *f* ❷ *no pl* (*droplets*) Kondenswasser *nt*

con·dense [kən'den(t)s] I. *vt* ❶ (*concentrate*) *gas* komprimieren; *liquid* eindicken; **~d milk** Kondensmilch *f* ❷ (*form droplets from*) kondensieren ❸ (*shorten*) zusammenfassen II. *vi* kondensieren

con·dens·er [kən'den(t)sə'] *n* CHEM Kondensator *m*

con·de·scend [ˌkɒndɪ'send] *vi* ■**to ~ to do sth** sich herablassen, etw zu tun

con·de·scend·ing [ˌkɒndɪ'sendɪŋ] *adj* herablassend

con·de·scend·ing·ly [ˌkɒndɪ'sendɪŋli] *adv* gönnerhaft

con·de·scen·sion [ˌkɒndɪ'senʃən] *n no pl* herablassende Haltung

con·di·ment ['kɒndɪmənt] *n* Gewürz *nt*

con·di·tion [kən'dɪʃən] I. *n* ❶ (*state*) Zustand *m*; *person* Verfassung *f* ❷ MED Leiden *nt*; **he's got a heart ~** er ist herzkrank ❸ (*circumstances*) ■**~s** *pl* Bedingungen *pl* ❹ (*stipulation*) Bedingung *f*; ■**on the ~ that ...** unter der Bedingung, dass ... II. *vt* ❶ (*train*) konditionieren ❷ (*accustom*) gewöhnen (**to** an) ❸ *hair* eine Pflegespülung machen

con·di·tion·al [kən'dɪʃənəl] I. *adj* bedingt; ■**to be ~** [up]**on sth** von etw *dat* abhängen II. *n* LING ■**the ~** der Konditional

con·di·tion·al·ly [kən'dɪʃənəli] *adv* unter Vorbehalt

con·di·tioned [kən'dɪʃənd] *adj* (*trained*) konditioniert; (*accustomed*) anerzogen

con·di·tion·er [kən'dɪʃənə'] *n no pl* ❶ (*for hair*) Pflegespülung *f* ❷ (*for clothes*) Weichspüler *m*

con·do ['kɑːndoʊ] *n* AM (*fam*) *short for* **condominium** Eigentumswohnung *f*

con·do·lence [kən'dəʊlən(t)s] *n* ■**~s** Beileid *nt kein pl*; **letter of ~** Beileidsschreiben *nt*

con·dom ['kɒndɒm] *n* Kondom *nt*

con·do·min·ium [ˌkɒndə'mɪniəm] *n* AM (*owned apartment*) Eigentumswohnung *f*; (*apartment building*) Wohnblock *m* [mit Eigentumswohnungen]

con·done [kən'dəʊn] *vt* [stillschweigend] dulden

con·du·cive [kən'djuːsɪv] *adj* förderlich

con·duct I. *vt* [kən'dʌkt] ❶ (*carry out*) durchführen; *negotiations* führen; *service* abhalten ❷ (*direct*) leiten; *orchestra* dirigieren; *traffic* [um]leiten ❸ (*guide*) führen; **~ed tour** Führung *f* ❹ ELEC leiten ❺ (*form: behave*) ■**to ~ oneself** sich benehmen II. *vi* [kən'dʌkt] MUS dirigieren III. *n* ['kɒndʌkt] *no pl* ❶ (*behaviour*) Benehmen *nt*, Verhalten *nt* ❷ (*form: management*) Führung *f*, Leitung *f*

con·duc·tive [kən'dʌktɪv] *adj* ELEC leitfähig

con·duc·tiv·ity [ˌkɒndʌk'tɪvəti] *n no pl* ELEC Leitfähigkeit *f*

con·duc·tor [kən'dʌktə'] *n* ❶ MUS Dirigent(in) *m(f)* ❷ PHYS Leiter *m* ❸ BRIT (*on bus*) Schaffner(in) *m(f)*; AM (*on train*) Zugführer(in) *m(f)*

con·duc·tress [kən'dʌktrəs] *n* BRIT Schaffnerin *f*

con·duit ['kɒndjuɪt] *n* (*pipe*) [Rohr]leitung *f*; (*channel*) Kanal *m*

cone [kəʊn] *n* ❶ MATH Kegel *m*; **~ of light** Lichtkegel *m*; **traffic ~** Leitkegel *m* ❷ FOOD **ice cream ~** Eistüte *f* ❸ BOT Zapfen *m*

con·fec·tion·er [kən'fekʃənə'] *n* Süßwarenhändler(in) *m(f)*; **~'s** [**shop**] Süßwarengeschäft *nt*

con·fec·tion·ery [kən'fekʃənəri] *n no pl* (*sweets*) Süßwaren *pl*; (*chocolate*) Konfekt *nt*

con·fed·era·cy [kən'fedərəsi] *n + sing/pl*

vb Konföderation *f;* ■ **the C~** AM HIST die Konföderierten Staaten *pl* von Amerika

con·fed·er·ate [kənˈfedərət] **I.** *n* Komplize *m*/Komplizin *f* **II.** *adj* AM HIST ■ **C~** Südstaaten-

con·fed·era·tion [kənˌfedəreɪʃᵊn] *n* + *sing/pl vb* ❶ POL Bund *m* ❷ ECON Verband *m;* **C~ of British Industry** *britischer Unternehmerverband*

Con·fed·era·tion Day *n* CAN Confederation Day *m* (*der Nationalfeiertag Kanadas*)

con·fer <-rr-> [kənˈfɜː] **I.** *vt* ■ **to ~ sth [up]on sb** jdm etw verleihen; *rights* jdm etw übertragen **II.** *vi* ■ **to ~ with sb** sich mit jdm beraten

con·fer·ence [ˈkɒnfᵊrᵊn(t)s] *n* Konferenz *f,* Tagung *f* (**on** über); **in ~** in einer Besprechung

con·fess [kənˈfes] *vi, vt* ❶ (*admit*) zugeben; ■ **to ~ sth** etw gestehen ❷ REL beichten

con·fes·sion [kənˈfeʃᵊn] *n* ❶ (*admission*) Geständnis *nt;* **to have a ~ to make** etw gestehen müssen ❷ REL Beichte *f*

con·fes·sion·al [kənˈfeʃᵊnᵊl] *n* Beichtstuhl *m*

con·fes·sor [kənˈfesər] *n* Beichtvater *m*

con·fet·ti [kənˈfeti] *n no pl* Konfetti *nt*

con·fi·dant [ˈkɒnfɪdænt] *n* Vertraute(r) *m*

con·fi·dante [ˈkɒnfɪdænt] *n* Vertraute *f*

con·fide [kənˈfaɪd] **I.** *vt* gestehen; ■ **to ~ [to sb] that ...** jdm anvertrauen, dass ... **II.** *vi* ■ **to ~ in sb** sich jdm anvertrauen

con·fi·dence [ˈkɒnfɪdᵊn(t)s] *n* ❶ *no pl* (*trust*) Vertrauen *nt;* **to take sb into one's ~** jdn ins Vertrauen ziehen; **to have every/no ~ in sb** volles/kein Vertrauen zu jdm haben; **in ~** im Vertrauen ❷ (*secrets*) ■ **~s** *pl* Vertraulichkeiten *pl* ❸ *no pl* (*self-assurance*) Selbstvertrauen *nt;* **to lack ~** kein Selbstvertrauen haben

ˈcon·fi·dence-build·ing *adj measure* vertrauensbildend, vertrauensfördernd

con·fi·dent [ˈkɒnfɪdᵊnt] *adj* ❶ (*certain*) zuversichtlich; ■ **to be ~ of sth** von etw *dat* überzeugt sein ❷ (*self-assured*) selbstbewusst

con·fi·den·tial [ˌkɒnfɪˈden(t)ʃᵊl] *adj* vertraulich; **to keep sth ~** etw für sich *akk* behalten

con·fi·den·ti·al·ity [ˌkɒnfɪdən(t)ʃiˈæləti] *n no pl* Vertraulichkeit *f*

con·fi·den·tial·ly [ˌkɒnfɪˈden(t)ʃᵊli] *adv* vertraulich

con·fid·ing [kənˈfaɪdɪŋ] *adj* vertrauensvoll

con·figu·ra·tion [kənˌfɪgəˈreɪʃᵊn] *n* Konfiguration *f*

con·fig·ure [kənˈfɪgər] *vt* konfigurieren

con·fine I. *vt* [kənˈfaɪn] ❶ (*restrict*) beschränken (**to** auf) ❷ (*shut in*) einsperren; **he was ~d to the house** er war ans Haus gefesselt; **to be ~d to quarters** MIL Ausgangssperre haben **II.** *n* [ˈkɒnfaɪn] ■ **the ~s** *pl* die Grenzen *pl*

con·fine·ment [kənˈfaɪnmənt] *n* ❶ *no pl* Einsperrung *f;* **solitary ~** Einzelhaft *f;* (*restriction*) Gebundenheit *f;* ■ **to quarters** MIL Ausgangssperre *f* ❷ MED Niederkunft *f*

con·firm [kənˈfɜːm] **I.** *vt* ❶ (*verify*) bestätigen ❷ (*strengthen*) ■ **to ~ sb's faith** jdn in seinem Glauben bestärken ❸ REL ■ **to be ~ed** (*Catholic*) gefirmt werden; (*Protestant*) konfirmiert werden **II.** *vi* bestätigen

con·fir·ma·tion [ˌkɒnfəˈmeɪʃᵊn] *n* ❶ (*verification*) Bestätigung *f* ❷ REL (*Catholic*) Firmung *f;* (*Protestant*) Konfirmation *f*

con·firmed [kənˈfɜːmd] *adj* erklärt; *atheist* überzeugt; *bachelor* eingefleischt

con·fis·cate [ˈkɒnfɪskeɪt] *vt* beschlagnahmen

con·fis·ca·tion [ˌkɒnfɪˈskeɪʃᵊn] *n* Beschlagnahme *f;* *of property* Einziehung *f*

con·flict I. *n* [ˈkɒnflɪkt] ❶ (*clash*) Konflikt *m;* **~ of interests** Interessenkonflikt *m;* **to be in ~ with sb** mit jdm im Streit liegen ❷ (*battle*) Kampf *m* **II.** *vi* [kənˈflɪkt] ■ **to ~ with sth** im Widerspruch zu etw *dat* stehen

con·flict·ing [kənˈflɪktɪŋ] *adj* widersprüchlich; *claims* entgegengesetzt

con·flu·ence [ˈkɒnfluən(t)s] *n* Zusammenfluss *m*

con·form [kənˈfɔːm] *vi* sich einfügen; (*agree*) übereinstimmen; ■ **to ~ to** [*or* **with**] **sth** etw *dat* entsprechen

con·form·ist [kənˈfɔːmɪst] **I.** *n* Konformist(in) *m(f)* **II.** *adj* konformistisch

con·form·ity [kənˈfɔːməti] *n no pl* ❶ (*uniformity*) Konformismus *m* ❷ (*form: compliance*) Übereinstimmung *f;* **in ~ with the law** in Einklang mit dem Gesetz

con·found [kənˈfaʊnd] **I.** *vt* ❶ (*astonish*) verblüffen ❷ (*confuse*) verwirren **II.** *interj* **~ it!** verflixt nochmal!

con·found·ed [kənˈfaʊndɪd] *adj* (*fam*) verflixt

con·front [kənˈfrʌnt] *vt* ❶ (*face*) ■ **to ~ sb/sth** sich jdm/etw stellen; *danger* etw *dat* ins Auge sehen; *enemy* jdm entgegentreten; **when I was ~ed by the TV camera, ...** als ich der Fernsehkamera gegenüberstand, ... ❷ (*compel to deal with*) konfrontieren

con·fron·ta·tion [ˌkɒnfrʌnˈteɪʃᵊn] *n* Kon-

frontation f; (during inquiry) Gegenüberstellung f
con·fron·ta·tion·al [ˌkɒnfrʌn'teɪʃ°n°l] adj herausfordernd
con·fuse [kən'fju:z] vt ❶ (perplex) verwirren [o durcheinanderbringen] ❷ (complicate) [noch] verworrener machen ❸ (misidentify) verwechseln
con·fused [kən'fju:zd] adj ❶ people verwirrt, durcheinander ❷ situation verworren, konfus
con·fus·ed·ly [kən'fju:zɪdli] adv verwirrt
con·fus·ing [kən'fju:zɪŋ] adj verwirrend
con·fu·sion [kən'fju:ʒ°n] n no pl ❶ (perplexity) Verwirrung f ❷ (mix-up) Verwechslung f ❸ (disorder) Durcheinander nt; **he threw everything into ~** er brachte alles durcheinander; ■**to be in ~** durcheinander sein
con·geal [kən'dʒi:l] vi fat fest werden
con·gen·ial [kən'dʒi:niəl] adj angenehm; people sympathisch
con·gen·i·tal [kən'dʒenɪt°l] adj angeboren; **~ defect** Geburtsfehler m; **~ liar** Gewohnheitslügner(in) m(f)
con·gest·ed [kən'dʒestɪd] adj ❶ (overcrowded) überfüllt; road verstopft ❷ MED verstopft
con·ges·tion [kən'dʒestʃ°n] n no pl (overcrowding) Überfüllung f; (on roads) Stau m; **nasal ~** verstopfte Nase
con·'ges·tion charge n City-Maut f, Innenstadtmaut f
con·glom·er·ate [kən'glɒm°reɪt] n Konglomerat nt
con·glom·er·a·tion [kənˌglɒm°'reɪʃ°n] n Ansammlung f
con·grat·u·late [kən'grætʃʊleɪt] vt ■**to ~ sb on sth** (wish well) jdm [zu etw dat] gratulieren; ■**to ~ oneself for** [or **on**] **sth** sich zu etw dat beglückwünschen
con·grat·u·la·tion [kənˌgrætʃʊ'leɪʃ°n] n no pl Gratulation f, Glückwunsch m; **~s!** herzlichen Glückwunsch!; **~s on your graduation/promotion!** herzlichen Glückwunsch zur bestandenen Prüfung/ zur Beförderung!
con·gre·gate ['kɒŋgrɪgeɪt] vi sich [ver]sammeln
con·gre·ga·tion [ˌkɒŋgrɪ'geɪʃ°n] n + sing/pl vb REL [Kirchen]gemeinde f
con·gress ['kɒŋgres] n Kongress m; **C~** AM POL der Kongress
con·gres·sion·al [kən'greʃ°n°l] adj **~ committee** Ausschuss m des US-Kongresses; **~ elections** Wahlen pl zum US-Kongress

'**con·gress·man** n [Kongress]abgeordneter m '**con·gress·wom·an** n [Kongress]abgeordnete f
con·gru·ence ['kɒŋgru:ən(t)s] n no pl MATH Kongruenz f
con·gru·ent ['kɒŋgru:ənt] adj MATH kongruent
coni·cal ['kɒnɪk°l] adj konisch, kegelförmig; **~ section** Kegelschnitt m
co·ni·fer ['kɒnɪfə'] n Nadelbaum m
co·nif·er·ous [kə(ʊ)'nɪf°rəs] adj Nadel-
con·jec·ture [kən'dʒektʃə'] I. n Vermutung f II. vt, vi vermuten
con·ju·gal ['kɒndʒʊg°l] adj (form) ehelich; **~ bed** Ehebett nt
con·ju·gate ['kɒndʒʊgeɪt] LING I. vi konjugiert werden II. vt konjugieren
con·ju·ga·tion [ˌkɒndʒʊ'geɪʃ°n] n LING Konjugation f
con·junc·tion [kən'dʒʊŋkʃ°n] n ❶ LING Bindewort nt ❷ (combination) ■**in ~ with sth** in Verbindung mit etw dat; ■**in ~ with sb** zusammen mit jdm
con·junc·ti·vi·tis [kənˌdʒʊŋ(k)tɪ'vaɪtɪs] n no pl Bindehautentzündung f
con·jure ['kʌndʒə'] I. vi zaubern II. vt hervorzaubern ◆**conjure up** vt ❶ (call upon) beschwören ❷ (fig: produce) hervorzaubern; meal zaubern
con·jur·er ['kʌndʒ°rə'] n Zauberkünstler(in) m(f)
con·jur·ing ['kʌndʒ°rɪŋ] n no pl Zaubern nt, Zauberei f; **~ trick** Zaubertrick m
con·juror n see **conjurer**
conk [kɒŋk] I. n BRIT, AUS (hum sl: nose) Zinken m II. vt (hum fam) hauen ◆**conk out** vi (fam) den Geist aufgeben
conk·er ['kɒŋkə'] n BRIT Rosskastanie f
'**con man** n Schwindler m
con·nect [kə'nekt] I. vi ❶ (plug in) ■**to ~ [up] to sth** an etw akk angeschlossen sein ❷ (form network) ■**to ~ with sth** Anschluss an etw akk haben ❸ (feel affinity) ■**to ~ with sb** sich auf Anhieb gut mit jdm verstehen ❹ (fam: hit) treffen ❺ (join) miteinander verbunden sein II. vt ❶ ELEC (join) verbinden (**to/with** mit); (plug in) anschließen (**to/with** an) ❷ (make accessible) ■**to ~ sth** eine Verbindung zu etw dat herstellen ❸ (associate) in Verbindung bringen; ■**to be ~ed with sth** mit etw dat zusammenhängen ❹ TELEC (put through) verbinden

con·nect·ing [kə'nektɪŋ] adj **~ door** Verbindungstür f; **~ flight** Anschlussflug m; **~ link** Bindeglied nt
con·nec·tion [kə'nekʃ°n] n ❶ no pl (join-

ing, link) Verbindung *f* (**to/with** mit); ELEC Anschluss *m* (**to** an); **there was no ~ between the two phenomena** die beiden Phänomene hingen nicht zusammen; **... but I never made the ~ that they were sisters** ...aber ich habe nie daraus geschlossen, dass sie Schwestern sein könnten; **to get a ~** TELEC durchkommen ❷ TRANSP (*link*) Verbindung *f*; (*connecting train, flight*) Anschluss *m* ❸ (*contacts*) ■ **~s** *pl* Beziehungen *pl* (**with** zu) ❹ (*personal association*) Beziehung *f* ❺ (*reference*) **in that** [*or* **this**] **~** in diesem Zusammenhang

con·nec·tiv·i·ty [ˌkɒnek'tɪvəti] *n* COMPUT Netzwerkfähigkeit *f*

con·nect·or [kə'nektəʳ] *n* ELEC Verbindungselement *nt*

con·niv·ance [kə'naɪvᵊn(t)s] *n no pl* stillschweigende Billigung

con·nive [kə'naɪv] *vi* sich verschwören; (*condone*) ■ **to ~ at sth** etw [stillschweigend] dulden, vor etw *dat* die Augen verschließen; **to ~ at a crime** einem Verbrechen Vorschub leisten; ■ **to ~ in doing sth** sich verschwören, etw zu tun

con·niv·ing [kə'naɪvɪŋ] *adj* hinterhältig

con·nois·seur [ˌkɒnə'sɜːʳ] *n* Kenner(in) *m(f)*

con·no·ta·tion [ˌkɒnə(ʊ)'teɪʃᵊn] *n* Konnotation *f*

con·quer ['kɒŋkəʳ] *vt* ■ **to ~ sb** jdn besiegen; ■ **to ~ sth** etw erobern *a. fig;* mountain bezwingen; *disease* besiegen ▸ **I came, I saw, I ~ed** (*saying*) ich kam, sah und siegte

con·quer·or ['kɒŋkᵊrəʳ] *n* ❶ (*of sth*) Eroberer *m*/Eroberin *f*; (*of sb*) Sieger(in) *m(f)* (**of** über); **William the C~** William der Eroberer ❷ (*climber*) Bezwinger(in) *m(f)*

con·quest ['kɒŋkwest] *n* ❶ *no pl of a thing* Eroberung *f*; *of a person* Sieg *m* (**of** über) ❷ *no pl* (*climbing*) Bezwingung *f*

con·science ['kɒn(t)ʃᵊn(t)s] *n* Gewissen *nt;* **in all ~** guten Gewissens; **to do sth with a clear ~** ruhigen Gewissens etw tun

con·sci·en·tious [ˌkɒn(t)ʃi'en(t)ʃəs] *adj* ❶ (*thorough*) gewissenhaft; (*with sense of duty*) pflichtbewusst; *work* gründlich ❷ (*moral*) **on ~ grounds** aus Gewissensgründen; **~ objector** Kriegsdienstverweigerer *m*/-verweigerin *f*

con·sci·en·tious·ness [ˌkɒn(t)ʃi'en(t)ʃəsnəs] *n no pl* (*thoroughness*) Gewissenhaftigkeit *f*; (*sense of duty*) Pflichtbewusstsein *n*

con·scious ['kɒn(t)ʃəs] *adj* ❶ MED (*sentient*) **to be [fully] ~** bei [vollem] Bewusstsein sein ❷ (*hum: awake*) wach ❸ (*deliberate*) bewusst ❹ (*aware*) bewusst; **fashion ~** modebewusst; **sb is/becomes ~ that ...** jdm ist/wird bewusst, dass ...

con·scious·ness ['kɒn(t)ʃəsnəs] *n no pl* Bewusstsein *nt a. fig;* **to lose/regain ~** das Bewusstsein verlieren/wiedererlangen

con·script I. *n* ['kɒnskrɪpt] Wehrpflichtige(r) *m* II. *adj* ['kɒnskrɪpt] eingezogen; **~ army** Armee *f* von Wehrpflichtigen III. *vt* [kən'skrɪpt] einziehen; **to be ~ed into the army** [zum Wehrdienst] einberufen werden

con·scrip·tion [kən'skrɪpʃᵊn] *n no pl* MIL Wehrpflicht *f*; (*act of conscripting*) Einberufung *f*

con·se·crate ['kɒn(t)sɪkreɪt] *vt* weihen

con·se·cra·tion [ˌkɒn(t)sɪ'kreɪʃᵊn] *n no pl* Weihe *f*

con·sec·u·tive [kən'sekjʊtɪv] *adj* ❶ (*following*) *days, months* aufeinanderfolgend; *numbers* fortlaufend; **this is the fifth ~ night that I haven't slept** ich habe jetzt schon fünf Nächte hintereinander nicht geschlafen ❷ LING Konsekutiv-

con·sec·u·tive·ly [kən'sekjʊtɪvli] *adv* hintereinander; **~ numbered** fortlaufend nummeriert

---

consent

granting consent	einwilligen
Agreed!/Okay!	Einverstanden!/Okay!
It's a deal!	Abgemacht!
No problem!	Kein Problem!
That's all right!/fine!	Geht in Ordnung!
I'll do that!	Mach ich!
Will do! *(fam)*	Wird gemacht! *(fam)*

con·sen·sus [kənˈsen(t)səs] *n no pl* Übereinstimmung *f*; **the general** ~ die allgemeine Meinung; **there is a** ~ **that ...** es besteht Einigkeit darüber, dass ...; **to reach a** ~ **on sth** sich in etw *dat* einigen

con·sent [kənˈsent] (*form*) **I.** *n no pl* Zustimmung *f*; **age of** ~ ≈ Ehemündigkeitsalter *nt*; **by common** ~ nach allgemeiner Auffassung; **informed** ~ erklärtes Einverständnis; **by mutual** ~ im gegenseitigen Einverständnis **II.** *vi* ■ **to** ~ **to sth** etw *dat* zustimmen; ■ **to** ~ **to do sth** einwilligen, etw zu tun

con·se·quence [ˈkɒn(t)sɪkwən(t)s] *n* ❶ (*result*) Folge *f*; **as a** ~ folglich; **as a** ~ **of sth** als Folge einer S. *gen*; **in** ~ folglich; **in** ~ **of sth** infolge einer S. *gen* ❷ *no pl* (*significance*) Bedeutung *f*; **of no/some** ~ unwichtig/wichtig; **nothing of [any]** ~ nichts Besonderes

con·se·quent [ˈkɒn(t)sɪkwənt] *adj*, **con·se·quen·tial** [ˌkɒn(t)sɪˈkwentʃ⁽ə⁾l] *adj* daraus folgend

con·se·quent·ly [ˈkɒn(t)sɪkwəntli] *adv* folglich

con·ser·va·tion [ˌkɒn(t)səˈveɪʃ⁽ə⁾n] *n no pl* (*protection*) Schutz *m*; (*preservation*) Erhaltung *f*; ~ **area** Naturschutzgebiet *nt*

con·ser·va·tion·ist [ˌkɒn(t)səˈveɪʃ⁽ə⁾nɪst] *n* Naturschützer(in) *m(f)*; ~ **groups** Umweltschutzgruppen *pl*

con·ser·va·tism [kənˈsɜːvətɪz⁽ə⁾m] *n no pl* ❶ (*conservative attitude*) konservative Einstellung ❷ POL ■ **C~** Konservatismus *m*

con·ser·va·tive [kənˈsɜːvətɪv] **I.** *adj* ❶ (*in dress, opinion*) konservativ ❷ (*low*) *estimate* vorsichtig ❸ POL ■ **C~** konservativ; **did you vote C~?** haben Sie die Konservativen gewählt? **II.** *n* POL ■ **C~** Konservative(r) *f(m)*

con·ser·va·toire [kənˈsɜːvətwɑːʳ] *n* MUS Konservatorium *nt*

con·ser·va·tory [kənˈsɜːvətri] *n* ❶ (*for plants*) Wintergarten *m* ❷ MUS Konservatorium *nt*

con·serve I. *vt* [kənˈsɜːv] ❶ (*save*) sparen; *strength* schonen ❷ (*maintain*) erhalten **II.** *n* [kənˈsɜːv] Eingemachte(s) *nt kein pl*

con·sid·er [kənˈsɪdəʳ] *vt* ❶ (*contemplate*) sich *dat* überlegen; **to be** ~**ed for a job** für eine Stelle in Erwägung gezogen werden; ■ **to** ~ **doing sth** daran denken, etw zu tun ❷ (*look at*) betrachten; (*think of*) denken an +*akk*; (*take into account*) bedenken; **all things** ~**ed** alles in allem ❸ (*regard as*) ■ **to** ~ **sb/sth [as [**or **to be]] sth** jdn/etw für etw *akk* halten; ~ **yourself sacked!** betrachten Sie sich als entlassen!; ~ **it done!** schon erledigt!; ■ **to be** ~**ed [to be] sth** als etw gelten; ■ **to** ~ **that ...** denken, dass ...

con·sid·er·able [kənˈsɪd⁽ə⁾rəbl̩] *adj* erheblich, beträchtlich

con·sid·er·ably [kənˈsɪd⁽ə⁾rəbli] *adv* erheblich, beträchtlich; (*rather*) ziemlich

con·sid·er·ate [kənˈsɪd⁽ə⁾rət] *adj* rücksichtsvoll

con·sid·era·tion [kənˌsɪd⁽ə⁾rˈeɪʃ⁽ə⁾n] *n* ❶ *no pl* (*thought*) Überlegung *f*; **after careful** ~ nach reiflicher Überlegung; **to give sth one's** ~ etw in Erwägung ziehen; ■ **to be under** ~ geprüft werden ❷ *no pl* (*account*) **to take into** ~ berücksichtigen ❸ (*factor*) Gesichtspunkt *m* ❹ *no pl* (*regard*) Rücksicht *f* (**for** auf) ❺ (*payment*) Entgelt *nt*

con·sid·ered [kənˈsɪdəd] *adj opinion* wohl überlegt

con·sid·er·ing [kənˈsɪd⁽ə⁾rɪŋ] **I.** *prep* ■ ~ **how/what ...** wenn man bedenkt, wie/was ... **II.** *conj* ■ ~ **that ...** dafür, dass ... **III.** *adv* (*all in all*) alles in allem; (*really*) eigentlich

con·sign [kənˈsaɪn] *vt* (*form*) senden; *goods, articles* verschicken

con·sign·ment [kənˈsaɪnmənt] *n* Warensendung *f*

con·sist [kənˈsɪst] *vi* ❶ (*comprise*) ■ **to** ~ **of sth** aus etw *dat* bestehen ❷ (*form: derive from*) ■ **to** ~ **in sth** in etw *dat* bestehen

con·sist·en·cy [kənˈsɪst⁽ə⁾n(t)si] *n no pl* ❶ (*firmness*) Konsistenz *f* ❷ *no pl* (*constancy*) Beständigkeit *f* ❸ *no pl* (*in principles*) Konsequenz *f*

con·sist·ent [kənˈsɪst⁽ə⁾nt] *adj* ❶ (*compatible*) vereinbar ❷ (*steady*) beständig; *way of doing sth* gleich bleibend; *improvement* ständig ❸ (*in agreement with principles*) konsequent

con·sist·ent·ly [kənˈsɪst⁽ə⁾ntli] *adv* ständig

con·so·la·tion [ˌkɒnsəˈleɪʃ⁽ə⁾n] *n no pl* Trost *m*; **that's not much** ~**!** das ist ein schwacher Trost!; **if it's [of] any** ~**, ...** wenn es ein Trost für dich ist, ...

con·so·la·tion prize *n* Trostpreis *m*

con·sola·tory [kənˈsɒlət⁽ə⁾ri] *adj* tröstend

con·sole [kənˈsəʊl] **I.** *vt* trösten **II.** *n* ❶ (*control desk*) Schaltpult *nt* ❷ COMPUT Konsole *f*

con·soli·date [kənˈsɒlɪdeɪt] **I.** *vi* ❶ (*improve*) sich festigen ❷ (*unite*) sich vereinigen **II.** *vt* festigen

con·sol·i·dat·ed [kənˈsɒlɪdeɪtɪd] *adj* vereint

con·sol·i·da·tion [kənˌsɒlɪˈdeɪʃən] *n no pl* ① (*improvement*) Festigung *f* ② (*merging*) Fusion *f*

con·som·mé [kənˈsɒmeɪ] *n no pl* Kraftbrühe *f*

con·so·nant [ˈkɒn(t)sənənt] *n* Konsonant *m*

con·sort I. *vi* [kənˈsɔːt] verkehren II. *n* [ˈkɒnsɔːt] Gemahl(in) *m(f)*

con·sor·tium <*pl* -s *or* -tia> [kənˌsɔːtiəm, *pl* -tiə] *n* Konsortium *nt*

con·spic·u·ous [kənˈspɪkjuːəs] *adj* (*noticeable*) auffallend; (*clearly visible*) unübersehbar; *behaviour, clothes* auffällig; **to look ~** auffallend

con·spic·u·ous·ly [kənˈspɪkjuːəsli] *adv* (*noticeably*) auffallend; (*clearly visible*) deutlich sichtbar

con·spira·cy [kənˈspɪrəsi] *n* Verschwörung *f*

con·spira·tor [kənˈspɪrətəʳ] *n* Verschwörer(in) *m(f)*

con·spira·to·rial [kənˌspɪrəˈtɔːriəl] *adj* verschwörerisch; **to exchange ~ glances** verschwörerische Blicke austauschen

con·spire [kənˈspaɪəʳ] *vi* (*also fig*) sich verschwören; ■ **to ~ [together] to do sth** heimlich planen, etw zu tun

con·sta·ble [ˈkʌn(t)stəbl] *n* BRIT Polizist(in) *m(f)*

con·stabu·lary [kənˈstæbjʊləri] *n + sing/pl vb* BRIT Polizei *f kein pl*

con·stan·cy [ˈkɒn(t)stən(t)si] *n no pl* (*form*) Beständigkeit *f*

con·stant [ˈkɒn(t)stənt] I. *n* MATH Konstante *f* II. *adj* ① (*continuous*) ständig ② (*unchanging*) gleich bleibend; MATH konstant ③ (*loyal*) treu

con·stant·ly [ˈkɒn(t)stəntli] *adv* ständig

con·stel·la·tion [ˌkɒn(t)stəˈleɪʃən] *n* Sternbild *nt*

con·ster·na·tion [ˌkɒn(t)stəˈneɪʃən] *n no pl* Bestürzung *f*; **a look of ~ crossed his face** er machte ein bestürztes Gesicht; **in ~** bestürzt

con·sti·pate [ˈkɒn(t)stɪpeɪt] *vt* MED zu Verstopfung führen bei +*dat*

con·sti·pat·ed [ˈkɒn(t)stɪpeɪtɪd] *adj* verstopft; **to be/become** [*or* **get**] **~** [eine] Verstopfung haben/bekommen

con·sti·pa·tion [ˌkɒn(t)stɪˈpeɪʃən] *n no pl* Verstopfung *f*

con·stit·u·en·cy [kənˈstɪtjuən(t)si] *n* POL (*area*) Wahlkreis *m*; (*voters also*) Wählerschaft *f* eines Wahlkreises

con·stit·u·ent [kənˈstɪtjuənt] I. *n* ① (*voter*) Wähler(in) *m(f)* ② (*part*) Bestandteil *m* II. *adj* ① (*component*) einzeln; **~ part** Bestandteil *m* ② POL konstituierend

con·sti·tute [ˈkɒn(t)stɪtjuːt] *vt* ① (*make up*) bilden ② (*form: be*) sein ③ (*establish*) einrichten

con·sti·tu·tion [ˌkɒn(t)stɪˈtjuːʃən] *n* ① (*structure*) Zusammensetzung *f* ② POL Verfassung *f* ③ (*health*) Konstitution *f* ④ *no pl* (*establishment*) Einrichtung *f*

con·sti·tu·tion·al [ˌkɒn(t)stɪˈtjuːʃənəl] I. *adj* konstitutionell; **~ amendment** Verfassungsänderung *f*; **~ right** Grundrecht *nt* II. *n* (*hum*) [regelmäßiger] Spaziergang *m*

con·strain [kənˈstreɪn] *vt* ① (*restrict*) einschränken ② (*compel*) zwingen

con·straint [kənˈstreɪnt] *n* ① (*compulsion*) Zwang *m* ② (*restriction*) Beschränkung *f*

con·strict [kənˈstrɪkt] I. *vt* ① (*narrow*) verengen; (*squeeze*) einschnüren ② (*hinder*) behindern II. *vi* sich zusammenziehen

con·stric·tion [kənˈstrɪkʃən] *n* ① *no pl* (*narrowing*) Verengung *f*; (*squeezing*) Einschnüren *nt* ② (*hindrance*) Behinderung *f*

con·struct [kənˈstrʌkt] *vt* ① (*build*) bauen; *dam* errichten ② (*develop*) *theory* entwickeln ③ LING konstruieren

con·struc·tion [kənˈstrʌkʃən] *n* ① *no pl* (*act of building*) Bau *m*; **the ~ industry** die Bauindustrie; **~ site** Baustelle *f*; **under ~** im Bau ② (*how sth is built*) Bauweise *f* ③ (*object*) Konstruktion *f*; (*architectural feature*) Bau *m*, Bauwerk *nt*; (*building*) Gebäude *nt* ④ LING Konstruktion *f*

con·struc·tive [kənˈstrʌktɪv] *adj* konstruktiv

con·struc·tive·ly [kənˈstrʌktɪvli] *adv* konstruktiv *geh*, auf konstruktive Weise; **use your energy a bit more ~** setz mal deine Energie etwas sinnvoller ein

con·struc·tor [kənˈstrʌktəʳ] *n* (*tech*) Konstrukteur(in) *m(f)*; ARCHIT Erbauer(in) *m(f)*

con·strue [kənˈstruː] *vt* (*form*) auffassen

con·sul [ˈkɒn(t)səl] *n* Konsul(in) *m(f)*

con·su·lar [ˈkɒn(t)sjʊləʳ] *adj* konsularisch; **~ office** Konsulatsbüro *nt*

con·sulate [ˈkɒn(t)sjʊlət] *n* ① (*building*) Konsulat *nt* ② + *sing/pl vb* (*staff*) Konsulatsbelegschaft *f*

ˈ**con·sul gen·er·al** <*pl* consuls-> *n* Generalkonsul(in) *m(f)*

con·sult [kənˈsʌlt] I. *vi* sich beraten II. *vt* ① (*ask*) ■ **to ~ sb** [**about** [*or* **on**] **sth**] jdn [bezüglich einer S. *gen*] um Rat fragen; *doctor, lawyer, specialist* jdn konsultieren [*o* zu Rate ziehen] **2** (*look at*) dictionary nachschlagen in +*dat;* diary, list nachsehen in +*dat;* map nachsehen auf +*dat;* oracle befragen

con·sul·tan·cy [kənˈsʌltən(t)si] *n* **1** no pl (*advice*) Beratung *f* **2** (*firm*) Beratungsdienst *m*

con·sult·ant [kənˈsʌltənt] *n* **1** (*adviser*) Berater(in) *m(f)* **2** BRIT MED Facharzt *m/*-ärztin *f*

con·sul·ta·tion [ˌkɒnsəlˈteɪʃən] *n* **1** no pl Beratung *f* (**on** über); (*with lawyer, accountant*) Rücksprache *f;* **to be in ~ [with sb]** sich [mit jdm] beraten; **in ~ with** in Absprache mit +*dat* **2** MED Konsultation *f;* **to have a ~ with sb** jdn konsultieren

con·sul·ta·tive [kənˈsʌltətɪv] *adj* beratend, Beratungs-; **~ committee** Beratungsgremium *nt*

con·sult·ing [kənˈsʌltɪŋ] *adj* beratend

con·sume [kənˈsjuːm] *vt* **1** (*eat, drink*) konsumieren; *food also* verzehren **2** *fire* zerstören **3** (*obsess*) **to be ~d by anger/guilt/hatred** von Zorn/Schuldgefühlen/Hass erfüllt sein; **to be ~d by envy/jealousy** vor Neid/Eifersucht [fast] vergehen **4** (*use up*) verbrauchen

con·sum·er [kənˈsjuːməʳ] *n* Verbraucher(in) *m(f)*

con·sum·er·ism [kənˈsjuːmərɪzəm] *n* no pl Konsumdenken *nt*

con·sum·er·ist [kənˈsjuːmerɪst] *adj* (*pej*) Konsum-

con·sum·mate I. *adj* [ˈkɒn(t)semət, kənˈsʌmət] (*form*) vollendet; *liar* ausgebufft; **~ athlete** Spitzensportler(in) *m(f)* **II.** *vt* [ˈkɒn(t)səmeɪt] (*form*) vollenden; *marriage* vollziehen

con·sum·ma·tion [ˌkɒn(t)səˈmeɪʃən] *n no pl* (*form*) **1** (*completion*) Erfüllung *f;* of a career Höhepunkt *m* **2** of a marriage Vollzug *m*

con·sump·tion [kənˈsʌm(p)ʃən] *n no pl* **1** (*using up*) Verbrauch *m;* (*using*) Konsum *m;* **energy ~** Energieverbrauch *m* **2** (*eating, drinking*) Konsum *m;* of food also Verzehr *m;* **unfit for human ~** nicht für den menschlichen Verzehr geeignet **3** (*fig: use*) **for internal ~** zur internen Nutzung **4** no pl MED (*hist*) Schwindsucht *f*

con·sump·tive [kənˈsʌm(p)tɪv] **I.** *n* MED (*hist*) Schwindsüchtige(r) *f(m)* **II.** *adj* MED (*hist*) schwindsüchtig

con·tact [ˈkɒntækt] **I.** *n* **1** no pl (*communication*) Kontakt *m*, Verbindung *f;* **I'll get in ~ with him** ich melde mich bei ihm; **to be in ~ [with sb]** [mit jdm] in Verbindung stehen; **to keep in ~ with sb** den Kontakt zu jdm aufrechterhalten; **to lose ~ with sb** den Kontakt zu jdm verlieren; **to make ~ with sb** sich mit jdm in Verbindung setzen **2** (*person*) **I've got a ~ in a printing firm** ich kenne da jemanden in einer Druckerei; **business ~s** Geschäftskontakte *pl;* **to have ~s** Beziehungen haben **3** no pl (*touch*) Kontakt *m;* **have you come into ~ with anyone with chickenpox?** hatten Sie Kontakt mit jemandem, der Windpocken hat?; **to come into ~ with sth** mit etw *dat* in Berührung kommen *a. fig;* **on ~** bei Berührung **4** ELEC Kontakt *m* **II.** *vt* ■ **to ~ sb** sich mit jdm in Verbindung setzen; (*by phone*) jdn [telefonisch] erreichen; **you can ~ me on** [*or* AM **at**] **123 456** sie erreichen mich unter der Nummer 123 456

ˈcon·tact-break·er *n* ELEC Unterbrecher *m* **ˈcon·tact ˈlens** *n* Kontaktlinse *f* **ˈcon·tact man** *n* Kontaktperson *f*

con·ta·gion [kənˈteɪdʒən] *n no pl* Ansteckung *f;* **risk of ~** Ansteckungsgefahr *f*

con·ta·gious [kənˈteɪdʒəs] *adj* ansteckend *a. fig*

con·tain [kənˈteɪn] *vt* **1** (*hold, include*) enthalten **2** (*limit*) in Grenzen halten; (*hold back*) aufhalten **3** (*suppress*) zurückhalten; **she could barely ~ herself** sie konnte kaum an sich *akk* halten

con·tain·er [kənˈteɪnəʳ] *n* **1** (*receptacle*) Behälter *m*, Gefäß *nt* **2** TRANSP Container *m;* **~ ship** Containerschiff *nt*

con·tain·er·ize [kənˈteɪnəraɪz] *vt* in Container verpacken

con·tain·ment [kənˈteɪnmənt] *n no pl* **1** (*limit*) Eindämmung *f* **2** POL, MIL In-Schach-Halten *nt*

con·tam·i·nate [kənˈtæmɪneɪt] *vt* verunreinigen; (*with radioactivity, also food*) verseuchen

con·tam·i·na·tion [kənˌtæmɪˈneɪʃən] *n no pl* Verunreinigung *f;* (*by radioactivity, also of food*) Verseuchung *f*

con·tem·plate [ˈkɒntəmpleɪt] **I.** *vi* nachdenken **II.** *vt* **1** (*gaze at*) betrachten **2** (*consider*) in Erwägung ziehen; (*reflect upon*) über etw *akk* nachdenken; **suicide** denken an +*akk;* ■ **to ~ doing sth** daran denken, etw zu tun

con·tem·pla·tion [ˌkɒntəmˈpleɪʃən] *n no pl* **1** (*gazing*) Betrachtung *f* **2** (*thought*) Nachdenken *nt* (**of** über) **3** REL Kontemplation *f*

con·tem·pla·tive [kənˈtemplətɪv] *adj*

❶ (*reflective*) *mood* nachdenklich ❷ REL besinnlich; *life* beschaulich

con·tem·po·rary [kənˈtempᵊrˑri] **I.** *n* ❶ (*from same period*) Zeitgenosse *m*/-genossin *f* ❷ (*of same age*) Altersgenosse *m*/-genossin *f* **II.** *adj* zeitgenössisch

con·tempt [kənˈtem(p)t] *n no pl* ❶ (*scorn*) Verachtung *f*; (*disregard*) Geringschätzung *f* (**for** +*gen*); **to hold sb/sth in ~** jdn/etw verachten; **to treat sb/sth with ~** jdn/etw mit Verachtung strafen; **beneath ~** unter aller Kritik ❷ LAW ≈ [**of court**] Missachtung *f* [des Gerichts]

con·tempt·ible [kənˈtem(p)təbl] *adj* verachtenswert

con·temp·tu·ous [kənˈtem(p)tʃuəs] *adj* verächtlich; *look, remark also* geringschätzig; **to give sb a ~ look** jdn verächtlich anschauen

con·temp·tu·ous·ly [kənˈtem(p)tʃuəsli] *adv* verächtlich, geringschätzig

con·tend [kənˈtend] **I.** *vi* ❶ (*compete*) kämpfen (**for** um) ❷ (*cope*) **to ~ with sth** mit etw *dat* fertigwerden müssen **II.** *vt* ▪ **to ~ that ...** behaupten, dass ...

con·tend·er [kənˈtendəʳ] *n* Bewerber(in) *m(f)* (**for** für), Anwärter(in) *m(f)* (**for** auf)

con·tent¹ [ˈkɒntent] *n* ❶ (*what is inside*) Inhalt *m* ❷ (*amount contained*) Gehalt *m* (**of** an); **to have a high/low fat ~** einen hohen/niedrigen Fettgehalt aufweisen ❸ *no pl* (*substance, meaning*) Gehalt *m*

con·tent² [kənˈtent] **I.** *adj* zufrieden; ▪ **to be [not] ~ to do sth** etw [nicht] gerne tun **II.** *vt* **to be easily ~ed** leicht zufrieden zu stellen sein; ▪ **to ~ oneself with sth** sich mit etw *dat* zufriedengeben **III.** *n no pl* **to one's heart's ~** nach Herzenslust

con·tent·ed [kənˈtentɪd] *adj* zufrieden

con·tent·ed·ly [kənˈtentɪdli] *adv* zufrieden

con·tent·ed·ness [kənˈtentɪdnəs] *n no pl* Zufriedenheit *f*

con·ten·tion [kənˈten(t)ʃᵊn] *n* ❶ *no pl* (*dispute*) Streit *m* ❷ (*opinion*) Behauptung *f* ❸ *no pl* SPORTS **in/out of ~ for sth** [noch] im/aus dem Rennen um etw *akk* ▶ **bone of ~** Zankapfel *m*

con·ten·tious [kənˈten(t)ʃəs] *adj* umstritten

con·tent·ment [kənˈtentmənt] *n no pl* Zufriedenheit *f*; **with ~** zufrieden

con·tents [ˈkɒntents] *npl* Inhalt *m*; [**table of**] **~** Inhaltsverzeichnis *nt*

con·test I. *n* [ˈkɒntest] ❶ (*event*) Wettbewerb *m*; SPORTS Wettkampf *m*; **dance ~** Tanzturnier *nt* ❷ *also* POL Wettstreit *m* (**for** um) ❸ (*dispute*) Streit *m*; (*fight*) Kampf *m* (**for** um) ▶ **no ~** ungleicher Kampf **II.** *vt* [kənˈtest] ❶ (*compete for*) kämpfen um +*akk* ❷ POL kandidieren für; **to ~ a seat** um einen Wahlkreis kämpfen ❸ (*dispute*) bestreiten; *decision* in Frage stellen ❹ LAW anfechten

con·test·ant [kənˈtestᵊnt] *n* ❶ (*in a competition*) Wettbewerbsteilnehmer(in) *m(f)*; SPORTS Wettkampfteilnehmer(in) *m(f)*; (*in a quiz*) Kandidat(in) *m(f)* ❷ POL Kandidat(in) *m(f)*

con·text [ˈkɒntekst] *n* Kontext *m*; **to use** [*or* **quote**] [*or* **take**] **sth out of ~** etw aus dem Zusammenhang reißen

con·ti·nent [ˈkɒntɪnənt] **I.** *n* ❶ (*land*) Kontinent *m*, Erdteil *m* ❷ *no pl* ▪ **the C~** Kontinentaleuropa *nt*; **on the C~** in Europa, auf dem Kontinent **II.** *adj* MED ▪ **to be ~** seine Blase und Darmtätigkeit kontrollieren können

con·ti·nen·tal [ˌkɒntɪˈnentᵊl] **I.** *adj* ❶ GEOG kontinental; ≈ **land** Festland *nt* ❷ (*European*) europäisch **II.** *n* Europäer(in) *m(f)*

con·tin·gen·cy [kənˈtɪndʒᵊn(t)si] *n* (*form*) Eventualität *f*

con·tin·gent [kənˈtɪndʒᵊnt] **I.** *n* ❶ (*group*) Gruppe *f* ❷ MIL [Truppen]kontingent *nt* **II.** *adj* ▪ **to be ~ [up]on sth** von etw *dat* abhängig sein

con·tin·ual [kənˈtɪnjuəl] *adj* ständig, andauernd

con·tin·ual·ly [kənˈtɪnjuəli] *adv* ständig, [an]dauernd

con·tin·u·a·tion [kənˌtɪnjuˈeɪʃᵊn] *n no pl* Fortsetzung *f*

con·tin·ue [kənˈtɪnju] **I.** *vi* ❶ (*persist*) andauern; (*go on*) weitergehen; *rain* anhalten; (*in an activity*) weitermachen; ▪ **to ~ doing** [*or* **to do**] **sth** weiter[hin] etw tun; **to ~ talking** [*or* **to talk**] weiterreden; ▪ **to ~ with sth** mit etw *dat* weitermachen; **~ with the medicine** nehmen Sie das Medikament weiter ❷ (*remain*) bleiben; **to ~ in office** weiter[hin] im Amt bleiben; **he ~s to be an important member of the team** er ist nach wie vor ein wichtiges Mitglied der Mannschaft; **to ~ as sth** weiter als etw tätig sein ❸ (*resume*) weitermachen; *an activity* weitermachen; *speaking* fortfahren; **~ overleaf** Fortsetzung umseitig; **to ~ on one's way** seinen Weg fortsetzen; ▪ **to ~ doing sth** weiter etw tun; **to ~ eating** weiteressen; ▪ **to ~ with sth** mit etw *dat* weitermachen ❹ (*not end*) *path* weitergehen; (*travel*) *person;* **to ~ northwards** in Richtung Norden weiterreisen ❺ (*with*

direct speech) fortfahren **II.** *vt* ❶ (*keep up, carry on*) fortführen; *career* weiterverfolgen; *education* fortsetzen; *an action* weitermachen mit +*dat* ❷ (*resume*) fortsetzen; **to be ~d on the next page** auf der nächsten Seite weitergehen
con·tinued [kənˈtɪnjuːd] *adj* fortwährend; **~ existence** Weiterbestehen *nt*
con·ti·nu·ity [ˌkɒntɪnˈjuːəti] *n no pl* ❶ (*consistency*) Kontinuität *f* ❷ FILM Drehbuch *nt*; **~ boy/girl** Scriptboy *m*/-girl *nt*
con·tinu·ous [kənˈtɪnjuəs] *adj* ❶ (*permanent*) ununterbrochen; (*steady*) stetig; (*unbroken*) durchgehend; *line also* durchgezogen; *pain* anhaltend ❷ LING **~ form** Verlaufsform *f*
con·tinu·ous·ly [kənˈtɪnjuəsli] *adv* (*permanently*) dauernd, ständig; **it's been raining ~ for two days** es regnet schon seit zwei Tagen ununterbrochen; **to work ~** pausenlos arbeiten
con·tort [kənˈtɔːt] **I.** *vi* (*in pain*) sich verzerren; (*in displeasure*) sich verziehen **II.** *vt* **to ~ one's body** sich verrenken
con·tor·tion [kənˈtɔːʃən] *n* Verrenkung *f*
con·tor·tion·ist [kənˈtɔːʃənɪst] *n* Schlangenmensch *m*
con·tour [ˈkɒntʊər] *n* ❶ (*outline*) Kontur *f meist pl* ❷ GEOG - **[line]** Höhenlinie *f*
contra·band [ˈkɒntrəbænd] **I.** *n no pl* Schmuggelware *f* **II.** *adj* geschmuggelt

contra·cep·tion [ˌkɒntrəˈsepʃən] *n no pl* |Empfängnis|verhütung *f*
contra·cep·tive [ˌkɒntrəˈseptɪv] **I.** *n* Verhütungsmittel *nt* **II.** *adj* empfängnisverhütend; **~ pill** |Antibaby|pille *f*
con·tract¹ [ˈkɒntrækt] **I.** *n* Vertrag *m;* **to be under ~** [to [*or* with] sb] [bei jdm] unter Vertrag stehen; **to be under ~ to do sth** vertraglich verpflichtet sein, etw zu tun **II.** *vi* ■ **to ~ to do sth** sich vertraglich verpflichten, etw zu tun **III.** *vt* vertraglich vereinbaren; ■ **to ~ sb to do sth** jdn vertraglich dazu verpflichten, etw zu tun ◆**con·tract in** *vi* (*opt for involvement*) sich anschließen ◆**contract out** *vt* vergeben (**to** an)
con·tract² [kənˈtrækt] **I.** *vi* ❶ (*shrink*) sich zusammenziehen; *pupils* sich verengen ❷ LING ■ **to ~ to sth** zu etw *dat* verkürzt werden **II.** *vt* ❶ (*tense*) zusammenziehen ❷ LING verkürzen ❸ MED bekommen; *pneumonia* sich *dat* zuziehen
con·trac·tion [kənˈtrækʃən] *n* ❶ *no pl* (*shrinkage*) Zusammenziehen *nt; of pupils* Verengung *f* ❷ *no pl of a muscle* Kontraktion *f* ❸ *of the uterus* Wehe *f*; **she began having ~s** bei ihr setzten die Wehen ein ❹ LING Kontraktion *f*
con·trac·tor [kənˈtræktər] *n* (*person*) Auftragnehmer(in) *m(f);* (*firm*) beauftragte Firma; **building ~** Bauunternehmer *m*

---

contradicting

contradicting	widersprechen
That's not right at all!	Das stimmt doch gar nicht!
Stuff and nonsense! *(fam)*	Ach was!/Unsinn!/Blödsinn! *(fam)*
(What a load of) rubbish! *(fam)*	(So ein) Quatsch! *(fam)*
I see things differently.	Das sehe ich anders.
No, I don't think so.	Nein, das finde ich nicht.
I have to contradict you there.	Da muss ich Ihnen widersprechen.
That doesn't fit the facts.	Das entspricht nicht den Tatsachen.
You can't look at it like that.	So kann man das nicht sehen.
There can be no question of that.	Davon kann gar nicht die Rede sein.

objecting	einwenden
Yes, but …	Ja, aber …
You have forgotten that …	Du hast vergessen, dass …
You're completely wrong about that.	Das siehst du aber völlig falsch.
You may well be right, but don't forget …	Sie haben schon Recht, aber bedenken Sie doch auch, dass …
That's all well and good but …	Das ist ja alles schön und gut, aber …
I've got several objections to that.	Ich habe dagegen einiges einzuwenden.
That's rather far-fetched.	Das ist aber weit hergeholt.

con·trac·tual [kənˈtræktʃuəl] *adj* vertraglich

contra·dict [ˌkɒntrəˈdɪkt] *vt* ■ **to ~ sb/sth** jdm/etw widersprechen; ■ **to ~ oneself** sich *dat* [selbst] widersprechen

contra·dic·tion [ˌkɒntrəˈdɪkʃən] *n* Widerspruch *m* (**of** gegen); **isn't that a bit of a ~?** widerspricht sich das nicht irgendwie?; **a ~ in terms** ein Widerspruch in sich

contra·dic·tory [ˌkɒntrəˈdɪktəri] *adj* widersprüchlich; ■ **to be ~ to sth** etw *dat* widersprechen

con·tral·to <*pl* -s *or* -ti> [kənˈtræltəʊ, *pl* -ti] *n* ❶ (*singer*) Altist(in) *m/f* ❷ (*voice*) Alt *m*

con·trap·tion [kənˈtræpʃən] *n* Apparat *m*; (*vehicle*) Vehikel *nt*

con·tra·ri·ness [kənˈtreərɪnəs] *n no pl* (*argumentativeness*) Widerspruchsgeist *m*; (*obstinacy*) Eigensinn *m*

con·tra·ry[1] [ˈkɒntrəri] **I.** *n no pl* ■ **the ~** das Gegenteil; **if I don't hear to the ~ ...** wenn ich nichts anderes [*o* Gegenteiliges] höre ...; **proof to the ~** Gegenbeweis *m*; **on the ~** ganz im Gegenteil **II.** *adj* ❶ (*opposite*) entgegengesetzt; **~ to my advice** entgegen meinem Rat; **~ to** [**all**] **expectations** wider Erwarten; **~ to popular opinion** im Gegensatz zur allgemeinen Meinung; **to put forward the ~ point of view** die gegenteilige Ansicht vertreten ❷ (*contradictory*) widersprüchlich

con·tra·ry[2] [kənˈtreəri] *adj* (*argumentative*) widerspenstig

con·trast I. *n* [ˈkɒntrɑːst] ❶ (*difference*) Gegensatz *m*, Kontrast *m* (**to/with** zu); **to be in stark ~ to sth** in krassem Gegensatz zu etw *dat* stehen; **by** [*or* **in**] **~** im Gegensatz ❷ TV Kontrast *m* **II.** *vt* [kənˈtrɑːst] ■ **to ~ sth with sth** etw etw *dat* gegenüberstellen **III.** *vi* [kənˈtrɑːst] kontrastieren

ˈ**con·trast con·trol** *n* TV Kontrastregler *m*

con·trast·ing [kənˈtrɑːstɪŋ] *adj* gegensätzlich; *colours, flavours* konträr; *techniques* unterschiedlich

contra·vene [ˌkɒntrəˈviːn] *vt* (*form*) ■ **to ~ sth** gegen etw *akk* verstoßen

contra·ven·tion [ˌkɒntrəˈvenʃən] *n* (*form*) Verstoß *m* (**of** gegen)

con·trib·ute [kənˈtrɪbjuːt, BRIT *also* ˈkɒntrɪbjuːt] **I.** *vt money, food, equipment* beisteuern (**towards** zu); *ideas* beitragen (**to** für) **II.** *vi* ❶ (*give*) etwas beisteuern (**towards** zu), zuzahlen ❷ (*pay in*) einen Beitrag leisten, zuzahlen

con·tri·bu·tion [ˌkɒntrɪˈbjuːʃən] *n* Beitrag *m* (**to**[**wards**] zu); (*to charity*) Spende *f* (**to**[**wards**] für)

con·tribu·tor [kənˈtrɪbjuːtər] *n* ❶ (*donor*) Spender(in) *m/f* ❷ (*writer*) Mitarbeiter(in) *m/f* (**to** bei)

con·tribu·tory [kənˈtrɪbjuːtəri] *adj* ❶ (*joint*) **~ pension scheme** [*or* AM **plan**] beitragspflichtige Rentenversorgung ❷ (*causing*) **to be a ~ factor to sth** ein Faktor sein, der zu etw *dat* beiträgt

con·trite [kənˈtraɪt] *adj* (*form*) zerknirscht; *apology* reuevoll

con·tri·tion [kənˈtrɪʃən] *n no pl* (*form*) Reue *f*; **act of ~** Buße *f*

con·trive [kənˈtraɪv] **I.** *vt* ❶ (*devise*) sich *dat* ausdenken ❷ (*arrange*) arrangieren ❸ (*make*) fabrizieren **II.** *vi* ■ **to ~ to do sth** es schaffen, etw zu tun

con·trived [kənˈtraɪvd] *adj* (*pej: artificial*) gestellt, gekünstelt; **his excuse sounded a bit ~** seine Entschuldigung klang ein bisschen zu konstruiert

con·trol [kənˈtrəʊl] **I.** *n* ❶ *no pl* Kontrolle *f*; *of a country* Gewalt *f*; *of a company* Leitung *f*; **he's got no ~ over that child of his** er hat sein Kind überhaupt nicht im Griff; **everything is under ~!** wir haben alles im Griff!; **arms ~** Rüstungsbegrenzung *f*; **ball ~** SPORTS Ballführung *f*; **birth ~** Geburtenkontrolle *f*; **passport ~** Passkontrolle *f*; **price ~s** Preiskontrollen *pl*; **to be in ~ of sth** etw unter Kontrolle haben; *a territory* etw in seiner Gewalt haben; **to be out of ~** außer Kontrolle sein; **to get** [*or* **go**] **out of ~** außer Kontrolle geraten ❷ TECH Schalter *m*, Regler *m*; **~ desk** Schaltpult *nt*; **~ panel** Schalttafel *f*; **volume ~** Lautstärkeregler *m* ❸ (*steering*) **to take over the ~s** die Steuerung übernehmen; **~ column** Steuerknüppel *m* ❹ (*person*) Kontrollperson *f*; **~** [**group**] Kontrollgruppe *f* ❺ COMPUT Steuerung *f* ❻ (*base*) **~** [**room**] Zentrale *f*; **~ tower** AVIAT Kontrollturm *m* **II.** *vt* <-ll-> ❶ (*direct*) kontrollieren; *car* steuern; *company* leiten ❷ (*limit*) regulieren; *inflation* eindämmen; *pain* in Schach halten ❸ *emotions* beherrschen; *temper* zügeln ❹ TECH regulieren; **this knob ~s the volume** dieser Knopf regelt die Lautstärke; **the traffic lights are ~led by a computer** die Ampeln werden von einem Computer gesteuert

con·trol·lable [kənˈtrəʊləbl] *adj* kontrollierbar, steuerbar

con·trolled [kənˈtrəʊld] *adj* ❶ (*mastered*) kontrolliert; *voice* beherrscht ❷ MED *drugs* verschreibungspflichtig

con·trolled-carb *adj attr* kohlenhydratarm

con·trol·ler [kənˈtrəʊləʳ] *n* ❶ (*director*) Leiter(in) *m(f)*; *of a radio station* Intendant(in) *m(f)*; (*supervisor*) Aufseher(in) *m(f)* ❷ AVIAT **air-traffic** [*or* **flight**] ~ Fluglotse *m*/-lotsin *f* ❸ FIN Controller(in) *m(f)*

con·trol·ling [kənˈtrəʊlɪŋ] *n no pl* ❶ (*discipline*) Controlling *nt* ❷ (*manipulation*) Steuerung *f*

conˈtrol or·der *n* BRIT *gerichtliche Verfügung zur Einschränkung der Bewegungs- und Kommunikationsfreiheit* **conˈtrol point** *n* Kontrollpunkt *m*

con·tro·ver·sial [ˌkɒntrəˈvɜːʃəl] *adj* umstritten

con·tro·ver·sy [kənˈtrɒvəsi, ˈkɒntrəvɜːsi] *n* Kontroverse *f*; **to cause bitter ~** zu erbitterten Auseinandersetzungen führen

con·tu·sion [kənˈtjuːʒən] *n* Quetschung *f*, Prellung *f*

co·nun·drum [kəˈnʌndrʌm] *n* ❶ (*puzzle*) Rätsel *nt* ❷ (*problem*) Problem *nt*

con·ur·ba·tion [ˌkɒnɜːˈbeɪʃən] *n* (*form*) Ballungsgebiet *nt*

con·va·lesce [ˌkɒnvəˈles] *vi* genesen

con·va·les·cence [ˌkɒnvəˈlesən(t)s] *n* ❶ (*recovery*) Genesung *f* ❷ (*time*) Genesungszeit *f*

con·va·les·cent [ˌkɒnvəˈlesənt] I. *n* Genesende(r) *f(m)* II. *adj* ❶ *person* genesend ❷ *for convalescents* Genesungs-

con·vec·tion [kənˈvekʃən] *n no pl* Konvektion *f*

conˈvec·tion oven *n* Heißluftherd *m*

con·vec·tor [kənˈvektəʳ] *n*, **conˈvec·tor heat·er** *n* Heizlüfter *m*

con·vene [kənˈviːn] (*form*) I. *vi* sich versammeln; *committee* zusammentreten II. *vt* ■ **to ~ sb** jdn zusammenrufen; ■ **to ~ sth** etw einberufen

con·veni·ence [kənˈviːniən(t)s] *n* ❶ *no pl* (*comfort*) Annehmlichkeit *f*; **at your ~** wenn es Ihnen passt; **at your earliest ~** baldmöglichst ❷ (*device*) Annehmlichkeit *f*; **with all modern ~s** mit allem Komfort

conˈveni·ence store *n* AM Laden *m* an der Ecke

con·veni·ent [kənˈviːniənt] *adj* ❶ (*useful*) zweckmäßig; (*suitable*) günstig; (*comfortable*) bequem; *excuse* passend; ■ **it is** [**very**] **~ that ...** es ist [sehr] praktisch, dass ... ❷ *date, time* passend, günstig; **if it's ~ for you** wenn es Ihnen passt ❸ (*accessible*) günstig gelegen; **the flat is ~ for ...** die Wohnung liegt günstig für ... ❹ (*beneficial*) **to be ~ for sb** jdm gelegen kommen

con·vent [ˈkɒnvənt] *n* [Nonnen]kloster *nt*

con·ven·tion [kənˈven(t)ʃən] *n* ❶ (*custom*) Brauch *m*; (*social code*) Konvention *f*; **~ dictates that ...** es ist Brauch, dass ... ❷ (*agreement*) Abkommen *nt*; *of human rights* Konvention *f* ❸ (*assembly*) [Mitglieder]versammlung *f*; **annual ~** Jahrestreffen *nt* ❹ (*conference*) Konferenz *f*; **~ centre** Tagungszentrum *nt*

con·ven·tion·al [kənˈven(t)ʃənəl] *adj* konventionell; **~ medicine** Schulmedizin *f*

con·ven·tion·al·ly [kənˈvenʃənəli] *adv dress, behave* konventionell; *written, built* traditionell

con·verge [kənˈvɜːdʒ] *vi* ❶ *lines* zusammenlaufen ❷ *people* **to ~ on a city** scharenweise in eine Stadt kommen ❸ (*resemble*) sich einander annähern ❹ MATH konvergieren

con·ver·gence [kənˈvɜːdʒən(t)s] *n no pl* ❶ (*resemblance*) Annäherung *f* ❷ *of lines* Zusammenlaufen *nt*; **point of ~** Schnittpunkt *m* ❸ MATH Konvergenz *f*

con·ver·gent [kənˈvɜːdʒənt] *adj* ❶ *lines* konvergent ❷ (*similar*) ähnlich; *opinions* konvergierend ❸ MATH konvergierend

con·ver·sant [kənˈvɜːsənt] *adj* ■ **to be ~ with sth** mit etw *dat* vertraut sein

con·ver·sa·tion [ˌkɒnvəˈseɪʃən] *n* Gespräch *nt*, Unterhaltung *f*; **telephone ~** Telefongespräch *nt*; **to be in** [*or* **have a**] **~** [**with sb**] sich [mit jdm] unterhalten; **to be deep in ~** ins Gespräch vertieft sein; **to carry on** [*or* **hold**] **a ~** sich unterhalten, ein Gespräch führen; **to get into ~ with sb** mit jdm ins Gespräch kommen; **to make ~** (*small talk*) Konversation machen

con·ver·sa·tion·al [ˌkɒnvəˈseɪʃənəl] *adj* Gesprächs-, Unterhaltungs-; **~ tone** Plauderton *m*

con·ver·sa·tion·al·ly [ˌkɒnvəˈseɪʃənəli] *adv* im Plauderton

con·verse[1] [kənˈvɜːs] *vi* (*form*) sich unterhalten

con·verse[2] [ˈkɒnvɜːs] (*form*) I. *n* ■ **the ~** das Gegenteil II. *adj* gegenteilig

con·verse·ly [kənˈvɜːsli] *adv* umgekehrt

con·ver·sion [kənˈvɜːʃən] *n* ❶ *no pl* (*change of form or function*) Umwandlung *f* (**into** in); ARCHIT Umbau *m* (**into** zu); TECH Umrüstung *f* (**into** zu) ❷ REL Konversion *f*, Übertritt *m*, Bekehrung *f* ❸ (*changing beliefs or opinions*) Wandel *m* ❹ *no pl* MATH Umrechnung *f* ❺ SPORTS Verwandlung *f*

con·vert I. *n* ['kɒnvɜːt] REL Bekehrte(r) *f(m)*, Konvertit(in) *m(f)*; **to be a ~ to Buddhism** zum Buddhismus übergetreten sein; **a ~ to Catholicism** ein zum Katholizismus Übergetretener/eine zum Katholizismus Übergetretene; **to become a ~ to Islam** zum Islam übertreten II. *vi* [kən'vɜːt] ① REL übertreten; **he ~ed to his wife's religion** er nahm die Religion seiner Frau an ②(*change in function*) sich verwandeln lassen III. *vt* [kən'vɜːt] ① REL (*also fig*) bekehren ②(*change in form or function*) ■**to ~ sth** [**into**] etw umwandeln [in +*akk*]; ARCHIT etw umbauen [zu +*dat*]; *attic* etw ausbauen [zu +*dat*]; TECH etw umrüsten [zu +*dat*] ③(*calculate*) umrechnen; (*exchange*) umtauschen ④ SPORTS verwandeln ⑤(*to a different fuel*) umstellen (**to** auf)

con·vert·er [kən'vɜːtər] *n* ① ELEC Umwandler *m* ② AUTO Katalysator *m*

con·vert·ible [kən'vɜːtɪbl] I. *n* Kabrio[lett] *nt*, Kabriole *nt* ÖSTERR II. *adj* ①(*changeable*) verwandelbar ② FIN konvertierbar

con·vex ['kɒnveks] *adj* konvex; **~ lens** Konvexlinse *f*

con·vey [kən'veɪ] *vt* ①(*transport*) befördern ②(*transmit*) überbringen; (*impart*) vermitteln; (*make clear*) deutlich machen; **please ~ my regards to your father** (*form*) grüßen Sie bitte Ihren Vater von mir

con·vey·ance [kən'veɪən(t)s] *n* ① *no pl* (*form: transport*) Beförderung *f* ②(*form: vehicle*) Verkehrsmittel *nt* ③ *no pl* (*form: communication*) Übermittlung *f* ④ *no pl* LAW (*transfer*) Eigentumsübertragung *f*

con·vey·anc·ing [kən'veɪən(t)sɪŋ] *n no pl* LAW Eigentumsübertragung *f*

con·vey·or *n*, **con·vey·er** [kən'veɪər] *n* ①(*bearer*) Überbringer(in) *m(f)* ② TECH **~** [**belt**] Förderband *nt;* (*in factory*) Fließband *nt*

con·vict I. *n* ['kɒnvɪkt] Strafgefangene(r) *f(m)* II. *vi* [kən'vɪkt] auf schuldig erkennen III. *vt* [kən'vɪkt] verurteilen

con·vic·tion [kən'vɪkʃ(ə)n] *n* ①(*judgement*) Verurteilung *f* (**for** wegen); **it was her first ~ for stealing** sie wurde zum ersten Mal wegen Diebstahls verurteilt; **previous ~s** Vorstrafen *pl*; **to have no/two previous ~s** nicht/zweifach vorbestraft sein ②(*belief*) Überzeugung *f;* **he's a socialist by ~** er ist ein überzeugter Sozialist; **to have a deep ~ that ...** der festen Überzeugung sein, dass ...; **sb/sth carries ~** jd/etw ist [*o* klingt] überzeugend

con·vince [kən'vɪn(t)s] *vt* überzeugen (**of** von)

con·vinced [kən'vɪn(t)st] *adj* ①(*persuaded*) überzeugt; ■**to be ~ of sth** von etw *dat* überzeugt sein ② *attr* (*of ones beliefs*) überzeugt; **a ~ Socialist** ein überzeugter Sozialist/eine überzeugte Sozialistin

con·vinc·ing [kən'vɪn(t)sɪŋ] *adj* überzeugend

con·vinc·ing·ly [kən'vɪn(t)sɪŋli] *adv* überzeugend; **to argue very ~ in favour of sth** mit großer Überzeugung für etw *akk* sprechen

con·vo·lut·ed [ˌkɒnvə'luːtɪd] *adj* (*form*) ①(*twisted*) verwickelt ②(*difficult*) *sentences* verschachtelt; *plot* verschlungen

con·voy ['kɒnvɔɪ] I. *n* Konvoi *m;* **~ of trucks** Lkw-Konvoi *m;* **in ~** im Konvoi; **shall we drive to the party in ~?** sollen wir gemeinsam zur Party fahren? II. *vt* eskortieren

con·vulse [kən'vʌls] I. *vi* **to ~ with laughter** sich vor Lachen biegen; **to ~ with pain** sich vor Schmerzen winden II. *vt* erschüttern; **to be ~d with laughter** sich vor Lachen biegen

con·vul·sion [kən'vʌlʃ(ə)n] *n usu pl* Krampf *m;* **to go into ~s** Krämpfe bekommen

con·vul·sive [kən'vʌlsɪv] *adj* Krampf-, krampfartig; *movement* krampfhaft; **~ spasms** Muskelkrämpfe *pl*, konvulsivische Zuckungen *fachspr*

coo [kuː] I. *vi* gurren II. *n no pl* Gurren *nt*

cook [kʊk] I. *n* Koch *m*/Köchin *f* ▸**too many ~s spoil the broth** (*prov*) viele Köche verderben den Brei II. *vi* ①(*make meals*) kochen ②(*in water*) kochen; *fish, meat* garen; (*fry, roast*) braten; *pie* backen ③ AM (*fam: do well*) in Höchstform sein; (*be successful*) so richtig gut einschlagen; (*be ready to go*) loslegen können; **now we're ~in'!** jetzt kann es losgehen! ▸**what's ~ing?** (*sl*) was ist los? III. *vt* ①(*make*) kochen; **how do you ~ this fish?** wie wird dieser Fisch zubereitet? ②(*heat*) kochen; *fish, meat* garen; (*fry, roast*) braten ③(*fam: falsify*) frisieren

'**cook·book** *n* Kochbuch *nt*

cooked-to-'or·der *adj* nach Wunsch gekocht

cook·er ['kʊkər] *n* BRIT ①(*stove*) Herd *m;* **induction ~** Induktionsherd *m* ②(*fam: cooking apple*) Kochapfel *m*

cook·ery ['kʊkəri] I. *n no pl* (*cooking*) Kochen *nt* II. *adj* Koch-

cook·ie ['kʊki] *n esp* AM ① (*biscuit*) Keks *m*, Plätzchen *nt* ② AM (*fam: person*) Typ *m* ③ COMPUT Cookie *nt* ▶ **tough ~s!** AM Pech gehabt!; **that's the way the ~ crumbles** (*saying*) so ist das nun mal im Leben

cookie 'sand·wich *n* AM *Sandwich aus Keksen mit süßem Belag, meist Eis*

cook·ing ['kʊkɪŋ] I. *n no pl* ① (*act*) Kochen *nt*; **to do the ~** kochen ② (*style*) **French ~** die französische Küche II. *adj* Koch-; **~ foil** BRIT Alufolie *f*; **~ show** Kochsendung *f*, Kochshow *f*

cool [ku:l] I. *adj* ① (*pleasantly cold*) kühl; (*unpleasantly cold*) kalt ② (*clothing, material*) luftig ③ (*colour*) kühl ④ (*calm*) ruhig, cool *sl*; (*level-headed*) besonnen; **to keep a ~ head** einen kühlen Kopf bewahren; **~, calm and collected** kühl, ruhig und besonnen ⑤ (*unfriendly*) kühl; **to give sb a ~ reception** jdn kühl empfangen ⑥ (*unfeeling*) kühl; (*not showing interest*) abweisend ⑦ (*fam: trendy, great*) cool *sl*, geil *sl* II. *interj* (*fam*) cool *sl*, geil *sl* III. *n no pl* ① (*cold*) Kühle *f*; **in the ~ of the evening** in der Abendkühle; **to stay in the ~** im Kühlen bleiben ② (*calm*) Ruhe *f*, IV. *vi* ① (*lose heat*) abkühlen (**to** auf) ② (*die down*) nachlassen V. *vt* ① (*make cold*) kühlen; (*cool down*) abkühlen ② (*sl: calm down*) [**just**] **~ it!** reg dich ab!; **~ it everyone!** ganz cool bleiben!

cool·ant ['ku:lənt] *n* MECH Kühlflüssigkeit *f*, Kühlmittel *nt*

cool·er ['ku:lə^r] *n* Kühlbox *f*; *for wine bottle* Kühler *m*

cool·'head·ed *adj* besonnen

cool·ing ['ku:lɪŋ] *adj* [ab]kühlend

'cool·ing tow·er *n* Kühlturm *m*

cool·ly ['ku:lli] *adv* (*coldly*) kühl, distanziert; (*in a relaxed manner*) cool *sl*, gelassen

cool·ness ['ku:lnəs] *n no pl* ① (*low temperature*) Kühle *f* ② (*unfriendliness*) Kühle *f*, Distanziertheit *f* ③ (*relaxed manner*) coole Art *sl*

coop [ku:p] I. *n* Hühnerstall *m* II. *vt* ■ **to ~ up** einsperren

co-op ['kəʊɒp] *n* ① *abbrev of* **cooperative** I ② BRIT (*fam*) Konsum[laden] *m*

coop·er ['ku:pə^r] *n* Böttcher *m*, Küfer *m*

co·op·er·ate [kəʊ'ɒpəreɪt] *vi* ① (*help*) kooperieren; (*comply also*) mitmachen ② (*act jointly*) kooperieren, zusammenarbeiten (**in** bei)

co·op·er·a·tion [ˌkəʊɒpə'reɪʃən] *n no pl* ① (*assistance*) Kooperation *f*, Mitarbeit *f* (**in** bei) ② (*joint work*) Zusammenarbeit *f*, Kooperation *f* (**in** bei)

co·op·er·a·tive [kəʊ'ɒpərətɪv] I. *n* Genossenschaft *f*, Kooperative *f* II. *adj* ① ECON genossenschaftlich, kooperativ; **~ farm** landwirtschaftliche Genossenschaft; **~ society** Konsumgenossenschaft *f*; **~ store** Konsum[laden] *m* ② (*willing*) kooperativ

co-opt [kəʊ'ɒpt] *vt* kooptieren; ■ **to ~ sb on to sth** jdn durch Kooptation in etw *akk* wählen

co·or·di·nate I. *n* [kəʊ'ɔ:dɪnət] ① *usu pl* MATH Koordinate *f* ② FASHION ■ **~s** *pl* Ensembles *pl* II. *vi* [kəʊ'ɔ:dɪneɪt] [gut] zusammenarbeiten III. *vt* [kəʊ'ɔ:dɪneɪt] koordinieren

co·or·di·na·tion [kəʊˌɔ:dɪ'neɪʃən] *n no pl* ① (*coordinating*) Koordination *f* ② (*cooperation*) Zusammenarbeit *f* ③ (*dexterity*) Sinn *m* für Koordination; **to not have much ~** kein gutes Koordinationsgefühl besitzen

co·or·di·na·tor [kəʊ'ɔ:dɪneɪtə^r] *n* Koordinator(in) *m(f)*

coot [ku:t] *n* ① (*bird*) Blässhuhn *nt* ② AM (*fam: stupid person*) **old ~** alter Esel ▶ **as bald as a ~** völlig kahl

cop [kɒp] I. *n* ① (*fam: police officer*) Bulle *m*; **to play ~s and robbers** Räuber und Gendarm spielen ② *no pl* BRIT (*sl*) **to not be much ~** nicht besonders gut sein II. *vt* <-pp-> ① BRIT, AUS (*sl*) **to ~ it** (*be in trouble*) dran sein; (*get killed*) gekillt werden ② (*sl: receive*) bekommen ③ (*sl: grab*) **to ~ hold of sth** bei etw *dat* mit anpacken; **~ hold of that** pack mal mit an; **to ~ a [quick] look at sth** einen [kurzen] Blick auf etw *akk* werfen ④ LAW **to ~ a plea** *sich schuldig bekennen und dafür eine mildere Strafe aushandeln* ▶ **~ a load of that!** kuck dir das mal an!

co·par·ent·ing [ˌkəʊ'peərəntɪŋ, AM ˌkoʊ'per-] *n no pl* Ausübung *f* des gemeinsamen Sorgerechtes

cope [kəʊp] *vi* ① (*mentally*) zurechtkommen; **to ~ with a problem** ein Problem bewältigen ② (*physically*) ■ **to ~ with sb/sth** jdm/etw gewachsen sein

Co·pen·ha·gen [ˌkəʊpən'heɪɡən, -'hɑ:-] *n* Kopenhagen *nt*

cop·i·er ['kɒpiə^r] *n* ① (*machine*) Kopiergerät *nt* ② (*cheater*) Abgucker(in) *m(f)*

co-pi·lot [ˌkəʊ'paɪlət] *n* Kopilot(in) *m(f)*

co·pi·ous ['kəʊpiəs] *adj* zahlreich; **~ amounts of** Unmengen von +*dat*

cop·per ['kɒpə^r] *n* ① *no pl* (*metal*) Kupfer *nt* ② (*fam: police officer*) Bulle *m*

③ BRIT (sl: coins) ■ ~s pl Kleingeld nt kein pl
cop·per 'beech n Blutbuche f **'cop·per·plate** n (engraving) Kupferstichplatte f; (print) Kupferstechen nt **'cop·per·smith** n Kupferschmied(in) m(f)
cop·pice ['kɒpɪs] I. n zurückgeschnittenes Waldstück II. vt trees stutzen
co-pro·duc·tion [ˌkəʊprəˈdʌkʃən] n Koproduktion f
'cop show n Polizeiserie f
cop·u·late ['kɒpjəleɪt] vi kopulieren
cop·u·la·tion [ˌkɒpjəˈleɪʃən] n no pl Kopulation f
copy ['kɒpi] I. n ① (duplicate) Kopie f; of a document Abschrift f; of a photo Abzug m; **a true ~** eine originalgetreue Kopie ② (issue) Exemplar nt; **have you got a ~ of the latest Vogue?** hast du die neueste Vogue?; **hard ~** COMPUT [Computer]ausdruck m ③ no pl PUBL Manuskript nt; (in advertising) Werbetext m; **disasters make good ~ for newspapers** Katastrophen sind guter Stoff für Zeitungen; **clean ~** Reinschrift f II. vt <-ie-> ① (duplicate) kopieren; **~ [down]** (from text) abschreiben; (from words) niederschreiben ② (imitate) person nachmachen; style nachahmen; picture abmalen ③ (plagiarize) abschreiben III. vi <-ie-> ① (imitate) nachahmen ② (in school) abschreiben
◆ **copy down** vt text abschreiben; spoken words niederschreiben
'copy·book I. adj beispielhaft; **~ manœuvre** [or AM **maneuver**] Bilderbuchmanöver nt II. n ▶**to blot one's ~** BRIT seinen Ruf ruinieren **'copy·cat** I. n (pej fam) Nachmacher(in) m(f); of written work Abschreiber(in) m(f) II. adj imitiert **'copy·desk** n AM JOURN Redaktionstisch m **'copy edi·tor** n Manuskriptbearbeiter(in) m(f); (press) Redakteur(in) m(f); (publishing house) Lektor(in) m(f) **'copy·ing ink** n no pl Kopiertinte f **'copy·ing pa·per** n Kopierpapier nt **copy pro·'tec·tion** n no pl COMPUT Kopierschutz m **copy·right** ['kɒpiraɪt] I. n Copyright nt, Urheberrecht nt; **out of ~** nicht [mehr] urheberrechtlich geschützt II. vt urheberrechtlich schützen **'copy·writ·er** n [Werbe]texter(in) m(f)
cor·al ['kɒrəl] n no pl Koralle f
cor·al 'reef n Korallenriff nt
cord [kɔːd] I. n ① (for parcel) Schnur f; (for curtain) Kordel f; AM, AUS (electrical cord) Kabel nt ② ANAT (umbilical cord) Nabelschnur f; (spinal cord) Rückenmark nt ③ (trousers) ■ ~s pl Cordhose f II. adj Cord-
cor·dial ['kɔːdɪəl] I. adj ① (friendly) freundlich, herzlich; relations freundschaftlich ② (form: strong) heftig; dislike tief II. n BRIT, AUS (drink) Sirup m; AM Likör m
cor·di·al·ity [ˌkɔːdɪˈæləti] n ① no pl (friendliness) Herzlichkeit f ② (pleasant remarks) ■**cordialities** pl **to exchange cordialities** Freundlichkeiten austauschen
cord·less ['kɔːdləs] adj schnurlos
cor·don ['kɔːdən] I. n Kordon m II. vt ■**to ~ off** ⟳ sth etw absperren
cor·du·roy ['kɔːdjərɔɪ] n ① no pl (material) Cordsamt m; **~ jacket** Cordjacke f ② (trousers) ■ ~s pl Cordhose f
core [kɔː'] I. n ① (centre) of apple Kerngehäuse nt; of rock Innere(s) nt; of planet Mittelpunkt m; (of reactor) [Reaktor]kern m; **rotten to the ~** völlig verfault ② (fig) Kern m; **conservative to the ~** durch und durch konservativ; **rotten/shocked to the ~** bis ins Mark verdorben/erschüttert ③ GEOL **[sample]** Bohrprobe f ④ ELEC of cable Leiter m II. adj zentral III. vt entkernen
CORE [kɔː'] n AM abbrev of **Congress of Racial Equality** ≈ Vereinigung f zur Bekämpfung von Rassendiskriminierung
core 'sub·ject n SCH Hauptfach nt
co·ri·an·der [ˌkɒriˈændə'] n no pl Koriander m
cork [kɔːk] I. n ① no pl (material) Kork m ② (stopper) Korken m II. vt ① (seal bottle) zukorken ② AM (fig fam) **~ it!** halt die Klappe!
cork·age ['kɔːkɪdʒ] n no pl, **'cork charge** n AM Korkengeld nt
corked [kɔːkt] adj korkig
'cork·screw n Korkenzieher m
corn[1] [kɔːn] n ① no pl BRIT (cereal in general) Getreide nt, Korn nt; **field of ~** Kornfeld nt ② no pl AM, AUS (maize) Mais m; **~ on the cob** Maiskolben m ③ BRIT (single grain) [Getreide]korn nt
corn[2] [kɔːn] n MED Hühnerauge nt
'corn·cob n Maiskolben m
cor·nea ['kɔːnɪə] n (in eye) Hornhaut f
cor·ner ['kɔːnə'] I. n ① Ecke f; of table Kante f; **the holidays are just around the ~** (fig) die Ferien stehen vor der Tür; **a remote ~ of the earth** ein entlegener Winkel der Erde; **out of the ~ of one's eye** aus dem Augenwinkel; **~ of one's mouth** Mundwinkel m; **to fold the ~ of a page** ein Eselsohr machen; **on the ~ of**

the street an der Straßenecke; **the four ~s of the world** alle vier Himmelsrichtungen; **to cut a ~** eine Kurve schneiden; **at every ~** (*fig*) überall ❷ SPORTS (*in hockey, football*) Ecke *f,* Eckball *m;* BOXING Ecke *f* ▶ **to be in a tight ~** in der Klemme stecken; **to cut ~s** (*financially*) Kosten sparen; (*in procedure*) das Verfahren abkürzen; **to force sb into a [tight] ~** jdn in die Enge treiben; **to have turned the ~** über den Berg sein **II.** *adj* Eck- **III.** *vt* ❶ (*trap*) in die Enge treiben ❷ COMM monopolisieren; *market* beherrschen **IV.** *vi vehicle* eine Kurve [*o* Kurven] nehmen; **to ~ well** gut in der Kurve liegen

'**cor·nered** *adj attr* in die Enge getriebene(r, s)

'**cor·ner house** *n* Eckhaus *nt* '**cor·ner seat** *n* Eckplatz *m* '**cor·ner shop** *n* BRIT Tante-Emma-Laden *m fam* '**cor·nerstone** *n* ARCHIT (*also fig*) Eckstein *m*

cor·net ['kɔ:nɪt] *n* ❶ MUS Kornett *nt* ❷ BRIT FOOD Waffeltüte *f;* **ice cream ~** Eistüte *f*

'**corn·flakes** *npl* Cornflakes *pl* '**cornflour** *n no pl* BRIT, AUS Maisstärke *f* '**corn·flow·er** *n* Kornblume *f*

cor·nice ['kɔ:nɪs] *n* ARCHIT [Kranz]gesims *nt*

Cor·nish ['kɔ:nɪʃ] **I.** *adj* aus Cornwall **II.** *n* ■ **the ~** *pl* die Bewohner *pl* von Cornwall

Corn·wall ['kɔ:nwɔ:l] *n* Cornwall *nt*

corny ['kɔ:ni] *adj* (*fam: sentimental*) kitschig; (*dopey*) blöd

coro·nary ['kɒrən°ri] **I.** *n* Herzinfarkt *m* **II.** *adj* koronar, Herzkranz-

coro·na·tion [ˌkɒrə'neɪʃ°n] *n* Krönung[szeremonie] *f*

coro·ner ['kɒrənər] *n* Coroner *m* (*Beamter, der unter verdächtigen Umständen eingetretene Todesfälle untersucht*)

Corp [kɔ:p] *n* ❶ *short for* **corporation** ❷ *short for* **corporal**

cor·po·ral ['kɔ:p°r°l] *n* Unteroffizier *m*

cor·po·rate ['kɔ:p°rət] *adj* ❶ (*shared*) gemeinsam ❷ (*of corporation*) körperschaftlich; **~ identity** Corporate Identity *f;* **~ policy** Firmenpolitik *f*

cor·po·ra·tion [ˌkɔ:p°r'eɪʃ°n] *n* ❶ BRIT COMM öffentlich-rechtliche Körperschaft; AM [Kapital]gesellschaft *f;* **public ~** BRIT wirtschaftliche Unternehmung der öffentlichen Hand ❷ BRIT (*local council*) Stadtverwaltung *f;* **municipal ~** kommunale Körperschaft

cor·po·'ra·tion tax *n* Körperschaftssteuer *f*

corps <*pl* -> [kɔ:r] *n* + *sing/pl vb* Korps *nt;* **medical ~** Sanitätstruppe *f;* **the diplomatic ~** das Diplomatische Korps

corps de bal·let <*pl* -> [ˌkɔ:də'bæleɪ] *n* + *sing/pl vb* Ballettkorps *nt*

corpse [kɔ:ps] *n* Leiche *f*

cor·pu·lence ['kɔ:pjʊlən(t)s] *n no pl* Korpulenz *f*

cor·pu·lent ['kɔ:pjʊlənt] *adj* (*euph*) korpulent

cor·pus <*pl* -pora *or* -es> ['kɔ:pəs, *pl* -p°rə] *n* Korpus *nt*

Cor·pus Chris·ti [-'krɪsti] *n* Fronleichnam *m*

cor·pus·cle ['kɔ:pʌsl] *n* Blutkörperchen *nt*

cor·ral [kə'ræl] AM **I.** *n* [Fang]gehege *nt* **II.** *vt* <-ll-> *animals* in den Korral treiben; ■ **to ~ sth off** etw absperren

cor·rect [kə'rekt] **I.** *vt* korrigieren; **I stand ~ed** ich nehme alles zurück **II.** *adj* ❶ (*accurate*) richtig, korrekt; **that is ~** das stimmt ❷ (*proper*) korrekt

cor·rec·tion [kə'rekʃ°n] *n* ❶ (*change*) Korrektur *f;* **subject to ~** ohne Gewähr ❷ *no pl* (*improvement*) Verbesserung *f,* Berichtigung *f*

cor·'rec·tion flu·id *n no pl* Korrekturflüssigkeit *f*

cor·rec·tions [kə'rekʃ°nz] *npl* AM LAW (*form*) erzieherische Strafmaßnahmen

cor·rec·tive [kə'rektɪv] **I.** *adj* ❶ (*counteractive*) korrigierend; **~ surgery** Korrekturoperation *f* ❷ (*improving behaviour*) Besserungs- **II.** *n* Korrektiv *nt*

cor·rect·ly [kə'rektli] *adv* korrekt, richtig

cor·rect·ness [kə'rektnəs] *n no pl* Korrektheit *f,* Richtigkeit *f*

cor·re·late ['kɒrəleɪt] **I.** *vt* in Beziehung setzen **II.** *vi* sich *dat* entsprechen

cor·re·la·tion [ˌkɒrə'leɪʃ°n] *n* ❶ (*cause, result*) [Wechsel]beziehung *f,* Zusammenhang *m;* **there's little ~ between wealth and happiness** Reichtum und Glück haben wenig miteinander zu tun ❷ (*in statistics*) Korrelation *f*

cor·re·spond [ˌkɒrɪ'spɒnd] *vi* ❶ (*be equivalent of*) entsprechen (**to** +*dat*); (*be same as*) übereinstimmen (**with** mit) ❷ (*write*) korrespondieren

cor·re·spond·ence [ˌkɒrɪ'spɒndən(t)s] *n no pl* (*letter-writing*) Korrespondenz *f;* **to be in ~ with sb** mit jdm in Briefwechsel stehen

cor·re·spond·ent [ˌkɒrɪ'spɒndənt] *n* ❶ *of letters* Briefschreiber(in) *m(f)* ❷ (*journalist*) Berichterstatter(in) *m(f),* Korrespondent(in) *m(f)*

cor·re·spond·ing [ˌkɒrɪ'spɒndɪŋ] *adj* ❶ (*same*) entsprechend ❷ (*accompanying*) dazugehörig

cor·re·spond·ing·ly [ˌkɒrɪˈspɒndɪŋli] *adv* entsprechend

cor·ri·dor [ˈkɒrɪdɔːʳ] *n* ❶ (*inside*) Flur *m*, Gang *m*, Korridor *m*; (*fig*) **the ~s of power** die Schalthebel *pl* der Macht ❷ (*strip of land, air space*) Korridor *m*

cor·rob·o·rate [kəˈrɒbəreɪt] *vt* bestätigen

cor·rob·o·ra·tion [kəˌrɒbəˈreɪʃən] *n* Bestätigung *f*; **in ~ of** zur Bestätigung +*gen*

cor·rob·o·ra·tive [kəˈrɒbərətɪv] *adj* bestätigend

cor·rode [kəˈrəʊd] **I.** *vi* korrodieren **II.** *vt* etw korrodieren [*o* zerfressen]; (*fig*) zerstören

cor·ro·sion [kəˈrəʊʒən] *n no pl* ❶ *of metal, stone* Korrosion *f* ❷ (*fig: deterioration*) Verfall *m*

cor·ro·sive [kəˈrəʊsɪv] **I.** *adj* ❶ (*destructive*) korrosiv; *acid* ätzend ❷ (*fig*) zerstörerisch **II.** *n* korrodierender Stoff

cor·ru·gat·ed [ˈkɒrəgeɪtɪd] *adj* ❶ *iron, cardboard* gewellt ❷ BRIT *road* zerfurcht

cor·rupt [kəˈrʌpt] **I.** *adj* ❶ (*dishonest*) korrupt; (*bribable*) bestechlich; **~ morals** verdorbener Charakter ❷ (*ruined*) *text* entstellt; *file* unlesbar; *disk* kaputt **II.** *vt* ❶ (*debase ethically*) korrumpieren; (*morally*) [moralisch] verderben ❷ (*change*) entstellen; *text* verfälschen ❸ (*influence by bribes*) bestechen ❹ COMPUT *file* ruinieren; **~ed file** fehlerhafte Datei

cor·rup·tion [kəˈrʌpʃən] *n* ❶ *no pl* (*action*) *of moral standards* Korruption *f*; *of a text* Entstellung *f*; *of computer file* Zerstörung *f* ❷ *no pl* (*dishonesty*) Unehrenhaftigkeit *f*; (*bribery*) Korruption *f* ❸ LING (*changed form*) korrumpierte Form ❹ (*decay*) Zersetzung *f*

cor·set [ˈkɔːsət] *n* (*undergarment*) Korsett *nt*; MED Stützkorsett *nt*

Cor·si·ca [ˈkɔːsɪkə] *n* Korsika *nt*

Cor·si·can [ˈkɔːsɪkən] **I.** *adj* korsisch **II.** *n* ❶ (*person*) Korse *m*/Korsin *f* ❷ *no pl* (*language*) Korsisch *n*

cos[1] *n* MATH *abbrev of* **cosine** cos

cos[2] [kəz, kɒz] *conj* BRIT (*fam*) *abbrev of* **because**

cos[3] [kɒs, kɒz] *n* BRIT, AUS Romagnasalat *m*

co·sec [ˈkəʊsek] MATH *abbrev of* **cosecant** cosec

co·sig·na·to·ry [ˌkəʊˈsɪgnətəri] *n* Mitunterzeichner(in) *m(f)*

co·si·ly [ˈkəʊzɪli] *adv* gemütlich

co·sine [ˈkəʊsaɪn] *n* MATH Kosinus *m*

co·si·ness [ˈkəʊzɪnəs] *n no pl* Gemütlichkeit *f*

cos·met·ic [kɒzˈmetɪk] **I.** *n* Kosmetik *f*; **~s** *pl* Kosmetika *pl* **II.** *adj* kosmetisch *a. fig*

cos·met·i·cal·ly [kɒzˈmetɪkli] *adv* kosmetisch

cos·me·ti·cian [ˌkɒzməˈtɪʃən] *n* Kosmetiker(in) *m(f)*

cos·mic [ˈkɒzmɪk] *adj* kosmisch *a. fig*

cos·mol·o·gy [kɒzˈmɒlədʒi] *n no pl* Kosmologie *f*

cos·mo·naut [ˈkɒzmənɔːt] *n* Kosmonaut(in) *m(f)*

cos·mo·pol·i·tan [ˌkɒzməˈpɒlɪtən] **I.** *adj* kosmopolitisch **II.** *n* Kosmopolit(in) *m(f)*

cos·mos [ˈkɒzmɒs] *n no pl* Kosmos *m*

Cos·sack [ˈkɒsæk] **I.** *n* Kosak(in) *m(f)* **II.** *adj* Kosaken-

cost [kɒst] **I.** *vt* <cost, cost> kosten; **drinking and driving ~s lives** Trunkenheit am Steuer fordert Menschenleben ❷ <-ed, -ed> FIN ■**to ~ [out]** [durch]kalkulieren **II.** *n* ❶ (*price*) Preis *m*, Kosten *pl* (**of** für); **at no ~** to ohne Kosten für +*akk*; **at no extra ~** ohne Aufpreis; **at huge ~** für Unsummen; **at ~** zum Selbstkostenpreis ❷ (*fig*) Aufwand *m kein pl*; **at no ~ to the environment** ohne Beeinträchtigung für die Umwelt; **at the ~ of one's health** auf Kosten der Gesundheit; **to learn sth to one's ~** etw am eigenen Leib erfahren; **at all ~[s]** [*or* **at any ~**] um jeden Preis; **at great personal ~** unter großen persönlichen Opfern ❸ *pl* ■ **~s** Kosten *pl* (**of** für); LAW Prozesskosten *pl*

co-star [ˌkəʊˈstɑːʳ] **I.** *n* einer der Hauptdarsteller; **to be sb's ~** neben jdm die Hauptrolle spielen **II.** *vt, vi* <-rr-> ■**to ~ [with] sb** neben jdm die Hauptrolle spielen

Cos·ta Rica [ˌkɒstəˈriːkə] *n* Costa Rica *nt*

Cos·ta Ri·can [ˌkɒstəˈriːkən] **I.** *adj* costa-ricanisch **II.** *n* Costa-Ricaner(in) *m(f)*

cost-inˈten·sive *adj* aufwändig

cost·ly [ˈkɒstli] *adj* kostspielig *a. fig*; **to prove ~** sich als kostspielig herausstellen

ˈcost price *n* Selbstkostenpreis *m*

cos·tume [ˈkɒstjuːm] *n* ❶ (*national dress*) Tracht *f*; **historical ~** historisches Kostüm; **national ~** Landestracht *f* ❷ (*decorative dress*) Kostüm *nt*; **to wear a witch[ˈs] ~** als Hexe verkleidet sein

cosy [ˈkəʊzi] **I.** *adj* ❶ (*pleasant, comfortable*) gemütlich, behaglich; (*nice and warm*) mollig warm; *atmosphere* heimelig; *relationship* traut ❷ (*pej*) bequem; **~ deal** Kuhhandel *m* **II.** *n* **egg/tea ~** Eier-/Teewärmer *m* **III.** *vi* <-ie-> ■**to ~ up to sb/sth** ❶ (*snuggle up to*) sich an jdn/etw an-

schmiegen ❷ *(make deal with)* mit jdm/ etw einen Kuhhandel machen
cot[1] *n* MATH *abbrev of* **cotangent** cot
cot[2] [kɒt] *n* ❶ BRIT *(baby's bed)* Kinderbett *nt* ❷ AM *(camp bed)* Feldbett *nt*; *(fold-out bed)* Klappbett *nt*
co·tan·gent [ˌkəʊˈtændʒənt] *n* MATH Kotangens *m*
'**cot death** *n* BRIT plötzlicher Kindstod
cot·tage [ˈkɒtɪdʒ] *n* Cottage *nt*; thatched ~ Landhaus *nt* mit Strohdach [*o* Reetdach]
cot·tage ˈcheese *n no pl* Hüttenkäse *m* **cot·tage ˈin·dus·try** *n* BRIT Heimindustrie *f*
cot·ton [ˈkɒtən] **I.** *n* ❶ *(material, plant)* Baumwolle *f* ❷ *(thread)* Garn *nt* **II.** *adj* Baumwoll- **III.** *vi* ❶ *(fam: understand)* ■ **to ~ on** [**to** sth] [etw] kapieren ❷ AM *(like)* ■ **to ~ to** sb/sth mit jdm/etw sympathisieren
'**cot·ton bud** *n* BRIT Wattestäbchen *nt* '**cot·ton-grow·er** *n* Baumwollpflanzer(in) *m(f)* '**cot·ton mill** *n* Baumwollspinnerei *f* '**cot·ton seed** *n* Baumwollsamen *m* **cot·ton ˈwool** *n no pl* ❶ BRIT Watte *f* ❷ AM [Roh]baumwolle *f* ▸ **to wrap sb in ~** BRIT jdn in Watte packen
couch [kaʊtʃ] **I.** *n* <*pl* -es> Couch *f* **II.** *vt* formulieren
cou·chette [kuːˈʃet] *n* BRIT RAIL Liege *f* (*in einem Schlafwagen*)
couch po·ˈta·to *n* (*fam*) Couchpotato *f*, Fernsehglotzer(in) *m(f)*
cough [kɒf] **I.** *n* Husten *m*; **to give a ~** *(as warning)* hüsteln **II.** *vi* ❶ *person* husten ❷ *motor* stottern ❸ BRIT *(fam: reveal information)* singen **III.** *vt blood* husten
◆**cough up I.** *vt* ❶ *blood, phlegm* husten ❷ *(fam: pay)* herausrücken **II.** *vi* (*fam*) herausrücken
'**cough drop** *n*, '**cough sweet** *n* Hustenbonbon *nt* '**cough medi·cine** *n no pl*, '**cough mix·ture** *n* BRIT Hustensaft *m*
could [kʊd, kəd] *pt, subjunctive of* **can**
coun·cil [ˈkaʊn(t)səl] *n* + *sing/pl vb* Rat *m*; **local/town ~** Gemeinde-/Stadtrat *m*
coun·cil es·ˈtate *n* BRIT Siedlung *f* mit Sozialwohnungen **coun·cil ˈflat** *n* BRIT, '**coun·cil house** *n* BRIT Sozialwohnung *f* **coun·cil ˈhous·ing** *n no pl* BRIT sozialer Wohnungsbau
coun·cil·lor [ˈkaʊn(t)sələr] *n* Ratsmitglied *nt*; **town ~** Stadtrat *m*/-rätin *f*
Coun·cil of ˈEurope *n* Europarat *m* **Coun·cil of ˈMin·is·ters** *n* Ministerrat *m* **Coun·cil of the Euro·pean ˈUn·ion** *n* Rat *m* der Europäischen Union
coun·ci·lor *n* AM *see* **councillor**
'**coun·cil tax** *n no pl* BRIT Gemeindesteuer *f*
coun·sel [ˈkaʊn(t)səl] **I.** *vt* <BRIT -ll- *or* AM *usu* -l-> empfehlen; ■ **to ~ sb about** [*or* **on**] **sth** jdn bei etw *dat* beraten; ■ **to ~ sb against sth** jdm von etw *dat* abraten **II.** *n* ❶ *no pl (form: advice)* Rat[schlag] *m* ❷ *(lawyer)* Anwalt *m*/Anwältin *f*; **~ for the defence** Verteidiger(in) *m(f)* ▸ **to keep one's own ~** seine Meinung für sich *akk* behalten
coun·sel·ling [ˈkaʊn(t)səlɪŋ] *n,* AM **coun·sel·ing I.** *n no pl* psychologische Betreuung; **to be in ~** in Therapie sein **II.** *adj* Beratungs-
coun·sel·lor [ˈkaʊn(t)sələr], AM **coun·se·lor** *n* ❶ *(advisor)* Berater(in) *m(f)* ❷ AM *(lawyer)* Anwalt *m*/Anwältin *f*
count[1] [kaʊnt] *n* Graf *m*
count[2] [kaʊnt] **I.** *n* ❶ *(totalling up)* Zählung *f*; POL Auszählung *f*; **to keep ~ of sth** etw genau zählen; **to lose ~** beim Zählen durcheinanderkommen; **on the ~ of three** bei drei ❷ *(measured amount)* [An]zahl *f*, Ergebnis *nt*; SPORTS Punktestand *m*; **final ~** Endstand *m* ❸ LAW Anklagepunkt *m*; **on all ~s** in allen [Anklage]punkten ❹ *(point)* Punkt *m*; **on all ~s** in allen Punkten ▸ **to be out for the ~** BOXING ausgezählt werden; *(fig)* k.o. sein **II.** *vt* ❶ *(number)* zählen; *change* nachzählen; **there'll be eight for dinner ~ ourselves** uns mitgerechnet sind wir acht zum Abendessen; **~** [**off**] abzählen ❷ *(consider)* **to ~ sb as a friend/among one's friends** jdn als Freund betrachten/zu seinen Freunden zählen; **to ~ sth a success** etw als Erfolg verbuchen; **to ~ oneself lucky** sich glücklich schätzen; ■ **to ~ sth against sb** jdm etw verübeln ▸ **to ~ the cost** [**of** sth] [etw] bereuen **III.** *vi* zählen; **that's what ~s** darauf kommt es an; **this essay will count towards your final mark** dieser Aufsatz geht in die Berechnung Ihrer Endnote ein; ■ **to ~ against sb** gegen jdn sprechen; ■ **to be ~ed as sth** als etw gelten ◆**count down** *vi* rückwärts bis null zählen; AEROSPACE den Countdown durchführen ◆**count out I.** *vi* ❶ BRIT *(number off aloud)* abzählen ❷ BOXING auszählen **II.** *vt* (*fam*) ■ **to ~ sb out** jdn nicht einplanen; **~ me out!** ohne mich!; **who wants to come swimming tomorrow? — C~ me out!** wer hat Lust, morgen mit schwimmen zu gehen? – Ich nicht!

count·able ['kaʊntəbl] *adj* LING zählbar
count·able 'noun *n* zählbares Substantiv
count·down ['kaʊntdaʊn] *n* Countdown *m* (**to** für)
coun·te·nance ['kaʊntənən(t)s] **I.** *n* ❶ (*liter: face*) Antlitz *nt;* **to be of noble ~** edle Gesichtszüge haben ❷ (*approval*) Unterstützung *f no pl* (*composure*) Haltung *f* **II.** *vt* (*form*) gutheißen; ■ **to not ~** nicht dulden
count·er ['kaʊntəʳ] **I.** *n* ❶ (*service point*) Theke *f;* (*in bank, post office*) Schalter *m;* [**kitchen**] **~** AM [Küchen]arbeitsplatte *f;* **over the ~** rezeptfrei; **under the ~** (*fig*) unterm Ladentisch ❷ (*person*) Zähler(in) *m(f);* (*machine*) Zählwerk *nt* ❸ (*disc*) Spielmarke *f* **II.** *vt* ausgleichen; *arguments* widersprechen; *orders* aufheben **III.** *vi* kontern **IV.** *adv* entgegen; **to act/run ~ to sth** etw *dat* zuwiderhandeln/zuwiderlaufen
coun·ter·'act *vt* ■ **to ~ sth** etw *dat* entgegenwirken; *poison* etw neutralisieren **coun·ter·'ac·tive** *adj* ❶ (*working against*) entgegenwirkend ❷ (*neutralizing*) neutralisierend **'coun·ter·at·tack I.** *n* Gegenangriff *m* **II.** *vt* im Gegenzug angreifen **III.** *vi* zurückschlagen; SPORTS kontern **coun·ter·bal·ance I.** *n* ['kaʊntəˌbælən(t)s] Gegengewicht *nt;* (*fig*) **to be a ~** ausgleichend wirken **II.** *vt* [ˌkaʊntə'bælən(t)s] ausgleichen; (*fig*) ein Gegengewicht darstellen zu +*dat* **'coun·ter·charge** *n* LAW Gegenklage *f* **'coun·ter·check I.** *n* ❶ (*restraint*) Hemmnis *nt* ❷ (*second check*) Gegenprüfung *f* **II.** *vt* gegenprüfen **coun·ter·'clock·wise** *adj* AM gegen den Uhrzeigersinn **'coun·ter·dem·on·stra·tion** *n* Gegendemonstration *f* **coun·ter·'es·pio·nage** *n no pl* Spionageabwehr *f;* **~ service** Spionageabwehrdienst *m*
coun·ter·feit ['kaʊntəfɪt] **I.** *adj* gefälscht; **~ money** Falschgeld *nt* **II.** *vt* fälschen **III.** *n* Fälschung *f*
coun·ter·feit·er ['kaʊntəfɪtəʳ] *n* Fälscher(in) *m(f);* **~ of money** Falschmünzer(in) *m(f)*
'coun·ter·foil *n* BRIT FIN [Kontroll]abschnitt *m*
coun·ter·in·'tel·li·gence *n* Spionageabwehr *f*
coun·ter·mand [ˌkaʊntə'mɑːnd] *vt* rückgängig machen; *order* widerrufen
'coun·ter·meas·ure *n* Gegenmaßnahme *f*
'coun·ter·part *n* Gegenstück *nt,* Pendant *nt;* POL Amtskollege *m*/-kollegin *f*

'coun·ter·point *n* MUS Kontrapunkt *m*
'coun·ter·poise *n* (*form*) Gegengewicht *nt* **coun·ter·pro·'duc·tive** *adj* kontraproduktiv **'coun·ter·re·cruit·er** *n* MIL Rekrutierungsgegner(in) *m(f)* **'coun·ter·re·cruit·ing** *n no pl* MIL Behinderung *f* der Rekrutierung **coun·ter·revo·'lu·tion** *n* Gegenrevolution *f* **'coun·ter·sign** *vt* gegenzeichnen **'coun·ter·sink** <-sank, -sunk> *vt screw* versenken **'coun·ter·sue** *vi* Gegenklage *f* erheben **coun·ter·'ter·ror·ism** *n no pl* Terrorismusbekämpfung *f*
coun·tess <*pl* -es> ['kaʊntɪs] *n* Gräfin *f*
count·less ['kaʊntləs] *adj* zahllos
coun·try ['kʌntri] **I.** *n* ❶ (*nation*) Land *nt;* **~ of destination** Bestimmungsland *nt;* **~ of origin** Herkunftsland *nt;* **native ~** Heimat *f,* Heimatland *nt;* **to die for one's ~** fürs Vaterland sterben ❷ *no pl* (*population*) ■ **the ~** das Volk; **the whole ~** das ganze Land; **to go to the ~** BRIT POL Neuwahlen ausschreiben ❸ *no pl* (*rural areas*) ■ **the ~** das Land; **town and ~** Stadt und Land; ■ **in the ~** auf dem Land ❹ *no pl* (*land*) Land *nt,* Gebiet *nt;* **open ~** freies Land; **rough ~** urwüchsige Landschaft; **across ~** (*not on roads*) querfeldein; (*avoiding towns*) über Land ❺ *no pl* (*music*) Countrymusik *f* **II.** *adj* ❶ (*rural*) *cottage, lane* Land-; *customs* ländlich; **~ life** Landleben *nt* ❷ MUS volkstümlich; **~ music** Countrymusik *f*
coun·try 'bump·kin *n* (*pej*) Bauerntölpel *m;* (*woman*) Bauerntrampel *m* **'coun·try club** *n* Country Club *m* **coun·try 'dance** *n* BRIT [englischer] Volkstanz **'coun·try folk** *npl* Landbevölkerung *f* **coun·try 'house** *n* Landhaus *nt* **'coun·try·man** *n* ❶ (*of same nationality*) [**fel·low**] **~** Landsmann *m;* **countrymen and women** Landsleute *pl* ❷ (*from rural area*) Landbewohner *m* **coun·try 'road** *n* Landstraße *f* **'coun·try·side** *n* Land *nt;* (*scenery*) Landschaft *f* **'coun·try·wide I.** *adj* landesweit **II.** *adv* im ganzen Land **'coun·try·wom·an** *n* ❶ (*of same nationality*) [**fellow**] **~** Landsmännin *f* ❷ (*from rural area*) Landbewohnerin *f*
coun·ty ['kaʊnti] *n* ❶ BRIT Grafschaft *f;* **C~ Antrim** die Grafschaft Antrim ❷ AM [Verwaltungs]bezirk *m*
coun·ty 'coun·cil *n* + *sing/pl vb* BRIT Grafschaftsrat *m* **coun·ty 'court** *n* + *sing/pl vb* ≈ Amtsgericht *nt* **coun·ty 'seat** *n* AM Bezirkshauptstadt *f* **coun·ty 'town** *n* BRIT Hauptstadt *f* einer Grafschaft

coup [kuː] *n* ① (*unexpected achievement*) Coup *m* ② POL Staatsstreich *m*
coup de grâce <*pl* coups de grâce> [ˌkuːdəˈɡrɑːs] *n* Gnadenstoß *m* **coup d'état** <*pl* coups d'état> [ˌkuːdeɪˈtɑː] *n* Staatsstreich *m*
coupé [ˈkuːpeɪ] *n* Coupé *nt*
cou·ple [ˈkʌpl] **I.** *n* ① *no pl* (*a few*) ▪ **a ~ of ...** einige ..., ein paar ...; **I've only had a ~ of drinks** ich habe nur wenig getrunken; **every ~ of days** alle paar Tage; **for the last ~ of days** in den letzten Tagen; **in a ~ more minutes** in wenigen Minuten; **the next ~ of minutes** die nächsten Minuten; **the first ~ of weeks** die ersten Wochen; **another ~ of ...** noch ein paar ... ② + *sing/pl vb* (*two people*) Paar *nt;* **courting** [*or* AM **dating**] **~** Liebespaar *nt;* **to make a lovely ~** ein hübsches Paar abgeben **II.** *vt* ① RAIL (*join*) kuppeln (**to** an) ② *usu passive* (*put together*) ▪ **to be ~d with sth** mit etw *dat* verbunden sein
cou·plet [ˈkʌplət] *n* Verspaar *nt;* **rhyming ~** Reimpaar *nt*
cou·pling [ˈkʌplɪŋ] *n* ① RAIL (*device*) Kupplung *f* ② (*linking*) Verknüpfung *f*
cou·pon [ˈkuːpɒn] *n* ① (*voucher*) Coupon *m*, Gutschein *m* ② BRIT **football** [*or* **pools**] **~** Totoschein *m*
cour·age [ˈkʌrɪdʒ] *n no pl* Mut *m*, Tapferkeit *f;* **to lack the ~ of one's convictions** keine Zivilcourage haben; **to lose courage** den Mut verlieren; **to pluck up courage** sich ein Herz fassen
cou·ra·geous [kəˈreɪdʒəs] *adj* mutig
cour·gette [kɔːˈʒet] *n esp* BRIT Zucchino *m*
cou·ri·er [ˈkʊriər] *n* ① (*delivery person*) Kurier(in) *m(f);* **motorcycle ~** Motorradbote *m*/-botin *f* ② (*tour guide*) Reiseführer(in) *m(f)*
course [kɔːs] **I.** *n* ① *of aircraft, ship* Kurs *m;* **to change ~** den Kurs ändern; **to set [a] ~ for Singapore** auf Singapur zusteuern; **off ~** nicht auf Kurs; (*fig*) aus der Bahn geraten; **to be driven off ~** [vom Kurs] abgetrieben werden; (*fig*) von seinen Plänen abgebracht werden; **on ~** auf Kurs; (*fig*) auf dem [richtigen] Weg; **we're on ~ to finish by the end of the week** wenn alles so weiterläuft, sind wir bis Ende der Woche fertig ② *of road* Verlauf *m; of river, history, justice* Lauf *m;* **to follow a winding ~** kurvig verlaufen; **to change ~** einen anderen Verlauf nehmen ③ (*way of acting*) **~ [of action]** Vorgehen *nt;* **the best/wisest ~** das Beste/Vernünftigste ④ (*during*) **in the ~ of sth** im Verlauf einer S. *gen;* **in the ~ of time** im Lauf[e] der Zeit ⑤ (*development*) Verlauf *m;* **to change the ~ of history** den Lauf der Geschichte ändern ⑥ (*certainly*) **of ~** natürlich; **of ~ not** natürlich nicht ⑦ (*series of classes*) Kurs *m;* **to go on a ~** BRIT einen Kurs besuchen ⑧ MED (*of treatment*) Behandlung *f;* **~ of iron tablets** Eisenkur *f;* **to put sb on a ~ of sth** jdn mit etw *dat* behandeln ⑨ SPORTS Bahn *f,* Strecke *f;* [**golf**] **~** Golfplatz *m* ⑩ (*part of meal*) Gang *m* ⑪ (*layer*) Schicht *f* ▸ **to be par for the ~** normal sein; **in due ~** zu gegebener Zeit; **to stay the ~** [bis zum Ende] durchhalten; **to take** [*or* **run**] **its ~** seinen Weg gehen; **to let nature take its ~** nicht in die Natur eingreifen **II.** *vi* ① (*flow*) strömen ② HUNT an einer Hetzjagd teilnehmen
'**course book** *n esp* BRIT SCH Lehrbuch *nt*
'**course·ware** *n no pl* COMPUT Kursmaterial *nt,* [webbasierte] Courseware
court [kɔːt] **I.** *n* ① (*judicial body*) Gericht *nt;* **in a ~ of law** vor Gericht; **by order of the ~** durch Gerichtsbeschluss; **to go to ~** vor Gericht gehen; **to take sb to ~** jdn vor Gericht bringen; **out of ~** außergerichtlich ② (*room*) Gerichtssaal *m;* **to appear in ~** vor Gericht erscheinen ③ (*playing area*) [Spiel]platz *m;* **badminton/squash ~** Badminton-/Squashcourt *m;* **grass ~** Rasenplatz *m* ④ (*of king, queen*) Hof *m;* ▪ **at ~** bei Hof ⑤ (*yard*) Hof *m;* **in the ~** auf dem Hof ⑥ (*as street, building name*) **Meadow C~** Meadow Court **II.** *vt* ① (*dated: woo*) umwerben ② (*ingratiate oneself*) hofieren ③ (*fig: try to gain*) suchen ④ (*fig: risk*) herausfordern **III.** *vi* ein Liebespaar sein
cour·teous [ˈkɜːtiəs] *adj* höflich
cour·teous·ly [ˈkɜːtiəsli] *adv* höflich
cour·tesan [ˌkɔːtɪˈzæn] *n* (*liter*) Kurtisane *f liter*
cour·tesy [ˈkɜːtəsi] *n* ① *no pl* (*politeness*) Höflichkeit *f;* **to have the [common] ~ to do sth** so höflich sein, etw zu tun ② (*courteous gesture*) Höflichkeit *f* ▸ **[by] ~ of sb/sth** (*with the permission of*) mit freundlicher Genehmigung einer Person/ einer S. *gen;* (*thanks to*) dank einer Person/einer S. *gen*
'**cour·tesy bus** *n* BRIT kostenfreier Bus *m*
'**cour·tesy light** *n* AUTO Innenleuchte *f*
'**cour·tesy ti·tle** *n* Ehrentitel *m*
'**court hear·ing** *n* [Gerichts]verhandlung *f*
'**court·house** *n* AM Gerichtsgebäude *nt*
cour·ti·er [ˈkɔːtiər] *n* Höfling *m*

court·ly ['kɔːtlɪ] *adj* galant *geh;* ~ **love** LIT höfische Liebe

court 'mar·tial I. *n* <*pl* -s *or form* courts martial> Kriegsgericht *nt* **II.** *vt* <BRIT -ll- *or* AM *usu* -l-> ■ **to ~ sb** jdn vor ein Kriegsgericht stellen **Court of 'Au·di·tors** *n* Europäischer Rechnungshof **Court of 'Jus·tice** *n* Gericht *nt* '**court·room** *n* Gerichtssaal *m*

court·ship ['kɔːtʃɪp] *n no pl* Werben *nt* (**of** um); ~ **dance** ZOOL Balztanz *m*

'**court·yard** *n* Hof *m;* (*walled-in*) Innenhof *m;* ■ **in the ~** auf dem Hof

cous·in ['kʌzən] *n* Cousin *m*/Cousine *f;* Vetter *m*/Base *f veraltet*

cove [kəʊv] *n* kleine Bucht

cov·enant ['kʌvənənt] **I.** *n* ❶ (*legal agreement*) vertragliches Abkommen; **restrictive ~** restriktive Vertragsklausel ❷ REL Bündnis *nt* **II.** *vt* vertraglich vereinbaren **III.** *vi* eine vertragliche Vereinbarung treffen

Cov·en·try ['kɒvəntrɪ] *n no pl* ▶ **to send sb to ~** BRIT jdn schneiden

cov·er ['kʌvə'] **I.** *n* ❶ (*covering*) Abdeckung *f;* (*of flexible plastic*) Plane *f;* (*for smaller objects*) Hülle *f;* (*for clothes*) Kleiderhülle *f;* (*protective top*) Deckel *m;* (*for bed*) [Bett]decke *f;* (*for furniture*) [Schon]bezug *m;* **quilt** [*or* **duvet**] ~ Bettdeckenbezug *m* ❷ (*sheets*) ■ **the ~s** *pl* das Bettzeug ❸ (*of a book*) Einband *m; of a magazine* Titelseite *f,* Cover *nt;* **to read sth from ~ to ~** etw von Anfang bis zum Ende [*o* in einem] durchlesen ❹ (*envelope*) **under plain ~** in neutralem Umschlag; **under separate ~** mit getrennter Post ❺ *no pl* (*shelter*) Schutz *m;* **under ~** überdacht; (*concealed*) in Deckung; **under ~ of darkness** im Schutz der Dunkelheit; **to take ~** (*from rain*) sich unterstellen; (*from danger*) sich verstecken ❻ *no pl* (*for animals to hide*) Dickicht *nt;* **to break ~** aus dem [schützenden] Unterholz hervorbrechen ❼ (*concealing true identity*) Tarnung *f;* **under ~** getarnt; **to blow sb's ~** jdn enttarnen ❽ *no pl* MIL Deckung *f;* (*from bombs, bullets*) Feuerschutz *m* ❾ *no pl esp* BRIT (*insurance*) Versicherungsschutz *m* ❿ *no pl* (*substitute*) Vertretung *f;* **to provide ~ for sb** jdn vertreten; **to provide emergency ~** einen Notdienst aufrechterhalten ⓫ MUS Coverversion *f* ▶ **never judge a book by its ~** man sollte niemals nur nach dem Äußeren urteilen **II.** *vt* ❶ (*put over*) bedecken; (*against dust also*) überziehen; **to be ~ed [in** *or* **with] sth** [mit etw *dat*] bedeckt sein; **~ed with blood** voll Blut; **~ed in ink**/**mud** voller Tinte/Schlamm ❷ (*to protect*) abdecken; **they ~ed him with a blanket** sie deckten ihn mit einer Decke zu; **to ~ one's eyes with one's hands** die Augen mit den Händen bedecken ❸ (*to hide*) verdecken; (*fig*) **one's confusion** überspielen ❹ (*extend over*) sich erstrecken über +*akk;* (*fig*) zuständig sein ❺ (*travel*) fahren; **to ~ a lot of ground** eine große Strecke zurücklegen; (*make progress*) gut vorankommen *a. fig;* (*be wide-ranging*) sehr umfassend sein ❻ (*deal with*) sich befassen mit +*dat* ❼ (*be enough for*) decken; **will that ~ it?** wird das reichen? ❽ (*report on*) berichten über +*akk* ❾ (*insure*) versichern (**against** gegen) ❿ (*protect*) ■ **to ~ oneself** sich absichern; **she tried to ~ herself by saying that ...** sie versuchte sich damit herauszureden, dass ... ⓫ MIL decken; (*give covering fire*) Feuerschutz geben; **~ me!** gib mir Deckung! ⓬ (*aim weapon at*) seine Waffe richten auf +*akk;* **I've got you ~ed!** meine Waffe ist auf Sie gerichtet! ⓭ (*watch*) bewachen ⓮ (*do sb's job*) übernehmen ⓯ MUS covern ▶ **to ~ one's back** sich absichern; **to ~ one's tracks** seine Spuren verwischen **III.** *vi* **to ~ well**/**badly paint** gut/schlecht decken ◆ **cover up I.** *vt* ❶ (*protect*) ■ **to ~ [oneself] up** sich bedecken ❷ (*hide*) verdecken; *spot* abdecken ❸ (*keep secret*) vertuschen **II.** *vi* ■ **to ~ up for sb** jdn decken

cov·er·age ['kʌvərɪdʒ] *n no pl* ❶ (*reporting*) Berichterstattung *f* (**of** über); **a lot of media ~** ein großes Medienecho ❷ (*dealing with*) Behandlung *f;* **to give comprehensive ~ of sth** etw ausführlich behandeln ❸ AM (*insurance*) Versicherungsschutz *m*

'**cov·er·alls** *npl* AM Overall *m*

'**cov·er charge** *n* (*in a restaurant*) Kosten *pl* für das Gedeck; (*in a nightclub*) Eintritt *m*

cov·ered ['kʌvəd] *adj* ❶ (*roofed over*) überdacht; **~ wagon** Planwagen *m* ❷ (*insured*) versichert

'**cov·er girl** *n* Covergirl *nt*

cov·er·ing ['kʌvərɪŋ] *n* Bedeckung *f;* **floor ~** Bodenbelag *m;* **a light ~ of snow** eine dünne Schneeschicht; **to put a fresh ~ on a wound** eine Wunde frisch verbinden

cov·er·ing 'let·ter *n* BRIT Begleitbrief *m*

'**cov·er note** *n* AM, AUS Begleitschreiben *nt;* BRIT (*insurance*) Deckungskarte *f* '**cov·er sto·ry** *n* Coverstory *f,* Titelgeschichte *f*

cov·ert I. *adj* ['kʌvət] verdeckt, geheim; *glance* verstohlen II. *n* ['kʌvət] Dickicht *nt* kein *pl*
'**cov·er-up** *n* Vertuschung *f*
cov·et ['kʌvɪt] *vt* begehren
cow[1] [kaʊ] *n* ❶ ZOOL Kuh *f*; **herd of** ~**s** Kuhherde *f*; **elephant/whale** ~ Elefanten-/Walkuh *f* ❷ (*pej sl*) **stupid** ~ dumme Kuh ❸ AUS (*fam: unpleasant thing*) **a** ~ **of a job** ein Mistjob *m* ▶ **until** [*or* **till**] **the** ~**s come home** bis in alle Ewigkeit
cow[2] [kaʊ] *vt* einschüchtern
cow·ard ['kaʊəd] *n* Feigling *m*; **moral** ~ Duckmäuser *m*
cow·ard·ice ['kaʊədɪs] *n no pl*, **cow·ard·li·ness** ['kaʊədlɪnəs] *n no pl* Feigheit *f*; **moral** ~ Duckmäusertum *nt*
cow·ard·ly ['kaʊədlɪ] *adj* feige
'**cow·boy** *n* ❶ (*cattle hand*) Cowboy *m*; **to play** ~**s and Indians** ≈ Räuber und Gendarm spielen ❷ (*fam: dishonest tradesperson*) Pfuscher(in) *m(f)*
cow·er ['kaʊə[r]] *vi* kauern; **to** ~ **behind sb/sth** sich hinter jdn/etw ducken
'**cow·girl** *n* Cowgirl *nt* '**cow·hand** *n*, '**cow·herd** *n* Kuhhirt[e] *m*/Kuhhirtin *f*
'**cow·hide** *n no pl* Rindsleder *nt*
cowl [kaʊl] *n* ❶ (*hood*) Kapuze *f* ❷ (*on chimney*) Schornsteinkappe *f*
cowl·ing ['kaʊlɪŋ] *n* AVIAT Motorhaube *f*
'**cow·man** *n* ❶ (*cowherd*) Rinderhirt *m* ❷ AUS (*farm manager*) Rinderfarmer *m*
co-work·er [ˌkəʊˈwɜːkə[r]] *n* Mitarbeiter(in) *m(f)*
'**cow·shed** *n* Kuhstall *m*
'**cow·slip** *n* ❶ BRIT Schlüsselblume *f* ❷ AM Sumpfdotterblume *f*
cox [kɒks] I. *n* Steuermann *m* (*beim Rudern*) II. *vt* steuern III. *vi* [ein Ruderboot] steuern
cox·swain ['kɒksᵊn] *n* Steuermann *m*
coy [kɔɪ] *adj* ❶ (*secretive*) geheimnistuerisch; ■ **to be** ~ **about sth** aus etw *dat* ein Geheimnis machen ❷ (*pretending to be shy*) geziert; *glance* [gespielt] unschuldig; **come on, don't be so** ~ komm, zier dich nicht so
coy·ote [kɔɪˈəʊtɪ] *n* ❶ (*animal*) Kojote *m* ❷ AM (*fam: in illegal immigration*) Schlepper *m*
cozy *adj* AM *see* **cosy**
CP [ˌsiːˈpiː] *n abbrev of* **Communist Party** KP *f*
CPU [ˌsiːpiːˈjuː] *n* COMPUT *abbrev of* **central processing unit** CPU *f*
CRA [ˌsiːɑːˈreɪ] *n abbrev of* **credit rating agency** Ratingagentur *f*

crab [kræb] I. *n* Krebs *m* II. *vi* <-bb-> (*fam*) nörgeln
'**crab ap·ple** *n* (*fruit*) Holzapfel *m*; (*tree*) Holzapfelbaum *m*
crab·bed [kræbd] *adj* ❶ *handwriting* eng ❷ (*bad-tempered*) mürrisch
crab·by ['kræbɪ] *adj* (*fam*) nörglerisch
crack [kræk] I. *n* ❶ (*fissure*) Riss *m*; (*fig*) Sprung *m*; **there was a** ~ **in the teacup** die Teetasse hatte einen Sprung ❷ (*narrow space*) Ritze *f*; **to open sth** [**just**] **a** ~ etw [nur] einen Spalt öffnen ❸ (*sharp noise*) *of a breaking branch* Knacken *nt*; *of breaking ice* Krachen *nt*; *of a rifle* Knall *m*; ~ **of thunder** Donnerkrachen *nt* ❹ (*sharp blow*) Schlag *m*; **to give sb a** ~ **over the head** jdm eins überziehen ❺ *no pl* (*illegal drug*) Crack *nt* o *m* ❻ (*joke*) **a cheap** ~ ein schlechter Witz ❼ (*fam: attempt*) Versuch *m*; **to have a** ~ **at sth** [*or* **to give sth a** ~] etw [aus]probieren ▶ **at the** ~ **of dawn** im Morgengrauen; **to get/have a fair** ~ **of the whip** BRIT eine [echte] Chance bekommen/haben II. *adj* erstklassig; ~ **shot** Meisterschütze *m*/-schützin *f*; ~ **regiment** Eliteregiment *nt* III. *vt* ❶ (*break*) **to** ~ **sth** einen Sprung in etw *akk* machen ❷ (*open*) *egg* aufschlagen; ■ **to** ~ **sth** ◯ [**open**] etw aufbrechen; *bottle* etw aufmachen; *nuts, safe, code* etw knacken; **to** ~ **an egg into a bowl** ein Ei in eine Schüssel schlagen ❸ (*solve*) knacken; **I've** ~**ed it!** ich hab's! ❹ (*hit*) **to** ~ **sb on/over the head** jdm eins auf/über den Schädel geben; **to** ~ **one's head on sth** sich *dat* den Kopf an etw *dat* anschlagen ❺ (*make noise*) **to** ~ **one's knuckles** mit den Fingern knacken; **to** ~ **a whip** mit einer Peitsche knallen ▶ **to** ~ **a joke** einen Witz reißen; **to** ~ **the whip** ein strengeres Regiment aufziehen IV. *vi* ❶ (*break*) [zer]brechen, zerspringen; *lips, paintwork* aufspringen, rissig werden ❷ (*break down*) zusammenbrechen; *relationship* zerbrechen; *facade* abbröckeln; *voice* versagen ❸ (*make noise*) *ice, thunder* krachen; *branch* knacken; *shot, whip* knallen ▶ **to get** ~**ing** (*fam*) loslegen ◆ **crack down** *vi* vorgehen (**on sb**) ◆ **crack up** I. *vi* (*fam*) ❶ (*find sth hilarious*) lachen müssen ❷ (*have nervous breakdown*) zusammenbrechen; (*go crazy*) durchdrehen II. *vt* ❶ (*assert*) ■ **to** ~ **sth up to be sth** etw als etw darstellen; **it's not all it's** ~**ed up to be** es hält nicht alles, was es verspricht ❷ (*fam: amuse*) zum Lachen bringen; **it** ~**s me up** ich könnte mich kaputtlachen

crack·ber·ry ['kræbᵊri] *n* COMPUT (*fam*) Crackberry *m* (*Spitzname für einen Blackberry®-Handheldcomputer, der auf das Suchtpotenzial dieses Geräts anspielt*)

'**crack·down** *n* scharfes Vorgehen (**on** gegen)

cracked [krækt] *adj* ❶ (*having cracks*) rissig; *cup, glass* gesprungen; *lips* aufgesprungen ❷ (*fam: crazy*) verrückt

crack·er ['krækəʳ] *n* ❶ (*biscuit*) Kräcker *m* ❷ (*firework*) Kracher *m* ❸ (*at Christmas*) Knallbonbon *nt* ❹ BRIT (*fam: excellent thing*) **that was a ~ of a race** das war ein Superrennen ❺ BRIT (*fam: attractive person*) **he/she's a real ~** er/sie ist einfach umwerfend

crack·ers ['krækəz] *adj* (*fam*) verrückt

crack·le ['krækl] I. *vi* knistern *a. fig; telephone line* knacken II. *vt* ■ **to ~ sth** mit etw *dat* knistern III. *n* (*on a telephone line, radio*) Knacken *nt;* *of paper* Knistern *nt;* *of fire also* Prasseln *nt*

crack·ling ['kræklɪŋ] *n* ❶ *no pl of paper* Knistern *nt;* *of fire also* Prasseln *nt;* (*on the radio*) Knacken *nt* ❷ (*pork skin*) [Braten]kruste *f*

'**crack·pot** I. *n* (*fam*) Spinner(in) *m(f)* II. *adj* (*fam*) bescheuert

'**crack-up** *n* (*fam*) Zusammenbruch *m*

cra·dle ['kreɪdl] I. *n* ❶ (*baby's bed*) Wiege *f a. fig;* **from the ~ to the grave** von der Wiege bis zur Bahre ❷ (*framework*) Gerüst *nt* (*für Reparaturarbeiten*) ❸ BRIT (*hanging platform*) Hängebühne *f* ❹ (*part of telephone*) Gabel *f* II. *vt* [sanft] halten; *sb's head* betten

craft [krɑːft] I. *n* ❶ <*pl* -> (*ship*) Schiff *nt;* (*boat*) Boot *nt;* (*plane*) Flugzeug *nt* ❷ (*trade*) Handwerk *nt kein pl* ❸ *no pl* (*skill*) Kunst *f* ❹ (*handmade objects*) ■ **~s** *pl* Kunsthandwerk *nt kein pl* ❺ *no pl* (*guile*) Heimtücke *f* II. *vt* kunstvoll fertigen; **a cleverly ~ed poem** ein geschickt verfasstes Gedicht

crafti·ly ['krɑːftɪli] *adv* schlau; (*with guile*) arglistig, hinterhältig

crafti·ness ['krɑːftɪnəs] *n no pl* Gerissenheit *f*

'**craft shop** *n* Kunstgewerbeladen *m*

'**crafts·man** *n* gelernter Handwerker; **master ~** Handwerksmeister *m*

crafty ['krɑːfti] *adj* schlau, gerissen

crag [kræg] *n* Felsmassiv *nt*

crag·gy ['krægi] *adj* zerklüftet; *features* markant

cram <-mm-> [kræm] I. *vt* stopfen; **six children were ~med into the back of the car** sechs Kinder saßen gedrängt auf dem Rücksitz des Autos; **we've got an awful lot to ~ into the next half hour** wir müssen in die nächste halbe Stunde einiges hineinpacken II. *vi* büffeln, pauken

'**cram-full** *adj* vollgestopft

cram·mer ['kræməʳ] *n* BRIT (*fam: book*) Paukbuch *nt;* (*school*) Paukschule *f*

cram·ming ['kræmɪŋ] *n* Büffeln *nt fam*

cramp [kræmp] I. *n* [Muskel]krampf *m;* **I have ~** [*or* AM **a ~**] **in my foot** ich habe einen Krampf im Fuß; **to get ~** [*or* AM **~s**] einen Krampf bekommen II. *vt* einengen ▶ **to ~ sb's style** jdn nicht zum Zug kommen lassen

cramped [kræmpt] *adj* beengt; **to be** [**rather**] **~ for space** [ziemlich] wenig Platz haben

cram·pon ['kræmpɒn] *n* Steigeisen *nt*

cran·ber·ry ['krænbᵊri] *n* Preiselbeere *f*

crane [kreɪn] I. *n* ❶ (*device*) Kran *m* ❷ (*bird*) Kranich *m* II. *vt* ■ **to ~ one's neck** den Hals recken III. *vi* ■ **to ~ forward** sich vorbeugen; **she ~d over the heads of the crowd** sie streckte ihren Kopf über die Menge

'**crane fly** *n* [Erd]schnake *f*

cra·nium <*pl* -s *or* -nia> ['kreɪniəm, *pl* -niə] *n* Schädel *m*

crank [kræŋk] I. *n* (*fam*) ❶ (*eccentric*) Spinner(in) *m(f);* **health-food ~** Gesundheitsapostel *m;* **~ call** Juxanruf *m* ❷ AM (*bad-tempered person*) Griesgram *m* ❸ MECH Kurbel *f* II. *vt* ankurbeln

'**crank·case** *n* Kurbelgehäuse *nt* '**crank·shaft** *n* Kurbelwelle *f*

cranky ['kræŋki] *adj* (*fam*) ❶ (*eccentric*) verschroben ❷ AM, AUS (*bad-tempered*) mürrisch

cran·ny ['kræni] *n* Ritze *f*

crap [kræp] I. *vi* <-pp-> (*fam!*) kacken II. *n usu sing* (*vulg*) Scheiße *f a. fig;* **to have** [*or* AM **take**] **a ~** kacken III. *adj* (*fam!*) mies

crape *n see* **crêpe**

crap·py ['kræpi] *adj* (*fam!*) Scheiß-

crash [kræʃ] I. *n* <*pl* -es> ❶ (*accident*) Unfall *m;* *of plane* Absturz *m* ❷ (*noise*) Krach *m kein pl;* **with a ~** mit Getöse ❸ COMM Zusammenbruch *m;* **stock market ~** Börsenkrach *m* ❹ COMPUT Absturz *m* II. *vi* ❶ (*have an accident*) *driver, car* verunglücken; *plane* abstürzen ❷ (*hit*) ■ **to ~ into sth** etw *akk* aufprallen ❸ (*collide with*) ■ **to ~ into sb/sth** mit jdm/etw zusammenstoßen ❹ (*make loud noise*) *cymbals, thunder* donnern; *door* knallen;

(*move noisily*) poltern; **the dog came ~ing through the bushes** der Hund preschte durch die Büsche; **the car ~ed through the roadblock** das Auto krachte durch die Straßensperre; **to come ~ing to the ground** auf den Boden knallen; ■ **to ~ against sth** gegen etw *akk* knallen; *waves* gegen etw *akk* schlagen ❺ COMM *stockmarket* zusammenbrechen; *company* Pleite machen ❻ COMPUT abstürzen ❼ (*sl: sleep*) ■ **to ~ [out]** wegtreten **III.** *vt* ❶ (*damage in accident*) *car* zu Bruch fahren; *plane* eine Bruchlandung machen; (*deliberately*) einen Absturz absichtlich verursachen; **to ~ a car into sth** ein Auto gegen etw *akk* fahren; **to ~ a plane into sth** ein Flugzeug in etw *akk* fliegen ❷ (*make noise*) knallen ❸ (*fam: gatecrash*) **to ~ a party** uneingeladen zu einer Party kommen

'**crash bar·ri·er** *n* BRIT, AUS Leitplanke *f*
'**crash course** *n* Intensivkurs *m*, Crashkurs *m* '**crash diet** *n* radikale Abmagerungskur, Crashdiät *f* '**crash hel·met** *n* Sturzhelm *m*
crash·ing ['kræʃɪŋ] *adj* (*fam*) total
crash-'land *vi* bruchlanden **crash-'land·ing** *n* Bruchlandung *f* '**crash-test** *vt* ■ **to ~ sth** etw einem Crashtest unterziehen
crass [kræs] *adj* krass, grob; *behaviour* derb; *ignorance* haarsträubend
crass·ly ['kræsli] *adv* krass, grob; **to behave ~** sich sehr rüde benehmen
crate [kreɪt] **I.** *n* ❶ (*open box*) Kiste *f*; (*for bottles*) [Getränke]kasten *m* ❷ (*fam: old car, plane*) Kiste *f* **II.** *vt* ■ **to ~ [up]** in eine Kiste einpacken
cra·ter ['kreɪtə'] *n* Krater *m*; *of bomb* Trichter *m*
cra·vat [krə'væt] *n* Halstuch *nt*
crave [kreɪv] **I.** *vt* begehren; **to ~ attention** sich nach Aufmerksamkeit sehnen **II.** *vi* ■ **to ~ for sth** sich nach etw *dat* sehnen
crav·ing ['kreɪvɪŋ] *n* heftiges Verlangen (**for** nach)
craw·fish ['krɔːfɪʃ] *n* Languste *f*
crawl [krɔːl] **I.** *vi* ❶ (*go on all fours*) krabbeln ❷ (*move slowly*) kriechen ❸ (*pej fam: be obsequious*) kriechen ❹ (*fam: be overrun*) **to be ~ing with** wimmeln von + *dat* **II.** *n no pl* ❶ (*slow pace*) **to move at a ~** im Schneckentempo fahren ❷ (*style of swimming*) Kraulen *nt;* **to do the ~** kraulen
crawl·er ['krɔːlə'] *n* ❶ (*very young child*) Krabbelkind *nt;* **to be a ~** im Krabbelalter sein ❷ (*pej fam: obsequious person*) Kriecher(in) *m(f)*

'**crawl·er lane** *n* (*fam*) Kriechspur *f*
cray·fish ['kreɪfɪʃ] *n* Flusskrebs *m*
cray·on ['kreɪɒn] **I.** *n* Buntstift *m;* **wax ~s** Malkreiden *pl* **II.** *vt* ■ **to ~ [in]** ○ **sth** etw [mit Buntstift] ausmalen **III.** *vi* [mit Buntstift] malen
craze [kreɪz] *n* Mode[erscheinung] *f*, Fimmel *m pej;* ■ **~ for sth** Begeisterung *f* für etw *akk;* **that's the latest ~** das ist der letzte Schrei
crazed [kreɪzd] *adj* wahnsinnig
crazi·ness ['kreɪzɪnəs] *n no pl* Verrücktheit *f*
crazy ['kreɪzi] **I.** *adj* verrückt (**about** nach); **to drive sb ~** jdn zum Wahnsinn treiben; **to go ~** verrückt werden **II.** *n* AM (*sl*) Verrückte(r) *f(m)*
creak [kriːk] **I.** *vi furniture* knarren; *door* quietschen; *bones* knirschen **II.** *n of furniture* Knarren *nt; of a door* Quietschen *nt; of bones* Knirschen *nt*
cream [kriːm] **I.** *n* ❶ *no pl* FOOD Sahne *f*, Obers *nt* ÖSTERR; **strawberries and ~** Erdbeeren mit Sahne; **~ cake** Sahnetorte *f;* **~ of asparagus soup** Spargelcremesuppe *f* ❷ (*cosmetic*) Creme *f* ❸ *no pl* (*colour*) Creme *nt* ❹ (*fig: the best*) Creme *f*, Elite *f* **II.** *adj* cremefarben **III.** *vt* ❶ (*beat*) cremig rühren; **~ed potatoes** Kartoffelpüree *nt* ❷ (*apply lotion*) eincremen ❸ AM (*fam: defeat*) schlagen
cream 'cheese *n* [Doppelrahm]frischkäse *m*
cream·ery ['kriːmªri] *n* Molkerei *f*
creamy ['kriːmi] *adj* ❶ (*smooth*) cremig, sahnig ❷ (*off-white*) cremefarben
crease [kriːs] **I.** *n* ❶ (*fold*) [Bügel]falte *f; of a hat* Kniff *m* ❷ (*in cricket*) Spielfeldlinie *f* **II.** *vt* zerknittern **III.** *vi* knittern
cre·ate [kri'eɪt] **I.** *vt* ❶ (*make*) erschaffen ❷ (*cause*) erzeugen; *confusion* stiften; *impression* erwecken; *precedent* schaffen; *sensation* erregen **II.** *vi* BRIT, AUS (*fam*) eine Szene machen
cre·a·tion [kri'eɪʃªn] *n* ❶ *no pl* (*making*) [Er]schaffung *f*; (*founding*) Gründung *f* ❷ (*product*) Produkt *nt*, Erzeugnis *nt;* FASHION Kreation *f*; (*of arts also*) Werk *nt* ❸ *no pl* REL Schöpfung *f*
crea·tive [kri'eɪtɪv] *adj* kreativ, schöpferisch; **~ ability** [*or* **talent**] Kreativität *f*
creative e'cono·my *n* ■ **the ~** der Teil der Wirtschaft, der auf geistigem Eigentum beruht
crea·tive·ly [kri'eɪtɪvli] *adv* kreativ, schöpferisch, einfallsreich
crea·tor [kri'eɪtə'] *n* Schöpfer(in) *m(f)*

crea·ture [ˈkriːtʃər] *n* ❶ (*being*) Kreatur *f*, Wesen *nt*; **living ~** Lebewesen *nt* ❷ (*person*) Kreatur *f*, Geschöpf *nt*; **~ of habit** Gewohnheitstier *nt*

crea·ture ˈcom·forts *npl* (*fam*) leibliches Wohl

crèche [kreʃ] *n* ❶ BRIT, AUS Kinderkrippe *f* ❷ AM Kinderheim *nt*

cre·dence [ˈkriːdən(t)s] *n no pl* (*form*) Glaube *m*; **to add** [*or* **lend**] **~ to sth** etw glaubwürdig machen; **to give** [*or* **attach**] **~ to sth** etw *dat* Glauben schenken

cre·den·tials [krɪˈden(t)ʃəlz] *npl* ❶ (*letter of introduction*) Empfehlungsschreiben *nt* ❷ (*documents*) Zeugnisse *pl*

cred·ibil·ity [ˌkredəˈbɪləti] *n no pl* Glaubwürdigkeit *f*

cred·ible [ˈkredəbl] *adj* glaubwürdig

cred·it [ˈkredɪt] **I.** *n* ❶ *no pl* (*recognition, praise*) Anerkennung *f*; (*respect*) Achtung *f*; (*honour*) Ehre *f*; (*standing*) Ansehen *nt*; **all ~ to her for not telling on us** alle Achtung, dass sie uns nicht verraten hat!; **to be a ~ to sb/sth** [*or* **to do sb/sth ~**] jdm/etw Ehre machen; **it is to sb's ~ that ...** es ist jds Verdienst, dass ... ❷ *no pl* (*reliance*) Glaube[n] *m*; **to give sb ~ for sth** jdm etw zutrauen ❸ *no pl* COMM Kredit *m*; **on ~** auf Kredit ❹ FIN (*money in the bank*) Haben *nt*; **in ~** im Plus ❺ SCH Auszeichnung *f* ❻ (*contributors*) ▪ **~ s** *pl* FILM, TV Abspann *m*; LIT Mitarbeiterverzeichnis *nt* ▶ [**give**] **~ where ~ 's due** (*saying*) Ehre, wem Ehre gebührt **II.** *vt* ❶ (*attribute*) zuschreiben; **I ~ed her with more determination** ich hatte ihr mehr Entschlossenheit zugetraut ❷ (*believe*) glauben; **would you ~ it?!** ist das zu glauben?! ❸ FIN gutschreiben

cred·it·able [ˈkredɪtəbl] *adj* ehrenwert; *result* verdient

ˈcred·it card *n* Kreditkarte *f* **ˈcred·it col·umn** *n* Habenseite *f* **ˈcred·it en·try** *n* Gutschrift *f*

cred·it·ing [ˈkredɪtɪŋ] *n no pl* FIN Kreditierung *f*

ˈcred·it lim·it *n* Kredit[höchst]grenze *f* **ˈcred·it note** *n* BRIT, AUS Gutschrift *f*

credi·tor [ˈkredɪtər] *n* Gläubiger(in) *m(f)* **ˈcred·it rat·ing** *n* Kreditwürdigkeit *f kein pl*; **~ agency** Ratingagentur *f* **ˈcred·it-shy** *adj* **to be ~** zurückhaltend im Kreditkartengebrauch sein **ˈcred·it side** *n* Habenseite *f* **ˈcred·it terms** *npl* Kreditbedingungen *pl* **ˈcred·it·wor·thy** *adj* kreditwürdig

cre·du·lity [krəˈdjuːləti] *n no pl* (*form*) Leichtgläubigkeit *f*

credu·lous [ˈkredjʊləs] *adj* (*form*) leichtgläubig

creed [kriːd] *n* Glaubensbekenntnis *nt*

creek [kriːk] *n* ❶ BRIT (*coastal inlet*) kleine Bucht; (*narrow waterway*) Wasserlauf *m* ❷ AM, AUS (*stream*) Bach *m*; (*tributary*) Nebenfluss *m* ▶ **to be up the ~** [**without a paddle**] in der Patsche sitzen

creep [kriːp] **I.** *n* (*fam*) ❶ (*unpleasant person*) Mistkerl *m* ❷ (*unpleasant feeling*) ▪ **the ~s** *pl* das Gruseln *kein pl*; **I get the ~s when ...** es gruselt mich mir, wenn ...; **that gives me the ~s** das ist mir nicht ganz geheuer **II.** *vi* <crept, crept> ❶ (*move*) kriechen; *water* steigen; **the traffic was ~ing along at a snail's pace** der Verkehr bewegte sich im Schneckentempo voran ❷ (*fig*) **doubts began to ~ into people's minds** den Menschen kamen langsam Zweifel; **tiredness crept over her** die Müdigkeit überkam sie ◆ **creep up** *vi* ❶ (*increase steadily*) [an]steigen ❷ (*sneak up on*) sich anschleichen *a. fig* (**behind/on** an)

creep·er [ˈkriːpər] *n* BOT (*along ground*) Kriechgewächs *nt*; (*up a wall*) Kletterpflanze *f*

creep·ing [ˈkriːpɪŋ] *adj* schleichend

creep·oid [ˈkriːpɔɪd] *n* AM (*fam*) Miststück *nt fam*

creepy [ˈkriːpi] *adj* (*fam*) grus[e]lig, schaurig

creepy ˈcrawlie [-ˈkrɔːli] *n* AUS Bodensauggerät *nt* (*für den Swimmingpool*) **creepy-ˈcrawly** *n* (*fam*) Krabbeltier *nt*

cre·mate [krɪˈmeɪt] *vt* verbrennen, einäschern

cre·ma·tion [krɪˈmeɪʃən] *n* Einäscherung *f*

crema·to·rium <*pl* -s *or* -ria> [ˌkreməˈtɔːriəm, *pl* -riə] *n*, **crema·tory** [ˈkremətˌɔːri] *n* AM Krematorium *nt*

crêpe [kreɪp] *n* ❶ FOOD Crêpe *f* ❷ (*fabric*) Krepp *m* ❸ (*rubber*) Kreppgummi *m*

crept [krept] *pp, pt of* **creep**

cre·scen·do [krɪˈʃendəʊ] *n* ❶ MUS Crescendo *nt* ❷ (*fig*) Anstieg *m*; **to reach a ~** einen Höhepunkt erreichen

cres·cent [ˈkresənt] **I.** *n* ❶ (*moon*) Mondsichel *f* ❷ (*street*) mondsichelförmige Straße oder Häuserreihe; **they live at number 15, Park ~** sie wohnen in der Park Crescent [Nr.] 15 **II.** *adj* sichelförmig; **~ moon** Mondsichel *f*

cress [kres] *n* Kresse *f*

crest [krest] **I.** *n* ❶ (*peak*) Kamm *m*; **~ of a hill** Hügelkuppe *f*; **~ of a mountain** Bergrücken *m*; **~ of a roof** Dachfirst *m*; **~ of a**

wave Wellenkamm *m* ❷ ZOOL *of a cock* Kamm *m;* *of a bird* Schopf *m;* **~ed tit** Haubenmeise *f* ❸ (*helmet plume*) Federbusch *m* ❹ (*insignia*) Emblem *nt;* **family ~** Familienwappen *nt* II. *vt hill* erklimmen
'**crest·fall·en** *adj* niedergeschlagen
Cre·tan ['kri:tᵊn] *adj* GEOG, HIST kretisch
Crete [kri:t] *n* Kreta *nt*
cret·in ['krɛtɪn] *n* (*pej fam*) Schwachkopf *m*
Creutzfeldt-Jakob dis·ease [ˌkrɔɪtsfɛlt-'jækɒb-] *n* Creutzfeldt-Jakob-Syndrom *nt*
cre·vasse [krə'væs] *n* Gletscherspalte *f*
crev·ice ['krɛvɪs] *n* Spalte *f*
crew [kru:] I. *n* + *sing/pl vb* ❶ AVIAT, NAUT Crew *f*, Besatzung *f*; *of ambulance, lifeboat* Rettungsmannschaft *f*; **camera-/film ~** Kamera-/Filmteam *nt*; **ground ~** Bodenpersonal *nt*; **train ~** Zugpersonal *nt* ❷ (*fam: gang*) Bande *f* II. *vt* ■ **to ~ sth** zur Besatzung einer S. *gen* gehören III. *vi* Mannschaftsmitglied sein; ■ **to ~ for sb** zu jds Mannschaft gehören
'**crew cut** *n* Bürstenschnitt *m* '**crew·man** *n*, '**crew·mem·ber** *n* Besatzungsmitglied *nt*
crib [krɪb] I. *n* ❶ AM (*cot*) Gitterbett *nt*; REL Krippe *f* ❷ (*fam: plagiarized work*) Plagiat *nt* ❸ (*fam: crib sheet*) Spickzettel *m*, Schummler *m* ÖSTERR II. *vt, vi* <-bb-> (*pej fam*) abschreiben
crick [krɪk] I. *n* ■ **to get a ~ in one's neck** einen steifen Hals bekommen II. *vt* ■ **to ~ one's neck** einen steifen Hals bekommen
crick·et¹ ['krɪkɪt] *n* ZOOL Grille *f*
crick·et² ['krɪkɪt] *n no pl* SPORTS Kricket *nt*
'**crick·et bat** *n* Kricketschläger *m*
crick·et·er ['krɪkɪtər] *n* Kricketspieler(in) *m(f)*

'**crick·et field** *n*, '**crick·et ground** *n* Kricketplatz *m* '**crick·et pitch** *n* Kricket[spiel]feld *nt*
cri·er ['kraɪər] *n* Ausrufer(in) *m(f)*
cri·key ['kraɪki:] *interj* BRIT (*fam*) [ach] du liebe Zeit!
crime [kraɪm] *n* ❶ (*illegal act*) Verbrechen *nt* ❷ *no art, no pl* (*criminality*) Kriminalität *f*; **to lead a life of ~** das Leben eines/einer Kriminellen führen ❸ (*fig*) Schande *f*
crime pre·'ven·tion *n no pl* Verbrechensverhütung *f* '**crime-rid·den** *adj* mit einer besonders hohen Kriminalitätsrate '**crime wave** *n* Welle *f* der Kriminalität
crim·i·nal ['krɪmɪnᵊl] I. *n* Verbrecher(in) *m(f)* II. *adj* ❶ (*illegal*) verbrecherisch; *behaviour* kriminell; *offence* strafbar; **~ act** Straftat *f*; **~ code** Strafgesetzbuch *nt*; **~ court** Strafgericht *nt* ❷ (*fig*) schändlich; **it's ~ to charge so much** es ist eine Sünde, so viel Geld zu verlangen
crim·i·nal·ity [ˌkrɪmɪ'næləti] *n no pl* Kriminalität *f*
crim·i·nol·o·gist [ˌkrɪmɪ'nɒlədʒɪst] *n* Kriminologe *m*/Kriminologin *f*
crim·i·nol·o·gy [ˌkrɪmɪ'nɒlədʒi] *n no pl* Kriminologie *f*
crimp [krɪmp] *vt* ❶ (*press*) kräuseln ❷ (*make curls*) **to ~ one's hair** sich *dat* das Haar wellen
crim·son ['krɪmzᵊn] I. *n no pl* Purpur[rot] *nt* II. *adj* purpurrot
cringe [krɪndʒ] *vi* ❶ (*cower*) sich ducken ❷ (*shiver*) schaudern; (*feel uncomfortable*) **we all ~d with embarrassment** das war uns allen furchtbar peinlich
crin·kle ['krɪŋkl] I. *vt* [zer]knittern II. *vi dress, paper* knittern; *face, skin* [Lach]fält-

---

criticizing

criticizing, evaluating negatively	kritisieren, negativ bewerten
I don't like this at all.	Das gefällt mir gar nicht.
It doesn't look good.	Das sieht aber nicht gut aus.
That could have been done better.	Das hätte man aber besser machen können.
Several things can be said about that.	Dagegen lässt sich einiges sagen.
I have my doubts about that.	Da habe ich so meine Bedenken.

expressing disapproval	missbilligen
I don't approve of that.	Das kann ich nicht gutheißen.
That wasn't very nice of you (at all).	Das war aber (gar) nicht nett von dir.
I'm completely opposed to it.	Da bin ich absolut dagegen.

chen bekommen **III.** *n* [Knitter]falte *f;* (*in hair*) Krause *f*
crin·kly *adj* ❶ (*full of wrinkles*) *paper* zerknittert; *skin* knittrig ❷ (*wavy and curly*) gekräuselt
crip·ple I. *n* Krüppel *m* **II.** *vt* ■ **to ~ sb** jdn zum Krüppel machen; ■ **to ~ sth** etw gefechtsunfähig machen; (*fig*) etw lahmlegen
crip·pled *adj* verkrüppelt; **to be ~ with debt** von Schulden erdrückt werden *fig;* **to be ~ with rheumatism** von Rheuma geplagt sein
crip·pling *adj debts* erdrückend; *pain* lähmend
cri·sis <*pl* crises> ['kraɪsɪs, *pl* -siːz] *n* Krise *f;* **to be in ~** in einer Krise stecken; **a ~ situation** eine Krisensituation; **~ of confidence** Vertrauenskrise *f;* **energy ~** Energiekrise *f;* **Eurozone** [*or* **euro**] **~** Euro[schulden]krise *f;* **migrant** [*or* **refugee**] **~** Flüchtlingskrise *f*
cri·sis 'man·age·ment *n no pl* Krisenmanagement *nt*
crisp [krɪsp] **I.** *adj* ❶ (*hard and brittle*) knusprig; *snow* knirschend ❷ (*firm and fresh*) *apple, lettuce* knackig ❸ (*stiff and smooth*) *paper, tablecloth* steif; *banknote* druckfrisch ❹ (*bracing*) *air, morning* frisch ❺ (*sharply defined*) *image* gestochen scharf ❻ (*quick and precise*) *manner, style* präzise; *answer, reply* knapp **II.** *n* ❶ BRIT (*potato crisp*) Chip *m;* **burnt to a ~** verkohlt ❷ AM (*crumble*) Obstdessert *nt* (*mit Streuseln überbacken*)*;* **cherry ~s** ≈ Kirschtörtchen *pl*
'crisp·bread *n* Knäckebrot *nt*
crispy ['krɪspi] *adj* (*approv*) knusprig
'criss-cross I. *vt* durchqueren **II.** *vi* sich kreuzen
cri·teri·on <*pl* -ria> [kraɪ'tɪəriən, *pl* -riə] *n* Kriterium *nt*
crit·ic ['krɪtɪk] *n* Kritiker(in) *m(f)*
criti·cal ['krɪtɪkᵊl] *adj* ❶ (*judgmental*) kritisch; **~ success** Erfolg *m* bei der Kritik; ■ **to be ~ of sb** an jdm etwas auszusetzen haben; **to be highly ~ of sb/sth** jdm/etw [äußerst] kritisch gegenüberstehen ❷ (*crucial*) entscheidend ❸ MED kritisch; **to be on the ~ list** ein Todeskandidat/eine Todeskandidatin sein
criti·cal·ly ['krɪtɪkᵊli] *adv* ❶ (*evaluating*) kritisch; **the ~ acclaimed film …** der Film, der von den Kritikern hochgelobt wurde, … ❷ (*gravely*) bedenklich; **to be ~ ill** schwer [*o* ernsthaft] krank sein
criti·cism ['krɪtɪsɪzᵊm] *n* Kritik *f*

criti·cize ['krɪtɪsaɪz] **I.** *vt* kritisch beurteilen; ■ **to ~ sb/sth for sth** jdn/etw wegen einer S. *gen* kritisieren **II.** *vi* kritisieren
cri·tique ['krɪtiːk] *n* Kritik *f*
croak [krəʊk] **I.** *vi* ❶ *crow, person* krächzen; *frog* quaken ❷ (*sl: die*) abkratzen **II.** *vt* krächzen **III.** *n of a crow, person* Krächzen *nt; of a frog* Quaken *nt*
Cro·at ['krəʊæt] *n* ❶ (*person*) Kroate *m*/Kroatin *f* ❷ (*language*) Kroatisch *nt kein pl*
Croa·tia ['krəʊ'eɪʃə] *n* Kroatien *nt*
Croa·tian ['krəʊ'eɪʃᵊn] **I.** *adj* kroatisch **II.** *n* ❶ (*person*) Kroate *m*/Kroatin *f* ❷ (*language*) Kroatisch *nt kein pl*
cro·chet ['krəʊʃeɪ] **I.** *n no pl* Häkelarbeit *f* **II.** *vi, vt* häkeln
'cro·chet hook *n,* **'cro·chet nee·dle** *n* Häkelnadel *f*
crock [krɒk] *n* ❶ (*clay container*) [Ton]topf *m* ❷ (*hum*) **old ~** kauziger Alter/kauzige Alte ❸ *no pl* AM (*fam: nonsense*) ■ **a ~** ein absoluter Schwachsinn
crock·ery ['krɒkəri] *n no pl* Geschirr *nt*
croco·dile <*pl* - *or* -s> ['krɒkədaɪl] *n* ❶ ZOOL Krokodil *nt;* **~ skin** Krokodilleder *nt* ❷ BRIT (*fam*) Zweierreihe *f* (*von Schulkindern*)
croco·dile 'tears *n pl* Krokodilstränen *pl*
cro·cus ['krəʊkəs] *n* Krokus *m*
croft [krɒft] *n esp* SCOT kleiner [gepachteter] Bauernhof
crois·sant ['krwæsɑ̃(ŋ)] *n* Croissant *nt*
cro·ny ['krəʊni] *adj* (*esp pej fam*) Spießgeselle *m,* Haberer *m* ÖSTERR
cro·ny·ism ['krəʊniːzᵊm] *n no pl* (*esp pej*) Kumpanei *f oft pej fam,* Vetternwirtschaft *f pej*
crook [krʊk] **I.** *n* ❶ (*fam: rogue*) Gauner *m* ❷ *usu sing* (*curve*) Beuge *f* ❸ *of a shepherd* Hirtenstab *m; of a bishop* Bischofsstab *m* **II.** *adj* AUS (*fam*) ❶ (*ill*) krank; **to be ~ with a cold** erkältet sein ❷ (*annoyed*) ■ **to be ~ on sb** auf jdn wütend sein; **to go ~ at sb** auf jdn wütend werden ❸ (*unsatisfactory*) *place, situation* schlecht, mies; (*out of order*) kaputt ❹ (*illegal*) krumm **III.** *vt arm* beugen; *finger* krümmen
crook·ed ['krʊkɪd] *adj* ❶ (*fam: dishonest*) unehrlich; *police officer, politician* korrupt; *salesman* betrügerisch ❷ (*not straight*) krumm; *grin, teeth* schief; **the picture's ~** das Bild hängt schief
croon [kruːn] *vt* mit schmachtender Stimme singen
croon·er ['kruːnəʳ] *n* Schnulzensänger(in) *m(f)*

crop [krɒp] **I.** *n* ❶ (*plant*) Feldfrucht *f*; (*harvest*) Ernte *f* ❷ (*group*) Gruppe *f* ❸ (*short hair cut*) Kurzhaarschnitt *m* ❹ (*whip*) Reitgerte *f* **II.** *vt* <-pp-> ❶ AM (*plant*) bestellen; **the land here has been over-~ped** auf diesen Feldern wurde Raubbau getrieben ❷ (*shorten*) abschneiden; **to have one's hair ~ped** sich *dat* das Haar kurz schneiden lassen **III.** *vi* wachsen ◆ **crop up** *vi* (*fam*) auftauchen; **something's ~ped up** es ist etwas dazwischengekommen

crop·per [ˈkrɒpəʳ] *n* AGR Nutzpflanze *f* ▸ **to come a ~** (*fail miserably*) auf die Nase fallen

ˈ**crop ro·ˈta·tion** *n* Fruchtfolge *f*

cro·quet [ˈkrəʊkeɪ] *n no pl* Krocket[spiel] *nt*

cro·quette [krɒˈket] *n* FOOD Krokette[n] *f[pl]*

cross [krɒs] **I.** *n* ❶ Kreuz *nt*; **to mark sth with a [red] ~** etw [rot] ankreuzen; **to put a ~ next to sth** neben etw *dat* ein Kreuz machen ❷ REL **sign of the ~** Kreuzzeichen *nt*; **to die on the ~** am Kreuz sterben ❸ (*hybrid*) Kreuzung *f*; (*fig*) Mittelding *nt* (**between** zwischen); (*person*) Mischung *f* (**between** aus) ❹ FBALL Flanke *f*; BOXING Cross *m* **II.** *adj* verärgert; ▪ **to be ~ with sb** auf jdn böse [*o* sauer] sein; ▪ **to get ~ with sb** sich über jdn ärgern **III.** *vt* ❶ (*cross over*) überqueren; (*also on foot*) *bridge, road* gehen über +*akk*; *border* passieren; *threshold* überschreiten; (*traverse*) durchqueren; **the bridge ~es the estuary** die Brücke geht [*o* führt] über die Flussmündung; **the railway ~es the desert** die Bahnstrecke führt durch die Wüste ❷ FBALL flanken ❸ (*place crosswise*) [über]kreuzen; *arms* verschränken; *legs* übereinanderschlagen ❹ BRIT, AUS *cheque* zur Verrechnung ausstellen; **~ed cheque** Verrechnungsscheck *m* ❺ REL ▪ **to ~ oneself** sich bekreuz[ig]en ❻ (*form: oppose*) verärgern ❼ (*breed*) kreuzen ❽ TELEC da ist jemand in der Leitung ▸ **to keep** [*or* **have**] **one's fingers ~ed** [**for sb**] [jdm] die Daumen drücken; **~ my heart and hope to die** großes Ehrenwort; **to ~ one's mind** jdm einfallen; **to ~ swords with sb** mit jdm die Klinge kreuzen **IV.** *vi* ❶ (*intersect*) sich kreuzen ❷ (*traverse a road*) die Straße überqueren; (*on foot*) über die Straße gehen; (*travel by ferry*) übersetzen; (*traverse a border*) **to ~ into a country** die Grenze in ein Land passieren ❸ (*meet*) **our paths have ~ed several times** wir sind uns schon mehrmals über den Weg gelaufen ❹ (*pass*) *letters* sich kreuzen ◆ **cross off** *vt* streichen; ▪ **to ~ sth off sth** etw von etw *dat* streichen ◆ **cross out** *vt* ausstreichen ◆ **cross over I.** *vi* hinübergehen; (*on boat*) übersetzen; (*fig*) überwechseln; **don't ~ over on a red light** geh nicht bei Rot über die Straße **II.** *vt* überqueren

ˈ**cross·bar** *n* Querlatte *f*; *of goal* Torlatte *f*; *of bicycle* [Quer]stange *f* ˈ**cross·beam** *n* Querbalken *m* ˈ**cross·bow** *n* Armbrust *f* ˈ**cross·breed I.** *n* ZOOL Kreuzung *f*; (*halfbreed*) Mischling *m* **II.** *vt* kreuzen ˈ**cross-channel** *adj ferry* Kanal- ˈ**cross-check I.** *n* Gegenprobe *f* **II.** *vt* nachprüfen **cross-ˈcoun·try I.** *adj* Querfeldein-; **~ race** Geländerennen *nt*; **~ skiing** Langlauf *m*; **~ skiing course** Loipe *f* **II.** *adv* ❶ (*across a country*) quer durchs Land ❷ (*across countryside*) querfeldein ˈ**cross-cur·rent** *n* Gegenströmung *f* **cross-ex·ami·ˈna·tion** *n* Kreuzverhör *nt*; **under ~** im Kreuzverhör **cross-ex·ˈam·ine** *vt* ▪ **to ~ sb** jdn ins Kreuzverhör nehmen *a. fig* ˈ**cross-eyed** *adj* schielend; ▪ **to be ~** schielen **cross-fer·ti·li·ˈza·tion** *n no pl* BOT Kreuzbefruchtung *f* ˈ**cross·fire** *n no pl* Kreuzfeuer *nt*; **to be caught in the ~** ins Kreuzfeuer geraten *a. fig* **cross-gen·er·aˈtion·al** [ˌkrɒsdʒenəˈreɪʃªnªl] *adj appeal, interest, event* für alle Altersgruppen; **will it have ~ appeal?** wird es alle Altersgruppen ansprechen?; **a ~ event** eine Veranstaltung für Jung und Alt

cross·ing [ˈkrɒsɪŋ] *n* ❶ (*place to cross*) Übergang *m*; (*crossroads*) [Straßen]kreuzung *f*; **pedestrian ~** Zebrastreifen *m* ❷ (*journey*) Überfahrt *f*; **the ~ of the Alps** die Überquerung der Alpen

cross-ˈlegged [ˌkrɒsˈlegd, -ˈlegɪd] **I.** *adj* **in a ~ position** mit gekreuzten Beinen **II.** *adv* **to sit ~** im Schneidersitz [da]sitzen

cross-pro·ˈmote *vt* ECON ▪ **to ~ sth** für etw *akk* im Einzel-, Versand- und Internethandel werben ˈ**cross-ˈpur·poses** *npl* ▸ **to be talking at ~** aneinander vorbeireden **cross-ˈref·er·ence** *n* Querverweis *m* (**to** auf) ˈ**cross·roads** <*pl* -> *n* Kreuzung *f*; (*fig*) Wendepunkt *m*; ▪ **at a** [*or* **the**] **~** am Scheideweg **cross-ˈsec·tion** *n* ❶ (*cut*) Querschnitt *m* (**of** durch) ❷ (*sample*) repräsentative Auswahl ˈ**cross·walk** *n* AM Fußgängerübergang *m* ˈ**cross·ways** *adv* quer ˈ**cross·wind** *n* Seitenwind *m* ˈ**cross·wise I.** *adj* Quer- **II.** *adv* quer ˈ**cross·word** *n*, ˈ**cross·word puz·zle** *n* Kreuzworträtsel *nt*

crotch [krɒtʃ] *n* Unterleib *m*; *of trousers* Schritt *m*
crotch·et ['krɒtʃɪt] *n* MUS Viertelnote *f*
crotch·ety ['krɒtʃɪti] *adj* (*fam*) quengelig
crouch [kraʊtʃ] I. *n usu sing* Hocke *f* II. *vi* sich kauern
croup [kruːp] *n no pl* MED Krupp *m*
crou·pi·er ['kruːpɪəʳ] *n* Croupier *m*
crow [krəʊ] I. *n* Krähe *f* ▶ **as the ~ flies** [in der] Luftlinie II. *vi* <crowed, crowed> ❶ (*cry*) *baby, cock* krähen ❷ (*express happiness*) jauchzen; (*gloatingly*) triumphieren
'crow·bar *n* Brecheisen *nt*
crowd [kraʊd] I. *n + sing/pl vb* ❶ (*throng*) [Menschen]menge *f*; SPORTS, MUS Zuschauermenge *f* ❷ (*fam: clique*) Clique *f*; **a bad ~** ein übler Haufen ❸ *no pl* (*fig*) **the ~** die [breite] Masse; **to follow the ~** mit der Masse gehen II. *vt* ❶ (*fill*) *stadium* füllen; *streets* bevölkern ❷ (*fam: pressure*) ■ **to ~ sb** jdn [be]drängen ❸ (*force*) ■ **to ~ sb into sth** jdn in etw *akk* hineinzwängen III. *vi* ■ **to ~ into sth** sich in etw *akk* hineindrängen ♦ **crowd out** *vt* herausdrängen
crowd·ed ['kraʊdɪd] *adj* überfüllt; *timetable* übervoll; ■ **~ out** (*fam*) gerammelt voll; **to feel ~** (*fam*) sich bedrängt fühlen
'crowd-pleas·er *n* Publikumsrenner *m*; *person* Publikumsliebling *m* **'crowd-pleas·ing** *adj attr product* Massen-; *policy* populär; *performance* gefällig **'crowd-pull·er** *n* Massenattraktion *f*
crown [kraʊn] I. *n* ❶ *of a monarch* Krone *f*; **~ of thorns** Dornenkrone *f* ❷ (*top*) *of head* Scheitel *m*; *hill* Kuppe *f*; *of roof* [Dach]first *m*; *of tooth, tree, hat* Krone *f* ❸ (*coin*) Krone *f* II. *vt* krönen; *teeth* überkronen ▶ **to ~ it all** BRIT, AUS (*iron*) zur Krönung des Ganzen
crown 'colo·ny *n* Kronkolonie *f* **crown 'court** *n* BRIT höheres Gericht für Strafsachen
crown·ing ['kraʊnɪŋ] *adj* krönend; **the ~ achievement** die Krönung
crown 'jew·els *npl* Kronjuwelen *pl* **crown 'prince** *n* Kronprinz *m*
'crow's feet *npl* (*wrinkles*) Krähenfüße *pl*
'crow's nest *n* NAUT Krähennest *nt*
cru·cial ['kruːʃəl] *adj* ❶ (*decisive*) entscheidend (**to** für); (*critical*) kritisch; (*very important*) äußerst wichtig
cru·ci·ble ['kruːsɪbl] *n* TECH Schmelztiegel *m*
cru·ci·fix ['kruːsɪfɪks] *n* Kruzifix *nt*
cru·ci·fix·ion [ˌkruːsəˈfɪkʃən] *n* Kreuzigung *f*
cru·ci·fy ['kruːsɪfaɪ] *vt* kreuzigen; (*fig fam*) verreißen

crud·dy ['krʌdi] *adj* (*fam*) mies
crude [kruːd] I. *adj* ❶ (*rudimentary*) primitiv ❷ (*unsophisticated*) plump; *letter* umständlich ❸ (*vulgar*) derb; *manners* rau ❹ (*unprocessed*) roh; **~ oil** Rohöl *nt* II. *n* Rohöl *nt*
crude·ly ['kruːdli] *adv* ❶ (*in a rudimentary way*) primitiv ❷ (*rudely*) rüde; **to behave ~** sich ungehobelt benehmen
cru·el <BRIT -ll- *or* AM *usu* -l-> ['kruːəl] *adj* ❶ (*deliberately mean*) grausam; *remark* gemein ❷ (*harsh*) hart; *disappointment* schrecklich ▶ **to be ~ to be kind** (*saying*) jdm beinhart die Wahrheit sagen
cru·el·ly ['kruːəli] *adv* grausam
cru·el·ty ['kruːəlti] *n* Grausamkeit *f* (**to** gegen); **an act of ~** eine grausame Tat; **~ to animals** Tierquälerei *f*; **~ to children** Kindesmisshandlung *f*
cruise [kruːz] I. *n* Kreuzfahrt *f*; **to go on a ~** eine Kreuzfahrt machen II. *vi* ❶ (*take a cruise*) eine Kreuzfahrt machen; *ship* kreuzen; **to ~ along the Danube** die Donau entlangschippern ❷ (*travel at constant speed*) *aeroplane* [mit Reisegeschwindigkeit] fliegen; *car* [konstante Geschwindigkeit] fahren ❸ (*fam: drive around aimlessly*) herumfahren III. *vt* (*sl*) **to ~ the bars** in den Bars aufreißen gehen
cruise 'mis·sile *n* Marschflugkörper *m*
cruis·er ['kruːzəʳ] *n* ❶ (*warship*) Kreuzer *m* ❷ (*pleasure boat*) Motoryacht *f*
'cruise ship *n* Kreuzfahrtschiff *nt*
crumb [krʌm] I. *n* ❶ *of biscuit, cake* Krümel *m*, Brösel *m* ÖSTERR *a. nt*; *of bread also* Krume *f* ❷ (*fig*) **a small ~ of comfort** ein kleiner Trost; **a ~ of hope** ein Funke[n] *m* Hoffnung II. *interj* BRIT, AUS ■ **~s!** ach du meine Güte! III. *vt* AM panieren
crum·ble ['krʌmbl] I. *vt* zerkrümeln; (*break into bits*) zerbröckeln II. *vi* ❶ (*disintegrate*) zerbröckeln ❷ (*fig*) *empire* zerfallen; *opposition* [allmählich] zerbrechen; *resistance* schwinden; *support* abbröckeln III. *n* BRIT *mit Streuseln überbackenes Obstdessert*
crum·bly ['krʌmbli] *adj food* krümelig; *stone* bröckelig
crum·my ['krʌmi] *adj* (*fam*) mies; *house* schäbig; *idea* blöd; *artist, job, behaviour* unterirdisch *pej fam*; **he is a ~ actor** er spielt unterirdisch *pej fam*
crum·pet ['krʌmpɪt] *n* ❶ BRIT *flaches rundes Hefeküchlein zum Auftoasten* ❷ *no pl* BRIT (*sl*) Mieze *f*
crum·ple ['krʌmpl] I. *vt* zerknittern; *paper* zerknüllen II. *vi* ❶ (*become dented*) einge-

drückt werden ❷ (*become wrinkled*) sich verziehen ❸ (*collapse*) zusammenbrechen

crunch [krʌntʃ] I. *n* ❶ *usu sing* (*noise*) Knirschen *nt kein pl* ❷ *no pl* (*fam: difficult situation*) Krise *f* ▶ **when it comes to the ~** wenn es darauf ankommt II. *vt* FOOD geräuschvoll verzehren III. *vi* ❶ *gravel, snow* knirschen ❷ FOOD ■ **to ~ on sth** geräuschvoll in etw *akk* beißen

crunchy ['krʌntʃi] *adj apple* knackig; *cereal, toast* knusprig; *peanut butter* mit Erdnussstückchen; *snow* verharscht

cru·sade [kru:'seɪd] I. *n* Kreuzzug *m;* **a moral ~** ein moralischer Kampf; ■ **the C~s** *pl* HIST die Kreuzzüge *pl* II. *vi* ■ **to ~ for/against sth** einen Kreuzzug für/gegen etw *akk* führen

cru·sad·er [kru:'seɪdə^r] *n* ❶ (*campaigner*) ■ **to be a ~ against sth** gegen etw *akk* zu Felde ziehen ❷ HIST Kreuzritter *m*

crush [krʌʃ] I. *vt* ❶ (*compress*) zusammendrücken; (*causing serious damage*) zerquetschen; MED sich *dat* etw quetschen ❷ FOOD zerdrücken; *grapes* zerstampfen; *ice* zerstoßen ❸ (*shock*) [stark] erschüttern ❹ (*defeat*) vernichten; *hopes* zunichtemachen; *opponent* [vernichtend] schlagen; *rebellion* niederschlagen; *resistance* zerschlagen II. *n* ❶ *no pl* (*crowd*) Gedränge *nt* ❷ (*fam: temporary infatuation*) **to have a ~ on sb** in jdn verknallt sein ❸ *no pl* (*drink*) Fruchtsaft *m* mit zerstoßenem Eis ◆ **crush up** *vt* zusammenquetschen; *herbs, spices* zerstoßen

'**crush bar·ri·er** *n* BRIT Absperrung *f*

crush·ing ['krʌʃɪŋ] *adj* schrecklich; *blow* hart; *defeat* vernichtend

crust [krʌst] *n* Kruste *f*

crus·ta·cean [krʌs'teɪʃ^ən] *n* Krustentier *nt*

crusty ['krʌsti] I. *adj* ❶ *bread* knusprig ❷ (*grumpy*) grantig II. *n* BRIT (*fam*) alternative Person, oft mit Dreadlocks

crutch [krʌtʃ] *n* ❶ MED Krücke *f* ❷ *no pl* (*fig*) Stütze *f,* Halt *m* ❸ ANAT, FASHION Unterleib *m; of trousers* Schritt *m*

crux [krʌks] *n no pl* Kernfrage *f;* **the ~ of the matter** der springende Punkt

cry <-ie-> [kraɪ] I. *n* ❶ *no pl* (*act of shedding tears*) Weinen *nt;* **to have a ~** sich ausweinen ❷ (*loud emotional utterance*) Schrei *m;* (*shout also*) Ruf *m;* **a ~ of pain** ein Schmerzensschrei *m* ❸ (*appeal*) Ruf *m* (**for** nach); **~ for help** Hilferuf *m* ❹ (*slogan*) Parole *f* ❺ ZOOL, ORN Schreien *nt kein pl,* Rufen *nt kein pl* ▶ **to be in full ~** in voller Jagd sein II. *vi* weinen (**for** nach); *baby* schreien III. *vt* ❶ (*shed tears*) weinen; **to ~ oneself to sleep** sich in den Schlaf weinen ❷ (*exclaim*) rufen ▶ **to ~ one's eyes** [*or* **heart**] **out** sich *dat* die Augen ausweinen ◆ **cry off** *vi* (*fam*) einen Rückzieher machen ◆ **cry out** I. *vi* ❶ (*shout*) aufschreien ❷ (*protest*) [lautstark] protestieren ❸ (*need*) schreien (**for** nach) ▶ **for ~ing out loud** (*fam*) verdammt nochmal! II. *vt* rufen; (*scream*) schreien

'**cry·baby** *n* (*pej fam*) Heulsuse *f pej fam*

cry·ing ['kraɪɪŋ] I. *n no pl* Weinen *nt;* (*screaming*) Schreien *nt* II. *adj* dringend ▶ **it's a ~ shame that ...** es ist jammerschade, dass ...

crypt [krɪpt] *n* Krypta *f*

cryp·tic ['krɪptɪk] *adj* rätselhaft; *message also* geheimnisvoll; *look* unergründlich; **~ crossword** Kreuzworträtsel, bei dem man um die Ecke denken muss; ■ **to be ~ about sth** sich nur sehr vage zu etw *dat* äußern

crys·tal ['krɪst^əl] I. *n* ❶ CHEM Kristall *m* ❷ *no pl* (*glass*) Kristallglas *nt* ❸ AM (*on a watch, clock*) [Uhr]glas *nt* II. *adj* ❶ CHEM kristallin ❷ (*made of crystal*) Kristall-

crys·tal 'ball *n* Kristallkugel *f;* **I haven't got a ~** ich bin (doch) kein Hellseher **crys·tal 'clear** *adj* ❶ (*transparent*) *water* kristallklar ❷ (*obvious*) glasklar; **she made it ~ that ...** sie stellte unmissverständlich klar, dass ... **crys·tal·line** ['krɪst^əlaɪn] *adj* ❶ CHEM kristallin ❷ (*liter: crystal clear*) kristallklar **crys·tal·li·za·tion** [ˌkrɪst^əlaɪ-'zeɪʃ^ən] *n no pl* CHEM Kristallisation *f*

crys·tal·lize ['krɪst^əlaɪz] I. *vi* CHEM kristallisieren; (*fig*) *feelings* fassbar werden II. *vt* (*fig*) herausbilden

ct. *abbrev of* **cent** ct

CTC [ˌsi:ti:'si:] *n* BRIT *abbrev of* **city technology college** ≈ technische Fachschule

cub [kʌb] *n* ❶ ZOOL Junge(s) *nt* ❷ (*cub scout*) Wölfling *m*

Cuba ['kju:bə] *n* Kuba *nt*

Cu·ban ['kju:bən] I. *adj* kubanisch II. *n* Kubaner(in) *m(f)*

cubby·hole ['kʌbihəʊl] *n* Kämmerchen *nt*

cube [kju:b] I. *n* ❶ (*shape*) Würfel *m* ❷ MATH Kubikzahl *f* II. *vt* ❶ FOOD in Würfel schneiden ❷ MATH hoch drei nehmen; **2 ~d equals 8** 2 hoch 3 ist 8

cub·ic ['kju:bɪk] *adj* ❶ MATH Kubik- ❷ (*cube-shaped*) würfelförmig

cu·bi·cle ['kju:bɪkl] *n* ❶ (*for changing*) [Umkleide]kabine *f* ❷ (*for sleeping*) Schlafzelle *f*

cub·ism ['kju:bɪzᵊm] *n no pl* ART Kubismus *m*

cub·ist ['kju:bɪst] ART **I.** *n* Kubist(in) *m(f)* **II.** *adj* kubistisch

cu·boid ['kju:bɔɪd] *adj* quaderförmig

cuckoo ['kʊku:] **I.** *n* ORN Kuckuck *m* **II.** *adj* (*fam*) übergeschnappt

'cuckoo clock *n* Kuckucksuhr *f*

cu·cum·ber ['kju:kʌmbəʳ] *n* [Salat]gurke *f* ▶ **to be [as] cool as a ~** immer einen kühlen Kopf behalten

cud·dle ['kʌdl̩] **I.** *n* [liebevolle] Umarmung; **to give sb a ~** jdn umarmen **II.** *vt* liebkosen **III.** *vi* kuscheln

cud·dly ['kʌdli] *adj* knuddelig

cud·gel ['kʌdʒᵊl] **I.** *n* Knüppel *m* **II.** *vt* <BRIT -ll- *or* AM *usu* -l-> niederknüppeln

cue [kju:] **I.** *n* ❶ THEAT Stichwort *nt*; (*fig also*) Zeichen *nt*; **to take one's ~ from sb** jds Beispiel folgen ❷ (*billiards*) Queue *nt* ÖSTERR *a. m*, Billardstock *m* ▶ **[right] on ~** wie gerufen **II.** *vt* ■ **to ~ in** ⟳ **sb** jdm das Stichwort geben

cuff [kʌf] **I.** *n* ❶ *of sleeve* Manschette *f* ❷ AM, AUS *of trouser leg* [Hosen]aufschlag *m* ❸ (*blow*) Klaps *m* ❹ (*fam*) ■ **~s** *pl* Handschellen *pl* ▶ **off the ~** aus dem Stegreif **II.** *vt* ■ **to ~ sb** ❶ (*strike*) jdm einen Klaps geben ❷ (*fam: handcuff*) jdm Handschellen anlegen

'cuff link *n* Manschettenknopf *m*

cui·sine [kwɪ'zi:n] *n no pl* Küche *f*

cul-de-sac <*pl* -s *or* culs-de-sac> ['kʌldəsæk] *n* Sackgasse *f a. fig*

culi·nary ['kʌlɪnᵊri] *adj* kulinarisch; **~ equipment** Küchengeräte *pl;* **~ skills** Kochkünste *pl*

cull [kʌl] **I.** *vt* ❶ (*kill*) erlegen (*um den Bestand zu reduzieren*) ❷ (*select*) herausfiltern **II.** *n* Abschlachten *nt kein pl;* (*fig*) Abschuss *m kein pl*

cul·mi·nate ['kʌlmɪneɪt] *vi* gipfeln (**in** in)

cul·mi·na·tion [ˌkʌlmɪ'neɪʃᵊn] *n no pl* Höhepunkt *m*

cu·lottes [kju:'lɒts] *npl* Hosenrock *m*

cul·pable ['kʌlpəbl̩] *adj* (*form*) schuldig; **to hold sb ~ for sth** jdm die Schuld an etw *dat* geben

cul·prit ['kʌlprɪt] *n* Schuldige(r) *f(m);* (*hum*) Missetäter(in) *m(f)*

cult [kʌlt] *n* Kult *m*

'cult fig·ure *n* Kultfigur *f*

cul·ti·vate ['kʌltɪveɪt] *vt* ❶ AGR (*grow*) anbauen; (*till*) *land* bestellen ❷ (*fig form*) entwickeln; *accent, contacts* pflegen; *sb's talent* fördern

cul·ti·vat·ed ['kʌltɪveɪtɪd] *adj* ❶ AGR *field* bestellt; *land, soil also* kultiviert, bebaut ❷ (*fig*) kultiviert

cul·ti·va·tion [ˌkʌltɪ'veɪʃᵊn] *n no pl* AGR *of crops, vegetables* Anbau *m; of land* Bebauung *m*, Bestellung *m*

cul·ti·va·tor ['kʌltɪveɪtəʳ] *n* Grubber *m*

cul·tur·al ['kʌltʃᵊrᵊl] *adj* kulturell; **~ attaché** Kulturattaché *m;* **~ backwater** Kulturwüste *f;* **~ exchange** Kulturaustausch *m;* **~ revolution** Kulturrevolution *f*

cul·tur·al·ly ['kʌltʃᵊrᵊli] *adv* kulturell, in kultureller Hinsicht; **~ diverse** multikulturell

cul·ture ['kʌltʃəʳ] **I.** *n* Kultur *f;* **person of ~** kultivierter Mann/kultivierte Frau **II.** *vt* BIOL züchten

cul·tured ['kʌltʃəd] *adj* kultiviert

'cul·ture vul·ture *n* BRIT (*pej fam*) [Kunstund] Kulturfreak *m*

cum·ber·some ['kʌmbəsəm] *adj luggage* unhandlich; *clothing* unbequem; *style of writing* schwerfällig

cum·in ['kʌmɪn, 'kju:-] *n no pl* Kreuzkümmel *m*

cu·mu·la·tive ['kju:mjələtɪv] *adj* kumulativ; **~ total** Gesamtbetrag *m*

cu·mu·lus <*pl* -li> ['kju:mjələs, *pl* li:] *n* Kumulus *m*

cun·ning ['kʌnɪŋ] **I.** *adj* ❶ (*ingenious*) *idea* clever, raffiniert; *person also* schlau, gerissen; *device* ausgeklügelt; *look* listig ❷ AM (*cute*) niedlich **II.** *n no pl* (*ingenuity*) Cleverness *f*, Gerissenheit *f*

cun·ning·ly ['kʌnɪŋli] *adv* (*slyly*) schlau; (*ingeniously*) geschickt, clever, raffiniert

cunt [kʌnt] *n* (*vulg*) Fotze *f*

cup [kʌp] **I.** *n* ❶ (*container*) Tasse *f; of paper, plastic* Becher *m;* **a cup of coffee** eine Tasse Kaffee ❷ SPORTS Pokal *m;* **the World C~** der Weltcup ❸ (*part of bra*) Körbchen *nt;* (*size*) Körbchengröße *f* ❹ AM SPORTS Suspensorium *nt kein pl* ❺ *no pl* (*drink*) Punsch *m* ▶ **that's [just]/not my ~ of tea** das ist genau/nicht gerade mein Fall **II.** *vt* <-pp-> **to ~ one's hands** mit den Händen eine Schale bilden; **she ~ped her hands around her mug** sie legte die Hände um den Becher; **she ~ped her chin in her hands** sie stützte das Kinn in die Hände

cup·board ['kʌbəd] *n* Schrank *m*, Kasten *m* ÖSTERR

cup 'fi·nal *n* Pokalendspiel *nt*, Cupfinale *nt*

cup·ful <*pl* -s *or esp* AM cupsful> ['kʌpfʊl] *n* Tasse *f*

cu·po·la ['kju:pᵊlə] *n* Kuppel *f*

cup·pa ['kʌpə] *n* BRIT (*fam*) Tasse *f* Tee

'cup tie *n* Pokalspiel *nt* **'cup win·ner** *n* SPORTS Pokalsieger(in) *m(f)*

cur [kɜːʳ] *n* ❶ (*pej liter*) (*dog*) [gefährlicher] Köter ❷ (*person*) fieser Hund *fam*

cur·able ['kjʊərəbl] *adj* heilbar

cu·rate ['kjʊərət] *n* REL Kurat *m*

cu·ra·tor [kjʊə'reɪtəʳ] *n* Konservator(in) *m(f)*

curb [kɜːb] **I.** *vt* zügeln; **to ~ one's dog** AM seinen Hund an der Leine führen; *expenditure* senken; *inflation* bremsen **II.** *n* ❶ (*control*) Beschränkung *f*; **to keep a ~ on sth** etw im Zaum halten; **to put a ~ on sth** etw zügeln ❷ (*of harness*) Kandare *f* ❸ AM (*kerb*) Randstein *m*

'curb bit *n* Kandare *f* **'curb·stone** *n* AM Randstein *m*

curd *n* **~ cheese** Weißkäse *m*

cur·dle [kɜːdl] **I.** *vi* gerinnen ▶ **to make sb's blood ~** jdm das Blut in den Adern gerinnen lassen **II.** *vt* gerinnen lassen

cure [kjʊəʳ] **I.** *vt* ❶ (*heal*) heilen *a. fig* (*of* von); *cancer* besiegen ❷ FOOD haltbar machen; (*by smoking*) räuchern; (*by salting*) pökeln; (*by drying*) trocknen; (*using vinegar*) in Essig einlegen **II.** *n* ❶ (*remedy*) [Heil]mittel *nt* (**for** gegen) ❷ *no pl* (*recovery*) Heilung *f*; (*fig: solution*) Lösung *f*; **she was beyond ~** ihr war nicht mehr zu helfen

'cure-all *n* Allheilmittel *nt* (**for** gegen)

cur·few ['kɜːfjuː] *n* Ausgangssperre *f*; **what time is the ~?** wann ist Sperrstunde?

cu·ri·os·ity [ˌkjʊəri'ɒsəti] *n* ❶ *no pl* (*desire to know*) Neugier[de] *f* ❷ (*object*) Kuriosität *f* ▶ **~ killed the cat** (*prov*) wer wird denn so neugierig sein?

cu·ri·ous ['kjʊəriəs] *adj* ❶ (*inquisitive*) neugierig; **to be ~ to see sb/sth** neugierig darauf sein, jdn/etw zu sehen; ■ **to be ~ as to** [*or* about] **sth** neugierig auf etw *akk* sein ❷ (*peculiar*) seltsam, merkwürdig; **a ~ thing happened to me yesterday** gestern ist mir etwas ganz Komisches passiert

cu·ri·ous·ly ['kjʊəriəsli] *adv* ❶ (*with curiosity*) neugierig, wissbegierig ❷ (*strangely*) seltsamerweise, merkwürdigerweise

curl [kɜːl] **I.** *n* ❶ (*loop of hair*) Locke *f* ❷ (*spiral*) Kringel *m*; **~s of smoke** Rauchkringel *pl* ❸ SPORTS Hantelübung *f* **II.** *vi* ❶ *hair* sich locken; **does your hair ~ naturally?** hast du Naturlocken? ❷ *leaf* sich einrollen **III.** *vt* ❶ (*contract*) **to ~ oneself into a ball** sich zusammenrollen; **to ~ one's hair** sich *dat* Locken drehen; **to ~ one's lip** [verächtlich] die Lippen schürzen; **to ~ one's toes** die Zehen einziehen ❷ (*wrap*) ■ **to ~ sth** [**round sth**] etw [um etw *akk*] herumwickeln

curl·er ['kɜːləʳ] *n* Lockenwickler *m*

cur·lew ['kɜːljuː] *n* ORN Brachvogel *m*

curl·ing ['kɜːlɪŋ] *n no pl* SPORTS Curling *nt*, Eisstockschießen *nt*; **~ stone** Puck *m*

'curl·ing iron *n*, **'curl·ing tongs** *npl* Lockenstab *m*

curly ['kɜːli] *adj leaves* gewellt, gekräuselt; *hair also* lockig

cur·rant ['kʌrᵊnt] *n* ❶ (*dried grape*) Korinthe *f*; **~ bun** Korinthenbrötchen *nt* ❷ (*berry*) Johannisbeere *f*, Ribisel *f* ÖSTERR

cur·ren·cy ['kʌrᵊn(t)si] *n* ❶ (*money*) Währung *f*; [**foreign**] **~** Devisen *pl* ❷ *no pl* (*acceptance*) [weite] Verbreitung *f*; **to gain ~** sich verbreiten

cur·rent ['kʌrᵊnt] **I.** *adj* gegenwärtig; *issue* aktuell; **in ~ use** gebräuchlich **II.** *n* ❶ *of air, water* Strömung *f*; **~ of air** Luftströmung *f*; **to swim against/with the ~** gegen/mit dem Strom schwimmen *a. fig* ❷ ELEC Strom *m*

cur·rent ac·'count *n* BRIT Girokonto *nt*

cur·rent af·'fairs *n*, **cur·rent e'vents** *npl* POL Zeitgeschehen *nt kein pl*

cur·rent·ly ['kʌrᵊntli] *adv* zur Zeit

cur·rent o·'pin·ion *n* aktuelle öffentliche Meinung **cur·rent 'rate** *n* aktueller Kurs

cur·ric·u·lum vi·tae <*pl* -s *or* curricula vitae> [-'viːtaɪ] *n* Lebenslauf *m*

cur·ry¹ ['kʌri] FOOD **I.** *n* Curry *nt o m*; **~ paste** Currypaste *f*; **hot/medium/ mild ~** scharfes/mittelscharfes/mildes Curry **II.** *vt* <-ie-> als Curry zubereiten

cur·ry² <-ie-> ['kʌri] *vt* (*groom horse*) striegeln ▶ **to ~ favour** [**with sb**] sich [bei jdm] einschmeicheln [wollen]

curse [kɜːs] **I.** *vi* fluchen **II.** *vt* ❶ (*swear at*) verfluchen ❷ (*put a magic spell on*) verwünschen **III.** *n* Fluch *m*; **to put a ~ on sb** jdn verwünschen; **with a ~** fluchend

curs·ed¹ ['kɜːsɪd] *adj* (*annoying*) verflucht

curs·ed² [kɜːst] *adj* ❶ (*under a curse*) verhext ❷ (*fig: afflicted*) ■ **to be ~ with sth** mit etw *dat* geschlagen sein

cur·sor ['kɜːsəʳ] *n* COMPUT Cursor *m*

cur·sory ['kɜːsᵊri] *adj glance* flüchtig; *examination* oberflächlich

curt [kɜːt] *adj* (*pej*) schroff, barsch; ■ **to be ~ with sb** zu jdm kurz angebunden sein

cur·tail [kɜː'teɪl] *vt* ❶ (*reduce*) kürzen ❷ (*shorten*) verkürzen; *holiday* frühzeitig abbrechen

cur·tail·ment [kɜː'teɪlmənt] *n* Beschränkung *f*

cur·tain ['kɜːtᵊn] *n* ❶ (*across a window*) Vorhang *m*; |**net**| ~ Gardine *f*; **the final** ~ die letzte Vorstellung ❷ (*fig*) Schleier *m*, Vorhang *m*; ~ **of rain/smoke** Regen-/Rauchwand *f*

'cur·tain call *n* THEAT Vorhang *m*; **to take a** ~ einen Vorhang bekommen **'cur·tain rais·er** *n* THEAT [kurzes] Vorspiel

curt·ly ['kɜːtli] *adv* brüsk, schroff; **to dismiss sb** ~ jdn kurzerhand entlassen

curt·sey, curt·sy ['kɜːtsi] **I.** *vi* knicksen (**to** vor) **II.** *n* [Hof]knicks *m*; **to make a** ~ **to sb** einen [Hof]knicks vor jdm machen

cur·va·ture ['kɜːvətʃəʳ] *n no pl* Krümmung *f*; ~ **of the spine** Rückgratverkrümmung *f*

curve [kɜːv] **I.** *n* ❶ (*bending line*) of a figure, vase Rundung *f*, Wölbung *f*; of a road Kurve *f*; of a river Bogen *m* ❷ MATH Kurve *f* **II.** *vi* river, road eine Kurve machen; *line* eine Kurve beschreiben; **to** ~ **through the air** in einem hohen Bogen durch die Luft fliegen **III.** *vt* biegen

curved [kɜːvd] *adj* gebogen, geschwungen; *surface* gewölbt; **the** ~ **line represents the temperature fluctuation** die Kurve zeigt die Temperaturschwankungen

curvy ['kɜːvi] *adj* kurvenreich; *line* krumm

cush·ion ['kʊʃᵊn] **I.** *n* ❶ (*pillow*) Kissen *nt*, Polster *m* ÖSTERR ❷ (*fig: buffer*) Polster *nt o* ÖSTERR *a. m*; ~ **of air** Luftkissen *nt* **II.** *vt* dämpfen *a. fig*

cushy ['kʊʃi] *adj* (*pej fam*) bequem; *job* ruhig; **to have a** ~ **time** sich *dat* kein Bein ausreißen ▶ **to be on to a** ~ **number** BRIT eine ruhige Kugel schieben

cuss [kʌs] *vi* (*fam*) fluchen

cus·tard ['kʌstəd] *n no pl* FOOD (*sauce*) ≈ Vanillesoße *f*; (*set*) ≈ Vanillepudding *m*

cus·to·dial [kʌsˈtəʊdiəl] *adj* Wach-; ~ **sentence** Freiheitsstrafe *f*

cus·to·dian [kʌsˈtəʊdiən] *n* ❶ (*keeper*) Aufseher(in) *m(f)*; *of museum* Wärter(in) *m(f)*; *of valuables* Hüter(in) *m(f)* ❷ AM (*caretaker*) Hausmeister(in) *m(f)*

cus·to·dy ['kʌstədi] *n no pl* ❶ (*guardianship*) Obhut *f*; LAW Sorgerecht *nt* (**of** für) ❷ (*detention*) Haft *f*; **to hold sb in** ~ jdn in Gewahrsam halten; **to remand sb in** ~ jdn in die Untersuchungshaft zurücksenden; **to take sb into** ~ jdn verhaften; **to take sb into protective** ~ jdn in Schutzhaft nehmen

cus·tom ['kʌstəm] *n* ❶ (*tradition*) Brauch *m*, Sitte *f* ❷ *no pl* (*usual behaviour*) Gewohnheit *f* ❸ *no pl* (*patronage*) Kundschaft *f*; **to withdraw one's** ~ [*or* **take**

one's ~ **elsewhere**] anderswohin gehen

cus·tom·ary ['kʌstəmᵊri] *adj* üblich

'cus·tom-built *adj* spezialangefertigt **cus·tom 'clothes** *npl* AM maßgeschneiderte Kleidung

cus·tom·er ['kʌstəməʳ] *n* ❶ (*buyer, patron*) Kunde *m*/Kundin *f*; **regular** ~ Stammkunde *m*/-kundin *f* ❷ (*fam: person*) Typ *m*

'cus·tom·er num·ber *n* Kundennummer *f*

cus·tom·er 'ser·vice *n usu pl* Kundendienst *m kein pl*, Kundenbetreuung *f kein pl*; ~ **counter** Kundendienstschalter *m*; ~ **department** Kundendienst *m*; ~ **officer** Kundenbetreuer(in) *m(f)*

cus·tom·ize ['kʌstəmaɪz] *vt* nach Kundenwünschen anfertigen

cus·tom-'made *adj* auf den Kunden zugeschnitten; *shirt* maßgeschneidert; *shoes* maßgefertigt; **a** ~ **slipcover** ein Schonbezug *m* in Sonderanfertigung; ~ **suit** Maßanzug *m*

cus·toms ['kʌstəmz] *npl* Zoll *m*

'cus·toms clear·ance *n* Zollabfertigung *f*; **to get** ~ **for sth** etw verzollt bekommen **'cus·toms dec·la·ra·tion** *n* Zollerklärung *f* **'cus·toms dues** *npl*, **'cus·toms duties** *npl* Zollabgaben *pl* **'cus·toms ex·ami·na·tion** *n* Zollkontrolle *f* **'cus·tom(s) house** *n* Zollamt *nt* **'cus·toms of·fic·er** *n*, **'cus·toms of·fi·cial** *n* Zollbeamte(r) *m*/-beamtin *f* **'cus·toms un·ion** *n* Zollunion *f*

cut [kʌt] **I.** *n* ❶ (*act*) Schnitt *m*; **my hair needs a** ~ mein Haar muss geschnitten werden; **to make a** ~ |**in sth**| [in etw *akk*] einen Einschnitt machen ❷ (*piece of meat*) Stück *nt*; **cold** ~**s** Aufschnitt *m* ❸ (*fit*) [Zu]schnitt *m*; *of shirt, trousers* Schnitt *m* ❹ (*wound*) Schnittwunde *f*; **to get a** ~ sich schneiden ❺ (*fam: due*) [An]teil *m* ❻ (*decrease*) Senkung *f*; ~ **in emissions** Abgasreduzierung *f*; ~ **in interest rates** Zinssenkung *f*; ~ **in production** Produktionseinschränkung *f*; ~ **in staff** Personalabbau *m*; **to take a** ~ eine Kürzung hinnehmen; **many people have had to take a** ~ **in their living standards** viele Menschen mussten sich mit einer Einschränkung ihres Lebensstandards abfinden ❼ (*less spending*) ■**~s** *pl* Kürzungen *pl* ❽ *in film* Schnitt *m*; *in book* Streichung *f* ❾ AM (*truancy*) Schwänzen *nt kein pl* ▶ **the** ~ **and thrust of sth** das Spannungsfeld einer S. *gen*; **to be a** ~ **above sb/sth** jdm/etw um einiges überlegen sein **II.** *adj* ❶ (*removed*) abgeschnitten; (*sliced*) bread

[auf]geschnitten; ~ **flowers** Schnittblumen pl ❷ (*fitted*) *glass, jewel* geschliffen **III.** *interj* FILM ~! Schnitt! **IV.** *vt* <-tt-, cut, cut> ❶ (*slice*) schneiden (**in** in); *bread* aufschneiden; *slice of bread* abschneiden; **to ~ sth to pieces** [*or* **shreds**] etw zerstückeln; **to ~ sth in**[**to**] **several pieces** etw in mehrere Teile zerschneiden; **to ~ free/ loose** losschneiden; **to ~ open** aufschneiden ❷ (*sever*) durchschneiden ❸ (*trim*) [ab]schneiden; **to ~ one's fingernails** sich *dat* die Fingernägel schneiden; **to ~ the grass** den Rasen mähen; **to ~ sb's hair** jdm die Haare schneiden; **to have** [*or* **get**] **one's hair ~** sich *dat* die Haare schneiden lassen ❹ (*clear*) **they're planning to ~ a road right through the forest** sie planen, eine Straße mitten durch den Wald zu schlagen ❺ (*decrease*) *costs* senken; *prices* herabsetzen; *overtime* reduzieren; *wages* kürzen (**by** um); **to ~ one's losses** weitere Verluste vermeiden ❻ *film* kürzen; *scene* herausschneiden; **to ~ short** abbrechen; **to ~ sb short** jdn unterbrechen ❼ (*miss*) *class, school* schwänzen ❽ (*turn off*) *engine* abstellen ❾ (*shape*) *diamond* schleifen ❿ AUTO *corner* schneiden ⓫ *tooth* bekommen ⓬ CARDS abheben ⓭ MUS *CD* aufnehmen ⓮ COMPUT ausschneiden ⓯ SPORTS *ball* [an]schneiden ▶ **to ~ sb dead** jdn schneiden; **to ~ it** [**a bit**] **fine** [ein bisschen] knapp kalkulieren; **to ~ sb to the quick** jdn ins Mark treffen **V.** *vi* <-tt-, cut, cut> ❶ (*slice*) *knife* schneiden ❷ (*slice easily*) *material* sich schneiden lassen ❸ (*take short cut*) eine Abkürzung nehmen ❹ CARDS abheben; **to ~ for dealer** den Geber auslosen ❺ AM (*fam: push in*) **no ~ting!** nicht drängeln!; **to ~** [**in line**] sich vordrängeln; **to ~ in front of sb** sich vor jdn drängeln ❻ (*withdraw*) ▪**to ~ loose** sich trennen (**from** von); (*fig*) alle Hemmungen verlieren ▶ **to ~ to the chase** AM (*fam*) auf den Punkt kommen; **to ~ both** [*or* **two**] **ways** eine zweischneidige Sache sein; **to ~ and run** Reißaus nehmen ◆**cut across** *vi* ❶ (*to other side*) hinüberfahren ❷ (*take short cut*) durchqueren; **to ~ across country** querfeldein fahren; **to ~ across a field** quer über ein Feld gehen ❸ (*fig: affect*) quer durch ◆**cut away** *vt* wegschneiden ◆**cut back I.** *vt* ❶ HORT zurückschneiden ❷ FIN kürzen; *production* zurückschrauben **II.** *vi* ❶ (*return*) zurückgehen ❷ (*reduce*) ▪**to ~ back on sth** etw kürzen; **to ~ back on spending** die Ausgaben reduzieren ◆**cut down I.** *vt* ❶ (*fell*) *tree* umhauen ❷ (*reduce*) einschränken; *labour force* abbauen; *production* zurückfahren; **to ~ down wastage** weniger Abfall produzieren ❸ (*abridge*) kürzen ❹ FASHION kürzen ▶ **to ~ sb down to size** jdn in seine Schranken verweisen **II.** *vi* ▪**to ~ down on sth** etw einschränken; **to ~ down on smoking** das Rauchen einschränken ◆**cut in I.** *vi* ❶ (*interrupt*) unterbrechen ❷ (*activate*) sich einschalten ❸ AUTO einscheren; ▪**to ~ in in front of sb** jdn schneiden ❹ (*take over during a dance*) ▪**to ~ in on sb** jdn ablösen ❺ (*jump queue*) sich vordrängeln; ▪**to ~ in on** [*or* **in front of**] **sb** sich vor jdn drängeln **II.** *vt* ▪**to ~ sb in** ❶ (*share with*) jdn [am Gewinn] beteiligen ❷ (*include*) jdn teilnehmen lassen; (*in a game*) jdn mitspielen lassen; **shall we ~ you in?** willst du mitmachen? ◆**cut into** *vi* ❶ (*slice*) anschneiden ❷ (*decrease*) verkürzen ❸ (*interrupt*) unterbrechen ◆**cut off** *vt* ❶ (*remove*) abschneiden; ▪**to ~ sth off sth** etw von etw *dat* abschneiden ❷ (*silence*) unterbrechen; **to ~ sb off in mid-sentence** [*or* **mid-flow**] jdm den Satz abschneiden ❸ (*disconnect*) unterbinden; *electricity* abstellen; *escape route* abschneiden; *gas supply* abdrehen; *phone conversation* unterbrechen ❹ (*isolate*) abschneiden; ▪**to ~ oneself off** sich zurückziehen ❺ AM (*refuse drink*) ▪**to ~ off** ⌒ **sb** jdm nichts mehr zu trinken geben ❻ AM AUTO (*pull in front of*) schneiden ◆**cut out I.** *vt* ❶ (*excise*) herausschneiden ❷ (*from paper*) ausschneiden ❸ (*abridge*) streichen ❹ (*eschew*) weglassen ❺ (*fam: desist*) aufhören mit +*dat;* **~ it out!** hör auf damit! ❻ (*block*) *light* abschirmen; **it's a beautiful tree, but it ~s out most of the light** es ist ein schöner Baum, aber er nimmt uns das meiste Licht ❼ (*exclude*) ausschließen; [**you can**] **~ me out!** ohne mich! ❽ (*disinherit*) **to ~ sb out of one's will** jdn aus seinem Testament streichen ▶ **to have one's work ~ out** alle Hände voll zu tun haben; **to be ~ out for sth** für etw *akk* geeignet sein **II.** *vi* ❶ (*stop operating*) sich ausschalten; *plane's engine* aussetzen ❷ AM AUTO ausscheren; **to ~ out of traffic** plötzlich die Spur wechseln ❸ AM (*depart*) sich davonmachen; **he ~ out after dinner** nach dem Essen schwirrte er ab *fam* ◆**cut up I.** *vt* ❶ (*slice*) zerschneiden; *food for a child* klein schneiden ❷ (*injure*) ▪**to ~ up** ⌒ **sb** jdm Schnittwunden zufügen ❸ (*fig: sadden*) schwer treffen; **the divorce**

really ~ him up die Scheidung war ein schwerer Schlag für ihn; ■ **to be** ~ **up** [about sth] [über etw akk] zutiefst betroffen sein ❹ BRIT AUTO (*pull in front of*) schneiden II. *vi* AM sich danebenbenehmen ▶ **to** ~ **up rough** BRIT grob werden

cut-and-'dried *adj* ❶ (*fixed*) abgemacht; *decision* klar ❷ (*simple*) eindeutig; ~ **solution** Patentlösung *f*

cut-and-'paste [ˌkʌtənd'peɪst] *adj* Textumstellungs-; ~ **plagiarism** durch Textumstellung hergestellte Plagiate

cut·back ['kʌtbæk] *n* Kürzung *f*

cute <-r, -st> [kju:t] *adj* ❶ (*sweet*) süß, niedlich ❷ AM (*clever*) schlau

cutey *n* AM (*fam*) *see* **cutie**

cu·ti·cle ['kju:tɪkl] *n* Nagelhaut *f*

cutie ['kju:t̬i] *n* AM (*fam*), **cutie·pie** ['kju:t̬ipaɪ] *n* AM (*fam: woman*) dufte Biene; (*man*) irrer Typ; **hi there,** ~**!** hallo, Süße!

cut·lass <*pl* -es> ['kʌtləs] *n* Entermesser *nt*

cut·lery ['kʌtləri] *n no pl* Besteck *nt*

cut·let ['kʌtlət] *n* ❶ (*meat*) Kotelett *nt* ❷ (*patty*) Frikadelle *f*

cut-off ['kʌtɒf] *n* ❶ (*limit*) Obergrenze *f* ❷ (*stop*) Beendigung *f;* ~ **date** Endtermin *m* **cut-out** ['kʌtaʊt] I. *n* ❶ (*shape*) Ausschneidefigur *f* ❷ (*stereotype*) **cardboard** ~ [Reklame]puppe *f* ❸ (*switch*) Unterbrecher *m* II. *adj* ausgeschnitten

'cut-price I. *adj product, store* Billig-; *clothes* herabgesetzt; *ticket* ermäßigt II. *adv* zu Schleuderpreisen

cut·ter ['kʌtə'] *n* ❶ (*tool*) Schneider *m* ❷ (*person*) [Zu]schneider(in) *m(f);* FILM Cutter(in) *m(f)* ❸ NAUT Kutter *m*

'cut·throat *adj* mörderisch

cut·ting ['kʌtɪŋ] I. *n* ❶ JOURN Ausschnitt *m;* **press** ~ Zeitungsausschnitt *m* ❷ HORT Ableger *m* II. *adj comment* scharf; *remark* beißend

cut·ting 'edge I. *n* ❶ (*blade*) Schneide *f* ❷ *no pl* (*latest stage*) **to be at the** ~ an vorderster Front stehen II. *adj* supermodern, Hightech-, Spitzen-

cut·tle·fish <*pl* - *or* -es> *n* Tintenfisch *m*

cuz [kəz] *conj* AM (*sl*) *short for* **because** weil

CV [ˌsiːˈviː] *n abbrev of* **curriculum vitae**

cwt <*pl* - *or* -s> *abbrev of* **hundredweight**

cya·nide ['saɪənaɪd] *n no pl* Zyanid *nt*

cy·ber- ['saɪbə] *in compounds* Cyber-, Internet-

'cy·ber·beg·ging *n no pl, no art* COMPUT, INET Betteln *nt* im Internet **cy·ber·cafe** ['saɪbəkæfeɪ] *n* Internetcafé *nt;* **'cy·ber-en·tre·pre·neur** *n* Online-Unternehmer(in) *m(f)*

cy·ber·net·ics [ˌsaɪbə'netɪks] *n* + *sing vb* Kybernetik *f*

cy·ber·re·'sponse *n* COMPUT, INET Internet-Nachfrage *f,* Internet-Response *f* **cy·ber·space** ['saɪbəspeɪs] *n* Cyberspace *m* **'cy·ber·ver·sion** *n* COMPUT, INET Internet-Version *f*

cyc·la·men ['sɪkləmən] *n* Alpenveilchen *nt,* Zyklame *f* ÖSTERR, SCHWEIZ

cy·cle[1] ['saɪkl] *short for* **bicycle** I. *n* [Fahr]rad *nt* II. *vi* Rad fahren

cy·cle[2] ['saɪkl] *n* Zyklus *m; of washing machine* Arbeitsgang *m;* ~ **of life** Lebenskreislauf *m*

cyc·li·cal ['saɪklɪkəl, 'sɪk-] *adj* zyklisch

cy·cling ['saɪklɪŋ] *n no pl* Radfahren *nt;* SPORTS Radrennsport *m*

cy·clist ['saɪklɪst] *n* Radfahrer(in) *m(f)*

cy·clone ['saɪkləʊn] *n* ❶ METEO Zyklon *m* ❷ AM, AUS **C~**® **fence** Maschendrahtzaun *m*

cyg·net ['sɪgnət] *n* junger Schwan

cyl·in·der ['sɪlɪndə'] *n* ❶ AUTO, MATH Zylinder *m* ❷ TECH (*roller*) Walze *f* ❸ (*vessel*) Flasche *f*

'cyl·in·der block *n* TECH Zylinderblock *m*

cy·lin·dri·cal [sə'lɪndrɪkəl] *adj* zylindrisch

cym·bal ['sɪmbəl] *n usu pl* Beckenteller *m;* ■ ~**s** Becken *nt;* **clash** [*or* **crash**] **of** ~**s** Beckenschlag *m*

cyn·ic ['sɪnɪk] *n* Zyniker(in) *m(f)*

cyni·cal ['sɪnɪkl] *adj* zynisch

cyni·cal·ly ['sɪnɪkəli] *adv* (*pej*) zynisch *pej*

cyni·cism ['sɪnɪsɪzəm] *n no pl* Zynismus *m*

cy·pher *n see* **cipher**

cy·press ['saɪprəs] *n* Zypresse *f*

Cyp·ri·ot ['sɪpriət] I. *n* Zypriot(in) *m(f)* II. *adj* zypr[iot]isch

Cy·prus ['saɪprəs] *n no pl* Zypern *nt*

cyst [sɪst] *n* MED Zyste *f*

cys·ti·tis [sɪ'staɪtɪs] *n no pl* Blasenentzündung *f*

czar *n esp* AM *see* **tsar**

cza·ri·na *n esp* AM *see* **tsarina**

Czech [ˌtʃek] I. *n* ❶ (*person*) Tscheche *m/* Tschechin *f* ❷ *no pl* (*language*) Tschechisch *nt* II. *adj* tschechisch

Czecho·slo·va·kia [ˌtʃekə(ʊ)slə(ʊ)'vækiə] *n no pl* (*hist*) die Tschechoslowakei

Czech Re·'pub·lic *n no pl* ■ **the** ~ die Tschechische Republik

Dd

D <*pl* -'s *or* -s>, **d** <*pl* -'s> [diː] *n* ① (*letter*) D *nt*, d *nt*; *see also* **A 1** ② MUS D *nt*, d *nt*; **D flat** Des *nt*, des *nt*; **D sharp** Dis *nt*, dis *nt* ③ (*school mark*) ≈ Vier *f*, ≈ ausreichend

d. *abbrev of* **died** gest.

DA [ˌdiːˈeɪ] *n* AM LAW *abbrev of* **district attorney**

dab [dæb] I. *vt* <-bb-> betupfen; **to ~ one's eyes** sich *dat* die Augen [trocken] tupfen II. *vi* <-bb-> ■**to ~ at sth** etw betupfen

DAB [ˌdiːerˈbiː] *n abbrev of* **digital audio broadcasting** digitale Rundfunkübertragung

dab·ble [ˈdæbl] I. *vi* dilettieren; ■**to ~ in** [*or* **with**] **sth** sich nebenbei mit etw *dat* beschäftigen II. *vt* **to ~ one's feet in the water** mit den Füßen im Wasser planschen III. *n no pl* Zwischenspiel *nt;* **after a brief ~ in politics, ...** nach einem kurzen Abstecher in die Politik ...

dachs·hund [ˈdæksənd] *n* Dackel *m*, Dachshund *m*

dad [dæd] *n* (*fam*) Papa *m*

dad·dy [ˈdædi] *n* (*fam*) Vati *m*, Papi *m*

dad·dy-ˈlong-legs <*pl* -> *n* (*fam*) ① (*crane fly*) Schnake *f* ② AM (*harvestman*) Weberknecht *m*

daf·fo·dil [ˈdæfədɪl] *n* Osterglocke *f*

daft [dɑːft] *adj* (*fam*) doof

dag·ger [ˈdægə'] *n* Dolch *m* ▸ **to look ~s at sb** jdn mit Blicken durchbohren

dahl·ia [ˈdeɪliə] *n* Dahlie *f*

dai·ly [ˈdeɪli] I. *adj, adv* täglich; **on a ~ basis** täglich; **~ routine** Alltagsroutine *f* II. *n* Tageszeitung *f*

dain·ty [ˈdeɪnti] *adj* fein

dairy [ˈdeəri] *n* ① (*company*) Molkerei *f;* **~ products** Molkereiprodukte *pl* ② AM (*farm*) Milchbetrieb *m;* **~ farmer** Milchbauer *m*/Milchbäuerin *f;* **~ herd** Herde *f* Milchkühe

ˈdairy cat·tle *npl* Milchvieh *nt*

dais [ˈdeɪɪs] *n* Podium *nt*

dai·sy [ˈdeɪziː] *n* Gänseblümchen *nt* ▸ **as fresh as a ~** putzmunter

ˈdaisy-cut·ter *n* ① (*in cricket*) Daisycutter *m* (*am Boden entlang rollender Ball*) ② MIL Flächenbombe *f*

dal·ly <-ie-> [ˈdæli] *vi* [herum]trödeln

dam [dæm] I. *n* [Stau]damm *m* II. *vt* <-mm-> stauen

dam·age [ˈdæmɪdʒ] I. *vt* ■**to ~ sth** ① (*wreck*) etw [be]schädigen ② (*blemish*) etw *dat* schaden II. *n no pl* Schaden *m* (**to** an); **to suffer brain ~** einen Gehirnschaden erleiden ▸ **the ~ is done** es ist nun einmal passiert; **what's the ~?** (*fam*) was kostet der Spaß?

dam·aged [ˈdæmɪdʒd] *adj* ① (*destroyed*) beschädigt; **badly ~** stark beschädigt ② (*blemished*) *reputation* befleckt

ˈdam·age limi·ta·tion *n no pl* ① POL Schadensbegrenzung *f* ② MIL Vermeidung *f* von Verlusten

dam·ag·ing [ˈdæmɪdʒɪŋ] *adj* ① (*destroying*) schädlich; **to have a ~ effect** [**on sth**] sich auf etw *akk* negativ auswirken ② (*disadvantageous*) *evidence, remark* nachteilig

Da·mas·cus [dəˈmæskəs] *n* Damaskus *nt*

dame [deɪm] *n* ① AM (*dated sl: woman*) Dame *f* ② BRIT (*title*) Freifrau *f*

damn [dæm] I. *interj* (*sl*) ■**~ [it]!** verdammt! II. *adj* (*sl*) ① (*cursed*) Scheiß-; **~ fool** Vollidiot *m* ② (*emph*) verdammt; **to be a ~ sight better** entschieden besser sein ▸ **~ all** BRIT nicht die Bohne; **to know ~ all about sth** von etw *dat* überhaupt keine Ahnung haben III. *vt* ① (*sl: curse*) verfluchen; **~ you!** hol dich der Teufel! ② (*condemn*) verurteilen ③ (*punish*) verdammen ▸ **as near as ~ it** (*fam*) so gut wie; **I'm ~ed if I'm going to invite her** es fällt mir nicht im Traum ein, sie einzuladen; **well I'm** [*or* **I'll be**] **~ed!** (*fam!*) mich tritt ein Pferd! IV. *adv* (*fam!*) verdammt V. *n no pl* (*fam!*) **sb does not give** [*or* **care**] **a ~ about sb/sth** jdm ist jd/etw scheißegal

dam·na·tion [dæmˈneɪʃən] *n no pl* Verdammnis *f*

damned [dæmd] I. *adj* (*fam!*) ① (*cursed*) Scheiß- ② (*emph: extreme*) verdammt II. *adv* (*fam!*) verdammt III. *n* ■**the ~** *pl* die Verdammten

damn·ing [ˈdæmɪŋ] *adj comment* vernichtend; *evidence* erdrückend; *report* belastend

damp [dæmp] I. *adj* feucht II. *n no pl* BRIT, AUS Feuchtigkeit *f*; **patch of ~** feuchter Fleck III. *vt* befeuchten

ˈdamp course *n* [Feuchtigkeits]dämmschicht *f*

damp·en [ˈdæmpən] *vt* ① (*wet*) befeuch-

ten [*o* anfeuchten] ❷ (*suppress*) dämpfen
damp·ness ['dæmpnəs] *n no pl* Feuchtigkeit *f*
dam·son ['dæmzᵊn] *n* Haferpflaume *f*, Damaszenerpflaume *f*
dance [dɑːn(t)s] I. *vi, vt* tanzen *a. fig* II. *n* Tanz *m*; **to have a ~ with sb** mit jdm tanzen; **end-of-term dinner ~** Semesterabschlussball *m*
'**dance band** *n* Tanzkapelle *f* '**dance music** *n no pl* Tanzmusik *f*
danc·er ['dɑːn(t)sər] *n* Tänzer(in) *m(f)*
danc·ing ['dɑːn(t)sɪŋ] *n no pl* Tanzen *nt*
'**danc·ing mas·ter** *n* Tanzlehrer(in) *m(f)*
'**danc·ing part·ner** *n* Tanzpartner(in) *m(f)* '**danc·ing shoes** *npl* Tanzschuhe *pl*
dan·de·lion ['dændɪlaɪən] *n* Löwenzahn *m*
dan·druff ['dændrʌf] *n no pl* [Kopf]schuppen *pl*
dan·dy ['dændi] I. *n* (*pej*) Dandy *m pej*, Geck *m pej* II. *adj* (*dated: very good*) super *fam*; **that's just ~!** das ist großartig!
Dane [deɪn] *n* Däne *m*/Dänin *f*
dan·ger ['deɪndʒər] *n* Gefahr *f*; **~! keep out!** Zutritt verboten! Lebensgefahr!; **there is no ~ of that!** diese Gefahr besteht nicht; **to be a ~ to sb/sth** eine Gefahr für jdn/etw sein; **to be in ~ of extinction** vom Aussterben bedroht sein; ■ **to be in ~ of doing sth** Gefahr laufen, etw zu tun
'**dan·ger area** *n* Gefahrenzone *f* '**dan·ger mon·ey** *n no pl* BRIT, AUS Gefahrenzulage *f*
dan·ger·ous ['deɪndʒᵊrəs] *adj* gefährlich; **~ to health** gesundheitsgefährdend
dan·ger·ous·ly ['deɪndʒᵊrəsli] *adv* gefährlich; **to live ~** gefährlich leben
dan·gle ['dæŋgl] I. *vi* herabhängen; *earrings* baumeln (**from** an) ▶ **to keep sb dangling** jdn zappeln lassen II. *vt* ❶ (*swing*) **to ~ one's feet** mit den Füßen baumeln ❷ (*tempt with*) ■ **to ~ sth before** [*or* **in front of**] **sb** jdm etw [verlockend] in Aussicht stellen
Dan·ish ['deɪnɪʃ] I. *n* <*pl* -es> ❶ *no pl* (*language*) Dänisch *nt* ❷ (*people*) ■ **the ~** *pl* die Dänen ❸ AM (*cake*) *see* **Danish pastry** II. *adj* dänisch
Dan·ish 'pas·try *n* Blätterteiggebäck *nt*
dank [dæŋk] *adj* nasskalt
Dan·ube ['dænjuːb] *n no pl* ■ **the ~** die Donau
dap·per <-er, -est> ['dæpər] *adj* adrett
dap·pled ['dæpld] *adj horse* scheckig; *light* gesprenkelt; **~ shade** Halbschatten *m*
dare [deər] I. *vt* herausfordern; **I ~ you!** trau dich!; **I ~ you to ask him to dance** ich wette, dass du dich nicht traust, ihn zum Tanzen aufzufordern II. *vi* sich trauen; ■ **to ~** [**to**] **do sth** es wagen, etw zu tun ▶ **~ I say** [**it**] ... ich wage zu behaupten, ...; **who ~s wins** (*prov*) wer wagt, gewinnt; [**just** [*or* **don't**]] **you ~!** untersteh dich!; **how ~ you!** was fällt Ihnen ein!; **how ~ sb do sth** wie kann es jd wagen, etw zu tun; **I ~ say** (*supposing*) ich nehme an; (*confirming*) das glaube ich gern III. *n* Mutprobe *f*; **it's a ~!** sei kein Frosch!
'**dare·dev·il** (*fam*) I. *n* Draufgänger(in) *m(f)* II. *adj* tollkühn; *stunt* halsbrecherisch
dar·ing ['deərɪŋ] I. *adj* ❶ (*brave*) *person* kühn, wagemutig; *crime* dreist; *rescue operation* waghalsig ❷ (*provocative*) verwegen; *film* gewagt ❸ (*revealing*) *dress* gewagt II. *n no pl* Kühnheit *f*
dar·ing·ly ['deərɪŋli] *adv* ❶ (*bravely*) wagemutig, kühn ❷ (*provocatively*) herausfordernd, provozierend
dark [dɑːk] I. *adj* ❶ (*unlit*) dunkel, finster; (*gloomy*) düster ❷ (*in colour*) dunkel; **~ blue** dunkelblau ❸ (*fig*) *chapter* dunkel; *look* finster; **to look on the ~ side of things** schwarzsehen; **in ~est Peru** im tiefsten Peru II. *n no pl* ■ **the ~** die Dunkelheit; **to see/sit in the ~** im Dunkeln sehen/sitzen; **before/after ~** vor/nach Einbruch der Dunkelheit ▶ **to keep sb in the ~** jdn im Dunkeln lassen; **to be** [**completely**] **in the ~** keine Ahnung haben
'**Dark Ages** *npl* ❶ HIST ■ **the ~** das frühe Mittelalter ❷ (*fig*) ■ **the d~ a~** die schlimmen Zeiten
dark·en ['dɑːkən] I. *vi* ❶ *sky* dunkel werden ❷ *face, mood* sich verdüstern II. *vt* verdunkeln; *room* abdunkeln ▶ **never ~ these doors again!** lass dich hier bloß nicht wieder blicken!
dark 'horse *n* ❶ BRIT, AUS (*talent*) unbekannte Größe ❷ AM (*victor*) erfolgreicher Außenseiter
dark·ly ['dɑːkli] *adv* ❶ (*dimly*) dunkel, finster ❷ (*sadly*) traurig ❸ (*ominously*) böse
dark·ness ['dɑːknəs] *n no pl* ❶ (*no light*) Dunkelheit *f*; **the room was in complete ~** der Raum war völlig dunkel ❷ (*night*) Finsternis *f* ❸ *of colour* Dunkelheit *f* ❹ (*fig: sadness*) Düsterkeit *f* ❺ (*fig: evil*) Finsternis *f*
'**dark·room** *n* Dunkelkammer *f* '**dark-skinned** <darker-, darkest-> *adj* dunkelhäutig
dar·ling ['dɑːlɪŋ] I. *n* Liebling *m*, Schatz *m*, Schätzchen *nt*; ■ **to be sb's ~** jds Liebling sein; ■ **be a ~ and ...** sei so lieb und ..., sei ein Schatz und ...; **here's your change, ~**

und hier ist Ihr Wechselgeld **II.** *adj* entzückend

darn[1] [dɑːn] **I.** *vt* stopfen **II.** *n* gestopfte Stelle

darn[2] [dɑːn] *(fam)* **I.** *interj* ~ **it!** verflixt noch mal! **II.** *adj* **a ~ sight younger** ein ganzes Stück jünger

darn·ing ['dɑːnɪŋ] *n no pl* Stopfen *nt* '**darn·ing nee·dle** *n* Stopfnadel *f*

dart [dɑːt] **I.** *n* ❶ *(weapon)* Pfeil *m* ❷ SPORTS Wurfpfeil *m;* **~s** + *sing vb (game)* Darts *nt* ❸ *usu sing (dash)* Satz *m* **II.** *vi* flitzen **III.** *vt glance* zuwerfen; **the lizard ~ed its tongue out** die Eidechse ließ ihre Zunge herausschnellen

'**dart·board** *n* Dartscheibe *f*

dash [dæʃ] **I.** *n* <*pl* -es> ❶ *(rush)* Hetze *f;* **to make a ~ for the door** zur Tür stürzen ❷ AM SPORTS Kurzstreckenlauf *m* ❸ *(little bit)* ∎ **a ~ [of]** ein wenig; *spice* eine Messerspitze; *of salt* eine Prise; *of originality* ein Hauch *m* von; *alcohol* ein Schuss *m*; **a ~ of yellow** ein Stich *m* ins Gelbe; **to add a ~ of colour to a dish** einem Gericht einen Farbtupfer hinzufügen ❹ *(punctuation)* Gedankenstrich *m* ❺ *(flair)* Schwung *m* ❻ *(Morse signal)* [Morse]strich *m* ❼ AUTO *(fam)* Armaturenbrett *nt* **II.** *vi* ❶ *(hurry)* sausen; **I've got to ~** ich muss fort; **we ~ed along the platform** wir hasteten den Bahnsteig entlang; **to ~ into the house** ins Haus flitzen; **to ~ out of the room** aus dem Zimmer stürmen; ∎ **to ~ about** herumrennen; ∎ **to ~ off** davonjagen ❷ *(strike forcefully)* schmettern **III.** *vt* ❶ *(strike forcefully)* schleudern; **to ~ to pieces** zerschmettern ❷ *(destroy) hopes* zunichtemachen; ∎ **to be ~ed** zerstört werden

'**dash·board** *n* Armaturenbrett *nt*

dash·ing ['dæʃɪŋ] *adj* schneidig

das·tard·ly ['dæstədli] *adj (liter) attack, plot, revenge* hinterhältig, heimtückisch; **~ deeds** Gemeinheiten *pl*

data ['deɪtə] *npl* + *sing/pl vb* Daten *pl* '**data·bank** *n* Datenbank *f* '**data·base** *n* Datenbestand *m* '**data file** *n* Datei *f* '**data log·ger** *n* ELEC, TECH Datenspeichergerät *nt* '**data min·ing** *n no pl* COMPUT Extrahieren *nt* von Informationen aus großen Datenbeständen **data ·pro·cess·ing** *n no pl* Datenverarbeitung *f* **data pro·'tec·tion** *n no pl* BRIT Datenschutz *m*

date[1] [deɪt] **I.** *n* ❶ *(calendar day)* Datum *nt;* **what's the ~ today?** welches Datum haben wir heute?; **out of ~** überholt; **to be out of ~** *food* das Verfallsdatum überschritten haben; **to ~** bis heute; **up to ~** *technology* auf dem neuesten Stand; *style* zeitgemäß ❷ *(on coins)* Jahreszahl *f* ❸ *(business appointment)* Termin *m;* **it's a ~!** abgemacht!; **to make a ~** sich verabreden ❹ *(booked performance)* Aufführungstermin *m* ❺ *(social appointment)* Verabredung *f;* *(romantic appointment)* Date *nt;* **to go out on a ~** ausgehen ❻ *(person)* Date *nt* **II.** *vt* ❶ *(have relationship)* ∎ **to ~ sb** mit jdm gehen ❷ *(establish the age of)* datieren; **that sure ~s you!** daran merkt man, wie alt du bist!; **in reply to your letter ~d November 2nd, ...** unter Bezugnahme auf Ihren Brief vom 2. November ... **III.** *vi* ❶ *(have a relationship)* miteinander gehen ❷ *(go back to)* ∎ **to ~ from** [*or* **back to**] **sth** auf etw *akk* zurückgehen; *tradition* aus etw *dat* stammen

date[2] [deɪt] *n* FOOD Dattel *f*

dat·ed ['deɪtɪd] *adj* überholt

'**date·line** *n* JOURN Datumszeile *f*

'**date-stamp** *n* Datumsstempel *m*

dat·ing 'agen·cy *n* Partnermittlung *f* **dat·ing 'ser·vice** *n* Partnermittlung *f;* **online** [*or* **internet**] **~** Partnerbörse *f* **dat·ing 'site** *n* Partnerbörse *f*

da·tive ['deɪtɪv] **I.** *n no pl* LING ∎ **the ~** der Dativ; **to be in the ~** im Dativ stehen; **to take the ~** den Dativ nach sich ziehen **II.** *adj* **the ~ case** der Dativ

daub [dɔːb] **I.** *vt* beschmieren **II.** *n* Spritzer *m;* **~ of paint** Farbklecks *m*

daugh·ter ['dɔːtə^r] *n* Tochter *f a. fig*

'**daugh·ter-in-law** <*pl* daughters-> *n* Schwiegertochter *f*

daunt [dɔːnt] *vt usu passive* entmutigen

daunt·ing ['dɔːntɪŋ] *adj* entmutigend

daw·dle ['dɔːdl] *vi* trödeln

daw·dler ['dɔːdlə^r] *n* Trödler(in) *m(f)*

dawn [dɔːn] **I.** *n* ❶ *no pl (daybreak)* [Morgen]dämmerung *f;* **at** [**the break of**] **~** bei Tagesanbruch, im Morgengrauen; [**from**] **~ to dusk** von morgens bis abends ❷ *(fig)* Anfang *m* **II.** *vi* ❶ *(start)* anbrechen *a. fig* ❷ *(become apparent)* bewusst werden; **it ~ed on me that ...** es dämmerte mir, dass ... *fam*

day [deɪ] *n* Tag *m;* **those were the ~s** das waren noch Zeiten; **he works three ~s on, two ~s off** er arbeitet drei Tage und hat dann zwei Tage frei; **until her dying ~** bis an ihr Lebensende; **today of all ~s** ausgerechnet heute; **the ~ after tomorrow** übermorgen; **the ~ before yesterday** vorgestern; **~ by ~** Tag für Tag; **from ~ to ~** von Tag zu Tag; **from this ~ forth** von heute an; **from that ~ on[wards]** von dem Tag an; **from one ~ to the next** (*suddenly*) von heute auf morgen; (*in advance*) im Voraus; **~ in, ~ out** tagaus, tagein; **in sb's younger/student ~s** als jd noch jung/Student war; **in this ~ and age** heutzutage; **in the good old ~s** in der guten alten Zeit; **in the ~s before/when ...** in der Zeit vor/als ...; **in the ~s of ...** zur Zeit des/der ...; **in those ~s** damals; **of the ~** Tages-; **to the ~** auf den Tag genau; **to this ~** bis heute; **all ~ [long]** den ganzen Tag [über]; **any ~ [now]** jeden Tag; **one ~** eines Tages; **one of these ~s** eines Tages; (*soon*) demnächst [einmal]; (*some time or other*) irgendwann [einmal]; **one of those ~s** einer dieser unglückseligen Tage; **the other ~** neulich; **some ~** irgendwann [einmal]; **ten ~s from now** heute in zehn Tagen; **these ~s** (*recently*) in letzter Zeit; (*nowadays*) heutzutage; (*at the moment*) zur Zeit ▶ **any ~** jederzeit; **to call it a ~** Schluss machen [für heute]; **to carry** [*or* **win**] **the ~** den Sieg davontragen; **at the end of the ~** (*in the final analysis*) letzten Endes; (*eventually*) schließlich; **to make sb's ~** jds Tag retten; **to name the ~** den Hochzeitstermin festsetzen; **to pass the time of ~** plaudern, plauschen SÜDD, ÖSTERR; **that will be the ~!** das möchte ich zu gern[e] einmal erleben!; **to be all in a ~'s work** zum Alltag gehören

'day·bed *n* ❶ (*for daytime rest*) Liegesofa *nt* ❷ AM Bettsofa *nt* **'day·break** *n no pl* **at ~** bei Tagesanbruch **'day care** *n no pl* **of pre-schoolers** Vorschulkinderbetreuung *f;* **of the elderly** Altenbetreuung *f;* **~ centre** (*for pre-schoolers*) Kindertagesstätte *f;* (*for the elderly*) Altentagesstätte *f*
'day·dream I. *vi* vor sich *akk* hinträumen II. *n* Tagtraum *m* **'day·light** *n no pl* Tageslicht *nt;* **in broad ~** am helllichten Tag[e] ▶ **to beat the living ~s out of sb** jdn windelweich schlagen; **to scare the living ~s out of sb** jdn zu Tode erschrecken; **to see ~** [allmählich] klarsehen **'day nurse·ry** *n* Kindertagesstätte *f* **'day re·turn** *n* BRIT Tagesrückfahrkarte *f* **'day shift** *n* Tagschicht *f* **'day·time** I. *n no pl* Tag *m;* **in** [*or* **during**] **the ~** tagsüber II. *adj* Tages-
day-to-'day *adj* (*daily*) [tag]täglich; (*normal*) alltäglich; **on a ~ basis** tageweise
'day trip *n* Tagesausflug *m*
daze [deɪz] I. *n no pl* Betäubung *f;* **in a ~** ganz benommen II. *vt* ■ **to be ~d** wie betäubt sein
daz·zle ['dæzl] I. *vt* blenden II. *n no pl* ❶ (*brilliance*) Glanz *m* ❷ (*sudden brightness*) blendendes Licht
'daz·zled *adj* geblendet; (*fig*) überwältigt
daz·zling ['dæzlɪŋ] *adj* ❶ (*visually brilliant*) blendend *attr; diamond* funkelnd *attr* ❷ (*impressive*) umwerfend *attr; smile* strahlend *attr; success* glänzend *attr*
daz·zling·ly ['dæzlɪŋli] *adv* funkelnd; (*fig*) **to smile ~ at sb** jdn strahlend anlächeln
DC [ˌdiːˈsiː] *n no pl* ❶ ELEC *abbrev of* **direct current** Gleichstrom *m* ❷ *abbrev of* **District of Columbia** D.C.
DD [ˌdiːˈdiː] *n abbrev of* **Doctor of Divinity** Dr. theol.
'D-Day *n no art* ❶ HIST 6.Juni 1944, Tag der Landung der Alliierten in der Normandie ❷ (*fig*) der Tag X
deacon ['diːkən] *n* Diakon(in) *m(f)*
dea·con·ess [ˌdiːkəˈnes] *n* Diakonisse *f*
dead [ded] I. *adj* ❶ (*not alive*) tot; **~ body** Leiche *f;* **to drop ~** tot umfallen; **to shoot sb ~** jdn erschießen ❷ (*not active*) *custom* ausgestorben; *feelings* erloschen; *fire, match, volcano* erloschen; *language* tot; **are these glasses ~?** brauchen Sie diese Gläser noch? ❸ (*numb*) *limbs* taub; **my legs have gone ~** meine Beine sind eingeschlafen ❹ (*with no emotion*) *voice* kalt; (*flat*) *sound* dumpf ❺ (*not bright*) *colour* matt ❻ (*boring, deserted*) *city* tot, [wie] ausgestorben; *party* öde; *season* tot ❼ (*fig fam: exhausted*) **to be ~ on one's feet** zum Umfallen müde sein ❽ (*not functioning*) *phone* tot; **and then the phone went ~** und dann war die Leitung tot ❾ (*fig: used up*) verbraucht; *battery* leer ❿ (*totally*) völlig; **~ calm** METEO Windstille *f;* **~ silence** Totenstille *f* ⓫ (*asleep*) **~ to the world** fest eingeschlafen ⓬ FIN, SPORTS tot ▶ **you'll be ~ meat if you ever do that again** ich kill dich, wenn du das noch einmal machst!; **~ men tell no tales** (*prov*) Tote reden nicht; **I wouldn't be seen ~ in that dress** so ein Kleid würde ich nie im Leben anziehen II. *adv* ❶ (*fam: totally*) absolut; **you're ~ right** du hast vollkommen Recht!; **"~ slow"** „Schritt fahren"; **~ certain** todsicher; **~ drunk** stockbetrunken; **~ easy** kinderleicht; **~ good** BRIT (*fam*) super; **to have been ~ lucky** Schwein gehabt haben; **~ silent** totenstill; **~ still** regungslos; **~ tired** todmüde; **to be ~ set against sth** absolut gegen etw *akk* sein; **to be ~ set on sth** etw felsenfest vorhaben ❷ (*exactly*) genau; **the town hall is ~ ahead** die Stadthalle liegt direkt da vorne; **~ on five o'clock** Punkt

fünf; **~ on target** genau im Ziel; **~ on time** auf die Minute genau ▸ **to stop ~ in one's tracks** auf der Stelle stehen bleiben; **to stop sth ~ in its tracks** etw völlig zum Stillstand bringen **III.** *n* ① (*people*) ■ **the ~** *pl* die Toten ② (*in the middle*) **in the ~ of night** mitten in der Nacht; **in the ~ of winter** im tiefsten Winter

ˈdead·beat (*fam*) **I.** *n esp* AM, AUS (*lazy person*) Faulpelz *m*; (*chronic debtor*) Schnorrer(in) *m(f)*; (*feckless person*) Gammler(in) *m(f)* **II.** *adj* säumig

dead ˈcen·tre *n*, AM dead ˈcen·ter *n* genaue Mitte

dead·en [ˈdedən] *vt* ① (*numb*) *pain* abtöten *a. fig* ② (*diminish*) dämpfen

dead ˈend *n* (*a. fig*) Sackgasse *f*; **to have come to a ~** (*fig*) in einer Sackgasse stecken

dead-ˈend *adj attr* ① **~ street** Sackgasse *f* ② (*fig*) aussichtslos; *job* ohne Aufstiegsmöglichkeiten

dead·en·ing [ˈdedənɪŋ] *adj* betäubend *attr*; abstumpfend *attr*

dead ˈheat *n* totes Rennen; **the race ended in a ~** das Rennen ging unentschieden aus ˈdead·line *n* letzter Termin, Deadline *f* dead·lock [ˈdedlɒk] *n no pl* toter Punkt; **to end in ~** an einem toten Punkt enden

dead·ly [ˈdedli] **I.** *adj* ① (*capable of killing*) tödlich ② (*total*) **~ enemies** Todfeinde *pl*; **in ~ earnest** todernst ③ (*pej fam: very boring*) todlangweilig ▸ **the seven ~ sins** die sieben Todsünden **II.** *adv* **~ dull/serious** todlangweilig/-ernst

ˈdead·pan **I.** *adj* ausdruckslos; *humour* trocken **II.** *vt* trocken sagen **Dead ˈSea** *n* ■ **the ~** das Tote Meer **dead ˈwood** *n no pl* ① BOT totes Holz ② (*fig*) Ballast *m*

deaf [def] **I.** *adj* (*unable to hear*) taub; (*hard of hearing*) schwerhörig; **~ in one ear** auf einem Ohr taub; **to go ~** taub werden; ■ **to be ~ to sth** (*fig*) taube Ohren für etw *akk* haben ▸ **[as] ~ as a post** stocktaub **II.** *n* ■ **the ~** *pl* die Tauben

deaf·en [ˈdefən] *vt* taub machen; (*fig*) betäuben

deaf·en·ing [ˈdefənɪŋ] *adj* ohrenbetäubend

deaf-ˈmute *n* Taubstumme(r) *f(m)*

deaf·ness [ˈdefnəs] *n no pl* (*complete*) Taubheit *f*; (*partial*) Schwerhörigkeit *f*

deal¹ [di:l] *n no pl* Menge *f*; **a great** [*or* **good**] **~** eine Menge; **to be under a great ~ of pressure** unter sehr großem Druck stehen

deal² <-t, -t> [di:l] **I.** *n* ① (*in business*) Geschäft *nt*, Deal *m sl*; **we got a good ~ on that computer** mit dem Rechner haben wir ein gutes Geschäft gemacht; **I never make ~s** ich lasse mich nie auf Geschäfte ein; **to do** [*or* **make**] **a ~ with sb** mit jdm ein Geschäft abschließen; **to make sb a ~** jdm ein Angebot machen ② (*general agreement*) Abmachung *f*; **it's a ~** abgemacht; **to make** [*or* **do**] **a ~** [**with sb**] eine Vereinbarung [mit jdm] treffen ③ (*treatment*) **a fair/raw** [*or* **rough**] **~** eine faire/ungerechte Behandlung ④ CARDS Geben *nt*; **it's your ~** du gibst ▸ **big ~!**, **what's the big ~?** (*fam*) was soll's?, na und?; **what's the ~ [with sth]?** AM (*fam*) worum geht's eigentlich [bei etw *dat*]?, was ist los [mit etw *dat*]? **II.** *vi* ① CARDS geben; **whose turn is it to ~?** wer gibt? ② (*sl: sell drugs*) dealen **III.** *vt* ① (*give*) ■ **to ~** [**out**] verteilen; **to ~ sb a blow** jdm einen Schlag versetzen *a. fig*; CARDS **to ~** [**out**] ○ **cards** geben ② *esp* AM (*sell*) ■ **to ~ sth** mit etw *dat* handeln

◆**deal with** *vi* ① (*handle*) sich befassen mit, sich kümmern um ② (*treat*) handeln von ③ (*do business*) Geschäfte machen mit

deal·er [ˈdi:lər] *n* ① COMM Händler(in) *m(f)*; *of drugs* Dealer(in) *m(f)* ② CARDS [Karten]geber(in) *m(f)*

deal·er·ship [ˈdi:ləʃɪp] *n* Verkaufsstelle *f*

deal·ing [ˈdi:lɪŋ] *n* ① *pl* ■ **~s** (*transactions*) Geschäfte *pl*; (*contact*) Umgang *m* kein *pl* ② *no pl* (*way of behaving*) Verhalten *nt*; (*in business*) Geschäftsgebaren *nt* ③ BRIT STOCKEX Effektenhandel *m* ④ CARDS Geben *nt*

dealt [delt] *pt, pp of* deal

dean [di:n] *n* Dekan(in) *m(f)*

dear [dɪər] **I.** *adj* ① (*much loved*) lieb; (*lovely*) *baby, kitten* süß; *thing also* entzückend; **for ~ life** als ob es ums Leben ginge ② (*in letters*) **D~ Mr Jones** Sehr geehrter Herr Jones; **D~ Jane** Liebe Jane ③ (*form: costly*) teuer **II.** *adv* **to cost sb ~** jdn teuer zu stehen kommen **III.** *interj* **~ me!** du liebe Zeit!; **oh ~!** du meine Güte! **IV.** *n* ① (*nice person*) Schatz *m*; **be a ~** sei so lieb ② (*term of endearment*) **my ~**[**est**] [mein] Liebling *m*

dearie [ˈdɪəri] **I.** *n* (*dated fam*) Schätzchen *nt* **II.** *interj* **~ me!** ach du meine Güte!

dear·ly [ˈdɪəli] *adv* von ganzem Herzen; **~ beloved** REL liebe Gemeinde; **to pay ~** (*fig*) teuer bezahlen

dearth [dɜːθ] *n no pl* (*form*) Mangel *m* (**of** an)

deary n see **dearie**
death [deθ] n Tod m; **to be bored to ~** sich zu Tode langweilen; **to die a natural ~** eines natürlichen Todes sterben; **to be put to ~** getötet werden ▸ **to be at ~'s door** an der Schwelle des Todes stehen; **to be the ~ of sb** jdn das Leben kosten; **to catch one's ~** [of cold] sich dat den Tod holen; **to look like ~ warmed up** [or AM **over**] wie eine Leiche auf Urlaub aussehen; **to be in at the ~** BRIT das Ende miterleben

'**death·bed** n Sterbebett nt '**death blow** n Todesstoß m '**death cer·ti·fi·cate** n Sterbeurkunde f '**death duties** npl Erbschaftssteuern pl

death·ly ['deθli] adj, adv tödlich; **~ hush** [or **silence**] Totenstille f; **~ pale** totenbleich

'**death pen·al·ty** n Todesstrafe f; **to receive the ~** zum Tode verurteilt werden '**death rate** n Sterblichkeitsrate f **death row** n AM Todestrakt m; **to be on ~** im Todestrakt sitzen '**death sen·tence** n Todesurteil nt '**death squad** n Todesschwadron f '**death trap** n Todesfalle f

de·ba·cle [deɪˈbɑːkl] n Debakel nt
de·bar <-rr-> vt ausschließen
de·base [dɪˈbeɪs] vt ❶ thing herabsetzen; currency im Wert mindern ❷ person entwürdigen

de·base·ment [dɪˈbeɪsmənt] n no pl ❶ (degradation) Herabsetzung f ❷ (loss of meaning) Entwertung f; of morals, attitudes Verfall m

de·bat·able [dɪˈbeɪtəbl] adj umstritten; ■ **it's ~ whether ...** es ist fraglich, ob ...

de·bate [dɪˈbeɪt] I. n Debatte f; **to be open to ~** sich [erst] noch erweisen müssen II. vt, vi debattieren

de·bauch [dɪˈbɔːtʃ] vt (sittlich) verderben
de·bauch·ery [dɪˈbɔːtʃ°ri:] n no pl Ausschweifungen pl
de·bil·i·tate [dɪˈbɪlɪteɪt] vt schwächen
de·bil·i·tat·ing [dɪˈbɪlɪteɪtɪŋ] adj schwächend
de·bil·i·ty [dɪˈbɪləti] n no pl Schwäche f
deb·it ['debɪt] I. n Debet nt, Soll nt; **to be in ~** im Minus sein II. vt abbuchen
'**deb·it card** n Kundenkarte f
de·bris ['debriː, -deɪ-] n no pl Trümmer pl
debt [det] n Schuld f; **out of ~** schuldenfrei; **to be** [**heavily**] **in ~ to sb** [große] Schulden bei jdm haben; **to be in sb's ~** (fig) in jds Schuld stehen
'**debt col·lec·tor** n Schuldeneintreiber(in) m(f)

'**debt·or** ['detə'] n Schuldner(in) m(f)
'**debt·or coun·try** n, '**debt·or na·tion** n Schuldnerstaat m
'**debt re·lief** n Schuldenerlass m
de·bug <-gg-> [ˌdiːˈbʌg] vt ■ **to ~ sth** ❶ COMPUT bei etw dat die Fehler beseitigen; **to ~ a program** aus dem Programm auf Viren hin absuchen ❷ (remove hidden microphones) etw entwanzen ❸ AM (remove insects) etw gründlich [von Insekten] säubern

de·but ['deɪbjuː] I. n of a performer Debüt nt; **to make one's ~** sein Debüt geben, debütieren; **~ album** Debütalbum nt II. vi debütieren

debu·tante ['debjuːtɑːnt] n Debütantin f a. fig

dec·ade ['dekeɪd, dɪˈkeɪd] n Jahrzehnt nt
deca·dence ['dekəd°n(t)s] n no pl Dekadenz f
deca·dent ['dekəd°nt] adj dekadent; (hum) üppig
de·caf ['diːkæf] (fam) I. adj abbrev of **decaffeinated** entkoffeiniert, koffeinfrei II. n abbrev of **decaffeinated coffee** entkoffeinierter Kaffee
de·caf·fein·at·ed [dɪˈkæfɪneɪtɪd] adj entkoffeiniert, koffeinfrei
de·cant [dɪˈkænt] vt umfüllen
de·cant·er [dɪˈkæntə'] n Karaffe f
de·capi·tate [dɪˈkæpɪteɪt] vt köpfen
de·capi·ta·tion [dɪˌkæpɪˈteɪʃ°n] n no pl Enthauptung f
de·cath·lete [dɪˈkæθliːt] n Zehnkämpfer(in) m(f)
de·cath·lon [dɪˈkæθlɒn] n Zehnkampf m
de·cay [dɪˈkeɪ] I. n no pl ❶ (deterioration) Verfall m; **death and ~** Tod und Untergang; **urban ~** Verfall m der Städte; **to fall into ~** verfallen ❷ BIOL Verwesung f; BOT Fäulnis f; PHYS Zerfall m; **dental** [or **tooth**] **~** Zahnfäule f II. vi ❶ (deteriorate) verfallen ❷ BIOL verwesen, [ver]faulen; BOT verblühen; PHYS zerfallen

de·ceased [dɪˈsiːst] (form) I. n <pl -> ■ **the ~** der/die Verstorbene, die Verstorbenen pl II. adj verstorben

de·ceit [dɪˈsiːt] n ❶ no pl Betrug m ❷ (act of deception) Täuschungsmanöver nt
de·ceit·ful [dɪˈsiːtf°l] adj [be]trügerisch
de·ceit·ful·ly [dɪˈsiːtf°li] adv hinterlistig, [be]trügerisch; **to obtain sth ~** etw auf betrügerischem Wege erreichen
de·ceive [dɪˈsiːv] vt ■ **to ~ sb** jdn betrügen; **she thought her eyes were deceiving her** sie traute ihren [eigenen] Augen nicht; ■ **to ~ oneself** sich [selbst] täuschen;

■ **to be ~d by sth** von etw *dat* getäuscht werden
de·ceiv·er [dɪˈsiːvəʳ] *n* Betrüger(in) *m(f)*
de·cel·er·ate [ˌdiːˈseləreɪt] I. *vi* sich verlangsamen; *vehicle, driver* langsamer fahren II. *vt* verlangsamen
De·cem·ber [dɪˈsembəʳ] *n* Dezember *m;* see also **February**
de·cen·cy [ˈdiːsən(t)si] *n* ❶ *no pl* (*respectability*) Anstand *m;* (*goodness*) Anständigkeit *f* ❷ (*approved behaviour*) ■ **decencies** *pl* Anstandsformen *pl* ❸ Am (*basic comforts*) ■ **decencies** *pl* Annehmlichkeiten *pl*
de·cent [ˈdiːsənt] *adj* ❶ (*socially acceptable*) anständig ❷ (*good*) nett ❸ (*appropriate*) angemessen; **to do the ~ thing** das [einzig] Richtige tun ❹ (*good-sized*) anständig; *helping* ordentlich ❺ (*acceptable*) annehmbar
de·cent·ly [ˈdiːsəntli] *adv* ❶ (*in a civilized manner*) mit Anstand ❷ (*fittingly, appropriately*) richtig, gehörig
de·cen·tra·li·za·tion [diːˌsentrəlaɪˈzeɪʃən] *n no pl* Dezentralisierung *f*
de·cen·tral·ize [ˌdiːˈsentrəlaɪz] *vt* dezentralisieren

de·cen·tral·ized [ˌdiːˈsentrəlaɪzd] *adj* dezentral[isiert] geh
de·cep·tion [dɪˈsepʃən] *n no pl* Täuschung *f*
de·cep·tive [dɪˈseptɪv] *adj* täuschend
de·cep·tive·ly [dɪˈseptɪvli] *adv* ❶ (*misleadingly*) irrig, täuschend ❷ (*deceitfully*) trügerisch
deci·bel [ˈdesɪbel] *n* Dezibel *nt*
de·cide [dɪˈsaɪd] I. *vi* sich entscheiden (**on** für); ■ **to ~ for oneself** für sich selbst entscheiden; ■ **to ~ to do sth** beschließen [*o* sich entschließen], etw zu tun II. *vt* entscheiden, bestimmen; **he ~d that he liked her** er kam zu der Überzeugung, dass er sie mochte
de·cid·ed [dɪˈsaɪdɪd] *adj* (*definite*) entschieden; *dislike* ausgesprochen; **he walks with a ~ limp** er humpelt auffällig
de·cid·u·ous [dɪˈsɪdjʊəs] *adj* **oak trees are ~** Eichenbäume werfen alljährlich ihr Laub ab; **~ tree** Laubbaum *m*
deci·mal [ˈdesɪməl] *n* Dezimalzahl *f,* Dezimale *f;* **~ place** Dezimalstelle *f;* **~ point** Komma *nt*
deci·mate [ˈdesɪmeɪt] *vt* dezimieren

---

deciding

asking about strength of opinion
Are you sure that's what you want?
Have you considered it carefully?
Wouldn't you rather have this model?

nach Entschlossenheit fragen
Sind Sie sicher, dass Sie das wollen?
Haben Sie sich das gut überlegt?
Wollen Sie nicht lieber dieses Modell?

expressing determination
I have decided to give the celebration a miss.
I have made up my mind to tell her everything.
We are (absolutely) determined to emigrate to Australia.
Nothing/Nobody is going to stop me doing it.
On no account shall I hand in my notice.

Entschlossenheit ausdrücken
Ich habe mich nun entschieden und werde an der Feier nicht teilnehmen.
Ich habe mich dazu durchgerungen, ihr alles zu sagen.
Wir haben uns (endgültig) entschlossen, nach Australien auszuwandern.
Ich lasse mich von nichts/niemandem davon abbringen, es zu tun.
Ich werde auf keinen Fall kündigen.

expressing indecision
I don't know what I should do.
I cannot decide whether or not to take the flat.
I haven't decided yet.
I haven't reached a decision about it yet.

We are still unsure about what we are going to do.

Unentschlossenheit ausdrücken
Ich weiß nicht, was ich tun soll.
Ich bin mir noch unschlüssig, ob ich die Wohnung nehmen soll oder nicht.
Ich habe mich noch nicht entschieden.
Ich bin noch zu keinem Entschluss darüber gekommen.
Wir sind uns noch nicht im Klaren darüber, was wir tun werden.

de·ci·pher [dɪˈsaɪfəʳ] *vt* entziffern; *code* entschlüsseln

de·ci·sion [dɪˈsɪʒ²n] *n* Entscheidung *f* (**about**/**on** über), Entschluss *m;* **to come to** [*or* **reach**] **a ~** zu einer Entscheidung gelangen; **to make a ~** eine Entscheidung fällen [*o* treffen]

deˈci·sion-mak·ing *n no pl* Entscheidungsfindung *f*

de·ci·sive [dɪˈsaɪsɪv] *adj* ❶ (*determining*) bestimmend; *battle* entscheidend; *part* maßgeblich ❷ (*firm*) *measure* entschlossen; **"no," was his ~ reply** "nein", antwortete er mit Bestimmtheit

de·ci·sive·ly [dɪˈsaɪsɪvli] *adv* ❶ (*crucially*) entscheidend, maßgeblich ❷ (*firmly*) **to act/intervene ~** entschlossen handeln/eingreifen; **to reject sth ~** etw entschieden ablehnen

deck [dek] **I.** *n* ❶ (*on a ship, bus*) Deck *nt;* **below ~s** unter Deck; **on ~** an Deck ❷ *esp* AM, AUS (*raised porch*) Veranda *f* ❸ CARDS **~ of cards** Spiel *nt* Karten; **to shuffle the ~** die Karten *pl* mischen ❹ MUS **tape ~** Tapedeck *nt* ▶ **to have all hands on ~** jede erdenkliche Unterstützung haben; **to clear the ~s** klar Schiff machen; **to hit the ~** sich auf den Boden werfen **II.** *vt* ❶ (*adorn*) ■ **to ~ sth** [**out**] etw [aus]schmücken; **to be ~ed** [**out**] **in one's best** herausgeputzt sein ❷ (*sl: knock down*) ■ **to ~ sb** jdm eine verpassen

ˈ**deck·chair** *n* Liegestuhl *m;* (*on ship*) Deckchair *m*

de·claim [dɪˈkleɪm] *vt, vi* (*form*) deklamieren

dec·la·ra·tion [ˌdekləˈreɪʃ²n] *n* Erklärung *f;* **~ of war** Kriegserklärung *f;* **to make a ~** eine Erklärung abgeben

de·clare [dɪˈkleəʳ] **I.** *vt* ❶ (*make known*) verkünden; *intention* kundtun; *support* zusagen; **to ~ one's love for sb** jdm eine Liebeserklärung machen ❷ (*state*) erklären; **to ~ war on sb** jdm den Krieg erklären; **to ~ oneself** [**to be**] **bankrupt** sich für bankrott erklären ❸ ECON (*for customs, tax*) deklarieren; **have you anything to ~?** haben Sie etwas zu verzollen? **II.** *vi* sich aussprechen

de·clared [dɪˈkleəd] *adj* erklärt; **~ value** ECON, FIN angemeldeter [*o* angegebener] Wert

de·clen·sion [dɪˈklen(t)ʃ²n] *n* LING ❶ (*grammatical class*) Fall *m,* Kasus *m* fachspr ❷ *no pl* (*grammatical system*) Deklination *f* fachspr

de·cline [dɪˈklaɪn] **I.** *n* ❶ (*decrease*) Rückgang *m* ❷ (*deterioration*) Verschlechterung *f;* **industrial ~** Niedergang *m* der Industrie **II.** *vi* ❶ (*diminish*) *interest, popularity* sinken, nachlassen, zurückgehen; *health* sich verschlechtern; *strength* abnehmen ❷ (*sink in position*) abfallen ❸ (*refuse*) ablehnen; **to ~ to comment on sth** jeden Kommentar zu etw *dat* verweigern **III.** *vt* ❶ (*refuse*) ablehnen ❷ LING deklinieren [*o* beugen]

de·code· [ˌdiːˈkəʊd] *vt* entschlüsseln

de·cod·er [dɪˈkəʊdəʳ] *n* Decoder *m*

de·com·pose [ˌdiːkəmˈpəʊz] *vi* sich zersetzen

de·com·po·si·tion [ˌdiːkɒmpəˈzɪʃ²n] *n no pl* Zersetzung *f*

de·com·press [ˌdiːkəmˈpres] *vt, vi* dekomprimieren

de·com·pres·sion [ˌdiːkəmˈpreʃ²n] *n no pl* Dekompression *f;* COMPUT Entpacken *nt*

de·con·tam·i·nate [ˌdiːkənˈtæmɪneɪt] *vt* entseuchen

de·con·tam·i·na·tion [ˌdiːkəntæmɪˈneɪʃ²n] *n no pl* Entseuchung *f*

de·cor [ˈdeɪkɔːʳ] *n no pl* Ausstattung *f;* THEAT Dekor *m o nt*

dec·o·rate [ˈdekəreɪt] **I.** *vt* ❶ (*adorn*) schmücken; *cake, shop window* dekorieren ❷ (*paint*) streichen; (*wallpaper*) tapezieren; (*paint and wallpaper*) renovieren ❸ (*award a medal*) ■ **to be ~d** ausgezeichnet werden **II.** *vi* (*paint*) streichen; (*wallpaper*) tapezieren

dec·o·ra·tion [ˌdekəˈreɪʃ²n] *n* ❶ (*for party*) Dekoration *f;* (*for Christmas tree*) Schmuck *m kein pl* ❷ *no pl* (*process*) Dekorieren *nt,* Schmücken *nt;* (*with paint*) Streichen *nt;* (*with wallpaper*) Tapezieren *nt* ❸ (*medal*) Auszeichnung *f*

dec·o·ra·tive [ˈdekəʳətɪv] *adj* dekorativ

dec·o·ra·tive·ly [ˈdekəʳətɪvli] *adv* dekorativ

dec·o·ra·tor [ˈdekəʳeɪtəʳ] *n* BRIT Maler(in) *m(f)*

de·co·rum [dɪˈkɔːrəm] *n no pl* (*form*) Schicklichkeit *f*

de·coy [ˈdiːkɔɪ] *n* Lockvogel *m;* **to act as a ~** den Lockvogel spielen

de·crease **I.** *vi* [dɪˈkriːs, ˈdiːkriːs] abnehmen, zurückgehen **II.** *vt* [dɪˈkriːs, ˈdiːkriːs] reduzieren; *production* drosseln **III.** *n* [ˈdiːkriːs] Abnahme *f; numbers* Rückgang *m;* ■ **on the ~** rückläufig

de·cree [dɪˈkriː] **I.** *n* (*form*) Erlass *m* **II.** *vt* verfügen

de·cree ˈab·so·lute <*pl* decrees absolute> *n* BRIT LAW endgültiges Scheidungsurteil

de·crep·it [dɪˈkrɛpɪt] *adj* klapprig
de·crepi·tude· [dɪˈkrɛpɪtjuːd] *n no pl* (*form*) heruntergekommener Zustand; *of a person* Klapprigkeit *f fam*
de·crimi·nali·za·tion [diːˌkrɪmɪnəlaɪˈzeɪʃən] *n no pl* Legalisierung *f*
de·crimi·nal·ize [diːˈkrɪmɪnəlaɪz] *vt* legalisieren
de·di·cate [ˈdɛdɪkeɪt] *vt* ▪ **to ~ sth to sb** jdm etw widmen; ▪ **to ~ oneself to sth** sich etw *dat* widmen
de·di·cat·ed [ˈdɛdɪkeɪtɪd] *adj* ❶ (*hard-working*) engagiert; ▪ **to be ~ to sth** etw *dat* verschrieben sein ❷ COMPUT ausschließlich zugeordnet, dediziert
de·di·ca·tion [ˌdɛdɪˈkeɪʃən] *n* ❶ (*hard work*) Engagement *nt* (**to** für) ❷ (*in book*) Widmung *f* ❸ REL Einweihung *f*
de·duce [dɪˈdjuːs] *vt* folgern; ▪ **to ~ whether ...** feststellen, ob ...
de·duct [dɪˈdʌkt] *vt* abziehen
de·duct·ible [dɪˈdʌktəbl] *adj* absetzbar
de·duc·tion [dɪˈdʌkʃən] *n* ❶ (*inference*) Schlussfolgerung *f*; **to make a ~** eine Schlussfolgerung ziehen ❷ (*subtraction*) Abzug *m*
deed [diːd] *n* ❶ (*action*) Tat *f*; **dirty ~s** Drecksarbeit *f*; **to do a good ~** eine gute Tat vollbringen; **to do an evil ~** eine Untat begehen ❷ *usu pl* LAW Urkunde *f*
deem [diːm] *vt* (*form*) ▪ **to be ~ed sth** als etw gelten
deep [diːp] I. *adj*, *adv* ❶ (*in dimension*) tief; **the snow was 1 m ~** der Schnee lag einen Meter hoch; **they were standing four ~** sie standen zu viert hintereinander; **~ space** äußerer Weltraum ❷ (*very much*) tief; **~ in debt** hoch verschuldet; **to be ~ in conversation/thought** in ein Gespräch/in Gedanken vertieft sein; **to be in ~ trouble** in großen Schwierigkeiten stecken; **~ blue** tiefblau; **~ red** dunkelrot ❸ (*emotional*) tief; **you have my ~est sympathy** herzliches Beileid; **to take a ~ breath** tief Luft holen; **in ~ despair** total verzweifelt; **a ~ disappointment to sb** eine schwere Enttäuschung für jdn; **with ~ regret** mit großem Bedauern; **to let out a ~ sigh** tief seufzen; **~-down** tief im Innersten ❹ (*difficult*) schwer verständlich; **quantum physics is a bit ~ for me** die Quantenphysik ist mir etwas zu hoch II. *n* (*liter*) ▪ **the ~** die Tiefe
deep-con·ditioning *adj* mit pflegender Tiefenwirkung *nach n*
deep·en [ˈdiːpən] I. *vt* ❶ (*make deeper*) tiefer machen ❷ (*intensify*) vertiefen II. *vi* ❶ *voice, water* tiefer werden ❷ (*intensify*) sich vertiefen; *crisis* sich verschärfen ❸ (*become darker*) intensiver werden
deep·en·ing [ˈdiːpənɪŋ] *adj* tiefer werdend *attr*
ˈdeep-freeze *n* Tiefkühlschrank *m*; (*chest*) Tiefkühltruhe *f* **deep-ˈfroz·en** *adj* tiefgefroren **deep-ˈfry** *vt* frittieren
deep·ly [ˈdiːpli] *adv* ❶ (*very*) äußerst; **to be ~ appreciative of sth** etw sehr schätzen; **to be ~ insulted** zutiefst getroffen sein; **to ~ regret sth** etw sehr bereuen ❷ (*far down*) tief
deep·ness [ˈdiːpnəs] *n* Tiefe *f*
deep-ˈpocketed *adj* wohlhabend **deep-sea ˈani·mal** *n* Tiefseetier *nt* **deep-ˈseat·ed** *adj* tief sitzend
deer <*pl* -> [dɪər] *n* Hirsch *m*; (*roe deer*) Reh *nt*
de·face [dɪˈfeɪs] *vt* verunstalten; *building* verschandeln
defa·ma·tion [ˌdɛfəˈmeɪʃən] *n no pl* (*form*) Diffamierung *f*
de·fama·tory [dɪˈfæmətəri] *adj* (*form*) diffamierend; **~ speech** Schmährede *f*
de·fame [dɪˈfeɪm] *vt* (*form*) diffamieren
de·fault [dɪˈfɔːlt] I. *vi* ❶ FIN (*failure to pay*) in Verzug geraten (**on** mit) ❷ COMPUT ▪ **~ to sth** standardmäßig eingestellt sein II. *n* ❶ *of contract* Nichterfüllung *f*; (*failure to pay debt*) Versäumnis *nt*; **in ~ of payment ...** bei Zahlungsverzug ... ❷ *no pl* ▪ **by ~** automatisch III. *adj* Standard-
de·feat [dɪˈfiːt] I. *vt* ❶ (*win over*) besiegen; (*at games, sport*) schlagen; *hopes* zerschlagen; *proposal* ablehnen; **that ~s the purpose of this meeting** dadurch verliert dieses Treffen seinen Sinn ❷ POL *bill* ablehnen II. *n* Niederlage *f*
de·feat·ism [dɪˈfiːtɪzəm] *n no pl* (*pej*) Defätismus *m*, Defaitismus *m* SCHWEIZ
de·feat·ist [dɪˈfiːtɪst] I. *adj* defätistisch, defaitistisch SCHWEIZ II. *n* Defätist(in) *m(f)*, Defaitist(in) *m(f)* SCHWEIZ
def·ecate [ˈdɛfəkeɪt] *vi* (*form*) den Darm entleeren
def·eca·tion [ˌdɛfəˈkeɪʃən] *n no pl* (*form*) Stuhlentleerung *f*
de·fect[1] [ˈdiːfɛkt] *n* Fehler *m*; TECH Defekt *m* (**in** an)
de·fect[2] [dɪˈfɛkt] *vi* POL überlaufen (**to** zu)
de·fec·tion [dɪˈfɛkʃən] *n* Flucht *f*; POL Überlaufen *nt*
de·fec·tive [dɪˈfɛktɪv] *adj* fehlerhaft; TECH defekt
de·fence [dɪˈfɛn(t)s] *n* ❶ *of person* Schutz *m*; *of country* Verteidigung *f*; **in**

my ~ zu meiner Verteidigung; ministry of ~ Verteidigungsministerium *nt* ❷ LAW Verteidigung *f*; **witness for the ~** Zeuge *m*/Zeugin *f* der Verteidigung ❸ SPORTS Abwehr *f*; **to play in** [*or* AM **on**] **~** Abwehrspieler/Abwehrspielerin sein ❹ MED ■**~s** *pl* Abwehrkräfte *pl*

de·fence·less [dɪˈfen(t)sləs] *adj* wehrlos

De·ˈfence Min·is·ter *n* Verteidigungsminister(in) *m(f)*

de·fend [dɪˈfend] *vt, vi* verteidigen; (*fight off*) ■**to ~ oneself** sich wehren

de·fend·ant [dɪˈfendənt] *n* LAW Angeklagte(r) *f(m)*

de·fend·er [dɪˈfendəʳ] *n* ❶ (*protector*) Beschützer(in) *m(f)*; (*supporter*) Verfechter(in) *m(f)* ❷ SPORTS Verteidiger(in) *m(f)*

de·fense *n esp* AM *see* **defence**

de·fen·sible [dɪˈfen(t)səbl] *adj* ❶ (*capable of being defended*) wehrhaft ❷ (*supportable*) vertretbar

de·fen·sive [dɪˈfen(t)sɪv] I. *adj* defensiv II. *n* Defensive *f*; **to be on the ~** in der Defensive sein; **to go on the ~** in die Defensive gehen

de·fen·sive·ly [dɪˈfen(t)sɪvli] *adv* defensiv

de·fer <-rr-> [dɪˈfɜː^r] I. *vi* (*form*) ■**to ~ to sb/sth** sich jdm/etw beugen; **to ~ to sb's judgement** sich jds Urteil fügen II. *vt* verschieben; FIN, LAW aufschieben; *decision* vertagen

def·er·ence [ˈdefər(t)s] *n no pl* (*form*) Respekt *m*; **in ~** aus Respekt (**to** vor)

def·er·en·tial [ˌdefəˈren(t)ʃəl] *adj* respektvoll

def·er·en·tial·ly [ˌdefəˈren(t)ʃəli] *adv* respektvoll; **to bow ~** sich respektvoll verbeugen

de·fi·ance [dɪˈfaɪən(t)s] *n no pl* Aufsässigkeit *f*; ■**in ~ of sb/sth** jdm/etw zum Trotz

de·fi·ant [dɪˈfaɪənt] *adj* aufsässig

de·fi·cien·cy [dɪˈfɪʃən(t)si] *n* Mangel *m* (**in** an)

de·fi·cient [dɪˈfɪʃənt] *adj* unzureichend; ■**sb/sth is ~ in sth** es mangelt jdm/etw an etw *dat*

defi·cit [ˈdefɪsɪt] *n* Defizit *nt* (**in** in)

de·file [dɪˈfaɪl] I. *vt* (*form*) beschmutzen; *tomb* schänden II. *n* Hohlweg *m*

de·fine [dɪˈfaɪn] *vt* ❶ (*give definition*) definieren (**by** über); ■**to be ~d against sth** (*outlined*) sich [deutlich] gegen etw *akk* abzeichnen ❷ (*specify*) festlegen

defi·nite [ˈdefɪnət] I. *adj* sicher; *answer* klar; *decision* definitiv; *improvement, increase* eindeutig; *place, shape, tend-* *ency, time limit* bestimmt; **there's nothing ~ yet** es steht noch nichts fest; **to have ~ opinions** feste Vorstellungen haben; ■**to be ~ about sth** sich *dat* einer S. *gen* sicher sein II. *n* (*fam*) **she's a ~ for the Olympic team** sie wird auf jeden Fall in der Olympiamannschaft dabei sein

defi·nite ˈar·ti·cle *n* LING bestimmter Artikel

defi·nite·ly [ˈdefɪnətli] *adv* ❶ (*without doubt, clearly*) eindeutig, definitiv; **~ different/too expensive** eindeutig [*o* definitiv] anders/zu teuer; **we're ~ going by car** wir fahren auf jeden Fall mit dem Auto ❷ (*in a definite manner*) endgültig; **to decide sth ~** etw endgültig beschließen

defi·ni·tion [ˌdefɪˈnɪʃən] *n* ❶ (*meaning*) Definition *f* ❷ *no pl* (*distinctness*) Schärfe *f*; **to lack ~** unscharf sein

de·fini·tive [dɪˈfɪnətɪv] *adj* ❶ (*conclusive*) endgültig; *proof* eindeutig ❷ (*most authoritative*) ultimativ

de·fini·tive·ly [dɪˈfɪnətɪvli] *adv* definitiv

de·flate [dɪˈfleɪt] I. *vt* ❶ *balloon, ball* Luft ablassen aus +*dat* ❷ (*fig*) *hopes* zunichtemachen; ■**to be ~d** einen Dämpfer bekommen haben ❸ ECON deflationieren II. *vi* Luft verlieren

de·fla·tion [dɪˈfleɪʃən] *n no pl* ECON Deflation *f*

de·fla·tion·ary [dɪˈfleɪʃənəri] *adj* deflationär

de·flect [dɪˈflekt] I. *vt* ■**to ~ sb from doing sth** jdn davon abbringen, etw zu tun; ■**to ~ sth** etw ablenken; *ball* abfälschen; *blow* abwehren; PHYS *light* beugen II. *vi* ■**to ~ off sth** *ball* von etw *dat* abprallen

de·flec·tion [dɪˈflekʃən] *n* Ablenkung *f*; SPORTS Abpraller *m*; **the ball took a ~ off a defender's leg** der Ball prallte am Bein eines Verteidigers ab

de·for·est [diːˈfɒrɪst] *vt* abholzen

de·for·esta·tion [diːˌfɒrɪˈsteɪʃən] *n no pl* Abholzung *f*, Entwaldung *f*

de·form [dɪˈfɔːm] I. *vt* deformieren II. *vi* sich verformen

de·for·ma·tion [ˌdiːfɔːˈmeɪʃən, ˈdefə-] *n no pl* Deformation *f*, Verformung *f*; **~ of one's bones** Knochenmissbildung *f*

de·formed [dɪˈfɔːmd] *adj* verformt; *face* entstellt; **to be born ~** missgebildet zur Welt kommen

de·form·ity [dɪˈfɔːməti] *n* Missbildung *f*

de·fraud [dɪˈfrɔːd] *vt* betrügen (**of** um)

de·fray [dɪˈfreɪ] *vt* (*form*) *costs* tragen

de·frost [diːˈfrɒst] I. *vt* auftauen; *fridge* abtauen II. *vi* auftauen; *fridge* abtauen

deft [deft] *adj* geschickt; ■ **to be ~ at sth** Geschick für etw *akk* haben
deft·ness ['deftnəs] *n no pl* Geschicklichkeit *f*
de·funct [dɪ'fʌŋ(k)t] *adj* (*form*) gestorben; (*hum*) hinüber *fam; institution* ausgedient; *process* überholt
de·fuse [diː'fjuːz] *vt* entschärfen *a. fig*
defy <-ie-> [dɪ'faɪ] *vt* ❶ (*disobey*) ■ **to ~ sb/sth** sich jdm/etw widersetzen; (*fig: resist, withstand*) sich etw *dat* entziehen; **to ~ description** jeder Beschreibung spotten ❷ (*challenge*) auffordern
deg. *n abbrev of* **degree**
de·gen·er·ate I. *vi* [dɪ'dʒenəreɪt] degenerieren; ■ **to ~ into sth** zu etw *dat* entarten II. *adj* [dɪ'dʒenərət] verkommen III. *n* [dɪ'dʒenərət] verkommenes Subjekt
de·gen·era·tion [dɪˌdʒenə'reɪʃ(ə)n] *n no pl* Degeneration *f*
de·grade [dɪ'greɪd] I. *vt* ❶ *person* erniedrigen ❷ *environment* angreifen ❸ CHEM abbauen II. *vi* ❶ ELEC beeinträchtigt werden ❷ CHEM ■ **to ~ into sth** zu etw *dat* abgebaut werden
de·grad·ing [dɪ'greɪdɪŋ] *adj* erniedrigend, entwürdigend
de·gree [dɪ'griː] *n* ❶ (*amount*) Maß *nt*; (*extent*) Grad *m*; **to different ~s** in unterschiedlichem Maße; **a high ~ of skill** ein hohes Maß an Können; **to the last ~** im höchsten Grad; **by ~s** nach und nach; **to some ~** bis zu einem gewissen Grad ❷ MATH, METEO Grad *m* ❸ UNIV Abschluss *m*; **to do a ~ in sth** etw studieren
de·'gree course *n* Studiengang, der mit einem ‚bachelor's degree' abschließt
de·hu·man·ize [ˌdiː'hjuːmənaɪz] *vt* entmenschlichen
de·hu·midi·fi·er [ˌdiːhjuː'mɪdɪfaɪər] *n* Entfeuchter *m*
de·hy·drate [ˌdiːhaɪ'dreɪt] I. *vt* ■ **to ~ sth** etw *dat* das Wasser entziehen; **to become ~d** austrocknen II. *vi* MED dehydrieren
de·hy·drat·ed [ˌdiːhaɪ'dreɪtɪd] *adj food* getrocknet; *skin* ausgetrocknet; **~ food** Trockennahrung *f*
de·hy·dra·tion [ˌdiːhaɪ'dreɪʃ(ə)n] *n no pl* MED Dehydration *f*
de-ice [ˌdiː'aɪs] *vt* enteisen
deign [deɪn] *vi* ■ **to ~ to do sth** sich [dazu] herablassen, etw zu tun
de·ity ['deɪɪti] *n* Gottheit *f*
de·ject·ed [dɪ'dʒektɪd] *adj* niedergeschlagen
de·jec·tion [dɪ'dʒekʃ(ə)n] *n no pl* Niedergeschlagenheit *f*

de·lay [dɪ'leɪ] I. *vt* verschieben II. *vi* verschieben III. *n* Verzögerung *f*; TRANSP Verspätung *f*; ■ **without ~** unverzüglich
de·layed [dɪ'leɪd] *adj attr flight, train* verspätet; *reaction* verzögert; **to be ~ed [by ten minutes]** [zehn Minuten] Verspätung haben; **I was ~ed** ich wurde aufgehalten
de·layed-'ac·tion *adj* **~ fuse** Zeitzünder *m*; **~ drug** Medikament *nt* mit Depotwirkung
de·lay·ing [dɪ'leɪɪŋ] *adj* verzögernd; **~ tactics** Verzögerungstaktik *f*
de·lec·table [dɪ'lektəbl] *adj food, drink* köstlich; (*esp hum*) *person* bezaubernd
de·lec·ta·tion [ˌdɪlek'teɪʃ(ə)n] *n no pl* (*form or hum*) Vergnügen *nt*
del·egate I. *n* ['delɪgət] Delegierte(r) *f(m)* II. *vt* ['delɪgeɪt] ❶ (*appoint*) ■ **to ~ sb** jdn als Vertreter/Vertreterin [aus]wählen; ■ **to ~ sb to do sth** jdn dazu bestimmen, etw zu tun ❷ (*assign*) ■ **to ~ sth to sb** jdm etw übertragen; ■ **to ~ sb to do sth** jdn dazu ermächtigen, etw zu tun III. *vi* ['delɪgeɪt] delegieren
del·ega·tion [ˌdelɪ'geɪʃ(ə)n] *n* Delegation *f*
de·lete [dɪ'liːt] I. *vt* ❶ (*in writing*) streichen (**from** aus) ❷ COMPUT löschen II. *vi* löschen; **please ~ as appropriate** Nichtzutreffendes bitte streichen
de·le·tion [dɪ'liːʃ(ə)n] *n* ❶ (*act, item removed*) Löschung *f*; *of a file* Löschen *nt* ❷ (*item crossed out*) Streichung *f*; **to make a ~** etwas streichen
deli ['deli] *n* (*fam*) *short for* **delicatessen** Feinkostgeschäft *nt*
de·lib·er·ate I. *adj* [dɪ'lɪbərət] ❶ (*intentional*) absichtlich; *decision, lie* bewusst ❷ (*careful*) vorsichtig II. *vi* [dɪ'lɪbəreɪt] (*form*) [gründlich] nachdenken (**on** über) III. *vt* [dɪ'lɪbəreɪt] (*form*) ❶ (*discuss*) beraten ❷ (*consider*) ■ **to ~ whether ...** überlegen, ob ...
de·lib·er·ate·ly [dɪ'lɪbərətli] *adv* absichtlich
de·lib·era·tion [dɪˌlɪbə'reɪʃ(ə)n] *n* ❶ *no pl* (*carefulness*) Bedächtigkeit *f* ❷ (*form: consideration*) Überlegung *f*; **after much ~, ...** nach reiflicher Überlegung ...
deli·ca·cy ['delɪkəsi] *n* ❶ FOOD Delikatesse *f* ❷ *no pl* (*discretion*) Feingefühl *nt*; **that is a matter of some ~** das ist eine ziemlich heikle Angelegenheit ❸ *no pl* (*fineness*) Feinheit *f*; *of features* Zartheit *f* ❹ *no pl of health* Zerbrechlichkeit *f*
deli·cate ['delɪkət] *adj* ❶ (*sensitive*) empfindlich; *china* zerbrechlich ❷ (*tricky*) heikel ❸ (*fine*) fein; *aroma, colour* zart;

~ **cycle** Feinwaschgang *m* ❹ (*prone to illness*) *person* anfällig, empfindlich; *health* zart

de·li·ca·tes·sen [ˌdelɪkəˈtesən] *n* Feinkostgeschäft *nt*

de·li·cious [deˈlɪʃəs] *adj* köstlich, lecker

de·li·cious·ly [deˈlɪʃəsli] *adv* köstlich

de·light [dɪˈlaɪt] **I.** *n* Freude *f*; **the ~s of being retired** die Annehmlichkeiten des Ruhestandes; **in ~** vor Freude **II.** *vt* erfreuen **III.** *vi* **to ~ in sth** Vergnügen bei etw *dat* empfinden; ▪**to ~ in doing sth** es lieben, etw zu tun

de·light·ed [dɪˈlaɪtɪd] *adj* hocherfreut; *smile* vergnügt; ▪**to be ~ at** [*or* **by**] [*or* **with**] **sth** von etw *dat* begeistert sein; ▪**to be ~ to do sth** etw mit [großem] Vergnügen tun; **I was ~ to meet you** es hat mich sehr gefreut, Sie kennen zu lernen

de·light·ful [dɪˈlaɪtfəl] *adj* wunderbar; *evening, village* reizend; *smile, person* charmant

de·lin·quen·cy [dɪˈlɪŋkwən(t)si] *n no pl* Straffälligkeit *f*

de·lin·quent [dɪˈlɪŋkwənt] **I.** *n* Delinquent(in) *m(f)* **II.** *adj* straffällig

de·liri·ous [dɪˈlɪriəs] *adj* ❶ MED im Delirium ❷ (*extremely happy*) *crowd* taumelnd; **~ with joy** außer sich *dat* vor Freude

de·liri·ous·ly [dɪˈlɪriəsli] *adv* ❶ (*incoherently*) im Delirium ❷ (*extremely*) wahnsinnig

de·lir·ium [dɪˈlɪriəm] *n no pl* MED Delirium *nt*

de·liv·er [dɪˈlɪvəʳ] **I.** *vt* ❶ (*bring*) liefern; (*by post*) zustellen; *newspapers* austragen; (*by car*) ausfahren; **to ~ a message to sb** jdm eine Nachricht überbringen ❷ (*recite*) *speech* halten; LAW (*pronounce*) *verdict* verkünden ❸ (*direct*) *blow* geben; *rebuke* halten ❹ SPORTS *ball* werfen; *punch* landen ❺ (*give birth*) zur Welt bringen; (*aid in giving birth*) entbinden ❻ (*form: liberate*) erlösen; **~ us from evil** REL bewahre uns vor dem Bösen ❼ (*produce*) *promise* einlösen ❽ (*hand over*) ausliefern **II.** *vi* ❶ (*supply*) liefern ❷ (*fulfil*) ▪**to ~ on sth** etw einhalten

de·liv·er·ance [dɪˈlɪvərən(t)s] *n no pl* (*form*) Erlösung *f*

de·liv·er·er [dɪˈlɪvərəʳ] *n* (*form*) Erlöser *m*

de·liv·ery [dɪˈlɪvəri] *n* ❶ (*of goods*) Lieferung *f*; (*of mail*) Zustellung *f*; **~ time** Lieferzeit *f*; **to take ~ of sth** etw erhalten; **on ~** bei Lieferung ❷ (*manner of speaking*) Vortragsweise *f* ❸ SPORTS Wurf *m* ❹ (*birth*) Entbindung *f*

de·ˈliv·ery room *n*, **de·ˈliv·ery suite** *n*, **de·ˈliv·ery unit** *n* Kreißsaal *m* **de·ˈliv·ery ser·vice** *n* Zustelldienst *m* **de·ˈliv·ery van** *n* Lieferwagen *m*

de·louse [diːˈlaʊs] *vt* ▪**to ~ sb/an animal** jdn/ein Tier entlausen

del·ta [ˈdeltə] *n* Delta *nt*

de·lude [dɪˈluːd] *vt* täuschen; ▪**to ~ one·self** sich *dat* etwas vormachen

del·uge [ˈdeljuːdʒ] **I.** *n* ❶ (*downpour*) Regenguss *m*; (*flood*) Flut *f* ❷ (*fig*) Flut *f* **II.** *vt* ▪**to be ~d** überflutet werden; (*fig*) überschüttet werden

de·lu·sion [dɪˈluːʒən] *n* Täuschung *f*; **to suffer from** [*or* **be under**] **the ~ that ...** sich *dat* einbilden, dass ...; **to suffer from ~s** unter Wahnvorstellungen leiden; **~s of grandeur** Größenwahn *m*

de luxe [dɪˈlʌks] *adj* Luxus-

delve [delv] *vi* suchen (**for** nach); **to ~ in one's pocket** in seiner Tasche kramen; **to ~ into sb's past** in jds Vergangenheit nachforschen

dema·gog *n* AM *see* **demagogue**

dema·gog·ic [ˌdeməˈgɒgɪk] *adj* demagogisch

dema·gogue, AM *also* **dema·gog** [ˈdeməgɒg] *n* (*pej*) Demagoge *m*/Demagogin *f*

de·mand [dɪˈmɑːnd] **I.** *vt* ❶ (*insist upon*) verlangen ❷ (*need*) erfordern **II.** *n* ❶ (*insistent request*) Forderung *f* (**for** nach); **on ~** auf Verlangen ❷ (*requirement*) Bedarf *m*; COMM Nachfrage *f*; **in ~** gefragt ❸ BRIT (*for payment*) Mahnung *f* ❹ (*expectations*) **to make ~s on sb** Anforderungen *pl* an jdn stellen; **she's got many ~s on her time** sie ist zeitlich sehr beansprucht

de·mand·ing [dɪˈmɑːndɪŋ] *adj child, journey, work* anstrengend; *job, person, test* anspruchsvoll

de·mar·ca·tion [ˌdiːmɑːˈkeɪʃən], AM *also* **de·mar·ka·tion** *n* Abgrenzung *f*; **~ line** Demarkationslinie *f*

de·mean [dɪˈmiːn] *vt* erniedrigen

de·mean·ing [dɪˈmiːnɪŋ] *adj* erniedrigend

de·mean·our [dɪˈmiːnəʳ], AM **de·mean·or** *n no pl* (*form: behaviour*) Verhalten *nt*; (*bearing*) Erscheinungsbild *nt*

de·ment·ed [dɪˈmentɪd] *adj* verrückt

de·mer·it [ˌdiːˈmerɪt] *n* ❶ (*fault*) Schwäche *f* ❷ AM SCH (*black mark*) Minuspunkt *m*

demi·god [ˈdemigɒd] *n* Halbgott *m a. fig*

de·mili·ta·rize [diːˈmɪlɪtəraɪz] *vt* entmilitarisieren

de·mise [dɪˈmaɪz] *n no pl* (*form*) Ableben *nt*; (*fig*) Niedergang *m*

de·mist [diːˈmɪst] *vt* BRIT *windscreen* frei machen

de·mist·er [diːˈmɪstə^r] *n* BRIT AUTO Gebläse *nt*

demo [ˈdeməʊ] (*fam*) **I.** *n* Demo *f*; **to go on a ~** auf eine [*o* zu einer] Demo gehen **II.** *adj* Demo- **III.** *vt* <-'d, -'d> (*demonstrate*) ■ **to ~ sth** etw demonstrieren

de·mo·bi·lize [diːˈməʊbəlaɪz] **I.** *vt people* aus dem Kriegsdienst entlassen; *things* demobilisieren **II.** *vi* demobilisieren

de·moc·ra·cy [dɪˈmɒkrəsi] *n* Demokratie *f*

demo·crat [ˈdeməkræt] *n* Demokrat(in) *m(f)*

demo·crat·ic [ˌdeməˈkrætɪk] *adj* demokratisch

demo·crati·cal·ly [ˌdeməˈkrætɪk^əli] *adv* demokratisch

de·moc·ra·ti·za·tion [dɪˌmɒkrətaɪˈzeɪʃ^ən] *n no pl* Demokratisierung *f*

de·moc·ra·tize [dɪˈmɒkrətaɪz] *vt* demokratisieren

de·mol·ish [dɪˈmɒlɪʃ] *vt* ① (*destroy*) *building* abreißen; *wall* einreißen; *car in accident* demolieren; (*in scrapyard*) verschrotten ② (*refute, defeat*) zunichtemachen; *argument* widerlegen ③ (*fam: eat up*) verdrücken

demo·li·tion [ˌdeməlɪʃ^ən] *n* Abriss *m*; (*fig*) Widerlegung *f*

de·mon [ˈdiːmən] **I.** *n* (*evil spirit*) Dämon *m*; (*fig: wicked person*) Fiesling *m sl* **II.** *adj* (*fam*) höllisch [gut]

de·mon·ic [dɪˈmɒnɪk] *adj* ① (*devilish*) dämonisch ② (*evil*) bösartig

de·mon·ize [ˈdiːmənaɪz] *vt* ■ **to ~ sb** jdn verteufeln

de·mon·strable [dɪˈmɒn(t)strəbl] *adj* nachweislich

dem·on·strate [ˈdemənstreɪt] **I.** *vt* ① (*show*) zeigen; *operation* vorführen; *authority, knowledge* demonstrieren; *loyalty* beweisen ② (*prove*) nachweisen **II.** *vi* demonstrieren

dem·on·stra·tion [ˌdemənˈstreɪʃ^ən] *n* ① (*act of showing*) Demonstration *f*, Vorführung *f*; **~ model** Vorführmodell *nt* ② (*open expression*) Ausdruck *m* ③ (*protest march*) Demonstration *f*

de·mon·stra·tive [dɪˈmɒn(t)strətɪv] *adj* ① (*form: illustrative*) anschaulich; ■ **to be ~ of sth** etw veranschaulichen ② (*expressing feelings*) ■ **to be ~** seine Gefühle offen zeigen

de·mon·stra·tive·ly [dɪˈmɒn(t)strətɪvli] *adv* offen

dem·on·stra·tor [ˈdemənstreɪtə^r] *n* ① (*of a product*) Vorführer(in) *m(f)* ② (*protester*) Demonstrant(in) *m(f)*

de·mor·al·ize [dɪˈmɒrəlaɪz] *vt* demoralisieren

de·mote [dɪˈməʊt] *vt* zurückstufen; MIL degradieren

de·mure [dɪˈmjʊə^r] *adj* ① (*shy*) [sehr] schüchtern ② (*composed and reserved*) gesetzt

den [den] *n* ① (*lair*) Bau *m* ② (*children's playhouse*) Hütte *f* ③ (*study*) Arbeitszimmer *nt*; (*private room*) Bude *f*; *esp* AM Hobbyraum *m* ④ (*hum*) **~ of thieves** Räuberhöhle *f*

de·na·tion·al·ize [ˌdiːˈnæʃ^ən^əlaɪz] *vt* privatisieren

de·natu·ral·ize [diːˈnætʃ^ər^əlaɪz] *vt* ■ **to ~ sb** jdn entstaatlichen, jdm die Staatsbürgerschaft entziehen

de·ni·al [dɪˈnaɪəl] *n* ① (*statement*) Dementi *nt*; (*action*) Leugnen *nt kein pl* ② *no pl* (*refusal*) Ablehnung *f*; **~ of equal opportunities** Verweigerung *f* von Chancengleichheit ③ PSYCH **to be in ~** sich der Realität verschließen

deni·grate [ˈdenɪgreɪt] *vt* verunglimpfen

den·im [ˈdenɪm] **I.** *n* ① *no pl* (*material*) Denim® *m* ② (*fam*) ■ **~s** *pl* Jeans *f*[*pl*] **II.** *adj* Jeans-

Den·mark [ˈdenmɑːk] *n* Dänemark *nt*

de·nomi·na·tion [dɪˌnɒmɪˈneɪʃ^ən] *n* ① (*religious group*) Konfessionsgemeinschaft *f* ② (*unit of value*) Währungseinheit *f*

de·nomi·na·tion·al [dɪˌnɒmɪˈneɪʃ^ən^əl] *adj* Konfessions-

de·nomi·na·tor [dɪˈnɒmɪneɪtə^r] *n* MATH Nenner *m*

de·note [dɪˈnəʊt] *vt* bedeuten

de·noue·ment [dərˈnuːmɑ̃] *n* (*form*) Ende *nt*; *film* Ausgang *m*

de·nounce [dɪˈnaʊn(t)s] *vt* ① (*criticize*) anprangern ② (*accuse*) entlarven; ■ **to ~ sb to sb** jdn bei jdm denunzieren

dense <-r, -st> [den(t)s] *adj* ① (*thick*) dicht ② (*fig fam: stupid*) dumm

dense·ly [ˈden(t)sli] *adv* dicht

den·sity [ˈden(t)sɪti] *n* Dichte *f*

dent [dent] **I.** *n* ① (*hollow*) Beule *f*, Delle *f* ② (*fig*) Loch *nt* **II.** *vt* ① (*put a dent in*) einbeulen ② (*fig*) **to ~ sb's confidence** jds Selbstbewusstsein *nt* anknacksen

den·tal [ˈdent^əl] *adj* Zahn-

den·tal prac·ti·tion·er *n*, **ˈden·tal sur·geon** *n* Zahnarzt *m*/Zahnärztin *f*

den·tist ['dentɪst] *n* Zahnarzt *m*/Zahnärztin *f*

den·tis·try ['dentɪstri] *n no pl* Zahnmedizin *f*

den·tures ['den(t)ʃəz] *npl* [Zahn]prothese *f*

de·nude [dɪ'nju:d] *vt* kahl werden lassen [*o* kahl machen]

de·nun·ci·a·tion [dɪˌnʌn(t)si'eɪʃən] *n* ❶ (*condemnation*) Anprangerung *f* ❷ (*denouncing*) Denunziation *f*

deny <-ie-> [dɪ'naɪ] *vt* ❶ (*declare untrue*) abstreiten; *accusation* zurückweisen; **there's no ~ing that ...** es lässt sich nicht bestreiten, dass ... ❷ (*refuse to grant*) ▪ **to ~ sth to sb** [*or* **sb sth**] jdm etw verweigern; *request* ablehnen ❸ (*do without*) ▪ **to ~ oneself sth** sich *dat* etw versagen ❹ (*form: disown*) verleugnen

de·odor·ant [di'əʊdərənt] *n* Deo[dorant] *nt*

dep. *n abbrev of* **departure** Abf. *f*; *aircraft* Abfl. *m*

de·part [dɪ'pɑ:t] **I.** *vi* ❶ (*leave*) fortgehen; *plane* abfliegen, starten; *train* abfahren; *ship* ablegen, abfahren ❷ (*differ*) abweichen **II.** *vt* **to ~ this life** aus diesem Leben scheiden

de·part·ed [dɪ'pɑ:tɪd] (*form*) **I.** *adj* verstorben **II.** *n pl* ▪ **the ~** die Verstorbenen

de·part·ment [dɪ'pɑ:tmənt] *n* ❶ UNIV Institut *nt* ❷ COMM Abteilung *f* ❸ POL Ministerium *nt* ❹ ADMIN Amt *nt* ❺ (*fig fam: field of expertise*) Zuständigkeitsbereich *m*

de·part·men·tal [ˌdɪpɑ:t'mentəl] *adj* ❶ UNIV Instituts- ❷ COMM Abteilungs- ❸ POL Ministerial- ❹ ADMIN Amts-

de·'part·ment store *n* Kaufhaus *nt*

de·par·ture [dɪ'pɑ:tʃər] *n* ❶ (*on a journey*) Abreise *f*, Abfahrt *f*; *plane* Abflug *m*; *ship* Ablegen *nt*, Abfahrt *f* ❷ (*act of leaving*) Abschied *m*; **~ from politics** Abschied *m* aus der Politik ❸ (*deviation*) Abweichung *f*; **~ from policy** Abkehr *f*

de·'par·ture gate *n* Flugsteig *m* **de·'par·ture lounge** *n* Abfahrthalle *f*; AVIAT Abflughalle *f* **de·'par·ture time** *n* Abfahrtzeit *f*; AVIAT Abflugzeit *f*

de·pend [dɪ'pend] *vi* ❶ (*rely on circumstance*) ▪ **to ~ on sth** von etw *dat* abhängen; **that ~s** kommt darauf an; **that ~s on the weather** das hängt vom Wetter ab; **~ing on the weather** je nachdem, wie das Wetter ist ❷ (*get help from*) ▪ **to ~ on sb/sth** von jdm/etw abhängig sein; **to ~ on sb/sth financially** finanziell auf jdn/etw angewiesen sein ❸ (*rely on*) ▪ **to ~ [up]on sb/sth** sich auf jdn/etw verlassen

de·pend·abil·ity [dɪˌpendə'bɪləti] *n no pl* Zuverlässigkeit *f*, Verlässlichkeit *f*

de·pend·able [dɪ'pendəbl] *adj* zuverlässig, verlässlich

de·pend·ant [dɪ'pendənt] *n* [finanziell] abhängige(r) Angehörige(r) *f/m*

de·pend·ence [dɪ'pendən(t)s] *n no pl* Abhängigkeit *f*

de·pend·ency [dɪ'pendən(t)si] *n* ❶ *no pl* Abhängigkeit *f* ❷ (*dependent state*) Territorium *nt*

de·pend·ent [dɪ'pendənt] **I.** *adj* ❶ (*conditional*) ▪ **to be ~ [up]on sth** von etw *dat* abhängen ❷ (*relying on*) ▪ **to be ~ on sth** von etw *dat* abhängig sein; *help, goodwill* auf etw *akk* angewiesen sein **II.** *n* AM *see* **dependant**

de·pict [dɪ'pɪkt] *vt* (*form*) darstellen

de·pic·tion [dɪ'pɪkʃən] *n* Darstellung *f*

de·pila·tory [dɪ'pɪlətəri] *n* Enthaarungsmittel *nt*; **~ cream** Enthaarungscreme *f*

de·plete [dɪ'pli:t] *vt* vermindern

de·plet·ed [dɪ'pli:tɪd] *adj* verbraucht

de·ple·tion [dɪ'pli:ʃən] *n* Abbau *m*; *of resources, capital* Erschöpfung *f*

de·plor·able [dɪ'plɔ:rəbl] *adj* beklagenswert; *conditions* erbärmlich

de·plore [dɪ'plɔ:ʳ] *vt* ❶ (*disapprove*) verurteilen ❷ (*regret*) beklagen

de·ploy [dɪ'plɔɪ] *vt* einsetzen

de·ploy·ment [dɪ'plɔɪmənt] *n no pl* Einsatz *m*

de·popu·late [ˌdi:'pɒpjəleɪt] *vt* entvölkern

de·port [dɪ'pɔ:t] *vt* ausweisen; *prisoner* deportieren; **to ~ sb back to his home country** jdn in sein Heimatland abschieben

de·por·ta·tion [ˌdɪpɔ:'teɪʃən] *n* Ausweisung *f*, Abschiebung *f*; *of prisoner* Deportation *f*

de·por·tee [ˌdɪpɔ:'ti:] *n* (*waiting to be deported*) Abzuschiebende(r) *f/m*; (*already deported*) Abgeschobene(r) *f/m*

de·port·ment [dɪ'pɔ:tmənt] *n no pl* (*form*) Benehmen *nt*

de·pose [dɪ'pəʊz] *vt* absetzen; *monarch* entthronen

de·pos·it [dɪ'pɒzɪt] **I.** *vt* ❶ (*leave*) ▪ **to ~ sb** jdn absetzen; ▪ **to ~ sth** etw abstellen; *eggs* etw ablegen; GEOL ablagern ❷ (*safekeeping*) *luggage* deponieren ❸ (*pay into account*) einzahlen; (*pay as first instalment*) anzahlen; **to ~ money in one's account** Geld auf sein Konto einzahlen ❹ (*leave as security*) als Sicherheit hinterlegen **II.** *n* ❶ (*sediment*) Bodensatz *m*; (*layer*) Ablagerung *f*; (*underground layer*)

Vorkommen *nt* ❷ FIN (*first instalment*) Anzahlung *f*; (*security*) Kaution *f*; (*on a bottle*) Pfand *nt*

de·'pos·it ac·count *n* BRIT Sparkonto *nt*

depo·si·tion [ˌdepəˈzɪʃ ə n] *n* ❶ *no pl* (*form: removal from power*) Absetzung *f*; *of dictator* Sturz *m* ❷ (*written statement*) Aussage *f*

de·posi·tor [dɪˈpɒzɪtə r] *n* Anleger(in) *m(f)*

de·pot [ˈdepəʊ] *n* Depot *nt*

de·praved [dɪˈpreɪvd] *adj* [moralisch] verdorben

de·prav·ity [dɪˈprævəti] *n no pl* Verdorbenheit *f*

dep·re·cate [ˈdeprəkeɪt] *vt* (*form*) ❶ (*show disapproval of*) missbilligen ❷ (*disparage*) schlechtmachen

dep·re·cat·ing [ˈdeprəkeɪtɪŋ] *adj* (*form*) ❶ (*strongly disapproving*) missbilligend; *stare* strafend ❷ (*disparaging*) herablassend; (*apologetic*) entschuldigend

de·pre·ci·ate [ˈdɪpriːʃieɪt] I. *vi* an Wert verlieren II. *vt* entwerten

de·pre·cia·tion [ˌdɪpriːʃiˈeɪʃ ə n] *n no pl* Wertminderung *f*; *of currencies* Entwertung *f*

de·press [dɪˈpres] *vt* ❶ (*deject*) deprimieren ❷ (*reduce*) drücken ❸ (*form: press down*) [nieder]drücken; **to ~ a pedal** auf ein Pedal treten

de·press·ant [dɪˈpres ə nt] I. *n* Beruhigungsmittel *nt* II. *adj* beruhigend

de·pressed [dɪˈprest] *adj* ❶ (*dejected*) deprimiert (**at/over** wegen); **to feel ~** sich niedergeschlagen fühlen ❷ ECON heruntergekommen ❸ MED **~ fracture of the skull** Schädelfraktur *f* mit Impression

de·press·ing [dɪˈpresɪŋ] *adj* deprimierend

de·pres·sion [dɪˈpreʃ ə n] *n* ❶ *no pl* (*sadness*) Depression *f*; **to suffer from ~** unter Depressionen leiden ❷ ECON Wirtschaftskrise *f* ❸ METEO Tiefdruckgebiet *nt* ❹ (*hollow*) Vertiefung *f*

de·pres·sive [dɪˈpresɪv] I. *n* Depressive(r) *f(m)* II. *adj* depressiv

dep·ri·va·tion [ˌdeprɪˈveɪʃ ə n] *n* Entbehrung *f*

de·prive [dɪˈpraɪv] *vt* ■**to ~ sb of sth** jdm etw entziehen [*o* vorenthalten]

de·prived [dɪˈpraɪvd] *adj* sozial benachteiligt

dept. *n abbrev of* **department** Abt.

depth [depθ] *n* Tiefe *f a. fig*; **he has hidden ~s** er hat verborgene Talente; **in the ~s of despair** zutiefst verzweifelt; **in the ~s of the forest** mitten im Wald; **the ~s of the ocean** die Tiefen des Ozeans; **in the ~ of winter** mitten im tiefsten Winter; **in ~** gründlich ▶ **to be out of one's ~** für jdn zu hoch sein; **to get out of one's ~** den Boden unter den Füßen verlieren

'depth charge *n* Wasserbombe *f*

depu·ta·tion [ˌdepjəˈteɪʃ ə n] *n + sing/pl vb* Abordnung *f*

depu·tize [ˈdepjətaɪz] *vi* ■**to ~ for sb** für jdn einspringen, jdn vertreten

depu·ty [ˈdepjəti] I. *n* Stellvertreter(in) *m(f)* II. *adj* stellvertretend

de·rail [dɪˈreɪl] *vt* entgleisen lassen; (*fig*) *negotiations* zum Scheitern bringen; ■**to be ~ed** entgleisen

de·rail·ment [dɪˈreɪlmənt] *n* Entgleisung *f*; (*fig*) *of negotiation* Scheitern *nt*

de·ranged [dɪˈreɪndʒd] *adj* geistesgestört

der·by [ˈdɑːbi] *n* ❶ SPORTS Derby *nt* ❷ AM (*bowler hat*) Melone *f*

de·regu·late [diːˈregjuleɪt] *vt* ■**to ~ sth** etw deregulieren

de·regu·la·tion [diːˌregjuːˈleɪʃ ə n] *n no pl* Deregulierung *f*

der·elict [ˈderəlɪkt] I. *adj* verlassen; **to lie ~** brach liegen II. *n* (*form*) Obdachlose(r) *f(m)*

der·elic·tion [ˌderəˈlɪkʃ ə n] *n* ❶ *no pl* (*dilapidation*) Verwahrlosung *f* ❷ (*negligence*) **~ of duty** Pflichtvernachlässigung *f*

de·ride [dɪˈraɪd] *vt* (*form*) verspotten

de·ri·sion [dɪˈrɪʒ ə n] *n no pl* Spott *m;* **to treat sth with ~** etw verhöhnen

de·ri·sive [dɪˈraɪsɪv] *adj* spöttisch

de·ri·sory [dɪˈraɪsəri] *adj* ❶ (*derisive*) spöttisch ❷ (*ridiculously small*) lächerlich

deri·va·tion [ˌderɪˈveɪʃ ə n] *n* ❶ (*origin*) Ursprung *m* ❷ (*process of evolving*) Ableitung *f*

de·riva·tive [dɪˈrɪvətɪv] I. *adj* (*pej*) nachgemacht II. *n* Ableitung *f*, Derivat *nt*

de·rive [dɪˈraɪv] I. *vt* gewinnen; **sb ~s pleasure from doing sth** etw bereitet jdm Vergnügen II. *vi* ■**to ~ from sth** sich von etw *dat* ableiten [lassen]

der·ma·ti·tis [ˌdɜːməˈtaɪtɪs] *n no pl* Hautreizung *f*, Dermatitis *f*

der·ma·tolo·gist [ˌdɜːməˈtɒlədʒɪst] *n* Dermatologe *m*/Dermatologin *f*, Hautarzt *m*/Hautärztin *f*

der·ma·tol·ogy [ˌdɜːməˈtɒlədʒi] *n no pl* Dermatologie *f*

de·roga·tory [dɪˈrɒgət ə ri] *adj* abfällig

der·rick [ˈderɪk] *n* ❶ (*crane*) Lastkran *m* ❷ (*over oil well*) Bohrturm *m*

DES [ˌdiːiːˈes] *n* BRIT *abbrev of* **Department of Education and Science** Bildungs- und Wissenschaftsministerium *nt*

de·sali·nate [diːˈsælɪneɪt] *vt* entsalzen
de·sali·na·tion [diːˌsælɪˈneɪʃ(ə)n] *n no pl* Entsalzung *f*
de·scale [diːˈskeɪl] *vt* entkalken
des·cant [ˈdeskænt] *n* Diskant *m*
de·scend [dɪˈsend] **I.** *vi* ❶ (*go down*) *path* hinunterführen; *person* hinabsteigen, hinuntergehen ❷ (*fall*) herabsinken ❸ (*fig: deteriorate*) ▪**to ~ into sth** in etw *akk* umschlagen ❹ (*fig: lower oneself*) sich erniedrigen ❺ (*fig: originate*) abstammen **II.** *vt* hinuntersteigen
de·scend·ant [dɪˈsendənt] *n* Nachkomme *m*
de·scent [dɪˈsent] *n* ❶ (*landing approach*) [Lande]anflug *m* ❷ (*way down*) Abstieg *m kein pl* ❸ (*fig: decline*) Abrutsch *m* ❹ *no pl* (*fig: ancestry*) Abstammung *f*
de·scribe [dɪˈskraɪb] *vt* beschreiben; *experience* schildern; **to ~ sb as stupid** jdn als dumm bezeichnen
de·scrip·tion [dɪˈskrɪpʃ(ə)n] *n* Beschreibung *f*; **of every ~** jeglicher Art; **to write a ~ of sb/sth** jdn/etw schriftlich schildern
de·scrip·tive [dɪˈskrɪptɪv] *adj* beschreibend; *statistics* deskriptiv; **this passage is very ~** dieser Abschnitt enthält eine ausführliche Beschreibung
des·ecrate [ˈdesɪkreɪt] *vt* schänden
des·ecra·tion [ˈdesɪkreɪʃ(ə)n] *n no pl* Schändung *f*
de·seg·re·ga·tion [diːˈsegrɪgeɪʃ(ə)n] *n no pl* Aufhebung *f* der Rassentrennung
de·sen·si·tize [diːˈsen(t)sɪtaɪz] *vt* ❶ (*make less sensitive to*) abstumpfen ❷ MED desensibilisieren
de·sert[1] [dɪˈzɜːt] **I.** *vi* MIL desertieren **II.** *vt* verlassen; **my courage ~ed me** mein Mut ließ mich im Stich
de·sert[2] [ˈdezət] *n* Wüste *f a. fig*; **~ island** verlassene Insel; **~ plant** Wüstenpflanze *f*
de·sert·ed [dɪˈzɜːtɪd] *adj* verlassen; *of town* ausgestorben
de·sert·er [dɪˈzɜːtə^r] *n* Deserteur(in) *m(f)*
de·ser·ti·fi·ca·tion [dɪˌzɜːtɪfɪˈkeɪʃ(ə)n] *n no pl* Desertifikation *f*
de·ser·tion [dɪˈzɜːʃ(ə)n] *n* Verlassen *nt*; MIL Desertion *f*
de·serts [dɪˈzɜːts] *npl* ▪**to get one's [just] ~** seine Quittung bekommen
de·serve [dɪˈzɜːv] *vt* (*merit*) verdienen; **what have I done to ~ [all] this?** womit habe ich das verdient?
de·serv·ed·ly [dɪˈzɜːvɪdli] *adv* verdientermaßen; **~ so** zu Recht
de·serv·ing [dɪˈzɜːvɪŋ] *adj* verdienstvoll; **a ~ cause** eine gute Sache

de·sign [dɪˈzaɪn] **I.** *vt* ❶ (*plan*) entwerfen; *books* gestalten; *cars* konstruieren ❷ (*intend*) ▪**to be ~ed for sb** für jdn konzipiert sein; **these measures are ~ed to reduce pollution** diese Maßnahmen sollen die Luftverschmutzung verringern **II.** *n* ❶ (*plan or drawing*) Entwurf *m* ❷ *no pl* (*art*) Design *nt*; *of building* Bauart *f*; *of machine* Konstruktion *f*; (*pattern*) Muster *nt* ❸ *no pl* (*intention*) Absicht *f* ❹ (*fam: dishonest intentions*) ▪**~s** *pl* Absichten *pl* **III.** *adj* Konstruktions-
des·ig·nate [ˈdesɪgneɪt] **I.** *vt* ▪**to ~ sb** jdn ernennen (**as** zu); ▪**to ~ sb to do sth** jdn mit etw *dat* beauftragen; ▪**to ~ sth** etw erklären (**as** zu); ▪**to ~ sth for sb** etw für jdn konzipieren **II.** *adj after n* designiert
des·ig·na·tion [ˌdesɪgˈneɪʃ(ə)n] *n* ❶ (*title*) Bezeichnung *f* ❷ (*act of designating*) Festlegung *f*
de·sign·er [dɪˈzaɪnə^r] *n* Designer(in) *m(f)*; **~ jeans** Designerjeans *pl*
de·sign·ing [dɪˈzaɪnɪŋ] *n* Design *nt*
de·sir·able [dɪˈzaɪərəbl] *adj* ❶ (*worth having*) erstrebenswert; (*popular*) begehrt; **computer literacy is ~ for this job** für diesen Job sind Computerkenntnisse erwünscht ❷ (*sexually attractive*) begehrenswert
de·sire [dɪˈzaɪə^r] **I.** *vt* ❶ (*want*) wünschen ❷ (*be sexually attracted to*) begehren **II.** *n* ❶ (*strong wish*) Verlangen *nt*; (*stronger*) Sehnsucht *f*; (*request*) Wunsch *m* ❷ (*sexual need*) Begierde *f*
de·'sired *adj* erwünscht
de·sist [dɪzɪst] *vi* (*form*) einhalten; ▪**to ~ from doing sth** davon absehen, etw zu tun
desk [desk] *n* ❶ (*table for writing*) Schreibtisch *m* ❷ (*service counter*) Schalter *m* ❸ (*newspaper section*) Redaktion *f*
'desk lamp *n* Schreibtischlampe *f* **'desk·top** *n* Desktop *m*; **~ publishing** Desktoppublishing *nt*
deso·late [ˈdesələt] **I.** *adj* ❶ (*barren*) trostlos ❷ (*unhappy*) niedergeschlagen **II.** *vt* ❶ *country* verwüsten ❷ *person* **she was ~d** sie war untröstlich
deso·la·tion [ˈdesəleɪʃ(ə)n] *n no pl* ❶ (*barrenness*) Trostlosigkeit *f* ❷ (*sadness*) Verzweiflung *f*
des·pair [dɪˈspeə^r] **I.** *n no pl* (*feeling of hopelessness*) Verzweiflung *f*; **in ~** verzweifelt; **filled with ~** voller Verzweiflung **II.** *vi* verzweifeln (**at/of** an); **to ~ of doing sth** die Hoffnung aufgeben, etw zu tun
des·pair·ing [dɪˈspeərɪŋ] *adj* verzweifelt

des·pair·ing·ly [dɪˈspeərɪŋli] *adv* verzweifelt, hoffnungslos

des·patch [dɪˈspætʃ] *n, vt see* **dispatch**

des·per·ate [ˈdespərət] *adj* verzweifelt; (*great*) dringend; **I'm in a ~ hurry** ich hab's wahnsinnig eilig; **to be in ~ need of help** dringend Hilfe brauchen; **to be in ~ straits** in extremen Schwierigkeiten stecken; ■**to be ~ for sth** etw dringend brauchen

des·per·ate·ly [ˈdespərətli] *adv* ❶ (*in a desperate manner*) verzweifelt ❷ (*seriously, extremely*) äußerst; **they ~ wanted a child** sie wollten unbedingt ein Kind haben; **to be ~ ill** todkrank sein

des·pe·ra·tion [ˌdespəˈreɪʃən] *n no pl* Verzweiflung *f*; **in** [*or* **out of**] **~** aus Verzweiflung

des·pic·able [dɪˈspɪkəbl] *adj* abscheulich

des·pic·ably [dɪˈspɪkəbli] *adv* verachtenswert, abscheulich; **to behave ~** gemein sein *fam*

des·pise [dɪˈspaɪz] *vt* verachten

de·spite [dɪˈspaɪt] *prep* ■**~ sth** trotz einer S. *gen*

de·spond·en·cy [dɪˈspɒndən(t)si] *n no pl* Niedergeschlagenheit *f*

de·spond·ent [dɪˈspɒndənt] *adj* niedergeschlagen

des·pot [ˈdespɒt] *n* Despot *m*

des·pot·ic [deˈspɒtɪk] *adj* despotisch

des·pot·i·cal·ly [deˈspɒtɪkli] *adv* despotisch

des·pot·ism [ˈdespətɪzəm] *n no pl* Despotismus *m geh*, Tyrannei *f*

des·sert [dɪˈzɜːt] *n* Nachtisch *m*, Dessert *nt*

des·'sert-spoon *n* (*small*) Dessertlöffel *m*; (*larger*) Esslöffel *m*

de·sta·bi·li·za·tion [diːˌsteɪbəlaɪˈzeɪʃən] *n no pl* Destabilisierung *f*

de·sta·bi·lize [diːˈsteɪbəlaɪz] *vt* destabilisieren

des·ti·na·tion [ˌdestɪˈneɪʃən] *n* Ziel *nt*; *of journey* Reiseziel *nt*; *of letter* Bestimmungsort *m*

des·ti·ny [ˈdestɪniː] *n* Schicksal *nt*

des·ti·tute [ˈdestɪtjuːt] I. *adj* mittellos II. *n* ■**the ~** *pl* die Bedürftigen

des·ti·tu·tion [ˌdestɪˈtjuːʃən] *n no pl* Armut *f*

de-stress [ˌdiːˈstres] *vi* Stress abbauen

de·stroy [dɪˈstrɔɪ] *vt* ❶ (*demolish*) zerstören ❷ (*do away with*) vernichten ❸ (*kill*) auslöschen; *herd* abschlachten; *pet* einschläfern ❹ (*ruin*) zunichtemachen; *reputation* ruinieren ❺ (*fig: crush*) fertigmachen

de·stroy·er [dɪˈstrɔɪə^r] *n* ❶ MIL Zerstörer *m* ❷ (*fig*) Vernichter(in) *m(f)*

de·struct·ible [dɪˈstrʌktəbl] *adj* zerstörbar

de·struc·tion [dɪˈstrʌkʃən] *n no pl* Zerstörung *f*; **mass ~** Massenvernichtung *f*; **to leave a trail of ~** eine Spur der Verwüstung hinterlassen

de·struc·tive [dɪˈstrʌktɪv] *adj* zerstörerisch; *influence, person* destruktiv

de·struc·tive·ly [dɪˈstrʌktɪvli] *adv* destruktiv *geh*, zerstörerisch

de·struc·tive·ness [dɪˈstrʌktɪvnəs] *n no pl of person* Zerstörungswut *f*; *of explosive* Sprengkraft *f*

des·ul·tory [ˈdesəltəri] *adj* halbherzig

Det *n abbrev of* **Detective** Kriminalbeamte(r) *m*/-beamtin *f*

de·tach [dɪˈtætʃ] *vt* abnehmen; (*without reattaching*) abtrennen

de·tach·able [dɪˈtætʃəbl] *adj* abnehmbar

de·tached [dɪˈtætʃt] *adj* ❶ (*separated*) abgelöst; **to become ~** sich ablösen ❷ (*aloof*) distanziert

de·tach·ment [dɪˈtætʃmənt] *n* ❶ *no pl* (*aloofness*) Distanziertheit *f* ❷ (*of soldiers*) Einsatztruppe *f*

de·tail [ˈdiːteɪl] I. *n* ❶ (*item of information*) Detail *nt*, Einzelheit *f*; **further ~s** nähere Informationen; **to provide ~s about sth** nähere Angaben zu etw *dat* machen; **to go into ~** ins Detail gehen, auf die Einzelheiten eingehen; **in ~** im Detail ❷ (*unimportant item*) Kleinigkeit *f* ❸ *pl* ■**~s** (*vital statistics*) Personalien *pl* ❹ MIL Sonderkommando *nt* II. *vt* ❶ (*explain*) ausführlich erläutern ❷ (*specify*) einzeln aufführen ❸ MIL ■**to ~ sb to do sth** jdn dazu abkommandieren, etw zu tun

de·tailed [ˈdiːteɪld] *adj* detailliert; *description, report* ausführlich; *study* eingehend

de·tain [dɪˈteɪn] *vt* ❶ LAW in Haft nehmen ❷ (*form: delay*) aufhalten

de·tainee [ˌdiːteɪˈniː] *n* Häftling *m*

de·tect [dɪˈtekt] *vt* ❶ (*catch in act*) ertappen ❷ (*discover presence of*) entdecken; *disease* feststellen; *mine* aufspüren; *smell* bemerken; *sound* wahrnehmen; **do I ~ a note of sarcasm in your voice?** höre ich da [etwa] einen sarkastischen Unterton aus deinen Worten heraus?

de·tect·able [dɪˈtektəbl] *adj* feststellbar; *change* wahrnehmbar

de·tec·tion [dɪˈtekʃən] *n no pl* ❶ (*act of discovering*) Entdeckung *f*; *of cancer* Feststellung *f* ❷ (*by detective*) Ermittlungsarbeit *f*

de·tec·tive [dɪˈtektɪv] *n* ❶ (*in police*)

Kriminalbeamte(r) *m/*-beamtin *f*; (*form of address*) **D~ Sergeant Lewis** Kriminalobermeister(in) *m(f)* Lewis ❷ (*private*) [Privat]detektiv(in) *m(f)*

de·tec·tive in·ˈspect·or *n* BRIT Polizeiinspektor(in) *m(f)* **de·ˈtec·tive nov·el** *n* Kriminalroman *m*, Krimi *m fam* **de·tec·tive super·in·ˈtend·ent** *n* BRIT Kriminalkommissar(in) *m(f)*

de·tec·tor [dɪˈtektəʳ] *n* Detektor *m*

de·ten·tion [dɪˈten(t)ʃən] *n* ❶ *no pl* (*state*) Haft *f* ❷ (*act*) Festnahme *f* ❸ *no pl* MIL Arrest *m* ❹ SCH Nachsitzen *nt kein pl*; **to get** [*or* **have**] **~** nachsitzen müssen

de·ˈten·tion cen·tre *n* BRIT, **de·ˈten·tion home** *n* AM Jugendstrafanstalt *f*

de·ter <-rr-> [dɪˈtɜːʳ] *vt* verhindern; ▪ **to ~ sb** jdn abschrecken [*o* abhalten]

de·ter·gent [dɪˈtɜːdʒənt] *n* Reinigungsmittel *nt*

de·te·rio·rate [dɪˈtɪəriəreɪt] *vi* ❶ (*become worse*) sich verschlechtern; *sales* zurückgehen; *morals* verfallen ❷ (*disintegrate*) verfallen; *leather, wood* sich zersetzen

de·te·rio·ra·tion [dɪˌtɪəriəˈreɪʃən] *n no pl* ❶ (*worsening*) Verschlechterung *f*; *of morals* Zerfall *m* ❷ ECON, TECH Qualitätsverlust *m* ❸ (*disintegration*) Verfall *m*; *of metal, wood* Zersetzung *f*

de·ter·mi·na·tion [dɪˌtɜːmɪˈneɪʃən] *n no pl* ❶ (*resolve*) Entschlossenheit *f* ❷ (*determining*) Bestimmung *f*

de·ter·mine [dɪˈtɜːmɪn] *vt* ❶ (*decide*) entscheiden; ▪ **to ~ that ...** beschließen, dass ... ❷ (*find out*) ermitteln; ▪ **to ~ that ...** feststellen, dass ...; ▪ **to ~ when/where/who/why ...** herausfinden, wann/wo/wer/warum ... ❸ (*influence*) bestimmen; **genetically ~d** genetisch festgelegt

de·ter·mined [dɪˈtɜːmɪnd] *adj* entschlossen; **she is ~ that ...** sie hat es sich in den Kopf gesetzt, dass ...

de·ter·mined·ly [dɪˈtɜːmɪndli] *adv* entschlossen

de·ter·rence [dɪˈterən(t)s] *n no pl* Abschreckung *f*

de·ter·rent [dɪˈterənt] **I.** *n* Abschreckung *f*, Abschreckungsmittel *nt*; ▪ **to be a ~** abschrecken **II.** *adj* abschreckend

de·test [dɪˈtest] *vt* verabscheuen; **I ~ having to get up early in the morning** ich hasse es, frühmorgens aufstehen zu müssen

de·test·able [dɪˈtestəbl] *adj* abscheulich

de·throne [diːˈθrəʊn] *vt* entthronen

deto·nate [ˈdetəneɪt] *vi, vt* detonieren

deto·na·tion [ˌdetəˈneɪʃən] *n* Detonation *f*

deto·na·tor [ˈdetəneɪtəʳ] *n* [Spreng]zünder *m*

de·tour [ˈdiːtʊəʳ] *n* Umweg *m*

de·tox [ˈdiːtɒks] *n short for* **detoxification** Entzug *m*; ▪ **to be in ~** auf Entzug sein

de·toxi·fi·ca·tion [diːˌtɒksɪfɪˈkeɪʃən] *n no pl* ❶ (*remove poison*) Entgiftung *f* ❷ (*treatment for addiction*) Entzug *m fam*

de·toxi·fy <-ie-> [ˌdiːˈtɒksɪfaɪ] *vt* entgiften; *addict* einer Entziehungskur unterziehen

de·tract [dɪˈtrækt] *vi* ▪ **to ~ from sth** etw beeinträchtigen; **to ~ from sb's achievements** jds Leistungen *pl* schmälern

de·trac·tor [dɪˈtræktəʳ] *n* Kritiker(in) *m(f)*

det·ri·ment [ˈdetrɪmənt] *n no pl* Nachteil *m*; **without ~** ohne Schaden (**to** für)

det·ri·men·tal [ˌdetrɪˈmentəl] *adj* schädlich

deuce [djuːs] *n* ❶ AM (*cards, dice*) Zwei *f* ❷ TENNIS Einstand *m*

de·valu·a·tion [ˌdiːvæljuˈeɪʃən] *n no pl* Abwertung *f*

de·value [ˌdiːˈvæljuː] *vt* abwerten

dev·as·tate [ˈdevəsteɪt] *vt* vernichten; *region* verwüsten; (*fam*) umhauen; **to be utterly ~d** völlig am Boden zerstört sein

dev·as·tat·ing [ˈdevəsteɪtɪŋ] *adj* ❶ (*destructive*) verheerend, vernichtend *a. fig* ❷ (*fig fam: positively overwhelming*) umwerfend; *smile* unwiderstehlich; (*negatively*) niederschmetternd

dev·as·tat·ing·ly [ˈdevəsteɪtɪŋli] *adv* ❶ (*destructively*) entsetzlich, furchtbar; **~ cruel** entsetzlich grausam ❷ (*overwhelmingly*) unheimlich *fam*; **a ~ attractive man** ein wahnsinnig attraktiver Mann

dev·as·ta·tion [ˌdevəˈsteɪʃən] *n no pl* ❶ (*destruction*) Verwüstung *f* ❷ (*of person*) Verzweiflung *f*

de·vel·op [dɪˈveləp] **I.** *vi* sich entwickeln (**into** zu); *abilities* sich entfalten **II.** *vt* ❶ entwickeln; *habit* annehmen; *plan* ausarbeiten; *skills* weiterentwickeln ❷ ARCHIT erschließen [und bebauen] ❸ PHOT entwickeln

de·vel·oped [dɪˈveləpt] *adj* ❶ (*advanced*) entwickelt ❷ ARCHIT *land* erschlossen

de·vel·op·er [dɪˈveləpəʳ] *n* ❶ PSYCH **late ~** Spätentwickler(in) *m(f)* ❷ ARCHIT (*person*) Bauunternehmer(in) *m(f)*; (*company*) Baufirma *f*, Bauunternehmen *nt* ❸ PHOT Entwickler *m*

de·vel·op·ing [dɪˈveləpɪŋ] *adj* sich entwickelnd

de·vel·op·ment [dɪˈveləpmənt] *n* ❶ *no pl* (*act, event, process*) Entwicklung *f*; **have there been any new ~s?** hat sich etwas Neues ergeben? ❷ *no pl* ARCHIT (*work*)

Bau *m;* (*area*) Baugebiet *nt;* **new ~** Neubaugebiet *nt*

de·vi·ant ['di:viənt] SOCIOL **I.** *n* **to be a [sexual] ~** [im sexuellen Verhalten] von der Norm abweichen **II.** *adj behaviour* abweichend

de·vi·ate ['di:vieɪt] *vi* abweichen; *from route* sich entfernen

de·vi·a·tion [ˌdi:vi'eɪʃᵊn] *n* Abweichung *f*

de·vice [dɪ'vaɪs] *n* ❶ (*machine*) Gerät *nt,* Vorrichtung *f* ❷ (*method*) Verfahren *nt;* **linguistic/stylistic ~** Sprach-/Stilmittel *nt;* **literary/rhetorical ~** literarischer/rhetorischer Kunstgriff; **marketing ~** absatzförderndes Mittel ❸ (*bomb*) **explosive/incendiary ~** Spreng-/Brandsatz *m;* **nuclear ~** atomarer Sprengkörper ▶ **to leave sb to their own ~s** jdn sich *dat* selbst überlassen

dev·il ['devᵊl] *n* ❶ *no pl* Teufel *m;* ■ **the D~** der Teufel ❷ (*fig*) Teufel(in) *m(f)* ❸ (*fam: sly person*) alter Fuchs; (*daring person*) Teufelskerl *m;* [**go on,**] **be a ~ !** nur zu, sei kein Frosch! ❹ (*fam: affectionately*) **cheeky ~** Frechdachs *m;* **little ~** kleiner Schlingel; **lucky ~** Glückspilz *m;* **poor ~** armer Teufel ❺ (*emphasizing*) **a ~ of a job** eine Heidenarbeit; **to have the ~ of a job** [*or* **time**] **doing sth** es verdammt schwer haben, etw zu tun; **how/what/where/ who/why the ~ ...?** wie/was/wo/wer/ warum zum Teufel ...? ▶ **~ take the hindmost** den Letzten beißen die Hunde; **needs must when the ~ drives** (*prov*) ob du willst oder nicht; **to be between the ~ and the deep blue sea** sich in einer Zwickmühle befinden; **go to the ~!** geh zum Teufel!; **speak of the ~ ...** wenn man vom Teufel spricht ...; **like the ~** wie besessen

dev·il·ish ['devᵊlɪʃ] *adj* teuflisch; *situation* verteufelt; **~ job** Heidenarbeit *f*

'**dev·il-may-care** *adj attr* sorglos-leichtsinnig

de·vi·ous ['di:viəs] *adj* ❶ (*dishonest*) *person* verschlagen; *scheme* krumm ❷ (*roundabout*) gewunden; **to take a ~ route** einen Umweg fahren

de·vi·ous·ness ['di:viəsnəs] *n no pl* Hinterhältigkeit *f*

de·vise [dɪ'vaɪz] *vt* erdenken; *scheme* aushecken

de·void [dɪ'vɔɪd] *adj* ■ **to be ~ of sth** ohne etw sein; **~ of all** [*or* **any**] **sense** sinnlos, sinnfrei *iron;* **~ of all** [*or* **any**] **talent** untalentiert, talentfrei *iron*

de·vo·lu·tion [ˌdi:və'lu:ʃᵊn] *n no pl* POL Dezentralisierung *f*

de·volve [dɪ'vɒlv] (*form*) **I.** *vi* übergehen (**on** auf) **II.** *vt* übertragen (**on** auf)

de·vote [dɪ'vəʊt] *vt* widmen; *one's time* opfern; **to ~ oneself to God** sein Leben Gott weihen

de·vot·ed [dɪ'vəʊtɪd] *adj admirer* begeistert; *dog* anhänglich; *follower, friend* treu; *friendship* aufrichtig; *husband, mother* hingebungsvoll; *servant* ergeben; ■ **to be ~ to sb/sth** jdm/etw treu ergeben sein; **she is ~ to her job** sie geht völlig in ihrer Arbeit auf

devo·tee [ˌdevə(ʊ)'ti:] *n of an artist* Verehrer(in) *m(f); of a leader* Anhänger(in) *m(f); of a cause* Verfechter(in) *m(f); of music* Liebhaber(in) *m(f); of a sport* Fan *m*

de·vo·tion [dɪ'vəʊʃᵊn] *n no pl* ❶ (*loyalty*) Ergebenheit *f* ❷ (*dedication*) Hingabe *f* (**to** an) ❸ (*affection*) *of husband, wife* Liebe *f; of children* Anhänglichkeit *f; of an admirer* Verehrung *f* ❹ REL Andacht *f*

de·vo·tion·al [dɪ'vəʊʃᵊnᵊl] *adj* Andachts-, andächtig

de·vour [dɪ'vaʊə^r] *vt* verschlingen *a. fig*

de·vour·ing [dɪ'vaʊərɪŋ] *adj* verzehrend

de·vout [dɪ'vaʊt] *adj* REL fromm; (*fig*) [sehr] engagiert; *hope, wish* sehnlich

de·vout·ly [dɪ'vaʊtli] *adv* ❶ (*earnestly religious*) streng religiös ❷ (*sincerely*) **to pray ~** andächtig beten

dew [dju:] *n no pl* Tau *m*

dew·drop *n* Tautropfen *m*

dewy ['dju:i] *adj* ❶ (*covered with dew*) taufeucht; *morning* taufrisch ❷ (*moist*) *skin* feucht

dex·ter·ity [dek'sterəti] *n no pl* ❶ (*of hands*) Geschicklichkeit *f* ❷ (*cleverness*) Gewandtheit *f;* (*of speech*) Redegewandtheit *f*

dex·ter·ous ['dekstᵊrəs] *adj* gewandt; *fingers* geschickt

dex·trose ['dekstrəʊs] *n no pl* Traubenzucker *m*

dex·trous ['dekstrəs] *adj see* **dexterous**

DHS [ˌdi:eɪtʃ'es] *n no pl* AM *abbrev of* **Department of Homeland Security** Ministerium *nt* für innere Sicherheit

dia·be·tes [ˌdaɪə'bi:ti:z] *n no pl* Zuckerkrankheit *f*

dia·bet·ic [ˌdaɪə'betɪk] **I.** *n* Diabetiker(in) *m(f)* **II.** *adj* ❶ (*having diabetes*) zuckerkrank ❷ (*for diabetics*) Diabetiker-

dia·bol·ic [ˌdaɪə'bɒlɪk] *adj* ❶ (*of Devil*) Teufels- ❷ (*evil*) teuflisch

dia·bol·i·cal [ˌdaɪə'bɒlɪkᵊl] *adj* ❶ (*of Devil*) Teufels- ❷ (*evil*) teuflisch ❸ (*fam: very bad*) schrecklich *fam*

dia·bol·i·cal·ly [ˌdaɪəˈbɒlɪkəli] *adv* ❶ (*extremely*) unheimlich *fam;* ~ **difficult** saumäßig schwer *sl* ❷ (*wickedly*) diabolisch
dia·dem [ˈdaɪədem] *n* Diadem *nt*
di·ag·nose [ˈdaɪəgnəʊz] *vt* ❶ MED diagnostizieren; **she was ~d as having diabetes** man hat bei ihr Diabetes festgestellt ❷ (*discover*) erkennen; *fault* feststellen
di·ag·no·sis <*pl* -ses> [ˌdaɪəgˈnəʊsɪs, *pl* -siːz] *n* ❶ *of a disease* Diagnose *f;* **to make a ~** eine Diagnose stellen ❷ *of a problem* Beurteilung *f*
di·ag·nos·tic [ˌdaɪəgˈnɒstɪk] *adj* diagnostisch
di·ag·o·nal [daɪˈægənəl] I. *adj line* diagonal, schräg II. *n* Diagonale *f*
dia·gram [ˈdaɪəgræm] *n* schematische Darstellung; MATH Diagramm *nt*
dia·gram·mati·cal·ly [ˌdaɪəgrəˈmætɪkli] *adv* schematisch, diagrammatisch
dial [daɪəl] I. *n of clock* Zifferblatt *nt; of instrument, radio* Skala *f; of telephone* Wählscheibe *f* II. *vi, vt* <BRIT -ll- *or* AM *usu* -l-> wählen; **to ~ direct** durchwählen; **to ~ the wrong number** sich verwählen
dia·lect [ˈdaɪəlekt] *n* Dialekt *m*
dial·ling [ˈdaɪəlɪŋ] *n no pl* Wählen *nt*
ˈdial·ling code *n* BRIT Vorwahl *f*
dia·logue [ˈdaɪəlɒg] *n,* AM **dia·log** *n* Dialog *m*
di·aly·sis [daɪˈælɪsɪs] *n no pl* Dialyse *f*
di·am·eter [daɪˈæmətəʳ] *n* Durchmesser *m*
dia·met·ri·cal·ly [ˌdaɪəˈmetrɪkəli] *adv* ~ **opposed** völlig entgegengesetzt
dia·mond [ˈdaɪəmənd] *n* ❶ (*stone*) Diamant *m;* **blood** [*or* **conflict**] ~ Blutdiamant *m* ❷ MATH Raute *f,* Rhombus *m* ❸ CARDS Karo *nt;* **ace of ~s** Karoass *nt* ❹ (*in baseball*) Spielfeld *nt;* (*infield*) Innenfeld *nt*
dia·mond ˈwed·ding *n* diamantene Hochzeit
dia·per [ˈdaɪəpəʳ] *n* AM Windel *f*
di·apha·nous [daɪˈæfənəs] *adj* (*liter*) durchscheinend
dia·phragm [ˈdaɪəfræm] *n* Diaphragma *nt*
dia·rist [ˈdaɪərɪst] *n* Tagebuchschreiber(in) *m(f)*
di·ar·rhoea [ˌdaɪəˈrɪə] *n, esp* AM **di·ar·rhea** *n no pl* Durchfall *m*
dia·ry [ˈdaɪəri] *n* ❶ (*book*) Tagebuch *nt* ❷ (*schedule*) [Termin]kalender *m*
dia·ton·ic [daɪəˈtɒnɪk] *adj* MUS diatonisch
dia·tribe [ˈdaɪətraɪb] *n* (*form: verbal*) Schmährede *f;* (*written*) Schmähschrift *f*
dice [daɪs] I. *n* <*pl* -> (*object*) Würfel *m;* (*game*) Würfelspiel *nt;* **to play ~** würfeln; **to roll** [*or* **throw**] **the ~** würfeln ▶ **no** ~ !

AM (*fam*) kommt [überhaupt] nicht in Frage! II. *vi* würfeln ▶ **to ~ with death** mit seinem Leben spielen III. *vt* FOOD würfeln
dicey [ˈdaɪsi] *adj* (*fam*) riskant
dick [dɪk] *n* ❶ (*pej!: stupid man*) Idiot *m* ❷ AM (*pej sl: detective*) Schnüffler *m* ❸ (*vulg: penis*) Schwanz *m* ❹ AM, CAN (*sl*) ~ **all** überhaupt nichts
dick·ens [ˈdɪkɪnz] *n* (*fam*) **what the ~ …?** was zum Teufel …?
dicky [ˈdɪki] *adj* BRIT, AUS (*sl*) *heart* schwach
Dic·ta·phone® [ˈdɪktəfəʊn] *n* Diktaphon® *nt*
dic·tate [dɪkˈteɪt] I. *vt* ❶ (*command*) befehlen ❷ *a letter, memo* diktieren II. *vi* ■ **to ~ to sb** jdm Vorschriften machen; **to ~ into a machine** in ein Gerät diktieren
dic·ta·tion [dɪkˈteɪʃən] *n* Diktat *nt*
dic·ta·tor [dɪkˈteɪtəʳ] *n* ❶ POL (*also fig*) Diktator *m* ❷ (*of text*) Diktierende(r) *f/m)*
dic·ta·tor·ial [ˌdɪktəˈtɔːriəl] *adj* diktatorisch
dic·ta·tor·ship [dɪkˈteɪtəʃɪp] *n* Diktatur *f*
dic·tion [ˈdɪkʃən] *n no pl* Ausdrucksweise *f*
dic·tion·ary [ˈdɪkʃənəri] *n* Wörterbuch *nt*
did [dɪd] *pt of* **do**
di·dac·tic [daɪˈdæktɪk] *adj* didaktisch
di·dac·ti·cal·ly [daɪˈdæktɪkli] *adv* didaktisch
did·dle [ˈdɪdl] (*fam*) I. *vt* (*cheat*) übers Ohr hauen; ■ **to ~ sb out of sth** jdm etw abgaunern II. *vi* AM (*tinker*) ■ **to ~** [**around**] **with sth** an etw *dat* [he]rummachen
didn't [ˈdɪdənt] = **did not** *see* **do**
die[1] [daɪ] *n* <*pl* dice> (*for games*) Würfel *m* ▶ **as straight as a ~** grundehrlich; **the ~ is cast** die Würfel sind gefallen
die[2] <-y-> [daɪ] I. *vi* ❶ (*cease to live*) sterben, umkommen (**of** vor); **to ~ of** [*or* **from**] **cancer** an Krebs sterben; **to almost ~ of boredom/embarrassment** (*fam*) vor Langeweile/Scham fast sterben; **we almost ~d laughing** wir hätten uns fast totgelacht; **to ~ of hunger** verhungern; **to ~ in one's sleep** [sanft] entschlafen; **to ~ by one's own hand** (*liter*) Hand an sich *akk* legen ❷ (*fig: end*) vergehen; *love* sterben ❸ (*fam: stop functioning*) kaputtgehen; *engine* stehen bleiben; *battery* leer werden; *flames, lights* [v]erlöschen ▶ **to ~ hard** nicht totzukriegen sein; **never say ~** nur nicht aufgeben; **do or ~** kämpfen oder untergehen; **to be dying to do sth** darauf brennen, etw zu tun; **I'm dying to hear the news** ich bin wahnsinnig gespannt, die Neuigkeiten zu erfahren; **to be dying**

for sth großes Verlangen nach etw *dat* haben; **I'm dying for a cup of tea** ich hätte jetzt zu gern eine Tasse Tee; **something ~ for** unwiderstehlich gut **II.** *vt* sterben ♦**die away** *vi* schwinden; *sobs* nachlassen; *anger, enthusiasm, wind* sich allmählich legen; *sound* verhallen ♦**die back** *vi* absterben ♦**die down** *vi noise* leiser werden; *rain, wind* schwächer werden; *storm* sich legen; *excitement* abklingen ♦**die off** *vi* aussterben ♦**die out** *vi* BOT absterben ♦**die out** *vi* aussterben

'**die·back** *n* [Ab]sterben *nt* [von Bäumen oder Ästen]

'**die·hard I.** *n* (*pej*) Dickschädel *m* **II.** *adj* unermüdlich; *reactionary* Erz-

die·sel ['diːzəl] *n no pl* ❶ (*fuel*) Diesel[kraftstoff] *m;* **to run on ~** mit Diesel fahren ❷ (*vehicle*) Dieselfahrzeug *nt*, Diesel *m*

'**die·sel en·gine** *n* Dieselmotor *m* '**die·sel oil** *n* Dieselöl *nt*

diet [daɪət] **I.** *n* ❶ (*food and drink*) Nahrung *f;* **they exist on a ~ of ...** sie ernähren sich ausschließlich von ...; **balanced ~** ausgewogene Kost ❷ MED Diät *f*, Schonkost *f;* **on a ~** auf Diät ❸ (*scheme for losing weight*) Diät *f*, Schlankheitskur *f;* **to go on a ~** eine Diät machen **II.** *vi* Diät halten **III.** *adj* Diät-

di·etary ['daɪətəri] *adj* ❶ (*of usual food*) Ernährungs-, Ess- ❷ (*of medical diet*) Diät-

di·etary 'fi·bre *n no pl* Ballaststoffe *pl*

di·etet·ics [ˌdaɪəˈtetɪks] *n + sing vb* Ernährungslehre *f*

di·eti·cian, di·eti·tian [ˌdaɪəˈtɪʃən] *n* Diätassistent(in) *m(f)*

dif·fer ['dɪfər] *vi* ❶ (*be unlike*) sich unterscheiden ❷ (*not agree*) verschiedener Meinung sein

dif·fer·ence ['dɪfərən(t)s] *n* ❶ (*state*) Unterschied *m;* **~ in quality** Qualitätsunterschied *m* ❷ (*distinction*) Verschiedenheit *f;* **to make a ~ to sth** etw verändern; **to make all the ~** die Sache völlig ändern; **for all the ~ it will make** auch wenn sich dadurch nichts ändert; **to make all the ~ in the world** [*or* **a world of ~**] einen himmelweiten Unterschied machen ❸ FIN Differenz *f;* MATH (*after subtraction*) Rest *m* ❹ (*disagreement*) **~ [of opinion]** Meinungsverschiedenheit *f*

dif·fer·ent ['dɪfərənt] *adj* ❶ (*not the same*) anders *präd,* andere(r, s) *attr;* **something ~** etwas anderes ❷ (*distinct*) unterschiedlich, verschieden; ▪**to be ~ from sb/sth** sich von jdm/etw unterscheiden; **entirely ~ from** ganz anders als; **the two brothers are very ~ from each other** die beiden Brüder sind sehr verschieden; ~ **opinions** unterschiedliche Meinungen ❸ (*unusual*) ungewöhnlich; **to do something ~** etwas Außergewöhnliches tun

dif·fer·en·tial [ˌdɪfəˈren(t)ʃəl] **I.** *n* ❶ (*difference*) Unterschied *m;* ECON Gefälle *nt* ❷ MATH Differenzial *nt* ❸ MECH Differenzial[getriebe] *nt* **II.** *adj* ❶ (*different*) unterschiedlich; ~ **treatment** Ungleichbehandlung *f* ❷ ECON gestaffelt; ~ **tariff** Staffeltarif *m* ❸ MATH, MECH Differenzial-

dif·fer·en·ti·ate [ˌdɪfəˈren(t)ʃieɪt] *vi, vt* unterscheiden

dif·fer·en·ti·a·tion [ˌdɪfəren(t)ʃiˈeɪʃən] *n* Differenzierung *f*

dif·ferent·ly ['dɪfərəntli] *adv* verschieden, unterschiedlich

dif·fi·cult ['dɪfɪkəlt] *adj examination, language, task* schwierig, schwer; *case, problem, situation* schwierig; *choice, decision* schwer; *age, position* schwierig; *life, time* schwer; *job, trip* beschwerlich; *person, book, concept* schwierig; **to find it ~ to do sth** es schwer finden, etw zu tun

dif·fi·cul·ty ['dɪfɪkəlti] *n* ❶ *no pl* (*effort*) **with ~** mit Mühe ❷ *no pl* (*problematic nature*) *of a task* Schwierigkeit *f* ❸ (*trouble*) Problem *nt*, Schwierigkeit *f;* **to be in difficulties** in Schwierigkeiten sein; **to have ~ doing sth** Schwierigkeiten dabei haben, etw zu tun

dif·fi·dent ['dɪfɪdənt] *adj* ❶ (*shy*) zaghaft ❷ (*modest*) zurückhaltend

dif·fract [dɪˈfrækt] *vt* PHYS beugen

dif·fuse I. *adj* [dɪˈfjuːs] ❶ (*spread out*) *community* [weit] verstreut; *light* diffus ❷ (*verbose*) *explanation, report* weitschweifig; *prose, speech* langatmig **II.** *vi* [dɪˈfjuːz] ❶ (*disperse*) sich verbreiten ❷ PHYS (*intermingle*) sich vermischen **III.** *vt* [dɪˈfjuːz] (*disseminate*) ▪**to ~ sth** etw verbreiten

dif·fu·sion [dɪˈfjuːʒən] *n no pl* Verbreitung *f;* SOCIOL Ausbreitung *f;* CHEM, PHYS Diffusion *f*

dif·'fu·sion line *n* Prêt-à-porter-Kollektion *f*

dig [dɪg] **I.** *n* ❶ ARCHEOL Ausgrabung *f* ❷ (*thrust*) Stoß *m;* ~ **in the ribs** Rippenstoß *m;* (*fig: cutting remark*) Seitenhieb *m* (**at** auf); **to have** [*or* **take**] **a ~ at sb** gegen jdn sticheln ❸ *esp* BRIT (*fam*) ▪**~s** *pl* [Studenten]bude *f* **II.** *vi* <-gg-, dug, dug> graben (**for** nach); ▪**to ~ through sth** sich durch etw *akk* graben; **her nails dug into his palm** ihre Nägel gruben sich in seine

Hand; **the stone in my shoe is ~ging into my foot** der Stein in meinem Schuh bohrt sich in meinen Fuß; **to ~ in one's pocket** in der Tasche kramen III. *vt* <-gg-, dug, dug> ❶ (*with a shovel*) graben; *ditch* ausheben ❷ ARCHEOL ausgraben ❸ (*thrust*) **to ~ sb in the ribs** jdn [mit dem Ellenbogen] anstoßen ❹ (*sl: like*) stehen auf +*akk* ❺ (*sl: understand*) schnallen ◆ **dig in** I. *vi* ❶ (*fam: begin eating*) zulangen ❷ MIL sich eingraben II. *vt fertilizer* untergraben ◆ **dig out** *vt* ausgraben *a. fig* ◆ **dig up** *vt* ❶ (*turn over*) umgraben ❷ (*remove*) ausgraben; ARCHEOL freilegen ❸ (*fig: find out*) herausfinden

di·gest I. *vt* [daɪˈdʒest] ❶ (*in stomach*) verdauen ❷ CHEM auflösen II. *n* [ˈdaɪdʒest] Auswahl *f* (**of** aus)

di·gest·ible [dɪˈdʒestəbl] *adj* verdaulich

di·ges·tion [dɪˈdʒestʃən] *n* Verdauung *f*

di·ges·tive [daɪˈdʒestɪv] *adj* Verdauungs-

dig·ger [ˈdɪgər] *n* ❶ (*machine*) Bagger *m* ❷ (*sb who digs*) Gräber(in) *m(f)*; ARCHEOL Ausgräber(in) *m(f)* ❸ AUS (*fam: buddy*) Kumpel *m*

dig·it [ˈdɪdʒɪt] *n* ❶ MATH Ziffer *f*; **three-~ number** dreistellige Zahl ❷ (*finger*) Finger *m*; (*toe*) Zehe *f*

digi·tal [ˈdɪdʒɪtəl] *adj* digital, Digital-; **~ clock/watch** Digitaluhr *f*; **~ television** [*or* **TV**] Digitalfernsehen *nt*

digi·tal·ize [ˈdɪdʒɪtəlaɪz] *vt* digitalisieren

digi·tal·ly [ˈdɪdʒɪtəli] *adv* digital

digi·tal ˈra·dio *n no pl* Digitalradio *nt*

digi·tize [ˈdɪdʒɪtaɪz] *vt* digitalisieren

digi·tiz·er [ˈdɪdʒɪtaɪzər] *n* COMPUT Digitalisierer *m*

dig·ni·fied [ˈdɪgnɪfaɪd] *adj* würdig, würdevoll; *silence* ehrfürchtig

dig·ni·fy <-ie-> [ˈdɪgnɪfaɪ] *vt* Würde verleihen

dig·ni·tary [ˈdɪgnɪtəri] *n* Würdenträger(in) *m(f)*

dig·ni·ty [ˈdɪgnɪti] *n no pl* Würde *f*; **human ~** Menschenwürde *f*

di·gress [daɪˈgres] *vi* abschweifen

di·gres·sion [daɪˈgreʃən] *n* Abschweifung *f*, Exkurs *m*

digs [dɪgz] *n + pl vb esp* BRIT (*fam*) [Studenten]bude *f fam*; **to live in ~** ein möbliertes Zimmer haben

dike *n see* **dyke**

di·lapi·dat·ed [dɪˈlæpɪdeɪtɪd] *adj house* verfallen; *estate* heruntergekommen; *car* klapprig

di·lapi·da·tion [dɪˌlæpɪˈdeɪʃən] *n no pl of house* Verfall *m*, Baufälligkeit *f*

di·late [daɪˈleɪt] I. *vi* sich weiten II. *vt* erweitern

di·la·tion [daɪˈleɪʃən] *n no pl* Erweiterung *f*

di·lem·ma [dɪˈlemə] *n* Dilemma *nt*; **to be faced with a ~** vor einem Dilemma stehen

dil·et·tante [ˌdɪlɪˈtænti] I. *n* <*pl* -s *or* -ti> Dilettant(in) *m(f)* II. *adj* dilettantisch

dili·gence [ˈdɪlɪdʒən(t)s] *n* ❶ (*effort*) Eifer *m* ❷ (*industriousness*) Fleiß *m*

dili·gent [ˈdɪlɪdʒənt] *adj* ❶ (*hard-working*) fleißig, eifrig ❷ (*painstaking*) sorgfältig

dili·gent·ly [ˈdɪlɪdʒəntli] *adv* sorgfältig, gewissenhaft

dill [dɪl] *n no pl* Dill *m*

di·lute [daɪˈluːt] I. *vt* ❶ (*mix*) verdünnen ❷ (*fig*) abschwächen II. *adj* verdünnt

di·lut·ed [daɪˈluːtɪd] *adj esp* AM ❶ *juice*, CHEM verdünnt; *soup, sauce* gestreckt ❷ FIN bereinigt; (*share profits*) diluiert

di·lu·tion [daɪˈluːʃən] *n* ❶ *no pl* (*act*) Verdünnen *nt* ❷ (*liquid*) Verdünnung *f* ❸ *no pl* (*fig*) Abschwächung *f*

dim <-mm-> [dɪm] I. *adj* ❶ (*not bright*) schwach, trüb; (*poorly lit*) schumm[e]rig ❷ (*indistinct*) undeutlich; *recollection, shape* verschwommen ❸ (*dull*) *colour* matt ❹ (*slow to understand*) schwer von Begriff ❺ (*fig: unfavourable*) ungünstig; **~ prospects** trübe Aussichten; **to take a ~ view of sth** von etw *dat* nichts halten II. *vt* abdunkeln; **to ~ the lights** das Licht dämpfen III. *vi lights* dunkler werden; *hopes* schwächer werden

dime [daɪm] *n* AM Dime *m*, Zehncentstück *nt* ▶ **a ~ a** <u>**dozen**</u> spottbillig ◆ **dime out** *vt* AM (*fam*) ■ **to ~ out sb** jdn gegen eine Belohnung verpfeifen *fam*

di·men·sion [ˌdaɪˈmen(t)ʃən] *n* Dimension *f*

-di·men·sion·al [ˌdaɪˈmen(t)ʃənəl] *in compounds* (*1-, 2-, 3-*) -dimensional

di·min·ish [dɪˈmɪnɪʃ] I. *vt* vermindern II. *vi* sich vermindern; *pain* nachlassen; *influence, value* abnehmen

dimi·nu·tion [ˌdɪmɪˈnjuːʃən] *n* Verringerung *f*

di·minu·tive [dɪˈmɪnjətɪv] I. *adj* ❶ (*small*) winzig ❷ LING diminutiv II. *n* LING Verkleinerungsform *f*

dim·ly [ˈdɪmli] *adv* ❶ (*not brightly*) schwach ❷ (*indistinctly*) undeutlich, unscharf ❸ (*vaguely*) **to remember sth ~** sich dunkel an etw *akk* erinnern

dim·mer [ˈdɪmər] *n*, **ˈdim·mer switch** *n* Dimmer *m*, Helligkeitsregler *m*

dim·ness [ˈdɪmnəs] *n no pl* ❶ (*lack of light*) Trübheit *f*; *of a lamp* Mattheit *f*; *of a* *memory* Undeutlichkeit *f; of an outline* Unschärfe *f; of a room* Düsterkeit *f* ❷ (*lack of intelligence*) Beschränktheit *f*

dim·ple ['dɪmpl] I. *n* (*in cheeks, chin*) Grübchen *nt*; (*on golf ball*) kleine Delle II. *adj* ~**d** mit Grübchen *nach n*

din [dɪn] I. *n no pl* Lärm *m;* **the ~ of the traffic** der Verkehrslärm; **terrible ~** Höllenlärm *m;* **to make a ~** Krach machen II. *vt* ▪ **to ~ sth into sb** jdm etw einbläuen

dine [daɪn] *vi* (*form*) speisen

din·er ['daɪnə'] *n* ❶ (*person*) Speisende(r) *f(m);* (*in restaurant*) Gast *m* ❷ RAIL Speisewagen *m* ❸ AM *Restaurant am Straßenrand mit Theke und Tischen*

din·ghy ['dɪŋɡi] *n* Dingi *nt*

din·gy ['dɪndʒi] *adj* düster, schmuddelig; *colour* trüb

din·ing car ['daɪnɪŋ-] *n* RAIL Speisewagen *m* **'din·ing room** *n* (*in house*) Esszimmer *nt;* (*in hotel*) Speisesaal *m*

dinky ['dɪŋki] *adj* ❶ BRIT, AUS (*approv*) niedlich ❷ AM (*pej*) klein

din·ner ['dɪnə'] *n* ❶ (*evening meal*) Abendessen *nt;* (*warm lunch*) Mittagessen *nt;* **we've been invited to ~** wir sind zum Essen eingeladen; **~'s ready!** das Essen ist fertig!; **to go out for ~** essen gehen; **to have ~** zu Abend essen; (*lunch*) zu Mittag essen; **to make ~** das Essen zubereiten; **for ~** zum Essen ❷ (*formal meal*) Diner *nt,* Festessen *nt*

'din·ner jack·et *n* Smoking *m* **'din·ner par·ty** *n* Abendgesellschaft *f* [mit Essen] **'din·ner ser·vice** *n,* **'din·ner set** *n* Tafelservice *nt* **'din·ner ta·ble** *n* (*in house*) Esstisch *m;* (*at formal event*) Tafel *f* **'din·ner·time** *n no pl* Essenszeit *f*

di·no·saur ['daɪnəsɔːʳ] *n* Dinosaurier *m a. fig*

dio·cese ['daɪəsɪs, -sɪz] *n* Diözese *f*

di·ode ['daɪəʊd] *n* Diode *f*

di·op·tre, AM **di·op·ter** [daɪ'ɒptəʳ] *n* Dioptrie *f*

di·ox·ide [daɪ'ɒksaɪd] *n no pl* Dioxyd *nt*

di·ox·in [daɪ'ɒksɪn] *n* Dioxin *nt*

dip [dɪp] I. *n* ❶ (*dipping*) [kurzes] Eintauchen *kein pl* ❷ FOOD Dip *m* ❸ (*brief swim*) kurzes Bad; **to go for a ~** kurz reinspringen ❹ (*cleansing liquid*) [Desinfektions]lösung *f* ❺ (*brief study*) Ausflug *m* ❻ (*downward slope*) Gefälle *nt kein pl;* (*in the road*) Vertiefung *f;* (*drop*) Sinken *nt kein pl;* (*in skyline*) Abfallen *nt kein pl;* **a sudden ~ in the temperature** ein plötzlicher Temperatureinbruch II. *vi* <-pp-> ❶ (*go down*) [ver]sinken; (*lower*) sich senken ❷ (*decline*) fallen; *profits* zurückgehen ❸ (*slope down*) abfallen ❹ (*go under water*) eintauchen III. *vt* <-pp-> ❶ (*immerse*) [ein]tauchen; FOOD [ein]tunken ❷ (*put into*) [hinein]stecken; **to ~ [one's hand] into sth** [mit der Hand] in etw *akk* hineingreifen ❸ (*lower*) senken; *flag* dippen ❹ BRIT, AUS (*dim*) *headlights* abblenden ❺ (*dye*) färben ❻ AGR *sheep* dippen ♦**dip into** *vi* ❶ (*study casually*) ▪ **to ~ into sth** einen kurzen Blick auf etw *akk* werfen; **to ~ into a book** kurz in ein Buch hineinschauen ❷ *savings* angreifen; **to ~ into one's pocket** [*or* **wallet**] tief in die Tasche greifen

diph·theria [dɪf'θɪəriə] *n no pl* MED Diphtherie *f*

diph·thong [dɪf'θɒŋ] *n* LING Doppellaut *m*

di·plo·ma [dɪ'pləʊmə] *n* ❶ SCH, UNIV Diplom *nt* ❷ (*honorary document*) [Ehren]urkunde *f*

di·plo·ma·cy [dɪ'pləʊməsi] *n no pl* Diplomatie *f a. fig*

dip·lo·mat ['dɪpləmæt] *n* Diplomat(in) *m(f) a. fig*

dip·lo·mat·ic [ˌdɪplə'mætɪk] *adj* diplomatisch *a. fig*

dip·lo·mat·i·cal·ly [ˌdɪplə'mætɪkli] *adv* diplomatisch; POL *also* auf diplomatischem Weg[e]

'dip·stick *n* ❶ AUTO [Öl]messstab *m* ❷ (*fam: idiot*) Idiot(in) *m(f)* **'dip switch** *n* BRIT AUTO Abblendschalter *m*

dire ['daɪəʳ] *adj* ❶ (*dreadful*) entsetzlich, furchtbar; *poverty* äußerst; *situation* aussichtslos; **in ~ straits** in einer ernsten Notlage ❷ (*ominous*) *warning* unheilvoll ❸ (*fam: very bad*) grässlich ❹ (*urgent*) dringend; **to be in ~ need of help** ganz dringend Hilfe brauchen

di·rect [dɪ'rekt] I. *adj* direkt; **~ flight** Direktflug *m;* **~ route** kürzester Weg; **she is a ~ descendant of …** sie stammt in direkter Linie von … ab; **the ~ opposite** das genaue Gegenteil II. *adv* direkt; **to dial ~** durchwählen III. *vt* ❶ (*control*) leiten [*o* führen]; *traffic* regeln ❷ (*order*) anweisen ❸ (*aim*) *remark, letter* richten (**at/to** an); *attention* lenken (**at/to** auf); **to ~ a blow at sb** nach jdm schlagen ❹ (*give directions*) ▪ **to ~ sb to sth** jdm den Weg zu etw *dat* zeigen ❺ THEAT, FILM Regie führen bei; MUS dirigieren IV. *vi* THEAT, FILM Regie führen; MUS dirigieren

di·rect 'cur·rent *n no pl* ELEC Gleichstrom *m* **di·rect 'deb·it** *n no pl* BRIT, CAN Einzugsermächtigung *f;* **I pay my electric-**

ity bill by ~ ich lasse meine Stromrechnung abbuchen **di·rect 'dial·ling** *n no pl* Direktwahl *f;* Durchwahl *f* **di·rect 'hit** *n* Volltreffer *m*

di·rec·tion [dɪˈrekʃ^ən] *n* ❶ *(course taken)* Richtung *f;* **in the ~ of the bedroom** in Richtung Schlafzimmer; **sense of** ~ Orientierungssinn *m;* **to lack** ~ orientierungslos sein; **in opposite** ~ **s** in entgegengesetzter Richtung; **to give sb** ~ **s** jdm den Weg beschreiben ❷ *no pl (supervision)* Leitung *f,* Führung *f* ❸ *no pl* FILM, TV, THEAT Regie *f* ❹ *(instructions)* ■ ~ **s** *pl* Anweisungen *pl*

di·rec·tion·al [dɪˈrekʃ^ən^əl] *adj* RADIO Richt-

di·rec·tive [dɪˈrektɪv] *n* [An]weisung *f*

di·rect·ly [dɪˈrektlɪ] **I.** *adv* direkt; **I'll be with you** ~ ich bin gleich bei Ihnen; ~ **after/before sth** unmittelbar nach/vor etw *dat* **II.** *conj* sobald

di·rect 'ob·ject *n* direktes Objekt

di·rec·tor [dɪˈrektə^r] *n* ❶ *of company* Direktor(in) *m(f); of information centre* Leiter(in) *m(f)* ❷ *(member of board)* Mitglied *nt* des Verwaltungsrats ❸ FILM, THEAT Regisseur(in) *m(f); of orchestra* Dirigent(in) *m(f); of choir* Chorleiter(in) *m(f);* **art** ~ Artdirector(in) *m(f)*

di·rec·to·rate [dɪˈrekt^ərət] *n* + *sing/pl vb* ❶ ADMIN Direktorat *nt* ❷ *(board)* Direktorium *nt*

di·rec·tor·ship [dɪˈrektəʃɪp] *n* Direktorenstelle *f*

di·rec·tory [dɪˈrekt^ərɪ] *n* Telefonbuch *nt;* (*list*) Verzeichnis *nt;* **business** ~ Branchenverzeichnis *nt*

di·rec·tory en·ˈquiries *npl* BRIT, AM, AUS

di·rec·tory as·ˈsis·tance *n no pl* [Telefon]auskunft *f kein pl*

dirt [dɜːt] *n no pl* ❶ *(filth)* Schmutz *m,* Dreck *m;* **covered in** ~ ganz schmutzig ❷ *(soil)* Erde *f* ❸ *(scandal)* **to dig for** ~ nach Skandalen suchen ❹ *(fam: excrement)* Dreck *m* ▶ **to** eat ~ sich widerspruchslos demütigen lassen; **to** treat **sb like** ~ jdn wie [den letzten] Dreck behandeln

dirt 'cheap **I.** *adj* *(fam)* spottbillig **II.** *adv* **to sell sth** ~ etw verschleudern

'dirt road *n* Schotterstraße *f*

dirty [ˈdɜːtɪ] **I.** *adj* ❶ *(unclean)* dreckig, schmutzig; *needle* benutzt ❷ *(fam: nasty)* gemein; *liar* dreckig; *rascal* gerissen ❸ BRIT ~ **weather** Sauwetter *nt* derb ❹ *(fam: lewd)* schmutzig; *language* vulgär ❺ *(unfriendly)* **to give sb a** ~ **look** jdm einen bösen Blick zuwerfen ▶ **to get one's hands** ~ sich *dat* die Hände schmutzig machen **II.** *adv* ❶ BRIT, AUS *(sl)* ~ **great** riesig ❷ *(dishonestly)* **to play** ~ unfair spielen ❸ *(obscenely)* **to talk** ~ sich vulgär ausdrücken **III.** *vt* beschmutzen **IV.** *n no pl* BRIT, AUS *(fam)* ▶ **to do the** ~ **on sb** jdn [he]reinlegen

'dirty bomb *n* schmutzige Bombe **'dirty bomb·er** *n* Bombenattentäter(in) *m(f)* mit einer schmutzigen Bombe

dis·abil·ity [ˌdɪsəˈbɪlətɪ] *n* Behinderung *f;* **mental/physical** ~ geistige Behinderung/ Körperbehinderung *f;* ~ **benefit** Erwerbsunfähigkeitsrente *f*

dis·able [dɪˈseɪbl] *vt* ■ **to** ~ **sb** jdn arbeitsunfähig machen; ■ **to** ~ **sth** etw funktionsunfähig machen

dis·abled [dɪˈseɪbld] **I.** *adj* behindert; **mentally/severely** ~ geistig/schwer behindert; **physically** ~ körperbehindert **II.** *n* ■ **the** ~ *pl* die Behinderten

dis·ad·van·tage [ˌdɪsədˈvɑːntɪdʒ] **I.** *n* Nachteil *m;* (*state*) Benachteiligung *f;* **at a** ~ im Nachteil; **to put sb at a** ~ jdn benachteiligen **II.** *vt* benachteiligen

dis·ad·van·taged [ˌdɪsədˈvɑːntɪdʒd] **I.** *adj* benachteiligt **II.** *n* ■ **the** ~ *pl* die Benachteiligten

dis·ad·van·ta·geous [ˌdɪsˌædvənˈteɪdʒəs] *adj* nachteilig

dis·af·fect·ed [ˌdɪsəˈfektɪd] *adj* (*dissatisfied*) unzufrieden; (*estranged*) entfremdet

dis·af·fec·tion [ˌdɪsəˈfekʃ^ən] *n no pl* (*dissatisfaction*) Unzufriedenheit *f* (**with** mit); (*estrangement*) Entfremdung *f* (**with** von)

dis·agree [ˌdɪsəˈgriː] *vi* ❶ (*dissent*) nicht übereinstimmen; (*with plan, decision*) nicht einverstanden sein; (*with sb else*) uneinig [*o* anderer Meinung] sein; **I strongly** ~ **with the decision** ich kann mich der Entscheidung in keiner Weise anschließen ❷ (*quarrel*) eine Auseinandersetzung haben ❸ (*not correspond*) nicht übereinstimmen ❹ FOOD **I must have eaten something that** ~**d with me** ich muss etwas gegessen haben, das mir nicht bekommt

dis·agree·able [ˌdɪsəˈgriːəbl] *adj* ❶ (*unpleasant*) unangenehm ❷ (*unfriendly*) unsympathisch

dis·agree·ment [ˌdɪsəˈgriːmənt] *n* ❶ *no pl* (*lack of agreement*) Uneinigkeit *f;* **to be in** ~ **about sth** sich *dat* über etw *akk* nicht einig sein ❷ (*argument*) Meinungsverschiedenheit *f* (**over** um, **about** über) ❸ *no pl* (*discrepancy*) Diskrepanz *f*

dis·al·low [ˌdɪsəˈlaʊ] *vt* ❶ (*rule out*) nicht erlauben; SPORTS nicht anerkennen; *goal* annullieren ❷ LAW abweisen

dis·ap·pear [ˌdɪsəˈpɪər] *vi* ❶ (*vanish*) verschwinden; **to ~ into thin air** sich in Luft auflösen ❷ (*become extinct*) aussterben

dis·ap·pear·ance [ˌdɪsəˈpɪərən(t)s] *n no pl* ❶ (*vanishing*) Verschwinden *nt* ❷ (*becoming extinct*) Aussterben *nt*

dis·ap·point [ˌdɪsəˈpɔɪnt] *vt* enttäuschen

dis·ap·point·ed [ˌdɪsəˈpɔɪntɪd] *adj* enttäuscht (**at/about** über, **in/with** mit); **I was ~ to learn that ...** ich war enttäuscht, als ich erfuhr, dass ...

dis·ap·point·ed·ly [ˌdɪsəˈpɔɪntɪdli] *adv* enttäuscht

dis·ap·point·ing [ˌdɪsəˈpɔɪntɪŋ] *adj* enttäuschend; **how ~!** so eine Enttäuschung!

dis·ap·point·ment [ˌdɪsəˈpɔɪntmənt] *n* Enttäuschung *f* (**in** über); ■ **to be a ~ to sb** für jdn eine Enttäuschung sein

dis·ap·prov·al [ˌdɪsəˈpruːvəl] *n no pl* Missbilligung *f*; **a hint of ~** ein leichtes Missfallen

dis·ap·prove [ˌdɪsəˈpruːv] *vi* dagegen sein; ■ **to ~ of sth** etw missbilligen; **to ~ of sb's behaviour** jds Verhalten *nt* kritisieren; ■ **to ~ of sb** jdn ablehnen

dis·ap·prov·ing [ˌdɪsəˈpruːvɪŋ] *adj* missbilligend

dis·ap·prov·ing·ly [ˌdɪsəˈpruːvɪŋli] *adv* missbilligend

dis·arm [dɪˈsɑːm] I. *vt person* entwaffnen *a. fig; bomb* entschärfen II. *vi* abrüsten

dis·arma·ment [dɪˈsɑːməmənt] *n no pl* Abrüstung *f*

dis·arm·ing [dɪˈsɑːmɪŋ] *adj* entwaffnend

dis·arm·ing·ly [dɪsˈɑːmɪŋli] *adv* entwaffnend

dis·ar·ray [ˌdɪsəˈreɪ] *n no pl* ❶ (*disorder*) Unordnung *f*; **her hair was in ~** ihr Haar war [ganz] zerzaust ❷ (*confusion*) Verwirrung *f*

dis·as·ter [dɪˈzɑːstər] *n* Katastrophe *f a. fig;* **the evening was a complete ~** der Abend war der totale Reinfall; **as a teacher, he was a ~** als Lehrer war er absolut unfähig

dis·as·trous [dɪˈzɑːstrəs] *adj* katastrophal; *decision, impact* verhängnisvoll

dis·band [dɪsˈbænd] I. *vi* sich auflösen II. *vt* ■ **to ~ sth** etw auflösen

dis·be·lief [ˌdɪsbɪˈliːf] *n no pl* Unglaube *m*; **in ~** ungläubig

dis·be·lieve [ˌdɪsbɪˈliːv] (*form*) I. *vt* ■ **to ~ sb** jdm nicht glauben; ■ **to ~ sth** etw bezweifeln II. *vi* ■ **to ~ in sth** an etw *akk* nicht glauben

dis·be·liev·er [ˌdɪsbɪˈliːvər] *n* Ungläubige(r) *f(m)*

dis·burse [dɪsˈbɜːs] *vt* auszahlen

disc [dɪsk] *n* ❶ (*shape, object*) Scheibe *f*; MED Bandscheibe *f* ❷ MUS [Schall]platte *f*; (*CD*) CD *f* ❸ COMPUT Diskette *f*

dis·card I. *vt* [dɪˈskɑːd] ❶ (*throw away*) wegwerfen; (*throw down*) *coat* ablegen; (*fig*) *idea* abwerfen ❷ CARDS abwerfen II. *n* [ˈdɪskɑːd] ❶ CARDS abgeworfene Karte ❷ (*reject*) Ausschuss *m kein pl*

ˈdisc brake *n* Scheibenbremse *f*

dis·cern [dɪˈsɜːn] *vt* (*form*) wahrnehmen

dis·cern·ible [dɪˈsɜːnəbl] *adj* wahrnehmbar, erkennbar

dis·cern·ing [dɪˈsɜːnɪŋ] *adj* urteilsfähig; *palate* fein; *reader* kritisch

dis·cern·ment [dɪˈsɜːnmənt] *n no pl* ❶ (*good judgement*) Urteilskraft *f* ❷ (*act of discerning*) Wahrnehmung *f*

dis·charge I. *vt* [dɪsˈtʃɑːdʒ] ❶ (*release*) entlassen (**from** aus); *accused* freisprechen; *soldier* verabschieden ❷ (*form: fire*) *weapon* abfeuern ❸ (*emit*) absondern; *sewage* ablassen ❹ (*pay off*) *debt* begleichen ❺ (*perform*) *duty* erfüllen; *responsibility* nachkommen ❻ PHYS entladen II. *vi* [dɪsˈtʃɑːdʒ] sich ergießen; *wound* eitern III. *n* [ˈdɪstʃɑːdʒ] ❶ *no pl of person* Entlassung *f* ❷ (*firing of gun*) Abfeuern *nt kein pl* ❸ (*discharging of liquid*) Ausströmen *nt kein pl* ❹ (*liquid emitted*) Ausfluss *m kein pl; from wound* Absonderung *f* ❺ *of debt* Begleichung *f* ❻ *of duty* Erfüllung *f* ❼ PHYS Entladung *f*

dis·ci·ple [dɪˈsaɪpl] *n* Anhänger(in) *m(f)*; (*of Jesus*) Jünger *m*

dis·ci·pli·nary [ˌdɪsəˈplɪnəri] *adj* Disziplinar-; **~ problems** Disziplinprobleme *pl*

dis·ci·pline [ˈdɪsəplɪn] I. *n* Disziplin *f* II. *vt* ❶ (*have self-control*) ■ **to ~ oneself** sich disziplinieren ❷ (*punish*) bestrafen

dis·ci·plined [ˈdɪsəplɪnd] *adj* diszipliniert, ordentlich

ˈdisc jock·ey *n* Diskjockey *m*

dis·claim [dɪsˈkleɪm] *vt* abstreiten; *responsibility* ablehnen

dis·claim·er [dɪsˈkleɪmər] *n* Verzichtserklärung *f*; INET Disclaimer *m*

dis·close [dɪsˈkləʊz] *vt* ❶ (*reveal*) bekannt geben ❷ (*uncover*) enthüllen

dis·clo·sure [dɪsˈkləʊzər] *n* (*form*) ❶ *no pl* (*act of disclosing*) *of information* Bekanntgabe *f* ❷ (*revelation*) Enthüllung *f*

dis·co [ˈdɪskəʊ] *n short for* **discotheque** Disco *f*, Disko *f*; **to go to the ~** in die Disco gehen

dis·col·our [dɪsˈkʌlər], **dis·col·or** I. *vi* sich verfärben II. *vt* verfärben

dis·com·fit [dɪˈskʌm(p)fɪt] *vt* (*form*) ■ **to ~ sb** jdm Unbehagen bereiten
dis·com·fi·ture [dɪˈskʌm(p)fɪtʃəʳ] *n no pl* (*form*) Unbehagen *nt*
dis·com·fort [dɪˈskʌm(p)fət] *n* ❶ *no pl* (*slight pain*) Beschwerden *pl* (**in** mit) ❷ *no pl* (*mental uneasiness*) Unbehagen *nt* ❸ (*inconvenience*) Unannehmlichkeit *f*
dis·con·cert [ˌdɪskənˈsɜːt] *vt* beunruhigen
dis·con·cert·ing [ˌdɪskənˈsɜːtɪŋ] *adj* beunruhigend; (*unnerving*) irritierend
dis·con·nect [ˌdɪskəˈnekt] *vt* ■ **to ~ sth** etw trennen; *electricity, gas, phone* abstellen; TELEC **we suddenly got ~ed** die Verbindung wurde plötzlich unterbrochen; ■ **to ~ sb** jdn nicht mehr versorgen
dis·con·nect·ed [ˌdɪskəˈnektɪd] *adj* ❶ (*turned off*) [ab]getrennt; (*left without supply*) abgestellt ❷ (*incoherent*) zusammenhang[s]los
dis·con·nec·tion [ˌdɪskəˈnekʃən] *n* Unterbrechung *f*, Trennung *f*; **a sense of ~** ein Gefühl *nt* der Ausgeschlossenheit (**from** von +*dat*)
dis·con·so·late [dɪˈskɒn(t)səlɪt] *adj* (*dejected*) niedergeschlagen; (*inconsolable*) untröstlich
dis·con·tent [dɪskənˈtent] *n no pl* Unzufriedenheit *f*
dis·con·tent·ed [dɪskənˈtentɪd] *adj* unzufrieden (**with**/**about** mit)
dis·con·tent·ment [dɪskənˈtentmənt] *n no pl see* **discontent**
dis·con·tinue [ˌdɪskənˈtɪnjuː] *vt* abbrechen; *product* auslaufen lassen; *service* einstellen; *subscription* kündigen; *visits* aufgeben
dis·con·ti·nu·ity [ˌdɪsˌkɒntɪˈnjuːəti] *n* (*form*) Diskontinuität *f*
dis·cord [ˈdɪskɔːd] *n no pl* (*form*) Uneinigkeit *f*, Zwietracht *f*; **the letter caused ~** der Brief führte zu Missklängen; **note of ~** Misston *m*
dis·cord·ant [dɪˈskɔːdənt] *adj* ❶ (*disagreeing*) entgegengesetzt; *views* gegensätzlich; **to strike a ~ note** einen Misston anschlagen ❷ MUS disharmonisch
dis·co·theque [ˈdɪskəʊtek] *n* Diskothek *f*
dis·count I. *n* [ˈdɪskaʊnt] Rabatt *m*; **~ for cash** Skonto *nt o m*; **at a ~** mit Rabatt; **early bird ~** Frühbucherrabatt *m* II. *vt* [dɪˈskaʊnt] ❶ (*disregard*) unberücksichtigt lassen; *possibility* nicht berücksichtigen; *testimony* nicht einbeziehen ❷ (*reduce*) *article* herabsetzen; *price* reduzieren
ˈdis·count store *n* Discountladen *m*
dis·cour·age [dɪˈskʌrɪdʒ] *vt* ❶ (*dishearten*) entmutigen ❷ (*dissuade*) ■ **to ~ sth** von etw *dat* abraten; ■ **to ~ sb from doing sth** jdm davon abraten, etw zu tun ❸ (*stop*) abhalten; ■ **to ~ sb from doing sth** jdn davon abhalten, etw zu tun
dis·cour·age·ment [dɪˈskʌrɪdʒmənt] *n* ❶ *no pl* (*action*) Entmutigung *f*; (*feeling*) Mutlosigkeit *f* ❷ (*discouraging thing*) Hindernis *nt* ❸ *no pl* (*deterrence*) Abschreckung *f*; (*dissuasion*) Abraten *nt*
dis·cour·ag·ing [dɪˈskʌrɪdʒɪŋ] *adj* entmutigend
dis·cour·teous [dɪˈskɜːtɪəs] *adj* (*form*) unhöflich
dis·cour·tesy [dɪˈskɜːtəsi] *n* (*form*) Unhöflichkeit *f*
dis·cov·er [dɪˈskʌvəʳ] *vt* ❶ (*find out*) herausfinden ❷ (*find first*) entdecken *a. fig* ❸ (*find*) finden
dis·cov·er·er [dɪˈskʌvərəʳ] *n* Entdecker(in) *m(f)*
dis·cov·ery [dɪˈskʌvəri] *n* Entdeckung *f a. fig*
Disˈcov·ery Day *n* CAN *no pl* Feiertag in Neufundland und Labrador
dis·cred·it [dɪˈskredɪt] I. *vt* ❶ (*disgrace*) in

---

disdain

expressing disdain/displeasure	Geringschätzung/Missfallen ausdrücken
I don't think much of that theory.	Ich halte nicht viel von dieser Theorie.
I don't think much of that at all.	Davon halte ich gar nicht viel.
I'm not in the least impressed by that.	Davon halte ich überhaupt nichts.
Don't give me any of that psychology nonsense!	Komm mir bloß nicht mit Psychologie daher!
(I'm sorry but) I've got no time for people like that.	(Es tut mir leid, aber) ich habe für diese Typen nichts übrig.
Modern art doesn't do a thing for me./is not my cup of tea.	Ich kann mit moderner Kunst nichts anfangen.

Verruf bringen, diskreditieren ❷ (*cause to appear false*) unglaubwürdig machen **II.** *n no pl* Misskredit *m;* **to be to sb's ~** jdm keine Ehre machen

dis·creet [dɪˈskriːt] *adj* ❶ (*unobtrusive*) diskret; *colour, pattern* dezent ❷ (*tactful*) taktvoll

dis·creet·ly [dɪˈskriːtli] *adv* diskret

dis·crep·an·cy [dɪˈskrepᵊn(t)si] *n* (*form*) Diskrepanz *f*

dis·crete [dɪˈskriːt] *adj* eigenständig

dis·cre·tion [dɪˈskreʃᵊn] *n no pl* ❶ (*behaviour*) Diskretion *f* ❷ (*good judgement*) **to leave sth to sb's ~** etw in jds Ermessen *nt* stellen; **to use one's ~** nach eigenem Ermessen handeln; **at sb's ~** nach jds Ermessen *nt* ▶**~ is the better part of valour** (*prov*) Vorsicht ist die Mutter der Porzellankiste

dis·crim·i·nate [dɪˈskrɪmɪneɪt] **I.** *vi* ❶ (*differentiate*) unterscheiden ❷ (*be prejudiced*) diskriminieren; **to ~ in favour of sb** jdn bevorzugen; ■**to ~ against sb** jdn diskriminieren **II.** *vt* unterscheiden

dis·crim·i·nat·ing [dɪˈskrɪmɪneɪtɪŋ] *adj* (*approv*) kritisch; *palate* fein

dis·crim·i·na·tion [dɪˌskrɪmɪˈneɪʃᵊn] *n no pl* ❶ (*prejudice*) Diskriminierung *f* ❷ (*taste*) [kritisches] Urteilsvermögen ❸ (*ability to differentiate*) Unterscheidung *f*

dis·crim·i·na·tory [dɪˈskrɪmɪnətᵊri] *adj* diskriminierend

dis·cus <*pl* **-es**> [ˈdɪskəs] *n* SPORTS Diskus *m;* (*event*) Diskuswerfen *nt*

dis·cuss [dɪˈskʌs] *vt* ❶ (*talk about*) besprechen; **this booklet ~es how to ...** in dieser Broschüre wird beschrieben, wie man ... ❷ (*debate*) erörtern, diskutieren

dis·cus·sion [dɪˈskʌʃᵊn] *n* Diskussion *f;* **to be open to** [*or* **under**] **~** zur Diskussion stehen; **~ group** Diskussionsrunde *f*

dis·ˈcus·sion board *n* COMPUT, INET Diskussionsforum *nt*

dis·dain [dɪsˈdeɪn] **I.** *n no pl* Verachtung *f* **II.** *vt* (*despise*) verachten; (*reject*) verschmähen; **to ~ to do sth** zu stolz sein, etw zu tun

dis·dain·ful [dɪsˈdeɪnfᵊl] *adj* (*form*) verächtlich

dis·ease [dɪˈziːz] *n* Krankheit *f a. fig*

dis·eased [dɪˈziːzd] *adj* krank; *plant* befallen

dis·em·bark [ˌdɪsɪmˈbɑːk] *vi* von Bord gehen

dis·em·bar·ka·tion [ˌdɪsɪmbɑːˈkeɪʃᵊn] *n of boat* Ausschiffung *f; of passengers* Aussteigen *nt kein pl*

dis·em·bod·ied [ˌdɪsɪmˈbɒdɪd] *adj* körperlos; *voice* geisterhaft

dis·en·chant [ˌdɪsɪnˈtʃɑːnt] *vt* ernüchtern

dis·en·fran·chise [ˌdɪsɪnˈfræn(t)ʃaɪz] *vt* ■**to ~ sb** jdm das Wahlrecht entziehen

dis·en·gage [ˌdɪsɪnˈgeɪdʒ] **I.** *vt* ❶ (*extricate*) **to ~ oneself** sich lösen (**from** von) ❷ MECH entkuppeln; **to ~ the clutch** auskuppeln ❸ MIL *troops* abziehen **II.** *vi* ❶ (*become detached*) sich lösen ❷ MIL sich zurückziehen

dis·en·gage·ment [ˌdɪsɪnˈgeɪdʒmənt] *n no pl* ❶ MECH Lösung *f; of a clutch* Auskuppeln *nt* ❷ MIL Absetzen *nt*

dis·en·tan·gle [ˌdɪsɪnˈtæŋgl̩] *vt* ❶ (*untangle*) entwirren; (*fig*) herauslösen (**from** aus) ❷ (*get away*) ■**to ~ oneself** sich befreien (**from** von)

dis·fa·vour [dɪsˈfeɪvəʳ], AM **dis·fa·vor** *n no pl* Missfallen *nt;* **to be in/fall into ~ with sb** bei jdm in Ungnade stehen/fallen

dis·fig·ure [dɪsˈfɪgəʳ] *vt* entstellen

dis·fig·ure·ment [dɪsˈfɪgəmənt] *n* Entstellung *f*

dis·fran·chise [ˌdɪsˈfræn(t)ʃaɪz] *vt see* **disenfranchise**

dis·gorge [dɪsˈgɔːdʒ] *vt* ausspucken *a. fig*

dis·grace [dɪsˈgreɪs] **I.** *n no pl* Schande *f;* **to bring ~ on sb/sth** Schande über jdn/etw bringen **II.** *vt* ■**to ~ sb** Schande über jdn bringen; **he has been ~d** er ist in Ungnade gefallen

dis·graced [dɪsˈgreɪst] *adj* beschämt; ■**to be ~** blamiert sein

dis·grace·ful [dɪsˈgreɪsfᵊl] *adj* schändlich; *behaviour* skandalös

dis·grace·ful·ly [dɪsˈgreɪsfᵊli] *adv* schändlich; **unemployment benefit is ~ low** das Arbeitslosengeld ist erbärmlich niedrig

dis·grun·tled [dɪsˈgrʌntl̩d] *adj* verstimmt (**with** über)

dis·guise [dɪsˈgaɪz] **I.** *vt* ■**to ~ oneself** sich verkleiden; ■**to ~ sth** etw verbergen; *voice* verstellen **II.** *n* (*for body*) Verkleidung *f;* (*for face*) Maske *f;* **to put on a ~** sich verkleiden; **to wear a ~** verkleidet sein; **in ~** verkleidet

dis·guised [dɪsˈgaɪzd] *adj* verkleidet; **to be ~ as a cowboy** als Cowboy verkleidet sein; (*fig*) verschleiert; *emotion* verhüllt; *tax* versteckt

dis·gust [dɪsˈgʌst] **I.** *n no pl* ❶ (*revulsion*) Ekel *m;* **to be filled with ~ at sth** von etw *dat* angewidert sein; **sth fills sb with ~** etw ekelt jdn an ❷ (*indignation*) Empörung *f* (**at** über); [**much**] **to sb's ~** [sehr] zu jds Entrüstung; **in ~** entrüstet, empört **II.** *vt*

❶ (*sicken*) anwidern [*o* anekeln] ❷ (*appal*) entrüsten [*o* empören]

dis·gust·ed [dɪsˈɡʌstɪd] *adj* ❶ (*sickened*) angeekelt, angewidert (**at/by** von) ❷ (*indignant*) empört, entrüstet (**at/with** über)

dis·gust·ing [dɪsˈɡʌstɪŋ] *adj* ❶ (*unacceptable*) empörend ❷ (*repulsive*) widerlich

dis·gust·ing·ly [dɪsˈɡʌstɪŋli] *adv* ❶ (*repulsively*) widerlich, ekelhaft ❷ (*iron: unbelievably*) unglaublich; **his grades are ~ good** seine Noten sind unverschämt gut *fam*

dish [dɪʃ] *n* <*pl* -es> ❶ (*for serving*) Schale *f*; Am (*plate*) Teller *m* ❷ (*crockery*) ■ **the ~es** *pl* das Geschirr *kein pl*; **to do** [*or* **wash**] **the ~es** [ab]spülen ❸ (*meal*) Gericht *nt*; **side ~** Beilage *f* ❹ TELEC Schüssel *f* ❺ (*approv sl: woman*) toller Typ; (*woman*) klasse Frau ◆ **dish out** *vt* ❶ (*give freely*) großzügig verteilen (**to** an); **to ~ out punishment** [be]strafen; **to ~ it out** austeilen ❷ (*serve*) servieren ◆ **dish up** (*fam*) **I.** *vt* auftischen **II.** *vi* servieren

dis·har·mo·ny [dɪsˈhɑːməni] *n no pl* (*form*) Disharmonie *f*

'dish·cloth *n* Geschirrtuch *nt*

dis·heart·en [dɪsˈhɑːtᵊn] *vt* entmutigen

di·shev·eled [dɪˈʃevᵊld] Am *usu* **di·shev·elled** *adj* unordentlich; *hair* zerzaust

dis·hon·est [dɪsˈɒnɪst] *adj* unehrlich

dis·hon·est·ly [dɪsˈɒnɪstli] *adv* auf betrügerische Art und Weise; **to act ~** unredlich handeln

dis·hon·es·ty [dɪˈsɒnɪsti] *n* ❶ *no pl* (*deceitfulness*) Unehrlichkeit *f* ❷ (*deceitful act*) Unredlichkeit *f*

dis·hon·or *vt*, *n* Am *see* **dishonour**

dis·hon·or·able *adj* Am *see* **dishonourable**

dis·hon·our [dɪˈsɒnəʳ] (*form*) **I.** *n no pl* Schande *f* (**to** für); **to bring ~ on sb** jdm Schande bereiten **II.** *vt* ❶ (*disgrace*) ■ **to ~ sb/sth** dem Ansehen einer Person/einer S. schaden ❷ (*not respect*) *agreement* verletzen; *promise* nicht einlösen

dis·hon·our·able [dɪsˈɒnərəbl̩] *adj* unehrenhaft

'dish tow·el *n* Am Geschirrtuch *nt* **'dish·wash·er** *n* ❶ (*machine*) Geschirrspülmaschine *f* ❷ (*person*) Tellerwäscher(in) *m(f)*

'dish·wa·ter *n no pl* Spülwasser *nt a. fig*

dis·il·lu·sion [ˌdɪsɪˈluːʒᵊn] **I.** *vt* desillusionieren **II.** *n no pl* Ernüchterung *f*

dis·il·lu·sioned [ˌdɪsɪˈluːʒᵊnd] *adj* desillusioniert

dis·il·lu·sion·ment [ˌdɪsɪˈluːʒᵊnmənt] *n no pl* Ernüchterung *f* (**with** über)

dis·in·cli·na·tion [ˌdɪsɪŋklɪˈneɪʃᵊn] *n no pl* Abneigung *f*

dis·in·clined [ˌdɪsɪnˈklaɪnd] *adj* abgeneigt

dis·in·fect [ˌdɪsɪnˈfekt] *vt* desinfizieren

dis·in·fect·ant [ˌdɪsɪnˈfektənt] *n* Desinfektionsmittel *nt*

dis·in·fec·tion [ˌdɪsɪnˈfekʃᵊn] *n no pl* Desinfizierung *f*

dis·in·genu·ous [ˌdɪsɪnˈdʒenjuəs] *adj* (*form*) unaufrichtig; *manner, smile* verlogen

dis·in·her·it [ˌdɪsɪnˈherɪt] *vt* enterben

dis·in·te·grate [dɪˈsɪntɪɡreɪt] *vi* zerfallen; (*fig*) *marriage* zerbrechen

dis·in·te·gra·tion [dɪˌsɪntɪˈɡreɪʃᵊn] *n no pl* Zerfall *m*

dis·in·ter·est·ed [dɪˌsɪntrəstɪd, -trɪst-] *adj* ❶ (*impartial*) unparteiisch; **~ party** Unbeteiligte(r) *f(m)* ❷ (*uninterested*) desinteressiert

dis·joint·ed [dɪsˈdʒɔɪntɪd] *adj* zusammenhanglos

disk [dɪsk] *n* ❶ COMPUT Diskette *f*; **~ drive** Laufwerk *nt* ❷ Am *see* **disc**

disk·ette [dɪˈsket] *n* Diskette *f*

'disk jock·ey *n* Diskjockey *m*

dis·like [dɪsˈlaɪk] **I.** *vt* nicht mögen; ■ **to ~ doing sth** etw nicht gern tun **II.** *n* Abneigung *f* (**of/for** gegen); **to take a**[**n instant**] **~ to sb/sth** jdn/etw [spontan] unsympathisch finden

dis·lo·cate [ˈdɪslə(ʊ)keɪt] *vt* ■ **to ~ sth** sich *dat* etw ausrenken; **to ~ one's shoulder** sich *dat* die Schulter auskugeln

dis·lo·ca·tion [ˌdɪslə(ʊ)ˈkeɪʃᵊn] *n* Verrenkung *f*; *of shoulder* Auskugeln *nt kein pl*

dis·lodge [dɪsˈlɒdʒ] *vt thing* lösen; *person* verdrängen

dis·loy·al [dɪsˈlɔɪəl] *adj* illoyal (**to** gegenüber)

dis·loy·al·ty [dɪsˈlɔɪəlti] *n no pl* Illoyalität *f* (**to** gegenüber +*dat*); **to demonstrate ~ to sb/sth** jdm/etw gegenüber illoyal sein

dis·mal [ˈdɪzməl] *adj* ❶ (*gloomy*) düster ❷ (*dreary*) trostlos; *outlook, weather* trüb ❸ (*fam: pitiful*) kläglich

dis·man·tle [dɪsˈmæntl̩] *vt* zerlegen; (*fig*) demontieren

dis·man·tling [dɪsˈmæntlɪŋ] *n no pl of border controls, trade barriers* Abbau *m*

dis·may [dɪsˈmeɪ] **I.** *n no pl* Bestürzung *f* (**at/with** über) **II.** *vt* schockieren

dis·mayed [dɪsˈmeɪd] *adj* bestürzt; *expression* betroffen (**at/with** über)

dis·mem·ber [dɪsˈmembəʳ] *vt* zerstückeln; (*fig*) *country* zersplittern

dis·miss [dɪsˈmɪs] *vt* ❶ (*ignore*) abtun;

idea aufgeben; **to ~ a thought** [**from one's mind**] sich *dat* einen Gedanken aus dem Kopf schlagen ❷ (*send away*) wegschicken; *class* gehen lassen; MIL **~ed!** wegtreten! ❸ (*sack*) entlassen ❹ LAW *case* einstellen; *charge* abweisen

dis·miss·al [dɪsˈmɪsəl] *n* ❶ *no pl* (*disregard*) Abtun *nt* ❷ (*the sack*) Entlassung *f* (**from** aus) ❸ *of an assembly* Auflösung *f* ❹ LAW *of a case* Abweisung *f*; *of the accused* Entlassung *f*

dis·mis·sive [dɪsˈmɪsɪv] *adj* geringschätzig; ■ **to be ~ of sth** etw geringschätzig abtun

dis·mount [dɪsˈmaʊnt] *vi* absteigen

dis·obe·di·ence [ˌdɪsə(ʊ)ˈbiːdiən(t)s] *n no pl* Ungehorsam *m* (**to** gegenüber)

dis·obe·di·ent [ˌdɪsə(ʊ)ˈbiːdiənt] *adj* ungehorsam; ■ **to be ~ to**[**wards**] **sb** jdm nicht gehorchen

dis·obey [ˌdɪsə(ʊ)ˈbeɪ] **I.** *vt* ■ **to ~ sb** jdm nicht gehorchen; *orders* nicht befolgen; *rules* sich nicht halten an +*akk* **II.** *vi* ungehorsam sein

dis·or·der [dɪsˈɔːdə^r] *n* ❶ *no pl* (*disarray*) Unordnung *f*; **to retreat in ~** sich ungeordnet zurückziehen; **to throw into ~** in Unordnung bringen ❷ MED [Funktions]störung *f*; **brain ~** Störung *f* der Gehirnfunktion; **kidney ~** Nierenleiden *nt*; **personality ~** Persönlichkeitsstörung *f*; **skin ~** Hautirritation *f* ❸ *no pl* (*riot*) Aufruhr *m*; **civil ~** Landfriedensbruch *m*; **public ~** öffentliche Unruhen

dis·or·der·ly [dɪsˈɔːdəli] *adj* ❶ (*untidy*) unordentlich ❷ (*unruly*) aufrührerisch

dis·or·gan·ized [dɪsˈɔːgənaɪzd] *adj* schlecht organisiert

dis·ori·en·tate [dɪsˈɔːriənteɪt] *vt usu passive* ❶ (*lose bearings*) **to be/get** [*or* **become**] [**totally**] **~d** [völlig] die Orientierung verloren haben/verlieren ❷ (*be confused*) ■ **to be ~d** orientierungslos sein

dis·ori·en·ta·tion [dɪsˌɔːriənˈteɪʃən] *n no pl* Richtungslosigkeit *f*, Desorientierung *f*

dis·ˈori·ent·ed *adj* desorientiert

dis·own [dɪˈsəʊn] *vt* verleugnen; (*hum also*) nicht mehr kennen

dis·par·age [dɪˈspærɪdʒ] *vt* diskreditieren

dis·par·age·ment [dɪˈspærɪdʒmənt] *n no pl* (*snub*) Herabsetzung *f*; (*denigration*) Verunglimpfung *f*; (*abuse*) Schmähung *f*

dis·par·ag·ing [dɪˈspærɪdʒɪŋ] *adj* geringschätzig

dis·par·ag·ing·ly [dɪˈspærɪdʒɪŋli] *adv* geringschätzig, verächtlich; **to speak ~ of sb/sth** abschätzig über jdn/etw sprechen

dis·par·ate [dɪˈspærət] *adj* (*form*) [grund]verschieden

dis·par·ity [dɪˈspærəti] *n* Ungleichheit *f*

dis·pas·sion·ate [dɪˈspæʃənət] *adj* objektiv

dis·pas·sion·ate·ly [dɪˈspæʃənətli] *adv* nüchtern, sachlich; **to look at sth ~** etw nüchtern betrachten

dis·patch [dɪˈspætʃ] **I.** *n* <*pl* **-es**> ❶ (*something sent*) Sendung *f* ❷ *no pl* (*sending*) Verschicken *nt*; *of a person* Entsendung *f* ❸ (*press report*) [Auslands]bericht *m*; MIL [Kriegs]bericht *m*; **to be mentioned in ~es** rühmend erwähnt werden **II.** *vt* ❶ (*send*) *thing* senden; *person* ent-

---

displeasure

expressing dissatisfaction	*Unzufriedenheit ausdrücken*
That doesn't meet my expectations.	*Das entspricht nicht meinen Erwartungen.*
I would have expected you to take more trouble.	*Ich hätte erwartet, dass Sie sich nun mehr Mühe geben.*
That's not what we agreed.	*So hatten wir es nicht vereinbart.*

expressing annoyance	*Verärgerung ausdrücken*
That's an outrage!	*Das ist ja unerhört!*
That's outrageous!	*Eine Unverschämtheit ist das!*
What a cheek!	*So eine Frechheit!*
That's the limit!	*Das ist doch wohl die Höhe!*
That can't be true!	*Das darf doch wohl nicht wahr sein!*
I can't take/stand it anymore!	*Das ist ja nicht mehr auszuhalten!*
It's a pain in the neck. (fam)	*Das nervt! (fam)*

senden ❷ (*hum: eat*) verputzen ❸ (*kill*) töten

dis·pel <-ll-> [dɪˈspel] *vt* zerstreuen

dis·pen·sable [dɪˈspen(t)səbl̩] *adj* entbehrlich

dis·pen·sa·ry [dɪˈspen(t)s³ri] *n* ❶ (*room*) [Krankenhaus]apotheke *f* ❷ (*clinic*) Dispensarium *nt*

dis·pen·sa·tion [ˌdɪˌspenˈseɪʃ³n] *n* (*form*) Befreiung *f;* REL Dispens *f;* **papal ~** päpstlicher Erlass; **special ~** Sondergenehmigung *f*

dis·pense [dɪˈspens] I. *vt* austeilen (**to** an); *advice* erteilen; *medicine* ausgeben II. *vi* ■ **to ~ with sth** auf etw *akk* verzichten

dis·pens·er [dɪˈspensər] *n* Automat *m*

dis·per·sal [dɪˈspɜːsəl] *n no pl* ❶ (*scattering*) Zerstreuung *f; of a crowd* Auflösung *f;* (*migration*) Verbreitung *f* ❷ (*break-up*) Auseinandergehen *nt kein pl* ❸ (*spread*) Verstreutheit *f*

dis·perse [dɪˈspɜːs] I. *vt* ❶ (*dispel*) auflösen; *crowd* zerstreuen ❷ (*distribute*) verteilen ❸ PHYS *light* streuen II. *vi crowd* auseinandergehen; *mist* sich auflösen

dis·per·sion [dɪˈspɜːʃ³n] *n no pl* ❶ (*form: distribution*) Verteilung *f* ❷ (*spread*) Verbreitung *f* ❸ PHYS Streuung *f*

dis·pir·it·ed [dɪˈspɪrɪtɪd] *adj* entmutigt

dis·place [dɪsˈpleɪs] *vt* ❶ (*force out*) ■ **to ~ sb** jdn vertreiben ❷ (*replace*) ersetzen ❸ PHYS verdrängen

dis·place·ment [dɪsˈpleɪsmənt] *n no pl* ❶ (*expulsion*) Vertreibung *f* ❷ (*relocation*) Umsiedlung *f* ❸ (*replacement*) Ablösung *f* ❹ PHYS Verdrängung *f*

dis·play [dɪˈspleɪ] I. *vt* ❶ (*on a noticeboard*) aushängen; (*in a shop window*) auslegen ❷ (*demonstrate*) zeigen ❸ (*flaunt*) zur Schau stellen II. *n* ❶ (*in a museum, shop*) Auslage *f;* **to be/go on ~** ausgestellt sein/werden ❷ (*performance*) Vorführung *f;* **firework[s]** **~** Feuerwerk *nt* ❸ (*demonstration*) Demonstration *f;* **~ of anger** Wutausbruch *m* ❹ COMPUT Display *nt*

disˈplay case *n,* **disˈplay cabi·net** *n* Vitrine *f* **disˈplay window** *n* Schaufenster *nt*

dis·please [dɪsˈpliːz] *vt* ■ **to ~ sb** jdm missfallen; **greatly ~d** sehr verärgert (**at/by** über)

dis·pleas·ing [dɪsˈpliːzɪŋ] *adj* ärgerlich

dis·pleas·ure [dɪsˈpleʒər] *n no pl* Missfallen *nt* (**at** über)

dis·pos·able [dɪˈspəʊzəbl̩] I. *adj* ❶ *articles* Wegwerf-; **~ razor** Einwegrasierer *m;* **~ towel** Einmalhandtuch *nt* ❷ FIN verfügbar II. *n* ■ **~s** *pl* Wegwerfartikel *pl*

dis·pos·al [dɪˈspəʊzəl] *n* ❶ *no pl* Beseitigung *f; of waste* Entsorgung *f* ❷ AM Müllschlucker *m* ❸ (*control*) Verfügung *f;* ■ **to be at sb's ~** zu jds Verfügung stehen

dis·pose [dɪˈspəʊz] *vt* (*form*) ■ **to ~ sb to[wards] sth** jdn zu etw *dat* bewegen
◆ **dispose of** *vt* ❶ (*get rid of*) beseitigen; (*sell*) veräußern ❷ (*deal with*) erledigen

dis·posed [dɪˈspəʊzd] *adj* (*form*) **to be [or feel] ~ to do sth** geneigt sein, etw zu tun; **to be [or feel] well ~ towards sb/sth** jdm/etw wohlgesonnen sein

dis·po·si·tion [ˌdɪspəˈzɪʃ³n] *n* ❶ (*nature*) Art *f* ❷ (*tendency*) Veranlagung *f*

dis·pos·sess [ˌdɪspəˈzes] *vt* enteignen

dis·pos·ses·sion [ˌdɪspəˈzeʃ³n] *n no pl* (*form*) Enteignung *f*

dis·pro·por·tion [ˌdɪsprəˈpɔːʃ³n] *n no pl* (*form*) Missverhältnis *nt*

dis·pro·por·tion·ate [ˌdɪsprəˈpɔːʃ³nət] *adj* unangemessen

dis·prove [dɪˈspruːv] *vt* widerlegen

dis·put·able [dɪˈspjuːtəbl̩] *adj* strittig

dis·pute I. *vt* [dɪˈspjuːt] ❶ (*argue*) ■ **to ~ sth** sich über etw *akk* streiten ❷ (*oppose*) bestreiten ❸ SPORTS **to ~ the lead** um die Führungsposition kämpfen II. *vi* streiten III. *n* [dɪˈspjuːt, ˈdɪspjuːt] (*argument*) Streit *m* (**over** über); **that is open to ~** darüber lässt sich streiten; **pay ~** Lohnverhandlung *f;* ■ **to be in [or over] sth** über etw *akk* streiten; **to be beyond ~** außer Frage stehen

dis·put·ed [dɪˈspjuːtɪd] *adj* ❶ (*controversial*) umstritten ❷ LAW angefochten

dis·qual·i·fi·ca·tion [dɪˌskwɒlɪfɪˈkeɪʃ³n] *n* Ausschluss *m;* SPORTS Disqualifikation *f*

dis·qual·i·fy <-ie-> [dɪˈskwɒlɪfaɪ] *vt* ❶ (*expel*) ausschließen; SPORTS disqualifizieren ❷ LAW **to ~ sb from driving** jdm den Führerschein entziehen

dis·qui·et [dɪˈskwaɪət] (*form*) I. *n no pl* Besorgnis *f* (**about** um, **over** über) II. *vt* beunruhigen

dis·qui·et·ing [dɪˈskwaɪətɪŋ] *adj* (*form*) beunruhigend

dis·re·gard [ˌdɪsrɪˈgɑːd] I. *vt* ignorieren II. *n no pl* Gleichgültigkeit *f* (**for** gegenüber); (*for a rule, the law*) Missachtung *f* (**for/of** +*gen*)

dis·re·pair [ˌdɪsrɪˈpeər] *n no pl* Baufälligkeit *f;* **to fall into ~** verfallen

dis·repu·table [dɪsˈrepjətəbl̩] *adj* verrufen

dis·re·pute [ˌdɪsrɪˈpjuːt] *n* Verruf *m kein pl*

dis·re·spect [ˌdɪsrɪˈspekt] **I.** *n no pl* Respektlosigkeit *f* (**for** gegenüber); **no ~ to your boss, but ...** ohne deinem Chef zu nahetreten zu wollen, aber ...; **to intend no ~** nicht respektlos sein wollen **II.** *vt* AM (*fam*) beleidigen

dis·re·spect·ful [ˌdɪsrɪˈspektfəl] *adj* respektlos

dis·rupt [dɪsˈrʌpt] *vt* ❶ (*disturb*) stören ❷ (*form: destroy*) zerstören

dis·rup·tion [dɪsˈrʌpʃən] *n* ❶ (*interruption*) Unterbrechung *f* ❷ *no pl* (*disrupting*) Störung *f*; **~ of traffic** Verkehrsbehinderung *f*

dis·rup·tive [dɪsˈrʌptɪv] *adj* störend; **~ influence** Störelement *nt*; (*person*) Unruhestifter *m*

dis·sat·is·fac·tion [dɪsˌsætɪsˈfækʃən] *n no pl* Unzufriedenheit *f*

dis·sat·is·fied [dɪsˈsætɪsfaɪd] *adj* unzufrieden

dis·sect [dɪˈsekt, daɪ-] *vt* ❶ (*cut open*) sezieren ❷ (*fig*) analysieren

dis·sec·tion [dɪˈsekʃən, daɪ-] *n* ❶ *no pl* (*dissecting*) Sezieren *nt* ❷ (*instance*) Sektion *f* ❸ (*fig*) Analyse *f*

dis·sem·ble [dɪˈsembl] *vi* sich verstellen

dis·sem·i·nate [dɪˈsemɪneɪt] *vt* (*form*) verbreiten

dis·sem·i·na·tion [dɪˌsemɪˈneɪʃən] *n no pl* (*form*) Verbreitung *f*

dis·sen·sion [dɪˈsen(t)ʃən] *n* (*form*) Meinungsverschiedenheit[en] *f*[*pl*]

dis·sent [dɪˈsent] **I.** *n no pl* ❶ (*disagreement*) Meinungsverschiedenheit *f* ❷ (*protest*) Widerspruch *m*; **voice of ~** Gegenstimme *f* **II.** *vi* dagegen stimmen; (*disagree*) anderer Meinung sein

dis·sent·er [dɪˈsentər] *n* Andersdenkende(r) *f(m)*; POL Dissident(in) *m(f)*

dis·sent·ing [dɪˈsentɪŋ] *adj opinion* abweichend *attr*; **~ group** Splittergruppe *f*; **~ voice** Gegenstimme *f*

dis·ser·ta·tion [ˌdɪsəˈteɪʃən] *n* Dissertation *f* (**on** über)

dis·ser·vice [dɪsˈsɜːvɪs] *n no pl* **to do oneself/sb a ~** sich/jdm einen schlechten Dienst erweisen

dis·si·dent [ˈdɪsɪdənt] **I.** *n* Dissident(in) *m(f)*; **political ~** Regimekritiker(in) *m(f)* **II.** *adj* regimekritisch

dis·si·mi·lar [dɪsˈsɪmɪlər] *adj* unterschiedlich

dis·si·mi·lar·i·ty [dɪsˌsɪmɪˈlærəti] *n* Unterschied *m*

dis·si·pate [ˈdɪsɪpeɪt] **I.** *vi* allmählich verschwinden; *crowd, mist* sich auflösen **II.** *vt* ❶ (*disperse*) auflösen ❷ (*squander*) verschwenden

dis·si·pat·ed [ˈdɪsɪpeɪtɪd] *adj* (*liter*) ausschweifend

dis·si·pa·tion [ˌdɪsɪˈpeɪʃən] *n* (*form*) ❶ (*squandering*) Verschwendung *f* ❷ (*indulgence*) Maßlosigkeit *f*; **a life of ~** ein ausschweifendes Leben

dis·so·ci·ate [dɪˈsəʊsieɪt] *vt* getrennt betrachten; ▪ **to ~ oneself from sb/sth** sich von jdm/etw distanzieren

dis·so·lute [ˈdɪsəluːt] *adj* (*liter*) *life* ausschweifend; *person* zügellos

dis·so·lu·tion [ˌdɪsəˈluːʃən] *n* ❶ *no pl* (*annulment*) Auflösung *f* ❷ (*liter: debauchery*) Ausschweifung *f*; **a life of ~** ein ausschweifendes Leben

dis·solve [dɪˈzɒlv] **I.** *vi* ❶ (*be absorbed*) sich auflösen ❷ (*subside*) **to ~ in[to] giggles** loskichern; **to ~ in[to] tears** in Tränen ausbrechen ❸ (*dissipate*) verschwinden; *tension* sich lösen ❹ FILM (*fade out*) ▪ **to ~ into sth** auf etw *akk* überblenden **II.** *vt* ❶ (*liquefy*) [auf]lösen ❷ (*annul*) auflösen; *marriage* scheiden

dis·suade [dɪˈsweɪd] *vt* abbringen

dis·tance [ˈdɪstən(t)s] **I.** *n* ❶ (*route*) Strecke *f*; **to close [up] the ~ [to sth]** den Abstand [zu etw *dat*] verringern ❷ (*linear measure*) Entfernung *f*; **within driving/walking ~** mit dem Auto/zu Fuß erreichbar; **within shouting ~** in Rufweite ❸ *no pl* (*remoteness*) Ferne *f*; **they sped off into the ~** sie brausten davon; **from** [*or* **at**] **a distance** von weitem ❹ (*fig: aloofness*) Distanz *f kein pl*; **to keep one's ~** auf Distanz bleiben; **to keep one's ~ from sb/sth** sich von jdm/etw fernhalten **II.** *vt* ▪ **to ~ oneself from sth** sich von etw distanzieren

dis·tant [ˈdɪstənt] *adj* ❶ (*far away*) fern; *relative* entfernt; (*fig*) *look* abwesend; **in the not-too-~ future** in nicht allzu ferner Zukunft; **from the dim and ~ past** aus der fernen Vergangenheit; **at some ~ point in the future** irgendwann einmal ❷ (*aloof*) unnahbar; ▪ **to be ~ with sb** jdm gegenüber distanziert sein

dis·tant·ly [ˈdɪstəntli] *adv* ❶ (*far away*) in der Ferne ❷ (*loftily*) distanziert ❸ (*absently*) abwesend ❹ (*not closely*) **to be ~ related** entfernt [miteinander] verwandt sein

dis·taste [dɪsˈteɪst] *n no pl* Widerwille *m* (**for** gegen); **with ~** mit Widerwillen

dis·taste·ful [dɪsˈteɪstfəl] *adj* abscheulich

dis·tend [dɪˈstend] MED **I.** *vt* ▪ **to be ~ed** aufgebläht sein **II.** *vi* sich [auf]blähen

dis·ten·sion [dɪˈstenʃən] *n no pl* MED [Auf]blähung *f*

dis·til <-ll-> [dɪˈstɪl], AM, AUS **dis·till** *vt* ❶ CHEM destillieren ❷ (*fig*) zusammenfassen

dis·til·la·tion [ˌdɪstɪˈleɪʃən] *n* ❶ *no pl* CHEM Destillation *f* ❷ (*fig*) Quintessenz *f*

dis·till·er [dɪˈstɪlər] *n* ❶ (*company*) Destillerie *f* ❷ (*person*) Destillateur *m*

dis·till·ery [dɪˈstɪləri] *n* Brennerei *f*

dis·tinct [dɪˈstɪŋ(k)t] *adj* ❶ (*different*) verschieden; ▪ **to be ~ from sth** sich von etw *dat* unterscheiden; **as ~ from sth** im Unterschied zu etw *dat* ❷ (*clear*) deutlich

dis·tinc·tion [dɪˈstɪŋ(k)ʃən] *n* ❶ (*difference*) Unterschied *m* ❷ *no pl* (*eminence*) **of** [**great**] **~** von hohem Rang ❸ *no pl* (*honour*) Ehre *f* ❹ UNIV Auszeichnung *f*; **to pass with ~** mit Auszeichnung bestehen

dis·tinc·tive [dɪˈstɪŋ(k)tɪv] *adj* charakteristisch

dis·tin·guish [dɪˈstɪŋgwɪʃ] I. *vi* unterscheiden II. *vt* ❶ (*tell apart*) unterscheiden; (*positively*) abheben ❷ (*discern*) ausmachen [können] ❸ (*excel*) ▪ **to ~ oneself in sth** sich in etw *dat* hervortun

dis·tin·guish·able [dɪˈstɪŋgwɪʃəbl] *adj* unterscheidbar; **to be clearly ~** leicht zu unterscheiden sein

dis·tin·guished [dɪˈstɪŋgwɪʃt] *adj* ❶ (*eminent*) *career* hervorragend; *person* von hohem Rang; ▪ **to be ~ for sth** sich durch etw *akk* auszeichnen ❷ (*stylish*) distinguiert

dis·tort [dɪˈstɔːt] *vt* ❶ (*out of shape*) verzerren; *face* entstellen ❷ (*fig*) verdrehen; *history, a result* verfälschen

dis·tort·ed [dɪˈstɔːtɪd] *adj* ❶ *face* entstellt; *parts of the body* verformt ❷ (*fig*) verfälscht; *impression* falsch; **to have a ~ idea of sth** eine völlig verzerrte Vorstellung von etw *dat* haben

dis·tor·tion [dɪˈstɔːʃən] *n* ❶ (*twisting*) Verzerrung *f*; *of a face* Entstellung *f* ❷ MUS Klirrfaktor *m* ❸ (*fig*) Verdrehung *f*

dis·tract [dɪˈstrækt] *vt* ablenken

dis·tract·ed [dɪˈstræktɪd] *adj* verwirrt; (*worried*) besorgt

dis·trac·tion [dɪˈstrækʃən] *n* ❶ (*disturbance*) Störung *f*; **sb finds sth a ~** etw stört jdn ❷ (*diversion*) Ablenkung *f* ❸ (*entertainment*) Zerstreuung *f* ❹ *no pl* (*confusion*) Aufregung *f* ▶ **to drive sb to ~** jdn zum Wahnsinn treiben; **to love sb to ~** jdn wahnsinnig lieben

dis·traught [dɪˈstrɔːt] *adj* verzweifelt, außer sich *dat*

dis·tress [dɪˈstres] I. *n no pl* ❶ (*pain*) Leid *nt*; (*anguish*) Kummer *m*, Sorge *f* (**at** über) ❷ (*despair*) Verzweiflung *f* ❸ (*exhaustion*) Erschöpfung *f* ❹ (*emergency*) Not *f*; **vessels in ~** Schiffe *pl* in Seenot II. *vt* quälen; ▪ **to ~ oneself** sich *dat* Sorgen machen

dis·tressed [dɪˈstrest] *adj* ❶ (*unhappy*) bekümmert ❷ (*shocked*) erschüttert (**at** über) ❸ (*in difficulties*) ▪ **to be ~ in** Not sein

dis·tress·ing [dɪˈstresɪŋ] *adj*, AM **dis·tress·ful** [dɪˈstresfəl] *adj* ❶ (*worrying*) erschreckend ❷ (*painful*) schmerzlich

dis·tri·bute [dɪˈstrɪbjuːt, BRIT *also* ˈdɪstrɪ-] *vt* verteilen; *goods* vertreiben; **widely ~d** weit verbreitet

dis·tri·bu·tion [ˌdɪstrɪˈbjuːʃən] *n no pl* ❶ (*sharing*) Verteilung *f* ❷ (*scattering*) Verbreitung *f* ❸ ECON Vertrieb *m*

dis·tri·bu·tion chain *n* Vertriebsnetz *nt*

dis·tribu·tor [dɪˈstrɪbjətər] *n* ❶ COMM Vertriebsgesellschaft *f* ❷ AUTO Verteiler *m*

dis·trict [ˈdɪstrɪkt] *n* (*area*) Gebiet *nt*; (*within a town/country*) Bezirk *m*

dis·trict at·'tor·ney *n* AM Staatsanwalt *m*/Staatsanwältin *f* **dis·trict 'coun·cil** *n* BRIT Bezirksamt *nt* **dis·trict 'court** *n* AM [Bundes]bezirksgericht *nt*

dis·trust [dɪˈstrʌst] I. *vt* misstrauen +*dat* II. *n no pl* Misstrauen *nt* (**of** gegen)

dis·trust·ful [dɪˈstrʌstfəl] *adj* misstrauisch (**of** gegen)

dis·turb [dɪˈstɜːb] I. *vt* ❶ (*interrupt*) stören ❷ (*worry*) beunruhigen ❸ (*disarrange*) durcheinanderbringen II. *vi* stören; **"do not ~"** „bitte nicht stören"

dis·turb·ance [dɪˈstɜːbən(t)s] *n* ❶ *no pl* (*annoyance*) Belästigung *f* ❷ (*distraction*) Störung *f* ❸ (*riot*) **to cause a ~** Unruhe stiften

dis·turbed [dɪˈstɜːbd] *adj* ❶ (*worried*) beunruhigt ❷ PSYCH [geistig] verwirrt; **~ behaviour** gestörtes Verhalten; **emotionally/mentally ~** emotional/psychisch gestört

dis·turb·ing [dɪˈstɜːbɪŋ] *adj* beunruhigend

dis·unity [dɪsˈjuːnɪti] *n no pl* Uneinigkeit *f*

dis·use [dɪsˈjuːs] *n no pl* Nichtgebrauch *m*; **to fall into ~** nicht mehr benutzt werden

dis·used [dɪsˈjuːzd] *adj* ungenutzt; *building* leer stehend; *warehouse* stillgelegt

ditch [dɪtʃ] I. *n* <*pl* -es> Graben *m* II. *vt* (*fam*) ❶ (*discard*) wegwerfen; *getaway car* stehen lassen; *proposal* aufgeben ❷ (*sack*) feuern ❸ (*end relationship*) ▪ **to ~ sb** jdm den Laufpass geben ❹ *plane* im Bach landen III. *vi* AVIAT auf dem Wasser landen

dith·er ['dɪðəʳ] I. *n no pl* **in** [*or* **all of**] **a ~** ganz aufgeregt II. *vi* schwanken; **she's still ~ing over whether to ...** sie ist sich immer noch nicht schlüssig darüber, ob ...

dit·to ['dɪtəʊ] I. *adv* (*likewise*) dito; (*me too*) ich auch II. *n* LING Wiederholungszeichen *nt*

dit·ty ['dɪti] *n* [banales] Liedchen

di·uret·ic [ˌdaɪjʊə'retɪk] MED I. *n* harntreibendes Mittel, Diuretikum *nt fachspr* II. *adj* harntreibend, diuretisch *fachspr;* **~ effect** harntreibende Wirkung

di·ur·nal [ˌdaɪ'ɜ:nəl] *adj* SCI ❶ (*daily*) Tages- ❷ (*opp: nocturnal*) tagaktiv

di·van [dɪ'væn] *n* Diwan *m*

dive [daɪv] I. *n* ❶ (*into water*) [Kopf]sprung *m* ❷ *of a plane* Sturzflug *m* ❸ (*sudden movement*) ■ **to make a ~ for sth** einen [Hecht]sprung nach etw *dat* machen; **to make a ~ at sb** auf jdn zuspringen ❹ (*drop in price*) [Preis]sturz *m;* **to take a ~** fallen; *profits sinken* ❺ (*setback*) **to take a ~** einen Schlag erleiden ❻ (*fam: dingy place*) Spelunke *f* ❼ FBALL Schwalbe *f;* BOXING **to take a ~** ein K.O. vortäuschen II. *vi* <dived *or* AM dove, dived *or* AM dove> ❶ (*into water*) einen Kopfsprung ins Wasser machen; (*underwater*) tauchen; ■ **to ~ off sth** von etw *dat* [herunter]springen ❷ *plane, bird* einen Sturzflug machen ❸ (*move quickly*) ■ **to ~ for sth** nach etw *dat* hechten; ■ **to ~ after sb/sth** jdm/etw nachstürzen; ■ **to ~ for cover** schnell in Deckung gehen ❹ *prices, shares* fallen

div·er ['daɪvəʳ] *n* ❶ (*in ocean, lake*) Taucher(in) *m(f)*; SPORTS Turmspringer(in) *m(f)* ❷ (*bird*) Taucher *m*

di·verge [daɪ'vɜ:dʒ] *vi* auseinandergehen; ■ **to ~ from sth** von etw *dat* abweichen

di·ver·gence [daɪ'vɜ:dʒən(t)s] *n* ❶ (*difference*) Divergenz *f* ❷ (*deviation*) Abweichung *f*

di·ver·gent [daɪ'vɜ:dʒənt] *adj* ❶ (*differing*) abweichend; **to hold widely ~ opinions** weit auseinandergehende Meinungen haben ❷ MATH divergent

di·verse ['daɪvɜ:s] *adj* ❶ (*varied*) vielfältig ❷ (*not alike*) unterschiedlich

di·ver·si·fi·ca·tion [daɪˌvɜ:sɪfɪ'keɪʃ[ə]n] *n no pl* Diversifikation *f*

di·ver·si·fy <-ie-> [daɪ'vɜ:sɪfaɪ] I. *vi* vielfältiger werden II. *vt* umfangreicher machen

di·ver·sion [daɪ'vɜ:ʃ[ə]n] *n* ❶ *no pl* (*rerouting*) Verlegung *f;* **traffic ~** Umleitung *f* ❷ (*distraction*) Ablenkung *f;* (*entertainment*) Unterhaltung *f;* **to create a ~** ein Ablenkungsmanöver inszenieren

di·ver·sity [daɪ'vɜ:səti] *n no pl* Vielfalt *f*

di·vert [daɪ'vɜ:t] *vt* ❶ (*reroute*) verlegen; *traffic* umleiten ❷ (*reallocate*) anders einsetzen ❸ (*distract*) ablenken ❹ (*amuse*) unterhalten

di·vert·ing [daɪ'vɜ:tɪŋ] *adj* unterhaltsam

di·vest [daɪ'vest] *vt* ❶ (*deprive*) berauben ❷ (*sell*) verkaufen ❸ ■ **to ~ oneself of sth** (*take off*) etw ablegen [*o* ausziehen]; (*rid*) etw aufgeben

di·vide [dɪ'vaɪd] I. *n* ❶ (*gulf*) Kluft *f* ❷ (*boundary*) Grenze *f* ❸ AM (*watershed*) Wasserscheide *f* II. *vt* ❶ (*split*) teilen ❷ (*share*) aufteilen ❸ MATH teilen (**by** durch) ❹ (*separate*) trennen ❺ (*allocate*) zuteilen; **she ~s her time between ... and ...** sie verbringt ihre Zeit abwechselnd in ... und ... ❻ (*disunite*) spalten; ■ **to be ~d over** [*or* **on**] **sth** über etw *akk* verschiedene Ansichten haben III. *vi* ❶ (*split*) sich teilen; **to ~ equally** [*or* **evenly**] in gleiche Teile zerfallen ❷ MATH dividieren ❸ (*separate*) sich trennen ♦ **divide off** *vt* [ab]teilen ♦ **divide up** I. *vt* aufteilen II. *vi* sich teilen

di·vid·ed [dɪ'vaɪdɪd] *adj* uneinig

divi·dend ['dɪvɪdend] *n* FIN Dividende *f;* (*fig*) **to pay ~s** sich bezahlt machen

di·vid·ers [dɪ'vaɪdəz] *npl* [**a pair of**] **~** [ein] Zirkel *m*

di·'vid·ing line *n* Trennlinie *f*

di·vine [dɪ'vaɪn] I. *adj* ❶ (*of God*) göttlich; **~ intervention** Gottes Hilfe *f;* **~ right** heiliges Recht; **the ~ right of kings** (*hist*) Gottesgnadentum *nt* ❷ (*splendid*) himmlisch; *voice* göttlich II. *vt* erraten; *future* vorhersehen; ■ **to ~ from sb/sth that ...** jdm/etw ansehen, dass ... III. *vi* ■ **to ~ for sth** mit einer Wünschelrute nach etw *dat* suchen

di·vine·ly [dɪ'vaɪnli] *adv* göttlich, himmlisch; **to sing ~** wie ein junger Gott singen

div·ing ['daɪvɪŋ] *n no pl* ❶ (*into water*) Tauchen *nt;* SPORTS Turmspringen *nt* ❷ (*underwater*) Tauchen *nt;* **to go ~** tauchen gehen

'**div·ing bell** *n* Taucherglocke *f* '**div·ing board** *n* Sprungbrett *nt* '**div·ing suit** *n* Taucheranzug *m*

di·'vin·ing rod *n* Wünschelrute *f*

di·vin·ity [dɪ'vɪnəti] *n* ❶ *no pl* (*godliness*) Göttlichkeit *f* ❷ (*god*) Gottheit *f*

di·vis·ible [dɪ'vɪzəbl] *adj* teilbar (**by** durch)

di·vi·sion [dɪ'vɪʒ[ə]n] *n* ❶ *no pl* (*sharing*) Verteilung *f* ❷ *no pl* (*break-up*) Teilung *f*

③ (*section*) Teil *m* ④ (*disagreement*) Meinungsverschiedenheit *f* ⑤ (*difference*) Kluft *f* ⑥ (*border*) Grenze *f* no pl MATH Division *f*; **to do ~** dividieren ⑧ MIL Division *f* ⑨ (*department*) Abteilung *f* ⑩ (*league*) Liga *f* ⑪ BRIT POL Abstimmung *f* durch Hammelsprung

di·vi·sive [dɪˈvaɪsɪv] *adj* entzweiend; **~ issue** Streitfrage *f*

di·vorce [dɪˈvɔːs] I. *n* ① LAW Scheidung *f*; **~ proceedings** Scheidungsprozess *m*; **~ settlement** Beilegung *f* der Scheidung ② no pl (*fig*) Trennung *f* II. *vt* ① (*annul marriage*) ▪ **to ~ sb** [*or* **get ~d from sb**] sich von jdm scheiden lassen ② (*distance*) ▪ **to ~ oneself from sth** sich selbst von etw *dat* trennen III. *vi* sich scheiden lassen

di·vorced [dɪˈvɔːst] *adj* ① (*ceased to be married*) geschieden ② (*out of touch*) ▪ **to be ~ from sth** keinen Bezug zu etw *dat* haben

di·vor·cee [dɪˌvɔːˈsiː] *n* Geschiedene(r) *f(m)*

di·vulge [daɪˈvʌldʒ] *vt* enthüllen; *information* weitergeben

DIY [ˌdiːaɪˈwaɪ] *n no pl* BRIT, AUS *abbrev of* **do-it-yourself** Heimwerken *nt*

diz·zi·ness [ˈdɪzɪnəs] *n no pl* Schwindel *m*

diz·zy [ˈdɪzi] *adj* ① (*unsteady*) schwindlig; **~ spells** Schwindelanfälle *pl* ② (*vertiginous*) Schwindel erregend ③ (*rapid*) atemberaubend ④ (*fam: silly*) einfältig

DJ [ˌdiːˈdʒeɪ] *n* ① *abbrev of* **disc jockey** DJ *m* ② BRIT *abbrev of* **dinner jacket**

DNA [ˌdiːenˈeɪ] *n no pl abbrev of* **deoxyribonucleic acid** DNA *f*, DNS *f*

DNA test *n* DNA-Analyse *f*, Gentest *m*

do [duː] I. *aux vb* <does, did, done> ① (*negating verb*) **Frida ~esn't like olives** Frida mag keine Oliven; **I ~n't want to go yet!** ich will noch nicht gehen!; **I ~n't smoke** ich rauche nicht; **it ~esn't matter** das macht nichts; **~n't [you] speak to me like that!** sprich nicht so mit mir!; **~n't be silly** sei nicht albern!; BRIT, AUS **~n't let's argue about it** lasst uns deswegen nicht streiten ② (*forming question*) **~ you like children?** magst du Kinder?; **did he see you?** hat er dich gesehen?; **what did you say?** was hast du gesagt?; **~ you/~es he/she indeed** [*or* **now**]**?** tatsächlich?; **~ I like cheese? I love cheese!** ob ich Käse mag? Ich liebe Käse! ③ (*for emphasis*) **~ come to our party** ach, komm doch zu unserer Party; **can I come? — Please ~!** kann ich mitkommen? – Aber bitte!; **boy, did he yell!** der hat vielleicht geschrien!; **so you ~ like beer after all** du magst also doch Bier; **you ~ look tired** du siehst wirklich müde aus; **~ shut up, Sarah** halte bloß deinen Mund, Sarah; **~ tell me!** sag's mir doch!; **~ I/~es he/she ever!** und ob! ④ (*inverting verb*) **not only did I speak to her, I even ...** ich habe nicht nur mit ihr gesprochen, sondern auch ...; **little ~es she know** sie hat echt keine Ahnung *fam*; (*not yet*) sie ahnt noch nichts ⑤ (*replacing verb*) **she runs much faster than he ~es** sie läuft viel schneller als er; **~ you like Chopin? — Yes, I ~/No, I ~n't** mögen Sie Chopin? – Ja/Nein; **who ate the cake? — I did!/didn't!** wer hat den Kuchen gegessen? – Ich!/Ich nicht!; **I don't like Chinese food — Nor** [*or* **Neither**] **~ I/I** ich esse nicht gerne Chinesisch – Ich auch nicht/Ich schon; **... so ~ I** ... ich auch; **so you don't like her — I ~!** du magst sie also nicht – Doch! ⑥ (*requesting affirmation*) **you don't understand the question, ~ you?** Sie verstehen die Frage nicht, stimmt's?; **you ~ understand what I mean, ~n't you?** du verstehst [doch], was ich meine, oder? ⑦ (*expressing surprise*) **so they really got married, did they?** dann haben sie also wirklich geheiratet! II. *vt* <does, did, done> ① (*perform, undertake*) tun, machen; **just ~ it!** mach's einfach!; **let me ~ the talking** überlass mir das Reden; **what's the front door ~ing open?** warum steht die Haustür offen?; **that was a stupid thing to ~** das war dumm!; **what have you done with my coat?** wo hast du meinen Mantel hingetan?; **what am I going to ~ with myself?** was soll ich nur die ganze Zeit machen?; **these pills have done nothing for me** diese Pillen haben mir überhaupt nicht geholfen; **what are you going to ~ with that hammer?** was hast du mit dem Hammer vor?; **what ~es your father ~?** was macht dein Vater beruflich?; **~n't just stand there, ~ something!** stehen Sie doch nicht nur so rum, tun Sie was!; **today we're going to ~ Chapter 4** heute beschäftigen wir uns mit Kapitel 4; **I found someone to ~ the garden wall** ich habe jemanden gefunden, der die Gartenmauer bauen wird; **can you ~ me 20 photocopies of this report?** kannst du mir diesen Bericht 20-mal kopieren?; **to ~ a bow tie** eine Schleife binden; **to ~ the cooking/shopping** kochen/einkaufen; **to ~ the dishes** das Geschirr abspülen; **to ~ the flowers** die Blumen arrangieren; **to ~**

one's nails sich *dat* die Nägel lackieren; to ~ one's teeth sich *dat* die Zähne putzen; ■ to get sth done etw machen lassen; where ~ you get your hair done? zu welchem Friseur gehst du? ❷ *(study)* studieren; Diane did History at London University Diane hat an der London University Geschichte [im Hauptfach] studiert ❸ *(solve)* lösen; can you ~ this sum for me? kannst du das für mich zusammenrechnen? ❹ *(fam: finish)* are you done? bist du jetzt fertig? ❺ *(travel)* fahren ❻ *(suffice)* ■ to ~ sb jdm genügen; that'll ~ me nicely, thank you das reicht mir dicke, danke! *fam;* I only have diet cola — will that ~ you? ich habe nur Diätcola – trinkst du die auch? ❼ *(provide)* ~ you ~ travel insurance as well? bieten Sie auch Reiseversicherungen an?; sorry, we ~n't ~ hot meals tut mir leid, bei uns gibt es nur kalte Küche ❽ *esp* BRIT *(serve)* drannehmen ❾ *(put on)* play aufführen ❿ *(impersonate)* nachmachen; *(fig)* I hope she won't ~ a Helen and ... ich hoffe, sie macht es nicht wie Helen und ... ⓫ *(fam: cheat)* übers Ohr hauen ⓬ *(fam: spend [time] in jail)* sitzen ⓭ *esp* BRIT *(fam: punish)* fertigmachen; to get done for sth *(by the police)* wegen einer S. *gen* von der Polizei angehalten werden; *(by a court)* für etw *akk* verurteilt werden ⓮ *(fam: take)* to ~ heroin Heroin nehmen ⓯ *(fam: impress)* Bach has never done anything for me Bach hat mich noch nie sonderlich vom Hocker gerissen; that film really did something to me dieser Film hat mich wirklich beeindruckt ⓰ *(euph fam: have sex)* ■ to ~ it with sb mit jdm schlafen ▸ what's done is done *(saying)* was passiert ist, ist passiert; that ~es it! so, das war's jetzt!; that's done it! jetzt haben wir die Bescherung! III. *vi* <does, did, done> ❶ *(behave)* tun; ~ as I ~ mach's wie ich; ~ as you're told tu, was man dir sagt; to ~ well to do sth gut daran tun, etw zu tun ❷ *(fare)* sb is ~ing badly/fine jdm geht es schlecht/gut; mother and baby are ~ing well Mutter und Kind sind wohlauf; George has done well for himself George hat es für seine Verhältnisse weit gebracht; our daughter is ~ing well at school unsere Tochter ist gut in der Schule; to be ~ing well out of sth erfolgreich mit etw *dat* sein ❸ *(fam: finish)* have you done? bist du fertig?; I haven't done with you yet ich bin noch nicht fertig mit dir ❹ *(be acceptable, suffice)* that'll ~ das ist o.k. so; will £10 ~? reichen 10 Pfund?; this kind of behaviour just won't ~! so ein Verhalten geht einfach nicht an!; do you think this will ~ for a blanket? glaubst du, das können wir als Decke nehmen?; that'll ~ as a cushion das geht [erstmal] als Kissen; this will ~ just fine as a table das wird einen guten Tisch abgeben; this will have to ~ for a meal das muss als Essen genügen; will this room ~? ist dieses Zimmer o.k. für Sie?; we'll make ~ with $100 wir müssen mit 100 Dollar reichen; that will never ~ das geht einfach nicht ▸ it isn't done BRIT es ist nicht üblich; that will ~ jetzt reicht's aber!; how ~ you ~? *(form: as introduction)* angenehm; what's ~ing? *(fam)* was ist los? IV. *n* ❶ *esp* BRIT, AUS *(fam: party)* Fete *f* ❷ BRIT *(fam: treatment)* fair ~s gleiches Recht für alle ❸ *no pl (droppings)* dog ~ Hundehäufchen *nt* ❹ *(allowed, not allowed)* the ~s and ~n'ts was man tun und was man nicht tun sollte ◆ do away vi ❶ *(discard)* ■ to ~ away with sth etw loswerden ❷ *(fam: kill)* ■ to ~ away with sb jdn um die Ecke bringen *fam* ◆ do down *vt* schlechtmachen ◆ do in *vt (sl)* ❶ *(kill)* kaltmachen; ■ to ~ oneself in umbringen ❷ *(tire)* schaffen ◆ do out *vt* dekorieren ◆ do over *vt (fam)* ❶ BRIT, AUS *(beat up)* zusammenschlagen ❷ BRIT *(rob)* ausrauben ❸ AM *(redo)* noch einmal machen ◆ do up I. *vt* ❶ *(close)* zumachen; shoes zubinden; zip zuziehen ❷ *(adorn)* herrichten; house renovieren ❸ *(dress)* ■ to ~ oneself up sich zurecht machen ❹ *(hair)* to ~ up one's hair sich *dat* die Haare hochstecken ❺ *(wrap)* einpacken II. *vi* dress zugehen ◆ do with *vi* ❶ BRIT *(fam: bear)* ■ sb can't [*or* cannot] ~ [*or* be ~ing] with sth jd kann etw nicht ertragen ❷ BRIT *(fam: need)* brauchen; I could ~ with a sleep ich könnte jetzt etwas Schlaf gebrauchen ❸ *(be related to)* um etw *akk* gehen; to be [*or* have] nothing to ~ with sth mit etw *dat* nichts zu tun haben; what's that got to ~ with it? was hat das damit zu tun? ❹ *(deal with)* ■ to be [*or* have] to ~ with sth von etw *dat* handeln ❺ *(refuse contact)* to not have anything [more] to ~ with sb nichts [mehr] mit jdm zu tun haben ❻ *(not concern)* sth has nothing to ~ with sb etw geht jdn nichts an ◆ do without *vi* ❶ *(not have)* auskommen ohne ❷ *(prefer not to have)* verzichten auf +*akk*

DOA [ˌdiːəʊˈeɪ] *abbrev of* dead on arrival

DOA (*beim Eintreffen des Krankenwagens bereits tot*)
doc [dɒk] *n* (*fam*) *short for* **doctor** Arzt *m*/Ärztin *f*
doc·ile ['dəʊsaɪl] *adj* sanftmütig
dock¹ [dɒk] **I.** *n* ❶ (*wharf*) Dock *nt*; ■ **the ~s** *pl* die Hafenanlagen; **to be in ~** im Hafen liegen; **dry/floating ~** Trocken-/Schwimmdock *nt* ❷ AM (*pier*) Kai *m* **II.** *vi* ❶ NAUT anlegen ❷ AEROSP andocken (**with** an) **III.** *vt* **to ~ sth** etw eindocken; AEROSP etw aneinanderkoppeln
dock² [dɒk] *n no pl esp* BRIT LAW **to be in the ~** auf der Anklagebank sitzen
dock³ [dɒk] *vt* ❶ (*reduce*) kürzen (**by** um); (*deduct*) abziehen ❷ (*cut off*) [den Schwanz] kupieren
dock⁴ [dɒk] *n no pl* BOT Ampfer *m*
dock·er ['dɒkə^r] *n* Hafenarbeiter(in) *m(f)*
dock·et ['dɒkɪt] *n* ❶ BRIT, AUS (*delivery note*) Lieferschein *m* ❷ AM LAW Terminplan *m* ❸ AM (*agenda*) Tagesordnung *f*
'**dock·yard** *n* Werft *f*
Doc Martens ['dɒk'mɑːtɪnz] *npl*, **DMs** *n* (*fam*) Doc Martens *pl*
doc·tor ['dɒktə^r] **I.** *n* ❶ (*medic*) Arzt *m*/Ärztin *f*; **good morning, D~ Smith** guten Morgen, Herr/Frau Doktor Smith; **at the ~'s** beim Arzt/bei der Ärztin ❷ (*academic*) Doktor *m* ▸ **to be just what the ~ ordered** genau das Richtige sein **II.** *vt* ❶ (*falsify*) fälschen ❷ (*poison*) vergiften ❸ AM (*add alcohol to*) mit Alkohol versetzen ❹ BRIT, AUS (*fam: neuter*) sterilisieren
doc·tor·ate ['dɒktərət] *n* Doktor[titel] *m*
doc·tor·re·com·'mend·ed *adj* ärztlich empfohlen
doc·tri·naire [ˌdɒktrɪ'neə^r] *adj* (*form*) doktrinär
doc·trine ['dɒktrɪn] *n* ❶ *no pl* (*set of beliefs*) Doktrin *f* ❷ (*belief*) Grundsatz *m*
docu·ment ['dɒkjəmənt] **I.** *n* Dokument *nt*; **travel ~s** Reisepapiere *pl* **II.** *vt* dokumentieren
docu·men·tary [ˌdɒkjə'mentªri] **I.** *n* Dokumentation *f*, Dokumentarfilm *m* (**on** über) **II.** *adj* ❶ (*factual*) dokumentarisch, Dokumentar- ❷ (*official*) urkundlich, Urkunden-
docu·men·ta·tion [ˌdɒkjəmen'teɪʃªn] *n no pl* ❶ (*proof*) [dokumentarischer] Nachweis ❷ (*manual*) Informationsmaterial *nt* ❸ (*papers*) Ausweispapiere *pl*
docu·soap ['dɒkjuːsəʊp] *n* Doku-Soap *f*
DOD [ˌdiːoʊ'diː] *n* AM *abbrev of* **Department of Defense** Verteidigungsministerium *nt*

dod·der·ing ['dɒdªrɪŋ] *adj*, **dod·dery** ['dɒdªri] *adj* (*fam*) tattrig; **~ old man** Tattergreis *m*
dod·dle ['dɒdl] *n no pl* BRIT (*fam*) ■ **to be a ~** ein Kinderspiel sein
dodge [dɒdʒ] **I.** *vt* ❶ (*duck*) ausweichen +*dat* ❷ (*evade*) sich entziehen; *military service* sich drücken vor +*dat*; *question* ausweichend beantworten; ■ **to ~ doing sth** um etw *akk* herumkommen **II.** *vi* ausweichen **III.** *n* (*fam*) Trick *m*
Dodg·em® ['dɒdʒəm] *n*, **Dodg·em car**® *n* Autoscooter *m*
dodg·er ['dɒdʒə^r] *n* (*pej*) Drückeberger(in) *m(f)*; **to be a draft ~** sich vor dem Militärdienst drücken; **fare ~** Trittbrettfahrer(in) *m(f)*; **tax ~** Steuerhinterzieher(in) *m(f)*
dodgy ['dɒdʒi] *adj* BRIT, AUS (*fam*) ❶ (*unreliable*) zweifelhaft; *weather* unbeständig ❷ (*dishonest*) unehrlich ❸ (*risky*) riskant
dodo <*pl* -s *or* -es> ['dəʊdəʊ] *n* (*hist*) Dodo *m* ▸ **to be as <u>dead</u> as a ~** völlig überholt sein
doe [dəʊ] *n* ❶ (*deer*) Hirschkuh *f*, [Reh]geiß *f* ❷ (*hare or rabbit*) Häsin *f*
DoE [ˌdiːəʊ'iː] *n* BRIT *abbrev of* **Department of the Environment** Umweltministerium *nt*
doer ['duːə^r] *n* (*approv*) Macher *m*
does [dʌz, dəz] *vt, vi, aux vb 3rd pers sing of* **do**
doesn't [dʌzªnt] = **does not** *see* **do** I, II
dog [dɒg] **I.** *n* ❶ (*canine*) Hund *m*; **good ~!** braver Hund!; **~ food** Hundefutter *nt* ❷ *pl* (*fam: dog races*) ■ **the ~s** das Hunderennen ❸ (*pej: nasty man*) Hund *m*; (*sl: ugly woman*) Vogelscheuche *f*; **the** [**dirty**] **~!** der [gemeine] Hund! ❹ (*sl: failure*) Flop *m* ▸ **a ~'s <u>breakfast</u>** BRIT Pfusch *m*; **to make a ~'s breakfast of sth** etw verpfuschen; **every ~ has its <u>day</u>** (*prov*) auch ein blindes Huhn findet mal ein Korn; **to be done up like a ~'s <u>dinner</u>** BRIT wie ein Papagei angezogen sein; **a ~'s <u>life</u>** ein Hundeleben; **~ <u>eat</u> ~** jeder gegen jeden; **to go to the ~s** vor die Hunde gehen; **to put on the ~** AM, AUS sich aufspielen; **to turn ~ on sb** AUS jdn verpfeifen **II.** *vt* <-gg-> ❶ (*follow*) ständig verfolgen ❷ (*beset*) begleiten
'**dog bis·cuit** *n* Hundekuchen *m* '**dog col·lar** *n* ❶ (*of a dog*) Hundehalsband *nt* ❷ (*fam: of a vicar*) Halskragen *m* [eines Geistlichen] '**dog-eared** *adj* mit Eselsohren
dog·ged ['dɒgɪd] *adj* verbissen, zäh
dog·ged·ly ['dɒgɪdli] *adj* beharrlich

dog·ged·ness ['dɒgɪdnəs] *n no pl* Beharrlichkeit *f,* Hartnäckigkeit *f*
dog·ger·el ['dɒgᵊrᵊl] *n no pl* Knittelvers *m*
'**dog·house** *n* AM Hundehütte *f* ▶ **to be in the ~** in Ungnade gefallen sein
dog·ma ['dɒgmə] *n* Dogma *nt*
dog·mat·ic [dɒg'mætɪk] *adj* dogmatisch (**about** in)
'**dogs·body** *n* BRIT, AUS (*fam*) Kuli *m;* **general ~** Mädchen *nt* für alles **dog-'tired** *adj* (*fam*) hundemüde '**dog walk·er** *n* Hundeausführer(in) *m(f)*
do·ing ['du:ɪŋ] *n* ❶ *no pl* (*sb's work*) **to be sb's ~** jds Werk sein; **that's all your ~** daran bist allein du schuld; **to take some** [*or* **a lot of**] **~** ganz schön anstrengend sein ❷ *pl* (*activities*) ■**~s** Tätigkeiten *pl* ▶ **nothing ~!** (*fam*) das kannst du/könnt ihr knicken! *fam*
do-it-your·self [ˌduːɪtjɔː'self] *n no pl see* **DIY**
dol·drums ['dɒldrəmz] *npl* (*old*) Kalmenzone *f* ▶ **to be in the ~** (*be in low spirits*) deprimiert [*o* niedergeschlagen] sein
dole [dəʊl] I. *n* ■**the ~** das Arbeitslosengeld, die Arbeitslosenunterstützung, die Stütze *fam;* **to go on the ~** stempeln gehen II. *vt* **to ~ out** sparsam austeilen (**to** an)
dole·ful ['dəʊlfᵊl] *adj* traurig
doll [dɒl] I. *n* ❶ (*toy*) Puppe *f* ❷ (*fam: attractive woman*) Puppe *f* ❸ AM (*approv fam: kind person*) **be a ~ and ...** sei [doch bitte] so lieb und ... II. *vt* ■**to ~ oneself up** sich herausputzen
dol·lar ['dɒlə] *n* Dollar *m*
'**dol·lar store** *n* AM Ramschladen *m*
dol·lop ['dɒləp] *n* Klacks *m kein pl*
dol·ly ['dɒli] *n* ❶ (*doll*) Püppchen *nt* ❷ FILM Dolly *m*
dol·phin ['dɒlfɪn] *n* Delphin *m*
dolt [dəʊlt] *n* (*pej*) Tollpatsch *m*
do·main [də(ʊ)'meɪn] *n* ❶ (*area*) Reich *nt,* Gebiet *nt* ❷ COMPUT Domäne *f;* TELEC Domain *f*
dome [dəʊm] *n* Kuppel *f;* **~ roof** Kuppeldach *nt*
domed [dəʊmd] *adj* gewölbt, kuppelförmig; **~ ceiling** Kuppeldach *nt*
do·mes·tic [də'mestɪk] *adj* ❶ (*household*) häuslich; **~ appliance** [elektrisches] Haushaltsgerät; **to be in ~ service** als Hausangestellte(r) *f(m)* arbeiten; **~ violence** Gewalt *f* in der Familie; **~ work** Hausarbeit *f* ❷ ECON, POL inländisch; **~ airline** Inlandsfluggesellschaft *f;* **~ considerations** innenpolitische Erwägungen; **~ market** Binnenmarkt *m;* **~ policy** Innenpolitik *f;* **~ product** einheimisches Produkt; **gross ~ product** Bruttoinlandsprodukt *nt;* **~ trade** Binnenhandel *m*
do·mes·ti·cate [də'mestɪkeɪt] *vt* ❶ (*tame*) zähmen ❷ (*accustom to home life*) häuslich machen
do·mes·ti·ci·ty [ˌdəʊmes'tɪsəti] *n no pl* Häuslichkeit *f,* häusliches Leben
do·mes·tic 'sci·ence *n* Hauswirtschaftslehre *f* **do·mes·tic 'vio·lence** *n* Gewalt *f* in der Familie, häusliche Gewalt
domi·cile ['dɒmɪsaɪl] (*form*) I. *n* Wohnsitz *m* II. *vi* **to be ~d in ...** in ... ansässig sein
domi·nance ['dɒmɪnən(t)s] *n no pl* ❶ (*superior position*) Vormacht[stellung] *f* ❷ (*being dominant*) Dominanz *f,* Vorherrschaft *f* (**over** über)
domi·nant ['dɒmɪnənt] *adj* ❶ (*controlling*) *colour, culture* vorherrschend; *issue, position* beherrschend; *personality* dominierend; **~ male** männliches Leittier ❷ BIOL, MUS dominant
domi·nate ['dɒmɪneɪt] I. *vt* ❶ (*have control*) beherrschen; **they ~d the rest of the match** sie gingen für den Rest des Spieles in Führung; **to be ~d by ambition** vom Ehrgeiz beherrscht sein ❷ PSYCH dominieren II. *vi* dominieren
domi·na·tion [ˌdɒmɪ'neɪʃᵊn] *n no pl* ❶ (*state of dominating*) [Vor]herrschaft *f;* **world ~** Weltherrschaft *f* ❷ (*controlling position*) Vormachtstellung *f*
domi·neer·ing [ˌdɒmɪ'nɪərɪŋ] *adj* herrschsüchtig, herrisch
Domi·ni·ca [ˌdɒmɪ'niːkə] *n* Dominica *nt*
Do·mini·can [də'mɪnɪkən] I. *adj* ❶ REL Dominikaner- ❷ (*relating to Dominican Republic*) dominikanisch II. *n* Dominikaner(in) *m(f)*
Do·mini·can Re·'pub·lic *n* Dominikanische Republik
do·min·ion [də'mɪnjən] *n* ❶ *no pl* (*form: sovereignty*) Herrschaft *f* (**over** über) ❷ (*realm*) Herrschaftsgebiet *nt* ❸ POL, HIST ■**D~** Dominion *nt*
domi·no <*pl* -es> ['dɒmɪnəʊ] *n* ❶ (*piece*) Dominostein *m* ❷ (*game*) ■**~es** + *sing vb,* *no art* Domino[spiel] *nt*
don¹ [dɒn] *n* ❶ BRIT (*university teacher, esp at Oxford or Cambridge*) [Universitäts]dozent(in) *m(f)* ❷ AM (*sl: mafia boss*) Mafiaboss *m*
don² <-nn-> [dɒn] *vt* (*liter*) anziehen; *hat* aufsetzen
do·nate [də(ʊ)'neɪt] *vt, vi* spenden (**to** für)

do·na·tion [dəˈ(ʊ)neɪʃ(ə)n] *n* ❶ (*contribution*) [Geld]spende *f*; (*endowment*) Stiftung *f*; LAW Schenkung *f*; **~s to political parties** Parteispenden *pl*; **charitable ~s** Spenden *pl* für wohltätige Zwecke ❷ *no pl* (*act of donating*) Spenden *nt*

done [dʌn] *pp of* **do**

don·key [ˈdɒŋki] *n* Esel *m* a. fig

ˈ**don·key jack·et** *n* BRIT gefütterte, wasserdichte Jacke ˈ**don·key work** *n no pl* (*fam*) Dreck[s]arbeit *f*

do·nor [ˈdəʊnəʳ] *n* Spender(in) *m(f)*; (*for large sums*) Stifter(in) *m(f)*; LAW Schenker(in) *m(f)*

don't [dəʊnt] *see* **do not** *see* **do I, II**

do·nut *n* AM, AUS *see* **doughnut**

doo·dle [ˈduːdl] **I.** *vi* vor sich *akk* hinkritzeln **II.** *n* Gekritzel *nt kein pl*

doom [duːm] **I.** *n* ❶ (*grim destiny*) Verhängnis *nt kein pl*, [schlimmes] Schicksal ❷ (*disaster*) Unheil *nt* **II.** *vt* verdammen

doomed [duːmd] *adj* ❶ (*destined to end badly*) verdammt ❷ (*condemned*) verurteilt

dooms·day [ˈduːmzdeɪ] *n no pl* der Jüngste Tag

door [dɔːʳ] *n* ❶ (*entrance*) Tür *f*; **to be on the ~** Türsteher sein; ■ **at the ~** an der Tür; **out of ~s** im Freien, draußen ❷ (*house*) **two ~s away** zwei Häuser weiter; **two ~s down/up** zwei Häuser die Straße runter/rauf; **next ~** nebenan; ~ **to ~** von Tür zu Tür ❸ (*room*) **two ~s down/up** zwei Zimmer den Gang hinunter/hinauf ❹ (*fig*) **to close the ~ on sth** etw ausschließen; **to leave the ~ open to sth** die Tür für etw *akk* offen lassen; **to open the ~ to sth** etw ermöglichen ▶ **to shut the stable ~ after the horse has bolted** (*prov*) den Brunnen zudecken, wenn das Kind schon hineingefallen ist

ˈ**door·bell** *n* Türklingel *f* ˈ**door·frame** *n* Türrahmen *m* ˈ**door·keep·er** *n* Portier *m* ˈ**door·knob** *n* Türknauf *m* ˈ**door·man** *n* Portier *m* ˈ**door·mat** *n* ❶ (*thing*) Fußmatte *f*, Fußabstreifer *m bes* SÜDD ❷ (*fig, pej: person*) Waschlappen *m* ˈ**door·nail** *n* **as dead as a ~** mausetot ˈ**door poli·cy** *n of a club, bar etc* Einlasskriterien *pl* ˈ**door·step I.** *n* ❶ (*step outside a house door*) Türstufe *f*; **don't keep her on the ~, invite her in** lass sie nicht in der Tür stehen, bitte sie herein; **right on the ~** (*fig*) direkt vor der Haustür ❷ BRIT (*sl: thick slice of bread*) dicke Scheibe Brot **II.** *vt* <-pp-> BRIT JOURN (*fam*) ■ **to ~ sb** jdm [vor der Haustür] auflauern **door-to-**ˈ**door** *adj* von Haus zu Haus ˈ**door·way** *n* [Tür]eingang *m*; **to stand in the ~** in der Tür stehen

dope [dəʊp] **I.** *n* ❶ *no pl* (*fam: illegal drug*) Rauschgift *nt*, Stoff *m sl* ❷ (*sl: stupid person*) Trottel *m* **II.** *adj* AM (*sl: Black English: good*) cool **III.** *vt* dopen

dopey [ˈdəʊpi] *adj* ❶ (*drowsy*) benebelt ❷ (*pej: silly*) blöd

dork [dɔːk, AM dɔːrk] *n* AM, AUS (*pej sl*) Trottel *m pej fam*

dor·mant [ˈdɔːmənt] *adj* ❶ (*inactive*) *volcano* untätig; *talents* brach liegend ❷ BOT, BIOL ■ **to be ~** ruhen; **to lie ~** schlafen; *seeds* ruhen

dor·mer [ˈdɔːməʳ] *n*, **dor·mer ˈwin·dow** *n* Mansardenfenster *nt*

dor·mi·tory [ˈdɔːmɪtʰri] *n* ❶ (*sleeping quarters*) Schlafsaal *m* ❷ AM (*student hostel*) Studentenwohnheim *nt*

Dor·mo·bile® [ˈdɔːməbiːl] *n* Campingbus *m*, Wohnmobil *nt*

dor·mouse [ˈdɔːmaʊs] *n* Haselmaus *f*

dor·sal [ˈdɔːsəl] *adj* Rücken-

dos·age [ˈdəʊsɪdʒ] *n* (*size of dose*) Dosis *f*; (*giving of medicine*) Dosierung *f*

dose [dəʊs] **I.** *n* (*dosage*) Dosis *f a. fig*; **in small ~s** (*fig*) in kleinen Mengen; **she's nice, but only in small ~s** sie ist nett, wenn man nicht zu viel mit ihr zu tun hat; **like a ~ of salts** (*fig*) in null Komma nichts **II.** *vt* [medizinisch] behandeln

dosh [dɒʃ] *n no pl* BRIT, AUS (*sl: money*) Kohle *f*

doss [dɒs] *vi* BRIT, AUS (*fam*) pennen

doss·er [ˈdɒsəʳ] *n* BRIT (*pej sl*) ❶ (*homeless person*) Penner(in) *m(f)* ❷ (*idle person*) Faulenzer(in) *m(f)*

ˈ**doss·house** *n* BRIT (*sl*) Penne *f*

dos·si·er [ˈdɒsieɪ] *n* Dossier *nt*

dot [dɒt] **I.** *n* Punkt *m*; (*on material*) Tupfen *m*; **at two o'clock on the ~** [*or* **on the ~ of two o'clock**] Punkt zwei Uhr **II.** *vt* <-tt-> ❶ (*make a dot*) mit einem Punkt versehen; **to ~ one's** [*or* **the**] **i's and cross one's** [*or* **the**] **t's** (*fig*) sehr penibel sein ❷ *usu passive* (*scatter*) ■ **to be ~ted with sth** mit etw *dat* übersät sein

dote [dəʊt] *vi* ■ **to ~ on sb** in jdn [ganz] vernarrt sein

dot·ing [ˈdəʊtɪŋ] *adj* vernarrt

dot-ˈ**ma·trix print·er** *n* Matrixdrucker *m*

dot·ty [ˈdɒti] *adj* verschroben, schrullig

dou·ble [ˈdʌbl] **I.** *adj* ❶ (*twice, two*) doppelt; **'cool' has a ~ o in the middle** ‚cool' wird mit zwei o in der Mitte geschrieben; **my telephone number is ~ three, one,**

five meine Telefonnummer ist zweimal die drei, eins, fünf; **his salary is ~ what I get** sein Gehalt ist doppelt so hoch wie meines; **~ the price** doppelt so teuer ❷ *(of two equal parts, layers)* Doppel-; *pneumonia* doppelseitig; **~ door|s|** *(with two parts)* Flügeltür *f;* *(twofold)* Doppeltür *f;* **~ life** Doppelleben *nt;* **to have a ~ meaning** doppeldeutig sein **II.** *adv* ❶ *(twice as much)* doppelt so viel; **to charge sb ~** jdm das Doppelte berechnen ❷ *(two times)* **to see ~** doppelt sehen ❸ *(in the middle)* **to be bent ~** sich niederbeugen; *(with laughter, pain)* sich krümmen; **bent ~** in gebückter Haltung **III.** *n* ❶ *no pl (double quantity)* ■ **the ~** das Doppelte, das Zweifache ❷ *(whisky, gin)* Doppelte(r) *m* ❸ *(duplicate person)* Doppelgänger(in) *m(f)* ❹ FILM Double *nt* ❺ SPORTS ■ **~s** *pl* Doppel *nt;* *(baseball)* Double *nt;* **men's/women's ~s** Herren-/Damendoppel *nt;* **mixed ~s** gemischtes Doppel ❻ *(in games of dice)* **~ four** Viererpasch *m;* **~ of dice)** Pasch *m;* **~** ▶ **~ or quits** doppelt oder nichts; **on** [*or* **at**] **the ~** im Eiltempo; MIL im Laufschritt **IV.** *vt* verdoppeln **V.** *vi* ❶ *(increase twofold)* sich verdoppeln ❷ *(serve a second purpose)* eine Doppelfunktion haben; *(play)* THEAT eine Doppelrolle spielen; **the kitchen table ~s as my desk** der Küchentisch dient auch als mein Schreibtisch ◆**double back** *vi* kehrtmachen ◆**double over** *vi* sich krümmen (**in/with** vor) ◆**double up** *vi* ❶ *(bend over)* sich krümmen (**in/with** vor) ❷ *(share a room)* sich *dat* ein Zimmer teilen

dou·ble-'bar·relled *adj,* AM **dou·ble-'bar·reled** *adj* ❶ *(having two barrels)* doppelläufig ❷ AM, AUS *(having two purposes)* zweideutig ❸ *esp* BRIT *(hyphenated)* **~ name** Doppelname *m*

dou·ble 'bass *n* Kontrabass *m* **dou·ble 'bed** *n* Doppelbett *nt* **dou·ble-'breast·ed** *adj* zweireihig; **~ suit** Zweireiher *m* **dou·ble-'check** *vt* *(verify again)* noch einmal überprüfen, zweifach überprüfen [*o* kontrollieren] **dou·ble 'chin** *n* Doppelkinn *nt* **dou·ble-'click** COMPUT **I.** *vt* doppelt anklicken **II.** *vi* doppelklicken **dou·ble-'cross** **I.** *vt* ■ **to ~ sb** mit jdm ein falsches Spiel treiben **II.** *n* <*pl* -es> Doppelspiel *nt* **dou·ble-'deal·ing** *(pej)* **I.** *n* *no pl* Betrügerei *f* **II.** *adj* betrügerisch **dou·ble-'deck·er** *n* Doppeldecker *m* **dou·ble 'Dutch** *n* *no pl* ❶ *(fam: incomprehensible words)* Kauderwelsch *nt;* **it sounds like ~ to me** ich verstehe nur Bahnhof ❷ AM *(jump rope style)* Seilhüpfen *nt* mit zwei Seilen **dou·ble-'edged** *adj* zweischneidig *a. fig* **dou·ble 'fea·ture** *n* FILM Doppelprogramm *nt* **dou·ble-'glaze** *vt* doppelt verglasen **dou·ble-'glaz·ing** *n* *no pl* Doppelverglasung *f* **dou·ble-'joint·ed** *adj* äußerst gelenkig **dou·ble-'park** *vt, vi* in der zweiten Reihe parken **dou·ble-'quick** **I.** *adv* sehr schnell **II.** *adj* sofortig; **in ~ time** in null Komma nichts **dou·ble 'stand·ard** *n* Doppelmoral *f* *kein pl;* **to apply ~s** mit zweierlei Maß messen **dou·ble 'take** *n* verzögerte Reaktion; ■ **to do a ~** zweimal hinschauen **dou·ble 'time** *n* *no pl* ❶ *(double pay)* doppelter Stundenlohn; **to be paid ~** den doppelten Stundenlohn erhalten ❷ MIL Laufschritt *m*

dou·bly ['dʌbli] *adv* doppelt

doubt [daʊt] **I.** *n* ❶ *no pl (lack of certainty)* Zweifel *m* (**about** an); ■ **to be in ~**

---

doubt

expressing doubt	Zweifel ausdrücken
I'm not so sure about that.	Da bin ich mir nicht so sicher.
I find that hard to believe.	Es fällt mir schwer, das zu glauben.
I cannot really believe that.	So ganz kann ich das nicht glauben.
I don't quite buy his story.	Das kaufe ich ihm nicht ganz ab.
I don't really know.	Ich weiß nicht so recht.
I have my doubts as to whether he really was serious about it/that.	Ich habe da so meine Zweifel, ob er es wirklich ernst gemeint hat.
I very much doubt (that) we will finish this week.	Ich glaube kaum, dass wir noch diese Woche damit fertig werden.
It is by no means certain that the campaign will achieve the desired aims.	Ob die Kampagne die gewünschten Ziele erreichen wird, ist noch zweifelhaft.

ungewiss sein; ▪**to be in ~ about sth** über etw *akk* im Zweifel sein; **no ~** zweifellos; **open to ~** fraglich, unsicher; **beyond reasonable ~** LAW jeden Zweifel ausschließend; **without a ~** ohne jeden Zweifel; **to cast ~ on sth** etw in Zweifel ziehen ❷ (*feeling of uncertainty*) Ungewissheit *f*, Bedenken *pl*; **I never had any ~ [that] you would win** ich habe nie im Geringsten daran gezweifelt, dass du gewinnen würdest **II.** *vt* ❶ (*be unwilling to believe*) ▪**to ~ sb** jdm misstrauen; ▪**to ~ sth** Zweifel an etw *dat* haben ❷ (*call in question*) ▪**to ~ sb** jdm nicht glauben; ▪**to ~ sth** etw anzweifeln; **to ~ sb's abilities** an jds Fähigkeiten zweifeln ❸ (*feel uncertain*) ▪**to ~ that ...** bezweifeln, dass ...; ▪**to ~ whether** [*or* **if**] **...** zweifeln, ob ...

doubt·ful ['daʊtfəl] *adj* ❶ (*expressing doubt*) zweifelnd; **the expression on her face was ~** sie blickte skeptisch ❷ (*uncertain, undecided*) unsicher, unschlüssig; ▪**to be ~ about sth** über etw *akk* im Zweifel sein ❸ (*unlikely*) fraglich, ungewiss; ▪**to be ~ whether** [*or* **if**] **...** zweifelhaft sein, ob ... ❹ (*questionable*) fragwürdig, zweifelhaft

doubt·less ['daʊtləs] *adv* sicherlich
dough [dəʊ] *n* ❶ (*for baking*) Teig *m* ❷ *no pl esp* AM (*sl: money*) Knete *f*
dough·nut *n* Donut *m*
doughy ['dəʊi] *adj* teigig *a. fig*
dour ['dʊər, 'daʊər] *adj person* mürrisch; *face* düster; *expression* finster; *struggle* hart[näckig]
douse [daʊs] *vt* ❶ (*drench*) übergießen ❷ (*extinguish*) ausmachen; *fire* löschen
dove[1] [dʌv] *n* Taube *f a. fig*
dove[2] [dəʊv] *vi* AM *pt of* **dive**
dove·cot(e) ['dʌvkɒt] *n* Taubenschlag *m*
Do·ver ['dəʊvər] *n* Dover *nt*
'dove·tail I. *vi* übereinstimmen **II.** *vt* TECH (*in wood*) verschwalben; (*in metal*) verzinken **III.** *n* (*wood*) Schwalbenschwanz *m*; (*metal*) Zinken *m*
dowa·ger ['daʊədʒər] *n* [adlige] Witwe; **~ queen** [*or* **queen ~**] Königinwitwe *f*
dow·dy ['daʊdi] *adj* (*pej*) ohne jeden Schick
down[1] [daʊn] **I.** *adv* ❶ (*movement to a lower position*) hinunter; (*towards the speaker*) herunter; **"~!"** (*to a dog*) „Platz!" ❷ (*downwards*) nach unten; **head ~** mit dem Kopf nach unten ❸ (*in a lower position*) unten; **~ here/there** hier/dort unten ❹ (*in the south*) im Süden, unten *fam*; (*towards the south*) in

den Süden, runter *fam*; **things are much more expensive ~ south** unten im Süden ist alles viel teurer; **how often do you come ~ to Cornwall?** wie oft kommen Sie nach Cornwall runter? *fam* ❺ (*away from the centre*) außerhalb; **he has a house ~ by the harbour** er hat ein Haus draußen am Hafen ❻ (*fam: badly off*) unten; **to be ~ on one's luck** eine Pechsträhne haben; **to kick sb when he's ~** jdn treten, wenn er schon am Boden liegt ❼ (*have only*) **she was ~ to her last bar of chocolate** sie hatte nur noch einen Riegel Schokolade ❽ (*ill*) **to be ~ with sth** an etw *dat* erkrankt sein; **she's ~ with flu** sie liegt mit einer Grippe im Bett; **to come ~ with sth** etw kriegen ❾ SPORTS im Rückstand ❿ (*at/to a lower amount*) **he was only $50 ~** er hatte erst 50 Dollar verloren; **to get the price ~** den Preis drücken ⓫ (*including*) **from the mayor ~** angefangen beim Bürgermeister; **from the director ~ to the secretaries** vom Direktor angefangen bis hin zu den Sekretärinnen ⓬ (*on paper*) **to have sth ~ in writing** [*or* **on paper**] etw schriftlich haben; **to get** [*or* **put**] **sb ~ for sth** jdn für etw *akk* vormerken ⓭ (*already finished*) **two lectures ~, eight to go** zwei Vorlesungen haben wir schon besucht, es bleiben also noch acht ⓮ (*as initial payment*) als Anzahlung; **to pay** [*or* **put**] **£100 ~** 100 Pfund anzahlen ⓯ (*attributable*) ▪**to be ~ to sth** auf etw *akk* zurückzuführen sein; **to be ~ to sb** jds Sache sein; **it's all ~ to you now** nun ist es an Ihnen ⓰ (*in crossword puzzles*) senkrecht ▶ **~ to the ground** völlig; **that suits me ~ to the ground** ist genau das Richtige für mich **II.** *prep* ❶ (*in a downward/downhill direction*) hinunter; (*towards the speaker*) herunter; **up and ~ the stairs** die Treppe rauf und runter; **she poured the milk ~ the sink** sie schüttete die Milch in den Abfluss ❷ (*downhill*) hinunter; **to come/go ~ the mountain** den Berg herunter-/hinuntersteigen ❸ (*along*) entlang; **go ~ the street** gehen Sie die Straße entlang; **her office is ~ the corridor on the right** ihr Büro ist weiter den Gang entlang auf der rechten Seite; **we drove ~ the motorway as far as Bristol** wir fuhren auf der Schnellstraße bis Bristol; **I ran my finger ~ the list of ingredients** ich ging mit dem Finger die Zutatenliste durch; **her hair reached most of the way ~ her back** ihre Haare reichten fast ihren ganzen Rücken hinunter; **~ the river** flussabwärts ❹ (*through time*) ~ **the centuries** die Jahrhunderte hindurch; ~ **the generations** über Generationen hinweg ❺ BRIT, AUS (*fam: to*) **we went ~ the pub** wir gingen in die Kneipe; **to go ~ the shops** einkaufen gehen ❻ (*inside*) **you'll feel better once you've got some hot soup ~ you** du wirst dich besser fühlen, sobald du ein bisschen heiße Suppe im Magen hast III. *adj* <more down, most down> ❶ (*moving downward*) abwärtsführend; **the ~ escalator** die Rolltreppe nach unten ❷ (*fam: unhappy*) niedergeschlagen, down *fam* ❸ (*fam: disapprove of*) ■ **to be ~ on sb** jdn auf dem Kieker haben ❹ (*not functioning*) außer Betrieb; *telephone lines* tot ❺ (*sunk to a low level*) **the river is ~** der Fluss hat Niedrigwasser IV. *vt* ❶ (*knock down*) ■ **to ~ sb** jdn zu Fall bringen; BOXING jdn niederschlagen ❷ (*shoot down*) ■ **to ~ sth** etw abschießen ❸ *esp* BRIT **to ~ tools** die Arbeit niederlegen ❹ AM, AUS SPORTS (*beat*) schlagen ❺ (*drink quickly*) hinunterkippen V. *n* ❶ (*bad fortune*) **we've had our ups and ~s** wir haben schon Höhen und Tiefen durchgemacht ❷ *no pl* (*fam: dislike*) ■ **to have a ~ on sb** jdn auf dem Kieker haben ❸ AM FBALL Versuch *m* VI. *interj* ~ **with taxes!** weg mit den Steuern!; ~ **with the dictator!** nieder mit dem Diktator!

down² [daʊn] *n no pl* (*soft feathers*) Daunen *pl;* ~ **quilt** Daunendecke *f*

down³ [daʊn] *n esp* BRIT [baumloser] Höhenzug; ■ **the ~s** *pl* die Downs (*an der Südküste Englands*)

down-and-'out I. *adj* heruntergekommen II. *n* (*pej*) Penner(in) *m(f)*

'**down·cast** *adj* ❶ (*sad*) niedergeschlagen ❷ (*looking down*) gesenkt '**down·fall** *n* ❶ (*ruin*) Untergang *m,* Fall *m fig; of government* Sturz *m* ❷ (*cause of ruin*) Ruin *m;* **drinking was his ~** das Trinken hat ihn ruiniert '**down·grade** I. *vt* ■ **to ~ sb** jdn degradieren; ■ **to ~ sth** etw herunterstufen II. *n* ❶ (*case of demotion*) Degradierung *f* ❷ AM (*downward slope*) Gefälle *nt* **down·'heart·ed** *adj* niedergeschlagen '**down·hill** I. *adv* (*downwards*) bergab, abwärts; **to go ~** *person* heruntergehen; *vehicle* herunterfahren; *road, path* bergab führen; (*fig*) *person* bergab gehen; *situation* sich verschlechtern II. *adj* **it's all ~ from here** von hier geht es nur noch bergab; **to be ~** [**all the way**] leichter werden **down·'load** *vt* COMPUT herunterladen (**to** auf) **down·'mar·ket** I. *adj* weniger anspruchsvoll, für den Massenmarkt; ~ **product** Billigprodukt *nt* II. *adv* auf den Massenmarkt ausgerichtet **down 'pay·ment** *n* Anzahlung *f;* **to make** [*or* **put**] **a ~ on sth** eine Anzahlung für etw *akk* leisten **down·'play** *vt* herunterspielen '**down·pour** *n* Regenguss *m,* Platzregen *m* '**down·right** I. *adj* völlig; *disgrace* ausgesprochen; *lie* glatt; *nonsense* komplett II. *adv* (*completely*) ausgesprochen; ~ **dangerous** schlichtweg gefährlich

down·'riv·er I. *adj* flussabwärts [*o* stromabwärts] gelegen II. *adv* flussabwärts, stromabwärts '**down·side** *n no pl* Kehrseite *f* '**down·size** *vi* ECON Personal abbauen '**down·stairs** I. *adv* treppab, die Treppe hinunter, nach unten; **there's a man ~** unten steht ein Mann II. *adj* ❶ (*one floor down*) im unteren Stockwerk; **there's a ~ bathroom** unten gibt es ein Badezimmer ❷ (*on the ground floor*) im Erdgeschoss III. *n no pl* Erdgeschoss *nt* '**down·stream** I. *adv* stromabwärts II. *adj* stromabwärts gelegen '**down·time** *n no pl* MECH Ausfallzeit *f* **down-to-'earth** *adj* nüchtern '**down·town** AM I. *n no pl, no art* Innenstadt *f* II. *adj, adv* in der Innenstadt; (*towards*) in die Innenstadt '**down·trod·den** *adj* unterdrückt '**down·turn** *n* ECON Rückgang *m;* **economic ~** Konjunkturabschwung *m*

down·ward ['daʊnwəd] I. *adj* nach unten [gerichtet]; **to be on a ~ trend** sich im Abwärtstrend befinden II. *adv esp* AM *see* **downwards**

down·wards ['daʊnwədz] *adv* ❶ (*in/toward a lower position*) abwärts, nach unten, hinunter ❷ (*to a lower number*) nach unten

dow·ry ['daʊri] *n* Mitgift *f*

dowse¹ [daʊz] *vi* mit einer Wünschelrute suchen

dowse² [daʊz] *vt see* **douse**

dows·er ['daʊzəʳ] *n* [Wünschel]rutengänger(in) *m(f)*

dows·ing ['daʊzɪŋ] *n no pl* Wünschelrutengehen *nt;* ~ **rod** Wünschelrute *f*

doy·en ['dɔɪen] *n* Altmeister *m*

doy·enne [dɔɪ'en] *n* Altmeisterin *f*

doz. *abbrev of* **dozen** Dtzd.

doze [dəʊz] I. *n* Nickerchen *nt;* **to have a ~** ein Nickerchen machen II. *vi* dösen

doz·en ['dʌzən] *n* Dutzend *nt;* **half a ~** ein halbes Dutzend; **two ~ people** zwei Dutzend Leute; **~s of times** x mal; **by the ~** zu Dutzenden ▶ **to talk** <u>**nineteen**</u> **to the ~** reden wie ein Wasserfall

dozy ['dəʊzi] *adj* ❶ (*drowsy*) schläfrig ❷ BRIT (*fam: stupid*) dumm; ~ **idiot** Trottel *m*

Dr *n abbrev of* **doctor** Dr.

drab <-bb-> [dræb] *adj* trist; *colours* trüb; *person* farblos; *surroundings* trostlos

dra·co·nian [drə'kəʊniən] *adj* drakonisch

draft¹ [drɑːft] **I.** *n* ❶ (*preliminary version*) Entwurf *m*; **preliminary ~** Vorentwurf *m*; **rough ~** Rohentwurf *m* ❷ *no pl* MIL Einberufung *f*; **~ card** Einberufungsbescheid *m*; **~ order** Einberufungsbefehl *m* **II.** *adj* ❶ (*preliminary*) Entwurfs-; **~ contract** Vertragsentwurf *m* ❷ (*relating to military conscription*) Einberufungs-; **~ board** Wehrersatzbehörde *f*; **~ exemption** Befreiung *f* vom Wehrdienst **III.** *vt* ❶ (*prepare*) entwerfen; *bill* verfassen; *contract* aufsetzen; *proposal* ausarbeiten ❷ MIL **to ~ sb into the army** jdn zum Wehrdienst einberufen

draft² *n, adj* AM *see* **draught**

'**draft dodg·er** *n* (*conscientious objector*) Wehrdienstverweigerer *m*/-verweigerin *f*; (*shirker*) Drückeberger(in) *m(f)*

draftee [ˌdrɑːˈtiː] *n* Wehrpflichtige(r) *f(m)*

draft·ing ['drɑːftɪŋ] *n no pl* ECON, FIN Verfassen *nt*, Formulieren *nt*

drafts·man *n* AM *see* **draughtsman**

drafty *adj* AM *see* **draughty**

drag [dræg] **I.** *n* ❶ *no pl* PHYS Widerstand *m*; AVIAT Luftwiderstand *m*; NAUT Wasserwiderstand *m* ❷ *no pl* (*fig: impediment*) Hemmschuh *m*; **to be a ~ on sb** ein Klotz an jds Bein sein ❸ *no pl* (*fam: bore*) langweilige Sache; **what a ~!** so'n Mist! *sl* ❹ *no pl* (*fam: cross dress*) Fummel *m*; **~ artist** Künstler, der in Frauenkleidern auftritt ❺ (*fam: inhalation*) Zug *m* ▸ **the main ~** AM (*fam*) die Hauptstraße **II.** *vt* <-gg-> ❶ (*pull along the ground*) ziehen; **to ~ one's heels** [*or* **feet**] schlurfen; (*fig*) sich *dat* Zeit lassen; **to ~ sth behind one** etw hinter sich *dat* herziehen; **to ~ oneself somewhere** sich irgendwohin schleppen ❷ (*take sb somewhere unwillingly*) schleifen; **I don't want to ~ you away** ich will dich hier nicht wegreißen ❸ (*involve*) ■ **to ~ sb into sth** jdn in etw *akk* hineinziehen ❹ (*force*) ■ **to ~ sth out of sb** etw aus jdm herausbringen; **I always have to ~ it out of you** ich muss dir immer alles aus der Nase ziehen; **to ~ the truth out of sb** jdm die Wahrheit entlocken ❺ (*search*) *lake* absuchen **III.** *vi* <-gg-> ❶ (*trail along*) schleifen ❷ (*pej: proceed tediously*) sich [da]hinziehen; **this meeting is really starting to ~** dieses Treffen zieht sich allmählich ziemlich in die Länge; **to ~ to a close** schleppend zu Ende gehen ◆ **drag along** *vi thing* wegschleppen; *person* mitschleppen; **to ~ oneself along** sich dahinschleppen ◆ **drag down** *vt* ■ **to ~ sb down** ❶ (*force sb to a lower level*) herunterziehen; ■ **to ~ sb down with oneself** jdn mit sich *dat* reißen ❷ (*make sb depressed*) jdn zermürben ◆ **drag in** *vt person* hineinziehen; *thing* aufs Tapet bringen *fam* ◆ **drag on** *vi* (*pej*) sich [da]hinziehen ◆ **drag out** *vt* in die Länge ziehen ◆ **drag up** *vt* (*fig: mention*) wieder ausgraben

'**drag lift** *n* Schlepplift *m*

drag·on ['drægən] *n* ❶ (*mythical creature*) Drache *m* ❷ (*woman*) Drachen *m* ❸ AUS (*lizard*) Eidechse *f*

'**drag·on·fly** *n* Libelle *f*

dra·goon [drəˈguːn] **I.** *n* (*hist*) Dragoner *m* **II.** *vt* zwingen

'**drag queen** *n* Transvestit *m*, Tunte *f pej sl*

drain [dreɪn] **I.** *n* ❶ (*pipe*) Rohr *nt*; (*under sink*) Abflussrohr *nt*; (*at roadside*) Gully *m*; **to be down the ~** (*fig*) für immer verloren sein; **to go down the ~** (*fig*) vor die Hunde gehen; **to throw sth down the ~** (*fig*) etw zum Fenster hinauswerfen ❷ (*plumbing system*) ■ **~s** *pl* Kanalisation *f* ❸ (*constant outflow*) Belastung *f*; ■ **to be a ~ on sth** eine Belastung für etw *akk* darstellen **II.** *vt* ❶ (*remove liquid*) entwässern; *liquid* ablaufen lassen; *vegetables* abgießen; *noodles*, *rice* abtropfen lassen; *pond* ablassen; *abscess* drainieren ❷ (*form: empty*) austrinken ❸ (*exhaust*) [völlig] auslaugen ❹ (*deplete*) ■ **to ~ sth of sb** jdn einer S. *gen* berauben **III.** *vi* ❶ (*flow away*) ablaufen ❷ (*become dry*) *food*, *washing-up* abtropfen ❸ (*vanish gradually*) **the colour ~ed from her face** die Farbe wich aus ihrem Gesicht ◆ **drain away** *vi liquid* ablaufen; (*fig*) [dahin]schwinden ◆ **drain off** *vt water* abgießen; *noodles/rice* abtropfen lassen

drain·age ['dreɪnɪdʒ] **I.** *n no pl* ❶ (*water removal*) Entwässerung *f* ❷ (*for land*) Entwässerungssystem *nt*; (*for houses*) Kanalisation *f* **II.** *adj* Entwässerungs-

drained [dreɪnd] *adj* erschöpft, fix und fertig *fam*, k. o. *fam*; **you look completely ~** du siehst total erledigt aus *fam*

drain·ing board ['dreɪnɪŋ-] *n* Abtropfbrett *nt*

'**drain·pipe** *n* (*for rainwater*) Regenrohr *nt*; (*for sewage*) Abflussrohr *nt*

drain·pipe 'trou·sers *npl* Röhrenhose *f*

drake [dreɪk] *n* Enterich *m*, Erpel *m*
dram [dræm] *n* SCOT Schluck *m*
dra·ma ['drɑːmə] I. *n* ❶ *no pl* (*theatre art*) Schauspielkunst *f* ❷ *no pl* (*dramatic literature*) Drama *nt* ❸ (*play, dramatic event*) Drama *nt a. fig;* **television ~** Fernsehspiel *nt;* **historical ~** historisches Stück ❹ *no pl* (*dramatic quality*) Dramatik *f* II. *adj* **~ critic** Theaterkritiker(in) *m(f);* **~ school** Schauspielschule *f;* **~ teacher** Schauspiellehrer(in) *m(f)*
dra·mat·ic [drəˈmætɪk] *adj* ❶ (*action-filled*) dramatisch ❷ (*pej: theatrical*) theatralisch ❸ (*in theatre*) **~ irony** tragische Ironie; **~ poetry** dramatische Dichtung; **~ work** [Theater]stück *nt* ❹ (*very noticeable*) spektakulär; (*serious*) gravierend
dra·mat·i·cal·ly [drəˈmætɪkəli] *adv* ❶ (*relating to the theatre*) schauspielerisch ❷ (*strikingly*) dramatisch, beträchtlich; **the political situation has been developing ~** die politische Situation hat sich dramatisch zugespitzt
dra·mat·ics [drəˈmætɪks] *npl* ❶ + *sing vb* (*art of acting*) Dramaturgie *f;* **amateur ~** Laientheater *nt* ❷ (*usu pej: behaviour*) theatralisches Getue
dra·ma·tist ['dræmətɪst] *n* Dramatiker(in) *m(f)*
dra·ma·ti·za·tion [ˌdræmətarˈzeɪʃən] *n* ❶ (*dramatizing of a work*) Dramatisierung *f;* THEAT Bühnenbearbeitung *f;* FILM Kinobearbeitung *f;* TV Fernsehbearbeitung *f* ❷ *no pl* (*usu pej: exaggeration*) Dramatisieren *nt*
dra·ma·tize ['dræmətaɪz] *vt* ❶ (*adapt*) bearbeiten ❷ (*usu pej: exaggerate*) dramatisieren
drank [dræŋk] *pt of* **drink**
drape [dreɪp] I. *vt* ❶ (*cover loosely*) bedecken (**in/with** mit) ❷ (*place on*) drapieren, legen II. *n* ■ **~s** *pl* Vorhänge *pl*
drap·er ['dreɪpəʳ] *n* BRIT **~'s shop** Textilgeschäft *nt*
dras·tic ['dræstɪk] *adj* drastisch; *change* radikal
dras·ti·cal·ly ['dræstɪkli] *adv* drastisch, rigoros; **to change one's diet ~** seine Ernährung von Grund auf umstellen
drat [dræt] *interj* (*fam*) verflixt!
draught [drɑːft] I. *n* ❶ (*air current*) [Luft]zug *m kein pl;* **there's a ~** es zieht; **to sit in a ~** im Zug sitzen ❷ *no pl on* **~** vom Fass ❸ (*of ship*) Tiefgang *m* ❹ BRIT, AUS (*game*) ■ **~s** *pl* Damespiel *nt;* **to play ~s** Dame spielen II. *adj* ❶ (*in cask*) vom Fass; **~ beer** Fassbier *nt* ❷ (*for pulling loads*) Zug-; **~ animal** Zugtier *nt*
'draught board *n* BRIT, AUS Damebrett *nt*
'draughts·man *n* [technischer] Zeichner
draughty ['drɑːfti] *adj* zugig
draw [drɔː] I. *n* ❶ (*celebrity*) Publikumsmagnet *m;* (*popular film, play, etc.*) Kassenschlager *m* ❷ (*drawn contest*) Unentschieden *nt;* **to end in a ~** unentschieden enden [*o* ausgehen] ❸ (*drawing lots*) Verlosung *f* ❹ (*drawing gun*) Ziehen *nt;* **to be quick on the ~** schnell ziehen können; (*fig*) schlagfertig sein ❺ (*inhalation*) Zug *m* II. *vt* <drew, drawn> ❶ (*make a picture*) zeichnen; *line* ziehen; **I ~ the line there** (*fig*) da ist bei mir Schluss ❷ (*depict*) darstellen ❸ (*pull*) ziehen; (*close*) *curtains* zuziehen; (*open*) aufziehen; **to ~ sb aside** jdn beiseitenehmen; **to ~ sb into [an] ambush** jdn in einen Hinterhalt locken ❹ (*attract*) ■ **to ~ sb** jdn anlocken; ■ **to ~ sth** etw auf sich *akk* ziehen; **to ~ [sb's] attention [to sb/sth]** [jds] Aufmerksamkeit *f* [auf jdn/etw] lenken; **she waved at him to ~ his attention** sie winkte ihm zu, um ihn auf sich aufmerksam zu machen; **to ~ attention to oneself** Aufmerksamkeit erregen; ■ **to feel ~ to** [*or* **toward[s]**] **sb** sich zu jdm hingezogen fühlen ❺ (*involve in*) ■ **to ~ sb into sth** jdn in etw *akk* hineinziehen ❻ (*elicit*) hervorrufen; ■ **to ~ sth from sb** jdn zu etw *dat* veranlassen; **to ~ a confession from sb** jdm ein Geständnis entlocken ❼ (*formulate*) *comparison* anstellen; *conclusion, parallel* ziehen ❽ (*pull out*) ziehen ❾ (*extract*) ziehen; **has it drawn blood?** blutet es?; **to ~ first blood** (*fig*) den ersten Treffer erzielen ❿ CARDS ziehen ⓫ (*earn, get from source*) beziehen ⓬ (*select by chance*) ziehen [*o* auslosen]; **Real Madrid has ~n** [*or* **been ~n against**] **Juventus** als Gegner von Real Madrid wurde Juventus Turin ausgelost; **to ~ lots for sth** um etw *akk* losen ⓭ *water* holen; *bath* einlassen ⓮ FIN *money* abheben; *cheque* ausstellen ⓯ (*inhale*) **to ~ a [deep] breath** [tief] Luft holen; **to ~ breath** (*fig*) verschnaufen ⓰ NAUT **the ship ~s 20 feet of water** das Schiff hat sechs Meter Tiefgang ⓱ SPORTS *bow* spannen ⓲ HIST **~n and quartered** gestreckt und geviertelt III. *vi* <drew, drawn> ❶ (*make pictures*) zeichnen ❷ (*proceed*) sich bewegen; *vehicle, ship* fahren; **to ~ alongside** [*or* **level with**] **sth** mit etw *dat* gleichziehen; **to ~ apart** sich voneinander trennen; **to ~ away** wegfah-

ren ❸(*approach* [*in time*]) **to ~ to a close** zu Ende gehen; **to ~ near**[**er**] näher rücken ❹(*make use of*) **to ~ on sb** auf jdn zurückkommen; ■**to ~ on sth** auf etw *akk* zurückgreifen; **she ~s on personal experience in her work** sie schöpft bei ihrer Arbeit aus persönlichen Erfahrungen ❺(*draw lots*) losen (**for** um) ❻ SPORTS unentschieden spielen; **they drew 1–1** sie trennten sich 1:1 unentschieden ◆**draw aside** *vt* ■**to ~ sb aside** jdn beiseitenehmen; ■**to ~ sth aside** zur Seite ziehen ◆**draw in I.** *vi* ❶(*arrive and stop*) *train* einfahren; *car* anhalten ❷(*shorten*) *days* kürzer werden **II.** *vt* ❶(*involve*) hineinziehen ❷(*inhale*) **to ~ in a** [**deep**] **breath** [tief] Luft holen ◆**draw off** *vt* ❶ *liquid* ablassen ❷ *gloves* ausziehen ◆**draw on I.** *vt* ❶ anziehen **II.** *vi* ❶(*pass slowly*) *evening, summer* vergehen; **as the evening drew on, ...** im Verlauf des Abends ...; **as time drew on, ...** mit der Zeit ... ❷(*form: approach* [*in time*]) **winter ~s on** der Winter naht ◆**draw out I.** *vt* ❶(*prolong*) in die Länge ziehen; *vowels* dehnen ❷(*pull out sth*) herausziehen ❸ FIN (*withdraw*) abheben ❹(*persuade to talk*) aus der Reserve locken **II.** *vi* ❶(*depart*) *train* ausfahren; *car, bus* herausfahren ❷(*lengthen*) *days* länger werden ◆**draw together I.** *vt* ■**to ~ sb together** jdn zusammenbringen; ■**to ~ sth together** etw zusammenziehen **II.** *vi* zusammenrücken ◆**draw up I.** *vt* ❶(*draft*) aufsetzen; *agenda, list, syllabus* aufstellen; *guidelines* festlegen; *plan* entwerfen; *proposal, questionnaire* ausarbeiten; *report* erstellen; *will* errichten ❷(*pull toward one*) heranziehen; **~ up a chair!** hol dir doch einen Stuhl!; **he drew the blanket up to his chin** er zog sich die Bettdecke bis ans Kinn ❸(*stand up*) **to ~ oneself up** [**to one's full height**] sich [zu seiner vollen Größe] aufrichten **II.** *vi car* vorfahren; *train* einfahren

'**draw·back** *n* Nachteil *m* '**draw·bridge** *n* Zugbrücke *f*
draw·er[1] ['drɔːʳ] *n* Schublade *f*; **chest of ~s** Kommode *f*
draw·er[2] ['drɔːə'] *n* ❶(*of a cheque*) Aussteller(in) *m(f)* ❷(*sb who draws*) Zeichner(in) *m(f)*
draw·ing ['drɔːɪŋ] *n* ❶ *no pl* (*art*) Zeichnen *nt* ❷(*picture*) Zeichnung *f*
'**draw·ing board** *n* Zeichenbrett *nt*; **to go back to the ~** (*fig*) noch einmal von vorn anfangen '**draw·ing pin** *n* BRIT, AUS Reißzwecke *f* '**draw·ing room** *n* (*form*) Wohnzimmer *nt*
drawl [drɔːl] **I.** *n* schleppende Sprache; **Texas ~** breites Texanisch **II.** *vi* schleppend sprechen **III.** *vt* dehnen
drawn [drɔːn] **I.** *pp of* **draw II.** *adj* ❶(*showing tiredness and strain*) abgespannt ❷ SPORTS unentschieden; **~ game** [*or* **match**] Unentschieden *nt*
dread [dred] **I.** *vt* ■**to ~ sth** sich vor etw *dat* [sehr] fürchten; ■**to ~ doing sth** [große] Angst haben, etw zu tun; **I ~ to think what would happen if ...** ich wage gar nicht daran zu denken, was geschehen würde, wenn ... **II.** *n no pl* Furcht *f*; **to live in ~ of sth** in [ständiger] Angst vor etw *dat* leben; **to fill sb with ~** jdn mit Angst und Schrecken erfüllen **III.** *adj* (*liter*) fürchterlich
dread·ful ['dredfəl] *adj* ❶(*awful*) schrecklich, furchtbar; **I feel ~** (*unwell*) ich fühle mich scheußlich; (*embarrassed*) es ist mir furchtbar peinlich ❷(*of very bad quality*) miserabel, erbärmlich
dread·ful·ly ['dredfəli] *adv* ❶(*in a terrible manner*) schrecklich, entsetzlich ❷(*very poorly*) mies, grauenhaft ❸(*extremely*) schrecklich, furchtbar; **he was ~ upset** er hat sich furchtbar aufgeregt; **I'm ~ sorry** es tut mir schrecklich leid
dream [driːm] **I.** *n* Traum *m a. fig;* ■**to have a ~** [**about sth**] [von etw *dat*] träumen; ■**to be in a ~** vor sich *akk* hinträumen; **to work like a ~** wie eine Eins funktionieren; **in your ~s!** du träumst wohl! **II.** *adj* Traum- **III.** *vi, vt* <dreamt *or* dreamed, dreamt *or* dreamed> träumen *a. fig;* **~ on!** (*iron*) träum [nur schön] weiter!; ■**to not ~ of sth** nicht [einmal] im Traum an etw *akk* denken; **I wouldn't ~ of asking him for money!** es würde mir nicht im Traum einfallen, ihn um Geld zu bitten ◆**dream up** *vt* sich *dat* ausdenken
dream·er ['driːməʳ] *n* Träumer(in) *m(f) a. fig*
dream·less ['driːmləs] *adj* traumlos
'**dream·like** *adj* traumhaft
dreamt [drem(p)t] *pt, pp of* **dream**
dreamy ['driːmi] *adj* ❶(*gorgeous*) zum Träumen ❷(*daydreaming*) verträumt ❸(*approv sl: wonderful*) traumhaft
dreari·ness [drɪərɪnəs] *n no pl* ❶(*depressing quality*) Tristheit *f* ❷(*monotony*) Eintönigkeit *f*
dreary [drɪəri] *adj* ❶(*depressing*) trostlos; *day* trüb ❷(*monotonous*) eintönig
dredge [dredʒ] **I.** *n* [Schwimm]bagger *m*

II. vt ❶ (*dig out*) *river* ausbaggern ❷ FOOD bestreuen
dredg·er ['dredʒər] *n* ❶ (*digger*) [Schwimm]bagger *m* ❷ FOOD Streuer *m*
dregs [dregz] *npl* ❶ (*drink sediment*) [Boden]satz *m kein pl* ❷ (*fig*) Abschaum *m kein pl*
drench [dren(t)ʃ] *vt* durchnässen; **to get ~ed to the skin** nass bis auf die Haut werden; **~ed in sweat** schweißgebadet
dress [dres] **I.** *n* <*pl* -es> ❶ (*woman's garment*) Kleid *n* ❷ *no pl* (*clothing*) Kleidung *f* **II.** *vi* ❶ (*put on clothing*) ■**to ~** [*or* **get ~ed**] sich anziehen ❷ (*wear clothing*) sich kleiden; **he always ~es fairly casually** er ist immer ziemlich leger angezogen **III.** *vt* ❶ (*put on clothing*) ■**to ~ sb/oneself** jdn/sich anziehen ❷ FOOD *salad* anmachen ❸ (*treat*) *wound* verbinden ❹ (*decorate*) dekorieren ◆**dress down I.** *vi* sich leger anziehen **II.** *vt* zurechtweisen ◆**dress up I.** *vi* ❶ (*wear nice clothes*) sich fein anziehen ❷ (*disguise oneself*) sich verkleiden **II.** *vt* ❶ (*in a costume*) verkleiden ❷ (*improve*) verschönern
dress 'cir·cle *n* THEAT erster Rang **dress 'coat** *n* Frack *m*
dress·er ['dresər] *n* ❶ (*person*) **he's a snappy ~** er kleidet sich flott ❷ THEAT (*actor's assistant*) Garderobier(e) *m(f)* ❸ (*sideboard*) Anrichte *f* ❹ AM, CAN (*chest of drawers*) [Frisier]kommode *f*
dress·ing ['dresɪŋ] *n* ❶ *no pl* (*of clothes*) Anziehen *nt* ❷ (*for salad*) Dressing *nt* ❸ (*for injury*) Verband *m*
dress·ing-'down *n* (*fam*) Standpauke *f*; **to get a ~** zurechtgewiesen werden
'dress·ing gown *n* Bademantel *m*
'dress·ing room *n* (*in theatre*) [Künstler]garderobe *f*; SPORTS Umkleidekabine *f*
'dress·ing ta·ble *n* Frisierkommode *f*
'dress·mak·er *n* [Damen]schneider(in) *m(f)* **'dress·mak·ing** *n no pl* Schneidern *nt* **dress re·'hears·al** *n* THEAT Generalprobe *f* **dress 'shirt** *n* Smokinghemd *nt* **dress 'suit** *n* Abendanzug *m* **dress 'uni·form** *n* Galauniform *f*
dressy ['dresi] *adj* (*fam*) ❶ (*stylish*) elegant ❷ (*requiring formal clothes*) vornehm
drew [dru:] *pt of* **draw**
drib·ble ['drɪbl] **I.** *vi* ❶ *baby* sabbern ❷ (*trickle*) tropfen ❸ SPORTS dribbeln **II.** *vt* SPORTS dribbeln mit +*dat* **III.** *n* ❶ *no pl* (*saliva*) Sabber *m* ❷ SPORTS Dribbling *nt kein pl*
dribs [drɪbz] *npl* **in ~ and drabs** kleckerweise

dried [draɪd] **I.** *pt, pp of* **dry II.** *adj* getrocknet; **~ flowers** Trockenblumen *pl*; **~ fruit** Dörrobst *nt*
dried up *adj pred,* **dried-up** *adj attr* ausgetrocknet
drift [drɪft] **I.** *vi* treiben; *balloon* schweben; *mist, fog, clouds* ziehen; *snow* geweht werden; **to ~ into crime** in die Kriminalität abdriften; **to ~ out to sea** aufs offene Meer hinaustreiben; **to ~ into a situation** in eine Situation hineingeraten; **to ~ into unconsciousness** in Bewusstlosigkeit versinken; **to ~ with the tide** mit dem Strom schwimmen *fig*; **to ~ along** (*fig*) sich treiben lassen; **to ~ away** *people* davonschlendern; *fog* verwehen **II.** *n* ❶ (*slow movement*) Strömen *nt*; **~ from the land** Landflucht *f* ❷ (*slow trend*) Trend *m* ❸ *of snow* Verwehung *f* ❹ (*meaning*) **to catch** [*or* **get**] **sb's ~** verstehen, was jd sagen will
◆**drift apart** *vi* einander fremd werden
◆**drift off** *vi* einschlummern
drift·er ['drɪftər] *n* Gammler(in) *m(f)*
'drift ice *n no pl* Treibeis *nt* **'drift·wood** *n no pl* Treibholz *nt*
drill¹ [drɪl] **I.** *n* Bohrer *m* **II.** *vt, vi* bohren; ■**to ~ through sth** etw durchbohren **III.** *adj* Bohr-
drill² [drɪl] **I.** *n* ❶ (*exercise*) Übung *f*; MIL Drill *m* ❷ (*fam: routine procedure*) **what's the ~?** wie wird das gemacht?; **to know the ~** wissen, wie es geht **II.** *vt* MIL, SCH drillen **III.** *vi* MIL exerzieren **IV.** *adj* MIL Drill-; **~ ground** Exerzierplatz *m*
drill·ing ['drɪlɪŋ] *n no pl* Bohren *nt*
'drill·ing rig *n* (*on land*) Bohrturm *m*; (*offshore*) Bohrinsel *f*
drink [drɪŋk] **I.** *n* ❶ (*liquid nourishment*) Getränk *nt*; **can I get you a ~?** kann ich Ihnen etwas zu trinken bringen?; **a ~ of juice** ein Schluck *m* Saft; **to have a ~** etw trinken ❷ (*alcoholic drink*) Drink *m*; ■**~s** *pl* Getränke *pl*; **whose turn is it to buy the ~s?** wer gibt die nächste Runde aus? ❸ *no pl* (*alcohol*) Alkohol *m*; **smelling of ~** mit einer [Alkohol]fahne; **to drive sb to ~** jdn zum Trinker/zur Trinkerin machen **II.** *vi, vt* <drank, drunk> trinken; **to ~ and drive** unter Alkoholeinfluss fahren; **I'll ~ to that** darauf trinke ich; (*fig*) **he ~s like a fish** er säuft wie ein Loch *derb*
◆**drink in** *vt* [begierig] in sich *akk* aufnehmen
drink·able ['drɪŋkəbl] *adj* trinkbar
drink-'driv·ing *n no pl* BRIT, AUS Trunkenheit *f* am Steuer
drink·er ['drɪŋkər] *n* Trinker(in) *m(f)*

drink·ing ['drɪŋkɪŋ] I. *n no pl* Trinken *nt;* **this water is not for ~** das ist kein Trinkwasser; **~ and driving is dangerous** Alkohol am Steuer ist gefährlich II. *adj* Trink-; **~ bout** Sauftour *f derb*
'**drink·ing foun·tain** *n* Trinkwasserbrunnen *m* '**drink·ing song** *n* Trinklied *nt* '**drink·ing straw** *n* Trinkhalm *m* '**drink·ing wa·ter** *n no pl* Trinkwasser *nt*
drip [drɪp] I. *vi* <-pp-> (*continually*) tropfen; (*in individual drops*) tröpfeln II. *vt* <-pp-> [herunter]tropfen lassen; **to ~ blood** Blut verlieren III. *n* ❶ *no pl* (*act of dripping*) Tropfen *nt; of rain* Tröpfeln *nt* ❷ (*drop*) Tropfen *m* ❸ MED Tropf *m;* **to be on a ~** am Tropf hängen ❹ (*pej sl: foolish person*) Flasche *f*
drip-·dry I. *vt* <-ie-> tropfnass aufhängen II. *adj* bügelfrei
drip·ping ['drɪpɪŋ] I. *adj* ❶ (*dropping drips*) tropfend; ■ **to be ~** tropfen ❷ (*extremely wet*) klatschnass ❸ (*hum, iron: be covered with sth*) ■ **to be ~ with sth** über und über mit etw *dat* behängt sein II. *adv* **~ wet** klatschnass III. *n* FOOD Schmalz *nt*
drive [draɪv] I. *n* ❶ (*trip*) Fahrt *f;* **to go for a ~** eine Spazierfahrt machen; **it is a 20-mile/20-minute ~ to the airport** zum Flughafen sind es [mit dem Auto] 30 Kilometer/20 Minuten; **a day's ~** eine Tagesfahrt; **an hour's ~ away** eine Autostunde entfernt ❷ (*to small building*) Einfahrt *f;* (*to larger building*) Auffahrt *f;* (*approach road*) Zufahrt *f* ❸ *no pl* TECH Antrieb *m* ❹ *no pl* AUTO (*steering*) **left-/right-hand ~** Links-/Rechtssteuerung *f* ❺ *no pl* (*energy*) Tatkraft *f;* (*élan, vigour*) Schwung *m*, Elan *m*, Drive *m;* (*motivation*) Tatendrang *m* ❻ *no pl* PSYCH Trieb *m;* **sex ~** Geschlechtstrieb *m* ❼ (*campaign*) Aktion *f;* **economy ~** Sparmaßnahmen *pl;* **recruitment ~** Anwerbungskampagne *f* ❽ SPORTS Treibschlag *m*, Drive *m* ❾ COMPUT Laufwerk *nt;* **hard ~** Festplatte *f* ❿ AGR (*of animals*) Treiben *nt kein pl; cattle ~* Viehtrieb *m* II. *vt* <drove, driven> ❶ (*steer*) fahren; **to ~ a bus** einen Bus lenken; (*as a job*) Busfahrer(in) *m(f)* sein ❷ (*force onwards*) antreiben; **the wind drove the snow into my face** der Wind wehte mir den Schnee ins Gesicht; **he was ~n by greed** Gier bestimmte sein Handeln; **to ~ sb to suicide** jdn in den Selbstmord treiben; **to ~ sb mad** jdn wahnsinnig machen; **to ~ oneself too hard** sich *dat* zu viel zumuten; **to ~ sb from** [*or* **out of**] **sth** jdn aus etw *dat* vertreiben; **the scandal drove the minister out of office** der Skandal zwang den Minister zur Amtsniederlegung ❸ (*power*) **engine** antreiben; COMPUT treiben ❹ (*in golf*) treiben III. *vi* <drove, driven> ❶ (*steer vehicle*) fahren; **who was driving at the time of the accident?** wer saß zur Zeit des Unfalls am Steuer?; **to learn to ~** den Führerschein machen; **are you going by train? — No, I'm driving** fahren Sie mit dem Zug? – Nein, mit dem Auto ❷ (*rain, snow* peitschen; *clouds* jagen ◆ **drive at** *vi* **what are you driving at?** worauf wollen Sie [eigentlich] hinaus? ◆ **drive away** I. *vt* ❶ (*transport*) wegfahren ❷ (*expel*) vertreiben ❸ (*fig: dispel*) zerstreuen II. *vi* wegfahren ◆ **drive back** I. *vt* ❶ (*in a vehicle*) zurückfahren ❷ (*force back*) zurückdrängen; *animals* zurücktreiben; *enemy* zurückschlagen II. *vi* zurückfahren ◆ **drive off** I. *vt* ❶ (*expel*) vertreiben ❷ (*repel*) zurückschlagen II. *vi* wegfahren ◆ **drive out** I. *vt* hinausjagen; (*fig*) austreiben II. *vi* hinausfahren; (*come out*) herausfahren ◆ **drive up** I. *vt* *price* hochtreiben II. *vi* vorfahren; ■ **to ~ up to a ramp** an eine Rampe heranfahren
'**drive-in** *esp* AM, AUS I. *adj* Drive-in- II. *n* ❶ (*restaurant*) Drive-in *nt* ❷ (*cinema/movie*) Autokino *nt*
drive-in 'bank *n esp* AM, AUS Bank *f* mit Autoschalter
driv·el ['drɪvᵊl] *n no pl* (*pej*) Gefasel *nt*
driv·en ['drɪvᵊn] I. *pp of* **drive** II. *adj* ❶ (*very ambitious*) ehrgeizig ❷ (*powered*) angetrieben ▶ **as pure as the ~ snow** so unschuldig wie ein Engel
drive off *n* AM (*fam*) Tankbetrug *m* (*von einer Tankstelle wegfahren, ohne für sein Benzin zu bezahlen*)
driv·er ['draɪvə'] *n* ❶ (*of vehicle*) Fahrer(in) *m(f); of locomotive* Führer(in) *m(f)* ❷ (*golf club*) Driver *m*
'**driv·er's li·cense** *n* AM Führerschein *m*
'**drive·time** ['draɪvtaɪm] *n* Hauptverkehrszeit *f* für Autopendler; (*programme*) Rush-Hour *f*
'**drive·way** *n* ❶ (*to small building*) Einfahrt *f;* (*to larger building*) Auffahrt *f* ❷ (*approach road*) Zufahrt[sstraße] *f*
driv·ing ['draɪvɪŋ] I. *n* (*of vehicle*) Fahren *nt;* **drunk ~** Trunkenheit *f* am Steuer II. *adj* ❶ (*on road*) Fahr-; **~ conditions** Straßenverhältnisse *pl* ❷ (*lashing*) *rain* peitschend; **~ snow** Schneetreiben *nt* ❸ (*powerfully motivating*) treibend; *ambition* stark
'**driv·ing ban** *n* Fahrverbot *nt* '**driv·ing**

force *n no pl* treibende Kraft **ˈdriv·ing in·struc·tor** *n* Fahrlehrer(in) *m(f)* **ˈdriv·ing les·son** *n* Fahrstunde *f*; ■ ~-s *pl* Fahrunterricht *m kein pl*; **to take** ~**s** den Führerschein machen **ˈdriv·ing li·cence** *n* BRIT Führerschein *m* **ˈdriv·ing pool** *n* Fuhrpark *m* **ˈdriv·ing school** *n* Fahrschule *f* **ˈdriv·ing test** *n* Fahrprüfung *f*

driz·zle [ˈdrɪzl̩] **I.** *n no pl* ❶ (*light rain*) Nieselregen *m* ❷ (*small amount of liquid*) ein paar Spritzer **II.** *vi* nieseln **III.** *vt* FOOD träufeln

driz·zly [ˈdrɪzl̩i] *adj* Niesel-; **it was a ~ afternoon** es hat den ganzen Nachmittag genieselt

droll [drəʊl] *adj* drollig

drom·edary [ˈdrɒmədᵊri] *n* Dromedar *nt*

drone [drəʊn] **I.** *n no pl* ❶ (*sound*) *of a machine* Brummen *nt*; *of insects* Summen *nt*; (*pej*) *of a person* Geleier *nt* ❷ (*male bee*) Drohne *f* **II.** *vi* ❶ (*make sound*) summen; *engine* brummen ❷ (*speak monotonously*) leiern

drool [druːl] **I.** *vi* ❶ (*dribble*) sabbern ❷ (*fig*) ■ **to** ~ **over sb/sth** von jdm/etw hingerissen sein **II.** *n no pl* Sabber *m*

droop [druːp] **I.** *vi* ❶ (*hang down*) schlaff herunterhängen; *flowers* die Köpfe hängen lassen; *eyelids* zufallen ❷ (*lack energy*) schlapp sein **II.** *n* Herunterhängen *nt*; *of body* Gebeugtsein *nt*; *of eyelids* Schwere *f*

drop [drɒp] **I.** *n* ❶ (*vertical distance*) Gefälle *nt*; (*difference in level*) Höhenunterschied *m* ❷ (*decrease*) Rückgang *m*; ~ **in temperature** Temperaturrückgang *m* ❸ (*by aircraft*) Abwurf *m*; **food/letter** ~ Futter-/Postabwurf *m* ❹ *of liquid* Tropfen *m*; ~ **of rain** Regentropfen *m*; ~**s of paint** Farbspritzer *pl*; ~ **by** ~ tropfenweise; ■ ~**s** *pl* MED Tropfen *pl* ❺ (*fam: drink*) Schluck *m*; **to have had a** ~ **too much** [**to drink**] ein Glas über den Durst getrunken haben ❻ (*boiled sweet*) **fruit** ~ Fruchtbonbon *nt* ❼ (*collection point*) [Geheim]versteck *nt* ▸ **at the** ~ **of a** hat im Handumdrehen; **a** ~ **in the** ocean ein Tropfen *m* auf den heißen Stein **II.** *vt* <-pp-> ❶ (*cause to fall*) fallen lassen; *anchor* [aus]werfen; *bomb, leaflets* abwerfen; **to** ~ **a bombshell** (*fig*) eine Bombe platzen lassen ❷ (*lower*) senken ❸ (*fam: send*) **to** ~ **sb a line** jdm ein paar Zeilen schreiben ❹ (*dismiss*) entlassen ❺ (*give up*) aufgeben; **let's** ~ **the** subject lassen wir das Thema; *charges* fallen lassen; *demand* abgehen von; **to** ~ **everything** alles stehen und liegen lassen ❻ (*abandon*) ■ **to** ~ **sb** (*fig*) jdn fallen lassen; (*end a relationship*) mit jdm Schluss machen ❼ SPORTS ausschließen (**from** aus) ❽ (*leave out*) weglassen; **to** ~ **one's aitches** [*or* **h's**] BRIT, AUS den Buchstaben ‚h' [im Anlaut] verschlucken ❾ (*fam: tell indirectly*) **to** ~ [**sb**] **a hint** [jdm gegenüber] eine Anspielung machen ▸ **to** ~ **sb** right **in it** jdn [ganz schön] reinreiten; **to** let **it** ~ **that ...** beiläufig erwähnen, dass ... **III.** *vi* <-pp-> ❶ (*descend*) [herunter]fallen; *jaw* herunterklappen; **the curtain** ~**ped** der Vorhang ist gefallen *a. fig* ❷ (*become lower*) *land* sinken; *prices, temperatures, water level* fallen ❸ (*fam: become exhausted*) umfallen; **to be fit** [*or* **ready**] **to** ~ zum Umfallen müde sein; **to** ~ [**down**] **dead** tot umfallen; ~ **dead!** (*fam*) scher dich zum Teufel!
♦ **drop behind** *vi* zurückfallen ♦ **drop in** *vi* (*fam*) vorbeischauen (**on** bei) ♦ **drop off I.** *vt* (*fam*) ■ **to** ~ **sth** ⌒ **off** etw abliefern; **to** ~ **sb** ⌒ **off** jdn absetzen **II.** *vi* ❶ (*fall off*) abfallen ❷ (*decrease*) zurückgehen; *support, interest* nachlassen ❸ (*fam: fall asleep*) einschlafen ♦ **drop out** *vi* ❶ (*give up membership*) ausscheiden; **to** ~ **out of a course/school/university** einen Kurs/die Schule/das Studium abbrechen ❷ *of society* aussteigen

drop-down ˈ**menu** *n* COMPUT Pull-down-Menü *nt*

drop·let [ˈdrɒplət] *n* Tröpfchen *nt*

ˈdrop·out *n* ❶ (*from university*) [Studien]abbrecher(in) *m(f)*; (*from school*) Schulabgänger(in) *m(f)* ❷ (*from conventional lifestyle*) Aussteiger(in) *m(f)*

drop·per [ˈdrɒpə^r] *n* Tropfer *m*

drop·pings [ˈdrɒpɪŋz] *npl of bird* Vogeldreck *m*; *of horse* Pferdeäpfel *pl*; *of rodents, sheep* Köttel *pl*

ˈdrop shot *n* TENNIS Stopp[ball] *m*

dross [drɒs] *n no pl* Schrott *m a. fig*

drought [draʊt] *n* Dürre[periode] *f*

drove[1] [drəʊv] *n* ❶ *of animals* Herde *f* ❷ (*many*) ■ ~**s** *pl* (*fam*) *of people* Scharen *pl* (**of** von)

drove[2] [drəʊv] *pt of* **drive**

drov·er [ˈdrəʊvə^r] *n* Viehtreiber(in) *m(f)*

drown [draʊn] **I.** *vt* ❶ (*kill*) ertränken; ■ **to be** ~**ed** ertrinken ❷ (*cover*) überfluten; **he** ~**s his food in ketchup** er tränkt sein Essen in Ketchup ❸ (*make inaudible*) übertönen ▸ **to** ~ **one's** sorrows seinen Kummer ertränken **II.** *vi* ertrinken *a. fig*

ˈdrown·ing *n* Ertrinken *nt*

drowse [draʊz] *vi* dösen
drow·sy ['draʊzi] *adj* schläfrig; *(after waking up)* verschlafen
drudge [drʌdʒ] *n (person)* Kuli *m*
drudg·ery ['drʌdʒəri] *n no pl* Schufterei *f*
drug [drʌg] **I.** *n* ❶ *(medicine)* Medikament *nt* ❷ *(narcotic)* Droge *f*, Rauschgift *nt;* **to be on** ~**s** Drogen nehmen ❸ *(fig)* Droge *f* **II.** *vt* <-gg-> ❶ MED *(sedate)* ■ **to** ~ **sb** jdm Beruhigungsmittel verabreichen ❷ *(secretly)* **to** ~ **sb** jdn unter Drogen setzen
'**drug abuse** *n* Drogenmissbrauch *m*
'**drug ad·dict** *n* Drogensüchtige(r) *f(m)*
'**drug ad·dic·tion** *n no pl* Drogenabhängigkeit *f* '**drug deal·er** *n* Drogenhändler(in) *m(f)*, Dealer(in) *m(f)* '**drug manu·fac·tur·er** *n* Arzneimittelhersteller *m*
'**drug rape** *n* Vergewaltigung *f* mit Hilfe von K.-o.-Tropfen '**drug(s) squad** *n* Drogenfahndung *f* '**drug·store** *n* AM Drogerie *f* '**drug tak·ing** *n no pl* Einnahme *f* von Drogen '**drug traf·fick·er** *n* Drogenhändler(in) *m(f)* '**drug traf·fick·ing** *n no pl* Drogenhandel *m*
dru·id ['druːɪd] *n* Druide *m*
drum [drʌm] **I.** *n* ❶ MUS Trommel *f;* ■ ~**s** *pl (drum kit)* Schlagzeug *nt* ❷ *(sound)* ~ **of hooves** Pferdegetrappel *nt* ❸ *(for storage)* Trommel *f;* **oil** ~ Ölfass *nt* ❹ *(machine part)* Trommel *f* **II.** *vi* <-mm-> ❶ MUS trommeln; *(on a drum kit)* Schlagzeug spielen ❷ *(strike repeatedly)* **to** ~ **on sth** auf etw *akk* trommeln **III.** *vt* <-mm-> *(fam)* ❶ *(make noise)* **to** ~ **one's fingers** [**on the table**] [mit den Fingern] auf den Tisch trommeln ❷ *(repeat)* ■ **to** ~ **sth into sb** jdm etw einhämmern
'**drum·beat** *n* Trommelschlag *m*
drum·mer ['drʌmə^r] *n* MUS Trommler(in) *m(f);* *(playing a drum kit)* Schlagzeuger(in) *m(f)*
'**drum·stick** *n* ❶ MUS Trommelstock *m* ❷ FOOD Keule *f*, Schlegel *m* SÜDD, ÖSTERR
drunk [drʌŋk] **I.** *adj* ❶ *(inebriated)* betrunken; **he was charged with being** ~ **and disorderly** er wurde wegen Erregung öffentlichen Ärgernisses durch Trunkenheit angeklagt; ~ **driving** Trunkenheit *f* am Steuer; ~ **as a skunk** *(fam)* total blau; **blind** [*or* **dead**] ~ stockbetrunken; **to get** ~ sich betrinken; **to be/get** ~ **on sth** von etw *dat* betrunken sein/werden ❷ *(fig: overcome)* trunken **II.** *n (pej)* Betrunkene(r) *f(m)* **III.** *vt, vi pp of* **drink**
drunk·ard ['drʌŋkəd] *n (pej)* Trinker(in) *m(f)*

drunk·en ['drʌŋkən] *adj (pej)* ❶ *person* betrunken ❷ *(involving alcohol)* ~ **brawl** Streit *m* zwischen Betrunkenen; ~ **driving** AM Trunkenheit *f* am Steuer; **in a** ~ **stupor** im Vollrausch
drunk·en·ly ['drʌŋkənli] *adv* betrunken
drunk·en·ness ['drʌŋkənnəs] *n no pl* Betrunkenheit *f*
dry [draɪ] **I.** *adj* <-ier, -iest *or* -er, -est> ❶ *(not wet)* trocken; **the kettle has boiled** ~ das ganze Wasser im Kessel ist verdampft; **as** ~ **as a bone** knochentrocken; **to go** ~ austrocknen ❷ *(without alcohol)* alkoholfrei ▸ **to run** ~ unproduktiv werden **II.** *vt* <-ie-> trocknen; *fruit, meat* dörren; *(dry out)* austrocknen; *(dry up)* abtrocknen; ~ **your eyes!** wisch dir die Tränen ab!; **to** ~ **one's hands** sich *dat* die Hände abtrocknen; ■ **to** ~ **oneself** sich abtrocknen **III.** *vi* <-ie-> ❶ *(lose moisture)* trocknen ❷ *(dry up)* abtrocknen ❸ THEAT *(fam: forget one's lines)* stecken bleiben ◆ **dry up I.** *vi* ❶ *(become dry)* austrocknen; *spring, well* versiegen ❷ *(dry the dishes)* abtrocknen ❸ *(evaporate)* *liquid* trocknen ❹ *(fig: stop talking)* den Faden verlieren; *(on stage)* stecken bleiben ❺ *(fig: run out)* *funds* schrumpfen; *source* versiegen; *supply* ausbleiben; *conversation* versiegen **II.** *vt* ❶ *(after washing-up)* abtrocknen ❷ *(dry out)* austrocknen **III.** *interj (fam!: shut up!)* halt die Klappe!
'**dry-clean** *vt* chemisch reinigen **dry** '**clean·er's** *n* Reinigung *f* **dry** '**clean·ing** *n no pl* [chemische] Reinigung '**dry dock** *n* Trockendock *nt*
dry·er ['draɪə^r] *n* ❶ *(for laundry)* [Wäsche]trockner *m* ❷ *(for hair)* Fön *m;* *(overhead)* Trockenhaube *f*
dry '**ice** *n no pl* Trockeneis *nt* **dry** '**land** *n no pl* Festland *nt;* **to be back on** ~ wieder festen Boden unter den Füßen haben '**dry·ness** ['draɪnəs] *n no pl* Trockenheit *f* **dry** '**rot** *n no pl* ❶ *(in timber)* Hausschwamm *m* ❷ *(in plants)* Trockenfäule *f* '**dry·stone** '**wall** *n* BRIT Trockensteinmauer *f*
DS [ˌdiːˈes] *n abbrev of* **Detective Sergeant** Kriminalmeister(in) *m(f)*
DSL [ˌdiːesˈel] *n* INET, COMPUT, TELEC *acr for* **digital subscriber line** DSL *kein art*
DTP [ˌdiːtiːˈpiː] *n abbrev of* **desktop publishing** DTP *nt*
dual ['djuːəl] *adj (double)* doppelt; *(two different)* zweierlei; ~ **ownership** Miteigentümerschaft *f;* ~ **role** Doppelrolle *f*
dual '**car·riage·way** *n* BRIT ≈ Schnellstra-

ße *f* **'dual-earn·ing** *adj attr* Doppelverdiener-, mit Doppelverdienst *nach n*

dub <-bb-> [dʌb] *vt* ❶ (*confer knighthood*) **to ~ sb a knight** jdn zum Ritter schlagen ❷ (*fig: give sb a name*) nennen ❸ FILM synchronisieren; **to ~ into English** ins Englische übersetzen

dub·bing ['dʌbɪŋ] *n* FILM Synchronisation *f*

du·bi·ous ['dju:bɪəs] *adj* ❶ (*questionable*) zweifelhaft, fragwürdig ❷ (*unsure*) unsicher; **to be/feel ~ about** [*or* **as to**] **whether ...** bezweifeln, ob ...

Dub·lin·er ['dʌblɪnə] *n* Dubliner(in) *m(f)*

duch·ess <*pl* -es> ['dʌtʃɪs] *n* Herzogin *f*

duchy ['dʌtʃi] *n* Herzogtum *nt*

duck[1] [dʌk] *n* ❶ ZOOL Ente *f* ❷ *no pl* BRIT (*fam*) Schätzchen *nt* ▶ **to take to sth like a ~ to water** bei etw *dat* gleich in seinem Element sein; **he took to fatherhood like a ~ to water** er war der geborene Vater

duck[2] [dʌk] I. *vi* ❶ (*lower head*) **to ~** [**down**] sich ducken ❷ (*plunge*) **to ~ under water** [unter]tauchen ❸ (*hide quickly*) **to ~ out of sight** sich verstecken II. *vt* ❶ (*lower quickly*) **to ~ one's head** den Kopf einziehen; **to ~ one's head under water** den Kopf unter Wasser tauchen ❷ (*avoid*) ■ **to ~ sth** etw *dat* ausweichen *a. fig*

'duck·boards *npl* Lattenrost *m*

duck·ling ['dʌklɪŋ] *n* ❶ (*animal*) Entenküken *nt*, Entchen *nt* ❷ (*meat*) junge Ente

duct [dʌkt] *n* ❶ (*pipe*) [Rohr]leitung *f*; **air ~** Luftkanal *m* ❷ ANAT **ear ~** Gehörgang *m*; **tear ~** Tränenkanal *m*

dud [dʌd] (*fam*) I. *n* ❶ (*bomb*) Blindgänger *m* ❷ (*useless thing*) **this pen is a ~** dieser Füller taugt nichts ❸ (*failure*) Reinfall *m* ❹ (*person*) Niete *f* ❺ (*clothes*) ■ **~s** *pl* (*fam*) Klamotten *pl* II. *adj* ❶ (*useless*) mies ❷ (*forged*) gefälscht

dude [du:d] *n esp* AM (*fam*) ❶ (*smartly dressed urbanite*) feiner Pinkel ❷ (*fellow*) Typ *m*, Kerl *m*; **hey, ~, how's it going?** na, wie geht's, Mann?

due [dju:] I. *adj* ❶ (*payable*) fällig; **~ date** Fälligkeitstermin *m*; **to fall ~** fällig werden ❷ (*entitled to*) ■ **sb is ~ sth** jdm steht etw zu ❸ (*appropriate*) gebührend; **with ~ care** mit der nötigen Sorgfalt; **without ~ care and attention** fahrlässig; **after ~ consideration** nach reiflicher Überlegung; **with** [**all**] **~ respect** bei allem [gebotenen] Respekt; **to treat sb with the respect ~ to him/her** jdn mit dem nötigen Respekt behandeln ❹ (*expected*) **what time is the next bus ~** [**to arrive/leave**]**?** wann kommt/fährt der nächste Bus?; **their baby is ~ in January** sie erwarten ihr Baby im Januar; **when are you ~?** wann ist es denn so weit?; **in ~ course** zu gegebener Zeit ❺ (*because of*) ■ **~ to sth** wegen [*o* auf Grund] einer S. *gen;* ■ **to be ~ to sb/sth** jdm/etw zuzuschreiben sein II. *n* ❶ (*fair treatment*) **she feels that is simply her ~** sie hält das einfach nur für gerecht; **to give sb his/her ~** jdm Gerechtigkeit widerfahren lassen ❷ (*fees*) ■ **~s** *pl* Gebühren *pl* ❸ (*debts*) ■ **~s** *pl* Schulden *pl;* (*obligations*) Verpflichtungen *pl* III. *adv* **~ north** genau nach Norden

duel ['dju:əl] I. *n* Duell *nt;* **to fight a ~** ein Duell austragen II. *vi* <BRIT -II- *or* AM *usu* -I-> sich duellieren

duet [dju'et] *n* (*for instruments*) Duo *nt;* (*for voices*) Duett *nt*

duf·fel bag ['dʌf^əl,-] *n* Matchbeutel *m;* NAUT Seesack *m*

'duf·fel coat *n* Dufflecoat *m*

dug [dʌg] *pt, pp of* **dig**

'dug·out *n* ❶ MIL Schützengraben *m* ❷ SPORTS (*in football*) überdachte Trainerbank; AM (*in baseball*) überdachte Spielerbank ❸ AM, AUS (*canoe*) Einbaum *m*

duke [dju:k] *n* Herzog *m*

dull [dʌl] I. *adj* ❶ (*pej: boring*) langweilig, eintönig; **as ~ as ditchwater** stinklangweilig; **deadly** [*or* **terribly**] **~** todlangweilig ❷ (*not bright*) animal's *coat* glanzlos; weather trüb; colour matt; light schwach, trübe ❸ (*indistinct*) dumpf ❹ AM (*not sharp*) stumpf II. *vt* (*lessen*) schwächen; *pain* betäuben

dull·ness ['dʌlnəs] *n no pl* Langweiligkeit *f*, Eintönigkeit *f*

duly ['dju:li] *adv* ❶ (*appropriately*) gebührend ❷ (*at the expected time*) wie erwartet

dumb [dʌm] *adj* ❶ (*mute*) stumm; **she was struck ~ with amazement** es verschlug ihr vor Staunen die Sprache ❷ (*pej fam: stupid*) dumm

'dumb·bell *n* ❶ SPORTS Hantel *f* ❷ AM (*pej fam: dummy*) Dummkopf *m*

dumb·'found *vt* verblüffen

dumb·'found·ed *adj* sprachlos

'dumb·show *n no pl* (*fam*) Zeichensprache *f* **'dumb·struck** *adj* sprachlos **dumb 'wait·er** *n* Speiseaufzug *m*, stummer Diener

dum·found [dʌm'faʊnd] *vt see* **dumbfound**

dum·my ['dʌmi] I. *n* ❶ (*mannequin*) Schaufensterpuppe *f;* (*crash test dummy*)

Dummy *m;* (*doll*) |ventriloquist's| ~ [Bauchredner]puppe *f;* **to stand there like a stuffed ~** (*fam*) wie ein Ölgötze dastehen ❷ (*substitute*) Attrappe *f* ❸ BRIT, AUS (*for baby*) Schnuller *m* ❹ (*pej: fool*) Dummkopf *m* ❺ CARDS (*in bridge*) Strohmann *m* **II.** *adj* (*duplicate*) nachgemacht; (*false*) falsch; **~ run** Probelauf *m* **III.** *vi* AM (*fam*) ▪ **to ~ up** dichthalten

dump [dʌmp] **I.** *n* ❶ (*for rubbish*) Müll[ablade]platz *m;* (*fig, pej: messy place*) Dreckloch *nt;* (*badly run place*) Saustall *m* derb ❷ (*storage place*) Lager *nt* ❸ COMPUT Speicherabzug *m* **II.** *vt* ❶ (*offload*) abladen; **toxic chemicals continue to be ~ed in the North Sea** es werden nach wie vor giftige Chemikalien in die Nordsee gekippt ❷ (*put down carelessly*) hinknallen; **where can I ~ my coat?** wo kann ich meinen Mantel lassen? ❸ (*fam: abandon*) *plan* fallen lassen; *sth unwanted* loswerden; **the criminals ~ed the car and fled on foot** die Verbrecher ließen das Auto stehen und flüchteten zu Fuß ❹ (*fam: leave sb*) ▪ **to ~ sb** jdm den Laufpass geben ❺ COMPUT ausgeben ❻ ECON ▪ **to ~ sth on sb** etw an jdn verschleudern **III.** *vi* AM (*fam: treat unfairly*) ▪ **to ~ on sb** jdn fertigmachen

dump·er ['dʌmpə^r] *n* ❶ AUS (*in surfing*) Brecher *m* ❷ BRIT (*truck*) Kipper *m*

'**dump·ing ground** *n* Müll[ablade]platz *m*

dump·ling ['dʌmplɪŋ] *n* Knödel *m,* Kloß *m*

dumpy ['dʌmpi] *adj* pummelig

dunce [dʌns] *n* (*pej: poor pupil*) schlechter Schüler, schlechte Schülerin; (*stupid person*) Dummkopf *m;* **to be a ~ at sth** schlecht in etw *dat* sein

dune [dju:n] *n* Düne *f*

dung [dʌŋ] *n no pl* Dung *m*

dun·ga·rees [ˌdʌŋgəˈri:z] *npl* BRIT Latzhose *f;* AM Jeans[hose] *f*

dun·geon ['dʌndʒ^ən] *n* Verlies *nt,* Kerker *m*

'**dung·hill** *n* Misthaufen *m*

dunk [dʌŋk] *vt* [ein]tunken

duo ['dju:ə(ʊ)] *n* Duo *nt*

duo·denum <*pl* -na *or* -s> [ˌdju:əˈ(ʊ)ˈdi:nəm, *pl* -nə] *n* Zwölffingerdarm *m*

dup. *n abbrev of* **duplicate** Duplikat *nt*

dupe [dju:p] **I.** *n* Betrogene(r) *f(m)* **II.** *vt* ▪ **to be ~d** betrogen werden

du·plex ['dju:pleks] **I.** *n* <*pl* -es> ❶ AM, AUS Doppelhaus *nt* ❷ AM (*flat having two floors*) Maisonette[wohnung] *f* **II.** *adj* Doppel-

du·pli·cate I. *vt* ['dju:plɪkeɪt] ▪ **to ~ sth** eine zweite Anfertigung von etw *dat* machen; (*repeat an activity*) etw noch einmal machen **II.** *adj* ['dju:plɪkət] Zweit-; **~ key** Nachschlüssel *m* **III.** *n* ['dju:plɪkət] Duplikat *nt; of a document* Zweitschrift *f;* **in ~** in zweifacher Ausfertigung

du·pli·ca·tion [ˌdju:plɪˈkeɪʃ^ən] *n no pl* Verdoppelung *f; of data* Duplizierung *f*

du·plic·ity [djuˈplɪsəti] *n no pl* (*pej: speech*) Doppelzüngigkeit *f;* (*action*) Doppelspiel *nt*

du·ra·bil·ity [ˌdjʊərəˈbɪləti] *n no pl* ❶ (*endurance*) Dauerhaftigkeit *f* ❷ *of a product* Haltbarkeit *f; of a machine* Lebensdauer *f*

du·rable ['djʊərəbl] *adj* ❶ (*hard-wearing*) strapazierfähig ❷ (*long-lasting*) dauerhaft; *goods* langlebig

du·ra·tion [ˌdjʊ(ə)ˈreɪʃ^ən] *n no pl* Dauer *f; of a film* Länge *f;* **for the ~** bis zum Ende

du·ress [djʊˈres] *n no pl* (*form*) Zwang *m*

dur·ing ['djʊərɪŋ] *prep* während +*gen;* **~ World War Two** während des Zweiten Weltkriegs

dusk [dʌsk] *n no pl* [Abend]dämmerung *f;* **~ is falling** es dämmert; **after/at ~** nach/bei Einbruch der Dunkelheit

dusky ['dʌski] *adj* dunkel

dust [dʌst] **I.** *n no pl* Staub *m;* **covered in ~** (*outside*) staubbedeckt; (*inside*) völlig verstaubt ▶ **to let the ~ settle** [ab]warten, bis sich die Wogen wieder geglättet haben; **to bite the ~** ins Gras beißen; **to eat sb's ~** AM von jdm abgehängt werden; **to turn to ~** (*liter*) zu Staub werden **II.** *vt* ❶ (*clean*) *objects* abstauben; *rooms* Staub wischen in ❷ (*spread over finely*) bestäuben; (*using grated material*) bestreuen **III.** *vi* Staub wischen

'**dust·bin** *n* BRIT Mülltonne *f* '**dust·cart** *n* BRIT Müllwagen *m* '**dust·coat** *n* Kittel *m* '**dust cov·er** *n* (*for furniture*) Schonbezug *m;* (*for devices*) Abdeckhaube *f;* (*on a book*) Schutzumschlag *m;* (*for clothes*) Staubschutz *m kein pl*

dust·er ['dʌstə^r] *n* Staubtuch *nt;* **feather ~** Staubwedel *m*

'**dust jack·et** *n* Schutzumschlag *m* '**dust·man** *n* BRIT Müllmann *m* '**dust mite** *n* Hausmilbe *f* '**dust·pan** *n* Schaufel *f;* **~ and brush** Schaufel *f* und Besen *m* '**dust storm** *n* Staubsturm *m* '**dust-up** *n* (*fam*) ❶ (*fight*) Schlägerei *f* ❷ (*dispute*) Krach *m*

dusty ['dʌsti] *adj* staubig; *objects* verstaubt

Dutch [dʌtʃ] **I.** *adj* holländisch, niederländisch **II.** *n* ❶ *no pl* (*language*) Holländisch *nt*, Niederländisch *nt* ❷(*people*) ■ **the ~** *pl* die Holländer **III.** *adv* **to go ~** getrennte Kasse machen

'**Dutch·man** *n* Holländer *m* ▸ **if ... [then] I'm a ~** BRIT wenn ... , [dann] bin ich der Kaiser von China '**Dutch·wom·an** *n* Holländerin *f*

du·ti·able ['dju:tiəbl] *adj* zollpflichtig

du·ti·ful ['dju:tɪfəl] *adj* ❶ *person* pflichtbewusst; (*obedient*) gehorsam ❷ *act* pflichtschuldig

du·ti·ful·ly ['dju:tɪfəli] *adv* pflichtbewusst; (*obediently*) gehorsam

duty ['dju:ti] **I.** *n* ❶ *no pl* (*obligation*) Pflicht *f*; **to do sth out of ~** etw aus Pflichtbewusstsein tun ❷ (*task, function*) Aufgabe *f*, Pflicht *f* ❸ *no pl* (*work*) Dienst *m*; **to do ~ for sb** jdn vertreten; **on/off ~** im/nicht im Dienst; **to be off ~** [dienst]frei haben; **to be on ~** Dienst haben; **to come** [*or* **go**] **on ~** seinen Dienst antreten ❹ (*revenue*) Zoll *m* (**on** auf); **customs duties** Zollabgaben *pl*; **to be free of ~** zollfrei sein; **to pay ~ on sth** etw verzollen **II.** *adj nurse, officer* Dienst habend

'**duty call** *n* Pflichtbesuch *m* **duty-'free I.** *adj* zollfrei **II.** *n* ■ **~s** *pl* zollfreie Waren '**duty ros·ter** *n* Dienstplan *m*

du·vet ['dju:veɪ, 'du:-] *n* Steppdecke *f*, Daunendecke *f*

DVD [ˌdi:vi:'di:] *n abbrev of* **digital versatile disc** DVD *f* **DV'D play·er** *n* DVD-Player *m*, DVD-Spieler *m*

DVR [ˌdi:vi:'ɑ:ʳ] *n abbrev of* **digital video recorder** digitaler Videorecorder

DVT [ˌdi:vi:'ti:] *n no pl* MED *abbrev of* **deep vein thrombosis** tiefe Venenthrombose

dwarf [dwɔ:f] **I.** *n* <*pl* **-s** *or* **dwarves**> Zwerg(in) *m(f)* **II.** *adj* Zwerg- **III.** *vt* überragen; (*fig*) in den Schatten stellen

dwell <dwelt *or* -ed, dwelt *or* -ed> [dwel] *vi* (*form*) wohnen

dwell·er ['dwelə*ʳ*] *n* (*form*) Bewohner(in) *m(f)*

dwell·ing ['dwelɪŋ] *n* (*form*) Wohnung *f*

dwelt [dwelt] *pp, pt of* **dwell**

dwin·dle ['dwɪndl] *vi* abnehmen; *numbers* zurückgehen; *money, supplies* schrumpfen

dwin·dling ['dwɪndlɪŋ] *adj* abnehmende(r, s) *attr*; *number* sinkende(r, s)

dye [daɪ] **I.** *vt* färben **II.** *n* Färbemittel *nt*

dyed-in-the-'wool *adj* Erz-

dyer [daɪəʳ] *n* Färber(in) *m(f)*

'**dye-works** *n* Färberei *f*

dy·ing ['daɪɪŋ] *adj* sterbend; (*fig*) aussterbend

dyke [daɪk] *n* ❶ (*wall*) Deich *m* ❷ (*drainage channel*) [Abfluss]graben *m* ❸ (*pej! sl: lesbian*) Lesbe *f*

dy·nam·ic [daɪ'næmɪk] *adj* dynamisch

dy·nami·cal·ly [daɪ'næmɪkli] *adv* dynamisch

dy·nam·ics [daɪ'næmɪks] *n* Dynamik *f*

dy·na·mite ['daɪnəmaɪt] **I.** *n no pl* Dynamit *nt a. fig* **II.** *vt* mit Dynamit sprengen

dy·na·mo ['daɪnəməʊ] *n* ❶ BRIT (*generator*) Dynamo *m*; *of a car* Lichtmaschine *f* ❷ (*fig: person*) Energiebündel *nt*

dyn·as·ty ['dɪnəsti] *n* Dynastie *f*

dys·en·tery ['dɪsəntəri] *n no pl* Ruhr *f*

dys·func·tion·al [dɪs'fʌŋ(k)ʃənəl] *adj* SOCIOL gestört

dys·lexia [dɪ'sleksiə] *n no pl* Legasthenie *f*

dys·lex·ic [dɪ'sleksɪk] *adj* legasthenisch

Ee

E <*pl* -'s *or* -s>, **e** <*pl* -'s> [i:] *n* ❶ (*letter*) E *nt*, e *nt*; *see also* **A 1** ❷ MUS E *nt*, e *nt*; **E flat** Es *nt*, es *nt*; **E sharp** Eis *nt*, eis *nt* ❸ (*school mark*) ≈ Fünf *f*, ≈ mangelhaft

E *n* ❶ no *pl abbrev of* **east** O ❷ (*fam: drug*) *abbrev of* **ecstasy** Ecstasy *f*

each [i:tʃ] *adj*, *pron* jede(r, s); **500 miles ~ way** 500 Meilen in eine Richtung; **~ and every one of us** jede(r) Einzelne von uns; **~ one of the books** jedes einzelne Buch; **give the kids one piece ~** gib jedem Kind ein Stück; **they ~ have their own personality** jeder von ihnen hat seine eigene Persönlichkeit; **there are five leaflets — please take one of ~** hier sind fünf Broschüren — nehmen Sie bitte von jeder eine; **that's about £10 ~** das sind für jeden ungefähr 10 Pfund; **these cost $3.50 ~** diese kosten 3,50 Dollar das Stück ▸ **~ to his** [*or* **her**] [*or* **their**] **own** BRIT jedem das Seine

each 'oth·er *pron after vb* einander; **they're always wearing ~'s clothes** sie tauschen immer die Kleidung; **why are you arguing with ~?** warum streitet ihr euch?; **to be made for ~** füreinander bestimmt sein

eager <-er, -est *or* more ~, most ~> ['i:gə^r] *adj* ❶ (*hungry*) begierig (**for** auf) ❷ (*enthusiastic*) eifrig; ▪ **to be ~ to do sth** etw unbedingt tun wollen; **~ to learn** lernbegierig ❸ (*expectant*) **face** erwartungsvoll; *anticipation* gespannt

eager·ly ['i:gəli] *adv* ❶ (*hungrily*) [be]gierig ❷ (*enthusiastically*) eifrig ❸ (*expectantly*) **to be ~ awaited** mit Spannung erwartet werden

eager·ness ['i:gənəs] *n no pl* Eifer *m*; **~ to learn** Lerneifer *m*

eagle ['i:gl] *n* Adler *m*

eagle-'eyed *adj* scharfsichtig; ▪ **to be ~** Adleraugen haben

ear¹ [ɪə^r] *n* ANAT Ohr *nt*; **~, nose and throat specialist** Hals-Nasen-Ohren-Arzt *m*/-Ärztin *f*; **from ~ to ~** von einem Ohr zum anderen ▸ **to be up to one's ~s in debt/work** bis über die Ohren in Schulden/Arbeit stecken; **to have** [*or* **keep**] **an ~ to the ground** auf dem Laufenden bleiben [*o* sein]; **to be all ~s** ganz Ohr sein; **to go in one ~ and out the other** zum einen Ohr hinein- und zum anderen wieder hinausgehen; **to keep one's ~s open** die Ohren offen halten; **to be out on one's ~** rausgeflogen sein; [**to give sb**] **a thick ~** *esp* BRIT jdm ein paar hinter die Ohren geben; **sb's ~s are burning** jdm klingen die Ohren; **to close one's ~s to sth** etw ignorieren; **sb's ~s are flapping** jd spitzt die Ohren; **to have an ~ for sth** für etw *akk* ein Gehör haben; **sb has sth coming out of their ~s** etw hängt jdm zum Hals[e] [he]raus; **to have the ~ of sb** jds Vertrauen *nt* haben

ear² [ɪə^r] *n* AGR Ähre *f*

'ear·ache *n no pl* Ohrenschmerzen *pl* **'ear·drum** *n* Trommelfell *nt* **'ear in·fec·tion** *n* Ohrenentzündung *f*

earl [ɜ:l] *n* Graf *m*

ear·li·er ['ɜ:lɪə^r] I. *adj comp of* **early** früher II. *adv comp of* **early** früher; **we can't deliver the goods ~ than Monday** wir können nicht vor Montag liefern; **~ on** [**today**] vorhin; **~** [**on**] **this week/year** vor ein paar Tagen/Monaten

ear·li·est ['ɜ:lɪɪst] I. *adj superl of* **early** ▪ **the ~ ...** der/die/das früheste ... II. *adv superl of* **early** zuerst; **the ~ I can come is Monday** ich kann frühestens am Montag kommen; **at the ~** frühestens

'ear·lobe *n* Ohrläppchen *nt*

ear·ly <-ier, -iest *or* more ~, most ~> ['ɜ:li] I. *adj* ❶ (*in the day*) früh; **she usually has an ~ breakfast** sie frühstückt meistens zeitig; **~ edition** Morgenausgabe *f*; **the ~ hours** die frühen Morgenstunden; **in the ~ morning** am frühen Morgen; **~ morning call** Weckruf *m*; **~ riser** Frühaufsteher(in) *m(f)* ❷ (*of a period*) früh, Früh-; **she is in her ~ thirties** sie ist Anfang dreißig; **in the ~ afternoon** am frühen Nachmittag; **at an ~ age** in jungen Jahren; **from an ~ age** von klein auf; **in the ~ 15th century** Anfang des 15. Jahrhunderts ❸ (*prompt*) schnell; **~ payment appreciated** um baldige Zahlung wird gebeten ❹ (*ahead of expected time*) vorzeitig; (*comparatively early*) [früh]zeitig; **to have an ~ lunch** früh zu Mittag essen; **to have an ~ night** früh schlafen gehen; **to take ~ retirement** vorzeitig in den Ruhestand gehen ❺ (*first*) **the ~ Christians** die ersten Christen II. *adv* ❶ (*in the day*) früh ❷ (*ahead of expected time*) vorzeitig; (*prematurely*) zu früh; (*comparatively early*) [früh]zeitig; **the plane landed ten minutes ~** das Flugzeug landete zehn Minuten früher [als geplant] ❸ (*of a period*) früh; ~ **next week** Anfang nächster Woche

'ear·mark *vt* ❶ (*mark*) kennzeichnen ❷ (*allocate*) vorsehen; *money* bereitstellen

'ear·muffs *npl* Ohrenschützer *pl*

earn [ɜːn] *vt* ❶ *money, a living* verdienen ❷ FIN (*yield*) einbringen ❸ (*deserve*) verdienen; *criticism* einbringen; *respect* gewinnen

earned au'tono·my *n* BRIT durch Verdienste erzielte Autonomie *f* (*gut geführten Schulen, Stadtbezirken und Trusts des NHS wird auf bestimmten Gebieten größere Entscheidungsfreiheit gewährt*)

earned in·come [ɜːnd'-] *n* FIN Arbeitseinkommen *nt*

earn·er ['ɜːnəʳ] *n* ❶ (*person*) Verdiener(in) *m(f)* ❷ (*fam: income source*) Einnahmequelle *f*; **to be a nice little ~** ganz schön was einbringen

ear·nest ['ɜːnɪst] **I.** *adj* ernst[haft] **II.** *n no pl* Ernst *m;* **to be in [deadly] ~ es** [tod]ernst meinen

ear·nest·ly ['ɜːnɪstli] *adv* ernsthaft

earn·ings ['ɜːnɪŋz] *npl* Einkommen *nt; of a business* Ertrag *m*

'ear·phone *n* Kopfhörer *m* **'ear·piece** *n* Hörer *m* **'ear·plug** *n usu pl* Ohrenstöpsel *nt* **'ear·ring** *n* Ohrring *m* **'ear·shot** *n no pl* [**with|in/out of ~**] in/außer Hörweite

earth [ɜːθ] **I.** *n* ❶ *no pl* (*planet*) Erde *f;* **nothing on ~ would make me sell my house** um nichts in der Welt würde ich mein Haus verkaufen; **how/what/who/ where/why on earth ...** wie/was/wer/ wo/warum um alles in der Welt ... ❷ *no pl* (*soil*) Erde *f,* Boden *m* ❸ *no pl* BRIT, AUS ELEC Erdung *f* ❹ (*of fox*) Bau *m* ▶ **to bring sb back [down] to ~** jdn wieder auf den Boden der Tatsachen zurückholen; **to be down to ~** ein natürlicher und umgänglicher Mensch sein; **to charge/cost/pay the ~** BRIT ein Vermögen verlangen/kosten/bezahlen **II.** *vt* BRIT erden

'earth-col·our·ed, AM **'earth-col·or·ed** *adj* erdfarben

earth·en·ware I. *n no pl* Tonwaren *pl* **II.** *adj* Ton-

earth·ly ['ɜːθli] **I.** *adj* ❶ (*on Earth*) irdisch ❷ (*fam: possible*) möglich; **there is no ~ reason why ...** es gibt nicht den geringsten Grund, warum ...; **to be of no ~ use to sb** jdm nicht im Geringsten nützen **II.** *n* BRIT (*fam*) **to not have an ~ chance** [**of doing sth**] nicht die geringste Chance haben[, etw zu tun]

'earth·quake *n* Erdbeben *nt* **'earth-shak·ing** *adj,* **'earth-shat·ter·ing** *adj* welterschütternd **'earth·work** *n* Erdwall *m* **'earth·worm** *n* Regenwurm *m*

earthy <-ier, -iest *or* more ~, most ~,> ['ɜːθi] *adj smell, touch* erdig

'ear·wax *n no pl* Ohrenschmalz *m* **'ear·wig** *n* Ohrwurm *m*

ease [iːz] **I.** *n no pl* ❶ (*effortlessness*) Leichtigkeit *f* ❷ (*comfort*) **to be** [*or* **feel**] **at ~** sich wohl fühlen; [**stand**] **at ~!** MIL rührt euch!; **to put sb at [their] ~** jdm die Befangenheit nehmen **II.** *vt* ❶ (*relieve*) *pain* lindern; *strain* mindern; **to ~ the tension** die Anspannung lösen; (*fig*) die Lage entspannen ❷ (*move*) **she ~d the lid off** sie löste den Deckel behutsam ab **III.** *vi* nachlassen; *situation* sich entspannen ◆ **ease off** *vi* ❶ (*decrease*) nachlassen ❷ (*work less*) **to ~ off [at work]** [auf der Arbeit] kürzertreten ◆ **ease up** *vi* ❶ (*abate*) nachlassen ❷ (*relax*) sich entspannen ❸ (*be less severe*) ▪ **to ~ up on sb** zu jdm weniger strenge sein; **to ~ up on the accelerator** vom Gas gehen

easel ['iːzəl] *n* Staffelei *f*

easi·ly ['iːzɪli] *adv* ❶ (*without difficulty*) leicht; (*effortlessly*) mühelos; **to win ~** spielend gewinnen; **to tan ~** schnell bräunen [*o* braun werden] ❷ (*by far*) ▪ **to be ~ the ...** + *superl* bei weitem der/die/das ... sein ❸ (*probably*) [sehr] leicht ❹ (*at least*) locker *sl*

easi·ness ['iːzɪnəs] *n no pl* Leichtigkeit *f*; (*effortlessness also*) Mühelosigkeit *f; of a question* Einfachheit *f*

east [iːst] **I.** *n no pl* ❶ (*compass point*) Osten *m;* **to the ~ of sth** östlich einer S. *gen;* **from/to the ~** von/nach Osten ❷ (*part of a region, town*) ▪ **the E~** der Osten; '**Birmingham E~**' ,Birmingham-Ost'; **the Near/Middle/Far ~** der Nahe/Mittlere/ Ferne Osten **II.** *adj* östlich, Ost-; **E~ Berlin** Ostberlin *nt;* **~ wind** Ostwind *m* **III.** *adv* ostwärts, nach Osten; **~ of Heidelberg/ the town centre** [*or* AM **downtown**] östlich von Heidelberg/der Innenstadt; **to face ~** nach Osten liegen

'east·bound *adj* nach Osten; **~ train** Zug *m* in Richtung Osten

East·er ['iːstəʳ] *n no art* Ostern *nt;* **at ~** an Ostern

East·er 'Day *n,* **East·er 'Sun·day** *n* Ostersonntag *m* **'East·er egg** *n* Osterei *nt* **East·er 'holi·days** *npl* Osterferien *pl*

east·er·ly ['iːstəli] **I.** *adj* östlich, Ost- **II.** *n* Ostwind *m*

East·er 'Mon·day n Ostermontag m
east·ern ['iːstən] adj ❶ location östlich, Ost-; **the ~ seaboard** AM die Ostküste ❷ (Asian) orientalisch
east·ern·er ['iːstənər] n AM Oststaatler(in) m(f)
east·ern·most ['iːstənməʊst] adj ■ **the ~ ...** der/die/das östlichste ...
East 'Ger·ma·ny n no pl HIST Ostdeutschland nt
east·ward ['iːstwəd] I. adj östlich, nach Osten II. adv ostwärts, nach Osten
east·wards ['iːstwədz] adv ostwärts, nach Osten
easy <-ier, -iest or more ~, most ~> ['iːzi] I. adj ❶ (simple) leicht, einfach; **he is ~ to get on with** mit ihm kann man gut auskommen; **it's ~ for you to laugh** du hast gut lachen; **as ~ as anything** kinderleicht; **~ money** leicht verdientes Geld; **within ~ reach** leicht erreichbar; **easier said than done** leichter gesagt als getan ❷ (effortless) leicht, mühelos; walk bequem ❸ (trouble-free) angenehm; (comfortable) bequem; life sorglos ❹ (not worried) conscience ruhig; **to not feel ~ about sth** sich bei etw dat nicht wohl fühlen ❺ (fam: indifferent) **I'm ~** mir ist es egal ❻ (pleasing) **~ on the ear/eye** angenehm für das Ohr/Auge ❼ (pej: simplistic) [zu] einfach II. adv ❶ (cautiously) vorsichtig; **~ does it** immer langsam; **to go ~ on** [or **with**] **sth** sich bei etw dat zurückhalten; **go ~ on the cream** nimm nicht so viel Sahne; **to go ~ on sb** nicht zu hart mit jdm umgehen ❷ (in a relaxed manner) **take it ~!** nur keine Aufregung!, immer mit der Ruhe!; **to take things** [or **it**] **~** (fam: for one's health) sich schonen; (rest) sich dat keinen Stress machen ▶ **~ come, ~ go** wie gewonnen, so zerronnen III. interj (fam) locker
'easy-care adj pflegeleicht **'easy chair** n Sessel m **easy-'go·ing** adj (approv: straightforward) unkompliziert; (relaxed) gelassen
eat <ate, eaten> [iːt] I. vt essen; animal fressen; **don't be afraid of the boss, he won't ~ you** hab keine Angst vor dem Chef, er wird dich schon nicht [auf]fressen; **to ~ breakfast** frühstücken; **to ~ lunch/supper** zu Mittag/Abend essen ▶ **to ~ sb for breakfast** jdn zum Frühstück verspeisen; **I'll ~ my hat if ...** ich fresse einen Besen, wenn ...; **~ your heart out** platze ruhig vor Neid; **to ~ one's heart out** sich [vor Kummer] verzehren; **to ~ like a horse** wie ein Scheunendrescher essen; **to ~ sb out of house and home** jdm die Haare vom Kopf fressen; **to ~ one's words** seine Worte zurücknehmen; **what's ~ing you?** was bedrückt dich? II. vi essen ▶ **she has them ~ing out of her hand** sie fressen ihr aus der Hand; **you are what you ~** (prov) der Mensch ist, was er isst ◆ **eat into** vi ■ **to ~ into sth** ❶ (dig into) sich in etw akk hineinfressen ❷ (corrode) etw angreifen ❸ (use up) savings etw angreifen ◆ **eat out** vi auswärts essen, essen gehen ◆ **eat up** I. vt ❶ (finish) aufessen; animal auffressen ❷ (plague) ■ **to be ~en up by** [or **with**] **sth** von etw dat verzehrt werden ❸ (consume) money, resources verschlingen II. vi aufessen; animals auffressen
eat·able ['iːtəbl] adj essbar, genießbar
'eat·ables npl Lebensmittel nt meist pl
eat·en ['iːtən] pp of **eat**
eat·er ['iːtər] n ❶ (person) Esser(in) m(f) ❷ BRIT (fam: apple) Speiseapfel m
eat·ery ['iːtəri] n AM Esslokal nt
eat·ing ['iːtɪŋ] I. n Essen nt II. adj Ess-
'eat·ing ap·ple n Speiseapfel m **'eat·ing dis·or·der** n Essstörung f
eau de co·logne [ˌəʊdəkə'ləʊn] n no pl Kölnischwasser nt
eaves [iːvz] npl Dachvorsprung m
eaves·drop <-pp-> ['iːvzdrɒp] vi [heimlich] lauschen; ■ **to ~ on sb/sth** jdn/etw belauschen
eaves·drop·per ['iːvzdrɒpər] n Lauscher(in) m(f)
ebb [eb] I. n no pl ❶ (of the sea) Ebbe f; **on the ~** bei Ebbe ❷ (fig) **the ~ and flow of sth** das Auf und Ab einer S. gen; **to be at a low ~** auf einem Tiefstand sein; funds knapp bei Kasse sein II. vi ❶ tide zurückgehen ❷ (fig: lessen) schwinden
e-bike ['iːbaɪk] n short for **electric bike** E-Bike nt, Elektrofahrrad nt
eb·ony ['ebəni] n no pl Ebenholz nt
e-book ['iːbʊk] n short for **electronic book** E-Book nt **e-book read·er** ['iːbʊkˌriːdər] n E-Book-Reader m, E-Reader m
e-'busi·ness n no pl INET E-Business nt, elektronischer Geschäftsverkehr
EC [ˌiː'siː] n no pl HIST abbrev of **European Community** EG f
e-car ['iːkɑːr] n short for **electric car** Elektroauto nt
ec·cen·tric [ɪk'sentrɪk] I. n Exzentriker(in) m(f) II. adj exzentrisch; clothes ausgefallen
ec·cen·tri·city [ˌeksen'trɪsəti] n Exzentrizität f

ec·cle·si·as·tic [ɪˌkliziˈæstɪk] (*form*) **I.** *n* Geistliche(r) *m* **II.** *adj* kirchlich, geistlich
ec·cle·si·as·ti·cal [ɪˌkliziˈæstɪkəl] *adj see* **ecclesiastic II**
ECG [ˌiːsiːˈdʒiː] *n abbrev of* **electrocardiogram** EKG *nt*
eche·lon [ˈeʃəlɒn] *n* ❶ (*level*) Rang *m* ❷ MIL (*formation*) Staffel[formation] *f*
echo [ˈekəʊ] **I.** *n* <*pl* -es> ❶ (*reverberation*) Echo *nt* ❷ (*fig*) Anklang *m* (**of** an) **II.** *vi* ❶ (*resound*) sound, place [wider]hallen ❷ (*fig: repeat*) wiederholen **III.** *vt* ❶ (*copy*) wiedergeben; (*reflect*) widerspiegeln ❷ (*resemble*) ähneln ❸ (*repeat sb's words*) wiederholen
ˈ**echo cham·ber** *n* Hallraum *m* ˈ**echo sound·er** *n* Echolot *nt*
ec·lec·tic [ekˈlektɪk] *adj* eklektisch
ec·lipse [ɪˈklɪps] **I.** *n* ❶ ASTRON Finsternis *f;* ~ **of the moon/sun** Mond-/Sonnenfinsternis *f* ❷ *no pl* (*fig: decline*) Niedergang *m* **II.** *vt* ❶ (*obscure*) verfinstern ❷ (*fig: overshadow*) in den Schatten stellen
ˈ**eco-con·scious** *adj* umweltbewusst
ˈ**eco-doom** *n no pl* Öko-Pessimismus *m*
ˈ**eco-drive** *adj attr* mit Eco-Drive-Antrieb *nach n*
ECOFIN [ˈiːkəʊfɪn] *n abbrev of* **Economic and Finance Ministers Council** ECOFIN
eco·logi·cal [ˌiːkəˈlɒdʒɪkəl] *adj* ökologisch; ~ **catastrophe** [*or* **disaster**] Umweltkatastrophe *f*
eco·logi·cal·ly [ˌiːkəˈlɒdʒɪkəli] *adv* ökologisch; ~ **friendly** umweltfreundlich; ~ **harmful** umweltschädlich; ~ **sound** umweltverträglich
ecolo·gist [iːˈkɒlədʒɪst] *n* ❶ (*expert*) Ökologe *m*/Ökologin *f* ❷ POL Umweltbeauftragte(r) *f(m)*
ecol·ogy [iːˈkɒlədʒi] *n no pl* Ökologie *f*
eˈcol·ogy move·ment *n* Umweltbewegung *f* **eˈcol·ogy par·ty** *n* Umweltpartei *f*, Öko-Partei *f*
e-com·merce [ˌiːˈkɒmɜːs] *n no pl short for* **electronic commerce** E-Commerce *m*
eco·nom·ic [ˌiːkəˈnɒmɪk] *adj* ❶ POL, ECON ökonomisch, wirtschaftlich; ~ **aid** [*or* **assistance**] Wirtschaftshilfe *f;* ~ **downturn** Konjunkturabschwächung *f;* ~ **forecast** Wirtschaftsprognose *f;* ~ **system** Wirtschaftssystem *nt;* ~ **upturn** Konjunkturaufschwung *m* ❷ (*profitable*) rentabel
eco·nomi·cal [ˌiːkəˈnɒmɪkəl] *adj* ❶ (*costeffective*) wirtschaftlich, ökonomisch; *car* sparsam ❷ (*thrifty*) sparsam; **to be** ~ **with the truth** mit der Wahrheit hinter dem Berg halten

eco·nomi·cal·ly [ˌiːkəˈnɒmɪkəli] *adv* ❶ (*thriftily*) sparsam; **to use sth** ~ mit etw *dat* sparsam umgehen ❷ POL, ECON wirtschaftlich, ökonomisch; **to be** ~ **viable** wirtschaftlich überlebensfähig sein
Eco·nom·ic and Mon·etary ˈUnit *n* Wirtschafts- und Währungseinheit *f*
eco·nom·ics [ˌiːkəˈnɒmɪks] *npl* ❶ + *sing vb* (*science*) Wirtschaftswissenschaft[en] *f[pl]*; (*management studies*) Betriebswirtschaft *f* ❷ (*economic aspects*) wirtschaftlicher Aspekt
econo·mist [ɪˈkɒnəmɪst] *n* Wirtschaftswissenschaftler(in) *m(f);* (*in industrial management*) Betriebswirtschaftler(in) *m(f)*
econo·mize [ɪˈkɒnəmaɪz] *vi* sparen (**on** an)
econo·my [ɪˈkɒnəmi] *n* ❶ (*system*) Wirtschaft *f* ❷ (*thriftiness*) Sparsamkeit *f kein pl;* **to make economies** Einsparungen machen ❸ *no pl* (*sparing use of sth*) Ökonomie *f;* ~ **of language** prägnante Ausdrucksweise
eˈcono·my class *n* Touristenklasse *f* **eˈcono·my drive** *n* **to be on an** ~ auf dem Spartrip sein **eˈcono·my pack** *n*, **eˈcono·my size** *n* Sparpackung *f*
ˈ**ecoroof**, ˈ**green roof**, ˈ**liv·ing roof** *n* begrüntes Dach
eco·sys·tem [ˈiːsɪə(ʊ)-] *n* Ökosystem *nt* ˈ**eco·tour·ism** *n* Ökotourismus *m* ˈ**eco·tour·ist** *n* Ökotourist(in) *m(f)* ˈ**eco·war·ri·or** *n* militanter Umweltschützer/militante Umweltschützerin
ec·sta·sy [ˈekstəsi] *n* ❶ (*bliss*) Ekstase *f* ❷ *no pl* (*sl: drug*) ■ **E~** Ecstasy *f*
ec·stat·ic [ɪkˈstætɪk] *adj* ekstatisch
Ecua·dor [ˈekwədɔːʳ] *n no pl* Ekuador *nt*, Ecuador *nt*
Ecua·do·rean [ˌekwəˈdɔːriən] *adj* ecuadorianisch
ecu·meni·cal [ˌiːkjʊˈmenɪkəl] *adj* ökumenisch
ec·ze·ma [ˈeksɪmə] *n no pl* Ekzem *nt*
ed. ❶ *abbrev of* **edition** Aufl. ❷ *abbrev of* **edited** ediert
eddy [ˈedi] **I.** *vi* <-ie-> wirbeln; *water* strudeln **II.** *n* Wirbel *m; of water* Strudel *m*
edge [edʒ] **I.** *n* ❶ (*boundary*) Rand *m a. fig; of a lake* Ufer *nt;* **at the** ~ **of the road** am Straßenrand; **the** ~ **of the table** die Tischkante ❷ (*blade*) Schneide *f;* (*sharp side*) Kante *f* ❸ *no pl* (*sharpness*) Schärfe *f;* **his apology took the** ~ **off her anger** seine Entschuldigung besänftigte ihren Ärger; **there's an** ~ **to her voice** sie schlägt einen scharfen Ton an; **to take the** ~ **off**

sb's appetite jdm den Appetit nehmen ④ *(nervousness)* **to be on ~** nervös sein; **to set sb's teeth on ~** jdm auf die Nerven gehen ⑤ *(superiority)* ■**the ~** Überlegenheit *f*; **to have the ~ over sb** jdm überlegen sein ▶ **to live on the ~** ein extremes Leben führen II. *vt* **to ~ one's way forward** sich langsam vorwärtsbewegen III. *vi* **to ~ forward** langsam voranrücken

edge·ways ['edʒweɪz] *adv*, **edge·wise** ['edʒwaɪz] *adv* **to not get a word in ~** nicht zu Wort kommen

edg·ing ['edʒɪŋ] *n* Umrandung *f*; *of a tablecloth, dress* Borte *f*; *of a lawn, garden* Einfassung *f*

edgy ['edʒi] *adj (fam)* ① *(anxious)* nervös ② *artist* ernsthaft

ed·ible ['edɪbl] *adj* essbar, genießbar; **~ mushroom** Speisepilz *m*

edict ['iːdɪkt] *n (form)* Edikt *nt hist*, Erlass *m*

edi·fi·ca·tion [ˌedɪfɪ'keɪʃ(ə)n] *n no pl (form)* **for sb's ~** zu jds Erbauung *f*

edi·fice ['edɪfɪs] *n* Gebäude *nt*

edi·fy·ing ['edɪfaɪɪŋ] *adj* erbaulich

Ed·in·burgh ['edɪnb(ə)rə] *n* Edinburg[h] *nt*

edit ['edɪt] *vt* redigieren; COMPUT editieren; MEDIA cutten ♦ **edit out** *vt* PUBL [heraus|streichen; MEDIA herausschneiden

edit·ing ['edɪtɪŋ] *n no pl* ① *of a text* Bearbeiten *nt*, Redigieren *nt* ② *of a film, tape* Bearbeiten *nt*, Schneiden *nt*

edi·tion [ɪ'dɪʃ(ə)n] *n* ① *(issue)* Ausgabe *f* ② *(broadcast)* Folge *f* ③ PUBL Auflage *f*

edi·tor ['edɪtə'] *n* ① *(of a book, newspaper)* Herausgeber(in) *m(f)* ② *(of a press or publishing department)* Redakteur(in) *m(f)*; **sports ~** Sportredakteur(in) *m(f)* ③ FILM Cutter(in) *m(f)*

edi·tor-at-large <*pl* editors-at-large> *n [oft früherer]* Chefredakteur zur besonderen Verwendung, der nicht für das Tagesgeschäft verantwortlich ist, aber an Redaktionssitzungen teilnimmt

edi·to·rial [ˌedɪ'tɔːrɪəl] I. *n* Leitartikel *m* II. *adj* Redaktions-, redaktionell; **~ staff** + *sing/pl vb* Redaktion *f*

edi·to·ri·al·ly [ˌedɪ'tɔːrɪəli] *adv* redaktionell

edi·tor-in-chief [ˌedɪtərɪn'tʃiːf] *n (at newspaper)* Chefredakteur(in) *m(f)*; *(at publishing house)* Herausgeber(in) *m(f)*

EDP [ˌiːdiː'piː] *n no pl abbrev of* **electronic data processing** EDV *f*

edu·cable ['edʒʊkəbl] *adj* einer Bildung zugänglich

edu·cate ['edʒʊkeɪt] *vt* ① *(teach)* unterrichten; *(train)* ausbilden ② *(enlighten)* aufklären

edu·cat·ed ['edʒʊkeɪtɪd] *adj* gebildet; **to be Cambridge-/Harvard-~** in Cambridge/Harvard studiert haben; **to make an ~ guess** eine fundierte Vermutung äußern

edu·ca·tion [ˌedʒʊ'keɪʃ(ə)n] *n no pl* ① *(teaching, knowledge)* Bildung *f*; *(training)* Ausbildung *f* ② *(system)* Erziehungswesen *nt* ③ *(study of teaching)* Pädagogik *f*

edu·ca·tion·al [ˌedʒʊ'keɪʃ(ə)nəl] *adj* ① SCH, UNIV Bildungs-, pädagogisch; **~ background** schulischer Werdegang; **~ film** Lehrfilm *m*; **~ psychology** Schulpsychologie *f*; **~ qualifications** schulische Qualifikationen ② *(enlightening)* lehrreich

edu·ca·tion·al·ist [ˌedʒʊ'keɪʃ(ə)nəlɪst] *n* Erziehungswissenschaftler(in) *m(f)*

edu·ca·tion·al·ly [ˌedʒʊ'keɪʃ(ə)nəli] *adv* pädagogisch, erzieherisch

edu·ca·tor ['edʒʊkeɪtə'] *n* Erzieher(in) *m(f)*

Ed·ward·ian [ed'wɔːdɪən] *adj* aus der Zeit Edwards VII. *(1901–1910)*

EEG [ˌiːiː'dʒiː] *n abbrev of* **electroencephalogram** MED EEG *nt*

eel [iːl] *n* Aal *m*

eerie <-r, -st> ['ɪəri] *adj* unheimlich

eeri·ly ['ɪərɪli] *adv* unheimlich

ef·fect [ɪ'fekt] I. *n* ① *(consequence)* Auswirkung *f* (|**up**|**on** auf), Folge *f* (|**up**|**on** für) ② *no pl (influence)* Einfluss *m* (**on** auf) ③ *no pl (force)* **to come into** [*or* **take**] **~** in Kraft treten; **with ~ from 1st January** *(form)* mit Wirkung vom 1. Januar ④ *(result)* Wirkung *f*; *(success)* Erfolg *m*; **to good ~** mit Erfolg; **to take ~** *medicine* wirken ⑤ *no pl (esp pej: attention-seeking)* **for ~** aus Effekthascherei ⑥ *(essentially)* **in ~** eigentlich ⑦ *(summarizing)* **to say something to the effect that ...** sinngemäß sagen, dass ...; **I received a letter to the ~ that ...** ich erhielt einen Brief des Inhalts, dass ... ⑧ *(sounds, lighting)* ■**~s** *pl* Effekte *pl* II. *vt* bewirken

ef·fec·tive [ɪ'fektɪv] *adj* ① *(competent)* fähig ② *(achieving the desired effect)* wirksam, effektiv; *(successful)* erfolgreich ③ *(real)* tatsächlich, wirklich ④ *(operative)* gültig; *law* [rechts]wirksam ⑤ *(striking)* effektvoll, wirkungsvoll

ef·fec·tive·ly [ɪ'fektɪvli] *adv* ① *(efficiently)* wirksam, effektiv; *(successfully)* erfolgreich ② *(essentially)* eigentlich

ef·fec·tive·ness [ɪ'fektɪvnəs] *n no pl* Wirksamkeit *f*, Effektivität *f*

ef·fem·i·nate [ɪ'femɪnət] *adj* unmännlich

ef·fer·ves·cence [ˌefə'ves(ə)n(t)s] *n no pl* Sprudeln *nt*

ef·fer·ves·cent [ˌefəˈvesənt] *adj* sprudelnd a. *fig*

ef·fi·cien·cy [ɪˈfɪʃ°n(t)si] *n no pl* Leistungsfähigkeit *f*; *of a person* Tüchtigkeit *f*; *of a machine* Wirkungsgrad *m*

ef·fi·cient [ɪˈfɪʃ°nt] *adj* ❶ (*productive*) leistungsfähig; *person* fähig, tüchtig ❷ (*economical*) wirtschaftlich

ef·fi·cient·ly [ɪˈfɪʃ°ntli] *adv* effizient *geh*

ef·fi·gy [ˈefɪdʒi] *n* Bild[nis] *nt;* **to burn sb in ~** jdn symbolisch verbrennen

ef·flu·ent [ˈefluənt] *n* Abwasser *nt*

ef·fort [ˈefət] *n* Mühe *f,* Anstrengung *f*; **to make an ~** (*physically*) sich anstrengen; (*mentally*) sich bemühen; **despite all my ~s** trotz all meiner Bemühungen; **a poor ~** eine schwache Leistung

ef·fort·less [ˈefətləs] *adj* mühelos; *grace* natürlich

ef·fort·less·ly [ˈefətləsli] *adv* mühelos, ohne Anstrengung

ef·fu·sive [ɪˈfjuːsɪv] *adj* (*form*) überschwänglich

ef·fu·sive·ly [ɪˈfjuːsɪvli] *adv* (*form*) überschwänglich

EFL [ˌiːefˈel] *n no pl abbrev of* **English as a Foreign Language** Englisch *nt* als Fremdsprache

EFSF [iːefesˈef] *n abbrev of* **European Financial Stability Facility** POL, FIN Eurorettungsschirm *m*

EFT [ˌiːefˈtiː] *n abbrev of* **electronic funds transfer** elektronischer Geldtransfer

e.g. [ˌiːˈdʒiː] *abbrev of* **exempli gratia** (*Latin: for example*), z. B.

egali·tar·ian [ɪˌɡælɪˈteəriən] **I.** *n* Verfechter(in) *m(f)* des Egalitarismus **II.** *adj* egalitär

e-gen·era·tion [ˈiːdʒenəreɪʃ°n] *n* Internetgeneration *f*

egg [eɡ] **I.** *n* ❶ (*food*) Ei *nt;* [**half**] **a dozen ~s** ein [halbes] Dutzend Eier ❷ (*cell*) Eizelle *f* ▶ **to put all one's ~s in one basket** alles auf eine Karte setzen; **to be left with ~ on one's face** dumm dastehen; **a bad ~** ein Gauner *m* **II.** *vt* ■ **to ~ sb** ⟳ **on** jdn anstacheln

'**egg cell** *n* Eizelle *f* '**egg cup** *n* Eierbecher *m* '**egg·head** *n* (*hum fam*) Eierkopf *m* '**egg·plant** *n* AM, AUS Aubergine *f* '**egg·shell** *n* Eierschale *f* '**egg spoon** *n* Eierlöffel *m* '**egg tim·er** *n* Eieruhr *f* '**egg yolk** *n* Eigelb *nt*

ego [ˈiːɡəʊ] *n* Ego *nt*

ego·cen·tric [ˌiːɡə(ʊ)ˈsentrɪk] *adj* egozentrisch

ego·ism [ˈiːɡəʊɪzəm] *n no pl* Egoismus *m*

ego·ist [ˈiːɡəʊɪst] *n* (*pej*) Egoist *m*

ego·is·tic [ˌiːɡəʊˈɪstɪk] *adj* (*pej*) egoistisch

'**ego surf** *vi* INET, COMPUT ego-surfen (*im Internet den eigenen Namen eingeben*)

'**ego surf·ing** *n no pl, no art* INET, COMPUT Ego-Surfen *nt* (*Eingabe des eigenen Namens im Internet*)

ego·tism [ˈiːɡəʊtɪzəm] *n no pl* Egotismus *m*

ego·tist [ˈiːɡəʊtɪst] *n* (*pej*) Egotist(in) *m(f)*

ego·tis·tic [ˌiːɡəʊˈtɪstɪk] *adj* (*pej*) egotistisch

'**ego trip** *n* Egotrip *m*

Egypt [ˈiːdʒɪpt] *n no pl* Ägypten *nt*

Egyp·tian [ɪˈdʒɪpʃ°n] **I.** *n* Ägypter(in) *m(f)* **II.** *adj* ägyptisch

eh [eɪ] *interj* (*fam*) ■ ~? (*expressing confusion*) was?, hä?; (*expressing surprise also*) wie bitte?; (*asking for repetition*) wie bitte?, was?; (*inviting response to statement*) nicht [wahr]?

eider·down [ˈaɪdədaʊn] *n* ❶ (*feathers*) [Eider]daunen *pl* ❷ (*quilt*) Daunenbett *nt*

Eiffel Tow·er [ˌaɪf°lˈtaʊə'] *n* ■ **the ~** der Eiffelturm

eight [eɪt] **I.** *adj* acht; **~ times three is 24** acht mal drei ist 24; **the score is ~ three** es steht acht zu drei; **there are ~ of us** wir sind [zu] acht; **in packets of ~** in einer Achterpackung; **~ times** achtmal; **a family of ~** eine achtköpfige Familie; **~ and a quarter/half** achteinviertel/achteinhalb; **one in ~** [people] jeder Achte; **a boy of ~** ein achtjähriger Junge; **at the age of ~** [*or* **at ~** [**years old**]] [*or* **aged ~**] mit acht Jahren; **at ~** [**o'clock**] um acht [Uhr]; [**at**] **about** [*or* **around**] **~** [**o'clock**] gegen acht [Uhr]; **half past ~** [*or* BRIT *fam* **half ~**] halb neun; **~ thirty** um halb neun, um acht Uhr dreißig; **at ~ twenty/forty-five** um zwanzig nach acht [*o* acht Uhr zwanzig]/Viertel vor neun [*o bes* SÜDD drei viertel neun] **II.** *n* ❶ (*number, symbol*) Acht *f* ❷ SPORTS (*boat*) Achter *m;* (*crew also*) Achtermannschaft *f*; **a figure of ~** eine Acht ❸ CARDS Acht *f;* **~ of clubs** Kreuz-Acht *f* ❹ (*public transport*) ■ **the ~** die Acht

eight·een [eɪˈtiːn] **I.** *adj* (*number, age*) achtzehn; *see also* **eight II.** *n* ❶ (*number, symbol*) Achtzehn *f*; **in the ~ twenties** in den zwanziger Jahren des neunzehnten Jahrhunderts; *see also* **eight** ❷ BRIT FILM **~ certificate** [Alters]freigabe *f* ab 18 Jahren

eight·eenth [eɪˈtiːnθ] **I.** *adj* achtzehnte(r, s) **II.** *n* ■ **the ~** der/die/das Achtzehnte

'**eight·fold** *adj* achtfach

eighth [eɪtθ] **I.** *adj* achte(r, s); **the ~ per-**

son der/die Achte; **every ~ person** jeder Achte; **in ~ place** an achter Stelle; **the ~ largest** ... **II.** *n no pl* ❶ (*order*) ■**the ~** der/die/das Achte; **~ [in line]** als Achter an der Reihe; **to be/finish ~ [in a race]** [bei einem Rennen] Achter sein/werden ❷ (*date*) ■**the ~ [of the month]** *spoken* der Achte [des Monats]; ■**the 8th [of the month]** *written* der 8. [des Monats]; **on the ~ of February** am achten Februar ❸ (*in titles*) **Henry the E~** *spoken* Heinrich der Achte; **Henry VIII** *written* Heinrich VIII. ❹ (*fraction*) Achtel *nt*

'eight-hour *adj* achtstündig; **~ day** Achtstundentag *m*

eighti·eth ['eɪtiəθ] **I.** *adj* achtzigste(r, s); *see also* **eighth II.** *n* ❶ (*order*) ■**the ~** der/die/das Achtzigste; *see also* **eighth** ❷ (*fraction*) Achtzigstel *nt*

eighty ['eɪti] **I.** *adj* achtzig; *see also* **eight II.** *n* ❶ (*number*) Achtzig *f* ❷ (*age*) **in one's eighties** in den Achtzigern; **to be in one's early/mid/late eighties** Anfang/Mitte/Ende achtzig sein ❸ (*decade*) ■**the eighties** *pl* die achtziger [*o* 80er] Jahre ❹ (*temperature*) **in the eighties** um die 30 Grad Celsius warm ❺ (*fam: speed*) **to do** [*or* **drive**] **~** achtzig fahren

Eire ['eərə] *n* Eire *nt*, Irland *nt*

EIS[1] [ˌiːaɪˈes] *n* COMPUT *abbrev* of **executive information system** Informationssystem *nt* für Entscheidungsträger in Unternehmen

EIS[2] [ˌiːaɪˈes] *n abbrev of* **Educational Institute of Scotland** Schottische Lehrergewerkschaft

either ['aɪðə', 'iː-] **I.** *conj* **~ ... or ...** entweder ... oder ... **II.** *adv* ❶ + *neg* (*indicating similarity*) auch nicht; **she doesn't ~** sie auch nicht ❷ + *neg* (*moreover*) **it's really good and not very expensive ~** es ist wirklich gut – und nicht einmal sehr teuer **III.** *adj* ❶ (*each of two*) beide; **on ~ side** auf beiden Seiten ❷ (*one of two*) eine(r, s) [von beiden]; **~ person** jede(r) der beiden; **~ way** so oder so **IV.** *pron no pl* (*any one of two*) beide(s); **you can have ~ of the two** such dir einen davon aus; **~ of you** eine(r) von euch beiden

ejacu·late [ɪˈdʒækjəleɪt] *vi, vt* ejakulieren

ejacu·la·tion [ɪˌdʒækjəˈleɪʃᵊn] *n* Ejakulation *f*

eject [ɪˈdʒekt] **I.** *vt* ❶ ■**to ~ sb** jdn hinauswerfen (**from** aus) ❷ TECH ■**to ~ sth** etw auswerfen **II.** *vi* AVIAT den Schleudersitz betätigen

ejec·tion [ɪˈdʒekʃᵊn] *n no pl* ❶ (*kicking out*) *of a person* Hinauswurf *m* ❷ TECH Auswerfen *nt;* AVIAT *of a pilot* Hinausschleudern *nt* ❸ LAW [Zwangs]räumung *f*

e'jec·tor seat *n* Schleudersitz *m*

elabo·rate I. *adj* [ɪˈlæbᵊrət] *design* kompliziert; *decorations* kunstvoll [gearbeitet]; *style of writing* ausgefeilt; *banquet* üppig; *plan* ausgeklügelt **II.** *vi* [ɪˈlæbᵊreɪt] ins Detail gehen; ■**to ~ on sth** etw näher ausführen

elabo·ra·tion [ɪˌlæbəˈreɪʃᵊn] *n* ❶ *no pl of style* Ausfeilung *f*; *of plan* Ausarbeitung *f* ❷ (*explanation*) [nähere] Ausführung

elapse [ɪˈlæps] *vi time* vergehen

elas·tic [ɪˈlæstɪk] **I.** *adj* elastisch **II.** *n* elastisches Material, Gummi *m*

elas·tic 'band *n* Gummiband *nt*

elas·tic·i·ty [ˌɪlæsˈtɪsəti] *n no pl* Elastizität *f a. fig*

elat·ed [ɪˈleɪtɪd] *adj* **to be ~ at** [*or* **by**] **sth** über etw *akk* hocherfreut sein

ela·tion [ɪˈleɪʃᵊn] *n no pl* Hochstimmung *f*

Elba ['elbə] *n* Elba *nt*

el·bow ['elbəʊ] **I.** *n* ❶ ANAT Ell[en]bogen *m* ❷ (*fig: in a pipe, river*) Knie *nt*; (*in a road, river*) Biegung *f* ▶ **to give sb the ~** jdm den Laufpass geben **II.** *vt* ■**to ~ sb** jdm mit dem Ellbogen einen Stoß versetzen; **to ~ sb out** jdn hinausdrängen; **she ~ed him in the ribs** sie stieß ihm den Ellbogen in die Rippen

'el·bow grease *n* Muskelkraft *f* **'el·bow room** *n* ❶ (*space to move*) Ellbogenfreiheit *f* ❷ (*fig*) Bewegungsfreiheit *f*

el·der[1] ['eldə'] **I.** *n* Ältere(r) *f(m);* **church/village ~** Kirchen-/Dorfälteste(r) *f(m)* **II.** *adj* ältere(r, s); *states*[*wo*]*man* erfahren(e)

el·der[2] ['eldə'] *n* BOT Holunder *m*

el·der·ber·ry ['eldəˌberi] *n* ❶ (*berry*) Holunderbeere *f* ❷ (*tree*) Holunder[strauch] *m*

el·der·ly ['eldᵊli] **I.** *adj* ältere(r, s) *attr*, ältlich **II.** *n* ■**the ~** *pl* ältere Menschen

eld·est ['eldɪst] **I.** *adj* älteste(r, s) **II.** *n no pl* ■**the ~** der/die Älteste

e-learn·ing ['iːˌlɜːnɪŋ] *n no pl* E-Learning *nt*

elect [ɪˈlekt] *vt* ❶ (*choose by vote*) wählen (**to** in); **to ~ sb as chairman/a representative** jdn zum Vorsitzenden/Stellvertreter wählen; **the president ~** der designierte Präsident ❷ (*opt for*) ■**to ~ to do sth** sich [dafür] entscheiden, etw zu tun

elec·tion [ɪˈlekʃᵊn] *n* Wahl *f*

e'lec·tion ad·dress *n* Wahlrede *f* **e'lec·tion booth** *n* Wahlkabine *f* **e'lec·tion cam·paign** *n* Wahlkampf *m* **e'lec·tion**

election day → elimination 256

day *n* Wahltag *m* **e'lec·tion de·feat** *n* Wahlniederlage *f*
elec·tion·eer [ɪˌlekʃəˈnɪəʳ] *n* Wahlhelfer(in) *m(f)*
elec·tion·eer·ing [ɪˌlekʃəˈnɪərɪŋ] *n no pl* (*pej*) Wahlpropaganda *f*
elec·tion mani·fes·to *n* Wahlprogramm *nt* **e'lec·tion meet·ing** *n* Wahlversammlung *f* **e'lec·tion post·er** *n* Wahlplakat *nt* **e'lec·tion re·sult** *n usu pl* Wahlergebnis *nt meist pl* **e'lec·tion re·turns** *npl* Wahlergebnisse *pl* **e'lec·tion speech** *n* Wahlrede *f*
elec·tive [ɪˈlektɪv] *adj* Wahl-
elec·tor [ɪˈlektəʳ] *n* Wähler(in) *m(f)*
elec·tor·al [ɪˈlektərəl] *adj* Wahl-
elec·tor·ate [ɪˈlektərət] *n* Wählerschaft *f*
elec·tric [ɪˈlektrɪk] *adj* ❶ (*powered by electricity*) elektrisch; ~ **blanket** Heizdecke *f*; ~ **guitar** E-Gitarre *f*; ~ **motor** Elektromotor *m*; ~ **bike** Elektrofahrrad *nt*, E-Bike *nt*; ~ **car** Elektroauto *nt*, E-Auto *nt* ❷ (*involving or conveying electricity*) Strom- ❸ (*fig: exciting*) elektrisierend; *atmosphere* spannungsgeladen; *performance* mitreißend
elec·tri·cal [ɪˈlektrɪkəl] *adj* elektrisch; ~ **device** Elektrogerät *nt*
elec·tric 'com·muter car *n*, **e-com car** [ˈiːkɒm-] *n* brennstoffangetriebenes Auto
elec·tri·cian [ˌelɪkˈtrɪʃən, ˌiːlek-] *n* Elektriker(in) *m(f)*
elec·tric·ity [ˌelɪkˈtrɪsəti, ˌiːlek-] *n no pl* Elektrizität *f*, [elektrischer] Strom; **heated/powered by** ~ elektrisch beheizt/angetrieben
elec·'tric·ity board *n* BRIT Stromanbieter *m*
elec·tri·fy [ɪˈlektrɪfaɪ] *vt* ❶ TECH elektrifizieren ❷ (*fig*) elektrisieren
elec·tro·cute [ɪˈlektrəkjuːt] *vt* ❶ (*unintentionally*) durch einen Stromschlag töten ❷ (*intentionally*) auf dem elektrischen Stuhl hinrichten
elec·tro·cu·tion [ɪˌlektrəˈkjuːʃən] *n* ❶ (*by chance*) Tötung *f* durch Stromschlag ❷ LAW Hinrichtung *f* durch den elektrischen Stuhl
elec·trode [ɪˈlektrəʊd] *n* Elektrode *f*
elec·troly·sis [ˌelɪkˈtrɒləsɪs, ˌiːlek-] *n no pl* Elektrolyse *f*
elec·tro·lyte [ɪˈlektrəlaɪt] *n* BIOL, CHEM, TECH Elektrolyt *m*
elec·tro·'mag·net *n* Elektromagnet *m*
elec·tro·mag·'net·ic *adj* elektromagnetisch
elec·tron [ɪˈlektrɒn] *n* Elektron *nt*; ~ **microscope** Elektronenmikroskop *nt*
elec·tron·ic [ˌelekˈtrɒnɪk, ˌiːlek-] *adj* elektronisch; ~ **calculator** Elektronenrechner *m*; ~ **waste** Elektroschrott *m*
elec·troni·cal·ly [ˌelekˈtrɒnɪkli, ˌiːlek-] *adv* elektronisch
elec·tron·ics [ˌelekˈtrɒnɪks, ˌiːlek-] *n* + *sing/pl vb* Elektronik *f*
elec·tro·plate [ɪˈlektrə(ʊ)pleɪt] *vt* galvanisieren; ~**d cutlery** versilbertes Besteck
el·egance [ˈelɪgən(t)s] *n no pl* Eleganz *f*
el·egant [ˈelɪgənt] *adj* elegant
el·egant·ly [ˈelɪgəntli] *adv* elegant
el·egy [ˈelɪdʒi] *n* Elegie *f*
el·ement [ˈelɪmənt] *n* Element *nt*
el·emen·tal [ˌelɪˈmentəl] *adj* (*liter*) elementar
el·emen·ta·ry [ˌelɪˈmentəri] *adj* elementar; *mistake* grob; ~ **course** Grundkurs *m*; ~ **education** AM Elementarunterricht *m*
el·ephant [ˈelɪfənt] *n* Elefant *m*
el·ephan·tine [ˌelɪˈfəntaɪn] *adj* massig
el·evate [ˈelɪveɪt] *vt* ❶ (*lift*) [empor]heben; (*raise*) erhöhen ❷ (*fig*) erheben
el·evat·ed [ˈelɪveɪtɪd] *adj* ❶ (*raised*) erhöht, höher liegend; ~ **road** Hochstraße *f* ❷ (*important*) gehoben
el·eva·tion [ˌelɪˈveɪʃən] *n* (*form*) ❶ (*height*) Höhe *f* ❷ (*raised area*) [Boden]erhebung *f* ❸ (*promotion*) Beförderung *f*; (*to peerage*) Erhebung *f*
el·eva·tor [ˈelɪveɪtəʳ] *n* AM Aufzug *m*, Lift *m*
elev·en [ɪˈlevən] **I.** *adj* elf; *see also* **eight** **II.** *n* Elf *f*; *see also* **eight**
elev·en·ses [ɪˈlevənzɪz] *npl* BRIT (*fam*) zweites Frühstück
elev·enth [ɪˈlevənθ] **I.** *adj* elfte(r, s); *see also* **eighth** **II.** *n* ❶ (*order, date*) **the** ~ der/die/das Elfte; *see also* **eighth** ❷ (*fraction*) Elftel *nt*; *see also* **eighth**
elf <*pl* **elves**> [elf] *n* Elf *m*/Elfe *f*
elic·it [ɪˈlɪsɪt] *vt* ❶ (*obtain*) ▪**to** ~ **sth from sb** jdm etw entlocken ❷ (*provoke*) hervorrufen
eli·gibil·ity [ˌelɪdʒəˈbɪləti] *n no pl* ❶ (*for a job*) Eignung *f*; (*fitness*) Qualifikation *f* ❷ (*entitlement*) Berechtigung *f*
eli·gible [ˈelɪdʒəbl] *adj* ❶ (*qualified*) ▪**to be** ~ in Frage kommen; ▪**to be** ~ **for** [*or* **to**] **sth** für etw *akk* qualifiziert sein ❷ (*entitled*) zu etw *dat* berechtigt sein; ~ **to vote** wahlberechtigt ❸ (*desirable*) *bachelor* begehrt
elimi·nate [ɪˈlɪmɪneɪt] *vt* ❶ (*eradicate*) beseitigen ❷ (*exclude from consideration*) ausschließen ❸ SPORTS ▪**to be** ~**d** ausscheiden ❹ (*euph sl: murder*) eliminieren
elimi·na·tion [ɪˌlɪmɪˈneɪʃən] *n no pl* Besei-

tigung *f*; **process of ~** Ausleseverfahren *nt*
elimi·'na·tion con·test *n* Wettbewerb *m* durch Ausscheidung **elimi·'na·tion tour·na·ment** *n* AM Ausscheidungswettkampf *m*
elite [ɪ'li:t] I. *n* Elite *f* II. *adj* Elite-; **~ university** Eliteuniversität *f*
elit·ism [ɪ'li:tɪzᵊm] *n no pl* Elitedenken *nt*
elit·ist [ɪ'li:tɪst] *adj* elitär
elk <*pl* - *or* -**s**> [elk] *n* Elch *m*
el·lipse [ɪ'lɪps] *n* Ellipse *f*
el·lip·tic(al) [ɪ'lɪptɪk(ᵊl)] *adj* elliptisch
elm [elm] *n* Ulme *f*
elo·cu·tion [ˌeləˈkju:ʃᵊn] *n no pl* Sprechtechnik *f*
elon·gate ['i:lɒŋgeɪt] I. *vt* strecken II. *vi* länger werden
elope [ɪ'ləʊp] *vi* weglaufen
elope·ment [ɪ'ləʊpmənt] *n* Weglaufen *nt*
elo·quence ['eləkwən(t)s] *n* Redegewandtheit *f*, Eloquenz *f geh*
elo·quent ['eləkwənt] *adj* sprachgewandt
El Sal·va·dor [ˌelˈsælvədɔ:ʳ] *n* El Salvador *nt*
else [els] *adv* ❶ (*other, different*) **I didn't tell anybody ~** ich habe es niemand anders erzählt; **anyone ~ would have left** jeder andere wäre gegangen; **anything ~ would be fine** alles andere wäre toll; **anywhere ~** irgendwo anders; **she doesn't want to live anywhere ~** sie will nirgendwo anders leben; **everybody ~** alle anderen; **everything ~** alles andere; **everywhere ~** überall sonst; **nobody/someone ~** niemand/jemand ander[e]s; **this is someone ~'s** das gehört jemand anderem; **nothing/something ~** nichts/etwas anderes; **somewhere ~** woanders; **how/what/where/who/why ~ ...?** wie/was/wo/wer/warum sonst ...?; **who ~ but her** wer außer ihr; **why ~ would he come?** warum sollte er denn sonst kommen?; **if all ~ fails ...** wenn alle Stricke reißen ... ❷ (*additional*) sonst noch; **I don't want anyone ~ but you to come** ich will, dass niemand außer dir kommt; **the police could not find out anything ~** die Polizei konnte nichts weiter herausfinden; **anything ~, madam?** darf es sonst noch etwas sein?; **no, thank you, nothing ~** nein danke, das ist alles; **there's nothing ~ for me to do here** es gibt hier nichts mehr für mich zu tun; **nobody/nothing ~** sonst niemand/nichts; **there's not much ~ you can do** viel mehr kannst du nicht machen; **someone/something ~** sonst noch jemand/etwas; **somewhere ~** woanders ❸ (*otherwise*) sonst; **or ~!** (*fam*) sonst gibt's was!
else·where ['elsˌ(h)weəʳ] *adv* woanders
elu·ci·date [ɪ'lu:sɪdeɪt] *vt* (*form*) erklären
elude [ɪ'lu:d] *vt* ❶ (*escape*) **to ~ sb** jdm entkommen; **to ~ capture** der Gefangennahme entgehen ❷ (*fig*) ■**to ~ sb/sth** sich jdm/etw entziehen
elu·sive [ɪ'lu:sɪv] *adj* ❶ (*evasive*) ausweichend ❷ (*difficult to obtain*) schwer fassbar ❸ (*avoiding pursuit*) schwer zu fassen
elves [elvz] *n pl of* **elf**
ema·ci·at·ed [ɪ'meɪsieɪtɪd, -ʃieɪ-] *adj* [stark] abgemagert
email *n*, **e-mail** ['i:meɪl] I. *n* E-Mail *f* II. *vt* ■**to ~ sb sth** jdm etw [e-]mailen
'email ad·dress *n* E-Mail-Adresse *f*
ema·nate ['emǝneɪt] I. *vi* (*form: originate*) *heat, light* ausstrahlen; *odour* ausgehen; *documents* stammen II. *vt* ausstrahlen; *confidence* verströmen
eman·ci·pat·ed [ɪ'mæn(t)sɪpeɪtɪd] *adj* ❶ SOCIOL emanzipiert ❷ POL befreit
eman·ci·pa·tion [ɪˌmæn(t)sɪ'peɪʃᵊn] *n no pl* ❶ SOCIOL Emanzipation *f* ❷ POL Befreiung *f*
em·balm [ɪm'bɑ:m, em'-] *vt* [ein]balsamieren
em·bank·ment [ɪm'bæŋkmənt, em'-] *n* Damm *m*; *of a road* [Straßen]damm *m*, Böschung *f*; *of a river* Uferdamm *m*
em·bar·go [ɪm'bɑ:gəʊ, em'-] I. *n* <*pl* -**es**> Embargo *nt*; **to lay** [*or* **place**] **an ~ on sth** ein Embargo über etw *akk* verhängen; **to lift an ~ from sth** ein Embargo für etw *akk* aufheben II. *vt* ■**to ~ sth** über etw *akk* ein Embargo verhängen
em·bark [ɪm'bɑ:k, em'-] *vi* ❶ (*board*) sich einschiffen ❷ (*begin*) ■**to ~ [up]on sth** etw in Angriff nehmen
em·bar·ka·tion [ˌembɑ:'keɪʃᵊn] *n* Einschiffung *f*
em·bar·rass [ɪm'bærəs] *vt* in Verlegenheit bringen
em·bar·rassed [ɪm'bærəst] *adj* verlegen; **to feel ~** verlegen sein; **I feel so ~** [**about it**] das ist mir so peinlich; **to feel ~ for sb** (*to be vicariously embarrassed*) jdn sehr peinlich finden, sich fremdschämen *fam*; **to make sb feel ~** jdn verlegen machen
em·bar·rass·ing [ɪm'bærəsɪŋ] *adj* peinlich; *generosity* beschämend
em·bar·rass·ment [ɪm'bærəsmənt] *n* (*instance*) Peinlichkeit *f*; (*feeling*) Verlegenheit *f*; **she blushed with ~** sie wurde rot vor Verlegenheit; ■**to be an ~** [**to sb**] [jdm] peinlich sein; **he is an ~ to his family** er blamiert seine Familie; **to cause**

sb ~ jdn verlegen machen; **to cause ~ to sb** jdn in Verlegenheit bringen
em·bas·sy ['embəsi] *n* Botschaft *f*
em·bed <-dd-> [ɪm'bed, em'-] *vt* einlassen; (*fig*) verankern
embedded *adj* MIL, TV *journalist* eingebettet
em·bed·ding [em'bedɪŋ] *n no pl* MIL, TV **~ of journalists** Einbettung *f* von Journalisten
em·bel·lish [ɪm'belɪʃ, em'-] *vt* ❶ (*decorate*) schmücken ❷ (*fig*) *story* ausschmücken; *truth* beschönigen
em·bers ['embəz] *npl* Glut *f*
em·bez·zle [ɪm'bezl, em'-] *vt* unterschlagen
em·bez·zle·ment [ɪm'bezlmənt, em'-] *n no pl* Unterschlagung *f*
em·bez·zler [ɪm'bezləʳ, em'-] *n* Veruntreuer(in) *m(f)*
em·bit·ter [ɪm'bɪtəʳ, em'-] *vt* verbittern
em·blem ['embləm] *n* Emblem *nt*
em·bodi·ment [ɪm'bɒdɪmənt, em'-] *n no pl* ❶ (*incarnation*) Verkörperung *f*; **she is the ~ of virtue** sie ist die Tugend selbst ❷ (*incorporation*) Eingliederung *f*
em·body [ɪm'bɒdi, em'-] *vt* ❶ (*show*) zum Ausdruck bringen ❷ (*be incarnation of*) verkörpern ❸ (*incorporate*) aufnehmen
em·bo·lism ['embəlɪzəm] *n* MED Embolie *f*
em·boss [ɪm'bɒs, em'-] *vt* prägen
em·brace [ɪm'breɪs, em'-] **I.** *vt* ❶ (*hug, clasp*) umarmen ❷ (*fig*) [bereitwillig] übernehmen; *idea* aufgreifen **II.** *n* Umarmung *f*
em·bro·ca·tion [ˌembrə(ʊ)'keɪʃən] *n* Einreibemittel *nt*
em·broi·der [ɪm'brɔɪdəʳ, em'-] **I.** *vi* sticken **II.** *vt* ❶ *cloth* sticken ❷ (*fig*) ausschmücken
em·broi·dery [ɪm'brɔɪdəri] *n* ❶ (*craft*) Stickerei *f* ❷ *no pl* (*fig*) Ausschmückungen *pl*
em·broil [ɪm'brɔɪl, em'-] *vt* verwickeln
em·bryo ['embriəʊ] *n* Embryo *m o* ÖSTERR *a. nt*
em·bry·on·ic [ˌembri'ɒnɪk] *adj* embryonal; (*fig*) unentwickelt
em·cee [ˌem'siː] *n* AM Conférencier *m;* TV Showmaster *m*
emend [ɪ'mend, iː'-] *vt* berichtigen
em·er·ald ['emərəld] *n* Smaragd *m*
emerge [ɪ'mɜːdʒ, iː'-] *vi* ❶ (*come out*) herauskommen (**from** aus); ■ **to ~ from behind/beneath** [*or* **under**] **sth** hinter/unter etw *dat* hervorkommen ❷ (*from liquid*) auftauchen (**from** aus) ❸ (*fig: become known*) sich herausstellen; *truth* an den Tag kommen ❹ (*fig: become famous*) in Erscheinung treten ❺ (*be started*) entstehen
emer·gence [ɪ'mɜːdʒən(t)s, iː'-] *n no pl* Auftauchen *nt* (**from** aus); *of a book* Erscheinen *nt; of circumstances* Auftreten *nt; of a country* Entstehung *f; of facts* Bekanntwerden *nt; of ideas, trends* Aufkommen *nt*
emer·gen·cy [ɪ'mɜːdʒən(t)si, iː'-] **I.** *n* ❶ (*extreme situation*) Notfall *m;* **in case of ~** im Notfall; POL Notstand *m;* **state of ~** Ausnahmezustand *m* ❷ AM (*emergency room*) Notaufnahme *f* **II.** *adj* Not-; **~ measures** POL Notstandsmaßnahmen *pl*
emer·gent [ɪ'mɜːdʒənt] *adj* aufstrebend
e'merg·ing *adj* ❶ (*become known*) *problems* auftauchend ❷ (*developing*) *markets* aufstrebend
'em·ery board *n* Nagelfeile *f*
'em·ery pa·per *n* Schmirgelpapier *nt*
emet·ic [ɪ'metɪk] *n* Brechmittel *nt*
emi·grant ['emɪgrənt] *n* Auswanderer *m/* Auswanderin *f;* (*esp for political reasons*) Emigrant(in) *m(f)*
emi·grate ['emɪgreɪt] *vi* auswandern; (*esp for political reasons*) emigrieren
emi·gra·tion [ˌemɪ'greɪʃən] *n* Auswanderung *f;* (*esp for political reasons*) Emigration *f*
emi·nence ['emɪnən(t)s] *n no pl* hohes Ansehen
emi·nent ['emɪnənt] *adj* [hoch] angesehen
emi·nent·ly ['emɪnəntli] *adv* überaus
emir·ate ['emɪrət] *n* Emirat *nt;* **the United Arab E~s** die Vereinigten Arabischen Emirate
em·is·sary ['emɪsəri] *n* Emissär(in) *m(f)*
emis·sion [ɪ'mɪʃən, iː'-] *n* Emission *f,* Abgabe *f; of gas, liquid, odour* Ausströmen *nt; of heat, light* Austrahlen *nt; of sparks* Versprühen *nt; of steam* Ablassen *nt*
emit <-tt-> [ɪ'mɪt, iː'-] *vt* abgeben; *fumes, smoke, cry* ausstoßen; *gas, odour* verströmen; *heat, radiation, a sound* abgeben; *liquid* absondern; *rays* aussenden; *sparks* [ver]sprühen; *steam* ablassen
emolu·ment [ɪ'mɒljʊmənt] *n* (*form*) Vergütung *f*
emo·ti·con [ɪ'məʊtɪkɒn] *n* INET Emoticon *nt*
emo·tion [ɪ'məʊʃən] *n* Gefühl *nt*
emo·tion·al [ɪ'məʊʃənəl] *adj* ❶ (*involving emotion*) emotional; *decision* gefühlsmäßig; *experience* erregend; *reception* herzlich; *speech* gefühlsbetont; *voice* gefühlvoll ❷ PSYCH *development* seelisch; *blackmail* psychologisch; *person* leicht erregbar
emo·tion·al·ly [ɪ'məʊʃənəli] *adv* ❶ (*involv-*

ing emotion) emotional, gefühlsmäßig; **to get ~ involved with sb** sich emotional auf jdn einlassen ❷ PSYCH **~ disturbed** seelisch gestört, blockiert

emo·tion·less [ɪˈməʊʃənləs] *adj* emotionslos; *face* ausdruckslos; *voice* gleichgültig

emo·tive [ɪˈməʊtɪv] *adj* emotional; **~ term** Reizwort *nt*

em·pa·thy [ˈempəθi] *n no pl* Empathie *f*

em·per·or [ˈempᵊrər] *n* Kaiser *m*

em·pha·sis <*pl* -ses> [ˈem(p)fəsɪs] *n* Betonung *f*; **to place [great] ~ on sth** etw [sehr] betonen

em·pha·size [ˈem(p)fəsaɪz] *vt* betonen

em·phat·ic [ɪmˈfætɪk, emˈ-] *adj* nachdrücklich; *denial* entschieden; *victory* deutlich

em·phati·cal·ly [ɪmˈfætɪkli, emˈ-] *adv* nachdrücklich; *reject* entschieden

em·pire [ˈempaɪər] *n* Imperium *nt a. fig*

em·piri·cal [ɪmˈpɪrɪkᵊl, emˈ-] *adj* erfahrungsmäßig

em·ploy [ɪmˈplɔɪ] *vt* ❶ (*pay to do work*) beschäftigen; (*take into service*) einstellen; **to be ~ed with a company** bei einer Firma arbeiten; ■ **to ~ sb to do sth** jdn beauftragen, etw zu tun ❷ (*fig: put to use*) einsetzen; (*use*) anwenden

em·ploy·able [ɪmˈplɔɪəbl] *adj* ❶ (*to be hired*) vermittelbar; **a university degree would make him more ~** mit einem Universitätsabschluss hätte er auf dem Arbeitsmarkt bessere Chancen ❷ *method, technique* anwendbar

em·ployee [ɪmˈplɔɪiː] *n* Angestellte(r) *f(m)*; (*vs employer*) Arbeitnehmer(in) *m(f)*; ■ **~s** *pl* (*in company*) Belegschaft *f*; (*vs employers*) Arbeitnehmer *pl*; **to be an ~ of the bank** bei der Bank angestellt sein

em·ploy·er [ɪmˈplɔɪər] *n* Arbeitgeber(in) *m(f)*; **~s' federation** [*or* **association**] Arbeitgeberverband *m*

em·ploy·ment [ɪmˈplɔɪmənt] *n no pl* ❶ (*having work*) Beschäftigung *f*; (*taking on*) Anstellung *f*; **to take up ~ with a company** bei einer Firma eine Stelle annehmen; **level of ~** Beschäftigungsgrad *m*; **in ~** erwerbstätig; **out of ~** erwerbslos ❷ (*profession*) Beruf *m* ❸ (*fig: use*) *of skill* Anwendung *f*; *of means* Einsatz *m*; *of a concept* Verwendung *f*

emˈployment bu·reau *n* Stellenvermittlung *f*

em·po·rium <*pl* -s *or* -ia> [emˈpɔːriəm, *pl* -riə] *n* (*shop*) Kaufhaus *nt*; (*market*) Handelszentrum *nt*

em·pow·er [ɪmˈpaʊər] *vt* ❶ (*make mentally stronger*) [mental] stärken ❷ (*enable*) befähigen; (*authorize*) ermächtigen

em·pow·er·ment [ɪmˈpaʊəmənt] *n no pl* Bevollmächtigung *f*; *of minorities, the underprivileged* Stärkung *f*

em·press <*pl* -es> [ˈemprəs] *n* Kaiserin *f*

emp·ti·ness [ˈem(p)tɪnəs] *n no pl* Leere *f*

emp·ty [ˈem(p)ti] **I.** *adj* leer *a. fig; house* leer stehend; *castle* unbewohnt; *seat* frei; *stomach* nüchtern; **~ of people** menschenleer; **into ~ space** ins Leere **II.** *vt* <-ie-> [ent]leeren; (*pour*) ausschütten; *bottle* ausleeren **III.** *vi* <-ie-> sich leeren **IV.** *n* ■ **empties** *pl* Leergut *nt* ♦ **empty out I.** *vt* ausleeren **II.** *vi* sich leeren

emp·ty-ˈhand·ed *adj* mit leeren Händen

emp·ty-ˈhead·ed *adj* hohl[köpfig] **empty ˈweight** *n* Leergewicht *nt*

EMS [ˌiːemˈes] *n no pl* ECON *abbrev of* **European Monetary System** EWS *nt*

emu <*pl* - *or* -s> [ˈiːmjuː] *n* Emu *m*

EMU [ˌiːemˈjuː] *n no pl* ECON *abbrev of* **European Monetary Union** EWU *f*

emu·late [ˈemjəleɪt] *vt* nacheifern +*dat*

emu·la·tion [ˌemjəˈleɪʃᵊn] *n no pl* Nacheifern *nt;* COMPUT Emulation *f*

emul·si·fier [ɪˈmʌlsɪfaɪər] *n* Emulgator *m*

emul·sion [ɪˈmʌlʃᵊn] *n* ❶ (*mixture*) Emulsion *f* ❷ BRIT (*paint*) Dispersionsfarbe *f*

en·able [ɪˈneɪbl] *vt* ❶ (*give the ability*) ■ **to ~ sb to do sth** es jdm ermöglichen, etw zu tun ❷ COMPUT aktivieren

en·act [ɪˈnækt] *vt* ❶ LAW erlassen ❷ (*carry out*) ausführen ❸ THEAT *part* spielen; *play* aufführen ❹ (*fig*) ■ **to be ~ed** *scene* sich abspielen

enam·el [ɪˈnæmᵊl] **I.** *n* ❶ (*substance*) Email *nt* ❷ (*part of tooth*) Zahnschmelz *m* ❸ (*paint*) Emaillelack *m* **II.** *vt* <BRIT -ll- *or* AM *usu* -l-> emaillieren

en·am·ored *adj* AM *see* **enamoured**

en·am·oured [ɪˈnæmərd] *adj* begeistert (**of/with** von)

enc. *see* **encl.**

en·camp [ɪnˈkæmp] *vt* ■ **to be ~ed** das Lager aufgeschlagen haben

en·camp·ment [ɪnˈkæmpmənt] *n* Lager *nt*

en·cap·su·late [ɪnˈkæpsjəleɪt] *vt* ummanteln; **the nuclear waste was ~d in concrete** der Atommüll wurde in Beton eingeschlossen

en·case [ɪnˈkeɪs] *vt* ■ **to be ~d** ummantelt sein; *waste* eingeschlossen sein; **~d in plaster** eingegipst

en·ceph·a·li·tis [ˌenkefəˈlaɪtɪs] *n* Gehirnentzündung *f*

en·chant [ɪnˈtʃɑːnt] *vt* (*delight*) entzücken; (*bewitch*) verzaubern
en·chant·ed [ɪnˈtʃɑːntɪd] *adj* (*delighted*) entzückt; (*bewitched*) verzaubert; **~ forest** Zauberwald *m*
en·chant·ing [ɪnˈtʃɑːntɪŋ] *adj* bezaubernd, entzückend
en·chant·ing·ly [ɪnˈtʃɑːntɪŋli] *adv* bezaubernd, entzückend
en·chant·ment [ɪnˈtʃɑːntmənt] *n* (*delight*) Entzücken *nt*; (*charm*) Zauber *m*
en·chant·ress <*pl* -es> [ɪnˈtʃɑːntrɪs] *n* Zauberin *f*
en·ci·pher [ɪnˈsaɪfəʳ] *vt* chiffrieren
en·cir·cle [ɪnˈsɜːkl̩] *vt* umgeben; MIL einkesseln, umzingeln; **the M25 ~s London** die M25 führt ringförmig um London herum
encl. I. *adj abbrev of* **enclosed** Anl. II. *n abbrev of* **enclosure** Anl.
en·close [ɪnˈkləʊz] *vt* ❶ (*surround*) umgeben; (*shut in*) einschließen ❷ (*in same envelope*) beilegen
en·closed [ɪnˈkləʊzd] *adj* ❶ (*surrounded by fence*) eingezäunt; (*shut in*) eingeschlossen; **in ~ spaces** in geschlossenen Räumen ❷ (*in same envelope*) beigelegt; **please find ~d ...** beiliegend erhalten Sie ...
en·clo·sure [ɪnˈkləʊʒəʳ] *n* ❶ (*enclosed area*) eingezäuntes Grundstück; (*for keeping animals*) Gehege *nt* ❷ (*act of enclosing*) Einfriedung *f*; (*with fence*) Einzäunung *f* ❸ BRIT SPORTS Zuschauerbereich *m* ❹ (*enclosed item*) Anlage *f*
en·code [ɪnˈkəʊd] *vt* kodieren
en·com·pass [ɪnˈkʌmpəs] *vt* umfassen
en·core [ˈɒŋkɔːʳ] *n* Zugabe *f*; **for an ~** als Zugabe; (*fig*) obendrein
en·coun·ter [ɪnˈkaʊntəʳ] I. *vt* ❶ (*experience*) ■**to ~ sth** auf etw *akk* stoßen ❷ (*unexpectedly meet*) [unerwartet] treffen II. *n* Begegnung *f*; MIL Zusammenstoß *m*
en·cour·age [ɪnˈkʌrɪdʒ] *vt* ❶ (*give courage*) zusprechen +*dat*; (*give confidence*) ermutigen; (*give hope*) unterstützen ❷ ■**to ~ sb to do sth** (*urge*) jdn [dazu] ermuntern, etw zu tun; (*advise*) jdm [dazu] raten, etw zu tun ❸ (*support*) unterstützen; SPORTS anfeuern ❹ (*make more likely*) fördern
en·cour·age·ment [ɪnˈkʌrɪdʒmənt] *n no pl* (*incitement*) Ermutigung *f*; (*urging*) Ermunterung *f*; SPORTS Anfeuerung *f*; (*support*) Unterstützung *f*; **to be a great ~ to sb** jdm großen Auftrieb geben; **to give sb ~** jdn ermutigen

en·cour·ag·ing [ɪnˈkʌrɪdʒɪŋ] *adj* ermutigend
en·cour·ag·ing·ly [ɪnˈkʌrɪdʒɪŋli] *adv* ermutigend
en·croach [ɪnˈkrəʊtʃ] *vi* ■**to ~ [up]on sb** zu jdm vordringen; ■**to ~ [up]on sth** in etw *akk* eindringen; **to ~ [up]on sb's rights** in jds Rechte eingreifen; **to ~ on sb's time** jds Zeit *f* [über Gebühr] in Anspruch nehmen
en·croach·ment [ɪnˈkrəʊtʃmənt] *n* Übergriff *m* (**on** auf); (*interference*) Eingriff *m* (**on** in); (*intrusion*) Eindringen *nt* (**on** in)
en·cryp·tion [ɪnˈkrɪpʃən] *n no pl* Verschlüsselung *f*
en·cum·ber [ɪnˈkʌmbəʳ] *vt* ■**to be ~ed with sth** (*burdened*) mit etw *dat* belastet sein; (*impeded*) durch etw *akk* behindert sein
en·cum·brance [ɪnˈkʌmbrən(t)s] *n* Belastung *f*; *of debts* Last *f*; (*impediment*) Behinderung *f*
en·cy·clo·p(a)e·dia [ɪnˌsaɪkləˈpiːdiə] *n* Lexikon *nt*
en·cyc·lo·p(a)e·dic [ɪnˌsaɪkləˈpiːdɪk] *adj* universal
end [end] I. *n* ❶ Ende *nt*; (*completion*) Schluss *m*; **for hours on ~** stundenlang; **at the ~ of one's patience** mit seiner Geduld am Ende; **no ~ of trouble** reichlich Ärger; **to come to an ~** zu Ende gehen; **to put an ~ to sth** etw *dat* ein Ende setzen; **to read to the ~** zu Ende lesen; **at the ~ of next week** Ende nächster Woche; **at the ~ of six months** nach Ablauf von sechs Monaten; **without ~** unaufhörlich; **~ to ~** der Länge nach; **~ on: he stood ~ on to the table** er stand vor der kurzen Tischkante; **on ~** hochkant; **my hair stood on ~** mir standen die Haare zu Berge ❷ *usu pl* (*aims*) Ziel *nt*; (*purpose*) Zweck *m* ❸ SPORTS [Spielfeld]hälfte *f* ▶ **all ~s up** völlig; **to become an ~ in itself** [zum] Selbstzweck werden; **to come to a bad** [*or* BRIT **sticky**] **~** ein schlimmes Ende nehmen; **at the ~ of the day** [*or* **in the ~**] (*when everything is considered*) letzten Endes; (*finally*) schließlich; **to go off the deep ~** hochgehen; **to hold** [*or* **keep**] **one's ~ up** sich nicht unterkriegen lassen; **the ~ justifies the means** (*prov*) der Zweck heiligt die Mittel; **to make ~s meet** mit seinem Geld zurechtkommen; **no ~** außerordentlich; **to put an ~ to oneself** [*or* **it all**] Selbstmord begehen; **to reach the ~ of the line** [*or* **road**] am Ende sein; **~ of story** [und] Schluss; **to throw sb**

in at the deep ~ jdn ins kalte Wasser werfen; **it's not the ~ of the world** davon geht die Welt nicht unter **II.** *vt* beenden ▶ **to ~ it all** Selbstmord begehen **III.** *vi* enden; **to ~ in divorce** mit der Scheidung enden; **to ~ in a draw** unentschieden ausgehen ◆ **end up** *vi* enden; **to ~ up teaching** schließlich Lehrer(in) werden; **to ~ up a prostitute/rich woman** als Prostituierte enden/eine reiche Frau werden; **to ~ up homeless/in prison** [schließlich] auf der Straße/im Gefängnis landen

en·dan·ger [ɪnˈdeɪndʒəʳ] *vt* gefährden; **an ~ed species** eine vom Aussterben bedrohte Art

en·dear [ɪnˈdɪəʳ] *vt* ■ **to ~ oneself to sb** sich bei jdm beliebt machen

en·dear·ing [ɪnˈdɪəˈrɪŋ] *adj* lieb[enswert]; *smile* gewinnend

en·dear·ment [ɪnˈdɪəˈmənt] *n* Zärtlichkeit *f*; **term of ~** Kosename *m*

en·deav·our [ɪnˈdevəʳ], AM **en·deav·or** **I.** *vi* sich bemühen **II.** *n* Bemühung *f*; **to make every ~ to do sth** alle Anstrengungen unternehmen, [um] etw zu tun

en·dem·ic [enˈdemɪk] *adj* endemisch

end·ing [ˈendɪŋ] *n* ❶ (*last part*) Ende *nt*, Schluss *m*; *of a day* Abschluss *m*; *of a story, book* Ausgang *m*; **happy ~** Happyend *nt* ❷ LING Endung *f*

en·dive [ˈendaɪv, -dɪv] *n* ❶ BOT Endivie *f* BRD, ÖSTERR ❷ AM (*chicory*) Chicorée *m*

end·less [ˈendləs] *adj* (*without end*) endlos; (*innumerable*) unzählig

end·less·ly [ˈendləsli] *adv* (*infinitely*) endlos; (*incessantly*) unaufhörlich

en·dor·phin [enˈdɔːfɪn] *n* Endorphin *nt*; **~ rush** Endorphinausschüttung *f*

en·dorse [ɪnˈdɔːs] *vt* ❶ FIN indossieren ❷ (*approve*) billigen; (*promote*) unterstützen

en·dorse·ment [ɪnˈdɔːsmənt] *n* ❶ (*support*) Billigung *f*; COMM Befürwortung *f* ❷ FIN Indossament *nt* ❸ BRIT LAW Strafvermerk *m* (*im Führerschein*)

en·dos·co·py [enˈdɒskəpi] *n* MED Endoskopie *f*

en·dow [ɪnˈdaʊ] *vt* ❶ (*give income to*) über eine Stiftung finanzieren; *prize* stiften ❷ (*give feature*) ■ **to be ~ed with sth** mit etw *dat* ausgestattet sein

en·dow·ment [ɪnˈdaʊmənt] *n* FIN Stiftung *f*

end 'prod·uct *n* Endprodukt *nt*; (*fig*) Resultat *m*

en·dur·able [ɪnˈdjʊərəbl] *adj* erträglich

en·dur·ance [ɪnˈdjʊərˀn(t)s] *n no pl* Ausdauer *f*, Durchhaltevermögen *nt*

en·dure [ɪnˈdjʊəʳ] **I.** *vt* (*tolerate*) ertragen; (*suffer*) erleiden **II.** *vi* fortdauern

en·dur·ing [ɪnˈdjʊəˈrɪŋ] *adj* dauerhaft

ENE *abbrev of* **east-north-east** ONO

en·ema <*pl* -s *or* -ta> [ˈenɪmə, *pl* ɪˈnemətə] *n* MED Einlauf *m*

en·emy [ˈenəmi] **I.** *n* Feind(in) *m(f)* **II.** *adj* feindlich; **~ action** Feindeinwirkung *f*

en·er·get·ic [ˌenəˈdʒetɪk] *adj* ❶ (*full of energy*) voller Energie *nach n*, energiegeladen, schwungvoll; (*resolute*) energisch ❷ (*euph: overactive*) anstrengend

en·er·gize [ˈenədʒaɪz] *vt* ❶ ELEC unter Strom setzen ❷ (*fig*) ■ **to ~ sb** jdm neue Energie geben

en·er·gy [ˈenədʒi] *n* ❶ *no pl* (*vigour*) Energie *f*, Kraft *f*; **to be full of ~** voller Energie stecken; **to lack ~** wenig Energie haben ❷ SCI Energie *f*; **to save ~** Energie sparen; **sources of ~** Energiequellen *pl*; **~ crisis** Energiekrise *f*; **~ carrier** (*spec*) Energieträger *m*

'en·er·gy-ef·fi·cient *adj* energieeffizient

en·er·gy ˈper·for·mance cer·ti·fi·cate *n* Energieausweis *m*, Energiepass *m*

'en·er·gy re·sourc·es *npl* Energieressourcen *pl* **'en·er·gy-sav·ing** *adj* energiesparend; **~ [electric] bulb** Energiesparlampe *f* **en·er·gy tran·ˈsi·tion** *n* Energiewende *f*

en·force [ɪnˈfɔːs] *vt* durchsetzen, erzwingen; **to ~ the law** dem Gesetz Geltung verschaffen

en·force·able [ɪnˈfɔːsəbl] *adj* durchsetzbar **en·force·ment** [ɪnˈfɔːsmənt] *n no pl* Erzwingung *f*; *of a regulation* Durchsetzung *f*; *of a law* Vollstreckung *f*

en·fran·chise [ɪnˈfræn(t)ʃaɪz] *vt* (*form*) ■ **to ~ sb** jdm das Wahlrecht verleihen

en·gage [ɪnˈgeɪdʒ] **I.** *vt* ❶ (*employ*) anstellen; *actor* engagieren; **to ~ a lawyer** sich *dat* einen Anwalt nehmen ❷ (*involve*) **to ~ sb in a conversation** jdn in ein Gespräch verwickeln ❸ (*put into use*) einschalten; **to ~ the clutch** einkuppeln; **to ~ a gear** einen Gang einlegen ❹ MIL angreifen ❺ TECH greifen **II.** *vi* ❶ (*involve self with*) ■ **to ~ in sth** sich an etw *dat* beteiligen; **to ~ in conversation** sich unterhalten; **to ~ in espionage** Spionage betreiben; **to ~ in politics** sich politisch engagieren ❷ MIL angreifen ❸ TECH eingreifen

en·gaged [ɪnˈgeɪdʒd] *adj* ❶ (*busy*) beschäftigt; *toilet* besetzt; **the line is ~** es ist besetzt ❷ (*to be married*) verlobt; **to get** [*or* **become**] **~** [**to sb**] sich [mit jdm] verloben; **the ~ couple** die Verlobten *pl*

en·gage·ment [ɪnˈɡeɪdʒmənt] *n* **①** (*appointment*) Verabredung *f* **②** MIL Kampfhandlung *f* **③** (*to marry*) Verlobung *f* (**to** **mit**)

en·ˈgage·ment book *n*, **en·ˈgage·ment dia·ry** *n* Terminkalender *m* **en·ˈgage·ment ring** *n* Verlobungsring *m*

en·gag·ing [ɪnˈɡeɪdʒɪŋ] *adj* bezaubernd; *manner* einnehmend; *smile* gewinnend

en·gine [ˈendʒɪn] *n* Motor *m*; AVIAT Triebwerk *nt*; RAIL Lok[omotive] *f*

en·gi·neer [ˌendʒɪˈnɪər] **I.** *n* Ingenieur(in) *m(f)*; MIL Pionier *m*; **civil/electrical/ mechanical ~** Bau-/Elektro-/Maschinenbauingenieur(in) *m(f)* **II.** *vt* **①** (*construct*) konstruieren **②** (*fig: contrive*) arrangieren

en·gi·neer·ing [ˌendʒɪˈnɪərɪŋ] *n no pl* **①** Technik *f*; (*mechanical engineering*) Maschinenbau *m*; **electrical ~** Elektrotechnik *f* **②** (*science*) Ingenieurwissenschaft *f*

Eng·land [ˈɪŋɡlənd] *n* England *nt*

Eng·lish [ˈɪŋɡlɪʃ] **I.** *n* **①** *no pl* (*language*) Englisch *nt*; **the King's** [*or* **Queen's**] **~** die englische Hochsprache **②** (*people*) ■**the ~** *pl* die Engländer **II.** *adj* englisch; **~ department** UNIV Institut *nt* für Anglistik

Eng·lish ˈbreak·fast *n* typisch englisches Frühstück mit Zerealien, Spiegeleiern, gebratenen Tomaten, Pilzen, Speck, Würstchen sowie Toast und Marmelade **Eng·lish ˈChan·nel** *n* ■**the ~** der Ärmelkanal **ˈEng·lish·man** *n* Engländer *m* ▶ **an ~'s home is his castle** BRIT (*prov*) für den Engländer ist sein Haus wie eine Burg **ˈEng·lish-speak·er** *n* Englischsprachige(r) *f(m)* **English-ˈspeaking** *adj* englischsprachig **ˈEng·lish·wom·an** *n* Engländerin *f*

en·grave [ɪnˈɡreɪv] *vt* [ein]gravieren; (*on stone*) einmeißeln; (*on wood*) einschnitzen; (*fig*) sich *dat* einprägen

en·grav·er [ɪnˈɡreɪvər] *n* Graveur(in) *m(f)*; (*of stone*) Steinhauer(in) *m(f)*; (*of wood*) Holzschneider(in) *m(f)*

en·grav·ing [ɪnˈɡreɪvɪŋ] *n* **①** (*print*) Stich *m*; (*from wood*) Holzschnitt *m* **②** (*design*) Gravierung *f*, Gravur *f* **③** *no pl* (*act*) Gravieren *nt*; (*art*) Gravierkunst *f*

en·gross [ɪnˈɡrəʊs] *vt* fesseln; **to be ~ed in sth** in etw *akk* vertieft sein

en·gulf [ɪnˈɡʌlf] *vt* verschlingen

en·hance [ɪnˈhɑːn(t)s] *vt* (*improve*) verbessern; (*intensify*) hervorheben

en·hance·ment [ɪnˈhɑːn(t)smənt] *n* (*improvement*) Verbesserung *f*; (*intensification*) Verstärkung *f*; (*increase*) Steigerung *f*

enig·ma [ɪˈnɪɡmə] *n* Rätsel *nt*

en·ig·mat·ic(al) [ˌɪnɪɡˈmætɪk(əl)] *adj* rätselhaft

en·ig·mat·i·cal·ly [ˌɪnɪɡˈmætɪkəli] *adv* rätselhaft

en·joy [ɪnˈdʒɔɪ] *vt* genießen; **he ~ed his meal** ihm hat das Essen sehr gut geschmeckt; **did you ~ the film?** hat dir der Film gefallen?; ■**to ~ doing sth** etw gern[e] tun; **I really ~ed talking to you** es war wirklich nett, sich mit dir zu unterhalten; **to ~ good health** sich guter Gesundheit erfreuen; ■**to ~ oneself** sich amüsieren; **~ yourself!** viel Spaß!

en·joy·able [ɪnˈdʒɔɪəbl] *adj* angenehm, nett; *film, book, play* unterhaltsam

en·joy·ment [ɪnˈdʒɔɪmənt] *n no pl* Vergnügen *nt*, Spaß *m* (**of** an); **to get real ~ out of doing sth** großen Spaß daran finden, etw zu tun; **I got a lot of ~ from this book** ich habe dieses Buch sehr genossen

en·large [ɪnˈlɑːdʒ] **I.** *vt* vergrößern; (*expand*) erweitern **II.** *vi* **①** (*expatiate*) ■**to ~ [up]on sth** sich zu etw *dat* ausführlich äußern **②** (*get bigger*) sich vergrößern

en·large·ment [ɪnˈlɑːdʒmənt] *n* Vergrößerung *f*; (*expanding*) Erweiterung *f*; **EU eastern ~** Osterweiterung der EU; **NATO ~ to the East** Osterweiterung der NATO

en·light·en [ɪnˈlaɪtən] *vt* aufklären; **let me ~ you on this** lass mich es dir erklären

en·light·ened [ɪnˈlaɪtənd] *adj* (*approv*) aufgeklärt

en·light·en·ment [ɪnˈlaɪtənmənt] *n no pl* **①** REL Erleuchtung *f* **②** PHILOS ■**the E~** die Aufklärung **③** (*information*) aufklärende Information

en·list [ɪnˈlɪst] **I.** *vi* MIL sich melden; **to ~ in the army** in die Armee eintreten **II.** *vt person* anwerben; *support* gewinnen

en·liv·en [ɪnˈlaɪvən] *vt* beleben

en masse [ɑ̃(m)ˈmæs] *adv* alle zusammen; **to resign ~** geschlossen zurücktreten

en·mesh [ɪnˈmeʃ] *vt* ■**to be/become ~ed in sth** sich in etw *akk* verfangen haben/verfangen; (*fig*) in etw *akk* verwickelt sein/werden

en·mity [ˈenməti] *n* Feindschaft *f*

enor·mity [ɪˈnɔːməti] *n* ungeheures Ausmaß; *of a task* ungeheure Größe; *of a crime* Ungeheuerlichkeit *f*

enor·mous [ɪˈnɔːməs] *adj* enorm; *size* riesig; *mountain* gewaltig; *difficulties* ungeheuer

enor·mous·ly [ɪˈnɔːməsli] *adv* enorm, ungeheuer

enough [ɪˈnʌf] **I.** *adj* genug, genügend; **that should be ~** das dürfte reichen; **just**

~ **room** gerade Platz genug; **I've got problems ~ of my own** ich habe selbst genug Probleme **II.** *adv* ❶ (*adequately*) genug; **are you warm ~?** ist es dir warm genug?; **be kind ~ to do sth** so freundlich sein, etw zu tun; **to be experienced ~** genügend Erfahrung haben ❷ (*quite*) **he seems nice ~** er scheint so weit recht nett zu sein; **curiously ~** seltsamerweise **III.** *interj* **~!** jetzt reicht es aber! **IV.** *pron no pl* ❶ (*sufficient quantity*) genug; **there's ~ for everybody** es ist für alle genug da; **there's not quite ~** es reicht nicht ganz ❷ (*too much*) **that is quite ~** das ist mehr als genug; **I've had ~ of your excuses!** ich habe die Nase voll von deinen Entschuldigungen!; **I've had ~ — I'm going home** mir reicht's – ich gehe nach Hause; **that's ~!** jetzt reicht es!; **~ of this** [AM **already**]! genug davon! ▶**~ said** (*don't mention it further*) es ist alles gesagt; (*I understand*) ich verstehe schon

en·quire [ɪnˈkwaɪəʳ] *vi* sich erkundigen (**about/after** nach); '**~ within**' ‚Näheres im Geschäft'; ■ **to ~ into sth** etw untersuchen

en·quir·ing [ɪnˈkwaɪərɪŋ] *adj* (*quizzical*) fragend; **to give sb an ~ look** jdm einen fragenden Blick zuwerfen; **~ mind** forschender Geist

en·quir·ing·ly [ɪnˈkwaɪərɪŋli] *adv* fragend; **to look at sb ~** jdn fragend ansehen

en·quiry [ɪnˈkwaɪəri] *n* ❶ (*question*) Anfrage *f*, Erkundigung *f;* **on ~** auf Anfrage ❷ (*investigation*) Untersuchung *f;* **to make enquiries** Nachforschungen anstellen

en·rage [ɪnˈreɪdʒ] *vt* wütend machen

en·raged [ɪnˈreɪdʒd] *adj* wütend

en·rap·tured [ɪnˈræptʃəd] *adj* (*liter*) entzückt, hingerissen; ■ **to be ~ by** [*or* **with**] **sth** von etw *dat* entzückt sein

en·rich [ɪnˈrɪtʃ] *vt* ❶ (*improve quality*) bereichern ❷ (*make richer*) reich machen; ■ **to ~ oneself** sich bereichern ❸ PHYS anreichern

en·rich·ment [ɪnˈrɪtʃmənt] *n no pl* Bereicherung *f; of food, soil* Anreicherung *f*

en·rol <-ll-> [ɪnˈrəʊl], AM **en·roll I.** *vi* sich einschreiben; (*for a course*) sich anmelden **II.** *vt* aufnehmen

en·rol·ment [ɪnˈrəʊl-] *n*, AM **en·roll·ment** *n* ❶ (*act*) Einschreibung *f*; (*for a course*) Anmeldung *f* ❷ AM (*number of students*) Studentenzahl *f*

en route [ˌɑ̃:(n)ˈru:t] *adv* unterwegs; **~ from London to Tokyo** auf dem Weg von London nach Tokio

en·sem·ble [ɑ̃:(n)ˈsɑ̃:(m)bəl] *n* Ensemble *nt*

en·sign [ˈensaɪn] *n* ❶ (*flag*) Schiffsflagge *f* ❷ MIL Fähnrich *m* zur See

en·slave [ɪnˈsleɪv] *vt* zum Sklaven machen

en·slave·ment [ɪnˈsleɪvmənt] *n no pl* Versklavung *f*

en·snare [ɪnˈsneəʳ] *vt* (*liter*) fangen

en·sue [ɪnˈsju:] *vi* folgen

en·su·ing [ɪnˈsju:ɪŋ] *adj* [darauf] folgend

en suite ˈ**bath·room** *n* angeschlossenes Badezimmer

en·sure [ɪnˈʃɔ:ʳ] *vt* sicherstellen; (*guarantee*) garantieren

en·tail [ɪnˈteɪl] *vt* mit sich bringen

en·tan·gle [ɪnˈtæŋɡl] *vt* **to get** [*or* **become**] **~d in sth** sich in etw *dat* verfangen; (*fig*) sich in etw *akk* verstricken; **his legs got ~d in the ropes** er verheddere sich mit den Beinen in den Seilen

en·tan·gle·ment [ɪnˈtæŋɡlmənt] *n* Verfangen *nt;* (*fig*) Verwicklung *f*

en·ter [ˈentəʳ] **I.** *vt* ❶ (*go into*) hineingehen in +*akk; building, room* betreten; *phase* eintreten in +*akk;* (*penetrate*) eindringen in +*akk;* **alcohol ~s the bloodstream through the stomach wall** Alkohol gelangt durch die Magenwand in den Blutkreislauf ❷ (*insert*) *data* eingeben; (*in a register*) eintragen ❸ (*join*) beitreten +*dat;* ■ **to ~ sb for sth** jdn für etw *akk* anmelden; **to ~ the priesthood** Priester werden ❹ (*make known*) einreichen; *bid* abgeben; *protest* einlegen **II.** *vi* ❶ THEAT auftreten ❷ (*register*) ■ **to ~ for sth** sich für etw *akk* [an]melden ❸ (*bind oneself to*) **to ~ into an alliance** ein Bündnis schließen; **to ~ into conversation with sb** mit jdm ein Gespräch anknüpfen; **to ~ into discussion** sich an einer Diskussion beteiligen; **to ~ into negotiations** in Verhandlungen eintreten ❹ (*begin*) ■ **to ~ [up]on sth** etw beginnen

en·ter·ing [ˈentərɪŋ] *n no pl* ECON, FIN Eintragung *f*

ˈ**en·ter key** *n* COMPUT Eingabetaste *f*

en·ter·prise [ˈentəpraɪz] *n* ❶ COMM Unternehmen *nt;* **private ~** Privatwirtschaft *f* ❷ *no pl* (*initiative*) Unternehmungsgeist *m*

en·ter·pris·ing [ˈentəpraɪzɪŋ] *adj* (*adventurous*) unternehmungslustig; (*ingenious*) einfallsreich; *businessman* rührig; *idea* kühn

en·ter·tain [ˌentəˈteɪn] **I.** *vt* ❶ (*amuse*) unterhalten ❷ (*invite*) zu sich einladen; (*give meal*) bewirten ❸ (*have*) haben; *doubts* hegen **II.** *vi* Gäste haben

en·ter·tain·er [ˌentəˈteɪnəʳ] *n* Entertainer(in) *m(f)*
en·ter·tain·ing [ˌentəˈteɪnɪŋ] **I.** *adj* unterhaltsam **II.** *n no pl* **to do a lot of** ~ häufig jdn bewirten
en·ter·tain·ing·ly [ˌentəˈteɪnɪŋli] *adv* unterhaltsam
en·ter·tain·ment [ˌentəˈteɪnmənt] *n* Unterhaltung *f*
en·thral <-ll-> [ɪnˈθrɔːl], AM *usu* **en·thrall** *vt* packen
en·thuse [ɪnˈθjuːz] **I.** *vi* schwärmen (**about/over** von) **II.** *vt* begeistern (**with** für)
en·thu·si·asm [ɪnˈθjuːziæzəm] *n* Begeisterung *f;* **to not work up any** ~ sich einfach nicht begeistern können
en·thu·si·ast [ɪnˈθjuːziæst] *n* Enthusiast(in) *m(f)*
en·thu·si·as·tic [ɪnˈθjuːziæstɪk] *adj* enthusiastisch, begeistert (**about** von); ▪ **to become** ~ **about sth** sich für etw begeistern
en·thu·si·as·ti·cal·ly [ɪnˈθjuːziæstɪkəli] *adv* enthusiastisch, begeistert, mit Begeisterung
en·tice [ɪnˈtaɪs] *vt* ▪ **to** ~ **sb** [**away from sth**] jdn [von etw *dat* weg]locken; ▪ **to** ~ **sb to do sth** jdn dazu verleiten, etw zu tun
en·tice·ment [ɪnˈtaɪsmənt] *n* (*allurement*) Verlockung *f;* (*lure*) Lockmittel *nt*
en·tic·ing [ɪnˈtaɪsɪŋ] *adj* verlockend
en·tire [ɪnˈtaɪəʳ] *adj* (*whole*) ganz; (*complete*) vollständig
en·tire·ly [ɪnˈtaɪəʳli] *adv* ganz; **to agree** ~ völlig übereinstimmen
en·tirety [ɪnˈtaɪ(ə)rəti] *n no pl* Gesamtheit *f*
en·ti·tle [ɪnˈtaɪtl̩] *vt* ▪ **to be** ~**d to do sth** [dazu] berechtigt sein, etw zu tun; ~**d to vote** stimmberechtigt
en·ti·tle·ment [ɪnˈtaɪtl̩mənt] *n no pl* (*right*) Berechtigung *f* (**to** zu); (*claim*) Anspruch *m* (**to** auf)
en·tity [ˈentɪti] *n* ❶ (*independently existing thing*) Einheit *f* ❷ LAW Rechtspersönlichkeit *f* ❸ PHILOS Wesen *nt*, Existenz *f*
ento·mol·ogy [ˌentəˈmɒlədʒi] *n no pl* Insektenkunde *f*
en·tou·rage [ˈɒntʊrɑːʒ] *n* Gefolge *nt*
en·trails [ˈentreɪlz] *npl* Eingeweide *pl*
en·trance¹ [ˈentrən(t)s] *n* ❶ (*door*) Eingang *m;* (*for vehicle*) Einfahrt *f* ❷ (*act of entering*) Eintritt *m;* THEAT Auftritt *m;* **to make one's** ~ THEAT auftreten; (*fig*) **she likes to make an** ~ sie setzt sich gerne in Szene ❸ (*right to enter*) Eintritt *m;* (*right to admission*) Aufnahme *f;* **to refuse** ~ **to sb** jdm den Zutritt verweigern

en·trance² [ɪnˈtrɑːn(t)s] *vt* (*delight*) entzücken
'**en·trance ex·ami·na·tion** *n* Aufnahmeprüfung *f* '**en·trance fee** *n* (*for admittance*) Eintritt *m,* ÖSTERR *a.* Entree *nt;* (*for competition entry*) Teilnahmegebühr *f;* (*for membership*) Aufnahmegebühr *f* '**en·trance form** *n* Antragsformular *nt;* (*for competition*) Teilnahmeformular *nt* '**en·trance hall** *n* Eingangshalle *f* '**en·trance re·quire·ment** *n* Aufnahmebedingung *f*
en·tranc·ing [ɪnˈtrɑːn(t)sɪŋ] *adj* bezaubernd, hinreißend
en·trant [ˈentrənt] *n* Teilnehmer(in) *m(f)*
en·treat [ɪnˈtriːt] *vt* anflehen
en·trenched [ɪnˈtren(t)ʃt] *adj* verwurzelt; *prejudice* alt; *behaviour* eingebürgert; **firmly** ~ fest verankert
en·tre·pre·neur [ˌɒntrəprəˈnɜːʳ] *n* Unternehmer(in) *m(f)*
en·tre·pre·neur·ial [ˌɒntrəprəˈnɜːriəl] *adj* unternehmerisch
en·tre·pre·neur·ial ˈspir·it *n no pl* Unternehmergeist *m*
en·trust [ɪnˈtrʌst] *vt* ▪ **to** ~ **sth to sb** [*or* **sb with sth**] jdm etw anvertrauen; **to** ~ **a task to sb** jdn mit einer Aufgabe betrauen
en·try [ˈentri] *n* ❶ (*act of entering*) Eintritt *m;* (*by car*) Einfahrt *f;* (*into a country*) Einreise *f;* (*into an organization or activity*) Aufnahme *f;* THEAT Auftritt *m;* '**no** ~' ‚Zutritt verboten' ❷ (*entrance*) Eingang *m;* (*to car park etc.*) Einfahrt *f* ❸ (*right of entry*) Zugang *m,* Zutritt *m* (**into** zu) ❹ (*written item*) Eintrag *m* ❺ (*item for competition*) Einsendung *f;* (*solution*) Lösung *f;* (*number*) Teilnehmerzahl *f*
'**en·try fee** *n* (*for admittance*) Eintritt *m,* ÖSTERR *a.* Entree *nt;* (*for competition entry*) Teilnahmegebühr *f;* (*for membership*) Aufnahmegebühr *f* '**en·try form** *n* Antragsformular *nt;* (*for competition*) Teilnahmeformular *nt* '**en·try per·mit** *n* (*permit to pass*) Passierschein *m;* (*into a country*) Einreiseerlaubnis *f,* Einreisegenehmigung *f*
'**en·try·phone** *n* BRIT [Tür]sprechanlage *f*
'**en·try test** *n* Zulassungstest *m*
en·twine [ɪnˈtwaɪn] *vt* [miteinander] verflechten
enu·mer·ate [ɪˈnjuːməʳreɪt] *vt* aufzählen
enun·ci·ate [ɪˈnʌn(t)sieɪt] **I.** *vi* sich artikulieren; **to** ~ **clearly** deutlich sprechen **II.** *vt* aussprechen
en·vel·op [ɪnˈveləp, enˈ-] *vt* einhüllen
en·velope [ˈenvələʊp] *n* Briefumschlag *m*
en·vi·able [ˈenviəbl̩] *adj* beneidenswert

en·vi·ous ['enviəs] *adj* neidisch (**of** auf)
en·vi·ous·ly ['enviəsli] *adv* neidisch, neiderfüllt *geh;* **to look ~ at sth** etw voller Neid betrachten
en·vi·ron·ment [ɪn'vaɪ(ə)rənmənt] *n* ❶ *no pl* ECOL ■ **the ~** die Umwelt ❷ (*surroundings*) Umgebung *f* ❸ (*social surroundings*) Milieu *nt;* **working ~** Arbeitsumfeld *nt*
en·vi·ron·men·tal [ɪn,vaɪ(ə)rən'mentəl] *adj* Umwelt-; **negative ~ impact** Umweltbelastung *f*
en·vi·ron·men·tal·ist [ɪn,vaɪ(ə)rən'mentəlɪst] *n* Umweltschützer(in) *m(f)*
en·vi·ron·men·tal·ly [ɪn,vaɪ(ə)rən'mentəli] *adv* **~ damaging** umweltschädlich; **~ sound** [*or* **friendly**] umweltfreundlich
en·vi·ron·ment-'friend·ly *adj* umweltfreundlich
en·vi·rons [ɪn'vaɪ(ə)rənz] *npl* (*form*) Umgebung *f kein pl*
en·vis·age [ɪn'vɪzɪdʒ, en'-] *vt,* **en·vi·sion** [ɪn'vɪʒən] *vt* AM sich *dat* vorstellen; **it's hard to ~ how ...** es ist schwer vorstellbar, wie ...; ■ **to ~ that ...** hoffen, dass ...; ■ **to ~ doing sth** vorhaben, etw zu tun
en·voy ['envɔɪ] *n* Gesandte(r) *f(m);* **special ~** Sonderbeauftragte(r) *f(m)*
envy ['envi] I. *n no pl* Neid *m* (**of** auf); **to feel ~ towards sb** auf jdn neidisch sein; **he's the ~ of the school with his new car** die ganze Schule beneidet ihn um sein neues Auto ▶ **to be green with ~** grün vor Neid sein II. *vt* <-ie-> ■ **to ~ sb sth** [*or* **sb for sth**] jdn um etw *akk* beneiden
en·zyme ['enzaɪm] *n* Enzym *nt*
EPC [,i:pi:'si:] *n no pl abbrev of* **energy performance certificate** Energieausweis *m,* Energiepass *m*
ephem·er·al [ɪ'femərəl] *adj* kurzlebig
epic ['epɪk] I. *n* Epos *nt* II. *adj* ❶ episch; *poem* erzählend; **~ poet** Epiker(in) *m(f);* **~ poetry** Epik *f* ❷ (*fig*) schwierig und abenteuerlich; *struggle* heroisch; **~ achievement** Heldentat *f*
epi·cen·tre *n,* AM **epi·cen·ter** *n* Epizentrum *nt*
epi·dem·ic [,epɪ'demɪk] I. *n* Epidemie *f* II. *adj* epidemisch *a. fig*
epi·gram ['epɪgræm] *n* Epigramm *nt*
epi·lep·sy ['epɪlepsi] *n no pl* Epilepsie *f*
epi·lep·tic [,epɪ'leptɪk] I. *n* Epileptiker(in) *m(f)* II. *adj* epileptisch
epi·logue ['epɪlɒg] *n,* AM **epi·log** *n* Epilog *m*
Epipha·ny [ɪ'pɪfəni] *n* Dreikönigsfest *nt*

epi·sode ['epɪsəʊd] *n* ❶ (*event*) Episode *f;* **unfortunate ~** bedauerlicher Vorfall ❷ (*part of story*) Folge *f*
epi·sod·ic [,epɪ'sɒdɪk] *adj* episodisch
epis·tle [ɪ'pɪsl] *n* Epistel *f*
epi·taph ['epɪtɑːf] *n* Grabinschrift *f*
epito·me [ɪ'pɪtəmi] *n* Inbegriff *m;* **the ~ of elegance** die Eleganz selbst
epito·mize [ɪ'pɪtəmaɪz] *vt* verkörpern
epoch ['i:pɒk] *n* Epoche *f*
'epoch-mak·ing *adj* Epoche machend
epony·mous [ɪ'pɒnɪməs] *adj* namengebend
eq·uable ['ekwəbl] *adj person, temperament* ausgeglichen
equal ['i:kwəl] I. *adj* ❶ (*the same*) gleich; **of ~ size** gleich groß; **in volume** vom Umfang her gleich; **one litre is ~ to 1.76 imperial pints** ein Liter entspricht 1,76 ips.; **~ status** Gleichstellung *f;* **~ treatment** Gleichbehandlung *f* ❷ (*able to do*) **to be ~ to a task** einer Aufgabe gewachsen sein ▶ **all things being ~** unter ansonsten gleichen Bedingungen II. *n* Gleichgestellte(r) *f(m);* **she was the ~ of any opera singer** sie konnte sich mit jeder Opernsängerin messen; **to have no ~** unübertroffen sein III. *vt* <BRIT -ll- *or* AM *usu* -l-> ❶ MATH ergeben; **three plus four ~ s seven** drei plus vier ist gleich [*o fam* macht] sieben ❷ (*match*) herankommen an +*akk;* **record** erreichen
equali·ty [ɪ'kwɒləti] *n no pl* Gleichberechtigung *f;* **racial ~** Rassengleichheit *f;* ■ **the E~ Act** EU das Allgemeine Gleichbehandlungsgesetz, das AGG
equali·za·tion [,i:kwəlaɪ'zeɪʃən] *n* Gleichmachung *f*
equal·ize ['i:kwəlaɪz] I. *vt* gleichmachen; *pressure* ausgleichen; *standards* einander angleichen II. *vi* BRIT, AUS SPORTS den Ausgleich erzielen
equal·iz·er ['i:kwəlaɪzər] *n* BRIT, AUS Ausgleichstor *nt,* Ausgleichstreffer *m*
equal·ly ['i:kwəli] *adv* ebenso; **~ good** gleich gut; **to contribute ~** gleichermaßen beitragen; **to divide** [*or* **share**] **sth ~** etw gleichmäßig aufteilen
equal op·por·'tu·nities *npl* BRIT, **equal op·por·'tu·nity** *n* AM Chancengleichheit *f*
'equal(s) sign *n* MATH Gleichheitszeichen *nt*
equa·nim·ity [,ekwə'nɪməti] *n no pl* Gleichmut *m;* **to receive sth with ~** etw gelassen aufnehmen
equate [ɪ'kweɪt] I. *vt* gleichsetzen II. *vi* ■ **to ~ to sth** etw *dat* entsprechen

equa·tion [ɪˈkweɪʒ³n] *n* MATH Gleichung *f* ▶ **the other side of the** ~ die Kehrseite der Medaille

equa·tor [ɪˈkweɪtər] *n no pl* [**on the**] ~ [am] Äquator *m*

equa·to·rial [ˌekwəˈtɔːriəl] *adj* äquatorial

Equa·to·rial ˈGuinea *n* Äquatorialguinea *nt*

eques·trian [ɪˈkwestriən] **I.** *adj* Reit[er]- **II.** *n* Reiter(in) *m(f)*

equi·dis·tant [ˌiːkwɪˈdɪst³nt] *adj* gleich weit entfernt

equi·lat·eral [ˌiːkwɪˈlæt³r³l] *adj* MATH gleichseitig

equi·lib·rium [ˌiːkwɪˈlɪbriəm] *n no pl* Gleichgewicht *nt*

equi·nox <*pl* -es> [ˈiːkwɪnɒks, ˈek-] *n* Tagundnachtgleiche *f*

equip <-pp-> [ɪˈkwɪp] *vt* ❶ (*provide*) ausstatten ❷ (*with special equipment*) ausrüsten ❸ (*fig*) rüsten

equip·ment [ɪˈkwɪpmənt] *n no pl* Ausrüstung *f*, Ausstattung *f*

equi·table [ˈekwɪtəbl] *adj* gerecht

equi·ty [ˈekwɪti] *n no pl* ❶ (*fairness*) Gerechtigkeit *f* ❷ FIN Eigenkapital *nt*; ■ **equities** *pl* [Stamm]aktien *pl*

eq(uiv). *abbrev of* **equivalent** äquivalent

equiva·lence [ɪˈkwɪv³lən(t)s] *n no pl* Äquivalenz *f*

equiva·lent [ɪˈkwɪv³lənt] **I.** *adj* äquivalent, entsprechend; ■ **to be ~ to sth** etw *dat* entsprechen **II.** *n* Äquivalent *nt* (**for/of** für), Entsprechung *f*

equivo·cal [ɪˈkwɪvək³l] *adj* ❶ (*ambiguous*) zweideutig ❷ (*questionable*) zweifelhaft

equivo·cate [ɪˈkwɪvəkeɪt] *vi* (*form*) doppeldeutige Aussagen machen

equivo·ca·tion [ɪˌkwɪvəˈkeɪʃ³n] *n no pl* doppeldeutige Aussage

ER [ˌiːˈɑːʳ] *n* ❶ *abbrev of* **Elizabeth Regina** ER ❷ AM *abbrev of* **emergency room** Notaufnahme *f*

era [ˈɪərə] *n* Ära *f*

eradi·cate [ɪˈrædɪkeɪt] *vt* ausrotten

erase [ɪˈreɪz] *vt* ❶ (*remove completely*) entfernen; *file* löschen; *memories* auslöschen ❷ (*rub out*) ausradieren

eras·er [ɪˈreɪzəʳ] *n esp* AM Radiergummi *m*

eras·ure [ɪˈreɪʒəʳ] *n esp* AM Löschung *f*

ere [eəʳ] *prep, conj* (*old liter*) ehe; ~ **long** binnen kurzem

e-read·er [ˈiːriːdəʳ] *n* E-Reader *m*, E-Book-Reader *m*

erect [ɪˈrekt] **I.** *adj* ❶ (*upright*) aufrecht ❷ ANAT erigiert **II.** *vt* ❶ (*construct*) errichten ❷ (*put up*) aufstellen

erec·tion [ɪˈrekʃ³n] *n* ❶ *no pl* (*construction*) Errichtung *f* ❷ ANAT Erektion *f*

er·go·nom·ic [ˌɜːgəˈnɒmɪk] *adj* ergonomisch

er·go·nom·ics [ˌɜːgəˈnɒmɪks] *n no pl* Ergonomie *f*

er·mine [ˈɜːmɪn] *n* Hermelin *nt*

erode [ɪˈrəʊd] **I.** *vt* ❶ GEOL auswaschen ❷ CHEM zerfressen ❸ (*fig*) untergraben **II.** *vi* ❶ GEOL erodieren; *soil* abtragen ❷ (*fig*) abnehmen

erog·enous [ɪˈrɒdʒɪnəs] *adj* erogen

ero·sion [ɪˈrəʊʒ³n] *n no pl* ❶ GEOL Erosion *f*; ~ **by water** Auswaschung *f* ❷ (*fig*) [Dahin]schwinden *nt*; ~ **of confidence** Vertrauensverlust *m*

erot·ic [ɪˈrɒtɪk] *adj* erotisch

eroti·cism [ɪˈrɒtɪsɪz³m] *n no pl* Erotik[zi]smus *m*

err [ɜːʳ] *vi* (*form*) sich irren; **to ~ on the side of caution** übervorsichtig sein ▶ **to ~ is human [to forgive divine]** (*prov*) Irren ist menschlich[, Vergeben göttlich]

er·rand [ˈerənd] *n* Besorgung *f*; (*with a message*) Botengang *m*; **to run an ~** etwas erledigen; ~ **of mercy** Rettungsaktion *f*

ˈ**er·rand boy** *n* Laufbursche *m*

er·rant [ˈerənt] *adj* auf Abwegen *nach n*

er·rat·ic [erˈætɪk] *adj* ❶ (*inconsistent*) sprunghaft ❷ (*irregular*) unregelmäßig

er·ra·tum <*pl* -ta> [erˈɑːtəm, ɪrˈ-, *pl* -tə] *n* (*spec*) Druckfehler *m*

er·ro·neous [ɪˈrəʊniəs] *adj* falsch; *assumption* irrig

er·ror [ˈerəʳ] *n* Fehler *m*, Irrtum *m*; ~ **of judgment** Fehleinschätzung *f*; **in ~** aus Versehen ▶ **to see the ~ of one's ways** seine Fehler einsehen; **to show sb the ~ of his ways** jdn auf seine Fehler hinweisen

ˈ**er·ror mes·sage** *n* COMPUT Fehlermeldung *f* ˈ**er·ror-prone** *adj* fehleranfällig

eru·dite [ˈerʊdaɪt] *adj* gelehrt

eru·di·tion [ˌerʊˈdɪʃ³n] *n no pl* Gelehrsamkeit *f*

erupt [ɪˈrʌpt] *vi* ausbrechen; (*fig*) *person* explodieren; **to ~ into violence** gewalttätig werden

erup·tion [ɪˈrʌpʃ³n] *n* Ausbruch *m a. fig*

es·ca·late [ˈeskəleɪt] **I.** *vi* eskalieren, sich ausweiten; *incidents* stark zunehmen **II.** *vt* ausweiten

es·ca·la·tion [ˌeskəˈleɪʃ³n] *n* Eskalation *f*, Steigerung *f*; ~ **of fighting** Ausweitung *f* der Kämpfe; ~ **in tension** Verschärfung *f* der Spannung

es·ca·la·tor [ˈeskəleɪtəʳ] *n* Rolltreppe *f*

es·ca·lope [ˈeskəlɒp] *n* Schnitzel *nt*

e-scam ['iːskæm] *n* INET, COMPUT Internet-Betrügerei *f*
es·ca·pade [ˌeskə'peɪd] *n* Eskapade *f*
es·cape [ɪ'skeɪp, es'-] **I.** *vi* ❶ *(get away)* fliehen; *(successfully)* entkommen; *(from a cage, prison)* ausbrechen; *dog, cat* entlaufen; *bird* entfliegen; ▪ **to ~ from sb** vor jdm fliehen; *(successfully)* jdm entkommen; ▪ **to ~ from somewhere** aus etw *dat* fliehen; *(successfully)* aus etw *dat* entkommen; **to ~ from prison** aus dem Gefängnis ausbrechen ❷ *(avoid harm)* [mit dem Leben] davonkommen; **to ~ unhurt** unverletzt bleiben ❸ *(leak)* entweichen, austreten ❹ COMPUT **to ~ from a program** ein Programm verlassen **II.** *vt* ❶ *(get away from)* ▪ **to ~ sth** *a place* aus etw *dat* fliehen; *(successfully)* aus etw *dat* entkommen; *(fig)* **to ~ [from]** entfliehen +*dat*; **to ~ the danger/fire** der Gefahr/dem Feuer entkommen; ▪ **to ~ sb** vor jdm fliehen; *(successfully)* jdm entkommen ❷ *(avoid)* entgehen +*dat*; **she was lucky to ~ serious injury** sie hatte Glück, dass sie nicht ernsthaft verletzt wurde; **there's no escaping the fact that ...** es lässt sich nicht leugnen, dass ... ❸ *(not be remembered or observed)* **his address ~s me** seine Adresse ist mir entfallen; **to ~ sb's attention** [*or* **notice**] jds Aufmerksamkeit entgehen ❹ *(be emitted)* ▪ **to ~ sb** jdm entfahren **III.** *n* ❶ *(act of escaping)* Flucht *f* a. *fig* (**from** aus); *from a prison* Ausbruch *m*; **~ route** Fluchtweg *m*; **to make [good] one's ~ from sth** aus etw *dat* fliehen [*o* ausbrechen] *m* ❷ *no pl (avoidance)* Entkommen *nt*; **that was a lucky ~!** da haben wir wirklich noch einmal Glück gehabt!; **there's no ~** daran führt kein Weg vorbei; **to have a narrow ~** gerade noch einmal davonkommen ❸ *(leakage)* Austreten *nt kein pl*, Entweichen *nt kein pl*
e's·cape clause *n* Rücktrittsklausel *f*
es·capee [ɪˌskeɪ'piː, eˌs-] *n* Entflohene(r) *f(m)*
e's·cape key *n* COMPUT ESC-Taste *f*
es·cap·ism [ɪ'skeɪpɪzᵊm, es'-] *n no pl* Realitätsflucht *f*
es·cap·ist [ɪ'skeɪpɪst, es'-] **I.** *n* Eskapist(in) *m(f)* **II.** *adj* eskapistisch
es·cort I. *vt* [ɪ'skɔːt, es'-] eskortieren; MIL Geleitschutz geben +*dat*; **to ~ sb to safety** jdn in Sicherheit bringen **II.** *n* ['eskɔːt] ❶ *(companion)* Begleiter(in) *m(f)*, Begleitung *f* ❷ *no pl (guard)* Eskorte *f*, Begleitschutz *m*; **police ~** Polizeieskorte *f*; **under police ~** unter Polizeischutz

ESE *n abbrev of* **east-south-east** OSO
Es·ki·mo <*pl* -s *or* -> ['eskɪməʊ] *n* ❶ *(people)* Eskimo *m*/Eskimofrau *f* ❷ *no pl (language)* Eskimosprache *f*
esopha·gus *n* AM *see* **oesophagus**
eso·ter·ic [ˌesə(ʊ)'terɪk] *adj* esoterisch
esp *adv abbrev of* **especially**
es·pe·cial·ly [ɪ'speʃəli, es'-] *adv* besonders; **I chose this ~ for you** ich habe das extra für dich ausgesucht
Es·pe·ran·to [ˌespə'ræntəʊ] *n no pl* Esperanto *nt*
es·pio·nage ['espɪənɑːʒ] *n no pl* Spionage *f*
es·pres·so [es'presəʊ] *n* Espresso *m*
Esq. *n abbrev of* **Esquire**
Es·quire [ɪ'skwaɪəʳ, es'-] *n (form: on envelope)* **Richard Smith, Esq.** Herrn Richard Smith
es·say ['eseɪ] *n* Essay *m o nt* (**on** über)
es·say·ist ['eseɪɪst] *n* Essayist(in) *m(f)*
es·sence ['esᵊn(t)s] *n* ❶ PHILOS Wesen *nt* ❷ *(gist)* Wesentliche(s) *nt*; *of something* Kern *m*; **time is of the ~ here** die Zeit ist hier entscheidend ❸ *(epitome)* **the [very] ~ of stupidity** der Inbegriff der Dummheit ❹ FOOD Essenz *f*, Extrakt *m*
es·sen·tial [ɪ'sen(t)ʃᵊl] **I.** *adj* ❶ *(indispensable)* unbedingt erforderlich; *vitamins* lebenswichtig ❷ *(fundamental)* essenziell; *element* wesentlich; *difference* grundlegend; **~ component** Grundbestandteil *m* **II.** *n* ▪ **the ~s** *pl* das Wesentliche *kein pl*; **the ~s of Spanish** die Grundzüge des Spanischen; **the bare ~s** das [Aller]nötigste
es·sen·tial·ly [ɪ'sen(t)ʃᵊli] *adv* im Grunde [genommen]
est *adj* ❶ *abbrev of* **estimated** ❷ *abbrev of* **established**
es·tab·lish [ɪ'stæblɪʃ, es'-] **I.** *vt* ❶ *(found, set up)* gründen; *contact* aufnehmen; *dictatorship, monopoly* errichten; *precedent* schaffen; *priorities* setzen; *record* aufstellen; *relationship* aufbauen; *relations, rule of law* herstellen; *rule* aufstellen ❷ *(secure)* **to ~ one's authority over sb** sich *dat* Autorität gegenüber jdm verschaffen; **to ~ order** für Ordnung sorgen ❸ *(demonstrate)* **to ~ one's superiority** sich als überlegen erweisen; **her latest book has ~ed her as one of our leading novelists** ihr jüngstes Buch zeigt, dass sie eine unserer führenden Romanautorinnen ist ❹ *(prove)* feststellen; *claim* nachweisen **II.** *vi* gedeihen
es·tab·lished [ɪ'stæblɪʃt, es'-] *adj* ❶ *(standard)* fest; **it is ~ practice ...** es ist

üblich, ... ❷(*proven*) nachgewiesen; *fact* gesichert ❸(*accepted*) anerkannt ❹(*founded*) gegründet

es·tab·lish·ment [ɪˈstæblɪʃmənt, esˈ-] *n* ❶(*institution*) Unternehmen *nt;* **educational** ~ Bildungseinrichtung *f* ❷*no pl* (*ruling group*) ■**the** ~ das Establishment ❸(*act of setting up*) Gründung *f*

es·tate [ɪˈsteɪt, esˈ-] *n* ❶(*landed property*) Gut *nt;* **country** ~ Landgut *nt* ❷ LAW (*personal property*) [Privat]vermögen *nt; of deceased person* Erbmasse *f* ❸ BRIT (*group of buildings*) Siedlung *f;* **housing** ~ [Wohn]siedlung *f;* **industrial/trading** ~ Industrie-/Gewerbegebiet *nt* ❹ BRIT (*car*) Kombi[wagen] *m*

eˈs·tate agent *n* BRIT Immobilienmakler(in) *m(f)* **eˈs·tate car** *n* BRIT Kombi[wagen] *m*

es·teem [ɪˈstiːm, esˈ-] **I.** *n no pl* Ansehen *nt;* **to hold sb in high/low** ~ jdn hoch/gering schätzen **II.** *vt* [hoch] schätzen

es·thet·ic *adj* AM *see* **aesthetic**

es·thet·ics *n* AM *see* **aesthetics**

es·ti·mable [ˈestɪməb|l] *adj* (*form*) bewundernswert, schätzenswert

es·ti·mate I. *vt* [ˈestɪmeɪt] [ein]schätzen **II.** *n* [ˈestɪmət] Schätzung *f;* ECON Kostenvoranschlag *m;* **conservative** ~ vorsichtige Einschätzung; **at a rough** ~ grob geschätzt

es·ti·mat·ed [ˈestɪmeɪtɪd] *adj* geschätzt; ~ **figure** Schätzung *f;* **time of arrival/departure** voraussichtlich

es·ti·ma·tion [ˌestɪˈmeɪʃ(ə)n] *n no pl* ❶(*opinion*) Einschätzung *f;* **in my** ~ meiner Ansicht nach ❷(*esteem*) Achtung *f*

Es·to·nia [esˈtəʊniə] *n* Estland *nt*

Es·to·nian [esˈtəʊniən] **I.** *adj* estnisch **II.** *n* ❶(*person*) Este *m/*Estin *f* ❷ LING Estnisch *nt*

es·trange [ɪˈstreɪndʒ, esˈ-] *vt* ■**to** ~ **sb from sb/sth** jdn jdm/etw entfremden

es·tranged [ɪˈstreɪndʒd, esˈ-] *adj* ❶(*alienated*) entfremdet ❷(*living apart*) ■**to be** ~ getrennt leben

es·trange·ment [ɪˈstreɪndʒmənt, esˈ-] *n* Entfremdung *f* (**from** von +*dat*)

es·tro·gen *n no pl* AM *see* **oestrogen**

es·tu·ary [ˈestjʊəri] *n* Flussmündung *f*

ETA [ˌiːtiːˈeɪ] *n abbrev of* **Estimated Time of Arrival** voraussichtliche Ankunft

e-tail [ˈiːteɪl] *n* INET, COMPUT Internet-Handel *m*

etc. *adv abbrev of* **et cetera** usw., etc.

etch [etʃ] *vt* ätzen; (*in copper*) kupferstechen; (*in other metals*) radieren; **to be** ~**ed on sb's memory** in jds Gedächtnis eingebrannt sein

etch·ing [ˈetʃɪŋ] *n* Ätzung *f;* (*artwork*) Radierung *f;* (*in copper*) Kupferstich *m*

ETD [ˌiːtiːˈdiː] *abbrev of* **estimated time of departure** RAIL voraussichtliche Abfahrtszeit; AVIAT voraussichtliche Abflugzeit

eter·nal [ɪˈtɜːn(ə)l] *adj* ewig *a. fig;* *complaints* endlos; ~ **flame** ewiges Licht

eter·nal·ly [ɪˈtɜːn(ə)li] *adv* ewig; (*pej*) unaufhörlich

eter·ni·ty [ɪˈtɜːnəti] *n no pl* Ewigkeit *f a. fig;* **for all** ~ bis in alle Ewigkeit

ether [ˈiːθə(r)] *n no pl* ❶ CHEM, MED Äther *m* ❷ MEDIA, RADIO (*fig old*) Äther *m;* **through the** ~ durch den Äther

eth·ic [ˈeθɪk] *n* Moral *f,* Ethos *nt;* **work** ~ Arbeitsethos *nt*

ethi·cal [ˈeθɪk(ə)l] *adj* ethisch

eth·ics [ˈeθɪks] *n* Ethik *f*

Ethi·o·pia [ˌiːθiˈəʊpiə] *n no pl* Äthiopien *nt*

Ethi·o·pian [ˌiːθiˈəʊpiən] **I.** *n* Äthiopier(in) *m(f)* **II.** *adj* äthiopisch

eth·nic [ˈeθnɪk] *adj* ethnisch; **the** ~ **Chinese** die Volkschinesen; ~ **costume** Landestracht *f*

eth·nolo·gist [eθˈnɒlədʒɪst] *n* Ethnologe *m/*Ethnologin *f*

eth·nol·ogy [eθˈnɒlədʒi] *n no pl* Ethnologie *f,* vergleichende Völkerkunde

eth·no·na·tion·al·ist [ˌeθnəʊˈnæʃ(ə)n(ə)lɪst] *adj* ethnonationalistisch

eti·quette [ˈetɪket] *n no pl* Etikette *f*

ety·mo·logi·cal [ˌetɪməˈlɒdʒɪk(ə)l] *adj* LING etymologisch

ety·mol·ogy [ˌetɪˈmɒlədʒi] *n* Etymologie *f*

EU [ˌiːˈjuː] *n abbrev of* **European Union** EU *f*

eu·logy [ˈjuːlədʒi] *n* ❶ AM (*funeral oration*) Grabrede *f* ❷(*speech of praise*) Lobrede *f*

eu·nuch [ˈjuːnək] *n* Eunuch *m*

eu·phem·ism [ˈjuːfəmɪz(ə)m] *n* Euphemismus *m*

eu·phemis·tic [ˌjuːfəˈmɪstɪk] *adj* euphemistisch

eu·pho·ria [juːˈfɔːriə] *n no pl* Euphorie *f*

eu·phor·ic [juːˈfɒrɪk] *adj* euphorisch

EUR *n see* **Euro** EUR

euro [ˈjʊərəʊ] *n* Euro *m;* **to donate a hundred** ~**s** hundert Euro spenden

ˈEuro area *n* Eurozone *f* **ˈeuro·bond** *n* FIN Eurobond *m* **ˈEuro·cheque** *n* Euroscheck *m* **euro·chic** [ˈjʊərəʊʃiːk] *adj* (*stylish in a European way*) schick mit Stil

ˈeuro coins *npl* Euromünzen *pl*

Euro·crat [ˈjʊərə(ʊ)kræt] *n* Eurokrat(in) *m(f)*

Europe ['jʊərəp] *n no pl* Europa *nt*
Euro·pean [ˌjʊərə'piən] **I.** *adj* europäisch **II.** *n* Europäer(in) *m(f)*
Euro·pean 'Cup *n no pl* FBALL Europapokal *m* **European Eco·nom·ic 'Area** *n* ECON, FIN Europäischer Wirtschaftsraum **Euro·pean Eco·nom·ic Com·'mu·nity** *n no pl* (*hist*) ▪ the ~ die Europäische Wirtschaftsgemeinschaft **Euro·pean Mone·tary 'Union** *n* Europäische Währungsunion *f* **Euro·pean 'Par·lia·ment** *n no pl* Europaparlament *nt* **Euro·pean 'Un·ion** *n no pl* Europäische Union
Euro-'scep·tic, Euro·'scep·tic·al I. *n* Euroskeptiker(in) *m(f)* **II.** *adj* euroskeptisch, eurokritisch **euro sta·bi·li·'za·tion pack·age** *n* FIN Euro-Rettungsschirm *m*
Euro·vi·sion ['jʊərəʊvɪʒən] *n no pl*, + *sing/pl vb* Eurovision *f*
'Eurozone *n* Eurozone *f*, Euroraum *m*; ~ **crisis** Euro[schulden]krise *f*
eutha·na·sia [ˌjuːθə'neɪziə] *n no pl* Sterbehilfe *f*
evacu·ate [ɪ'vækjueɪt] *vt* evakuieren; *area, building* räumen
evacu·ation [ɪˌvækju'eɪʃən] *n* Evakuierung *f*; (*of area, building*) Räumung *f*
evac·uee [ɪˌvækju'iː] *n* Evakuierte(r) *f(m)*
evade [ɪ'veɪd] *vt* ausweichen +*dat*; *draft, responsibility* sich entziehen +*dat*; *police* entgehen +*dat*; *tax* hinterziehen
evalu·ate [ɪ'væljueɪt] *vt* bewerten; *results* auswerten; *person* beurteilen
evalu·ation [ɪˌvælju'eɪʃən] *n* Schätzung *f*; *of damages* Festsetzung *f*; *of an experience* Einschätzung *f*; *of a treatment* Beurteilung *f*; *of a book* Bewertung *f*
evan·geli·cal [ˌiːvæn'dʒelɪkəl] *adj* evangelisch
evan·gelist [ɪ'vændʒəlɪst] *n* Wanderprediger(in) *m(f)*
evapo·rate [ɪ'væpəreɪt] **I.** *vt* verdampfen lassen **II.** *vi* verdunsten; (*fig*) sich in Luft auflösen; ~**d milk** Kondensmilch *f*
evapo·ra·tion [ɪˌvæpə'reɪʃən] *n no pl* Verdunstung *f*
eva·sion [ɪ'veɪʒən] *n* ❶ (*prevarication*) Ausweichen *nt* ❷ *no pl* (*avoidance*) Umgehung *f*; *fare* ~ Schwarzfahren *nt*; *tax* ~ Steuerhinterziehung *f*
eva·sive [ɪ'veɪsɪv] *adj* ausweichend; **to take** ~ **action** ein Ausweichmanöver machen; ▪ **to be** ~ ausweichen
eve [iːv] *n no pl* Vorabend *m*
Eve [iːv] *n no art* Eva *f*
even ['iːvən] **I.** *adv* ❶ (*unexpectedly*) selbst; ~ **Chris was there** selbst Chris war da ❷ (*indeed*) sogar; **not** ~ [noch] nicht einmal; **did he** ~ **read the letter?** hat er den Brief überhaupt gelesen? ❸ (*despite*) ~ **if ...** selbst wenn ...; ~ **so ...** trotzdem ...; ~ **then ...** trotzdem ...; ~ **though ...** selbst wenn ...; ~ **though he left school at 16, ...** obwohl er mit sechzehn bereits von der Schule abging, ... ❹ + *comp* noch; ~ **colder** noch kälter **II.** *adj* ❶ (*level*) eben; *row* gerade; *two surfaces* auf gleicher Höhe; (*fig*) ausgeglichen ❷ (*equal*) gleich [groß]; *contestant* ebenbürtig; *distribution* gleichmäßig; *game* ausgeglichen; **to be/get** ~ **with sb** mit jdm quitt sein/jdm etw heimzahlen ❸ (*regular*) gleichmäßig; **to walk at an** ~ **pace** in gleichmäßigem Tempo gehen; **to have an** ~ **temper** ausgeglichen sein ❹ MATH gerade **III.** *vt* ausgleichen
◆**even out I.** *vt* ausgleichen **II.** *vi* sich ausgleichen; *prices* sich einpendeln
◆**even up** *vt* ausgleichen
eve·ning ['iːvnɪŋ] **I.** *n* Abend *m*; **have a nice** ~ schönen Abend!; **all** ~ den ganzen Abend; **on Friday** ~ am Freitagabend; **on Friday** ~**s** freitagabends; **this** ~ heute Abend; **in the** ~ am Abend; **in the** ~**s** abends **II.** *adj* Abend-
'eve·ning class *n* Abendkurs *m* **eve·ning 'dress** *n* ❶ (*dress*) Abendkleid *nt* ❷ *no pl* (*outfit*) **to wear** ~ Abendkleidung tragen **eve·ning per·'for·mance** *n* Abendvorstellung *f* **eve·ning 'prayer** *n* Abendgebet *nt* **eve·ning 'ser·vice** *n* Abendgottesdienst *m*
even·ly ['iːvənli] *adv* ❶ (*placidly*) gelassen ❷ (*equally*) gleichmäßig; **to be** ~ **matched** einander ebenbürtig sein
even·ness ['iːvənnəs] *n no pl* Ebenheit *f*
evens ['iːvənz] *adj* BRIT **the chances are** ~ die Chancen stehen fünfzig zu fünfzig
event [ɪ'vent] *n* ❶ (*occurrence*) Ereignis *nt*; **series of** ~**s** Reihe *f* von Vorfällen; **sporting** ~ Sportveranstaltung *f* ❷ (*case*) Fall *m*; **in the** ~ **that ...** falls ...; **in the** ~ **of sb's death** im Falle des Todes einer Person *gen*; **in any** ~ auf jeden Fall; **to be wise after the** ~ es im Nachhinein besser wissen ❸ SPORTS Wettkampf *m*
even-'tem·pered *adj* ausgeglichen
event·ful [ɪ'ventfəl] *adj* ereignisreich
even·tual [ɪ'ventʃuəl] *adj* ❶ (*final*) schließlich; *cost* letztendlich ❷ (*possible*) etwaig
even·tu·al·ity [ɪˌventʃu'æləti] *n* Eventualität *f*; **in that** ~ in diesem Fall
even·tu·al·ly [ɪ'ventʃuəli] *adv* ❶ (*finally*) schließlich, endlich ❷ (*some day*) irgendwann

ever ['evəʳ] *adv* ❶ (*at any time*) je[mals]; **nothing ~ happens here** hier ist nie was los; **have you ~ been to London?** bist du schon einmal in London gewesen?; **nobody has ~ heard of this book** keiner hat je etwas von diesem Buch gehört; **a brilliant performance if ~ there was one** eine wahrhaft ausgezeichnete Darbietung; **rarely, if ~** kaum, wenn überhaupt je; **hardly ~** kaum; **to hardly ~ do sth** etw so gut wie nie tun; **as good as ~** so gut wie eh und je; **worse than ~** schlimmer als je zuvor ❷ (*always*) **happily ~ after** glücklich bis ans Ende ihrer Tage; **as ~** wie gewöhnlich; **~ since ...** seitdem ... ❸ (*of all time*) **the biggest trade fair ~** die größte Handelsmesse, die es je gab; **the first performance ~** die allererste Darbietung ❹ (*as intensifier*) **how ~ could anyone ...?** wie kann jemand nur ...?; **what ~ have you done?** was hast du bloß angetan?; **when ~ are we going to get this finished?** wann sind wir endlich damit fertig?; **where ~ have I ...?** wohin habe ich nur ...?; **am I ~!** und wie! ❺ (*fam: exceedingly*) **thank you ~ so much** tausend Dank

'ever·glade *n* Sumpfgebiet *nt*; ▪ **the E~s** *pl* die Everglades *pl* **'ever·green** I. *n* (*plant, shrub*) immergrüne Pflanze; (*tree*) immergrüner Baum II. *adj* immergrün; (*fig*) immer aktuell **ever·'last·ing** [ˌevəˈlɑːstɪŋ] *adj* ❶ (*undying*) immerwährend; *gratitude* ewig; *happiness* dauerhaft ❷ (*pej: unceasing*) endlos **'ever·more** *adv* (*liter*) **for ~** für alle Ewigkeit

every ['evri] *adj* ❶ (*each*) jede(r, s) ❷ (*as emphasis*) **bit as ... as ...** genauso ... wie ...; **to have ~ chance** die besten Chancen haben; **~ inch a gentleman** von Kopf bis Fuß ein Gentleman; **to have ~ reason to do sth** allen Grund haben, etw zu tun; **~ which way** AM in alle Richtungen

every·body ['evriˌbɒdi] *pron indef, + sing vb* (*all people*) jede(r); ▪ **in favour?** alle, die dafür sind?; **goodbye, ~** auf Wiedersehen alle miteinander; **~ but Jane** alle außer Jane; **~ else** alle anderen **'every·day** *adj* alltäglich; **~ language** Alltagssprache *f*; **~ life** Alltagsleben *nt*; **a word in ~ use** ein umgangssprachlich verwendetes Wort **'every·one** ['evriwʌn] *pron see* **everybody every·thing** ['evriθɪŋ] *pron indef* alles; **to blame ~ on sb/sth** [*or* sb/sth for ~] etw/jdm die ganze Schuld geben; **money isn't ~** Geld ist nicht alles; **how's ~?** wie steht's?; **despite** [*or* **in spite of**] **~** trotz allem; **and ~** mit allem Drum und Dran **'every·where** ['evri(h)weəʳ] *adv* überall; **~ else** überall sonst; **to travel ~** überallhin reisen

evict [ɪ'vɪkt] *vt* **to ~ sb** (*from their home*) jdm kündigen; (*forcefully*) jdn zur Räumung seiner Wohnung zwingen; (*from a pub*) jdn rausschmeißen *fam*

evic·tion [ɪ'vɪkʃən] *n* Zwangsräumung *f*; **~ notice/order** Räumungsbescheid *m*/-befehl *m*

evi·dence ['evɪdən(t)s] I. *n no pl* ❶ (*proof*) Beweis[e] *m[pl]*; **to believe the ~ of one's own eyes** seinen eigenen Augen trauen; **to find no ~ of sth** keinen Anhaltspunkt für etw *akk* haben; **all the ~** alle Anhaltspunkte; ▪ **on the ~ of** im Hinblick auf +*akk* ❷ LAW Beweisstück *nt*; **to turn Queen's** [*or* **King's**] **~** BRIT als Kronzeuge auftreten; **written ~** schriftliches Beweismaterial; **to give ~** aussagen (**on** über, **against** gegen) ❸ (*be present*) ▪ **to be [much] in ~** [deutlich] sichtbar sein; **few police were in ~** nur ein geringes Polizeiaufgebot war zu erkennen II. *vt* ▪ **to be ~d by sth** sich in etw *dat* ausdrücken

evi·dence-based ['evɪdən(t)sbeɪst] *adj research, report, results* belegbar, belegt, nachgewiesen

evi·dent ['evɪdənt] *adj* offensichtlich; ▪ **to be ~ to sb** jdm klar sein; **it only became ~ the following morning** es war erst am nächsten Morgen zu erkennen; ▪ **to be ~ in sth** in etw *dat* zu erkennen sein

evi·dent·ly ['evɪdəntli] *adv* offensichtlich

evil ['iːvəl] I. *adj* böse II. *n* Übel *nt*; LIT das Böse; **good and ~** Gut und Böse; **the lesser of two ~s** das kleinere von zwei Übeln

evil·ly ['iːvəli] *adv* schlimm, übel, böse

evoca·tive [ɪ'vɒkətɪv] *adj* evokativ

evoke [ɪ'vəʊk] *vt* hervorrufen; *mental image* an etw *akk* erinnern; *memory* wachrufen; *suspicion* erregen

evo·lu·tion [ˌiːvə'luːʃən] *n no pl* Evolution *f*; (*fig*) Entwicklung *f*

evolve [ɪ'vɒlv] I. *vi* sich entwickeln II. *vt* entwickeln

e-waste ['iːweɪst] *n no pl* Elektroschrott *m*

ewe [juː] *n* Mutterschaf *nt*; **~'s milk** Schafsmilch *f*

ex <*pl* **-es**> *n* (*fam: lover*) Ex-Freund(in) *m(f)*; (*spouse*) Exmann *m*/Exfrau *f*

ex·ac·er·bate [ɪɡˈzæsəbeɪt] *vt* verschlimmern; *crisis* verschärfen

ex·act [ɪɡˈzækt] **I.** *adj* genau; **to be the ~ equivalent of sth** etw *dat* genau entsprechen; **to have the ~ fare ready** das Fahrgeld genau abgezählt bereithalten; **the ~ opposite** ganz im Gegenteil; **an ~ science** eine exakte Wissenschaft **II.** *vt* fordern; *revenge* üben (**on** an)

ex·act·ing [ɪɡˈzæktɪŋ] *adj* anstrengend; *demand, standards* hoch

ex·ac·ti·tude [ɪɡˈzæktɪtjuːd] *n no pl* (*form*) Genauigkeit *f*

ex·act·ly [ɪɡˈzæktli] *adv* ❶ (*precisely*) genau; **~!** ganz genau!; **~ the same** genau dasselbe ❷ (*hardly*) ■ **not ~** eigentlich nicht, nicht gerade

ex·act·ness [ɪɡˈzæktnəs] *n* Genauigkeit *f*

ex·ag·ger·ate [ɪɡˈzædʒəreɪt] *vt, vi* übertreiben; *effect* verstärken

ex·ag·ger·at·ed [ɪɡˈzædʒəreɪtɪd] *adj* übertrieben

ex·ag·ger·a·tion [ɪɡˌzædʒəˈreɪʃən] *n* Übertreibung *f*; **it's not an ~ to say that ...** es ist nicht übertrieben, wenn man behauptet, dass ...; **a bit of an ~** ein bisschen übertrieben

ex·alt [ɪɡˈzɔːlt] *vt* ❶ (*praise*) preisen ❷ (*promote to higher rank*) erheben

ex·al·ta·tion [ˌeɡzɔːlˈteɪʃən] *n no pl* Begeisterung *f*

ex·alt·ed [ɪɡˈzɔːltɪd] *adj* hoch

exam [ɪɡˈzæm] *n* Prüfung *f*

ex·ami·na·tion [ɪɡˌzæmɪˈneɪʃən] *n* ❶ (*test*) Prüfung *f*; UNIV Examen *nt*; **~ results** Prüfungsergebnisse *pl* ❷ (*investigation*) Untersuchung *f*; *of evidence* Überprüfung *f*; **to be under ~** untersucht werden ❸ MED Untersuchung *f*; **to undergo a medical ~** sich ärztlich untersuchen lassen

ex·am·ine [ɪɡˈzæmɪn] *vt* ❶ (*test*) prüfen ❷ (*scrutinize*) untersuchen ❸ LAW verhören ❹ MED untersuchen

ex·am·i·nee [ɪɡˌzæmɪˈniː] *n* Examenskandidat(in) *m(f)*

ex·am·in·er [ɪɡˈzæmɪnər] *n* ❶ SCH, UNIV Prüfer(in) *m(f)* ❷ MED **medical ~** Gerichtsmediziner(in) *m(f)*

ex·ˈam·in·ing board *n* Prüfungsausschuss *m*

ex·am·ple [ɪɡˈzɑːmpl] *n* Beispiel *nt*; **for ~** zum Beispiel; **to set sb a good ~** jdm ein gutes Beispiel geben; **to follow sb's ~** [**in doing sth**] sich *dat* an jdm ein Beispiel nehmen [und etw tun]; **to make an ~ of sb** an jdm ein Exempel statuieren

ex·as·per·ate [ɪɡˈzæspəreɪt] *vt* (*infuriate*) zur Verzweiflung bringen; (*irritate*) verärgern

ex·as·per·at·ing [ɪɡˈzæspəreɪtɪŋ] *adj* ärgerlich

ex·as·pe·ra·tion [ɪɡˌzæspəˈreɪʃən] *n no pl* Verzweiflung *f* (**at** über); **in ~** verärgert, verzweifelt

ex·ca·vate [ˈekskəveɪt] **I.** *vt* ❶ ARCHEOL ausgraben ❷ (*dig*) ausheben **II.** *vi* Ausgrabungen machen

ex·ca·va·tion [ˌekskəˈveɪʃən] *n* ARCHEOL Ausgrabung *f*; (*digging*) Ausheben *nt*

ex·ca·va·tor [ˈekskəveɪtər] *n* Bagger *m*

ex·ceed [ɪkˈsiːd] *vt* übersteigen; (*outshine*) übertreffen; *speed limit* überschreiten

ex·ceed·ing·ly [ɪkˈsiːdɪŋli] *adv* äußerst

ex·cel <-ll-> [ɪkˈsel] **I.** *vi* sich auszeichnen; ■ **to ~ at** [*or* **in**] **sth** sich bei etw *dat* hervortun **II.** *vt* ■ **to ~ oneself** sich selbst übertreffen

ex·cel·lence [ˈeksələn(t)s] *n no pl* Vorzüglichkeit *f*; *of a performance* hervorragende Qualität; **academic ~** (*of a university*) ausgezeichnetes akademisches Niveau

Ex·cel·len·cy [ˈeksələn(t)si] *n* [**Your**] **~** [Eure] Exzellenz

ex·cel·lent [ˈeksələnt] *adj* ausgezeichnet; *performance, quality, reputation* hervorragend; **to have ~ taste** einen erlesenen Geschmack besitzen

ex·cel·lent·ly [ˈeksələntli] *adv* ausgezeichnet; **to work ~** hervorragende Arbeit leisten; *computers, machines* hervorragend funktionieren

ex·cept [ɪkˈsept] **I.** *prep* ■ **~** [**for**] außer +*dat* **II.** *conj* ❶ (*only, however*) doch, nur ❷ (*besides*) außer **III.** *vt* (*form*) ausschließen; **present company ~ed** Anwesende ausgenommen

ex·cept·ing [ɪkˈseptɪŋ] *prep* außer +*dat*; **not ~** nicht ausgenommen; **always ~** natürlich mit Ausnahme

ex·cep·tion [ɪkˈsepʃən] *n* Ausnahme *f*; **without ~** ausnahmslos; **to take ~** [**to sth**] Anstoß *m* [an etw *dat*] nehmen; **with the ~ of ...** mit Ausnahme von ... ▶ **the ~ proves the rule** (*prov*) die Ausnahme bestätigt die Regel

ex·cep·tion·al [ɪkˈsepʃənəl] *adj* außergewöhnlich

ex·cep·tion·al·ly [ɪkˈsepʃənəli] *adv* außergewöhnlich; **~ clever** ungewöhnlich intelligent

ex·cerpt *n* [ˈeksɜːpt] Auszug *m* (**from** aus)

ex·cess [ɪkˈses, ek-] **I.** *n* <*pl* -es> ❶ *no pl* (*overindulgence*) Übermaß *nt* (**of** an) ❷ (*surplus*) Überschuss *m* (**of** an); ■ **to do**

sth to ~ bei etw *dat* übertreiben; **in ~ of ...** mehr als ... **II.** *adj* Über-; **~ amount** Mehrbetrag *m;* **~ baggage/luggage** Übergepäck *nt;* **~ charge** Zusatzgebühr *f;* **~ fare** Zuschlag *m;* **~ fat** überschüssiges Fett

ex·cess ex·'pen·di·ture *n* Mehrausgabe *f*

ex·ces·sive [ɪk'sesɪv, ek-] *adj* übermäßig; *claim* übertrieben

ex·ces·sive·ly [ɪk'sesɪvli, ek-] *adv* übermäßig; **he behaved ~ at the party** er benahm sich auf der Party total daneben; **~ high salaries** überzogene Gehälter; **to not be ~ bright** nicht gerade eine Leuchte sein

ex·change [ɪks'tʃeɪndʒ, eks-] **I.** *vt* austauschen; (*in a shop*) umtauschen (**for** gegen); **to ~ words** einen Wortwechsel haben; *looks* wechseln **II.** *n* ❶ (*trade*) Tausch *m;* **in ~** dafür; **~ of letters** Briefwechsel *m* ❷ FIN Währung *f;* **foreign ~** Devisen *pl;* **rate of ~** Wechselkurs *m* ❸ (*interchange*) Wortwechsel *m;* **~ of blows** Schlagabtausch *m;* **~ of fire** Schusswechsel *m*

ex·change·able [ɪks'tʃeɪndʒəbl, eks-] *adj* austauschbar; *goods* umtauschbar; *token* einlösbar **ex·'change rate** *n* Wechselkurs *m* **ex·change regu·'la·tions** *npl* ECON, FIN Devisenbestimmungen *pl* **ex·'change re·stric·tions** *npl* Devisenbeschränkungen *pl* **ex·'change stu·dent** *n* SCH Austauschschüler(in) *m(f);* UNIV Austauschstudent(in) *m(f)*

ex·cheq·uer [ɪks'tʃekəʳ, eks-] *n no pl* BRIT Finanzministerium *nt*

ex·cise¹ ['eksaɪz] *n* FIN **~ duty** Verbrauchssteuer *f* (**on** für)

ex·cise² [ek'saɪz] *vt* entfernen

ex·cit·able [ɪk'saɪtəbl, ek-] *adj* erregbar

ex·cite [ɪk'saɪt, ek-] *vt* ❶ (*stimulate*) erregen; (*make enthusiastic*) begeistern ❷ (*awaken*) hervorrufen; *curiosity* wecken; *imagination* anregen

ex·cit·ed [ɪk'saɪtɪd, ek-] *adj* aufgeregt; (*enthusiastic*) begeistert; **to be ~ about sth** (*in present*) von etw *dat* begeistert sein; (*in near future*) sich auf etw *akk* freuen; **nothing to get ~ about** nichts Weltbewegendes

ex·cit·ed·ly [ɪk'saɪtɪdli, ek-] *adv* aufgeregt; **to talk ~** erregt sprechen

ex·cite·ment [ɪk'saɪtmənt, ek-] *n* Aufregung *f;* **in a state of ~** in heller Aufregung; **what ~!** wie aufregend!

ex·cit·ing [ɪk'saɪtɪŋ, ek-] *adj* aufregend; *development, match, story* spannend; (*stimulating*) anregend

excl. *adj, prep abbrev of* **exclusive, excluding** exkl.

ex·claim [ɪks'kleɪm, eks-] **I.** *vi* **to ~ in delight** in ein Freudengeschrei ausbrechen **II.** *vt* ausrufen

ex·cla·ma·tion [ˌeksklə'meɪʃən] *n* Ausruf *m;* **~s of happiness** Freudengeschrei *nt*

ex·cla·'ma·tion mark *n*, **ex·cla·'ma·tion point** *n* AM Ausrufezeichen *nt*

ex·clude [ɪks'klu:d, eks-] *vt* ausschließen; **the price ~s local taxes** im Preis sind die Kommunalsteuern nicht inbegriffen

ex·clud·ing [ɪks'klu:dɪŋ, eks-] *prep* ausgenommen +*gen*

ex·clu·sion [ɪks'klu:ʒən, eks-] *n* Ausschluss *m* (**from** von); **to concentrate on revision to the ~ of all else** sich ausschließlich auf Prüfungsvorbereitungen konzentrieren

ex·clu·sive [ɪks'klu:sɪv, eks-] **I.** *adj* ❶ (*excluding*) ausschließlich ❷ (*limited to, select*) exklusiv; **for the ~ use of ...** nur für ... bestimmt; **~ interview** Exklusivinterview *nt* ❸ (*sole*) einzig **II.** *n* MEDIA Exklusivbericht *m*

ex·clu·sive·ly [ɪks'klu:sɪvli, eks-] *adv* ausschließlich, exklusiv

ex·com·mu·ni·cate [ˌekskə'mju:nɪkeɪt] *vt* exkommunizieren

ex·com·mu·ni·ca·tion [ˌekskəˌmju:nɪ'keɪʃən] *n* Exkommunikation *f*

ex·cre·ment ['ekskrəmənt] *n* (*form*) Kot *m,* Exkremente *pl*

ex·crete [ɪk'skri:t, ek-] **I.** *vt* ausscheiden **II.** *vi* Exkremente ausscheiden

ex·cre·tion [ɪk'skri:ʃən, ek-] *n* (*form*) ❶ (*matter*) Exkret *nt fachspr* ❷ *no pl* (*act*) Ausscheidung *f,* Exkretion *f fachspr*

ex·cru·ci·at·ing [ɪk'skru:ʃieɪtɪŋ, ek-] *adj* ❶ (*painful*) schmerzhaft; **an ~ pain** fürchterliche Schmerzen; *suffering* entsetzlich ❷ (*fig*) qualvoll

ex·cur·sion [ɪk'skɜ:ʃən, ek-] *n* Ausflug *m;* **to go on an ~** einen Ausflug machen

ex·'cur·sion tick·et *n* verbilligte Fahrkarte **ex·'cur·sion train** *n* AM Sonderzug *m*

ex·cus·able [ɪk'skju:zəbl, ek-] *adj* verzeihlich, entschuldbar

ex·cuse I. *vt* [ɪk'skju:z, ek-] ❶ (*forgive*) entschuldigen; (*make an exception*) hinwegsehen über +*akk;* **I cannot ~ his behaviour** ich kann sein Verhalten nicht rechtfertigen; ■ **to ~ sb** [**for**] **sth** jdm etw nachsehen; ■ **to ~ sb from sth** jdn von etw *dat* befreien; **may I be ~d from cricket practice?** dürfte ich dem Cricket-Training fernbleiben? ❷(*attract attention*) ~ **me!** entschuldigen Sie bitte!, Entschuldigung!; (*beg pardon*) [ich bitte vielmals um] Entschuldigung; ~ **me?** wie bitte?; (*on leaving*) |**if you'll**| ~ **me** wenn Sie mich jetzt entschuldigen würden II. *n* [ɪkˈskjuːs, ek-] ❶(*explanation*) **please make my ~s at Thursday's meeting** entschuldige mich bitte bei der Sitzung am Donnerstag ❷(*justification*) Ausrede *f*; (*with reason*) Rechtfertigung *f*; **there is no ~ for their behaviour** ihr Verhalten ist durch nichts zu rechtfertigen; **to make an ~** sich entschuldigen ❸(*fam: poor example*) ■**an ~ for sth** ein armseliges Beispiel einer S. *gen*

ex·di·rec·to·ry [ˌeksdəˈrektəri] *adj* BRIT, AUS ~ **number** Geheimnummer *f*; ■**to be ~** nicht im Telefonbuch stehen

ex·e·cute [ˈeksɪkjuːt] *vt* ❶(*form: carry out*) durchführen; *manoeuvre, order, plan* ausführen ❷(*kill*) hinrichten

ex·e·cu·tion [ˌeksɪˈkjuːʃən] *n* ❶*no pl* (*carrying out*) Durchführung *f*; **to put a plan into ~** einen Plan ausführen ❷(*killing*) Hinrichtung *f*

ex·e·cu·tion·er [ˌeksɪˈkjuːʃənər] *n* Scharfrichter *m*

ex·e·cu·tive [ɪgˈzekjətɪv, eg-] I. *n* ❶(*manager*) leitender Angestellter/leitende Angestellte; **advertising ~** Werbemanager(in) *m(f)*; **junior/senior ~** untere/höhere Führungskraft ❷ + *sing/pl vb* (*body*) Exekutive *f*; (*committee*) Vorstand *m* II. *adj* Exekutiv-; ~ **car** Vorstandswagen *m*; ~ **committee** [geschäftsführender] Vorstand; ~ **council** Ministerrat *m*; ~ **decisions** Führungsentscheidungen *pl*; ~ **editor** Chefredakteur(in) *m(f)*; ~ **producer** leitender Produzent/leitende Produzentin; ~ **secretary** Direktionssekretär(in) *m(f)*; ~ **skills** Führungsqualitäten *pl*; ~ **suite** Vorstandsetage *f*; (*in a hotel*) Chefsuite *f*

ex·e·cu·tor [ɪgˈzekjətər, eg-] *n* LAW Testamentsvollstrecker(in) *m(f)*

ex·em·pla·ry [ɪgˈzempləri, eg-] *adj* vorbildlich; *punishment* exemplarisch

ex·em·pli·fy <-ie-> [ɪgˈzemplɪfaɪ, eg-] *vt person* erläutern; *thing* veranschaulichen

ex·empt [ɪgˈzempt, eg-] I. *vt* befreien; *from military service* freistellen II. *adj* befreit; ~ **from duty** [*or* **tax**] gebührenfrei

ex·emp·tion [ɪgˈzempʃən, eg-] *n no pl* Befreiung *f*; *from military service* Freistellung *f*; ~ **from taxes** Steuerfreiheit *f*

ex·er·cise [ˈeksəsaɪz] I. *vt* ❶(*physically*) trainieren; *dog* spazieren führen; *horse* bewegen ❷(*form: use*) üben; *authority, control* ausüben; *caution* walten lassen; *right* geltend machen; *veto* einlegen; **to ~ tact** mit Takt vorgehen II. *vi* trainieren III. *n* ❶(*physical exertion*) Bewegung *f*; (*training*) Übung *f*; **breathing ~** Atemübung *f*; **outdoor ~** Bewegung *f* im Freien; **to do ~s** Gymnastik machen; **to do leg ~s** Beinübungen machen; **to take ~** sich bewegen ❷(*practice*) Übung *f*; SCH, UNIV Aufgabe *f* ❸ MIL Übung *f* ❹*usu sing* (*act*) Aufgabe *f*; ■**an ~ in** ein Paradebeispiel von ❺ ■**~s** *pl* Feierlichkeiten *pl* IV. *adj* Trainings-; ~ **class** Fitnessklasse *f*; ~ **video** Übungsvideo *nt*

ˈ**ex·er·cise bike** *n* Heimfahrrad *nt* ˈ**ex·er·cise book** *n* Heft *nt*

ex·er·cis·er [ˈeksəsaɪzər] *n* Trainingsgerät *nt*

ex·ert [ɪgˈzɜːt, eg-] *vt* ❶(*utilize*) *control* ausüben; *influence* geltend machen ❷(*labour*) ■**to ~ oneself** sich anstrengen

exer·ˈtain·ment *n no pl* (*fam*) Exertainment *nt*

ex·er·tion [ɪgˈzɜːʃən, eg-] *n* ❶*no pl* (*utilization*) Ausübung *f* ❷(*strain*) Anstrengung *f*

ex·fo·li·ate [eksˈfəʊlieɪt] I. *vi skin, bark* sich abschälen II. *vt* **to ~ one's face** ein Peeling machen

ex·ˈfo·li·at·ing cream *n* Rubbelcreme *f*, Peeling *nt*

ex·fo·li·a·tion [eksˌfəʊliˈeɪʃən] *n no pl* Haut|ab|schälung *f*

ex·ha·la·tion [ˌeks(h)əˈleɪʃən] *n* Ausatmen *nt*

ex·hale [eksˈheɪl] *vt, vi* ausatmen

ex·haust [ɪgˈzɔːst, eg-] I. *vt* ❶(*tire*) ermüden; **to ~ oneself** sich strapazieren ❷(*use up*) erschöpfen II. *n* ❶*no pl* (*gas*) Abgase *pl* ❷(*tailpipe*) Auspuff *m* III. *adj* ~ **fumes** Abgase *pl*

ex·haust·ed [ɪgˈzɔːstɪd, eg-] *adj* (*very tired*) erschöpft; (*used up also*) aufgebraucht

ex·haust·ing [ɪgˈzɔːstɪŋ, eg-] *adj* anstrengend

ex·haus·tion [ɪgˈzɔːstʃən, eg-] *n no pl* Erschöpfung *f*

ex·haus·tive [ɪgˈzɔːstɪv, eg-] *adj* erschöpfend; *inquiry* eingehend; *list* vollständig; *report* ausgiebig; *research* tief greifend

ex·haus·tive·ly [ɪgˈzɔːstɪvli, eg-] *adv* erschöpfend; **to document sth ~** etw eingehend dokumentieren

ex·ˈhaust pipe *n* Auspuffrohr *nt*

ex·hib·it [ɪgˈzɪbɪt, eg-] I. *n* ❶(*display*) Ausstellungsstück *nt* ❷ LAW (*evidence*) Beweisstück *nt* **II.** *vt* ❶ (*display*) ausstellen ❷ (*manifest*) zeigen **III.** *vi* ausstellen

ex·hi·bi·tion [ˌeksɪˈbɪʃən] *n* (*display*) Ausstellung *f* (**about** über); (*performance*) Vorführung *f*; **an ~ of skill** ein Beispiel an Geschicklichkeit ▸ **to make an ~ of oneself** sich zum Gespött machen

ex·hi·bi·tion·ism [ˌeksɪˈbɪʃənɪzəm] *n no pl* Exhibitionismus *m*

ex·hi·bi·tion·ist [ˌeksɪˈbɪʃnɪst] *n* Exhibitionist(in) *m(f)*

ex·hi·bi·tor [ɪgˈzɪbɪtəʳ, eg-] *n* Aussteller(in) *m(f)*

ex·hila·rate [ɪgˈzɪləreɪt, eg'-] *vt* ■to ~ sb ❶ (*thrill*) jdn berauschen; **they were both ~d by the motorbike ride** sie waren beide von der Motorradfahrt begeistert ❷ (*energize*) *brisk air* jdn beleben [*o* erfrischen]

ex·hila·rat·ing [ɪgˈzɪləreɪtɪŋ, eg'-] *adj* ❶ (*thrilling*) berauschend; (*exciting*) aufregend ❷ (*energizing*) belebend

ex·hila·ra·tion [ɪgˌzɪləˈreɪʃən, eg,-] *n no pl* Hochgefühl *nt*

ex·hort [ɪgˈzɔːt, eg'-] *vt* (*form*) ermahnen

ex·hor·ta·tion [ˌegzɔːˈteɪʃən] *n* Ermahnung *f*

ex·hu·ma·tion [ˌeks(h)juːˈmeɪʃən] *n no pl* Exhumierung *f*

ex·hume [eksˈ(h)juːm] *vt* exhumieren

ex-ˈhusband *n* Exmann *m*

ex·ile [ˈeksaɪl] **I.** *n* ❶ *no pl* (*banishment*) Exil *nt*, Verbannung *f* (**from** aus); **to be in ~** im Exil leben; **to go into ~** ins Exil gehen ❷ (*person*) Verbannte(r) *f(m)*; **tax ~** Steuerflüchtling *m* **II.** *vt* verbannen

ex·ist [ɪgˈzɪst, eg'-] *vi* ❶ (*be*) existieren, bestehen; **if such a thing ~s** wenn es so etwas gibt ❷ (*live*) leben, existieren; (*survive*) überleben; ■to ~ on sth von etw *dat* leben

ex·ist·ence [ɪgˈzɪstəns, eg'-] *n* ❶ *no pl* (*state*) Existenz *f*, Bestehen *nt*; **the only one in ~** das einzige Exemplar, das es [davon] gibt; **to be in ~** existieren, bestehen; **to come into ~** entstehen; **to go out of ~** verschwinden ❷ (*life*) Leben *nt*, Existenz *f*; **means of ~** Lebensgrundlage *f*

ex·ist·ent [ɪgˈzɪstənt, eg-] *adj* existent, vorhanden

ex·is·ten·tial [ˌegzɪˈsten(t)ʃəl] *adj* ❶ BIOL existenziell *fachspr* ❷ PHILOS existenzialistisch *fachspr*; **the ~ philosopher** der Existenzphilosoph/die Existenzialphilosoph

ex·is·ten·tial·ism [ˌegzɪˈsten(t)ʃəlɪzəm] *n no pl* Existenzphilosophie *f*, Existenzialismus *m fachspr*

ex·ist·ing [ɪgˈsɪstɪŋ, eg-] *adj* existierend, bestehend; *rules* gegenwärtig

exit [ˈeksɪt, ˈegzˈ] **I.** *n* ❶ (*way out*) Ausgang *m* ❷ (*departure*) Weggehen *nt kein pl*, Abgang *m*; (*from room*) Hinausgehen *nt kein pl*; **to make an ~** weggehen; *from room* hinausgehen ❸ (*road off*) Ausfahrt *f*, Abfahrt *f* ❹ THEAT Abgang *m*; **to make one's ~** abgehen **II.** *vt* verlassen **III.** *vi* ❶ (*leave*) hinausgehen ❷ (*leave road*) eine Ausfahrt nehmen ❸ (*leave the stage*) abgehen; **~ Ophelia** Ophelia [tritt] ab

ˈ**exit visa** *n* Ausreisevisum *nt*

exo·dus [ˈeksədəs] *n* <*pl* -es> ❶ (*mass departure*) Auszug *m*; **general ~** allgemeiner Aufbruch ❷ REL ■**E~** Zweites Buch Mose

ex·on·er·ate [ɪgˈzɒnəreɪt, eg-] *vt* freisprechen; (*partially*) entlasten

ex·on·era·tion [ɪgˌzɒnəˈreɪʃən, eg,-] *n no pl* Entlastung *f*; *from duty, task* Entbindung *f* (**from** von +*dat*)

ex·or·bi·tant [ɪgˈzɔːbɪtənt, eg-] *adj* überhöht

ex·or·cism [ˈeksɔːsɪzəm] *n* Exorzismus *m*

ex·or·cist [ˈeksɔːsɪst] *n* Exorzist(in) *m(f)*

ex·or·cize [ˈeksɔːsaɪz] *vt* exorzieren

ex·ot·ic [ɪgˈzɒtɪk, eg-] *adj* exotisch; (*fig*) fremdländisch

ex·oti·cal·ly [ɪgˈzɒtɪkəli, eg-] *adv* exotisch; **~ named** mit exotischem [*o* ausgefallenem] Namen *nach n*

ex·pand [ɪkˈspænd, ek-] **I.** *vi* ❶ (*increase*) zunehmen, expandieren; *population, trade* wachsen; *horizon, knowledge* sich erweitern ❷ ECON expandieren ❸ PHYS sich ausdehnen **II.** *vt* ❶ (*make larger*) erweitern ❷ PHYS ausdehnen ❸ (*elaborate*) weiter ausführen

ex·pand·able [ɪkˈspændəbl, ek-] *adj* *material* dehnbar; *business, project* entwicklungsfähig; *installation, system* ausbaufähig; **~ bag** elastische Tasche

ex·panse [ɪkˈspæns, ek-] *n* weite Fläche, Weite *f*; **~ of grass/lawn** ausgedehnte Grün-/Rasenfläche

ex·pan·sion [ɪkˈspæn(t)ʃən, ek-] *n* ❶ *no pl* (*increase*) *of knowledge* Erweiterung *f*; *of territory, rule* Expansion *f*; *of population, trade* Wachstum *nt*, Zunahme *f* ❷ *no pl* ECON Expansion *f*, Erweiterung *f* ❸ *no pl* PHYS Ausdehnung *f* ❹ (*elaboration*) Erweiterung *f*

ex·pan·sion·ism [ɪkˈspæn(t)ʃənɪzəm, ek-] *n no pl* Expansionspolitik *f*

ex·pan·sive [ɪkˈspæn(t)sɪv, ek-] *adj* ❶ (*approv: sociable*) umgänglich; (*effusive*) überschwänglich; *personality* aufgeschlossen ❷ (*elaborated*) ausführlich

ex·pat·ri·ate (*form*) **I.** *n* [ɪk'spætrɪət, ek'-] [ständig] im Ausland Lebende(r) *f(m)*; **German ~** im Ausland lebende(r) Deutsche(r); **~ community** Ausländergemeinde *f* **II.** *vt* [ɪk'spætrɪeɪt, ek'-] ausbürgern

ex·pat·ria·tion [ɪk,spætrɪ'eɪʃən, ek'-] *n* LAW Ausbürgerung *f*

ex·pect [ɪk'spekt, ek'-] *vt* ❶ (*anticipate*) erwarten; **that was to be ~ed** das war zu erwarten; **I ~ed as much** damit habe ich gerechnet; **to half ~ sth** fast mit etw *dat* rechnen; ▪**to ~ to do sth** damit rechnen, etw zu tun; ▪**to ~ sb to do sth** erwarten, dass jd etw tut ❷ (*fam: suppose*) glauben; **I ~ so/not** ich denke schon/nicht; **I ~ that it is somewhere in your bedroom** ich schätze, es ist irgendwo in deinem Schlafzimmer; **I ~ you'd like a rest** Sie möchten sich sicher ausruhen; **is someone ~ing you?** werden Sie erwartet? ▸**~ me when you see me** wenn ich komme, bin ich da

ex·pec·tan·cy [ɪk'spektən(t)si, ek'-] *n no pl* Erwartung *f*; **air of ~** erwartungsvolle Atmosphäre

ex·pec·tant [ɪk'spektənt, ek'-] *adj* erwartungsvoll; *mother* werdend

ex·pec·tant·ly [ɪk'spektəntli] *adv* erwartungsvoll; **to pause ~** eine erwartungsvolle Pause machen; **to wait ~** gespannt warten

ex·pec·ta·tion [ˌekspek'teɪʃən] *n* Erwartung *f*; **to have great ~s for sb/sth** große Erwartungen in jdn/etw setzen

ex·pec·to·rate [ɪk'spektəreɪt, ek'-] *vi* (*form*) [Schleim] abhusten

ex·pe·di·ence [ɪk'spiːdɪən(t)s, ek'-] *n*, **ex·pe·di·en·cy** [ɪk'spiːdɪən(t)si, ek'-] *n no pl* ❶ (*suitability*) Zweckmäßigkeit *f* ❷ (*pej: personal advantage*) Eigennutz *m*

ex·pe·di·ent [ɪk'spiːdɪənt, ek'-] *adj* ❶ (*useful*) zweckmäßig; (*advisable*) ratsam ❷ (*pej: advantageous*) eigennützig

ex·pe·dite ['ekspɪdaɪt] *vt* ❶ (*hasten*) beschleunigen ❷ (*carry out*) schnell erledigen

ex·pe·di·tion [ˌekspɪ'dɪʃən] *n* ❶ (*journey*) Expedition *f*; MIL Feldzug *m*; **shopping ~** Einkaufstour *f* ❷ *no pl* (*form: swiftness*) Schnelligkeit *f*

ex·pe·di·tious [ˌekspɪ'dɪʃəs] *adj* (*form*) schnell

ex·pel <-ll-> [ɪk'spel, ek'-] *vt* ❶ (*force to leave*) ausschließen (**from** aus); *from a country* ausweisen (**from** aus); *from school/university* verweisen (**from** von); ❷ (*force out*) vertreiben (**from** aus); ❸ (*eject*) *breath* ausstoßen; *liquid* austreiben

ex·pend [ɪk'spend, ek'-] *vt* ❶ (*spend*) *time, effort* aufwenden (**on** für) ❷ (*use up*) aufbrauchen

ex·pen·di·ture [ɪk'spendɪtʃər, ek'-] *n* ❶ *no pl* (*spending*) *of money* Ausgabe *f*; (*using*) *of energy, resources* Aufwand *m* (**of** an); **~ of time** Zeitaufwand *m* ❷ (*sum spent*) Ausgaben *pl*, Aufwendungen *pl* (**on** für)

ex·pense [ɪk'spen(t)s, ek'-] *n* ❶ *no pl* [Un]kosten *pl*, Ausgaben *pl*; **at great ~** mit großen Kosten; **to go to great ~** sich in Unkosten stürzen; **at one's own ~** auf eigene Kosten; **to put sb to the ~ of sth** jdm die Kosten für etw *akk* zumuten ❷ (*reimbursed money*) ▪**~s** *pl* Spesen *pl*; **please detail any ~s incurred** bitte führen Sie alle entstandenen Auslagen auf; **to put sth on ~s** etw auf die Spesenrechnung setzen ❸ (*fig*) **at sb's ~** auf jds Kosten *pl*; **at the ~ of sth** auf Kosten einer S. *gen* ▸**all ~s paid** ohne Unkosten; **no ~ spared** [die] Kosten spielen keine Rolle

ex·'pense ac·count *n* Spesenrechnung *f*

ex·pen·sive [ɪk'spen(t)sɪv, ek'-] *adj* teuer; *hobby* kostspielig; **to be an ~ mistake for sb** jdn teuer zu stehen kommen

ex·pen·sive·ly [ɪk'spen(t)sɪvli, ek'-] *adv* teuer; **to be ~ dressed** teure Kleidung tragen; **~ priced** teuer

ex·pe·ri·ence [ɪk'spɪərɪən(t)s, ek'-] **I.** *n* ❶ *no pl* (*practical knowledge*) Erfahrung *f*; **~ of life** Lebenserfahrung *f*; **driving ~** Fahrpraxis *f*; **to gain ~** Erfahrungen sammeln; **to learn by** [*or* **from**] **~** durch Erfahrung lernen; **from my own ~** aus eigener Erfahrung; ▪**to have ~ in** [*or* **of**] **sth** Erfahrung in etw *dat* haben ❷ (*particular instance*) Erfahrung *f*, Erlebnis *nt*; **to have an ~** eine Erfahrung machen ▸**to put sth down to ~** etw als Erfahrung abbuchen **II.** *vt* ❶ (*undergo*) erleben; (*endure*) kennen lernen, erfahren; *difficulties* stoßen auf +*akk* (*feel*) empfinden

ex·pe·ri·enced [ɪk'spɪərɪən(t)st, ek'-] *adj* erfahren; *eye* geschult; **more ~** mit mehr Erfahrung *nach n*; ▪**to be ~ at** [*or* **in**] **sth** Erfahrung in etw *dat* haben

ex·peri·ment I. *n* [ɪk'sperɪmənt, ek'-] Experiment *nt*, Versuch *m* (**on** an); **by ~** durch Ausprobieren **II.** *vi* [ɪk'sperɪment] experimentieren; ▪**to ~ on sb/sth** an jdm/etw Versuche machen

ex·peri·men·tal [ɪkˌsperɪ'mentəl, ek,-] *adj* ❶ (*for experiment*) Versuchs- ❷ (*using experiments*) experimentell ❸ (*fig: provi-*

ex·peri·men·ta·tion [ɪkˌspɛrɪmɛn'teɪʃ(ə)n, ek'-] *n no pl* Experimentieren *nt*

ex·pert ['ekspɜːt] **I.** *n* Experte *m*/Expertin *f*, Fachmann *m*/Fachfrau *f*; LAW Sachverständige(r) *f(m)*; **gardening ~** Fachmann/Fachfrau für Gartenbau; **an ~ at doing sth** ein Experte *m*/eine Expertin in etw *dat*; **an ~ on** [*or* **in**] **sth** Experte/Expertin für etw *akk*; **he is an ~ on that subject** er ist ein Fachmann auf diesem Gebiet **II.** *adj* ❶ (*specialist*) fachmännisch; (*skilled*) erfahren; (*clever*) geschickt; *analysis* fachkundig ❷ (*excellent*) ausgezeichnet; *liar* perfekt; ▪ **to be ~ at sth** sehr gut in etw *dat* sein

ex·per·tise [ˌekspɜː'tiːz] *n no pl* (*knowledge*) Fachkenntnis *f*, Sachverstand *m* (**in** in); (*skill*) Können *nt*

ex·pert 'knowl·edge *n no pl* Fachkenntnis *f* **ex·pert o'pin·ion** *n* Expertenmeinung *f*; LAW Sachverständigengutachten *nt* **ex·pert 'wit·ness** *n* LAW Sachverständige(r) *f(m)*

ex·pi·ra·tion [ˌekspɪ'reɪʃ(ə)n] *n no pl* ❶ (*exhalation*) Ausatmung *f* ❷ (*running out*) Ablauf *m*

ex·pire [ɪk'spaɪə'] **I.** *vi* ❶ (*become invalid*) ablaufen; *contract* auslaufen; *coupon, ticket* verfallen ❷ (*form: die*) verscheiden **II.** *vt* (*exhale*) ausatmen

ex·pi·ry [ɪk'spaɪ(ə)ri] *n no pl* Ablauf *m*; **~ date** [*or* **date of ~**] *of drugs, food* Verfallsdatum *nt*; *of credit card, passport* Ablaufdatum *nt*; ▪ **before/on the ~ of sth** vor/nach Ablauf einer S. *gen*

ex·plain [ɪk'spleɪn, ek'-] **I.** *vt* erklären; *reason, motive* erläutern; ▪ **to ~ oneself** (*make clear*) sich [deutlich] ausdrücken; (*justify*) **you'd better ~ yourself** du solltest mir das erklären **II.** *vi* eine Erklärung geben; **I just can't ~** ich kann es mir einfach nicht erklären; **let me ~** lassen Sie es mich erklären ◆**explain away** *vt* eine [einleuchtende] Erklärung für etw *akk* haben

ex·plain·able [ɪk'spleɪnəbl, ek'-] *adj* erklärlich; **to be ~** sich erklären lassen

ex·pla·na·tion [ˌeksplə'neɪʃ(ə)n, ek'-] *n* Erklärung *f*; *of reason, motive* Erläuterung *f*; **to give** [**sb**] **an ~ for** [*or* **of**] **sth** [jdm] etw erklären [*o* erläutern]; **in ~** [**of sth**] [*or* **by way of ~** [**for sth**]] als Erklärung [für etw *akk*]

ex·plana·tory [ɪk'splænətəri, ek'-] *adj* erklärend; *footnotes, statement* erläuternd; **~ diagram** Schaubild *nt* zur Erläuterung

ex·ple·tive [ɪk'spliːtɪv, ek'-] *n* ❶ (*form: swear word*) Kraftausdruck *m* ❷ LING Füllwort *nt*

ex·pli·ca·ble [ɪk'splɪkəbl, ek'-] *adj* erklärbar

ex·plic·it [ɪk'splɪsɪt, ek'-] *adj* ❶ (*precise*) klar, deutlich; *agreement, order* ausdrücklich; **could you please be more ~?** könnten Sie bitte etwas deutlicher werden? ❷ (*detailed*) eindeutig, unverhüllt

ex·plic·it·ly [ɪk'splɪsɪtli, ek'-] *adv* ❶ (*precisely*) [klar und] deutlich; **to tell sb sth ~** jdm etw ausdrücklich sagen ❷ (*outspokenly*) unverhohlen; (*sexually explicit*) freizügig, explizit *geh*

ex·plode [ɪk'spləʊd, ek'-] **I.** *vi* explodieren *a. fig*; *tyre* platzen; **to ~ in** [*or* **with**] **anger** vor Wut platzen **II.** *vt bomb* zünden; *container* sprengen; *ball* zum Platzen bringen; (*fig*) widerlegen

ex·ploit I. *n* ['eksplɔɪt] Heldentat *f* **II.** *vt* [ɪk'splɔɪt, ek'-] ❶ (*pej: take advantage*) *worker* ausbeuten; *friend, thing* ausnutzen ❷ (*utilize*) nutzen

ex·ploi·ta·tion [ˌeksplɔɪ'teɪʃ(ə)n] *n no pl* ❶ (*pej: taking unfair advantage*) *of workforce* Ausbeutung *f*; *of person, thing* Ausnutzung *f* ❷ (*profitable use*) Nutzung *f*

ex·ploit·er [ɪk'splɔɪtə', ek'-] *n* (*pej*) Ausbeuter(in) *m(f)*

ex·plo·ra·tion [ˌeksplə'reɪʃ(ə)n] *n* ❶ (*journey*) Erforschung *f*, *of enclosed space* Erkundung *f*; **voyage of ~** Entdeckungsreise *f* ❷ (*examination*) Untersuchung *f* (**of** von)

ex·plora·tory [ɪk'splɒrətəri, ek'-] *adj* Forschungs-; *drilling, well* Probe-; *operation* explorativ; **~ talks** Erkundungsgespräche *pl*

ex·plore [ɪk'splɔː', ek'-] **I.** *vt* ❶ (*investigate*) erforschen, erkunden ❷ (*examine*) untersuchen **II.** *vi* sich umschauen; **to go exploring** auf Erkundung[stour] gehen

ex·plor·er [ɪk'splɔːrə', ek'-] *n* Forscher(in) *m(f)*

ex·plo·sion [ɪk'spləʊʒ(ə)n, ek'-] *n* Explosion *f a. fig*; **~ of anger** Wutausbruch *m*

ex·plo·sive [ɪk'spləʊsɪv, ek'-] **I.** *adj* explosiv *a. fig*; *issue, situation* [hoch] brisant; **~ force** Sprengkraft *f*; **~ substance** Explosivstoff *m*; **to have an ~ temper** zu Wutausbrüchen neigen **II.** *n* Sprengstoff *m*

ex·plo·sive·ly [ɪk'spləʊsɪvli, ek'-] *adv* ❶ (*by blowing up*) explosiv; **to react ~ flame, gas** verpuffen ❷ (*fig: with sudden outburst*) heftig; **to react ~** explodieren, heftig reagieren

ex·po·nent [ɪk'spəʊnənt, ek'-] *n* (*repre-*

ex·port [ɪkˈspɔːt] **I.** *vt, vi* exportieren **II.** *n* ❶ *no pl* (*selling abroad*) Export *m*, Ausfuhr *f*; **for ~** für den Export ❷ (*product*) Exportartikel *m*

ex·port·able [ɪkˈspɔːtəbl, ekˈ-] *adj* exportfähig

ex·por·ta·tion [ˌekspɔːˈteɪʃən] *n no pl* Export *m*, Ausfuhr *f*

ˈ**ex·port busi·ness** *n* Exportgeschäft *nt*

ex·port·er [ɪkˈspɔːtər] *n* Exporteur *m*; (*person also*) Exporthändler(in) *m(f)*; (*company also*) Exportfirma *f*; (*country*) Exportland *nt*, Ausfuhrland *nt*

ˈ**ex·port goods** *npl* Exportgüter *pl* ˈ**ex·port li·cence** *n* Ausfuhrgenehmigung *f*, Exportlizenz *f* ˈ**ex·port regu·la·tions** *npl* Ausfuhrbestimmungen *pl* ˈ**ex·port trade** *n no pl* Exporthandel *m*, Außenhandel *m*

ex·pose [ɪkˈspəʊz, ekˈ-] *vt* ❶ (*lay bare*) freilegen; *nerves* bloßlegen ❷ (*leave vulnerable to*) aussetzen (**to** +*dat*); **to ~ sb to danger** jdn einer Gefahr aussetzen; **to ~ sb to ridicule** jdn dem Spott preisgeben; ▪**to be ~d to sth** etw *dat* ausgesetzt sein ❸ (*reveal*) offenbaren; *scandal, plot* aufdecken; ▪**to ~ sb** jdn entlarven; ▪**to ~ oneself** [**to sb**] sich [vor jdm] entblößen ❹ PHOT belichten

ex·posed [ɪkˈspəʊzd, ekˈ-] *adj* ❶ (*unprotected*) ungeschützt; *position* exponiert; **to be ~ to rain** dem Regen ausgesetzt sein ❷ (*bare*) freigelegt; *part of body* unbedeckt ❸ PHOT belichtet

ex·po·si·tion [ˌekspə(ʊ)ˈzɪʃən] *n* ❶ (*form: explanation*) Darlegung *f* ❷ *esp* AM (*public show*) Ausstellung *f* ❸ LIT, MUS Exposition *f*

ex·po·sure [ɪkˈspəʊʒər, ekˈ-] *n* ❶ (*being unprotected*) Aussetzung *f*; **~ to radiation** Bestrahlung *f* ❷ *no pl* (*contact*) Kontakt *m* (**to** mit) ❸ *no pl* (*contact with elements*) Ausgesetztsein *nt*; **to die of/suffer from ~** an Unterkühlung sterben/leiden ❹ *no pl* (*revelation*) *of a person* Entlarvung *f*; *of a plot* Aufdeckung *f*; *of an affair* Enthüllung *f* ❺ *no pl* (*media coverage*) Berichterstattung *f* [in den Medien], Publicity *f* ❻ PHOT (*contact with light*) Belichtung[szeit] *f*; (*shot*) Aufnahme *f*

ex·ˈpo·sure me·ter *n* PHOT Belichtungsmesser *m*

ex·pound [ɪkˈspaʊnd] **I.** *vt* (*form*) ❶ (*explain*) darlegen ❷ (*interpret*) erläutern **II.** *vi* ▪**to ~ on sth** etw darlegen

ex·press [ɪkˈspres, ekˈ-] **I.** *vt* ❶ (*communicate*) ausdrücken; (*say*) aussprechen; **there are no words to ~ that** das lässt sich nicht in Worte fassen; **to ~ one's thanks** seinen Dank zum Ausdruck bringen; ▪**to ~ oneself** sich ausdrücken ❷ MATH darstellen ❸ (*squeeze out*) ausdrücken ❹ AM (*send quickly*) per Express schicken **II.** *adj* ❶ (*rapid*) express; **by ~ delivery** per Eilzustellung ❷ (*precise*) bestimmt; (*explicit*) ausdrücklich; **for the ~ purpose** eigens zu dem Zweck **III.** *adv* per Express **IV.** *n* ❶ (*train*) Express[zug] *m*, Schnellzug *m*, D-Zug *m* ❷ *no pl* (*messenger*) **by ~** per Eilboten; (*delivery*) per Express ❸ AM (*company*) Spedition *f*

ex·pres·sion [ɪkˈspreʃən, ekˈ-] *n* Ausdruck *m*, Äußerung *f*; **to find ~ in sth** in etw dat seinen Ausdruck finden; **to give ~ to sth** etw zum Ausdruck bringen; **an ~ of gratitude** ein Ausdruck *m* der Dankbarkeit; **freedom of ~** Freiheit *f* der Meinungsäußerung; (*facial look*) [Gesichts]ausdruck *m*; **to have a glum ~** ein mürrisches Gesicht machen; **without ~** ausdruckslos; **with great ~** sehr ausdrucksvoll

Expres·sion·ism [ɪkˈspreʃənɪzəm, ekˈ-] *n no pl* Expressionismus *m*

Expres·sion·ist [ɪkˈspreʃənɪst, ekˈ-] **I.** *n* Expressionist(in) *m(f)* **II.** *adj* expressionistisch

ex·pres·sion·less [ɪkˈspreʃənləs, ekˈ-] *adj* ausdruckslos

ex·pres·sive [ɪkˈspresɪv, ekˈ-] *adj* ausdrucksvoll; *voice* ausdrucksstark; ▪**to be ~ of sth** etw ausdrücken

ex·press·ly [ɪkˈspresli, ekˈ-] *adv* ❶ (*explicitly*) ausdrücklich ❷ (*particularly*) extra

ex·ˈpress·way *n* AM, AUS Schnellstraße *f*

ex-ˈprisoner *n* ehemaliger Häftling

ex·pro·pri·ate [ɪkˈsprəʊprieɪt, ekˈ-] *vt* ❶ (*dispossess*) enteignen ❷ (*appropriate*) sich *dat* [widerrechtlich] aneignen; *funds* veruntreuen

ex·pro·pri·a·tion [ɪkˌsprəʊpriˈeɪʃən, ekˈ-] *n* ❶ (*dispossessing*) Enteignung *f* ❷ (*appropriation*) [widerrechtliche] Aneignung; *of funds* Veruntreuung *f*

ex·pul·sion [ɪkˈspʌlʃən, ekˈ-] *n no pl from a club* Ausschluss *m* (**from** aus); *from a country* Ausweisung *f* (**from** aus); *from home* Vertreibung *f* (**from** aus); *from school/university* Verweisung *f* (**from** von)

ex·quis·ite [ɪkˈskwɪzɪt, ekˈ-] *adj* erlesen, exquisit; **to have ~ taste** einen exquisiten Geschmack haben; **~ timing** ausgeprägtes Zeitgefühl

ex·quis·ite·ly [ɪkˈskwɪzɪtli, ekˈ-] *adv* ❶ (*beautifully*) vorzüglich; ~ **crafted** kunstvoll angefertigt; ~ **furnished** geschmackvoll eingerichtet ❷ (*intensely*) außerordentlich; ~ **sensitive** äußerst empfindlich

ex·'ser·vice·man *n* ehemaliger Militärangehöriger

ex·tant [ekˈstænt] *adj* (*form*) [noch] vorhanden

ex·tem·po·ra·neous [ɪkˌstempəˈreɪniəs, ekˈ-] *adj* improvisiert; **an ~ speech** eine Rede aus dem Stegreif

ex·tem·po·re [ɪkˈstempəri, ekˈ-] *adj, adv* unvorbereitet, aus dem Stegreif

ex·tem·po·rize [ɪkˈstempəraɪz, ekˈ-] *vi* improvisieren

ex·tend [ɪkˈstend, ekˈ-] I. *vt* ❶ (*stretch out*) ausstrecken; *rope* spannen ❷ (*prolong*) *credit, visa* verlängern ❸ (*pull out*) verlängern; *ladder, table* ausziehen; *landing gear* ausfahren; *sofa* ausklappen ❹ (*expand*) erweitern; *influence, business* ausdehnen ❺ (*increase*) vergrößern ❻ (*build*) ausbauen ❼ (*offer*) erweisen; *credit* gewähren; **to ~ a welcome to sb** jdn willkommen heißen II. *vi* sich erstrecken; *over period of time* sich hinziehen; ▪**to ~ beyond sth** über etw *akk* hinausgehen; **to ~ for miles** sich meilenweit hinziehen; ▪**to ~ to sb/sth** für jdn/etw gelten

ex·tend·able [ɪkˈstendəbl, ekˈ-] *adj* ❶ (*prolongable*) *contract, deadline* verlängerbar ❷ (*telescopic*) ausziehbar; ~ **ladder** Ausziehleiter *f*

ex·tend·ed [ɪkˈstendɪd, ekˈ-] *adj* verlängert; *news bulletin* umfassend

ex·ten·sion [ɪkˈsten(t)ʃən, ekˈ-] I. *n* ❶ *no pl* (*stretching out*) *of extremities* Ausstrecken *nt;* *of muscles* Dehnung *f* ❷ (*lengthening*) Verlängerung *f;* ~ **table** Ausziehtisch *m* ❸ *no pl* (*expansion*) Erweiterung *f*, Vergrößerung *f;* *of influence, power* Ausdehnung *f;* **the ~ of police powers** die Verstärkung von Polizeikräften; **by ~** im weiteren Sinne ❹ (*prolongation*) *of credit, time, visa* Verlängerung *f* ❺ (*added piece*) Anbau *m;* *of a building* Erweiterungsbau *m* (**to** an); **we're building an ~ to our house** wir bauen gerade an ❻ (*phone line*) Nebenanschluss *m;* (*number*) [Haus]apparat *m* ❼ *no pl* (*offering*) Bekundung *f* II. *adj* Am, Aus Univ Fern-

ex·'ten·sion block *n* Steckdosenleiste *f* **ex·'ten·sion cord** *n* Am, Aus Verlängerungskabel *nt* **ex·'ten·sion lad·der** *n* Ausziehleiter *f* **ex·'ten·sion lead** *n* Brit Verlängerungskabel *nt*

ex·ten·sive [ɪkˈsten(t)sɪv, ekˈ-] *adj* ❶ (*large*) ausgedehnt; *grounds* weitläufig ❷ (*far-reaching*) weitreichend ❸ (*large-scale*) *bombing* schwer; *damage* beträchtlich; *knowledge* breit; *repairs* umfangreich; **the royal wedding received ~ coverage in the newspapers** über die königliche Hochzeit wurde in den Zeitungen ausführlich berichtet; **to make ~ use of sth** von etw *dat* ausgiebig[en] Gebrauch machen ❹ AGR extensiv

ex·ten·sive·ly [ɪkˈsten(t)sɪvli, ekˈ-] *adv* ❶ (*for the most part*) weitgehend ❷ (*considerably*) beträchtlich; ~ **damaged** erheblich beschädigt ❸ (*thoroughly*) gründlich; (*in detail*) ausführlich; **to use sth ~** von etw *dat* ausgiebig Gebrauch machen

ex·tent [ɪkˈstent, ekˈ-] *n* ❶ *no pl* (*size*) Größe *f*, Ausdehnung *f;* (*length*) Länge *f* ❷ *no pl* (*range*) Umfang *m* ❸ *no pl* (*amount*) Ausmaß *nt;* *of a sum* Höhe *f* ❹ (*degree*) Grad *m kein pl*, Maß *nt kein pl;* **to a certain ~** in gewissem Maße; **to a great** [*or* **large**] ~ in hohem Maße, weitgehend; **to the same ~ as ...** in gleichem Maße wie ...; **to some ~** bis zu einem gewissen Grad; **to go to the ~ of doing sth** so weit gehen, etw zu tun; **to such an ~** dermaßen; **to that ~** in diesem Punkt, insofern; **to what ~** in welchem Maße, inwieweit

ex·ten·u·at·ing [ɪkˈstenjueɪtɪŋ, ekˈ-] *adj* (*form*) mildernd

ex·te·ri·or [ɪkˈstɪəriər, ekˈ-] I. *n* ❶ (*outside surface*) Außenseite *f;* *of a building* Außenfront *f* ❷ (*outward appearance*) Äußere(s) *nt* ❸ FILM Außenaufnahme *f* II. *adj* Außen-

ex·ter·mi·nate [ɪkˈstɜːmɪneɪt, ekˈ-] *vt* ausrotten, vernichten; *vermin, weeds* vertilgen

ex·ter·mi·na·tion [ɪkˌstɜːmɪˈneɪʃən, ekˈ-] *n no pl* Ausrottung *f*, Vernichtung *f;* *of vermin, weeds* Vertilgung *f*

ex·ter·nal [ɪkˈstɜːnəl, ekˈ-] *adj* ❶ (*exterior*) äußerlich; *angle, pressure, world* Außen-; ~ **appearance** Aussehen *nt* ❷ (*from the outside*) äußere(r, s) ❸ (*on body surface*) äußerlich; **for ~ use only** nur zur äußerlichen Anwendung ❹ (*foreign*) auswärtig; ~ **affairs** Außenpolitik *f* ❺ UNIV extern ❻ ECON außerbetrieblich

ex·ter·nal·ize [ɪkˈstɜːnəlaɪz, ekˈ-] *vt* nach außen verlagern

ex·tinct [ɪkˈstɪŋkt, ekˈ-] *adj* ❶ (*died out*) ausgestorben; *custom, empire, people* untergegangen; *language* tot; **to become ~**

aussterben ❷ (*no longer active*) erloschen; **to become ~** erlöschen

ex·tinc·tion [ɪkˈstɪŋkʃən, ekˈ-] *n no pl* ❶ (*dying out*) Aussterben *nt; of a custom, an empire, a people* Untergang *m;* (*deliberate act*) Ausrottung *f;* **to be in danger of** [*or* **threatened with**] **~** vom Aussterben bedroht sein ❷ (*becoming inactive*) Erlöschen *nt*

ex·tin·guish [ɪkˈstɪŋgwɪʃ, ekˈ-] *vt* [aus]löschen; *candle, light also* ausmachen

ex·tin·guish·er [ɪkˈstɪŋgwɪʃəʳ, ekˈ-] *n* Feuerlöscher *m*

ex·tol <-ll-> [ɪkˈstəʊl, ekˈ-] *vt* (*form*) rühmen; **to ~ the virtues of sth** die Vorzüge einer S. *gen* preisen

ex·tort [ɪkˈstɔːt, ekˈ-] *vt* erzwingen; *money* erpressen

ex·tor·tion [ɪkˈstɔːʃən, ekˈ-] *n no pl* Erzwingung *f; of money* Erpressung *f;* **that's sheer ~!** das ist ja Wucher!

ex·tor·tion·ate [ɪkˈstɔːʃənət, ekˈ-] *adj* (*pej*) ❶ (*exorbitant*) übermäßig; **that's ~!** das ist ja Wucher!; **~ prices** Wucherpreise *pl* ❷ (*using force*) erpresserisch

ex·tra [ˈekstrə] **I.** *adj* zusätzlich; **we have an ~ bed** wir haben noch ein Bett frei; **some ~ money/time** etwas mehr Geld/Zeit; **to take ~ care** besonders vorsichtig sein; **~ charge** Aufschlag *m;* **to make an ~ effort** sich besonders anstrengen; **to work ~ hours** Überstunden machen; **packing is ~** die Verpackung geht extra **II.** *adv* ❶ (*more*) mehr; **to charge/pay ~** einen Aufpreis verlangen/bezahlen; **to cost ~** gesondert berechnet werden; **postage and packing ~** zuzüglich Porto und Versand ❷ (*especially*) besonders; **I'll try ~ hard** ich werde mich ganz besonders anstrengen **III.** *n* ❶ ECON (*perk*) Zusatzleistung *f;* AUTO Extra *nt* ❷ (*charge*) Aufschlag *m* ❸ (*actor*) Statist(in) *m(f)*

ex·tract I. *vt* [ɪkˈstrækt, ekˈ-] ❶ (*remove*) [heraus]ziehen (**from** aus); *bullet* entfernen; *tooth* ziehen (**from** aus) ❷ (*obtain*) gewinnen (**from** aus); *oil* fördern; **to ~ a confession from sb** jdm ein Geständnis abringen; **to ~ information from sb** Informationen aus jdm herausquetschen ❸ (*select*) **to ~ sth from a text** etw aus einem Text [heraus]ziehen ❹ MATH *root* ziehen (**from** aus) **II.** *n* [ˈekstrækt] ❶ (*excerpt*) Auszug *m* (**from** aus) ❷ *no pl* (*concentrate*) Extrakt *m*

ex·trac·tion [ɪkˈstrækʃən, ekˈ-] *n* ❶ *no pl* (*removal*) Herausziehen *nt; of bullet* Entfernen *nt* ❷ (*obtainment*) Gewinnung *f; of oil* Förderung *f; of confession* Abringen *nt* ❸ (*tooth removal*) Ziehen *nt* ❹ *no pl* (*family origin*) Herkunft *f*

ex·tra·cur·ric·u·lar [ˌekstrəkəˈrɪkjələʳ] *adj* ❶ SCH, UNIV außerhalb des Stundenplans nach *n* ❷ (*fig*) außerplanmäßig

ex·tra·dite [ˈekstrədaɪt] *vt* ausliefern (**from** von, **to** an)

ex·tra·di·tion [ˌekstrəˈdɪʃən] *n no pl* Auslieferung *f*

ex·tra·mari·tal [ˌekstrəˈmærɪtəl] *adj* außerehelich

ex·tra·mu·ral [ˌekstrəˈmjʊərəl] *adj* außerhalb der Universität *nach n;* **~ courses** Fern|studien|kurse *pl*

ex·tra·neous [ɪkˈstreɪnɪəs] *adj* ❶ (*external*) von außen *nach n;* **~ substance** Fremdstoff *m* ❷ (*form: unrelated*) sachfremd

ex·traor·di·nari·ly [ɪkˈstrɔːdənərəli] *adv* (*remarkably*) außerordentlich; (*unusually*) ungewöhnlich; (*positive*) ungemein

ex·traor·di·nary [ɪkˈstrɔːdənəri] *adj* außerordentlich, außergewöhnlich; *achievement* herausragend; *coincidence* merkwürdig; *success* erstaunlich

ex·tra ˈpay *n no pl* Zulage *f*

ex·trapo·late [ɪkˈstræpəleɪt] *vt* extrapolieren

ex·tra·sen·so·ry [ˌekstrəˈsen(t)səri] *adj* übersinnlich

ex·tra·ter·res·trial [ˌekstrətəˈrestriəl] **I.** *adj* außerirdisch **II.** *n* außerirdisches [Lebe]wesen

ex·tra ˈtime *n no pl* BRIT, AUS SPORTS [Spiel]verlängerung *f;* **they had to play ~** sie mussten nachspielen

ex·trava·gance [ɪkˈstrævəgən(t)s] *n* ❶ *no pl* (*unrestrained excess*) Verschwendungssucht *f* ❷ *no pl* (*excessive expenditure*) Verschwendung *f* ❸ (*unnecessary treat*) Luxus *m kein pl*

ex·trava·gant [ɪkˈstrævəgənt] *adj* ❶ (*flamboyant*) extravagant ❷ (*luxurious*) üppig; *lifestyle* aufwendig; **to have ~ tastes** einen teuren Geschmack haben ❸ (*wasteful*) verschwenderisch ❹ (*exaggerated*) übertrieben

ex·trava·gant·ly [ɪkˈstrævəgəntli] *adv* ❶ (*luxuriously*) verschwenderisch; (*flamboyantly*) extravagant; **to live ~** ein aufwändiges Leben führen ❷ (*wastefully*) verschwenderisch; **he spends his money ~** er gibt sein Geld mit vollen Händen aus

ex·trava·gan·za [ɪkˌstrævəˈgænzə] *n* opulente Veranstaltung; **musical ~** aufwendige Musicalproduktion

ex·treme [ɪkˈstriːm] **I.** *adj* ❶ (*utmost*) äußerste(r, s); *cold, difficulties, weather* extrem; *relief* außerordentlich; **in the ~ north** im äußersten Norden ❷ (*radical*) radikal, extrem **II.** *n* Extrem *nt;* **to go from one ~ to the other** von einem Extrem ins andere fallen; **to drive sb to ~s** jdn zum Äußersten treiben; **in the ~** äußerst

ex·treme·ly [ɪkˈstriːmli] *adv* äußerst; **~ unpleasant** höchst unangenehm; **I'm ~ sorry** es tut mir außerordentlich leid

ex·trem·ism [ɪkˈstriːmɪzᵊm] *n no pl* Extremismus *m*

ex·trem·ist [ɪkˈstriːmɪst] **I.** *n* Extremist(in) *m(f)* **II.** *adj* radikal

ex·trem·ity [ɪkˈstreməti] *n* ❶ (*furthest end*) äußerstes Ende ❷ (*fingers and toes*) ■ **extremities** *pl* Extremitäten *pl*

ex·tri·cate [ˈekstrɪkeɪt] *vt* (*form*) befreien (**from** aus)

extro·vert [ˈekstrəvɜːt] **I.** *n* extrovertierter Mensch; **to be an ~** extrovertiert sein **II.** *adj* extrovertiert

ex·trude [ɪkˈstruːd] *vt* herauspressen

exu·ber·ance [ɪɡˈzjuːbᵊrᵊn(t)s] *n no pl* **of** *a person* Überschwänglichkeit *f;* *of feelings* Überschwang *m*

exu·ber·ant [ɪɡˈzjuːbᵊrᵊnt] *adj person* überschwänglich, ausgelassen; *dancing* schwungvoll; *mood* überschäumend

ex·ude [ɪɡˈzjuːd] *vt* ausscheiden; *aroma* verströmen; *pus, resin* absondern; (*fig*) *confidence* ausstrahlen

ex·ult [ɪɡˈzʌlt] *vi* (*often pej*) frohlocken (**in/over** über)

ex·ult·ant [ɪɡˈzʌltᵊnt] *adj* jubelnd; *laugh* triumphierend

ex·ul·ta·tion [ˌɪɡ,zʌlˈteɪʃᵊn] *n no pl* Jubel *m* (**at** über)

ex·urb [ˈeksɜːrb] *n* AM Trabantensiedlung *f* (*neuentstandene Stadt über die Vororte hinaus*)

eye [aɪ] **I.** *n* ❶ ANAT Auge *nt;* **to give sb a black ~** jdm ein blaues Auge verpassen; **as far as the ~ can see** so weit das Auge reicht; **to roll one's ~s** mit den Augen rollen; **to rub one's ~s** [in amazement/disbelief] sich *dat* [erstaunt/ungläubig] die Augen reiben ❷ (*needle hole*) Öhr *nt;* **~ of a needle** Nadelöhr *nt* ❸ (*eyelet*) Öse *f* ❹ BOT, METEO Auge *nt* ▸ **his ~s were too big for his stomach** (*hum*) seine Augen waren größer als sein Magen; **to cry one's ~s out** sich *dat* die Augen ausheulen; **to get/have one's ~ in** BRIT Ballgefühl bekommen/haben; **to have one's ~ on sb/sth** jdn/etw im Auge behalten, ein [wachsames] Auge auf jdn/etw haben; **to have a good ~ for sth** ein Auge für etw *akk* haben; **she has ~s in the back of her head** sie hat ihre Augen überall; **to keep an** [*or* **one's**] **~ on sb/sth** ein [wachsames] Auge auf jdn/etw haben; **to keep an ~ out for sb/sth** nach jdm/etw Ausschau halten; **to keep one's ~s open** [*or* **peeled**] die Augen offen halten; **to make ~s at sb** jdm [schöne] Augen machen; **there's more to her/it than meets the ~** in ihr/dahinter steckt mehr, als es zunächst den Anschein hat; **to be one in the ~ for sb** BRIT ein Schlag ins Kontor für jdn sein; **to open sb's ~s** [**to sth**] jdm die Augen [für etw *akk*] öffnen; **to see ~ to ~ with sb on sth** mit jdm einer Meinung über etw *akk* sein; **with one's ~s shut** mit geschlossenen Augen; **to go around with one's ~s shut** blind durch die Gegend laufen; **to not take one's ~s off sb/sth** (*admire*) kein Auge von jdm/etw abwenden; (*guard*) jdn/etw keine Minute aus den Augen lassen; **to sb's ~s** in jds Augen; **an ~ for an ~, a tooth for a tooth** (*prov*) Auge um Auge, Zahn um Zahn; **to turn a blind ~** [**to sth**] [bei etw *dat*] beide Augen zudrücken; [**right**] **before** [*or* **under**] **sb's very ~s** [direkt] vor [*o* unter] jds Augen; **to be up to one's ~s in work** bis über beide Ohren in Arbeit stecken **II.** *adj* Augen-; **~ specialist** Augenarzt *m*/-ärztin *f* **III.** *vt* <-d, -d, -ing *or* eying> beäugen ◆ **eye up** *vt* ❶ (*carefully*) beäugen ❷ (*with desire*) mit begehrlichen Blicken betrachten

ˈ**eye·ball I.** *n* Augapfel *m* ▸ **to be drugged to the ~s** völlig zu sein; [**to be**] **~ to ~** [**with sb**] [jdm] Auge in Auge [gegenüberstehen]; **to be up to one's ~s in work** bis über beide Ohren in Arbeit stecken **II.** *vt* (*fam*) ❶ (*watch intently*) mit einem durchdringenden Blick ansehen ❷ AM (*measure approximately*) nach Augenmaß einschätzen ˈ**eye·brow** *n* Augenbraue *f* ˈ**eye·brow pen·cil** *n* Augenbrauenstift *m* ˈ**eye-catch·ing** *adj* auffallend ˈ**eye con·tact** *n no pl* **to make ~** [**with sb**] Blickkontakt [mit jdm] aufnehmen ˈ**eye·drops** *n pl* Augentropfen *pl*

ˈ**eye·ful** *n* **to get an ~ of dust** Staub ins Auge bekommen ▸ **to be an ~** etw fürs Auge sein; **to get an ~ of sth** einen Blick auf etw *akk* werfen

ˈ**eye·lash** *n* Wimper *f*

eye·let [ˈaɪlət] *n* Öse *f*

'eye·lid n Augenlid nt 'eye·lin·er n no pl Eyeliner m 'eye·open·er n (fig) ■ to be an ~ for sb (enlightening) jdm die Augen öffnen; (startling) alarmierend für jdn sein 'eye·piece n Okular nt 'eye·pop·ping adj (fig) spektakulär 'eye·shad·ow n no pl Lidschatten m 'eye·sight n no pl Sehvermögen nt, Sehkraft f; bad/good ~ schlechte/gute Augen; failing ~ nachlassende Sehkraft; to have poor ~ schlecht sehen 'eye·sore n (fig) Schandfleck m 'eye·strain n no pl Überanstrengung f der Augen 'eye·tooth n (tooth) Augenzahn m; (fig) I'd give my eye teeth for that ich würde alles darum geben ▶ to cut one's eye teeth Am erwachsen werden 'eye·wash n ❶ no pl PHARM Augenwasser nt ❷ no pl (fam: silly nonsense) Blödsinn m 'eye·wear n no pl Brillen [und Kontaktlinsen] pl eye·'wit·ness n Augenzeuge m/-zeugin f
ey·rie ['ɪəri] n ORN Horst m
e-zine ['iːziːn] n Internet-Magazin nt

Ff

F <pl -'s or -s>, f <pl -'s> [ef] n ❶ (letter) F nt, f nt; see also A 1 ❷ MUS F nt, f nt; F flat Fes nt, fes nt; F sharp Fis nt, fis nt ❸ (school mark) ≈ Sechs f, ≈ ungenügend
FA [ˌefˈeɪ] n no pl abbrev of Football Association ≈ DFB m
fa·ble ['feɪbl] n Fabel f
fa·bled ['feɪbld] adj legendär
fab·ric ['fæbrɪk] n ❶ no pl (textile) Stoff m ❷ of building Bausubstanz f ❸ (fig) the ~ of society die Gesellschaftsstruktur
fab·ri·cate ['fæbrɪkeɪt] vt ❶ (make) herstellen ❷ (pej: make up) erfinden ❸ (forge) fälschen
fabu·lous ['fæbjələs] adj ❶ (terrific) fabelhaft, sagenhaft, toll fam ❷ (mythical) Fabel-
fabu·lous·ly ['fæbjələsli] adv fabelhaft, sagenhaft, toll fam; ~ rich unvorstellbar reich; ~ wealthy unglaublich wohlhabend
fa·çade [fəˈsɑːd] n Fassade f a. fig
face [feɪs] I. n ❶ (also fig) Gesicht nt; I don't want to see your ~ here again! (fam) ich will dich hier nie wiedersehen!; to have a puzzled expression on one's ~ ein ratloses Gesicht machen; to have a smile on one's ~ lächeln; with a ~ like thunder mit finsterer Miene; with a happy/smiling ~ mit strahlender Miene; ~ down/up mit dem Gesicht nach unten/oben; to do one's ~ (fam) sich schminken; to look sb in the ~ jdm in die Augen schauen; to make [or pull] ~s Grimassen schneiden; to shut the door in sb's ~ jdm die Tür vor der Nase zuschlagen; to tell sth to sb's ~ jdm etw ins Gesicht sagen; ~ to ~ von Angesicht zu Angesicht ❷ of a building Fassade f; of a cliff, mountain Wand f; of a clock, watch Zifferblatt nt; place the cards ~ down/up on the table legen Sie die Karten mit der Bildseite nach unten/oben auf den Tisch; north ~ of a building Nordseite f; of a mountain Nordwand f ❸ no pl (reputation) to lose/save ~ das Gesicht verlieren/wahren ❹ no pl ■ in the ~ of sth (in view of) angesichts einer S. gen; (despite) trotz einer S. gen ❺ no pl (fam: cheek) Unverfrorenheit f ❻ MIN Abbaustoß m ▶ to disappear [or be wiped] off the ~ of the earth wie vom Erdboden verschluckt sein; sb's ~ drops [or falls] jd ist sichtlich enttäuscht; to be in sb's ~ Am (sl: impede) jdm in die Quere kommen; (bother) jdm auf den Geist gehen; on the ~ of it auf den ersten Blick; to put on a brave ~ gute Miene zum bösen Spiel machen; to show one's ~ sich blicken lassen; to struggle to keep a straight ~ sich dat nur mit Mühe das Lachen verkneifen können II. vt ❶ (look towards) person ■ to ~ sb/sth sich jdm/etw zuwenden; ■ to ~ [or sit/stand facing] sb jdm gegenübersitzen/-stehen; ■ to ~ [or sit/stand facing] sth mit dem Gesicht zu etw dat sitzen/stehen; to sit facing the engine [or the front] in Fahrtrichtung sitzen ❷ ■ to ~ sth (point towards) object zu etw dat [hin] zeigen; room, window auf etw akk [hinaus]gehen; (be situated opposite) gegenüber etw dat liegen ❸ (be confronted with) ■ to ~ sth sich einer S. dat gegenübersehen; to ~ a charge of theft sich wegen Diebstahls vor Gericht verantworten müssen; to ~ criti-

cism Kritik ausgesetzt sein; **to ~ a difficult situation** mit einer schwierigen Situation konfrontiert sein; ▪ **to be ~d by sth** vor etw *dat* stehen; ▪ **to be ~d with sth** mit etw *dat* konfrontiert werden; **they are ~d with financial penalties** sie müssen mit Geldstrafen rechnen ❹ (*deal with*) *criticism, fears* sich stellen +*dat;* **let's ~ it** machen wir uns doch nichts vor ❺ (*bear*) ertragen; **he can't ~ work today** er ist heute nicht imstande zu arbeiten; **I can't ~ telling him the truth** ich bringe es einfach nicht über mich, ihm die Wahrheit zu sagen ▸ **to ~ the music** für die Folgen geradestehen **III.** *vi* ❶ (*point*) **to ~ backwards/downwards/east/forwards** nach hinten/unten/Osten/vorne zeigen; **a seat facing forwards** TRANSP ein Sitz in Fahrtrichtung ❷ (*look onto*) **to ~ south/west** *room, window* nach Süden/Westen [hinaus]gehen; *house, garden* nach Süden/Westen liegen ❸ (*look*) *person* blicken; **~ right!** MIL Abteilung rechts|um|!; **to sit/stand facing away from sb/sth** mit dem Rücken zu jdm/etw sitzen/stehen; **facing forwards/left** mit dem Gesicht nach vorne/links; **to ~** [*or* **sit facing**] **backwards/forwards** TRANSP entgegen der/in Fahrtrichtung sitzen ♦**face about** *vi* MIL kehrtmachen ♦**face down I.** *vt* ▪**to ~ down** ⟳ **sb/sth** jdm/etw [energisch] entgegentreten **II.** *vi* nach unten zeigen ♦**face out I.** *vt* ▪**to ~ out** ⟳ **sth** etw durchstehen **II.** *vi* nach außen zeigen ♦**face up I.** *vi* ▪**to ~ up to sth** etw *dat* ins Auge sehen; **to ~ up to one's problems** sich seinen Problemen stellen; ▪**to not ~ up to sth** etw nicht wahrhaben wollen **II.** *vi* nach oben zeigen

'**face·cloth** *n* Waschlappen *m* '**face cream** *n no pl* Gesichtscreme *f* '**face·lift** *n* [Face]lifting *nt;* (*fig*) Renovierung *f;* **to have a ~** sich liften lassen '**face map·ping** *n no pl* Face-Mapping *nt* (*automatische Gesichtserkennung*) '**face pack** *n* Gesichtsmaske *f* '**face pow·der** *n no pl* Gesichtspuder *m*

fac·et ['fæsɪt] *n* Facette *f a. fig*

fa·ce·tious [fəˈsiːʃəs] *adj* (*usu pej*) [gewollt] witzig

face-to-'face *adv* persönlich; **to come ~ with sth** direkt mit etw *dat* konfrontiert werden **face 'value** *n* Nennwert *m;* **to take sth at ~** etw für bare Münze nehmen

fa·cial ['feɪʃəl] **I.** *adj* Gesichts- **II.** *n* [kosmetische] Gesichtsbehandlung

fac·ile <-r, -st *or* more ~, most ~> ['fæsaɪl] *adj* ❶ *person* oberflächlich ❷ (*pej: superficially easy*) [allzu] einfach

fa·cili·tate [fəˈsɪlɪteɪt] *vt* erleichtern

fa·cili·ta·tor [fəˈsɪlɪteɪtəʳ] *n* Vermittler(in) *m(f)*

fa·cil·ity [fəˈsɪlɪti] *n* ❶ *no pl* (*ease*) Leichtigkeit *f* ❷ (*natural ability*) Begabung *f* (**for** für); **~ for languages** Sprachbegabung *f* ❸ (*extra feature*) **memory ~** TELEC Speicherfunktion *f;* **overdraft ~** Überziehungsmöglichkeit *f* ❹ *esp* AM (*building and equipment*) Einrichtung *f,* Anlage *f;* **toilet facilities** Toiletten *pl*

fac·sim·i·le [fækˈsɪməli] *n* Faksimile *nt*

fac·ˈsim·i·le ma·chine *n* Faxgerät *nt*

fact [fækt] *n* ❶ *no pl* (*truth*) Wirklichkeit *f* ❷ (*single truth*) Tatsache *f;* **the ~ [of the matter] is that ...** Tatsache ist, dass ... ▸ **~s and figures** Fakten und Zahlen *pl;* **to be a ~ of life** die harte Wahrheit sein; **to tell a child the ~s of life** ein Kind sexuell aufklären; **in ~** [*or* **as a matter of ~**] [*or in* **point of ~**] genau genommen

'**fact-find·ing** *adj* Untersuchungs-; **~ mission** Erkundungsmission *f;* **~ tour** Informationsreise *f*

fac·tion ['fækʃən] *n* POL ❶ (*dissenting group*) [Splitter]gruppe *f* ❷ (*party within parliament*) Fraktion *f*

fac·tor ['fæktər] *n* Faktor *m;* **to be a contributing ~ in sth** zu etw *dat* beitragen; **two is a ~ of six** sechs ist durch zwei teilbar; **by a ~ of four** um das Vierfache; **a ~ 20 sunscreen** eine Sonnencreme mit Schutzfaktor 20

fac·tory ['fæktəri] *n* Fabrik *f;* (*plant*) Werk *nt*

'**fac·to·ry-farmed** *adj* BRIT, AUS aus Massentierhaltung *nach n;* **~ eggs** Eier *pl* aus Legebatterien '**fac·tory farm·ing** *n no pl* BRIT, AUS [voll] automatisierte Viehhaltung

fac·tual ['fæktʃʊəl] *adj* sachlich; **~ account** Tatsachenbericht *m;* **~ error** Sachfehler *m*

fac·tual·ly ['fæktʃʊəli] *adv* sachlich; **~ correct** sachlich korrekt

fa·cul·ty ['fækəlti] *n* ❶ (*university department*) **the F~ of Arts/Law/Science** die philosophische/juristische/naturwissenschaftliche Fakultät ❷ *no pl* AM SCH, UNIV Lehrkörper *m* ❸ (*natural ability*) Fähigkeit *f;* (*skill*) Talent *nt;* **to have [all] one's faculties** im [Voll]besitz seiner [geistigen] Kräfte sein

fad [fæd] *n* Modeerscheinung *f;* **brown rice was the food ~ of the 70s** Naturreis war das Modenahrungsmittel in den siebziger Jahren; **the latest ~** der letzte Schrei

fad·dy ['fædi] *adj* wählerisch
fade [feɪd] **I.** *vi* ❶ (*lose colour*) ausbleichen, verblassen ❷ (*lose intensity*) nachlassen; *light* schwächer werden; (*at end of day*) dunkel werden; *sound* verklingen; *smile* vergehen; *suntan* verbleichen ❸ (*disappear*) verschwinden, FILM, TV ausgeblendet werden; **day slowly ~d into night** der Tag ging langsam in die Nacht über; **to ~ from view** aus dem Blickfeld verschwinden ❹ (*fig*) schwinden; *memories* verblassen; **to ~ fast** dahinwelken ❺ (*fam: to lose vitality*) abschlaffen **II.** *vt* ausbleichen ◆**fade away** *vi* ❶ (*disappear gradually*) courage, hope schwinden; *memories* verblassen; *dreams, plans* zerrinnen; *beauty* verblühen ❷ (*liter: weaken and die*) dahinwelken ◆**fade in** FILM, TV **I.** *vi* eingeblendet werden **II.** *vt* einblenden ◆**fade out I.** *vi* ausgeblendet werden **II.** *vt* ausblenden
fad·ed ['feɪdɪd] *adj carpet, wallpaper* ausgeblichen; *colour* verblichen; *memory* verblasst; *beauty* verblüht
fae·ces ['fiːsiːz] *npl* (*form*) Fäkalien *pl*
fag [fæg] *n* ❶ BRIT, AUS (*fam: cigarette*) Kippe *f*, Glimmstängel *m* ❷ *esp* AM (*pej sl: homosexual*) Schwule(r) *m*
'fag end *n* ❶ BRIT, AUS (*fam: cigarette butt*) Kippe *f* ❷ (*fig*) letzter Rest
fag·got ['fægət] *n* ❶ *usu pl* BRIT (*meatball*) Leberknödel *m* ❷ *esp* AM (*pej sl*) Schwule(r) *m*
fag·ot *n* AM *see* **faggot**
fail [feɪl] **I.** *vi* ❶ (*not succeed*) *person* versagen; *attempt, plan* scheitern, fehlschlagen; **he ~ed to convince the jury** es gelang ihm nicht, die Jury zu überzeugen; **if all else ~s** zur Not ❷ (*not do*) ■ **to ~ to do sth** versäumen, etw zu tun; **they surely can't ~ to notice that ...** es kann ihnen nicht entgangen sein, dass ...; **to ~ in one's duty** [**to sb**] seiner Pflicht [jdm gegenüber] nicht nachkommen; **I ~ to see what/why/how ...** ich verstehe nicht, was/warum/wie ... ❸ SCH, UNIV durchfallen ❹ TECH *brakes* versagen; *generator* ausfallen ❺ (*become weaker*) nachlassen; *health* schwächer werden; *heart, voice* versagen; **my courage ~ed** der Mut verließ mich; **to be ~ing fast** im Sterben liegen ❻ (*go bankrupt*) bankrottgehen ❼ AGR *harvest* ausfallen **II.** *vt* ❶ (*not pass*) durchfallen bei +*dat*; *course, subject* nicht bestehen; ■ **to ~ sb** jdn durchfallen lassen ❷ (*let down*) im Stich lassen; **my courage ~ed me** mich verließ der Mut; **words ~ me** mir fehlen die Worte **III.** *n* **is this one a pass or a ~?** hat dieser Kandidat bestanden oder ist er durchgefallen? ▸ **without ~** auf jeden Fall
failed [feɪld] *adj attr person, marriage* gescheitert; *writer also* erfolglos; *attempt* fehlgeschlagen
fail·ing ['feɪlɪŋ] **I.** *adj* **~ eyesight** Sehschwäche *f*; **to be in ~ health** eine angeschlagene Gesundheit haben; **in the ~ light** in der Dämmerung **II.** *n* Schwäche *f* **III.** *prep* mangels +*gen*; ■ **~ that** ansonsten
'fail-safe *adj* abgesichert; **~ mechanism** Sicherheitsmechanismus *m*
fail·ure ['feɪljər] *n* ❶ *no pl* (*lack of success*) Scheitern *nt*, Versagen *nt*; **~ rate** Durchfallquote *f*; **to end in ~** scheitern ❷ (*unsuccessful thing*) Misserfolg *m*; **an utter ~** ein totaler Reinfall; *person* Versager(in) *m(f)* ❸ *no pl* (*omission*) Unterlassung *f* ❹ MED, TECH Versagen *nt kein pl; of an engine* Ausfall *m* ❺ ECON **bank-/business ~** Bank-/Firmenpleite *f* ❻ AGR **crop ~** Missernte *f*
faint [feɪnt] **I.** *adj* ❶ (*slight*) *light, colour, smile, voice* matt; *sound, suspicion, hope* leise; *scent, pattern* zart; *smell, memory* schwach; *chance* gering; **there was a ~ taste of vanilla in the pudding** der Pudding schmeckte schwach nach Vanille; **to bear a ~ resemblance to sb** jdm ein wenig ähnlich sehen; **to not have the ~est** [**idea**] nicht die geringste Ahnung haben ❷ (*unclear*) *line* undeutlich ❸ (*physically weak*) schwach; **he was ~ with hunger** er fiel fast um vor Hunger **II.** *vi* ohnmächtig werden **III.** *n* **in a** [**dead**] **~** ohnmächtig
faint-'heart·ed *adj* zaghaft; **to not be for the ~** nichts für schwache Nerven sein
faint·ly ['feɪntli] *adv* ❶ (*weakly*) leicht, schwach ❷ (*not clearly*) schwach; **to be ~ visible** schwach zu sehen sein ❸ (*slightly*) leicht, etwas; **even ~ informative** auch nur annähernd informativ; **to ~ resemble sth** entfernt an etw *akk* erinnern
fair[1] [feər] **I.** *adj* ❶ (*reasonable*) fair; *wage* angemessen; (*legitimate*) berechtigt; **you're not being ~** das ist unfair; **to be ~, he didn't have much time** zugegeben, er hatte nicht viel Zeit; [**that's**] **~ enough!** (*fam: approved*) na schön!; (*agreed*) dagegen ist nichts einzuwenden!; **~ contest** fairer Wettbewerb; **it's only ~ that/to ...** es ist nur recht und billig, dass/zu ...; **it's ~ to say that ...** man kann [wohl] sagen, dass ...; ■ **to be ~ with sb** sich jdm gegenüber fair verhalten; ■ **to not be ~ on sb** jdm gegenüber nicht fair sein ❷ (*just, impartial*)

gerecht, fair; **to get one's ~ share** seinen Anteil bekommen; ■**to be ~ to[wards] sb** jdm gegenüber gerecht sein ❸ (*large*) ziemlich; **we've had a ~ amount of rain** es hat ziemlich viel geregnet; **there's still a ~ bit of work to do** es gibt noch einiges zu tun; **a ~ number of people** ziemlich viele Leute ❹ (*good*) ziemlich gut; **she's got a ~ chance of winning** ihre Gewinnchancen stehen ziemlich gut; **to have a ~ idea of sth** sich *dat* etw [recht gut] vorstellen können; **to have a ~ idea that ...** sich *dat* ziemlich sicher sein, dass ... ❺ (*average*) mittelmäßig; **~ to middling** so lala ❻ (*pale*) *skin* hell; *person* hellhäutig; **to have ~ hair** blond sein ❼ (*favourable*) *weather* schön; *wind* günstig ❽ (*beautiful*) schön **II.** *adv* fair ▶ **~ old ...** ganz schön; **~ and square** (*clearly*) [ganz] klar; BRIT, AUS (*accurately*) voll

fair[2] [feə[r]] *n* ❶ (*funfair*) Jahrmarkt *m*, Rummel[platz] *m bes* NORDD ❷ (*trade, industry*) Messe *f*; (*agriculture*) [Vieh]markt *m*; **craft ~** Kunsthandwerkmarkt *m*; **the Frankfurt Book F~** die Frankfurter Buchmesse

fair ˈcopy *n* Reinschrift *f* **fair ˈgame** *n no pl* (*fig*) Freiwild *nt*

ˈfair·ground *n* Rummelplatz *m*

fair-ˈhaired <fairer-, fairest- *or* more ~, most ~> *adj* blond

fair·ly [ˈfeəli] *adv* ❶ (*quite*) ziemlich; **~ recently** vor kurzem ❷ (*justly*) fair, gerecht ❸ (*liter: actually*) geradezu; **the dog ~ flew out of the door** der Hund flog nahezu durch die Tür ▶ **~ and squarely** einzig und allein

fair-ˈmind·ed <fairer-, fairest- *or* more ~, most ~> *adj* unvoreingenommen

fair·ness [ˈfeənəs] *n no pl* ❶ (*justice*) Fairness *f*, Gerechtigkeit *f*; **sense of ~** Gerechtigkeitsempfinden *nt*; **in [all] ~** fairerweise ❷ *of hair, skin* Helligkeit *f*

fair ˈplay *n no pl* Fairplay *nt* **ˈfair-skinned** <fairer-, fairest- *or* more ~, most ~> *adj* hellhäutig

fairy [ˈfeəri] *n* ❶ (*creature*) Fee *f* ❷ (*pej! sl: homosexual*) Tunte *f*

ˈfairy cake *n* BRIT Cupcake *m* **ˈfairy lights** *npl* BRIT, AUS [bunte] Lichterkette u.a. für den Weihnachtsbaum **ˈfairy sto·ry** *n*, **ˈfairy tale** *n* Märchen *nt a. fig* **ˈfairy-tale** *adj* Märchen-

faith [feɪθ] *n* ❶ *no pl* (*trust*) Vertrauen *nt* (**in** zu); **to put one's ~ in sb/sth** auf jdn/ etw vertrauen ❷ REL Glaube *m* (**in** an) ❸ *no pl* (*promise*) **to keep ~ with sb/sth** jdm/etw gegenüber Wort halten; (*continue to support*) jdn/etw weiterhin unterstützen ❹ (*sincerity*) **to act in good/ bad ~** in gutem/bösem Glauben handeln

faith·ful [ˈfeɪθfəl] **I.** *adj* ❶ (*loyal*) treu ❷ REL gläubig ❸ (*accurate*) originalgetreu; *account* detailliert; ■**to be ~ to sth** einer S. *dat* gerecht werden **II.** *n* ■**the ~** *pl* die Gläubigen *pl;* **the party ~** die Parteifreunde *pl*

faith·ful·ly [ˈfeɪθfəli] *adv* ❶ (*loyally*) treu; **to promise ~** hoch und heilig versprechen; **to serve sb ~** jdm treue Dienste leisten; **Yours ~** BRIT, AUS mit freundlichen Grüßen ❷ (*exactly*) genau; *reproduce* originalgetreu

ˈfaith heal·er *n* Gesundbeter(in) *m(f)*

fake [feɪk] **I.** *n* ❶ (*counterfeit object*) Fälschung *f*; (*of a gun*) Attrappe *f* ❷ (*impostor*) Hochstapler(in) *m(f)* **II.** *adj* Kunst-; *antique* falsch; *jewel* imitiert; *passport* gefälscht; **~ blood** blutrote Flüssigkeit; **~ tan** Solariumsbräune *f* **III.** *vt* ❶ (*make a copy*) fälschen ❷ (*pretend*) vortäuschen; *illness* simulieren **IV.** *vi* (*pretend*) markieren, so tun als ob

fak·er [ˈfeɪkə[r]] *n* Vortäuscher(in) *m(f)*

fal·con [ˈfɔːlkən] *n* Falke *m*

fall [fɔːl] **I.** *n* ❶ (*tumble, drop*) Fall *m;* (*harder*) Sturz *m;* **she broke her leg in the ~** sie brach sich bei dem Sturz das Bein; **to have** [*or* **take**] **a nasty ~** schwer stürzen ❷ *no pl* (*descent*) Fallen *nt;* **the rise and ~ of the tide** Ebbe und Flut ❸ METEO, GEOG [**heavy**] **~s of rain/snow** [heftige] Regen-/Schneefälle; **~ of rock** Steinschlag *m* ❹ SPORTS (*in wrestling*) Schultersieg *m* ❺ *no pl* (*decrease*) Rückgang *m* (**in** +gen); *in support* Nachlassen *nt* (**in** +gen); *in a level also* Sinken *nt* (**in** +gen); **~ in temperature** Temperaturrückgang *m;* **sudden ~ in price** Preissturz *m;* **~ in pressure** Druckabfall *m;* **~ in value** Wertverlust *m* ❻ *no pl* (*defeat*) *of a city* Einnahme *f*; *of a dictator, regime* Sturz *m;* **the ~ of the Roman Empire** der Untergang des Römischen Reiches; **~ from power** Entmachtung *f* ❼ AM (*autumn*) Herbst *m* ❽ (*waterfall*) ■**~s** *pl* Wasserfall *m;* **[the] Niagara F~s** die Niagarafälle *pl* ▶ **to take a** [*or* **the**] **~ for sb/sth** für jdn/etw die Schuld auf sich *akk* nehmen **II.** *adj* AM Herbst- **III.** *vi* <fell, fallen> ❶ (*drop, tumble*) fallen; (*harder*) stürzen; *person* hinfallen; (*harder*) stürzen; *tree, post, pillar* umfallen; (*harder*) umstürzen;

to ~ **into sb's/each other's arms** jdm/sich in die Arme fallen; **to ~ under a bus** unter einen Bus geraten; **to ~ to one's death** in den Tod stürzen; **to ~ flat on one's face** auf die Nase fallen; **to ~ on the floor** [*or* **to the ground**] auf den Boden fallen; **to ~ to one's knees** auf die Knie fallen; **to ~ down dead** tot umfallen ❷ (*hang*) fallen; **his hair fell around his shoulders** sein Haar fiel ihm auf die Schulter; **her hair fell to her waist** ihr Haar reichte ihr bis zur Taille ❸ (*descend*) fallen; *darkness* hereinbrechen; *silence* eintreten ❹ (*slope*) [steil] abfallen ❺ (*decrease*) sinken, fallen; **church attendance has ~en dramatically** die Anzahl der Kirchenbesucher ist drastisch zurückgegangen ❻ (*be defeated*) gestürzt werden; *empire* untergehen; *city, town* fallen; ▪ **to ~ to sb** jdm in die Hände fallen ❼ (*be*) **Easter ~s early this year** Ostern ist dieses Jahr früh; **this year, my birthday ~s on a Monday** dieses Jahr fällt mein Geburtstag auf einen Montag; **the accent ~s on the second syllable** der Akzent liegt auf der zweiten Silbe ❽ (*become*) **to ~ asleep** einschlafen; **to ~ due** fällig sein; **to ~ ill** krank werden; **to ~ open** aufklappen; **to ~ silent** verstummen; **to ~ vacant** frei werden ❾ (*enter a particular state*) **to ~ into debt** sich verschulden; **to ~ into disuse** nicht mehr benutzt werden; **to ~ out of favour [with sb]** [bei jdm] nicht mehr gefragt sein; **to ~ into the habit of doing sth** sich *dat* angewöhnen, etw zu tun; **to ~ under the influence of sb/sth** unter den Einfluss einer Person/einer S. *gen* geraten; **to ~ in love [with sb/sth]** sich [in jdn/etw] verlieben; **to have ~en under the spell of sb/sth** von jdm/etw verzaubert sein ◆ **fall about** *vi* BRIT, AUS (*fam*) ▪ **to ~ about** [**laughing**] sich vor Lachen ausschütten ◆ **fall apart** *vi* ❶ (*disintegrate*) auseinanderfallen; *clothing* sich auflösen ❷ (*fig: fail*) auseinanderfallen; *system* zusammenbrechen; *organization* sich auflösen; *marriage* auseinandergehen ❸ (*fig: not cope*) *person* zusammenbrechen ◆ **fall away** *vi* ❶ (*detach*) abfallen ❷ (*slope*) abfallen ❸ (*decrease*) sinken, zurückgehen ◆ **fall back** *vi* ❶ (*move back*) zurückweichen; MIL sich zurückziehen; SPORTS *leader* zurückfallen ❷ (*resort to*) ▪ **to ~ back [up]on sb** auf jdn zurückkommen; ▪ **to ~ back [up]on sth** auf etw *akk* zurückgreifen ◆ **fall behind** *vi* ❶ (*slow*) zurückfallen; ▪ **to ~ behind sb/sth** hinter jdn/etw zurückfallen ❷ (*achieve less*) zurückbleiben; (*at school*) hinterherhinken; ▪ **to ~ behind sb/sth** hinter jdn/etw zurückbleiben; ▪ **to ~ behind with sth** mit etw *dat* in Verzug geraten ❸ SPORTS (*lose lead*) zurückfallen ◆ **fall down** *vi* ❶ (*drop, tumble*) hinunterfallen; (*topple*) *person* hinfallen; (*harder*) stürzen; *object* umfallen; (*harder*) umstürzen; **to ~ down dead** tot umfallen; ▪ **to ~ down sth** etw hinunterfallen; *hole, well* hineinfallen in +*akk* ❷ (*collapse*) einstürzen; *tent* zusammenfallen; ▪ **to be ~ing down** abbruchreif sein ❸ (*fail*) ▪ **to ~ down on sth** mit etw *dat* scheitern ◆ **fall for** *vt* ❶ (*love*) ▪ **to ~ for sb** sich in jdn verlieben ❷ (*be deceived by*) ▪ **to ~ for sth** auf etw *akk* hereinfallen ◆ **fall in** *vi* ❶ (*drop*) hineinfallen ❷ (*collapse*) einstürzen ❸ MIL (*line up*) antreten ❹ (*join*) ▪ **to ~ in behind sb** hinter jdm herlaufen; ▪ **to ~ in with sb** sich jdm anschließen ◆ **fall off** *vi* ❶ (*drop*) fallen; ▪ **to ~ off sth** von etw *dat* fallen ❷ (*decrease*) zurückgehen, sinken ❸ (*decline*) abfallen ❹ (*detach*) abfallen, herunterfallen; *wallpaper* sich lösen ◆ **fall on** *vi* ❶ (*attack*) ▪ **to ~ on sb** über jdn herfallen ❷ (*liter: embrace*) **they fell on each other** sie fielen sich in die Arme ❸ (*be assigned to*) ▪ **to ~ on sb** jdm zufallen ❹ (*be directed at*) ▪ **to ~ on sb** jdn treffen; *suspicion* auf jdn fallen ❺ (*light on*) *gaze* ▪ **to ~ on sb/sth** auf jdn/etw fallen ◆ **fall out** *vi* ❶ (*drop*) herausfallen; *teeth, hair* ausfallen ❷ (*quarrel*) ▪ **to ~ out [with sb]** sich [mit jdm] [zer]streiten ❸ MIL (*break line*) wegtreten ◆ **fall over** *vi* ❶ (*topple*) *person* hinfallen; (*harder*) stürzen; *object* umfallen; (*harder*) umstürzen ❷ (*trip*) ▪ **to ~ over sth** über etw *akk* fallen ❸ (*fam: be keen*) ▪ **to ~ [**AM **all] over oneself to do sth** sich darum reißen, etw zu tun ◆ **fall through** *vi* scheitern; *plan* ins Wasser fallen ◆ **fall to** *vi* ❶ (*liter: start*) ▪ **to ~ to doing sth** beginnen, etw zu tun ❷ (*be assigned to*) ▪ **to ~ to sb** jdm zufallen

fal·la·cious [fəˈleɪʃəs] *adj* (*form*) abwegig
fal·la·cy [ˈfæləsi] *n* Irrtum *m*
fall·en [ˈfɔːlən] **I.** *adj* ❶ (*on the ground*) *apple* abgefallen; *leaf* heruntergefallen; *tree* umgestürzt; **~ arches** MED Senkfüße *pl*; **~ leaves** Laub *nt* ❷ (*overthrown*) *dictator* gestürzt; (*disgraced*) *idol* einstig; *angel* gefallen **II.** *n* (*liter*) ▪ **the ~** *pl* die Gefallenen *pl*
ˈ**fall guy** *n* (*sl*) Prügelknabe *m*

fal·li·ble [ˈfæləbl] *adj person* fehlbar; *thing* fehleranfällig

ˈfall-off *n no pl* Rückgang *m* (**in** +*gen*)

fal·lo·pian tube [fəˌləʊpɪənˈ-] *n* ANAT Eileiter *m*

ˈfall·out *n no pl* ❶ NUCL radioaktive Strahlung; ~ **shelter** Atombunker *m* ❷ (*consequences*) ■ **the** ~ die Konsequenzen *pl* (**from** +*gen*)

fal·low [ˈfæləʊ] *adj* ❶ AGR (*not planted*) brach liegend; **to lie** ~ brach liegen ❷ (*unproductive*) ruhig

fal·low ˈdeer *n* Damwild *nt kein pl*

false [fɔːls] *adj* falsch; *bottom* doppelt; *imprisonment* unrechtmäßig; *optimism* trügerisch; ~ **start** Fehlstart *m a. fig*; ■ **to be** ~ **to sb/sth** jdm/etw untreu werden

false·hood [ˈfɔːls(h)ʊd] *n* Unwahrheit *f*

false·ness [ˈfɔːlsnəs] *n no pl* ❶ (*inaccuracy*) Unkorrektheit *f* ❷ (*insincerity*) Falschheit *f*

fal·set·to [fɒlˈsetəʊ] *n* Kopfstimme *f*; **to speak in a high** ~ im Falsett sprechen; **to sing** ~ Falsettstimme singen

fal·si·fi·ca·tion [ˌfɔːlsɪfɪˈkeɪʃən] *n no pl* Fälschung *f*

fal·si·fy <-ie-> [ˈfɔːlsɪfaɪ] *vt* fälschen

fal·si·ty [ˈfɔːlsəti] *n no pl* ❶ (*incorrectness*) Unkorrektheit *f* ❷ (*insincerity*) Falschheit *f*

fal·ter [ˈfɔːltər] *vi* ❶ *speaker, voice* stocken ❷ (*fig*) nachlassen; **without** ~**ing** ohne zu zögern ❸ (*move unsteadily*) schwanken

fal·ter·ing [ˈfɔːltərɪŋ] *adj* zögerlich; *economy* stagnierend; *step* stockend; **in a** ~ **voice** mit stockender Stimme

fame [feɪm] *n no pl* Ruhm *m*

famed [feɪmd] *adj* berühmt

fa·mili·ar [fəˈmɪlɪər] *adj* ❶ (*well-known*) vertraut; *faces* bekannt; **this looks** ~ **to me** das kommt mir irgendwie bekannt vor; **yours is not a name I'm** ~ **with** Ihr Name kommt mir nicht bekannt vor; **to become** [*or* **get**] ~ **with sb/sth** mit jdm/etw vertraut werden ❸ (*informal*) vertraulich; **to be on** ~ **terms** [**with sb**] [mit jdm] befreundet sein; **the** ~ **form** LING die Du-Form; ~ **form of address** vertrauliche Anrede ❹ (*too friendly*) allzu vertraulich

fa·mili·ar·ity [fəˌmɪliˈærəti] *n no pl* ❶ (*well-known*) Vertrautheit *f* ❷ (*knowledge*) Kenntnis *f* (**with** in) ❸ (*overfriendly*) Vertraulichkeit *f* ►~ **breeds contempt** (*prov*) allzu große Vertrautheit erzeugt Verachtung

fa·mil·iar·ize [fəˈmɪliəraɪz] *vt* ■ **to** ~ **oneself/sb with sth** sich/jdn mit etw *dat* vertraut machen; **with work** sich einarbeiten (**with** in)

fami·ly [ˈfæmli] **I.** *n* Familie *f*; **we've got** ~ **coming to visit** wir bekommen Familienbesuch; **a** ~ **of squirrels** eine Eichhörnchenfamilie; **a** ~ **of four** eine vierköpfige Familie; **to keep sth in the** ~ etw in Familienbesitz behalten; *secret* etw für sich *akk* behalten; **to be** [**like**] **one of the** ~ [praktisch] zur Familie gehören **II.** *adj* Familien-

fami·ly ˈdoc·tor *n* Hausarzt *m*/-ärztin *f*

fam·ine [ˈfæmɪn] *n* Hungersnot *f*

fam·ished [ˈfæmɪʃt] *adj* (*fam*) ausgehungert

fa·mous [ˈfeɪməs] *adj* berühmt ►~ **last words** wer's glaubt wird selig!

fa·mous·ly [ˈfeɪməsli] *adv* ❶ (*well-known*) bekanntermaßen ❷ (*fam*) **to get on** ~ sich blendend verstehen

fan¹ [fæn] *n* (*enthusiast*) Fan *m*; (*admirer*) Bewunderer *m*/Bewunderin *f*; **I'm a great** ~ **of your work** ich schätze Ihre Arbeit sehr

fan² [fæn] **I.** *n* ❶ (*hand-held*) Fächer *m* ❷ (*electrical*) Ventilator *m* **II.** *vt* <-nn-> ■ **to** ~ **sb/oneself** jdm/sich Luft zufächeln; *flames* anfachen; (*fig*) schüren

fa·nat·ic [fəˈnætɪk] **I.** *n* ❶ (*pej: obsessed*) Fanatiker(in) *m(f)* ❷ (*enthusiast*) **fellow** ~ Mitbegeisterte(r) *f(m)*; **fitness** ~ ein Fitnessfan *m* **II.** *adj* fanatisch

fa·nat·ic·al [fəˈnætɪkəl] *adj* ❶ (*obsessed*) besessen (**about** von); *support* bedingungslos ❷ (*enthusiastic*) total begeistert (**about** von)

fa·nat·ic·al·ly [fəˈnætɪkəli] *adv* fanatisch, extrem

fa·nat·ic·ism [fəˈnætɪsɪzəm] *n no pl* (*pej*) Fanatismus *m*

ˈfan belt *n* AUTO Keilriemen *m*

fan·cied [ˈfæn(t)sid] *adj* favorisiert

fan·ci·er [ˈfæn(t)sɪər] *n* Züchter(in) *m(f)*

fan·ci·ful [ˈfæn(t)sɪfəl] *adj* ❶ (*unrealistic*) unrealistisch ❷ *person* überspannt

ˈfan club *n* + *sing/pl vb* Fanclub *m*

fan·cy [ˈfæn(t)si] **I.** *vt* <-ie-> ❶ *esp* BRIT (*want*) wollen; (*would like to have*) gerne haben wollen; (*feel like*) Lust haben auf +*akk*; (*like*) ■ **sb fancies sth** jdm gefällt etw; **she fancied an after-lunch nap** sie hätte gern ein Mittagsschläfchen gehalten; **do you** ~ **a drink this evening?** hast du Lust, heute Abend was trinken zu gehen? ❷ *esp* BRIT ■ **to** ~ **sb** (*find attractive*) jdn attraktiv finden; (*be sexually attracted by*) etw von jdm wollen ❸ (*be full of*) ■ to ~ **oneself** BRIT (*pej*) sich *dat* toll vorkommen ❹ (*imagine as winner*) favorisieren; **who do you ~ to win the Cup?** wer, glaubst du, wird den Pokal gewinnen? ❺ (*believe*) **to ~ one's chances [of doing sth]** sich *dat* Chancen ausrechnen [etw zu tun]; **to not ~ sb's chances** jdm keine großen Chancen geben ❻ *esp* BRIT (*imagine, think*) ■ to ~ [that] ... denken, dass ...; **she fancies herself a rebel** sie hält sich für eine Rebellin; **Dick fancies himself as a singer** Dick bildet sich ein, ein großer Sänger zu sein; ~ [**that**]! stell dir das [mal] vor!; ~ **seeing you here!** na, so was! du hier!; ~ **saying that to you of all people!** [unglaublich,] dass man das ausgerechnet zu dir gesagt hat! II. *n* ❶ *no pl* (*liking*) Vorliebe *f*; **to catch** [*or* **take**] **sb's ~** jdm gefallen; **to take a ~ to sb/sth** Gefallen an jdm/etw finden ❷ *no pl* (*whim*) Laune *f*; **when the ~ takes him** wenn ihm gerade danach ist ❸ (*idea*) Vorstellung *f*; **flight of ~** Fantasterei *f* III. *adj* ❶ (*elaborate*) *decoration* aufwändig; *pattern* ausgefallen; *hairdo* kunstvoll; *car* schick; (*fig*) *talk* geschwollen; ~ **footwork** gute Beinarbeit; **nothing ~** nichts Ausgefallenes ❷ (*whimsical*) versponnen; **don't you go filling his head with ~ ideas** setz ihm keinen Floh ins Ohr ❸ (*fam: expensive*) Nobel-; ~ **foods** Delikatessen *pl*

fan·cy 'dress *n no pl esp* BRIT, AUS Kostüm *nt*; **to come/go to a party in ~** verkleidet zu einer Party kommen/gehen; **to wear ~** verkleidet sein **fan·cy-'free** *adj* sorglos

fan·fare ['fænfeəʳ] *n* Fanfare *f*

fang [fæŋ] *n* Fang[zahn] *m*; *of a snake* Giftzahn *m*

'**fan·light** *n* Oberlicht *nt*

'**fan mail** *n no pl* Fanpost *f*

fan·ta·size ['fæntəsaɪz] I. *vi* fantasieren II. *vt* ■ to ~ **that ...** davon träumen, dass ...

fan·tas·tic [fæn'tæstɪk] *adj* ❶ (*fam: wonderful*) fantastisch, toll; **a ~ idea** eine Superidee; **to look ~** *person* umwerfend aussehen ❷ (*fam: extremely large*) enorm, unwahrscheinlich viel ❸ (*not real*) Fantasie- ❹ (*unbelievable*) unwahrscheinlich; (*unreasonable*) unsinnig

fan·tas·ti·cal·ly [fæn'tæstɪkᵊli] *adv* ❶ (*extremely*) unwahrscheinlich *fam*, unglaublich *pej* ❷ (*fam: wonderfully well*) ganz wunderbar; **everything's going ~** es läuft alles ausgesprochen gut

fan·ta·sy ['fæntəsi] *n* Fantasie *f*; LIT Fantasy *f*; ■ **to have fantasies about sth** von etw *dat* träumen

'**fan·ta·sy·land** *n* Fabelwelt *f*

fan·zine ['fænziːn] *n* Fanmagazin *nt*

FAO [ˌefeɪ'əʊ] *n abbrev of* **Food and Agriculture Organization** Organisation *f* für Ernährung und Landwirtschaft der Vereinten Nationen

FAQ [ˌefeɪ'kjuː, fæk] *n + sing vb* INET *abbrev of* **frequently asked questions** FAQ

far <farther *or* further, farthest *or* furthest> [fɑːʳ] I. *adv* ❶ (*in place*) weit; **how much further is it?** wie weit ist es denn noch?; **have you come very ~?** kommen Sie von weit her?; **do you have ~ to travel to work?** haben Sie es weit zu Ihrer Arbeitsstelle?; ~ **away in the distance** in weiter Ferne; ~ **from home** fern der Heimat; **to be ~ down the list** weit unten auf der Liste stehen; ~ **and wide** weit und breit; **from ~ and wide** [*or* **near**] aus Nah und Fern ❷ (*in time*) weit; **some time ~ in the future** irgendwann in ferner Zukunft; **your birthday's not ~ away** bis zu deinem Geburtstag ist es nicht mehr lang; **lunch isn't ~ off** wir essen bald zu Mittag; **he's not ~ off seventy** er geht auf die siebzig zu; ~ **into the night** bis spät in die Nacht hinein; **to plan further ahead** weiter voraus planen; **as ~ back as 1977** bereits 1977; **as ~ back as I can remember ...** so weit ich zurückdenken kann ... ❸ (*in progress*) weit; **to not get very ~ with [doing] sth** mit etw *dat* nicht besonders weit kommen; **to not get very ~ with sb** bei jdm nicht viel erreichen ❹ (*much*) weit, viel; ~ **better/nicer** viel besser/netter; ~ **more difficult** viel schwieriger; ~ **too expensive** viel zu teuer; **by ~** bei weitem; **to be not ~ wrong** nicht so unrecht haben ▶ <u>**as**</u> **~ as** (*in place*) bis; **as ~ as the eye can see** so weit das Auge reicht; (*in degree*) **as ~ as I can** soweit es mir möglich ist; **as ~ as possible** so oft wie möglich; **as ~ as I can see ...** so wie ich es beurteilen kann, ...; **as ~ as I know** soweit ich weiß; **as ~ as I'm concerned ...** wenn es nach mir geht ...; **that's as ~ as it goes** das ist auch alles; ~ **and** <u>away</u> mit Abstand; **I'd ~ rather ...** ich würde viel lieber ...; **she'd ~ sooner ...** sie würde viel lieber ...; **we're ~ from happy** wir sind alles andere als zufrieden; ~ **from it!** weit gefehlt; ~ **be it** from **me ...** es liegt mir fern ...; **to go too ~** zu weit gehen; **to [not] go ~ enough** [nicht] weit genug gehen; **sb will** <u>go</u> **~** jd wird es zu etwas bringen; **sth won't go very ~** etw wird nicht lange vorhalten; **a hundred pounds won't go very ~** mit hundert Pfund kommt man nicht weit; **~ gone** beschädigt; **so ~ so good** so weit, so gut; **so ~** (*until now*) bisher; **any problems? — not so ~** Probleme? – bis jetzt nicht; (*to a limited extent*) **only so ~** nur bedingt II. *adj* ❶ (*further away*) **at the ~ end** am anderen Ende; **on the ~ bank** am gegenüberliegenden Ufer ❷ (*extreme*) extrem ❸ (*distant*) fern; **in the ~ distance** in weiter Ferne ▶ **to be a ~ cry from sb/sth** mit jdm/etw nicht zu vergleichen sein

far·away [ˌfɑːrəˈweɪ] *adj* ❶ (*distant*) fern; *sound* weit entfernt ❷ (*dreamy*) *look* verträumt

farce [fɑːs] *n* Farce *f*

far·ci·cal [ˈfɑːsɪkəl] *adj* absurd

fare [feəʳ] I. *n* ❶ (*money*) Fahrpreis *m* ❷ (*traveller in a taxi*) Taxifahrgast *m* ❸ *no pl* (*food*) Kost *f* II. *vi* (*form: get on*) **sb ~s badly/well** jdm [er]geht es schlecht/gut; **how did you ~?** wie ist es dir ergangen?

Far ˈEast *n no pl* ■ **the ~** der Ferne Osten

fare·well [ˌfeəˈwel] I. *interj* (*form*) leb wohl; **to bid** [*or* **say**] **~ to sb/sth** sich von jdm/etw verabschieden II. *n* Abschied *m* III. *adj* Abschied[s]-

far-ˈfetched *adj* weit hergeholt

far-ˈflung *adj* ❶ (*widely spread*) weitläufig ❷ (*remote*) abgelegen

farm [fɑːm] I. *n* Bauernhof *m*; **chicken ~** Hühnerfarm *f*; **health ~** Schönheitsfarm *f*; **trout ~** Forellenzucht *f* II. *vt* bebauen III. *vi* Land bebauen; **the family still ~s in Somerset** die Familie hat immer noch Farmland in Somerset ◆**farm out** *vt work* abgeben (**to** an); *children* anvertrauen +*dat*

farm·er [ˈfɑːməʳ] *n* Bauer *m*/Bäuerin *f*

farm·ersˈ ˈmar·ket *n* Bauernmarkt *m*

ˈ**farm·hand** *n* Landarbeiter(in) *m(f)* ˈ**farm·house** *n* Bauernhaus *nt*; **~ cheese** Bauernkäse *m* ˈ**farm·land** *n no pl* Ackerland *nt* **farm·stead** [ˈfɑːmsted] *n* AM Farm *f* ˈ**farm·yard** *n* Hof *m*

ˈ**far-off** *adj* ❶ (*distant*) fern; (*remote*) [weit] entfernt ❷ (*time*) fern

far-ˈreach·ing *adj* weitreichend **far-ˈsight·ed** *adj* ❶ (*shrewd*) *decision* weitsichtig; *person* vorausschauend ❷ AM, AUS (*long-sighted*) weitsichtig

fart [fɑːt] I. *n* ❶ (*fam!*) Furz *m*; **to do** [*or* **let off**] **a ~** furzen ❷ (*pej: person*) Sack *m* II. *vi* (*fam!*) furzen

far·ther [ˈfɑːðəʳ] I. *adv comp of* **far** ❶ (*at, to a greater distance*) weiter entfernt; **how much ~ is it to the airport?** wie weit ist es noch zum Flughafen?; **~ down/up** [**sth**] weiter unten/oben ❷ (*additional*) weitere(r, s) II. *adj comp of* **far** weiter; **at the ~ end** am anderen Ende

far·thest [ˈfɑːðɪst] I. *adv superl of* **far** am weitesten; **the ~ east** am weitesten östlich II. *adj superl of* **far** am weitesten; **the ~ place** der am weitesten entfernte Ort

fas·ci·nate [ˈfæsɪneɪt] *vt* faszinieren

fas·ci·nat·ed [ˈfæsɪneɪtɪd] *adj* fasziniert

fas·ci·nat·ing [ˈfæsɪneɪtɪŋ] *adj* faszinierend

fas·ci·na·tion [ˌfæsɪˈneɪʃən] *n no pl* Faszination *f*; **to watch in ~** fasziniert zusehen; **to hold** [*or* **have**] **a ~ for sb** jdn faszinieren

fas·cism *n no pl* Faschismus *m*

fas·cist I. *n* Faschist(in) *m(f)* II. *adj* faschistisch

fash·ion [ˈfæʃən] I. *n* ❶ (*style*) Mode *f*; **in the latest ~** nach der neuesten Mode; **in ~** in Mode; **to go out of ~** aus der Mode kommen ❷ (*clothes*) ■ **~s** *pl* Mode *f* ❸ *no pl* (*industry*) Modebranche *f*; **the world of ~** die Modewelt ❹ (*manner*) Art [und Weise] *f*; **after a ~** einigermaßen II. *vt* ausarbeiten

fash·ion·able [ˈfæʃənəbl] *adj* modisch, schick; ■ **to be ~** [in] Mode sein; ■ **to become ~** [zur] Mode werden; **~ restaurant** Schickerialokal *nt*

fash·ion·ably [ˈfæʃənəbli] *adv* modisch; **to be ~ dressed** modisch gekleidet sein

ˈ**fash·ion-con·scious** *adj* modebewusst ˈ**fash·ion de·sign·er** *n* Modedesigner(in) *m(f)* ˈ**fash·ion-for·ward** *adj* modebewusst ˈ**fash·ion show** *n* Modenschau *f*

fast¹ [fɑːst] I. *adj* ❶ (*quick*) schnell; **to be a ~ reader/runner** schnell lesen/laufen ❷ PHOT *film* lichtempfindlich ❸ *clock, watch* ■ **to be ~** vorgehen ❹ (*firm*) fest; **to make ~** [**to sth**] NAUT [an etw *dat*] anlegen; **to make sth ~** [**to sth**] etw [an etw *dat*] festmachen ❺ (*permanent*) *colour* waschecht II. *adv* ❶ (*at speed*) schnell ❷ (*firmly*) fest; **to be ~ asleep** tief schlafen

fast² [fɑːst] I. *vi* fasten II. *n* Fastenzeit *f*; **to break one's ~** das Fasten brechen

fas·ten [ˈfɑːsən] I. *vt* ❶ (*close*) schließen; *coat* zumachen; **to ~ one's seat belt** sich anschnallen ❷ (*secure*) befestigen (**on/to** an); (*with glue*) festkleben; (*with rope*) festbinden ▶ **to ~ one's eyes** [*or* **gaze**] **on sb/sth** den Blick auf jdn/etw heften II. *vi*

❶ (*close*) sich schließen lassen; **this dress ~s at the back** dieses Kleid wird hinten zugemacht ❷ (*focus*) ■ **to ~ [up]on sth** sich auf etw *akk* konzentrieren ◆ **fasten down** *vt* befestigen ◆ **fasten on** *vt* befestigen ◆ **fasten up** I. *vt* zumachen; *buttons* zuknöpfen II. *vi* zugemacht werden

fas·ten·er ['fɑːsᵊnə^r] *n* Verschluss *m*; **snap ~** Druckknopf *m*; **zip ~** Reißverschluss *m*

fas·ten·ing ['fɑːsᵊnɪŋ] *n* Verschluss *m*

fast 'food *n no pl* Fast Food *nt* **fast-'for·ward** *vt, vi* vorspulen

fas·tid·i·ous [fæsˈtɪdiəs] *adj* ❶ (*correct*) wählerisch; *taste* anspruchsvoll; **to be very ~ about doing sth** sehr sorgsam darauf bedacht sein, etw zu tun ❷ (*pej*) pingelig

fat [fæt] I. *adj* <-tt-> ❶ (*fleshy*) dick, fett *pej*; *animal* fett ❷ (*thick*) dick ❸ (*substantial*) *profits* fett ❹ (*fam: little*) **~ chance we've got** da haben wir ja Mordschancen *iron*; **a ~ lot he cares** er schert sich einen Dreck *sl*; **a ~ lot of use you are!** du bist mir eine schöne Hilfe! II. *n* Fett *nt*; **layer of ~** Fettschicht *f* ▶ **the ~ is in the fire** der Teufel ist los

fa·tal ['feɪtᵊl] *adj* ❶ (*lethal*) tödlich; **~ blow** Todesstoß *m* ❷ (*disastrous*) fatal

fa·tal·ism ['feɪtᵊlɪzᵊm] *n no pl* Fatalismus *m*

fa·tal·ist ['feɪtᵊlɪst] *n* Fatalist(in) *m(f)*

fa·tal·ity [fəˈtæləti] *n* Todesopfer *nt*

fa·tal·ly ['feɪtᵊli] *adv* ❶ (*mortally*) tödlich; **~ ill** sterbenskrank ❷ (*disastrously*) hoffnungslos; **his reputation was ~ damaged** sein Ansehen war für immer geschädigt

'fat-burning *adj attr* fettverbrennend

'fat cat *n* (*fam*) Bonze *m*

fate [feɪt] *n* Schicksal *nt*; **to leave sb to his/her ~** jdn seinem Schicksal überlassen ▶ **a ~ worse than death** äußerst unerfreulich

fat·ed ['feɪtɪd] *adj* vom Schicksal bestimmt

fate·ful ['feɪtᵊl] *adj* schicksalhaft; *decision* verhängnisvoll

'fat-free *adj* fettfrei

'fat·head *n* (*fam*) Schafskopf *m*

fa·ther ['fɑːðə^r] I. *n* Vater *m*; **on one's ~'s side** väterlicherseits; **from ~ to son** vom Vater auf den Sohn ▶ **like ~, like son** wie der Vater, so der Sohn II. *vt* **to ~ a child** ein Kind zeugen

Fa·ther 'Christ·mas *n esp* BRIT der Weihnachtsmann **fa·ther·hood** ['fɑːðəhʊd] *n no pl* Vaterschaft *f* **'fa·ther-in-law** <*pl* fathers- *or* BRIT *also* -s> *n* Schwiegervater *m* **'fa·ther·land** *n* Vaterland *nt*

fa·ther·less ['fɑːðələs] *adj* vaterlos

fa·ther·ly ['fɑːðᵊli] *adj* väterlich

'Fa·ther's Day *n no pl* Vatertag *m*

fath·om ['fæðəm] I. *n* Faden *m* (= *ca. 1,8 m*) II. *vt* begreifen

fath·om·less ['fæðəmləs] *adj* unergründlich

fa·tigue [fəˈtiːg] I. *n* ❶ *no pl* Ermüdung *f*; **donor ~** Nachlassen *nt* der Spendenfreudigkeit; **metal ~** Metallermüdung *f* ❷ MIL ■ **~s** *pl* (*uniform*) Arbeitskleidung *f kein pl* II. *vt, vi* ermüden

fat·so <*pl* -s *or* -es> ['fætsəʊ] *n* (*pej, hum fam*) Dickerchen *nt*

fat·ten ['fætᵊn] *vt animal* mästen; ■ **to ~ sb up** jdn herausfüttern

fat·ten·ing ['fætᵊnɪŋ] *adj* **to be ~** dick machen

'fat trans·fer *n* MED Fettunterspritzung *f*, Lipotransfer *m fachspr*

fat·ty ['fæti] I. *adj* ❶ (*containing fat*) *food* fetthaltig, fett ❷ (*consisting of fat*) Fett-; **~ tissue** Fettgewebe *nt* II. *n* (*pej fam*) Dickerchen *nt*

fatu·ous ['fætjuəs] *adj* (*form*) albern

fat·wa ['fætwɑː] *n* Fetwa *nt*, Rechtsgutachten *nt* (*im Islam*)

fau·cet ['fɔːsɪt] *n* AM (*tap*) Wasserhahn *m*

fault [fɔːlt] I. *n* ❶ *no pl* (*responsibility*) Schuld *f*; **it's all your ~** das ist ganz allein deine Schuld; **it's your own ~** du bist selbst schuld daran; **to find ~ with sb/sth** etw an jdm/etw auszusetzen haben; **the ~ lies with sb/sth** die Schuld liegt bei jdm/etw; **to be at ~** schuld sein; **through no ~ of his own** ohne sein eigenes Verschulden ❷ (*weakness*) Fehler *m*; **she was generous to a ~** sie war zu großzügig; **his/her main ~** seine/ihre größte Schwäche ❸ (*defect*) Fehler *m*, Defekt *m*; **a ~ on the line** eine Störung in der Leitung ❹ GEOL Verwerfung *f* ❺ TENNIS Fehler *m*; **to call a ~** einen Fehler anzeigen II. *vt* **to ~ sb/sth** [einen] Fehler an jdm/etw finden; **you can't ~ [him on] his logic** an seiner Logik ist nichts auszusetzen

'fault-find·ing *n no pl* ❶ (*criticism*) Nörgelei *f* ❷ ELEC Fehlersuche *f*

fault·less ['fɔːltləs] *adj* fehlerfrei; *performance also* fehlerlos

faulty ['fɔːlti] *adj* ❶ (*unsound*) fehlerhaft ❷ (*defect*) defekt

fau·na ['fɔːnə] *n no pl,* + *sing/pl vb* Fauna *f*

faux [fəʊ] *adj fur* Web-; *leather* Kunst-; *gemstones* unecht, -Imitate; *pearls* falsch

fa·vor *n, vt* AM *see* **favour**

fa·vor·able *adj* AM *see* **favourable**
fa·vored *adj* AM *see* **favoured**
fa·vor·ite *adj, n* AM *see* **favourite**
fa·vor·it·ism *n* AM *see* **favouritism**
fa·vour ['feɪvəʳ] **I.** *n* ❶ *no pl* (*approval*) **he's trying to get back into ~** er versucht, sich wieder beliebt zu machen; **to be/fall out of ~** in Ungnade sein/fallen; **to find ~ with sb** bei jdm Gefallen finden; **to gain** [*or* **win**] **sb's ~** [*or* **~ with sb**] jds Gunst erlangen; **to show ~ to sb** jdn bevorzugen; ▪ **to be in ~** dafür sein; **all those in ~, ...** alle, die dafür sind, ...; **in ~ of** für ❷ *no pl* (*advantage*) ▪ **to be in sb's ~** zu jds Gunsten sein; **there are so many things in your ~** so viele Dinge sprechen für dich; **the wind was in our ~** der Wind war günstig für uns; **to have sth in one's ~** etw als Vorteil haben; **to rule in sb's ~** SPORTS für jdn entscheiden; **in ~ of** für; **to reject sb/sth in ~ of sb/sth** jdm/etw gegenüber jdm/etw den Vorzug geben ❸ (*kind act*) Gefallen *m* kein pl; **I'm not asking for ~s** ich bitte nicht um Gefälligkeiten; **do it as a ~ to me** tu es mir zuliebe; **to do sb a ~** [*or* **a ~ for sb**] jdm einen Gefallen tun; **to not do sb/oneself any ~s** jdm/sich keinen Gefallen tun ❹ AM (*present*) kleines Geschenk ▸ **do me a ~!** BRIT (*fam*) tu mir einen Gefallen! **II.** *vt* ❶ (*prefer*) vorziehen ❷ (*approve*) gutheißen; ▪ **to ~ doing sth** es gutheißen, etw zu tun ❸ (*benefit*) begünstigen ❹ (*be partial*) bevorzugen; SPORTS favorisieren
fa·vour·able ['feɪvərəbl] *adj* ❶ (*approving*) positiv, zustimmend; *impression* sympathisch; **to view sth in a ~ light** etw mit Wohlwollen betrachten ❷ (*advantageous*) ▪ **~ to sb/sth** für jdn/etw günstig
fa·vour·ably, AM **fa·vor·ably** ['feɪvərəbli] *adv* ❶ (*approvingly*) positiv, wohlwollend; **to be ~ disposed towards sb** jdm gewogen sein *geh* ❷ (*pleasingly*) **to compare ~ with sb/sth** im Vergleich zu jdm/etw gut abschneiden; **to impress sb ~** jdn positiv beeindrucken ❸ (*advantageously*) vorteilhaft, günstig; **things didn't turn out ~ for us** die Dinge entwickelten sich nicht in unserem Sinn
fa·voured ['feɪvəd] *adj* ❶ (*preferred*) bevorzugt ❷ (*privileged*) begünstigt
fa·vour·ite ['feɪvərɪt] **I.** *adj* Lieblings- **II.** *n* ❶ (*best-liked person*) Liebling *m;* ▪ **to be a ~ with sb** zu jds Lieblingen gehören; **Johnny Depp's a ~ of mine** Johnny Depp ist einer meiner Lieblingsstars ❷ (*best-liked thing*) **which one's your ~?** welches magst du am liebsten? ❸ (*contestant*) Favorit(in) *m(f)* ❹ (*privileged person*) Liebling *m*
fa·vour·it·ism ['feɪvərɪtɪzəm] *n no pl* (*pej*) Begünstigung *f*
fawn[1] [fɔːn] **I.** *n* ❶ (*deer*) Rehkitz *nt* ❷ (*brown*) Rehbraun *nt* **II.** *adj* rehbraun
fawn[2] [fɔːn] *vi* (*pej*) ▪ **to ~** [**up**]**on sb** vor jdm katzbuckeln; ▪ **to ~ over sb/sth** um jdn/etw ein Getue machen
fawn·ing ['fɔːnɪŋ] *adj* (*pej*) kriecherisch; *review* schmeichelhaft
fax [fæks] **I.** *n* Fax *nt* **II.** *vt* faxen; ▪ **to ~ sth through** [*or* **over**] etw durchfaxen
'fax ma·chine *n* Fax[gerät] *nt*
FBI [ˌefbiːˈaɪ] *n no pl abbrev of* **Federal Bureau of Investigation** FBI *nt*
FCO [ˌefsiːˈəʊ] *n* BRIT POL *abbrev of* **Foreign and Commonwealth Office** britisches Außen- und Commonwealthministerium
fear [fɪəʳ] **I.** *n* ❶ *no pl* (*dread*) Angst *f*, Furcht *f*; **~ of heights** Höhenangst *f*; **in ~ of one's life** in Todesangst; **to have a ~ of sth** vor etw *dat* Angst haben; **to put the ~ of God into sb** jdm einen heiligen Schrecken einjagen; ▪ **for ~ of doing sth** aus Angst, etw zu tun; ▪ **for ~ that ...** aus Angst, dass ... ❷ (*worry*) **~s for sb's safety** Sorge *f* um jds Sicherheit; **sb's worst ~s** jds schlimmste Befürchtungen ▸ **no ~!** BRIT, AUS bestimmt nicht!; **there's no** [*or* **isn't any**] **~ of that!** das ist nicht zu befürchten! **II.** *vt* ❶ (*dread*) fürchten; **what do you ~ most?** wovor hast du am meisten Angst?; **nothing to ~** nichts zu befürchten ❷ (*form: regret*) ▪ **to ~** [**that**] ... befürchten, dass ... **III.** *vi* ▪ **to ~ for sb/sth** sich *dat* um jdn/etw Sorgen machen; **to ~ for sb's life** um jds Leben fürchten; **never ~** keine Angst
feared [fɪəd] *adj* gefürchtet
fear·ful ['fɪəfəl] *adj* ❶ (*anxious*) ängstlich; **she was ~ of what he might say** sie hatte Angst davor, was er sagen würde; **~ of causing a scene, ...** aus Angst, eine Szene auszulösen, ... ❷ (*terrible*) schrecklich
fear·ful·ness ['fɪəfəlnəs] *n no pl* Ängstlichkeit *f*
fear·less ['fɪələs] *adj* furchtlos
fear·less·ly ['fɪələsli] *adv* furchtlos, unerschrocken
fear·less·ness ['fɪələsnəs] *n no pl* Furchtlosigkeit *f*
fear·some ['fɪəsəm] *adj* Furcht einflößend
fea·sibil·ity [ˌfiːzəˈbɪləti] *n no pl* Machbarkeit *f*; **~ of plan** Durchführbarkeit *f*
fea·sible ['fiːzəbl] *adj* ❶ (*practicable*) durchführbar; **financially/politically ~** fi-

nanziell/politisch möglich; **technically ~** technisch machbar ❷ (*possible*) möglich ❸ (*fam: plausible*) glaubhaft
feast [fiːst] **I.** *n* ❶ Festessen *nt;* **~ day** REL [kirchlicher] Festtag; **Sugar F~** REL Zuckerfest *nt* ❷ (*fig*) **~ for the ear** Ohrenschmaus *m;* **~ for the eye** Augenweide *f* **II.** *vi* schlemmen; ▪to **~ on sth** sich an etw *dat* gütlich tun ▶ **to ~ one's eyes on sth** sich am Anblick einer S. *gen* weiden
feast·ing ['fiːstɪŋ] *n no pl* Schlemmerei *f*
feat [fiːt] *n* ❶ (*brave deed*) Heldentat *f* ❷ (*skill*) [Meister]leistung *f;* **~ of engineering** technische Großtat; **~ of organization** organisatorische Meisterleistung; **no mean ~** keine schlechte Leistung
feath·er ['feðə'] *n* Feder *f* ▶ **a ~ in sb's cap** etwas, worauf jd stolz sein kann; **as light as a ~** federleicht; **you could have knocked me down with a ~** ich war total platt; **to ~ one's [own] nest** seine Schäfchen ins Trockene bringen
'**feath·er·weight** *n* Federgewicht *nt*
feath·ery ['feðəri] *adj* (*covered with feathers*) gefiedert; (*like a feather*) fed[e]rig
fea·ture ['fiːtʃə'] **I.** *n* ❶ (*aspect*) Merkmal *nt,* Kennzeichen *nt;* **the best ~** das Beste (**of** an); **special ~** Besonderheit *f;* **to make a ~ of sth** (*in room*) etw zu einem Blickfang machen ❷ (*of face*) ▪**~s** *pl* Gesichtszüge *pl* ❸ (*report*) Sonderbeitrag *m* (**on** über) ❹ (*film*) Spielfilm *m;* **double ~** zwei Spielfilme in einem; **main ~** Hauptfilm *m* **II.** *vt* ❶ (*show*) aufweisen ❷ (*star*) **featuring sb** mit jdm in der Hauptrolle ❸ (*exhibit*) groß herausbringen ❹ (*report*) ▪**to ~ sth** über etw *akk* groß berichten **III.** *vi* ❶ (*appear*) vorkommen; **to ~ high on the list** ganz oben auf der Liste stehen ❷ (*act in a film*) [mit]spielen
fea·ture·less ['fiːtʃələs] *adj* ohne Besonderheiten
'**fea·ture sto·ry** *n* Sonderbericht *m*
fea·tur·ette [ˌfiːtʃər'et] *n* Extras *pl,* Dokumentation *f* zu den Dreharbeiten (*auf DVDs*)
Feb·ru·ary ['februəri] *n* Februar *m,* Feber *m* ÖSTERR; **at the beginning of** [*or* **in early**] **~** Anfang Februar; **at the end of** [*or* **in late**] **~** Ende Februar; **in the middle of ~** Mitte Februar; **in the first/second half of ~** in der ersten/zweiten Februarhälfte; **for the whole of ~** den ganzen Februar über; **last/next/this ~** vergangenen [*o* letzten]/kommenden [*o* nächsten]/diesen Februar; **to be in ~** in den Februar fallen; **in/during ~** im Februar; **on ~ 14** [*or* BRIT **~ 14th**] am 14. Februar; **on Friday, ~ 14** am Freitag, dem [*o* den] 14. Februar; **Hamburg, ~ 14, 2014** Hamburg, den 14. Februar 2014

---

fear

expressing fear/anxiety	Befürchtungen/Angst ausdrücken
I've got a bad feeling (about this).	Ich habe (da) ein ungutes Gefühl.
It doesn't look good.	Es sieht nicht gut aus.
I'm expecting the worst.	Ich rechne mit dem Schlimmsten.
I'm scared/afraid you will hurt yourself.	Ich habe Angst, dass du dich verletzen könntest.
I'm scared/afraid of the dentist.	Ich habe Angst vorm Zahnarzt.
I'm worried to death about the exam. (fam)	Ich habe Bammel/Schiss vor der Prüfung. (fam)
These crowds terrify me.	Diese Menschenmengen machen mir Angst.
This thoughtlessness frightens me.	Diese Rücksichtslosigkeit beängstigt mich.

expressing concern	Sorge ausdrücken
I am very worried about his health.	Sein Gesundheitszustand macht mir große Sorgen.
I am worried about you.	Ich mache mir Sorgen um dich.
I'm (deeply) concerned about the rising unemployment figures.	Die steigenden Arbeitslosenzahlen beunruhigen mich.
I'm having sleepless nights worrying about him.	Die Sorge um ihn bereitet mir schlaflose Nächte.

fe·ces *npl* AM *see* **faeces**
feck·less ['fekləs] *adj* (*form*) nutzlos; *person* nichtsnutzig
Fed *n* AM (*fam*) ❶ (*police*) FBI-Agent(in) *m(f)* ❷ (*bank*) Zentralbankrat *m*
fed·er·al ['fedərəl] *adj* föderativ; **~ republic** Bundesrepublik *f*; **at ~ level** auf Bundesebene
fed·er·al·ism ['fedərəlɪzəm] *n no pl* Föderalismus *m*
fed·er·al·ist ['fedərəlɪst] **I.** *n* Föderalist(in) *m(f)* **II.** *adj* föderalistisch
fed·era·tion [ˌfedəˈreɪʃən] *n* Föderation *f*
'fed up *adj* (*fam*) ■ **to be ~ up** die Nase voll haben; **to be ~ up to the [back] teeth with sb/sth** jdn/etw gründlich satthaben; **I'm ~ up with being treated as a child** ich habe es satt, wie ein Kind behandelt zu werden
fee [fiː] *n* Gebühr *f*; **lawyer's ~** Rechtsanwaltshonorar *nt*; **legal ~s** Rechtskosten *pl*; **membership ~** Mitgliedsbeitrag *m*; **school ~s** Schulgeld *nt*
fee·ble <-r, -st> ['fiːbl] *adj* schwach; *attempt* müde; *joke, excuse* lahm
fee·ble-'mind·ed *adj* schwachsinnig
fee·ble·ness ['fiːblnəs] *n no pl* Schwäche *f*
fee·bly ['fiːbli] *adv* schwach
feed [fiːd] **I.** *n* ❶ *no pl* (*fodder*) Futter *nt* ❷ (*for baby*) Mahlzeit *f*; (*for animals*) Fütterung *f*; **the baby had a ~ an hour ago** das Baby ist vor einer Stunde gefüttert worden ❸ TECH (*supply*) Zufuhr *f* **II.** *vt* <fed, fed> ❶ (*give food to*) *animal, invalid* füttern; *baby* füttern; (*breast-feed*) stillen; (*with bottle*) die Flasche geben; *plant* düngen; ■ **to ~ sb/oneself** jdm zu essen geben/allein essen; ■ **to ~ an animal [on] sth** einem Tier etw zu fressen geben; **to ~ sth to an animal** etw an ein Tier verfüttern ❷ (*provide food for*) ernähren; **that's not going to ~ ten people** das reicht nicht für zehn Personen ❸ (*supply*) *data* eingeben; **the river is fed by several smaller streams** der Fluss wird von einigen kleineren Flüssen gespeist ❹ (*thread*) führen; *rope* fädeln ❺ (*stoke*) schüren ❻ (*fam*) *parking meter* Münzen einwerfen in +*akk* ❼ (*give*) *information* geben **III.** *vi* <fed, fed> ❶ (*eat*) *animal* weiden; *baby* gefüttert werden ❷ (*enter*) ■ **to ~ into sth** *river* in etw *akk* münden
◆**feed in** *vt* COMPUT eingeben ◆**feed off** *vi*, **feed on** *vi* ❶ (*eat*) sich ernähren von +*dat* ❷ (*fig: increase*) genährt werden von +*dat* ◆**feed up** *vt animal* mästen; *person* aufpäppeln

'feed·back *n no pl* ❶ (*opinion*) Feedback *nt* ❷ ELEC Rückkopplung *f*
feed·er ['fiːdə] *n* ❶ (*eater*) Esser(in) *m(f)*; **to be a fussy/messy/noisy ~** beim Essen heikel sein/kleckern/schmatzen ❷ (*device*) Zuführapparat *m*
'feed·ing bot·tle *n* Fläschchen *nt*
feel [fiːl] **I.** *vt* <felt, felt> ❶ (*sense, touch*) fühlen; *one's age* spüren; **I had to ~ my way along the wall** ich musste mich die Wand entlangtasten; **to ~ the cold/heat** unter der Kälte/Hitze leiden; **to ~ an idiot** sich *dat* wie ein Idiot vorkommen; **you made me ~ a real idiot** du hast mir das Gefühl gegeben, ein richtiger Idiot zu sein; **to ~ one's old self [again]** [wieder] ganz der/die Alte sein; **to ~ nothing for sb** für jdn nichts empfinden; **do you ~ anything for Robert?** hast du etwas für Robert übrig? ❷ (*think*) halten; **how do you ~ about it?** was hältst du davon?; ■ **to ~ that ...** der Meinung sein, dass ... **II.** *vi* <felt, felt> ❶ + *adj* (*sense*) **my mouth ~s dry** mein Mund fühlt sich trocken an; **my eyes ~ sore** meine Augen brennen; **it ~s awful to tell you this** ich fühle mich ganz schrecklich, wenn ich dir das sage; **how do you ~ about it?** was sagst du dazu?; **how does it ~ to be world champion?** wie fühlt man sich als Weltmeister?; **what does it ~ like?** was für ein Gefühl ist das?; **to ~ angry** wütend sein; **to ~ better/ill** sich besser/krank fühlen; **to ~ certain** [*or* **sure**] sich *dat* sicher sein; **to ~ foolish** sich *dat* dumm vorkommen; **to ~ free to do sth** etw ruhig tun; **~ free to visit any time you like** du kannst uns gern jederzeit besuchen; **sb ~s hot/cold** jdm ist heiß/kalt; **sb ~s hungry/thirsty** jd ist hungrig/durstig [*o* hat Hunger/Durst]; **to ~ safe** sich sicher fühlen; ■ **to ~ as if one were doing sth** das Gefühl haben, etw zu tun; ■ **to ~ for sb** mit jdm fühlen ❷ + *adj* (*seem*) scheinen; **a film of what felt like four hours** ein Film von gefühlt vier Stunden Länge *fam*; **it ~s like I've told her a hundred times that ...** ich habe ihr gefühlt hundert Mal gesagt, dass ... *fam* ❸ (*search*) tasten (**for** nach); ■ **to ~ along sth** etw abtasten ❹ (*want*) ■ **to ~ like sth** zu etw *dat* Lust haben; ■ **to ~ like doing sth** Lust haben, etw zu tun **III.** *n no pl* ❶ (*texture*) **the ~ of wool** das Gefühl von Wolle; **the material has a nice ~ to it** das Material fühlt sich gut an; **to recognize sth by the ~ of it** etw beim Anfassen

erkennen ❷(*touch*) Berühren *nt*; (*by holding*) Anfassen *nt* ❸(*talent*) Gespür *nt* ◆**feel up** I. *vt* (*fam*) begrapschen II. *vi* ■to ~ **up to sth** sich etw *dat* gewachsen fühlen

feel·er ['fiːlə'] *n usu pl* Fühler *m* ▶**to put out ~s** seine Fühler ausstrecken

feel·ing ['fiːlɪŋ] *n* ❶Gefühl *nt* (**of** +*gen*/ von); **dizzy ~** Schwindelgefühl *nt*; **~ of tension** angespannte Stimmung; **~ of safety** Gefühl *nt* von Sicherheit, gefühlte Sicherheit; **to have a ~ for language** ein gutes Sprachgefühl haben ❷(*opinion*) Ansicht *f* (**about/on** über); **what are your ~s about ...?** wie denken Sie über ...? ▶**to cause bad ~** [*or* Am **~s**] böses Blut verursachen; **no hard ~s!** nichts für ungut!

feet [fiːt] *n pl of* **foot**

feign [feɪn] *vt* vortäuschen

feigned [feɪnd] *adj* vorgetäuscht; **~ indifference** gespielte Gleichgültigkeit

feint [feɪnt] SPORTS I. *vi*, *vt* antäuschen II. *n* Finte *f*

fe·line ['fiːlaɪn] *adj* (*of cats*) Katzen-; (*catlike*) katzenartig

fell[1] [fel] *pt of* **fall**

fell[2] [fel] I. *vt* ❶(*cut down*) fällen ❷(*knock down*) ■to ~ **sb** jdn niederstrecken II. *n* Hochmoor *nt* (*in Nordengland und Schottland*) III. *adj* ▶**at** [*or* **in**] [*or* **with**] **one ~ swoop** auf einen Streich

fel·la·tio [fəˈleɪʃɪəʊ] *n no pl* Fellatio *f*

fel·low ['feləʊ] I. *n* ❶(*fam: man*) Kerl *m* ❷BRIT (*scholar*) Fellow *m* II. *adj* **~ citizen** Mitbürger(in) *m(f)*; **~ countrymen** Landsleute *pl*; **~ student** Kommilitone *m*/Kommilitonin *f*; **~ sufferer** Leidensgenosse *m*/ -genossin *f*

fel·low 'mem·ber *n* POL Parteigenosse *m*/ -genossin *f*; *of a club* Klubkamerad(in) *m(f)*

fel·low 'pas·sen·ger *n* Mitreisende(r) *f(m)* **fel·low·ship** ['feləʊʃɪp] *n* ❶(*group*) Gesellschaft *f* ❷(*studentship*) Fellowship *f* ❸(*award*) Stipendium *nt* **fel·low 'trav·el·ler** *n* ❶(*traveller*) Mitreisende(r) *f(m)* ❷(*supporter*) Mitläufer(in) *m(f)*

fel·on ['felən] *n* [Schwer]verbrecher(in) *m(f)*

fel·o·ny ['feləni] *n* [Schwer]verbrechen *nt*

felt[1] [felt] *pt*, *pp of* **feel**

felt[2] [felt] *n no pl* Filz *m*

'felt-tip *n*, **felt-tip 'pen** *n* Filzstift *m*

fe·male ['fiːmeɪl] I. *adj* ❶(*sex*) weiblich ❷TECH *valve* Innen- II. *n* ❶(*animal*) Weibchen *nt* ❷(*woman*) Frau *f*

femi·nine ['femɪnɪn] I. *adj* feminin, weiblich II. *n* LING Femininum *nt*

femi·nin·ity [ˌfemɪˈnɪnəti] *n no pl* Weiblichkeit *f*

femi·nism ['femɪnɪzəm] *n no pl* Feminismus *m*

femi·nist ['femɪnɪst] I. *n* Feminist(in) *m(f)* II. *adj* feministisch

fen [fen] *n* BRIT Sumpfland *nt*; **the F~s** die Niederungen in East Anglia

fence [fen(t)s] I. *n* ❶(*barrier*) Zaun *m* ❷(*in horse race*) Hindernis *nt* ❸(*sl: criminal*) Hehler(in) *m(f)* ▶**to sit on the ~** neutral bleiben II. *vi* fechten III. *vt* einzäunen

fenc·er ['fen(t)sə'] *n* Fechter(in) *m(f)*

fenc·ing ['fen(t)sɪŋ] *n no pl* ❶SPORTS Fechten *nt* ❷(*barrier*) Einzäunung *f* ❸(*materials*) Einzäunungsmaterial *nt*

fend [fend] I. *vi* (*care*) ■to ~ **for oneself** für sich *akk* selbst sorgen II. *vt* (*defend*) ■to ~ **off** abwehren; *criticism* zurückweisen

fend·er ['fendə'] *n* ❶(*around fireplace*) Kamingitter *nt* ❷Am AUTO Kotflügel *m* ❸NAUT Fender *m*

fen·nel ['fenəl] *n no pl* Fenchel *m*

fe·ral ['ferəl] *adj animals* wild [geworden], ungezähmt

fer·ment I. *vt* [fəˈment] ❶(*change*) fermentieren ❷(*form: rouse*) schüren II. *vi* [fəˈment] gären III. *n* ['fɜːment] *no pl* (*form*) Unruhe *f*

fer·men·ta·tion [ˌfɜːmenˈteɪʃən] *n no pl* Gärung *f*

fern [fɜːn] *n* Farn *m*

fe·ro·cious [fəˈrəʊʃəs] *adj* wild; *fighting* heftig; *heat* brütend

fe·ro·cious·ness [fəˈrəʊʃəsnəs] *n*, **fe·roc·ity** [fəˈrɒsəti] *n no pl* Wildheit *f*; *of attack, storm* Heftigkeit *f*

fer·ret ['ferɪt] I. *n* Frettchen *nt* II. *vi* (*fam*) ❶(*search*) wühlen; ■to ~ [**around**] [**for sth**] [nach etw *dat*] wühlen ❷(*hunt*) **to go ~ing** mit Frettchen auf die Jagd gehen

Fer·ris wheel ['ferɪs,-] *n esp* AM, AUS Riesenrad *nt*

fer·rous ['ferəs] *adj* CHEM Eisen-

fer·ry ['feri] I. *n* Fähre *f*; **by ~** mit der Fähre II. *vt* <-ie-> ❶(*across water*) **to ~** [**across** [*or* **over**]] übersetzen ❷(*transport*) befördern; **to ~ sb about** jdn herumfahren

'fer·ry·boat *n* Fährschiff *nt* **'fer·ry·man** *n* Fährmann *m*

fer·tile ['fɜːtaɪl] *adj* fruchtbar; (*fig*) *imagination* lebhaft

fer·til·ity [fəˈtɪləti] *n no pl* Fruchtbarkeit *f*

fer·ti·li·za·tion [ˌfɜːtɪlaɪˈzeɪʃən] *n no pl* Befruchtung *f*

fer·ti·lize ['fɜːtɪlaɪz] vt ❶ AGR düngen ❷ BIOL befruchten

fer·ti·liz·er ['fɜːtɪlaɪzəʳ] n Dünger m

fer·vent ['fɜːvənt] adj (form) ❶ hope inbrünstig ❷ supporter glühend

fer·vent·ly ['fɜːvəntli] adv (form) inbrünstig geh

fer·vour ['fɜːvəʳ], AM **fer·vor** n no pl (form) Leidenschaft f

fes·ter ['festəʳ] vi ❶ MED eitern ❷ (fig) gären

fes·ti·val ['festɪvəl] n ❶ (holy day) Fest nt ❷ (event) Festival nt; **the Salzburg F~** die Salzburger Festspiele

fes·tive ['festɪv] adj festlich; **~ mood** Feststimmung f

fes·tiv·ity [fes'tɪvəti] n ❶ (celebrations) ■**festivities** pl Feierlichkeiten pl ❷ no pl (festiveness) Feststimmung f

fes·toon [fes'tuːn] I. n Girlande f II. vt [mit Girlanden] schmücken

fe·tal adj AM see **foetal**

fetch [fetʃ] I. vt ❶ (get) **to ~ sb from the station** jdn vom Bahnhof abholen; ■**to ~ sth** etw holen ❷ (be sold for) erzielen II. vi **~!** bring [es] her!; **to ~ and carry [for sb]** [jds] Handlanger sein

fetch·ing ['fetʃɪŋ] adj schick

fête [feɪt] I. n BRIT, AUS Fest nt II. vt feiern

fet·id ['fetɪd] adj übel riechend

fet·ish ['fetɪʃ] n Fetisch m

fet·ish·ism ['fetɪʃɪzəm] n no pl Fetischismus m

fet·ish·ist ['fetɪʃɪst] n Fetischist(in) m(f)

fet·ter ['fetəʳ] vt ❶ (chain) fesseln; **horse** anbinden ❷ (fig: restrict) einschränken

fet·tle ['fetl] n no pl (fam) **in fine ~** in guter Verfassung

fe·tus n AM see **foetus**

feud [fjuːd] I. n Fehde f (**over** wegen) II. vi in Fehde liegen

feu·dal ['fjuːdəl] adj Feudal-

feu·dal·ism ['fjuːdəlɪzəm] n no pl Feudalismus m

fe·ver ['fiːvəʳ] n ❶ (temperature) Fieber nt kein pl; **to have a ~** Fieber haben ❷ (excitement) Aufregung f; **election/football ~** Wahl-/Fußballfieber nt; **a ~ of excitement** fieberhafte Erregung; **at ~ pitch** fieberhaft

fe·ver·ish ['fiːvərɪʃ] adj ❶ (ill) fiebrig ❷ (frantic) fieberhaft

fe·ver·ish·ly ['fiːvərɪʃli] adv fieberhaft, hektisch

few [fjuː] I. adj ❶ (some) **a ~** ein paar, einige; **can I have a ~ words with you?** kann ich dich mal kurz sprechen?; **every ~ days** alle paar Tage; **quite a ~** ziemlich viele ❷ (not many) wenige; **he's a man of ~ words** er sagt nie viel; **~ things in this world** nur weniges auf der Welt; **~er people** weniger Menschen; **not a ~ readers** nicht wenige Leser; **no ~er than five times** schon mindestens fünf Mal; **as ~ as ...** nur ... ▶**to be ~ and far between** dünn gesät sein II. pron ❶ (some) **a ~ of these apples** ein paar von diesen Äpfeln; **a ~ of us** einige von uns; **a good ~** BRIT ziemlich viele; **quite a ~** eine ganze Menge ❷ (not many) wenige; **~ can do that** nur wenige können das; **the ~ who came ...** die paar, die kamen, ...; **~ of the houses/of us** nur wenige Häuser/von uns; **there were too ~ of us** wir waren nicht genug; **not a ~** nicht wenige ▶**to have had a ~ too many** etwas zu viel getrunken haben III. n ❶ (elite) ■**the ~** pl die Auserwählten ❷ (minority) ■**the ~** pl die Minderheit; **to be one of the lucky ~ who ...** zu den wenigen Glücklichen gehören, die ...

FFV [ˌefef'viː] n abbrev of **flexible-fuel vehicle** FFV-

fi·an·cé [fi'ɒː(n)seɪ] n Verlobte(r) m

fi·an·cée [fi'ɒː(n)seɪ] n Verlobte f

fi·as·co <pl -s or esp AM -es> [fi'æskəʊ] n Fiasko nt

fib [fɪb] (fam) I. vi <-bb-> schwindeln; ■**to ~ to sb** jdn anschwindeln II. n Schwindelei f; **to tell a ~** schwindeln

fib·ber ['fɪbəʳ] n (fam) Schwindler(in) m(f)

fi·ber n AM see **fibre**

fi·bre ['faɪbəʳ] n ❶ (thread) Faden m; (for cloth) Faser f ❷ ANAT Faser f ❸ no pl (fig: strength) **moral ~** Rückgrat nt ❹ no pl FOOD Ballaststoffe pl

'fi·bre·glass n no pl ❶ (plastic) glasfaserverstärkter Kunststoff ❷ (fabric) Glasfaser f

fi·bre op·tic 'ca·ble n Glasfaserkabel nt

fi·bre 'op·tics n + sing vb TELEC, COMPUT Glasfasertechnik f; MED, PHYS [Glas]faseroptik f

fi·brin ['faɪbrɪn] n Fibrin nt fachspr

fi·brino·gen [faɪ'brɪnə(ʊ)dʒən] n MED Fibrinogen nt

fibu·la <pl -s or -lae> ['fɪbjələ, pl -liː] n Wadenbein nt

fick·le ['fɪkl] adj (pej) ❶ (vacillating) wankelmütig ❷ (not loyal) untreu

fick·le·ness ['fɪklnəs] n no pl ❶ (moodiness) Launenhaftigkeit f ❷ (lack of loyalty) Untreue f

fic·tion ['fɪkʃən] n ❶ no pl LIT Erzählliteratur f; **~ writer** Prosaschriftsteller(in) m(f) ❷ (fabrication) Erfindung f

fic·tion·al ['fɪkʃənəl] adj erfunden; **character** fiktiv

fic·ti·tious [fɪk'tɪʃəs] *adj* ❶ *(false)* falsch ❷ *(imaginary)* [frei] erfunden; *character* fiktiv

fid·dle ['fɪdl̩] **I.** *n (fam)* ❶ MUS Fidel *f* ❷ BRIT *(fraud)* Betrug *m kein pl;* **to be on the ~** krumme Dinger drehen ❸ BRIT *(tricky task)* kniff[e]lige Angelegenheit ▸ [as] **fit as a ~** kerngesund; **to play second ~ to sb** in jds Schatten *m* stehen **II.** *vt (fam)* ❶ *(falsify) accounts, finances* frisieren ❷ *(obtain fraudulently)* [sich *dat*] ergaunern **III.** *vi* ❶ *(finger)* herumspielen; ■ **to ~ with sth** an etw *dat* herumfummeln ❷ *(tinker)* ■ **to ~** [**about**] **with sth** an etw *dat* herumbasteln ❸ MUS *(fam)* fiedeln

fid·dler ['fɪdlə'] *n (fam)* Geiger(in) *m(f)*

fid·dling ['fɪdlɪŋ] *adj* belanglos

fid·dly <-ier, -iest *or* more ~, most ~> ['fɪdli] *adj* BRIT *(fam)* kniff[e]lig

fi·del·i·ty [fɪ'deləti] *n no pl* Treue *f* (**to** gegenüber)

fidg·et ['fɪdʒɪt] **I.** *n* ❶ *(person)* Zappelphilipp *m* ❷ *(condition)* ■ **to have/get the ~s** *pl* zapp[e]lig sein/werden **II.** *vi* zappeln; **stop ~ing!** hör auf, so rumzuzappeln!

fidg·ety ['fɪdʒəti] *adj* zapp[e]lig

fief·dom ['fiːfdəm] *n* HIST Lehnsgut *nt*

field [fiːld] **I.** *n* ❶ *(meadow)* Wiese *f;* (*pasture*) Weide *f;* (*for crops*) Feld *nt*, Acker *m* ❷ SPORTS *(place)* Spielfeld *nt*, Platz *m;* (*contestants*) [Teilnehmer]feld *nt;* **to take the ~** einlaufen ❸ *(expanse)* **gas ~** Gasfeld *nt;* **snow ~** Schneefläche *f* ❹ *(area of knowledge)* Gebiet *nt* ❺ MATH, PHYS Feld *nt* ▸ **to leave the ~ clear for sb** jdm das Feld überlassen **II.** *vi* SPORTS als Fänger spielen **III.** *vt* ❶ *(stop) ball* fangen ❷ *(have playing) team* aufs Feld schicken ❸ *(handle) questions* parieren; *phone calls* abweisen

'field day *n* ❶ AM, AUS [Schul]sportfest *nt* ❷ *(fig)* **to have a ~** seinen großen Tag haben

field·er ['fiːldə'] *n* SPORTS Feldspieler(in) *m(f)*

'field events *npl* SPORTS Sprung- und Wurfdisziplinen *pl* **'field glasses** *npl* Feldstecher *m* **'field mouse** *n* Feldmaus *f* **'field sports** *npl* Sport *m* im Freien (*bes Jagen und Fischen*) **'field·work** *n no pl* Feldforschung *f*

fiend [fiːnd] *n* Teufel *m*

fiend·ish ['fiːndɪʃ] *adj* teuflisch

fiend·ish·ly ['fiːndɪʃli] *adv (diabolically)* teuflisch

fierce [fɪəs] *adj* ❶ *animal* wild ❷ *attack, competition* scharf; *debate* hitzig; *fighting* erbittert; *opposition* entschlossen; *winds* tobend ❸ AM *(fam: difficult)* schwer

fierce·ly ['fɪəsli] *adv* ❶ *(hostilely)* wild ❷ *(very)* extrem; *(intensely)* ausgesprochen, äußerst

fierce·ness ['fɪəsnəs] *n no pl* ❶ *(hostility)* Wildheit *f* ❷ *(intensity)* Intensität *f* ❸ *(destructiveness)* Heftigkeit *f*

fiery ['faɪ(ə)ri] *adj* ❶ *(consisting of fire)* glühend ❷ *(spicy)* feurig ❸ *(bright)* feuerrot ❹ *(passionate)* leidenschaftlich ❺ *(angry)* hitzig; **he has a ~ temper** er ist ein Hitzkopf

fif·teen [fɪf'tiːn] **I.** *adj* fünfzehn; *see also* **eight II.** *n* Fünfzehn *f;* **to be given a ~ certificate** ab 15 [Jahren] freigegeben sein; *see also* **eight**

fif·teenth [fɪf'tiːnθ] **I.** *adj* fünfzehnte(r, s) **II.** *n* ❶ *(order)* ■ **the ~** der/die/das Fünfzehnte ❷ *(date)* ■ **the ~** der Fünfzehnte ❸ *(fraction)* Fünfzehntel *nt*

fifth [fɪfθ] **I.** *adj* fünfte(r, s); **every ~ person** jeder Fünfte; *see also* **eighth II.** *n* ❶ *(order)* ■ **the ~** der/die/das Fünfte; *see also* **eighth** ❷ *(date)* **the ~** der Fünfte; *see also* **eighth** ❸ *(fraction)* Fünftel *nt;* *see also* **eighth** ❹ *(gear)* fünfter Gang ❺ MUS Quinte *f* **III.** *adv* fünftens; *see also* **eighth**

fif·ti·eth ['fɪftiəθ] **I.** *adj* fünfzigste(r, s) **II.** *n* ❶ *(order)* ■ **the ~** der/die/das Fünfzigste; *see also* **eighth** ❷ *(fraction)* Fünfzigstel *nt;* *see also* **eighth** **III.** *adv* fünfzigstens; *see also* **eighth**

fif·ty ['fɪfti] **I.** *adj* fünfzig; *see also* **eight II.** *n* ❶ *(number)* Fünfzig *f;* *see also* **eight** ❷ *(banknote)* Fünfziger *m*

fig[1] [fɪg] *n* FOOD Feige *f* ▸ **to be not worth a ~** keinen Pfifferling wert sein; **to not care a ~ about** [*or* **for**] **sb/sth** sich keinen Deut um jdn/etw scheren

fig[2] [fɪg] **I.** *n abbrev of* **figure** Abb. *f* **II.** *adj abbrev of* **figurative** fig.

fight [faɪt] **I.** *n* ❶ *(combat)* Kampf *m* (**against** gegen, **for** um); (*brawl*) Rauferei *f;* (*involving fists*) Schlägerei *f;* **to give up without a ~** kampflos aufgeben; **to have a ~ on one's hands** Ärger am Hals haben; **to put up a ~** sich wehren ❷ BOXING Kampf *m*, Fight *m* ❸ MIL Gefecht *nt* ❹ *no pl (spirit)* Kampfgeist *m* **II.** *vi* <fought, fought> ❶ *(combat)* kämpfen; *children* sich raufen; ■ **to ~ with sb** (*against*) gegen jdn kämpfen; (*on same side*) an jds Seite kämpfen; **to ~ for breath/one's life** nach Luft ringen/um sein Leben kämpfen ❷ *(quarrel)* sich streiten (**about/over** um) ❸ BOXING boxen **III.** *vt* <fought, fought>

❶ (*to be engaged in*) *battle* schlagen; *duel* austragen; **to ~ an election** bei einer Wahl kandidieren; **to ~ one's way through the crowd** sich *dat* einen Weg durch die Menge bahnen; **to ~ one's way to the top** sich an die Spitze kämpfen ❷ (*use force against*) kämpfen gegen +*akk*; *crime, fire* bekämpfen; *disease* ankämpfen gegen +*akk* ❸ (*in boxing*) ▪**to ~ sb** gegen jdn boxen ◆**fight back** I. *vi* zurückschlagen; (*defend oneself*) sich zur Wehr setzen II. *vt tears* unterdrücken ◆**fight off** *vt* ▪**to ~ off** ⌕ **sb** jdn abwehren; *reporter* jdn abwimmeln; ▪**to ~ off** ⌕ **sth** etw bekämpfen

fight·er [ˈfaɪtəʳ] *n* ❶ (*person*) Kämpfer(in) *m(f)*; (*boxer*) Boxer(in) *m(f)* ❷ (*plane*) Kampfflugzeug *nt*

fight·ing [ˈfaɪtɪŋ] I. *n no pl* ❶ (*hostilities*) Kämpfe *pl* ❷ (*fist fights*) Schlägereien *pl* II. *adj* kämpferisch

fig·ment [ˈfɪɡmənt] *n* **a ~ of sb's imagination** reine Einbildung

fig·ura·tive [ˈfɪɡjᵊrətɪv] *adj* ❶ (*metaphorical*) bildlich; LING figurativ; *sense* übertragen ❷ ART gegenständlich

fig·ura·tive·ly [ˈfɪɡjᵊrətɪvli] *adv* bildlich, figurativ; **~ speaking** bildlich gesprochen

fig·ure [ˈfɪɡəʳ] I. *n* ❶ (*shape*) Figur *f* ❷ (*person*) Gestalt *f*; (*personality*) Persönlichkeit *f*; **~ of fun** [*or* **ridicule**] Spottfigur *f* ❸ MATH (*digit*) Ziffer *f*; (*numeral*) Zahl *f*; **he is good at ~s** er ist ein guter Rechner; **column of ~s** Zahlenreihe *f*; **double/single ~s** zweistellige/einstellige Zahlen; **in four ~s** vierstellig; **in round ~s** rund [gerechnet] ❹ (*amount of money*) Betrag *m* ❺ (*illustration*) Abbildung *f* II. *vt* AM ❶ (*envisage*) voraussehen; (*predict*) voraussagen; (*estimate*) schätzen ❷ (*comprehend*) verstehen III. *vi* ❶ (*feature*) eine Rolle spielen ❷ AM (*count on*) ▪**to ~ on sth** mit etw *dat* rechnen ❸ (*make sense*) **that ~s** das hätte ich mir denken können ◆**figure out** *vt* ❶ (*work out*) herausfinden; MATH ausrechnen ❷ (*understand*) begreifen

ˈ**fig·ure·head** *n* Galionsfigur *f a. fig* ˈ**fig·ure-skat·er** *n* Eiskunstläufer(in) *m(f)* ˈ**fig·ure-skat·ing** *n no pl* Eiskunstlauf *m*

figu·rine [ˈfɪɡjəriː] *n* ART Figurine *f* *fachspr*, Statuette *f*

Fi·ji [ˈfiːdʒiː] *n* ▪**the ~ Islands** die Fidschiinseln *pl*

fila·ment [ˈfɪləmənt] *n* ❶ (*fibre*) Faden *m* ❷ ELEC Glühfaden *m* ❸ BOT Filament *nt*

filch [fɪltʃ] *vt* (*fam*) mitgehen lassen, mopsen

file¹ [faɪl] I. *n* ❶ (*folder*) [Akten]hefter *m*; (*hardback*) [Akten]ordner *m*; (*loose-leaf*) [Akten]mappe *f* ❷ (*database*) Akte *f* (**on** über); **to keep a ~ on sb/sth** eine Akte über jdn/etw führen; **to keep sth on ~** etw aufbewahren ❸ COMPUT Datei *f* II. *vt* ❶ (*put in folder*) ablegen, abheften; (*in order*) einordnen ❷ (*submit*) abgeben; JOURN einsenden; LAW einreichen III. *vi* LAW ▪**to ~ for sth** auf etw *akk* klagen; **to ~ for bankruptcy** einen Konkursantrag stellen; **to ~ for divorce** die Scheidung beantragen ◆**file away** *vt* ▪**to ~ away** ⌕ **sth** etw zu den Akten legen

file² [faɪl] I. *n* (*line*) Reihe *f*; **in single ~** im Gänsemarsch II. *vi* nacheinander gehen ◆**file in** *vi* **they ~ed in** nach und nach kamen sie herein ◆**file out** *vi* **the guests began to ~ out** ein Gast nach dem anderen ging

file³ [faɪl] I. *n* (*tool*) Feile *f* II. *vt* (*smooth*) feilen; **to ~ one's nails** sich *dat* die Nägel feilen; ▪**to ~ down** abfeilen

fil·ial [ˈfɪliəl] *adj* (*form*) Kindes-; *respect* kindlich

fil·ing [ˈfaɪlɪŋ] *n* ❶ *no pl* (*archiving*) Ablage *f* ❷ (*registration*) Einreichung *f* ❸ *no pl* COMPUT Archivierung *f*

ˈ**fil·ing cabi·net** *n* Aktenschrank *m*

fil·ings [ˈfaɪlɪŋz] *npl* (*particles*) [Feil]späne *pl*; **iron ~** Eisenspäne *pl*

Fili·pi·no [ˌfɪlɪˈpiːnəʊ] I. *adj* philippinisch II. *n* <*pl* -s> Philippiner(in) *m(f)*, Filipino *m*/Filipina *f*, Bewohner(in) *m(f)* der Philippinen

fill [fɪl] I. *n* **to drink/eat one's ~** seinen Durst stillen/sich satt essen; **to have one's ~ of sth** genug von etw *dat* haben II. *vt* ❶ (*make full, seal*) füllen; *pipe* stopfen; *tooth* plombieren; *vacuum, gap in the market* schließen ❷ (*pervade, cause to feel*) erfüllen ❸ NAUT *sail* aufblähen ❹ (*appoint*) *vacancy* besetzen ❺ (*utilize*) ausfüllen; **to ~ the time [by] watching television** die Zeit mit Fernsehen verbringen III. *vi* sich füllen; **their eyes ~ed with tears** sie hatten Tränen in den Augen, ihnen traten [die] Tränen in die Augen ◆**fill in** I. *vt* ❶ (*inform*) informieren (**on** über) ❷ (*seal*) *cracks* zuspachteln ❸ ART ausmalen ❹ (*complete*) *form* ausfüllen; *name and address* eintragen ❺ (*occupy*) *time* ausfüllen II. *vi* ▪**to ~ in** [**for sb**] [für jdn] einspringen ◆**fill out** I. *vt* ausfüllen II. *vi* (*expand*) sich ausdehnen; (*gain weight*) fülliger werden ◆**fill up** I. *vt* ❶ (*make full*) voll füllen ❷ (*occupy entire space*) ausfüllen AUTO voll tanken FOOD ■to ~ up ⊃ sb jdn satt bekommen; ■to ~ oneself up sich vollstopfen II. vi ❶ (*become full*) sich füllen ❷ AUTO [voll] tanken

fill·er ['fɪlər] n ❶ no pl (*for cracks*) Spachtelmasse f; **wood ~** Porenfüller m ❷ (*for adding bulk*) Füllmaterial nt ❸ JOURN, TV, RADIO Lückenfüller m

'**fill·er cap** n Tankverschluss m

fil·let ['fɪlɪt] I. n FOOD Filet nt II. vt ❶ (*remove bones*) fish entgräten; meat entbeinen ❷ (*cut into pieces*) filetieren

'**fil·let steak** n Filetsteak nt

fill·ing ['fɪlɪŋ] I. n ❶ (*material*) Füllmasse f ❷ (*for teeth*) Füllung f ❸ FOOD Füllung f; (*in a sandwich*) Belag m II. adj sättigend

'**fill·ing sta·tion** n Tankstelle f

fil·lip ['fɪlɪp] n ■**to give sb a ~** jdn anspornen

film [fɪlm] I. n ❶ FILM, PHOT Film m; **to get into ~s** zum Film gehen ❷ (*layer*) Schicht f; **~ of oil** Ölfilm m II. adj Film- III. vt filmen; book verfilmen; scene drehen IV. vi filmen, drehen

film·ing ['fɪlmɪŋ] n no pl ❶ (*making of a film*) Dreharbeiten pl ❷ (*making into a film*) **the ~ of a book** die Verfilmung eines Buchs

'**film-mak·er** n Filmemacher(in) m(f)

fil·ter ['fɪltər] I. n Filter m II. vt ❶ (*process, purify*) filtern ❷ (*fig*) selektieren III. vi ❶ BRIT AUTO **to ~ left/right** sich links/rechts einordnen ❷ (*light, sound* dringen (**into** in) ♦**filter out** I. vi ❶ (*leak*) durchsickern ❷ (*leave*) nacheinander herausgehen [o herauskommen] II. vt herausfiltern (**from** aus) ♦**filter through** vi light durchscheinen; liquid durchsickern; sound durchdringen; (*fig*) reports durchsickern

'**fil·ter lane** n BRIT Abbiegespur f '**fil·ter pa·per** n Filterpapier nt

filth [fɪlθ] n no pl ❶ (*dirt*) Dreck m, Schmutz m ❷ (*pej: obscenity*) Schmutz m, Obszönitäten pl

filthy ['fɪlθi] I. adj ❶ (*dirty*) schmutzig, dreckig fam, verdreckt pej fam ❷ (*bad-tempered*) look vernichtend; temper aufbrausend; **he was in a ~ mood** er hatte furchtbare Laune ❸ BRIT METEO scheußlich; **~ weather** Schmuddelwetter nt ❹ (*pej fam: obscene*) schmutzig; language obszön; habit widerlich II. adv (*fam*) furchtbar; **~ rich** stinkreich

fil·tra·tion [fɪl'treɪʃən] n no pl Filterung f

fin [fɪn] n Flosse f

fi·nal ['faɪnəl] I. adj ❶ (*last*) letzte(r, s); **in the ~ analysis** letzten Endes; **~ chapter** Schlusskapitel nt; **payment** Abschlusszahlung f; **~ result** Endergebnis nt; **in the ~ stages** in der Schlussphase ❷ (*decisive*) endgültig; **to have the ~ say** [**on sth**] [bei etw dat] das letzte Wort haben; **that's ~!** und damit basta! II. n ❶ (*concluding match*) Endspiel nt, Finale nt ❷ (*final stages*) ■**~s** pl Finale nt ❸ BRIT UNIV ■**~s** pl [Schluss]examen nt; **to take one's ~s** Examen machen ❹ AM SCH Abschlussprüfung f

fi·na·le [fɪ'nɑːli] n Finale nt; (*fig*) [krönender] Abschluss

fi·nal·ist ['faɪnəlɪst] n Finalist(in) m(f)

fi·nal·ity [fɪ'næləti] n ❶ no pl (*irreversibility*) Endgültigkeit f ❷ no pl (*determination*) Entschiedenheit f

fi·nal·ize ['faɪnəlaɪz] vt ❶ (*complete*) zum Abschluss bringen ❷ (*agree on*) endgültig festlegen

fi·nal·ly ['faɪnəli] adv ❶ (*at long last*) schließlich; (*expressing relief*) endlich ❷ (*in conclusion*) abschließend, zum Schluss ❸ (*conclusively*) endgültig; (*decisively*) bestimmt

fi·nance ['faɪnæn(t)s] I. n ❶ no pl (*money management*) Finanzwirtschaft f ❷ (*money*) Geldmittel pl; **~s** Finanzen pl II. vt finanzieren

'**fi·nance com·pa·ny** n, '**fi·nance house** n Finanzierungsgesellschaft f; BRIT Kundenkreditbank f

fi·nan·cial [faɪ'næn(t)ʃəl] adj finanziell, Finanz-; **~ resources** Geldmittel pl

fi·nan·cial·ly [faɪ'næn(t)ʃəli] adv finanziell; **~ weak** kapitalschwach

fi·nan·cier [faɪ'næn(t)siər] n ❶ (*expert*) Finanzexperte m/-expertin f ❷ (*capitalist*) Geldgeber(in) m(f), Finanzier m

fi·nanc·ing ['faɪnæn(t)sɪŋ] n Finanzierung f

finch <pl -es> [fɪn(t)ʃ] n Fink m

find [faɪnd] I. n (*thing*) Fund m; (*person*) Entdeckung f II. vt <found, found> finden; **she was found unconscious** sie wurde bewusstlos aufgefunden; **she found her boyfriend a job** sie besorgte ihrem Freund eine Stelle; **when we woke up we found ourselves in Calais** als wir aufwachten, befanden wir uns in Calais; ■**to ~ oneself** zu sich dat selbst finden; **to ~ oneself alone** auf einmal alleine sein; ■**to ~ sb/sth** [**to be sth**] jdn/etw [als etw] empfinden; **Linda found living in London a fascinating experience** für Linda war es eine faszinierende Erfahrung, in London zu leben; **to ~ sb guilty** jdn für schuldig erklären; ■ to ~ that ... feststellen, dass ...; (come to realize) sehen, dass ...; ■ to ~ what/where/who ... herausfinden, was/wo/wer ... III. vi <found, found> entscheiden (for zu Gunsten, against gegen) ◆ find out I. vt ❶ (detect) erwischen ❷ (discover) herausfinden II. vi dahinter kommen; ■ to ~ out about sb/sth (get information) sich über jdn/etw informieren; (learn) über jdn/etw etwas erfahren

find·er ['faɪndə'] n of sth lost Finder(in) m(f); of sth unknown Entdecker(in) m(f) ▶ ~s keepers[, losers weepers] wer's findet, dem gehört's **find·ing** ['faɪndɪŋ] n ❶ (discovery) Entdeckung f ❷ (result of inquiry) [Urteils]spruch m; usu pl (result of investigation) Ergebnis nt

fine¹ [faɪn] I. adj ❶ (acceptable) in Ordnung; seven's ~ by me sieben [Uhr] passt mir gut ❷ (excellent) glänzend; food ausgezeichnet; the ~st pianist der beste Pianist/die beste Pianistin; the ~st wines die erlesensten Weine ❸ (iron) schön ❹ (slender, cut small) fein; slice dünn ❺ METEO schön ❻ (noble) edel; manners fein; house vornehm ❼ (understated) fein; there's a ~ line between genius and madness Genie und Wahnsinn liegen oft nah beieinander; ~r points Feinheiten pl; not to put too ~ a point on it ... um ganz offen zu sein ... II. adv ❶ (all right) fein, [sehr] gut ❷ (thinly) fein

fine² [faɪn] I. n (punishment) Geldstrafe f; heavy/small ~ hohe/niedrige Geldstrafe; (for minor offences) Bußgeld nt II. vt ■ to ~ sb jdn zu einer Geldstrafe verurteilen; (for minor offences) gegen jdn ein Bußgeld verhängen

fine 'art n no pl, **fine 'arts** npl schöne Künste f; to have sth off to a ~ (fig) etw zu einer wahren Kunst entwickeln
fine·ly ['faɪnli] adv fein; ~ tuned fein eingestellt; ~ ground fein gemahlen
fine·ness ['faɪnnəs] n no pl Feinheit f
fin·ery ['faɪnəri] n no pl Staat m
fi·nesse [fɪˈnes] n no pl ❶ (delicacy) Feinheit f ❷ (skill) Geschick nt ❸ CARDS Schneiden nt
fine-tooth 'comb n, **fine-toothed 'comb** n fein gezahnter Kamm ▶ to **examine** sth with a ~ etw sorgfältig unter die Lupe nehmen
fin·ger ['fɪŋɡə'] I. n Finger m; **they could be counted on the ~s of one hand** man konnte sie an einer Hand abzählen ▶ to have a ~ in every pie überall die Finger drin haben; **the ~ of suspicion** die Verdachtsmomente pl; **to be all ~s and thumbs** BRIT, AUS zwei linke Hände haben; **to catch sb with their ~s in the till** jdn beim Griff in die Kasse ertappen; **to twist sb around one's little ~** jdn um den [kleinen] Finger wickeln; **to keep one's ~s crossed** [for sb] [jdm] die Daumen drücken; **to get** [or **pull**] **one's ~ out** BRIT, AUS sich ranhalten; **to give sb the ~** AM jdm den Stinkefinger zeigen; **to lay a ~ on sb** jdm ein Haar krümmen; **to not lift** [or **raise**] **a ~** keinen Finger rühren; **to put one's ~ on sth** etw genau ausmachen; **to put the ~ on sb** jdn verpfeifen II. vt ❶ (touch) anfassen; (play with) befingern; **to ~ the strings** in die Saiten greifen ❷ (fam: inform on) verpfeifen (**to** bei) ❸ AM (choose) aussuchen
fin·ger·ing ['fɪŋɡ°rɪŋ] n MUS ❶ no pl (technique) Fingertechnik f ❷ (marking) Fingersatz m
'**fin·ger·mark** n Fingerabdruck m '**fin·ger·nail** n Fingernagel m '**fin·ger·print** I. n Fingerabdruck m II. vt ■ to ~ sb jdm die Fingerabdrücke abnehmen '**fin·ger·tip** n Fingerspitze f ▶ to have sth at one's ~s perfekt beherrschen

fin·ish ['fɪnɪʃ] I. n ❶ (final stage) Ende nt; of race Endspurt m, Finish nt; (finishing line) Ziel nt; **close ~** Kopf-an-Kopf-Rennen nt; **to be in at the ~** in der Endrunde sein ❷ (final treatment) letzter Schliff; (sealing, varnishing) Finish nt ▶ **a fight to the ~** ein Kampf m bis zur Entscheidung II. vi enden, aufhören; (conclude) schließen; **have you quite ~ed?** (iron) bist du endlich fertig?; **to ~ first/second** als Erster/Zweiter fertig sein; SPORTS Erster/Zweiter werden; ■ to have ~ed with sth etw nicht mehr brauchen III. vt ❶ (bring to end) beenden; book zu Ende lesen; sentence zu Ende sprechen; ■ to have ~ed doing sth mit etw dat fertig sein ❷ SCH abschließen ❸ (bring to completion) **to ~ sth** etw fertig stellen; (give final treatment) etw dat den letzten Schliff geben ❹ (stop) ■ to ~ sth mit etw dat aufhören; **I ~ work at 5 p.m.** ich mache um 5 Uhr Feierabend ❺ FOOD aufessen; drink austrinken ◆ **fin·ish off** I. vt ❶ (get done) fertig stellen ❷ (make nice) den letzten Schliff geben ❸ FOOD aufessen; drink austrinken ❹ (beat) bezwingen; (tire out) schaffen; AM (sl: murder) erledigen II. vi ❶ (end) abschließen ❷ (get work done) fertig werden ◆ **finish up** I. vi ❶ (get work done) fertig werden ❷ (*end up*) enden; **to ~ up drunk am Ende betrunken sein**; **to ~ up in hospital** im Krankenhaus landen II. *vt food* aufessen; *drink* austrinken

fin·ished ['fɪnɪʃt] *adj* ❶ *pred* fertig; ■ **to be ~ with sth** mit etw *dat* fertig sein; **the ~ product** das Endprodukt ❷ (*of workmanship*) **beautifully ~** wunderbar bearbeitet ❸ (*used up*) verbraucht; **the juice is ~ and so are the cookies** der Saft ist leer und Plätzchen sind auch keine mehr da ❹ (*worn out*) erschöpft, fix und fertig *fam* ❺ (*ruined*) erledigt; *career* zu Ende

'**fin·ish·ing line** *n*, '**fin·ish·ing post** *n* SPORTS Ziellinie *f*

fi·nite ['faɪnaɪt] *adj* begrenzt; MATH endlich

Fin·land ['fɪnlənd] *n* Finnland *nt*

Finn [fɪn] *n* Finne *m*/Finnin *f*

Finn·ish ['fɪnɪʃ] I. *n* Finnisch *nt* II. *adj* finnisch; **the ~ people** die Finnen

fiord [fjɔːd] *n* Fjord *m*

fir [fɜːr] *n* Tanne *f*

'**fir-cone** *n* BRIT Tannenzapfen *m*

fire ['faɪər] I. *n* ❶ *no pl* Feuer *nt*; **electric ~** Elektroofen *m*; **gas ~** Gasofen *m*; **open ~** offener Kamin; (*outside*) Lagerfeuer *nt*; **to play with ~** mit dem Feuer spielen *a. fig* ❷ *no pl* (*destructive burning*) Brand *m*; **~!** Feuer!; **~ control** [*or* **prevention**] Brandschutz *m*; **~ damage** Brandschaden *m*; **forest ~** Waldbrand *m*; **~ risk** Brandrisiko *nt*, Feuergefahr *f*; **to be on ~** brennen, in Flammen stehen; **to catch ~** Feuer fangen, in Brand geraten; **destroyed by ~** völlig abgebrannt; **to set sth on ~** [*or* **to sth**] etw in Brand stecken ❸ *no pl* MIL Feuer *nt*, Beschuss *m*; **in the line of ~** in der Schusslinie; **covering ~** Feuerschutz *m*; ■ **to be under ~** beschossen werden; ■ **to come under ~** unter Beschuss geraten *a. fig*; **to open/cease/return ~** das Feuer eröffnen/einstellen/erwidern ❹ *no pl* (*fervour*) Feuer *nt* ▶ **to set the world on ~** die Welt erschüttern; **to hang ~** auf sich *akk* warten lassen II. *vt* ❶ (*bake in kiln*) brennen ❷ (*shoot*) abfeuern; *shot* abgeben; **to ~ a gun at sb/sth** auf jdn/etw schießen; (*fig*) **to ~ questions at sb** jdn mit Fragen bombardieren; **to ~ a salute** Salut schießen ❸ (*dismiss*) feuern ❹ (*excite*) *person* begeistern, anregen; *imagination* beflügeln III. *vi* ❶ (*shoot*) feuern, schießen (**at** auf) ❷ (*start up*) zünden; (*be operating*) funktionieren ◆ **fire away** *vi* losschießen *a. fig* ◆ **fire off** *vt* abfeuern

'**fire alarm** *n* ❶ (*instrument*) Feuermelder *m* ❷ (*sound*) Feueralarm *m* '**fire·arm** *n* Schusswaffe *f* '**fire·ball** *n* Feuerball *m*; ASTRON Feuerkugel *f* '**fire·brand** *n* Brandfackel *f*; (*fig*) Aufwiegler(in) *m(f)* '**fire·break** *n* Brandschneise *f* '**fire·brick** *n* Schamottestein *m* '**fire brigade** *n* BRIT Feuerwehr *f* '**fire·crack·er** *n* Kracher *m* '**fire de·part·ment** *n* AM Feuerwehr *f* '**fire-eat·er** *n* Feuerschlucker(in) *m(f)* '**fire en·gine** *n* Feuerwehrauto *nt* '**fire es·cape** *n* (*staircase*) Feuertreppe *f*; (*ladder*) Feuerleiter *f* '**fire exit** *n* Notausgang *m* '**fire ex·tin·guish·er** *n* Feuerlöscher *m* '**fire·fight·er** *n* Feuerwehrmann *m*/-frau *f* '**fire-fly** *n* Leuchtkäfer *m* '**fire·guard** *n* Kamingitter *nt* '**fire house** *n* AM Feuerwache *f* '**fire in·sur·ance** *n* Feuerversicherung *f* '**fire-irons** *npl* Kaminbesteck *nt* '**fire·man** *n* Feuerwehrmann *m* '**fire·place** *n* Kamin *m* '**fire·proof** I. *adj* feuerfest II. *vt* feuerfest machen '**fire-rais·er** *n* BRIT Brandstifter(in) *m(f)* '**fire·side** *n* [offener] Kamin '**fire sta·tion** *n* Feuerwache *f* '**fire wall** *n* ❶ ARCHIT Brandmauer *f* ❷ COMPUT Firewall *f* '**fire·wa·ter** *n no pl* (*fam*) Feuerwasser *nt* '**fire·wom·an** *n* Feuerwehrfrau *f* '**fire·wood** *n no pl* Brennholz *nt* '**fire·work** *n* ❶ (*explosive*) Feuerwerkskörper *m* ❷ (*display*) ■ **~s** *pl* Feuerwerk *nt*; (*fig*) [Riesen]krach *m kein pl*

fir·ing ['faɪərɪŋ] *n* ❶ *no pl* (*shooting*) Abfeuern *nt*; *of a rocket* Abschießen *nt*; **~ practice** Schießübung *f* ❷ *no pl* (*in a kiln*) Brennen *nt* ❸ (*dismissal*) Rauswurf *m* '**fir·ing line** *n* Schusslinie *f a. fig* '**fir·ing squad** *n* Exekutionskommando *nt*

firm¹ [fɜːm] *n* Firma *f*, Unternehmen *nt*

firm² [fɜːm] I. *adj* fest, stabil; *basis* sicher; *offer* verbindlich; *undertaking* definitiv; ■ **to be ~ with sb** jdm gegenüber bestimmt auftreten; **to be a ~ believer in sth** fest an etw *akk* glauben II. *adv* fest; **to hold** [*or* **stand**] **~** standhaft bleiben III. *vi* sich stabilisieren

firm·ly ['fɜːmli] *adv* ❶ (*securely, strongly*) fest, sicher; **to be attached/held ~** gut befestigt sein; **to shake sb's hand ~** jdm kräftig die Hand schütteln; **to say sth ~** etw mit Entschiedenheit sagen; **to reprimand sb ~** jdn entschieden zurechtweisen ❷ (*resolutely*) fest, bestimmt; **to believe ~ that ...** fest glauben, dass ...

firm·ness ['fɜːmnəs] *n no pl* ❶ (*solidity*) Festigkeit *f* ❷ (*resoluteness*) Entschlossenheit *f*

first [fɜːst] I. *adj* erste(r, s); **~ thing tomorrow** morgen als Allererstes; **the ~ thing**

that came into my head das Erstbeste, das mir einfiel; **the ~ ever** (*fam*) der/die/das Allererste; **the ~ ever radio broadcast** die allererste Rundfunksendung; **~ option** [*or* **refusal**] Vorkaufsrecht *nt* ▸ **~ among equals** Primus inter pares; **in the ~ place** (*at beginning*) zunächst [einmal]; (*from the beginning*) von vornherein; (*most importantly*) in erster Linie; **to not know the ~ thing about sth** von etw *dat* keinen blassen Schimmer haben; **~ things ~** eins nach dem anderen **II.** *adv* ❶ (*before doing something else*) zuerst; ■ **~ of all** zu[aller]erst; ■ **~ off** (*fam*) erst [einmal] ❷ (*before other things, people*) als Erste(r, s); **head ~** mit dem Kopf voraus ❸ (*rather*) lieber ▸ **~ come ~ served** (*prov*) wer zuerst kommt, mahlt zuerst; **~ and foremost** vor allem; **~ and last** in erster Linie **III.** *n* ❶ (*that before others*) ■ **the ~** der/die/das Erste; ■ **to be the ~ to do sth** etw als Erster/Erste tun ❷ (*start*) ■ **at ~** anfangs; **from the** [**very**] **~** von Anfang an ❸ (*top-quality product*) Spitzenerzeugnis *nt;* (*achievement*) Errungenschaft *f* ❹ BRIT UNIV Eins *f* ❺ AUTO der erste Gang

first 'aid *n* erste Hilfe; **to give sb ~** jdm erste Hilfe leisten; **~ box** Verbandskasten *m;* **~ certificate** Erste-Hilfe-Schein *m*

'first-born I. *adj* erstgeboren **II.** *n* Erstgeborene(r) *f(m)* **'first-class I.** *adj* ❶ (*best quality*) Erste[r]-Klasse-; **~ mail** bevorzugt beförderte Post ❷ (*approv: wonderful*) erstklassig **II.** *adv* erster Klasse **first 'cous·in** *n* Cousin *m*/Cousine *f* ersten Grades **first 'floor** *n* BRIT erster Stock; AM Erdgeschoss *nt* **'first-hand** *adj, adv* aus erster Hand

first·ly ['fɜːs(t)li] *adv* erstens

'first name *n* Vorname *m* **first 'night** *n* THEAT Premiere *f* **first of·'fend·er** *n* Ersttäter(in) *m(f)* **first 'per·son** *n* LING **the ~** die erste Person **'first-rate** *adj* erstklassig **first 'strike** *n* MIL Erstschlag *m*

firth [fɜːθ] *n* SCOT Förde *f*

fis·cal ['fɪskəl] *adj* fiskalisch; **~ policy** Finanzpolitik *f*

fish [fɪʃ] **I.** *n* <*pl* -es *or* -> Fisch *m* ▸ **to be a small ~ in a big pond** nur einer von vielen sein; **there are** [**plenty**] **more ~ in the sea** es gibt noch andere Möglichkeiten auf der Welt; **like a ~ out of water** wie ein Fisch auf dem Trockenen; **to have bigger ~ to fry** Wichtigeres zu tun haben; **to drink like a ~** wie ein Loch saufen *derb* **II.** *vi* ❶ (*catch fish*) fischen; (*with rod*) angeln (**for** auf) ❷ (*look for*) herumsuchen; ■ **to ~ for sth** (*fig*) nach etw *dat* suchen; **to ~ for compliments** sich *dat* gerne Komplimente machen lassen **III.** *vt* befischen

'fish·bone *n* [Fisch]gräte *f* **'fish·cake** *n* Fischfrikadelle *f*

'fish·er·man *n* (*professional*) Fischer *m;* (*for hobby*) Angler *m*

fish·ery ['fɪʃəri] *n* Fischfanggebiet *nt*

fish 'fin·ger *n* Fischstäbchen *nt* **'fish·hook** *n* Angelhaken *m*

fish·ing ['fɪʃɪŋ] *n no pl* ❶ (*catching fish*) Fischen *nt;* (*with rod*) Angeln *nt* ❷ (*looking for*) **to be ~ for compliments** Komplimente hören wollen; **~ for information** Informationssuche *f*

'fish·ing grounds *npl* Fischgründe *pl* **'fish·ing line** *n* Angelleine *f*, Angelschnur *f* **'fish·ing rod** *n* Angel[rute] *f* **'fish·ing-tack·le** *n no pl* (*for industry*) Fischereigeräte *pl;* (*for sport*) Angelgeräte *pl*

'fish·monger *n* BRIT Fischhändler(in) *m(f)* **'fish·pond** *n* Fischteich *m*

fishy ['fɪʃi] *adj* ❶ (*tasting of fish*) fischig; (*like fish*) fischartig; **~ smell** Fischgeruch *m* ❷ (*pej fam: dubious*) verdächtig; **there is something ~ about that** daran ist irgendetwas faul

fis·sion ['fɪʃən] *n no pl* PHYS [Kern]spaltung *f;* BIOL [Zell]teilung *f*

fis·sion·able ['fɪʃənəbl] *adj* spaltbar, spaltfähig

fis·sure ['fɪʃər] *n* ❶ (*crack*) Spalte *f* ❷ (*fig*) Spaltung *f*

fist [fɪst] *n* Faust *f*

fit¹ [fɪt] *n* Anfall *m; in a ~ of generosity* in einer Anwandlung von Großzügigkeit; **to be in ~s of laughter** sich kaputtlachen ▸ **by** [*or* **in**] **~s and starts** sporadisch

fit² [fɪt] **I.** *adj* <-tt-> ❶ (*suitable*) geeignet; **that's all he's ~ for** das ist alles, wozu er taugt; **~ for human consumption** [*or* **to eat**] zum Verzehr geeignet; **~ for human habitation** bewohnbar ❷ (*up to*) fähig; **~ to travel** reisetauglich; **~ to work** arbeitsfähig ❸ (*appropriate*) angebracht; **do what you think ~** tun Sie, was Sie für richtig halten ❹ (*worthy*) würdig; **to be not ~ to be seen** sich nicht sehen lassen können ❺ (*ready*) bereit; **to be ~ to drop** zum Umfallen müde sein ❻ (*healthy*) fit; **to keep ~** sich fit halten ❼ BRIT (*sl: attractive*) geil **II.** *n no pl* ❶ FASHION Sitz *m;* **these shoes are a good ~** diese Schuhe passen gut ❷ TECH Passung *f* **III.** *vt* <BRIT -tt- *or* AM *usu* -t-> ❶ (*be appropriate*) ■ **to ~ sb/**

sth sich für jdn/etw eignen ❷ (*correspond with*) ■ **to ~ sth** etw *dat* entsprechen; **the punishment should always ~ the crime** die Strafe sollte immer dem Vergehen angemessen sein; **the key ~s the lock** der Schlüssel passt ins Schloss; **the description ~ted the criminal** die Beschreibung passte auf den Täter ❸ (*make correspond*) ■ **to ~ sth to sth** etw etw *dat* anpassen ❹ FASHION ■ **to ~ sb** jdm passen ❺ (*mount*) montieren ❻ (*shape as required*) anpassen ❼ (*position as required*) einpassen ❽ (*supply*) ■ **to ~ sth with sth** etw mit etw *dat* versehen **IV.** *vi* <BRIT -tt- *or* AM *usu* -t-> ❶ (*be correct size*) passen; FASHION sitzen; ■ **to ~ into sth** in etw *akk* hineinpassen ❷ (*agree*) *facts* übereinstimmen ❸ (*fig*) **how do you ~ into all this?** was für eine Rolle spielen Sie in dem Ganzen? ◆ **fit in I.** *vi* ❶ (*get on well*) sich einfügen ❷ (*conform*) dazupassen; **this doesn't ~ in with my plans** das passt mir nicht in den Plan **II.** *vt* einschieben ◆ **fit out** *vt* ausstatten; (*for a purpose*) ausrüsten ◆ **fit together** *vi* zusammenpassen ◆ **fit up** *vt* ❶ (*equip*) ausstatten ❷ BRIT (*sl: frame*) anschwärzen

fit·ful [ˈfɪtfəl] *adj* unbeständig; *sleep* unruhig

fit·ment [ˈfɪtmənt] *n* Einrichtungsgegenstand *m*

fit·ness [ˈfɪtnəs] *n no pl* ❶ (*competence*) Eignung *f* ❷ (*health*) Fitness *f*

fit·ted [ˈfɪtɪd] *adj* (*adapted*) geeignet; (*tailor-made*) maßgeschneidert; **~ carpet** BRIT Teppichboden *m*

fit·ter [ˈfɪtər] *n* ❶ FASHION Zuschneider(in) *m(f)* ❷ TECH [Maschinen]schlosser(in) *m(f)*; (*of engines*) Monteur(in) *m(f)*; (*of pipes*) Installateur(in) *m(f)*

fit·ting [ˈfɪtɪŋ] **I.** *n* ❶ (*fixtures*) ■ **~s** *pl* Ausstattung *f*, Einrichtungsgegenstände *pl*; **bathroom ~s** Badezimmereinrichtung *f* ❷ (*of clothes*) Anprobe *f* **II.** *adj* passend; **it is ~ that …** es schickt sich, dass …

five [faɪv] **I.** *adj* fünf; *see also* **eight II.** *n* ❶ (*number, symbol*) Fünf *f*; **~ o'clock shadow** nachmittäglicher Stoppelbart; *see also* **eight** ❷ (*fingers*) **gimme ~!** (*fam*) Aufforderung zur Begrüßung o nach einem Erfolg die Hand hochzuheben, so dass man mit der eigenen Hand dagegenschlagen kann ❸ (*minutes*) **to take ~** (*fam*) sich *dat* eine kurze Pause genehmigen ❹ BRIT FIN Fünfpfundnote *f*; AM Fünfdollarschein *m*

'five·fold *adj* fünffach

fiv·er [ˈfaɪvər] *n* BRIT (*fam*) Fünfpfundnote *f*; AM Fünfdollarschein *m*

fix [fɪks] **I.** *n* ❶ (*fam: dilemma*) Klemme *f*; **to be in a ~** in der Klemme sitzen ❷ (*sl: drugs*) Schuss *m*, Fix *m* ❸ NAUT, AVIAT (*position*) Position *f*; **to take a ~ on sth** etw orten **II.** *vt* ❶ (*fasten*) befestigen, festmachen; ■ **to ~ sth to sth** etw an etw *dat* anbringen; **to ~ a picture to a wall** ein Bild an eine Wand hängen; (*fig*) **to ~ sth in one's mind** sich *dat* etw einprägen ❷ (*decide*) festlegen; *rent* festsetzen ❸ (*arrange*) arrangieren ❹ (*repair*) reparieren, in Ordnung bringen ❺ (*fam: prepare*) **shall I ~ you sth?** soll ich dir was zu essen machen?; **to ~ one's hair** sich frisieren ❻ (*fam: manipulate*) manipulieren ❼ (*sl: take revenge on*) ■ **to ~ sb** es jdm heimzahlen ❽ ART, PHOT fixieren ❾ (*concentrate*) richten (**on** auf) ❿ (*stare at*) fixieren ⓫ MIL *bayonet* aufpflanzen ⓬ AM (*fam: sterilize*) sterilisieren **III.** *vi* (*sl*) *drugs* fixen ◆ **fix on** *vt* ■ **to ~ [up]on sth** sich auf etw *akk* festlegen ◆ **fix up** *vt* ❶ (*supply*) ■ **to ~ sb ⌒ up** jdn versorgen; (*with a date*) jdm eine Verabredung arrangieren ❷ (*arrange*) ■ **to ~ up sth** etw arrangieren; *time to meet* etw vereinbaren ❸ (*fam: mend*) in Ordnung bringen; *house* renovieren

fixa·tion [fɪkˈseɪʃən] *n* PSYCH Fixierung *f* (**with** auf)

fixed [fɪkst] *adj* fest; *gaze* starr; *idea* fix; **how are you ~ for Saturday evening?** hast du am Samstagabend schon etwas vor?; **how are you ~ for cash?** wie steht's bei dir mit Geld?; **~ charges** Fixkosten *pl*

fix·ed·ly [ˈfɪksɪdli] *adv* starr

fix·er [ˈfɪksər] *n* ❶ (*fam: person*) Schieber(in) *m(f)* ❷ CHEM Fixiermittel *nt*

fix·ture [ˈfɪkstʃər] *n* ❶ (*immovable object*) eingebautes Teil; **bath ~s** Badezimmerarmaturen *pl*; **~s and fittings** bewegliches und unbewegliches Inventar; **to be a permanent ~** (*fig, hum*) zum [lebenden] Inventar gehören ❷ BRIT, AUS SPORTS [Sport]veranstaltung *f*; **~ list** Spielplan *m*

fizz [fɪz] **I.** *vi* ❶ (*bubble*) sprudeln ❷ (*make sound*) zischen **II.** *n no pl* ❶ (*bubbles*) Sprudeln *nt*; **the tonic water has lost its ~** in dem Tonic Water ist keine Kohlensäure mehr ❷ (*fam: champagne*) Schampus *m*; (*fizzy drink*) Sprudel *m*

fiz·zle [ˈfɪzl] *vi* zischen ◆ **fizzle out** *vi* *fireworks, enthusiasm* verpuffen; *attack, campaign* im Sand verlaufen; *interest* stark nachlassen

fizzy ['fɪzi] *adj* sprudelnd; ~ **drink** Getränk *nt* mit Kohlensäure; **to be** ~ sprudeln
fjord [fjɔːd] *n* Fjord *m*
flab·ber·gast ['flæbəgɑːst] *vt* ▪**to be** ~**ed** völlig platt sein
flab·bi·ness ['flæbɪnəs] *n no pl (pej fam: lack of firmness)* Schlaffheit *f*; *of arms, thighs* Wabbeligkeit *f*
flab·by ['flæbi] *adj* schwabbelig; *(fig)* schlapp
flag¹ [flæg] *n (flagstone)* [Stein]platte *f*
flag² [flæg] I. *n* ❶ *(pennant)* Fahne *f*; *(national)* Flagge *f* ❷ *(marker)* Markierung *f* ▸ **to fly** [*or* **show**] [*or* **wave**] **the** ~ Flagge zeigen II. *vt* <-gg-> ❶ *(mark)* markieren ❷ *(signal to)* **to** ~ [**down**] anhalten III. *vi* <-gg-> *enthusiasm* abflauen; *interest* nachlassen; *person* ermüden; *vigour* erlahmen
'**flag day** *n* BRIT Tag, an dem für wohltätige Zwecke gesammelt wird
flag·el·late ['flædʒəleɪt] *vt (form)* geißeln
flag·ging *adj attr* AM nachlassend, erlahmend *geh*; ~ **sales** Absatzrückgang *m*
flag·on ['flægən] *n (hist)* Kanne *f*
'**flag·pole** *n* Fahnenmast *m*, Flaggenmast *m*
fla·grant ['fleɪgrənt] *adj* offenkundig
'**flag·ship** *n* Flaggschiff *nt a. fig;* ~ **model** Topmodell *nt;* ~ **store** Hauptgeschäft *nt*
'**flag·staff** *n* Fahnenmast *m*, Flaggenmast *m*
flail [fleɪl] I. *n* Dreschflegel *m* II. *vi* heftig um sich *akk* schlagen; ▪**to** ~ **about** herumfuchteln; **to** ~ **away at** wild einschlagen auf +*akk* III. *vt* **to** ~ **one's arms** wild mit den Armen fuchteln
flair [fleə'] *n no pl* ❶ *(talent)* Talent *nt;* **to have a** ~ **for languages** sprachbegabt sein; **to have a** ~ **for music** musikalisch veranlagt sein ❷ *(style)* Stil *m*
flak [flæk] *n no pl* ❶ *(shooting)* Flakfeuer *nt* ❷ *(fig)* scharfe Kritik
flake [fleɪk] I. *n* ❶ *of chocolate* Raspel *f*; *of metal* Span *m*; *of pastry* Krümel *m*; *of wallpaper* Fetzen *m*; ~**s of skin** [Haut]schuppen *pl*; ~ **of snow** Schneeflocke *f*; **soap** ~ Seifenflocke *f* ❷ AM *(fam: odd person)* Spinner(in) *m(f)* II. *vi* ❶ *skin* sich schuppen; *paint* abblättern; *plaster* abbröckeln ❷ AM *(fam: forget)* nicht dran denken ◆**flake out** *vi (fam)* ❶ BRIT *(be exhausted)* zusammenklappen ❷ AM *(forget)* nicht dran denken
flaky ['fleɪki] *adj* ❶ *(with layers)* flockig; *pastry* blättrig; *paint* bröcklig; *skin* schuppig ❷ AM *(fam: odd)* verdreht ❸ COMPUT unberechenbar
flaky 'pas·try *n no pl* Blätterteig *m*

flam·boy·ance [flæm'bɔɪən(t)s] *n no pl* ❶ *(extravagance)* Extravaganz *f* ❷ *(showiness)* Grellheit *f*
flam·boy·ant [flæm'bɔɪənt] *adj* extravagant; *colours* prächtig
flame [fleɪm] I. *n* ❶ *(fire)* Flamme *f a. fig;* ▪**to be/go up in** ~**s** in Flammen stehen/ aufgehen; **to burst into** ~ in Brand geraten ❷ INET beleidigende E-Mail II. *vi (blaze)* brennen; *(fig)* glühen III. *vt* COMPUT *(sl)* per E-Mail beleidigen
flam·ing ['fleɪmɪŋ] I. *adj* ❶ *(fig: angry)* **to be in a** ~ **temper** vor Wut kochen ❷ *colour* flammend ❸ BRIT *(fam!: intensifier)* verdammt II. *n no pl* INET heftiges Beleidigen beim Chatten im Internet
fla·min·go <*pl* -s *or* -es> [flə'mɪŋgəʊ] *n* Flamingo *m*
flam·mable *adj* leicht entflammbar; **highly** ~ feuergefährlich
flan [flæn] *n* ❶ *(with fruit)* Obsttorte *f*; *(savoury)* Pastete mit Käse oder Schinken ❷ AM *Kuchen mit einer Füllung aus Vanillepudding*
Flan·ders ['flɑːndəz] *n* Flandern *nt*
flange [flændʒ] *n* Flansch *m*
flank [flæŋk] I. *n* Flanke *f* II. *vt* flankieren
flan·nel ['flænəl] *n* ❶ *no pl (material)* Flanell *m* ❷ BRIT *(facecloth)* Waschlappen *m* ❸ *(trousers)* ▪~**s** *pl* Flanellhose *f*; AM Flanellunterwäsche *f kein pl*
flap [flæp] I. *vt* <-pp-> **to** ~ **one's wings** mit den Flügeln schlagen; *(in short intervals)* flattern mit +*dat* II. *vi* <-pp-> ❶ *(flutter)* flattern; *wings* schlagen ❷ BRIT *(fam: fuss)* sich aufregen; ▪**to** ~ **about** nervös auf und ab laufen III. *n* ❶ *(flutter)* Flattern *nt* ❷ *(overlapping part) of cloth* Futter *nt;* **pocket** ~ Taschenklappe *f;* ~ **of skin** Hautlappen *m* ❸ AVIAT Landeklappe *f* ❹ *(fam: commotion)* helle Aufregung; ▪**to be in a** ~ schrecklich aufgeregt sein
flap·jack ['flæpdʒæk] *n* ❶ BRIT, AUS Haferkeks *m* ❷ AM Pfannkuchen *m*
flare [fleə'] I. *n* ❶ *(signal)* Leuchtkugel *f* ❷ *(of trousers)* Schlag *m*; ▪~**s** *pl* Schlaghose *f* II. *vi* ❶ *(burn up)* aufflammen ❷ FASHION aufweiten ❸ *nostrils* sich blähen III. *vt* **to** ~ **one's nostrils** die Nasenflügel aufblähen ◆**flare up** *vi* ❶ *(also fig)* auflodern; *person* aufbrausen ❷ MED sich bemerkbar machen
'**flare-up** *n* ❶ MIL Auflodern *nt a. fig* ❷ MED [erneuter] Ausbruch
flash [flæʃ] I. *n* <*pl* -es> ❶ *(light)* [Licht]blitz *m*; *of jewellery, metal* [Auf]blitzen *nt kein pl*; *of an explosion* Stichflam-

me f; ~ **of lightning** Blitz m; **to give sb a** ~ AUTO jdm ein Zeichen mit der Lichthupe geben ❷(fig) ~ **of anger/temper** Wut-/Temperamentsausbruch m; ~ **of inspiration** Geistesblitz m ❸(moment) Augenblick m ❹AM (fam: flashlight) Taschenlampe f ❺PHOT Blitz m; **to use** ~ mit Blitzlicht fotografieren ▸ **a** ~ **in the pan** ein Strohfeuer nt; **like a** ~ blitzartig; **quick as a** ~ blitzschnell; **in a** ~ im Nu; **to be back in a** ~ sofort wieder da sein II. adj ❶(sudden) Blitz-; ~ **frost** Blitzeis nt; ~ **mob** TELEC, INET Flashmob m ❷(pej fam: showy) protzig III. vt ❶(signal) light aufleuchten lassen; message blinken; **to** ~ **sb** (in a car) jdm ein Zeichen mit der Lichthupe geben; (with a torch) jdn anleuchten ❷(look) zuwerfen ❸(communicate) übermitteln ❹(pej fam) ■**to** ~ **sth about** mit etw dat protzen IV. vi ❶(shine) blitzen; AUTO Lichthupe machen; **the lightning** ~ed es blitzte ❷(fig: appear) kurz auftauchen; smile huschen; thought schießen; **my whole life** ~**ed before me** mein ganzes Leben lief im Zeitraffer vor mir ab ❸(move) ■**to** ~ **by** [or **past**] vorbeirasen ❹(fam: expose genitals) ■**to** ~ [**at**] [**sb**] sich [jdm] exhibitionistisch zeigen ◆**flash back** vi ■**to** ~ **back to sth** sich plötzlich [wieder] an etw akk erinnern

'**flash·back** n ❶FILM Rückblende f ❷CHEM [Flammen]rückschlag m '**flash·bulb** n PHOT Blitz[licht]lampe f '**flash card** n COMPUT Speicherkarte f

flash·er ['flæʃəʳ] n ❶AUTO Lichthupe f ❷(fam: exhibitionist) Exhibitionist m

'**flash·gun** n PHOT Blitzlicht nt '**flash·light** n ❶PHOT Blitzlicht nt ❷AM (torch) Taschenlampe f '**flash·point** n ❶CHEM Flammpunkt m ❷(fig: stage) Siedepunkt m; (trouble spot) Unruheherd m

flashy ['flæʃi] adj protzig

flask [flɑːsk] n ❶(bottle) [bauchige] Flasche; (for wine) Ballonflasche f; (for spirits) Flachmann m; (for travelling) Reiseflasche f ❷CHEM [Glas]kolben m

flat[1] [flæt] I. adj <-tt-> ❶(horizontal) flach; path, surface eben; face, nose platt ❷(not fizzy) drinks schal ❸BRIT, AUS (empty) battery leer ❹(deflated) tyre platt; person niedergeschlagen ❺COMM, ECON (slack) market flau; (fixed) rate Einheits-, Pauschal- ❻MUS key mit B-Vorzeichen nach n; note [um einen Halbton] erniedrigt; (unintentionally) zu tief [gestimmt]; **E** ~ **major** Es-Dur ❼(fig: absolute) refusal glatt ❽(fig, pej: dull) lahm;

voice ausdruckslos ❾AM (fam: without funds) pleite ▸ **and that's** ~ und dabei bleibt es II. adv <-tt-> ❶(horizontally) flach; **to fall** ~ **on one's face** der Länge nach hinfallen ❷(levelly) platt ❸(fam: absolutely) rundheraus, glattweg ❹(fam: completely) total ❺(fam: exactly) genau ❻MUS zu tief ▸ **in no time** ~ in Sekundenschnelle; **to fall** ~ (fail) attempt scheitern; performance durchfallen; joke nicht ankommen III. n ❶(level surface) flache Seite; ~ **of the hand** Handfläche f ❷(level ground) Ebene f; **mud** ~**s** pl Sumpfebene f; **salt** ~**s** pl Salzwüste f ❸MUS (sign) Erniedrigungszeichen nt; (tone) [um einen halben Ton] erniedrigter Ton ❹THEAT Schiebewand f ❺BRIT, AUS (tyre) Platte(r) m

flat[2] [flæt] n BRIT, AUS [Etagen]wohnung f; ■ ~**s** pl Wohnblock m

flat 'feet npl Plattfüße pl **flat-'foot·ed** adj plattfüßig; **to be** ~ Plattfüße haben ▸ **to catch sb** ~ jdn [völlig] umhauen

flat·ly ['flætli] adv ❶(dully) ausdruckslos ❷(absolutely) glatt[weg]

'**flat·mate** n BRIT Mitbewohner(in) m/f

flat·ness ['flætnəs] n no pl Flachheit f; of ground, track Ebenheit f

'**flat-pack** adj extra furniture zur Selbstmontage nach n, im Flachkarton nach n '**flat rate** n Pauschaltarif m, Pauschale f; INET, TELEC Flatrate f '**flat-rate** adj Pauschal-; TELEC, INET Flatrate-

flats [flæts] npl FASHION flache Schuhe '**flat screen** n Flachbildschirm m

flat·ten ['flætən] vt ❶(level) flach machen; ground, path eben machen; dent ausbeulen; ■**to** ~ **oneself against sth** sich platt gegen etw akk drücken ❷(knock down) thing einebnen; tree umlegen; person niederstrecken ❸MUS [um einen Halbton] erniedrigen

flat·ter[1] ['flætəʳ] vt ■**to** ~ **sb** jdm schmeicheln; **don't** ~ **yourself!** bilde dir ja nichts ein!

flat·ter[2] ['flætəʳ] adj comp of **flat**

flat·tered ['flætəd] adj geschmeichelt; **to be** ~ sich geschmeichelt fühlen

flat·ter·er ['flætəʳrəʳ] n Schmeichler(in) m/f

flat·ter·ing ['flætəʳrɪŋ] adj (approv) schmeichelhaft; (pej) schmeichlerisch

flat·tery ['flætəri] n no pl Schmeicheleien pl ▸ ~ **will get you nowhere** mit Schmeicheleien erreicht man nichts

flatu·lence ['flætjələn(t)s] n no pl (form) Blähung[en] f[pl]

flaunt [flɔːnt] vt (esp pej) zur Schau stellen

flaut·ist ['flɔːtɪst] n Flötist(in) m/f

fla·vo·noid ['fleɪvənɔɪd] n CHEM Flavonoid nt
fla·vor n, vt AM see **flavour**
fla·vor·ing n AM see **flavouring**
fla·vour ['fleɪvə^r] I. n ① (taste) [Wohl]geschmack m, Aroma nt; (particular taste) Geschmacksrichtung f, Sorte f; **to add ~ to sth** etw dat Geschmack verleihen ② (fig) Anflug m; **a city with a cosmopolitan ~** eine Stadt mit weltoffener Atmosphäre II. vt würzen
fla·vour·ing ['fleɪv^ərɪŋ] n Aroma nt, Geschmacksstoff m
flaw [flɔ:] I. n Fehler m, Mangel m; TECH Defekt m; **~ in one's character** Charakterfehler m II. vt usu passive beeinträchtigen
flaw·less ['flɔ:ləs] adj fehlerlos; beauty makellos; behaviour einwandfrei; diamond lupenrein; performance vollendet
flax [flæks] n no pl Flachs m
flax·en ['flæks^ən] adj flachsfarben; **~-haired** flachsblond
flay [fleɪ] vt ① animal [ab]häuten ② (fig) person auspeitschen
flea [fli:] n Floh m ▶ **to send sb away** [or **off**] **with a ~ in their ear** jdm eine Abfuhr erteilen
'flea·bite n Flohstich m **'flea-bit·ten** adj (bitten) voller Flohbisse präd **'flea mar·ket** n Flohmarkt m
fleck [flek] I. n Fleck[en] m II. vt sprenkeln
fled [fled] vi, vt pp, pt of **flee**
fledged [fledʒd] adj fully **~** flügge a. fig
fledg(e)·ling ['fledʒlɪŋ] I. n Jungvogel m II. adj neu, Jung-
flee <fled, fled> [fli:] I. vi (run away) fliehen (**from** vor); (seek safety) flüchten; **she fled from the room in tears** sie rannte weinend aus dem Zimmer; **to ~ abroad** [sich] ins Ausland flüchten II. vt country fliehen aus; danger fliehen [o flüchten] vor
fleece [fli:s] I. n ① of sheep Schaffell nt, Vlies nt ② no pl (fabric) Flausch m, weicher Wollstoff ③ BRIT (clothing) Vliesjacke f II. vt ① sheep scheren ② (fig fam: cheat) schröpfen
fleecy ['fli:si] adj ① (Handtuch) flauschig ② (of fleece) [Schaf]fell-; **~ lining** Fellfutter nt
fleet[1] [fli:t] n + sing/pl vb ① NAUT Flotte f; ■**the F~** die Marine ② AVIAT Staffel f ③ (group of vehicles) Fuhrpark m; **~ of cars** Wagenpark m
fleet[2] [fli:t] adj (liter) flink; **~ of foot** schnell zu Fuß
fleet·ing ['fli:tɪŋ] adj flüchtig; beauty vergänglich; opportunity kurzfristig; **~ visit** Kurzbesuch m

Flem·ing ['flemɪŋ] n Flame m/Flämin f
Flem·ish ['flemɪʃ] I. adj flämisch II. n no pl Flämisch nt
flesh [fleʃ] n no pl Fleisch nt; of fruit [Frucht]fleisch nt ▶ **to be** [**only**] **~ and blood** auch [nur] ein Mensch sein; **one's own ~ and blood** sein eigen[es] Fleisch und Blut; **to have one's pound of ~** seinen vollen Anteil bekommen; **to make one's ~ crawl** eine Gänsehaut bekommen; **to press the ~** AM POL [Wähler]hände schütteln; **in the ~** in Person ◆**flesh out** vt weiterentwickeln
'flesh-col·oured adj, **'flesh-col·ored** adj AM fleischfarben **'flesh·pot** n (fig) ■**the ~s** pl das Vergnügungsviertel **'flesh wound** n Fleischwunde f
fleshy ['fleʃi] adj ① (also fig, euph: plump) beleibt ② fruit fleischig, saftig
flew [flu:] vi, vt pp, pt of **fly**
flex [fleks] I. vt beugen; muscles [an]spannen; **to ~ one's muscles** (fig) seine Muskeln spielen lassen II. vi sich beugen; muscles sich [an]spannen III. n [Anschluss]kabel nt
flex·ibil·ity [ˌfleksɪ'bɪləti] n no pl ① (pliability) Biegsamkeit f; of material Elastizität f; of body Gelenkigkeit f ② (fig) Flexibilität f
flex·ible ['fleksɪbl] adj ① (pliable) biegsam; body gelenkig ② (fig) flexibel; **~ working hours** gleitende Arbeitszeit
flex·ible-'fuel ve·hi·cle n ethanoltaugliches Fahrzeug
flex·itar·ian [ˌfleksɪ'teəriən] n Flexitarier(in) m(f)
flexi·time ['fleksitaɪm] n no pl Gleitzeit f; **to work** [or **be on**] **~** gleitende Arbeitszeit haben
flick [flɪk] I. n ① (blow) [kurzer] Schlag ② (movement) kurze Bewegung; of switch Klicken nt; of whip Schnalzen nt; of wrist kurze Drehung ③ BRIT (fam) ■**the ~s** pl das Kino II. vt ① (strike) ■**to ~ sb/sth** jdm/etw einen [leichten] Schlag versetzen; **horses ~ their tails** Pferde schlagen mit dem Schweif ② (move) ■**to ~ sth** etw mit einer schnellen Bewegung ausführen; whip schnalzen mit +dat; **to ~ channels** (fam) durch die Kanäle zappen; **to ~ a knife open** ein Messer aufschnappen lassen; **to ~ the light switch on/off** das Licht an-/ausknipsen; **by ~ing one's wrist** mit einer schnellen Drehung des Handgelenks ③ (remove) wegwedeln; with fingers wegschnippen ◆**flick through** vi (fam) ■**to ~ through sth** book, pages, report etw [schnell] durchblättern

flick·er ['flɪkə'] **I.** *vi* ❶ (*shine unsteadily*) flackern; *TV* flimmern; *eyelids* zucken; *tongue* züngeln ❷ (*fig*) aufkommen; *hope* aufflackern **II.** *n* ❶ (*movement*) Flackern *nt kein pl; of TV pictures* Flimmern *nt kein pl; of eyelids* Zucken *nt kein pl* ❷ (*fig*) Anflug *m;* **a ~ of hope** ein Hoffnungsschimmer *m*

'**flick knife** *n* BRIT, AUS Klappmesser *nt*

fli·er ['flaɪə'] *n* ❶ AVIAT Flieger(in) *m(f);* **frequent ~** Vielflieger(in) *m(f)* ❷ (*fig fam: fast horse*) Renner *m;* (*fast vehicle*) Flitzer *m* ❸ (*leaflet*) Flugblatt *nt; of police* Steckbrief *m*

flight[1] [flaɪt] *n* ❶ (*flying*) Flug *m;* **to take ~** auffliegen; **in ~** im Flug ❷ + *sing/pl vb* (*group*) *of birds, insects* Schwarm *m; of migrating birds* [Vogel]zug *m; of aircraft* [Flieger]staffel *f;* **to be in the top ~** (*fig*) zur ersten Garnitur gehören ❸ (*series*) **a ~ [of stairs]** eine Treppe; **we live three ~s up** wir wohnen drei Treppen hoch; **a ~ of hurdles** eine Hürdenreihe ❹ (*fig: whim*) **a ~ of fancy** ein geistiger Höhenflug ❺ *in darts* Befiederung *f*

flight[2] [flaɪt] *n* (*fleeing*) Flucht *f;* **to put sb to ~** jdn in die Flucht schlagen

'**flight at·tend·ant** *n* Flugbegleiter(in) *m(f)* '**flight con·trol·ler** *n* Fluglotse *m/* -lotsin *f* '**flight deck** *n* ❶ (*on ship*) Flugdeck *nt* ❷ (*on plane*) Cockpit *nt*

flight·less ['flaɪtləs] *adj* flugunfähig

'**flight num·ber** *n* Flugnummer *f* '**flight path** *n of an aircraft* Flugweg *m; of an object* Flugbahn *f* '**flight risk** *n* potentieller Überläufer/potentielle Überläuferin

flighty ['flaɪti] *adj* (*usu pej*) flatterhaft

flim·si·ness ['flɪmzɪnəs] *n no pl* ❶ *of material* mangelnde Festigkeit; *of a structure* mangelnde Stabilität ❷ *of a fabric, paper* Dünnheit *f* ❸ (*fig*) *of an excuse* Fadenscheinigkeit *f*

flim·sy ['flɪmzi] *adj* ❶ *construction* instabil, unsolide ❷ *clothing* dünn, leicht ❸ (*fig*) *excuse* schwach

flinch [flɪn(t)ʃ] *vi* ❶ (*wince*) [zusammen]zucken ❷ (*avoid*) ■ **to ~ [away] from sth** vor etw *dat* zurückschrecken

fling [flɪŋ] **I.** *n* ❶ (*throw*) [mit Schwung ausgeführter] Wurf ❷ (*fig: good time*) ausgelassene Zeit; **to have a ~** ausgelassen feiern; (*relationship*) **to have a ~ with sb** mit jdm etw haben **II.** *vt* <flung, flung> werfen; **to ~ one's arms round sb's neck** jdm die Arme um den Hals werfen; **they flung their arms [a]round each other** sie fielen sich um den Hals; **to ~ one's head back** den Kopf in den Nacken werfen; ■ **to ~ oneself at sb/sth** sich auf jdn/etw stürzen; (*fig*) sich jdm an den Hals werfen; ■ **to ~ oneself into sth** (*fig*) sich in etw *akk* stürzen; **to ~ open** aufreißen ♦ **fling away** *vt* wegwerfen ♦ **fling off** *vt clothing* abwerfen *a. fig; blanket* wegstoßen ♦ **fling on** *vt* (*fam*) sich *dat* überwerfen ♦ **fling out** *vt* (*fam*) *thing* ausrangieren; *person* rausschmeißen

flint [flɪnt] *n* Feuerstein *m*

flip [flɪp] **I.** *vt* <-pp-> ❶ (*turn on/off*) *switch* drücken ❷ (*turn over*) umdrehen; *coin* werfen; *pancake* wenden ▶ **to ~ one's lid** ausflippen **II.** *vi* <-pp-> ❶ ■ **to ~ [over]** sich [schnell] [um]drehen; *vehicle* sich überschlagen ❷ (*fig sl*) ausflippen **III.** *n* ❶ (*throw*) Werfen *nt* ❷ (*movement*) Ruck *m;* **to have a [quick] ~ through sth** etw im Schnellverfahren tun ❸ SPORTS Salto *m*

'**flip chart** *n* Flipchart *m o nt* '**flip-flop** *n* ❶ (*shoe*) Badelatsche *f* ❷ AM SPORTS Flic[k]flac[k] *m* **flip-fold seat** [ˌflɪpfəʊld'siːt] *n* umklappbarer [*o* hochfaltbarer] Sitz

flip·pan·cy ['flɪpən(t)si] *n no pl* Leichtfertigkeit *f*

flip·pant ['flɪpənt] *adj* leichtfertig

flip·per ['flɪpə'] *n* [Schwimm]flosse *f*

flip·ping ['flɪpɪŋ] *adj, adv* (*sl*) echt, verflixt; **you'll do as you're ~ well told!** du tust gefälligst das, was man dir sagt!

'**flip side** *n* ❶ (*back*) *of a record* B-Seite *f* ❷ (*effect*) *of an activity, policy* Kehrseite *f*

flirt [flɜːt] **I.** *vi* flirten **II.** *n* [gern] flirtender Mann/[gern] flirtende Frau; **she's a dreadful ~** sie kann das Flirten nicht lassen

flir·ta·tion [flɜːˈteɪʃən] *n* Flirt *m*

flir·ta·tious [flɜːˈteɪʃəs] *adj* kokett; **to be ~ with sb** mit jdm [herum]flirten

flit <-tt-> [flɪt] **I.** *vi* ❶ (*also fig: move*) huschen; (*fly*) flattern ❷ (*fig*) sich stürzen; **to ~ through one's mind** einem durch den Kopf schießen ❸ NBRIT, SCOT (*move house*) umziehen **II.** *n* BRIT **to do a moonlight ~** sich bei Nacht und Nebel davonmachen

float [fləʊt] **I.** *n* ❶ (*for fishing*) [Kork]schwimmer *m* ❷ (*for swimming*) Schwimmkork *m* ❸ TECH Schwimmer *m* ❹ (*vehicle*) Festzugswagen *m;* **milk ~** Milch[ausliefer]wagen *m* ❺ BRIT, AUS FIN Spesenvorschuss *m;* (*in a till*) Wechselgeld *nt* **II.** *vi* ❶ (*be buoyant*) schwimmen, oben bleiben ❷ (*move in liquid or gas*) *objects* treiben; *people* sich treiben lassen ❸ (*fig: move casually*) schweben; **to ~ through one's mind** jdm in den Sinn kommen ❹ *(move in air) clouds* ziehen; *leaves* segeln; *sound* dringen ❺ ECON floaten III. *vt* ❶ ECON *business* gründen; *currency* freigeben ❷ *(on water)* treiben lassen; *logs* flößen; *ship* zu Wasser lassen ❸ *(fig) idea* zur Diskussion stellen ◆**float about, float around** *vi (fig) rumour* in Umlauf sein; *objects* [he]rum[f]liegen *fam; person* sich herumtreiben ◆**float off** *vi (on water)* wegtreiben; *(in air)* davonschweben

floa·ta·tion *n see* **flotation**

float·ing ['fləʊtɪŋ] *adj* ❶ *(in water)* schwimmend, treibend; *crane, dock* Schwimm- ❷ *(fluctuating) population* mobil; ~ **voter** Wechselwähler(in) *m(f)* ❸ FIN *debt* schwebend ❹ MED *Wander-; rib* frei

flock [flɒk] I. *n* + *sing/pl vb* ❶ *of animals* Herde *f; of birds* Schar *f,* Schwarm *m* ❷ *of people* Schar *f;* REL Herde *f* II. *vi* sich scharen; ■ **to** ~ **to sth** zu etw *dat* in Scharen kommen

floe [fləʊ] *n* Eisscholle *f*

flog <-gg-> [flɒg] *vt* ❶ *(whip)* auspeitschen *(for* wegen*)* ❷ BRIT *(fam: sell)* verscheuern ▶ **to** ~ **sth/oneself to death** etw zum hundertsten Mal durchkauen, sich zu Tode rackern

flog·ging ['flɒgɪŋ] *n* Auspeitschen *nt kein pl*

flo·ka·ti rug [flə'kɑːtirʌg] *n* Flokati *m*

flood [flʌd] I. *n* ❶ *(excess water)* Überschwemmung *f,* Hochwasser *nt kein pl;* ■ **the F~** REL die Sintflut ❷ *(fig)* Flut *f;* **to be in** ~**s of tears** von Tränen überströmt sein ❸ *(tide)* ~ **[tide]** Flut *f;* **on the** ~ bei [*o* mit der] Flut II. *vt* ❶ *(overflow)* überschwemmen *a. fig; room* unter Wasser setzen ❷ AUTO absaufen lassen ❸ *(intentionally fill with water)* fluten III. *vi* ❶ *place* überschwemmt werden, unter Wasser stehen; *river* über die Ufer treten ❷ *(fig)* strömen

'**flood·gate** *n* Schleusentor *nt;* **to open the ~s to sth** *(fig)* etw *dat* Tür und Tor öffnen

flood·ing ['flʌdɪŋ] *n no pl* Überschwemmung *f*

'**flood·light** *n* *(lamp)* Scheinwerfer *m;* *(light)* Scheinwerferlicht *nt,* Flutlicht *nt;* **under ~s** bei Flutlicht

floor [flɔːʳ] I. *n* ❶ *(ground)* [Fuß]boden *m;* GEOG Boden *m;* **to drop through the ~** *(fig)* ins Bodenlose fallen ❷ *(storey)* Stock *m,* Stockwerk *nt,* Etage *f;* **first ~** BRIT erster Stock; AM Erdgeschoss *nt;* **on the third ~** im dritten Stock ❸ *(room)* Sitzungssaal *m* ❹ *(area)* Bereich *m;* **factory ~** Fabrikhalle *f;* **on the shop ~** im Betrieb ▶ **to have/take the ~** das Wort haben/ergreifen II. *vt* ❶ *(cover) room, space* mit einem [Fuß]boden auslegen ❷ *(fig)* umhauen

'**floor·board** *n* Diele *f*

floor·ing ['flɔːrɪŋ] *n no pl* Boden[belag] *m*

'**floor lamp** *n* AM Stehlampe *f* '**floor polish** *n no pl* Bohnerwachs *nt* '**floor show** *n* Varieteevorstellung *f*

flop [flɒp] I. *vi* <-pp-> ❶ *(move)* sich fallen [*o* plumpsen] lassen ❷ *(fail)* ein Flop sein; *performance* durchfallen II. *n* ❶ *no pl (movement)* Plumps *m* ❷ *(failure) thing* Flop *m; person* Niete *f*

'**flop·house** *n* AM *(fam)* Absteige *f fam,* billige Pension

flop·py ['flɒpi] I. *adj* schlaff; *hair* [immer wieder] herabfallend; ~ **ears** Schlappohren *pl;* ~ **hat** Schlapphut *m* II. *n* COMPUT *(fam)* Floppy [Disk] *f*

flop·py 'disk *n* COMPUT Floppy Disk *f*

flo·ra ['flɔːrə] *n no pl* Flora *f*

flo·ral ['flɔːrᵊl] *adj* Blumen-

Flor·ence ['flɒrᵊn(t)s] *n* Florenz *nt*

flor·id ['flɒrɪd] *adj* ❶ *(form: ruddy)* kräftig rot ❷ *(fig, usu pej: over-ornate)* überladen; *style* blumig; *prose, rhetoric* schwülstig

Flori·da ['flɒrɪdə] *n* Florida *nt*

flo·rist ['flɒrɪst] *n* Florist(in) *m(f);* ■ ~'**s** Blumengeschäft *nt*

flo·ta·tion [fləʊ'teɪʃᵊn] *n* ❶ ECON *of a business* Gründung *f;* **stock-market ~** Börsengang *m* ❷ *no pl* TECH ~ **chamber** Schwimmkammer *f*

flo·til·la [flə(ʊ)'tɪlə] *n* + *sing/pl vb* Flottille *f*

flounce [flaʊn(t)s] *vi* rauschen

floun·der¹ <*pl* - *or* -s> ['flaʊndəʳ] *n (flatfish)* Flunder *f*

floun·der² ['flaʊndəʳ] *vi* ❶ *(move with difficulty)* stolpern; *(in mud, snow)* waten; *(in water)* [herum]rudern ❷ *(fig: be in difficulty)* sich abmühen; *(be confused)* nicht weiterwissen; ■ **to be ~ing** *organization* auf der Kippe stehen; *person* ins Schwimmen kommen

flour [flaʊəʳ] *n no pl* Mehl *nt*

flour·ish ['flʌrɪʃ] I. *vi* ❶ COMM blühen, florieren II. *vt* ■ **to** ~ **sth** mit etw *dat* herumfuchteln, etw schwingen III. *n* ❶ *(movement)* schwungvolle Bewegung; *(gesture)* überschwängliche Geste; **the team produced a late ~** die Mannschaft brachte gegen Ende noch einmal Bewegung ins Spiel ❷ *(decoration)* Schnörkel *m*

flour·ish·ing ['flʌrɪʃɪŋ] *adj (also fig) plants*

prächtig; *business, market* blühend, florierend
'**flour mill** *n* Getreidemühle *f*
floury ['flaʊəri] *adj* mehlig
flout [flaʊt] *vt* [offen] missachten
flow [fləʊ] **I.** *vi* fließen *a. fig; air, light, warmth* strömen; **many rivers ~ into the Pacific Ocean** viele Flüsse münden in den Pazifischen Ozean; **the beer was ~ing** das Bier floss in Strömen; **the conversation began to ~** die Unterhaltung kam in Gang; **her hair ~ed down over her shoulders** ihr Haar wallte über ihre Schultern **II.** *n usu sing* Fluss *m a. fig; (volume)* Durchflussmenge *f;* **~ of goods** Güterverkehr *m;* **~ of ideas/information** Ideen-/Informationsfluss *m;* **~ of traffic** Verkehrsfluss *m;* **~ of visitors** Besucherstrom *m;* **to stop the ~ of blood** das Blut stillen ▶ **in full ~** voll in Fahrt; **to go against/with the ~** gegen den/mit dem Strom schwimmen
'**flow·chart** *n,* '**flow dia·gram** *n* Flussdiagramm *nt*
flow·er ['flaʊəʳ] **I.** *n* ❶ BOT *(plant)* Blume *f;* *(blossom)* Blüte *f;* **to be in ~** blühen ❷ *(fig)* Blüte *f* **II.** *vi* blühen *a. fig*
'**flow·er ar·range·ment** *n* Blumengesteck *nt* '**flow·er·bed** *n* Blumenbeet *nt*
'**flow·er·pot** *n* Blumentopf *m*
flow·ery ['flaʊəri] *adj* ❶ *material* geblümt ❷ *(fig) language* blumig
flow·ing ['fləʊɪŋ] *adj* flüssig; *clothing, movement* fließend; *hair* wallend
flown [fləʊn] *vi, vt pp of* **fly**
flu [fluː] *n no pl short for* **influenza** Grippe *f;* **~ shot** [*or* **vaccination**] Grippeimpfung *f*
fluc·tu·ate ['flʌktʃueɪt] *vi* schwanken; ECON fluktuieren
fluc·tu·at·ing ['flʌktʃueɪtɪŋ] *adj* ECON, FIN schwankend
fluc·tua·tion [ˌflʌktʃuˈeɪʃən] *n* Schwankung *f;* ECON Fluktuation *f;* **~s in temperature** Temperaturschwankung[en] *f[pl]*
flue [fluː] *n* Abzugsrohr *nt;* *(in chimney)* Rauchabzug *m;* *(for boiler)* Flammrohr *nt*
flu·en·cy ['fluːən(t)si] *n no pl* Fluss *m; of style* Flüssigkeit *f; of articulation* Gewandtheit *f; of foreign language* Beherrschung *f*
flu·ent ['fluːənt] *adj foreign language* fließend; *style* flüssig; *rhetoric* gewandt; *movements* flüssig; **to be ~ in a language** eine Sprache fließend beherrschen [*o* sprechen]
flu·ent·ly ['fluːəntli] *adv speak, write* flüssig; *speak a foreign language* fließend

fluff [flʌf] **I.** *n no pl* ❶ *(particle)* Fussel[n] *pl* ❷ ORN, ZOOL Flaum *m* ❸ AM *(fig, pej fam: nonsense)* Blödsinn *m* **II.** *vt (pej fam)* verpatzen; *exam* verhauen
fluffy ['flʌfi] *adj* ❶ *(soft) feathers* flaumig; *pillows* flaumig weich; *towels* flauschig; *animal* kuschelig [weich]; **~ toy** Kuscheltier *nt* ❷ *(light) clouds* aufgelockert; *food, hair* locker; *egg white* schaumig
flu·id ['fluːɪd] **I.** *n* Flüssigkeit *f;* **bodily ~s** Körpersäfte *pl* **II.** *adj* ❶ *(liquid)* flüssig ❷ *(fig: changeable)* veränderlich
flu·id 'ounce *n* BRIT 28,41 cm³; AM 29,57 cm³
fluke [fluːk] *n usu sing (fam: chance)* Dusel *m fam;* **by some amazing ~** durch einen glücklichen Zufall
flung [flʌŋ] *pp, pt of* **fling**
flunk [flʌŋk] *vt (fam)* durchfallen in +*dat*
fluo·res·cence [flɔːˈresən(t)s] *n no pl* Fluoreszenz *f*
fluo·res·cent [flɔːˈresənt] *adj* fluoreszierend; **~ light** Neonlicht *nt*
fluo·ride ['flɔːraɪd] *n no pl* Fluorid *nt*
fluo·ro·car·bon [ˌflɔːrə(ʊ)ˈkɑːbən] *n* CHEM Fluorkohlen[wasser]stoff *m*
flur·ry ['flʌri] *n* ❶ *(swirl)* Schauer *m;* **~ of snow** Schneeschauer *m* ❷ *(excitement)* Unruhe *f;* **~ of excitement** große Aufregung
flush¹ [flʌʃ] *adj* ❶ *(flat)* eben; **~ with sth** mit etw *dat* auf gleicher Ebene ❷ *(fam: rich)* reich; **~ with cash** gut bei Kasse
flush² [flʌʃ] *n (in cards)* Flush *m*
flush³ [flʌʃ] **I.** *vi* ❶ *(blush)* erröten **(with** vor) ❷ *(empty)* spülen; **the toilet won't ~** die [Toiletten]spülung geht nicht **II.** *vt* spülen; **to ~** [**sth down**] **the toilet** [etw die Toilette hinunter]spülen **III.** *n* ❶ *usu sing (blush)* Röte *f kein pl* ❷ *(emptying)* Spülen *nt kein pl* ◆ **flush out** *vt* ❶ *(cleanse)* ausspülen ❷ *(drive out)* hinaustreiben
flushed [flʌʃt] *adj* rot im Gesicht; **~ with success** triumphierend
flus·ter ['flʌstəʳ] **I.** *vt* nervös machen **II.** *n no pl* ■ **to be/get in a ~** nervös sein/werden
flus·tered ['flʌstəd] *adj* nervös, aufgeregt; **to look ~** einen gehetzten Eindruck machen
flute [fluːt] *n* Flöte *f*
flut·ist *n* AM Flötist(in) *m(f)*
flut·ter ['flʌtəʳ] **I.** *vi* flattern **II.** *vt* flattern lassen; **the bird ~ed its wings** der Vogel schlug mit den Flügeln; **to ~ one's eyelashes/eyelids** *(hum)* mit den Wimpern/Augendeckeln klimpern *fam* **III.** *n* ❶ BRIT,

AUS (*fam: bet*) kleine Wette ❷(*flapping*) Flattern *nt kein pl* ❸(*nervousness*) Aufregung *f*; **all of a ~** völlig aus dem Häuschen

flux [flʌks] *n no pl* **in a state of ~** im Fluss

fly[1] [flaɪ] **I.** *vi* <flew, flown> ❶(*through the air*) fliegen; **we're ~ing at 9000 metres** wir fliegen in 9000 Meter Höhe; **he flew across the Atlantic** er überflog den Atlantik; **we flew from Heathrow** wir flogen von Heathrow ab ❷(*in the air*) *flag* wehen ❸(*speed*) sausen; **I must ~** ich muss mich sputen; **the door flew open** die Tür flog auf **II.** *vt* <flew, flown> ❶(*pilot, transport*) fliegen ❷(*raise*) wehen lassen; *kite* steigen lassen; **the ship was ~ing the Spanish flag** das Schiff fuhr unter spanischer Flagge ◆**fly away** *vi* ❶ AVIAT abfliegen ❷ *bird, insect* wegfliegen ◆**fly in** *vi, vt* einfliegen; **she's ~ing in from New York tonight** sie kommt heute Abend mit dem Flugzeug aus New York ◆**fly off** *vi* ❶ *bird, insect, hat* wegfliegen ❷ AVIAT abfliegen; **she flew off to India** sie flog nach Indien

fly[2] [flaɪ] *n* Fliege *f* ▶ **the ~ in the ointment** das Haar in der Suppe; **to be a ~ on the wall** Mäuschen sein; **he wouldn't hurt a ~** er würde keiner Fliege etwas zuleide tun; **there are no flies on him** ihn legt man nicht so leicht rein

'fly-by-night *adj* (*pej fam*) zweifelhaft

fly·er *n see* **flier**

fly·ing ['flaɪɪŋ] **I.** *n no pl* Fliegen *nt;* **to be scared of ~** Angst vorm Fliegen haben **II.** *adj* fliegend; **~ boat** Flugboot *nt;* **~ fox** Flughund *m;* **~ saucer** fliegende Untertasse; **~ squad** Überfallkommando *nt* (*der Polizei*); **~ time** Flugzeit *f;* **~ visit** Stippvisite *f*

'fly·leaf *n* Vorsatzblatt *nt* **'fly·over** *n* ❶ BRIT (*bridge*) Überführung *f* ❷ AM (*flight*) Luftparade *f* **'fly·pa·per** *n* Fliegenpapier *nt* **'fly·past** *n* Luftparade *f* **'fly·sheet** *n* BRIT Überzelt *nt* **'fly·weight** *n* BOXING Fliegengewicht *nt* **'fly·wheel** *n* TECH Schwungrad *nt*

FM [ˌefˈem] *n no pl abbrev of* **frequency modulation** FM

foal [fəʊl] **I.** *n* Fohlen *nt;* ■ **in** [*or* **with**] **~** trächtig **II.** *vi* fohlen

foam [fəʊm] **I.** *n no pl* ❶(*bubbles*) Schaum *m* ❷(*plastic*) Schaumstoff *m* **II.** *vi* schäumen ▶ **to be ~ing at the mouth** vor Wut schäumen

foam 'rub·ber *n no pl* Schaumgummi *m*

fob [fɒb] **I.** *n* ❶(*for watch*) Uhrkette *f* ❷(*for keys*) Schlüsselanhänger *m* **II.** *vt* <-bb-> ■ **to ~ sb off with sth** jdn mit etw dat abspeisen; ■ **to ~ sth off on sb** jdm etw andrehen

fo·cal ['fəʊkəl] *adj* im Brennpunkt stehend

fo·cus <*pl* -es *or form* -ci> ['fəʊkəs, *pl* -saɪ] **I.** *n* ❶(*centre*) Mittelpunkt *m*, Brennpunkt *m;* **to be the ~ of attention** im Mittelpunkt stehen ❷PHOT *of a lens* Fokus *m;* **in/out of ~** scharf/nicht scharf eingestellt **II.** *vi* <-s- *or* -ss-> ❶(*concentrate*) sich konzentrieren ([**up**]**on** auf) ❷PHYS fokussieren (**on** auf) **III.** *vt* <-s- *or* -ss-> ❶(*concentrate*) konzentrieren (**on** auf) ❷(*direct*) *camera, telescope* scharf [ein]stellen (**on** auf); *eyes* richten (**on** auf)

fod·der ['fɒdə^r] *n no pl* Futter *nt;* **~ crop** Futterpflanze *f*

foe [fəʊ] *n* (*liter*) Feind *m*

foe·tal ['fiːtəl] *adj* fetal

foe·tus ['fiːtəs] *n* Fetus *m*

fog [fɒg] *n* Nebel *m*

'fog·bound *adj airport* wegen Nebels geschlossen; *plane* durch Nebel festgehalten

fo·gey ['fəʊgi] *n* (*fam*) Mensch *m* mit verstaubten Ansichten

fog·gy ['fɒgi] *adj* neblig ▶ **to not have the foggiest** [**idea**] keine blasse Ahnung haben

'fog·horn *n* Nebelhorn *nt;* **a voice like a ~** eine dröhnende Stimme **'fog lamp** *n*, **'fog light** *n* Nebelscheinwerfer *m*

fogy *n see* **fogey**

foi·ble ['fɔɪbl] *n usu pl* Eigenart *f kein pl*

foil[1] [fɔɪl] *n* ❶(*sheet*) Folie *f* ❷(*contrast*) Gegenstück *nt* ❸(*sword*) Florett *nt*

foil[2] [fɔɪl] *vt* ■ **to ~ sth** etw verhindern; *coup* vereiteln; *plan* durchkreuzen; ■ **to ~ sb** jds Vorhaben vereiteln; **~ed again!** (*hum*) wieder mal alles umsonst!

foist [fɔɪst] *vt* ■ **to ~ sth** [**up**]**on sb** jdm etw aufzwingen

fold [fəʊld] **I.** *n* ❶(*crease*) Falte *f* ❷(*fig: home*) Zuhause *nt;* **to return to the ~** nach Hause zurückkehren **II.** *vt* ❶(*bend*) falten (**into** zu); *letter* zusammenfalten; *umbrella* zusammenklappen; *arms, hands* verschränken ❷(*wrap*) einwickeln ❸FOOD (*mix*) heben (**into** unter) **III.** *vi* ❶(*bend*) zusammenklappen; **the chairs ~ flat** die Stühle lassen sich flach zusammenklappen ❷(*fail*) eingehen *fam* ◆**fold up I.** *vt* zusammenfalten **II.** *vi* sich zusammenfalten lassen

fold·er ['fəʊldə^r] *n* ❶(*holder*) Mappe *f*, Ordner *m* ❷COMPUT Ordner *m*

fold·ing ['fəʊldɪŋ] *adj* **~ bed** Klappbett *nt;* **~ door** Falttür *f*

fo·li·age ['fəʊliɪdʒ] *n no pl* Laub *nt*

folk [fəʊk] **I.** *n* ❶ *pl* (*people*) Leute *pl* ❷ *no pl* (*music*) Folk *m* **II.** *adj* ❶ (*traditional*) Volks- ❷ (*connected with folk music*) Folk- **'folk dance** *n* Volkstanz *m* **'folk·lore** *n no pl* Folklore *f* **'folk mu·sic** *n no pl* Folk *m* **folks** [fəʊks] *npl* ❶ (*fam: form of address*) Leute *pl fam* ❷ *esp* Am (*parents*) ■ **the ~** die Eltern *pl* **'folk song** *n* Volkslied *nt* **'folk tale** *n* Volkssage *f*

fol·low ['fɒləʊ] **I.** *vt* ❶ (*take same route as*) folgen +*dat* ❷ (*pursue*) verfolgen ❸ (*happen next*) ■ **to ~ sth** auf etw *akk* folgen ❹ (*succeed*) ■ **to ~ sb** jdm nachfolgen ❺ (*imitate*) ■ **to ~ sb** es jdm gleichtun; ■ **to ~ sth** etw nachmachen; **~ that!** mach mir das erst mal nach! ❻ (*obey*) befolgen; (*go along with*) folgen +*dat*; *guidelines* sich halten an +*akk*; *conscience* gehorchen +*dat* ❼ (*support*) ■ **to ~ a team** Anhänger(in) *m(f)* einer Mannschaft sein ❽ (*understand*) folgen +*dat* ❾ (*have an interest in*) verfolgen **II.** *vi* ❶ (*take the same route, happen next*) folgen; **letter to ~** Brief folgt; **in the hours that ~ed ...** in den darauf folgenden Stunden ... ❷ (*result*) sich ergeben (**from** aus); (*be the consequence*) die Folge sein ◆**follow on** *vi* ❶ *person* nachkommen ❷ *fact* sich [aus etw *dat*] ergeben ◆**follow through I.** *vt* zu Ende verfolgen **II.** *vi* SPORTS durchschwingen ◆**follow up I.** *vt* ❶ (*investigate*) weiterverfolgen; *rumour* nachgehen +*dat* ❷ (*do next*) ■ **to ~ up ○ sth by** [*or* **with**] ■ **to ~ sth** by doing sth etw *dat* etw folgen lassen ❸ MED nachuntersuchen **II.** *vi* ■ **to ~ up with sth** etw folgen lassen

fol·low·er ['fɒləʊə'] *n* Anhänger(in) *m(f)* **fol·low·ing** ['fɒləʊɪŋ] **I.** *adj* folgende(r, s); **we didn't arrive until the ~ day** wir kamen erst am nächsten Tag an **II.** *n* ❶ + *pl vb* (*listed*) ■ **the ~** *persons* folgende Personen; *objects* Folgendes ❷ *usu sing*, + *sing/pl vb* (*fans*) Anhänger *pl* **III.** *prep* nach **'fol·low-up I.** *n* Fortsetzung *f* (**to** von) **II.** *adj visit, interviews* Folge-; **~ treatment** Nachbehandlung *f*

fol·ly ['fɒli] *n* ❶ (*stupidity*) Dummheit *f* ❷ BRIT (*building*) [verschwenderischer] Prachtbau

fond [fɒnd] *adj hope* kühn; *memories* lieb; *smile* liebevoll; ■ **to be ~ of sb/sth** jdn/etw gerne mögen; ■ **to be ~ of doing sth** etw gerne machen

fon·dle ['fɒndl] *vt* streicheln
fond·ness ['fɒndnəs] *n no pl* Vorliebe *f*
fon·due ['fɒndjuː] *n* Fondue *nt*

font [fɒnt] *n* ❶ (*basin*) Taufbecken *nt* ❷ (*type*) Schriftart *f*
food [fuːd] *n* ❶ *no pl* (*nutrition*) Essen *nt*, Nahrung *f*; **baby ~** Babynahrung *f*; **cat ~** Katzenfutter *nt*; **to be off one's ~** keinen Appetit haben ❷ (*foodstuff*) Nahrungsmittel *pl* ▶ **~ for thought** Stoff *m* zum Nachdenken
'food chain *n* Nahrungskette *f*
foodie *n* ['fuːdi] (*fam*) Feinschmecker(in) *m(f)*
food in·tol·er·ance *n* Lebensmittelunverträglichkeit *f* **'food poi·son·ing** *n no pl* Lebensmittelvergiftung *f* **'food pro·ces·sor** *n* Küchenmaschine *f* **'food sci·en·tist** *n* Lebensmittelwissenschaftler(in) *m(f)* **'food·stuff** *n* Nahrungsmittel *pl*
fool [fuːl] **I.** *n* ❶ (*idiot*) Dummkopf *m*; **to play the ~** herumalbern; **to make a ~ of sb/oneself** jdn/sich lächerlich machen; **to be nobody's ~** nicht blöd sein; **he's no ~** er ist nicht blöd ❷ (*jester*) [Hof]narr *m* ❸ (*dessert*) cremiges Fruchtdessert ▶ **~s rush in where angels fear to tread** (*prov*) blinder Eifer schadet nur; **a ~ and his money are soon parted** (*prov*) Dummheit und Geld lassen sich nicht vereinen; **there's no ~ like an old ~** (*prov*) Alter schützt vor Torheit nicht; **more ~ you** BRIT selber schuld **II.** *adj* Am blöd **III.** *vt* täuschen; **we weren't ~ed by his promises** wir sind auf seine Versprechungen nicht hereingefallen; ■ **to ~ sb into doing sth** jdn [durch einen Trick] dazu bringen, etw zu tun ▶ **you could have ~ed me** das kannst du mir nicht weismachen **IV.** *vi* einen Scherz machen ◆**fool about, fool around** *vi* ❶ (*carelessly*) herumspielen ❷ (*amusingly*) herumblödeln ❸ *esp* Am (*sexually*) ■ **to ~ around with sb** es mit jdm treiben

fool·hardy ['fuːlˌhɑːdi] *adj* verwegen; *attempt* tollkühn
fool·ish ['fuːlɪʃ] *adj* töricht; **she was afraid that she would look ~** sie hatte Angst, sich zu blamieren
fool·ish·ly ['fuːlɪʃli] *adv* töricht; (*at start of a sentence*) törichterweise
fool·ish·ness ['fuːlɪʃnəs] *n no pl* Dummheit *f*; ■ **it is ~ to do sth** es ist dumm, etw zu tun
'fool·proof *adj* idiotensicher
fools·cap ['fuːlzkæp] *n no pl britisches Papierformat* (*330 x 200 mm*)
foot [fʊt] **I.** *n* <*pl* **feet**> [*pl* fiːt] ❶ (*limb*) Fuß *m*; **what size are your feet?** welche Schuhgröße haben Sie?; **to be** [back/

quick] on one's feet [wieder/schnell] auf den Beinen sein; **he can barely put one ~ in front of the other** er hat Schwierigkeiten beim Laufen; **to leap to one's feet** aufspringen; **to put one's feet up** die Füße hochlegen; **to set ~ in sth** einen Fuß in etw *akk* setzen; **at sb's feet** zu jds Füßen; **on ~** zu Fuß ❷ <*pl* foot *or* feets> (*length*) Fuß *m* (= *0,348 m*) ❸ <*pl* feets> (*base*) Fuß *m;* **at the ~ of the bed** am Fußende des Betts; **at the ~ of the page** am Seitenende ❹ <*pl* feets> LIT Versfuß *m* ▶ **to have a ~ in both camps** auf beiden Seiten beteiligt sein; **to have one ~ in the grave** mit einem Bein im Grab stehen; **to have both feet on the ground** mit beiden Beinen fest auf der Erde stehen; **to have the world at one's feet** die Welt in seiner Macht haben; **to put one's best ~ forward** sich anstrengen; **to get off on the right/wrong foot** einen guten/schlechten Start haben; **to never put a ~ wrong** nie einen Fehler machen; **to drag one's feet** herumtrödeln; **to land on one's feet** Glück haben; **to put one's ~ down** (*insist*) ein Machtwort sprechen; BRIT (*accelerate*) Gas geben; **to put one's ~ in it** [*or* AM **one's mouth**] ins Fettnäpfchen treten; **to rush sb off his/her feet** jdn beschäftigen; **to shoot oneself in the ~** sich *dat* ins [eigene] Knie schießen *fam;* **to think on one's feet** eine schnelle Entscheidung treffen; **to be under sb's feet** zwischen jds Füßen herumlaufen; **my ~!** so ein Quatsch! II. *vt* (*fam*) *bill* bezahlen

foot·age ['fʊtɪdʒ] *n no pl* Filmmaterial *nt*

foot-and-'mouth dis·ease *n* Maul- und Klauenseuche *f* **'foot·ball** ['fʊtbɔːl] *n* ❶ *no pl* (*soccer*) Fußball *m* ❷ *no pl* AM (*American football*) Football *m* ❸ (*ball*) Fußball *m;* (*American football*) Football *m*

foot·ball·er ['fʊtbɔːlər] *n* BRIT Fußballspieler(in) *m(f);* AM Footballspieler(in) *m(f)* **'foot·ball hoo·li·gan** *n* Fußballrowdy *m* **'foot·board** *n* Trittbrett *nt* **'foot·bridge** *n* Fußgängerbrücke *f*

foot·er ['fʊtər] *n* TYPO Fußzeile *f*

'foot·hills *npl* Vorgebirge *nt* **'foot·hold** *n* Halt *m* [für die Füße] ▶ **to gain a ~** Fuß fassen

foot·ing ['fʊtɪŋ] *n no pl* ❶ (*foothold*) Halt *m* ❷ (*basis*) **on an equal ~** auf gleicher Basis; **on a war ~** im Kriegszustand

'foot·lights *npl* Rampenlicht *nt* **'foot·loose** *adj* ungebunden **'foot·man** *n* Lakai *m* **'foot·note** *n* Fußnote *f* **'foot·path** *n* Fußweg *m* **'foot·print** *n* Fußabdruck *m* **'foot·rest** *n* Fußstütze *f* **'foot·step** *n* Schritt *m* ▶ **to follow in sb's ~** in jds Fußstapfen treten **'foot·stool** *n* Fußbank *f,* Schemel *m* SÜDD, ÖSTERR **'foot·wear** *n no pl* Schuhe *pl* **'foot·work** *n no pl* Beinarbeit *f*

for [fɔːʳ, fəʳ] I. *conj* denn II. *prep* ❶ für; **that's too strong ~ me** das ist mir zu stark; **luckily ~ me** zu meinem Glück; **say hi ~ me** grüß ihn/sie von mir; **follow the signs ~ the town centre** folgen Sie den Schildern in die Innenstadt; **what's the Spanish ~ 'vegetarian'?** was heißt ,Vegetarier' auf Spanisch?; **how are you doing ~ money?** wie sieht es bei dir mit dem Geld aus?; **it's not ~ me to tell her what to do** es ist nicht meine Aufgabe, ihr vorzuschreiben, was sie zu tun hat; **I ~ one ...** ich für meinen Teil ...; **that's children ~ you!** so sind Kinder eben!; **there's gratitude ~ you!** und so was nennt sich Dankbarkeit!; **demand ~ money** Bedarf *m* an Geld; **to have a need ~ sth** etw brauchen; **a cheque ~ £100** ein Scheck über 100 Pfund; **for rent/sale** zu vermieten/verkaufen; **to make it easy ~ sb** es jdm einfach machen; **to apply ~ a job** sich um eine Stelle bewerben; **to ask ~ sth** um etw *akk* bitten; **to be [all] ~ sth** [ganz] für etw *akk* sein; **to be [*or* stand] ~ sth** für etw *akk* stehen; **to be concerned ~ sb/sth** um jdn/etw besorgt sein; **to feel ~ sb** mit jdm fühlen; **I feel sorry ~ him** sie tut mir leid; **to go ~ sb** auf jdn losgehen; **to head ~ home** auf dem Heimweg sein; (*start off*) sich auf den Heimweg machen; **to look ~ a way to do sth** nach einer Möglichkeit suchen, etw zu tun; **to prepare ~ sth** sich auf etw *akk* vorbereiten; **to run ~ the bus** laufen, um den Bus zu kriegen; **to send ~ the doctor** den Arzt holen; **to trade sth ~ sth** etw gegen etw *akk* [ein]tauschen; **to wait ~ sb/sth** auf jdn/etw warten; **to wait ~ sb to do sth** darauf warten, dass jd etw tut; **to work ~ sb/sth** bei jdm/etw arbeiten; **~ all I know** möglicherweise; **as ~ me** was mich betrifft; **to do sth ~ nothing** etw umsonst machen ❷ (*with time, distance*) **he was jailed ~ twelve years** er musste für zwölf Jahre ins Gefängnis; **my father has been smoking ~ 10 years** mein Vater raucht seit 10 Jahren; **~ the next two days** in den beiden nächsten Tagen; **~ a bit/while** ein bisschen/eine Weile; **I'm just going out ~ a bit** ich gehe mal kurz raus; **~ Christmas** zu Weihnachten; **~ dinner** zum Abendessen; **~ eternity** [*or* ever] bis in alle Ewigkeit; **to practise ~ half an hour** eine halbe Stunde üben; **~ the moment** im Augenblick; **~ a time** eine Zeit lang; **~ the time being** für den Augenblick; **~ the first time** zum ersten Mal; **~ the second time running** zweimal hintereinander; **~ a long time** seit langem; **I hadn't seen him ~ such a long time** ich hatte ihn schon so lange nicht mehr gesehen; **~ some time** seit längerem; **~ a kilometre** einen Kilometer ❸ (*purpose*) **what's that ~?** wofür ist das?; **what did you do that ~?** wozu hast du das getan?; **what do you use these ~?** wozu brauchst du diese?; **that's useful ~ removing rust** damit kann man gut Rost entfernen; **that's not ~ eating** das ist nicht zum Essen; **~ your information** zu Ihrer Information ❹ (*reason*) **he apologized ~ being late** er entschuldigte sich wegen seiner Verspätung; **all the better ~ seeing you!** jetzt wo ich dich sehe, gleich noch viel besser!; **if it hadn't been ~ him, ...** ohne ihn ...; **he's only in it ~ the money** er tut es nur wegen des Geldes; **not ~ a million dollars** um nichts in der Welt; **~ fear of** aus Angst vor +*dat;* **~ lack of** aus Mangel an +*dat;* **to be arrested ~ murder** wegen Mordes verhaftet werden; **~ various reasons** aus verschiedenen Gründen ❺ (*despite*) trotz; **~ all his effort** trotz all seiner Anstrengungen; **~ all that** trotz alledem ▶ **to be** [in] **~ it** dran sein

for·bade [fəˈbæd] *pt of* **forbid**

for·bear·ance [fɔːˈbeərən(t)s] *n no pl* (*dated form*) Nachsicht *f,* Geduld *f*

for·bid [fəˈbɪd] <-dd-, forbade, forbidden> *vt* ■ **to ~ sb sth** jdm etw verbieten; ■ **to ~ sb from doing** [*or* **to do**] **sth** jdm verbieten, etw zu tun ▶ **God** [*or* **heaven**] **~** [**that ...**] Gott behüte mich [davor, dass ...]

for·bid·den [fəˈbɪdən] I. *adj* verboten II. *pp of* **forbid**

for·bid·ding [fəˈbɪdɪŋ] *adj* abschreckend

force [fɔːs] I. *n* ❶ *no pl* (*power*) Kraft *f;* (*intensity*) Stärke *f; of a blow* Wucht *f;* **from ~ of habit** aus reiner Gewohnheit ❷ *no pl* (*violence*) Gewalt *f;* **by ~** mit Gewalt; **the ~s of evil** die Mächte *pl* des Bösen; **the ~s of nature** die Naturgewalten *pl;* **to be in/come into ~** in Kraft sein/treten ❸ (*group*) Truppe *f;* **police ~** Polizei *f;* **Air F~** Luftwaffe *f;* **labour ~** Arbeitskräfte *pl;* **armed ~s** Streitkräfte *pl* ▶ **to join ~s** zusammenhelfen; **by sheer ~ of numbers** aufgrund zahlenmäßiger Überlegenheit II. *vt* (*compel*) zwingen; *confession* erzwingen; *door, lock* aufbrechen; **to ~ an entry** sich mit Gewalt Zutritt verschaffen; **to ~ a smile** gezwungen lächeln; **to ~ one's way** sich *dat* seinen Weg bahnen; ■ **to ~ sth on sb** jdm etw aufzwingen; ■ **to ~ sth into sth** etw in etw *akk* [hinein]zwängen ◆ **force back** *vt* ❶ (*repel*) zurückdrängen; (*fig*) *tears* unterdrücken ❷ (*push back*) zurückdrücken ◆ **force down** *vt* ❶ *plane* zur Landung zwingen ❷ *food* hinunterwürgen ❸ (*push*) nach unten drücken ◆ **force open** *vt* mit Gewalt öffnen; *door, window* aufbrechen ◆ **force upon** *vt* ■ **to ~ sth upon sb** jdm etw aufzwingen

forced [fɔːst] *adj* ❶ (*imposed*) erzwungen; **~ labour** Zwangsarbeit *f;* **~ landing** Notlandung *f;* **~ march** Gewaltmarsch *m* ❷ *smile* gezwungen

ˈforced mar·riage *n* Zwangsehe *f*

ˈforce-feed *vt* zwangsernähren

force·ful [ˈfɔːsfəl] *adj attack* kraftvoll; *personality* stark

force·ful·ly [ˈfɔːsfəli] *adv* kraftvoll; **to argue ~** überzeugend argumentieren

---

forbidding something

forbidding	verbieten
You're not allowed to watch TV today.	Du darfst heute nicht fernsehen.
That's (completely) out of the question.	Das kommt gar nicht in Frage.
Don't touch my computer! *(fam)*	Finger weg von meinem Computer! *(fam)*
Hands off my diary! *(fam)*	Lass die Finger von meinem Tagebuch! *(fam)*
I can't allow that.	Das kann ich nicht zulassen.
Please refrain from smoking. *(form)*	Bitte unterlassen Sie das Rauchen. *(form)*

for·ceps ['fɔ:seps] *npl* [a pair of] ~ [eine] Zange; ~ **delivery** Zangengeburt *f*
for·cible ['fɔ:səbl] *adj* gewaltsam
for·cibly ['fɔ:səbli] *adv* gewaltsam
ford [fɔ:d] **I.** *n* Furt *f* **II.** *vt* durchqueren; (*on foot*) durchwaten
fore [fɔ:ʳ] **I.** *adj* vordere(r, s) **II.** *n no pl* Vordergrund *m*; *of ship* Bug *m*; ▪ **to be/come to the** ~ im Vordergrund stehen/in den Vordergrund treten **III.** *interj* (*golfer's warning*) Achtung!
fore·arm¹ ['fɔ:ʳɑ:m] *n* Unterarm *m*
fore·arm² [fɔ:ʳ'ɑ:m] *vt* ▪ **to ~ oneself** sich wappnen
fore·bears ['fɔ:ʳbeəʳs] *npl* (*form*) Vorfahren *pl*
fore·bod·ing [fɔ:ʳ'bəʊdɪŋ] *n* (*liter*) [düstere] Vorahnung
fore·cast ['fɔ:ʳkɑ:st] **I.** *n* ❶ (*prediction*) Prognose *f* ❷ *of weather* [Wetter]vorhersage *f* **II.** *vt* <-cast *or* -casted, -cast *or* -casted> METEO vorhersagen; ECON prognostizieren; ▪ **to ~ that/what/who ...** prophezeien, dass/was/wer ...
fore·cast·er ['fɔ:ʳkɑ:stəʳ] *n* ECON Prognostiker(in) *m(f)*; [weather] ~ Meteorologe *m*/Meteorologin *f*
'fore·court *n* ❶ (*of building*) Vorhof *m* ❷ (*in tennis*) Halfcourt *m* **'fore·fa·thers** *npl* (*liter*) Vorfahren *pl* **'fore·fin·ger** *n* Zeigefinger *m* **'fore·front** *n no pl* **at the** ~ an der Spitze
fore·go <-went, -gone> *vt see* **forgo**
fore·go·ing [fɔ:ʳ'gəʊɪŋ] *adj* (*form*) vorhergehend
fore·gone con·'clu·sion *n* ausgemachte Sache
'fore·ground *n* Vordergrund *m* **'fore·hand** *n* Vorhand *f*; **on the** ~ mit der Vorhand **fore·head** ['fɒrɪd] *n* Stirn *f*
for·eign ['fɒrɪn] *adj* ❶ (*from another country*) ausländisch, fremd; ~ **countries** Ausland *nt kein pl*; ~ **currency** Fremdwährung *f* ❷ (*involving other countries*) ~ **policy** Außenpolitik *f*; ~ **travel** Auslandsreise *f* ❸ (*not belonging*) fremd; ~ **body** Fremdkörper *m*
for·eign 'affairs *npl* Außenpolitik *f kein pl*
for·eign cor·re·'spond·ent *n* Auslandskorrespondent(in) *m(f)*
for·eign·er ['fɒrɪnəʳ] *n* Ausländer(in) *m(f)*
for·eign ex'change *n no pl* Devisen *pl*
for·eign 'min·is·ter *n* Außenminister(in) *m(f)* **'For·eign Of·fice** *n* BRIT Außenministerium *nt* **For·eign 'Sec·re·tary** *n* BRIT Außenminister(in) *m(f)*

'fore·man *n* ❶ (*workman*) Vorarbeiter *m* ❷ LAW Sprecher *m* (*der Geschworenen*)
fore·most ['fɔ:məʊst] *adj* führend; **first and** ~ zuallererst
'fore·name *n* (*form*) Vorname *m*
fo·ren·sic [fəˈren(t)sɪk] *adj* forensisch
'fore·play *n* Vorspiel *nt* **'fore·run·ner** *n* ❶ (*predecessor*) Vorläufer(in) *m(f)* ❷ (*sign*) Vorzeichen *nt* **'fore·sail** *n* Focksegel *nt* **fore·see** <-saw, -seen> [fɔ:'si:] *vt* vorhersehen **fore·see·able** [fɔ:'si:əbl] *adj* absehbar; **in the ~ future** in absehbarer Zeit **fore·'shad·ow** *vt* ▪ **to be ~ed** angedeutet werden (**by** durch) **'fore·sight** *n no pl* Weitblick *m*; ▪ **to have the ~ to do sth** so vorausschauend sein, etw zu tun **'fore·skin** *n* Vorhaut *f*
for·est ['fɒrɪst] *n* Wald *m a. fig*; **the Black F~** der Schwarzwald
fore·stall [fɔ:'stɔl] *vt* zuvorkommen +*dat*
for·est·er ['fɒrɪstəʳ] *n* Förster(in) *m(f)*
for·est 'fire *n* Waldbrand *m* **for·est 'rang·er** *n* AM Förster(in) *m(f)*
for·est·ry ['fɒrɪstri] *n no pl* Forstwirtschaft *f*
'fore·taste ['fɔ:teɪst] *n usu sing* Vorgeschmack *m* **fore·'tell** <-told, -told> [fɔ:'tel] *vt* vorhersagen
for·ever [fə'revəʳ] *adv* ❶ (*for all time*) ewig *a. fig* ❷ (*fam: continually*) ständig; ▪ **to be ~ doing sth** etw ständig machen
fore·warn [fɔ:'wɔ:n] *vt* vorwarnen ▸ ~**ed is forearmed** (*prov*) bist du gewarnt, bist du gewappnet **'fore·word** *n* Vorwort *nt*
for·feit ['fɔ:fɪt] **I.** *vt* einbüßen; *right* verwirken **II.** *n* ❶ (*in a game*) Pfand *nt* ❷ LAW Strafe *f* **III.** *adj* (*form*) **be ~** verfallen
for·gave [fə'geɪv] *vt pt of* **forgive**
forge [fɔ:dʒ] **I.** *n* ❶ (*furnace*) Glühofen *m* ❷ (*smithy*) Schmiede *f* **II.** *vt* ❶ (*copy*) fälschen ❷ (*heat and shape*) schmieden ❸ (*fig*) mühsam schaffen **III.** *vi* **to ~ into the lead** die Führung übernehmen ◆**forge ahead** *vi* ❶ (*progress*) [rasch] Fortschritte machen ❷ (*take lead*) die Führung übernehmen
forg·er ['fɔ:dʒəʳ] *n* Fälscher(in) *m(f)*
forg·ery ['fɔ:dʒəri] *n* ❶ (*copy*) Fälschung *f* ❷ *no pl* (*crime*) Fälschen *nt*
for·get <-got, -gotten *or* AM *also* -got> [fə'get] *vt, vi* vergessen; **some things are best forgotten** manche Dinge vergisst man besser; **and don't you ~ it!** lass dir das gesagt sein!; ▪ **to ~ oneself** sich vergessen; **to ~ the past** die Vergangenheit ruhen lassen; ▪ **to ~ about sb/sth** jdn/etw vergessen; ▪ **to ~ about doing sth**

sich *dat* etw aus dem Kopf schlagen; **not ~ting** nicht zu vergessen

for·get·ful [fəˈgetfəl] *adj* vergesslich

for·get·ful·ness [fəˈgetfəlnəs] *n no pl* Vergesslichkeit *f*

for-'get-me-not *n* BOT Vergissmeinnicht *nt*

for·giv·able [fəˈgɪvəbl] *adj* verzeihlich

for·give <-gave, -given> [fəˈgɪv] *vt* ▪ **to ~ sb [for] sth** jdm etw verzeihen; *sin* jdm etw vergeben; **~ me, but ...** Entschuldigung, aber ...; ▪ **to ~ sb for doing sth** jdm verzeihen, dass er/sie etw getan hat; **please ~ me for asking** verzeihen Sie bitte, dass ich frage; **to ~ and forget** vergeben und vergessen

for·giv·en [fəˈgɪvən] *pp of* **forgive**

for·give·ness [fəˈgɪvnəs] *n no pl* ❶ (*pardon*) Vergebung *f* ❷ (*forgiving quality*) Versöhnlichkeit *f*

for·giv·ing [fəˈgɪvɪŋ] *adj* versöhnlich

for·go <-went, -gone> [fɔːˈgəʊ] *vt* ▪ **to ~ sth** auf etw *akk* verzichten

for·got [fəˈgɒt] *pt of* **forget**

for·got·ten [fəˈgɒtən] I. *pp of* **forget** II. *adj* vergessen

fork [fɔːk] I. *n* ❶ (*tool*) Gabel *f* ❷ (*division*) Gabelung *f*; *of tree* Astgabel *f*; **take the left ~** nehmen Sie die linke Abzweigung ❸ *of bicycle* ▪~**s** *pl* [Rad]gabel *f* II. *vi* ❶ (*divide*) sich gabeln ❷ (*go*) **to ~ left** nach links abzweigen

forked [fɔːkt] *adj* gegabelt; *tongue* gespalten; **~ lightning** Linienblitz *m*

'fork-lift *n*, **fork-lift 'truck** *n* Gabelstapler *m*

for·lorn [fəˈlɔːn] *adj person* einsam; *place* verlassen; *hope* schwach

form [fɔːm] I. *n* ❶ (*type, variety*) Form *f*, Art *f*; *of a disease* Erscheinungsbild *nt*; **art ~** Kunstart *f*; **~ of exercise** Sportart *f*; **~ of government** Regierungsform *f*; **life ~** Lebensform *f*; **~ of transport** Transportart *f*; **~s of worship** Formen *pl* der Gottesverehrung ❷ *no pl* (*particular way*) Form *f*, Gestalt *f*; **support in the ~ of money** Unterstützung in Form von Geld; **the training programme takes the ~ of a series of workshops** die Schulung wird in Form einer Serie von Workshops abgehalten; **in any [shape or] ~** in jeglicher Form; **in some ~ or other** auf die eine oder andere Art ❸ (*document*) Formular *nt*; **application ~** Bewerbungsbogen *m*; **entry ~** Anmeldeformular *m*; **order ~** Bestellschein *m*; **printed ~** Vordruck *m* ❹ (*shape*) Form *f*; *of a person* Gestalt *f* ❺ *no pl* ART, LIT, MUS Form *f* ❻ *no pl* (*physical/mental condition*) Form *f*, Kondition *f*; **to be in good ~ [gut]** in Form sein; **to be out of ~** nicht in Form sein ❼ *no pl* (*past performance*) Form *f*; **true to ~** wie zu erwarten ❽ *no pl* BRIT (*procedure*) Form *f*; **a matter of ~** eine Formsache; **for ~['s sake]** aus Formgründen ❾ BRIT SCH (*class*) Klasse *f*; (*year group*) Jahrgangsstufe *f* ❿ LING Form *f* ⓫ *no pl* BRIT (*sl: criminal record*) **to have ~** vorbestraft sein II. *vt* ❶ (*shape*) formen *a. fig* (**into** zu); GEOG **to be ~ed from** entstehen aus +*dat* ❷ (*arrange, constitute*) bilden; **they ~ed themselves into three lines** sie stellten sich in drei Reihen auf ❸ (*set up*) gründen; *committee, government* bilden; *friendships* schließen; *relationship* eingehen; **to ~ an alliance with sb** sich mit jdm verbünden; **to ~ an opinion about sth** sich *dat* eine Meinung über etw *akk* bilden ❹ LING bilden III. *vi* sich bilden; *idea* Gestalt annehmen; ▪ **to ~ into sth** sich zu etw *dat* formen ♦ **form up** *vi* sich formieren; ▪ **to ~ up in sth** sich zu etw *dat* formieren

for·mal [ˈfɔːməl] *adj* ❶ (*ceremonious*) formell; **~ dress** Gesellschaftskleidung *f* ❷ (*serious*) förmlich ❸ (*official*) offiziell; *education* ordentlich ❹ *garden* sorgfältig angelegt ❺ (*nominal*) formal

for·mal·ity [fɔːˈmæləti] *n* ❶ *no pl* (*ceremoniousness*) Förmlichkeit *f* ❷ (*for form's sake*) Formalität *f*; **to be [just] a ~** [eine] [reine] Formsache sein

for·mal·ize [ˈfɔːməlaɪz] *vt* ❶ (*make official*) *agreement* formell bekräftigen ❷ (*give shape to*) *thoughts* ordnen

for·mal·ly [ˈfɔːməli] *adv* ❶ (*ceremoniously*) formell ❷ (*officially*) offiziell ❸ (*for form's sake*) formal

for·mat [ˈfɔːmæt] I. *n* Format *nt* II. *vt* <-tt-> formatieren

for·ma·tion [fɔːˈmeɪʃən] *n* ❶ *no pl* (*creation*) Bildung *f* ❷ GEOL, MIL Formation *f*

for·ma·tive [ˈfɔːmətɪv] *adj* prägend

'for·mat·ting *n* COMPUT Formatierung *f*

for·mer [ˈfɔːmə'] I. *adj* ❶ (*previous*) ehemalig, früher ❷ (*first of two*) erstere(r, s) II. *n* ▪ **the ~** der/die/das Erstere

for·mer·ly [ˈfɔːməli] *adv* früher

for·mi·da·ble [ˈfɔːmɪdəbl] *adj* ❶ (*difficult*) schwierig; (*tremendous*) kolossal; *obstacle* ernstlich; *person* Furcht erregend ❷ (*powerful*) eindrucksvoll

form·less [ˈfɔːmləs] *adj* formlos

for·mu·la <*pl* -s *or* -e> [ˈfɔːmjələ, *pl* -liː] *n* ❶ MATH Formel *f* ❷ (*plan*) **~ for success** Erfolgsrezept *nt* ❸ FOOD Babymilchpulver *nt*

for·mu·late ['fɔ:mjəleɪt] *vt* ❶ (*draw up*) ausarbeiten; *law* formulieren; *theory* entwickeln ❷ (*articulate*) formulieren

for·mu·la·tion [ˌfɔ:mjə'leɪʃ°n] *n* ❶ *no pl* (*drawing up*) Entwicklung *f*; *of law* Fassung *f* ❷ (*articulation*) Formulierung *f*

fort [fɔ:t] *n* Fort *nt* ▶ **to hold the ~** die Stellung halten

forte ['fɔ:teɪ] I. *n usu sing* Stärke *f* II. *adv* MUS forte

forth [fɔ:θ] *adv* **back and ~** vor und zurück; **to pace back and ~** auf und ab gehen; **to set ~** ausziehen; **from that day ~** von jenem Tag an ▶ **[and so on] and so ~** und so weiter [und so fort]

forth·com·ing [ˌfɔ:θ'kʌmɪŋ] *adj* ❶ (*planned*) bevorstehend ❷ (*coming out soon*) in Kürze erscheinend; *film* in Kürze anlaufend ❸ (*made available*) verfügbar; ■ **to be ~** *money* zur Verfügung gestellt werden; *reply* erfolgen ❹ (*informative*) mitteilsam **forth·right** ['fɔ:θraɪt] *adj* direkt **forth·with** [ˌfɔ:θ'wɪθ] *adv* (*form*) unverzüglich

for·ti·eth ['fɔ:tiəθ] I. *adj* vierzigste(r, s); *see also* **eighth** II. *n* ❶ (*order*) ■ **the ~** der/die/das Vierzigste; *see also* **eighth** ❷ (*fraction*) Vierzigstel *nt; see also* **eighth**

for·ti·fi·ca·tion [ˌfɔ:tɪfɪ'keɪʃ°n] *n* ❶ *no pl* (*reinforcing*) Befestigung *f* ❷ (*reinforcement*) ■ **~s** *pl* Befestigungsanlagen *pl*

for·ti·fy <-ie-> ['fɔ:tɪfaɪ] *vt* ❶ MIL befestigen ❷ (*strengthen*) ■ **to ~ oneself** sich stärken ❸ FOOD anreichern

for·ti·tude ['fɔ:tɪtju:d] *n no pl* (*form*) [innere] Stärke

fort·night ['fɔ:tnaɪt] *n* BRIT, AUS zwei Wochen, vierzehn Tage; **a ~ 's holiday** ein zweiwöchiger [*o* vierzehntägiger] Urlaub; **a ~ on Monday** Montag in zwei Wochen [*o* vierzehn Tagen]; **in a ~['s time]** in zwei Wochen

fort·night·ly ['fɔ:tnaɪtli] I. *adj* vierzehntägig II. *adv* alle zwei Wochen

for·tress <*pl* -es> ['fɔ:trəs] *n* Festung *f*

for·tui·tous [fɔ:'tju:ɪtəs] *adj* (*form*) zufällig

for·tu·nate ['fɔ:tʃ°nət] *adj* glücklich; ■ **to be ~** Glück haben; ■ **it is ~ [for sb] that ...** es ist [jds] Glück, dass ...

for·tu·nate·ly ['fɔ:tʃ°nətli] *adv* zum Glück; **~ for him** zu seinem Glück

for·tune ['fɔ:tʃu:n] *n* ❶ (*money*) Vermögen *nt* ❷ *no pl* (*form: luck*) Schicksal *nt;* **a stroke of good ~** ein Glücksfall *m;* **good ~** Glück *nt;* **ill ~** Pech *nt;* **to tell sb's ~** jds Schicksal vorhersagen; **to seek one's ~** sein Glück suchen; **~ seems to be smiling on him** Fortuna scheint ihm gewogen zu sein; **the ~s of war** die Wechselfälle des Krieges ▶ **~ favours the brave** (*prov*) das Glück ist mit den Tüchtigen

'**for·tune hunt·er** *n* (*pej*) Mitgiftjäger *m* '**for·tune tell·er** *n* Wahrsager(in) *m(f)*

for·ty ['fɔ:ti] I. *adj* vierzig; *see also* **eight** II. *n* Vierzig *f; see also* **eight**

fo·rum ['fɔ:rəm] *n* Forum *nt*

for·ward ['fɔ:wəd] I. *adv* (*towards front*) nach vorn[e]; (*onwards*) vorwärts; **to lean ~** sich vorlehnen; **to be [no] further ~** (*fig*) [nicht] weiter sein; ■ **to be ~ of sth** vor etw *dat* liegen; **from that day ~** von jenem Tag an II. *adj* ❶ (*towards front*) Vorwärts-; **~ pass** SPORTS Vorpass *m* ❷ (*near front*) vordere(r, s) ❸ (*of future*) planning Voraus-; **~ buying** Terminkauf *m* ❹ (*bold*) vorlaut III. *n* SPORTS Stürmer(in) *m(f)* IV. *vt* weiterleiten (**to** an); **"please ~"** „bitte nachsenden"

'**for·ward·ing ad·dress** *n* Nachsendeadresse *f* '**for·ward-look·ing** *adj* vorausschauend

for·wards ['fɔ:wədz] *adv see* **forward**

for·went [fɔ:'went] *pt of* **forgo**

fos·sil ['fɒs°l] *n* Fossil *nt;* **~ fuel** fossiler Brennstoff

fos·sil·ized ['fɒsəlaɪzd] *adj* versteinert

fos·ter ['fɒstə'] I. *vt* ❶ *child* aufziehen, in Pflege nehmen ❷ (*encourage*) fördern II. *vi* ein Kind in Pflege nehmen III. *adj* Pflege- '**fos·ter broth·er** *n* Pflegebruder *m* '**fos·ter child** *n* Pflegekind *nt* '**fos·ter fa·ther** *n* Pflegevater *m* '**fos·ter home** *n* Pflegefamilie *f* '**fos·ter moth·er** *n* Pflegemutter *f* '**fos·ter sis·ter** *n* Pflegeschwester *f*

fought [fɔ:t] *pt, pp of* **fight**

foul [faʊl] I. *adj* ❶ (*polluted*) verpestet; *air* stinkend; *water* schmutzig ❷ (*disgusting*) abscheulich; *smell* faul; *taste* schlecht ❸ (*unpleasant*) *mood* fürchterlich; ■ **to be ~ to sb** fies zu jdm sein ❹ (*morally objectionable*) unanständig; *language* anstößig II. *n* SPORTS Foul *nt* (**on** an) III. *vt* ❶ (*pollute*) verschmutzen ❷ BRIT (*defecate on*) beschmutzen ❸ SPORTS foulen

foul-'mouthed *adj* unflätig **foul 'play** *n no pl* ❶ (*criminal activity*) Verbrechen *nt* ❷ SPORTS Foulspiel *nt*

found[1] [faʊnd] *pt, pp of* **find**

found[2] [faʊnd] *vt* gründen

foun·da·tion [ˌfaʊn'deɪʃ°n] *n* ❶ (*basis*) Fundament *nt a. fig* (**of/for** zu); **to shake sth to its ~s** etw in seinem Fundament erschüttern; **to be without** ~ (*fig*) der Grundlage entbehren ❷ *no pl* (*establishing*) Gründung *f* ❸ (*organization*) Stiftung *f* ❹ *no pl* (*of make-up*) ~ **cream** Grundierung *f*

foun·'da·tion stone *n* Grundstein *m*

found·er ['faʊndə^r] I. *n* Gründer(in) *m(f)* II. *vi* ❶ (*sink*) sinken ❷ (*fig: fail*) scheitern

Found·ing 'Fa·thers *npl* AM Gründerväter *pl*

found·ry ['faʊndri] *n* Gießerei *f*

fount [faʊnt] *n* Quelle *f*

foun·tain ['faʊntɪn] *n* ❶ (*water feature*) Brunnen *m*; **drinking ~** Trinkbrunnen *m* ❷ (*fig: spray*) Schwall *m*; **~ of water** Wasserstrahl *m*

'foun·tain pen *n* Füllfederhalter *m*, Füllfeder *f bes* ÖSTERR, SÜDD, SCHWEIZ

four [fɔː^r] I. *adj* vier; *see also* **eight** II. *n* ❶ (*number, symbol*) Vier *f*; *see also* **eight** ❷ SPORTS (*in rowing*) Vierer *m*; (*in cricket*) vier Punkte; **to hit a ~** vier Punkte erzielen ❸ (*hands and knees*) **on all ~s** auf allen Vieren

'four-by-four *n* AUTO allrad-/vierradangetriebenes Auto **four-door 'car** *n* viertüriges Auto **'four·fold** *adj* vierfach **four-'foot·ed** *adj* vierfüßig **four-'hand·ed** *adj* ❶ (*for four people*) für vier Personen ❷ (*for two pianists*) vierhändig **four-leaf 'clo·ver** *n*, **four-leaved 'clo·ver** *n* vierblättriges Kleeblatt **four-let·ter 'word** *n* Schimpfwort *nt*

'four·some *n* Vierergruppe *f*; (*golf*) Vierer *m*

four·teen [ˌfɔːˈtiːn] I. *adj* vierzehn; *see also* **eight** II. *n* Vierzehn *f*; *see also* **eight**

four·teenth [ˌfɔːˈtiːnθ] I. *adj* vierzehnte(r, s) II. *n* ❶ (*fraction*) Vierzehntel *nt* ❷ (*date*) ■**the ~** der Vierzehnte ❸ (*order*) ■**the ~** der/die/das Vierzehnte

fourth [fɔːθ] I. *adj* vierte(r, s); *see also* **eighth** II. *n* ❶ (*order*) **the ~** der/die/das Vierte; *see also* **eighth** ❷ (*date*) **the ~** der Vierte; *see also* **eighth** ❸ (*fraction*) Viertel *nt*; *see also* **eighth** ❹ AUTO vierter Gang ❺ MUS Quart[e] *f* III. *adv* viertens; *see also* **eighth**

Fourth of July *n* AM Unabhängigkeitstag *m* der USA

four-wheel 'drive I. *n* Allradantrieb *m*, Vierradantrieb *m* II. *adj* mit Allradantrieb [*o* Vierradantrieb]

fowl <*pl - or -s*> [faʊl] *n* Geflügel *nt kein pl*

fox [fɒks] I. *n* Fuchs *m a. fig*; (*fur*) Fuchspelz *m* II. *vt* ❶ (*mystify*) verblüffen ❷ (*trick*) täuschen

'fox·glove *n* BOT Fingerhut *m* **'fox·hunt** *n* Fuchsjagd *f* **'fox·trot** I. *n* Foxtrott *m* II. *vi* <-tt-> Foxtrott tanzen

foxy ['fɒksi] *adj* ❶ (*like fox*) fuchsig ❷ (*crafty*) gerissen ❸ (*fam: sexy*) sexy

foy·er ['fɔɪeɪ] *n* ❶ (*of public building*) Foyer *nt* ❷ AM (*of house*) Diele *f*

fra·cas <*pl - or* AM **-es**> ['frækɑː, *pl* -kɑz] *n* lautstarke Auseinandersetzung

frack·ing ['frækɪŋ] *n no pl* TECH Fracking *nt*

frac·tion ['frækʃən] *n* ❶ (*number*) Bruchzahl *f*, Bruch *m* ❷ (*proportion*) Bruchteil *m*; (*fig*) **a ~ of an inch** eine Spur; **by a ~** um Haaresbreite ❸ (*a bit*) **a ~** ein bisschen ❹ CHEM Fraktion *f*

frac·tion·al ['frækʃən^əl] *adj* minimal

frac·tious ['frækʃəs] *adj* reizbar, grantig SÜDD, ÖSTERR; *child* quengelig

frac·ture ['frækt(ʃ)ə^r] I. *vt, vi* brechen; **to ~ one's leg** sich *dat* das Bein brechen II. *n* Bruch *m*

frag·ile ['frædʒaɪl] *adj* ❶ (*breakable*) zerbrechlich ❷ (*unstable*) brüchig; *agreement, peace* unsicher ❸ (*in health*) schwach; (*fam: after overindulgence*) angeschlagen

fra·gil·ity [frəˈdʒɪləti] *n no pl* ❶ (*delicacy*) Zerbrechlichkeit *f* ❷ (*weakness*) Brüchigkeit *f*; *of an agreement* Unsicherheit *f*

frag·ment I. *n* ['frægmənt] ❶ (*broken piece*) Splitter *m* ❷ (*incomplete piece*) Brocken *m* ❸ LIT, MUS Fragment *nt* II. *vi* [frægˈmənt] zerbrechen *a. fig*; (*burst*) zerbersten

frag·men·tary ['frægmənt^əri] *adj* bruchstückhaft

fra·grance ['freɪɡrən(t)s] *n* Duft *m*

fra·grant ['freɪɡrənt] *adj* duftend

frail [freɪl] *adj person* gebrechlich; *thing* schwach

frail·ty ['freɪlti] *n* ❶ *no pl of a person* Gebrechlichkeit *f* ❷ *no pl of a thing* Zerbrechlichkeit *f* ❸ (*moral weakness*) Schwäche *f*

frame [freɪm] I. *n* ❶ (*of picture*) Bilderrahmen *m*; **to be in the ~** (*fig*) unter Verdacht stehen ❷ (*of door, window*) Rahmen *m* ❸ (*of spectacles*) ■ **~s** *pl* Brillengestell *nt* ❹ (*support*) Rahmen *m a. fig* ❺ (*body*) Körper *m* ❻ (*of film strip*) Bild *nt* ❼ (*for plants*) Frühbeet *nt*; **cold ~** Frühbeetkasten *m* ❽ (*for snooker balls*) [dreieckiger] Rahmen ❾ (*of snooker match*) Spiel *nt* II. *vt* ❶ (*put in surround*) einrahmen ❷ (*act as surround*) umrahmen ❸ (*put into words*) formulieren ❹ (*fam: falsely incriminate*) verleumden

'frame-up *n* (*fam*) abgekartetes Spiel

'**frame·work** *n* ❶(*support*) Gerüst *nt*, Gestell *nt* ❷(*fig*) Rahmen *m*

franc [fræŋk] *n* Franc *m*; [**Swiss**] ~ [Schweizer] Franken *m*

France [frɑːn(t)s] *n no pl* Frankreich *nt*

fran·chise ['fræn(t)ʃaɪz] *n* Franchise *nt*

Fran·cis·can [fræn'sɪskən] *n* REL Franziskaner(in) *m(f)*; ~ **friar** Franziskanermönch *m*

Fran·co- ['fræŋkəʊ] *in compounds* französisch-; ~-**German** deutsch-französisch

frank[1] [fræŋk] *adj* aufrichtig; ▪ **to be** ~ [**with sb**] ehrlich [zu jdm] sein; **to be** ~ [**with you**] ehrlich gesagt; ▪ **to be** ~ **with sb about sth** jdm seine ehrliche Meinung über etw *akk* sagen

frank[2] [fræŋk] *vt* ❶(*stamp*) frankieren ❷(*cancel stamp*) freistempeln

frank·en·corn ['fræŋkənkɔːn] *n no pl* (*pej fam*) Genmais *m*, Horrormais *m sl* **frank·en·food** ['fræŋkənfʊːd] *n* (*pej fam*) gentechnisch verändertes Lebensmittel

frank·in·cense ['fræŋkɪnsen(t)s] *n no pl* Weihrauch *m*

frank·ly ['fræŋkli] *adv* offen

frank·ness ['fræŋknəs] *n no pl* Offenheit *f*

fran·tic ['fræntɪk] *adj* ❶(*distracted*) verrückt (**with** vor) ❷(*hurried*) hektisch

fran·ti·cal·ly ['fræntɪkəli] *adv* ❶(*wildly*) wie wild *fam* ❷(*desperately*) verzweifelt; **to be** ~ **busy** im Stress sein; **to work** ~ hektisch arbeiten

frat-boy ['frætbɔɪ] *n* AM UNIV (*pej fam*) Mitglied einer Studentenverbindung, der viel trinkt und sich vor allem für Mädchen interessiert

fra·ter·nal [frə'tɜːnəl] *adj* brüderlich

fra·ter·nity [frə'tɜːnəti] *n* ❶ *no pl* (*feeling*) Brüderlichkeit *f* ❷ + *sing/pl vb* (*group*) Vereinigung *f*; **the criminal/legal/medical** ~ die Kriminellen *pl*/Juristen *pl*/Ärzteschaft *f* ❸ + *sing/pl vb* AM UNIV Burschenschaft *f*

frat·er·nize ['frætənaɪz] *vi* sich verbrüdern

frat·ri·cide ['frætrɪsaɪd] *n* Brudermord *m*

fraud [frɔːd] *n* ❶ *no pl* (*deceit*) Betrug *m* ❷ LAW [arglistige] Täuschung ❸(*trick*) Schwindel *m* ❹(*deceiver*) Betrüger(in) *m(f)*

fraudu·lence ['frɔːdjələn(t)s] *n no pl* Betrügerei *f*

fraudu·lent ['frɔːdjələnt] *adj* betrügerisch

fraught [frɔːt] *adj* ❶(*full*) **to be** ~ **with difficulties** voller Schwierigkeiten stecken ❷(*tense*) [an]gespannt; *situation* stressig *fam*; *person* gestresst *fam*

fray [freɪ] I. *vi* ❶(*come apart*) ausfransen ❷(*become strained*) anspannen II. *n* Auseinandersetzung *f*; **to enter** [*or* **join**] **the** ~ sich einmischen

frayed [freɪd] *adj* ❶ *edges* ausgefranst ❷ *nerves* angespannt; *temper* gereizt

freak [friːk] I. *n* ❶(*abnormal thing*) etwas Außergewöhnliches; ~ **accident** außergewöhnliches Missgeschick; **a** ~ **of nature** eine Laune der Natur ❷(*abnormal person*) Missgeburt *f* ❸(*fanatic*) Freak *m* II. *vi* (*fam*) ausflippen ◆**freak out** (*fam*) I. *vi* ausflippen II. *vt* ausflippen lassen

freaky ['friːki] *adj* (*fam*) irre *fam*

freck·le ['frekl] *n usu pl* Sommersprosse *f*

freck·led ['frekld] *adj* sommersprossig

free [friː] I. *adj* frei; **feel** ~ **to interrupt me** unterbrechen Sie mich ruhig; ~ **of charge** kostenlos; ~ **copy/ticket** Freiexemplar *nt*/Freikarte *f*; ~ **of pain/tax** schmerz-/steuerfrei; ~ **play** MECH Spielraum *m*; ~ **speech** Redefreiheit *f*; ~ **time** Freizeit *f*; ▪ **to be** ~ **of sb/sth** jdn/etw los sein; ▪ **to be** ~ [**to do sth**] Zeit haben[, etw zu tun]; **you are** ~ **to come and go as you please** Sie können kommen und gehen, wann Sie wollen; **to break** ~ [**of** [*or* **from**] **sth**] sich [aus etw *dat*] befreien *a. fig*; **to break** ~ [**of** [*or* **from**] **sb**] sich [von jdm] losreißen *a. fig*; **to make** ~ **with sth** mit etw *dat* großzügig umgehen; **to run** ~ frei herumlaufen; **to set** ~ freilassen *a. fig*; **to walk** ~ straffrei ausgehen; **to work** [**oneself/sth**] ~ [sich/etw] lösen ▶~ **and easy** locker; **there's no such thing as a** ~ **lunch** nichts ist umsonst II. *adv* frei, gratis; ~ **of charge** kostenlos; **for** ~ gratis, umsonst III. *vt* freilassen; *hands* frei machen; ▪ **to** ~ **sb/an animal** jdn/ein Tier befreien (**from** von) ◆**free up** *vt* freimachen

free·bie ['friːbi] *n* (*fam*) Werbegeschenk *nt*

'**free diver** *n* Freitaucher(in) *m(f)*

free·dom ['friːdəm] *n* Freiheit *f*; ~ **of choice** Wahlfreiheit *f*; ~ **of the city** Ehrenbürgerschaft *f*; ~ **of information** freier Informationszugang; ~ **of movement** Bewegungsfreiheit *f*; ~ **from persecution** Schutz *m* vor [politischer] Verfolgung; ~ **of speech** Redefreiheit *f*

'**free fall** *n no pl* freier Fall; **to go into** ~ (*fig*) ins Bodenlose fallen '**free-for-all** *n* allgemeines Gerangel '**free·hold** I. *n* Eigentumsrecht *nt* (*an Grundbesitz*) II. *adj* Eigentums- '**free·hold·er** *n* Eigentümer(in) *m(f)* '**free kick** *n* SPORTS Freistoß *m* **free·lance** ['friːlɑːn(t)s] I. *n* Freiberufler(in) *m(f)* II. *adj, adv* freiberuflich III. *vi* frei[beruflich] arbeiten '**free·load** *vi* (*pej*) schnorren (**off** bei) '**free·load·er** *vi* (*pej*) Schnorrer(in) *m(f)*

free·ly ['fri:li] *adv* ❶ (*unrestrictedly*) frei ❷ (*without obstruction*) ungehindert ❸ (*frankly*) offen ❹ (*generously*) großzügig ❺ (*willingly*) freiwillig

'**free·man** *n* ❶ (*hist: not slave*) freier Mann ❷ (*honorary citizen*) Ehrenbürger *m* '**Free·ma·son** *n* Freimaurer *m* '**Free·phone** BRIT I. *n no pl* gebührenfreie Telefonnummer II. *adj* gebührenfrei **free** '**port** *n* Freihafen *m* '**free-range** *adj* Freiland-; ~ **eggs** Eier *pl* aus Freilandhaltung **free** '**speech** *n no pl* Redefreiheit *f* **free-'stand·ing** *adj* frei stehend '**free·style** *n no pl* Freistil *m* **free** '**trade** *n no pl* Freihandel *m* '**free·ware** *n no pl* Gratissoftware *f*, Freeware *f* '**free·way** *n* AM, AUS Autobahn *f* '**free·wheel** *vi* to ~ [downhill] im Freilauf [den Hügel hinunter]fahren **free** '**will** *n no pl* freier Wille; ■ **to do sth of one's own** ~ etw aus freien Stücken tun

freeze [fri:z] I. *n* ❶ METEO Frost *m*; **big** ~ harter Frost ❷ ECON Einfrieren *nt* II. *vi* <froze, frozen> ❶ (*become solid*) *water* gefrieren; *pipes* einfrieren; *lake* zufrieren; **to** ~ **solid** festfrieren ❷ (*also fig: get very cold*) [sehr] frieren; **to** ~ **to death** erfrieren ❸ *impers* (*be below freezing point*) **it's freezing** es friert ❹ (*turn to ice*) einfrieren ❺ (*be still*) erstarren III. *vt* <froze, frozen> ❶ (*turn to ice*) gefrieren lassen ❷ (*preserve*) einfrieren ❸ *image* festhalten; *film* anhalten ❹ ECON einfrieren ❺ MED vereisen ◆ **freeze up** *vi* einfrieren

'**freeze-dried** *adj* gefriergetrocknet

freez·er ['fri:zə^r] *n* Gefrierschrank *m*; **chest/upright** ~ Gefriertruhe *f*/Gefrierschrank *m*

freez·ing ['fri:zɪŋ] I. *adj* frostig; **it's** ~ es ist eiskalt; **I'm** ~ mir ist eiskalt II. *n no pl* ❶ (*0°C*) Gefrierpunkt *m*; **above** ~ über dem Gefrierpunkt ❷ (*preserving*) Einfrieren *nt*

'**freez·ing point** *n* Gefrierpunkt *m*

freight [freɪt] I. *n no pl* ❶ (*goods*) Frachtgut *nt* ❷ (*transportation*) Fracht *f*; **to send sth [by]** ~ etw als Fracht senden ❸ (*charge*) Frachtgebühr *f* II. *adv* als Fracht III. *vt* als Frachtgut befördern

'**freight car** *n* AM Güterwagen *m*

freight·er ['freɪtə^r] *n* ❶ (*ship*) Frachter *m* ❷ (*plane*) Frachtflugzeug *nt*

'**freight train** *n* Güterzug *m*

French [fren(t)ʃ] I. *adj* französisch; ~ **people** Franzosen *pl* II. *n* ❶ *no pl* (*language*) Französisch *nt*; ~ **lesson** Französischstunde *f* ❷ (*people*) ■ **the** ~ *pl* die Franzosen

French '**bean** *n* BRIT Buschbohne *f*, Gartenbohne *f* **French** '**chalk** *n no pl* Schneiderkreide *f* **French** '**doors** *npl* Verandatür *f* **French** '**dress·ing** *n no pl* Vinaigrette *f* **French fried po·'ta·toes** *npl*, **French** '**fries** *npl* Pommes frites *pl* **French** '**horn** *n* Waldhorn *nt* **French** '**let·ter** *n* BRIT, AUS (*fam*) Pariser *m sl* '**French·man** *n* Franzose *m* '**French·wom·an** *n* Französin *f*

fre·net·ic [frə'netɪk] *adj* hektisch

fren·zied ['frenzɪd] *adj* fieberhaft; *attack, barking* wild; *crowd* aufgebracht

fren·zy ['frenzi] *n no pl* Raserei *f*; ~ **of activity** fieberhafte Aktivität; **media** ~ Medienspektakel *nt*

fre·quen·cy ['fri:kwən(t)si] *n* ❶ *no pl* Häufigkeit *f*; **with increasing** ~ immer öfter ❷ RADIO Frequenz *f*

fre·quent I. *adj* ['fri:kwənt] (*often*) häufig; (*regular*) regelmäßig; ~ **flyer** Vielflieger(in) *m(f)* II. *vt* [frɪ'kwent] häufig besuchen

fre·quent·ly ['fri:kwəntli] *adv* häufig

fres·co <*pl* -s *or* -es> ['freskəʊ] *n* Fresko *nt*

fresh [freʃ] *adj* ❶ *attr* (*new*) frisch *a. fig;* ~ **snow** Neuschnee *m*; ~ **start** Neuanfang *m*; ~ **water** Süßwasser *nt*; ~ **from the oven** ofenfrisch; ~ **off the presses** druckfrisch; **like a breath of** ~ **air** (*fig*) erfrischend [anders]; **to get a breath of** ~ **air** frische Luft schnappen ❷ (*fam: cheeky*) frech; (*forward*) zudringlich ❸ AM (*sl*) megacool

fresh·en ['freʃən] I. *vt drink* auffüllen; *make-up* auffrischen; *room* durchlüften II. *vi* frischer werden; *wind* auffrischen

fresh·ly ['freʃli] *adv* ❶ (*newly*) frisch; ~ **baked bread** frisch gebackenes Brot ❷ METEO (*strongly*) kräftig

'**fresh·man** *n* Studienanfänger *m*

fresh·ness ['freʃnəs] *n no pl* Frische *f*

'**fresh·wa·ter** *adj* Süßwasser-

fret¹ [fret] *vi* <-tt-> sich *dat* Sorgen machen; **to get into a** ~ sich aufregen

fret² [fret] *n* MUS Bund *m*

'**fret·saw** ['fretsɔ:] *n* Laubsäge *f*

fri·ar ['fraɪə^r] *n* Mönch *m*

fric·as·see [ˌfrɪkə'si:] *n* Frikassee *nt*

fric·tion ['frɪkʃən] *n no pl* ❶ (*force*) Reibung *f* ❷ (*disagreement*) Reiberei[en] *f*[*pl*]

Fri·day ['fraɪdeɪ] *n* Freitag *m*; *see also* **Tuesday**

fridge [frɪdʒ] *n* (*fam*) Kühlschrank *m*

fried [fraɪd] *adj* ❶ (*of food*) gebraten; ~ **chicken** Brathähnchen *nt*; ~ **potatoes** Bratkartoffeln *pl* ❷ AM (*fam*) ▪ ~ gerädert

fried 'egg *n* Spiegelei *nt*

friend [frend] **I.** *n* Freund(in) *m(f)*; **a ~ of mine** ein Freund/eine Freundin von mir; ▪ **to be ~s [with sb]** [mit jdm] befreundet sein; ▪ **to make ~s [with sb]** sich [mit jdm] anfreunden **II.** *vt* INET ▪ **to ~ sb** jdn [in seiner Kontaktliste] als Freund markieren [*o* eintragen]

friend·less ['frendləs] *adj* ohne Freund[e]

friend·li·ness ['frendlɪnəs] *n no pl* Freundlichkeit *f*

friend·ly ['frendli] **I.** *adj* ❶ (*showing friendship*) freundlich; **to be on ~ terms with sb** mit jdm auf freundschaftlichem Fuß stehen; ▪ **to be ~ with sb** mit jdm befreundet sein ❷ (*of place, atmosphere*) angenehm ❸ (*not competitive*) freundschaftlich; ~ **match** Freundschaftsspiel *nt* ❹ (*allied*) freundlich gesinnt; *country* befreundet **II.** *n* BRIT SPORTS Freundschaftsspiel *nt*

friend·ship ['fren(d)ʃɪp] *n* Freundschaft *f*

fries [fraɪz] *npl* AM Pommes frites *pl*

frieze [fri:z] *n* ARCHIT Fries *m*

frig·ate ['frɪgət] *n* Fregatte *f*

fright [fraɪt] *n* ❶ *no pl* (*feeling*) Angst *f*; **to take ~ [at sth]** [vor etw *dat*] Angst bekommen ❷ *usu sing* (*experience*) Schrecken *m*; **to get a ~** erschrecken; **to give sb a ~** jdn erschrecken; **to have the ~ of one's life** den Schock seines Lebens bekommen

fright·en ['fraɪtən] **I.** *vt* ▪ **to ~ sb** jdm Angst machen; **to ~ sb to death** jdn zu Tode erschrecken; **to ~ the life** [*or* the [**living**] **daylights**] **out of sb** jdn furchtbar erschrecken; ▪ **to ~ sb out of doing sth** jdn von etw *dat* abschrecken **II.** *vi* erschrecken

◆ **frighten away** *vt* abschrecken

fright·ened ['fraɪtənd] *adj* verängstigt; ▪ **to be ~ [that]** ... Angst haben, [dass] ...; **to be ~ to death** zu Tode erschrocken sein; ▪ **to be ~ of sb/sth** sich vor jdm/etw fürchten; ▪ **to be ~ of doing** [*or* **to do**] **sth** Angst [davor] haben, etw zu tun

fright·en·ing ['fraɪtənɪŋ] *adj* Furcht erregend

fright·ful ['fraɪtfəl] *adj* ❶ (*bad*) entsetzlich ❷ (*extreme*) schrecklich, furchtbar; **to get into ~ trouble** furchtbaren Ärger bekommen

frig·id ['frɪdʒɪd] *adj* ❶ (*sexually*) frigid[e] ❷ (*of manner*) frostig ❸ (*of temperature*) eisig

frig·id·ity [frɪˈdʒɪdəti] *n no pl* ❶ (*of sexuality*) Frigidität *f* ❷ (*of manner, temperature*) Kälte *f*

frill [frɪl] *n* ❶ (*cloth*) Rüsche *f* ❷ (*fig fam: extras*) ▪ ~**s** *pl* Schnickschnack *m*

frilly ['frɪli] *adj* mit Rüschen, Rüschen-

fringe [frɪndʒ] **I.** *n* ❶ (*edging*) Franse *f* ❷ BRIT, AUS (*hair*) Pony *m* ❸ (*of area*) Rand *m a. fig* ❹ BRIT ART ▪ **the ~** die Alternativszene **II.** *vt usu passive* umgeben; *cloth* umsäumen **III.** *adj* ~ **benefits** zusätzliche Leistungen; ~ **character** Nebenrolle *f*; ~ **medicine/theatre** BRIT Alternativmedizin *f*/Alternativtheater *nt*

'fringe group *n* Randgruppe *f*

frisk [frɪsk] **I.** *vi* ▪ **to ~** [**about**] herumtollen **II.** *vt* abtasten (**for** nach)

frisky ['frɪski] *adj* ausgelassen; *horse* lebhaft

frit·ter ['frɪtə^r] **I.** *n* Fettgebackenes *nt* (*mit Obst-/Gemüsefüllung*) **II.** *vt* ▪ **to ~ away** ⟲ **sth** etw vergeuden; *money* verschleudern; *time* vertrödeln

fri·vol·ity [frɪˈvɒləti] *n* ❶ *no pl* (*lack of seriousness*) Frivolität *f* ❷ (*activities*) ▪ **frivolities** *pl* Banalitäten *pl*

frivo·lous ['frɪvələs] *adj* ❶ (*pej*) *person* leichtfertig ❷ (*pej: unimportant*) belanglos ❸ (*not serious*) frivol

frizz [frɪz] **I.** *vt* **to ~ one's/sb's hair** das/jds Haar kräuseln **II.** *vi* *hair* sich kräuseln **III.** *n no pl* ❶ (*usu pej: curly state*) Krause *f* ❷ (*curly hairstyle*) Kraushaar *nt*, gekraustes Haar

friz·zy ['frɪzi] *adj* gekräuselt

fro [frəʊ] *adv* **to and ~** hin und her

frock [frɒk] *n* Kleid *nt*; **posh ~** BRIT (*hum*) Ausgehkleid *nt*

frog [frɒg] *n* Frosch *m* ▶ **to have a ~ in one's throat** einen Frosch im Hals haben

'frog·march *vt* gewaltsam abführen

'frog·spawn *n no pl* Froschlaich *m*

frol·ic ['frɒlɪk] *vi* <-ck-> herumtollen

from [frɒm, frəm] *prep* ❶ (*off*) von; (*out of*) aus ❷ (*as seen from*) ~ **here** von hier [aus]; ~ **her own experience** aus eigener Erfahrung; ~ **my point of view** aus meiner Sicht ❸ (*as starting location*) von; ~ **the north** von Norden; ~ **room to room** von einem Raum in den anderen; ~ **Washington to Florida** von Washington nach Florida ❹ (*as starting time*) ab; ~ **day to day** von Tag zu Tag; ~ **that day on[wards]** seitdem; ~ **start to finish** vom Anfang bis zum Ende; ~ **time to time** ab und zu; ~ **tomorrow** ab morgen; ~ **10 a.m. to 2 p.m.** von 10.00 Uhr bis 14.00 Uhr; ~ **now/then on** seither; **as ~ 1 January** ab dem 1. Januar ❺ (*as starting con-*

dition) bei; **prices start ~ £2.99** die Preise beginnen bei £2,99; **things went ~ bad to worse** die Situation wurde noch schlimmer; **~ the Latin** aus dem Lateinischen; **~ 25 to 200** von 25 auf 200 ⑥ (*at distance to*) von; **a mile ~ home** eine Meile von zu Hause entfernt ⑦ (*originating in*) aus; **I'm ~ New York** ich komme aus New York ⑧ (*in temporary location*) von, aus; **he hasn't returned ~ work yet** er ist noch nicht von der Arbeit zurück; **she called him ~ the hotel** sie rief ihn aus dem Hotel an; **his return ~ the army** seine Rückkehr aus der Armee; **fresh ~ the States** gerade aus den USA ⑨ (*as source*) von; **who is the card ~?** von wem ist die Karte?; **a present ~ me to you** ein Geschenk von mir für dich ⑩ (*made of*) aus ⑪ (*removed from*) aus; **three ~ sixteen is thirteen** sechzehn minus drei ist dreizehn ⑫ (*considering*) aufgrund, wegen; **~ looking at the clouds ...** wenn ich mir die Wolken so ansehe ...; **~ the evidence** aufgrund des Beweismaterials ⑬ (*caused by*) an; **he died ~ his injuries** er starb an seinen Verletzungen; **she suffers ~ arthritis** sie leidet unter Arthritis; **he did it ~ jealousy** er hat es aus Eifersucht getan; **she made her fortune ~ investing in property** sie hat ihr Vermögen durch Investitionen in Grundstücke gemacht; **the risk ~ radiation** das Risiko einer Verstrahlung ⑭ (*indicating protection*) vor; **they insulated their house ~ the cold** sie dämmten ihr Haus gegen die Kälte; **shelter ~ the storm** Schutz vor dem Sturm; **to guard sb ~ sth** jdn vor etw *dat* schützen ⑮ (*indicating prevention*) vor; **the truth was kept ~ the public** die Wahrheit wurde vor der Öffentlichkeit geheim gehalten; **he has been banned ~ driving for six months** er darf sechs Monate lang nicht Auto fahren; **to prevent sb ~ doing sth** jdn davon abhalten, etw zu tun ⑯ (*indicating distinction*) von; **his opinion is different ~ mine** er hat eine andere Meinung als ich

front [frʌnt] **I.** *n* ① *usu sing* (*forward-facing part*) Vorderseite *f*; *of building* Front *f*; *of pullover* Vorderteil *m*; **please turn round and face the ~** bitte drehen Sie sich um und schauen Sie nach vorn; **to lie on one's ~** auf dem Bauch liegen; **to put sth on back to ~** etw verkehrt herum anziehen; ■**from the ~** von vorne ② (*front area*) ■**the ~** der vordere Bereich; **to sit as near the ~ as possible** möglichst weit vorne sitzen; ■**at the ~** vorn[e]; **right at the ~** in der vordersten Reihe ③ (*ahead of*) ■**in ~** vorn[e]; ■**in ~ of sb/sth** vor jdm/etw; **in the row in ~** in der Reihe davor; ■**to be in ~** SPORTS in Führung liegen; **to lead from the ~** die Spitze anführen ④ (*book cover*) [vorderer] Buchdeckel; (*first pages*) Anfang *m* ⑤ THEAT ■**out ~** im Publikum; **to go out ~** vor den Vorhang treten ⑥ (*in advance*) ■**up ~** im Voraus ⑦ (*fig: deception*) Fassade *f*; **to put on a bold ~** kühn auftreten ⑧ MIL, METEO, POL Front *f* ⑨ (*area of activity*) Front *f*; **on the domestic ~** an der Heimatfront; **on the employment ~** im Beschäftigungsbereich ⑩ *usu sing* (*beside sea*) [Strand]promenade *f*; **the lake/river ~** die Uferpromenade ⑪ *no pl* (*fam: impudence*) Unverschämtheit *f* **II.** *adj* ① (*at the front*) vorder[st]e(r, s); **~ garden** Vorgarten *m*; **~ leg/wheel** Vorderbein *nt*/Vorderrad *nt*; **~ teeth** Schneidezähne *pl* ② (*concealing*) Deck- **III.** *vt* ① (*be head of*) vorstehen +*dat* ② TV moderieren

front·age ['frʌntɪdʒ] *n* [Vorder]front *f*; **a garden with river ~** ein Garten, der zum Fluss hin liegt

front·al ['frʌntəl] *adj* Frontal-; **~ view** Vorderansicht *f*

front 'bench *n* BRIT POL vordere Sitzreihe (*für führende Regierungs- und Oppositionspolitiker*) **front 'door** *n* Vordertür *f*; *of a house* Haustür *f*

fron·tier [frʌn'tɪə*ʳ*] *n* ① (*between countries*) Grenze *f* ② AM (*outlying areas*) ■**the ~** das Grenzland ③ (*of knowledge*) Neuland *nt kein pl*

'fron·tier sta·tion *n* Grenzstation *f*

front 'line *n* ① MIL Frontlinie *f* ② (*fig*) vorderste Front **front 'page** *n* Titelseite *f*; **to make the ~** auf die Titelseite kommen **'front-page** *adj* auf der Titelseite *nach n*; **~ story** Titelgeschichte *f* **'front-run·ner** *n* Spitzenreiter(in) *m(f) a. fig* **front-wheel 'drive I.** *n* Vorderradantrieb *m* **II.** *adj* mit Vorderradantrieb *nach n* **front 'yard** *n* BRIT Vorhof *m*; AM Vorgarten *m*

frost [frɒst] **I.** *n* Frost *m*; **12 degrees of ~** 12 Grad minus **II.** *vt* AM FOOD glasieren

'frost·bite *n no pl* Erfrierung *f* **'frost·bit·ten** *adj* erfroren

frost·ed ['frɒstɪd] *adj* ① AM FOOD glasiert ② (*opaque*) **~ glass** Milchglas *nt*

frost·ing ['frɒstɪŋ] *n no pl* AM FOOD Glasur *f*

frosty ['frɒsti] *adj* ① (*very cold*) frostig ② (*covered with frost*) vereist ③ (*unfriendly*) frostig; *atmosphere* kühl

froth [frɒθ] I. *n no pl* ① (*small bubbles*) Schaum *m* ② (*fig, pej*) seichte Unterhaltung II. *vi* schäumen; **to ~ at the mouth** Schaum vor dem Mund haben; (*fig*) vor Wut schäumen III. *vt* ■**to ~** [**up**] aufschäumen

frothy ['frɒθi] *adj* schaumig

frown [fraʊn] I. *vi* ① (*showing displeasure*) die Stirn runzeln; ■**to ~ at sb/sth** jdn/etw missbilligend ansehen; ■**to ~** [**up**]**on sth** etw missbilligen ② (*in thought*) nachdenklich die Stirn runzeln II. *n* Stirnrunzeln *nt kein pl*; **~ of disapproval** missbilligender Blick

froze [frəʊz] *pt of* **freeze**

froz·en ['frəʊzən] I. *pp of* **freeze** II. *adj* ① (*of water*) gefroren ② FOOD [tief]gefroren; **~ food** Tiefkühlkost *f* ③ (*fig: of person*) erfroren ④ ECON (*fig*) eingefroren

fruc·tose ['frʌktəʊs] *n no pl* Fruchtzucker *m*, Fructose *f fachspr*

fru·gal ['fruːgəl] *adj* ① (*economical*) sparsam; *lifestyle* genügsam ② *meal* karg, frugal

fruit [fruːt] I. *n* Frucht *f a. fig*; (*collectively*) Obst *nt*; **to bear ~** Früchte tragen *a. fig* II. *vi* [Früchte] tragen

'fruit·cake *n* ① *no pl* Früchtebrot *nt* ② (*fam!: eccentric*) Spinner(in) *m(f)*

fruit·ful ['fruːtfəl] *adj* fruchtbar *a. fig*

frui·tion [fruːˈɪʃən] *n no pl* Verwirklichung *f*; **to come to** [*or* **reach**] **~** verwirklicht werden

'fruit knife *n* Obstmesser *nt*

fruit·less ['fruːtləs] *adj* fruchtlos

fruit 'sal·ad *n no pl* Obstsalat *m*

fruity ['fruːti] *adj* ① (*of taste*) fruchtig ② (*fam: risqué*) anzüglich

frump·ish ['frʌmpɪʃ] *adj*, **frumpy** ['frʌmpi] *adj* altmodisch

frus·trate [frʌsˈtreɪt] *vt* ① (*annoy*) frustrieren ② (*prevent*) *efforts, plans* vereiteln

frus·trat·ed [frʌsˈtreɪtɪd] *adj* frustriert

frus·trat·ing [frʌsˈtreɪtɪŋ] *adj* frustrierend

frus·tra·tion [frʌsˈtreɪʃən] *n* Frustration *f*; **to work off one's ~** seinen Frust abreagieren *fam*

fry [fraɪ] I. *npl* junger Fisch ▶**small ~** kleine Fische; (*person*) kleiner Fisch II. *vt* <-ie-> braten III. *vi* <-ie-> ① (*cook*) braten ② (*fig fam: get sunburnt*) schmoren

'fry·ing pan ['fraɪɪŋ-] *n* Bratpfanne *f* ▶**out of the ~ into the fire** vom Regen in die Traufe

'fry-up *n* BRIT (*fam*) Pfannengericht *nt*

ft *n abbrev of* **feet, foot** ft

F2F *adv abbrev of* **face-to-face** persönlich

fuck [fʌk] (*vulg*) I. *n* ① (*act*) Fick *m* ② *no pl* (*used as expletive*) **who gives a ~?** wen interessiert es schon?; **shut the ~ up!** halt verdammt noch mal das Maul!; **for ~'s sake!** zum Teufel!; ■**what/who/why/where the ~ ...** was/wer/warum/wo zum Teufel ... II. *interj* Scheiße! III. *vt* ① (*have sex with*) vögeln; **go ~ yourself!** verpiss dich!, schleich dich! *bes* SÜDD, ÖSTERR ② (*damn*) **~ that idea** scheiß auf diese Idee; [**oh**] **~ it!** verdammte Scheiße!; **~ me!** ich glaub, ich spinne!; **~ you!** leck mich am Arsch! IV. *vi* ① (*have sex*) ficken ② (*play mind-games*) ■**to ~ with sb** jdn verscheißern ♦**fuck off** *vi* (*vulg*) sich verpissen

fuck·er ['fʌkər] *n* (*vulg*) ① (*person*) Arsch *m* ② (*thing*) Scheiß *m*

fuck·ing ['fʌkɪŋ] *adj* (*vulg*) verdammt, Scheiß-

fudge [fʌdʒ] I. *n* ① *no pl* (*sweet*) Fondant *m o nt* ② (*pej: compromise*) [fauler] Kompromiss II. *vt, vi* (*pej*) ausweichen +*dat*

fuel ['fjuːəl] I. *n* Brennstoff *m*; (*for engines*) Kraftstoff *m*, Treibstoff *m* II. *vt* <BRIT -ll- *or* AM *usu* -l-> ① *usu passive* ■**to be ~led** [**by sth**] [mit etw *dat*] betrieben werden ② (*fig*) nähren; *resentment* schüren; *speculation* anheizen

'fuel cell *n* Brennstoffzelle *f* **'fuel-cell car** *n* AUTO brennstoffzellenangetriebenes Auto **'fuel con·sump·tion** *n no pl* Brennstoffverbrauch *m*; TRANSP Treibstoffverbrauch *m* **fuel-ef'fi·cient** *adj* Benzin sparend **'fuel gauge** *n*, AM **'fuel gage** *n* Tankanzeige *f* **fuel-in·jec·tion 'en·gine** *n* Einspritzmotor *m* **fuel 'pov·er·ty** *n no pl* Situation, in der Personen mit niedrigem Einkommen einen Großteil ihres Einkommens für Heizkosten u.ä. ausgeben müssen **'fuel pump** *n* Kraftstoffpumpe *f* **'fuel rod** *n* NUCL Brennstab *m*

fug [fʌg] *n no pl* BRIT Mief *m*

fug·gy ['fʌgi] *adj* BRIT stickig

fu·gi·tive ['fjuːdʒətɪv] I. *n* Flüchtige(r) *f(m)* II. *adj* flüchtig

fugue [fjuːg] *n* MUS Fuge *f*

ful·fil <-ll-> [fʊlˈfɪl], AM, AUS **ful·fill** *vt* ① (*satisfy*) erfüllen; *ambition* erreichen; *potential* ausschöpfen ② (*carry out*) nachkommen +*dat*; *contract, promise* erfüllen; *function* einnehmen; *prophecy* erfüllen

ful·fil·ment [fʊlˈfɪlmənt] *n*, AM, AUS **ful·fill·ment** *n no pl* Erfüllung *f*

full [fʊl] I. *adj* voll; (*complete*) *explanation* vollständig; *life* ausgefüllt; *skirt* weit; *thea-*

tre ausverkauft; *wine* vollmundig; (*after eating*) satt; **his headlights were on ~** seine Scheinwerfer waren voll aufgeblendet; [at] **~ blast** [*or* **volume**] mit voller Lautstärke; **~ employment** Vollbeschäftigung *f*; **for the ~er figure** FASHION für die vollschlanke Figur; **a look ~ of hatred** ein hasserfüllter Blick; **~ member** Vollmitglied *nt*; **with one's mouth ~** mit vollem Mund; **to give one's ~ name and address** den Vor- und Zunamen und die volle Adresse angeben; **suspended on ~ pay** bei vollen Bezügen freigestellt; **to be under ~ sail** mit vollen Segeln fahren; [at] **~ speed** mit voller Geschwindigkeit; **~ steam ahead** Volldampf voraus; **on a ~ stomach** mit vollem Magen; **at ~ stretch** völlig durchgestreckt; (*fig*) mit vollen Kräften; **~ of surprises/tears** voller Überraschungen/Tränen; **in ~ swing** voll im Gang; **in ~ view of sb** direkt vor den Augen einer Person *gen*; ■**to be ~ of sth** (*enthusiastic*) von etw *dat* ganz begeistert sein; **to be ~ of oneself** eingebildet sein; **to be ~ to bursting** zum Brechen voll sein II. *adv* ❶ (*completely*) voll ❷ (*directly*) direkt ❸ (*very*) sehr; **to know ~ well** [that ...] sehr gut wissen, [dass ...] III. *n* **in ~** zur Gänze; **to the ~** bis zum Äußersten
'**full·back** *n* SPORTS Außenverteidiger(in) *m(f)* **full-'blood·ed** *adj* ❶ (*vigorous*) kraftvoll ❷ *animal* reinrassig **full-'blown** *adj disease* voll ausgebrochen; *scandal* ausgewachsen **full 'board** *n no pl* BRIT Vollpension *f* **full-'bodied** *adj food* voll; *wine* vollmundig **full-cream 'milk** *n no pl* Vollmilch *f* **full-'frontal** *adj* völlig nackt **full-'grown** *adj* ausgewachsen **full-'length** I. *adj film* abendfüllend; *gown* bodenlang; *mirror* groß II. *adv* **to lie/throw oneself ~ on the floor** sich der Länge nach auf den Boden legen/werfen **full 'moon** *n* Vollmond *m*
full·ness ['fʊlnəs] *n no pl* ❶ (*being full*) Völle *f* ❷ (*roundness*) Fülle *f a. fig* ❸ FASHION *of a dress* weiter Schnitt; *of hair* Volumen *nt* ❹ *of wine* Vollmundigkeit *f*
'**full-page** *adj* ganzseitig '**full-scale** *adj* ❶ (*original size*) in Originalgröße ❷ (*all-out*) *war* ausgewachsen **full 'stop** *n* ❶ BRIT, AUS (*punctuation mark*) Punkt *m* ❷ (*complete halt*) **to come to a ~** zum Stillstand kommen ❸ BRIT **I'm not going, ~** ich gehe nicht und damit Schluss **full 'time** *n* SPORTS Spielende *nt* '**full-time** I. *adj* ❶ (*not part-time*) Ganztags-; **~ job** Vollzeitbeschäftigung *f* ❷ SPORTS End-; **~ score** Endstand *m* II. *adv* ganztags
ful·ly ['fʊli] *adv* ❶ (*completely*) völlig; **~ booked** ausgebucht; **~ intending to return** mit der festen Absicht zurückzukommen ❷ (*in detail*) detailliert ❸ (*of time, amount*) voll; **~ two-thirds of the students** ganze zwei Drittel der Studenten
ful·ly-'fledged *adj* BRIT, AUS ❶ *bird* flügge ❷ *person* ausgebildet
fum·ble ['fʌmbl] I. *vi* ❶ **to ~** [**around** [*or* **about**]] **with sth** an etw *dat* [herum]fingern; ■**to ~ for sth** nach etw *dat* tasten; **~ around** [*or* **about**] **in the dark** im Dunkeln [umher]tappen ❷ SPORTS den Ball fallen lassen II. *vt ball* fallen lassen III. *n* SPORTS [Ballannahme]fehler *m*
fume [fjuːm] *vi vor* Wut schäumen
fumes [fjuːmz] *n pl* Dämpfe *pl*; *of car* Abgase *pl*
fu·mi·gate ['fjuːmɪgeɪt] *vt* ausräuchern
fun [fʌn] I. *n no pl* Spaß *m*; **it was good ~** es hat viel Spaß gemacht; **that sounds like ~** das klingt gut; **what ~!** super!; **have ~!** viel Spaß!; **to be full of ~** immer unternehmungslustig sein; **to get a lot of ~ out of** [*or* **from**] **sth** viel Spaß an etw *dat* haben; **to have ~ at sb's expense** sich auf jds Kosten amüsieren; **to make ~ of sb** sich über jdn lustig machen; **to spoil sb's ~** jdm den Spaß verderben; **for ~** [*or* **the ▶ of it**] nur [so] zum Spaß; **in ~** im Spaß ▶ **~ and games** das reine Vergnügen II. *adj* (*fam*) lustig
func·tion ['fʌŋ(k)ʃən] I. *n* ❶ (*task*) *of a person* Aufgabe *f*; *of a thing* Funktion *f* ❷ MATH Funktion *f* ❸ (*ceremony*) Feier *f*; (*social event*) Veranstaltung *f* II. *vi* funktionieren; ■**to ~ as sth** *thing* als etw dienen; *person* als etw fungieren
func·tion·al ['fʌŋ(k)ʃənəl] *adj* ❶ (*with purpose*) funktional ❷ (*operational*) funktionstüchtig; ■**to be ~** funktionieren ❸ MED Funktions-
func·tion·ary ['fʌŋ(k)ʃənəri] *n* Funktionär(in) *m(f)*
func·tion·ing ['fʌŋ(k)ʃənɪŋ] *adj attr* funktionsfähig
'**func·tion key** *n* COMPUT Funktionstaste *f*
fund [fʌnd] I. *n* ❶ (*stock of money*) Fonds *m*; **disaster ~** Notfonds *m* ❷ (*money*) ■**~s** *pl* [finanzielle] Mittel; **short of ~s** knapp bei Kasse; **to allocate ~s** Gelder bewilligen ❸ (*fig: source*) Vorrat *m* (**of** an) II. *vt* finanzieren; **privately ~ed** frei finanziert
fun·da·men·tal [ˌfʌndə'mentəl] *adj* grund-

legend (**to** für); *difference* wesentlich; *question* entscheidend; **~ right** Grundrecht *nt;* **to be of ~ importance to sth** für etw *akk* von zentraler Bedeutung sein

fun·da·men·tal·ism [ˌfʌndəˈmentəlɪzəm] *n no pl* Fundamentalismus *m*

fun·da·men·tal·ist [ˌfʌndəˈmentəlɪst] **I.** *n* Fundamentalist(in) *m(f)* **II.** *adj* fundamentalistisch

fun·da·men·tal·ly [ˌfʌndəˈmentəli] *adv* ❶ (*basically*) im Grunde ❷ (*in all important aspects*) grundsätzlich

fund·ing [ˈfʌndɪŋ] *n no pl* Finanzierung *f*

ˈfund-rais·er *n* ❶ (*person*) Spendenbeschaffer(in) *m(f)* ❷ (*event*) Wohltätigkeitsveranstaltung *f* **ˈfund-rais·ing I.** *adj* Wohltätigkeits-; **~ campaign** Spendenaktion *f* **II.** *n no pl* Geldbeschaffung *f*

fu·ner·al [ˈfjuːnərəl] *n* Beerdigung *f*, Begräbnis *nt* ▶ **that's his ~** [das ist] sein Pech

ˈfun·er·al march *n* MUS Trauermarsch *m* **ˈfun·er·al par·lour** *n*, AM **ˈfun·er·al par·lor** *n* Bestattungsunternehmen *nt* **ˈfun·er·al pyre** *n* Scheiterhaufen *m*

fu·nereal [fjuːˈnɪəriəl] *adj* gedrückt; *music* getragen; **at a ~ pace** im Schneckentempo

ˈfun·fair *n* BRIT (*amusement park*) Vergnügungspark *m;* (*fair*) Jahrmarkt *m*, Rummelplatz *m*, Kir[ch]tag *m* ÖSTERR

fun·gi·cide [ˈfʌŋgɪsaɪd] *n* Fungizid *nt*

fun·gus <*pl* -es *or* -gi> [ˈfʌŋgəs, *pl* -gaɪ] *n* Pilz *m*

fu·nicu·lar [fjuːˈnɪkjələʳ] *n*, **fu·nicu·lar ˈrail·way** *n* Seilbahn *f*

funk [fʌŋk] *n no pl* ❶ AM, AUS (*fam: depression*) **in a ~** deprimiert ❷ BRIT (*fam: panic*) **to be in a blue ~** riesigen Schiss haben ❸ MUS Funk *m*

funky [ˈfʌŋki] *adj* (*sl*) ❶ (*hip*) flippig ❷ MUS funkig

ˈfun-lov·ing *adj* lebenslustig

fun·nel [ˈfʌnəl] **I.** *n* ❶ (*tool*) Trichter *m* ❷ (*on ship*) Schornstein *m* **II.** *vt* <BRIT -ll- *or* AM *usu* -l-> ❶ (*pour*) [mit einem Trichter] einfüllen ❷ (*fig: direct*) zuleiten **III.** *vi people* drängen; *liquids* fließen; *gases* strömen

fun·nies [ˈfʌniz] *npl* AM ■ **the ~** der Witzteil (*einer Zeitung*)

fun·ny [ˈfʌni] **I.** *adj* ❶ (*amusing*) lustig, witzig, komisch; **breaking your leg isn't ~** es ist nicht lustig, sich das Bein zu brechen; **there's a ~ side to everything** alles hat auch seine komischen Seiten; **don't you try to be ~ with me!** komm mir nicht auf diese Tour! ❷ (*strange*) komisch, merkwürdig, seltsam; **a ~ thing happened to me** mir ist etwas Komisches passiert; **to have a ~ feeling that ...** so eine Ahnung haben, dass ... ❸ (*dishonest*) verdächtig; **there's something ~ going on here** hier ist doch was faul; **~ business** krumme Sachen *pl* ▶ **~ ha-ha** *or* **~ peculiar?** lustig oder merkwürdig? **II.** *adv* (*fam*) komisch, merkwürdig

ˈfun·ny bone *n* (*fam*) Musikantenknochen *m*

fur [fɜːʳ] **I.** *n* ❶ *no pl* (*on animal*) Fell *nt* ❷ FASHION Pelz *m* ▶ **the ~ flies** die Fetzen fliegen **II.** *vi* <-rr-> ■ **to ~ up** *kettle* verkalken

fur ˈcoat *n* Pelzmantel *m*

fu·ri·ous [ˈfjʊəriəs] *adj* ❶ (*angry*) *person* [sehr] wütend; *argument* heftig; ■ **to be ~ with sb/about** [*or* **at**] **sth** wütend auf jdn/über etw *akk* sein ❷ (*intense*) *storm* heftig; **at a ~ pace** in rasender Geschwindigkeit; **fast and ~** rasant; **the questions came fast and ~** die Fragen kamen Schlag auf Schlag

fu·ri·ous·ly [ˈfjʊəriəsli] *adv* ❶ (*angrily*) wütend; **to quarrel ~** sich heftig streiten ❷ (*intensely*) heftig, wie wild *fam*

furl [fɜːl] *vt* einrollen

ˈfur·long [ˈfɜːlɒŋ] *n* Achtelmeile *f*

fur·nace [ˈfɜːnɪs] *n* ❶ (*industrial*) Hochofen *m*, Schmelzofen *m* ❷ (*domestic*) [Haupt]heizung *f* ❸ (*fig*) Backofen *m*

fur·nish [ˈfɜːnɪʃ] *vt* ❶ (*provide furniture*) einrichten ❷ (*supply*) liefern; ■ **to ~ sb with sth** jdn mit etw *dat* versorgen

fur·nished [ˈfɜːnɪʃt] *adj house* eingerichtet; *apartment, room* möbliert

fur·nish·ing [ˈfɜːnɪʃɪŋ] *n no pl* Einrichtung *f*

fur·nish·ings [ˈfɜːnɪʃɪŋz] *npl* Einrichtung *f*

fur·ni·ture [ˈfɜːnɪtʃəʳ] *n no pl* Möbel *pl;* **piece** [*or* **item**] **of ~** Möbelstück *nt;* **to be part of the ~** (*fig*) zum Inventar gehören

ˈfur·ni·ture van *n* Möbelwagen *m*

fu·ro·re [fjʊ(ə)ˈrɔːri], AM **fu·ror** *n no pl* ❶ (*excitement*) Wirbel *m* (**over** um); **to cause a ~** für Wirbel sorgen ❷ (*uproar*) Aufruhr *m*

fur·row [ˈfʌrəʊ] *n* ❶ (*groove*) Furche *f* ❷ (*wrinkle*) Falte *f*

fur·ry [ˈfɜːri] *adj* (*short fur*) pelzig; (*long fur*) wollig; *tongue* belegt; **soft and ~** kuschelig weich

fur·ther [ˈfɜːðəʳ] **I.** *adj comp of* **far** ❶ (*more distant*) weiter [entfernt] ❷ (*additional*) weiter; **I've no ~ use for it** ich kann es nicht mehr gebrauchen; **until ~ notice** bis auf weiteres **II.** *adv comp of* **far** ❶ (*more distant*) weiter; **nothing could be ~ from my mind** nichts liegt mir ferner; **~ back** (*in place*) weiter zurück; (*in time*) früher; **a bit ~ on** [noch] etwas weiter ❷ (*to a greater degree*) weiter; **I wouldn't go any ~ than that** mehr möchte ich nicht sagen; **to take sth ~** mit etw *dat* weitermachen; (*pursue*) *matter* etw weiterverfolgen; **~ and ~** [immer] weiter ❸ (*more*) [noch] weiter; **I have nothing ~ to say** ich habe nichts mehr zu sagen; **~ to your letter, ...** BRIT, AUS (*form*) bezugnehmend auf Ihren Brief, ...; **to not go any ~** nicht weitergehen; **to make sth go ~** *food* etw strecken **III.** *vt* fördern; **to ~ sb's interests** jds Interessen förderlich sein

fur·ther·more [ˌfɜːðəˈmɔːʳ] *adv* außerdem

fur·ther·most [ˈfɜːðəməʊst] *adj* äußerste(r, s)

fur·thest [ˈfɜːðɪst] **I.** *adj superl of* **far** ❶ (*most distant*) am weitesten entfernte(r, s) ❷ (*fig*) extremste(r, s) **II.** *adv superl of* **far** am weitesten; **that's the ~ I can see** weiter [entfernt] erkenne ich nichts mehr

fur·tive [ˈfɜːtɪv] *adj glance* verstohlen; *action* heimlich; *manner* verschlagen; **to have a ~ air** heimlichtuerisch wirken

fur·tive·ly [ˈfɜːtɪvli] *adv* (*secretly*) heimlich; (*slyly*) verschlagen *pej;* **to glance ~** verstohlen blicken

fury [ˈfjʊəri] *n no pl* ❶ (*rage*) Wut *f;* **like ~** wie verrückt; **in a ~** wütend ❷ (*intensity*) Ungestüm *nt; of a storm* Heftigkeit *f*

fuse [fjuːz] **I.** *n* ❶ (*in a house*) Sicherung *f* ❷ (*device*) *of a bomb* Zündvorrichtung *f;* (*string*) Zündschnur *f* ▸ **sb has a short ~** jd wird schnell wütend **II.** *vi* ❶ BRIT **the lights have ~d** die Sicherungen der Lampen sind durchgebrannt ❷ (*join together*) sich vereinigen; **to ~ together** miteinander verschmelzen **III.** *vt* ❶ BRIT ELEC die Sicherung einer S. *gen* zum Durchbrennen bringen ❷ (*join together*) verbinden; (*with heat*) verschmelzen

fuse box *n* Sicherungskasten *m*

fu·selage [ˈfjuːzəlɑːʒ] *n* [Flugzeug]rumpf *m*

fu·sion [ˈfjuːʒən] *n* Verschmelzung *f kein pl a. fig;* **nuclear ~** Kernfusion *f*

ˈfu·sion food *n no pl* Fusion Food *f* (*Kombination von Zutaten und Zubereitungsarten aus den Küchen der Welt*)

fuss [fʌs] **I.** *n* ❶ (*excitement*) [übertriebene] Aufregung ❷ (*attention*) [übertriebener] Aufwand, Getue *nt pej;* **it's a lot of ~ about nothing** das ist viel Lärm um nichts; **to make a ~** einen Aufstand machen *fam;* **to make a ~ of** [*or* AM **over**] **sb** für jdn einen großen Aufwand betreiben; **to make a ~ about sth** um etw *akk* viel Aufhebens machen **II.** *vi* (*be nervously active*) [sehr] aufgeregt sein; **please, stop ~ing** hör bitte auf, so einen Wirbel zu machen; ■ **to ~ over sb/sth** (*treat with excessive attention*) viel Wirbel um jdn/ etw machen; (*overly worry*) sich *dat* übertriebene Sorgen um jdn/etw machen; ■ **to ~ with sth** [hektisch] an etw *dat* herumhantieren **III.** *vt* ■ **to ~ sb** jdm auf die Nerven gehen; **stop ~ing me!** lass mich doch in Ruhe!

ˈfuss·pot *n* (*fam*) **to be a ~** penibel sein

fussy [ˈfʌsi] *adj* ❶ (*pej: about things*) pingelig; (*about food*) mäkelig; (*about people*) [zu] wählerisch; **we're not ~** (*not demanding*) wir sind nicht wählerisch, BRIT (*indifferent*) uns ist es egal ❷ (*pej: overly decorated*) [zu] verspielt, überladen

fus·ty [ˈfʌsti] *adj* (*pej*) ❶ (*musty*) muffig ❷ (*fig: old-fashioned*) verstaubt

fu·tile [ˈfjuːtaɪl] *adj* sinnlos; (*pointless*) nutzlos; *attempt* vergeblich; **to prove ~** vergebens sein

fu·til·ity [ˌfjuːˈtɪləti] *n no pl* Sinnlosigkeit *f*

fu·ture [ˈfjuːtʃəʳ] **I.** *n usu sing* ❶ (*in time*) Zukunft *f;* **plans for the ~** Zukunftspläne *pl;* **at some point in the ~** irgendwann einmal; ■ **in** [AM *usu* **in the**] **~** in Zukunft; **in the near ~** in naher Zukunft; **to not have much of a ~** keine [guten] Zukunftsaussichten haben ❷ LING **~ tense** Futur *nt;* **to be in the ~ tense** im Futur stehen **II.** *adj* zukünftig; *generations* kommend; **for ~ reference** zur späteren Verwendung

fu·ture ˈper·fect *n no pl* vollendetes Futur, Futur II

ˈfu·tures mar·ket *n* ECON Terminbörse *f*

fu·tur·is·tic [ˌfjuːtʃəˈrɪstɪk] *adj* futuristisch

fuze *n, vt* AM *see* **fuse**

fuzz [fʌz] *n no pl* ❶ (*fluff*) Fussel[n] *pl* ❷ (*fluffy hair*) Flaum *m* ❸ (*sl: police*) ■ **the ~** die Bullen *pl*

fuzzy [ˈfʌsi] *adj* ❶ (*fluffy*) flaumig ❷ (*frizzy*) wuschelig ❸ (*distorted*) verschwommen; **my head is so ~** ich bin ganz benommen

Gg

G <pl -'s or -s>, **g** <pl -'s> [dʒiː] n ❶ (letter) G nt, g nt; see also **A 1** ❷ MUS G nt, g nt; **G flat** Ges nt, ges nt; **G sharp** Gis nt, gis nt

gab [gæb] **I.** vi <-bb-> (pej fam) quatschen **II.** n **to have the gift of the ~** überzeugend reden können

gab·ble ['gæbl̩] **I.** vi quasseln; goose schnattern; **to ~ away at sb** jdn voll quasseln **II.** vt herunterrasseln **III.** n no pl Gequassel nt; of geese Geschnatter nt

ga·ble ['geɪbl̩] n Giebel m

Ga·bon [gæb'ɒn] n Gabun nt

Gabo·nese [ˌgæbə'niːz] **I.** adj gabunisch **II.** n Gabuner(in) m(f)

gadg·et ['gædʒɪt] n [praktisches] Gerät

Gael·ic ['geɪlɪk, 'gæl-] **I.** n Gälisch nt **II.** adj gälisch

gaffe [gæf] n Fauxpas m

gaff·er ['gæfə'] n ❶ BRIT (fam: foreman) Vorarbeiter m; (fig) Boss m ❷ FILM, TV ≈ Filmtechniker m

gag [gæg] **I.** n ❶ (cloth) Knebel m ❷ (joke) Gag m **II.** vt <-gg-> **to ~ sb** jdn knebeln; (fig) jdm einen Maulkorb verpassen

gaga ['gɑːgɑː] adj (fam) vertrottelt

gage n, vt AM see **gauge**

gag·ging ['gægɪŋ] pers part **gag III**: **to be ~ for sth** (sl: be desperate for a drink, a cigarette etc.) etw dringend brauchen, nach etw dat gieren fam

gag·ging or·der ['gægɪŋ-] n (fam) Nachrichtensperre f

gag·gle ['gægl̩] n (people) Schar f; **~ of geese** Gänseherde f

gai·ety ['geɪəti] n no pl Fröhlichkeit f

gai·ly ['geɪli] adv ❶ (happily) fröhlich ❷ (brightly) freundlich; **~ coloured** farbenfroh

gain [geɪn] **I.** n ❶ no pl (increase) Zunahme f kein pl; (in speed) Erhöhung f kein pl; **~ in weight** Gewichtszunahme f ❷ ECON Gewinn m ❸ no pl (advantage) Vorteil m **II.** vt ❶ (obtain) gewinnen; access, entry sich dat verschaffen; experience sammeln; independence erlangen; insight bekommen; recognition finden; victory erringen; **to ~ acceptance** akzeptiert werden; **to ~ control of sth** etw unter [seine] Kontrolle bekommen ❷ (increase) ■**to ~ sth** an etw dat gewinnen; self-confidence entwickeln; **to ~ speed/strength** schneller/kräftiger werden; **to ~ weight** zunehmen **III.** vi ❶ (increase) zunehmen; prices, numbers [an]steigen; clock, watch vorgehen ❷ (profit) profitieren; ■**to ~ by doing sth** durch etw akk profitieren ❸ (catch up) ■**to ~ on sb** jdn mehr und mehr einholen

gain·ful ['geɪnfəl] adj **~ employment** Erwerbstätigkeit f

gait [geɪt] n Gang m kein pl; of a horse Gangart f

gal[1] [gæl] n AM (hum fam: girl) Mädchen nt, Mädl nt fam

gal[2] <pl - or -s> n abbrev of **gallon**

gala ['gɑːlə] n ❶ (social event) Gala f ❷ BRIT (competition) Sportfest nt

ga·lac·tic [gə'læktɪk] adj galaktisch

gal·axy ['gæləksi] n ❶ (star system) Galaxie f ❷ (fig: group) erlesene Gesellschaft

gale [geɪl] n Sturm m; **~-force wind** Wind m mit Sturmstärke; **~ warning** Sturmwarnung f

gall [gɔːl] **I.** n ANAT Galle f; **~ bladder** Gallenblase f ▶ **to have the ~ to do sth** die Frechheit besitzen, etw zu tun **II.** vt ■**sth ~s sb** etw ist bitter für jdn

gal·lant ['gælənt] adj ❶ (chivalrous) charmant ❷ (brave) tapfer

gal·lant·ry ['gæləntri] n ❶ no pl (chivalry) Zuvorkommenheit f ❷ no pl (courage) Tapferkeit f

gal·leon ['gæliən] n Galeone f

gal·lery ['gæləri] n Galerie f

gal·ley ['gæli] n ❶ (kitchen) of a ship Kombüse f; AVIAT Bordküche f ❷ (hist: ship) Galeere f

gal·ley 'kitch·en n Küchenzeile f

Gal·lic ['gælɪk] adj (hist) ❶ (of Gaul) gallisch ❷ (typically French) [sehr] französisch

gal·li·vant ['gælɪvænt] vi (fam) ■**to ~ about** [or **around**] sich herumtreiben

gal·lon ['gælən] n Gallone f; **imperial/US ~** britische/amerikanische Gallone; ■**~s** (fig) Unmengen pl

gal·lop ['gæləp] **I.** vi galoppieren **II.** n usu sing Galopp m; **to break into a ~** in Galopp verfallen

gal·lows ['gæləʊz] n + sing vb Galgen m; **to send sb to the ~** jdn an den Galgen bringen

'gall·stone n Gallenstein m

Gal·lup poll® ['gæləp-] n Meinungsumfrage f

ga·lore [gə'lɔː'] adj after n im Überfluss

gal·va·nize ['gælvənaɪz] *vt* ❶ TECH galvanisieren ❷ (*fig*) **to ~ sb into action** jdm Beine machen

gam·bit ['gæmbɪt] *n* ❶ (*in chess*) Gambit *nt* ❷ (*fig: tactic, remark*) Schachzug *m*; **opening ~** Satz, mit dem man ein Gespräch anfängt

gam·ble ['gæmbl] I. *n usu sing* Risiko *nt*; **to take a ~** ein Risiko eingehen II. *vi* ❶ (*bet*) [um Geld] spielen; **to ~ on dogs/horses** auf Hunde/Pferde wetten; **to ~ on the stock market** an der Börse spekulieren ❷ (*take a risk*) ■ **to ~ that ...** sich darauf verlassen, dass ...; ■ **to ~ on sb/sth doing sth** sich darauf verlassen, dass jd/etw tut; ■ **to ~ with sth** etw aufs Spiel setzen III. *vt* aufs Spiel setzen

gam·bler ['gæmblə'] *n* Spieler(in) *m(f)*

gam·bling ['gæmblɪŋ] *n no pl* Glücksspiel *nt*

gam·bol <BRIT -ll- *or* AM *usu* -l-> ['gæmbəl] *vi* (*liter*) herumspringen

game[1] [geɪm] I. *n* Spiel *nt*; **~s** *pl* BRIT SCH [Schul]sport *m kein pl*; **let's have a ~ of tennis** lass uns Tennis spielen; **what's your ~?** (*fig fam*) was soll das?; **a ~ of chess** eine Partie Schach; **to be on/off one's ~** gut/nicht in Form sein; **to play ~s with sb** (*fig*) mit jdm spielen ▶ **to beat sb at their own ~** jdn mit seinen eigenen Waffen schlagen; **to give the ~ away** alles verraten; **to be on the ~** BRIT (*fam*) auf den Strich gehen; AM seine Finger in unsauberen Geschäften haben; **two can play at that ~** was du kannst, kann ich schon lange; **the ~'s up** das Spiel ist aus II. *adj* bereit

game[2] [geɪm] *n no pl* (*animal*) Wild *nt*; **big ~** Großwild *nt*

'game·keep·er *n* Wildhüter(in) *m(f)*

gam·elan ['gæməəlæn] *n* MUS Gamelan *nt*

'game·pad *n* Spiel-Pad *nt*, Game-Pad *nt*

gam·er ['geɪmə'] *n* Gamer(in) *m(f)*, Computerspieler(in) *m(f)*

'game show *n* Spielshow *f*; (*quiz show*) Quizsendung *f*

gam·ing ['geɪmɪŋ] *n no pl* Spielen *nt*

'gam·ing table *n* Spieltisch *m*

gam·mon ['gæmən] *n no pl* BRIT leicht geräucherter Schinken

gam·my ['gæmi] *adj* BRIT (*fam*) **leg** lahm

ga·nache [gæˈnæʃ] *n no pl* Ganache *nt* (*Mischung aus Schokolade, Sahne oder Butter, oft aromatisiert, für Torten oder Trüffel*)

gan·der ['gændə'] *n* ❶ (*goose*) Gänserich *m* ❷ (*fam: look*) **to have** [*or* **take**] **a ~ at sth** einen kurzen Blick auf etw *akk* werfen

gang [gæŋ] I. *n of people* Gruppe *f*; *of criminals* Bande *f*; *of youths* Gang *f*; *of friends* Clique *f*; *of workers, prisoners* Kolonne *f* II. *vi* ■ **to ~ up** sich zusammentun; ■ **to ~ up against** [*or* **on**] **sb** sich gegen jdn verbünden

gan·gling ['gæŋglɪŋ] *adj* schlaksig

gan·gly <-ier, -iest> ['gæŋgli] *adj* schlaksig

'gang·plank *n* Landungssteg *m*

gan·grene ['gæŋgriːn] *n no pl* MED Brand *m*

gang·ster ['gæŋ(k)stə'] *n* Gangster(in) *m(f)*

gang 'war·fare *n no pl* Bandenkrieg *m*

'gang·way I. *n* ❶ NAUT Gangway *f* ❷ (*gangplank*) Landungsbrücke *f*; (*ladder*) Fallreep *nt* ❸ BRIT (*aisle*) [Durch]gang *m* II. *interj* (*fam*) **~!** Platz da!

gan·try ['gæntri] *n* Gerüst *nt*; (*for crane*) Portal *m*; (*for rocket*) Abschussrampe *f*

gaol [dʒeɪl] *n* BRIT (*dated*) *see* **jail**

gap [gæp] *n* ❶ (*empty space*) Lücke *f a. fig* ❷ (*in time*) Pause *f* ❸ (*difference*) Unterschied *m*; (*in attitude*) Kluft *f*; **age ~** Altersunterschied *m*

gape [geɪp] *vi* glotzen; ■ **to ~ at sb/sth** jdn/etw [mit offenem Mund] anstarren

gap·ing ['geɪpɪŋ] *adj* weit geöffnet; *wound* klaffend; *hole* gähnend

gap·per ['gæpə'] *n* (*fam*) jd, der ein Jahr Auszeit nimmt, (*oft zwischen Schule und Studienantritt*)

'gap year *n* ein freies Jahr, oft zwischen Schule und Studienantritt

gar·age ['gærɑːʒ] I. *n* ❶ (*for cars*) Garage *f* ❷ BRIT, AUS (*petrol station*) Tankstelle *f* ❸ (*repair shop*) [Kfz-]Werkstatt *f* ❹ BRIT (*dealer*) Autohändler(in) *m(f)* II. *vt* in die Garage stellen

garb [gɑːb] *n no pl* (*liter*) Kleidung *f*

gar·bage ['gɑːbɪdʒ] *n no pl* ❶ AM, AUS (*rubbish*) Müll *m a. fig* ❷ (*pej: nonsense*) Blödsinn *m*

gar·ble ['gɑːbl] *vt* durcheinanderbringen; *message* verdrehen

gar·den ['gɑːdən] I. *n* Garten *m*; **back ~** Garten *m* hinter dem Haus; **front ~** Vorgarten *m*; ■ **~s** *pl* Gartenanlage *f*, Gärten *pl* ▶ **to lead sb up the ~ path** jdn an der Nase herumführen II. *vi* im Garten arbeiten

'gar·den cen·tre *n* BRIT, CAN Gartencenter *nt* **gar·den·er** ['gɑːdənə'] *n* Gärtner(in) *m(f)* **gar·den·ing** ['gɑːdənɪŋ] *n no pl* Gartenarbeit *f*; **a book on ~** ein

Buch *nt* über Gartenpflege; **~ tools** Gartengeräte *pl* **'gar·den par·ty** *n* [großes] Gartenfest

gar·gan·tuan [gɑːˈgæntjʊən] *adj* riesig

gar·gle [ˈgɑːgl̩] **I.** *vi* gurgeln **II.** *n no pl* Gurgeln *nt*

gar·goyle [ˈgɑːgɔɪl] *n* Wasserspeier *m*

gar·ish [ˈgeərɪʃ] *adj (pej)* knallbunt

gar·land [ˈgɑːlənd] **I.** *n* Kranz *m;* for a Christmas tree Girlande *f;* **~ of roses** Rosenkranz *m* **II.** *vt* bekränzen

gar·lic [ˈgɑːlɪk] *n no pl* Knoblauch *m*

gar·ment [ˈgɑːmənt] *n* Kleidungsstück *nt*

gar·net [ˈgɑːnɪt] *n* Granat *m*

gar·nish [ˈgɑːnɪʃ] **I.** *vt food* garnieren; *(fig)* ausschmücken **II.** *n <pl -es>* Garnierung *f*

gar·ret [ˈgærət] *n* Dachkammer *f*

gar·ri·son [ˈgærɪsən] **I.** *n* Garnison *f* **II.** *vt* ▪**to be ~ed** in Garnison liegen

gar·ru·lous [ˈgærələs] *adj* schwatzhaft

gar·ter [ˈgɑːtəʳ] *n* ❶ *(band)* Strumpfband *nt;* AM Strumpfhalter *m* ❷ BRIT **the Order of the G~** BRIT der Hosenbandorden

gas [gæs] **I.** *n <pl -es or -sses>* ❶ *(vapour)* Gas *nt;* **natural ~** Erdgas *nt* ❷ *no pl* AM *(fam: petrol)* Benzin *nt;* **to get ~** tanken; **to step on the ~** *(fig)* Gas geben ❸ *no pl* AM *(fam: flatulence)* Blähungen *pl* ❹ *esp* AM *(fam: laugh)* **to be a ~** zum Brüllen sein **II.** *vt <-ss->* vergasen **III.** *vi <-ss-> (fam)* quatschen

'gas·bag *n (pej sl)* Quasselstrippe *f* **'gas cham·ber** *n* Gaskammer *f* **'gas cook·er** *n* BRIT Gasherd *m; (small device)* Gaskocher *m*

gas·eous [ˈgæsɪəs] *adj* gasförmig

'gas field *n* [Erd]gasfeld *nt* **'gas fire** *n* BRIT Gaskaminofen *m* **'gas fit·ter** *n* BRIT Gasinstallateur(in) *m(f)* **'gas guz·zler** *n* AM, CAN *(fam)* AUTO Spritfresser *m*

gash [gæʃ] **I.** *n <pl -es> on the body* [tiefe] Schnittwunde; *in cloth* [tiefer] Schlitz; *in the ground* [tiefer] Spalt; *in a tree* [tiefe] Kerbe **II.** *vt* aufschlitzen; ▪**to ~ sth open** *leg, arm* sich *dat* etw aufreißen; *head, knee, elbow* sich *dat* etw aufschlagen

'gas·hold·er *n* Gascontainer *m*

gas·ket [ˈgæskɪt] *n* Dichtung *f*

'gas lamp *n* Gaslampe *f* **'gas light·er** *n* Gasanzünder *m; (for cigarettes)* Gasfeuerzeug *nt* **'gas mask** *n* Gasmaske *f* **'gas me·ter** *n* Gaszähler *m*

gaso·line [ˈgæsəliːn] *n* AM Benzin *nt;* **~ tax** Kraftstoffsteuer *f*

gas·om·eter [gæsˈɒmɪtəʳ] *n* [großer] Gasbehälter

'gas oven *n* Gasherd *m*

gasp [gɑːsp] **I.** *vi* ❶ *(pant)* keuchen; *(catch one's breath)* tief einatmen; ▪**sb ~s** *(in surprise, shock, pain)* jdm stockt der Atem; **to ~ for air** nach Luft schnappen ❷ *(speak)* nach Luft ringen ❸ BRIT *(fam)* ▪**to be ~ing [for sth]** großes Verlangen [nach etw *dat*] haben; **I'm ~ing!** ich verdurste! **II.** *vt* ▪**to ~ out** [atemlos] hervorstoßen **III.** *n* hörbares Lufteinziehen; **he gave a ~ of amazement** ihm blieb vor Überraschung die Luft weg ▶ **to the last ~** bis zum letzten Atemzug

'gas ped·al *n* AM Gaspedal *nt* **'gas pipe** *n* Gasleitung *f* **'gas pump** *n* AM Zapfsäule *f* **'gas sta·tion** *n* AM Tankstelle *f* **'gas stove** *n* Gasherd *m; (small device)* Gaskocher *m*

gas·sy [ˈgæsi] *adj* kohlensäurehaltig

gas·tric [ˈgæstrɪk] *adj* MED Magen-

gas·tro·en·teri·tis [ˌgæstrəʊˌentəˈraɪtɪs] *n no pl* MED Magen-Darm-Katarrh *m*

gas·tro·nom·ic [ˌgæstrəˈnɒmɪk] *adj* kulinarisch

gas·tro·no·my [gæsˈtrɒnəmi] *n no pl* Gastronomie *f*

gas·tro·pub [ˈgæstrəʊpʌb] *n* bistroähnliches Lokal mit anspruchsvoller Küche

'gas·works *n* + *sing vb* Gaswerk *nt*

gate [geɪt] *n* ❶ *(at an entrance)* Tor *nt; (in an airport)* Flugsteig *m,* Gate *nt; (of an animal pen)* Gatter *nt; (to a garden, courtyard)* Pforte *f* ❷ SPORTS **starting ~** Startmaschine *f* ❸ *(spectators)* Zuschauerzahl *f* ❹ *no pl (money)* Einnahmen *pl*

ga·teau *<pl -x>* [ˈgætəʊ] *n esp* BRIT Torte *f*

'gate·crash *vt (fam)* reinplatzen in +*akk* **'gate·crash·er** *n (fam)* un[ein]geladener Gast **'gate·keep·er** *n* Pförtner(in) *m(f)* **'gate mon·ey** *n no pl* BRIT, AUS Einnahmen *pl (aus Eintrittskartenverkäufen)* **'gate·post** *n* Torpfosten *m* ▶ **between you, me, and the ~** unter uns [gesagt] **'gate·way** *n* ❶ *(entrance)* Eingangstor *nt* ❷ *(fig)* Tor *nt;* **the ~ to the North** das Tor zum Norden **'gate·way drug** *n* Einstiegsdroge *f*

gath·er [ˈgæðəʳ] **I.** *vt* ❶ *(collect)* sammeln; **we ~ed our things together** wir suchten unsere Sachen zusammen; **to ~ intelligence** sich *dat* [geheime] Informationen beschaffen ❷ *(pull nearer)* **to ~ sb in one's arms** jdn in die Arme nehmen ❸ FASHION kräuseln ❹ *(increase)* **to ~ momentum** in Fahrt kommen; **to ~ speed** schneller werden ❺ *(understand)* verstehen; **Tony's not happy, I ~** wie ich höre, ist Tony nicht glücklich; ■**to ~ from sth that ...** aus etw *dat* schließen, dass ...; ■**to ~ from sb that ...** von jdm erfahren haben, dass ... **II.** *vi* ❶ (*come together*) sich sammeln; *people* sich versammeln; (*accumulate*) sich ansammeln; *clouds* sich zusammenziehen; *storm* heraufziehen ❷ FASHION gerafft sein

gath·er·ing ['gæðərɪŋ] **I.** *n* Versammlung *f*; **family ~** Familientreffen *nt* **II.** *adj clouds, storm* heraufziehend; *darkness* zunehmend

gauche [gəʊʃ] *adj* unbeholfen

gaudy ['gɔːdi] *adj* knallig

gauge [geɪdʒ] **I.** *n* ❶ (*device*) Messgerät *nt*; (*for tools*) [Mess]lehre *f*; (*for water level*) Pegel *m* ❷ (*thickness*) *of metal, plastic* Stärke *f*; *of a wire, tube* Dicke *f*; (*diameter*) *of a gun, bullet* Durchmesser *m*, Kaliber *nt* ❸ RAIL Spurweite *f*; **narrow ~** Schmalspur *f*; **standard ~** Normalspur *f* ❹ (*fig: measure*) Maßstab *m* (**of** für) **II.** *vt* ❶ (*measure*) messen ❷ (*judge*) beurteilen; (*estimate*) [ab]schätzen

gaunt [gɔːnt] *adj* hager; (*from illness*) ausgemergelt

gaunt·let ['gɔːntlət] *n* [Stulpen]handschuh *m* ▶ **to run the ~** Spießruten laufen

gauze [gɔːz] *n no pl* ❶ (*fabric*) Gaze *f* ❷ CHEM (*wire gauze*) Gewebedraht *m*

gave [geɪv] *pt of* **give**

gav·el ['gævəl] *n* Hammer *m*

gawk [gɔːk] *vi*, **gawp** [gɔːp] *vi* (*fam*) glotzen; **don't stand there ~ing!** glotz nicht so blöd!; ■**to ~ at sb/sth** jdn/etw anglotzen

gawky ['gɔːki] *adj* schlaksig, linkisch, unbeholfen

gawp [gɔːp] *n* (*fam*) langer Blick; **have a ~ at sth** etw unverwandt anstarren

gay [geɪ] **I.** *adj* ❶ (*homosexual*) schwul, gay; **~ bar** Schwulenlokal *nt*; **~ community** Schwulengemeinschaft *f*; **~ scene** Schwulenszene *f* ❷ (*cheerful*) fröhlich **II.** *n* Schwule(r) *m*, Gay *m*

gaze [geɪz] **I.** *vi* starren; **to ~ into the distance/out of the window** ins Leere/aus dem Fenster starren; ■**to ~ at sb/sth** jdn/etw anstarren **II.** *n* Blick *m*

ga·zelle [gə'zel] *n* Gazelle *f*

ga·zette [gə'zet] *n* Blatt *nt*, Anzeiger *m*

ga·zump [gə'zʌmp] *vt* BRIT, AUS (*fam*) ■**to ~ sb** jdn beim Hausverkauf übers Ohr hauen, indem man entgegen vorheriger Zusage an einen Höherbietenden verkauft

GB *n* <*pl* -> ❶ *abbrev of* **Great Britain** GB ❷ *abbrev of* **Gigabyte** GByte *nt*

GBH [ˌdʒiːbiːˈeɪtʃ] *n no pl* BRIT LAW *abbrev of* **grievous bodily harm** schwere Körperverletzung

GCHQ [ˌdʒiːsiːeɪtʃˈkjuː] *n* BRIT *abbrev of* **Government Communications Headquarters** Zentrale des britischen Nachrichtendienstes

GCSE [ˌdʒiːsiːesˈiː] *n* BRIT *abbrev of* **General Certificate of Secondary Education** ≈ Mittlere Reife (*Abschluss der Sekundarstufe*)

Gdns *abbrev of* **Gardens** bei Adressenangaben, z.B.: *25 Egerton Gdns*

GDP [ˌdʒiːdiːˈpiː] *n abbrev of* **gross domestic product** BIP *nt*

gear [gɪəʳ] **I.** *n* ❶ TECH Gang *m*; **to change** [*or* AM **shift**] **~s** schalten; ■**~s** *pl* (*in a car*) Getriebe *nt*; (*on a bicycle*) Gangschaltung *f* ❷ *no pl* (*fig*) **to step up a ~** einen Gang zulegen ❸ *no pl* (*equipment*) Ausrüstung *f*; (*clothes*) Kleidung *f*, Sachen *pl fam*; (*trendy clothes*) Klamotten *pl sl* ❹ (*sl: heroin*) Zeug *nt* **II.** *vt* ausrichten (**to** auf) **III.** *vi* ■**to ~** [**oneself**] **up** sich einstellen (**for** auf)

'gear·box *n* Getriebe *nt*

'gear·head *n* (*sl*) Computerfreak *m fam*

gear·ing ['gɪərɪŋ] *n no pl* ❶ TECH Getriebe *nt* ❷ ECON Verschuldungsgrad *m*

'gear stick, BRIT, AUS '**gear lev·er**, AM '**gear·shift** *n* Schalthebel *m*; '**gear·wheel** *n* Zahnrad *nt*

gee [dʒiː] *interj* AM (*fam*) Mannomann

gee·zer ['giːzəʳ] *n* (*fam*) [**old**] **~** Alte(r) *m*

gel [dʒel] **I.** *n* Gel *nt*. **II.** *vi* <-ll-> ❶ (*form a gel*) gelieren ❷ (*fig*) Form annehmen

geld·ing ['geldɪŋ] *n* kastriertes Tier; (*horse*) Wallach *m*

gem [dʒem] *n* ❶ (*jewel*) Edelstein *m* ❷ (*person*) Schatz *m* ❸ (*very good thing*) Juwel *nt*; **a ~ of a car/house** ein klasse Auto *fam*/prunkvolles Haus

Gem·i·ni ['dʒemɪnaɪ, -niː] *n* ASTROL Zwillinge *pl*; **to be a ~** [ein] Zwilling sein

gen [dʒen] **I.** *n no pl* BRIT (*sl*) Informationen *pl* **II.** *vi* <-nn-> BRIT (*sl*) ■**to ~ up on sth** sich über etw *akk* informieren

gen·der ['dʒendəʳ] *n* Geschlecht *nt*

gen·der-bend·ing ['dʒendəbendɪŋ] *adj attr* (*fam*) *chemicals* hormonell wirksam; **~ hormones** sich auf die Geschlechtsmerkmale auswirkende Hormone

gen·dered ['dʒendəd] *adj* geschlechtsspezifisch

gen·der 'ste·reo·typ·ing [-ˈsterɪə(ʊ)taɪpɪŋ] *n no pl* geschlechtsspezifische Rollenverteilung; **why does this ~ still**

happen? warum gibt es noch immer diese Klischeevorstellungen von Männern und Frauen?
gene [dʒiːn] *n* Gen *nt*
ge·nea·logi·cal [ˌdʒiːniəˈlɒdʒɪkəl] *adj* genealogisch; **~ tree** Stammbaum *m*
ge·ne·alo·gist [ˌdʒiːniˈælədʒɪst] *n* Genealoge *m*/Genealogin *f*
ge·neal·ogy [ˌdʒiːniˈælədʒi] *n no pl* Genealogie *f*
'gene bank *n* Genbank *f*
gen·er·al [ˈdʒenərəl] **I.** *adj* allgemein; **~ idea** ungefähre Vorstellung; **~ impression** Gesamteindruck *m;* **~ meeting** Vollversammlung *f;* **it is ~ practice** es ist allgemein üblich; **in ~** [*or* **as a ~ rule**] im Allgemeinen; **to talk in ~ terms** [nur] allgemein reden; **for ~ use** für den allgemeinen Gebrauch; **to be in ~ use** allgemein benutzt werden; **Consul ~** Generalkonsul(in) *m(f)* **II.** *n* MIL General(in) *m(f)*
gen·er·al an·aes·'thet·ic *n no pl* Vollnarkose *f* **Gen·er·al As·'sem·bly** *n no pl* [UNO-]Vollversammlung *f* **gen·er·al de·'liv·ery** *n no pl* AM (*poste restante*) postlagernd **gen·er·al e'lec·tion** *n* Parlamentswahlen *pl*
gen·er·al·ity [ˌdʒenəˈrælɪti] *n* ① (*general statement*) **to talk in/of generalities** verallgemeinern, sich über Allgemeines unterhalten ② *no pl* (*vagueness*) Allgemeingültigkeit *f* ③ *no pl* (*form: majority*) Mehrheit *f*
gen·er·ali·za·tion [ˌdʒenərəlaɪˈzeɪʃən] *n* ① (*instance*) Verallgemeinerung *f* ② *no pl* (*technique*) Generalisierung *f*
gen·er·al·ize [ˈdʒenərəlaɪz] *vi, vt* ■ **to ~ [about sth]** [etw] verallgemeinern
gen·er·al·ly [ˈdʒenərəli] *adv* ① (*usually*) normalerweise, im Allgemeinen ② (*mostly*) im Allgemeinen, im Großen und Ganzen ③ (*widely, not in detail*) allgemein; **to be ~ available** der Allgemeinheit zugänglich sein; **~ speaking** im Allgemeinen
Gen·er·al 'Post Of·fice *n* Hauptpost *f* **gen·er·al prac·'ti·tion·er** *n* Arzt *m*/Ärztin *f* für Allgemeinmedizin, praktischer Arzt/praktische Ärztin **gen·er·al 'staff** *n* + *sing/pl vb* MIL Generalstab *m* **gen·er·al 'store** *n* AM Gemischtwarenladen *m* **gen·er·al 'strike** *n* Generalstreik *m* **gen·er·al 'view** *n no pl* ■ **the ~** die vorherrschende Meinung
gen·er·ate [ˈdʒenəreɪt] *vt* ① *controversy, enthusiasm* hervorrufen; *electricity* erzeugen; *income* erzielen; *jobs* schaffen ② MATH, LING generieren

'gen·er·at·ing sta·tion *n* Elektrizitätswerk *nt*
gen·era·tion [ˌdʒenəˈreɪʃən] *n* ① (*set*) Generation *f* ② *no pl* (*production*) Erzeugung *f;* **~ of energy** Energiegewinnung *f*
gen·era·tive [ˈdʒenərətɪv] *adj* (*form*) generativ
gen·era·tor [ˈdʒenəreɪtər] *n* ① (*dynamo*) Generator *m* ② (*producer*) Erzeuger(in) *m(f);* **~ of new ideas** Ideenlieferant(in) *m(f)*
ge·ner·ic [dʒəˈnerɪk] **I.** *adj* ① (*general*) generisch; **~ term** Oberbegriff *m;* BIOL Gattungsbegriff *m* ② AM, AUS (*not name-brand*) markenlos **II.** *n* AUS No-Name-Produkt *nt*
gen·er·os·ity [ˌdʒenəˈrɒsəti] *n no pl* Großzügigkeit *f*
gen·er·ous [ˈdʒenərəs] *adj* großzügig
gen·er·ous·ly [ˈdʒenərəsli] *adv* ① (*kindly*) großzügig[erweise] ② (*amply*) großzügig; **to be ~ cut** groß[zügig] geschnitten sein; **to tip ~** reichlich Trinkgeld geben
gen·esis <*pl* -ses> [ˈdʒenəsɪs, *pl* -siːz] *n usu sing* ① (*form: origin*) Ursprung *m* ② REL **G~** das erste Buch Mose
gene 'thera·py *n usu sing* Gentherapie *f*
ge·net·ic [dʒəˈnetɪk] *adj* genetisch; **~ disease** Erbkrankheit *f*
ge·ne·ti·cal [dʒəˈnetɪkəl] *adj* genetisch
ge·ne·ti·cal·ly [dʒəˈnetɪkəli] *adv* genetisch; **~ modified** gentechnisch behandelt [*o* verändert]
gen·eti·cist [dʒəˈnetɪsɪst] *n* Genetiker(in) *m(f)*
gen·et·ics [dʒəˈnetɪks] *n no pl* Genetik *f*
Ge·neva [dʒəˈniːvə] *n* Genf *nt*
ge·nial [ˈdʒiːniəl] *adj* freundlich; *climate* angenehm
ge·nie <*pl* -nii *or* -s> [ˈdʒiːni, *pl* -niaɪ] *n* Geist *m* (*aus einer Flasche oder Lampe*)
geni·tal [ˈdʒenɪtəl] *adj attr* Genital-; **~ organs** Geschlechtsorgane *pl*
geni·ta·lia [ˌdʒenɪˈteɪliə] *npl* (*form*), **genitals** [ˈdʒenɪtəlz] *npl* Geschlechtsorgane *pl*
geni·tive [ˈdʒenɪtɪv] *n* Genitiv *m;* **to be in the ~** im Genitiv stehen; **~ case** Genitiv *m*
ge·nius <*pl* -es *or* -nii> [ˈdʒiːniəs, *pl* -niaɪ] *n* ① (*person*) Genie *nt;* **to be a ~ with numbers** genial rechnen können ② *no pl* (*intelligence, talent*) Genialität *f;* **to have a ~ for sth** eine [besondere] Gabe für etw *akk* haben
geno·cid·al [ˌdʒenəˈsaɪdəl] *adj* völkermordähnlich; ■ **to be ~** einem Völkermord gleichen

geno·cide ['dʒenəsaɪd] *n no pl* Völkermord *m*
gen·re ['ʒɑ̃ː(n)rə] *n* Genre *nt*
gent [dʒent] *n* (*hum fam*) *short for* **gentleman** Gentleman *m*
gen·teel [dʒen'tiːl] *adj* vornehm
gen·tian ['dʒentiən] *n* Enzian *m*
gen·tile ['dʒentaɪl] *n* Nichtjude *m*/-jüdin *f*
gen·tle ['dʒentl̩] *adj* ❶ (*tender*) sanft; *hint* zart; ■ **to be ~ with sb** behutsam mit jdm umgehen ❷ (*moderate*) *breeze, motion* sanfte; *slope* leicht; **~ exercise** leichte sportliche Betätigung ❸ (*liter*) **of ~ birth** von edler Herkunft
gen·tle·man ['dʒentlmən] *n* ❶ (*polite man*) Gentleman *m*; **a perfect ~** ein wahrer Gentleman ❷ (*man*) Herr *m*; **~'s club** Herrenklub *m* ❸ (*to audience*) ■ **gentlemen** *pl* meine Herren; **~ of the jury** meine Herren Geschworenen; **ladies and gentlemen** meine Damen und Herren **gen·tle·man·ly** ['dʒentl̩mənli] *adj* gentlemanlike
gen·tle·ness ['dʒentlnəs] *n no pl* Sanftheit *f*
gen·tly ['dʒentli] *adv* ❶ (*kindly*) sanft; (*considerately*) behutsam; **to break the news ~ to sb** jdm etw schonend beibringen ❷ (*moderately*) sanft; **~ rolling hills** sanfte Hügel
gen·try ['dʒentri] *n no pl* BRIT **|landed|** **~** niederer [Land]adel
Gents [dʒents] *n* BRIT Herrentoilette *f*; "**~**" „Herren"
genu·ine ['dʒenjuɪn] *adj* ❶ (*not fake*) echt ❷ (*sincere*) ehrlich
genu·ine·ly ['dʒenjuɪnli] *adv* ❶ (*truly*) wirklich ❷ (*sincerely*) aufrichtig; **to ~ believe that ...** ernsthaft glauben, dass ...
genu·ine·ness ['dʒenjuɪnnəs] *n* Echtheit *f*
ge·nus <*pl* -**nera**> ['dʒenəs, *pl* -əˈrə] *n* BIOL Gattung *f*
ge·og·ra·pher [dʒiː'ɒgrəfə'] *n* Geograph(in) *m(f)*
geo·graph·ic(al) [ˌdʒiːə(ʊ)ˈgræfɪk(ə)l] *adj* geographisch
ge·og·ra·phy [dʒiːˈɒgrəfi, ˈdʒɒg-] *n no pl* Geographie *f*; SCH Erdkunde *f*; **physical/political ~** Geophysik *f*/Geopolitik *f*
geo·logi·cal [ˌdʒiːə(ʊ)ˈlɒdʒɪk(ə)l] *adj* geologisch
ge·olo·gist [dʒiːˈɒlədʒɪst] *n* Geologe *m*/Geologin *f*
ge·ol·ogy [dʒiːˈɒlədʒi] *n no pl* Geologie *f*; **historical ~** Geogeschichte *f*
geo·met·ric(al) [ˌdʒiːə(ʊ)ˈmetrɪk(ə)l] *adj* geometrisch

ge·om·etry [dʒiːˈɒmɪtri] *n no pl* Geometrie *f*
geo·physi·cal [ˌdʒiːə(ʊ)ˈfɪzɪkəl] *adj* geophysikalisch
geo·phys·ics [ˌdʒiːə(ʊ)ˈfɪzɪks] *n no pl* Geophysik *f*
geo·pro·fil·er [ˌdʒiːəʊˈprəʊfaɪlə'] *n short for* **geographic profiler** geographischer Fallanalyst/geographische Fallanalystin, Geo-Profiler(in) *m(f)*
Geor·gia ['dʒɔːdʒə] *n* ❶ (*European country*) Georgien *nt* ❷ (*US state*) Georgia *nt*
Geor·gian ['dʒɔːdʒən] **I.** *adj* ❶ (*style*) georgianisch ❷ (*of Republic*) georgisch ❸ (*of US state*) in/aus/von Georgia **II.** *n* ❶ (*native*) Georgier(in) *m(f)*; (*language*) georgische Sprache ❷ (*native of US state*) Einwohner aus Georgia
geo·ther·mal [ˌdʒiːə(ʊ)ˈθɜːməl] *adj* geothermisch; **~ energy** Erdwärme *f*
ge·ra·nium [dʒəˈreɪniəm] *n* Geranie *f*
geri·at·ric [ˌdʒeriˈætrɪk] **I.** *adj* geriatrisch; **~ nurse** Altenpfleger(in) *m(f)* **II.** *n* alter Mensch
geri·at·rics [ˌdʒeriˈætrɪks] *n + sing vb* Altersheilkunde *f*
germ [dʒɜːm] *n* ❶ MED, BIOL Keim *m*, Bakterie *f*; **to spread ~s** Keime verbreiten ❷ (*fig*) **a ~ of truth** ein Funken *m* Wahrheit; **the ~ of an idea** der Ansatz einer Idee
Ger·man ['dʒɜːmən] **I.** *n* ❶ (*person*) Deutsche(r) *f(m)* ❷ *no pl* (*language*) Deutsch *nt* **II.** *adj* deutsch
ger·mane [dʒəˈmeɪn] *adj* (*form*) relevant (**to** für)
Ger·man·ic [dʒəˈmænɪk] *adj* |indo|germanisch
Ger·man·ize ['dʒɜːmənaɪz] **I.** *vt* ■ **to ~ sb/sth** jdn/etw eindeutschen [*o* germanisieren] **II.** *vi* deutsch werden
Ger·man 'mea·sles *n + sing vb* Röteln *pl*
Ger·man 'shep·herd *n* (*dog*) Schäferhund *m*
Ger·ma·ny ['dʒɜːməni] *n* Deutschland *nt*
'germ-free *adj* keimfrei
ger·mi·cid·al [ˌdʒɜːmɪˈsaɪdəl] *adj* keimtötend
ger·mi·cide [ˌdʒɜːmɪˈsaɪd] *n* keimtötendes Mittel
ger·mi·nate ['dʒɜːmɪneɪt] **I.** *vi* keimen **II.** *vt* zum Keimen bringen
ger·mi·na·tion [ˌdʒɜːmɪˈneɪʃ(ə)n] *n no pl* Keimen *nt*
germ 'war·fare *n* Bakterienkrieg *m*
ger·und ['dʒerənd] *n* LING Gerundium *nt*
ges·ta·tion [dʒesˈteɪʃ(ə)n] *n no pl* ❶ *of*

humans Schwangerschaft *f*; *of animals* Trächtigkeit *f* ❷ (*fig*) Reifwerden *nt*
ges·tic·u·late [dʒes'tɪkjəleɪt] *vi* (*form*) gestikulieren
ges·tic·u·la·tion [dʒes,tɪkjə'leɪʃ°n] *n* (*form*) Gestik *f*
ges·ture ['dʒestʃər] I. *n* Geste *f*; **a ~ of defiance** eine trotzige Geste II. *vi*, *vt* deuten
get <got, got *or* Am *usu* gotten> [get] I. *vt* ❶ (*obtain*) erhalten; **where did you ~ your mobile from?** woher hast du dein Handy?; **to ~ a glimpse of sb/sth** einen Blick auf jdn/etw erhaschen; **to ~ time off** frei bekommen ❷ (*receive*) bekommen ❸ (*experience*) erleben; **we don't ~ much snow here** hier schneit es nicht sehr viel; **I got quite a surprise** ich war ganz schön überrascht; **she ~s a lot of pleasure from it** es bereitet ihr viel Freude ❹ (*deliver*) ■**to ~ sth to sb** jmd etw bringen ❺ MED (*fam: contract*) sich *dat* holen; **to ~ the flu** sich *dat* die Grippe einfangen; **to ~ food poisoning** sich *dat* eine Lebensmittelvergiftung zuziehen ❻ (*fetch*) ■**to ~ [sb] sth** [*or* **sth for sb**] jdm etw besorgen; **can I ~ you a drink?** möchtest du was trinken?; (*formal*) kann ich Ihnen was zu trinken anbieten?; **could you ~ me a paper?** könntest du mir eine Zeitung mitbringen? ❼ TRANSP **to ~ a train** (*travel with*) einen Zug nehmen; (*catch*) einen Zug erwischen *fam* ❽ (*earn*) verdienen ❾ (*capture*) fangen ❿ (*fam: punish*) kriegen; **I'll ~ you for that!** ich kriege dich dafür! ⓫ (*fam: answer*) door aufmachen; **to ~ the telephone** ans Telefon gehen ⓬ (*fam: pay for*) bezahlen ⓭ + *pp* (*cause to be*) **to ~ sth confused** eine verwirrende; **to ~ sth delivered** sich *dat* etw liefern lassen; **to ~ sth finished** etw fertig machen ⓮ (*induce*) ■**to ~ sb/sth doing sth** jdn/etw zu etw *dat* bringen; ■**to ~ sb/sth to do sth** jdn/etw dazu bringen, etw zu tun ⓯ (*transfer*) ■**to ~ sb/sth somewhere** jdn/etw irgendwohin bringen; **we'll never ~ it through the door** wir werden es niemals durch die Tür bekommen ⓰ (*hear, understand*) verstehen; **to ~ the message** [*or* **picture**] [es] kapieren *fam* ⓱ (*prepare*) meal zubereiten ⓲ (*hit*) erwischen II. *vi* ❶ (*become*) werden; **~ well soon!** gute Besserung!; **to ~ used to sth** sich an etw *akk* gewöhnen; **to ~ to be sth** etw werden; **to ~ to like sth** etw langsam mögen; **this window seems to have got broken** jemand scheint dieses Fenster zerbrochen zu haben; **to ~ mar-**

ried heiraten ❷ (*reach*) kommen; **to ~ home** nach Hause kommen ❸ (*progress*) **to ~ nowhere** es nicht weit bringen ❹ (*have opportunity*) ■**to ~ to do sth** die Möglichkeit haben, etw zu tun; **to ~ to see sb** jdn zu Gesicht bekommen ❺ (*must*) ■**to have got to do sth** etw machen müssen ❻ (*fam: start*) **to ~ going** gehen ❼ (*understand*) ■**to ~ with it** sich informieren ◆**get about** *vi* herumkommen
◆**get across** *vt* verständlich machen
◆**get along** *vi* ❶ *see* **get on** II 1, 2 ❷ (*hurry*) weitermachen ◆**get around** *vi* ❶ *see* **get round** I ❷ *see* **get about** ◆**get at** *vi* ❶ (*fam: suggest*) ■**to ~ at sth** auf etw *akk* hinauswollen ❷ BRIT, AUS (*fam: criticize*) kritisieren ❸ (*assault*) angreifen ❹ (*fam: bribe*) bestechen ❺ (*reach*) [he]rankommen an +*akk* ❻ (*discover*) aufdecken ◆**get away** *vi* ❶ (*leave*) fortkommen, wegkommen ❷ (*escape*) ■**to ~ away** [**from sb/sth**] [vor jdm/etw] flüchten; (*successfully*) [jdm/etw] entkommen; ■**to ~ away with sth** mit etw *dat* ungestraft davonkommen ❸ (*fam*) **~ away** [**with you**]! ach, hör auf! ❹ (*succeed*) ■**to ~ away with sth** mit etw *dat* durchkommen ▶**to ~ away with murder** sich *dat* alles erlauben können ◆**get back** I. *vt* (*actively*) zurückholen; *strength* zurückgewinnen; (*passively*) zurückbekommen II. *vi* ❶ (*return*) zurückkommen ❷ (*fam: have revenge*) ■**~ one's own back on sb** sich an jdm rächen ❸ ■**to ~ back into sth** wieder mit etw *dat* beginnen; ■**to ~ back to** [**doing**] **sth** auf etw *akk* zurückkommen; **to ~ back to sleep** wieder einschlafen ❹ (*contact*) ■**to ~ back to sb** sich wieder bei jdm melden ◆**get behind** *vi* ❶ (*support*) unterstützen ❷ (*be late*) in Rückstand geraten ◆**get by** *vi* ■**to ~ by** [**on/with sth**] mit etw *dat* auskommen
◆**get down** I. *vt* ❶ (*remove*) runternehmen (*from/off* von) ❷ (*depress*) fertigmachen ❸ (*note*) niederschreiben ❹ (*swallow*) runterschlucken II. *vi* ❶ (*descend*) herunterkommen (*from/off* von); (*from the table*) aufstehen ❷ (*bend down*) sich runterbeugen; (*kneel down*) niederknien ❸ (*start*) ■**to ~ down to** [**doing**] **sth** sich an etw *akk* machen ◆**get in** I. *vt* ❶ (*fam: find time for*) reinschieben ❷ (*say*) *word* einwerfen ❸ (*bring inside*) hereinholen ❹ (*purchase*) beschaffen; **whose turn is it to ~ the drinks in?** BRIT (*fam*) wer ist mit den Getränken an der Reihe? ❺ (*ask to come*) kommen lassen; *specialist* hinzuzie-

hen ❻ (*submit*) absenden; *application* einreichen II. *vi* ❶ (*become elected*) an die Macht kommen ❷ (*enter*) hineingehen ❸ (*arrive*) ankommen ❹ (*return*) zurückkehren; **to ~ in from work** von der Arbeit heimkommen ❺ (*join*) ■ **to ~ in on sth** sich an etw *dat* beteiligen ❻ (*make friends with*) ■ **to ~ in with** auskommen mit +*dat* ◆**get into** *vi* ❶ (*enter*) [ein]steigen in +*akk* ❷ (*have interest for*) sich interessieren für +*akk* ❸ (*affect*) **what's got into you?** was ist in dich gefahren? ❹ (*become involved in*) *argument* verwickelt werden in +*akk* ◆**get off** I. *vi* ❶ (*fall asleep*) **to ~ off [to sleep]** einschlafen ❷ (*evade punishment*) davonkommen ❸ (*exit*) aussteigen ❹ (*dismount*) absteigen ❺ (*depart*) losfahren ❻ (*fam: find pleasurable*) **to ~ off on sth** Vergnügen finden an etw *dat* II. *vt* ❶ (*send to sleep*) in den Schlaf wiegen ❷ LAW freibekommen ❸ (*send*) versenden ❹ (*remove*) nehmen von +*dat;* **to ~ sb off sth** *bus, train, plane* jdm aus etw *dat* heraushelfen; *boat, roof* jdn von etw *dat* herunterholen ◆**get on** I. *vt* (*put on*) anziehen; *hat* aufsetzen; *load* aufladen ▶ **to ~ it on with sb** (*sl*) etwas mit jdm haben II. *vi* ❶ (*be friends*) sich verstehen ❷ BRIT (*manage*) vorankommen ❸ (*continue*) weitermachen ❹ (*age*) alt werden; **to be ~ting on in years** an Jahren zunehmen ❺ *time* spät werden ❻ (*be nearly*) **~ting on for a hundred people** um die hundert Leute ❼ (*criticize*) ■ **to ~ on at sb** auf jdm herumhacken ❽ (*arrive at*) *subject* kommen auf +*akk* ❾ (*contact*) ■ **to ~ on to sb** sich mit jdm in Verbindung setzen ❿ (*start work on*) sich heranmachen an +*akk* ◆**get out** I. *vi* ❶ (*become known*) *news* herauskommen ❷ AM (*in disbelief*) **~ out [of here]**! ach komm! II. *vt* ❶ (*bring out*) rausbringen (**of** aus) ❷ (*remove*) herausbekommen; *money* abheben ❸ (*issue*) herausbringen ◆**get over** I. *vi* (*recover from*) ■ **to ~ over sth** über etw *akk* hinwegkommen; *illness* sich von etw *dat* erholen; **I can't ~ over the way he behaved** ich komme nicht darüber hinweg, wie er sich verhalten hat ❷ (*complete*) **to ~ sth over [with]** etw hinter sich *akk* bringen II. *vt idea* rüberbringen ◆**get round** I. *vi* ❶ (*spread*) *news* sich verbreiten ❷ (*do*) ■ **to ~ round to [doing] sth** es schaffen, etw zu tun II. *vt* ❶ (*evade*) *the law* umgehen ❷ (*deal with*) a *problem* angehen ❸ BRIT (*persuade*) ■ **to ~ round sb to do sth** jdn dazu bringen, etw zu tun ❹ (*invite*) ■ **to ~ sb round** jdn einladen; *specialist* jdn hinzuziehen ◆**get through** I. *vi* ❶ (*make oneself understood*) ■ **to ~ through to sb that/how ...** jdm klarmachen, dass/wie ... ❷ (*contact*) ■ **to ~ through to sb** *on the phone* zu jdm durchkommen II. *vt* ❶ (*use up*) aufbrauchen ❷ (*finish*) *work* erledigen ❸ (*survive*) *bad times* überstehen ❹ (*pass*) *exam* bestehen ❺ (*convey*) ■ **to ~ it through to sb that ...** jdm klarmachen, dass ... ◆**get together** I. *vi* sich treffen II. *vt* **to ~ it together** es zu etwas bringen ◆**get up** I. *vt* ❶ (*climb*) hinaufsteigen ❷ (*organize*) zusammenstellen ❸ (*gather*) *courage* aufbringen; *speed* sich beschleunigen ❹ (*fam: wake*) wecken II. *vi* ❶ BRIT *wind* auffrischen ❷ (*get out of bed*) aufstehen ❸ (*stand up*) sich erheben ❹ *pranks* ■ **to ~ up to sth** etw aushecken

get-'at-able *adj* (*fam*) zugänglich '**getaway** *n* (*fam*) ❶ (*escape*) Flucht *f;* **to make a ~** entwischen ❷ (*holiday*) Trip *m*
'**get-togeth·er** *n* (*fam*) Treffen *nt*
'**get-up** *n* (*fam: outfit*) Kluft *f*
gey·ser ['gaɪzəʳ] *n* Geysir *m*
Gha·na ['gɑːnə] *n* Ghana *nt*
Gha·na·ian [gɑːˈneɪən] I. *adj* ghanaisch II. *n* Ghanaer(in) *m(f)*
ghast·ly ['gɑːstli] *adj* ❶ (*fam: frightful*) *report* schrecklich; *experience* fürchterlich ❷ (*unpleasant, unwell*) grässlich, scheußlich
Ghent [gent] *n* Gent *nt*
gher·kin ['gɜːkɪn] *n* Essiggurke *f*
ghet·to ['getəʊ] *n* <*pl* -s *or* -es> G[h]etto *nt*
ghet·to-fab·u·lous [ˌgetəʊˈfæbjələs] *adj jewellery* ~ **rocks** Riesenklunker *m*[*pl*]
ghost [gəʊst] *n* Geist *m;* **the ~ of the past** das Gespenst der Vergangenheit ▶ **to give up the ~** den Geist aufgeben
ghost·ly ['gəʊstli] *adj* ❶ (*ghost-like*) geisterhaft ❷ (*eerie*) gespenstisch
'**ghost town** *n* Geisterstadt *f* '**ghost train** *n* Geisterbahn *f* '**ghost-writ·er** *n* Ghostwriter *m*
ghoul [guːl] *n* Ghul *m*
GI[1] [ˌdʒiːˈaɪ] *n* (*fam*) MIL GI *m*
GI[2] [ˌdʒiːˈaɪ] *n abbrev of* **glycaemic index** glykämischer Index
gi·ant ['dʒaɪənt] I. *n* Riese *m a. fig;* **industrial ~** Industriegigant *m* II. *adj* riesig; **to make ~ strides** (*fig*) große Fortschritte machen
gi·ant·ess ['dʒaɪəntes] *n* Riesin *f*
gib·ber ['dʒɪbəʳ] *vi* stammeln

gib·ber·ish ['dʒɪbᵊrɪʃ] *n no pl* (*pej*) ❶ (*spoken*) Gestammel *nt* ❷ (*written*) Quatsch *m*
gib·bet ['dʒɪbɪt] *n* Galgen *m*
gib·bon ['gɪbᵊn] *n* ZOOL Gibbon *m*
gibe *n, vi see* **jibe**
gib·lets ['gɪblɪts] *npl* Innereien *pl*
Gi·bral·tar [dʒɪ'brɒltəʳ] *n* Gibraltar *nt*
gid·dy ['gɪdi] *adj* schwind(e)lig
gift [gɪft] I. *n* ❶ (*present*) Geschenk *nt a. fig* ❷ (*donation*) Spende *f* ❸ (*giving*) Schenkung *f* ❹ (*talent*) Talent *nt;* **to have a ~ for languages** sprachbegabt sein; **to have the ~ of the gab** (*fam*) ein großes Mundwerk haben II. *vt* ❶ **to ~ sb with sth** jdn mit etw beschenken, jdm etw schenken ❷ (*give as a present*) schenken
'**gift card** *n* Geschenkgutschein in Form einer Kreditkarte, von Kreditkartenanbietern oder Firmen angeboten
gift·ed ['gɪftɪd] *adj* begabt; *musician* begnadet
'**gift horse** *n* ▸ **never look a ~ in the mouth** (*prov*) einem geschenkten Gaul guckt man nicht ins Maul '**gift shop** *n* Geschenkartikelladen *m* '**gift to·ken** *n*, '**gift vouch·er** *n* Geschenkgutschein *m*
gig [gɪg] I. *n* Gig *m* II. *vi* auftreten
giga·byte ['gɪgəbaɪt] *n* COMPUT Gigabyte *nt*
gi·gan·tic [dʒaɪ'gæntɪk] *adj* gigantisch; **~ bite** Riesenbissen *m*
gig·gle ['gɪgl̩] I. *vi* kichern (**at** über) II. *n* ❶ (*laugh*) Gekicher *nt kein pl;* **to get** [**or have** [**a fit of**] **the** ~**s** einen Lachanfall bekommen/haben ❷ *no pl* BRIT, AUS (*fam: joke*) Spaß *m;* **to do sth for a ~** etw zum Spaß machen
gill [gɪl] *n usu pl* Kieme *f* ▸ **to look green about the ~s** grün im Gesicht sein; **to the ~s** bis oben hin
gilt [gɪlt] I. *adj* vergoldet II. *n* Vergoldung *f*
gilt-'edged *adj* FIN mündelsicher
gim·let ['gɪmlət] *n* ❶ (*tool*) Schneckenbohrer *m* ❷ AM (*drink*) Cocktail aus Gin, Wodka und Limettensaft
gim·mick ['gɪmɪk] *n* (*esp pej*) ❶ (*trick*) Trick *m* ❷ (*attraction*) Attraktion *f*
gim·micky ['gɪmɪki] *adj* (*pej*) marktschreierisch
gin [dʒɪn] *n* ❶ (*drink*) Gin *m* ❷ (*trap*) Falle *f*
gin·ger ['dʒɪndʒəʳ] I. *n no pl* ❶ (*spice*) Ingwer *m* ❷ (*colour*) gelbliches Braun ❸ BRIT (*drink*) Gingerale *nt* II. *adj* gelblich braun
gin·ger 'ale *n* Gingerale *nt* **gin·ger 'beer** *n* Ingwerbier *nt* '**gin·ger·bread** *n no pl* Lebkuchen *m* **gin·ger-'haired** *adj* dunkelblond

gin·ger·ly ['dʒɪndʒᵊli] *adv* behutsam
gip·sy *n esp* BRIT *see* **gypsy**
gi·raffe <*pl* -s *or* -> [dʒɪ'rɑːf] *n* Giraffe *f*
gird·er ['gɜːdəʳ] *n* Träger *m*
gir·dle ['gɜːdl̩] *n* ❶ (*belt*) Gürtel *m* ❷ (*corset*) Korsett *nt*
girl [gɜːl] *n* Mädchen *nt;* (*girlfriend*) Freundin *f*
'**girl·friend** *n* Freundin *f*
girlie, **girly** ['gɜːli], **girl·ish** ['gɜːlɪʃ] *adj* mädchenhaft
giro ['dʒaɪ(ə)rəʊ] *n* ❶ *no pl* (*system*) Giro *nt* ❷ <*pl* -**s**> BRIT (*cheque*) Giroscheck *m* '**giro ac·count** *n* Girokonto *nt* '**giro trans·fer** *n* Giroüberweisung *f*
girth [gɜːθ] *n* ❶ (*circumference*) Umfang *m;* **in** ~ an Umfang ❷ (*hum: fatness*) Körperumfang *m* ❸ (*saddle strap*) Sattelgurt *m*
gist [dʒɪst] *n* ■ **the ~** das Wesentliche; **to get the ~ of sth** den Sinn von etw *dat* verstehen
give [gɪv] I. *vt* <gave, given> ❶ ■ **to ~ sb sth** jdm etw geben; (*as present*) jdm etw schenken; (*donate*) jdm etw spenden; **~ n the choice** wenn ich die Wahl hätte; **I'll ~ you a day to think it over** ich lasse dir einen Tag Bedenkzeit; **what gave you that idea?** wie kommst du denn auf die Idee?; **he couldn't ~ me a reason why ...** er konnte mir auch nicht sagen, warum ...; **that will ~ you something to think about!** darüber kannst du ja mal nachdenken!; **don't ~ me that!** (*fig*) komm mir doch nicht damit!; **~ yourself time to get over it** lass dir Zeit, um darüber hinwegzukommen; **I'll ~ you what for!** ich geb dir gleich was!; **~ him my thanks** richten Sie ihm meinen Dank aus; **~ her my best wishes** grüß sie schön von mir!; **to ~ sb a cold** jdn mit seiner Erkältung anstecken; **to ~ a decision** LAW ein Urteil fällen; **to ~ sb his/her due** jdm Ehre erweisen; **to ~ sb encouragement** jdn ermutigen; **to ~ a lecture/speech** einen Vortrag/eine Rede halten; **to ~ one's life to sth** etw *dat* sein Leben widmen; **to be ~n life imprisonment** lebenslang bekommen; **to ~ sb/sth a bad name** jdn/etw in Verruf bringen; **to ~ sb the news of sth** jdm etw mitteilen; **to ~ sb permission** [**to do sth**] jdm die Erlaubnis erteilen[, etw zu tun]; **to ~ one's best** sein Bestes geben ❷ (*emit*) **to ~ a bark** bellen; **to ~ a cry/groan** aufschreien/aufstöhnen ❸ (*produce*) *result, number* ergeben; *warmth* spenden ❹ (*do*) **to ~ sb a** [**dirty**] **look** jdm einen vernich-

tenden Blick zuwerfen; **to ~ a shrug** mit den Schultern zucken ❺ (*admit*) **I'll ~ you that** das muss man dir lassen ❻ (*inclined*) ■ **to be ~n to sth** zu etw *dat* neigen ❼ (*fam*) **~ or take** mehr oder weniger; **he came at six o'clock, ~ or take a few minutes** er kam so gegen sechs **II.** *vi* <gave, given> ❶ (*donate*) spenden (**to** für); **to ~ and take** [gegenseitige] Kompromisse machen ❷ (*bend, yield*) nachgeben; *bed* federn; *knees* weich werden; *rope* reißen ❸ (*fam: what's happening*) **what ~s?** (*fam*) was gibt's Neues? ▸ **it is better to ~ than to receive** (*prov*) Geben ist seliger denn Nehmen; **to ~ as good as one gets** Gleiches mit Gleichem vergelten **III.** *n no pl* Nachgiebigkeit *f;* (*elasticity*) Elastizität *f; of bed* Federung *f;* **to** [**not**] **have much ~** [nicht] sehr nachgeben; (*elastic*) [nicht] sehr elastisch sein ♦ **give away** *vt* ❶ (*offer for free*) verschenken ❷ *bride* zum Altar führen ❸ (*fig: lose*) FBALL *penalty* verschenken ❹ (*reveal*) **to ~ the game away** (*fig*) alles verraten; ■ **to ~ oneself away** sich verraten ♦ **give back** *vt* zurückgeben (**to** +*dat*) ♦ **give in I.** *vi* ❶ (*to pressure*) nachgeben (**to** +*dat*); **to ~ in to blackmail** auf Erpressung eingehen; **to ~ in to temptation** der Versuchung erliegen ❷ (*surrender*) aufgeben **II.** *vt* ❶ (*hand in*) abgeben; *document* einreichen ❷ BRIT SPORTS (*judge in play*) **to ~ the ball in** den Ball gut geben ♦ **give off** *vt* abgeben; *smell, smoke* verströmen ♦ **give out I.** *vi* ❶ (*run out*) ausgehen; *energy* zu Ende gehen; **then her patience gave out** dann war es mit ihrer Geduld vorbei ❷ (*stop working*) versagen **II.** *vt* ❶ (*distribute*) verteilen (**to** an); *pencils, books* austeilen ❷ (*announce*) verkünden ❸ (*emit*) von sich *dat* geben ❹ BRIT SPORTS (*judge out of play*) **to ~ the ball out** Ausgeben ♦ **give over I.** *vt* ❶ (*set aside*) ■ **to be given over to sth** für etw akk beansprucht werden; (*devoted*) etw *dat* gewidmet sein; ■ **to ~ oneself over to sth** sich etw *dat* ganz hingeben ❷ (*hand over*) übergeben **II.** *vi* BRIT (*fam*) aufhören; (*disbelief*) **they've doubled your salary? ~ over!** sie haben wirklich dein Gehalt verdoppelt?! ♦ **give up I.** *vi* aufgeben **II.** *vt* ❶ (*quit*) aufgeben; *habit* ablegen; ■ **to ~ up doing sth** mit etw *dat* aufhören ❷ (*surrender*) überlassen; *territory* abtreten; **to ~ oneself up** [**to the police**] sich [der Polizei] stellen ❸ (*devote*) ■ **to ~ oneself up to sth** sich etw *dat* hingeben; **to ~ up** one's life to [*or* doing] sth sein Leben etw *dat* verschreiben ❹ (*consider lost*) **to ~ sb up for dead** jdn für tot halten; **to ~ up sb/ sth as lost** jdn/etw verloren glauben; **to ~ up sth as a bad job** etw abschreiben

give-and-'take *n no pl* ❶ (*compromise*) Geben und Nehmen *nt* ❷ AM (*debate*) Meinungsaustausch *m*

'**give·away I.** *n no pl* (*fam: telltale*) **to be a dead ~** alles verraten ❷ (*freebie*) Werbegeschenk *nt* **II.** *adj* ❶ (*low*) **~ price** Schleuderpreis *m* ❷ (*free*) kostenlos; **~ newspaper** Gratiszeitung *f*

giv·en ['gɪvən] **I.** *n* gegebene Tatsache; **to take sth as a ~** etw als gegeben annehmen **II.** *adj* ❶ (*certain*) gegeben ❷ (*specified*) festgelegt ❸ (*tend*) ■ **to be ~ to sth** zu etw *dat* neigen; ■ **to be ~ to doing sth** gewöhnt sein, etw zu tun **III.** *pp of* **give IV.** *prep* ■ **~ sth** angesichts einer S. *gen*

'**given name** *n* Vorname *m*

giv·er ['gɪvəʳ] *n* Spender(in) *m(f)*

gla·cé [ˈglæseɪ], AM *also* **gla·céed** *adj* **~ fruit** kandierte Früchte

gla·cial ['gleɪsiəl] *adj* ❶ (*left by glacier*) glazial; **~ lake** Gletschersee *m* ❷ (*freezing*) eisig *a. fig*

glaci·er ['glæsiəʳ] *n* Gletscher *m*

glad <-dd-> [glæd] *adj* froh; **to be ~ about sth** sich über etw *akk* freuen; ■ **to be ~ for sb** sich für jdn freuen; ■ **to be ~ of sth** über etw *akk* froh sein; **I'd be** [**only too**] **~ to help you** es freut mich, dass ich dir helfen kann

glad·den ['glædən] *vt* (*form*) erfreuen; **the news ~ed his heart** die Nachricht stimmte sein Herz froh

glade [gleɪd] *n* (*liter*) Lichtung *f*

gladia·tor ['glædieɪtəʳ] *n* Gladiator *m*

glad·ly ['glædli] *adv* gerne

glad·ness ['glædnəs] *n no pl* Freude *f*

'**glad rags** *npl* (*hum*) Festkleidung *f*

glam·or *n no pl* AM *see* **glamour**

glam·or·ize ['glæməraɪz] *vt* verherrlichen

glam·or·ous ['glæmərəs] *adj* glamourös

glam·our ['glæməʳ] *n no pl* Glanz *m*

glance [glɑːn(t)s] **I.** *n* Blick *m;* **at first ~** auf den ersten Blick; **to see at a ~** mit einem Blick erfassen **II.** *vi* ■ **to ~ at sth** etw *akk* schauen; ■ **to ~ up** [**from sth**] [von etw *dat*] aufblicken; **to ~ around a room** sich in einem Zimmer umschauen; **to ~ through a letter** einen Brief überfliegen ♦ **glance off** *vi* abprallen

gland [glænd] *n* Drüse *f*

glan·du·lar 'fe·ver *n no pl* Drüsenfieber *nt*

glare [gleəʳ] **I.** *n* ❶ (*stare*) wütender Blick

❷ *no pl* (*light*) grelles Licht; ~ **of the sun** grelles Sonnenlicht **II.** *vi* ❶ (*stare*) ■**to ~ [at sb]** [jdn an]starren ❷ (*shine*) blenden; **the sun is glaring in my eyes** die Sonne blendet mich **III.** *vt* **to ~ defiance [at sb/ sth]** jdn/etw trotzig anstarren

glar·ing ['gleərɪŋ] *adj* ❶ (*staring*) stechend ❷ (*blinding*) blendend; *light* grell ❸ (*obvious*) *mistake* eklatant; *weakness* krass; *injustice* himmelschreiend

glass [glɑːs] *n* ❶ *no pl* (*material*) Glas *nt*; *pane of ~* Glasscheibe *f*; **broken ~** Glasscherben *pl* ❷ (*receptacle*) **a ~ of water** ein Glas *nt* Wasser ❸ *pl* (*spectacles*) **[a pair of] ~es** [eine] Brille *f*; **to wear ~es** eine Brille tragen

'**glass-blow·er** *n* Glasbläser(in) *m(f)*
'**glass-cut·ter** *n* Glasschneider *m* **glass 'fi·bre** *n* Glasfasern *pl* '**glass·ful** *n* **a ~ of juice** ein ganzes Glas Saft '**glass·house** *n* Gewächshaus *nt* '**glass·ware** *n no pl* Glaswaren *pl* '**glass·works** *n + sing/pl vb* Glasfabrik *f*

glassy ['glɑːsi] *adj* ❶ *surface* spiegelglatt ❷ *eyes* glasig

Glas·we·gian [glæz'wiːdʒən] **I.** *n* ❶ (*person*) Glasgower(in) *m(f)* ❷ *no pl* (*accent*) Glasgower Dialekt *m* **II.** *adj* aus Glasgow *nach n*

glau·co·ma [glɔːˈkəʊmə] *n no pl* grüner Star, Glaukom *nt fachspr*

glaze [gleɪz] **I.** *n* (*on food, pottery*) Glasur *f* **II.** *vt* ❶ *food, pottery* glasieren ❷ (*fit with glass*) verglasen **III.** *vi* ■**to ~ [over]** *eyes* glasig werden

glazed [gleɪzd] *adj* ❶ (*shiny*) glänzend; **~ finish** Glanzappretur *f* ❷ (*fitted with glass*) *doors* verglast ❸ (*dull*) *expression, look* glasig ❹ FOOD (*coated in glazed sugar*) glasiert

gla·zi·er ['gleɪziə'] *n* Glaser(in) *m(f)*

gleam [gliːm] **I.** *n* Schimmer *m* **II.** *vi* schimmern

gleam·ing ['gliːmɪŋ] **I.** *adj* glänzend **II.** *adv* strahlend

glean [gliːn] *vt* in Erfahrung bringen

glee [gliː] *n no pl* Entzücken *nt*; (*gloating joy*) Schadenfreude *f*

glee·ful ['gliːfəl] *adj* ausgelassen; (*gloating*) schadenfroh

glen [glen] *n* Schlucht *f*

glib <-bb-> [glɪb] *adj* ❶ (*hypocritical*) *person* heuchlerisch, aalglatt; *answer* unbedacht ❷ (*facile*) *person* zungenfertig

glide [glaɪd] **I.** *vi* ❶ (*move smoothly*) hingleiten ❷ (*fly*) gleiten **II.** *n* Gleiten *nt kein pl*

glid·er ['glaɪdə'] *n* ❶ (*plane*) Segelflugzeug *nt*; **~ pilot** Segelflieger(in) *m(f)* ❷ AM (*chair*) Hollywoodschaukel *f*

glid·ing ['glaɪdɪŋ] *n no pl* Segelfliegen *nt*; **~ club** Segelflugverein *m*; **to take sb ~** mit jdm Segelfliegen gehen

glim·mer ['glɪmə'] **I.** *vi* schimmern **II.** *n* Schimmer *m kein pl*; **~ of hope/light** Hoffnungs-/Lichtschimmer *m*

glimpse [glɪm(p)s] **I.** *vt* flüchtig sehen **II.** *n* [kurzer [*o* flüchtiger]] Blick

glint [glɪnt] **I.** *vi* glitzern **II.** *n* Glitzern *nt*

glis·ten ['glɪsən] *vi* glitzern, glänzen

glitch [glɪtʃ] *n* ❶ (*fam: fault*) Fehler *m*; **computer ~** Computerstörung *f* ❷ (*setback*) Verzögerung *f*

glit·ter ['glɪtə'] **I.** *vi* glitzern; *eyes* funkeln ▶ **all that ~s is not gold** (*prov*) es ist nicht alles Gold, was glänzt **II.** *n no pl* ❶ (*sparkling*) Glitzern *nt*; *of eyes* Funkeln *nt* ❷ (*fig*) Prunk *m* ❸ (*decoration*) Glitzerwerk *nt*

glit·ter·ing ['glɪtərɪŋ] *adj* ❶ (*sparkling*) glitzernd ❷ (*impressive*) *career* glanzvoll ❸ (*appealing*) prächtig

glitz [glɪts] *n no pl* Glanz *m*

glitzy ['glɪtsi] *adj* glanzvoll

gloat [gləʊt] **I.** *vi* sich hämisch freuen; ■**to ~ over sth** sich an etw *dat* weiden **II.** *n* Schadenfreude *f*

glob·al ['gləʊbəl] *adj* ❶ (*worldwide*) global; **~ warming** globale Erwärmung ❷ (*complete*) umfassend ▶ **to go ~** (*fam*) auf den Weltmarkt vorstoßen

glob·al·iza·tion [ˌgləʊbəlaɪˈzeɪʃən] *n no pl* Globalisierung *f*

glob·al·ly ['gləʊbəli] *adv* ❶ (*worldwide*) global ❷ (*generally*) allgemein

globe [gləʊb] *n* ❶ (*Earth*) ■**the ~** die Erde; **to circle the ~** die Welt umreisen ❷ (*map*) Globus *m* ❸ (*sphere*) Kugel *f* ❹ AUS (*bulb*) Glühbirne *f*

'**globe-trot·ter** *n* Globetrotter(in) *m(f)*, Weltenbummler(in) *m(f)*

glo·bo·cop ['gləʊbəʊkɒp] *n* Weltpolizist(in) *m(f)*

glock·en·spiel ['glɒkənʃpiːl] *n* MUS Glockenspiel *nt*

gloom [gluːm] *n no pl* ❶ (*depression*) Hoffnungslosigkeit *f* ❷ (*darkness*) Düsterheit *f*; **to emerge from the ~** aus dem Dunkel auftauchen

gloomi·ness ['gluːmɪnəs] *n no pl* ❶ (*depression*) Hoffnungslosigkeit *f* ❷ (*darkness*) Düsterheit *f*

gloomy ['gluːmi] *adj* ❶ (*dismal*) trostlos; *thoughts* trübe; ■**to be ~ about [*or* over]**

sth für etw *akk* schwarzsehen ❷ (*dark*) düster
gloopy ['glu:pi] *adj* (*pej fam*) *lipstick* schmierig
glo·ri·fi·ca·tion [ˌglɔ:rɪfɪˈkeɪʃ°n] *n no pl* ❶ (*honouring*) Lobpreisung *f* ❷ (*make more splendid*) Verherrlichung *f*
glo·ri·fy <-ie-> ['glɔ:rɪfaɪ] *vt* ❶ (*make seem better*) verherrlichen ❷ (*honour*) ehren; REL [lob]preisen
glo·ri·ous ['glɔ:riəs] *adj* ❶ (*illustrious*) *victory* glorreich; *person* ruhmvoll ❷ (*splendid*) prachtvoll; *weather* herrlich
glo·ry ['glɔ:ri] I. *n* ❶ *no pl* (*honour*) Ruhm *m*; ~ **days** Blütezeit *f* ❷ (*splendour*) Herrlichkeit *f*, Pracht *f* ❸ *no pl* REL (*praise*) Ehre *f*; ~ **to God in the highest** Ehre sei Gott in der Höhe ▸ ~ **be!** Gott sei Dank! II. *vi* <-ie-> ▪**to** ~ **in** [**doing**] **sth** etw genießen
'**glo·ry hole** *n* (*fam*) Rumpelkammer *f*
gloss [glɒs] I. *n* ❶ (*shine*) Glanz *m*; **in** ~ **or matt** glänzend oder matt; (*fig*) **to put a** ~ **on sth** etw [besonders] hervorheben ❷ (*paint*) Glanzlack *m* ❸ (*cosmetic*) **lip** ~ Lipgloss *m* ❹ LIT [erklärender] Kommentar II. *adj* Glanz- ◆ **gloss over** *vt* schönfärben
glos·sa·ry ['glɒsəri] *n* Glossar *nt*
glossy ['glɒsi] I. *adj* glänzend; ~ **magazine/paper** Hochglanzmagazin/-papier *nt* II. *n* ❶ AM, AUS (*picture*) [Hoch]glanzabzug *m* ❷ (*magazine*) Hochglanzmagazin *nt*
glove [glʌv] I. *n usu pl* Handschuh *m*; **rubber/woollen** ~**s** Gummi-/Wollhandschuhe *pl*; **a pair of** ~**s** ein Paar *nt* Handschuhe; **to fit like a** ~ wie angegossen passen II. *vt* SPORTS (*baseball*) fangen; (*cricket*) abfälschen
'**glove box** *n* ❶ AUTO Handschuhfach *nt* ❷ TECH Handschuhkasten *m* '**glove com·part·ment** *n* Handschuhfach *nt*
glow [gləʊ] I. *n no pl* Leuchten *nt*; *of a lamp, the sun* Scheinen *nt*; *of a cigarette, the sunset* Glühen *nt*; *of fire* Schein *m*; ~ **of satisfaction** tiefe Befriedigung; **a healthy** ~ eine gesunde Farbe II. *vi* ❶ (*illuminate*) leuchten; *fire, light* scheinen ❷ (*be red and hot*) glühen; **the embers** ~**ed dimly in the grate** die Glut glomm im Kamin ❸ (*fig: look radiant*) strahlen; **to** ~ **with health** vor Gesundheit strotzen; **to** ~ **with pride** vor Stolz schwellen
glow·er ['glaʊəʳ] I. *vi* verärgert aussehen; ▪**to** ~ **at sb** jdn zornig anstarren II. *n* finsterer Blick

glow·ing ['gləʊɪŋ] *adj* ❶ (*radiating light*) *candle* leuchtend; *sun* scheinend; *cigarette* glühend ❷ (*red and hot*) *embers, cheeks* glühend ❸ (*radiant*) leuchtend ❹ (*very positive*) begeistert; *review* überschwänglich; **to paint sth in** ~ **colours** (*fig*) etw in leuchtenden Farben beschreiben
'**glow-worm** *n* Glühwürmchen *nt*
glu·cosa·mine [gluːˈkɒsəmiːn] *n* Glucosamin *nt*
glu·cose ['gluːkəʊs] *n no pl* Traubenzucker *m*
glue [gluː] I. *n no pl* Klebstoff *m* II. *vt* ❶ (*stick*) kleben; ▪**to** ~ **sth on** etw ankleben; ▪**to** ~ **sth together** etw zusammenkleben ❷ (*fig*) ▪**to be** ~**d to sth** an etw *dat* kleben; **to keep one's eyes** ~**d to sb/sth** seine Augen auf jdn/etw geheftet haben; **to be** ~**d to the spot** wie angewurzelt dastehen
'**glue-sniff·ing** *n no pl* Schnüffeln *nt* '**glue stick** *n* Klebestift *m*
glum <-mm-> [glʌm] *adj* niedergeschlagen; *expression* mürrisch; *face* bedrückt; *thoughts* schwarz
glut [glʌt] I. *n* Überangebot *nt*; ~ **of graduates** Akademikerschwemme *f*; **an oil** ~ eine Ölschwemme II. *vt* <-tt-> überschwemmen
glu·ten ['gluːt°n] *n no pl* Gluten *nt*
glu·ten-'free *adj* glutenfrei
glu·ti·nous ['gluːtɪnəs] *adj* klebrig
glut·ton ['glʌt°n] *n* ❶ (*pej: overeater*) Vielfraß *m* ❷ (*fig: enthusiast*) Unersättliche(r) *f(m)*; ~ **for punishment** Masochist(in) *m(f)*
glut·ton·ous ['glʌt°nəs] *adj* gefräßig
glut·tony ['glʌt°ni] *n no pl* Gefräßigkeit *f*; REL Völlerei *f*
GM[1] [ˌdʒiːˈem] *adj* BRIT SCH *abbrev of* **grant-maintained** öffentlich bezuschusst
GM[2] [ˌdʒiːˈem] *n* ECON *abbrev of* **general manager** Hauptgeschäftsführer(in) *m(f)*
GM[3] [ˌdʒiːˈem] *n abbrev of* **genetically modified** *food* gentechnisch behandelt
GMO [ˌdʒiːemˈəʊ] *n abbrev of* **genetically modified organism** gentechnisch veränderter Organismus
GMT [ˌdʒiːemˈtiː] *n no pl abbrev of* **Greenwich Mean Time** WEZ
gnarled [nɑːld] *adj wood* knorrig; *finger* knotig
gnash [næʃ] *vt* **to** ~ **one's teeth** mit den Zähnen knirschen
gnash·ers ['næʃəz] *npl* BRIT (*fam: teeth*) Kauwerkzeuge *pl*
gnat [næt] *n* [Stech]mücke *f*

gnaw [nɔː] I. *vi* nagen *a. fig* (**on**/**at** an) II. *vt* ❶ (*chew*) ■**to ~ sth** an etw *dat* kauen ❷ (*fig*) **to be ~ed by guilt** von Schuld geplagt sein

gnaw·ing ['nɔːɪŋ] I. *adj* nagend II. *n no pl* Nagen *nt*

gnome [nəʊm] *n* Gnom *m;* [garden] ~ Gartenzwerg *m*

GNP [ˌdʒiːen'piː] *n no pl abbrev of* **Gross National Product** BSP *nt*

go [gəʊ] I. *vi* <goes, went, gone> ❶ (*proceed*) gehen; *vehicle, train* fahren; *plane* fliegen; **you ~ first!** geh du zuerst!; **we have a long way to ~** wir haben noch einen weiten Weg vor uns; (*to dog*) **~ fetch!** hol!; **I'll just ~ and put my shoes on** ich ziehe mir nur schnell die Schuhe an; **to ~ home** nach Hause gehen; **to ~ to hospital/a party/prison/the toilet** ins Krankenhaus/auf eine Party/ins Gefängnis/auf die Toilette gehen; ■**to ~ towards sb/sth** auf jdn/etw zugehen ❷ (*travel*) reisen; **to ~ by bike** mit dem Fahrrad fahren; **to ~ by plane** fliegen; **to ~ on a cruise** eine Kreuzfahrt machen; **to ~ on [a] holiday** in Urlaub gehen; **to ~ to Italy** nach Italien fahren; **last year I went to Spain** letztes Jahr war ich in Spanien; **to ~ on a journey** [*or* **trip**] verreisen, eine Reise machen; **to ~ abroad** ins Ausland gehen ❸ (*disappear*) verschwinden; **where have my keys gone?** wo sind meine Schlüssel hin?; **my toothache's gone!** meine Zahnschmerzen sind weg!; **half of my salary ~es on rent** die Hälfte meines Gehaltes geht für die Miete drauf *fam;* **gone are the days when ...** vorbei sind die Zeiten, wo ...; **there ~s my free weekend** das war's dann mit meinem freien Wochenende; **there ~es another one!** und wieder eine/einer weniger!; **the president will have to ~** der Präsident wird seinen Hut nehmen müssen; **that cat will have to ~** die Katze muss verschwinden!; **all hope has gone** jegliche Hoffnung ist geschwunden; **to ~ missing** verschwinden ❹ (*leave*) gehen; **the bus has gone** der Bus ist schon weg; **let's ~!** los jetzt!; **to let ~ of sb/sth** jdn/etw loslassen ❺ (*do*) **to ~ biking/shopping/swimming** Rad fahren/einkaufen/schwimmen gehen; **to ~ looking for sb/sth** jdn/etw suchen gehen; **to ~ on a pilgrimage** auf Pilgerfahrt gehen ❻ (*attend*) **to ~ to church/a concert** in die Kirche/ins Konzert gehen; **to ~ to the doctor** zum Arzt gehen; **to ~ to school/university** in die Schule/auf die Universität gehen ❼ (*answer*) **I'll ~** (*phone*) ich geh ran; (*door*) ich mach auf ❽ + *adj* (*become*) werden; **the line has gone dead** die Leitung ist tot; **the milk's gone sour** die Milch ist sauer; **I went cold** mir wurde kalt; **he's gone all environmental** er macht jetzt voll auf Öko *fam;* **to ~ bankrupt** bankrottgehen; **to ~ haywire** (*out of control*) außer Kontrolle geraten; (*malfunction*) verrückt spielen; **to ~ public** an die Öffentlichkeit treten; STOCKEX an die Börse gehen; **to ~ to sleep** einschlafen ❾ + *adj* (*be*) sein; **to ~ hungry/thirsty** hungern/dursten; **to ~ unmentioned/unnoticed/unsolved** unerwähnt/unbemerkt/ungelöst bleiben ❿ (*turn out*) gehen; **how did your party ~?** und, wie war deine Party?; **how's your thesis ~ing?** was macht deine Doktorarbeit?; **how are things ~ing?** und, wie läuft's?; **things have gone well** es ist gut gelaufen; **the way things are ~ing at the moment ...** so wie es im Moment aussieht ...; **to ~ according to plan** nach Plan laufen; **to ~ from bad to worse** vom Regen in die Traufe kommen; **to ~ wrong** schieflaufen ⓫ (*pass*) vergehen; **only two days to ~ ...** nur noch zwei Tage ... ⓬ (*begin*) anfangen; **one, two, three, ~!** eins, zwei, drei, los!; **we really must get ~ing with these proposals** wir müssen uns jetzt echt an diese Konzepte setzen; **here ~es!** jetzt geht's los!; **there he ~es again!** jetzt fängt er schon wieder damit an! ⓭ (*fail*) kaputtgehen; *hearing, memory* nachlassen; *rope* reißen; **my jeans have gone at the knees** meine Jeans sind an den Knien durchgescheuert ⓮ (*die*) sterben ⓯ (*belong*) hingehören; **the cutlery ~es in this drawer** das Besteck gehört in diese Schublade; **where do you want that to ~?** wo soll das hin? ⓰ (*be awarded*) ■**to ~ to sb** an jdn gehen; *property* auf jdn übergehen ⓱ (*lead*) *path, road* führen ⓲ (*extend*) gehen; **the meadow ~es all the way down to the stream** die Wiese erstreckt sich bis hinunter zum Bach ⓳ (*when buying*) gehen; **I'll ~ as high as £200** ich gehe bis zu 200 Pfund ⓴ (*function*) *watch* gehen; *machine, business* laufen; **to get sth ~ing** etw in Gang bringen; **come on! keep ~ing!** ja, weiter!; **to keep sth ~ing** etw in Gang halten; *factory* in Betrieb halten; **here's some food to keep you ~ing** hier hast du erst mal was zu essen; **to keep a conversation ~ing** eine Unterhaltung am Laufen halten; **to keep a fire ~ing** ein

Feuer nicht ausgehen lassen ㉑ (*have recourse*) gehen; **to ~ to the police** zur Polizei gehen; **to ~ to war** in den Krieg ziehen ㉒ (*match, be in accordance*) ■ **to ~ [with sth]** [zu etw *dat*] passen; **these two colours don't ~** diese beiden Farben beißen sich; **to ~ against sb's principles** gegen jds Prinzipien verstoßen ㉓ (*fit*) **five ~es into ten two times** fünf geht zweimal in zehn; **will that ~ into the suitcase?** wird das in den Koffer passen? ㉔ (*be sold*) weggehen; **~ing, ~ing, gone!** zum Ersten, zum Zweiten, [und] zum Dritten!; ■ **to ~ to sb** an jdn gehen; **to be ~ing cheap** billig zu haben sein ㉕ (*sound*) machen; **there ~es the bell** es klingelt; **ducks ~ 'quack'** Enten machen ,quack'; **with sirens ~ing** mit heulender Sirene ㉖ (*accepted*) **anything ~es** alles ist erlaubt; **that ~es for all of you** das gilt für euch alle! ㉗ (*be told, sung*) gehen; *title, theory* lauten; **the story ~es that ...** es heißt, dass ... ㉘ (*compared to*) **as things ~** verglichen mit anderen Dingen ㉙ (*fam: use the toilet*) **I really have to ~** ich muss ganz dringend mal! ㉚ AM **I'd like a cheeseburger to ~, please** ich hätte gerne einen Cheeseburger zum Mitnehmen ㉛ (*available*) **is there any beer ~ing?** gibt es Bier?; **I'll have whatever is ~ing** ich nehme das, was gerade da ist ㉜ (*fam: treat*) **to ~ easy on sb** jdn schonend behandeln ㉝ (*fam: say*) **she ~es to me: I never want to see you again!** sie sagt zu mir: ich will dich nie wiedersehen! ▶ **there you ~** bitte schön!; **that ~es without saying** das versteht sich von selbst **II.** *aux vb future tense* ■ **to be ~ing to do sth** etw tun werden; **we are ~ing to have a party tomorrow** wir geben morgen eine Party; **isn't she ~ing to accept the job after all?** nimmt sie den Job nun doch nicht an? **III.** *vt* <goes, went, gone> ❶ AM (*travel*) *route* nehmen ❷ CARDS reizen ❸ BRIT (*like*) **to not ~ much on sth** sich *dat* nicht viel aus etw *dat* machen ❹ (*become*) **my mind went a complete blank** ich hatte voll ein Brett vorm Kopf! *fam* ▶ **sb will ~ a long way** jd wird es weit bringen **IV.** *n* <*pl* -es> ❶ (*turn*) **you've had your ~ already!** du warst schon dran!; **it's Stuart's ~ now** jetzt ist Stuart dran; **can I have a ~?** darf ich mal? ❷ (*attempt*) Versuch *m;* **have a ~!** versuch es doch einfach mal!; **at one ~** auf einen Schlag; (*drink*) in einem Zug; **to give sth a ~** etw versuchen; **to have a ~ at sb** (*criticize*) jdn runtermachen; (*attack*) über jdn herfallen; **his boss had a ~ at him about his appearance** sein Chef hat sich ihn wegen seines Äußeren vorgeknöpft ❸ *no pl* (*energy*) Antrieb *m;* **full of ~** voller Elan ❹ (*fam: lots of activity*) **it's all ~ here** hier ist immer was los; **I've got two projects on the ~** ich habe zwei Projekte gleichzeitig laufen; **I've been on the ~ all day long** ich war den ganzen Tag auf Trab ▶ **from the word ~** von Anfang an; **to make a ~ of sth** mit etw *dat* Erfolg haben; **it's no ~** da ist nichts zu machen **V.** *adj* [start]klar; **all systems [are] ~** alles klar ◆ **go about I.** *vi* ❶ (*walk around*) herumlaufen; (*with car*) herumfahren; **to ~ about in groups** in Gruppen herumziehen ❷ NAUT wenden ❸ (*be in circulation*) see **go around** 5 ❹ (*do repeatedly*) see **go around** 8 **II.** *vt* ❶ (*proceed with*) *problem* angehen ❷ (*occupied with*) **to ~ about one's business** seinen Geschäften nachgehen ❸ (*spend time together*) see **go around** 7 ◆ **go after** *vi* ■ **to ~ after sb** ❶ (*in succession*) nach jdm gehen ❷ (*chase*) jdn verfolgen ◆ **go against** *vi* ❶ (*be negative for*) ■ **to ~ against sb** zu jds Ungunsten *pl* ausgehen; **the jury's decision went against the defendant** die Entscheidung der Jury fiel gegen den Angeklagten aus ❷ (*contradict*) **that ~es against everything I believe in** das geht gegen all das, woran ich glaube ❸ (*disobey*) ■ **to ~ against sb** sich jdm widersetzen; **he's always ~ing against his father's advice** er handelt immer entgegen den Ratschlägen seines Vaters ◆ **go ahead** *vi* ❶ (*go before*) vorgehen; (*in vehicle*) vorausfahren; (*in sports*) sich an die Spitze setzen ❷ (*proceed*) vorangehen; *event* stattfinden; **— of course, ~ ahead!** – natürlich, schieß los!; **~ ahead, try it!** komm, versuch's doch einfach!; ■ **to ~ ahead with sth** etw durchführen ◆ **go along** *vi* ❶ (*on foot*) entlanggehen; (*in vehicle*) entlangfahren ❷ (*move onward*) weitergehen; *vehicle* weiterfahren ❸ (*at same time*) **a flexible approach allows us to make changes as we ~ along** ein flexibler Ansatz ermöglicht es uns, Änderungen direkt während des Vorgangs vorzunehmen ❹ (*accompany*) mitgehen [*o* mitkommen] ❺ (*agree*) ■ **to ~ along with sb/sth** jdm/etw zustimmen; (*join in*) sich jdm/etw anschließen; **I'll ~ along with your joke as long as ...** ich mach bei deinem Streich mit, solange ... ◆ **go**

around vi ❶ (*move around*) **they went around the room** sie liefen im Zimmer herum; **they went around Europe for two months** sie reisten zwei Monate lang durch Europa ❷ (*move in a curve*) herumgehen um +*akk*; *vehicle* herumfahren um +*akk*; (*circumnavigate*) umrunden; **to ~ around the block** um den Block laufen; **to ~ around the world** eine Weltreise machen ❸ (*visit*) **to ~ around and see sb** bei jdm vorbeischauen ❹ (*visit successively*) **we've been ~ing around the local schools trying to find out ...** wir haben die örtlichen Schulen abgeklappert, um herauszufinden, ... ❺ (*be in circulation*) *rumour, illness* herumgehen ❻ (*be enough*) **there won't be enough soup to ~ around** die Suppe wird nicht für alle reichen ❼ (*spend time together*) sich herumtreiben ❽ (*do repeatedly*) ▪**to ~ around doing sth** etw ständig tun ▶ **what ~es around, comes around** (*saying*) alles rächt sich früher oder später ◆**go at** vi ❶ (*attack*) ▪**to ~ at sb** auf jdn losgehen; (*fig: eat ravenously*) ▪**to ~ at sth** über etw *akk* herfallen ❷ (*work hard*) **to ~ at sth** sich an etw *akk* machen; **to ~ at it** loslegen ◆**go away** vi ❶ (*travel*) weggehen; (*for holiday*) wegfahren ❷ (*leave*) [weg]gehen; **~ away!** geh weg! ❸ (*disappear*) verschwinden ◆**go back** vi ❶ (*return*) zurückgehen; (*to school*) wieder anfangen; **I want to ~ back there one day** da will ich irgendwann noch mal hin; **there's no ~ing back now** jetzt gibt es kein Zurück mehr; ▪**to ~ back to sb** zu jdm zurückkehren; ▪**to ~ back to sth** *former plan* auf etw *akk* zurückgreifen; **to ~ back to the beginning** noch mal von vorne anfangen; **to ~ back to one's old ways** wieder in seine alten Gewohnheiten verfallen; **to ~ back to normal** sich wieder normalisieren; ▪**to ~ back to doing sth** wieder mit etw *dat* anfangen ❷ (*move backwards*) zurückgehen; (*from platform*) zurücktreten ❸ (*date back*) **our friendship ~es back to when we were at university together** wir sind befreundet, seit wir zusammen auf der Uni waren ❹ *clocks* zurückgestellt werden ❺ (*not fulfil*) **to ~ back on sth** von etw *dat* zurücktreten; **to ~ back on one's promise** sein Versprechen nicht halten ◆**go beyond** vi ▪**to ~ beyond sth** ❶ (*proceed past*) an etw *dat* vorübergehen ❷ (*exceed*) über etw *akk* hinausgehen; **to ~ beyond sb's wildest dreams** jds kühnste Träume übersteigen

◆**go by** vi ❶ (*move past*) vorbeigehen; *vehicle* vorbeifahren ❷ (*of time*) vergehen; **in days gone by** (*form*) in früheren Tagen ❸ AM (*visit*) ▪**to ~ by sb** bei jdm vorbeischauen ❹ (*be guided by* [*when deciding*]) ▪**to ~ by sth** nach etw *dat* gehen; **that's not much to ~ by** das hilft mir nicht wirklich weiter; **if this is anything to ~ by ...** wenn man danach gehen kann, ...; **to ~ by the book** sich an die Vorschriften halten ◆**go down** vi ❶ (*move downward*) hinuntergehen; *sun, moon* untergehen; *ship also* sinken; *plane* abstürzen; *boxer* zu Boden gehen; *curtain* fallen; **the striker went down in the penalty area** der Stürmer kam im Strafraum zu Fall; **to ~ down on all fours** sich auf alle viere begeben; ▪**to ~ down sth** etw hinuntergehen; (*climb down*) etw hinuntersteigen ❷ (*decrease*) *attendance, wind* nachlassen; *crime rate, fever, swelling, water level* zurückgehen; *prices, taxes, temperature* sinken; *currency* fallen; *tyre* Luft verlieren ❸ (*decrease in quality*) nachlassen; **to ~ down in sb's opinion** in jds Ansehen sinken ❹ (*break down*) *computer* ausfallen ❺ (*be defeated*) verlieren (**to** gegen); SPORTS *also* unterliegen; **to ~ down fighting/without a fight** kämpfend/kampflos untergehen ❻ (*get ill*) **to ~ down with the flu** die Grippe bekommen ❼ (*move along*) entlanggehen; *vehicle* entlangfahren; **she was ~ing down the road on her bike** sie fuhr auf ihrem Fahrrad die Straße entlang; **to ~ down to the beach** runter zum Strand gehen; **to ~ down a list** eine Liste [von oben nach unten] durchgehen ❽ (*visit quickly*) vorbeigehen; **they went down** [**to**] **the pub for a quick drink** sie gingen noch schnell einen trinken ❾ (*travel southward*) runterfahren ❿ (*extend*) hinunterreichen; **the tree's roots ~ down three metres** die Wurzeln des Baumes reichen drei Meter in die Tiefe ⓫ (*be received*) **to ~ down badly/well** [**with sb**] [bei jdm] schlecht/gut ankommen ⓬ (*be recorded*) **to ~ down in history** in die Geschichte eingehen ⓭ (*fam*) *food, drink* runtergehen; **a cup of coffee would ~ down nicely now** eine Tasse Kaffee wäre jetzt genau das Richtige ⓮ (*sl: happen*) vorgehen ◆**go for** vi ❶ (*fetch*) holen; *food etc.* besorgen ❷ (*try to achieve*) **~ for it!** nichts wie ran!; **if I were you I'd ~ for it** ich an deiner Stelle würde zugreifen ❸ (*attack*) ▪**to ~ for sb** auf jdn losgehen ❹ (*be true for*) **that ~es** for me too das gilt auch für mich ⑥ (*fam: like*) **to ~ for sb/sth** auf jdn/etw stehen ⑥ (*believe*) glauben ⑦ (*have as advantage*) **to have sth ~ing for one** etw haben, was für einen spricht; **this film has absolutely nothing ~ing for it** an diesem Film gibt es absolut nichts Positives ⑧ (*do*) **to ~ for a drive** [ein bisschen] rausfahren; **to ~ for a newspaper** eine Zeitung holen gehen ◆ **go in** *vi* ① (*enter*) hineingehen ② (*fit*) hineinpassen ③ (*go to work*) arbeiten gehen ④ (*go behind cloud*) **as soon as the sun ~es in, ...** sobald es sich bewölkt, ... ⑤ (*fam: be understood*) in den Kopf gehen ⑥ (*work together*) ■ **to ~ in with sb** sich mit jdm zusammentun ⑦ (*fam: participate in*) teilnehmen (**for** an); **to ~ in for an exam** eine Prüfung machen ⑧ (*fam: enjoy*) mögen ⑨ (*fam: indulge in*) ■ **to ~ in for sth** auf etw *akk* abfahren ◆ **go into** *vi* ① gehen in +*akk*; **to ~ into action** in Aktion treten; **to ~ into a coma** ins Koma fallen; **to ~ into effect** in Kraft treten; **to ~ into hysterics/journalism** hysterisch/ Journalist(in) *m(f)* werden; **to ~ into labour** [*or* Am labor] [die] Wehen bekommen; **to ~ into mourning** trauern; **to ~ into reverse** in den Rückwärtsgang schalten; **to ~ into a trance** in Trance [ver]fallen ② (*examine*) ■ **to ~ into sth** etw erörtern; **I don't want to ~ into that now** ich möchte jetzt nicht darauf eingehen; **to ~ into detail** ins Detail gehen ③ (*be invested in*) **a considerable amount of money has gone into this exhibition** in dieser Ausstellung steckt eine beträchtliche Menge [an] Geld ④ (*join*) ■ **to ~ into sth** etw *dat* beitreten; **to ~ into the army** zur Armee gehen; **to ~ into hospital/a nursing home** ins Krankenhaus/in ein Pflegeheim gehen ⑤ (*crash into*) hineinfahren in +*akk*; (*tree, wall*) fahren gegen +*akk* ⑥ MATH **seven won't ~ into three** sieben geht nicht in drei ◆ **go off** *vi* ① (*leave*) weggehen; THEAT abgehen ② (*stop working*) *light* ausgehen; *electricity* ausfallen; **to ~ off the air** den Sendebetrieb einstellen ③ (*ring*) *alarm* losgehen; *alarm clock* klingeln ④ (*detonate*) *bomb* hochgehen; *gun* losgehen ⑤ BRIT, AUS (*decrease in quality*) nachlassen; *food* schlecht werden; *milk* sauer werden; *butter* ranzig werden; *pain* nachlassen ⑥ (*happen*) verlaufen ⑦ (*fall asleep*) einschlafen ⑧ (*diverge*) abgehen; **the road that ~es off to Silver Springs** die Straße, die nach Silver Springs abzweigt; **to ~ off the subject** vom Thema abschweifen ⑨ (*stop liking*) nicht mehr mögen; **she went off skiing after she broke her leg** sie ist vom Skifahren abgekommen, nachdem sie sich das Bein gebrochen hatte ◆ **go on** *vi* ① (*go further*) weitergehen; *vehicle* weiterfahren; **to ~ on ahead** vorausgehen; *vehicle* vorausfahren ② (*extend*) sich erstrecken; *time* voranschreiten; **it got warmer as the day went on** im Laufe des Tages wurde es wärmer ③ (*continue*) weitermachen; *fights* anhalten; *negotiations* andauern; **I can't ~ on** ich kann nicht mehr; **to ~ on trying** es weiter versuchen; **to ~ on working** weiterarbeiten; **to ~ on and on** kein Ende nehmen [wollen] ④ (*continue speaking*) weiterreden; (*speak incessantly*) unaufhörlich reden; **sorry, please ~ on** Entschuldigung, bitte fahren Sie fort; **she went on to talk about her time in Africa** sie erzählte weiter von ihrer Zeit in Afrika; **he went on to say that ...** dann sagte er, dass ...; **to always ~ on** [**about sth**] andauernd [über etw *akk*] reden ⑤ (*criticize*) ■ **to ~ on at sb** an jdm herumnörgeln ⑥ (*happen*) passieren; **this has been ~ing on for months now** das geht jetzt schon Monate so!; **what's ~ing on here?** was geht denn hier vor? ⑦ (*move on, proceed*) **he went on to become a teacher** später wurde er Lehrer ⑧ (*start, embark on*) anfangen; **to ~ on a diet** auf Diät gehen; **to ~ on the dole** stempeln gehen; **to ~ on [a] holiday** in Urlaub gehen; **to ~ on the pill** die Pille nehmen; **to ~ on strike** in den Streik treten; **to ~ on tour** auf Tournee gehen ⑨ TECH *lights* angehen ⑩ THEAT auftreten ⑪ SPORTS an der Reihe sein ⑫ (*base conclusions on*) ■ **to ~ on sth** sich auf etw *akk* stützen; **we haven't got anything to ~ on** wir haben keine Anhaltspunkte ⑬ (*fit*) **this shoe just won't ~ on** ich kriege diesen Schuh einfach nicht an ⑭ (*belong on*) gehören auf +*akk* ⑮ FIN (*be allocated to*) gehen auf +*akk* ⑯ (*as encouragement*) **~ on, have another drink** na komm, trink noch einen; **~ on!** los, mach schon!; **~ on, tell me!** jetzt sag schon! ⑰ (*expressing disbelief*) **~ on, you must be kidding!** das ist nicht dein Ernst! ⑱ (*ride on*) **to ~ on the swings** auf die Schaukel gehen ⑲ (*approach*) **my granny is ~ing on** [**for**] **ninety** meine Oma geht auf die neunzig zu ◆ **go out** *vi* ① (*leave*) [hinaus]gehen; **to ~ out to work** arbeiten gehen; **to ~ out jogging/shopping** joggen/einkaufen gehen; **to ~ out riding** ausreiten ② (*emigrate*) auswandern ❸(*enjoy social life*) ausgehen; **to ~ out for a meal** essen gehen ❹(*date*) ■**to ~ out with sb** mit jdm gehen ❺(*be extinguished*) *fire* ausgehen; *light also* ausfallen; **the fire's gone out** das Feuer ist erloschen; **to ~ out like a light** (*fig*) sofort einschlafen ❻(*be sent out*) verschickt werden; MEDIA ausgestrahlt werden; (*be issued*) verteilt werden; **word has gone out that ...** es wurde bekannt, dass ... ❼(*sympathize*) **our thoughts ~ out to all the people who ...** unsere Gedanken sind bei all denen, die ...; **my heart ~es out to him** ich fühle mit ihm ❽(*recede*) *water* zurückgehen; **when the tide ~es out ...** bei Ebbe ... ❾ AM (*be spent*) ausgegeben werden ❿(*become unfashionable*) aus der Mode kommen ⓫(*strike*) streiken; **to ~ out on strike** in den Ausstand treten ⓬ BRIT SPORTS (*be eliminated*) ■**to ~ out** [**to sb**] [gegen jdn] ausscheiden ⓭(*in golf*) **he went out in 36** für die Hinrunde benötigte er 36 Schläge ⓬(*end*) *month, year* zu Ende gehen ⓯(*lose consciousness*) das Bewusstsein verlieren ▶ **to ~ all out** sich ins Zeug legen ◆ **go over** *vi* ❶(*cross*) hinübergehen; (*in vehicle*) hinüberfahren; *border, river, street* überqueren; **to ~ over the edge of a cliff** über eine Klippe stürzen ❷(*visit*) ■**to ~ over to sb** zu jdm rübergehen ❸(*fig: change*) ■**to ~ over to sth** zu etw *dat* übergehen; POL zu etw *dat* überwechseln; REL zu etw *dat* übertreten; **to ~ over to the enemy** zum Feind überlaufen ❹(*be received*) **to ~ over** [**badly/well**] [schlecht/gut] ankommen ❺(*examine*) durchgehen; *flat, car* durchsuchen; *problem* sich *dat* etw durch den Kopf gehen lassen; MED untersuchen ❻ TV, RADIO umschalten ❼(*sl: attack brutally*) ■**to ~ over sb with sth** jdn mit etw *dat* zusammenschlagen ❽(*exceed*) überschreiten; **to ~ over the time limit** überziehen ❾(*wash*) durchputzen ❿(*redraw*) nachzeichnen; *line* nachziehen ◆ **go round** *vi see* **go around** ◆ **go through** *vi* ❶(*pass in and out of*) durchgehen; *vehicle* durchfahren ❷(*experience*) durchmachen ❸(*review, discuss*) durchgehen ❹(*be approved*) *plan* durchgehen; *bill, divorce* durchkommen; *business deal* [erfolgreich] abgeschlossen werden ❺(*use up*) aufbrauchen; *money* ausgeben; *shoes* durchlaufen ❻(*wear through*) sich durchscheuern; *jeans* sich abwetzen ❼(*look through*) durchsehen ❽(*carry out*) ■**to ~ through with sth** etw durchziehen; **he had to ~ through with it now** jetzt gab es kein Zurück mehr für ihn ◆ **go together** *vi* ❶(*harmonize*) zusammenpassen ❷(*date*) miteinander gehen ◆ **go under** *vi* ❶(*sink*) untergehen ❷(*fail*) *person* scheitern; *business* eingehen ❸(*be known by*) **he went under the name of Bluebeard** er war unter dem Namen Blaubart bekannt ❹(*move below*) ■**to ~ under sth** unter etw *akk* gehen; **the road ~es under the railway bridge** die Straße führt unter der Eisenbahnbrücke durch ◆ **go up** *vi* ❶(*move higher*) hinaufgehen; (*on a ladder*) hinaufsteigen; *curtain* hochgehen; *balloon* aufsteigen ❷(*increase*) steigen; **everything is ~ing up!** alles wird teurer!; **to ~ up 2%** um 2 % steigen ❸(*approach*) ■**to ~ up to sb/sth** auf jdn/etw zugehen ❹(*move as far as*) ■**to ~ up to sth** [bis] zu etw *dat* hingehen; (*in vehicle*) [bis] zu etw *dat* [hin]fahren ❺(*travel northwards*) **to ~ up to Edinburgh/Maine** hoch nach Edinburgh/Maine fahren ❻(*extend to*) hochreichen; (*of time*) bis zu einer bestimmten Zeit gehen ❼(*be built*) entstehen ❽(*burn up*) hochgehen; **to ~ up in flames** in Flammen aufgehen; **to ~ up in smoke** (*fig*) sich in Rauch auflösen ❾(*be heard*) ertönen; **a shout went up from the crowd** ein Schrei stieg von der Menge auf ▶ **to ~ up against sb** sich jdm widersetzen; (*in a fight*) auf jdn losgehen ◆ **go with** *vt* ❶(*accompany*) ■**to ~ with sb** mit jdm mitgehen ■**to ~ with sth** zu etw *dat* gehören ❷(*be associated with*) einhergehen mit +*dat* ❸(*harmonize*) passen zu +*dat* ❹(*follow*) **to ~ with the beat** mit dem Rhythmus mitgehen; **to ~ with the flow** (*fig*) mit dem Strom schwimmen; **to ~ with the majority** sich der Mehrheit anschließen ❺(*date*) ■**to ~ with sb** mit jdm gehen ◆ **go without** *vi* ■**to ~ without sth** ohne etw auskommen; **to ~ without breakfast/sleep** nicht frühstücken/schlafen; ■**to ~ without doing sth** darauf verzichten, etw zu tun

goad [gəʊd] *vt* ❶(*spur*) ■**to ~ sb** [**to sth**] jdn [zu etw *dat*] antreiben ❷(*tease*) ärgern; *child* hänseln ❸(*provoke*) ■**to ~ sb into** [**doing**] **sth** jdn dazu anstacheln, etw zu tun

go-ahead ['gəʊəhed] **I.** *n no pl* Erlaubnis *f* (**for** zu); **to get/give the ~** grünes Licht erhalten/geben **II.** *adj* BRIT, AUS fortschrittlich

goal [gəʊl] *n* ❶(*aim*) Ziel *nt* ❷ SPORTS Tor *nt*; **~ area** Torraum *m*; **~ difference**

Tordifferenz *f;* **to keep ~** das Tor hüten; **to play in ~** im Tor stehen
goalie ['gəʊli] *n* (*fam*), **'goal·keep·er** *n* Tormann *m*/-frau *f*
'goal line *n* Torlinie *f* **'goal·post** *n* Torpfosten *m*
goat [gəʊt] *n* Ziege *f;* **~'s milk** Ziegenmilch *f* ▶ **to get sb's ~** jdn auf die Palme bringen
goatee [gəʊ'tiː] *n* Spitzbart *m*
gob [gɒb] *n* ❶ BRIT, AUS (*sl: mouth*) Maul *nt sl;* **shut your ~!** halt's Maul! *sl* ❷ AM (*fam: lump*) Klumpen *m*
gob·ble ['gɒbl] I. *vi* ❶ *turkey* kollern ❷ (*fam: eat quickly*) schlingen II. *vt* (*fam*) hinunterschlingen
gob·ble·de·gook *n,* **gob·ble·dy·gook** ['gɒbldɪˌguːk] *n no pl* (*pej fam*) Kauderwelsch *nt*
go-between ['gəʊbɪˌtwiːn] *n* Vermittler(in) *m(f);* (*between lovers*) Liebesbote *m/*-botin *f*
gob·let ['gɒblət] *n* Kelch *m*
gob·lin ['gɒblɪn] *n* Kobold *m*
gob·smack·ing ['gɒbsmækɪŋ] *adj* BRIT (*fam*) umwerfend, einmalig
go-cart *n* AM *see* **go-kart**
god [gɒd] *n* Gott *m;* **~ of war** Kriegsgott *m*
god-'aw·ful *adj* (*fam*) beschissen *sl* **'god·child** *n* Patenkind *nt* **'god·damn**, *esp* AM **'god·dam** (*fam!*) I. *adj* gottverdammt II. *interj* verdammt **'god·daugh·ter** *n* Patentochter *f*
god·dess <*pl* -es> ['gɒdes] *n* Göttin *f;* **screen ~** [Film]diva *f*
'god·fa·ther *n* ❶ (*male godparent*) Patenonkel *m,* Pate *m* ❷ (*Mafia leader*) Pate *m*
'god-fear·ing *adj* gottesfürchtig **'god·for·sak·en** *adj* (*pej*) gottverlassen **'God-giv·en** *adj* gottgegeben; **she has a ~ talent as a painter** sie ist eine begnadete Malerin **god·less** ['gɒdləs] *adj* gottlos
god·like ['gɒdlaɪk] *adj* göttlich
god·ly ['gɒdli] *adj* fromm
'god·moth·er *n* Patentante *f,* Patin *f;* **fairy ~** gute Fee **'god·par·ent** *n* Pate *m/* Patin *f* **'god·send** *n* (*fam*) Gottesgeschenk *nt* **'god·son** *n* Patensohn *m*
goer ['gəʊə'] *n* ❶ (*person or thing that goes*) Geher *m;* **that horse is a good ~** das Pferd läuft gut; **my car's not much of a ~** mein Auto ist nicht besonders schnell ❷ BRIT (*fig: live-wire*) Feger *m* ❸ (*viable proposition*) Erfolg *m*
goes [gəʊz] *3rd pers sing of* **go**
go-get·ter *n* Tatmensch *m*
go-get·ting *adj* tatkräftig

gog·gle ['gɒgl] I. *vi* (*fam*) glotzen; ■ **to ~ at sb/sth** jdn/etw anglotzen II. *n* [**a pair of**] **~s** [eine] [Schutz]brille; **ski/ swim**[**ming**] **~s** Ski-/Schwimmbrille *f*
'gog·gle-box *n* BRIT (*fam*) Glotze *f* **gog·gle-'eyed** *adj* (*fam*) mit Kulleraugen
go·ing ['gəʊɪŋ] I. *n* ❶ (*act of leaving*) Gehen *nt* ❷ (*departure*) Weggang *m;* (*from job*) Ausscheiden *nt* ❸ (*conditions*) **easy/ rough ~** günstige/ungünstige Bedingungen; **while the ~ is good** solange es gut läuft ❹ (*of a racetrack*) Bahn *f* ❺ (*progress*) **to be heavy ~** mühsam sein ▶ **when the ~ gets tough, the tough get ~** was uns nicht umbringt, macht uns nur noch härter II. *adj* ❶ (*available*) vorhanden; **do you know if there are any jobs ~ around here?** weißt du, ob es hier in der Gegend Arbeit gibt?; **he's the biggest crook ~** er ist der größte Gauner, den es gibt ❷ (*in action*) am Laufen; **to get/keep sth ~** etw in Gang bringen/halten ❸ (*current*) aktuell; **what's the ~ rate for babysitters nowadays?** wie viel zahlt man heutzutage üblicherweise für einen Babysitter? ❹ ECON gut gehend
'go·ing price *n* ❶ (*market price*) Marktwert *m* ❷ (*current price*) aktueller Preis
go·ings-'on *npl* Vorfälle *pl*
'go-kart *n* Gokart *m*
gold [gəʊld] *n* Gold *nt* ▶ [**as**] **good as ~** mustergültig
'gold brick AM I. *n* (*pej fam*) ❶ (*sham*) Mogelpackung *f* ❷ (*lazy person*) Faulenzer(in) *m(f)* II. *vt* betrügen III. *vi* faulenzen
'gold con·tent *n no pl* Goldgehalt *m*
'gold dig·ger *n* Goldgräber *m;* **she's a classic ~** (*fig*) sie ist nur auf Geld aus
'gold dust *n no pl* Goldstaub *m;* **tickets are like ~** (*fig*) Eintrittskarten sind äußerst schwer zu bekommen
gold·en ['gəʊldən] *adj* golden *a. fig;* **~ brown** goldbraun
'gold·finch *n* Stieglitz *m,* Distelfink *m*
'gold·fish *n* Goldfisch *m* **gold 'leaf** *n no pl* Blattgold *nt* **gold 'med·al** *n* Goldmedaille *f* **'gold·mine** *n* Goldmine *f;* (*fig*) Goldgrube *f* **gold 'plat·ing** *n* Vergoldung *f*
'gold·smith *n* Goldschmied(in) *m(f)*
golf [gɒlf] I. *n no pl* Golf *nt;* **a round of ~** eine Runde Golf; **~ cart** Golfwagen *m* II. *vi* Golf spielen
'golf ball *n* Golfball *m* **'golf club** *n* ❶ (*implement*) Golfschläger *m* ❷ (*association*) Golfclub *m* **'golf course** *n* Golfplatz *m*
golf·er ['gɒlfə'] *n* Golfer(in) *m(f)*
'golf links *npl* AM Golfplatz *m;* BRIT Golfplatz *m* an der Küste

gol·ly ['gɒli] *interj* (*fam*) Donnerwetter
gon·do·la ['gɒndələ] *n* Gondel *f*
gon·do·lier [ˌgɒndə'lɪər] *n* Gondoliere *m*
gone [gɒn] **I.** *pp of* **go II.** *prep* BRIT it's just ~ ten o'clock es ist kurz nach zehn Uhr **III.** *adj* ❶ (*no longer there*) weg; (*used up*) verbraucht ❷ (*dead*) tot; **to be pretty far ~** beinahe tot sein; **to be too far ~** dem Tode zu nah sein ❸ (*fam: pregnant*) **how far ~ is she?** im wievielten Monat ist sie?
gon·er ['gɒnər] *n* (*fam*) **to be a ~** (*be bound to die*) es nicht mehr lange machen; (*be irreparable*) hoffnungslos kaputt sein
gong [gɒŋ] *n* ❶ (*instrument*) Gong *m* ❷ BRIT, AUS (*fam: award*) Auszeichnung *f*
gon·or·rhoea [ˌgɒnə'riːə], AM **gon·or·rhea** *n no pl* Tripper *m*
goo [guː] *n no pl* (*fam*) Schmiere *f*
good [gʊd] **I.** *adj* <better, best> ❶ (*approv*) gut; *weather* schön; (*healthy*) *appetite, leg* gesund; **~ morning/evening** guten Morgen/Abend; **have a ~ day!** schönen Tag noch!; **it's ~ to see you again** schön, dich wiederzusehen; **there's a ~ chance [that]** ... die Chancen stehen gut, dass ...; **~ dog!** braver Hund!; **he's a ~ runner** er ist ein guter Läufer; **she speaks ~ Spanish** sie spricht gut Spanisch; **the G~ Book** die [heilige] Bibel; **to do a ~ job** gute Arbeit leisten; **it's a ~ job ...** zum Glück ...; **the ~ life** das süße Leben; **~ luck!** viel Glück!; **~ sense** Geistesgegenwart *f*; **to have a ~ time** [viel] Spaß haben; **in ~ time** rechtzeitig; **to be too much of a ~ thing** zu viel des Guten sein; **to be too ~ to be true** zu schön, um wahr zu sein; ▪ **to be ~ at sth** gut in etw *dat* sein; **he's not very ~ at maths** [*or* AM **in math**] er ist nicht besonders gut in Mathe; **to be ~ for nothing** zu nichts taugen; **if she says so that's ~ enough for me** wenn sie es sagt, reicht mir das; **to be ~ with children/people** mit Kindern/Menschen gut umgehen können; **sb looks ~ in sth** etw steht jdm ❷ (*kind, understanding*) **it was very ~ of you to help us** es war sehr lieb von dir, uns zu helfen; **would you be ~ enough to ...** wären Sie bitte so nett und ... ❸ (*thorough*) gut; **the house needs a ~ clean** das Haus sollte mal gründlich geputzt werden; **to have a ~ cry** sich richtig ausweinen; **to have a ~ laugh** ordentlich lachen; **to have a ~ look at sth** sich *dat* etw genau ansehen; **a ~ talking to** eine Standpauke ❹ (*substantial*) beträchtlich; **we walked a ~ distance today** wir sind heute ein ordentliches Stück gelaufen; **it's a ~ half hour's walk** es ist eine gute halbe Stunde zu Fuß; **a ~ deal** jede Menge; **to make ~ money** gutes Geld verdienen ❺ (*able to provide*) **he is always ~ for a laugh** er ist immer gut für einen Witz ❻ (*almost*) ▪ **as ~ as** ... so gut wie ...; **they as ~ as called me a liar** sie nannten mich praktisch eine Lügnerin; **to be as ~ as gold** sich ausgezeichnet benehmen; **to be [as] ~ as one's word** vertrauenswürdig sein ❼ (*to emphasize*) schön; **I need a ~ long holiday** ich brauche mal einen richtig schönen langen Urlaub!; **when I'm ~ and ready** wenn es mir [in meinen Kram] passt ❽ (*in exclamations*) **~ Lord** [*or* **heavens**]**!** gütiger Himmel!; **~ gracious!** ach du liebe Zeit!; **~ grief!** du meine Güte!; **~ old James!** der gute alte James! ► **it's as ~ as it gets** besser wird's nicht mehr; **to have [got] it ~** es gut haben; **to make ~** zu Geld kommen; **to make sth ↻ ~** (*repair*) etw reparieren; *mistake* etw wiedergutmachen; (*pay for*) etw wettmachen; (*do successfully*) etw schaffen **II.** *adv* ❶ AM, DIAL (*fam: well*) gut ❷ (*fam: thoroughly*) gründlich; **to do sth ~ and proper** etw richtig gründlich tun **III.** *n no pl* ❶ (*moral force*) Gute(s) *nt*; **~ and evil** Gut und Böse; **to be up to no ~** nichts Gutes im Schilde führen; **to do ~** Gutes tun; ▪ **the ~** *pl* die Guten *pl* ❷ (*benefit*) Wohl *nt*; **this will do you a world of ~** das wird Ihnen unglaublich gut tun; **that young man is no ~** dieser junge Mann ist ein Taugenichts; **a lot of ~ that'll do [you]!** das wird [dir] ja viel nützen!; **to do more harm than ~** mehr schaden als nützen; **for the ~ of his health** seiner Gesundheit zuliebe; **for the ~ of the nation** zum Wohle der Nation; **for one's own ~** zu seinem eigenen Besten ❸ (*ability*) ▪ **to be no ~ at sth** etw nicht gut können ► **for ~ [and all]** für immer [und ewig]
good·bye, AM **good·by I.** *interj* [gʊ(d)'baɪ] auf Wiedersehen; **to say ~ to sb/sth** sich von jdm/etw verabschieden; **to kiss sb ~** jdm einen Abschiedskuss geben; **to kiss sth ~** (*fig*) etw abschreiben; **to wave ~** zum Abschied winken **II.** *n* [gʊd'baɪ] Abschied *m;* **to say one's ~s** sich verabschieden
'good-for-noth·ing I. *n* (*pej*) Taugenichts *m* **II.** *adj* (*pej*) nichtsnutzig **Good 'Fri·day** *n no art* Karfreitag *m* **good-'hu·moured** [ˌgʊd'hjuːməd] *adj*, AM **good-'hu·mored** *adj* ❶ (*cheerful*) fröhlich

❷ (*good-natured*) gutmütig **good-'look·ing** *adj* <more good-looking, most good-looking *or* better-looking, best-looking> gut aussehend **good 'looks** *npl* gutes Aussehen **good-'na·tured** *adj* gutmütig
good·ness ['gʊdnəs] **I.** *n no pl* ❶ (*moral virtue*) Tugendhaftigkeit *f* ❷ (*kindness*) Freundlichkeit *f*, Güte *f* ❸ FOOD Wertvolle(s) *nt* ❹ (*for emphasis*) **for ~' sake** du liebe Güte; **to hope to ~ that ...** bei Gott hoffen, dass ...; **~ knows** weiß der Himmel; **thank ~** Gott sei Dank **II.** *interj* **[my] ~ [gracious] [me]** [ach du] meine Güte
goods [gʊdz] **I.** *npl* Waren *pl*, Güter *pl*; **sports ~** Sportartikel *pl*; **manufactured ~** Fertigprodukte *pl*; **stolen ~** Diebesgut *nt* ▸ **sb/sth comes up with the ~** jd/etw hält, was er/es verspricht **II.** *adj* BRIT Güter-; **~ vehicle** Nutzfahrzeug *nt*
'good-sized *adj* [recht] groß **good-'tem·pered** *adj* gutmütig **'good·will I.** *n no pl* ❶ (*friendly feeling*) guter Wille (**towards** gegenüber); **feeling/gesture of ~** Atmosphäre *f*/Geste *f* des guten Willens ❷ ECON Goodwill *m* **II.** *adj* **a ~ gesture** eine Geste des guten Willens; **~ mission** Goodwillreise *f*
goody ['gʊdi] **I.** *n* ❶ (*desirable object*) tolle Sache ❷ FOOD Leckerbissen *m* ❸ (*good person*) Gute(r) *f(m)* **II.** *interj* (*usu childspeak*) spitze
'goody bag *n* (*fam*) Goody-Bag *m fam*; (*at children's party*) Tüte *f* mit kleinen Geschenken; (*promotional gift*) Tüte *f* mit Gratisproben
goo·ey ['guːi] *adj* (*fam*) ❶ (*sticky*) klebrig ❷ (*fig, pej*) schmalzig
goof [guːf] **I.** *n esp* AM (*fam*) ❶ (*mistake*) Patzer *m* ❷ (*silly person*) Trottel *m* **II.** *vi esp* AM (*fam*) **to ~ [up]** Mist bauen ◆ **goof up I.** *vt* AM (*fam*) vermasseln **II.** *vi* AM (*fam*) Mist bauen
goofy ['guːfi] *adj esp* AM (*fam*) doof
google ['guːgl] *vt* INET (*fam*) ■ **to ~ sb/sth** jdn/etw googeln, jdn/etw mit Google® suchen
goo-goo ['guːguː] *adj attr* (*fam*) **to make ~ eyes at sb** jdm schöne Augen machen
goolies ['guːliz] *npl* BRIT (*fam*) Eier *pl*
goon [guːn] *n* (*fam*) ❶ (*pej: silly person*) Blödmann *m* ❷ *esp* AM (*thug*) Schläger *m*
goose [guːs] **I.** *n* <*pl* geese> Gans *f* ▸ **to kill the ~ that lays the golden eggs** den Ast absägen, auf dem man sitzt; **to cook sb's ~** jdm die Suppe versalzen **II.** *vt* (*fam*) ❶ AM (*motivate*) antreiben ❷ AM (*increase*) **to ~ up profits** Gewinne steigern **III.** *adj* Gänse-; **a ~ egg** AM (*fig fam*) überhaupt nichts
goose·ber·ry ['gʊzbᵊri] *n* Stachelbeere *f* ▸ **to play ~** BRIT das fünfte Rad am Wagen sein
'goose pim·ples *npl*, **'goose·flesh** *n no pl*, *esp* AM **'goose bumps** *npl* Gänsehaut *f kein pl* **'goose-pim·ply** *adj* (*fam*) **to go all ~** eine Gänsehaut kriegen
'goose·step I. *vi* <-pp-> im Stechschritt marschieren **II.** *n no pl* Stech-

---

saying goodbye

saying goodbye	sich verabschieden
Goodbye!	Auf Wiedersehen!
Hope to see you again soon!	Auf ein baldiges Wiedersehen!
Bye! *(fam)*/Cheerio! *(fam)*	Tschüss! *(fam)*/Ciao! *(fam)*
See you!/Take care!/All the best!	Mach's gut! *(fam)*
(OK then,) see you soon/later!	(Also dann,) bis bald!
See you tomorrow!	Bis morgen!
See you around! *(fam)*	Man sieht sich! *(fam)*
Safe journey home!	Gute Heimfahrt!
Look after yourself!/Take care!	Pass auf dich auf! *(fam)*
Have a nice evening!	Einen schönen Abend noch!

saying goodbye on the phone	sich am Telefon verabschieden
Goodbye!	Auf Wiederhören! (form)
OK then, speak to you again soon!	Also dann, bis bald wieder!
Bye! *(fam)*/Cheerio! *(fam)*	Tschüss! *(fam)*/Ciao! *(fam)*

schritt *m;* **to do the** ~ im Stechschritt marschieren

goos(e)y ['gu:si] *adj* Aus **to go all** ~ eine Gänsehaut kriegen

gore [gɔ:ʳ] I. *n no pl* Blut *nt* II. *vt* aufspießen

gorge [gɔ:dʒ] I. *n* Schlucht *f* II. *vi* sich vollessen *fam* III. *vt* ■ **to** ~ **oneself on sth** sich mit etw *dat* vollstopfen *fam*

gor·geous ['gɔ:dʒəs] *adj* ❶ (*very beautiful*) herrlich, großartig; **the bride looked** ~ die Braut sah zauberhaft aus; **hello, G~!** hallo, du Schöne!; ~ **autumnal colours** prächtige Herbstfarben ❷ (*very pleasurable*) ausgezeichnet, fabelhaft; *meal* hervorragend

go·ril·la [gəˈrɪlə] *n* Gorilla *m a. fig*

gorm·less ['gɔ:mləs] *adj* Brit (*fam*) dämlich

gorse [gɔ:s] *n no pl* Stechginster *m*

gory ['gɔ:ri] *adj* ❶ (*bloody*) blutig; *film* blutrünstig ❷ (*fig, hum: explicit*) peinlich; **come on, I want to know all the ~ details about your date** los, erzähl schon, ich will all die intimen Details deines Rendezvous erfahren

gosh [gɒʃ] *interj* (*fam*) Mensch

gos·ling ['gɒzlɪŋ] *n* Gänseküken *nt*

go-ˈslow *n* Brit Bummelstreik *m*

gos·pel ['gɒspəl] *n* ❶ (*New Testament*) ■ **the** ~ das Evangelium; **the G~ according to Saint Mark** [*or* **St Mark's Gospel**] das Evangelium nach Markus ❷ (*fig*) Grundsätze *pl*; **to take sth as** ~ etw für bare Münze nehmen ❸ *no pl* (*music*) Gospel *m o nt*

gos·sa·mer ['gɒsəməʳ] I. *n no pl* Spinnfäden *pl* II. *adj* hauchdünn

gos·sip ['gɒsɪp] I. *n* (*usu pej*) ❶ *no pl* (*rumour*) Klatsch *m;* **idle** ~ leeres Geschwätz; **the latest** ~ der neueste Tratsch *fam;* **to have a** ~ **about sb** über jdn tratschen *fam* ❷ (*pej: person*) Tratschbase *f fam* ❸ (*conversation*) Schwatz *m* II. *vi* ❶ (*chatter*) schwatzen ❷ (*spread rumours*) tratschen *fam*

ˈ**gos·sip col·umn** *n* Klatschspalte *f*

gos·sipy ['gɒsɪpi] *adj* schwatzhaft; ~ **person** Klatschmaul *nt sl*

got [gɒt] *pt, pp of* **get**

Goth [gɒθ] *n* ❶ hist Gote *m/*Gotin *f* ❷ *no pl* mus (*style of rock music*) ■ **g~** Gothic *nt* ❸ (*pej: person*) ■ **g~** Grufti[e] *m*

Goth·ic ['gɒθɪk] *adj* ❶ archit, typo gotisch ❷ lit Schauer-

got·ten ['gɒtən] Am, Aus *pp of* **got**

gouge [gaʊdʒ] I. *n* ❶ (*chisel*) Meißel *m* ❷ (*indentation*) Rille *f* II. *vt* ❶ (*cut out*) ■ **to** ~ **out** aushöhlen; *eye* ausstechen ❷ Am (*fam: overcharge*) betrügen

gou·lash ['gu:læʃ] *n no pl* Gulasch *nt*

gourd [gʊəd] *n* Kürbisflasche *f*

gour·mand ['gʊəmənd] *n* Schlemmer(in) *m(f)*

gour·met ['gʊəmeɪ] *n* Feinschmecker(in) *m(f)*

gout [gaʊt] *n no pl* Gicht *f*

Gov *n* ❶ *abbrev of* **government** ❷ Am *abbrev of* **governor**

gov·ern ['gʌvən] I. *vt* ❶ pol, ling regieren ❷ (*regulate*) regeln; ■ **to be ~ed by sth** durch etw *akk* bestimmt werden II. *vi* regieren; **fit/unfit to** ~ regierungsfähig/-unfähig

gov·er·ness <*pl* -es> ['gʌvənəs] *n* (*hist*) Gouvernante *f*

gov·ern·ing ['gʌvənɪŋ] *adj* regierend; ~ **body** Vorstand *m;* **self-**~ autonom

gov·ern·ment ['gʌvənmənt] *n* Regierung *f;* ~ **agency** Behörde *f;* ~ **department** Regierungsstelle *f;* ~ **grant** staatlicher Zuschuss; ~ **intervention** Eingreifen *nt* der Regierung; ~ **policy** Regierungspolitik *f;* ~ **property** Staatseigentum *nt;* ~ **securities** staatliche Wertpapiere; ~ **spending** Staatsausgaben *pl;* ~ **subsidy** Subvention *f;* ~ **support** staatliche Unterstützung; **local** ~ Kommunalverwaltung *f;* **in** ~ Brit, Aus an der Regierung

gov·ern·men·tal [ˌgʌvənˈmentəl] *adj* Regierungs-; ~ **publication** Veröffentlichung *f* der Regierung

gov·er·nor ['gʌvənəʳ] *n* ❶ pol Gouverneur *m* ❷ Brit admin Direktor(in) *m(f);* **the G~ of the Bank of England** der Präsident der Bank von England; **the school** ~**s** der Schulbeirat; **board of** ~**s** comm Vorstand *m* ❸ Brit (*fam: one's boss*) Chef(in) *m(f)* ❹ mech Regler *m*

gown [gaʊn] *n* ❶ fashion Kleid *nt* ❷ med Kittel *m;* **surgical** ~ Operationskittel *m* ❸ univ Talar *m*

GP [ˌdʒi:ˈpi:] *n* med *abbrev of* **general practitioner**

GPS [ˌdʒi:pi:ˈes] *n abbrev of* **global positioning system** GPS *nt;* **portable** ~ Navigationsgerät *nt,* Navigationssystem *nt*

GPU [ˌdʒi:pi:ˈju:] *n* comput *abbrev of* **graphics processing unit** GPU *f*

grab [græb] I. *n* ❶ (*snatch*) Griff *m;* **to make a** ~ **at** [*or* **for**] **sth** nach etw *dat* greifen ❷ mech Greifer *m* ▸ **to be up for** ~ **s** zu haben sein II. *vt* <bb-> ❶ (*snatch, take hold of*) [sich *dat*] schnappen; ■ **to** ~ **sth [away] from sb** jdm etw entreißen; ■ **to** ~

sb by the arm jdn am Arm packen; ▪**to ~ hold of sb/sth** jdn/etw festhalten ❷ *(fig) attention* erregen; *opportunity* wahrnehmen; **can I just ~ you for a minute?** kann ich dich mal für 'ne Minute haben?; **to ~ a bite** [**to eat**] schnell einen Happen essen; **to ~ some sleep** [ein wenig] schlafen ❸ *(sl: impress)* beeindrucken; **how does that** [**idea**] **~ you?** was hältst du davon? **III.** *vi* <-bb-> ❶ *(snatch)* grapschen; ▪**to ~ at sb** jdn begrapschen; ▪**to ~ at sth** nach etw *dat* greifen ❷ MECH *brake* [ruckartig] greifen ❸ *(take advantage of)* **to ~ at an opportunity** eine Gelegenheit wahrnehmen

grab-and-'go *adj (fam) meal* zum Mitnehmen *nach n*

grace [greɪs] *n* ❶ *no pl (of movement)* Grazie *f* ❷ *no pl (of appearance)* Anmut *f* ❸ *(of behaviour)* Anstand *m kein pl*; **to have the** [**good**] **~ to do sth** den Anstand besitzen, etw zu tun; **social ~s** gesellschaftliche Umgangsformen ❹ *no pl (mercy)* Gnade *f* ❺ *(favour)* Gnade *f*; **to fall from ~** in Ungnade fallen ❻ *(prayer)* Tischgebet *nt;* **to say ~** ein Tischgebet sprechen ❼ *no pl (leeway)* Aufschub *m*; **a month's ~** ein Monat Aufschub ❽ *(title)* **Your ~** *(duke, duchess)* Eure Hoheit; *(archbishop)* Eure Exzellenz

grace·ful ['greɪsfəl] *adj* ❶ *(in movement)* graziös, anmutig ❷ *(in appearance)* elegant ❸ *(in behaviour)* würdevoll

grace·less ['greɪsləs] *adj* taktlos

gra·cious ['greɪʃəs] **I.** *adj* ❶ *(kind)* liebenswürdig ❷ *(dignified)* würdevoll ❸ *(elegant)* kultiviert ❹ *(merciful)* gnädig **II.** *interj* [**good** [*or* **goodness**]] **~** [**me**] [du] meine Güte

gra·cious·ly ['greɪʃəsli] *adv* ❶ *(kindly)* liebenswürdig, freundlich ❷ *(mercifully)* gütig, gnädig

grade [greɪd] **I.** *n* ❶ *(rank)* Rang *m* ❷ *(of salary)* Gehaltsstufe *f* ❸ SCH *(mark)* Note *f* ❹ AM SCH *(class)* Klasse *f* ❺ *(of quality)* Qualität *f*; **a dozen ~ A eggs** ein Dutzend Eier Klasse A ❻ AM *(gradient)* Neigung *f*; [**gentle/steep**] **~** *(upwards)* [geringe/starke] Steigung; *(downwards)* [schwaches/starkes] Gefälle ▶**to be on the** <u>**down**</u>/<u>**up**</u> **~** AM schlechter/besser werden; **to** <u>**make**</u> **the ~** den Anforderungen gerecht werden **II.** *vt* ❶ SCH, UNIV benoten ❷ *(categorize)* einteilen ❸ AM TRANSP *(level)* einebnen

'**grade cross·ing** *n* AM [schienengleicher] Bahnübergang '**grade school** *n* AM Grundschule *f*

gra·di·ent ['greɪdiənt] *n* Neigung *f*; [**gentle/steep**] **~** *(upwards)* [leichte/starke] Steigung; *(downwards)* [schwaches/starkes] Gefälle; **the ~ of the road is 1 in 10** die Straße hat eine Steigung/ein Gefälle von 10 %

'**grad·ing** *n* ❶ *(gradation)* Maßeinteilung *f* ❷ *(of colours etc.)* Abstufung *f* ❸ *(classification)* Klassifizierung *f*; SCH Benotung *f*

grad·ual ['grædʒuəl] *adj* ❶ *(not sudden)* allmählich ❷ *(not steep)* sanft

grad·ual·ly ['grædʒuəli] *adv* ❶ *(not suddenly)* allmählich ❷ *(not steeply)* sanft

gradu·ate I. *n* ['grædʒuət] ❶ UNIV Absolvent(in) *m(f);* **he is a physics ~** er hat einen [Universitäts]abschluss in Physik; **~ student** Student(in) *m(f)* mit Universitätsabschluss; **~ unemployment** Akademikerarbeitslosigkeit *f;* **university ~** Hochschulabsolvent(in) *m(f)* ❷ AM SCH Schulabgänger(in) *m(f)* **II.** *vi* ['grædʒuət] ❶ UNIV einen akademischen Grad erwerben; **she ~d from the University of Birmingham** sie hat an der Universität von Birmingham ihren Abschluss gemacht; **to ~ with honours** seinen Abschluss mit Auszeichnung machen ❷ AM SCH die Abschlussprüfung bestehen; **to ~ from high school** das Abitur machen ❸ *(move up)* aufsteigen **III.** *vt* ['grædʒueɪt] ❶ *(calibrate)* einteilen ❷ AM *(award degree)* ▪**to ~ sb** jdn graduieren

gradu·at·ed ['grædʒueɪtɪd] *adj* FIN gestaffelt

gradua·tion [ˌgrædʒu'eɪʃən] *n* ❶ *no pl* SCH, UNIV *(completion of studies)* [Studien]abschluss *m* ❷ *(ceremony)* Abschlussfeier *f* ❸ *(calibration)* [Grad]einteilung *f*

graf·fi·ti [grə'fi:ti] *n no pl* Graffiti *nt*

graft [grɑ:ft] **I.** *n* ❶ MED Transplantat *nt* ❷ HORT *(shoot)* Pfropfreis *m*; *(process)* Pfropfung *f*; *(place)* Pfropfstelle *f* ❸ *no pl (corruption)* Schiebung *f* ❹ BRIT *(sl: work)* [**hard**] **~** Schufterei *f* **II.** *vt* ❶ MED übertragen (**on**[**to**] auf) ❷ HORT aufpfropfen (**on**[**to**] auf) **III.** *vi* BRIT *(sl)* schuften

graft·er ['grɑ:ftəʳ] *n* BRIT *(sl)* Arbeitstier *nt*

Grail [greɪl] *n* [**Holy**] **~** Heiliger Gral

grain [greɪn] *n* ❶ *(particle)* Korn *nt,* Körnchen *nt;* **~ of sand/wheat** Sand-/Weizenkorn *nt* ❷ *no pl (cereal)* Getreide *nt* ❸ *no pl (texture) of wood, marble* Maserung *f* ❹ *(fig)* **a ~ of hope/truth** ein Fünkchen Hoffnung/ein Körnchen Wahrheit ▶**to go**

against the ~ for sb jdm gegen den Strich gehen
'grain mar·ket *n* Getreidemarkt *m*
grainy ['greɪni] *adj* ❶ FOOD *sauce* klumpig ❷ PHOT, FILM [grob]körnig ❸ *wood* gemasert
gram [græm] *n* Gramm *nt*
gram·mar ['græməʳ] *n* Grammatik *f;* **to be good/bad ~** grammatikalisch richtig/falsch sein
'gram·mar book *n* Grammatik *f*
gram·mar·ian [grəˈmeəriən] *n* Grammatiker(in) *m(f)*
'gram·mar school *n* ❶ AM (*elementary school*) Grundschule *f* ❷ BRIT (*upper level school*) ≈ Gymnasium *nt*
gram·mati·cal [grəˈmætɪkᵃl] *adj* grammati[kali]sch
gramme *n* BRIT *see* **gram**
gramo·phone ['græməfəʊn] *n* (*hist*) Grammophon *nt hist*
gran [græn] *n* (*fam*) *short for* **grandmother** Oma *f,* Omi *f*
grana·ry ['grænᵃri] *n* [Getreide]silo *m o nt*
'grana·ry bread *n no pl* BRIT, **'grana·ry loaf** *n* BRIT ≈ Mehrkornbrot *nt*
grand [grænd] I. *adj* ❶ (*splendid*) prächtig, großartig; **to make a ~ entrance** einen großen Auftritt haben ❷ (*fam: excellent*) großartig ❸ (*of age*) **he lived to the ~ old age of 97** er erreichte das gesegnete Alter von 97 Jahren ❹ (*important*) groß, bedeutend ❺ (*large, far-reaching*) ~ **ambitions/ideas** große Pläne/Ideen; **on a ~ scale** in großem Rahmen ❻ (*overall*) ~ **total** Gesamtsumme *f* II. *n* ❶ <*pl* -> (*fam: one thousand dollars/pounds*) Mille *f* ❷ <*pl* -s> (*grand piano*) Flügel *m;* **baby/concert ~** Stutz-/Konzertflügel *m*
gran·dad ['grændæd] *n* (*fam*) ❶ (*grandfather*) Opa *m,* Opi *m* ❷ (*pej: old man*) Opa *m,* Alter *m*
'grand·child *n* Enkelkind *nt* **'grand·daugh·ter** *n* Enkeltochter *f*
gran·dee [grænˈdiː] *n* ❶ (*nobleman*) Grande *m* ❷ (*fig*) Größe *f*
gran·deur ['grændjəʳ] *n no pl* Größe *f; of scenery, music* Erhabenheit *f;* **faded ~** verblasster Glanz; **delusions of ~** Größenwahn *m*
'grand·fa·ther *n* Großvater *m*
gran·di·ose ['grændɪəʊs] *adj* grandios
grand 'jury *n* AM Anklagejury *f*
grand·ly ['grændli] *adv* ❶ (*splendidly*) prachtvoll ❷ (*pej: over-importantly*) prahlerisch
'grand·ma *n* (*fam*) Oma *f,* Omi *f* **'grand·**

mas·ter *n* Großmeister(in) *m(f)* **'grand·moth·er** *n* Großmutter *f* **'grand·pa** *n* (*fam*) Opa *m,* Opi *m* **grand pi'a·no** *n* [Konzert]flügel *m* **'grand·son** *n* Enkel[sohn] *m* **'grand·stand** I. *n* [Haupt]tribüne *f* II. *adj seat* Tribünen-; **~ finish** Entscheidung *f* auf den letzten Metern III. *vi* (*pej*) sich inszenieren **grand 'sum** *n,* **grand 'to·tal** *n* Gesamtsumme *f*
grange [greɪndʒ] *n* Gutshof *m*
gran·ite ['grænɪt] *n no pl* Granit *m*
gran·nie, gran·ny ['græni] *n* (*fam*) Oma *f,* Omi *f*
grant [grɑːnt] I. *n* ❶ UNIV Stipendium *nt;* [**government**] **~** ≈ Bafög *nt* ❷ (*from authority*) Zuschuss *m oft pl;* (*subsidy*) Subvention *f* II. *vt* ❶ (*allow*) ■ **to ~ sb sth** jdm etw gewähren; *favour* jdm etw erweisen; *money* jdm etw bewilligen; *permission, visa* jdm etw erteilen; **to ~ sb a request** jds Anliegen *nt* stattgeben ❷ (*admit to*) zugeben; **~ ed, ...** zugegeben, ... ▶ **to take sth for ~ ed** etw für selbstverständlich halten; (*not appreciate*) etw als [allzu] selbstverständlich betrachten; **no one likes to be taken for ~ ed** niemand mag es, dass seine Leistung als Selbstverständlichkeit hingenommen wird
granu·lar ['grænjələʳ] I. *adj* körnig II. *adv* (*sl*) **to get ~** in Einzelheiten gehen
granu·lat·ed ['grænjəleɪtɪd] *adj* granuliert; **~ sugar** Kristallzucker *m*
gran·ule ['grænjuːl] *n* Körnchen *nt;* ■ **~s** *pl* Granulat *nt;* **instant coffee ~s** Kaffeegranulat *nt*
grape [greɪp] I. *n* [Wein]traube *f;* **a bunch of ~s** eine [ganze] Traube II. *adj* Trauben-
'grape·fruit <*pl* - *or* -s> ['greɪpfruːt] *n* Grapefruit *f* **'grape·vine** *n* Weinstock *m* ▶ **I heard on the ~ that ...** es ist mir zu Ohren gekommen, dass ...
graph [grɑːf] *n* Diagramm *nt,* Graph *m;* **bar** [*or* **block**] **~** Säulendiagramm *nt;* **temperature ~** Temperaturkurve *f;* **~ paper** Millimeterpapier *nt*
graph·ic ['græfɪk] *adj* ❶ (*diagrammatic*) grafisch ❷ (*vividly descriptive*) anschaulich; **in ~ detail** ❸ ART Grafik-; **~ design** Grafikdesign *nt*
graphi·cal·ly ['græfɪkᵃli] *adv* ❶ (*using a graph*) grafisch ❷ (*vividly*) anschaulich, plastisch
graph·ics ['græfɪks] *npl* Grafik *f;* **~ card** Grafikkarte *f*
graph·ite ['græfaɪt] *n no pl* Graphit *m*
grap·ple ['græpl] *vi* ■ **to ~ with sb** mit

jdm ringen; ▪to ~ for sth um etw *akk* kämpfen; to ~ with a problem mit einem Problem zu kämpfen haben

grasp [grɑːsp] **I.** *n no pl* ❶ (*grip*) Griff *m* ❷ (*fig: attainability*) Reichweite *f*; to be within sb's ~ zum Greifen nahe sein ❸ (*fig: understanding*) Verständnis *nt*; to have a good ~ of a subject ein Fach gut beherrschen **II.** *vt* ❶ (*take firm hold*) [fest][er]greifen; to ~ sb by the arm/hand jdn am Arm/an der Hand fassen ❷ (*fig: understand*) begreifen **III.** *vi* ❶ (*try to hold*) ▪to ~ at sth nach etw *dat* greifen ❷ (*fig*) to ~ at the opportunity die Gelegenheit beim Schopfe packen

grasp·ing ['grɑːspɪŋ] *adj* (*fig, pej*) habgierig

grass <*pl* -es> [grɑːs] **I.** *n* ❶ Gras *nt*; (*lawn*) Rasen *m*; to put cattle out to ~ [das] Vieh auf die Weide treiben; to put sb/an animal out to ~ (*fig*) jdn in Rente schicken/einem Tier das Gnadenbrot geben ❷ BRIT (*sl: informer*) Spitzel *m* ▪to [not] let the ~ grow under one's feet etw [nicht] auf die lange Bank schieben; the ~ is [always] greener on the other side [of the fence] (*prov*) die Kirschen in Nachbars Garten schmecken immer süßer **II.** *adj* Gras-; ~ court Rasenplatz *m*; ~ verge BRIT Grünstreifen *m* **III.** *vt* mit Gras bepflanzen **IV.** *vi* BRIT, AUS (*sl*) singen; ▪to ~ on sb jdn verpfeifen

'grass·hop·per *n* Heuschrecke *f* **'grass·land** *n* Grasland *nt* **grass·'roots** *npl* (*ordinary people*) Volk *nt kein pl*; of a party, organization Basis *f kein pl*; ~ activity Arbeit *f* an der Basis; ~ opinion Volksmeinung *f* **'grass snake** *n* AM Grasnatter *f*; BRIT Ringelnatter *f*

grassy ['grɑːsi] *adj* mit Gras bewachsen

grate¹ [greɪt] *n* ❶ (*fireplace*) Kamin *m* ❷ (*grid*) Rost *m*

grate² [greɪt] **I.** *vi* ❶ (*annoy*) noise in den Ohren wehtun; to ~ on sb['s nerves] jdm auf die Nerven gehen ❷ (*rasp*) kratzen **II.** *vt* (*shred*) cheese, nutmeg reiben; vegetables raspeln

grate·ful ['greɪtfəl] *adj* dankbar

grat·er ['greɪtər] *n* Reibe *f*

grat·i·fi·ca·tion [ˌgrætɪfɪ'keɪʃən] *n* Genugtuung *f*; sexual ~ sexuelle Befriedigung

grat·i·fy <-ie-> ['grætɪfaɪ] *vt* ❶ *usu passive* (*please*) ▪to be gratified at [*or* by] sth über etw *akk* [hoch] erfreut sein ❷ (*satisfy*) befriedigen

grat·i·fy·ing ['grætɪfaɪɪŋ] *adj* erfreulich

grat·ing ['greɪtɪŋ] **I.** *n* Gitter *nt* **II.** *adj* ❶ (*grinding*) knirschend; (*rasping*) kratzend ❷ (*annoying*) nervtötend

grati·tude ['grætɪtjuːd] *n no pl* Dankbarkeit *f*

gra·tui·tous [grə'tjuːɪtəs] *adj* (*uncalled-for*) grundlos; (*unnecessary*) überflüssig; ~ bad language unnötige Kraftausdrücke

gra·tu·ity [grə'tjuːəti] *n* ❶ (*tip*) Trinkgeld *nt* ❷ BRIT (*payment*) Sonderzuwendung *f* ❸ AM (*bribe*) illegal ~ Bestechungsgeld *nt*

grave¹ [greɪv] *n* Grab *nt* ▶to dig one's own ~ sich *dat* sein eigenes Grab schaufeln; to have one foot in the ~ mit einem Bein im Grab stehen; as silent as the ~ mucksmäuschenstill *fam*; (*gloomy*) totenstill; to turn in one's ~ sich im Grabe [her]umdrehen

grave² [grɑːv] *adj* face, music ernst; (*seriously bad*) news schlimm; (*worrying*) conditions, symptoms bedenklich; crisis schwer; decision schwerwiegend; mistake gravierend

'grave-dig·ger *n* Totengräber(in) *m(f)*

grav·el ['grævəl] *n no pl* Kies *m*; ~ road Schotterstraße *f*

grav·el·ly ['grævəli] *adj* ❶ soil kieshaltig ❷ (*fig*) voice rau

'grav·el-pit *n* Kiesgrube *f*

grave·ly ['greɪvli] *adv* ernst; ~ ill schwer krank; to be ~ mistaken sich schwer irren

'grave rob·ber *n* Grabräuber(in) *m(f)* **'grave·stone** *n* Grabstein *m* **'grave·yard** *n* Friedhof *m*

'grav·ing dock *n* Trockendock *nt*

gravi·tate ['grævɪteɪt] *vi* ▪to ~ to[wards] sb/sth von jdm/etw angezogen werden

gravi·ta·tion [ˌgrævɪ'teɪʃən] *n no pl* ❶ (*movement*) ▪ ~ to[wards] sth Bewegung *f* zu etw *dat* hin ❷ (*attracting force*) Schwerkraft *f*

grav·ity ['grævəti] *n no pl* ❶ PHYS Schwerkraft *f*; the force of ~ die Schwerkraft; the law of ~ das Gesetz der Schwerkraft ❷ (*seriousness*) Ernst *m*; of speech Ernsthaftigkeit *f*

gra·vy ['greɪvi] *n no pl* ❶ FOOD [Braten]soße *f* ❷ *esp* AM (*fig sl: easy money*) leicht verdientes Geld

'gra·vy boat *n* Sauciere *f*, Soßenschüssel *f* **'gra·vy train** *n* (*fig*) to get on the ~ sich *dat* ein Stück vom Kuchen abschneiden

gray *n, adj* AM see **grey**

graze¹ [greɪz] **I.** *n* Schürfwunde *f* **II.** *vt* streifen; to ~ one's elbow/knee sich *dat* den Ellbogen/das Knie aufschürfen

graze² [greɪz] **I.** *vi* grasen, weiden **II.** *vt*

animals weiden lassen; *meadow* abgrasen
grease [gri:s] **I.** *n* ❶ (*fat*) Fett *nt;* ~ **mark** Fettfleck *m* ❷ (*lubricating oil*) Schmierfett *nt* **II.** *vt* [ein]fetten; MECH schmieren ▶ **like ~d lightning** wie ein geölter Blitz 'grease gun *n* Fettspritze *f* 'greasepaint *n* THEAT Fettschminke *f* 'greaseproof 'pa·per *n* Pergamentpapier *nt* 'grease spot *n* Fettfleck *m*
greasy ['gri:si] *adj* ❶ *hair, skin* fettig; *fingers, objects also* schmierig; *food* fett; (*slippery*) glitschig ❷ (*fig, pej*) schmierig
greasy 'pole *n* (*fig*) mit Hindernissen gespickte Karriereleiter
great [greɪt] **I.** *adj* ❶ (*very big*) groß; **a ~ deal of money/time** eine Menge Geld/Zeit; **to a ~ extent** im Großen und Ganzen; **the ~ majority of people** die überwiegende Mehrheit der Leute ❷ (*famous*) groß; (*important*) bedeutend; (*outstanding*) überragend ❸ (*wonderful*) großartig, hervorragend, toll; **we had a ~ time at the party** wir haben uns auf der Party großartig amüsiert; **it's ~ to be back home again** es ist richtig schön, wieder zu Hause zu sein; **~!** (*iron fam*) na prima!; **the ~ thing about sb/sth is** [that] ... das Tolle an jdm/etw ist[, dass] ...; **to feel not all that ~** sich gar nicht gut fühlen; ▪ **to be ~ at doing sth** etw sehr gut können ❹ (*for emphasis*) ausgesprochen; **~ fool** Volltrottel *m;* **~ friends** dicke Freunde ❺ (*enthusiastic*) begeistert **II.** *adv* (*extremely*) sehr; **~ big** riesengroß; **~ long** ewig lang **III.** *n* (*person*) Größe *f;* (*in titles*) **Alexander/Catherine the G~** Alexander der Große/Katharina die Große; **one of the ~s** einer/eine der ganz Großen
'great-aunt *n* Großtante *f* **Great 'Bear** *n* ASTRON Großer Bär **Great 'Brit·ain** *n* Großbritannien *nt* 'great·coat *n* BRIT [schwerer] [Winter]mantel **Great De·'pres·sion** *n* HIST Weltwirtschaftskrise (*1929*)

---

gratitude

expressing gratitude	*sich bedanken*
Thank you!/Thanks!	*Danke!*
Thank you very much!/Many thanks!	*Danke schön!/Vielen Dank!*
Thanks a million!	*Tausend Dank!*
Thanks, that's really kind of you!	*Danke, das ist sehr lieb von dir/Ihnen!*
Thank you very much indeed!	*Vielen herzlichen Dank!*
My sincere thanks. (*form*)	*Ich bedanke mich recht herzlich!*
I'm so grateful to you for looking after my grandmother.	*Ich bin Ihnen so dankbar, dass Sie sich um meine Großmutter kümmern.*

reacting to being thanked	*auf Dank reagieren*
You're welcome!	*Bitte (schön)!*
My pleasure!	*Gern geschehen!*
Don't mention it!	*Keine Ursache!/Nichts zu danken!*
Please don't mention it!	*Aber bitte, das ist doch nicht der Rede wert!*
Not at all!	*Bitte, bitte!*
It was a pleasure!/The pleasure was mine!	*Aber das war doch selbstverständlich!*
I was happy to do it!	*Das hab ich doch gern gemacht!*

acknowledging gratefully	*dankend anerkennen*
Many thanks, you've been a great help.	*Vielen Dank, du hast mir sehr geholfen.*
What would we do without you!	*Wo wären wir ohne dich!*
We wouldn't have managed it without your help.	*Ohne deine Hilfe hätten wir es nicht geschafft.*
You were a great help to us.	*Sie waren uns eine große Hilfe.*
I very much appreciate your commitment.	*Ich weiß Ihr Engagement sehr zu schätzen.*

Great·er ['greɪtəʳ] (*in cities*) ~ **London** Groß-London *nt*; ~ **Manchester** Großraum *m* Manchester; (*county*) [Grafschaft *f*] Greater Manchester *nt*

great-'grand·child *n* Urenkel(in) *m(f)*

Great 'Lakes *npl* GEOG ■ **the** ~ die Großen Seen

great·ly ['greɪtli] *adv* sehr; ~ **impressed** tief beeindruckt; **to** ~ **regret** zutiefst bedauern

great-'neph·ew [ˌgreɪt'nefju:] *n* Großneffe *m*

great·ness ['greɪtnəs] *n no pl* Bedeutsamkeit *f*

great-'niece [ˌgreɪt'ni:s] *n* Großnichte *f*

great-'un·cle *n* Großonkel *m*

Gre·cian ['gri:ʃən] *adj* griechisch

Greece [gri:s] *n* Griechenland *nt*

greed [gri:d] *n no pl* Gier *f* (**for** nach)

greedi·ly ['gri:dɪli] *adv* gierig

greedi·ness ['gri:dɪnəs] *n no pl* Gier *f*

greedy ['gri:di] *adj* gierig; (*for money, things*) habgierig; (*fig*) ■ **to be** ~ **for sth** gierig nach etw *dat* sein; ~-**guts** BRIT, AUS (*fam*) [kleiner] Vielfraß; ~ **pig** (*pej*) Vielfraß *m*

Greek [gri:k] I. *n* ❶ (*person*) Grieche *m* / Griechin *f* ❷ *no pl* (*language*) Griechisch *nt*; **ancient/modern** ~ Alt-/Neugriechisch *nt*; **in** ~ auf Griechisch II. *adj* griechisch ▶ **it's all** ~ **to me** das sind alles böhmische Dörfer für mich

green [gri:n] I. *n* ❶ *no pl* (*colour*) Grün *nt*; **in** ~**s and blues** in Grün- und Blautönen ❷ FOOD ■ ~**s** *pl* Blattgemüse *nt kein pl* ❸ POL ■ **G**~ Grüne(r) *f(m)* ❹ *no pl* (*area of grass*) **bowling** ~ Rasenfläche zum Bowlen; [**putting**] ~ (*golf*) Grün *nt*; **village** ~ Dorfanger *m* II. *adj* grün; ~ **issues** Umweltschutzfragen *pl*; ~ **policies** umweltfreundliche [politische] Maßnahmen; ~ **with envy** grün vor Neid

'green belt *n* Grüngürtel *m* **green 'card** *n* ❶ BRIT [internationale] Grüne [Versicherungs]karte ❷ AM Aufenthaltserlaubnis *f* mit Arbeitsgenehmigung

green·ery ['gri:nəri] *n no pl* Grün *nt*

'green-eyed *adj* grünäugig; (*fig*) **the** ~ **monster** der blasse Neid **green·finch** *n* Grünfink *m* **'green·fly** <*pl* - *or* -flies> *n* BRIT Blattlaus *f* **'green·gage** *n* [grüne] Reneklode **'green·gro·cer** *n* BRIT Obst- und Gemüsehändler(in) *m(f)*; **at the** ~'**s** im Obst- und Gemüseladen **'green·house** *n* Gewächshaus *nt*; ~ **effect** Treibhauseffekt *m*

green·ish ['gri:nɪʃ] *adj* grünlich

Green·land ['gri:nlənd] *n* Grönland *nt*

Green·land·er ['gri:nləndəʳ] *n* Grönländer(in) *m(f)*

green·ness ['gri:nnəs] *n no pl* Grün[e] *nt*

green 'pep·per *n* grüne Paprikaschote

'green roof *n see* **ecoroof**

greeny <-ier, -iest> ['gri:ni] *adj* grünlich

greet [gri:t] *vt* ❶ (*welcome*) [be]grüßen; (*receive*) empfangen; **a scene of chaos** ~**ed us** ein chaotischer Anblick bot sich uns dar; **to** ~ **each other** [**by shaking hands**] sich [mit Handschlag] begrüßen ❷ (*react*) ■ **to** ~ **sth with sth** auf etw *akk* mit etw *dat* reagieren; **the unions have** ~**ed his decision with anger/delight** die Gewerkschaften haben seine Entscheidung mit Zorn aufgenommen/sehr begrüßt

greet·ing ['gri:tɪŋ] *n* Begrüßung *f*; **she smiled at me in** ~ sie begrüßte mich mit einem Lächeln; ■ ~**s** *pl* Grüße *pl*; **warm** ~**s to you all** herzliche Grüße an euch alle; **birthday** ~**s** Geburtstagsglückwünsche *pl*

gre·gari·ous [grɪ'geərɪəs] *adj* gesellig

Gre·na·da [grə'neɪdə] *n* Grenada *nt*

gre·nade [grə'neɪd] *n* Granate *f*

Gre·na·dian [grə'neɪdən] I. *adj* grenadisch II. *n* Grenader(in) *m(f)*

grew [gru:] *pt of* **grow**

grey [greɪ] I. *n* ❶ *no pl* (*colour*) Grau *nt*; **in** ~**s and blues** in Grau- und Blautönen ❷ (*white horse*) Grauschimmel *m* II. *adj* grau *a. fig*; *face* [asch]grau; *horse* [weiß]grau

'grey·hound *n* Windhund *m* **grey·ing** ['greɪɪŋ] *adj* ergrauend; ~ **hair** leicht ergrautes Haar **grey·ish** ['greɪɪʃ] *adj* gräulich **grey mat·ter** *n no pl* (*fam*) graue Zellen *pl* **grey 'pound** *n* BRIT Finanzkraft *f* der Senioren

grid [grɪd] *n* ❶ (*grating*) Gitter *nt* ❷ (*pattern*) Gitternetz *nt* ❸ (*in motor races*) Start[platz] *m* ❹ ELEC Netz *nt*

grid·dle ['grɪdl] I. *n* Heizplatte *f* II. *vt* auf einer Heizplatte zubereiten

grid·iron ['grɪdaɪən] *n* ❶ (*metal grid*) [Grill]rost *m* ❷ AM SPORTS Footballfeld *nt*

'grid·lock ['grɪdlɒk] *n no pl* Verkehrskollaps *m*; **to cause** ~ den [gesamten] Verkehr lahmlegen **'grid square** *n* Planquadrat *nt*

grief [gri:f] *n no pl* ❶ (*sadness*) tiefe Trauer, Kummer *m* ❷ (*trouble*) **my parents gave me a lot of** ~ **about my bad marks** meine Eltern haben mir wegen meiner schlechten Noten ganz schön die Leviten gelesen; **to cause** ~ für Ärger sorgen; **to come to** ~ (*fail*) scheitern; (*have an acci-*

dent) zu Schaden kommen ▶ **good** ~! du liebe Zeit!

griev·ance ['gri:vᵊn(t)s] *n* ① (*complaint*) Beschwerde *f* ② (*sense of injustice*) Groll *m kein pl*

grieve [gri:v] I. *vi* bekümmert sein; ■ **to ~ for sb** um jdn trauern; ■ **to ~ over sth** über etw *akk* betrübt sein II. *vt* ■ **to ~ sb** (*distress*) jdm Kummer bereiten; (*make sad*) jdn traurig machen; (*annoy*) jdn ärgern

griev·ous ['gri:vəs] *adj* schwer; *danger* groß; **~ bodily harm** schwere Körperverletzung

grill [grɪl] I. *n* (*in cooker*) Grill *m*; (*over charcoal*) [Grill]rost *m*; (*restaurant*) Grillrestaurant *nt* II. *vt* ① (*cook*) grillen ② (*fig fam: interrogate*) ausquetschen

grille [grɪl] *n* Gitter *nt*

grill·ing ['grɪlɪŋ] *n* (*fig fam*) strenges Verhör; **to give sb a [good] ~** jdn [ordentlich] in die Mangel nehmen

grim [grɪm] *adj* ① (*forbidding*) grimmig, verbissen ② (*very unpleasant*) *flat, picture* trostlos; *landscape* unwirtlich; *news* entsetzlich; *outlook* düster; *reminder* bitter; *situation* schlimm; **things were looking ~** die Lage sah düster aus; **to feel ~** sich miserabel fühlen

gri·mace [grɪ'meɪs] I. *n* Grimasse *f*; **to make a ~** eine Grimasse schneiden II. *vi* **to ~ [with pain]** das Gesicht [vor Schmerz] verziehen

grime [graɪm] *n no pl* Schmutz *m*

grimy ['graɪmi] *adj* schmutzig

grin [grɪn] I. *n* Grinsen *nt kein pl* II. *vi* grinsen ▶ **to ~ and bear it** gute Miene zum bösen Spiel machen

grind [graɪnd] I. *n no pl* (*fam*) **the daily ~** der tägliche Trott; **to be a real ~** sehr mühsam sein II. *vt* <ground, ground> ① (*crush*) mahlen; AM, AUS *meat* fein hacken; *cigarette* ausdrücken; (*with foot*) austreten; **to ~ sth [in]to a powder** etw fein zermahlen; **to ~ one's teeth** mit den Zähnen knirschen ② (*sharpen*) schleifen III. *vi* <ground, ground> **to ~ to a halt** *machine* [quietschend] zum Stehen kommen; *production* stocken; *negotiations* sich festfahren ◆ **grind down** *vt* ① (*file*) abschleifen; *mill* zerkleinern; **to ~ sth down to flour** etw zermahlen ② (*wear*) abtragen ③ (*mentally wear out*) zermürben; (*oppress*) unterdrücken ◆ **grind out** *vt* ① (*produce continuously*) ununterbrochen produzieren ② (*extinguish*) ausdrücken; (*with foot*) austreten

grind·er ['graɪndəʳ] *n* ① (*mill*) Mühle *f* ② (*sharpener*) Schleifmaschine *f* ③ AM (*mincer*) Fleischwolf *m* ④ AM (*fam: sandwich*) Jumbosandwich *nt*

grind·ing ['graɪndɪŋ] *adj noise* knirschend; *hardship* zermürbend ▶ **to come to a ~ halt** [*or* **standstill**] *car, machine* [quietschend] zum Stehen kommen; (*fig*) [endlich] aufhören

grind·stone ['graɪn(d)stəʊn] *n* Schleifstein *m* ▶ **to keep one's nose to the ~** sich bei der Arbeit ranhalten

grip [grɪp] I. *n* Griff *m kein pl a. fig*; **to be in the ~ of sth** von etw *dat* betroffen sein; **to get to ~s with sth** etw in den Griff bekommen; **to get/keep a ~ on oneself** sich zusammenreißen/im Griff haben; **to keep a [firm] ~ on sth** etw festhalten; **to lose one's ~ on reality** den Bezug zur Realität verlieren II. *vt* <-pp-> ① (*hold firmly*) packen ② (*fig*) packen; (*interest deeply*) fesseln III. *vi* <-pp-> greifen

gripe [graɪp] (*fam*) I. *n* Nörgelei *f*; **if you've got any ~s, ...** wenn du etwas zu meckern hast, ... II. *vi* nörgeln

grip·ping ['grɪpɪŋ] *adj* packend, fesselnd

gris·ly ['grɪzli] *adj* grausig

gris·tle ['grɪsl] *n no pl* Knorpel *m*

gris·tly ['grɪsli] *adj* knorpelig

grit [grɪt] I. *n no pl* ① (*small stones*) Splitt *m*; (*for icy roads*) Streusand *m* ② (*fig: courage*) Schneid *m* II. *vt* <-tt-> ① (*scatter*) streuen ② (*press together*) **to ~ one's teeth** die Zähne zusammenbeißen *a. fig*

grit·ter ['grɪtəʳ] *n* BRIT Streuwagen *m*

grit·ty ['grɪti] *adj* ① (*like grit*) grob[körnig] ② (*full of grit*) sandig ③ (*brave*) mutig

griz·zle ['grɪzl] *vi* BRIT (*pej fam*) ① (*cry*) quengeln ② (*complain*) meckern

griz·zled ['grɪzld] *adj* ergraut

griz·zly ['grɪzli] I. *adj* BRIT quengelig II. *n* Grizzlybär *m*

groan [grəʊn] I. *n* Stöhnen *nt kein pl* II. *vi* ① *person* [auf]stöhnen; **to ~ inwardly** einen inneren Seufzer ausstoßen; ■ **to ~ about sth** (*fig*) sich über etw *akk* beklagen ② *thing* ächzen

gro·cer ['grəʊsəʳ] *n* Lebensmittelhändler(in) *m(f)*

gro·cer's <*pl* grocers *or* grocers'> ['grəʊsəz] *n* (*food shop*) Lebensmittelgeschäft *nt*

gro·cery ['grəʊsᵊri] *n* Lebensmittelgeschäft *nt*

grog·gy ['grɒgi] *adj* angeschlagen

groin [grɔɪn] *n* ❶ ANAT Leiste *f* ❷ AM (*groyne*) Buhne *f*

groom [gru:m] I. *n* ❶ (*caring for horses*) Pferdepfleger(in) *m(f)* ❷ (*bridegroom*) Bräutigam *m* II. *vt* (*clean fur*) das Fell pflegen; *horse* striegeln; **the apes were ~ing each other** die Affen lausten sich [gegenseitig]

groom·ing *n* INET **internet ~** Kontaktaufnahme über das Internet zu Minderjährigen mit sexuellen Absichten

groove [gru:v] *n* Rille *f*

groovy ['gru:vi] *adj* (*dated sl*) doll

grope [grəʊp] I. *n* (*fam*) Befummeln *nt* kein *pl* II. *vi* ■ **to ~ for sth** nach etw *dat* tasten; (*fig*) nach etw *dat* suchen III. *vt* ❶ (*search*) **to ~ one's way** sich *dat* tastend seinen Weg suchen ❷ (*fam*) ■ **to ~ sb** jdn befummeln

grop·ing·ly ['grəʊpɪŋli] *adv* tastend

gross¹ <*pl* - *or* -es> [grəʊs] *n* (*a group of 144*) Gros *nt*; **by the ~** en gros

gross² [grəʊs] I. *adj* ❶ *also* LAW grob ❷ (*very fat*) fett; (*big and ugly*) abstoßend; (*revolting*) ekelhaft II. *adj* Brutto-; **~ domestic/national product** Bruttoinlands-/Bruttosozialprodukt *nt* III. *vt* FIN brutto einnehmen

gross·ly ['grəʊsli] *adv* extrem

gross-out ['grəʊsaʊt] *adj* (*fam*) derb, widerlich

gross 'ton·nage *n* Bruttotonnage *f*

gro·tesque [grə(ʊ)'tesk] I. *n* ART, LIT Groteske *f* II. *adj* grotesk

grot·to <*pl* -es *or* -s> ['grɒtəʊ] *n* Grotte *f*

grot·ty ['grɒti] *adj* BRIT (*fam*) *clothing* gammelig; *place* schäbig; *souvenir* billig; **to feel ~** sich mies fühlen

grouch [graʊtʃ] I. *n* ❶ (*complaint*) Beschwerde *f* ❷ (*person*) Nörgler(in) *m(f)* II. *vi* [herum]nörgeln (**about** an)

grouchy ['graʊtʃi] *adj* griesgrämig

ground¹ [graʊnd] I. *n* no *pl* ❶ (*Earth's surface*) [Erd]boden *m*, Erde *f*; **to be burnt** [*or* AM **burned**] **to the ~** vollständig niedergebrannt werden; **to fall to the ~** zu Boden fallen; **to get off the ~** *plane* abheben; (*fig fam*) *project* in Gang kommen; *plan* verwirklicht werden; **to get sth off the ~** (*fig fam*) etw realisieren; **to go to ~** *animal* in Deckung gehen; *criminal* untertauchen; **above/below ~** über/unter der Erde ❷ no *pl* (*area of land*) [ein Stück *nt*] Land; **level ~** flaches Gelände; **waste ~** brach liegendes Land; **to gain/lose ~** MIL Boden gewinnen/verlieren; (*fig*) an Boden gewinnen/verlieren; **to make up ~** SPORTS aufholen; **to stand one's ~** nicht von der Stelle weichen; (*fig*) nicht nachgeben ❸ (*surrounding a building*) ■ **~s** *pl* Anlagen *pl* ❹ SPORTS Platz *m*, [Spiel]feld *nt* ❺ AM ELEC (*earth*) Erdung *f* ❻ no *pl* (*fig: area of discussion, experience*) Gebiet *nt;* **common ~** Gemeinsame(s) *nt;* **to be on familiar/safe ~** sich auf vertrautem/sicherem Boden bewegen; **to cover the ~ well** ein Thema umfassend behandeln; **to go over the same ~** sich wiederholen ❼ *pl* ■ **~s** (*reasons*) Grund *m;* **~s for divorce** Scheidungsgrund *m;* **on medical ~s** aus medizinischen Gründen; **on the ~s that ...** mit der Begründung, dass ... ▶ **to break new ~** *person* Neuland betreten; *achievement* bahnbrechend sein; **to suit sb down to the ~** jdm prima passen; **to fall on stony ~** auf taube Ohren stoßen; **to shift one's ~** seinen Standpunkt ändern; **he wished the ~ would open up and swallow him** er wäre am liebsten im Erdboden versunken; **to work oneself into the ~** sich kaputtmachen II. *vt* ❶ ■ **to be ~ed** (*unable to fly*) nicht starten können; (*forbidden to fly*) *plane* Startverbot haben; *pilot* Flugverbot haben; (*fig fam*) Hausarrest haben ❷ NAUT auf Grund setzen; ■ **to be ~ed** auflaufen ❸ (*be based*) ■ **to be ~ed upon sth** auf etw *dat* basieren; ■ **to be ~ed in sth** (*have its origin*) von etw *dat* herrühren; **to be well ~ed** [wohl]begründet sein ❹ (*teach fundamentals*) **to be well ~ed in German** über gute Deutschkenntnisse verfügen ❺ AM ELEC erden III. *vi* ❶ (*in baseball*) einen Bodenball schlagen ❷ NAUT auflaufen

ground² [graʊnd] I. *vt* *pt of* **grind** II. *adj* gemahlen III. *n* ■ **~s** *pl* [Boden]satz *m* kein *pl*

'**ground-break·ing** *adj* bahnbrechend

'**ground con·trol** *n* AVIAT Bodenkontrolle *f* '**ground crew** *n* AVIAT Bodenpersonal *nt* kein *pl* **ground 'floor** *n* Erdgeschoss *nt,* Parterre *nt;* **to live on the ~** parterre [*o* im Erdgeschoss] wohnen ▶ **to get in on the ~** [**of sth**] von Anfang an [bei etw *dat*] dabei sein '**ground frost** *n* Bodenfrost *m*

ground·ing ['graʊndɪŋ] *n* no *pl* Grundlagen *pl*

ground·less ['graʊndləs] *adj* grundlos

'**ground·nut** *n* Erdnuss[pflanze] *f* '**ground per·son·nel** *n* + *pl vb* AVIAT Bodenpersonal *nt* '**ground rules** *npl* Grundregeln *pl* '**ground·sheet** *n* BRIT Bodenplane *f*

'grounds·man *n,* AM **'grounds·keep·er** *n* Platzwart *m*

'ground staff *n no pl,* + *sing/pl vb* ❶ SPORTS Wartungspersonal *nt* ❷ AVIAT Bodenpersonal *nt* **'ground·swell** *n no pl* (*fig*) Anschwellen *nt* **ground-to-air 'mis·sile** *n* Boden-Luft-Rakete *f* **'ground·wa·ter** *n no pl* Grundwasser *nt* **'ground wire** *n* AM Erdungsdraht *m* **'ground·work** *n no pl* Vorarbeit *f*

group [gru:p] **I.** *n* ❶ + *sing/pl vb* Gruppe *f;* **I'm meeting a ~ of friends for dinner** ich treffe mich mit ein paar Freunden zum Essen; **~s of four or five** Vierer- oder Fünfergruppen *pl;* **~ of trees** Baumgruppe *f;* **to get into ~s** sich in Gruppen zusammentun ❷ ECON Konzern *m* **II.** *adj* Gruppen- **III.** *vt* gruppieren; **to ~ sth according to subject matter** etw nach Themenbereichen ordnen; **I ~ed the children according to age** ich habe die Kinder dem Alter nach in Gruppen eingeteilt **IV.** *vi* sich gruppieren; **to ~ together** sich zusammentun; **to ~ together around sb** sich um jdn herumstellen

'group cap·tain *n* BRIT AVIAT Oberst *m* (*der Royal Air Force*) **group dy·'nam·ics** *npl* Gruppendynamik *f kein pl*

groupie ['gru:pi] *n* (*fam*) Groupie *nt*

group·ing ['gru:pɪŋ] *n* Gruppierung *f*

group 'prac·tice *n* Gemeinschaftspraxis *f* **group 'thera·py** *n no pl* Gruppentherapie *f* **group 'tick·et** *n* TRANSP Sammelfahrschein *m;* TOURIST Gruppenticket *nt*

grouse[1] [graʊs] *n* <*pl* -> Raufußhuhn *nt;* **black ~** Birkhuhn *nt;* **red ~** [Schottisches] Moorschneehuhn; **~ season** Jagdzeit *f* für Moorhühner; **~ shooting** Moorhuhnjagd *f*

grouse[2] [graʊs] *n* (*fam*) Meckerei *f;* **his biggest ~ is about ...** er meckert oft und gerne über ... **II.** *vi* meckern

grove [grəʊv] *n* Wäldchen *nt;* **olive ~** Olivenhain *m*

grov·el <BRIT -ll- *or* AM *usu* -l-> ['grɒvəl] *vi* ❶ (*behave obsequiously*) ▪ **to ~ [before sb]** [vor jdm] zu Kreuze kriechen, katzbuckeln; **~ling letter of apology** unterwürfiger Entschuldigungsbrief ❷ (*crawl*) kriechen; **to ~ about in the dirt** im Schmutz [herum]wühlen

grov·el·ling ['grɒvəlɪŋ] *adj* unterwürfig, kriecherisch *pej*

grow <grew, grown> [grəʊ] **I.** *vi* wachsen; **to ~ taller/wiser** größer/weiser werden; **football's popularity continues to ~** Fußball wird immer populärer; **~ing old** Älterwerden *nt;* **to ~ to like sth** langsam beginnen, etw zu mögen; **II.** *vt* ❶ (*cultivate*) anbauen; *flowers* züchten; **to ~ sth from seed** etw aus Samen ziehen ❷ (*let grow*) *hair* wachsen lassen; **the male deer ~s large antlers** dem Hirsch wächst ein mächtiges Geweih; **furry animals ~ a thicker coat in winter** Pelztiere bekommen im Winter ein dichteres Fell ◆ **grow away** *vi* **to ~ away from sb** sich jdm [allmählich] entfremden ◆ **grow into** *vi* hineinwachsen in +*akk;* (*fig*) sich eingewöhnen in +*akk* ◆ **grow out** *vi* ▪ **to ~ out of sth** aus etw *dat* herauswachsen; **our daughter's ~n out of dolls** unsere Tochter ist aus dem Puppenalter heraus; **to ~ out of a habit** eine Angewohnheit ablegen ◆ **grow up** *vi* ❶ (*become adult*) erwachsen werden; **when I ~ up I'm going to ...** wenn ich erwachsen bin, werde ich ...; **for goodness' sake ~ up!** Menschenskind, wann wirst du endlich erwachsen? ❷ (*arise*) entstehen

grow·er ['grəʊə'] *n* ❶ (*plant*) **a fast/slow ~** eine schnell/langsam wachsende Pflanze ❷ (*gardener*) **coffee/tobacco ~** Kaffee-/Tabakpflanzer(in) *m(f);* **flower ~** Blumenzüchter(in) *m(f);* **fruit ~** Obstbauer *m*/-bäuerin *f;* **vegetable ~** Gemüsebauer *m*/-bäuerin *f*

grow·ing ['grəʊɪŋ] **I.** *n no pl* Anbau *m* **II.** *adj* ❶ *boy, girl* im Wachstumsalter; **~ pains** Wachstumsschmerzen *pl;* (*fig*) Anfangsschwierigkeiten *pl* ❷ (*increasing*) zunehmend ❸ ECON wachsend

growl [graʊl] **I.** *n of animal* Knurren *nt kein pl; of machine* Brummen *nt kein pl* **II.** *vi* knurren; ▪ **to ~ at sb** jdn anknurren; ▪ **to ~ out sth** etw in einem knurrigen Ton sagen

grown [grəʊn] **I.** *adj* erwachsen; **fully ~** ausgewachsen **II.** *pp of* **grow**

grown-up ['grəʊnʌp] (*fam*) **I.** *n* Erwachsene(r) *f(m)* **II.** *adj* erwachsen

growth [grəʊθ] *n* ❶ *no pl* Wachstum *nt;* **~ industry** Wachstumsindustrie *f* ❷ BOT (*new shoots*) Triebe *pl* ❸ MED Geschwulst *f*

groyne [grɔɪn] *n* Buhne *f*

grub [grʌb] **I.** *n* ❶ (*larva*) Larve *f* ❷ *no pl* (*fam: food*) Fressalien *pl;* **~['s] up!** Essen fassen!; **pub ~** Kneipenessen *nt* **II.** *vi* <-bb-> **to ~ about** [*or* **around**] **[for sth]** [nach etw *dat*] wühlen **III.** *vt* <-bb-> ❶ ▪ **to ~ up** [*or* **out**] ⟲ **sth** etw ausgraben; *tree stump* etw ausroden ❷ AM (*fam: cadge*) schnorren (**off/from** von)

grub·by ['grʌbi] *adj* (*fam*) schmudd[e]lig; *hands* schmutzig; (*fig*) schäbig

grudge [grʌdʒ] **I.** *n* Groll *m kein pl;* **to have** [*or* **hold**] [*or* **bear**] **a ~ against sb** einen Groll gegen jdn hegen **II.** *vt* ▪**to ~ sb sth** jdm etw missgönnen; **I don't ~ you your holiday** ich neide dir deinen Urlaub nicht

grudg·ing [ˈgrʌdʒɪŋ] *adj* widerwillig

grudg·ing·ly [ˈgrʌdʒɪŋli] *adv* widerwillig

gru·el [grʊəl] *n no pl* Haferschleim *m*

gru·el·ing *adj* AM *see* **gruelling**

gru·el·ling [ˈgrʊəlɪŋ] *adj time* aufreibend, zermürbend; *journey* strapaziös

grue·some [ˈgruːsəm] *adj* grausig, schauerlich

gruff [grʌf] *adj* barsch

gruff·ly [ˈgrʌfli] *adv* barsch, schroff; (*awkwardly*) unbeholfen

grum·ble [ˈgrʌmbl] **I.** *n* Gemurre *nt kein pl* **II.** *vi* murren; **mustn't ~** ich kann nicht klagen; ▪**to ~ about sb/sth** über jdn/etw schimpfen

grumpi·ly [ˈgrʌmpɪli] *adv* (*fam*) grantig, mürrisch, übellaunig

grumpy [ˈgrʌmpi] *adj* (*fam*) mürrisch, brummig, grantig

grunge [grʌndʒ] *n no pl* MUS, FASHION Grunge *m*

grunt [grʌnt] **I.** *n* Grunzen *nt kein pl;* **to give a ~** grunzen **II.** *vi* grunzen

G-string [ˈdʒiːstrɪŋ] *n* ❶ MUS G-Saite *f* ❷ (*clothing*) String-Tanga *m*

gua·rana [gwɑːˈrɑːnə] *n* Guarana *nt*

guar·an·tee [ˌgærənˈtiː] **I.** *n* Garantie *f;* **his name is a ~ of success** sein Name bürgt für Erfolg; **money-back ~** Rückerstattungsgarantie *f;* **two-year ~** Garantie *f* auf 2 Jahre; **to be** [**still**] **under ~** [noch] Garantie haben; **to give sb one's ~** jdm seine Garantie geben **II.** *vt* ❶ (*promise*) garantieren; ▪**to ~ sb sth** jdm etw zusichern; ▪**to ~ that ...** gewährleisten, dass ... ❷ COMM **to be ~d for three years** drei Jahre Garantie haben ❸ LAW bürgen für +*akk*

guar·an·tor [ˌgærənˈtɔːʳ] *n* Garant(in) *m(f);* LAW Bürge *m*/Bürgin *f*

guar·an·ty [ˈgærənti] *n* LAW Bürgschaft *f*

guard [gɑːd] **I.** *n* ❶ (*person*) Wache *f;* (*sentry*) Wach[t]posten *m;* **border ~** Grenzposten *m;* **prison ~** AM Gefängniswärter(in) *m(f);* **security ~** Sicherheitsbeamte(r) *m*/-beamtin *f;* **to be on ~** Wache halten; **to be under ~** unter Bewachung stehen ❷ (*defensive stance*) Deckung *f;* **to be on one's ~** [**against sb/sth**] (*fig*) [vor jdm/etw] auf der Hut sein; **to be caught off one's ~** [von einem Schlag] unvorbereitet getroffen werden; (*fig*) auf etw *akk* nicht vorbereitet sein; **to drop one's ~** seine Deckung vernachlässigen; (*fig*) nicht [mehr] wachsam [genug] sein; **to let one's ~ slip** seine Deckung fallen lassen; (*fig*) alle Vorsicht außer Acht lassen ❸ (*protective device*) Schutz *m* ❹ BRIT RAIL Zugbegleiter(in) *m(f)* ❺ BRIT MIL ▪**the G~s** *pl* die Garde **II.** *vt* ❶ (*keep watch*) bewachen; (*protect*) [be]schützen (**against** vor); **heavily ~ed** scharf bewacht ❷ (*keep secret*) für sich behalten; **closely ~ed secret** sorgsam gehütetes Geheimnis **III.** *vi* ▪**to ~ against sth** sich vor etw schützen

ˈ**guard dog** *n* Wachhund *m* ˈ**guard duty** *n* Wachdienst *m;* **to be on ~** Wachdienst haben

guard·ed [ˈgɑːdɪd] *adj* (*reserved*) zurückhaltend; (*cautious*) vorsichtig

ˈ**guard·house** *n* Wache *f*

guard·ian [ˈgɑːdiən] *n* ❶ LAW Vormund *m* ❷ (*form: protector*) Hüter(in) *m(f)*

guard·ian ˈan·gel *n* Schutzengel *m a. fig*

guard·ian·ship [ˈgɑːdiənʃɪp] *n no pl* ❶ LAW Vormundschaft *f* ❷ (*form: care*) Obhut *f*

ˈ**guard rail** *n* [Schutz]geländer *nt* ˈ**guard·room** *n* Wachstube *f*

ˈ**guards·man** *n* Wach[t]posten *m;* BRIT MIL Gardesoldat *m*

Gua·te·ma·la [ˌgwɑːtəˈmɑːlə] Guatemala *nt*

Gua·te·ma·la ˈCity *n* Guatemala City *kein art*

Gua·te·ma·lan [ˌgwætəˈmɑːlən] *adj* guatemaltekisch

Guern·sey [ˈgɜːnziː] *n* [**the island of**] ~ Guernsey *nt*

gue(r)·ril·la [gəˈrɪlə] *n* Guerillakämpfer(in) *m(f);* **~ warfare** Guerillakrieg *m*

guess [ges] **I.** *n* ‹*pl* -es› Vermutung *f;* (*estimate*) Schätzung *f;* **you've got three ~es** dreimal darfst du raten; **lucky ~** Glückstreffer *m;* **to have a ~** raten; **to take a wild ~** einfach [wild] drauflosraten; **at a ~** grob geschätzt; ▪**sb's ~ is that ...** jd vermutet, dass ...; **your ~ is as good as mine** da kann ich auch nur raten ▸ **it's anyone's ~** weiß der Himmel **II.** *vi* ❶ (*conjecture*) [er]raten; **how did you ~?** wie bist du darauf gekommen?; **to keep sb ~ing** jdn auf die Folter spannen; ▪**to ~ at sth** etw raten; (*estimate*) etw schätzen ❷ *esp* AM (*suppose*) denken; (*suspect*) annehmen; **I ~ you're right** du wirst wohl recht haben **III.** *vt* raten; ▸ **where I'm calling from** rate mal, woher ich anrufe; **I bet you can't ~ how old she is** ich wette, du kommst nicht darauf, wie alt sie ist; ~ **what?** stell dir vor!; **to keep sb ~ing** jdn im Ungewissen lassen; ■ **to ~ that ...** vermuten, dass ...

guess·ing game ['gesɪŋ-] n Ratespiel nt a. fig

guess·ti·mate, gues·ti·mate ['gestɪmət] I. n (fam) grobe Schätzung II. vt ■ **to ~ sth** etw grob schätzen

guess·work ['gesw3ːk] n no pl Spekulation f oft pl

guest [gest] I. n Gast m ▶ **be my** ~ nur zu! II. vi als Gaststar auftreten; **to ~ on an album** als Gaststar an einem Album mitwirken

'guest·house n Gästehaus nt, Pension f

'guest·room n Gästezimmer nt

guid·ance ['gaɪdᵊn(t)s] n no pl ❶ (advice) Beratung f; (direction) [An]leitung f ❷ (steering system) Steuerung f; ~ **system** of a rocket Lenksystem nt; of a missile Leitstrahlsystem nt

guide [gaɪd] I. n ❶ (person) Führer(in) m(f); TOURIST also Fremdenführer(in) m(f); **mountain** ~ Bergführer(in) m(f); **tour** ~ Reiseführer(in) m(f) ❷ (book) Reiseführer m ❸ (principle) Richtschnur f ❹ (indication) Anhaltspunkt m ❺ BRIT ■ **the G~s** pl die Pfadfinderinnen pl II. vt ❶ (show) ■ **to ~ sb** jdn führen a. fig; (show the way) jdm den Weg zeigen ❷ (instruct) anleiten ❸ (steer) führen; **the plane was ~d in to land** das Flugzeug wurde zur Landung eingewiesen ❹ (influence) leiten; **to be ~d by one's emotions** sich von seinen Gefühlen leiten lassen

'guide·book n Reiseführer m

guid·ed ['gaɪdɪd] adj ❶ (led by a guide) geführt; **tour** Führung f ❷ (automatically steered) [fern]gelenkt; ~ **missile** Lenkflugkörper m

guide dog n Blindenhund m **'guide horse** n Pferd, das Blinde führt wie ein Blindenhund **'guide·line** n usu pl Richtlinie f

guid·ing hand [ˌgaɪdɪŋ'-] n (fig) leitende Hand

guid·ing 'prin·ci·ple n Richtschnur f

guild [gɪld] n of merchants Gilde f; of craftsmen Innung f, Zunft f; **Writers'** ~ Schriftstellerverband m

guile [gaɪl] n no pl Arglist f

guil·lo·tine ['gɪləti:n] n ❶ HIST Guillotine f, Fallbeil nt; **to go to the** ~ unter der Guillotine sterben ❷ BRIT, AUS (paper cutter) Papierschneidemaschine f

guilt [gɪlt] n no pl Schuld f; **feelings of** ~ Schuldgefühle pl

guilti·ly ['gɪltɪli] adv schuldbewusst

guilt·less ['gɪltləs] adj schuldlos

'guilt-rid·den adj von Schuldgefühlen geplagt

guilty ['gɪlti] adj schuldig; **he is** ~ **of theft** er hat sich des Diebstahls schuldig gemacht; ~ **conscience** schlechtes Gewissen; **to feel** ~ **about sth** ein schlechtes Gewissen wegen einer S. gen haben; **to prove sb** ~ jds Schuld beweisen; **until proven** ~ bis die Schuld erwiesen ist

'guinea fowl n Perlhuhn nt

Guin·ean ['gɪniən] I. adj guineisch II. n Guineer(in) m(f)

'guinea pig n Meerschweinchen nt; (fig) Versuchskaninchen nt

guise [gaɪz] n no pl ❶ (appearance) Gestalt f; **in the ~ of a monk** als Mönch verkleidet ❷ (pretence) Vorwand m; **under the ~ of friendship** unter dem Deckmantel der Freundschaft; **under the ~ of doing sth** unter dem Vorwand, etw zu tun

gui·tar [gɪ'tɑːʳ] n Gitarre f

gui·tar·ist [gɪ'tɑːrɪst] n Gitarrist(in) m(f)

gulch [gʌl(t)ʃ] n AM Schlucht f

gulf [gʌlf] n ❶ GEOG Golf m; **the G~ of Mexico** der Golf von Mexiko; ■ **the G~** der [Persische] Golf; **the G~ states** die Golfstaaten pl ❷ (huge difference) [tiefe] Kluft

gull [gʌl] n Möwe f

gul·let ['gʌlɪt] n ANAT Speiseröhre f ▶ **sth sticks in sb's** ~ etw geht jdm gegen den Strich

gul·lible ['gʌlɪbl] adj leichtgläubig

gul·ly ['gʌli] n [enge] Schlucht f; (channel) Rinne f

gulp [gʌlp] I. n [großer] Schluck; **to get a** ~ **of air** Luft holen; **in one** [or at a] ~ in einem Zug II. vt [hinunter]schlucken; liquid hinunterstürzen III. vi ❶ (with emotion) schlucken ❷ (breathe) tief Luft holen; **to ~ for air** nach Luft schnappen

gum¹ [gʌm] n ANAT ■ **~[s]** Zahnfleisch nt kein pl; ~ **shield** Mundschutz m

gum² [gʌm] I. n ❶ no pl (sticky substance) Gummi nt; (on stamps etc.) Gummierung f; (glue) Klebstoff m ❷ (sweet) **chewing** ~ Kaugummi m o nt; **fruit/wine** ~ BRIT Frucht-/Weingummi m o nt ❸ (tree) Gummibaum m II. vt <-mm-> kleben; ■ **to ~ down** zukleben ◆ **gum up** vt verkleben ▶ **to ~ up the works** [den Ablauf] blockieren

gum·my ['gʌmi] adj ❶ (sticky) klebrig;

(*with glue on*) gummiert ❷ (*without teeth*) zahnlos

gump·tion [ˈgʌm(p)ʃ(ə)n] *n no pl* (*fam*) Grips *m*

ˈ**gum·shoe** *n* AM (*sl: detective*) Schnüffler(in) *m(f)*; ˈ**gum tree** *n* [Australischer] Gummibaum ▸ **to be up a ~** BRIT in der Patsche sitzen

gun [gʌn] I. *n* ❶ (*weapon*) [Schuss]waffe *f*; (*cannon*) Geschütz *nt*; (*pistol*) Pistole *f*; (*revolver*) Revolver *m*; (*rifle*) Gewehr *nt*; **big ~** Kanone *f*; (*fig*) hohes Tier; **with all ~s blazing** aus allen Rohren feuernd; (*fig*) mit wilder Entschlossenheit ❷ SPORTS Startpistole *f*; **to jump the ~** einen Frühstart verursachen; (*fig*) voreilig handeln ❸ MECH Pistole *f* ❹ AM (*person*) Bewaffnete(r) *f(m)*; **hired ~** Auftragskiller(in) *m(f)* ▸ **to stick to one's ~s** auf seinem Standpunkt beharren II. *vt* <-nn-> AM (*fam*) *engine* hochjagen ◆ **gun down** *vt* niederschießen

ˈ**gun bar·rel** *n of a rifle* Gewehrlauf *m*; *of a pistol* Pistolenlauf *m* ˈ**gun·boat** *n* Kanonenboot *nt*; ˈ**gun·fight** *n* Schießerei *f* ˈ**gun·fire** *n* Schießerei *f*; *of cannons* Geschützfeuer *nt* ˈ**gun·li·cence**, AM ˈ**gun·li·cense** *n* Waffenschein *m* ˈ**gun·man** *n* Bewaffnete(r) *m*

gun·ner [ˈgʌnəʳ] *n* Artillerist *m*

ˈ**gun·point** *n no pl* **at ~** mit vorgehaltener Waffe; **to be held at ~** mit vorgehaltener Waffe bedroht werden ˈ**gun·pow·der** *n no pl* Schießpulver *nt* ˈ**gun·run·ner** *n* Waffenschmuggler(in) *m(f)*; ˈ**gun·run·ning** *n no pl* Waffenschmuggel *m* ˈ**gun·shot** *n* ❶ (*shot*) Schuss *m*; **~ wound** Schusswunde *f* ❷ *no pl* (*firing*) [Gewehr]schüsse *pl* ❸ (*range*) Schussweite *f* ˈ**gun·sling·er** [ˈgʌnˌslɪŋəʳ] *n* (*hist*) Pistolenheld(in) *m(f)*

gur·gle [ˈgɜːgl] I. *n no pl* Glucksen *nt*; *of water* Gluckern *nt* II. *vi baby* glucksen; *water* gluckern

guru [ˈgʊruː] *n* Guru *m a. fig*

gush [gʌʃ] I. *n no pl* Schwall *m*; (*fig*) Erguss *m* II. *vi* ❶ (*flow out*) [hervor]strömen; (*at high speed*) [hervor]schießen ❷ (*praise*) [übertrieben] schwärmen; ■ **to ~ over sth** über etw *akk* ins Schwärmen geraten III. *vt* ausstoßen; (*fig*) schwärmerisch sagen; **her injured arm ~ed blood** aus ihrem verletzten Arm schoss Blut

gush·er [ˈgʌʃəʳ] *n* [natürlich sprudelnde] Ölquelle

gush·ing [ˈgʌʃɪŋ] *adj* schwärmerisch

gus·set [ˈgʌsɪt] *n* Zwickel *m*

gust [gʌst] I. *n* [Wind]stoß *m*, Bö[e] *f* II. *vi* böig wehen

gus·to [ˈgʌstəʊ] *n no pl* ■ **with ~** mit Begeisterung

gusty [ˈgʌsti] *adj* böig

gut [gʌt] I. *n* ❶ (*intestine*) Darm[kanal] *m* ❷ (*for instruments, rackets*) Darmsaite *f*; (*for fishing*) Angelsehne *f*; MED Katgut *nt kein pl* ❸ (*sl: abdomen*) Bauch *m*; **beer ~** Bierbauch *m* ❹ (*fam: bowels*) ■ **~s** *pl* Eingeweide *pl* ❺ (*fam: courage*) ■ **~s** *pl* Mumm *m kein pl* ▸ **to have sb's ~s for garters** BRIT (*hum*) Hackfleisch aus jdm machen; **to bust a ~** sich abrackern II. *vt* <-tt-> ❶ *animal* ausnehmen ❷ (*destroy by fire*) ■ **to be ~ted** [völlig] ausbrennen III. *adj* (*fam*) gefühlsmäßig; *feeling* instinktiv

ˈ**gut·buck·et** [ˈgʌtbʌkɪt] *n* (*pej sl*) Fettsack *m* **gut·less** [ˈgʌtləs] *adj* (*fam*) feige

gut·sy [ˈgʌtsi] *adj* mutig

gut·ter [ˈgʌtəʳ] I. *n of road* Rinnstein *m*; *of roof* Dachrinne *f*; (*fig*) Gosse *f* II. *vi flame* flackern; *candle* tropfen

gut·ter ˈ**jour·nal·ism** *n no pl* (*pej*) Sensationsjournalismus *m* **gut·ter** ˈ**press** *n no pl* BRIT (*pej*) Sensationspresse *f*

gut·tur·al [ˈgʌtərəl] *adj* kehlig, LING gutturral; **~ sound** Kehllaut *m*

guy [gaɪ] *n* ❶ (*fam: man*) Kerl *m*, Typ *m* ❷ *pl* (*fam: people*) **hi ~s!** hallo Leute!; **are you ~s coming to lunch?** kommt ihr [mit] zum Essen? ❸ BRIT Guy Fawkes verkörpernde Puppe, *die in der Guy Fawkes Night (5. November) auf einem Scheiterhaufen verbrannt wird* ❹ (*rope*) **~** [**rope**] Spannseil *nt*; (*for tent*) Zeltschnur *f*

Guy·ana [gaɪˈænə] *n* Guyana *nt*

guz·zle [ˈgʌzl] (*fam*) I. *vt* (*drink*) in sich *akk* hineinkippen; (*eat*) in sich *akk* hineinstopfen II. *vi* schlingen

gym [dʒɪm] *n* ❶ *short for* **gymnastics** Turnen *nt kein pl* ❷ *short for* **gymnasium** Turnhalle *f* ❸ AM SCH [Schul]sport *m kein pl* ˈ**gym·goer** *n* AM (*fam*) Besucher(in) *m(f)* eines Fitnesscenters

gym·na·sium <*pl* -s *or* -sia> [dʒɪmˈneɪziəm, *pl* -ziə] *n* Turnhalle *f*

gym·nast [ˈdʒɪmnæst] *n* Turner(in) *m(f)*

gym·nas·tic [dʒɪmˈnæstɪk] *adj* turnerisch, Turn-

gym·nas·tics [dʒɪmˈnæstɪks] *npl* Turnen *nt kein pl*; (*fig*) **mental ~** Gehirnakrobatik *f*

ˈ**gym shoes** *npl* Turnschuhe *pl*

gy·nae·co·logi·cal [ˌgaɪnəkəˈlɒdʒɪkəl]

adj, AM, AUS **gy·ne·co·logi·cal** *adj* gynäkologisch

gy·nae·colo·gist [ˌgaɪnəˈkɒlədʒɪst] *n*, AM, AUS **gy·ne·colo·gist** *n* Gynäkologe *m*/Gynäkologin *f*, Frauenarzt *m*/-ärztin *f*

gy·nae·col·ogy [ˌgaɪnəˈkɒlədʒi], AM, AUS **gy·ne·col·ogy** *n no pl* Gynäkologie *f*

gyp [dʒɪp] *n no pl* BRIT, AUS (*fam*) **to give sb ~** jdm |arg| zu schaffen machen

gyp·sy [ˈdʒɪpsi] *n* (*pej*) Zigeuner(in) *m(f) pej*

gy·rate [dʒaɪ(ə)ˈreɪt] *vi* sich drehen; (*fig: dance*) |aufreizend| tanzen

gy·ra·tion [dʒaɪ(ə)ˈreɪʃ⁽ə⁾n] *n* Drehung *f*

gyro·com·pass <*pl* **-es**> [ˈdʒaɪ(ə)rəʊˌkʌmpəs] *n* Kreiselkompass *m*

gyro·scope [ˈdʒaɪ(ə)rəskəʊp] *n* NAUT, AVIAT Gyroskop *nt*

Hh

H <*pl* **-'s** or **-s**>, **h** <*pl* **-'s**> [eɪtʃ] *n* H *nt*, h *nt; see also* **A 1**

ha [hɑː] *interj* (*esp hum*) ah

hab·er·dash·ery [ˈhæbədæʃ⁽ə⁾ri] *n* ❶ BRIT (*sewing wares*) Kurzwaren *pl*; (*shop*) Kurzwarenladen *m* ❷ AM (*male clothing*) Herrenmode *f*; (*shop*) Herrenausstatter *m*

hab·it [ˈhæbɪt] *n* ❶ (*repeated action*) Gewohnheit *f*; **from force of ~** aus |reiner| Gewohnheit; **a bad/good ~** eine schlechte/gute |An|gewohnheit; **to break a ~** sich *dat* etw abgewöhnen; **to get into/out of the ~ of sth** sich *dat* etw angewöhnen/abgewöhnen; **to make a ~ of sth** etw zur Gewohnheit werden lassen ❷ (*fam: drug addiction*) **to have a heroin ~** heroinsüchtig sein ❸ (*special clothing*) REL Habit *m o nt* ▶ **old ~s die hard** (*prov*) der Mensch ist ein Gewohnheitstier

hab·it·able [ˈhæbɪtəbl] *adj* bewohnbar

habi·tat [ˈhæbɪtæt] *n* Lebensraum *m*; BIOL Habitat *n*

habi·ta·tion [ˌhæbɪˈteɪʃ⁽ə⁾n] *n* ❶ *no pl* (*living in a place*) |Be|wohnen *nt*; **to show signs of ~** bewohnt aussehen; **fit/unfit for human ~** menschenwürdig/-unwürdig ❷ (*form: home*) Wohnstätte *f*

ha·bitu·al [həˈbɪtʃuəl] *adj* ❶ (*constant*) ständig ❷ (*usual*) gewohnt ❸ (*due to habit*) gewohnheitsmäßig; (*of bad habit*) notorisch; **~ smoker** Gewohnheitsraucher(in) *m(f)*

hack¹ [hæk] I. *vt* ❶ (*chop*) hacken; **to ~ sb/sth to pieces** jdn/etw zerstückeln ❷ (*kick*) ■**to ~ sb** BRIT jdn |gegen das Schienbein| treten ❸ COMPUT ■**to ~ sth** in etw *akk* eindringen ❹ AM, AUS (*sl: cope with*) aushalten; **he can't ~ it** er bringt's einfach nicht II. *vi* ❶ (*chop*) ■**to ~** |**away**| **at sth** auf etw *akk* einhacken ❷ COMPUT ■**to ~ into sth** in etw *akk* eindringen

hack² [hæk] I. *n* ❶ (*horse-ride*) Ausritt *m* ❷ (*pej fam: writer*) Schreiberling *m* ❸ AM (*fam: taxi*) Taxi *nt*; (*taxi driver*) Taxifahrer(in) *m(f)* II. *vi* BRIT ausreiten

hack·er [ˈhækə^r] *n* COMPUT Hacker(in) *m(f)*

hack·ing [ˈhækɪŋ] *n* ❶ (*breaking into computers*) Hacken *nt* ❷ BRIT (*horse-riding*) **to go ~** ausreiten, einen Ausritt machen

hack·les [ˈhæklz] *npl* |aufstellbare| Nackenhaare; **the dog's ~ were up** dem Hund sträubte sich das Fell

hack·neyed [ˈhæknid] *adj* (*pej*) abgedroschen *fam*

'hack·saw *n* Bügelsäge *f*

had [hæd, həd] I. *vt* ❶ *pt, pp of* **have** ❷ (*fam*) **to have ~ it** (*want to stop*) genug haben; (*to be broken*) kaputt sein; **to have ~ it** |**up to here**| **with sb/sth** von jdm/etw die Nase |gestrichen| voll haben II. *adj* (*fam*) ■**to be ~** |he|reingelegt werden; **you've been ~!** die haben dich reingelegt!

had·dock <*pl* **->** [ˈhædək] *n* Schellfisch *m*

hadn't [ˈhæd⁽ə⁾nt] = **had not** *see* **have**

haemo·philia, AM **hemo·philia** [ˌhiːməˈfɪliə] *n no pl* MED Bluterkrankheit *f*, Hämophilie *f fachspr*

haemo·phili·ac [ˌhiːməˈfɪliæk] *n* MED Bluter(in) *m(f)*

haem·or·rhage [ˈhem⁽ə⁾rɪdʒ] I. *n* MED |starke| Blutung II. *vi* ❶ MED |stark| bluten ❷ (*fig*) einen großen Verlust erleiden

haem·or·rhoids [ˈhem⁽ə⁾rɔɪdz] *npl* MED Hämorrhoiden *pl*

hag [hæg] *n* (*pej: witch*) Hexe *f*; (*old woman*) hässliches altes Weib

hag·gard [ˈhægəd] *adj* ausgezehrt, verhärmt

hag·gis [ˈhægɪs] *n no pl* schottisches Ge-

richt aus in einem Schafsmagen gekochten Schafsinnereien und Haferschrot

hag·gle ['hægl] **I.** *vi* ❶ (*bargain*) ■ **to ~ [over sth]** [um etw *akk*] feilschen ❷ (*argue*) ■ **to ~ over sth** [sich] über etw *akk* streiten **II.** *n* Gefeilsche *nt*

Hague [heɪɡ] *n* ■ **The ~** Den Haag *kein art*

ha-ha ['hɑːhɑː] *n* [eingelassener] Begrenzungszaun

hail[1] [heɪl] **I.** *vt* ❶ (*greet*) [be]grüßen ❷ (*form: call*) zurufen; *taxi* rufen ❸ (*acclaim*) zujubeln; **to ~ sb/sth as sth** jdn/etw als etw bejubeln **II.** *vi* (*form*) stammen

hail[2] [heɪl] **I.** *n no pl* Hagel *m*; **a ~ of bullets/stones** ein Kugel-/Steinhagel *m*; **a ~ of insults** ein Schwall *m* von Beschimpfungen **II.** *vi* ■ **it's ~ing** *impers* es hagelt

'**hail·stone** *n* Hagelkorn *nt*

hair [heəʳ] *n* ❶ (*single strand*) Haar *nt*; **to lose/win by a ~** (*fig*) ganz knapp verlieren/gewinnen ❷ *no pl* (*on head*) Haar *nt*, Haare *pl*; (*on body*) Behaarung *f*; **to have one's ~ cut** sich *dat* die Haare schneiden lassen ❸ (*hairstyle*) Frisur *f*; **to do sb's ~** jdn frisieren ▶ **that'll put ~s on your chest** das zieht dir die Schuhe aus; **the ~ of the dog** [ein Schluck *m*] Alkohol, um einen Kater zu vertreiben; **keep your ~ on!** Brit, Aus immer mit der Ruhe!; **to let one's ~ down** sich gehen lassen; **to make sb's ~ stand on end** jdm die Haare zu Berge stehen lassen; **to not turn a ~** nicht mit der Wimper zucken

'**hair·band** *n* Haarband *nt* '**hair·brush** *n* Haarbürste *f* '**hair·care** *n* Haarpflege *f* '**hair·curl·er** *n* Lockenwickler *m* '**hair·cut** *n* Haarschnitt *m*, Frisur *f*; **I need a ~** ich muss mal wieder zum Friseur; **to get** [*or* **have**] **a ~** sich *dat* die Haare schneiden lassen '**hair·do** *n* [kunstvolle] Frisur '**hair·dress·er** *n* Friseur *m*/Friseuse *f*; ■ **the ~'s** der Friseur[salon] '**hair·dress·ing** *n no pl* ❶ (*profession*) Friseurberuf *m* ❷ (*action*) Frisieren *nt* '**hair·dress·ing sa·lon** *n* Friseursalon *m* '**hair·dri·er** *n*, '**hair·dry·er** *n* Föhn *m*; (*with hood*) Trockenhaube *f* '**hair ex·ten·sion** *n usu pl* Haarverlängerung *f* '**hair·grip** *n* Brit Haarklammer *f*

hair·less ['heələs] *adj* unbehaart; *person* glatzköpfig; *plant* haarlos

'**hair·line** *n* Haaransatz *m*

hair·line 'crack *n* Haarriss *m*

'**hair·net** *n* Haarnetz *nt* '**hair·piece** *n* Haarteil *nt* '**hair·pin** *n* Haarnadel *f*

hair·pin 'bend *n* Brit, Aus, **hair·pin**

'**curve** *n*, **hair·pin 'turn** *n* Am Haarnadelkurve *f*

'**hair-rais·ing** *adj* (*fam*) haarsträubend

'**hair re·mov·er** *n* Enthaarungsmittel *nt*

'**hair re·stor·er** *n* Haarwuchsmittel *nt*

'**hair·slide** *n* Brit, Aus Haarspange *f*

'**hair·split·ting** (*pej*) **I.** *n* Haarspalterei *f* **II.** *adj* haarspalterisch '**hair·spray** *n* Haarspray *nt* '**hair·style** *n* Frisur *f*

hairy ['heəri] *adj* ❶ (*having much hair*) haarig ❷ (*made of hair*) aus Haar *nach n* ❸ (*fig fam: dangerous*) haarig; *situation* brenzlig

Hai·ti ['heɪti] *n* Haiti *nt*

Hai·tian ['heɪʃ[ə]n] **I.** *n* ❶ (*person*) Haitianer(in) *m(f)*; **to be a ~** Haitianer(in) *m(f)* sein ❷ (*language*) Haitianisch *nt* **II.** *adj* haitisch, haitianisch

haka ['hɑːkə] *n* NZ *Kriegstanz der Maoris, der in abgewandelter Form von neuseeländischen Rugbymannschaften vor einem Spiel aufgeführt wird*

hake <*pl* - *or* -s> [heɪk] *n* Seehecht *m*, Hechtdorsch *m*

hale [heɪl] *adj* **~ and hearty** gesund und munter

half [hɑːf] **I.** *n* <*pl* halves> ❶ (*fifty per cent*) Hälfte *f*; **~ the amount** der halbe Betrag; **~ an apple** ein halber Apfel; **~ a dozen** ein halbes Dutzend; **a kilo and a ~** eineinhalb [*o* DIAL anderthalb] Kilo; **to cut sth into halves** etw halbieren; **to cut in ~** in der Mitte durchschneiden, halbieren; **to fold in ~** zur Mitte falten; **~ by ~** um die Hälfte; **to divide sth by ~** etw durch zwei teilen; **to reduce sth by ~** etw um die Hälfte reduzieren ❷ Brit (*fam: half pint of beer*) kleines Bier (*entspricht ca. 1/4 Liter*) ❸ Brit (*child's ticket*) **two adults and three halves, please!** zwei Erwachsene und drei Kinder, bitte! ❹ FBALL (*midfield player*) Läufer(in) *m(f)*; (*period*) Spielhälfte *f*, Halbzeit *f* ❺ (*fam*) **you haven't heard the ~ of it yet!** das dicke Ende kommt ja noch!; **that's ~ the fun** [**of it**] das ist doch gerade der Spaß daran; **~** [**of**] **the time** die meiste Zeit ▶ **given ~ a chance** wenn man die Möglichkeit hätte; **to not do things by halves** keine halben Sachen machen; **a game/meal and a ~** ein Bombenspiel *nt*/Bombenessen *nt fam*; **to go halves** [**on sth**] (*fam*) sich *dat* die Kosten [für etw *akk*] teilen; **I'll go halves with you** ich mach mit dir halbe-halbe; **how the other ~ lives** (*prov*) wie andere Leute leben; **~ a second** [*or* Brit **tick**] einen Moment **II.** *adj* halbe(r, s); **~** [**a**] **per cent** ein halbes Prozent; **a ~ pint of lager** ein kleines Helles III. *adv* ① (*almost*) fast ② (*partially*) halb; **it wasn't ~ as good** das war bei weitem nicht so gut; **~ asleep** halb wach; **to be ~ right** *person* zum Teil Recht haben; *thing* zur Hälfte richtig sein ③ (*time*) [at] **~ past nine** [um] halb zehn; **at ~ past on the dot** um Punkt halb ④ (*by fifty percent*) **my little brother is ~ as tall as me** mein kleiner Bruder ist halb so groß wie ich; **he is ~ my weight** er wiegt halb so viel wie ich ⑤ (*intensifies negative statement*) **not ~** BRIT (*fam*) unheimlich; **she didn't ~ shout at him** sie hat ihn vielleicht angebrüllt

'**half·back** *n* FBALL Läufer(in) *m(f)*; (*in rugby*) Halbspieler(in) *m(f)* **half-'baked** *adj* (*fig fam*) unausgereift **half-'board** *n* BRIT Halbpension *f* '**half-breed** *n* ① (*pej!: person*) Mischling *m* ② (*animal*) [Rassen]kreuzung *f*; (*horse*) Halbblut *nt* '**half-broth·er** *n* Halbbruder *m* '**half-doz·en** *n*, **half a 'doz·en** *n* ein halbes Dutzend **half-'emp·ty** *adj* halb leer **half-'full** *adj* halb voll **half-'heart·ed** *adj* halbherzig **half-'mast** *n* ■**at ~** auf halbmast '**half-moon** *adj* halbmond- '**half note** *n* AM MUS halbe Note **half-'price** *adj, adv* zum halben Preis '**half-sister** *n* Halbschwester *f* **half-'term** *n* Ferien nach ca. der Hälfte eines Trimesters; ■**at ~** in den Trimesterferien **half-'tim·bered** *adj* Fachwerk- **half-'time** SPORTS I. *n* Halbzeit *f*; (*break*) Halbzeitpause *f* II. *adj* Halbzeit- **half-'way** I. *adj* halb; **at the ~ point of the race** nach der Hälfte des Rennens II. *adv* in der Mitte; **York is ~ between Edinburgh and London** York liegt auf halber Strecke zwischen Edinburgh und London; **~ through dinner** mitten beim Abendessen; **~ decent** (*fig fam*) halbwegs anständig; **to meet sb ~** (*fig*) jdm [auf halbem Weg] entgegenkommen; **~ down** in der Mitte; **~ down page 27** auf Seite 27 Mitte; **~ up** auf halber Höhe; **we went ~ up the mountain** wir bestiegen den Berg zur Hälfte '**half-wit** *n* (*pej*) Dummkopf *m* **half-'year·ly** *adj, adv* halbjährlich

hali·but <*pl* - *or* -s> ['hælɪbət] *n* Heilbutt *m*

hall [hɔːl] *n* ① (*room by front door*) Korridor *m*, Diele *f*, Flur *m* ② (*large building*) Halle *f*; (*public room*) Saal *m*; **school ~** Aula *f*; **town** [*or* AM **city**] **~** Rathaus *nt* ③ (*large country house*) Herrenhaus *nt* ④ (*student residence*) **~** [**of residence**] [Studenten]wohnheim *nt*

hall·mark ['hɔːlmɑːk] *n* ① BRIT Feingehaltsstempel *m* ② (*fig*) Kennzeichen *nt*

hal·lowed ['hæləʊd] *adj* [als heilig] verehrt; *ground* geweiht; *traditions* geheiligt; **~ be Thy name** geheiligt werde Dein Name

Hal·low·een [ˌhæləʊ'wiːn] *n* Halloween *nt*

hal·lu·ci·nate [hə'luːsɪneɪt] *vi* halluzinieren

hal·lu·ci·na·tion [həˌluːsɪ'neɪʃ(ə)n] *n* Halluzination *f*

hal·lu·cino·gen·ic [həˌluːsɪnə(ʊ)'dʒenɪk] *adj* halluzinogen

halo <*pl* -s *or* -es> ['heɪləʊ] *n* ① REL Heiligenschein *m* ② (*circle*) Ring *m*; **~ of light** Lichtkranz *m* ③ ASTRON Hof *m*

halo·gen 'bulb *n* Halogenglühbirne *f*

halt [hɒlt] I. *n no pl* ① (*stoppage*) Stillstand *m*; **to bring sth to a ~** etw zum Stillstand bringen; **to call a ~** [**to sth**] [etw *dat*] ein Ende machen; **to come to a ~** zum Stehen kommen; **to grind to a ~** (*fig*) zum Erliegen kommen ② (*break*) Pause *f*; MIL Halt *m* II. *vt* zum Stillstand bringen; *fight* beenden III. *vi* ① (*stop*) zum Stillstand kommen ② (*break*) eine Pause machen; MIL Halt machen IV. *interj* halt

hal·ter ['hɒltəʳ] I. *n* ① (*for animals*) Halfter *nt* ② AM FASHION rückenfreies Oberteil (*mit Nackenverschluss*) II. *vt* halftern

'**hal·ter·neck** I. *n* BRIT rückenfreies Oberteil (*mit Nackenverschluss*) II. *adj* rückenfrei

halt·ing ['hɒltɪŋ] *adj* zögernd; *speech* stockend

halve [hɑːv] I. *vt* ① (*cut in two*) halbieren ② (*lessen by 50 per cent*) um die Hälfte reduzieren II. *vi* sich halbieren

ham [hæm] I. *n* ① *no pl* FOOD Schinken *m* ② THEAT (*pej*) Schmierenkomödiant(in) *m(f)* ③ (*fam*) **radio ~** Amateurfunker(in) *m(f)* II. *adj* ① (*made with ham*) Schinken-; **~ sandwich** Schinkenbrot *nt* ② (*incompetently acting*) Schmieren-; **~ actor** Schmierenkomödiant(in) *m(f)* III. *vt* THEAT, FILM **to ~ it up** übertrieben agieren

ham·burg·er ['hæmˌbɜːgəʳ] *n* FOOD ① (*cooked*) Hamburger *m* ② *no pl* AM (*raw*) Hackfleisch *nt*

ham·let ['hæmlət] *n* Weiler *m*

ham·mer ['hæməʳ] I. *n* ① (*tool*) Hammer *m* ② SPORTS [Wurf]hammer *m*; [**throwing**] **the ~** das Hammerwerfen ▶ **to go at sth ~ and tongs** (*work hard*) sich [mächtig] ins Zeug legen; (*argue*) sich streiten, dass die Fetzen fliegen **II.** *vt* ❶ (*hit*) *nail* einschlagen; *ball* [kräftig] schlagen; **to ~ sth into sb** (*fig*) jdm etw einhämmern ❷ (*fam: defeat*) **France ~ed Italy 6-1** Frankreich war Italien mit 6:1 haushoch überlegen ❸ ECON (*fig*) *price* drücken; **to ~ business** dem Geschäft schaden ❹ (*criticize*) *film* niedermachen; **to be ~ed by sb [for sth]** von jdm [wegen einer S. *gen*] zur Schnecke gemacht werden ❺ (*become very drunk*) **to get ~ed** (*fam*) besoffen werden ▶ **to ~ sth home** etw *dat* Nachdruck verleihen; **to ~ it home to sb** jdm einbläuen **III.** *vi* hämmern *a. fig*; ■**to ~ at** [*or* **on**] **sth** gegen etw *akk* hämmern ◆**hammer in** *vt* ❶ (*hit*) *nail* einschlagen; (*fig*) *ball* hämmern ❷ (*fig*) ■**to ~ sth into sb** *fact* jdm etw einbläuen ◆**hammer out** *vt* ❶ *dent* ausbeulen ❷ *solution* aushandeln; *difficulties* bereinigen; *plan* ausarbeiten ❸ (*fig: play loudly*) *tune* hämmern

ham·mock ['hæmək] *n* Hängematte *f*
ham·per¹ ['hæmpəʳ] *n* [Deckel]korb *m*; (*for presents*) Geschenkkorb *m*; (*for food*) Präsentkorb *m*; AM (*for dirty linen*) Wäschekorb *m*
ham·per² ['hæmpəʳ] *vt* behindern
ham·ster ['hæm(p)stəʳ] *n* Hamster *m*
ham·string ['hæmstrɪŋ] **I.** *n* ANAT Kniesehne *f*; **to pull a ~** sich *dat* eine Kniesehnenzerrung zuziehen **II.** *vt* <-strung, -strung> *usu passive* (*fig*) **to be hamstrung** lahmgelegt sein
hand [hænd] **I.** *n* ❶ ANAT Hand *f*; **get your ~s off!** Hände weg!; **~s up!** Hände hoch!; **~s up who wants to come!** Hand hoch, wer kommen will; **the pupil put up her ~** die Schülerin meldete sich; **to be good with one's ~s** geschickte Hände haben; **to get one's ~s dirty** (*also fig*) sich *dat* die Hände schmutzig machen; **to hold sb's ~** jdm die Hand halten; ■**to take** [*or* **lead**] **sb by the ~** jdn an die Hand nehmen; **by ~** (*manually*) von Hand; (*by messenger*) durch einen Boten; ■**in one's [left/right] ~** in der [linken/rechten] Hand; **~ in ~** Hand in Hand; **on ~s and knees** auf allen vieren ❷ (*control*) **to be in good/safe ~s** in guten/sicheren Händen sein; **to fall into the wrong ~s** in die falschen Hände geraten; **to have sth well in ~** etw gut im Griff haben; **to leave sth in sb's ~s** jdm etw überlassen; **to take sb/sth in ~** sich *dat* jdn/etw vornehmen; **to turn one's ~ to sth** sich an etw *akk* machen; ■**at ~** (*current, needing attention*) vorliegend; (*close*) in Reichweite; ■**on ~** zur Verfügung; **he's got a lot of time on his ~s** er hat viel Zeit zur Verfügung; ■**to be out of sb's ~s** außerhalb jds Kontrolle sein; **to get out of ~** *situation* außer Kontrolle geraten; *children* nicht mehr zu bändigen sein ❸ (*assistance*) **would you like a ~?** soll ich Ihnen helfen?; **to give** [*or* **lend**] **sb a ~** jdm helfen ❹ (*manual worker*) Arbeiter(in) *m(f)*; (*sailor*) Matrose *m* ❺ (*skilful person*) **I'm an old ~ at ...** ich bin ein alter Hase was ... betrifft ❻ (*on clock, watch*) Zeiger *m* ❼ CARDS Blatt *nt*; **a ~ of poker** eine Runde Poker ❽ (*horse measurement*) Handbreit *f* ❾ (*handwriting*) Handschrift *f* ❿ (*applause*) **to give sb a big ~** jdm einen großen Applaus spenden ▶ **to live from ~ to mouth** von der Hand in den Mund leben; **to only have one pair of ~s** auch nur zwei Hände haben; **many ~s make light work** (*prov*) viele Hände machen der Arbeit bald ein Ende; **to keep a firm ~ on sth** etw fest im Griff behalten; **to have one's ~s full** jede Menge zu tun haben; **on the one ~ ... on the other [~] ...** einerseits ... andererseits; **sb's ~s are tied** jdm sind die Hände gebunden; **to ask for sb's ~ in marriage** (*form*) jdn um seine/ihre Hand bitten; **to get one's ~s on sb** jdn zu fassen kriegen; **to wait on sb ~ and foot** jdn von vorne bis hinten bedienen; **to win ~s down** spielend gewinnen **II.** *vt* ■**to ~ sb sth** jdm etw [über]geben ▶ **you've got to ~ it to sb** man muss es jdm lassen ◆**hand back** *vt* zurückgeben ◆**hand down** *vt* ❶ (*pass on*) weitergeben; *tradition* überliefern ❷ LAW verkünden ◆**hand in** *vt* einreichen; *homework* abgeben; *weapon* aushändigen ◆**hand on** *vt* ■**to ~ sth ○ on** [**to sb**] etw [an jdn] weitergeben; (*through family*) [jdm] etw vererben ◆**hand out** *vt* ❶ (*distribute*) austeilen (**to** an); *homework, advice* geben (**to** +*dat*) ❷ LAW *sentence* verhängen ◆**hand over** *vt* ❶ (*pass*) herüberreichen; (*away from one*) hinüberreichen; (*present*) übergeben; *cheque* überreichen ❷ TV, RADIO weitergeben (**to** an) ❸ (*transfer authority*) ■**to ~ sb over** [**to sb**] jdn [jdm] übergeben; **to ~ oneself over to the police** sich der Polizei stellen ◆**hand round** *vt* BRIT herumreichen; *papers, test* austeilen

'**hand·bag** *n* Handtasche *f* '**hand·ball** *n* ❶ (*kind of sport*) Handball *m* ❷ FBALL Handspiel *nt* '**hand·bill** *n* Handzettel *m* '**hand·book** *n* Handbuch *nt*; **student ~**

Vorlesungsverzeichnis nt 'hand·brake n Handbremse f

H & C abbrev of hot and cold [water] heißes und kaltes Wasser

'hand·cart n Handkarren m 'hand·cuff I. vt ■to ~ sb jdm Handschellen anlegen; ■to ~ sb to sth/sth jdn mit Handschellen an jdn/etw fesseln II. n ■~s pl Handschellen pl 'hand·ful ['hæn(d)fʊl] n ❶ (quantity) Handvoll f; a ~ of hair ein Büschel nt Haare; a ~ of people wenige Leute ❷ no pl (person) Nervensäge f 'hand·gre·nade n Handgranate f 'hand·gun n Handfeuerwaffe f

handi·cap ['hændɪkæp] I. n ❶ SPORTS Handicap nt; (race) Vorgaberennen nt ❷ (disadvantage) Handicap nt ❸ (dated: disability) Behinderung f II. vt <-pp-> (disadvantage) benachteiligen

handi·capped ['hændɪkæpt] adj (dated) behindert; ~ people Behinderte pl

handi·craft ['hændɪkrɑːft] I. n [Kunst]handwerk nt kein pl II. adj handwerklich; ~ class Bastelkurs m

handi·work ['hændɪwɜːk] n no pl [Mach]werk nt; (approv) Meisterwerk nt

hand·ker·chief ['hæŋkətʃiːf] n Taschentuch nt, Sacktuch nt SÜDD

han·dle ['hændl] I. n ❶ (handgrip) Griff m; of a pot, basket Henkel m; of a door Klinke f; of a handbag Bügel m; of a broom, comb Stiel m; of a pump Schwengel m ❷ (fam: nickname) Beiname m ▶ to fly off the ~ hochgehen; to get a ~ on sth einen Zugang zu etw dat finden II. vt ❶ (grasp) anfassen; "~ with care" „Vorsicht, zerbrechlich!" ❷ (transport) befördern ❸ (work on) bearbeiten; luggage abfertigen; (be in charge of) zuständig sein für +akk; to ~ sb's affairs sich um jds Angelegenheiten kümmern ❹ (manage) bewältigen; (sort out) regeln; can you ~ it alone? schaffst du das alleine? ❺ (deal with) umgehen mit +dat, behandeln III. vi + adv sich handhaben lassen; this car ~s really well dieser Wagen fährt sich wirklich gut

han·dle·bar mous·tache n Schnauzbart m

'han·dle·bars npl Lenkstange f

han·dler ['hændləʳ] n ❶ (dog trainer) Hundeführer(in) m(f) ❷ AM (counsellor) Berater(in) m(f)

han·dling ['hændlɪŋ] n no pl ❶ (act of touching) Berühren nt ❷ (treatment) Handhabung f (of +gen), Umgang m (of mit); of a theme [literarische] Abhandlung ❸ (settlement) Erledigung f (of +gen) ❹ (using a machine) Umgang m (of mit), Handhabung f (of +gen); of vehicle Fahrverhalten nt ❺ (processing of material) Verarbeitung f (of +gen); (treating of material) Bearbeitung f (of mit)

'hand lug·gage n no pl Handgepäck nt

hand·'made adj handgearbeitet; paper handgeschöpft 'hand-me-down n abgelegtes Kleidungsstück hand-'op·er·at·ed adj handbetrieben 'hand·out n ❶ (money) Almosen nt; government ~ staatliche Unterstützung ❷ (leaflet) Flugblatt nt; for students Arbeitsblatt nt; press ~ Presseerklärung f hand-'picked adj handverlesen a. fig 'hand·rail n on stairs Geländer nt; on ship Reling f 'hand saw n Handsäge f 'hand·shake n Händedruck m ▶ golden ~ goldener Händedruck (äußerst üppige Abfindung)

hand·some ['hæn(d)səm] adj ❶ (attractive) gut aussehend ❷ (approv: larger than expected) number beachtlich; a ~ sum eine stolze Summe ❸ (approv: generous) großzügig

hand·some·ly ['hæn(d)səmli] adv ❶ (attractively) schön ❷ (generously) reichlich; to tip ~ ein großzügiges Trinkgeld geben

hands-'on adj ❶ (non-delegating) interventionistisch ❷ (practical) praktisch

hands on 'con·test n Wettbewerb, bei dem derjenige gewinnt, der seine Hand am längsten auf dem Preis liegen lässt

'hand·spring n Handstandüberschlag m 'hand·stand n Handstand m kein pl hand-to-'mouth adv to live [from] ~ von der Hand in den Mund leben 'hand·work n no pl Handarbeit f 'hand·writ·ing n no pl Handschrift f 'hand·writ·ten adj handgeschrieben

handy ['hændi] adj ❶ (user-friendly) praktisch, nützlich, geschickt SÜDD; (easy to handle) handlich ❷ (convenient) nützlich; excuse passend; to come in ~ [for sb/sth] [jdm/etw] gelegen kommen ❸ (conveniently close) thing griffbereit, greifbar; place in der Nähe, leicht erreichbar; ■to be ~ thing griffbereit sein; place günstig liegen ❹ (skilful) geschickt; ■to be ~ with sth mit etw dat gut umgehen können

'handy·man n Heimwerker(in) m(f)

hang [hæŋ] I. n no pl ❶ of drapery Fall m; of clothes Sitz m ❷ (fig fam) to get the ~ of sth bei etw dat den [richtigen] Dreh herausbekommen II. vt <hung, hung> ❶ (mount) aufhängen (on an) ❷ (decorate) behängen ❸ <hung or -ed, hung or

-ed> (*execute*) [auf]hängen; ■**to ~ oneself** sich aufhängen; **to be hung** [*or* **~ed**], **drawn and quartered** (*hist*) gehängt, gestreckt und geviertelt werden ❹(*let droop*) **to ~ one's head** den Kopf hängen lassen; **to ~ one's head in shame** beschämt den Kopf senken ❺(*fig: postpone*) **to ~ fire** [es] abwarten [können] ❻ FOOD abhängen [lassen] ▶ **~ it** [**all**]! zum Henker damit! **III.** *vi* ❶<hung, hung> (*be suspended*) hängen (**from** an); (*fall*) *clothes* fallen; **a gold necklace hung around her neck** eine Goldkette lag um ihren Hals; ■**to ~ down** herunterhängen ❷<hanged, hanged> (*die by execution*) hängen ❸<hung, hung> (*remain in air*) *mist, smell* hängen ❹<hung, hung> (*rely on*) ■**to ~** [**up**]**on sb/sth** von jdm/etw abhängen ❺<hung, hung> (*listen carefully*) **to ~ on sb's** [**every**] **word** an jds Lippen hängen ❻<hung, hung> (*keep*) ■**to ~ onto sth** etw behalten ❼<hung, hung> AM (*fam*) **sb can go ~!** zum Henker mit jdm! ❽<hung, hung> AM (*fam*) **to ~ at a place** an einem Ort rumhängen ▶ **to ~ in there** am Ball bleiben ◆**hang about** *vi* ❶(*fam: waste time*) herumtrödeln ❷(*wait*) warten; BRIT **~ about, ...** Moment mal, ...; **to keep sb ~ing about** jdn warten lassen ❸ BRIT (*fam*) ■**to ~ about with sb** [ständig] mit jdm zusammenstecken ◆**hang back** *vi* ❶(*be slow*) sich zurückhalten; (*hesitate*) zögern ❷(*stay behind*) zurückbleiben ◆**hang behind** *vi* hinterhertrödeln ◆**hang on** *vi* ❶(*fam: persevere*) durchhalten ❷(*grasp*) ■**to ~ on to sth** sich an etw *dat* festhalten; (*stronger*) sich an etw *akk* klammern; **to ~ on tight** sich gut festhalten; **to ~ on in there** (*fam*) am Ball bleiben ❸(*wait briefly*) warten; (*on the telephone*) dranbleiben; **~ on** [**a minute**] wart mal, einen Augenblick; **~ on!** (*annoyed*) Moment! ◆**hang out I.** *vt* heraushängen; *washing* aufhängen **II.** *vi* ❶(*project*) heraushängen ❷(*sl: loiter*) rumhängen; (*live*) hausen; **where does he ~ out these days?** wo treibt er sich zur Zeit herum? ▶ **to let it all ~ out** die Sau rauslassen *fam* ◆**hang round** *vi* BRIT *see* **hang about** ◆**hang together** *vi argument* schlüssig sein; *alibi* keine Widersprüche aufweisen ◆**hang up I.** *vi* ❶(*dangle*) hängen ❷(*finish phone call*) auflegen **II.** *vt* ❶(*suspend*) aufhängen; *phone* auflegen ❷(*fig fam: give up*) an den Nagel hängen
hang·ar [ˈhæŋəʳ] *n* AVIAT Hangar *m*

hang·dog [ˈhæŋdɒg] *adj* **to have a ~ look on one's face** ein Gesicht wie vierzehn Tage Regenwetter machen
hang·er [ˈhæŋəʳ] *n* [Kleider]bügel *m*
hanger-'on <*pl* hangers-on> *n* (*pej: follower*) Trabant(in) *m(f) pej*; ■**the hangers-on** *pl* das Gefolge
ˈhang-glid·er *n* (*person*) Drachenflieger(in) *m(f)*; (*device*) Drachen *m* **ˈhang-glid·ing** *n no pl* Drachenfliegen *nt*
hang·ing [ˈhæŋɪŋ] **I.** *n* ❶(*decorative fabric*) Behang *m*; (*curtain*) Vorhang *m*; [**wall**] **~s** Wandbehänge *pl* ❷(*execution*) Hinrichtung *f* durch den Strang **II.** *adj* hängend
ˈhang·man *n* ❶(*executioner*) Henker *m* ❷(*game*) Galgen *m* **ˈhang·nail** *n* MED Niednagel *m* **ˈhang·out** *n* (*fam*) Stammlokal *nt*, Treff *m* **ˈhang·over** *n* ❶(*from drinking*) Kater *m* ❷(*relic*) Überbleibsel *nt* **ˈhang-up** *n* (*fam*) Komplex *m* (**about** wegen)
hank·er [ˈhæŋkəʳ] *vi* ■**to ~ after sb/sth** sich nach jdm/etw sehnen
hankie [ˈhæŋki] *n*, **hanky** *n* (*fam*) *short for* **handkerchief** Taschentuch *nt*
hanky-panky [ˌhæŋkiˈpæŋki] *n no pl* (*fam*) ❶(*love affair*) Techtelmechtel *nt* ❷(*kissing*) Knutscherei *f kein pl*; (*groping*) Gefummel *nt kein pl* ❸(*fiddle*) Mauschelei *f*
Hano·ver [ˈhænəʊvəʳ] *n* Hannover *kein art*; **the House of ~** (*hist*) das Haus Hannover
Han·seat·ic [ˌhæn(t)siˈætɪk] *adj* hanseatisch; **~ town** Hansestadt *f*
hap·haz·ard [ˌhæpˈhæzəd] **I.** *adj* ❶(*disorganized*) unüberlegt ❷(*arbitrary*) willkürlich **II.** *adv* willkürlich
hap·less [ˈhæpləs] *adj* (*liter*) unglückselig
hap·pen [ˈhæpən] **I.** *adv* NBRIT vielleicht; **~ it'll rain later** es könnte später regnen **II.** *vi* ❶(*occur*) geschehen, passieren; *event* stattfinden; *process* vor sich gehen; **these things ~** das kann vorkommen; **what's ~ing?** was geht?; **nothing ever ~s here** hier ist tote Hose; **it's all ~ing** (*fam*) es ist ganz schön was los ❷(*by chance*) ■**to ~ to do sth** zufällig etw tun; **it just so ~s that ...** wie's der Zufall will, ...; **as it ~ed ...** wie es sich so traf, ... ❸(*liter: come across*) ■**to ~** [**up**]**on sb/sth** jdm/etw zufällig begegnen ❹(*indicating contradiction*) **I ~ to think he's right** ich glaube trotzdem, dass er Recht hat ❺(*actually*) **as it ~ed** tatsächlich
hap·pen·ing [ˈhæpənɪŋ] **I.** *n usu pl* ❶(*oc-*

currence) Ereignis *nt*; (*unplanned occurrence*) Vorfall *m*; (*process*) Vorgang *m* ❷ ART Happening *nt* II. *adj* (*sl*) angesagt

hap·pi·ly ['hæpɪli] *adv* ❶ (*contentedly*) glücklich; (*cheerfully*) fröhlich; **and they all lived ~ ever after** und sie lebten glücklich und zufrieden bis an ihr Lebensende; (*fairytale ending*) und wenn sie nicht gestorben sind, dann leben sie noch heute ❷ (*willingly*) gern ❸ (*luckily*) glücklicherweise

hap·pi·ness ['hæpɪnəs] *n no pl* Glück *nt*; (*contentment*) Zufriedenheit *f*; (*cheerfulness*) Fröhlichkeit *f*; **to wish sb every ~** (*form*) jdm alles Gute wünschen

hap·py ['hæpi] *adj* ❶ (*pleased*) glücklich; (*contented*) zufrieden; (*cheerful*) fröhlich; ■ **to be ~ about** [*or* **with**] **sb/sth** mit jdm/etw zufrieden sein; ■ **to be ~ to do sth** sich freuen, etw zu tun; ■ **to be ~ that ...** froh [darüber] sein, dass ... ❷ (*willing*) ■ **to be ~ to do sth** etw gerne tun; **I'd be ~ to!** aber gern! ❸ (*in greetings*) **~ birthday** alles Gute zum Geburtstag; **~ Easter** frohe Ostern; **a ~ New Year** ein glückliches neues Jahr; **many ~ returns [of the day]** herzlichen Glückwunsch zum Geburtstag

hap·py-go-'lucky *adj* sorglos, unbekümmert **hap·py 'me·dium** *n* goldene Mitte

har·ass ['hærəs] *vt* ❶ (*intimidate*) schikanieren; (*pester*) ständig belästigen ❷ MIL ständig angreifen

har·assed ['hærəst] *adj* abgespannt; **look ~** gequält

har·ass·ment ['hærəsmənt] *n no pl* ❶ (*intimidation*) Schikane *f*; (*pestering*) Belästigung *f* ❷ MIL [ständiger] Beschuss

har·bour ['hɑ:bə^r], AM **har·bor** I. *n* Hafen *m* II. *vt* ❶ (*keep in hiding*) ■ **to ~ sb** jdm Unterschlupf gewähren ❷ *feelings* hegen; **to ~ a grudge** einen Groll hegen

hard [hɑ:d] I. *adj* ❶ (*solid*) hart; [**as**] **~ as a rock** steinhart ❷ (*tough*) *person* zäh, hart; **he's a ~ one** er ist ein ganz Harter ❸ (*difficult*) schwierig; **she had a ~ time** [**of it**] es war eine schwere Zeit für sie; **to find sth ~ to believe** etw kaum glauben können; **to get ~er** schwerer werden; **it's ~ to say** es ist schwer zu sagen ❹ (*laborious*) anstrengend; **to be ~ work** harte Arbeit sein; *studies* anstrengend sein; *text* schwer zu lesen sein; **to be a ~ worker** fleißig sein ❺ (*severe*) hart; *voice* schroff; **~ luck!** [so ein] Pech!; [**as**] **~ as nails** knallhart; **to give sb a ~ time** jdm das Leben schwer machen ❻ (*harmful*) ■ **to be ~ on sth** etw stark strapazieren ❼ (*unfortunate*) hart; ■ **to be ~ on sb** hart für jdn sein ❽ (*extreme*) hart; **~ frost/winter** strenger Frost/Winter ❾ (*reliable*) sicher; **~ facts** (*verified*) gesicherte Fakten; (*blunt*) nackte Tatsachen ❿ (*potent*) stark; *drug* hart ⓫ *water* hart ⓬ (*scrutinizing*) **to take a** [**good**] **~ look at sth** sich *dat* etw genau ansehen ⓭ (*printout*) **~ copy** Ausdruck *m* ▶ **to be ~ at it** ganz bei der Sache sein; **~ and fast** fest; *rule* verbindlich II. *adv* ❶ (*solid*) hart; **frozen ~ liquid** hart gefroren; *plants* steif gefroren; **to set ~** *glue, varnish* hart werden; *concrete* fest werden ❷ (*vigorously*) fest[e], kräftig; **think ~!** denk mal genau nach!; **to fight ~** [**for sth**] [um etw *akk*] hart kämpfen; **to rain ~** stark regnen; **to try ~** sich sehr bemühen; **to work ~** hart arbeiten ❸ (*severely*) schwer ❹ (*closely*) knapp ❺ (*fig: stubbornly*) **to die ~** [nur] langsam sterben ▶ **to be ~ done by** BRIT unfair behandelt werden

'hard·back *n* gebunden II. *n* gebundenes Buch; ■ **in ~** gebunden **hard-'bit·ten** *adj* abgebrüht **'hard·board** *n no pl* Hartfaserplatte *f* **hard-'boiled** *adj* ❶ *egg* hart gekocht ❷ (*fig*) hart gesotten **hard 'cash** *n no pl* Bargeld *nt* **hard 'copy** *n* COMPUT Ausdruck *m* **'hard court** *n* TENNIS Hartplatz *m* **hard 'cur·ren·cy** *n* harte Währung **'hard disk** *n* COMPUT Festplatte *f* **hard-'earned** *adj* ehrlich verdient; *pay* hart verdient

hard·en ['hɑ:d^ən] I. *vt* ❶ (*make harder*) härten; *arteries* verhärten ❷ (*make tougher*) *attitude* verhärten; ■ **to ~ sb** [**to sth**] jdn [gegen etw *akk*] abhärten II. *vi* ❶ (*become hard*) sich verfestigen, hart werden ❷ (*become tough*) sich verhärten; *face* sich versteinern ❸ ECON sich festigen

hard·ened ['hɑ:d^ənd] *adj* ❶ (*pej: not reformable*) starrsinnig; *attitude* verhärtet; **~ criminal** Gewohnheitsverbrecher(in) *m(f)* ❷ (*tough*) abgehärtet; **to become ~ to sth** sich an etw *akk* gewöhnen

hard·en·ing ['hɑ:d^ənɪŋ] *n no pl* ❶ (*process of making hard*) Härten *nt* ❷ (*fig: process*) Verhärten *nt*; (*result*) Verhärtung *f*

hard 'feel·ings *npl* **no ~?** alles klar? **hard-'fought** *adj* ❶ *battle, match* hart ❷ *victory* hart erkämpft **'hard hat** *n* ❶ (*helmet*) [Schutz]helm *m* ❷ (*fam: worker*) Bauarbeiter(in) *m(f)* **hard-'head·ed** *adj* nüchtern **hard-'heart·ed** *adj* hartherzig **hard-'hit·ting** *adj* sehr kritisch **hard 'la·bour**, AM **hard 'la·bor** *n* *no pl* Zwangsarbeit *f* **hard·'lin·er** *n* POL Hardliner *m*

hard·ly ['hɑ:dli] *adv* ❶ (*scarcely*) kaum; **~ ever** so gut wie nie ❷ (*certainly not*) wohl kaum; (*as a reply*) bestimmt nicht; **it's ~ my fault!** ich kann ja wohl kaum was dafür!

hard·ness ['hɑ:dnəs] *n no pl* Härte *f*

hard·'nosed *adj* nüchtern; *person* abgebrüht **hard-'pressed** *adj* bedrängt **hard 'sell** *n* aggressive Verkaufsmethoden *pl*

hard·ship ['hɑ:dʃɪp] *n* Not *f*; **if it's not too much of a ~ for you** wenn es dir nicht zu viele Umstände macht

hard 'shoul·der *n* BRIT TRANSP befestigter Seitenstreifen **hard 'tar·get** *n* MIL, POL hartes Ziel **'hard·ware** *n no pl* ❶ (*tools*) Eisenwaren *pl*; (*household items*) Haushaltswaren *pl* ❷ MIL Rüstungsmaterial *nt* ❸ COMPUT Hardware *f* **hard-'wear·ing** *adj* strapazierfähig **'hard·wood** *n* Hartholz *nt* **hard-'work·ing** *adj* fleißig

har·dy ['hɑ:di] *adj* ❶ (*tough*) zäh; (*toughened*) abgehärtet ❷ BOT winterhart

hare [heəʳ] *n* <*pl* -s *or* -> [Feld]hase *m*

'hare·brained *adj* verrückt

hare-'lip *n* Hasenscharte *f*

har·em ['hɑ:ri:m, 'herəm] *n* Harem *m*

hark [hɑ:k] *vi* (*liter*) horchen

har·le·quin ['hɑ:lɪkwɪn] *adj* bunt

Har·le·quin ['hɑ:lɪkwɪn] *n* (*esp hist*) Harlekin *m veraltet*

harm [hɑ:m] **I.** *n no pl* Schaden *m*; **there's no ~ in asking** Fragen kostet nichts; **there's no ~ in trying** ein Versuch kann nichts schaden; **to mean no harm** es nicht böse meinen; **to do more ~ than good** mehr schaden als nützen; **what's the ~ in that/it?** was macht das schon?; **to stay out of ~'s way** der Gefahr *dat* aus dem Weg gehen; [**grievous**] **bodily ~** [schwere] Körperverletzung; **to come to** [**no**] **~** [nicht] zu Schaden kommen **II.** *vt* ■ **to ~ sth** etw *dat* Schaden zufügen; ■ **to ~ sb** jdm schaden; (*hurt*) jdn verletzen; ■ **to be ~ed** Schaden erleiden

harm·ful ['hɑ:mfəl] *adj* schädlich; *words* verletzend

harm·less ['hɑ:mləs] *adj* harmlos

harm·less·ly ['hɑ:mləsli] *adv* harmlos

har·mon·ic [hɑ:'mɒnɪk] **I.** *adj* harmonisch **II.** *n* MUS Oberton *m*

har·mo·ni·ca [hɑ:'mɒnɪkə] *n* Mundharmonika *f*

har·mo·ni·ous [hɑ:'məʊniəs] *adj* harmonisch *a. fig*

har·mo·ni·ous·ly [hɑ:'məʊniəsli] *adv* harmonisch

har·mo·ni·za·tion [ˌhɑ:mənaɪ'zeɪʃən] *n no pl* Harmonisierung *f a. fig*

har·mo·nize ['hɑ:mənaɪz] **I.** *vt* ❶ MUS harmonisieren ❷ (*fig*) aufeinander abstimmen **II.** *vi* harmonieren *a. fig*

har·mo·ny ['hɑ:məni] *n* Harmonie *f a. fig*; **to live in ~** in Eintracht [miteinander] leben; **to sing in ~** mehrstimmig singen; **in ~ with nature** im Einklang mit der Natur

har·ness ['hɑ:nɪs] **I.** *n* <*pl* -es> ❶ (*for animal*) Geschirr *nt*; (*for person*) Gurtzeug *nt*; (*for baby*) Laufgeschirr *nt* ❷ (*fig*) ■ **in ~** gemeinsam **II.** *vt* ❶ *animal* anschirren; *person* anschnallen ❷ (*fig*) nutzen

harp [hɑ:p] **I.** *n* Harfe *f* **II.** *vi* (*pej fam*) ■ **to ~ on about sth** auf etw *dat* herumreiten

har·poon [ˌhɑ:'pu:n] **I.** *n* Harpune *f* **II.** *vt* harpunieren

harp·si·chord ['hɑ:psɪkɔ:d] *n* Cembalo *nt*

har·row ['hærəʊ] **I.** *n* Egge *f* **II.** *vt* ❶ (*plough*) ■ **to ~ sth** etw eggen ❷ *usu passive* (*fig*) ■ **to ~ sb** jdn ängstigen

har·row·ing ['hærəʊɪŋ] *adj* grauenvoll

harsh [hɑ:ʃ] *adj* ❶ rau; *winter* streng; *light* grell; *sound* schrill ❷ (*severe*) hart; (*critical*) scharf; ■ **to be ~ on sb** streng mit jdm sein ❸ (*brusque*) *tone of voice* barsch

harsh·ly ['hɑ:ʃli] *adv* ❶ (*rigorously*) hart; **to criticize sb/sth ~** jdn/etw scharf kritisieren; **to treat sb ~** streng mit jdm sein ❷ (*brusquely*) barsch; **she spoke ~ to her children** sie redete in einem schroffen Ton mit ihren Kindern

harsh·ness ['hɑ:ʃnəs] *n no pl* ❶ (*roughness*) Rauheit *f*; *of weather* Härte *f* ❷ *of colours, light* Grelle *f*; *of fabric* Rauheit *f*; *of voice* Heiserkeit *f* ❸ (*brusqueness*) Schroffheit *f*

hart [hɑ:t] *n* Hirsch *m*

har·vest ['hɑ:vɪst] **I.** *n* Ernte *f*; *of grapes* Lese *f*; (*season*) Erntezeit *f* **II.** *vt* ernten; *grapes* lesen; *shellfish* fangen; *timber* schlagen

har·vest 'fes·ti·val *n* BRIT Erntedankfest *nt*

has [hæz, həz] *3rd pers sing of* **have**

has-been ['hæzbi:n] *n* (*pej fam*) ehemalige Größe

hash [hæʃ] **I.** *n* ❶ AM FOOD Haschee *nt* ❷ *no pl* (*fam: shambles*) **to make a ~ of sth** etw vermasseln ❸ (*fam: hashish*) Hasch *nt* **II.** *vt* (*fam*) ■ **to ~ up** vermasseln

hash 'browns *npl* AM Kartoffelpuffer *pl*, ≈ Rösti *f* SÜDD, SCHWEIZ

hash·ish ['hæʃɪʃ] *n no pl* Haschisch *nt*

hasn't ['hæzənt] = **has not** *see* **have**

has·sle ['hæsl] I. n (fam) Mühe f kein pl; **parking in town is such a ~** in der Stadt zu parken ist vielleicht ein Aufstand; **it is just too much ~** es ist einfach zu umständlich II. vt (fam: pester) schikanieren; (harass) bedrängen; **stop hassling me!** lass mich einfach in Ruhe!

haste [heɪst] n no pl Eile f; (rush) Hast f; **to make ~** sich beeilen; ■ **in ~** hastig ▶ **more ~ less speed** (prov) eile mit Weile

has·ten ['heɪsən] I. vt ■ **to ~ sb** jdn drängen; ■ **to ~ sth** etw beschleunigen II. vi sich beeilen

has·ti·ly ['heɪstɪli] adv ❶ (hurriedly) eilig ❷ (too quickly) übereilt; (without thinking) voreilig; **to ~ add** schnell hinzufügen

has·ty ['heɪsti] adj ❶ (hurried) eilig, hastig pej; **to beat a ~ retreat** (fam) sich schnell aus dem Staub machen ❷ (rashly) übereilt; (badly thought out) voreilig

hat [hæt] n Hut m; (of fur, wool) Mütze f ▶ **~s off to sb/sth** Hut ab vor jdm/etw; **to pick sb out of the ~** jdn zufällig auswählen; **to eat one's ~ if ...** einen Besen fressen, wenn ...; **to pass the ~ [a]round** den Hut herumgehen lassen

hatch[1] <pl -es> [hætʃ] n ❶ (opening) Durchreiche f ❷ NAUT Luke f ▶ **down the ~!** runter damit!

hatch[2] [hætʃ] I. vi schlüpfen II. vt ausbrüten a. fig

hatch·back ['hætʃbæk] n ❶ (door) Heckklappe f ❷ (vehicle) Wagen m mit Heckklappe

hatch·et ['hætʃɪt] n Beil nt ▶ **to bury the ~** das Kriegsbeil begraben

'hatch·et man n (pej fam) Handlanger m; (at work) Sparkommissar m

hatch·ing ['hætʃɪŋ] n no pl of eggs Ausbrüten nt; of plan, plot Aushecken nt

hate [heɪt] I. n ❶ no pl (emotion) Hass m; **feelings of ~** Hassgefühle pl; **to give sb a look of ~** jdn hasserfüllt ansehen; **~ mail** hasserfüllte Briefe pl ❷ (object of hatred) **pet ~** Gräuel nt; **one of my pet ~s is ...** eines der Dinge, die ich am meisten verabscheue, ist ... II. vt hassen; **I ~ going to the dentist** ich hasse es, zum Zahnarzt zu gehen; **I'd ~ you to think that I was being critical** ich möchte auf keinen Fall, dass Sie denken, ich hätte Sie kritisiert; **I ~ to say it, but ...** es fällt mir äußerst schwer, das sagen zu müssen, aber ...; **to ~ sb's guts** (fig) jdn wie die Pest hassen; **to ~ the sight/sound/smell of sth** etw nicht sehen/hören/riechen können

hat·ed ['heɪtɪd] adj verhasst

hate·ful ['heɪtfəl] adj (dated) ❶ (filled with hate) person hasserfüllt; (detesting, spiteful) gemein ❷ action, clothes, comment abscheulich; person unausstehlich; **~ remarks** hässliche Bemerkungen

ha·tred ['heɪtrɪd] n no pl Hass m (**of/for** auf)

'hat·stand n Garderobenständer m

hat·ter ['hætər] n **to be as mad as a ~** total verrückt sein

'hat-trick n Hattrick m

haugh·ty ['hɔːti] adj (pej) überheblich

haul [hɔːl] I. n ❶ usu sing (pull) **to give a ~** [kräftig] ziehen ❷ (quantity caught) Ausbeute f (**of** von/an); (fig) Beute f ❸ (distance covered) Strecke f; **it was a long ~** (fig) es hat sich lange hingezogen II. vt ❶ (pull) ziehen; sth heavy schleppen; **to ~ oneself out of bed** sich aus dem Bett hieven ❷ (transport) befördern III. vi **to ~ on** zerren an +dat ◆ **haul down** vt **to ~ down a flag/sail** eine Fahne/ein Segel einholen ◆ **haul off** vt wegziehen; (more brutally) wegzerren; **to ~ sb off to jail** (fig) jdn ins Gefängnis werfen ◆ **haul up** vt hochziehen; (with more effort) hoch schleppen; **to ~ sb up before a magistrate** (fig) jdn vor den Kadi bringen

haul·age ['hɔːlɪdʒ] n no pl ❶ (transportation) Transport m; **~ company** Transportunternehmen nt, Spedition[sfirma] f ❷ (costs) Transportkosten pl

haul·ier ['hɔːliər], AM **haul·er** n ❶ (firm) Spedition f ❷ (person) Spediteur m

haunch <pl -es> [hɔːn(t)ʃ] n ❶ ANAT Hüfte f; **to sit on one's ~es** in der Hocke sitzen ❷ FOOD Keule f; **~ of venison** Rehkeule f

haunt [hɔːnt] I. vt ❶ ghost spuken in +dat; ■ **to be ~ed by sb/sth** von jdm/etw heimgesucht werden ❷ memories heimsuchen II. n (place) Treffpunkt m; (pub) Stammlokal nt

haunt·ed ['hɔːntɪd] adj ❶ (with ghosts) **~ castle** Spukschloss nt; **~ house** Gespensterhaus nt; **this house is ~!** in diesem Haus spukt es! ❷ (troubled) look gehetzt

haunt·ing ['hɔːntɪŋ] adj ❶ (disturbing) quälend ❷ (stirring) sehnsuchtsvoll

have [hæv, həv] I. aux vb <has, had, had> ❶ (forming past tenses) **he has never been to Scotland before** er war noch nie zuvor in Schottland; **we had been swimming** wir waren schwimmen gewesen; **I've heard that story before** ich habe diese Geschichte schon einmal gehört; **I've passed my test — ~ you?** congratula-

tions! ich habe den Test bestanden – oh, wirklich? herzlichen Glückwunsch!; **they still hadn't had any news** sie hatten immer noch keine Neuigkeiten ❷ (*experience*) **she had her car stolen last week** man hat ihr letzte Woche das Auto gestohlen ❸ (*render*) ■ **to ~ sth done** etw tun lassen; **to ~ one's hair cut** sich *dat* die Haare schneiden lassen ❹ (*must*) ■ **to ~ to do sth** etw tun müssen; **what time ~ we got to be there?** wann müssen wir dort sein? ❺ (*form: if*) **had I/she/he etc. done sth, ...** hätte ich/sie/er etc. etw getan, ..., wenn ich/sie/er etc. etw getan hätte, ...; **if only I'd known this** wenn ich das nur gewusst hätte **II.** *vt* <has, had, had> ❶ (*possess*) ■ **to ~** [*or* BRIT, AUS **~ got**] **sth** etw haben; **he's got green eyes** er hat grüne Augen; **I don't have** [*or* **haven't got**] **a car** ich habe kein Auto; **we're having a wonderful time in Venice** wir verbringen eine wundervolle Zeit in Venedig; **~ a nice day!** viel Spaß!; (*to customers*) einen schönen Tag noch!; **to have one's back to sb** jdm den Rücken zugekehrt haben; **to ~ the decency to do sth** die Anständigkeit besitzen, etw zu tun; **to have** [*or* BRIT, AUS **~ got**] **the light/radio on** das Licht/Radio anhaben ❷ (*engage in*) *bath* nehmen; *nap, party, walk* machen; **to ~ a swim** schwimmen; **to ~ a talk with sb** mit jdm sprechen; **to ~ a try** es versuchen ❸ (*consume*) *food* essen; *cigarette* rauchen; **to ~ lunch/dinner** zu Mittag/Abend essen; **we're having sausages for lunch today** zum Mittagessen gibt es heute Würstchen; **~ a cigarette/some more coffee** nimm doch eine Zigarette/noch etwas Kaffee ❹ (*receive*) erhalten; **okay, let's ~ it!** okay, her damit!; **thanks for having us** danke für Ihre Gastfreundschaft; **to ~ sb back** (*resume relationship*) jdn wieder [bei sich *dat*] aufnehmen; **to let sb ~ sth back** jdm etw zurückgeben ❺ (*be obliged*) ■ **to ~** [*or* BRIT, AUS **~ got**] **sth to do** etw tun müssen ❻ (*give birth to*) **to ~ a baby** ein Baby bekommen; **my mother was 18 when she had me** meine Mutter war 18, als ich geboren wurde ❼ (*induce*) ■ **to ~ sb do sth** jdn [dazu] veranlassen, etw zu tun; ■ **to ~ sb/sth doing sth** jdn/etw dazu bringen, etw zu tun; **he'll ~ it working in no time** er wird es im Handumdrehen zum Laufen bringen ❽ (*hold*) **to ~** [*or* BRIT, AUS **~ got**] **sb by the throat** jdn bei der Kehle gepackt haben ❾ (*fam: deceive*) **you've been had!** dich hat man ganz schön übern Tisch gezogen! ▶ **to not ~ any** [**of it**] nichts [von etw *dat*] wissen wollen; **to ~ had it** (*be broken*) hinüber sein; (*be tired*) fix und fertig sein; (*be in serious trouble*) dran sein; **to have had it with sb/sth** von jdm/etw die Nase voll haben; **to ~** [*or* BRIT, AUS **~ got**] **nothing on sb** (*be less able*) gegen jdn nicht ankommen; (*lack evidence*) nichts gegen jdn in der Hand haben; **and what ~ you** und wer weiß was noch **III.** *n* (*fam*) ■ **the ~s** *pl* **the ~s and the ~-nots** die Besitzenden und die Besitzlosen ◆ **have against** *vt* **to ~ something/nothing against sb/sth** etwas/nichts gegen jdn/etw [einzuwenden] haben ◆ **have around** *vt* zur Hand haben ◆ **have away** *vt* BRIT (*sl*) *see* **have off 1** ◆ **have back** *vt* zurückhaben ◆ **have in** *vt* ❶ (*call to do*) ■ **to ~ in** ⟲ sb [to do sth] jdn kommen lassen[, um etw zu tun] ❷ (*show ability*) ■ **to ~** [*or* BRIT, AUS **~ got**] **it in one** das Zeug[s] zu etw *dat* haben ▶ **to ~ it in for sb** jdn auf dem Kieker haben ◆ **have off** *vt* ❶ BRIT, AUS (*vulg, sl: have sex*) ■ **to ~ it off** [**with sb**] es [mit jdm] treiben ❷ (*take off*) *clothes* ausgezogen haben; *hat* abgenommen haben ❸ (*detach*) abmachen ◆ **have on** *vt* ❶ (*wear*) *clothes* tragen ❷ (*carry*) ■ **to ~** [*or* BRIT, AUS **~ got**] **sth on one** etw bei sich *dat* haben, etw mit sich *dat* führen ❸ (*know about*) ■ **to ~ sth on sb/sth** *evidence, facts* etw über jdn/etw [in der Hand] haben ❹ BRIT (*fam: trick*) ■ **to ~ sb on** jdn auf den Arm nehmen ❺ (*plan*) ■ **to ~** [*or* BRIT, AUS **~ got**] **sth on** etw vorhaben ◆ **have out** *vt* ❶ (*remove*) sich *dat* herausnehmen lassen; **he had his wisdom teeth out yesterday** ihm sind gestern die Weisheitszähne gezogen worden ❷ (*fam: argue*) ■ **to ~ it out** [**with sb**] es [mit jdm] ausdiskutieren ◆ **have over** *vt* ■ **to ~ sb over** jdn zu sich *dat* einladen ◆ **have up** *vt* ❶ BRIT LAW (*fam: indict*) ■ **to ~ sb up for sth** jdn wegen einer S. *gen* drankriegen ❷ (*hang*) aufgehängt haben

ha·ven ['heɪvən] *n* Zufluchtsort *m*

'have-not *n usu pl* Besitzlose(r) *f(m)*, Habenichts *m pej*

haven't ['hævənt] = **have not** *see* **have**

hav·oc ['hævək] *n no pl* Verwüstungen *pl*; **to play ~ with sth** (*fig*) etw völlig durcheinanderbringen

Ha·vre ['(h)ɑːvrə] *n* ■ **Le ~** Le Havre *nt*

hawk [hɔːk] **I.** *n* ❶ (*bird*) Habicht *m*; (*fig*) **to have eyes like a ~** Adleraugen haben; **to watch sb like a ~** jdn nicht aus den

Augen lassen ❷ POL Falke *m* **II.** *vt* ▪to ~ **sth** etw auf der Straße verkaufen; (*door to door*) mit etw *dat* hausieren gehen

hawk·er ['hɔːkə^r] *n* Hausierer(in) *m(f)*; (*in the street*) fliegender Händler

'hawk-eyed *adj* ▪to be ~ Adleraugen haben

haw·thorn ['hɔːθɔːn] *n no pl* Weißdorn *m*

hay [heɪ] *n no pl* Heu *nt* ▶to make ~ **while the sun shines** (*prov*) das Eisen schmieden, solange es heiß ist; **to hit the ~** sich in die Falle hauen

'hay fe·ver *n no pl* Heuschnupfen *m* **'hay·rick** *n*, **'hay·stack** *n* Heuhaufen *m* **'hay·wire** *adj* (*fam*) **to go ~** verrückt spielen

haz·ard ['hæzəd] **I.** *n* Gefahr *f*; **fire ~** Brandrisiko *nt*; **health ~** Gefährdung *f* der Gesundheit **II.** *vt* ❶ (*risk*) wagen ❷ (*endanger*) gefährden

'haz·ard lights *npl* AUTO Warnblinkanlage *f*

haz·ard·ous ['hæzədəs] *adj* (*dangerous*) gefährlich; (*risky*) riskant

haze [heɪz] **I.** *n* ❶ (*mist*) Dunst[schleier] *m*; **heat ~** Hitzeflimmern *nt* ❷ (*fig*) Benommenheit *f* **II.** *vt* AM schikanieren

ha·zel ['heɪzəl] **I.** *adj* haselnussbraun **II.** *n* Hasel[nuss]strauch *m*

'ha·zel·nut *n* Haselnuss *f*

hazy ['heɪzi] *adj* ❶ (*with haze*) dunstig, diesig ❷ (*confused, unclear*) unklar; (*indistinct*) verschwommen; ▪to be ~ about **sth** sich nur vage an etw *akk* erinnern [können]

HDTV [ˌeɪtʃdiːtiːˈviː] *n abbrev of* **high definition television** HDTV *nt*

he [hiː, hi] **I.** *pron pers* (*male person*) er; (*unspecified person*) er/sie/es **II.** *n* Er *m*

head [hed] **I.** *n* ❶ Kopf *m*; **she's got a good ~ for figures** sie kann gut mit Zahlen umgehen; **to use one's ~** seinen Verstand benutzen; **from ~ to foot** [*or* **toe**] von Kopf bis Fuß ❷ (*unit*) **a** [*or* **per**] **~** pro Kopf; **to be a ~ taller than sb** [um] einen Kopf größer sein als jd; **to win by a ~** mit einer Kopflänge Vorsprung gewinnen ❸ *no pl* (*top, front part*) *of bed, table* Kopfende *nt*; *of nail* Kopf *m*; *of queue* Anfang *m*; **~ of a match** Streichholzkopf *m* ❹ (*leader*) Chef(in) *m(f)*; *of a project, department* Leiter(in) *m(f)*; *of Church* Oberhaupt *nt*; **~ of the family** Familienoberhaupt *nt*; **~ of state** Staatsoberhaupt *nt* ❺ BRIT SCH Schulleiter(in) *m(f)*, Rektor(in) *m(f)* ❻ *usu pl* (*coin face*) **~s or tails?** Kopf oder Zahl? ❼ (*beer foam*) Blume *f* ❽ (*water source*) Quelle *f* ❾ (*accumulated amount*) **~ of steam** Dampfdruck *m*; **to build up a ~ of steam** (*fig*) Dampf machen ❿ (*of spot on skin*) Pfropf *m* ⓫ TECH *of a video recorder* Tonkopf *m* ▶**to have one's ~ in the clouds** in höheren Regionen schweben; **to be ~ over heels in love** bis über beide Ohren verliebt sein; **to have a/no ~ for heights** BRIT schwindelfrei/nicht schwindelfrei sein; **to bury one's ~ in the sand** den Kopf in den Sand stecken; **to not be able to make ~ [n]or tail of sth** aus etw *dat* nicht schlau werden; **~s I win, tails you lose** (*saying*) ich gewinne auf jeden Fall; **to bang one's ~ against a brick wall** mit dem Kopf durch die Wand wollen; **to keep one's ~ above water** sich über Wasser halten; **to keep a cool ~** einen kühlen Kopf bewahren; **to bite sb's ~ off** jdm den Kopf abreißen; **to come to a ~** sich zuspitzen; **to go to sb's ~** jdm zu Kopf steigen; **to laugh one's ~ off** sich halb totlachen; **to scream** [*or* **shout**] **one's ~ off** sich *dat* die Lunge aus dem Leib schreien; **to have one's ~ screwed on** ein patenter Mensch sein; **to be in over one's ~** tief im Schlamassel stecken; **to be off one's ~** (*crazy*) übergeschnappt sein; (*stoned*) total zu[gedröhnt] sein **II.** *adj* leitend **III.** *vt* ❶ (*be at the front of*) anführen ❷ (*be in charge of*) *organization* leiten ❸ PUBL (*have at the top*) überschreiben ❹ FBALL köpfen **IV.** *vi* he ~ed straight for the fridge er steuerte direkt auf den Kühlschrank zu; **to ~ for disaster** auf eine Katastrophe zusteuern; **to ~ home** sich auf den Heimweg machen ◆**head back** *vi* zurückkehren; *with transport* zurückfahren ◆**head off I.** *vt* ❶ (*intercept*) abfangen ❷ (*fig: avoid*) abwenden **II.** *vi* ▪**to ~ off to**[**wards**] **sth** sich zu etw *dat* begeben ◆**head up** *vt* leiten

'head·ache *n* Kopfschmerzen *pl*; (*fig*) Problem *nt*; **that noise is giving me a ~** von diesem Krach bekomme ich Kopfschmerzen **'head·band** *n* Stirnband *nt* **'head cold** *n* Kopfgrippe *f* **'head·dress** <*pl* -es> *n* Kopfschmuck *m*

head·er ['hedə^r] *n* ❶ FBALL Kopfball *m* ❷ (*fam: dive*) Köpfer *m*

head 'first *adv* kopfüber; (*fig*) **to rush ~ into** [**doing**] **sth** sich Hals über Kopf in etw *akk* [hinein]stürzen **'head·hunt** *vt* (*fam*) abwerben **'head·hunt·er** *n* Headhunter(in) *m(f)*

head·ing ['hedɪŋ] *n* ❶ (*title*) Überschrift *f* ❷ (*division*) Kapitel *nt*; (*keyword*) Stichwort *nt*

'head·lamp *n* Scheinwerfer *m* **'head·land** *n* Landspitze *f*
head·less ['hedləs] *adj* kopflos ▸ **to run around like a ~ chicken** wie ein aufgeregtes Huhn hin und her laufen
'head·light *n* Scheinwerfer *m* **'head·line I.** *n* Schlagzeile *f* **II.** *vt* ❶ (*provide with headline*) mit einer Schlagzeile versehen ❷ (*star*) anführen **'head·liner** *n* Hauptattraktion *f*; **the ~ is ...** der Star des Abends ist ... **'head·lock** *n* Schwitzkasten *m* **'head·long I.** *adv* ❶ (*head first*) kopfüber ❷ (*recklessly*) überstürzt; **to rush ~ into sth** sich Hals über Kopf in etw *akk* stürzen **II.** *adj* überstürzt **head·'mas·ter** *n* Schulleiter *m*, Rektor *m* **head·'mis·tress** *n* Schulleiterin *f*, Rektorin *f* **head 'of·fice** *n* Zentrale *f* **head·'on I.** *adj* Frontal- **II.** *adv* frontal; (*fig*) direkt **'head·phones** *npl* Kopfhörer *m* **head·'quar·ters** *npl* + *sing*/*pl vb* MIL Hauptquartier *nt*; (*of companies*) Hauptsitz *m*; (*of the police*) Polizeidirektion *f* **'head·rest** *n*, **head re·straint** *n* Kopfstütze *f* **'head·room** *n no pl* lichte Höhe; *for ceiling* Kopfhöhe *f*; (*in cars*) Kopffreiheit *f* **'head·scarf** *n* Kopftuch *nt* **'head·set** *n* Kopfhörer *m* **head·ship** ['hedʃɪp] *n* (*position*) Schulleiterposten *m*; (*period*) Amtszeit *f* als Schulleiter/Schulleiterin **'head·shrink·er** *n* (*pej fam: psychiatrist*) Seelenklempner(in) *m(f)* **head start** *n* Vorsprung *m*; **to give sb a ~** jdm einen Vorsprung lassen **'head·stone** *n* Grabstein *m* **'head·strong** *adj* eigensinnig **head 'teach·er** *n* BRIT Schulleiter(in) *m(f)*, Rektor(in) *m(f)* **head 'wait·er** *n* Oberkellner *m* **'head·wa·ter** *n pl* Quellgewässer *pl* **'head·way** *n no pl* **to make ~** [gut] vorankommen (**in** bei, **with** mit) **'head·wind** *n* Gegenwind *m* **'head·word** *n* LING Stichwort *nt*
heady ['hedi] *adj* berauschend
heal [hi:l] **I.** *vt* heilen; *differences* beilegen **II.** *vi* heilen *a. fig*
heal·er ['hi:lər] *n* Heiler(in) *m(f)*
heal·ing ['hi:lɪŋ] **I.** *adj attr experience*, *process* heilsam; **~ properties** Heilwirkung *f*; (*stronger*) Heilkräfte *pl* **II.** *n no pl* Heilung *f*; (*of wounds*) Verheilen *nt*
health [helθ] *n no pl* Gesundheit *f*; **your ~!** Prosit!; **to be in good/poor ~** bei guter Gesundheit/gesundheitlich in keiner guten Verfassung sein; **to restore sb to ~** jdn gesundheitlich wiederherstellen
'health·care *n no pl* Gesundheitsfürsorge *f*; **~ worker** in der Gesundheitsfürsorge Beschäftigte(r) *f(m)* **'health cen·tre** *n*, AM **'health cen·ter** *n* Ärztehaus *nt* **'health cer·tifi·cate** *n* Gesundheitszeugnis *nt* **'health club** *n* Fitnessclub *m* **'health farm** *n* Gesundheitsfarm *f* **'health food** *n* Reformkost *f* **'health food shop** *n* Naturkostladen *m*, Bioladen *m*; (*more formal*) Reformhaus *nt* **'health haz·ard** *n* Gesundheitsrisiko *nt*; **smoking is a ~** Rauchen gefährdet die Gesundheit **'health in·sur·ance** *n no pl* Krankenversicherung *f*; **~ company** Krankenkasse *f* **'health re·sort** *n* AM [Bade]kurort *m*, Erholungsort *f* **'Health Ser·vice** *n* BRIT [staatlicher] Gesundheitsdienst **'health visi·tor** *n* BRIT Krankenpfleger(in) *m(f)* der Sozialstation

healthy ['helθi] *adj* gesund *a. fig*; *profit* ordentlich; (*promoting good health*) gesundheitsfördernd

heap [hi:p] **I.** *n* ❶ (*pile*) Haufen *m a. fig*; **~ of clothes** Kleiderhaufen *m*; **to collapse in a ~** zu Boden sacken ❷ (*fam: large amount*) ▪ **~s** jede Menge (**of** +*gen*) **II.** *vt* aufhäufen; (*fig*) **to ~ criticism on sb** massive Kritik an jdm üben; **to ~ praise on sb** jdn überschwänglich loben

heaped [hi:pt], AM **heap·ing** *adj* gehäuft; **a ~ teaspoon of sugar** ein gehäufter Teelöffel Zucker

hear <heard, heard> [hɪər] **I.** *vt* ❶ (*perceive*) hören; **Jane ~d him go out** Jane hörte, wie er hinausging ❷ LAW *case* verhandeln ❸ REL *prayers* erhören ▸ **to be ~ing things** sich *dat* etwas einbilden; **I must be ~ing things!** ich hör' wohl nicht richtig!; **to be hardly able to ~ oneself think** sich nur schwer konzentrieren können **II.** *vi* hören (**about**/**of** von); **have you ~d about Jane getting married?** hast du schon gehört, dass Jane heiratet? ▸ **do you ~?** verstehst du/verstehen Sie?; **~, ~!** ja, genau!

heard [hɜ:d] *pt, pp of* **hear**

hear·ing ['hɪərɪŋ] *n* ❶ *no pl* (*ability to hear*) Gehör *nt*; **to have excellent ~** ein sehr gutes Gehör haben; **to be hard of ~** schwerhörig sein ❷ *no pl* (*range of ability*) [**with**|**in** [**sb's**] **~** in [jds] Hörweite *f* ❸ (*official examination*) Anhörung *f*; **disciplinary ~** Disziplinarverfahren *nt*; **to give sb a fair ~** jdn richtig anhören; LAW jdm einen fairen Prozess machen

'hear·ing aid *n* Hörgerät *nt*
hear·say ['hɪəseɪ] *n no pl* Gerüchte *pl*
hearse [hɜ:s] *n* Leichenwagen *m*
heart [hɑ:t] *n* ❶ ANAT Herz *nt* ❷ (*fig*)

Herz *nt;* **my ~ goes out to her** ich fühle mit ihr; **affairs of the ~** Herzensangelegenheiten *pl;* **from the bottom of one's ~** aus tiefstem Herzen; **to one's ~'s content** nach Herzenslust; **the ~ of the matter** der Kern der Sache; [**with**] **~ and soul** mit Leib und Seele; **to break sb's ~** jdm das Herz brechen; **it breaks my ~** es bricht mir das Herz; **to come from the ~** von Herzen kommen; **to not have the ~ to do sth** es nicht übers Herz bringen, etw zu tun; **to put one's ~ in**[**to**] **sth** sich voll für etw *akk* einsetzen; **to take sth to ~** sich *dat* etw zu Herzen nehmen; **to set one's ~ on sth** sein [ganzes] Herz an etw *akk* hängen; **with all one's ~** von ganzem Herzen; **sb's ~ is not in it** jd ist mit dem Herzen nicht dabei ❸ *no pl (courage)* Mut *m;* **to lose ~** den Mut verlieren; **sb's ~ sinks** jdm wird das Herz schwer; **to take ~ [from sth]** [aus etw *dat*] neuen Mut schöpfen ❹ CARDS ■ **~s** *pl* Herz *nt kein pl;* **queen of ~s** Herzdame *f* ▶ **at ~** im Grunde seines/ihres Herzens; **my ~ bleeds for him!** der Ärmste, ich fang gleich an zu weinen!; **by ~** auswendig; **to have a change of ~** sich anders besinnen; **to have a ~ of gold/stone** ein herzensguter Mensch sein/ein Herz aus Stein haben; **sb's ~ misses** [*or* **skips**] **a beat** jdm stockt das Herz; **in my ~ of ~s** im Grunde meines Herzens; **to wear one's ~ on one's sleeve** sein Herz auf der Zunge tragen

'**heart·ache** *n no pl* Kummer *m* '**heart at·tack** *n* Herzinfarkt *m;* (*not fatal*) Herzfall *m;* (*fatal*) Herzschlag *m a. fig* '**heart·beat** *n* Herzschlag *m* '**heart·break** *n* großer Kummer '**heart·break·ing** *adj* herzzerreißend '**heart·bro·ken** *adj* todunglücklich, untröstlich '**heart·burn** *n no pl* Sodbrennen *nt* '**heart dis·ease** *n* Herzkrankheit *f*

heart·en·ing ['hɑːtᵊnɪŋ] *adj* ermutigend '**heart fail·ure** *n no pl* Herzversagen *nt* '**heart·felt** *adj* (*strongly felt*) tief empfunden; (*sincere*) aufrichtig

hearth [hɑːθ] *n* Kamin *m*

'**heart-healthy** *adj* **~ fats** Fette, die gut für das Herz sind

'**hearth·rug** *n* Kaminvorleger *m*

hearti·ly ['hɑːtɪli] *adv* ❶ (*enthusiastically*) herzlich; **to applaud ~** begeistert applaudieren; **to eat ~** herzhaft zugreifen ❷ (*extremely*) von [ganzem] Herzen

heart·land ['hɑːtlænd] *n of region* Kerngebiet *nt; of support* Hochburg *f*

heart·less ['hɑːtləs] *adj* herzlos

heart·less·ness ['hɑːtləsnəs] *n no pl* Herzlosigkeit *f,* Unbarmherzigkeit *f*
'**heart mur·mur** *n* Herzgeräusch[e] *nt*[*pl*]
'**heart-rend·ing** *adj* herzzerreißend
'**heart-search·ing** *n no pl* Gewissenserforschung *f* '**heart·strings** *npl* **to tug at sb's ~** jdm ans Herz gehen '**heart-throb** *n* (*fam*) Schwarm *m* **heart-to-'heart** I. *adj* [ganz] offen II. *n* **to have a ~** sich aussprechen '**heart trans·plant** *n* Herztransplantation *f* '**heart-warm·ing** *adj* herzerfreuend

hearty ['hɑːti] *adj* ❶ (*warm*) herzlich ❷ (*large*) *breakfast* herzhaft, kräftig; *appetite* gesund ❸ (*strong*) kräftig ❹ (*unreserved*) uneingeschränkt; **to have a ~ dislike for sb/sth** gegen jdn/etw eine tiefe Abneigung empfinden

heat [hiːt] I. *n* ❶ *no pl* (*warmth*) Wärme *f;* (*high temperature*) Hitze *f;* **to cook sth on a high/low ~** etw bei starker/schwacher Hitze kochen ❷ *no pl* PHYS [Körper]wärme *f* ❸ *no pl* (*fig*) **in the ~ of the moment** in der Hitze des Gefechts; **the ~ is on** es weht ein scharfer Wind ❹ SPORTS Vorlauf *m* ❺ *no pl* ZOOL Brunst *f; of deer* Brunft *f; of dogs, cats* Läufigkeit *f; of horses* Rossen *nt;* ■ **on** [*or* AM **in**] **~** brünstig; *deer* brunftig; *cat* rollig; *dog* läufig; *horse* rossig ▶ **if you can't stand the ~, get out of the kitchen** (*prov*) wenn es dir zu viel wird, dann lass es lieber sein II. *vt* erhitzen [*o* heiß machen]; *food* aufwärmen; *house, room* heizen; *pool* beheizen III. *vi* warm werden ◆ **heat up** I. *vt* heiß machen; *food* aufwärmen; *house, room* [auf]heizen II. *vi room* warm werden; *engine* warm laufen; (*fig*) *discussion* sich erhitzen

heat·ed ['hiːtɪd] *adj* ❶ (*emotional*) hitzig; *discussion* heftig; **to get ~ about sth** sich über etw *akk* aufregen ❷ (*warm*) erhitzt; *room* geheizt; *pool, seats* beheizt

heat·ed·ly ['hiːtɪdli] *adv* hitzig; *discuss* heftig

heat·er ['hiːtər] *n* [Heiz]ofen *m,* Heizgerät *nt;* (*in car*) Heizung *f;* **water ~** Boiler *m;* **patio** [*or* **mushroom**] **~** Heizpilz *m*
'**heat gauge** *n* Temperaturanzeiger *m*
heath [hiːθ] *n* Heide *f*
hea·then ['hiːðᵊn] I. *n* Heide *m*/Heidin *f* II. *adj* heidnisch
heath·er ['heðər] *n no pl* Heidekraut *nt*
heat·ing ['hiːtɪŋ] *n no pl* ❶ (*action*) Heizen *nt; of room, house* [Be]heizen *nt; of substances* Erwärmen *nt;* PHYS Erwärmung *f* ❷ (*appliance*) Heizung *f;* **~ engineer** Heizungsmonteur(in) *m(f)*

ˈheat pump *n* Wärmepumpe *f* ˈheat rash *n* Hitzeausschlag *m* ˈheat-re·sist·ant *adj*, ˈheat-re·sist·ing *adj* hitzebeständig; *ovenware* feuerfest ˈheat-seek·ing *adj* MIL wärmesuchend ˈheat shield *n* Hitzeschild *m* ˈheat stroke *n* Hitzschlag *m* ˈheat treat·ment *n* Wärmebehandlung *f* ˈheat·wave *n* Hitzewelle *f*

heave [hi:v] I. *n* Ruck *m* II. *vt* ❶ (*move*) [hoch]hieven ❷ (*utter*) *sigh* ausstoßen ❸ (*fam: throw*) werfen (**at** nach) III. *vi* ❶ (*pull*) hieven ❷ (*move*) sich heben und senken; *ship* schwanken; *sea, chest* wogen ❸ (*vomit*) würgen; *stomach* sich umdrehen ◆ **heave to** *vi* NAUT beidrehen

heav·en [ˈhevən] *n no pl* Himmel *m a. fig*; **it's ~!** (*fam*) es ist himmlisch!; **in seventh ~** im siebten Himmel; **to go to ~** in den Himmel kommen; **the ~s opened** der Himmel öffnete seine Schleusen ▶ **what/why in ~'s name ...?** was/warum in Gottes Namen ...?; **for ~'s sake!** um Himmels willen!; **good ~s!** du lieber Himmel!; **to stink to high ~** zum Himmel stinken; **~ forbid!** Gott bewahre!; **~ help us!** der Himmel steh uns bei!; **thank ~s!** Gott sei Dank!; **~s above!** du lieber Himmel!

heav·en·ly [ˈhevənli] *adj* himmlisch

ˈheav·en-sent *adj* vom Himmel gesandt

heavi·ly [ˈhevɪli] *adv* ❶ (*to great degree*) stark; **~ armed/guarded** schwer bewaffnet/bewacht; **~ populated** dicht besiedelt; **to gamble ~** leidenschaftlich spielen; **to invest ~** groß investieren; **to sleep ~** tief schlafen ❷ (*with weight*) schwer; *move* schwerfällig; **~ built** kräftig gebaut ❸ (*severely*) schwer; **to rain/snow ~** stark regnen/schneien ❹ (*with difficulty*) schwer

heavi·ness [ˈhevɪnəs] *n no pl* ❶ (*weight*) Gewicht *nt*, Schwere *f*; *of movement* Schwerfälligkeit *f* ❷ *of a problem* Ausmaß *nt*; *of mood* Bedrücktheit *f* ❸ (*liter: sadness*) Niedergeschlagenheit *f*; **~ of heart** schweres Herz

heavy [ˈhevi] I. *adj* ❶ (*weighty*) schwer *a. fig*; *fine* hoch; **~ with child** (*liter*) schwanger ❷ (*intense*) *accent, bleeding, frost, rain, snowfall* stark; **to be under ~ fire** MIL unter schwerem Beschuss stehen ❸ (*excessive*) *drinker, smoker* stark ❹ (*fig: oppressive*) drückend; *weather* schwül ❺ (*difficult*) schwierig; *breathing* schwer; **~ going** Schinderei *f*; **the book is rather ~ going** das Buch ist schwer zu lesen ❻ (*dense*) *beard* dicht; (*thick*) *coat* dick; *cloud*[*s*] schwer; *schedule* voll; *traffic* stark ❼ (*not delicate*) *features* grob ❽ (*strict*) streng ▶ **with a ~ heart** schweren Herzens; **to make ~ weather of sth** etw unnötig komplizieren II. *n* ❶ (*sl: thug*) Schläger[typ] *m* ❷ THEAT Schurke *m*/Schurkin *f*

heavy-ˈduty *adj* robust; *clothes* strapazierfähig **heavy ˈgo·ing** *n* ▪ **to be ~** schwierig sein **heavy ˈgoods ve·hi·cle** *n* Lastkraftwagen *m* **heavy-ˈhand·ed** *adj* ungeschickt **heavy-ˈheart·ed** *adj* bedrückt **heavy-ˈhit·ting** *adj report, newspaper article* ernst zu nehmend, einflussreich; *role, play* stark **heavy ˈin·dus·try** *n no pl* Schwerindustrie *f* **heavy ˈmet·al** *n* ❶ (*metal*) Schwermetall *nt* ❷ (*music*) Heavymetal *m* ˈ**heavy·weight** I. *n* Schwergewicht *nt a. fig* II. *adj* ❶ SPORTS im Schwergewicht nach ❷ (*weighty*) schwer ❸ (*fig: important*) *person* prominent; *report* ernst zu nehmend

He·brew [ˈhi:bru:] I. *n* ❶ (*person*) Hebräer(in) *m(f)* ❷ *no pl* (*language*) Hebräisch *nt* II. *adj* hebräisch

Heb·ri·des [ˈhebrɪdi:z] *npl* ▪ **the ~** die Hebriden *pl*

heck [hek] *interj* (*euph sl*) Mist!; **where the ~ have you been?** wo, zum Teufel, bist du gewesen?; **it's a ~ of a walk from here** es ist ein verdammt langer Weg von hier aus; **what the ~!** wen kümmert's!

heck·le [ˈhekl] I. *vi* dazwischenrufen II. *vt* ▪ **to ~ sb** jdn durch Zwischenrufe stören

heck·ler [ˈheklər] *n* Zwischenrufer(in) *m(f)*

hec·tare [ˈhekteəʳ, -ta:ʳ] *n* Hektar *m o nt*

hec·tic [ˈhektɪk] *adj* hektisch

hec·to·li·tre, AM **hec·to·li·ter** [ˈhektə(ʊ)ˌli:təʳ] *n* Hektoliter *m*

he'd [hi:d] = **he had**/**he would** *see* **have I, II, would**

hedge [hedʒ] I. *n* ❶ BOT Hecke *f* ❷ (*fig*) Schutzwall *m*; FIN Absicherung *f* II. *vt* **to ~ one's bets** nicht alles auf eine Karte setzen III. *vi* ❶ (*avoid*) ausweichen ❷ FIN sich absichern

ˈ**hedge·hog** *n* Igel *m* ˈ**hedge·row** *n* Hecke *f*, Knick *m* NORDD

he·don·ism [ˈhi:dənɪzəm] *n no pl* Hedonismus *m*

he·don·ist [ˈhi:dənɪst, ˈhed-] *n* Hedonist(in) *m(f)*

he·don·is·tic [ˌhi:dənˈɪstɪk, ˌhed-] *adj* hedonistisch

heebie-jeebies [ˌhi:biˈdʒi:biz] *npl* **to get the ~** Zustände kriegen; **to give sb the ~** jdm eine Gänsehaut machen

heed [hi:d] (*form*) I. *vt* beachten II. *n no pl*

Beachtung *f;* **to pay ~ to** [*or* **take ~ of**] sth auf etw *akk* achten

heed·ful ['hi:dfᵊl] *adj* (*form*) achtsam; ▪ **to be ~ of sb/sth** jdn/etw beachten

heed·less ['hi:dləs] *adj* (*form*) achtlos; ▪ **to be ~ of sth** etw nicht beachten; **~ of dangers** ungeachtet der Gefahren

heel [hi:l] I. *n* ❶ ANAT Ferse *f;* **~ of the hand** Handballen *m* ❷ *of shoe* Absatz *m; of sock* Ferse *f;* **~ bar** Absatzschnelldienst *m;* ▪ **~s** *pl* Stöckelschuhe *pl;* **to turn on one's ~** auf den Absatz kehrtmachen ▸ **to be hard** [*or* **hot**] **on sb's ~s** jdm dicht auf den Fersen sein; **down at ~** heruntergekommen; **to dig one's ~s in** sich auf die Hinterbeine stellen; **to kick** [*or* **cool**] **one's ~s** (*wait*) sich *dat* die Beine in den Bauch stehen; (*do nothing*) Däumchen drehen II. *interj* ▪ **~!** bei Fuß! III. *vt* ❶ *a shoe* einen neuen Absatz machen ❷ (*in rugby*) hakeln ▸ **well ~ed** gut betucht

hefty ['hefti] *adj* ❶ (*strong*) kräftig ❷ (*large*) mächtig; **~ workload** hohe Arbeitsbelastung ❸ (*considerable*) deutlich, saftig *fam;* **~ price rise** deutliche Preiserhöhung

he·gemo·ny [hɪ'gemǝni] *n no pl* Hegemonie *f*

heif·er ['hefǝʳ] *n* Färse *f*

height [haɪt] *n* ❶ (*top to bottom*) Höhe *f; of a person* [Körper]größe *f;* **at chest ~** in Brusthöhe; **to be 6 metres in ~** 6 Meter hoch sein ❷ (*high places*) ▪ **~s** *pl* Höhen *pl;* **fear of ~s** Höhenangst *f* ❸ (*fig*) Höhepunkt *m;* **the ~ of bad manners** der Gipfel der Unverschämtheit; **at the ~ of one's power** auf dem Gipfel seiner Macht; **at the ~ of summer** im Hochsommer

height·en ['haɪtᵊn] *vt* verstärken; *tension* steigern

hei·nous ['heɪnǝs, 'hi:-] *adj* (*form*) abscheulich, grässlich, verabscheuungswürdig *form*

heir [eǝʳ] *n* Erbe *m*/Erbin *f;* **~ to the throne** Thronfolger(in) *m(f)*

heir·ess <*pl* -es> ['eǝres] *n* Erbin *f*

heir·loom ['eǝlu:m] *n* Erbstück *nt*

heist [haɪst] *n* AM (*fam*) Raub[überfall] *m*

held [held] *vt, vi pt, pp of* **hold**

heli·cop·ter ['helɪkɒptǝʳ] I. *n* Hubschrauber *m* II. *vt* mit dem Hubschrauber transportieren

Heli·go·land ['helɪgǝ(ʊ)lænd] *n no pl* Helgoland *nt*

heli·pad ['helɪ-] *n* Hubschrauberlandeplatz *m*

'heli·port *n* Heliport *m,* Hubschrauberlandeplatz *m*

he·lium ['hi:liǝm] *n no pl* Helium *nt*

hell [hel] I. *n no pl* ❶ (*not heaven*) Hölle *f;* **to go to ~** in die Hölle kommen ❷ (*fig fam*) **to ~ with it!** ich hab's satt!; **to ~ with you!** du kannst mich mal!; **to make sb's life ~** jdm das Leben zur Hölle machen; **to not have a hope in ~** nicht die leiseste Hoffnung haben; **to beat the ~ out of sb** jdn windelweich prügeln; **to go through ~** durch die Hölle gehen; **to raise ~** einen Höllenlärm machen; **to scare the ~ out of sb** jdn zu Tode erschrecken ❸ (*fam: for emphasis*) **he's one ~ of a guy!** er ist echt total in Ordnung!; **they had a ~ of a time** (*negative*) es war die Hölle für sie; (*positive*) sie hatten einen Heidenspaß; **a ~ of a lot** verdammt viel; **a ~ of a performance** eine Superleistung; **as cold as ~** saukalt; **as hard as ~** verflucht hart; **as hot as ~** verdammt heiß ▸ **come ~ or high water** komme, was wolle; **all ~ breaks loose** die Hölle ist los; **to give sb ~** (*scold*) jdm die Hölle heiß machen; (*make life unbearable*) jdm das Leben zur Hölle machen; **go to ~!** scher dich zum Teufel!; **to have ~ to pay** jede Menge Ärger haben; **to do sth for the ~ of it** etw aus reinem Vergnügen machen; **like ~** wie verrückt II. *interj* **what the ~ are you doing?** was zum Teufel machst du da?; **get the ~ out of here, will you?** mach, dass du rauskommst!; **oh ~!** Scheiße! *sl;* **~ no!** bloß nicht! ▸ **like ~!** nie im Leben!; **the ~ you do!** AM einen Dreck tust du!; **what the ~!** was soll's!

he'll [hi:l] = **he will**/**he shall** *see* **will, shall**

'hell-bent *adj* fest entschlossen **'hell·fire** *n no pl* Höllenfeuer *nt*

hell·ish ['helɪʃ] I. *adj* höllisch *a. fig; cold, heat* mörderisch; *day* grässlich; *experience* schrecklich II. *adv* BRIT (*fam*) verdammt

hell·ish·ly ['helɪʃli] *adv* (*fam*) ❶ (*dreadfully*) höllisch ❷ (*extremely*) verdammt

hel·lo [hel'ǝʊ] I. *n* Hallo *nt;* **to say ~ to sb** jdn [be]grüßen II. *interj* hallo!

helm [helm] *n* Ruder *nt a. fig*

hel·met ['helmǝt] *n* Helm *m*

'helms·man *n* Steuermann *m*/-frau *f*

help [help] I. *n no pl* Hilfe *f;* (*financial*) Unterstützung *f;* **can I be of ~?** kann ich [Ihnen] irgendwie helfen?; **a great ~ you are!** (*iron*) tolle Hilfe bist du!; **to cry for ~** nach Hilfe schreien; **sb/sth is beyond ~** jdm/etw ist nicht mehr zu helfen II. *interj*

■ ~! Hilfe! **III.** *vi* helfen (**with** bei); **is there any way that I can ~?** kann ich irgendwie behilflich sein? **IV.** *vt* ❶ (*assist*) ■ **to ~ sb** jdm helfen; **her local knowledge ~ed her** ihre Ortskenntnisse haben ihr genützt SÜDD [*o* NORDD genutzt]; **can I ~ you?** (*in shop*) kann ich Ihnen behilflich sein?; **nothing can ~ her now** ihr ist nicht mehr zu helfen; **so ~ me God** so wahr mir Gott helfe; **to ~ sb into a taxi** jdm in ein Taxi helfen; **to ~ sb through a difficult time** jdm eine schwierige Zeit hinweghelfen; ■ **to ~ sb with sth** jdm bei etw *dat* helfen ❷ (*improve*) verbessern; (*alleviate*) lindern ❸ (*contribute*) ■ **to ~ sth** zu etw *dat* beitragen ❹ (*prevent*) **I can't ~ it!** ich kann nichts dagegen machen!; **he can't ~ his looks** er kann nichts für sein Aussehen; **I can't ~ thinking that …** ich denke einfach, dass …; **she couldn't ~ wondering whether …** sie musste sich wirklich fragen, ob …; **not if I can ~ it** nicht, wenn ich es irgendwie verhindern kann; **he can't be ~ed** etw ist nicht zu ändern ❺ (*take*) ■ **to ~ oneself** sich bedienen; ■ **to ~ oneself to sth** sich *dat* etw nehmen; *thief* sich an etw *dat* bedienen ❻ (*form: give*) ■ **to ~ sb to sth** jdm etw reichen ▶ **God ~s those who ~ themselves** (*prov*) hilf dir selbst, dann hilft dir Gott **V.** *adj* Hilfe- ◆ **help along** *vt* ■ **to ~ along** ⟳ **sb** jdm |auf die Sprünge| helfen; ■ **to ~ along** ⟳ **sth** etw vorantreiben ◆ **help off** *vt* ■ **to ~ sb off with sth** jdm helfen, etw auszuziehen; *coat* jdm aus etw *dat* helfen ◆ **help on** *vt* ■ **to ~ sb on with sth** jdm helfen, etw anzuziehen; *coat* jdm in etw *akk* helfen ◆ **help out I.** *vt* ■ **to ~ out** ⟳ **sb** jdm |aus|helfen **II.** *vi* aushelfen; ■ **to ~ out with sth** bei etw *dat* helfen ◆ **help up** *vt* ■ **to ~ up** ⟳ **sb** jdm aufhelfen

help·er ['helpə^r] *n* Helfer(in) *m(f)*; (*assistant*) Gehilfe *m*/Gehilfin *f*

help·ful ['helpfəl] *adj person* hilfsbereit; *tool, suggestion* hilfreich; **to be ~** [**to sb**] |jdm| helfen; **I was only trying to be ~** ich wollte nur helfen

help·ful·ness ['helpfəlnəs] *n no pl of person* Hilfsbereitschaft *f*; (*usefulness*) *of tool, comment* Nützlichkeit *f*

help·ing ['helpɪŋ] **I.** *n of food* Portion *f*; **to take a second** [*or* **another**] **~** sich *dat* noch einmal nehmen **II.** *adj* hilfreich; **to give** [*or* **lend**] **sb a ~ hand** jdm helfen

help·less ['helpləs] *adj* hilflos; (*powerless*) machtlos; **to be ~ with laughter** sich vor Lachen kaum noch halten können

help·less·ly ['helpləsli] *adv* (*lacking help*) hilflos; (*weakly*) machtlos; **she laughed ~** sie hat sich halb totgelacht; **they were ~ drunk** sie waren völlig betrunken

help·less·ness ['helpləsnəs] *n no pl* (*lack of help*) Hilflosigkeit *f*; (*weakness*) Machtlosigkeit *f*

'**help·line** *n* Notruf *m*

helter-skelter [ˌheltə'skeltə^r] **I.** *adj* hektisch **II.** *adv* Hals über Kopf **III.** *n* BRIT (*at funfair*) spiralförmige Rutsche

hem [hem] **I.** *n* Saum *m*; **to let the ~ down** den Saum herauslassen; **to take the ~ up** den Saum aufnehmen **II.** *vt* <-mm-> säumen ◆ **hem in** *vt* ❶ (*surround*) umgeben ❷ (*fig*) einengen; **to feel ~med in** sich eingeengt fühlen

'**he-man** *n* (*fam*) Heman *m*

hemi·sphere ['hemɪsfɪə^r] *n* ❶ GEOG, ASTRON [Erd]halbkugel *f* ❷ MED Gehirnhälfte *f*

hem·line ['hemlaɪn] *n* [Kleider]saum *m*; **~s are up/down** die Röcke sind kurz/lang

hemo·phili·ac *n* AM *see* **haemophiliac**

hem·or·rhage *n*, *vi* AM *see* **haemorrhage**

hem·or·rhoids *n* AM *see* **haemorrhoids**

hemp [hemp] *n no pl* Hanf *m*

hen [hen] *n* ❶ ZOOL Henne *f*, Huhn *nt* ❷ SCOT (*fam: to a woman*) Hasi *nt*

hence [hen(t)s] *adv* ❶ *after n* (*from now*) von jetzt an; **four weeks ~** in vier Wochen ❷ (*therefore*) daher ❸ (*old: from here*) von hinnen; **get thee ~!** hinweg mit dir!

hence·forth [ˌhen(t)s'fɔːθ] *adv*, **hence·for·ward** [ˌhen(t)s'fɔːwəd] *adv* (*form*) von nun an

hench·man ['hen(t)ʃmən] *n* Handlanger *m*

'**hen·coop** *n*, '**hen·house** *n* Hühnerstall *m*

hen·na ['henə] **I.** *n* Henna *f o nt* **II.** *vt* **to ~ one's hair** sich *dat* die Haare mit Henna färben

'**hen night** *n* Party am Abend vor der Hochzeit für die Braut und ihre Freundinnen

'**hen·pecked** *adj* **~ husband** Pantoffelheld *m*; ■ **to be ~** unter dem Pantoffel stehen

hepa·ti·tis [ˌhepə'taɪtɪs] *n no pl* Leberentzündung *f*

hep·tath·lon [hep'tæθlɒn] *n* Siebenkampf *m*

her [hɜː^r, hə^r] **I.** *pron pers* sie *in akk*, ihr *in dat*; **it is/was ~** sie ist's/war's **II.** *adj poss* ihr(e, n); (*ship, country, boat, car*) sein(e, n); **what's ~ name?** wie heißt sie?; **the boat sank with all ~ crew** das Boot sank mit seiner ganzen Mannschaft **III.** *n* (*fam*) Sie *f*; **is it a him or a ~?** ist es ein Er oder eine Sie?

her·ald ['herəld] I. n (*messenger*) Bote m/Botin f; (*newspaper*) Bote m II. vt (*form*) ankündigen; **much** ~**ed** viel gepriesen
her·al·dic [hɪ'rældɪk] adj Wappen-
her·ald·ry ['herəldrɪ] n no pl Wappenkunde f
herb [hɜːb] n [Gewürz]kraut nt meist pl; (*for medicine*) [Heil]kraut nt meist pl; ~ **garden** Kräutergarten m
herb·al ['hɜːbəl] adj Kräuter- **herb·al·ist** ['hɜːbəlɪst] n (*dealer*) Kräuterhändler(in) m(f); (*healer*) Kräuterheilkundige(r) f/m/
herbi·cide ['hɜːbɪsaɪd] n Unkrautvertilgungsmittel nt
her·bi·vore ['hɜːbɪvɔː'] n Pflanzenfresser m, Herbivore m fachspr
her·bivo·rous [hɜː'bɪvərəs] adj Pflanzen fressend
Her·cu·lean [ˌhɜːkjə'liːən] adj übermenschlich; ~ **task** Herkulesarbeit f
Her·cu·les ['hɜːkjəliːz] n Herkules m a. fig
herd [hɜːd] I. n + sing/pl vb ❶ (*group of animals*) Herde f; *of wild animals* Rudel nt; **a** ~ **of cattle** eine Viehherde ❷ (*pej: group of people*) Herde f, Masse f II. vt treiben ◆ **herd together** I. vt *animals* zusammentreiben; *people* zusammenpferchen II. vi sich zusammendrängen
'**herd in·stinct** n Herdentrieb m '**herds·man** n Hirt[e] m
here [hɪə] I. adv hier; (*with movement*) hierher, hierhin; **come** ~! komm [hier|her!; **give it** ~! (*fam*) gib mal her!; ~ **you are!** (*presenting*) bitte schön!; (*finding*) hier bist du!; ~ **I am!** hier bin ich!; ~ **they are!** da sind sie!; **Christmas is finally** ~ endlich ist es Weihnachten; ~ **comes the train** da kommt der Zug; ~ **goes!** (*fam*) los geht's!; ~ **we go!** jetzt geht's los!; ~ **we go again!** jetzt geht das schon wieder los!; ~'**s to the future!** auf die Zukunft!; ~'**s to you!** auf Ihr/dein Wohl!; ~ **and now** [jetzt] sofort; **from** ~ **on in** von jetzt an II. interj ■ ~! he!; ~, ... na komm, ...
here·'af·ter (*form*) I. adv im Folgenden II. n Jenseits nt '**here·by** adv (*form*) hiermit
he·redi·tary [hɪ'redɪt^ərɪ] adj erblich; *disease* angeboren; *succession* gesetzlich; *title* vererbbar; ~ **monarchy** Erbmonarchie f
he·red·ity [hɪ'redətɪ] n no pl (*transmission of characteristics*) Vererbung f; (*genetic make-up*) Erbgut nt
'**here·in** adv (*form*) hierin **here·'of** adv (*form*) hiervon

here·u·'pon adv (*form*) hierauf **here·'with** adv (*form*) anbei, hiermit; **enclosed** ~ beiliegend
her·it·age ['herɪtɪdʒ] n no pl Erbe nt
her·maph·ro·dite [hɜː'mæfrədaɪt] n Zwitter m
her·meti·cal·ly [hɜː'metɪkəlɪ] adv hermetisch
her·mit ['hɜːmɪt] n Eremit(in) m(f) a. fig, Einsiedler(in) m(f) a. fig
her·mit·age ['hɜːmɪtɪdʒ] n Einsiedelei f
'**her·mit crab** n Einsiedlerkrebs m
her·nia <*pl* -s *or* -niae> ['hɜːnɪə, pl -niːː] n MED Bruch m
hero <*pl* -es> ['hɪərəʊ] n Held m; **to die a** ~'**s death** den Heldentod sterben
he·ro·ic [hɪ'rəʊɪk] I. adj ❶ (*brave*) heldenhaft; *attempt* kühn; ~ **deed** Heldentat f ❷ LIT heroisch II. n ■ ~**s** pl Heldentaten pl
he·roi·cal·ly [hɪ'rəʊɪkəlɪ] adv heldenhaft, heldenmütig, heroisch geh o a. fig; **to die/fight** ~ heldenhaft sterben/kämpfen
hero·in ['herəʊɪn] n no pl Heroin nt; ~ **addict** Heroinsüchtige(r) f(m)
hero·ine ['herəʊɪn] n Heldin f
hero·ism ['herəʊɪz^əm] n no pl Heldentum nt; **act of** ~ heldenhafte Tat
her·on <*pl* -s *or* -> ['her^ən] n Reiher m
her·pes ['hɜːpiːz] n no pl MED Herpes m
her·ring <*pl* -s *or* -> ['herɪŋ] n Hering m; ~ **gull** Silbermöwe f
'**her·ring·bone** n no pl ❶ (*pattern*) Fischgrätenmuster nt ❷ SKI Grätenschritt m
hers [hɜːz] pron pers (*of person's/animal's*) ihre(r, s); **that's a favourite game of** ~ das ist eines ihrer Lieblingsspiele; **a good friend of** ~ eine gute Freundin von ihr
her·self [hə'self] pron reflexive ❶ after vb, prep sich in dat o akk ❷ (*emph: personally*) selbst; **she told me** ~ sie hat es mir selbst erzählt ❸ (*alone*) [all] **by** ~ ganz alleine ❹ (*normal*) **to be** ~ sie selbst sein
hertz <*pl* -> [hɜːts] n Hertz nt
he's [hiːz] = **he is/he has** *see* **be, have** I, II
hesi·tant ['hezɪt^ənt] adj *person* unschlüssig; *reaction, answer, smile* zögernd; *speech* stockend; ■ **to be** ~ **to do** [*or* **about doing**] **sth** zögern, etw zu tun
hesi·tant·ly ['hezɪt^əntlɪ] adv *act* unentschlossen; *smile* zögernd; *speak* stockend
hesi·tate ['hezɪteɪt] vi ❶ (*wait*) zögern; **he** ~**s at nothing** er schreckt vor nichts zu-

rück; **don't ~ to call me** ruf mich einfach an ❷ (*falter*) stocken ▶ **he who ~s is lost** (*prov*) man muss das Glück beim Schopfe packen

hesi·ta·tion [ˌhezɪˈteɪʃᵊn] *n no pl* (*indecision*) Zögern *nt,* Unentschlossenheit *f;* (*reluctance*) Bedenken *pl;* **without [the slightest] ~** (*indecision*) ohne [einen Augenblick] zu zögern; (*reluctance*) ohne [den geringsten] Zweifel

hetero·geneous [ˌhetᵊrə(ʊ)ˈdʒiːniəs] *adj* uneinheitlich

hetero·sex·ual [ˌhetᵊrə(ʊ)ˈsekʃuᵊl] I. *adj* heterosexuell II. *n* Heterosexuelle(r) *f(m)*

hetero·sexu·al·ity [ˌhetᵊrə(ʊ)ˌsekʃuˈæləti] *n no pl* Heterosexualität *f*

het up [ˌhetˈʌp] *adj* (*fam*) aufgeregt; ▪**to get ~ up about sth** sich über etw *akk* aufregen

HEV [ˌeɪtʃiːˈviː] *n abbrev of* **hybrid electric vehicle** Hybridauto *nt,* Hybridfahrzeug *nt*

hexa·gon [ˈheksəgən] *n* Sechseck *nt*

hex·ago·nal [hekˈsægᵊnᵊl] *adv* sechseckig

hey [heɪ] *interj* (*fam*) he!

hey·day [ˈheɪdeɪ] *n usu sing* Glanzzeit *f*

hey ˈpres·to *interj* BRIT, AUS (*fam*) simsalabim!

HGV [ˌeɪtʃdʒiːˈviː] *n* BRIT *abbrev of* **heavy goods vehicle** LKW *m*

hi [haɪ] *interj* hallo!

hi·ber·nate [ˈhaɪbəneɪt] *vi* Winterschlaf halten

hi·ber·na·tion [ˌhaɪbəˈneɪʃᵊn] *n no pl* Winterschlaf *m;* **to go into ~** in den Winterschlaf verfallen

hic·cup [ˈhɪkʌp] I. *n* ❶ (*sound, attack*) Schluckauf *m;* **to give a ~** schlucksen; **to have the ~s** einen Schluckauf haben ❷ (*fig: setback*) Schwierigkeit *f meist pl* II. *vi* schlucksen

hid [hɪd] *vt pt of* **hide**

hid·den [ˈhɪdᵊn] I. *vt pp of* **hide** II. *adj* versteckt; *agenda* heimlich; *reserves* still; *talent* verborgen

hide¹ [haɪd] *n* (*skin*) Haut *f a. fig;* (*with fur*) Fell *nt;* (*leather*) Leder *nt* ▶ **I've seen neither ~ nor hair of her** ich habe keine Spur von ihr gesehen

hide² [haɪd] I. *n* BRIT, AUS Versteck *nt;* HUNT Ansitz *m* II. *vt* <hid, hidden> ❶ (*keep out of sight*) verstecken (**from** vor); (*cover*) verhüllen ❷ (*keep secret*) *emotions* verbergen (**from** vor); *facts* verheimlichen (**from** vor); ❸ (*block*) verdecken; **to be hidden from view** nicht zu sehen sein III. *vi* <hid, hidden> sich verstecken (**from** vor) ◆**hide away** I. *vt* verstecken II. *vi* sich verstecken ◆**hide out, hide up** *vi* sich versteckt halten

ˈhide-and-seek *n no pl* Versteckspiel *nt;* **to play ~** Verstecken spielen **ˈhide·away** *n* (*fam*) Versteck *nt a. fig*

hide·ous [ˈhɪdiəs] *adj* ❶ (*ugly*) grässlich, scheußlich ❷ (*terrible*) schrecklich, furchtbar

ˈhide·out *n* Versteck *nt*

hid·ing¹ [ˈhaɪdɪŋ] *n usu sing* ❶ (*fam: beating*) Tracht *f* Prügel; **to give sb a good ~** jdm eine ordentliche Tracht Prügel verpassen ❷ (*fam: defeat*) Schlappe *f;* **to get a real ~** eine schwere Schlappe einstecken ▶ **to be on a ~ to nothing** BRIT kaum Aussicht auf Erfolg haben

hid·ing² [ˈhaɪdɪŋ] *n no pl* (*concealment*) **to be in ~** sich versteckt halten; **to come out of ~** aus seinem Versteck hervorkommen; **to go into ~** untertauchen

hi·er·ar·chi·cal [ˌhaɪ(ə)ˈrɑːkɪkᵊl] *adj* hierarchisch; **to set sth in ~ order** etw hierarchisch ordnen

hi·er·ar·chi·cal·ly [ˌhaɪ(ə)ˈrɑːkɪkᵊli] *adv* hierarchisch

hi·er·ar·chy [ˈhaɪ(ə)rɑːki] *n* Hierarchie *f*

hi·ero·glyph [ˈhaɪ(ə)rə(ʊ)glɪf] *n* Hieroglyphe *f*

hi·ero·glyph·ic [ˌhaɪ(ə)rə(ʊ)ˈglɪfɪk] *n usu pl* ▪**~s** Hieroglyphen *pl*

hi-fi [ˌhaɪˈfaɪ] I. *n short for* **high fidelity**

---

hesitating

hesitating	zögern
I'm not sure.	Ich weiß nicht so recht.
It's still hard to say whether or not I can accept your offer.	Ich kann Ihnen noch nicht sagen, ob ich Ihr Angebot annehmen werde.
I still have to think about it.	Ich muss darüber noch nachdenken.
I'm sorry, I can't accept yet.	Ich kann Ihnen leider noch nicht zusagen.

Hi-Fi-Anlage *f* II. *adj short for* **high-fidelity** Hi-Fi-

hig·gle·dy-pig·gle·dy [ˌhɪgldiˈpɪgldi] *adj, adv (fam)* wie Kraut und Rüben

high [haɪ] I. *adj* ❶ hoch *präd*, hohe(r, s) *attr;* **to fly at a ~ altitude** in großer Höhe fliegen; **~ in calories** kalorienreich; **to be ~ in calcium** viel Kalzium enthalten; **a ~ level of concentration** hohe Konzentration; **to have ~ hopes** sich *dat* große Hoffnungen machen; **~ marks** gute Noten; **a ~-scoring match** ein Match *nt* mit vielen Treffern; **friends in ~ places** wichtige Freunde; **of ~ rank** hochrangig; **at ~ speed** mit hoher Geschwindigkeit; **~ wind** starker Wind; **~ and mighty** *(pej)* herablassend ❷ *(on drugs)* high ❸ FOOD *game* mit Hautgout ▶ **to leave sb ~ and dry** jdn auf dem Trockenen sitzen lassen; **~ time** höchste Zeit II. *adv* hoch; *(fig)* **feelings were running ~** die Gemüter erhitzten sich ▶ **~ and low** überall III. *n* ❶ *(high[est] point)* Höchststand *m* ❷ METEO Hoch *nt* ❸ *(exhilaration)* **~s and lows** Höhen und Tiefen *pl*; **to be on a ~** high sein

high ˈbeams *npl* AM AUTO Fernlicht *nt*

ˈhigh·boy *n* AM hohe Kommode **ˈhigh·brow** *adj* hochgeistig **ˈhigh chair** *n* Hochstuhl *m* **ˈhigh-class** *adj* erstklassig; *product* hochwertig **ˈhigh court** *n* oberstes Gericht **high ˈden·si·ty** *adj* ❶ COMPUT mit hoher Dichte; **~ disk** HD-Diskette *f* ❷ *(closely packed)* kompakt; **~ housing** dicht bebautes Wohngebiet

high·er [ˈhaɪəʳ] I. *adj comp of* **high** höher; **to have ~ marks** bessere Noten haben; **to be destined for ~ things** zu Höherem berufen sein II. *n* SCOT ■ **H~s** *pl schottische Hochschulreife;* **to take one's H~s** ≈ sein Abitur [*o* ÖSTERR seine Matura] [*o* SCHWEIZ seine Matur] machen III. *adv comp of* **high**: **he lives ~ up the hill** er wohnt weiter oben am Berg; **she climbed ~ up the ladder** sie kletterte weiter die Leiter hoch; **this season our team is ~ up in the league** diese Saison steht unsere Mannschaft weiter oben in der Tabelle

high·er edu·ˈca·tion *n no pl* Hochschulbildung *f;* (*system*) Hochschulwesen *nt*

high-ˈfli·er *n* Überflieger(in) *m(f)* **high-ˈflown** *adj* hochtrabend **high ˈfre·quen·cy** *n* Hochfrequenz *f* **high-ˈhand·ed** *adj* selbstherrlich **high-ˈhand·ed·ness** *n no pl* Selbstherrlichkeit *f* **high ˈheels** *npl* ❶ *(shoes)* hochhackige Schuhe ❷ *(part of a shoe)* hohe Absätze **ˈhigh jinks** *npl* Ausgelassenheit *f kein pl* **ˈhigh jump** *n no pl* Hochsprung *m* ▶ **to be for the ~** BRIT in Teufels Küche kommen

high·land [ˈhaɪlənd] *adj attr* Hochland-, hochländisch

Highland ˈdress schottische Tracht

high·lands [ˈhaɪləndz] *npl* Hochland *nt kein pl*

ˈhigh-lev·el *adj* auf höchster Ebene *nach n*

ˈhigh life *n* exklusives Leben; **to live the ~** in Saus und Braus leben **ˈhigh·light** I. *n* ❶ *(best part)* Höhepunkt *m* ❷ *(in hair)* ■ **~s** *pl* Strähnchen *pl* II. *vt* ❶ *(draw attention to)* hervorheben, unterstreichen; *text* markieren ❷ *(dye)* **to have one's hair ~ed** sich *dat* Strähnchen machen lassen **ˈhigh·light·er** *n* ❶ *(pen)* Textmarker *m* ❷ *(cosmetics)* Highlighter *m*

high·ly [ˈhaɪli] *adv* hoch-; **~ amusing** ausgesprochen amüsant; **~ contagious** hoch ansteckend; **~-educated** hoch gebildet; **~-skilled** hoch qualifiziert; **~-strung** nervös; **to speak ~ of someone** von jdm in den höchsten Tönen sprechen; **to think ~ of someone** eine hohe Meinung von jdm haben

High ˈMass *n* Hochamt *nt*

High·ness [ˈhaɪnəs] *n* ■ **Her/His/Your ~** Ihre/Seine/Eure Hoheit

high-per·ˈfor·mance *adj* Hochleistungs- **high-ˈpitched** *adj* ❶ *voice* hoch ❷ *roof* steil **ˈhigh point** *n* Höhepunkt *m* **high-ˈpow·ered** *adj* ❶ *machine* Hochleistungs-; *car* stark; *computer* leistungsstark ❷ *(influential)* einflussreich; *delegation* hochrangig ❸ *(advanced)* anspruchsvoll **high ˈpres·sure** *n no pl* METEO, TECH Hochdruck *m* **high-ˈpres·sure** I. *adj* ❶ METEO, TECH Hochdruck-; **~ cleaner** Hochdruckreiniger *m* ❷ ECON **~ sales techniques** aggressive Verkaufstechniken II. *vt* AM unter Druck setzen **high ˈpriest** *n* REL Hohe(r) Priester *m; (fig)* Doyen *m* **high ˈpro·file** I. *n* **to have a ~** gerne im Rampenlicht stehen II. *adj* **she's a ~ politician** sie ist eine Politikerin, die im Rampenlicht steht **high-ˈprotein** *adj* eiweißreich **high-ˈrank·ing** *adj* hochrangig **high-reso·ˈlu·tion** *adj* mit hoher Auflösung **ˈhigh-rise** *n* Hochhaus *nt* **high-rise ˈbuild·ing** *n*, **high-rise ˈflats** *npl* BRIT Hochhaus *nt* **high-ˈrisk** *adj* hochriskant; **to be in a ~ category** einer Risikokategorie angehören **ˈhigh school** *n no pl* Highschool *f* **high ˈseas** *npl* hohe See; **on the ~** auf hoher See **high ˈsea·son** *n* Hochsaison *f* **ˈhigh-sound·ing** *adj* hoch-

trabend **high-speed** ʹ**train** *n* Hochgeschwindigkeitszug *m* **high-**ʹ**spir·it·ed** *adj* ausgelassen; *horse* temperamentvoll **high** ʹ**spir·its** *npl* Hochstimmung *f kein pl* ʹ**high spot** *n* Höhepunkt *m* ʹ**high street** *n* BRIT Haupt[einkaufs]straße *f* **high** ʹ**sum·mer** *n no pl* Hochsommer *m* ʹ**high·tail** *vi, vt esp* AM *(fam)* **to ~ [it]** abhauen **high** ʹ**tea** *n* BRIT frühes Abendessen, bestehend aus einem warmen Gericht, Brot und Tee **high-**ʹ**tech** *adj* Hightech- **high tech·**ʹ**nol·o·gy** *n no pl* Hightech *nt*, Hochtechnologie *f* **high-**ʹ**ten·sion** *adj* Hochspannungs- **high** ʹ**tide** *n no pl* Flut *f;* **at ~** bei Flut **high** ʹ**trea·son** *n no pl* Hochverrat *m* **high** ʹ**up I.** *adj* ▪ **to be ~** hoch oben in der Hierarchie stehen **II.** *n (fam)* hohes Tier **high** ʹ**wa·ter** *n no pl* Flut *f* **high-**ʹ**wa·ter mark** *n* Hochwassermarke *f*
ʹ**high·way I.** *n* AM, AUS Highway *m;* BRIT *(form)* Bundesstraße *f;* **coastal ~** Küstenstraße *f* **II.** *adj* Straßen-; **~ fatalities** Verkehrstote *pl;* **~ restaurant** Autobahnrestaurant *nt*
High·way ʹ**Code** *n* BRIT Straßenverkehrsordnung *f* ʹ**high·way·man** *n (hist)* Straßenräuber *m* **high·way** ʹ**rob·bery** *n (hist)* Straßenraub *m*
hi·jack [ˈhaɪdʒæk] **I.** *vt* entführen; *(fig)* klauen *fam* **II.** *n* Entführung *f*
hi·jack·er [ˈhaɪdʒəkəʳ] *n* Entführer(in) *m(f)*
hi·jack·ing [ˈhaɪdʒækɪŋ] *n no pl* Entführung *f*
hike [haɪk] **I.** *n* ❶ *(long walk)* Wanderung *f;* *(fam)* **that was quite a ~** das war ein ganz schöner Marsch [*o* ÖSTERR Hatscher]; **to go on a ~** wandern gehen; **to take a ~** AM *(fam)* abhauen ❷ AM *(fam: increase)* Erhöhung *f;* **~ in prices** Preiserhöhung *f* **II.** *vi* wandern **III.** *vt* AM *(fam)* erhöhen
hik·er [ˈhaɪkəʳ] *n* Wanderer *m*/Wanderin *f*
hik·ing [ˈhaɪkɪŋ] *n no pl* Wandern *nt;* **to go ~** wandern gehen
hi·lari·ous [hɪˈleərɪəs] *adj* urkomisch, zum Brüllen
hi·lar·ity [hɪˈlærəti] *n no pl* Ausgelassenheit *f;* **to cause ~** Heiterkeit erregen
hill [hɪl] *n* ❶ *(small mountain)* Hügel *m;* *(higher)* Berg *m* ❷ *(slope)* Steigung *f* ▶ **as old as the ~s** steinalt; **to be over the ~** mit einem Fuß im Grab stehen
hill·bil·ly *n* AM Hinterwäldler(in) *m(f)*, Hillbilly *m*
hill·ock [ˈhɪlək] *n* kleiner Hügel
ʹ**hill·side** *n* Hang *m* ʹ**hill·top I.** *n* Hügelkuppe *f* **II.** *adj (farm)* auf einem Hügel gelegen ʹ**hill-walk·ing** *n no pl* BRIT Bergwandern *nt*
hilly [ˈhɪli] *adj* hügelig
hilt [hɪlt] *n* ❶ *(handle)* Griff *m; of a dagger, sword* Heft *nt* ❷ *(fig)* **[up] to the ~** hundertprozentig; **to be up to the ~ in debt** bis über beide Ohren in Schulden stecken
him [hɪm, ɪm] *pron object* ihm *in dat*, ihn *in akk;* **who? ~?** wer? der?; **I could never be as good as ~** ich könnte nie so gut sein wie er; **you have more than ~** du hast mehr als er; **that's ~ all right** das ist er in der Tat
Hima·la·yas [ˌhɪməˈleɪjəz] *npl* Himalaya *m*
him·self [hɪmˈself] *pron reflexive* sich *in dat o akk;* (*emph: personally*) selbst; **the whole group, including ~** die ganze Gruppe, er eingeschlossen; **he talks to ~ when he works** er spricht bei der Arbeit mit sich [selbst]; **I told him to act naturally and be ~** ich sagte ihm, dass er natürlich bleiben und ganz er selbst sein sollte; **he finally looked ~ again** endlich sah er wieder wie er selbst aus; **[all] by ~** ganz alleine; **all to ~** ganz für sich
hind [haɪnd] **I.** *adj* hintere(r, s); **~ leg** Hinterbein *nt; of game* Hinterlauf *m* ▶ **[to be able] to talk the ~ legs off a donkey** ohne Punkt und Komma reden [können] **II.** *n* <*pl* - *or* -**s**> Hirschkuh *f*
hin·der [ˈhɪndəʳ] *vt* behindern
Hin·di [ˈhɪndi] *n no pl* Hindi *nt*
ʹ**hind·quar·ters** *npl* Hinterteil *nt; of a horse* Hinterhand *f*
hin·drance [ˈhɪndrən(t)s] *n* Behinderung *f;* **I've never considered my disability a ~** ich habe meine Behinderung nie als Einschränkung empfunden; **sb is more of a ~ than a help** jd stört mehr, als dass er/sie hilft
ʹ**hind·sight** *n no pl* **in** [*or* **with**] **[the benefit of]** ~ im Nachhinein
Hin·du [ˌhɪnˈduː] **I.** *n* Hindu *m o f* **II.** *adj* hinduistisch, Hindu-
Hin·du·ism [ˈhɪnduˌɪzᵊm] *n no pl* Hinduismus *m*
hinge [hɪndʒ] **I.** *n* Angel *f; of a chest, gate* Scharnier *nt;* **to lift** [*or* **take**] **the door off its ~s** die Tür aus den Angeln heben **II.** *vi (fig)* ▪ **to ~ [up]on sb/sth** von jdm/etw abhängen
hinged [hɪndʒd] *adj* mit einem Scharnier nach *n;* ▪ **to be ~** ein Scharnier haben
hint [hɪnt] **I.** *n* ❶ *usu sing (trace)* Spur *f;* **he gave me no ~ that ...** er gab mir nicht den

leisesten Wink, ob ...; **at the slightest ~ of trouble** beim leisesten Anzeichen von Ärger; **with a ~ of blue** mit einem Hauch von blau ❷ *(allusion)* Andeutung *f;* **OK, I can take a ~** OK, ich verstehe schon; **it's my birthday next week, ~, ~!** ich habe nächste Woche Geburtstag · so ein dezenter Hinweis ...; **to drop a ~** eine Andeutung machen ❸ *(advice)* Hinweis *m,* Tipp *m* II. *vt* ■**to ~ that ...** andeuten, dass ... III. *vi* andeuten; ■**to ~ at sth** auf etw *akk* anspielen

hin·ter·land ['hɪntəlænd] *n no pl (behind coast or river)* Hinterland *nt;* (*undeveloped land*) Entwicklungsland *nt*

hip [hɪp] I. *n* ❶ ANAT Hüfte *f; of trousers* Hüftweite *f;* **she stood with her hands on her ~s** sie hatte die Arme in die Hüften gestemmt; **to dislocate a ~** sich *dat* die Hüfte ausrenken; **with a 38-inch ~** mit einer Hüftweite von 96 cm ❷ BOT Hagebutte *f* II. *adj (fam)* hip

'**hip·bone** *n* ANAT Hüftknochen *m* '**hip flask** *n* Flachmann *m*

'**hip-hop** *n no pl* Hiphop *m*

hip·pie ['hɪpi] *n* Hippie *m*

hip·po ['hɪpəʊ] *n (fam) short for* **hippopotamus**

hip·po·pota·mus <*pl* -es *or* -mi> [ˌhɪpə'pɒtəməs] *n* Nilpferd *nt*

hip·py ['hɪpi] *n* Hippie *m*

hire [haɪəʳ] I. *n no pl* Mieten *nt;* **'for ~'** ‚zu vermieten'; **there are bikes for ~** man kann Fahrräder mieten; **car ~** [*or* **car**] **business** BRIT Autoverleih *m* II. *vt* ❶ *(rent)* mieten; *dress* ausleihen ❷ *(employ)* einstellen ◆**hire out** *vt* vermieten; *bicycle, clothes* verleihen

hire 'pur·chase *n* BRIT Ratenkauf *m;* **to buy something on ~** etw auf Raten kaufen

hire 'pur·chase agree·ment *n* BRIT Teilzahlungsvertrag *m*

his [hɪz, ɪz] I. *pron pers* seine(r, s); **some friends of ~** einige seiner Freunde; **that dog of ~ is so annoying!** sein doofer Hund nervt total! *fam* II. *adj poss (of person)* sein(e); **what's ~ name?** wie heißt er?; **he got ~ very own computer** er hat einen Computer ganz für sich alleine bekommen

His·pan·ic [hɪ'spænɪk] I. *adj* hispanisch II. *n* Hispano-Amerikaner(in) *m(f)*

hiss [hɪs] I. *vi* zischen; *(whisper angrily)* fauchen; ■**to ~ at sb** jdn anfauchen II. *vt* ❶ *(utter)* fauchen ❷ *(disapprove of)* ■**to ~ sb/sth** jdn/etw auszischen III. *n* <*pl* -es> Zischen *nt kein pl;* (*on tapes*) Rauschen *nt kein pl*

his·ta·mine ['hɪstəmiːn] *n* MED Histamin *nt fachspr*

his·to·rian [hɪ'stɔːriən] *n* Historiker(in) *m(f)*

his·tor·ic [hɪ'stɒrɪk] *adj* historisch

his·tori·cal [hɪ'stɒrɪkəl] *adj* geschichtlich, historisch; **~ accuracy** Geschichtstreue *f*

his·tori·cal·ly [hɪ'stɒrɪkəli] *adv* geschichtlich, historisch; **the film doesn't try to be ~ accurate** der Film versucht nicht, geschichtstreu zu sein

his·tory ['hɪstəri] I. *n* ❶ *no pl (past events)* Geschichte *f;* **to go down in ~** in die Geschichte eingehen; **to make ~** Geschichte schreiben ❷ *(fig)* **that's all ~** das gehört alles der Vergangenheit an; ■**sb is ~** jd ist fertig [*o* erledigt] [*o* nicht mehr im Bilde]; **ancient ~** kalter Kaffee ❸ *usu sing (background)* Vorgeschichte *f;* **her family has a ~ of heart problems** Herzprobleme liegen bei ihr in der Familie II. *adj book, class* Geschichts-

his·tri·on·ic [ˌhɪstri'ɒnɪk] *adj* theatralisch

hit [hɪt] I. *n* ❶ *(blow)* Schlag *m* ❷ *(shot)* Treffer *m;* **to suffer a direct ~** direkt getroffen werden ❸ *(success)* Hit *m;* **to be a [big] ~ with sb** bei jdm gut ankommen ❹ *(in baseball)* Hit *m;* **to score a ~** einen Punkt machen ❺ *(sl: of drug)* Schuss *m* ❻ *esp* AM *(fam: murder)* Mord *m* ❼ INET Besuch *m* einer Webseite ❽ COMPUT *(in database)* Treffer *m* ▶ **to take a [big] ~** einen [großen] Verlust hinnehmen [müssen] II. *vt* <-tt-, hit, hit> ❶ *(strike)* schlagen; **to ~ sb below the belt** jdm einen Schlag unter die Gürtellinie versetzen *a. fig;* **to ~ sb where it hurts** *(fig)* jdn an einer empfindlichen Stelle treffen ❷ *(come in contact)* treffen; **the house was ~ by lightning** in das Haus schlug der Blitz ein ❸ *(press)* *button* drücken; *key* drücken auf +*akk* ❹ *(crash into)* ■**to ~ sth** gegen etw *akk* stoßen; **their car ~ a tree** ihr Auto krachte gegen einen Baum; **she ~ her head on the edge of the table** sie schlug sich den Kopf an der Tischkante an; **the glass ~ the floor** das Glas schlug auf den Boden [auf] ❺ *(with missile)* ■**to be ~** getroffen werden; **I've been ~!** mich hat's erwischt! ❻ SPORTS treffen; *(score)* erzielen ❼ *(affect negatively)* **to be [badly] ~ by sth** von etw *dat* [hart] getroffen werden ❽ *(fam: arrive at)* **we should ~ the main road soon** wir müssten bald auf die Hauptstraße stoßen; **my sister ~ forty last week** meine Schwester wurde letzte Woche 40; **to ~**

the headlines/papers in die Schlagzeilen/Zeitungen kommen; **to ~ rock bottom** einen historischen Tiefstand erreichen; **to ~ a web site** eine Webseite besuchen ❾ (*fam: go to*) **let's ~ the dance floor** lass uns tanzen! ❿ (*encounter*) stoßen auf +*akk*; **to ~ the rush hour/a traffic jam** in die Stoßzeit/einen Stau geraten; **to ~ trouble** in Schwierigkeiten geraten ⓫ (*occur to*) ▪**to ~ sb** jdm auffallen; **it suddenly ~ me that ...** mir war plötzlich klar, dass ... ⓬ (*produce*) **note treffen** *a. fig* **III.** *vi* ❶ (*strike*) ▪**to ~ [at sb/sth]** [nach jdm/etw] schlagen; **to ~ hard** kräftig zuschlagen ❷ (*attack*) ▪**to ~ at sb** jdn attackieren *a. fig* ❸ (*take effect*) wirken ◆**hit back** *vi* zurückschlagen; ▪**to ~ back at sb** jdm Kontra geben ◆**hit off** *vt* ▪**to ~ it off [with sb]** (*fam*) sich prächtig [mit jdm] verstehen ◆**hit on** *vi* ❶ (*think of*) kommen auf +*akk* ❷ Am (*sl: make sexual advances*) ▪**to ~ on sb** jdn anmachen ❸ Am (*fam: attempt to extract* [*money*]) ▪**to ~ on sb** jdn anpumpen ◆**hit out** *vi* ▪**to ~ out [at sb]** [auf jdn] einschlagen; (*fig*) [jdn] scharf attackieren; **he was ~ting out in all directions** er schlug nach allen Seiten um sich ◆**hit up** *vt* Am (*fam*) **to ~ up** ⟳ **sb** [**for money**] jdn [um Geld] anhauen ◆**hit upon** *vi* **idea** kommen auf +*akk*

hit-and-'miss *adj* zufällig; **a ~ affair** [reine] Glückssache

hit-and-'run I. *n no pl* AUTO Fahrerflucht *f*; MIL Überraschungsüberfall *m* **II.** *adj* **driver** unfallflüchtig; **~ accident** Unfall *m* mit Fahrerflucht; **~ attack** MIL Blitzangriff *m*

hitch [hɪtʃ] **I.** *n* <*pl* -es> (*difficulty*) Haken *m*; **but there is a ~** aber die Sache hat einen Haken; **a technical ~** ein technisches Problem; **to go off without a ~** reibungslos ablaufen **II.** *vt* ❶ (*fasten*) festmachen (**to** an); *trailer* anhängen (**to** an); *animal* festbinden; **to ~ a horse to a cart** ein Pferd vor einen Wagen spannen ❷ (*fam: hitchhike*) **to ~ a lift** [*or* **ride**] trampen, per Anhalter fahren **III.** *vi* (*fam*) trampen ◆**hitch up** *vt* ❶ (*fasten*) festmachen (**to** an); *trailer* anhängen (**to** an); **to ~ a horse up to a cart** ein Pferd vor einen Wagen spannen ❷ (*pull up*) *trousers* hochziehen

hitch·er [ˈhɪtʃəʳ] *n* Anhalter(in) *m(f)*, Tramper(in) *m(f)*

'**hitch·hike** *vi* per Anhalter fahren, trampen

'**hitch·hik·er** *n* Anhalter(in) *m(f)*, Tramper(in) *m(f)* '**hitch·hik·ing** *n no pl* Trampen *nt*

hi-tech *adj see* **high-tech**

hith·er [ˈhɪðəʳ] *adv* (*liter*) **~ and thither** hierhin und dorthin

hith·er·to [ˌhɪðəˈtuː] *adv* (*form*) bisher

'**hit man** *n* Killer *m*

hit-or-'miss *adj see* **hit-and-miss**

HIV [ˌeɪtiːˈviː] *n no pl abbrev of* **human immunodeficiency virus** HIV *nt*

hive [haɪv] *n* ❶ (*beehive*) Bienenstock *m* ❷ (*busy place*) Ameisenhaufen *m fig;* **the whole house was a ~ of activity** das ganze Haus glich einem Ameisenhaufen ◆**hive off** *vt* BRIT, AUS ausgliedern

HIV-'posi·tive *adj* HIV-positiv

hl *abbrev of* **hectolitre** hl

HMS [ˌeɪtʃemˈes] *n* BRIT *abbrev of* **Her/His Majesty's Ship** H.M.S.

HNC [ˌeɪtʃenˈsiː] *n* BRIT SCH *abbrev of* **Higher National Certificate** Fachhochschulzertifikat *nt;* **to do an ~ course** einen Fachhochschulkurs besuchen

HND [ˌeɪtʃenˈdiː] *n* BRIT SCH *abbrev of* **Higher National Diploma** Fachhochschuldiplom *nt;* **to do an ~ course** einen Diplomlehrgang an einer Fachhochschule besuchen

hoard [hɔːd] **I.** *n* (*of money, food*) Vorrat *m* (**of** an); (*treasure*) Schatz *m;* **~ of weapons** Waffenlager *nt.* **II.** *vt* horten; *food also* hamstern **III.** *vi* Vorräte anlegen

hoard·ing [ˈhɔːdɪŋ] *n* ❶ BRIT, AUS [**advertising**] ~ Plakatwand *f* ❷ (*fence*) Bauzaun *m* ❸ (*storing*) Horten *nt*

'**hoar frost** *n no pl* [Rau]reif *m*

hoarse [hɔːs] *adj* heiser

hoarse·ly [ˈhɔːsli] *adv* heiser

hoarse·ness [ˈhɔːsnəs] *n no pl* Heiserkeit *f*

hoax [həʊks] **I.** *n* (*deception*) Täuschung *f;* (*joke*) Streich *m;* (*false alarm*) blinder Alarm; **bomb ~** vorgetäuschte Bombendrohung **II.** *adj* vorgetäuscht; **~ caller** jd, der telefonisch falschen Alarm auslöst **III.** *vt* [he]reinlegen; **to ~ sb into believing** [*or* **thinking**] **sth** jdm etw weismachen

hoax·er [ˈhəʊksəʳ] *n* jd, der falschen Alarm auslöst

hob [hɒb] *n* BRIT Kochfeld *nt*

hob·ble [ˈhɒbl] **I.** *vi* hinken, humpeln; **to ~ around on crutches** mit Krücken herumlaufen **II.** *vt* **to ~ an animal** einem Tier die Beine zusammenbinden **III.** *n* ❶ (*for a horse*) Fußfessel *f* ❷ (*awkward walk*) Hinken *nt kein pl*, Humpeln *nt kein pl;* **by the end of the match he was reduced to a ~** am Ende des Spiels hinkte er nur noch

hob·by [ˈhɒbi] *n* Hobby *nt*

'**hob·by-horse** *n* Steckenpferd *nt*

hob·nailed boot [ˌhɒbneɪld'-] n Nagelschuh m

hob·nob <-bb-> ['hɒbnɒb] vi (fam) verkehren

hobo <pl -s or -es> ['həʊbəʊ] n AM, AUS ❶ (tramp) Penner(in) m(f), Sandler(in) m(f) ÖSTERR ❷ (itinerant worker) Wanderarbeiter(in) m(f)

hock[1] [hɒk] n BRIT (wine) weißer Rheinwein

hock[2] [hɒk] n ZOOL Sprunggelenk nt; of a horse Fesselgelenk nt; (meat) Hachse f, Haxe f SÜDD, ÖSTERR

hock[3] [hɒk] n (fam) ❶ (in debt) **to be in ~** Schulden haben; **to be in ~ to sb** bei jdm in der Kreide stehen ❷ (pawned) **in ~** verpfändet II. vt verpfänden

hock·ey ['hɒki] n no pl Hockey nt; **~ stick** Hockeyschläger m

hocus-pocus [ˌhəʊkəs'pəʊkəs] n no pl Hokuspokus m; (evil tricks) fauler Zauber fam

hodge·podge ['hɒdʒpɒdʒ] n AM see **hotchpotch**

hoe [həʊ] I. n Hacke f II. vt, vi hacken

hog [hɒg] I. n ❶ AM Schwein nt; BRIT Mastschwein nt ❷ (fig, pej fam) Gierschlund m ▶ **to go the whole ~** ganze Sache machen II. vt <-gg-> (fam) ▪ **to ~ sb/sth** [all to oneself] jdn/etw [ganz für sich akk] in Beschlag nehmen; **to ~ the bathroom** das Badezimmer mit Beschlag belegen; **to ~ the limelight** im Rampenlicht stehen; **to ~ the road** die ganze Straße [für sich akk] beanspruchen

Hog·ma·nay ['hɒgmənei] n SCOT traditionelles schottisches Neujahrsfest

hoist [hɔɪst] I. vt hochheben; flag, sail hissen; **he ~ed her onto his shoulders** er hievte sie auf seine Schultern II. n Winde f

hold [həʊld] I. n ❶ (grasp) Halt m kein pl; **to catch** [or **grab**] [or **get** [a]] [or **take** [a]] **~ of sb/sth** jdn/etw ergreifen; **grab ~ of my hand** nimm meine Hand; **to keep ~ of sth** festhalten; **sb loses ~ of sth** jdm entgleitet etw; **to take ~** (fig) fire, epidemic übergreifen ❷ SPORTS Griff m (**on** an) ❸ TELEC **to be on ~** in der Warteschleife sein; **to put sb on ~** jdn in die Warteschleife schalten ❹ (delay) **to be on ~** auf Eis liegen fig; **to put sth on ~** etw auf Eis legen fig ❺ (control) **get** [a] **~ of yourself!** reiß dich zusammen!; **to have a** [strong] **~ on** [or **over**] **sb** [starken] Einfluss auf jdn haben ❻ (fig) **no ~s barred** ohne jegliches Tabu; **to get ~ of sb/sth** jdn/etw auftreiben; information etw sammeln ❼ (understand) **to get ~ of sth** etw verstehen; **to get ~ of the wrong idea** etw falsch verstehen ❽ NAUT, AVIAT Frachtraum m II. vt <held, held> ❶ (grasp) ▪ **to ~ sb/sth** [tight [or tightly]] jdn/etw [fest]halten; **to ~ sb in one's arms** jdn in den Armen halten; **to ~ the door open for sb** jdm die Tür aufhalten; **to ~ one's nose** sich dat die Nase zuhalten; **to ~ sth in place** etw halten ❷ (support) [aus]halten ❸ (keep) halten; **to ~ sb's attention** [or **interest**] jdn fesseln; **to ~ sb** [**in custody**]/**hostage**/**prisoner** jdn in Haft/als Geisel/gefangen halten; **to be able to ~ one's drink** Alkohol vertragen; **to ~ sb to ransom** jdn bis zur Zahlung eines Lösegelds gefangen halten; **to ~ its value** seinen Wert behalten; **to ~ sb to his/her word** jdn beim Wort nehmen ❹ (delay, stop) zurückhalten; **~ it** [**right there**]! stopp!; **OK, ~ it!** PHOT gut, bleib so!; **to ~ one's breath** die Luft anhalten; **to ~ the front page** die erste Seite freihalten; **to ~ the line** am Apparat bleiben ❺ (contain) fassen; COMPUT speichern; **this room ~s 40 people** dieser Raum bietet 40 Personen Platz; **the CD rack ~s 100 CDs** in den CD-Ständer passen 100 CDs; **this hard disk ~s 13 gigabytes** diese Festplatte hat ein Speichervolumen von 13 Gigabyte ◆**hold against** vt ▪ **to ~ sth against sb** jdm etw vorwerfen ◆**hold back** I. vt (stop) aufhalten; (impede development) hindern; information geheim halten; **to ~ back tears** Tränen zurückhalten II. vi (refrain) **to ~ back from doing sth** etw unterlassen ◆**hold down** vt (keep near the ground) niederhalten; (keep low) levels, prices niedrig halten ◆**hold forth** vi ▪ **to ~ forth** [**about sth**] sich [über etw akk] auslassen ◆**hold in** vt emotion zurückhalten; **to ~ in one's fear** seine Angst unterdrücken; **to ~ one's stomach in** seinen Bauch einziehen ◆**hold off** I. vt ❶ MIL enemy abwehren ❷ (postpone) verschieben II. vi warten; **the rain held off all day** es hat den ganzen Tag nicht geregnet ◆**hold on** vi ❶ (affix, attach) ▪ **to be held on by** [or **with**] **sth** mit etw dat befestigt sein ❷ (manage to keep going) durchhalten ❸ (wait) **hold on!** Moment bitte! ◆**hold onto** vt ❶ (grasp) festhalten ❷ (keep) behalten ◆**hold out** I. vt ausstrecken; ▪ **to ~ out sth to sb** jdm etw hinhalten II. vi ❶ (manage to resist) durchhalten; **to ~ out for sth** auf etw dat bestehen ❷ (refuse to give information) **to ~ out on sb**

jdm etw verheimlichen ◆**hold over** vt ❶ (*defer*) etw aufschieben ❷ AM (*extend*) etw verlängern ◆**hold to** vi **can I ~ you to that?** bleibst du bei deinem Wort? ◆**hold together** vi, vt zusammenhalten ◆**hold up** I. vt ❶ (*raise*) hochhalten; **to ~ up one's hand** die Hand heben; ■**to be held up by sth** von etw *dat* gestützt werden ❷ (*delay*) aufhalten; **the letter was held up in the post** der Brief war bei der Post liegen geblieben II. n (*violent robbery*) Überfall m ◆**hold with** vt ■**to ~ with sth** mit etw *dat* einverstanden sein
'**hold·all** n BRIT Reisetasche f
hold·er ['həʊldə'] n ❶ (*device*) Halter m; **cigarette ~** Zigarettenspitze f ❷ (*person*) Besitzer(in) m(f); **account ~** Kontoinhaber(in) m(f); **passport ~** Passinhaber(in) m(f); **record ~** Rekordhalter(in) m(f)
hold·ing ['həʊldɪŋ] n ❶ (*tenure*) Pachtbesitz m ❷ FIN Beteiligung f; ■ **~s** pl Anteile pl; **~ company** Dachgesellschaft f
'**hold-up** n ❶ (*crime*) Raubüberfall m ❷ (*delay*) Verzögerung f
hole [həʊl] I. n ❶ (*gap*) Loch nt a. *fig; of fox, rabbit* Bau m; **to dig a ~** ein Loch graben; **an 18-~ course** ein Golfplatz m mit 18 Löchern ❷ (*fig: fault*) Schwachstelle f; **to pick ~s** [**in sth**] [etw] kritisieren ❸ (*fig fam: difficulty*) **to be in a** [**bit of a**] **~** [ganz schön] in Schwierigkeiten stecken; **to get sb out of a ~** jdm aus der Patsche helfen II. vt ❶ MIL Löcher reißen in +*akk* ❷ (*in golf*) einlochen ◆**hole up** vi (*fam*) sich verkriechen
holey ['həʊli] adj löchrig
holi·day ['hɒlɪdeɪ] I. n ❶ BRIT, AUS (*vacation*) Urlaub m, Ferien pl; **school ~s** Ferien pl; **to go on an adventure/a sailing/a skiing ~** Abenteuer-/Segel-/Skiurlaub machen; **to take three weeks' ~** drei Wochen Urlaub nehmen; **to be** [**away**] **on ~** im Urlaub sein ❷ (*work-free day*) Feiertag m ❸ AM ■ **~s** Weihnachtszeit f kein pl II. vi BRIT, AUS Urlaub machen
'**holi·day camp** n BRIT, AUS Ferienlager nt '**holi·day en·'ti·tle·ment** n BRIT, AUS Urlaubsanspruch m '**holi·day flat** n BRIT, AUS Ferienwohnung f '**holi·day house** n BRIT, AUS Ferienhaus nt '**holi·day·mak·er** n BRIT, AUS Urlauber(in) m(f) '**holi·day re·sort** n BRIT, AUS Urlaubsort m
holi·ness ['həʊlɪnəs] n no pl Heiligkeit f
Hol·land ['hɒlənd] n no pl Holland nt
hol·ler ['hɒlə'] I. vi, vt AM (*fam*) brüllen II. n AM (*fam*) Schrei m
hol·low ['hɒləʊ] I. adj ❶ (*empty, sunken*) hohl; *cheeks* eingefallen ❷ (*fig*) wertlos; *laughter* unglaubig; *promise* leer; *victory* schal II. n ❶ (*hole*) Senke f ❷ AM (*valley*) Tal nt III. adv hohl IV. vt ■**to ~** [**out**] aushöhlen
hol·ly ['hɒli] n Stechpalme f
holo·caust ['hɒləkɔːst] n ❶ (*destruction*) Inferno nt ❷ (*genocide*) Massenvernichtung f; ■**the H~** der Holocaust; **the H~ Memorial** das Holocaustmahnmal [in Berlin]
holo·gram ['hɒləgræm] n Hologramm nt **holo·graph·ic** [ˌhɒləˈgræfɪk] adj holografisch; **~ picture** holografisches Bild
hol·ster ['həʊlstə'] n [Pistolen]halfter nt o f
holy ['həʊli] adj heilig ▶ **~ cow** [or **smoke**] [or fam! **shit**]! du heilige Scheiße!
Holy Com·'mun·ion n ❶ (*service*) heilige Kommunion ❷ (*bread and wine*) heiliges Abendmahl **Holy 'Fa·ther** n ■**the ~** der Heilige Vater **Holy 'Scrip·ture** n die Heilige Schrift **Holy 'Spir·it** n ■**the ~** der Heilige Geist '**Holy Week** n Karwoche f
hom·age ['hɒmɪdʒ] n no pl Huldigung f (**to** +*gen*); **to pay ~** [**to sb**] [jdm] huldigen
home [həʊm] I. n ❶ (*abode*) Zuhause nt; **haven't you got a ~ to go to?** hast du [denn] kein Zuhause?; **to give sb/an animal a ~** jdm/einem Tier ein Zuhause geben; **a ~** (AM, AUS **away**) **from ~** ein zweites Zuhause; **to be away from ~** von zu Hause weg sein; **to leave ~** [von zu Hause] ausziehen; **to make oneself at ~** es sich *dat* gemütlich machen; **to work from ~** zu Hause arbeiten; **at ~** zu Hause, zuhause ÖSTERR, SCHWEIZ ❷ (*house*) Haus nt; (*flat*) Wohnung f; **luxury ~** Luxusheim nt; **starter ~** erstes eigenes Heim ❸ (*family*) Zuhause nt kein pl; **to come from a broken ~** aus zerrütteten Familienverhältnissen stammen ❹ (*institute*) Heim nt; **old people's ~** Altersheim nt ❺ (*place of origin*) Heimat f; *of people also* Zuhause nt kein pl; **England feels like ~ to me now** ich fühle mich inzwischen in England zu Hause ❻ SPORTS **at ~** zu Hause; **away from ~** auswärts ❼ no pl COMPUT (*for the cursor*) Ausgangsstellung f; (*on the key*) "**~**" „Pos. 1" ▶ **who's he when he's at ~?** wer, bitteschön, ist er [denn] überhaupt?; **to feel at ~ with sb** sich bei jdm wohl fühlen; **~ is where the heart is** (*prov*) Zuhause ist, wo das Herz zu Hause ist; **there's no place like ~** (*prov*) daheim ist's doch am schönsten; **~ sweet ~** (*saying*) trautes Heim, Glück allein II. adv ❶ (*at one's*

abode) zu Hause, zuhause ÖSTERR, SCHWEIZ, daheim *bes* SÜDD, ÖSTERR, SCHWEIZ; (*to one's abode*) nach Hause, nachhause ÖSTERR, SCHWEIZ; **hello! I'm ~!** hallo! ich bin wieder da! ❷ (*to one's origin*) **to go/return ~** in seine Heimat zurückgehen/zurückkehren ❸ (*to sb's understanding*) **her remarks really hit ~** ihre Bemerkungen haben echt gesessen!; **to bring sth ~ |to sb|** [jdm] etw klarmachen; **to drive it ~ that ...** unmissverständlich klarmachen, dass ... ❹ SPORTS (*finish*) **to get ~** das Ziel erreichen ▶ **to be ~ and dry** [*or* AUS **hosed**], **to be ~ free** AM seine Schäfchen ins Trockene gebracht haben III. *vi* ■ **to ~ in on sth** genau auf etw *akk* zusteuern; (*fig*) [sich *dat*] etw herausgreifen

'home ad·dress *n* Heimatadresse *f*, Privatanschrift *f* **'home ad·van·tage** *n* Heimvorteil *m* **'home af·fairs** *n pl* BRIT POL innere Angelegenheiten; **~ correspondent** Korrespondent(in) *m(f)* für Innenpolitik **home-'baked** *adj* selbst gebacken **home 'bank·ing** *n no pl* Homebanking *nt* **home 'brew** *n* selbst gebrautes Bier **'home·com·ing** *n* ❶ (*return*) Heimkehr *f kein pl* ❷ AM (*reunion*) Ehemaligentreffen *nt;* **~ queen** Schönheitskönigin beim Ehemaligentreffen **home 'cook·ing** *n no pl* Hausmannskost *f* **Home 'Coun·ties** *npl* BRIT *an London angrenzende Grafschaften* **home eco·'nom·ics** *n + sing vb* Hauswirtschaft[slehre] *f* **'home game** *n* Heimspiel *nt* **'home ground** *n* eigener Platz **home-'grown** *adj* aus dem eigenen Garten, aus eigenem Anbau **home 'help** *n* BRIT Haushaltshilfe *f* **'home·land** *n* ❶ (*origin*) Heimat *f*, Heimatland *nt* ❷ (*hist: in South Africa*) Homeland *nt* **home·less** ['həʊmləs] I. *adj* heimatlos; ■ **to be ~** obdachlos sein II. *n* **the ~** *pl* die Obdachlosen *pl* **'home loan** *n* Hypothek *f* **home·ly** ['həʊmli] *adj* ❶ BRIT, AUS (*plain*) schlicht, aber gemütlich ❷ AM, AUS (*pej: ugly*) unansehnlich **home-'made** *adj* hausgemacht; *cake* selbst gebacken; *jam* selbst gemacht **'home·mak·er** *n* Hausmann *m*/-frau *f*; **to be the ~** den Haushalt führen **'Home Of·fice** *n + sing/pl vb* BRIT Innenministerium *nt*

homeo·path ['həʊmiə(ʊ)pæθ] *n* Homöopath(in) *m(f)*

homeo·path·ic ['həʊmiə(ʊ)pæθɪk] *adj* homöopathisch

homeopa·thy [ˌhəʊmi'ɒpəθi] *n no pl* Homöopathie *f*

'home·own·er *n* Hausbesitzer(in) *m(f)*

'home page *n* COMPUT Homepage *f*
home 'plate *n* AM (*in baseball*) Schlagmal *nt* **'home re·cord** *n* Heimrekord *m*
home 'rule *n no pl* [politische] Selbstverwaltung **Home 'Sec·re·tary** *n* BRIT Innenminister(in) *m(f)*
'home·sick *adj* **to be** [*or* feel] **~** [for sth] [nach etw *dat*] Heimweh haben
'home·sick·ness *n no pl* Heimweh *nt*
home·stead ['həʊmsted] *n* AUS, NZ *Wohnhaus auf einer Schaf- oder Rinderfarm;* AM (*old*) *Stück Land, das den Siedlern zugewiesen wurde*
home 'straight *n,* **home 'stretch** *n* Zielgerade *f a. fig* **'home team** *n* Heimmannschaft *f* **home-'town** *n* AM Heimatstadt *f*
home 'truth *n* bittere Wahrheit
home·ward ['həʊmwəd] I. *adv* heimwärts, nach Hause II. *adj* heimwärts; **~ journey** Heimreise *f*
home·wards ['həʊmwədz] *adv* heimwärts
'home win *n* SPORTS Heimsieg *m* **'home·work** *n no pl* Hausaufgaben *pl a. fig*
'home·work·er *n* Heimarbeiter(in) *m(f)*
homey ['həʊmi] *adj* AM, AUS heimelig
homi·ci·dal [ˌhɒmɪ'saɪdəl] *adj* AM, AUS gemeingefährlich
homi·cide ['hɒmɪsaɪd] *n* LAW ❶ *no pl* (*murdering*) Mord *m* ❷ (*death*) Mordfall *m;* **~ rate** Mordrate *f;* **~ squad** Mordkommission *f*
homi·ly ['hɒmɪli] *n* (*pej*) Moralpredigt *f* (**on** über +*akk*)
hom·ing ['həʊmɪŋ] *adj* **~ instinct** Heimfindevermögen *nt;* **~ device** Peilsender *m;* **~ pigeon** Brieftaube *f*
homo ['həʊməʊ] I. *n* (*pej fam*) Homo *m* II. *adj* (*esp pej fam: of homosexuals*) homo *sl*
ho·mog·enize [hə'mɒdʒənaɪz] *vt* homogenisieren
homo·sex·ual [ˌhəʊmə(ʊ)'sekʃuəl] I. *adj* homosexuell II. *n* Homosexuelle(r) *f(m)*
homo·sex·ual·ity [ˌhəʊmə(ʊ)ˌsekʃu'ælətɪ] *n no pl* Homosexualität *f*
Hon [ɒn] *adj abbrev of* **Honourable** geehrt, ehrenhaft
Hon·du·ran [hɒn'djʊərən] I. *n* Honduraner(in) *m(f)* II. *adj* honduranisch
Hon·du·ras [hɒn'djʊərəs] *n* Honduras *nt*
hon·est ['ɒnɪst] *adj* ❶ (*truthful*) ehrlich ❷ (*trusty*) redlich ❸ *attr* (*correct*) ehrlich, ordentlich; **to make an ~ living** ein geregeltes Einkommen haben
hon·est·ly ['ɒnɪstli] I. *adv* ehrlich II. *interj* ❶ (*promising*) [ganz] ehrlich! ❷ (*disapproving*) also ehrlich!

hon·es·ty ['ɒnɪsti] *n no pl* Ehrlichkeit *f*; **in all ~** ganz ehrlich ▶ **~ is the best policy** (*prov*) ehrlich währt am längsten

hon·ey ['hʌni] *n* ❶ *no pl* (*fluid*) Honig *m* ❷ *esp* AM (*fam: sweet person*) Schatz *m*; (*sl: attractive young woman*) flotter Käfer

'**hon·ey·bee** *n* [Honig]biene *f* '**hon·ey·comb** *n* (*wax*) Bienenwabe *f*; (*food*) Honigwabe *f*; **~ pattern** Wabenmuster *nt*

hon·ey·dew '**mel·on** *n* Honigmelone *f*

'**hon·ey·moon** I. *n* ❶ (*after marriage*) Flitterwochen *pl*; **~ couple** Flitterwöchner *pl* ❷ *usu sing* (*fig*) Schonfrist *f* II. *vi* **they are ~ing in the Bahamas** sie verbringen ihre Flitterwochen auf den Bahamas

honk [hɒŋk] I. *n* ❶ *of goose* Schrei *m* ❷ *of horn* Hupen *nt* II. *vi* ❶ (*cry*) *goose* schreien ❷ *horn* hupen III. *vt* (*beep*) **to ~ one's horn** auf die Hupe drücken

honk·ing ['hɒŋkɪŋ] *n* ❶ (*crying*) Schreien *nt*; **the ~ of geese** der Schrei der Gänse ❷ (*beeping*) Hupen *nt*

hon·or *n, vt* AM *see* **honour**

hon·or·able *adj* AM *see* **honourable** **hon·or·ary** ['ɒnərəri] *adj* ehrenamtlich

hon·our ['ɒnə'] I. *n* ❶ *no pl* Ehre *f*; **word of ~** Ehrenwort *nt*; **to be** [*or* **feel**] **~ bound to do sth** es als seine Pflicht ansehen, etw zu tun; ▪ **in ~ of sb/sth** zu Ehren einer Person/einer S. *gen*; ▪ **to do sb the ~ of doing sth** jdm die Ehre erweisen, etw zu tun ❷ (*award*) Auszeichnung *f* ❸ (*title*) **Your H~** Euer Ehren ❹ (*in golf*) Recht, den Golfball vom ersten Abschlag zu spielen ▶ **there's ~ among thieves** (*prov*) es gibt auch so etwas wie Ganovenehre II. *vt* ❶ *person* ehren ❷ (*fulfil*) *obligation* erfüllen ❸ FIN akzeptieren

hon·our·able ['ɒnərəbl] *adj* ❶ (*worthy*) ehrenhaft; *agreement* ehrenvoll; *person* ehrenwert ❷ BRIT (*MP*) **the ~ member for Bristol West** der Herr Abgeordnete für West-Bristol

hon·our·ably, AM **hon·or·ably** ['ɒnərəbli] *adv* ehrenhaft

'**hon·our kil·ling** *n* Ehrenmord *m*

'**hon·ours de·gree** *n* BRIT UNIV Examen *nt* mit Auszeichnung

hons *n short for* **honours** ≈ höherer akademischer Grad

hooch *n no pl* AM (*sl*) Fusel *m fam*

hood[1] [hʊd] *n* ❶ (*cap*) Kapuze *f* ❷ (*mask*) Maske *f* ❸ (*shield*) Haube *f*; **cooker ~** Abzugshaube *f*; **pram** [*or* AM **stroller**] **~** Kinderwagenschutzdach *nt* ❹ AM (*bonnet*) [Motor]haube *f*; BRIT (*folding top*) Verdeck *nt*

hood[2] [hʊd] *n* AM (*gangster*) Kriminelle(r) *f(m)*

hood[3] [hʊd] *n* AM (*sl*) Nachbarschaft *f*

hoodie *n* ['hʊdi] Kapuzenjacke *f*

hood·lum ['huːdləm] *n* ❶ (*gangster*) Kriminelle(r) *f(m)* ❷ (*thug*) Rowdy *m*

hood·wink ['hʊdwɪŋk] *vt* hereinlegen

hoody *n* ['hʊdi] Kapuzenjacke *f*

hoof [huːf] I. *n* <*pl* **hooves** *or* **-s**> Huf *m* II. *vt* (*fam*) **to ~ it** laufen

hoo-ha ['huːhɑː] *n no pl* (*fam*) Wirbel *m*

hook [hʊk] I. *n* Haken *m*; **to leave the phone off the ~** den Telefonhörer nicht auflegen ▶ **by ~ or by crook** auf Biegen oder Brechen; **to fall for sth ~, line and sinker** voll auf etw *akk* hereinfallen; **to be off the ~** aus dem Schneider sein; **to get the ~** AM entlassen werden; **to let sb off the ~** jdn herauspauken; **to sling one's ~** BRIT die Hufe schwingen II. *vt* ❶ (*fish*) **to ~ a fish** einen Fisch an die Angel bekommen ❷ (*fasten*) ▪ **to ~ sth to sth** etw an etw *dat* festhaken ❸ (*fetch with hook*) **she ~ed the shoe out of the water** sie angelte den Schuh aus dem Wasser

◆**hook up** I. *vt* ❶ (*hang*) aufhängen ❷ (*connect*) anschließen (**to** an) ❸ (*fasten*) zumachen ❹ AM (*fam: supply*) ▪ **to ~ sb up with sth** jdm etw besorgen II. *vi* ▪ **to ~ up with sb** [**to sth**] sich [an etw *akk*] anschließen

hook·ah ['hʊkə] *n* Huka *f* (*indische Wasserpfeife*)

hooked [hʊkt] *adj* ❶ (*curved*) hakenförmig; **~ nose** Hakennase *f* ❷ (*addicted*) abhängig; **~ on drugs** drogenabhängig ❸ (*interested*) ▪ **to be ~** total begeistert sein; ▪ **to be ~ on sb** total verrückt nach jdm sein; ▪ **to be ~ on sth** völlig besessen von etw *dat* sein

hook·er ['hʊkə'] *n* ❶ AM, AUS (*fam*) Nutte *f sl* ❷ (*rugby*) Hakler(in) *m(f)*

hooky ['hʊki] *n no pl* AM, AUS (*fam*) **to play ~** die Schule schwänzen

hoo·li·gan ['huːlɪɡən] *n* Hooligan *m*

hoo·li·gan·ism ['huːlɪɡənɪzəm] *n no pl* Rowdytum *nt*

hoop [huːp] *n* ❶ (*ring*) Reifen *m* ❷ (*earring*) ringförmiger Ohrring ❸ (*semicircle*) Tor *nt*

hoop·tie ['huːpti] *n* AM (*sl: car*) Kiste *f fam*

hoot [huːt] I. *n* ❶ (*beep*) Hupen *nt kein pl* ❷ (*owl call*) Schrei *m* ❸ (*outburst*) **to give a ~ of laughter** losprusten ▶ **to be a** [**real**] **~** zum Brüllen sein; **to not give a ~** [**about sth**] sich keinen Deut [um etw *akk*] kümmern II. *vi* ❶ *car* hupen ❷ *owl* schreien ③ (*utter*) **to ~ with laughter** in johlendes Gelächter ausbrechen III. *vt* **to ~ one's horn** auf die Hupe drücken; **to ~ one's horn at sb** jdn anhupen

hoot·er ['huːtəʳ] *n* ① (*siren*) Sirene *f* ② BRIT, AUS (*fam: nose*) Zinken *m* ③ AM (*fam!: breasts*) ■ **~s** *pl* Titten *pl derb*

Hoo·ver® ['huːvəʳ] BRIT, AUS I. *n* Staubsauger *m* II. *vt, vi* [staub]saugen

hop [hɒp] I. *vi* <-pp-> ① (*jump*) hüpfen; *hare* hoppeln ② SPORTS springen II. *vt* <-pp-> ① (*jump*) springen über +*akk* ② AM (*fam: board*) steigen in +*akk* ③ BRIT (*fam*) **to ~ it** abhauen III. *n* ① (*jump*) Hüpfer *m* ② (*fam: dance*) Tanz *m* ③ (*fam: trip*) [**short**] **~** [Katzen]sprung *m* ④ (*fam: flight stage*) Flugabschnitt *m* ⑤ BOT Hopfen *m* ▶ **to catch sb on the ~** BRIT jdn überrumpeln

hope [həʊp] I. *n* Hoffnung *f*; **I don't hold out much ~ of ...** ich habe nicht sehr viel Hoffnung, dass ...; **there is little ~ that ...** es besteht wenig Hoffnung, dass ...; **to give up ~** die Hoffnung aufgeben; **to live in ~** hoffen; **to pin all one's ~s on sb/sth** seine ganze Hoffnung auf jdn/etw setzen; ■ **in the ~ of doing sth** in der Hoffnung, etw zu tun ▶ **to not have a ~ in hell** nicht die geringste Chance haben; **~ springs eternal** (*prov*) und die Hoffnung währet ewiglich II. *vi* hoffen (**for** auf); **it's good news, I ~** hoffentlich gute Nachrichten; **to ~ for the best** das Beste hoffen; **to ~ against hope** [**that**] ... wider alle Vernunft hoffen, [dass] ...

hope·ful ['həʊpfəl] I. *adj* zuversichtlich; ■ **to be ~ of sth** auf etw *akk* hoffen II. *n usu pl* viel versprechende Personen; **young ~s** viel versprechende junge Talente

hope·ful·ly ['həʊpfəli] *adv* ① (*in hope*) hoffnungsvoll ② (*it is hoped*) hoffentlich

hope·less ['həʊpləs] *adj* hoffnungslos; *situation* aussichtslos; ■ **to be ~** (*fam: incompetent*) ein hoffnungsloser Fall sein; **I'm ~ at cooking** wenn es um's Kochen geht, bin ich eine absolute Null

hope·less·ly ['həʊpləsli] *adv* hoffnungslos; **he's ~ in love with her** er hat sich bis über beide Ohren in sie verliebt

hope·less·ness ['həʊpləsnəs] *n no pl* Hoffnungslosigkeit *f*

hop·ping ['hɒpɪŋ] *adj* (*fam*) auf hundertachtzig; **to be ~ mad with sb** stinksauer auf jdn sein

hop·scotch ['hɒpskɒtʃ] *n no pl* Himmel und Hölle *nt*

horde [hɔːd] *n* Horde *f*; **~s of fans** eine riesige Fangemeinde

ho·ri·zon [həˈraɪzən] *n* Horizont *m*; **on the ~** am Horizont; (*fig*) in Sicht; **to broaden one's ~s** (*fig*) seinen Horizont erweitern

ho·ri·zon·tal [ˌhɒrɪˈzɒntəl] I. *adj* horizontal, waag[e]recht II. *n no pl* ■ **the ~** die Horizontale

ho·ri·zon·tal·ly [ˌhɒrɪˈzɒntəli] *adv* horizontal, waag[e]recht

hor·mon·al [hɔːˈməʊnəl] *adj* hormonal, hormonell

hor·mone ['hɔːməʊn] *n* Hormon *nt*

horn [hɔːn] I. *n* ① (*growth*) Horn *nt* ② MUS Horn *nt* ③ *of vehicle* Hupe *f*; **to sound** [*or* **blow**] **one's ~** auf die Hupe drücken II. *vi* AM ■ **to ~ in** sich einmischen; ■ **to ~ in on sth** bei etw *dat* mitmischen

hor·net ['hɔːnɪt] *n* Hornisse *f*

'horn-rimmed *adj* **~ glasses** Hornbrille *f*

horny ['hɔːni] *adj* ① (*hard*) hornartig; (*of horn*) aus Horn *nach n* ② (*fam: randy*) geil; **to feel ~** spitz sein

horo·scope ['hɒrəskəʊp] *n* Horoskop *nt*

hor·ren·dous [hɒˈrendəs] *adj* schrecklich; *conditions* entsetzlich; *losses, prices* horrend

hor·ri·ble ['hɒrəbl] *adj* schrecklich; (*unkind*) gemein

hor·ri·bly ['hɒrəbli] *adv* ① (*shockingly*) schrecklich; **to go ~ wrong** entsetzlich schiefgehen ② (*unkindly*) gemein; **to behave ~** sich fürchterlich benehmen

hor·rid ['hɒrɪd] *adj* (*fam*) fürchterlich; (*unkind*) gemein

hor·ri·fic [hɒˈrɪfɪk] *adj* ① (*shocking*) entsetzlich, grausig ② (*fam: extreme*) *losses, prices* horrend

hor·ri·fied ['hɒrɪfaɪd] *adj* entsetzt; **to be ~ at** [*or* **by**] **sth** von etw *dat* völlig schockiert sein *fam*

hor·ri·fy <-ie-> ['hɒrɪfaɪ] *vt* entsetzen

hor·ri·fy·ing ['hɒrɪfaɪɪŋ] *adj* ① (*shocking*) *injuries, incidents* schrecklich; **~ conditions** entsetzliche Bedingungen ② (*unpleasant*) grauenhaft

hor·ror ['hɒrəʳ] *n* ① (*feeling*) Entsetzen *nt*, Grauen *nt* (**at** über); **to have a ~ of doing sth** einen Horror davor haben, etw zu tun; **in ~** entsetzt ② (*fam: brat*) **that child is a little ~!** dieses Kind ist der reinste Horror!

'hor·ror-strick·en *adj*, **'hor·ror-struck** *adj* von Entsetzen gepackt; **to watch ~** voller Entsetzen zusehen; ■ **to be ~ at sth** über etw *akk* entsetzt sein

hors d'oeuvre <*pl* - *or* **-s**> [ˌɔːˈdɜːv] *n*

❶ BRIT, AUS (*starter*) Hors d'oeuvre *nt* ❷ AM (*canapés*) Appetithäppchen *nt*
horse [hɔːs] *n* Pferd *nt;* ~ **and carriage** Pferdekutsche *f;* ~ **and cart** Pferdefuhrwerk *nt;* **coach and** ~**s** Postkutsche *f;* **to eat like a** ~ fressen wie ein Scheunendrescher ▶ **never look a gift** ~ **in the mouth** (*prov*) einem geschenkten Gaul schaut man nicht ins Maul; **to hear sth** [**straight**] **from the** ~**'s mouth** etw aus erster Hand haben; **you can lead a** ~ **to water, but you can't make him drink** (*prov*) man kann jdn nicht zu seinem Glück zwingen; **to be a dark** ~ BRIT sein Licht unter den Scheffel stellen; **to flog a dead** ~ sich *dat* die Mühe sparen können; **to get off one's high** ~ von seinem hohen Ross heruntersteigen; **to back the wrong** ~ aufs falsche Pferd setzen; **to hold one's** ~**s** die Luft anhalten; **hey! hold your** ~**s! not so fast!** he, nun mal langsam, nicht so schnell!
'**horse·back** *n* **on** ~ zu Pferd '**horse·box** *n* BRIT, AM '**horse·car** *n* Pferdetransporter *m* **horse** '**chest·nut** *n* Rosskastanie *f* '**horse-drawn** *adj* von Pferden gezogen; ~ **carriage** Pferdekutsche *f;* ~ **vehicle** Pferdegespann *nt* '**horse·fly** *n* [Pferde]bremse *f* '**horse·hair** *n no pl* Rosshaar *nt* '**horse·man** *n* Reiter *m* '**horse·man·ship** *n no pl* Reitkunst *f* '**horse·play** *n no pl* wilde Ausgelassenheit '**horse·pow·er** *n* <*pl* -> Pferdestärke *f;* **a 10-~ engine** ein Motor *m* mit 10 PS '**horse race** *n* Pferderennen *nt* '**horse rac·ing** *n* Pferderennsport *m;* **to go** ~ zum Pferderennen gehen '**horse·rad·ish** *n no pl* Meerrettich *m* '**horse·shoe** *n* Hufeisen *nt* '**horse van** *n* AM *see* **horsebox** '**horse·whip** I. *n* Pferdepeitsche *f* II. *vt* <-pp-> [mit der Pferdepeitsche] auspeitschen '**horse·wom·an** *n* Reiterin *f*
hors[**e**]**y** ['hɔːsi] *adj* (*fam*) ❶ (*devoted*) pferdenärrisch ❷ (*pej: ugly*) pferdeähnlich
hor·ti·cul·tur·al [ˌhɔːtɪ'kʌltʃərəl] *adj* Gartenbau- **hor·ti·cul·ture** ['hɔːtɪkʌltʃər] *n no pl* Gartenbau *m*
hose [həʊz] *n* ❶ (*tube*) Schlauch *m* ❷ *no pl* FASHION Strumpfwaren *pl*
'**hose·pipe** *n* BRIT Schlauch *m;* ~ **ban** Spritzverbot *nt* (*durch Wasserknappheit bedingtes Verbot, Wasser zu verschwenden*)
ho·siery ['həʊziəri] *n no pl* Strumpfwaren *pl*
hos·pice ['hɒspɪs] *n* Hospiz *nt*
hos·pi·table [hɒs'pɪtəbl] *adj* ❶ (*friendly*) gastfreundlich; ▪ **to be** ~ **to**[**wards**] **sb** jdn gastfreundlich aufnehmen ❷ (*pleasant*) angenehm
hos·pi·tably [hɒs'pɪtəbli] *adv* gastfreundlich
hos·pi·tal ['hɒspɪtəl] *n* Krankenhaus *nt*, Spital *nt* SCHWEIZ; **to have to go to** ~ ins Krankenhaus müssen
hos·pi·tal·i·ty [ˌhɒspɪ'tæləti] I. *n no pl* ❶ (*welcome*) Gastfreundschaft *f* ❷ (*food*) Bewirtung *f* II. *adj* ~ **coach** kostenloser Zubringerbus; ~ **suite** Gästelounge *f;* ~ **tent** Partyzelt *nt*
hos·pi·tal·i·za·tion [ˌhɒspɪtəlaɪ'zeɪʃən] *n no pl* ❶ (*admittance*) Krankenhauseinweisung *f* ❷ (*treatment*) Krankenhausaufenthalt *m*
hos·pi·tal·ize ['hɒspɪtəlaɪz] *vt* ❶ (*admit*) ▪ **to be** ~**d** ins Krankenhaus eingewiesen werden ❷ (*beat*) ▪ **to** ~ **sb** jdn krankenhausreif schlagen
'**hos·pi·tal ship** *n* MIL Lazarettschiff *nt*
host¹ [həʊst] I. *n* ❶ (*party-giver*) Gastgeber(in) *m(f)* ❷ (*event-stager*) Veranstalter(in) *m(f)* ❸ (*compère*) Showmaster(in) *m(f)* ❹ BIOL Wirt *m* ❺ COMPUT Hauptrechner *m* II. *adj* ~ **country** Gastland *nt;* ~ **family** Gastfamilie *f* III. *vt* ❶ (*stage*) ausrichten ❷ (*be compère for*) präsentieren, moderieren
host² [həʊst] *n usu sing* ▪ **a** [**whole**] ~ **of ...** jede Menge ...
hos·tage ['hɒstɪdʒ] *n* Geisel *f;* **to hold/ take sb** ~ jdn als Geisel festhalten/nehmen
'**hos·tage-tak·er** *n* Geiselnehmer(in) *m(f)* '**hos·tage-tak·ing** *n no pl* Geiselnahme *f*
hos·tel ['hɒstəl] *n* Wohnheim *nt;* BRIT (*for homeless*) Obdachlosenheim *nt;* [**youth**] ~ Jugendherberge *f*
host·ess [həʊstɪs] *n* <*pl* -es> (*at home, on TV*) Gastgeberin *f;* (*at restaurant*) Wirtin *f;* (*at hotel*) Empfangsdame *f;* (*in nightclub*) Animierdame *f;* (*at exhibition*) Hostess *f;* (*on aeroplane*) Stewardess *f*
hos·tile ['hɒstaɪl] *adj* ❶ (*unfriendly*) feindselig ❷ (*difficult*) hart, widrig; *climate* rau ❸ ECON, MIL feindlich
hos·til·i·ty [hɒs'tɪləti] *n* ❶ *no pl* Feindseligkeit *f;* **to show** ~ **to**[**wards**] **sb** sich jdm gegenüber feindselig verhalten; ~ **to foreigners/technology** Ausländer-/Technikfeindlichkeit *f* ❷ MIL ▪ **hostilities** *pl* Feindseligkeiten *pl*
hot [hɒt] I. *adj* <-tt-> ❶ (*temperature*) heiß; **she was** ~ ihr war heiß ❷ (*spicy*) *food* scharf ❸ (*close*) **you're getting** ~ (*in guessing game*) wärmer; **to be** ~ **on sb's**

heels jdm dicht auf den Fersen sein; **in ~ pursuit** dicht auf den Fersen ❹ *(fam: good)* **my Spanish is not all that ~** mein Spanisch ist nicht gerade umwerfend; **he's Hollywood's ~test actor** er ist Hollywoods begehrtester Schauspieler; **to be ~ stuff** absolute Spitze sein; **~ tip** heißer Tipp ❺ *(fam: dangerous) situation* brenzlig; *stolen items* heiß; **to be too ~ to handle** ein heißes Eisen sein ❻ *(sl: sexy)* heiß ❼ *(new and exciting)* heiß; **~ gossip** das Allerneueste ▶ **to be all ~ and bothered** ganz aufgeregt sein **II.** *vt* <-tt-> ▪ **to ~ up** *engine* frisieren **III.** *vi* <-tt-> ▪ **to ~ up** *pace* sich steigern; *situation* sich verschärfen **IV.** *n* ▶ **to have the ~s for sb** scharf auf jdn sein

hot-'air bal·loon *n* Heißluftballon *m* **'hot·bed** *n (fig)* **a ~ of crime** eine Brutstätte für Kriminalität **hot-'blood·ed** *adj (easy to anger)* hitzköpfig; *(passionate)* heißblütig

hotch·potch ['hɒtʃpɒtʃ] *n no pl* Mischmasch *m* **(of** aus)

'hot dog *n (sausage)* Wiener Würstchen *nt;* *(in a roll)* Hotdog *m*

ho·tel [hə(ʊ)'tel] *n* Hotel *nt*

ho·'tel bill *n* Hotelrechnung *f*

ho·tel·ier [hə(ʊ)'teliər] *n (owner)* Hotelbesitzer(in) *m(f),* Hotelier *m*

ho·tel 'in·dus·try *n no pl* Hotelgewerbe *nt* **ho·tel 'staff** *n + sing/pl vb* Hotelpersonal *nt*

'hot·foot I. *adv* eilig **II.** *vt (fam)* **to ~ it home** schnell nach Hause rennen **III.** *vi* AM *(fam)* eilen **'hot·head** *n* Hitzkopf *m* **hot-'head·ed** *adj* hitzköpfig **'hot·house I.** *n* ❶ *(for plants)* Treibhaus *nt* ❷ *(fig: for development)* fruchtbarer Boden **II.** *vt (fam)* ▪ **to ~ a child** ein Kind zu früh mit Lernstoff vollstopfen **'hot·line** *n* Hotline *f;* POL heißer Draht

hot·ly ['hɒtli] *adv* heftig; **~ contested** heiß umkämpft

'hot·plate *n (on stove)* Kochplatte *f;* *(platewarmer)* Warmhalteplatte *f* **hot po·'ta·to** *n* POL *(fig)* heißes Eisen **'hot·rod** *n (fam)* hochfrisiertes Auto **'hot seat** *n* ❶ *(fig)* Schleudersitz *m;* **to be in the ~** *(in the spotlight)* im Rampenlicht stehen ❷ AM elektrischer Stuhl **'hot·shot** *n (fam)* Kanone *f* **'hot spot** *n* ❶ *(popular place)* heißer Schuppen ❷ *(area of conflict)* Krisenherd *m* **hot 'stuff** *n no pl* ❶ *(fam: skilful)* ▪ **to be ~** ein Ass sein ❷ *(sl: sexy woman)* heiße Braut; *(sexy man)* heißer Typ **hot-'tem·pered** *adj* heißblütig **hot-'wa·ter bot·tle** *n* Wärmflasche *f*

hound [haʊnd] **I.** *n* [Jagd]hund *m* **II.** *vt* jagen

hour [aʊər] *n* Stunde *f;* **it's about 3 ~s' walk from here** von hier sind es etwa 3 Stunden zu Fuß; **the clock struck the ~** die Uhr schlug die volle Stunde; **24 ~s a day** 24 Stunden am Tag; **50 kilometres an** [*or* per] **~** 50 Kilometer pro Stunde; **£10 an ~** 10 Pfund die Stunde; **opening ~s** Öffnungszeiten *pl;* **to keep regular ~s** geregelte Zeiten einhalten; **to be paid by the ~** pro Stunde bezahlt werden; **to work long ~s** lange arbeiten; **~ after** [*or* upon] **~** Stunde um Stunde; **after ~s** nach der Polizeistunde; **at all ~s** zu jeder Tages- und Nachtzeit; **for ~s** stundenlang; **till all ~s** bis früh in den Morgen

'hour·glass *n* Sanduhr *f,* Stundenglas *nt veraltet* **'hour hand** *n* Stundenzeiger *m*

hour·ly ['aʊəli] *adj, adv* stündlich; **~ rate** Stundensatz *m*

house I. *n* [haʊs] Haus *nt;* **Sam's playing at Mary's ~** Sam spielt bei Mary; **~ of cards** Kartenhaus *nt;* **the H~ of Windsor** das Haus Windsor; **to eat sb out of ~ and home** jdm die Haare vom Kopf fressen; **to play to a full ~** THEAT vor vollem Haus spielen; **in ~** im Hause; **on the ~** auf Kosten des Hauses ▶ **to get on like a ~ on fire** ausgezeichnet miteinander auskommen; **to go all around the ~s** umständlich vorgehen **II.** *adj* [haʊs] Haus-; **~ red/white** Rot-/Weißwein *m* der Hausmarke **III.** *vt* [haʊz] ▪ **to ~ sb** jdn unterbringen; *criminal* jdm Unterschlupf gewähren; ▪ **to ~ sth** etw beherbergen; *(encase)* etw verkleiden

'house ar·rest *n no pl* Hausarrest *m* **'house·boat** *n* Hausboot *nt* **'house·break·er** *n* Einbrecher(in) *m(f)* **'house·break·ing** *n no pl* Einbruch *m* **'house·coat** *n* Hausmantel *m* **'house·fly** *n* Stubenfliege *f* **'house·hold I.** *n* Haushalt *m* **II.** *adj appliance* Haushalts-; *expense, task, waste* häuslich; **~ goods** Hausrat *m* **'house·hold·er** *n* Hauseigentümer(in) *m(f)* **'house-hunt** *vi* nach einem Haus suchen **'house hus·band** *n* Hausmann *m* **'house·keep·er** *n* Haushälter(in) *m(f)* **'house·keep·ing** *n no pl* ❶ *(act)* Haushalten *nt* ❷ *(money)* Haushaltsgeld *nt* **'house·man** *n* BRIT Assistenzarzt *m* **'house·mate** *n* Mitbewohner(in) *m(f),* Hausgenosse *m*/-genossin *f* **'house·plant** *n* Zimmerpflanze *f* **'house·proud** *adj* BRIT, AUS ▪ **to be ~**

sich sehr um sein Zuhause kümmern, weil man großen Wert auf Heimeligkeit etc. legt **'house sur·geon** n BRIT Klinikchirurg(in) m(f) **house-to-'house** adj, adv von Haus zu Haus **'house-train** vt stubenrein machen **'house-trained** adj BRIT, AUS stubenrein **'house-warm·ing** n, **'house-warm·ing par·ty** n Einweihungsparty f **'house·wife** n Hausfrau f **'house·work** n no pl Hausarbeit f

hous·ing ['haʊzɪŋ] n ❶ no pl (living quarters) Wohnungen pl ❷ (casing) Gehäuse nt

'hous·ing as·so·cia·tion n Wohnungsbaugesellschaft f **'hous·ing ben·e·fit** n BRIT Wohngeld nt kein pl **'hous·ing con·di·tions** npl Wohnbedingungen pl **'hous·ing es·tate** n BRIT, AM **'hous·ing de·vel·op·ment** Wohnsiedlung f **'hous·ing mar·ket** n Wohnungsmarkt m

HOV [ˌeɪtʃoʊ'viː] n AM AUTO abbrev of **high occupancy vehicle** Fahrzeug nt mit mindestens zwei Insassen; ~ **lane** Fahrspur f für Fahrzeuge mit mindestens zwei Insassen

hov·el ['hɒvəl] n armselige Hütte; (fig) Bruchbude f

hov·er ['hɒvəʳ] vi ❶ (stay in air) schweben; hawk also stehen ❷ (fig: be near) **the waiter ~ed over our table** der Kellner hing ständig an unserem Tisch herum; **to ~ in the background/near a door** sich im Hintergrund/in der Nähe einer Tür herumdrücken; **to ~ on the brink of disaster** am Rande des Ruins stehen

'hov·er·craft <pl - or -s> n Luftkissenboot nt **'hov·er·port** n Anlegestelle f für Luftkissenboote

how [haʊ] I. adv wie; ~ **are you?** wie geht es Ihnen?; ~ **are things?** wie geht's [denn so]?; ~ **is your mother doing?** wie geht's deiner Mutter?; ~**'s work?** was macht die Arbeit?; ~**'s that?** (comfortable?) wie ist das?; (do you agree?) passt das?; ~ **do you do?** (meeting sb) Guten Tag [o Abend]!; ~ **come?** wie das?; ~ **come you're here?** wieso bist du da?; ~ **do you know that?** woher weißt du das?; **just do it any old** ~ mach's wie du willst; ~ **about it?** was meinst du?; ~ **about a movie?** wie wäre es mit Kino?; **and** ~**!** und ob [o wie]!; ~ **about that!** was sagt man dazu!; ~**'s that for an excuse!** ist das nicht eine klasse Ausrede!; ~ **far/long/many** wie weit/lange/viele; ~ **much** wie viel; ~ **much is it?** wie viel [o was] kostet es? II. n the ~[s] **and why[s]** das Wie und Warum

how·ever [haʊ'evəʳ] I. adv ❶ + adj (to whatever degree) egal wie ❷ (showing contradiction) jedoch; **I love ice cream** ~ ~, **I am trying to lose weight, so ...** ich liebe Eis – ich versuche jedoch gerade abzunehmen, daher ... ❸ (by what means) wie um alles ...; ~ **did you manage to get so dirty?** wie hast du es bloß geschafft, so schmutzig zu werden? II. conj ❶ (in any way) wie auch immer; **you can do it** ~ **you like** du kannst es machen, wie du willst; ~ **you do it, ...** wie auch immer du es machst, ... ❷ (nevertheless) jedoch; **there may,** ~, **be other reasons** es mag jedoch auch andere Gründe geben

howl [haʊl] I. n of animal, wind Heulen nt kein pl; of person Geschrei nt kein pl; ~ **of pain** Schmerzensschrei m; ~**s of protest** Protestgeschrei nt II. vi ❶ animal, wind heulen; person schreien ❷ (fam: laugh) brüllen ◆**howl down** vt niederschreien

howl·er ['haʊləʳ] n (mistake) Schnitzer m

howl·ing ['haʊlɪŋ] I. adj ❶ animal, wind heulend; person schreiend ❷ (fam: great) riesig; ~ **success** Riesenerfolg m II. n no pl of animal, wind Heulen nt; of person Geschrei nt

hp n abbrev of **horsepower** PS; **a 4 ~ engine** ein Motor m mit 4 PS

HQ [ˌeɪtʃ'kjuː] n abbrev of **headquarters**

hr n abbrev of **hour** Std.

HRH [ˌeɪtʃɑːr'eɪtʃ] n abbrev of **His/Her Royal Highness** S.M./I.M.

ht n abbrev of **height**

HTML [ˌeɪtʃtiːem'el] n no pl COMPUT abbrev of **Hypertext Mark-up Language** HTML nt

HTTP [ˌeɪtʃtiːtiː'piː] n COMPUT abbrev of **Hypertext Transfer Protocol** HTTP nt

hub [hʌb] n ❶ TECH Nabe f ❷ (of airline) Basis f ❸ (fig: centre) Zentrum nt

hub·bub ['hʌbʌb] n no pl (noise) Lärm m; (commotion) Tumult m

hub·cap ['hʌbkæp] n Radkappe f

huck·le·ber·ry ['hʌk|beri] n AM amerikanische Heidelbeere

huck·ster ['hʌkstəʳ] n AM (fam) Reklamefritze m

hud·dle ['hʌdl] I. n ❶ (close group) [wirrer] Haufen; of people Gruppe f; **to stand in a** ~ dicht zusammengedrängt stehen ❷ AM (in football) **to make** [or **form**] **a** ~ die Köpfe zusammenstecken II. vi sich [zusammen]drängen ◆**huddle down** vi sich niederkauern ◆**huddle together** vi sich zusammenkauern; **to** ~ **together for warmth** sich wärmesuchend aneinander schmiegen ◆**huddle up** *vi* sich zusammenkauern

hue [hju:] *n* Farbe *f;* (*shade*) Schattierung *f;* (*complexion*) Gesichtsfarbe *f* ▶ **~ and cry** Gezeter *nt*

huff [hʌf] **I.** *vi* **to ~ and puff** schnaufen und keuchen **II.** *n* (*fam*) **to be in a ~** eingeschnappt sein; **to get into a ~** einschnappen; **to go off in a ~** beleidigt abziehen

huffy ['hʌfi] *adj* ❶ (*easily offended*) empfindlich ❷ (*in a huff*) beleidigt

hug [hʌg] **I.** *vt* <-gg-> ❶ (*with arms*) ■ **to ~ sb** jdn umarmen; **to ~ one's knees** seine Knie umklammern ❷ (*fig*) **the dress ~ged her body** das Kleid lag eng an ihrem Körper an; **to ~ the shore** sich dicht an der Küste halten **II.** *vi* <-gg-> sich umarmen **III.** *n* Umarmung *f;* **to give sb a ~** jdn umarmen

huge [hju:dʒ] *adj* ❶ (*big*) riesig; **~ success** Riesenerfolg *m* ❷ (*impressive*) gewaltig; *costs* immens

huge·ly ['hju:dʒli] *adv* ungeheuer

hulk [hʌlk] *n* ❶ (*ship*) [Schiffs]rumpf *m;* (*car*) Wrack *nt;* (*building*) Ruine *f* ❷ (*person*) Brocken *m*

hulk·ing ['hʌlkɪŋ] *adj* massig; (*clumsy*) ungeschlacht; **~ great** BRIT monströs

hull [hʌl] *n* [Schiffs]rumpf *m*

hul·lo [hə'ləʊ] *interj* BRIT *see* **hello**

hum [hʌm] **I.** *vi* <-mm-> ❶ (*make sound*) brausen; *engine* brummen; *small machine* surren; *bee* summen; *crowd* murmeln ❷ (*fig*) voller Leben sein ❸ (*sing*) summen; **to ~ under one's breath** vor sich *akk* hinsummen ▶ **to ~ and haw** BRIT, AUS herumdrucksen **II.** *vt* <-mm-> summen **III.** *n* Brausen *nt;* *of machinery* Brummen *nt;* *of insects* Summen *nt;* *of a conversation* Gemurmel *nt;* *of a small machine* Surren *nt*

hu·man ['hju:mən] **I.** *n* Mensch *m* **II.** *adj* menschlich; **~ chain** Menschenkette *f;* **~ relationships** die Beziehungen *pl* des Menschen

hu·mane [hju:'meɪn] *adj* human

hu·mane·ly [hju:'meɪnli] *adv* human *geh*

hu·mani·tar·ian [hju:ˌmænɪ'teərɪən] **I.** *n* Menschenfreund(in) *m(f)* **II.** *adj* humanitär

hu·man·ities [hju:'mænəti:z] *npl* ■ **the ~** die Geisteswissenschaften *pl*

hu·man·ity [hju:'mænəti] *n no pl* ❶ (*people*) die Menschheit; **crimes against ~** Verbrechen *pl* gegen die Menschheit ❷ (*quality*) Menschlichkeit *f;* **to treat sb with ~** jdn human behandeln

hu·man·ize ['hju:mənaɪz] *vt* ❶ (*make acceptable*) humanisieren ❷ (*give human character*) vermenschlichen

hu·man·ly ['hju:mənli] *adv* menschlich; **to do everything ~ possible** alles Menschenmögliche tun

hu·man 'na·ture *n no pl* die menschliche Natur **hu·man 'race** *n no pl* ■ **the ~** die menschliche Rasse **hu·man re·'sources** *npl* ❶ + *sing vb* (*department*) Personalabteilung *f* ❷ (*staff*) Arbeitskräfte *pl* **hu·man 'rights** *npl* Menschenrechte *pl*

hum·ble ['hʌmbl] **I.** *adj* <-r, -st> ❶ (*modest*) bescheiden; **of ~ birth** von niedriger Geburt ❷ (*respectful*) demütig; **please accept our ~ apologies** wir bitten ergebenst um Verzeihung **II.** *vt* ■ **to be ~d by sth** durch etw *akk* gedemütigt werden; ■ **to be ~d by sb** SPORTS von jdm vernichtend geschlagen werden

hum·bly ['hʌmbli] *adv* ❶ (*not proudly*) bescheiden; **to dress ~** sich einfach kleiden ❷ (*submissively*) demütig; **he ~ said that he was sorry** zerknirscht sagte er, dass es ihm leid täte

hum·bug ['hʌmbʌg] *n* ❶ *no pl* (*nonsense*) Humbug *m* ❷ (*sweet*) Pfefferminzbonbon *nt o m*

hum·drum ['hʌmdrʌm] *adj* langweilig, fad[e]

hu·mid ['hju:mɪd] *adj* feucht

hu·midi·fi·er [hju:'mɪdɪfaɪəʳ] *n* Luftbefeuchter *m*

hu·midi·fy <-ie-> [hju:'mɪdɪfaɪ] *vt* befeuchten

hu·mid·ity [hju:'mɪdəti] *n no pl* [Luft]feuchtigkeit *f*

hu·mili·ate [hju:'mɪlieɪt] *vt* ❶ (*humble*) demütigen ❷ (*embarrass*) blamieren ❸ SPORTS vernichtend schlagen

hu·mili·at·ing [hju:'mɪlieɪtɪŋ] *adj* erniedrigend; *defeat, experience* demütigend

hu·milia·tion [hju:ˌmɪli'eɪʃən] *n* Demütigung *f*

hu·mil·ity [hju:'mɪləti] *n no pl* Demut *f;* (*modesty*) Bescheidenheit *f*

hum·ming·bird ['hʌmɪŋbɜ:d] *n* Kolibri *m*

hum·mock ['hʌmək] *n* [kleiner] Hügel

hu·mor *n* AM *see* **humour**

hu·mor·ist ['hju:mᵊrɪst] *n* Humorist(in) *m(f)*

hu·mor·less *adj* AM *see* **humourless**

hu·mor·ous ['hju:mᵊrəs] *adj* *person* humorvoll; *book, programme, situation* lustig; *idea, thought* witzig

hu·mour ['hju:məʳ] **I.** *n* ❶ *no pl* Humor *m;* **his speech was full of ~** seine Rede war

voller Witz ❷ (*form: mood*) Laune *f* II. *vt* ▪ **to ~ sb** jdm seinen Willen lassen
hu·mour·less [ˈhjuːmələs] *adj* humorlos
hump [hʌmp] I. *n* ❶ (*hill*) kleiner Hügel; (*in street*) Buckel *m* ❷ (*on camel*) Höcker *m*; (*on a person*) Buckel *m* ▸ **sb has got the ~** jd ist sauer; **to be over the ~** über den Berg sein II. *vt* ❶ (*fam: carry*) schleppen ❷ (*vulg, sl: have sex with*) bumsen
ˈ**hump·back** *n* ❶ (*person*) Buckl[e]lige(r) *f(m)* ❷ (*back*) Buckel *m* ❸ (*whale*) Buckelwal *m* ˈ**hump·backed** *adj person* bucklig; *bridge* gewölbt
hu·mus [ˈhjuːməs] *n no pl* HORT Humus *m*
Hun [hʌn] *n* ❶ HIST Hunne *m*/Hunnin *f* ❷ (*pej! hist: German*) Deutsche(r) *f(m)*
hunch [hʌntʃ] I. *n* <*pl* -es> ❶ (*protuberance*) Buckel *m* ❷ (*feeling*) Gefühl *nt*; **to act on a ~** nach Gefühl handeln; **to have a ~ that ...** das [leise] Gefühl haben, dass ... II. *vi* sich krümmen III. *vt* **to ~ one's back** einen Buckel machen; **to ~ one's shoulders** die Schultern hochziehen
ˈ**hunch·back** *n* ❶ (*back*) Buckel *m* ❷ (*person*) Bucklige(r) *f(m)*
hunched [ˈhʌntʃt] *adj* gekrümmt
hun·dred [ˈhʌndrəd] I. *n* ❶ <*pl* -> (*number*) Hundert *f*; **~s of cars** Hunderte von Autos; **~s and ~s** Hunderte und aber Hunderte; **a ~ to one** hundert zu eins; **eight ~** achthundert; **by the ~s** zu Hunderten ❷ <*pl* -> (*miles/kilometres per hour*) **to drive a ~** hundert fahren ❸ <*pl* -> (*years old*) **to be/turn a ~** hundert Jahre alt sein/werden ❹ (*with centuries*) **the eighteen ~s** das achtzehnte Jahrhundert II. *adj* hundert; **a ~ miles** [ein]hundert Meilen; **a ~ per cent** hundertprozentig; **never in a ~ years** nie im Leben; **a ~ and five** [ein]hundert[und]fünf
ˈ**hun·dred·fold** *adv* hundertfach; **sales have increased a ~** der Verkauf ist um das Hundertfache gestiegen
hun·dredth [ˈhʌndrədθ] I. *n* ❶ (*in line*) Hundertste(r) *f(m)* ❷ (*fraction*) Hundertstel *nt* II. *adj* ❶ (*in series*) hundertste(r, s); **for the ~ time** zum hundertsten Mal ❷ (*in fraction*) hundertstel
ˈ**hun·dred·weight** <*pl* - *or* -s> *n* ≈ Zentner *m*
hung [hʌŋ] I. *pt, pp of* **hang** II. *adj* **~ jury** Jury, die zu keinem Mehrheitsurteil kommt; **~ parliament** Parlament *nt* ohne klare Mehrheitsverhältnisse
Hun·gar·ian [hʌŋˈɡeəriən] I. *n* ❶ (*person*) Ungar(in) *m(f)* ❷ *no pl* (*language*) Ungarisch *nt* II. *adj* ungarisch
Hun·ga·ry [ˈhʌŋɡ°ri] *n no pl* Ungarn *nt*
hun·ger [ˈhʌŋɡəʳ] I. *n no pl* Hunger *m a. fig*; **to die of ~** verhungern II. *vi* ▪ **to ~ after** [*or* **for**] **sth** nach etw *dat* hungern
hung-ˈover *adj* ▪ **to be ~** verkatert sein *fam*
hun·gry [ˈhʌŋɡri] *adj* hungrig *a. fig*; **to go ~** hungern; ▪ **to be ~** Hunger haben; ▪ **to be ~ for sth** hungrig nach etw *dat* sein; **~ for adventure/love/power** abenteuer-/liebes-/machthungrig; **~ for knowledge** wissensdurstig
hunk [hʌŋk] *n* ❶ (*piece*) Stück *nt* ❷ (*fam: man*) **a ~ of a man** ein Bild *nt* von einem Mann
hunky dory [-ˈdɔːri] *adj* prima
hunt [hʌnt] I. *n* ❶ (*chase*) Jagd *f*; **to go on a ~** auf die Jagd gehen ❷ (*search*) Suche *f*; **to be on the ~ for sb/sth** auf der Suche nach jdm/etw sein ❸ (*group of hunters*) Jagdgesellschaft *f* II. *vt* ❶ (*chase to kill*) jagen ❷ (*search for*) ▪ **to ~ sb/sth** Jagd auf jdn/etw machen; **the police are ~ing the terrorists** die Polizei fahndet nach den Terroristen III. *vi* ❶ (*chase to kill*) jagen ❷ (*search*) suchen; ▪ **to ~ through sth** etw durchsuchen
hunt·er [ˈhʌntəʳ] *n* ❶ (*person*) Jäger(in) *m(f)* ❷ (*horse*) Jagdpferd *nt* ❸ (*dog*) Jagdhund *m*
hunt·ing [ˈhʌntɪŋ] *n no pl* ❶ HUNT Jagen *nt*, Jagd *f*; **to go ~** auf die Jagd gehen ❷ (*search*) Suche *f*
ˈ**hunt·ing ground** *n* Jagdrevier *nt* ˈ**hunt·ing li·cence** *n* Jagdschein *m* ˈ**hunt·ing sea·son** *n* Jagdzeit *f*
hunt·ress [ˈhʌntrɪs] *n* Jägerin *f*
ˈ**hunts·man** *n* ❶ (*hunter*) Jäger *m* ❷ (*keeper of dogs*) Rüdemann *m* (*Hundebetreuer bei der Jagd*)
hur·dle [ˈhɜːdl] I. *n* Hürde *f a. fig*; **to fall at the first ~** [bereits] an der ersten Hürde scheitern; SPORTS ▪ **~s** *pl* (*for people*) Hürdenlauf *m*; (*horseracing*) Hürdenrennen *nt*; **the American won the 400 metres ~s** der Amerikaner siegte über 400 Meter Hürden II. *vt* überspringen
hur·dler [ˈhɜːdləʳ] *n* Hürdenläufer(in) *m(f)*
hurl [hɜːl] *vt* schleudern; **he ~ed the book across the room** er pfefferte das Buch quer durchs Zimmer; **to ~ abuse/insults at sb** jdm Beschimpfungen/Beleidigungen an den Kopf werfen; **to ~ oneself at/into** sich stürzen auf +*akk*/in +*akk*
hurly-burly [ˈhɜːli͵bɜːli] *n* Rummel *m*

hur·rah [həˈrɑː], **hur·ray** [həˈreɪ] I. *interj* hurra; **~ for the Queen!** ein Hoch der Königin! II. *n* **last ~** Schwanengesang *m*

hur·ri·cane [ˈhʌrɪkən] *n* Orkan *m*; (*tropical*) Hurrikan *m*; **~ force wind** orkanartiger Wind

ˈhur·ri·cane lamp *n* Sturmlaterne *f*

hur·ried [ˈhʌrɪd] *adj* hastig; *departure* überstürzt

hur·ried·ly [ˈhʌrɪdli] *adv* eilig, hastig; **a ~ arranged press conference** eine flugs anberaumte [*o* hastig einberufene] Pressekonferenz

hur·ry [ˈhʌri] I. *n no pl* Eile *f*; **what's [all] the ~?** wozu die Eile?; **he won't do that again in a ~** das wird er so schnell nicht mehr machen; **there's no [great] ~** es hat keine Eile [*o* eilt nicht]; **in my ~ to leave on time I …** in der Hektik des Aufbruchs habe ich …; **to leave in a ~** hastig aufbrechen; **to need sth in a ~** etw sofort brauchen II. *vi* <-ie-> sich beeilen; **there's no need to ~** lassen Sie sich ruhig Zeit III. *vt* <-ie-> ▪ **to ~ sb** jdn hetzen; **I hate to ~ you, but …** ich will ja nicht drängen, aber …; **he was hurried to hospital** er wurde eilig ins Krankenhaus geschafft ◆**hurry along** I. *vi* sich beeilen II. *vt person* [zur Eile] antreiben; *process* beschleunigen ◆**hurry away**, **hurry off** I. *vi* schnell weggehen II. *vt* schnell wegbringen ◆**hurry on** *vi* weitereilen ◆**hurry out** I. *vi* hinauseilen II. *vt* schnell hinausbringen ◆**hurry up** I. *vi* sich beeilen; **~ up!** beeil dich! II. *vt person* zur Eile antreiben; *process* beschleunigen

hurt [hɜːt] I. *vi* <hurt, hurt> ❶ (*be painful*) wehtun ❷ (*do harm*) schaden *a. fig* II. *vt* <hurt, hurt> ❶ (*also fig: cause pain*) ▪ **to ~ sb** jdm wehtun; (*injure*) jdn verletzen; **his ear ~s him** sein Ohr tut ihm weh; **she was ~ by his refusal to apologize** dass er sich absolut nicht entschuldigen wollte, hat sie gekränkt; ▪ **to ~ oneself** sich verletzen; **to ~ one's leg** sich *dat* am Bein verletzen ❷ (*harm*) ▪ **to ~ sb/sth** jdm/etw schaden; **it wouldn't ~ you to do the ironing for once** es würde dir nichts schaden, wenn du auch mal bügeln würdest; **to ~ sb's feelings/pride** jds Gefühle/Stolz verletzen III. *adj* ❶ (*in pain*) verletzt ❷ (*fig*) *feelings* verletzt; *look, voice* gekränkt IV. *n* (*pain*) Schmerz *m*; (*injury*) Verletzung *f*; (*fig*) Kränkung *f*

hurt·ful [ˈhɜːtfəl] *adj* verletzend

hur·tle [ˈhɜːtl] I. *vi* rasen; **the boy came hurtling round the corner** der Junge kam um die Ecke geschossen II. *vt* ▪ **to ~ sb/sth against sth** jdn/etw gegen etw *akk* schleudern

hus·band [ˈhʌzbən(d)] *n* Ehemann *m*; **that's my ~** das ist mein Mann; **~ and wife** Mann und Frau

hush [hʌʃ] I. *n no pl* Stille *f*; **deathly ~** Totenstille *f*; **a bit of ~ now, please!** ein bisschen Ruhe jetzt, bitte! II. *interj* ▪ **~!** pst! III. *vt* zum Schweigen bringen; (*soothe*) beruhigen ◆**hush up** *vt* vertuschen

hush-ˈhush *adj* (*fam*) [streng] geheim

ˈhush mon·ey *n* (*fam*) Schweigegeld *nt*

husk [hʌsk] I. *n* Schale *f*; AM *of maize* Hüllblatt *nt* II. *vt corn* schälen

husky¹ [ˈhʌski] *adj* ❶ *voice* rau ❷ *person* kräftig [gebaut]

husky² [ˈhʌski] *n* (*dog*) Husky *m*, Schlittenhund *m*

hus·sy [ˈhʌsi] *n* (*pej, hum*) Flittchen *nt*

hus·tings [ˈhʌstɪŋz] *npl* Wahlkampf *m*

hus·tle [ˈhʌsl] I. *vt* ❶ (*hurry*) ▪ **to ~ sb somewhere** jdn irgendwohin treiben ❷ (*coerce*) ▪ **to ~ sb into doing sth** jdn [be]drängen, etw zu tun; ▪ **to ~ sth** AM (*fam*) etw [hartnäckig] erkämpfen II. *vi* ❶ (*work quickly*) unter Hochdruck arbeiten; **to ~ for business** sich fürs Geschäft abstrampeln *fam* ❷ AM (*fam*) auf den Strich gehen III. *n* Gedränge *nt*; **~ and bustle** geschäftiges Treiben

hus·tler [ˈhʌslər] *n* ❶ (*swindler*) Betrüger(in) *m(f)* ❷ AM (*prostitute*) Strichjunge *m*/Strichmädchen *nt*

ˈhus·tling *n no pl* (*prostitution*) [Straßen]prostitution *f*

hut [hʌt] *n* Hütte *f*

hutch [hʌtʃ] *n* Käfig *m*; (*for rabbits*) Stall *m*

hya·cinth [ˈhaɪəsɪn(t)θ] *n* Hyazinthe *f*

hy·ae·na [haɪˈiːnə] *n* Hyäne *f*

hy·brid [ˈhaɪbrɪd] I. *n* ❶ BOT, ZOOL Kreuzung *f* ❷ AUTO Hybrid *m* II. *adj* ❶ BOT, ZOOL Misch-, hybrid ❷ AUTO hybrid, Hybrid-; **~ drive** Hybridantrieb *m*; **~ electric vehicle** Hybridauto *nt*

hy·drant [ˈhaɪdrənt] *n* Hydrant *m*

hy·drau·lic [haɪˈdrɔːlɪk] *adj* hydraulisch

hy·drau·lics [haɪˈdrɔːlɪks] *n + sing vb* Hydraulik *f*

hydro·car·bon [ˌhaɪdrə(ʊ)ˈkɑːbən] *n* Kohlenwasserstoff *m*

hydro·chlo·ric acid [ˌhaɪdrə(ʊ)klɒrɪkˈæsɪd] *n no pl* Salzsäure *f*

hydro·elec·tric [ˌhaɪdrəʊˈlektrɪk] *adj* hydroelektrisch; **~ power station** Wasserkraftwerk *nt*

hy·dro·foil ['haɪdrə(ʊ)fɔɪl] *n* Tragflächenboot *nt*
hy·dro·gen ['haɪdrədʒən] *n no pl* Wasserstoff *m;* **~ bomb** Wasserstoffbombe *f*
hy·dro·pho·bia [haɪdrə(ʊ)'fəʊbɪə] *n no pl* krankhafte Wasserscheu
hy·dro·pon·ics [,haɪdrə(ʊ)'pɒnɪks] *n + sing vb* BOT Hydrokultur *f*
hy·dro·ther·a·py [,haɪdrə(ʊ)'θerəpi] **I.** *n no pl* Wasserbehandlung *f*, Hydrotherapie *f fachspr* **II.** *adj* hydrotherapeutisch
hy·ena [haɪ'iːnə] *n* Hyäne *f*
hy·giene ['haɪdʒiːn] *n no pl* Hygiene *f;* **personal ~** Körperpflege *f*
hy·gien·ic [haɪ'dʒiːnɪk] *adj* hygienisch
hy·men ['haɪmən] *n* Jungfernhäutchen *nt*, Hymen *nt o m fachspr*
hymn [hɪm] *n* ❶ REL Kirchenlied *nt* ❷ (*praise*) Hymne *f*
hym·nal ['hɪmnᵊl] *n,* **hymn·book** ['hɪmbʌk] *n* Gesangbuch *nt*
hype [haɪp] **I.** *n no pl* Reklameaufwand *m;* **media ~** Medienrummel *m;* (*deception*) Werbemasche *f* **II.** *vt* ■ **to ~ sth** etw [in den Medien] hochjubeln
hy·per ['haɪpəʳ] *adj* (*fam*) hyper- *sl*
hy·per·ac·tive [,haɪpəʳ'æktɪv] *adj* hyperaktiv **hyper·bo·la** [haɪ'pɜːbələ] *n* MATH Hyperbel *f* **hyper·bo·le** [haɪ'pɜːbəli] *n no pl* LIT Hyperbel *f* **'hyper·mar·ket** *n* Verbrauchermarkt *m* **hyper·'sen·si·tive** *adj* überempfindlich; ■ **to be ~ to sth** auf etw *akk* überempfindlich reagieren
hy·phen ['haɪfᵊn] *n* (*between words*) Bindestrich *m;* (*at end of line*) Trennstrich *m*
hy·phen·ate ['haɪfᵊneɪt] *vt* mit Bindestrich schreiben
hyp·no·sis [hɪp'nəʊsɪs] *n no pl* Hypnose *f;* ■ **to be under ~** sich in Hypnose befinden
hyp·no·ther·a·py [,hɪpnə(ʊ)'θerəpi] *n no pl* MED Hypnotherapie *f*
hyp·not·ic [hɪp'nɒtɪk] *adj* (*causing hypnosis*) hypnotisierend; (*referring to hypnosis*) hypnotisch; **~ state** Zustand *m* der Hypnose
hyp·no·tist ['hɪpnətɪst] *n* Hypnotiseur(in) *m(f)*
hyp·no·tize ['hɪpnətaɪz] *vt* hypnotisieren *a. fig*
hypo·chon·dria [,haɪpə(ʊ)'kɒndrɪə] *n no pl* Hypochondrie *f*
hypo·chon·dri·ac [,haɪpə(ʊ)'kɒndrɪæk] *n* Hypochonder(in) *m(f)*
hy·poc·ri·sy [hɪ'pɒkrəsi] *n no pl* Heuchelei *f*, Scheinheiligkeit *f*
hypo·crite ['hɪpəkrɪt] *n* Heuchler(in) *m(f)*, Scheinheilige(r) *f(m)*
hypo·crit·i·cal [,hɪpəʊ'krɪtɪkᵊl] *adj* heuchlerisch, scheinheilig
hypo·crit·i·cal·ly [,hɪpə'krɪtɪkᵊli] *adv* scheinheilig, heuchlerisch
hypo·der·mic [,haɪpə(ʊ)'dɜːmɪk] *adj* subkutan; **~ syringe** Injektionsspritze *f*
hy·pote·nuse [haɪ'pɒtᵊnjuːz] *n* MATH Hypotenuse *f*
hypo·ther·mia [,haɪpə(ʊ)θɜːmɪə] *n no pl* Unterkühlung *f*
hy·poth·esis <*pl* -ses> [haɪ'pɒθəsɪs] *n* Hypothese *f*
hypo·thet·i·cal [,haɪpə(ʊ)'θetɪkᵊl] *adj* hypothetisch
hys·ter·ec·to·my [,hɪstə'rektəmi] *n* MED Hysterektomie *f*
hys·te·ria [hɪ'stɪərɪə] *n no pl* Hysterie *f*
hys·ter·ic [hɪ'sterɪk] *adj* hysterisch
hys·ter·i·cal [hɪ'sterɪkᵊl] *adj* ❶ (*emotional*) hysterisch ❷ (*fam: hilarious*) ausgelassen heiter

I i

I <*pl* -'s *or* -s>, **i** <*pl* -'s> [aɪ] *n* ❶ (*letter*) I *nt*, i *nt*; *see also* **A 1** ❷ (*Roman numeral*) I *nt*, i *nt*

I [aɪ] **I.** *pron pers* ich; ~ **for one ...** ich meinerseits ...; **accept me for what ~ am** nimm mich so, wie ich bin **II.** *n* PHILOS (*the ego*) ■ **the ~** das Ich

IAEA *n* [ˌaɪeɪˈiːeɪ] *abbrev of* **International Atomic Energy Agency** IAEO *f*

Iberian [aɪˈbɪərɪən] **I.** *n* ❶ (*person*) Iberer(in) *m(f)* ❷ (*language*) Iberisch *nt* **II.** *adj* iberisch

ibex <*pl* -es> [ˈaɪbeks] *n* Steinbock *m*

ibid [ˈɪbɪd] *adv*, **ibidem** [ɪˈbɪdəm] *adv* LIT ib.

IBS [ˌaɪbiːˈes] *n no pl* MED *abbrev of* **irritable bowel syndrome** Reizdarm *m*

IC [ˌaɪˈsiː] *n abbrev of* **integrated circuit**

i/c *abbrev of* **in charge** [**of**] v. D.

ice [aɪs] **I.** *n no pl* Eis *nt* ▶ **to break the ~** das Eis zum Schmelzen bringen; **sth cuts no ~ with sb** etw lässt jdn ziemlich kalt; **to put sth on ~** etw auf Eis legen **II.** *vt* glasieren ◆ **ice over** *vi* ■ **to be ~d over** *road* vereist sein; *lake* zugefroren sein

ˈice Age *n* Eiszeit *f* **ˈice-axe** *n* Eispickel *m* **ˈice·berg** *n* Eisberg *m* **ˈice·bound** *adj ship* eingefroren; *harbour* zugefroren **ˈice·box** *n* ❶ BRIT (*freezer*) Eisfach *nt* ❷ AM (*fridge*) Kühlschrank *m* **ˈice-break·er** *n* ❶ (*ship*) Eisbrecher *m* ❷ (*to break tension*) Spiel zur Auflockerung der Atmosphäre **ˈice cap** *n* Eiskappe *f* (*an den Polen*) **ice-ˈcold** *n* eiskalt **ice ˈcream** *n* Eiscreme *f* **ice-ˈcream mak·er** *n* Eismaschine *f* **ice-ˈcream par·lour** *n* Eisdiele *f* **ˈice cube** *n* Eiswürfel *m*

iced [aɪst] *adj* ❶ (*frozen*) eisgekühlt ❷ (*covered with icing*) glasiert

ˈice floe *n* Eisscholle *f* **ˈice hock·ey** *n* Eishockey *nt*

Ice·land [ˈaɪslənd] *n* Island *nt*

Ice·land·er [ˈaɪsləndəʳ] *n* Isländer(in) *m(f)*

Ice·land·ic [aɪsˈlændɪk] **I.** *n* Isländisch *nt* **II.** *adj* isländisch

ice ˈlol·ly *n* BRIT Eis *nt* am Stiel **ˈice pack** *n* ❶ (*for swelling*) Eisbeutel *m* ❷ (*sea ice*) Packeis *nt* **ˈice rink** *n* Schlittschuhbahn *f*, Eisbahn *f* **ˈice-skate** *vi* eislaufen **ˈice-skat·ing** *n no pl* Schlittschuh laufen *nt*

I Ching [ˌiːˈtʃɪŋ] *n* I Ging *nt*

ici·cle [ˈaɪsɪkl] *n* Eiszapfen *m*

ic·ing [ˈaɪsɪŋ] *n* FOOD Zuckerguss *m* ▶ **to be the ~ on the cake** (*pej: unnecessary*) [bloß] schmückendes Beiwerk sein; (*approv: unexpected extra*) das Sahnehäubchen sein *fam*

ˈic·ing sug·ar *n* Puderzucker *m*

icon [ˈaɪkɒn] *n* ❶ (*also fig: painting*) Ikone *f* ❷ COMPUT Ikon *nt*

icono·clast [aɪˈkɒnə(ʊ)klæst] *n* ❶ (*form: critic of beliefs*) Bilderstürmer *m fig* ❷ REL (*hist*) Ikonoklast *m fachspr*

icono·clast·ic [aɪˌkɒnə(ʊ)ˈklæstɪk] *adj* ikonoklastisch *geh*

ICU [ˌaɪsiːˈjuː] *n abbrev of* **intensive care unit** Intensivstation *f*

icy [ˈaɪsi] *adj* ❶ (*full of ice*) *road* vereist; (*very cold*) eisig [kalt] ❷ (*unfriendly*) frostig

I.D. [ˌaɪˈdiː] *n no pl abbrev of* **identification** Ausweis *m*

I'd [aɪd] = **I would**, **I had** *see* **have I., II.**, **would**

I.ˈD. card *n* [Personal]ausweis *m*

IDDD [ˌaɪdiːdiːˈdiː] AM *abbrev of* **international direct distance dialling** SWFD

idea [aɪˈdɪə, -ˈdiːə] *n* ❶ (*notion*) Vorstellung *f*; **whatever gave you that ~?** wie kommst du denn [bloß] darauf?; **the ~ never entered my head** der Gedanke ist mir nie in den Sinn gekommen; **to get ~s** (*fam*) auf dumme Gedanken kommen; **to give sb ~s** (*fam*) jdn auf dumme Gedanken bringen ❷ (*purpose*) ■ **the ~** der Zweck; **the ~ was to meet at the pub** eigentlich wollten wir uns in der Kneipe treffen ❸ (*suggestion*) Idee *f*; **that's an ~!** (*fam*) das ist eine gute Idee!; **to toy with the ~ of doing sth** mit der Idee spielen, etw zu tun ❹ (*knowledge*) Begriff *m*; **to have an ~ of sth** eine Vorstellung von etw *dat* haben; **have you any ~ of what you're asking me to do?** weißt du eigentlich, um was du mich da bittest?; **to have [got] no ~** (*fam*) keine Ahnung haben; **to not have the slightest ~** nicht die leiseste Ahnung haben ❺ (*conception*) Ansicht *f*; **this is not my ~ of fun** (*fam*) das verstehe ich nicht unter Spaß!

ideal [aɪˈdɪəl, -ˈdiːəl] **I.** *adj* ideal **II.** *n no pl* Ideal *nt*

ideal·ism [aɪˈdɪəlɪzəm] *n no pl also* PHILOS Idealismus *m*

ideal·ist [aɪˈdɪəlɪst] *n* Idealist(in) *m(f)*

ideal·is·tic [ˌaɪdɪəˈlɪstɪk] *adj* idealistisch

ideal·ize [aɪˈdɪəlaɪz] *vt* idealisieren

ideal·ly [aɪˈdɪəli] *adv* ❶ (*best scenario*) idealerweise ❷ (*perfectly*) genau richtig
iden·ti·cal [aɪˈdentɪkəl] *adj* identisch (**to** mit)
iden·ti·cal·ly [aɪˈdentɪkəli] *adv* identisch
iden·ti·fi·able [aɪˌdentɪˈfaɪəbl] *adj* erkennbar; *substance* nachweisbar
iden·ti·fi·ca·tion [aɪˌdentɪfɪˈkeɪʃən] *n no pl* ❶ (*determination of identity*) *of a dead person, criminal* Identifizierung *f*; *of a problem, aims* Identifikation *f*; (*of a virus, plant*) Bestimmung *f* ❷ (*papers*) Ausweispapiere *pl* ❸ (*sympathy*) Identifikation *f* (**with** mit) ❹ (*association*) Parteinahme *f* ❺ TELEC, AVIAT (*characteristic*) ~ [**signal**] Kennung *f*
iden·ti·fi·ˈca·tion pa·pers *npl* Ausweispapiere *pl*
iden·ti·fi·er [aɪˈdentɪˌfaɪər] *n* ❶ *a.* COMPUT (*means of identification*) Identifikator *m*; **user** ~ Benutzerkennung *f* ❷ (*mark*) Kennzeichen *nt*
iden·ti·fy <-ie-> [aɪˈdentɪfaɪ] **I.** *vt* ❶ (*recognize*) identifizieren ❷ (*establish identity*) ■**to** ~ **sb** jds Identität *f* feststellen ❸ (*associate*) ■**to** ~ **sb with sb/sth** jdn mit jdm/etw assoziieren; ■**to** ~ **oneself with sth** sich mit etw *dat* identifizieren **II.** *vi* ■**to** ~ **with sb** sich mit jdm identifizieren; ■**to be identified with sth** mit etw *dat* in Verbindung gebracht werden
iden·ti·kit® [aɪˈdentɪkɪt] **I.** *n* BRIT, AUS Phantombild *nt* **II.** *adj* ❶ (*made with identikit*) Phantom- ❷ (*pej: copied*) unoriginell
iden·ti·ty [aɪˈdentɪti] *n* ❶ (*who sb is*) Identität *f* ❷ (*identicalness*) Übereinstimmung *f* ❸ TELEC (*radio signal*) Kennung *f*
iˈden·ti·ty card *n* [Personal]ausweis *m*
iˈden·ti·ty fraud *n no pl* Identitätsbetrug *m* **iˈden·ti·ty theft** *n* SOCIOL Identitätsdiebstahl *m* **iˈden·ti·ty thief** *n* SOCIOL Identitätsdieb(in) *m(f)*
ideo·logi·cal [ˌaɪdiəˈlɒdʒɪkəl] *adj* ideologisch
ideo·logi·cal·ly [ˌaɪdiəˈlɒdʒɪkəli] *adv* ideologisch
ideolo·gist [ˌaɪdiˈɒlədʒɪst] *n* Ideologe *m*/Ideologin *f*
ideol·ogy [ˌaɪdiˈɒlədʒi] *n* Ideologie *f*
idio·cy [ˈɪdiəsi] *n* (*foolishness*) Schwachsinn *m*; (*act*) Dummheit *f*
idi·om [ˈɪdiəm] *n* LING ❶ (*phrase*) [idiomatische] Redewendung *f* ❷ (*language*) Idiom *nt*; (*dialect*) Dialekt *m*
idio·mat·ic [ˌɪdiəˈmætɪk] *adj* idiomatisch
idio·syn·cra·sy [ˌɪdiə(ʊ)ˈsɪŋkrəsi] *n* Eigenart *f*

idio·syn·crat·ic [ˌɪdiə(ʊ)sɪŋˈkrætɪk] *adj* charakteristisch
idi·ot [ˈɪdiət] *n* (*pej*) Idiot *m*
idi·ot·ic [ˌɪdiˈɒtɪk] *adj* idiotisch; *idea* hirnverbrannt
idi·oti·cal·ly [ˌɪdiˈɒtɪkəli] *adv* idiotischerweise, blödsinnigerweise
idle [ˈaɪdl] **I.** *adj* ❶ (*lazy*) faul ❷ (*not working*) *people* untätig; *moment* müßig; *machines* außer Betrieb präd; **the** ~ **rich** die reichen Müßiggänger ❸ (*pointless, unfounded*) *chatter* hohl; *fear* unbegründet; *rumours, speculation* rein; *threat* leer **II.** *vi* ❶ (*do nothing*) faulenzen ❷ (*engine*) leer laufen
idle·ness [ˈaɪdlnəs] *n no pl* Müßiggang *m*; (*not doing anything*) Untätigkeit *f*
idler [ˈaɪdlər] *n* (*person*) Müßiggänger(in) *m(f)*
idly [ˈaɪdli] *adv* ❶ (*not doing anything*) untätig; **to stand** ~ **by** untätig dabeistehen ❷ (*lazily*) faul, träge
idol [ˈaɪdəl] *n* ❶ (*model*) Idol *nt* ❷ REL Götzenbild *nt*
idola·trous [aɪˈdɒlətrəs] *adj* REL Götzen-
idola·try [aɪˈdɒlətri] *n no pl* Götzenanbetung *f*; (*fig*) Vergötterung *f*
idol·ize [ˈaɪdəlaɪz] *vt* vergöttern
IDP [ˌaɪdiːˈpiː] *abbrev of* **International Driving Permit** Internationaler Führerschein
idyll [ˈɪdəl] *n* ❶ (*blissful time*) Idyll *nt* ❷ LIT Idylle *f*
idyl·lic [ɪˈdɪlɪk] *adj* idyllisch
idyl·li·cal·ly [ɪˈdɪlɪkli] *adv* idyllisch
i.e. [ˌaɪˈiː] *n abbrev of* **id est** d.h.
if I. *conj* ❶ (*in case*) wenn, falls; **even** ~ ... selbst [dann], wenn ...; ■~ ..., **then** ... wenn ..., dann ... ❷ (*in exclamation*) ~ **I had only known!** hätte ich es nur gewusst! ❸ (*whether*) ob ❹ (*although*) wenn auch ▶~ **anyone/anything/anywhere** wenn überhaupt; **barely/hardly/rarely** ... ~ **at all** kaum ..., wenn überhaupt; ~ **ever** wenn [überhaupt] je[mals]; **little/few** ~ **any** wenn [überhaupt], dann wenig/wenige; ... ~ **not** ..., wenn nicht [sogar] ...; **let's take a break,** ~ **only for a minute** machen wir eine Pause, und sei's auch nur für eine Minute **II.** *n* Wenn *nt*; **there's a big** ~ **hanging over the project** über diesem Projekt steht noch ein großes Fragezeichen ▶**no** ~**s and buts** kein Wenn und Aber *fam*
if·fy [ˈɪfi] *adj* (*fam*) ungewiss
ig·loo [ˈɪgluː] *n* Iglu *m o nt*
ig·ne·ous [ˈɪgniəs] *adj* vulkanisch
ig·nite [ɪgˈnaɪt] **I.** *vi* Feuer fangen; ELEC

zünden **II.** vt (form) anzünden; (set in motion) entfachen

ig·ni·tion [ɪgˈnɪʃᵊn] n AUTO Zündung f

ig·ˈni·tion coil n Zündspule f **ig·ˈni·tion key** n Zündschlüssel m **ig·ˈni·tion switch** <-es> n Zündschalter m

ig·no·ble [ɪgˈnəʊbl] adj (liter) schändlich

ig·no·mini·ous [ˌɪgnə(ʊ)ˈmɪniəs] adj (liter) schmachvoll; (humiliating) entwürdigend; behaviour schändlich; defeat schmählich

ig·no·miny [ˈɪgnəmɪni] n no pl Schande f

ig·no·ra·mus [ˌɪgnəˈreɪməs] n (form or hum) Ignorant(in) m(f)

ig·no·rance [ˈɪgnᵊrᵊn(t)s] n no pl Unwissenheit f (**about** über)

ig·no·rant [ˈɪgnᵊrᵊnt] adj unwissend; ■ **to be ~ about sth** sich in etw dat nicht auskennen; ■ **to be ~ of sth** von etw dat keine Ahnung haben fam

ig·nore [ɪgˈnɔːʳ] vt ignorieren

igua·na [ɪˈgwɑːnə] n Leguan m

ilk [ɪlk] n no pl (pej liter) **people of that ~** solche Leute

ill [ɪl] **I.** adj ❶ (sick) krank; **I feel ~** mir ist gar nicht gut; **to be critically ~** in Lebensgefahr schweben; **to fall ~** krank werden; **my sister is ~ with a cold** meine Schwester hat eine Erkältung ❷ (bad) schlecht; (harmful) schädlich; (unfavourable) unerfreulich; **he doesn't bear you any ~ will** er trägt dir nichts nach; **no ~ feeling!** Schwamm drüber!; **to suffer no ~ effects** keine negativen Auswirkungen verspüren; **~ fortune** Pech nt; **~ health** angegriffene Gesundheit ❸ AM (sl) megacool **II.** adv (form: badly) schlecht; **to bode ~** nichts Gutes verheißen; **to speak ~ of sb** schlecht über jdn sprechen **III.** n ❶ (problems) ■ **~s** pl Übel nt ❷ (people) ■ **the ~** pl Kranke pl

I'll [aɪl] = **I will** see **will**

ill-ad·ˈvised adj unklug **ill at ˈease** adj unbehaglich **ill-ˈbred** adj erzogen **ill-con·ˈceived** adj schlecht durchdacht

il·legal [ɪˈliːgᵊl] **I.** adj illegal **II.** n esp AM (fam) Illegale(r) f(m)

il·legal ˈim·mi·grant n illegaler Einwanderer/illegale Einwanderin

il·legal·ity [ˌɪliːˈgæləti] n Illegalität f; SPORTS Regelwidrigkeit f

il·legal·ly [ɪˈliːgᵊli] adv ungesetzlich, illegal; **to park ~** widerrechtlich [o fam falsch] parken

il·leg·ible [ɪˈledʒəbl] adj unleserlich

il·le·giti·mate [ˌɪlɪˈdʒɪtəmət] adj ❶ (unauthorized) unrechtmäßig ❷ child unehelich

il·le·giti·mate·ly [ˌɪlɪˈdʒɪtəmətli] adv ❶ (unauthorized) unrechtmäßig[erweise] ❷ child unehelich

ill-eˈquipped adj schlecht ausgestattet; ■ **to be ~ to do sth** (lack of equipment) für etw akk nicht die nötigen Mittel haben; (lack of ability) nicht über die notwendigen Kenntnisse verfügen, um etw tun zu können **ill-ˈfat·ed** adj person vom Unglück verfolgt **ill-ˈfa·voured** adj unerfreulich **ill-ˈfit·ting** adj clothes, shoes, dentures schlecht sitzend attr **ill-ˈgot·ten** adj attr unrechtmäßig erworben

il·lib·er·al [ɪˈlɪbᵊrᵊl] adj (form) ❶ (repressive) illiberal ❷ (narrow-minded) intolerant

---

ignorance

expressing a lack of knowledge	Nichtwissen ausdrücken
I don't know (either).	Das weiß ich (auch) nicht.
Don't know./Dunno. *(fam)*	Weiß nicht. *(fam)*
No idea!	Keine Ahnung!
I haven't the foggiest *(fam)*/faintest idea.	Hab keinen blassen Schimmer. *(fam)*
I'm afraid I don't know anything about that.	Ich kenne mich da leider nicht aus.
That I don't know.	Da kenne ich mich nicht aus.
You've got me there.	Da bin ich überfragt.
How should I know?	Woher soll ich das wissen?
That's new to me.	Darüber weiß ich nicht Bescheid.
I have no knowledge of the exact number.	Die genaue Anzahl entzieht sich meiner Kenntnis. *(form)*

il·lic·it [ɪˈlɪsɪt] *adj* [gesetzlich] verboten

il·lim·it·able [ɪˈlɪmɪtəbl] *adj* grenzenlos; *sky* endlos; *ocean* unendlich

ill-in·ˈformed *adj* ❶ (*wrongly informed*) falsch informiert ❷ (*ignorant*) schlecht informiert

il·lit·er·a·cy [ɪˈlɪtªrəsi] *n no pl* Analphabetismus *m*

il·lit·er·ate [ɪˈlɪtªrət] I. *n* Analphabet(in) *m(f)* II. *adj* analphabetisch; (*fig, pej*) ungebildet

ill-ˈman·nered *adj* unhöflich; *child* ungezogen **ill-ˈna·tured** *adj* boshaft

ill·ness [ˈɪlnəs] *n* Krankheit *f*

il·log·i·cal [ɪˈlɒdʒɪkªl] *adj* unlogisch

il·log·i·cal·i·ty [ɪˌlɒdʒɪˈkæləti] *n no pl* Mangel *m* an Logik

ill-ˈomened *adj* unheilvoll **ill-ˈstarred** *adj* vom Pech verfolgt **ill-ˈtem·pered** *adj* (*at times*) schlecht gelaunt; (*by nature*) mürrisch **ill-ˈtimed** *adj* ungelegen **ill-ˈtreat** *vt* misshandeln **ill-ˈtreat·ment** *n* Misshandlung *f*

il·lu·mi·nate [ɪˈluːmɪneɪt] *vt* erhellen; (*spotlight*) beleuchten; (*fig*) erläutern

il·lu·mi·nat·ing [ɪˈluːmɪneɪtɪŋ] *adj* (*form*) aufschlussreich

il·lu·mi·na·tion [ɪˌluːmɪˈneɪʃªn] *n* ❶ *no pl* (*form: light*) Beleuchtung *f* ❷ *no pl* (*in books*) Buchmalerei *f* ❸ BRIT (*decorative lights*) ■ **~s** *pl* Festbeleuchtung *f*

illus. ❶ *abbrev of* **illustrated** ill. ❷ *abbrev of* **illustration** Abb.

il·lu·sion [ɪˈluːʒªn] *n* Illusion *f*; **to create the ~ of sth** die Illusion erwecken, dass ...; **to labour under the ~ that ...** sich der Illusion hingeben, dass ...

il·lu·sion·ist [ɪˈluːʒªnɪst] *n* Zauberkünstler(in) *m(f)*

il·lu·sive [ɪˈluːsɪv] *adj*, **il·lu·so·ry** [ɪˈluːsªri] *adj* ❶ (*deceptive*) illusorisch ❷ (*imaginary*) imaginär

il·lus·trate [ˈɪləstreɪt] *vt* ❶ (*add pictures to*) illustrieren ❷ (*fig: show more clearly*) aufzeigen

il·lus·tra·tion [ˌɪləˈstreɪʃªn] *n* ❶ (*drawing*) Illustration *f* ❷ (*fig: example*) Beispiel *nt*

il·lus·tra·tive [ˈɪləstrətɪv] *adj* (*form*) beispielhaft

il·lus·tra·tor [ˈɪləstreɪtəʳ] *n* Illustrator(in) *m(f)*

il·lus·tri·ous [ɪˈlʌstriːəs] *adj* (*form*) *person* berühmt; *deed* glanzvoll

ill-ˈwill *n* Feindseligkeit *f*; **to bear sb ~** einen Groll auf jdn haben

ILS [ˌaɪelˈes] *n abbrev of* **instrument landing system** Instrumentenlandesystem *nt*

I'm [aɪm] = **I am** *see* **be**

im·age [ˈɪmɪdʒ] I. *n* ❶ (*likeness*) Ebenbild *nt* ❷ (*picture*) Bild *nt*; (*sculpture*) Skulptur *f* ❸ (*mental picture*) Vorstellung *f* ❹ (*reputation*) Image *nt* ❺ LIT Metapher *f* II. *vt* ■ **to ~ sth** sich *dat* etw vorstellen

im·age·ry [ˈɪmɪdʒªri] *n no pl* LIT Bildersprache *f*

im·ag·i·na·ble [ɪˈmædʒɪnəbl] *adj* erdenklich

im·ag·i·nary [ɪˈmædʒɪnəri] *adj* imaginär

im·ag·i·na·tion [ɪˌmædʒɪˈneɪʃªn] *n* Fantasie *f*; **lack of ~** Fantasielosigkeit *f*; **not by any stretch of the ~** beim besten Willen nicht

im·ag·i·na·tive [ɪˈmædʒɪnətɪv] *adj* fantasievoll

im·ag·i·na·tive·ly [ɪˈmædʒɪnətɪvli] *adv* fantasievoll

im·ag·ine [ɪˈmædʒɪn] *vt* ❶ (*form mental image*) ■ **to ~ sb/sth** sich *dat* jdn/etw vorstellen ❷ (*suppose*) ■ **to ~ sth** sich *dat* etw denken; **I cannot ~ what you mean** ich weiß wirklich nicht, was du meinst ❸ (*be under the illusion*) glauben ▸ **~ that!** stell dir das mal vor!

ˈim·ag·ing *n no pl* COMPUT digitale Bildverarbeitung

im·bal·ance [ɪmˈbælən(t)s] *n* Ungleichgewicht *nt*

im·be·cile [ˈɪmbəsiːl] I. *n* Idiot *m pej fam* II. *adj* schwachsinnig *pej fam*

im·bibe [ɪmˈbaɪb] I. *vt* ■ **to ~ sth** ❶ (*form: drink*) etw [in sich hin]einschlürfen ❷ (*fig: absorb*) etw übernehmen II. *vi* (*form or hum*) sich *dat* einen genehmigen *fam*

im·bro·glio [ɪmˈbrəʊliəʊ] *n* (*liter*) Hexenkessel *m*

im·bue [ɪmˈbjuː] *vt usu passive* ❶ (*inspire*) erfüllen (**with** mit) ❷ (*form: soak*) benetzen; (*dye*) [ein]färben

IMF [ˌaɪemˈef] *n no pl abbrev of* **International Monetary Fund**: ■ **the ~** der IWF

imi·tate [ˈɪmɪteɪt] *vt* imitieren; *style* kopieren

imi·ta·tion [ˌɪmɪˈteɪʃªn] I. *n* ❶ *no pl* (*mimicry*) Imitation *f* ❷ (*act of imitating*) Imitieren *nt*; **to do an ~ of sb/sth** jdn/etw nachmachen ❸ (*copy*) Kopie *f* II. *adj leather, silk* Kunst-; *pearl, gold, silver* unecht

imi·ta·tive [ˈɪmɪtətɪv] *adj* ❶ (*esp pej: copying*) imitierend ❷ (*onomatopoeic*) lautmalerisch

imi·ta·tor [ˈɪmɪteɪtəʳ] *n* Nachahmer(in) *m(f)*; *of voices* Imitator(in) *m(f)*

im·macu·late [ɪˈmækjələt] *adj* (*approv:*

neat) makellos; (*flawless*) perfekt; *garden* säuberlich gepflegt

im·mac·u·late·ly [ɪˈmækjələtli] *adv* (*approv*) perfekt, makellos

im·ma·nence [ˈɪmənən(t)s] *n no pl* PHILOS Immanenz *f*

im·ma·nent [ˈɪmənənt] *adj* innewohnend; PHILOS immanent

im·ma·terial [ˌɪməˈtɪəriəl] *adj* ❶ (*not important*) unwesentlich ❷ (*not physical*) immateriell

im·ma·ture [ˌɪməˈtjʊəʳ,] *adj* ❶ (*pej: not mature*) unreif; (*childish*) kindisch *meist pej* ❷ (*not developed*) unreif; (*sexually*) nicht geschlechtsreif; *plan* unausgereift

im·ma·tur·ity [ˌɪməˈtjʊərəti] *n no pl* Unreife *f*

im·meas·ur·able [ɪˈmeʒʳəbl] *adj* (*limitless*) grenzenlos; (*great*) *influence* riesig; *effect* gewaltig

im·media·cy [ɪˈmiːdiəsi] *n no pl* Unmittelbarkeit *f*; *of a problem* Aktualität *f*; (*relevance*) Relevanz *f*; (*nearness*) Nähe *f*

im·medi·ate [ɪˈmiːdiət] *adj* ❶ (*without delay*) umgehend; **to take ~ action/effect** augenblicklich handeln/wirken; *consequences* unmittelbar ❷ *attr* (*close*) unmittelbar; **sb's ~ family** jds nächste Angehörige; **sb's ~ friends** jds engste Freunde ❸ (*direct*) direkt; *cause* unmittelbar; *result* sofortig ❹ (*current*) unmittelbar; *concerns, problems, needs* dringend

im·medi·ate·ly [ɪˈmiːdiətli] **I.** *adv* ❶ (*at once*) sofort, gleich ❷ (*closely*) direkt, unmittelbar **II.** *conj* BRIT sobald

im·memo·rial [ˌɪmɪˈmɔːriəl] *adj* (*liter*) uralt; **from time ~** seit Urzeiten

im·mense [ɪˈmen(t)s] *adj* riesig, enorm; **to be of ~ importance** immens wichtig sein

im·mense·ly [ɪˈmen(t)sli] *adv* extrem, ungeheuer

im·men·si·ty [ɪˈmen(t)səti] *n* ❶ *no pl* (*largeness*) Größe *f* ❷ *usu pl* (*boundlessness*) Endlosigkeit *f kein pl*

im·merse [ɪˈmɜːs] *vt* ❶ (*dunk*) eintauchen ❷ (*become absorbed in*) ■ **to ~ oneself in sth** sich in etw *akk* vertiefen ❸ (*baptize*) untertauchen (*als Taufhandlung*)

im·mer·sion [ɪˈmɜːʃən, -ʒən] *n* ❶ (*dunking*) Eintauchen *nt*, Untertauchen *nt*; (*baptizing*) Ganztaufe *f* ❷ *no pl* (*absorption*) Vertiefung *f fig* ❸ *no pl esp* AM (*teaching method*) Unterrichtsmethode, bei der ausschließlich die zu erlernende Sprache verwendet wird

im·ˈmer·sion heat·er *n* Tauchsieder *m*

im·mi·grant [ˈɪmɪɡrənt] **I.** *n* Einwanderer *m*/Einwanderin *f*, Immigrant(in) *m(f)* **II.** *adj neighbourhood, worker* Immigranten-, Einwanderer-; **the ~ population** die Einwanderer *pl*

im·mi·grate [ˈɪmɪɡreɪt] *vi* einwandern, immigrieren

im·mi·gra·tion [ˌɪmɪˈɡreɪʃən] *n no pl* ❶ (*action*) Einwanderung *f*, Zuwanderung *f*, Immigration *f*; **controlled** [*or* **selective**] **~** kontrollierte Einwanderung [*o* Zuwanderung] ❷ (*immigration control*) Grenzkontrolle *f* ❸ AM (*immigration control*) ■ **~s** *pl* ≈ Grenzschutz *m* (*an Flughäfen*)

im·mi·ˈgra·tion coun·try *n* Einwanderungsland *nt*

im·mi·nence [ˈɪmɪnən(t)s] *n no pl* Bevorstehen *nt*

im·mi·nent [ˈɪmɪnənt] *adj* bevorstehend *attr*; *danger* drohend

im·mo·bile [ɪˈməʊbaɪl] *adj* ❶ (*motionless*) bewegungslos; (*sit*) regungslos; (*unable to move*) unbeweglich ❷ *pred* (*fig fam: not have transportation*) **to be ~** nicht motorisiert sein; **to be rendered ~** zum Stillstand gebracht werden

im·mo·bil·ity [ˌɪməʊˈbɪləti] *n no pl* (*motionlessness*) Bewegungslosigkeit *f*, Unbewegtheit *f*; (*of building, object*) Unbeweglichkeit *f*; (*because of damage*) Bewegungsunfähigkeit *f*

im·mo·bi·lize [ɪˈməʊbəlaɪz] *vt* ❶ (*prevent from functioning*) lahmlegen; *car, machine* betriebsuntauglich machen; (*render motionless*) **his indecision/fear ~d him** seine Unentschlossenheit/Angst lähmte ihn ❷ (*set in cast*) **my leg was ~d in a plaster cast** mein Bein wurde mit einem Gipsverband ruhig gestellt

im·mo·der·ate [ɪˈmɒdərət] *adj* maßlos; *demands* übertrieben

im·mo·dest [ɪˈmɒdɪst] *adj* (*pej*) ❶ (*conceited*) eingebildet ❷ (*indecent*) *clothing* unanständig

im·mo·late [ˈɪməʊleɪt] *vt* REL (*form: sacrifice*) *animal* [rituell] opfern

im·mor·al [ɪˈmɒrəl] *adj* unmoralisch

im·mor·tal [ɪˈmɔːtəl] **I.** *adj* ❶ (*undying*) *person, soul* unsterblich; *life* ewig ❷ (*unforgettable*) *of literature* unvergesslich **II.** *n* ❶ (*in myths*) Unsterbliche(r) *f(m)* ❷ (*famous person*) unvergessene Persönlichkeit

im·mor·tal·ity [ˌɪmɔːˈtæləti] *n no pl* Unsterblichkeit *f*

im·mor·tal·ize [ɪˈmɔːtəlaɪz] *vt* ■ **to ~ sb** (*in a film, book*) jdn verewigen; **to be ~d**

in history for sth wegen einer S. *gen* in die Geschichte eingehen
im·mov·able [ɪˈmuːvəbl] **I.** *adj* ❶ (*stationary*) unbeweglich ❷ (*unchanging*) unerschütterlich; *belief, opinion* fest; *opposition* starr **II.** *n* LAW ▪ **~s** Immobilien *pl*
im·mune [ɪˈmjuːn] *adj pred* ❶ MED, POL, LAW (*also fig*) immun (**to** gegen/für) ❷ (*fig: safe from*) sicher (**from** vor)
im·ˈmune sys·tem *n* Immunsystem *nt*
im·mu·ni·ty [ɪˈmjuːnəti] *n no pl* ❶ MED, LAW Immunität *f* ❷ (*fig: lack of vulnerability*) Unempfindlichkeit *f*
im·mu·nize [ˈɪmjənaɪz] *vt* immunisieren
im·mu·no·logi·cal [ˌɪmjənə(ʊ)ˈlɒdʒɪkəl] *adj* immunologisch *fachspr*
im·mu·nolo·gist [ˌɪmjəˈnɒlədʒɪst] *n* Immunologe *m*/Immunologin *f fachspr*
im·mure [ɪˈmjʊəʳ] *vt* (*liter, form*) ▪ **to ~ sb** jdn einkerkern
im·mu·table [ɪˈmjuːtəbl] *adj* (*unchangeable*) unveränderlich; (*everlasting*) unvergänglich
imp [ɪmp] *n* Kobold *m*
im·pact I. *n* [ˈɪmpækt] *no pl* ❶ (*contact*) Aufprall *m;* **on ~** beim Aufprall; (*force*) Wucht *f;* (*of a bullet, meteor*) Einschlag *m;* **on ~** beim Einschlag ❷ (*fig: effect*) Auswirkung[en] *f[pl];* **to have an ~ on sb** Eindruck *m* bei jdm machen **II.** *vt* [ɪmˈpækt] *esp* AM, AUS beeinflussen **III.** *vi* [ɪmˈpækt] ❶ (*hit ground*) aufschlagen ❷ *esp* AM, AUS (*have effect*) ▪ **to ~ on sb/sth** jdn/etw beeinflussen
im·pact·ed [ɪmˈpæktɪd] *adj* ❶ *tooth, bone* eingeklemmt ❷ *esp* AM, AUS (*affected*) betroffen
im·pair [ɪmˈpeəʳ] *vt* (*disrupt*) behindern; **to ~ sb's ability to concentrate/walk/work** jds Konzentrations-/Geh-/Arbeitsfähigkeit beeinträchtigen; (*damage*) etw *dat* schaden, etw schädigen
im·paired [ɪmˈpeəʳd] *adj* geschädigt; **~ hearing/vision** Hör-/Sehbehinderung *f*
im·pale [ɪmˈpeɪl] *vt usu passive* aufspießen (**on** auf); ▪ **to ~ sb** (*hist*) jdn pfählen
im·pal·pable [ɪmˈpælpəbl] *adj* (*liter*) undeutlich; **an ~ change** eine kaum merkliche Veränderung
im·part [ɪmˈpɑːt] *vt* ▪ **to ~ sth** [**to sb**] ❶ (*communicate*) *information, knowledge, wisdom* [jdm] etw vermitteln ❷ (*bestow*) [jdm] etw verleihen
im·par·tial [ɪmˈpɑːʃəl] *adj* unparteiisch
im·par·tial·ity [ɪmˌpɑːʃiˈæləti] *n no pl* Unvoreingenommenheit *f*

im·par·tial·ly [ɪmˈpɑːʃəli] *adv* unvoreingenommen
im·pass·able [ɪmˈpɑːsəbl] *adj* (*blocking vehicles*) unpassierbar; (*fig: blocking negotiations*) unüberwindlich
im·passe [ˈɪmpɑːs] *n* (*also fig: closed path*) Sackgasse *f;* **to reach an ~** sich festfahren *fig*
im·pas·sioned [ɪmˈpæʃənd] *adj* leidenschaftlich
im·pas·sive [ɪmˈpæsɪv] *adj* (*not showing emotion*) ausdruckslos; (*not sympathizing*) gleichgültig
im·pa·tience [ɪmˈpeɪʃən(t)s] *n no pl* ❶ (*eagerness for change*) Ungeduld *f* ❷ (*intolerance*) Unduldsamkeit *f*
im·pa·tient [ɪmˈpeɪʃənt] *adj* ungeduldig (**with** gegenüber); (*intolerant*) intolerant (**of** gegenüber)
im·pa·tient·ly [ɪmˈpeɪʃəntli] *adv* (*eagerly*) ungeduldig; (*intolerantly*) ungehalten, unwillig
im·peach [ɪmˈpiːtʃ] *vt* ▪ **to ~ sb for sth** jdn wegen einer S. *gen* anklagen; **to ~ an official/the president** einen Amtsträger/den Präsidenten wegen Amtsmissbrauchs anklagen
im·peach·ment [ɪmˈpiːtʃmənt] *n* Amtsenthebungsverfahren *nt*
im·pec·cable [ɪmˈpekəbl] *adj* makellos; *manners* tadellos; *performance* perfekt; *reputation* untadelig; *taste* ausgesucht
im·pec·cably [ɪmˈpekəbli] *adv* makellos, perfekt
im·pecu·ni·ous [ˌɪmpɪˈkjuːniəs] *adj* (*form*) mittellos
im·pede [ɪmˈpiːd] *vt movement, progress, person* behindern
im·pedi·ment [ɪmˈpedɪmənt] *n* ❶ (*hindrance*) Hindernis *nt* (**to** für) ❷ MED Behinderung *f;* **to have a speech ~** einen Sprachfehler haben
im·pel <-ll-> [ɪmˈpel] *vt* (*drive*) [an]treiben; (*force*) nötigen
im·pend·ing [ɪmˈpendɪŋ] *adj attr* (*imminent*) bevorstehend; (*menacing*) drohend
im·pen·etrable [ɪmˈpenɪtrəbl] *adj* ❶ (*blocking entrance*) unüberwindlich; (*dense*) undurchdringlich; (*exclusive*) exklusiv; *fog* dicht ❷ (*fig: incomprehensible*) unverständlich
im·peni·tent [ɪmˈpenɪtənt] *adj* (*form*) uneinsichtig
im·pera·tive [ɪmˈperətɪv] **I.** *adj* ❶ (*essential*) unbedingt erforderlich ❷ (*commanding*) gebieterisch **II.** *n* ❶ (*necessity*) [Sach]zwang *m;* (*obligation*) Verpflich-

tung *f;* PHILOS Imperativ *m;* (*factor*) Erfordernis *f* ❷ *no pl* LING ■ **the ~** der Imperativ

im·per·cep·ti·ble [ˌɪmpəˈseptəbl̩] *adj* unmerklich

im·per·fect [ɪmˈpɜːfɪkt] **I.** *adj* (*flawed*) fehlerhaft; (*incomplete*) unvollkommen; (*not sufficient*) unzureichend **II.** *n no pl* LING ■ **the ~** das Imperfekt

im·per·fec·tion [ˌɪmpəˈfekʃən] *n* ❶ (*flaw*) Fehler *m*, Mangel *m* ❷ *no pl* (*faultiness*) Unvollkommenheit *f*, Fehlerhaftigkeit *f*

im·per·fect·ly [ɪmˈpɜːfɪktli] *adv* (*in a flawed way*) fehlerhaft; (*not finished*) unvollkommen; (*not sufficiently*) unzureichend

im·perial [ɪmˈpɪəriəl] *adj* ❶ (*of an empire*) Reichs-; (*of an emperor*) kaiserlich, Kaiser-; (*imperialistic*) imperialistisch *oft pej* ❷ (*grand*) prächtig ❸ (*of British empire*) Empire-, des Empires *nach n* ❹ (*measure*) britisch; **~ gallon** britische Gallone (*4,55 Liter*); **the ~ system** das britische System der Maße und Gewichte

im·peri·al·ism [ɪmˈpɪəriəlɪzəm] *n no pl* Imperialismus *m meist pej*

im·peri·al·ist [ɪmˈpɪəriəlɪst] **I.** *n* (*usu pej*) Imperialist(in) *m(f) meist pej* **II.** *adj* imperialistisch

im·per·il <BRIT, AUS -ll- *or* AM *usu* -l-> [ɪmˈperəl] *vt* gefährden

im·peri·ous [ɪmˈpɪəriəs] *adj* herrisch

im·per·ish·able [ɪmˈperɪʃəbl̩] **I.** *adj beauty* unvergänglich; *food* haltbar **II.** *n* ■ **~s** *pl* haltbare Lebensmittel *pl*

im·per·ma·nent [ɪmˈpɜːmənənt] *adj* (*transitory*) unbeständig; (*temporary*) zeitlich begrenzt

im·per·meable [ɪmˈpɜːmiəbl̩] *adj* undurchlässig; **~ to water** wasserundurchlässig

im·per·son·al [ɪmˈpɜːsənəl] *adj* (*without warmth*) *also* LING unpersönlich; (*anonymous*) anonym

im·per·son·ate [ɪmˈpɜːsəneɪt] *vt* ■ **to ~ sb** (*take off*) jdn imitieren; (*pretend to be*) sich als jdn ausgeben

im·per·sona·tor [ɪmˈpɜːsəneɪtər] *n* Imitator(in) *m(f)*

im·per·ti·nence [ɪmˈpɜːtɪnən(t)s] *n no pl* (*disrespect*) Unverschämtheit *f*

im·per·ti·nent [ɪmˈpɜːtɪnənt] *adj* ❶ (*disrespectful*) unverschämt ❷ (*irrelevant*) nebensächlich

im·per·ti·nent·ly [ɪmˈpɜːtɪnəntli] *adv* unverschämt, frech

im·per·turb·able [ˌɪmpəˈtɜːbəbl̩] *adj* (*form*) unerschütterlich, gelassen

im·per·vi·ous [ɪmˈpɜːviəs] *adj* ❶ (*resistant*) undurchlässig; **~ to fire/heat** feuer-/hitzebeständig; **~ to water** wasserdicht ❷ (*fig: not affected*) immun (**to** gegenüber)

im·petu·ous [ɪmˈpetʃuəs] *adj person* impulsiv; *nature* hitzig; *decision, remark* unüberlegt

im·petus [ˈɪmpɪtəs] *n no pl* ❶ (*push*) Anstoß *m;* (*driving force*) Antrieb *m* ❷ (*momentum*) Schwung *m*

im·pi·ety [ɪmˈpaɪəti] *n* ❶ *no pl* (*irreverence*) Pietätlosigkeit *f;* (*blasphemy*) Gotteslästerung *f* ❷ (*act*) Frevel *m*

im·pinge [ɪmˈpɪndʒ] *vi* (*form*) ■ **to ~ on sb/sth** (*affect*) sich [negativ] auf jdn/etw auswirken; (*restrict*) jdn/etw einschränken

im·pi·ous [ˈɪmpiːəs, ɪmˈpaɪəs] *adj* (*irreverent*) pietätlos; (*blasphemous*) gotteslästerlich

imp·ish [ˈɪmpɪʃ] *adj* (*mischievous*) *child* lausbubenhaft; *look, grin* verschmitzt; *remark, trick* frech

im·plac·able [ɪmˈplækəbl̩] *adj* (*irreconcilable*) unversöhnlich; (*relentless*) unnachlässig; *enemy, opponent* unerbittlich

im·plac·ably [ɪmˈplækəbli] *adv* (*without compromise*) unnachgiebig; (*relentlessly*) unermüdlich

im·plant I. *n* [ˈɪmplɑːnt] Implantat *nt* **II.** *vt* [ɪmˈplɑːnt] ❶ (*add surgically*) einpflanzen ❷ (*fig: put in mind*) **to ~ ideas/worries in sb** jdm Ideen/Ängste einreden

im·plaus·ible [ɪmˈplɔːzəbl̩] *adj* unglaubwürdig

im·plaus·ibly [ɪmˈplɔːzəbli] *adv* unglaubwürdig; **to be ~ stupid** unglaublich dumm sein

im·ple·ment I. *n* [ˈɪmplɪmənt] (*utensil*) Gerät *nt;* (*tool*) Werkzeug *nt* **II.** *vt* [ˈɪmplɪment] einführen; **to ~ a plan** ein Vorhaben in die Tat umsetzen

im·ple·men·ta·tion [ˌɪmplɪmenˈteɪʃən] *n no pl of measures, policies* Einführung *f*

im·pli·cate [ˈɪmplɪkeɪt] *vt* ❶ (*involve*[*d*]) ■ **to ~ sb in sth** jdn mit etw *dat* in Verbindung bringen; **to be ~d in a crime/scandal** in ein Verbrechen/einen Skandal verwickelt sein ❷ (*imply*) andeuten ❸ (*affect*) ■ **to ~ sth** etw zur Folge haben

im·pli·ca·tion [ˌɪmplɪˈkeɪʃən] *n* ❶ (*involvement*) Verwicklung *f* ❷ *no pl* (*hinting at*) Implikation *f geh* ❸ *usu pl* (*effect*) Auswirkung[en] *f pl*

im·pli·cit [ɪmˈplɪsɪt] *adj* ❶ (*suggested*) indirekt ❷ *pred* (*connected*) ■ **to be ~ in**

sth mit etw *dat* verbunden sein ❸ *attr* (*total*) bedingungslos; *confidence* unbedingt

im·plied [ɪmˈplaɪd] *adj* indirekt

im·plode [ɪmˈpləʊd] *vi* (*cave in*) implodieren; (*fig*) zusammenbrechen

im·plore [ɪmˈplɔːʳ] *vt* anflehen

im·plor·ing [ɪmˈplɔːrɪŋ] *adj* flehend

im·plo·sion [ɪmˈpləʊʒən] *n no pl* Implosion *f fachspr;* (*fig*) Zusammenbruch *m*

im·ply <-ie-> [ɪmˈplaɪ] *vt* (*suggest*) andeuten; (*as consequence*) erfordern

im·po·lite [ˌɪmpəˈlaɪt] *adj* (*without manners*) unhöflich; (*obnoxious*) unverschämt

im·po·lite·ness [ˌɪmpəˈlaɪtnəs] *n no pl* (*lack of manners*) Unhöflichkeit *f;* (*obnoxiousness*) Unverschämtheit *f*

im·poli·tic [ɪmˈpɒlətɪk] *adj* undiplomatisch

im·pon·der·able [ɪmˈpɒndərəbl] I. *adj question, theory* unergründbar; *impact, effect* nicht einschätzbar II. *n usu pl* Unwägbarkeit[en] *f|pl|*

im·port I. *vt* [ɪmˈpɔːt] ❶ (*bring in*) *products* importieren (**from** aus); *ideas, customs* übernehmen (**from** von) ❷ COMPUT importieren II. *vi* [ɪmˈpɔːt] importieren (**from** aus) III. *n* [ˈɪmpɔːt] Import *m*

im·por·tance [ɪmˈpɔːtənts] *n no pl* Bedeutung *f;* Wichtigkeit *f;* **to be full of one's own ~** sich selbst für sehr wichtig halten

im·por·tant [ɪmˈpɔːtənt] *adj* ❶ (*significant*) wichtig ❷ (*influential*) bedeutend

im·por·tant·ly [ɪmˈpɔːtəntli] *adv* wichtig; (*pej: self-importantly*) wichtigtuerisch

im·por·ta·tion [ˌɪmpɔːˈteɪʃən] *n no pl* Import *m*

ˈ**im·port duty** *n* [Import]zoll *m*

im·port·er [ˈɪmpɔːtəʳ] *n* (*company*) Importeur *m;* (*person*) Importeur(in) *m(f);* (*country*) Importnation *f*

im·por·tu·nate [ɪmˈpɔːtjʊnət] *adj* (*form*) hartnäckig; (*annoyingly*) aufdringlich *pej*

im·por·tune [ˌɪmpəˈtjuːn] *vt* (*form*) ■ **to ~ sb** ❶ (*request insistently*) jdn bedrängen ❷ (*proposition*) jdm Sex für Geld bieten

im·pose [ɪmˈpəʊz] I. *vt* ❶ (*implement*) durchsetzen; *order* verhängen; *law* verfügen; **to ~ taxes on sb** jdm Steuern auferlegen; **to ~ taxes on sth** Steuern auf etw *akk* erheben II. *vi* ■ **to ~ on sb** sich jdm aufdrängen

im·pos·ing [ɪmˈpəʊzɪŋ] *adj* beeindruckend; *person* stattlich

im·po·si·tion [ˌɪmpəˈzɪʃən] *n* ❶ *no pl* (*implementation*) Einführung *f; of penalties, sanctions* Verhängen *nt* ❷ (*inconvenience*) Belastung *f;* (*annoyance*) Aufdringlichkeit *f*

im·pos·sibil·ity [ɪmˌpɒsəˈbɪləti] *n* ❶ (*thing*) Ding *nt* der Unmöglichkeit ❷ *no pl* (*quality*) Unmöglichkeit *f*

im·pos·sible [ɪmˈpɒsəbl] I. *adj* ❶ (*not possible*) unmöglich; **that's ~!** das ist unmöglich! ❷ (*not resolvable*) ausweglos ❸ (*difficult*) *person* unerträglich II. *n* ■ **the ~** *no pl* das Unmögliche; **to ask the ~** Unmögliches verlangen

im·pos·sibly [ɪmˈpɒsəbli] *adv* unvorstellbar

im·post·er *n,* **im·post·or** [ɪmˈpɒstəʳ] *n* Hochstapler(in) *m(f)*

im·pos·ture [ɪmˈpɒstjəʳ] *n* ❶ *no pl* (*activity*) Hochstapelei *f* ❷ (*instance*) Betrug *m*

im·po·tence [ˈɪmpətən(t)s] *n no pl* ❶ (*powerlessness*) Machtlosigkeit *f* ❷ (*sexual*) Impotenz *f*

im·po·tent [ˈɪmpətənt] *adj* ❶ (*powerless*) machtlos ❷ (*sexually*) impotent

im·pound [ɪmˈpaʊnd] *vt car, documents, goods* beschlagnahmen; *cat, dog* [von Amts wegen] einsperren

im·pov·er·ish [ɪmˈpɒvərɪʃ] *vt* ❶ (*make poor*) ■ **to ~ sb** jdn arm machen ❷ (*fig: deplete*) **to ~ the soil** den Boden auslaugen

im·pov·er·ished [ɪmˈpɒvərɪʃt] *adj* arm; (*fig*) verarmt

im·pov·er·ish·ment [ɪmˈpɒvərɪʃmənt] *n no pl* Verarmung *f*

im·prac·ti·cable [ɪmˈpræktɪkəbl] *adj* (*unfeasible*) undurchführbar; (*inaccessible*) ungangbar

im·prac·ti·cal [ɪmˈpræktɪkəl] *adj* (*not practical*) unpraktisch; (*unfit*) untauglich; (*unrealistic*) nicht anwendbar

im·pre·ca·tion [ˌɪmprɪˈkeɪʃən] *n* (*form*) Verwünschung *f*

im·pre·cise [ˌɪmprɪˈsaɪs] *adj* ungenau

im·pre·cise·ly [ˌɪmprɪˈsaɪsli] *adv* ungenau

im·preg·nable [ɪmˈpregnəbl] *adj* ❶ (*impossible to invade*) uneinnehmbar ❷ BRIT, AUS (*fig: impossible to defeat*) unschlagbar

im·preg·nate [ˈɪmpregneɪt] *vt* ❶ *usu passive* (*saturate*) imprägnieren ❷ *usu passive* (*make pregnant, fertilize*) *an animal, egg* befruchten

im·pre·sa·rio [ˌɪmprɪˈsɑːriəʊ] *n* Impresario *m; for artists* Agent(in) *m(f)*

im·press [ɪmˈpres] I. *vt* ❶ (*evoke admiration*) beeindrucken; ■ **to be ~ed** [**by sb/ sth**] [von jdm/etw] beeindruckt sein

❷ (*make realize*) ■ **to ~ sth on sb** jdn von etw *dat* überzeugen; **to ~ sth on one's memory** sich *dat* etw einprägen ❸ (*stamp*) [auf]drucken **II.** *vi* Eindruck machen, imponieren; **to fail to ~** keinen [guten] Eindruck machen

im·pres·sion [ɪmˈpreʃ°n] *n* ❶ (*general opinion*) Eindruck *m;* **to be under the ~ that ...** den Eindruck haben, dass ...; **to have/get the ~ that ...** den Eindruck haben/bekommen, dass ... ❷ (*feeling*) Eindruck *m;* **to create a bad/good ~** einen schlechten/guten Eindruck machen; **to make an ~ on sb** auf jdn Eindruck machen ❸ (*imitation*) Imitation *f;* **to do an ~ of sb/sth** jdn/etw imitieren ❹ (*imprint*) Abdruck *m;* (*on skin*) Druckstelle *f*

im·pres·sion·able [ɪmˈpreʃ°nəbl̩] *adj* [leicht] beeinflussbar

im·pres·sion·ism [ɪmˈpreʃ°nɪz°m] *n no pl* Impressionismus *m*

im·pres·sion·ist [ɪmˈpreʃ°nɪst] **I.** *n* ❶ LIT, MUS, ART Impressionist(in) *m(f)* ❷ (*imitator*) Imitator(in) *m(f)* **II.** *adj* impressionistisch

im·pres·sion·is·tic [ɪmˌpreʃ°nɪstɪk] *adj* impressionistisch

im·pres·sive [ɪmˈpresɪv] *adj* beeindruckend

im·pres·sive·ly [ɪmˈpresɪvli] *adv* beeindruckend

im·print I. *vt* [ɪmˈprɪnt] *usu passive* ❶ (*mark by pressing*) *coins, leather* prägen; **to ~ a seal on wax** ein Siegel auf Wachs drücken ❷ (*print*) drucken (**on** auf); **to ~ sth on sb's mind** (*fig*) jdm etw einprägen **II.** *n* [ˈɪmprɪnt] ❶ (*mark*) Abdruck *m;* *coin, leather* Prägung *f;* *paper, cloth* [Auf]druck *m;* (*fig*) Spuren *pl* ❷ (*in publishing*) Impressum *nt*

im·pris·on [ɪmˈprɪz°n] *vt usu passive* (*put in prison*) inhaftieren; (*sentence to prison*) zu einer Gefängnisstrafe verurteilen

im·pris·on·ment [ɪmˈprɪz°nmənt] *n no pl* Haft *f;* *esp in war* Gefangenschaft *f*

im·prob·abil·ity [ɪmˌprɒbəˈbɪləti] *n no pl* Unwahrscheinlichkeit *f*

im·prob·able [ɪmˈprɒbəbl̩] *adj* unwahrscheinlich; *excuse, story* unglaubhaft; *name* kurios

im·promp·tu [ɪmˈprɒm(p)tjuː] *adj* spontan

im·prop·er [ɪmˈprɒpəʳ] *adj* ❶ (*not correct*) falsch; (*showing bad judgement*) fälschlich ❷ (*inappropriate*) *clothing, actions* unpassend; (*indecent*) unanständig; *conduct* unschicklich

im·prop·er·ly [ɪmˈprɒpəʳli] *adv* ❶ (*incorrectly*) nicht richtig; **to apply sth ~** etw unsachgemäß anwenden ❷ (*inappropriately*) unangemessen; **to be dressed ~** unpassend angezogen sein

im·pro·pri·ety [ˌɪmprəˈpraɪəti] *n* ❶ *usu pl* (*improper doings*) Betrug *m kein pl* ❷ *no pl* (*indecency*) Unanständigkeit *f;* (*wrong use*) falscher Gebrauch; (*unsuitableness*) Untauglichkeit *f*

im·prove [ɪmˈpruːv] **I.** *vt* verbessern **II.** *vi* besser werden, sich verbessern; **I hope the weather ~s** ich hoffe, es gibt besseres Wetter; ■ **to ~ on sth** etw [noch] verbessern; **you can't ~ on that!** da ist keine Steigerung mehr möglich!; **to ~ with age** mit dem Alter immer besser werden

im·prove·ment [ɪmˈpruːvmənt] *n* ❶ (*instance*) Verbesserung *f* ❷ *no pl* (*activity*) Verbesserung *f;* *of illness* Besserung *f;* **room for ~** Steigerungsmöglichkeiten *pl* ❸ (*repair or addition*) Verbesserungsmaßnahme *f;* [**home**] **~s** Renovierungsarbeiten *pl* (Ausbau- und Modernisierungsarbeiten an/in Wohnung/Haus)

im·provi·dent [ɪmˈprɒvɪdənt] *adj* (*form: without foresight*) unbedacht; (*careless*) unvorsichtig

im·provi·sa·tion [ˌɪmprəvaɪˈzeɪʃ°n] *n* Improvisation *f*

im·pro·vise [ˈɪmprəvaɪz] *vt, vi* improvisieren

im·pru·dent [ɪmˈpruːdənt] *adj* leichtsinnig

im·pu·dence [ˈɪmpjədən(t)s] *n no pl* Unverschämtheit *f*

im·pu·dent [ˈɪmpjədənt] *adj* unverschämt

im·pugn [ɪmˈpjuːn] *vt* (*form*) bestreiten; *testimony, motives* bezweifeln

im·pulse [ˈɪmpʌls] *n* ❶ (*urge*) *also* ELEC Impuls *m;* **to do sth on** [**an**] **~** etw aus einem Impuls heraus tun; **to have a sudden ~ to do sth** plötzlich den Drang verspüren, etw zu tun ❷ (*motive*) Antrieb *m*

im·pul·sion [ɪmˈpʌlʃ°n] *n* ❶ (*urge*) Impuls *m;* (*compulsion*) Drang *m* ❷ (*motive*) Antrieb *m*

im·pul·sive [ɪmˈpʌlsɪv] *adj* impulsiv; (*spontaneous*) spontan

im·pun·ity [ɪmˈpjuːnəti] *n no pl* Straflosigkeit *f;* LAW Straffreiheit *f;* **to do sth with ~** etw ungestraft tun

im·pure [ɪmˈpjʊəʳ] *adj* ❶ (*unclean*) unrein, unsauber; (*contaminated*) *drinking water* verunreinigt; *drugs* gestreckt; *medication* nicht rein ❷ (*liter: not chaste*) unrein

im·pur·ity [ɪmˈpjʊərəti] *n* ❶ *no pl* (*quality*) Verunreinigung *f* ❷ (*element*) Verschmut-

zung f ❸ no pl (liter: of thought) Unreinheit f veraltet
im·pu·ta·tion [ˌɪmpjʊˈteɪʃ³n] n (form) Behauptung f
im·pute [ɪmˈpjuːt] vt ▪ **to ~ sth to sb** jdm etw unterstellen

in [ɪn] **I.** prep ❶ (position) in +dat; **he is deaf ~ his left ear** er hört auf dem linken Ohr nichts; **~ a savings account** auf einem Sparkonto; **he read it ~ the paper** er hat es in der Zeitung gelesen; **to ride ~ a car** [im] Auto fahren; **to be ~ hospital** im Krankenhaus sein; **~ the street** auf der Straße ❷ after vb (into) in +akk; **slice the potatoes ~ two** schneiden Sie die Kartoffel einmal durch; **to get ~ the car** ins Auto steigen ❸ Am (at) auf +dat; **Boris is ~ college** Boris ist auf dem College ❹ (as part of) in +dat; **there are 31 days in March** der März hat 31 Tage; **get together ~ groups of four!** bildet Vierergruppen!; **you're with us ~ our thoughts** in Gedanken sind wir bei dir ❺ (state, condition) in +dat or akk; **he cried out ~ pain** er schrie vor Schmerzen; **he always drinks ~ excess** er trinkt immer zu viel; **~ anger** im Zorn; **difference ~ quality** Qualitätsunterschied m; **to be ~ [no] doubt** [nicht] zweifeln; **~ horror** voller Entsetzen; **~ all honesty** in aller Aufrichtigkeit; **to be ~ a hurry** es eilig haben; **to be ~ love [with sb]** [in jdn] verliebt sein; **to fall ~ love [with sb]** sich [in jdn] verlieben; **to be ~ a good mood** guter Laune sein; **~ secret** heimlich ❻ (with) mit, in +dat; **to pay ~ cash** [in] bar bezahlen; **~ writing** schriftlich ❼ (language, music, voice) **Mozart's Piano Concerto ~ E flat major** Mozarts Klavierkonzert in Es-Dur; **~ English/French/German** auf Englisch/Französisch/Deutsch; **to speak ~ a loud/small voice** mit lauter/leiser Stimme sprechen ❽ (time: during) am, in +dat; **she assisted the doctor ~ the operation** sie assistierte dem Arzt bei der Operation; **~ 1968** [im Jahre] 1968; **~ the end** am Ende; **~ March/May** im März/Mai; **~ the morning/afternoon/evening** morgens/nachmittags/abends ❾ (time/distance: within) in, nach +dat; **record time ~** in Rekordzeit; **~ a mile or so** nach ungefähr einer Meile ❿ (time: for) seit; **I haven't done that ~ a long time** ich habe das lange Zeit nicht mehr gemacht; **I haven't seen her ~ years** ich habe sie seit Jahren nicht gesehen ⓫ (job, profession) **he's ~ computers** er hat mit Computern zu tun; **she works ~ publishing** sie arbeitet bei einem Verlag ⓬ (wearing) in; **you look nice ~ green** Grün steht dir; **the woman ~ the hat** die Frau mit dem Hut; **to be ~ disguise** verkleidet sein; **~ the nude** nackt; **to be ~ uniform** Uniform tragen ⓭ (result) als; **~ conclusion** schließlich; **~ fact** tatsächlich ⓮ + -ing (while doing) **~ attempting to save the child, he nearly lost his own life** bei dem Versuch, das Kind zu retten, kam er beinahe selbst um; **~ refusing to work abroad, she missed a good job** weil sie sich weigerte, im Ausland zu arbeiten, entging ihr ein guter Job; **~ doing so** dabei, damit ⓯ (with quantities) **temperatures tomorrow will be ~ the mid-twenties** die Temperaturen werden sich morgen um 25 Grad bewegen; **he's about six foot ~ height** er ist ca. zwei Meter groß; **people died ~ their thousands** die Menschen starben zu Tausenden; **to be equal ~ weight** gleich viel wiegen; **~ total** insgesamt ⓰ (comparing amounts) pro; **she has a one ~ three chance** ihre Chancen stehen eins zu drei; **one ~ ten people** jeder zehnte ⓱ after vb (concerning) **to interfere ~ sb's business** sich in jds Angelegenheiten einmischen; **to be interested ~ sth** sich für etw akk interessieren ⓲ after n **she had no say ~ the decision** sie hatte keinen Einfluss auf die Entscheidung; **to have confidence ~ sb** jdm vertrauen ⓳ (in a person) **we're losing a very good sales agent ~ Kim** mit Kim verlieren wir eine sehr gute Verkaufsassistentin; **to not have it ~ oneself to do sth** nicht in der Lage sein, etw zu tun ▶ **~ all** insgesamt; **all ~ all** alles in allem; **~ between** dazwischen **II.** adv ❶ (into sth) herein; **come ~!** herein!; **he opened the door and went ~** er öffnete die Tür und ging hinein; **she was locked ~** sie war eingesperrt; **she didn't ask me ~** sie hat mich nicht hereingebeten ❷ (at arrival point) **train, bus the train got ~ very late** der Zug ist sehr spät eingetroffen ❸ (towards land) **is the tide coming ~ or going out?** kommt oder geht die Flut? ❹ (submitted) **to hand sth ~** etw abgeben ▶ **day ~, day out** tagein, tagaus; **to let sb ~ on sth** jdn in etw akk einweihen **III.** adj ❶ pred (there) da; (at home) zu Hause; **to have a quiet evening ~** einen ruhigen Abend zu Hause verbringen ❷ (leading in) einwärts; **door ~** Eingangstür f ❸ (in fashion) in ❹ pred (submitted) **the application must be ~ by May 31** die Bewerbung muss bis zum 31. Mai eingegangen sein ▸ **to be ~ on sth** über etw *akk* Bescheid wissen **IV.** *n* (*connection*) Kontakt[e] *m*[*pl*] ▸ **to know the ~s and outs of sth** sich in einer S. *dat* genau auskennen; **to understand the ~s and outs of sth** etw hundertprozentig verstehen

in·abil·ity [ˌɪnəˈbɪləti] *n no pl* Unfähigkeit *f*

in·ac·ces·sible [ˌɪnəkˈsesəbl̩] *adj* ❶ (*hard to enter*) unzugänglich; (*hard to understand*) unverständlich ❷ *pred* (*hard to relate to*) unnahbar

in·ac·cu·ra·cy [ɪnˈækjərəsi] *n* ❶ (*fact*) Ungenauigkeit *f*; **inaccuracies in bookkeeping** Fehler in der Buchführung ❷ *no pl* (*quality*) Ungenauigkeit *f*

in·ac·cu·rate [ɪnˈækjərət] *adj* (*inexact*) ungenau; (*wrong*) falsch

in·ac·tion [ɪnˈækʃ⁽ə⁾n] *n no pl* Untätigkeit *f*

in·ac·tive [ɪnˈæktɪv] *adj* untätig, inaktiv

in·ac·tiv·ity [ˌɪnækˈtɪvəti] *n no pl* Untätigkeit *f*

in·ad·equa·cy [ɪnˈædɪkwəsi] *n* ❶ (*trait*) Unzulänglichkeit[en] *f*[*pl*] ❷ *no pl* (*quality*) Unzulänglichkeit *f*; **feelings of ~** Minderwertigkeitsgefühle *pl*

in·ad·equate [ɪnˈædɪkwət] *adj* unangemessen; **woefully ~** völlig unzulänglich; **to feel ~** Minderwertigkeitsgefühle haben

in·ad·equate·ly [ɪnˈædɪkwətli] *adv* unzureichend, nicht ausreichend

in·ad·mis·si·ble [ˌɪnədˈmɪsəbl̩] *adj* unzulässig

in·ad·ver·tent [ˌɪnədˈvɜːt⁽ə⁾nt] *adj* (*careless*) unachtsam; (*erroneous*) versehentlich

in·ad·ver·tent·ly [ˌɪnədˈvɜːt⁽ə⁾ntli] *adv* (*carelessly*) unachtsam; (*erroneously*) versehentlich

in·ad·vis·able [ˌɪnədˈvaɪzəbl̩] *adj* nicht empfehlenswert

in·al·ien·able [ɪˈneɪliənəbl̩] *adj* (*form*) unveräußerlich

in·ane [ɪˈneɪn] *adj* (*pej*) *story, TV show* geistlos; *question, comment, remark* dämlich

in·ani·mate [ɪˈnænɪmət] *adj* (*not living*) leblos; (*not moving*) bewegungslos

in·an·ity [ɪˈnænəti] *n* (*pej*) ❶ (*lack of substance*) Trivialität *f* ❷ *no pl* (*silliness*) Albernheit *f*

in·ap·pli·cable [ˌɪnəˈplɪkəbl̩] *adj* unanwendbar; *answer, question* unzutreffend

in·ap·pro·pri·ate [ˌɪnəˈprəʊpriət] *adj* (*not of use*) ungeeignet; (*inconvenient*) ungelegen; *time* unpassend; (*out of place*) unangebracht

in·apt [ɪˈnæpt] *adj* (*form*) ❶ (*not suitable*) ungeeignet ❷ (*not skilful*) ungeschickt

in·ap·ti·tude [ɪˈnæptɪtjuːd] *n no pl* (*form*) Unvermögen *f*

in·ar·ticu·late [ˌɪnɑːˈtɪkjələt] *adj* ❶ (*unable to express oneself*) **she was ~ with rage/shame** die Wut/Scham verschlug ihr die Sprache ❷ (*not expressed*) *fear, worry* unausgesprochen ❸ (*unclear*) undeutlich; *speech* zusammenhanglos

in·ar·tis·tic [ˌɪnɑːˈtɪstɪk] *adj* amusisch

in·as·much as [ɪnəzˈmʌtʃəz] *conj* (*form*) ❶ (*to the extent that*) insofern [als] ❷ (*because*) da [ja], weil

in·at·ten·tion [ˌɪnəˈten(t)ʃ⁽ə⁾n] *n no pl* (*distractedness*) Unaufmerksamkeit *f*; (*negligence*) Achtlosigkeit *f*

in·at·ten·tive [ˌɪnəˈtentɪv] *adj* (*distracted*) unaufmerksam; (*careless*) achtlos

in·audible [ɪˈnɔːdəbl̩] *adj* unhörbar

in·augu·ral [ɪˈnɔːgjər⁽ə⁾l] *adj attr* ❶ (*consecration*) Einweihungs-; (*opening*) Eröffnungs- ❷ *esp* AM POL (*at start of term*) Antritts-

in·augu·rate [ɪˈnɔːgjəreɪt] *vt* ❶ (*start*) **to ~ an era** eine neue Ära einläuten; **to ~ a policy** eine Politik [neu] einführen; (*open up*) *new building* [neu] eröffnen ❷ (*induct into office*) ▪ **to ~ sb** jdn in sein Amt einführen

in·augu·ra·tion [ɪˌnɔːgjəˈreɪʃ⁽ə⁾n] *n* ❶ *no pl* (*starting*) *of museum, library* Eröffnung *f*; *of monument, stadium* Einweihung *f*; *of era, policy* Einführung *f* ❷ (*induction*) Amtseinführung *f*

in·aus·pi·cious [ˌɪnɔːˈspɪʃəs] *adj* (*form*) ungünstig; **her cinematic debut was ~** ihr Kinodebüt stand unter einem schlechten Stern

in-be·tween I. *adj attr* Zwischen-, Übergangs- *f* **II.** *n* (*often hum*) Zwischending *nt*

in·board [ˌɪnˈbɔːd] **I.** *adj* (*towards inside*) einwärts, nach innen; (*inside*) innen, auf der Innenseite *nach n*; (*inside vehicle*) im Innenraum *nach n*; NAUT innenbords; **~ engine** Innenbordmotor *m* **II.** *adv* einwärts, [nach] innen; **an aerial was mounted ~** eine Antenne wurde innenseitig angebracht

in·born [ˌɪnˈbɔːn] *adj personality trait* angeboren; *physical trait* vererbt

ˈin-box *n* COMPUT Posteingangsordner *m*

in·bred [ˌɪnˈbred] *adj* ❶ (*from inbreeding*) durch Inzucht erzeugt ❷ (*inherent*) angeboren; *charm, talent* naturgegeben

in·breed·ing [ˌɪnˈbriːdɪŋ] *n no pl* Inzucht *f*

in·built [ˌɪnˈbɪlt] *adj* BRIT eingebaut; *in*

people, animals angeboren

Inc. *adj after n* ECON *abbrev of* **incorporated** [als Kapitalgesellschaft] eingetragen

in·cal·cu·lable [ɪnˈkælkjələbl] *adj* ❶ (*very high*) unabsehbar; *costs* unüberschaubar ❷ (*inestimable*) nicht zu ermessen *präd*, unvorstellbar; *of ~ value* von unschätzbarem Wert ❸ (*unpredictable*) *person* unberechenbar

in·can·des·cent [ˌɪnkænˈdesᵊnt] *adj* ❶ (*lit up*) [weiß]glühend *attr*; leuchtend hell ❷ (*fig: aglow*) strahlend ❸ (*brilliant*) glanzvoll; *performance* glänzend

in·can·ta·tion [ˌɪnkænˈteɪʃᵊn] *n* ❶ *no pl* (*activity*) Beschwörung *f* ❷ (*spell*) Zauberspruch *m*

in·ca·pabil·ity [ɪnˌkeɪpəˈbɪləti] *n no pl* Unfähigkeit *f*

in·ca·pable [ɪnˈkeɪpəbl] *adj* unfähig; **he is ~ of such dishonesty** er ist zu einer solchen Unehrlichkeit gar nicht fähig

in·ca·paci·tate [ˌɪnkəˈpæsɪteɪt] *vt* ▪ **to ~ sb** jdn außer Gefecht setzen

in·ca·pac·ity [ˌɪnkəˈpæsəti] *n no pl* Unfähigkeit *f*

in·car·cer·ate [ɪnˈkɑːsᵊreɪt] *vt* einkerkern

in·car·nate I. *adj* [ɪnˈkɑːnət] *after n* personifiziert; *evil ~* das personifizierte Böse II. *vt* [ˈɪnkɑːneɪt] (*form*) ❶ (*embody*) verkörpern ❷ (*make concrete*) wiedergeben ❸ REL (*become human*) **God ~d Himself in the person of Jesus** Gott selber nahm in der Person Jesu Menschengestalt an

in·car·na·tion [ˌɪnkɑːˈneɪʃᵊn] *n* ❶ *no pl* (*human form*) Verkörperung *f* ❷ (*lifetime*) Inkarnation *f* ❸ (*realization*) Bearbeitung *f* ❹ REL **the I~** die Inkarnation

in·cau·tious [ɪnˈkɔːʃəs] *adj* unvorsichtig

in·cen·di·ary [ɪnˈsendiᵊri] I. *adj* ❶ *attr* (*causing fire*) Brand- ❷ (*fig: causing argument*) aufstachelnd *attr*, aufrührerisch ❸ AM (*spicy*) sehr scharf II. *n* (*bomb*) Brandbombe *f*; (*device*) Brandmittel *nt*

in·cense¹ [ˈɪnsen(t)s] *n* ❶ (*substance*) Räuchermittel *nt*; (*in church*) Weihrauch *m*; **stick of ~** Räucherstäbchen *nt* ❷ (*smoke*) wohlriechender Rauch; (*in church*) Weihrauch *m*

in·cense² [ɪnˈsen(t)s] *vt* empören; **to be ~d by sb/sth** über jdn/etw erbost sein

in·censed [ɪnˈsen(t)st] *adj pred* empört

in·cen·tive [ɪnˈsentɪv] I. *n* (*motivation*) Anreiz *m* II. *adj* Vorteile bringend; *~ discount* Treuerabatt *m*; *~ offer* Gratisangebot *nt*; *~ price* Kennenlernpreis *m*

in·ˈcen·tive scheme *n* Prämiensystem *nt*

in·cen·tiv·iz·ing [ɪnˈsentɪvaɪzɪŋ] *adj* motivierend, attraktiv

in·cep·tion [ɪnˈsepʃᵊn] *n no pl* Anfang *m*; (*of a company*) Gründung *f*

in·cer·ti·tude [ɪnˈsɜːtɪtjuːd] *n* Unsicherheit *f*

in·ces·sant [ɪnˈsesᵊnt] *adj* ununterbrochen

in·ces·sant·ly [ɪnˈsesᵊntli] *adv* ununterbrochen, pausenlos; **to talk ~** ununterbrochen reden

in·cest [ˈɪnsest] *n no pl* Inzest *m*

in·ces·tu·ous [ɪnˈsestjuəs] *adj* inzestuös

inch [ɪn(t)ʃ] I. *n* <*pl* -es> ❶ (*measurement*) Zoll *m* (*2,54 cm*) ❷ (*person's measurement*) ▪ **-es** *pl* Körpergröße *f* ❸ (*small distance*) Zollbreit *m*, Zentimeter *m fig*; **just an ~/just ~es** ganz knapp; **to avoid** [*or miss*] **sb/sth by ~es** jdn/etw [nur] um Haaresbreite verfehlen; **we won the game by an ~** wir haben das Spiel gerade mal eben gewonnen ❹ (*all*) **every ~** jeder Zentimeter II. *vi* sich [ganz] langsam bewegen III. *vt* **to ~ sth across the room/towards the wall** etw [ganz] vorsichtig durch das Zimmer/gegen die Wand bewegen ◆ **inch forward** *vi* sich stückchenweise vorwärtsbewegen

in·ci·dence [ˈɪn(t)sɪdᵊn(t)s] *n* Auftreten *nt*

in·ci·dent [ˈɪn(t)sɪdᵊnt] *n* ❶ (*occurrence*) [Vor]fall *m*; *isolated ~* Einzelfall *m*; *minor ~* Bagatelle *f* ❷ (*story*) Begebenheit *f*

in·ci·den·tal [ˌɪn(t)sɪˈdentᵊl] *adj* ❶ (*related*) begleitend *attr*, verbunden; ▪ **to be ~ to sth** mit etw *dat* einhergehen; (*secondary*) nebensächlich; *~ expenses* Nebenkosten *pl* ❷ (*by chance*) zufällig; (*in passing*) beiläufig

in·ci·den·tal·ly [ˌɪn(t)sɪˈdentᵊli] *adv* ❶ (*by the way*) übrigens ❷ (*in passing*) nebenbei; (*accidentally*) zufällig

in·cin·er·ate [ɪnˈsɪnᵊreɪt] *vt* verbrennen

in·cin·er·ator [ɪnˈsɪnᵊreɪtəʳ] *n* Verbrennungsanlage *f*; (*for waste*) Müllverbrennungsanlage *f*; (*for bodies*) [Verbrennungs]ofen *m*

in·cipi·ent [ɪnˈsɪpiənt] *adj* (*form*) beginnend *attr*, im Entstehen begriffen *präd*; **at an ~ stage** im Anfangsstadium

in·cise [ɪnˈsaɪz] *vt* (*form*) einritzen; (*into wood*) einschnitzen; (*into metal, stone*) eingravieren; *wound* aufschneiden

in·ci·sion [ɪnˈsɪʒᵊn] *n* MED [Ein]schnitt *m*

in·ci·sive [ɪnˈsaɪsɪv] *adj* (*clear*) *description* klar; (*penetrating*) *remark* schlüssig; (*clear-thinking*) *person* scharfsinnig; *mind* [messer]scharf

in·ci·sor [ɪnˈsaɪzəʳ] *n* ANAT Schneidezahn *m*

in·cite [ɪnˈsaɪt] *vt* (*pej*) aufstacheln; *mutiny, revolt, riot* anzetteln

in·cite·ment [ɪnˈsaɪtmənt] *n no pl* Anstiftung *f*

in·ci·vil·i·ty [ˌɪnsɪˈvɪləti] *n* ❶ *no pl* (*form: impoliteness*) Unhöflichkeit *f* ❷ (*disregard*) Respektlosigkeit *f*

in·clem·ent [ɪnˈklemənt] *adj* (*form*) *weather* rau; *judge* unnachsichtig

in·cli·na·tion [ˌɪnklɪˈneɪʃən] *n* ❶ (*tendency*) Neigung *f*, Hang *m kein pl* ❷ *no pl* (*preference*) [besondere] Neigung ❸ (*slope*) Neigung *f*; **a light/steep ~** ein sanfter/steiler Abhang; *of head* Neigen *nt*

in·cline I. *vi* [ɪnˈklaɪn] ❶ (*tend*) tendieren (**towards** zu) ❷ (*lean*) sich neigen II. *vt* [ɪnˈklaɪn] ❶ (*form*) **that ~s me to think that ...** das lässt mich vermuten, dass ... ❷ (*bend*) **to ~ one's head** seinen Kopf neigen III. *n* [ˈɪnklaɪn] (*slope*) Neigung *f*; *of a hill/mountain* [Ab]hang *m*

in·clined [ɪnˈklaɪnd] *adj* ❶ *pred* (*with tendency*) bereit; **to be ~ to do sth** dazu neigen, etw zu tun; **to be ~ to agree/disagree** eher zustimmen/nicht zustimmen; **to be mathematically/politically ~** eine Anlage für Mathematik/Politik haben ❷ PHYS (*not even*) *plane* schief

in·close *vt see* **enclose**

in·clude [ɪnˈkluːd] *vt* (*contain*) beinhalten; (*add*) beifügen; ▪ **to be ~d in sth** in etw *akk* eingeschlossen sein; ▪ **to ~ sb/sth in sth** jdn/etw in etw *akk* einbeziehen

in·clud·ing [ɪnˈkluːdɪŋ] *prep* einschließlich

in·clu·sion [ɪnˈkluːʒən] *n no pl* Einbeziehung *f*

in·clu·sive [ɪnˈkluːsɪv] *adj* ❶ (*containing*) einschließlich; **all-~ rate** Pauschale *f* ❷ *after n* (*including limits*) [bis] einschließlich ❸ (*involving all*) [all]umfassend

in·cog·ni·to [ˌɪnkɒgˈniːtəʊ] I. *n* Inkognito *nt* II. *adv* inkognito

in·co·her·ent [ˌɪnkə(ʊ)ˈhɪərənt] *adj* zusammenhanglos; **sb is ~** jd redet wirr

in·co·her·ent·ly [ˌɪnkə(ʊ)ˈhɪərəntli] *adv* zusammenhanglos, unzusammenhängend

in·come [ˈɪŋkʌm] *n* Einkommen *nt*; *of a company* Einnahmen *pl*

'in·come group *n* Einkommensklasse *f*

'in·come sup·port *n no pl* BRIT ≈ Sozialhilfe *f*; **to be on ~** ≈ Sozialhilfe bekommen

'in·come tax *n* Einkommensteuer *f*

in·com·ing [ˌɪŋˈkʌmɪŋ] *adj attr* (*in arrival*) ankommend; **~ call** [eingehender] Anruf; **~ freshman** AM Studienanfänger an einer amerikanischen Hochschule; **~ tide** [ansteigende] Flut; (*immigrating*) zuwandernd; (*recently elected*) neu [gewählt]

in·com·ings [ˌɪŋˈkʌmɪŋz] *npl* Einkommen *nt*; *of a company* Einnahmen *pl*

in·com·men·su·rate [ˌɪŋkəˈmen(t)ʃərət] *adj pred* ❶ (*out of proportion*) unangemessen; ▪ **to be ~ to sth** zu einer S. *dat* in keinem Verhältnis stehen ❷ (*not compatible*) unvergleichbar ❸ MATH inkommensurabel *fachspr*

in·com·mu·ni·ca·do [ˌɪnkəˌmjuːnɪˈkɑːdəʊ] I. *adj pred* (*form*) nicht erreichbar II. *adv* isoliert

in·com·pa·ra·ble [ɪnˈkɒmpərəbl] *adj* (*different*) unvergleichbar; (*superior*) unvergleichlich

in·com·pa·ra·bly [ɪnˈkɒmpərəbli] *adv* (*relatively*) *healthier* ungleich; *better* unvergleichlich; (*superlatively*) einmalig

in·com·pat·i·bil·i·ty [ˌɪnkəmˌpætəˈbɪləti] *n no pl* Unvereinbarkeit *f*; *of computers* Inkompatibilität *f fachspr*

in·com·pat·i·ble [ˌɪnkəmˈpætəbl] *adj* unvereinbar; ▪ **to be ~ persons** nicht zusammenpassen; ▪ **to be ~ with sth** mit etw unvereinbar sein; *machinery* inkompatibel; *blood type* unverträglich; *colours* nicht kombinierbar

in·com·pe·tence [ɪnˈkɒmpɪtən(t)s], **in·com·pe·ten·cy** [ɪnˈkɒmpɪtən(t)si] *n no pl* Inkompetenz *f*

in·com·pe·tent [ɪnˈkɒmpɪtənt] I. *adj* ❶ (*incapable*) inkompetent; ▪ **to be ~ for sth** für etw ungeeignet sein ❷ LAW unzuständig II. *n* (*pej*) Dilettant(in) *m/f*

in·com·pe·tent·ly [ɪnˈkɒmpɪtəntli] *adv* (*pej*) inkompetent, stümperhaft *pej*

in·com·plete [ˌɪnkəmˈpliːt] I. *adj form, application, collection* unvollständig; *construction, project* unfertig II. *n* AM SCH, UNIV **'incomplete'** Zeugnisvermerk, der besagt, dass ein Kurs noch nachträglich zu absolvieren ist

in·com·plete·ly [ˌɪnkəmˈpliːtli] *adv* unvollständig

in·com·plete·ness [ˌɪnkəmˈpliːtnəs] *n no pl* Unvollständigkeit *f*

in·com·pre·hen·si·ble [ɪnˌkɒmprɪˈhen(t)səbl] *adj* unverständlich; *act, event* unbegreiflich

in·con·ceiv·a·ble [ˌɪnkənˈsiːvəbl] *adj* undenkbar; ▪ **it is ~ that ...** es ist unvorstellbar, dass ...

in·con·ceiv·a·bly [ˌɪnkənˈsiːvəbli] *adv* unvorstellbar, undenkbar

in·con·clu·sive [ˌɪnkənˈkluːsɪv] *adj argu-*

ment nicht überzeugend; *results, test* ergebnislos; *evidence* unzureichend

in·con·gru·ous [ɪnˈkɒŋgruəs] *adj* (*not appropriate*) unpassend; (*not consistent*) widersprüchlich

in·con·sequent [ɪnˈkɒn(t)sɪkwənt] *adj* (*illogical*) unlogisch; (*irrelevant*) unwesentlich

in·con·sequen·tial [ˌɪnˌkɒn(t)sɪˈkwen(t)ʃəl] *adj* (*illogical*) unlogisch; (*unimportant*) unbedeutend; (*irrelevant*) unwesentlich

in·con·sid·er·able [ˌɪnkənˈsɪdərəbl] *adj* unbeträchtlich

in·con·sid·er·ate [ˌɪnkənˈsɪdərət] *adj* (*disregarding*) rücksichtslos (**towards** gegenüber); (*insensitive*) gedankenlos; *remark* taktlos

in·con·sid·er·ate·ly [ˌɪnkənˈsɪdərətli] *adv* rücksichtslos

in·con·sist·en·cy [ˌɪnkənˈsɪstən(t)si] *n* ❶ (*contradiction*) Unvereinbarkeit *f*; (*in a text*) Unstimmigkeit *f* ❷ *no pl* (*inconstancy*) Unbeständigkeit *f*

in·con·sist·ent [ˌɪnkənˈsɪstənt] *adj* ❶ (*lacking agreement*) widersprüchlich ❷ (*unsteady*) unbeständig

in·con·sol·able [ˌɪnkənˈsəʊləbl] *adj* untröstlich

in·con·spicu·ous [ˌɪnkənˈspɪkjuəs] *adj* unauffällig

in·con·stant [ɪnˈkɒn(t)stənt] *adj* ❶ (*changing*) unbeständig; (*unpredictably*) unberechenbar ❷ (*unfaithful*) treulos

in·con·test·able [ˌɪnkənˈtestəbl] *adj* unbestreitbar; *evidence* unwiderlegbar; *fact* unumstößlich

in·con·ti·nent [ɪnˈkɒntɪnənt] *adj* ❶ MED inkontinent ❷ (*fig form: uncontrollable*) unbeherrscht

in·con·tro·vert·ible [ˌɪnˌkɒntrəˈvɜːtəbl] *adj* (*form*) unwiderlegbar

in·con·ven·ience [ˌɪnkənˈviːniən(t)s] I. *n* ❶ *no pl* (*trouble*) Unannehmlichkeit[en] *f*[*pl*] ❷ (*troublesome thing*) Unannehmlichkeit *f* II. *vt* ■ **to ~ sb** jdm Unannehmlichkeiten bereiten; **don't ~ yourself for us — we'll be fine** machen Sie sich keine Umstände — wir kommen zurecht

in·con·ven·ient [ˌɪnkənˈviːniənt] *adj time* ungelegen; *things, doings* lästig; *place* ungünstig [gelegen]

in·cor·po·rate [ɪnˈkɔːpəreɪt] *vt* ❶ (*integrate*) einfügen; *company, region* eingliedern; *food* [hin]zugeben ❷ (*contain*) enthalten

in·cor·po·ra·tion [ɪnˌkɔːpəˈreɪʃən] *n no pl* (*integration*) Eingliederung *f*; *region* Eingemeindung *f*; *food* Zugabe *f*

in·cor·po·real [ˌɪnkɔːˈpɔːriəl] *adj* körperlos; **an ~ being** ein übernatürliches Wesen

in·cor·rect [ˌɪnkəˈrekt] *adj* ❶ (*not true*) falsch; *calculation* fehlerhaft; *diagnosis* unkorrekt ❷ (*improper*) unkorrekt; *behaviour* unangebracht

in·cor·rect·ly [ˌɪnkəˈrektli] *adv* (*wrongly*) falsch, fälschlicherweise; *behave* ungehörig; **to tip ~** nicht das richtige Trinkgeld geben

in·cor·ri·gible [ɪnˈkɒrɪdʒəbl] *adj* (*esp hum*) unverbesserlich

in·cor·rupt·ibil·ity [ˌɪnkəˌrʌptəˈbɪləti] *n no pl* (*lack of corruption*) Unbestechlichkeit *f*; (*virtuousness*) Integrität *f*

in·cor·rupt·ible [ˌɪnkəˈrʌptəbl] *adj* ❶ (*not corrupt*) unbestechlich; (*virtuous*) integer ❷ (*not breaking down*) haltbar

in·crease I. *vi* [ɪnˈkriːs] *prices, taxes, interest rates* [an]steigen; *pain, troubles, worries* zunehmen; *population, wealth* anwachsen; **to ~ tenfold/threefold** sich verzehnfachen/verdreifachen II. *vt* [ɪnˈkriːs] (*make more*) erhöhen; (*make stronger*) verstärken; (*make larger*) vergrößern III. *n* [ˈɪnkriːs] Anstieg *m*, Zunahme *f*; **an ~ in production** eine Steigerung der Produktion; **the ~ in violence** die zunehmende Gewalt; **price ~** Preisanstieg *m;* **to be on the ~** ansteigen; *in numbers* [mehr und] mehr werden; *in size* [immer] größer werden

in·creased [ɪnˈkriːst] *adj attr* erhöht, [an]gestiegen; *salary* gestiegen; *security* erhöht; *taxes* erhöht; *unemployment, homelessness, traffic* gestiegen

in·creas·ing [ɪnˈkriːsɪŋ] *adj* steigend, zunehmend

in·creas·ing·ly [ɪnˈkriːsɪŋli] *adv* zunehmend; **she became ~ dismayed** sie wurde immer verzweifelter

in·cred·ible [ɪnˈkredɪbl] *adj* ❶ (*unbelievable*) unglaublich ❷ (*fam: very good*) fantastisch

in·cred·ibly [ɪnˈkredɪbli] *adv* ❶ (*strangely*) erstaunlicherweise; (*surprisingly*) überraschenderweise ❷ + *adj, adv* (*very*) unglaublich

in·cre·du·lity [ˌɪnkrəˈdjuːləti] *n no pl* (*disbelief*) [ungläubiges] Staunen; (*bewilderment*) Fassungslosigkeit *f*

in·credu·lous [ɪnˈkredjələs] *adj* (*disbelieving*) ungläubig; (*bewildered*) fassungslos; *look* erstaunt; *smile* skeptisch

in·cre·ment [ˈɪnkrəmənt] *n* ❶ (*increase*)

Anwachsen *nt*; *of earnings* Mehreinnahme[n] *f*[*pl*] ❷ (*division*) Stufe *f*; **by ~s** stufenweise; *on a scale* [Grad]einteilung *f*

in·cre·men·tal [ˌɪnkrəˈment³l] *adj* stufenweise

in·crim·i·nate [ɪnˈkrɪmɪneɪt] *vt* beschuldigen

in·crim·i·nat·ing [ɪnˈkrɪmɪneɪtɪŋ] *adj* belastend

in·crim·i·na·tion [ɪnˌkrɪmɪˈneɪʃ³n] *n no pl* Beschuldigung *f*, Belastung *f*; **self-~** Selbstbezichtigung *f*

in·crus·ta·tion [ˌɪnkrʌsˈteɪʃ³n] *n* Verkrustung *f*; GEOL Inkrustation *f fachspr*

in·cu·bate [ˈɪŋkjʊbeɪt] **I.** *vt* ❶ (*brood*) *egg* [be]brüten; (*hatch*) ausbrüten; *bacteria, cells* heranzüchten ❷ (*fig: think up*) *idea, plan* ausbrüten ❸ (*fall ill*) *disease* entwickeln **II.** *vi* (*develop*) *egg* bebrütet werden; *idea, plan* reifen

in·cu·ba·tion [ˌɪŋkjʊˈbeɪʃ³n] *n no pl* ❶ ZOOL (*egg keeping*) [Be]brüten *nt*; *for hatching* Ausbrüten *nt* ❷ (*time period*) *for eggs* Brut[zeit] *f*; *for diseases* Inkubation[szeit] *f*

in·cu·ba·tion pe·ri·od *n* (*in egg*) Brut[zeit] *f*; (*for plan*) Planungsphase *f*; (*for disease*) Inkubationszeit *f*

in·cu·ba·tor [ˈɪŋkjʊbeɪtəʳ] *n* (*for eggs*) Brutapparat *m*; (*for babies*) Brutkasten *m*

in·cul·cate [ˈɪnkʌlkeɪt] *vt* ■ **to ~ sth on sb** jdm etw einschärfen; ■ **to ~ sb with sth** jdm etw beibringen

in·cum·bent [ɪnˈkʌmbənt] **I.** *adj* ❶ *attr* (*in office*) amtierend ❷ *pred* (*form: obligatory*) erforderlich **II.** *n* Amtsinhaber(in) *m(f)*

in·cur <-rr-> [ɪnˈkɜːʳ] *vt* ❶ FIN, ECON hinnehmen müssen; **to ~ costs** Kosten haben; *debt* machen; *losses* erleiden; **expenses ~red** entstandene Kosten ❷ (*bring upon oneself*) hervorrufen; **to ~ the anger of sb** jdn verärgern

in·cur·able [ɪnˈkjʊərəbl] *adj* unheilbar; **an ~ habit** eine nicht ablegbare Angewohnheit

in·cur·ably [ɪnˈkjʊərəbli] *adv* unheilbar; **to be ~ ill** unheilbar krank sein; (*fig*) unverbesserlich

in·cur·sion [ɪnˈkɜːʃ³n] *n* [feindlicher] Einfall

'in-dash *adj* AUTO ins Armaturenbrett integriert

in·debt·ed [ɪnˈdetɪd] *adj pred* ❶ (*obliged*) [zu Dank] verpflichtet ❷ (*having debt*) verschuldet

in·debt·ed·ness [ɪnˈdetɪdnəs] *n no pl* ❶ (*personal*) Verpflichtung *f* ❷ (*financial*) Verschuldung *f*

in·de·cen·cy [ɪnˈdiːs³n(t)si] *n no pl* ❶ (*impropriety*) Ungehörigkeit *f* ❷ (*lewdness*) Anstößigkeit *f* ❸ (*sexual assault*) sexueller Übergriff (**against** auf)

in·de·cent [ɪnˈdiːs³nt] *adj* ❶ (*improper*) ungehörig; (*unseemly*) unschicklich; (*inappropriate*) unangemessen ❷ (*lewd*) unanständig; *proposal* unsittlich

in·de·cent·ly [ɪnˈdiːs³ntli] *adv* ❶ (*improper*) ungehörig; (*inappropriate*) unangemessen ❷ (*lewdly*) unanständig

in·de·ci·pher·able [ˌɪndɪˈsaɪf³rəbl] *adj* (*impossible to read*) unlesbar; (*of handwriting*) kaum zu entziffern; (*impossible to understand*) unverständlich

in·de·ci·sion [ˌɪndɪˈsɪʒ³n] *n no pl* Unentschlossenheit *f*

in·de·ci·sive [ˌɪndɪˈsaɪsɪv] *adj* ❶ (*wishy-washy*) unentschlossen; *person* nicht entscheidungsfreudig ❷ (*not conclusive*) unschlüssig ❸ (*not decisive*) nicht entscheidend

in·de·ci·sive·ly [ˌɪndɪˈsaɪsɪvli] *adv* unentschlossen

in·de·clin·able [ˌɪndɪˈklaɪnəbl] *adj* LING undeklinierbar

in·dec·o·rous [ɪnˈdekərəs] *adj* (*form: improper*) unangemessen; (*undignified*) schamlos

in·deed [ɪnˈdiːd] **I.** *adv* ❶ (*for emphasis*) wirklich; (*actually*) tatsächlich; **thank you very much ~!** vielen herzlichen Dank! ❷ (*affirmation*) allerdings ❸ (*for strengthening*) ja **II.** *interj* [ja,] wirklich, ach, wirklich *oft iron*; **when will we get a pay rise? — when ~?** wann bekommen wir eine Gehaltserhöhung? – ja, wann wohl?

in·de·fati·gable [ˌɪndɪˈfætɪgəbl] *adj* unermüdlich

in·de·fen·sible [ˌɪndɪˈfen(t)səbl] *adj* ❶ (*not justifiable*) *actions* unentschuldbar; (*not convincing*) *opinions, arguments* unhaltbar; (*not acceptable*) untragbar; *behaviour* unmöglich ❷ MIL nicht zu halten *präd*

in·de·fin·able [ˌɪndɪˈfaɪnəbl] *adj* undefinierbar

in·defi·nite [ɪnˈdefɪnət] *adj* ❶ (*unknown*) unbestimmt ❷ (*vague*) unklar; *answer* nicht eindeutig; *date, time* offen; *plans, ideas* vage

in·defi·nite 'ar·ti·cle *n* unbestimmter Artikel

in·defi·nite·ly [ɪnˈdefɪnətli] *adv* ❶ (*for unknown time*) auf unbestimmte Zeit ❷ (*vaguely*) vage

in·del·ible [ɪnˈdeləbl] *adj* ❶ *(staining)* unlöschbar; *colours, stains* unlöslich ❷ *(fig: permanent)* unauslöschlich

in·dem·ni·fy <-ie-> [ɪnˈdemnɪfaɪ] *vt* ❶ *(insure)* versichern ❷ *(compensate)* entschädigen

in·dem·ni·ty [ɪnˈdemnəti] *n (form)* ❶ *no pl (insurance)* Versicherung *f* ❷ *(compensation in case of responsibility)* Schaden[s]ersatz *m*; *(compensation without sb responsible)* Entschädigung *f*

in·dent I. *vi* [ɪnˈdent] ❶ TYPO *(make a space)* einrücken ❷ BRIT, AUS ECON *(request goods)* anfordern II. *vt* [ɪnˈdent] ❶ TYPO *line, paragraph* einrücken ❷ *(make depression)* eindrücken; *metal* einbeulen III. *n* [ˈɪndent] ❶ TYPO Einzug *m* ❷ BRIT, AUS ECON *(request)* Auftrag *m*

in·den·ta·tion [ˌɪndenˈteɪʃən] *n* ❶ TYPO Einzug *m* ❷ *(depression)* Vertiefung *f*; *in cheek, head* Kerbe *f*; *in car, metal* Beule *f*; *in rock, coastline* Einbuchtung *f*; *(cut)* [Ein]schnitt *m*

in·de·pend·ence [ˌɪndɪˈpendən(t)s] *n no pl* ❶ *(autonomy)* Unabhängigkeit *f* ❷ *(without influence)* Unabhängigkeit *f*; *(impartiality)* Unparteilichkeit *f* ❸ *(self-reliance)* Selbständigkeit *f*

In·de·ˈpend·ence Day *n* AM amerikanischer Unabhängigkeitstag *(4.Juli)*

in·de·pend·ent [ˌɪndɪˈpendənt] I. *adj* ❶ *(autonomous, self-governing)* unabhängig (**from** von) ❷ *(uninfluenced)* unabhängig (**of** von); *(impartial)* unparteiisch ❸ *(unassisted)* selbständig *(separate, unconnected)* unabhängig II. *n* POL Parteilose(r) *f(m)*

in·de·pend·ent·ly [ˌɪndɪˈpendəntli] *adv* ❶ *(separately)* unabhängig ❷ *(self-reliantly)* selbstständig

in-depth [ˌɪnˈdepθ] *adj attr* gründlich; *investigation* eingehend; *report* detailliert

in·de·scrib·able [ˌɪndɪˈskraɪbəbl] *adj* unbeschreiblich

in·de·struct·ible [ˌɪndɪˈstrʌktəbl] *adj* unzerstörbar; *toy* unverwüstlich

in·de·ter·mi·nable [ˌɪndɪˈtɜːmɪnəbl] *adj* ❶ *(unidentifiable, unascertainable)* unbestimmbar, unbedefinierbar ❷ *(irresolvable) dispute, issue* nicht zu klären *präd*

in·de·ter·mi·nate [ˌɪndɪˈtɜːmɪnət] *adj* ❶ *(uncounted, immeasurable)* unbestimmt ❷ *(vague)* unklar; *(not distinct) colour* unbestimmbar; *noise* undefinierbar; *period of time* ungewiss

in·dex [ˈɪndeks, *pl* -dɪsiːz] I. *n* ❶ *<pl* -es*>* *(alphabetical list) in book* Index *m*; *of sources* Quellenverzeichnis *nt*; *in library* Katalog *m*; **card ~** Kartei *f* ❷ *<pl* -dices *or* -es*>* ECON Index *m fachspr* ❸ *<pl* -dices *or* -es*>* *(indicator, measure)* Anzeichen *nt* (**of** für) ❹ *<pl* -dices*>* MATH Index *m fachspr* II. *vt* ❶ *(create index)* ■ **to ~ sth** *in book* etw mit einem Verzeichnis versehen; *in library* etw katalogisieren ❷ *(record in index)* ■ **to ~ sth** *in book* etw in ein Verzeichnis aufnehmen; *in library* etw in einen Katalog aufnehmen

in·dex·ation [ˌɪndekˈseɪʃən] *n no pl* ECON Indexierung *f fachspr*

ˈ**in·dex card** *n* Karteikarte *f* ˈ**in·dex finger** *n* Zeigefinger *m* **in·dex-ˈlinked** *adj* BRIT ECON indexgebunden *fachspr*

In·dia [ˈɪndiə] *n no pl* Indien *nt*

In·dian [ˈɪndiən] I. *adj* ❶ *(of Indian subcontinent)* indisch ❷ *(often pej: of native Americans)* indianisch, Indianer- II. *n* ❶ *(of Indian descent)* Inder(in) *m(f)* ❷ *(often pej: native American)* Indianer(in) *m(f)*

In·dian ˈclub *n* Keule *f* **In·dian ˈcorn** *n no pl* AM Mais *m* **In·dian ˈfile** *n esp* AM *(single file)* **in ~** im Gänsemarsch **In·dian ˈink** *n* Tusche *f* **In·dian ˈOcean** *n* ■ **the ~** der Indische Ozean **In·dian ˈsummer** *n* Altweibersommer *m*

in·di·cate [ˈɪndɪkeɪt] I. *vt* ❶ *(show)* zeigen; *apparatus, device, gauge* anzeigen ❷ *(strongly imply)* auf etw *akk* hindeuten ❸ *(point to)* ■ **to ~ sb/sth** auf jdn/etw hindeuten ❹ *(state briefly)* ■ **to ~** [**to sb**] **that ...** [jdm] zu verstehen geben, dass ... II. *vi* BRIT blinken

in·di·ca·tion [ˌɪndɪˈkeɪʃən] *n* ❶ *(evidence, sign)* [An]zeichen *nt* (**of** für), Hinweis *m* (**of** auf); **he hasn't given any ~ of his plans** er hat nichts von seinen Plänen verlauten lassen; **there is every/no ~ that ...** alles/nichts weist darauf hin, dass ...; **early ~s** erste Anzeichen ❷ *(reading) on gauge, meter* Anzeige *f*

in·di·ca·tive [ɪnˈdɪkətɪv] I. *adj* ❶ *(suggestive)* hinweisend *attr*; ■ **to be ~ of sth** etw erkennen lassen ❷ LING *(not subjunctive)* indikativisch *fachspr* II. *n* LING Indikativ *m fachspr*

in·di·ca·tor [ˈɪndɪkeɪtəʳ] *n* ❶ *(evidence)* Indikator *m fachspr*; *of fact, trend* deutlicher Hinweis ❷ BRIT *(turning light)* Blinker *m*, [Fahrt]richtungsanzeiger *m bes* SCHWEIZ ❸ MECH *(gauge, meter)* Anzeiger *m*; *(needle)* Zeiger *m*; **~ light** BRIT Kontrolllicht *nt* ❹ BRIT *(information board) at airport, station* Anzeigetafel *f*

in·di·ces ['ɪndɪsi:z] *n pl of* **index I** 2,3,4

in·dict [ɪn'daɪt] *vt* anklagen

in·dict·ment [ɪn'daɪtmənt] *n* ❶ LAW (*statement of accusation*) Anklage[erhebung] *f*; (*bill*) Anklageschrift *f* ❷ (*fig: reason for blame*) Anzeichen *nt* (**of** für); **to be a damning ~ of sth** ein Armutszeugnis für etw sein

in·die ['ɪndi] *adj short for* **independent** *film, industry, music* Indie-

In·dies ['ɪndiz] *npl* (*hist*) ■ **the ~** der indische Subkontinent

in·dif·fer·ence [ɪn'dɪfʳrən(t)s] *n no pl* Gleichgültigkeit *f* (**to[wards]** gegenüber)

in·dif·fer·ent [ɪn'dɪfʳrənt] *adj* ❶ (*not interested*) gleichgültig (**to** gegenüber); (*unmoved*) ungerührt (**to** von) ❷ (*of poor quality*) [mittel]mäßig

in·dif·fer·ent·ly [ɪn'dɪfʳrəntli] *adv* gleichgültig; **to behave ~ towards sb** sich jdm gegenüber gleichgültig verhalten; (*unmoved*) ungerührt

in·dig·enous [ɪn'dɪdʒɪnəs] *adj* [ein]heimisch; **~ people** Einheimische *pl;* **to be ~ to Europe** *plants, animals* in Europa heimisch sein

in·di·gest·ible [ˌɪndɪ'dʒestəbl] *adj* ❶ (*food*) schwer verdaulich; (*bad, off*) ungenießbar ❷ (*fig: information*) schwer verdaulich

in·di·ges·tion [ˌɪndɪ'dʒestʃʳn] *n no pl* ❶ (*after meal*) Magenverstimmung *f* ❷ (*chronic disorder*) Verdauungsstörung[en] *f[pl]*

in·dig·nant [ɪn'dɪgnənt] *adj* empört (**at/about** über); **to become ~** sich aufregen

in·dig·nant·ly [ɪn'dɪgnəntli] *adv* empört, entrüstet, aufgebracht, ungehalten *geh*

in·dig·na·tion [ˌɪndɪg'neɪʃʳn] *n no pl* Empörung *f* (**at/about** über)

in·dig·nity [ɪn'dɪgnəti] *n* Demütigung *f*; (*sth humiliating also*) Erniedrigung *f*

in·di·rect [ˌɪndɪ'rekt] *adj* ❶ (*not straight*) indirekt ❷ (*not intended*) *benefits, consequences* mittelbar ❸ (*not done directly*) **by ~ means** auf Umwegen *fig* ❹ (*avoiding direct mention*) indirekt; **~ attack/ remark** Anspielung *f*

in·di·rect·ly [ˌɪndɪ'rektli] *adv* indirekt, auf Umwegen; **he was acting ~ on my behalf** er handelte gemäß meiner indirekten Vollmacht

in·di·rect 'ob·ject *n* LING indirektes Objekt, Dativobjekt *nt* **in·di·rect 'tax** *n* FIN (*money*) indirekte Steuer; (*system of taxation*) indirekte Besteuerung

in·dis·cern·ible [ˌɪndɪ'sɜ:nəbl] *adj* (*impossible to detect*) nicht wahrnehmbar; *change* unmerklich; (*not visible*) nicht erkennbar

in·dis·ci·pline [ɪn'dɪsəplɪn] *n no pl* (*form*) Disziplinlosigkeit *f*

in·dis·creet [ˌɪndɪ'skri:t] *adj* (*careless*) indiskret; (*tactless*) taktlos (**about** in Bezug auf)

in·dis·cre·tion [ˌɪndɪ'skreʃʳn] *n* ❶ *no pl* (*carelessness*) Indiskretion *f*; (*tactlessness*) Taktlosigkeit *f* ❷ (*indiscreet act*) Indiskretion *f*; (*thoughtless act*) unüberlegte Handlung

in·dis·crim·i·nate [ˌɪndɪ'skrɪmɪnət] *adj* ❶ (*unthinking*) unüberlegt; (*uncritical*) unkritisch ❷ (*random*) wahllos

in·dis·crim·i·nate·ly [ˌɪndɪ'skrɪmɪnətli] *adv* ❶ (*without careful thought*) unüberlegt; (*uncritically*) unkritisch ❷ (*at random*) wahllos, willkürlich; (*not discriminating*) unterschiedslos, ohne [irgendwelche] Unterschiede zu machen

in·dis·pen·sable [ˌɪndɪ'spen(t)səbl] *adj* unentbehrlich (**for/to** für)

in·dis·posed [ˌɪndɪ'spəʊzd] *adj pred* (*form*) ❶ (*slightly ill*) unpässlich; *artist, singer* indisponiert *geh* ❷ (*unwilling*) ■ **to be/feel ~ to do sth** nicht gewillt sein, etw zu tun

in·dis·po·si·tion [ˌɪndɪspə'zɪʃʳn] *n* (*form*) ❶ *usu sing* (*also euph: illness*) Unpässlichkeit *f* ❷ *no pl* (*disinclination*) Widerwille *m*

in·dis·put·able [ˌɪndɪ'spju:təbl] *adj* unbestreitbar; *evidence* unanfechtbar; *skill, talent* unbestritten

in·dis·sol·uble [ˌɪndɪ'sɒljəbl] *adj* CHEM *substances* unlöslich, unauflösbar

in·dis·tinct [ˌɪndɪ'stɪŋ(k)t] *adj* ❶ (*poorly defined*) undeutlich; (*blurred*) verschwommen ❷ (*not clear*) unklar; *memory, recollection* verschwommen; *smell* undefinierbar

in·dis·tin·guish·able [ˌɪndɪ'stɪŋgwɪʃəbl] *adj* (*impossible to differentiate*) nicht unterscheidbar; (*not perceptible*) nicht wahrnehmbar

in·di·vid·ual [ˌɪndɪ'vɪdʒuəl] **I.** *n* ❶ (*single person*) Einzelne(r) *f(m),* Individuum *nt geh* ❷ (*approv: distinctive person*) [selbständige] Persönlichkeit **II.** *adj* ❶ *attr* (*separate*) einzeln ❷ (*particular*) individuell ❸ (*distinctive, original*) eigen

in·di·vid·u·al·ism [ˌɪndɪ'vɪdʒuəlɪzʳm] *n no pl* Individualismus *m*

in·di·vid·u·al·ist [ˌɪndɪ'vɪdʒuəlɪst] *n* Individualist(in) *m(f)*

in·di·vidu·al·is·tic [ˌɪndɪˌvɪdʒuəlˈɪstɪk] *adj* individualistisch *geh*

in·di·vidu·al·ity [ˌɪndɪˌvɪdʒuˈæləti] *n* ① *no pl* (*distinctiveness, originality*) Individualität *f* ② *no pl* (*separate existence*) individuelle Existenz ③ *pl* (*characteristics, tastes*) Eigenarten *pl*; (*distinct tastes*) Geschmäcker *pl*

in·di·vidu·al·ize [ˌɪndɪˈvɪdʒuəlaɪz] *vt* ■ **to ~ sth** ① (*adapt*) etw nach individuellen Bedürfnissen ausrichten ② (*make distinctive*) etw individuell[er] gestalten

in·di·vidu·al·ly [ˌɪndɪˈvɪdʒuəli] *adv* ① (*as single entities*) einzeln ② (*in distinctive way*) individuell; (*distinctly*) eigen[tümlich]

in·di·vis·ible [ˌɪndɪˈvɪzəbl] *adj* unteilbar

Indo·chi·na [ˌɪndəʊˈtʃaɪnə] *n* (*hist*) Indochina *nt*

in·doc·tri·nate [ɪnˈdɒktrɪneɪt] *vt* indoktrinieren (**in/with** mit)

in·doc·tri·na·tion [ɪnˌdɒktrɪˈneɪʃ°n] *n no pl* (*instruction*) Indoktrination *f*; (*process*) Indoktrinierung *f*

Indo-Euro·pean [ˌɪndə(ʊ),-] LING **I.** *adj* indoeuropäisch, indogermanisch **II.** *n* ① (*proto-language*) Indoeuropäisch *nt*, Indogermanisch *nt* ② (*person*) Indoeuropäer(in) *m(f)*, Indogermane *m*/-germanin *f*

in·do·lent [ˈɪndəlant] *adj* (*pej: lazy*) träge; (*without interest*) gleichgültig

in·domi·table [ɪnˈdɒmɪtəbl] *adj* (*approv*) unbezähmbar; *courage* unerschütterlich; *spirit* unbeugsam; *strength of character* unbezähmbar; *will* unbändig

In·do·nesia [ˌɪndə(ʊ)ˈniːʒə] *n* Indonesien *nt*

In·do·nesian [ˌɪndə(ʊ)ˈniːʒən] **I.** *adj* indonesisch **II.** *n* ① (*person*) Indonesier(in) *m(f)* ② (*language*) Indonesisch *nt*

in·door [ˌɪnˈdɔːʳ] *adj attr* ① (*situated inside*) Innen-; **~ plant** Zimmerpflanze *f*; **we'll have to do ~ activities with the children today** heute müssen wir mit den Kindern im Haus spielen ② SPORTS Hallen- ③ (*for use inside*) Haus-, für zu Hause nach *n*

in·doors [ˌɪnˈdɔːz] *adv* (*into a building*) herein, nach drinnen; (*within building, house*) drinnen; (*within house*) im Haus

in·du·bi·table [ɪnˈdjuːbɪtəbl] *adj* (*form*) unzweifelhaft; *evidence* zweifelsfrei

in·du·bi·tably [ɪnˈdjuːbɪtəbli] *adv* (*form*) zweifellos

in·duce [ɪnˈdjuːs] *vt* ① (*persuade*) ■ **to ~ sb to do sth** jdn dazu bringen, etw zu tun ② (*cause*) hervorrufen ③ *abortion, birth, labour* einleiten ④ ELEC, PHYS induzieren

in·duce·ment [ɪnˈdjuːsmənt] *n* (*also euph*) Anreiz *m*; (*verbal*) Überredung *f*

in·duct [ɪnˈdʌkt] *vt usu passive* (*form*) ① (*install in office*) **to be ~ed into office** in ein Amt eingesetzt werden ② (*initiate*) ■ **to be ~ed into sth** in etw *akk* eingeführt werden ③ AM MIL **to be ~ed** [**into the army**] eingezogen werden

in·duc·tion [ɪnˈdʌkʃ°n] *n* ① (*into office, post*) [Amts]einführung *f*; (*into organization*) Aufnahme *f* (**into** in); **~ into the military** AM Einberufung *f* [zum Wehrdienst] ② (*initiation*) Einführung *f*; **~ course** Einführungskurs *m* ③ MED (*act of causing*) *of abortion, birth, labour* Einleitung *f*; *of sleep* Herbeiführen *nt* ④ *no pl* ELEC, PHYS, TECH Induktion *f*; TECH *also* Ansaugung *f*; **~ cooker** [*or* **stove**] Induktionsherd *m*; **~ coil** Induktionsspule *f*

in·duc·tive [ɪnˈdʌktɪv] *adj* ELEC, MATH induktiv *fachspr*; **~ current** Induktionsstrom *m*

in·dulge [ɪnˈdʌldʒ] **I.** *vt* ① (*allow pleasure*) nachgeben; **to ~ sb's every wish** jdm jeden Wunsch erfüllen ② (*spoil*) verwöhnen ③ (*form: permit speech*) ■ **to ~ sb** jdn gewähren lassen **II.** *vi* ① (*euph: drink alcohol*) sich *dat* einen genehmigen; (*too much*) einen über den Durst trinken ② (*undesirable activity*) ■ **to ~ in sth** in etw *dat* schwelgen; **to ~ in gossip** sich dem Tratsch hingeben

in·dul·gence [ɪnˈdʌldʒən(t)s] *n* ① (*treat, pleasure*) Luxus *m*; *food, drink, activity* Genuss *m* ② *no pl* (*leniency*) Nachsichtigkeit *f* (**of** gegenüber); (*softness*) Nachgiebigkeit *f* (**of** gegenüber) ③ *no pl* (*in food, drink, pleasure*) Frönen *nt*; (*in alcohol*) übermäßiger Alkoholgenuss *f*; **self-~** [ausschweifendes] Genießen

in·dul·gent [ɪnˈdʌldʒənt] *adj* ① (*lenient*) nachgiebig (**towards** gegenüber) ② (*tolerant*) nachsichtig

in·dus·trial [ɪnˈdʌstriəl] *adj* ① (*of production of goods*) industriell; **~ output** Industrieproduktion *f*; (*of training, development*) betrieblich ② (*for use in manufacturing*) Industrie- ③ (*having industry*) Industrie-; **~ estate** BRIT, **~ park** AM, AUS Industriegebiet *nt*

in·dus·tri·al·ism [ɪnˈdʌstriəlɪz°m] *n no pl* Industrialismus *m*

in·dus·tri·al·ist [ɪnˈdʌstriəlɪst] *n* Industrielle(r) *f(m)*

in·dus·tri·al·iza·tion [ɪnˌdʌstriəlaɪˈzeɪʃ°n] *n no pl* Industrialisierung *f*

in·dus·tri·al·ize [ɪnˈdʌstriəlaɪz] **I.** *vi* coun-

try, state zum Industriestaat werden; *area* Industrie ansiedeln; *business* industrielle Produktionsmethoden einführen II. *vt* industrialisieren; *area* Industrie ansiedeln; *business* industrielle Produktionsmethoden einführen

In·dus·trial Revo·'lu·tion *n* HIST ■ **the ~** die industrielle Revolution

in·dus·tri·ous [ɪnˈdʌstriəs] *adj* (*hardworking*) fleißig; (*busy*) eifrig

in·dus·tri·ous·ly [ɪnˈdʌstriəsli] *adv* (*hardworking*) fleißig; (*busily*) eifrig, emsig; **to work ~** fleißig arbeiten

in·dus·tri·ous·ness [ɪnˈdʌstriəsnəs] *n no pl* (*diligence*) Fleiß *m;* (*being busy*) Eifrigkeit *f,* Emsigkeit *f*

in·dus·try [ˈɪndəstri] *n* ❶ *no pl* (*manufacturing*) Industrie *f* ❷ (*type of trade*) Branche *f* ❸ *no pl* (*form: diligence*) Fleiß *m;* (*quality of being busy*) Emsigkeit *f*

in·ebri·ate I. *vt* [ɪˈniːbrieɪt] (*form*) ■ **to ~ sb** jdn betrunken machen II. *n* [ɪˈniːbriət] (*form*) Trinker(in) *m(f)*

in·ebri·at·ed [ɪˈniːbrieɪtɪd] *adj* (*form*) betrunken; **in an ~ state** in betrunkenem Zustand

in·ed·ible [ɪˈnedɪbl̩] *adj* ❶ (*unsuitable as food*) nicht essbar ❷ (*pej: extremely unpalatable*) ungenießbar

in·edu·cable [ɪˈnedjəkəbl̩] *adj* schwer erziehbar; (*due to a mental disability*) lernbehindert

in·ef·fable [ɪˈnefəbl̩] *adj* (*form*) unsäglich

in·ef·fec·tive [ˌɪnɪˈfektɪv] *adj measure* unwirksam; *person* untauglich

in·ef·fec·tual [ˌɪnɪˈfektʃuəl] *adj* ineffektiv geh

in·ef·fi·cien·cy [ˌɪnɪˈfɪʃ°n(t)si] *n no pl of system, method* Ineffizienz *f* geh; *of person* Inkompetenz *f; of measure* Unwirksamkeit *f; of attempt* Erfolglosigkeit *f*

in·ef·fi·cient [ˌɪnɪˈfɪʃ°nt] *adj* ❶ (*dissatisfactory*) *organization, person* unfähig; *system* ineffizient; (*not productive*) unwirtschaftlich ❷ (*wasteful*) unrationell

in·el·egant [ɪˈnelɪɡənt] *adj* ❶ (*unattractive*) unelegant; *surroundings, appearance* ohne [jeden] Schick *nach n;* *speech* holprig ❷ (*unrefined*) ungeschliffen; *gesture, movement* plump

in·eli·gible [ɪˈnelɪdʒəbl̩] *adj* ❶ (*for funds, benefits*) nicht berechtigt (**for** zu); (*for office*) nicht wählbar (**for** in) ❷ (*not fit*) ■ **to be ~ for sth** *in character* für etw *akk* nicht geeignet sein; *physically* für etw *akk* untauglich sein

in·ept [ɪˈnept] *adj* (*clumsy*) unbeholfen (**at** in); (*unskilled*) ungeschickt (**at** in); *comment* unangebracht; *leadership* unfähig; *performance* stümperhaft; *remark* unpassend; **to be socially ~** nicht [gut] mit anderen [Menschen] umgehen können

in·equal·ity [ˌɪnɪˈkwɒləti] *n* Ungleichheit *f*

in·equi·table [ɪˈnekwɪtəbl̩] *adj* (*form*) ungerecht

in·equi·ty [ɪˈnekwəti] *n* (*form*) Ungerechtigkeit *f*

in·eradi·cable [ˌɪnɪˈrædɪkəbl̩] *adj* (*form*) *disease, prejudice* unausrottbar; *impression* unauslöschlich; *mistake, state* unabänderlich

in·ert [ɪnˈɜːt] *adj* ❶ (*not moving*) unbeweglich ❷ (*fig, pej: sluggish, slow*) träge; (*lacking vigour*) kraftlos ❸ CHEM inert fachspr

in·er·tia [ɪnˈɜːʃə] *n no pl* ❶ (*inactivity*) Unbeweglichkeit *f* ❷ (*lack of will, vigour*) Trägheit *f* ❸ PHYS Trägheit *f*

in·er·tia reel ˈseat belt *n* Automatikgurt *m*

in·es·cap·able [ˌɪnɪˈskeɪpəbl̩] *adj* (*unavoidable*) *fact* unvermeidlich; *fate* unentrinnbar; (*undeniable*) unleugbar; *truth* unbestreitbar

in·es·sen·tial [ˌɪnɪˈsen(t)ʃ°l] I. *adj* nebensächlich II. *n usu pl* Nebensächlichkeit *f*

in·es·ti·mable [ɪˈnestɪməbl̩] *adj* unschätzbar

in·evi·table [ɪˈnevɪtəbl̩] I. *adj* ❶ (*certain to happen*) unvermeidlich; *conclusion, result* zwangsläufig ❷ (*pej: boringly predictable*) unvermeidlich II. *n no pl* ■ **the ~** das Unvermeidbare *a. iron*

in·evi·tably [ɪˈnevɪtəbli] *adv* unweigerlich, zwangsläufig

in·ex·act [ˌɪnɪɡˈzækt] *adj* ungenau

in·ex·cus·able [ˌɪnɪkˈskjuːzəbl̩] *adj* unverzeihlich

in·ex·haust·ible [ˌɪnɪɡˈzɔːstəbl̩] *adj* unerschöpflich

in·exo·rable [ɪˈneksərəbl̩] *adj* (*form*) ❶ (*cannot be stopped*) unaufhaltsam ❷ (*relentless*) *person* unerbittlich

in·ex·pe·di·ent [ˌɪnɪkˈspiːdiənt] *adj* (*form: not practical, suitable*) ungeeignet; (*not advisable*) unklug

in·ex·pen·sive [ˌɪnɪkˈspen(t)sɪv] *adj* ❶ (*reasonably priced*) preisgünstig ❷ (*euph: cheap*) billig

in·ex·pe·ri·ence [ˌɪnɪkˈspɪəriən(t)s] *n no pl* Unerfahrenheit *f*

in·ex·pe·ri·enced [ˌɪnɪkˈspɪəriən(t)st] *adj* unerfahren; ■ **to be ~ in sth** mit etw *dat* nicht vertraut sein; *in skill* in etw *dat* nicht versiert sein; ■**to be ~ with sth** sich mit etw *dat* nicht auskennen

in·ex·pert [ɪˈneksp3ːt] *adj* (*unskilled*) laienhaft; *attempt* stümperhaft; *handling* unsachgemäß; *treatment* unfachmännisch

in·ex·pli·cable [ˌɪnɪkˈsplɪkəbl̩] I. *adj* unerklärlich II. *n no pl* **the ~** das Unerklärliche

in·ex·press·ible [ˌɪnɪkˈspresəbl̩] *adj* unbeschreiblich; **sth is ~ in words** etw lässt sich nicht mit Worten beschreiben

in·ex·tri·cable [ˌɪnɪkˈstrɪkəbl̩] *adj* ① (*impossible to disentangle*) unentwirrbar; (*inseparable*) unlösbar ② (*inescapable*) *difficulty, situation* unentrinnbar

in·fal·lible [ɪnˈfæləbl̩] *adj* unfehlbar

in·fa·mous [ˈɪnfəməs] *adj* ① (*notorious*) *criminal* berüchtigt ② (*abominable*) *lie* infam; *person* niederträchtig; *act* schändlich *geh*

in·fa·my [ˈɪnfəmi] *n* ① *no pl* (*notoriety*) Verrufenheit *f* ② (*shocking act*) Niederträchtigkeit *f*

in·fan·cy [ˈɪnfən(t)si] *n* ① (*early childhood*) frühe[ste] Kindheit ② (*fig: early stage of development*) Anfangsphase *f*

in·fant [ˈɪnfənt] I. *n* ① (*baby*) Säugling *m* ② BRIT, AUS (*child between 4 and 7*) Kleinkind *nt* ③ BRIT, AUS SCH ■**the I~s** *pl* die erste und zweite Grundschulklasse II. *adj* **~ daughter** kleines Töchterchen; **~ prodigy** Wunderkind *nt;* BRIT, AUS **~ class** SCH erste/zweite Grundschulklasse; **~ teacher** Grundschullehrer(in) *m(f)*

in·fan·ti·cide [ɪnˈfæntɪsaɪd] *n no pl* Kindestötung *f*

in·fan·tile [ˈɪnfəntaɪl] *adj* (*pej*) kindisch

in·fant mor·ˈtal·ity *n no pl* Säuglingssterblichkeit *f*

in·fan·try [ˈɪnfəntri] I. *n no pl* ■**the ~** + *sing/pl vb* die Infanterie II. *adj* (*brigade, corps, regiment, unit*) Infanterie-

ˈin·fant·ry·man *n* Infanterist *m*

in·fatu·at·ed [ɪnˈfætjuertɪd] *adj* vernarrt (**with** in), verknallt *fam* (**with** in)

in·fect [ɪnˈfekt] *vt* ① (*contaminate*) *with disease, virus* infizieren ② (*fig, pej*) infizieren; **hysteria about AIDS ~ed the media** die Aidshysterie griff auf die Medien über ③ (*fig, approv*) anstecken

in·fec·tion [ɪnˈfekʃən] *n* ① *no pl, no art* (*contamination*) Infektion *f* ② (*instance*) Infektion *f;* **throat/ear ~** Hals-/Mittelohrentzündung *f*

in·fec·tious [ɪnˈfekʃəs] *adj* (*also fig*) ansteckend

in·fe·lici·tous [ˌɪnfəˈlɪsɪtəs] *adj* (*pej form: inappropriate*) unangebracht; (*hum: unfortunate*) unglücklich

in·fer <-rr-> [ɪnˈfɜːʳ] *vt* (*come to conclusion*) schließen (**from** aus); (*imply*) andeuten

in·fer·ence [ˈɪnfəʳən(t)s] *n* (*form*) ① *usu sing* (*conclusion*) Schluss *m* ② *no pl* (*process of inferring*) [Schluss]folgern *nt;* **by ~** folglich

in·fe·ri·or [ɪnˈfɪəriəʳ] I. *adj* ① (*of lesser quality*) *system, thing* minderwertig; *mind* unterlegen; ■**to be ~ to sth** (*in quality*) von minderer Qualität als etw sein ② (*lower*) *in rank* [rang]niedriger; *in status* untergeordnet II. *n* ■**~s** *pl in rank* Untergebene *pl*

in·fe·ri·or·ity [ɪnˌfɪəriˈɒrəti] *n no pl* ① (*lower quality*) Minderwertigkeit *f; of workmanship* schlechte Qualität ② (*lower status, rank*) Unterlegenheit *f*

in·fe·ri·ˈor·ity com·plex *n* Minderwertigkeitskomplex *m*

in·fer·nal [ɪnˈfɜːnəl] *adj* ① REL (*liter: of hell*) höllisch, Höllen- ② (*dreadful*) höllisch ③ *attr* (*fam: annoying, detestable*) grässlich

in·fer·no [ɪnˈfɜːnəʊ] *n* ① (*fire*) flammendes Inferno ② (*liter: place like hell*) Inferno *nt*

in·fer·tile [ɪnˈfɜːtaɪl] I. *adj person, animal, land* unfruchtbar II. *n* **the ~** *pl* zeugungsunfähige Personen

in·fer·til·ity [ˌɪnfəˈtɪləti] *n no pl of person, animal, land* Unfruchtbarkeit *f*

in·fest [ɪnˈfest] *vt* befallen (**with** von); (*fig: haunt*) heimsuchen

in·fes·ta·tion [ˌɪnfesˈteɪʃən] *n* ① *no pl* (*state*) Verseuchung *f* ② (*instance*) Befall *m* (**of** durch); **~ of rats** Rattenplage *f*

in·fi·del [ˈɪnfɪdəl] *n no pl* (*pej hist*) Ungläubige(r) *f(m)*

in·fi·del·ity [ˌɪnfɪˈdeləti] *n* ① *no pl* (*unfaithfulness*) Verrat *m* (**to** gegenüber/an); (*sexual*) Untreue *f* (**to** an) ② (*sexual peccadillos*) ■**infidelities** *pl* Seitensprünge *pl*

in·fight·ing [ˈɪnfaɪtɪŋ] *n no pl* interne Machtkämpfe; **political ~** parteiinterner Machtkampf

in·fil·trate [ˈɪnfɪltreɪt] I. *vt* ① (*secretly penetrate*) *military units, organization* unterwandern; *building, enemy lines* eindringen (in); *agent, spy* einschleusen (**into** in) ② (*influence thinking*) *of idea, theory* durchdringen ③ CHEM, PHYS (*permeate*) durchdringen; *of liquid* durchsickern (in) II. *vi* CHEM, PHYS *gas, liquid* eindringen (**into** in); *liquid also* einsickern (**into** in); ■**to ~**

through sth etw durchdringen; *liquid* durch etw *akk* sickern

in·fil·tra·tion [ˌɪnfɪlˈtreɪʃ(ə)n] *n no pl* ❶ (*penetration by stealth*) Unterwanderung *f*; MIL Infiltration *f fachspr* ❷ (*influence on thinking*) starke Einflussnahme ❸ CHEM, PHYS (*penetration*) Infiltration *f fachspr; of gas, liquid* Eindringen *nt; of liquid also* Einsickern *nt*

in·fil·tra·tor [ˈɪnfɪltreɪtəʳ] *n also* MIL Eindringling *m*

in·fi·nite [ˈɪnfɪnət] I. *adj* ❶ (*unlimited*) unendlich; *space* unbegrenzt ❷ (*very great*) grenzenlos; **to take ~ care** ungeheuer vorsichtig sein; **~ choice** unendlich große Auswahl; **~ pains/variety** ungeheure Schmerzen/Vielfalt ❸ MATH (*unending*) unendlich II. *n* ❶ REL ■ **the I~** Gott *m* ❷ (*space or quality*) ■ **the ~** die Unendlichkeit

in·fi·nite·ly [ˈɪnfɪnətli] *adv* ❶ (*extremely*) unendlich; **~ small** winzig klein ❷ (*very much*) unendlich viel

in·fi·ni·tes·i·mal [ˌɪnfɪnɪˈtesɪm(ə)l] *adj* (*form*) winzig; MATH infinitesimal *fachspr*

in·fin·i·tive [ɪnˈfɪnɪtɪv] I. *n* LING Infinitiv *m;* **to be in the ~** im Infinitiv stehen II. *adj attr* Infinitiv-; **~ form** Grundform *f,* Infinitiv *m*

in·fin·i·ty [ɪnˈfɪnəti] *n* ❶ *no pl* MATH ■ **~** (*unreachable point*) das Unendliche; ■ **to ~** [bis] ins Unendliche ❷ *no pl* (*state, sth immeasurable*) Unendlichkeit *f;* **into ~** [bis] in die Unendlichkeit ❸ (*huge amount*) gewaltige Menge (**of** an); **an ~ of combinations/problems** unendlich viele Kombinationsmöglichkeiten/Probleme

in·firm [ɪnˈfɜːm] I. *adj* ❶ (*ill*) gebrechlich ❷ (*form: weak*) schwach II. *n* ■ **the ~** *pl* die Kranken und Pflegebedürftigen; **the mentally ~** die Geistesschwachen

in·fir·ma·ry [ɪnˈfɜːməri] *n* ❶ (*dated: hospital*) Krankenhaus *nt* ❷ AM (*sick room*) Krankenzimmer *nt;* (*in prison*) Krankenstation *f*

in·fir·mi·ty [ɪnˈfɜːməti] *n* (*form*) ❶ *no pl* (*state*) Gebrechlichkeit *f* ❷ (*illness*) Gebrechen *nt geh*

in·flame [ɪnˈfleɪm] *vt* ❶ (*stir up*) entfachen ❷ (*make angry*) aufbringen; (*stronger*) erzürnen; **to ~ sb with anger** jdn in Wut versetzen; **to ~ sb with desire/passion** jdn mit Verlangen/Leidenschaft erfüllen

in·flamed [ɪnˈfleɪmd] *adj* ❶ (*red and swollen*) *body part* entzündet; **to become ~** sich entzünden ❷ *pred* (*provoked*) **~ with anger** wutentbrannt;

~ with desire/passion von Verlangen/Leidenschaft entflammt

in·flam·ma·ble [ɪnˈflæməbl] *adj* ❶ (*burning easily*) [leicht] entzündbar ❷ (*fig: volatile*) *temperament* explosiv; **a highly ~ situation/topic** eine höchst brisante Situation/ein höchst brisantes Thema

in·flam·ma·tion [ˌɪnfləˈmeɪʃ(ə)n] *n* Entzündung *f;* **~ of the ear/eye** Ohren-/Augenentzündung *f*

in·flam·ma·tory [ɪnˈflæmət(ə)ri] *adj* ❶ MED entzündlich, Entzündungs- ❷ (*provoking*) hetzerisch; POL aufrührerisch

in·flat·able [ɪnˈfleɪtəbl] I. *adj* aufblasbar; **~ boat** Schlauchboot *nt* II. *n esp* BRIT Schlauchboot *nt*

in·flate [ɪnˈfleɪt] I. *vt* ❶ (*fill with air*) aufblasen; (*with pump*) aufpumpen ❷ (*exaggerate*) aufblähen *fig, pej* ❸ ECON (*make bigger*) *value, prices* in die Höhe treiben II. *vi hot air balloon* sich mit Luft füllen

in·flat·ed [ɪnˈfleɪtɪd] *adj* ❶ (*filled with air*) aufgeblasen ❷ (*fig, pej: exaggerated*) aufgebläht; **to have an ~ opinion of oneself** ein übersteigertes Selbstwertgefühl haben; **to have an ~ idea of sth** eine übertriebene Vorstellung von etw *dat* besitzen ❸ ECON (*higher*) überhöht ❹ (*pej form: bombastic*) schwülstig

in·fla·tion [ɪnˈfleɪʃ(ə)n] *n no pl* ❶ ECON Inflation *f* ❷ (*with air*) Aufblasen *nt;* (*with pump*) Aufpumpen *nt*

in·fla·tion·ary [ɪnˈfleɪʃ(ə)nəri] *adj* FIN inflationär, Inflations-

in·flect [ɪnˈflekt] *vt* ❶ LING beugen ❷ (*modulate*) modulieren

in·flec·tion [ɪnˈflekʃ(ə)n] *n* ❶ LING (*change in form*) Beugung *f* ❷ (*affixes*) Flexionsform *f fachspr* ❸ (*modulation of tone*) Modulation *f fachspr*

in·flex·ibil·ity [ɪnˌfleksəˈbɪləti] *n no pl* ❶ (*rigidity*) Inflexibilität *f geh* ❷ (*usu pej: stubbornness*) Sturheit *f* ❸ (*stiffness*) Steifheit *f*

in·flex·ible [ɪnˈfleksəbl] *adj* (*usu pej*) ❶ (*fixed, unchanging*) starr ❷ (*not adaptable*) unbeugsam ❸ (*stiff*) *limb* steif

in·flex·ion *n esp* BRIT LING *see* **inflection**

in·flict [ɪnˈflɪkt] *vt* ❶ (*impose*) ■ **to ~ sth on sb** *pain, suffering torture, violence* jdm etw zufügen; **to ~ a fine/punishment on sb** jdm eine Bußstrafe/Bestrafung auferlegen; **to ~ one's opinion/views on sb** jdm seine Meinung/Ansichten aufzwingen ❷ (*usu hum*) **to ~ oneself/one's company on sb** sich jdm aufdrängen

in·flic·tion [ɪnˈflɪkʃ(ə)n] *n no pl of suffering*

Zufügen *nt;* *of torture also* Quälen *nt; of punishment, sentence* Verhängen *nt; of fine* Auferlegen *nt*

in·flu·ence ['ɪnfluən(t)s] **I.** *n* ❶ (*sth that affects*) Einfluss *m;* **to be an ~ on sb/sth** [einen] Einfluss auf jdn/etw ausüben; **to fall under the ~ of sb** (*usu pej*) unter jds Einfluss geraten; (*stronger*) in jds Bann geraten ❷ *no pl* (*power to affect*) Einfluss *m* (**on** auf); **to be/fall under sb's ~** (*usu pej*) unter jds Einfluss stehen/geraten; **to exert one's ~** seinen [ganzen] Einfluss geltend machen **II.** *vt* beeinflussen; **to be easily ~d** beeinflussbar sein

in·flu·en·tial [ˌɪnfluˈen(t)ʃəl] *adj* einflussreich

in·flu·en·za [ˌɪnfluˈenzə] *n no pl* (*form*) Grippe *f*

in·flux [ˈɪnflʌks] *n no pl of tourists* Zustrom *m* (**of** an); *of capital* Zufuhr *f* (**of** an)

info [ˈɪnfəʊ] *n* (*fam*) *short for* **information** Info *f fam*

in·form [ɪnˈfɔːm] **I.** *vt* ❶ (*give information*) informieren; **to ~ the police** die Polizei benachrichtigen; **why wasn't I ~ed about this earlier?** warum hat man mir das nicht früher mitgeteilt? ❷ *usu passive* (*guide*) ▪ **to be ~ed by sth** geprägt sein von etw *dat* **II.** *vi* ▪ **to ~ against/on sb** jdn anzeigen

in·for·mal [ɪnˈfɔːməl] *adj* ❶ (*not formal, casual*) informell; *atmosphere, party* zwanglos; *clothing, manner* leger ❷ (*not official*) *meeting* inoffiziell ❸ (*approachable, not stiff*) *person* ungezwungen

in·for·mal·ity [ˌɪnfɔːˈmæləti] *n no pl* ❶ (*casual quality*) Zwanglosigkeit *f* ❷ (*unofficial character*) inoffizieller Charakter ❸ (*approachability*) *of person* Ungezwungenheit *f*

in·for·mal·ly [ɪnˈfɔːməli] *adv* ❶ (*not formally*) informell; (*casually*) zwanglos, ungezwungen; **to dress ~** sich leger kleiden ❷ (*not officially*) inoffiziell

in·form·ant [ɪnˈfɔːmənt] *n* Informant(in) *m(f)*

in·for·ma·tion [ˌɪnfəˈmeɪʃən] *n* ❶ *no pl* (*data*) Information *f;* **a piece of ~** eine Information; **a lot of/a little ~** viele/wenige Informationen; **for your ~** als Information; (*annoyed*) damit Sie es wissen ❷ (*enquiry desk*) Information *f* ❸ AM (*telephone operator*) Auskunft *f*

in·for·ˈma·tion con·tent *n no pl* COMPUT Informationsgehalt *m* **in·for·ma·tion re·ˈtriev·al** *n no pl* Wiederauffinden *nt* von Informationen; COMPUT Informations-

abruf *m* **in·for·ˈma·tion sci·ence** *n usu pl* Informatik *f kein pl* **in·for·ma·tion ˈstor·age** *n no pl* COMPUT Datenspeicherung *f* **in·for·ma·tion ˈsu·per·high·way** *n* ▪ **the ~** die Datenautobahn, das Internet **in·for·ma·tion ˈsys·tem** *n* Informationssystem *nt* **in·for·ma·tion tech·ˈnol·ogy** *n no pl* Informationstechnologie *f*

in·for·ma·tive [ɪnˈfɔːmətɪv] *adj* (*approv*) informativ

in·formed [ɪnˈfɔːmd] *adj* [gut] informiert; *opinion* fundiert; **to make an ~ guess** etw [aufgrund von Informationen] vermuten; **to keep sb ~** jdn auf dem Laufenden halten

in·form·er [ɪnˈfɔːməʳ] *n* Informant(in) *m(f)*

info·tain·ment [ˌɪnfə(ʊ)ˈteɪnmənt] *n no pl* Infotainment *nt*

in·frac·tion [ɪnˈfrækʃən] *n* LAW (*form*) Verstoß *m* (**of** gegen)

in·fra dig [ˌɪnfrəˈdɪg] *adj pred* ▪ **to be ~ [for sb]** unter jds Würde sein

infra·red [ˌɪnfrəˈred] *adj* infrarot

infra·struc·ture [ˈɪnfrəˌstrʌktʃəʳ] *n* Infrastruktur *f*

in·fre·quent [ɪnˈfriːkwənt] *adj* selten

in·fringe [ɪnˈfrɪndʒ] **I.** *vt* verletzen; **to ~ a law** gegen ein Gesetz verstoßen **II.** *vi* ▪ **to ~ on/upon sth** *privacy, rights* etw verletzen; *area in* etw *akk* eindringen; *territory* auf etw *akk* übergreifen

in·fringe·ment [ɪnˈfrɪndʒmənt] *n* ❶ (*action*) Verstoß *m;* (*breach*) *of law* Gesetzesverstoß *m; of rules* Regelverletzung *f; esp* SPORTS Regelverstoß *m* ❷ *no pl* (*violation*) Übertretung *f*

in·furi·ate [ɪnˈfjʊərieɪt] *vt* wütend machen

in·fuse [ɪnˈfjuːz] **I.** *vt* ❶ (*fill*) erfüllen; ▪ **to ~ sth into sb/sth** jdm/etw etw einflößen ❷ (*form: steep in liquid*) *tea, herbs* aufgießen **II.** *vi* ziehen

in·fu·sion [ɪnˈfjuːʒən] *n* ❶ (*input*) Einbringen *nt;* ECON Infusion *f fachspr* ❷ (*brew*) Aufguss *m;* **herbal ~** Kräutertee *m* ❸ *no pl* (*brewing*) Aufgießen *nt* ❹ MED Infusion *f*

in·gen·ious [ɪnˈdʒiːniəs] *adj person* ideenreich; *idea, method, plan* ausgeklügelt; *device, machine* raffiniert

in·gen·ious·ly [ɪnˈdʒiːniəsli] *adv* ausgeklügelt, genial, raffiniert

in·genu·ity [ˌɪndʒɪˈnjuːəti] *n no pl of a person* Einfallsreichtum *m; of an idea, plan, solution* Genialität *f; of a machine, device* Raffiniertheit *f*

in·genu·ous [ɪnˈdʒenjuəs] *adj* (*form*) ❶ (*naive*) naiv ❷ (*openly honest*) offen

in·gest [ɪnˈdʒest] *vt* (*form*) ❶ MED einnehmen ❷ (*fig*) *facts, information* verschlingen

in·gle·nook ['ɪŋɡlʊk] *n esp* BRIT ARCHIT Kaminecke *f*

in·glo·ri·ous [ɪnˈɡlɔːriəs] *adj* unrühmlich; *defeat* schmählich

in·going ['ɪnˌɡəʊɪŋ] *adj attr* eingehend; *occupant, office holder* neu

in·got ['ɪŋɡət] *n* Ingot *m fachspr*; (*of gold, silver*) Barren *m*

in·grained [ɪnˈɡreɪnd] *adj* ❶ (*embedded*) fest sitzend *attr*; **to be ~ with dirt** stark verschmutzt sein ❷ (*fig: deep-seated*) tief sitzend *attr*, fest verankert

in·gra·ti·ate [ɪnˈɡreɪʃieɪt] *vt no passive* (*usu pej*) ■**to ~ oneself [with sb]** sich [bei jdm] einschmeicheln

in·grati·tude [ɪnˈɡrætɪtjuːd] *n no pl* Undankbarkeit *f*

in·gre·di·ent [ɪnˈɡriːdiənt] *n* ❶ (*in recipe*) Zutat *f* ❷ (*component*) Bestandteil *m*

'in-group *n* (*usu pej fam*) angesagte Clique

in·grow·ing [ɪnˈɡrəʊɪŋ] *adj*, **in·grown** [ɪnˈɡrəʊn] *adj attr* eingewachsen; **an ~ toenail** ein eingewachsener Fußnagel

in·hab·it [ɪnˈhæbɪt] *vt* bewohnen

in·hab·it·able [ɪnˈhæbɪtəbl] *adj* bewohnbar

in·hab·it·ant [ɪnˈhæbɪtənt] *n of region* Einwohner(in) *m(f)*; *of building* Bewohner(in) *m(f)*

in·hale [ɪnˈheɪl] **I.** *vt* einatmen; *smoker* inhalieren **II.** *vi* einatmen; *smoker* inhalieren

in·hal·er [ɪnˈheɪlə^r] *n* Inhalationsapparat *m*

in·har·mo·ni·ous [ˌɪnhɑːˈməʊniəs] *adj* ❶ (*not friendly*) gespannt ❷ (*form: not blending well*) *also* MUS unharmonisch

in·her·ent [ɪnˈherənt] *adj* innewohnend *attr*; PHILOS inhärent *geh*; ■**to be ~ in sth** etw *dat* eigen sein

in·her·it [ɪnˈherɪt] **I.** *vt* erben (**from** von); (*fig*) übernehmen (**from** von) **II.** *vi* erben

in·her·it·able [ɪnˈherɪtəbl] *adj* ❶ (*transmissible*) vererbbar ❷ LAW (*able to inherit*) erbfähig

in·her·it·ance [ɪnˈherɪtən(t)s] *n* ❶ (*legacy*) Erbe *nt kein pl* (**from** von) ❷ *no pl* (*inheriting*) *of money, property* Erben *nt*; *of characteristics* Vererben *nt*

in·hib·it [ɪnˈhɪbɪt] *vt* ❶ (*restrict*) hindern ❷ (*deter*) hemmen; ■**to ~ sb from doing sth** jdn daran hindern, etw zu tun

in·hib·it·ed [ɪnˈhɪbɪtɪd] *adj* ❶ (*self-conscious*) gehemmt; **to be/feel ~** Hemmungen haben ❷ (*repressed*) ■**to be ~** verklemmt sein *fam*

in·hi·bi·tion [ˌɪn(h)ɪˈbɪʃən] *n* ❶ *usu pl* (*self-consciousness*) Hemmung *f* ❷ *no pl* (*inhibiting*) Einschränken *nt*; (*prevention*) Verhindern *nt*

in·hos·pi·table [ˌɪnhɒsˈpɪtəbl] *adj* ❶ (*unwelcoming*) ungastlich ❷ (*unpleasant*) unwirtlich

in-'house I. *adj attr* hauseigen **II.** *adv* intern, im Hause

in·hu·man [ɪnˈhjuːmən] *adj* ❶ (*pej: cruel*) unmenschlich ❷ (*non-human*) unmenschlich; (*superhuman*) übermenschlich

in·hu·mane [ˌɪnhjuːˈmeɪn] *adj* inhuman; (*barbaric*) barbarisch

in·hu·man·ity [ˌɪnhjuːˈmænəti] *n no pl* Grausamkeit *f*; (*barbaric cruelty*) Barbarei *f*

in·imi·cal [ɪˈnɪmɪkəl] *adj* (*form*) ❶ (*harmful*) nachteilig; ■**to be ~ to sth** etw *dat* abträglich sein *geh* ❷ (*hostile*) feindselig; ■**to be ~ to sth/sb** etw/jdm feindlich gesonnen sein

in·imi·table [ɪˈnɪmɪtəbl] *adj* unnachahmlich

in·iqui·tous [ɪˈnɪkwɪtəs] *adj* (*form*) ungeheuerlich

in·iquity [ɪˈnɪkwɪti] *n* ❶ *no pl* (*wickedness*) Bosheit *f*; (*unfairness*) Ungerechtigkeit *f*; (*sinfulness*) Verderbtheit *f geh* ❷ (*wicked act*) Untat *f*; (*act of unfairness*) Ungerechtigkeit *f*; (*sin*) Sünde *f*

ini·tial [ɪˈnɪʃəl] **I.** *adj attr* anfänglich, erste(r, s) **II.** *n* Initiale *f* **III.** *vt* <BRIT -II- *or* AM *usu* -I-> ■**to ~ sth** seine Initialen unter etw *akk* setzen

ini·tial·ize [ɪˈnɪʃəlaɪz] *vt* COMPUT initialisieren

ini·tial·ly [ɪˈnɪʃəli] *adv* anfangs, zunächst

ini·ti·ate I. *vt* [ɪˈnɪʃieɪt] ❶ (*start*) in die Wege leiten ❷ (*teach*) einweihen (**into** in) ❸ (*admit to group*) einführen (**into** in); (*make official member*) [feierlich] aufnehmen (**into** in) **II.** *n* [ɪˈnɪʃiət] (*in a club, organization*) neues Mitglied; (*in a spiritual community*) Eingeweihte(r) *f/m)*

ini·tia·tion [ɪˌnɪʃiˈeɪʃən] *n* ❶ *no pl* (*start*) Einleitung *f* ❷ (*introduction*) Einführung *f* (**into** in); (*as a member*) Aufnahme *f* (**into** in); (*in tribal societies*) Initiation *f* (**into** in)

ini·tia·tive [ɪˈnɪʃətɪv] *n* ❶ *no pl* (*approv: enterprise*) [Eigen]initiative *f*; **to use one's ~** eigenständig handeln ❷ *no pl* (*power to act*) Initiative *f* ❸ (*action*) Initiative *f*

ini·tia·tor [ɪˈnɪʃieɪtə^r] *n* Urheber(in) *m(f)*, Initiator(in) *m(f)*

in·ject [ɪnˈdʒekt] *vt* ❶ MED spritzen (**into** in); ■**to ~ sb against sth** BRIT, AUS jdn gegen etw *akk* impfen ❷ (*fig: introduce*) ■**to**

~ **sth into sth** etw in etw *akk* [hinein]bringen; **to ~ cash into a project** einem Projekt Geld zuschießen *fam* ❸ TECH einspritzen ❹ AEROSP **to ~ a spacecraft into an orbit** ein Raumfahrzeug in eine Umlaufbahn schießen

in·jec·tion [ɪnˈdʒekʃˀn] *n* ❶ MED Spritze *f* ❷ (*addition*) **an ~ of cash** eine Geldspritze *fam;* **an ~ of enthusiasm/new life/optimism** ein Schuss Enthusiasmus/neues Leben/Optimismus ❸ TECH Einspritzung *f*

in·ju·di·cious [ˌɪndʒuːˈdɪʃəs] *adj* (*form*) unklug; (*ill-considered*) unüberlegt

in·junc·tion [ɪnˈdʒʌŋ(k)ʃˀn] *n* ❶ LAW [gerichtliche] Verfügung ❷ (*instruction*) Ermahnung *f*

in·jure [ˈɪndʒəʳ] *vt* ❶ (*wound*) verletzen; **to ~ one's back/leg** sich *dat* den Rücken/das Bein verletzen ❷ (*damage*) schaden

in·jured [ˈɪndʒəd] I. *adj* ❶ (*wounded*) verletzt ❷ (*offended*) verletzt ❸ LAW (*wronged*) **the ~ party** der/die Geschädigte II. *n* ▪**the ~** *pl* die Verletzten *pl*

in·ju·ry [ˈɪndʒəri] *n* Verletzung *f*

in·jus·tice [ɪnˈdʒʌstɪs] *n* Ungerechtigkeit *f*

ink [ɪŋk] I. *n* ❶ *no pl* (*for writing*) Tinte *f;* ART Tusche *f;* (*for stamp-pad*) Farbe *f;* TYPO Druckfarbe *f;* (*for newspapers*) Druckerschwärze *f* ❷ (*from octopus*) Tinte *f* II. *vt* ❶ TYPO einfärben ❷ ECON unterschreiben

ˈink botˌtle *n* Tintenfass *nt* **ink-jet ˈprint·er** *n* Tintenstrahldrucker *m*

ink·ling [ˈɪŋklɪŋ] *n* ❶ (*suspicion*) Ahnung *f;* **sb has an ~ of sth** jd ahnt etw ❷ (*hint*) Hinweis *m*

ˈink-pad *n* Stempelkissen *nt*

inky [ˈɪŋki] *adj* ❶ (*covered with ink*) tintenbefleckt ❷ (*very dark*) pechschwarz

in·laid [ɪnˈleɪd] I. *adj* mit Intarsien *nach n;* **~ work** Intarsienarbeit *f* II. *vt pt, pp of* **inlay**

in·land I. *adj* [ˈɪnlənd] *usu attr* ❶ (*not coastal*) *sea, shipping* Binnen-; *town, village* im Landesinneren *nach n* ❷ *esp* BRIT ADMIN, ECON (*domestic*) inländisch, Inland[s]-; **~ haulage/trade** Binnentransport *m*/-handel *m* II. *adv* [ˈɪnlænd] (*direction*) ins Landesinnere; (*place*) im Landesinneren

Inˌland ˈRev·enue *n* BRIT, NZ ▪**the ~** ≈ das Finanzamt

in-laws [ˈɪnlɔːz] *npl* Schwiegereltern *pl*

in·lay I. *n* [ˈɪnleɪ] ❶ *no pl* (*embedded pattern*) Einlegearbeit[en] *f*[*pl*] ❷ MED (*for tooth*) Inlay *nt* II. *vt* <-laid, -laid> [ɪnˈleɪ] *usu passive* einlegen

in·let [ˈɪnlet] *n* ❶ GEOG [schmale] Bucht; (*of sea*) Meeresarm *m* ❷ TECH (*part of machine*) Einlass[kanal] *m;* (*pipe*) Zuleitung *f*

in·mate [ˈɪnmeɪt] *n* Insasse *m*/Insassin *f;* **prison ~** Gefängnisinsasse *m*/-insassin *f*

inn [ɪn] *n* Gasthaus *nt*

in·nards [ˈɪnədz] *npl* (*fam*) ❶ ANAT Eingeweide *pl;* FOOD Innereien *pl* ❷ (*of machine*) Innere *nt kein pl*

in·nate [ɪˈneɪt] *adj* natürlich, angeboren

in·ner [ˈɪnəʳ] *adj usu attr* ❶ (*interior*) Innen-, innere(r, s) *attr* ❷ (*emotional*) innere(r, s) *attr;* **~ feelings** tiefste Gefühle; **~ life** Innenleben *nt*

inˌner ˈcity *n* Innenstadt *f,* [Stadt]zentrum *nt* **in·nerˌmost** [ˈɪnəmə(ʊ)st] *adj attr* ❶ (*furthest in*) innerste(r, s) ❷ (*most secret*) geheimste(r, s), intimste(r, s) **ˈinˌner tube** *n* Schlauch *m*

in·ning [ˈɪnɪŋ] *n* SPORTS ❶ AM (*in baseball*) Inning *nt* ❷ BRIT ▪**~s** + *sing vb* (*in cricket*) Durchgang *m*

in·no·cence [ˈɪnəsˀn(t)s] *n no pl* Unschuld *f*

in·no·cent [ˈɪnəsˀnt] I. *adj* ❶ (*not guilty*) unschuldig ❷ (*approv: artless*) unschuldig ❸ (*uninvolved*) unbeteiligt; **an ~ victim** ein unschuldiges Opfer ❹ (*intending no harm*) unschuldig; *mistake* unbeabsichtigt ❺ (*harmless*) *substance* harmlos II. *n* **to be an ~** naiv sein

in·no·cent·ly [ˈɪnəsˀntli] *adv* ❶ (*not maliciously*) arglos ❷ (*not criminally*) ohne böse Absicht

in·noc·u·ous [ɪˈnɒkjuəs] *adj* harmlos

in·no·vate [ˈɪnə(ʊ)veɪt] *vi* ❶ (*introduce sth new*) Neuerungen einführen; (*be creative*) kreativ sein ❷ (*make changes*) sich erneuern

in·no·va·tion [ˌɪnə(ʊ)ˈveɪʃˀn] *n* ❶ (*new thing*) Neuerung *f;* (*new product*) Innovation *f* ❷ *no pl* (*creating new things*) [Ver]änderung *f*

in·no·va·tive [ˈɪnə(ʊ)veɪtɪv] *adj* ❶ (*original*) innovativ ❷ (*having new ideas*) kreativ

in·no·va·tor [ˈɪnə(ʊ)veɪtəʳ] *n* Erneuerer *m*/Erneuerin *f*

in·nu·en·do <*pl* -s *or* -es> [ˌɪnjuˈendəʊ] *n* ❶ (*insinuation*) Anspielung *f* (**about** auf) ❷ (*suggestive remark*) Zweideutigkeit *f* ❸ *no pl* (*suggestive quality*) Andeutungen *pl*

in·nu·mer·able [ɪˈnjuːmərəbl] *adj* unzählig

in·nu·mer·ate [ɪˈnjuːmərət] *adj esp* BRIT ▪**to be ~** nicht rechnen können

in·ocu·late [ɪ'nɒkjəleɪt] *vt* impfen (**against** gegen)

in·ocu·la·tion [ɪˌnɒkjə'leɪʃᵊn] *n* Impfung *f*

in·of·fen·sive [ɪnə'fen(t)sɪv] *adj* ❶ (*not causing offence*) *behaviour, person, remark* unauffällig ❷ (*not unpleasant*) *pattern, design* unaufdringlich

in·op·er·able [ɪ'nɒpᵊrəbl] *adj* ❶ MED (*not treatable*) inoperabel ❷ (*unable to function*) nicht funktionsfähig; (*not practicable*) undurchführbar

in·op·era·tive [ɪ'nɒpᵊrətɪv] *adj* (*form*) ❶ (*not in effect*) ungültig; **to be/become ~** *rule, regulation* außer Kraft sein/treten ❷ (*not working*) nicht funktionsfähig; ■ **to be ~** nicht funktionieren

in·op·por·tune [ɪ'nɒpətjuːn] *adj* ❶ (*inconvenient*) ungünstig ❷ (*unsuitable*) *remark* unpassend

in·or·di·nate [ɪ'nɔːdɪnət] *adj* (*pej form*) ungeheure(r, s) *attr*; ungeheuerlich

in·or·gan·ic [ˌɪnɔː'gænɪk] *adj* CHEM anorganisch

'in-pa·tient *n* stationärer Patient/stationäre Patientin

in·put ['ɪnpʊt] **I.** *n* ❶ *no pl* (*resource put in*) Beitrag *m*; (*of work*) [Arbeits]aufwand *m*; (*of ideas, suggestions*) Beitrag *m* ❷ COMPUT, ELEC (*component*) Anschluss *m* ❸ *no pl* COMPUT (*ingoing information*) Input *m*; (*the typing in*) Eingabe *f* **II.** *adj* COMPUT (*buffer, data, file, port*) Eingabe- **III.** *vt* <-tt-, put, put> COMPUT (*store in computer*) eingeben; (*with a scanner*) einscannen

in·quest ['ɪŋkwest] *n* ❶ LAW gerichtliche Untersuchung [der Todesursache]; **to hold an ~** [**into sth**] [etw] gerichtlich untersuchen ❷ ECON (*fig*) Untersuchung *f*; **to hold an ~ [into sth]** eine Untersuchung [einer S. *gen*] durchführen

in·quire *vt, vi esp* AM *see* **enquire**

in·quir·ing *adj esp* AM *see* **enquiring**

in·quir·ing·ly *adv esp* AM *see* **enquiringly**

in·quiry *n esp* AM *see* **enquiry**

in·qui·si·tion [ˌɪŋkwɪ'zɪʃᵊn] *n* ❶ (*pej: unfriendly questioning*) Verhör *nt* ❷ HIST ■ **the I~** die Inquisition

in·quisi·tive [ɪn'kwɪzətɪv] *adj* ❶ (*eager to know*) wissbegierig; (*curious*) neugierig; *look, face* fragend *attr*; *child* fragelustig ❷ (*pej: prying*) *person* neugierig

in·road ['ɪnrəʊd] *n usu pl* ❶ (*reduce noticeably*) **to make ~s into sth** *money, savings* tiefe Löcher in etw *akk* reißen; *object, pile* sich an etw *dat* vergreifen *fam* ❷ (*make progress*) **to make ~s** [**into sth**] [bei etw *dat*] weiterkommen ❸ (*raid*) **to make ~s** [**into sth**] [in etw *akk*] vorstoßen; **to make ~s on sth** in etw *akk* einfallen

in·rush ['ɪnrʌʃ] *n usu sing of water* Einbruch *m*; *of people* Zustrom *m*

in·sa·lu·bri·ous [ˌɪnsə'luːbriəs] *adj* (*form*: *unwholesome*) schädlich; (*unhealthy*) ungesund; (*dirty*) verschmutzt

ins and outs [ˌɪnzən(d)'aʊts] *n* ■ **the ~ of sth** die Details einer S. *gen*

in·sane [ɪn'seɪn] *adj* ❶ PSYCH geistesgestört ❷ (*fam: crazy*) verrückt

in·sane·ly [ɪn'seɪnli] *adv* wahnsinnig; **~ jealous** krankhaft eifersüchtig

in·sani·tary [ɪn'sænɪtᵊri] *adj* unhygienisch

in·san·ity [ɪn'sænəti] *n no pl* (*also fig*) Wahnsinn

in·sa·tia·ble [ɪn'seɪʃəbl] *adj* *appetite, demand, thirst* unstillbar; *person* unersättlich

in·scribe [ɪn'skraɪb] *vt* ❶ (*form: write*) schreiben (**on** auf); (*cut into metal*) eingravieren (**on** auf); (*cut into stone*) einmeißeln (**on** auf) ❷ (*dedicate*) ■ **to ~ sth to sb** jdm etw widmen

in·scrip·tion [ɪn'skrɪpʃᵊn] *n* ❶ (*inscribed words*) Inschrift *f* ❷ (*in book*) Widmung *f*

in·scru·table [ɪn'skruːtəbl] *adj* *expression, look, smile* undurchdringlich; *person* undurchschaubar

in·sect ['ɪnsekt] *n* Insekt *nt*; **~ bite** Insektenstich *m*

in·sec·ti·cide [ɪn'sektɪsaɪd] *n* Insektenvernichtungsmittel *nt*

in·se·cure [ˌɪnsɪ'kjʊəʳ] *adj* ❶ (*lacking confidence*) unsicher ❷ (*precarious*) unsicher ❸ (*not fixed securely*) nicht fest; (*unsafe*) unstabil

in·se·cu·rity [ˌɪnsɪ'kjʊərəti] *n no pl* Unsicherheit *f*; **a sense of ~** eine innere Unsicherheit

in·semi·nate [ɪn'semɪneɪt] *vt animal* besamen; *woman* [künstlich] befruchten

in·semi·na·tion [ɪnˌsemɪ'neɪʃᵊn] *n no pl* Befruchtung *f*; *of animals* Besamung *f*

in·sen·sible [ɪn'sen(t)səbl] *adj* (*form*) ❶ (*unconscious*) bewusstlos ❷ (*physically*) gefühllos; (*not feeling pain*) [schmerz]unempfindlich ❸ *pred* (*indifferent*) unempfänglich (**to** für); (*unfeeling*) gefühllos ❹ *pred* (*unaware*) ■ **to be ~ of sth** sich *dat* einer S. *gen* nicht bewusst sein ❺ (*imperceptible*) unmerklich

in·sen·si·tive [ɪn'sen(t)sətɪv] *adj* ❶ (*pej: uncaring*) *person* gefühllos; *remark* taktlos ❷ (*pej: unappreciative*) gleichgültig; ■ **to**

be ~ to sth etw *dat* gegenüber gleichgültig sein ❸ *usu pred* (*physically*) unempfindlich; ■**to be ~ to sth** etw *dat* gegenüber unempfindlich sein

in·sepa·rable [ɪnˈsepərəbl] *adj* ❶ (*emotionally*) unzertrennlich ❷ (*physically*) untrennbar [miteinander verbunden] ❸ LING untrennbar

in·sert I. *vt* [ɪnˈsɜːt] ■**to ~ sth** [**into sth**] ❶ (*put into*) etw [in etw *akk*] [hinein]stecken; *coins* etw [in etw *akk*] einwerfen ❷ (*into text*) etw [in etw *akk*] einfügen; (*on form*) etw [in etw *akk*] eintragen II. *n* [ˈɪnsɜːt] ❶ (*extra pages*) Werbebeilage[n] *f*[*pl*] ❷ (*in shoe*) Einlage *f*; (*in clothing*) Einsatz *m*

in·ser·tion [ɪnˈsɜːʃən] *n* ❶ *no pl* (*act of inserting*) Einlegen *nt,* Einsetzen *nt*; (*into a slot*) Einführen *nt*; *of coins* Einwurf *m*; (*into text*) Ergänzung *f* ❷ (*sth inserted*) Zusatz *m* ❸ (*in newspaper*) Erscheinen *nt*

ˈin·ser·vice *adj attr* ~ **course** [innerbetriebliche] Fortbildung

in·set I. *n* [ˈɪnset] ❶ (*inserted thing*) Einsatz *m* ❷ (*in map*) Nebenkarte *f*; (*in picture*) Nebenbild *nt* ❸ TYPO (*added page*) Einlage *f,* Beilage *f* II. *vt* <-set *or* -setted, -set *or* -setted> [ˌɪnˈset] ■**to ~ sth** [**into** [*or* **in**] **sth**] ❶ (*insert*) etw [in etw *akk*] einsetzen; **a gold necklace ~ with rubies** eine Goldkette mit eingelassenen Rubinen ❷ TYPO etw [in etw *akk*] einfügen

in·shore [ˌɪnˈʃɔː] I. *adj* Küsten-, in Küstennähe *nach n* II. *adv* in Richtung Küste

in·side [ˌɪnˈsaɪd] I. *n* ❶ *no pl* (*interior*) Innere *nt;* **from the ~** von innen ❷ (*inner surface*) *of hand, door* Innenseite *f*; (*inner lane*) Innenspur *f*; SPORTS Innenbahn *f* ❸ (*within an organization*) Innere *nt*; **someone on the ~** ein Insider ❹ (*mind*) **who knows what she was feeling on the ~** wer weiß wie es in ihr aussah ❺ (*inside information*) **to have the ~ on sth** vertrauliche Information[en] über etw *akk* haben II. *adv* ❶ (*in the interior*) innen ❷ (*indoors*) innen; (*direction*) hinein; (*into the house*) ins Haus ❸ (*fig: within oneself*) im Inneren ❹ (*sl: in prison*) hinter Gittern III. *adj attr* ❶ (*inner*) Innen-, innere(r, s) ❷ (*indoor*) Innen- IV. *prep* ■**~ sth** (*direction*) in etw *akk* [hinein]; (*location*) in etw *dat;* **he finished it ~ of two hours** er war in weniger als zwei Stunden damit fertig; **to be ~ the record** unter der Rekordzeit liegen

in·sid·er [ɪnˈsaɪdər] *n* Insider(in) *m(f)*

in·sidi·ous [ɪnˈsɪdiəs] *adj* heimtückisch

in·sidi·ous·ly [ɪnˈsɪdiəsli] *adv* heimtückisch, schleichend *attr*

in·sight [ˈɪnsaɪt] *n* ❶ (*perception*) Einsicht *f,* Einblick *m* (**into** in); **to gain an ~ into sth/sb** jdn/etw verstehen lernen; **to give sb an ~ into sth** jdm einen Einblick in etw *akk* geben ❷ *no pl* (*perceptiveness*) Verständnis *nt;* **to have ~ into sth** etw verstehen; (*sympathetically*) sich in etw *akk* einfühlen können

in·sig·nia <*pl* - *or* -s> [ɪnˈsɪɡniə] *n* Insigne *nt*

in·sig·nifi·cance [ˌɪnsɪɡˈnɪfɪkən(t)s] *n no pl* Belanglosigkeit *f*

in·sig·nifi·cant [ˌɪnsɪɡˈnɪfɪkənt] *adj* ❶ (*trifling*) unbedeutend ❷ (*trivial*) belanglos ❸ (*undistinguished*) unbedeutend

in·sin·cere [ˌɪnsɪnˈsɪər] *adj* unaufrichtig; *person* falsch; *smile, praise* unecht; *flattery* heuchlerisch

in·sinu·ate [ɪnˈsɪnjueɪt] *vt* ❶ (*imply*) andeuten ❷ (*form: slide*) ■**to ~ sth into sth** etw vorsichtig in etw *akk* schieben ❸ (*pej form: worm one's way*) ■**to ~ oneself into sth** sich in etw *akk* [ein]schleichen

in·sinu·at·ing [ɪnˈsɪnjueɪtɪŋ] *adj* (*implying sth unpleasant*) boshaft, provozierend; (*implying sth salacious*) zweideutig

in·sinu·ation [ɪnˌsɪnjuˈeɪʃən] *n* Unterstellung *f*

in·sip·id [ɪnˈsɪpɪd] *adj* (*pej*) ❶ (*dull*) stumpfsinnig ❷ (*bland*) fade

in·sist [ɪnˈsɪst] I. *vi* ❶ (*demand*) bestehen (**on/upon** auf) ❷ (*continue annoyingly*) ■**to ~ on doing sth** sich nicht von etw *dat* abbringen lassen ❸ (*maintain forcefully*) ■**to ~ on sth** auf etw *dat* beharren II. *vt* ■**to ~ that ...** ❶ (*state forcefully*) fest behaupten, dass ... ❷ (*demand forcefully*) darauf bestehen, dass ...

in·sist·ence [ɪnˈsɪstən(t)s] *n no pl* Bestehen *nt* (**on** auf)

in·sist·ent [ɪnˈsɪstənt] *adj* ❶ *usu pred* (*determined*) beharrlich ❷ (*forceful*) *appeals, demands* nachdrücklich ❸ (*repeated*) wiederholt

in·so·far as [ˌɪnsə(ʊ)ˈfɑːræz] *adv* (*form*) soweit

in·sole [ˈɪnsəʊl] *n* Einlegesohle *f*; (*part of shoe*) Innensohle *f*

in·so·lence [ˈɪn(t)sələn(t)s] *n no pl* Unverschämtheit *f*

in·so·lent [ˈɪn(t)sələnt] *adj* unverschämt

in·so·lent·ly [ˈɪn(t)sələntli] *adv* unverschämt, frech

in·sol·uble [ɪnˈsɒljəbl] *adj* ❶ *puzzle, prob-*

lem unlösbar ② *minerals, substances* nicht löslich

in·sol·ven·cy [ɪnˈsɒlvən(t)si] *n no pl* Zahlungsunfähigkeit *f*

in·sol·vent [ɪnˈsɒlvənt] **I.** *adj* zahlungsunfähig **II. to be an ~** zahlungsunfähig sein

in·som·nia [ɪnˈsɒmniə] *n no pl* Schlaflosigkeit *f*

in·som·ni·ac [ɪnˈsɒmniæk] *n* **to be an ~** an Schlaflosigkeit leiden

in·spect [ɪnˈspekt] *vt* ① (*examine carefully*) untersuchen ② (*examine officially*) kontrollieren ③ MIL *troops* inspizieren

in·spec·tion [ɪnˈspekʃ(ə)n] *n* ① (*examination*) [Über]prüfung *f*; **to carry out an ~ of sth** etw einer Überprüfung unterziehen ② (*by officials*) Kontrolle *f* ③ (*of troops*) Inspektion *f*

in·spec·tor [ɪnˈspektər] *n* ① (*person who inspects*) Inspektor(in) *m(f)*; **tax ~** Steuerprüfer(in) *m(f)*; **ticket ~** [Fahrkarten]kontrolleur(in) *m(f)* ② (*police rank*) Inspektor(in) *m(f)*

in·spi·ra·tion [ˌɪn(t)spəˈreɪʃ(ə)n] *n* ① *no pl* (*creative stimulation*) Inspiration *f*; **to lack ~** fantasielos sein ② (*sth inspiring*) Inspiration *f* ③ (*good idea*) Idee *f*

in·spire [ɪnˈspaɪər] *vt* ① (*stimulate creatively*) inspirieren ② (*arouse*) ■ **to ~ sth [in sb]** *fear, hope, optimism* etw [bei jdm] hervorrufen; **they don't ~ me with confidence** sie wirken nicht Vertrauen erweckend auf mich ③ (*lead to*) ■ **to ~ sth** zu etw *dat* führen

in·spired [ɪnˈspaɪəd] *adj* ① (*stimulated*) *poet, athlete* inspiriert ② (*approv: excellent*) großartig ③ (*motivated*) **a politically ~ strike** ein politisch motivierter Streik

in·sta·bil·ity [ˌɪnstəˈbɪləti] *n no pl* ① (*also fig*) *of building, structure* Instabilität *f* ② PSYCH Labilität *f*

in·stall [ɪnˈstɔːl], AM **in·stal** <-ll-> *vt* ① TECH (*put in position*) *machinery* aufstellen; *computers, heating, plumbing* installieren; *bathroom, kitchen* einbauen; *electric wiring, pipes* verlegen; *telephone, washing machine* anschließen ② (*ceremonially*) einsetzen; **to ~ sb as archbishop/mayor** jdn als Erzbischof/Bürgermeister in sein Amt einführen ③ (*position*) **to ~ sb/oneself at a desk** jdm einen Schreibtisch zuweisen/sich einen Schreibtisch aussuchen

in·stal·la·tion [ˌɪnstəˈleɪʃ(ə)n] *n* ① *no pl* TECH *of machinery* Aufstellen *nt*; *of an appliance, heating, plumbing* Installation *f*; *of kitchen, bathroom* Einbau *m*; *of electrical wiring, pipes* Verlegung *f*; *of telephone, washing machine* Anschluss *m*; AM, AUS *of carpet* Verlegen *nt* ② (*facility*) Anlage *f* ③ (*in office*) Amtseinsetzung *f* kein pl ④ ART (*sculpture*) Installation *f*

in·stal·ment [ɪnˈstɔːlmənt] *n*, AM **in·stall·ment** *n* ① (*part*) Folge *f* ② ECON, FIN Rate *f*

in·stance [ˈɪn(t)stən(t)s] *n* ① (*particular case*) Fall *m*; **in this ~** in diesem Fall ② (*example*) **for ~** zum Beispiel ③ (*form: in argumentation*) **in the first ~** (*at first*) zunächst; (*in the first place*) von vorne herein

in·stant [ˈɪn(t)stənt] **I.** *n* ① (*moment*) Moment *m*, Augenblick *m*; **the next ~** im nächsten Moment; **this ~** sofort ② (*as soon as*) ■ **the ~** sobald **II.** *adj* ① (*immediate*) sofortige(r, s) *attr*; **the film was an ~ success** der Film war sofort ein Erfolg; **to take ~ effect** sofort wirken ② FOOD **~ coffee** Pulverkaffee *m*; **~ soup** (*in bags*) Tütensuppe *f*; (*in tins*) Dosensuppe *f* ③ *attr* (*liter: urgent*) dringend

in·stan·ta·neous [ˌɪn(t)stənˈteɪniəs] *adj effect, reaction* unmittelbar

in·stan·ta·neous·ly [ˌɪn(t)stənˈteɪniəsli] *adv* sofort, unmittelbar

in·stant·ly [ˈɪn(t)stəntli] *adv* sofort

in·stant ˈre·play *n* TV Wiederholung *f*

in·stead [ɪnˈsted] **I.** *adv* stattdessen **II.** *prep* ■ **~ of sth/sb** [an]statt einer S./einer Person *gen*; **Sue volunteered to go ~ of Jean** Sue bot sich an, an Jeans Stelle zu gehen; ■ **~ of doing sth** [an]statt etw zu tun

in·step [ˈɪnstep] *n* ① (*of foot*) Spann *m* ② (*of shoe*) Blatt *nt*

in·sti·gate [ˈɪn(t)stɪɡeɪt] *vt* ① (*initiate*) einleiten ② (*pej: incite*) *revolt, strike* anzetteln

in·sti·ga·tion [ˌɪn(t)stɪˈɡeɪʃ(ə)n] *n no pl* (*form*) Anregung *f* (**of** zu); (*incitement*) Anstiftung *f* (**of** zu)

in·sti·ga·tor [ˈɪn(t)stɪɡeɪtər] *n* Initiator(in) *m(f)*; (*inciter*) Anstifter(in) *m(f)*

in·stil <-ll-> [ɪnˈstɪl], AM **in·still** *vt* ■ **to ~ sth into sb** *a feeling* jdm etw einflößen; *knowledge* jdm etw beibringen

in·stinct [ˈɪn(t)stɪŋ(k)t] *n* ① (*natural response*) Instinkt *m*; **her first ~ was to shout** ihr erster Impuls war zu schreien; **to have an ~ for sth** einen Riecher für etw *akk* haben *fam* ② *no pl* (*innate behaviour*) Instinkt *m*; **to do sth by/on ~** etw instinktiv tun

in·stinc·tive [ɪnˈstɪŋ(k)tɪv] *adj* instinktiv; (*innate*) natürlich, angeboren

in·stinc·tive·ly [ɪnˈstɪŋ(k)tɪvli] *adv* instinktiv

in·sti·tute [ˈɪn(t)stɪtjuːt] **I.** *n* Institut *nt*; (*of higher education*) Hochschule *f* **II.** *vt* ❶ (*establish*) *system, reform* einführen ❷ (*initiate*) *steps, measures* einleiten; *legal action* anstrengen

in·sti·tu·tion [ˌɪn(t)strɪˈtjuːʃən] *n* ❶ *no pl* (*establishment*) Einführung *f* ❷ (*esp pej: building*) Heim *nt*, Anstalt *f* ❸ (*custom*) *also of person* Institution *f* ❹ (*organization*) Einrichtung *f*

in·sti·tu·tion·al [ˌɪn(t)strɪˈtjuːʃənəl] *adj* ❶ (*pej*) Anstalts-, Heim- ❷ (*organizational*) institutionell; (*established*) institutionalisiert, etabliert

in·sti·tu·tion·al·ize [ˌɪn(t)strɪˈtjuːʃənəlaɪz] *vt* ❶ (*place in care*) ■ **to ~ sb** jdn in ein Heim einweisen ❷ (*make into custom*) ■ **to ~ sth** etw institutionalisieren *geh*

in·struct [ɪnˈstrʌkt] *vt* ❶ (*teach*) ■ **to ~ sb in sth** jdm etw beibringen ❷ (*order*) anweisen ❸ BRIT, AUS *solicitor, counsel* beauftragen

in·struc·tion [ɪnˈstrʌkʃən] *n* ❶ *usu pl* (*order*) Anweisung *f* ❷ *no pl* (*teaching*) Unterweisung *f*; **to give sb ~ in sth** jdm etw beibringen ❸ (*directions*) ■ **~s** *pl* Anweisung *f*; **~s for use** Gebrauchsanweisung *f*

in·ˈstruc·tion book *n*, **in·ˈstruc·tion manu·al** *n of a computer* Handbuch *nt*; *of a machine/device* Gebrauchsanweisung *f*

in·ˈstruc·tion leaf·let *n* Informationsblatt *nt*; (*for use*) Gebrauchsanweisung *f*

in·struc·tive [ɪnˈstrʌktɪv] *adj* (*approv*) lehrreich, aufschlussreich

in·struc·tor [ɪnˈstrʌktə] *n* ❶ (*teacher*) Lehrer(in) *m(f)*; **driving/ski ~** Fahr-/Skilehrer(in) *m(f)* ❷ AM (*at university*) Dozent(in) *m(f)*

in·stru·ment [ˈɪnstrəmənt] *n* ❶ (*tool, measuring device*) *also* MUS Instrument *nt*; **a blunt ~** ein schwerer, stumpfer Gegenstand ❷ (*means*) Mittel *nt*

in·stru·men·tal [ˌɪn(t)strəˈmentəl] **I.** *adj* ❶ MUS instrumental ❷ (*influential*) förderlich; **he was ~ in bringing about much needed reforms** er war maßgeblich daran beteiligt, längst überfällige Reformen in Gang zu setzen **II.** *n* Instrumental[stück] *nt*

in·stru·men·ta·tion [ˌɪn(t)strəmenˈteɪʃən] *n* ❶ *no pl* MUS (*arrangement*) Arrangement *nt* ❷ MUS (*instruments*) Instrumentation *f fachspr* ❸ *no pl* TECH (*instruments collectively*) Instrumente *pl*

ˈin·stru·ment board *n*, **ˈin·stru·ment pan·el** *n* AUTO Armaturenbrett *nt*; AVIAT, NAUT Instrumententafel *f*

in·sub·or·di·nate [ˌɪnsəˈbɔːdənət] *adj* ungehorsam, aufsässig

in·sub·stan·tial [ˌɪnsəbˈstæn(t)ʃəl] *adj* ❶ (*unconvincing*) *argument, evidence* fadenscheinig; *plot, meal* dürftig ❷ (*small*) *meal* [sehr] klein ❸ (*form: not real*) unbegründet

in·suf·fer·able [ɪnˈsʌfərəbl] *adj* (*pej*) unerträglich; *person* unausstehlich

in·suf·fi·cien·cy [ˌɪnsəˈfɪʃən(t)si] *n no pl* Mangel *m* (**of** an)

in·suf·fi·cient [ˌɪnsəˈfɪʃənt] *adj* zu wenig *präd*, unzureichend

in·suf·fi·cient·ly [ˌɪnsəˈfɪʃəntli] *adv* ungenügend, unzureichend, unzulänglich

in·su·lar [ˈɪn(t)sjələ] *adj* ❶ (*pej: parochial*) provinziell ❷ GEOG Insel-

in·su·lar·i·ty [ˌɪn(t)sjəˈlærəti] *n no pl* (*pej*) Provinzialität *f*

in·su·late [ˈɪn(t)sjəleɪt] *vt* ❶ (*protect*) *roof, room, wire* isolieren ❷ (*fig: shield*) [be]schützen (**from** vor)

in·su·lat·ing [ˈɪn(t)sjəleɪtɪŋ] *adj* *layer, material, tape* Isolier-

in·su·la·tion [ˌɪn(t)sjəˈleɪʃən] *n no pl* ❶ (*material, action*) Isolierung *f* ❷ (*fig: protection*) Schutz *m*

in·su·lin [ˈɪn(t)sjəlɪn] *n no pl* Insulin *nt*

in·sult I. *vt* [ɪnˈsʌlt] beleidigen; **to feel/be ~ed** beleidigt sein **II.** *n* [ˈɪnsʌlt] ❶ (*offensive remark*) Beleidigung *f* ❷ (*affront*) **to be an ~ to sb/sth** für jdn/etw eine Beleidigung sein; **an ~ to sb's intelligence** jds Intelligenz beleidigen ▶ **to add ~ to injury** um dem Ganzen die Krone aufzusetzen

in·sult·ing [ɪnˈsʌltɪŋ] *adj* beleidigend

in·sult·ing·ly [ɪnˈsʌltɪŋli] *adv* beleidigend; **the questions were ~ easy** die Fragen waren lächerlich einfach

in·su·per·able [ɪnˈsuːpərəbl] *adj* (*form*) unüberwindlich

in·sup·port·able [ˌɪnsəˈpɔːtəbl] *adj* unerträglich

in·sur·ance [ɪnˈʃʊərən(t)s] *n* ❶ *no pl* (*financial protection*) Versicherung *f*; **to have ~ [against sth]** [gegen etw *akk*] versichert sein; **to take out ~ [against sth]** sich [gegen etw *akk*] versichern ❷ *no pl* (*payout*) Versicherungssumme *f* ❸ *no pl* (*premium*) [Versicherungs]prämie *f* ❹ *no pl* (*profession*) Versicherungswesen *nt* ❺ (*protective measure*) Absicherung *f*

in·ˈsur·ance bro·ker *n* Versicherungsmakler(in) *m(f)* **in·ˈsur·ance com·pa·**

ny *n* Versicherung[sgesellschaft] *f* **in·'sur·ance poli·cy** *n* ❶ (*contract*) Versicherungspolice *f* ❷ (*fig: alternative*) **as an ~** zur Sicherheit **in·'sur·ance pre·mium** *n* [Versicherungs]prämie *f*

in·sure [ɪnˈʃʊəʳ] I. *vt* versichern (**against** gegen) II. *vi* ❶ (*protect oneself*) ■ **to ~ against sth** sich gegen etw *akk* absichern ❷ (*take insurance*) sich versichern (**with** bei)

in·sured [ɪnˈʃʊəd] I. *adj* ■ **to be ~ object, person** versichert sein II. *n* LAW **the ~** der/die Versicherte

in·sur·er [ɪnˈʃʊərəʳ] *n* ❶ (*agent*) Versicherungsvertreter(in) *m(f)* ❷ *esp pl* (*company*) Versicherung[sgesellschaft] *f*

in·sur·gent [ɪnˈsɜːdʒ³nt] I. *n* ❶ (*rebel*) Aufständische(r) *f(m)*, Aufrührer(in) *m(f)* ❷ AM POL Parteimitglied, das sich der Parteidisziplin nicht beugt II. *adj attr* aufständisch

in·sur·mount·able [ˌɪnsəˈmaʊntəbl̩] *adj* unüberwindlich

in·sur·rec·tion [ˌɪnsəˈrekʃ³n] *n* Aufstand *m*

in·tact [ɪnˈtækt] *adj usu pred* ❶ (*physically*) intakt ❷ (*fig: morally*) unversehrt

in·take [ˈɪnteɪk] I. *n* ❶ (*act*) *of drink, food, vitamins* Aufnahme *f*; **~ of breath** Luftholen *nt* ❷ (*amount*) aufgenommene Menge; **alcohol ~** Alkoholkonsum *m*; **~ of calories** Kalorienzufuhr *f* ❸ (*number of people*) Aufnahmequote *f*; MIL Rekrutierung *f* ❹ MECH, TECH Einlassöffnung *f* II. *adj* Ansaug-, Saug-

in·tan·gible [ɪnˈtændʒəbl̩] I. *adj* nicht greifbar; *fear, feeling, longings* unbestimmbar II. *n* das Unbestimmte; (*personal quality*) Eigenschaft *f*

in·te·ger [ˈɪntɪdʒəʳ] *n* MATH ganze Zahl

in·te·gral [ˈɪntɪgrəl] I. *adj* ❶ (*central, essential*) wesentlich ❷ (*whole*) vollständig ❸ (*built-in*) eingebaut ❹ MATH Integral- II. *n* MATH Integral *nt*

in·te·grate [ˈɪntɪgreɪt] I. *vt* integrieren (**into** in); ■ **to ~ sth with sth** etw [auf etw *akk*] abstimmen II. *vi* sich integrieren; AM SCH (*hist*) Schulen für Schwarze zugänglich machen

in·te·grat·ed [ˈɪntɪgreɪtɪd] *adj plan, piece of work* einheitlich; ■ **to be ~ into sth** *ethnic community, person* in etw *akk* integriert sein; **~ school** AM (*hist*) Schule *f* ohne Rassentrennung

in·te·grat·ed 'cir·cuit *n*, **IC** *n* ELEC integrierter Schaltkreis

in·te·gra·tion [ˌɪntɪˈgreɪʃ³n] *n no pl* ❶ (*cultural assimilation*) Integration *f*; **~ of dis- abled people** Eingliederung *f* von Behinderten; **racial ~** Rassenintegration *f* ❷ (*unification, fusion*) Zusammenschluss *m*; (*combination*) Kombination *f* ❸ PHYS, PSYCH Integration *f fachspr*

in·teg·rity [ɪnˈtegrəti] *n no pl* ❶ (*moral uprightness*) Integrität *f* ❷ (*form: unity, wholeness*) Einheit[lichkeit] *f*

in·tel·lect [ˈɪnt³lekt] *n* ❶ *no pl* (*faculty*) Verstand *m*, Intellekt *m* ❷ (*person*) großer Denker/große Denkerin

in·tel·lec·tual [ˌɪnt³lˈektjuəl] I. *n* Intellektuelle(r) *f(m)* II. *adj activity, climate, interests* intellektuell, geistig

in·tel·li·gence [ɪnˈtelɪdʒ³n(t)s] *n no pl* ❶ (*brain power*) Intelligenz *f* ❷ + *sing/pl vb* (*department*) Geheimdienst *m*; **military ~** militärischer Geheimdienst ❸ + *sing/pl vb* (*inside information*) [nachrichtendienstliche] Informationen; **according to our latest ~** unseren letzten Meldungen zufolge

in·'tel·li·gence ser·vice *n* Geheimdienst *m* **in·'tel·li·gence test** *n* Intelligenztest *m*

in·tel·li·gent [ɪnˈtelɪdʒ³nt] *adj* klug, intelligent

in·tel·li·gent de·'sign *n no pl* Intelligent-Design *nt* (*Glaubensrichtung, die davon ausgeht, dass die Evolution von einer göttlichen Kraft gelenkt wurde*)

in·tel·li·gent·sia [ɪnˌtelɪˈdʒentsiə] *n* + *sing/pl vb* ■ **the ~** die Intellektuellen *pl*

in·tel·li·gible [ɪnˈtelɪdʒəbl̩] *adj* verständlich; **hardly ~** schwer verständlich; *handwriting* leserlich

in·tend [ɪnˈtend] *vt* ❶ (*plan*) beabsichtigen; **to ~ no harm** nichts Böses wollen; **what do you ~ to do about it?** was willst du in der Sache unternehmen?; **I don't think she ~ed me to hear the remark** ich glaube nicht, dass ich die Bemerkung hören sollte ❷ (*express, intimate*) **to be ~ed** beabsichtigt sein; **it was ~ed as a compliment, honestly!** es sollte ein Kompliment sein, ehrlich!; **no disrespect ~ed** [das] war nicht böse gemeint ❸ *usu passive* (*earmark, destine*) ■ **to be ~ed for sth** für etw *akk* gedacht sein

in·tend·ed [ɪnˈtendɪd] *adj* vorgesehen, beabsichtigt; LAW geplant

in·tense [ɪnˈten(t)s] *adj* ❶ (*concentrated, forceful*) intensiv; *odour* stechend; *cold* bitter; *desire, heat* glühend; *disappointment* herb; *excitement* groß; *feeling, friendship* tief; *hatred* rasend; *love* leidenschaftlich; *pain* heftig; *wind* stark ❷ (*demanding, serious*) ernst

in·tense·ly [ɪn'ten(t)sli] *adv* ❶ (*extremely*) äußerst, ausgesprochen; ~ **hot** extrem heiß; **to hate sb** ~ jdn zutiefst hassen; **to love sb** ~ jdn abgöttisch lieben ❷ (*strong emotion*) intensiv; **he spoke so** ~ **that ...** er sprach mit solchem Nachdruck, dass ...

in·ten·si·fi·ca·tion [ɪnˌten(t)sɪfɪ'keɪʃən] *n no pl* Verstärkung *f*, Intensivierung *f*; ~ **of the fighting** Eskalierung *f* der Kämpfe

in·ten·si·fy <-ie-> [ɪn'ten(t)sɪfaɪ] I. *vt* intensivieren; *conflict* verschärfen; *fears* verstärken; *pressure* erhöhen II. *vi* heat stärker werden; *fears, competition, pain also* zunehmen

in·ten·si·ty [ɪn'ten(t)səti] *n no pl* Stärke *f*; *of feelings* Intensität *f*; *of explosion, anger* Heftigkeit *f*; ~ **of light** Lichtstärke *f*

in·ten·sive [ɪn'ten(t)sɪv] *adj* intensiv; *analysis* gründlich; *bombardment* heftig; ~ **course** Intensivkurs *m*

in·ten·sive ˈcare *n no pl* Intensivpflege *f*; **to be in** ~ auf der Intensivstation sein

in·ten·sive·ly [ɪn'tensɪvli] *adv* intensiv

in·tent [ɪn'tent] I. *n* Absicht *f*; ■ **with** ~ **to do sth** mit dem Vorsatz, etw zu tun; **with good** ~ in guter Absicht II. *adj* ❶ *pred* (*absorbed*) aufmerksam; ~ **look** forschender Blick; ■ **to be** ~ **on sth** sich auf etw *akk* konzentrieren ❷ *pred* (*determined*) ■ **to be** ~ **on sth** auf etw *akk* versessen sein; ■ **to be** ~ **on doing sth** fest entschlossen sein, etw zu tun

in·ten·tion [ɪn'ten(t)ʃən] *n* Absicht *f*; **I still don't know what his** ~**s are** ich weiß noch immer nicht, was er genau vorhat; **it wasn't my** ~ **to exclude you** ich wollte Sie nicht ausschließen; **to be full of good** ~**s** voller guter Vorsätze sein

in·ten·tion·al [ɪn'ten(t)ʃənəl] *adj* absichtlich

in·ten·tion·al·ly [ɪn'ten(t)ʃənəli] *adv* absichtlich, mit Absicht

inter·act [ˌɪntəʳ'ækt] *vi* aufeinander einwirken

inter·ac·tion [ˌɪntəʳ'ækʃən] *n* Wechselwirkung *f*; *of groups, people* Interaktion *f*

inter·ac·tive [ˌɪntəʳ'æktɪv] *adj* interaktiv; ~ **TV** interaktives Fernsehen

inter·ac·tiv·ity [ˌɪntəʳæk'tɪvəti] *n* TV, COMPUT Interaktivität *f*

inter·breed <-bred, -bred>

---

intent

enquiring about intent	*nach Absicht fragen*
What are you trying to achieve by that?	*Was bezwecken Sie damit?*
What's the point of all this?	*Was hat das alles für einen Sinn?*
What are you trying to say?	*Auf was wollen Sie da hinaus?*
What do you actually mean by that?	*Was wollen Sie damit eigentlich sagen?*

expressing intent	*Absicht ausdrücken*
I'm going to wallpaper the living room this month.	*Ich habe vor, diesen Monat noch das Wohnzimmer zu tapezieren.*
I'm planning a trip to Italy next year.	*Ich habe für nächstes Jahr eine Reise nach Italien geplant.*
I intend to institute proceedings against the company.	*Ich beabsichtige, Klage gegen die Firma zu erheben.*
The mousse au chocolat has rather caught my eye.	*Ich habe als Dessert eine Mousse au Chocolat ins Auge gefasst.*
I've set my mind on getting a pilot's licence.	*Ich habe mir fest vorgenommen, den Pilotenschein zu machen.*
She set her heart on a holiday in Italy.	*Sie hat sich einen Urlaub in Italien in den Kopf gesetzt.*

expressing lack of intent	*Absichtslosigkeit ausdrücken*
I didn't mean to do that.	*Das war nicht meine Absicht.*
I'm not interested in telling you what you should or should not do.	*Ich habe nicht die Absicht, dir irgendwelche Vorschriften zu machen.*
That's the last thing I want to do.	*Das liegt mir völlig fern.*
I am not after your money.	*Ich habe es nicht auf Ihr Geld abgesehen.*

[ˌɪntəˈbriːd] **I.** *vt cattle, sheep* kreuzen **II.** *vi* sich kreuzen

in·ter·cede [ˌɪntəˈsiːd] *vi* ■ **to** ~ [**with sb on behalf of sb**] sich [bei jdm für jdn] einsetzen; **to** ~ **in an argument** in einem Streit vermitteln

in·ter·cept [ˌɪntəˈsept] *vt person, message, illegal goods* abfangen; ~ **a call** eine Fangschaltung legen; **to** ~ **a pass** SPORTS einen Pass abfangen

in·ter·cep·tion [ˌɪntəˈsepʃən] *n* Abfangen *nt;* ③ *of calls* Abhören *nt*

in·ter·cep·tor [ˌɪntəˈseptəʳ] *n* MIL Abfangjäger *m*

in·ter·ces·sion [ˌɪntəˈseʃən] *n* Fürsprache *f*, Vermittlung *f*

in·ter·change **I.** *n* [ˈɪntətʃeɪndʒ] ① (*form*) Austausch *m;* ② (*road*) [Autobahn]kreuz *nt* ③ (*station*) Umsteigebahnhof *m* **II.** *vt* [ˌɪntəˈtʃeɪndʒ] *ideas, information* austauschen **III.** *vi* [ˌɪntəˈtʃeɪndʒ] [aus]wechseln

in·ter·change·able [ˌɪntəˈtʃeɪndʒəbl] *adj* austauschbar; *word synonym* **in·ter·city** [ˌɪntəˈsɪti] **I.** *n* Intercity *m* **II.** *adj attr service, train* Intercity-

in·ter·com [ˈɪntəkɒm] *n* [Gegen]sprechanlage *f*

in·ter·com·mu·ni·cate [ˌɪntəkəˈmjuːnɪkeɪt] *vi* miteinander in Verbindung stehen; *rooms* miteinander verbunden sein **in·ter·con·nec·tion** [ˌɪntəkəˈnekʃən] *n* Verbindung *f; of loudspeakers* Zusammenschaltung *f; of computers* Vernetzung *f;* ~ **of cultures** Kulturaustausch *m* **in·ter·con·ti·nen·tal** [ˌɪntəˌkɒntrɪˈnentəl] *adj* interkontinental; ~ **flight** Interkontinentalflug *m*

in·ter·course [ˈɪntəkɔːs] *n no pl* ① (*sex*) [Geschlechts]verkehr *m* ② (*form: communication*) Umgang *m*

in·ter·de·nomi·na·tion·al [ˌɪntədɪˌnɒmɪˈneɪʃənəl] *adj* interkonfessionell **in·ter·de·part·ment·al** [ˌɪntəˌdiːpɑːtˈmentəl] *adj* zwischen den Abteilungen *nach n* **in·ter·de·pend·ence** [ˌɪntədɪˈpendən(t)s] *n no pl* gegenseitige Abhängigkeit, Interdependenz *f geh* **in·ter·de·pend·ent** [ˌɪntədɪˈpendənt] *adj* voneinander abhängig, interdependent *geh*

in·ter·dict (*form*) **I.** *vt* [ˌɪntəˈdɪkt, -ˈdaɪt] ① LAW ■ **to** ~ **sth** jdm etw untersagen ② *esp* AM MIL *supplies* abschneiden; *route* unterbrechen **II.** *n* [ˈɪntədɪkt, -daɪt] LAW Verbot *nt*

in·ter·dis·ci·plin·ary [ˌɪntəˈdɪsɪplɪnəri] *adj* fachübergreifend, interdisziplinär

in·ter·est [ˈɪntrəst] **I.** *n* ① (*concern, curiosity*) Interesse *nt* (**in** an); (*hobby*) Hobby *nt;* **just out of** ~ (*fam*) nur interessehalber; **vested** ~ eigennütziges Interesse; **to lose** ~ **in sb/sth** das Interesse an jdm/etw verlieren; ■ **sth is in sb's** ~ etw liegt in jds Interesse ② (*advantage*) **in the** ~**s of safety, please do not smoke** aus Sicherheitsgründen Rauchen verboten; **I'm only acting in your best** ~**s** ich tue das nur zu deinem Besten; **Jane is acting in the** ~**s of her daughter** Jane vertritt die Interessen ihrer Tochter ③ *no pl* (*importance*) Interesse *nt;* **buildings of historical** ~ historisch interessante Gebäude; **to be of** ~ **to sb** für jdn von Interesse sein ④ *no pl* FIN Zinsen *pl;* **rate of** ~ Zinssatz *m* ⑤ (*involvement*) Beteiligung *f;* **a legal** ~ **in a company** ein gesetzlicher Anteil an einer Firma **II.** *vt* interessieren (**in** für)

in·ter·est·ed [ˈɪntrəstɪd] *adj* ① (*concerned*) interessiert; **I'd be** ~ **to know more about it** ich würde gerne mehr darüber erfahren; **are you** ~ **in a game of tennis?** hast du Lust, mit mir Tennis zu spielen?; **to be** ~ **in sth/sb** sich für etw/jdn interessieren ② (*involved*) beteiligt; *witness* befangen

in·ter·est-ˈfree *adj* FIN zinslos; *credit* unverzinslich

in·ter·est·ing [ˈɪntrəstɪŋ] *adj* interessant

in·ter·est·ing·ly [ˈɪntrəstɪŋli] *adv* interessant, interessanterweise; ~ **enough** ... interessanterweise ...

in·ter·face **I.** *n* [ˈɪntəfeɪs] Schnittstelle *f*, COMPUT, TECH *also* Interface *nt* **II.** *vi* [ˌɪntəˈfeɪs] ■ **to** ~ **with sb** mit jdm in Verbindung treten **III.** *vt* [ˈɪntəfeɪs] COMPUT, TECH koppeln

in·ter·fere [ˌɪntəˈfɪəʳ] *vi* ① (*meddle*) ■ **to** ~ [**in sth**] sich [in etw *akk*] einmischen ② (*disturb*) ■ **to** ~ **with sb/sth** jdn/etw stören ③ RADIO, TECH (*hamper signals*) ■ **to** ~ **with sth** etw überlagern ④ BRIT (*euph: molest sexually*) ■ **to** ~ **with sb** jdn sexuell missbrauchen ⑤ (*strike against*) ■ **to** ~ **with one another** aneinanderstoßen

in·ter·fer·ence [ˌɪntəˈfɪərən(t)s] *n no pl* ① (*meddling*) Einmischung *f;* **free from** ~ ohne Beeinträchtigung ② RADIO, TECH Störung *f*

in·ter·im [ˈɪntərɪm] **I.** *n no pl* (*meantime*) Zwischenzeit *f;* **in the** ~ in der Zwischenzeit *f* **II.** *adj attr* vorläufig; ~ **government** Übergangsregierung *f;* ~ **measure** Übergangsmaßnahme *f;* ~ **report** Zwischenbericht *m*

in·te·ri·or [ɪnˈtɪəriəʳ] **I.** adj attr ❶ (inside) of door, wall Innen- ❷ (of country) Inlands-, Binnen- **II.** n ❶ (inside) Innere nt ❷ POL ■**the I~** das Innere; **~ minister** Innenminister(in) m(f); **the ministry** [or AM **department**] **of the ~** das Innenministerium; **the U.S. I~ Department** das Amerikanische Innenministerium

in·te·ri·or de·ˈsign·er n Innenarchitekt(in) m(f)

inter·ject [ˌɪntəˈdʒekt] **I.** vt comments, remarks, words einwerfen **II.** vi dazwischenreden

inter·jec·tion [ˌɪntəˈdʒekʃən] n ❶ (interruption) Zwischenbemerkung f; **~s from the audience** Zwischenrufe pl aus dem Publikum ❷ LING Interjektion f

inter·lace [ˌɪntəˈleɪs] **I.** vt kombinieren **II.** vi sich ineinander verflechten

inter·li·brary ˈloan n Fernleihe f

inter·locu·tor [ˌɪntəˈlɒkjətəʳ] n (form) Gesprächspartner(in) m(f); (on behalf of sb else) Sprecher(in) m(f)

inter·lop·er [ˈɪntəˌləʊpəʳ] n (pej) Eindringling m

inter·lude [ˈɪntəluːd] n ❶ (interval) Abschnitt m; (between acts of play) Pause f ❷ (entertainment) Zwischenspiel nt

inter·ˈmar·ried adj in einer Mischehe nach n **inter·medi·ary** [ˌɪntəˈmiːdiəri] **I.** n Vermittler(in) m(f); ■**through an ~** über einen Mittelsmann **II.** adj vermittelnd; **~ role** Vermittlerrolle f; **~ stage** Zwischenstadium nt **inter·medi·ate** [ˌɪntəˈmiːdiət] **I.** adj ❶ (level) mittel; (between two things) Zwischen- ❷ (level of skill) Mittel-; **~ course** Kurs m für fortgeschrittene Anfänger/Anfängerinnen **II.** n fortgeschrittener Anfänger/fortgeschrittene Anfängerin **III.** vi vermitteln **inter·mez·zo** <pl -s or -zi> [ˌɪntəˈmetsəʊ, pl -tsi] n Intermezzo nt

in·ter·mi·nable [ɪnˈtɜːmɪnəbl] adj (pej) endlos

inter·mis·sion [ˌɪntəˈmɪʃən] n Pause f

inter·mit·tent [ˌɪntəˈmɪtənt] adj periodisch; **there will be ~ rain in the south** im Süden wird es mit kurzen Unterbrechungen regnen

in·tern I. vt [ɪnˈtɜːn] POL, MIL internieren **II.** vi [ɪnˈtɜːn] esp AM ein Praktikum absolvieren **III.** n [ˈɪntɜːn] esp AM Praktikant(in) m(f)

in·ter·nal [ɪnˈtɜːnəl] adj innere(r, s); (within a company) innerbetrieblich; (within a country) Binnen-; investigation, memo intern; **~ affairs/bleeding** innere Angelegenheiten/Blutungen; **for ~ use only** vertraulich

in·ter·nal·ize [ɪnˈtɜːnəlaɪz] vt ■**to ~ sth** etw verinnerlichen [o fachspr internalisieren]

in·ter·nal·ly [ɪnˈtɜːnəli] adv innerlich; **not to be taken ~** nur zur äußeren Anwendung; **to develop sth ~** (within company) etw betriebsintern entwickeln

inter·na·tion·al [ˌɪntəˈnæʃənəl] **I.** adj international; **~ call/flight** Auslandsgespräch nt/-flug m **II.** n BRIT SPORTS (player) Nationalspieler(in) m(f); (match) Länderspiel n

Inter·na·tion·al Court of ˈJus·tice n Internationaler Gerichtshof

inter·na·tion·al·ize [ˌɪntəˈnæʃənəlaɪz] vt internationalisieren

inter·na·tion·al·ly [ˌɪntəˈnæʃənəli] adv international, weltweit

Inter·na·tion·al ˈMon·etary Fund n Internationaler Währungsfonds **Inter·na·tion·al Oˈlym·pic Com·mit·tee** n Internationales Olympisches Komitee

in·ternee [ˌɪntɜːˈniː] n Internierte(r) f(m)

Inter·net [ˈɪntənet] n Internet nt; **to browse** [or **surf**] **the ~** im Internet surfen; **on the ~** im Internet

Inter·net ˈbank·ing n no pl Internetbanking nt **Inter·net ˈsearch en·gine** n Internet-Suchmaschine f **inter·net ˈsham·ing** n no pl Anprangerung f im Internet

in·tern·ist [ˈɪntɜːnɪst] n AM Internist(in) m(f)

in·tern·ment [ɪnˈtɜːnmənt] n no pl Internierung f

inˈtern·ment camp n Internierungslager nt

inter·pel·la·tion [ɪnˌtɜːpəˈleɪʃən] n POL Interpellation f fachspr

inter·per·son·al [ˌɪntəˈpɜːsənəl] adj zwischenmenschlich; **~ relationships** zwischenmenschliche Beziehungen; **~ skills** soziale Kompetenz; **~ training** Praxis f im Umgang mit Menschen **ˈinter·phone** n AM see **intercom inter·plane·tary** [ˌɪntəˈplænətəri] adj attr interplanetarisch **inter·play** [ˈɪntəpleɪ] n no pl of forces, factors Zusammenspiel nt (**of** von), Wechselwirkung f (**between** zwischen)

Inter·pol [ˈɪntəpɒl] n no art Interpol f

in·ter·po·late [ɪnˈtɜːpəleɪt] vt (form) einfügen; (allow to influence) opinion einfließen lassen

in·ter·po·la·tion [ɪnˌtɜːpəˈleɪʃən] n (form) ❶ (remark) Einwurf m; (adding words) Einwerfen nt; (in text) Einfügung f ❷ no pl

interpret → interstellar

(*insertion*) Eindringen *nt;* (*influence*) Einflussnahme *f*
in·ter·pret [ɪnˈtɜːprɪt] **I.** *vt* ❶ (*explain*) interpretieren; (*understand, take as meaning*) auslegen ❷ (*perform*) wiedergeben; *role* auslegen ❸ (*translate*) dolmetschen **II.** *vi* dolmetschen
in·ter·pre·ta·tion [ɪnˌtɜːprɪˈteɪʃən] *n* ❶ (*explanation*) Interpretation *f;* *of rules* Auslegung *f;* *of dream* Deutung *f* ❷ THEAT, LIT Interpretation *f*
in·ter·pret·er [ɪnˈtɜːprɪtər] *n* ❶ LIT, THEAT Interpret(in) *m(f)* ❷ (*oral translator*) Dolmetscher(in) *m(f)* ❸ COMPUT Interpreter *m fachspr*
in·ter·pret·ing [ɪnˈtɜːprɪtɪŋ] *n no pl* Dolmetschen *nt*
Inter-Rail® [ˈɪntəreɪl] **I.** *n* Interrail *nt* **II.** *vi* Interrail machen
in·ter·re·late [ˌɪntərɪˈleɪt] **I.** *vi* zueinander in Beziehung stehen **II.** *vt* verbinden **in·ter·re·la·tion** [ˌɪntərɪˈleɪʃən], **in·ter·re·la·tion·ship** [ˌɪntərɪˈleɪʃənʃɪp] *n* Wechselbeziehung *f,* Zusammenhang *m*
in·ter·ro·gate [ɪnˈterəgeɪt] *vt* ❶ (*cross-question*) verhören ❷ (*obtain data*) **to ~ a computer database** Daten abfragen
in·ter·ro·ga·tion [ɪnˌterəˈgeɪʃən] *n* Verhör *nt*
in·ter·roˈga·tion mark *n,* **in·ter·roˈga·tion point** *n* Fragezeichen *nt*
in·ter·ro·ga·tive [ˌɪntəˈrɒgətɪv] **I.** *n* LING ■ **the ~** das Interrogativum *fachspr* **II.** *adj* ❶ (*liter: questioning*) fragend *attr* ❷ (*word type*) interrogativ *fachspr,* Frage-
in·ter·ro·ga·tor [ɪnˈterəgeɪtər] *n* Vernehmungsbeamte(r) *m,* Vernehmungsbeamte [*o* -in] *f*
in·ter·roga·tory [ˌɪntəˈrɒgətəri] *adj* fragend *attr*
in·ter·rupt [ˌɪntəˈrʌpt] **I.** *vt* unterbrechen; (*rudely*) ins Wort fallen **II.** *vi* unterbrechen
in·ter·rupt·er [ˌɪntəˈrʌptər] *n also* ELEC Unterbrecher *m*
in·ter·rup·tion [ˌɪntəˈrʌpʃən] *n* Unterbrechung *f*
inter·sect [ˌɪntəˈsekt] **I.** *vt* ❶ (*divide*) durchziehen; *line* schneiden ❷ TRANSP ■ **to be ~ed by sth** *roads* etw kreuzen **II.** *vi* sich schneiden; **~ing roads** [Straßen]kreuzungen *pl*
inter·sec·tion [ˌɪntəˈsekʃən] *n* ❶ (*crossing of lines*) Schnittpunkt *m* ❷ AM, AUS (*junction*) [Straßen]kreuzung *f*
inter·sperse [ˌɪntəˈspɜːs] *vt* ■ **to ~ sth with sth** etw in etw *akk* einstreuen; **periods of bright sunshine ~d with showers** sonnige Abschnitte mit vereinzelten Regenschauern; **to be ~d throughout the text** über den ganzen Text verteilt sein
inter·state [ˌɪntəˈsteɪt] AM **I.** *adj attr* zwischenstaatlich **II.** *n* [Bundes]autobahn *f*
inter·state ˈhigh·way *n* AM [Bundes]autobahn *f*
inter·stel·lar [ˌɪntəˈstelər] *adj attr* interstellar *fachspr*

---

interrupting

interrupting someone	*jemanden unterbrechen*
Sorry for interrupting, ...	*Entschuldigen Sie bitte, dass ich Sie unterbreche, ...*
If I may interrupt you for a moment ...	*Wenn ich Sie einmal kurz unterbrechen dürfte: ...*
indicating that you wish to continue speaking	*anzeigen, dass man weitersprechen will*
Just a moment, I haven't finished.	*Augenblick, ich bin noch nicht fertig.*
Will you please let me finish?	*Lassen Sie mich bitte ausreden?*
Would you mind letting me finish?	*Könnten Sie mich bitte ausreden lassen?*
Please don't interrupt (me)!	*Lassen Sie mich bitte ausreden!*
Please let me finish my point.	*Lassen Sie mich bitte diesen Punkt noch zu Ende führen.*
asking to speak	*ums Wort bitten*
May I comment on that?	*Darf ich dazu etwas sagen?*
If I may add to that ...	*Wenn ich dazu noch etwas sagen dürfte: ...*

in·ter·stice [ɪn'tɜːstɪs] *n usu pl (form)* Zwischenraum *m;* (*between bricks*) Fuge *f;* (*in wall*) Riss *m*

inter·twine [ˌɪntə'twaɪn] **I.** *vt usu passive* ▪ **to be ~d with sth** [miteinander] verflochten sein; *story lines, plots, destinies* miteinander verknüpft sein **II.** *vi branches* sich [ineinander] verschlingen

inter·ur·ban [ˌɪntə'ɜːbən] AM **I.** *adj* (*intercity*) zwischen [den] Städten *nach n,* Städte verbindend; **~ connection** Städteverbindung *f* **II.** *n* Überlandbahn *f*

in·ter·val ['ɪntəvəl] *n* ❶ (*in space, time*) Abstand *m* ❷ METEO Abschnitt *m* ❸ THEAT, MUS Pause *f* ❹ MUS Intervall *nt*

inter·vene [ˌɪntə'viːn] *vi* ❶ (*get involved*) einschreiten; **to ~ on sb's behalf** sich für jdn einsetzen ❷ (*interrupt verbally*) sich einmischen ❸ (*come to pass*) dazwischenkommen

inter·ven·ing [ˌɪntə'viːnɪŋ] *adj attr* dazwischenliegend; **in the ~ period** in der Zwischenzeit

inter·ven·tion [ˌɪntə'ven(t)ʃən] *n* Eingreifen *nt*

inter·ven·tion·ist [ˌɪntə'ventʃənɪst] POL **I.** *adj* interventionistisch *fachspr* **II.** *n* Interventionist(in) *m(f) fachspr*

inter·view ['ɪntəvjuː] **I.** *n* ❶ (*for job*) Vorstellungsgespräch *nt* ❷ (*with the media*) Interview *nt* ❸ (*formal talk*) Unterredung *f;* (*with police*) Verhör *nt* **II.** *vt* ▪ **to ~ sb** (*for job*) mit jdm ein Vorstellungsgespräch führen; (*by reporter*) jdn interviewen; *esp* BRIT (*by police*) jdn befragen **III.** *vi* (*for job*) ein Vorstellungsgespräch führen; *celebrity* ein Interview geben

inter·view·ee [ˌɪntəvjuː'iː] *n* Interviewte(r) *f(m);* (*by police*) Befragte(r) *f(m);* **job ~** Kandidat(in) *m(f)*

inter·view·er ['ɪntəvjuːəʳ] *n* (*reporter*) Interviewer(in) *m(f);* (*in job interview*) Leiter(in) *m(f)* des Vorstellungsgesprächs

inter·weave <-wove, -woven> [ˌɪntə'wiːv] **I.** *vt* ▪ **to ~ sth** etw [miteinander] verweben; (*fig*) etw [miteinander] vermischen **II.** *vi branches* sich verschlingen

in·tes·tate [ɪn'testeɪt] *adj usu pred* LAW ▪ **to be ~** kein Testament besitzen

in·tes·tine [ɪn'testɪn] *n usu pl* MED Darm *m,* Eingeweide *nt[pl]*

in·ti·ma·cy ['ɪntɪməsi] *n* ❶ *no pl* (*closeness, familiarity*) Intimität *f;* (*euph: sexual*) Intimitäten *pl* ❷ (*knowledge*) Vertrautheit *f*

in·ti·mate¹ ['ɪntɪmət] **I.** *adj* ❶ (*close*) eng, vertraut; *atmosphere* gemütlich; *friend* eng; *relationship* intim ❷ (*very detailed*) gründlich; **to have an ~ understanding of sth** ein umfassendes Wissen über etw *akk* haben ❸ (*private, personal*) **~ details** intime Einzelheiten **II.** *n* Vertraute(r) *f(m),* enger Freund/enge Freundin

in·ti·mate² ['ɪntɪmeɪt] *vt* andeuten

in·ti·ma·tion [ˌɪntɪ'meɪʃən] *n* Anzeichen *nt* (**of** für)

in·tim·i·date [ɪn'tɪmɪdeɪt] *vt* einschüchtern

in·tim·i·dat·ing [ɪn'tɪmɪdeɪtɪŋ] *adj* beängstigend; *manner* einschüchternd

in·tim·i·da·tion [ɪnˌtɪmɪ'deɪʃən] *n no pl* Einschüchterung *f*

into ['ɪntə, -tu] *prep* ❶ (*movement to inside*) in *+akk;* **to go ~ town** in die Stadt gehen ❷ (*movement toward*) in *+akk;* **guess who I bumped ~ the other day** rate mal, wem ich kürzlich über den Weg gelaufen bin; **she looked ~ the mirror** sie sah in den Spiegel ❸ (*through time of*) in *+akk;* **sometimes we work late ~ the evening** manchmal arbeiten wir bis spät in den Abend ❹ (*fam: interested in*) **to be ~ sth/sb** an etw/jdm interessiert sein; **what sort of music are you ~?** auf welche Art von Musik stehst du? ❺ (*involved in*) **I'll look ~ the matter as soon as possible** ich kümmere mich sobald als möglich um die Angelegenheit; **he got ~ some trouble** er bekam einige Schwierigkeiten ❻ (*forced change to*) **they tried to talk their father ~ buying them bikes** sie versuchten ihren Vater dazu zu überreden, ihnen Fahrräder zu kaufen ❼ (*transition to*) **her novels have been translated ~ nineteen languages** ihre Romane sind in neunzehn Sprachen übersetzt worden ❽ (*fam: yell at*) **to lay ~ sb for sth** jdn wegen etw *dat* anschreien ❾ (*begin*) **she burst ~ tears** sie brach in Tränen aus ❿ FASHION (*wear*) **I can't get ~ these trousers anymore** ich komme nicht mehr in diese Hose rein ⓫ (*make smaller*) **chop it ~ small cubes** schneide es in kleine Würfel

in·tol·er·able [ɪn'tɒlərəbl] *adj* unerträglich

in·tol·er·ance [ɪn'tɒlərən(t)s] *n no pl* ❶ (*narrow-mindedness*) Intoleranz *f* (**of** gegenüber) ❷ (*non-compatibility*) Überempfindlichkeit *f;* MED Intoleranz *f* (**of** gegenüber)

in·tol·er·ant [ɪn'tɒlərənt] *adj* ❶ (*narrow-minded*) intolerant ❷ MED überempfindlich (**of** gegenüber)

in·tol·er·ant·ly [ɪn'tɒlərəntli] *adv* intolerant

in·to·na·tion [ˌɪntə(ʊ)ˈneɪʃᵊn] *n usu sing* LING, MUS Intonation *f*

in·tone [ɪnˈtəʊn] *vt* intonieren *fachspr*

in·toxi·cant [ɪnˈtɒksɪkᵊnt] *n* Rauschmittel *nt*

in·toxi·cate [ɪnˈtɒksɪkeɪt] *vt* ❶ (*cause drunkenness*) betrunken machen; (*fig*) **the idea ~d him** die Idee begeisterte ihn ❷ (*poison*) vergiften

in·toxi·cated [ɪnˈtɒksɪkeɪtɪd] *adj* ❶ (*drunk*) betrunken ❷ (*excited*) berauscht

in·toxi·cat·ing [ɪnˈtɒksɪkeɪtɪŋ] *adj* berauschend *a. fig*

in·toxi·ca·tion [ɪnˌtɒksɪˈkeɪʃᵊn] *n no pl* ❶ (*from alcohol, excitement*) Rausch *m* ❷ MED Vergiftung *f*

in·trac·table [ɪnˈtræktəbl̩] *adj* unbeugsam; *problem, partygoer* hartnäckig; *pupil* widerspenstig; *situation* verfahren

intra·mu·ral [ˌɪntrəˈmjʊərᵊl] *adj* innerhalb der Universität *nach*, universitätsintern

Intra·net [ˌɪntrəˈnet] *n* Intranet *nt*

in·tran·si·gence [ɪnˈtræn(t)sɪdʒᵊn(t)s] *n no pl* (*form*) Unnachgiebigkeit *f*

in·tran·si·gent [ɪnˈtræn(t)sɪdʒᵊnt] *adj* (*form*) *attitude* unnachgiebig; *position* unversöhnlich

in·tran·si·tive [ɪnˈtræn(t)sətɪv] LING I. *adj* intransitiv II. *n* Intransitivum *nt fachspr*

intra·uter·ine [ˌɪntrəˈjuːtᵊraɪn] *adj* intrauterin

intra·ve·nous [ˌɪntrəˈviːnəs] *adj* intravenös

in·tray [ˈɪntreɪ] *n* Ablage *f* für Eingänge

in·trep·id [ɪnˈtrepɪd] *adj* unerschrocken

in·tri·ca·cy [ˈɪntrɪkəsi] *n* ❶ *no pl* (*complexity*) Kompliziertheit *f* ❷ (*elaborateness*) ■ **intricacies** *pl* Feinheiten *pl*

in·tri·cate [ˈɪntrɪkət] *adj* kompliziert; *plot* verschlungen; *question* verzwickt

in·trigue I. *vt* [ɪnˈtriːg] (*fascinate*) faszinieren; (*arouse curiosity*) neugierig machen; ■ **to be ~d by sth** von etw *dat* fasziniert sein II. *vi* [ɪnˈtriːg] intrigieren III. *n* [ˈɪntriːg] Intrige *f* (**against** gegen)

in·tri·guing [ɪnˈtriːgɪŋ] *adj* faszinierend

in·trin·sic [ɪnˈtrɪn(t)sɪk] *adj* innewohnend; *part* wesentlich

intro·duce [ˌɪntrəˈdjuːs] *vt* ❶ (*acquaint*) ■ **to ~ sb [to sb]** jdn [jdm] vorstellen ❷ (*bring in*) *fashion, reform, subject* einführen ❸ (*announce*) vorstellen; MUS einleiten; *programme* ankündigen

intro·duc·tion [ˌɪntrəˈdʌkʃᵊn] *n* ❶ (*first contact*) Vorstellung *f*, Bekanntmachen *nt* ❷ (*establishment*) Einführung *f* ❸ MED (*insertion*) Einführen *nt* ❹ (*preface*) Vorwort *nt*; MUS Einleitung *f*

intro·duc·tory [ˌɪntrəˈdʌktᵊri] *adj* ❶ (*preliminary*) einleitend ❷ (*inaugural, starting*) einführend

intro·spec·tion [ˌɪntrə(ʊ)ˈspekʃᵊn] *n no pl* Selbstbeobachtung *f*

intro·spec·tive [ˌɪntrə(ʊ)ˈspektɪv] *adj* verinnerlicht; **to be in an ~ mood** gerade mit sich selbst beschäftigt sein

intro·vert [ˌɪntrə(ʊ)ˈvɜːt] *n* introvertierter Mensch

intro·vert·ed [ˌɪntrə(ʊ)ˈvɜːtɪd] *adj* introvertiert

in·trude [ɪnˈtruːd] I. *vi* ❶ (*meddle*) stören; ■ **to ~ into sth** sich in etw *akk* einmischen ❷ (*unwelcome presence*) **am I intruding?** störe ich gerade?; ■ **to ~ on sb's privacy** in jds Privatsphäre eindringen II. *vt* einbringen

in·trud·er [ɪnˈtruːdər] *n* (*unwelcome visitor*) Eindringling *m*; (*thief*) Einbrecher(in) *m(f)*

in·tru·sion [ɪnˈtruːʒᵊn] *n* (*interruption*) Störung *f*; (*encroachment*) Verletzung *f*; MIL Einmarsch *m*

in·tru·sive [ɪnˈtruːsɪv] *adj* (*pej*) *person, question* aufdringlich

in·tui·tion [ˌɪntjuˈɪʃᵊn] *n* Intuition *f*

in·tui·tive [ɪnˈtjuːɪtɪv] *adj* intuitiv

in·un·date [ˈɪnʌndeɪt] *vt* (*also fig*) überschwemmen

in·un·da·tion [ˌɪnʌnˈdeɪʃᵊn] *n no pl* (*form*) Überschwemmung *f*; (*with work*) Überhäufung *f*

in·ure [ɪˈnjʊər] (*form*) I. *vi* LAW in Kraft treten II. *vt* ■ **to ~ sb to sth** jdn an etw *akk* gewöhnen

in·vade [ɪnˈveɪd] I. *vt* ❶ (*occupy*) **to ~ a country** in ein Land einmarschieren; **the squatters ~d the house** die Hausbesetzer drangen in das Gebäude ein ❷ (*fig: violate*) **to ~ sb's privacy** jds Privatsphäre verletzen II. *vi* einfallen

in·vad·er [ɪnˈveɪdər] *n* MIL Angreifer(in) *m(f)*; (*unwelcome presence*) Eindringling *m*

in·va·lid[1] [ˈɪnvəlɪd] I. *n* (*requiring long-term care*) Invalide(r) *m(f)* II. *adj* invalide, körperbehindert III. *vt* ■ **to ~ sb** jdn zum Invaliden machen

in·va·lid[2] [ɪnˈvælɪd] *adj* (*not legally binding*) ungültig; (*unsound*) nicht stichhaltig; *theory* nicht haltbar

in·vali·date [ɪnˈvælɪdeɪt] *vt* unwirksam machen; LAW für nichtig erklären; *argument* widerlegen; *criticisms* entkräften;

judgement aufheben; *results* annullieren; *theory* entkräften

in·vali·da·tion [ɪnˌvælɪˈdeɪʃᵊn] *n no pl* (*nullification*) Ungültigkeitserklärung *f*; *of a decision* Aufhebung *f*; *verdict* Außerkraftsetzung *f*; *of results* Annullierung *f*; LAW Kraftloserklärung *f*

in·va·lid·ism [ˈɪnvəlɪdɪzᵊm] *n no pl* AM Invalidität *f*

in·va·lid·ity [ˌɪnvəˈlɪdəti] *n* ❶ (*bedridden, convalescent*) Invalidität *f* ❷ (*unsound argument*) [Rechts]ungültigkeit *f* ❸ (*not legally binding*) ~ **of a contract** Nichtigkeit *f* eines Vertrags

in·valu·able [ɪnˈvæljuəbl] *adj advice, help* unbezahlbar; *source of information* unverzichtbar

in·vari·able [ɪnˈveərɪəbl] I. *adj* unveränderlich II. *n* ❶ LING Substantiv, bei dem Singular und Plural gleich sind ❷ MATH Konstante *f*

in·vari·ably [ɪnˈveərɪəbli] *adv* ausnahmslos

in·va·sion [ɪnˈveɪʒᵊn] *n* ❶ MIL Invasion *f* ❷ (*interference*) Eindringen *nt kein pl*

in·vec·tive [ɪnˈvektɪv] *n no pl* (*form*) Beschimpfungen *pl*

in·vei·gle [ɪnˈveɪɡl] *vt* (*form*) verlocken (**into** zu)

in·vent [ɪnˈvent] *vt* ❶ (*create*) erfinden ❷ (*usu pej: fabricate*) erdichten; **to ~ an excuse** sich *dat* eine Ausrede ausdenken

in·ven·tion [ɪnˈven(t)ʃᵊn] *n* ❶ (*creation*) Erfindung *f* ❷ *no pl* (*creativity*) Einfallsreichtum *m* ❸ (*usu pej: fabrication*) Erfindung *f*

in·ven·tive [ɪnˈventɪv] *adj* (*approv*) *novel, design, person* einfallsreich; *powers, skills* schöpferisch; *design* originell; *illustration* fantasievoll

in·ven·tive·ness [ɪnˈventɪvnəs] *n no pl* Einfallsreichtum *m*

in·ven·tor [ɪnˈventər] *n* Erfinder(in) *m(f)*

in·ven·tory [ˈɪnvəntri] *n* ❶ AM ECON (*catalogue*) Inventar *nt* ❷ AM ECON (*stock*) [Lager]bestand *m* ❸ ECON (*stock counting*) Inventur *f*; **to take** ~ Inventur machen

in·verse [ɪnˈvɜːs] I. *adj attr* umgekehrt; ~ **function** MATH Umkehrfunktion *f* II. *n no pl* Gegenteil *nt*

in·ver·sion [ɪnˈvɜːʃən] *n no pl* (*form*) Umkehrung *f*; LING, MATH, MUS Inversion *f* fachspr

in·vert [ɪnˈvɜːt] *vt* (*form*) umkehren

in·ver·te·brate [ɪnˈvɜːtɪbreɪt] I. *n* ❶ ZOOL wirbelloses Tier ❷ (*fig: person*) charakterloser Mensch II. *adj* ❶ ZOOL (*with no backbone*) wirbellos ❷ (*fig, pej: weak*) charakterlos

in·vest [ɪnˈvest] I. *vt* ❶ FIN (*put to use*) investieren ❷ (*form: install*) [in Amt und Würden] einsetzen II. *vi* ■ **to** ~ **in sth** [sein Geld] in etw *akk* investieren; **to** ~ **in a new washing machine** sich *dat* eine neue Waschmaschine zulegen

in·ves·ti·gate [ɪnˈvestɪɡeɪt] *vt* untersuchen; *connections, methods* erforschen

in·ves·ti·ga·tion [ɪnˌvestɪˈɡeɪʃᵊn] *n* Untersuchung *f*; *of an affair* [Über]prüfung *f*; (*by police*) Ermittlung *f*; (*looking for sth*) Nachforschung *f*

in·ves·ti·ga·tive [ɪnˈvestɪɡətɪv] *adj* Forschungs-, Untersuchungs-, Ermittlungs-

in·ves·ti·ga·tor [ɪnˈvestɪɡeɪtər] *n* Ermittler(in) *m(f)*; (*in pending proceedings*) Untersuchungsführer(in) *m(f)*

in·vest·ment [ɪnˈves(t)mənt] I. *n* ❶ (*act of investing*) Investierung *f* ❷ FIN (*instance of investing*) Investition *f* ❸ FIN (*share*) Einlage *f* II. *adj* Anlage-, Investitions-, Investment-

in·ˈvest·ment fund *n* Investmentfonds *m*

in·ˈvest·ment trust *n* Investmentgesellschaft *f*

in·ves·tor [ɪnˈvestər] *n* [Kapital]anleger(in) *m(f)*, Investor(in) *m(f)* fachspr

in·vet·er·ate [ɪnˈvetᵊrət] *adj attr* (*usu pej*) *custom, prejudice* tief verankert; *bachelor* eingefleischt; *hatred* tief verwurzelt; *optimist* unverbesserlich; *disease, prejudice* hartnäckig

in·vidi·ous [ɪnˈvɪdiəs] *adj* ❶ (*unpleasant*) unerfreulich; *incident* unangenehm; *task* undankbar ❷ (*discriminatory*) ungerecht ❸ (*offensive*) gehässig, boshaft

in·vigi·late [ɪnˈvɪdʒəleɪt] *vt* BRIT, AUS SCH, UNIV **to** ~ **an examination** die Aufsicht bei einer Prüfung führen

in·vigi·la·tor [ɪnˈvɪdʒəleɪtər] *n* BRIT, AUS SCH, UNIV Aufsicht *f*, Aufsichtsführende(r) *f(m)*

in·vig·or·ate [ɪnˈvɪɡᵊreɪt] *vt* ❶ (*make stronger*) stärken ❷ (*fig: stimulate*) beleben

in·vig·or·at·ing [ɪnˈvɪɡᵊreɪtɪŋ] *adj* (*approv*) ❶ (*strengthening*) *medicine, sleep* stärkend; *climate, drink, food* kräftigend ❷ (*fig: stimulating*) belebend; *conversation* anregend; *walk* erfrischend

in·vin·cible [ɪnˈvɪn(t)səbl] *adj* ❶ (*impossible to defeat*) *army, team* unschlagbar ❷ (*impossible to overcome*) unüberwindlich ❸ (*absolute*) unerschütterlich ❹ (*unavoidable*) unabänderlich

in·vis·ible [ɪnˈvɪzəbl̩] *adj* ❶ (*to the eye*) unsichtbar ❷ *usu attr* (*hidden*) verborgen ❸ (*inconspicuous*) *contour, shape* undeutlich; *appearance* unauffällig

in·vi·ta·tion [ˌɪnvɪˈteɪʃ*ə*n] *n* ❶ (*request to attend*) Einladung *f* (**to** zu); **~ to tea** Einladung *f* zum Tee ❷ (*incitement*) Aufforderung *f* (**to** zu) ❸ (*opportunity*) Gelegenheit *f* ❹ ECON (*offer*) Ausschreibung *f*

in·vite I. *n* [ˈɪnvaɪt] (*fam*) Einladung *f* (**to** zu) II. *vt* [ɪnˈvaɪt] ❶ (*ask to attend*) einladen; **to ~ sb to dinner** jdn zum Essen einladen ❷ (*request*) ■**to ~ sb to do sth** jdn auffordern, etw zu tun ❸ ECON (*solicit offer*) **to ~ applications** Stellen ausschreiben; **to ~ a bid** ein Angebot ausschreiben ❹ (*fig: provide opportunity*) herausfordern; **to ~ accidents** zu Unfällen führen; **to ~ trouble** Unannehmlichkeiten hervorrufen ❺ (*fig: attract*) ■**to ~ sb to do sth** jdn verleiten, etw zu tun

in·vit·ing [ɪnˈvaɪtɪŋ] *adj* ❶ (*attractive*) *sight, weather* einladend; *appearance, fashion* ansprechend ❷ (*tempting*) *idea, prospect* verlockend; *gesture, smile* einladend

in·vit·ing·ly [ɪnˈvaɪtɪŋli] *adv* einladend, verlockend

in vi·tro [ɪnˈviːtrəʊ] I. *adj* BIOL, SCI, ZOOL künstlich, In-vitro- II. *adv* künstlich, in vitro *fachspr*

in vi·tro fer·ti·li·ˈza·tion *n no pl* künstliche Befruchtung

in·vo·ca·tion [ˌɪnvə(ʊ)ˈkeɪʃ*ə*n] *n* ❶ (*form: supplication*) Anrufung *f* ❷ REL (*prayer*) Bittgebet *nt* ❸ (*calling forth*) Beschwörung *f* ❹ (*petition*) flehentliche Bitte ❺ (*appeal*) Appell *m* ❻ *no pl* (*reference*) Berufung *f*

in·voice [ˈɪnvɔɪs] I. *vt* ECON ■**to ~ sb** jdm eine Rechnung ausstellen II. *n* ECON [Waren]rechnung *f* (**for** für); **to submit an ~** eine Rechnung vorlegen

in·voke [ɪnˈvəʊk] *vt* (*form*) ❶ (*call on*) **to ~ God's name** Gottes Namen anrufen ❷ (*call forth*) *memories* [herauf]beschwören ❸ (*petition*) **to ~ God's blessing** Gottes Segen erflehen ❹ (*appeal to*) ■**to ~ sth** an etw *akk* appellieren; (*refer to*) sich auf etw *akk* berufen

in·vol·un·tari·ly [ɪnˈvɒləntˀrˀli] *adv* ❶ (*not by own choice*) unfreiwillig ❷ (*unintentionally*) unabsichtlich; **he ~ glanced again at his watch** wieder schaute er ungewollt auf die Uhr ❸ MED (*automatically*) unwillkürlich; **to blink ~** unwillkürlich blinzeln

in·vol·un·tary [ɪnˈvɒləntˀri] *adj* ❶ (*not by own choice*) unfreiwillig; *kindness* gezwungen; *loyalty* erzwungen ❷ (*unintentional*) unbeabsichtigt

in·volve [ɪnˈvɒlv] *vt* ❶ (*include*) beinhalten; (*encompass*) umfassen; (*entail*) mit sich bringen; (*mean*) bedeuten ❷ (*affect, concern*) betreffen; **that doesn't ~ her** sie hat damit nichts zu tun; **this incident ~s us all** dieser Zwischenfall geht uns alle an ❸ (*feature*) ■**sth ~s sb/sth** jd/etw ist an etw *dat* beteiligt ❹ (*bring in*) ■**to ~ sb in sth** jdn an etw *dat* beteiligen; (*unwillingly*) jdn in etw *akk* verwickeln; **I don't want to get ~d** ich will damit nichts zu tun haben ❺ (*participate*) ■**to ~ oneself in sth** sich in etw *dat* engagieren ❻ *usu passive* ■**to be ~d in sth** (*be busy with*) mit etw *dat* zu tun haben; (*be engrossed*) von etw *dat* gefesselt sein ❼ *usu passive* ■**to be ~d with sb** (*have to do with*) mit jdm zu tun

---

inviting

inviting	einladen
Do come and visit (me), I'd be delighted.	*Besuch mich doch, ich würde mich sehr freuen.*
I'm having a party next Saturday. Will you come?	*Nächsten Samstag lasse ich eine Party steigen. Kommst du auch? (fam)*
Would you like to join us? (*going out*)	*Kommen Sie doch auch mit.*
Would you like to join us? (*at table*)	*Setzen Sie sich doch zu uns.*
May I take you out for a working lunch/dinner?	*Darf ich Sie zu einem Arbeitsessen einladen?*
I'd like to invite you round (to my place) for dinner.	*Ich würde Sie gern zum Abendessen zu mir nach Hause einladen.*
I'd like to invite you out (to a restaurant) for dinner.	*Ich würde Sie gern zum Abendessen in ein Restaurant einladen.*

haben; (*relationship*) mit jdm eine Beziehung haben; (*affair*) mit jdm ein Verhältnis haben

in·volved [ɪnˈvɒlvd] *adj* ❶ (*intricate*) kompliziert; *story* verworren; *style* komplex; *affair* verwickelt ❷ *after n* (*implicated*) beteiligt; (*affected*) betroffen ❸ (*committed*) engagiert

in·volve·ment [ɪnˈvɒlvmənt] *n* ❶ (*intricacy*) Verworrenheit *f*, Kompliziertheit *f*; (*complexity*) Komplexität *f* ❷ (*participation*) Beteiligung *f* (**in** an), Verwicklung *f* (**in** in) ❸ (*affection*) Betroffensein *nt* ❹ (*relationship*) Verhältnis *nt* ❺ (*commitment*) Engagement *nt*

in·vul·ner·able [ɪnˈvʌlnərəbl] *adj* ❶ (*also fig: immune to damage*) unverwundbar, unverletzbar *fig* ❷ (*fig: unassailable*) *position* unangreifbar; *right* unverletzlich ❸ (*fig: strong*) *argument* unwiderlegbar; *fortification* uneinnehmbar; *position, theory* unanfechtbar

in·ward [ˈɪnwəd] I. *adj* ❶ (*in-going*) nach innen gehend ❷ (*incoming*) Eingangs-, eingehend ❸ NAUT (*inbound*) Heim- ❹ ECON (*import*) Eingangs- ❺ (*usu fig: internal*) innere(r, s), innerlich ❻ (*fig: intimate*) vertraut II. *adv* einwärts, nach innen; ~ **bound road** stadteinwärts führende Straße

ˈ**in·ward-look·ing** *adj* introvertiert, in sich *akk* gekehrt

in·ward·ly [ˈɪnwədli] *adv* ❶ (*fig: towards the inside*) nach innen ❷ (*usu fig: internally*) innerlich, im Innern ❸ (*fig: privately*) insgeheim ❹ (*fig: softly*) leise

in·ward·ness [ˈɪnwədnəs] *n no pl* ❶ (*of a body's organ*) Lage *f* ❷ (*fig: depth*) Innerlichkeit *f*; (*of emotions*) Innigkeit *f*; (*of a thought*) gedankliche Tiefe ❸ (*fig: essence*) innerste Natur; (*significance*) wahre Bedeutung; (*intimacy*) Vertrautheit *f*

in·wards [ˈɪnwədz] *adv* ❶ (*towards the inside*) einwärts, nach innen ❷ (*spiritually*) im Innern

I/O COMPUT *abbrev of* **input/output** Input/Output *nt*

IOC [ˌaɪəʊˈsiː] *n abbrev of* **International Olympic Committee** IOC *nt*

iodine [ˈaɪədiːn] *n no pl* Jod *nt*

ion [ˈaɪən] *n* Ion *nt*

Ion·ic [aɪˈɒnɪk] *adj* ionisch

iota [aɪˈəʊtə] *n no pl, usu neg* Jota *nt;* **not an ~** kein bisschen

IOU [ˌaɪəʊˈjuː] *n* (*fam*) *abbrev of* **I owe you** Schuldschein *m*

IOW *n abbrev of* **Isle of Wight** Isle of Wight *f*

IPA [ˌaɪpiːˈeɪ] *n abbrev of* **International Phonetic Alphabet** internationales phonetisches Alphabet

IQ [ˌaɪˈkjuː] *n abbrev of* **intelligence quotient** IQ *m*

IRA [ˌaɪɑːˈreɪ] *n* ❶ *no pl abbrev of* **Irish Republican Army** IRA *f* ❷ AM FIN *abbrev of* **Individual Retirement Account** [steuerbegünstigte] Altersvorsorge

Iran [ɪˈrɑːn] *n* Iran *m*

Ira·nian [ɪˈreɪniən] I. *n* Iraner(in) *m(f)* II. *adj* iranisch

Iraq [ɪˈrɑːk] *n* der Irak; **the ~ War** der Irakkrieg

Ira·qi [ɪˈrɑːki] I. *n* Iraker(in) *m(f)* II. *adj* irakisch

iras·cible [ɪˈræsəbl] *adj* (*form*) aufbrausend

irate [aɪˈreɪt] *adj* (*form*) wütend

IRBM [ˌaɪɑːbiːˈem] *n abbrev of* **intermediate-range ballistic missile** Mittelstreckenraketengeschoss *nt*

Ire·land [ˈaɪələnd] *n* Irland *nt*

iri·des·cent [ˌɪrɪˈdesənt] *adj* irisierend

iris <*pl* -es> [ˈaɪ(ə)rɪs] *n* ❶ BOT Schwertlilie *f*, Iris *f* ❷ ANAT Regenbogenhaut *f*, Iris *f*

Irish [ˈaɪ(ə)rɪʃ] I. *adj* irisch II. *n pl* ■ **the ~** die Iren *pl*

ˈ**Irish·man** *n* Ire *m* ˈ**Irish·wom·an** *n* Irin *f*

ˈ**iris rec·og·ni·tion** *n no pl* Iriserkennung *f* (*zur Identifizierung einer Person*)

irk [ɜːk] *vt* ärgern

irk·some [ˈɜːksəm] *adj* (*form*) ärgerlich; *task* lästig

iron [ˈaɪən] I. *n* ❶ *no pl* CHEM Eisen *nt* ❷ (*appliance*) [Bügel]eisen *nt* ❸ (*golf club*) Eisen *nt*, Eisenschläger *m* ❹ (*fig*) **will of ~** eiserne Wille ▶ **to have** [**too**] **many/other ~s in the fire** [zu] viele/andere Eisen im Feuer haben II. *adj* ❶ *bar, mine, railing* Eisen- ❷ (*fig: strict, strong*) eisern III. *vt, vi* bügeln

ˈ**Iron Age** I. *n* Eisenzeit *f* II. *adj* eisenzeitlich; ~ **settlement** Siedlung *f* aus der Eisenzeit **iron ˈcur·tain** *n* ❶ POL (*hist*) ■ **I~** Eiserner Vorhang *m;* ~ **countries** Länder *pl* hinter dem Eisernen Vorhang ❷ (*fig*) Abschottung *f;* ~ **mentality** Abschottungsmentalität *f*

iron·ic [aɪ(ə)ˈrɒnɪk] *adj* ironisch

ironi·cal·ly [aɪ(ə)ˈrɒnɪkəli] *adv* ironisch; ~, … ironischerweise …

iron·ing [ˈaɪənɪŋ] *n no pl* ❶ (*pressing*) Bügeln *nt* ❷ (*laundry*) Bügelwäsche *f*

ˈ**iron·ing board** *n* Bügelbrett *nt*

iron 'lung *n* eiserne Lunge **iron·mon·ger** ['aɪən,mʌŋgəʳ] *n* BRIT ❶ *(person)* Eisenwarenhändler(in) *m(f)* ❷ *(shop)* ▪ ~'s Eisen- und Haushaltswarenhandlung *f* **iron·mon·gery** ['aɪən,mʌŋgəri] *n no pl* BRIT ❶ *(goods)* Eisenwaren *pl* ❷ *(premises)* Eisenwarenhandlung *f* **iron 'ore** *n* Eisenerz *nt* **'iron ra·tion** *n* eiserne Ration **'iron·work** *n no pl* ❶ *(dressed iron)* Eisenwerk *nt* ❷ *(part)* Eisenkonstruktion *f* ❸ *(goods)* Eisenzeug *nt* **'iron·works** *n + sing/pl vb* Eisenhütte *f*

iro·ny ['aɪ(ə)rªni] *n no pl* Ironie *f*

ir·ra·di·ate [ɪ'reɪdɪeɪt] *vt* ❶ *(illuminate)* sunlight bestrahlen; moonlight erleuchten; candle, lightning erhellen; spotlight, streetlight beleuchten ❷ MED, PHYS bestrahlen

ir·ra·dia·tion [ɪ,reɪdɪ'eɪʃªn] *n no pl* MED, PHYS *(treatment)* Bestrahlung *f*

ir·ra·tion·al [ɪ'ræʃªnªl] *adj* ❶ *(unreasonable)* action, behaviour irrational; *(not sensible)* suggestion unvernünftig; ❷ *(illogical)* arguments, reasons irrational ❸ ZOOL *(of lower animals)* vernunftlos

ir·ra·tion·al 'num·ber *n* irrationale Zahl

ir·rec·on·cil·able [,ɪrekªn'saɪləbl̩] *adj* ❶ *(diametrically opposed)* ideas, views unvereinbar; ~ **accounts/facts** sich völlig widersprechende Berichte/Tatsachen ❷ *(implacably opposed)* enemies, factions unversöhnlich

ir·re·cov·er·able [,ɪrɪ'kʌvªrəbl̩] *adj* ❶ *(irreparable)* damage, loss unersetzbar, nicht wieder gutzumachend; ~ **health** nicht wiederherstellbare Gesundheit ❷ *(irretrievable)* crew, ship unrettbar [verloren]; treasure, paradise unwiederbringlich [verloren]

ir·re·deem·able [,ɪrɪ'di:məbl̩] *adj (form)* ❶ *(irretrievable)* crew, ship unrettbar [verloren]; treasure unwiederbringlich [verloren] ❷ case hoffnungslos; drinker unverbesserlich ❸ *(absolute)* despair, gloom völlig; stupidity rein ❹ ECON, FIN *(not terminable)* debt nicht tilgbar

ir·refu·table [,ɪrɪ'fju:təbl̩] *adj (form)* ❶ *(factual, unshakable)* argument, proof unwiderlegbar ❷ *(incontestable)* unbestreitbar

ir·refu·tably [,ɪrɪ'fju:təbli] *adv (form)* ❶ *(undisprovably)* unwiderlegbar; ~ **proven** eindeutig bewiesen ❷ *(uncontestably)* unbestreitbar, unzweifelhaft

ir·regu·lar [ɪ'regjələʳ] **I.** *adj* ❶ *(unsymmetrical)* arrangement, pattern unregelmäßig; surface, terrain uneben ❷ *(intermittent)* unregelmäßig ❸ *(form: failing to accord)* behaviour, conduct regelwidrig; document nicht ordnungsmäßig; action ungesetzlich; banknote ungültig; *(peculiar)* customs, practices sonderbar; *(improper)* ungebührlich; dealings zwielichtig **II.** *n* MIL Partisan(in) *m(f)*

ir·regu·lar·ity [ɪ,regjə'lærəti] *n* ❶ *(form: lack of symmetry)* of an arrangement Unregelmäßigkeit *f*; of prices Uneinheitlichkeit *f*; of a surface, terrain Unebenheit *f* ❷ *(intermittence)* of intervals Unregelmäßigkeit *f* ❸ *(form: lack of accordance)* of behaviour, conduct Regelwidrigkeit *f*; of an action Ungesetzlichkeit *f* ❹ *(peculiarity)* of customs, practices Eigenartigkeit *f*; *(impropriety)* of behaviour Ungehörigkeit *f*

ir·regu·lar·ly [ɪ'regjələli] *adv* ❶ *(unsymmetrically)* unregelmäßig; *(shaped)* ungleichmäßig; **prices marked** ~ uneinheitlich ausgezeichnete Preise ❷ *(intermittently)* ungleichmäßig; **payments were made** ~ Zahlungen wurden unregelmäßig geleistet

ir·rel·evance [ɪ'relªvªn(t)s] *n*, **ir·rel·evan·cy** [ɪ'relªvªn(t)si] *n (form)* Unerheblichkeit *f*; of details Bedeutungslosigkeit *f*

ir·rel·evant [ɪ'relªvªnt] *adj* belanglos, unerheblich

ir·re·medi·able [,ɪrɪ'mi:dɪəbl̩] *adj (form)* nicht behebbar; damage nicht zu behebend; loss nicht wettzumachend

ir·repa·rable [ɪ'repªrªbl̩] *adj* irreparabel; loss unersetzlich

ir·repa·rably [ɪ'repªrªbli] *adv* irreparabel; **the ship has been** ~ **damaged** der an dem Schiff entstandene Schaden ist nicht behebbar

ir·re·place·able [,ɪrɪ'pleɪsəbl̩] *adj* unersetzlich; resources nicht erneuerbar

ir·re·press·ible [,ɪrɪ'presəbl̩] *adj* ❶ *(usu approv: impossible to restrain)* curiosity, desire unbezähmbar; anger, joy unbändig ❷ *(impossible to discourage)* unverwüstlich, unerschütterlich

ir·re·proach·able [,ɪrɪ'prəʊtʃəbl̩] *adj (form)* behaviour, character untadelig; behaviour, quality einwandfrei

ir·re·sist·ible [,ɪrɪ'zɪstəbl̩] *adj* ❶ *(powerful)* unwiderstehlich; argument schlagend ❷ *(lovable)* appearance äußerst anziehend; personality überaus einnehmend ❸ *(enticing)* äußerst verführerisch

ir·re·so·lute [ɪ'rezªlu:t] *adj (pej form)* ❶ *(doubtful)* unentschlossen; reply unklar ❷ *(lacking determination)* entschlusslos

ir·re·spec·tive [,ɪrɪ'spektɪv] *adv (form)*

■ ~ **of sth** ohne Rücksicht auf etw *akk*, ungeachtet einer S. *gen;* ~ **of what ...** unabhängig davon, was ...; ~ **of whether ...** ohne Rücksicht darauf, ob ...

ir·re·spon·sible [ˌɪrɪˈspɒn(t)səbl̩] *adj* ❶ (*pej: lacking consideration*) *action* unverantwortlich; *person* verantwortungslos ❷ (*form: unaccountable*) *body, state* nicht verantwortlich ❸ LAW (*inadequate*) unzurechnungsfähig

ir·re·spon·sibly [ˌɪrɪˈspɒn(t)səbli] *adv* (*pej*) verantwortungslos, unverantwortlich

ir·re·triev·able [ˌɪrɪˈtriːvəbl̩] *adj* ❶ (*irreparable*) *loss* unersetzlich ❷ (*irremediable*) irreparabel ❸ (*irrecoverable*) *crew, ship* unrettbar [verloren]; *treasure* unwiederbringlich [verloren] ❹ COMPUT *sth is ~ information, file* etw kann nicht mehr abgerufen werden

ir·rev·er·ence [ɪˈrevᵊrᵊn(t)s] *n no pl* Respektlosigkeit *f;* (*in religious matters*) Pietätlosigkeit *f geh*

ir·rev·er·ent [ɪˈrevᵊrᵊnt] *adj* respektlos; (*in religious matters*) pietätlos *geh*

ir·re·vers·ible [ˌɪrɪˈvɜːsəbl̩] *adj* ❶ (*impossible to change back*) *development, process* nicht umkehrbar, irreversibel; *decision* unwiderruflich ❷ CHEM, TECH *engine* in einer Richtung laufend; *chemical synthesis* in einer Richtung verlaufend ❸ (*impossible to turn*) *cover, cushion* nicht doppelseitig wendbar

ir·revo·cable [ɪˈrevəkəbl̩] *adj* unwiderruflich, unumstößlich

ir·revo·cably [ɪˈrevəkəbli] *adv* unwiderruflich, endgültig

ir·ri·gate [ˈɪrɪgeɪt] *vt* bewässern

ir·ri·ga·tion [ˌɪrɪˈgeɪʃᵊn] *n no pl of land* Bewässerung *f; of crops* Berieselung *f*

ir·ri·ˈga·tion plant *n* Bewässerungsanlage *f*

ir·ri·table [ˈɪrɪtəbl̩] *adj* (*pej*) reizbar, gereizt; MED *organ, tissue* reizbar, [über]empfindlich

ir·ri·tant [ˈɪrɪtᵊnt] *n* ❶ CHEM, MED (*substance*) Reizstoff *m* ❷ (*annoyance*) Ärgernis *nt*

ir·ri·tate [ˈɪrɪteɪt] *vt* ❶ (*pej: provoke*) [ver]ärgern ❷ MED (*pej: inflame*) **to ~ skin** Hautreizungen hervorrufen

ir·ri·tat·ing [ˈɪrɪteɪtɪŋ] *adj* (*pej*) ärgerlich, lästig; *behaviour* irritierend

ir·ri·ta·tion [ˌɪrɪˈteɪʃᵊn] *n* ❶ (*annoyance*) Ärger *m,* Verärgerung *f* ❷ (*nuisance*) Ärgernis *nt* ❸ MED (*inflammation*) Reizung *f;* ~ **of the eye** Augenreizung *f;* **skin ~** Hautreizung *f;* **to cause ~** eine Reizung hervorrufen

is [ɪz, z] *aux vb 3rd pers sing of* **be**

ISBN [ˌaɪesbiːˈen] *n* PUBL *abbrev of* **International Standard Book Number** ISBN-Nummer *f*

ISD [ˌaɪesˈdiː] *n abbrev of* **international subscriber dialling** Ferngespräche ohne Vermittlung

ISDN [ˌaɪesdiːˈen] *n* TELEC *abbrev of* **integrated services digital network** ISDN

Is·lam [ˈɪzlɑːm] *n no art, no pl* Islam *m*

Is·lam·ic [ɪzˈlɑːmɪk] *adj* REL islamisch

Is·lam·ist [ˈɪzləmɪst] **I.** *n* Islamist(in) *m(f)* **II.** *adj* islamistisch

Is·lamo·pho·bia [ˌɪsləməˈfəʊbiə] *n no pl* Anti-Islamismus *m*, Islamfeindlichkeit *f*

is·land [ˈaɪlənd] *n* ❶ (*also fig: in the sea*) Insel *f* ❷ (*on street*) Verkehrsinsel *f*

is·land·er [ˈaɪləndəʳ] *n* Insulaner(in) *m(f)*

isle *n,* **Isle** [aɪl] *n* (*esp form, poet*) Eiland *nt;* **the I~ of Man** die Insel Man; **the British I~s** die Britischen Inseln

Isle of Wight [waɪt] *n* Isle of Wight *f*

is·let [ˈaɪlət] *n* (*liter*) winziges Eiland

isn't [ɪzᵊnt] = **is not** *see* **be**

iso·bar [ˈaɪsə(ʊ)bɑːʳ] *n* Isobare *f*

iso·late [ˈaɪsəleɪt] *vt* ❶ (*set apart*) ■ **to ~ sb/sth [from sb/sth]** jdn/etw [von jdm/etw] trennen; ■ **to ~ oneself [from sb/sth]** sich [von jdm/etw] absondern ❷ CHEM, ELEC (*separate*) **to ~ sth from the electric circuit** etw vom Stromkreis trennen; **to ~ a substance** eine Substanz isolieren ❸ (*identify*) **to ~ a problem** ein Problem gesondert betrachten

iso·lat·ed [ˈaɪsəleɪtɪd] *adj* ❶ (*outlying*) abgelegen; (*detached*) *building, house* frei stehend ❷ (*solitary*) einsam [gelegen]; *village* abgeschieden ❸ (*excluded*) *country* isoliert ❹ (*lonely*) einsam; **to feel ~** sich einsam fühlen ❺ (*single*) vereinzelt, einzeln; **in ~ cases** in Einzelfällen

iso·la·tion [ˌaɪsᵊlˈeɪʃᵊn] *n no pl* ❶ (*separation*) Isolation *f;* ~ **from moisture/noise** Isolierung *f* gegen Feuchtigkeit/Schall ❷ (*remoteness*) *of a hotel, lake* Abgelegenheit *f* ❸ (*solitariness*) *of a village* Einsamkeit *f* ❹ (*exclusion*) *of a country* Isolation *f* ❺ (*loneliness*) Isolation *f*

iso·ˈla·tion hos·pi·tal *n* Infektionskrankenhaus *nt*

iso·ˈla·tion·ism [ˌaɪsᵊlˈeɪʃᵊnɪzᵊm] *n no pl* Isolationismus *m*

iso·ˈla·tion ward *n* Isolierstation *f*

isos·celes tri·an·gle [aɪˌsɒsᵊliːzˈ-] *n* gleichschenkliges Dreieck

iso·therm [ˈaɪsə(ʊ)θɜːm] *n* METEO, PHYS Isotherme *f*

iso·tope ['aɪsətəʊp] n CHEM Isotop nt
ISP [ˌaɪesˈpiː] n COMPUT, INET abbrev of **Internet service provider** ISP m
Is·ra·el ['ɪzreɪ(ə)l] n Israel nt
Is·rae·li [ɪzˈreɪli] I. n Israeli m o f II. adj israelisch
Is·rael·ite ['ɪzrɪəlaɪt] n Israelit(in) m(f)
is·sue ['ɪʃuː] I. n ❶ (topic) Thema nt; (question) Frage f; (dispute) Streitfrage f; (affair) Angelegenheit f; (problem) Problem nt; **what is the ~?** worum geht es [hier]?; **that's not the ~!** darum geht es doch gar nicht!; **the point at ~** der strittige Punkt; **side ~** Nebensache f; **a burning ~** eine brennende Frage; **to address an ~** ein Thema ansprechen; **to avoid the ~** [dem Thema] ausweichen; **to [not] be at ~** [nicht] zur Debatte stehen; **to confuse an ~** etwas durcheinanderbringen; **to make an ~ of sth** etw aufbauschen; **to raise an ~** eine Frage aufwerfen; **to take ~ with sb [over sth]** (form) sich mit jdm auf eine Diskussion [über etw akk] einlassen ❷ (edition) of a magazine, newspaper Ausgabe f; **date of ~** Erscheinungsdatum nt ❸ no pl (copies produced) Auflage f ❹ no pl (making available) of goods, notes, stamps Ausgabe f; of shares Emission f; of a fund, loan Auflegung f; of a cheque, document Ausstellung f; **date of ~** of a passport, cheque Ausstellungsdatum nt ❺ no pl (form: pronouncement) **the ~ of a statement** die Abgabe einer Erklärung ❻ no pl LAW (or dated: offspring) Nachkommen pl II. vt ❶ (produce) licence, permit ausstellen; **to ~ an arrest warrant** AM einen Haftbefehl erlassen; **to ~ banknotes** Banknoten in Umlauf bringen; **to ~ bonds** FIN Obligationen ausgeben; newsletter veröffentlichen ❷ (make known) **to ~ a call for sth** zu etw dat aufrufen; invitation, warning aussprechen; **to ~ an order to sb** jdm einen Befehl erteilen; statement abgeben; ultimatum stellen ❸ (supply with) ■ **to ~ sb with sth** jdn mit etw dat ausstatten; (distribute to) etw an jdn austeilen III. vi (form) ❶ (come out) ausströmen; smoke hervorquellen; ■ **to ~ from sth** aus etw dat dringen; liquid, gas also aus etw dat strömen; smoke aus etw dat quellen ❷ (be born out of) ■ **to ~ from sth** einer S. gen entspringen

is·su·er ['ɪʃuːəʳ] n Emittent m, Emissionshaus nt; of a document Aussteller(in) m(f)
isth·mus ['ɪsməs] n Isthmus m
it [ɪt] pron ❶ (thing) es; **the computer hasn't broken down, has ~?** der Computer ist nicht kaputt, oder?; **a room with two beds in ~** ein Raum mit zwei Betten darin; (of unspecified sex) er, sie, es ❷ (activity) es; **have you gone windsurfing before?** **~'s a lot of fun** warst du schon früher Windsurfen? es macht großen Spaß; **stop ~ — you're hurting me** hör auf [damit] – du tust mir weh ❸ (in time phrases: time, past dates) es; (day, date) heute; **what time is ~?** wie spät ist es?; **~ was Wednesday before I remembered that my birthday had been that Monday** es war Mittwoch, bevor ich daran dachte, dass am Montag mein Geburtstag gewesen war ❹ (in weather phrases) es ❺ (in distance phrases) es; **~'s a day's walk to get to the town from the farm** die Stadt liegt einen Tagesmarsch von dem Bauernhaus entfernt ❻ subject (referring to later part of sentence) es; **~'s common to have that problem** dieses Problem ist weit verbreitet; **~'s no use knocking, she can't hear you** Klopfen hat keinen Sinn, sie hört dich nicht; **~'s true I don't like Sarah** es stimmt, ich mag Sarah nicht; **~'s important that you should see a doctor** du solltest unbedingt zu einem Arzt gehen; **~'s a shame I can't come** es ist schade, dass ich nicht kommen kann; **~'s interesting how often she talks to him** es ist interessant, wie oft sie mit ihm spricht; **I found ~ impossible to get to sleep last night** ich konnte letzte Nacht einfach nicht einschlafen; **I like ~ in the autumn when the weather is crisp and bright** ich mag den Herbst, wenn das Wetter frisch und klar ist; **he thought ~ strange that she refused to talk to him** er fand es seltsam, dass sie sich weigerte, mit ihm zu sprechen ❼ (form: in passive sentences with verbs of opinion, attitude) man; **~ is thought that ...** man nimmt an, dass ...; **~ is said that ...** es heißt, dass ... ❽ (emph) **~ was Paul who came here in September, not Bob** Paul kam im September, nicht Bob; **~ was in Paris where we met, not in Marseilles** wir trafen uns in Paris, nicht in Marseilles ❾ (situation) es; **~ appears that we have lost** mir scheint, wir haben verloren; **~ sounds an absolutely awful situation** das klingt nach einer schrecklichen Situation; **~ takes [me] an hour to get dressed in the morning** ich brauche morgens eine Stunde, um mich anzuziehen; **if ~'s convenient** wenn es Ihnen/dir passt; **they made a mess of ~** sie versauten es sl; **we**

had a hard time of ~ during the drought während der Dürre hatten wir es schwer ⑩ (*right thing*) es; **that's absolutely ~ — what a great find!** das ist genau das – ein toller Fund!; **that's ~!** das ist es! ⑪ (*trouble*) **to get ~** Probleme kriegen; **that's not ~** das ist es nicht ⑫ (*the end*) **that's ~** das war's ⑬ (*fam: sex*) **to do ~** treiben ▶ **go for ~!** Hoppauf!; (*encouragement*) **go for ~, girl!** du schaffst es, Mädchen!; **to have ~ in for sb** es auf jdn abgesehen haben; **this is ~** jetzt geht's los; **to run for ~** davonlaufen; **that's ~** das ist der Punkt

IT [ˌaɪˈtiː] *n no pl* COMPUT *abbrev of* **Information Technology** IT *f*

Ital·ian [ɪˈtæliən] **I.** *n* ❶ (*native*) Italiener(in) *m(f)* ❷ (*language*) Italienisch *nt* **II.** *adj* italienisch

ital·ic [ɪˈtælɪk] *adj* TYPO kursiv

ital·ic·ize [ɪˈtælɪsaɪz] *vt* TYPO **to ~ a passage** eine Passage kursiv drucken

ital·ics [ɪˈtælɪks] *npl* TYPO Kursivschrift *f*; **printed in ~** kursiv gedruckt

Ita·ly [ˈɪtəli] *n* Italien *nt*

itch [ɪtʃ] **I.** *n* <*pl* -es> ❶ (*irritation*) Juckreiz *m*; **I've got an ~ on my back** es juckt mich am Rücken ❷ MED (*irritation*) Hautjucken *nt* ❸ (*fig fam: desire*) **to have an ~ for sth** wild auf etw *akk* sein **II.** *vi* ❶ (*prickle*) jucken ❷ (*fig fam: desire*) ■ **to be ~ing to do sth** ganz wild darauf sein, etw zu tun; **she was ~ing to clip him round the ear** es juckte ihr in den Fingern, ihm eine runterzuhauen; ■ **to ~ for sth** ganz wild auf etw *akk* sein; **to be ~ing for trouble/a fight** auf Ärger/Streit aus sein

itchy [ˈɪtʃi] *adj* ❶ (*rough*) *sweater* kratzig; *wool* kratzend ❷ (*causing sensation*) juckend; **I've got an ~ scalp** meine Kopfhaut juckt

item [ˈaɪtəm] *n* ❶ (*single thing*) Punkt *m*; (*in catalogue*) Artikel *m*; (*in account book*) Posten *m*; **~ of clothing** Kleidungsstück *nt*; **~ of furniture** Möbelstück *nt*; **~ in a list** Posten *m* auf einer Liste; **luxury ~** Luxusartikel *m*; **~ by ~** Punkt *m* für Punkt ❷ (*object of interest*) Anliegen *nt*, Gegenstand *m* ❸ (*topic*) Thema *m*; (*on agenda*) Punkt *m* ❹ (*fig fam: couple*) Beziehungskiste *f*; **are you two an ~, or just friends?** habt ihr beiden etwas miteinander, oder seid ihr nur Freunde?

item·ize [ˈaɪtəmaɪz] *vt* (*form*) näher angeben; *costs* aufgliedern; **I asked the telephone company to ~ my phone bill** ich bat die Telefongesellschaft, mir eine detaillierte Telefonrechnung auszustellen

itin·er·ant [aɪˈtɪnərənt] **I.** *n* ❶ (*unsettled person*) Vagabund(in) *m(f)* ❷ (*migrant worker*) Wanderarbeiter(in) *m(f)*; (*traveller*) beruflich Reisender/beruflich Reisende; (*as a minstrel*) Fahrende(r) *f(m)* hist **II.** *adj* ❶ (*vagabond*) umherwandernd ❷ (*migrant*) Wander-, Saison- ❸ (*travelling*) reisend, Wander-, fahrend hist

itin·er·ary [aɪˈtɪnərəri] *n* ❶ (*course*) Reiseroute *f* ❷ (*outline*) Reiseplan *m* ❸ (*account*) Reisebericht *m* ❹ (*book*) [Reise]führer *m*

it'll [ˈɪtəl] = **it will/it shall** *see* **will**[1], **shall**

ITN [ˌaɪtiːˈen] *n no pl* BRIT *abbrev of* **Independent Television News** Nachrichtendienst des ITV

its [ɪts] *pron poss* sein(e)

it's [ɪts] = **it is/it has** *see* **be**, **have I, II**

it·self [ɪtˈself] *pron reflexive* ❶ *after vb* sich [selbst] ❷ *after prep* sich [selbst] ❸ (*specifically*) **the shop ~ started 15 years ago** das Geschäft selbst öffnete vor 15 Jahren; **Mrs Vincent was punctuality ~** Mrs. Vincent war die Pünktlichkeit in Person ❹ (*alone*) **to keep sth to ~** sich geheim halten; **[all] by ~** [ganz] allein ▶ **in ~** selbst; **creativity in ~ is not enough to make a successful company** Kreativität alleine genügt nicht, um eine erfolgreiche Firma aufzubauen

ITV [ˌaɪtiːˈviː] *n no pl, no art* BRIT *abbrev of* **Independent Television** englisches Privatfernsehen

IUD [ˌaɪjuːˈdiː] *n* MED *abbrev of* **intra-uterine device** Intrauterinpessar *nt*

IV [ˌaɪˈviː] *adj* MED *abbrev of* **intravenous** intravenös

I've [aɪv] = **I have** *see* **have I, II**

IVF [ˌaɪviːˈef] *n* MED *abbrev of* **in vitro fertilisation** IVF *f*

ivo·ry [ˈaɪvəri] **I.** *n* ❶ *no pl* (*substance*) Elfenbein *nt* ❷ (*tusk*) Stoßzahn *m* ❸ (*article*) Elfenbeinarbeit *f* **II.** *adj* elfenbeinern, Elfenbein- **III.** *adj* ❶ (*made of ivory*) elfenbeinern, Elfenbein- ❷ (*colour*) elfenbeinfarben

ˈ**Ivo·ry Coast** *n* Elfenbeinküste *f*

ivo·ry ˈtow·er I. *n* (*fig, pej form*) ❶ (*remote place*) weltabgeschiedener Ort, Elfenbeinturm *m* ❷ (*aloofness*) Weltabgeschiedenheit *f*; **to live in an ~** im Elfenbeinturm leben **II.** *adj* weltabgewandt

ivy [ˈaɪvi] *n* Efeu *m*

Jj

J <*pl* -'s *or* -s>, **j** <*pl* -'s> [dʒeɪ] *n* J *nt*, j *nt*; *see also* **A 1**

jab [dʒæb] **I.** *n* ❶ (*poke*) Stoß *m* ❷ BOXING Gerade *f* ❸ BRIT, AUS (*fam: injection*) Spritze *f* ❹ (*also fig: sharp sensation*) Stich *m* **II.** *vt* <-bb-> ❶ (*poke or prick*) stechen; **to ~ a finger at sb/sth** auf jdn/etw mit dem Finger tippen; ▪**to ~ sth in[to] sth** etw in etw *akk* hineinstechen *fam* ❷ (*kick*) schießen **III.** *vi* <-bb-> ❶ (*poke*) schlagen; BOXING eine [kurze] Gerade schlagen ❷ (*thrust at*) ▪**to ~ at sb/sth** [**with sth**] [mit etw *dat*] auf jdn/etw einstechen

jab·ber ['dʒæbə^r] (*pej*) **I.** *n no pl* Geplapper *nt fam* **II.** *vi* quasseln *fam* (**about** über) **III.** *vt* (*blurt out*) **he ~ed out something about an accident** er quasselte etwas von einem Unfall daher *fam*

jab·ber·ing ['dʒæbə^rɪŋ] *n see* **jabber I.**

jack [dʒæk] *n* ❶ (*tool*) Hebevorrichtung *f*; AUTO Wagenheber *m* ❷ CARDS Bube *m*
◆**jack in** *vt* BRIT (*fam*) *job* hinschmeißen
◆**jack up I.** *vt* ❶ (*raise a heavy object*) hoch heben; *car* aufbocken ❷ (*fig fam: raise*) erhöhen; *prices, rent* in die Höhe treiben **II.** *vi* (*sl*) fixen

Jack [dʒæk] *n* ▸ **~ the Lad** BRIT (*fam*) Prahlhans *m*; **I'm all right ~** (*fam*) das kann mich überhaupt nicht jucken

jack·al ['dʒækɔːl] *n* Schakal *m*

jack·ass ['dʒækæs] *n* ❶ (*donkey*) Esel *m* ❷ (*fam: idiot*) Esel *m pej*, Depp *m* SÜDD, ÖSTERR, SCHWEIZ *pej*

jack·boot ['dʒækbuːt] *n* Schaftstiefel *m*

jack·daw ['dʒækdɔː] *n* Dohle *f*

jack·et ['dʒækɪt] *n* ❶ FASHION Jacke *f* ❷ (*of a book*) Schutzumschlag *m* ❸ AM, AUS MUS [Schall]plattenhülle *f*

jack·et po·ta·to *n* Folienkartoffel *f*

'jack-in-the-box *n* Schachtelmännchen *nt*; (*fig*) Hampelmann *m* **'jack·knife I.** *n* ❶ (*knife*) Klappmesser *nt* ❷ SPORTS Hechtsprung *m* **II.** *vi* ❶ (*fold together*) [wie ein Taschenmesser] zusammenklappen ❷ SPORTS hechten **jack-of-'all-trades** <*pl* jacks-of-all-trades> *n* (*handyman*) Mädchen *nt* für alles *hum*; ▪**to be a ~** alle anfallenden Arbeiten erledigen ▸**a ~, master of none** ein Hansdampf *m* in allen Gassen **jack-o'-'lantern** *n* AM Kürbislaterne *f* **'jack plug** *n* BRIT ELEC Bananenstecker *m* **'jack·pot** *n* Hauptgewinn *m*; **to hit the ~** den Hauptgewinn ziehen; (*fig fam: have luck*) das große Los ziehen; (*have success*) einen Bombenerfolg haben

ja·cuz·zi® *n*, **Ja·cuz·zi**® [dʒəˈkuːzi] *n* Whirlpool *m*

jade [dʒeɪd] **I.** *n* ❶ *no pl* (*precious green stone*) Jade *m o f* ❷ (*colour*) Jadegrün *nt* **II.** *adj* ❶ (*made of jade*) Jade-, aus Jade nach *n* ❷ (*colour*) jadegrün

jad·ed ['dʒeɪdɪd] *adj* ❶ (*exhausted*) erschöpft ❷ (*dulled*) übersättigt

jag·ged ['dʒægɪd] *adj* gezackt; *coastline, rocks* zerklüftet; *cut, tear* ausgefranst; (*fig*) *nerves* angeschlagen

jag·gy ['dʒægi] *adj* gezackt

jagu·ar ['dʒægjuə^r] *n* Jaguar *m*

jail [dʒeɪl] **I.** *n* Gefängnis *nt*; **to go to ~** ins Gefängnis kommen **II.** *vt* einsperren

'jail·bird *n* (*fam*) Knastbruder *m* **'jail·break** *n* Gefängnisausbruch *m*

jail·er ['dʒeɪlə^r] *n* Gefängnisaufseher(in) *m(f)*

jail·or *n see* **jailer**

ja·lopy [dʒəˈlɒpi] *n* (*hum fam*) [Klapper]kiste *f*

jam¹ [dʒæm] *n* Marmelade *f*

jam² [dʒæm] **I.** *n* ❶ (*fam: awkward situation*) Klemme *f*; **to be in [a bit of] a ~** [ziemlich] in der Klemme sitzen ❷ *no pl* (*obstruction*) *of people* Gedränge *nt*; *of traffic* Stau *m* ❸ MUS Jamsession *f* **II.** *vt* <-mm-> ❶ (*block*) verklemmen; *switchboard* überlasten; **to ~ sth open** etw aufstemmen ❷ (*cram inside*) [hinein]zwängen (**into**) **III.** *vi* <-mm-> ❶ (*become stuck*) sich verklemmen; *brakes* blockieren ❷ (*play music*) jammen

Ja·mai·ca [dʒəˈmeɪkə] *n* Jamaika *nt*

Ja·mai·can [dʒəˈmeɪkən] **I.** *n* ❶ (*person*) Jamaikaner(in) *m(f)* ❷ (*language*) Jamaikanisch *nt* **II.** *adj* jamaikanisch

jamb(e) [dʒæm(b)] *n* ARCHIT [Tür]pfosten *m*, [Fenster]pfosten *m*

jam·bo·ree [ˌdʒæmbəˈriː] *n* ❶ (*large social gathering*) großes Fest ❷ (*Scouts' or Guides' rally*) Pfadfindertreffen *nt* ❸ (*pej: political gathering*) Politparty *f fam*

'jam jar *n* ❶ (*container*) Marmeladenglas *nt* ❷ BRIT (*rhyming sl: car*) Blechkiste *f fam*

jam·my ['dʒæmi] *adj* ❶ (*covered with jam*) marmelade[n]verschmiert ❷ BRIT (*fam: unfairly lucky*) Glücks-; **~ bastard** (*fam!*)

[gott]verdammter Glückspilz ❸ BRIT (fam: very easy) kinderleicht

'jam-packed adj (fam) bus, shop gerammelt voll; bag, box randvoll; suitcase vollgestopft **'jam ses·sion** n (fam) Jamsession f

jan·gle ['dʒæŋgl] I. vt ❶(rattle) ■**to ~ sth** [mit etw dat] klirren; bells bimmeln lassen; **to ~ keys** mit Schlüsseln rasseln ❷(fig: upset) **to ~ sb's nerves** jdm auf die Nerven gehen II. vi klirren; bells bimmeln III. n see **jangling**

jan·gling ['dʒæŋglɪŋ] n no pl of bells Bimmeln nt; of keys Klirren nt

jani·tor ['dʒænɪtə^r] n esp AM, SCOT Hausmeister(in) m(f), Hauswart m DIAL

Janu·ary ['dʒænjuəri] n Januar m, Jänner m ÖSTERR, SÜDD, SCHWEIZ; see also **February**

Jap [dʒæp] (pej!) I. n (sl) short for **Japanese** Japs m pej sl II. adj (sl) short for **Japanese** Japsen- pej sl

Ja·pan [dʒə'pæn] n Japan nt

Japa·nese [,dʒæpə'niːz] I. n <pl -> ❶(person) Japaner(in) m(f) ❷(language) Japanisch nt II. adj japanisch

jar¹ [dʒɑː^r] n (of glass) Glas[gefäß] nt; (of clay, without handle) Topf m; (of clay, with handle) Krug m; (of metal) Topf m

jar² [dʒɑː^r] I. vt <-rr-> ❶(strike) schleudern (**against** gegen) ❷(influence unpleasantly) verletzen ❸(send a shock through) erschüttern II. vi <-rr-> (cause unpleasant feelings) ■**to ~ on sb** jdm auf den Nerv gehen; **to ~ on the ears** in den Ohren wehtun III. n ❶(sudden unpleasant shake) Ruck m ❷(shock) Schock m

jar·gon ['dʒɑːgən] n no pl [Fach]jargon m

jas·mine ['dʒæzmɪn] n no pl Jasmin m

jaun·dice ['dʒɔːndɪs] n no pl MED Gelbsucht f

jaun·diced ['dʒɔːndɪst] adj ❶MED gelbsüchtig ❷(form: bitter) attitude verbittert; view zynisch

jaunt [dʒɔːnt] n Ausflug m; **to go on a ~** einen Ausflug machen

jaun·ty ['dʒɔːnti] adj flott; grin fröhlich; step schwungvoll

jave·lin ['dʒævəlɪn] n ❶(light spear) Speer m ❷(athletic event) Speerwerfen nt

jaw [dʒɔː] I. n ❶(body part) Kiefer m; **lower/upper ~** Unter-/Oberkiefer m; **sb's ~ drops in amazement** (fig) jdm fällt [vor Staunen] der Unterkiefer herunter fam ❷(large mouth and teeth) ■**~s** pl Rachen m a. fig II. vi (pej fam) quasseln; ■**to ~ with sb** mit jdm quatschen

'jaw bone n Kieferknochen m **'jaw·break·er** n ❶esp AM, AUS FOOD großes, rundes, steinhartes Bonbon ❷(fam: tongue-twister) Zungenbrecher m **'jaw-drop·ping** adj (fam) atemberaubend

jay [dʒeɪ] n Eichelhäher m

'jay·walk vi AM eine Straße regelwidrig überqueren **'jay·walk·er** n unachtsamer Fußgänger/unachtsame Fußgängerin **'jay·walk·ing** n no pl unachtsames Überqueren einer Straße

jazz [dʒæz] I. n no pl ❶(music) Jazz m ❷AM (pej sl: nonsense) Quatsch m ▶ **and all that ~** (pej fam) und all so was II. vt AM (sl) ■**to ~ sb** jdn für dumm verkaufen
♦ **jazz up** vt (fam) ❶(adapt for jazz) verjazzen ❷(fig: brighten or enliven) aufpeppen

jazzy ['dʒæzi] adj ❶(of or like jazz) Jazz-, jazzartig ❷(approv fam: bright and colourful) colours knallig; piece of clothing poppig; wallpaper auffällig gemustert

JCB® [,dʒeɪsiː'biː] n BRIT [Erdräum]bagger m

jeal·ous ['dʒeləs] adj ❶(resentful) eifersüchtig (**of** auf) ❷(envious) neidisch; ■**to be ~ of sb** auf jdn neidisch sein; ■**to be ~ of sb's sth** jdn um etw akk beneiden

jeal·ous·ly ['dʒeləsli] adv ❶(resentfully) eifersüchtig ❷(enviously) neidisch

jeal·ousy ['dʒeləsi] n ❶(resentment) Eifersucht f ❷no pl (envy) Neid m

jeans [dʒiːnz] npl Jeans[hose] f; **a pair of ~** eine Jeans[hose]

jeep [dʒiːp] n Jeep m, Geländewagen m

jeer [dʒɪə^r] I. vt ausbuhen fam II. vi (comment) spotten (**at** über); (laugh) höhnisch lachen; (boo) buhen III. n höhnische Bemerkung

Je·ho·vah [dʒə'həʊvə] n no art, no pl Jehova m

jell vi see **gel**

jel·lied ['dʒelɪd] adj in Aspik eingelegt; **~ eels** Aal m in Aspik

jel·ly ['dʒeli] n ❶(substance) Gelee nt ❷BRIT, AUS (dessert) Wackelpudding m fam; (meat in gelatine) Sülze f ❸AM (jam) Gelee m o nt ▶ **to beat sb to a ~** esp BRIT jdn windelweich schlagen fam

'jel·ly baby n BRIT Fruchtgummi nt (in Form eines Babys) **'jel·ly bean** n [bohnenförmiges] Geleebonbon **'jel·ly·fish** n ❶(sea animal) Qualle f ❷esp AM (pej fam: weak, cowardly person) Waschlappen m **'jel·ly wax** n Gelwachs nt

jem·my ['dʒemi] BRIT, AUS I. n Brecheisen *nt* II. *vt* <-ie-> ■to ~ **open** ○ sth etw aufbrechen

jeop·ard·ize ['dʒepədaɪz] *vt* gefährden; *career, future* aufs Spiel setzen

jeop·ardy ['dʒepədi] *n no pl* Gefahr *f*

jerk [dʒɜ:k] I. *n* ❶ (*sudden sharp movement*) Ruck *m*; (*pull*) Zug *m*; *twist* Dreh *m* ❷ *esp* AM (*pej sl: stupid person*) Trottel *m*, Depp *m* SÜDD ❸ (*weightlifting*) Stoß *m* II. *vi* zucken; **to ~ upwards** hochschnellen; **to ~ to a halt** abrupt zum Stillstand kommen III. *vt* ❶ (*move sharply*) ■to ~ **sb/sth** jdn/etw mit einem Ruck ziehen; (*fig*) reißen (**out of** aus) ❷ (*weightlifting*) stoßen ◆ **jerk off** *vi* (*vulg*) wichsen

jer·kin ['dʒɜ:kɪn] *n* ärmellose Jacke

jerky ['dʒɜ:ki] I. *adj movement* ruckartig; *speech* abgehackt II. *n no pl* AM luftgetrocknetes Fleisch

jer·ry-built ['dʒeribɪlt] *adj attr* (*pej*) schlampig gebaut *fam*

jer·ry·can ['dʒerikæn] *n* Kanister *m*

jer·sey ['dʒɜ:zi] *n* ❶ (*garment*) Pullover *m* ❷ (*sports team shirt*) Trikot *nt* ❸ *no pl* (*cloth*) Jersey *m* ❹ (*type of cow*) ■J~ Jerseyrind *nt*

Jer·sey ['dʒɜ:zi] *n* GEOG Jersey *nt*

jest [dʒest] I. *n* (*form*) ❶ (*utterance*) Scherz *m* ❷ (*mood*) Spaß *m*; **to do/say sth in ~** etw im Spaß tun/sagen II. *vi* (*form*) scherzen; ■to ~ **about sth** sich über etw *akk* lustig machen

jest·er ['dʒestə^r] *n* HIST *court ~* Hofnarr *m*

jest·ing ['dʒestɪŋ] I. *n* Scherzen *nt* II. *adj* scherzhaft

Jesu·it ['dʒezjuɪt] I. *n* Jesuit *m* II. *adj* jesuitisch, Jesuiten-

Jesu·iti·cal [,dʒezju'ɪtɪkᵊl] *adj* ❶ (*of or concerning Jesuits*) Jesuiten-, jesuitisch ❷ (*pej!: dissembling or equivocating*) verschlagen

Jesus, Jesus Christ [,dʒi:zəs'kraɪst] I. *n no art, no pl* Jesus *m* II. *interj* (*pej sl*) Mensch! *fam*

jet¹ [dʒet] I. *n* ❶ AVIAT [Düsen]jet *m* ❷ (*thin stream*) Strahl *m*; **~ of air/gas** [dünner] Luft-/Gasstrahl ❸ (*nozzle*) Düse *f* II. *vi* <-tt-> mit einem Jet fliegen, jetten *fam*

jet² [dʒet] *n no pl* (*gemstone*) Gagat *m*

'jet-black *adj* pechschwarz **jet 'en·gine** *n* Düsentriebwerk *nt* **jet 'fight·er** *n* Düsenjäger *m* **'jet-foil** *n* Tragflügelboot *nt* **'jet lag** *n no pl* Jetlag *m* **'jet plane** *n* Düsenflugzeug *nt* **jet-pro·'pelled** *adj* mit Düsenantrieb *nach n*; ■to be ~ einen Düsenantrieb haben **jet pro·'pul·sion** *n no pl* Düsenantrieb *m*

jet·sam ['dʒetsəm] *n no pl see* **flotsam**

'jet set *n no pl* (*fam*) Jetset *m*

jet·ti·son ['dʒetɪsᵊn] *vt* ❶ (*discard, abandon*) fallen lassen; *employee* entlassen; ■to ~ **sth** etw aufgeben; *plan* verwerfen; ■to ~ **sth** [**for sth**] etw [zugunsten einer S. gen] aufgeben ❷ (*drop*) *from a ship* über Bord werfen; *from a plane* abwerfen

jet·ty ['dʒeti] *n* ❶ (*landing stage*) Pier *m* ❷ (*breakwater*) Mole *f*

Jew [dʒu:] *n* Jude *m*/Jüdin *f*

jew·el ['dʒu:əl] *n* ❶ (*precious stone*) Edelstein *m*, Juwel *m o nt* ❷ (*sth beautiful or valuable*) Kostbarkeit *f* ❸ (*watch part*) Stein *m*

je·wel·ler ['dʒu:ələʳ] *n*, AM **je·wel·er** *n* Juwelier(in) *m(f)*

je·wel·lery ['dʒu:əlri] *n*, AM **'je·wel·ry** *n no pl* Schmuck *m*

Jew·ess <*pl* -es> ['dʒu:əs] *n* (*pej!*) Jüdin *f*

Jew·ish ['dʒu:ɪʃ] *adj* jüdisch

Jew·ry ['dʒʊəri] *n no art, no pl* (*form*) die Juden *pl*, das Judentum

Jew's 'harp *n* Maultrommel *f*

jib¹ [dʒɪb] *n* NAUT Klüver *m*

jib² [dʒɪb] *n* TECH Ausleger[arm] *m*

jib³ <-bb-> [dʒɪb] *vi* ❶ (*be reluctant*) ■to ~ **at doing sth** sich weigern, etw zu tun ❷ (*stop suddenly*) *horse* scheuen (**at** vor)

jibe [dʒaɪb] I. *n* Stichelei *f*, verletzende Bemerkung II. *vi* ❶ (*insult, mock*) ■to ~ **at sth** über etw *akk* spötteln ❷ AM, AUS (*fam: correspond*) übereinstimmen

jif·fy ['dʒɪfi] *n no pl* (*fam*) Augenblick *m*; **in a ~** gleich

jig [dʒɪg] I. *vt* <-gg-> schütteln II. *vi* <-gg-> ❶ (*move around*) **to ~ about/up and down** herumhopsen/herumspringen ❷ (*dance a jig*) eine Gigue tanzen III. *n* (*dance*) *also* MUS Gigue *f*

jig·ger ['dʒɪgəʳ] I. *n* ❶ (*container*) Messbecher *m* für Alkohol ❷ AM (*measure*) *45 ml* II. *vt* AM fälschen

jiggery-pokery [,dʒɪgᵊri'pəʊkᵊri] *n no pl* (*dated fam*) Gemauschel *nt pej*

jig·gle ['dʒɪgl̩] I. *vt* ■to ~ **sth** mit etw *dat* wackeln; ■to ~ **sth about** etw schütteln II. *vi* wippen, hüpfen III. *n* Rütteln *nt*; *of a limb* Zucken *nt*

'jig·saw *n* ❶ (*mechanical*) Laubsäge *f*; (*electric*) Stichsäge *f* ❷ (*puzzle*) Puzzle[spiel] *nt*

ji·had·ist [dʒɪˈhɑ:dɪst] *adj* Jihad-

jilt [dʒɪlt] *vt* ■to ~ **sb** [**for sb**] jdn [wegen jdm] sitzen lassen

Jim Crow [,dʒɪmˌkroʊ] *n no art, no pl* AM (*pej dated*) Rassendiskriminierung *f*

jim·jams *npl* ❶ BRIT (*fam: pyjamas*) Schlafanzug *m* ❷ (*fam*) ■**the ~** (*alcohol-induced trembling*) Säuferwahnsinn *m;* (*fit of nerves*) Muffensausen *nt fam*

jim·my *vt* AM *see* **jemmy**

jin·gle ['dʒɪŋgl] **I.** *vt bells* klingeln lassen; **to ~ coins** mit Münzen klimpern; **to ~ keys** mit Schlüsseln klirren **II.** *vi bells* bimmeln; *coins* klimpern; *keys* klirren **III.** *n* ❶ *no pl* (*metallic ringing*) *of bells* Bimmeln *nt; of coins* Klimpern *nt; of keys* Klirren *nt* ❷ (*in advertisements*) Jingle *m*

jin·go·ism ['dʒɪŋgəʊɪzᵊm] *n no pl* (*pej*) Chauvinismus *m*

jin·go·is·tic [ˌdʒɪŋgəʊˈɪstɪk] *adj* (*pej*) chauvinistisch

jinx [dʒɪŋks] **I.** *n no pl* Unglück *nt;* **there's a ~ on this computer** mit diesem Computer ist es wie verhext; **to put a ~ on sb/sth** jdn/etw verhexen **II.** *vt* verhexen

jit·ter·bug ['dʒɪtəbʌg] **I.** *n* (*dance*) Jitterbug *m* **II.** *vi* <-gg-> Jitterbug tanzen

jit·ters ['dʒɪtəz] *npl* (*fam*) Bammel *m kein pl; of an actor* Lampenfieber *nt;* **to get the ~** Muffensausen kriegen

jit·tery ['dʒɪtᵊri] *adj* (*fam*) nervös

jive [dʒaɪv] **I.** *n no pl* ❶ (*dance*) Jive *m;* (*music*) Swingmusik *f;* **to do the ~** Jive tanzen ❷ AM (*sl: dishonest talk*) Gewäsch *nt fam;* **a bunch of ~** ein Haufen *m* Mist *fam* **II.** *vi* Jive tanzen; ■**to ~ to sth** auf etw *akk* Jive tanzen **III.** *vt* AM (*sl*) ■**to ~ sb** jdn für dumm verkaufen *fam*

job [dʒɒb] **I.** *n* ❶ (*employment*) Stelle *f;* **full-time/part-time ~** Vollzeit-/Teilzeitstelle *f;* **he has a part-time ~** [**working**] **in a bakery** er arbeitet halbtags in einer Bäckerei; **holiday/Saturday ~** Ferien-/Samstagsjob *m;* **nine-to-five ~** Achtstundentag *m;* **steady ~** feste Stelle; **to apply for a ~** [**with sb/sth**] sich um eine Stelle [bei jdm/etw] bewerben; **to be out of a ~** arbeitslos sein; **to create new ~s** neue Arbeitsplätze schaffen; **to give up one's ~** kündigen; **to lose one's ~** seinen Arbeitsplatz verlieren ❷ (*piece of work*) Arbeit *f;* (*task*) Aufgabe *f;* [**to be**] **just the man/woman for the ~** genau der/die Richtige dafür [sein]; **nose ~** (*fam*) Nasenkorrektur *f;* **to make a bad/good ~ of doing sth** bei etw *dat* schlechte/gute Arbeit leisten ❸ (*fam: object*) Ding *nt* ❹ (*sl: crime*) Ding *nt fam;* **to do a ~** ein Ding drehen *fam* ❺ *no pl* (*duty*) Aufgabe *f;* **she's only doing her ~** sie tut nur ihre Pflicht; **it's not my ~ to tell you how to run your life, but ...** es geht mich zwar nichts an, wie du dein Leben regelst, aber... ❻ *no pl* (*problem*) **it was quite a ~** das war gar nicht so einfach ❼ COMM (*order*) Auftrag *m* ▶**~ for the boys** BRIT (*pej fam*) unter der Hand vergebene Arbeit; **to do the ~** den Zweck erfüllen **II.** *vt* <-bb-> ❶ AM (*fam: cheat*) ■**to ~ sb** jdn übers Ohr hauen ❷ STOCKEX **to ~ stocks** mit Aktien handeln **III.** *vi* <-bb-> ❶ (*do casual work*) jobben *fam* ❷ STOCKEX als Broker tätig sein

'**job ad·ver·tise·ment** *n* Stellenanzeige *f*
'**job anal·y·sis** *n* Arbeitsplatzanalyse *f*
'**job ap·pli·ca·tion** *n* Bewerbung *f*

job·ber ['dʒɒbəʳ] *n* ❶ BRIT (*hist: in stocks*) Jobber *m,* Wertpapiergroßhändler(in) *m(f)* (*an Londoner Börse*) ❷ AM (*wholesaler*) Großhändler(in) *m(f)*

'**job cen·tre** *n* BRIT ≈ Agentur *f* für Arbeit (*für Arbeitsvermittlung, Durchführung arbeitsmarktpolitischer Maßnahmen und Gewährung von Lohnersatzleistungen zuständig*) '**job coun·sel·lor** *n* Arbeitsberater(in) *m(f)* '**job crea·tion** *n no pl* Arbeitsbeschaffung *f* '**job cuts** *npl* Stellenabbau *m kein pl,* Arbeitsplatzabbau *m kein pl*
'**job de·scrip·tion** *n* Stellenbeschreibung *f* '**job inter·view** *n* Bewerbungsgespräch *nt*

job·less ['dʒɒbləs] **I.** *adj* arbeitslos **II.** *n esp* BRIT ■**the ~** *pl* die Arbeitslosen *pl*

job lot *n* [Waren]posten *m;* **I bought a ~ of children's books which were being sold off cheaply** ich habe eine ganze Sammlung Kinderbücher, die verramscht wurden '**job mar·ket** *n* Arbeitsmarkt *m* '**job rat·ing** *n* Arbeitsbewertung *f* '**job·seek·er** *n* Arbeitsuchende(r) *f(m)* '**job ti·tle** *n* Berufsbezeichnung *f*

Jock [dʒɒk] *n* ❶ BRIT (*sl*) Schotte *m* ❷ SPORTS (*sl*) *see* **jockstrap**

jock·ey ['dʒɒki] **I.** *n* Jockey *m* **II.** *vi* ■**to ~ for sth** um etw *akk* konkurrieren **III.** *vt* ■**to ~ sb into doing sth** jdn dazu drängen, etw zu tun

'**jock·strap** *n* SPORTS Suspensorium *nt*

jo·cose [dʒə(ʊ)ˈkəʊs] *adj* (*form, liter*) scherzhaft; *manner* witzig

jocu·lar ['dʒɒkjələʳ] *adj* (*form*) lustig; *comment* witzig; *person* heiter; **in a ~ fashion** im Spaß; **to be in a ~ mood** zu Scherzen aufgelegt sein

joc·und ['dʒɒkənd] *adj* (*liter*) fröhlich

jodh·purs ['dʒɒdpəz] *npl* Reithose *f;* **a pair of ~** eine Reithose

Joe Bloggs [ˌdʒəʊˈblɒgz] *n no art, no pl* BRIT (*fam*) Otto Normalverbraucher *m*

jog [dʒɒg] **I.** *n* ❶ *no pl* (*run*) Dauerlauf *m;*

to go for a ~ joggen gehen *fam* ❷ *usu sing* (*push, knock*) Stoß *m* **II.** *vi* <-gg-> joggen **III.** *vt* <-gg-> [an]stoßen ▸ **to ~ sb's memory** jds Gedächtnis *nt* nachhelfen ◆ **jog along** *vi* ❶ (*fam: advance slowly*) *person* dahintrotten; *vehicle* dahinzuckeln ❷ (*continue in a routine manner*) [so] dahinwursteln

jog·ger ['dʒɒgə'] *n* Jogger(in) *m(f)*

jog·ging ['dʒɒgɪŋ] *n no pl* Joggen *nt;* **to go [out] ~** joggen gehen

jog·gle ['dʒɒgl̩] **I.** *vt* (*move jerkily*) [leicht] rütteln; **to ~ a baby about** ein Baby hin und her wiegen **II.** *n* [leichtes] Schütteln

john [dʒɑːn] *n* ❶ AM, AUS (*fam: toilet*) Klo *nt* ❷ AM (*sl: prostitute's client*) Freier *m fam*

John Bull [ˌdʒɒnˈbʊl] *n no art, no pl* BRIT (*dated fam*) John Bull *m* (*Figur, die den typischen Engländer oder England repräsentiert*)

john·nie *n*, **john·ny** ['dʒɒni] *n* BRIT (*sl*) [**rubber**] ~ Pariser *m*

join [dʒɔɪn] **I.** *vt* ❶ (*connect*) ■ **to ~ sth** [to sth] etw [mit etw *dat*] verbinden; *battery* etw [an etw *dat*] anschließen; (*add*) etw [an etw *akk*] anfügen; ■ **to ~ sth together** etw zusammenfügen ❷ (*offer company*) ■ **to ~ sb** sich zu jdm gesellen; **would you like to ~ us for supper?** möchtest du mit uns zu Abend essen?; **do you mind if I ~ you?** darf ich mich zu Ihnen setzen?; **her husband ~ed her in Rome a week later** eine Woche später kam ihr Mann nach Rom nach ❸ (*enrol*) beitreten; *club, party* Mitglied werden; **to ~ the army** Soldat werden ❹ (*participate*) ■ **to ~ sth** bei etw *dat* mitmachen; **let's ~ the dancing** lass uns mittanzen; **to ~ the queue** [*or* AM **line**] sich in die Schlange stellen ❺ (*support*) ■ **to ~ sb in** [**doing**] **sth** jdm bei etw *dat* zur Seite stehen; **I'm sure everyone will ~ me in wishing you a very happy birthday** es schließen sich sicher alle meinen Glückwünschen zu Ihrem Geburtstag an ❻ (*cooperate*) **to ~ forces with sb** sich mit jdm zusammentun ❼ (*board*) **to ~ a plane/train** in ein Flugzeug/einen Zug zusteigen **II.** *vi* ❶ (*connect*) ■ **to ~** [**with sth**] sich [mit etw *dat*] verbinden ❷ (*cooperate*) ■ **to ~ with sb in doing sth** sich mit jdm *dat* zusammenschließen, um etw zu tun ❸ (*enrol*) beitreten, Mitglied werden **III.** *n* ❶ (*seam*) Verbindung[sstelle] *f* ❷ MATH (*set theory*) Vereinigungsmenge *f fachspr* ❸ COMPUT Join-Anweisung *f fachspr* ◆ **join in** *vi* teilnehmen; (*in game*) mitspielen; (*in song*) mitsingen; ■ **to ~ in sth** bei etw *dat* mitmachen ◆ **join up I.** *vi* ❶ BRIT, AUS MIL zum Militär gehen ❷ (*connect*) sich verbinden; *cells* miteinander verschmelzen; *streets* aufeinandertreffen ❸ (*meet*) **let's ~ up later for a drink** lasst uns später zusammen noch einen trinken gehen; ■ **to ~ up with sb** sich mit jdm zusammentun ❹ (*cooperate*) ■ **to ~ up with sb/sth** sich mit jdm/etw zusammenschließen **II.** *vt* ■ **to ~ up** ○ **sth** etw [miteinander] verbinden; *parts* etw zusammenfügen

join·er ['dʒɔɪnə'] *n* ❶ (*skilled worker*) Tischler(in) *m(f)* ❷ (*fam: activity-oriented person*) geselliger Typ

join·ery ['dʒɔɪnəri] *n no pl* (*product*) Tischlerarbeit *f;* (*craft*) Tischlerhandwerk *nt*

joint [dʒɔɪnt] **I.** *adj* gemeinsam; **~ undertaking** Gemeinschaftsunternehmen *nt;* **~ winners** SPORTS zwei Sieger/Siegerinnen; **to come ~ second** mit jdm zusammen den zweiten Platz belegen **II.** *n* ❶ (*connection*) Verbindungsstelle *f* ❷ ANAT Gelenk *nt;* **to put sth out of ~** etw ausrenken; (*fig*) etw außer Betrieb setzen ❸ (*meat*) Braten *m;* **~ of beef/lamb** Rinder-/Lammbraten *m* ❹ (*fam: cheap bar, restaurant*) Laden *m* ❺ (*cannabis cigarette*) Joint *m sl* ▸ **to be out of ~** aus den Fugen sein

joint ac·'count *n* Gemeinschaftskonto *nt*
joint com·'mit·tee *n* gemischter Ausschuss **joint 'debt·or** *n* Mitschuldner(in) *m(f)*

joint·ed ['dʒɔɪntɪd] *adj* ❶ (*having joints*) gegliedert; **double ~** extrem gelenkig ❷ (*united*) verbunden

joint 'ef·forts *npl* gemeinsame Anstrengungen **joint·ly** ['dʒɔɪntli] *adv* gemeinsam **joint 'own·er** *n* Miteigentümer(in) *m(f); of a company* Mitinhaber(in) *m(f)* **joint 'prop·er·ty** *n* gemeinschaftliches Eigentum *nt* **joint 'stock** *n no pl* Aktienkapital *nt* **joint-stock 'com·pa·ny** *n* BRIT Aktiengesellschaft *f* **joint 'ven·ture** *n* Joint Venture *nt*

joist [dʒɔɪst] *n* [Quer]balken *m*

joke [dʒəʊk] **I.** *n* ❶ (*action*) Spaß *m;* (*trick*) Streich *m;* (*amusing story*) Witz *m;* **dirty ~** Zote *f;* **to crack/tell ~s** Witze reißen *fam*/erzählen; **to get a ~** einen Witz kapieren; **to get beyond a ~** nicht mehr witzig sein; **to make a ~ of sth** (*ridicule*) etw ins Lächerliche ziehen; (*laugh off*) **they made a ~ of it, but it was obvious they were offended** sie lachten darüber, aber es war offensichtlich, dass sie beleidigt waren; **to**

not be able to take a ~ keinen Spaß vertragen; **the ~ was on me** der Spaß ging auf meine Kosten ❷ *(fam: sth very easy)* Kinderspiel *nt* ❸ *(fam: ridiculous thing or person)* Witz *m* II. *vi* scherzen; ■**to be joking** Spaß machen; **you must be joking!** das meinst du doch nicht im Ernst!; ■**to ~ about sth** sich über etw *akk* lustig machen

jok·er ['dʒəʊkə^r] *n* ❶ *(one who jokes)* Spaßvogel *m* ❷ *(fam: annoying person)* Typ *m* ❸ CARDS Joker *m*

jok·ing ['dʒəʊkɪŋ] I. *adj* scherzhaft II. *n no pl* Scherzen *nt;* ~ **apart** Spaß beiseite; **~ apart, what do you really think of your new job?** jetzt mal ganz im Ernst, was hältst du wirklich von deinem neuen Job?

jok·ing·ly ['dʒəʊkɪŋli] *adv* im Scherz

jol·li·fi·ca·tion [,dʒɒlɪfɪ'keɪʃ^ən] *n (fam) no pl (merrymaking)* Festlichkeit *f;* (*boozy party*) feuchtfröhliches Fest

jol·lity ['dʒɒləti] *n no pl* Fröhlichkeit *f*

jol·ly ['dʒɒli] I. *adj* ❶ *(happy)* lustig, vergnügt ❷ *(enjoyable or cheerful)* lustig; *evening* nett; *room* freundlich II. *adv* BRIT *(fam)* sehr; **just tell her to ~ well hurry up** sag ihr, sie soll sich endlich mal beeilen; **I ~ well hope so!** das will ich doch hoffen! III. *vt* ■**to ~ sb along** ❶ *(humour)* jdn bei Laune halten *fam* ❷ *(encourage)* jdn ermutigen

jolt [dʒəʊlt] I. *n* ❶ *(sudden jerk)* Stoß *m*, Ruck *m* ❷ *(shock)* Schlag *m;* **his self-confidence took a sudden ~** sein Selbstvertrauen wurde plötzlich erschüttert; **to wake up with a ~** aus dem Schlaf hochschrecken II. *vt* ❶ *(jerk)* durchrütteln; **the train stopped unexpectedly and we were ~ed forwards** der Zug hielt unerwartet und wir wurden nach vorne geschleudert; **I was ~ed awake by a sudden pain** ich wurde von einem plötzlichen Schmerz aus dem Schlaf gerissen ❷ *(fig: shake) relationship* erschüttern; *conscience* wachrütteln ❸ *(fig: shock)* **to ~ sb into action** jdn zum Handeln veranlassen; **to ~ sb out of his/her lethargy** jdn aus seiner/ihrer Lethargie reißen III. *vi vehicle* rumpeln

Jor·dan ['dʒɔː·d^ən] *n* ❶ *(country)* Jordanien *nt* ❷ *(river)* ■**the river ~** der Jordan

Jor·da·nian [dʒɔː'deɪniən] I. *adj* jordanisch II. *n* Jordanier(in) *m(f)*

josh [dʒɒʃ] *(fam)* I. *vt* ■**to ~ sb [about sth]** jdn [wegen einer S. *gen*] aufziehen II. *vi* Spaß machen, scherzen

joss stick ['dʒɒs-] *n* Räucherstäbchen *nt*

jos·tle ['dʒɒsl] I. *vt* anrempeln; FBALL rempeln II. *vi* ❶ *(push)* [sich *akk*] drängeln *fam* ❷ *(compete)* ■**to ~ for sth** business, influence um etw *akk* konkurrieren

jos·tling ['dʒɒslɪŋ] I. *n no pl* ❶ *(pushing)* Gedränge *nt*, Drängelei *f* ❷ *(competition)* Gerangel *nt pej fam* (for um +*akk*) II. *adj (pushing)* sich drängelnd *attr;* (*pushy*) *crowd* aufdringlich *pej*

jot [dʒɒt] I. *n no pl* ▶**not a ~ of good** keinerlei Nutzen; **not a ~ of truth** nicht ein Körnchen Wahrheit; **to not give a ~ about sb/sth** sich nicht den Teufel um jdn/etw scheren *fam* II. *vt* <-tt-> notieren

jot·ter ['dʒɒtə^r] *n* BRIT, AUS, **jot·ter pad** *n* BRIT, AUS Notizblock *m*

jot·tings ['dʒɒtɪŋz] *npl* Notizen *pl*

joule [dʒuːl] *n* Joule *nt*

jour·nal ['dʒɜː·n^əl] *n* ❶ *(periodical)* Zeitschrift *f;* (*newspaper*) Zeitung *f* ❷ *(diary)* Tagebuch *nt;* **to keep a ~** Tagebuch führen

jour·nal·ism ['dʒɜː·n^əlɪz^əm] *n no pl* Journalismus *m*

jour·nal·ist ['dʒɜː·n^əlɪst] *n* Journalist(in) *m(f)*

jour·nal·is·tic [,dʒɜː·n^əl'ɪstɪk] *adj* journalistisch

jour·ney ['dʒɜː·ni] I. *n* Reise *f;* **car/train ~** Auto-/Zugfahrt *f;* **a two-hour train ~** eine zweistündige Zugfahrt II. *vi (esp liter)* reisen

'**jour·ney·man** *n* ❶ *(experienced workman)* Fachmann *m* ❷ *(qualified workman)* Geselle *m* ❸ SPORTS **tennis player** routinierter Tennisspieler

joust [dʒaʊst] I. *vi* ❶ *(engage in a joust)* einen Turnierzweikampf austragen ❷ *(compete)* ■**to ~ for sth** um etw *akk* streiten II. *n* Turnierzweikampf *m*

jo·vial ['dʒəʊviəl] *adj* ❶ *(friendly) person* freundlich; *welcome* herzlich ❷ *(joyous) mood* heiter; *chat, evening* nett

jo·vi·al·ity [,dʒəʊvi'æləti] *n no pl* ❶ *(friendliness)* Freundlichkeit *f* ❷ *(joyousness)* Fröhlichkeit *f*

jowl [dʒaʊl] *n* ❶ *(jaw)* Unterkiefer *m* ❷ *usu pl (hanging flesh)* Kinnbacke *f*

joy [dʒɔɪ] *n* ❶ *(gladness)* Freude *f*, Vergnügen *nt;* **her singing is a ~ to listen to** ihrem Gesang zuzuhören ist ein Genuss; **one of the ~s of the job** einer der erfreulichen Aspekte dieses Berufs; **to jump for ~** einen Freudensprung machen; **to weep with ~** vor Freude weinen ❷ *(liter: expression of gladness)* Fröhlichkeit *f* ❸ *no pl* BRIT *(fam: success)* Erfolg *m*

joy·ful ['dʒɔɪfəl] *adj face, person* fröhlich; *event, news* freudig

joy·ful·ly ['dʒɔɪfli] *adv* fröhlich, vergnügt

joy·less ['dʒɔɪləs] *adj childhood, time* freudlos; *expression, occasion, news* traurig; *marriage* unglücklich

joy·ous ['dʒɔɪəs] *adj* (*liter*) *event, news* freudig; *person, voice* fröhlich

'joy·ride *n* [waghalsige] Spritztour (*in einem gestohlenen Auto*) **'joy·stick** *n* AVIAT Steuerknüppel *m*; COMPUT Joystick *m*

JP *n abbrev of* Justice of the Peace

Jr *adj after n esp* AM *short for* **junior** jun.

ju·bi·lant ['dʒu:bɪlənt] *adj* glücklich; *crowd* jubelnd *attr*; *expression, voice* triumphierend *attr*; *face* freudestrahlend *attr*

ju·bi·la·tion [,dʒu:bɪ'leɪʃ^ən] *n no pl* Jubel *m*

ju·bi·lee ['dʒu:bɪli:] *n* Jubiläum *nt*

Ju·da·ism ['dʒu:deɪɪz^əm] *n no pl* Judaismus *m*, Judentum *nt*

jud·der ['dʒʌdə^r] BRIT, AUS **I.** *vi* ruckeln **II.** *n no pl* Ruckeln *nt*

judge [dʒʌdʒ] **I.** *n* ❶ LAW Richter(in) *m(f)* ❷ (*at a competition*) Preisrichter(in) *m(f)*; SPORTS (*in boxing, gymnastics, wrestling*) Punktrichter(in) *m(f)*; (*in athletics, swimming*) Kampfrichter(in) *m(f)* ❸ (*expert*) *of literature, music, wine* Kenner(in) *m(f)*; **to be a good/bad ~ of character** ein guter/schlechter Menschenkenner sein **II.** *vi* ❶ (*decide*) urteilen; **judging by his comments, he seems to have been misinformed** seinen Äußerungen nach zu urteilen, ist er falsch informiert worden ❷ (*estimate*) schätzen **III.** *vt* ❶ (*decide*) beurteilen ❷ (*estimate*) schätzen ❸ (*pick a winner*) ■ **to ~ sth** bei etw *dat* Kampfrichter sein ❹ (*rank*) einstufen ▶ **you can't ~ a book by its cover** (*saying*) man kann eine Sache nicht nach dem äußeren Anschein beurteilen

judg(e)·ment ['dʒʌdʒmənt] *n* ❶ LAW Urteil *nt*; **to pass ~ [on sb]** (*also fig*) ein Urteil [über jdn] fällen ❷ (*opinion*) Urteil *nt*; **error of ~** Fehleinschätzung *f*; **against one's better ~** wider besseres Wissen ❸ (*discernment*) Urteilsvermögen *nt*

judg(e)·men·tal [dʒʌdʒ'mentəl] *adj* (*pej*) [vorschnell] wertend *attr*; ■ **to be ~ about sb** ein [vorschnelles] Urteil über jdn fällen

ju·di·ca·ture ['dʒu:dɪkətʃə^r] *n no pl* ❶ LAW (*system*) Justiz *f* ❷ + *sing/pl vb* (*the judges*) ■ **the ~** die Richterschaft

ju·di·cial [dʒu:'dɪʃ^əl] *adj* gerichtlich; **~ authorities/murder/reform** Justizbehörden *pl*/-mord *m*/-reform *f*; **~ review** gerichtliche Überprüfung (*der Vorinstanzentscheidung*); AM Normenkontrolle *f* (*Prüfung der Gesetze auf ihre Verfassungsmäßigkeit*)

ju·di·ci·ary [dʒu:'dɪʃ^əri] *n* + *sing/pl vb* ■ **the ~** (*people*) der Richterstand; (*system*) das Gerichtswesen

ju·di·cious [dʒu:'dɪʃəs] *adj choice, person* klug; *decision* wohl überlegt

ju·di·cious·ly [dʒu:'dɪʃəsli] *adv* klug

judo ['dʒu:dəʊ] *n no pl* Judo *nt*

jug [dʒʌg] **I.** *n* Kanne *f*, Krug *m* **II.** *vt* <-gg-> FOOD schmoren; **~ged hare** Hasenpfeffer *m*

jug·ger·naut ['dʒʌgənɔ:t] *n* ❶ (*heavy lorry*) Schwerlastwagen *m*; NAUT Großkampfschiff *nt* ❷ (*pej: overwhelming force*) verheerende Gewalt ❸ (*overpowering institution*) Gigant *m*

jug·gle ['dʒʌgl] **I.** *vt* ■ **to ~ sth** ❶ (*toss and catch*) mit etw *dat* jonglieren; (*fig*) **it is quite hard to ~ children and a career** es ist ziemlich schwierig, Familie und Beruf unter einen Hut zu bringen ❷ (*fig, pej: manipulate*) etw manipulieren **II.** *vi* ❶ (*fig, pej: manipulate*) ■ **to ~ with sth** *facts, information* etw manipulieren ❷ (*pej: fumble*) ■ **to ~ with sth** mit etw *dat* herumspielen

jug·gler ['dʒʌglə^r] *n* Jongleur(in) *m(f)*

jugu·lar ['dʒʌgjələ^r] *n*, **jugu·lar 'vein** *n* Drosselvene *f fachspr* ▶ **to go for the ~** (*fig*) an die Gurgel springen *fam*

juice [dʒu:s] *n* ❶ *no pl* (*of fruit, vegetable*) Saft *m*; **lemon ~** Zitronensaft *m* ❷ *pl* (*liquid in meat*) [Braten]saft *m kein pl* ❸ AM (*sl: influence, power*) Macht *f*; **to have [all] the ~** das [absolute] Sagen haben *fam* ❹ (*fig: energy*) **to get the creative ~s flowing** schöpferisch tätig werden ❺ (*sl: electricity*) Saft *m*; (*petrol*) Sprit *m fam*

juiced-'up *adj attr* aufgepeppt *fam*

juicy ['dʒu:si] *adj* ❶ (*succulent*) saftig ❷ (*fam: bountiful*) saftig; *profit* fett ❸ (*fam: interesting*) interessant; *role, task* reizvoll ❹ (*fam: suggestive*) *joke, story* schlüpfrig; *details, scandal* pikant

ju·jit·su [dʒu:'dʒɪtsu:] *n no pl* Jiu-Jitsu *nt*

juke·box ['dʒu:kbɒks] *n* Jukebox *f*

ju·lep ['dʒu:lɪp] *n* Julep *m o nt* (*alkoholisches Eisgetränk, oft mit Pfefferminze*)

July [dʒʊ'laɪ] *n* Juli *m*; *see also* **February**

jum·ble ['dʒʌmbl] **I.** *n no pl* ❶ (*also fig: chaos*) Durcheinander *nt a. fig*; *of clothes, papers* Haufen *m* ❷ BRIT (*unwanted articles*) Ramsch *m fam* **II.** *vt* in Unordnung bringen; *figures* durcheinanderbringen

jum·ble sale *n* BRIT Flohmarkt *m;* (*for charity*) Wohltätigkeitsbasar *m*

jum·bo ['dʒʌmbəʊ] **I.** *adj attr* Riesen- **II.** *n* (*fam*) Koloss *m;* AVIAT Jumbo *m*

jump [dʒʌmp] **I.** *n* ❶ (*leap*) Sprung *m,* Satz *m;* SPORTS Hoch-/Weit-/Dreisprung *m;* **parachute ~** Fallschirmabsprung *m* ❷ (*fig: rise*) Sprung *m; of prices, temperatures, value* [sprunghafter] Anstieg; *of profits* [sprunghafte] Steigerung; **to take a sudden ~** *prices, temperatures, value* sprunghaft ansteigen ❸ (*step*) Schritt *m;* (*head start*) Vorsprung *m;* **to get/have the ~ on sb** AM (*fam*) sich *dat* einen Vorsprung vor jdm verschaffen/jdm gegenüber im Vorteil sein ❹ (*shock*) [nervöse] Zuckung; **to wake up with a ~** aus dem Schlaf hochfahren ❺ (*hurdle*) Hindernis *nt* **II.** *vi* ❶ (*leap*) springen; **to ~ to sb's defence** (*fig*) jdm zur Seite springen; **to ~ to one's feet** aufspringen; **to ~ up and down** herumspringen *fam;* ▪**to ~ in**|**to**) **sth** *car, water in* etw *akk* [hinein]springen ❷ (*rise*) sprunghaft ansteigen, in die Höhe schnellen ❸ (*fig: change*) springen ❹ (*be startled*) einen Satz machen; **to make sb ~** jdn erschrecken ❺ BRIT, AUS (*fig fam*) **to ~ on sb** (*criticize*) jdn [aus nichtigem Anlass] abkanzeln ▸ **to ~ to conclusions** voreilige Schlüsse ziehen; **to ~ for joy** einen Freudensprung machen; *heart* vor Freude hüpfen; **to ~ out of one's skin** zu Tode erschrecken **III.** *vt* ❶ (*leap over*) überspringen ❷ (*skip*) *line, page, stage* überspringen ❸ *esp* AM (*fam: attack*) überfallen ❹ (*disregard*) missachten; **to ~ bail** (*fam*) die Kaution sausen lassen [und sich verdrücken]; **to ~ the** [**traffic**] **lights** (*fam*) eine Ampel überfahren; **to ~ a/the queue** BRIT, AUS sich vordrängeln; (*fig*) aus der Reihe tanzen ▸ **to ~ the gun** überstürzt handeln; SPORTS einen Frühstart verursachen; **to ~ ship** das sinkende Schiff verlassen ✦**jump at** *vi* ❶ (*attack*) ▪**to ~ at sb** auf jdn losgehen ❷ (*accept eagerly*) ▪**to ~ at sth** *idea, suggestion* sofort auf etw *akk* anspringen *fam; offer* sich auf etw *akk* stürzen; **to ~ at the chance of doing sth** die Gelegenheit beim Schopfe packen, etw zu tun ✦**jump in** *vi* ❶ (*leap in*) hinein-/hereinspringen (in +*akk*); (*into vehicle*) einsteigen (in +*akk*) ❷ (*interrupt*) dazwischenreden ✦**jump out** *vi* ❶ (*leave*) hinaus-/herausspringen; ▪**to ~ out of sth** *bed, car, window* aus etw *dat* springen ❷ (*fig: stand out*) ▪**to ~ out at sb** jdm sofort auffallen ✦**jump up** *vi* aufspringen

jumped-up [ˌdʒʌm(p)t'ʌp] *adj* BRIT (*pej fam*) aufgeblasen

jump·er [ˌdʒʌmpəʳ] *n* ❶ (*person*) Springer(in) *m(f);* (*horse*) Springpferd *nt* ❷ BRIT, AUS (*pullover*) Pullover *m* ❸ AM, AUS (*pinafore*) Trägerkleid *nt*

jump·ing 'jack *n* ❶ (*firework*) Knallfrosch *m* ❷ (*toy figure*) Hampelmann *m*

'jump jet *n* Senkrechtstarter *m* **'jump leads** *npl* BRIT Starthilfekabel *nt* **'jumpsuit** *n* Overall *m*

jumpy ['dʒʌmpi] *adj* (*fam*) ❶ (*nervous*) nervös ❷ (*easily frightened*) schreckhaft ❸ (*jerky*) *movement* ruckartig ❹ FIN (*unsteady*) *market* unsicher ❺ (*digressive*) *style* sprunghaft

junc·tion ['dʒʌŋkʃən] *n* (*road*) Kreuzung *f;* (*motorway*) Autobahnkreuz *nt*

'junc·tion box *n* ELEC Verteilerkasten *m*

junc·ture ['dʒʌŋ(k)(t)ʃəʳ] *n no pl* (*form*) [kritischer] Zeitpunkt; **at this ~** zum jetzigen Zeitpunkt

June [dʒuːn] *n* Juni *m; see also* **February**

jun·gle ['dʒʌŋgl] *n* (*also fig*) Dschungel *m*

jun·ior ['dʒuːniəʳ] **I.** *adj* ❶ (*younger*) junior *nach n* ❷ *attr* SPORTS Junioren-, Jugend- ❸ *attr* SCH **~ college** AM Juniorencollege *nt* (*die beiden ersten Studienjahre umfassende Einrichtung*)*;* **~ school** BRIT Grundschule *f;* **~ high school** AM Aufbauschule *f* (*umfasst in der Regel die Klassenstufen 7–9*) ❹ (*low rank*) untergeordnet; **I'm too ~ to apply for this job** ich habe eine zu niedrige Position inne, um mich für diese Stelle bewerben zu können **II.** *n* ❶ *no pl esp* AM (*son*) Sohn *m* ❷ (*younger*) Jüngere(r) *f(m);* **he's two years my ~** er ist zwei Jahre jünger als ich ❸ (*low-ranking person*) einfacher Angestellter/einfache Angestellte; **office ~** Bürogehilfe *m*/-gehilfin *f* ❹ BRIT SCH Grundschüler(in) *m(f)* ❺ BRIT SCH **the ~s** *pl* die Grundschule *f kein pl* ❻ AM UNIV Student(in) *m(f)* im vorletzten Studienjahr

ju·ni·per ['dʒuːnɪpəʳ] *n* Wacholder *m*

junk[1] [dʒʌŋk] **I.** *n* ❶ *no pl* (*worthless stuff*) Ramsch *m fam;* (*fig, pej*) Mist *m;* (*literature*) Schund *m* ❷ (*sl: heroin*) Stoff *m* **II.** *vt* (*fam*) wegschmeißen; [**car**] **~ bonus** Abwrackprämie *f*

junk[2] [dʒʌŋk] *n* NAUT Dschunke *f*

junk 'food *n* Schnellgerichte *pl;* (*pej*) ungesundes Essen

junkie ['dʒʌŋki] *n* (*sl*) Fixer(in) *m(f);* **fitness ~** (*hum*) Fitnessfreak *m*

junk 'mail *n no pl* Wurfsendungen *pl,* Reklame *f* **'junk room** *n* Rumpelkammer *f*

'junk shop *n* Trödelladen *m* **'junk·yard** *n* Schrottplatz *m*

jun·ta ['dʒʌntə] *n + sing/pl vb* Junta *f*

Ju·pi·ter ['dʒu:pɪtəʳ] *n no art* Jupiter *m*

ju·rid·i·cal [dʒʊ(ə)'rɪdɪkəl] *adj* ❶ *(of law)* Rechts-, juristisch, juridisch ÖSTERR ❷ *(of court)* Gerichts-; ~ **power** richterliche Gewalt

ju·ris·dic·tion [ˌdʒʊərɪs'dɪkʃən] *n no pl* Gerichtsbarkeit *f*

ju·ris·pru·dence [ˌdʒʊərɪs'pru:d(ə)n(t)s] *n no pl* LAW Jurisprudenz *f*

ju·rist ['dʒʊərɪst] *n* Jurist(in) *m(f)*, Rechtswissenschaftler(in) *m(f)*

ju·ror ['dʒʊərəʳ] *n* Preisrichter(in) *m(f);* LAW Geschworene(r) *f(m)*

jury ['dʒʊəri] *n + sing/pl vb* ❶ LAW ▪ **the ~** die Geschworenen *pl;* **member of the ~** Geschworene(r) *f(m);* **to be on a ~** Geschworene(r) sein ❷ *(competition)* Jury *f;* SPORTS Kampfgericht *nt* ▶ **the ~ is still out** das letzte Wort ist noch nicht gesprochen

'jury·man *n* Geschworener *m*

just I. *adv* [dʒʌst, dʒəst] ❶ *(in a moment)* gleich; **we're ~ about to leave** wir wollen gleich los; **I was ~ going to phone you** ich wollte dich eben anrufen ❷ *(directly)* direkt, gleich; **~ after getting up/finishing work** gleich nach dem Aufstehen/nach Arbeitsende ❸ *(recently)* gerade [eben], [so]eben ❹ *(now)* gerade; ▪ **to be ~ doing sth** gerade dabei sein, etw zu tun ❺ *(exactly)* genau; **that's ~ what I was going to say** genau das wollte ich gerade sagen; **the twins look ~ like each other** die Zwillinge sehen sich zum Verwechseln ähnlich; **~ as I thought!** das habe ich mir schon gedacht!; **that's ~ it!** das ist es ja gerade!; **~ now** gerade; **~ then** gerade in diesem Augenblick; **~ as well** ebenso gut; **~ as/when ...** gerade in dem Augenblick als ... ❻ *(only)* nur, bloß *fam; (simply)* einfach; **why don't you like him? — I ~ don't!** warum magst du ihn nicht? — nur so!; **she's ~ a baby/a few weeks old** sie ist noch ein Baby/erst ein paar Wochen alt; **~ for fun** nur [so] zum Spaß; [**not**] **~ anybody** [nicht] einfach irgendjemand ❼ *(barely)* gerade noch/mal; **the stone ~ missed me** der Stein hat mich nur knapp verfehlt; **~ in time** gerade noch rechtzeitig ❽ *(absolutely)* einfach, wirklich ❾ *with impers* ~ **imagine!** stell dir das mal vor!; **~ listen!** hör mal!; **~ look at this!** schau dir das mal an!; **~ shut up!** halt mal den Mund! ▶ **that's ~ my luck** so etwas kann wirklich nur mir passieren; **~ a minute!** *(please wait)* einen Augenblick [bitte]!; *(as interruption)* Moment [mal]!; **it's ~ one of those things** *(saying)* so etwas passiert eben **II.** *adj* [dʒʌst] ❶ *(fair)* gerecht (**to** gegenüber) ❷ *(justified)* punishment gerecht; *anger* berechtigt; *suspicion, indignation* gerechtfertigt; **to have ~ cause to do sth** einen triftigen Grund haben, etw zu tun ▶ **to get one's ~ deserts** bekommen, was man verdient hat **III.** *n* [dʒʌst] ▪ **the ~** *pl* die Gerechten *pl*

jus·tice ['dʒʌstɪs] *n* ❶ *(fairness)* Gerechtigkeit *f;* **~ has been done** der Gerechtigkeit wurde Genüge getan; **to do him ~, he couldn't have foreseen this problem** gerechterweise muss man sagen, dass er dieses Problem unmöglich vorausgesehen haben kann; **you didn't do yourself ~ in the exams** du hättest in den Prüfungen mehr leisten können; **to do sth ~** etw *dat* gerecht werden ❷ *(administration of law)* Justiz *f;* **a miscarriage of ~** ein Justizirrtum *m;* **to bring sb to ~** jdn vor Gericht bringen ❸ *(judge)* Richter(in) *m(f)*

Jus·tice of the 'Peace *n,* **JP** *n* Friedensrichter(in) *m(f)*

jus·ti·fi·able ['dʒʌstɪfaɪəbl] *adj* zu rechtfertigen *präd,* berechtigt

jus·ti·fi·ca·tion [ˌdʒʌstɪfɪ'keɪʃən] *n no pl* Rechtfertigung *f*

jus·ti·fied ['dʒʌstɪfaɪd] *adj* gerechtfertigt, berechtigt; **you were quite ~ in complaining** du hast dich völlig zu Recht beschwert

jus·ti·fy <-ie-> ['dʒʌstɪfaɪ] *vt* rechtfertigen; **that does not ~ him being late** das entschuldigt nicht, dass er zu spät gekommen ist; ▪ **to ~ oneself to sb** sich jdm gegenüber rechtfertigen

just·ly ['dʒʌstli] *adv* zu Recht; **to act ~** gerecht handeln

jut <-tt-> [dʒʌt] **I.** *vi* vorstehen **II.** *vt* vorschieben

jute [dʒu:t] *n no pl* Jute *f*

ju·ve·nile ['dʒu:vənaɪl] **I.** *adj* ❶ *(youth)* Jugend-, jugendlich ❷ *(pej: childish)* kindisch **II.** *n* Jugendliche(r) *f(m)*

jux·ta·pose [ˌdʒʌkstə'pəʊz] *vt* nebeneinanderstellen; *ideas* einander gegenüberstellen

jux·ta·po·si·tion [ˌdʒʌkstəpə'zɪʃən] *n no pl* Nebeneinanderstellung *f*

K <*pl* -'s *or* -s>, **k** <*pl* -'s> [keɪ] *n* K *nt*, k *nt*; *see also* **A 1**

K¹ <*pl* -> *n* ❶ *abbrev of* **kilobyte** KB ❷ *after n abbrev of* **Kelvin** K

K² <*pl* -> *n* BRIT, AUS (*fam*) 1000 Pfund; AM 1000 Dollar

kale [keɪl] *n no pl* [Grün]kohl *m*

ka·lei·do·scope [kə'laɪdəskəʊp] *n* (*also fig*) Kaleidoskop *nt*

ka·mi·'ka·ze at·tack *n* Kamikazeangriff *m*

kan·ga·roo <*pl* -s *or* -> [ˌkæŋɡə'ruː] *n* Känguru *nt*

kan·ga·roo 'court *n* selbst ernanntes Gericht **kan·ga·'roo pock·et** *n* Kängurutasche *f*

kao·lin ['keɪəlɪn] *n no pl* Kaolin *m o nt*

Kaposi's sar·co·ma [kəˌpəʊzɪ-sɑː'kəʊmə] *n* MED Kaposi-Sarkom *nt*

ka·rao·ke [ˌkæri'əʊki] *n no pl* Karaoke *nt*

ka·ra·te [kə'rɑːti] *n no pl* Karate *nt*; ~ **chop** Karateschlag *m*

kar·ma ['kɑːmə] *n no pl* Karma *nt*

Kash·mir [ˌkæʃ'mɪə'] *n no pl* Kaschmir *nt*

kay·ak [ˈkaɪæk] *n* Kajak *m o* selten *a*. *nt* **'kay·ak·ing** *n no pl* Kajakfahren *nt*

Ka·zakh·stan [ˌkæzæk'stɑːn] *n* Kasachstan *nt*

KB *n abbrev of* **kilobyte** KB

KC [ˌkeɪ'siː] *n* BRIT *abbrev of* **King's Counsel**

ke·bab [kɪ'bæb] *n* Kebab *m*

keel [kiːl] **I.** *n* NAUT Kiel *m* ▶ **to be back on an** <u>even</u> ~ *person* wieder obenauf sein; *matter* wieder im Lot sein **II.** *vi* ■ **to** ~ **over** ❶ NAUT kentern ❷ (*fam; swoon*) umkippen

keel·haul [ˈkiːlhɔːl] *vt* (*fam*) kielholen; (*fig*) zusammenstauchen

keen [kiːn] *adj* ❶ (*enthusiastic*) leidenschaftlich; *hunter* begeistert; ■ **to be** ~ **on doing sth** etw leidenschaftlich gern tun; **they were** ~ **for their children to go to the best schools** sie wollten unbedingt, dass ihre Kinder die besten Schulen besuchen; ■ **to be** ~ **on sb** auf jdn scharf sein *sl*; **to be** ~ **on football/horror movies/jazz** auf Fußball/Horrorfilme/Jazz versessen sein ❷ (*perceptive*) *mind* scharf; ~ **eyesight** scharfe Augen; ~ **sense of hearing** feines Gehör ❸ (*extreme*) *pain* stark; *competition* scharf; *desire* heftig; *interest* lebhaft ❹ (*sharp*) *blade* scharf; *wind* schneidend; *noise, voice* schrill

keen·ly ['kiːnli] *adv* ❶ (*strongly*) stark; **to feel sth** ~ etw sehr intensiv empfinden ❷ (*extremely*) ungemein, brennend; **to be** ~ **interested in sth** sich brennend für etw *akk* interessieren

keen·ness ['kiːnnəs] *n no pl* ❶ (*enthusiasm*) Begeisterung *f* (**for** für +*akk*) ❷ (*eagerness*) starkes Interesse; (*desire*) starker Wunsch ❸ (*also fig: sharpness*) Schärfe *f a. fig*

keep [kiːp] **I.** *n no pl* [Lebens]unterhalt *m* **II.** *vt* <kept, kept> ❶ (*hold onto*) behalten; *bills, receipts* aufheben; **to** ~ **one's sanity** sich geistig gesund halten ❷ (*have in particular place*) **he** ~**s a glass of water next to his bed** er hat immer ein Glas Wasser neben seinem Bett stehen ❸ (*store*) *medicine, money* aufbewahren; **where do you** ~ **your cups?** wo sind die Tassen? ❹ (*run*) *shop* führen ❺ (*sell*) führen ❻ (*detain*) aufhalten; **to** ~ **sb waiting** jdn warten lassen ❼ (*prevent*) ■ **to** ~ **sb from doing sth** jdn davon abhalten, etw zu tun ❽ (*maintain*) **to** ~ **sb/sth under control** jdn/etw unter Kontrolle halten; **to** ~ **count of sth** etw mitzählen; **to** ~ **one's eyes fixed on sb/sth** den Blick auf jdn/etw geheftet halten; **to** ~ **sth in one's head** etw im Kopf behalten; **to** ~ **house** den Haushalt führen; **to** ~ **sb/sth in mind** jdn/etw im Gedächtnis behalten; **to** ~ **one's mouth shut** den Mund halten; **to** ~ **oneself to oneself** [die] Gesellschaft [anderer] meiden; **to** ~ **track of sb/sth** jdn/etw im Auge behalten; ~ **track of how many people enter reception** merken Sie sich, wie viele Leute die Eingangshalle betreten; **to** ~ **sb awake** jdn wach halten; **to** ~ **sth closed/open** etw geschlossen/geöffnet lassen; **to** ~ **sb/sth warm** jdn/etw warm halten; **to** ~ **a child amused** [*or* **entertained**] ein Kind bespaßen *fam* ❾ (*own*) *animals* halten ❿ (*guard*) bewachen; *watch* halten; **to** ~ **goal** im Tor stehen ⓫ (*not reveal*) ■ **to** ~ **sth from sb** jdm etw *akk* vorenthalten; ■ **to** ~ **sth to oneself** etw für sich *akk* behalten ⓬ (*stick to*) *appointment, treaty* einhalten; *law, Ten Commandments* befolgen; *oath, promise* halten; *tradition* wahren; **to** ~ **the faith** glaubensstark sein; ~ **the faith!** AM nur Mut! ⓭ (*make records*) *diary* führen; **to** ~ **a record of sth** über etw *akk* Buch führen; **to** ~ **score** SPORTS die Punkte anschreiben

(12) (*provide for*) unterhalten; **to ~ sb in cigarettes/money** jdn mit Zigaretten/Geld versorgen ▶ **to ~ one's balance** das Gleichgewicht halten; **to ~ an eye out for sth** nach etw *dat* Ausschau halten; **to ~ one's hand in sth** bei etw *dat* [weiterhin] die Hand im Spiel haben; **to ~ a secret** ein Geheimnis hüten; **to ~ time watch** richtig gehen; MUS den Takt [ein]halten **III.** *vi* <kept, kept> **(1)** (*stay fresh*) *food* sich halten **(2)** (*wait*) Zeit haben; **your questions can ~ until later** deine Fragen können noch warten **(3)** (*stay*) bleiben; **she's ill and has to ~ to her bed** sie ist krank und muss das Bett hüten; **to ~ in line** sich an die Ordnung halten; **to ~ in step with sb** mit jdm Schritt halten; **to ~ [to the] left/right** sich [mehr] links/rechts halten; **to ~ quiet** still sein **(4)** (*continue*) **don't stop, ~ walking** bleib nicht stehen, geh weiter; **he ~s trying to distract me** er versucht ständig, mich abzulenken; **don't ~ asking silly questions** stell nicht immer so dumme Fragen; ■ **to ~ at sth** mit etw *dat* weitermachen **(5)** (*stop oneself*) ■ **to ~ from doing sth** etw unterlassen; **how will I ever ~ from smoking?** wie kann ich jemals mit dem Rauchen aufhören? **(6)** (*adhere to*) ■ **to ~ to sth** an etw *dat* festhalten; (*not digress*) bei etw *dat* bleiben; **to ~ to an agreement/a promise** sich an eine Vereinbarung/ein Versprechen halten; **to ~ to a schedule** einen Zeitplan einhalten ▶ **how are you ~ing?** BRIT wie geht's dir so? ◆ **keep away I.** *vi* ■ **to ~ away [from sb/sth]** sich [von jdm/etw] fernhalten; **I just can't seem to ~ away from chocolate** (*hum*) irgendwie kann ich Schokolade einfach nicht widerstehen **II.** *vt* ■ **to ~ sb/sth away** jdn/etw fernhalten; **~ your medications away from your children** bewahren Sie Ihre Medikamente für Ihre Kinder unzugänglich auf ◆ **keep back I.** *vi* zurückbleiben; (*stay at distance*) Abstand halten **II.** *vt* **(1)** (*restrain*) zurückhalten **(2)** (*withhold*) *information* verschweigen; *payment* einbehalten **(3)** (*prevent advance*) ■ **to ~ back** ○ **sb** jdn aufhalten; ■ **to ~ sb back from doing sth** jdn daran hindern, etw zu tun ◆ **keep down I.** *vi* unten bleiben, sich ducken **II.** *vt* **(1)** (*suppress*) unterdrücken **(2)** (*not vomit*) *food* bei sich *dat* behalten ◆ **keep in I.** *vt* **(1)** (*detain*) dabehalten; (*a pupil*) nachsitzen lassen; (*at home*) nicht aus dem Haus [gehen] lassen **(2)** (*not reveal*) **to ~ in one's anger/emotions/tears** seinen Zorn/seine Gefühle/seine Tränen zurückhalten **II.** *vi* ■ **to ~ in with sb** sich gut mit jdm stellen ◆ **keep off I.** *vi* wegbleiben; **'wet cement, ~ off!'** ‚frischer Zement, nicht betreten!'; **this is my private stuff, so ~ off!** das sind meine Privatsachen, also Finger weg!; **to ~ off alcohol/cigarettes** das Trinken/Rauchen lassen; **to ~ off a subject** ein Thema vermeiden **II.** *vt* **(1)** (*hold away*) ■ **to ~ sb/sth off sth** jdn/etw von etw *dat* fernhalten; **to ~ one's hands off sb/sth** die Hände von jdm/etw lassen; **to ~ one's mind off sth** sich von etw *dat* ablenken **(2)** (*protect from*) ■ **to ~ off** ○ **sth** etw abhalten ◆ **keep on I.** *vi* **(1)** (*continue*) ■ **to ~ on doing sth** etw weiter[hin] tun; **I ~ on thinking I've seen her somewhere** es will mir nicht aus dem Kopf, dass ich sie irgendwo schon einmal gesehen habe **(2)** (*pester*) ■ **to ~ on at sb** jdm keine Ruhe lassen; **~ on at him about the lawn and he'll eventually mow it** sprich ihn immer wieder auf den Rasen an, dann wird er ihn am Ende schon mähen **II.** *vt* ■ **to ~ on** ○ **sth** *clothes* etw anbehalten ◆ **keep out** *vi* draußen bleiben; **'Keep Out'** ‚Zutritt verboten'; ■ **to ~ out of sth** etw nicht betreten; (*fig*) sich aus etw *dat* heraushalten; **to ~ out of trouble** Ärger vermeiden ◆ **keep together I.** *vi* **(1)** (*stay in a group*) zusammenbleiben; (*remain loyal*) zusammenhalten **(2)** MUS Takt halten **II.** *vt* zusammenhalten ◆ **keep up I.** *vt* **(1)** (*hold up*) hoch halten; **these poles ~ the tent up** diese Stangen halten das Zelt aufrecht **(2)** (*hold awake*) wach halten **(3)** (*continue doing*) fortführen; *conversation* in Gang halten; **~ it up!** [nur] weiter so!; **I was keen to ~ up my French** ich wollte unbedingt mit meinem Französisch in Übung bleiben; **to ~ up appearances** den Schein wahren; **to ~ one's spirits up** den Mut nicht sinken lassen; **to ~ one's strength up** sich bei Kräften halten **II.** *vi* **(1)** (*continue*) *noise, rain* andauern, anhalten **(2)** (*not fall behind*) ■ **to ~ up with sb/sth** mit jdm/etw mithalten **(3)** (*stay in touch*) ■ **to ~ up with sb** mit jdm in Verbindung bleiben

keep·er ['kiːpəʳ] *n* **(1)** (*person in charge*) *of a shop* Inhaber(in) *m(f)*; *of a zoo* Wärter(in) *m(f)*; *of a museum* Kustos *m*; *of an estate, house* Verwalter(in) *m(f)*; *of a park* Wächter(in) *m(f)*; *of keys* Verwahrer(in) *m(f)* **(2)** AM [geangelter] Fisch normaler Größe (*wird nicht wieder ins Wasser geworfen*) **(3)** (*on earring*) Stecker *m*

keep·ing ['ki:pɪŋ] *n no pl* ❶ (*guarding*) Verwahrung *f*; (*care*) Obhut *f* ❷ (*maintenance*) **the ~ of the law** das Hüten des Gesetzes ❸ (*obeying*) Einhalten *nt*, Befolgen *nt*; **in ~ with an agreement** entsprechend einer Vereinbarung
keep·sake ['ki:pseɪk] *n* Andenken *nt*
keg [keg] *n* kleines Fass
keg·era·tor ['kegəreɪtə'], **'keg fridge** *n* Bierfasskühler *m*
kelp [kelp] *n no pl* Seetang *m*
Kel·vin <-s> ['kelvɪn] *n* PHYS Kelvin *nt*
ken [ken] *vt* <-nn-> Scot, NBrit kennen
ken·nel ['kenəl] *n* (*dog house*) Hundehütte *f*; (*dog boarding*) ■ **~s** Hundepension *f*
Ken·ya ['kenjə] *n* Kenia *nt*
Ken·yan ['kenjən] I. *n* Kenianer(in) *m(f)* II. *adj* kenianisch
kept [kept] I. *vt, vi pt, pp of* **keep** II. *adj attr* ausgehalten; **he is a ~ man** er lässt sich aushalten; **~ woman** Mätresse *f*
kerb [kɜ:b] *n* Brit, Aus Randstein *m*
ker·chief ['kɜ:tʃɪf] *n for head* [Hals]tuch *nt*, [Kopf]tuch *nt*; (*handkerchief*) Taschentuch *nt*
ker·fuf·fle [kəˈfʌfl] *n no pl esp* Brit (*sl*) Wirbel *m*
ker·nel ['kɜ:nəl] *n* (*fruit centre*) Kern *m*; (*cereal centre*) Getreidekorn *nt*
kero·sene ['kerəsi:n] *n no pl esp* Am, Aus (*paraffin*) Petroleum *nt*; PHARM Paraffin *nt*; (*for jet engines*) Kerosin *nt*
kes·trel ['kestrəl] *n* Turmfalke *m*
ketch <*pl* -es> [ketʃ] *n* Ketsch *f*
ketch·up ['ketʃʌp] *n no pl* Ketschup *m o nt*
ket·tle ['ketl] *n* [Wasser]kessel *m*; **to put the ~ on** Wasser aufsetzen ▶ **to be a different ~ of fish** etwas ganz anderes sein; **that's the pot calling the ~ black** ein Esel schimpft den anderen Langohr
ket·tle·bell ['ketlbel] *n* SPORTS Kettlebell *f* (*als Trainingsgerät dienende Eisenkugel*)
'ket·tle·drum *n* [Kessel]pauke *f*
key¹ [ki:] *n* [Korallen]riff *nt*
key² [ki:] I. *n* ❶ (*also fig: for a lock*) Schlüssel *m* ❷ (*button*) *of a computer, piano* Taste *f*; *of a flute* Klappe *f*; **to hit a ~** eine Taste drücken ❸ (*to symbols*) Zeichenerklärung *f*; (*for questions*) Lösungsschlüssel *m* ❹ MUS Tonart *f*; **change of ~** Tonartwechsel *m*; **in the ~ of C major** in C-Dur; **to sing in/off ~** richtig/falsch singen II. *adj* (*factor, figure, industry, role*) Schlüssel-; **~ contribution/ingredient** Hauptbeitrag *m*/-zutat *f*; **~ decision** wesentliche Entscheidung; **~ point** springender Punkt; **~ witness** Kronzeuge *m*/-zeugin *f* ◆ **key in** *vt* **to ~ in text** Text eingeben ◆ **key up** *vt a person* jdn aufregen; **to be ~ed up for sth** auf etw *akk* eingestimmt sein; **to be all ~ed up** völlig überdreht sein
'key ac·count man·ag·er *n* Key-Account-Manager(in) *m(f)* **'key·board** I. *n* ❶ (*of a computer*) Tastatur *f*; (*of a piano*) Klaviatur *f*; (*of an organ*) Manual *nt* ❷ (*musical instrument*) Keyboard *nt* II. *vt, vi* tippen
'key·board·er *n* Datentypist(in) *m(f)*
'key·board·ing *n no pl* Texteingabe *f*
key·board 'in·stru·ment *n* Tasteninstrument *nt* **'key·hole** *n* Schlüsselloch *nt* **'key mon·ey** *n no pl* Abstandsgeld *nt* **'key·note** *n* Hauptthema *nt*; *of a speech* Grundgedanke *m*; Am Parteilinie *f* **'key·note ad·dress** *n*, **'key·note speech** *n* programmatische Rede **'key·not·er** *n* Hauptredner(in) *m(f)* **'key·pad** *n* Tastenfeld *nt* **'key ring** *n* Schlüsselring *m* **'key·stone** *n* ❶ ARCHIT (*centre stone*) Schlussstein *m* ❷ (*fig: crucial part*) Grundpfeiler *m* **'key·stroke** *n* [Schreibmaschinen]anschlag *m* **'key·word** *n* ❶ (*cipher*) Schlüssel *m fig* ❷ (*important word*) Schlüsselwort *nt* ❸ (*for identifying*) Kennwort *nt*
kg *n abbrev of* **kilogram** kg
kha·ki ['kɑ:ki] I. *n* ❶ *no pl* (*cloth*) Khaki[stoff] *m* ❷ (*trousers*) ■ **~s** Khakihose *f* II. *adj* ❶ (*of khaki material*) Khaki- ❷ (*colour*) khakifarben
kHz *n abbrev of* **kilohertz** kHz
KIA [ˌkeɪaɪˈeɪ] *adj abbrev of* **killed in action** gef.
kib·butz [kɪˈbʊts] *n* Kibbuz *m*
kick [kɪk] I. *n* ❶ (*with foot*) [Fuß]tritt *m*, Stoß *m*; (*in sports*) Schuss *m*; *of a horse* Tritt *m*; **to give sb a ~** jdm einen *akk* treten; **a ~ in the teeth** (*fig*) ein Schlag *m* ins Gesicht ❷ (*exciting feeling*) Nervenkitzel *m*; **to do sth for ~s** etw wegen des Nervenkitzels tun; **he gets a ~ out of that** das macht ihm einen Riesenspaß; **to have a ~** eine berauschende Wirkung haben; **the cocktail doesn't have much ~** der Cocktail ist nicht sehr stark ❸ (*trendy interest*) Tick *m fam*; **he's on a religious ~** er ist [gerade] auf dem religiösen Trip *fam* ❹ (*gun jerk*) Rückstoß *m* II. *vt* ❶ (*hit with foot*) [mit dem Fuß] treten; **to ~ a ball** einen Ball schießen; **to ~ oneself** (*fig*) sich in den Hintern beißen *fam* ❷ (*put*) **to ~ sth into high gear** etw auf Hochtouren bringen; **to ~ sth up a notch** (*stereo*) etw ein wenig lauter stellen; (*ride*) etw ein wenig beschleunigen ❸ (*get rid of*) *accent* ablegen; *drinking, smoking, habit*

aufgeben ▸ **to ~ sb's ass** AM (*fam!*) jdm eine Abreibung verpassen; **to ~ some ass** AM (*fam!*) Terror machen; **to ~ ass** AM (*fam!*) haushoch gewinnen; **to ~ the bucket** ins Gras beißen; **to be ~ing one's heels** BRIT ungeduldig warten; **to ~ sb when he/she is down** jdm den Rest geben III. *vi* ❶ (*with foot*) treten (**at** nach); *horse* ausschlagen; (*in a dance*) das Bein hochwerfen ❷ *esp* AM (*complain*) meckern *fam* (**about** über); **to ~ against sb** sich gegen jdn auflehnen ▸ **to be alive and ~ing** gesund und munter sein ◆**kick about, kick around** I. *vi* (*fam*) [he]rumliegen II. *vt* ❶ (*with foot*) ▪**to ~ sth around** etw [in der Gegend] herumkicken *fam* ❷ (*consider*) **to ~ an idea around** (*fam*) eine Idee [ausführlich] bekakeln ❸ (*mistreat*) ▪**to ~ sb around** jdn herumstoßen *fam* ◆**kick away** *vt* wegstoßen ◆**kick back** I. *vt* zurücktreten; *ball* zurückschießen; **to ~ back the blanket** sich aufdecken; **to ~ money back to sb** (*fam*) sich mit Geld bei jdm *dat* revanchieren II. *vi* ❶ AM (*fam: relax*) relaxen ❷ (*gun*) einen Rückstoß haben ◆**kick in** I. *vt* (*with foot*) *door, window* eintreten II. *vi* ❶ (*start*) *drug, measure, method* wirken; *device, system* anspringen; *maturity* sich einstellen ❷ (*to contribute*) ▪**to ~ in for sth** einen Beitrag zu etw *dat* leisten; **if we all ~ in we can buy a microwave** wenn wir alle zusammenlegen, dann können wir eine Mikrowelle kaufen ◆**kick off** I. *vi* beginnen, anfangen; FBALL anstoßen II. *vt* (*start, launch*) beginnen; *discussion* eröffnen ◆**kick out** I. *vt* (*throw out*) hinauswerfen II. *vi* ▪**to ~ out against sb/sth** sich mit Händen und Füßen gegen jdn/etw wehren ◆**kick over** *vt* ▪**to ~ over** ⟲ **sb/sth** jdn/etw umrempeln *fam* ◆**kick up** *vi* **to ~ up dust** (*also fig*) Staub aufwirbeln ▸ **to ~ up a fuss** einen Wirbel machen *fam*

'**kick·back** *n* ❶ (*money*) Schmiergeld *nt* ❷ (*reaction*) [heftige] Reaktion; **to feel the ~ from sth** die Auswirkungen einer S. *gen* spüren

kick·er ['kɪkə'] *n* ❶ SPORTS Fußballspieler(in) *m(f)* ❷ AM (*fig: rebel*) Querulant(in) *m(f)*

'**kick·off** *n* FBALL Anstoß *m* '**kick-start·er** *n* Kickstarter *m*

kid [kɪd] I. *n* ❶ (*child*) Kind *nt*; AM, AUS (*young person*) Jugendliche(r) *f(m)*; (*male*) Bursche *m*; (*female*) Mädchen *nt*; **~ brother/sister** *esp* AM kleiner Bruder/kleine Schwester ❷ (*young goat*) Zicklein *nt* ❸ *no pl* (*goat leather*) Ziegenleder *nt* II. *vi* <-dd-> (*fam*) Spaß machen; **just ~ding!** war nur Spaß!; **no ~ding?** ohne Scherz? III. *vt* (*fam*) ▪**to ~ sb** jdn verulken; **you're ~ding me!** das ist doch nicht dein Ernst!; ▪**to ~ oneself** sich *dat* etwas vormachen

kid·die ['kɪdi] I. *n* (*fam*) Kleine(r) *f(m)* II. *adj attr bike, car, seat* Kinder-

'**kid-friend·ly** *adj programme, place, meal* für Kinder geeignet

kid·nap ['kɪdnæp] I. *vt* <-pp-> entführen II. *n no pl* Entführung *f*; LAW Menschenraub *m*

kid·nap·per ['kɪdnæpə'] *n* Entführer(in) *m(f)*

kid·nap·ping ['kɪdnæpɪŋ] *n* Entführung *f*; LAW Menschenraub *m*

kid·ney ['kɪdni] *n* ANAT, FOOD Niere *f*

kid·ney 'bean *n usu pl* (*any kind of edible bean*) Gartenbohne *f*; (*red bean*) Kidneybohne *f* '**kid·ney do·nor** *n* Nierenspender(in) *m(f)* '**kid·ney fail·ure** *n no pl* Nierenversagen *nt* '**kid·ney ma·chine** *n* künstliche Niere '**kid·ney stone** *n* Nierenstein *m*

kill [kɪl] I. *n no pl* ❶ (*act*) *of animal* **a fresh ~** eine frisch geschlagene Beute; **to make a ~** eine Beute schlagen ❷ HUNT (*prey*) [Jagd]beute *f*; **a fresh ~** ein frisch erlegte Beute ❸ MIL (*fam*) Zerstörung *f* ▸ **to go in for the ~** zum entscheidenden Schlag ausholen II. *vi* ❶ (*end life*) *criminal* töten; *disease* tödlich sein ❷ (*fig fam: hurt*) unheimlich wehtun ▸ **to be dressed to ~** todschick angezogen sein *fam* III. *vt* ❶ (*end life*) umbringen *a. fig*; **to ~ sb by drowning/strangling** jdn ertränken/erwürgen; **to ~ sb with poison/a gun/a knife** jdn vergiften/erschießen/erstechen; **to ~ a fly** eine Fliege totschlagen; **to be ~ed in an accident** bei einem Unfall ums Leben kommen; **to be ~ed in action** MIL [im Kampf] fallen ❷ (*destroy*) zerstören; **the frost ~ed the vegetables in my garden** der Frost hat das Gemüse in meinem Garten vernichtet; **to ~ the smell/sound/taste of sth** einer S. *dat* den Geruch/Klang/Geschmack [völlig] nehmen ❸ (*spoil*) *fun, joke* [gründlich] verderben; ▪**to ~ sth for sb** jdm den Spaß an etw *dat* [völlig] verderben; *surprise* kaputtmachen *fam* ❹ (*stop*) **to ~ a bill** eine Gesetzesvorlage zu Fall bringen; *engine, lights, TV* ausmachen; *pain* stillen; *plan, project* fallen lassen; *computer program* abbrechen ❺ (*fam: consume*) vernichten; *food* verputzen; *drink* leer machen; **to ~ a bottle of whisk(e)y** eine Flasche Whisk(e)y köpfen ❻ (*fam: amuse*) **that story ~s me** diese Geschichte find ich zum Totlachen; **to ~ oneself with laughter** sich totlachen ❼ (*fig fam: hurt*) ▪ **to ~ sb** jdn umbringen; **my shoes/these stairs are ~ing me!** meine Schuhe/diese Treppen bringen mich noch mal um!; **it wouldn't ~ you to apologize** du könntest dich ruhig mal entschuldigen; **to ~ sb with kindness** jdn mit seiner Güte fast erdrücken ❽ (*fam: tire*) jdn völlig fertigmachen ❾ (*fig fam: overtax*) **to ~ oneself doing sth** sich mit etw *dat* umbringen; **they're not exactly ~ing themselves getting it finished in time** sie reißen sich dabei nicht gerade ein Bein raus, rechtzeitig fertig zu werden; **I'm going to finish it if it ~s me!** ich werde's zu Ende bringen, und wenn ich draufgeh! ❿ SPORTS **to ~ the ball** (*slam*) einen Wahnsinnsball spielen *fam;* (*stop*) den Ball stoppen ▶ **to ~ time** (*spend time*) sich *dat* die Zeit vertreiben; (*waste time*) die Zeit totschlagen; **to ~ two birds with one stone** (*prov*) zwei Fliegen mit einer Klappe schlagen ◆ **kill off** *vt* ❶ (*destroy*) *disease, species* ausrotten; *pests* vernichten ❷ *esp* AM (*fam: finish*) *bottle* leeren ❸ *writer to ~ off ○ a character* eine Romanfigur sterben lassen

kill·er [ˈkɪləʳ] **I.** *n* ❶ (*person*) Mörder(in) *m(f);* (*thing*) Todesursache *f* ❷ (*agent*) Vertilgungsmittel *nt;* **weed ~** Unkrautvertilgungsmittel *nt* ❸ (*fam: difficult thing*) ▪ **to be a ~** ein harter Brocken sein ❹ (*good joke*) ▪ **to be a ~** zum Totlachen sein *fam;* **the ~** AM (*funniest part*) der Hammer *fig fam* **II.** *adj* ❶ (*deadly*) *flu, virus* tödlich; *heat, hurricane, wave* mörderisch ❷ AM, AUS (*fam: excellent*) *car, job, party* Wahnsinns-; *product* Killer-

ˈkill·er whale *n* Schwertwal *m*

kill·ing [ˈkɪlɪŋ] **I.** *n* ❶ (*act*) Tötung *f;* (*case*) Mord[fall] *m* ❷ (*fig fam: lots of money*) **to make a ~** einen Mordsgewinn machen **II.** *adj attr* ❶ (*causing death*) tödlich ❷ (*fig: difficult*) mörderisch *fam* ❸ (*funny*) zum Totlachen

kill·joy [ˈkɪldʒɔɪ] *n* Spielverderber(in) *m(f)*

kiln [kɪln, kɪl] *n* (*for bricks*) [Brenn]ofen *m;* (*for food*) [Trocken]ofen *m*

kilo [ˈkiːləʊ] *n* Kilo *nt*

kilo·byte [ˈkɪləbaɪt] *n* Kilobyte *nt*

kilo·gram, BRIT *also* **kilo·gramme** [ˈkɪlə(ʊ)græm] *n* Kilogramm *nt*

kilo·joule [ˈkɪlə(ʊ)dʒuːl] *n* Kilojoule *nt*

kilo·me·tre [ˈkɪlɒmɪtəʳ, ˈkɪlə(ʊ)miːtəʳ] *n*, AM **kilo·me·ter** *n* Kilometer *m*

kilo·watt [ˈkɪlə(ʊ)wɒt] *n* Kilowatt *nt*

ˈkilo·watt ˈhour *n* Kilowattstunde *f*

kilt [kɪlt] *n* Kilt *m*

ki·mo·no [kɪˈməʊnəʊ] *n* Kimono *m*

kin [kɪn] *n + pl vb* (*form*) [Bluts]verwandte *pl;* **the next of ~** die nächsten Angehörigen

kind¹ [kaɪnd] *adj* ❶ (*generous, helpful*) nett; (*in a letter*) **with ~ regards** mit freundlichen Grüßen; ▪ **to be ~ to sb** nett zu jdm sein; **he is ~ to animals** er ist gut zu Tieren ❷ (*gentle*) ▪ **to be ~ to sb/sth** jdn/etw schonen; **this shampoo is ~ to your hair** dieses Shampoo pflegt dein Haar auf schonende Weise; **the years have been ~ to her** die Zeit hat es gut mit ihr gemeint

kind² [kaɪnd] **I.** *n* ❶ (*group*) Art *f;* **I don't usually like that ~ of film** normalerweise mag ich solche Filme nicht; **he's not that ~ of person** so einer ist der nicht *fam;* **this car was the first of its ~ in the world** dieses Auto war weltweit das erste seiner Art; **all ~s of animals/cars/people** alle möglichen Tiere/Autos/Menschen; **to stick with one's ~** unter sich *dat* bleiben; **to be one of a ~** einzigartig sein; **his/her ~** (*pej*) so jemand [wie er/sie] ❷ (*limited*) **I guess you could call this success of a ~** man könnte das, glaube ich, als so etwas wie einen Erfolg bezeichnen ❸ *no pl* (*similar*) **nothing of the ~** nichts dergleichen ❹ (*character*) ▪ **in ~** im Wesen; **they were brothers but quite different in ~** sie waren Brüder, aber in ihrem Wesen ganz verschieden; **Betty, Sally and Joan are three of a ~** Betty, Sally und Joan sind alle drei vom gleichen Schlag; ▪ **to be true to ~** in typischer Weise reagieren **II.** *adv* ▪ **~ of** irgendwie; **are you excited? — Yeah, ~ of** bist du aufgeregt? — Ja, irgendwie schon

kin·der·gar·ten [ˈkɪndəˌgɑːt³n] *n* ❶ *esp* BRIT (*nursery school*) Kindergarten *m* ❷ *no pl esp* AM SCH Vorschule *f*

kind-ˈheart·ed *adj* gütig

kin·dle [ˈkɪndl] *vt* **to ~ a fire** ein Feuer anzünden; **to ~ sb's desire** (*fig*) jds Begierde *f* entfachen *geh;* **to ~ sb's imagination** jds Fantasie wecken

kin·dling [ˈkɪndlɪŋ] *n no pl* Anzündholz *nt*

kind·ly [ˈkaɪndli] **I.** *adj person* freundlich; *smile, voice* sanft; **she's a ~ soul** sie ist eine gute Seele **II.** *adv* ❶ (*in a kind manner*) freundlich; **to not take ~ to sb/sth** sich mit jdm/etw nicht anfreunden können ❷ (*please*) freundlicherweise; **you are ~ requested to leave the building** sie werden freundlich[st] gebeten, das Gebäude zu verlassen

kind·ness ['kaɪndnəs] *n* <*pl* -es> ❶ *no pl* (*attitude*) Freundlichkeit *f;* **an act of ~** eine Gefälligkeit; **to treat sb with ~** freundlich zu jdm sein; **to show sb ~** jdm Gutes tun; ■ **out of ~** aus Gefälligkeit ❷ (*act*) Gefälligkeit *f*

kin·dred ['kɪndrəd] *adj* ❶ (*related*) **people** [bluts]verwandt; *languages* verwandt ❷ (*similar*) ähnlich

ki·net·ic [kɪ'netɪk] *adj* kinetisch

kin·folk ['kɪnfoʊk] *n* + *pl vb* AM Verwandtschaft *f*

king [kɪŋ] *n* König *m;* **to be fit for a ~** höchsten Ansprüchen genügen *geh;* **to live like a ~** fürstlich leben

'**king·cup** *n* BRIT Sumpfdotterblume *f*

king·dom ['kɪŋdəm] *n* ❶ (*country*) Königreich *nt* ❷ (*area of control*) Reich *nt;* **the ~ of Heaven** das Reich Gottes ❸ (*area of activity*) Welt *f* ❹ (*domain*) **animal/plant ~** Tier-/Pflanzenreich *nt* ▶ **until ~ come** bis in alle Ewigkeit

'**king·fish·er** *n* Eisvogel *m*

king·ly ['kɪŋli] *adj* majestätisch

'**king·pin** *n* ❶ (*main bolt*) Achsschenkelbolzen *m* ❷ (*fig: important person*) Hauptperson *f;* **he was the ~ of the Democratic organization in Chicago** er war der wichtigste Mann in der Organisation der Demokraten von Chicago

King's 'Bench *n* BRIT *Kammer des Obersten Gerichtshofs* **King's 'Coun·sel** *n* BRIT Kronanwalt *m*/-anwältin *f*

'**king-size(d)** *adj* extragroß

kink [kɪŋk] *n* ❶ (*twist*) *in hair* Welle *f; in a pipe* Knick *m; in a rope* Knoten *m* ❷ AM, AUS (*sore muscle*) [Muskel]krampf *m* ❸ (*problem*) Haken *m fam;* **to iron out [a few] ~s** [ein paar] Mängel ausbügeln *fam*

kinky ['kɪŋki] *adj* ❶ (*tightly curled*) *hair* kraus ❷ (*unusual*) spleenig; **~ sex** Sex *m* der anderen Art

kins·folk ['kɪnzfoʊk] *n* + *pl vb* Verwandtschaft *f*

kin·ship ['kɪnʃɪp] *n* ❶ *no pl* (*family*) [Bluts]verwandtschaft *f* ❷ (*connection*) Verwandtschaft *f fig;* **to feel a ~ with sb** sich jdm verbunden fühlen

kins·man ['kɪnzmən] *n* Verwandte(r) *m*

kins·wom·an ['kɪnzwʊmən] *n* Verwandte *f*

ki·osk ['kiːɒsk] *n* ❶ (*stand*) Kiosk *m* ❷ BRIT (*phone booth*) Telefonzelle *f*

kip [kɪp] BRIT, AUS **I.** *n no pl* (*fam*) Nickerchen *nt;* **to get some ~** sich mal eben aufs Ohr hauen **II.** *vi* <-pp-> (*fam*) ein Nickerchen machen

kip·per ['kɪpə^r] *n* Bückling *m*

kirk [kɜːk] *n* SCOT Kirche *f;* **the K~** die [presbyterianische] schottische Staatskirche

kiss [kɪs] **I.** *n* <*pl* -es> ❶ (*with lips*) Kuss *m;* **French ~** Zungenkuss *m;* **love and ~es** (*in a letter*) alles Liebe; **to blow sb a ~** jdm eine Kusshand zuwerfen; **to give sb a ~** jdm einen Kuss geben ❷ (*in billiards*) leichte Berührung **II.** *vi* [sich] küssen; **to ~ and make up** sich mit einem Kuss versöhnen; **to ~ and tell** mit intimen Enthüllungen an die Öffentlichkeit gehen **III.** *vt* ❶ (*with lips*) küssen (**on** auf); **to ~ sb goodbye/goodnight** jdm einen Abschieds-/Gutenachtkuss geben; (*fig*) **they can ~ their chances of winning the cup goodbye** ihre Aussichten, den Cup zu gewinnen, können sie vergessen *fam* ❷ (*in billiards*) **to ~ the ball** die Kugel leicht berühren ▶ **to ~ sb's ass** *esp* AM (*fam!*) jdm in den Arsch kriechen *derb;* **~ my ass** AM [*or* BRIT **arse**]! (*sl*) du kannst mich mal!

kiss·er ['kɪsə^r] *n* **to be a lousy ~** miserabel küssen

'**kiss-off** *n* AM (*fam*) Laufpass *m;* **to give sb the ~** (*lover*) jdm den Laufpass geben; (*employee*) jdn feuern

'**kiss-proof** *adj* kussecht

kit [kɪt] **I.** *n* ❶ (*set*) Ausrüstung *f;* (*for a model*) Bausatz *m;* **first-aid ~** Verbandskasten *m;* **tool ~** Werkzeugkasten *m* ❷ (*outfit*) Ausrüstung *f* ❸ *esp* BRIT (*uniform*) Montur *f;* (*sl: clothes*) Klamotten *pl;* **to get one's ~ off** seine Klamotten ausziehen **II.** *vt* <-tt-> *usu passive esp* BRIT ■ **to ~ out** ○ **sb** jdn ausrüsten

'**kit bag** *n* Kleidersack *m*

kitch·en ['kɪtʃɪn] **I.** *n* Küche *f* **II.** *adj* ❶ (*of kitchen*) Küchen- ❷ (*basic*) **~ Latin** Küchenlatein *nt iron;* **~ Spanish** rudimentäres Spanisch

kitch·en·ette [ˌkɪtʃɪ'net] *n* Kochnische *f*

'**kitch·en foil** *n no pl* Alufolie *f* **kitch·en 'gar·den** *n* Gemüsegarten *m,* Nutzgarten *m* **kitch·en 'pa·per** *n no pl* Küchenpapier *nt* **kitch·en 'sink** *n* Spüle *f* ▶ **everything but the ~** aller nur mögliche Krempel *fam* **kitch·en 'tow·el** *n* ❶ *no pl* Küchentuch *nt* ❷ AM (*tea towel*) Geschirrtuch *nt* **kitch·en** '**unit** *n* Küchenelement *nt* (*einer Einbauküche*)

kite [kaɪt] *n* Drachen *m;* **to fly a ~** einen Drachen steigen lassen ▸ **to be as high as a ~** (*drunk*) sternhagelvoll sein *fam;* (*high*) völlig zugedröhnt sein *sl*

'**Kite·mark** *n* BRIT [amtliches] Qualitätssiegel '**kite·surf·ing** *n no pl* SPORTS Kitesurfing *nt*

kith [kɪθ] *n* ■ **~ and kin** Kind und Kegel

kitsch [kɪtʃ] I. *n no pl* (*pej*) Kitsch *m* II. *adj* kitschig

kit·ten [ˈkɪtən] *n* Kätzchen *nt*

kit·ty [ˈkɪti] *n* ❶ (*childspeak: kitten or cat*) Miezekatze *f* ❷ (*money*) gemeinsame Kasse; (*in games*) [Spiel]kasse *f*

kiwi [ˈkiːwiː] *n* ❶ (*bird*) Kiwi *m* ❷ (*fruit*) Kiwi *f* ❸ (*fig fam: New Zealander*) Neuseeländer(in) *m(f)*

kJ *abbrev of* **kilojoule** kJ

KKK [ˌkeɪkeɪˈkeɪ] *n abbrev of* **Ku Klux Klan**

klax·on® [ˈklæksən] *n* Hupe *f*

Kleen·ex® [ˈkliːneks] *n* Tempo|taschentuch|® *nt*

klep·to·ma·nia [ˌkleptə(ʊ)ˈmeɪniə] *n no pl* Kleptomanie *f*

klep·to·ma·ni·ac [ˌkleptə(ʊ)ˈmeɪniæk] *n* Kleptomane *m*/Kleptomanin *f*

km *n abbrev of* **kilometre** km

km/h *abbrev of* **kilometres per hour** km/h

knack [næk] *n no pl* ❶ (*trick*) Kniff *m;* **there's a ~ to getting this lock to open** es gibt einen Dreh, wie man dieses Schloss aufkriegt *fam;* **to get the ~ of sth** herausfinden, wie etw geht *fam;* **to have the ~ of it** den Bogen raushaben *fam* ❷ (*talent*) Geschick *nt;* **to have a ~ for sth** (*also iron*) ein Talent für etw *akk* haben

knack·ered [ˈnækəd] *adj pred* BRIT, AUS (*fam*) [fix und] fertig

knack·er's yard [ˈnækəʳz jɑːd] *n* Abdeckerei *f*

knap·sack [ˈnæpsæk] *n* Rucksack *m;* MIL Tornister *m*

knead [niːd] *vt clay, wax* formen; *dough* kneten; *muscles* [ordentlich] durchkneten

knee [niː] I. *n* Knie *nt;* **on one's hands and ~s** auf allen vieren *fam;* **to get down on one's ~s** niederknien; **to put sb across one's ~** jdn übers Knie legen *fam;* **to put sb on one's ~** jdn auf ein Schoß nehmen; **~ socks** Kniestrümpfe *pl* ▸ **to be/go weak at the ~s** weiche Knie haben/bekommen; **to bring sb to their ~s** jdn in die Knie zwingen II. *vt* ■ **to ~ sb** jdm mit dem Knie stoßen

'**knee·cap** I. *n* ❶ ANAT Kniescheibe *f* ❷ (*covering*) Knieschützer *m* II. *vt* <-pp-> ■ **to ~ sb** jdm die Kniescheibe zerschießen

'**knee-cap·ping** *n* Zerschießen *nt* der Kniescheibe **knee-ˈdeep** *adj* knietief; **the water was only ~** das Wasser reichte mir nur bis zum Knie; ■ **to be ~ in sth** (*fig*) knietief in etw *dat* stecken **knee-ˈhigh** I. *n* AM **~s** *pl* Kniestrümpfe *pl* II. *adj* kniehoch; **~ grass** kniehohes Gras ▸ **to be ~ to a grasshopper** (*hum fam*) ein Dreikäsehoch sein; **I've loved music ever since I was ~ to a grasshopper** Musik habe ich schon von klein auf geliebt

'**knee-jerk** I. *n* Knie|sehnen|reflex *m* II. *adj reaction* automatisch; AM *person* geistlos

kneel <knelt *or esp* AM kneeled, knelt> [niːl] *vi* knien; ■ **to ~ before sb** vor jdm niederknien

'**knees-up** *n* BRIT (*fam*) [ausgelassene] Party

knell [nel] *n* Totenglocke *f*

knelt [nelt] *pt of* **kneel**

knew [njuː] *pt of* **know**

knick·er·bock·er [ˈnɪkəˌbɒkəʳ] *n* ❶ (*short trousers*) ■ **~s** *pl* Knickerbocker[s] *pl* ❷ AM (*knickers*) ■ **~s** *pl* [Damen]schlüpfer *m* ❸ (*hist: New Yorker*) Knickerbocker *m*

knick·ers [ˈnɪkəʳz] *npl* ❶ BRIT (*underwear*) [Damen]schlüpfer *m* ❷ AM (*knickerbockers*) Knickerbocker[s] *pl* ▸ **to get one's ~ in a twist** BRIT, AUS (*hum fam: get angry*) sich aufregen; (*get worried*) den Kopf verlieren

knick-knack [ˈnɪknæk] *n usu pl* (*fam*) Schnickschnack *m*

knife [naɪf] I. *n* <*pl* knives> Messer *nt;* **to pull a ~** [**on sb**] ein Messer [gegen jdn] ziehen ▸ **you could** [**have**] **cut the air with a ~** die Stimmung war zum Zerreißen gespannt; **to put the ~ into sb** jdm in den Rücken fallen; **to turn the ~** [**in the wound**] Salz in die Wunde streuen; **to go under the ~** MED unters Messer kommen *fam*. II. *vt* ■ **to ~ sb** auf jdn einstechen

'**knife-edge** I. *n* Messerschneide *f;* **to be on a ~** (*fig*) auf Messers Schneide stehen II. *adj attr* ❶ (*narrow*) messerscharf ❷ (*fig: uncertain*) *situation* gefährlich '**knife sharp·en·er** Messerschleifer(in) *m(f)*

knif·ing [ˈnaɪfɪŋ] *n* Messerstecherei *f*

knight [naɪt] I. *n* ❶ (*title*) Ritter *m* ❷ (*hist: soldier*) Ritter *m* ❸ CHESS Springer *m* ▸ [**a**]

~ **in shining** <u>armour</u> [ein] Ritter ohne Furcht und Tadel **II.** *vt* ■ **to ~ sb** jdn zum Ritter schlagen
knight·er·rant <*pl* knights-> [ˌnaɪt-ˈerənt] *n* fahrender Ritter
knight·hood [ˈnaɪthʊd] *n* Ritterstand *m;* **to give sb a ~** jdn in den Ritterstand erheben *geh*
knight·ly [ˈnaɪtli] *adj* (*liter*) ritterlich
knit [nɪt] **I.** *n* ❶ (*stitch*) Strickart *f* ❷ (*clothing*) ■ ~**s** *pl* Stricksachen *pl* **II.** *vi* <knitted *or* knit, knitted *or* AM *also* knit> ❶ (*with yarn*) stricken; (*do basic stitch*) eine rechte Masche stricken ❷ (*mend*) broken bone zusammenwachsen **III.** *vt* <knitted *or* knit, knitted *or* AM *also* knit> ❶ (*with yarn*) stricken; **two, then purl one** zwei rechts, eins links ❷ (*join*) [miteinander] verknüpfen ▶ **to ~ one's** <u>brows</u> die Augenbrauen zusammenziehen [*o* Stirn runzeln] ◆ **knit together I.** *vi* ❶ (*combine*) sich zusammenfügen; **all the factors seem to be ~ting together** alle Faktoren scheinen zusammenzuhängen ❷ (*mend*) broken bone zusammenwachsen **II.** *vt* ❶ (*by knitting*) zusammenstricken ❷ (*fig: join*) miteinander verbinden
knit·ter [ˈnɪtə'] *n* Stricker(in) *m(f)*
knit·ting [ˈnɪtɪŋ] *n no pl* ❶ (*action*) Stricken *nt* ❷ (*product*) Gestrickte(s) *nt;* (*unfinished*) Strickzeug *nt*
ˈ**knit·ting-nee·dle** *n* Stricknadel *f* ˈ**knit·ting-yarn** *n* Strickgarn *nt*
ˈ**knit·wear** *n no pl* Stricksachen *pl*
knob [nɒb] *n* ❶ (*handle*) *of a cane* Knauf *m; of a door* Griff *m; of a bedhead* rundes Teil; (*dial*) Knopf *m;* **to twiddle a ~** an einem Knopf drehen ❷ (*on a tree*) Knorren *m* ❸ (*small amount*) Klümpchen *nt;* **a ~ of butter** ein Stückchen *nt* Butter ❹ *esp* AM (*hill*) Kuppe *f* ❺ (*vulg, sl: penis*) Schwanz *m* ▶ **with** [**brass**] ~**s** <u>on</u> BRIT und wie!
knob·bly [ˈnɒbli] *adj* BRIT, **knob·by** *adj* AM knubbelig; *tree, wood* astreich; ~ **knees** Knubbelknie *pl;* (*rhyming sl*) Schlüssel *pl*
knock [nɒk] **I.** *n* ❶ (*sound*) Klopfen *nt;* **there was a ~ on the door** es hat [an der Tür] geklopft; **she heard a ~** sie hat es klopfen hören ❷ (*blow*) Schlag *m;* **to be able to withstand ~s** stoßsicher sein; **the table has had a few ~s** der Tisch hat schon ein paar Schrammen abbekommen ❸ *no pl* TECH *of engine* Klopfen *nt* ❹ (*fig: setback*) Schlag *m;* **to take a ~** (*fam*) einen Tiefschlag erleiden; (*in confidence*) einen Knacks bekommen; **to be able to take a lot of ~s** viel einstecken können; **she has learned everything in the school of hard ~s** sie ist [im Leben] durch eine harte Schule gegangen ❺ (*fam: critical comment*) Kritik *f* ❻ SPORTS (*in cricket*) Innings *nt fachspr* **II.** *vi* ❶ (*strike noisily*) klopfen; **to ~ at the door/on the window** an die Tür/ans Fenster klopfen; **his knees were ~ing** (*fig*) ihm schlotterten die Knie *fam* ❷ (*collide with*) stoßen (**into/against** gegen); ■ **to ~ into sb** mit jdm zusammenstoßen ❸ TECH *engine, pipes* klopfen ❹ (*fam: be approaching*) **to be ~ing on 40/50/60** auf die 40/50/60 zugehen ▶ **to ~ on** <u>wood</u> AM, AUS dreimal auf Holz klopfen **III.** *vt* ❶ (*hit*) ■ **to ~ sth** gegen etw *akk* stoßen; **I ~ed my knee on the door** ich habe mir mein Knie an der Tür angestoßen; **she ~ed the glass off the table** sie stieß gegen das Glas und es fiel vom Tisch ❷ (*blow*) ■ **to ~ sb** jdm einen Schlag versetzen; (*less hard*) jdm einen Stoß versetzen; **to ~ sb to the ground** jdn zu Boden werfen; **to ~ sb on the head** jdm an den Kopf schlagen; **to ~ sb unconscious** jdn bewusstlos schlagen; (*fig*) **to ~ sb's self-esteem** jds Selbstbewusstsein anschlagen ❸ (*drive, demolish*) ■ **to ~ sth out of sb** jdm etw austreiben; **to ~ some sense into sb** jdn zur Vernunft bringen; **to ~ a hole in the wall** ein Loch in die Wand schlagen ❹ (*fam: criticize*) ■ **to ~ sb/sth** jdn/etw schlechtmachen; **don't ~ it till you've tried it** mach es nicht schon runter, bevor du es überhaupt ausprobiert hast *fam* ▶ **to ~ 'em** <u>dead</u> AM es jdm zeigen; **okay, son, go and ~ 'em dead!** also los, Junge, geh und zeig's ihnen!; **to ~ sth on the** <u>head</u> BRIT, AUS (*stop sth*) etw *dat* ein Ende bereiten; **to ~ an** <u>idea</u> **on the head** einen Gedanken verwerfen; (*complete sth*) etw zu Ende bringen; **to ~ sb** <u>side</u>**ways** [*or* BRIT *also* for <u>six</u>] jdn umhauen *fam;* **to ~ the** <u>stuffing</u> **out of sb** jdn fertigmachen **IV.** *interj* "~ ~" „klopf, klopf"
◆ **knock about, knock around I.** *vi* (*fam*) ❶ (*be present*) *person* [he]rumhängen; *object, thing* [he]rumliegen; ■ **to ~ about with sb** *esp* BRIT sich mit jdm [he]rumtreiben; **to ~ around in town** sich in der Stadt [he]rumtreiben ❷ (*fam: travel aimlessly*) [he]rumziehen ❸ BRIT (*have a sexual relationship*) ■ **to ~ about with sb** es mit jdm treiben *euph fam* **II.** *vt* ❶ (*hit*) ■ **to ~ sb about** jdn verprügeln ❷ (*play casually*) **to ~ a ball about** einen Ball hin-

und herspielen; TENNIS ein paar Bälle schlagen ◆**knock back** vt (fam) ❶(drink quickly) hinunterkippen; liquor sich dat einen hinter die Binde kippen; **to ~ a beer back** ein Bier zischen ❷BRIT, AUS (cost a lot) ■**to ~ sb back** jdn eine [hübsche] Stange Geld kosten ❸(surprise) ■**to ~ sb back** jdn umhauen ❹BRIT (fam: reject) ■**to ~ sb back** jdn zurückweisen ◆**knock down** vt ❶(cause to fall) umstoßen; (with a car, motorbike) umfahren ❷(demolish) niederreißen ❸(reduce) price herunterhandeln ❹(sell at auction) versteigern ❺AM (fam: earn) **to ~ down a few thousand** ein paar Tausender kassieren ◆**knock off** I. vt ❶(cause to fall off) hinunterstoßen; **to ~ sb off their pedestal** jdn von seinem Podest stoßen ❷(reduce a price) [im Preis] herabsetzen ❸BRIT (sl: steal) klauen fam ❹(fam: murder) umlegen ❺(fam: produce quickly) schnell erledigen; (easily) etw mit links machen; manuscript, novel, report, story [etw] runterschreiben; (on a keyboard) [etw] runterhauen ❻(fam: stop) ■**to ~ off** ○ sth mit etw dat aufhören; **to ~ off work** Feierabend machen ❼AM (fam: rob) **to ~ off a bank/a shop** eine Bank/einen Laden ausräumen II. vi (fam) Schluss machen ◆**knock on** vt, vi (in rugby) **to ~ [the ball] on** Vorwurf machen ◆**knock out** vt ❶(render unconscious) ■**to ~ out** ○ sb jdn bewusstlos werden lassen; (in a fight) jdn k.o. schlagen ❷(forcibly remove) **to ~ out two teeth** sich dat zwei Zähne ausschlagen ❸pipe ausklopfen ❹(eliminate) ausschalten; **to be ~ed out of a competition** aus einem Wettkampf ausscheiden ❺(render useless) außer Funktion setzen ❻AUS, NZ (fam: earn a specified sum of money) **to ~ out £2000** 2000 Pfund kassieren ❼(fam: produce quickly) hastig entwerfen; draft, manuscript, story also [etw] runterschreiben; (on a keyboard) [etw] runterhauen ❽(fam: astonish and impress) umhauen ◆**knock over** vt ❶(cause to fall) umstoßen; (with a bike, car) umfahren ❷AM (fam: rob) **to ~ over a shop** einen Laden ausräumen ▶ **to ~ sb over with a feather** jdn völlig umhauen ◆**knock together** vt ❶(fam: complete quickly) zusammenschustern; piece of furniture, shed, shelves zusammenzimmern; written article zusammenschreiben ❷BRIT (remove wall) **to ~ together two rooms/buildings** die Wand zwischen zwei Zimmern/Gebäuden einreißen ◆**knock up** I. vt ❶(fam: make quickly) zusammenschustern ❷BRIT, AUS (fam: awaken) aus dem Schlaf trommeln ❸esp AM (sl: impregnate) ■**to ~ up** ○ **a woman** einer Frau ein Kind machen; **to get ~ed up** sich schwängern lassen II. vi BRIT (in a racket game) ein paar Bälle schlagen; (before a match starts) sich einschlagen

'**knock·about** adj attr THEAT, FILM Klamauk-; comedy, humour burlesk '**knock·down** adj attr ❶(very cheap) supergünstig sl; ~ **price** Schleuderpreis m fam; (at auction) Mindestpreis m ❷(physically violent) niederschmetternd; argument schlagend; **a ~ fight** eine handfeste Auseinandersetzung ❸(easily dismantled) zerlegbar

knock·er ['nɒkə^r] n Türklopfer m
'**knock·ing copy** n no pl herabsetzende Werbung **knock·ing-'off time** n no pl Feierabend m

knock-'kneed adj X-beinig; ■**to be ~** X-Beine haben '**knock-on ef·fect** n BRIT Folgewirkung f; **to have a ~ on** sth sich mittelbar auf etw akk auswirken '**knock·out** I. n ❶BRIT, AUS (tournament) Ausscheidungs[wett]kampf m ❷BOXING K.o. m II. adj ❶BRIT, AUS (elimination) Ausscheidungs- ❷BOXING ~ **blow** K.-o.-Schlag m; (fig) Tiefschlag m; **to deal sb's hopes a ~ blow** jds Hoffnungen pl zunichtemachen '**knock-up** n usu sing BRIT Einspielen nt
knoll [nəʊl] n Anhöhe f
knot [nɒt] I. n ❶(in rope, material) Knoten m; **to untie a ~** einen Knoten lösen ❷(in hair) [Haar]knoten m ❸(of people) Knäuel m o nt ❹(in wood) Ast m ▶ **sb's stomach is in ~s** jds Magen m krampft sich zusammen; **to tie the ~** heiraten II. vt <-tt-> knoten; **to tie** sth **together** etw zusammenknoten III. vi <-tt-> muscles sich verspannen; stomach sich zusammenkrampfen

knot·ty ['nɒti] adj ❶(full of knots) wood astreich; branch knotig; hair voller Knoten nach n, präd ❷(difficult) kompliziert

know [nəʊ] I. vt <knew, known> ❶(have information/knowledge) wissen; facts, results kennen; **do you ~ where the post office is?** können Sie mir bitte sagen, wo die Post ist?; **I ~ no fear** ich habe vor nichts Angst; **I ~ what I am talking about** ich weiß, wovon ich rede; **that's worth ~ing** das ist gut zu wissen; **that's what I'd like to ~ too** das würde ich auch gerne wissen!; **— don't I ~ it!** — wem sagst du das!; **for all I ~** soweit ich weiß; **they**

might have even cancelled the project for all I ~ vielleicht haben sie das Projekt ja sogar ganz eingestellt – weiß man's! *fam;* I knew it! wusste ich's doch! *fam;* but she's not to ~ aber sie soll nichts davon erfahren; God ~s I've done my best ich habe weiß Gott mein Bestes gegeben; God only ~s what'll happen next! weiß der Himmel, was als Nächstes passiert!; the police ~ him to be a cocaine dealer die Polizei weiß, dass er mit Kokain handelt; ▪to ~ how to do sth wissen, wie man etw macht; to ~ how to drive a car fahren können; to ~ the alphabet/English das Alphabet/Englisch können; to ~ sth by heart etw auswendig können; to ~ what one is doing wissen, was man tut; to let sb ~ sth jdn etw wissen lassen ❷ (*be certain*) ▪to not ~ whether ... sich *dat* nicht sicher sein, ob ...; to not ~ which way to turn nicht wissen, was man machen soll; to ~ for a fact that ... ganz sicher wissen, dass ... ❸ (*be acquainted with*) ▪to ~ sb jdn kennen; ~ing Sarah, she'll have done a good job so wie ich Sarah kenne, hat sie ihre Sache bestimmt gut gemacht; she ~s Paris well sie kennt sich in Paris gut aus; surely you ~ me better than that! du solltest mich eigentlich besser kennen!; you ~ what it's like du weißt ja, wie das [so] ist; to ~ sth like the back of one's hand etw wie seine eigene Westentasche kennen *fam;* to ~ sb by name/by sight/personally jdn dem Namen nach/vom Sehen/persönlich kennen; to get to ~ sb/each other jdn/sich kennen lernen; to get to ~ sth *methods* etw lernen; *faults* etw herausfinden ❹ (*have understanding*) verstehen; do you ~ what I mean? verstehst du, was ich meine? ❺ (*experience*) I've never ~n anything like this so etwas habe ich noch nie erlebt; I've never ~n her [to] cry ich habe sie noch nie weinen sehen ❻ (*recognize*) erkennen (by an); I ~ a good thing when I see it ich merke gleich, wenn was gut ist; I knew her for a liar the minute I saw her ich habe vom ersten Augenblick an gewusst, dass sie eine Lügnerin ist ❼ (*be able to differentiate*) you wouldn't ~ him from his brother man kann ihn und seinen Bruder nicht unterscheiden; don't worry, she won't ~ the difference keine Angst, sie wird den Unterschied [gar] nicht merken; to ~ right from wrong Gut und Böse unterscheiden können ❽ *passive* (*well-known*) ▪to be ~n for sth für etw *akk* bekannt sein; ▪it is ~n that ... es ist bekannt, dass ...; to make sth ~n etw bekannt machen; Terry is also ~n as 'The Muscleman' Terry kennt man auch unter dem Namen ‚der Muskelmann' ▶to ~ no bounds keine Grenzen kennen; to ~ one's own mind wissen, was man will; to ~ one's place wissen, wo man steht; to ~ the ropes sich auskennen; to ~ the score wissen, was gespielt wird; to ~ which side one's bread is buttered on wissen, wo was zu holen ist; to ~ one's stuff [*or* Brit *also* onions] sein Geschäft verstehen; to ~ a thing or two about sth sich mit etw *dat* auskennen; to ~ what's what wissen, wo's langgeht; what do you ~! wer hätte das gedacht!; to not ~ what hit one nicht wissen, wie einem geschieht II. *vi* <knew, known> ❶ (*have knowledge*) [Bescheid] wissen; ask Kate, she's sure to ~ frag Kate, sie weiß es bestimmt; I was not to ~ until years later das sollte ich erst Jahre später erfahren; you never ~ man kann nie wissen; as far as I ~ so viel ich weiß; who ~s? wer weiß?; how should I ~? wie soll ich das wissen?; I ~! jetzt weiß ich!; she didn't want to ~ sie wollte nichts davon wissen; just let me ~ ok? sag mir einfach Bescheid, ok? ❷ (*fam: understand*) begreifen; "I don't ~," he said, "why can't you ever be on time?" „ich begreife das einfach nicht", sagte er, „warum kannst du nie pünktlich sein?" ❸ (*said to agree with sb*) I ~ ich weiß ❹ (*conversation filler*) he's so boring and, you ~, sort of spooky er ist so langweilig und, na ja, irgendwie unheimlich; he asked me, you ~ weißt du, er hat mich halt gefragt ▶you ought to ~ better du solltest es eigentlich besser wissen; I ~ better than to go out in this weather ich werde mich hüten, bei dem Wetter rauszugehen; he said he loved me but I ~ better er sagte, dass er mich liebt, aber ich weiß, dass es nicht stimmt; to not ~ any better es nicht anders kennen

'**know-all** *n* (*pej fam*) Besserwisser(in) *m(f)* '**know-how** *n no pl* Know-how *nt*

know·ing ['nəʊɪŋ] I. *adj* wissend *attr; look, smile* viel sagend II. *n no pl* Wissen *nt*

know·ing·ly ['nəʊɪŋli] *adv* ❶ (*meaningfully*) viel sagend ❷ (*with full awareness*) bewusst

know-it-all *n* Am Besserwisser(in) *m(f) pej* **knowl·edge** ['nɒlɪdʒ] *n no pl* ❶ (*body of learning*) Kenntnisse *pl* (of in); ~ of French Französischkenntnisse *pl;* lim-

ited ~ begrenztes Wissen; **to have |no/some| ~ of sth** [keine/gewisse] Kenntnisse über etw *akk* besitzen; **to have a thorough ~ of sth** ein fundiertes Wissen in etw *dat* besitzen ❷ (*acquired information*) Wissen *nt*; **to my ~** soweit ich weiß; **to be common ~** allgemein bekannt sein ❸ (*awareness*) Wissen *nt*; **to deny all ~ [of sth]** jegliche Kenntnis [über etw *akk*] abstreiten; **to be safe in the ~ that ...** mit Bestimmtheit wissen, dass ...; **it has been brought to our ~ that ...** wir haben davon Kenntnis erhalten, dass ...; ■ **to do sth without sb's ~** etw ohne jds Wissen *nt* tun

knowl·edg(e)·able [ˈnɒlɪdʒəbl] *adj* (*well informed*) sachkundig; (*experienced*) bewandert

known [nəʊn] I. *vt, vi pp of* **know** II. *adj* ❶ (*publicly recognized*) bekannt; **it is a little/well ~ fact that ...** es ist nur wenigen/allgemein bekannt, dass ... ❷ (*understood*) bekannt; **no ~ reason** kein erkennbarer Grund ❸ (*tell publicly*) **to make sth ~** etw bekannt machen

knuck·le [ˈnʌkl] I. *n* ❶ ANAT [Finger]knöchel *m* ❷ (*cut of meat*) Hachse *f*, Haxe *f* SÜDD; **~ of pork** Schweinshaxe *f* SÜDD ❸ AM (*knuckleduster*) ■ **~s** *pl* Schlagring *m* ▶ **to be near the ~** BRIT sich hart an der Grenze bewegen; *joke* ziemlich gewagt sein, grenzwertig sein *fam* II. *vi* ❶ (*start working hard*) **to ~ down** sich dahinterklemmen ❷ (*submit*) ■ **to ~ under** sich fügen

¹**knuck·le·dust·er** *n* ❶ *esp* BRIT (*weapon*) Schlagring *m* ❷ BRIT (*fam: ring*) Klunker *m*

KO [ˌkeɪˈəʊ] I. *n abbrev of* **knockout** K.o. *m*; **to win with a ~ in the third round** in der dritten Runde durch K.o. gewinnen II. *vt* <KO'd, KO'd> *abbrev of* **knock out**: ■ **to ~ sb** jdn k.o. schlagen; (*fig*) jdn außer Gefecht setzen *fam*

koa·la [kəʊˈɑːlə] *n*, **koala bear** *n* Koala[bär] *m*

kohl [kəʊl] *n no pl* Kajal *nt*; **~ pencil** Kajalstift *m*

kooky [ˈkuːki] *adj esp* AM (*usu approv fam*) ausgeflippt

Ko·ran [kɒrˈɑːn] *n no pl* ■ **the ~** der Koran

Ko·rea [kəˈriːə] *n no pl, no art* Korea *nt*; **North/South ~** Nord-/Südkorea *nt*

Ko·rean [kəˈriːən] I. *adj* koreanisch II. *n* ❶ (*inhabitant*) Koreaner(in) *m(f)* ❷ LING Koreanisch *nt*

ko·sher [ˈkəʊʃəʳ] *adj* (*also fig*) koscher; **to keep ~** [weiterhin] koscher leben

Kosian [ˈkəʊʃən] *n* Kind mit einem südkoreanischen Elternteil und einem aus einem anderen asiatischen Land

Ko·so·vo [ˈkɒsəvəʊ] *n no pl* Kosovo *m*

kow·tow [ˌkaʊtaʊ] *vi* (*fam*) ■ **to ~ to sb** vor jdm katzbuckeln

Krem·lin [ˈkremlɪn] *n no pl* ■ **the ~** der Kreml + *sing/pl vb*

ku·dos [ˈkjuːdɒs] *npl* Ansehen *nt kein pl*

Ku Klux Klan [ˌkuːklʌksˈklæn] *n no pl,* + *sing/pl vb* ■ **the ~** der Ku-Klux-Klan

kung fu [ˌkʊŋˈfuː] *n no pl* Kung-Fu *nt*

Kurd [kɜːd] *n* Kurde *m*/Kurdin *f*

Kurd·ish [ˈkɜːdɪʃ] I. *adj* kurdisch II. *n no pl* LING Kurdisch *nt*

Kur·di·stan [ˌkɜːdɪˈstɑːn] *n no pl, no art* Kurdistan *nt*

Ku·wait [kuˈweɪt] *n no pl, no art* Kuwait *nt*

Ku·wai·ti [kuˈweɪti] I. *adj* kuwaitisch II. *n* ❶ (*inhabitant of Kuwait*) Kuwaiter(in) *m(f)* ❷ LING Kuwaitisch *nt*

kW <*pl* -> *n abbrev of* **kilowatt** kW

KWIC [kwɪk] COMPUT *abbrev of* **key word in context** KWIC

KWOC [kwɒk] COMPUT *abbrev of* **key word out of context** KWOC

L

L <*pl* -'s *or* -s>, **l** <*pl* -'s> [el] *n* ❶ (*letter*) L *nt*, l *nt*; *see also* **A 1** ❷ (*Roman numeral*) L *nt*, l *nt*

l [el] **I.** *n* ❶ <*pl* ->* abbrev of* **litre** l ❷ <*pl* ll> TYPO *abbrev of* **line** Z. ❸ *no pl abbrev of* **left** l. **II.** *adj abbrev of* **left** l., L **III.** *adv abbrev of* **left** l.

L *n* ❶ *abbrev of* **lake** ❷ FASHION *abbrev of* **Large** L ❸ BRIT AUTO *abbrev of* **learner** Fahrschüler(in) *m(f)* (*zeigt an einem Auto an, dass hier ein Fahrschüler/eine Fahrschülerin in Begleitung eines erwachsenen Führerscheininhabers fährt*)

LA [ˌelˈeɪ] *n abbrev of* **Los Angeles** Los Angeles *nt*

lab [læb] *n short for* **laboratory** Labor *nt*

la·bel [ˈleɪbəl] **I.** *n* ❶ (*on bottles*) Etikett *nt*; (*in clothes*) Schild[chen] *nt* ❷ (*brand name*) Marke *f*; **record** ~ Schallplattenlabel *nt*; (*company*) Plattenfirma *f* ❸ (*set description*) Bezeichnung *f* **II.** *vt* <BRIT -ll- *or* AM *usu* -l-> ❶ (*affix labels*) etikettieren; (*mark*) kennzeichnen; (*write on*) beschriften ❷ (*categorize*) etikettieren; **to be ~led as a criminal** als Krimineller/Kriminelle abgestempelt werden

la·bel·ling [ˈleɪbəlɪŋ], AM **la·bel·ing** *n no pl* Etikettierung *f*; (*marking*) Kennzeichnung *f*; (*with a price*) Auszeichnung *f*

la·bia [ˈleɪbɪə] *npl* ANAT Labia *pl fachspr*, Schamlippen *pl*

la·bor *n* AM *see* **labour**

la·bora·tory [ləˈbɒrətəri] *n* Labor *nt*, Laboratorium *nt*

la·ˈbora·tory as·sis·tant *n* Laborant(in) *m(f)* **la·ˈbora·tory test** *n* Labortest *m*

la·bor·er *n* AM *see* **labourer**

la·bo·ri·ous [ləˈbɔːrɪəs] *adj* ❶ (*onerous*) mühsam ❷ (*usu pej: strained*) umständlich

la·bo·ri·ous·ly [ləˈbɔːrɪəsli] *adv* mühsam, mühevoll

ˈla·bor un·ion *n* AM Gewerkschaft *f*

la·bour [ˈleɪbəʳ] **I.** *n* ❶ (*work*) Arbeit *f*; **division of** ~ Arbeitsteilung *f*; **manual** ~ körperliche Arbeit ❷ *no pl* (*workers*) Arbeitskräfte *pl*; **skilled** ~ ausgebildete Arbeitskräfte; **semi-skilled** ~ angelernte Arbeitskräfte; **unskilled** ~ ungelernte Arbeitskräfte ❸ *no pl* (*childbirth*) Wehen *pl*; **to go into** ~ Wehen bekommen **II.** *vi* ❶ (*do physical work*) arbeiten; **to do ~ing work** körperlich arbeiten ❷ (*work hard*) sich abmühen; ■ **to ~ on sth** hart an etw *dat* arbeiten ❸ (*do sth with effort*) ■ **to ~** sich [ab]quälen; ■ **to ~ on sth** sich mit etw *dat* abplagen

ˈla·bour camp *n* Arbeitslager *nt* **ˈla·bour Day** *n no pl* BRIT Tag *m* der Arbeit (*staatlicher Feiertag in Großbritannien am 1. Mai*) **ˈla·bour dis·pute** *n* Arbeitskampf *m*

la·bour·er [ˈleɪbəʳəʳ] *n* [ungelernter] Arbeiter/[ungelernte] Arbeiterin, Hilfsarbeiter(in) *m(f)*

ˈla·bour force *n + sing/pl vb* (*working population*) Arbeiterschaft *f*; (*a company's employees*) Belegschaft *f* **la·bour-in-ˈten·sive** *adj* arbeitsintensiv **ˈla·bour mar·ket** *n* Arbeitsmarkt *m* **ˈla·bour move·ment** *n* POL Arbeiterbewegung *f* **ˈla·bour pains** *npl* MED Wehen *pl* **ˈLa·bour Par·ty** *n no pl* BRIT POL ■ **the ~** die Labour Party **ˈla·bour re·la·tions** *npl* Arbeitgeber-Arbeitnehmer-Verhältnis *nt* **ˈla·bour-sav·ing** *adj* arbeitssparend **ˈla·bour short·age** *n* Arbeitskräftemangel *m* **ˈla·bour ward** *n* Kreißsaal *m*

Lab·ra·dor [ˈlæbrədɔːʳ] *n* Labrador[hund] *m*

la·bur·num [ləˈbɜːnəm] *n* BOT Goldregen *m*

laby·rinth [ˈlæbəˌrɪnθ] *n* Labyrinth *nt*; (*fig liter*) Verwicklung *f*

lace [leɪs] **I.** *n* ❶ *no pl* (*decorative cloth*) Spitze *f*; (*decorative edging*) Spitzenborte *f* ❷ (*cord*) Band *nt*; **shoe ~s** Schnürsenkel *pl bes* NORDD, MITTELD, Schuhbänder *pl* DIAL **II.** *vt* ❶ (*fasten*) *corset* zuschnüren; *shoes* zubinden ❷ (*add alcohol*) ■ **to ~ sth** einen Schuss [Alkohol] in etw *akk* geben ◆ **lace up** *vt shoes* zuschnüren

lac·er·ate [ˈlæsəreɪt] *vt* ❶ (*cut and tear*) aufreißen ❷ (*form: cause extreme pain*) **to ~ sb's feelings** jds Gefühle *pl* zutiefst verletzen

lac·er·a·tion [ˌlæsəˈreɪʃən] *n* ❶ *no pl* (*tearing*) Verletzung *f* ❷ (*instance of tearing*) Fleischwunde *f*; (*by tearing*) Risswunde *f*; (*by cutting*) Schnittwunde *f*; (*by biting*) Bisswunde *f*

ˈlace-ups *npl* Schnürschuhe *pl*

lach·ry·mose [ˈlækrɪməʊs] *adj* (*form, liter*) ❶ (*tearful*) weinerlich ❷ (*inducing melancholy*) rührselig

lack [læk] **I.** *n no pl* Mangel *m* (**of** an); **~ of confidence/judgement** mangelndes

Selbstvertrauen/Urteilsvermögen; ~ **of funds** fehlende Geldmittel; ~ **of money/supplies** Geld-/Vorratsmangel *m*; ~ **of sleep/time** Schlaf-/Zeitmangel *m* **II.** *vt* ■ **to ~ sth** etw nicht haben; **what we ~ in this house is ...** was uns in diesem Haus fehlt, ist ...

lacka·dai·si·cal [ˌlækəˈdeɪzɪkəl] *adj* lustlos

lack·ey [ˈlæki] *n* (*hist or pej: servile person*) Lakai *m*

lack·ing [ˈlækɪŋ] *adj pred* ❶ (*without*) ■ **to be ~ in sth** an etw *dat* mangeln ❷ (*fam: mentally subnormal*) beschränkt

lack·lust·re [ˈlæk,lʌstəʳ] *adj*, AM **lack·lust·er** *adj* ❶ (*lacking vitality*) langweilig ❷ (*dull*) trüb[e]

la·con·ic [ləˈkɒnɪk] *adj* ❶ (*very terse*) lakonisch ❷ (*taciturn*) wortkarg

lac·quer [ˈlækəʳ] **I.** *n* Lack *m* **II.** *vt* lackieren

la·crosse [ləˈkrɒs] *n no pl* SPORTS Lacrosse *nt*

lac·tic ˈacid *n no pl* Milchsäure *f*

lac·tose [ˈlækˈəʊs] *n no pl* Laktose *f* ˈ**lac·tose-free** *adj* laktosefrei

lad [læd] *n* ❶ BRIT, SCOT (*boy*) Junge *m* ❷ BRIT, SCOT (*a man's male friends*) ■ **the ~s** die Kumpels *pl fam*, die Jungs *pl fam* ❸ BRIT, SCOT (*fam*) **to be a bit of a ~** ein ziemlicher Draufgänger sein ❹ BRIT (*stable worker*) [Stall]bursche *m*

lad·der [ˈlædəʳ] **I.** *n* ❶ (*device for climbing*) Leiter *f*; **to be up a ~** auf einer Leiter stehen; **to go up a ~** auf eine Leiter steigen ❷ (*hierarchy*) [Stufen]leiter *f* ❸ BRIT, AUS (*in stocking*) Laufmasche *f* **II.** *vt* BRIT, AUS **to ~ tights** eine Laufmasche in eine Strumpfhose machen **III.** *vi* BRIT, AUS *stockings, tights* eine Laufmasche bekommen

lad·die [ˈlædi] *n* SCOT (*fam*) Junge *m*

lad·en [ˈleɪdən] *adj* beladen

la-di-da [ˌlɑːdiˈdɑː] *adj* (*pej*) affektiert

lad·ing [ˈleɪdɪŋ] *n* NAUT Ladung *f*

la·dle [ˈleɪdl] **I.** *n* [Schöpf]kelle *f* **II.** *vt* **to ~ out the soup** die Suppe austeilen; (*fig*) **doctors ~d out antibiotics to patients in those days** früher haben die Ärzte den Patienten ziemlich großzügig Antibiotika verschrieben

lady [ˈleɪdi] *n* ❶ (*woman*) Frau *f*; **a ~ doctor** eine Ärztin; **cleaning ~** Putzfrau *f*; **old/young ~** alte/junge Dame ❷ (*woman with social status*) Dame *f* ❸ (*form: polite address*) **ladies and gentlemen!** meine [sehr verehrten] Damen und Herren! ❹ AM (*sl*) Lady *f*

ˈ**lady·bird** *n* BRIT, AUS Marienkäfer *m* ˈ**lady·boy** *n* junger Transvestit (*vor allem in Südostasien*) **lady-in-ˈwait·ing** <*pl* **ladies->** *n* Hofdame *f* ˈ**lady·like** *adj* (*dated*) damenhaft ˈ**lady·ship** *n* ❶ (*form: form of address*) **her/your ~** Ihre/Eure Ladyschaft ❷ (*pej, iron: pretentious woman*) die gnädige Frau

LAFTA [ˈlæftə] *n abbrev of* **Latin American Free Trade Association** Lateinamerikanische Freihandelszone

lag[1] [læg] **I.** *n* ❶ (*lapse*) Rückstand *m*; (*falling behind*) Zurückbleiben *nt kein pl*; **time ~** Zeitabstand *m*; (*delay*) Verzögerung *f* ❷ BRIT, AUS (*sl: habitual convict*) Knacki *m* **II.** *vi* <-gg-> zurückbleiben; **sales are ~ging** der Verkauf läuft schleppend; ■ **to ~ behind [sb/sth]** [hinter jdm/etw] zurückbleiben **III.** *vt* <-gg-> AUS (*sl*) ■ **to ~ sb** jdn einbuchten

lag[2] <-gg-> [læg] *vt* isolieren

la·ger [ˈlɑːgəʳ] *n* ❶ *no pl* (*beer*) Lagerbier *nt* ❷ (*portion of lager*) [helles] Bier; **a glass of ~** ein Helles *nt*

ˈ**la·ger lout** *n* BRIT (*fam*) betrunkener Rowdy *pej*

lag·ging [ˈlægɪŋ] *n* Isolierung *f*

la·goon [ləˈguːn] *n* Lagune *f*

laid [leɪd] *pt*, *pp of* **lay**

laid-ˈback *adj* (*fam: relaxed*) locker; (*calm*) gelassen

lain [leɪn] *pp of* **lie**

lair [leəʳ] *n* ❶ HUNT Lager *nt fachspr*; *of fox* Bau *m*; *of small animals* Schlupfwinkel *m* ❷ (*hiding place*) Schlupfwinkel *m oft pej*

laird [leəd] *n* SCOT Gutsherr *m*

lais·sez-faire [ˌleɪseɪˈfeəʳ] *n no pl* POL Laisser-faire *nt geh*

la·ity [ˈleɪəti] *n no pl*, + *sing/pl vb* REL ■ **the ~** die Laien *pl*

lake [leɪk] *n* ❶ (*body of fresh water*) See *m* ❷ BRIT ECON (*fig, pej: surplus stores*) [flüssiger] Lagerbestand

ˈ**lake·side I.** *adj attr* am See *nach n* **II.** *n* Seeufer *nt*

lam [læm] **I.** *n* AM (*sl*) **to be on the ~** auf der Flucht sein; **to take it on the ~** die Fliege machen *fam* **II.** *vt* <-mm-> (*fam*) verdreschen; **~ him on the head!** gib ihm eins auf die Birne! **III.** *vi* <-mm-> ■ **to ~ into sb** (*attack brutally*) auf jdn eindreschen *fam*; (*attack verbally*) jdn zur Schnecke machen *fam*

lama [ˈlɑːmə] *n* REL Lama *m*

lamb [læm] **I.** *n* ❶ (*young sheep*) Lamm *nt*; (*fig*) Schatz *m fam* ❷ *no pl* (*meat*) Lamm[fleisch] *nt* **II.** *vi* lammen

lam·bast(e) [læmˈbæst] *vt* heftig kritisieren

'lamb·skin *n* Lammfell *nt*
'lambs·wool *n no pl* Lammwolle *f*
lame [leɪm] *adj* ① (*crippled*) lahm ② (*weak*) lahm *pej fam;* *argument* schwach
lame·ness ['leɪmnəs] *n no pl* ① (*crippled condition*) Lähmung *f* ② (*weakness*) Lahmheit *f*
la·ment [lə'ment] I. *n* MUS, LIT Klagelied *nt* (**for** über) II. *vt* (*also iron*) ■ **to ~ sth** über etw *akk* klagen; ■ **to ~ sb** um jdn trauern III. *vi* ■ **to ~ over sth** etw beklagen *geh*
la·men·table [lə'mentəbl] *adj* beklagenswert; *piece of work* erbärmlich
la·men·ta·tion [ˌlæmen'teɪʃ(ə)n] *n* ① (*regrets*) Wehklage *f geh* ② *no pl* (*act of mourning*) [Weh]klagen *nt geh;* (*act of wailing*) Jammern *nt*
lami·nate I. *n* ['læmɪnət] Laminat *nt* II. *vt* ['læmɪneɪt] beschichten III. *adj attr* beschichtet
lami·nat·ed ['læmɪneɪtɪd] *adj* geschichtet; (*covered with plastic*) beschichtet; **~ glass** Verbundglas *nt;* **~ plastic** ≈ Resopal® *nt;* **~ wood** Sperrholz *nt*
lamp [læmp] *n* Lampe *f;* **street ~** Straßenlaterne *f*
lam·poon [læm'puːn] I. *n* Spottschrift *f* II. *vt* verspotten
'lamp·post *n* Laternenpfahl *m*
'lam·prey ['læmpri] *n* ZOOL Neunauge *nt*
'lamp·shade *n* Lampenschirm *m*
LAN [læn] *n abbrev of* **local area network** COMPUT LAN *nt;* **wireless ~** WLAN *nt;* **~ party** LAN-Party *f*
lance [lɑːn(t)s] I. *n* MIL (*dated*) Lanze *f* II. *vt* MED aufschneiden
lan·cet ['lɑːn(t)sɪt] *n* Lanzette *f*
land [lænd] I. *n* ① *no pl* (*not water*) Land *nt;* **to travel by ~** auf dem Landweg reisen ② *no pl* (*ground*) Land *nt;* (*soil*) Boden *m;* **building ~** Bauland *nt;* **agricultural ~** Ackerland *nt;* **piece/plot of ~** (*for building*) Grundstück *nt;* (*for farming*) Stück *nt* Land *nt;* **waste ~** Brachland *nt* ③ *no pl* (*countryside*) ■ **the ~** das Land ④ (*particular area of ground*) Grundstück *nt;* **private ~** Privatbesitz *m;* **state ~[s]** AM staatlicher Grundbesitz ⑤ (*country, region*) Land *nt* ⑥ AM (*euph: Lord*) **for ~'s sake** um Gottes Willen ▶ **to see how the ~ lies** die Lage peilen II. *vi* ① AVIAT, AEROSP landen (**on** auf) ② NAUT *vessel* anlegen; *people* an Land gehen ③ (*come down, fall*) landen; **to ~ on one's feet** auf den Füßen landen; (*fig*) [wieder] auf die Füße fallen ④ *blow, punch* sitzen ⑤ (*fam: end up, arrive*) landen III. *vt* ① (*bring onto land*) *plane* landen; *boat* an Land ziehen ② (*unload*) an Land bringen; *cargo* löschen; *passengers* von Bord [gehen] lassen; *troops* anlanden ③ (*fam: obtain*) *contract, offer, job* an Land ziehen *fig* ④ (*fam: burden*) ■ **to ~ sb with sth** jdm etw aufhalsen; ■ **to be ~ed with sth** jdn am Hals haben ⑤ (*fam: place*) ■ **to ~ sb in sth** jdn in ihre *akk* bringen; **that could have ~ed you in jail** deswegen hättest du im Gefängnis landen können ◆ **land up** *vi* (*fam*) ① (*in a place*) landen ② (*in a situation*) enden; ■ **to ~ up doing sth** schließlich etw tun
land·ed ['lændɪd] *adj attr* **the ~ gentry** + *sing/pl vb* der Landadel
land·er ['lændə'] *n* INET Landingpage *f,* Landing-Page *f*
'land·fall *n* NAUT (*first land reached*) Landungsort *m;* (*sighting*) Sichten *nt* von Land **'land·fill** *n* ① *no pl* (*waste disposal*) Geländeanfüllung *f* (*mit Müll*) ② (*site*) Deponiegelände *nt* ③ *no pl* (*waste*) Müll *m* **'land forces** *npl* MIL Landstreitkräfte *pl* **'land·hold·er** *n* Landbesitzer(in) *m(f);* (*tenant*) Pächter(in) *m(f)*
land·ing ['lændɪŋ] *n* ① (*staircase space*) Treppenabsatz *m* ② (*aircraft touchdown*) Landung *f;* **to make an emergency ~** notlanden ③ (*nautical landfall*) Landung *f* ④ SPORTS (*coming to rest*) Landung *f*
'land·ing card *n* Einreiseformular *nt* **'land·ing craft** *n* MIL Landungsboot *nt* **'land·ing field** *n* Landeplatz *m* **'land·ing gear** *n* Fahrgestell *nt* **'land·ing net** *n* Kescher *m* **'land·ing page** *n* INET Landingpage *f,* Landing-Page *f* **'land·ing stage** *n* Landungssteg *m* **'land·ing strip** *n* Landebahn *f*
'land·lady *n* ① (*house owner*) Hausbesitzerin *f;* (*renting out houses*) Vermieterin *f* ② (*of pub or hotel*) [Gast]wirtin *f* ③ (*of a boarding house*) Pensionswirtin *f*
land·less ['lændləs] *adj* ohne Landbesitz nach *n,* landlos
'land·locked *adj* von Land umgeben; **~ country** Binnenstaat *m* **'land·lord** *n* ① (*house owner*) Hausbesitzer *m;* (*renting out housing*) Vermieter *m* ② (*of pub or hotel*) [Gast]wirt *m* ③ (*of boarding house*) Pensionswirt *m* **'land·mark** *n* ① (*point of recognition*) Erkennungszeichen *nt* ② (*noted site*) Wahrzeichen *nt* ③ (*important event*) Meilenstein *m* **'land·mine** *n* MIL Landmine *f* **'land of·fice** *n* AM (*old*) Grundbuchamt *nt* **'land·own·er** *n* Grundbesitzer(in) *m(f)* **'land re·form** *n*

Bodenreform f **'land reg·is·ter** n Grundbuch nt **land re·medi·'ation** n no pl Bodensanierung f; Wiedernutzbarmachung f von Brachen

'land·scape I. n ❶ (country scenery) Landschaft f ❷ (painting) Landschaft f II. adj attr ❶ (relating to landscapes) Landschafts- ❷ TYPO (printing format) **in ~ format** im Querformat III. vt [landschafts]gärtnerisch gestalten

land·scape 'archi·tect n Landschaftsarchitekt(in) m(f) **land·scape 'archi·tec·ture** n no pl Landschaftsgärtnerei f

'land·slide I. n ❶ (of earth, rock) Erdrutsch m ❷ (majority) Erdrutsch[wahl]sieg m II. adj attr ~ **victory** Erdrutsch[wahl]sieg m **'land·slip** n NBRIT GEOG Erdrutsch m **'land tax** n Grundsteuer f

'land·ward ♦ I. adj land[ein]wärts [gelegen]; **the ~ side** die Landseite II. adv land[ein]wärts; **to head ~** in Richtung Land fahren

lane [leɪn] n ❶ (narrow road) Gasse f; **country ~** schmale Landstraße f ❷ (marked strip) [Fahr]spur f; SPORTS Bahn f; **cycle ~** Fahrradweg m; **in the fast/middle ~** auf der Überholspur/mittleren Spur

lan·guage ['læŋgwɪdʒ] n ❶ (of nation) Sprache f; **a foreign ~** eine Fremdsprache; **sb's native ~** jds Muttersprache ❷ no pl (words) Sprache f; (style of expression) Ausdrucksweise f; **bad ~** Schimpfwörter pl ❸ (of specialist group) Fachsprache f; (individual expressions) Fachausdrücke pl

'lan·guage la·bora·tory n Sprachlabor nt **'lan·guage learn·ing** n no pl Erlernen nt von Fremdsprachen

lan·guid ['læŋgwɪd] adj (liter) ❶ (without energy) träge, matt ❷ (unenthusiastic) gelangweilt

lan·guish ['læŋgwɪʃ] vi ❶ (remain) schmachten geh; **to ~ in jail** im Gefängnis schmoren fam; **to ~ in obscurity** in der Bedeutungslosigkeit dahindümpeln fam ❷ (grow weak) verkümmern

lan·guor ['læŋɡəʳ] n no pl (liter: pleasant) wohlige Müdigkeit; (unpleasant) Mattigkeit f

lan·guor·ous ['læŋɡərəs] adj (liter) afternoon träge; feeling wohlig; look verführerisch; music getragen

lank [læŋk] adj ❶ (hanging limply) hair strähnig ❷ (tall and thin) person hager

lanky ['læŋki] adj hoch aufgeschossen

lano·lin(e) ['lænəlɪn] n no pl Lanolin nt

lan·tern ['læntən] n also ARCHIT Laterne f

lan·yard ['lænjəd] n ❶ (short cord) Kordel f; (for gun) Abzugsleine f ❷ NAUT Taljereep nt

Laos ['laʊs] n Laos nt

lap¹ [læp] n Schoß m ▸ **to live in the ~ of luxury** ein Luxusleben führen; **to drop into sb's ~** jdm in den Schoß fallen

lap² [læp] I. n ❶ SPORTS Runde f; **to do a ~ [of honour]** BRIT eine Ehrenrunde drehen ❷ (stage) Etappe f II. vt <-pp-> ❶ (overtake) überrunden ❷ usu passive (liter: wrap) ▪ **to be ~ped in sth** in etw akk gehüllt sein III. vi ❶ (in car racing) eine Runde drehen ❷ (project) hängen (**over**über)

lap³ [læp] I. vt ❶ (drink) lecken, schlecken SÜDD, ÖSTERR ❷ (hit gently) waves [sanft] gegen etw akk schlagen II. vi ▪ **to ~ against sth** waves [sanft] gegen etw akk schlagen ♦ **lap up** vt ❶ (drink) [auf]lecken, [auf]schlecken SÜDD, ÖSTERR ❷ (fam: accept eagerly) [gierig] aufsaugen

'lap·dog n ❶ (small dog) Schoßhündchen nt ❷ (person) Spielball m

la·pel [lə'pel] n Revers nt

la·pis lazu·li [,læpɪs'læzjʊli] n ❶ (gemstone) Lapislazuli m ❷ (colour) Ultramarin nt kein pl; of eyes tiefes Blau

Lap·land ['læplænd] n Lappland nt

Lap·land·er ['læplændəʳ] n Lappländer(in) m(f)

lapse [læps] I. n ❶ (mistake) Versehen nt; (moral) Fehltritt m; **~ of attention/concentration** Aufmerksamkeits-/Konzentrationsmangel m; **~ of judgement** Fehleinschätzung f; **~ of memory** Gedächtnislücke f ❷ no pl (of time) Zeitspanne f; **after a ~ of a few days/hours** nach Verstreichen einiger Tage/Stunden II. vi ❶ (fail) attention, concentration nachlassen ❷ (end) ablaufen; contract also erlöschen; subscription auslaufen ❸ (pass into) ▪ **to ~ into sth** in etw akk verfallen; (revert to) **to ~ into a coma/unconsciousness** ins Koma/in Ohnmacht fallen; **to ~ into silence** in Schweigen verfallen ❹ (cease membership) austreten

lapsed [læpst] adj attr ❶ (no longer involved) member ehemalig; **~ Catholic** vom Glauben abgefallener Katholik/abgefallene Katholikin ❷ (discontinued) policy, subscription abgelaufen

'lap·top n, **'lap·top com·'put·er** n Laptop m

lap·wing ['læpwɪŋ] n Kiebitz m

lar·ceny ['lɑːsᵊni] n esp AM LAW Diebstahl m

larch <pl -es> [lɑ:tʃ] n Lärche f; (wood also) Lärchenholz nt kein pl

lard [lɑ:d] I. n no pl Schweineschmalz nt II. vt (also fig) spicken

lar·der ['lɑ:dər] n Speisekammer f

lardy ['lɑ:di] adj (pej fam) fett

large [lɑ:dʒ] I. adj ❶ (in size) groß ❷ (in quantity, extent) groß, beträchtlich; **a ~ amount of work** viel Arbeit; **a ~ number of people/things** viele Menschen/Dinge; **the ~st ever** der/die/das bisher Größte ❸ (hum or euph: fat) wohlbeleibt ▶ **~r than life** überlebensgroß; **by and ~** im Großen und Ganzen II. n ❶ (not caught) ▪ **to be at ~** auf freiem Fuß sein ❷ (in general) ▪ **at ~** im Allgemeinen ❸ AM **ambassador at ~** Sonderbotschafter(in) m(f)

large·ly ['lɑ:dʒli] adv größtenteils

large·ness ['lɑ:dʒnəs] n no pl ❶ (size) Größe f; (extensiveness) Umfang m ❷ (generosity) Großzügigkeit f

lar·ger-than-'life adj attr, **lar·ger than 'life** adj pred herausragend; hero Super-; (legendary) legendär

'large-scale adj esp attr ❶ (extensive) umfangreich; **~ manufacturer/producer** Großerzeuger m/-produzent m ❷ (made large) in großem Maßstab nach n; **a ~ map** eine Karte mit großem Maßstab

lar·gess(e) [lɑ:'ʒes] n no pl Großzügigkeit f

lari·at ['læriət] n Lasso nt

lark[1] [lɑ:k] n ❶ (bird) Lerche f

lark[2] [lɑ:k] I. n ❶ esp BRIT (fam: joke) Spaß m; **for a ~** aus Jux fam ❷ BRIT (pej fam: business) Zeug nt; **I've had enough of this commuting ~** ich hab' genug von dieser ewigen Pendelei II. vi (fam) ▪ **to ~ about** herumblödeln

lark·spur ['lɑ:ksp3:r] n Rittersporn m

lar·va <pl -vae> ['lɑ:və, pl -vi:] n Larve f

lar·yn·gi·tis [ˌlærɪn'dʒaɪtɪs] n no pl Kehlkopfentzündung f

lar·ynx <pl -es or -ynges> ['lærɪŋks, pl lær'ɪndʒi:z] n Kehlkopf m

la·sa·gne [lə'zænjə] n Lasagne f; (pasta also) Lasagneblätter pl

las·civi·ous [lə'sɪviəs] adj lüstern geh

la·ser ['leɪzər] n Laser m

'la·ser beam n Laserstrahl m **'la·ser print·er** n Laserdrucker m **'la·ser show** n Lasershow f

lash[1] <pl -es> [læʃ] n [Augen]wimper f

lash[2] [læʃ] I. n <pl -es> ❶ (whip) Peitsche f; (flexible part) Peitschenriemen m ❷ (stroke of whip) Peitschenhieb m ❸ (fig: criticism) scharfe Kritik ❹ (sudden movement) Hieb m ▶ **to go out on the ~** auf den Putz hauen fam, einen draufmachen fam II. vt ❶ (whip) auspeitschen ❷ (strike violently) ▪ **to ~ sth** gegen etw akk schlagen; rain gegen etw prasseln ❸ (strongly criticize) ▪ **to ~ sb** heftige Kritik an jdm üben ❹ (move violently) **to ~ its tail** mit dem Schwanz schlagen ❺ (tie) [fest]binden (**to** an) III. vi ❶ (strike) schlagen (**at** gegen); rain, wave peitschen (**at** gegen) ❷ (move violently) schlagen ◆ **lash about, lash around** vi [wild] um sich schlagen ◆ **lash down** I. vt festbinden II. vi rain niederprasseln ◆ **lash out** I. vi ❶ (attack physically) ▪ **to ~ out at sb** auf jdn einschlagen ❷ (criticize severely) ▪ **to ~ out at sb** jdn scharf kritisieren; (attack verbally) ▪ **to ~ out against sb** jdn heftig attackieren; ▪ **to ~ out against sth** gegen etw akk wettern fam ❸ BRIT, AUS (fam: spend freely) sich dat etw leisten II. vt BRIT, AUS **to ~ out £500/$40** 500 Pfund/40 Dollar springen lassen fam

lash·ing ['læʃɪŋ] n ❶ (whipping) Peitschenhieb m; **to give sb a ~** jdn auspeitschen; **to give sb a tongue ~** jdm ordentlich die Meinung sagen fam ❷ BRIT (hum dated: a lot) ▪ **~s** pl reichlich ❸ usu pl (cord) [Befestigungs]seil nt

lass <pl -es> [læs] n esp NBRIT, SCOT, **las·sie** ['læsi] n esp NBRIT, SCOT ❶ (fam: girl, young woman) Mädchen nt; (daughter) Tochter f; (sweetheart) Mädchen nt ❷ (fam: form of address) Schatzi nt a. pej

las·si·tude ['læsɪtju:d] n no pl (form) Energielosigkeit f

las·so [læs'u:] I. n <pl -s or -es> Lasso nt II. vt mit einem Lasso einfangen

last[1] [lɑ:st] I. adj ❶ attr (after all the others) ▪ **the ~ ...** der/die/das letzte ...; **to arrive/come ~** als Letzte(r) f(m) ankommen/kommen; **to plan sth [down] to the ~ detail** etw bis ins kleinste Detail planen; **to do sth ~ thing** etw als Letztes tun; **the second/third ~ door** die vor-/drittletzte Tür; **the ~ one** der/die/das Letzte ❷ (lowest in order, rank) letzte(r, s); ▪ **to be ~** Letzte(r) f(m) sein; (in competition) Letzte(r) f(m) werden ❸ attr (final, remaining) letzte(r, s); **the ~ but one** die/das Vorletzte; **at the ~ minute/moment** in letzter Minute/im letzten Moment; **at long ~** schließlich und endlich ❹ attr (most recent, previous) letzte(r, s); **did you see the news on TV ~ night?** hast du gestern Abend die Nachrichten im Fernsehen gesehen?; **the week/year before ~**

vorletzte Woche/vorletztes Jahr ⑤*attr* (*most unlikely*) **she was the ~ person I expected to see** sie hätte ich am allerwenigsten erwartet; **the ~ thing I wanted was to make you unhappy** das Letzte, was ich wollte, war dich unglücklich zu machen ▸ **to have the ~ laugh** zuletzt lachen; (*show everybody*) es allen zeigen; **sth is on its ~ legs** (*fam*) etw macht es nicht mehr lange; **sb is on their ~ legs** (*fam: very tired*) jd ist fix und fertig; (*near to death*) jd macht es nicht mehr lange; **to be the ~ straw** das Fass [endgültig] zum Überlaufen bringen II. *adv* ①(*most recently*) das letzte Mal, zuletzt ②(*after the others*) als Letzte(r, s); **until ~** bis zuletzt ③(*lastly*) zuletzt, zum Schluss; **~, and most important ...** der letzte und wichtigste Punkt ...; **~ but not least** nicht zuletzt III. *n* <*pl* -> ①(*one after all the others*) ■ **the ~** der/die/das Letzte; **she was the ~ to arrive** sie kam als Letzte ②(*only one left*) ■ **the ~** der/die/das Letzte ③(*remainder*) ■ **the ~** der letzte Rest; **the ~ of the ice cream/strawberries** der letzte Rest Eis/Erdbeeren ④(*most recent, previous one*) ■ **the ~** der/die/das Letzte; **the ~ we heard from her, ...** als wir das letzte Mal von ihr hörten, ...; **that was the ~ we saw of her** seitdem haben wir sie nie wiedergesehen ⑤*usu sing* SPORTS (*last position*) letzte Position ⑥ BOXING ■ **the ~** die letzte Runde ⑦(*fam: end*) **you haven't heard the ~ of this!** das letzte Wort ist hier noch nicht gesprochen!; **to see the ~ of sth** (*fam*) etw nie wiedersehen müssen; **at ~** endlich; **to the ~** (*form: until the end*) bis zuletzt; (*utterly*) durch und durch

last² [lɑːst] I. *vi* ①(*go on for*) [an]dauern ②(*endure*) halten; *enthusiasm, intentions* anhalten; **it's the only battery we've got, so make it ~** wir habe nur diese eine Batterie – verwenden sie also sparsam; **you won't ~ long in this job if ...** du wirst diesen Job nicht lange behalten, wenn ...; **he wouldn't ~ five minutes in the army!** er würde keine fünf Minuten beim Militär überstehen! II. *vt supplies etc.* [aus]reichen; *car, machine* halten; **to ~** [sb] **a lifetime** ein Leben lang halten

last³ [lɑːst] *n* Leisten *m*

'last-ditch *adj attr* |aller|letzte(r, s)

last·ing ['lɑːstɪŋ] *adj* dauerhaft, andauernd; *impression* nachhaltig

last·ly ['lɑːstli] *adv* schließlich

last-'min·ute *adj* in letzter Minute *nach n*;

~ booking Last-Minute-Buchung *f* **'last name** *n* Nachname *m*, Familienname *m*

last 'year *adj pred* passé; **that is** *so* **~** das ist ja inzwischen wieder sowas von out

latch [lætʃ] I. *n* Riegel *m* II. *vi* ①*esp* BRIT (*fam: understand*) ■ **to ~ on** [to sth] [etw] kapieren ②(*fam: attach oneself to*) ■ **to ~ on to sb/sth** sich an jdn/etw hängen ③(*fam: take up*) ■ **to ~ on to sth** an etw *dat* Gefallen finden

'latch·key *n* Schlüssel *m*

late [leɪt] I. *adj* <-r, -st> ①(*behind time*) verspätet *attr*; ■ **to be ~** *bus, flight, train* Verspätung haben; *person* zu spät kommen, sich verspäten; **sorry I'm ~** tut mir leid, dass ich zu spät komme; ■ **to be ~ for sth** zu spät zu etw *dat* kommen ②(*in the day*) spät; **let's go home, it's getting ~** lass uns nach Hause gehen, es ist schon spät; **I've had too many ~ nights last month** ich bin letzten Monat zu oft zu spät ins Bett gekommen ③*attr* (*towards the end*) spät; **they won the game with a ~ goal** sie gewannen mit einem Tor kurz vor Spielende; **in the ~ afternoon/evening** spät am Nachmittag/Abend; **~ October** Ende Oktober; **~ summer/autumn** [*or* AM *also* **fall**] der Spätsommer/-herbst; **to be in one's ~ thirties/twenties** Ende dreißig/zwanzig sein ④*attr* (*deceased*) verstorben ⑤*attr* (*recent*) jüngste(r, s); (*last*) letzte(r, s); **some ~ news has just come in that ...** wir haben soeben eine aktuelle Meldung erhalten, dass ... II. *adv* <-r, -s> ①(*after the expected time*) spät; **the train arrived ~** der Zug hatte Verspätung; **sorry, I'm running a bit ~ today** tut mir leid, ich bin heute etwas spät dran; **can I stay up ~ tonight?** darf ich heute länger aufbleiben?; **Ann has to work ~ today** Ann muss heute Überstunden machen; **the letter arrived two days ~** der Brief ist zwei Tage zu spät angekommen ②(*at an advanced time*) **we talked ~ into the night** wir haben bis spät in die Nacht geredet; **~ in the afternoon/at night** am späten Nachmittag/Abend; **~ in the evening/night** spät am Abend/in der Nacht; **~ in the day** spät [am Tag]; **it's rather ~ in the day to do sth** (*fig*) ist schon beinahe zu spät um etw zu tun; **too ~ in the day** (*also fig*) zu spät; **~ in March/this month/this year** gegen Ende März/des Monats/des Jahres ③(*recently*) **as ~ as** noch; **of ~** in letzter Zeit

'late·com·er *n* Nachzügler(in) *m(f)*

late·ly ['leɪtli] *adv* ①(*recently*) kürzlich, in

letzter Zeit ❷ (*short time ago*) kürzlich, vor kurzer Zeit; **until ~** bis vor kurzem

late·ness ['leɪtnəs] *n no pl* Verspätung *f*

'late-night *adj attr* Spät-

la·tent ['leɪtᵊnt] *adj* ❶ (*hidden*) verborgen ❷ SCI latent

lat·er ['leɪtə^r] **I.** *adj comp of* **late** ❶ *attr* (*at future time*) date, time später; **an earlier and a ~ version of the same text** eine ältere und eine neuere Version desselben Texts ❷ *pred* (*less punctual*) später **II.** *adv comp of* **late** ❶ (*at later time*) später, anschließend; **no ~ than nine o'clock** nicht nach neun Uhr; **see you ~!** bis später!; **what are you doing ~ on this evening?** was machst du heute Abend noch? ❷ (*afterwards*) später, danach

lat·er·al ['lætᵊrᵊl] *adj esp attr* seitlich, Seiten-, Neben-; *thinking* unorthodox

lat·est ['leɪtɪst] **I.** *adj superl of* **late** (*most recent*) ■ **the ~ ...** der/die/das jüngste [*o* letzte] ...; **and now let's catch up with the ~ news** kommen wir nun zu den aktuellen Meldungen; **her ~ movie** ihr neuester Film **II.** *n* **have you heard the ~?** hast du schon das Neueste gehört?; (*most recent info*) **what's the ~ on that story?** wie lauten die neuesten Entwicklungen in dieser Geschichte? **III.** *adv* **at the [very] ~** bis [aller]spätestens

la·tex ['leɪteks] *n no pl* Latex *m*

lath [læθ] *n* Latte *f*; (*thin strip of wood*) Leiste *f*

lathe [leɪð] *n* Drehbank *f*

'lathe op·era·tor *n* Dreher(in) *m(f)*

lath·er ['læðə^r] **I.** *n no pl* ❶ (*soap bubbles*) [Seifen]schaum *m* ❷ (*sweat*) Schweiß *m*; (*on horses*) Schaum *m* **II.** *vi* schäumen **III.** *vt* einseifen

Lat·in ['lætɪn] **I.** *n no pl* Latein *nt* **II.** *adj* ❶ LING lateinisch ❷ (*of Latin origin*) Latein-; **~ alphabet** lateinisches Alphabet

La·ti·no [ləˈtiːnoʊ] *n* AM Latino *m*

lat·ish ['leɪtɪʃ] **I.** *adj* ziemlich spät **II.** *adv* etwas spät

lati·tude ['lætɪtjuːd] *n* Breite *f*, Breitengrad *m*

la·trine [ləˈtriːn] *n* Latrine *f*

lat·ter ['lætə^r] **I.** *adj attr* ❶ (*second of two*) zweite(r, s) ❷ (*near the end*) spätere(r, s); **in the ~ part of the year** in der zweiten Jahreshälfte **II.** *pron* ■ **the ~** der/die/das Letztere

lat·ter·ly ['lætəli] *adv* in letzter Zeit, neuerdings

lat·tice ['lætɪs] *n* Gitter[werk] *nt*

Lat·via ['lætviə] *n* Lettland *nt*

Lat·vian ['lætviən] **I.** *n* ❶ (*person*) Lette *m*/Lettin *f* ❷ (*language*) Lettisch *nt kein pl* **II.** *adj* lettisch

laud·able ['lɔːdəbl] *adj* (*form*) lobenswert

lau·da·num ['lɔːdᵊnəm] *n no pl* Laudanum *nt*

lauda·tory ['lɔːdətᵊri] *adj* (*form*) Lob-, lobend

laugh [lɑːf] **I.** *n* ❶ (*sound*) Lachen *nt kein pl* ❷ (*fam: amusing activity*) Spaß *m*; **she's a good ~** sie bringt Stimmung in die Bude *fam*; **to do sth for a ~** etw [nur] aus Spaß tun **II.** *vi* lachen; **to make sb ~** jdn zum Lachen bringen; (*fam*) **his threats make me ~** über seine Drohungen kann ich [doch] nur lachen; ■ **to ~ at sb/sth** über jdn/etw lachen; (*fam: scorn*) sich über jdn/etw lustig machen; (*find ridiculous*) jdn/etw auslachen ▶ **to ~ in sb's face** jdn auslachen; **to ~ one's head off** (*fam*) sich totlachen; **no ~ing matter** nicht zum Lachen; **he who ~s last ~s longest** [*or* AM **best**] (*prov*) wer zuletzt lacht, lacht am besten ◆ **laugh off** *vt* mit einem Lachen abtun

laugh·able ['lɑːfəbl] *adj* lächerlich *pej*, lachhaft *pej*

laugh·ing gas ['lɑːfɪŋ-] *n no pl* Lachgas *nt*

'laugh·ing stock *n* ■ **to be a ~** die Zielscheibe des Spotts sein; **to make oneself a ~** sich lächerlich machen

laugh·ter ['lɑːftə^r] *n no pl* Gelächter *nt*, Lachen *nt*

launch [lɔːn(t)ʃ] **I.** *n* ❶ (*introductory event*) Präsentation *f* ❷ (*boat*) Barkasse *f* ❸ (*of boat*) Stapellauf *m*; (*of rocket, spacecraft*) Start *m* **II.** *vt* ❶ (*send out*) *boat* zu Wasser lassen; *ship* vom Stapel lassen; *balloon* steigen lassen; *missile, torpedo* abschießen; *rocket, spacecraft* starten; *satellite* in den Weltraum schießen ❷ (*begin*) *campaign, show* starten; *inquiry, investigation* anstellen; **to ~ an attack** zum Angriff übergehen; **to ~ an invasion** [in ein Land] einfallen ❸ (*hurl*) ■ **to ~ oneself at sb** sich auf jdn stürzen ◆ **launch into** *vi* ■ **to ~ into sth** sich [begeistert] in etw *akk* stürzen; **to ~ into a verbal attack** eine Schimpfkanonade loslassen ◆ **launch out** *vi* anfangen, beginnen

'launch·ing *n see* **launch I**

'launch·ing pad *n*, **'launch pad** *n* ❶ (*starting area*) Abschussrampe *f* ❷ (*starting point*) Ausgangspunkt *m*

laun·der ['lɔːndə^r] **I.** *vt* ❶ (*wash*) waschen [und bügeln] ❷ (*disguise origin*) weiß-

waschen *fam;* **to ~ money** Geld waschen *sl* II. *vi* (*form*) sich waschen lassen
laun·d(e)rette [ˌlɔːndərˈet] *n,* **laun·dro·mat**® [ˈlɔːndroʊmæt] *n* AM, AUS Waschsalon *m*
laun·dry [ˈlɔːndri] *n* ❶ *no pl* (*dirty clothes*) Schmutzwäsche *f;* **to do the ~** Wäsche waschen ❷ *no pl* (*washed clothes*) frische Wäsche ❸ (*place*) Wäscherei *f*
ˈ**laun·dry bas·ket** *n,* AM *also* ˈ**laun·dry ham·per** *n* Wäschekorb *m* ˈ**laun·dry ser·vice** *n* ❶ (*facility*) Wäscheservice *m* ❷ (*business*) Wäscherei *f*
lau·reate [ˈlɔːriət] *n* Preisträger(in) *m(f)*
lau·rel [ˈlɒrəl] *n* ❶ (*tree*) Lorbeer[baum] *m* ❷ *pl* (*fig*) ▪ **~s** Lorbeeren *pl* ▶ **to rest on one's ~s** sich auf seinen Lorbeeren ausruhen
lava [ˈlɑːvə] *n* *no pl* Lava *f;* (*cooled also*) Lavagestein *nt*
lava·tory [ˈlævətəri] *n* *usu* BRIT Toilette *f*
ˈ**lava·tory seat** *n* *esp* BRIT Toilettensitz *m*
lav·en·der [ˈlævəndər] I. *n* *no pl* (*plant, colour*) Lavendel *m* II. *adj* lavendelfarben
lav·ish [ˈlævɪʃ] I. *adj* ❶ (*sumptuous*) *meal* üppig; *banquet, reception* aufwendig ❷ (*generous*) großzügig; *praise* überschwänglich; *promises* großartig; **to be ~ with one's praise** nicht mit Lob geizen II. *vt* ▪ **to ~ sth on sb** jdn mit etw *dat* überhäufen; **to ~ much effort on sth** viel Mühe in etw *akk* stecken
lav·ish·ly [ˈlævɪʃli] *adv* ❶ (*sumptuously*) üppig, prächtig; **~ furnished** luxuriös eingerichtet ❷ (*generously*) großzügig
law [lɔː] *n* ❶ (*rule*) Gesetz *nt;* **there is a ~ against driving on the wrong side of the road** es ist verboten, auf der falschen Straßenseite zu fahren ❷ *no pl* (*legal system*) Recht *nt;* **to be against the ~** illegal sein; **to be above the ~** über dem Gesetz stehen; **to break/obey the ~** das Gesetz brechen/befolgen ❸ (*scientific principle*) [Natur]gesetz *nt* ❹ *no pl* (*at university*) Jura *kein art* ▶ **the ~ of the** jungle das Gesetz des Stärkeren; **sb** is **a ~ unto oneself** jd lebt nach seinen eigenen Gesetzen
ˈ**law-abid·ing** *adj* gesetzestreu ˈ**law·break·er** *n* Gesetzesbrecher(in) *m(f)* ˈ**law court** *n* Gericht *nt* ˈ**law en·force·ment** *n* *no pl* *esp* AM Gesetzesvollzug *m;* **in most countries ~ is in the hands of the police** in den meisten Ländern ist es Aufgabe der Polizei, für die Einhaltung der Gesetze zu sorgen
law·ful [ˈlɔːfəl] *adj* (*form*) gesetzlich; *heir, owner* gesetzmäßig

law·ful·ly [ˈlɔːfəli] *adv* (*form*) rechtmäßig
ˈ**law·giv·er** *n* Gesetzgeber *m*
law·less [ˈlɔːləs] *adj* ❶ (*without laws*) gesetzlos ❷ (*illegal*) gesetzwidrig
ˈ**law·mak·er** *n* Gesetzgeber *m*
lawn¹ [lɔːn] *n* Rasen *m*
lawn² [lɔːn] *n* *no pl* (*cotton*) Batist *m;* (*linen*) Linon *m*
ˈ**lawn·mow·er** *n* Rasenmäher *m* **lawn** ˈ**ten·nis** *n* *no pl* (*form*) Rasentennis *nt*
ˈ**law school** *n* *esp* AM juristische [*o* ÖSTERR juridische] Fakultät ˈ**law stu·dent** *n* Jurastudent(in) *m(f),* Jusstudent(in) *m(f)* ÖSTERR, SCHWEIZ ˈ**law·suit** *n* Klage *f,* Prozess *m*
law·yer [ˈlɔɪər] *n* ❶ (*attorney*) Rechtsanwalt *m*/Rechtsanwältin *f* ❷ BRIT (*fam: student*) Jurastudent(in) *m(f),* Jusstudent(in) *m(f)* ÖSTERR, SCHWEIZ
lax [læks] *adj* ❶ (*lacking care*) lax *oft pej; discipline, security* mangelnd; ▪ **to be ~ in doing sth** lax bei etw *dat* lax sein *oft pej* ❷ (*lenient*) locker
laxa·tive [ˈlæksətɪv] I. *n* Abführmittel *nt* II. *adj attr* abführend
lax·ity [ˈlæksəti] *n* *no pl* Laxheit *f*
lay¹ [leɪ] *adj attr* ❶ (*not professional*) laienhaft ❷ (*not clergy*) weltlich, Laien-
lay² [leɪ] *pt of* **lie**
lay³ [leɪ] I. *n* ❶ (*general appearance*) Lage *f* ❷ (*layer*) Lage *f* ❸ (*fam!: sexual intercourse*) **to be a good ~** gut im Bett sein *fam* II. *vt* <laid, laid> ❶ (*spread*) legen (**on** auf), breiten (**over** über) ❷ (*place*) legen; **to ~ the blame on sb** jdn für etw *akk* verantwortlich machen ❸ (*put down*) verlegen; **to ~ the foundations of a building** das Fundament für ein Gebäude legen; **to ~ the foundations for sth** (*fig*) das Fundament zu etw *dat* legen ❹ (*prepare*) herrichten; *bomb, fire* legen; *the table* decken; *plans* schmieden ❺ (*render*) **to ~ sth bare** etw offenlegen; **to ~ sb bare** jdn bloßstellen; **to ~ sb/sth open to an attack/to criticism** jdn/etw einem Angriff/der Kritik aussetzen; **to ~ waste to the land** das Land verwüsten ❻ (*deposit*) **to ~ an egg** ein Ei legen ❼ (*wager*) setzen; **to ~ a bet on sth** auf etw *akk* wetten ❽ (*present*) ▪ **to ~ sth before sb** jdm etw vorlegen ❾ (*assert*) **to ~ a charge against sb** gegen jdn Anklage erheben; **to ~ claim to sth** auf etw *akk* Anspruch erheben ❿ CARDS legen ⓫ *usu passive* (*vulg: have sexual intercourse*) ▪ **to ~ sb** jdn umlegen *sl;* **to get laid** flachgelegt werden *sl* ▶ **to ~ sth at sb's** door *esp* BRIT, AUS jdn für etw *akk* ver-

antwortlich machen; **to ~ hands on sb** Hand an jdn legen; **to ~ sth to rest** *fears, suspicions* etw beschwichtigen; **to ~ it on [a bit thick]** etw zu dick auftragen *fam* **III.** *vi* <laid, laid> *hen* [Eier] legen ◆**lay about** *vi* ❶ (*strike out wildly*) ■**to ~ about oneself** wild um sich schlagen ❷ (*be indiscriminately critical*) zu einem Rundumschlag ausholen ◆**lay aside** *vt* ❶ (*put away*) beiseitelegen ❷ (*stop*) *project, work* auf Eis legen *fam* ❸ (*forget*) *differences* beilegen ❹ (*save*) beiseitelegen ❺ (*reserve for future use*) zurückbehalten ◆**lay back** *vt* zurücklegen; **to ~ back one's ears** *animal* die Ohren anlegen ◆**lay by** *vt* ❶ (*save up*) beiseitelegen ❷ AM (*grow a last crop on*) **to ~ by a field** ein Feld ein letztes Mal bestellen ◆**lay down** *vt* ❶ (*place on a surface*) hinlegen (**on** auf) ❷ (*relinquish*) *weapons* niederlegen ❸ (*decide on*) festlegen; (*establish*) aufstellen ▶**to ~ down the law** [**about sth**] (*fam*) [über etw *akk*] Vorschriften machen; **to ~ down one's life for sb/sth** sein Leben für jdn/etw geben ◆**lay into** *vi* ❶ (*fam: assault*) angreifen; (*shout at, criticize*) zur Schnecke machen ❷ (*eat heartily*) ■**to ~ into sth** etw verschlingen ◆**lay off I.** *vt* ■**to ~ off** ○ **sb** jdm kündigen **II.** *vi* aufhören; **just ~ off a bit, ok?** gib mal ein bisschen Ruhe, okay? *fam;* **to ~ off smoking** das Rauchen aufgeben ◆**lay on** *vt* ❶ (*make available*) ■**to ~ on** ○ **sb** für etw *akk* sorgen ❷ (*install*) *electricity* anschließen ❸ AM (*sl: berate*) **to ~ it on sb** jdn zur Schnecke machen *fam* ❹ (*fam: impose*) ■**to ~ sth on sb** jdm etw aufbürden ◆**lay out** *vt* ❶ (*arrange*) planen; *campaign* organisieren ❷ (*spread out*) *map* ausbreiten (**on** auf) ❸ *usu passive* (*design*) ■**to be laid out** angeordnet sein; *garden* angelegt sein ❹ (*prepare for burial*) aufbahren ❺ AM (*explain*) ■**to ~ sth out** [**for sb**] [jdm] etw erklären ◆**lay up** *vt usu passive* (*fam*) **to be laid up** [**in bed**] **with flu** mit einer Grippe im Bett liegen

ˈlay·about *n* (*pej fam*) Faulenzer(in) *m(f)*
ˈlay-by *n* ❶ BRIT (*on road*) Rastplatz *m* ❷ *no pl* AUS (*form of purchasing*) Ratenkauf *m* ❸ AUS (*purchased item*) angezahlter Gegenstand
lay·er [ˈleɪəʳ] **I.** *n* ❶ (*of substance*) Schicht *f*; ■**~s** *pl* (*in hair*) Stufen *pl* ❷ (*level*) *of bureaucracy* Stufe *f*; (*in an organization*) administrative Ebene *f* **II.** *vt* ■**to ~ sth** [**with sth**] etw [abwechselnd mit etw *dat*] in Schichten anordnen

lay·ered [ˈleɪəd] *adj* Schicht-
ˈlay·man *n* ❶ (*non-specialist*) Laie *m* ❷ (*sb not ordained*) Laienbruder *m*
ˈlay-off *n* (*from work*) *temporary* vorübergehende Entlassung; *permanent* Entlassung *f*
ˈlay·out *n* ❶ (*plan*) *of building* Raumaufteilung *f*; *of road, town* Plan *m* ❷ (*of written material*) Layout *nt* ❸ *no pl* (*arrangement*) Anordnen *nt*
ˈlay·over *n* AM (*stopover*) Aufenthalt *m;* (*of plane*) Zwischenlandung *f*
ˈlay·wom·an *n* Laiin *f*
laze [leɪz] *vi* faulenzen
lazi·ness [ˈleɪzɪnəs] *n no pl* Faulheit *f*
lazy [ˈleɪzi] *adj* ❶ (*pej: unwilling to work*) faul; (*lacking pep*) träge ❷ (*relaxed*) müßig *geh;* **I had a wonderful ~ weekend** ich hatte ein herrliches, erholsames Wochenende
ˈlazy·bones <*pl* -> *n* (*pej fam*) Faulpelz *m pej fam*
lb <*pl* - *or* -s> *n abbrev of* **pound** Pfd.
LCD [ˌelsiːˈdiː] *n abbrev of* **liquid crystal display** LCD *nt*
LDR [eldiːˈɑːʳ] *n* (*fam*) *abbrev of* **long-distance relationship** Fernbeziehung *f*
lead[1] [led] *n no pl* (*metal*) Blei *nt;* **to contain ~** bleihaltig sein ❷ (*pencil filling*) Mine *f* ❸ *no pl* (*graphite*) Graphit *m*
lead[2] [liːd] **I.** *n* ❶ THEAT, FILM Hauptrolle *f* ❷ (*clue*) Hinweis *m* ❸ (*connecting wire*) Kabel *nt;* [**battery**] **charger ~** Ladekabel *nt* ❹ BRIT, AUS (*rope for pet*) Leine *f;* ■**to be on a ~** angeleint sein ❺ *no pl* (*front position*) Führung *f;* ■**to be in the ~** führend sein; SPORTS in Führung liegen ❻ *usu sing* (*guiding, example*) Beispiel *nt* ❼ (*position in advance*) Vorsprung *m* ❽ *usu sing* (*guiding in dance*) Führung *f kein pl;* **to follow sb's ~** sich von jdm führen lassen **II.** *vt* <led, led> ❶ (*be in charge of*) führen; *discussion, inquiry* leiten ❷ (*guide*) führen; **to ~ sb astray** jdn auf Abwege führen ❸ (*go in advance*) **to ~ the way** vorangehen; **to ~ the way in sth** bei etw *dat* an der Spitze stehen ❹ (*cause to have*) **to ~ sb** [**in**|**to**] **problems** jdn in Schwierigkeiten bringen ❺ (*pej: cause to do*) ■**to ~ sb to do sth** jdn dazu verleiten, etw zu tun; **to ~ sb to believe that ...** jdn glauben lassen, dass ... ❻ ECON, SPORTS (*be ahead of*) anführen ❼ (*spend*) **to ~ a hectic/quiet life** ein hektisches/ruhiges Leben führen ▶**to ~ sb up the garden path** (*fam*) jdn an der Nase herumführen **III.** *vi* <led, led> ❶ (*be in charge*) die Leitung in-

nehaben ❷ (be guide) vorangehen; **to ~ from the front** den Ton angeben ❸ (guide woman dancer) führen ❹ (be directed towards) führen ❺ (implicate) ■**to ~ to sth** auf etw akk hinweisen ❻ (cause to develop, happen) ■**to ~ to sth** zu etw dat führen ❼ (be in the lead) führen; SPORTS in Führung liegen ◆**lead astray** vt auf Abwege führen ◆**lead away** vt wegbringen; **he was led away by the police** er wurde von der Polizei abgeführt ◆**lead off** I. vt ❶ (initiate) ■**to ~ off** ⟳ **sth** eröffnen ❷ (take away) wegführen ❸ (go off) ■**to ~ off sth** von etw dat wegführen II. vi (perform first) beginnen ◆**lead on** I. vi vorangehen; (in a car) voranfahren II. vt (pej) ■**to ~ sb on** ❶ (deceive) jdm etw vormachen ❷ (raise false hopes, sexually) jdm zum Spaß den Kopf verdrehen ❸ (encourage to do bad things) jdn anstiften ◆**lead up** vi ❶ (slowly introduce) hinführen (**to** zu); **what's this all ~ing up to?** was soll das Ganze? ❷ (precede) ■**to ~ up to sth** etw dat vorangehen

lead·ed ['lɛdɪd] I. adj ❶ (of fuel) verbleit ❷ (of windows) bleiverglast II. n no pl verbleites Benzin

lead·en ['lɛdən] adj ❶ (of colour) bleiern ❷ (heavy) bleischwer; facial expression starr

lead·er ['liːdəʳ] n ❶ (head) Führer(in) m(f) ❷ (first in competition) Erste(r) f(m) ❸ (most successful) Führende(r) f(m) ❹ BRIT MUS (of orchestra) erster Geiger/ erste Geigerin ❺ AM MUS (conductor) Dirigent(in) m(f) ❻ BRIT (editorial) Leitartikel m

lead·er·ship ['liːdəʃɪp] n no pl ❶ (action of leading) Führung f ❷ (position) Führung f, Führerschaft f ❸ + sing/pl vb (people in charge) ■**the ~** die Leitung

lead-free ['lɛd-] adj bleifrei

lead gui·tar [liːdgɪˈtɑːʳ] n ❶ (guitar) Leadgitarre f ❷ (guitar player) Leadgitarrist(in) m(f)

lead·ing¹ ['liːdɪŋ] I. adj attr führend II. n no pl (guidance) Führung f

lead·ing² ['lɛdɪŋ] n no pl BRIT ❶ (of roof) Verbleiung f ❷ (of windows) Bleifassung f

lead·ing 'ar·ti·cle n BRIT Leitartikel m **lead·ing 'edge** n ❶ (of wing/blade) Flügelvorderkante f ❷ no pl (of development) ■**to be at the ~** [**of sth**] auf dem neuestem Stand [einer S. gen] sein **lead·ing 'lady** n Hauptdarstellerin f **lead·ing 'light** n (fam) führende Persönlichkeit **lead·ing 'man** n Hauptdarsteller m **lead·ing 'ques·tion** n Suggestivfrage f

lead pen·cil [lɛd'-] n Bleistift m **'lead-poi·son·ing** n no pl Bleivergiftung f

lead sing·er [liːd'-] n Leadsänger(in) m(f) **lead 'sto·ry** n Aufmacher m **'lead time** n (in production) Vorlaufzeit f; (for completion) Realisierungszeit f

leaf [liːf] I. n <pl leaves> [liːf, pl liːvz] ❶ (part of plant) Blatt nt; **dead ~** verwelktes Blatt ❷ no pl (complete foliage) Laub nt ▶ **to shake like a ~** wie Espenlaub zittern II. vi [liːf] (of book, periodical) ■**to ~ through sth** etw durchblättern

leaf·less ['liːfləs] adj kahl **leaf·let** ['liːflət] I. n (for advertising) Prospekt m o ÖSTERR a. nt; (for instructions) Merkblatt nt; (for political use) Flugblatt nt; (brochure) Broschüre f II. vi (in street) auf der Straße Prospekte/Flugblätter/Broschüren verteilen; (by mail) per Post Werbematerial/ Broschüren verschicken III. vt <-t-> Handzettel verteilen; (by mail) Handzettel irgendwohin verschicken; (for advertising) Werbematerial verteilen; (for political use) Flugblätter verteilen; (for instruction) Merkblätter verteilen

leafy ['liːfi] adj ❶ (of place) belaubt ❷ HORT Blatt-, blattartig

league [liːg] n ❶ (group) Bund m ❷ (esp pej: agreement to cooperate) ■**to be in ~ with sb** mit jdm gemeinsame Sache machen ❸ (in competitive sport) Liga f; **to be bottom/top of the ~** den Tabellenschluss bilden/Tabellenführer sein ❹ (class) Klasse f

leak [liːk] I. n Leck nt; **a gas ~** eine undichte Stelle in der Gasleitung II. vi (of container, surface) undicht sein; boat, ship lecken; tap tropfen; tire Luft verlieren; pen klecksen III. vt ■**to ~ sth** ❶ (of container, surface) verlieren; gas, liquid austreten lassen ❷ (fig) confidential information durchsickern lassen

leak·age ['liːkɪdʒ] n ❶ no pl (leaking) of gas Ausströmen nt; of liquid Auslaufen nt; of water Versickern nt ❷ (leak) Leck nt; (in pipe) undichte Stelle ❸ no pl (fig: of secret information) Durchsickern nt

leaky ['liːki] adj leck

lean¹ [liːn] I. adj ❶ animal mager; person schlank ❷ meat mager ❸ (of period of time) mager ❹ (of organization) schlank; (efficient) effizient II. n no pl mageres Fleisch

lean² [liːn] I. vi <leant or AM usu leaned, leant or AM usu leaned> ❶ (incline) sich beugen; (prop) sich lehnen; ■**to ~ against sth** sich an [o gegen] etw akk lehnen; ■**to**

~ **forward** sich nach vorne lehnen; ■ **to ~ on sb/sth** sich an jdn/etw [an]lehnen; **to ~ out of a window** sich aus einem Fenster [hinaus]lehnen ❷ (*have opinion*) neigen; **I ~ towards the view that ...** ich neige zur Ansicht, dass ... **II.** *vt* <leant *or* AM *usu* leaned, leant *or* AM *usu* leaned> lehnen (**against** an, **on** auf) ◆ **lean on** *vi* ❶ (*pressurize*) ■ **to ~ on sb** jdn unter Druck setzen ❷ (*rely*) ■ **to ~ on sb/sth** sich auf jdn/etw verlassen ◆ **lean over** *vi* ■ **to ~ over sb/sth** sich über jdn/etw beugen

lean·ing ['li:nɪŋ] *n esp pl* Neigung *f geh* (**for/towards** zu)

leant [lent] *vt, vi pt, pp of* **lean**

'lean-to *n* ❶ (*building extension*) Anbau *m* ❷ AM, AUS (*camping shelter*) Schuppen *m* (*mit Pultdach*)

leap [li:p] **I.** *n* ❶ (*jump*) Sprung *m;* (*bigger*) Satz *m* ❷ (*increase*) Sprung *m* (**in** bei) ❸ (*change*) **a ~ of faith/imagination** ein Sinneswandel *m*/Gedankensprung *m* **II.** *vi* <leapt *or* AM *esp* leaped, leapt *or* AM *esp* leaped> ❶ (*jump*) springen; ■ **to ~ forward** nach vorne springen; ■ **to ~ on sb/sth** sich auf jdn/etw stürzen ❷ (*rush*) **to ~ to sb's defence** zu jds Verteidigung eilen ❸ (*be enthusiastic*) **to ~ at the chance to do sth** die Chance ergreifen, etw zu tun; **to ~ with joy** vor Freude einen Luftsprung machen **III.** *vt* <leapt *or* AM *usu* leaped, leapt *or* AM *usu* leaped> ■ **to ~ sth** über etw *akk* springen; (*get over in a jump*) etw überspringen ◆ **leap out** *vi* ❶ (*jump out*) herausspringen (**out of** aus); (*from behind sth*) hervorspringen; ■ **to ~ out at sb** sich auf jdn stürzen ❷ (*grab attention*) ■ **to ~ out at sb** jdm ins Auge springen ◆ **leap up** *vi* ❶ (*jump up*) aufspringen ❷ (*increase*) in die Höhe schießen

'leap·frog I. *n no pl* Bockspringen *nt* **II.** *vt* <-gg-> ■ **to ~ sb/sth** ❶ (*vault*) über jdn/etw einen Bocksprung machen ❷ (*go around*) jdn/etw umgehen; (*skip*) jdn/etw überspringen **III.** *vi* <-gg-> ❶ (*vault*) ■ **to ~ over sb/sth** über jdn/etw einen Bocksprung machen ❷ (*jump over*) ■ **to ~ somewhere** irgendwohin springen

leapt [lept] *vt, vi pt, pp of* **leap**

'leap year *n* Schaltjahr *nt*

learn [lɜːn] **I.** *vt* <learnt *or* AM *usu* learned, learnt *or* AM *usu* learned> (*acquire knowledge, skill*) lernen ▶ **to ~ sth by heart** etw auswendig lernen **II.** *vi* <learnt *or* AM *usu* learned, learnt *or* AM *usu* learned> ❶ (*master*) lernen (**about** über); **to ~ by experience/one's mistakes** aus Erfahrung/seinen Fehlern lernen ❷ (*become aware of*) ■ **to ~ about sth** von etw *dat* erfahren

learned¹ ['lɜːnd] *adj* angelernt

learned² ['lɜːnɪd] *adj* (*form*) gelehrt; **my ~ friend** BRIT LAW mein geschätzter Herr Kollege/meine geschätzte Frau Kollegin

learn·er ['lɜːnə'] *n* ❶ (*one who's learning, training*) Lernende(r) *f(m);* (*beginner*) Anfänger(in) *m(f);* (*pupil*) Schüler(in) *m(f);* **advanced ~s** Fortgeschrittene *pl;* **to be a quick ~** schnell lernen ❷ BRIT (*learner driver*) Fahrschüler(in) *m(f)*

learn·ing ['lɜːnɪŋ] *n no pl* ❶ (*acquisition of knowledge*) Lernen *nt* ❷ (*education*) Bildung *f;* (*extensive knowledge*) Gelehrsamkeit *f*

'learn·ing dis·abil·ity *n* Lernstörung *f;* (*more severe*) Lernbehinderung *f*

learnt [lɜːnt] *vt, vi pt, pp of* **learn**

lease [liːs] **I.** *vt* ❶ (*let on long-term basis*) *house, vehicle* vermieten (**to** an); *land, property* verpachten ❷ (*rent long-term*) *flat, house* mieten; *land, property* pachten; *vehicle* leasen **II.** *n of flat, house* Mietvertrag *m; of land, property* Pachtvertrag *m; of vehicle* Leasingvertrag *m*

'lease·hold *n* ❶ *no pl* (*having property*) Pachtbesitz *m* ❷ (*leased property*) Pachtgrundstück *nt* **'lease·hold·er** *n of land* Pächter(in) *m(f); of flat, house* Mieter(in) *m(f); of vehicle* Leasingnehmer(in) *m(f)*

leash [liːʃ] **I.** *n* ❶ (*lead*) Leine *f;* **pets must be on a ~** Haustiere müssen angeleint sein ❷ (*restraint*) **on emotions, feelings** Zügel *m* **II.** *vt* ❶ *dog* anleinen ❷ (*restrain*) *emotions, feelings* zügeln

leas·ing ['liːsɪŋ] *n no pl* ❶ (*let on long-term basis*) *of land* Verpachten *nt; of flat, house* Vermieten *nt;* (*of cars*) Leasing *nt* ❷ (*rent long-term*) *of land* Pachten *nt; of flat, house* Mieten *nt; of cars* Leasen *nt*

'leas·ing com·pa·ny *n* Leasingfirma *f*

least [liːst] **I.** *adv* am wenigsten; **the ~ likely of the four to win** von den vier diejenige mit den geringsten Gewinnchancen; **the ~ little thing** die kleinste Kleinigkeit; **~ of all** am allerwenigsten; **no one believed her, ~ of all the police** niemand glaubte ihr, schon gar nicht die Polizei **II.** *adj det* ❶ (*tiniest amount*) geringste(r, s); **of all our trainees, she has the ~ ability** von all unseren Auszubildenden ist sie am unfähigsten; ■ **at ~** (*minimum*) mindestens, wenigstens; (*if nothing else*) wenigstens, zumindest ❷ BIOL Zwerg-

leath·er ['leðəʳ] *n* ❶ *no pl* (*material*) Leder *nt* ❷ (*for polishing*) Lederlappen *m*
'leath·er·ing *n* (*fam*) Prügel *pl*
'leath·er·neck *n* AM (*sl: US Marine*) Ledernacken *m fam*
leath·ery ['leðəri] *adj* ❶ (*tough, thick*) ledrig ❷ (*pej*) *meat, pastry* zäh ❸ *hands, skin* ledern
leave [liːv] **I.** *n no pl* ❶ (*vacation time*) Urlaub *m;* **maternity ~** Mutterschaftsurlaub *m;* **to be/go on ~** in Urlaub sein/gehen ❷ (*farewell*) Abschied *m* ❸ (*permission, consent*) Erlaubnis *f* ❹ (*departure*) Abreise *f* **II.** *vt* <left, left> ❶ (*depart from*) *place* verlassen ❷ (*go away permanently*) **to ~ home** von zu Hause weggehen; *one's husband/wife* verlassen; *job* aufgeben; **to ~ school/university** die Schule/Universität beenden; **to ~ work** aufhören zu arbeiten ❸ (*not take away with*) [zurück]lassen (**with** bei); *message, note* hinterlassen ❹ (*forget to take*) vergessen ❺ (*let traces remain*) *footprints, stains* hinterlassen ❻ (*cause to remain*) **five from twelve ~s seven** zwölf weniger fünf macht sieben ❼ (*cause to remain in a certain state*) **to ~ sb alone** jdn alleine lassen; **to ~ sb better/worse off** jdn in einer besseren/schlechteren Situation zurücklassen; **to ~ sth on/open** etw eingeschaltet/offen lassen ❽ (*not change*) lassen ❾ (*not eat*) übrig lassen ❿ (*bequeath*) hinterlassen ⓫ (*be survived by*) *wife, children* hinterlassen ⓬ (*put off doing*) lassen; **don't ~ it too late!** schieb es nicht zu lange auf! ⓭ (*not discuss further*) *question, subject* lassen; **let's ~ it at that** lassen wir es dabei bewenden ⓮ (*assign*) ■ **to ~ sth to sb** *decision* jdm etw überlassen ▶ **to ~ nothing/sth to chance** nichts/etw dem Zufall überlassen; **to ~ sb to their own devices** jdn sich *dat* selbst überlassen; **to ~ a lot to be desired** viel zu wünschen übriglassen; **to ~ sb alone** (*not disturb*) jdn in Ruhe lassen; **~ well [enough] alone!** lass die Finger davon! **III.** *vi* <left, left> [weg]gehen; *vehicle, train, ferry* abfahren; *plane* abfliegen ◆ **leave behind** *vt* ❶ (*not take along*) zurücklassen ❷ (*leave traces*) hinterlassen ❸ (*no longer participate in*) hinter sich *dat* lassen ◆ **leave off I.** *vt* ❶ (*omit*) auslassen; **to leave sb/sb's name off a list** jdn/jds Namen nicht in eine Liste aufnehmen ❷ (*not put on*) **to ~ a lid off sth** keinen Deckel auf etw *akk* geben ❸ (*not wear*) **to ~ one's coat off** seinen Mantel nicht anziehen ❹ (*not turn on*) **to ~ the radio off** das Radio aus[gestellt] lassen **II.** *vi* (*fam*) aufhören; ■ **to ~ off sth** mit etw *dat* aufhören ◆ **leave out** *vt* ❶ (*omit*) auslassen; *chance, opportunity* verpassen; *facts, scenes* weglassen ❷ (*exclude*) ausschließen ◆ **leave over** *vt usu passive* ■ **to be left over [from sth]** [von etw *dat*] übrig geblieben sein
leave-in ['liːvɪn] *adj* **~ conditioner** Conditioner *m* ohne Ausspülen
leav·en ['levən] **I.** *vt usu passive* ❶ (*make rise*) *bread, dough* gehen lassen; **this dough is ~ed with yeast** dieser Teig enthält Hefe ❷ (*lighten*) ■ **to be ~ed by sth** mit etw *dat* aufgelockert werden **II.** *n no pl* ❶ (*rising agent*) Gärmittel *nt* ❷ (*dough*) Sauerteig *m* ❸ (*influence*) Auflockerung *f;* (*cheering up*) Aufheiterung *f*
leaves [liːvz] *n pl of* **leaf**
'leave-tak·ing *n no pl* Abschied *m*
leav·ing ['liːvɪŋ] *n no pl* (*departure*) Abreise *f*
'leav·ing par·ty *n* Abschiedsparty *f*
Leba·nese [ˌlebə'niːz] **I.** *n* <*pl* -> Libanese *m*/Libanesin *f* **II.** *adj* libanesisch
Leba·non ['lebənən] *n* ■ **the ~** der Libanon
lech·er ['letʃəʳ] *n* (*pej*) Wüstling *m*
lech·er·ous ['letʃərəs] *adj* (*pej: interested in sex*) geil
lech·ery ['letʃəri] *n no pl* (*pej: interest in sex*) Geilheit *f;* (*desire*) Lüsternheit *f*
lec·tern ['lektən] *n* [Redner]pult *nt;* REL Lektionar *nt fachspr*
lec·ture ['lektʃəʳ] **I.** *n* ❶ (*formal speech*) Vortrag *m* (**on/about** über); UNIV Vorlesung *f* (**on** über) ❷ (*pej: criticism*) Standpauke *f fam* **II.** *vi* ❶ UNIV eine Vorlesung halten (**in/on** über); **he ~s in chemistry at London university** er ist Dozent für Chemie an der Universität London ❷ (*pej: criticize*) belehren (**about** über) **III.** *vt* ■ **to ~ sb on sth** ❶ (*give speech*) jdm über etw *akk* einen Vortrag halten; UNIV vor jdm über etw *akk* eine Vorlesung halten ❷ (*criticize*) jdm wegen einer S. eine Standpauke halten *fam;* (*advise*) jdm über etw *akk* einen Vortrag halten *fam*
'lec·ture notes *npl* Vorlesungsmitschrift *f*
lec·tur·er ['lektʃərəʳ] *n* ❶ (*speaker*) Redner(in) *m(f)* ❷ (*at university*) Dozent(in) *m(f);* (*without tenure*) Lehrbeauftragte(r) *f(m)*
'lec·ture room *n* UNIV Hörsaal *m* **'lec·ture thea·tre** *n* Hörsaal *m* **'lec·ture tour** *n* Vortragsreise *f*
led [led] *pt, pp of* **lead**

LED [ˌeliːˈdiː] n abbrev of **light-emitting diode** LED f, Leuchtdiode f

ledge [ledʒ] n Sims m o nt; (in rocks) Felsvorsprung m

ledg·er [ˈledʒəʳ] n ①FIN Hauptbuch nt ②(for angling) Angelleine f (mit festliegendem Köder)

lee [liː] n no pl Windschatten m; GEOG, NAUT Lee f o nt fachspr

leech <pl -es> [liːtʃ] I. n ①(worm) Blutegel m ②(clingy person) Klette f pej II. vi ■to ~ on sb/sth (rely on) von jdm/etw abhängen; (exploit) bei jdm/etw schmarotzen pej

leek [liːk] n Lauch m

leer [lɪəʳ] (pej) I. vi ■to ~ at sb jdm anzügliche Blicke zuwerfen II. n anzügliches Grinsen

lee·ward [ˈliːwəd] I. adj windgeschützt; GEOG, NAUT Lee- fachspr II. adv auf der windabgewandten Seite; GEOG, NAUT leewärts fachspr

lee·way [ˈliːweɪ] n no pl Spielraum m

left¹ [left] pt, pp of **leave**

left² [left] I. n ①no pl (direction) from ~ to right von links nach rechts; to approach from the ~ sich von links nähern ②(left turn) to make a ~ [nach] links abbiegen ③(street on the left) the first/second/third ~ die erste/zweite/dritte Straße links ④no pl (left side) ■the ~ die linke Seite; my sister is third from the ~ meine Schwester ist die Dritte von links; ■on/to the ~ links; ■on/to sb's ~ zu jds Linken, links von jdm ⑤SPORTS linke [Spielfeld]seite ⑥no pl (political grouping) ■the ~ die Linke II. adj ①(position, direction) linke(r, s) ②(political direction) linke(r, s), linksgerichtet III. adv (direction) nach links; (side) links; to keep/turn ~ sich links halten/links abbiegen ▸ ~, right and **centre** überall

left-hand adj attr ①(on sb's left side) linke(r, s) ②SPORTS ~ **catch/volley** mit links gefangener Ball/ausgeführter Volley ③(in road) ~ **bend** Linkskurve f **left-ˈhand·ed** adj ①(of person) linkshändig; she is ~ sie ist Linkshänderin ②attr (for left hand use) Linkshänder- ③(turning to left) racetrack linksläufig; screw linksdrehend; BIOL linksgedreht ④(fig: of emotions) pervers; (sadistic) sadistisch **left-ˈhand·er** n ①(person) Linkshänder(in) m(f) ②(curve in road) Linkskurve f ③(hit) Schlag m mit der Linken; SPORTS Linke f

left·ist [ˈleftɪst] (also pej) I. adj (in politics) linke(r, s) II. n (in politics) Linke(r) f(m)

left-ˈlug·gage n, **left-ˈlug·gage of·fice** n BRIT Gepäckaufbewahrung f

ˈleft·overs npl ①(food) Reste pl ②(parts remaining) Überreste pl

left ˈwing n + sing/pl vb ■the ~ ①(in politics) die Linke; **the ~ of the party** der linke Parteiflügel ②MIL, SPORTS der linke Flügel **left-ˈwing** adj linksgerichtet **left-ˈwing·er** n Linke(r) f(m)

leg [leg] I. n ①(limb) Bein nt ②(meat) Keule f, Schlegel m SÜDD, ÖSTERR ③(clothing part) [Hosen]bein nt ④(support) Bein nt; **chair/table** ~ Stuhl-/Tischbein nt ⑤(segment) Etappe f; (round) Runde f ⑥AM (fam) **to have ~s** (remain popular) langfristig halten; (succeed) klappen ▸ **to be on one's last ~s** dem letzten Loch pfeifen fam; **break a ~!** Hals- und Beinbruch!; **to give sb a ~ up** (fam: help to climb) jdm hinaufhelfen; (help sb) jdm unter die Arme greifen fam; **to have a ~ up on sb** AM jdm gegenüber einen Vorteil haben; **to pull sb's ~** jdn aufziehen fam II. vt <-gg-> **we are late, we really need to ~ it** wir sind spät dran, wir müssen uns wirklich beeilen

lega·cy [ˈlegəsi] n ①LAW Vermächtnis nt, Erbe nt a. fig ②(consequence) Auswirkung f

le·gal [ˈliːgəl] adj ①(permissible by law) legal ②(required by law) gesetzlich [vorgeschrieben] ③(according to the law) rechtmäßig ④(concerning the law) rechtlich; **to take ~ action against sb** rechtliche Schritte gegen jdn unternehmen; ~ **system** Rechtssystem nt ⑤(of courts) gerichtlich; (of lawyers) juristisch

le·gal ˈaid n no pl [unentgeltlicher] Rechtsbeistand

le·gal·ity [liːˈgæləti] n ①no pl (lawfulness) Gesetzmäßigkeit f ②(laws) ■**legalities** pl gesetzliche Bestimmungen

le·gali·za·tion [ˌliːgəlaɪˈzeɪʃən] n no pl Legalisierung f geh

le·gal·ize [ˈliːgəlaɪz] vt legalisieren geh

le·gal·ly [ˈliːgəli] adv ①(permissible by law) legal ②(required by law) ~ **obliged/required** gesetzlich verpflichtet/vorgeschrieben ③(according to the law) rechtmäßig ④(concerning the law) rechtlich

leg·ate [ˈlegət] n ①HIST (of Roman province) Legat m ②(clergy member) Legat m

le·ga·tion [lɪˈgeɪʃən] n ①(group) Gesandtschaft f ②no pl (sending of representative) Entsendung f geh ③(building) Gesandtschaftsgebäude nt

leg·end [ˈledʒənd] I. n ①(old story) Sage f;

(*about saint*) Legende *f* ❷ (*famous person*) Legende *f* ❸ (*on coin, diagram, map, picture*) Legende *f* II. *adj pred* ■ **to be ~** Legende sein

leg·end·ary ['ledʒəndªri] *adj* ❶ (*mythical*) sagenhaft; (*in legend*) legendär ❷ (*extremely famous*) legendär; ■ **to be ~ for sth** für etw *akk* berühmt sein

leg·er·de·main [ˌle(d)ʒədə'meɪn] *n no pl* ❶ (*of conjuring*) Kniff *m* ❷ (*pej: deception*) Schwindelei *f*

leg·gings ['legɪŋz] *npl* ❶ (*tight-fitting*) Leggings *pl* ❷ (*for protection*) Überhose *f*; (*for child*) Gamaschenhose *f*

leg·gy ['legi] *adj* ❶ (*of woman*) langbeinig, mit langen Beinen *nach n* ❷ (*of young animal, child*) staksig

leg·ible ['ledʒəbl] *adj* lesbar

le·gion ['liːdʒən] I. *n* ❶ + *sing vb* HIST Legion *f* ❷ + *sing vb* (*soldiers*) Armee *f*; **the [Foreign] L~** die Fremdenlegion ❸ (*a large number*) ■ **~s** *pl* Scharen *pl* II. *adj pred* (*form*) unzählig

le·gion·ary ['liːdʒənªri] I. *n* HIST Legionär *m* II. *adj* Legions-

le·gion·naire [ˌliːdʒə'neəʳ] *n* (*Roman soldier*) Legionär *m*; (*member of foreign legion*) [Fremden]legionär *m*; (*of American, British Legion*) Mitglied des amerikanischen/britischen Kriegsveteranenverbands des ersten Weltkriegs

Le·gion·'naires' dis·ease *n no pl* Legionärskrankheit *f*

leg·is·late ['ledʒɪsleɪt] I. *vi* ein Gesetz erlassen (**against** gegen) II. *vt* gesetzlich regeln

leg·is·la·tion [ˌledʒɪ'sleɪʃªn] *n no pl* ❶ (*laws*) Gesetze *pl*; **a piece of ~** (*law*) ein Gesetz *nt*; (*proposed law*) ein Gesetzentwurf *m* ❷ (*law-making*) Gesetzgebung *f*

leg·is·la·tive ['ledʒɪslətɪv] *adj esp attr* gesetzgebend

leg·is·la·tor ['ledʒɪsleɪtəʳ] *n* Gesetzgeber *m*

leg·is·la·ture ['ledʒɪslətʃəʳ] *n* Legislative *f*; **member of the ~** Parlamentsmitglied *nt*

le·giti·ma·cy [lɪ'dʒɪtəməsi] *n no pl* ❶ (*rightness*) Rechtmäßigkeit *f* ❷ (*of birth*) Ehelichkeit *f*

le·giti·mate I. *adj* [lɪ'dʒɪtəmət] ❶ (*legal*) rechtmäßig ❷ (*reasonable*) *excuse, reason* gerechtfertigt; *complaint, grievance* begründet ❸ (*born in wedlock*) *child* ehelich II. *vt* [lɪ'dʒɪtəmeɪt] ❶ (*make legal*) für rechtsgültig erklären ❷ (*make acceptable*) anerkennen ❸ (*change status of birth*) *child* rechtlich anerkennen

le·giti·mate·ly [lɪ'dʒɪtəmətli] *adv* ❶ (*legally*) legal, rechtmäßig ❷ (*justifiably*) gerechtfertigterweise, zu Recht

le·giti·m[a·t]ize [lɪ'dʒɪtəm(ət)aɪz] *vt* ❶ (*make legal*) für rechtsgültig erklären ❷ (*make acceptable*) rechtfertigen ❸ (*change status of birth*) *child* rechtlich anerkennen

leg·less ['legləs] *adj pred* BRIT (*sl: extremely drunk*) sternhagelvoll *fam*

'leg·room *n no pl* Beinfreiheit *f*

leg·ume ['legjuːm] *n* BOT Hülsenfrucht *f*

le·gu·mi·nous [lɪ'gjuːmɪnəs] *adj* Hülsenfrucht-; **~ plants** Hülsenfrüchtler *pl*

lei·sure ['leʒəʳ] *n no pl* Freizeit *f*; **to lead a life of ~** ein müßiges Leben führen ▶ **at [one's] ~** in aller Ruhe; **call me at your ~** rufen Sie mich an, wenn es Ihnen gelegen ist

'lei·sure cen·tre *n* BRIT, **'lei·sure com·plex** *n* BRIT Freizeitcenter *nt*

lei·sured ['leʒəd] *adj* (*form*) ❶ (*having much leisure*) müßig ❷ (*leisurely*) geruhsam

lei·sure·ly ['leʒəli] I. *adj* ruhig; **at a ~ pace** gemessenen Schrittes *geh*; *picnic, breakfast* gemütlich II. *adv* gemächlich

'lei·sure time *n* Freizeit *f* **'lei·sure·wear** *n no pl* Freizeit[be]kleidung *f*

lem·ming ['lemɪŋ] *n* ZOOL Lemming *m*

lem·on ['lemən] I. *n* ❶ (*fruit*) Zitrone *f* ❷ *no pl* (*colour*) Zitronengelb *nt* ❸ BRIT, AUS (*sl: fool*) Blödmann *m fam*; **to feel [like] a ~** sich *dat* wie ein Idiot vorkommen *fam* II. *adj* ~ **[yellow]** zitronengelb

lem·on·ade [ˌlemə'neɪd] *n* Zitronenlimonade *f*

'lem·on juice *n* Zitronensaft *m* **'lem·on peel** *n*, **'lem·on rind** *n* Zitronenschale *f* **lem·on 'squash** *n* BRIT, AUS ❶ *no pl* (*concentrate*) Zitronensirup *m* ❷ (*drink*) Zitronensaftgetränk *nt* **lem·on 'tea** *n* Tee *m* mit Zitrone

lend <lent, lent> [lend] I. *vt* ❶ (*loan*) leihen ❷ (*impart*) ■ **to ~ sth to sb/sth** jdm/ etw etw verleihen ❸ (*be suitable*) ■ **to ~ itself** sich für etw *akk* eignen ▶ **to ~ an ear to sb** jdm zuhören; **to ~ a hand** helfen II. *vi* ■ **to ~ to sb** jdm Geld leihen; *bank* jdm Kredit gewähren

lend·er ['lendəʳ] *n* Verleiher(in) *m(f)*; (*money lender*) Kreditgeber(in) *m(f)*

lend·ing ['lendɪŋ] *n no pl* Leihen *nt*

'lend·ing li·brary *n* Leihbibliothek *f*

length ['leŋ(k)θ] *n* ❶ *no pl* (*measurement*) Länge *f*; **she planted rose bushes along the whole ~ of the garden fence** sie pflanzte Rosensträucher entlang dem gesamten Gartenzaun; **to be 2 metres in** ~ 2 Meter lang sein ❷ (*piece*) Stück *nt*; *of cloth/wallpaper* Bahn *f* ❸ (*winning distance*) Länge *f* [Vorsprung] ❹ (*in swimming pool*) Bahn *f* ❺ *no pl* (*duration*) Dauer *f*; **the** ~ **of an article/a book/a film** die Länge eines Artikels/Buchs/Films; [**for**] **any** ~ **of time** [für] längere Zeit; **at** ~ (*finally*) nach langer Zeit; (*in detail*) ausführlich; **at great** ~ in aller Ausführlichkeit ▶ **to go to any** ~**s** vor nichts zurückschrecken; **to go to great** ~**s** sich *dat* alle Mühe geben

length·en ['leŋ(k)θən] I. *vt* verlängern; *clothes* länger machen II. *vi* [immer] länger werden

length·ways ['leŋ(k)θweɪz], **length·wise** ['leŋ(k)θwaɪz] I. *adv* der Länge nach II. *adj* Längs-

lengthy ['leŋ(k)θi] *adj* ❶ (*lasting a long time*) [ziemlich] lange; *applause* anhaltend; *delay* beträchtlich ❷ (*tedious*) *treatment* langwierig; *explanation* umständlich

le·ni·ence ['liːniən(t)s] *n*, **le·ni·en·cy** ['liːniən(t)si] *n no pl* Nachsicht *f*, Milde *f*

le·ni·ent ['liːniənt] *adj* nachsichtig, milde

le·ni·ent·ly ['liːniəntli] *adv* nachsichtig, milde

lens <*pl* -es> [lenz] *n* ❶ (*optical instrument*) Linse *f*; (*in camera, telescope also*) Objektiv *nt*; (*in glasses*) Glas *nt*; [**contact**] ~ Kontaktlinse *f* ❷ (*part of eye*) Linse *f*

lent [lent] *vt*, *vi pt*, *pp of* **lend**

Lent [lent] *n no pl, no art* Fastenzeit *f*

len·til ['lentᵊl] *n* Linse *f*

Leo ['liːəʊ] *n* ASTRON, ASTROL ❶ *no art* Löwe *m*; **to be born under** ~ im Zeichen des Löwen geboren sein ❷ (*person*) Löwe *m*; **she is a** ~ sie ist Löwe

leo·nine ['liːə(ʊ)naɪn] *adj* (*form*) löwenartig, Löwen-

leop·ard ['lepəd] *n* Leopard(in) *m(f)*

leo·tard ['liːətɑːd] *n* Trikot *nt*; (*for gymnastics also*) Turnanzug *m*

lep·er ['lepəʳ] *n* MED Leprakranke(r) *f(m)*, Aussätzige(r) *f(m) a. fig*

lep·ro·sy ['leprəsi] *n no pl* Lepra *f*

lep·rous ['leprəs] *adj* leprakrank

les·bian ['lezbiən] I. *n* Lesbe *f* II. *adj* lesbisch

les·bian·ism ['lezbiənɪzᵊm] *n no pl* lesbische Liebe

le·sion ['liːʒᵊn] *n* Verletzung *f*

Le·so·tho [ləˈsuːtuː] *n* Lesotho *nt*

less [les] I. *adv comp of* **little** ❶ (*to a smaller extent*) weniger; **the** ~ **... the better** je weniger ..., umso besser; **much** ~ **complicated** viel einfacher; ~ **expensive** billiger; ~ **and** ~ immer weniger ❷ (*not the least bit*) ~ **than accurate/happy** nicht gerade genau/glücklich II. *adj* ❶ *comp of* **little** (*smaller amount of*) weniger ❷ (*non-standard use of fewer*) weniger III. *pron indef* ❶ (*smaller amount*) weniger; **a little/lot** ~ etwas/viel weniger; **I've been seeing** ~ **of her lately** ich sehe sie in letzter Zeit weniger; ~ **of a problem** ein geringeres Problem ❷ (*non-standard use of fewer*) weniger ▶ **no** ~ **than ...** nicht weniger als ..., bestimmt ... IV. *prep* ■ ~ **sth** minus [*o* abzüglich] einer S. *gen*

less·en ['lesᵊn] I. *vi* schwächer werden; *fever* sinken; *pain* nachlassen II. *vt* verringern

less·er ['lesəʳ] *adj attr* ❶ (*smaller in amount*) geringer; **to a** ~ **degree** in geringerem Maße; **the** ~ **of two evils** das kleinere Übel ❷ (*lower*) *work of art, artist* unbedeutend

less-is-more [lesɪzmɔːʳ] *adj* **a** ~ **attitude** eine neue Bescheidenheit

les·son ['lesᵊn] *n* ❶ (*teaching period*) Stunde *f*; ■ ~**s** *pl* Unterricht *m kein pl*; **to take acting/guitar** ~**s** Schauspiel-/Gitarrenunterricht nehmen ❷ (*from experience*) Lehre *f*, Lektion *f*; **to teach sb a** ~ jdm eine Lektion erteilen ❸ (*exercise in book*) Lektion *f* ❹ REL (*in Anglican church*) [Bibel]text *m*

lest [lest] *conj* (*liter*) ❶ (*for fear that*) damit ... nicht ... ❷ (*in case*) falls

let¹ [let] *n* SPORTS Netzball *m*

let² [let] I. *n no pl esp* BRIT Vermietung *f* II. *vt* <-tt-, let, let> ❶ (*allow*) ■ **to** ~ **sb do sth** jdn tun lassen; **to** ~ **one's hair grow** sich *dat* die Haare [lang] wachsen lassen; **to** ~ **sb alone** jdn in Ruhe lassen; **to** ~ **sb go** (*allow to depart*) jdn gehen lassen; (*release from grip*) jdn loslassen; (*from captivity*) jdn freilassen; **to** ~ **sth go** (*neglect*) etw vernachlässigen; (*let pass*) etw durchgehen lassen ❷ (*give permission*) ■ **to** ~ **sb do sth** jdm etw tun lassen ❸ (*make*) ■ **to** ~ **sb do sth** jdn etw tun lassen; **to** ~ **sb know sth** jdm etw wissen lassen ❹ (*in suggestions*) ~**'s go out to dinner!** lass uns Essen gehen!; ~**'s face it!** sehen wir den Tatsachen ins Auge! ❺ (*when thinking, for examples, assumptions*) ~**'s see, ...** also, ...; ~ **me think** Moment [mal], ... ❻ (*making a threat*) **don't** ~ **me catch you in here again!** dass ich dich hier nicht noch einmal erwische! ❼ (*expressing defiance*)

~ it rain von mir aus kann es ruhig regnen; ~ there be no doubt about it! das möchte ich [doch] einmal klarstellen! ⑧ REL (*giving a command*) ~ us pray lasset uns beten *form* ⑨ *esp* BRIT, AUS (*rent out*) vermieten; "to ~" „zu vermieten" ▶ ~ **alone** ... geschweige denn ... ◆**let by** *vt* vorbeilassen ◆**let down** *vt* ❶ (*disappoint*) enttäuschen; (*fail to support*) im Stich lassen ❷ (*lower slowly*) herunterlassen ❸ BRIT, AUS (*deflate*) to ~ down a tyre die Luft aus einem Reifen lassen ▶ to ~ one's **hair down** sich gehen lassen; to ~ the **side down** BRIT, AUS die anderen im Stich lassen ◆**let in** *vt* ❶ (*allow to enter*) hereinlassen; ■to ~ oneself in aufschließen; (*let through*) durchlassen ❷ (*allow to know*) ■to ~ sb in on sth jdn in etw *akk* einweihen ❸ (*fam: get involved*) ■to ~ oneself in for sth sich auf etw *akk* einlassen ◆**let into** *vt* ❶ (*allow to enter*) ■to ~ sb/sth into sth jdn/etw in etw *akk* lassen ❷ (*allow to know*) ~ sb into a secret jdn in ein Geheimnis einweihen ◆**let off** *vt* ❶ (*emit*) ausstoßen; *bad smell* verbreiten ❷ (*fire*) *gun* abfeuern; *bomb, fireworks* zünden; *shot, volley* abgeben ❸ (*not punish*) you won't be ~ off so lightly the next time das nächste Mal wirst du nicht so glimpflich davonkommen; to ~ sb off with a warning jdn mit einer Verwarnung davonkommen lassen ❹ (*excuse*) ■to ~ sb off sth jdm etw erlassen ▶ to ~ off **steam** (*fam*) Dampf ablassen ◆**let on** I. *vi* (*fam*) ■to ~ on about sth [to sb] [jdm] etwas von etw *dat* verraten II. *vt* (*fam*) ■to ~ on that ... ❶ (*divulge*) verraten, dass ... ❷ (*pretend*) so tun, als ob ... ◆**let out** I. *vt* ❶ (*release*) herauslassen; I'll ~ myself out ich finde selbst hinaus ❷ (*emit*) ausstoßen; to ~ out a groan [auf]stöhnen; to ~ out a shriek aufschreien ❸ (*make wider*) *clothes* weiter machen; *seam* auslassen ❹ *esp* BRIT (*rent out*) ■to ~ out ⟳ sth [to sb] [jdm] etw vermieten II. *vi* AM enden; when does school ~ out for the summer? wann beginnen die Sommerferien? ◆**let through** *vt* durchlassen ◆**let up** *vi* (*fam*) ❶ (*decrease*) aufhören; *rain also* nachlassen; *fog, weather* aufklaren ❷ (*release*) to ~ up on the acc**elerator** den Fuß vom Gas nehmen ❸ (*ease up*) nachlassen; (*give up*) lockerlassen *fam*

le·thal ['liːθəl] *adj* (*causing death*) tödlich
le·thar·gic [ləˈθɑːdʒɪk] *adj* ❶ (*lacking energy*) lethargisch ❷ (*apathetic*) lustlos
le·thar·gi·cal·ly [ləˈθɑːdʒɪkəli] *adv* lethargisch
leth·ar·gy ['leθədʒi] *n no pl* ❶ (*lacking energy*) Lethargie *f*; (*apathy*) Teilnahmslosigkeit *f* ❷ MED Lethargie *f fachspr*
let·ter ['letəʳ] *n* ❶ (*message*) Brief *m* (**from** von, **to** an); a business/love ~ ein Geschäfts-/Liebesbrief *m*; to inform sb by ~ jdn schriftlich verständigen ❷ (*of alphabet*) Buchstabe *m*; in large ~s in Großbuchstaben; in small ~s in Kleinbuchstaben
'**let·ter bomb** *n* Briefbombe *f* '**let·ter·box** *n esp* BRIT, AUS Briefkasten *m* '**let·ter·head** *n* ❶ (*at top of letter*) Briefkopf *m* ❷ *no pl* (*paper*) Geschäfts-/Firmenbriefpapier *nt*
let·ter·ing ['letərɪŋ] *n no pl* Beschriftung *f*
let·tuce ['letɪs] *n* ❶ (*cultivated plant*) Blatt-

---

letters

forms of address in letters	Anrede in Briefen
Dear Anne,/Dear Bill,	Liebe Anne,/Lieber Bill,
Hello, ...!/Hi, ...!	Hallo, ...!/Hi, ...!
Dear Mrs ...,/Dear Mr ...,	Sehr geehrte Frau ...,/Sehr geehrter Herr ...,
Dear Sir or Madam, *(form)*	Sehr geehrte Damen und Herren, *(form)*

ending a letter	Schlussformeln in Briefen
All the best!	Alles Gute!
With love from ... *(fam)*/Love, ... *(fam)*	Herzliche/Liebe Grüße *(fam)*
Best wishes,/Kind regards,	Viele Grüße
Yours,	Mit den besten Grüßen
Yours sincerely,	Mit freundlichen Grüßen
Yours faithfully, *(form)*	Hochachtungsvoll *(form)*

salat *m;* (*with firm head*) Kopfsalat *m* ❷ *no pl* BOT Lattich *m*

leu·co·cyte ['luːkə(ʊ)saɪt] *n* MED Leukozyt[en] *m*[*pl*] *fachspr*

leu·kae·mia [luːˈkiːmɪə], AM **leu·ke·mia** *n* Leukämie *f*

lev·el ['levəl] I. *adj* ❶ (*horizontal*) horizontal, waag(e)recht ❷ (*flat*) eben ❸ *pred* (*at an equal height*) ■ **to be ~ [with sth]** auf gleicher Höhe [mit etw *dat* sein] ❹ *pred esp* BRIT, AUS (*in a race*) gleichauf; (*equal in points*) punktegleich; (*equal in standard*) gleich gut ❺ *attr* (*to the edge*) gestrichen ❻ (*calm*) voice ruhig; look fest; **to keep a ~ head** einen kühlen Kopf bewahren; **in a ~ voice** mit ruhiger Stimme II. *n* ❶ (*quantity*) Niveau *nt;* (*height*) Höhe *f;* **at eye ~** in Augenhöhe; **above/below sea ~** über/unter dem Meeresspiegel; **to be on a ~ [with sb/sth]** BRIT, AUS [mit jdm/etw] auf gleicher Höhe sein ❷ (*extent*) Ausmaß *nt* ❸ (*storey*) Stockwerk *nt;* **ground ~** Erdgeschoss *nt;* **at ~ four** im vierten Stock ❹ *no pl* (*rank*) Ebene *f* ❺ (*stage, proficiency*) Niveau *nt* ❻ (*social, intellectual, moral*) Niveau *nt* ❼ (*perspective, meaning*) Ebene *f* III. *vt* <BRIT -ll- *or* AM *usu* -l-> ❶ (*flatten*) ground [ein]ebnen; wood [ab]schmirgeln; (*raze*) building, town dem Erdboden gleichmachen ❷ (*direct*) **to ~ a pistol/rifle at sb** eine Pistole/ein Gewehr auf jdn richten; **to ~ accusations/charges against sb** Beschuldigungen/Anklage gegen jdn erheben ◆**level off, level out** I. *vi* ❶ (*after dropping*) plane sich fangen; pilot das Flugzeug abfangen; (*after rising*) horizontal fliegen ❷ (*steady*) sich einpendeln; (*become equal*) sich angleichen ❸ (*path, road*) flach werden II. *vt* [ein]ebnen; (*fig*) ausgleichen ◆**level up** I. *vt* (*make equal*) angleichen; (*increase*) anheben II. *vi* AM (*confess*) gestehen; ■ **to ~ up with sb about sth** jdm etw gestehen ◆**level up** *vi esp* AM (*fam*) ■ **to ~ with sb** ehrlich zu jdm sein

lev·el 'cross·ing *n* BRIT, AUS Bahnübergang *m* **lev·el-'head·ed** *adj* ❶ (*sensible*) vernünftig ❷ (*calm*) ruhig **lev·el peg·ging** [-ˈpegɪŋ] *n esp* BRIT, AUS **to be [on] ~** tabellengleich sein

lev·er ['liːvəʳ] I. *n* ❶ TECH Hebel *m;* (*for heavy objects*) Brechstange *f* ❷ (*threat*) Druckmittel *nt* II. *vt* ❶ (*lift with a lever*) ■ **to ~ sth up** etw aufstemmen ❷ (*move with effort*) ■ **to ~ oneself [up]** sich hochstemmen ❸ (*fig: exert pressure*) ■ **to ~ sth from sb** etw aus jdm herauspressen III. *vi* **to ~ at sth with a crowbar** etw *akk* mit einer Brechstange bearbeiten

lev·er·age ['liːvərɪdʒ] *n no pl* ❶ TECH Hebelkraft *f* ❷ (*influence*) Einfluss *m;* **to exert ~ on sb** Druck *m* auf jdn ausüben ❸ FIN Hebelwirkung *f*

lev·er·et ['levərɪt] *n* junger Hase

le·via·than *n,* **Le·via·than** [lɪˈvaɪəθᵊn] *n* ❶ (*liter: giant thing*) Gigant *m* ❷ (*biblical monster*) Leviathan *m*

levi·tate ['levɪteɪt] I. *vi* schweben II. *vt* schweben lassen

lev·ity ['levəti] *n no pl* Ungezwungenheit *f*

levy ['levi] I. *n* Steuer *f,* Abgaben *pl;* **to impose a ~ on sth** eine Steuer auf etw *akk* erheben II. *vt* <-ie-> erheben; **to ~ a fine on sb** jdm eine Geldstrafe auferlegen

levy·ing ['levɪɪŋ] *n no pl* Erhebung *f*

lewd [luːd] *adj* ❶ (*indecent*) unanständig; *ballad, comments* anzüglich; *behaviour* anstößig; *gesture* obszön ❷ (*lecherous*) lüstern

lewd·ness ['luːdnəs] *n no pl* unzüchtiges Verhalten *f*

lexi·cal ['leksɪkᵊl] *adj* lexikalisch

lexi·cog·ra·pher [ˌleksɪˈkɒgrəfəʳ] *n* Lexikograph(in) *m(f)*

lexi·cog·ra·phy [ˌleksɪˈkɒgrəfi] *n no pl* Lexikographie *f*

lexi·col·ogy [ˌleksɪˈkɒlədʒi] *n no pl* Lexikologie *f*

lexi·con ['leksɪkən] *n* ❶ (*vocabulary*) Wortschatz *m* ❷ (*dictionary*) Wörterbuch *nt*

lex·is ['leksɪs] *n no pl* LING Lexik *f fachspr*

LF [ˌelˈef] *abbrev of* **low frequency** Niederfrequenz *f*

lia·bil·ities [ˌlaɪəˈbɪlətɪz] *npl* FIN Passiva *pl,* Schulden *pl*

lia·bil·ity [ˌlaɪəˈbɪləti] *n* ❶ *no pl* (*financial responsibility*) Haftung *f* ❷ FIN ■ **liabilities** *pl* Verbindlichkeiten *pl* ❸ (*handicap*) Belastung *f*

lia·ble ['laɪəbl] *adj* ❶ (*likely*) ■ **to be ~ to do sth** Gefahr laufen, etw zu tun ❷ (*prone*) ■ **to be ~ to sth** anfällig für etw *akk* sein; **to be ~ to flooding** überschwemmungsgefährdet sein ❸ LAW haftbar

li·aise [liˈeɪz] *vi* ■ **to ~ with sb/sth** ❶ (*establish contact*) eine Verbindung zu jdm/etw herstellen; (*be go-between*) als Verbindungsstelle zu jdm/etw fungieren ❷ (*work together*) mit jdm/etw zusammenarbeiten

liai·son [liˈeɪzᵊn] *n* ❶ *no pl* (*contacts*) Verbindung *f;* **I work in close ~ with my opposite number in the USA** ich arbeite eng mit meinem Pendant in den USA zusammen ❷ AM (*person*) Kontaktperson *f* ❸ (*sexual affair*) Verhältnis *nt*

li·ai·son of·fic·er *n* Kontaktperson *f*

lia·na [li'ɑ:nə] *n*, **li·ane** [li'ɑ:nə] *n* BOT Liane *f*

liar ['laɪəʳ] *n* Lügner(in) *m(f)*

lib [lɪb] *n no pl* (*dated fam*) *short for* **liberation** Befreiungsbewegung *f*

li·bel ['laɪbəl] LAW **I.** *n no pl* Verleumdung *f* **II.** *vt* <BRIT -ll- *or* AM *usu* -l-> verleumden

li·bel·lous ['laɪbələs], AM **li·bel·ous** *adj* verleumderisch

lib·er·al ['lɪbərəl] **I.** *adj* ❶ (*tolerant*) liberal; *attitude, church, person also* tolerant, aufgeschlossen ❷ (*progressive*) liberal, fortschrittlich ❸ (*generous*) großzügig; *portion* groß ❹ (*not exact*) **a ~ interpretation of a law** eine freie Auslegung eines Gesetzes **II.** *n* Liberale(r) *f(m)*

lib·er·al 'arts *n esp* AM ■ **the ~** *pl* die Geisteswissenschaften *m* **lib·er·al·ism** ['lɪbərəlɪzəm] *n no pl* Liberalismus *m* **lib·er·al·ity** [ˌlɪbəʳ'ræləti] *n no pl* ❶ (*generosity*) Großzügigkeit *f*, Freigebigkeit *f* ❷ (*liberal nature*) Aufgeschlossenheit *f*

lib·er·al·iza·tion [ˌlɪbəʳəlaɪ'zeɪʃən] *n* Liberalisierung *f*

lib·er·al·ize ['lɪbəʳəlaɪz] *vt* liberalisieren

lib·er·al·ly ['lɪbəʳəli] *adv* großzügig, reichlich; **to give/donate ~** großzügig geben/spenden; **to tip ~** ein großzügiges Trinkgeld geben

lib·er·ate ['lɪbəreɪt] *vt* ❶ (*free*) befreien (**from** von) ❷ (*hum fam: steal*) ■ **to ~ sth** etw mitgehen lassen

lib·er·a·tion [ˌlɪbə'reɪʃən] *n no pl* Befreiung *f* (**from** von)

lib·e'ra·tion or·gani·za·tion *n* Befreiungsbewegung *f*

lib·er·a·tor ['lɪbəreɪtəʳ] *n* Befreier(in) *m(f)*

Li·beria [laɪ'bɪərɪə] *n* Liberia *nt*

Li·berian [laɪ'bɪərɪən] **I.** *adj* liberisch **II.** *n* Liberier(in) *m(f)*

lib·er·tine ['lɪbəti:n] *n* (*pej*) Casanova *m fam*

lib·er·ty ['lɪbəti] *n* ❶ *no pl* (*freedom*) Freiheit *f*; **to be at ~** frei sein; **to be at ~ to do sth** etw tun können; **are you at ~ to reveal any names?** dürfen Sie Namen nennen? ❷ (*incorrect behaviour*) **it's** [**a bit of**] **a ~** es ist [ein bisschen] unverschämt; **to take liberties with sb** sich *dat* bei jdm Freiheiten herausnehmen ❸ (*form: legal rights*) ■ **liberties** *pl* Grundrechte *pl*

li·bidi·nous [lɪ'bɪdɪnəs] *adj* (*form*) triebhaft

li·bi·do [lɪ'bi:dəʊ] *n* Libido *f*

Li·bra ['li:brə] *n* ASTRON, ASTROL ❶ *no art* Waage *f*; **to be born under ~** im Zeichen der Waage geboren sein ❷ (*person*) Waage *f*; **she is a ~** sie ist Waage

Li·bran ['li:brən] **I.** *n* **to be a ~** Waage sein **II.** *adj* Waage-

li·brar·ian [laɪ'breərɪən] *n* Bibliothekar(in) *m(f)*

li·brary ['laɪbrəri] *n* ❶ (*public*) Bibliothek *f*, Bücherei *f*; **public ~** Leihbücherei *f* ❷ (*private*) Bibliothek *f*

li·brary book *n* Leihbuch *nt* **li·brary tick·et** *n* Leseausweis *m*

li·bret·to [lɪ'bretəʊ] *n* Libretto *nt*

Libya ['lɪbɪə] *n* Libyen *nt*

Liby·an ['lɪbɪən] **I.** *adj* libysch **II.** *n* Libyer(in) *m(f)*

lice [laɪs] *n pl of* **louse**

li·cence ['laɪsəⁿ(t)s] *n* ❶ (*permit*) Genehmigung *f*, Erlaubnis *f*; (*formal permission*) Lizenz *f*; **driving** [*or* AM **driver's**] **~** Führerschein *m*; **under ~** in Lizenz ❷ *no pl* (*form*) Freiheit *f*; **to give sb/sth ~ to do sth** jdm/etw gestatten, etw zu tun

'li·cence num·ber *n* Kfz-Kennzeichen *nt*

li·cense ['laɪsəⁿ(t)s] **I.** *n* AM *see* **licence** **II.** *vt* ■ **to ~ sb to do sth** jdm die Lizenz erteilen, etw zu tun; **to be ~d to do sth** berechtigt sein, etw zu tun

li·censed ['laɪsəⁿ(t)st] *adj* ❶ (*with official approval*) zugelassen ❷ BRIT (*serving alcohol*) **a ~ restaurant** ein Restaurant *nt* mit Schankerlaubnis

li·cen·see [ˌlaɪsəⁿ(t)'si:] *n* (*form*) Lizenznehmer(in) *m(f)*; **~ of a pub/bistro/restaurant** BRIT Inhaber(in) *m(f)* eines Pubs/Bistros/Restaurants [mit Schankerlaubnis]

li·cens·ing ['laɪsəⁿ(t)sɪŋ] *n no pl* Lizenzvergabe *f*

'li·cens·ing laws *npl* BRIT Schankgesetze *pl*

li·cen·tious [laɪ'sen(t)ʃəs] *adj* [sexuell] ausschweifend

li·chen ['laɪkən] *n usu sing* BIOL, BOT Flechte *f*

lick [lɪk] **I.** *vt* ❶ (*with tongue*) lecken; *plate* ablecken; *stamp* [mit der Zunge] befeuchten; **to ~ a lollipop** an einem Lutscher schlecken ❷ (*touch*) belecken; **flames were ~ing the curtains** die Flammen züngelten an den Vorhängen hoch ❸ *esp* AM (*fam: defeat*) ■ **to ~ sb** jdn [doch glatt] in die Tasche stecken ❹ (*fam: thrash*) verprügeln **II.** *n* ❶ (*with tongue*) Lecken *nt kein pl*, Schlecken *nt kein pl* ❷ (*small quantity*) ■ **a ~ of ...** ein wenig ...

lickety-split [ˌlɪkəti'-] *adv* (*fam*) blitzschnell; **I want that job done ~, okay?** das wird jetzt ruckzuck erledigt, klar? *fam*

lick·ing ['lɪkɪŋ] *n* ❶ (*fam: beating*) **to give sb a ~** jdm eine Tracht Prügel verpassen ❷ (*defeat*) **to give sb a ~** jdn haushoch schlagen

lico·rice *n no pl esp* AM *see* **liquorice**

lid [lɪd] *n* ❶ (*covering*) Deckel *m* ❷ (*eyelid*) Lid *nt*

lie¹ [laɪ] **I.** *vi* <-y-> lügen; ■ **to ~ about sth** *intentions, plans* falsche Angaben über etw *akk* machen; ■ **to ~ about sb** über jdn die Unwahrheit erzählen; ■ **to ~ to sb** belügen **II.** *vt* <-y-> ■ **to ~ one's way out of sth** sich aus etw *dat* herausreden **III.** *n* Lüge *f;* **to be an outright ~** glatt gelogen sein *fam;* **to tell ~s** Lügen erzählen

lie² [laɪ] **I.** *n* ❶ *no pl* (*position*) Lage *f* ❷ *no pl esp* BRIT, AUS (*shape*) **the ~ of the land** die Beschaffenheit des Geländes; (*fig*) die Lage; **to find out the ~ of the land** das Gelände erkunden; (*fig*) die Lage sondieren **II.** *vi* <-y-, lay, lain> ❶ (*be horizontal, resting*) liegen; **to ~ on one's back/in bed/on the ground** auf dem Rücken/im Bett/auf dem Boden liegen; **to ~ awake/still** wach/still [da]liegen ❷ (*be buried*) ruhen ❸ (*become horizontal*) sich hinlegen ❹ (*be upon a surface*) liegen ❺ (*be in a particular state*) **to ~ in wait** auf der Lauer liegen; **to ~ dying** im Sterben liegen ❻ (*be situated*) liegen; **to ~ to the east/north of sth** im Osten/Norden einer S. *gen* liegen; **the river ~s 40 km to the south of us** der Fluss befindet sich 40 km südlich von uns ❼ (*weigh*) **to ~ heavily on sb's mind** jdn schwer bedrücken ❽ (*be the responsibility of*) **the choice/decision ~s [only] with you** die Wahl/Entscheidung liegt [ganz allein] bei dir ❾ (*be found*) **where do your interests ~?** wo liegen deine Interessen?; **the decision doesn't ~ in my power** die Entscheidung [darüber] liegt nicht in meiner Macht ▶ **to ~ low** (*escape search*) untergetaucht sein; (*avoid being noticed*) sich unauffällig verhalten ♦ **lie about** *vi,* **lie around** *vi* ❶ (*be situated*) herumliegen *fam* ❷ (*be lazy*) herumgammeln *fam* ♦ **lie ahead** *vi* ❶ (*in space, position*) **to ~ ahead [of sb]** vor jdm liegen ❷ (*in time*) bevorstehen ♦ **lie back** *vi* ❶ (*recline*) sich zurücklegen ❷ (*relax*) sich entspannen ♦ **lie behind** *vi* ❶ (*be cause of*) ■ **to ~ behind sth** etw *dat* zugrunde liegen ❷ (*be past*) ■ **to ~ behind [sb]** hinter jdm liegen ♦ **lie down** *vi* sich hinlegen ♦ **lie in** *vi* BRIT (*fam: stay in bed*) im Bett bleiben ♦ **lie over** *vi* (*remain unfinished*) liegen bleiben; (*be adjourned*) vertagt werden ♦ **lie round** *vi* BRIT *see* **lie about** ♦ **lie to** *vi* vor Anker liegen ♦ **lie up** *vi* ❶ (*fam: be ill*) das Bett hüten ❷ (*fam: be out of use*) *car* stillliegen

'**lie de·tec·tor** *n* Lügendetektor *m*

lieu [luː] *n no pl* **in ~ of sth** an Stelle einer S. *gen*

Lieut *n attr abbrev of* **Lieutenant** Lt.

lieu·ten·ant [lefˈtenənt] *n* ❶ (*deputy*) Stellvertreter(in) *m(f)* ❷ MIL Leutnant *m* ❸ AM LAW ≈ Polizeihauptwachtmeister(in) *m(f)*

life <*pl* lives> [laɪf, *pl* laɪvz] *n* ❶ (*existence*) Leben *nt;* **it's a matter of ~ and death!** es geht um Leben und Tod!; **to lose one's ~** ums Leben kommen; **to save sb's ~** jdm das Leben retten; **to take one's own ~** sich *dat* [selbst] das Leben nehmen ❷ *no pl* (*quality, force*) Leben *nt;* **I love ~** ich liebe das Leben ❸ *no pl* (*living things collectively*) Leben *nt;* **plant ~** Pflanzenwelt *f* ❹ *no pl* (*mode or aspect of existence*) Leben *nt;* **family ~** Familienleben *nt;* **love ~** Liebesleben *nt* ❺ *no pl* (*energy*) Lebendigkeit *f;* **to be full of ~** vor Leben [nur so] sprühen; **to bring sth to ~** etw lebendiger machen; **to come to ~** lebendig werden *fig* ❻ (*total circumstances of individual*) Leben *nt;* **she only wants two things in ~** sie wünscht sich nur zwei Dinge im Leben; **who's the man in your ~ now?** [und] wer ist der neue Mann in deinem Leben?; **to want sth out of ~** etw vom Leben erwarten ❼ (*human activities*) Leben *nt* ❽ (*biography*) Biografie *f* ❾ (*time until death*) Leben *nt;* ■ **for ~** *friendship* lebenslang; **a job for ~** eine Stelle auf Lebenszeit ❿ (*duration*) *of device, battery* Lebensdauer *f; of contract* Laufzeit *f* ⓫ *no pl* (*fam: prison sentence*) **to be doing/get ~** lebenslänglich sitzen *fam*/bekommen ⓬ (*reality*) **true to ~** wirklichkeitsgetreu ▶ **to frighten the ~ out of sb** jdn zu Tode erschrecken; **for the ~ of me** (*fam*) um alles in der Welt; **larger than ~** *car, house* riesig; *person* energiegeladen und charismatisch; **that's ~!** so ist das Leben [eben]!

'**life an·nu·ity** *n* Leibrente *f* '**life as·sur·ance** *n no pl* BRIT Lebensversicherung *f* '**life·belt** *n* BRIT Rettungsring *m* '**life·boat** *n* Rettungsboot *nt* '**life·buoy** *n* Rettungsboje *f* '**life cy·cle** *n* Lebenszyklus *m* '**life draw·ing** *n* Aktzeichnung *f* '**life ex·pec·tan·cy** *n* Lebenserwartung *f* '**life-ex·tend·ing** *adj attr* MED lebensverlängernd; ~ **treatment** Lebensverlängerung *f*, lebensverlängernde Maßnahmen *pl* '**life form** *n* Lebewesen *nt* '**life·guard** *n* (*in baths*) Bademeister(in) *m(f)*; (*on beach*) Rettungsschwimmer(in) *m(f)* **life im·'pris·on·ment** *n no pl* lebenslängliche Freiheitsstrafe '**life in·sur·ance** *n no pl* Lebensversicherung *f* '**life jack·et** *n* Schwimmweste *f*

life·less ['laɪfləs] *adj* ❶ (*inanimate*) *body* leblos; *planet* unbelebt ❷ (*dull*) *game, story* langweilig; *person* teilnahmslos; *hair* stumpf; *performance* lahm *fam*

'**life·like** *adj* lebensecht; *imitation also* naturgetreu '**life·line** *n* ❶ (*life-saving rope*) Rettungsleine *f* ❷ (*used by diver*) Signalleine *f* ❸ (*essential thing*) [lebenswichtige] Verbindung *f* ❹ (*in palmistry*) Lebenslinie *f* '**life·long** *adj attr* lebenslang **life 'peer** *n* BRIT Peer *m* auf Lebenszeit '**life pre·serv·er** *n* ❶ BRIT (*stick*) Totschläger *m* ❷ AM (*life jacket*) Schwimmweste *f*; (*lifebuoy*) Rettungsboje *m*; (*lifebelt*) Rettungsring *m*

lif·er ['laɪfəʳ] *n* (*sl*) ❶ (*fam: prisoner*) Lebenslängliche(r) *f(m)* ❷ AM (*career person*) Berufssoldat(in) *m(f)*

'**life raft** *n* Rettungsfloß *nt*; (*rubber dinghy*) Schlauchboot *nt* '**life·sav·er** *n* ❶ (*fam: thing*) die Rettung *fig*; (*person*) [Lebens]retter(in) *m(f) fig* ❷ AUS, NZ (*on beach*) Rettungsschwimmer(in) *m(f)*; (*in baths*) Bademeister(in) *m(f)* '**life sen·tence** *n* lebenslängliche Freiheitsstrafe '**life-size(d)** *adj* lebensgroß '**life·span** *n* Lebenserwartung *f kein pl*; *of thing* Lebensdauer *f kein pl*; *of project* Laufzeit *f* '**life·style** *n* Lebensstil *m* '**life·style con·sult·ant** *n* Lifestyleberater(in) *m(f)* '**life·style con·sult·ing** *n no pl* Lifestyleberatung *f* '**life sup·port sys·tem** *n* MED ❶ (*machine*) lebenserhaltender Apparat ❷ (*biological network*) Lebenserhaltungssystem *nt* '**life-threat·en·ing** *adj disease, illness* lebensbedrohend; *situation* lebensgefährlich '**life·time** *n usu sing* ❶ (*time one is alive*) Lebenszeit *f*; **in one's ~** im Laufe seines Lebens; **once in a ~** einmal im Leben ❷ (*time sth exists*) Lebensdauer *f kein pl* ❸ (*fam: long time*) **it seems like a ~** es kommt mir vor wie eine Ewigkeit; **to last a ~** *objects, devices* ein Leben lang halten; *memories, good luck* das ganze Leben [lang] andauern ▸ **the chance of a ~** eine einmalige Chance

lift [lɪft] **I.** *n* ❶ BRIT (*elevator*) Aufzug *m* ❷ (*for skiers*) Skilift *m* ❸ (*act of lifting*) [Hoch]heben *nt kein pl* ❹ (*increase*) Anstieg *m kein pl*; (*increase in amount*) Erhöhung *f* [eines Betrags]; *of person's voice* Heben *nt* der Stimme ❺ (*fam: plagiarizing*) *of ideas* Klauen *nt kein pl*; *of texts* Abkupfern *nt kein pl* ❻ *no pl* MECH Hubkraft *f*; AVIAT Auftrieb *m* ❼ (*weight*) [Hoch]heben *nt kein pl* ❽ (*ride*) Mitfahrgelegenheit *f*; **to give sb a ~** jdn [im Auto] mitnehmen ❾ *no pl* (*positive feeling*) **to give sb a ~** jdn aufmuntern; *prospects* jdm Auftrieb geben; *drugs* jdn aufputschen **II.** *vt* ❶ (*raise*) [hoch]heben; (*slightly*) anheben; ▸ **to ~ sb/sth out of sth** jdn/etw aus etw *dat* [heraus]heben ❷ (*direct upward*) *eyes* aufschlagen; *head* heben; **to ~ one's eyes from sth** von etw *dat* aufsehen ❸ (*increase*) *amount, prices* erhöhen ❹ (*airlift*) fliegen; *supplies, troops* auf dem Luftweg transportieren ❺ *usu passive* (*in surgery*) *face, breasts* straffen lassen, liften ❻ (*dig up*) ausgraben; *potatoes* ernten ❼ (*elevate*) **to ~ sb's confidence** jds Vertrauen stärken; **to ~ sb's spirits** jds Stimmung heben ❽ (*end*) *ban, restrictions* aufheben ❾ (*fam: steal*) klauen ❿ (*fam: plagiarize*) *essay, song* klauen **III.** *vi* ❶ (*be raised*) sich heben ❷ (*disperse*) *cloud, fog* sich auflösen ❸ (*become happier*) mood sich heben ◆ **lift down** *vt* BRIT, AUS herunterheben ◆ **lift off** *vi* ❶ (*leave the earth*) abheben ❷ (*come off*) sich hochheben lassen ◆ **lift up** *vt* hochheben

'**lift-off** *n* AEROSP Start *m*

liga·ment ['lɪgəmənt] *n* ANAT Band *nt*; **to tear a ~** sich *dat* einen Bänderriss zuziehen

liga·ture ['lɪgətʃəʳ] **I.** *n* ❶ (*bandage*) Binde *f*; MED Ligaturfaden *m fachspr* ❷ MUS Ligatur *f fachspr* ❸ TYPO (*character*) Ligatur *f*; (*stroke*) [Feder-/Pinsel]strich *m* ❹ (*bond*) Band *nt* ❺ (*act of binding*) Abbinden *nt kein pl* **II.** *vt* abbinden

light[1] [laɪt] **I.** *n* ❶ *no pl* (*brightness*) Licht *nt*; **is there enough ~?** ist es hell genug?; **by the ~ of the candle** im Schein der Kerze ❷ (*light-giving thing*) Licht *nt*; (*lamp*) Lampe *f*; **to put the ~ on/off** das Licht einschalten/ausschalten ❸ *no pl* (*fire*) Feuer *nt*; (*flame*) [Kerzen]flamme *f*; **have you got a ~, please?** Entschuldigung, haben Sie [vielleicht] Feuer?; **to set ~ to sth** BRIT etw anzünden ❹ *no pl* (*daylight*) [Tages]licht *nt* ❺ *usu pl* (*traffic light*) Ampel *f* ❻ (*sparkle*) Strahlen *nt kein pl* ❼ (*perspective*) **try to look at it in a new ~** versuch es doch mal, aus einer anderen Perspektive zu sehen; **to show sth in a bad/good ~** etw in einem schlechten/guten Licht erscheinen lassen ❽ *no pl* (*enlightenment*) Erleuchtung *f* ▶ **to come to** ~ ans Licht kommen **II.** *adj* ❶ (*bright*) hell; **it's slowly getting** ~ es wird allmählich hell ❷ (*pale*) hell; (*stronger*) blass· **III.** *vt* <lit *or* lighted, lit *or* lighted> ❶ (*illuminate*) *stage, room* beleuchten ❷ (*guide with light*) leuchten ❸ (*ignite*) *candle, match, fire* anzünden **IV.** *vi* <lit *or* lighted, lit *or* lighted> ❶ (*burn*) brennen ❷ (*become animated*) *eyes, etc.* aufleuchten *fig;* **her face lit with pleasure** sie strahlte vor Freude über das ganze Gesicht ◆ **light up** **I.** *vt* ❶ (*illuminate*) *hall, room* erhellen; *street* beleuchten ❷ (*start smoking*) *cigar, cigarette, pipe* anzünden ❸ (*make animated*) **to ~ up ○ sb's eyes** jds Augen aufleuchten lassen; **to ~ up ○ sb's face** jds Gesicht erhellen **II.** *vi* ❶ (*become illuminated*) aufleuchten ❷ (*start smoking*) sich *dat* eine [Zigarette] anstecken *fam* ❸ (*become animated*) *eyes* aufleuchten *fig;* **her face lit up with pleasure** sie strahlte vor Freude

light² [laɪt] **I.** *adj* ❶ (*not heavy*) leicht ❷ (*not sturdily built*) leicht ❸ (*for small loads*) Klein-; ~ **aircraft/lorry** Kleinflugzeug *nt*/-lastwagen *m* ❹ MIL ~ **infantry** leichte Infanterie ❺ (*of food and drink*) leicht; (*low in fat*) fettarm; *pastry* locker ❻ (*porous*) *soil* locker ❼ (*low in intensity*) *breeze, rain* leicht ❽ (*easily disturbed*) *sleep* leicht ❾ (*easily done*) *sentence* mild; *housework* leicht ❿ (*gentle*) leicht; *kiss* zart; (*soft*) *touch* sanft ⓫ (*not serious*) leicht *attr*; ~ **reading** Unterhaltungslektüre *f* ⓬ (*cheerful*) **with a ~ heart** leichten Herzens ▶ **to make ~ of sth** etw bagatellisieren **II.** *adv* ❶ (*with little luggage*) **to travel** ~ mit leichtem Gepäck reisen ❷ (*with no severe consequences*) **to get off ~** glimpflich davonkommen

'**light bulb** *n* Glühbirne *f* '**light-emitting di·ode** *n* Leuchtdiode *f*

light·en¹ ['laɪtᵊn] **I.** *vt* ❶ (*make less heavy*) leichter machen ❷ (*make easier to bear*) erleichtern; **to ~ sb's burden** jdm etw abnehmen ❸ (*make less serious*) aufheitern; *situation* auflockern; **to ~ sb's mood** jds Stimmung heben **II.** *vi* ❶ (*become less heavy or severe*) leichter werden ❷ (*cheer up*) bessere Laune bekommen; **his heart ~ed** ihm wurde leichter ums Herz

light·en² ['laɪtᵊn] **I.** *vi* heller werden, sich aufhellen **II.** *vt* **to ~ one's hair** sich *dat* die Haare heller färben ◆ **lighten up** *vi* **~ up, would you!** entspann dich!

light·er¹ ['laɪtəʳ] *n* Feuerzeug *nt*

light·er² ['laɪtəʳ] *n* NAUT Leichter *m*

light-'fin·gered *adj* ❶ (*thievish*) langfing[e]rig *oft hum* ❷ (*dexterous*) geschickt

light-'foot·ed *adj* leichtfüßig

light-'head·ed *adj* (*faint*) benommen; (*dizzy*) schwind[e]lig; (*ebullient*) aufgekratzt *fam*

light-'heart·ed *adj* (*carefree*) unbeschwert; (*happy*) heiter

'**light·house** *n* Leuchtturm *m*

light·ing ['laɪtɪŋ] *n no pl* Beleuchtung *f;* (*equipment*) Beleuchtungsanlage *f*

light·ly ['laɪtli] *adv* ❶ (*not seriously*) leichtfertig; **accusations like these are not made ~** solche Anschuldigungen erhebt man nicht so einfach; **not to take sth ~** etw nicht leichtnehmen ❷ (*gently*) leicht; (*not much*) wenig; **I tapped ~ on the door** ich klopfte leise an [die Tür] ❸ (*not deeply*) leicht; **to sleep ~** einen leichten Schlaf haben ❹ (*slightly*) leicht; **~ cooked vegetables** nur ganz kurz gegartes Gemüse ❺ LAW (*without much punishment*) mild; **to get off ~** glimpflich davonkommen

'**light me·ter** *n* PHOT Belichtungsmesser *m*

light·ness¹ ['laɪtnəs] *n no pl* Helligkeit *f*

light·ness² ['laɪtnəs] *n no pl* ❶ (*lack of heaviness*) Leichtheit *f* ❷ (*gracefulness*) Leichtigkeit *f* ❸ (*lack of seriousness*) Leichtigkeit *f* ❹ (*cheerfulness*) Unbeschwertheit *f*

light·ning ['laɪtnɪŋ] METEO **I.** *n no pl* Blitz *m;* **thunder and ~** Blitz und Donner; **to be quick as ~** blitzschnell sein *fam;* **to be struck by ~** vom Blitz getroffen werden **II.** *adj attr* **to do sth with ~ speed** etw in Windeseile machen; **~ quick** blitzschnell

'**light·ning con·duc·tor** *n* BRIT, '**lightning rod** *n* AM Blitzableiter *m a. fig*

'**light·ning strike** *n* BRIT, AUS Blitzstreik *m*

'**light pen** *n* ❶ COMPUT Lichtstift *m* ❷ (*for reading bar codes*) Codeleser *m* '**light-powered** *adj* solarzellenbetrieben '**light·ship** *n* NAUT Feuerschiff *nt* '**light·weight** **I.** *n* ❶ *no pl* SPORTS Leichtgewicht *nt* ❷ (*boxer*) Leichtgewichtler(in) *m(f)* ❸ (*lightly build person*) Leichtgewicht *nt fam;* (*pej:* *lacking endurance*) Schwächling *m fam* **II.** *adj* ❶ (*weighing little*) leicht ❷ (*trivial*) trivial ❸ (*pej: unimportant*) bedeutungslos '**light year** *n* ❶ ASTRON Lichtjahr *nt* ❷ (*fam: long distance*) **to be ~s away/ahead** Lichtjahre entfernt/voraus sein

lig·nite ['lɪgnaɪt] *n no pl* (*spec*) Braunkohle *f*

lik·able *adj* AM, AUS *see* **likeable**

like¹ [laɪk] **I.** *prep* ❶ (*similar to*) wie; **~ most people** wie die meisten Leute; **~ father, ~ son** wie der Vater, so der Sohn; **what does it taste ~?** wie schmeckt es?; **what's it ~ to be a fisherman?** wie ist das Leben als Fischer?; **it feels ~ ages since we last spoke** ich habe das Gefühl, wir haben schon ewig nicht mehr miteinander gesprochen; **he looks ~ his brother** er sieht seinem Bruder ähnlich; **there's nothing ~ a good cup of coffee** es geht doch nichts über eine gute Tasse Kaffee; **or something ~ that** oder etwas in der Richtung; **that's just ~ him!** das sieht ihm ähnlich! ❷ *after n* (*such as*) wie; **why are you talking to me ~ that?** warum sprichst du so mit mir? ▶ **it looks ~ rain/snow** es sieht nach Regen/Schnee aus; **that's more ~ it!** das ist schon besser! **II.** *conj* (*fam*) ❶ (*the same as*) wie; **let's go swimming in the lake ~ we used to** lass uns im Sommer schwimmen gehen wie früher ❷ (*as if*) als ob; **she acts ~ she's the boss** sie tut so, als sei sie die Chefin; **a film of what felt** [*or* **seemed**] **~ four hours** ein Film von gefühlt vier Stunden Länge; **it feels ~ I've told her a hundred times that ...** ich habe ihr gefühlt hundert Mal gesagt, dass ... **III.** *n* **I have not seen his ~ for many years** [so] jemanden wie ihn habe ich schon seit vielen Jahren nicht mehr gesehen; **have you ever seen the ~?** hast du so was schon gesehen? **IV.** *adj* ❶ *attr* (*similar*) ähnlich; **to be of** [*a*] **~ mind** gleicher Meinung sein ❷ *pred* (*true to original*) ähnlich; *statue, painting* naturgetreu **V.** *adv* ❶ (*sl: somehow*) irgendwie; **it was kind of funny ~** es war irgendwie schon komisch, ne [*o* SÜDD gell] ❷ (*sl: in direct speech*) **everybody called her Annie, but my mom was ~, "It's Anne."** alle sagten zu ihr Annie, aber meine Mutter meinte: „Sie heißt Anne."; **I was ~, "What are you guys doing here?"** ich sagte nur: „Was macht ihr hier eigentlich?"

like² [laɪk] **I.** *vt* ❶ (*enjoy*) mögen; **how do you ~ my new shoes?** wie gefallen dir meine neuen Schuhe?; ▪ **to ~ doing sth** etw gern tun ❷ (*want*) **whether you ~ it or not** ob es dir passt oder nicht; **I would ~ the salad, please** ich hätte gerne den Salat, bitte; **would you ~ a drink?** möchten Sie etwas trinken?; **I'd ~ to go to Moscow for my holidays** ich würde gern[e] nach Moskau in Urlaub fahren; **you can drink a pint in two seconds? I'd ~ to see that!** du kannst einen halben Liter in zwei Sekunden austrinken? Na, das möchte ich [doch mal] sehen! ❸ (*prefer*) **I ~ to get up early** ich stehe gerne früh auf ❹ (*feel*) **how would you ~ to have a big boy pull your hair?** wie würde es dir denn gefallen, wenn ein großer Junge dich am Haar ziehen würde? **II.** *vi* **as you ~** wie Sie wollen; **we can leave now if you ~** wir können jetzt gehen, wenn du möchtest **III.** *n* ▪ **~s** *pl* Neigungen *pl*

like·able ['laɪkəbl] *adj* liebenswert

like·li·hood ['laɪklɪhʊd] *n no pl* Wahrscheinlichkeit *f*; **there is a great ~ that ...** es ist sehr wahrscheinlich, dass...; **in all ~** aller Wahrscheinlichkeit nach

like·ly ['laɪkli] **I.** *adj* <-ier, -iest *or* more ~, most ~> wahrscheinlich; **do remind me because I'm ~ to forget** erinnere mich bitte unbedingt daran, sonst vergesse ich es wahrscheinlich **II.** *adv* <more likely, most likely> **most/very ~** höchstwahrscheinlich/sehr wahrscheinlich; **as ~ as not** höchstwahrscheinlich; **I'll ~ not go to the dance** AM (*fam*) ich werde wahrscheinlich nicht zum Tanzen

like-'mind·ed *adj* gleich gesinnt

lik·en ['laɪkən] *vt* ▪ **to ~ sb/sth to sb/sth** jdn/etw mit jdm/etw vergleichen

like·ness <*pl* -es> ['laɪknəs] *n* ❶ (*resemblance*) Ähnlichkeit *f* (**to** mit) ❷ (*semblance*) Gestalt *f* ❸ (*portrait*) Abbild *nt;* (*painting*) Bild *nt*; **he makes very good ~es of the people he draws** er trifft die Personen, die er zeichnet, sehr gut

like·wise ['laɪkwaɪz] *adv* ebenfalls, gleichfalls; **to do ~** es genauso machen

lik·ing ['laɪkɪŋ] *n no pl* Vorliebe *f*; (*for person*) Zuneigung *f*; **to develop/have a ~ for sth** eine Vorliebe für etw *akk* entwickeln/haben ▶ **for one's ~** für jds Geschmack

li·lac ['laɪlək] **I.** *n* ❶ (*bush*) Flieder *m* ❷ *no pl* (*colour*) Lila *nt* **II.** *adj* lila

lilo® ['laɪləʊ] *n* BRIT Luftmatratze *f*

lilt [lɪlt] **I.** *n* ❶ *of the voice* singender Tonfall ❷ (*rhythm*) munterer Rhythmus ❸ (*song*) fröhliches Lied **II.** *vt, vi* trällern

lily ['lɪli] *n* Lilie *f*

'lily-livered ['lɪlɪlɪvəd] *adj* (*liter*) feig[e]
'lily pad *n* Seerosenblatt *nt*

limb¹ [lɪm] *n* ❶ ANAT Glied *nt;* ▪ **~s** Gliedmaßen *pl* ❷ BOT Ast *m* ▶ **to risk life and ~** [**to do sth**] Kopf und Kragen riskieren[, um etw zu tun] *fam;* **to be out on a ~** [ganz] allein dastehen; **to go out on a ~ to do sth** sich in eine prekäre Lage bringen, um etw zu tun

limb² [lɪm] *n* ❶ ASTRON (*edge*) Rand *m* ❷ BOT (*blade*) Spreite *f*

lim·ber ['lɪmbəʳ] **I.** *adj* <-er, -est *or* more ~, most ~> ❶ (*supple*) *movements* geschmeidig ❷ (*flexible*) *body* gelenkig **II.** *vi* ▪ **to** ~ **up** sich warm machen **III.** *vt* lockern

lim·bo¹ ['lɪmbəʊ] *n no pl* ❶ REL Vorhölle *f* ❷ (*waiting state*) Schwebezustand *m;* **to be in** ~ *plan, project* in der Schwebe sein; *person* in der Luft hängen *fam*

lim·bo² ['lɪmbəʊ] **I.** *n* Limbo **II.** *vi* Limbo tanzen

lime¹ [laɪm] **I.** *n no pl* Kalk *m* **II.** *vt* kalken

lime² [laɪm] *n* (*fruit*) Limette *f;* (*tree*) Limonenbaum *m*

lime³ [laɪm] *n* Linde *f*

'lime·light *n no pl* Rampenlicht

lim·er·ick ['lɪmᵊrɪk] *n* Limerick *m*

'lime·stone *n no pl* Kalkstein *m*

lim·it ['lɪmɪt] **I.** *n* ❶ (*utmost point*) [Höchst]grenze *f;* **there's no** ~ **to her ambition** ihr Ehrgeiz kennt keine Grenzen; **to put a** ~ **on sth** etw begrenzen; **to overstep the** ~ zu weit gehen; **to reach the** ~ **of one's patience** mit seiner Geduld am Ende sein ❷ (*boundary*) Grenze *f* ❸ (*of a person*) Grenze[n] *f*[*pl*]; **to know no** ~**s** keine Grenzen kennen; **to know one's** ~**s** seine Grenzen kennen; **to reach one's** ~ an seine Grenze[n] kommen ❹ (*restriction*) Beschränkung *f;* **age** ~ Altersgrenze *f;* **weight** ~ Gewichtsbeschränkung *f* ❺ (*speed*) [zulässige] Höchstgeschwindigkeit *f;* **to drive above the** ~ die Geschwindigkeitsbegrenzung überschreiten ❻ (*blood alcohol level*) Promillegrenze *f* ❼ MATH (*value*) Grenzwert *m* ▶ **to be the** ~ die Höhe sein; **to be off** ~**s** [**to sb**] *esp* AM [für jdn] gesperrt sein; **within** ~**s** in Grenzen; **without** ~**s** ohne Grenzen **II.** *vt* ❶ (*reduce*) einschränken ❷ (*restrict*) ▪ **to** ~ **oneself to sth** sich auf etw *akk* beschränken; ▪ **to** ~ **sth to sth** etw auf etw *akk* begrenzen; ▪ **to** ~ **sb** jdn einschränken

limi·ta·tion [ˌlɪmɪ'teɪʃᵊn] *n* ❶ *no pl* (*restriction*) Begrenzung *f*, Beschränkung *f* ❷ *usu pl* (*pej: shortcomings*) Grenzen *pl* ❸ *no pl* (*action*) Begrenzung *f*

lim·it·ed ['lɪmɪtɪd] *adj* ❶ (*restricted*) *choice, intelligence* begrenzt; **she's had very** ~ **movement in her legs since the accident** seit dem Unfall kann sie ihre Beine nur sehr eingeschränkt bewegen ❷ (*having limits*) begrenzt (**to** auf) ❸ BRIT **Smith and Jones L**~ Smith and Jones GmbH

lim·it·ed 'com·pa·ny *n* BRIT Gesellschaft *f* mit beschränkter Haftung

lim·it·ing ['lɪmɪtɪŋ] *adj* einschränkend *attr*, begrenzend *attr*

lim·it·less ['lɪmɪtləs] *adj* grenzenlos

lim·ou·sine [ˌlɪmə'ziːn] *n* ❶ (*car*) [Luxus]limousine *f* ❷ AM, AUS (*van*) Kleinbus *m*

limp¹ [lɪmp] **I.** *vi* hinken; (*fig*) mit Müh und Not vorankommen **II.** *n no pl* Hinken *nt;* **to walk with a** ~ hinken

limp² [lɪmp] *adj* ❶ (*not stiff*) schlaff; *cloth, material* weich; *leaves, flowers* welk; *voice* matt ❷ (*weak*) schlapp; *efforts* halbherzig; *handshake* lasch; *response* schwach

lim·pet ['lɪmpɪt] *n* ❶ (*mollusc*) Napfschnecke *f* ❷ AM (*limpet mine*) Haftmine *f*

lim·pid ['lɪmpɪd] *adj* (*liter*) *eyes, water* klar

limp·ly ['lɪmpli] *adv* ❶ (*not stiffly*) schlaff, lasch; **he shook her hand** ~ er gab ihr lasch die Hand ❷ (*weakly*) schlapp, kraftlos; **"...," she conceded** ~ „...", sagte sie mit matter Stimme

limy ['laɪmi] *adj* kalkhaltig

linch·pin ['lɪn(t)ʃpɪn] *n* ❶ (*pin*) Achsnagel *m* ❷ (*essential part*) Stütze *f*, das A und O *fam;* **California was the** ~ **state in the last presidential elections** bei den letzten Präsidentschaftswahlen entschied sich letztlich alles in Kalifornien

lin·den *n esp* AM Linde *f*

line¹ [laɪn] **I.** *n* ❶ (*mark*) Linie *f;* **dividing** ~ Trennungslinie *f;* **straight** ~ gerade Linie; MATH Gerade *f;* **to draw a** ~ eine Linie ziehen ❷ SPORTS Linie *f* ❸ (*wrinkle*) Falte *f* ❹ (*contour*) Linie *f* ❺ (*boundary*) Grenze *f;* **to cross the** ~ die Grenze überschreiten, zu weit gehen ❻ (*cord*) Leine *f;* (*string*) Schnur *f* ❼ TELEC [Telefon]leitung *f;* (*connection to network*) Anschluss *m;* **please hold the** ~! bitte bleiben Sie am Apparat! ❽ (*row of words, also in poem*) Zeile *f;* **to drop sb a** ~ jdm ein paar Zeilen schreiben ❾ (*false account, talk*) **I've heard that** ~ **before** die Platte kenne ich schon in- und auswendig! *fam* ❿ (*row of things/people*) Reihe *f;* **to be first in** ~ an erster Stelle stehen; (*fig*) ganz vorne dabei sein; **to be next in** ~ als Nächster/Nächste dran sein ⓫ (*succession*) Linie *f* ⓬ *esp* AM (*queue*) Schlange *f;* **to get in** ~ sich anstellen ⓭ (*product type*) Sortiment *nt;* FASHION Kollektion *f* ⓮ (*course*) ~ **of argument** Argumentation *f;* **what** ~ **shall we take?** wie sollen wir vorgehen? ⓯ (*direction*) **my sister works in publishing and I'm hoping to do something along the same** ~**s** meine Schwester arbeitet im Verlagswesen und ich würde gerne etwas Ähnliches tun ⑯ (*policy*) Linie *f*; **party ~** Parteilinie *f*; **to fall into ~ with sth** mit etw *dat* konform gehen ▶**right down the ~** *esp* Am voll und ganz; **to put sth on the ~** etw aufs Spiel setzen; **to be on the ~** auf dem Spiel stehen II. *vt* ❶ (*mark*) *paper* linieren ❷ (*stand at intervals*) **to ~ the streets** die Straßen säumen *geh* ◆ **line up** I. *vt* ❶ (*put in row*) ▪**to ~ up** ⊂ **sth** etw in einer Reihe aufstellen; ❷ (*organize*) **have you got anyone ~d up to do the catering?** haben Sie jemanden für das Catering engagiert?; **I've got a nice little surprise ~d up for you!** ich habe noch eine nette kleine Überraschung für dich! II. *vi* ❶ (*stand in row*) sich [in einer Reihe] aufstellen; MIL, SPORTS antreten ❷ Am (*wait*) sich anstellen

line² [laɪn] *vt* ❶ (*cover*) *clothing* füttern; *drawers* von innen auslegen; *pipes* auskleiden ❷ (*fam: fill*) **to ~ one's pockets [with sth]** sich *dat* die Taschen [mit etw *dat*] füllen; **to ~ one's stomach** sich *dat* den Magen vollschlagen *fam*

lin·eage ['lɪniːɪdʒ] *n* Abstammung *f*

lin·eal ['lɪniəl] *adj descent* direkt

lin·ear ['lɪniəʳ] *adj* ❶ (*relating to lines*) Linien- ❷ (*relating to length*) Längen- ❸ (*sequential*) geradlinig

lin·ear e'qua·tion *n* lineare Gleichung

lined [laɪnd] *adj* ❶ *paper* liniert, liniert ÖSTERR, SCHWEIZ ❷ (*wrinkled*) *face, hand, skin* faltig ❸ *curtains, garment* gefüttert

lin·en ['lɪnɪn] *n no pl* Leinen *nt*; **bed ~** Bettwäsche *f*

'lin·en bas·ket *n* Wäschekorb *m*

lin·er ['laɪnəʳ] *n* ❶ (*lining*) Einsatz *m*; [dust]bin [*or* Am **garbage can**] **~** Müllsack *m* ❷ NAUT Liniendampfer *m*; **ocean ~** Ozeandampfer *m*

'lines·man *n* SPORTS Linienrichter *m*

'line-up *n* ❶ *of performers* Besetzung *f* ❷ SPORTS [Mannschafts]aufstellung *f*; Am (*in baseball*) Lineup *f fachspr* ❸ *esp* Am LAW Gegenüberstellung *f* ❹ Am, CAN Schlange *f*

lin·ger ['lɪŋəʳ] *vi* ❶ (*remain*) **after the play, we ~ed in the bar** nach dem Stück blieben wir noch eine ganze Weile in der Bar sitzen; **the smell ~ed in the kitchen for days** der Geruch hing tagelang in der Küche; **to ~ in the memory** im Gedächtnis bleiben ❷ (*persist*) anhalten

lin·ge·rie ['lɒ(n)ʒəri] *n no pl* [Damen]unterwäsche *f*

lin·ger·ing ['lɪŋəʳrɪŋ] *adj attr* ❶ (*lasting*) verbleibend; *fears* [fort]bestehend; *regrets* nachhaltig; *suspicion* [zurück]bleibend; **I still have ~ doubts** ich habe noch immer so meine Zweifel ❷ (*long*) lang, ausgedehnt; *illness* langwierig; *kiss* innig

lin·go <*pl* -s *or* -es> ['lɪŋɡəʊ] *n* (*fam*) ❶ (*foreign language*) Sprache *f* ❷ (*jargon*) Jargon *m*

lin·guist ['lɪŋɡwɪst] *n* ❶ LING Linguist(in) *m(f)* ❷ (*sb who speaks languages*) Sprachkundige(r) *f(m)*

lin·guis·tic [lɪŋˈɡwɪstɪk] *adj* sprachlich; *science* linguistisch

lin·guis·tics [lɪŋˈɡwɪstɪks] *n + sing vb, n* Sprachwissenschaft *f*, Linguistik *f*

lini·ment ['lɪnɪmənt] *n no pl* MED Einreibemittel *nt*

lin·ing ['laɪnɪŋ] *n* ❶ (*fabric*) Futter *nt*; *of coat, jacket* Innenfutter *nt*; *of dress, skirt* Unterrock *m* ❷ *of stomach* Magenschleimhaut *f*; *of digestive tract* Darmschleimhaut *f*; *of brake* Bremsbelag *m*

link [lɪŋk] I. *n* ❶ (*connection*) Verbindung *f* (**between** zwischen); (*between people, nations*) Beziehung *f* (**between** zwischen) ❷ RADIO, TELEC Verbindung *f*; INET, COMPUT Link *m* ❸ TRANSP **rail ~** Bahnverbindung *f* ❹ *of chain* [Ketten]glied *nt*; **a ~ in a chain** [**of events**] (*fig*) ein Glied in der Kette [der Ereignisse] II. *vt* ❶ (*connect*) verbinden ❷ (*clasp*) **to ~ arms** sich einhaken; **to ~ hands** sich an den Händen fassen III. *vi* (*connect*) sich zusammenfügen lassen

'link·man *n* BRIT ❶ RADIO, TV Moderator *m* ❷ SPORTS Mittelfeldspieler *m*

links [lɪŋks] *npl* ❶ (*golf course*) Golfplatz *m* ❷ SCOT GEOG (*area near seashore*) Dünen *pl*

'link-up *n* Verbindung *f* (**between** zwischen)

'link·wom·an *n* BRIT ❶ RADIO, TV Moderatorin *f* ❷ SPORTS Mittelfeldspielerin *f*

lin·net ['lɪnɪt] *n* ORN [Blut]hänfling *m*

li·no·leum [lɪˈnəʊliəm] *n no pl* Linoleum *nt*

Li·no·type® ['laɪnəʊtaɪp] *n*, **Li·no·type ma·chine** *f* TYPO (*hist*) Linotype® *f*

lin·seed ['lɪnsiːd] *n no pl* Leinsamen *m*

lin·seed 'oil *n no pl* Leinöl *nt*

lint [lɪnt] *n no pl* ❶ BRIT MED Mull *m* ❷ *esp* Am (*fluff*) Fussel *f*, Fluse *f* NORDD

lin·tel ['lɪntəl] *n* ARCHIT Sturz *m*; *of door* Türsturz *m*; *of window* Fenstersturz *m*

lion ['laɪən] *n* ❶ ZOOL Löwe *m* ❷ ASTROL Löwe *m* ❸ (*celebrity*) Berühmtheit *f* ▶ **the ~'s den** die Höhle des Löwen; **the ~'s share** der Löwenanteil

li·on·ess <*pl* -es> ['laɪənes] *n* Löwin *f*

lion-'heart·ed *adj* (*liter*) furchtlos
li·on·ize ['laɪənaɪz] *vt* ■ **to ~ sb** jdn feiern
lip [lɪp] **I.** *n* ❶ ANAT Lippe *f* ❷ (*rim*) Rand *m*; *of jug* Schnabel *m* ❸ *no pl* (*fam: cheek*) Unverschämtheiten *pl* ▶ **to bite one's ~** sich *dat* etw verbeißen; **to keep a stiff upper ~** Haltung bewahren **II.** *vt* <-pp-> **to ~ a hole** (*in golf*) der Golfball bleibt am Rande des Loches liegen
'lip·gloss *n no pl* Lipgloss *m* **'lip·lin·er** *n* [Lippen]konturenstift *m*
lipo·suc·tion ['lɪpə(ʊ)ˌsʌkʃən] *n no pl* Fettabsaugen *nt*
'lip-read <-read, -read> **I.** *vi* von den Lippen ablesen **II.** *vt* ■ **to ~ sb** jdm von den Lippen ablesen **'lip salve** *n no pl* BRIT MED ❶ (*cream*) Lippenpflege *f*; (*stick*) Lippenpflegestift *m* ❷ (*stick*) Lippenpomade *f* **'lip ser·vice** *n no pl* (*pej*) Lippenbekenntnis *nt*; **to pay ~ to sth** ein Lippenbekenntnis zu etw *dat* ablegen **'lip·stick** *n no pl* Lippenstift *m*
liq·ue·fy <-ie-> ['lɪkwɪfaɪ] **I.** *vt* ❶ CHEM verflüssigen ❷ FIN **to ~ assets** Vermögenswerte verfügbar machen **II.** *vi* CHEM sich verflüssigen
li·queur [lɪˈkjʊə^r] *n* Likör *m*
liq·uid ['lɪkwɪd] **I.** *adj* ❶ (*water-like*) flüssig, Flüssig-; **~ soap** Seifenlotion *f* ❷ (*translucent*) **eyes** glänzend; *lustre* schimmernd ❸ *attr* CHEM verflüssigt ❹ FIN [frei] verfügbar **II.** *n* Flüssigkeit *f*
liq·ui·date ['lɪkwɪdeɪt] **I.** *vt* ❶ ECON *company, firm* auflösen ❷ FIN **to ~ assets** Mittel verfügbar machen; **to ~ debts** Schulden tilgen ❸ (*kill*) ■ **to ~ sb** jdn liquidieren *geh* **II.** *vi* ECON liquidieren
liq·ui·da·tion [ˌlɪkwɪˈdeɪʃən] *n* ❶ FIN *of company* Auflösung *f*; *of debts* Tilgung *f*; **to go into ~** in Liquidation gehen *f* ❷ (*killing*) Liquidierung *f geh*
li·quid crys·tal 'tele·vi·sion *n* Fernseher *m* mit LCD-Flachbildschirm
liq·uid·ity [lɪˈkwɪdəti] *n no pl* ❶ CHEM Flüssigkeit *f* ❷ FIN Liquidität *f fachspr*
liq·uid·ize ['lɪkwɪdaɪz] *vt* pürieren
liq·uid·iz·er ['lɪkwɪdaɪzə^r] *n* Mixgerät *nt*, Mixer *m fam*
li·quid 'soap *n no pl* Flüssigseife *f*
liq·uor ['lɪkə^r] **I.** *n no pl* AM, AUS Alkohol *m*; **he can't hold his ~** er verträgt keinen Alkohol; **hard ~** Schnaps *m* **II.** *vi* AM (*fam*) ■ **to ~ up** sich besaufen **III.** *vt* AM (*fam*) ■ **to ~ sb up** jdn betrunken machen
liq·uo·rice ['lɪkərɪs] *n no pl* ❶ FOOD Lakritze *f* ❷ (*plant*) Süßholz *nt*
Lis·bon ['lɪzbən] *n* Lissabon *nt*

lisp [lɪsp] **I.** *n no pl* Lispeln *nt*; **to have a ~** lispeln **II.** *vi, vt* lispeln
lis·som(e) ['lɪsəm] *adj* (*liter*) *person* graziös; *animal* geschmeidig
list¹ [lɪst] **I.** *n* Liste *f*; **~ of names** Namensliste *f*; (*in books*) Namensverzeichnis *nt*; **shopping ~** Einkaufszettel *m*; **to put sb/sth on a ~** jdn/etw auf eine Liste setzen; **to take sb/sth off a ~** jdn/etw von einer Liste streichen **II.** *vt* auflisten; **to be ~ed in the phone book** im Telefonbuch stehen **III.** *vi* **to ~ at $700/£15** $700/£15 kosten
list² [lɪst] NAUT **I.** *vi* Schlagseite haben **II.** *n* Schlagseite *f*
list·en ['lɪsən] **I.** *vi* ❶ (*pay attention*) zuhören; ■ **to ~ to sb/sth** jdm/etw zuhören; **~ to this!** hör dir das an! *fam*; **to ~ carefully** [ganz] genau zuhören; **to ~ to music/the news/the Radio** Musik/Nachrichten/Radio hören ❷ (*pay heed*) zuhören; **don't ~ to them** hör nicht auf sie ❸ (*attempt to hear*) **will you ~** [out] **for the phone?** könntest du bitte aufpassen, ob das Telefon klingelt? **II.** *interj* hör mal!; **~, we really need to ...** [jetzt] hör mal, wir müssen ... **III.** *n no pl* **have a ~ to this!** hör dir das an! ◆ **listen in** *vi* (*secretly*) mithören; (*without participating*) mitanhören; (*to radio*) hören
list·en·er ['lɪsənə^r] *n* ❶ (*in a conversation*) Zuhörer(in) *m(f)*; **to be a good ~** gut zuhören können ❷ (*to lecture, concert*) Hörer(in) *m(f)*; (*to radio*) [Radio]hörer(in) *m(f)*
lis·teria [lɪˈstɪəriə] *n no pl* MED Listeria *f*
list·ing ['lɪstɪŋ] *n* ❶ (*inventory*) Auflistung *f* ❷ (*entry in inventory*) Eintrag *m* ❸ (*programme*) ■ **~s** *pl* Veranstaltungskalender *m*; **television ~s** Fernsehprogramm *nt*
list·less ['lɪs(t)ləs] *adj* ❶ (*lacking energy*) *person* teilnahmslos; *economy* stagnierend ❷ (*lacking enthusiasm*) lustlos; *performance* ohne Schwung *nach n*, schlaff
list·less·ly ['lɪs(t)ləsli] *adv* teilnahmslos, lustlos
list·less·ness ['lɪs(t)ləsnəs] *n no pl* Teilnahmslosigkeit *f*; MED Apathie *f*
lit¹ [lɪt] *vi, vt pt, pp of* **light**
lit² [lɪt] *n no pl* (*fam*) *short for* **literature** Literatur *f*
lita·ny ['lɪtəni] *n* REL Litanei *f a. fig*
li·tchi *n* FOOD *see* **lychee**
lite [laɪt] *adj* (*fam*) *literature, TV* leicht *pej*, anspruchslos *pej*
li·ter *n* AM *see* **litre**
lit·era·cy ['lɪtərəsi] *n no pl* Lese- und

Schreibfähigkeit *f;* **computer** ~ Computerkenntnisse *pl;* **the ~ level is low in that country** dieses Land hat eine hohe Analphabetenquote

lit·er·al ['lɪtərəl] I. *adj* ① (*not figurative*) wörtlich ② (*word-for-word*) *translation, transcript* wörtlich ③ (*not exaggerated*) buchstäblich; *truth* rein ④ (*fam: for emphasis*) **fifteen years of ~ hell** fünfzehn Jahre lang die reinste Hölle; **a ~ avalanche of mail** eine wahre Flut von Zusendungen II. *n* BRIT TYPO Schreib-/Tipp-/Druckfehler *m*

lit·er·al·ly ['lɪtərəli] *adv* ① (*in a literal manner*) [wort]wörtlich ② (*actually*) buchstäblich; **quite ~** in der Tat; **~ speaking** ungelogen ③ (*fam: for emphasis*) echt

lit·er·ary ['lɪtəri] *adj attr* (*of literature*) *criticism, prize* Literatur-; *language, style* literarisch; **a ~ career** eine Schriftstellerkarriere

lit·er·ary 'criti·cism *n no pl* Literaturkritik *f*

lit·er·ate ['lɪtərət] *adj* ① (*able to read and write*) ■ **to be ~** lesen und schreiben können ② (*well-educated*) gebildet; **to be computer ~** sich mit Computern auskennen

lit·era·ture ['lɪtrətʃər] *n no pl* ① (*written works*) Literatur *f;* **nineteenth-century ~** die Literatur des 19. Jahrhunderts ② (*specialist texts*) Fachliteratur *f* (**on/about** über) ③ (*printed matter*) Informationsmaterial *nt*

lithe [laɪð] *adj* geschmeidig

lith·ium ['lɪθiəm] *n no pl* Lithium *nt*

litho·graph ['lɪθə(ʊ)grɑːf] I. *n* Lithographie *f* II. *vt* lithographieren

li·thog·ra·phy [lɪ'θɒɡrəfi] *n no pl* Lithographie *f*

Lithua·nia [ˌlɪθju'eɪniə] *n* Litauen *nt*

Lithua·nian [ˌlɪθju'eɪniən] I. *n* ① (*person*) Litauer(in) *m(f)* ② *no pl* (*language*) Litauisch *nt* II. *adj* litauisch

liti·gant ['lɪtɪɡənt] *n* prozessführende Partei

liti·gate ['lɪtɪɡeɪt] I. *vi* prozessieren II. *vt* ■ **to ~ sth** um etw *akk* prozessieren

liti·ga·tion [ˌlɪtɪ'ɡeɪʃən] *n no pl* Prozess *m*

li·ti·gious [lɪ'tɪdʒəs] *adj* LAW prozessfreudig *iron*

lit·mus ['lɪtməs] *n no pl* Lackmus *m o nt*

'lit·mus pa·per *n no pl* Lackmuspapier *nt*

'lit·mus test *n* ① CHEM Lackmustest *m* ② (*fam: decisive indication*) entscheidendes [An]zeichen (**of** für)

li·tre ['liːtər] *n* Liter *m o nt;* **two ~s** [of milk/beer] zwei Liter [Milch/Bier]; **per ~** pro Liter

lit·ter ['lɪtər] I. *n* ① *no pl* (*rubbish*) Müll *m*, Abfall *m* ② *no pl* (*disorder*) Durcheinander *nt* ③ + *sing/pl vb* ZOOL Wurf *m;* **a ~ of kittens** ein Wurf kleiner Kätzchen ④ *no pl* (*for animals*) Streu *f* II. *vt* ① (*make untidy*) **dirty clothes ~ed the floor** dreckige Wäsche lag über den Boden verstreut ② *usu passive* (*fill*) ■ **to be ~ed with sth** mit etw *dat* übersät sein

'lit·ter tray *n* Katzenklo *nt*

lit·tle ['lɪtl] I. *adj* ① (*small*) klein; (*for emphasis*) richtige(r, s) kleine(r, s); **my sister is a ~ monster** meine Schwester ist ein richtiges kleines Monster ② (*young*) klein; **~ brother/sister** kleiner Bruder/kleine Schwester ③ *attr* (*short in distance*) kurz; (*short in duration*) wenig, bisschen ④ *attr* (*unimportant*) klein; **every ~ detail** jede Kleinigkeit II. *adv* ① (*somewhat*) ■ **a ~** ein wenig ② (*hardly*) wenig; **~ did she know that ...** sie hatte ja keine Ahnung davon, dass ...; **~ more than an hour ago** vor kaum einer Stunde; **to ~ understand sth** etw kaum verstehen III. *pron sing* ① (*small quantity*) ■ **a ~** ein wenig (**of** von) ② (*not much*) wenig; **as ~ as possible** möglichst wenig; **there is ~ sb can do** jd kann wenig machen; **the ~ ...** das wenige ... ③ (*short distance*) **let's walk a ~ after dinner** lass uns nach dem Essen einen kurzen Spaziergang machen ④ (*short time*) **it's a ~ after six** es ist kurz nach sechs ▶ **precious ~** herzlich wenig

li·tur·gi·cal [lɪ'tɜːdʒɪkəl] *adj* liturgisch

lit·ur·gy ['lɪtɜːdʒi] *n* Liturgie *f*

live¹ [laɪv] I. *adj* ① *attr* (*living*) lebend; **~ animals** echte Tiere ② MUS, RADIO, TV live; **~ audience** Live-Publikum *nt;* **~ broadcast** Liveübertragung *f* ③ ELEC geladen; **~ wire** Hochspannungskabel *nt* ④ (*unexploded*) scharf ⑤ (*burning*) glühend II. *adv* MUS, RADIO, TV live

live² [lɪv] I. *vi* ① (*be alive*) leben; **will she ~?** wird sie überleben?; **she ~d to be 97 years old** sie wurde 97 Jahre alt ② (*spend life*) leben; **to ~ in fear/luxury** in Angst/Luxus leben ③ (*subsist*) leben (**by** von) ④ (*be remembered*) weiterleben; **his music will ~ for ever** seine Musik ist unvergänglich ⑤ (*have interesting life*) **to ~ a little** das Leben genießen ⑥ (*reside*) wohnen; **where do you ~?** wo wohnst du?; **to ~ in the country/in town** auf dem Land/in der Stadt wohnen ▶ **to ~ to regret sth** etw noch bereuen werden II. *vt* **to ~**

[one's] life to the full das Leben in vollen Zügen genießen; **to ~ one's own life** sein eigenes Leben leben ▸ **to ~ a lie** mit einer Lebenslüge leben ◆ **live down** *vt* ■ **to ~ down** ○ **sth** über etw *akk* hinwegkommen; *mistakes* über etw *akk* Gras wachsen lassen ◆ **live for** *vi* ■ **to ~ for sth** für etw *akk* leben ▸ **to ~ for the moment** ein sorgloses Leben führen ◆ **live in** *vi* [mit] in selben Haus wohnen; *student, nurse* im Wohnheim wohnen ◆ **live off,** AM *also* **live off of** *vi* ❶ (*depend*) ■ **to ~ off sb** auf jds Kosten leben ❷ (*support oneself*) ■ **to ~ off sth** *inheritance, pension* von etw *dat* leben ❸ (*eat*) ■ **to ~ off sth** von etw *dat* leben; (*exclusively*) sich ausschließlich von etw *dat* ernähren ◆ **live on** *vi* ❶ (*continue*) weiterleben; *tradition* fortbestehen; **to ~ on in memory** in Erinnerung bleiben ❷ (*support oneself*) ■ **to ~ on sth** von etw *dat* leben ❸ (*eat*) ■ **to ~ on sth** von etw *dat* leben; (*exclusively*) sich ausschließlich von etw *dat* ernähren ◆ **live out** *vt* **to ~ out** ○ **one's dreams/fantasies** seine [Wunsch]träume/Vorstellungen verwirklichen; **to ~ out** ○ **one's life/one's days** sein Leben/seine Tage verbringen ◆ **live through** *vi* überstehen; **to ~ through an experience** eine Erfahrung durchmachen ◆ **live together** *vi* zusammenleben; *residents* zusammenwohnen ◆ **live up** *vt* **to ~ it up** (*fam*) die Puppen tanzen lassen ◆ **live up to** *vi* ■ **to ~ up to sb's expectations** jds Erwartungen gerecht werden; **to ~ up to one's reputation** seinem Ruf gerecht werden; **to ~ up to a promise** ein Versprechen erfüllen ◆ **live with** *vi* ❶ (*cohabit*) **to ~ with each other** zusammenleben ❷ (*tolerate*) ■ **to ~ with sth** sich mit etw *dat* abfinden

live·li·hood ['laɪvlihʊd] *n* Lebensunterhalt *m;* **to lose one's ~** seine Existenzgrundlage verlieren

live·li·ness ['laɪvlinəs] *n no pl* of *child, person* Lebhaftigkeit *f*

live·ly ['laɪvli] *adj* ❶ (*full of energy*) *city, child, street* lebhaft; *child, eyes, tune* munter; *nature* aufgeweckt; **~ place** ein Ort, an dem immer etwas los ist ❷ (*bright*) *colour* hell; (*pej*) grell ❸ (*lifelike*) *description* anschaulich ❹ (*enduring*) *tradition* lebendig ❺ (*brisk*) *pace* flott ❻ (*stimulating*) *discussion, style* lebhaft; *imagination* rege(r, s); *mind* wach

liv·en ['laɪvən] I. *vt* ■ **to ~ up** ○ **sth** Leben in etw *akk* bringen; **to ~ up a room** ein Zimmer etwas aufpeppen *fam;* ■ **to ~ up** ○ **sb** jdn aufmuntern II. *vi person* aufleben; *party, sports match* in Schwung kommen

liv·er ['lɪvər] *n* FOOD, ANAT Leber *f*

'liv·er com·plaint *n* Leberschaden *m*

liv·er·ish ['lɪvərɪʃ] *adj* ❶ (*dated: ill*) leberkrank ❷ (*hum: peevish*) übellaunig

'liv·er sau·sage *n no pl* Leberwurst *f*

liv·ery ['lɪvəri] *n* ❶ FASHION Livree *f* ❷ BRIT (*design*) Firmenfarben *pl*

'live·stock *n no pl* Vieh *nt*

liv·id ['lɪvɪd] *adj* (*fam: furious*) wütend; **absolutely ~** fuchsteufelswild

liv·ing ['lɪvɪŋ] I. *n* ❶ *usu sing* (*livelihood*) Lebensunterhalt *m;* **is he really able to make a ~ as a translator?** kann er von der Übersetzerei wirklich leben?; **to do sth for a ~** mit etw *dat* seinen Lebensunterhalt verdienen ❷ *no pl* (*lifestyle*) Lebensstil *m;* **standard of ~** Lebensstandard *m* ❸ *pl* ■ **the ~** (*people*) die Lebenden *pl* II. *adj* ❶ (*alive*) lebend *attr;* **we didn't see a ~ soul on the streets** wir sahen draußen auf der Straße keine Menschenseele; **~ creatures** Lebewesen *pl* ❷ (*exact*) **to be the ~ image of sb** jdm wie aus dem Gesicht geschnitten sein ❸ (*still used*) lebendig; *language* lebend ▸ **to scare the ~ daylights out of sb** jdn zu Tode erschrecken; **to be in ~ memory** [noch] in [lebendiger] Erinnerung sein

'liv·ing con·di·tions *n* Lebensbedingungen *pl* **'liv·ing quar·ters** *npl* Wohnbereich *m;* MIL Quartier *nt* **'liv·ing roof** *n see* **ecoroof** **'liv·ing room** *n* Wohnzimmer *nt* **'liv·ing space** *n no pl* (*for personal accommodation*) Wohnraum *m;* (*for a nation*) Lebensraum *m* **liv·ing 'wage** *n no pl* Existenzminimum *nt*

liz·ard ['lɪzəd] *n* Eidechse *f*

lla·ma ['lɑːmə] *n* Lama *nt*

load [ləʊd] I. *n* ❶ (*amount carried*) Ladung *f;* **the maximum ~ for this elevator is eight persons** der Aufzug hat eine Tragkraft von maximal acht Personen; **with a full ~ of passengers** mit Passagieren [voll] besetzt ❷ (*burden*) Last *f;* **a heavy/ light ~** ein hohes/niedriges Arbeitspensum ❸ (*fam: lots*) **what a ~ of rubbish!** was für ein ausgemachter Blödsinn!; **a ~ of work** ein Riesenberg an Arbeit ❹ (*fam: plenty*) ■ **~s** jede Menge ▸ **get a ~ of this!** (*sl*) hör dir das an! II. *adv* ■ **~s** *pl* (*sl*) tausendmal *fam* III. *vt* ❶ (*fill*) laden; *container* beladen; *dishwasher* einräumen; *washing machine* füllen ❷ (*burden*) aufladen; **to ~ sb with responsibilities** jdm sehr viel Verantwortung aufladen ❸ (*supply excessively*) ■ **to ~ sb/sth with sth** jdn/etw mit etw *dat* überhäufen ❹ (*fill*) *canon* laden; (*insert*) *cassette, film* einlegen ❺ (*bias*) **to ~ a roulette wheel** das Roulette präparieren **IV.** *vi* [ver]laden ◆ **load down** *vt* schwer beladen; ■ **to ~ sb down** jdm zu viel aufbürden ◆ **load up I.** *vt* aufladen; **to ~ up a container** einen Container beladen; **let's ~ up the car and then we can go** lass uns schnell die Sachen ins Auto laden, dann können wir gehen **II.** *vi* beladen

load·ed ['ləʊdɪd] *adj* ❶ (*carrying sth*) beladen ❷ (*with ammunition*) geladen ❸ (*having excess*) überladen (**with** mit); **to be ~ with calories** eine Kalorienbombe sein ❹ *pred* (*fam: rich*) steinreich ❺ *pred esp* AM (*sl.: drunk*) besoffen *fam* ❻ AM AUTO (*with all the extras*) voll ausgestattet ❼ (*biased*) **to be ~ in favour of sb/sth** für jdn/etw eingenommen sein; **~ question** Fangfrage *f*

load·stone *n see* **lodestone**

loaf¹ <*pl* loaves> [ləʊf] *n* ❶ (*bread*) Brot *nt*; (*unsliced*) Brotlaib *m* ❷ (*bread-shaped food*) Kasten-

loaf² [ləʊf] *vi* faulenzen; **to ~ about** herumgammeln *fam*

loaf·er ['ləʊfə^r] *n* ❶ (*person*) Faulenzer(in) *m(f) pej* ❷ FASHION [leichter] Halbschuh

loam [ləʊm] *n no pl* ❶ (*soil*) Lehmerde *f* ❷ (*for making bricks*) Lehm *m*

loan [ləʊn] **I.** *n* ❶ (*money*) Kredit *m*, Darlehen *nt*; **a $50,000 ~** ein Darlehen über $50,000; **to take out a ~** ein Darlehen aufnehmen ❷ (*act*) Ausleihe *f kein pl*, Verleihen *nt kein pl*; **to be on ~** verliehen sein **II.** *vt* leihen

'**loan·word** *n* Lehnwort *nt*

loath [ləʊθ] *adj pred* (*form*) ■ **to be ~ to do sth** etw ungern tun

loathe [ləʊð] **I.** *adj* AM *see* **loath II.** *vt* nicht ausstehen können; *stronger* verabscheuen

loath·ing ['ləʊðɪŋ] *n no pl* (*hate*) Abscheu *m*; (*hatred*) Hass *m*; **fear and ~** Angst und Abscheu; **to fill sb with ~** jdn mit Ekel erfüllen; **to have a ~ for sb/sth** jdn/etw verabscheuen

loath·some ['ləʊðsəm] *adj* abscheulich; *suggestion, action* abstoßend

loaves [ləʊvz] *n pl of* **loaf**

lob [lɒb] **I.** *vt* <-bb-> lobben; **to ~ a ball** im Lob spielen **II.** *n* ❶ (*ball*) Lob *m* ❷ (*stroke*) Lobspiel *nt kein pl*

lob·by ['lɒbi] **I.** *n* ❶ ARCHIT Eingangshalle *f*; **hotel/theatre ~** Hotel-/Theaterfoyer *nt* ❷ POL Lobby *f*; **the anti-abortion ~** die Lobby der Abtreibungsgegner **II.** *vi* <-ie-> ■ **to ~ for/against sth** seinen Einfluss [mittels eines Interessensverbandes] für/gegen etw *akk* geltend machen; **local residents lobbied to have the factory shut down** die Anwohner schlossen sich zusammen und forderten die Stilllegung der Fabrik **III.** *vt* <-ie-> ■ **to ~ sb/sth** [**to do sth**] jdn/etw beeinflussen [etw zu tun]

lob·by·ist ['lɒbiɪst] *n* Lobbyist(in) *m(f)*

lobe [ləʊb] *n* Lappen *m*; *of ear* Ohrläppchen *nt*; *of brain* Gehirnlappen *m*; *of liver* Leberlappen *m*

lob·ster ['lɒbstə^r] *n* ZOOL, FOOD Hummer *m*

'**lob·ster pot** *n* Hummerfangkorb *m*

lo·cal ['ləʊkəl] **I.** *adj* ❶ (*neighbourhood*) hiesig, örtlich; **~ politics** Kommunalpolitik *f*; **~ radio station** Lokalsender *m*; **~ branch** Filiale *f*; *of bank, shop* Zweigstelle *f* ❷ MED lokal **II.** *n* ❶ *usu pl* (*inhabitant*) Ortsansässige(r) *f(m)* ❷ BRIT (*fam: pub*) Stammkneipe *f* ❸ AM (*trade union*) örtliches Gewerkschaftsbüro

lo·cal an·aes·'thet·ic *n* örtliche Betäubung **lo·cal au'thor·i·ty** *n* BRIT *of community* Kommunalverwaltung *f*; *of city* Stadtverwaltung *f* '**lo·cal call** *n* Ortsgespräch *nt*

lo·cale [lə(ʊ)'kɑːl] *n* Örtlichkeit *f*

lo·cal 'gov·ern·ment *n of towns* Stadtverwaltung *f*; *of counties* Bezirksverwaltung *f*

lo·cal·ity [lə(ʊ)'kæləti] *n* Gegend *f*

lo·cali·za·tion [ˌləʊkəlaɪˈzeɪʃ^ən] *n no pl* Lokalisation *f*

lo·cal·ize ['ləʊkəlaɪz] *vt* ❶ (*restrict*) lokalisieren *geh* ❷ (*pinpoint*) lokalisieren *geh* ❸ (*give local characteristics*) etw örtlich genau definieren

lo·cal·ly ['ləʊkəli] *adv* am [*o* vor] Ort; **fruit and vegetables are grown ~** Obst und Gemüse werden hier in dieser Gegend angebaut; **~ produced** vor Ort hergestellt [*o* produziert]

lo·cal 'news·pa·per *n* Lokalblatt *nt* '**lo·cal time** *n* Ortszeit *f* '**lo·cal 'train** *n* Nahverkehrszug *m*

lo·cate [lə(ʊ)'keɪt] **I.** *vt* ❶ (*find*) ausfindig machen; *plane, sunken ship* orten ❷ (*situate*) bauen; **our office is ~d at the end of the road** unser Büro befindet sich am Ende der Straße; **to be centrally ~d** zentral liegen **II.** *vi* AM sich niederlassen

lo·ca·tion [lə(ʊ)'keɪʃ^ən] *n* ❶ (*place*) Lage *f*; *company* Standort *m* ❷ FILM Drehort *m*

❸ *no pl* (*act*) Positionsbestimmung *f*; *of tumour* Lokalisierung *f*
loc. cit. [ˌlɒk'sɪt] *abbrev of* **loco citato** l.c. *geh*, a.a.O.
loch [lɒk, SCOT lɒx] *n* SCOT ❶ (*lake*) See *m* ❷ (*fjord*) Meeresarm *m*
lock¹ [lɒk] **I.** *n* ❶ (*fastening device*) Schloss *nt*; *bicycle* ~ Fahrradschloss *nt* ❷ NAUT Schleuse *f* ❸ (*in wrestling*) Fesselgriff *m* ▸ **to be under ~ and key** hinter Schloss und Riegel sitzen *fam*; **to have a ~ on sth** AM (*fam*) etw fest in der Hand haben **II.** *vt* ❶ (*fasten*) abschließen; **he ~ed the documents in his filing cabinet** er schloss die Dokumente in den Aktenschrank; *suitcase* verschließen ❷ *usu passive* (*entangle*) sich verhaken; **to be ~ed in an embrace** sich eng umschlungen halten **III.** *vi* ❶ (*become secured*) schließen ❷ (*become fixed*) binden ❸ NAUT eine Schleuse passieren ◆**lock away** *vt* ❶ (*secure*) wegschließen ❷ (*for peace and quiet*) ■ **to ~ oneself away** [**in one's office**] sich [in seinem Büro] einschließen; ■ **to ~ away** ⌾ **sb** jdn einsperren *fam* ◆**lock on** *vi* MIL **to ~ on to a target** ein genaues Ziel ausmachen ◆**lock out** *vt* aussperren ◆**lock up I.** *vt* ❶ (*secure*) abschließen; *documents, money* wegschließen ❷ (*put in custody*) ■ **to ~ up** ⌾ **sb** LAW jdn einsperren *fam;* MED jdn in eine geschlossene Anstalt bringen; ■ **to ~ oneself up** sich einschließen **II.** *vi* abschließen, zuschließen

lock² [lɒk] *n* ❶ (*curl*) [Haar]locke *f* ❷ (*hair*) **long, flowing ~s** langes, wallendes Haar
lock·able ['lɒkəbl̩] *adj* abschließbar, verschließbar
lock·er ['lɒkər] *n* Schließfach *nt;* MIL Spind *m*
lock·et ['lɒkɪt] *n* Medaillon *nt*
'**lock·jaw** *n no pl* MED (*dated fam*) Wundstarrkrampf *m* '**lock·out** *n* (*esp pej*) Aussperrung *f* '**lock·smith** *n* Schlosser(in) *m(f)* '**lock-up** *n* ❶ (*jail*) Gefängnis *nt;* (*for drunks*) Ausnüchterungszelle *f* ❷ *esp* BRIT (*garage*) [angemietete] Garage ❸ *no pl* AUTO Blockierung *f*
lo·co·mo·tion [ˌləʊkəˈməʊʃ⁽ə⁾n] *n no pl* Fortbewegung *f*
lo·co·mo·tive [ˌləʊkəˈməʊtɪv] **I.** *n* Lokomotive *f;* **steam ~** Dampflokomotive *f* **II.** *adj attr* Fortbewegungs-
lo·cum *n*, **lo·cum te·nens** <*pl* -tenentes> [ˌləʊkəmˈtenenz, *pl* -tɪˈnenti:z] *n esp* BRIT, AUS (*spec*) Vertreter(in) *m(f)* (*eines Arztes oder Geistlichen*)

lo·cus <*pl* -ci> ['ləʊkəs, *pl* -saɪ] *n* ❶ (*form: location*) Zentrale *f* ❷ MATH geometrischer Ort ❸ BIOL Genort *m*
lo·cust ['ləʊkəst] *n* Heuschrecke *f*
lo·cu·tion [ləˈkjuːʃ⁽ə⁾n] *n* ❶ *no pl* (*style of speech*) Ausdrucksweise *f* ❷ (*expression*) Redensart *f*
lode [ləʊd] *n* MIN Ader *f*
'**lode·star** *n usu sing* ❶ (*star*) Leitstern *m;* (*Pole Star*) Polarstern *m* ❷ (*guiding principle*) Leitbild *nt*
lodge [lɒdʒ] **I.** *n* ❶ (*house*) Hütte *f*; **gatekeeper's ~** Pförtnerhaus *nt* ❷ (*in a resort*) Lodge *f* **II.** *vt* ❶ (*present formally*) *appeal, objection, complaint* einlegen; *protest* erheben ❷ *esp* BRIT, AUS (*form: store*) ■ **to ~ sth with sb/sth** etw bei jdm/etw hinterlegen ❸ (*make fixed*) hineinstoßen ❹ (*give sleeping quarters to*) ■ **to ~ sb** jdn [bei sich *dat*] unterbringen **III.** *vi* ❶ (*become fixed*) stecken bleiben ❷ (*form: reside*) logieren; ■ **to ~ with sb** bei jdm [zur Untermiete] wohnen
lodg·er ['lɒdʒər] *n* Untermieter(in) *m(f);* **to take in ~s** Zimmer [unter]vermieten
lodg·ing ['lɒdʒɪŋ] *n* ❶ *no pl* (*form: accommodation*) Unterkunft *f*; **board and ~** Kost und Logis *f* ❷ *esp* BRIT (*dated fam: rented room*) ■ **~s** *pl* möbliertes Zimmer
'**lodg·ing house** *n* Pension *f*
loft [lɒft] **I.** *n* ❶ (*attic*) Speicher *m*, Estrich *m* SCHWEIZ; (*for living*) Dachwohnung *f*, Loft *m* ❷ (*gallery in church*) **organ/choir ~** Empore *f* (*für die Orgel/den [Kirchen]chor*) ❸ (*pigeon house*) Taubenschlag *m* **II.** *vt ball* hochschlagen (**over** über)
lofty ['lɒfti] *adj* (*form*) ❶ (*liter: soaring*) hoch [aufragend]; *heights* schwindelnd ❷ (*noble*) erhaben; *aims* hoch gesteckt; *ambitions* hochfliegend; *ideals* hohe(r, s) ❸ (*pej: haughty*) überheblich
log¹ [lɒg] *n* (*fam*) *short for* **logarithm** Logarithmus *m*
log² [lɒg] **I.** *n* ❶ (*branch*) [gefällter] Baumstamm; (*tree trunk*) [Holz]block *m*; (*for firewood*) [Holz]scheit *nt* ❷ (*record*) NAUT Logbuch *nt*; AVIAT Bordbuch *nt* ❸ (*systematic record*) Aufzeichnungen *pl*; **police ~** Polizeibericht *m* **II.** *vt* <-gg-> ❶ (*enter into record*) aufzeichnen; *phone calls* registrieren ❷ (*achieve*) **to ~ [up] a distance** eine Strecke zurücklegen; **to ~ [up] a speed** eine Geschwindigkeit erreichen ❸ *forest* abholzen; *trees* fällen **III.** *vi* <-gg-> Bäume fällen ◆**log in** *vi* sich einloggen ◆**log off** *vi* sich ausloggen ◆**log**

on *vi* sich einloggen (**to** in) ◆ **log out** *vi* sich ausloggen

lo·gan·ber·ry ['ləʊgᵊnbᵊri] *n* FOOD ❶ (*fruit*) Loganbeere *f* ❷ (*plant*) Loganbeerstrauch *m*

loga·rithm ['lɒgᵊrɪðᵊm] *n* Logarithmus *m*

loga·rith·mic [ˌlɒgᵊr'ɪðmɪk] *adj* logarithmisch

'**log book** *n* ❶ NAUT Logbuch *nt;* AVIAT Bordbuch *nt* ❷ BRIT AUTO Kraftfahrzeugbrief *m*

log 'cab·in *n* Blockhaus *nt*

log·ger ['lɒgəʳ] *n* Holzfäller(in) *m(f)*

log·ger·heads ['lɒgəhedz] *npl* ■ **to be at ~** [**with sb**] [mit jdm] im Streit liegen

log·ic ['lɒdʒɪk] *n no pl* ❶ (*chain of reasoning*) Logik *f;* **flawed ~** unlogischer Gedankengang; **internal ~** innere Logik; **to defy ~** gegen jede Logik verstoßen ❷ (*formal thinking*) *also* COMPUT, ELEC Logik *f* ❸ (*justification*) Vernunft *f*

logi·cal ['lɒdʒɪkᵊl] *adj* ❶ (*according to laws of logic*) logisch ❷ (*correctly reasoned*) vernünftig ❸ (*to be expected*) **it was the ~ thing to do** es war das Vernünftigste, was man tun konnte ❹ (*capable of clear thinking*) **I was incapable of ~ thought** ich konnte keinen klaren Gedanken fassen

lo·gis·tics [lə'dʒɪstɪks] *n + sing/pl vb* Logistik *f*

'**log·jam** *n* ❶ (*mass of logs*) Anstauung *f* von Floßholz ❷ (*deadlock*) toter Punkt; **to break a ~** wieder aus einer Sackgasse herauskommen

logo ['ləʊgəʊ] *n* Logo *m o nt*

logo-'cen·tric *adj product range* mit gut sichtbarem Firmenlogo *nach n;* **a ~ design ethos** ein auf dem Firmenlogo beruhendes Design-Ethos

'**log·roll·ing** *n no pl* AM ❶ POL (*fam*) Kuhhandel *m* ❷ (*sport*) sportlicher Wettkampf *mit dem Ziel, sich gegenseitig von im Wasser treibenden Baumstämmen zu stoßen*

loin [lɔɪn] *n* ❶ *usu pl* ANAT, FOOD Lende *f* ❷ (*liter, poet: sexual organs*) ■ **~s** *pl* Lenden *pl liter*

'**loin·cloth** *n* Lendenschurz *m*

loi·ter ['lɔɪtəʳ] *vi* ❶ (*hang about idly*) **to ~ about** herumhängen *sl;* (*pej*) herumlungern *fam* ❷ (*travel lazily*) [herum]trödeln *fam*

loi·ter·er ['lɔɪtᵊrəʳ] *n* Herumtreiber(in) *m(f) fam*

loll [lɒl] I. *vi* ❶ (*be lazy*) lümmeln; (*sit lazily*) faul dasitzen; (*lie lazily*) faul daliegen; (*stand lazily*) faul herumstehen II. *vt* **to ~ out one's tongue** die Zunge herausstrecken

lol·li·pop ['lɒlipɒp] *n* Lutscher *m,* ÖSTERR *a.* Schlecker *m*

'**lol·li·pop lady** *n* BRIT, AUS (*fam*) ≈ Schülerlotsin *f* '**lol·li·pop man** *n* BRIT, AUS (*fam*) ≈ Schülerlotse *m*

lol·lop ['lɒləp] *vi* (*fam*) trotten; *rabbit* hoppeln

lol·ly ['lɒli] *n* ❶ BRIT, AUS (*lollipop*) Lutscher *m;* **ice ~** Eis *nt* am Stiel ❷ AUS, NZ (*boiled sweet*) Bonbon *m o nt*

lone [ləʊn] *adj attr* ❶ (*solitary*) einsam ❷ (*uninhabited*) *place* unbewohnt ❸ (*unmarried*) allein stehend; *father, parent* allein erziehend

lone·li·ness ['ləʊnlinəs] *n no pl* Einsamkeit *f* **lone·ly** <-ier, -iest *or* more ~, most ~> ['ləʊnli] *adj* ❶ (*unhappy*) einsam; **to feel ~** sich einsam fühlen ❷ (*solitary*) einsam ❸ (*unfrequented*) abgeschieden; *street* still

lon·er ['ləʊnəʳ] *n* (*usu pej*) Einzelgänger(in) *m(f)*

lone·some ['ləʊnsəm] *adj* ❶ *esp* AM (*unhappy*) einsam; **to feel ~** sich einsam fühlen ❷ (*unfrequented*) abgelegen ❸ (*causing lonely feeling*) einsam ▶ **by one's ~** *esp* AM (*fam*) ganz allein; **I was just sitting here all by my ~** ich saß hier einsam und allein

long¹ [lɒŋ] I. *adj* ❶ (*in space*) lang; (*over great distance*) weit; (*elongated*) lang, länglich; (*fam: tall*) groß, lang *fam; journey* weit; (*fig*) **there was a list of complaints as ~ as your arm** es gab eine ellenlange Liste von Beschwerden; **to have come a ~ way** (*distance*) von weit her gekommen sein; (*positive development*) es weit geschafft haben ❷ (*in time*) lang; (*tedious*) lang[wierig]; *friendship* langjährig; *memory* gut; **each session is an hour ~** jede Sitzung dauert eine Stunde; **we go back a ~ way** wir kennen uns schon seit ewigen Zeiten; **a ~ day** ein langer [und anstrengender] Tag; **it was a ~ time before I received a reply** es dauerte lange, bis ich [eine] Antwort bekam; **to work ~ hours** einen langen Arbeitstag haben ❸ (*in scope*) lang; *book dick* ❹ *pred* (*fam: ample*) ■ **to be ~ on sth** etw reichlich haben ❺ (*improbable*) *chance* gering ▶ **in the ~ run** auf lange Sicht [gesehen] II. *adv* ❶ (*for a long time*) lang[e]; **have you been waiting ~?** wartest du schon lange?; **the authorities have ~ known that ...** den Behörden war seit langem bekannt, dass ...; **I won't be ~** (*before finishing*) ich bin gleich fertig; (*before appearing*) ich bin gleich da; **it won't take ~** es wird nicht lange dauern; **take as ~ as you like** lass dir Zeit ❷ (*at a distant time*) lange; **~ ago** vor langer Zeit; **not ~ before ...** kurz davor ❸ (*after implied time*) lange; **how much ~er will it take?** wie lange wird es noch dauern?; **I'm not going to wait any ~er** ich werde nicht länger warten; **he no ~er wanted to go there** er wollte nicht mehr dorthin ❹ (*throughout*) **all day/night/summer ~** den ganzen Tag/die ganze Nacht/den ganzen Sommer [lang] ▶ **as ~ as ...** (*during*) solange ...; (*provided that*) vorausgesetzt, dass ... III. *n* ❶ *no pl* (*long time*) eine lange Zeit; **have you been waiting for ~?** wartest du schon lange? ❷ (*in Morse*) lang; **one short and three ~s** einmal kurz und dreimal lang ▶ **before** [**very**] **~** schon [sehr] bald; **the ~ and the short of it** kurz gesagt

long² [lɒŋ] *vi* sich sehnen (**for** nach); ■**to ~ to do sth** sich danach sehnen, etw zu tun

long³ *n* GEOG *abbrev of* **longitude** Länge *f*

'long·boat *n* NAUT Großboot *nt* **long-'dis·tance** I. *adj attr* ❶ (*between distant places*) Fern-, Weit-; **~ flight** Langstreckenflug *m;* **~ relationship** Fernbeziehung *f* ❷ SPORTS Langstrecken-; **~ race** Langstreckenlauf *m* II. *adv* **to phone ~** ein Ferngespräch führen; **to travel ~** eine Fernreise machen **long-e's·tab·lished** *adj* ■**to be ~** [schon] seit Langem bestehen; **we have a ~ policy ...** es ist bei uns seit Langem die Regel ...

lon·gev·i·ty [lɒnˈdʒevəti] *n no pl* Langlebigkeit *f*

'long-haired <longer-, longest-> *adj* langhaarig; *animals* Langhaar- **'long·hand** *n no pl* Langschrift *f;* **to write sth in ~** etw mit der Hand schreiben **long 'haul** *n* ❶ (*long distance*) Langstreckentransport *m;* **~ flight** Langstreckenflug *m* ❷ (*prolonged effort*) Anstrengung *f* über eine lange Zeit hinweg ❸ *esp* AM (*long time*) **to be in sth for the ~** sich langfristig für etw *akk* engagieren; **over the ~** auf lange Sicht

long·ing [ˈlɒŋɪŋ] I. *n* Sehnsucht *f,* Verlangen *nt* (**for** nach) II. *adj attr* (*showing desire*) sehnsüchtig

long·ing·ly [ˈlɒŋɪŋli] *adv* sehnsüchtig, voll[er] Sehnsucht [*o* Verlangen]

long·ish [ˈlɒŋɪʃ] *adj* (*fam*) ziemlich lang **lon·gi·tude** [ˈlɒndʒɪtjuːd] *n* GEOG Länge *f* **lon·gi·tu·di·nal** [ˌlɒndʒɪˈtjuːdɪnəl] *adj* ❶ (*lengthwise*) Längs-; **~ extent** längenmäßige Ausdehnung ❷ GEOG Längen-

'long johns *npl* (*fam*) lange Unterhose **'long jump** *n* SPORTS ❶ (*sports discipline*) ■**the ~** *no pl* der Weitsprung ❷ (*action*) ■**~s** *pl* Weitsprünge *pl* **'long-life** *adj* ❶ (*specially treated*) haltbar; **~ milk** H-Milch *f* ❷ (*specially made*) langlebig **long-'lived** <longer-, longest-> *adj* langlebig; *feud* [seit langem] bestehend **'long-lost** *adj attr* lang verloren geglaubt *attr*; *person* lang vermisst geglaubt **long-'range** *adj* ❶ (*in distance*) Langstrecken- ❷ (*long-term*) langfristig **'long shot** *n* ■**to be a ~** ziemlich aussichtslos sein; [**not**] **by a ~** (*fam*) bei weitem [nicht] **long-'sight·ed** *adj* ❶ (*having long sight*) weitsichtig ❷ *esp* AM (*fig: having foresight*) vorausschauend; ■**to be ~** Weitsicht besitzen **long-'stand·ing** *adj* seit langem bestehend; *argument* seit langem anhaltend; *friendship, relationship* langjährig; *quarrel* lang während **long-'suf·fer·ing** *adj* langmütig **'long-term** *adj attr* langfristig; **~ memory** Langzeitgedächtnis *nt;* **~ strategy** Langzeitstrategie *f;* **the ~ unemployed** die Langzeitarbeitslosen *pl* **'long wave** *n* RADIO Langwelle *f* **'long·ways** *adv* der Länge nach, längs **long-'wind·ed** *adj* langatmig

loo [luː] *n* BRIT, AUS (*fam*) Klo *nt*

loo·fah [ˈluːfə] *n* ❶ (*sponge*) Luffaschwamm *m* ❷ (*plant*) Luffa *f*

look [lʊk] I. *n* ❶ *usu sing* (*glance*) Blick *m;* **to get a good ~ at sb/sth** jdn/etw genau sehen können; **to give sb a ~** jdn ansehen; (*glimpse*) jdm einen Blick zuwerfen; **to give sb a ~ of disbelief** jdn ungläubig Abneigung ansehen; **to have a ~ round** sich umsehen ❷ (*facial expression*) [Gesichts]ausdruck *m* ❸ *no pl* (*examination*) Betrachtung *f; may* **I have a ~?** darf ich mal sehen?; **to have a ~ at sth** sich *dat* etw ansehen; **to take a [good,] hard ~ at sb/sth** sich *dat* jdn/etw genau ansehen ❹ *no pl* (*search*) **to have a ~** nachsehen; **to have a ~ for sb/sth** nach jdm/etw suchen ❺ *no pl* (*appearance*) Aussehen *nt;* **I don't like the ~ of it** das gefällt mir [gar] nicht; **by the ~[s] of things** [so] wie es aussieht ❻ (*person's appearance*) ■**~s** *pl* Aussehen *nt kein pl; good* **~s** gutes Aussehen ❼ FASHION Look *m* ▶ **if ~s could kill** wenn Blicke töten könnten II. *interj* (*explanatory*) schau mal *fam,* pass mal auf *fam;* (*protesting*) hör mal *fam* III. *vi* ❶ (*glance*) schauen; **to ~ away** [*or* **the**

other way| wegsehen ❷ (*search*) suchen; (*in an encyclopedia*) nachschlagen; **to keep ~ing** weitersuchen ❸ (*appear*) **she doesn't ~ her age** man sieht ihr ihr Alter nicht an; **to ~ bad/tired/good** schlecht/müde/gut aussehen; **it ~s very unlikely that ...** es scheint sehr unwahrscheinlich, dass ...; **to ~ like sb/sth** (*resemble*) jdm/etw ähnlich sehen; **he ~ed like a friendly sort of person** er schien ein netter Mensch zu sein; **it ~s like rain** es sieht nach Regen aus ❹ (*pay attention*) **~ where you're going!** pass auf, wo du hintrittst!; **~ what you're doing!** pass [doch] auf, was du machst. ❺ (*face*) **to ~ north/east** nach Norden/Osten [hin] liegen; *room, window also* nach Norden/Osten [hinaus]gehen; ■**to ~ onto sth** auf etw *akk* blicken; *room, window* auf etw *akk* [hinaus]gehen **IV.** *vt* **to ~ sb in the eye/face** jdm in die Augen/ins Gesicht sehen ▶**to ~ daggers at sb** jdn mit Blicken durchbohren ◆**look about** *vi* ■**to ~ about for sth** sich nach etw *akk* umsehen ◆**look after** *vi* ❶ (*glance*) nachsehen ❷ (*take care of*) ■**to ~ after sb/sth** sich um jdn/etw kümmern; **to ~ after one's own interests** seine eigenen Interessen verfolgen; **~ after yourself!** pass auf dich auf! ❸ (*keep an eye on*) ■**to ~ after sb/sth** auf jdn/etw aufpassen ◆**look ahead** *vi* ❶ (*glance*) nach vorne sehen ❷ (*plan*) vorausschauen ◆**look around** *vi see* **look round** ◆**look at** *vi* ❶ (*glance*) ansehen ❷ (*examine*) ■**to ~ at sb/sth** sich *dat* jdn/etw ansehen ❸ (*regard*) ■**to ~ at sth** etw betrachten; **he ~s at things differently than you do** er sieht die Dinge anders als du ◆**look away** *vi* wegsehen ◆**look back** *vi* ❶ (*glance*) zurückschauen ❷ (*remember*) zurückblicken (**on/at** auf) ▶**sb never ~ed back** (*fam*) für jdn ging es bergauf ◆**look down** *vi* ❶ (*glance*) nach unten sehen; ■**to ~ down at/on sb/sth** zu jdm/etw hinuntersehen ❷ (*despise*) ■**to ~ down [up]on sb/sth** auf jdn/etw herabsehen ❸ (*examine*) **to ~ down a list/page** eine Liste/Seite von oben bis unten durchgehen ❹ ECON sich verschlechtern ◆**look for** *vi* ❶ (*seek*) ■**to ~ for sb/sth** nach jdm/etw suchen; **to ~ for a job** Arbeit suchen; **to ~ for trouble** (*consciously*) Streit suchen; (*not consciously*) sich *dat* Ärger einhandeln *fam* ❷ (*anticipate*) ■**to ~ for sb/sth** jdn/etw erwarten ◆**look forward** *vi* ❶ (*glance*) nach vorne sehen ❷ (*anticipate, enjoy*) ■**to ~ forward to sth** sich auf etw *akk* freuen ◆**look in** *vi* ❶ (*glance*) hineinsehen ❷ (*visit*) ■**to ~ in [on sb]** bei jdm vorbeischauen *fam* ◆**look into** *vi* ■**to ~ into sth** ❶ (*glance*) in etw *akk* [hinein]sehen; **to ~ into sb's eyes/face** jdm in die Augen/ins Gesicht sehen ❷ (*examine*) etw untersuchen; **to ~ into a case/claim/complaint** einen Fall/einen Anspruch/eine Beschwerde prüfen ◆**look on** *vi* ❶ (*glance*) betrachten ❷ (*regard*) betrachten; **to ~ on sth with disquiet/favour** etw mit Unbehagen/Wohlwollen betrachten ❸ (*watch*) zusehen ▶**to ~ on the bright side** [**of sth**] die positiven Seiten [einer S. *gen*] sehen ◆**look out I.** *vi* ❶ (*search, wait*) ■**to ~ out for sb/sth** nach jdm/etw Ausschau halten ❷ (*be careful*) aufpassen; ■**to ~ out for sb/sth** sich vor jdm/etw in Acht nehmen ❸ (*care for*) ■**to ~ out for oneself** seine eigenen Interessen verfolgen ❹ (*face a particular direction*) ■**to ~ out on sth** auf etw *akk* blicken; *room, window* auf etw *akk* hinausgehen **II.** *vt* BRIT ■**to ~ out** ⟳ **sth** etw heraussuchen; ■**to ~ out** ⟳ **sb** jdn aussuchen ◆**look over I.** *vi* ❶ (*glance*) ■**to ~ over sth** über etw *akk* blicken; **to ~ over to sb/sth** zu jdm/etw hinübersehen ❷ (*offer a view*) **to ~ over sth** über etw *akk* blicken; *window, room* auf etw *akk* [hinaus]gehen **II.** *vt* ❶ (*view*) besichtigen; (*inspect, survey*) inspizieren ❷ (*examine briefly*) durchsehen; *letter* überfliegen; ■**to ~ over** ⟳ **sb** jdn mustern ◆**look round** *vi* BRIT, AUS ❶ (*glance*) sich umsehen ❷ (*search*) ■**to ~ round for sb/sth** sich nach jdm/etw umsehen ❸ (*examine*) ■**to ~ round sth** sich *dat* etw ansehen; *house* besichtigen ◆**look through** *vi* ❶ (*glance*) ■**to ~ through sth** durch etw *akk* [hindurch]sehen; **to ~ through a window** aus einem Fenster sehen ❷ (*understand*) ■**to ~ through sb/sth** jdn/etw durchschauen ❸ (*ignore*) ■**to ~ [straight] through sb** [einfach] durch jdn hindurchschauen ❹ (*peruse*) ■**to ~ through sth** etw durchsehen; *article* [kurz] überfliegen; *magazine* durchblättern ◆**look to** *vi* ❶ (*consider*) ■**to ~ to sth** sich um etw *akk* kümmern; **to ~ to one's motives** seine Motive [genau] prüfen ❷ (*rely on*) ■**to ~ to sb** auf jdn bauen ❸ (*regard with anticipation*) ■**to ~ to the future** in die Zukunft blicken ◆**look towards** *vi* ❶ (*glance*) ■**to ~ towards sb/sth** zu jdm/etw sehen ❷ (*face*) ■**to ~ towards**

sth auf etw akk blicken; *room, window* auf etw *akk* [hinaus]gehen; **to ~ towards the east/north** nach Norden/Osten [hin] liegen; *room, window also* nach Norden/Osten [hinaus]gehen ❸ *(aim)* anstreben ◆**look up I.** *vi* ❶ *(glance)* ■**to ~ up at sb/sth** zu jdm/etw hinaufsehen; ■**to ~ up [from sth]** [von etw *dat*] aufsehen ❷ *(improve)* besser werden; *increase, rise* steigen **II.** *vt* ❶ *(fam: visit)* ■**to ~ up** ⊃ **sb** bei jdm vorbeischauen ❷ *(search for)* nachschlagen; *telephone number* heraussuchen ◆**look upon** *vi see* **look on 2** ◆**look up to** *vi* ❶ *(glance)* ■**to ~ up to sth/sb** zu jdm/etw hinaufsehen ❷ *(admire)* ■**to ~ up to sb** zu jdm aufsehen
'**look·alike** *n* Doppelgänger(in) *m(f)*
look·er ['lʊkəʳ] *n (fam)* **to be a ~** gut aussehen
'**look-in** *n no pl* BRIT, AUS *(fam)* Chance *f;* **to get a ~** eine Chance bekommen '**look·ing glass** *n* Spiegel *m* '**look·out** *n* ❶ *(observation post)* Beobachtungsposten *m* ❷ *(person)* Wache *f* ❸ *esp* BRIT *(fam: outlook)* Aussichten *pl* ❹ *(be alert for)* **to keep a ~ [for sb/sth]** [nach jdm/etw] Ausschau halten; *(keep searching for)* auf der Suche [nach jdm/etw] sein '**look-over** *n* kurze Prüfung
loom[1] [luːm] **I.** *vi* ❶ *(come into view)* [drohend] auftauchen ❷ *(be ominously near)* sich drohend abzeichnen; *storm* sich zusammenbrauen *a. fig; difficulties* sich auftürmen; **to ~ large** eine große Rolle spielen **II.** *n* **the ~ of the land** das Auftauchen des Landes [am Horizont]
loom[2] [luːm] *n* Webstuhl *m*
loony ['luːni] *(fam)* **I.** *n (mad person)* Irre(r) *f(m)* **II.** *adj* verrückt
loop [luːp] **I.** *n* ❶ *(shape)* Schleife *f; of string, wire* Schlinge *f; of river* Schleife *f; of belt* Schlaufen *pl* ❷ AVIAT Looping *m* ❸ *(in skating)* Schleife *f* ❹ *(contraceptive)* Spirale *f* ❺ *of tape, film* Schleife *f* ❻ COMPUT [Programm]schleife *f* **II.** *vt (form into loop)* **~ the rope over the bar** schling das Seil um die Stange; **he ~ed his arms around her body** er schlang seine Arme um sie **III.** *vi* ❶ *(form a loop)* eine Schleife machen; *road, stream* sich schlängeln ❷ AVIAT einen Looping drehen
'**loop·hole I.** *n* ❶ LAW Gesetzeslücke *f* ❷ *(slit)* Schießscharte *f* **II.** *vt* **to ~ a wall** eine Scharte in einer Wand anbringen
loose [luːs] **I.** *adj* ❶ *(not tight)* locker; *skin* schlaff; **~ cash/coins** Kleingeld *nt;* **~ sheets of paper** lose Blätter Papier; **to hang ~** lose herabhängen; **to work itself ~** sich lockern; *(sth glued)* sich lösen ❷ *hair* offen ❸ *(not confined)* frei; **to break ~** *person, dog* sich losreißen; **to let an animal ~** ein Tier loslassen (**on** auf) ❹ *(not exact)* ungefähr *attr; (not strict)* lose; *adaptation, translation* frei; *discipline* mangelhaft ❺ *clothing* weit, locker ❻ *(relaxed)* locker ❼ *(indiscreet)* **~ tongue** loses Mundwerk *fam* ❽ *(pej dated: immoral)* lose ►**to hang ~** AM *(sl)* cool bleiben **II.** *n no pl* LAW **to be on the ~** frei herumlaufen **III.** *vt* ❶ *(set free)* freilassen; **~ the dogs!** lass die Hunde los! ❷ *(untie) knot, rope* lösen ❸ *(relax)* **to ~ one's hold** loslassen
'**loose-leaf** *adj attr* Loseblatt-; **~ binder** Ringbuch *nt*
loose·ly ['luːsli] *adv* ❶ *(not tightly)* lose; **to hang ~** schlaff herunterhängen ❷ *(not exactly)* ungefähr; **~ speaking** grob gesagt; **~ translated** frei übersetzt ❸ *(not strictly)* locker ❹ *(not closely)* lose; **~ related** entfernt verwandt
loos·en ['luːsən] **I.** *vt* ❶ *(make less tight)* **to ~ one's collar** seinen [Hemd]kragen aufmachen; **to ~ one's tie** seine Krawatte lockern ❷ *(make more lax) policy, rules* lockern ❸ *(relax) grip, muscles* lockern ❹ *(make weaker) ties* lockern; *relationship* [langsam] lösen ► **to ~ sb's tongue** jdm die Zunge lösen **II.** *vi* sich lockern
loose·ness ['luːsnəs] *n no pl* ❶ *(not tightness)* Lockerheit *f* ❷ *(inexactitude)* Ungenauigkeit *f*, Vagheit *f* ❸ *(laxity)* Lockerheit *f; of morals* Laxheit *f*
loot [luːt] **I.** *n no pl* ❶ MIL Kriegsbeute *f* ❷ *(plunder)* [Diebes]beute *f* ❸ *(hum fam: money)* Zaster *m; (valued objects)* Geschenke *pl* **II.** *vt* ❶ *(plunder)* [aus]plündern ❷ *(steal) goods* stehlen **III.** *vi* plündern
loot·ing ['luːtɪŋ] *n no pl* Plünderei *f*
lop[1] <-pp-> [lɒp] *vi* AM ❶ *(droop)* schlaff herunterhängen ❷ *(move in droopy manner)* drunkard torkeln
lop[2] [lɒp] **I.** *n no pl* abgehackte Äste/Zweige **II.** *vt* <-pp-> ❶ *(to prune)* stutzen ❷ *(eliminate)* streichen; *budget* kürzen ◆**lop off** *vt* ❶ *(chop off) branch* abhacken ❷ *(remove) budget* kürzen; *(reduce)* verkürzen
lope [ləʊp] *vi (person)* in großen Sprüngen rennen
lop-'sid·ed *adj* schief; *(fig)* einseitig
lo·qua·cious [lə(ʊ)'kweɪʃəs] *adj (form)* redselig
lord [lɔːd] *n* ❶ *(nobleman)* Lord *m*

❷ (*ruler*) ~ **of the manor** Gutsherr *m;* (*pej*) Herr *m* im Haus ❸ (*fam: powerful man*) Herr *m*
Lord 'Chan·cel·lor *n* BRIT Lordkanzler *m*
lord·ly ['lɔːdli] *adj* ❶ (*suitable for lord*) fürstlich ❷ (*imperious*) hochmütig
Lord 'May·or *n* BRIT Oberbürgermeister(in) *m(f)*
lord·ship ['lɔːdʃɪp] *n* (*form*) ❶ *no pl* (*dominion*) Herrschaft *f* ❷ BRIT (*form of address*) **His/Your L~** Seine/Euer Lordschaft; (*bishop*) Seine/Eure Exzellenz; *judge* Seine/Euer Ehren
lore [lɔːʳ] *n no pl* [überliefertes] Wissen; **common ~** [alte] Volksweisheit *f*
lor·ry ['lɒri] *n* BRIT Last[kraft]wagen *m*
lose <lost, lost> [luːz] I. *vt* ❶ (*forfeit*) verlieren; **to ~ sth to sb** etw an jdn verlieren; **to ~ one's breath** außer Atem kommen; **to ~ trade** Geschäftseinbußen erleiden ❷ (*through death*) **she lost her son in the fire** ihr Sohn ist beim Brand umgekommen; **to ~ one's life** sein Leben verlieren ❸ *usu passive* ■ **to be lost** *things* verschwunden sein; *victims* umgekommen sein; *plane, ship* verloren sein ❹ (*waste*) *opportunity* versäumen; *time* verlieren; **to ~ no time in doing sth** etw sofort tun ❺ *watch, clock* **to ~ time** nachgehen ❻ (*not find*) *person, thing* verlieren; (*mislay*) verlegen; **to ~ one's way** sich verirren ❼ AM (*fam: get rid of*) abschütteln; *pursuer, car* abhängen ❽ (*fam: confuse*) **you've lost me there** da kann ich dir nicht ganz folgen ❾ (*not win*) verlieren ❿ (*forget*) *language, skill* verlernen ▶ **to ~ heart** den Mut verlieren; **to ~ one's heart to sb** sein Herz [an jdn] verlieren; **to ~ it** (*fam*) durchdrehen; **to ~ one's marbles** [*or* **mind**] (*hum*) nicht mehr alle Tassen im Schrank haben *fam;* **to have nothing to ~** nichts zu verlieren haben; **to ~ sleep over sth** sich *dat* wegen einer S. Sorgen machen; **to be lost in thought** in Gedanken versunken sein; **to ~ touch** [**with sb**] den Kontakt [zu jdm] verlieren; **to ~ track** [**of sth**] (*not follow*) [etw *dat*] [geistig] nicht folgen können; (*not remember*) **I've lost track of the number of times he's asked me for money** ich weiß schon gar nicht mehr, wie oft er mich um Geld gebeten hat. II. *vi* ❶ (*be beaten*) verlieren (**to** gegen) ❷ (*flop*) ein Verlustgeschäft sein ❸ (*invest badly*) Verlust machen (**on** bei) ▶ **you can't ~** du kannst nur gewinnen
◆ **lose out** *vi* ❶ (*be deprived*) schlecht wegkommen *fam;* ■ **to ~ out in sth** bei etw *dat* den Kürzeren ziehen *fam* ❷ (*be beaten*) ■ **to ~ out to sb/sth** jdm/etw unterliegen
los·er ['luːzəʳ] *n* ❶ (*defeated person*) Verlierer(in) *m(f)* ❷ (*person at disadvantage*) Verlierer *m* ❸ (*fam: habitually unsuccessful person*) Verlierer[typ] *m*
los·ing ['luːzɪŋ] *adj attr* Verlierer-
loss <*pl* -es> [lɒs] *n* Verlust *m* ▶ **to be at a ~** nicht mehr weiterwissen
'loss-lead·er *n* Lockvogelangebot *nt*
'loss-mak·ing *adj* **~ business** Verlustbetrieb *m*
lost [lɒst] I. *pt, pp of* **lose** II. *adj* ❶ (*unable to find way*) ■ **to be ~** sich verirrt haben; (*on foot*) sich verlaufen haben; (*using vehicle*) sich verfahren haben; **to get ~** sich verirren ❷ (*no longer to be found*) **~ articles** abhandengekommene Artikel; **to get ~** verschwinden ❸ *pred* (*helpless*) **to feel ~** sich verloren fühlen; ■ **to be ~ without sb/sth** ohne jdn/etw verloren sein ❹ (*preoccupied*) **to be ~ in contemplation** [völlig] in Gedanken versunken sein ❺ (*wasted*) verpasst; *time* verschwendet ❻ (*perished, destroyed*) *soldiers* gefallen; *planes, ships, tanks* zerstört ❼ (*not won*) *battle, contest* verloren ▶ **to be ~ on sb the joke's ~ on him** er versteht den Witz nicht; **get ~!** (*fam!*) hau ab!
lost 'prop·er·ty *n no pl* ❶ (*articles*) Fundsachen *pl* ❷ BRIT, AUS (*office*) Fundbüro *nt*
lot [lɒt] I. *pron* ❶ (*much, many*) ■ **a ~** viel ❷ (*everything*) ■ **the ~** alles II. *adv* (*fam*) ■ **a ~** viel; **thanks a ~!** vielen Dank!; **your sister looks a ~ like you** deine Schwester sieht dir sehr ähnlich; **we go on holidays a ~** wir machen oft Urlaub III. *n* ❶ + *sing/pl vb* BRIT, AUS (*group*) Trupp *m fam;* BRIT (*usu pej fam: group of people*) Haufen *m;* **another ~ of visitors will be here this afternoon** heute Nachmittag kommt ein neuer Schwung Besucher; **are you ~ coming to lunch?** kommt ihr alle zum Essen? ❷ (*chance*) **to choose** [**sb/sth**] **by ~** [jdn/etw] durch Losentscheid bestimmen ❸ *no pl* (*fate*) Los *nt* geh ❹ *esp* AM, AUS (*land*) Stück *nt* Land; **building ~** Bauplatz *m;* **parking ~** Parkplatz *m* IV. *vt* <-tt-> [für eine Auktion in einzelne Stücke] aufteilen
loth *adj see* **loath**
lo·tion ['ləʊʃən] *n no pl* Lotion *f;* **suntan ~** Sonnenöl *nt*/-creme *f*
lotta ['lɒtə] (*fam*) *short for* **lot of** eine Menge
lot·tery ['lɒtəri] *n* Lotterie *f*

lo·tus <*pl* -es> ['ləʊtəs] *n* BOT Lotos *m* **'lo·tus po·si·tion** *n*, **'lo·tus pos·ture** *n no pl* Lotossitz *m*

loud [laʊd] **I.** *adj* ❶ (*audible*) laut ❷ (*pej: insistent*) [aufdringlich] laut ❸ (*pej: garish*) auffällig; *colours* grell, schreiend **II.** *adv* laut; **~ and clear** laut und deutlich; **this novel made me laugh out ~** als ich den Roman las, musste ich lauthals loslachen

loud·hail·er [-'heɪlə^r] *n* BRIT, AUS Megaphon *nt*

loud·ly ['laʊdli] *adv* ❶ (*audibly*) laut; **to speak/talk ~** laut sprechen/reden ❷ (*pej: insistently*) **to complain ~** sich lautstark beschweren ❸ (*pej: garishly*) auffällig, grell, schrill; **to dress ~** sich auffällig anziehen

'loud·mouth *n* (*fam*) Großmaul *nt*

loud·ness ['laʊdnəs] *n no pl* Lautstärke *f*

loud·'speak·er *n* Lautsprecher *m*

lounge [laʊndʒ] **I.** *n* ❶ (*public room*) Lounge *f; of hotel* Hotelhalle *f;* **departure ~** Abflughalle *f* ❷ BRIT (*sitting room*) Wohnzimmer *nt* ❸ BRIT (*period of lounging*) Faulenzen *nt* **II.** *vi* (*lie*) [faul] herumliegen; (*sit*) [faul] herumsitzen; (*stand*) [faul] herumstehen ◆ **lounge about**, **lounge around** *vi* (*lie*) [faul] herumliegen; (*sit*) [faul] herumsitzen; (*stand*) [faul] herumstehen

'lounge bar *n* BRIT *der vornehmere Teil eines Pubs mit eigener Bar* **'lounge chair** *n* Klubsessel *m* **'lounge liz·ard** *n* (*fam*) Salonlöwe *m* **'lounge suit** *n* BRIT Straßenanzug *m*

louse I. *n* [laʊs] ❶ <*pl* lice> (*parasite*) Laus *f* ❷ <*pl* -s> (*fam: person*) miese Type *pej* **II.** *vt* [laʊz] (*fam*) ■ **to ~ up** ⟲ **sth** etw vermasseln

lousy ['laʊzi] *adj* ❶ (*fam: bad*) lausig; (*very bad*) unterirdisch *pej fam;* **~ weather** Hundewetter *nt;* **he is a ~ singer** er singt unterirdisch *pej fam* ❷ (*meagre*) lausig ❸ *pred* (*ill*) **to feel ~** sich hundeelend fühlen ❹ (*infested with lice*) verlaust

lout [laʊt] *n* (*fam*) Flegel *m; lager* **~s** BRIT (*pej*) Saufköpfe *pl derb*

lout·ish ['laʊtɪʃ] *adj* (*fam*) rüpelhaft

lout·ish·ness ['laʊtɪʃnəs] *n no pl* (*pej*) Pöbelhaftigkeit *f,* Rüpelhaftigkeit *f*

lov·able ['lʌvəbl] *adj* liebenswert

lov·age ['lʌvɪdʒ] *n no pl* Liebstöckel *m,* Maggikraut *nt*

love [lʌv] **I.** *n* ❶ *no pl* (*affection*) Liebe *f;* **to show sb lots of ~** jdm viel Liebe geben; ■ **to be in ~ with sb** in jdn verliebt sein; **to be head over heels in ~** bis über beide Ohren verliebt sein; **to fall in ~ with sb** sich in jdn verlieben; **to make ~ to sb** mit jdm schlafen ❷ (*interest*) Leidenschaft *f;* (*with activities*) Liebe *f;* **she has a great ~ of music** sie liebt die Musik sehr; **to do sth for the ~ of it** etw aus Spaß machen ❸ *esp* BRIT (*fam: darling*) Schatz *m;* (*amongst strangers*) **can I help you, ~?** was darf ich für Sie tun? ❹ *no pl* TENNIS null **II.** *vt* ❶ (*be in love with*) lieben; (*greatly like*) sehr mögen; **I would ~ a cup of tea** ich würde [sehr] gerne eine Tasse Tee trinken ❷ (*iron fam*) **he's going to ~ you for this!** na, der wird sich bei dir bedanken! **III.** *vi* verliebt sein; **I would ~ for you to come to dinner tonight** ich würde mich freuen, wenn du heute zum Abendessen kämst

'love·able ['lʌvəbl] *adj* liebenswert

'love af·fair *n* [Liebes]affäre *f* **'love·bird** *n* ❶ ORN Unzertrennliche(r) *f(m)* ❷ (*fig, hum*) ■ **~s** *pl* Turteltauben *pl*

'loved-up *adj* verliebt; **I sat next to this ~ couple** ich saß neben diesem Zärtlichkeiten austauschenden Paar

love-'hate re·la·tion·ship *n* Hassliebe *f*

love·less ['lʌvləs] *adj* (*unloving*) lieblos; (*unloved*) *childhood, marriage* ohne Liebe nach *n*

'love let·ter *n* Liebesbrief *m* **'love·life** *n* Liebesleben *nt kein pl*

love·li·ness ['lʌvlɪnəs] *n no pl* Schönheit *f*

love·ly ['lʌvli] **I.** *adj* ❶ (*beautiful*) schön; *house* wunderschön; **to look ~** reizend aussehen ❷ (*fam: pleasant*) wunderbar, herrlich; *present* toll; **how ~ to see you!** wie schön, dich zu sehen!; **to be ~ and cool/warm/quiet** schön kühl/warm/ruhig sein ❸ (*charming*) nett, liebenswürdig **II.** *n* Schönheit *f*

'love-mak·ing *n no pl* [körperliche] Liebe

lov·er ['lʌvə^r] *n* ❶ (*person in love*) Liebende(r) *f(m)* ❷ (*sexual partner*) Liebhaber(in) *m(f);* ■ **~s** *pl* Liebespaar *nt sing* ❸ (*enthusiast*) Liebhaber(in) *m(f)* (*of* von); **sports ~** Sportfan *m*

'love·sick *adj* **to be ~** Liebeskummer haben **'love song** *n* Liebeslied *nt* **'love sto·ry** *n* Liebesgeschichte *f*

lov·ey ['lʌvi] *n* BRIT (*fam*) Schatz *m*

lov·ing ['lʌvɪŋ] *adj* (*feeling love*) liebend; (*showing love*) liebevoll

lov·ing·ly ['lʌvɪŋli] *adv* liebevoll, zärtlich

low[1] [ləʊ] **I.** *adj* ❶ (*in height*) niedrig; *neckline* tief; *slope* flach ❷ (*in number*) gering, wenig; *blood pressure* niedrig; **to be ~ in calories/cholesterol** kalorien-/cholesterinarm sein ❸ (*depleted*) knapp; *stocks* gering; **to be ~** zur Neige gehen ❹ (*not loud*) leise; **~ groaning** verhaltenes Stöhnen; **in**

a ~ **voice** mit leiser Stimme ❺ (*not high-pitched*) *voice* tief ❻ (*not intense*) *rig; light* gedämpft ❼ (*not good*) *morale* schlecht; *quality* minderwertig; **to have a ~ opinion of sb** von jdm nicht viel halten; **to hold sth in ~ regard** etw gering schätzen; **~ self-esteem** geringe Selbstachtung; **~ standards** schlechter Standard; (*in tests, etc.*) niedriges Niveau; **~ visibility** schlechte Sicht ❽ (*not important*) niedrig, gering; **to be a ~ priority** nicht so wichtig sein ❾ (*unfair, mean*) gemein ❿ (*sad*) **in ~ spirits** niedergeschlagen; **to feel ~** niedergeschlagen sein **II.** *adv* ❶ (*in height*) niedrig; **to be cut ~** *dress, blouse* tief ausgeschnitten sein ❷ (*to a low level*) tief; **to turn the music ~er** die Musik leiser stellen; **turn the oven on ~** stell den Ofen auf kleine Hitze ❸ (*cheap*) billig ❹ (*not loudly*) leise ❺ (*not high-pitched*) tief **III.** *n* ❶ (*low level*) Tiefpunkt *m* ❷ METEO Tief *nt* ❸ AUTO erster Gang ❹ AM (*person*) ▪ **to be in ~** schlapp sein

low² [ləʊ] **I.** *n* Muhen *nt* **II.** *vi cow* muhen
low-ˈal·co·hol *adj* alkoholarm ˈ**low·born** *adj* von niedriger Geburt *nach n*, *präd veraltet* ˈ**low·brow** (*esp pej*) **I.** *adj book, film* geistig anspruchslos, seicht; *person* einfach **II.** *n* Banause *m*/Banausin *f* **low-ˈbudg·et** *adj* billig; **~ airline** Billig[flug]linie *f*, Billigflieger *m fam* **low-ˈcal** [ˈləʊkæl] *adj* (*fam*), **low-ˈcalo·rie** *adj* kalorienarm ˈ**low-cost** *adj* billig ˈ**low-cut** *adj dress* tief ausgeschnitten **low de-ˈmand** *n* niedrige Nachfrage
ˈ**low·down** *n no pl* (*fam*) ▪ **the ~** ausführliche Informationen; **to give sb the ~** [**on sb/sth**] jdn ausführlich [über jdn/etw] informieren; **to get the ~ on sth** über etw *akk* aufgeklärt werden ˈ**low-en·er·gy** *adj* energiesparend; **~** [**electric**] **bulb** Energiesparlampe *f;* **~ building** [*or* **house**] Niedrigenergiehaus *nt*
low·er¹ [ˈləʊəʳ] **I.** *adj* ❶ (*less high*) niedriger; (*situated below*) untere(r, s), Unter- ❷ (*less in hierarchy*) *status, rank* niedere(r, s), untere(r, s); *animal* niedere(r, s) **II.** *vt* ❶ (*move downward*) herunterlassen; *hem* herauslassen; *lifeboat* zu Wasser lassen; **she ~ed herself into a chair** sie ließ sich auf einem Stuhl nieder; **to ~ one's arm/hands** den Arm/die Hände senken; **to ~ one's eyes** die Augen niederschlagen ❷ (*decrease*) verringern; *interest rates* senken; *quality* mindern; **to ~ one's expectations/sights** seine Erwartungen/Ansprüche zurückschrauben; **to ~ one's**

voice seine Stimme senken ❸ (*demean*) ▪ **to ~ oneself to do sth** sich herablassen, etw zu tun **III.** *vi* sinken; *voice* leiser werden
low·er² [ˈləʊəʳ] *vi person* ein finsteres Gesicht machen; *light* dunkler werden; *sky* sich verfinstern; ▪ **to ~ at sb** jdn finster ansehen
lower-ˈcase *n* **in ~** in Kleinbuchstaben
Low·er ˈHouse *n* Unterhaus *nt*
low·er·ing [ˈləʊərɪŋ] *n no pl* Senkung *f*, Reduzierung *f;* **~ of prices** Preissenkung *f;* **~ of standards** Herabsetzung *f* von [Qualitäts]normen; **~ of trade barriers** Abbau *m* von Handelsschranken
low-ˈfat *adj* fettarm **low-ˈkey** *adj* zurückhaltend; *colour* gedämpft; **to keep sth ~** vermeiden, dass etw Aufsehen erregt; **to take a ~ approach to sth** etw ganz gelassen angehen **low·land** [ˈləʊlənd] *n* ❶ *no pl* (*low-lying land*) Flachland *nt* ❷ (*area*) ▪ **the ~s** *pl* das Tiefland ˈ**low-lev·el** *adj* ❶ (*not high*) ❷ (*of low status*) niedrig, auf unterer Ebene *nach n;* (*unimportant*) nebensächlich; *infection* leicht; *job* niedrig; *official* klein *meist pej* ❸ COMPUT niedere(r, s)
low·ly [ˈləʊli] *adj* ❶ (*ordinary*) einfach; *status* niedrig ❷ (*modest*) bescheiden ❸ BIOL *organism, animal* niedere(r, s)
low-ˈly·ing *adj* tief liegend, tief gelegen; **~ land** Tiefland *nt* **low-ˈmind·ed** *adj* primitiv *pej*, gewöhnlich **low·ness** [ˈləʊnəs] *n no pl* ❶ (*in height*) Niedrigkeit *f; of the neckline* Tiefe *f* ❷ (*low-pitch*) *of note* Tiefe *f; of voice* Gedämpftheit *f* ❸ (*shortage*) Knappheit *f* ❹ (*meanness*) Niederträchtigkeit *f* ❺ (*depression*) Niedergeschlagenheit *f* **low-ˈpay** *adj* (*fam or pej*) Billig-; **~ job** Billigjob *m pej fam* **low-ˈpitched** *adj voice, note* tief **low-power FM, LPFM** [ˌelpiːefˈem] *n no pl* AM **~ radio** Low-Power-FM-Radio *nt,* Mikroradio *nt* **low ˈpres·sure** *n* PHYS Niederdruck *m;* METEO Tiefdruck *m* **low ˈpro·file** *n* Zurückhaltung *f;* **to keep a ~** sich zurückhalten; (*fig*) im Hintergrund bleiben **low-ˈrent** *adj* (*fam or pej*) gewöhnlich, schäbig **low-rise** *adj attr* **~ trousers** auf den Hüften sitzende Hosen ˈ**low sea·son** *n* Nebensaison *f* **low-ˈspir·it·ed** *adj* niedergeschlagen **low-ˈtech** *adj* [technisch] einfach, Lowtech- **low ˈtide** *n,* **low ˈwa·ter** *n no pl* Niedrigwasser *nt; of sea* Ebbe *f*
loy·al [ˈlɔɪəl] *adj* treu; (*correct*) loyal; ▪ **to be ~ to sb/sth** jdm/etw treu sein;

(*behave correctly*) sich jdm/etw gegenüber loyal verhalten

loy·al·ist ['lɔɪəlɪst] **I.** *n* ❶ (*government supporter*) Loyalist(in) *m(f)* ❷ BRIT, IRISH (*Unionist*) ■ L~ Befürworter der politischen Union zwischen GB und Nordirland **II.** *adj attr* loyal[istisch] geh, regierungstreu

loy·al·ly ['lɔɪəli] *adv* treu; (*correctly*) loyal

loy·al·ty ['lɔɪəlti] *n* ❶ *no pl* (*faithfulness*) Treue *f* (**to** zu); (*correctness*) Loyalität *f* (**to** gegenüber) ❷ (*feelings*) ■ **loyalties** *pl* Loyalitätsgefühle *pl*

loz·enge ['lɒzɪndʒ] *n* ❶ MATH Raute *f* ❷ MED Pastille *f*

LP [ˌel'pi:] *n abbrev of* **long-playing record** LP *f*

LPG [ˌelpiː'dʒiː] *n abbrev of* **liquid petroleum gas** Flüssiggas *nt*

LSD *n no pl abbrev of* **lysergic acid diethylamide** LSD *nt*

Ltd. *adj after n abbrev of* **limited** GmbH *f*

lub·ri·cant ['lu:brɪkənt] *n* TECH Schmiermittel *nt;* MED, TECH Gleitmittel *nt*

lu·bri·cate ['lu:brɪkeɪt] *vt* ❶ (*grease*) schmieren ❷ (*make slippery*) [ein]ölen

lu·bri·ca·tion [ˌluːbrɪ'keɪʃən] *n no pl* Schmieren *nt*

lu·bri·ca·tor ['lu:brɪkeɪtəʳ] *n* TECH ❶ (*substance*) Abschmierfett *nt* ❷ (*device*) Schmiergerät *nt*

lu·cern(e) [lu:'sɜːn] *n no pl esp* BRIT BOT Luzerne *f*

Lu·cerne [lu:'sɜːn] *n* Luzern *nt*

lu·cid ['lu:sɪd] *adj* ❶ (*unambiguous*) klar; (*easy to understand*) einleuchtend ❷ (*clear-thinking*) klar

Lu·ci·fer ['lu:sɪfəʳ] *n* Luzifer *m;* **to be as proud as ~** so stolz wie eine Rose sein

luck [lʌk] **I.** *n no pl* ❶ (*fortune*) Glück *nt*; **as ~ would have it** wie es der Zufall wollte; **just my ~!** Pech gehabt!; **no such ~!** (*fam*) schön wär's!; **a stroke of ~** ein Glücksfall *m;* **bad ~** [**on sb**] Pech *nt* [für jdn]; **to be in/out of ~** Glück/kein Glück haben ❷ (*success*) Erfolg *m;* **any ~ with booking your flight?** hat es mit der Buchung deines Fluges geklappt? **II.** *vi* AM (*fam*) ■ **to ~ into sth** etw durch Zufall ergattern

lucki·ly ['lʌkɪli] *adv* glücklicherweise; **~ for them** zu ihrem Glück

luck·less ['lʌkləs] *adj* (*unfortunate*) glücklos; (*unsuccessful*) erfolglos

lucky ['lʌki] *adj* ❶ (*fortunate*) glücklich; **you ~ thing!** (*fam*) du Glückliche(r)!; **~ her!** die Glückliche!; **we'll be ~ if ...** wir können von Glück sagen, wenn ...; **to count oneself ~** sich glücklich schätzen ❷ (*bringing fortune*) Glück bringend, Glücks-

luc·ra·tive ['lu:krətɪv] *adj* einträglich

lu·di·crous ['lu:dɪkrəs] *adj* (*ridiculous*) lächerlich; (*absurd*) absurd

ludo ['lu:dəʊ] *n* BRIT Mensch-ärgere-dich-nicht[-Spiel] *nt*

lug[1] [lʌg] **I.** *vt* <-gg-> (*fam: carry*) schleppen; (*pull*) zerren; ■ **to ~ sb along** jdn mitschleppen; ■ **to ~ sth along** etw herumschleppen **II.** *n* AM (*fam*) Schatz *m*

lug[2] [lʌg] *n* ❶ BRIT, AUS (*hum sl: ear*) Löffel *m meist pl fam* ❷ (*protrusion*) Halterung *f* ❸ AM (*sl: bore*) Blödmann *m pej fam*

lug·gage ['lʌgɪdʒ] *n no pl* [Reise]gepäck *nt;* **a piece of ~** ein Gepäckstück *nt*

'lug·gage rack *n esp* BRIT Gepäckablage *f; of bicycle* Gepäckträger *m* **'lug·gage van** *n* BRIT, AUS RAIL Gepäckwagen *m*

lug·ger ['lʌgəʳ] *n* NAUT Logger *m*

'lug·hole *n* BRIT (*hum sl*) Löffel *m meist pl fam*

lu·gu·bri·ous [lu'gu:brɪəs] *adj* schwermütig

luke·warm [ˌluːk'wɔːm] *adj* ❶ (*tepid*) lau[warm] ❷ (*not enthusiastic*) mäßig

lull [lʌl] **I.** *vt* ❶ (*soothe*) ■ **to ~ sb to sleep** jdn in den Schlaf lullen ❷ (*trick*) einlullen *fig;* **to ~ sb into a false sense of security** jdn in trügerischer Sicherheit wiegen ❸ (*dispel*) *suspicions, fears* zerstreuen **II.** *vi* sich legen; *storm* nachlassen; *sea* sich beruhigen **III.** *n* [Ruhe]pause *f;* ECON Flaute *f*

lulla·by ['lʌləbaɪ] *n* Schlaflied *nt*

lum·ba·go [lʌm'beɪgəʊ] *n no pl* Hexenschuss *m*

lum·bar ['lʌmbəʳ] *adj attr* MED Lenden-

'lum·bar punc·ture *n* MED Lumbalpunktion *f*

lum·ber[1] ['lʌmbəʳ] *vi person* schwerfällig gehen; *tank* rollen; *cart* [dahin]rumpeln; *animal* trotten; *bear* [behäbig] tapsen

lum·ber[2] ['lʌmbəʳ] **I.** *n no pl* ❶ *esp* BRIT (*junk*) Krempel *m pej fam* ❷ *esp* AM, AUS (*timber*) Bauholz *nt* **II.** *vt* BRIT, AUS (*fam*) ■ **to ~ sth with sth** etw mit etw *dat* vollstopfen; ■ **to ~ sb with sth** jdm etw aufhalsen **III.** *vi* Holz fällen

lum·ber·er ['lʌmbərəʳ] *n,* **lum·ber·jack** ['lʌmbədʒæk] *n* Holzfäller(in) *m(f)* **'lum·ber jack·et** *n* Lumberjack *m* **'lum·ber room** *n* BRIT Abstellkammer *f* **'lum·ber trade** *n no pl esp* AM Holzhandel *m* **'lum·ber·yard** *n esp* AM Holzlager *nt*

lu·mi·nary ['lu:mɪnᵊri] *n* ❶ (*liter: in sky*) Himmelskörper *m* ❷ (*in an industry*) Koryphäe *f geh;* (*in film, theatre*) Berühmtheit *f*
lu·mi·nos·ity [,lu:mɪ'nɒsəti] *n no pl* ❶ (*brightness*) Helligkeit *f;* *of lamp* Leuchtkraft *f;* PHYS Lichtstärke *f* ❷ (*fig*) *of artist* Brillanz *f*
lu·mi·nous ['lu:mɪnəs] *adj* ❶ (*bright*) leuchtend *a. fig*, strahlend *a. fig* ❷ (*phosphorescent*) phosphoreszierend, Leucht- ❸ (*brilliant*) genial
lump [lʌmp] **I.** *n* ❶ (*chunk*) Klumpen *m;* **three ~s of sugar** drei Stück Zucker ❷ (*sl: heap*) Haufen *m fam* ❸ MED (*swelling*) Schwellung *f;* (*in breast*) Knoten *m;* (*inside body*) Geschwulst *f* ❹ (*fam: person*) Brocken *m* ▶ **to have a ~ in one's throat** einen Kloß im Hals haben **II.** *vt* ❶ (*combine*) ▪ **to ~ sth with sth** etw mit etw *dat* zusammentun *fam* ❷ (*sl: endure*) **to ~ it** etw hinnehmen; **you'll just have to like it or ~ it** damit musst du dich eben abfinden **III.** *vi* FOOD *flour, sauce* klumpen
lump 'pay·ment *n* Einmalzahlung *f* **lump 'sug·ar** *n no pl* Würfelzucker *m* **lump sum** *n* Pauschalbetrag *m*
lumpy ['lʌmpi] *adj liquid* klumpig; *figure* plump; *sea* unruhig; *surface* uneben
lu·na·cy ['lu:nəsi] *n no pl* ❶ (*dated: mental condition*) Wahnsinn *m pej* ❷ (*foolishness*) *of action, statement* Wahnsinn *m fam;* **sheer ~** heller Wahnsinn
lu·nar ['lu:nəʳ] *adj attr* Mond-
lu·na·tic ['lu:nətɪk] **I.** *n* ❶ (*dated: mentally ill person*) Irre(r) *f(m) pej;* MED Geistesgestörte(r) *f(m)* ❷ (*crazy person*) Verrückte(r) *f(m) fam* **II.** *adj* verrückt *pej;* MED geistesgestört
'**lu·na·tic asy·lum** *n* (*hist*) Irrenanstalt *f pej veraltend fam*
lunch [lʌn(t)ʃ] **I.** *n* <*pl* -es> ❶ (*midday meal*) Mittagessen *nt;* **what's for ~?** was gibt's zu Mittag?; **to have ~** zu Mittag essen ❷ (*midday break*) Mittagspause *f;* **to be out to ~** in der Mittagspause sein ❸ (*light meal*) Imbiss *m* **II.** *vi* zu Mittag essen; ▪ **to ~ on sth** etw zu Mittag essen
'**lunch break** *n* Mittagspause *f*
lunch·eon ['lʌn(t)ʃən] *n* (*form*) Mittagessen *nt*
'**lunch·eon meat** *n* Frühstücksfleisch *nt*
'**lunch·eon vouch·er** *n* BRIT Essensmarke *f*
'**lunch hour** *n* Mittagspause *f* '**lunch·time** *n* (*midday*) Mittagszeit *f;* (*lunchbreak*) Mittagspause *f;* **at ~** mittags

lung [lʌŋ] *n* Lungenflügel *m;* ▪ **the ~s** *pl* die Lunge
'**lung can·cer** *n no pl* Lungenkrebs *m*
lunge [lʌndʒ] **I.** *n* (*sudden jump forwards*) Satz *m* nach vorn; (*in fencing*) Ausfall *m;* **to make a ~ at sb/sth** sich auf jdn/etw stürzen **II.** *vi* **to ~ at sb** sich auf jdn stürzen; ▪ **to ~ forward** einen Satz nach vorne machen; (*in fencing*) einen Ausfall machen
lu·pin(e) ['lu:pɪn] *n* Lupine *f*
lurch¹ [lɜ:tʃ] *n* **to leave sb in the ~** jdn im Stich lassen
lurch² [lɜ:tʃ] **I.** *n* <*pl* -es> Ruck *m a. fig; of ship* Schlingern *nt; of person* Torkeln *nt; of train* Ruckeln *nt* **II.** *vi crowd, person* torkeln; *car, ship* schlingern; *train* ruckeln; ▪ **to ~ away from sth** von etw *dat* abrücken
lurch·er ['lɜ:tʃəʳ] *n* BRIT Kreuzung zwischen einem Windhund und einem anderen Rassehund
lure [lʊəʳ] **I.** *vt* [an]locken; ▪ **to ~ sb away from sth** jdn von etw *dat* weglocken **II.** *n* ❶ *no pl* (*power of attraction*) Reiz *m* ❷ (*decoy*) Köder *m a. fig;* HUNT Lockvogel *m*
lu·rid ['ljʊərɪd] *adj* ❶ (*glaring*) grell [leuchtend]; *colours* schreiend ❷ (*sensational*) reißerisch *pej;* *cover, article* reißerisch aufgemacht *pej;* (*terrible*) grässlich; *details* schmutzig; **to describe sth in ~ detail** etw drastisch schildern
lurk [lɜ:k] *vi* lauern *a. fig;* (*fig*) ▪ **to ~ behind sth** hinter etw *dat* stecken; **to ~ beneath the surface** (*fig*) unter der Oberfläche schlummern
lus·cious ['lʌʃəs] *adj* ❶ (*sweet*) *taste, smell* [herrlich] süß; *fruit* saftig [süß]; *cake, wine* köstlich; *colour* satt ❷ (*fam: voluptuous*) *girl* appetitlich; *curves* üppig; *lips* voll ❸ (*growing vigorously*) üppig
lush [lʌʃ] **I.** *adj* ❶ *grass* saftig [grün]; *growth, vegetation* üppig ❷ (*luxurious*) *car, hotel* luxuriös; (*voluptuous*) *colour* satt; *woman* sinnlich **II.** *n* <*pl* -es> AM (*sl*) Säufer(in) *m(f) fam*
lust [lʌst] **I.** *n* ❶ (*sexual drive*) Lust *f* (**for** nach) ❷ (*desire*) Begierde *f* (**for** nach); (*greed*) Gier *f* (**for** nach); **~ for money/power** Geld-/Machtgier *f* **II.** *vi* ▪ **to ~ after sb** jdn begehren *geh o hum;* ▪ **to ~ after sth** gierig nach etw *dat* sein
lus·ter *n no pl* AM *see* **lustre**
lust·ful ['lʌstfʊl] *adj* lüstern *geh*
lus·tre ['lʌstəʳ] *n* ❶ *no pl* (*shine*) Glanz *m* ❷ *no pl* (*grandeur*) Glanz *m* ❸ (*pendant*) Lüster *m;* (*chandelier*) Kronleuchter *m*
lusty ['lʌsti] *adj* (*strong and healthy*) per-

son gesund [und munter]; *man* stark; *appetite* herzhaft; *(energetic) children* lebhaft; *worker* tüchtig; *cry* laut; *kick, punch, voice* kräftig

lute [luːt] *n* Laute *f*

Lu·ther·an [ˈluːðərən] REL I. *n* Lutheraner(in) *m(f)* II. *adj* lutherisch

Lux·em·bourg [ˈlʌksəmbɜːg] *n* Luxemburg *nt*

Lux·em·bourg·er [ˈlʌksəmbɜːgəʳ] *n* Luxemburger(in) *m(f)*

Lux·em·bour·gian [ˌlʌksəmˈbɜːgiən] *n* Luxemburgisch *nt*

luxu·ri·ant [lʌgˈʒʊəriənt] *adj (abundant)* üppig; *(adorned)* prunkvoll; *hair* voll; *imagination* blühend

luxu·ri·ate [lʌgˈʒʊərieɪt] *vi* sich aalen

luxu·ri·ous [lʌgˈʒʊəriəs] *adj* ① *(with luxuries)* luxuriös, Luxus- ② *(self-indulgent)* genüsslich; *(decadent)* genusssüchtig

luxu·ri·ous·ly [lʌgˈʒʊəriəsli] *adv* ① *(with luxuries)* luxuriös; **to furnish sth ~ etw** prunkvoll ausstatten; **to live ~** auf großem Fuß leben ② *(self-indulgently)* genüsslich, genießerisch

luxu·ry [ˈlʌkʃəri] *n* ① *no pl (self-indulgence)* Luxus *m* ② *(luxurious item)* Luxus[artikel] *m*

LW *n abbrev of* **long wave** LW

ly·chee [ˌlaɪˈtʃiː] *n* Litschi *f*

Ly·cra® [ˈlaɪkrə] *n no pl* Lycra® *nt*

lye [laɪ] *n no pl* Lauge *f*

ly·ing¹ [ˈlaɪɪŋ] *vi present participle of* **lie**

ly·ing² [ˈlaɪɪŋ] I. *adj attr* verlogen, lügnerisch II. *n no pl* Lügen *nt*

lymph [lɪmf] *n no pl* Lymphe *f*

lym·phat·ic [lɪmˈfætɪk] I. *adj* lymphatisch *fachspr*, Lymph[o]-; **~ drainage** Lymphdrainage *f* II. *n* Lymphgefäß *nt*

'lymph gland *n*, **'lymph node** *n* Lymphknoten *m*

lynch [lɪn(t)ʃ] *vt* lynchen

lynx <*pl* -es *or* -> [lɪŋks] *n* Luchs *m*

'lynx-eyed *adj* **to be ~** Augen wie ein Luchs haben

lyre [laɪəʳ] *n* Leier *f*

lyr·ic [ˈlɪrɪk] I. *adj* lyrisch II. *n* ① *(poem)* lyrisches Gedicht ② *(words for song)* ■ **~ s** *pl* [Lied]text *m*

lyri·cal [ˈlɪrɪkəl] *adj* ① *poetry* lyrisch ② *(emotional)* gefühlvoll

lyri·cism [ˈlɪrɪsɪzəm] *n* ① *no pl* LIT, MUS Lyrik *f*; *(passage)* Lyrismus *m fachspr* ② *(sentiment)* Gefühlsregung *f*

lyri·cist [ˈlɪrɪsɪst] *n* ① *(writer of texts)* Texter(in) *m(f)* ② *(poet)* Lyriker(in) *m(f)*

Mm

M <*pl* -'s *or* -s>, **m** <*pl* -'s> [em] *n* ① *(letter)* M *nt,* m *nt; see also* **A 1** ② *(Roman numeral)* M *nt,* m *nt*

M [em] I. *adj* FASHION *abbrev of* **medium** M II. *n* BRIT *abbrev of* **motorway** ≈ A *f*

m I. *n* <*pl* -> ① *abbrev of* **metre** m ② *abbrev of* **mile** ③ *abbrev of* **million** Mill., Mio. ④ *abbrev of* **minute** Min. II. *adj* ① *abbrev of* **male** männl. ② *abbrev of* **masculine** m ③ *abbrev of* **married** verh.

ma [mɑː] *n* ① *(fam: mother)* Mama *f* ② *esp* AM *(title)* **M~ Johnson** Mama Johnson

MA [ˌemˈeɪ] *n abbrev of* **Master of Arts**

ma'am¹ [mæm] *n short for* **madam** gnädige Frau *form*

ma'am² [mɑːm] *n* BRIT Majestät *f*

mac [mæk] *n esp* BRIT *(fam) short for* **macintosh** Regenmantel *m*

Mac¹ [mæk] *n* ① *(Scotsman)* Schotte *m* ② AM *(fam)* **hallo, ~!** hallo, Alter!

Mac² [mæk] *n* COMPUT *(fam) short for* **Macintosh®** Mac *m*

ma·ca·bre [məˈkɑːbr(ə)] *adj* makaber

mac·ad·am [məˈkædəm] *n* Schotter *m*

maca·ro·ni [ˌmækəˈrəʊni] *n no pl* Makkaroni *pl*

maca·ro·ni and 'cheese *n,* **maca·ro·ni 'cheese** *n* Käsemakkaroni *pl*

maca·roon [ˌmækəˈruːn] *n* Makrone *f*

mace¹ [meɪs] *n* ① BRIT *(staff)* Amtsstab *m* ② *(hist: weapon)* Keule *f*; *(with spikes)* Morgenstern *m*

mace² [meɪs] *n no pl* BOT, FOOD Mazis *m*

Mace® [meɪs] I. *n no pl* ≈ Tränengas *nt* II. *vt* mit Tränengas besprühen

Mac·edo·nia [ˌmæsɪˈdəʊniə] *n* Makedonien *nt,* Mazedonien *nt*

Mac·edo·nian [ˌmæsɪˈdəʊniən] I. *n* Makedonier(in) *m(f),* Mazedonier(in) *m(f)* II. *adj* makedonisch, mazedonisch

Mach [mæk] *n no pl* AEROSP, PHYS Mach *nt*

ma·chete [məˈ(t)ʃeti] *n* Machete *f*
ma·chine [məˈʃiːn] **I.** *n* ❶ (*mechanical device*) Maschine *f*, Apparat *m*; (*fig: person*) Maschine *f*; **by ~** maschinell ❷ (*automobile, plane*) Maschine *f* ❸ (*powerful group*) Apparat *m fig* **II.** *vt* (*produce*) maschinell herstellen; **to ~ the hem** den Saum [mit der Nähmaschine] umnähen
ma·ˈchine gun *n* Maschinengewehr *nt*
ma·ˈchine lan·guage *n* COMPUT Maschinensprache *f* **ma·ˈchine-made** *adj* maschinell hergestellt **ma·chine-ˈread·able** *adj* COMPUT (*by device*) maschinenlesbar; (*by computer*) computerlesbar
ma·chin·ery [məˈʃiːnᵊri] *n no pl* ❶ (*machines*) Maschinen *pl* ❷ (*mechanism*) Mechanismus *m*; (*system*) Apparat *m*
ma·ˈchine tool *n* Werkzeugmaschine *f*
ma·chin·ist [məˈʃiːnɪst] *n* ❶ (*operator*) Maschinist(in) *m(f)*; *of sewing machine* Maschinennäher(in) *m(f)* ❷ (*builder, repairer*) Maschinenbauer(in) *m(f)*
ma·cho [ˈmætʃəʊ] **I.** *adj* (*pej fam*) machohaft, Macho- **II.** *n* Macho *m pej*
macke·rel <*pl* -s *or* -> [ˈmækᵊrᵊl] *n* Makrele *f*
mack·in·tosh [ˈmækɪntɒʃ] *n* BRIT Regenmantel *m*
macro [ˈmækrəʊ] *n* COMPUT Makro *nt*
macro·bi·ot·ic [ˌmækrə(ʊ)baɪˈɒtɪk] *adj* makrobiotisch **macro·cosm** [ˈmækrə(ʊ)ˌkɒzᵊm] *n* Makrokosmos *m* **macro·eco·nom·ics** [ˌmækrə(ʊ)iːkəˈnɒmɪks] *n + sing vb* Makroökonomie *f*
mad <-dd> [mæd] *adj* ❶ *esp* BRIT (*fam: insane*) wahnsinnig, verrückt; **to go ~** den Verstand verlieren; **to drive sb ~** jdn um den Verstand bringen, jdn verrückt machen ❷ *esp* BRIT (*fam: foolish*) verrückt; **I must have been ~** ich war wohl nicht ganz bei Verstand; [**stark**] **raving ~** total verrückt ❸ (*frantic*) wahnsinnig *fam*; **I'm in a ~ rush** ich hab's wahnsinnig eilig; **like ~** wie verrückt; **to be ~ with anxiety** wahnsinnige Angst haben ❹ (*fam: enthusiastic*) verrückt (**about** nach) ❺ AM (*fam: angry*) sauer; **he's ~ as hell at you** er ist stinksauer auf dich; **to drive sb ~** jdn rasend machen ❻ AM (*sl*) mega-
Mada·gas·can [ˌmædəˈgæskən] **I.** *adj* madagassisch **II.** *n* Madagasse *m*/Madagassin *f*
Mada·gas·car [ˌmædəˈgæskər] *n* Madagaskar *nt*
mad·am [ˈmædəm] *n* ❶ *no pl* (*form of address*) gnädige Frau *veraltet*; (*in titles*) M~ **President** Frau Präsidentin; **Dear M~,** ... (*in letter*) Sehr geehrte gnädige Frau, ... ❷ (*pej fam: girl*) Prinzesschen *nt iron* ❸ *of brothel* Bordellwirtin *f*
mad·cap [ˈmædkæp] **I.** *adj attr* (*dated*) verrückt; **~ idea** ausgeflippte Idee *fam* **II.** *n* (*eccentric person*) Ausgeflippte(r) *f(m) fam*
mad ˈcow dis·ease *n* Rinderwahnsinn *m*
mad·den [ˈmædᵊn] *vt* (*drive crazy*) um den Verstand bringen; (*anger*) maßlos ärgern
mad·den·ing [ˈmædᵊnɪŋ] *adj* äußerst ärgerlich; *habit* nervend; *pain* unerträglich; *slowness, recklessness* provozierend; **her absent-mindedness is ~ at times** ihre Zerstreutheit ist manchmal zum Verrücktwerden
made [meɪd] **I.** *pp, pt of* **make II.** *adj* **to have** [**got**] **it ~** es geschafft haben *fam*
Ma·dei·ra [məˈdɪərə] *n* ❶ *no pl* GEOG Madeira *nt* ❷ (*wine*) Madeira[wein] *m* ❸ (*cake*) ~ [**cake**] ≈ Sandkuchen *m*
made-to-ˈmeas·ure *adj* maßgeschneidert
made-ˈup *adj* ❶ (*imaginary*) ausgedacht ❷ (*wearing make-up*) geschminkt ❸ (*prepared*) fertig, Fertig- ❹ *road* befestigt
ˈmad·house *n* ❶ (*pej fam or hist: mental hospital*) Irrenanstalt *nt* ❷ (*pej fam: chaotic household*) Irrenhaus *nt*

M

mad·ly [ˈmædli] *adv* ❶ (*insanely*) wie verrückt ❷ (*fam: frantically*) wie ein Verrückter/eine Verrückte ❸ (*fam: very much*) wahnsinnig
ˈmad·man *n* ❶ (*dated: insane*) Irrer *m fam* ❷ (*pej: frantic*) Verrückter *m fam;* **to drive like a ~** wie ein Irrer fahren
mad·ness [ˈmædnəs] *n no pl* ❶ (*insanity*) Wahnsinn *m*, Geisteskrankheit *f geh* ❷ (*folly*) Wahnsinn *m fam*, Verrücktheit *f*; **sheer ~** heller Wahnsinn
Ma·don·na [məˈdɒnə] *n* ❶ REL (*name*) Madonna *f* ❷ ART (*picture*) Madonnenbild *nt*; (*statue*) Madonnenfigur *f*; ▪ **the ~** die Madonna
ˈmad·wom·an *n* ❶ (*dated: insane*) Irre *f fam* ❷ (*pej: frantic*) Verrückte *f fam*
mael·strom [ˈmeɪlstrɒm] *n* METEO, NAUT Ma[h]lstrom *m*; (*fig*) Strudel *m*
maes·tro <*pl* -tri> [ˈmaɪstrəʊ, *pl* -striː] *n* (*also hum*) Maestro *m*
MAFF [mæf] *n* BRIT *abbrev of* **Ministry of Agriculture, Fisheries and Food** Ministerium *nt* für Landwirtschaft, Fischerei und Lebensmittel
ma·fia [ˈmæfiə] *n + sing/pl vb* Mafia *f*
mag [mæg] *n* (*fam*) *short for* **magazine** Blatt *nt*

maga·zine [ˌmægəˈziːn] *n* ❶ (*publication*) Zeitschrift *f* ❷ (*gun part*) Magazin *nt* ❸ MIL (*depot*) Depot *nt;* HIST Magazin *nt*

mag·got [ˈmægət] *n* Made *f*

mag·goty [ˈmægəti] *adj* madig; ~ **carcass** von Maden zerfressener Leichnam

Magi [ˈmeɪdʒaɪ] *npl* ▪ **the** ~ die Weisen aus dem Morgenland, die Heiligen Drei Könige

mag·ic [ˈmædʒɪk] I. *n no pl* ❶ (*sorcery*) Magie *f*, Zauber *m;* **as if by** ~ wie von Zauberhand ❷ (*tricks*) Zaubertrick[s] *m*[*pl*]; **to do** ~ zaubern ❸ (*extraordinariness*) Zauber *m* ❹ (*effects*) Magie *f* II. *adj* ❶ (*supernatural*) magisch, Zauber-; **they had no ~ solution** sie konnten keine Lösung aus dem Ärmel zaubern ❷ (*extraordinary*) *moment* zauberhaft, wundervoll; *powers* magisch

magi·cal [ˈmædʒɪkᵊl] *adj* ❶ (*magic*) magisch, Zauber- ❷ (*extraordinary*) *moment* zauberhaft, wundervoll; *powers* magisch

magi·cal·ly [ˈmædʒɪkli] *adv* ❶ (*by magic*) wie von Zauberhand, wie durch ein Wunder ❷ (*extraordinarily*) wundervoll, zauberhaft

mag·ic ˈcar·pet *n* fliegender Teppich

ma·gi·cian [məˈdʒɪʃᵊn] *n* Zauberer *m*/Zauberin *f*, Magier(in) *m(f)* geh; (*on stage*) Zauberkünstler(in) *m(f)*

mag·is·te·ri·al [ˌmædʒɪˈstɪəriəl] *adj* (*form*) ❶ (*authoritative*) richtungweisend, autoritativ geh ❷ (*pej*) *tone, manner* herrisch ❸ (*of a magistrate*) *office, robes* richterlich

mag·is·trate [ˈmædʒɪstreɪt] *n* **to appear before a** ~ vor einem Schiedsgericht erscheinen

mag·ma [ˈmægmə] *n no pl* GEOL Magma *nt*

mag·na·nim·ity [ˌmægnəˈnɪməti] *n no pl* Großzügigkeit *f*

mag·nani·mous [mægˈnænɪməs] *adj* großmütig geh; *generosity* überwältigend

mag·nani·mous·ly [mægˈnænɪməsli] *adv* großzügig, großmütig geh

mag·nate [ˈmægneɪt] *n* Magnat *m*

mag·ne·sia [mægˈniːʃə] *n no pl* Magnesiumoxid *nt*

mag·ne·sium [mægˈniːziəm] *n no pl* Magnesium *nt*

mag·net [ˈmægnət] *n* Magnet *m*

mag·net·ic [mægˈnetɪk] *adj* ❶ *iron, steel* magnetisch; ~ **strip** Magnetstreifen *m* ❷ *effect, attraction* unwiderstehlich; *smile, charms* anziehend

mag·net·ic ˈfield *n* Magnetfeld *nt* **mag·net·ic ˈpole** *n* Magnetpol *m*

mag·net·ism [ˈmægnətɪzᵊm] *n no pl* ❶ (*phenomenon*) Magnetismus *m;* (*charge*) magnetische Kräfte ❷ *of person* Ausstrahlung *f*

mag·net·ize [ˈmægnətaɪz] I. *vt* ❶ PHYS magnetisieren ❷ (*fig*) faszinieren II. *vi* magnetisch werden

mag·ne·to [mægˈniːtoʊ] *n* TECH, AUTO Magnetzünder *m*

mag·ni·fi·ca·tion [ˌmægnɪfɪˈkeɪʃᵊn] *n no pl* Vergrößerung *f*

mag·nifi·cence [mægˈnɪfɪsᵊn(t)s] *n no pl* Großartigkeit *f*, Größe *f;* **His/Her/Your M~** Ihre/Ihre/Ihre Magnifizenz

mag·nifi·cent [mægˈnɪfɪsᵊnt] *adj house, concert* wunderbar, großartig; *food* ausgezeichnet; **to look ~** wunderschön aussehen

mag·nifi·cent·ly [mægˈnɪfɪsᵊntli] *adv* (*well*) hervorragend; (*surprisingly well*) bewundernswert; **she seems to be coping ~** sie hält sich hervorragend

mag·ni·fy <-ie-> [ˈmægnɪfaɪ] *vt* (*make bigger*) vergrößern; (*make worse*) *problem* verschlimmern

ˈmag·ni·fy·ing glass *n* Lupe *f*

mag·ni·tude [ˈmægnɪtjuːd] *n* ❶ (*size*) Größe *f;* *of project, loss* Ausmaß *nt;* *of earthquake* Stärke *f;* *of problem* Tragweite *f* ❷ *no pl* (*importance*) Bedeutung *f*

mag·no·lia [mægˈnoʊliə] *n* Magnolie *f*

mag·pie [ˈmægpaɪ] *n* (*bird*) Elster *f*

ma·ha·ra·ja(h) [ˌmɑː(h)əˈrɑːdʒə] *n* (*hist*) Maharadscha *m*

ma·hog·any [məˈhɒɡᵊni] *n* ❶ (*tree*) Mahagonibaum *m* ❷ *no pl* (*wood*) Mahagoni[holz] *nt*

maid [meɪd] *n* ❶ (*servant*) Dienstmädchen *nt;* (*in hotel*) Zimmermädchen *nt* ❷ (*old: girl*) Maid *f;* (*unmarried woman*) Mägdelein *nt*

maid·en [ˈmeɪdᵊn] I. *n* (*old*) Jungfer *f* II. *adj attr* ❶ (*unmarried*) unverheiratet ❷ (*first*) Jungfern-; ~ **voyage** Jungfernfahrt *f*

ˈmaid·en·hair *n*, **maid·en·hair ˈfern** *n* Frauenfarn *m* **ˈmaid·en name** *n* Mädchenname *m* **maid·en ˈspeech** *n* Jungfernrede *f*

mail¹ [meɪl] I. *n no pl* Post *f;* **today's/this morning's** ~ die Post von heute; **to come in the** ~ mit der Post kommen; **to send sth through the** ~ etw mit der Post [ver]schicken II. *vt* **to** ~ **a letter/package** (*at post office*) einen Brief/ein Paket aufgeben; (*in mail box*) einen Brief/ein Paket einwerfen; ▪ **to** ~ **sth to sb** jdm etw [mit der Post] schicken

mail² [meɪl] *n no pl* ❶ (*armour*) Panzer *m;*

chain ~ Kettenpanzer *m* ❷ *of animal* Panzer *m*
'mail·bag *n* Postsack *m;* **since the controversial programme the BBC's ~ has been bulging** seit der umstrittenen Sendung quillt der Briefkasten der BBC über **'mail·box** *n* AM Briefkasten *m*, Postkasten *m bes* NORDD **'mail·ing list** *n* Adressenliste *f*, Mailinglist(e) *f* **'mail·man** *n* AM Briefträger(in) *m(f)*, Postbote *m/*-botin *f* **'mail or·der** *n* [Direkt]versand *m*; (*by catalogue*) Katalogbestellung *f* **'mail·shot** *n esp* BRIT Hauswurfsendung *f*
maim [meɪm] *vt* (*mutilate*) verstümmeln; (*cripple*) zum Krüppel machen
main [meɪn] **I.** *n* ❶ TECH (*pipe*) Hauptleitung *f;* (*cable*) Hauptkabel *nt;* (*switch*) Hauptschalter *m;* (*of house*) Haupthahn *m* ❷ BRIT ELEC, TECH (*supply network*) ▪**the ~s** *pl* das Versorgungsnetz; (*for electricity*) das [Strom]netz; **switch off the electricity at the ~s before starting work** vor Arbeitsbeginn die Stromversorgung am Hauptschalter ausschalten ▸ **in the ~** im Allgemeinen **II.** *adj attr* Haupt-; **~ concern** wichtigstes Anliegen
'main·frame *n* Hauptrechner *m* **'main·land I.** *n no pl* ▪ **the ~** das Festland **II.** *adj attr* ~ **Britain** die britische Hauptinsel; ~ **China** China *nt*; ~ **Europe** europäisches Festland **'main·line** (*fam*) **I.** *vt* **to ~ heroin** fixen *sl* **II.** *vi* fixen *sl*
main·ly ['meɪnli] *adv* hauptsächlich, in erster Linie
main 'of·fice *n* Hauptverwaltung *f* **main 'road** *n* Hauptstraße *f* **'main·sail** *n* Hauptsegel *nt*, Großsegel *nt*
mains elec·tric·ity *n* Hauptstromschalter *m*
'main·spring *n* ❶ (*in clock, watch*) Triebfeder *f* ❷ (*fig: motivating factor*) **the ~ of sb's success** die Triebfeder jds Erfolges
'main·stay *n of boat* Hauptstag *m; of economy* Stütze *f* **'main·stream** *n no pl* ▪ **the ~** (*society, lifestyle*) der Mainstream; **to enter the ~ of life/politics** am alltäglichen Leben/politischen Alltag[sgeschäft] teilnehmen **II.** *adj* Mainstream-; *book, film, music* kommerziell; **this party was not a part of ~ Austria until the last election** diese Partei war bis zur letzten Wahl nicht Teil des österreichischen Mainstreams; **to go ~** (*fam*) sich an ein breites Publikum wenden; ECON sich an eine breite Käuferschicht wenden; ART, MUS in den Mainstream kommen
main·tain [meɪn'teɪn] *vt* ❶ (*keep*) [bei]behalten; *blockade* aufrechterhalten; **to ~ one's dignity/sanity** seine Würde/geistige Gesundheit bewahren; **to ~ law and order/the status quo** Gesetz und Ordnung/den Status quo aufrechterhalten; **to ~ the lead** in Führung bleiben; **to ~ close links** in engem Kontakt bleiben ❷ (*in good condition*) instand halten; *garden* pflegen ❸ (*provide for*) *child, family* unterhalten ❹ (*claim*) behaupten; **to ~ one's innocence** seine Unschuld beteuern ❺ (*support*) *statement, theory* vertreten
main·te·nance ['meɪntᵊnən(t)s] **I.** *n no pl* ❶ *of relations, of peace* Beibehaltung *f*, Wahrung *f* ❷ *of car, garden* Pflege *f*; *of building, monument* Instandhaltung *f*; *of machine* Wartung *f* ❸ (*in hotel, factory*) Wartungsabteilung *f* ❹ (*maintenance costs*) Unterhaltung *f* ❺ (*alimony*) Unterhalt *m* **II.** *adj attr* Wartungs-, Instandhaltungs-; **~ check** Wartung *f*
mai·son·ette [ˌmeɪzᵊn'et] *n* BRIT Maiso[n]nette *f*
maize [meɪz] *n no pl esp* BRIT Mais *m*
ma·jes·tic [mə'dʒestɪk] *adj* majestätisch; *proportions* stattlich; *movement* gemessen; *music, march* getragen
ma·jes·ti·cal·ly [mə'dʒestɪkli] *adv* majestätisch
maj·es·ty ['mædʒəsti] *n* ❶ (*royal title*) [**Her/His/Your**] **M~** [Ihre/Seine/Eure] Majestät ❷ *no pl* (*beauty*) *of sunset* Herrlichkeit *f*; *of person* Würde *f*; *of music* Erhabenheit *f*, Anmut *f*
ma·jor ['meɪdʒəʳ] **I.** *adj* ❶ *attr* (*important*) bedeutend, wichtig; (*main*) Haupt-; (*large*) groß; **your car is going to need a ~ overhaul** ihr Auto muss von Grund auf überholt werden; ~ **roadworks** größere Straßenbauarbeiten ❷ *attr* (*serious*) *crime* schwer; **to have ~ depression** eine starke Depression haben; *illness* schwerwiegend; **to undergo ~ surgery** sich einer größeren Operation unterziehen ❸ (*in music*) Dur *nt* **II.** *n* ❶ MIL (*officer rank*) Major(in) *m(f)* ❷ AM, AUS UNIV (*primary subject*) Hauptfach *nt* ❸ (*in music*) Dur *nt* **III.** *vi* UNIV **to ~ in German/physics/biology** Deutsch/Physik/Biologie als Hauptfach studieren
Ma·jor·ca [mə'jɔːkə] *n no pl* Mallorca *nt*
ma·jor 'gen·er·al *n* Generalmajor(in) *m(f)*
ma·jor·ity [mə'dʒɒrəti] **I.** *n* ❶ + *sing/pl vb* (*greater part*) Mehrheit *f*; **in the ~ of cases** in der Mehrzahl der Fälle; **a large ~ of people** eine große Mehrheit; **the ~ of the votes** die Stimmenmehrheit ❷ POL

(*winning margin*) [Stimmen]mehrheit *f* ❸ *no pl* (*full legal age*) Volljährigkeit *f* II. *adj attr* POL Mehrheits-

make [meɪk] I. *n* ❶ ECON (*brand*) Marke *f* ❷ (*pej*) **to be on the ~** (*for sex*) auf sexuelle Abenteuer aus sein; (*for money*) geldgierig sein II. *vt* <made, made> ❶ (*produce*) machen; *company, factory* herstellen; *movie* drehen; *peace* schließen; **this sweater is made of wool** dieser Pullover ist aus Wolle; **to ~ coffee/soup/supper** Kaffee/Suppe/das Abendessen kochen; **to show what one's [really] made of** zeigen, was in einem steckt; ▪ **to be made for sth** für etw *akk* [wie] geschaffen sein ❷ (*become*) **I don't think he will ever ~ a good lawyer** ich glaube, aus ihm wird nie ein guter Rechtsanwalt [werden]; **she'll ~ a great mother** sie wird eine tolle Mutter abgeben; **to ~ fascinating reading** faszinierend zu lesen sein ❸ (*cause*) machen; **the wind is making my eyes water** durch den Wind fangen meine Augen an zu tränen; **the dark colours ~ the room look smaller** die dunklen Farben lassen das Zimmer kleiner wirken; **what made you change your mind?** wodurch hast du deine Meinung geändert?; **to ~ sb laugh** jdn zum Lachen bringen ❹ (*force*) ▪ **to ~ sb do sth** jdn zwingen, etw zu tun ❺ + *adj* (*cause to be*) machen; **to ~ sth public** etw veröffentlichen; **to ~ oneself understood** sich verständlich machen ❻ (*transform to*) **the recycled paper will be made into cardboard** das Recyclingpapier wird zu Karton weiterverarbeitet; **this experience will ~ you into a better person** diese Erfahrung wird aus dir einen besseren Menschen machen; **we've made the attic into a spare room** wir haben den Speicher zu einem Gästezimmer ausgebaut ❼ (*perform*) *mistake, progress, suggestion* machen; *appointment* vereinbaren; **to ~ a call** anrufen; **to ~ a deal** einen Handel schließen; **to ~ a decision** eine Entscheidung fällen; **to ~ an effort** sich anstrengen; **to ~ a good job of sth** bei etw *dat* gute Arbeit leisten; **to ~ a move** (*in game*) einen Zug machen; *body* sich bewegen; **to ~ a promise** etw versprechen; **to ~ smalltalk** Smalltalk machen; *speech, presentation* halten; **to ~ a start** anfangen; **to ~ way** den Weg frei machen ❽ (*amount to*) **five plus five ~s ten** fünf und fünf ist zehn ❾ (*earn, get*) **he ~s £50,000 a year** er verdient 50.000 Pfund im Jahr; **to ~ enemies** sich *dat* Feinde machen; **to ~ friends** Freundschaften schließen; **to ~ a killing** einen Riesengewinn machen; **to ~ a living** seinen Lebensunterhalt verdienen; **to ~ a name for oneself** sich *dat* einen Namen machen ❿ (*appoint*) ▪ **to ~ sb president/ambassador** jdn zum Präsidenten/Botschafter ernennen ⓫ (*consider important*) **don't ~ too much of his grumpiness** gib nicht zu viel auf seine mürrische Art ⓬ (*fam: reach*) **could you ~ a meeting at 8 a.m.?** schaffst du ein Treffen um 8 Uhr morgens?; **the fire made the front page** das Feuer kam auf die Titelseite; **he made captain/sergeant** AM er hat es bis zum Kapitän/Feldwebel gebracht; **to ~ the bus/one's train/one's plane** den Bus/seinen Zug/sein Flugzeug kriegen; **to ~ the finals/a team** sich für das Finale/ein Team qualifizieren; **to ~ it** es schaffen ⓭ (*render perfect*) **this film has ~ his career** der Film machte ihn berühmt; **that's made my day!** das freut mich unheimlich!; **you've got it made!** du hast ausgesorgt! ⓮ (*have sex*) **to ~ love** miteinander schlafen III. *vi* <made, made> ❶ (*be about to*) **just as we made to leave the phone rang** gerade als wir gehen wollten, klingelte das Telefon ❷ (*pretend*) **he made as if to leave the room** er machte Anstalten, das Zimmer zu verlassen; ▪ **to ~ like ...** AM so tun, als ob ... ▶ **to ~ do without sth** ohne etw auskommen ♦ **make after** *vi* ▪ **to ~ after sb** jdm hinterherjagen; *police* jdn verfolgen ♦ **make away** *vi* (*fam*) abhauen ♦ **make away with** *vt* (*fam*) ❶ (*steal*) ▪ **to ~ away with sth** sich mit etw *dat* davonmachen ❷ (*kill*) ▪ **to ~ away with sb** jdn um die Ecke bringen *fam*; ▪ **to ~ away with oneself** sich umbringen ♦ **make for, make towards** *vi* ❶ (*head for*) ▪ **to ~ for sth** auf etw *akk* zugehen; (*by car or bus*) auf etw *akk* zufahren; **the kids made for the woods to hide** die Kinder rannten auf den Wald zu, um sich zu verstecken ❷ (*be*) **constant arguing doesn't ~ for a good relationship** ständiges Streiten ist einer guten Beziehung nicht gerade förderlich; **Kant ~s for hard reading** Kant ist schwer zu lesen ♦ **make of** *vt* ❶ (*understand*) **I can't ~ anything of this book** ich verstehe dieses Buch nicht; **can you ~ anything of this message?** kannst du mit dieser Nachricht etwas anfangen?; **I don't know what to ~ of it** ich weiß nicht, wie ich das deuten soll ❷ (*think*) **what do you ~ of his speech?** was hältst du von seiner

Rede?; **I don't know what to ~ of her** ich weiß nicht, wie ich sie einschätzen soll ◆ **make off** *vi (fam)* ❶ *(leave)* abhauen ❷ *(steal)* ■ **to ~ off with sth** etw mitgehen lassen *fam* ◆ **make out I.** *vi (fam)* ❶ *(manage) person* zurechtkommen; *business* sich [positiv] entwickeln ❷ *(have sex)* rummachen *sl;* ■ **to ~ out with sb** *esp* AM mit jdm rummachen *sl* **II.** *vt* ❶ *(write out)* ausschreiben; *cheque* ausstellen; *schedule* erstellen; *will* verfassen ❷ *(see) writing, numbers* entziffern; *distant object* ausmachen; *(hear)* verstehen; *(understand)* **she's so strange — I can't ~ her out at all** sie ist so seltsam – ich werde ganz und gar nicht schlau aus ihr ❸ *(fam: claim)* **the British weather is not as bad as it is made out** [**to be**] das britische Wetter ist nicht so schlecht, wie es immer heißt; **she made out that she was sleeping** sie tat so, als ob sie schlafen würde ◆ **make over** *vt* ❶ LAW *(transfer ownership)* **to ~ over ○ a house/a business/land to sb** jdm ein Haus/ein Geschäft/Land überschreiben ❷ *(redo)* umändern; *manuscript* überarbeiten ◆ **make up I.** *vt* ❶ *(invent)* **she made the whole thing up** sie hat das alles nur erfunden; **stop making up the rules as you go along!** hör auf, dir deine eigenen Regeln zu machen! ❷ *(prepare)* fertig machen; *medicine* zusammenstellen; **to ~ up a bed** das Bett machen; **to ~ up the fire** BRIT, AUS das Feuer schüren ❸ *(put on make-up)* ■ **to ~ oneself up** sich schminken ❹ *(produce)* **to ~ up ○ curtains/a dress** Vorhänge/ein Kleid machen ❺ *(compensate)* **if you can save half the money, we'll ~ up the difference** wenn du die Hälfte sparen kannst, bezahlen wir die Differenz; **to ~ up a deficit** ein Defizit ausgleichen; **to ~ up time** Zeit wiedergutmachen; *train* Zeit wieder herausfahren ❻ *(comprise)* ■ **to ~ up ○ sth** etw ausmachen; **the book is made up of a number of different articles** das Buch besteht aus vielen verschiedenen Artikeln ❼ *(decide)* **to ~ up one's mind** sich entscheiden ❽ *(reconcile)* **to ~ it up with sb** sich mit jdm versöhnen; **to ~ it up to sb** jdm etw wiedergutmachen **II.** *vi* sich versöhnen; **kiss and ~ up** küsst euch und vertragt euch wieder ◆ **make up for** *vt* ■ **to ~ up for sth** für etw *akk* entschädigen; ECON etw wiedergutmachen; **to ~ up for lost time** verlorene Zeit wiederaufholen ◆ **make up to** *vt* AUS, BRIT ■ **to ~ up to sb** sich bei jdm lieb Kind machen *fam*

'make-be·lieve I. *n no pl* Fantasie *f,* Illusion *f* **II.** *adj* Fantasie- **III.** *vi* <made-, made-> ■ **to ~** [**that**] ... sich *dat* vorstellen, dass ...

mak·er ['meɪkə^r] *n* ❶ *(manufacturer)* ■ **the ~** [*or* BRIT *usu* **the ~s**] Hersteller(in) *m(f),* Produzent(in) *m(f)* ❷ *(God)* **to meet one's M~** seinem Schöpfer gegenübertreten

'make·shift I. *adj* Not-, behelfsmäßig **II.** *n* [Not]behelf *m*

'make-up *n* ❶ *no pl (cosmetics)* Make-up *nt;* **to put on ~** sich schminken ❷ *of group, population* Zusammensetzung *f* ❸ *(character)* Persönlichkeit *f*

'make-up art·ist *n* Visagist(in) *m(f)*

mak·ing ['meɪkɪŋ] *n* ❶ *no pl (production)* Herstellung *f;* **her problems with that child are of her own ~** ihre Probleme mit diesem Kind hat sie selbst verschuldet; **the book was several years in the ~** es dauerte mehrere Jahre, das Buch zu schreiben ❷ *no pl (success)* **it was the ~ of her** das hat sie zu dem gemacht, was sie [heute] ist; *(development)* **to be an engineer in the ~** ein angehender Ingenieur/eine angehende Ingenieurin sein ❸ *(qualities/ingredients)* ■ **~s** *pl* Anlagen *pl;* **she has the ~s of a great violinist** sie hat das Zeug zu einer großartigen Geigerin

mal·ad·just·ed [ˌmæləˈdʒʌstɪd] *adj* verhaltensgestört

mal·ad·min·is·tra·tion [ˌmælədˌmɪn-ɪˈstreɪʃ^ən] *n no pl (form)* schlechte Verwaltung

mala·droit [ˌmæləˈdrɔɪt] *adj* unbeholfen

Mala·gasy [ˌmæləˈgæsi] **I.** *adj* madagassisch **II.** *n* Madagasse *m*/Madagassin *f*

ma·laise [məˈleɪz] *n no pl* Unbehagen *nt*

mala·prop·ism ['mæləprɒpɪz^əm] *n* Malapropismus *m*

ma·laria [məˈleəriə] *n no pl* Malaria *f*

Ma·la·wi [məˈlɑːwi] *n no pl* Malawi *nt*

Ma·la·wian [məˈlɑːwiən] **I.** *n* Malawier(in) *m(f)* **II.** *adj* malawisch

Ma·lay·an [məˈleɪən] *adj* malaiisch

Ma·lay·sia [məˈleɪziə] *n no pl* Malaysia *nt*

Ma·lay·sian [məˈleɪziən] **I.** *n* Malaysier(in) *m(f)* **II.** *adj* malaysisch

mal·con·tent ['mælkən,tent] *n (pej)* Querulant(in) *m(f) pej geh*

Mal·dives ['mɔːldiːvz] *npl* ■ **the ~** die Malediven

male [meɪl] **I.** *adj* männlich; **~ choir** Männerchor *m;* **~-dominated** von Männern dominiert **II.** *n (person)* Mann *m; (animal)* Männchen *nt*

male·dic·tion [ˌmælɪˈdɪkʃən] *n* Verwünschung *f*

ma·levo·lence [məˈlevələn(t)s] *n no pl* (*evil quality*) Bosheit *f*, Heimtücke *f*; (*spitefulness*) Gehässigkeit *f*

ma·levo·lent [məˈlevələnt] *adj* (*liter: evil*) bösartig; (*spiteful*) gehässig

ma·levo·lent·ly [məˈlevələntli] *adv* (*evil*) boshaft, heimtückisch; (*spitefully*) gehässig

mal·for·ma·tion [ˌmælfɔːˈmeɪʃən] *n* Missbildung *f*

mal·formed [ˌmælˈfɔːmd] *adj* MED missgebildet

mal·func·tion [ˌmælˈfʌŋ(k)ʃən] **I.** *vi* (*not work properly*) nicht funktionieren; (*stop working*) ausfallen; *liver, kidney* nicht richtig arbeiten; *social system* versagen **II.** *n* Ausfall *m*; *of liver, kidney* Funktionsstörung *f*; *of social system* Versagen *nt*

Mali [ˈmɑːli] *n no pl* Mali *nt*

Ma·lian [ˈmɑːliən] **I.** *n* Malier(in) *m(f)* **II.** *adj* malisch

mal·ice [ˈmælɪs] *n no pl* Boshaftigkeit *f*

ma·li·cious [məˈlɪʃəs] *adj* boshaft, niederträchtig; *look* hasserfüllt; ~ **wounding** LAW böswillige Körperverletzung

ma·li·cious·ly [məˈlɪʃəsli] *adv* boshaft, niederträchtig

ma·lign [məˈlaɪn] **I.** *adj* (*form*) verderblich; (*evil*) unheilvoll **II.** *vt* verleumden

ma·lig·nan·cy [məˈlɪgnən(t)si] *n no pl* MED Bösartigkeit *f*

ma·lig·nant [məˈlɪgnənt] *adj* MED bösartig

ma·lin·ger [məˈlɪŋgəʳ] *vi* sich krank stellen

ma·lin·ger·er [məˈlɪŋgərəʳ] *n* Simulant(in) *m(f)*

mall [mɔːl] *n* (*covered row of shops*) [große] Einkaufspassage; (*indoor shopping centre*) [überdachtes] Einkaufszentrum

mal·lard <*pl* -s *or* -> [ˈmælɑːd] *n* Stockente *f*

mal·le·able [ˈmæliəbl] *adj metal* formbar; *clay* geschmeidig; (*fig*) *person* gefügig

mal·let [ˈmælɪt] *n* (*hammer*) [Holz]hammer *m*; (*in croquet*) Krockethammer *m*; (*in polo*) Poloschläger *m*

mal·low [ˈmæləʊ] *n* Malve *f*

mal·nu·tri·tion [ˌmælnjuːˈtrɪʃən] *n no pl* Unterernährung *f*

mal·odor·ous [ˌmælˈəʊdərəs] *adj* (*form*) ❶ (*smelling bad*) übel riechend ❷ (*pej: offensive*) widerlich

mal·prac·tice [ˌmælˈpræktɪs] *n no pl* (*faulty work*) Berufsvergehen *nt*; (*criminal misconduct*) [berufliches] Vergehen; *of civil servants* Amtsmissbrauch *m*; **medical** ~ ärztlicher Kunstfehler

malt [mɔːlt] **I.** *n no pl* ❶ (*grain*) Malz *nt* ❷ (*whisky*) Malzwhisky *m* ❸ AM (*malted milk*) Malzmilch *f* **II.** *vt* **to** ~ **barley** Gerste mälzen

Mal·ta [ˈmɔːltə] *n no pl* Malta *nt*

Mal·tese [ˌmɔːlˈtiːz] **I.** *adj* maltesisch **II.** *n* ❶ (*person*) Malteser(in) *m(f)* ❷ *no pl* (*language*) Maltesisch *nt*, das Maltesische

mal·treat [ˌmælˈtriːt] *vt usu passive* misshandeln

mal·treat·ment [ˌmælˈtriːtmənt] *n no pl* Misshandlung *f*

mam·mal [ˈmæməl] *n* Säugetier *nt*, Säuger *m*

ˈmam·ma·ry gland *n* Milchdrüse *f*

mam·mog·ra·phy [mæmˈɒgrəfi] *n no pl* Mammographie *f*

mam·moth [ˈmæməθ] **I.** *n* Mammut *nt* **II.** *adj* (*fig*) Mammut-, riesig

man [mæn] **I.** *n* <*pl* men> ❶ (*male adult*) Mann *m*; **men's clothing** Herrenkleidung *f*; **the men's [room]** die Herrentoilette ❷ (*brave person*) Mann *m*; **to be ~ enough [to do sth]** Manns genug sein[, etw zu tun]; **to take sth like a** ~ etw wie ein [richtiger] Mann ertragen ❸ (*person*) Mensch *m*; **to be sb's right-hand** ~ jds rechte Hand sein; **every ~ for himself** jeder für sich; **to be one's own** ~ sein eigener Herr sein ❹ *no pl, no art* (*mankind*) der Mensch, die Menschheit; **this is one of the most dangerous substances known to** ~ das ist eine der gefährlichsten Substanzen, die bisher bekannt sind ❺ (*particular type*) **he's a** ~ **of his word** er ist jemand, der zu seinem Wort steht; **he's not a** ~ **to ...** er ist nicht der Typ, der ...; **you've come to the right** ~ da sind Sie bei mir richtig; **to be a** ~ **of action** ein Mann der Tat sein; **to be a family** ~ ein Familienmensch *m* sein; **to be a ladies'** ~ ein Frauenheld *m* sein; **a** ~ **of letters** *writer* ein Schriftsteller *m*; *scholar* ein Gelehrter *m*; **the** ~ **in the street** der kleine Mann; **the odd** ~ **out** der Außenseiter ❻ *pl* (*soldier, worker*) Männer *pl*, Leute *pl* ❼ (*fam: form of address*) Mann *m*, Mensch *m*; **hey, old ~!** he, alter Junge! ❽ (*fam: husband*) Mann *m*; (*boyfriend*) Freund *m* ❾ (*in board games*) [Spiel]figur *f*; (*in draughts*) [Spiel]stein *m* **II.** *interj* (*fam: to emphasize*) Mensch, Mann; (*in enthusiasm*) Mann, Manometer; (*in anger*) Mann **III.** *vt* <-nn-> ❶ (*operate*) bedienen; ~ **the pumps!** alle Mann an die Pumpen! ❷ (*staff*) *fortress, picket* besetzen; *ship* bemannen

mana·cle ['mænəkl] I. *n* ■~**s** *pl* Handschellen *pl*, Ketten *pl* II. *vt* in Ketten legen

man·age ['mænɪdʒ] I. *vt* ❶ (*run*) leiten ❷ (*control*) steuern; (*administer*) verwalten; (*organize*) organisieren; **to ~ one's time/resources** sich *dat* seine Zeit/Ressourcen richtig einteilen ❸ (*promote*) managen ❹ (*accomplish*) schaffen; *distance, task* bewältigen; **can you ~ 8 o'clock?** ginge es um 8 Uhr?; **you ~d it very well** das hast du sehr gut gemacht; **to ~ a smile** ein Lächeln zustande bringen; **she can't ~ more than $350 per month rent** sie kann sich nicht mehr als 350 Dollar Miete pro Monat leisten ❺ (*cope with*) ■**to ~ sb/sth** mit jdm/etw *dat* zurechtkommen ❻ (*wield*) handhaben; (*operate*) bedienen II. *vi* ❶ (*succeed*) es schaffen; (*cope, survive*) zurechtkommen; **can you ~? — thank you, I can ~** geht's? – danke, es geht schon; **we'll ~!** wir schaffen das schon!; **how can you ~ without a car?** wie kommst du ohne Auto zurecht? ❷ (*get by*) ■**to ~ on/without sth** mit etw *dat*/ohne etw *akk* auskommen

man·age·able ['mænɪdʒəbl] *adj* ❶ (*doable*) ■**to be ~** *job* leicht zu bewältigen sein; *task* überschaubar sein ❷ (*controllable*) ■**to be ~** kontrollierbar sein; **the baby-sitter found the children perfectly ~** der Babysitter kam gut mit den Kindern zurecht; **~ hair** leicht zu frisierendes Haar ❸ (*feasible*) erreichbar; *deadline* realistisch; ■**to be ~** machbar sein ❹ (*easy to carry*) handlich

man·age·ment ['mænɪdʒmənt] *n* ❶ *no pl of business* Management *nt*, Geschäftsführung *f*, [Unternehmens]leitung *f* ❷ + *sing/pl vb* (*managers*) [Unternehmens]leitung *f*, Management *nt; of hospital, theatre* Direktion *f*; **junior ~** untere Führungsebene; (*trainees*) Führungsnachwuchs *m*; **middle ~** mittlere Führungsebene; **senior ~** oberste Führungsebene, Vorstand *m* ❸ *no pl* (*handling*) Umgang *m* (**of** mit); *of finances* Verwalten *nt*

man·age·ment 'buy-out *n* Managementbuyout *nt* (*Übernahme einer Firma durch die leitenden Direktoren*) **man·age·ment con·'sult·ant** *n* Unternehmensberater(in) *m(f)* **man·age·ment ne·'go·tia·tor** *n* Verhandlungsführer(in) *m(f)* der Arbeitgeber **management 'skills** *npl* Führungsqualitäten *pl* **'man·age·ment studies** *n* + *sing/pl vb* Betriebswirtschaft[slehre] *f* **'man·age·ment team** *n* + *sing/pl vb* Führungsspitze *f*

man·ag·er ['mænɪdʒər] *n* ❶ (*business executive*) Geschäftsführer(in) *m(f)*; (*in big business*) Manager(in) *m(f)*; (*of department*) Abteilungsleiter(in) *m(f)*; **bank ~** Filialleiter(in) *m(f)* einer Bank; **junior/middle/senior ~** Manager(in) *m(f)* auf der unteren/mittleren/oberen Führungsebene ❷ SPORTS (*coach*) [Chef]trainer(in) *m(f)* ❸ (*of band, boxer*) Manager(in) *m(f)*

man·ag·er·ess <*pl* -es> [ˌmænɪdʒər'es] *n* (*dated*) Geschäftsführerin *f* (*in einem Laden oder Café*)

mana·gerial [ˌmænə'dʒɪəriəl] *adj* Manager-; **~ conference/meeting** Konferenz *f*/Meeting *nt* der Unternehmensführung; **at ~ level** auf Führungsebene; **~ position** Führungsposten *m;* **~ skills** Führungsqualitäten *pl*

man·ag·ing di·'rec·tor *n* [Haupt]geschäftsführer(in) *m(f)*

'man-bag *n* (*fam*) Herrenhandtasche *f*

Man·cu·nian [mæn'kju:niən] I. *n* Einwohner(in) *m(f)* der Stadt Manchester II. *adj* aus Manchester

man·da·rin ['mændərɪn] *n* ❶ (*fruit*) Mandarine *f* ❷ (*hist: Chinese official*) Mandarin *m* ❸ (*esp pej: bureaucrat*) Bürokrat(in) *m(f)*

Man·da·rin ['mændərɪn] *n no pl* LING Mandarin *nt*

man·date I. *n* ['mændeɪt] ❶ *usu sing* (*authority*) Mandat *nt;* (*command*) Verfügung *f*; **electoral ~** Wählerauftrag *m* ❷ (*territory*) Mandat[sgebiet] *nt* II. *vt* [mæn'deɪt] (*order*) ■**to ~ sth** etw anordnen; (*authorize*) ein Mandat für etw *akk* erteilen

man·da·tory ['mændətəri] *adj* ❶ (*required by law*) gesetzlich vorgeschrieben; **to make sth ~** etw gesetzlich vorschreiben ❷ (*obligatory*) obligatorisch; **to be ~ for sb** jds Pflicht sein

man·di·ble ['mændɪbl] *n of insect* [Ober]kiefer *m; of bird* Unterschnabel *m; of mammal, fish* Unterkiefer *m*

man·do·lin [ˌmændə'lɪn] *n* MUS Mandoline *f*

man·drake ['mændreɪk] *n* Mandragore *f*

man·drill ['mændrɪl] *n* Mandrill *m*

mane [meɪn] *n* Mähne *f*

'man-eat·er *n* ❶ (*animal*) Tier, *das Menschen tötet* ❷ (*hum fam: woman*) männermordender Vamp

ma·neu·ver AM *see* **manoeuvre**

ma·neu·ver·abil·ity *n* AM *see* **manoeuvrability**

ma·neu·ver·able *adj* AM *see* **manoeuvrable**

man·ful·ly ['mænfəli] *adv* mutig

man·ga·nese ['mæŋɡəni:z] *n no pl* Mangan *nt*

mange [meɪndʒ] *n no pl* Räude *f*

man·ger ['meɪndʒəʳ] *n* (*old*) Futtertrog *m*; (*in bible*) Krippe *f*

mange·tout [ˌmɑ̃(n)ʒ'tu:] *n* BRIT Zuckererbse *f*

man·gle¹ ['mæŋɡl] *vt* ❶ *usu passive* (*crush*) zerstören; ▪**to be ~d** *limbs* verstümmelt werden; *car, metal* zerdrückt werden ❷ (*ruin*) entstellen

man·gle² ['mæŋɡl] *n* ❶ BRIT (*hist: wringer*) [Wäsche]mangel *f* ❷ AM (*ironing machine*) [Heiß]mangel *f*

man·go <*pl* -s *or* -es> ['mæŋɡəʊ] *n* Mango *f*

man·grove ['mæŋɡrəʊv] *n* Mangrovenbaum *m*

man·gy ['meɪndʒi] *adj* ❶ (*suffering from mange*) räudig ❷ (*fam: shabby*) schäbig *pej*

man·han·dle ['mænˌhændl] *vt* ❶ (*handle roughly*) grob behandeln ❷ (*heave*) [hoch]heben **man·hole** *n* Einstieg *m*; (*shaft*) Einstiegsschacht *m*; *of container, tank* Mannloch *nt* **man·hole cov·er** *n* Einstiegsverschluss *m*; *of canal* Kanaldeckel *m*; *of shaft* Schachtdeckel *m*; *of container, tank* Mannlochdeckel *m* **man·hood** ['mænhʊd] *n no pl* ❶ (*adulthood*) Erwachsenenalter *nt* (*eines Mannes*) ❷ (*manliness*) Männlichkeit *f* ❸ (*euph or hum: male genitals*) Männlichkeit *f euph*

'man-hour *n* Arbeitsstunde *f* **'man·hunt** *n* [Ring]fahndung *f*; (*after criminal*) Verbrecherjagd *f*

ma·nia ['meɪnɪə] *n* ❶ (*pej: obsessive enthusiasm*) Manie *f*, Besessenheit *f* ❷ *no pl* MED (*obsessive state*) Wahn[sinn] *m*; (*state of excessive activity*) Manie *f*

ma·ni·ac ['meɪnɪæk] *n* (*fam: crazy person*) Verrückte(r) *f(m)*, Irre(r) *f(m)*

ma·nia·cal [mə'naɪəkəl] *adj* ❶ (*crazy*) verrückt, irrsinnig; *scream* wild ❷ (*fam: very enthusiastic*) fanatisch

man·ic ['mænɪk] *adj* erregt, manisch; (*hum: highly energetic*) wild

man·ic de·'pres·sion *n no pl* manische Depression **man·ic de·'pres·sive** I. *n* Manisch-Depressive(r) *f(m)* II. *adj* manisch-depressiv **man·ic psy·'cho·sis** *n* manische Psychose

mani·cure ['mænɪkjʊəʳ] I. *n* Maniküre *f*; **to have a ~** sich maniküren lassen II. *vt* **to ~ one's hands/nails** sich *dat* die Hände/Nägel maniküren

'mani·cure set *n* Maniküreset *nt*

mani·cur·ist ['mænɪkjʊərɪst] *n* Handpflegerin *f*

mani·fest ['mænɪfest] I. *adj* offenkundig, deutlich erkennbar II. *vt* zeigen; **the illness ~ed itself as ...** die Krankheit äußerte sich durch ... III. *n* TRANSP ❶ (*cargo list*) [Ladungs]manifest *nt* ❷ (*list of passengers*) Passagierliste *f*; (*list of railway wagons*) Wagenladeschein *m*

mani·fes·ta·tion [ˌmænɪfes'teɪʃən] *n* ❶ (*sign*) Zeichen *nt* (**of** für) ❷ *no pl* (*displaying*) Zeigen *nt*; (*voicing*) Bekundung *f geh*; MED Manifestation *f fachspr* ❸ *usu pl* (*form*) Erscheinungsform *f*

mani·fest·ly ['mænɪfestli] *adv* offenkundig, offensichtlich

mani·fes·to <*pl* -s *or* -es> [ˌmænɪ'festəʊ] *n* Manifest *nt*

mani·fold ['mænɪfəʊld] I. *adj* (*liter*) vielfältig, vielseitig II. *n* TECH Verteilerrohr *nt*; AUTO [**exhaust**] ~ [Abgas]krümmer *m*

mani·kin ['mænɪkɪn] *n* ❶ (*model*) Gliederpuppe *f*; MED anatomisches Modell ❷ (*dwarf*) Zwerg *m*

ma·nil(·l)a 'en·velope [mə'nɪlə-] *n* Briefumschlag *m* aus Manilapapier

ma·nil(·l)a 'pa·per [mə'nɪlə-] *n no pl* Packpapier *nt*

mani·oc ['mænɪɒk] *n* ❶ (*cassava*) Maniok *m* ❷ (*flour*) Mandioka *f*

ma·nipu·late [mə'nɪpjəleɪt] *vt* ❶ (*esp pej: manage cleverly*) ▪**to ~ sb/sth** geschickt mit jdm/etw umgehen; (*influence*) jdn/etw beeinflussen, jdn/etw manipulieren ❷ (*with hands*) handhaben; (*adjust*) einstellen; *machine* bedienen ❸ MED *bones* einrenken; *muscles* massieren ❹ COMPUT bearbeiten

ma·nipu·la·tion [məˌnɪpjə'leɪʃən] *n* ❶ (*esp pej: clever management*) Manipulation *f*; (*falsification*) Verfälschung *f* ❷ (*handling*) Handgriff *m*; (*adjustment*) Einstellung *f* (**of** an) ❸ MED chiropraktische Behandlung; *of bones* Einrenken *nt kein pl* ❹ COMPUT (*by person*) Bearbeiten *nt kein pl*

ma·nipu·la·tive [mə'nɪpjələtɪv] *adj* (*esp pej*) manipulativ

ma·nipu·la·tor [mə'nɪpjəleɪtəʳ] *n* (*esp pej*) Manipulant(in) *m(f)*

man·kind [mæn'kaɪnd] *n no pl* Menschheit *f*

manky ['mæŋki] *adj* BRIT (*fam: dirty*) dreckig; (*worn-out*) alt

man·li·ness ['mænlɪnəs] *n no pl* Männlichkeit *f*

man·ly ['mænli] *adj* männlich

man-'made *adj* künstlich

man·na ['mænə] *n no pl* Manna *nt;* **~ from heaven** ein wahrer Segen

manned [mænd] *adj* AEROSP bemannt

man·ne·quin ['mænɪkɪn] *n* ❶ (*in shop window*) Schaufensterpuppe *f;* ART Modell *nt* ❷ (*dated: fashion model*) Mannequin *nt*

man·ner ['mænə'] *n no pl* ❶ (*way*) Weise *f,* Art *f;* **in a ~ of speaking** sozusagen ❷ *no pl* (*behaviour to others*) Betragen *nt,* Verhalten *nt;* **his cold ~** seine kalte Art ❸ (*polite behaviour*) ■**~s** *pl* Manieren *pl;* **it's bad ~s to ...** es gehört sich nicht, ... ❹ (*form: type*) Typ *m,* Art *f*

man·nered ['mænəd] *adj* (*pej*) ❶ (*affected*) affektiert ❷ (*in art*) gekünstelt

man·ner·ism ['mænə'rɪzəm] *n* Eigenart *f*

man·ni·kin *n see* **manikin**

man·nish ['mænɪʃ] *adj* (*esp pej: of woman*) männlich

ma·nœu·vrabil·ity [mə,nu:vərə'bɪləti] *n no pl* Beweglichkeit *f,* Manövrierfähigkeit *f*

ma·nœu·vrable [mə'nu:vrəbl] *adj* beweglich; *ship, vessel* manövrierfähig

ma·nœu·vre [mə'nu:və'] **I.** *n* ❶ *usu pl* (*military exercise*) Manöver *nt* ❷ (*planned move*) Manöver *nt;* (*fig*) Schachzug *m* ❸ *no pl* **to have room for ~** Spielraum haben **II.** *vt* ❶ (*move*) manövrieren; **to ~ a trolley** einen Einkaufswagen lenken ❷ (*pressure sb*) ■**to ~ sb into sth** jdn [durch geschickte Manöver] zu etw *dat* bringen; **to ~ sb into a compromise** jdn geschickt zu einem Kompromiss zwingen **III.** *vi* ❶ (*move*) manövrieren; **this car ~s well at high speed** dieses Auto lässt sich bei hoher Geschwindigkeit gut fahren ❷ (*scheme*) taktieren ❸ MIL (*hold exercises*) Manöver abhalten

ma·nom·eter [mə'nɒmɪtə'] *n* Manometer *nt fachspr*

man·or ['mænə'] *n* ❶ (*country house*) Landsitz *m,* Herrenhaus *nt* ❷ BRIT HIST (*territory*) Lehnsgut *nt*

'**man·pow·er** *n no pl* Arbeitskräfte *pl*

man·qué [mā(ŋ)keɪ] *adj after n* (*form*) verkannt

manse [mæn(t)s] *n* SCOT Pfarrhaus *nt*

'**man·serv·ant** <*pl* menservants> *n* (*old*) Diener *m*

man·sion ['mæn(t)ʃən] *n* Villa *f;* (*of ancient family*) Herrenhaus *nt*

'**man-sized** *n* riesig, Riesen-

man·slaugh·ter *n no pl* Totschlag *m*

man·tel ['mæntəl] *n* (*old*), **man·tel·piece** ['mæntəlpi:s] *n* Kaminsims *m o nt*

man·tis ['mæntɪs] *n* Fangheuschrecke *f;* [**praying**] **~** Gottesanbeterin *f*

man·tle ['mæntl] *n* ❶ *no pl* (*form: position*) Amt *nt,* Posten *m;* **to take on the ~ of power** die Macht übernehmen ❷ (*usu liter: covering*) Decke *f,* Schicht *f;* **a ~ of snow** eine Schneedecke

'**man-to-man** *adv* von Mann zu Mann

man·tra ['mæntrə] *n* ❶ (*for meditation*) Mantra *nt* ❷ (*catchphrase*) Slogan *m*

manu·al ['mænjuəl] **I.** *adj* ❶ (*done with hands*) manuell, Hand-; **~ labour** körperliche Arbeit; (*craftsmanship*) Handarbeit *f;* **to be a ~ labourer** körperlich arbeiten; (*as a crafts*[*wo*]*man*) handwerklich arbeiten ❷ (*hand-operated*) manuell, Hand-; **~ transmission** AUTO Schaltgetriebe *nt* **II.** *n* ❶ (*book*) Handbuch *nt;* **~ of instructions** Bedienungsanleitung *f;* **training ~** Lehrbuch *nt* ❷ AUTO (*vehicle*) Auto *nt* mit Gangschaltung

manu·al·ly ['mænjuəli] *adv* manuell

manu·fac·ture [,mænjə'fæktʃə'] **I.** *vt* ❶ (*produce commercially*) herstellen ❷ (*fabricate*) erfinden **II.** *n no pl* Herstellung *f*

manu·fac·tur·er [,mænjə'fæktʃərə'] *n* Hersteller *m*

manu·fac·tur·ing [,mænjə'fæktʃərɪŋ] **I.** *adj* Herstellungs-, Produktions-; **~ industry** verarbeitende Industrie **II.** *n no pl* Fertigung *f*

ma·nure [mə'njʊə'] **I.** *n no pl* Dung *m* **II.** *vt* düngen (*mit Mist*)

manu·script ['mænjəskrɪpt] *n* ❶ (*author's script*) Manuskript *nt;* (*of famous person*) Autograph *nt fachspr* ❷ (*handwritten text*) Manuskript *nt,* Handschrift *f*

many ['meni] **I.** *pron* (*a great number*) viele; **too ~** zu viele; **as ~** genauso viele; **as ~ as ...** so viele wie ...; **as ~ as 6,000 people may have been infected with the disease** bereits 6.000 Menschen können mit der Krankheit infiziert sein; **the solution to ~ of our problems** die Lösung zu vielen von unseren Problemen; **a good ~ of us** viele von uns; ■**~ a/an ...** manch ein ...; **~ a time** oft **II.** *n* (*the majority*) ■**the ~** *pl* die Mehrheit *sing;* **music for the ~** Musik für die breite Masse

many-'sid·ed *adj* vielseitig; (*complex*) vielschichtig

Mao·ism ['maʊɪzəm] *n no pl* Maoismus *m*

Mao·ist ['maʊɪst] I. n Maoist(in) m(f) II. adj maoistisch

Mao·ri ['maʊ(ə)ri] I. n Maori m o f II. adj Maori-, maorisch

map [mæp] I. n ❶ GEOG [Land]karte f; *of town, city* Stadtplan m; **road ~** Straßenkarte f; **large-scale ~** Karte f mit großem Maßstab ❷ (*simple diagram*) Plan m, Zeichnung f ▶ **to put sb/sth on the ~** jdn/etw bekannt machen II. vt <-pp-> kartographieren *fachspr* ♦ **map out** vt genau festlegen; **his future is all ~ped out for him** seine ganze Zukunft ist bereits fest vorgeplant; *route* planen

ma·ple ['meɪpl] n ❶ (*tree*) Ahorn m ❷ *no pl* (*wood*) Ahorn m, Ahornholz nt

'**ma·ple leaf** n Ahornblatt nt **ma·ple** '**sug·ar** n no pl Ahornzucker m **ma·ple** '**syr·up** n no pl Ahornsirup m

'**map mak·er** n Kartograph(in) m(f)

mar <-rr-> [ma:ʳ] vt stören; **to ~ the beauty of sth** etw verunstalten

Mar n abbrev of **March**

mara·schi·no cher·ry [ˌmærəˈski:nəʊ-] n Maraschinokirsche f

mara·thon ['mærəθən] n ❶ (*race*) Marathon[lauf] m ❷ (*very long event*) Marathon nt fam

'**mara·thon run·ner** n Marathonläufer(in) m(f)

ma·raud [məˈrɔ:d] I. vi plündern II. vt [aus]plündern

ma·raud·er [məˈrɔ:dəʳ] n ❶ (*raider*) Plünderer m/Plünderin f ❷ (*animal*) Räuber m

ma·raud·ing [məˈrɔ:dɪŋ] adj attr plündernd; *animal* auf Raubzug nach n

mar·ble ['ma:bl] I. n ❶ no pl (*stone*) Marmor m ❷ (*for games*) Murmel f ▶ **to lose one's ~s** (*fam*) verrückt werden II. vt marmorieren

'**mar·ble cake** n Marmorkuchen m

mar·bled ['ma:bld] adj marmoriert

march [ma:tʃ] I. n <pl -es> ❶ MIL Marsch m; **a 20 km ~** ein Marsch m über 20 km; (*fig*) **it is impossible to stop the forward ~ of progress** es ist unmöglich, den Fortschritt aufzuhalten; **to be on the ~** marschieren ❷ (*demonstration*) Demonstration f; **to go on a ~** demonstrieren gehen II. vi marschieren III. vt ❶ (*walk in step*) **to ~ 12 miles** 12 Meilen marschieren ❷ (*force to walk*) ▪ **to ~ sb off** jdn wegführen; *police* jdn abführen; **to ~ sb into/out of the room** jdn in das Zimmer/aus dem Zimmer führen

March <pl -es> [ma:tʃ] n März m; *see also* **February**

'**march·ing or·ders** n Marschbefehl m; **to get one's ~** (*fam: job, flat*) die Kündigung bekommen; (*relationship*) den Laufpass bekommen

Mar·di Gras [ˌma:diˈgra:] n ❶ (*carneval on Shrove Tuesday*) ≈ Fastnachtsdienstag m, Karneval m ❷ Aus, NZ Karneval oder Jahrmarkt, der jederzeit stattfinden kann und an keinen festen Jahres- oder Feiertag gebunden ist

mare [meəʳ] n Stute f

'**mare's nest** n Schwindel m

mar·ga·rine [ˌma:dʒəˈri:n] n no pl Margarine f

marge [ma:dʒ] n BRIT (*fam*) *short for* **margarine** Margarine f

mar·gin ['ma:dʒɪn] n ❶ (*outer edge*) Rand m; TYPO [Seiten]rand m ❷ (*amount*) Differenz f, Abstand m; **to win by a wide/narrow ~** mit einem großen/knappen Vorsprung gewinnen ❸ (*provision*) Spielraum m; SCI Streubereich m; **a ~ of error** eine Fehlerspanne ❹ ECON [**profit**] **~** Gewinnspanne f; **narrow ~** geringe Gewinnspanne

mar·gin·al ['ma:dʒɪnl] I. adj ❶ (*slight*) geringfügig; **to be of ~ importance** relativ unbedeutend sein; **to be of ~ interest** [nur] von geringem Interesse sein ❷ (*insignificant*) nebensächlich ❸ BRIT, AUS POL **~ constituency/seat** mit knapper Mehrheit gewonnener Wahlkreis/Parlamentssitz ❹ (*on borderline*) Rand-; **a ~ existence** eine Existenz am Rande der Gesellschaft ❺ PSYCH **~ behaviour** deviantes Verhalten II. n BRIT, AUS POL knapp gewonnener Wahlkreis

mar·gin·al·ize ['ma:dʒɪnəlaɪz] vt an den Rand drängen

mari·gold ['mærɪgəʊld] n Studentenblume f

ma·ri·hua·na, ma·ri·jua·na [ˌmærɪˈwa:nə] n no pl Marihuana nt

ma·ri·na [məˈri:nə] n Jachthafen m

mari·nade [ˌmærɪˈneɪd] n Marinade f

mari·nate ['mærɪneɪt] vt marinieren

ma·rine [məˈri:n] I. adj attr ❶ (*of sea*) Meeres-, See- ❷ (*of shipping*) Schiffs- ❸ (*naval*) Marine- II. n Marineinfanterist m; ▪ **the ~s** die Marineinfanterie

ma·rine bi·ol·o·gist n Meeresbiologe m/Meeresbiologin f **Ma·rine Corps** n Marineinfanteriekorps nt

mari·ner ['mærɪnəʳ] n (*old liter*) Seemann m

mari·on·ette [ˌmæriəˈnet] *n* Marionette *f*
mari·tal [ˈmærɪtᵊl] *adj* ehelich, Ehe-
mari·tal ˈsta·tus *n* Familienstand *m*
mari·time [ˈmærɪtaɪm] *adj* ❶ (*form: of sea*) Meer[es]-, See-; (*of ships*) Schifffahrts- ❷ (*near coast*) Küsten-; ~ **province** Küstenregion *f*; (*in Canada*) Küstenprovinz *f*
mari·time ˈlaw *n* Seerecht *nt*
mar·jo·ram [ˈmɑːdʒᵊrəm] *n no pl* Majoran *m*
mark [mɑːk] **I.** *n* ❶ (*spot, stain*) Fleck *m*; (*on the skin*) Mal *nt*; (*when burnt*) Brandmal *nt*; (*scratch*) Kratzer *m*; (*trace*) Spur *f*; (*scar*) Narbe *f*; (*fingerprint, footprint*) Abdruck *m* ❷ (*identifying feature*) [Kenn]zeichen *nt*, Merkmal *nt*; ZOOL Kennung *f*; (*on fur*) ■~**s** *pl* Zeichnung *f*; **distinguishing** ~**s** unverwechselbare Kennzeichen ❸ (*indication*) Zeichen *nt*; **a ~ of appreciation/respect** ein Zeichen *nt* der Wertschätzung/des Respekts ❹ (*sign to indicate position*) Markierung *f*; **adjusting** ~ TECH Einstellmarke *f* ❺ (*sign to distinguish*) Zeichen *nt*; **~ of origin** Herkunftszeichen *nt*; **trade** ~ Warenzeichen *nt* ❻ (*signature*) Kreuz *nt* ❼ (*for punctuation*) Satzzeichen *nt*; **quotation** ~**s** Anführungszeichen *pl* ❽ SCH (*grade*) Note *f*, Zensur *f*; **no** ~**s for guessing who did this** (*fam*) es ist nicht schwer zu erraten, wer das gemacht hat; **to get full** ~**s** [**for sth**] BRIT, AUS die Bestnote [für etw *akk*] erhalten ❾ (*point*) Marke *f*; **to be over the halfway** ~ über die Hälfte geschafft haben ❿ (*also fig: target*) Ziel *nt*, Zielscheibe *f*; **to be wide of the** ~ das Ziel um Längen verfehlen; **to hit the** ~ [genau] ins Schwarze treffen ⓫ (*in a race*) Start *m*; **on your** ~**s, get set, go!** auf die Plätze, fertig, los! ▸ **to leaves its/one's** ~ **on sb/sth** seine Spuren bei jdm/etw hinterlassen **II.** *vt* ❶ (*stain*) schmutzig machen ❷ *usu passive* (*scar*) **his face was** ~**ed for life** er hat bleibende Narben im Gesicht zurückbehalten ❸ (*indicate*) markieren ❹ (*label*) beschriften; (*indicate the price of*) auszeichnen ❺ (*characterize*) kennzeichnen; (*mean*) bedeuten; **to ~ a turning point** einen Wendepunkt darstellen ❻ (*commemorate*) ■**to ~ sth** an etw *akk* erinnern; **a concert to ~ the 10th anniversary** ein Konzert aus Anlass des zehnten Jahrestages ❼ SCH benoten; (*correct*) korrigieren ❽ (*clearly identify*) kennzeichnen, auszeichnen ❾ SPORTS decken **III.** *vi* ❶ (*get dirty*) schmutzig werden; (*scratch*) Kratzer bekommen ❷ SCH (*give marks*) Noten vergeben; (*correct*) korrigieren ◆ **mark down** *vt* ❶ (*reduce the price of*) heruntersetzen ❷ (*give a lower grade*) ■**to ~ down sb** jdm eine schlechtere Note geben ❸ (*jot down*) notieren ❹ (*assess*) ■**to ~ sb down as sth** jdn als etw *akk* einschätzen ◆ **mark off** *vt* ❶ (*separate off*) abgrenzen ❷ (*cross off*) durchstreichen; (*tick off*) abhaken ◆ **mark out** *vt* ❶ (*outline*) abstecken, markieren ❷ SCH, AUS (*distinguish*) unterscheiden; (*identify*) kennzeichnen (**as** als) ◆ **mark up** *vt* (*increase the price of*) heraufsetzen; *shares* aufwerten
marked [mɑːkt] *adj* ❶ (*clear*) deutlich, ausgeprägt; (*striking*) auffallend, markant; *characteristic* herausstechend; **in ~ contrast to sth** im krassen Gegensatz zu etw *dat*; **a ~ improvement** eine deutliche Verbesserung ❷ (*with distinguishing marks*) markiert, gekennzeichnet
mark·ed·ly [ˈmɑːkɪdli] *adv* deutlich; **to be ~ different** sich deutlich unterscheiden
mark·er [ˈmɑːkəʳ] *n* ❶ (*sign or symbol*) [Kenn]zeichen *nt*, Marke *f* ❷ SCH (*of work, exam*) Korrektor(in) *m(f)* ❸ (*felt-tipped pen*) Filzstift *m*
mar·ket [ˈmɑːkɪt] **I.** *n* ❶ (*place*) Markt *m* ❷ (*demand*) Markt *m*; **housing** ~ Wohnungsmarkt *m*; **job** ~ Stellenmarkt ❸ (*trade*) Handel *m kein pl*, Markt *m* (**on** auf); **stock** ~ Börse *f*; **the open** ~ der freie Markt; **to put sth on the** ~ etw auf den Markt bringen; **to put a house on the** ~ ein Haus zum Verkauf anbieten **II.** *vt* (*sell*) vermarkten, verkaufen; (*put on market*) auf den Markt bringen
mar·ket·able [ˈmɑːkɪtəbl] *adj* marktfähig; *commodities* marktgängig
ˈmar·ket day *n esp* BRIT Markttag *m* **mar·ket ˈforces** *npl* Marktkräfte *pl* **mar·ket ˈgar·den** *n* BRIT, AUS [kleiner] Gemüsebaubetrieb **mar·ket ˈgar·den·er** *n* BRIT, AUS Gemüsebauer(in) *m(f)*
mar·ket·ing [ˈmɑːkɪtɪŋ] *n no pl* ❶ (*selling*) Marketing *nt*, Vermarktung *f* ❷ AM (*shopping*) Einkaufen *nt*; **to go ~** einkaufen [gehen]
ˈmar·ket·ing de·part·ment *n* Marketingabteilung *f*
ˈmar·ket ˈlead·er *n* Marktführer *m* **ˈmar·ket·place** *n* ❶ (*place*) Marktplatz *m* ❷ (*commercial environment*) Markt *m* **mar·ket re·ˈsearch** *n no pl* Marktforschung *f* **mar·ket re·ˈsearch·er** *n* Marktforscher(in) *m(f)* **ˈmar·ket town** *n* BRIT Marktort *m* **ˈmar·ket trad·er** *n* Markthändler(in) *m(f)*; (*woman*) Marktfrau *f*

mark·ing ['mɑːkɪŋ] *n* ❶ (*identifying marks*) ■~s *pl* Markierungen *pl*, Kennzeichnungen *pl*; *on animals* Zeichnung *f kein pl* ❷ *no pl* SCH (*work*) Korrigieren *nt*; (*scripts*) Korrekturen *pl*
'**mark·ing ink** *n* Wäschetinte *f*
marks·man ['mɑːksmən] *n* Schütze *m*; **police** ~ Scharfschütze *m*
marks·man·ship ['mɑːksmənʃɪp] *n no pl* Treffsicherheit *f*
marks·wom·an ['mɑːks,wʊmən] *n* Schützin *f*; **police** ~ Scharfschützin *f*
mark·up ['mɑːkʌp] *n* [Kalkulations]aufschlag *m*
mar·ma·lade ['mɑːməleɪd] *n no pl* Orangenmarmelade *f*
mar·ma·lade 'cat *n* BRIT orangefarbene Katze
mar·mo·set ['mɑːməzet] *n* Krallenaffe *m*
mar·mot <*pl* - *or* -**s**> ['mɑːmət] *n* ZOOL Murmeltier *nt*
ma·roon[1] [məˈruːn] I. *n no pl* (*colour*) Kastanienbraun *nt*, Rötlichbraun *nt* II. *adj* kastanienbraun, rötlichbraun
ma·roon[2] [məˈruːn] *vt* (*abandon*) aussetzen; ■**to be ~ed** von der Außenwelt abgeschnitten sein; **many people were ~ed in their cars by the blizzard** viele Menschen wurden von dem Schneesturm in ihren Autos eingeschlossen
mar·quee [mɑːˈkiː] *n* ❶ BRIT, AUS (*tent*) Festzelt *nt* ❷ AM (*door canopy*) Vordach *nt*
mar·riage ['mærɪdʒ] *n* ❶ (*wedding*) Heirat *f*; (*at the church*) Trauung *f* ❷ (*relationship*) Ehe *f* (**to** mit); **she has two daughters by her first** ~ sie hat zwei Töchter aus erster Ehe; **after the break-up of her** ~ ... nachdem ihre Ehe gescheitert war, ...; **to have a happy** ~ eine glückliche Ehe führen ❸ *no pl* (*state*) Ehe *f*; **related by** ~ miteinander verschwägert ❹ (*fusion*) Verbindung *f*; (*of companies*) Zusammenschluss *m*, Fusion *f*
mar·riage·able ['mærɪdʒəbl̩] *adj* heiratsfähig
'**mar·riage bro·ker** *n* Heiratsvermittler(in) *m(f)* '**mar·riage bu·reau** *n esp* BRIT Eheanbahnungsinstitut *nt* '**mar·riage cer·tifi·cate** *n* Heiratsurkunde *f* '**mar·riage con·tract** *n* Ehevertrag *m* '**mar·riage 'guid·ance** *n* BRIT, AUS Eheberatung *f* **mar·riage 'guid·ance coun·sel·lor** *n* BRIT Eheberater(in) *m(f)* **mar·riage 'guid·ance of·fice** *n* BRIT Eheberatungsstelle *f* '**mar·riage li·cence** *n* Heiratserlaubnis *f* **mar·riage of con·'veni·ence** *n* ❶ (*between people*) Vernunftehe *f*; (*not consummated*) Scheinehe *f* ❷ (*between business associates*) Vernunftehe *f* '**mar·riage vow** *n usu pl* Ehegelübde *nt geh*
mar·ried ['mærɪd] *adj* ❶ (*in wedlock*) verheiratet; ~ **couple** Ehepaar *nt*; **to be a ~ man/woman** verheiratet sein; ~ **name** Ehename *m*; **to get ~** [**to sb**] [jdn] heiraten ❷ (*very involved*) ■**to be ~ to sth** mit etw *dat* verheiratet sein
mar·row ['mærəʊ] *n* ❶ BRIT, AUS (*vegetable*) Markkürbis *m* ❷ *no pl* (*of bone*) [Knochen]mark *nt*
'**mar·row bone** *n* Markknochen *m* '**mar·row·fat** *n,* **mar·row·fat 'pea** *n* Markerbse *f*
mar·ry ['mæri] I. *vt* ❶ (*wed*) heiraten ❷ (*officiate at ceremony*) trauen, verheiraten ❸ (*marry off*) verheiraten (**to** mit) ❹ (*combine*) verbinden (**to/with** mit) II. *vi* heiraten; **to ~ into a wealthy family** in eine reiche Familie einheiraten
Mars [mɑːz] *n no pl, no art* Mars *m*
marsh <*pl* -**es**> [mɑːʃ] *n* Sumpf *m,* Sumpfland *nt*
mar·shal ['mɑːʃəl] I. *n* ❶ (*official at event*) Ordner(in) *m(f)*; SPORTS Platzwärter(in) *m(f)* ❷ AM (*federal agent*) Gerichtsdiener(in) *m(f)*; (*police officer*) Polizeidirektor(in) *m(f)*; (*fire officer*) Branddirektor(in) *m(f)* ❸ AM (*parade leader*) Leiter(in) *m(f)* eines Festumzugs ❹ MIL (*army officer*) Marschall *m* II. *vt* <BRIT -ll- *or* AM *usu* -l-> (*bring together*) supporters mobilisieren; **to ~ one's forces** MIL die Streitkräfte zusammenziehen; (*fig*) seine Kräfte mobilisieren
'**marsh gas** *n no pl* Sumpfgas *nt* '**marsh·land** *n* Sumpfland *nt* **marsh·mal·low** [,mɑːʃˈmæləʊ] *n* ❶ (*food*) Marshmallow *nt* ❷ AM (*weak person*) Versager(in) *m(f)*
marshy ['mɑːʃi] *adj* sumpfig
'**Mars rov·er** *n* AEROSP Marsrover *m*
mar·su·pial [mɑːˈsuːpiəl] *n* Beuteltier *nt*
mar·ten ['mɑːtɪn] *n* Marder *m*
mar·tial ['mɑːʃəl] *adj* kriegerisch, Kriegs-; ~ **music** Militärmusik *f*
mar·tial 'arts *npl* SPORTS Kampfsport *m kein pl,* Kampfsportarten *pl* **mar·tial 'law** *n no pl* Kriegsrecht *nt;* **to declare [a state of]** ~ das Kriegsrecht ausrufen
Mar·tian ['mɑːʃən] I. *adj* Mars- II. *n* Marsmensch *m*
mar·tin ['mɑːtɪn] *n* Mauerschwalbe *f*, Hausschwalbe *f*
mar·ti·net [,mɑːtɪˈnet] *n* (*form*) ❶ (*very strict person*) Zuchtmeister *m veraltet*

❷ (*military disciplinarian*) [strenger] Regimentsführer
Mar·ti·nique [ˌmɑːtɪˈniːk] *n* Martinique *nt*
mar·tyr [ˈmɑːtə'] **I.** *n* Märtyrer(in) *m(f)* **II.** *vt usu passive* ■ **to be ~ed** [**for sth**] [für etw *akk*] [den Märtyrertod] sterben
mar·tyr·dom [ˈmɑːtədəm] *n no pl* (*being a martyr*) Märtyrertum *nt;* (*suffering*) Martyrium *nt a. fig;* (*death*) Märtyrertod *m*
mar·vel [ˈmɑːv°l] **I.** *n* (*wonderful thing*) Wunder *nt* **II.** *vi* <BRIT -ll- *or* AM *usu* -l-> ■ **to ~ at sb/sth** (*wonder*) sich über jdn/etw wundern; (*admire*) jdn/etw bewundern; ■ **to ~ that** ... staunen, dass ...
mar·vel·lous [ˈmɑːv°ləs] *adj,* **mar·vel·ous** *adj* AM wunderbar, großartig
mar·vel·lous·ly [ˈmɑːv°ləsli] *adv* wunderbar, großartig; **to get on ~** sich großartig verstehen
Marx·ism [ˈmɑːksɪz°m] *n no pl* Marxismus *m*
Marx·ist [ˈmɑːksɪst] **I.** *n* Marxist(in) *m(f)* **II.** *adj* marxistisch
mar·zi·pan [ˈmɑːzɪpæn] *n no pl* Marzipan *nt o m*
masc *adj abbrev of* **masculine**
mas·cara [məˈskɑːrə] *n no pl* Wimperntusche *f*
mas·car·po·ne [ˌmæskəˈpəʊneɪ] *n no pl* Mascarpone *m* (*italienischer Frischkäse*)
mas·cot [ˈmæskɒt] *n* Maskottchen *nt*
mas·cu·line [ˈmæskjəlɪn] *adj* ❶ (*male*) männlich, maskulin ❷ LING männlich, maskulin
mas·cu·lin·ity [ˌmæskjəˈlɪnəti] *n no pl* Männlichkeit *f*
mash [mæʃ] **I.** *n* ❶ *no pl* BRIT (*fam: from potatoes*) Kartoffelbrei *m,* Püree *nt* ❷ (*mixture*) Brei *m;* (*animal food*) Mischfutter *nt;* (*brewing*) Maische *f* **II.** *vt* zerdrücken, [zer]stampfen ◆ **mash up** *vt* ❶ (*crush after cooking*) zerdrücken ❷ *esp* AM (*fig: damage*) zerstören; (*crush*) zerdrücken; **his face was badly ~ed up in the accident** sein Gesicht wurde bei dem Unfall schwer verletzt
mask [mɑːsk] **I.** *n* ❶ (*for face*) Maske *f* ❷ (*pretence*) Maske *f,* Fassade *f* **II.** *vt* verbergen, verstecken ◆ **mask out** *vt* PHOT, TYPO retuschieren
masked [mɑːskt] *adj* maskiert
masked 'ball *n* Maskenball *m*
mask·ing tape [ˈmɑːskɪŋ-] *n no pl* Abdeckband *nt*
maso·chism [ˈmæsəkɪz°m] *n no pl* Masochismus *m*

maso·chist [ˈmæsəkɪst] *n* Masochist(in) *m(f)*
maso·chis·tic [ˌmæsəˈkɪstɪk] *adj* masochistisch
ma·son [ˈmeɪs°n] *n* ❶ (*stonemason*) Steinmetz(in) *m(f)* ❷ AM (*bricklayer*) Maurer(in) *m(f)*
Ma·son·ic [məˈsɒnɪk] *adj* Freimaurer-, freimaurerisch
Ma·son·ic 'lodge *n* (*place*) Freimaurerloge *f;* (*members*) [Freimaurer]loge *f* **Ma·son·ic 'or·der** *n* Bruderschaft *f* der Freimaurer
ma·son·ry [ˈmeɪs°nri] *n no pl* ❶ (*bricks*) Mauerwerk *nt* ❷ (*work*) Maurerhandwerk *nt*
mas·quer·ade [ˌmæskəˈreɪd] **I.** *n* Maskerade *f* **II.** *vi* ■ **to ~ as sb/sth** sich als jdn/etw ausgeben
mass [mæs] **I.** *n* ❶ *usu sing* (*formless quantity*) Masse *f;* **a ~ of dough** ein Teigklumpen *m;* **a ~ of rubble** ein Haufen *m* Schutt ❷ *usu sing* (*large quantity*) Menge *f;* **a ~ of contradictions** eine Reihe von Widersprüchen; **the ~ of the people** die breite Masse ❸ *no pl* PHYS Masse *f* **II.** *vi crowd* sich ansammeln; *troops* aufmarschieren
Mass [mæs] *n* REL, MUS Messe *f*
mas·sa·cre [ˈmæsəkə'] **I.** *n* ❶ (*killing*) Massaker *nt,* Blutbad ❷ (*defeat*) [verheerende] Niederlage, Desaster *nt* **II.** *vt* ❶ (*kill*) massakrieren ❷ (*defeat*) vernichtend schlagen; (*hum*) auseinandernehmen *sl* ❸ (*hum: perform badly*) verderben
mas·sage [ˈmæsɑː(dʒ)] **I.** *n* Massage *f;* **to give sb a ~** jdn massieren; **to have a ~** sich massieren lassen **II.** *vt* ❶ (*rub*) massieren; **to ~ cream/oil into the skin** Creme/Öl einmassieren; **to ~ sb's ego** (*fig*) jdm schmeicheln ❷ (*alter*) *figures, statistics* manipulieren
'mas·sage par·lour *n* ❶ (*for treatment*) Massagepraxis *f;* (*one room*) Massageraum *m* ❷ (*for sex*) Massagesalon *m euph*
mas·seur [mæsˈɜː'] *n* Masseur *m*
mas·seuse [mæsˈɜːz] *n* Masseurin *f*
mas·sif [mæsˈiːf] *n* [Gebirgs]massiv *nt*
mas·sive [ˈmæsɪv] *adj* riesig, enorm; *heart attack* schwer
mass 'mar·ket *n* Massenmarkt *m* **mass-'mar·ket** *adj attr* Massen- **mass 'me·dia** *n + sing/pl vb* ■ **the ~** die Massenmedien *pl* **mass 'meet·ing** *n* Massenversammlung *f;* (*at an event*) Massenveranstaltung *f* **mass 'mur·der** *n* Massenmord *m* **mass 'mur·der·er** *n* Massen-

mörder(in) *m(f)* **mass-pro·'duce** *vt* serienmäßig herstellen **mass pro·'duc·tion** *n* Massenproduktion *f* **mass 'tour·ism** *n no pl* Massentourismus *m* **mass un·em·'ploy·ment** *n no pl* Massenarbeitslosigkeit *f*

mast¹ [mɑːst] *n* ❶ NAUT [Schiffs]mast *m* ❷ *(flag pole)* [Fahnen]mast *m* ❸ RADIO, TV Sendeturm *m*

mast² [mɑːst] *n no pl* (*food for wild pigs*) Mast *f*

mas·tec·to·my [mæs'tektəmi] *n* Mastektomie *f fachspr*

mas·ter ['mɑːstə'] I. *n* ❶ *(of slave, servant)* Herr *m*; *(of dog)* Herrchen *nt*; **to be ~ of one's fate** sein Schicksal in der Hand haben; **to be ~ of the situation** Herr der Lage sein ❷ *(expert)* Meister(in) *m(f)*; **he was a ~ of disguise** er war ein Verwandlungskünstler ❸ *(specialist instructor)* Lehrer *m*; BRIT *(dated: male schoolteacher)* Lehrer *m* ❹ *(dated: title for young boy)* Anrede für einen Jungen oder Jugendlichen, heute noch bei Adressen auf Briefen ❺ *(master copy)* Original *nt* II. *vt* ❶ *(cope with)* meistern; **to ~ one's fear of flying** seine Flugangst überwinden ❷ *(become proficient)* beherrschen

mas·ter 'bed·room *n* großes Schlafzimmer **mas·ter 'buil·der** *n* Baumeister(in) *m(f)* **mas·ter 'chef** *n* Meisterkoch *m*/Meisterköchin *f* **'mas·ter class** *n* Meisterklasse *f* **'mas·ter copy** *n* Original *nt* **mas·ter 'crafts·man** *n* Handwerksmeister(in) *m(f)*

mas·ter·ful ['mɑːstəfᵊl] *adj* ❶ *(authoritative)* bestimmend, dominant ❷ *(skilful)* meisterhaft, meisterlich

mas·ter·ful·ly ['mɑːstəfᵊli] *adv* ❶ *(with authority)* bestimmend, dominant ❷ *(skilfully)* meisterhaft, gekonnt

'mas·ter key *n* Generalschlüssel *m*

mas·ter·ly ['mɑːstəli] *adj* meisterhaft, Meister-

'mas·ter·mind I. *n* führender Kopf II. *vt* federführend leiten; **she ~ed the takeover bid** das Übernahmeangebot war von ihr geplant worden

Mas·ter of 'Arts *n* ❶ *(degree)* ≈ Magister Artium *m* ❷ *(person)* Magister *m* **Mas·ter of 'Cer·emo·nies** *n* ❶ *(at celebration)* Zeremonienmeister *m* ❷ TV Showmaster(in) *m(f)* **Mas·ter of 'Sci·ence** *n* ▪ **to be a ~** ≈ ein Diplom *nt* in einer Naturwissenschaft haben

'mas·ter·piece *n* Meisterwerk *nt*, Meisterstück *nt* **'mas·ter plan** *n* Grundplan *m* **'mas·ter race** *n* Herrenrasse *f*

Mas·ter's ['mɑːstəz] *n*, **Master's de·gree** *n* ≈ Master *m*, ≈ Magister *m veraltet*; **to take one's ~** ≈ seinen Master machen **'mas·ter·stroke** *n* Glanzstück *nt* **'mas·ter switch** *n* Hauptschalter *m* **'mas·ter·work** *n* Meisterwerk *nt*, Meisterstück *nt*

mas·tery ['mɑːstᵊri] *n no pl* ❶ *(domination)* Herrschaft *f* ❷ *(expertise)* Meisterschaft *f* (**of** in)

mas·ti·cate ['mæstɪkeɪt] *vt* *(form)* [zer]kauen

mas·ti·ca·tion [ˌmæstɪ'keɪʃᵊn] *n no pl* *(form)* [Zer]kauen *nt*

mas·tiff ['mæstɪf] *n* englische Dogge

mas·ti·tis [mæs'taɪtɪs] *n no pl* Brustdrüsenentzündung *f*, Mastitis *f fachspr*

mas·tur·bate ['mæstəbeɪt] *vi* masturbieren

mas·tur·ba·tion [ˌmæstə'beɪʃᵊn] *n no pl* Masturbation *f*

mat [mæt] I. *n* ❶ *(for floor)* Matte *f*; *(for furniture)* Untersetzer *m*; *(decorative mat)* Deckchen *nt*; **beer ~** Bierdeckel *m*; **place ~** Set *nt* ❷ *(thick layer)* **a ~ of hair** dichtes Haar; *(on the head)* eine Mähne *fam* II. *vt* <-tt-> *usu passive* ▪ **to be ~ted with sth** mit etw *dat* bedeckt sein

mata·dor ['mætədɔːʳ] *n* Matador(in) *m(f)*

match¹ <*pl* -es> [mætʃ] *n* Streichholz *nt*; **a box of ~es** eine Schachtel Streichhölzer

match² [mætʃ] I. *n* <*pl* -es> ❶ SPORTS Spiel *nt*; CHESS Partie *f*; **boxing ~** Boxkampf *m*; **football ~** Fußballspiel *nt* ❷ *usu sing* (*complement*) **the new tablecloth is a perfect ~ for the carpet** die neue Tischdecke passt ideal zum Teppich; **to be a good ~** gut zusammenpassen ❸ *(one of pair)* Gegenstück *nt* ❹ *usu sing* (*equal*) ebenbürtiger Gegner/ebenbürtige Gegnerin (**for** für); **to meet one's ~** *(meet equal)* einen ebenbürtigen Gegner/eine ebenbürtige Gegnerin finden; *(lose)* seinen Meister finden; **to be no ~ for sb** sich mit jdm nicht messen können ❺ *(marriage)* Ehe *f*; *(couple)* Paar *nt*; *(person)* Partie *f* ❻ COMPUT *(hit)* Treffer *m* II. *vi* *(harmonize)* zusammenpassen; **a dress with accessories to ~** ein Kleid mit dazu passenden Accessoires III. *vt* ❶ *(complement)* ▪ **to ~ sth** zu etw *dat* passen ❷ *(find complement)* ▪ **to ~ sth** [**with sth**] etw auf etw *akk*] abstimmen; **~ the correct opposites** bilden Sie Paare aus den zusammengehörigen Gegensätzen; **I'm trying to ~ the names on the**

list with the faces on the photograph ich versuche, die Namen auf dieser Liste den Gesichtern auf dem Foto zuzuordnen ❸ *(equal)* ■**to** ~ **sb/sth** jdm/etw gleichkommen ❹ *usu passive (in contest)* ■**to be** ~**ed against sb** gegen jdn antreten ❺ *(correspond to)* ■**to** ~ **sth** etw *dat* entsprechen ◆ **match up** I. *vi* ❶ *(make sense)* Sinn ergeben ❷ *(be aligned)* aufeinander abgestimmt sein ❸ *(meet standard)* ■**to** ~ **up to sth** an etw *akk* heranreichen, etw *dat* entsprechen II. *vt (find complement)* **to** ~ **up ⟳ socks** die zusammengehörigen Socken finden

'**match·box** *n* Streichholzschachtel *f*

match·ing ['mætʃɪŋ] *adj attr* [zusammen]passend

match·less ['mætʃləs] *adv* unvergleichlich, einzigartig

'**match·mak·er** *n (marriage broker)* Heiratsvermittler(in) *m(f)*

match '**point** *n* TENNIS Matchball *m*

'**match·stick** *n* Streichholz *nt;* ~ **arms** sehr dünne Arme '**match·wood** *n no pl* Kleinholz *nt*

mate[1] [meɪt] I. *n* ❶ BRIT, AUS *(friend)* Freund(in) *m(f)* ❷ BRIT, AUS *(fam: form of address)* Kumpel *m;* **what's the time,** ~**?** hey du, wie spät ist es denn? ❸ *(sexual partner)* Partner(in) *m(f);* BIOL Sexualpartner(in) *m(f)* ❹ *(one of a pair)* Gegenstück *nt* ❺ *(ship's officer)* Schiffsoffizier *m;* **first/second** ~ Erster/Zweiter Offizier II. *vi* ❶ BIOL *animals* sich paaren (**with** mit) ❷ *(join or connect mechanically)* ■**to** ~ **to sth** sich an etw *akk* ankuppeln III. *vt* **to** ~ **two animals** zwei Tiere miteinander paaren

mate[2] [meɪt] *n* CHESS [Schach]matt *nt*

ma·terial [məˈtɪərɪəl] I. *n* ❶ *(substance)* Material *nt a. fig;* **building** ~ Baumaterial *nt;* **raw** ~ Rohmaterial *nt;* *(hum)* **to be university** ~ das Zeug zum Studieren haben ❷ *no pl (cloth)* Stoff *m* ❸ *(type of cloth)* Stoffart *f* ❹ *no pl (information)* [Informations]material *nt,* Unterlagen *pl* ❺ *(equipment)* ■~**s** *pl* Material *nt;* **writing** ~**s** Schreibzeug *nt* II. *adj* ❶ *(physical)* materiell; ~ **damage** Sachschaden *m* ❷ *(important)* wesentlich, wichtig; ■**to be** ~ **to sth** für etw *akk* relevant sein

ma·teri·al·ism [məˈtɪərɪəlɪzᵊm] *n no pl* Materialismus *m*

ma·teri·al·ist [məˈtɪərɪəlɪst] *n* Materialist(in) *m(f)*

ma·teri·al·is·tic [mə‚tɪərɪəˈlɪstɪk] *adj* materialistisch

ma·teri·al·ize [məˈtɪərɪəlaɪz] *vi* ❶ *(become fact) hope, dream* sich verwirklichen, in Erfüllung gehen; *plan, promise* in die Tat umgesetzt werden ❷ *(take physical form)* erscheinen ❸ *(appear suddenly)* [plötzlich] auftauchen

ma·terial '**wit·ness** *n* ❶ BRIT *(witness of fact)* Tatzeuge *m/-*zeugin *f* ❷ AM *(connected with case)* Hauptzeuge *m/-*zeugin *f*

ma·ter·nal [məˈtɜːnᵊl] *adj* ❶ *(motherly)* mütterlich, Mutter- ❷ *(of mother's family)* mütterlicherseits *nach n*

ma·ter·nity [məˈtɜːnəti] *n no pl* Mutterschaft *f*

ma·ter·nity clothes *npl* Umstandskleidung *f kein pl* **ma·**'**ter·nity dress** *n* Umstandskleid *nt* **ma·**'**ter·nity hos·pi·tal** *n* Entbindungsklinik *f* **ma·**'**ter·nity leave** *n no pl* Mutterschaftsurlaub *m* **ma·**'**ter·nity ward** *n* Entbindungsstation *f*

matey ['meɪti] BRIT, AUS I. *adj (fam)* ■**to be** ~ sich gut verstehen II. *n (fam)* Kumpel *m*

math [mæθ] *n* AM *(fam) short for* **mathematics** Mathe *f*

math·emati·cal [‚mæθᵊmˈætɪkᵊl] *adj* mathematisch

math·ema·ti·cian [‚mæθᵊməˈtɪʃᵊn] *n* Mathematiker(in) *m(f)*

math·emat·ics [mæθᵊmˈætɪks] *n + sing vb* Mathematik *f*

maths [mæθs] *n + sing vb* BRIT, AUS *(fam) short for* **mathematics** Mathe *f*

mati·née, mati·nee ['mætɪneɪ] *n* Matinee *f;* *(afternoon performance)* Frühvorstellung *f*

mat·ing ['meɪtɪŋ] *n* Paarung *f*

'**mat·ing sea·son** *n* Paarungszeit *f*

ma·tri·ar·chy ['meɪtrɪɑːki] *n* Matriarchat *nt*

ma·tric [məˈtrɪk] *n* SA *short for* **matriculation** ≈ Abi *nt*

ma·tri·ces ['meɪtrɪsiːz] *n pl of* **matrix**

ma·tricu·late [məˈtrɪkjəleɪt] *vi* ❶ *(enter university)* sich immatrikulieren ❷ SA *(pass exams)* ≈ das Abitur machen

ma·tricu·la·tion [mə‚trɪkjəˈleɪʃᵊn] *n* ❶ *(at university)* Immatrikulation *f* ❷ SA *(school qualification)* ≈ Abitur *nt*

mat·ri·mo·nial [‚mætrɪˈməʊnɪəl] *adj (form)* Ehe-, ehelich

mat·ri·mony ['mætrɪməni] *n no pl* Ehe *f;* **to be joined in holy** ~ in den heiligen Stand der Ehe treten

ma·trix <*pl* -**es** *or* -**ices**> ['meɪtrɪks, *pl* -ɪsiːz] *n* ❶ *(mould)* Matrize *f,* Gießform *f* ❷ *(rectangular arrangement)* Matrix *f*

❸ (*form: conditions*) Rahmen *m*, Grundlage *f*

ma·trix print·er *n* Matrixdrucker *m*

ma·tron ['meɪtrən] *n* ❶ (*dated: senior nurse*) Oberschwester *f*; (*at school*) Hausmutter *f* ❷ *esp* AM (*in prison*) Gefängnisaufseherin *f* ❸ (*hum: middle-aged woman*) Matrone *f meist pej*

ma·tron·ly ['meɪtrənli] *adj* (*esp hum*) matronenhaft *meist pej*

matt, AM **matte** [mæt] *adj* matt

mat·ted ['mætɪd] *adj* verflochten; *hair* verfilzt

mat·ter ['mætə*r*] **I.** *n* ❶ *no pl* (*material*) Materie *f*; **organic/vegetable ~** organische/pflanzliche Stoffe *pl*; **printed ~** Gedrucktes *nt*, Drucksache[n] *f*[*pl*]; **reading ~** Lesestoff *m* ❷ (*affair*) Angelegenheit *f*, Sache *f*; **this is a ~ for the police** das sollte man der Polizei übergeben; **the ~ at hand** die Angelegenheit, um die es geht; **to get to the heart of the ~** zum Kern der Sache vordringen; **the truth of the ~ is ...** in Wirklichkeit ist/wird/sollte etc. ...; **a ~ of urgency** etwas Dringendes; **to be no easy ~ doing sth** nicht einfach sein, etw zu tun; **family ~s** Familienangelegenheiten *pl* ❸ *no pl* (*question*) Frage *f*; **as a ~ of fact** (*by the way*) übrigens; (*expressing agreement or disagreement*) in der Tat; **as a ~ of interest** interessehalber; **it's a ~ of life and death** es geht um Leben und Tod; **that's a ~ of opinion** das ist Ansichtssache; **a ~ of taste** eine Geschmacksfrage; **a ~ of time** eine Frage der Zeit ❹ *no pl* (*topic*) Thema *nt*; **the subject ~ of the book** das Thema des Buches; **it's no laughing ~** das ist nicht zum Lachen; **that's another ~ altogether** das ist [wieder] etwas völlig anderes; **to let the ~ drop** etwas auf sich beruhen lassen; (*in a conversation*) das Thema fallen lassen ❺ (*problem*) **is anything the ~?** stimmt etwas nicht?; **there's nothing the ~** es ist alles in Ordnung; **what's the ~ with you?** was ist los mit dir?; **no ~ what/when/who ...** egal, was/wann/wer ... ❻ (*state of affairs*) ▪**~s** *pl* die Situation [*o* Lage]; **that's how ~s stand at the moment** so sieht es im Moment aus; **to make ~s worse, it then started to rain heavily** zu allem Überfluss fing es auch noch an, in Strömen zu regnen; **to take ~s into one's own hands** die Dinge selbst in die Hand nehmen ❼ *no pl* (*amount*) **in a ~ of seconds he was by her side** es dauerte nur Sekunden bis er bei ihr war; **it was all over in a ~ of minutes** nach wenigen Minuten war alles vorbei ❽ LAW **~ of fact** Tatfrage *f*; **~ of law** Rechtsfrage *f* **II.** *vi* (*be of importance*) von Bedeutung sein; **what ~s now is that ...** worauf es jetzt ankommt, ist, dass ...; **that's the only thing that ~s** das ist das Einzige, was zählt; **it really ~s to me** das ist wirklich wichtig für mich; ▪**it ~s that ...** es macht etwas aus, dass ...; ▪**it doesn't ~** das ist egal, das macht nichts

mat·ter-of-fact *adj* ❶ (*emotionless*) sachlich, nüchtern ❷ (*straightforward*) geradeheraus präd, direkt **mat·ter-of-factly** *adv* ❶ (*without emotion*) sachlich, nüchtern ❷ (*straightforwardly*) direkt, geradeheraus

mat·ting ['mætɪŋ] *n no pl* ❶ (*floor covering*) Matten *pl* ❷ (*tangling*) Verflechten *nt*; (*of wool*) Verfilzen *nt*

mat·tress <*pl* -es> ['mætrəs] *n* Matratze *f*

ma·ture [mə'tjʊə*r*] **I.** *adj* ❶ (*adult*) erwachsen; *animal* ausgewachsen; (*like an adult*) reif ❷ (*ripe*) reif; *wine* ausgereift ❸ FIN (*payable*) fällig, zahlbar **II.** *vi* ❶ (*physically*) erwachsen werden, heranreifen; (*mentally and emotionally*) reifer werden ❷ (*ripen*) [heran]reifen ❸ FIN (*become payable*) fällig werden ❹ (*develop fully*) *idea, plan* ausreifen **III.** *vt* FOOD reifen lassen

ma·tur·ity [mə,tjʊərəti] *n no pl* ❶ (*adulthood*) Erwachsensein *nt*; (*wisdom*) Reife *f*; *of animals* Ausgewachsensein *nt*; **to reach ~** (*of person*) erwachsen werden; (*of animal*) ausgewachsen sein ❷ (*developed form*) Reife *f*, Vollendung *f* ❸ (*ripeness*) Reife *f* ❹ FIN Fälligkeit *f*

maud·lin ['mɔːdlɪn] *adj* [weinerlich] sentimental

maul [mɔːl] *vt* ❶ (*wound*) verletzen; (*attack*) anfallen ❷ (*criticize*) heruntermachen, verreißen *fam*

Maun·dy 'Thurs·day ['mɔːndi-] *n* BRIT Gründonnerstag *m*

Mau·ri·ta·nia [ˌmɒrɪ'teɪniə] *n* Mauretanien *nt*

Mau·ri·ta·nian [ˌmɒrɪ'teɪniən] **I.** *n* Mauretanier(in) *m(f)* **II.** *adj* mauretanisch

Mau·ri·tian [mə'rɪʃən] **I.** *n* Mauritier(in) *m(f)* **II.** *adj* mauritisch

Mau·ri·tius [mə'rɪʃəs] *n* Mauritius *nt*

mau·so·leum [ˌmɔːsə'liːəm] *n* Mausoleum *nt*

mauve [məʊv] *adj* mauve

mav·er·ick ['mævərɪk] *n* ❶ (*unorthodox independent person*) Einzelgänger(in) *m(f)*, Alleingänger(in) *m(f)* ❷ AM ZOOL Vieh *nt* ohne Brandzeichen

mawk·ish [ˈmɔːkɪʃ] *adj* rührselig, sentimental

max [mæks] **I.** *n* (*fam*) *short for* **maximum** max. **II.** *adv* (*fam*) it'll cost you £40 ~ das wird Sie maximal £40 kosten

max [mæks] *vt* AM (*fam*) ▪**to ~ out** ⟲ **sth** *credit card* etw ausschöpfen

max·im [ˈmæksɪm] *n* Maxime *f*

max·i·mal [ˈmæksɪməl] *adj* maximal

max·im·ize [ˈmæksɪmaɪz] *vt* maximieren

max·i·mum [ˈmæksɪməm] **I.** *adj attr* maximal, Höchst- **II.** *n* <*pl* -ima *or* -s> [-ɪmə] Maximum *nt* **III.** *adv* maximal

maxi·mum se·ˈcu·ri·ty pris·on *n* Hochsicherheitsgefängnis *nt*

may[1] <3rd pers. sing may, might, might> [meɪ] *aux vb* ❶ (*indicating possibility*) können; **there ~ be side effects from the drug** diese Arznei kann Nebenwirkungen haben; **if George is going to be that late we ~ as well start dinner without him** wenn George so spät dran ist, können wir auch genauso gut schon ohne ihn mit dem Essen anfangen; **I ~ be overreacting, but ...** mag sein, dass ich übereagiere, aber ...; **be that as it ~** wie dem auch [immer] sei ❷ (*be allowed*) dürfen, können; **~ I ask you a question?** darf ich Ihnen [mal] eine Frage stellen? ❸ (*expressing wish*) mögen; **~ she rest in peace** möge sie in Frieden ruhen *form*

may[2] [meɪ] *n no pl* Hagedornblüte *f*

May [meɪ] *n* Mai *m*; *see also* **February**

may·be [ˈmeɪbi] *adv* ❶ (*perhaps*) vielleicht, möglicherweise; **~ we should start again** vielleicht sollten wir noch mal anfangen ❷ (*approximately*) circa, ungefähr

ˈ**may·day** *n* Mayday *kein art* (*internationaler Notruf*)

ˈ**May Day** *n* der Erste Mai, der Maifeiertag

ˈ**may·fly** *n* Eintagsfliege *f*

may·hem [ˈmeɪhem] *n no pl* Chaos *nt*

mayo [ˈmeɪəʊ] *n* (*fam*) *short for* **mayonnaise** Mayo *f*

may·on·naise [ˌmeɪəˈneɪz] *n* Mayonnaise *f*

mayor [meəʳ] *n* Bürgermeister(in) *m(f)*

mayor·ess <*pl* -es> [ˌmeəˈres] *n esp* BRIT ❶ (*woman mayor*) Bürgermeisterin *f* ❷ (*mayor's wife*) Frau *f* des Bürgermeisters

ˈ**may·pole** *n* Maibaum *m*

ˈ**may've** [ˈmeɪəv] (*fam*) = **may have** *see* **may**[1]

maze [meɪz] *n* Labyrinth *nt*, Irrgarten *m*

MB [ˌemˈbiː] *n* BRIT *abbrev of* **Bachelor of Medicine** ≈ zweites medizinisches Staatsexamen

MBA [ˌembiːˈeɪ] *n abbrev of* **Master of Business Administration** MBA *m*

MC [ˌemˈsiː] *n abbrev of* **Master of Ceremonies**

Mc·Job [məkˈdʒɒb] *n* (*pej fam*) Billigjob *m pej fam* (*Minijob ohne Perspektive*)

MD [ˌemˈdiː] *n* AM, AUS *abbrev of* **Doctor of Medicine** Dr. med.

me [miː, mɪ] *pron object* ❶ (*1st person singular*) mir *in dat*, mich *in akk;* **why are you looking at ~?** warum siehst du mich an?; **wait for ~!** warte auf mich!; **between you and ~** unter uns [gesagt]; **it wasn't ~ who offered to go, it was him** ich wollte nicht gehen, er wollte; **hi, it's ~** hallo, ich bin's; **you have more than ~** du hast mehr als ich ❷ AM (*fam: myself*) mir *in dat*, mich *in akk;* **I've got ~ a job** ich habe einen Job gefunden ▶ **goodness ~!** du lieber Himmel!; **dear ~!** du liebe Güte!; **silly ~!** bin ich dumm!

mead·ow [ˈmedəʊ] *n* Wiese *f*

mea·gre [ˈmiːgəʳ] *adj,* AM **mea·ger** *adj* mager, dürftig

meal[1] [miːl] *n* Mahlzeit *f*, Essen *nt;* **to go out for a ~** essen gehen

meal[2] [miːl] *n* (*grobes*) Mehl

ˈ**meal tick·et** *n* ❶ *esp* AM, AUS (*voucher*) Essensmarke *f* ❷ (*means of living*) Einnahmequelle *f* ❸ (*partner with money*) Ernährer(in) *m(f)* ˈ**meal·time** *n* Essenszeit *f*

mealy [ˈmiːli] *adj* mehlig

mealy-ˈmouthed *adj* (*pej*) ausweichend; *excuses* fadenscheinig; *expressions* schönfärberisch

mean[1] [miːn] *adj* ❶ *esp* BRIT (*miserly*) geizig, knauserig ❷ (*unkind*) gemein, fies *fam* ❸ AM (*vicious*) aggressiv; (*dangerous*) gefährlich; *dog* bissig ❹ (*bad*) schlecht; **he's no ~ cook** er ist kein schlechter Koch; **no ~ feat** eine Meisterleistung ❺ AM (*sl: good*) super *fam*, toll *fam;* **he plays a ~ guitar** er spielt supergeil Gitarre *sl*

mean[2] <meant, meant> [miːn] *vt* ❶ (*signify*) *word, symbol* bedeuten; **no ~s no** nein heißt nein; **does that name ~ anything to you?** sagt dir der Name etwas? ❷ (*intend to convey*) *person* meinen; **what do you ~ by that?** was willst du damit sagen?; **now I see what you ~** jetzt weiß ich, was du meinst ❸ (*be sincere*) **I ~ what I say** ich meine es ernst, was ich sage; **he said a lot of things he didn't really ~** er sagte eine Menge Dinge, die er nicht so gemeint hat ❹ (*intend*) wollen; **he**

didn't ~ any harm er wollte nichts Böses; I really didn't ~ to offend you ich wollte dich wirklich nicht kränken; I've been ~ing to phone you for weeks ich will dich schon seit Wochen anrufen; you're ~t to fill in a tax form every year Sie müssen jedes Jahr eine Steuererklärung ausfüllen; to be ~t for each other füreinander bestimmt sein; it was ~t to be a surprise das sollte eine Überraschung sein; to ~ business es ernst meinen; to ~ well es gut meinen ⑥ (*result in*) bedeuten, heißen *fam* ⑥ (*have significance*) bedeuten; it was just a kiss, it didn't ~ anything es war nur ein Kuss, das hatte nichts zu bedeuten; to ~ a lot/nothing/something to sb jdm viel/nichts/etwas bedeuten

mean[3] [mi:n] I. *n* (*average*) Mittel *nt;* (*average value*) Mittelwert *m;* (*fig*) Mittelweg *m* II. *adj* durchschnittlich

me·an·der [mi'ændə[r]] I. *n* Windung *f,* Krümmung *f* II. *vi* ❶ (*flow in curves*) sich schlängeln [*o* winden] ❷ (*wander*) [umher]schlendern ❸ (*digress*) abschweifen

me·an·der·ing [mi'ændəɹɪŋ] I. *adj* ❶ (*flowing in curves*) gewunden ❷ (*rambling*) abschweifend II. *n* ■~s *pl* Gefasel *nt* kein *pl*

mea·nie ['mi:ni] *n* (*fam*) ❶ *esp* BRIT (*miserly person*) Geizhals *m* ❷ (*unkind person*) to be a ~ gemein sein

mean·ing ['mi:nɪŋ] *n* ❶ (*sense*) Bedeutung *f;* the ~ of life der Sinn des Lebens; to give sth a whole new ~ (*esp hum*) etw in einem ganz neuen Licht erscheinen lassen; what is the ~ of this? was soll das heißen?; it was impossible to misunderstand his ~ es war unmöglich, ihn misszuverstehen ❷ (*importance*) Bedeutung *f,* Sinn *m;* to have ~ for sb jdm etwas bedeuten

mean·ing·ful ['mi:nɪŋfᵊl] *adj* ❶ (*important*) bedeutsam, wichtig; a ~ relationship eine tiefer gehende Beziehung ❷ (*implying something*) bedeutungsvoll, vielsagend

mean·ing·ful·ly ['mi:nɪŋfli] *adv* bedeutsam, vielsagend

mean·ing·less ['mi:nɪŋləs] *n* (*without importance*) bedeutungslos; (*nonsensical*) sinnlos; (*empty*) nichtssagend

mean·ing·less·ness ['mi:nɪŋləsnəs] *n no pl* Bedeutungslosigkeit *f,* Sinnlosigkeit *f*

mean·ness ['mi:nnəs] *n no pl* ❶ *esp* BRIT (*lack of generosity*) Kleinlichkeit *f,* Geiz *m* ❷ (*unkindness*) Gemeinheit *f,* Gehässigkeit *f*

means <*pl* -> [mi:nz] *n* ❶ (*method*) Weg *m;* (*possibility*) Möglichkeit *f;* (*device*) Mittel *nt;* ways and ~ Mittel und Wege; to try by all [possible] ~ to do sth auf jede erdenkliche Art und Weise versuchen, etw zu erreichen; ~ of communication Kommunikationsmittel *nt;* ~ of transport Transportmittel *nt;* ~ of support Einkommen *nt;* to use all ~ at one's disposal alle verfügbaren Mittel nutzen ❷ (*income*) ■~ *pl* Geldmittel *nt pl;* private ~ Privatvermögen *nt;* to live beyond one's ~ über seine Verhältnisse leben ▶ a ~ to an end ein Mittel zum Zweck; the end justifies the ~ (*prov*) der Zweck heiligt die Mittel; they made their escape by ~ of a rope ladder sie entkamen mit [Hilfe] einer Strickleiter; by all ~ (*form*) unbedingt; (*of course*) selbstverständlich; by no ~ keineswegs, auf keinen Fall

'**means test** *n* FIN (*of income*) Einkommensüberprüfung *f;* (*of property*) Ermittlung *f* der Vermögensverhältnisse; BRIT (*for social benefit*) Bedürftigkeitsprüfung *f*

meant [ment] *pt, pp of* **mean**

'**mean·time** *n* for the ~ vorerst; in the ~ inzwischen, in der Zwischenzeit

mean·while [ˌmi:n'(h)waɪl] *adv* inzwischen, unterdessen, mittlerweile

meany *n* (*fam*) *see* **meanie**

mea·sles ['mi:zlz] *n* + *sing vb* Masern *pl*

mea·sly ['mi:zli] *adj* (*pej*) mickrig, schäbig

meas·ur·able ['meʒᵊrəbl] *adj* messbar; *perceptible* nachweisbar, erkennbar, merklich

meas·ure ['meʒə[r]] I. *n* ❶ (*unit*) Maß *nt,* Maßeinheit *f;* a ~ of length ein Längenmaß *nt* ❷ (*degree*) Maß *nt,* Grad *m;* there was some ~ of truth in what he said an dem, was er sagte, war etwas Wahres dran; in large ~ in hohem Maß ❸ (*measuring instrument*) Messgerät *nt;* (*ruler*) Messstab *m;* (*container*) Messbecher *m* ❹ (*indicator*) Maßstab *m* ❺ *usu pl* (*action*) Maßnahme *f* ❻ POL (*bill*) gesetzliche Maßnahme, Bestimmung *f* ▶for good ~ (*in addition*) zusätzlich, noch dazu; (*to ensure success*) sicherheitshalber II. *vt* [ab]messen III. *vi* messen ◆**measure out** *vt* ❶ (*take measured amount*) abmessen ❷ (*discover size*) ausmessen ◆**measure up** I. *vt* einschätzen II. *vi* ❶ (*be same size*) zusammenpassen ❷ (*reach standard*) den Ansprüchen genügen; ■to ~ up to sth an etw *akk* heranreichen

meas·ured ['meʒəd] *adj* gemäßigt; *voice,*

tone bedächtig; *response* wohl überlegt; *pace* gemäßigt; *tread* gemessen

meas·ure·ment ['meʒəmənt] *n* ❶ (*size*) ▪ **sb's ~s** *pl* jds Maße, jds Größe; **chest ~** Brustumfang *m*; **to take sb's ~s** bei jdm Maß nehmen ❷ *no pl* (*measuring*) Messung *f*, Messen *nt*

meas·ur·ing cup ['meʒˤrɪŋ-] *n esp* Am, Aus (*measuring jug*) Messbecher *m*

'**meas·ur·ing jug** *n* Brit Messbecher *m*

'**meas·ur·ing spoon** *n* Esslöffel *m*

meat [miːt] *n* Fleisch *nt*; (*fig: subject matter*) Substanz *f*

meat-and-po·'ta·toes *adj* Am (*fam*) grundlegend '**meat·ball** *n* Fleischklößchen *nt* '**meat cleav·er** *n* Fleischerbeil *nt* '**meat grind·er** *n* Am Fleischwolf *m* '**meat hook** *n* Fleischerhaken *m* '**meat loaf** *n* Hackbraten *m* '**meat prod·ucts** *npl* Fleischwaren *f pl*

Mec·ca ['mekə] *n* ❶ rel Mekka *nt* ❷ (*fig: centre of attraction*) ▪ **a ~** ein Mekka *nt*; **party ~** Partymeile *f fam*

me·chan·ic [mɪˈkænɪk] *n* Mechaniker(in) *m(f)*

me·chani·cal [mɪˈkænɪkᵃl] *adj* ❶ *machines* mechanisch, Maschinen-; (*technical*) technisch; (*by machine*) maschinell ❷ (*machine-like*) mechanisch, automatisch

me·chani·cal en·gi·'neer *n* Maschinenbauer(in) *m(f)*; (*engineer*) Maschinenbauingenieur(in) *m(f)* **me·chani·cal en·gi·'neer·ing** *n no pl* Maschinenbau *m*

me·chani·cal·ly [mɪˈkænɪkᵃli] *adv* ❶ (*by machine*) maschinell ❷ (*without thinking*) mechanisch

me·chani·cal 'pen·cil *n* Am (*propelling pencil*) Drehbleistift *m*

me·chan·ics [mɪˈkænɪks] *n* ❶ + *sing vb* auto, tech Technik *f*, Mechanik *f* ❷ + *pl vb* (*fam: practicalities*) Mechanismus *m*

mecha·nism ['mekənɪzᵃm] *n* ❶ (*working parts*) Mechanismus *m* ❷ (*method*) Mechanismus *m*, Methode *f*; **defence ~** Abwehrmechanismus *m*

mecha·ni·za·tion [ˌmekənaɪˈzeɪʃən] *n* Mechanisierung *f*

mecha·nize ['mekənaɪz] *vt* mechanisieren

me·cha·tron·ics [mekæˈtrɒnɪks] *n* + *sing vb* Mechatronik *f*; **~ engineer** Mechatroniker(in) *m(f)*

Med [med] *n* (*fam*) *short for* **Mediterranean sea** Mittelmeer *nt*

med I. *n abbrev of* **medicine** II. *adj* ❶ (*fam*) *abbrev of* **medical** ❷ *abbrev of* **medieval** ma. ❸ *abbrev of* **medium**

med·al ['medᵃl] *n* [Ehren]medaille *f*, Orden *m*, Auszeichnung *f*; sports Medaille *f*

med·al·ist *n* Am *see* **medallist**

me·dal·lion [mɪˈdæliən] *n* Medaillon *nt*

med·al·list ['medᵃlɪst] *n* Medaillengewinner(in) *m(f)*

med·dle ['medl] *vi* sich einmischen (**in** in); ▪ **to ~ with sth** sich mit etw *dat* abgeben

med·dle·some ['medlsəm] *adj* **to be ~** sich in alles einmischen; (*annoying*) aufdringlich sein

me·dia ['miːdiə] *n* ❶ *pl of* **medium** ❷ + *sing/pl vb* (*the press*) ▪ **the ~** die Medien *pl*; **the news ~** (*tv, radio*) Nachrichtensender *m*; (*magazines*) Nachrichtenmagazin *nt*; (*newspaper*) [aktuelle] Zeitung; **in the ~** in den Medien; **~ coverage** Berichterstattung *f*; **a ~ event** ein Medienereignis *nt*; **~ hype** Medienrummel *m*

me·di·aeval *adj see* **medieval**

me·dian ['miːdiən] I. *adj* durchschnittlich II. *n* Am, Aus (*central reservation*) Mittelstreifen *m*

me·dian 'strip *n* Am, Aus (*central reservation*) Mittelstreifen *m*

'**me·dia studies** *npl* ≈ Kommunikationswissenschaft *f*

me·di·ate ['miːdieɪt] I. *vi* vermitteln II. *vt* aushandeln

me·dia·tion [ˌmiːdiˈeɪʃən] *n no pl* Vermittlung *f*

me·dia·tor ['miːdieɪtər] *n* Vermittler(in) *m(f)*

med·ic ['medɪk] *n* (*fam*) ❶ (*doctor*) Doktor *m fam* ❷ (*student*) Mediziner(in) *m(f)* ❸ Am mil, naut Sanitäter(in) *m(f)*

Med·ic·aid ['medɪkeɪd] *n no pl* Am *Gesundheitsfürsorgeprogramm in den USA für einkommensschwache Gruppen*

medi·cal ['medɪkᵃl] I. *adj facilities, research* medizinisch; *advice, care, treatment* ärztlich; **~ attention** ärztliche Behandlung; **~ staff** Angestellte *pl* im Gesundheitswesen II. *n* (*fam*) ärztliche Untersuchung; **to have a ~** sich ärztlich untersuchen lassen

medi·cal cer·'tifi·cate *n* ärztliches Attest

medi·cal ex·ami·'na·tion *n* ärztliche Untersuchung **medi·cal 'his·tory** *n* Krankengeschichte *f*

medi·cal·ly ['medɪkᵃli] *adv* medizinisch

me·dica·ment [mɪˈdɪkəmənt, ˈmedɪ-] *n* Medikament *nt*

Medi·care ['medɪkeər] *n* ❶ Am (*for elderly*) staatliche Gesundheitsfürsorge [für Senioren] ❷ Aus, Can (*for all*) staatliche Gesundheitsfürsorge

medi·cate ['medɪkeɪt] *vt usu passive* (*treat with drug*) **to be ~d** medikamentös behandelt werden

medi·cat·ed ['medɪkeɪtɪd] *adj* medizinisch; **~ gauze** imprägnierter Mull

medi·ca·tion [ˌmedɪ'keɪʃ^ən] *n* MED ① *no pl* (*course of drugs*) Medikamente *pl*; **to be on ~ for sth** Medikamente gegen etw *akk* [ein]nehmen ② (*drug*) Medikament *nt* ③ *no pl* (*treatment*) medikamentöse Behandlung

me·dici·nal [mə'dɪsɪn^əl] **I.** *adj* medizinisch; **~ drug** Medikament *nt;* **~ herbs** Heilkräuter *pl;* **~ properties** Heilkräfte *pl* **II.** *n* Heilmittel *nt*

medi·cine ['meds^ən] *n* ① *no pl* (*for illness*) Medizin *f*, Medikamente *pl;* **to take [one's] ~** [seine] Medizin einnehmen ② (*substance*) Medikament *nt;* **cough ~** Hustenmittel *nt* ③ *no pl* (*medical science*) Medizin *f;* **herbal/natural ~** Kräuter-/Naturheilkunde *f;* **to practise ~** den Arztberuf ausüben ④ (*fig: remedy*) Heilmittel *nt*

'**medi·cine ball** *n* Medizinball *m* '**medi·cine chest** *n* Hausapotheke *f* '**medi·cine man** *n* ① (*tribal healer*) Medizinmann *m* ② (*hum fam: doctor*) Medizinmann *m*

me·di·eval [ˌmedi'iːv^əl] *adj* mittelalterlich

me·dio·cre [ˌmiːdi'əʊkə^r] *adj* mittelmäßig

me·di·oc·rity [ˌmiːdi'ɒkrəti] *n* ① *no pl* (*state*) Mittelmäßigkeit *f* ② (*person*) Null *f pej*

medi·tate ['medɪteɪt] **I.** *vi* ① (*think deeply*) nachdenken (**on** über) ② (*as spiritual exercise*) meditieren **II.** *vt* (*form: plan*) planen; (*consider*) erwägen

medi·ta·tion [ˌmedɪ'teɪʃ^ən] *n* ① *no pl* (*spiritual exercise*) Meditation *f* ② *no pl* (*serious thought*) Nachdenken *nt*, Überlegen *nt* (**on** über) ③ (*reflections*) ■**~s** *pl* Überlegungen *pl* ④ (*discourse*) Betrachtung[en] *f*[*pl*] (**on** über)

Medi·ter·ra·nean [ˌmedɪt^ər'eɪniən] **I.** *n* Mittelmeer *nt* **II.** *adj climate* mediterran; **~ cooking** Mittelmeerküche *f;* **~ looks** südländisches Aussehen

me·dium ['miːdiəm] **I.** *adj* ① (*average*) durchschnittlich, mittel; **of ~ height** von mittlerer Größe ② FOOD *steak* halb durch **II.** *n* <*pl* -s *or* -dia> ① (*means*) Medium *nt*, Mittel *nt;* PUBL, TV Medium *nt;* **advertising ~** Werbeträger *m;* **a ~ of communication** ein Kommunikationsmittel *nt* ② (*art material*) Medium *nt* ③ <*pl* -s> (*spiritualist*) Medium *nt* ④ (*nutritive substance*) Träger *m;* **culture ~** künstlicher Nährboden

me·dium-'dry *adj wine* halbtrocken **me·dium-'rare** *adj* FOOD englisch **me·dium-'size**(**d**) *adj* mittelgroß '**me·dium-term** *adj* mittelfristig '**me·dium wave** *n esp* BRIT Mittelwelle *f*

Med·jool date ['medʒuːl-] *n* FOOD Medjooldattel *f*

med·ley ['medli] *n* ① (*mixture*) Gemisch *nt* ② (*of tunes*) Medley *nt* ③ (*swimming race*) Lagenstaffel *f*

meek [miːk] **I.** *adj* ① (*gentle*) sanftmütig ② (*pej: submissive*) unterwürfig; **~ compliance** blinde Ergebenheit **II.** *n* REL ■**the ~** die Sanftmütigen

meet [miːt] **I.** *n* ① (*sporting event*) Sportveranstaltung *f* ② BRIT (*fox hunt*) Jagdtreffen *nt* (*zur Fuchsjagd*) **II.** *vt* <met, met> ① (*by chance*) treffen; **I met her in the street** ich bin ihr auf der Straße begegnet; **I happened to ~ him** ich habe ihn zufällig getroffen ② (*by arrangement*) ■**to ~ sb** sich mit jdm treffen ③ (*collect*) abholen; **a bus ~s every train** zu jedem Zug gibt es einen Anschlussbus ④ (*make acquaintance of*) kennen lernen; **I'd like you to ~ my best friend Julia** ich möchte dir meine beste Freundin Julia vorstellen; **Peter, ~ Judith** Peter, darf ich dir Judith vorstellen? ⑤ (*come into contact*) ■**to ~ sth** auf etw *akk* treffen; **his eyes met hers** ihre Blicke trafen sich; **I met his gaze** ich hielt seinem Blick stand; **where the mountains ~ the sea** wo das Meer an die Berge heranreicht ⑥ (*fulfil*) erfüllen; *deadline* einhalten; *demand* befriedigen; *obligation* nachkommen ⑦ (*experience*) ■**to ~ sth** mit etw *dat* konfrontiert sein; **the troops met stiff opposition** den Truppen stießen auf starke Gegenwehr ▶ **to ~ one's death** den Tod finden; **to make ends ~** über die Runden kommen; **there's more to this than ~s the eye** es steckt mehr dahinter, als es den Anschein hat; **to ~ one's match** seinen Meister finden; **to ~ sb halfway** jdm auf halbem Weg entgegenkommen **III.** *vi* <met, met> ① (*by chance*) sich begegnen ② (*by arrangement*) sich treffen; **to ~ for a drink/for lunch** sich auf einen Drink/zum Mittagessen treffen ③ (*get acquainted*) sich kennen lernen; **no, we haven't met** nein, wir kennen uns noch nicht; **I've mistrusted him from the day we met** ich habe ihm vom ersten Tag [unserer Bekanntschaft] an misstraut ④ (*congregate*) zusammenkommen ⑤ SPORTS aufeinandertreffen ⑥ (*join*) zusammentreffen; *roads, lines* zusammenlaufen; *counties,* *states* aneinandergrenzen ◆**meet with** I. *vi* ❶ *esp* AM (*have meeting*) treffen ❷ (*experience*) ■**to ~ with sth** *problems* auf etw *akk* stoßen; **to ~ with approval** Beifall finden; **to ~ with failure** einen Misserfolg erleiden; **to ~ with success** Erfolg haben II. *vt* ❶ (*respond to*) **the announcement was met with loud applause** die Ankündigung wurde mit lautem Beifall aufgenommen ❷ (*match*) **to ~ force with force** auf Gewalt mit Gewalt reagieren

meet·ing ['miːtɪŋ] *n* ❶ (*organized gathering*) Versammlung *f*, Sitzung *f*, Besprechung *f*; **business ~** geschäftliche Besprechung; **to attend a ~** an einer Besprechung teilnehmen; **to call a ~** eine Besprechung einberufen; **to hold a ~** eine Besprechung abhalten ❷ (*coming together of friends*) Treffen *nt*; **chance ~** zufälliges Treffen ❸ SPORTS Veranstaltung *f*, (sportliche) Begegnung ❹ (*assembly for worship*) Versammlung *f* (*bei den Quäkern*)

'**meet·ing point** *n* ❶ (*point of contact*) Schnittpunkt *m* ❷ (*public space*) Treffpunkt *m*

mega ['megə] *adj* ❶ (*fam: huge*) Riesen-, Mega- ❷ (*fam: excellent*) super

mega- ['megə] *in compounds* (*fam*) + *adj* mega- *fam;* **~ cool** megacool *sl*, geil *sl*

'**mega·bucks** *npl* (*fam*) Schweinegeld *nt* kein *pl sl* '**mega·byte** *n* Megabyte *nt* '**mega·hertz** *n* Megahertz *nt*

mega·lo·ma·nia [ˌmegələ(ʊ)'meɪnɪə] *n no pl* ❶ PSYCH Größenwahn *m* ❷ (*lust for power*) Größenwahn *m pej*

mega·lo·ma·ni·ac [ˌmegələ(ʊ)'meɪniæk] I. *n* ❶ PSYCH Größenwahnsinnige(r) *f(m)*, Megalomane *m*/Megalomanin *f fachspr* ❷ (*power-hungry person*) Größenwahnsinnige(r) *f(m) pej* II. *adj attr* größenwahnsinnig *pej*

'**mega·phone** *n* Megaphon *nt* '**mega·plex** *n* Megaplex-Kino *nt* '**mega·store** *n* Megastore *m* '**mega·watt** *n* Megawatt *nt*

mel·an·cho·lia [ˌmelənˈkəʊlɪə] *n no pl* ❶ (*form: gloomy sadness*) Schwermut *f* ❷ (*dated: mental illness*) Melancholie *f*

mel·an·chol·ic [ˌmelənˈkɒlɪk] *adj* melancholisch

mel·an·choly ['melənkəli] I. *n no pl* Melancholie *f*, Schwermut *f* II. *adj* melancholisch, schwermütig; **~ day** trüber Tag *fig*

me·lee ['meleɪ] *n usu sing* ❶ (*confused fight*) Handgemenge *nt* ❷ (*muddle*) Gedränge *nt*

mel·low ['meləʊ] I. *adj* <-er, -est *or* more ~, most ~> ❶ (*relaxed*) *person* locker *fam*, heiter, umgänglich ❷ (*fam: slightly drunk*) angeheitert ❸ (*not harsh*) sanft; *colour* dezent; *light* gedämpft ❹ FOOD (*smooth*) *flavour* mild; *wine* lieblich II. *vi* ❶ (*become more easy-going*) umgänglicher werden ❷ *esp* AM (*fam: relax*) **to ~ out** sich entspannen ❸ (*become softer*) *colours* weicher werden; *flavour* milder werden III. *vt* ❶ (*make more easy-going*) ■**to ~ sb** jdn umgänglicher machen ❷ (*make softer*) abschwächen

me·lod·ic [məˈlɒdɪk] *adj* melodisch

me·lodi·cal·ly [məˈlɒdɪkᵊli] *adv* melodisch

me·lo·dious [məˈləʊdɪəs] *adj* (*form*) melodiös *geh*

melo·dra·ma ['melə(ʊ)ˌdrɑːmə] *n* THEAT (*also fig*) Melodrama *nt*

melo·dra·mat·ic [ˌmelə(ʊ)drəˈmætɪk] *adj* melodramatisch

melo·dra·mati·cal·ly [ˌmelə(ʊ)drəˈmætɪkᵊli] *adv* melodramatisch

melo·dy ['melədi] *n* Melodie *f*

mel·on ['melən] *n* Melone *f*

melt [melt] I. *n* ❶ (*thaw*) Schneeschmelze *f* ❷ AM FOOD Sandwich mit geschmolzenem Käse II. *vi* ❶ (*turn into liquid*) schmelzen; **to ~ in the mouth** auf der Zunge zergehen ❷ (*become tender*) dahinschmelzen ❸ (*change gradually*) ■**to ~ into sth** in etw *akk* übergehen; (*disappear*) sich in etw *dat* auflösen III. *vt* ❶ (*make liquid*) schmelzen ❷ (*make tender*) erweichen

'**melt·down** *n* ❶ TECH [Ein]schmelzen *nt;* (*in nuclear power station*) Durchbrennen *nt* ❷ (*fam: collapse*) Zusammenbruch *m*

'**melt·ing point** *n* Schmelzpunkt *m* '**melt·ing pot** *n* (*fig*) Schmelztiegel *m;* **cultural ~** Schmelztiegel *m* der Kulturen

mem·ber ['membə'] *n* ❶ (*of group*) Angehörige(r) *f(m); of club, party* Mitglied *nt;* **~ of staff** (*employee*) Mitarbeiter(in) *m(f);* SCH Angehörige(r) *f(m)* des Lehrkörpers *form* ❷ BRIT (*Member of Parliament*) ■**M~** Parlamentsmitglied *nt*, Abgeordnete(r) *f(m)* ❸ (*dated form: limb*) Gliedmaße *f meist pl*

Mem·ber of Par·lia·ment *n* Abgeordnete(r) *f(m)*, Parlamentsmitglied *nt* **Member of the Euro·pean 'Par·lia·ment** *n* Abgeordnete(r) *f(m)* des Europaparlaments

mem·ber·ship ['membəʃɪp] *n* ❶ (*people*) ■**the ~** + *sing/pl vb* die Mitglieder *pl* ❷ (*number of people*) Mitgliederzahl *f*

❸ *no pl* (*being member*) Mitgliedschaft *f* **❹** (*fee*) Mitgliedsbeitrag *m*

'mem·ber·ship card *n* Mitgliedsausweis *m*

mem·brane ['membreɪn] *n* Membran *f*; Häutchen *nt*; *of cell* Zellmembran *f*

me·men·to <*pl* -s *or* -es> [mɪ'mentəʊ] *n* Andenken *nt* (**of** an)

memo[1] ['meməʊ] *n short for* **memorandum** Memo *nt*

memo[2] ['meməʊ] *vt* ■ **to ~ sb** jdm ein Memo schicken

mem·oir ['memwɑːʳ] *n* **❶** (*personal account*) Erinnerungen *pl* **❷** (*autobiography*) ■ **~s** *pl* Memoiren *pl*

'memo pad *n* Notizblock *m*

memo·ra·bilia [ˌmemᵊrə'bɪliə] *npl* Souvenirs *pl*

memo·rable ['memᵊrəbl] *adj* unvergesslich; *achievement* beeindruckend

memo·ran·dum <*pl* -s *or* -da> [ˌmemᵊ'rændəm, *pl* -də] *n* **❶** (*form: message*) Mitteilung *f* **❷** (*document*) Memorandum *nt* **❸** LAW (*informal legal agreement*) Vereinbarung *f*

me·mo·rial [mə'mɔːriəl] *n* Denkmal *nt*; MIL Ehrenmal *nt*

Me·'mo·rial Day *n* AM Volkstrauertag *m*

memo·rize ['memᵊraɪz] *vt* ■ **to ~ sth** sich *dat* etw einprägen; *poem, song* auswendig lernen

memo·ry ['memᵊri] *n* **❶** *no pl* (*ability to remember*) Gedächtnis *nt* (**for** für); **if my ~ serves me right** wenn mein Gedächtnis mich nicht täuscht; **loss of ~** Gedächtnisschwund *m*; **within living/sb's ~** soweit man/jd zurückdenken kann; **to recite sth from ~** etw aus dem Gedächtnis rezitieren **❷** *no pl* (*remembrance*) Andenken *nt*; **in ~ of sb/sth** zum Gedenken an jdn/etw **❸** (*remembered event*) Erinnerung *f* (**of** an); **to bring back memories** Erinnerungen wachrufen **❹** *no pl* COMPUT Speicher *m*

'memo·ry bank *n* **❶** COMPUT Speicherbank *f* **❷** (*human memory*) Gedächtnis *nt*

men [men] *n pl of* **man**

men·ace ['menɪs] **I.** *n* **❶** (*threat*) Drohung *f* **❷** (*danger*) Bedrohung *f* **❸** (*annoying person*) Nervensäge *f fam* **II.** *vt* (*form*) bedrohen

men·ac·ing ['menɪsɪŋ] *adj attr* drohend

men·ac·ing·ly ['menɪsɪŋli] *adv* drohend

mend [mend] **I.** *vt* **❶** (*repair*) reparieren; *torn clothes* flicken; *broken object* kleben; *socks* stopfen **❷** (*fig: improve*) verbessern; *situation* in Ordnung bringen ▶ **to ~ fences** (*prov*) Unstimmigkeiten ausräumen; **to ~ one's ways** sich bessern **II.** *vi* gesund werden *a. fig; bone* heilen **III.** *n* (*repair*) Flickstelle *f* ▶ **to be on the ~** (*fam*) auf dem Weg der Besserung sein

men·da·cious [men'deɪʃᵊs] *adj* (*form*) verlogen

men·dac·ity [men'dæsəti] *n no pl* (*form*) Verlogenheit *f*

mend·ing ['mendɪŋ] *n no pl* Flickarbeit *f*

me·nial ['miːniəl] *adj* niedrig; **~ work** Hilfsarbeit *f*

men·in·gi·tis [ˌmenɪn'dʒaɪtɪs] *n no pl* Gehirnhautentzündung *f*, Meningitis *f fachspr*

meno·pause ['menə(ʊ)pɔːz] *n no pl* Wechseljahre *pl*, Menopause *f fachspr*

'men's room *n esp* AM, **'men's toilet** *n* Herrentoilette *f*

men·strual ['men(t)struəl] *adj* (*form*) Menstruations-

men·stru·ate ['men(t)struert] *vi* menstruieren *geh*

men·stru·a·tion [ˌmen(t)stru'eɪʃᵊn] *n no pl* Menstruation *f geh*, Periode *f*

'mens·wear *n no pl* **❶** (*men's clothing*) Herrenbekleidung *f* **❷** (*part of shop*) ~ |**department**| Herrenabteilung *f*

men·tal ['mentᵊl] *adj* **❶** (*of the mind*) geistig, mental; **~ process** Denkprozess *m* **❷** (*psychological*) psychisch, seelisch; **to suffer a** |**complete**| **~ collapse** einen [völligen] Nervenzusammenbruch erleiden; **~ cruelty** seelische Grausamkeit; **~ illness** Geisteskrankheit *f*; **~ state** seelische Verfassung **❸** (*fam: crazy*) verrückt, übergeschnappt; ■ **to be ~ about sth** nach etw *dat* verrückt sein

men·tal a'rith·me·tic *n no pl* Kopfrechnen *nt* **'men·tal hos·pi·tal** *n* psychiatrische Klinik

men·tal·ity [men'tæləti] *n* Mentalität *f*

men·tal·ly ['mentᵊli] *adv* **❶** (*psychologically*) psychisch; **~ deranged/stable** psychisch gestört/stabil **❷** (*intellectually*) geistig; **~ disabled** geistig behindert

men·thol ['men(t)θɒl] *n no pl* Menthol *nt*

men·tion ['men(t)ʃᵊn] **I.** *n* **❶** (*reference*) Erwähnung *f*; **no ~ was made of sb/sth** jd/etw wurde nicht erwähnt; **to get a ~** erwähnt werden **❷** (*honour*) lobende Erwähnung **II.** *vt* erwähnen; **don't ~ it!** gern geschehen!; **I'll ~ it to Jane** ich werde es Jane sagen; **not to ~ ...** ganz zu schweigen von ...

menu ['menjuː] *n* **❶** (*in restaurant*) Speisekarte *f* **❷** COMPUT Menü *nt*

'**menu bar** n COMPUT Menüleiste f '**menu·driv·en** adj COMPUT menügesteuert
meow n, vi AM see **miaow**
MEP [ˌemiːˈpiː] n BRIT abbrev of **Member of the European Parliament**
mer·ce·nary [ˈmɜːsᵊnᵊri] I. n ❶ (soldier) Söldner m ❷ (pej: mercenary person) Gewinnsüchtige(r) f(m) II. adj ❶ (pej: motivated by gain) gewinnsüchtig, geldgierig ❷ MIL Söldner-
mer·chan·dise ECON I. n [ˈmɜːtʃᵊndaɪs] no pl Handelsware f II. vt [ˈmɜːtʃᵊndaɪz] vermarkten
mer·chant [ˈmɜːtʃᵊnt] n Händler(in) m(f), Kaufmann m/Kauffrau f
mer·chant 'bank n Handelsbank f '**mer·chant·man** n Handelsschiff nt **mer·chant maˈrine** n AM, **mer·chant 'navy** n BRIT Handelsmarine f '**mer·chant ship** n Handelsschiff nt
mer·ci·ful [ˈmɜːsɪfᵊl] adj ❶ (forgiving) gnädig ❷ (fortunate) **her death came as a ~ release** der Tod war für sie eine Erlösung
mer·ci·less [ˈmɜːsɪləs] adj ❶ (showing no mercy) gnadenlos, mitleidlos ❷ (relentless) unnachgiebig
mer·ci·less·ly [ˈmɜːsɪləsli] adv gnadenlos, erbarmungslos
mer·cu·rial [mɜːˈkjʊəriəl] adj Quecksilber-; (fig) launisch; mood unbeständig
mer·cu·ry [ˈmɜːkjᵊri] n no pl ❶ (metal) Quecksilber nt ❷ (dated fam: temperature) Quecksilbersäule f
Mer·cu·ry [ˈmɜːkjᵊri] n no art, no pl Merkur m
mer·cy [ˈmɜːsi] n ❶ no pl (compassion) Mitleid nt, Erbarmen nt; (forgiveness) Gnade f; **to beg for ~** um Gnade bitten; **to have ~ on sb** mit jdm Erbarmen haben; **to show [no] ~** [kein] Erbarmen haben ❷ (blessing) Segen m ▶ **to be at the ~ of sb** jdm auf Gnade oder Ungnade ausgeliefert sein
mere [mɪər] adj nur, nichts als
mere·ly [ˈmɪəli] adv nur, bloß fam
merge [mɜːdʒ] I. vi ❶ (join) zusammenkommen; roads zusammenlaufen ❷ ECON companies, organizations fusionieren ❸ (fuse) verschmelzen (**with**/**into** mit); **to ~ into the landscape/surroundings** sich in die Landschaft/Umgebung einfügen; ■ **to ~ into each other** ineinander übergehen II. vt zusammenlegen; companies zusammenschließen
mer·ger [ˈmɜːdʒər] n ECON Fusion f
me·rid·ian [məˈrɪdiən] n ❶ GEOG (line of longitude) Meridian m, Längenkreis m ❷ (in body) Meridian m
me·ringue [məˈræŋ] n Baiser nt, Meringe f; Meringue f SCHWEIZ
mer·it [ˈmerɪt] I. n ❶ no pl (worthiness) Verdienst nt; **the film has little artistic ~** der Film ist künstlerisch nicht besonders wertvoll; **she won her promotion on ~** sie ist auf Grund ihrer Leistung befördert worden ❷ (good quality) gute Eigenschaft, Vorzug m ❸ (intrinsic nature) ■ **on its own ~s** für sich akk betrachtet; **to judge sth on its own ~s** etw für sich akk genommen beurteilen ❹ (advantage) Vorteil m II. vt verdienen
meri·toc·ra·cy [ˌmerɪˈtɒkrəsi] n Leistungsgesellschaft f
mer·maid [ˈmɜːmeɪd] n Seejungfrau f
mer·ri·ly [ˈmerᵊli] adv (fam) fröhlich, vergnügt a. iron
mer·ri·ment [ˈmerɪmənt] n no pl ❶ (laughter and joy) Fröhlichkeit f ❷ (amusement) Heiterkeit f
mer·ry [ˈmeri] adj ❶ (happy) fröhlich; **M~ Christmas** Frohe [o Fröhliche] Weihnachten ❷ BRIT (fam: slightly drunk) angesäuselt
'**mer·ry-go-round** n ❶ (fairground ride) Karussell nt ❷ (fig: bustling activities) Hoch-Zeit f
mesh [meʃ] I. n no pl Geflecht nt II. vi ❶ (join) gears ineinandergreifen ❷ (mix) sich mischen III. vt **to ~ gears** Zahnräder in Eingriff bringen
mes·mer·ic [mezˈmerɪk] adj mesmerisch geh; (fig) faszinierend
mes·mer·ism [ˈmezmᵊrɪzᵊm] n (dated) Hypnotisieren nt
mes·mer·ize [ˈmezmᵊraɪz] vt faszinieren
mess [mes] n <pl -es> ❶ usu sing (untidy state) Unordnung f, Durcheinander nt; (dirty state) Schweinerei f; **you look a complete ~!** du siehst ja schlimm aus!; **to be in a ~** in Unordnung sein ❷ usu sing (disorganized state) Chaos nt; ■ **to be a ~** chaotisch sein; person also ein Chaot/eine Chaotin sein; **to be in a ~** sich in einem schlimmen Zustand befinden; **to sort out the ~** Ordnung in das Chaos bringen; **he made a right ~ of the invitations** (fam) er hat die Einladungen total vermasselt ❸ usu sing (dirt) Dreck m ❹ (excrement) **dog ~** Hundedreck m ❺ (troubled person) **he desperately needs help, he's a complete ~** er braucht dingend Hilfe · ihm geht's gar nicht gut ◆ **mess about**, **mess around** I. vi ❶ (play the fool)

herumblödeln *fam* ❷ (*waste time*) herumspielen ❸ (*tinker*) ■ **to ~ about with sth an etw** *dat* herumspielen ❹ (*be unfaithful*) ■ **to ~ about with sb** sich mit jdm einlassen ❺ Am (*make fool of*) ■ **to ~ around with sb** jdn verarschen *derb* II. *vt* schikanieren ◆ **mess up** *vt* (*fam*) ❶ (*botch up*) verpfuschen; *plan* vermasseln ❷ (*make untidy*) in Unordnung bringen ❸ (*fam: trouble*) ■ **to ~ up** ○ **sb** jdn verkorksen ◆ **mess with** *vi* ❶ (*get involved with*) ■ **to ~ with sb** sich mit jdm einlassen; (*cause trouble to*) jdn schlecht behandeln; **don't ~ with me!** verarsch mich bloß nicht! *derb* ❷ (*play with*) ■ **to ~ with sth** mit etw *dat* herumspielen; (*tamper*) an etw *dat* herumspielen ❸ (*fam: muddle*) durcheinanderbringen; **to ~ with sb's plans** jds Pläne durchkreuzen

mes·sage ['mesɪdʒ] *n* (*communication*) Nachricht *f*, Botschaft *f*; **are there any ~s for me?** hat jemand eine Nachricht für mich hinterlassen?; **could you give him a ~ from me, please?** könntest du ihm bitte etwas [*o* eine Nachricht] von mir ausrichten?; **to get/leave a ~** eine Nachricht erhalten/hinterlassen ▶ **to get the ~** (*fam*) kapieren

mes·sen·ger ['mesɪndʒər] *n* Bote *m*/Botin *f*
'**mes·sen·ger boy** *n* Botenjunge *m*
mes·si·ah [mə'saɪə] *n usu sing* ■ M~ Messias *m*, Erlöser *m*
'**mess-up** *n* (*fam*) Durcheinander *nt*
messy ['mesi] *adj* ❶ (*untidy*) unordentlich; *person* schlampig ❷ (*dirty*) schmutzig, dreckig ❸ (*unpleasant*) unerfreulich
met[1] [met] *vt*, *vi pt of* **meet**
met[2] [met] *adj* Brit (*fam*) *short for* **meteorological** meteorologisch
Met [met] *n* Brit ■ **the ~** *short for* **Metropolitan Police**
meta·bol·ic [ˌmetə'bɒlɪk] *adj* metabolisch *fachspr*, Stoffwechsel-
me·tabo·lism [mə'tæbəlɪzəm] *n* Stoffwechsel *m*, Metabolismus *m fachspr*
met·al ['metəl] I. *n* Metall *nt*; **precious ~** Edelmetall *nt* II. *adj* aus Metall *nach n*
me·tal·lic [mə'tælɪk] *adj* ❶ (*like metal*) metallisch; **~ paint** Metalleffektlack *m* ❷ (*containing metal*) metallhaltig; **~ alloy** Metalllegierung *f*
met·al·lur·gy [met'ælədʒi] *n no pl* Metallurgie *f*
'**met·al·work** *n no pl* ❶ (*craft*) Metallarbeit *f* ❷ (*objects*) Metallarbeiten *pl* ❸ (*metal parts*) Metallteile *pl* '**met·al·work·er** *n* Metallarbeiter(in) *m(f)*

meta·mor·pho·sis <*pl* -phoses> [ˌmetə'mɔːfəsɪs, *pl* -fəsiːz] *n* Metamorphose *f geh*, Verwandlung *f*
meta·phor ['metəfər] *n* ❶ (*figure of speech*) Metapher *f* (**for** für) ❷ *no pl* (*figurative language*) bildhafte Sprache
meta·phor·ic(al) [ˌmetə'fɒrɪk(əl)] *adj* metaphorisch
meta·physi·cal [ˌmetə'fɪzɪkəl] *adj* metaphysisch
meta·phys·ics [ˌmetə'fɪzɪks] *n no pl*, + *sing vb* Metaphysik *f*
me·ta·sta·sis <*pl* -stases> [met'æstəsɪs, *pl* -stəsiːz] *n* Metastase *f*
mete [miːt] *vt* ■ **to ~ out** ○ **sth** [**to sb**] [jdm] etw auferlegen; **to ~ out punishment to sb** jdn bestrafen; (*physical*) jdn züchtigen
me·teor ['miːtiər] *n* Meteor *m*
me·teor·ic [ˌmiːti'ɒrɪk] *adj* ❶ Astron Meteor-, meteorisch ❷ (*rapid*) kometenhaft
me·teor·ite ['miːtiəraɪt] *n* Meteorit *m*
me·teoro·logi·cal [ˌmiːtiərə'lɒdʒɪkəl] *adj* meteorologisch
me·teor·olo·gist [ˌmiːtiər'ɒlədʒɪst] *n* Meteorologe *m*/Meteorologin *f* **me·teor·ol·ogy** [ˌmiːtiər'ɒlədʒi] *n no pl* Meteorologie *f*
me·ter[1] ['miːtər] *n* Messuhr *f*, Zähler *m*; [**parking**] **~** Parkuhr *f*; [**taxi**] **~** Taxameter *nt o m*; **to read the ~** den Zähler ablesen
me·ter[2] *n* Am *see* **metre**
metha·done ['meθədəʊn] *n no pl* Methadon *nt*
me·thane ['miːθeɪn] *n* Methan *nt*
meth·od ['meθəd] *n* ❶ (*way of doing sth*) Methode *f*, Art und Weise *f*; Tech Verfahren *nt*; **~ of transport** Fortbewegungsart *f* ❷ *no pl* (*order*) System *nt*
me·thodi·cal [mə'θɒdɪkəl] *adj* ❶ (*ordered*) methodisch, systematisch ❷ (*careful*) sorgfältig
me·thodi·cal·ly [mə'θɒdɪkəli] *adv* methodisch, mit System
Meth·od·ism ['meθədɪzəm] *n no pl* Methodismus *m*
Meth·od·ist ['meθədɪst] I. *n* Methodist(in) *m(f)* II. *adj* methodistisch; **~ church** Methodistenkirche *f*
meth·od·ol·ogy [ˌmeθə'dɒlədʒi] *n* ❶ *no pl* (*theory of methods*) Methodologie *f geh* ❷ (*system*) Methodik *f*
me·thyl al·co·hol [ˌmeθəl'ælkəhɒl] *n* Methanol *nt*
meth·yl·at·ed 'spir·its *n no pl* ❶ (*cleaning product*) denaturierter Alkohol ❷ (*fuel*) Brennspiritus *m*

me·tic·u·lous [mə'tɪkjələs] *adj* peinlich genau, akribisch *geh;* ~ **care** höchste Sorgfalt; ~ **detail** kleinstes Detail

me·tic·u·lous·ly [mə'tɪkjələsli] *adv* (*approv*) bis ins kleinste Detail, akribisch *geh*

me·tic·u·lous·ness [mə'tɪkjələsnəs] *n no pl* (*approv*) peinliche Genauigkeit, Akribie *f geh*

me·tre ['miːtər] *n* ❶ (*unit of measurement*) Meter *m;* **the 100/200/400/1500 ~s** der 100-/200-/400-/1500-Meter-Lauf; **cubic/square ~** Kubik-/Quadratmeter *m* ❷ (*poetic rhythm*) Metrum *nt fachspr,* Versmaß *nt*

met·ric ['metrɪk] *adj* metrisch

met·ri·cal ['metrɪkəl] *adj* metrisch

met·ro ['metrəʊ] *n no pl esp* CAN U-Bahn *f;* (*in Paris*) Metro *f*

met·ro·nome ['metrənəʊm] *n* Metronom *nt geh*

me·trop·o·lis [mə'trɒpəlɪs] *n* (*form*) ❶ (*large city*) Metropole *f geh* ❷ (*chief city*) Hauptstadt *f*

met·ro·pol·i·tan [ˌmetrə'pɒlɪtən] *adj* ❶ (*of large city*) weltstädtisch ❷ (*of chief city*) hauptstädtisch

Met·ro·pol·i·tan Po'lice *n no pl* BRIT
▪ **the ~** die Londoner Polizei

met·tle ['metl] *n no pl* (*form*) ❶ (*inner strength*) Durchhaltevermögen *nt;* **to prove/show one's ~** beweisen/zeigen, was in einem steckt ❷ (*best form*) Höchstform *f*

mew [mjuː] **I.** *n* Miauen *nt* **II.** *vi* miauen

Mexi·can ['meksɪkən] **I.** *n* (*person*) Mexikaner(in) *m(f)* **II.** *adj* mexikanisch

Mexi·co ['meksɪkəʊ] *n* Mexiko *nt*

Mexi·co 'City *n* Mexiko City *nt*

mg *n* <*pl* -> *abbrev of* **milligram** mg

MHR [ˌemeɪtʃ'ɑːr] *n* AM *abbrev of* **Member of the House of Representatives** Mitglied *nt* des Repräsentantenhauses

MHz *n* <*pl* -> *abbrev of* **megahertz** MHz

miaow [ˌmiː'aʊ] **I.** *n* Miauen *nt* **II.** *vi* miauen

mica ['maɪkə] *n no pl* Glimmererde *f*

mice [maɪs] *n pl of* **mouse**

Mich·ael·mas ['mɪkəlməs] *n* Michael[i]stag *m* (*29. September*)

mickey ['mɪki] *n* BRIT, AUS (*fam*) **to take the ~ out of sb** jdn aufziehen *fam,* sich über jdn lustig machen; **you're taking the ~ now, aren't you?** du willst mich wohl auf den Arm nehmen, was?

'Mickey Mouse *adj attr* (*pej fam*) Scherz-*fam;* ~ **company** Amateurfirma *f;* ~ **computer** Spielzeugcomputer *m;* **a ~ job** ein Witz *m* von einem Job

mi·crobe ['maɪkrəʊb] *n* Mikrobe *f*

micro·bi·'ol·ogy [ˌmaɪkrəʊ-] *n no pl* Mikrobiologie *f* **'micro·browser** *n* COMPUT, INET, TELEC Microbrowser *m* **'micro·chip** *n* Mikrochip *m* **'micro·cli·mate** *n* Mikroklima *nt* **'micro·com·put·er** *n* Mikrocomputer *m*

micro·cosm ['maɪkrə(ʊ)kɒzəm] *n* Mikrokosmos *m*

micro·elec·'tron·ics *n* + *sing vb* Mikroelektronik *f* **'micro·fiche** *n* Mikrofiche *nt o m* **'micro·film** *n* Mikrofilm *m* **mi·crom·eter** [maɪ'krɒmɪtər] *n* (*measuring device*) Mikrometer *nt* **'micro·phone** *n* Mikrofon *nt* **'micro·pro·ces·sor** *n* Mikroprozessor *m*

micro·scope ['maɪkrəskəʊp] *n* Mikroskop *nt;* **to put sth under the ~** (*fig*) etw unter die Lupe nehmen

micro·scop·ic [ˌmaɪkrə'skɒpɪk] *adj* ❶ (*fam: tiny*) winzig; **to look at sth in ~ detail** etw haargenau prüfen ❷ (*visible with microscope*) mikroskopisch klein ❸ (*using microscope*) *analysis, examination* mikroskopisch

micro·scopi·cal·ly [ˌmaɪkrə'skɒpɪkli] *adv* ❶ (*fam: extremely*) winzig; ~ **small** winzig klein ❷ (*in detail*) genauestens ❸ (*under microscope*) mikroskopisch; ~ **visible** nur unter dem Mikroskop sichtbar

'micro·wave **I.** *n* ❶ (*oven*) Mikrowellenherd *m,* Mikrowelle *f* ❷ (*wave*) Mikrowelle *f* **II.** *vt* in der Mikrowelle kochen/erwärmen

mid [mɪd] *prep* (*liter*) *see* **amid(st)**

mid·'day *n no pl* Mittag *m;* **at ~** mittags, um die Mittagszeit

mid·dle ['mɪdl] **I.** *n* ❶ (*centre*) Mitte *f;* *of fruit, nuts* Innere[s] *nt;* (*centre part*) *of book, film, story* Mittelteil *m* ❷ (*in time, space*) mitten; **in the ~ of the road/room/table** mitten auf der Straße/im Zimmer/auf dem Tisch; **in the ~ of the afternoon/morning** mitten am Nachmittag/Morgen; **in the ~ of the night** mitten in der Nacht; **in the ~ of nowhere** (*fig*) am Ende der Welt; **in the ~ of summer/March** mitten im Sommer/März; **in the ~ of 1985/the century** Mitte 1985/des Jahrhunderts; **to be in one's ~ forties/sixties** in den Mittvierzigern/-sechzigern sein; **to be in the ~ of eating/cooking/writing a letter** (*busy with*) gerade dabei sein, zu essen/

kochen/einen Brief zu schreiben ❸ (*fam: waist*) Taille *f*; (*belly*) Bauch *m* ❹ (*between things*) Mitte *f*; **let's split the cost down the ~** lass uns die Kosten teilen; **the issue of a single European currency divided the country down the ~** das Problem einer einheitlichen europäischen Währung spaltete das Land II. *adj attr* mittlere(r, s)

mid·dle ˈage *n no pl* mittleres Alter; **in ~ after** *n* mittleren Alters **mid·dle-ˈaged** *adj* mittleren Alters *nach n* **Mid·dle ˈAges** *n* ■**pl** das Mittelalter **ˈmid·dle·brow** (*pej*) I. *adj* für den [geistigen] Durchschnittsmenschen II. *n* [geistiger] Durchschnittsmensch **mid·dle ˈclass** *n* ❶ (*with average income*) Mittelstand *m*; **lower/upper ~** unterer/gehobener Mittelstand ❷ (*as a whole*) ■**the ~** der Mittelstand **mid·dle-·class** *adj* Mittelstands-, mittelständisch; (*pej*) spießig **mid·dle ˈear** *n* Mittelohr *nt* **Mid·dle ˈEast** *n* ■**the ~** der Nahe Osten **ˈmid·dle·man** *n* ❶ ECON (*person*) Zwischenhändler(in) *m(f)*; (*wholesaler*) ■**the ~** der Zwischenhandel ❷ (*in disagreement*) Mittelsmann *m* **mid·dle ˈname** *n* zweiter Vorname **mid·dle-of-the-ˈroad** *adj* ❶ (*moderate*) *opinions, views* gemäßigt ❷ (*pej: boring*) *film, music* mittelmäßig **ˈmid·dle·weight** *n* SPORTS ❶ *no pl* (*category*) Mittelgewicht *nt* ❷ (*boxer*) Mittelgewichtler(in) *m(f)*

mid·dling [ˈmɪdlɪŋ] *adj* (*fam*) ❶ (*average*) mittlere(r, s); **to be of ~ height/weight** mittlerer Größe/mittleren Gewichts sein; (*moderate*) gemäßigt ❷ (*not very good*) mittelmäßig ❸ (*persons health*) einigermaßen

ˈMid·east *n* AM (*Middle East*) ■**the ~** der Nahe [*o* Mittlere] Osten

ˈmid·field *n* ❶ (*area on sports field*) Mittelfeld *nt*; **[to play] in ~** im Mittelfeld [spielen] ❷ (*team members*) Mittelfeld *nt*

midge [mɪdʒ] *n* [kleine] Mücke

midg·et [ˈmɪdʒɪt] I. *n* (*dwarf*) Liliputaner(in) *m(f)*; (*child*) Knirps *m fam*, Zwerg *m hum* II. *adj attr* (*small*) winzige(r, s), Mini-; CAN (*for children*) **~ sports** Kindersport *m*

mid-life ˈcri·sis *n* Midlife-Crisis *f*

ˈmid·night *n no pl* Mitternacht *f*; **(at um) ˈmid·point** *n usu sing* Mittelpunkt *m*; MATH Mittelwert *m*

mid·riff [ˈmɪdrɪf] *n*, AM *also* **ˈmid·sec·tion** *n* Taille *f*

mid·ship·man [ˈmɪdʃɪpmən] *n* BRIT (*officer*) Leutnant *m* zur See; AM (*cadet*) Seeoffiziersanwärter *m*

mid·ships [ˈmɪdʃɪps] *adv* mittschiffs

midst [mɪdst] I. *n no pl* (*presence*) **he was lost in their ~** er kam sich unter ihnen verloren vor; **I am honoured to be in your ~ this evening** ich bin geehrt, heute Abend in eurer Mitte zu sein; (*in middle of*) **in the ~ of chaos/a crisis** mitten im Chaos/in einer Krise; (*busy with*) **to be in the ~ of a discussion/meeting** gerade mitten in einer Diskussion/Sitzung sein II. *prep* (*old liter*) *see* **amid**(**st**)

mid·sum·mer *n no pl* Hochsommer *m*
Mid·sum·mer(ˈs) ˈDay *n* Johannistag *m*
mid·ˈterm I. *n* ❶ *no pl* (*mid-point*) *of political office* Halbzeit *f* der Amtsperiode; *of school year* Schulhalbjahr *nt*; *of pregnancy* Hälfte *f* der Schwangerschaftszeit; UNIV *of semester* Semesterhälfte *f*; *of trimester* Trimesterhälfte *f* ❷ AM (*midterm exams*) ■**~s** *pl* Halbjahresprüfungen *pl* II. *adj* **~ elections** Zwischenwahlen *pl*; **~ exams** SCH Prüfungen in der Mitte eines Schuljahres/Semesters **mid·way** I. *adv* [ˌmɪdˈweɪ] auf halbem Weg; **this fruit has a unique taste ~ between a pear and an apple** diese Frucht hat einen einzigartigen Geschmack, halb Birne und halb Apfel; **~ through the film the projector broke** mitten im Film ging der Projektor kaputt II. *adj* [ˌmɪdˈweɪ] *attr* auf halbem Weg III. *n* [ˈmɪdweɪ] AM *Mittelweg einer Ausstellung oder eines Jahrmarktes, an dem sich die Hauptattraktionen befinden*

mid·ˈweek I. *n no pl* Wochenmitte *f*; **by ~** bis Mitte der Woche II. *adv* mitten in der Woche; **I'll be home ~** Mitte der Woche bin ich wieder zu Hause

mid·wife [ˈmɪdwaɪf] *n* Hebamme *f*

mid·wife·ry [mɪdˈwaɪfᵊri] *n no pl* Geburtshilfe *f*

mid·ˈwin·ter *n no pl* Mitte *f* des Winters; (*winter solstice*) Wintersonnenwende *f*

might¹ [maɪt] I. *pt of* **may** II. *aux vb* ❶ (*expressing possibility*) **that old bridge ~ be dangerous** die alte Brücke könnte gefährlich sein; **I ~ go to the cinema tonight** vielleicht gehe ich heute Abend ins Kino; (*could*) **someone phoned at six, it ~ have been him** um sechs rief jemand an, das könnte er gewesen sein; (*will be able to*) **he is closing his door so that he ~ have a little peace and quiet** er schließt seine Tür, damit er etwas Ruhe hat; (*expressing probability*) **if he keeps studying so hard he ~ even get a first in**

his final exams wenn er weiterhin so eifrig lernt, könnte er sogar die Bestnote bei den Abschlussprüfungen bekommen ❷ (*conceding a fact*) **Leeds ~ be an excellent team, but ...** Leeds mag eine hervorragende Mannschaft sein, aber ... ❸ *esp* BRIT (*form: polite form of may*) **~ I ...?** dürfte ich [vielleicht] ...?; **how ~ I help you?** wie kann ich Ihnen behilflich sein?; (*when offended*) **~ I ask what you think you're doing in my room?** könnten Sie mir vielleicht sagen, was sie in meinem Zimmer zu suchen haben? ❹ (*form: making a suggestion*) **~ I make a suggestion?** dürfte ich vielleicht einen Vorschlag machen?; **I thought you ~ like to join me for dinner** ich dachte, du hättest vielleicht Lust, mit mir zu Abend zu essen; **she ~ as well tell the truth — they'll find it out anyway** sie könnte ebenso gut die Wahrheit sagen – sie werden es ohnehin herausfinden ❺ (*when reproaching*) **you ~ have at least made an effort** du hättest zumindest einen Versuch machen können; **you ~ have told me about the job!** du hättest mir eigentlich von dem Job erzählen müssen!; **I ~ have known that you'd lie to me** ich hätte es eigentlich wissen müssen, dass du mich anlügen würdest

might² [maɪt] *n no pl* ❶ (*authority*) Macht *f* ❷ (*strength*) Kraft *f*; MIL Stärke *f*

mighti·ly ['maɪtɪli] *adv* ❶ (*with effort*) mit aller Macht [*o* Kraft]; (*fig: majestically, imposingly*) gewaltig ❷ (*fam: extremely*) überaus, sehr

mighty ['maɪti] **I.** *adj* ❶ (*powerful*) *river, dinosaur* gewaltig; *king, country* mächtig; *warrior, giant* stark; (*using strength*) *punch* kraftvoll ❷ (*large in number*) *army, fleet* gewaltig **II.** *adv* AM (*fam*) sehr; **that was ~ nice of you** das war wirklich nett von dir

mi·graine [ˈmiːgreɪn] *n* Migräne *f*

mi·grant ['maɪgrənt] **I.** *n* ❶ (*person*) Zuwanderer *m*/Zuwanderin *f* ❷ (*bird*) Zugvogel *m* **II.** *adj* **~ birds** Zugvögel *pl*; **~ worker** Wanderarbeiter(in) *m(f)*; (*in EU*) Gastarbeiter(in) *m(f)*

mi·grate [maɪˈgreɪt] *vi* ❶ (*change habitat*) wandern, umherziehen; **to ~ to the north/south** *birds* nach Norden/Süden ziehen ❷ (*move*) *populations, customers* abwandern; *cells, chemicals* gelangen (**into** in)

mi·gra·tion [maɪˈgreɪʃ(ə)n] *n* ❶ (*change of habitat*) Wanderung *f*; *of birds* Zug *m* ❷ (*for work*) *people* Abwanderung *f*; (*permanent*) Umzug *m*

mi·gra·tory ['maɪgrət(ə)ri] *adj* ❶ *animals* Wander-; **~ bird** Zugvogel *m* ❷ (*of behaviour*) Wander-; **~ patterns** Migrationsverhalten *nt*

mike [maɪk] *n* (*fam*) *short for* **microphone** Mikro *nt*

mild [maɪld] **I.** *adj* ❶ (*gentle*) *person* sanft; *soap, laundry detergent* schonend; (*not severe*) leicht; *criticism* schwach; *punishment* mild; *reproach* leise; **with ~ shock/surprise** leicht geschockt/überrascht ❷ MED (*not strong*) leicht, schwach; (*not serious*) *fever, infection* leicht ❸ *cheese, whiskey* mild; *cigarette* leicht ❹ *weather, climate* mild; *breeze* sanft **II.** *n no pl* BRIT *mild schmeckendes, dunkles Bier*

mil·dew [ˈmɪldju:] **I.** *n no pl* Schimmel *m*; (*on plants*) Mehltau *m* **II.** *vi* schimmeln; (*plants*) von Mehltau befallen sein

mil·dewed [ˈmɪldjuːd] *adj* verschimmelt; BOT von Mehltau befallen

mild·ly ['maɪldli] *adv* ❶ (*gently*) leicht; *speak, smile* sanft; *clean* schonend; (*not severely*) milde ❷ (*slightly*) *surprised, worried, annoyed* leicht ❸ (*as an understatement*) **to put it ~** um es [mal] milde auszudrücken

mild·ness [ˈmaɪldnəs] *n no pl* ❶ *of person* Sanftmut *f* ❷ *of criticism, soap* Milde *f*; MED *of disease, symptoms* Leichtigkeit *f* ❸ *of cheese, beer* Milde *f* ❹ *of weather* Milde *f*

mile [maɪl] *n* ❶ (*distance*) Meile *f*; **we could see for ~s and ~s** wir konnten meilenweit sehen; **a nautical ~** eine Seemeile; **to be ~s away** (*fig*) meilenweit entfernt sein; **to be ~ from anywhere** völlig abgeschieden sein; **to miss sth by a ~** etw meilenweit verfehlen ❷ (*fam: far from*) **to be ~s from apologizing/accepting a deal** meilenweit von einer Entschuldigung/einem Geschäftsabschluss entfernt sein; **to be ~s from the truth** von der Wahrheit entfernt sein; **to be ~s better** bei weitem besser sein; **to be a ~ off** meilenweit danebenliegen ❸ (*fam: daydreaming*) **to be ~s away** ganz woanders sein

mile·age ['maɪlɪdʒ] *n no pl* ❶ (*petrol efficiency*) Kraftstoffverbrauch *m*; **he gets bad/good ~ from his car** sein Auto verbraucht viel/wenig Kraftstoff ❷ (*distance travelled*) Meilenstand *m* **'mile·post** *n* Meilenpfosten *m*; (*fig*) Meilenstein *m*

'mile·stone *n* (*also fig*) Meilenstein *m*

mili·tant ['mɪlɪtənt] **I.** *adj* militant **II.** *n* POL militantes Mitglied Kämpfer(in) *m(f)*;
mili·tar·ism ['mɪlɪtərɪzəm] *n no pl* Militarismus *m*; (*when overly aggressive*) Kriegstreiberei *f*
mili·tar·ist ['mɪlɪtərɪst] *n* Militarist(in) *m(f)*
mili·tar·is·tic [ˌmɪlɪtər'ɪstɪk] *adj* militaristisch
mili·ta·rize ['mɪlɪtəraɪz] *vt* militarisieren
mili·tary ['mɪlɪtri] *n pl* ▪ **the ~** das Militär
mili·tary a'cad·emy *n* ❶ (*for cadets*) Militärakademie *f* ❷ AM (*for pupils*) sehr strenge Privatschule **mili·tary po·'lice** *npl* ▪ **the ~** die Militärpolizei **mili·tary 'ser·vice** *n no pl* Wehrdienst *m*
mi·li·tia [mɪ'lɪʃə] *n* Miliz *f*
milk [mɪlk] **I.** *n no pl* ❶ (*product of lactation*) Milch *f*; (*breast milk*) Muttermilch *f*; (*in coconuts*) Kokosmilch *f*; **goat's/sheep's/cow's ~** Ziegen-/Schafs-/Kuhmilch *f* ❷ (*drink*) Milch *f*; **chocolate-flavoured ~** Schokoladenmilch *f*; **full fat** [*or* AM **whole**] **~** Vollmilch *f*; **long-life ~** H-Milch *f*; **skimmed ~** entrahmte Milch **II.** *vt* ❶ (*get milk*) cow, goat melken ❷ (*exploit*) melken, schröpfen *fam*; **to ~ a story** JOURN eine Story ausschlachten
'milk bar *n* ❶ (*snack bar*) Milchbar *f* ❷ AUS (*shop*) Milchladen *m* **milk 'choco·late** *n no pl* Milchschokolade *f* **'milk float** *n* BRIT Milchwagen *m*
milk·ing ma·chine ['mɪlkɪŋ-] *n* Melkmaschine *f*
'milk·maid *n* (*dated*) Milchmädchen *nt* **'milk·man** *n* Milchmann *m* **'milk shake** *n* Milchshake *m* **'milk·sop** *n* (*pej*) Schlappschwanz *m pej fam* **'milk tooth** *n* Milchzahn *m*
milky ['mɪlki] *adj* ❶ (*with milk*) mit Milch nach *vg*; **~ coffee/tea** Milchkaffee/-tee *m* ❷ (*not clear*) glass, water milchig; skin sanft; eyes trüb
Milky 'Way *n no pl* ▪ **the ~** die Milchstraße
mill [mɪl] **I.** *n* ❶ (*building*) Mühle *f* ❷ (*machine*) Mühle *f* ❸ (*factory*) Fabrik *f*; **cotton ~** Baumwollspinnerei *f*; **steel ~** Stahlwerk *nt* ▶ **to put sb through the ~** jdn in die Mangel nehmen *sl* **II.** *vt* grain, coffee mahlen; *metal* walzen
mil·len·nium <*pl* -s *or* -nia> [mɪ'leniəm, *pl* -niə] *n* ❶ (*1000 years*) Jahrtausend *nt*, Millennium *nt geh* ❷ (*anniversary*) Jahrtausendfeier *f* ❸ REL (*reign of Christ*) Tausendjähriges Reich
mil·ler ['mɪlər] *n* (*dated*) Müller(in) *m(f)*
mil·let ['mɪlɪt] *n no pl* Hirse *f*
mil·li·bar ['mɪlibɑːr] *n* Millibar *nt* **mil·li·gramme** ['mɪligræm] *n*, AM **mil·li·gram** *n* Milligramm *nt* **mil·li·li·tre** ['mɪlɪˌliːtər] *n*, AM **mil·li·li·ter** *n* Milliliter *m*
mil·li·metre ['mɪlɪˌmiːtər] *n*, AM **mil·li·me·ter** *n* Millimeter *m*
mil·li·ner ['mɪlɪnər] *n* (*dated*) ❶ (*hat maker*) Hutmacher(in) *m(f)* ❷ (*hat seller*) Hutverkäufer(in) *m(f)*
mil·li·nery ['mɪlɪnəri] *n* (*dated*) ❶ *no pl* (*industry*) Hutmacherhandwerk *nt* ❷ (*shop*) Hutladen *m*
mil·lion ['mɪljən] *n* ❶ (*1,000,000*) Million *f*; **a ~ pounds** eine Million Pfund; **eight ~** [**people**] acht Millionen [Menschen]; **half a ~** eine halbe Million ❷ (*fam: countless number*) **I've already heard that story a ~ times** diese Geschichte habe ich schon tausendmal gehört; **you're going to make ~s on this deal** du wirst Millionen an diesem Handel verdienen; **~s of people/houses/trees** Unmengen von Menschen/Häusern/Bäumen; **~s and ~s of years ago** vor Millionen und Abermillionen von Jahren
mil·lion·aire [ˌmɪljə'neər] *n* Millionär *m*
mil·lion·air·ess <*pl* -es> [ˌmɪljəneə'res] *n* Millionärin *f*
mil·li·pede ['mɪlɪpiːd] *n* Tausendfüßler *m*
'mill·pond *n* ❶ (*at a mill*) Mühlteich *m* ❷ (*calm water*) ruhiges Gewässer **'mill·stone** *n* Mühlstein *m* **'mill wheel** *n* Mühlrad *nt*
mil·om·eter [maɪ'lɒmɪtər] *n* BRIT, AUS AUTO Meilenzähler *m*, ≈ Kilometerzähler *m*
mime [maɪm] **I.** *n* ❶ *no pl* (*technique*) Pantomime *f* ❷ THEAT (*actor*) Pantomime *m*/Pantomimin *f*; (*performance*) Pantomime *f*; **by ordinary person** Nachahmung *f* **II.** *vi* **~ to a song** zu einem Lied die Lippen bewegen **III.** *vt* THEAT pantomimisch darstellen; (*mimic*) mimen
'mime art·ist *n* Pantomime *m*/Pantomimin *f*
mim·ic ['mɪmɪk] **I.** *vt* <-ck-> ❶ (*imitate*) nachahmen; (*when teasing*) nachäffen *pej* ❷ (*be similar*) plant, animal nachahmen; drug, disease ähneln, gleichen **II.** *n* Imitator(in) *m(f)*
mim·ic·ry ['mɪmɪkri] *n* ❶ *no pl* Nachahmung *f*; (*by plant, animal*) Mimikry *f fachspr*; (*by disease, drug*) Ähnlichkeit *f* ❷ (*instance*) Nachahmung *f*
mi·mo·sa [mɪ'məʊzə] *n* Mimose *f*
min I. *n* ❶ *abbrev of* **minimum** min. ❷ *abbrev of* **minute** min **II.** *adj abbrev of* **minimum** min.
mina·ret [ˌmɪnə'ret] *n* Minarett *nt*

mince [mɪn(t)s] **I.** *vt* FOOD *meat* hacken; (*in grinder*) durch den Fleischwolf drehen; *garlic, onions* klein schneiden ▶ **to not ~ [one's] words** kein Blatt vor den Mund nehmen **II.** *vi* trippeln, tänzeln **III.** *n no pl* BRIT, AUS Hackfleisch *nt*

'mince·meat *n no pl* BRIT *süße Gebäckfüllung aus Dörrobst und Gewürzen* **mince 'pie** *n* BRIT *kleines Törtchen mit Füllung aus Dörrobst und Gewürzen, das traditionell in der Weihnachtszeit gegessen wird*

minc·er ['mɪn(t)sə'] *n* Fleischwolf *m*

minc·ing ['mɪn(t)sɪŋ] *adj* ❶ (*not to the point*) ausweichend, indirekt ❷ (*affected*) **~ walk** trippelnder Gang; **~ steps** Trippelschritte *pl*

mind [maɪnd] **I.** *n* ❶ (*brain, intellect*) Geist *m*, Verstand *m*; **she's one of the greatest ~s of today** sie ist einer der größten Köpfe unserer Zeit; **frame of ~** seelische Verfassung; **to have a logical ~** logisch denken können; **to use one's ~** seinen Verstand gebrauchen ❷ (*sanity*) Verstand *m*; **to be in one's right ~** noch ganz richtig im Kopf sein; **to be out of one's ~** den Verstand verloren haben; **to drive sb out of his/her ~** jdn wahnsinnig machen ❸ (*thoughts*) Gedanken *pl*; **the idea never entered my ~** auf diesen Gedanken wäre ich gar nicht gekommen; **I can't get that song out of my ~** das Lied will mir einfach nicht mehr aus dem Kopf gehen!; **you're always on my ~** ich denke die ganze Zeit an dich; **what's on your ~?** woran denkst du?; **to bear sth in ~** etw nicht vergessen; **bearing in ~ that ...** angesichts der Tatsache, dass ...; **to have sb/sth in ~** an jdn/etw denken; **to have a lot of things on one's ~** viele Sorgen haben; **to read sb's ~** jds Gedanken lesen; **to take sb's ~ off sth** jdn auf andere Gedanken bringen ❹ (*intention*) **nothing could be further from my ~ than ...** nichts läge mir ferner als ...; **to know one's [own] ~** wissen, was man will; **to make up one's ~** sich entscheiden; **to set one's ~ on sth** sich *dat* etw in den Kopf setzen ❺ *usu sing* (*opinion*) Meinung *f*, Ansicht *f*; **to give sb a piece of one's ~** jdm seine Meinung sagen; **to be of the same ~** der gleichen Meinung sein; **to be in two ~s about sth** sich *dat* über etw *akk* nicht im Klaren sein; **to change one's ~** es sich *dat* anders überlegen ▶ **to be bored out of one's ~** sich zu Tode langweilen **II.** *vt* ❶ (*be careful of*) ■ **to ~ sth** auf etw *akk* aufpassen; **~ your head** pass auf, dass du dir nicht den Kopf stößt; **~ the step!** Vorsicht Stufe! ❷ (*care about*) ■ **to ~ sb** sich um jdn kümmern; **don't ~ me** kümmer dich nicht um mich; **don't ~ what she says** kümmer dich nicht darum, was sie sagt; **never ~ her!** vergiss sie doch einfach!; **~ your own business!** kümmer dich um deine eigenen Angelegenheiten!; **I don't ~ the heat** die Hitze macht mir nichts aus!; **I don't ~ what she does** es ist mir egal, was sie macht ❸ (*make certain*) ■ **to ~ that ...** denk daran, dass ...; **~ you close the door when you leave** vergiss nicht, die Tür zuzumachen, wenn du gehst; **~ you get this done before she gets home** sieh zu, dass du damit fertig wirst, bevor sie nach Hause kommt ❹ (*look after*) ■ **to ~ sb/sth** auf jdn/etw aufpassen; **I'm ~ing the shop** ich kümmere mich hier um den Laden *fam* ❺ (*fam: object*) **would you ~ holding this for me?** würden Sie das [kurz] für mich halten?; **do you ~ my asking you a question?** darf ich Ihnen eine Frage stellen?; **do you ~ my smoking?** stört es Sie, wenn ich rauche?; **I wouldn't ~ a new car/a cup of tea** gegen ein neues Auto/eine Tasse Tee hätte ich nichts einzuwenden! ▶ **to ~ one's p's and q's** sich gut benehmen; **~ you** allerdings **III.** *vi* ❶ (*care*) *dat* etwas daraus machen; **I don't ~** das ist mir egal; **never ~!** [ist doch] egal!; **never ~, I'll do it myself!** vergiss es, ich mach's selbst!; **never ~ about her — what about you?** jetzt vergiss sie doch mal — was ist mit dir? ❷ (*object*) etwas dagegen haben; **do you ~ if I ...?** stört es Sie, wenn ich ...?; **nobody will ~** das wird niemanden stören; **if you don't ~ ...** wenn du nichts dagegen hast, ... ▶ **never ~ ...** geschweige denn ...

'mind-bend·ing *adj* (*fam*) *puzzle* knifflig

'mind-blow·ing *adj* (*sl*) irre *fam*

mind·ed ['maɪndɪd] *adj pred* ❶ (*inclined*) **to be mathematically/scientifically ~** eine mathematische/wissenschaftliche Neigung haben ❷ (*enthusiastic*) begeistert; **to be romantically ~** romantisch veranlagt sein

mind·er ['maɪndə'] *n* ❶ *esp* BRIT (*caretaker*) Aufpasser(in) *m(f)* ❷ (*bodyguard*) Leibwächter(in) *m(f)*

mind·ful ['maɪn(d)fəl] *adj pred* ❶ (*be concerned about*) **to be ~ of sb's feelings/condition** jds Gefühle/Zustand berücksichtigen; **ever ~ of her comfort, ...** stets auf ihr Wohl bedacht, ... ❷ (*have understanding*) **to be ~ of the disadvantages/**

problems/risks sich *dat* der Nachteile/Probleme/Risiken bewusst sein

mind·less ['maɪn(d)ləs] *adj* ❶ *(pointless)* sinnlos; *violence, jealousy* blind ❷ *(not intellectual) job, talk, work* geistlos; *entertainment* anspruchslos ❸ *(heedless)* hirnlos, ohne Verstand

mind·less·ness ['maɪn(d)ləsnəs] *n no pl* ❶ *(without consideration)* Gedankenlosigkeit *f* ❷ *(without a reason) of violence, destruction* Sinnlosigkeit *f*

'mind read·er *n* Gedankenleser(in) *m(f)*

mine¹ [maɪn] *pron poss* ❶ *(belonging to me)* meine(r, s); **you go your way and I'll go ~** du gehst deinen Weg und ich den meinigen; **she's an old friend of ~** sie ist eine alte Freundin von mir ❷ *det (old: my)* meine(r, s)

mine² [maɪn] **I.** *n* ❶ *(excavation)* Bergwerk *nt;* (*fig: valuable source*) Fundgrube *f;* **a coal ~** eine Kohlengrube; **to work in the ~s** unter Tage arbeiten ❷ MIL *(explosive)* Mine *f* **II.** *vt* ❶ *(obtain resources) coal, iron, diamonds* abbauen, fördern; *gold* schürfen ❷ *(plant mines)* **to ~ an area** ein Gebiet verminen **III.** *vi* **to ~ for coal/diamonds/silver/gold** nach Kohle/Diamanten/Silber/Gold graben

'mine-de·tec·tor *n* Minensuchgerät *nt*

'mine·field *n* Minenfeld *nt;* (*fig*) gefährliches Terrain

min·er ['maɪnəʳ] *n* Bergarbeiter(in) *m(f)*

min·er·al ['mɪnərəl] *n* ❶ *(inorganic substance)* Mineral *nt* ❷ *(when obtained by mining)* [Gruben]erz *nt,* Mineral *nt* ❸ *(in nutrition)* Mineral *nt*

'min·er·al de·po·sits *npl* Erzlagerstätten *pl*

min·er·al·ogi·cal [ˌmɪnərəˈlɒdʒɪkəl] *adj* mineralogisch

min·er·al·o·gist [ˌmɪnərˈælədʒɪst] *n* Mineraloge *m*/Mineralogin *f*

min·er·al·ogy [ˌmɪnərˈælədʒi] *n no pl* Mineralogie *f*

'min·er·al re·sour·ces *npl* Bodenschätze *pl* **'min·er·al wa·ter** *n no pl* Mineralwasser *nt;* **carbonated/still ~** kohlensäurehaltiges/stilles Mineralwasser

'mine·sweep·er *n* NAUT *(fam)* Minenräumer *m*

min·gle ['mɪŋgl] **I.** *vt usu passive* mischen; **excitement at starting a new job is always ~ed with a certain amount of fear** Aufregung beim Beginn in einem neuen Job ist immer mit einer gewissen Portion Angst vermischt **II.** *vi* ❶ *(socialize)* sich untereinander vermischen; **to ~ with the guests** sich unter die Gäste mischen ❷ *(mix)* sich vermischen

mini- ['mɪni] *in compounds (library, shop)* Mini-

Mini ['mɪni] *n* AUTO, TRANSP *(small car)* Mini *m*

minia·ture ['mɪnətʃəʳ] **I.** *adj attr* Miniatur- *f* **II.** *n* ❶ *(painting, model)* Miniatur *f* ❷ *(bottle)* Miniflasche *f*

minia·ture 'rail·way *n* Liliputbahn *f*

'mini·bar *n* Minibar *f* **'mini·bus** *n* Kleinbus *m* **'mini·cab** *n* BRIT Kleintaxi *nt*

min·im ['mɪnɪm] *n* BRIT, AUS MUS halbe Note

mini·mal ['mɪnɪməl] *adj* minimal, Mindest-; **with ~ effort** mit möglichst wenig Anstrengung

mini·mal·ly ['mɪnɪməli] *adv* minimal; **the story was only ~ covered in the papers** die Geschichte wurde in den Zeitungen nur am Rande erwähnt

mini·mize ['mɪnɪmaɪz] *vt* ❶ *(reduce)* auf ein Minimum beschränken, minimieren ❷ *(underestimate)* schlechtmachen; **to ~ sb's feelings/concerns/anger** jds Gefühle/Sorgen/Ärger herunterspielen

mini·mum ['mɪnɪməm] **I.** *n* <*pl* -s *or* -ima> Minimum *nt;* **a ~ of 3 hours** mindestens 3 Stunden; **to keep sth to a ~** etw so niedrig wie möglich halten **II.** *adj* ❶ *(lowest possible)* Mindest-; **~ requirements** Mindestanforderungen *pl* ❷ *(very low)* Minimal-, minimal

'mini·mum wage *n* Mindestlohn *m*

min·ing ['maɪnɪŋ] **I.** *n no pl* Bergbau *m* **II.** *adj attr* Bergbau-, Bergwerks-

'min·ing en·gi·neer *n* Bergbauingenieur(in) *m(f)*

min·ion ['mɪnjən] *n* (*pej*) Speichellecker(in) *m(f)*

'mini·skirt *n* Minirock *m*

min·is·ter ['mɪnɪstəʳ] **I.** *n* ❶ *(in government)* Minister(in) *m(f)* ❷ *(diplomat)* Gesandte(r) *f(m)* ❸ *(protestant priest)* Pfarrer(in) *m(f)* **II.** *vi* *(be of service)* ▪**to ~ to sb** jdm zu Diensten sein; *(take care of)* **to ~ to sb's needs** sich um jdn kümmern

min·is·teri·al [ˌmɪnɪˈstɪəriəl] *adj* Minister-, ministeriell; **~ responsibilities** Aufgaben eines Ministers

mini·stra·tions [ˌmɪnɪˈsteɪʃ(ə)nz] *npl (liter or hum)* liebevolle Fürsorge

min·is·try ['mɪnɪstri] *n* ❶ *(in government)* Ministerium *nt;* **~ of agriculture/defence/transport** Landwirtschafts-/Verteidigungs-/Verkehrsministerium *nt* ❷ POL *(period of government)* Amtszeit *f* ❸ *no pl*

(*priesthood*) ■ **the ~** der geistliche Stand ❷(*tenure as pastor*) geistliches Amt
mink [mɪŋk] *n* ❶ *no pl* (*animal, fur*) Nerz *m* ❷(*coat*) Nerz[mantel] *m*
mi·nor ['maɪnəʳ] **I.** *adj* ❶(*small*) *detail, criticism* nebensächlich; *character, plot* unbedeutend; *crime, violation* geringfügig; *improvement, repair* unwichtig; *accident, incident* leicht; *interest, hobby* klein; **~ road** Nebenstraße *f;* **to be of ~ importance** von geringer Bedeutung sein ❷(*low-ranking*) *official, supervisor* untergeordnet ❸ MED (*not serious*) leicht; *operation* klein ❹ MUS Moll-; **a ~ note** ein Ton in Moll **II.** *n* ❶(*underage person*) Minderjährige(r) *f(m)* ❷ MUS Moll *nt* ❸ SPORTS (*minor leagues*) ■ **the ~s** *pl* niedrige Klassen ❹ AM, AUS UNIV (*secondary study*) Nebenfach *m* **III.** *vi* AM, AUS UNIV **to ~ in biology/linguistics/math** Biologie/Linguistik/Mathematik im Nebenfach studieren
Mi·nor·ca [mɪˈnɔːkə] *n* Menorca *nt*
Mi·nor·can [mɪˈnɔːkən] **I.** *adj* menorquinisch **II.** *n* Menorquiner(in) *m(f)*
mi·nor·ity [maɪˈnɒrəti] *n* ❶(*the smaller number*) Minderheit *f;* **in a ~ of cases** in wenigen Fällen; **a ~ of people** eine Minderheit; **to be in the ~** in der Minderheit sein ❷(*racial/ethnic group*) Minderheit *f*
min·ster ['mɪnstəʳ] *n* Münster *nt*
min·strel ['mɪn(t)strəl] *n* (*hist: entertainer*) Spielmann *m;* (*singer*) Minnesänger *m*
mint[1] [mɪnt] **I.** *n* ❶(*coin factory*) Münzanstalt *f,* Prägeanstalt *f* ❷(*fam: lots of money*) **to make/cost a ~** einen Haufen Geld machen/kosten *fam* **II.** *vt money* prägen; *gold, silver* münzen **III.** *adj attr coin* neu geprägt; (*fig*) nagelneu *fam;* **in ~ condition** in tadellosem Zustand
mint[2] [mɪnt] *n* ❶ *no pl* (*herb*) Minze *f* ❷(*sweet*) Pfefferminz[bonbon] *nt*
mint 'tea *n* Pfefferminztee *m*
minu·et [ˌmɪnjuˈet] *n* Menuett *nt*
mi·nus ['maɪnəs] **I.** *prep* MATH minus; **what is 57 ~ 39?** was ist 57 minus 39? **II.** *n* <*pl* -es> ❶(*minus sign*) Minus[zeichen] *nt* ❷(*disadvantage*) Minus *nt* **III.** *adj attr* ❶(*disadvantage*) **~ point** Minuspunkt *m* ❷(*number*) minus; **~ ten Celsius** minus zehn Grad Celsius ❸ *after n* SCH (*in grading*) **a B ~** eine Zwei minus
mi·nus·cule ['mɪnəskjuːl] **I.** *n* Kleinbuchstabe *m* **II.** *adj* winzig
min·ute[1] ['mɪnɪt] **I.** *n* ❶(*sixty seconds*) Minute *f;* **this ~** sofort ❷(*short time*) Moment *m,* Minute *f;* **wait here, I'll only be a ~!** warte hier, ich bin gleich soweit!; [**wait**] **just a ~!** (*for delay*) einen Moment noch!; (*in disbelief*) Moment mal! ❸(*soon*) **Mr Smith will be here any ~ now** Herr Smith wird jeden Augenblick hier sein; **at any ~** jede Minute; **in a ~** gleich, sofort ❹(*specific point in time*) Minute *f;* **tell me the ~ that he arrives** sag mir sofort Bescheid, wenn er kommt!; **I disliked him the ~ I saw him!** er war mir vom ersten Augenblick an unsympathisch; **to do sth at the last ~** etw in letzter Minute tun **II.** *adj attr* Instant-
min·ute[2] [maɪˈnjuːt] *adj* ❶(*small*) winzig; **in ~ detail** bis ins kleinste Detail ❷(*meticulous*) minuziös
'min·ute hand *n* Minutenzeiger *m*
mi·nute·ly [maɪˈnjuːtli] *adv* minuziös, bis ins kleinste Detail
min·utes ['mɪnɪts] *npl* Protokoll *nt;* **~ of order** Verfügungsentwurf *m;* **to do/take the ~** Protokoll führen; **to read out the ~** das Protokoll verlesen
mi·nu·tiae [maɪˈnjuːʃiə] *npl* nebensächliche Details
mira·cle ['mɪrəkl] *n* Wunder *nt;* **to perform a ~** ein Wunder vollbringen; **don't expect me to work ~s** erwarte keine Wunder von mir; **by some ~** wie durch ein Wunder
'mira·cle play *n* (*hist*) THEAT Mirakelspiel *nt fachspr*
mi·racu·lous [mɪˈrækjələs] *adj* wunderbar; **to make a ~ recovery** wie durch ein Wunder genesen
mi·racu·lous·ly [mɪˈrækjələsli] *adv* wunderbarerweise, wie durch ein Wunder
mi·rage ['mɪrɑːʒ] *n* Fata Morgana *f;* (*fig*) Trugbild *nt,* Illusion *f*
mire [maɪəʳ] *n* ❶(*swamp*) Sumpf *m* ❷ *no pl* (*mud*) Morast *m,* Schlamm *m* ❸(*confusing situation*) Morast *m;* (*unpleasant situation*) Sumpf *m*
mir·ror ['mɪrəʳ] **I.** *n* ❶(*looking-glass*) Spiegel *m* ❷(*reflection*) Spiegelbild *nt* **II.** *vt* widerspiegeln
mir·ror 'im·age *n* Spiegelbild *nt*
mirth [mɜːθ] *n no pl* (*merriment*) Fröhlichkeit *f;* (*laughter*) Heiterkeit *f*
mirth·ful ['mɜːθfəl] *adj* fröhlich
mirth·less ['mɜːθləs] *adj* freudlos
mis·ad·ven·ture [ˌmɪsədˈventʃəʳ] *n* ❶(*form, liter: unlucky event*) Missgeschick *nt* ❷ *no pl* (*bad luck*) Pech *nt* ❸ BRIT LAW (*unintentional act*) **death by ~** Tod durch Unfall; **homicide by ~** fahrlässige Tötung

mis·al·li·ance [ˌmɪsə'laɪən(t)s] n Mesalliance f geh

mis·an·thrope ['mɪsᵊnθrəʊp] n (hater) Menschenfeind(in) m(f); (loner) Einzelgänger(in) m(f)

mis·an·throp·ic [ˌmɪsᵊn'θrɒpɪk] adj menschenfeindlich, misanthropisch geh

mis·an·thro·py [mɪ'sænθrəpi] n no pl Menschenhass m, Misanthropie f geh

mis·ap·ply <-ie-> [ˌmɪsə'plaɪ] vt missbrauchen; **to ~ funds** Kapital fehlleiten; (embezzle) Gelder veruntreuen

mis·ap·pre·hend [ˌmɪsæprɪ'hend] vt missverstehen

mis·ap·pre·hen·sion [ˌmɪsæprɪ'hen(t)ʃᵊn] n Missverständnis nt

mis·ap·pro·pri·ate [ˌmɪsə'prəʊprieɪt] vt funds veruntreuen

mis·ap·pro·pri·a·tion [ˌmɪsəˌprəʊpri'eɪʃᵊn] n no pl of money Unterschlagung f, Veruntreuung f

mis·be·have [ˌmɪsbɪ'heɪv] vi ❶ (behave badly) adult sich schlecht benehmen; child ungezogen sein; (malfunction) machine nicht richtig funktionieren ❷ (be dishonest) krumme Geschäfte machen fam

mis·be·hav·iour [ˌmɪsbɪ'heɪvjə^r], AM **mis·be·hav·ior** n no pl by adult schlechtes Benehmen; by child Ungezogenheit f

misc. adj short for **miscellaneous** verschiedene

mis·cal·cu·late [ˌmɪs'kælkjəleɪt] vt ❶ (in math) falsch berechnen ❷ (misjudge) falsch einschätzen

mis·cal·cu·la·tion [ˌmɪsˌkælkjə'leɪʃᵊn] n ❶ (in math) Fehlkalkulation f ❷ (in planning) Fehleinschätzung m; **to make a ~ in sth** etw falsch einschätzen

mis·car·riage [mɪ'skærɪdʒ] n Fehlgeburt f

mis·car·ry <-ie-> [mɪ'skæri] vi ❶ (in pregnancy) eine Fehlgeburt haben ❷ (fail) plan, project scheitern

mis·cast [mɪ'skɑ:st] vt <-cast, -cast> usu passive ■**to ~ sb** jdn falsch besetzen; **to ~ a play/film** ein Theaterstück/einen Film fehlbesetzen

mis·cel·la·neous [ˌmɪsᵊl'eɪniəs] adj verschiedene(r, s), diverse(r, s); collection, crowd bunt; short stories, poems vermischt, verschiedenerlei; **~ expenditure** sonstige Ausgaben

mis·cel·la·ny [mɪ'seləni] n ❶ (mixture) Auswahl f, [An]sammlung f (**of** von) ❷ (book) Sammelband m, Auswahl f

mis·chance [mɪs'tʃɑ:n(t)s] n (form) ❶ no pl (bad luck) Pech nt ❷ (unlucky event) Zwischenfall m

mis·chief ['mɪstʃɪf] n ❶ no pl (troublesome behaviour) Unfug m; **to get up to ~** Unfug anstellen wollen; **to be full of ~** nur Unfug im Kopf haben; **to keep sb out of ~** jdn davon abhalten, Dummheiten zu machen ❷ no pl (problems) **to mean ~** Unfrieden stiften wollen ❸ BRIT (fam: injury) **to do oneself a ~** sich verletzen

mis·chie·vous ['mɪstʃɪvəs] adj ❶ (naughty) immer zu Streichen aufgelegt; **~ antics** Streiche pl; **~ child** Schlingel m; **~ grin** spitzbübisches Grinsen ❷ (malicious) boshaft; rumours bösartig

mis·con·ceive [ˌmɪskən'si:v] vt ❶ (form: misunderstand) falsch verstehen ❷ (misjudge) falsch einschätzen, verkennen; purpose, situation missdeuten ❸ (design poorly) schlecht konzipieren

mis·con·ceived [ˌmɪskən'si:vd] adj ❶ (misunderstood) falsch verstanden; **~ notion** falsche Vorstellung ❷ (ill-judged) falsch eingeschätzt, missdeutet ❸ (ill-designed) schlecht konzipiert

mis·con·cep·tion [ˌmɪskən'sepʃᵊn] n falsche Vorstellung (**about** von), Irrglaube m; **a popular ~** ein verbreiteter Irrglaube

mis·con·duct I. n [ˌmɪ'skɒndʌkt] no pl ❶ (bad behaviour) schlechtes Benehmen; MIL schlechte Führung; **professional ~** standeswidriges Verhalten; **sexual ~** sexuelle Verfehlung; **~ in office** Amtsvergehen nt ❷ (poor organization) schlechte Verwaltung; **~ of financial affairs** unzulängliche Finanzverwaltung II. vt [ˌmɪskən'dʌkt] ❶ (behave badly) ■**to ~ oneself** sich schlecht benehmen ❷ (organize badly) schlecht führen

mis·con·struc·tion [ˌmɪskən'strʌkʃᵊn] n (form) Missdeutung f, Missverständnis nt, falsche Auslegung

mis·con·strue [ˌmɪskən'stru:] vt missdeuten, missverstehen, falsch auslegen; **to ~ sth as sth** etw fälschlicherweise als etw auslegen

mis·count I. n ['mɪskaʊnt] falsche Zählung; POL of votes falsche Auszählung II. vi [mɪ'skaʊnt] sich verzählen III. vt [mɪ'skaʊnt] ■**to ~ sth** etw falsch [ab]zählen; **to ~ votes** POL Stimmen falsch auszählen

mis·deed [mɪs'di:d] n (form) Untat f

mis·de·mean·our [ˌmɪsdɪ'mi:nə^r] n, AM **mis·de·mean·or** n ❶ (minor bad action) [leichtes] Vergehen, [leichter] Verstoß, [geringfügige] Verfehlung ❷ AM LAW geringfügiges Vergehen, Bagatelldelikt nt

mis·di·rect [ˌmɪsdɪˈrekt] *vt* ❶ (*send in wrong direction*) in die falsche Richtung schicken; *letter* falsch adressieren; *luggage, shipment* fehlleiten ❷ (*aim wrongly*) in die falsche Richtung lenken; **to ~ a free kick** FBALL einen Freistoß vergeben ❸ *usu passive* (*misapply*) ▪**to be ~ed** *energies, resources* falsch eingesetzt werden; *criticism, praise* unangebracht sein ❹ LAW (*instruct wrongly*) falsch unterrichten; *jury* falsch belehren

mi·ser [ˈmaɪzər] *n* Geizhals *m*, Geizkragen *m*

mis·er·able [ˈmɪzərəbl] *adj* ❶ (*unhappy*) unglücklich, elend; **to feel ~** sich elend fühlen; **a ~ time** eine schreckliche Zeit; **to make life ~ [for sb]** [jdm] das Leben unerträglich machen ❷ *attr* (*bad-tempered*) griesgrämig; (*repulsive*) unausstehlich; (*fam: as insult*) mies, Mist-; **~ old git** alter Miesepeter ❸ (*very unpleasant*) schauderhaft, grässlich ❹ (*inadequate*) armselig, dürftig; **a ~ £20** lumpige 20 Pfund ❺ *attr* (*wretched*) erbärmlich, jämmerlich; **to be a ~ failure** ein kompletter Misserfolg sein ❻ AUS, NZ (*stingy*) geizig, knauserig

mis·er·ably [ˈmɪzərəbli] *adv* ❶ (*unhappily*) traurig, niedergeschlagen ❷ (*extremely*) schrecklich, furchtbar ❸ (*utterly*) jämmerlich, kläglich; **to fail ~** jämmerlich versagen

mi·ser·li·ness [ˈmaɪzəlɪnəs] *n* Geiz *m*

mi·ser·ly [ˈmaɪzəli] *adj* geizig

mis·ery [ˈmɪzəri] *n* ❶ *no pl* (*suffering*) Elend *nt*, Not *f* ❷ *no pl* (*unhappiness*) Jammer *m* ❸ (*strain*) ▪**miseries** *pl* Qualen *fpl*, Strapazen *fpl* ▸ **to make sb's life a ~** jdm das Leben zur Qual [*o* Hölle] machen; **to put an animal out of its ~** ein Tier von seinen Leiden erlösen

mis·fire **I.** *vi* [mɪsˈfaɪər] *weapon* versagen; *engine* eine Fehlzündung haben; *plan* schiefgehen, danebengehen, misslingen **II.** *n* [ˈmɪsfaɪər] (*of gun*) Ladehemmung *f*; (*of engine*) Fehlzündung *f*, Aussetzer *m fam*

mis·fit [ˈmɪsfɪt] *n* Außenseiter(in) *m(f)*, Eigenbrötler(in) *m(f)*; **a social ~** ein gesellschaftlicher Außenseiter/eine gesellschaftliche Außenseiterin

mis·for·tune [mɪsˈfɔːtʃuːn] *n* ❶ *no pl* (*bad luck*) Pech *nt*, Unglück *nt* ❷ (*mishap*) Missgeschick *nt kein pl*

mis·giv·ing [mɪsˈgɪvɪŋ] *n* ❶ (*doubt*) Befürchtung *f*, Bedenken *nt meist pl* (**about** wegen) ❷ *no pl* ungutes Gefühl; **to be filled with ~** böse Ahnungen haben

mis·gov·ern [mɪsˈgʌvən] *vt* schlecht regieren

mis·gov·ern·ment [mɪsˈgʌvənmənt] *n no pl* schlechte Regierung

mis·guid·ed [mɪsˈgaɪdɪd] *adj attempt, measure* unsinnig; *effort, policy* verfehlt; *enthusiasm, idealism* falsch, unangebracht; *people* fehlgeleitet, irregeleitet; **to be ~ in sth** mit etw *dat* falschliegen

mis·han·dle [mɪsˈhændl] *vt* ❶ (*mismanage*) falsch behandeln; *business* schlecht führen; **to ~ an investigation** bei einer Untersuchung [grobe] Fehler machen; **to ~ a situation** mit einer Situation falsch umgehen ❷ (*handle roughly*) misshandeln

mis·hap [ˈmɪshæp] *n* Unfall *m*, Panne *f*

mis·hear [mɪsˈhɪər] **I.** *vt* <-heard, -heard> falsch hören **II.** *vi* <-heard, -heard> sich verhören

mish·mash [ˈmɪʃmæʃ] *n* Mischmasch *m fam*, Durcheinander *nt* (**of** von)

mis·in·form [ˌmɪsɪnˈfɔːm] *vt* falsch informieren

mis·in·ter·pret [ˌmɪsɪnˈtɜːprɪt] *vt* missverstehen; *evidence, statement, text* falsch interpretieren; *gesture, remark* falsch deuten

mis·in·ter·pre·ta·tion [ˌmɪsɪnˌtɜːprɪˈteɪʃən] *n* Missverständnis *nt*, Fehlinterpretation *f*

mis·judge [mɪsˈdʒʌdʒ] *vt prospects, situation* falsch einschätzen [*o* beurteilen]; *amount, distance* falsch schätzen

mis·judg(e)·ment [mɪsˈdʒʌdʒmənt] *n* ❶ *no pl* (*wrong assessment*) falsche Einschätzung [*o* Beurteilung]; *of damage, size, sum* falsche Schätzung ❷ (*wrong decision*) Fehlentscheidung *f*, Fehlurteil *nt*

mis·lay <-laid, -laid> [mɪsˈleɪ] *vt* verlegen

mis·lead <-led, -led> [mɪsˈliːd] *vt* ❶ (*deceive*) täuschen, irreführen ❷ (*lead astray*) verführen, verleiten; ▪**to ~ sb into [doing] sth** jdn zu etw *dat* verleiten

mis·lead·ing [mɪsˈliːdɪŋ] *adj* irreführend

mis·man·age [ˌmɪsˈmænɪdʒ] *vt* ▪**to ~ sth** mit etw *dat* falsch umgehen; *business* etw schlecht führen; *an estate, finances* etw schlecht verwalten

mis·man·age·ment [ˌmɪsˈmænɪdʒmənt] *n* schlechte Verwaltung [*o* Führung]; **~ of the economy** schlechte Wirtschaftspolitik

mis·name [mɪsˈneɪm] *vt* ❶ (*call wrongly*) falsch benennen ❷ (*call inappropriately*) unzutreffend bezeichnen

mis·no·mer [mɪsˈnəʊmər] *n* ❶ (*wrong name*) falscher Name; LAW *in document* falsche Benennung ❷ (*inappropriate*

mi·sog·y·nist [mɪˈsɒdʒənɪst] **I.** *n* Frauenfeind *m* **II.** *adj* frauenfeindlich

mis·place [mɪsˈpleɪs] *vt* verlegen

mis·placed [mɪsˈpleɪst] *adj* ❶ (*fig: misdirected*) unangebracht; **to be ~** fehl am Platz[e] sein ❷ (*incorrectly positioned*) *comma, decimal point, semicolon* falsch gesetzt

mis·print [ˈmɪsprɪnt] *n* Druckfehler *m*

mis·pro·nounce [ˌmɪsprəˈnaʊn(t)s] *vt* falsch aussprechen

mis·pro·nun·cia·tion [ˌmɪsprəˌnʌn(t)siˈeɪʃən] *n* ❶ *no pl* (*incorrectness*) falsche Aussprache ❷ (*mistake*) Aussprachefehler *m*

mis·read <-read, -read> [mɪsˈriːd] *vt* ❶ (*read incorrectly*) *word, text* falsch lesen ❷ (*misinterpret*) *instruction, signal* falsch verstehen, missverstehen

mis·rep·re·sent [ˌmɪsreprɪˈzent] *vt* falsch darstellen; ▪**to ~ sb as sb/sth** jdn fälschlicherweise als jd/etw hinstellen; **to ~ facts** Tatsachen entstellen; LAW falsche Tatsachen vorspiegeln

mis·rep·re·sen·ta·tion [ˌmɪsreprɪzenˈteɪʃən] *n* ❶ (*false account*) falsche Darstellung; LAW falsche Angabe; **a ~ of facts** LAW eine Vorspiegelung falscher Tatsachen; **a ~ of the truth** eine Entstellung der Wahrheit ❷ *no pl* (*false representation*) falsche Wiedergabe

miss[1] [mɪs] *n* ❶ (*young unmarried woman*) Fräulein *nt veraltend* ❷ (*title*) ▪**M~** Fräulein *nt veraltend;* **M~ America** Miss Amerika ❸ BRIT (*address for* [*unmarried*] *teacher*) ▪**M~** Fräulein *nt veraltend*

miss[2] [mɪs] **I.** *n* <*pl* -es> ❶ (*failure*) Fehlschlag *m*, Misserfolg *m*; SPORTS (*hit*) Fehltreffer *m;* (*shot*) Fehlschuss *m;* (*throw*) Fehlwurf *m;* AUTO Fehlzündung *f;* **I've never had a car accident, but I've had a few near ~es** ich hatte noch nie einen Unfall, aber ein paar Beinahezusammenstöße ❷ BRIT, AUS (*fam: skip*) **to give sth a ~** *dance, dessert* etw auslassen; (*avoid*) *meeting, practice* etw sausen lassen **II.** *vi* ❶ (*not hit*) nicht treffen; *projectile also* danebengehen; *person, weapon also* danebenschießen ❷ (*be unsuccessful*) missglücken, fehlschlagen ❸ *engine* aussetzen **III.** *vt* ❶ (*not hit*) verfehlen, nicht treffen ❷ (*not meet*) *bus, train* verpassen; *deadline* nicht [ein]halten ❸ (*be absent*) versäumen, verpassen; **to ~ school** in der Schule fehlen ❹ (*not use*) *opportunity* verpassen; **his new film is too good to ~** seinen neuen Film darf man sich einfach nicht entgehen lassen ❺ (*avoid*) vermeiden; **I narrowly ~ed being run over** ich wäre fast überfahren worden ❻ (*not see*) übersehen ❼ (*not hear*) nicht mitbekommen; (*deliberately*) überhören ❽ (*not notice*) nicht bemerken; (*deliberately*) übersehen; **Susan doesn't ~ much** Susan entgeht einfach nichts ❾ (*not have*) **I've ~ed my period** ich habe meine Tage nicht bekommen; **I decided to ~ breakfast** ich beschloss, nicht zu frühstücken ❿ (*long for*) vermissen; **I ~ having you here to talk to** du fehlst mir hier zum Reden ⓫ (*notice loss*) vermissen ▶ **to ~ the point** nicht verstehen, worum es geht ◆ **miss out I.** *vt* ❶ (*accidentally*) vergessen, übersehen ❷ (*deliberately*) [absichtlich] übersehen, weglassen **II.** *vi* zu kurz kommen; **don't ~ out — get involved!** lass dir das nicht entgehen — mach mit!; **you really ~ed out** da ist dir echt was entgangen *fam;* ▪**to ~ out on sth** *opportunity* sich *dat* etw entgehen lassen

mis·shap·en [mɪsˈʃeɪpən] *adj* ❶ (*out of shape*) unförmig ❷ ANAT missgebildet

mis·sile [ˈmɪsaɪl] *n* ❶ MIL (*explosive weapon*) Flugkörper *m*, Rakete *f* ❷ MIL (*fired object*) [Raketen]geschoss *nt*, Projektil *nt* ❸ (*thrown object*) Wurfgeschoss *nt*

ˈ**mis·sile base** *n* Raketenstützpunkt *m* **mis·sile de·ˈfence sys·tem** *n* Raketenabwehrsystem *nt* ˈ**mis·sile launch·er** *n* [Raketen]abschussrampe *f;* (*vehicle*) Raketenwerfer *m*

mis·sing [ˈmɪsɪŋ] *adj* ❶ (*disappeared*) *thing* verschwunden; *person* vermisst; (*not there*) fehlend; **when did you notice that the money was ~ from your account?** wann haben Sie bemerkt, dass das Geld nicht mehr auf Ihrem Konto war?; **to go ~** BRIT, AUS *money, person* verschwinden; **to report sb/sth ~** jdn/etw als vermisst melden ❷ MIL (*absent*) verschollen; **~ in action** [nach Kampfeinsatz] vermisst

mis·sing ˈlink *n* ❶ (*in evolution*) unbekannte Zwischenstufe; (*in investigation*) fehlendes Beweisstück ❷ (*connector*) Bindeglied *nt* (**between** zwischen) **mis·sing ˈper·son** *n* Vermisste(r) *f(m);* ▪**M~ P~s** Vermisstenabteilung *f* (*bei der Polizei*)

mis·sion [ˈmɪʃən] *n* ❶ (*task*) Einsatz *m*, Mission *f* ❷ (*goal*) Ziel *nt* ❸ (*group sent*) Delegation *f* ❹ (*church activity*) Mission *f;*

foreign/home ~ äußere/innere Mission ❺ (*space project*) [Raumflug]mission *f*

mis·sion·ary ['mɪʃ(ə)nəri] *n* Missionar(in) *m(f)*

'mis·sion·ary po·'si·tion *n* Missionarsstellung *f*

mis·sion con·'trol *n* Bodenkontrolle *f*

mis·sis ['mɪsɪz] *n* (*hum sl: wife*) ■ **the ~** die bessere Hälfte

mis·sive ['mɪsɪv] *n* (*form*) Sendschreiben *nt geh o veraltet*, Missiv *nt fachspr*; (*hum*) ellenlanger Brief *hum*

mis·spell <-spelt *or* AM -spelled, -spelt> [mɪs'pel] *vt* ❶ (*spell wrongly*) falsch buchstabieren ❷ (*write wrongly*) falsch schreiben

mis·spell·ing [mɪs'spelɪŋ] *n* ❶ (*spelling mistake*) Rechtschreibfehler *m* ❷ *no pl* (*wrong spelling*) falsches Buchstabieren ❸ (*wrong writing*) falsche Schreibung

mis·spent [mɪs'spent] *adj* verschwendet, vergeudet

mis·state [mɪs'steɪt] *vt* falsch angeben, darstellen

mis·sus *n see* **missis**

mist [mɪst] **I.** *n* ❶ *no pl* (*light fog*) [leichter] Nebel, Dunst *m* ❷ (*blur*) Schleier *m* ❸ (*condensation*) Beschlag *m;* **there was a ~ on the windows** die Fenster waren beschlagen; (*vapour*) Hauch *m* **II.** *vi glass, tiles* [sich] beschlagen, anlaufen; *eyes* feucht werden; *vision* sich trüben ♦ **mist up I.** *vi glass, tiles* [sich] beschlagen, anlaufen **II.** *vt vision* trüben

mis·tak·able [mɪ'steɪkəbl] *adj usu pred* verwechselbar, leicht zu verwechseln

mis·take [mɪ'steɪk] **I.** *n* Fehler *m*, Irrtum *m*, Versehen *nt;* **there must be some ~** da kann etwas nicht stimmen; **spelling ~** Rechtschreibfehler *m*; **to learn from one's ~s** aus seinen Fehlern lernen; **by ~** aus Versehen, versehentlich; **my ~** meine Schuld **II.** *vt* <-took, -taken> falsch verstehen; **you can't ~ their house — it's got a bright yellow front door** ihr könnt ihr Haus nicht verfehlen — es hat eine hellgelbe Eingangstür; **sorry, I mistook you for an acquaintance of mine** Entschuldigung, ich hielt Sie für einen meiner Bekannten; **there's no mistaking a painting by Picasso** ein Gemälde von Picasso ist unverwechselbar

mis·tak·en [mɪ'steɪkən] **I.** *pp of* **mistake** **II.** *adj* irrtümlich, falsch; ■ **to be ~** sich irren (**about** in); *accusation* falsch; *announcement*, *arrest* irrtümlich; **~ belief** Irrglaube *m;* **~ identity** Personenverwechslung *f;* **~ policy** verfehlte Politik; **to be very much ~** sich sehr täuschen; **unless I'm very much ~ ...** wenn mich nicht alles täuscht ...

mis·tak·en·ly [mɪ'steɪkənli] *adv* irrtümlich[erweise], fälschlich[erweise]; **to believe ~** irrtümlich annehmen

Mis·ter ['mɪstər] *n* ❶ (*Mr*) [mein] Herr *m* ❷ (*also iron, pej fam: form of address*) Chef *m;* **hey, ~!** he, Sie da! *fam;* **listen up, ~!** hör mal zu, mein Freund! ❸ (*also iron, pej fam: prefixed title*) **~ Big** der große Chef; **~ Know-it-all** der Klugscheißer

mis·time [mɪs'taɪm] *vt* (*misjudge timing*) zeitlich falsch berechnen; SPORTS schlecht timen *fam*

mis·tle·toe ['mɪsltəʊ] *n* Mistel *f*

mis·took [mɪ'stʊk] *pt of* **mistake**

mis·trans·late [ˌmɪstræn'sleɪt] *vt* falsch übersetzen

mis·treat [mɪs'triːt] *vt* misshandeln

mis·treat·ment [mɪs'triːtmənt] *n* Misshandlung *f*, schlechte Behandlung

mis·tress <*pl* -es> ['mɪstrəs] *n* ❶ (*sexual partner*) Geliebte *f* ❷ (*woman in charge*) Herrin *f;* **the ~ of the house** die Frau des Hauses ❸ BRIT (*dated: schoolteacher*) **German ~** Deutschlehrerin *f* ❹ (*dog owner*) Frauchen *f*

mis·trial [mɪs'traɪəl] *n* ❶ (*misconducted trial*) fehlerhaftes Gerichtsverfahren ❷ AM (*inconclusive trial*) Gerichtsverfahren *nt* ohne Urteilsspruch

mis·trust [mɪs'trʌst] **I.** *n no pl* Misstrauen *nt* **II.** *vt* misstrauen

mis·trust·ful [mɪs'trʌstfəl] *adj* misstrauisch (**of** gegenüber)

mis·trust·ful·ly [mɪs'trʌstfəli] *adv* misstrauisch, argwöhnisch

misty ['mɪsti] *adj* ❶ (*slightly foggy*) [leicht] neblig, dunstig ❷ (*blurred*) undeutlich, verschwommen; *eyes* verschleiert ❸ (*vague*) nebelhaft

mis·under·stand <-stood, -stood> [ˌmɪsʌndə'stænd] **I.** *vt* missverstehen **II.** *vi* sich irren

mis·under·stand·ing [ˌmɪsʌndə'stændɪŋ] *n* ❶ (*misinterpretation*) Missverständnis *nt* ❷ (*quarrel*) Meinungsverschiedenheit *f*

mis·use I. *n* [ˌmɪs'juːs] ❶ *no pl* (*wrong use*) *of funds*, *position* Missbrauch *m*, falscher Gebrauch [*o* Umgang]; *of machinery* falsche Bedienung; **~ of power** Machtmissbrauch *m* ❷ (*excessive consumption*) **~ of alcohol** Alkoholmissbrauch *m* **II.** *vt* [ˌmɪs'juːz] ❶ (*use wrongly*) *funds, position*

missbrauchen, falsch gebrauchen ❷ (*handle wrongly*) *machinery* falsch bedienen ❸ (*consume to excess*) im Übermaß gebrauchen

mite [maɪt] *n* ❶ (*insect*) Milbe *f* ❷ *esp* BRIT (*fam: small child*) Würmchen *nt;* girl kleines Ding

mi·ter *n* AM *see* **mitre**¹, ²

miti·gate ['mɪtɪgeɪt] *vt* (*form*) *misery, pain* lindern; *anger, sentence* mildern; ECON *loss* mindern

miti·gat·ing ['mɪtɪgeɪtɪŋ] *adj* (*form*) lindernd, mildernd; **to allow ~ circumstances** LAW mildernde Umstände zubilligen

miti·ga·tion [ˌmɪtɪ'geɪʃ(ə)n] *n no pl* Linderung *f,* Milderung *f*

mi·tre¹ ['maɪtə^r] *n* Mitra *f,* Bischofsmütze *f*

mi·tre² ['maɪtə^r] **I.** *n* Gehrung *f* **II.** *vt* auf Gehrung schneiden

mit·ten ['mɪt(ə)n] *n* Fäustling *m*

mix [mɪks] **I.** *n* ❶ (*combination*) Mischung *f;* **a ~ of people** eine bunt gemischte Gruppe ❷ (*pre-mixed ingredients*) Fertigmischung *f;* **bread ~** Brotbackmischung *f;* **sauce ~** Fertigsauce *f* ❸ MUS Potpourri *nt fachspr* **II.** *vi* ❶ (*combine*) sich mischen [lassen]; (*go together*) zusammenpassen ❷ (*make contact with people*) unter Leute gehen; *host* sich unter die Gäste mischen **III.** *vt* ❶ (*blend ingredients*) [miteinander] [ver]mischen; *dough* anrühren; *drink* mixen; *ingredients* miteinander verrühren; *paint* mischen; **to ~ a dough with cocoa** Kakao unter einen Teig mischen ❷ (*combine*) **to ~ love with toughness** Liebe und Strenge miteinander verbinden ❸ *sound tracks* mischen ◆**mix in I.** *vi* sich einfügen **II.** *vt* untermischen ◆**mix up** *vt* ❶ (*mistake for another*) verwechseln ❷ (*put in wrong order*) durcheinanderbringen ❸ (*bewilder*) durcheinanderbringen ❹ (*combine ingredients*) vermischen; *dough* anrühren ❺ *usu passive* (*be involved with*) ▪**to be/get ~ed up in sth** in etw *akk* verwickelt sein/werden ▶**to ~ it up with sb** AM (*sl: fight*) sich mit jdm prügeln; (*quarrel*) mit jdm aneinandergeraten ◆**mix with** *vi* (*associate with*) ▪**to ~ with sb** mit jdm verkehren [*o* Umgang haben]

mixed [mɪkst] *adj* ❶ (*mingled*) gemischt ❷ (*for both sexes*) gemischt ❸ (*positive and negative*) gemischt, unterschiedlich; **~ blessing** kein reiner Segen

mixed 'dou·bles *npl* SPORTS gemischtes Doppel **mixed e'cono·my** *n* gemischte Wirtschaftsform **mixed 'farm·ing** *n* Landwirtschaft *f* mit Ackerbau und Viehzucht **mixed 'grill** *n* gemischte Grillplatte

mix·er ['mɪksə^r] *n* ❶ (*machine*) Mixer *m,* Mixgerät *nt* ❷ (*drink*) **~ [drink]** Mixgetränk *nt*

mix·ture ['mɪkstʃə^r] *n* ❶ (*combination*) Mischung *f; of ingredients* Gemisch *nt* ❷ (*mixed fluid substance*) Mischung *f,* Mixtur *f;* AUTO Gemisch *nt;* **cough ~** Hustensaft *m* ❸ *no pl* (*act of mixing*) Mischen *nt,* Vermengen *nt;* (*state after mixing*) Gemisch *nt,* Gemenge *nt*

'**mix-up** *n* ❶ (*confused state*) Durcheinander *nt,* Verwirrung *f* ❷ AM (*fight*) Schlägerei *f*

Mk *n abbrev of* **mark**

ml <*pl - or* mls> *abbrev of* **millilitre** ml

MLR [ˌemel'ɑ:^r] *n abbrev of* **minimum lending rate** Mindestdiskontsatz *m*

mm *n abbrev of* **millimetre** mm

MMR [ˌemem'ɑ:^r] *n* MED *abbrev of* **measles, mumps and rubella** MMR

MMS [ˌemem'es] *n* TELEC *abbrev of* **multimedia messaging service** MMS

mne·mon·ic [nɪ'mɒnɪk] *n,* **mne·mon·ic de·vice** *n* Gedächtnisstütze *f,* Eselsbrücke *f fam*

mo¹ *n* AM *abbrev of* **month**

mo² [məʊ] *n* (*fam*) *short for* **moment** Moment *m;* **wait a ~!** Moment mal!

MO [ˌem'əʊ] *n* ❶ *abbrev of* **Medical Officer** Stabsarzt *m*/Stabsärztin *f* ❷ *esp* AM *abbrev of* **money order**

moan [məʊn] **I.** *n* ❶ (*groan*) Stöhnen *nt; of the wind* Heulen ❷ (*complaint*) Klage *f,* Beschwerde *f* **II.** *vi* ❶ (*groan*) stöhnen; *wind* heulen ❷ (*complain*) klagen, sich beschweren; ▪**to ~ about sth** über etw *akk* jammern; ▪**to ~ at sb** sich bei jdm beschweren; ▪**to ~ that ...** darüber jammern, dass ...

moan·er ['məʊnə^r] *n* Nörgler(in) *m(f)*

moan·ing ['məʊnɪŋ] *n* ❶ (*sound*) Stöhnen *nt,* Ächzen *nt* ❷ (*complaining*) Nörgelei *f,* Quengelei *f fam*

moat [məʊt] *n* Burggraben *m*

mob [mɒb] **I.** *n* + *sing/pl vb* ❶ (*usu pej: crowd*) Mob *m;* **angry ~** aufgebrachte Menge; **a lynch ~** ein lynchender Mob; **a ~ of angry fans** eine Horde wütender Fans; **a ~ of protesters** eine protestierende Menschenmenge ❷ POL (*pej: the common people*) ▪**the ~** die breite Masse; (*the lowest classes*) der Mob, der Pöbel ❸ (*criminal gang*) Verbrecherbande *f,* Gang *f;* ▪**the M~** AM die Mafia ❹ BRIT (*sl: group*) Bande *f*, Sippschaft *f* ⑤ AUS (*herd*) Herde *f* II. *vt* <-bb-> ① (*surround*) umringen; ■ **to be ~bed** umringt sein/werden ② AM (*crowd around*) ■ **to ~ sth** *courtroom, entrance* etw umlagern; (*crowd into*) *fairground, park* in etw *akk* strömen

mo·bile[1] ['məʊbaɪl] I. *adj* ① (*able to move*) beweglich ② (*flexible*) beweglich, wendig ③ (*able to change*) mobil, flexibel ④ (*changeable*) lebhaft, wechselhaft ⑤ (*in a vehicle*) mobil, fahrbar; ■ **to be ~** motorisiert sein; **~ canteen** Kantine *f* auf Rädern II. *n* Mobiltelefon *nt*, Handy *nt*

mo·bile[2] ['məʊbaɪl] *n* ART Mobile *nt*

mo·bile 'com·mu·ni·ca·tion *n* Mobilfunk *m* **mo·bile 'home** *n* Wohnwagen *m* **mo·bile 'phone** *n esp* BRIT Mobiltelefon *nt*, Handy *nt*, Natel *nt* SCHWEIZ; **~ cover/case/pouch** Handyhülle *f*, Natelhülle *f* SCHWEIZ

mo·bil·ity [mə(ʊ)'bɪləti] *n no pl* ① (*ability to move*) *of the body* Beweglichkeit *f*, Mobilität *f* ② (*social mobility*) Mobilität *f*

mo·'bil·ity scoot·er *n* Elektromobil *nt* (*für Senioren*)

mo·bili·za·tion [ˌməʊbɪlaɪ'zeɪʃ(ə)n] *n* ① (*for war*) Mobilmachung *f*, Mobilisierung *f* ② (*organization*) Mobilisierung *f*, Aktivierung *f*

mo·bi·lize ['məʊbɪlaɪz] I. *vt* ① (*prepare for war*) *army* mobilisieren ② (*organize*) *supporters, support* aktivieren, mobilisieren ③ (*put to use*) einsetzen; *helicopters, snowploughs* zum Einsatz bringen ④ COMM *capital* flüssigmachen II. *vi* MIL mobil machen

mob 'law *n* Lynchjustiz *f* **mob 'rule** *n* Herrschaft *f* der Straße

moc·ca·sin ['mɒkəsɪn] *n* Mokassin *m*

mo·cha ['mɒkə] *n no pl* Mokka *m*

mock [mɒk] I. *adj* ① (*not real*) nachgemacht, Schein-; **~ baroque** Pseudobarock *m o nt*; **~ facade** Kulisse *f*; *fear, horror, sympathy* gespielt; **~ leather** Lederimitat *nt* ② (*practice*) Probe-, simuliert II. *n* BRIT (*fam*) Probeexamen *nt* III. *vi* spotten, höhnen IV. *vt* (*ridicule*) lächerlich machen, verspotten

mock·er ['mɒkə'] *n* Spötter(in) *m(f)* ▶ **to put the ~s on sth** BRIT (*fam*) etw vermasseln

mock·ery ['mɒk°ri] *n no pl* ① (*ridicule*) Spott *m*, Hohn *m* ② (*travesty*) Farce *f* ▶ **to make a ~ of sb/sth** jdn/etw zum Gespött machen

mock·ing ['mɒkɪŋ] *adj laugh, laughter* spöttisch, höhnisch

'mock·ing·bird *n* ORN Spottdrossel *f*

mock·ing·ly ['mɒkɪŋli] *adv* spöttisch, höhnisch

'mock-up *n* Attrappe *f*

MoD [ˌemeʊ'diː] *n* BRIT *abbrev of* **Ministry of Defence** Verteidigungsministerium *nt*

mod·al ['məʊd°l] *adj* Modal-

mode [məʊd] *n* ① (*way*) Weise *f*, Methode *f*; **~ of operation/transport** Betriebs-/Beförderungsart *f* ② (*type*) *heat* [Erscheinungs]form *f* ③ COMPUT, TECH (*operation*) Betriebsart *f*, Modus *m*; **automatic ~** Automatikbetrieb *m* ④ LING Modus *m fachspr*

mod·el ['mɒd°l] I. *n* ① (*representation*) Modell *nt*; COMPUT [schematische] Darstellung, Nachbildung *f*, Simulation *f* ② (*example*) Modell *nt*, Vorbild *nt* ③ (*perfect example*) Muster *nt*; **to be the very ~ of sth** (*fig*) der Inbegriff von etw *dat* sein ④ (*mannequin*) Model *n* ⑤ (*for painter*) Modell *nt* ⑥ (*version*) Modell *nt* II. *vt* <-ll-> ① (*make figure*) modellieren ② (*on computer*) [schematisch] darstellen, nachbilden, simulieren ③ (*show clothes*) vorführen

mod·el·ling ['mɒd°lɪŋ] *n no pl* ① FASHION Modeln *nt* ② (*making 3D models*) Modellbau *m*

'mod·el mak·er *n* Modellbauer(in) *m(f)*

mo·dem ['məʊdəm] *n* Modem *nt*

mod·er·ate I. *adj* ['mɒd°rət] ① (*neither large nor small*) *amount, quantity, size* mittlere(r, s); *improvement, increase* leicht, nicht allzu groß; *price, speed* angemessen, normal; *income* durchschnittlich ② (*not excessive*) mäßig, gemäßigt; *drinker, eater* mäßig, maßvoll; LAW *sentence* mild ③ POL gemäßigt ④ (*reasonable*) angemessen, vernünftig II. *n* ['mɒd°rət] POL Gemäßigte(r) *f(m)* III. *vt* ['mɒd°reɪt] (*make less extreme*) mäßigen; **to ~ one's voice** seine Stimme senken; **to have a moderating influence on sb/sth** einen mäßigenden Einfluss auf jdn/etw haben

mod·er·ate·ly ['mɒd°rətli] *adv* mäßig; **~ pleased/successful** einigermaßen zufrieden/erfolgreich; **~ priced** preisgünstig

mod·era·tion [ˌmɒd°r'eɪʃ°n] *n no pl* ① (*restraint*) Mäßigung *f*; **in ~** in Maßen; **to show ~** Maß halten ② (*making moderate*) *demands* Abschwächung *f*; *sentence* Milderung *f*; *voice* Senkung *f*

mod·era·tor ['mɒd°reɪtə'] *n* ① (*mediator*) Vermittler(in) *m(f)* ② AM (*of discussion*) Moderator(in) *m(f)* ③ BRIT SCH Prüfungsvorsitzende(r) *f(m)* ④ SCOT (*presiding minister*) Vorsitzende(r) *f(m)*

mod·ern ['mɒd°n] *adj* ① (*contemporary*)

modern ❷ (*not ancient or medieval*) modern, neuzeitlich; **~ Europe** Europa *nt* der Neuzeit; **~ times** Neuzeit *f*, Moderne *f*; **the ~ world** die heutige Welt

mod·erni·za·tion [ˌmɒdənaɪˈzeɪʃən] *n no pl* Modernisierung *f*

mod·ern·ize [ˈmɒdənaɪz] I. *vt* modernisieren II. *vi* modern werden

mod·est [ˈmɒdɪst] *adj* ❶ (*not boastful*) bescheiden, zurückhaltend ❷ (*fairly small*) *income, increase* bescheiden, mäßig ❸ (*not elaborate*) *furniture, house* einfach

mod·est·ly [ˈmɒdɪstli] *adv* ❶ (*approv: without boastfulness*) bescheiden, zurückhaltend ❷ (*chastely*) dezent; **to dress ~** sich dezent kleiden ❸ (*not expensively*) **~ priced** preisgünstig

mod·es·ty [ˈmɒdɪsti] *n* ❶ (*without boastfulness*) Bescheidenheit *f*, Zurückhaltung *f* ❷ (*chasteness*) Anstand *m*, Sittsamkeit *f*

modi·cum [ˈmɒdɪkəm] *n no pl* ■ **a ~** ein bisschen [*o* wenig]; **a ~ of decency** eine Spur von Anstand; **a ~ of truth** ein Körnchen Wahrheit

modi·fi·able [ˈmɒdɪfaɪəbl̩] *adj* modifizierbar, [ab]änderbar

modi·fi·ca·tion [ˌmɒdɪfɪˈkeɪʃən] *n* ❶ (*change*) Modifikation *f*, [Ab]änderung *f*; **to make a few ~s to sth** einige Änderungen an etw *dat* vornehmen ❷ *no pl* (*alteration*) *of engine* Modifikation *f* ❸ BIOL nichterbliche Änderung, Modifikation *f fachspr*

modi·fi·er [ˈmɒdɪfaɪəʳ] *n* LING näher bestimmendes Wort; (*as an adjective*) Beiwort *nt*; (*as an adverb*) Umstandswort *nt*

modi·fy <-ie-> [ˈmɒdɪfaɪ] *vt* ❶ (*change*) [ver]ändern ❷ (*alter*) *engine* modifizieren ❸ LING lautlich verändern, umlauten

mod·ish [ˈməʊdɪʃ] *adj* (*form*) modisch

modu·lar [ˈmɒdjələʳ] *adj* modular, Baukasten-; **~ system** UNIV Kursmodulsystem *nt*

modu·late [ˈmɒdjəleɪt] I. *vt* ❶ (*regulate*) anpassen, abstimmen ❷ (*adjust pitch*) *tone, voice* modulieren ❸ (*soften*) *noise, voice* dämpfen; *effect, impression* abschwächen ❹ ELEC, RADIO (*mix signals*) modulieren II. *vi* MUS [die Tonart] wechseln, modulieren *fachspr*

modu·la·tion [ˌmɒdjəˈleɪʃən] *n* ❶ (*adaptation*) Anpassung *f*, Abstimmung *f* ❷ ELEC, RADIO Modulation *f*, Aussteuerung *f* ❸ MUS [Tonart]wechsel *m*, Modulation *f fachspr*

mod·ule [ˈmɒdju:l] *n* ❶ (*unit*) Modul *nt*, Baustein *m* ❷ (*part of course*) Einheit *f*

mo·hair [ˈməʊheəʳ] *n* Mohair *m*

moist [mɔɪst] *adj* feucht; *cake* saftig

mois·ten [ˈmɔɪsən] I. *vt* anfeuchten II. *vi* feucht werden

mois·ture [ˈmɔɪstʃəʳ] *n* Feuchtigkeit *f*

mois·tur·ize [ˈmɔɪstʃəraɪz] *vt* befeuchten; **to ~ one's skin** seine Haut mit Feuchtigkeitscreme einreiben

mois·tur·iz·er [ˈmɔɪstʃəraɪzəʳ] *n*, **ˈmois·tur·iz·ing cream** *n* Feuchtigkeitscreme *f*

ˈmois·tur·iz·ing lo·tion *n* Feuchtigkeitslotion *f*

mojo [ˈmoʊdʒoʊ] *n no pl* (*fam*) Reize *pl*

mo·lar¹ [ˈməʊləʳ] *n* ❶ (*tooth*) Backenzahn *m* ❷ ZOOL Mahlzahn *m*

mo·lar² [ˈməʊləʳ] *adj* CHEM, PHYS Molar-, Mol-; *concentration* molar

mo·las·ses [məˈ(ʊ)læsɪz] *n no pl* Melasse *f*

mold AM *see* **mould**

mold·er *vi* AM *see* **moulder**

mold·ing *n* AM *see* **moulding**

moldy *adj* AM *see* **mouldy**

mole¹ [məʊl] *n* Maulwurf *m*

mole² [məʊl] *n* [kleines] Muttermal *nt*

mole³ [məʊl] *n* Mole *f*

mo·lecu·lar [məˈ(ʊ)lekjəˈləʳ] *adj* molekular, Molekular-

mol·ecule [ˈmɒlɪkju:l] *n* Molekül *nt*

mole·hill [ˈməʊlhɪl] *n* Maulwurfshügel *m*

mo·lest [məˈ(ʊ)lest] *vt* ❶ (*annoy*) belästigen ❷ (*harass*) schikanieren ❸ (*attack sexually*) [sexuell] belästigen

moll [mɒl] *n* ❶ (*sl: female companion of criminal*) Gangsterbraut *f sl* ❷ AUS (*female companion*) Braut *f fam*

mol·li·fy <-ie-> [ˈmɒlɪfaɪ] *vt* ❶ (*pacify*) besänftigen, beschwichtigen ❷ (*reduce*) *demands* mäßigen; *anger* mildern

mol·lusc [ˈmɒləsk], AM **mol·lusk** *n* Molluske *f*, Weichtier *nt*

mol·ly·cod·dle [ˈmɒliˌkɒdl̩] *vt* (*pej fam*) verhätscheln

Molotov cock·tail [ˌmɒlətɒfˈkɒkteɪl] *n* Molotowcocktail *m*

molt AM *see* **moult**

mol·ten [ˈməʊltən] *adj* geschmolzen; **~ bath** TECH Schmelzbad *nt*

mom [mɑ:m] *n* AM (*mum*) Mama *f*

mo·ment [ˈməʊmənt] *n* ❶ (*very short time*) Moment *m*, Augenblick *m*; **just a ~, please** nur einen Augenblick, bitte; **this will only take a ~** das dauert nur einen Augenblick; **the phone rang the ~ she came home** das Telefon klingelte in dem Augenblick, als sie nach Hause kam; **not a ~ too soon** gerade noch rechtzeitig; **at any ~** jeden Augenblick; **in a ~** gleich, sofort ❷ (*specific time*) Zeitpunkt *m*; **a ~ in time** ein historischer Augenblick; **the ~ of**

truth die Stunde der Wahrheit; ■ **at the ~** im Augenblick, momentan ► **to have one's ~s** [auch] seine guten Augenblicke haben

mo·men·tari·ly ['məʊmənt^ər^əli] *adv* ❶ (*briefly*) kurz, eine Weile; **to pause ~** kurz innehalten ❷ (*for some time*) momentan, vorübergehend ❸ (*instantly*) augenblicklich ❹ AM (*very soon*) gleich, in wenigen Augenblicken ❺ (*at any moment*) jederzeit, jeden Augenblick

mo·men·tary ['məʊmənt^əri] *adj* ❶ (*brief*) kurz ❷ (*transitory*) momentan, vorübergehend

mo·men·tous [mə(ʊ)'mentəs] *adj* bedeutsam, weitreichend, folgenschwer; *day* bedeutend

mo·men·tum [mə(ʊ)'mentəm] *n no pl* ❶ (*force*) Schwung *m*, Wucht *f*; **to gain ~** in Schwung kommen; **to give ~ to sth** etw in Schwung bringen ❷ PHYS Moment *nt*, Impuls *m fachspr*

mom·ma ['mɑːmə] *n* AM (*childspeak*) Mama *f*

mom·my ['mɑːmi] *n* AM (*childspeak*) Mama *f*, Mami *f*

Mona·co ['mɒnəkəʊ] *n* Monaco *nt*

mon·arch ['mɒnək] *n* Monarch(in) *m(f)*, Herrscher(in) *m(f)*

mo·nar·chic(al) [mɒn'ɑːkɪk(^əl)] *adj* ❶ (*of a monarch[y]*) monarchisch, königlich ❷ (*of monarchism*) monarchistisch

mon·arch·ism ['mɒnəkɪz^əm] *n no pl* Monarchismus *m*

mon·arch·ist ['mɒnəkɪst] *n* Monarchist(in) *m(f)*

mon·ar·chy ['mɒnəki] *n* Monarchie *f*

mon·as·tery ['mɒnəst^əri] *n* [Mönchs]kloster *nt*

mo·nas·tic [mə'næstɪk] *adj* ❶ REL (*concerning monks*) mönchisch, Mönchs-; (*concerning monasteries*) klösterlich, Kloster- ❷ (*austere*) enthaltsam; (*secluded*) zurückgezogen

Mon·day ['mʌndeɪ] *n* Montag *m*; *see also* **Tuesday**

mon·etary ['mʌnɪt^əri] *adj* ECON Geld-, Währungs-

mon·ey ['mʌni] *n no pl* ❶ (*cash*) Geld *nt*; **to be short of ~** knapp bei Kasse sein *fam*; **to put ~ into sth** Geld in etw *akk* stecken *fam*; **to raise ~** Geld aufbringen; **to spend ~** Geld ausgeben ❷ (*fam: pay*) Bezahlung *f*, Verdienst *m*; **they earn good ~ in that company** bei dieser Firma verdient man gutes Geld ► **~ doesn't grow on trees** (*prov*) Geld wächst nicht einfach nach; **to be in the ~** in Geld schwimmen; **to be [not] made of ~** [k]ein Krösus sein

'mon·ey·bags *n* <*pl* -> (*hum, pej fam*) Geldsack *m* **'mon·ey·box** *n* BRIT Sparbüchse *f*; *for collection* Sammelbüchse *f* **'mon·ey·chang·er** *n* ❶ (*person*) [Geld]wechsler(in) *m(f)* ❷ (*device*) tragbarer Münzwechsler

mon·eyed ['mʌnɪd] *adj* (*form*) vermögend, wohlhabend

'mon·ey·mak·ing I. *adj* einträglich, gewinnbringend **II.** *n* Gelderwerb *m* **'mon·ey mar·ket** *n* Geldmarkt *m* **'mon·ey or·der** *n esp* AM, AUS Postanweisung *f*, Zahlungsanweisung *f* **'mon·ey·spin·ner** *n* BRIT ❶ (*profitable business*) Bombengeschäft *nt fam* ❷ (*profitable product*) Renner *m fam*

mon·gol ['mɒŋgəl] *n* MED (*dated or pej!*) Mongoloide(r) *f(m)*

Mon·gol ['mɒŋgəl] **I.** *n* ❶ (*person*) Mongole *m*/Mongolin *f*; MED (*dated or pej!*) Mongoloide(r) *f(m)* ❷ *no pl* (*language*) Mongolisch *nt*, das Mongolische **II.** *adj* mongolisch

Mon·go·lia [mɒŋ'gəʊliə] *n* Mongolei *f*

Mon·go·lian [mɒŋ'gəʊliən] **I.** *adj* mongolisch **II.** *n* ❶ (*person*) Mongole *m*/Mongolin *f* ❷ (*language*) Mongolisch *nt*

mon·gol·ism ['mɒŋg^əlɪz^əm] *n no pl* MED (*dated or pej!*) Mongolismus *m*

mon·grel ['mʌŋgrəl] **I.** *n* ❶ BOT, ZOOL (*result of crossing*) Kreuzung *f* ❷ (*esp pej: dog breed*) Promenadenmischung *f hum o pej*, Töle *f* NORDD ❸ (*person*) Mischling *m oft pej*; (*cross between things*) Zwischending *nt* **II.** *adj* Misch-; **~ species** Kreuzung *f*

moni·tor ['mɒnɪtə^r] **I.** *n* ❶ (*screen*) Bildschirm *m*, Monitor *m*; **colour ~** Farbbildschirm *m*, Farbmonitor *m* ❷ POL (*observer*) Beobachter(in) *m(f)* ❸ (*device*) Anzeigegerät *nt*, Monitor *m* ❹ SCH (*dated: in school*) Aufsichtsschüler(in) *m(f)* ❺ ZOOL (*lizard*) Waran *m* **II.** *vt* ❶ (*check*) beobachten, kontrollieren, überprüfen ❷ RADIO, TELEC, TV (*view/listen in on*) *device, person* abhören, mithören ❸ (*maintain quality*) *person, device* überwachen; **~ing station** Überwachungsstation *f* ❹ (*keep under surveillance*) *person, device* überwachen

moni·tor·ing ['mɒnɪt^ərɪŋ] *n no pl* Überwachung *f*, Aufsicht *f*; **~ system** Überwachungssystem *nt*

monk [mʌŋk] *n* Mönch *m*

mon·key ['mʌŋki] **I.** *n* ❶ (*animal*) Affe *m*

② (*fam: mischievous child*) Schlingel *m* ▶ **I don't give a ~'s** [**what**] ... BRIT (*sl*) es interessiert mich einen Dreck [was] ... *fam* **II.** *vt* AM nachäffen
'mon·key busi·ness *n no pl* (*silliness*) Blödsinn *m*, Unfug *m* **②** (*trickery*) krumme Touren, faule Tricks **'mon·key nut** *n* BRIT Erdnuss *f* **'mon·key wrench** *n esp* AM Universal|schrauben|schlüssel *m*
'monk·fish *n* Seeteufel *m*
mono ['mɒnəʊ] **I.** *n no pl* MUS Mono *nt* **II.** *adj* Mono-
mono·chrome ['mɒnəkrəʊm] *adj* **①** PHOT (*black and white*) Schwarzweiß- **②** (*using one colour*) einfarbig, monochrom **③** (*unexciting*) eintönig **mono·cle** ['mɒnəkl] *n* (*hist*) Monokel *nt*
mo·noga·mous [məˈnɒɡəməs] *adj* monogam
mo·noga·my [məˈnɒɡəmi] *n no pl* Monogamie *f*
mono·gram ['mɒnəɡræm] *n* Monogramm *nt* **mono·graph** ['mɒnəɡrɑːf] *n* Monographie *f fachspr*, Einzeldarstellung *f* **mono·lin·gual** [ˌmɒnə(ʊ)ˈlɪŋɡwəl] *adj* einsprachig
mono·lith ['mɒnə(ʊ)lɪθ] *n* **①** ARCHEOL (*single block*) Monolith *m* **②** (*fig: sth huge*) Koloss *m; building* monumentales Gebäude; *organization* gigantische Organisation **③** (*fig: sth unchangeable*) *movement, society* Monolith *m*
mono·lith·ic [ˌmɒnə(ʊ)ˈlɪθɪk] *adj* **①** ARCHEOL monolithisch **②** (*fig: huge*) *building, structure* monumental **③** (*pej: unchangeable*) monolithisch, starr
mono·log *n* AM *see* **monologue**
mono·logue ['mɒnəlɒɡ] *n also* THEAT Monolog *m*
mo·nopo·lize [məˈnɒpəlaɪz] *vt* **①** ECON (*control*) monopolisieren, [allein] beherrschen **②** (*keep for oneself*) ▪ **to ~ sb/sth** jdn/etw ganz für sich *akk* beanspruchen, jdn/etw mit Beschlag belegen; **to ~ the conversation** das Gespräch an sich reißen
mo·nopo·ly [məˈnɒpəli] *n* Monopol *nt;* ▪ **to have a ~ of/on sth** ein Monopol auf etw *akk* haben
mono·rail ['mɒnə(ʊ)reɪl] *n* Einschienenbahn *f* **mono·so·dium glu·ta·mate** [ˌmɒnə(ʊ)səʊdiəmˈɡluːtəmeɪt] *n no pl* CHEM [Mono]natriumglutamat *nt*, Glutamat *nt* **mono·syl·lab·ic** [ˌmɒnə(ʊ)sɪˈlæbɪk] *adj* **①** LING einsilbig **②** (*pej: taciturn*) wortkarg, kurz angebunden **mono·tone** ['mɒnətəʊn] *n no pl* **①** (*tone*) gleich bleibende Stimmlage, monotoner Klang **②** (*single tone*) gleich bleibender Ton; **to speak in a ~** monoton sprechen **③** (*delivery*) monotone Rezitation
mo·noto·nous [məˈnɒtənəs] *adj* eintönig, monoton
mo·noto·nous·ly [məˈnɒtənəsli] *adv* **①** (*repetitiously*) immer wieder, unablässig **②** (*without variation*) eintönig, monoton
mo·noto·ny [məˈnɒtəni] *n no pl* Monotonie *f*, Eintönigkeit *f*
mono·type ['mɒnə(ʊ)taɪp] *n* **①** TYPO (*single print*) einzelner Abdruck *m*; (*single type*) Einzelbuchstabe *m*, Monotype *f fachspr* **②** BIOL (*type*) einzige Art (*einer Gattung*)
mono·un·ˈsatu·rat·ed *adj* einfach-ungesättigt
mo·no·xide [məˌnɒksaɪd] *n* Monoxid *nt*
mon·soon [mɒnˈsuːn] *n* **①** (*wind*) Monsun *m* **②** (*season of heavy rain*) ▪ **the ~**[**s**] der Monsun *kein pl*
mon·ster ['mɒn(t)stər] **I.** *n* **①** (*imaginary creature*) Monster *nt*, Ungeheuer *nt* **②** (*unpleasant person*) Scheusal *nt*, Ungeheuer *nt a. hum*, Monster *nt;* (*inhuman person*) Unmensch *m* **③** (*fam: huge thing*) Ungetüm *nt*, Monstrum *nt* **II.** *adj attr* (*fam: huge*) ungeheuer, Mords- *fam;* **~ meeting** Mammutsitzung *f*
mon·stros·ity [mɒnˈstrɒsəti] *n* **①** (*awfulness*) Scheußlichkeit *f;* (*outrageousness*) Ungeheuerlichkeit *f;* (*hugeness*) Riesengröße *f* **②** (*huge thing*) Ungetüm *nt*, Monstrum *nt*
mon·strous ['mɒn(t)strəs] *adj* **①** (*huge*) ungeheuer, monströs **②** (*outrageous*) ungeheuerlich **③** (*awful*) scheußlich; *cruelty* abscheulich **④** (*misshapen*) missgestaltet
mon·tage [mɒnˈtɑːʒ] *n* Montage *f*
month [mʌn(t)θ] *n* Monat *m;* **to take a two ~ holiday** zwei Monate Urlaub nehmen; **a ~'s notice** eine einmonatige Kündigungsfrist; **to be three ~s old** drei Monate alt sein
month·ly ['mʌn(t)θli] **I.** *adj* monatlich, Monats- **II.** *adv* monatlich, einmal im Monat **III.** *n* Monatsschrift *f*, monatlich erscheinende Zeitschrift
monu·ment ['mɒnjəmənt] *n* **①** (*fig: memorial*) Mahnmal *nt fig* **②** (*historical structure*) Denkmal *nt*, Monument *nt;* **historic ~** Baudenkmal *nt*
monu·men·tal [ˌmɒnjəˈmentəl] *adj* **①** (*tremendous*) gewaltig, kolossal, eindrucksvoll **②** ART (*large-scale*) monumental **③** (*on monuments*) Gedenk-, Denkmal- *f* **④** (*built as monuments*) als Denkmal errichtet

moo [muː] **I.** *n* Muhen *nt kein pl* **II.** *interj* muh **III.** *vi* muhen

mood[1] [muːd] *n* Laune *f*, Stimmung *f*; **in a bad/good ~** gut/schlecht gelaunt; **the public ~** die allgemeine Stimmung; **to be in a talkative ~** zum Erzählen aufgelegt sein; ■**to not be in the ~ to do sth** zu etw *dat* keine Lust haben; **he'll cooperate or not, as the ~ takes him** mal ist er kooperativ, mal nicht, je nach Lust und Laune

mood[2] [muːd] *n* LING Modus *m fachspr*

moodi·ness ['muːdɪnəs] *n no pl* ❶ (*sullenness*) Missmut *m*, Verdrossenheit *f*; (*bad-temperedness*) Übellaunigkeit *f*; (*gloominess*) Trübsinnigkeit *f* ❷ PSYCH (*capriciousness*) Unausgeglichenheit *f*

moody ['muːdi] *adj* ❶ (*sullen*) missmutig, verdrossen; (*bad-tempered*) übel [*o* schlecht] gelaunt ❷ (*temperamental*) launisch

moon [muːn] **I.** *n no pl* ASTRON Mond *m*; **full ~** Vollmond *m*; **new ~** Neumond *m* ▶ **to be over the ~ about sth** über etw *akk* überglücklich sein **II.** *vt* (*sl*) ■**to ~ sb** jdm den blanken Hintern [in der Öffentlichkeit] zeigen **III.** *vi* ❶ (*sl*) ■**to ~ [at sb]** [jdm] seinen nackten Hintern zeigen ❷ (*remember nostalgically*) ■**to ~ over sb/sth** von jdm/etw träumen ◆**moon about, moon around** *vi* [ziellos] herumlaufen

'**moon·beam** *n* Mondstrahl *m* '**moon boots** *npl* Moonboots *pl* (*dicke Synthetik-Wintersteifel*) '**moon·calf** *n* Mondkalb *nt* '**moon·light I.** *n no pl* (*moonshine*) Mondlicht *nt* **II.** *vi* <-lighted> (*fam: work at a second job*) schwarzarbeiten '**moon·lit** *adj attr* (*lighted*) mondhell; **~ room** Zimmer *nt* im Mondlicht '**moon·shine** *n no pl* ❶ (*moonlight*) Mondschein *m* ❷ (*fam: liquor*) schwarz gebrannter Alkohol '**moon·stone** *n* Mondstein *m*

moor[1] [mɔːʳ] *n* Heideland *nt*, [Hoch]moor *nt*

moor[2] [mɔːʳ] NAUT **I.** *vt* festmachen, vertäuen *fachspr* **II.** *vi* festmachen

moor·hen ['mɔːhen] *n* [weibliches] Moorhuhn

moor·ing ['mɔːrɪŋ] *n* NAUT ❶ (*berth*) Liegeplatz *m* ❷ (*ropes*) ■**~s** *pl* Vertäuung *f fachspr*

moose <*pl* -> [muːs] *n* AM Elch *m*

moot [muːt] **I.** *adj* (*open to debate*) strittig; **~ point** Streitfrage *f* **II.** *vt* ❶ (*form: present*) issue, subject anschneiden; **to ~ a point** einen Punkt zur Sprache bringen; ■**to be ~ed** angesprochen werden ❷ (*discuss*) erörtern

mop [mɒp] **I.** *n* ❶ (*for cleaning*) Mopp *m* ❷ *no pl* (*wiping*) **to give sth a ~** etw moppen ❸ (*mass of hair*) **she tied back her unruly ~ with a large ribbon** sie hielt ihr widerspenstiges Wuschelhaar hinten mit einem großen Band zusammen; AM (*sl: hairdo*) Frisur *f* **II.** *vt* <-pp-> ❶ (*clean with mop*) feucht wischen ❷ (*wipe*) **to ~ one's face/brow** sich *dat* den Schweiß vom Gesicht/von der Stirn wischen

mope [məʊp] *vi* Trübsal blasen, dumpf vor sich *akk* hinbrüten ◆**mope about, mope around** *vi* trübsinnig herumschleichen

mo·ped ['məʊped] *n* Moped *nt*

mo·raine [mɒr'eɪn] *n* Moräne *f*

mor·al ['mɒrᵊl] **I.** *adj* ❶ (*ethical*) moralisch, ethisch; **on ~ grounds** aus moralischen Gründen ❷ (*virtuous*) person moralisch, anständig **II.** *n* ❶ (*of story*) Moral *f* ❷ (*standards of behaviour*) ■**~s** *pl* Moralvorstellungen *pl*, moralische Grundsätze; **a person of loose ~s** jd mit lockerem Lebenswandel

mo·rale [mə'rɑːl] *n no pl* Moral *f*, Stimmung *f*; **~ is high/low** die Stimmung ist gut/schlecht

mor·al·ist ['mɒrᵊlɪst] *n* Moralist(in) *m(f)*

mo·ral·ity [mə'ræləti] *n* ❶ *no pl* (*moral principles*) moralische Grundsätze ❷ (*moral system*) Ethik *f* ❸ (*conformity*) Sittlichkeit *f* ❹ *no pl* (*justifiability*) moralische Berechtigung

mor·al·ize ['mɒrᵊlaɪz] *vi* moralisieren; ■**to ~ about sth** über etw *akk* Moral predigen

mor·al·ly ['mɒrᵊli] *adv* ❶ (*ethically*) moralisch, ethisch, sittlich; **~ right/superior/wrong** moralisch richtig/überlegen/falsch ❷ (*virtuously*) [moralisch] einwandfrei, anständig

mo·rass [mə'ræs] *n usu sing* ❶ (*bog*) Morast *m* ❷ (*fig: complex situation*) Wirrwarr *m*; **to be caught in a ~ of debt** tief in Schulden stecken

mora·to·rium <*pl* -s *or* -ria> [ˌmɒrə'tɔːriəm, *pl* -riə] *n* ❶ (*suspension*) befristete Einstellung (**on**) ❷ (*period of waiting*) Wartefrist *f* ❸ COMM (*period of delay*) Moratorium *nt*

mor·bid ['mɔːbɪd] *adj* ❶ (*unhealthy*) morbid, krankhaft; (*gruesome*) makaber ❷ MED (*of disease*) pathologisch *fachspr*; (*induced by disease*) krank

mor·bid·ity [mɔː'bɪdəti] *n no pl of imagination, mind* Krankhaftigkeit *f*, Morbidität *f*

mor·bid·ly ['mɔːbɪdli] *adv* krankhaft
more [mɔːʳ] **I.** *adj comp of* **many, much** noch mehr; **two ~ days until Christmas** noch zwei Tage bis Weihnachten; **we can't take on any ~ patients** wir können keine weiteren Patienten mehr aufnehmen; **some ~ coffee?** noch etwas Kaffee?; **you need a lot ~ money than that** du brauchst viel mehr Geld als das; **~ and ~ people buy things on the internet** immer mehr Leute kaufen Sachen im Internet; **just one ~ thing before I go** nur noch eins, bevor ich gehe; **I'd be ~ than happy to oblige** es wäre mir ein Vergnügen **II.** *pron* ❶ *(greater amount)* mehr; **tell me ~** erzähl mir mehr; **~ and ~ came** es kamen immer mehr; **we see ~ of him these days** wir sehen ihn zur Zeit öfter; **she's ~ of a poet than a musician** sie ist eher Dichterin als Musikerin; **the noise was ~ than I could bear** ich konnte den Lärm nicht ertragen; **is there any ~?** ist noch etwas da?; **no ~** nichts weiter; *(countable)* keine mehr ❷ **all the ~ ...** umso mehr ...; **the ~ the better** je mehr desto besser; **the ~ he drank, the ~ violent he became** je mehr er trank, desto gewalttätiger wurde er **III.** *adv* ❶ *(forming comparatives)* **let's find a ~ sensible way of doing it** wir sollten eine vernünftigere Lösung finden; **you couldn't be ~ wrong** du könntest nicht mehr danebenliegen! *fam;* **play that last section ~ passionately** spiele den letzten Teil leidenschaftlicher; **~ importantly** wichtiger noch; **it's becoming ~ and ~ likely that she'll resign** es wird immer wahrscheinlicher, dass sie zurücktritt; **vacancies were becoming ~ and ~ rare** es gab immer weniger freie Stellen ❷ *(to a greater extent)* mehr; **you should listen ~ and talk less** du solltest besser zuhören und weniger reden; **they like classical music ~ than pop** sie mögen klassische Musik lieber als Pop; **I couldn't agree with you ~, Professor** ganz meine Meinung, Herr Professor; **each diamond was worth £10,000 or ~** jeder Diamant war mindestens 10.000 Pfund wert; **we'll be ~ than happy to help** wir helfen sehr gerne; **she's now all the ~ determined to succeed** sie ist jetzt umso entschlossener, erfolgreich zu sein; **to think ~ of sb** eine höhere Meinung von jdm haben ❸ *(longer)* **to be no ~** *times* vorüber sein; *person* gestorben sein; **I don't do yoga any ~** ich habe mit Yoga aufgehört ❹ *(rather)* eher; **it's not so much a philosophy, ~ a way of life** es ist nicht so sehr eine Philosophie, als eine Lebensart; **~ dead than alive** mehr tot als lebendig ▶ **~ or less** *(all in all)* mehr oder weniger; *(approximately)* ungefähr; **that's ~ like it** *(fam)* schon besser; **~ often than not** meistens
mo·rel·lo [məˈreləʊ] *n* Morelle *f*
more·over [mɔːˈrəʊvəʳ] *adv* *(form)* zudem, ferner
morgue [mɔːg] *n esp* AM, AUS *(mortuary)* Leichen[schau]haus *nt*
mori·bund ['mɒrɪbʌnd] *adj* *(form)* ❶ *(near death) person* dem Tode geweiht; MED im Sterben liegend *attr* ❷ *(near extinction) custom, species* im Aussterben begriffen; *civilization, nation, people* dem Untergang geweiht *geh*
Mor·mon ['mɔːmən] **I.** *n* Mormone *m*/Mormonin *f* **II.** *adj* mormonisch, Mormonen-
morn·ing ['mɔːnɪŋ] **I.** *n* Morgen *m,* Vormittag *m;* **all ~** den ganzen Vormittag; **at four in the ~** um vier Uhr früh; **[from] ~ till night** von morgens bis abends; **tomorrow ~** morgen Vormittag; **yesterday ~** gestern Morgen **II.** *interj* *(fam)* Morgen!; **good ~!** guten Morgen!
morn·ing-ˈaf·ter pill *n* ■**the ~** die Pille danach 'morn·ing coat *n* Cut[away] *m fachspr* morn·ing ˈnews·pa·per *n,* morn·ing ˈpa·per *n* Morgenzeitung *f* Morn·ing ˈPrayer *n usu pl* Frühgottesdienst *m (in der anglikanischen und protestantischen Kirche),* Frühmesse *f (in der römisch-katholischen Kirche)* 'morn·ing sick·ness *n no pl* morgendliche Übelkeit morn·ing ˈstar *n (planet, weapon)* Morgenstern *m*
Mo·roc·can [məˈrɒkən] **I.** *n* Marokkaner(in) *m(f)* **II.** *adj* marokkanisch
Mo·roc·co [məˈrɒkəʊ] *n* Marokko *nt*
mor·on ['mɔːrɒn] *n (pej fam)* Trottel *m*
mo·ron·ic [mɔːˈrɒnɪk] *adj (pej fam)* blöde
mo·rose [məˈrəʊs] *adj* mürrisch, griesgrämig
mo·rose·ness [məˈrəʊsnəs] *n* Verdrießlichkeit *f,* Grant *m* ÖSTERR
mor·pheme ['mɔːfiːm] *n* Morphem *nt*
mor·phia ['mɔːfiə] *n (dated),* **mor·phine** ['mɔːfiːn] *n* Morphium *nt*
mor·pho·logi·cal [ˌmɔːfəˈlɒdʒɪkəl] *adj* BIOL, GEOL, LING morphologisch
mor·phol·ogy [ˌmɔːˈfɒlədʒi] *n* BIOL, GEOL, LING Morphologie *f*
mor·ris dance ['mɒrɪs,-] *n,* **mor·ris danc·ing** *n* BRIT Moriskentanz *m*

Morse [mɔːs] *n*, **Morse 'code** *n no pl* Morsezeichen *pl*, Morsealphabet *nt*

mor·sel ['mɔːsəl] *n* ❶ (*of food*) Bissen *m*, Happen *m* ❷ (*tasty dish*) Leckerbissen *m* ❸ (*fig: small bit*) ▪ **a ~** ein bisschen

mor·tal ['mɔːtəl] **I.** *adj* ❶ (*subject to death*) sterblich ❷ (*human*) menschlich ❸ (*temporal*) irdisch, vergänglich ❹ (*fatal*) tödlich ❺ (*implacable*) Tod-, tödlich, erbittert ❻ (*extreme*) Todes-, höchste(r, s); **to be in ~ fear** sich zu Tode ängstigen **II.** *n* (*liter*) Sterbliche(r) *f(m)*; **ordinary ~** (*hum*) Normalsterbliche(r) *f(m)*

mor·tal·ity [mɔːˈtæləti] *n no pl* ❶ (*condition*) Sterblichkeit *f* ❷ (*character*) Vergänglichkeit *f* ❸ (*humanity*) [sterbliche] Menschheit *f* ❹ (*frequency*) Sterblichkeit *f*

mor·tar ['mɔːtər] *n* ❶ *no pl* ARCHIT, TECH (*mixture*) Mörtel *m* ❷ CHEM, MIL Mörser *m*

'mor·tar·board *n* ❶ ARCHIT, TECH (*board*) Mörtelmischtisch *m* ❷ UNIV (*cap*) [quadratisches] Barett

mort·gage ['mɔːgɪdʒ] **I.** *n* COMM, LAW ❶ (*conveyance of property*) Verpfändung *f* fachspr ❷ (*amount*) Hypothek *f*; **to pay the ~** die Hypothek abtragen; **to pay off a ~** eine Hypothek tilgen **II.** *vt* hypothekarisch belasten

mor·tice *n see* **mortise**

mor·ti·cian [mɔːˈtɪʃən] *n* AM (*undertaker*) Leichenbestatter(in) *m(f)*

mor·ti·fi·ca·tion [ˌmɔːtɪfɪˈkeɪʃən] *n no pl* (*form*) ❶ (*humiliation*) Kränkung *f*, Demütigung *f* ❷ (*shame*) Beschämung *f*, Scham *f*

mor·ti·fy <-ie-> ['mɔːtɪfaɪ] *vt usu passive* ▪ **to be mortified** (*be humiliated*) gedemütigt sein; (*be ashamed*) sich schämen; (*be embarrassed*) sich ärgern

mor·tise ['mɔːtɪs] **I.** *n* TECH (*hole*) in carpentry Stemmloch *nt* fachspr **II.** *vt* TECH ▪ **to [tenon and] ~ sth** etw verzapfen

'mor·tise lock *n* [Ein]steckschloss *nt*

mor·tu·ary ['mɔːtʃuəri] *n* Leichen[schau]haus *nt*

mo·sa·ic [məʊˈzeɪɪk] *n* Mosaik *nt*

Mos·cow ['mɒskəʊ] *n* Moskau *nt*

Mos·lem ['mɒzləm] *adj*, *n see* **Muslim**

mosque [mɒsk] *n* Moschee *f*

mos·qui·to <*pl* -es *or* -s> [mɒsˈkiːtəʊ] *n* Moskito *m*

mos·'qui·to net *n* Moskitonetz *nt*

moss <*pl* -es> [mɒs] *n* ❶ (*plant*) Moos *nt* ❷ BRIT, SCOT (*bog*) ▪ **the ~es** das [Torf]moor *kein pl*

mossy ['mɒsi] *adj* ❶ (*overgrown with moss*) bemoost, moosbedeckt ❷ (*resembling moss*) moos-, moosartig

most [məʊst] **I.** *pron* ❶ (*largest quantity*) ▪ **the ~** am meisten; **what's the ~ you've ever won at cards?** was war das meiste, das du beim Kartenspielen gewonnen hast?; **at the [very] ~** [aller]höchstens; **I spent ~ of the winter on the coast** ich verbrachte einen Großteil des Winters an der Küste ❷ *pl* (*the majority*) die Mehrheit ❸ (*best*) ▪ **the ~** höchstens; **the ~ I can do is try** ich kann nicht mehr tun als es versuchen; **to get the ~ out of life** das meiste aus dem Leben machen; **to make the ~ of sth** das Beste aus etw *dat* machen; **it's a lovely day — we must make the ~ of it** was für ein schöner Tag – wir müssen ihn nutzen **II.** *adj det* ❶ (*greatest in amount, degree*) am meisten ❷ (*majority of, nearly all*) die meisten **III.** *adv* ❶ (*forming superlative*) im Deutschen durch Superlativ ausgedrückt; **that's what I'm ~ afraid of** davor habe ich die meiste Angst; **~ easily/rapidly/thoroughly** am leichtesten/schnellsten/gründlichsten ❷ (*form: extremely*) höchst, äußerst, überaus *geh;* **~ certainly** ganz bestimmt; **~ likely** höchstwahrscheinlich; **~ unlikely** höchst unwahrscheinlich ❸ (*to the greatest extent*) ▪ **at ~** am höchstens; **~ of all, I hope that ...** ganz besonders hoffe ich, dass ... ❹ AM (*fam: almost*) beinah[e], fast

most·ly ['məʊs(t)li] *adv* ❶ (*usually*) meistens ❷ (*in the main*) größtenteils, im Wesentlichen ❸ (*chiefly*) hauptsächlich, in der Hauptsache

MOT[1] [ˌeməʊˈtiː] *n* BRIT (*fam*) *abbrev of* **Ministry of Transport** Verkehrsministerium *nt*

MOT[2] [ˌeməʊˈtiː] **I.** *n* ~ [**test**] TÜV *m;* **has your car had its ~ yet?** war dein Auto schon beim TÜV?; ~ [**certificate**] TÜV-Bescheinigung *f* **II.** *vt* <MOT'd, MOT'd> *usu passive* (*fam*) **to ~ a car** ein Auto zum TÜV bringen

mo·tel [məʊˈtel] *n* Motel *nt*

moth [mɒθ] *n* Motte *f*, Nachtfalter *m*

'moth·ball I. *n* Mottenkugel *f* **II.** *vt usu passive* ❶ (*put in disuse*) *clothes* einmotten ❷ (*postpone*) auf Eis legen **'motheat·en** *adj* ❶ (*eaten into*) mottenzerfressen ❷ (*outmoded*) *ideas, theories* verstaubt

moth·er ['mʌðər] **I.** *n* (*female parent*) Mutter *f* ▸ **the ~ of all ...** der/die/das allergrößte ...; (*the most extreme: worst*) der/die/das Schlimmste aller *gen* ...; (*best*) herausragend; **the ~ of all battles** die

Mutter aller Schlachten; **the ~ of all storms** der Sturm der Stürme **II.** *vt* bemuttern

moth·er ˈcoun·try *n* ❶ (*country of origin*) Mutterland *nt* ❷ (*home country*) Vaterland *nt*, Heimatland *nt*

moth·er·hood [ˈmʌðəhʊd] *n no pl* Mutterschaft *f*

moth·er·ing [ˈmʌðərɪŋ] *adj attr skills* Mutter-, mütterlich

ˈmoth·er-in-law <*pl* mothers- *or* -s> *n* Schwiegermutter *f*

moth·er·ly [ˈmʌðəli] *adj* mütterlich; **~ love** Mutterliebe *f*

moth·er-of-ˈpearl *n* Perlmutt *nt*

ˈMoth·er's Day *n* Muttertag *m*

ˈmoth·er tongue *n* Muttersprache *f*

mo·tif [məʊˈtiːf] *n* ❶ (*design*) Motiv *nt* ❷ LIT, MUS (*theme*) [Leit]motiv *nt* ❸ (*feature*) Leitgedanke *m*

mo·tion [ˈməʊʃən] **I.** *n* ❶ *no pl* (*movement*) Bewegung *f*, Gang *m*; **in slow ~** in Zeitlupe; **to put sth in ~** etw in Gang bringen ❷ (*gesture*) Bewegung *f*, Zeichen *nt* ❸ POL (*proposal*) Antrag *m* *fachspr*; **to defeat a ~** einen Antrag ablehnen; **to pass a ~** einen Antrag annehmen **II.** *vt* ▪ **to ~ sb to do sth** jdn durch einen Wink auffordern, etw zu tun; **she ~ed us to sit down** sie bedeutete uns, Platz zu nehmen **III.** *vi* ▪ **to ~ to sb to do sth** jdn durch einen Wink auffordern, etw zu tun

mo·tion·less [ˈməʊʃənləs] *adj* bewegungslos, reg[ungs]los **mo·tion ˈpic·ture** *n* AM [Spiel]film *m*

mo·ti·vate [ˈməʊtɪveɪt] *vt* ❶ (*provide with motive*) **they are ~d by a desire to help people** ihre Handlungsweise wird von dem Wunsch bestimmt, anderen zu helfen; **what ~d their sudden change of heart?** was war der innere Anlass für ihren plötzlichen Sinneswandel?; **I don't quite understand what ~s the actions of such people** ich kann die Beweggründe für die Handlungsweise dieser Leute nicht ganz nachvollziehen ❷ (*arouse interest*) motivieren, anregen; ▪ **to ~ sb to do sth** jdn dazu bewegen [*o* veranlassen], etw zu tun; **motivating force** treibende Kraft

mo·ti·va·tion [ˌməʊtɪˈveɪʃən] *n* ❶ (*reason*) Begründung *f*, Veranlassung *f* (**for** für) ❷ *no pl* (*drive*) Antrieb *m*, Motivation *f*

mo·tive [ˈməʊtɪv] **I.** *n* Motiv *nt*, Beweggrund *m* (**for** für); **ulterior ~** tieferer Beweggrund **II.** *adj attr* ❶ PHYS, TECH (*creating motion*) bewegend, Antriebs- ❷ (*motivating*) *force, spirit* treibend

mot·ley [ˈmɒtli] *adj attr* ❶ (*of different colours*) bunt, vielfarbig ❷ (*also pej: heterogeneous*) bunt [gemischt]; **~ bunch** bunt gemischter Haufen

mo·tor [ˈməʊtəʳ] **I.** *n* ❶ (*engine*) Antriebsmaschine *f*, [Verbrennungs]motor *m*, Triebwerk *nt* ❷ BRIT (*fam: car*) Auto *nt* ❸ ANAT (*motor nerve*) motorischer Nerv *fachspr*; (*organ*) Muskel *m* **II.** *adj attr* ❶ BRIT, AUS (*of motor vehicles*) Auto- ❷ ANAT Bewegungs-, Muskel-, motorisch *fachspr* **III.** *vi* (*drive*) [Auto] fahren

ˈmo·tor·bike *n* (*fam*) Motorrad *nt* **ˈmo·tor·boat** *n* Motorboot *nt* **ˈmo·tor car** *n* ❶ BRIT (*dated: car*) Automobil *nt* ❷ AM RAIL Draisine *f* **ˈmo·tor·cy·cle** *n* Motorrad *nt* **ˈmo·tor·cy·cling** *n no pl* Motorradfahren *nt* **ˈmo·tor·cy·clist** *n* Motorradfahrer(in) *m(f)* **ˈmo·tor-driv·en** *adj* Motor-, mit Motorantrieb *nach n*

mo·tor·ing [ˈməʊtərɪŋ] **I.** *adj attr* BRIT Fahr-; **~ offence** LAW Verkehrsdelikt *nt*; **~ organization** Automobilklub *m* **II.** *n* Fahren *nt*

ˈmo·tor·ing school *n* Fahrschule *f*

mo·tor·ist [ˈməʊtərɪst] *n* Kraftfahrer(in) *m(f)*, Automobilist(in) *m(f)* ÖSTERR, SCHWEIZ

mo·tor·ized [ˈməʊtəraɪzd] *adj* ❶ MIL motorisiert *fachspr* ❷ (*with a motor*) **~ wheelchair** elektrisch betriebener Rollstuhl

ˈmo·tor rac·ing *n* BRIT Autorennsport *m* **ˈmo·tor scoot·er** *n* Motorroller *m* **ˈmo·tor ve·hi·cle** *n* Kraftfahrzeug *nt* **ˈmo·tor·way** *n* BRIT Autobahn *f*

mot·tled [ˈmɒtld] *adj* ❶ (*colourfully patterned*) [bunt] gesprenkelt ❷ (*diversified in shade*) *wood, marble* gemasert ❸ (*pej: blotchy*) *complexion, skin* fleckig ❹ GEOL (*coloured*) *clay, sandstone* Bunt-

mot·to <*pl* -s *or* -es> [ˈmɒtəʊ] *n* Motto *nt*

mould¹ [məʊld] *n no pl* BOT Schimmel *m*

mould² [məʊld] **I.** *n* ❶ (*shape*) Form *f* ❷ (*fig*) Typ *m*; **to be out of the same ~** sich *dat* gleichen wie ein Ei dem anderen; **to be cast in the same/a different ~** aus dem gleichen/einem anderen Holz geschnitzt sein; **to break the ~** [of sth] neue Wege in etw *dat* gehen **II.** *vt* formen; ▪ **to ~ sb into sth** jdn zu etw *dat* machen

mould·er [ˈməʊldəʳ] *vi* schimmeln; (*fig*) vergammeln *fam* **mould·ing** [ˈməʊldɪŋ] *n* ARCHIT Fries *m*; (*stucco*) Stuck *m* *kein pl*; ART [Zier]leiste *f*

mouldy [ˈməʊldi] *adj food* schimmelig, verschimmelt; ▪ **to go ~** [ver]schimmeln

moult [məʊlt] *vi birds* [sich] mausern;

snakes, insects, crustaceans sich häuten; *cats, dogs* haaren

mound [maʊnd] *n* ❶ (*pile*) Haufen *m*; (*small hill*) Hügel *m*; (*in baseball: pitcher's mound*) [erhöhtes] Wurfmal ❷ (*large quantity*) Masse *f*, Haufen *m fam*

mount [maʊnt] **I.** *n* ❶ (*horse*) Pferd *nt* ❷ (*backing, setting*) *of picture, photo* Halterung *f*; *of jewel* Fassung *f* **II.** *vt* ■ to ~ sth ❶ (*support for equipment*) etw aufhängen; (*get on to ride*) auf etw *akk* [auf]steigen; **to ~ a camera on a tripod** eine Kamera auf ein Stativ montieren ❷ (*go up*) etw hochsteigen; *stairs* etw hochgehen ❸ (*organize*) etw organisieren; *attack, campaign* etw starten ❹ (*fix for display*) etw befestigen; **to ~ sth in a frame** etw rahmen ❺ (*mate*) etw bespringen **III.** *vi* ❶ (*increase*) wachsen, [an]steigen, größer werden ❷ (*get on a horse*) aufsteigen

moun·tain ['maʊntɪn] *n* Berg *m*; (*group of mountains*) Gebirge *nt*

'**moun·tain chain** *n* Gebirgskette *f*, Bergkette *f* **moun·tain·eer** [ˌmaʊntɪ'nɪəʳ] *n* Bergsteiger(in) *m(f)* **moun·tain·eer·ing** [ˌmaʊntɪ'nɪərɪŋ] *n no pl* Bergsteigen *nt*

moun·tain·ous ['maʊntɪnəs] *adj* gebirgig, bergig; (*fig*) riesig '**moun·tain range** *n* Gebirgszug *m*

mount·ed ['maʊntɪd] *adj* beritten *geh*; **to be ~ on a horse** auf einem Pferd sitzen

mount·ing ['maʊntɪŋ] **I.** *n* ❶ (*on a horse*) Besteigen *nt* ❷ (*display surface*) *of photograph, picture* Halterung *f*; *of machine* Sockel *m*; (*frame*) Rahmen *m*; (*arrangement on display surface*) Arrangement *m* **II.** *adj attr* wachsend, steigend

mourn [mɔːn] **I.** *vi* trauern (**for** um) **II.** *vt* ❶ (*feel sorrow*) ■ to ~ sb/sth um jdn/etw trauern ❷ (*regret*) beklagen

mourn·er ['mɔːnəʳ] *n* Trauernde(r) *f(m)*; (*at a funeral*) Trauergast *m* **mourn·ful** ['mɔːnfəl] *adj* (*sad*) traurig, melancholisch; (*gloomy*) trübsinnig; *lamenting* klagend

mourn·ing ['mɔːnɪŋ] *n no pl* (*grieving*) Trauer *f*; ■ **to be in ~ for sb** um jdn trauern; (*wear black clothes*) Trauer tragen ❷ (*wailing*) Klagegeschrei *nt*

mouse <*pl* mice> [maʊs, *pl* maɪs] *n* ❶ (*animal*) Maus *f* ❷ COMPUT Maus *f*

'**mouse-hole** *n* Mauseloch *nt* '**mouse mat** *n* BRIT, AM '**mouse pad** *n* COMPUT Mauspad *nt* '**mouse·trap** *n* Mausefalle *f*

mousse [muːs] *n* ❶ FOOD Mousse *f* ❷ (*cosmetics*) Schaum *m*; **styling ~** Schaumfestiger *m*

mous·tache [mə'stɑːʃ] *n* Schnurrbart *m*

mousy ['maʊsi] *adj* (*shy*) schüchtern; (*uncharismatic*) unscheinbar; (*dull colour*) farblos; **~ girl** Mauerblümchen *nt pej*; **to have ~ hair** mausgraue Haare haben

mouth *n* [maʊθ] ❶ (*of human*) Mund *m*; *of animal* Maul *nt*; **to have a big ~** ein großes Mundwerk haben *fam*; **to keep one's ~ shut** seinen Mund halten *fam* ❷ (*opening*) Öffnung *f*; *of cave* Eingang *m*; *of volcano* Krater *m*; *of river* Mündung *f*

mouth·ful ['maʊθfʊl] *n* ❶ *of food* Bissen *m*; *of drink* Schluck *m* ❷ (*hum fam: unpronounceable word*) Zungenbrecher *m* ❸ (*fam*) **to give sb a ~** jdn herunterputzen

'**mouth or·gan** *n* Mundharmonika *f* '**mouth·piece** *n* ❶ *of telephone* Sprechmuschel *f*; *of musical instrument, snorkel etc.* Mundstück *nt*; BOXING Mundschutz *m* ❷ POL (*fig, usu pej*) Sprachrohr *nt* **mouth-to-'mouth** *n*, **mouth-to-mouth re·sus·ci·'ta·tion** *n* Mund-zu-Mund-Beatmung *f* '**mouth·wash** *n* Mundwasser *nt* '**mouth-wa·ter·ing** *adj* [sehr] appetitlich, köstlich

mov·able ['muːvəbl] *adj* beweglich; *heavy objects* verschiebbar

move [muːv] **I.** *n* ❶ *no pl* (*movement*) Bewegung *f*; **she made a sudden ~ towards me** plötzlich bewegte sie sich auf mich zu; **to be on the ~** unterwegs sein; (*fig*) *country* sich im Umbruch befinden; **to make a ~** (*fam: leave*) sich auf den Weg machen; (*act*) etwas unternehmen; (*start*) loslegen *fam;* **to make no ~** sich nicht rühren ❷ (*step*) Schritt *m*; (*measure*) Maßnahme *f*; **to make the first ~** den ersten Schritt tun ❸ (*in games*) Zug *m*; CHESS [Schach]zug *m*; **it's your ~** du bist dran ❹ (*strategy*) [Schach]zug *m* ❺ (*change of residence*) Umzug *m*; (*change of job*) Stellenwechsel *m*; (*transfer*) Versetzung *f* ▶ **to get a ~ on** (*fam*) sich beeilen; **to make a ~ on sb** (*fam*) jdn anmachen; **to make one's ~ on sb** (*fam*) sich an jdn heranmachen **II.** *vi* ❶ (*change position*) sich bewegen; (*go*) gehen; (*drive*) fahren; **no one ~d** keiner rührte sich; **keep moving!** bitte gehen Sie weiter!; **to ~** [**out of the way**] aus dem Weg gehen; **to begin to ~** sich in Bewegung setzen ❷ (*change*) **that's my final decision, and I am not going to ~** [**on it**] das ist mein letztes Wort und dabei bleibt es; **to ~ off a subject** das Thema wechseln ❸ (*progress*) vorankommen; **to ~ with the times** mit der Zeit gehen; **to ~ forward** Fortschritte machen ❹ (*change address*) umziehen; (*change job*) [den Arbeitsplatz] wechseln ❺ *(fam: leave)* gehen, aufbrechen; **we have to get moving** wir müssen los ❻ *(fam: hurry)* sich beeilen; ~! nun mach schon! ❼ *(fam: start)* **to get moving [on sth]** [mit etw *dat*] loslegen III. *vt* ❶ *(change position of)* bewegen; *(place somewhere else)* woanders hinstellen; *(push somewhere else)* verrücken; *(clear)* wegräumen; *(rearrange) furniture* umstellen; *(transport)* befördern; *furniture* wegrücken ❷ *(reschedule)* verlegen, verschieben ❸ *(transfer)* verlegen; *(to another job, class)* versetzen; *(change)* **to ~ house** umziehen; **to ~ office** in ein anderes Büro ziehen ❹ *(cause emotions)* bewegen; *(stronger)* ergreifen; **to ~ sb to tears** jdn zu Tränen rühren ❺ *(drive) mechanism, wheel* antreiben ❻ *(cause change of mind)* umstimmen; ■ **to ~ sb to do sth** jdn [dazu] bringen, etw zu tun ◆ **move about** I. *vi* ❶ *(go around)* herumgehen ❷ *(travel)* umherreisen ❸ *(change jobs)* oft wechseln ❹ *(move house)* oft umziehen II. *vt* ❶ *(change position of)* [hin und her] bewegen; *(place somewhere else)* hin und her räumen; *furniture* umstellen ❷ *(fam: at work)* **to ~ sb** ⊃ **to sb** oft versetzen ◆ **move along** I. *vt* ■ **to ~ sb** ⊃ **along** jdn zum Weitergehen bewegen; **to ~ a car along** ein Auto vorbeiwinken II. *vi* ❶ *(walk further on)* weitergehen; *(run further on)* weiterlaufen; *(drive further on)* weiterfahren ❷ *(make room)* aufrücken, Platz machen ◆ **move around** *vt, vi see* **move about** ◆ **move away** I. *vi* ❶ *(leave)* weggehen; *vehicle* wegfahren ❷ *(move house)* wegziehen; **to ~ away from home** von zu Hause wegziehen II. *vt* wegräumen; *(push away)* wegrücken ◆ **move down** I. *vi* ❶ *(change position)* sich nach unten bewegen; *(slip down)* runterrutschen *fam;* *(make room)* aufrücken ❷ *(change value) shares, prices* fallen ❸ SCH **to ~ down a class** [*or* AM **grade**] eine Klasse zurückgestuft werden ❹ SPORTS **to ~ down [a division]** absteigen II. *vt* ❶ *(change position of)* nach unten bewegen; *(place lower down)* nach unten stellen; *(clear)* nach unten räumen ❷ SCH **to ~ sb** ⊃ **down [a class/to the third class]** jdn [eine Klasse/ in die dritte Klasse] zurückstufen ◆ **move in** I. *vi* ❶ *(enter a new home)* einziehen; ■ **to ~ in with sb** zu jdm ziehen ❷ *(take control)* **government officials have ~d in to settle the dispute** man hat Regierungsbeamte eingesetzt, um den Streit zu beenden ❸ *(advance to attack)* anrücken;

to ~ in on enemy territory auf feindliches Gebiet vorrücken ❹ *(arrive)* **the painters are moving in next week** *(fam)* nächste Woche kommen die Maler; **to ~ in on a new market** sich auf einem neuen Markt etablieren II. *vt* ❶ *(change position of)* nach innen bewegen; *(push in)* nach innen rücken; *(take inside)* hineinbringen ❷ *(send)* einsetzen; *troops, police* einrücken lassen ◆ **move off** I. *vi* sich in Bewegung setzen; *(walk)* losgehen; *(run)* loslaufen, losrennen; *(drive)* losfahren II. *vt* wegräumen ◆ **move on** I. *vi* ❶ *(continue a journey)* sich wieder auf den Weg machen; *(walk)* weitergehen; *(run)* weiterlaufen; *(drive)* weiterfahren ❷ *(advance)* sich weiterentwickeln; *(progress in career)* beruflich weiterkommen ❸ *(pass) time* vergehen, verstreichen ❹ *(change subject)* ■ **to ~ on to sth** zu etw *dat* übergehen II. *vt (cause to leave)* zum Weitergehen auffordern; *(in a vehicle)* zum Weiterfahren auffordern; *(force to leave)* vertreiben ◆ **move out** I. *vi* ❶ *(stop inhabiting)* ausziehen; **to ~ out of a flat/house** aus einer Wohnung/einem Haus ausziehen ❷ *(cease involvement)* ■ **to ~ out [of sth]** sich [von etw *dat*] zurückziehen ❸ *(leave) troops* abziehen; *train etc.* abfahren II. *vt* ❶ *(clear)* wegräumen; *(take outside)* hinausbringen ❷ *(make leave)* **we were all ~d out of the danger zone** wir mussten alle das Gefahrengebiet räumen; **to ~ out** ⊃ **a tenant** einem Mieter kündigen; **to ~ one's troops out [of an area]** seine Truppen [aus einem Gebiet] abziehen ◆ **move over** I. *vi* ❶ *(make room)* Platz machen, aufrücken ❷ *(switch)* ■ **to ~ over to sth** zu etw *dat* übergehen II. *vt* herüberschieben; *(put aside)* zur Seite räumen; *(push aside)* zur Seite rücken; *(turn)* umdrehen ◆ **move round** *vt, vi see* **move about** ◆ **move towards** *vi* ■ **to ~ towards sth** sich etw *dat* [an]nähern ◆ **move up** I. *vi* ❶ *(advance)* aufrücken; *(to the next form)* versetzt werden; *(professionally, socially)* aufsteigen ❷ *(make room)* Platz machen, aufrücken ❸ *(increase) prices* steigen II. *vt* ❶ *(change position of)* nach oben bewegen; *(put in a higher place)* etw nach oben räumen ❷ *(promote at work)* versetzen; **they ~d him up to head of sales** er wurde zum Verkaufsleiter befördert

moved [muːvd] *adj pred* bewegt; **~ to tears** zu Tränen gerührt

move·ment ['muːvmənt] *n* ❶ *(change of*

position) Bewegung *f*; **after the accident he had no ~ in his legs** nach seinem Unfall konnte er seine Beine nicht bewegen ❷ *no pl* (*general activity*) Bewegung *f*; FIN, STOCKEX Schwankung[en] *f[pl]* ❸ MUS (*part of symphony*) Satz *m* ❹ *no pl* (*tendency*) Tendenz *f*, Trend *m* (**towards** [hin] zu) ❺ (*interest group*) Bewegung *f* ❻ (*mechanism*) *of clock, watch* Uhrwerk *nt*

mov·er ['muːvəʳ] *n* ❶ (*sb or sth in motion*) **to be a good ~** sich gut bewegen können ❷ (*instigator*) Antragsteller(in) *m(f)*; **to be a key ~** [**in sth**] [bei etw *dat*] eine Schlüsselrolle spielen [*o* sein]

movie ['muːviː] *n esp* AM, AUS (*film*) [Kino]film *m;* ▪ **the ~s** *pl* das Kino; **to be in the ~s** (*fam*) im Filmgeschäft sein

'**movie cam·era** *n* Filmkamera *f* '**movie·goer** *n esp* AM, AUS Kinogänger(in) *m(f)* '**movie star** *n* Filmstar *m* '**movie thea·ter** *n* AM Kino *nt*

mov·ing ['muːvɪŋ] **I.** *n no pl* Umziehen *nt* **II.** *adj* ❶ *attr* MECH beweglich ❷ *attr* (*motivating*) Antriebs-; **the ~ force** die treibende Kraft ❸ (*causing emotion*) bewegend, ergreifend

mow <mowed, mown *or* mowed> [məʊ] **I.** *vi* (*cut grass, grain*) mähen **II.** *vt field* abmähen; **to ~ the lawn** den Rasen mähen

mow·er ['məʊəʳ] *n* Rasenmäher *m;* (*on a farm*) Mähmaschine *f*

mown [məʊn] **I.** *pp of* **mow II.** *adj* gemäht; *field* abgemäht

Mo·zam·bi·can [ˌməʊzæmˈbiːkən] **I.** *n* Mosambikaner(in) *m(f)* **II.** *adj* mosambikanisch

Mo·zam·bique [ˌməʊzæmˈbiːk] *n* Mosambik *nt*

MP [ˌemˈpiː] BRIT, CAN POL *abbrev of* **Member of Parliament**

mpg [ˌempiːˈdʒiː] *abbrev of* **miles per gallon**: **to do 40 ~** 40 Meilen pro Gallone fahren

mph [ˌempiːˈeɪtʃ] *abbrev of* **miles per hour**: **to do 50 ~** 50 Meilen pro Stunde fahren

MP3 [ˌempiːˈθriː] *n* (*format*) MP3 *nt;* (*file*) MP3 *f;* **~ player** MP3-Player *m*, MP3-Spieler *m*

Mr ['mɪstəʳ] *n no pl* (*title for man*) Herr *m*

Mrs ['mɪsɪz] *n no pl* (*title for married woman*) Frau, Fr.

ms [ˌemˈes] *n abbrev of* **manuscript** Mskr.

Ms [məz] *n no pl* (*title for woman, married or unmarried*) Fr., Frau (*Alternativbezeichnung zu Mrs und Miss, die sowohl für verheiratete wie unverheiratete Frauen zutrifft*)

MS [ˌemˈes] *n no pl abbrev of* **Multiple sclerosis** MS *f*

MSc [ˌemesˈsiː] *n abbrev of* **Master of Science**

MSG [ˌemesˈdʒiː] *n no pl* CHEM *abbrev of* **monosodium glutamate**

Mt *n abbrev of* **Mount**

much [mʌtʃ] **I.** *adj* <more, most> + *sing* viel; **there wasn't ~ post** es kam nicht viel Post; **how ~ ...?** wie viel ...?; **half/twice as ~** halb/doppelt so viel; [**~**] **too ~** [viel] zu viel **II.** *pron* ❶ (*relative amount*) viel; **this ~ is certain** so viel ist sicher; **he left without so ~ as an apology** er ging ohne auch nur ein Wort der Entschuldigung; **half/twice as ~** halb/doppelt so viel ❷ (*great deal*) viel; **~ of what you say is right** vieles von dem, was Sie sagen, ist richtig; **my new stereo isn't up to ~** meine neue Anlage taugt nicht viel *fam* ❸ *with neg* (*pej: poor example*) **I've never been ~ of a dancer** ich habe noch nie gut tanzen können; **he's not ~ to look at** er sieht nicht gerade umwerfend aus ❹ (*larger part*) **~ of the day** der Großteil des Tages ❺ (*be redundant*) **so ~ for ...** das war's dann wohl mit ... ❻ *with interrog* **how ~ is it?** was kostet das? **III.** *adv* <more, most> ❶ (*greatly*) sehr; **she would ~ rather have her baby at home than in the hospital** sie würde ihr Kind viel lieber zu Hause als im Krankenhaus zur Welt bringen; **~ to our surprise** zu unserer großen Überraschung; **to not be ~ good at sth** in etw *dat* nicht sehr gut sein ❷ (*by far*) bei weitem; **she's ~ the best person for the job** sie ist bei weitem die Beste für den Job ❸ (*nearly*) fast; **~ the same** fast so ❹ (*specifying degree*) **I like him as ~ as you do** ich mag ihn genauso sehr wie du; **I wanted so ~ to meet you** ich wollte dich unbedingt treffen; **thank you very ~** herzlichen Dank ❺ (*exactly that*) genau das; **I had expected as ~** so etwas hatte ich schon erwartet ❻ (*often*) häufig; **do you see ~ of her?** siehst du sie öfters? ❼ (*setting up a contrast*) **they're not so ~ lovers as friends** sie sind eher Freunde als ein Liebespaar **IV.** *conj* (*although*) auch wenn, wenngleich *geh;* **~ as I like you, ...** so gern ich dich auch mag, ...; **as I would like to help you, ...** so gerne ich euch auch helfen würde, ...; **however ~ you dislike her ...** wie unsympathisch sie dir auch sein mag, ...

much·ness ['mʌtʃnəs] *n no pl* (*fam*) **to be much of a ~** so ziemlich das Gleiche sein

muck [mʌk] *n no pl* BRIT ❶ (*dirt*) Dreck *m fam;* (*waste*) Müll *m;* [to be] **common as ~** (*fam*) furchtbar ordinär [sein] *pej* ❷ (*euph: excrement*) Haufen *m fam;* AGR Dung *m;* (*liquid*) Jauche *f* ◆ **muck about, muck around** (*fam*) I. *vi* Unfug treiben; ■**to ~ about with sth** an etw *dat* herumfummeln II. *vt* ■**to ~ sb about** mit jdm umspringen[, wie es einem gefällt]; **stop ~ing me about!** sag mir endlich, was Sache ist! ◆ **muck out** *vt, vi* ausmisten ◆ **muck up** *vt* BRIT (*fam*) vermasseln; *exam* versieben

ˈ**muck·heap** *n* Haufen *m* [Dreck] **muck·rak·er** [-reɪkᵊʳ] *n* (*pej*) Skandalreporter(in) *m(f)* ˈ**muck-up** *n* (*fam*) Reinfall *m*

mucky ['mʌki] *adj* ❶ (*dirty*) schmutzig, dreckig ❷ (*fam: sordid*) *joke, comment* schlüpfrig, unanständig; (*stronger*) säuisch *pej sl*

mu·cous ['mjuːkəs] *adj no pl* (*relating to mucus*) Schleim- *m;* (*producing mucus*) schleim bildend

mu·cus ['mjuːkəs] *n no pl* Schleim *m*

mud [mʌd] *n no pl* Schlamm *m* ▶ **to drag sb's name through the ~** jds Namen in den Schmutz ziehen

ˈ**mud·bath** *n* Schlammbad *nt*

mud·dle ['mʌdl] I. *n* ❶ *usu sing* (*confused state*) Durcheinander *nt;* **to get in a ~** durcheinandergeraten; **to get sth in[to] a ~** etw durcheinanderbringen; ■**to be in a ~** durcheinander sein ❷ *no pl* (*confusion*) Durcheinander *nt,* Kuddelmuddel *nt* II. *vi* ■**to ~ along** vor sich *akk* hin wurs[ch]teln *fam*

mud·dled ['mʌdld] *adj* verworren

mud·dle-ˈhead·ed *adj* verwirrt, konfus

mud·dy ['mʌdi] I. *vt* ❶ (*make dirty*) verschmutzen, schmutzig machen ❷ (*confuse*) undurchsichtig machen II. *adj* schlammig; (*dirty*) schmutzig; *ground, snow* matschig

ˈ**mud·guard** *n of car* Kotflügel *m; of bicycle* Schutzblech *nt* ˈ**mud·pack** *n* Gesichtsmaske *f* **mud-sling·ing** ['mʌdslɪŋɪŋ] *n no pl* Schlammschlacht *f fam*

mues·li ['mjuːzli] *n no pl* Müsli *nt,* Müesli *nt* SCHWEIZ

muff [mʌf] I. *n* ❶ FASHION Muff *m* ❷ (*vulg, sl: vagina*) Muschi *f* II. *vt* (*fam*) vermasseln

muf·fin ['mʌfɪn] *n* ❶ BRIT *flaches rundes Hefebrötchen, das halbiert getoastet und anschließend mit Butter* (*und ggf. Marmelade*) *gegessen wird* ❷ AM Muffin *nt* (*kleiner, hoher, runder, meist süßer Kuchen aus Rührteig*)

muf·fle ['mʌfl] *vt* dämpfen; (*fig*) [ab]schwächen ◆ **muffle up** I. *vt* ■**to ~ up ⟲ oneself** sich warm anziehen II. *vi* sich warm anziehen, sich einmummeln *fam*

muf·fled ['mʌfld] *adj attr* gedämpft, leise; *bells* umwickelt; **~ screams** erstickte Schreie

muf·fler ['mʌfləʳ] *n* (*silencer*) *of gun* Schalldämpfer *m; of car* Auspufftopf *m*

muf·ti ['mʌfti] *n* ❶ *no pl* (*dated*) zivile Kleidung; ■**in ~** in Zivil ❷ REL (*Muslim legal expert*) Mufti *m*

mug [mʌg] I. *n* ❶ (*cup*) Becher *m* (*mit Henkel*) ❷ *esp* BRIT (*fam: foolish person*) Trottel *m,* Simpel *m* DIAL ❸ (*pej: face*) Visage *f,* Fresse *f sl* II. *vt* <-gg-> überfallen und ausrauben

mug·ger ['mʌgəʳ] *n* [Straßen]räuber(in) *m(f)*

mug·ging ['mʌgɪŋ] *n* [Straßen]raub *m,* Überfall *m* (*auf offener Straße*)

mug·gins ['mʌgɪnz] *n no pl* BRIT (*hum*) Dumm[er]chen *nt fam* (*oft zu sich selbst gesagt*)

mug·gy ['mʌgi] *adv weather* schwül

mug·wump ['mʌgwʌmp] *n* AM ❶ (*boss*) Big Boss *m fam* ❷ (*stubborn person*) Querkopf *m*

mul·berry ['mʌlbᵊri] *n* ❶ (*fruit*) Maulbeere *f* ❷ (*tree*) Maulbeerbaum *m*

mule¹ [mjuːl] *n* (*animal*) Maultier *nt*

mule² [mjuːl] *n* (*shoe*) halboffener Schuh; (*slipper*) Pantoffel *m*

mull [mʌl] *vt* ❶ (*sweeten*) **~ed wine** Glühwein *m* ❷ (*ponder*) ■**to ~ sth** sich *dat* etw durch den Kopf gehen lassen

mul·let¹ ['mʌlɪt] *n* (*fish*) Meeräsche *f*

mul·let² ['mʌlɪt] *n* (*hairstyle*) Vokuhila *m sl* (*vorne kurz, hinten lang*)

mul·lion ['mʌljən] *n* ARCHIT Längspfosten *m;* ■**~s** *pl* Stabwerk *nt*

multi-ˈcol·oured *adj,* AM **multi-ˈcol·ored** *adj* bunt; (*lots of colours*) mehrfarbig

multi-ˈcul·tur·al *adj* multikulturell

multi·fari·ous [ˌmʌlti'feəriəs] *adj attr* (*form*) vielfältig

multi-ˈfunc·tion·al *adj* multifunktional

multi-ˈlat·er·al *adj* POL multilateral *geh*

multi-ˈlayered *adj* vielschichtig **multi-ˈlin·gual** *adj* mehrsprachig **multi-ˈme·dia** I. *n no pl* Multimedia *f* II. *adj* multimedial, Multimedia-; **~ section** (*of a library*) Mediathek *f* **multi-mil·lion-**

ˈaire *n* Multimillionär(in) *m(f)* **multi·ˈna·tion·al I.** *n* multinationaler Konzern, Multi *m fam* **II.** *adj* multinational

multi·ple [ˈmʌltɪpl] **I.** *adj attr* vielfach, vielfältig **II.** *n* ❶ (*number*) Vielfache[s] *nt;* **to count in ~s of 6/10** das Sechser-/Zehnereinmaleins rechnen ❷ (*shop with many branches*) [Laden]kette *f*

multi·plex [ˈmʌltɪpleks] *n* Multiplex-Kino *nt*

multi·pli·ca·tion [ˌmʌltɪplɪˈkeɪʃᵊn] *n no pl* Multiplikation *f*

multi·plic·ity [ˌmʌltɪˈplɪsɪti] *n no pl* (*form*) Vielzahl *f* (**of** von), Vielfalt *f* (**of** an)

multi·pli·er [ˈmʌltɪplaɪəʳ] *n* Multiplikator *m*

multi·ply <-ie-> [ˈmʌltɪplaɪ] **I.** *vt* multiplizieren (**by** mit) **II.** *vi* sich vermehren; (*through reproduction also*) sich fortpflanzen

multi·ˈpur·pose *adj* multifunktional

multi-ˈra·cial *adj* gemischtrassig; **~ society** Gesellschaft, die aus den Angehörigen verschiedener Rassengruppen besteht **multi-ˈstage** *adj* **a ~ theatre** ein Theater mit mehreren Bühnen **multi-ˈsto·rey** *adj* mehrstöckig, mehrgeschossig

multi-ˈtask·ing I. *n* COMPUT Ausführen *nt* mehrerer Programme, Multitasking *nt* **II.** *adj attr* (*fig*) gleichzeitig mehreren Aufgaben nachkommend *attr;* **she is a hardworking, ~ singer, actor, dancer and producer** sie arbeitet hart und ist gleichzeitig Sängerin, Schauspielerin, Tänzerin und Produzentin

multi·tude [ˈmʌltɪtjuːd] *n* ❶ (*numerous sum*) Vielzahl *f* ❷ (*crowd*) ■**the ~s** *pl* die Allgemeinheit; **~s of people** eine Vielzahl von Personen

mum¹ [mʌm] *n* (*fam: mother*) Mama *f,* Mutti *f bes* NORDD

mum² [mʌm] *adj* (*fam: silent*) still; **... — ~'s the word** (*as a response*) ... – von mir erfährt keiner was; (*telling sb*) ... – und kein Wort darüber; **to keep ~** den Mund halten

mum·ble [ˈmʌmbl] *vi* (*quietly*) murmeln; (*unclearly*) nuscheln

mum·bo jum·bo [ˌmʌmbəʊˈdʒʌmbəʊ] *n no pl* (*fam*) Quatsch *m*

mum·mi·fy <-ie-> [ˈmʌmɪfaɪ] *vt* mumifizieren

mum·my¹ [ˈmʌmi] *n* (*fam: mother*) Mama *f,* Mami *f,* Mutti *f bes* NORDD

mum·my² [ˈmʌmi] *n* (*corpse*) Mumie *f*

mumps [mʌmps] *n + sing vb* Mumps *m*

munch [mʌn(t)ʃ] *vi, vt* mampfen

mun·dane [mʌnˈdeɪn] *adj* (*worldly*) profan *geh;* (*unexciting*) problem, question banal; (*routine*) activity, task alltäglich

Mu·nich [ˈmjuːnɪk] *n* München *nt*

mu·nici·pal [mjuːˈnɪsɪpᵊl] *adj* städtisch, Stadt-, kommunal, Kommunal-; **~ elections** Kommunalwahlen *pl,* Gemeinderatswahlen *pl;* **~ government** Stadtrat *m,* Gemeinderat *m*

mu·nici·pal·ity [mjuːˌnɪsɪˈpælətɪ] *n* (*political unit*) Gemeinde *f,* Kommune *f;* (*town-size also*) Stadt *f*

mu·ni·tions [mjuːˈnɪʃᵊnz] *npl* (*weapons*) Waffen *pl;* (*weapons and ammunition*) Kriegsmaterial *nt kein pl;* (*ammunition*) Munition *f kein pl*

mu·ral [ˈmjʊərᵊl] **I.** *n* Wandgemälde *nt* **II.** *adj* Wand-

mur·der [ˈmɜːdəʳ] **I.** *n* ❶ (*crime*) Mord *m,* Ermordung *f* (**of** an); **mass ~** Massenmord *m;* **to commit ~** einen Mord begehen; **to be convicted of ~** wegen Mordes verurteilt werden ❷ (*fig: difficult thing*) **it's ~ trying to explain this to him** es ist wirklich schier unmöglich, ihm das zu erklären **II.** *vt* ermorden, umbringen *a. fig*

mur·der·er [ˈmɜːdᵊrəʳ] *n* Mörder(in) *m(f)*

mur·der·ess [ˈmɜːdᵊrɪs] *n* (*dated*) Mörderin *f*

mur·der·ous [ˈmɜːdᵊrəs] *adj* ❶ (*cruel*) mordlüstern, blutrünstig; (*evil*) look, hatred tödlich ❷ (*unpleasant*) mörderisch *fam*

murky [ˈmɜːki] *adj* düster; *night* finster; (*fig*) *past* dunkel; *water* trübe

mur·mur [ˈmɜːməʳ] **I.** *vi* murmeln; ■**to ~ about sth** (*complain*) wegen einer S. *gen* murren **II.** *vt* murmeln **III.** *n* Gemurmel *nt kein pl,* Raunen *nt kein pl;* **a ~ of agreement** ein zustimmendes Raunen

mur·mur·ing [ˈmɜːmᵊrɪŋ] *n* ❶ (*low or indistinct sound*) Murmeln *nt* ❷ *usu pl* (*expression of dissatisfaction*) Gemurmel *nt kein pl* ❸ *usu pl* (*insinuation*) Andeutung *f*

mus·cle [ˈmʌsl] *n* ❶ (*contracting tissue*) Muskel *m* ❷ (*fig: influence*) Stärke *f;* **to flex a ~** Stärke zeigen ◆ **muscle in** *vi* sich [rücksichtslos] einmischen; ■**to ~ in on sth** sich irgendwo [mit aller Gewalt] hineindrängeln

ˈ**mus·cle-bound** *adj* [äußerst] muskulös

ˈ**mus·cle·man** *n* Muskelprotz *m*

Mus·co·vite [ˈmʌskəvaɪt] *n* Moskowiter(in) *m(f) veraltend,* Moskauer(in) *m(f)*

mus·cu·lar [ˈmʌskjələʳ] *adj* ❶ (*relating to muscles*) muskulär, Muskel- ❷ (*with well-developed muscles*) muskulös

muse [mju:z] **I.** *vi* nachgrübeln, nachdenken (**about/on** über) **II.** *n* ❶ (*esp liter: mythical figure*) Muse *f;* (*artistic inspiration*) Inspiration *f* ❷ (*female inspirer*) Muse *f*

mu·seum [mju:'zi:əm] *n* Museum *nt*

mush [mʌʃ] *n no pl* (*fam*) ❶ FOOD Brei *m*, Mus *nt;* **to turn to ~** zu Brei werden; **I panicked and my brain turned to ~** ich geriet in Panik und konnte einfach nicht mehr vernünftig denken ❷ (*sentimentality*) **that film was just romantic ~** der Film war so eine richtige Schnulze

mush·room ['mʌʃrʊm, -ru:m] *n* Pilz *m*; **edible/poisonous ~** essbarer/giftiger Pilz

mushy ['mʌʃi] *adj* ❶ (*pulpy*) breiig ❷ (*soppily romantic*) schnulzig

mu·sic ['mju:zɪk] *n no pl* ❶ (*pattern of sounds*) Musik *f*; **classical ~** klassische Musik; **to put on ~** [etwas] Musik auflegen ❷ (*notes*) Noten *pl*

mu·si·cal [ˈmju:zɪkəl] **I.** *adj* musikalisch, Musik- **II.** *n* Musical *nt*

mu·si·cal·ly ['mju:zɪkəli] *adv* musikalisch; **to be ~ gifted** musikalisch sein

'**mu·sic hall** *n* (*dated*) Konzerthalle *f*

mu·si·cian [mju:'zɪʃən] *n* Musiker(in) *m(f)*

'**mu·sic stand** *n* Notenständer *m*

musk [mʌsk] *n no pl* Moschus *m*

mus·ket ['mʌskɪt] *n* Muskete *f*

mus·ket·eer [ˌmʌskɪ'tɪər] *n* HIST Musketier *m*

musk·rat ['mʌskræt] *n* Moschusratte *f*

Mus·lim ['mʊslɪm] **I.** *n* Moslem(in) *m(f)*, Muslim(in) *m(f)* **II.** *adj* moslemisch, muslimisch

mus·lin ['mʌzlɪn] *n* Musselin *m*

muss [mʌs] *esp* AM **I.** *n no pl* Unordnung *f*, Durcheinander *nt* **II.** *vt* durcheinanderbringen; *wind* zerzausen

mus·sel ['mʌsəl] *n* [Mies]muschel *f*

must [mʌst] **I.** *aux vb* ❶ (*be obliged*) müssen; **all handbags ~ be left at the cloakroom for security reasons** lassen Sie bitte aus Sicherheitsgründen alle Handtaschen in der Garderobe; ■**~ not** [*or* **~n't**] nicht dürfen; **you ~n't say anything to anyone about this matter** darüber darfst du mit niemandem sprechen ❷ (*be required*) müssen; **~ you leave so soon?** müssen Sie schon so früh gehen? ❸ (*should*) **you really ~ read this book** dieses Buch sollten Sie wirklich einmal lesen; **you ~ come and visit us** Sie sollten uns bald einmal besuchen kommen ❹ (*be certain to*) müssen; **she ~ be wondering where I've got to** sie wird sich bestimmt fragen, wo ich abgeblieben bin; **you ~ be joking!** du machst wohl Witze!; **you ~ be out of your mind!** du hast wohl den Verstand verloren! *fam* ❺ (*be necessary*) müssen; **you ~n't worry too much about it** jetzt mach dir deswegen nicht so viele Sorgen ❻ (*show irritation*) müssen; **smoke if you ~ then** dann rauche, wenn es [denn] unbedingt sein muss ❼ (*intend to*) müssen; **I ~n't forget to put the bin out tonight** ich darf nicht vergessen, heute Abend den Mülleimer rauszustellen **II.** *n no pl* Muss *nt kein pl;* ■**to be a ~** ein Muss *nt* sein; **this book is a ~!** dieses Buch muss man gelesen haben! **III.** *in compounds -see, -do* **this film is a ~-see** diesen Film muss man einfach gesehen haben

mus·tache *n* AM *see* **moustache**

mus·tang ['mʌstæŋ] *n* Mustang *m*

mus·tard ['mʌstəd] *n no pl* Senf *m*

mus·ter ['mʌstər] **I.** *n* [zum Appell angetretene] Truppe **II.** *vt* ❶ (*gather*) aufbringen ❷ (*bring together*) *soldiers* [zum Appell] antreten lassen **III.** *vi* (*come together*) sich versammeln, antreten; *troop* [zum Appell] antreten

'**must-have** *adj attr* (*fam*) unentbehrlich; **be fashionable this autumn with this pair of ~ boots** gehen Sie diesen Herbst mit der Mode - dazu gehören unbedingt diese Stiefel!

mustn't ['mʌsənt] *see* **must not** *see* **must**

'**must-see I.** *n* **this film is a ~** diesen Film muss man gesehen haben **II.** *adj* sehenswert; **~ TV** Fernsehsendung, die man unbedingt sehen muss

musty ['mʌsti] *adj book* mod[e]rig; *room, smell* muffig

mu·tant ['mju:tənt] *n* Mutant(e) *m(f)*; (*fig, hum*) Mutant *m*

mu·ta·tion [mju:'teɪʃən] *n* Veränderung *f*, Mutation *f fachspr*

mute [mju:t] **I.** *n* ❶ MUS (*quieting device*) Dämpfer *m* ❷ (*dated: person*) Stumme(r) *f(m)* **II.** *vt sound, noise* dämpfen **III.** *adj* stumm

mut·ed ['mju:tɪd] *adj* ❶ (*not loud*) gedämpft; (*fig*) schweigend, stumm; *colours* gedeckt ❷ LING (*not pronounced*) stumm

mu·ti·late ['mju:tɪleɪt] *vt* verstümmeln; (*fig*) verschandeln

mu·ti·la·tion [ˌmju:tɪ'leɪʃən] *n* Verstümmelung *f*; (*fig*) Verschandelung *f*

mu·ti·neer [ˌmju:tɪ'nɪər] *n* Meuterer *m*/ Meuterin *f*

mu·ti·nous ['mju:tɪnəs] *adj* meuterisch; *shareholders* rebellisch

mu·ti·ny ['mju:tɪni] **I.** *n* ❶ *no pl* (*act*) Meuterei *f* ❷ (*instance*) Meuterei *f* **II.** *vi* <-ie-> meutern

mutt [mʌt] *n esp* AM (*fam*) ❶ (*silly person*) Trottel *m pej fam* ❷ (*mongrel*) [Straßen]köter *m pej*

mut·ter ['mʌtəʳ] **I.** *vi* ❶ (*mumble*) ▪ **to ~ [away to oneself]** irgendetwas [vor sich *akk* hin]murmeln ❷ (*spread rumour*) ▪ **to ~ about sth** etw munkeln **II.** *vt* (*complain softly*) brummen, murmeln; **to ~ sth to sb under one's breath** jdm etw zuraunen

mut·ton ['mʌtən] *n no pl* Hammel *m,* Hammelfleisch *nt*

'mut·ton chops *npl,* **mut·ton chop 'whisk·ers** *npl* Koteletten *pl*

mu·tu·al ['mju:tʃu:əl] *adj* gegenseitig, beiderseitig; *friends, interests* gemeinsam; **the feeling is ~** das [Gefühl] beruht auf Gegenseitigkeit; **~ agreement** wechselseitige Übereinkunft

mu·tu·al 'fund *n* AM FIN offener Investmentfond

mu·tu·al·ly ['mju:tʃu:əli] *adv* gegenseitig, für beide [Seiten]; **to be ~ exclusive** sich gegenseitig ausschließen

mu·zak® ['mju:zæk] *n no pl* Musikberieselung *f*

muz·zle ['mʌzl] **I.** *n* ❶ (*animal mouth*) Schnauze *f,* Maul *nt* ❷ (*mouth covering*) Maulkorb *m* ❸ (*gun end*) Mündung *f* **II.** *vt* ▪ **to ~ an animal** einem Tier einen Maulkorb anlegen; ▪ **to ~ sb/the press** jdn/die Presse mundtot machen

muz·zy ['mʌzi] *adj* ❶ (*hazy*) benommen, benebelt ❷ (*unclear*) unklar, verschwommen, verzerrt; *objectives* diffus

MW *n* RADIO *abbrev of* **medium wave** MW *f*

my [maɪ] **I.** *adj poss* mein(e); **my brother and sister** mein Bruder und meine Schwester; **one of my friends** einer meiner Freunde/eine meiner Freundinnen; **I've hurt my foot** ich habe mir den Fuß verletzt; **she was surprised at ~ coming** sie war überrascht, dass ich gekommen war; **I need a car of ~ own** ich brauche ein eigenes Auto **II.** *interj* ach, oh; **~ ~** na, so was

myo·pia [maɪ'əʊpiə] *n no pl* (*spec*) Kurzsichtigkeit *f*

my·op·ic [maɪ'ɒpɪk] *adj* (*form or fig*) kurzsichtig

myri·ad ['mɪriəd] *n* (*form*) Myriade *f;* **~s of ...** unzählige ...

myrrh [mɜːʳ] *n no pl* Myrrhe *f*

myr·tle ['mɜːtl] *n* Myrthe *f*

my·self [maɪ'self] *pron reflexive* ❶ (*direct object of verb*) mir +*dat,* mich +*akk;* **let me introduce ~ — I'm Caitlin Milne** ich möchte mich vorstellen – ich bin Caitlin Milne; **I caught sight of ~ in the mirror** ich sah mich im Spiegel; **yes, I thought to ~, it's time to take a holiday** ja, dachte ich mir, es ist Zeit für einen Urlaub; **I strolled around, muttering to ~** ich wanderte umher und murmelte vor mich hin ❷ (*emph form: I, me*) ich; **people like ~** Menschen wie ich ❸ (*emph: me personally*) ich persönlich; **I wrote it ~** ich schrieb es selbst; ▪ **to do see/taste/try/hear for ~** etw selbst sehen/kosten/versuchen/hören ❹ (*me alone*) **I never get an hour to ~** ich habe nie eine Stunde für mich; [**all**] **by ~** [ganz] alleine; **I live by ~** ich lebe alleine ❺ (*my normal self*) **I haven't felt ~ lately — I guess I feel a little depressed or something** ich war in letzter Zeit nicht ganz ich selbst – ich glaube, ich war ein wenig deprimiert oder so; **I didn't look ~ in my sister's clothes** ich sah in der Kleidung meiner Schwester nicht wie ich selbst aus

mys·teri·ous [mɪ'stɪəriəs] *adj* geheimnisvoll, mysteriös; **in ~ circumstances** unter mysteriösen Umständen

mys·teri·ous·ly [mɪ'stɪəriəsli] *adv* rätselhafterweise, geheimnisvollerweise; **she ~ disappeared one morning** eines Morgens verschwand sie auf mysteriöse Art und Weise

mys·tery ['mɪstəri] *n* (*secret*) Geheimnis *nt;* (*puzzle*) Rätsel *nt;* **that's a ~ to me** das ist mir schleierhaft

mys·tic ['mɪstɪk] **I.** *n* Mystiker(in) *m(f)* **II.** *adj* ❶ (*inspiring sense of mystery*) geheimnisvoll, mysteriös ❷ (*relating to mysticism*) mystisch ❸ (*occult, for the initiate*) esoterisch

mys·ti·cal ['mɪstɪkəl] *adj* mystisch

mys·ti·cism ['mɪstɪsɪzəm] *n no pl* ❶ (*consciousness of God's reality*) Mystik *f* ❷ (*belief in hidden realities*) das Mystische ❸ (*pej: vague speculation*) Mystizismus *m*

mys·ti·fi·ca·tion [ˌmɪstɪfɪ'keɪʃən] *n* ❶ (*puzzlement*) Verwunderung *f,* Verblüffung *f* ❷ (*intentional confusion*) Verwirrung *f,* Verwirrspiel *nt*

mys·ti·fy <-ie-> ['mɪstɪfaɪ] *vt* ▪ **to ~ sb** jdn vor ein Rätsel stellen

mys·tique [mɪ'stiːk] *n no pl* (*form*) Zauber *m*

myth [mɪθ] *n* ❶ (*ancient story*) Mythos *m;* **creation ~** Schöpfungsmythos *m* ❷ (*pej: false idea*) Ammenmärchen *nt*
mythi·cal ['mɪθɪkəl] *adj* ❶ (*fictional*) sagenhaft, legendär ❷ (*supposed*) gedacht, imaginär
mytho·logi·cal [ˌmɪθəˈlɒdʒɪkəl] *adj* mythologisch
my·thol·ogy [mɪˈθɒlədʒi] *n no pl* Mythologie *f;* (*fig*) Ammenmärchen *nt*

Nn

N <*pl* -'s *or* -s>, **n** <*pl* -'s> *n* N *nt,* n *nt; see also* **A 1**
N I. *n abbrev of* **North** N *m* II. *adj abbrev of* **North, Northern** nördl.
n¹ *n* ❶ MATH (*unknown number*) x ❷ (*fam: endless amount*) x
n² *n* ❶ *abbrev of* **noun** Subst. ❷ *abbrev of* **neuter** *nt*
nab <-bb-> [næb] *vt* (*fam*) stibitzen; **could you ~ me a seat?** könntest du mir vielleicht einen Platz freihalten?
na·dir ['neɪdɪəʳ, næd-] *n* (*form*) Tiefpunkt *m*
naff [næf] BRIT I. *adj* (*sl*) geschmacklos II. *vi* (*sl*) ■**to ~ off** Leine ziehen
nag¹ [næg] *n* [alte Schind]mähre
nag² [næg] I. *vi* <-gg-> [herum]nörgeln (**at** an) II. *vt* <-gg-> ■**to ~ sb** (*urge*) jdm [ständig] zusetzen; (*annoy*) jdn nicht in Ruhe lassen III. *n* (*fam*) ❶ (*person*) Nörgler(in) *m(f);* (*annoying*) Nervensäge *f* ❷ (*feeling*) **he felt a little ~ of doubt** eine Spur des Zweifels machte sich ihm bemerkbar
nag·ging ['nægɪŋ] I. *n no pl* Nörgelei *f* II. *adj* ❶ (*criticizing*) nörgelnd ❷ (*continuous*) quälend
nail [neɪl] I. *n* ❶ (*metal fastener*) Nagel *m* ❷ (*body part*) [Finger-/Zeh]nagel *m;* **to bite one's ~s** an den Fingernägeln kauen; **to cut one's ~s** sich *dat* die Nägel schneiden II. *vt* ❶ (*fasten*) nageln (**to** an) ❷ (*sl: catch*) *police* schnappen *fam; newspapers* drankriegen *fam*
'**nail-bit·ing** I. *n no pl* Nägelkauen *nt* II. *adj* nervenzerreißend; *film* spannend '**nail brush** *n* Nagelbürste *f* '**nail clip·pers** *npl* Nagelknipser *m* '**nail enam·el re·mov·er** *n* AM *see* **nail varnish remover** '**nail file** *n* Nagelfeile *f* '**nail pol·ish** *n* Nagellack *m* '**nail scis·sors** *npl* Nagelschere *f* '**nail var·nish** *n* Nagellack *m* '**nail var·nish re·mov·er** *n* Nagellackentferner *m*

na·ïve, na·ive [naɪˈiːv] *adj* (*esp pej*) naiv
na·ïve·té [naɪˈiːvᵊteɪ], **na·ive·ty** [naɪˈiːvəti] *n no pl* Naivität *f a. pej*
na·ked ['neɪkɪd] *adj* (*also fig*) nackt; *aggression* unverhüllt; *ambition* blank; *flame* offen; **to the ~ eye** für das bloße Auge
na·ked·ness ['neɪkɪdnəs] *n no pl* Nacktheit *f*
nam·by-pam·by [ˌnæmbɪˈpæmbi] *adj attr* (*pej fam: foolish*) dämlich; (*weak*) *person* verweichlicht
name [neɪm] I. *n* ❶ (*title*) Name *m;* **hello, my ~'s Peter** hallo, ich heiße Peter; **what's your ~?** wie heißen Sie?; **first ~** Vorname *m;* **last ~** Nachname *m;* **to call sb ~s** jdn beschimpfen; **in our ~** in unserem Namen; **in the ~ of ...** im Namen von ... ❷ *no pl* (*reputation*) Name *m,* Ruf *m;* **to give sb/sth a good ~** jdm/etw einen guten Ruf verschaffen; **to make a ~ for oneself** sich *dat* einen Namen machen II. *vt* ❶ (*call*) **they ~d their little boy Philip** sie nannten ihren kleinen Sohn Philip ❷ (*list*) nennen ❸ (*choose*) **gin, whisky, beer — you ~ it, I've got it** Gin, Whisky, Bier – was [immer] Sie wollen, ich führe es ❹ (*nominate*) ■**to ~ sb sth** jdn zu etw *dat* ernennen
'**name day** *n* Namenstag *m* '**name-drop·ping** *n no pl* Namedropping *nt* (*das Angeben mit berühmten Persönlichkeiten, die man kennt*)
name·less ['neɪmləs] *adj* namenlos; *author* unbekannt
name·ly ['neɪmli] *adv* nämlich
'**name·plate** *n of a person* Namensschild *nt;* (*on door of a house*) Türschild *nt; of company* Firmenschild *nt* '**name·sake** *n* Namensvetter *m*
Na·mibia [næˈmɪbiə] *n* Namibia *nt*
nan, naan [nɑːn] *n* indisches Fladenbrot
nan·ny ['næni] *n* ❶ (*grandmother*) Oma *f*

② (*babyminder*) Kindermädchen *nt* ③ (*animal*) Geiß *f*
'**nan·ny goat** *n* Geiß *f*
na·no·sec·ond [ˈnænə(ʊ)ˌsekənd] *n* Nanosekunde *f* '**na·no·tech** [ˈnænə(ʊ)ˌtek],
'**na·no·tech·nol·ogy** [ˈnænə(ʊ)tekˌnɒlədʒi] *n* Nanotechnik *f*
nap[1] [næp] I. *n* Nickerchen *nt;* **to take a ~** ein Nickerchen machen II. *vi* <-pp-> ein Nickerchen machen
nap[2] [næp] *n no pl* Flor *m*
na·palm [ˈneɪpɑːm] *n no pl* Napalm *nt*
nape [neɪp] *n no pl* Nacken *m*
nap·kin [ˈnæpkɪn] *n* Serviette *f*
nap·py [ˈnæpi] I. *n* Windel *f;* **disposable ~** Wegwerfwindel *f* II. *adj* AM *hair* lockig
nar·cis·sism [ˈnɑːsɪsɪzəm] *n no pl* Narzissmus *m*
nar·cis·sus <*pl* -es *or* -issi *or* -> [nɑːˈsɪsəs] *n* Narzisse *f*
nar·co·sis [nɑːˈkəʊsɪs] *n* Narkose *f*
nar·cot·ic [nɑːˈkɒtɪk] I. *n* ① *esp* AM (*drug*) Rauschgift *nt* ② MED (*drug causing sleepiness*) Narkotikum *nt* II. *adj* ① (*affecting the mind*) berauschend ② MED narkotisch; (*sleep-inducing*) einschläfernd
nark [nɑːk] BRIT, AUS I. *vt* ärgern; **to be/become ~ed with sb** auf jdn wütend sein/werden II. *n* ① (*annoying person*) unausstehliche Person *f* ② (*sl: police informer*) Spitzel *nt* ③ AM (*narcotics agent*) Drogenfahnder(in) *m(f)*
nar·rate [nəˈreɪt] *vt* ① (*provide commentary*) erzählen ② (*give account of*) schildern
nar·ra·tion [nəˈreɪʃən] *n no pl* Schilderung *f; of story* Erzählung *f*
nar·ra·tive [ˈnærətɪv] *n* (*form*) ① (*story*) Erzählung *f* ② (*description of events*) Schilderung *f*
nar·ra·tor [nəˈreɪtər] *n* Erzähler(in) *m(f)*
nar·row [ˈnærəʊ] I. *adj* ① (*thin*) eng, schmal ② (*pej: limited*) **to have a ~ mind** engstirnig sein ③ (*small*) knapp II. *vi* enger werden, sich verengen; *gap, difference* sich schließen III. *vt* verengen; (*fig*) beschränken; **he ~ed his eyes in suspicion** er kniff argwöhnisch die Augen zusammen
'**nar·row boat** *n* Kahn *m* '**nar·row gauge** *n* Schmalspur *f*
nar·row·ly [ˈnærəʊli] *adv* ① (*barely*) knapp ② (*meticulously*) sehr gründlich
nar·row-ˈmind·ed *adj* engstirnig **nar·row-mind·ed·ness** [-ˈmaɪndɪdnəs] *n no pl* Engstirnigkeit *f*
nar·row·ness [ˈnærəʊnəs] *n no pl* Enge *f*
NASA [ˈnæsə] *n no pl abbrev of* **National Aeronautics and Space Administration** NASA *f*
na·sal [ˈneɪzəl] *adj* ① (*concerning nose*) Nasen- ② (*droning*) nasal
nas·cent [ˈneɪsənt] *adj* (*form*) neu aufkommend
nas·ti·ly [ˈnɑːstɪli] *adv* gehässig, gemein; **to speak ~ to sb** gehässig zu jdm gemein sein
nas·ti·ness [ˈnɑːstɪnəs] *n no pl* Gemeinheit *f*
na·stur·tium [nəˈstɜːʃəm] *n* [Kapuziner]kresse *f*
nas·ty [ˈnɑːsti] *adj* ① (*bad*) scheußlich, widerlich; *fright* furchtbar; *insult* gemein; *joke* schlecht; *shock* furchtbar; *surprise* böse; ■ **to be ~ to sb** zu jdm gemein sein; **he's a ~ piece of work** er ist ein fieser Zeitgenosse; **cheap and ~** billig und schlecht ② (*dangerous*) gefährlich ③ (*serious*) schlimm, böse; **the situation could turn ~ at any moment** die Lage könnte jederzeit umschlagen
na·tal [ˈneɪtəl] *adj* Geburts-
na·tal·ity [nəˈtælɪti] *n* Geburtenziffer *f*
na·tion [ˈneɪʃən] *n* ① (*country, state*) Nation *f,* Land *nt;* **all across the ~** im ganzen Land ② (*people*) Volk *nt;* **the Apache/Navajo ~** AM der Stamm der Apachen/Navajos
na·tion·al [ˈnæʃənəl] I. *adj* ① (*of a nation*) *matter, organization* national; *flag, team, dish, hero* National-; **~ government** Landesregierung *f;* **[in the] ~ interest** [im] Staatsinteresse *nt* ② (*particular to a nation*) Landes-, Volks- ③ (*nationwide*) national; **~ organization** nationale [*o* überregionale] Organisation II. *n* Staatsangehörige(r) *f(m);* **foreign ~** Ausländer(in) *m(f)*
na·tion·al ˈan·them *n* Nationalhymne *f*
na·tion·al ˈdebt *n* Staatsverschuldung *f*
Na·tion·al ˈFront *n* BRIT rechtsradikale Partei **na·tion·al ˈgrid** *n* BRIT, AUS nationales Verbundnetz **Na·tion·al ˈGuard** *n* AM Nationalgarde *f* **Na·tion·al ˈHealth** BRIT, **Na·tion·al ˈHealth Ser·vice** *n* BRIT staatlicher Gesundheitsdienst **na·tion·al ˈholi·day** *n* (*work-free*) gesetzlicher Feiertag; (*in celebration of a nation*) Nationalfeiertag *m* **Na·tion·al In·ˈsur·ance** *n* BRIT Sozialversicherung *f*
na·tion·al·ism [ˈnæʃənəlɪzəm] *n no pl* (*usu pej*) Nationalismus *m*
na·tion·al·ist [ˈnæʃənəlɪst] I. *adj* nationalistisch II. *n* Nationalist(in) *m(f)*
na·tion·al·is·tic [ˌnæʃənəlˈɪstɪk] *adj* (*usu pej*) nationalistisch
na·tion·al·ity [ˌnæʃənˈælətɪ] *n* ① (*esp cul-*

tural) Nationalität *f* ❷ *no pl* (*legal*) Staatsangehörigkeit *f*

na·tion·al·i·za·tion [ˌnæʃᵊnᵊlaɪˈzeɪʃᵊn] *n no pl* Verstaatlichung *f*

na·tion·al·ize [ˈnæʃᵊnᵊlaɪz] *vt company, steel industry* verstaatlichen

na·tion·al ˈpark *n*, **Na·tion·al ˈPark** *n* Nationalpark *m* **na·tion·al ˈser·vice** *n no pl* BRIT, AUS Wehrdienst *m* **na·tion·al ˈso·cial·ism** *n no pl* (*hist*) Nationalsozialismus *m*

na·tion ˈstate *n* Nationalstaat *m*

ˈna·tion·wide I. *adv* landesweit, im ganzen Land II. *adj coverage, strike, campaign* landesweit

na·tive [ˈneɪtɪv] I. *adj* ❶ (*of one's birth*) beheimatet; ~ **country** Heimatland *nt;* ~ **language** Muttersprache *f* ❷ (*indigenous*) *customs, traditions* einheimisch; *population* eingeboren ❸ BOT, ZOOL *animal, plant* beheimatet, einheimisch ❹ (*innate*) angeboren II. *n* (*indigenous inhabitant*) Einheimische(r) *f(m);* **a ~ of Monaco** ein gebürtiger Monegasse/eine gebürtige Monegassin; (*indigenous, aboriginal*) Eingeborene(r) *f(m)*

na·tive Aˈmeri·can I. *n* amerikanischer Ureinwohner/amerikanische Ureinwohnerin II. *adj* ~ **history** Geschichte der amerikanischen Ureinwohner **na·tive-ˈborn** *adj* gebürtig **na·tive ˈspeak·er** *n* Muttersprachler(in) *m(f)*

Na·tiv·ity [nəˈtɪvəti] *n no pl* ▪ **the ~** die Geburt Christi

na·ˈtiv·i·ty play *n* Krippenspiel *nt*

NATO, Nato [ˈneɪtəʊ] *n no pl, no art acr for* **North Atlantic Treaty Organisation** NATO *f*

nat·ter [ˈnætər] *esp* BRIT I. *vi* (*fam*) quatschen II. *n* (*fam*) Schwatz *m;* **to have a ~ [with sb]** [mit jdm] quatschen

nat·ty [ˈnæti] *adj* (*fam: smart*) schick; **to be a ~ dresser** immer schick gekleidet sein; (*well-designed*) *tool, appliance* praktisch

natu·ral [ˈnætʃᵊrᵊl] I. *adj* ❶ (*not artificial*) *flavour, ingredients, mineral water* natürlich; *colour, curls, dye, fertilizer* Natur- ❷ (*as in nature*) *harbour, reservoir, camouflage* natürlich; *fabric, wood* naturbelassen; ~ **state** Naturzustand *m* ❸ (*caused by nature*) natürlich; **to die of ~ causes** eines natürlichen Todes sterben; ~ **disaster** Naturkatastrophe *f* ❹ (*inborn*) angeboren; *leader* geboren ❺ BIOL, SOCIOL *father, mother, parents* leiblich ❻ (*normal*) natürlich, normal ❼ *after n* MUS ohne Vorzeichen nach *n* II. *n* ❶ (*fam*) Naturtalent *nt* ❷ MUS Auflösungszeichen *nt*

natu·ral ˈchild·birth *n no pl* natürliche Geburt **natu·ral ˈgas** *n no pl* Erdgas *nt* **natu·ral ˈhis·to·ry** *n no pl* Naturgeschichte *f;* (*as topic of study*) Naturkunde *f*

natu·ral·ism [ˈnætʃᵊrᵊlɪzᵊm] *n no pl* Naturalismus *m*

natu·ral·ist [ˈnætʃᵊrᵊlɪst] I. *n* Naturforscher(in) *m(f);* ART, LIT, PHILOS Naturalist(in) *m(f)* II. *adj* ❶ (*in natural history*) naturkundlich ❷ ART, LIT, PHILOS naturalistisch

natu·ral·is·tic [ˌnætʃᵊrᵊlˈɪstɪk] *adj* ART, LIT, PHILOS naturalistisch

natu·ral·i·za·tion [ˌnætʃᵊrᵊlaɪˈzeɪʃᵊn] *n no pl* Einbürgerung *f*

natu·ral·ize [ˈnætʃᵊrᵊlaɪz] I. *vt* einbürgern II. *vi* BOT, ZOOL ▪ **to become ~d** heimisch werden

natu·ral·ized [ˈnætʃᵊrᵊlaɪzd] *adj* eingebürgert

natu·ral ˈlan·guage *n* natürliche Sprache **natu·ral·ly** [ˈnætʃᵊrᵊli] *adv* ❶ (*of course*) natürlich; (*as expected*) verständlicherweise ❷ (*without aid*) natürlich ❸ (*by nature*) von Natur aus ❹ (*without special training*) natürlich; **dancing comes ~ to him** Tanzen fällt ihm leicht; **driving doesn't come ~ to me** Autofahren liegt mir nicht

natu·ral·ness [ˈnætʃᵊrᵊlnəs] *n no pl* Natürlichkeit *f*

natu·ral re·ˈsources *npl* Bodenschätze *pl* **natu·ral ˈsci·ence** *n*, **natu·ral ˈsci·ences** *npl* Naturwissenschaft *f* **natu·ral se·ˈlec·tion** *n* natürliche Auslese **natu·ral ˈwast·age** *n* BRIT Personalreduzierung *f* per Einstellungsstopp

na·ture [ˈneɪtʃər] *n no pl* ❶ *no art* (*natural environment*) Natur *f;* **to let ~ take its course** der Natur ihren Lauf lassen ❷ (*innate qualities*) Art *f;* **what is the ~ of your problem?** worum handelt es sich bei Ihrem Problem?; **by ~** von Natur aus ❸ (*character*) Naturell *nt*, Art *f*

na·ture con·ser·ˈva·tion *n no pl*, **na·ture con·ˈserv·an·cy** *n no pl* BRIT (*form*) Naturschutz *m* **ˈna·ture lov·er** *n* Naturfreund(in) *m(f)* **ˈna·ture re·serve** *n* Naturschutzgebiet *nt* **ˈna·ture study** *n no pl* Naturkunde *f* **ˈna·ture trail** *n* Naturlehrpfad *m* **ˈna·ture wor·ship** *n no pl* ❶ (*love of nature*) Naturverehrung *f* ❷ REL Naturreligion *f*

na·tur·ism [ˈneɪtʃᵊrɪzᵊm] *n no pl* BRIT Freikörperkultur *f*

na·tur·ist [ˈneɪtʃᵊrɪst] *n* BRIT Anhänger(in) *m(f)* der Freikörperkultur

naught [nɔːt] *n* ① *no pl* (*old: nothing*) Nichts *nt* ② AM, AUS *see* **nought**

naugh·ty ['nɔːti] *adj* ① (*badly behaved*) *children* ungezogen; (*iron*) *adults* ungehörig ② (*hum fam: erotic*) unanständig

nau·sea ['nɔːziə] *n no pl* Übelkeit *f*; (*fig*) Ekel *m*

nau·seate ['nɔːzieɪt] *vt usu passive* (*form*) ■**to ~ sb** bei jdm Übelkeit verursachen; (*fig, pej*) ■**to be ~d by sth** von etw *dat* angeekelt sein

nau·seat·ing ['nɔːzieɪtɪŋ] *adj* Übelkeit erregend *attr*; (*fig, pej*) Ekel erregend *attr*; (*esp iron, hum*) **it's quite ~ how good she is at everything** es ist geradezu widerlich, wie gut sie in allem ist

nau·seous ['nɔːziəs] *adj* ① (*having nausea*) **she's** [**feeling**] **~** ihr ist übel ② (*fig: causing nausea*) widerlich

nau·ti·cal ['nɔːtɪkəl] *adj* nautisch; **~ chart** Seekarte *f*

nau·ti·cal 'mile *n* Seemeile *f*

na·val ['neɪvəl] *adj* (*of a navy*) Marine-; (*of ships*) Schiffs-, See-

na·val a'cad·emy *n* Marineakademie *f* **'na·val base** *n* Flottenstützpunkt *m* **na·val 'pow·er** *n* Seemacht *f* **na·val 'war·fare** *n no pl* (*war*) Seekrieg *m*; (*warring*) Seekriegsführung *f*

nave [neɪv] *n* Hauptschiff *nt*

na·vel ['neɪvəl] *n* Nabel *m*

navi·ga·ble ['nævɪɡəbl] *adj* ① (*passable*) schiffbar ② (*seaworthy*) seetüchtig

navi·gate ['nævɪɡeɪt] I. *vt* ① (*steer*) navigieren ② (*traverse*) befahren; (*pass through*) durchfahren ③ (*pilot*) steuern; AUTO lenken ④ (*get through*) sich *dat* einen Weg bahnen ⑤ (*overcome*) durchstehen II. *vi* NAUT, AVIAT navigieren; AUTO *driver* fahren; *passenger* lotsen

navi·ga·tion [ˌnævɪ'ɡeɪʃən] *n no pl* ① (*navigating*) Navigation *f*; **~ system** Navigationsgerät *nt*, Navigationssystem *nt* ② (*assisting driver*) Lotsen *nt* ③ SCI, ART Navigationskunde *f*

navi·ga·tion·al [ˌnævɪ'ɡeɪʃənəl] *adj* Navigations-

navi·ga·tor ['nævɪɡeɪtə'] *n* Navigator(in) *m(f)*; AUTO Beifahrer(in) *m(f)*

nav·vy ['nævi] *n* BRIT (*dated*) Bauarbeiter *m*

navy ['neɪvi] I. *n* ① + *sing/pl vb* (*armed forces*) ■**the N~** die Marine ② (*colour*) Marineblau *nt* II. *adj* marineblau

nay [neɪ] I. *adv* (*liter*) ja [sogar] II. *interj* DIAL (*old*) nein III. *n esp* AM Nein *nt*; (*negative vote*) Neinstimme *f*

Nazi ['nɑːtsi] *n* (*hist or pej*) Nazi *m*

Na·zi·ism *n no pl*, **Na·zism** ['nɑːtsɪzəm] *n no pl* (*hist*) Nazismus *m*

NB [ˌen'biː] *adv no pl abbrev of* **nota bene** NB

NCC [ˌensi'siː] *n* BRIT *abbrev of* **Nature Conservancy Council** Naturschutzamt *nt*

NCO [ˌensi'əʊ] *n abbrev of* **non-commissioned officer** Uffz. *m*

NE I. *n no pl abbrev of* **north-east** NO. II. *adj* ① *abbrev of* **north-east** NO- ② *abbrev of* **north-eastern** NO- III. *adv abbrev of* **north-east**

neap tide ['niːptaɪd] *n* Nipptide *f*

near [nɪə'] I. *adj* ① (*close in space*) nahe, in der Nähe; **where's the ~est phone box?** wo ist die nächste Telefonzelle? ② (*close in time*) nahe ③ (*most similar*) **he rounded up the sum to the ~est dollar** er rundete die Summe auf den nächsten Dollar auf ④ *attr* (*close to being*) **he was in a state of ~ despair** er war der Verzweiflung nahe; **that's a ~ certainty/impossibility** das ist so gut wie sicher/unmöglich ⑤ *attr* (*person*) nahe, eng; **~ relative** enge[r] Verwandte[r] ⑥ *attr* BRIT, AUS AUTO, TRANSP (*nearside*) auf der Beifahrerseite *präd*, *nach n* ▶ **to be a ~ miss** knapp danebengehen II. *adv* ① (*close in space*) nahe; **do you live somewhere ~?** wohnst du hier irgendwo in der Nähe? ② (*close in time*) nahe; **the time is drawing ~er** die Zeit rückt näher ③ (*almost*) beinahe, fast; **I'm as ~ certain as can be** ich bin mir so gut wie sicher; **nowhere ~** bei weitem nicht III. *prep* ① (*in proximity to*) ■**~** [**to**] nahe [bei]; **do you live here?** wohnen Sie hier in der Nähe? ② (*almost time of*) **I'm nowhere ~ finishing the book** ich habe das Buch noch längst nicht ausgelesen; **details will be given ~ the date** die Einzelheiten werden kurz vor dem Termin bekannt gegeben ③ (*close to a state*) nahe; **we came ~ to being killed** wir wären beinahe getötet worden ④ (*similar in quantity or quality*) **he's ~er 70 than 60** er ist eher 70 als 60; **this colour is ~est** [**to**] **the original** diese Farbe kommt dem Original am nächsten ⑤ (*about ready to*) ■**to be ~ to doing sth** nahe daran sein, etw *akk* zu tun ⑥ (*like*) **what he said was nothing ~ the truth** was er sagte, entsprach nicht im Entferntesten der Wahrheit ⑦ (*almost amount of*) annähernd, fast IV. *vt* ■**to ~ sth** sich etw *dat* nähern V. *vi* sich nähern, näher rücken

near·by [ˌnɪə'baɪ] I. *adj* nahegelegen II. *adv* in der Nähe

Near 'East *n* Naher Osten
near·ly ['nɪəli] *adv* fast, beinahe
near 'miss *n* ❶ (*accident*) Beinaheunfall *m*; AVIAT Beinahezusammenstoß *m* ❷ (*fig*) **to be a ~** knapp danebengehen
'near·side BRIT, AUS **I.** *n* Beifahrerseite *f* **II.** *adj attr* auf der Beifahrerseite *nach n*
near-'sight·ed *adj esp* AM kurzsichtig
near-'sight·ed·ness *n no pl esp* AM Kurzsichtigkeit *f*
neat [ni:t] *adj* ❶ (*well-ordered*) ordentlich; *appearance, beard* gepflegt; **~ and tidy** sauber und ordentlich ❷ (*skilful*) geschickt ❸ (*undiluted*) pur ❹ *esp* AM, AUS (*sl: very good*) toll
neat·en ['ni:tən] *vt* in Ordnung bringen
neat·ly ['ni:tli] *adv* ❶ (*tidily*) sauber, ordentlich ❷ (*skilfully*) geschickt
neat·ness ['ni:tnəs] *n no pl* Ordentlichkeit *f*, Sauberkeit *f*
nebu·la <*pl* -lae *or* -s> ['nebjələ, *pl* -li:] *n* Nebel *m*
nebu·lae ['nebjəli:] *n pl of* **nebula**
nebu·lar ['nebjələʳ] *adj* Nebel-
nebu·lous ['nebjələs] *adj* nebelhaft; *fear, promise* vage
nec·es·saries ['nesəsəriz] *npl* unbedingt notwendige Dinge
nec·es·sari·ly ['nesəsərəli] *adv* (*consequently*) notwendigerweise; (*inevitably*) unbedingt; (*of necessity*) zwangsläufig
nec·es·sary ['nesəsəri] **I.** *adj* nötig, notwendig; **strictly ~** unbedingt nötig; **it's not ~ [for you] to shout** du brauchst nicht zu schreien; **was it really ~ for you to say that?** musstest du das wirklich sagen? **II.** *n* ▪ **the ~** das Nötige
ne·ces·si·tate [nəˈsesɪteɪt] *vt* erfordern
ne·ces·sity [nəˈsesəti] *n* ❶ *no pl* (*being necessary*) Notwendigkeit *f* ❷ (*indispensability*) Lebensnotwendige *nt kein pl*; **bare ~** Grundbedarf *m*
neck [nek] *n* ❶ ANAT Hals; (*nape*) Nacken *m* ❷ FASHION Kragen *m*; (*garment*) Ausschnitt *m* ❸ (*narrow part*) Hals *m* ▶ **to be breathing down sb's ~** jdm im Nacken sitzen; **~ and ~** Kopf an Kopf
'neck·band *n* Halsbündchen *nt* **neck·er·chief** <*pl* -s *or* -chieves> ['nekətʃɪf] *n* (*dated*) Halstuch *nt* **neck·lace** ['nekləs] *n* [Hals]kette *f* **'neck·line** *n* Ausschnitt *m* **'neck·tie** *n esp* AM Krawatte *f*
nec·ro·philia [ˌnekrə(ʊ)ˈfɪliə] *n no pl* PSYCH Nekrophilie *f*
nec·tar ['nektəʳ] *n no pl* Nektar *m*
nec·tar·ine ['nektəri:n] *n* Nektarine *f*
née [neɪ] *adj pred* geborene

need [ni:d] **I.** *n* ❶ *no pl* (*requirement*) Bedarf *m* (**for** an); **your ~ is greater than mine** du brauchst es dringender als ich; **as the ~ arises** bei Bedarf; **to be [badly] in ~ of sth** etw [dringend] brauchen; **to have no ~ of sth** etw nicht brauchen ❷ *no pl* (*necessity*) Notwendigkeit *f*; **if ~ be** falls nötig ❸ (*yearning*) Bedürfnis *nt*; **I'm in ~ of some fresh air** ich brauche etwas frische Luft ❹ *no pl* (*requiring help*) **she helped him in his hour of ~** sie hat ihm in der Stunde der Not geholfen; **children in ~** Kinder in Not ❺ *no pl* (*poverty*) Not *f*; **those in ~** die Notleidenden **II.** *vt* ❶ (*require*) brauchen; **your trousers ~ washing** deine Hose müsste mal gewaschen werden ❷ (*must*) ▪ **to ~ to do sth** etw tun müssen; **you didn't ~ to invite him — he was sent an invitation weeks ago** du hättest ihn nicht einladen müssen — er hat schon vor Wochen eine Einladung zugeschickt bekommen ❸ (*not want to be subjected to*) **I don't ~ your comments, thank you** meine Kommentare kannst du dir sparen **III.** *aux vb* ➕ BRIT (*must*) **~ I say more?** muss ich noch mehr sagen?; **~ you ask?** (*iron*) da fragst du doch?; **you ~n't worry** du brauchst dir keine Gedanken zu machen ❷ BRIT (*didn't have to*) **you ~n't have washed all those dishes** du hättest nicht das ganze Geschirr abwaschen müssen ❸ BRIT (*shouldn't*) **you ~n't laugh!** du brauchst gar nicht [so] zu lachen!
need·ed ['ni:dɪd] *adj* notwendig, nötig; **much-~** dringend nötig
nee·dle ['ni:dl] **I.** *n* ❶ (*for sewing*) Nadel *f*; **knitting ~** Stricknadel *f*; **~ and thread** Nadel und Faden ❷ MED, BOT Nadel *f*; **to get a ~** AM, AUS (*fam*) geimpft werden ❸ (*pointer*) Nadel *f* ▶ **it is like looking for a ~ in a haystack** das ist, als würde man eine Stecknadel im Heuhaufen suchen **II.** *vt* ärgern
'nee·dle match *n* SPORTS (*fam*) erbitterter Kampf
need·less ['ni:dləs] *adj* unnötig; **~ to say ...** selbstverständlich ...
need·less·ly ['ni:dləsli] *adv* unnötig[erweise]; **to die ~** sinnlos sterben
'nee·dle·work *n no pl* Handarbeit *f*
needn't ['ni:dənt] = **need not** *see* **need III**
needs [ni:dz] *adv* (*old*) unbedingt; **I don't wish to work all weekend, but ~ must** ich möchte ungern das ganze Wochenende arbeiten, aber was sein muss, muss sein

needy ['niːdi] I. *adj* ❶ (*poor*) bedürftig, Not leidend *attr* ❷ PSYCH (*mentally weak*) bedürftig II. *n* ■ **the ~** *pl* die Bedürftigen *pl*

ne·gate [nɪ'geɪt] *vt* (*nullify*) zunichtemachen; (*deny*) verneinen

ne·ga·tion [nɪ'geɪʃᵊn] *n no pl* ❶ (*usu form: antithesis*) *also* LING Verneinung *f* ❷ (*usu form: opposition*) Ablehnung *f*

nega·tive ['negətɪv] I. *adj* ❶ (*negation*) negativ, ablehnend ❷ LING negativ; *clause, form* verneint ❸ (*pessimistic, worrying*) negativ; ■ **to be ~ about sth/sb** etw/jdm gegenüber negativ eingestellt sein ❹ ELEC, SCI negativ, minus ❺ MED *blood* negativ ❻ MATH, SCI negativ II. *n* ❶ (*negation*) Verneinung *f* ❷ PHOT Negativ *nt* III. *vt* (*say no to*) verneinen; (*reject/decline*) ablehnen

nega·tive·ly ['negətɪvli] *adv* negativ; (*saying no*) ablehnend

nega·tiv·ism ['negətɪvɪzᵊm] *n no pl*, **nega·tiv·ity** [ˌnegə'tɪvəti] *n no pl* Negativität *f*

ne·glect [nɪ'glekt] I. *vt* vernachlässigen; ■ **to ~ to do sth** [es] versäumen, etw zu tun II. *n* (*lack of care*) Vernachlässigung *f*; (*disrepair*) Verwahrlosung *f*; **to be in a state of ~** verwahrlost sein

ne·glect·ed [nɪ'glektɪd] *adj* (*uncared for*) verwahrlost; (*overlooked*) vernachlässigt

ne·glect·ful [nɪ'glektfᵊl] *adj* nachlässig (**of** gegenüber); **~ parents** pflichtvergessen; **to be ~ of sth** etw vernachlässigen

neg·li·gee *n*, **nég·li·gée** ['neglɪʒeɪ] *n* Negligee *nt*

neg·li·gence ['neglɪdʒən(t)s] *n no pl* (*lack of care*) Nachlässigkeit *f*; (*neglect*) Vernachlässigung *f*; LAW (*form*) Fahrlässigkeit *f*

neg·li·gent ['neglɪdʒənt] *adj* (*careless*) nachlässig; LAW fahrlässig

neg·li·gent·ly ['neglɪdʒəntli] *adv* (*carelessly*) nachlässig; LAW fahrlässig

neg·li·gible ['neglɪdʒəbl] *adj* unbedeutend; *amount* geringfügig

ne·go·tiable [nɪ'gəʊʃiəbl] *adj* ❶ (*discussable*) verhandelbar; **everything is ~ at this stage** in diesem Stadium kann [noch] über alles verhandelt werden ❷ (*traversable*) passierbar; *road* befahrbar ❸ FIN übertragbar

ne·go·tiate [nɪ'gəʊʃieɪt] I. *vt* ❶ (*discuss*) aushandeln; *loan, treaty* abschließen ❷ (*traverse*) passieren; (*fig: surmount*) *problems* überwinden II. *vi* verhandeln (**for/on** über)

ne·'go·tiat·ing com·mit·tee *n* Verhandlungskommission *f* **ne·'go·tiat·ing ta·ble** *n* (*fig*) Verhandlungstisch *m*

ne·go·tia·tion [nɪˌgəʊʃi'eɪʃᵊn] *n* Verhandlung *f*

ne·go·tia·tor [nɪ'gəʊʃieɪtəʳ] *n* Unterhändler(in) *m(f)*

Ne·gress <*pl* -es> ['niːgrəs] *n* (*pej! dated*) Negerin *f*

Ne·gro <*pl* -es> *n* (*pej! dated*), **ne·gro** ['niːgrəʊ] *n* (*pej! dated*) Neger *m*

Ne·groid ['niːgrɔɪd] *adj* (*pej! dated*) negroid

neigh [neɪ] I. *n* Wiehern *nt kein pl* II. *vi* wiehern

neigh·bor *n* AM *see* **neighbour**

neigh·bor·hood *n* AM *see* **neighbourhood**

neigh·bor·ing *adj* AM *see* **neighbouring**

neigh·bor·li·ness *n* AM *see* **neighbourliness**

neigh·bor·ly *adj* AM *see* **neighbourly**

neigh·bour ['neɪbəʳ] I. *n* (*person*) Nachbar(in) *m(f)*; (*country*) Nachbarland *nt*; (*fellow-citizen*) Nächste(r) *f(m)*; **next-door ~** direkter Nachbar/direkte Nachbarin II. *vi* [an]grenzen (**on** an)

neigh·bour·hood ['neɪbəhʊd] *n* ❶ (*district*) Viertel *nt*; (*people*) Nachbarschaft *f* ❷ (*vicinity*) Nähe *f kein pl* ❸ (*approximately*) **we're hoping to get something in the ~ of £220,000 for the house** wir hoffen, dass wir um [die] £220.000 für das Haus bekommen werden

neigh·bour·hood 'watch *n* Nachbarschaftswachdienst *m*

neigh·bour·ing ['neɪbᵊrɪŋ] *adj attr* (*nearby*) benachbart, Nachbar-; (*bordering*) angrenzend

neigh·bour·li·ness ['neɪbᵊlɪnəs] *n no pl* gutnachbarliche Art

neigh·bour·ly ['neɪbᵊli] *adj* (*community-friendly*) gutnachbarlich; (*kindly*) freundlich

nei·ther ['naɪðəʳ] I. *adv* ❶ (*not either*) weder; **~ ... nor ...** [**nor ...**] weder ... noch ... [oder ...] ❷ (*also not*) auch nicht; **he didn't remember, and ~ did I** er erinnerte sich nicht, und ich auch nicht ▶ **to be ~ here nor there** völlig nebensächlich sein II. *adj attr* keine(r, s) von beiden III. *pron* (*not either of two*) keine(r, s) von beiden; **we've got two TVs, but ~ works properly** wir haben zwei Fernseher, aber keiner funktioniert richtig IV. *conj* ■ **~ ... nor ...** weder ... noch

neme·sis <*pl* -ses> ['neməsɪs, *pl* -siːz] *n* ❶ (*liter: punishment*) gerechte Strafe ❷ (*goddess*) ■ **N~** Nemesis *f*

neo·clas·si·cal [ˌniːəʊˈklæsɪkªl] *adj* klassizistisch

neo·co·lo·ni·al·ist [ˌniːəʊkəˈləʊniªlɪst] *adj* neokolonialistisch

Neo·lith·ic [ˌniːə(ʊ)ˈlɪθɪk] *adj* neolithisch *fachspr*; ~ **Period** Neolithikum *nt*; (*fig, pej*) vorsintflutlich *fam*

ne·olo·gism [niˈɒlədʒɪzªm] *n* (*form*) Neuwort *nt*, Neologismus *m fachspr*

neon [ˈniɒn] *n no pl* Neon *nt*

neo-Nazi [ˌniə(ʊ)ˈnɑːtsi] I. *n* Neonazi *m* II. *adj group, newspaper* neonazistisch

neon ˈlamp *n* Neonlampe *f* **neon ˈsign** *n* Leuchtreklame *f*

Ne·pal [nəˈpɔːl] *n* Nepal *nt*

Nepa·lese [ˌnepªlˈiːz] I. *adj* nepalesisch II. *n* <pl -> Nepalese *m*/Nepalesin *f*

neph·ew [ˈnefjuː] *n* Neffe *m*

ne·phri·tis [nɪˈfraɪtɪs] *n no pl* Nephritis *f fachspr*

nepo·tism [ˈnepətɪzªm] *n no pl* (*pej*) Vetternwirtschaft *f*

Nep·tune [ˈneptjuːn] *n no art* Neptun *m*

nerd [nɜːd] *n* (*sl: gawky male*) Streber *m pej*; (*idiot*) Depp *m bes* SÜDD, ÖSTERR, SCHWEIZ *pej*; **computer** ~ Computerfreak *m sl*

nerdy [ˈnɜːdi] *adj* (*fam*) doof

nerve [nɜːv] *n* ❶ ANAT Nerv *m* ❷ *no pl* (*courage*) Mut *m*; **to keep/lose one's** ~ die Nerven behalten/verlieren ❸ (*nervousness*) ■ ~ **s** *pl* Nervosität *f kein pl*; (*stress*) Nerven *pl* ❹ (*impudence*) Frechheit *f*; **that man has such a** ~! der Mann hat [vielleicht] Nerven! ► **to be a bundle of** ~ **s** ein Nervenbündel *nt* sein; **to get on sb's** ~ **s** (*fam*) jdm auf die Nerven gehen

ˈnerve cell *n* Nervenzelle *f* **ˈnerve cen·tre** *n*, AM **ˈnerve cen·ter** *n* ❶ ANAT Nervenzentrum *nt* ❷ (*control centre*) Nervenzentrum *nt* **ˈnerve gas** *n* Nervengas *nt* **ˈnerve-jan·gling** *adj attr* (*fig*) nervenaufreibend **nerve·less** [ˈnɜːvləs] *adj* ❶ (*without nerves*) nervenstark ❷ (*lacking vigour*) kraftlos **ˈnerve-rack·ing** *adj*, **ˈnerve-wrack·ing** *adj* nervenaufreibend

nerv·ous [ˈnɜːvəs] *adj* (*highly-strung*) nervös; (*tense*) aufgeregt; (*fearful*) ängstlich; ■ **to be ~ about sth** wegen etw *dat* nervös sein; ■ **to be ~ of sb/sth** vor jdm/etw Angst haben

nerv·ous ˈbreak·down *n* Nervenzusammenbruch *m*

nerv·ous·ly [ˈnɜːvəsli] *adv* nervös; (*overexcitedly*) aufgeregt; (*timidly*) ängstlich

nerv·ous·ness [ˈnɜːvəsnəs] *n no pl* (*nervous state*) Nervosität *f*; (*fear*) Angst *f* (**about** vor)

ˈnerv·ous sys·tem *n* Nervensystem *nt*

nervy [ˈnɜːvi] *adj* ❶ AM (*pej: impudent*) unverschämt ❷ AM (*brave*) mutig ❸ BRIT (*nervous*) nervös

nest [nest] I. *n* ❶ (*of animals*) Nest *nt* ❷ (*pej: den*) Schlupfwinkel *m*; (*of criminals*) Brutstätte *f fig* ❸ (*set*) Satz *m* II. *vi* ORN, SCI nisten

ˈnest box *n* AM Nistkasten *m* **ˈnest egg** *n* Notgroschen *m*

nest·ing [ˈnestɪŋ] *adj attr* ❶ (*of nests*) Nist- ❷ (*of sets*) ineinander stapelbar

ˈnest·ing box *n esp* BRIT Nistkasten *m*

nes·tle [ˈnesl] I. *vt* **she** ~ **d the baby lovingly in her arms** sie hielt das Baby liebevoll in ihren Armen II. *vi* ❶ (*person*) **she** ~ **d amongst the cushions and pillows** sie schmiegte sich in die Kissen; ■ **to** ~ **up to sb** sich an jdn anschmiegen ❷ (*object*) ■ **to** ~ **in sth** in etw *akk* eingebettet sein

nes·tling [ˈneslɪŋ] *n* Nestling *m*

Net *n no pl* INET, COMPUT ■ **the** ~ das Netz

net¹ [net] I. *n* ❶ (*also fig: mesh*) Netz *nt*; **fishing** ~ Fischernetz *nt* ❷ SPORTS Netz *nt* II. *vt* <-tt-> ❶ (*catch*) *fish* mit einem Netz fangen; (*fig*) *criminals* fangen ❷ (*fig: get*) ■ **to** ~ **oneself sth** sich *dat* etw angeln ❸ SPORTS **to** ~ **a return/volley** *tennis* einen Return/Volley ins Netz schlagen; **to** ~ **the ball/a goal** *soccer* den Ball ins Tor/ein Tor schießen

net² [net] I. *adj* ❶ FIN netto; *weight* netto, rein *attr*, Rein-; ~ **profit/results** Reingewinn *m*/Endergebnis *nt*; ~ **wages** Nettolöhne *pl* ❷ *attr* (*final*) End- II. *vt* ❶ (*after tax*) netto verdienen ❷ (*realize*) netto einnehmen

ˈnet·ball *n* BRIT *no pl* Korbball *m* **ˈNet-based** *adj* INET, COMPUT netzbasiert **Net ˈBook Agree·ment** *n* BRIT Buchpreisbindung *f* **net ˈcur·tain** *n* Tüllgardine *f*

neth·er [ˈneðə] *adj attr* (*liter or hum: lower*) niedere(r, s); ~ **regions** niedere Regionen *euph*

Neth·er·lands [ˈneðələn(d)z] *n* ■ **the** ~ die Niederlande *pl*

neti·quette [ˈnetɪket] *n no pl* COMPUT Netiquette *f*

ˈNet·speak *adj* COMPUT Internet-Jargon *m*

nett *adj, vt* BRIT *see* **net²**

net·ting [ˈnetɪŋ] *n no pl* (*material*) Netzgewebe *nt*; (*structure*) Netzwerk *nt*

net·tle [ˈnetl] *n* Nessel *f*; **stinging** ~ **s** Brennnesseln *pl*

'net·tle rash *n* Nesselsucht *f kein pl*
net 'weight *n* Nettogewicht *nt*
net·work ['net,wɜːk] **I.** *n* ① (*structure*) Netz[werk] *nt* ② (*fig: people*) Netz *nt* ③ TELEC [Kommunikations]netzwerk *nt;* **cable** ~ Kabelnetz *nt;* **telephone** ~ Telefonnetz *nt* ④ ECON Netz *nt* ⑤ TRANSP **rail[way]** ~ [Eisen]bahnnetz *nt* ⑥ INET Netzwerk *nt;* **social** ~ soziales Netzwerk, Social Network *nt* **II.** *vt* (*link*) *also* COMPUT vernetzen (**to** mit); **III.** *vi* Kontakte knüpfen und nutzen, netzwerken *fam;* ▪ **to** ~ **with sb** mit jdm Kontakt knüpfen
'net·work·er *n* Networker(in) *m(f)*, Netzwerker(in) *m(f) fam*
net·work·ing ['net,wɜːkɪŋ] *n no pl* ① (*making contacts*) Kontaktknüpfen *nt,* Networking *nt* ② COMPUT Vernetzen *nt*
neu·ral ['njʊərəl] *adj attr* Nerven-, neural *fachspr*
neu·ral·gia [njʊə'rældʒə] *n no pl* Neuralgie *f*
neu·ral·gic [njʊə'rældʒɪk] *adj* neuralgisch
neu·ral 'net·work *n* COMPUT Neuronennetz *nt*
neu·ri·tis [njʊə'raɪtɪs] *n no pl* Neuritis *f fachspr*
neu·ro·logi·cal [ˌnjʊərə'lɒdʒɪkəl] *adj* neurologisch
neu·rolo·gist [njʊə'rɒlədʒɪst] *n* Neurologe *m/*Neurologin *f*
neu·rol·ogy [njʊə'rɒlədʒi] *n no pl* Neurologie *f*
neu·ron ['njʊərɒn] *n,* **neu·rone** ['njʊərəʊn] *n* Neuron *nt*
neu·ro·sci·ence [ˌnjʊərəʊ'saɪən(t)s] *n* Neurobiologie *f*
neu·ro·sis <*pl* -ses> [njʊə'rəʊsɪs, *pl* -siːz] *n* Neurose *f*
neu·ro·sur·geon [ˌnjʊərəʊ'sɜːdʒən] *n* Neurochirurg(in) *m(f)*
neu·ro·sur·gery [ˌnjʊərəʊ'sɜːdʒəri] *n no pl* Neurochirurgie *f*
neu·rot·ic [njʊə'rɒtɪk] **I.** *n* Neurotiker(in) *m(f)* **II.** *adj* neurotisch
neu·ro·trans·mit·ter [ˌnjʊərəʊtrænz'mɪtə'] *n* Neurotransmitter *m fachspr*
neu·ter ['njuːtə'] **I.** *adj* sächlich; ~ **noun** Neutrum *nt* **II.** *vt* (*male animal*) kastrieren; *female animal* sterilisieren; (*fig: weaken*) neutralisieren
neu·tral ['njuːtrəl] **I.** *adj* ① (*impartial*) *in a war, election* neutral ② (*characteristics*) neutral ③ (*deadpan*) gleichgültig ④ CHEM, ELEC neutral **II.** *n* ① (*country*) neutrales Land; (*person*) Neutrale(r) *f(m)* ② (*gears*) Leerlauf *m;* **in** ~ im Leerlauf

neu·tral·ity [njuː'træləti] *n no pl* Neutralität *f*
neu·trali·za·tion [ˌnjuːtrəlaɪ'zeɪʃən] *n no pl* Neutralisierung *f*
neu·tral·ize ['njuːtrəlaɪz] *vt* (*nullify*) neutralisieren; *bomb* entschärfen; (*weaken*) *colour, smell* abschwächen; *strong taste* mildern
neu·tron ['njuːtrɒn] *n* Neutron *nt*
'neu·tron bomb *n* Neutronenbombe *f*
nev·er ['nevə'] *adv* ① (*not ever*) nie, niemals; ~ **again!** nie wieder!; ~ **in all my life** noch nie in meinem Leben; **it's** ~ **too late to do sth** es ist nie zu spät, um etw *akk* zu tun; ~ **before** noch nie [zuvor]; ~ **ever** nie im Leben; ~ **mind!** mach dir nichts draus! *fam,* macht nichts! ② (*not at all*) überhaupt nicht
nev·er-'end·ing *adj* endlos **nev·er-'fail·ing** *adj* unfehlbar **'nev·er·more** *adv* nie wieder **nev·er-'nev·er** *n* BRIT (*fam*) Ratenkauf *m;* **on the** ~ auf Raten **nev·er-'nev·er land** *n* (*fam*) Fantasiewelt *f* **nev·er·the·less** [ˌnevəðə'les] *adv* dennoch, nichtsdestotrotz
new [njuː] **I.** *adj* ① (*latest*) neu; **that's nothing** ~! das ist nichts Neues!; **what's** ~ **in the fashion world?** was gibt's Neues in der Welt der Mode? ② *attr* (*different*) neu; ~ **boy/girl/kid** (*in school*) Neue(r) *f(m)* ③ *pred* (*unfamiliar*) neu; **she's** ~ **to the job** sie ist neu in dem Job; **I'm** ~ **around here** ich bin neu hier ④ (*not second-hand*) neu ⑤ (*fresh*) neu, frisch; **to feel like a** ~ **man/woman** sich wie neugeboren fühlen ⑥ (*previously unknown*) neu; **to take a** ~ **twist** eine neue Wendung nehmen **II.** *n no pl* ▪ **the** ~ das Neue
New 'Age *n* New Age *nt* **New 'Ag·er** *n* Anhänger(in) *m(f)* des New Age **New Age 'Trav·el·ler** *n* BRIT Aussteiger(in) *m(f)*
new·bie ['njuːbi] *n* COMPUT Anfänger(in) *m(f)* **'new·born I.** *adj attr* neugeboren **II.** *n* ▪ **the** ~ *pl* die Neugeborenen *pl* **New 'Bruns·wick** [-'brʌnzwɪk] *n* New Brunswick *nt* **New Caledonia** [-kælɪ'dəʊniə] *n* Neukaledonien *nt* **'new·com·er** *n* (*new arrival*) Neuankömmling *m;* (*stranger*) Fremde(r) *f(m);* (*novice*) Neuling *m;* **I'm a** ~ **to Munich** ich bin neu in München
new·el ['njuːəl] *n* (*pillar*) Spindel *f;* (*supporting banister*) Pfosten *m*
New 'Eng·land *n* Neuengland *nt* **new·'fan·gled** [-'fæŋɡld] *adj* (*fam*) neumodisch **new-'fash·ioned** *adj* modern **'new-found** *adj* neu [entdeckt] **New-**

found·land ['nju:fən(d)lənd] *n* Neufundland *nt*
new·ish ['nju:ɪʃ] *adj (fam)* relativ neu
new-'laid *adj* frisch [gelegt]
new·ly ['nju:li] *adv (recently)* kürzlich, neulich; *(freshly)* frisch; *(differently)* neu; ~ **married** jung verheiratet
'new·ly-wed I. *n* Jungverheiratete(r) *f(m)* II. *adj* jung verheiratet
New 'Man *n* BRIT Neuer Mann **new 'moon** *n* Neumond *m* **New Or·'le·ans** [-ɔ:'li:nz] *n* New Orleans *nt* **new po·'ta·toes** *npl* neue Kartoffeln *pl* **New 'Right** *n* ■**the** ~ die Neue Rechte
news [nju:z] *n no pl* ❶ *(new information)* Neuigkeit *f;* **to break the** ~ **to sb** jdm die schlechte Nachricht überbringen; **really! that's** ~ **to me** tatsächlich! das ist mir neu ❷ *(media)* Nachrichten *pl;* **to be in the** ~ in den Schlagzeilen sein
'news agen·cy *n* Nachrichtenagentur *f*
'news·agent *n* BRIT, AUS ❶ *(shop)* Zeitschriftengeschäft *nt* ❷ *(person)* Zeitungshändler(in) *m(f)* **'news·boy** *n (seller)* Zeitungsverkäufer(in) *m(f); (deliverer)* Zeitungsausträger(in) *m(f)* **'news·cast** *n esp* AM Nachrichtensendung *f* **'news·cast·er** *n* AM *(newsreader)* Nachrichtensprecher(in) *m(f)* **'news con·fer·ence** *n* Pressekonferenz *f* **'news deal·er** *n* AM *(newsagent) shop* Zeitschriftengeschäft *nt; person* Zeitungshändler(in) *m(f)* **'news·flash** *n* Kurzmeldung *f* **'news·group** *n* INET Newsgroup *f* **'news·hound** *n (fam)* Reporter(in) *m(f)* **'news item** *n* Nachricht *f* **'news·let·ter** *n* Rundschreiben *nt;* INET Newsletter *m* **'news·mon·ger** [-ˌmʌŋgəʳ] *n* ❶ *(profession)* Nachrichtenhändler(in) *m(f)* ❷ *(gossip)* Klatschmaul *nt pej sl* **'news·pa·per** *n* ❶ *(journal)* Zeitung *f;* **daily** ~ Tageszeitung *f* ❷ *no pl (material)* Zeitungspapier *nt* **'new·speak** *n no pl,* **'New·speak** *n no pl (pej)* Schönred[n]erei *f* **'news·print** *n no pl* ❶ *(material)* Zeitungspapier *nt* ❷ *(ink)* Druckerschwärze *f* **'news·read·er** *n* BRIT, AUS Nachrichtensprecher(in) *m(f)* **'news·reel** *n* Wochenschau *f* **'news re·lease** *n esp* AM Pressererklärung *f* **'news re·port** *n* Meldung *f* **'news·room** *n* Nachrichtenredaktion *f* **'news·stand** *n* Zeitungsstand *m* **'news·ven·dor** *n* Zeitungsverkäufer(in) *m(f)* **'news·wor·thy** *adj* berichtenswert
newsy ['nju:zi] *adj* informativ
newt [nju:t] *n* Wassermolch *m*
New Tes·ta·ment *n* **the** ~ das Neue Testament **'new town** *n* künstlich angelegte, nicht gewachsene Siedlung **new 'wave** *n* ❶ FILM, TV, THEAT *(movement)* ≈ neue Welle ❷ *(fresh outbreak)* **a** ~ **of redundancies/violence** eine neue Entlassungswelle/Welle der Gewalt **new world 'or·der** *n,* **New World 'Or·der** *n* neue Weltordnung **New 'Year** *n* Neujahr *nt kein pl;* **Happy** ~ gutes [*o* frohes] neues Jahr; ■**the** ~ das neue Jahr; *(first weeks)* der Jahresbeginn **New 'Year's** *n no pl esp* AM *(fam: 1 Jan)* Neujahrstag *m; (31 Dec)* Silvester *nt* **New Year's 'Day** *n* Neujahr *nt,* Neujahrstag *m* **New Year's 'Eve** *n* Silvester *nt* **New 'York** [-'jɔ:k] I. *n* New York *nt* II. *adj* New Yorker *attr* **New 'York·er** [-'jɔ:kəʳ] *n* New Yorker(in) *m(f)* **New 'Zea·land** [-'zi:lənd] *n* Neuseeland *nt* **New 'Zealander** [-'zi:ləndəʳ] *n* Neuseeländer(in) *m(f)*
next [nekst] I. *adj* ❶ *(coming immediately after)* nächste(r, s); **this time** ~ **year** nächstes Jahr um diese Zeit; **for the** ~ **couple of weeks** die nächsten paar Wochen; ~ **month** nächsten Monat; [**the**] ~ **time** nächstes Mal ❷ *(next in order, space)* nächste(r, s), folgende(r, s); **the woman in the** ~ **room** die Frau im Raum nebenan; **as much as the** ~ **person** wie jede(r) andere [auch]; **the** ~ **but one** der/die/das Übernächste; **who's** ~ **please?** wer ist der/die Nächste?; ~ **please!** der/die Nächste, bitte! II. *adv* ❶ *(subsequently)* dann, gleich darauf; **so what happened** ~**?** was geschah dann? ❷ *(again)* das nächste Mal ❸ *(second)* zweit-; **the** ~ **best thing** die zweitbeste Sache ❹ *(to one side)* ■~ **to sth/sb** neben etw/jdm; **we sat** ~ **to each other** wir saßen nebeneinander ❺ *(following in importance)* ■~ **to sth** nach etw *dat;* ~ **to cheese I like chocolate best** nach Käse mag ich am liebsten Schokolade ❻ *(almost)* ■~ **to ...** beinahe ..., fast ...; ~ **to impossible** beinahe unmöglich; ~ **to nothing** fast gar nichts ❼ *(compared with)* ■~ **to sb/sth** neben jdm/etw ▶**what**|**ever**] ~**!** wo soll das hinführen? III. *n (following one)* der/die/das Nächste; **can we arrange a meeting for the week after** ~**?** können wir uns übernächste Woche treffen?; ~ **in line** der/die/das Nächste
next 'door I. *adv* nebenan; **we live** ~ **to the airport** wir wohnen direkt neben dem Flughafen II. *adj pred buildings* nebenan *nach n; people* benachbart **next-door 'neigh·bour,** AM **next-door 'neigh·**

bor *n* direkter Nachbar/direkte Nachbarin
'**next-gen** *adj* (*fam*) *short for* **next-generation** futuristisch **next of 'kin** *n* + *sing/pl vb* nächste(r) Angehörige(r)
nex·us <*pl* - *or* -**es**> ['neksəs] *n usu sing* Nexus *m fachspr*
NF [ˌenˈef] *n* BRIT *abbrev of* **National Front**
NGO *n abbrev of* **non-governmental organization** NGO *f*
NHS [ˌeneɪtʃˈes] *n* BRIT *abbrev of* **National Health Service**
Ni·aga·ra Falls [naɪˌægərəˈfɔːlz] *n* ■ **the ~** die Niagarafälle *pl*
nib [nɪb] *n* [Schreib]feder *f*
nib·ble ['nɪbl̩] I. *n* ❶ (*bite*) Bissen *m* ❷ (*snack*) ■ **~s** *pl* BRIT (*fam*) Häppchen *pl* II. *vt* knabbern III. *vi* ❶ (*snack*) knabbern; ■ **to ~ at/on sth** an etw *dat* herumknabbern; **to ~ at the bait** anbeißen; (*fig: of trap*) den Köder schlucken *fam* ❷ (*eat into*) ■ **to ~ away at sth** an etw *dat* nagen
Nica·ra·gua [ˌnɪkəˈrægjʊə] *n* Nicaragua *nt*
Nica·ra·guan [ˌnɪkəˈrægjuən] I. *n* Nicaraguaner(in) *m(f)* II. *adj* nicaraguanisch
nice [naɪs] I. *adj* ❶ (*approv*) nett; (*pleasant*) schön, angenehm; *neighbourhood* freundlich; **did you have a ~ holiday?** war es schön im Urlaub?; **~ one!** (*fam*) nicht schlecht!; **~ to meet you!** es freut mich, Sie/dich kennen zu lernen!; **a ~ little earner** *esp* BRIT eine wahre Goldgrube; **~ work** (*fam*) gute Arbeit ❷ (*amiable*) nett, freundlich ❸ (*intensifier*) schön; **~ [and] big/long/warm** schön groß/lang/warm II. *adv* sorgfältig
nice-'look·ing *adj* (*person*) gut aussehend; (*thing, woman also*) hübsch
nice·ly ['naɪsli] *adv* ❶ (*well*) gut, nett; **the patient is coming along ~** der Patient macht gute Fortschritte; **that'll do ~** das reicht völlig; **to do very ~** gut voran kommen ❷ (*pleasantly*) nett, hübsch; (*politely*) höflich
ni·cety ['naɪsəti] *n* ❶ *no pl* (*finer point*) Feinheit *f*; (*precision*) Genauigkeit *f* ❷ (*fine details*) ■ **niceties** *pl* Feinheiten *pl*; (*negatively*) Spitzfindigkeiten *pl*; (*etiquette*) Gepflogenheiten *pl*
niche [niːʃ] I. *n* ❶ (*recess*) Nische *f* ❷ (*job*) Stelle *f* II. *vt* ■ **to ~ sb** jdn in eine Schublade stecken
'**niche mar·ket** *n* Nischenmarkt *m*
nick [nɪk] I. *n* ❶ (*chip*) Kerbe *f* ❷ BRIT (*sl: prison*) ■ **the ~** *no pl* der Knast *fam* ❸ *no pl* BRIT, AUS (*sl: condition*) **in good/bad ~** gut/nicht gut in Schuss *fam* ❹ INET (*nickname*) Nick[name] *m* ▶ **in the ~ of time**

gerade noch rechtzeitig II. *vt* ❶ (*chip*) einkerben; (*cut*) einschneiden ❷ BRIT, AUS (*fam: steal*) mitgehen lassen ❸ BRIT (*sl: arrest*) einlochen; (*catch*) schnappen *fam* ❹ AM (*fam: cheat*) ■ **to ~ sb** jdn abzocken *sl* III. *vi* BRIT, AUS (*sl*) ■ **to ~ in/off** hinein-/davonhuschen
nick·el ['nɪkl̩] *n* ❶ *no pl* (*metal*) Nickel *nt* ❷ AM (*coin*) Fünfcentstück *nt*
nick·el-'plat·ed *adj* vernickelt
nick-nack *n see* **knick-knack**
nick·name ['nɪkneɪm] I. *n* ❶ Spitzname *m*; (*affectionate*) Kosename *m* ❷ INET Nick[name] *m* II. *vt* **the campsite has been ~d 'tent city' by visiting reporters** der Campingplatz wurde von besuchenden Reportern scherzhaft ‚Zeltstadt' genannt
Nico·sia [ˌnɪkə(ʊ)ˈsiːə] *n* Nikosia *nt*
nico·tine ['nɪkətiːn] *n no pl* Nikotin *nt*
'**nico·tine patch** *n* Nikotinpflaster *nt*
niece [niːs] *n* Nichte *f*
niff [nɪf] *n usu sing* BRIT (*fam*) Mief *m kein pl*
niffy ['nɪfi] *adj* BRIT (*fam*) miefig
nif·ty ['nɪfti] *adj* (*fam: stylish*) elegant; (*skilful*) geschickt
Ni·ger ['naɪdʒə] *n* Niger *m*
Ni·geria [naɪˈdʒɪəriə] *n* Nigeria *nt*
Ni·gerian [naɪˈdʒɪəriən] I. *adj* nigerianisch II. *n* Nigerianer(in) *m(f)*
nig·gard·ly ['nɪɡədli] *adj* (*pej*) ❶ (*stingy*) geizig ❷ (*meagre*) dürftig; *donation, supply* armselig
nig·ger ['nɪɡə] *n* (*pej!*) Nigger *m*
nig·gle ['nɪɡl̩] I. *vi* ❶ (*find fault*) nörgeln ❷ (*worry*) beunruhigen, nagen (**at** an) II. *vt* ■ **to ~ sb** (*nag*) an jdm herumnörgeln; (*worry*) jdn beschäftigen III. *n* ❶ (*doubt*) Zweifel *m* ❷ (*criticism*) Kritikpunkt *m*
nig·gling ['nɪɡlɪŋ] *adj attr* ❶ (*troubling*) nagend ❷ (*precise*) krittelig
nigh [naɪ] I. *adv* nahe; **she's written ~ on 100 books** sie hat an die 100 Bücher geschrieben II. *prep* (*old*) nahe
night [naɪt] *n* ❶ (*darkness*) Nacht *f*; **~ and day** Tag und Nacht; **to have an early ~** früh zu Bett gehen; **to spend the ~ with sb** (*as a friend, relation*) bei jdm übernachten; (*sexually*) die Nacht mit jdm verbringen; **~ after ~** Nacht für Nacht; **at ~** nachts ❷ (*evening*) ~ Abend *m*; **the other ~** neulich abends; **to have a ~ out** [abends] ausgehen; **by ~** abends; **~ after ~** Abend für Abend ❸ THEAT, FILM **first ~** Premiere *f*
'**night·bird** *n* BRIT Nachteule *f hum fam*
'**night blind·ness** *n no pl* Nachtblind-

heit *f* **'night·cap** *n* ❶ (*hat*) Schlafmütze *f* ❷ (*drink*) Schlaftrunk *m* **'night·clothes** *npl* Nachtwäsche *f kein pl;* (*pyjama*) Schlafanzug *m* **'night·club** *n* Nachtklub *m* **'night cream** *n* Nachtcreme *f* **'night·dress** *n* Nachthemd *nt* **'night·fall** *n no pl* Einbruch *m* der Nacht **'night·gown** *n* Nachthemd *nt*
nightie ['naɪti] *n* (*fam*) Nachthemd *nt*
night·in·gale ['naɪtɪŋgeɪl] *n* Nachtigall *f* **'night·life** *n no pl* Nachtleben *nt* **'night·light** *n* Nachtlicht *nt* **'night·long** (*liter*) I. *adv* die ganze Nacht [über] II. *adj* sich über die ganze Nacht hinziehend
night·ly ['naɪtli] I. *adv* jede Nacht II. *adj* (*each night*) [all]abendlich; (*nocturnal*) nächtlich
night·mare ['naɪtmeə^r] I. *n* Alptraum *m* II. *adj* (*fam*) alptraumhaft
night·mar·ish ['naɪtmeərɪʃ] *adj* (*horrific*) alptraumhaft; (*distressing*) grauenhaft
night-'night *interj* (*esp childspeak*) [gute] Nacht **'night-nurse** *n* Nachtschwester *f* **'night owl** *n* (*fam*) Nachteule *f hum* **'night-por·ter** *n* Nachtportier *m*
nights [naɪts] *adv* nachts; **to work ~** nachts arbeiten
'night safe *n* BRIT Nachttresor *m* **'night school** *n* Abendschule *f* **'night shift** *n* Nachtschicht *f* **'night·shirt** *n* Nachthemd *nt* **'night·spot** *n* (*fam*) Nachtklub *m* **'night stand** *n* AM (*bedside table*) Nachttisch *m* **'night·stick** *n* AM Schlagstock *m* **'night table** *n* AM (*bedside table*) Nachttisch *m* **'night-time** *n* Nacht[zeit] *f* **'night-watch** *n* Nachtwache *f* **night 'watch·man** *n* Nachtwächter *m* **'night·wear** *n no pl* Nachtwäsche *f*
ni·hil·ism ['naɪ(h)ɪlɪzᵊm] *n no pl* Nihilismus *m*
ni·hil·ist ['naɪ(h)ɪlɪst] *n* Nihilist(in) *m(f)*
ni·hil·is·tic [ˌnaɪ(h)ɪ'lɪstɪk] *adj* nihilistisch
Nik·kei [nɪ'keɪ] *n no pl,* **Nik·kei 'In·dex** *n no pl* Nikkei Index *m*
nil [nɪl] *n no pl* ❶ (*nothing*) Nichts *nt,* Null *f* ❷ *esp* BRIT SPORTS Null *f*
Nile [naɪl] *n* ■**the** [**river**] ~ der Nil
nim·ble ['nɪmbl̩] *adj* (*agile*) gelenkig, beweglich; (*quick*) flink; (*quick-witted*) [geistig] beweglich
nim·bly ['nɪmbli] *adv* (*usu approv: lithely*) flink, gewandt, behänd[e]; (*quick-witted*) schlagfertig
nim·bus <*pl* -bi *or* -es> ['nɪmbəs, *pl* -baɪ] *n* ❶ (*cloud*) Nimbostratus *m fachspr* ❷ (*halo*) Nimbus *m geh*
Nim·by *n,* **nim·by** <*pl* -s> ['nɪmbi] *n*
(*pej*) *acr for* **not in my back yard** Person, die sich gegen umstrittene Bauvorhaben in der eigenen Nachbarschaft stellt, aber nichts dagegen hat, wenn diese woanders realisiert werden
nin·com·poop ['nɪŋkəmpu:p] *n* (*pej fam*) Trottel *m*
nine [naɪn] I. *n* (*number*) Neun *f; see also* **eight** ► **be** <u>**dressed**</u> [BRIT **up**] **to the ~s** (*fam*) in Schale [geworfen] sein II. *adj* (*9*) neun; **~ times out of ten** in neun von zehn Fällen; *see also* **eight**
9-11, **9/11** [naɪnɪ'levᵊn] *n no pl, no art* der 11. September (*Terrorangriffe am 11.9.2001 auf das World Trade Center in New York und das Pentagon in Washington*)
'nine·fold *adj* neunfach **nine·pins** ['naɪnpɪnz] *npl* Kegeln *nt kein pl*
nine·teen [ˌnaɪn'ti:n] I. *n* Neunzehn *f; see also* **eight** II. *adj* neunzehn; *see also* **eight**
nine·teenth [ˌnaɪn'ti:n(t)θ] I. *n* ■**the ~** der/die/das Neunzehnte II. *adj* neunzehnte(r, s) III. *adv* an neunzehnter Stelle
nine·teenth 'hole *n* SPORTS (*hum fam: golf club bar*) neunzehntes Loch
nine·ties ['naɪnti:z] *npl* ❶ (*temperature*) **temperatures in the ~** Temperaturen um neunzig Grad Fahrenheit ❷ (*decade*) die Neunziger *pl* ❸ (*age*) **he's in his ~** er ist in den Neunzigern
nine·ti·eth ['naɪntiəθ] I. *n* ■**the ~** der/die/das Neunzigste II. *adj* neunzigste(r, s) III. *adv* an neunzigster Stelle
'nine-to-five I. *adv* **to work ~** von neun bis fünf [Uhr] arbeiten II. *adj* **a ~ schedule** ein Achtstunden[arbeits]tag *m*
nine·ty ['naɪnti] I. *n* Neunzig *f* II. *adj* neunzig
nin·ja ['nɪndʒə] *n* ❶ HIST, MIL Ninja *m* ❷ SPORTS Ninjutsu-Schüler(in) *m(f)*
ninth ['naɪn(t)θ] I. *n* ❶ (*after 8th*) ■**the ~** der/die/das Neunte ❷ (*fraction*) Neuntel *nt* II. *adj* neunte(r, s) III. *adv* an neunter Stelle
nip¹ [nɪp] I. *vt* <-pp-> (*bite*) beißen; (*pinch*) zwicken; (*cut*) schneiden ► **to ~ sth in the** <u>**bud**</u> etw im Keim ersticken II. *vi* <-pp-> ❶ (*bite*) beißen ❷ BRIT, AUS (*fam: go quickly*) ■**to ~ across to sth** schnell mal zu etw *dat* rüberspringen III. *n* ❶ (*pinch*) Kniff *m;* (*bite*) Biss *m* ❷ *no pl* (*chill*) Kälte *f;* **there's a ~ in the air** es ist frisch
nip² [nɪp] *n* (*fam*) Schluck *m*
nip·per ['nɪpə^r] *n esp* BRIT (*fam*) Kleine(r)

f(m); (*boy also*) Bengel *m*; (*girl also*) Göre *f* NORDD

nip·ple ['nɪpl] *n* ❶ (*on breast*) Brustwarze *f* ❷ AM (*for baby bottle*) Sauger *m*

nip·py ['nɪpi] *adj* ❶ BRIT, AUS (*fam: quick*) schnell ❷ (*fam: cold*) kühl

nir·va·na [nɪə'vɑːnə] *n no pl* Nirwana *nt*; (*fig*) Traumwelt *f*

Nissen hut ['nɪsᵊn,hʌt] *n* Nissenhütte *f*

nit [nɪt] *n* ❶ *esp* BRIT, AUS (*pej fam: idiot*) Blödmann *m* ❷ (*egg*) Nisse *f*

ni·ter *n* AM *see* **nitre**

nit·pick ['nɪtpɪk] *vi* (*fam: quibble*) [herum]nörgeln; (*find fault*) kleinlich sein

nit·pick·er ['nɪtpɪkə^r] *n* (*pej: quibbler*) Nörgler(in) *m(f)*; (*fault-finder*) Kleinigkeitskrämer(in) *m(f)*

nit·pick·ing ['nɪtpɪkɪŋ] I. *adj* (*pej fam*) pingelig II. *n no pl* (*pej fam*) Krittelei *f*

nit·picky <-ier, -iest> ['nɪtpɪki] *adj* (*fam*) pedantisch

ni·trate ['naɪtreɪt] *n* Nitrat *nt*

ni·tre ['naɪtə^r] *n no pl* Salpeter *m*

ni·tric ['naɪtrɪk] *adj* CHEM ❶ (*of nitrogen*) Stickstoff- ❷ (*of nitre*) Salpeter-

ni·tric 'acid *n no pl* CHEM Salpetersäure *f*

ni·trite ['naɪtraɪt] *n* CHEM Nitrit *nt*

ni·tro·gen ['naɪtrədʒən] *n no pl* Stickstoff *m*

ni·tro·glyc·er·in[e] [ˌnaɪtrə(ʊ)'glɪsᵊriːn] *n no pl* Nitroglyzerin *nt*

ni·trous ['naɪtrəs] *adj* ❶ (*of nitrogen*) Stickstoff-, stickstoffhaltig ❷ (*of nitre*) Salpeter-, salpetrig; ~ **oxide** Lachgas *nt*

nit·ty-grit·ty [ˌnɪti'grɪti] *n no pl* (*fam*) ■ **the** ~ das Wesentliche; **to get down to the** ~ zur Sache kommen

nit·wit ['nɪtwɪt] *n* (*pej fam*) Schwachkopf *m*

nix [nɪks] AM I. *vt* (*fam*) ablehnen II. *adv* (*fam*) nichts, nix *fam*; **I suppose she will say** ~ **to us going to the movies** ich glaube, sie wird uns nicht ins Kino gehen lassen III. *n no pl* nichts, nix *fam*

NLP [ˌenel'piː] *n abbrev of* **Neuro-Linguistic Programming** NLP *nt*

NNE [ˌenen'iː] *abbrev of* **north-northeast** NNO

NNW [ˌenen'dʌblju:] *abbrev of* **north-north-west** NNW

no [nəʊ, nə] I. *adj* ❶ (*not any*) kein(e); ~ **one** keiner; **in** ~ **time** im Nu; **to be of** ~ **interest/use** unwichtig/zwecklos sein ❷ (*in signs*) '~ **parking**' ‚Parken verboten' ❸ (*not a*) kein ❹ *with gerund* (*impossible*) **there's** ~ **denying** es lässt sich nicht leugnen; **there's** ~ **knowing/telling** man kann nicht wissen/sagen II. *adv* ❶ (*not at all*) nicht; ~ **less than sb/sth** nicht weniger als jd/etw ❷ (*alternative*) **or** ~ (*form*) oder nicht ❸ (*negation*) nein; **do you want to come?** - ~ willst du mitkommen? - nein ❹ (*doubt*) nein, wirklich nicht ❺ (*not*) nicht; ~ **can do** (*fam*) geht nicht III. *n* <*pl* -es *or* -s> ❶ (*negation*) Nein *nt kein pl*; (*refusal*) Absage *f* ❷ (*negative vote*) Neinstimme *f* IV. *interj* ❶ (*refusal*) nein ❷ (*correcting oneself*) [ach] nein ❸ (*surprise*) **her husband ran off with the au pair** — ~! ihr Mann ist mit dem Au-pair-Mädchen durchgebrannt – nein! *fam* ❹ (*distress*) **oh** ~! oh nein!

No. *n*, **no.** <*pl* Nos. *or* nos.> *n see* **number** Nr.; **N~ 10** BRIT (*PM's residence*) Downing Street Nr. 10

Noah's ark [ˌnəʊəz'-] *n no pl, no art* die Arche Noah

nob [nɒb] *n esp* BRIT (*hum, pej fam*) Betuchte(r) *f(m)*

nob·ble ['nɒbl] *vt* BRIT, AUS (*sl*) ❶ (*tamper with*) ■ **to** ~ **an animal** ein Tier durch Verabreichung von Drogen langsam machen ❷ (*bribe*) bestechen ❸ (*spoil*) ruinieren ❹ (*catch attention*) ■ **to** ~ **sb** sich *dat* jdn greifen

Nobel prize [ˌnəʊ'bel-] *n* Nobelpreis *m*

Nobel 'prize win·ner *n* Nobelpreisträger(in) *m(f)*

no·bil·ity [nə(ʊ)'bɪləti] *n no pl* ❶ + *sing/pl vb* (*aristocracy*) ■ **the** ~ der Adel ❷ (*character*) hohe Gesinnung

no·ble ['nəʊbl] I. *adj* ❶ (*aristocratic*) ad[e]lig ❷ (*estimable*) ideals, motives, person edel, nobel ❸ (*impressive*) prächtig; whiskey ausgezeichnet; horse edel II. *n* Ad[e]lige(r) *f(m)*

'no·ble·man *n* Ad[e]liger *m*, Edelmann *m hist* **no·ble-'mind·ed** *adj* edel gesinnt, von edler Gesinnung *nach n geh* **'no·ble·wom·an** *n* Ad[e]lige *f*, Edelfrau *f hist*

no·bly ['nəʊbli] *adv* nobel, edel

no·body ['nəʊbədi] I. *pron indef, sing* (*no people*) niemand; ~ **else** niemand anderer II. *n* <*pl* -dies> (*sb of no importance*) Niemand *m kein pl*, Nobody *m*

no-'con·fi·dence vote *n* Misstrauensvotum *nt*

noc·tur·nal [nɒk'tɜːnᵊl] *adj* (*of the night*) nächtlich *attr*, Nacht-; ZOOL (*active at night*) nachtaktiv

noc·tur·nal·ly [nɒk'tɜːnᵊli] *adv* nachts, in der Nacht

nod [nɒd] I. *n usu sing* Nicken *nt kein pl*; **to get the** ~ grünes Licht bekommen; **to give sb a** ~ jdm zunicken II. *vt* <-dd-> ❶ (*as signal*) **to** ~ **one's head** mit dem

Kopf nicken; **to ~ [one's] agreement** zustimmend nicken ❷ (*as greeting*) **to ~ a farewell to sb** jdm zum Abschied zunicken **III.** *vi* <-dd-> ❶ (*as signal*) nicken ❷ *esp* BRIT (*fam: sleep*) ein Nickerchen machen ◆ **nod off** *vi* einnicken

nod·ding ['nɒdɪŋ] *adj* ❶ (*head*) nickend ❷ (*fleeting*) *acquaintance* flüchtig; **to have only a ~ acquaintance with sth** (*superficial*) sich nur oberflächlich in etw *dat* auskennen

node [nəʊd] *n* Knoten *m;* (*intersection*) Schnittpunkt *m;* COMPUT Schnittstelle *f*

nod·ule ['nɒdjuːl] *n* Knötchen *nt;* GEOL Klümpchen *nt*

no-ˈfault *adj attr esp* AM Vollkasko- **no-go ˈarea** *n* BRIT, **no-ˈgo zone** *n* AM ❶ (*prohibited*) verbotene Zone ❷ MIL Sperrgebiet *nt* **no-holds-barred** [ˌnəʊˌhəʊldz-ˈbɑːd] *adj attr* **to go for a ~ defense** bei der Verteidigung *f* aufs Ganze gehen **no-ˈhop·er** *n* BRIT, AUS Taugenichts *m*

no·how ['nəʊhaʊ] *adv esp* AM (*fam*) keinesfalls, auf gar keinen Fall

noise [nɔɪz] *n* ❶ *no pl* (*loudness*) Lärm *m,* Krach *m;* **deafening ~** ohrenbetäubender Lärm; **to make a ~** Krach *m* machen ❷ (*sound*) Geräusch *nt* ❸ *no pl* ELEC (*interference*) Rauschen *nt* ▶ **to make a ~** Aufsehen *nt* erregen

ˈnoise bar·ri·er *n* Lärmschutzwand *f*

noise·less ['nɔɪzləs] *adj breath, flight* geräuschlos, lautlos

noise·less·ly ['nɔɪzləsli] *adv* geräuschlos, lautlos

ˈnoise pol·lu·tion *n no pl* Lärmbelästigung *f* **noise pre·ven·tion** *n no pl* Lärmvermeidung *f*

nois·i·ly ['nɔɪzɪli] *adv* geräuschvoll

noi·some ['nɔɪsəm] *adj* (*liter*) ❶ (*fetid*) *smell* übel riechend ❷ (*offensive*) *man* unangenehm; *manner* abstoßend

noisy ['nɔɪzi] *adj* ❶ (*making noise*) laut ❷ (*full of noise*) laut ❸ (*attention-seeking*) Aufmerksamkeit suchend *attr* ❹ ELEC rauschend

ˈno-jump *n* SPORTS Fehlsprung *m*

no·mad ['nəʊmæd] *n* Nomade *m/*Nomadin *f;* (*fig*) Wandervogel *m hum*

no·mad·ic [nə(ʊ)ˈmædɪk] *adj* nomadisch, Nomaden-

ˈno-man's-land *n no pl* ❶ MIL Niemandsland *nt* ❷ (*limbo*) Schwebezustand *m*

no·men·cla·ture [nə(ʊ)ˈmeŋklətʃə^r] *n* SCI ❶ *no pl* (*system*) Nomenklatur *f geh* ❷ (*form: term*) Begriff *m*

nomi·nal ['nɒmɪnəl] *adj* ❶ (*titular*) dem Namen nach *nach n,* nominell ❷ (*small*) *sum of money* gering ❸ (*stated*) angegeben

nomi·nal·ly ['nɒmɪnəli] *adv* dem Namen nach, nominell

nomi·nate ['nɒmɪneɪt] *vt* ❶ (*propose*) nominieren ❷ (*appoint*) ■ **to ~ sb [as] sth** jdn zu etw *dat* ernennen ❸ (*fix a date*) festlegen

nomi·na·tion [ˌnɒmɪˈneɪʃ^ən] *n* ❶ (*proposal*) Nominierung *f* (**for** für) ❷ (*appointment*) Ernennung *f* (**to** zu)

nomi·na·tive ['nɒmɪnətɪv] **I.** *n* ■ **the ~** der Nominativ **II.** *adj* Nominativ-; **to be in the ~ case** im Nominativ stehen

nomi·nee [ˌnɒmɪˈniː] **I.** *n* Kandidat(in) *m(f);* **Oscar ~s** Oscar-Anwärter *pl* **II.** *adj attr* nominiert

non-ac·ˈcept·ance *n no pl* ❶ (*rejection*) Nichtakzeptanz *f;* (*disrespect*) *of conditions* Nichteinhaltung *f* ❷ STOCKEX Annahmeverweigerung *f*

no·na·ge·nar·ian [ˌnəʊnədʒəˈneərɪən] **I.** *n* ■ **to be a ~** in den Neunzigern sein **II.** *adj* in den Neunzigern *nach n*

non-ag·ˈgres·sion *n no pl* Gewaltverzicht *m* **non-ag·ˈgres·sion pact** *n,* **non-ag·ˈgres·sion treaty** *n* Nichtangriffspakt *m* **non-al·co·ˈhol·ic** *adj drink* alkoholfrei **non-a·ˈligned** *adj* neutral; POL blockfrei **non-a·ˈlign·ment** *n no pl* Neutralität *f;* POL Blockfreiheit *f*

ˈno-name *adj esp* AM *product* No-Name-; **~ cigarettes** Billigzigaretten

non-ap·ˈpear·ance *n no pl* LAW Nichterscheinen *nt* vor Gericht **non-at·ˈtend·ance** *n no pl* (*at school, hearing*) Abwesenheit *f* **non-bel·ˈlig·er·ent** **I.** *adj* **~ country** Land, das keinen Krieg führt **II.** *n* Kriegsunbeteiligte(r) *f(m)*

ˈnonce word ['nɒns-] *n* ad hoc gebildetes Wort

non·cha·lant ['nɒn(t)ʃ^ələnt] *adj* gleichgültig

non-com [ˌnɒnˈkɒm] *n* MIL (*fam*) *short for* **non-commissioned officer** Unteroffizier(in) *m(f)*

non-ˈcom·bat·ant *n* MIL Zivilist(in) *m(f)* **non-com·ˈbust·ible** *adj* nicht brennbar **non-com·mis·sioned ˈof·fic·er** *n* MIL Unteroffizier(in) *m(f)* **non-com·ˈmit·tal** [ˌnɒnkəˈmɪt^əl] *adj letter, tone* unverbindlich **non-com·ˈpli·ance** *n no pl* **with** *order* Nichtbeachtung *f; with wish* Nichterfüllung *f* **non com·pos, non com·pos men·tis** [ˌnɒnˌkɒmpəsˈmentɪs] *adj pred* ❶ LAW nicht im Vollbesitz seiner geistigen Kräfte ❷ (*hum: insane*) nicht ganz richtig *fig fam* **non·con·'form·ist** I. *adj* ❶ (*independent*) nonkonformistisch ❷ BRIT REL ■N~ nonkonformistisch II. *n* ❶ (*eccentric*) Nonkonformist(in) *m/f* ❷ BRIT REL ■N~ Nonkonformist(in) *m/f* **non·con·'form·ity** *n no pl* ❶ (*refusal*) Nonkonformismus *m* (**in**/**to** gegenüber) ❷ BRIT REL ■N~ Nonkonformismus *m* **non·con·'tribu·tory** *adj* beitragsfrei **non·co·op·e'ra·tion** *n no pl* Kooperationsverweigerung *f* (**with** in Bezug auf) **non·de·pos·it 'bot·tle** *n* Einwegflasche *f* **non·de·script** ['nɒndɪskrɪpt] *adj person, building* unscheinbar; *colour, taste* undefinierbar **non·'du·rables** *npl* Verbrauchsgüter *pl*

none [nʌn] I. *pron* ❶ (*not any*) keine(r, s); ~ **of it matters anymore** das spielt jetzt keine Rolle mehr; **she tried to persuade him to retire, but he would have ~ of it** (*form*) sie versuchte ihn zu überreden, sich pensionieren zu lassen, aber er wollte nichts davon hören; ~ **of the brothers**/**staff** + *sing*/*pl vb* keiner der Brüder/Angestellten; ~ **of us** + *sing*/*pl vb* niemand von uns; ~ **at all** gar keine(r, s) ❷ (*no person, no one*) ~ **could match her looks** niemand sah so gut aus wie sie; ~ **other than ...** kein Geringerer/keine Geringere als ... ▶ **to be ~ of sb's** <u>**business**</u> jdn nichts angehen; **to be** <u>**second to**</u> ~ unvergleichlich sein II. *adv* kein bisschen; ~ **too intelligent**/**pleased** (*form*) nicht sonderlich intelligent/erfreut

non·en·tity [,nɒn'entəti] *n* (*pej*) ❶ (*nobody*) ■**a** ~ ein Niemand *m* ❷ *no pl* (*insignificance*) Bedeutungslosigkeit *f* **non·es·'sen·tial** I. *adj* überflüssig, unnötig II. *n* unnötige Sache

none·the·less [,nʌnðə'les] *adv* nichtsdestoweniger, trotzdem

non·e'vent *n* (*fam*) *in one's life* Enttäuschung *f*; *party* Reinfall *m* **non·ex·'ist·ence** *n no pl* Nichtvorhandensein *nt* **non·ex·'ist·ent** *adj* nicht vorhanden **non·'fic·tion** *n no pl* Sachliteratur *f* **non·'fiction author** *n* Sachbuchautor(in) *m/f* **non·'fiction book** *n* Sachbuch *nt* **non·'flam·mable** *adj material* nicht entflammbar **non·gov·ern·'men·tal** *adj organization* regierungsunabhängig **non·gov·ern·men·tal or·gani·'za·tion** *n* POL Nichtregierungsorganisation *f* **non·in·'fec·tious** *adj disease* nicht ansteckend **non·'iron** *adj* bügelfrei **non·'mem·ber** *n* Nichtmitglied *nt* **non·mem·ber 'coun·try** *n* POL Nichtmitgliedsland *nt* **non·ne·'go·tiable** *adj* ❶ LAW *terms, conditions* nicht verhandelbar ❷ FIN *document, bill of exchange* nicht übertragbar **non·pa·reil** [,nɒnpə'reɪl] (*liter*) I. *adj person* einzigartig, ohnegleichen *nach* II. *n* ❶ (*thing*) Einzigartigkeit *f* ❷ (*person*) unerreichter Meister **non·plus** <-ss-> [,nɒn'plʌs] *vt* verblüffen **non·pol·'lut·ing** *adj by-product* ungiftig **non·pro·'duc·tive** *adj* unproduktiv; (*ineffective*) unwirksam; FIN *investment* nicht Gewinn bringend *attr* **non·'prof·it** *adj esp* AM, **non·'prof·it-mak·ing** *adj* nicht auf Gewinn ausgerichtet; ~ **organization** gemeinnützige Organisation **non·pro·lif·e'ra·tion** POL I. *n no pl* Nichtverbreitung *f* II. *adj attr* Nichtverbreitungs- **non·pro·lif·e'ra·tion trea·ty** *n* POL Nichtverbreitungsvertrag *m* **non·re·'fund·able** *adj payment* nicht zurückzahlbar **non·'resi·dent** I. *adj* ❶ (*non local*) auswärtig ❷ COMPUT nicht resident II. *n* Nichtortsansässige(r) *f*/*m*; (*in hotel*) Nichthotelgast *m* **non·re·'turn·able** *adj bottle, packaging* Einweg-; *payment* nicht rückzahlbar **non·'sched·uled** *adj* unplanmäßig

non·sense ['nɒnsᵊn(t)s] I. *n no pl* ❶ (*absurdity*) Unsinn *m*, Quatsch *m*; **to make ~ of a claim**/**plan** BRIT, AUS eine Behauptung widerlegen/einen Plan verderben; **to talk ~** Unsinn reden ❷ *no pl* (*misbehaviour*) Unfug *m* ❸ (*showing disapproval*) Blödsinn *m* II. *adj attr* ❶ LIT Blödel- ❷ (*meaningless*) unsinnig, sinnlos III. *interj* ■ ~! Quatsch!, Unsinn!

non·sen·si·cal ['nɒnsen(t)sɪkl] *adj idea, plan* unsinnig **non·'shrink** *adj material, clothing* einlaufsicher **non·'skid** *adj*, **non·'slip** *adj surface* rutschfest **non·'smok·er** *n* ❶ (*person*) Nichtraucher(in) *m*/*f* ❷ BRIT (*fam: in train*) Nichtraucherabteil *nt* **non·'smok·ing** *adj area* Nichtraucher- **non·'start·er** *n* (*fam*) ❶ (*person*) Niete *f* ❷ (*idea*) Reinfall *m* **non·'stick** *adj* mit Antihaftbeschichtung **non·'stop** I. *adj* Nonstop-; ~ **flight**/**train** Direktflug/-zug *m* II. *adv* nonstop; *talk, rain* ununterbrochen **non·'swim·mer** *n* Nichtschwimmer(in) *m*/*f* **non·'tax·able** *adj income* steuerfrei **non·'tox·ic** *adj substance* ungiftig **non·'ver·bal** *adj communication* nonverbal **non·'vio·lent** *adj* gewaltfrei **non·'vot·ing** *adj shares* nicht stimmberechtigt

noob [nuːb] *n* COMPUT, INET Newbie *m fam*

noo·dle ['nuːdl] I. *n* Nudel *f;* AM Pasta *f* II. *vi* AM (*fam*) herumpfuschen; ■ **to ~ [around] with sth** mit etw *dat* herummachen

nook [nʊk] *n* Nische *f,* Ecke *f*

noon [nuːn] *n no pl* Mittag *m;* ■ **by ~** bis Mittag; ■ **about ~** um die Mittagszeit

no one ['nəʊwʌn] *pron see* **nobody**

noose [nuːs] *n* Schlinge *f;* **to have a ~ around one's neck** (*fig*) den Kopf in der Schlinge [stecken] haben

nope [nəʊp] *adv* (*sl*) nö *fam*

nor [nɔːʳ, nəʳ] *conj* ❶ (*and not*) noch; **neither ... ~ ...** weder ... noch ... ❷ *after neg esp* BRIT (*neither*) noch; **I can't be at the meeting and ~ can Andrew** ich kann nicht zum Treffen kommen und Andrew auch nicht

Nor·dic ['nɔːdɪk] *adj* nordisch

norm [nɔːm] *n* Norm *f*

nor·mal ['nɔːml] I. *adj* ❶ (*ordinary*) person, day normal ❷ (*usual*) behaviour normal (**for** für), üblich; **as** [**is**] **~** wie üblich ❸ (*fit*) gesund; **to be absolutely ~** völlig gesund sein ❹ MATH senkrecht (**to** zu) II. *n* ❶ *no pl* Normalzustand *m;* **the temperature was above ~** die Temperatur war höher als normal; **she was back to ~ within a week of the accident** sie war innerhalb einer Woche nach dem Unfall wieder in Ordnung; **to return to ~** *situation* sich normalisieren ❷ MATH Senkrechte *f,* Normale *f fachspr*

nor·mal·cy ['nɔːrmᵊlsi] *n* AM Normalität *f*

nor·mal·ity [nɔːˈmælətɪ] *n no pl* Normalität *f;* **to get back to ~** zur Normalität zurückkehren

nor·mali·za·tion [ˌnɔːmᵊlaɪˈzeɪʃᵊn] *n no pl* Normalisierung *f*

nor·mal·ize ['nɔːmᵊlaɪz] I. *vt* ❶ (*make normal*) blood pressure normalisieren ❷ *esp* COMPUT abgleichen II. *vi* situation, relations sich normalisieren

nor·mal·ly ['nɔːmᵊli] *adv* ❶ (*usually*) normalerweise, üblicherweise ❷ (*in a normal way*) normal

Nor·man·dy ['nɔːməndi] *n no pl* (*hist*) die Normandie

north [nɔːθ] I. *n no pl* ❶ (*direction*) Norden *m;* ■ **in the ~** im Norden; ■ **to the ~** nach Norden [hin] ❷ (*region*) ■ **the N~** BRIT (*North England*) Nordengland *nt;* AM der Norden, die Nordstaaten *pl* II. *adj* nördlich, Nord-; **~ of Manchester** nördlich von Manchester III. *adv* nordwärts; ■ **up ~** (*fam*) im Norden

North 'Af·ri·ca *n* Nordafrika *nt* **North 'Af·ri·can** I. *n* Nordafrikaner(in) *m(f)* II. *adj* history, culture nordafrikanisch

North A'meri·ca *n* Nordamerika *nt*

North A'meri·can I. *n* Nordamerikaner(in) *m(f)* II. *adj* nordamerikanisch

North Caro·li·na [-ˌkærəˈlaɪnə] *n* Nordcarolina *nt* **North Da·ko·ta** [-dəˈkəʊtə] *n* Norddakota *nt* **north-'east** I. *n no pl* ❶ (*direction*) Nordosten *m;* ■ **to the ~ [of ...]** nordöstlich [von ...] ❷ (*region*) ■ **the N~** *of state* der Nordosten II. *adj* nordöstlich, Nordost-; **~ wind** Wind *m* von Nordost III. *adv* nordostwärts (**of** von)

north-'east·ern *adj attr* nordöstlich, Nordost-

nor·ther·ly ['nɔːðᵊli] *adj* nördlich, Nord-

north·ern ['nɔːðᵊn] *adj attr* nördlich

north·ern·er ['nɔːðᵊnəʳ] *n* Nordlicht *nt fig, hum;* BRIT Nordengländer(in) *m(f);* AM Nordstaatler(in) *m(f)*

North·ern 'Ire·land *n* Nordirland *nt*

North·ern Maria·nas [-ˌmæriˈænəz] *n* die Nordmarianen *pl* **north·ern·most** ['nɔːðᵊnməʊst] *adj* nördlichste(r, s)

North·ern Ter·ri·tory *n* Nordterritorium *nt* **North 'Pole** *n* ■ **the ~** der Nordpol **North 'Sea** *n* ■ **the ~** die Nordsee

North-South di·'vide *n* ■ **the ~** das Nord-Süd-Gefälle

north·ward ['nɔːθwəd] I. *adj* migration nach Norden *nach n,* Nord-; **~ direction** nördliche Richtung II. *adv* nach Norden

north·wards ['nɔːθwədz] *adv* nach Norden

north-'west I. *n no pl* Nordwesten *m;* ■ **to the ~** [**of sth**] nordwestlich [von etw *dat*] II. *adj* nordwestlich, Nordwest-; **~ wind** Wind *m* von Nordwest III. *adv* nach Nordwesten **north-'west·er·ly** *adj* nordwestlich, Nordwest-; **~ wind** Wind *m* aus Nordwest

Northwest 'Ter·ri·tories *npl* Nordwestterritorien *pl*

Nor·way ['nɔːweɪ] *n* Norwegen *nt*

Nor·we·gian [nɔːˈwiːdʒᵊn] I. *n* ❶ (*person*) Norweger(in) *m(f)* ❷ *no pl* (*language*) Norwegisch *nt* II. *adj* norwegisch, Norwegisch-

nose [nəʊz] I. *n* ❶ (*organ*) Nase *f;* **runny ~** laufende Nase; **to blow one's ~** sich *dat* die Nase putzen ❷ (*front*) Schnauze *f fam; of aircraft* Flugzeugnase *f;* **~ to tail** dicht an dicht ❸ *no pl* (*smell*) Geruchssinn *m* ▶ **it's as plain as the ~ on your face!** das ist doch sonnenklar!, da gibt's gar nichts! *fam;* **to keep/put one's ~ to the grindstone** (*fam*) sich dahinterklemmen; **to get up sb's** ~ Brit, Aus (fam) jdm auf den Wecker gehen; **to have a** [good] ~ **for sth** (fam) einen [guten] Riecher für etw akk haben; **to poke one's ~ into sth** (fam) seine Nase in etw akk hineinstecken; **on the** ~ Am (fam) genau II. vi **to ~ forwards** sich vorsichtig vorwärtsbewegen III. vt **to ~ one's way forwards/in/out/up** sich vorsichtig seinen Weg vorwärts/hinein-/hinaus-/hinaufbahnen ◆ **nose about** I. vi (fam) herumstöbern II. vt ■ **to ~ about sth** in etw dat herumstöbern ◆ **nose out** I. vt ❶ (discover) secrets, details herausfinden ❷ (outdo) ■ **to ~ sb ↻ out** jdn ausstechen II. vi sich langsam herausbewegen

'**nose·bag** n Hafersack m '**nose·bleed** n Nasenbluten nt '**nose cone** n aviat Rumpfspitze f '**nose-dive** I. n ❶ aviat Sturzflug m; **to go into a** ~ zum Sturzflug ansetzen ❷ (fig) Einbruch m; **sb/sth takes a ~** etw/jd erlebt einen Einbruch II. vi ❶ aviat im Sturzflug heruntergehen ❷ fin prices, economy einbrechen '**nose·gay** n (old) Gebinde nt '**nose job** n med (fam) Nasenkorrektur f '**nose wheel** n aviat Bugrad nt

nosey ['nəʊzi] adj (pej) neugierig

nosh [nɒʃ] I. n ❶ no pl Brit, Aus (sl: food) Fressalien pl fam ❷ Brit, Aus (sl: meal) Imbiss m ❸ Am (snack) Häppchen nt II. vi ■ **to ~ on sth** etw futtern III. vt futtern sl

no-show n No-Show m; (spec) (Fluggast, der nicht erscheint)

'**nosh-up** n Brit, Aus (sl) Gelage nt fam

nos·tal·gia [nɒsˈtældʒə] n no pl Nostalgie f

nos·tal·gic [nɒsˈtældʒɪk] adj nostalgisch

no-'strike agree·ment n Streikverbotsabkommen nt

nos·tril ['nɒstrəl] n of person Nasenloch nt; of horse Nüster f

nosy ['nəʊzi] adj (pej) neugierig

nosy 'par·ker n esp Brit (fam) neugierige Person

not [nɒt] adv ❶ after aux vb nicht; **it's ~ unusual** das ist nicht ungewöhnlich; **isn't she beautiful?** ist sie nicht schön? ❷ in tag question **it's cold, is it ~** [or **isn't it**]? es ist kalt, nicht [wahr]? ❸ before n kein, nicht; **it's a girl, ~ a boy** es ist ein Mädchen, kein Junge ❹ before infin nicht; **he's asked me ~ to do it** er hat mich gebeten, es nicht zu tun ❺ before predeterminer nicht; **~ all children like swimming** nicht alle Kinder schwimmen gerne ❻ before pron nicht; **~ me!** ich nicht! ❼ (less than) keine(r, s), weniger als; **~ one of my answers was right** keine einzige meiner Antworten war richtig ❽ before adj, adv (meaning opposite) nicht; **~ always** nicht immer; **~ much** nicht viel ❾ before adj (hum, iron: emphasizing opposite) nicht; **he's ~ bad-looking** er sieht [gar] nicht schlecht aus ❿ (substituting negative) nicht; **I hope ~!** ich hoffe nicht! ▶ **~ at all!** (polite answer) überhaupt nicht!; (when thanked) gern geschehen!; (denying vehemently) überhaupt nicht!

no·ta·ble ['nəʊtəbl] I. adj ❶ (eminent) collection, philosopher bedeutend; **with one ~ exception** mit einer besonderen Ausnahme ❷ (remarkable) achievement, success beachtlich, bemerkenswert II. n Berühmtheit f

no·ta·bly ['nəʊtəbli] adv ❶ (particularly) insbesondere, vor allem ❷ (perceptibly) merklich, auffallend

no·tar·ial [nəʊˈteərɪəl] adj law notariell, Notariats-; **~ fee** Notar[iats]gebühr f

no·ta·ry ['nəʊtᵊri] n, **no·ta·ry 'pub·lic** <pl -ies public> n Notar(in) m(f)

no·ta·tion [nə(ʊ)ˈteɪʃᵊn] n ❶ math, mus Notation f fachspr; **system of ~** Zeichensystem nt ❷ (note) Notiz f

notch [nɒtʃ] n <pl -es> ❶ (indentation) Einkerbung f ❷ (in belt) Loch nt ❸ (for comparison) Grad m; ■ **a ~ above/below sb/sth** eine Klasse besser/schlechter als jd/etw ❹ Am (valley) Tal nt

note [nəʊt] I. n ❶ (record) Notiz f; **to leave a ~** eine Nachricht hinterlassen; **to make a ~** [of sth] [sich dat] eine Notiz [von etw dat] machen; **to write sb a ~** jdm eine Nachricht hinterlassen ❷ (attention) **to take ~ of sth** von etw dat Notiz nehmen ❸ lit (annotation) Anmerkung f ❹ mus Note f ❺ (sound) Ton m; **to strike the right ~** den richtigen Ton treffen ❻ esp Brit, Aus (money) [Geld]schein m ❼ (form) ■ **of ~** von Bedeutung II. vt ❶ (notice) wahrnehmen; (pay attention to) beachten; ■ **to ~ that ...** zur Kenntnis nehmen, dass ... ❷ (remark) anmerken; (point out) feststellen

'**note·book** n ❶ (book) Notizbuch nt ❷ comput Notebook nt

not·ed ['nəʊtɪd] adj attr bekannt (**for** für)

'**note·pad** n ❶ (pad) Notizblock m ❷ comput Notepad nt '**note·paper** n no pl Briefpapier nt

notes [nəʊts] npl Notizen pl; **to speak from/without ~** vom Blatt/frei sprechen; **to take ~** [sich dat] Notizen machen

note·wor·thy ['nəʊtˌwɜːði] adj conclu-

sions, results beachtenswert; **nothing/something** ~ nichts/etwas Besonderes

not-for-'profit *adj organization, company* non-Profit-, gemeinnützig

noth·ing ['nʌθɪŋ] I. *pron indef* ① *(not anything)* nichts; **there is ~ like a good cup of coffee** es geht nichts über eine gute Tasse Kaffee; **all or** ~ alles oder nichts; ■ ~ **but** nichts als; ~ **of the kind** nichts dergleichen; **to count for** ~ nichts gelten; ~ **else** nichts weiter, sonst nichts ② *(of no importance)* nichts; ~ **much** nicht viel; **to be** ~ **to sb** jdm nichts bedeuten; **it's** ~ *(fam)* nicht der Rede wert; **it's** ~ **to do with me** das hat nichts mit mir zu tun ③ *(zero)* null ④ AM SPORTS *(no points)* null ▶ **come to** ~ sich zerschlagen; [**all**] **for** ~ [vollkommen] umsonst; **not for** ~ nicht umsonst; **you ain't** heard/seen ~ **yet** *(fam)* das hast du noch nicht gehört/gesehen; **there's** ~ **in it** es ist nichts dran; **to be** ~ less/more **than ...** nichts Geringeres/weiter sein, als ...; **there's** ~ **to it** *(easy)* dazu gehört nicht viel; *(not true)* da ist nichts dran *fam* II. *n* *(fam)* ① *(person)* Niemand *m* ② *(thing)* Unwichtigkeit *f* III. *adv* ① *(not)* überhaupt nicht; **to look** ~ **like sb/sth** jdm/etw nicht ähnlich sehen ② *after n* AM *(fam: emphatically not)* wahrlich nicht IV. *adj attr* *(fam)* persons, activities belanglose(r, s)

noth·ing·ness ['nʌθɪŋnəs] *n no pl* ① *(emptiness)* Nichts *nt* ② *(worthlessness)* Bedeutungslosigkeit *f*

'no-throw *n* SPORTS Fehlwurf *m*

no·tice ['nəʊtɪs] I. *vt* ① *(see)* bemerken; *(catch)* mitbekommen; *(perceive)* wahrnehmen ② *(pay attention to)* beachten; *(take note of)* zur Kenntnis nehmen; *(realize)* [be]merken; *(become aware of)* ■ **to ~ sb/sth** auf jdn/etw aufmerksam werden II. *n* ① *no pl* *(attention)* Beachtung *f*; **it came to my** ~ **that ...** es ist mir zu Ohren gekommen, dass ...; **it escaped my ~ that ...** es ist mir entgangen, dass ...; **to bring sth to sb's** ~ jdn auf etw *akk* aufmerksam machen; **to take ~ of sb/sth** von jdm/etw Notiz nehmen; **don't take any ~ of what she says** kümmere dich nicht um das, was sie sagt; **to take no ~ of the fact that ...** die Tatsache ignorieren, dass ... ② *(poster)* Plakat *nt* ③ *(in a newspaper)* Anzeige *f* ④ *no pl* *(information in advance)* **to give sb** ~ jdn [vorab] informieren; **at a day's/four days'** ~ binnen eines Tages/vier Tagen; **at a moment's** ~ jederzeit; **until further** ~ bis auf weiteres ⑤ *(written notification)* Benachrichtigung *f* ⑥ *no pl (to end an arrangement)* **to give** [**in**] **one's** ~ kündigen; **to give sb his/her** ~ jdm kündigen

no·tice·able ['nəʊtɪsəbl] *adj improvement, increase* merklich

no·tice·ably ['nəʊtɪsəbli] *adv* merklich, wahrnehmbar

'no·tice·board *n* Aushang *m*, schwarzes Brett

no·ti·fi·able ['nəʊtɪfaɪəbl] *adj disease* meldepflichtig

no·ti·fi·ca·tion [ˌnəʊtɪfɪ'keɪʃən] *n* Mitteilung *f*

no·ti·fy <-ie-> ['nəʊtɪfaɪ] *vt* ■ **to ~ sb** [**of sth**] jdn [über etw *akk*] unterrichten; ■ **to ~ sb that ...** jdn benachrichtigen, dass ...; ■ **to ~ sb how/what/where ...** jdm mitteilen, wie/was/wo ...

no·tion ['nəʊʃən] *n* ① *(belief)* Vorstellung *f*; *(vague idea)* Ahnung *f* *(of* von*)* ② *(whim)* Vorstellung *f*

no·tion·al ['nəʊʃənəl] *adj (form)* fiktiv; *payment* nominell

no·to·ri·ety [ˌnəʊtə'raɪəti] *n no pl* [traurige] Berühmtheit **(for** wegen*)*

no·to·ri·ous [nə(ʊ)'tɔːriəs] *adj temper, thief* notorisch; *criminals* berüchtigt; **to be ~ for sth** bekannt für etw *akk* sein

no·to·ri·ous·ly [nə(ʊ)'tɔːriəsli] *adv* notorisch, bekanntlich; ~ **difficult** bekanntlich schwierig

'no-touch *adj attr taps, switches* kontaktlos

not·with·stand·ing [ˌnɒtwɪθ'stændɪŋ] *(form)* I. *prep* ungeachtet II. *adv* trotzdem III. *conj* ■ ~ **that ...** obwohl, ...

nou·gat ['nuːgɑː] *n no pl* Nougat *nt*

nought [nɔːt] *n* ① *esp* BRIT Null *f* ② *no pl see* **naught**

nough·ties, Nough·ties ['nɔːtɪz] *npl (fam)* das Jahrzehnt von 2000 bis 2010

noun [naʊn] *n* Hauptwort *nt*, Substantiv *nt*

nour·ish ['nʌrɪʃ] *vt* ① *(feed)* ernähren ② *(enrich) skin* pflegen ③ *(form: cherish)* **to ~ ambitions** Ambitionen haben; **to ~ the hope that ...** die Hoffnung hegen, dass ...

nour·ish·ing ['nʌrɪʃɪŋ] *adj* ① *(healthy) food, drink* nahrhaft ② *(rich) cream* reichhaltig

nour·ish·ment ['nʌrɪʃmənt] *n no pl* ① *(food)* Nahrung *f* ② *(vital substances)* Nährstoffe *pl* ③ *(feeding)* Ernährung *f*

nous [naʊs] *n no pl* BRIT, AUS *(fam)* Grips *m;* **business ~** Geschäftssinn *m*

Nova Sco·tia [ˌnəʊvəˈskəʊʃə] *n* Neuschottland *nt*

nov·el[1] [ˈnɒvəl] *n* (*book*) Roman *m*; **detective** ~ Kriminalroman *m*

nov·el[2] [ˈnɒvəl] *adj* (*new*) neuartig; *approach, idea* kreativ, erfinderisch

nov·el·ette [ˌnɒvəˈlet] *n* ① LIT Novelette *f* fachspr ② (*esp pej*) Kitschroman *m*

nov·el·ist [ˈnɒvəlɪst] *n* Romanautor(in) *m(f)*

nov·el·ty [ˈnɒvəlti] *n* ① (*new thing*) Neuheit *f* ② *no pl* (*newness*) Neuartigkeit *f*; **to have** ~ **value** den Reiz des Neuen haben ③ (*trinket*) Krimskrams *m*; (*funny*) Scherzartikel *m*; (*surprising*) Überraschung *f*; ~ **goods** Scherzartikel *pl*; ~ **shop** Laden, *in dem allerlei Krimskrams verkauft wird*

No·vem·ber [nəʊˈvembər] *n* November *m*; *see also* **February**

nov·ice [ˈnɒvɪs] **I.** *n* ① (*learner*) Anfänger(in) *m(f)* ② REL Novize *m*/Novizin *f* **II.** *adj* ① (*learner*) *pilot, skier* unerfahren ② REL ~ **monk/nun** Mönch *m*/Nonne *f* in der Ausbildung

now [naʊ] **I.** *adv* ① (*at present*) jetzt; **he's in the bath just** ~, **can he call you back?** er ist jetzt gerade im Bad, kann er zurückrufen?; **until** ~ bis jetzt ② (*at once*) [**right**] ~ jetzt, sofort, gleich ③ (*till today*) jetzt [schon] ④ (*hence*) jetzt ⑤ (*soon*) demnächst; **the puppies will be born any day** ~ die Hundewelpen können jetzt jeden Tag zur Welt kommen; **just** ~ SA (*in a little while*) bald, gleich ⑥ (*short time ago*) **just** ~ gerade eben ⑦ (*after repetition*) **what do you want** ~? was willst du denn nun? ⑧ (*occasionally*) [**every**] ~ **and then** ab und zu ⑨ (*as introduction*) **and** ~ **for something completely different** und nun zu etwas völlig anderem ⑩ (*before request, command, suggestion*) ~, **where did I put my hat?** wo habe ich denn jetzt nur meinen Hut hingelegt? ⑪ (*in irony*) ~, ~ **so, so** ⑫ (*soothing*) ~, ~, **don't cry** aber, aber, nicht weinen; (*warning*) ~, ~, **children, stop fighting!** na, na, Kinder, hört auf zu streiten! ▶ |**it's/it was**| ~ **or never** (*saying*) jetzt oder nie; ~ **you're talking!** (*saying*) schon besser! **II.** *n* Jetzt *nt*; ~ **is not a good time to speak to him** augenblicklich ist keine gute Zeit, mit ihm zu reden; **that's all for** ~ das ist für den Augenblick alles; **by** ~ mittlerweile; **from** ~ **on** ab sofort **III.** *conj* ~ [**that**] ... jetzt, wo ...

nowa·days [ˈnaʊədeɪz] *adv* heutzutage

no·where [ˈnəʊ(h)weər] **I.** *adv* nirgends, nirgendwo; **she was** ~ **to be seen** sie war nirgends zu sehen; **without your help he would be** ~ ohne deine Hilfe wäre es nichts; **I'm trying to persuade her to come but I'm getting** ~ ich versuche ja, sie zum Mitkommen zu überreden, aber ich stoße nur auf Granit; **from** ~ aus dem Nichts *a. fig* **II.** *n* Nirgendwo *nt* **III.** *adj attr* (*fam*) auswegslos

nowt [naʊt] *pron* BRIT, DIAL nix *fam*

nox·ious [ˈnɒkʃəs] *adj* (*form*) ① (*toxic*) giftig ② (*unpleasant*) übel

noz·zle [ˈnɒzl̩] *n* Düse *f*; *of petrol pump* [Zapf]hahn *m*

nu·ance [ˈnjuːɑːn(t)s] *n* Nuance *f*; *of meaning* Bedeutung *f*

nub [nʌb] *n* ① (*small lump*) Stückchen *nt* ② (*crux*) Kernpunkt *m*; **the** ~ **of the matter** der springende Punkt

nu·bile [ˈnjuːbaɪl] *adj* (*hum*) [sehr] anziehend

nu·clear [ˈnjuːklɪər] *adj* ① (*of energy*) Kern-, Atom- ② MIL nuklear, atomar; ~-**free zone** atomwaffenfreie Zone ③ NUCL Kern-

nu·clear 'medi·cine *n no pl* Nuklearmedizin *f* **nu·clear non-pro·lif·e·ra·tion trea·ty** *n* Nichtverbreitungsabkommen *nt* über Atomwaffen **nu·clear 'pow·er** *n* Atomenergie *f* **nu·clear 'pow·er plant** *n,* **nu·clear 'pow·er sta·tion** *n* Kernkraftwerk *nt*, Atomkraftwerk *nt* **nu·clear re·'ac·tor** *n* Atomreaktor *m*

nu·cleic acid [njuːˌkliːɪk-] *n* BIOL, CHEM Nukleinsäure *f*

nu·cleus <*pl* -clei *or* -es> [ˈnjuːklɪəs] *n also* BIOL, NUCL Kern *m*

nude [njuːd] **I.** *adj* nackt; ~ **model** Aktmodel *nt*; ~ **sunbathing** Nacktbaden *nt* **II.** *n* ① ART Akt *m* ② (*nakedness*) **in the** ~ nackt; **to sunbathe/swim in the** ~ nackt sonnenbaden/schwimmen

nudge [nʌdʒ] **I.** *vt* ① (*push*) stoßen ② (*urge*) ■ **to** ~ **sb into sth** jdn zu etw *dat* drängen ③ (*approach*) **he must be nudging 60 now** er geht bestimmt auch schon auf die 60 zu **II.** *vi* BRIT **prices have** ~**d downward/upward** die Preise sind gesunken/gestiegen **III.** *n* ① (*push*) Schubs *m* ② (*encouragement*) Anstoß *m*

nud·ism [ˈnjuːdɪzəm] *n no pl* Freikörperkultur *f*

nud·ist [ˈnjuːdɪst] *n* Nudist(in) *m(f)*

'nud·ist beach *n* FKK-Strand *m* **'nud·ist camp** *n* FKK-Lager *nt fam*

nu·dity [ˈnjuːdəti] *n no pl* Nacktheit *f*

nu·ga·tory [ˈnjuːgətəri] *adj* (*form*) belanglos

nug·get ['nʌgɪt] *n* ❶ (*lump*) Klumpen *m*; **gold ~** Goldklumpen *m* ❷ FOOD **chicken ~** Hähnchennugget *nt* ❸ (*esp hum: fact*) Weisheit *f*

nui·sance ['nju:s³n(t)s] *n* ❶ (*pesterer*) Belästigung *f*, Plage *f* ❷ (*annoyance*) Ärger *m*; **what a ~!** wie ärgerlich!; **to make a ~ of oneself** lästig werden ❸ LAW Belästigung *f*; **public ~** öffentliches Ärgernis

nuke [nju:k] (*sl*) **I.** *vt* ❶ MIL atomar angreifen ❷ *esp* AM, AUS (*in microwave*) warm machen **II.** *n* ❶ (*power station*) Atomkraftwerk *nt* ❷ (*bomb*) Atombombe *f*

null [nʌl] *adj*, **null and 'void** *adj pred* LAW null und nichtig

nul·li·fi·ca·tion [ˌnʌlɪfɪ'keɪʃ³n] *n of agreement, law, treaty* Ungültigkeitserklärung *f*; *of marriage* Annullierung *f*

nul·li·fy <-ie-> ['nʌlɪfaɪ] *vt* ❶ (*invalidate*) für ungültig erklären ❷ (*make useless*) *one's work* zunichtemachen

nul·lity ['nʌləti] *n no pl* LAW *of marriage* Ungültigkeit *f*

numb [nʌm] **I.** *adj* ❶ *limbs* taub; **~ with cold** taub vor Kälte; **to feel ~** sich taub anfühlen; **to go ~** einschlafen ❷ (*torpid*) benommen; **to feel ~** sich benommen fühlen ❸ (*shocked*) **to be ~ with disbelief** ungläubig starren; **to be ~ with grief** vor Schmerz wie betäubt sein **II.** *vt* ❶ (*deprive of feeling*) *limbs* taub machen; **~ed with grief** vor Schmerz ganz starr ❷ (*desensitize*) ▪ **to be ~ed by sth** durch etw *akk* abgestumpft sein ❸ (*lessen*) **to ~ the pain** den Schmerz betäuben

num·ber[1] ['nʌmbə'] **I.** *n* ❶ MATH Zahl *f* ❷ (*symbol*) Zahl *f* ❸ (*sums*) ▪ **~s** *pl* Rechnen *nt kein pl*, Zahlen *pl fam* ❹ (*identifying number*) Nummer *f no pl*, *+ sing/pl vb* (*amount*) [An]zahl *f*; **any ~ of things could go wrong** alles Mögliche könnte schiefgehen; **in enormous/huge/large ~s** in enormen/riesigen/großen Stückzahlen [*o* Mengen] ❻ *no pl*, *+ sing/pl vb* (*several*) **for a ~ of reasons** aus vielerlei Gründen ❼ (*members*) Gruppe *f* ❽ (*issue*) Ausgabe *f*; **back ~** frühere Ausgabe ❾ (*performance*) Auftritt *m*; (*music*) Stück *nt* ❿ AM (*sl: person*) Nummer *f fam* ⓫ AM (*sl: tale*) Nummer *f fam* ▶ **by** [**sheer**] **force of ~s** [allein] aufgrund zahlenmäßiger Überlegenheit; **to** <u>look</u> **out for ~ one** (*fam*) sich nur um sich selbst kümmern **II.** *vt* ❶ (*mark in series*) nummerieren ❷ (*count*) abzählen ❸ (*comprise*) zählen ❹ (*form: include*) ▪ **to ~ sb among sth** jdn zu etw *dat* zählen

num·ber[2] ['nʌmə'] *adj comp of* **numb**

num·ber·ing ['nʌmb³rɪŋ] *n no pl* Nummerierung *f*

num·ber·less ['nʌmb³ləs] *adj* (*esp liter*) zahllos, unzählig

'num·ber plate *n* BRIT Nummernschild *nt*

numb·ness ['nʌmnəs] *n no pl* ❶ *of limbs* Taubheit *f* ❷ (*torpor*) Benommenheit *f*; (*because of shock, grief*) Starre *f*

nu·mera·cy ['nju:m³rəsi] *n no pl* MATH Rechnen *nt*

nu·mer·al ['nju:m³r³l] *n* Ziffer *f*

nu·mer·ate ['nju:m³r³t] *adj* rechenfähig

nu·mera·tion [ˌnju:m³r'eɪʃ³n] *n no pl* (*form*) Nummerierung *f*

nu·mera·tor ['nju:m³reɪtə'] *n* MATH Zähler *m*

nu·meri·cal [nju:'merɪkl] *adj* numerisch; **in ~ order** in numerischer Reihenfolge; **~ skills** rechnerische Fähigkeiten

nu·mer·ic 'key·pad [nju:'merɪk-] *n* COMPUT Ziffernblock *m*

nu·mer·ous ['nju:m³rəs] *adj* zahlreich

nu·mis·mat·ics [ˌnju:mɪz'mætɪks] *n no pl* Numismatik *f*

num·skull ['nʌmskʌl] *n* Hohlkopf *m pej fam*

nun [nʌn] *n* Nonne *f*

nun·cio ['nʌn(t)siəʊ, -ʃiəʊ] *n* REL Nuntius *m*

nun·nery ['nʌn³ri] *n* (*dated*) [Nonnen]kloster *nt*

nup·tial [nʌpʃ³l] *adj* (*form, liter*) ehelich; **~ vows** Ehegelöbnis *nt*

nurse [nɜ:s] **I.** *n* ❶ (*at hospital*) [Kranken]schwester *f*; (*male*) Krankenpfleger *m* ❷ (*nanny*) Kindermädchen *nt* **II.** *vt* ❶ (*care for*) pflegen; **to ~ sb/an animal back to health** jdn/ein Tier wieder gesund pflegen ❷ (*heal*) [aus]kurieren ❸ (*nurture*) *plant, plan* hegen ❹ (*harbour*) *feeling, grudge* hegen (**against** gegen) ❺ (*cradle*) [vorsichtig] im Arm halten ❻ (*suckle*) *child* stillen **III.** *vi* in der Krankenpflege arbeiten

nurs·ery ['nɜ:s³ri] *n* ❶ (*crèche*) Kindergarten *m*; (*school*) Vorschule *f*; **~ facilities** Betreuungsmöglichkeiten *pl* für Kleinkinder; **~ teacher** (*at crèche*) Kindergärtner(in) *m(f)*; (*at school*) Vorschullehrer(in) *m(f)* ❷ (*room*) Kinderzimmer *nt* ❸ HORT Gärtnerei *f*; (*for trees*) Baumschule *f*

'nurse·ry rhyme *n* Kinderreim *m*; (*song*) Kinderlied *nt* **'nurse·ry school** *n* Vorschule *f* **'nurse·ry slopes** *npl* BRIT SKI Anfängerhügel *m*

nurs·ing ['nɜ:sɪŋ] **I.** *n no pl* ❶ (*taking care*)

[Kranken]pflege *f;* **to go into** ~ Krankenpfleger/Krankenpflegerin werden ❷ (*feeding*) Stillen *nt* II. *adj* ❶ (*caring*) Krankenpflege-; ~ **profession** Krankenpflegeberuf *m* ❷ (*feeding*) ~ **mothers** stillende Mütter

'**nurs·ing home** *n* ❶ (*for old people*) Pflegeheim *nt* ❷ (*for convalescents*) Genesungsheim *nt*

nur·ture ['nɜːtʃər] I. *vt* (*form*) ❶ (*raise*) aufziehen; *plant* hegen ❷ (*encourage*) fördern ❸ (*harbour*) *ambitions, dream* hegen II. *n no pl* ❶ (*upbringing*) Erziehung *f* ❷ (*nourishing*) Nahrung *f a. fig*

nut [nʌt] I. *n* ❶ (*fruit*) Nuss *f* ❷ TECH Mutter *f* ❸ (*fam: madman*) Bekloppte(r) *f(m) sl* ❹ (*fam: fool*) Verrückte(r) *f(m)* ❺ (*fam: fan*) Fanatiker(in) *m(f)* ❻ (*fam: head*) Schädel *m;* **to do one's** ~ BRIT, AUS durchdrehen; **to use one's** ~ sein Hirn benutzen ❼ AM (*fam: costs*) Geldbedarf *m* ▶ **the ~ s and bolts of sth** die fundamentalen Grundlagen einer S. *gen;* **a hard** ~ **to crack** (*problem*) eine harte Nuss; (*person*) eine schwierige Person II. *vt* <-tt-> (*fam*) ■**to ~ sb** jdm eine Kopfnuss geben

'**nut·crack·er** *n* Nussknacker *m* '**nut·hatch** *n* ORN Kleiber *m* '**nut·house** *n* (*sl*) Klapsmühle *f fam*

nut·meg ['nʌtmeg] *n* ❶ *no pl* (*spice*) Muskat *m* ❷ (*fruit*) Muskatnuss *f*

nu·tri·ent ['njuːtriənt] I. *n* Nährstoff *m* II. *adj* ❶ BIOL, FOOD Nährstoff- ❷ (*nourishing*) nahrhaft

nu·tri·tion [njuːˈtrɪʃən] *n no pl* ❶ (*eating*) Ernährung *f;* ~ **content** Nährstoffgehalt *m* ❷ (*science*) Ernährungswissenschaft *f*

nu·tri·tion·ist [njuːˈtrɪʃənɪst] *n* Ernährungswissenschaftler(in) *m(f)*

nu·tri·tious [njuːˈtrɪʃəs] *adj* nährstoffreich; (*nourishing*) nahrhaft

nuts [nʌts] I. *npl esp* AM (*fam!*) Eier *pl vulg* II. *adj pred* ❶ (*foolish*) ■**to be** ~ verrückt sein ❷ (*angry*) **to go** ~ ausrasten ❸ (*enthusiastic*) ■**to be** ~ **about sb/sth** verrückt nach jdm/etw sein

'**nut·shell** *n no pl* Nussschale *f* ▶ **in a** ~ kurz gesagt

nut·ty ['nʌti] *adj* ❶ (*full of nuts*) mit vielen Nüssen *nach n* ❷ (*tasting like nuts*) *taste, aroma* nussig ❸ (*fam: crazy*) *idea, person* verrückt ❹ (*fam: enthusiastic*) ■**to be** ~ **about sb/sth** ganz verrückt nach jdm/auf etw *akk* sein

nuz·zle ['nʌzl] I. *vt* mit der Nase und dem Mund [sanft] berühren II. *vi* ■**to ~** [**up**] **against sb/sth** [sich] an jdn/etw ankuscheln; ■**to ~ in**[**to**] **sth** *dogs, horses* die Schnauze in etw *akk* drücken

NW I. *n no pl abbrev of* **north-west** NW. II. *adj* ❶ *abbrev of* **north-west** NW- ❷ *abbrev of* **north-western** NW- III. *adv abbrev of* **north-west**

N.Y. AM *abbrev of* **New York**

ny·lon ['naɪlɒn] *n* ❶ *no pl* Nylon *nt* ❷ (*dated: stockings*) ■**~s** *pl* Nylonstrümpfe *pl*

nymph [nɪm(p)f] *n* Nymphe *f*

nym·pho·ma·nia [ˌnɪm(p)fə(ʊ)ˈmeɪniə] *n no pl* Nymphomanie *f*

nym·pho·ma·ni·ac [ˌnɪm(p)fə(ʊ)ˈmeɪniæk] (*pej*) I. *n* Nymphomanin *f* II. *adj* nymphomanisch

NZ *n no pl abbrev of* **New Zealand**

Oo

O <pl -'s or -s>, **o** <pl -'s> [əʊ] n ①(letter) O nt, o nt; see also **A** 1 ②(blood type) O ③(zero) null; **my phone number is three, o, five, one** meine Telefonnummer ist drei, null, fünf, eins

oaf [əʊf] n (pej fam) ①(clumsy person) Tölpel m ②(stupid person) Dummkopf m

oaf·ish ['əʊfɪʃ] adj (pej fam) ①(rude) person, behaviour rüpelhaft ②(clumsy) person tölpelig

oak [əʊk] I. n ①(tree) Eiche f ②no pl (wood) Eiche f, Eichenholz nt II. adj ①(wooden) furniture aus Eichenholz nach n ②(of tree) leaves Eichen-

OAP [ˌəʊeɪ'piː] n BRIT abbrev of **old age pensioner**

oar [ɔːʳ] n (paddle) Ruder nt

'oars·man n Ruderer m **'oars·wom·an** n Ruderin f

oasis <pl -ses> [əʊ'eɪsɪs, pl -siːz] n (also fig) Oase f

oat [əʊt] n Hafer m; ■ ~s pl (hulled grain) Haferkörner pl; (rolled) Haferflocken pl

'oat·cake n Haferplätzchen nt

oath [əʊθ] n ①(promise) Eid m; **to declare under ~** unter Eid aussagen; **to take an ~ on sth** einen Eid auf etw akk schwören; **to be under ~** unter Eid stehen ②(liter: curse) Fluch m

'oat·meal ['əʊtmiːl] I. n no pl ①(flour) Hafermehl nt ②AM (porridge) Haferbrei m II. adj (containing oatmeal) Hafer-

OAU [ˌəʊeɪ'juː] n abbrev of **Organization of African Unity**

ob·du·ra·cy ['ɒbdjᵊrəsi] n no pl (pej form) Hartnäckigkeit f

ob·du·rate ['ɒbdjᵊrət] adj (pej form) ①(stubborn) hartnäckig; person stur ②(difficult) problem hartnäckig

OBE [ˌəʊbiː'iː] n BRIT abbrev of **Order of the British Empire** britischer Verdienstorden

obedi·ence [ə(ʊ)'biːdiən(t)s] n no pl Gehorsam m (**to** gegenüber)

obedi·ent [ə(ʊ)'biːdiənt] adj gehorsam; child, dog also folgsam

obedi·ent·ly [ə(ʊ)'biːdiəntli] adv gehorsam, folgsam; **to act ~** gehorsam sein

ob·elisk ['ɒbᵊlɪsk] n Obelisk m

obese [ə(ʊ)'biːs] adj fett pej; esp MED fettleibig

obesity [ə(ʊ)'biːsəti] n no pl Fettheit f pej; esp MED Fettleibigkeit f

obey [ə(ʊ)'beɪ] I. vt (comply with) gehorchen +dat; order, rules befolgen; **to ~ the law** sich an das Gesetz halten II. vi gehorchen

obi·tu·ary [ə(ʊ)'bɪtʃʊəri] n Nachruf m

ob·ject[1] ['ɒbdʒɪkt] n ①(thing) also LING Objekt nt ②usu sing (aim) Zweck m ③usu sing (form: focus) Gegenstand m ④(obstacle) Hinderungsgrund m ▶ **that is not the ~ of the exercise!** das ist nicht der Sinn der Sache!; **sth is no ~** etw spielt keine Rolle

object[2] [ɒb'dʒekt] I. vi ①(oppose, disapprove) dagegen sein; (mind, dislike) etwas dagegen haben; ■ **to ~ to sth** (oppose, disapprove) gegen etw akk sein; (dislike, mind) etwas gegen etw akk haben; (stronger) sich dat etw verbieten ②(protest) protestieren II. vt einwenden

ob·jec·tion [əb'dʒekʃᵊn] n Einwand m, Widerspruch m

ob·jec·tion·able [əb'dʒekʃᵊnᵊbl̩] adj (form) unangenehm; (offensive) anstößig; smell, sight übel

ob·jec·tive [əb'dʒektɪv] I. n ①(aim) Ziel nt ②PHOT Objektiv nt II. adj ①(unbiased) objektiv ②(actual) sachlich; **~ fact** Tatsache f

ob·jec·tive·ly [əb'dʒektɪvli] adv ①(impartially) objektiv ②(in fact) sachlich

ob·jec·tiv·ity [ˌɒbdʒɪk'tɪvəti] n no pl ①(impartiality) Objektivität f ②(actuality) Sachlichkeit f

'ob·ject les·son n (approv) Paradebeispiel nt (**in** für)

ob·jec·tor [əb'dʒektəʳ] n Gegner(in) m(f) (**to** +gen)

ob·li·gat·ed ['ɒblɪgeɪtɪd] adj pred esp AM (form) ■ **to be ~ to do sth** dazu verpflichtet sein, etw zu tun

ob·li·ga·tion [ˌɒblɪ'geɪʃᵊn] n Verpflichtung f (**to** gegenüber)

ob·liga·tory [ə'blɪgətᵊri] adj obligatorisch

oblige [ə'blaɪdʒ] I. vt ①(force) ■ **to be/feel ~d to do sth** verpflichtet sein/sich akk verpflichtet fühlen, etw zu tun ②(please) ■ **to ~ sb [by doing sth]** jdm [durch etw akk] einen Gefallen erweisen ③(to thank) **much ~d!** herzlichen Dank! II. vi helfen; **to be happy to ~** bereitwillig helfen

oblig·ing [ə'blaɪdʒɪŋ] adj (approv) behaviour entgegenkommend; character, person zuvorkommend

oblig·ing·ly [əˈblaɪdʒɪŋli] *adv* entgegenkommenderweise, freundlicherweise, liebenswürdigerweise

oblique [ə(ʊ)ˈbliːk] **I.** *adj* ❶ (*indirect*) indirekt ❷ (*slanting*) *line* schief ❸ MATH *angle* schief **II.** *n* Schrägstrich *m*

oblit·erate [əˈblɪtəreɪt] *vt* ❶ (*destroy*) vernichten ❷ (*efface*) verwischen; **centuries of wind and rain had ~d the words carved on the gravestones** jahrhundertelanger Wind und Regen hatten die Worte auf den Grabsteinen so gut wie verschwinden lassen ❸ (*forget*) *thought* verdrängen; **to ~ the past** die Vergangenheit aus dem Gedächtnis tilgen

oblit·era·tion [əˌblɪtəˈreɪʃən] *n no pl* ❶ (*destruction*) Auslöschung *f*, Vernichtung *f* ❷ (*effacing*) Verwischung *f* ❸ (*suppression*) *of memories* Verdrängung *f*

oblivi·on [əˈblɪviən] *n no pl* ❶ (*obscurity*) Vergessenheit *f*; **to fall into ~** in Vergessenheit geraten ❷ (*unconsciousness*) Besinnungslosigkeit *f* ❸ (*extinction*) Verwüstung *f*; **the planes bombed the city into ~** die Flugzeuge haben die Stadt in Schutt und Asche gelegt

oblivi·ous [əˈblɪviəs] *adj* ▪ **to be ~ of sth** sich *dat* einer S. *gen* nicht bewusst sein; (*not noticing*) etw gar nicht bemerken

ob·long [ˈɒblɒŋ] **I.** *n* Rechteck *nt* **II.** *adj* rechteckig

ob·nox·ious [əbˈnɒkʃəs] *adj* (*pej*) widerlich; *person also* unausstehlich

oboe [ˈəʊbəʊ] *n* Oboe *f*

obo·ist [ˈəʊbəʊɪst] *n* Oboist(in) *m(f)*

ob·scene [əbˈsiːn] *adj* ❶ (*offensive*) obszön; *joke* zotig; *language* vulgär ❷ (*immoral*) schamlos ❸ (*repulsive*) ekelerregend

ob·scen·ity [əbˈsenɪti] *n no pl of behaviour, language* Obszönität *f* ❷ *of situation* Perversität *f* ❸ (*swear-word*) Obszönität *f*; **to use an ~** einen ordinären Ausdruck benutzen

ob·scure [əbˈskjʊər] **I.** *adj* ❶ (*unknown*) *author, place, origins* unbekannt ❷ (*unclear*) unbestimmt; *reasons, comment, text* schwer verständlich; **for some ~ reason** aus irgendeinem unerfindlichen Grund ❸ (*not important*) unbedeutend **II.** *vt* ❶ (*block*) *view* versperren; **heavy clouds were obscuring the sun** schwere Wolken verdunkelten die Sonne ❷ (*suppress*) *truth* verschleiern ❸ (*make unclear*) unklar machen

ob·scu·rity [əbˈskjʊərəti] *n no pl* ❶ (*anonymity*) Unbekanntheit *f*; (*of no importance*) Unbedeutendheit *f*; **to sink into ~** in Vergessenheit geraten ❷ (*difficulty*) *of language, texts* Unverständlichkeit *f*, Unklarheit *f*

ob·se·qui·ous [əbˈsiːkwiəs] *adj* (*pej form*) *person, manner* unterwürfig; ▪ **to be ~ to sb** sich jdm gegenüber unterwürfig verhalten

ob·serv·able [əbˈzɜːvəbl] *adj* wahrnehmbar

ob·ser·vance [əbˈzɜːvən(t)s] *n* (*form*) ❶ REL (*practice*) Einhaltung *f*; (*celebration*) Kirchenfeier *nt*; **religious ~s** religiöse Gebote ❷ (*obedience*) Beachtung *f*; *law* Befolgung *f*

ob·ser·vant [əbˈzɜːvənt] *adj* (*approv*) ❶ (*sharp-eyed*) aufmerksam ❷ (*heeding religious rule*) praktizierend *attr*

ob·ser·vant·ly [əbˈzɜːvəntli] *adv* (*approv*) aufmerksam

ob·ser·va·tion [ˌɒbzəˈveɪʃən] *n* ❶ *no pl* (*watching closely*) Beobachtung *f*; *by police* Überwachung *f* ❷ *no pl* (*noticing things*) Beobachtung *f* ❸ (*form: thought*) Überlegung *f* ❹ (*remark*) Bemerkung *f* (**about** über)

ob·serˈvation car *n*, BRIT *also* **ob·serˈvation coach** *n* Aussichtswagen *m* **ob·serˈvation post** *n* Beobachtungsposten *m* **ob·serˈvation tow·er** *n* Aussichtsturm *m*

ob·ser·va·tory [əbˈzɜːvətri] *n* Observatorium *nt*

ob·serve [əbˈzɜːv] **I.** *vt* ❶ (*watch closely*) beobachten; *by police* überwachen ❷ (*form: notice*) bemerken; ▪ **to ~ that ...** feststellen, dass ... ❸ (*form: remark*) bemerken ❹ (*form: obey*) *ceasefire, neutrality* einhalten; *law, order* befolgen; **to ~ a rule/speed limit** sich an eine Regel/Geschwindigkeitsbegrenzung halten ❺ (*maintain*) **to ~ silence** Stillschweigen bewahren ❻ (*celebrate*) feiern; **to ~ the Sabbath** den Sabbat einhalten **II.** *vi* zusehen; ▪ **to ~ how ...** beobachten, wie ...

ob·serv·er [əbˈzɜːvər] *n* (*person who observes without participating*) Beobachter(in) *m(f)*; (*spectator*) Zuschauer(in) *m(f)*

ob·sess [əbˈses] *vt* verfolgen; **to be ~ed with sth/sb** von etw/jdm besessen sein

ob·ses·sion [əbˈseʃən] *n* ❶ (*preoccupation*) Manie *f*, Besessenheit *f*; **with cleanliness** Sauberkeitsfimmel *m fam;* **to have an ~ with sth** von etw *dat* besessen sein ❷ PSYCH (*distressing idea*) Zwangsvorstellung *f*

ob·ses·sive [əbˈsesɪv] **I.** *adj* zwanghaft;

~ behaviour Zwangsverhalten *nt;* **~ compulsive disorder (OCD)** Zwangsneurose *f;* ■ **to be ~ about sth** von etw *dat* besessen sein II. *n* Besessene(r) *f(m)*

ob·so·les·cence [ˌɒbsəˈlesᵊn(t)s] *n no pl* Veralten *nt; law* Überalterung *f;* **to fall into ~** veralten

ob·so·les·cent [ˌɒbsəˈlesᵊnt] *adj* ■ **to be ~** außer Gebrauch kommen

ob·so·lete [ˈɒbsᵊliːt] *adj* veraltet; *design* altmodisch; *law* nicht mehr gültig; *method* überholt; **record players are becoming ~** Schallplattenspieler kommen außer Gebrauch

ob·stacle [ˈɒbstəkl̩] *n* Hindernis *nt*

ˈob·sta·cle race *n* Hindernisrennen *nt*

ob·ste·tri·cian [ˌɒbstəˈtrɪʃᵊn] *n* Geburtshelfer(in) *m(f)*

ob·stet·rics [ɒbˈstetrɪks] *n no pl* Geburtshilfe *f,* Obstetrik *f fachspr*

ob·sti·na·cy [ˈɒbstɪnəsi] *n no pl* Hartnäckigkeit *f*

ob·sti·nate [ˈɒbstɪnət] *adj* hartnäckig; *person* eigensinnig; *refusal* stur; *resistance* erbittert

ob·sti·nate·ly [ˈɒbstɪnətli] *adv* hartnäckig; **why do you always have to behave so ~?** warum musst du immer so stur sein?

ob·strep·er·ous [əbˈstrepᵊrəs] *adj* (*form*) aufmüpfig *fam; child* aufsässig; *customer* schwierig

ob·struct [əbˈstrʌkt] *vt* ❶ (*block*) blockieren; **to ~ sb's airways** jds Atemwege *pl* verstopfen; *path* versperren; *pipe* verstopfen; *progress* behindern; *reform* im Wege stehen; ■ **to ~ sb from doing sth** jdn daran hindern, etw zu tun ❷ (*interfere with*) **to ~ the course of justice** die Rechtsfindung behindern ❸ SPORTS **to ~ sb** jdn sperren

ob·struc·tion [əbˈstrʌkʃᵊn] *n* ❶ (*blockage*) Blockierung *f; pipes* Verstopfung *f; traffic* [Verkehrs]stau *m;* MED Verstopfung *f;* **to cause an ~** *traffic* den Verkehr behindern ❷ LAW Behinderung *f;* **~ of justice** Behinderung *f* der Rechtspflege ❸ SPORTS Sperre *f*

ob·struc·tive [əbˈstrʌktɪv] *adj* (*pej*) hinderlich; **~ tactics** Verschleppungstaktik *f;* ■ **to be ~ thing** hinderlich sein; *person* sich querstellen *fam*

ob·tain [əbˈteɪn] (*form*) I. *vt* ■ **to ~ sth [from sb]** (*to be given*) etw [von jdm] bekommen; (*to go and get*) sich *dat* etw [von jdm] verschaffen; **iron is ~ed from iron ore** Eisen wird aus Eisenerz gewonnen; **to ~ information** sich *dat* Informationen verschaffen; *permission* erhalten; **impossible to ~** nicht erhältlich II. *vi conditions* herrschen; *rules* gelten

ob·tain·able [əbˈteɪnəbl̩] *adj* erhältlich

ob·trude [əbˈtruːd] *vi* (*form*) ❶ (*be obtrusive*) sich aufdrängen ❷ (*project*) hervortreten

ob·tru·sive [əbˈtruːsɪv] *adj* ❶ (*conspicuous*) zu auffällig ❷ (*importunate*) aufdringlich; *question* indiskret; *smell* penetrant

ob·tru·sive·ness [əbˈtruːsɪvnəs] *n no pl* Aufdringlichkeit *f*

ob·tuse [əbˈtjuːs] *adj* ❶ MATH (*angle*) stumpf ❷ (*form*) *person* begriffsstutzig; *remark, behaviour* dumm

ob·vi·ate [ˈɒbvieɪt] *vt* (*form*) vermeiden

ob·vi·ous [ˈɒbviəs] I. *adj* offensichtlich; *comparison, objection, solution* naheliegend; *displeasure* deutlich; *distress* sichtlich; *hints* eindeutig; *lie* offenkundig; **it was the ~ thing to do** es war das Naheliegendste; **for ~ reasons** aus ersichtlichen Gründen; **to make sth ~** etw deutlich werden lassen; ■ **to be ~ [that]** ... offenkundig sein, dass ...; **it's quite ~ that ...** man merkt sofort, dass ... II. *n* ■ **the ~** das Offensichtliche; **to state the ~** etw längst Bekanntes sagen

ob·vi·ous·ly [ˈɒbviəsli] *adv* offensichtlich; **he was ~ very upset** er war sichtlich sehr aufgebracht; **they're ~ American** sie sind eindeutig Amerikaner; **this camera is ~ defective** diese Kamera ist offenbar defekt

oc·ca·sion [əˈkeɪʒᵊn] I. *n* ❶ (*particular time*) Gelegenheit *f,* Anlass *m;* (*appropriate time*) [passende] Gelegenheit *f;* (*event*) Ereignis *nt;* **on this particular ~** dieses eine Mal; **on another ~** ein anderes Mal; **on one ~** einmal; **on several ~s** mehrmals; **on ~** gelegentlich ❷ (*reason*) Grund *m;* **should the ~ arise** sollte es nötig sein ❸ (*opportunity*) Gelegenheit *f;* **to take the ~ to do sth** eine Gelegenheit ergreifen, etw zu tun II. *vt* (*form*) hervorrufen

oc·ca·sion·al [əˈkeɪʒᵊnəl] *adj* gelegentlich

oc·ca·sion·al·ly [əˈkeɪʒᵊnəli] *adv* gelegentlich; **to hear from sb ~** hin und wieder [etw] von jdm hören; **to see sb ~** jdn ab und zu treffen

ocˈca·sion·al ta·ble *n* Beistelltisch *m*

Oc·ci·dent [ˈɒksɪdᵊnt] *n no pl* ■ **the ~** das Abendland

oc·ci·den·tal [ˌɒksɪˈdentᵊl] *adj* abendländisch

oc·cult [ˈɒkʌlt, əˈkʌlt] I. *n no pl* ■ **the ~** das Okkulte II. *adj* okkult; *book* okkultistisch; *powers* übersinnlich; **~ group** Geheimbund *m*

oc·cult·ism [ˈɒkʌltɪzᵊm] *n no pl* Okkultismus *m*

oc·cu·pan·cy [ˈɒkjəpən(t)si] *n no pl* (*form*) Bewohnen *nt*; *of hotel rooms* Belegung *f*

ˈoc·cu·pan·cy rate *n* Belegrate *f*

oc·cu·pant [ˈɒkjəpənt] *n* (*form*) ❶ (*tenant*) Bewohner(in) *m(f)*; (*passenger*) Insasse(in) *m(f)* ❷ (*title holder*) Inhaber(in) *m(f)*

oc·cu·pa·tion [ˌɒkjəˈpeɪʃᵊn] *n* ❶ (*form: profession*) Beruf *m* ❷ (*form: pastime*) Beschäftigung *f* ❸ *no pl* MIL Besetzung *f*; *of a country also* Okkupation *f geh*

oc·cu·pa·tion·al [ˌɒkjəˈpeɪʃᵊnᵊl] *adj* Berufs-, beruflich

oc·cu·pa·tion·al dis·ˈease *n* Berufskrankheit *f* **oc·cu·pa·tion·al ˈhaz·ard** *n* Berufsrisiko *nt* **oc·cu·pa·tion·al ˈpen·sion scheme** *n* betriebliche Altersversorgung **oc·cu·pa·tion·al ˈthera·py** *n* Beschäftigungstherapie *f*

oc·cu·pied [ˈɒkjəpaɪd] *adj* ❶ (*foreign-controlled*) besetzt; ~ **territory** besetztes Gebiet ❷ (*taken*) besetzt; **the bathroom's ~** das Badezimmer ist besetzt; **are those seats ~?** sind die Sitzplätze dort schon belegt? ❸ (*preoccupied*) beschäftigt; **to keep sb ~** jdn beschäftigen

oc·cu·pi·er [ˈɒkjəpaɪə^r] *n* ❶ (*tenant*) Bewohner(in) *m(f)* ❷ (*conquerer*) Besatzer(in) *m(f)*

oc·cu·py <-ie-> [ˈɒkjəpaɪ] *vt usu passive* ❶ (*fill*) ausfüllen; *position* bekleiden; *throne* innehaben; **to ~ a niche in the market** eine Marktlücke füllen; **to ~ a post** einen Posten haben ❷ (*live in*) bewohnen; *room* belegen; **to ~ a small space** (*form*) wenig Platz einnehmen ❸ (*preoccupy*) **to ~ sb's time** jds Zeit *f* in Anspruch nehmen; ■ **to ~ oneself** sich beschäftigen ❹ (*take control of*) besetzen; **~ing forces** Besatzungstruppen *pl*

oc·cur <-rr-> [əˈkɜː^r] *vi* ❶ (*take place*) geschehen; *accident* sich ereignen; *change* stattfinden; *symptom* auftreten; **that ~s very rarely** das kommt sehr selten vor; **an opportunity like that seldom ~s** eine Gelegenheit wie diese ergibt sich nicht oft ❷ (*exist*) vorkommen ❸ (*come to mind*) ■ **to ~ to sb** jdm einfallen; ■ **to ~ to sb that ...** jdm in den Sinn kommen, dass ...

oc·cur·rence [əˈkʌrᵊn(t)s] *n* ❶ (*event*) Vorfall *m*, Vorkommnis *nt*, Ereignis *nt* ❷ *no pl* (*incidence*) Vorkommen *nt*; *of disease* Auftreten *nt*

ocean [ˈəʊʃᵊn] *n* Meer *nt*; **Indian ~** Indischer Ozean

ˈocean·go·ing *adj* hochseetauglich

Oceania [ˌəʊʃiˈɑːniə] *n no pl* Ozeanien *nt*

ocean·ic [ˌəʊʃiˈænɪk] *adj* Meeres-; **~ voyage** Seereise *f*

ocean ˈlin·er *n* Ozeandampfer *m*

ocean·og·ra·phy [ˌəʊʃᵊnˈɒgrəfi] *n no pl* Ozeanographie *f*

oc·elot [ˈɒsᵊlɒt, ˈəʊ-] *n* Ozelot *m*

ocher *n* AM *see* **ochre**

ochre [ˈəʊkə^r] *n no pl* Ocker *m o nt*

o'clock [əˈklɒk] *adv* **it's two ~** es ist zwei Uhr

OCR [ˌəʊsiːˈɑː^r] *n no pl abbrev of* **optical character recognition** OCR

oc·ta·gon [ˈɒktəgən] *n* Achteck *nt*

oc·tago·nal [ɒkˈtægᵊnᵊl] *adj* achteckig

oc·tane [ˈɒkteɪn] *n* (*chemical*) Oktan *nt*; (*number*) Oktanzahl *f*

oc·tave [ˈɒktɪv] *n* Oktave *f*

oc·tet [ɒkˈtet] *n* MUS ❶ + *sing/pl vb* (*group of eight*) Oktett *nt* ❷ (*composition for eight*) Oktett *nt*

Oc·to·ber [ɒkˈtəʊbə^r] *n* Oktober *m*; *see also* **February**

oc·to·genar·ian [ˌɒktə(ʊ)dʒəˈneəriən] *n* Achtzigjährige(r) *f(m)*

oc·to·pus <*pl* -es *or* -pi> [ˈɒktəpəs, *pl* -pəsɪz, -paɪ] *n* Tintenfisch *m*; (*large*) Krake *f*

OD [ˌəʊˈdiː] (*sl*) *abbrev of* **overdose** I. *vi* ■ **to ~ on sth** eine Überdosis einer S. *gen* nehmen II. *n. esp* AM Überdosis *f*

odd [ɒd] I. *adj* ❶ (*strange*) merkwürdig, seltsam; *person, thing also* eigenartig; **the ~ thing about it is that ...** das Komische daran ist, dass ... ❷ *attr shoes, socks* einzeln; **guess which number of the following sequence is the ~ one out** rate mal, welche der folgenden Zahlen nicht dazugehört; **she was always the ~ one out at school** sie war immer eine Außenseiterin in der Schule ❸ MATH ungerade ❹ *attr* (*occasional*) gelegentlich, Gelegenheits-; **she does the ~ teaching job but nothing permanent** sie unterrichtet gelegentlich, hat aber keinen festen Job; **to score the ~ goal** hin und wieder einen Treffer landen; **~ visitor** vereinzelter Besucher/vereinzelte Besucherin II. *n* ■ **~s** *pl* (*probability*) ■ **the ~s are ...** es ist sehr wahrscheinlich, dass ...; **what are the ~s on him being late again?** wie stehen die Chancen, dass er wieder zu spät kommt?; **to give long ~s on/against sth** etw *dat* große/sehr geringe Chancen einräumen

▶ ~s and **ends** Krimskrams *m kein pl;* **against all** [the] ~s entgegen allen Erwartungen; **to be at** ~s **with sb** mit jdm uneins sein; **to be at** ~s **with sth** mit etw *dat* nicht übereinstimmen

odd·ball ['ɒdbɔːl] *(fam)* **I.** *n* Verrückte(r) *f(m);* **his eldest sister is something of an** ~ seine älteste Schwester ist etwas merkwürdig **II.** *adj attr* verrückt

odd·ity ['ɒdɪti] *n* ❶ *(strange person)* komischer Kauz *fam* ❷ *(strange thing)* Kuriosität *f*

odd-'job·ber *n,* **odd-'job man** *n* Gelegenheitsarbeiter(in) *m(f)*

odd·ly ['ɒdli] *adv* seltsam; ~ **enough** merkwürdigerweise

odd·ment ['ɒdmənt] *n usu pl* Rest[posten] *m*

odd·ness ['ɒdnəs] *n no pl* Merkwürdigkeit *f,* Seltsamkeit *f*

odds-'on *adj* sehr wahrscheinlich; **the ~ favourite** der aussichtsreichste Favorit/die aussichtsreichste Favoritin

ode [əʊd] *n* Ode *f* (**to** an)

odi·ous ['əʊdiːəs] *adj (form) crime* abscheulich; *person* abstoßend

odom·eter [əʊ'dɒmɪtə^r] *n* Kilometerzähler *m*

odor *n* AM *see* **odour**

odor·less *adj* AM *see* **odourless**

odour ['əʊdə^r] *n* ❶ *(certain smell)* Geruch *m;* **sweet** ~ Duft *m* ❷ *no pl (smells in general)* Gerüche *pl*

odour·less ['əʊdələs] *adj (form)* geruchlos

od·ys·sey ['ɒdɪsi] *n usu sing (liter)* Odyssee *f a. fig*

OECD [ˌəʊiːsiː'diː] *n abbrev of* **Organization for Economic Cooperation and Development** OECD *f*

oecu·meni·cal *adj* BRIT *see* **ecumenical**

oesopha·gus <*pl* -agi *or* -es> [iː'sɒfəgəs] *n* Speiseröhre *f*

oes·tro·gen ['iːstrə(ʊ)dʒ^ən] *n no pl* Östrogen *nt*

of [ɒv, əv] *prep* ❶ *after n (belonging to)* von +*dat;* **the language ~ this country** die Sprache dieses Landes; **the cause ~ the disease** die Krankheitsursache; **the colour ~ her hair** ihre Haarfarbe; **the government ~ India** die indische Regierung; **a friend ~ mine** ein Freund von mir; **the smell ~ roses** der Rosenduft ❷ *after n (expressing relationship)* von +*dat;* **an admirer ~ Picasso** ein Bewunderer Picassos ❸ *after n (expressing a whole's part)* von +*dat;* **five ~ her seven kids are boys** fünf ihrer sieben Kinder sind Jungen; **there were ten ~ us on the trip** wir waren auf der Reise zu zehnt; **I don't want to hear any more ~ that!** ich will nichts mehr davon hören!; **best ~ all, I liked the green one** am besten gefiel mir der grüne; **a third ~ the people** ein Drittel der Leute; **the days ~ the week** die Wochentage; **all ~ us** wir alle; **both ~ us** wir beide; **most ~ them** die meisten von ihnen; **one ~ the cleverest** eine(r) der Schlauesten ❹ *after n (expressing quantities)* **a bunch ~ parsley** ein Bund Petersilie *nt;* **a clove ~ garlic** eine Knoblauchzehe; **a cup ~ tea** eine Tasse Tee; **a drop ~ rain** ein Regentropfen; **a kilo ~ apples** ein Kilo Äpfel *nt;* **a litre ~ water** ein Liter Wasser *m;* **a lot ~ money** eine Menge Geld; **a piece ~ cake** ein Stück Kuchen ❺ *after vb, n (consisting of)* aus +*dat* ❻ *after n (containing)* mit +*dat* ❼ *after adj (done by)* von +*dat;* **that was stupid ~ me** das war dumm von mir ❽ *after n (done to)* **the massacre ~ hundreds ~ people** das Massaker an Hunderten von Menschen; **the destruction ~ the rain forest** die Zerstörung des Regenwalds ❾ *after n (suffered by)* von +*dat* ❿ *(expressing cause)* **to die ~ sth** an etw *dat* sterben ⓫ *(expressing origin)* **the works ~ Shakespeare** die Werke Shakespeares ⓬ *after vb (concerning)* **he was accused ~ fraud** er wurde wegen Betrugs angeklagt; **let's not speak ~ this matter** lass uns nicht über die Sache reden; **speaking ~ sb/sth, ...** wo wir gerade von jdm/etw sprechen, ...; *(after adj)* **she's often unsure ~ herself** sie ist sich ihrer selbst oft nicht sicher; **I am certain ~ that** ich bin mir dessen sicher; **to be afraid ~ sb/sth** vor jdm/etw Angst haben; **to be fond ~ swimming** gerne schwimmen; **to be jealous ~ sb** auf jdn eifersüchtig sein; **to be sick ~ sth** etw satthaben; *(after n)* **it's a problem ~ space** das ist ein Raumproblem; **the memories ~ her school years** die Erinnerungen an ihre Schuljahre; **to be in search ~ sb/sth** auf der Suche nach jdm/etw sein; **thoughts ~ revenge** Rachegedanken *pl;* **what ~ it?** na und? ⓭ *after n (expressing condition)* **to be on the point ~ doing sth** kurz davor sein, etw zu tun ⓮ *after n (expressing position)* von +*dat;* **in the back ~ the car** hinten im Auto; **on the corner ~ the street** an der Straßenecke; **on the left ~ the picture** links auf dem Bild; **a lake north/south ~ the city** ein See im Norden/Süden der

Stadt; **I've never been north ~ Edinburgh** ich war noch nie nördlich von Edinburgh ⓰ *after n (with respect to scale)* von +dat ⓰ *(expressing age)* von +dat; **he's a man ~ about 50** er ist um die 50 Jahre alt ⓱ *after n (denoting example of category)* **I hate this kind ~ party** ich hasse diese Art von Party ⓲ *after n (typical of)* **she has the face ~ an angel** sie hat ein Gesicht wie ein Engel; **the grace ~ a dancer** die Anmut einer Tänzerin ⓳ *after n (expressing characteristic)* **I want a few minutes ~ quiet!** ich will ein paar Minuten Ruhe! ⓴ *after n (away from)* von +dat; **she came within two seconds ~ beating the world record** sie hat den Weltrekord nur um zwei Sekunden verfehlt ㉑ *after n (in time phrases)* **I got married back in June ~ 1957** ich habe im Juni 1957 geheiratet; **the eleventh ~ March** der elfte März; **the first ~ the month** der erste [Tag] des Monats ㉒ *after vb (expressing removal)* **they were robbed ~ all their savings** ihnen wurden alle Ersparnisse geraubt; **his mother had deprived him ~ love** seine Mutter hat ihm ihre Liebe vorenthalten; **to get rid ~ sb** jdn loswerden; *after adj;* **free ~ charge** kostenlos ㉓ AM *(to)* vor; **it's quarter ~ five** es ist viertel vor fünf ▸ **~ all** gerade; **today ~ all days** ausgerechnet heute; **this work is ~ great interest and value** diese Arbeit ist sehr wichtig und wertvoll; **to be ~ the opinion that** glauben, [dass]

off [ɒf] **I.** *prep* ❶ *(indicating removal)* von +dat; **keep your dog ~ my property!** halten Sie Ihren Hund von meinem Grundstück fern!; **that cherry stain won't come ~ the shirt** dieser Kirschfleck geht nicht aus dem Hemd heraus; **he cut a piece ~ the cheese** er schnitt ein Stück Käse ab; **to be ~ the air** RADIO, TV nicht mehr senden ❷ *after vb (moving down)* hinunter [von]; *(towards sb)* herunter [von]; **they jumped ~ the cliff** sie sprangen von der Klippe; **the coat slipped ~ his arms** der Mantel rutschte von seinen Armen ❸ *after vb (moving away)* [weg] von; **let's get ~ the bus at the next stop** lass uns bei der nächsten Bushaltestelle aussteigen ❹ *(away from)* weg von; **they live just ~ the main street** sie wohnen gleich an der Hauptstraße; **he managed to stay ~ alcohol** er schaffte es, keinen Alkohol mehr anzurühren; **~ the point** nicht relevant; **~ the record** nicht für die Öffentlichkeit bestimmt; **~ the subject** nicht zum Thema gehörend; **a long way ~ doing sth** weit davon entfernt, etw zu tun; **far ~** weit entfernt ❺ *(at sea)* vor; **two miles ~ Portsmouth** zwei Meilen vor Portsmouth ❻ *(absent from)* **he's been ~ work for over six months** er war seit sechs Monaten nicht mehr bei der Arbeit ❼ *(fam: stop liking)* **to be ~ one's food** keinen Appetit haben; **to go ~ sb/sth** jdn/etw nicht mehr mögen ❽ *(not taking)* ▪ **to be ~ sth** etw nicht mehr einnehmen müssen ❾ *(subsisting)* **they live ~ a small inheritance** sie leben von einer kleinen Erbschaft ❿ *(from source)* **the girl bought the boy's old bike ~ him** das Mädchen kaufte dem Jungen sein altes Rad ab; **to get sth ~ sb** *(fam)* etw von jdm bekommen ⓫ *after n (minus)* weniger; **I'll take $10 ~ the price of the jeans for you** ich lasse Ihnen für die Jeans 10 Dollar vom Preis nach ▸ **~ the top of one's head** aus dem Stegreif; **~ the wall** ausgeflippt **II.** *adv* ❶ *(not on)* aus; **to switch/turn sth ~** etw ausschalten ❷ *(away)* weg-; **someone's run ~ with my pen** jemand hat mir meinen Stift geklaut *fam;* **I didn't get ~ to a very good start this morning** der Tag hat für mich nicht gut angefangen; **I'm ~ now — see you tomorrow** ich gehe jetzt – wir sehen uns morgen; **she's ~ to Canada next week** sie fährt nächste Woche nach Kanada; **to see sb ~** jdn verabschieden ❸ *(removed)* ab-; **I'll take my jacket ~** ich ziehe meine Jacke aus; **one of my buttons has come ~** einer meiner Knöpfe ist abgegangen ❹ *(completely)* **between us we managed to finish ~ four bottles of wine** *(fam)* zusammen schafften wir es, vier Flaschen Wein zu leeren; **to burn ~ ○ sth** etw verbrennen; **to kill ~ ○ sth** etw vernichten; **to pay ~ ○ sth** etw abbezahlen ❺ *(in bad shape)* schlecht; **to go ~** sich verschlechtern; *food* schlecht werden ❻ *(distant in time)* entfernt; **your birthday is only one week ~** dein Geburtstag ist schon in einer Woche; **to be far ~** weit weg sein ❼ *(stopped)* abgesagt; **to call sth ~** etw absagen ❽ *(discounted)* reduziert; **there's 40% ~ this week on all winter coats** diese Woche gibt es einen Preisnachlass von 40 % auf alle Wintermäntel; **to get money ~** Rabatt bekommen ❾ *(separated)* **to shut ~ streets** Straßen sperren; **to fence sth ~** etw abzäunen ❿ *(expressing riddance)* **we went out to walk ~ some of our dinner** wir gingen raus, um einen Verdauungsspaziergang zu machen; **to laugh sth ~** etw mit einem Lachen abtun III. *adj* ❶ *(not working)* außer Betrieb; *(switched off)* aus[geschaltet]; *tap* zugedreht; *heating* abgestellt ❷ *pred* FOOD *(bad)* verdorben; *milk* sauer ❸ *(not at work)* ■**to be ~** freihaben; **to have/take some time ~** einige Zeit freibekommen/ freinehmen ❹ *pred (fam: in bad shape)* schlecht; **I'm having an ~ day today** ich habe heute einen schlechten Tag ❺ *(provided for)* **sb is badly/well ~** jdm geht es [finanziell] schlecht/gut ❻ *pred* FOOD *(no longer on the menu)* aus[gegangen] ❼ *pred esp* BRIT *(fam: rude)* behaviour daneben IV. *n no pl* **to be ready for the ~** bereit zum Gehen sein V. *vt* AM *(sl)* ■**to ~ sb** jdn umlegen

of·fal ['ɒfəl] *n no pl* Innereien *pl*

'**off·beat** *adj* unkonventionell; *music* synkopisch; *sense of humour* ausgefallen; *taste* extravagant **off-'cen·tre** *adj*, AM **off-'cen·ter** *adj* nicht in der Mitte *präd* '**off-chance** *n* ■**on the ~** auf gut Glück **off-'col·our** *adj*, AM **off-'col·or** *adj* ❶ *(somewhat sick)* unpässlich ❷ *(somewhat obscene)* schlüpfrig '**off-day** *n* schlechter Tag **off-'duty** *adj* ■**to be ~** dienstfrei haben; **an ~ police officer** ein Polizist *m* außer Dienst

of·fence [əˈfen(t)s] *n* ❶ LAW *(crime)* Straftat *f*; **serious ~** schweres Vergehen; **to convict sb of an ~** jdn einer Straftat für schuldig erklären ❷ *no pl (upset feelings)* Beleidigung *f*; **no ~ intended** nimm es mir nicht übel; **to cause ~** Anstoß erregen; **to cause ~ to sb** *(hurt)* jdn kränken; *(insult)* jdn beleidigen; **to take ~ at sth** wegen einer S. *gen* gekränkt/beleidigt sein, etw krummnehmen *fam* ❸ AM SPORTS *(attack)* Angriff *m*

of·fend [əˈfend] I. *vi* ❶ *(commit a criminal act)* eine Straftat begehen ❷ *(form: infringe)* verstoßen (**against** gegen) II. *vt (insult)* beleidigen; *(hurt)* kränken; **I hope your sister won't be ~ed if ...** ich hoffe, deine Schwester nimmt es mir nicht übel, wenn ...; **to be easily ~ed** schnell beleidigt sein

of·fend·er [əˈfendər] *n* [Straf]täter(in) *m(f)*

of·fense *n esp* AM *see* **offence**

of·fen·sive [əˈfen(t)sɪv] I. *adj* ❶ *(causing offence)* anstößig; *joke* anzüglich; *remark* unverschämt; **~ language** Anstoß erregende Ausdrucksweise ❷ *smell* übel ❸ *(attack)* Angriffs- II. *n* MIL Angriff *m*; **to go on the ~** in die Offensive gehen; **to launch an ~** eine Offensive starten

of·fen·sive·ly [əˈfen(t)sɪvli] *adv* beleidigend, kränkend; **to act ~** unverschämt sein; **to speak ~** sich beleidigend ausdrücken

of·fen·sive 'weap·on *n* Offensivwaffe *f*

of·fer ['ɒfər] I. *n* ❶ *(proposal)* Angebot *nt* ❷ ECON Angebot *nt*; **the house is under ~** BRIT man hat ein Angebot für das Haus unterbreitet; **to make an ~ for sth** ein Gebot für etw *akk* abgeben; **to be on [special] ~** BRIT, AUS im Angebot sein II. *vt* ❶ *(present for acceptance)* anbieten ❷ *(put forward)* vorbringen; *congratulations* aussprechen; *explanation* abgeben; *information* geben; *suggestion* unterbreiten ❸ *(provide)* bieten; *proof* erbringen; *resistance* leisten; **to ~ an incentive** einen Anreiz geben ❹ *(bid)* bieten III. *vi* sich bereit erklären

of·fer·ing ['ɒfərɪŋ] *n usu pl* Spende *f*; **sacrificial ~** Opfergabe *f*

off-'hand I. *adj* ❶ *(uninterested)* gleichgültig ❷ *(informal)* lässig; **~ remark** nebenbei fallen gelassene Bemerkung II. *adv* ohne weiteres, aus dem Stand

of·fice ['ɒfɪs] *n* ❶ *(room)* Büro *nt*; *(firm)* Geschäftsstelle *f*; *of lawyer* Kanzlei *f* ❷ BRIT POL *(government department)* **Foreign/ Home O~** Außen-/Innenministerium *nt* ❸ POL *(authoritative position)* Amt *nt*; **to be in ~** an der Macht sein; **to come into ~** sein Amt antreten

of·fice auto·ma·tion *n* COMPUT Büroautomatisierung *f* '**of·fice block** *n* BRIT, AUS Bürogebäude *nt* '**of·fice boy** *n* Laufbursche *m* '**of·fice build·ing** *n* Bürohaus *nt*, Bürogebäude *nt* '**of·fice equip·ment** *n no pl* Büroeinrichtung *f* '**of·fice hours** *npl* Geschäftszeit[en] *f[pl]*

of·fic·er ['ɒfɪsər] *n* ❶ MIL Offizier(in) *m(f)* ❷ *(authoritative person)* Beamte(r) *m*, Beamte [o -in] *f*; **~!** Herr Wachtmeister!; **personnel ~** Personalreferent(in) *m(f)*; **[police] ~** Polizeibeamte(r) *f(m)*, Polizist(in) *m(f)*

'**of·fice staff** *n* + *sing/pl vb* Büropersonal *nt* '**of·fice sup·plies** *npl* Bürobedarf *m kein pl* '**of·fice work·er** *n* Büroangestellte(r) *f(m)*

of·fi·cial [əˈfɪʃəl] I. *n* ❶ *(holding public office)* Amtsperson *f*, Beamte(r) *m*, Beamte [o -in] *f* ❷ *(responsible person)* Funktionsträger(in) *m(f)*; **trade-union ~** Gewerkschaftsfunktionär(in) *m(f)* ❸ *(referee)* Schiedsrichter(in) *m(f)* II. *adj* ❶ *(relating to an office)* offiziell, amtlich; *(on business)* dienstlich; **~ residence** Amtssitz *m*

❷ (*authorized*) offiziell; *inquiry, record* amtlich; *publication, transcript* autorisiert *geh; strike* regulär ❸ (*officially announced*) amtlich bestätigt

of·fi·cial·dom [əˈfɪʃ°ldəm] *n* ❶ *no pl* (*pej: bureaucracy*) Bürokratie *f* ❷ + *sing/pl vb* (*officials collectively*) Beamtentum *nt*

of·fi·cial·ese *n no pl* Beamtensprache *f oft pej*

of·fi·cial·ly [əˈfɪʃ°li] *adv* offiziell

of·fi·ci·ate [əˈfɪʃieɪt] *vi* (*form*) amtieren (**at** bei); **to ~ at a match** SPORTS ein Spiel pfeifen; **to ~ at a wedding** eine Trauung vornehmen

of·fi·cious [əˈfɪʃəs] *adj* (*pej*) ❶ (*bossy*) schikanierend ❷ (*interfering*) aufdringlich

of·fing [ˈɒfɪŋ] *n no pl* ▪ **to be in the ~** bevorstehen

off ˈkey I. *adv* falsch **II.** *adj* ❶ (*out of tune*) verstimmt ❷ (*fig: inopportune*) unangebracht

ˈoff-li·cence *n* BRIT Wein- und Spirituosengeschäft *nt* **off-ˈlim·its** *adj pred* ▪ **to be ~ to sb** für jdn tabu sein **off-ˈline** *adj* offline **offˈload** *vt* ❶ (*unload*) ausladen ❷ (*get rid of*) loswerden *fam;* **to ~ the blame/ responsibility [onto sb]** die Schuld/Verantwortung [auf jdn] abladen ❸ COMPUT *Daten* umladen **off-ˈpeak I.** *adj* ❶ *telephone call* außerhalb der Hauptsprechzeiten *nach n* ❷ *electricity supply* Schwachlastzeit- ❸ TOURIST ~ **prices/ travel** Preise *pl*/Reise *f* außerhalb der Hauptreisezeit **II.** *adv* ❶ (*of telephone call*) außerhalb der Hauptsprechzeiten ❷ TOURIST **to travel ~** außerhalb der Hauptsaison verreisen **off-ˈpiste** *adj, adv esp* BRIT abseits der Skipiste **off-ˈput·ting** *adj* abschreckend; *appearance, manner* abstoßend; *experience* schrecklich; (*unpleasant*) unangenehm; *smell* ek[e]lig **ˈoff-sales** *npl* BRIT Verkauf *m* von Alkohol zum Mitnehmen **ˈoff sea·son** *n* ▪ **the ~** die Nebensaison

off·set[1] <-set, -set> [ˌɒfˈset] *vt usu passive* ▪ **to be ~ by sth** durch etw *akk* ausgeglichen werden

off·set[2] [ˈɒfset] **I.** *vt* <-set, -set> ❶ FIN ausgleichen; **to ~ sth against tax** AUS, BRIT etw von der Steuer absetzen ❷ (*print*) im Offsetverfahren drucken **II.** *n* ❶ HORT Ableger *m* ❷ GEOG Ausläufer *m*

offˈshore I. *adj* ❶ (*at sea*) küstennah ❷ (*of wind, current*) ablandig ❸ FIN Auslands-

---

offering and responding

asking people what they want, offering something	*nach Wünschen fragen, etwas anbieten*
Would you like anything?	*Haben Sie irgendeinen Wunsch?*
Can I help you?	*Kann ich Ihnen helfen?*
What'll it be? *(fam)*	*Was darf's sein?*
What would you like?/do you fancy? *(fam)*	*Was hättest du denn gern?*
What would you like to eat/drink?	*Was möchtest/magst du essen/trinken?*
How about a cup of coffee?	*Wie wär's mit einer Tasse Kaffee?*
May I offer you a glass of wine?	*Darf ich Ihnen ein Glas Wein anbieten?*
You're welcome to use my phone.	*Sie können gern mein Telefon benutzen.*

accepting offers	*Angebote annehmen*
Yes, please.	*Ja, bitte./Ja, gern.*
Thanks, that's kind of you.	*Danke, das ist nett von dir/Ihnen.*
Yes, that would be nice.	*Ja, das wäre nett.*
Oh, that's nice of you!/Oh, how kind of you!	*Oh, das ist aber nett!*

turning down offers	*Angebote ablehnen*
No, thanks.	*Nein, danke.*
But that's not necessary!/You shouldn't have!	*Aber das ist doch nicht nötig!*
I can't (possibly) accept this!	*Das kann ich doch nicht annehmen!*

II. *adv* (*of wind movement*) von der Küste her; **to drop anchor** ~ vor der Küste ankern; **to fish** ~ vor der Küste fischen **off·'side I.** *adj* ❶ SPORTS abseits ❷ *attr esp* BRIT AUTO auf der Fahrerseite *nach n* II. *adv* SPORTS abseits III. *n* SPORTS Abseits *nt* **off·spring** <*pl* -> ['ɒfsprɪŋ] *n* ❶ (*animal young*) Junge(s) *nt* ❷ (*also hum: person's child*) Nachkomme *m* **off·'stage I.** *adj* ❶ (*behind the stage*) hinter der Bühne *nach n* ❷ (*private*) ~ **life** Privatleben *nt* II. *adv* ❶ (*privately*) privat ❷ (*away from the stage*) hinter der Bühne; **to walk** ~ von der Bühne abgehen **off-street 'park·ing** *n no pl* Parken auf Parkplätzen außerhalb des Stadtzentrums **off-the-'cuff** I. *adj* spontan *f* II. *adv* aus dem Stegreif **off-the-job 'train·ing** *n no pl* außerbetriebliche Fortbildung **off-the-'peg** BRIT, AM **off-the-'rack** *adj* Konfektions-, von der Stange *nach n* **off-'white** *n no pl* gebrochenes Weiß

of·ten ['ɒfən] *adv* oft; ■ **it's not** ~ **that ...** es kommt selten vor, dass ...; **as** ~ **as not** meistens; **every so** ~ gelegentlich

ogle ['əʊɡl] I. *vi* gaffen *pej* II. *vt* angaffen *pej*

ogre ['əʊɡə'] *n* Menschenfresser *m*; (*fig fam*) Scheusal *nt pej*

ogress <*pl* -es> ['əʊɡrəs] *n* Menschenfresserin *f*; (*fig fam*) Scheusal *nt pej*

oh[1] *interj* ❶ (*to show surprise, disappointment, pleasure*) oh; ~ **damn!** verdammt! *pej fam*; ~ **dear!** oje!; ~ **well** na ja; ~ **yes?** ach ja? ❷ (*by the way*) ach [übrigens]

oh[2] [əʊ] *n* BRIT (*in phone numbers*) null

OHMS [ˌəʊeɪtʃem'es] BRIT *abbrev of* **On Her/His Majesty's Service** Aufdruck auf amtlichen Briefen

oil [ɔɪl] I. *n* ❶ (*lubricant*) Öl *nt* ❷ *no pl* (*petroleum*) [Erd]öl *nt* ❸ FOOD [Speise]öl *nt* ❹ (*for cosmetic use*) **suntan** ~ Sonnenöl *nt* ❺ *pl* (*oil-based paints*) Ölfarben *pl* II. *vt* ❶ (*treat*) ölen ❷ *usu passive* (*be polluted*) ■ **to be** ~**ed** mit Öl verschmutzt sein

'oil·can *n* Ölkännchen *nt* **'oil change** *n* Ölwechsel *m* **'oil·cloth** *n* Wachstuch *nt* **'oil com·pa·ny** *n* Ölfirma *f* **'oil con·sump·tion** *n no pl* Ölverbrauch *m* **'oil cri·sis** *n* Ölkrise *f* **'oil-ex·port·ing** *adj attr* [Erd]öl exportierend **'oil·field** *n* Ölfeld *nt* **'oil-fired** *adj* ölbeheizt; *central heating* ölbetrieben

oili·ness ['ɔɪlɪnəs] *n no pl* ❶ *of food, hair, skin* Fettigkeit *f* ❷ (*fig: of behaviour*) aalglatte Art *pej*

'oil lamp *n* Öllampe *f* **'oil lev·el** *n* TECH Ölstand *m* **'oil paint·ing** *n* Ölbild *nt* **'oil pipe·line** *n* Ölpipeline *f* **'oil-pro·duc·ing** *adj attr* [Erd]öl produzierend **'oil pro·duc·tion** *n no pl* [Erd]ölförderung *f* **'oil rig** *n* Bohrinsel *f* **'oil sheik** *n* Ölscheich *m* **'oil·skin** *n* ❶ *no pl* (*waterproof cloth*) Öltuch *nt* ❷ (*waterproof clothing*) ■ ~**s** *pl* Ölzeug *nt kein pl* **'oil slick** *n* Ölteppich *m* **'oil tank·er** *n* Öltanker *m* **'oil well** *n* Ölquelle *f*

oily ['ɔɪli] *adj* ❶ (*oil-like*) ölig ❷ FOOD ölig ❸ *hair, skin* fettig ❹ *objects* schmierig ❺ (*fig: obsequious*) schmierig *pej fam*

oint·ment ['ɔɪntmənt] *n* Salbe *f*

OK, okay [ə(ʊ)'keɪ] (*fam*) I. *adj* ❶ *pred* (*acceptable*) okay; **if it's** ~ **with you, ...** wenn es dir recht ist, ... ❷ *pred* (*healthy*) *person* in Ordnung; **are you** ~? **you look a bit pale** geht es dir gut? du siehst etwas blass aus ❸ *pred* (*not outstanding*) ganz gut, nicht schlecht ❹ *pred* (*understanding*) ■ **to be** ~ **about sth** mit etw *dat* einverstanden sein ❺ *pred* (*have no problems with*) **are you** ~ **for money or shall I give you some?** hast du genug Geld oder soll ich dir etwas geben?; **to be** ~ **for work** genug Arbeit haben ❻ (*pleasant*) **to be an** ~ **bloke** ein prima Kerl sein II. *interj* okay; ~ **then** also gut III. *vt* ■ **to** ~ **sth** zu etw *dat* sein Okay geben IV. *n* **to get the** ~ das Okay bekommen; **to give [sth] the** ~ das Okay [zu etw *dat*] geben V. *adv* gut; **I just phoned to make sure that you got there** ~ ich habe nur kurz angerufen, um sicherzugehen, dass du dort gut angekommen bist; **he was doing** ~ **until his mother arrived and interfered** er machte seine Sache gut, bis seine Mutter kam und sich einmischte

okra ['ɒkrə] *n no pl* Okra *f*

old [əʊld] I. *adj* ❶ *person, animal, object* alt ❷ *after n* (*denoting an age*) alt ❸ *attr* (*former*) ehemalig; *job* alt ❹ *attr* (*long known*) altbekannt ❺ *attr* (*fam: expression of affection*) [gute(r)] alte(r); **I hear poor** ~ **Frank's lost his job** ich habe gehört, dem armen Frank wurde gekündigt ❻ *attr* (*fam: any*) **I don't want to eat in just any** ~ **place — I want to go to a romantic restaurant!** ich möchte nicht einfach nur irgendwo essen – ich möchte in ein romantisches Restaurant gehen!; **any** ~ **present/rubbish/thing** irgendein Geschenk/irgendeinen Unsinn/irgendwas; **a load of** ~ **rubbish!** (*pej*) nichts als blanker Unsinn! ▶ **to be as tough as** ~ <u>boots</u> hart im Nehmen sein; **you can't teach an ~ dog new tricks** (*prov*) der Mensch ist ein Gewohnheitstier; **money for ~ rope** leicht verdientes Geld **II.** *n* ▪**the ~** *pl* die Alten *pl*; **young and ~** Jung und Alt **III.** *in compounds* **a twenty-one-year-~** ein Einundzwanzigjähriger/eine Einundzwanzigjährige

old ˈage *n no pl* Alter *nt* **old age ˈpen·sion·er** *n* AUS, BRIT Rentner(in) *m(f)* **old-ˈfash·ioned** *adj* (*esp pej*) altmodisch **old ˈgirl** *n* ❶ (*old woman*) alte Frau ❷ *esp* BRIT (*fam: patronizing address*) altes Mädchen ❸ *esp* BRIT (*fam: affectionate address*) Schätzchen *nt*

oldie [ˈəʊldi] *n* (*fam: older person, song*) Oldie *m fam*

old·ish [ˈəʊldɪʃ] *adj* ältlich

old ˈlady *n* ❶ (*elderly female*) alte Dame ❷ (*fam: one's wife, mother*) ▪**the/sb's ~** die/jds Alte **old ˈman** *n* ❶ (*elderly male*) alter Mann, Greis *m* ❷ (*sl: husband, father*) ▪**the/sb's ~** der Alte/jds Alter *fam* **old ˈmas·ter** *n* alter Meister **old ˈpeo·ple's home** *n* Seniorenheim *nt* **ˈold school I.** ❶ (*approv*) **he's one of the ~** er ist [noch] einer der alten Schule **II.** *adj* der alten Schule *nach n* **old ˈstag·er** *n* ❶ (*old man*) Oldie *m hum fam* ❷ (*long-time worker*) alter Hase *fam*; (*long-time resident*) Alteingesessene(r) *f(m)* **ˈold-style** *adj pred* im alten Stil *nach n* **Old ˈTes·ta·ment** *n* ▪**the ~** das Alte Testament **old-ˈtim·er** *n* (*fam*) ❶ (*old man*) Oldie *m hum fam* ❷ (*long-time worker*) alter Hase *fam*; (*long-time resident*) Alteingesessene(r) *f(m)* **old ˈwives' tale** *n* Ammenmärchen *nt*

olean·der [ˌəʊliˈændər] *n* Oleander *m*

ol·fac·tory [ɒlˈfæktəri] *adj* Geruchs-, olfaktorisch *fachspr*

oli·gar·chy [ˈɒlɪgɑːki] *n* Oligarchie *f*

ol·ive [ˈɒlɪv] *n* ❶ (*fruit*) Olive *f* ❷ (*tree*) Olivenbaum *m* ❸ (*dish*) **beef/veal ~** Kalbs-/ Rindsroulade *f*

ˈol·ive branch *n* ❶ HORT Olivenzweig *m* ❷ (*fig: symbol of peace*) Ölzweig *m* **ˈol·ive grove** *n* Olivenhain *m* **ol·ive ˈoil** *n no pl* Olivenöl *nt*

Olym·pi·ad [əˈʊlɪmpiæd] *n* Olympiade *f*

Olym·pian [əˈ(ʊ)lɪmpiən] **I.** *adj* olympisch **II.** *n* ❶ (*of gods*) Olympier(in) *m(f)* ❷ (*Olympic Games competitor*) Olympionike *m*/Olympionikin *f*

Olym·pic [əˈ(ʊ)lɪmpɪk] *adj attr* olympisch; **~ champion** Olympiasieger(in) *m(f)*; **~ stadium** Olympiastadion *nt*

om·buds·man [ˈɒmbʊdzmən] *n* Ombudsmann *m*

o·me·ga-3 fat·ty acid [ˌəʊmɪgəˈθriː-] *n* Omega-3-Fettsäure *f*

ome·let(te) [ˈɒmlət] *n* Omelett *nt*

omen [ˈəʊmən] *n* Omen *nt*

omi·nous [ˈɒmɪnəs] *adj* unheilvoll

omis·sion [əˈ(ʊ)mɪʃən] *n* Auslassung *f*

omit <-tt-> [əˈ(ʊ)mɪt] **I.** *vt* auslassen; (*ignore*) übergehen **II.** *vi* ▪**to ~ to do sth** es unterlassen, etw *akk* zu tun

om·ni·bus <*pl* **-es**> [ˈɒmnɪbəs] *n* ❶ (*dated form: bus*) Omnibus *m* ❷ (*collection of texts*) Sammelband *m*; (*anthology*) Anthologie *f*; (*on radio, TV*) Zusammenfassung einzelner Wochensendungen in einem Sammelprogramm ▸**the man/ woman on the Clapham ~** der Mann/ die Frau von der Straße

om·nipo·tence [ɒmˈnɪpət(ə)n(t)s] *n no pl* Allmächtigkeit *f*

om·nipo·tent [ɒmˈnɪpətənt] *adj* allmächtig

om·ni·pres·ent [ˌɒmnɪˈprezənt] *adj* ❶ REL allgegenwärtig ❷ (*widespread*) omnipräsent *geh*; (*everywhere*) überall; *noise* ständig

om·nis·ci·ence [ɒmˈnɪsiən(t)s] *n no pl* Allwissenheit *f*

om·ni·sci·ent [ɒmˈnɪsiənt] *adj* allwissend

om·ni·vore [ˈɒmnɪvɔːr] *n* ZOOL Allesfresser *m*

om·ni·vor·ous [ɒmˈnɪvərəs] *adj* ❶ (*eating plants and meat*) alles fressend *attr*; **~ animal** Allesfresser *m* ❷ (*fig: voracious*) unstillbar

on [ɒn] **I.** *prep* ❶ (*on top of*) auf +*dat*; **~ the table** auf dem Tisch ❷ *with verbs of motion* (*onto*) auf +*akk*; **let's hang a picture ~ the wall** lass uns ein Bild an die Wand hängen ❸ (*situated on*) an, auf +*dat*; **they lay ~ the beach** sie lagen am Strand; **~ the left/right** auf der linken/ rechten Seite ❹ (*from*) an +*dat*; **a huge chandelier hung ~ the ceiling** ein großer Kronleuchter hing von der Decke herab ❺ (*clothing*) an +*dat*; **with shoes ~ his feet** mit Schuhen an den Füßen ❻ (*hurt by*) an +*dat*; **she tripped ~ the wire** sie blieb an dem Kabel hängen; **to stumble ~ sth** über etw *akk* stolpern ❼ (*supported by a part of the body*) auf +*dat*; **to lie ~ one's back** auf dem Rücken liegen ❽ (*in possession of*) bei +*dat*; **I thought I had my driver's licence ~ me** ich dachte, ich hätte meinen Führerschein dabei ❾ (*marking surface of*) auf +*dat*; **he had a scratch**

~ **his arm** er hatte einen Kratzer am Arm ⑩ (*about*) über +*akk;* **he needs some advice ~ how to dress** er braucht ein paar Tipps, wie er sich anziehen soll; **he commented ~ the allegations** er nahm Stellung zu den Vorwürfen; **I'll say more ~ that subject later** ich werde später mehr dazu sagen; **they settled ~ a price** sie einigten sich auf einen Preis; **to congratulate sb ~ sth** jdn zu etw *dat* gratulieren; **essays ~ a wide range of issues** Aufsätze zu einer Vielzahl von Themen ⑪ (*based on*) auf +*akk* ... hin; **he reacted ~ a hunch** er reagierte auf eine Ahnung hin; **~ account of** wegen +*gen;* **~ purpose** absichtlich; **to be based ~ sth** auf etw *dat* basieren; **to rely ~ sb** sich auf jdn verlassen ⑫ (*as member of*) in +*dat;* **how many people are ~ your staff?** wie viele Mitarbeiter haben Sie?; **whose side are you ~ in this argument?** auf welcher Seite stehst du in diesem Streit? ⑬ (*against*) auf +*akk;* **don't be so hard ~ him!** sei nicht so streng mit ihm!; **he didn't know it but the joke was ~ him** er wusste nicht, dass es ein Witz über ihn war; **they placed certain restrictions ~ large companies** großen Unternehmen wurden bestimmte Beschränkungen auferlegt; **there is a new ban ~ the drug** die Droge wurde erneut verboten; **to place a limit ~ sth** etw begrenzen; **to force one's will ~ sb** jdm seinen Willen aufzwingen ⑭ (*through device of*) an +*dat;* **he's ~ the phone** er ist am Telefon; **Chris is ~ drums** Chris ist am Schlagzeug ⑮ (*through medium of*) auf +*dat;* **what's ~ TV tonight?** was kommt heute abend im Fernsehen?; **a 10-part series ~ Channel 3** eine zehnteilige Serie im 3. Programm; **to put sth down ~ paper** etw aufschreiben; **to come out ~ video** als Video herauskommen ⑯ (*in the course of*) auf +*dat;* **~ the way to town** auf dem Weg in die Stadt ⑰ (*travelling with*) in, mit +*dat;* **~ foot/horseback** zu Fuß/auf dem Pferd ⑱ (*on day of*) an +*dat;* **what are you doing ~ Friday?** was machst du am Freitag?; **we always go bowling ~ Thursdays** wir gehen donnerstags immer kegeln ⑲ (*at time of*) bei +*dat;* **~ the count of three, start running!** bei drei lauft ihr los!; **trains to London leave ~ the hour every hour** die Züge nach London fahren jeweils zur vollen Stunde; **~ receiving her letter** als ich ihren Brief erhielt; **~ the dot** [auf die Sekunde] pünktlich ⑳ (*engaged in*) bei +*dat;* **we were ~ page 42** wir waren auf Seite 42; **he was out ~ errands** er machte ein paar Besorgungen; **~ business** geschäftlich; **to work ~ sth** an etw *dat* arbeiten ㉑ (*regularly taking*) **my doctor put me ~ antibiotics** mein Arzt setzte mich auf Antibiotika; **he lived ~ berries and roots** er lebte von Beeren und Wurzeln; **to be ~ drugs** unter Drogen stehen; **to be ~ medication** Medikamente einnehmen ㉒ (*paid by*) auf +*dat;* **this meal is ~ me** das Essen bezahle ich; **to buy sth ~ credit/hire purchase** etw auf Kredit/Raten kaufen ㉓ (*sustained by*) mit, von +*dat;* **does this radio run ~ batteries?** läuft dieses Radio mit Batterien?; **I've only got £50 a week to live ~** ich lebe von nur 50 Pfund pro Woche ㉔ (*as payment for*) für +*akk;* **how much interest are you paying ~ the loan?** wie viel Zinsen zahlst du für diesen Kredit? ㉕ (*added to*) zusätzlich zu +*dat* ㉖ (*connected to*) an +*dat;* **dogs should be kept ~ their leads** Hunde sollten an der Leine geführt werden; **to be ~ the phone** AUS, BRIT telefonisch erreichbar sein ㉗ (*according to*) auf +*dat;* **~ the whole** insgesamt ㉘ (*burdening*) auf +*dat;* **it's been ~ my mind** ich muss immer daran denken ㉙ (*experiencing*) **crime is ~ the increase again** die Verbrechen nehmen wieder zu; **he's out ~ a date** er hat gerade eine Verabredung; **to set sth ~ fire** etw anzünden ㉚ (*compared with*) **I can't improve ~ my final offer** dieses Angebot ist mein letztes Wort; **sales are up ~ last year** der Umsatz ist höher als im letzten Jahr ㉛ *after n* (*following*) **the government suffered defeat ~ defeat** die Regierung erlitt eine Niederlage nach der anderen ㉜ AUS, BRIT SPORTS (*having points*) **Clive's team is ~ five points while Joan's is ~ seven** das Team von Clive hat fünf Punkte, das von Joan hat sieben ▶ **to have time ~ one's hands** noch nicht genug Zeit haben; **what are you ~?** (*fam*) bist du nicht bei Sinnen? **II.** *adv* ❶ (*in contact with*) auf; **to screw sth ~** etw anschrauben ❷ (*on body*) an; **get your shoes ~!** zieh dir die Schuhe an!; **to have/try sth ~** etw anhaben/anprobieren; **with nothing ~** nackt ❸ (*indicating continuance*) weiter; **if the phone's engaged, keep ~ trying!** wenn besetzt ist, probier es weiter!; **the noise just went ~ and ~** der Lärm hörte gar nicht mehr auf; **he talked ~ and ~** er redete pausenlos ❹ (*in forward direction*) vorwärts; **would you pass it ~ to Paul?** würdest du es an

Paul weitergeben?; **from that day ~** von diesem Tag an; **what are you doing later ~?** was hast du nachher vor?; **to move ~** (*move forward*) weitergehen; (*transfer to another place*) umziehen; **to urge sb ~** jdn anspornen ❺ (*being shown*) **there's a good film ~ this afternoon** heute Nachmittag kommt ein guter Film ❻ (*scheduled*) geplant; **I've got nothing ~ next week** ich habe nächste Woche nichts vor; **I've got a lot ~ this week** ich habe mir für diese Woche eine Menge vorgenommen ❼ (*functioning*) an; **to put the kettle ~** das Wasser aufsetzen; **to leave the light ~** das Licht anlassen; **to switch/turn sth ~** etw einschalten ❽ (*aboard*) **to get ~** *bus, train* einsteigen; *horse* aufsitzen ❾ (*due to perform*) **you're ~!** du bist dran! ▸ **to be ~ about sth** AUS, BRIT dauernd über etw *akk* reden; **what are you ~ about?** wovon redest du denn nun schon wieder?; **he knows what he's ~ about** er weiß, wovon er redet; **to be ~ at sb** jdm in den Ohren liegen; **to hang ~** warten; **that's not ~** BRIT, AUS (*fam*) das ist nicht in Ordnung; **~ and off** ab und zu; **to be ~ to something** (*fam*) etw spitzgekriegt haben; **you're ~!** abgemacht! *fam* **III.** *adj attr* ❶ AM (*good*) gut ❷ ELEC, TECH **~ switch** Einschalter *m*

once [wʌn(t)s] **I.** *adv* ❶ (*one time*) einmal; **~ in a lifetime** einmal im Leben; **~ a week** einmal pro Woche; **[every] ~ in a while** hin und wieder; **~ and for all** ein für alle Mal; **~ again** wieder einmal; **just for ~** nur einmal; **just this ~** nur dieses eine Mal; **~ or twice** ein paar Mal; ▪ **for ~** ausnahmsweise ❷ (*in the past*) einst *geh,* früher; **~ upon a time ...** (*liter*) es war einmal ... ❸ (*some point in time*) **~ more** (*one more time*) noch einmal; (*again, as before*) wieder; ▪ **at ~** (*simultaneously*) auf einmal; (*immediately*) sofort ▸ **~ bitten, twice shy** (*prov*) [ein] gebranntes Kind scheut das Feuer **II.** *conj* (*as soon as*) sobald

'**once-over** *n* (*fam*) ❶ (*cursory examination*) **to give sb/sth a/the ~** jdn/etw flüchtig ansehen ❷ (*cursory cleaning*) **to give sth a/the ~** etw rasch putzen

on·com·ing [ˈɒnˌkʌmɪŋ] *adj attr* ❶ (*approaching*) [heran]nahend; *vehicle* entgegenkommend; **~ traffic** Gegenverkehr *m* ❷ (*fig: in near future*) bevorstehend

one [wʌn] **I.** *n* ❶ (*unit*) eins; **a hundred and ~** einhundert[und]eins; *see also* **eight** ❷ (*figure*) Eins *f*; *see also* **eight** ❸ (*size of garment, merchandise*) Größe eins ❹ *no pl* (*unity*) ▪ **to be ~** eins sein **II.** *adj* ❶ *attr* (*not two*) ein(e); **~ hundred/thousand** einhundert/-tausend; **~ million** eine Million; **~ third/fifth** ein Drittel/Fünftel *nt; see also* **eight** ❷ *attr* (*one of a number*) ein(e); **he can't tell ~ wine from another** er schmeckt bei Weinen keinen Unterschied ❸ *attr* (*single, only*) einzige(r, s); **we should paint the bedroom all ~ colour** wir sollten das Schlafzimmer nur in einer Farbe streichen ❹ *attr* (*some future*) irgendein(e); **~ day** irgendwann ❺ *attr* (*some in the past*) ein(e); **~ moment he says he loves me, the next moment he's asking for a divorce** einmal sagt er, er liebt mich, und im nächsten Moment will er die Scheidung; **~ day/evening/night** eines Tages/Abends/Nachts ❻ *attr* (*form: a certain*) ein gewisser/eine gewisse ❼ *attr esp* AM (*emph fam: noteworthy*) **his mother is ~ generous woman** seine Mutter ist eine wirklich großzügige Frau; **that's ~ big ice cream you've got there** du hast aber ein großes Eis! ❽ (*identical*) ein(e); **to be of ~ mind** einer Meinung sein; **~ and the same** ein und der-/die-/dasselbe ❾ (*age*) ein Jahr ❿ (*time*) **~ [o'clock]** eins, ein Uhr; **at ~** um eins ▸ **what with ~ thing and another** (*fam*) weil alles zusammenkommt; **~ way or another** (*for or against*) für oder gegen; (*somehow*) irgendwie **III.** *pron* ❶ (*single item*) eine(r, s); **which cake would you like? — The ~ at the front** welchen Kuchen möchten Sie? – Den vorderen; **I'd rather eat French croissants than English ~s** ich esse lieber französische Croissants als englische; **not all instances fall neatly into ~ or other of these categories** nicht alle Vorkommnisse fallen genau unter eine dieser Kategorien; **not a single ~** kein Einziger/keine Einzige/kein Einziges; **~ at a time** immer nur eine(r, s); **[all] in ~** [alles] in einem; **~ after another** eine(r, s) nach dem/der anderen; **~ [thing] after another** eines nach dem anderen; **this/that ~** diese(r, s)/jene(r, s); **these/those ~s** diese/jene ❷ (*single person*) eine(r); **she thought of her loved ~s** sie dachte an ihre Lieben; **to [not] be ~ to do sth** (*nature*) [nicht] der Typ sein, der etw tut; (*liking*) etw [nicht] gerne tun; **~ and all** (*liter*) alle; **~ after another** eine/einer nach der/dem anderen; **~ by ~** nacheinander; **she's ~ of my favourite writers** sie ist eine meiner Lieblingsautoren; **to be ~ of**

many/a few eine(r) von vielen/wenigen sein; **Chris is the ~ with curly brown hair** Chris ist der mit den lockigen braunen Haaren ❸ (*expressing alternatives, comparisons*) **they look very similar and it's difficult to distinguish ~ from the other** sie sehen sich sehr ähnlich, und es ist oft schwer, sie auseinanderzuhalten; **~ or the other** der/die/das eine oder der/die/das andere ❹ (*form: any person*) man; **~ must admire him** er ist zu bewundern ❺ (*form: I*) ich; (*we*) wir; **~ gets the impression that …** ich habe den Eindruck, dass …; **I for ~** ich für meinen Teil ❻ (*question*) Frage *f*; **what's the capital of Zaire? — Oh, that's a difficult ~** wie heißt die Hauptstadt von Zaire? – Das ist eine schwierige Frage ❼ (*fam: joke, story*) Witz *m*; **that was a good ~!** der war gut! ❽ BRIT, AUS (*fam: sb who is lacking respect, is rude, or amusing*) **you are a ~!** du bist mir vielleicht einer! ▶**to be ~ of the family** zur Familie gehören; **to get ~ up on sb** jdn übertrumpfen; **to be ~ of a kind** zur Spitze gehören; **in ~s and twos** (*in small numbers*) immer nur ein paar; (*alone or in a pair*) allein oder paarweise

'**one-armed** *adj* einarmig; **~ bandit** (*fam*) einarmiger Bandit **one-'eyed** *adj attr* einäugig **one-'hand·ed I.** *adv* mit einer Hand **II.** *adj attr* einhändig **one-'horse** *adj attr* einspännig **one-'leg·ged** *adj attr* einbeinig **one-'lin·er** *n* Einzeiler *m* '**one-man** *adj attr* ❶ (*consisting of one person*) Einmann- ❷ (*designed for one person*) für eine Person *nach n* **one-night 'stand** *n* ❶ (*performance*) einmaliges Gastspiel ❷ (*sexual relationship*) Abenteuer *nt* für eine Nacht ❸ (*person*) Liebhaber(in) *m(f)* für eine Nacht '**one-off I.** *n esp* BRIT (*fam*) ❶ (*event*) einmalige Sache; ▪**to be a ~** einmalig sein ❷ (*person*) einzigartige Person **II.** *adj* einmalig; **~ situation** außergewöhnliche Situation '**one-piece, one-piece 'swim·suit** *n* Einteiler *m*

on·er·ous [ˈəʊnərəs] *adj* (*form*) ❶ (*very difficult*) *duty* schwer; *responsibility* schwerwiegend ❷ LAW [er]drückend

one·self [wʌnˈself] *pron reflexive* ❶ *after vb, prep* (*direct object*) sich ❷ (*emph: myself*) selbst ❸ (*personally*) selbst; **to see/taste/read/feel sth for ~** etw selbst sehen/kosten/lesen/fühlen ❹ (*alone*) **to have sth to ~** etw für sich *akk* haben; **to keep sth for ~** sich *dat* etw behalten; **[all] by ~** [ganz] alleine ❺ (*normal*) **to [just] be ~** [ganz] man selbst sein; **to not be/**

seem ~ nicht man selbst sein/zu sein scheinen

one-'sid·ed *adj* einseitig '**one-time** *adj attr* ❶ (*former*) ehemalig ❷ (*happening only once*) einmalig **one-track 'mind** *n* **to have a ~** immer nur eins im Kopf haben **one-'up·man·ship, one-'up·ping** *n no pl* (*fam*) die Kunst, anderen immer um eine Nasenlänge voraus zu sein **one-way 'street** *n* Einbahnstraße *f* **one-way 'tick·et** *n* einfache Fahrkarte, Einzelfahrschein *m*

on·go·ing [ˈɒnˌgəʊɪŋ] *adj* laufend *attr*; im Gang *präd*

on·ion *n* Zwiebel *f* ▶**to know one's ~s** sich auskennen

on·line [ˌɒnˈlaɪn] *adj, adv* online; **~ gaming** Online-Spiel *nt*

on·line 'ac·cess *n* Internetzugang *m*, Onlinezugang *m* **on·line e'di·tion** *n* Onlineausgabe *f* **on·line 'or·der** *n* Onlinebestellung *f* **on·line 'tick·et** *n* Onlineticket *nt*

on·look·er [ˈɒnˌlʊkəʳ] *n* (*also fig*) Zuschauer(in) *m(f)*; (*after accident*) Schaulustige(r) *f(m)*

only [ˈəʊnli] **I.** *adj attr* einzige(r, s); **the ~ one** der/die/das Einzige; **the ~ thing** das Einzige; **the ~ way** die einzige Möglichkeit **II.** *adv* ❶ (*exclusively*) nur; **for members ~** nur für Mitglieder ❷ (*just*) erst; **~ the other day** erst neulich; **~ just** gerade erst ❸ (*merely*) nur, bloß; **he has ~ just enough money to pay the rent** er hat gerade genug Geld, um die Miete zu zahlen; **the situation can ~ get worse** die Situation kann sich nur verschlechtern; **not ~ …, but also …** nicht nur …, sondern auch … ❹ (*extremely*) **if you invite me, I assure you I'll be ~ too pleased to come** wenn du mich einlädst, versichere ich dir, dass ich nur zu gerne kommen werde ❺ (*to express wish*) **if ~ …** wenn nur … ❻ (*indicating a surprising development*) **he rushed into the office, ~ to find that everyone had gone home** er stürzte ins Büro, nur um festzustellen, dass alle [schon] nach Hause gegangen waren ▶**you ~ live once** (*saying*) man lebt nur einmal **III.** *conj* ❶ (*however*) aber, jedoch; **he's a good athlete, ~ he smokes too much** er ist ein guter Sportler, bloß raucht er zu viel ❷ (*in addition*) **not ~ can she sing and dance, she can act and play the piano too** sie kann nicht nur singen und tanzen, sie kann auch schauspielern und Klavier spielen

o.n.o *adv* BRIT, AUS COMM *abbrev of* **or near-**

est offer: for sale: baby's cot £30 ~ zu verkaufen: Babybett 30 Pfund oder nächstbestes Angebot

on·rush <pl -es> ['ɒnrʌʃ] n ① (of emotion) Ansturm m ② +sing/pl vb (of people) Ansturm m ③ (of liquid) **an ~ of the sea/water** ein Heranströmen nt des Meeres/ein Schwall m Wasser

on·set ['ɒnset] n no pl Beginn m (of +gen); **~ of winter** Wintereinbruch m

on·shore [ˌɒn'ʃɔːʳ] I. adj Küsten-; **~ wind** auflandiger Wind II. adv an Land; (blow) landwärts

on·side [ˌɒn'saɪd] adj SPORTS nicht abseits; ■ **to be ~** nicht im Abseits stehen

on·slaught ['ɒnslɔːt] n ① (also fig: attack) Ansturm m (**on** auf) ② (large amount) Unmenge f (**of** an/von)

on-the-job 'train·ing n no pl Ausbildung f am Arbeitsplatz

onto, on to ['ɒntuː] prep ① after vb (to inside) **to get ~ a bus/plane/train** in einen Bus/ein Flugzeug/einen Zug einsteigen; **to get ~ a horse/bike/motorcycle** auf ein Pferd/Fahrrad/Motorrad [auf]steigen ② after vb (to surface of) auf +akk ③ after vb (connected to) auf +akk; **the door opened out ~ a beautiful patio** die Tür führte auf ~ eine herrliche Terrasse ④ (progress to) **how did we get ~ this subject?** wie sind wir auf dieses Thema gekommen?; **can we move ~ the next item?** können wir zum nächsten Punkt kommen? ⑤ (in pursuit of) **to be ~ sb/sth** jdm/etw auf der Spur sein ⑥ (in touch with) **to be ~ a good thing with sth** mit etw dat an einer guten Sache dran sein ⑦ (fam: in reminder to) **to get/be ~ sb about sth** jdm wegen etw dat in den Ohren liegen

onus ['əʊnəs] n no pl (form) Verantwortung f (**of** für)

on·ward ['ɒnwəd] I. adj attr (of journey) Weiter-; **~ and upward** steil nach oben II. adv ① (into the future) **from that day/time ~** von diesem Tag/dieser Zeit an ② (of direction) weiter

onyx ['ɒnɪks] n no pl Onyx m

oodles ['uːdlz] npl (fam) Unmengen pl (**of** an/von)

oomph [ʊm(p)f] n no pl (fam) ① (power) Kraft f; of a car Leistung f ② (pizzazz) Pep m

---

opinions

expressing opinions/views	Meinungen/Ansichten ausdrücken
I think she should apologize for her behaviour.	Ich finde/meine, sie sollte sich für ihr Verhalten entschuldigen.
In my opinion he was a highly gifted artist.	Er war meiner Meinung nach ein begnadeter Künstler.
I believe/am of the opinion/take the view that everyone should receive a minimum income.	Ich glaube,/Ich bin der Meinung,/Ich bin der Ansicht, dass jeder ein Mindesteinkommen erhalten sollte.
The purchase of more machinery is, in my opinion, not a sensible option.	Die Anschaffung weiterer Maschinen ist meines Erachtens nicht sinnvoll.

asking for opinions and assessments	Meinungen erfragen, um Beurteilung bitten
What's your opinion?	Was ist Ihre Meinung?
What do you think (about it)?	Was meinen Sie (dazu)?
How do you think we should proceed?	Wie sollten wir Ihrer Meinung nach vorgehen?
What do you think of the new government?	Was halten Sie von der neuen Regierung?
Do you find this game boring?	Findest du das Spiel langweilig?
Do you think I can go like this?	Denkst du, so kann ich gehen?
What do you think of her new boyfriend?	Was sagst du zu ihrem neuen Freund?
How do you like my new hair colour?	Wie gefällt dir meine neue Haarfarbe?
Does this theory mean anything to you?	Kannst du mit dieser Theorie etwas anfangen?
What's your opinion of our new product?	Wie beurteilen Sie unser neues Produkt?

ooze [uːz] **I.** *n no pl* Schlamm *m* **II.** *vi* (*seep out*) tropfen (**from** aus); *blood, water* sickern; *mud* quellen; **to ~ with blood/oil** vor Blut/Öl triefen **III.** *vt* ❶ (*seep out*) absondern ❷ (*fig: overflow with*) *charisma, charm* ausstrahlen; *sex appeal* versprühen

opac·ity [ə(ʊ)ˈpæsəti] *n no pl* ❶ (*non-transparency*) Lichtundurchlässigkeit *f* ❷ (*fig: obscurity*) Undurchsichtigkeit; (*incomprehensibility*) Unverständlichkeit *f*

opal [ˈəʊpl] *n* Opal *m*

opal·es·cent [ˌəʊpəlˈesənt] *adj* schillernd; (*like an opal*) opalisierend

opaque [ə(ʊ)ˈpeɪk] *adj* ❶ (*not transparent*) undurchsichtig; *of wax* lichtundurchlässig; *of window, liquid* trüb ❷ (*fig: obscure*) undurchsichtig; (*incomprehensible*) unverständlich

OPEC [ˈəʊpek] *n no pl, + sing/pl vb acr for* **Organization of Petroleum Exporting Countries** OPEC *f*

open [ˈəʊpən] **I.** *adj* ❶ (*not closed*) *container, eyes, garment, door, window* offen, auf *präd fam; pass also* geöffnet; *book* aufgeschlagen; *flower* aufgeblüht; *map* auseinandergefaltet; **wide ~** [sperrangel]weit geöffnet; **to burst ~** *bag, case* aufgehen; **to push sth ~** etw aufstoßen; (*violently*) etw mit Gewalt öffnen ❷ *pred* (*for customers, visitors*) *shop, bar, museum* geöffnet, offen; **is the supermarket ~ yet?** hat der Supermarkt schon auf? *fam* ❸ (*not yet decided*) *case, decision, question* offen; **the race ist still wide ~** bei dem Rennen ist noch alles drin; **to be ~ to interpretation** Interpretationsspielraum bieten; **to have/keep an ~ mind** unvoreingenommen sein/bleiben; **to keep one's options ~** sich *dat* alle Möglichkeiten offenhalten; **~ ticket** Ticket *nt* mit offenem Reisedatum ❹ (*not enclosed*) offen; **to be in the ~ air** an der frischen Luft sein; **on the ~ road** auf freier Strecke ❺ (*accessible to all*) offen, öffentlich zugänglich; **this library is not ~ to the general public** dies ist keine öffentliche Bibliothek; **the competition is ~ to anyone over the age of sixteen** an dem Wettbewerb kann jeder teilnehmen, der älter als 16 Jahre ist; **to have ~ access to sth** freien Zugang zu etw *dat* haben ❻ (*not concealed*) offen; *resentment* unverhohlen; *scandal* öffentlich ❼ *pred* (*frank*) *person* offen; ■ **to be ~ with sb** offen zu jdm sein ❽ *pred* (*willing to accept*) ■ **to be ~ to sth** für etw *akk* offen sein ❾ (*available*) frei, verfügbar; *offer* freibleibend; **there are still lots of opportunities ~ to you** dir stehen noch viele Möglichkeiten offen ❿ *pred* (*exposed*) offen, ungeschützt; MIL ungedeckt; **to be ~ to attack** Angriffen ausgesetzt sein; **to be ~ to criticism** kritisierbar sein; **to be ~ to doubt** zweifelbar sein ⓫ SPORTS offen; **~ champion** Sieger(in) *m/f* einer offenen Meisterschaft ⓬ SPORTS (*unprotected*) *game, style of play* ungedeckt ⓭ (*letting in air*) durchlässig, porös ▸ **to be an ~ book** *person* [wie] ein offenes Buch sein; *thing* ein Kinderspiel sein **II.** *n no pl* (*out of doors*) ■ [**out**] **in the ~** draußen; (*in the open air*) im Freien ❷ *no pl* (*not secret*) **to bring sth out into the ~** etw publik machen; **to come out into the ~** ans Licht kommen ❸ SPORTS (*competition*) **O~** [offene] Meisterschaft **III.** *vi* ❶ (*from closed*) sich öffnen, aufgehen; **the door ~s much more easily now** die Tür lässt sich jetzt viel leichter öffnen; **I can't get the door to ~!** ich kann die Tür nicht aufkriegen! ❷ (*give access*) ■ **to ~ onto sth** [direkt] zu etw *dat* führen ❸ *cafe, shop, museum* öffnen ❹ (*start*) *piece of writing or music, story* beginnen, anfangen; *film* anlaufen; *play* Premiere haben; **who's going to ~?** (*in cards*) wer kommt raus? ❺ (*become visible*) sich zeigen ❻ (*start new business*) eröffnen, aufmachen **IV.** *vt* ❶ (*change from closed*) *book, magazine, newspaper* aufschlagen; *box, window, bottle* aufmachen; *curtains* aufziehen; *eyes, letter* öffnen; *map* auffalten; (*also fig*) *mouth* aufmachen ❷ (*begin*) *meeting, rally* eröffnen; **to ~ fire** MIL das Feuer eröffnen ❸ (*set up*) *bank account, business* eröffnen ❹ (*for customers, visitors*) *shop, museum* öffnen ❺ (*declare ready for use*) *building* einweihen; **to ~ a road/tunnel** eine Straße/einen Tunnel für den Verkehr freigeben ❻ (*break new ground*) erschließen ▸ **to ~ sb's eyes to sb/sth** jdm die Augen über jdn/etw öffnen; **to ~ the floodgates** [**to sb/sth**] [jdm/etw] Tür und Tor öffnen ◆**open out I.** *vi* ❶ (*move apart*) sich ausbreiten ❷ (*unfold*) *map* sich auffalten lassen; *flower* aufblühen, sich öffnen ❸ (*grow wider*) sich erweitern; *street, river* breiter werden; (*grow bigger*) sich vergrößern; *group* anwachsen (**into** zu) ❹ (*become more confiding*) *person* sich öffnen; **to ~ out to sb** sich jdm gegenüber öffnen **II.** *vt* (*unfold*) **to ~ out ○ a folding bed** [*or* AM **cot**] ein Feldbett aufschlagen; **to ~ out ○ a map/newspaper** eine

[Land]karte auseinanderfalten/eine Zeitung aufschlagen ◆ **open up** I. vi ❶ (*start business*) *shop* eröffnen; *radio station* auf Sendung gehen ❷ (*become more confiding*) *person* sich öffnen ❸ (*shoot*) das Feuer eröffnen ❹ (*accelerate*) Gas geben ▶ **to wish the earth would ~ up** am liebsten in den [Erd]boden versinken wollen II. vt ❶ (*from closed*) *car, house, shop* aufschließen; *door, window* aufmachen; *canal, pipe* passierbar machen ❷ (*make available*) ■ **to ~ up** ⟲ **sth** [**to sb/sth**] [jdm/etw] etw zugänglich machen ❸ (*expand*) erweitern ❹ MED (*fam: operate on*) aufschneiden

'**open-air** *adj* im Freien *nach n;* **~ concert** Open-Air-Konzert *nt;* **~ stage** Freilichtbühne *f;* **~ swimming pool** Freibad *nt* '**open·cast** *adj* BRIT über Tage *nach n;* **~ mining** Tagebau *m* **open 'cred·it** *n no pl* offener Kredit **open-'end·ed** *adj* mit offenem Ausgang *nach n; question* ungeklärt

open·er ['əʊpənəʳ] *n* ❶ (*opening device*) Öffner *m* ❷ (*remark*) Anfang *m* ❸ AM (*fam: at first*) **for ~s** für den Anfang

open-'eyed *adv* mit großen Augen **open-heart 'sur·gery** *n no pl* Operation *f* am offenen Herzen

open·ing ['əʊpənɪŋ] I. n ❶ no pl (*action*) Öffnen *nt,* Aufmachen *nt;* (*of shop*) **hours of ~** Öffnungszeiten *pl* ❷ (*hole*) Öffnung *f;* (*in traffic*) Lücke *f;* (*in woods*) Lichtung *f* ❸ (*opportunity*) günstige Gelegenheit; (*job*) freie Stelle ❹ (*vulnerable spot*) Blöße *f* ❺ (*introduction*) Einführung *f; of a novel* Einleitung *f; of a film* Anfang *m; of a trial* [Verhandlungs]eröffnung *f* ❻ (*inauguration*) Eröffnung *f* ❼ (*first performance*) Premiere *f* II. *adj attr* (*at beginning*) Anfangs-, Eröffnungs-

open·ing 'bal·ance *n* Eröffnungsbilanz *f* **open·ing 'bid** *n* Eröffnungsgebot *nt* '**open·ing hours** *npl* Öffnungszeiten *pl* **open·ing 'night** *n* THEAT Premierenabend *m* '**open·ing time** *n* Öffnungszeit *f*

open·ly ['əʊpənli] *adv* ❶ (*frankly*) offen ❷ (*publicly*) öffentlich

open 'mar·ket *n* offener Markt **open-'mind·ed** *adj* (*to new ideas*) aufgeschlossen; (*not prejudiced*) unvoreingenommen **open-'mouthed** *adj* ❶ *pred* (*with open mouth*) mit offenem Mund ❷ *attr* (*shocked*) [sichtlich] betroffen

open·ness ['əʊpənnəs] *n no pl* ❶ (*frankness*) Offenheit *f* ❷ (*publicness*) Öffentlichkeit *f* ❸ (*in character*) offenes Wesen ❹ (*lack of obstruction*) *of view,* expanse Weitläufigkeit *f; of a room* Geräumigkeit *f*

open-'plan *adj room* offen angelegt **open 'pris·on** *n* BRIT offenes Gefängnis **Open Uni·'ver·sity** *n no pl esp* BRIT ≈ Fernuniversität *f*

op·era ['ɒpərə] *n* Oper *f*

op·er·able ['ɒpərəbl] *adj* ❶ (*functioning*) funktionsfähig; AUTO fahrtüchtig ❷ MED *tumour, cancer* operabel

'**op·era glasses** *npl* Opernglas *nt* '**op·era house** *n* Opernhaus *nt* '**op·era sing·er** *n* Opernsänger(in) *m(f)*

op·er·ate ['ɒpəreɪt] I. vi ❶ (*work, run*) funktionieren ❷ (*act*) vorgehen; MIL operieren; [*criminal*] *mind* arbeiten ❸ (*produce an effect*) [be]wirken ❹ (*perform surgery*) ■ **to ~ on sb/sth** jdn/etw operieren ❺ (*do business*) operieren *geh* II. vt ❶ (*work*) bedienen ❷ (*manage*) betreiben ❸ (*perform*) ausführen

op·er·at·ing ['ɒpəreɪtɪŋ] I. *n no pl* MED Operieren *nt* II. *adj attr* ❶ (*in charge*) Dienst habend ❷ MED Operations- ❸ COMPUT **~ system** (**OS**) Betriebssystem *nt*

op·er·a·tion [ˌɒpəˈreɪʃən] *n* ❶ *no pl* (*way of functioning*) Funktionsweise *f; of a theory* Umsetzung *f;* **day-to-day ~** gewöhnlicher Betriebsablauf ❷ *no pl* (*functioning state*) Betrieb *m;* LAW Wirksamkeit *f;* **to come into ~** *machine* in Gang kommen; *plan, rule, law* in Kraft treten; **to put sth into ~** *machine* etw in Betrieb nehmen; *regulations* etw anwenden; *scheme, plan* etw in die Tat umsetzen ❸ (*process*) Vorgang *m* ❹ (*business*) Geschäft *nt* ❺ (*activity*) Unternehmung *f;* MIL Operation *f;* **humanitarian ~** humanitärer Einsatz; **rescue ~** Rettungsaktion *f;* **undercover ~** MIL verdeckte Operation ❻ (*surgery*) Operation *f*

op·er·a·tion·al [ˌɒpəˈreɪʃənəl] *adj* ❶ (*in business*) betrieblich, Betriebs- ❷ (*functioning*) betriebsbereit

op·er·a·tion·al·ly [ˌɒpəˈreɪʃənəli] *adv* abwicklungstechnisch, die Durchführung betreffend

op·er·a·tive ['ɒpərətɪv] I. *n* ❶ (*in a factory*) [Fach]arbeiter(in) *m(f)* ❷ (*detective*) Privatdetektiv(in) *m(f);* (*secret agent*) Geheimagent(in) *m(f)* II. *adj* ❶ (*functioning*) in Betrieb *präd; regulations* gültig ❷ *attr* (*surgical*) operativ

op·er·a·tor ['ɒpəreɪtəʳ] *n* ❶ (*worker*) Bediener(in) *m(f);* **machine ~** Maschinist(in) *m(f)* ❷ (*switchboard worker*) Telefonist(in) *m(f);* (*at telephone company*) ≈ Vermittlung *f* ❸ (*company*) Unternehmer(in) *m(f);* **tour ~** Reiseveranstalter(in) *m(f)* ❹ (*fam: clever person*) gewiefte Per-

operetta → optics

son; **a canny ~ in wage negotiations** ein schlauer Verhandlungspartner bei Lohnverhandlungen; **smooth ~** Schlawiner *m fam*
op·er·et·ta [ˌɒpəˈretə] *n* Operette *f*
oph·thal·mic [ɒfˈθælmɪk] *adj attr* Augen-, ophthalmisch *fachspr;* **~ optician** Augenoptiker(in) *m(f)*
oph·thal·mol·o·gist [ˌɒfθælˈmɒlədʒɪst] *n* Augenarzt *m,* Augenärztin *m*
opi·ate [ˈəʊpiət] *n* Opiat *nt*
opin·ion [əˈpɪnjən] *n* ❶ (*belief*) Meinung *f,* Ansicht *f;* **popular ~** weit verbreitete Meinung; **public ~** die öffentliche Meinung ❷ (*view on topic*) Einstellung *f,* Standpunkt *m* (**on** zu); **difference of ~** Meinungsverschiedenheit *f;* **just a matter of ~** reine Ansichtssache; **sb's ~ on sb changes** jdn ändert seine Meinung über jdn; **to have a high/bad ~ of sb/sth** von jdm/etw eine hohe/keine gute Meinung haben; **to have a high ~ of oneself** sehr von sich *dat* überzeugt sein; **to express an ~ on sth** seine Meinung zu etw *dat* äußern; **to form an ~** sich *dat* eine Meinung bilden; **in my ~** meiner Meinung nach
opin·ion·at·ed [əˈpɪnjəneɪtɪd] *adj* (*pej*) rechthaberisch
oˈpin·ion poll *n* Meinungsumfrage *f*
opium [ˈəʊpiəm] *n no pl* Opium *nt;* **~ den** Opiumhöhle *f*
opos·sum <*pl* -s *or* -> [əˈpɒsəm] *n* Opossum *nt*
op·po·nent [əˈpəʊnənt] *n* POL Widersacher(in) *m(f);* SPORTS Gegner(in) *m(f)*
op·por·tune [ˈɒpətjuːn] *adj* angebracht; *chance* passend; *moment* geeignet
op·por·tun·ism [ˌɒpəˈtjuːnɪzəm] *n no pl* Opportunismus *m*
op·por·tun·ist [ˌɒpəˈtjuːnɪst] I. *n* Opportunist(in) *m(f)* II. *adj* (*pej*) opportunistisch
op·por·tun·is·ti·cal·ly [ˌɒpətjuːˈnɪstɪkəli] *adv* opportunistisch *geh*
op·por·tu·ni·ty [ˌɒpəˈtjuːnəti] *n* ❶ (*occasion*) Gelegenheit *f;* **a window of ~** eine Chance; **at the earliest ~** bei der erstbesten Gelegenheit; **at every ~** bei jeder Gelegenheit; **to get the ~ of doing sth** die Chance erhalten, etw zu tun; **to grab an ~** eine Gelegenheit ergreifen ❷ (*for advancement*) Möglichkeit *f*
op·pose [əˈpəʊz] *vt* ❶ (*disapprove*) ablehnen ❷ (*resist*) ■**to ~ sb/sth** sich jdm/etw widersetzen; (*actively*) gegen jdn/etw vorgehen ❸ SPORTS ■**to ~ sb** gegen jdn antreten ❹ POL ■**to ~ sb** jds Gegenspieler(in) *m(f)* sein; (*election*) jds Herausforderer(in) *m(f)* sein

op·posed [əˈpəʊzd] *adj pred* ❶ (*against*) ■**to be ~ to sth** gegen etw *akk* sein ❷ (*contrary*) ■**as ~ to** im Gegensatz zu +*dat*
op·pos·ing [əˈpəʊzɪŋ] *adj attr* entgegengesetzt; (*in conflict*) einander widersprechend; *opinion* gegensätzlich; *team* gegnerisch
op·po·site [ˈɒpəzɪt] I. *n* Gegenteil *nt;* **they are complete ~s** sie sind einander total gegensätzlich II. *adj* ❶ (*contrary*) *interests* gegensätzlich ❷ (*facing*) gegenüberliegend; *direction* entgegengesetzt; (*after n*) **who owns that shop ~?** wem gehört der Laden gegenüber? III. *adv* gegenüber; **she asked the man sitting ~ what time it was** sie fragte den ihr gegenübersitzenden Mann nach der Uhrzeit IV. *prep* ❶ (*across from*) gegenüber +*dat* ❷ FILM, TV, THEAT (*acting with*) **to play ~ sb** jds Gegenrolle spielen
op·po·si·tion [ˌɒpəˈzɪʃən] *n* ❶ *no pl* (*resistance*) Widerstand *m* (**to** gegen) ❷ + *sing/pl vb* (*party not in power*) Opposition[spartei] *f;* **leader of the O~** Oppositionsführer(in) *m(f)* ❸ (*contrast*) Gegensatz *m;* ■**in ~ to sth** im Gegensatz zu etw *dat* ❹ (*opposing player*) Gegner(in) *m(f)* ❺ + *sing/pl vb* (*opposing team*) gegnerische Mannschaft ❻ ASTROL Opposition *f*
op·press [əˈpres] *vt* ❶ (*subjugate*) unterdrücken ❷ (*overburden*) bedrücken
op·pres·sion [əˈpreʃən] *n no pl* ❶ (*subjugation*) Unterdrückung *f* ❷ (*burden*) Druck *m*
op·pres·sive [əˈpresɪv] *adj* ❶ (*harsh*) *regime* unterdrückerisch; *taxes* drückend ❷ (*hard to bear*) erdrückend; *atmosphere* bedrückend ❸ (*stifling*) *heat, weather* drückend
op·pres·sive·ly [əˈpresɪvli] *adv* ❶ (*harshly*) grausam, hart ❷ (*hard to bear*) bedrückend; **her worries weighed on her ~** ihre Sorgen belasteten sie sehr; **~ humid** drückend schwül
op·pres·sor [əˈpresər] *n* Unterdrücker(in) *m(f)*
opt [ɒpt] *vi* ■**to ~ for sth** sich für etw *akk* entscheiden ◆**opt in** *vi* sich beteiligen ◆**opt out** *vi* nicht mitmachen; (*withdraw*) aussteigen *fam*
op·tic [ˈɒptɪk] I. *n* PHOT optisches Teil (*in einem Gerät*) II. *adj attr* Seh-
op·ti·cal [ˈɒptɪkəl] *adj* optisch
op·ti·cal·ly [ˈɒptɪkli] *adv* optisch
op·ti·cian [ɒpˈtɪʃən] *n* Optiker(in) *m(f)*
op·tics [ˈɒptɪks] *npl* + *sing vb* Optik *f kein pl*

op·ti·mal ['ɒptɪməl] *adj* optimal
op·ti·mism ['ɒptɪmɪzəm] *n no pl* Optimismus *m*
op·ti·mist ['ɒptɪmɪst] *n* Optimist(in) *m(f)*
op·ti·mis·tic ['ɒptɪmɪstɪk] *adj* optimistisch
op·ti·mis·ti·cal·ly ['ɒptɪmɪstɪkəli] *adv* optimistisch
op·ti·mi·za·tion [ˌɒptɪmaɪˈzeɪʃən] *n no pl* Optimierung *f*
op·ti·mize ['ɒptɪmaɪz] *vt* optimieren
op·ti·mum ['ɒptɪməm] **I.** *n* <*pl* -tima *or* -s> Optimum *nt* **II.** *adj* optimal
op·tion ['ɒpʃən] *n* ❶ (*choice*) Wahl *f*; (*possibility*) Möglichkeit *f*; **to not be an ~** nicht in Frage kommen ❷ (*freedom to choose*) Wahlmöglichkeit *f* ❸ (*right to buy or sell*) Option *f* ❹ *usu pl* (*stock option*) Option *f*
op·tion·al ['ɒpʃənəl] *adj* wahlfrei
op·tome·trist [ɒpˈtɒmətrɪst] *n esp* AM, AUS ≈ Optiker(in) *m(f)*
opu·lence ['ɒpjələn(t)s] *n no pl* ❶ (*wealth*) Wohlstand *m* ❷ (*abundance*) Überfluss *m*
opu·lent ['ɒpjələnt] *adj* ❶ (*affluent*) wohlhabend; *lifestyle* aufwendig ❷ (*luxurious*) luxuriös ❸ (*abundant*) üppig
or [ɔːʳ] *conj* ❶ (*as a choice*) oder ❷ (*otherwise*) sonst; ■ **else** sonst; ■ **either ... ~ ...** entweder...[,] oder ❸ (*and also not*) ■ **not ... ~ ...** weder ... noch ... ❹ (*also called*) beziehungsweise ❺ (*being non-specific or unsure*) **someone/something/somewhere/sometime ~ other** [irgend]jemand/[irgend]etwas/irgendwo/irgendwann; **meet me at 10:00 ~ so at the cafe** treffen wir uns so gegen zehn im Café *fam*
ora·cle ['ɒrəkl] *n* ❶ (*place*) Orakel *nt* ❷ (*person*) Seher(in) *m(f)* ❸ (*response*) Orakelspruch *m* ❹ (*fig: adviser*) Autorität *f*
oracu·lar [ɒrˈækjələʳ] *adj* ❶ (*mysterious*) orakelhaft ❷ (*of an oracle*) Orakel-
oral ['ɔːrəl] **I.** *adj* ❶ (*spoken*) mündlich ❷ MED, PSYCH oral **II.** *n* mündliches Examen
oral·ly ['ɔːrəli] *adv* ❶ (*spoken*) mündlich ❷ (*with mouth*) oral; **to take a medicine ~** ein Medikament oral einnehmen
or·ange ['ɒrɪndʒ] **I.** *n* ❶ (*fruit*) Orange *f*, Apfelsine *f* ❷ (*colour*) Orange *nt* **II.** *adj* ❶ (*drink, tree*) Orangen- ❷ (*colour*) orange[farben]
or·ange·ade [ˌɒrɪndʒˈeɪd] *n* BRIT Orangenlimonade *f* '**or·ange juice** *n no pl* Orangensaft *m* **Or·ange·man** ['ɒrɪndʒmən] *n* Mitglied *nt* des Oranierordens '**or·ange peel** *n* Orangenschale *f*

orang-outang [ɔːˈræŋuːtæn] *n*, **orang-utan** *n* Orang-Utan *m*
ora·tion [ɔːˈreɪʃən] *n* (*speech*) [feierliche] Rede; (*address*) [förmliche] Ansprache
ora·tor ['ɒrətəʳ] *n* Redner(in) *m(f)*
ora·tori·cal [ˌɒrəˈtɒrɪkəl] *adj* rednerisch
ora·to·rio [ˌɒrəˈtɔːrɪəʊ] *n* MUS Oratorium *nt*
orb [ɔːb] *n* (*hist: of a king*) Reichsapfel *m*
or·bit ['ɔːbɪt] **I.** *n* ❶ (*constant course*) Umlaufbahn *f* ❷ (*trip around*) Umkreisung *f* ❸ (*fig: influence*) [Einfluss]bereich *m* ❹ (*eye socket*) Augenhöhle *f* **II.** *vi* kreisen **III.** *vt* ❶ (*circle around*) umkreisen ❷ (*put into orbit*) *rocket, satellite* in die Umlaufbahn bringen
or·bit·al ['ɔːbɪtəl] **I.** *n* PHYS Orbital *nt o m fachspr* **II.** *adj* orbital
or·chard ['ɔːtʃəd] *n* Obstgarten *m*
or·ches·tra ['ɔːkɪstrə] *n* ❶ + *sing/pl vb* (*musicians*) Orchester *nt* ❷ (*orchestra pit*) Orchestergraben *m*
or·ches·tral [ɔːˈkestrəl] *adj* Orchester-, orchestral
'**or·ches·tra pit** *n* Orchestergraben *m* **or·ches·tra** '**stalls** *npl* BRIT Parkett *nt*
or·ches·trate ['ɔːkɪstreɪt] *vt* ❶ MUS orchestrieren ❷ (*fig*) organisieren
or·ches·tra·tion [ˌɔːkɪˈstreɪʃən] *n* ❶ (*of music*) Orchestration *f* ❷ (*of an event*) Organisation *f*
or·chid ['ɔːkɪd] *n* Orchidee *f*
or·dain [ɔːˈdeɪn] *vt* ❶ REL ordinieren ❷ (*decree*) bestimmen
or·deal [ɔːˈdiːl] *n* ❶ (*hist*) Gottesurteil *nt* ❷ (*fig: painful decision*) Zerreißprobe *f* ❸ (*torture*) Qual *f*
or·der ['ɔːdəʳ] **I.** *n* ❶ *no pl* (*being tidy, organized*) Ordnung *f*; **to put sth in ~** etw ordnen ❷ *no pl* (*sequence*) Reihenfolge *f*; **running ~** BRIT Programmablauf *m*; **word ~** Wortstellung *f* ❸ (*command*) Befehl *m*; LAW Verfügung *f*; **doctor's ~s** ärztliche Anweisung ❹ (*in a restaurant*) Bestellung *f*; (*portion*) Portion *f* ❺ COMM (*request*) Bestellung *f*; (*to make sth also*) Auftrag *m*; **to put in an ~** eine Bestellung aufgeben; (*to make sth also*) einen Auftrag erteilen ❻ FIN Zahlungsanweisung *f* ❼ STOCKEX Order *m* ❽ *no pl* (*observance of rules, correct behaviour*) Ordnung *f*; (*discipline*) Disziplin *f*; **~!** [**~!**] **please quieten down!** Ruhe bitte! Seien Sie bitte leise!; **to be in ~** in Ordnung sein; **to be out of ~** BRIT (*fam*) *person* sich danebenbenehmen; *behaviour* aus dem Rahmen fallen; **to restore ~** die Ordnung wiederherstellen ❾ *no pl* POL, ADMIN (*prescribed procedure*)

Verfahrensweise *f*; (*in the House of Commons*) Geschäftsordnung *f* ⑩ *no pl* (*condition*) Zustand *f*; **to be in good ~** in einem guten Zustand sein; (*work well*) gut funktionieren; **to be in working ~** (*ready for use*) funktionsbereit sein; (*functioning*) funktionieren; **to be out of ~** (*not ready for use*) nicht betriebsbereit sein; (*not working*) nicht funktionieren; "**out of ~**" "außer Betrieb" ⑪ *no pl* (*intention*) ■ **in ~ to do sth** um etw zu tun; ■ **in ~ for ...** damit ... ⑫ (*type*) Art *f*; (*dimension*) **~ |of magnitude|** Größenordnung *f*; **of the highest ~** (*quantity*) hochgradig; (*quality*) von höchster Qualität; **of the ~ of sth** in der Größenordnung einer S. *gen* ⑬ (*system, constitution*) Ordnung *f* ⑭ *usu pl* Brit (*social class*) Schicht *f*; (*social rank*) [gesellschaftlicher] Rang ⑮ Biol Ordnung *f* ⑯ Rel (*society*) [geistlicher] Orden *m* ⑰ (*medal*) Orden *m* ⑱ Math Ordnung *f* ⑲ Rel ■ **~s** *pl* Weihe *f* ▶ **to be the ~ of the day** an der Tagesordnung sein II. *vi* bestellen; **are you ready to ~?** möchten Sie schon bestellen? III. *vt* ❶ (*decide, decree*) anordnen ❷ (*command*) befehlen ❸ (*in a restaurant*) bestellen ❹ Comm (*request*) bestellen; (*to be made also*) in Auftrag geben ❺ (*arrange*) ordnen ♦ **order about, order around** *vt* herumkommandieren *fam*

'**or·der book** *n* Auftragsbuch *nt* '**or·der form** *n* Bestellformular *nt*

or·der·ly ['ɔːdəli] I. *n* ❶ (*hospital attendant*) ≈ [Kranken]pfleger(in) *m(f)*; (*unskilled*) Hilfskraft *f* (*in Betreuungseinrichtungen*) ❷ Mil (*carrier of orders*) Ordonnanz *f geh*; (*medical sergeant*) Sanitätsunteroffizier *m* II. *adj* ❶ (*methodical*) geordnet; (*tidy*) ordentlich; *room* aufgeräumt ❷ (*well-behaved*) gesittet; *demonstration* friedlich

or·ders ['ɔːdəz] *npl* ❶ Law Rechtsverordnungen *pl* ❷ Rel Weihen *pl*; **holy ~** heilige Weihen; **to take |holy| ~** in den geistlichen Stand eintreten, die Weihen empfangen

or·di·nal ['ɔːdɪn°l] *n*, **or·di·nal 'num·ber** *n* Ordinalzahl *f*

or·di·nance ['ɔːdɪnən(t)s] *n* ❶ (*law*) Verordnung *f* ❷ (*rite*) Ritus *m*

or·di·nary ['ɔːdən°ri] I. *adj* gewöhnlich, normal II. *n* ❶ *no pl* (*normal state*) ■ **the ~** das Übliche; **out of the ~** außergewöhnlich; **nothing out of the ~** nichts Ungewöhnliches ❷ Brit (*judge*) ordentlicher Richter/ordentliche Richterin ❸ (*archbishop, bishop*) Ordinarius *m*

or·di·nary 'sea·man *n* Brit Leichtmatrose *m* **or·di·nary 'share** *n* Stammaktie *f*

ord·nance ['ɔːdnən(t)s] *n no pl* Mil Geschütze *pl*

Ord·nance 'Sur·vey *n*, **OS** *n* Brit amtliche Landvermessung

or·dure ['ɔːdjʊəʳ] *n no pl* Mist *m*; (*fig*) Schund *m*

ore [ɔːʳ] *n* Erz *nt*

orega·no [ˌɒrɪˈɡɑːnəʊ] *n no pl* Oregano *nt*

or·gan ['ɔːɡən] I. *n* ❶ Mus Orgel *f* ❷ Anat Organ *nt* ❸ (*fig: mouthpiece*) Organ *nt* II. *adj* Mus (*music, player*) Orgel-

'**or·gan do·nor** *n* Organspender(in) *m(f)*

'**or·gan grind·er** *n* Drehorgelspieler(in) *m(f)*

or·gan·ic [ɔːˈɡænɪk] *adj* ❶ (*of bodily organs*) organisch ❷ (*living*) organisch ❸ Agr, Ecol biologisch, Bio-; **~ fruits** Obst *nt* aus biologischem Anbau; **~ farming methods** biologische Anbaumethoden; **~ label** Biosiegel *nt*; **~ supermarket** Biosupermarkt *m*

or·gan·ic·al·ly [ɔːˈɡænɪk°li] *adv* organisch; Agr biologisch, biodynamisch; **~ grown** biologisch angebaut

or·gan·ism ['ɔːɡ°nɪz°m] *n* Organismus *m*

or·gan·ist ['ɔːɡ°nɪst] *n* Organist(in) *m(f)*

or·gani·za·tion [ˌɔːɡ°naɪˈzeɪʃ°n] *n* ❶ *no pl* (*action*) Organisation *f* ❷ *+ sing/pl vb* (*association, company*) Organisation *f* ❸ *no pl* (*tidiness*) Ordentlichkeit *f* ❹ *no pl* (*composition*) Anordnung *f*; *of a painting* Aufbau *m*; *of a room* Aufteilung *f*

or·gani·za·tion·al [ˌɔːɡ°naɪˈzeɪʃ°n°l] *adj* organisatorisch

or·gani·'za·tion chart *n* Econ Organisationsplan *m*

Or·gani·za·tion of Pe·tro·leum Ex·port·ing Coun·tries (OPEC) *n no pl*, *+ sing/pl vb* die Organisation Erdöl exportierender Länder

or·gan·ize ['ɔːɡ°naɪz] *vt* ❶ (*into a system*) *activities* organisieren; *books, files* ordnen; *space* aufteilen ❷ Pol [politisch] organisieren ❸ (*prepare*) vorbereiten; *committee, search party, team* zusammenstellen

or·gan·ized ['ɔːɡ°naɪzd] *adj* organisiert

or·gan·iz·er ['ɔːɡ°naɪzəʳ] *n* ❶ (*book*) Terminplaner *m* ❷ (*person*) Organisator(in) *m(f)*

or·gasm ['ɔːɡæz°m] I. *n* Orgasmus *m* II. *vi* einen Orgasmus haben

or·gas·mic [ɔːˈɡæzmɪk] *adj* orgastisch *geh*; (*fig fam*) aufregend

orgy ['ɔːdʒi] *n* Orgie *f*

ori·ent *vt esp* Am ❶ (*position*) ■ **to ~ sth**

ori·en·tal [ˌɔːriˈentᵊl] *adj* orientalisch

ori·en·tate [ˈɔːrienteɪt] *vt* ❶ (*determine position*) ■ **to ~ oneself [by sth]** sich [nach etw *dat*] orientieren ❷ (*make familiar*) ■ **to ~ oneself** sich zurechtfinden ❸ (*gear*) ■ **to ~ oneself to[ward] sb/sth** sich nach jdm/etw richten; ■ **to ~ sth to[wards] sth** etw auf etw *akk* hin ausrichten

ori·en·ta·tion [ˌɔːrienˈteɪʃᵊn] *n* ❶ *no pl* (*being oriented*) Orientierung *f*; **to get one's ~** sich orientieren können; **to lose one's ~** die Orientierung verlieren ❷ (*tendency*) Ausrichtung *f* ❸ (*attitude*) Orientierung *f*; **political ~** politische Gesinnung; **sexual ~** sexuelle Neigung ❹ (*introduction*) Einweisung *f* ❺ (*direction*) *of a ship* Kursbestimmung *f*; *of rocks* Ausrichtung *f*; *of atoms, radicals* Orientierung *f*

ori·en·teer·ing [ˌɔːriənˈtɪərɪŋ] *n no pl* Orientierungslauf *m*

ori·fice [ˈɒrɪfɪs] *n* Öffnung *f*

ori·gin [ˈɒrɪdʒɪn] *n* ❶ (*beginning, source*) Ursprung *m*; *of a river* Quelle *f*; ■ **in ~** ursprünglich ❷ (*place sth/sb comes from*) Herkunft *f kein pl*; (*ancestry also*) Abstammung *f kein pl*; **country of ~** *of a person* Herkunftsland *nt*; *of a product* Herstellerland *nt*; **safe country of ~** POL sicheres Herkunftsland *nt* ❸ MATH [Koordinaten]ursprung *m*

origi·nal [əˈrɪdʒɪnᵊl] I. *n* Original *nt* II. *adj* ❶ (*first*) ursprünglich; **the ~ version** die Originalversion; *of a book* die Originalausgabe ❷ (*unique*) originell; (*innovative*) bahnbrechend; (*creative*) kreativ ❸ (*from creator*) original; **is this an ~ Rembrandt?** ist das ein echter Rembrandt?; **~ painting** Original *nt*

origi·nal·ity [əˌrɪdʒɪˈnæləti] *n no pl* Originalität *f*

origi·nal·ly [əˈrɪdʒɪnᵊli] *adv* ❶ (*at first*) ursprünglich ❷ (*uniquely*) außergewöhnlich

origi·nate [əˈrɪdʒɪneɪt] I. *vi* entstehen, seinen Anfang nehmen; **I think the rumour ~d with Janet** ich glaube, Janet hat das Gerücht in die Welt gesetzt; **to ~ in Stuttgart/London** aus Stuttgart/London kommen; *aeroplane* von Stuttgart/London starten; *train, bus* von Stuttgart/London losfahren II. *vt* hervorbringen; (*invent*) erfinden; **to ~ a rumour** ein Gerücht in die Welt setzen; **to ~ a story** eine Geschichte in Umlauf bringen

origi·na·tor [əˈrɪdʒɪneɪtər] *n* Urheber(in) *m(f)*; (*founder*) Gründer(in) *m(f)*; (*inventor*) Erfinder(in) *m(f)*; **to be the ~ of an idea** als Erster/Erste eine Idee haben

Ork·ney Is·lands [ˈɔːkniˌaɪləndz], **Ork·neys** *npl* ■ **the ~** die Orkneyinseln *pl*

or·na·ment I. *n* [ˈɔːnəmənt] ❶ (*pretty object*) Ziergegenstand *m*; (*figurine*) Figürchen *nt*; **Christmas ~s** Weihnachtsschmuck *m* ❷ *no pl* (*adornment*) Schmuck *m*; (*decoration*) Dekoration *f* ❸ (*fig: adding beauty or honour*) Zierde *f* ❹ *usu pl* (*in music*) Ornament *nt* II. *vt* dekorieren

or·na·men·tal [ˌɔːnəˈmentᵊl] *adj* Zier-, dekorativ

or·na·men·ta·tion [ˌɔːnəmənˈteɪʃᵊn] *n* (*form*) ❶ (*thing*) Verzierung *f*; ART Ornament *nt* ❷ *no pl* (*act*) Verzieren *nt*; (*of a room, text*) Ausschmückung *f*

or·nate [ɔːˈneɪt] *adj object* prunkvoll; *music* ornamentreich; *language, style* kunstvoll; (*pej*) geschraubt

or·nate·ly [ɔːˈneɪtli] *adv* kunstvoll

or·ni·tholo·gist [ˌɔːnɪˈθɒlədʒɪst] *n* Ornithologe *m*/Ornithologin *f*

or·ni·thol·ogy [ˌɔːnɪˈθɒlədʒi] *n no pl* Ornithologie *f*

or·phan [ˈɔːfᵊn] I. *n* Waise *f* II. *adj* Waisen-, verwaist *f* III. *vt* ■ **to be ~ed** [zur] Waise werden

or·phan·age [ˈɔːfᵊnɪdʒ] *n* Waisenhaus *nt*

ortho·don·tist [ˌɔːθə(ʊ)ˈdɒntɪst] *n* Kieferorthopäde *m*/Kieferorthopädin *f*

ortho·dox [ˈɔːθədɒks] *adj* ❶ (*generally accepted*) herkömmlich; (*not innovative*) starr ❷ (*strictly religious*) strenggläubig ❸ (*of the Orthodox Church*) orthodox

ortho·doxy [ˈɔːθədɒksi] *n* ❶ (*practice*) verbreitete Denkweise ❷ *no pl* (*quality*) Rechtgläubigkeit *f* ❸ REL (*group*) die Orthodoxen *pl*

or·thogo·nal [ɔːˈθɒɡᵊnᵊl] *adj* MATH orthogonal

ortho·graph·ic [ˌɔːθə(ʊ)ˈɡræfɪk] *adj* orthographisch *geh,* Rechtschreib-

ortho·graphi·cal·ly [ˌɔːθə(ʊ)ˈɡræfɪkᵊli] *adv* orthographisch *geh*

or·thog·ra·phy [ɔːˈθɒɡrəfi] *n no pl* Orthographie *f geh*

ortho·pae·dic [ˌɔːθə(ʊ)ˈpiːdɪk] *adj* orthopädisch

ortho·pae·dics [ˌɔːθə(ʊ)ˈpiːdɪks] *n + sing vb* Orthopädie *f kein pl*

ortho·pae·dist [ˌɔːθə(ʊ)ˈpiːdɪst] *n* Orthopäde *m*/Orthopädin *f*

ortho·pe·dic *adj* AM *see* **orthopaedic**

or·tho·pe·dics *adj* AM *see* **orthopaedics**
or·tho·ped·ist *n* AM *see* **orthopaedist**
OS[1] [ˌəʊ'es] *n* COMPUT *abbrev of* **operating system**
OS[2] [ˌəʊ'es] *n* BRIT *abbrev of* **Ordnance Survey**
os·cil·late ['ɒsɪleɪt] I. *vi* ❶ (*swing*) schwingen ❷ (*fig: fluctuate*) [hin und her] schwanken II. *vt* ■ **to ~ sth** etw pendeln lassen
os·cil·la·tion [ˌɒsɪ'leɪʃᵊn] *n* ❶ (*movement*) Schwingung *f* ❷ (*fig: fluctuation of moods*) Schwankung *nt*
os·cil·lo·scope [ə'sɪləskəʊp] *n* Schwingungsmesser *m*
osier ['əʊzɪəʳ] I. *n* BOT (*tree*) Korbweide *f*; (*branch*) Weidenrute *f* II. *adj* (*basket*) Weiden-; (*chair, table*) Korb-
os·mo·sis [ɒz'məʊsɪs] *n no pl* BIOL, CHEM Osmose *f*; ■ **by ~** durch Osmose
os·prey ['ɒspreɪ] *n* Fischadler *m*
os·si·fy <-ie-> ['ɒsɪfaɪ] I. *vi* (*also fig: become bone*) verknöchern II. *vt* ■ **to ~ sth** etw erstarren lassen *fig*
os·ten·sible [ɒ'sten(t)sɪbl] *adj attr* angeblich
os·ten·ta·tion [ˌɒsten'teɪʃᵊn] *n no pl* Großtuerei *f*
os·ten·ta·tious [ˌɒsten'teɪʃəs] *adj* prahlerisch; *lifestyle* protzig; *gesture* demonstrativ
os·teo·ar·thri·tis [ˌɒstɪəʊɑː'θraɪtɪs] *n no pl* Arthrose *f*, Osteoarthritis *f fachspr*
os·teo·path ['ɒstɪə(ʊ)pæθ] *n* MED Osteopath(in) *m(f)*
os·teo·poro·sis [ˌɒstɪəʊpə'rəʊsɪs] *n no pl* MED Osteoporose *f*
os·tra·cism ['ɒstrəsɪzᵊm] *n no pl* Ächtung *f*
os·tra·cize ['ɒstrəsaɪz] *vt* ❶ (*exclude*) ächten ❷ (*banish*) verbannen
os·trich ['ɒstrɪtʃ] I. *n* ORN Strauß *m* II. *adj egg, feather, meat, nest* Straußen-
OT *n abbrev of* **Old Testament** AT *nt*
oth·er ['ʌðəʳ] I. *adj* ❶ (*different*) andere(r, s); **there's no ~ way** anders geht es nicht; **some ~ time** ein anderes Mal; **in ~ words** mit anderen Worten ❷ (*not long ago*) **the ~ day** neulich; **the ~ evening/morning/night** neulich abends/morgens/nachts ❸ (*additional*) andere(r, s), weitere(r, s) ❹ (*alternative*) andere(r, s); **one's ~ half** (*euph*) meine bessere Hälfte; **on the ~ hand** andererseits; **every ~** jede(r, s) zweite; **one or ~** eine(r, s) von beiden ❺ (*not being exact*) **some man or ~** irgendein Mann *m*; **some time or ~** irgendwann [einmal]; **somehow or ~** irgendwie; **someone or ~** irgendwer; **something or ~** irgend[et]was ❻ *after n* (*except*) **I've never told this to any person ~ than you** außer dir habe ich das noch nie jemandem erzählt; **there was no choice ~ than to walk home** es blieb uns nichts anderes übrig, als nach Hause zu laufen II. *pron* ❶ (*the remaining*) ■ **the ~** der/die/das andere; **one from the ~** voneinander; **one or the ~** eines davon ❷ + *sing vb* (*either, or*) **one or |the| ~ of sth** eine(r, s) von etw *dat*
oth·ers ['ʌðəz] *pron pl* ❶ (*people*) andere; **any ~ for coffee?** noch jemand Kaffee? ❷ (*different ones*) andere
oth·er·wise ['ʌðəwaɪz] *adv* ❶ (*differently*) anders; **the police believe he is the thief, but all the evidence suggests ~** die Polizei hält ihn für den Dieb, aber das Beweismaterial spricht dagegen; **unless you let me know ~, ...** sofern ich nichts Gegenteiliges von dir höre, ... ❷ (*except for this*) sonst ❸ (*alternatively*) **Marion Morrison, ~ known as the film star John Wayne, ...** Marion Morrison, auch bekannt als der Filmstar John Wayne, ...; **to be ~ engaged** anderweitig zu tun haben
OTT [ˌəʊtiː'tiː] BRIT (*fam*) *abbrev of* **over the top**: **her outfit was a bit ~** also diesmal ist sie mit ihrem Outfit definitiv zu weit gegangen!
ot·ter ['ɒtəʳ] *n* Otter *m*
ot·to·man ['ɒtə(ʊ)mən] *n* ❶ (*couch*) Ottomane *f* ❷ (*stool*) Polsterschemel *m* (*oft mit eingebauten Schubladen*) ❸ *no pl* (*cloth*) Ottoman *m*
Ot·to·man ['ɒtə(ʊ)mən] I. *n* HIST Osmane *m*/Osmanin *f*, Ottomane *m*/Ottomanin *f selten* II. *adj* HIST osmanisch
OU [ˌəʊ'juː] *n abbrev of* **Open University**
ouch [aʊtʃ] *interj* aua, autsch
ought [ɔːt] *aux vb* ❶ (*indicating duty*) ■ **sb ~ to do sth** jd sollte etw tun; **we ~ not to have agreed** wir hätten nicht zustimmen sollen; **it ~ not to be allowed** das sollte nicht erlaubt sein ❷ (*indicating probability*) **they ~ to have arrived at lunchtime** sie hätten eigentlich um die Mittagszeit ankommen sollen; **ten minutes ~ to be enough time** zehn Minuten müssten eigentlich genügen; **will dinner be ready on time? — Yes, it ~ to be** wird das Essen rechtzeitig fertig? – Ja, das müsste hinhauen *fam* ❸ (*indicating advice*) ■ **sb ~ to do sth** jd sollte etw tun
ounce [aʊn(t)s] *n* Unze *f*; **if he's got an ~ of common sense, ...** wenn er auch nur einen Funken Verstand hat, ...; **there's not**

an ~ of truth to the rumour an dem Gerücht ist überhaupt nichts dran

our [aʊəʳ] *adj poss* unser(e)

ours [aʊəz] *pron poss* (*belonging to us*) unsere(r, s); **he's a cousin of ~** er ist ein Cousin von uns

our·selves [aʊəˈselvz] *pron reflexive* ❶ *after vb, prep* (*direct object*) **we enjoyed ~ at the party very much** wir hatten großen Spaß bei der Party ❷ (*form: we, us*) wir ❸ (*emph: personally*) wir persönlich; **we invented it ~** wir erfanden das selbst; **to see/taste/hear/feel sth for ~** etw selbst sehen/kosten/hören/fühlen ❹ (*alone*) **we always do our taxes ~** wir machen immer selbst die Steuererklärung; **to have sth** [**all**] **to ~** etw [ganz] für uns haben; ▪ [**all**] **by ~** [ganz] allein ❺ (*normal*) **to** [**just**] **be ~** [ganz] wir selbst sein; **to not be/feel/seem ~** nicht wir selbst sein/zu sein scheinen

oust [aʊst] *vt* (*expel*) vertreiben; (*by taking their position*) verdrängen

out [aʊt] **I.** *adj pred* ❶ ▪ **to be ~** (*absent*) abwesend sein; (*on strike*) sich im Ausstand befinden; (*demonstrating*) auf die Straße gehen; (*for consultation*) *jury* sich zurückgezogen haben; (*borrowed from the library*) entliehen sein ❷ (*outside*) ▪ **to be ~** [**somewhere**] [irgendwo] draußen sein; *sun, moon, stars* am Himmel stehen; *prisoner* [wieder] draußen sein *fam* ❸ (*on the move*) ▪ **to be ~** unterwegs sein; *army* ausgerückt sein; **to be ~ on one's rounds** seine Runde machen; **to be ~ and about** unterwegs sein; (*after an illness*) wieder auf den Beinen sein ❹ (*in blossom*) ▪ **to be ~** blühen; *tree also* in Blüte stehen ❺ (*available*) ▪ **to be ~** erhältlich sein; (*on the market*) auf dem Markt sein ❻ (*fam: existing*) **he's the best footballer ~** er ist der beste Fußballer, den es zurzeit gibt ❼ (*known*) ▪ **to be ~** heraus sein; *secret* gelüftet sein; *news* bekannt sein; [**the**] **truth will ~** die Wahrheit wird ans Licht kommen ❽ ▪ **to be ~** (*asleep*) schlafen; (*unconscious*) bewusstlos sein ❾ (*finished*) ▪ **to be ~** aus sein; **school will be ~ in June** die Schule endet im Juni; **before the month/year is ~** vor Ende des Monats/Jahres ❿ SPORTS ▪ **to be ~** (*not playing*) nicht [mehr] im Spiel sein; (*in cricket, baseball*) aus sein; (*outside a boundary*) *ball, player* im Aus sein ⓫ (*fam*) ▪ **to be ~** *team, player* draußen sein; (*expelled, dismissed*) [raus]fliegen; **to be ~ on the streets** *unemployed* auf der Straße stehen; *homeless* obdachlos sein ⓬ (*fam*) ▪ **to be ~** (*unacceptable*) unmöglich sein; (*unfashionable*) out sein ⓭ (*not possible*) ▪ **to be ~** unmöglich sein ⓮ (*off*) ▪ **to be ~** *light, TV* aus sein; *fire also* erloschen sein ⓯ (*inaccurate*) ▪ **to be ~** falsch sein; *watch* falsch gehen ⓰ *homosexual* ▪ **to be ~** sich geoutet haben *fam* ⓱ *tide* **the tide is ~** es ist Ebbe **II.** *adv* ❶ (*not in sth*) außen; (*not in a room, flat*) draußen; (*outdoors*) draußen, im Freien; **"keep ~!"** „betreten verboten!"; **to keep sb/sth ~** jdn/etw nicht hereinlassen; **to keep the cold ~** die Kälte abhalten ❷ (*outwards*) heraus; (*seen from inside*) hinaus; (*facing the outside*) nach außen; (*out of a room, building also*) nach draußen; **get ~!** raus hier! *fam;* **can you find your way ~?** finden Sie sich hinaus?; **~ with it** heraus damit! *fam;* **to turn sth inside ~** etw umstülpen; *clothes* etw auf links drehen ❸ (*away from home, for a social activity*) **to ask sb ~** [**for a drink/meal**] jdn [auf einen Drink/zum Essen] einladen; **to eat ~** im Restaurant essen; **to go ~** ausgehen ❹ (*removed*) [he]raus; (*extinguished*) aus; **to put a fire ~** ein Feuer löschen; **to cross sth ~** etw ausstreichen ❺ (*fully, absolutely*) **burnt ~** (*also fig*) ausgebrannt; *fuse* durchgebrannt; *candle* heruntergebrannt; **tired ~** völlig erschöpft; **~ and away** AM bei weitem ❻ (*aloud*) **she called ~ to him to stop** sie rief ihm zu, er solle anhalten; **to cry ~ in pain** vor Schmerzen aufschreien; **to laugh ~** [**loud**] [laut] auflachen ❼ (*to an end, finished*) **"over and ~"** AVIAT „Ende"; **to die ~** aussterben; (*fig*) *applause* verebben; **to fight sth ~** etw [untereinander] austragen ❽ (*out of prison*) **to let sb ~** jdn freilassen ❾ (*unconscious*) **to knock sb ~** jdn bewusstlos schlagen; **to pass ~** in Ohnmacht fallen ❿ (*dislocated*) **to put one's back/shoulder ~** sich *dat* den Rücken verrenken/die Schulter ausrenken ⓫ (*open*) **to open sth ~** (*unfold*) etw auseinanderfalten; (*spread out*) etw ausbreiten; (*extend*) *furniture* etw ausziehen ⓬ (*outdated*) **to go ~** aus der Mode kommen ⓭ (*time off*) **to take ten minutes ~** eine Auszeit von zehn Minuten nehmen ⓮ *tide* **the tide is going ~** die Ebbe setzt ein ⓯ (*at a distant place*) draußen; **~ at sea** auf See; **~ west** im Westen; AM (*west coast*) an der Westküste **III.** *vt* ▪ **to ~ sb** ❶ (*eject*) jdn rausschmeißen *fam;* SPORTS jdn vom Platz stellen ❷ BOXING jdn k.o. schlagen ❸ *homosexual* jdn outen *fam*

IV. *prep* (*fam*) aus; **to run ~ the door** zur Tür hinausrennen
'out-and-out *adj attr* ausgemacht, durch und durch *nach n* **'out·back** *n no pl* Hinterland *nt* [Australiens]; **to live in the ~** im [australischen] Busch leben **out·'bid** <-bid, -bid> *vt* überbieten **'out·board, out·board 'mo·tor** *n* Außenbordmotor *m* **'out·break** *n of a disease, hostilities, war* Ausbruch *m* **'out·build·ing** *n* Nebengebäude *nt* **'out·burst** *n* Ausbruch *m;* **an ~ of anger** ein Wutanfall *m* **'out·cast I.** *n* Ausgestoßene(r) *f(m);* **social ~** gesellschaftlicher Außenseiter/gesellschaftliche Außenseiterin **II.** *adj* ausgestoßen **out·'class** *vt* in den Schatten stellen **'out·come** *n* Ergebnis *nt* **'out·crop** *n* GEOL Felsnase *f* **'out·cry** *n* lautstarker Protest (**over** gegen); **to provoke a public ~** einen Sturm der Entrüstung in der Öffentlichkeit auslösen **out·'dat·ed** *adj* veraltet; *ideas, views* überholt **out·'dis·tance** *vt* ■**to ~ sb** jdn hinter sich *dat* lassen **out·'do** <-did, -done> *vt* übertreffen **'out·door** *adj* **he's very much an ~ person** er hält sich gern und viel im Freien auf; **~ concert** Open-Air-Konzert *nt;* **~ clothes** Kleidung *f* für draußen; **~ sports** Sportarten *pl* im Freien **out·doors** [ˌaʊtˈdɔːz] **I.** *n* + *sing vb* **in the great ~** in der freien Natur **II.** *adv* im Freien
out·er [ˈaʊtəʳ] **I.** *n* BRIT SPORTS äußerster Ring (*einer Zielscheibe*) **II.** *adj* ❶ (*external*) äußerlich, Außen- ❷ (*far from centre*) äußere(r, s), Außen-; **one's ~ circle of friends** jds weiterer Bekanntenkreis
out·er·most [ˈaʊtəmaʊst] *adj attr* äußerste(r, s); *layer* oberst
'out·field *n no pl* Außenfeld *nt*
'out·fit I. *n* ❶ (*clothes*) Kleidung *f;* **cowboy ~** Cowboykostüm *nt;* **wedding ~** Hochzeitsgarderobe *f* ❷ (*fam: group*) Verein *m;* (*company*) Laden *m;* (*musicians, sports team*) Truppe *f* ❸ (*equipment*) Ausrüstung *f* **II.** *vt* <-tt-> ■**to ~ sb with sth** jdn mit etw *dat* ausrüsten
'out·fit·ter *n* ❶ BRIT (*for clothing*) *pl* ■**~s** Ausstatter *m;* **schools' ~s** Fachgeschäft *nt* für Schuluniformen ❷ AM (*for outdoor pursuits*) **sports ~** Sportgeschäft *nt*
'out·flow *n* Ausfluss *m* **out·'go·ing** *adj* ❶ (*approv: extroverted*) kontaktfreudig ❷ *attr* (*retiring from office*) [aus]scheidend ❸ (*outward bound*) ausgehend **out·'grow** <-grew, -grown> *vt* ❶ (*become too big for*) ■**to ~ sth** aus etw *dat* herauswachsen ❷ (*leave behind*) ■**to ~ sth** einer S. *gen* entwachsen; **she has outgrown dolls already** für Puppen ist sie schon zu groß; **to ~ a habit** eine Gewohnheit ablegen ❸ (*become bigger than*) **to ~ one's brother/mother** seinem Bruder/seiner Mutter über den Kopf wachsen **'out·growth** *n* Auswuchs *m a. fig;* (*development*) *of an idea, a theory* Weiterentwicklung *f* **'out·house** *n* ❶ (*building*) Außengebäude *nt;* (*joined*) Nebengebäude *nt* ❷ AM (*toilet*) Außentoilette *f*
out·ing [ˈaʊtɪŋ] *n* ❶ (*trip*) Ausflug *m;* **to go on an ~** einen Ausflug machen ❷ (*fam: appearance*) [öffentlicher] Auftritt *m* ❸ *no pl* (*revealing homosexuality*) Outing *nt*
out·land·ish [ˌaʊtˈlændɪʃ] *adj* sonderbar; *behaviour, ideas also* bizarr; *clothing* skurril; *prices* horrend
out·'last *vt* überdauern; ■**to ~ sb** jdn überleben
out·law [ˈaʊtlɔː] **I.** *n* (*criminal*) Bandit(in) *m(f);* (*fugitive from law*) Geächtete(r) *f(m)* **II.** *vt* für ungesetzlich erklären
'out·lay I. *n* Aufwendungen *pl* **II.** *vt* <-laid, -laid> AM ■**to ~ sth** [**on sth**] etw [für etw *akk*] ausgeben
'out·let *n* ❶ (*exit*) Ausgang *m; for water* Abfluss *m;* (*chimney*) Abzug *m* ❷ AUTO, TECH Abluftstutzen *m* ❸ (*means of expression*) Ventil *nt fig*, Ausdrucksmöglichkeit *f* ❹ (*store*) Verkaufsstelle *f;* **fast-food ~** Schnellrestaurant *nt* ❺ (*market*) [Absatz]markt *m* ❻ AM (*power point*) Steckdose *f*
'out·line I. *n* ❶ (*brief description*) Übersicht *f* (**of** über); *in novel-writing* Entwurf *m;* (*general summary*) Zusammenfassung *f* ❷ (*contour*) Umriss *m; against fading light* Silhouette *f* **II.** *vt* ■**to ~ sth** ❶ (*draw*) die Umrisse von etw *dat* zeichnen ❷ (*summarize*) etw [kurz] umreißen
out·'live *vt* ❶ (*live longer than*) ■**to ~ sb** jdn überleben; ■**to ~ sth** etw überdauern ❷ (*survive*) ■**to ~ sth** etw überleben *a. fig*
'out·look *n* ❶ (*view*) Aussicht *f* ❷ (*future prospect*) Aussicht[en] *f*[*pl*] ❸ (*attitude*) Einstellung *f* ❹ METEO [Wetter]aussichten *pl*
'out·ly·ing *adj attr area, region, village* abgelegen **out·ma·'noeu·vre**, AM **out·ma·'neu·ver** *vt* ausmanövrieren **out·mod·ed** [ˌaʊtˈməʊdɪd] *adj* (*pej*) altmodisch; *ideas* überholt **out·most** [ˈaʊtməʊst] *adj* äußerste(r, s); *place* weit entlegen **out·'num·ber** *vt* zahlenmäßig überlegen sein; ■**to be ~ed** in der Unterzahl sein; (*in vote*) überstimmt sein
'out of *prep* ❶ *after vb* (*towards outside*)

aus +*dat* ❷ *after vb, n* (*situated away from*) außerhalb +*gen;* **he is ~ town this week** er ist diese Woche nicht in der Stadt; **Mr James is ~ the country until July 4th** Herr James hält sich bis zum 4. Juli außer Landes auf; **she's ~ the office at the moment** sie ist zurzeit nicht an ihrem [Arbeits]platz; **five miles ~ San Francisco** fünf Meilen außerhalb von San Francisco ❸ *after vb* (*taken from*) von +*dat;* **he copied his essay straight ~ a textbook** er schrieb seinen Aufsatz wörtlich aus einem Lehrbuch ab; **she had to pay for it ~ her own pocket** sie musste es aus der eigenen Tasche bezahlen; **they get a lot of fun ~ practising dangerous sports** das Betreiben gefährlicher Sportarten macht ihnen einen Riesenspaß ❹ (*excluded from*) aus +*dat;* **I'm glad to be ~ it** ich bin froh, dass ich das hinter mir habe; **giving up is ~ the question** Aufgeben kommt überhaupt nicht infrage; **he talked her ~ going back to smoking** er redete es ihr aus, wieder mit dem Rauchen anzufangen ❺ (*spoken by*) aus +*dat;* **I couldn't get the secret ~ her** ich konnte ihr das Geheimnis nicht entlocken ❻ (*made from*) aus +*dat* ❼ (*motivated by*) aus +*dat* ❽ *after n* (*ratio of*) von +*dat;* **no one got 20 ~ 20 for the test** niemand bekam alle 20 möglichen Punkte für den Test ❾ (*without*) **they were ~ luck** sie hatten kein Glück [mehr]; **you're ~ time** Ihre Zeit ist um; **they had run ~ cash** sie hatten kein Bargeld mehr; **I'm sorry sir, we're ~ the salmon** tut mir leid, der Lachs ist aus; **[all] ~ breath** [völlig] außer Atem; **to be ~ work** ohne Arbeit sein ❿ (*beyond*) außer +*dat;* **the photo is ~ focus** das Foto ist unscharf; **the delay is ~ our control** die Verspätung entzieht sich unserer Kontrolle; **he's been ~ touch with his family for years** er hat seit Jahren keinen Kontakt mehr zu seiner Familie; **get ~ the way!** aus dem Weg!; **~ order** außer Betrieb ⓫ (*sheltered from*) **he was so cold he had to come ~ the snow** ihm war so kalt, dass er dem Schnee entfliehen musste ⓬ *after vb* (*not connected, fashionable*) aus +*dat;* **she's really ~ touch with reality** sie hat jeglichen Bezug zur Realität verloren ▶ **to get ~ <u>hand</u>** außer Kontrolle geraten; **he must be ~ his <u>mind</u>!** er muss den Verstand verloren haben!; **~ <u>place</u>** fehl am Platz

out-of-court 'set·tle·ment *n* LAW außergerichtliche Einigung **out of 'date** *adj pred,* **'out-of-date** *adj attr* veraltet; *cloth-ing* altmodisch; *furniture* antiquiert; *ideas* überholt **out of the 'way** *adj pred,* **'out-of-the-way** *adj attr spot, place* abgelegen **'out-pa·tient** *n* ambulanter Patient/ambulante Patientin **out·'play** *vt* ▪ **to ~ sb** besser spielen als jd **'out·post** *n* ❶ MIL (*guards*) Außenposten *m;* (*base*) Stützpunkt *m* ❷ (*remote branch*) Außenposten *m; of a company* Außenstelle *f* **'out·pour·ing** *n* ❶ (*of emotion*) Ausbruch *m* ❷ (*of products*) Flut *f fig* ❸ (*of gases*) Ausströmen *nt* **'out·put I.** *n no pl* ECON Ausstoß *m;* COMPUT Ausgabe *f;* ELEC Leistung *f;* MIN Förderleistung *f* **II.** *vt image, data* ausgeben **'out·put de·vice** *n* COMPUT Ausgabegerät *nt*

'out·rage I. *n* ❶ *no pl* Empörung *f* (**at** über); **to express ~** sich entsetzt zeigen ❷ (*deed*) Schandtat *f;* (*crime*) Verbrechen *nt;* (*disgrace*) Schande *f kein pl* **II.** *vt* ▪ **to ~ sb** jdn erzürnen; ▪ **[to be] ~d by sth** entrüstet über etw *akk* [sein]

out·ra·geous [ˌaʊtˈreɪdʒəs] *adj* ❶ (*terrible*) empörend; (*unacceptable*) unerhört; (*shocking*) schockierend ❷ (*unusual and shocking*) außergewöhnlich; *outfit also* gewagt ❸ (*exaggerated*) ungeheuerlich; *story, statement also* unwahrscheinlich; *lie* schamlos; *prices* horrend; **an ~ demand** eine völlig überzogene Forderung ❹ (*approv sl: excellent*) super *fam*

out·ra·geous·ly [ˌaʊtˈreɪdʒəsli] *adv* (*terribly*) fürchterlich; (*unacceptably*) unverschämt, maßlos, haarsträubend; (*strangely*) außergewöhnlich; **~ funny** haarsträubend komisch; **to be ~ dressed** gewagt gekleidet sein; **to lie ~** schamlos lügen

outré [ˈuːtreɪ] *adj* (*form*) ausgefallen

'out·rig·ger *n* NAUT Ausleger *m;* (*boat*) Auslegerboot *nt*

'out·right I. *adj attr* ❶ (*total*) total; *disaster* absolut; *nonsense* komplett ❷ (*undisputed*) offensichtlich; *winner, victory* eindeutig ❸ (*direct*) direkt; *hostility* offen; *lie, refusal* glatt **II.** *adv* ❶ (*totally*) total ❷ (*clearly*) eindeutig ❸ (*directly*) offen; **you have been ~ lying to me** AM du hast mich frech angelogen; **to reject/refuse sth ~** etw glattweg zurückweisen/ablehnen ❹ (*immediately*) sofort; **to be killed ~** auf der Stelle tot sein

out·'run <-ran, -run, -nn-> *vt* ▪ **to ~ sb** jdm davonlaufen; ▪ **to ~ sth** über etw *akk* hinausgehen **'out·set** *n no pl* Anfang *m;* ▪ **at the ~** am Anfang; ▪ **from the ~** von Anfang an **out·'shine** <-shone,

-shone> *vt* ❶ (*shine more brightly*) überstrahlen ❷ (*be better*) ■ **to ~ sb** jdn in den Schatten stellen; SPORTS über jdn triumphieren

out·'side I. *n* ❶ (*exterior*) Außenseite *f*; *of a fruit* Schale *f*; ■ **from the ~** von außen ❷ (*external appearance*) ■ **on the ~** äußerlich ❸ (*of pavement*) Straßenseite *f* ❹ (*not within boundary*) ■ **on the ~** draußen; (*out of prison*) in Freiheit **II.** *adj attr* ❶ (*outer*) *door, entrance* äußere(r, s); **~ seat** Sitz *m* am Gang; **~ wall** Außenmauer *f* ❷ (*external*) außenstehend; **the ~ world** die Außenwelt ❸ (*very slight*) *chance, possibility* minimal ❹ (*highest, largest*) höchste(r, s) *attr*, äußerste(r, s) *attr* **III.** *adv* ❶ (*not in building*) außen ❷ (*in open air*) im Freien ❸ (*sl: not imprisoned*) draußen; **the world ~** die Welt draußen **IV.** *prep* ❶ (*beyond*) außerhalb (**of** von) ❷ (*apart from*) ausgenommen

out·side 'broad·cast *n* Außenübertragung *f* (*eines Radiosenders oder des Fernsehens*) **out·side 'lane** *n* ❶ AUTO äußere Fahrbahn, Überholspur *f* ❷ SPORTS Außenbahn *f* **out·side 'left** *n* linke Außenseite **out·side 'line** *n* Telefonleitung *f* für externe Gespräche

out·sid·er [ˌaʊtˈsaɪdəʳ] *n* ❶ (*not a member*) Außenstehende(r) *f(m)* ❷ (*outcast*) Außenseiter(in) *m(f)* ❸ SPORTS Außenseiter(in) *m(f)*

out·side 'right *n* rechte Außenseite **'out·size** *adj attr* ❶ (*very large*) übergroß; **~ clothes** Kleidung *f* in Übergrößen ❷ (*fig*) überragend, herausragend **out·skirts** [ˈaʊtskɜːts] *npl* Stadtrand *m* **out·'smart** *vt* (*fam*) ■ **to ~ sb** jdn austricksen **'out·sourc·ing** [ˌaʊtˈsɔːsɪŋ] *n no pl* Outsourcing *nt fachspr*; *of staff* Beschäftigung *f* betriebsfremden Personals; *of services* Nutzung *f* externer Dienstleistungen; *of production* Produktionsauslagerung *f* **out·spo·ken** [ˌaʊtˈspəʊkən] *adj* offen; *criticism* unverblümt; *opponent* entschieden **out·'stand·ing** [ˌaʊtˈstændɪŋ] *adj* ❶ (*excellent*) außergewöhnlich; *effort, contribution* bemerkenswert; *actor, student, performance* brilliant; *ability* außerordentlich; *achievement* überragend ❷ (*clearly noticeable*) auffallend ❸ FIN (*unpaid*) ausstehend ❹ (*not solved*) unerledigt; *problems* ungelöst **out·'stay** *vt* **to ~ a competitor** einen Rivalen/eine Rivalin abhängen; **to ~ one's welcome** länger bleiben, als man erwünscht ist **out·stretched** [ˌaʊtˈstretʃt] *adj* ausgestreckt **out·'strip** <-pp-> *vt*

❶ (*surpass*) übertreffen; (*go faster*) überholen ❷ (*be greater*) übersteigen **'out·there** *adj attr clothes* ultramodisch; *fashion* Trend-, allerneuste **'out·tray** *n* Ablage *f* für Ausgangspost **out·'vote** *vt* überstimmen

out·ward [ˈaʊtwəd] **I.** *adj attr* ❶ (*exterior*) äußere(r, s), Außen-; (*superficial*) äußerlich; **an ~ show of confidence/toughness** ein demonstratives Zurschaustellen von Zuversicht/Stärke ❷ (*going out*) ausgehend; **~ flight** Hinflug *m* **II.** *adv* nach außen; **the door opens ~** die Tür geht nach außen auf

out·ward·ly [ˈaʊtwədli] *adv* äußerlich, nach außen hin

out·wards [ˈaʊtwədz] *adv* nach außen **out·'weigh** [ˌaʊtˈweɪ] *vt* ❶ (*in weight*) ■ **to ~ sb** schwerer sein als jd ❷ (*in importance*) ■ **to ~ sth** etw wettmachen **out·'wit** <-tt-> [ˌaʊtˈwɪt] *vt* austricksen **'out·work** *n* ❶ MIL Vorwerk *nt* ❷ *no pl* (*work*) Arbeit *f* außerhalb der Firmengebäude; (*at home*) Heimarbeit *f* **'out·work·er** *n* ■ **to be an ~** außerhalb der Firma arbeiten; (*at home*) Heimarbeiter(in) sein

oval [ˈəʊvəl] **I.** *n* Oval *nt* **II.** *adj* oval **Oval 'Of·fice** *n* AM POL ■ **the ~** das Oval Office (*Büro des US-Präsidenten*)

ova·ry [ˈəʊvəri] *n* Eierstock *m*
ova·tion [ˌə(ʊ)ˈveɪʃən] *n* Applaus *m*
oven [ˈʌvən] *n* [Back]ofen *m*, Backrohr *nt* ÖSTERR; **microwave ~** Mikrowelle *f*
'oven glove *n* BRIT, **oven mitt** *n* AM, AUS Topfhandschuh *m* **'oven·proof** *adj* hitzebeständig **'oven-ready** *adj* bratfertig, backfertig

over [ˈəʊvəʳ] **I.** *adv pred* ❶ (*across*) hinüber; **come ~ here** komm hierher; **why don't you come ~ for dinner on Thursday?** kommt doch am Donnerstag zum Abendessen zu uns; **they walked ~ to us** sie liefen zu uns herüber; **~ here** hier herüber; (*on the other side*) drüben; **~ there** dort drüben; **to move [sth] ~** [etw] [beiseite]rücken ❷ (*another way up*) **the dog rolled ~ onto its back** der Hund rollte sich auf den Rücken; **to turn ~** umdrehen; **to turn a page ~** [eine Seite] umblättern ❸ (*downwards*) **to fall ~** hinfallen; **to knock sth ~** etw umstoßen ❹ (*changing hands*) **could you two change ~, please** würdet ihr beiden bitte die Plätze tauschen; **to change ~ to sth** auf etw *akk* umsteigen *fam*; **to hand sth ~** etw übergeben ❺ (*finished*) ■ **to be ~** vorbei sein; **the game was ~ by 5 o'clock** das Spiel war um 5 Uhr zu Ende; **to get sth ~ and done with** etw hinter sich *akk* bringen ❻ (*remaining*) übrig; **left ~** übrig gelassen ❼ (*thoroughly, in detail*) **to talk sth ~** etw durchsprechen; **to think sth ~** etw überdenken ❽ Am (*again*) noch einmal; **all ~** alles noch einmal; **~ and ~** immer wieder ❾ Aviat, Telec (*signalling end of speech*) over ❿ (*more*) mehr; **this shirt cost me ~ £50!** dieses Hemd hat mich über £50 gekostet!; **people who are 65 and ~** Menschen, die 65 Jahre oder älter sind **II.** *prep* ❶ (*across*), (*indicating position*) über +*dat*; (*indicating motion*) über +*akk* ❷ (*on the other side of*) über +*dat*; **the village is just ~ the next hill** das dorf liegt hinter dem nächsten Hügel; **the diagram is ~ the page** das Diagramm ist auf der nächsten Seite; **~ the way** Brit auf der anderen Straßenseite ❸ (*above*) über +*dat*; (*moving above*) über +*akk*; **a flock of geese passed ~** eine Schar von Gänsen flog über uns hinweg ❹ (*everywhere*) [überall] in +*dat*; (*moving everywhere*) durch +*akk*; **all ~** überall in +*dat*; **all ~ the world** in der ganzen Welt; **she had blood all ~ her hands** sie hatte die Hände voller Blut ❺ (*during*) in +*dat*, während +*gen*; **~ the years he became more and more depressed** mit den Jahren wurde er immer deprimierter; **shall we talk about it ~ a cup of coffee?** sollen wir das bei einer Tasse Kaffee besprechen?; **she fell asleep ~ her homework** sie nickte bei ihren Hausaufgaben ein ❻ (*more than, longer than*) über +*dat*; **~ and above that** darüber hinaus ❼ (*through*) **he told me ~ the phone** er sagte es mir am Telefon; **we heard the news ~ the radio** wir hörten die Nachricht im Radio ❽ (*in superiority to*) über +*dat* ❾ (*about*) über +*akk*; **don't fret ~ him — he'll be alright** mach dir keine Sorgen um ihn – es wird ihm schon gut gehen ❿ *after vb* (*to check*) durch +*akk*; **could you go ~ my essay again?** kannst du nochmal meinen Aufsatz durchschauen ⓫ (*past*) **is he ~ the flu yet?** hat er seine Erkältung auskuriert?; **to be/get ~ sb** über jdm hinweg sein/kommen ⓬ Math (*in fraction*) durch

over·a·bun·dant *adj* übermäßig **over·'act I.** *vi* Theat übertreiben **II.** *vt* ■ **to ~ sth** etw überziehen **over·all I.** *n* [ˈəʊvəˌrɔːl] ❶ Brit (*smock*) [Arbeits]kittel *m* ❷ Brit (*protective suit*) ■ **~ s** *pl* Overall *m* ❸ Am (*dungarees*) ■ **~s** *pl* Latzhose *f* **II.** *adj* [ˌəʊvəˈrɔːl] *attr* ❶ (*general*) Gesamt-, allgemein ❷ (*over all others*) Gesamt-; *majority* absolut; **~ commander** Oberkommandierende(r) *f/m* **III.** *adv* [ˌəʊvəˈrɔːl] insgesamt **over·'anx·ious** *adj* ❶ (*too fearful*) überängstlich (**about** über) ❷ (*very eager*) begierig; ■ **to be ~ to do sth** etw unbedingt tun wollen **over·'awe** *vt usu passive* ■ **to be ~d by sb/sth** (*be impressed*) von jdm/etw überwältigt sein; (*be intimidated*) von jdm/etw eingeschüchtert sein; ■ **to ~ sb** jdm Ehrfurcht einflößen **over·'bal·ance I.** *vi person* das Gleichgewicht verlieren; *object* umkippen; *boat* kentern **II.** *vt* ■ **to ~ sb** jdn aus dem Gleichgewicht bringen; ■ **to ~ sth** etw umkippen; *boat* zum Kentern bringen **over·'bear·ing** *adj* (*pej: arrogant*) anmaßend; (*authoritative*) herrisch **over·'blown** *adj* ❶ (*overdone*) geschraubt ❷ *flower* verblühend **'over·board** *adv* über Bord; **to fall ~** über Bord gehen **over·'book I.** *vt usu passive* ■ **to be ~ed** überbucht sein **II.** *vi* zu viele Buchungen vornehmen **over·'book·ing** *n no pl* Überbuchen *nt* **over·'bur·den** *vt* überlasten **over·ca·'pac·i·ty** *n* Überkapazität *f*

over·'cast *adj sky* bedeckt; *weather* trüb **over·'cau·tious** *adj* übervorsichtig **over·'charge I.** *vt* ❶ (*charge too much*) ■ **to ~ sb [for sth]** jdm [für etw *akk*] zu viel berechnen ❷ Elec *electrical device* überlasten; *battery* überladen **II.** *vi* zu viel berechnen **'over·coat** *n* Mantel *m* **over·'come** <-came, -come> *vt* ❶ (*cope with*) bewältigen; *crisis, opposition, fear* überwinden; *temptation* widerstehen ❷ *usu passive* (*render powerless*) ■ **to be ~ by sth** *sleep, emotion, grief* von etw *dat* überwältigt werden; *fumes, exhausts* von etw *dat* ohnmächtig werden ❸ (*defeat*) besiegen **II.** *vi* siegen **over·'con·fi·dent** *adj* (*extremely self-assured*) übertrieben selbstbewusst; (*too optimistic*) übertrieben zuversichtlich **over·'cook** *vt* (*in water*) verkochen; (*in oven*) verbraten **over·'crowd·ed** *adj* ❶ (*with people*) überfüllt; **~ region** Ballungsgebiet *nt*; **~ town** übervölkerte Stadt ❷ (*with things*) überladen **over·de·'vel·oped** *adj also* Phot überentwickelt **over·'do** <-did, -done> *vt* ❶ (*overexert oneself*) **to ~ it** sich überanstrengen; (*overindulge*) es übertreiben; (*go too far*) zu weit gehen ❷ (*use too much*) ■ **to ~ sth** von etw *dat* zu viel verwenden ❸ (*exaggerate*) übertreiben ❹ (*overcook*) *in water* verkochen; *in oven* verbraten **over·'done** *adj* ❶ (*exaggerated*) übertrieben ❷ (*overcooked*) *in water* verkocht; *in oven* verbraten **over·dose** I. *n* ['əʊvədəʊs] Überdosis *f*; *drugs* ~ Überdosis *f* an Drogen II. *vi* [ˌəʊvə'dəʊs] eine Überdosis nehmen '**over·draft** *n* Kontoüberziehung *f* **over·draft fa·'cil·ity** *n* BRIT Dispositionskredit *nt*; (*exceeding fixed limit*) Überziehungskredit *m* **over·'draw** <-drew, -drawn> *vi, vt* **to ~ [one's account]** [sein Konto] überziehen **over·'dress** *vi* sich zu fein anziehen '**over·drive** *n no pl* ❶ AUTO, TECH Schongang *m* ❷ (*fig: effort*) **to be in** ~ auf Hochtouren laufen; **to go into** ~ sich ins Zeug legen *fam* **over·'due** *adj usu pred* überfällig **over·'eat** <-ate, -eaten> *vi* zu viel essen **over·'em·pha·size** *vt* überbetonen **over·es·ti·mate** I. *n* [ˌəʊvəʳ'estɪmət] Überbewertung *f* II. *vt* [ˌəʊvəʳ'estɪmeɪt] ❶ (*value too highly*) überbewerten ❷ (*estimate too much*) überschätzen **over·ex·'cit·ed** *adj usu pred* ■**to be/become** ~ ganz aufgeregt sein/werden **over·ex·'ert** *vt* ■**to ~ oneself** sich überanstrengen **over·ex·'pose** *vt* ■**to be ~d** ❶ PHOT überbelichtet sein ❷ *usu passive* (*overpublicize*) *person* zu sehr im Rampenlicht der Öffentlichkeit stehen; *subject* zu sehr in den Medien breitgetreten werden; **to be ~d to risks** zu starken Risiken ausgesetzt sein **over·ex·'po·sure** *n no pl* ❶ PHOT Überbelichtung *f* ❷ (*in the media*) *of person* zu große Präsenz; *of subject* zu häufige Diskussion **over·ex·'tend** *vt* ■**to ~ oneself** [on sth] sich [bei etw *dat*] [finanziell] übernehmen **over·flow** I. *n* ['əʊvəfləʊ] ❶ *no pl* (*act of spilling*) Überlaufen *nt* ❷ (*overflowing liquid*) überlaufende Flüssigkeit ❸ (*outlet*) Überlauf *m* ❹ (*surplus*) Überschuss *m* (**of** an) II. *vi* [ˌəʊvə'fləʊ] *river, tank* überlaufen; **his room is ~ing with books** sein Zimmer quillt vor Büchern über; **to be ~ing with ideas** vor Ideen sprühen III. *vt* [ˌəʊvə'fləʊ] ■**to ~ sth** *container, tank* etw zum Überlaufen bringen; (*fig*) *area* etw überschwemmen **over·'fly** <-flew, -flown> *vt* überfliegen **over·'grown** *adj* ❶ (*with plants*) überwuchert ❷ (*usu pej: childish*) **he is just an ~ schoolboy** er ist wie ein großer Schuljunge **over·hang** I. *n* ['əʊvəhæŋ] Überhang *m*; TECH vorspringender Teil II. *vt* <-hung, -hung> [ˌəʊvə'hæŋ] ❶ (*project over*) ■**to ~ sth** über etw *akk* hinausragen, ARCHIT über etw *akk* hervorstehen ❷ (*fig: loom over*) überschatten **over·haul** I. *n* ['əʊvəhɔːl] [General]überholung *f*; (*revision*) Überarbeitung *f* II. *vt* [ˌəʊvə'hɔːl] ❶ (*repair*) überholen ❷ (*improve*) überprüfen; (*reform*) überarbeiten ❸ BRIT (*overtake*) überholen; (*catch up with*) einholen **over·head** I. *n* ['əʊvəhed] ❶ (*running costs of business*) ■~s *pl* BRIT, AUS, ■~ AM laufende Geschäftskosten ❷ (*fam: projector*) Overheadprojektor *m*; (*transparency*) Folie *f* II. *adj* ['əʊvəhed] *attr* ❶ (*above head level*) Hoch-; ELEC oberirdisch ❷ (*of running costs of business*) laufend ❸ (*taken from above*) von oben nach *n* ❹ SPORTS Überkopf- III. *adv* [ˌəʊvə'hed] in der Luft; **a plane circled** ~ ein Flugzeug kreiste über uns **over·'hear** <-heard, -heard> I. *vt* ■**to ~ sth** etw zufällig mithören; ■**to ~ sb** jdn unabsichtlich belauschen II. *vi* unabsichtlich mithören; **I'm sorry — I couldn't help ~ing** tut mir leid – ich wollte euch nicht belauschen **over·'heat** I. *vt* überhitzen II. *vi* sich überhitzen *a. fig; motor also* heiß laufen **over·in·'dulge** I. *vt* ■**to ~ sb** jdm zu viel durchgehen lassen; ■**to ~ oneself** sich zu sehr gehen lassen II. *vi* (*overdo*) es übertreiben; (*eat too much*) sich *dat* den Bauch vollschlagen *fam*; (*drink too much*) sich voll laufen lassen *fam*; ■**to ~ in sth** etw im Übermaß genießen **over·joyed** [ˌəʊvə'dʒɔɪd] *adj pred* überglücklich (**at** über) '**over·kill** *n no pl* ❶ MIL Overkill *m* ❷ (*pej: excessiveness*) Übermaß *nt* **over·land** ['əʊvəlænd] I. *adj attr* Überland-, Land-; ~ **journey** Reise *f* auf dem Landweg II. *adv* auf dem Landweg **over·lap** I. *n* ['əʊvəlæp] ❶ (*overlapping part*) Überlappung *f*; GEOL, PHYS Überlagerung *f* ❷ (*similarity*) Überschneidung *f* ❸ *no pl* (*common ground*) Gemeinsamkeit *f* ❹ NAUT Überlappung *f* II. *vi* <-pp-> [ˌəʊvə'læp] ❶ (*lie edge over edge*) sich überlappen ❷ (*be partly similar*) sich überschneiden; ■**to ~ with sth** sich teilweise mit etw *dat* decken III. *vt* <-pp-> [ˌəʊvə'læp] ■**to ~ sth** ❶ (*place edge over edge*) etw *akk* überlappen lassen ❷ (*extend over*) etw überschneiden lassen ❸ (*partly duplicate*) etw ineinander übergehen lassen **over·'leaf** *adv* auf der Rückseite; **see** ~ siehe umseitig! **over·load** I. *n* ['əʊvələʊd] ❶ ELEC Überlast[ung] *f*; TRANSP Übergewicht *nt* ❷ *no pl* (*excess*) Überbelastung *f*; **information** ~ Überangebot *nt* an Informationen II. *vt* [ˌəʊvəʳ'ləʊd] ❶ (*overburden*) *vehicle* überladen; *road, system, person* überlasten ❷ COMPUT, ELEC überlasten **over·'long** I. *adj usu pred* überlang II. *adv* zu lange **over·look** I. *n* AM Aussichtspunkt m II. vt [ˌəʊvəˈlʊk] ❶ (*look out onto*) überblicken; **a room ~ the sea** ein Zimmer mit Blick auf das Meer ❷ (*not notice*) übersehen; (*ignore*) übergehen; (*forget*) vergessen ❸ (*disregard*) ■**to ~ sth** über etw *akk* hinwegsehen

over·ly [ˈəʊvəli] *adv* allzu

over·ˈman·ning *n no pl* Überbesetzung *f* **over·ˈmuch** I. *adj attr* allzu viel II. *adv* übermäßig **over·ˈnight** I. *adj* ❶ *attr* (*for a night*) Nacht-, Übernachtungs-; **~ stay** Übernachtung *f* ❷ (*sudden*) ganz plötzlich; **~ success** Blitzerfolg *m* ❸ SPORTS (*from previous day*) **~ leader** Vortagessieger(in) *m(f)* II. *adv* ❶ (*till next day*) in der Nacht, über Nacht ❷ (*fig: suddenly*) in kurzer Zeit, über Nacht **over·ˈop·ti·mism** *n no pl* unbezwingbarer [*o* übertriebener] Optimismus **ˈover·pass** *n* AM Überführung *f* **over·ˈpay** <-paid, -paid> *vt* ❶ (*overremunerate*) überbezahlen ❷ (*pay more than required*) ■**to ~ sth** für etw *akk* zu viel bezahlen **over·ˈpopu·lat·ed** *adj* überbevölkert **over·popu·ˈla·tion** *n no pl* Überbevölkerung *f* **over·ˈpow·er** *vt* überwältigen; SPORTS bezwingen **over·ˈpow·er·ing** *adj* überwältigend; *smell* durchdringend **over·pro·ˈduce** I. *vi* überproduzieren II. *vt* ■**to ~ sth** von etw *dat* zu viel produzieren **over·ˈrate** *vt* überbewerten **over·ˈreach** *vt* ■**to ~ oneself** sich übernehmen **over·re·ˈact** *vi* überreagieren; ■**to ~ to sth** auf etw *akk* unangemessen reagieren **over·re·ˈac·tion** *f* **over·re·ˈac·tion** *f* (**to** auf) **over·ˈride** I. *n* ❶ (*device*) Übersteuerung *f*; **manual ~** Automatikabschaltung *f* ❷ AM (*overruling*) Außerkraftsetzen *nt* II. *vt* <-rid, -ridden> ❶ (*disregard*) ■**to ~ sb/sth** sich über jdn/etw hinwegsetzen ❷ POL, LAW ■**to be overridden** aufgehoben werden ❸ (*control*) abschalten III. *vi* <-rid, -ridden> weiter fahren als erlaubt **over·ˈrid·ing** I. *adj attr* vorrangig II. *n no pl* Fahrt *f* über das Fahrziel hinaus **over·ˈrule** *vt* überstimmen; ■**to ~ sth** etw ablehnen; *decision* aufheben; *objection* zurückweisen **over·ˈrun** I. *n* Kostenüberschreitung *f* II. *vt* <-ran, -run> ❶ MIL (*occupy*) überrollen ❷ (*spread over*) sich in etw *dat* ausbreiten; ■**to be ~ with sth** von etw *dat* wimmeln; *market* von etw *dat* überschwemmt werden ❸ (*go beyond*) über etw *akk* hinausgehen; *budget* überschreiten III. *vi* <-ran, -run> ❶ (*exceed time*) überziehen ❷ (*financially*) überschreiten **over·seas** I. *adj* [ˈəʊvəsiːz] *attr* (*abroad*) Übersee-, in Über-

see *nach n*; (*destined for abroad*) Übersee-, nach Übersee *nach n*; (*from abroad*) Übersee-, aus Übersee *nach n*; **~ assignment** Auslandseinsatz *m*; **~ student** BRIT ausländischer Student/ausländische Studentin II. *adv* [ˌəʊvəˈsiːz] (*in foreign country*) im Ausland; (*to foreign country*) ins Ausland **over·ˈsee** <-saw, -seen> *vt* beaufsichtigen; *project* leiten **over·ˈseer** [ˈəʊvəˌsiːəʳ] *n* (*hist*) Aufseher(in) *m(f)* **over·ˈsell** <-sold, -sold> *vt* ■**to ~ sth** ❶ (*sell too many*) von etw *dat* zu viel verkaufen; ECON etw über den Bestand verkaufen ❷ (*overhype*) etw zu sehr anpreisen **over·ˈsen·si·tive** *adj* überempfindlich, übersensibel **over·ˈshad·ow** *vt* ❶ (*cast shadow over*) überschatten ❷ (*make insignificant*) in den Schatten stellen ❸ (*cast gloom over*) überschatten **ˈover·shoe** *n* Überschuh *m* **over·ˈshoot** <-shot, -shot> *vt* ■**to ~ sth** über etw *akk* hinausschießen ▶**to ~ the mark** über das Ziel hinausschießen **ˈover·sight** *n* ❶ (*mistake*) Versehen *nt*; **by an ~** aus Versehen ❷ *no pl* (*form: surveillance*) Aufsicht *f* **over·ˈsim·pli·fy** <-ie-> *vt* grob vereinfachen **ˈover·size** *adj*, *esp* AM **ˈover·sized** *adj* überdimensional **over·ˈsleep** <-slept, -slept> *vi* verschlafen **over·ˈspend** <-spent, -spent> I. *vi* zuviel [Geld] ausgeben; **to ~ on a budget** ein Budget überschreiten II. *vt* überziehen; *budget, target* überschreiten **ˈover·spill** *n* Bevölkerungsüberschuss *m* **over·ˈstaffed** *adj* überbesetzt **over·ˈstate** *vt* übertreiben **over·ˈstay** *vt* **to ~ a visa** ein Visum überschreiten; **to ~ one's welcome** jds Gastfreundschaft *f* überbeanspruchen **over·ˈstep** <-pp-> *vt* überschreiten ▶**to ~ the mark** zu weit gehen **over·sub·ˈscribe** *vt usu passive* ■**to be ~d** mehr als ausgebucht sein; *shares* überzeichnet sein **over·ˈsup·ply** I. *n no pl* (*supply*) Überangebot *nt* (**of** an); (*inventory*) Überbestand *m* (**of** an) II. *vt* <-ie-> *usu passive* ■**to be oversupplied with sth** einen zu großen Vorrat an etw *dat* haben

overt [əˈ(ʊ)vɜːt] *adj* offenkundig; *racism, sexism* unverhohlen

over·ˈtake <-took, -taken> I. *vt* ❶ *esp* BRIT, AUS (*pass from behind*) überholen; (*catch up*) einholen ❷ (*surpass*) überholen *fig* ❸ (*befall*) überraschen; **to be ~n by events** von den Ereignissen überholt werden ❹ (*affect*) überkommen II. *vi esp* BRIT überholen **over·ˈtax** *vt* ❶ FIN ■**to ~ sb** jdn übersteuern; ■**to ~ sth** etw zu hoch besteuern ❷(*exhaust*) überfordern **over-the-'count·er** *adj attr* ❶(*without prescription*) *drugs, medication* rezeptfrei ❷ FIN außerbörslich **over·throw I.** *n* ['əʊvəθrəʊ] ❶(*removal from power*) Sturz *m* ❷ SPORTS zu weiter Wurf; **four ~s** (*in cricket*) vier extra Punkte **II.** *vt* <-threw, -thrown> [ˌəʊvə'θrəʊ] ❶(*topple*) *dictator, government* stürzen; *enemy* aus dem Weg räumen; *plans* über den Haufen werfen ❷ AM, AUS SPORTS ■**to ~ sb** für jdn zu weit werfen **'over·time** *n no pl* ❶(*extra work*) Überstunden *pl*; **to do ~** Überstunden machen ❷(*pay*) Überstundenvergütung *f* ❸ AM SPORTS (*extra time*) Verlängerung *f* **over·'tired** *adj* übermüdet **'over·tone** *n* ❶(*implication*) Unterton *m* ❷ MUS Oberton *m*

over·ture ['əʊvətjʊə^r] *n* ❶(*introductory music*) Ouvertüre *f* (**to** zu) ❷(*initial contact*) Angebot *nt* ❸(*approach*) ■**~s** *pl* Annäherungsversuche *pl*

over·'turn I. *vi* umstürzen; *car* sich überschlagen; *boat* kentern **II.** *vt* ❶(*turn upside down*) umstoßen; *boat* zum Kentern bringen ❷(*reverse*) *judgement* aufheben **over·'value** *vt* überbewerten **'over·view** *n* Überblick *m* (**of** über) **over·'ween·ing** [ˌəʊvə'wiːnɪŋ] *adj* (*pej form*) maßlos **over·weight I.** *n* ['əʊvəˌweɪt] *no pl* AM Übergewicht *nt* **II.** *adj* [ˌəʊvə'weɪt] zu schwer; *person also* übergewichtig

over·whelm [ˌəʊvə'(h)welm] *vt* ❶(*affect powerfully*) überwältigen ❷(*overpower*) überwältigen; *enemy* besiegen ❸(*flood*) überschwemmen

over·whelm·ing [ˌəʊvə'(h)welmɪŋ] *adj* ❶(*very powerful*) überwältigend; *desire, need* unwiderstehlich; *grief* unermesslich; *joy* groß; *rage* unbändig ❷(*very large*) überwältigend

over·work I. *n* ['əʊvəwɜːk] *no pl* Überarbeitung *f* **II.** *vi* [ˌəʊvə'wɜːk] sich überarbeiten **III.** *vt* [ˌəʊvə'wɜːk] ❶(*give too much work*) ■**to ~ sb** jdn [mit Arbeit] überlasten ❷(*overuse*) ■**to ~ sth** etw überstrapazieren **over·'write** <-wrote, -written> *vt* ■**to ~ sth** etw überschreiben **over·'wrought** *adj* übereizt **over·'zeal·ous** *adj* übereifrig

ovi·duct ['əʊvɪdʌkt] *n* Eileiter *m*

ovi·pa·rous [əʊ'vɪpərəs] *adj* BIOL, ZOOL Eier legend

ovu·late ['ɒvjəleɪt] *vi* [einen] Eisprung haben

ovu·la·tion [ˌɒvjə'leɪʃən] *n no pl* Eisprung *m*

ovum <*pl* -va> ['əʊvəm, *pl* -və] *n* Eizelle *f*

owe [əʊ] *vt* ❶(*be in debt*) schulden; ■**to ~ it to oneself to do sth** es sich *dat* schuldig sein, etw zu tun; **to ~ sb an explanation** jdm eine Erklärung schuldig sein; **to ~ sb thanks/gratitude** jdm zu Dank verpflichtet sein; **to ~ sb one** (*fam*) jdm noch was schuldig sein ❷(*be indebted*) ■**to ~ sb sth** jdm etw verdanken

ow·ing ['əʊɪŋ] *adj pred* ausstehend

'ow·ing to *prep* (*form*) ■**~ sth** wegen einer S. *gen*

owl [aʊl] *n* Eule *f*; **barn ~** Schleiereule *f*; **tawny ~** Waldkauz *m*

owl·ish ['aʊlɪʃ] *adj* eulenhaft

own [əʊn] **I.** *pron* ❶(*belonging, relating to*) ■**sb's ~** jds eigene(r, s); **his time is his ~** er kann über seine Zeit frei verfügen; **she's got too many problems of her ~** sie hat zu viele eigene Probleme; **to have ideas of one's ~** eigene Ideen haben; **to have money of one's ~** selbst Geld haben; **to make sth [all] one's ~** sich *dat* etw [ganz] zu eigen machen ❷(*people*) **our/their ~** unsere/ihre Leute *fam*; (*family*) die Unseren/Ihren *geh* ▶**to be in a class of one's ~** eine Klasse für sich sein; **to come into one's ~** (*show qualities*) zeigen, was in einem steckt; (*get recognition*) die verdiente Anerkennung erhalten; **to get one's ~ back [on sb]** *esp* BRIT sich an jdm rächen; **[all] on one's/its ~** [ganz] allein[e] **II.** *adj attr* ❶(*belonging to*) eigene(r, s) ❷(*individual*) eigene(r, s) ❸(*for oneself*) **you'll have to get your ~ dinner** du musst dich selbst um das Abendessen kümmern; **she makes all her ~ bread** sie bäckt ihr ganzes Brot selbst; **you'll have to make up your ~ mind** das musst du für dich alleine entscheiden ▶**to do one's ~ thing** tun, was man will; **sb's ~ flesh and blood** jds eigen[es] Fleisch und Blut *geh*; **to be one's ~ man/woman/person** sein eigener Herr sein; **in one's ~ right** (*not due to others*) aus eigenem Recht; (*through one's talents*) aufgrund der eigenen Begabung; **to do sth in one's ~ time** (*outside working hours*) etw in seiner Freizeit tun; (*take one's time*) sich Zeit lassen **III.** *vt* ❶(*possess*) besitzen; **to be privately ~ed** im Privatbesitz sein; ■**to be ~ed by sb** jdm gehören ❷(*form: admit*) ■**to ~ that ...** zugeben, dass ... **IV.** *vi* (*form*) ■**to ~ to sth** eingestehen ◆**own up** *vi* es zugeben; ■**to ~ up to sth** etw zugeben

own·er ['əʊnə^r] *n* Besitzer(in) *m(f)*

own·er·less ['əʊnələs] *adj* herrenlos

own·er·'oc·cu·pied *adj* vom Eigentümer/von der Eigentümerin selbst bewohnt
own·er·'oc·cu·pi·er *n* Bewohner(in) *m(f)* und Eigentümer(in) *m(f)* in einer Person **own·er·ship** ['əʊnəʃɪp] *n no pl* ❶ (*have power over*) Besitz *m* (**of** +*gen*) ❷ LAW Eigentum *nt* (**of** an)
own 'goal *n* (*also fig*) Eigentor *nt*
own 'la·bel *n* BRIT Hausmarke *f*; **'own-label** *adj* BRIT Hausmarken-
ox <*pl* -en> [ɒks] *n* Ochse *m*; **~ cart** Ochsenkarren *m*
Ox·bridge ['ɒksbrɪdʒ] **I.** *n no pl* die Universitäten Oxford und Cambridge **II.** *adj* der Universitäten Oxford und Cambridge nach *n*; **she's an ~ student** sie studiert in Oxford/Cambridge
Ox·fam ['ɒksfæm] *n no pl acr for* **Oxford Committee for Famine Relief** Oxfam; **~ shop** BRIT Oxfam-Laden *m* (*Mischung aus Welt- und Secondhandladen und modernem Antiquariat*)
oxi·da·tion [ˌɒksɪˈdeɪʃən] *n* Oxidation *f*
ox·ide ['ɒksaɪd] *n* Oxyd *nt*

oxi·dize ['ɒksɪdaɪz] *vi, vt* oxidieren
'ox·tail *n* Ochsenschwanz *m*
'ox·tail 'soup *n* Ochsenschwanzsuppe *f*
oxy·acety·lene [ˌɒksiəˈsetəliːn] *n no pl* Azetylensauerstoff *m*
oxy·gen ['ɒksɪdʒən] *n no pl* Sauerstoff *m*
oxy·gen·ate ['ɒksɪdʒəneɪt] *vt* ■ **to ~ sth** etw mit Sauerstoff anreichern
'oxy·gen cyl·in·der *n* Sauerstoffflasche *f*
'oxy·gen mask *n* Sauerstoffmaske *f*
'oxy·gen tent *n* Sauerstoffzelt *nt*
oxy·mo·ron [ˌɒksɪˈmɔːrɒn] *n* Oxymoron *nt*
oys·ter ['ɔɪstə'] *n* ❶ (*shellfish*) Auster *f* ❷ (*in poultry*) sehr zartes Fleisch neben *dem Rückgrat* ▸ **the world is sb's ~** jdm steht die Welt offen
'oys·ter bank *n*, **'oys·ter bed** *n* Austernbank *f*; **'oys·ter·catch·er** *n* ORN Austernfischer *m*
oz <*pl* -> *n abbrev of* **ounce**
ozone ['əʊzəʊn] *n no pl* ❶ (*chemical*) Ozon *nt* ❷ (*fam: clean air*) saubere [frische] Luft
'ozone lay·er *n* Ozonschicht *f*

Pp

P <*pl* -'s *or* -s>, **p** <*pl* -'s> [piː] *n* p *nt*, P *nt; see also* **A 1**
p [piː] **I.** *n* ❶ <*pl* -> *abbrev of* **penny, pence** ❷ <*pl* pp> *abbrev of* **page** S. **II.** *adv* MUS *abbrev of* **piano** p
pa¹ [pɑː] *n* (*dated fam: father*) Papa *m*
pa² [ˌpiːˈeɪ] *adv abbrev of* **per annum** p.a.
pace¹ [peɪs] **I.** *n* ❶ (*speed*) Tempo *nt;* **to set the ~** das Tempo vorgeben ❷ (*step*) Schritt *m;* **to keep ~ with sb/sth** mit jdm/etw Schritt halten **II.** *vt* (*walk up and down*) **he ~d the room nervously** er ging nervös im Zimmer auf und ab **III.** *vi* gehen
pace² [ˈpeɪsi] *prep* (*form*) entgegen
'pace·mak·er *n* ❶ SPORTS (*speed setter*) Schrittmacher(in) *m(f)* ❷ (*for heart*) [Herz]schrittmacher *m* **'pace·set·ter** *n* Schrittmacher(in) *m(f)*
pachy·derm ['pækɪdɜːm] *n* Dickhäuter *m*
Pa·cif·ic [pəˈsɪfɪk] **I.** *n no pl* ▸ **the ~** der Pazifik **II.** *adj* pazifisch, Pazifik-
paci·fi·ca·tion [ˌpæsɪfɪˈkeɪʃən] *n no pl* Befriedung *f*
paci·fi·er ['pæsɪfaɪə'] *n* ❶ (*peacemaker*) Friedensstifter(in) *m(f)* ❷ (*calmer of emotions*) Schlichter(in) *m(f)* ❸ AM (*baby's dummy*) Schnuller *m*
paci·fism ['pæsɪfɪzəm] *n no pl* Pazifismus *m*
paci·fist ['pæsɪfɪst] **I.** *n* Pazifist(in) *m(f)* **II.** *adj* pazifistisch
paci·fy <-ie-> ['pæsɪfaɪ] *vt* ❶ (*establish peace*) *area, country* befrieden ❷ (*calm*) beruhigen
pack [pæk] **I.** *n* ❶ (*backpack*) Rucksack *m;* (*bundle*) Bündel *nt;* (*bag*) Beutel *m* ❷ (*packet*) Packung *f;* (*box*) Schachtel *f* ❸ **of cards** [Karten]spiel *nt* ❹ **+ sing/pl vb** (*group*) Gruppe *f;* of wolves Rudel *nt;* of hounds Meute *f* a. *fig, pej* ❺ (*polar ice*) [Pack]eisdecke *f* **II.** *vi* ❶ (*for a journey*) packen ❷ (*fit in*) passen (**into** in) ▸ **to send sb ~ing** (*fam: send away*) jdn fortschicken; (*dismiss*) jdn entlassen **III.** *vt* ❶ (*put into a container*) *articles, goods* [ein]packen; (*for transport*) verpacken; (*in units for sale*) abpacken ❷ (*fill*) *bag, suitcase, trunk* packen; *box, container* vollpacken ❸ (*put in wrapping*) einpacken (**in** in)

❹ (*use as wrapping*) wickeln (**around** um) ❺ (*make*) *parcel* packen ❻ (*also fig: cram*) vollpacken (**with** mit); ■ **to be ~ed** [**with people**] gerammelt voll [mit Leuten] sein *fam* ❼ (*compress*) zusammenpressen; COMPUT verdichten ❽ (*contain*) enthalten ◆ **pack away** I. *vt* ❶ (*put away*) wegpacken ❷ (*fam: eat*) vertilgen *hum* II. *vi* sich verstauen lassen; ■ **to ~ away into sth** sich in etw *dat* verstauen lassen ◆ **pack in** I. *vt* ❶ (*put in*) einpacken; (*for transport*) verpacken; (*in units for sale*) abpacken ❷ (*cram in*) hineinstopfen; *people, animals* hineinpferchen ❸ (*attract*) *audience* anziehen ❹ (*fam*) ■ **to ~ in sth** (*stop*) mit etw *dat* aufhören; (*give up*) etw hinschmeißen *fig sl* II. *vi* ❶ (*throng*) scharenweise kommen ❷ (*fam: stop work*) Feierabend machen ◆ **pack into** I. *vt* ❶ (*put*) [ein]packen; (*for transport*) verpacken; (*in units for sale*) abpacken ❷ (*cram*) [hinein]stopfen ❸ (*fig: fit*) [hinein]packen II. *vi* ❶ (*fit*) hineinpassen in + *akk* ❷ (*throng*) hineindrängen in + *akk* ◆ **pack off** *vt* (*fam*) wegschicken; **to ~ sb off to bed** jdn ins Bett schicken; **to ~ sb off to boarding school** jdn in ein Internat stecken ◆ **pack out** *vt usu passive* BRIT (*fam*) ■ **to be ~ed out** gerammelt voll sein ◆ **pack up** I. *vt* ❶ (*put away*) zusammenpacken ❷ (*fam*) ■ **to ~ up sth** (*stop*) mit etw *dat* aufhören; (*give up*) etw hinschmeißen *fig sl* II. *vi* (*fam*) ❶ (*stop work*) Feierabend machen ❷ BRIT (*malfunction*) den Geist aufgeben *hum*

pack·age ['pækɪdʒ] I. *n* ❶ (*parcel*) Paket *nt* ❷ AM (*packet*) Packung *f* ❸ (*set*) Paket *nt* ❹ (*comprehensive offer*) Paket *nt* II. *vt* ❶ (*pack*) verpacken ❷ (*fig: present*) präsentieren

'**pack·age deal** *n* Pauschalangebot *nt* **pack·age 'holi·day** *n* BRIT Pauschalurlaub *m* '**pack·age store** *n* AM (*off-licence*) Spirituosenladen *m* '**pack·age tour** *n*, AM *also* '**pack·age trip** *n* Pauschalurlaub *m*

pack·ag·ing ['pækɪdʒɪŋ] *n no pl* ❶ (*materials*) Verpackungsmaterial *nt* ❷ (*activity*) Verpackung *f* ❸ (*presentation*) Präsentation *f*

pack·er ['pækəʳ] *n* [Ver]packer(in) *m(f)*; (*of furniture*) Möbelpacker(in) *m(f)*; (*machine*) Verpackungsmaschine *f*

pack·et ['pækɪt] *n* ❶ (*container*) Packung *f*, Schachtel *f*; **a ~ of biscuits** eine Packung Kekse; **a ~ of cigarettes** eine Schachtel Zigaretten; **a ~ of crisps** eine Tüte Chips ❷ BRIT, AUS (*fam: a lot of money*) ■ **a ~** ein Haufen *m* Geld

'**pack·horse** *n* Packpferd *nt*

pack·ing ['pækɪŋ] *n no pl* ❶ (*action*) Packen *nt* ❷ (*protective wrapping*) Verpackung *f*

'**pack·ing rou·tine** *n* COMPUT Packroutine *f* **pact** [pækt] *n* Pakt *m*

pad¹ [pæd] *vi* trotten; (*walk softly*) tappen

pad² [pæd] I. *n* ❶ (*wad*) Pad *m o nt*; **cotton wool ~** Wattebausch *m*; **stamp ~** Stempelkissen *nt* ❷ SPORTS (*protector*) Polster *nt*; **knee ~** Knieschoner *m* ❸ (*for shaping*) **shoulder ~** Schulterpolster *nt* ❹ (*of paper*) Block *m* ❺ (*on animal's foot*) Ballen *m* ❻ AEROSP, AVIAT Abflug- und Landeplatz *m*; **launch ~** Abschussrampe *f* ❼ (*sl: house, flat*) Bude *f fam* II. *vt* <-dd-> [aus]polstern ◆ **pad out** *vt* (*also iron*) ausschmücken

pad·ded ['pædɪd] *adj* [aus]gepolstert; *bra* wattiert; *envelope* gefüttert

pad·ding ['pædɪŋ] *n no pl* ❶ (*protective material*) Polsterung *f* ❷ (*shaping material*) Polster *nt* ❸ (*superfluous material*) Füllwerk *nt*

pad·dle¹ ['pædl̩] I. *n* ❶ (*oar*) Paddel *nt* ❷ NAUT (*on paddle wheel*) Schaufel *f*; (*paddle wheel*) Schaufelrad *nt* ❸ SPORTS (*bat*) Schläger *m* II. *vt* (*row*) **to ~ a boat** ein Boot mit Paddeln vorwärtsbewegen III. *vi* ❶ (*row*) paddeln ❷ (*swim*) paddeln

pad·dle² ['pædl̩] I. *n* Planschen *nt kein pl* II. *vi* planschen

'**pad·dle boat** *n*, '**pad·dle steam·er** *n* [Schaufel]raddampfer *m*

'**pad·dling pool** *n esp* BRIT, AUS Planschbecken *nt*

pad·dock ['pædək] *n* ❶ (*for animals*) Koppel *f* ❷ AUS (*farm field*) Feld *nt* ❸ (*in horse racing*) Sattelplatz *m* ❹ (*in motor racing*) Fahrerlager *nt*

pad·dy¹ ['pædi] *n* BRIT (*dated*) Wutausbruch *m*

pad·dy² ['pædi] *n* Reisfeld *nt*

'**pad·dy wag·on** *n* AM, AUS (*fam*) grüne Minna *hum*

pad·lock ['pædlɒk] I. *n* Vorhängeschloss *nt* II. *vt* [mit einem Vorhängeschloss] verschließen

pae·di·at·ric [ˌpiːdi'ætrɪk] *adj* pädiatrisch; **~ hospital** Kinderkrankenhaus *nt*

pae·dia·tri·cian [ˌpiːdiə'trɪʃᵊn] *n* Kinderarzt *m*/Kinderärztin *f*

pae·di·at·rics [ˌpiːdi'ætrɪks] *npl* + *sing vb* Kinderheilkunde *f*

pae·do·phile [ˌpiːdə(ʊ)'faɪl] *n* Pädophile(r) *m*

pa·el·la [paɪˈelə] *n no pl* FOOD Paella *f*
pa·gan [ˈpeɪgən] **I.** *n* ❶ (*polytheist*) Heide *m*/Heidin *f* ❷ (*unbeliever*) Ungläubige(r) *f(m)* **II.** *adj* heidnisch
pa·gan·ism [ˈpeɪgənɪzəm] *n* ❶ *no pl* (*polytheism*) Heidentum *nt* ❷ (*unbelief*) Unglaube *m*
page[1] [peɪdʒ] **I.** *n* ❶ (*single sheet*) Blatt *nt*; (*single side*) Seite *f* ❷ COMPUT Seite *f* ❸ (*fig: important event*) Kapitel *nt* **II.** *vi* ❶ (*read*) *book, magazine* durchblättern ❷ COMPUT ■ **to ~ up/down** auf der Seite nach oben/unten gehen
page[2] [peɪdʒ] **I.** *n* ❶ (*hist: knight's attendant*) Knappe *m* ❷ (*hotel worker*) Page *m* **II.** *vt* (*over loudspeaker*) ausrufen; (*by pager*) anpiepsen
pag·eant [ˈpædʒənt] *n* ❶ (*play*) Historienspiel *nt* ❷ (*procession*) Festzug *m*
pag·eant·ry [ˈpædʒəntri] *n no pl* Pomp *m*
page·boy [ˈpeɪdʒbɔɪ] *n* ❶ (*in hotel*) Page *m* ❷ (*at wedding*) Brautführer *m*
ˈ**page lay·out** *n* Seitenlayout *m* ˈ**page proof** *n* Korrekturfahne *f*
pag·er [ˈpeɪdʒər] *n* Pager *m*
pagi·na·tion [ˌpædʒɪˈneɪʃən] *n no pl* Seitennummerierung *f*
pa·go·da [pəˈgəʊdə] *n* Pagode *f*
paid [peɪd] **I.** *pt, pp* of **pay II.** *adj attr* bezahlt ▶ **to put ~ to sth** BRIT, AUS etw zunichtemachen
paid-ˈup *adj* BRIT ❶ (*subscribing*) voll eingezahlt ❷ (*fig: enthusiastic*) [sehr] begeistert
pail [peɪl] *n* Eimer *m*
pain [peɪn] **I.** *n* ❶ (*feeling*) Schmerz *m*; **a ~ in one's leg/side** Schmerzen *pl* im Bein/in der Seite ❷ *no pl* (*physical suffering*) Schmerz[en] *m*[*pl*]; **to be in ~** Schmerzen haben ❸ *no pl* (*mental suffering*) Leid *nt* ❹ (*effort*) ■ **~s** *pl* Mühe *f*; **to go to great ~s to do sth** keine Mühe scheuen, etw zu tun ❺ (*fam: nuisance*) **it's such a ~ having to go shopping** Einkaufen gehen zu müssen finde ich sehr lästig; **that child is a real ~** das Kind ist eine Nervensäge ▶ **no gain without ~** ohne Fleiß kein Preis **II.** *vt* ■ **it ~s sb to do sth** es tut jdm leid, etw zu tun
ˈ**pain bar·ri·er** *n* Schmerzgrenze *f*
pained [peɪnd] *adj expression, look* gequält
pain·ful [ˈpeɪnfəl] *adj* ❶ (*causing physical pain*) schmerzhaft; *death* qualvoll ❷ (*upsetting*) schmerzlich
pain·ful·ly [ˈpeɪnfəli] *adv* ❶ (*suffering pain*) unter Schmerzen ❷ (*unpleasantly*) schmerzlich ❸ (*extremely*) furchtbar *fam* ❹ (*with great effort*) quälend
ˈ**pain·kill·er** *n* Schmerzmittel *nt*
pain·less [ˈpeɪnləs] *adj* ❶ (*without pain*) schmerzlos ❷ (*fig: without trouble*) schmerzlos; *solution* einfach
pain man·age·ment *n* MED Palliativmedizin *f*, Schmerztherapie *f*
pains·tak·ing [ˈpeɪnzˌteɪkɪŋ] *adj* [sehr] sorgfältig; *care* äußerst; *effort* groß; *research* gewissenhaft; *search* gründlich
pains·tak·ing·ly [ˈpeɪnzˌteɪkɪŋli] *adv* [sehr] sorgfältig
paint [peɪnt] **I.** *n* ❶ *no pl* (*substance*) Farbe *f*; (*on car, furniture also*) Lack *m* ❷ (*art colour*) ■ **~s** *pl* Farben *pl*; **oil ~s** Ölfarben *pl* **II.** *vi* ❶ ART malen; **to ~ in oils/watercolours** mit Öl-/Wasserfarben malen ❷ (*decorate rooms*) streichen **III.** *vt* ❶ (*make picture*) malen ❷ (*decorate*) *house* anstreichen; *room, wall* streichen ❸ (*apply make-up*) **she ~ed her nails a bright red** sie lackierte ihre Nägel knallrot ❹ (*fig: describe*) beschreiben; **to ~ a picture of sth** etw schildern
ˈ**paint·box** *n* Malkasten *m* ˈ**paint·brush** *n* [Farb]pinsel *m*
paint·ed [ˈpeɪntɪd] *adj* bemalt; ZOOL, BOT bunt
paint·er[1] [ˈpeɪntər] *n* ❶ (*artist*) [Kunst]maler(in) *m(f)* ❷ (*decorator*) Maler(in) *m(f)*; **~ and decorator** Maler *m* und Tapezierer
paint·er[2] [ˈpeɪntər] *n* NAUT Fangleine *f*
paint·ing [ˈpeɪntɪŋ] *n* ❶ (*picture*) Bild *nt* ❷ *no pl* (*art*) Malerei *f* ❸ *no pl* (*house decorating*) Streichen *nt*
ˈ**paint pot** *n* Farbtopf *m* ˈ**paint roll·er** *n* Farbroller *m* ˈ**paint strip·per** *n* Abbeizmittel *nt* ˈ**paint·work** *n no pl of a house, room, wall* Anstrich *m*; *of a car* Lackierung *f*
pair [peər] **I.** *n* ❶ (*two items*) Paar *nt*; **a ~ of gloves/socks** ein Paar *nt* Handschuhe/Socken ❷ (*two-part item*) Paar *nt*; **a ~ of glasses** eine Brille; **a ~ of scissors** eine Schere; **a ~ of trousers** eine Hose ❸ + *sing/pl vb* (*two people, also couple in relationship*) Paar *nt*; **in ~s** paarweise ❹ + *sing/pl vb* ZOOL Pärchen *nt* **II.** *vi animals* sich paaren **III.** *vt usu passive* ■ **to be ~ed with sb/sth** mit jdm/etw ein Paar bilden ♦ **pair off I.** *vi* einen Partner/eine Partnerin finden **II.** *vt* ■ **to ~ sb off [with sb]** jdn [mit jdm] verkuppeln *fam*
pair·ing [ˈpeərɪŋ] *n no pl* Paarung *f*
ˈ**pair-skat·ing** *n no pl* Paarlaufen *nt*
pa·jam·as *npl* AM *see* **pyjamas**

Pa·ki·stan [ˌpɑːkɪˈstɑːn] *n* Pakistan *nt*
Pa·ki·sta·ni [ˌpɑːkɪˈstɑːni] I. *n* Pakistani *mf*, Pakistaner(in) *m(f)* II. *adj* pakistanisch
pal [pæl] I. *n* (*fam*) Kumpel *m* II. *vi* <-ll-> AM ▪ **to ~ around** [**with sb**] [mit jdm] befreundet sein ◆ **pal up** *vi esp* BRIT, AUS (*dated*) sich anfreunden
pal·ace [ˈpælɪs] *n* Palast *m*
pal·at·able [ˈpælətəbl] *adj* ❶ (*of food, drink*) schmackhaft ❷ (*fig: acceptable*) akzeptabel
pal·ate [ˈpælət] *n* Gaumen *m a. fig*
pa·la·tial [pəˈleɪʃəl] *adj* prachtvoll
pa·la·ver [pəˈlɑːvəʳ] *n* (*fam*) Theater *nt*
pale[1] [peɪl] I. *adj* blass II. *vi* ❶ (*go white*) bleich werden ❷ (*seem unimportant*) **to ~ into insignificance** unwichtig erscheinen
pale[2] [peɪl] *n* (*post*) Pfosten *m* ▶ **beyond the ~** indiskutabel
'**pale·face** *n* (*pej!*) Bleichgesicht *nt pej o hum*
pale·ness [ˈpeɪlnəs] *n no pl* Blässe *f*
Pal·es·tine [ˈpæləstaɪn] *n* Palästina *nt*
Pal·es·tin·ian [ˌpæləˈstɪniən] I. *n* Palästinenser(in) *m(f)* II. *adj* palästinensisch
pal·ette [ˈpælət] *n* ART ❶ (*for mixing paint*) Palette *f* ❷ (*range of colours*) [Farb]palette *f*
pali·sade [ˌpælɪˈseɪd] *n* ❶ (*fence*) Palisade *f* ❷ (*cliffs*) ▪ **~s** *pl* Steilufer *nt*
pal·ish [ˈpeɪlɪʃ] *adj* blässlich; **the sky was a ~ blue** der Himmel war blassblau
pall[1] [pɔːl] *vi* an Reiz verlieren
pall[2] [pɔːl] *n* ❶ (*for coffin*) Sargtuch *nt* ❷ AM (*coffin*) Sarg *m* ❸ (*cloud*) [Rauch]wolke *f*
'**pall·bear·er** *n* Sargträger(in) *m(f)*
pal·let [ˈpælɪt] *n* ❶ (*for goods*) Palette *f* ❷ (*bed*) Pritsche *f*
pal·lia·tive [ˈpæliətɪv] I. *n* ❶ (*drug*) Schmerzmittel *nt* ❷ (*fig: problem-easer*) Beschönigung *f* II. *adj* ❶ (*pain-relieving*) schmerzstillend *attr*, palliativ *fachspr* ❷ (*fig: problem-easing*) beschönigend
pal·lid [ˈpælɪd] *adj* ❶ (*very pale*) fahl ❷ (*lacking verve*) fad[e]
pal·lor [ˈpæləʳ] *n* Blässe *f*
pal·ly [ˈpæli] *adj esp* BRIT (*fam*) kumpelhaft; ▪ **to be ~ with sb** mit jdm [sehr] gut befreundet sein
palm[1] [pɑːm] *n* (*tree*) Palme *f*
palm[2] [pɑːm] *n* Handfläche *f*; **to read sb's ~** jdm aus der Hand lesen ◆ **palm off** *vt* ▪ **to ~ off** ⟲ **sth on sb** jdm etw andrehen *fam;* ▪ **to ~ sb off with sth** jdn mit etw *dat* abspeisen *fam*

palm·ist [ˈpɑːmɪst] *n* Handleser(in) *m(f)*
'**palm leaf** *n* Palmenblatt *nt* **Palm 'Sun·day** *n* Palmsonntag *m*
'**palm·top** *n* COMPUT Palmtop *m*
pal·pable [ˈpælpəbl] *adj* ❶ (*obvious*) offenkundig, deutlich ❷ (*tangible*) spürbar, greifbar
pal·pi·tate [ˈpælpɪteɪt] *vi heart* [schnell] klopfen (**with** vor)
pal·pi·ta·tions [ˌpælpɪˈteɪʃənz] *npl* Herzklopfen *nt kein pl;* **to have ~** (*fig*) einen [Herz]anfall bekommen
pal·sy [ˈpɔːlzi] *n* Lähmung *f;* **cerebral ~** Kinderlähmung *f*
pal·try [ˈpɔːltri] *adj* ❶ (*small*) armselig; *sum* lächerlich; *wage* kärglich ❷ (*contemptible*) billig *pej*
pam·pas [ˈpæmpəs] *n + sing/pl vb* Pampa *f*
pam·per [ˈpæmpəʳ] *vt* verwöhnen; ▪ **to ~ oneself with sth** sich *dat* etw gönnen
pam·phlet [ˈpæmflɪt] *n* [kleine] Broschüre *f*, Faltblatt *nt;* POL Flugblatt *nt*
pan [pæn] I. *n* ❶ (*for cooking*) Pfanne *f;* AM (*for oven cooking*) Topf *m* ❷ BRIT (*toilet bowl*) Toilettenschüssel *f* ▶ **to go down the ~** den Bach runtergehen *fam* II. *vt* <-nn-> ❶ AM (*cook*) [in der Pfanne] braten ❷ (*fam: criticize*) verreißen III. *vi* <-nn-> **to ~ for gold** Gold *nt* waschen ◆ **pan out** *vi* ❶ (*develop*) sich entwickeln ❷ (*succeed*) klappen *fam*
pana·cea [ˌpænəˈsiːə] *n* Allheilmittel *nt;* (*fig*) Patentlösung *f*
pa·nache [pəˈnæʃ] *n no pl* Elan *m,* Schwung *m*
Pana·ma [ˌpænəˈmɑː] *n* Panama *nt*
Pana·ma Ca·nal *n no pl* ▪ **the ~** der Panamakanal **Pana·ma 'City** *n* Panama City *nt*
Pana·ma·nian [ˌpænəˈmeɪniən] I. *n* Panamaer(in) *m(f)* II. *adj* panamaisch
Pan-Ameri·can [ˌpænəˈmerɪkən] *adj* panamerikanisch
'**pan·cake** *n* Pfannkuchen *m*
'**Pan·cake Day** *n* BRIT (*fam*) Fastnachtsdienstag *m*, Faschingsdienstag *m*
pan·cre·as <*pl* -es> [ˈpæŋkriəs] *n* Bauchspeicheldrüse *f*
pan·cre·at·ic [ˌpæŋkriˈætɪk] *adj* Pankreas-
pan·da [ˈpændə] *n* Panda *m*
'**pan·da car** *n* BRIT Streifenwagen *m*
pan·dem·ic [pænˈdemɪk] I. *n* Seuche *f,* Pandemie *f fachspr;* **~ of influenza** Grippepandemie *f* II. *adj* pandemisch; (*fig*) weit verbreitet
pan·de·mo·nium [ˌpændəˈməʊniəm] *n*

no pl ❶ *(noisy confusion)* Chaos *nt* ❷ *(fig: uproar)* Tumult *m*

pan·der ['pændə^r] *vi (pej)* ■ **to ~ to sth** etw *dat* nachgeben; **to ~ to sb's whims** auf jds Launen *pl* eingehen

P & P [ˌpiːˀn(d)ˈpiː] *n no pl* BRIT *abbrev of* **postage and packing** Porto und Verpackung

pane [peɪn] *n* [Fenster]scheibe *f*

pan·el ['pænəl] **I.** *n* ❶ *(wooden)* [Holz]paneel *nt* ❷ *(metal)* Blech *nt* ❸ FASHION *(part of garment)* [Stoff]streifen *m* ❹ *(on page)* Feld *nt* ❺ *+ sing/pl vb (team)* Team *nt* ❻ *(instrument board)* Tafel *f;* **control ~** Schalttafel *f* **II.** *vt* <BRIT *-ll-* or AM *usu -l-*> täfeln (**in** mit)

'**pan·el beat·er** *n* BRIT Autoschlosser(in) *m(f)* '**pan·el dis·cus·sion** *n* Podiumsdiskussion *f* '**pan·el game** *n* BRIT TV Ratespiel *nt*

pan·el·ing *n* AM *see* **panelling**

pan·el·ist *n* AM *see* **panellist**

pan·el·ling ['pænəlɪŋ] *n no pl* [Holz]täfelung *f*

pan·el·list ['pænəlɪst] *n* ❶ *(in expert team)* Mitglied *nt* [einer Expertengruppe] ❷ *(in quiz team)* Teilnehmer(in) *m(f) (an einer Quizshow)*

pang [pæŋ] *n* [plötzliches] Schmerzgefühl; **~ of guilt/jealousy/remorse** Anwandlung *f* von Schuldgefühlen/Eifersucht/ Reue

'**pan·han·dle** **I.** *n* ❶ *(on pan)* Pfannenstiel *m* ❷ GEOG Zipfel *m* **II.** *vi* schnorren **III.** *vt* **to ~ money** Geld schnorren

'**pan·han·dler** *n (fam)* Schnorrer(in) *m(f)*

pan·ic ['pænɪk] **I.** *n no pl* ❶ *(overwhelming fear)* Panik *f* ❷ *(hysterical fear)* panische Angst; **to get in[to] a ~** in Panik geraten **II.** *vi* <*-ck-*> in Panik geraten **III.** *vt* **to ~ sb** unter jdm Panik auslösen

pan·icky ['pænɪki] *adj* panisch; **~ action** Kurzschlusshandlung *f*

'**pan·ic room** *n* Panikraum *m* **pan·ic·strick·en** [ˌstrɪkən] *adj* von Panik ergriffen

pan·jan·drum [pændʒændrəm] *n* Autorität *f*, Koryphäe *f*

pan·ni·er ['pæniə^r] *n (bag)* Satteltasche *f;* *(basket)* Tragkorb *m*

pano·ra·ma [ˌpænə^rˈɑːmə] *n* Panorama *nt;* *(fig)* Überblick *m*

pano·ram·ic [ˌpænə^rˈɑːmɪk] *adj* Panorama-

'**pan pipes** *npl* Panflöte *f*

'**pan scour·er** *n esp* BRIT Topfkratzer *m*

pan·sy ['pænzi] *n* ❶ *(flower)* Stiefmütterchen *nt* ❷ *(pej dated fam: male homosexual)* Homo *m;* *(effeminate male)* Waschlappen *m*

pant[1] [pænt] **I.** *vi* ❶ *(breathe)* keuchen ❷ *(crave)* **to ~ for breath** nach Luft schnappen ❸ *(liter: throb)* *heart* pochen **II.** *n* ❶ *(breath)* Keuchen *nt kein pl* ❷ *(liter: throb)* Pochen *nt kein pl*

pant[2] [pænt] *n* FASHION ■ **~s** *pl* **a pair of ~s** *esp* BRIT eine Unterhose; AM eine [lange] Hose ▶ **to bore the ~s off sb** *(fam)* jdn zu Tode langweilen; **to scare the ~s off sb** jdm einen Riesenschrecken einjagen; **to be caught with one's ~ down** *(fam)* auf frischer Tat ertappt werden

pan·the·ism ['pæn(t)θiɪzəm] *n no pl* Pantheismus *m geh*

pan·the·is·tic(al) [ˌpæn(t)θiˈɪstɪk(əl)] *adj* pantheistisch *geh*

pan·the·on ['pæn(t)θiən] *n (form)* Pantheon *nt*

pan·ther <*pl - or -s*> ['pæn(t)θə^r] *n* ❶ *(leopard)* Panther *m* ❷ AM *also (cougar)* Puma *m*

panties ['pæntiz] *npl (fam)* [Damen]slip *m*

pan·to ['pæntəʊ] *n* BRIT *(fam) short for* **pantomime** I 1

pan·to·mime ['pæntəmaɪm] **I.** *n* ❶ BRIT *(play)* [Laien]spiel *nt;* *(for Christmas)* Weihnachtsspiel *nt* ❷ *(mime)* Pantomime *f;* **to do a ~ of sth** etw pantomimisch darstellen **II.** *vt* pantomimisch darstellen

pan·try ['pæntri] *n* Vorratskammer *f*

'**panty gir·dle** *n* Miederhöschen *nt*

'**pan·ty·hose** *npl* AM, AUS Strumpfhose *f*

'**panty lin·er** *n* Slipeinlage *f*

pap [pæp] *n no pl* ❶ *(esp pej: food)* Babybrei *m* ❷ *(pej fam: entertainment)* Schund *m*

papa ['pɑːpə] *n* BRIT *(dated)* Papa *m*

pa·pa·cy ['peɪpəsi] *n* ❶ *(pope's jurisdiction)* ■ **the ~** das Pontifikat ❷ *usu sing (pope's tenure)* Pontifikat *nt* ❸ *(system of government)* Papsttum *nt*

pa·pal ['peɪpəl] *adj* päpstlich, Papst-

pa·pa·raz·zi [ˌpæpə^rˈrætsi] *npl* Paparazzi *pl*, Sensationsreporter(innen) *mpl(fpl)*

pa·pa·raz·zo [ˌpæpə^rˈrætsəʊ] *n sing of* **paparazzi**

pa·pa·ya [pəˈpaɪjə] *n* Papaya *f*

pa·per ['peɪpə^r] **I.** *n* ❶ *no pl (for writing)* Papier *nt;* **a piece of ~** ein Blatt *nt* Papier; **recycled ~** Altpapier *nt* ❷ *(newspaper)* Zeitung *f* ❸ *(wallpaper)* Tapete *f* ❹ *usu pl (document)* Dokument *nt* ❺ *(credentials)* ■ **~s** *pl* [Ausweis]papiere *pl* ❻ BRIT, AUS UNIV **to write a ~** eine Hausarbeit schreiben **II.** *vt* tapezieren ◆ **paper over** *vt* **to ~ over a problem** ein Problem vertuschen

'pa·per·back *n* Taschenbuch *nt*

'pa·per·back edi·tion *n* Taschenbuchausgabe *f*

pa·per 'bag *n* Papiertüte *f* **'pa·per boy** *n* Zeitungsjunge *m* **'pa·per·chase** *n* BRIT Schnitzeljagd *f* **'pa·per clip** *n* Büroklammer *f* **pa·per 'cup** *n* Pappbecher *m* **'pa·per cut·ter** *n* Papierschneider *m* **'pa·per girl** *n* Zeitungsmädchen *nt* **'pa·per·knife** *n* Brieföffner *m* **'pa·per mill** *n* Papierfabrik *f* **'pa·per mon·ey** *n no pl* Papiergeld *nt* **pa·per 'nap·kin** *n* [Papier]serviette *f* **'pa·per prof·it** *n* rechnerischer Gewinn **'pa·per round** *n* BRIT, AM **'pa·per route** *n* Zeitungszustellung *f;* **to have a ~** Zeitungen austragen **pa·per-'thin** *adj* hauchdünn **pa·per 'ti·ger** *n* (*pej*) Papiertiger *m* **pa·per 'tis·sue** *n* Papiertaschentuch *nt* **pa·per 'tow·el** *n* BRIT Papierhandtuch *nt;* AM Küchenrolle *f* **'pa·per trail** *n esp* AM belastende Unterlagen **'pa·per·weight** *n* Briefbeschwerer *m* **'pa·per·work** *n no pl* Schreibarbeit *f;* **to do ~** [den] Papierkram machen *fam*

pa·pery ['peɪpᵊri] *adj plaster* bröckelig; *skin* pergamenten

pa·pier mâché [ˌpæpɪeɪ'mæʃeɪ] *n no pl* Pappmaschee *nt*

pa·pist ['peɪpɪst] (*pej*) **I.** *n* Papist(in) *m(f)* **II.** *adj* papistisch

pap·py ['pæpi] *n* AM Papi *m fam*

pap·ri·ka ['pæprɪkə] *n no pl* Paprika *m*

'Pap smear *n* AM, AUS, **'Pap test** *n* AM, AUS MED Abstrich *m*

Pa·pua New Guinea [ˌpæpuənjuː'gɪni] *n* Papua-Neuguinea *nt*

pa·py·rus <*pl* -es *or* -ri> [pə'paɪ(ə)rəs, *pl* -raɪ] *n* ❶ Papyrusstaude *f* ❷ (*paper*) Papyrus *m*

par [pɑː^r] **I.** *n* ❶ *no pl* (*standard*) **below/above ~** unter/über dem Standard; **to feel under ~** sich nicht auf der Höhe fühlen ❷ (*equality*) ■ **to be on a ~ with sb/each other** jdm/einander ebenbürtig sein ❸ (*in golf*) Par *nt;* **below/above ~** unter/über Par ▶ **it's ~ for the course** (*fam*) das war [ja] zu erwarten **II.** *vt* SPORTS **to ~ a hole** ein Loch innerhalb des Pars spielen

par. *short for* **paragraph** Abs.

para ['pærə] **I.** *n* (*fam*) ❶ MIL *short for* **paratrooper** Fallschirmjäger(in) *m(f)* ❷ (*text*) *short for* **paragraph** Absatz *m* **II.** *adj pred* BRIT *short for* **paranoid** paranoid

para·ble ['pærəbl] *n* Parabel *f*

pa·rab·o·la <*pl* -s *or* -lae> [pə'ræbᵊlə, *pl* -liː] *n* MATH Parabel *f*

para·bol·ic [ˌpærə'bɒlɪk] *adj* ❶ (*like a parabola*) parabolisch, Parabol- ❷ (*expressed using parable*) gleichnishaft

pa·ra·cet·a·mol <*pl* - *or* -s> [ˌpærə'siːtəmɒl] *n* BRIT, AUS Paracetamol® *nt*

para·chute ['pærəʃuːt] **I.** *n* Fallschirm *m* **II.** *vi* mit dem Fallschirm abspringen

'para·chute jump *n* Fallschirmabsprung *m*

para·chut·ing ['pærəʃuːtɪŋ] *n no pl* Fallschirmspringen *nt*

para·chut·ist ['pærəʃuːtɪst] *n* Fallschirmspringer(in) *m(f)*

pa·rade [pə'reɪd] **I.** *n* ❶ (*procession*) Parade *f;* **victory ~** Siegeszug *m* ❷ MIL [Truppen]parade *f* ❸ BRIT *of shops* Geschäftsstraße *f* **II.** *vi* ❶ (*walk in procession*) einen Umzug machen ❷ MIL marschieren ❸ (*show off*) ■ **to ~ about** auf und ab stolzieren **III.** *vt* ❶ (*march*) **to ~ the streets** durch die Straßen marschieren; (*during a procession*) durch die Straßen ziehen ❷ (*exhibit*) vorführen ❸ (*fig: show off*) stolz vorführen; (*fig*) *knowledge, wealth* zur Schau tragen

pa·'rade ground *n* MIL Exerzierplatz *m*

para·digm ['pærədaɪm] *n* (*form*) ❶ (*model*) Muster *nt;* (*example*) Beispiel *nt* ❷ LING Paradigma *nt fachspr*

para·dig·mat·ic [ˌpærədɪg'mætɪk] *adj* (*form*) paradigmatisch *geh*

para·digm 'shift *n* Paradigmenwechsel *m geh*

para·dise ['pærədaɪs] *n no pl* Paradies *nt;* ■ **P~** das Paradies

para·di·si·a·cal [ˌpærədɪ'saɪəkᵊl] *adj*, **para·di·si·cal** [ˌpærə'dɪsɪkᵊl] *adj* paradiesisch

para·dox <*pl* -es> ['pærədɒks] *n* Paradox[on] *nt geh;* no pl Paradoxie *f;* ■ **it is a ~ that ...** es ist paradox, dass ...

para·dox·i·cal [ˌpærə'dɒksɪkᵊl] *adj* paradox

para·dox·i·cal·ly [ˌpærə'dɒksɪkᵊli] *adv* paradoxerweise

par·af·fin ['pærəfɪn] *n no pl* ❶ BRIT (*fuel*) Kerosin *nt* ❷ (*wax*) Paraffin *nt*

par·af·fin 'heat·er *n* BRIT Kerosinofen *m*

par·af·fin 'lamp *n* BRIT Kerosinlampe *f*

par·af·fin 'wax *n no pl* Paraffin *nt*

para·glid·ing ['pærəˌglaɪdɪŋ] *n no pl* Paragliding *nt*

para·gon ['pærəgən] *n* ❶ (*perfect example*) Muster[beispiel] *nt;* **a ~ of virtue**

(*iron*) ein Ausbund *m* an Tugend ❷ (*diamond*) hundertkarätiger Solitär

par·a·graph ['pærəgrɑ:f] I. *n* ❶ (*text*) Absatz *m* ❷ (*newspaper article*) [kurze] Zeitungsnotiz II. *vt* **to ~ a text** Absätze [in einem Text] machen

Par·a·guay ['pærəgwaɪ] *n* Paraguay *nt*

Par·a·guay·an [ˌpærə'gwaɪən] *adj* paraguayisch

par·a·keet [ˌpærə'ki:t] *n* Sittich *m*

par·al·lel ['pærəlel] I. *adj* ❶ *lines* parallel ❷ (*corresponding*) ~ **example** Parallelbeispiel *nt* II. *n* ❶ (*similarity*) Parallele *f*; ■ **without ~** ohnegleichen; **to draw a ~** einen Vergleich ziehen ❷ MATH Parallele *f* ❸ *esp* AM GEOG **~ [of latitude]** Breitenkreis *m* III. *vt* (*correspond to*) entsprechen; (*be similar to*) ähneln; **not ~ed** beispiellos IV. *adv* parallel; **to run ~ to sth** zu etw *dat* parallel verlaufen

par·al·lel 'bars *npl* (*in gymnastics*) [Parallel]barren *m*

par·al·lel·ism ['pærəlelɪzᵊm] *n no pl* Parallelität *f*

par·al·lel 'line *n* Parallele *f*

par·al·lelo·gram [ˌpærə'leləgræm] *n* Parallelogramm *nt fachspr*

par·al·lel so·'ci·ety *n* Parallelgesellschaft *f*

par·al·lel 'uni·verse *n* ASTRON Paralleluniversum *nt*

Para·lym·pic Games *npl*, **Para·lym·pics** [ˌpærə'lɪmpɪks] *npl* ■ **the ~** die Paralympischen Spiele *pl*

para·lyse ['pærəlaɪz] *vt* BRIT, AUS ❶ MED (*also fig*) lähmen ❷ (*bring to halt*) lahmlegen

para·lysed ['pærəlaɪzd] *adj* BRIT, AUS ❶ MED gelähmt ❷ (*stupefied*) wie gelähmt *präd*, handlungsunfähig ❸ (*brought to halt*) lahmgelegt; (*blocked*) blockiert

pa·raly·sis <*pl* -ses> [pə'ræləsɪs, *pl* -si:z] *n* Lähmung *f a. fig*

para·lyt·ic [ˌpærə'lɪtɪk] I. *adj* ❶ MED paralytisch, Lähmungs- ❷ *esp* BRIT (*fam: drunk*) stockbetrunken II. *n* Paralytiker(in) *m(f) fachspr*

para·lyze *vt* AM *see* **paralyse**

para·lyzed *adj* AM *see* **paralysed**

para·med·ic [ˌpærə'medɪk] *n* Sanitäter(in) *m(f)*

pa·ram·eter [pə'ræmɪtər] *n usu pl* ❶ SCI Bestimmungsfaktor *m* ❷ (*set of limits*) ■ **~s** *pl* Leitlinien *pl*

para·mili·tary [ˌpærə'mɪlɪtᵊri] I. *adj* paramilitärisch II. *n* Milizionär(in) *m(f)*

para·mount ['pærəmaʊnt] *adj* (*form: have priority*) vorrangig

para·noia [ˌpærə'nɔɪə] *n* ❶ PSYCH Paranoia *f geh*, Verfolgungswahn *m* ❷ (*anxiousness*) Hysterie *f*

para·noi·ac [ˌpærə'nɔɪæk] I. *adj* paranoisch *geh* II. *n* Paranoiker(in) *m(f) geh*

para·noid [ˌpærə'nɔɪd] I. *adj* ❶ PSYCH paranoid ❷ (*mistrustful*) wahnhaft; ■ **to be ~ about sth/sb** in ständiger Angst vor etw/ jdm leben II. *n* Paranoiker(in) *m(f) geh*

para·noid schizo·'phre·nia *n* paranoide Schizophrenie *fachspr*

para·nor·mal [ˌpærə'nɔ:məl] I. *adj* übernatürlich; *powers* übersinnlich II. *n no pl* ■ **the ~** übernatürliche Erscheinungen

para·pet ['pærəpɪt] *n* Geländer *nt*

para·pher·na·lia [ˌpærəfə'neɪliə] *n pl,* + *sing/pl vb* Zubehör *nt kein pl;* (*pej*) Brimborium *nt kein pl fam*

para·phrase ['pærəfreɪz] I. *vt* umschreiben; ■ **to ~ sb** jdn frei zitieren II. *n* Paraphrase *f geh*

para·plegia [ˌpærə'pli:dʒə] *n no pl* MED Querschnittslähmung *f*

para·plegic [ˌpærə'pli:dʒɪk] I. *adj* doppelseitig gelähmt II. *n* doppelseitig Gelähmte(r) *f(m)*

para·psy·chol·ogy [ˌpærəsaɪ'kɒlədʒi] *n no pl* Parapsychologie *f*

para·site ['pærəsaɪt] *n* Parasit *m a. fig*

para·sit·ic(al) [ˌpærə'sɪtɪkᵊl] *adj* ❶ BIOL parasitär ❷ (*fig, pej*) *person* schmarotzerhaft

para·sol ['pærəsɒl] *n* Sonnenschirm *m*

para·thy·roid [ˌpærə'θaɪ(ə)rɔɪd] *n,* **para·thy·roid gland** *n* Nebenschilddrüse *f*

para·troop·er ['pærəˌtru:pər] *n* Fallschirmjäger(in) *m(f)*

para·troops ['pærətru:ps] *npl* Fallschirmtruppen *pl*

para·ty·phoid [ˌpærə'taɪfɔɪd] MED I. *n no pl* Paratyphus *m fachspr* II. *adj attr* paratyphoid *fachspr*

par·boil ['pɑ:bɔɪl] *vt* **to ~ food** Lebensmittel kurz vorkochen (*um sie dann weiterzuverarbeiten*)

par·cel ['pɑ:sᵊl] I. *n* (*for mailing*) Paket *nt;* (*small parcel*) Päckchen *nt* II. *vt* <BRIT -ll- *or* AM *usu* -l-> einpacken ◆ **parcel out** *vt* aufteilen ◆ **parcel up** *vt* einpacken

'par·cel bomb *n* BRIT Paketbombe *f* **'par·cel of·fice** *n* BRIT Paketabfertigung *f* **par·cel 'post** *n* Paketpost *f*

parch [pɑ:tʃ] I. *vt* ❶ (*make dry*) austrocknen ❷ (*roast*) *corn, grain* rösten II. *vi* (*become dry*) austrocken, ausdörren

parched [pɑ:tʃt] *adj* ❶ (*dried out*) vertrocknet, verdorrt; *throat* ausgedörrt ❷ *attr* (*fig fam: very thirsty*) ■ **to be ~ [with**

thirst| am Verdursten sein ❸ (*roasted*) *corn, grain* geröstet
parch·ment ['pɑːtʃmənt] *n* ❶ *no pl* (*animal skin, manuscript*) Pergament *nt* ❷ *no pl* (*paper*) Pergamentpapier *nt* ❸ (*fam: document*) Urkunde *f*
par·don ['pɑːdən] I. *n no pl* LAW Begnadigung *f* II. *vt* ❶ (*forgive*) verzeihen, entschuldigen ❷ LAW begnadigen III. *interj* (*apology*) **I beg your ~!** [*or* AM *also* **~ me!**] Entschuldigung!, tut mir leid!; (*request for repetition*) wie bitte?; (*reply to offensiveness*) na, hören Sie mal!
par·don·able ['pɑːdənəbl] *adj* verzeihlich
pare [peəʳ] *vt* ❶ (*trim*) [ab]schneiden; *fruit* schälen ❷ (*reduce gradually*) reduzieren ◆ **pare down** *vt* reduzieren ◆ **pare off** *vt* [ab]schälen
par·ent ['peərənt] I. *n* ❶ *of a child* Elternteil *m*; ■ **~s** Eltern *pl*; **single ~** Alleinerziehende(r) *f(m)* ❷ *of an animal* Elterntier *nt*; *of a plant* Mutterpflanze *f* ❸ (*parent company*) Muttergesellschaft *f* II. *vt* großziehen
par·ent·age ['peərəntɪdʒ] *n no pl* ❶ (*descent*) Abstammung *f* ❷ (*position*) Elternschaft *f* ❸ (*fig: origin*) Herkunft *f*
pa·ren·tal [pəˈrentəl] *adj* elterlich, Eltern-; **~ control/neglect** Beaufsichtigung *f*/Vernachlässigung *f* durch die Eltern
par·ent 'com·pa·ny *n* Muttergesellschaft *f*
pa·ren·the·sis <*pl* -ses> [pəˈren(t)θəsɪs, *pl* -siːz] *n* ❶ (*explanation*) eingeschobener Satz[teil] ❷ *usu pl esp* AM, AUS (*round brackets*) [runde] Klammern
par·en·thet·ic(al) [ˌpærənˈθetɪk(əl)] *adj* (*form*) parenthetisch; *remark* beiläufig
pa·ren·theti·cal·ly [ˌpærənˈθetɪkəli] *adv* (*form*) parenthetisch
par·ent·hood ['peərənthʊd] *n no pl* Elternschaft *f*
par·ent·ing ['peərəntɪŋ] *n no pl* Verhalten *nt* als Eltern, Kindererziehung *f*; **~ skills** elterliches Geschick
par·ent·less ['peərəntləs] *adj* elternlos
Par·ents and 'Citi·zens *n* AUS, **pa·rent-'teach·er as·so·cia·tion** *n*, **pa·rent-'teacher or·gani·za·tion** *n esp* AM Eltern-Lehrer-Organisation *f*
pa·ri·ah [pəˈraɪə] *n* ❶ (*in India*) Paria *m* ❷ (*fig*) Außenseiter(in) *m(f)*
par·ing ['peərɪŋ] *n usu pl of fruit, vegetable* Schale *f*
'par·ing knife *n* Schälmesser *nt*
Par·is ['pærɪs] *n no pl* Paris *nt*

par·ish ['pærɪʃ] *n* ❶ REL [Pfarr]gemeinde *f* ❷ BRIT POL Gemeinde *f*
par·ish 'church *n* Pfarrkirche *f* **par·ish 'clerk** *n* Küster(in) *m(f)* **par·ish 'coun·cil** *n* BRIT Gemeinderat *m* **pa·rish·ion·er** [pəˈrɪʃ(ə)nəʳ] *n* Gemeindemitglied *nt* **par·ish 'priest** *n* Pfarrer(in) *m(f)* **par·ish-pump 'poli·tics** *n* + *sing/pl vb* BRIT Kirchturmpolitik *f* **par·ish 'reg·is·ter** *n* Kirchenbuch *nt*
Pa·ris·ian [pəˈrɪziən] I. *adj* Pariser, pariserisch II. *n* Pariser(in) *m(f)*
par·ity ['pærəti] *n no pl* ❶ (*equality*) Gleichheit *f* ❷ FIN, MATH, PHYS Parität *f fachspr*
park [pɑːk] I. *n* ❶ (*for recreation*) Park *m* ❷ BRIT (*surrounding house*) Parkanlagen *pl* ❸ *esp* BRIT SPORTS (*fam*) ■ **the ~** der [Sport]platz ❹ *esp* BRIT AUTO Parkplatz *m*; **car ~** PKW-Parkplatz *m* II. *vt* ❶ AUTO [ein]parken ❷ (*fig fam: position*) abladen; **to ~ oneself** sich [irgendwo] hinpflanzen III. *vi* parken
par·ka ['pɑːkə] *n* Parka *m*
park 'bench *n* Parkbank *f*
parked [pɑːkt] *adj* geparkt
park·ing ['pɑːkɪŋ] *n no pl* ❶ (*action*) Parken *nt* ❷ (*space*) Parkplatz *m*
'park·ing area *n* Parkplatz *m* **'park·ing at·tend·ant** *n* Parkwächter(in) *m(f)* **'park·ing bay** *n* Parkbucht *f* **'park·ing brake** *n* AM Feststellbremse *f* **'park·ing disc** *n* Parkscheibe *f* **'park·ing fine** *n* Geldstrafe *f* für unerlaubtes Parken **'park·ing gar·age** *n* Parkhaus *nt* **'park·ing lot** *n esp* AM Parkplatz *m* **'park·ing me·ter** *n* Parkuhr *f* **'park·ing of·fence** *n* Parkvergehen *nt* **'park·ing of·fend·er** *n* Parksünder(in) *m(f)* **'park·ing per·mit** *n* Parkerlaubnis *f* **'park·ing place** *n*, **'park·ing space** *n* Parkplatz *m* **'park·ing tick·et** *n* Strafzettel *m* für unerlaubtes Parken
Parkinson's ['pɑːkɪnsənz] *n*, **Parkin·son's dis·ease** *n no pl* Parkinsonkrankheit *f*
'Parkinson's law *n no art, no pl* (*hum*) das parkinsonsche Gesetz
'park keep·er *n* BRIT Parkaufseher(in) *m(f)* **'park·land** *n no pl* Parklandschaft *f* **'park·way** *n* ❶ AM, AUS (*highway*) Autobahn *f* ❷ BRIT RAIL *Parkmöglichkeiten in der Nähe eines Bahnhofs*
parky ['pɑːki] *adj* BRIT (*fam*) *weather* frisch
Parl. *abbrev of* **Parliament** Parlament *nt*
par·lance ['pɑːlən(t)s] *n no pl* (*form*) Ausdrucksweise *f*

par·lia·ment ['pɑːləmənt] *n* ❶ *no art, no pl* (*institution*) ■ P~ Parlament *nt*; ■ **in P~** im Parlament ❷ (*period*) Legislaturperiode *f*

par·lia·men·tar·ian [ˌpɑːləmenˈteəriən] I. *n* (*Member of Parliament*) [Parlaments]abgeordnete(r) *f(m)*, Mitglied *nt* des britischen Unterhauses II. *adj* parlamentarisch

par·lia·men·tary [ˌpɑːləˈmentªri] *adj* ~ **bill** parlamentarischer Gesetzentwurf; ~ **candidate** Kandidat(in) *m(f)* für das Parlament; ~ **election/session** Parlamentswahl *f*/-sitzung *f*

par·lia·men·tary ˈcham·ber *n* Kammer *f* des Parlaments **par·lia·men·tary deˈbate** *n* Parlamentsdebatte *f* **par·lia·men·tary deˈmoc·ra·cy** *n* parlamentarische Demokratie **par·lia·men·tary ˈgov·ern·ment** *n* parlamentarische Regierung

par·lour ['pɑːlə'] *n*, AM **par·lor** *n* ❶ *esp* AM (*shop*) Salon *m*; **ice-cream** ~ Eisdiele *f*; **funeral** ~ Bestattungsinstitut *nt* ❷ (*dated: room*) Salon *m*

ˈpar·lour game *n* Gesellschaftsspiel *nt*

Par·me·san ['pɑːmɪˌzæn] *n*, **Par·me·san cheese** *n no pl* Parmesan[käse] *m*

pa·ro·chial [pəˈrəʊkiəl] *adj* ❶ REL Gemeinde-, Pfarr- ❷ (*pej: provincial*) provinziell; (*narrow-minded*) kleinkariert

pa·ro·chial·ism [pəˈrəʊkiəlɪzªm] *n no pl* (*pej*) Provinzialismus *m geh;* (*narrow-mindedness*) Engstirnigkeit *f*

pa·ro·chial ˈschool *n* AM Konfessionsschule *f*

paro·dist ['pærədɪst] *n* Parodist(in) *m(f)*

paro·dy ['pærədi] I. *n* (*also pej: imitation*) Parodie *f* (**of** auf) II. *vt* <-ie-> parodieren

pa·role [pəˈrəʊl] I. *n no pl* Hafterlassung II. *vt usu passive* Hafturlaub gewähren; ■ **to be ~d** bedingt [aus der Haft] entlassen werden

par·ox·ysm ['pærəksɪzªm] *n* ❶ (*outburst*) ~ **of joy** Freudentaumel *m* ❷ MED Anfall *m*

par·quet ['pɑːkeɪ] I. *n no pl* ❶ Parkett *nt* ❷ AM THEAT Parkett *nt* II. *vt* **to ~ a room** in einem Zimmer Parkettfußboden [ver]legen

par·ri·cide ['pærɪsaɪd] *n* LAW ❶ *no pl* (*murder*) *of both parents* Elternmord *m*; *of mother* Muttermord *m*; *of father* Vatermord *m* ❷ (*murderer*) *of both parents* Elternmörder(in) *m(f)*; *of mother* Muttermörder(in) *m(f)*; *of father* Vatermörder(in) *m(f)*

par·rot ['pærət] I. *n* (*bird*) Papagei *m* II. *vt* (*pej*) nachplappern; ■ **to ~ sb** jdn nachäffen

ˈpar·rot-fash·ion *adv* **to repeat sth** ~ etw wie ein Papagei nachplappern *fam*

par·ry ['pæri] I. *vt* <-ie-> ❶ (*avert*) abwehren ❷ (*fig: deal with*) *questions* [geschickt] ausweichen; *criticism* [schlagfertig] abwehren II. *vi* <-ie-> parieren III. *n* ❶ *of an attack* Parade *f* ❷ (*fig*) *of a question* Ausweichmanöver *nt*

parse [pɑːz] *vt* ❶ (*analyse grammatically*) **to ~ a sentence** einen Satz grammatisch analysieren ❷ COMPUT **to ~ a text** einen Text parsen *fachspr*

Par·see, Par·si [ˌpɑːˈsiː] REL I. *n* Parse *m/* Parsin *f* II. *adj* parsisch

par·si·mo·ni·ous [ˌpɑːsɪˈməʊniəs] *adj* (*pej form*) knauserig

par·si·mo·ni·ous·ly [ˌpɑːsɪˈməʊniəsli] *adv* (*pej form*) geizig

par·si·mo·ni·ous·ness [ˌpɑːsɪˈməʊniəsnəs] *n*, **par·si·mo·ny** ['pɑːsɪməʊni] *n no pl* (*pej form*) Knauserigkeit *f*

pars·ley ['pɑːsli] *n no pl* Petersilie *f*

pars·nip ['pɑːsnɪp] *n* Pastinak *m*

par·son ['pɑːsªn] *n* (*dated*) Pastor(in) *m(f)*

par·son·age ['pɑːsªnɪdʒ] *n* Pfarrhaus *nt*

par·son's ˈnose *n* (*fam*) Bürzel *m* (*von Geflügel*)

part [pɑːt] I. *n* ❶ (*not the whole*) Teil *m*; **she's ~ of the family** sie gehört zur Familie; **it's all ~ of growing up** das gehört [alles] zum Erwachsenwerden dazu; **to be an essential ~ of sth** ein wesentlicher Bestandteil einer S. *gen* sein; **in** ~ teilweise; **for the most** ~ zum größten Teil ❷ *also* TECH (*component*) Teil *m*; *of a machine* Bauteil *nt*; [**spare**] **~s** Ersatzteile *pl* ❸ (*unit*) [An]teil *m* ❹ FILM, TV Folge *f* ❺ ANAT **body** ~ Körperteil *m* ❻ *usu pl* GEOG Gegend *f*; **around these ~s** (*fam*) in dieser Gegend; **in our/your ~ of the world** bei uns/Ihnen; **in this ~ of the world** hierzulande ❼ THEAT (*also fig*) Rolle *f*; **leading/supporting** ~ Haupt-/Nebenrolle *f* ❽ MUS Part *m*, Stimme *f* ❾ *no pl* (*involvement*) Beteiligung *f* (**in** an); **to take** ~ **in sth** an etw *dat* teilnehmen ❿ *no pl* (*task*) Pflicht *f* ⓫ *no pl* (*side*) **it was a mistake on Julia's ~** es war Julias Fehler; **any questions on your ~?** haben Sie ihrerseits/hast du deinerseits noch Fragen? ⓬ AM (*parting*) Scheitel *m* ▶ **for my ~, ...** was mich betrifft, ...; **to look the** ~ entsprechend aussehen; **to be ~ and parcel of sth** zu etw *dat* einfach dazugehören II. *adj attr* teilweise III. *vi* ❶ (*separate*) sich trennen ❷ (*become separated*) *curtains, seams* aufgehen; *lips* sich öffnen; *paths* sich trennen ③ (*form: say goodbye*) sich verabschieden ④ (*euph: die*) sterben **IV.** *vt* ① (*separate*) trennen (**from** von) ② (*comb*) **to ~ one's hair** [sich] einen Scheitel ziehen ▶ **to ~ company** sich trennen ◆ **part with** *vt* ■ **to ~ with sth** sich von etw *dat* trennen

par·take [pɑːˈteɪk] *vi* <-took, -taken> ① (*form: in activity*) ■ **to ~ in sth** an etw *dat* teilnehmen ② (*form or hum: food, drink*) **to ~ of drink/food** etw mittrinken/mitessen ③ (*have*) ■ **to ~ of sth** etw [an sich *akk*] haben

part·ed [ˈpɑːtɪd] *adj* ① (*opened*) ~ **lips** leicht geöffnete Lippen ② (*separated*) ■ **to be ~ from sb/sth** von jdm/etw getrennt sein ③ *hair* **her hair is ~ on the side** sie trägt einen Seitenscheitel

part ex·ˈchange *n esp* BRIT Inzahlungnahme *f* (**for** gegen)

par·theno·gen·esis [ˌpɑːθənə(ʊ)ˈdʒenɪsɪs] *n no pl* Parthenogenese *f fachspr*

par·tial [ˈpɑːʃ⁽ə⁾l] **I.** *adj* ① (*incomplete*) Teil-; **their success was only** ~ sie hatten nur teilweise Erfolg; *paralysis* partiell ② (*biased*) parteiisch ③ *pred* (*be fond of*) ■ **to be ~ to sth** eine Vorliebe für etw *akk* haben **II.** *n* MUS Oberton *m*

par·tial eˈclipse *n* partielle Finsternis

par·tial·ity [ˌpɑːʃiˈæləti] *n* ① *no pl* (*bias*) Parteilichkeit *f*, Voreingenommenheit *f* ② (*liking*) ■ **to have a ~ for sth** eine Vorliebe für etw *akk* haben

par·tial·ly [ˈpɑːʃ⁽ə⁾li] *adv* teilweise

par·tial·ly ˈsight·ed *adj* halbblind

par·tici·pant [pɑːˈtɪsɪp⁽ə⁾nt] *n* Teilnehmer(in) *m(f)*

par·tici·pate [pɑːˈtɪsɪpeɪt] *vi* teilnehmen

par·tici·pa·tion [pɑːˌtɪsɪˈpeɪʃ⁽ə⁾n] *n no pl* Teilnahme *f* (**in** an)

par·tici·pa·tor [pɑːˈtɪsɪpeɪtə^r] *n* Teilnehmer(in) *m(f)*

par·tici·pa·tory [pɑːˈtɪsɪpət⁽ə⁾ri] *adj* teilnehmend; POL auf Mitbestimmung ausgerichtet

par·tici·pa·tory deˈmoc·ra·cy *n* partizipatorische Demokratie *fachspr*

par·ti·ci·ple [pɑːˈtɪsɪpl] *n* Partizip *nt*

par·ti·cle [ˈpɑːtɪkl] *n* ① (*minute amount*) Teilchen *nt*; ~ **of dust** Staubkörnchen *nt* ② (*fig: smallest amount*) Spur *f* ③ LING Partikel *f fachspr*

par·ti·cle acˈcel·era·tor *n* Teilchenbeschleuniger *m* **par·ti·cle ˈphys·ics** *n* [Elementar]teilchenphysik *f*

par·ticu·lar [pɑːˈtɪkjələ^r] **I.** *adj* ① *attr* (*individual*) bestimmt ② *attr* (*special*) besondere(r, s); **no ~ reason** kein bestimmter Grund ③ *pred* (*fussy*) eigen; (*demanding*) anspruchsvoll (**about** hinsichtlich); **to be ~ about one's appearance** sehr auf sein Äußeres achten **II.** *n* (*form*) ① (*detail*) Einzelheit *f*; **in every ~** bis ins Detail ② (*information*) ■ **~s** *pl* Einzelheiten *pl*; **to take down sb's ~** jds Personalien aufnehmen ③ *no pl* (*example*) **the ~** die Details *pl* ▶ **nothing in ~** nichts Besonderes; **in ~** insbesondere

par·ticu·lar·ity [pəˌtɪkjəˈlærəti] *n* (*form*) ① *no pl* (*detailedness*) Genauigkeit *f* ② (*small details*) ■ **particularities** *pl* Einzelheiten *pl*

par·ticu·lar·ize [pɑːˈtɪkjəl⁽ə⁾raɪz] *vt* (*form*) ① (*itemize*) spezifizieren ② (*focus on*) sich konzentrieren (**on** auf)

par·ticu·lar·ly [pɑːˈtɪkjələli] *adv* besonders, vor allem

par·ticu·late [pɑːˈtɪkjʊlət, -ˌleɪt] *adj* partikulär; ~ **fluid bed** CHEM homogene Wirbelschicht; ~ **radiation** PHYS Korpuskularstrahlung *f*

par·ˈticu·late fil·ter *n*, **par·ˈticu·late trap** *n* Partikelfilter *m o nt;* **diesel ~** Rußpartikelfilter *m*

part·ing [ˈpɑːtɪŋ] **I.** *n* ① (*farewell*) Abschied *m;* (*separation*) Trennung *f* ② BRIT, AUS *of hair* Scheitel *m;* **centre/side ~** Mittel-/Seitenscheitel *m* **II.** *adj attr* Abschieds-

part·ing ˈshot *n* letztes [sarkastisches] Wort

par·ti·san [ˌpɑːtɪˈzæn] **I.** *n* ① (*supporter*) *of a party* Parteigänger(in) *m(f); of a person* Anhänger(in) *m(f)* ② MIL Partisan(in) *m(f)* **II.** *adj* parteiisch, voreingenommen

par·ti·san·ship [ˌpɑːtɪˈzænʃɪp] *n no pl* Parteilichkeit *f*

par·ti·tion [pɑːˈtɪʃ⁽ə⁾n] **I.** *n* ① *no pl* POL Teilung *f* ② (*structure*) Trennwand *f* **II.** *vt* ① POL [auf]teilen ② (*divide*) [unter]teilen

part·ly [ˈpɑːtli] *adv* zum Teil, teils, teilweise

part·ner [ˈpɑːtnə^r] **I.** *n* ① (*owner*) Teilhaber(in) *m(f); (in a law firm*) Sozius *m* ② (*accomplice*) ~ **in crime** Komplize *m*/Komplizin *f* ③ (*in dancing*) [Tanz]partner(in) *m(f); (in sports*) Partner(in) *m(f)* ④ (*spouse*) Ehepartner(in) *m(f); (unmarried*) [Lebens]partner(in) *m(f)* **II.** *vt usu passive* ■ **to ~ sb** jds Partner sein; ■ **to be ~ed by sb** jdn als Partner haben

part·ner·ship [ˈpɑːtnəʃɪp] *n* ① *no pl* (*condition*) Partnerschaft *f* ② (*relationship*) **domestic ~** Lebenspartnerschaft *f*; **registered ~** eingetragene Lebenspartnerschaft

❸ (*company*) [offene] Handelsgesellschaft; *of lawyers* Sozietät *f* **ˈpart·ner·ship agree·ment** *n* Gesellschaftsvertrag *m* **part of ˈspeech** <*pl* parts-> *n* LING Wortart *f* **part ˈown·er** *n* Miteigentümer(in) *m(f)* **part ˈown·er·ship** *n* Miteigentümerschaft *f* **part ˈpay·ment** *n* Teilzahlung *f* **par·tridge** <*pl* - *or* -s> [ˈpɑːtrɪdʒ] *n* Rebhuhn *nt* **ˈpart-song** *n* mehrstimmiges Lied **ˈpart-ˈtime** I. *adj* Teilzeit-, Halbtags-; ~ **staff** Teilzeitkräfte *pl* II. *adv* **to work** ~ halbtags arbeiten **part-time ˈjob** *n* Teilzeitarbeit *f* (*half-day job*) Halbtagsarbeit *f* **part-ˈtim·er** *n* Halbtagskraft *f* **par·ty** [ˈpɑːti] I. *n* ❶ (*celebration*) Party *f* ❷ + *sing/pl vb* POL Partei *f*; **opposition** ~ Oppositionspartei *f* ❸ + *sing/pl vb* (*group*) [Reise]gruppe *f*; **coach** ~ Gruppe *f* von Busreisenden; **school** ~ Schülergruppe *f*; **search** ~ Suchtrupp *m* ❹ (*person involved*) Partei *f* ❺ (*fam: person*) Person *f* II. *vi* <-ie-> (*fam*) feiern **par·ty ˈcon·fer·ence** *n* BRIT, AM **par·ty ˈcon·gress** *n* Parteitag *m* **par·ty ˈhead·quar·ters** *n* Parteizentrale *f* **par·ty ˈlead·er** *n* Parteivorsitzende(r) *f(m)* **par·ty ˈline** *n* ❶ POL Parteilinie *f* ❷ TELEC Gemeinschaftsanschluss *m* **par·ty ˈpol·i·tics** *n* + *sing/pl vb* Parteipolitik *f* **ˈpar·ty pop·per** *n* BRIT Partyknaller *m* **par·venu** [ˈpɑːvənjuː] I. *n* (*pej form*) Parvenü *m* II. *adj* nach Art eines Emporkömmlings **pash·mi·na** [pæfˈmiːnə] *n* Pashminaschal *m* **pass** [pɑːs] I. *n* <*pl* -es> ❶ (*road*) Pass *m*; **mountain** ~ [Gebirgs]pass *m* ❷ SPORTS (*of a ball*) Pass *m* (**to** auf), Vorlage *f* (*für ein Tor*) ❸ (*fam: sexual advance*) **to make a** ~ **at sb** sich an jdn ranmachen ❹ BRIT SCH, UNIV (*exam success*) Bestehen *nt* einer Prüfung; AM (*grade*) „Bestanden" ❺ (*permit*) Passierschein *m*; (*for a festival*) Eintritt *m*; (*for public transport*) [Wochen-/Monats-/Jahres-]karte *f* ❻ *esp* AM SCH (*letter of excuse*) Entschuldigung *f* (*für das Fernbleiben vom Unterricht*) ❼ (*in fencing*) Ausfall *m fachspr* II. *vt* ❶ (*go past*) ▪ **to** ~ **sb/sth** an jdm/etw vorbeigehen; (*in car*) an jdm/etw vorbeifahren ❷ (*overtake*) überholen ❸ (*cross*) überqueren; **not a word** ~ed his lips kein Wort kam über seine Lippen ❹ (*exceed*) **don't buy goods which have** ~ed **their sell-by date** kauf keine Waren, deren Verfallsdatum bereits abgelaufen ist; **to** ~ **a limit** eine Grenze überschreiten ❺ (*hand to*) ▪ **to** ~ **sth to sb** jdm etw geben; ▪ **to be** ~ed **to sb** auf jdn übergehen ❻ SPORTS **to** ~ **the ball** den Ball abgeben; **to** ~ **the ball to sb** jdm den Ball zuspielen ❼ (*succeed*) *exam, test* bestehen ❽ (*of time*) **to** ~ **one's time doing sth** seine Zeit mit etw *dat* verbringen; **to** ~ **the time** sich *dat* die Zeit vertreiben ❾ *usu passive esp* POL (*approve*) ▪ **to be** ~ed *law* verabschiedet werden ❿ (*utter*) **to** ~ **a comment** einen Kommentar abgeben; **to** ~ **judgement on sb/sth** über jdn/etw ein Urteil abgeben ⓫ MED (*form: excrete*) **to** ~ **water** Wasser lassen ▶ **to** ~ **the buck to sb/sth** (*fam*) die Verantwortung auf jdn/etw abwälzen III. *vi* ❶ (*move by*) vorbeigehen, vorbeikommen; *road* vorbeiführen; *parade* vorbeiziehen; *car* vorbeifahren; **a momentary look of anxiety** ~ed **across his face** (*fig*) für einen kurzen Moment überschattete ein Ausdruck der Besorgnis seine Miene; **to** ~ **unnoticed** unbemerkt bleiben; ▪ **to** ~ **over sth** *plane* über etw *akk* hinwegfliegen ❷ (*overtake*) überholen ❸ (*enter*) eintreten; **to allow sb to** ~ jdn durchlassen ❹ (*go away*) vorübergehen, vorbeigehen ❺ (*change*) ▪ **to** ~ **from sth to sth** von etw *dat* zu etw *dat* übergehen ❻ (*exchange*) **no words have** ~ed **between us since our divorce** seit unserer Scheidung haben wir kein einziges Wort miteinander gewechselt; **the looks** ~ing **between them suggested that ...** die Blicke, die sie miteinander wechselten, ließen darauf schließen, dass ... ❼ SPORTS (*of a ball*) zuspielen ❽ SCH (*succeed*) bestehen ❾ (*go by*) *time* vergehen ❿ (*not answer*) passen [müssen] ⓫ (*forgo*) ▪ **to** ~ **on sth** auf etw *akk* verzichten ⓬ (*be accepted as*) **I don't think you'll** ~ **as 18** keiner wird dir abnehmen, dass du 18 bist ⓭ CARDS passen ◆ **pass along** I. *vt* ▪ **to** ~ **along** ↻ **sth** etw weitergeben II. *vi* vorbeigehen ◆ **pass around** *vt* herumreichen ◆ **pass away** I. *vi* ❶ (*euph: die*) entschlafen *geh* ❷ (*fade*) nachlassen; *anger* verrauchen II. *vt* **we** ~ed **away the evening watching TV** wir verbrachten den Abend mit Fernsehen ◆ **pass by** I. *vi* ❶ *time* vergehen ❷ (*go past*) [an jdm/etw] vorbeigehen; (*in vehicle*) [an jdm/etw] vorbeifahren II. *vt* ❶ (*miss sb*) ▪ **sth** ~es **sb by** etw geht an jdm vorbei ❷ (*go past*) ▪ **to** ~ **by** ↻ **sb/sth** an jdm/etw vorübergehen ◆ **pass down** *vt* ❶ *usu passive* (*bequeath*) ▪ **to**

be ~ed down *tradition* weitergegeben werden; *songs, tales* überliefert werden ❷ (*hand down*) hinunterreichen ◆**pass off I.** *vt* ❶ (*hide*) abtun; **to ~ off one's embarrassment** seine Verlegenheit überspielen ❷ (*pretend*) ■**to ~ oneself off as sb** sich als jd ausgeben **II.** *vi* ❶ (*take place*) verlaufen ❷ (*fade*) nachlassen ◆**pass on I.** *vi* ❶ (*proceed*) fortfahren, weitermachen ❷ (*euph: die*) entschlafen *geh* **II.** *vt* ❶ BIOL weitergeben (**to** an) ❷ (*forward*) *information, news* weitergeben ❸ (*infect*) *disease* übertragen ❹ *usu passive* (*hand down*) ■**to be ~ed on** *clothes, traditions* weitergegeben werden; *fortune, jewellery* [weiter]vererbt werden; *stories* überliefert werden ◆**pass out I.** *vi* ❶ (*faint*) in Ohnmacht fallen, bewusstlos werden ❷ (*leave*) hinausgehen; ■**to ~ out of sth** etw verlassen **II.** *vt* AM (*hand out*) verteilen ◆**pass over I.** *vt* ❶ *usu passive* (*not promote*) ■**to be ~ed over [for promotion]** [bei der Beförderung] übergangen werden ❷ (*overlook*) übergehen ❸ (*move overhead*) ■**to ~ over sb/sth** *plane, birds* über jdn/etw fliegen **II.** *vi* entschlafen *euph* ◆**pass round** *vt* BRIT *see* **pass around** ◆**pass through I.** *vi* durchreisen; **we were only ~ing through** wir waren nur auf der Durchreise **II.** *vt* **the cook ~ed the carrots through the mixer** der Koch pürierte die Karotten im Mixer ◆**pass up** *vt* ■**to ~ up** ⟳ **sth** sich *dat* etw entgehen lassen

pass·able ['pɑːsəbl] *adj* ❶ (*traversable*) passierbar, befahrbar ❷ (*satisfactory*) [ganz] passabel; **only ~** nur so leidlich

pas·sage ['pæsɪdʒ] *n* ❶ (*narrow corridor*) Gang *m*, Flur *m*; **underground ~** Unterführung *f* ❷ (*long path*) Durchgang *m* ❸ LIT (*excerpt*) [Text]passage *f*; MUS Stück *nt* ❹ (*onward journey*) Durchfahrt *f* ❺ (*way of escape*) Durchlass *m* ❻ *no pl* (*progression*) Voranschreiten *nt; of troops* Durchzug *m; of a plane* Überfliegen *nt; of fire* ungehindertes Sichausbreiten ❼ POL (*passing*) *of a law* Verabschiedung *f; of a resolution* Annahme *f*

'**pas·sage·way** *n* Korridor *m*, [Durch]gang *m*

'**pass·book** *n* Sparbuch *nt*

pas·sé [pæs'eɪ] *adj* (*pej*) passé, veraltet, out *sl*; **to look ~** altmodisch aussehen

pas·sen·ger ['pæsᵊndʒə'] *n* (*on a bus, tube*) Fahrgast *m; (of an airline)* Passagier(in) *m(f); (on a train)* Reisende(r) *f(m); (in a car)* Mitfahrer(in) *m(f),* Insasse *m/* Insassin *f*

'**pas·sen·ger list** *n* Passagierliste *f*

pass·er·by <*pl* passers-> [ˌpɑːsə'baɪ] *n* Passant(in) *m(f)*

pass·ing ['pɑːsɪŋ] **I.** *adj attr* ❶ (*going past*) *vehicle* vorbeifahrend; *person* vorbeikommend; **with each ~ day** mit jedem weiteren Tag[, der vergeht] ❷ (*fleeting*) *glance, thought* flüchtig; **a ~ fancy** nur so eine Laune ❸ (*casual*) *remark* beiläufig ❹ (*slight*) *resemblance* gering **II.** *n no pl* ❶ (*death*) Ableben *nt geh* ❷ (*end*) Niedergang *m;* **the ~ of an era** das Ende einer Ära ❸ (*going by*) Vergehen *nt; with the ~ of the years* [*or* **time**] im Lauf der Jahre ❹ SPORTS Passen *nt*

pass·ing-'out *n* BRIT, AUS MIL, UNIV Abschlussfeier *f* **pass·ing-'out cer·e·mo·ny** *n* BRIT, AUS, **pass·ing-'out pa·rade** *n* BRIT, AUS MIL, UNIV Abschlusszeremonie *f*

'**pass·ing place** *n* Ausweichstelle *f*

pas·sion ['pæʃᵊn] *n* ❶ (*love*) Leidenschaft *f* ❷ (*fancy*) Vorliebe *f;* **to have a ~ for doing sth** etw leidenschaftlich gerne tun ❸ (*strong emotion*) **crime of ~** Verbrechen *nt* aus Leidenschaft; **to hate sb/sth with a ~** jdn/etw aus tiefstem Herzen hassen

pas·sion·ate ['pæʃᵊnət] *adj* leidenschaftlich

pas·sion·ate·ly ['pæʃᵊnətli] *adv* ❶ (*intensely*) leidenschaftlich, begeistert; **to argue ~** heftig streiten; **to believe ~ in sth** mit allen Fasern seines Herzens an etw *akk* glauben ❷ (*amorously*) **to embrace/ kiss ~** sich leidenschaftlich umarmen/küssen

'**pas·sion flow·er** *n* Passionsblume *f*
'**pas·sion fruit** *n* Passionsfrucht *f*

pas·sion·less ['pæʃᵊnləs] *adj* (*pej*) leidenschaftslos

'**pas·sion play** *n* Passionsspiel *nt* '**Pas·sion Week** *n* Karwoche *f*

pas·sive ['pæsɪv] **I.** *n no pl* LING Passiv *nt* **II.** *adj* ❶ (*inactive*) *role* passiv; *victim* hilflos ❷ (*indifferent*) *spectator* teilnahmslos; *audience* lahm ❸ (*submissive*) unterwürfig; **to be too ~** sich *dat* zu viel gefallen lassen ❹ LING passiv, passivisch

pas·sive·ly ['pæsɪvli] *adv* passiv; (*indifferently*) teilnahmslos; (*without resisting*) widerstandslos

pas·sive·ness ['pæsɪvnəs] *n no pl* (*inactivity*) Passivität *f;* (*apathy*) Teilnahmslosigkeit *f*

pas·siv·ity [pæs'ɪvəti] *n no pl* (*inactivity*) Passivität *f,* Untätigkeit *f;* (*apathy*) Teilnahmslosigkeit *f;* **to give the impression**

'**pass key** *n* Hauptschlüssel *m* '**pass mark** *n* BRIT, AUS Ausreichend *nt kein pl* (*Mindestnote für das Bestehen einer Prüfung*) **Pass·over** [ˌpɑːsˈəʊvəʳ] *n* Passah[fest] *nt* **pass·port** [ˈpɑːspɔːt] *n* [Reise]pass *m;* (*fig*) Schlüssel *m* (**to** zu) '**pass·port con·trol** *n no pl* Passkontrolle *f* '**pass·port hold·er** *n* [Reise]passinhaber(in) *m(f)* '**pass·word** *n* Parole *f,* Losungswort *nt;* FIN Kennwort *nt;* COMPUT Passwort *nt*

past [pɑːst] I. *n no pl* ❶ (*not present*) Vergangenheit *f;* (*past life*) Vorleben *nt;* **in the** ~ in der Vergangenheit ❷ LING (*in grammar*) Vergangenheit[sform] *f* II. *adj* ❶ *attr* (*preceding*) vergangen; (*former*) frühere(r, s); **over the** ~ **two days** während der letzten beiden Tage; **for the** ~ **five weeks** während der letzten fünf Wochen ❷ (*over*) vorüber, vorbei III. *adv* **to go** ~ **sb/sth** an jdm/etw vorbeigehen; *vehicle* an jdm/etw vorbeifahren IV. *prep* ❶ (*to other side*) an ... vorbei; **to go/drive/walk** ~ vorbeigehen/-fahren/-laufen; (*at other side*) hinter, nach; **just** ~ **the post office** gleich hinter der Post ❷ (*after the hour of*) nach; **it's quarter** ~ **five** es ist Viertel nach Fünf ❸ (*beyond*) **the meat was** ~ **the expiry date** das Fleisch hatte das Verfallsdatum überschritten; **to be** ~ **it** (*pej, hum*) zu alt sein ❹ (*further than*) über ... hinaus; **he can't see** ~ **the issue** er kann einfach nicht über die Sache hinaus sehen; **I just can't get** ~ **the idea** ich werde den Gedanken einfach nicht los

pas·ta [ˈpæstə] *n no pl* Nudeln *pl*
past con·tin·u·ous *n no pl* Verlaufsform *f* der Vergangenheit
paste [peɪst] I. *n no pl* ❶ (*soft substance*) Paste *f* ❷ (*sticky substance*) Kleister *m* ❸ FOOD (*mixture*) Teig *m* ❹ FOOD (*product*) Paste *f* II. *vt* ❶ (*affix*) kleben (**on**|**to**) auf) ❷ COMPUT einfügen
'**paste·board** *n no pl* Karton *m,* Pappe *f*
pas·tel [ˈpæstəl] I. *n* ❶ ART (*material*) Pastellkreide *f;* (*drawing*) Pastell *nt* ❷ (*colour*) Pastellton *m* II. *adj* pastellfarben; **the greens and blues** die grünen und blauen Pastelltöne
'**paste-up** *n* Montage *f*
pas·teur·i·za·tion [ˌpæstʃəraɪˈzeɪʃən] *n no pl* Pasteurisation *f*
pas·teur·ize [ˌpæstʃəraɪz] *vt usu passive* pasteurisieren

pas·tille [ˈpæstəl] *n* Pastille *f;* **fruit** ~ Fruchtbonbon *m o nt;* **throat** ~ Halspastille *f*
pas·time [ˈpɑːstaɪm] *n* Zeitvertreib *m*
pas·tor [ˈpɑːstəʳ] *n* Pfarrer *m,* Pastor *m*
pas·to·ral [ˈpɑːstərəl] *adj* ❶ REL pastoral, seelsorgerisch ❷ LIT, ART idyllisch, Schäfer-; *scene* ländlich
past par·ti·ci·ple *n* Partizip Perfekt *nt*
past 'per·fect *n no pl,* **past 'per·fect tense** *n no pl* Plusquamperfekt *nt*
pas·try [ˈpeɪstri] *n* ❶ *no pl* (*dough*) [Kuchen]teig *m;* **choux/puff/shortcrust** ~ Brand-/Blätter-/Mürbeteig *m* ❷ (*cake*) Gebäckstück *n*
'**past tense** *n* Vergangenheit *f*
pas·ture [ˈpɑːstʃəʳ] *n* Weide *f;* **to put animals out to** ~ Tiere auf die Weide treiben; ~**s new** BRIT (*fig*), **new** ~**s** AM (*fig*) neue Aufgaben, etwas Neues
'**pas·ture land** *n no pl* Weideland *nt*
pasty[1] [ˈpæsti] *n* BRIT, CAN Pastete *f*
pasty[2] [ˈpeɪsti] *adj* (*pej*) *complexion* bleich, käsig *fam*
pat [pæt] I. *vt* <-tt-> tätscheln; **to** ~ **sb/oneself on the back** (*fig*) jdm/sich selbst auf die Schulter klopfen; **to** ~ **vegetables dry** Gemüse trocken tupfen II. *n* ❶ (*tap*) [freundlicher] Klaps, Tätscheln *nt kein pl;* **a** ~ **on the back** (*fig*) ein [anerkennendes] Schulterklopfen; **to give sb/an animal a** ~ jdm/einem Tier einen liebevollen Klaps geben ❷ (*dab*) **a** ~ **of butter** eine [kleine] Portion Butter
patch [pætʃ] I. *n* <*pl* -es> ❶ (*spot*) Fleck[en] *m;* ■**in** ~**es** stellenweise; **fog** ~ Nebelfeld *nt;* **vegetable** ~ [kleines] Gemüsebeet ❷ BRIT (*fam: phase*) Phase *f;* **to go through a bad** ~ eine schwere Zeit durchmachen ❸ BRIT (*work area*) *of the police* [Polizei]revier *nt; of a social worker* Bereich *m* ❹ (*fabric*) Flicken *m;* (*for an eye*) Augenklappe *f;* (*plaster*) Pflaster *nt* ▶ **to not be a** ~ **on sb/sth** BRIT, AUS (*fam*) jdm/etw nicht das Wasser reichen können II. *vt* (*cover*) flicken ◆ **patch up** *vt* ❶ (*repair*) zusammenflicken *fam* ❷ (*fig: conciliate*) **to** ~ **up one's marriage** seine Ehe kitten *fam;* **to** ~ **up a quarrel** einen Streit beilegen
'**patch·work** I. *n* ❶ *no pl* (*needlework*) Patchwork *nt* ❷ (*fig: mishmash*) Flickwerk *nt* II. *adj* Flicken-; ~ **cushion/jacket/quilt** Patchworkkissen *nt/*-jacke *f/*-decke *f*
patchy [ˈpætʃi] *adj* ❶ METEO ungleichmäßig; ~ **cloud/rain** stellenweise wolkig/Regen ❷ (*fig: inconsistent*) großen Qualitäts-

schwankungen unterworfen, von sehr unterschiedlicher Qualität *nach n, präd;* (*incomplete*) unvollständig; *knowledge* lückenhaft

pâté ['pæteɪ] *n* Pastete *f*

pa·tent ['peɪtᵊnt, 'pæt-] I. *n* LAW Patent *nt* (**on** auf); **to take out a ~ on sth** [sich *dat*] etw patentieren lassen II. *adj* ❶ (*copyrighted*) Patent-, patentiert ❷ (*form: blatant*) offenkundig III. *vt* **to ~ an/one's invention** eine Erfindung/sich *dat* seine Erfindung patentieren lassen

pa·tent·ed ['peɪtᵊntɪd, 'pæt-] *adj* ❶ (*copyrighted*) patentiert ❷ (*characteristic*) typisch

pa·tentee [ˌpeɪtᵊn'ti:, ˌpæt-] *n* Patentinhaber(in) *m(f)*

pa·tent ˈleath·er *n* Lackleder *nt* **pa·tent ˈmedi·cine** *n* [patentrechtlich] geschütztes Arzneimittel **ˈpa·tent of·fice** *n* Patentamt *nt*

pa·ter·nal [pə'tɜ:nᵊl] *adj* ❶ *attr* (*on the father's side*) väterlich; **~ ancestors/relatives** Vorfahren *pl*/Verwandte *pl* väterlicherseits ❷ (*fatherly*) väterlich

pa·ter·nal·ism [pə'tɜ:nᵊlɪzᵊm] *n no pl* Paternalismus *m*

pa·ter·nal·is·tic [pəˌtɜ:nᵊl'ɪstɪk] *adj* paternalistisch

pa·ter·nity [pə'tɜ:nəti] *n no pl* (*form*) ❶ (*fatherhood*) Vaterschaft *f* ❷ (*fig: origin*) Urheberschaft *f*

pa·ˈter·nity leave *n no pl* Vaterschaftsurlaub *m* **pa·ˈter·nity suit** *n* Vaterschaftsprozess *m*

path [pɑ:θ] *n* ❶ (*way*) Weg *m*, Pfad *m*; **to clear a ~** einen Weg bahnen ❷ (*direction*) Weg *m; of a bullet* Bahn *f;* **to block sb's ~** jdm den Weg verstellen ❸ (*fig: course*) Weg *m; of a person* Lebensweg *m;* **to cross sb's ~** jdm über den Weg laufen ❹ (*fig: development*) Weg *m*

pa·thet·ic [pə'θetɪk] *adj* ❶ (*heart-rending*) Mitleid erregend; **a ~ sight** ein Bild des Jammers ❷ (*pej: pitiful*) jämmerlich; *attempt* kläglich; *answer, reply* dürftig; *excuse* schwach; **don't be so ~!** sei nicht so ein Jammerlappen! *fam*

ˈpath·find·er *n* (*person*) Wegbereiter(in) *m(f);* (*thing*) bahnbrechende Neuerung

patho·gen ['pæθə(ʊ)dʒən] *n* Krankheitserreger *m*

patho·gen·ic [ˌpæθə(ʊ)'dʒenɪk] *adj* krankheitserregend, pathogen *fachspr*

patho·logi·cal [ˌpæθə'lɒdʒɪkᵊl] *adj* ❶ (*fam*) krankhaft; *liar* notorisch ❷ UNIV, MED Pathologie-; *analysis, examination* pathologisch

patho·logi·cal·ly [ˌpæθə'lɒdʒɪkli] *adv* (*abnormally*) krankhaft, pathologisch *fachspr;* **~ jealous** krankhaft eifersüchtig; **~ protective** überbeschützend

pa·tholo·gist [pə'θɒlədʒɪst] *n* Pathologe *m*/Pathologin *f*

pa·thol·ogy [pə'θɒlədʒi] *n no pl* ❶ (*study of illnesses*) Pathologie *f* ❷ (*disease characteristics*) Krankheitsbild *nt* ❸ (*fig: abnormal behaviour*) krankhaftes Verhalten

pa·thos ['peɪθɒs] *n no pl* Pathos *nt geh*

ˈpath·way *n* ❶ (*also fig: routeway*) Weg *m a. fig* ❷ MED, BIOL Leitungsbahn *f*

pa·tience ['peɪʃᵊn(t)s] *n no pl* ❶ (*endurance*) Geduld *f* ❷ BRIT, AUS CARDS Patience *f*

pa·tient ['peɪʃᵊnt] I. *adj* geduldig; **just be ~!** hab noch etwas Geduld!; ▪ **to be ~ with sb** mit jdm Geduld haben II. *n* MED Patient(in) *m(f)*

pati·na ['pætɪnə] *n no pl* ❶ CHEM, SCI, TECH Film *m;* (*on copper, brass*) Patina *f;* (*verdigris*) Grünspan *m;* (*sheen*) Firnis *m* ❷ (*fig form: veneer*) Fassade *f*

pa·tio ['pætiəʊ] *n* ❶ (*courtyard*) Innenhof *m;* ▪**on the ~** im Innenhof ❷ (*veranda*) Terrasse *f*, Veranda *f*

pa·tis·serie [pə'ti:sᵊri] *n* ❶ (*shop*) Konditorei *f,* Patisserie *f* ❷ *no pl* (*cakes*) feines Gebäck

pa·tri·arch ['peɪtrɪɑ:k] *n* ❶ (*bishop*) Patriarch *m* ❷ (*father figure*) Familienoberhaupt *nt* ❸ (*founder*) Vater *m*

pa·tri·ar·chal [ˌpeɪtrɪ'ɑ:kᵊl] *adj* patriarchalisch

pa·tri·ar·chy ['peɪtrɪɑ:ki] *n* Patriarchat *nt*

pa·tri·cian [pə'trɪʃᵊn] I. *n* ❶ (*hist: member of Roman aristocracy*) Patrizier(in) *m(f)* ❷ (*aristocrat*) Aristokrat(in) *m(f);* (*pej*) Großtuer(in) *m(f)* II. *adj* ❶ (*hist: of Roman aristocracy*) patrizisch, Patrizier- ❷ (*aristocratic*) aristokratisch; (*pej*) vornehm *iron*

pat·ri·cide ['pætrɪsaɪd] *n no pl* Vatermord *m*

pa·tri·ot ['pætrɪət, 'peɪ-] *n* Patriot(in) *m(f)*

pat·ri·ot·ic [ˌpætri'ɒtɪk, ˌpeɪ-] *adj* patriotisch

pat·ri·oti·cal·ly [ˌpætri'ɒtɪkli, ˌpeɪ-] *adj* patriotisch

pa·tri·ot·ism ['pætrɪətɪzᵊm, ˌpeɪ-] *n no pl* Patriotismus *m*

pa·trol [pə'trəʊl] I. *vi* <-ll-> patrouillieren II. *vt* <-ll-> ▪**to ~ sth** etw abpatrouillieren; **to ~ one's beat** (*police*) auf Streife sein; (*watchman*) seine Runde machen III. *n* Patrouille *f;* **highway ~** AM *Polizei, die die Highways überwacht*

pa·'trol car *n* Streifenwagen *m* **pa·'trol duty** *n* Streifendienst *m* **pa·'trol·man** *n* AM, AUS Streifenpolizist(in) *m(f)* **pa·'trol wag·on** *n* AM, AUS Gefangenenwagen *m* (*der Polizei*)

pa·tron ['peɪtrən] *n* ❶ (*form: customer*) [Stamm]kunde *m* ❷ (*benefactor*) Schirmherr *m*; ~ **of the arts** Mäzen(in) *m(f)* der [schönen] Künste; ~ **of the needy** Wohltäter(in) *m(f)* der Bedürftigen

pat·ron·age ['pætrənɪdʒ, 'peɪ-] *n no pl* ❶ (*support*) Schirmherrschaft *f*; **by the kind ~ of sb/sth** durch die freundliche Unterstützung einer Person/einer S. *gen* ❷ ECON (*form*) Kundschaft *f*

pat·ron·ess <*pl* -es> [ˌpeɪtrə'nes, 'pæt-] *n* ❶ (*benefactress*) Schirmherrin *f*; ~ **of the arts/sciences** Förderin *f* der [schönen] Künste/Wissenschaften ❷ REL Schutzpatronin *f*

pat·ron·ize ['pætrənaɪz] *vt* ❶ (*form: frequent*) ■ **to ~ sth** [Stamm]kunde bei etw *dat* sein ❷ (*pej: treat condescendingly*) ■ **to ~ sb** jdn herablassend behandeln ❸ (*support*) unterstützen

pat·ron·iz·ing ['pætrənaɪzɪŋ] *adj* (*pej*) attitude herablassend; look, tone gönnerhaft, von oben herab *präd*

pat·ron·iz·ing·ly ['pætrənaɪzɪŋli] *adv* herablassend, gönnerhaft

pa·tron 'saint *n* Schutzpatron(in) *m(f)*

pat·ter ['pætər] **I.** *n no pl* (*sound*) *of rain* Prasseln *nt*; *of feet* Getrippel *nt* **II.** *vi feet* trippeln; *rain* prasseln

'pat·ter mer·chant *n* (*fam*) Sprücheklopfer(in) *m(f) fam*

pat·tern ['pætən] **I.** *n* ❶ (*structure, design*) *also* ECON Muster *nt* ❷ FASHION (*for sewing*) Schnitt *m* ❸ *usu sing* (*standard*) Maßstab *m* **II.** *vt* ■ **to ~ sth on sth** etw nach dem Vorbild einer S. *gen* gestalten; ■ **to ~ oneself on sb** jdm nacheifern

'pat·tern book *n* Musterbuch *nt*

pat·terned ['pætənd] *adj* gemustert

paunch <*pl* -es> [pɔ:n(t)ʃ] *n* Bauch *m*, Wanst *m fam*

paunchy ['pɔ:n(t)ʃi] *adj* dickbäuchig

pau·per ['pɔ:pər] *n* Arme(r) *f(m)*

pause [pɔ:z] **I.** *n* Pause *f* **II.** *vi* eine [kurze] Pause machen; *speaker* innehalten; (*hesitate*) zögern; **to ~ for thought** eine Denkpause einlegen

pave [peɪv] *vt usu passive* ❶ (*cover*) pflastern; (*fig*) **the streets are ~d with gold** das Geld liegt auf der Straße ❷ (*fig: pathfind*) **to ~ the way for sth** etw *dat* den Weg ebnen

pave·ment ['peɪvmənt] *n* ❶ BRIT (*footway*) Gehsteig *m*, Bürgersteig *m* ❷ *no pl* AM, AUS (*road surface*) Asphalt *m*

'pave·ment art·ist *n* BRIT Pflastermaler(in) *m(f)*

pa·vil·ion [pə'vɪljən] *n* ❶ BRIT SPORTS Klubhaus *nt* ❷ AM (*block*) Gebäudeflügel *m* ❸ AM (*venue*) Pavillon *m* ❹ (*at an exhibition*) [Messe]pavillon *m*

pav·ing ['peɪvɪŋ] *n no pl* ❶ (*paved area*) Pflaster *nt* ❷ *esp* BRIT (*material*) Pflastersteine *pl*; AM Asphalt *m*

'pav·ing stone *n esp* BRIT Pflasterstein *m*

paw [pɔ:] **I.** *n* Pfote *f*; *of a big cat, bear* Pranke *f*; (*hum fam*) Pfote *f sl* **II.** *vt* ❶ (*scrape*) **to ~ the ground** scharren ❷ (*fam: touch*) begrabschen **III.** *vi dog* scharren; *bull, horse* mit den Hufen scharren

pawn[1] [pɔ:n] *n* CHESS Bauer *m*; (*fig*) Marionette *f*

pawn[2] [pɔ:n] **I.** *vt* verpfänden **II.** *n* ■ **to be in ~** im Pfandhaus sein

'pawn·bro·ker *n* Pfandleiher(in) *m(f)*

'pawn·bro·king *n no pl* Pfandleihe *f*

'pawn·shop *n* Pfandleihe *f*

pay [peɪ] **I.** *n no pl* (*wages*) Lohn *m*; (*salary*) Gehalt *nt*; *of a civil servant* Bezüge *pl*; *of a soldier* Sold *m* **II.** *vt* <paid, paid> ❶ (*give*) [be]zahlen; ■ ~ **out** [aus]zahlen; **to ~ cash/dollars/money** [in] bar/in Dollar/Geld [be]zahlen; **to ~ dividends** *investment* Dividenden ausschütten; *firm* Dividenden ausbezahlen; (*fig*) sich auszahlen ❷ (*give money, settle*) bezahlen; **to ~ one's dues** (*debts*) seine Schulden bezahlen; (*fig: obligations*) seine Schuldigkeit tun ❸ (*put, deposit*) **to ~ sth into an account** etw auf ein Konto einzahlen ❹ (*give money to*) **to ~ sb** jdn bezahlen ❺ (*fig: suffer the consequences*) **to ~ the price** [**for sth**] für etw *akk* bezahlen ❻ (*bestow*) **to ~ attention** Acht geben; **to ~** [**sb**] **a compliment** [jdm] ein Kompliment machen; **to ~ tribute to sb/sth** jdm/etw Tribut zollen ▶ **to ~ one's way** finanziell unabhängig sein **III.** *vi* <paid, paid> ❶ (*give money*) [be]zahlen ❷ (*be worthwhile*) sich auszahlen; (*be profitable*) rentabel sein; ■ **it ~s to do sth** es lohnt sich, etw zu tun ❸ (*fig: suffer*) ■ **to ~** [**for sth**] [für etw *akk*] bezahlen; **to ~ with one's life** mit dem Leben bezahlen ◆ **pay back** *vt* ❶ (*give back*) zurückzahlen; *debts* bezahlen; *money* zurückgeben ❷ (*fig: for revenge*) ■ **to ~ sb back for sth** jdm etw heimzahlen ◆ **pay down** *vt* anzahlen ♦**pay in** I. *vi* ❶ LAW Geld bei Gericht hinterlegen ❷ (*to a scheme*) einzahlen II. *vt* einzahlen ♦**pay off** I. *vt* ❶ (*repay*) abbezahlen; (*settle*) begleichen; *mortgage* tilgen ❷ (*give money to*) aus[be]zahlen ❸ (*fam: bribe*) ■**to ~ off** ⊂ **sb** jdn kaufen II. *vi* (*fig fam*) sich auszahlen ♦**pay out** I. *vt* ❶ (*spend*) ausgeben ❷ (*give out*) aus[be]zahlen ❸ BRIT (*take revenge*) **I'll ~ you out for this!** das wirst du mir [noch] büßen! II. *vi* ❶ FIN **to ~ out [on a policy]** [be]zahlen ❷ (*fig: be worthwhile*) sich auszahlen ♦**pay over** *vt* BRIT aushändigen ♦**pay up** I. *vi* [be]zahlen II. *vt* [vollständig] zurückzahlen; **to ~ up a debt** eine Schuld [vollständig] begleichen

pay·able ['peɪəbl] *adj attr* zahlbar; (*due*) fällig

pay as you 'earn *n* BRIT Steuerverfahren, bei dem der Arbeitgeber die Lohnsteuer direkt an das Finanzamt weiterleitet

'**pay award** *n* Lohnerhöhung *f* '**pay·back clause** *n* Rückzahlungsklausel *f* **pay·back 'loy·al·ty card** *n* Paybackkarte *f* **pay·back 'pe·ri·od** *n* Amortisationszeit *f* *fachspr* '**pay cheque** *n*, AM '**pay check** *n* Lohnscheck *m* '**pay claim** *n* BRIT, AUS Lohnforderung *f* '**pay day** *n no pl* Zahltag *m* '**pay deal** *n* Lohnvereinbarung *f* '**pay desk** *n* Kasse *f*

PAYE [ˌpiːeɪwaɪˈiː] *n no pl* BRIT *abbrev of* **pay as you earn**

payee [peɪˈiː] *n* Zahlungsempfänger(in) *m(f)*

pay·er ['peɪəʳ] *n* Zahler(in) *m(f)*; **fee ~** Gebührenzahler(in) *m(f)*

'**pay freeze** *n* Lohnstopp *m*

pay·ing ['peɪɪŋ] *adj attr* zahlend

'**pay·load** *n* ❶ TRANSP, AEROSP Nutzlast *f* ❷ MIL Bombenlast *f* '**pay·mas·ter** *n* Zahlmeister(in) *m(f)*

pay·ment ['peɪmənt] *n* ❶ (*sum*) Zahlung *f*; (*fig*) Lohn *m*; **one-off ~** BRIT einmalige Zahlung ❷ (*act of paying*) Bezahlung *f*

'**pay ne·go·tia·tions** *npl* Tarifverhandlungen *pl* '**pay-off** *n* ❶ (*bribe*) Bestechung *f*; **to accept a ~** Bestechungsgelder annehmen; **to receive a ~ from sb** von jdm bestochen werden ❷ (*fam: positive result*) Lohn *m*; (*as punishment*) Quittung *f* ❸ (*on leaving a job*) Abfindung *f* ❹ (*sum payment*) **mortgage ~** Tilgung *f* einer Hypothek '**pay of·fice** *n* Lohnbüro *nt* '**pay·out** *n* FIN Ausschüttung *f* '**pay pack·et** *n* BRIT, AUS (*for blue-collar worker*) Lohntüte *f*; (*for white-collar worker*) Gehalt *m* **pay-per-'call** *n* Pay-per-Call *kein art* **pay-per-'click** *n* Pay-per-Click *kein art* **pay-per-'view** *n no pl* Pay-per-view *nt* (*System, bei dem der Zuschauer nur für die Sendungen zahlt, die er auch tatsächlich gesehen hat*) '**pay·phone** *n* Münzfernsprecher *m* '**pay rise** *n*, AM '**pay raise** *n* (*for blue-collar worker*) Lohnerhöhung *f*; (*for white-collar worker*) Gehaltserhöhung *f* '**pay·roll** *n usu sing* (*for white-collar worker*) Gehaltsliste *f*; (*for blue-collar worker*) Lohnliste *f* '**pay round** *n* Tarifrunde *f* '**pay set·tle·ment** ❸ Tarifvereinbarung *f* '**pay·slip** *n* Gehaltsstreifen *m*; (*for blue-collar worker*) Lohnzettel *m* '**pay sta·tion** *n* BRIT [öffentliche] Telefonzelle '**pay talks** *npl* Tarifverhandlungen *pl* **pay T'V** *n no pl* (*fam*) Pay-TV *nt*

PBS [ˌpiːbiːˈes] *n no pl, no art abbrev of* **Public Broadcasting Service** *amerikanischer Fernsehsender*

PC [ˌpiːˈsiː] I. *n* ❶ *abbrev of* **personal computer** PC *m* ❷ BRIT *abbrev of* **police constable** ❸ *abbrev of* **political correctness** II. *adj abbrev of* **politically correct** pc

pc [ˌpiːˈsiː] *n abbrev of* **per cent** p.c.

PE [ˌpiːˈiː] *n no pl abbrev of* **physical education**

pea [piː] I. *n* Erbse *f* II. *adj* (*colour*) **~ green** erbsengrün

peace [piːs] *n no pl* ❶ (*no war*) Frieden *m*; **to make ~** Frieden schließen ❷ (*social order*) Ruhe *f*, Frieden *m*; **to make one's ~ with sb** sich mit jdm versöhnen ❸ (*tranquillity*) **~ of mind** Seelenfrieden *m*; **~ and quiet** Ruhe und Frieden; **to leave sb in ~** jdn in Frieden lassen; ■**to be at ~** in Frieden ruhen; **to be at ~ with the world** mit sich und der Welt im Einklang sein ❹ REL **~ be with you** Friede sei mit dir

peace·able ['piːsəbl] *adj* friedlich; *person* friedliebend '**peace ac·tiv·ist** *n* Friedensaktivist(in) *m(f)* '**peace con·fer·ence** *n* Friedenskonferenz *f* '**peace en·force·ment** *n* Friedensvermittlung *f*

peace·ful ['piːsfəl] *adj* friedlich; *nation also* friedfertig; (*calm*) ruhig; *person* friedliebend

peace·ful·ly ['piːsfəli] *adv* friedlich; **to be able to sleep ~ again** wieder ruhig schlafen können; **to coexist ~** in Frieden miteinander leben

'**peace ini·tia·tive** *n* Friedensinitiative *f* '**peace'keep·ing** I. *n no pl* Friedenssicherung *f* II. *adj* Friedens-; **~ force** Friedenstruppe *f* '**peace-lov·ing** *adj* friedliebend '**peace·mak·er** *n* Friedens[s]stifter(in) *m(f)* 'peace·mak·ing *n* Befriedung *f* geh 'peace march *n* Friedensdemonstration *f* 'peace move·ment *n* Friedensbewegung *f* 'peace ne·go·tia·tions *npl* Friedensverhandlungen *pl* 'peace of·fer *n*, 'peace of·fer·ing *n* Friedensangebot *nt* 'peace pipe *n* Friedenspfeife *f* 'peace set·tle·ment *n* Friedensabkommen *nt* 'peace sign *n* Friedenszeichen *nt* (*mit dem Zeige- und Mittelfinger gebildetes V*) 'peace·time *n no pl* Friedenszeiten *pl* 'peace trea·ty *n* Friedensvertrag *m*

peach [piːtʃ] I. *n* <*pl* -es> (*fruit*) Pfirsich *m*; (*tree*) Pfirsichbaum *m* II. *adj* pfirsichfarben

pea·cock ['piːkɒk] *n* Pfau *m*

pea-'green I. *n no pl* Erbsengrün *nt* II. *adj* erbsengrün 'pea·hen *n* Pfauenhenne *f*

peak [piːk] I. *n* ❶ (*mountain top*) Gipfel *m* ❷ FOOD **beat the egg whites until they form firm ~s** das Eiweiß steif schlagen, bis ein Messerschnitt sichtbar bleibt ❸ (*highest point*) Gipfel *m*; *of a curve*, *arc* Scheitelpunkt *m*; **to be at the very ~ of one's fitness** in Topform sein; **to reach a ~** den Höchststand erreichen II. *vi career* den Höhepunkt erreichen; *athletes* [seine] Höchstleistung erbringen; *skill* zur Perfektion gelangen; *figures*, *rates*, *production* den Höchststand erreichen III. *adj attr* ❶ (*busiest*) Haupt-; **~ viewing time** Hauptsendezeit *f* ❷ (*best*, *highest*) Spitzen-; **~ productivity** maximale Produktivität

peak ca·'pac·ity *n usu sing* Auslastung *f kein pl*; **to maintain ~** mit der maximalen Produktionsleistung arbeiten; **to reach ~** voll ausgelastet sein **peak de·'mand** *n* Spitzenbedarf *m kein pl* (**for** an)

peaked [piːkt] *adj* ❶ (*pointed*) hat spitz ❷ AM (*tired*, *sick*) kränklich, abgespannt

'peak hours *npl* Stoßzeit *f* 'peak lev·el *n no pl* Höchststand *m* 'peak load *n* Maximalladung *f*; *of lorries*, *elec* also Spitzenlast *f* 'peak pe·ri·od *n* Stoßzeit *f*; **~ for travel** Hauptreisezeit *f* 'peak pow·er *n no pl* Höchstleistung *f* 'peak sea·son *n usu sing* Hochsaison *f*

peaky [piːki] *adj pred* BRIT kränklich; **to feel ~** sich nicht gut fühlen

peal [piːl] I. *n* ❶ (*sound*) Dröhnen *nt kein pl*; **~ of bells** Glockengeläut[e] *nt kein pl* ❷ (*set*) **~ of bells** Glockenspiel *nt* II. *vi thunderstorm* dröhnen; *bells* läuten ◆**peal out** *vi* ertönen; *laughter also* erschallen; *thunder* dröhnen

pea·nut ['piːnʌt] *n* ❶ (*nut*) Erdnuss *f* ❷ (*fam: very little*) ■**~s** *pl* Klacks *m*; **to pay ~s** einen Hungerlohn zahlen

pea·nut 'but·ter *n no pl* Erdnussbutter *f*

pear [peə^r] *n* Birne *f*; **~ tree** Birnbaum *m*

pearl [pɜːl] I. *n* ❶ (*jewel*) Perle *f*; **string of ~s** Perlenkette *f* ❷ (*fig: a drop*) Tropfen *m*, Perle *f* ❸ (*fig: fine example*) Juwel *nt* ▶**~ of <u>wisdom</u>** Weisheit *f* II. *adj* perlweiß

pearl 'bar·ley *n no pl* Perlgraupen *pl* **pearl 'but·ton** *n* Perlmuttknopf *m* 'pearl div·er *n*, 'pearl fish·er *n* Perlentaucher(in) *m(f)*

pearl·es·cent [pɜːl'esənt] *adj car paintwork*, *nail polish* Perlmutt-

'pearl fish·ing *n no pl* Perlenfischen *nt*

pearly ['pɜːli] *adj* perlmuttartig; (*adorned with pearls*) mit Perlen besetzt; **~ white teeth** perlweiße Zähne

'pear-shaped *adj figure*, *bottle* birnenförmig ▶**to go ~** BRIT (*sl*) schiefgehen, schieflaufen

peas·ant ['pezənt] *n* ❶ (*small farmer*) [Klein]bauer *m*/[Klein]bäuerin *f*; **~ revolt** Bauernaufstand *m*; **~ tradition** bäuerliches Brauchtum ❷ (*pej! fam*) Bauer *m*

peas·ant·ry ['pezəntri] *n no pl* [Klein]bauernstand *m*

'peas·ant skirt *n langer*, *geraffter*, *bunter Rock mit Bordürenstickerei*

peat [piːt] *n no pl* Torf *m*

'peat bog *n* Torfmoor *nt*

peb·ble ['pebl] I. *n* Kieselstein *m* II. *vt* ■**to ~ sth** Kies auf etw *akk* schütten

peb·bly ['pebli] *adj* steinig

pe·can [piːkæn] *n* Pecannuss *f*

pec·ca·dil·lo <*pl* -s *or* -es> [ˌpekə'dɪləʊ] *n* kleine Sünde

peck¹ [pek] *n* (*old*) ❶ (*dry measure*) Viertelscheffel *m* ❷ (*large amount*) **to have a ~ of troubles** in großen Schwierigkeiten stecken

peck² [pek] I. *n* ❶ (*bite*) Picken *nt kein pl*; **to give sb/sth a ~** nach jdm/etw hacken ❷ (*quick kiss*) Küsschen *nt* II. *vt* ❶ (*bite*) ■**to ~ sb/sth** nach jdm/etw hacken; **to ~ a hole** ein Loch picken ❷ (*kiss quickly*) **to ~ sb on the cheek** jdn flüchtig auf die Wange küssen III. *vi* ❶ (*with the beak*) picken; **to ~ at sth** etw aufpicken ❷ (*with pointed tool*) ■**to ~ at sth** gegen etw *akk* hämmern ❸ (*nibble*) **to ~ at one's food** in seinem Essen herumstochern ❹ AM (*nag*) ■**to ~ at sb** jdn sticheln

peck·er ['pekə^r] *n* ❶ AM (*vulg: penis*) Schwanz *m* ❷ AM (*fam: insult*) Arschloch *nt vulg*

'**peck·ing or·der** *n* Hackordnung *f*
peck·ish ['pekɪʃ] *adj* BRIT, AUS **to feel a bit ~** den kleinen Hunger verspüren
pec·tin ['pektɪn] *n no pl* Pektin *nt*
pec·to·ral ['pekt°r°l] *adj* Brust-, pektoral *fachspr*
pe·cu·liar [pɪ'kju:liər] *adj* ❶ (*strange*) seltsam, merkwürdig ❷ (*nauseous*) unwohl; **to have a ~ feeling** sich eigenartig fühlen ❸ (*belonging to, special*) ▪**to be ~ to sb** typisch für jdn sein; ▪**to be ~ to sth** etw *dat* eigen[tümlich] sein; **of ~ interest** von besonderem Interesse
pe·cu·li·ar·i·ty [pɪˌkju:li'ærəti] *n* ❶ *no pl* (*strangeness*) Eigenartigkeit *f* ❷ (*strange habit*) Eigenheit *f* ❸ (*idiosyncrasy*) Besonderheit *f*, Eigenart *f*
pe·cu·liar·ly [pɪ'kju:liərli] *adv* ❶ (*strangely*) eigenartig, seltsam ❷ (*specially*) typisch ❸ (*especially*) besonders
pe·cu·ni·ary [pɪ'kju:niəri] *adj* (*form*) pekuniär *attr*; **~ consideration** finanzielle Erwägungen *pl*
peda·gog·ic [ˌpedə'gɒdʒɪk] *adj* pädagogisch
peda·gogue ['pedəgɒg] *n* (*old*) Schulmeister(in) *m(f) pej*; (*teacher*) Pädagoge *m*/Pädagogin *f*
peda·go·gy ['pedə'gɒdʒi] *n no pl* Pädagogik *f*
ped·al ['ped°l] I. *n* Pedal *nt* II. *vt* <BRIT, AUS -ll- *or* AM *usu* -l-> **to ~ a bicycle** Rad fahren; III. *vi* <BRIT, AUS -ll- *or* AM *usu* -l-> Rad fahren; **she ~ed through the city** sie radelte durch die Stadt
'**ped·al bin** *n* Treteimer *m* '**ped·al boat** *n*, **peda·lo** ['ped°ləʊ] *n* Tretboot *nt*
ped·ant ['ped°nt] *n* Pedant(in) *m(f)*
pe·dan·tic [pɪ'dæntɪk] *adj* pedantisch
pe·dan·ti·cal·ly [pɪ'dæntɪk°li] *adv* pedantisch *pej*
ped·ant·ry ['ped°ntri] *n* Pedanterie *f a. pej*
ped·dle ['ped|] *vt* ▪**to ~ sth** ❶ (*esp pej: sell*) etw verscherbeln *pej*; **to ~ sth door to door** mit etw *dat* hausieren gehen, **to ~ door to door** ❷ (*pej: spread*) mit etw *dat* hausieren gehen
ped·dler *n* AM *see* **pedlar**
ped·er·ast ['ped°ræst] *n* Päderast *m*
ped·er·as·ty ['ped°ræsti] *n no pl* Päderastie *f*
ped·es·tal ['pedɪst°l] *n* Sockel *m* ▶**to knock sb off his/her ~** jdn von seinem hohen Ross holen; **to put sb on a ~** jdn auf ein Podest stellen
pe·des·trian [pɪ'destriən] *n* Fußgänger(in) *m(f)*

pe·des·trian 'cross·ing *n* BRIT Fußgängerübergang *m*
pe·des·tri·an·ize [pɪ'destriənaɪz] *vt* ▪**to ~ sth** etw in eine Fußgängerzone umwandeln
pe·des·tri·an·ized [pɪ'destriənaɪzd] *adj* Fußgänger-; **~ area** Fußgängerzone *f*
pe·di·at·ric *adj* AM *see* **paediatric**
pe·dia·tri·cian *n* AM *see* **paediatrician**
pe·di·at·rics *npl + sing vb* AM *see* **paediatrics**
pedi·cure ['pedikjʊər] *n* Pediküre *f*
pedi·cur·ist ['pedikjʊrɪst] *n* Fußpfleger(in) *m(f)*
pedi·gree ['pedigri:] I. *n* ❶ (*genealogy*) Stammbaum *m* ❷ (*background*) Laufbahn *f* ❸ (*history of idea*) Geschichte *f* ❹ (*criminal record*) Vorstrafenregister *nt* II. *adj* dog, cattle, horse reinrassig, mit Stammbaum *nach n*
ped·lar ['pedlər] *n* BRIT, AUS ❶ (*drug dealer*) Drogenhändler(in) *m(f)* ❷ (*dated: travelling salesman*) Hausierer(in) *m(f)* ❸ (*pej*) **~ of gossip** Klatschmaul *nt*; **~ of lies** Lügenmaul *nt*
pe·dom·eter [pɪ'dɒmɪtər] *n* Pedometer *nt*
pe·do·phile *n* AM *see* **paedophile**
pee [pi:] (*fam*) I. *n* ❶ *no pl* (*urine*) Pipi *nt* Kindersprache ❷ (*act*) Pinkeln *nt*; **to go ~** (*childspeak*) Pipi machen gehen II. *vi* pinkeln *fam*; **to ~ in one's pants** in die Hose[n] machen III. *vt* ▪**to ~ oneself** sich voll pinkeln
peek [pi:k] I. *n* (*brief look*) flüchtiger Blick; (*furtive look*) heimlicher Blick; **to have a ~ [at sth/sb]** einen kurzen Blick auf etw/jdn werfen II. *vi* blinzeln; ▪**to ~ into sth** in etw *akk* hineinspähen; ▪**to ~ over sth** über etw *akk* gucken ◆**peek out** *vi* hervorgucken; ▪**to ~ out from behind sth** *person* hinter etw *dat* hervorgucken
peel [pi:l] I. *n* (*skin of fruit*) Schale *f* II. *vt fruit* schälen; **to ~ the paper off sth** etw auswickeln ▶**to keep one's eyes ~ed for sth** (*fam*) nach etw *dat* die Augen offen halten III. *vi paint, rust, wallpaper* sich lösen; *skin* sich schälen ◆**peel off** I. *vt* schälen; *clothing* abstreifen; **to ~ off an adhesive strip** ein Klebeband abziehen II. *vi* ❶ (*come off*) *poster, wallpaper* sich lösen ❷ (*veer away*) *car, motorbike* ausscheren
peel·er ['pi:lər] *n* ❶ (*utensil*) Schäler *m* ❷ BRIT (*old sl: policeman*) Schutzmann *m*
peel·ings ['pi:lɪŋz] *npl* Schalen *pl*
peep[1] [pi:p] I. *n usu sing* ❶ (*answer, statement*) Laut *m;* **to not give a ~** keinen Laut von sich *dat* geben; **to not hear [so much**

as| a ~ from sb keinen Mucks von jdm hören ❷ (*bird sound*) Piep[s]er] *m;* to make a ~ piepsen II. *vt* flüstern III. *vi* piepsen; to ~ at sth/sb etw/jdn anpiepsen

peep² [pi:p] I. *n* (*look*) [verstohlener] Blick; to have a ~ at sth auf etw *akk* einen kurzen Blick werfen II. *vi* ❶ (*look*) ■ to ~ at sth/sb verstohlen auf etw/jdn blicken; ■ to ~ into sth einen Blick in etw *akk* werfen; ■ to ~ through sth durch etw *akk* spähen ❷ (*appear*) hervorkommen ◆ **peep out** *vi* toe, finger herausgucken

'**peep·hole** *n* Guckloch *nt* '**peep·ing 'Tom** I. *n* Voyeur *m,* Spanner *m fam* II. *adj attr* (*photographer, journalist*) voyeuristisch '**peep·show** *n* Peepshow *f*

peer¹ [pɪəʳ] *vi* (*look closely*) spähen; to ~ into the distance in die Ferne starren; to ~ over one's glasses über die Brille schauen; to ~ over sb's shoulder jdm über die Schulter gucken

peer² [pɪəʳ] *n* ❶ (*equal*) Gegenstück *nt;* to have no ~s unvergleichlich sein; to be liked by one's ~s unter seinesgleichen beliebt sein ❷ BRIT (*noble*) Angehöriger *m* des britischen Hochadels; POL Peer *m*

peer·age ['pɪərɪdʒ] *n* ❶ *no pl* BRIT (*peers*) Peerage *f;* (*rank*) Peerswürde *f;* to be elevated to the ~ in den Adelsstand erhoben werden ❷ (*book*) Adelskalender *m*

peer·ess ['pɪərɛs] *n* BRIT Peeress *f*

peer·less ['pɪələs] *adj* (*form*) unvergleichlich

peeve [piːv] *vt* ärgern

peeved [piːvd] *adj* (*fam*) she was ~ to discover they had gone without her sie war sauer, als sie merkte, dass die anderen ohne sie gegangen waren; ■ to be ~ at sb for sth wegen einer S. *gen* auf jdn sauer sein

peev·ish ['piːvɪʃ] *adj* mürrisch

peev·ish·ly ['piːvɪʃli] *adv* mürrisch, gereizt

pee·wit ['piːwɪt] *n* ❶ (*bird*) Kiebitz *m* ❷ (*bird's call*) Kiwitt *nt*

peg [peg] I. *n* ❶ (*hook*) Haken *m;* (*stake*) Pflock *m;* (*for a barrel*) Spund *m;* **clothes ~** Wäscheklammer *f;* tent ~ Hering *m;* to buy off the ~ (*fig*) von der Stange kaufen ❷ (*excuse*) Ausrede *f;* (*reason*) Grund (for für) ❸ AM SPORTS Peg *m* ▶ to take sb down a peg or two jdn demütigen II. *vt* <-gg-> ■ to ~ sth ❶ (*bind down*) etw mit Haken sichern ❷ (*hold at certain level*) etw fixieren; to ~ emissions at a certain level die Emissionshöhe auf einen bestimmten Wert begrenzen; to ~ prices Preise stützen ❸ AM (*throw*) etw werfen ❹ AM (*fig: guess correctly*) etw erfassen; you ~ged it right on the head! du hast den Nagel auf den Kopf getroffen! ❺ (*mark*) ■ to ~ sb as sth jdn als etw *akk* abstempeln ◆ **peg away** *vi* (*fam*) schuften; ■ to ~ away at sth sich in etw *akk* hineinknien ◆ **peg out** I. *vt* ❶ (*hang out*) ■ to ~ out clothes Wäsche aufhängen ❷ (*mark*) ■ to ~ sth ⊃ out etw markieren II. *vi* BRIT, AUS ❶ (*fig fam: die*) den Löffel abgeben ❷ (*stop working*) *car, machine* den Geist aufgeben

'**peg leg** *n* (*dated fam*) Holzbein *nt*

pe·jo·ra·tive [prˈdʒɒrətɪv] (*form*) I. *adj* abwertend II. *n* abwertender Ausdruck

pe·jo·ra·tive·ly [prˈdʒɒrətɪvli] *adv* abwertend

Pe·kin·ese [ˌpiːkɪˈniːz], **Pe·king·ese** [ˌpiːkɪŋˈiːz] I. *n* <*pl* - *or* -s> ❶ (*person*) Pekinger(in) *m(f)* ❷ (*dialect*) Pekinger Dialekt *m* II. *adj* aus Peking *nach n;* ~ architecture/dialect Pekinger Architektur *f* / Dialekt *m*

peli·can ['pelɪkən] *n* Pelikan *m*

pel·let ['pelɪt] *n* ❶ (*ball*) Kugel *f* ❷ (*excrement*) Kötel *m* ❸ (*gunshot*) Schrot *nt o m kein pl*

pell-mell [ˌpelˈmel] *adv* (*dated*) chaotisch; the kids ran ~ for the ice cream van ein wilder Haufen Kinder stürmte auf den Eiswagen zu

pelt¹ [pelt] *n* (*animal skin*) Fell *nt;* (*fur*) Pelz *m*

pelt² [pelt] I. *vt* (*bombard*) ■ to ~ sb with sth jdn mit etw *dat* bewerfen II. *vi* ❶ *impers* (*rain heavily*) ■ it's ~ing es schüttet ❷ (*run*) umhertollen; to ~ across the yard/into the room über den Hof/in das Zimmer rennen; ■ to ~ after sth etw *dat* hinterherjagen III. *n no pl* ▶ to drive at full ~ mit Höchstgeschwindigkeit fahren

pel·vic ['pelvɪk] *adj attr* Becken-

pel·vis <*pl* -es> ['pelvɪs] *n* Becken *nt*

pen¹ [pen] I. *n* (*writing utensil*) Feder *f;* ballpoint ~ Kugelschreiber *m;* felt-tip ~ Filzstift *m;* fountain ~ Füller *m,* Füllfeder *f* ÖSTERR, SÜDD, SCHWEIZ II. *vt* <-nn-> schreiben

pen² [pen] I. *n* ❶ (*enclosed area*) Pferch *m;* MIL Bunker *m* ❷ AM (*fig sl: jail*) Knast *m fam* II. *vt* <-nn-> *usu passive* ■ to be ~ned eingesperrt sein ◆ **pen in** *vt* ❶ (*encage*) ■ to ~ in an animal ein Tier einsperren; ■ to be ~ned in *people* eingeschlossen sein; (*in car*) eingeklemmt sein ❷ *usu passive* (*fig: restrict*) to feel ~ned in by sth sich von etw *dat* eingeengt fühlen

pe·nal ['piːnᵊl] *adj* ❶ *attr* (*of punishment*) Straf- ❷ (*severe*) belastend

pe·nal·ize ['piːnᵊlaɪz] *vt* ❶ (*punish*) ■**to ~ sb** [**for sth**] jdn [für etw *akk*] bestrafen ❷ (*cause disadvantage*) benachteiligen

pen·al·ty ['penᵊlti] *n* ❶ LAW Strafe *f*; **on ~ of arrest** unter Androhung einer Haftstrafe; **maximum/minimum ~** Höchst-/Mindeststrafe *f* ❷ (*fig: punishment*) Strafe *f*; **a heavy ~** eine hohe Strafe ❸ (*disadvantage*) Preis *m* ❹ (*fine*) [Extra]gebühr *f* ❺ FBALL **to award a ~** einen Elfmeter geben

'**pen·al·ty area** *n* Strafraum *m* '**pen·al·ty box** *n* ❶ FBALL Strafraum *m* ❷ (*in ice hockey*) Strafbank *f* '**pen·al·ty clause** *n* [restriktive] Vertragsklausel '**pen·al·ty kick** *n* SPORTS Strafstoß *m*; FBALL Elfmeter *m*

pen·ance ['penən(t)s] *n no pl* Buße *f*

pence [pen(t)s] *n pl of* **penny**

pen·chant ['pɑ̃ː(ŋ)ʃɑ̃ː(ŋ)] *n usu sing* (*usu pej*) Neigung *f*; **to have a ~ for sth** einen Hang zu etw *dat* haben

pen·cil ['pen(t)sᵊl] I. *n* ❶ (*writing utensil*) Bleistift *m*; **coloured ~** Farbstift *m*; **eyeliner/eyeshadow ~** Eyeliner-/Lidschattenstift *m*; **to sharpen a ~** einen Bleistift spitzen II. *vt* <BRIT -ll- *or* AM *usu* -l-> mit Bleistift schreiben ◆**pencil in** *vt* vormerken

'**pen·cil box** *n* Federkasten *m veraltend* '**pen·cil case** *n* Federmäppchen *nt*, Federpenal *nt* ÖSTERR '**pen·cil push·er** *n* AM (*pej fam*) Bürohengst *m* '**pen·cil sharpen·er** *n* [Bleistift]spitzer *m*

pen·dant ['pendənt] I. *n* Anhänger *m*; **to wear a ~** eine Halskette mit Anhänger tragen II. *adj* herabhängend *attr*

pen·dent ['pendənt] *adj* (*form*) ❶ (*dangling*) herabhängend ❷ LAW (*to be decided*) anhängig; *case, lawsuit* schwebend ❸ (*incomplete*) *sentence* abgebrochen

pend·ing ['pendɪŋ] I. *adj* LAW anhängig; *deal* bevorstehend; *lawsuit* schwebend II. *prep* (*form*) **~ an investigation** bis zu einer Untersuchung

pen·du·lous ['pendjᵊləs] *adj* (*form*) herabhängend *attr*

pen·du·lum ['pendjᵊləm] *n* Pendel *nt*

pen·etrate ['penɪtreɪt] *vt* ■**to ~ sth** ❶ (*move into*) in etw *akk* eindringen ❷ (*spread through*) *smell* etw durchdringen ❸ (*fig: see through*) etw ergründen; **to ~ sb's mind** jdn durchschauen ❹ MED *vein* etw durchstechen

pen·etrat·ing ['penɪtreɪtɪŋ] *adj* durchdringend *attr*; *analysis* eingehend; *observation* scharfsinnig; *scream* markerschütternd; *voice* schrill; **to give sb a ~ look** jdn mit einem bohrenden Blick ansehen; *mind* scharf

pen·etra·tion [ˌpenɪ'treɪʃᵊn] *n* ❶ (*act*) Eindringen *nt kein pl* (**of** in) ❷ (*sexual act*) Penetration *f* ❸ (*fig: insight*) Ergründung *f*

'**pen·friend** *n* BRIT, AUS Brieffreund(in) *m(f)*

pen·guin ['peŋgwɪn] *n* Pinguin *m*

'**pen·hold·er** *n* ❶ (*shaft*) Federhalter *m* ❷ (*rack*) Behälter *m* für Schreibutensilien

peni·cil·lin [ˌpenɪ'sɪlɪn] *n* Penicillin *nt*

pen·in·su·la [pə'nɪn(t)sjələ] *n* Halbinsel *f*

pen·in·su·lar [pə'nɪn(t)sjələ'] *adj* Halbinsel-

pe·nis <*pl* -es *or* -nes> ['piːnɪs, *pl* -niːz] *n* Penis *m*

peni·tence ['penɪtᵊn(t)s] *n no pl* ❶ (*repentance*) Reue *f* ❷ REL Buße *f*

peni·tent ['penɪtᵊnt] I. *n* REL reuiger Sünder/reuige Sünderin II. *adj* (*form*) reumütig

peni·ten·tial [ˌpenɪ'ten(t)ʃᵊl] *adj* reuig; **~ act** Bußtat *f*

peni·ten·tia·ry [ˌpenɪ'ten(t)ʃᵊri] I. *n* AM Gefängnis *nt* II. *adj* ❶ (*repenting*) *mood, act* reumütig ❷ AM LAW **~ crime** Straftat *f* (*auf die Gefängnisstrafe steht*)

'**pen·knife** *n* Taschenmesser *nt*

'**pen-name** *n* Pseudonym *nt*

pen·nant ['penənt] *n* (*flag*) Wimpel *m*; AM SPORTS Siegeswimpel *m*

pen·ni·less ['penɪləs] *adj* mittellos

pen·non ['penən] *n* Militärfahne *f*

pen·ny <*pl* -nies *or* BRIT pence> ['peni, *pl* pen(t)s] *n* Penny *m*; **to not cost a ~** nichts kosten ▶**to be worth every ~** sein Geld wert sein; **the ~ [has] dropped** BRIT der Groschen ist gefallen; **to spend a ~** pinkeln gehen *fam*

'**pen·ny-pinch·ing** I. *n no pl* Pfennigfuchserei *f pej fam* II. *adj* geizig '**pen·ny whis·tle** *n* Blechflöte *f* **pen·ny 'wise** *adj* **to be ~ and pound-foolish** am falschen Ende sparen

'**pen pal** *n* Brieffreund(in) *m(f)* '**pen-push·er** *n* BRIT, AUS (*pej fam*) Bürohengst *m*

pen·sion ['pen(t)ʃᵊn] *n* ❶ (*retirement money*) Rente *f*; (*for civil servants*) Pension *f*; **to draw a ~** Rente beziehen; **to live on a ~** von der Rente leben ❷ (*boarding house*) Pension *f*

pen·sion·able ['pen(t)ʃᵊnəbl] *adj* BRIT pensionsberechtigt; **of ~ age** im Pensions-/Rentenalter

pen·sion·er ['pen(t)ʃ^ənə^r] *n* BRIT Rentner(in) *m(f)*; (*for civil servants*) Pensionär(in) *m(f)*, Pensionist(in) *m(f)* ÖSTERR
'**pen·sion fund** *n* Pensionskasse *f* '**pen·sion plan** *n* Altersversorgungsplan *m* '**pen·sion re·serves** *npl* Pensionsrückstellungen *pl* '**pen·sion scheme** *n* BRIT, AUS Rentenversicherung *f*
pen·sive ['pen(t)sɪv] *adj* nachdenklich; *person* ernsthaft; *silence* gedankenverloren; ▪ **to become ~** schwermütig werden
pen·ta·gon ['pentəg^ən] *n* Fünfeck *nt*
pen·tame·ter [pen'tæmɪtə^r] *n usu sing* LIT Pentameter *m fachspr*
pen·tath·lete [pen'tæθliːt] *n* Fünfkämpfer(in) *m(f)*
pen·tath·lon [pen'tæθlɒn] *n* Fünfkampf *m*
Pen·tecost ['pentɪkɒst] *n no pl* REL ❶ (*Jewish*) jüdisches Erntefest ❷ (*Christian*) Pfingsten *nt*
pent·house ['penthaʊs] *n* Penthaus *nt*
'**pent-in** *adj*, '**pent-up** *adj emotions* aufgestaut
pe·nul·ti·mate [pəˈnʌltɪmət] (*form*) **I.** ▪ **the ~** der/die/das Vorletzte **II.** *adj attr* vorletzte(r, s)
pe·nu·ri·ous [pəˈnjʊəriəs] *adj* (*form*) arm; *accommodation* karg; *conditions* ärmlich
penu·ry ['pənjəri] *n no pl* (*form*) Armut *f*; *of a company* finanzielle Schwierigkeiten *pl*
peo·ny ['piːəni] *n* Pfingstrose *f*
peo·ple ['piːpl] *n* ❶ *pl* (*persons*) Leute *pl*, Menschen *pl*; **rich ~** die Reichen *pl*; **the right ~** die richtigen Leute ❷ *pl* (*comprising a nation*) Volk *nt* ❸ *pl* (*ordinary citizens*) ▪ **the ~** das Volk, die breite Masse ❹ (*comprising a race, tribe*) ▪ **~s** *pl* Völker *pl*
pep [pep] **I.** *n no pl* (*fam*) Elan *m*, Schwung *m* **II.** *vt* <-pp-> ▪ **to ~ sb** ⟳ **up** jdn in Schwung bringen; ▪ **to ~ sth** ⟳ **up with sth** etw mit etw *dat* aufpeppen; **to ~ up business** das Geschäft ankurbeln
pep·per ['pepə^r] **I.** *n* ❶ *no pl* (*spice*) Pfeffer *m*; **black/ground/white ~** schwarzer/gemahlener/weißer Pfeffer ❷ (*vegetable*) Paprika *f* **II.** *vt* ❶ (*add pepper*) pfeffern ❷ (*pelt*) ▪ **to ~ sth/sb with sth** etw/jdn mit etw *dat* bombardieren; **to ~ sb with bullets** jdn mit Kugeln durchsieben; ▪ **to be ~ed with sth** *speech, comments* mit etw *dat* gespickt sein; *landscape, hill* mit etw *dat* übersät sein; **to be ~ed with mistakes** vor Fehlern strotzen
pep·per-and-'salt *adj attr* graumeliert
'**pep·per·box** *n* AM Pfefferstreuer *m*
'**pep·per·corn** *n* Pfefferkorn *nt* **pep·per·corn 'rent** *n no pl* BRIT, AUS symbolische Miete '**pep·per mill** *n* Pfeffermühle *f*
'**pep·per·mint** *n* ❶ *no pl* (*plant*) Pfefferminze *f* ❷ (*sweet*) Pfefferminz[bonbon] *nt*
'**pep·per pot** *n* BRIT, AUS, '**pep·per shak·er** *n* AM Pfefferstreuer *m*
pep·pery ['pep^əri] *adj* ❶ (*with pepper flavour*) pfeffrig; (*full of pepper*) gepfeffert; *dish* scharf ❷ (*fig: irritable*) aufbrausend
'**pep pill** *n* Aufputschmittel *nt*
'**pep talk** *n* Motivationsgespräch *nt*
pep·tic ['peptɪk] *adj* ANAT Verdauungs-, peptisch *fachspr*
per [pɜː^r, pə^r] *prep* ❶ (*for a*) pro ❷ (*in a*) pro ❸ (*through means of*) **~ mail/telephone/fax** per Post/Telefon/Fax ❹ (*as stated in*) **as ~ sth** gemäß etw *dat*; **as ~ usual** (*normal*) wie gewöhnlich
per·am·bu·la·tor [pəˈræmbjəleɪtə^r] *n* (*dated*) Kinderwagen *m*
per an·num [pə^rˈænəm] *adv* (*form*) per annum **per capi·ta** [pə^rˈkæpɪtə] (*form*) **I.** *adv* pro Person **II.** *adj attr* Pro-Kopf-
per·ceiv·able [pəˈsiːvəbl] *adj* wahrnehmbar
per·ceive [pəˈsiːv] *vt* ❶ (*see*) wahrnehmen; (*sense*) empfinden; ▪ **to ~ that ...** fühlen, dass ... ❷ (*regard*) betrachten; **how do the French ~ the British?** wie sehen die Franzosen die Engländer?
per·ceived [pəˈsiːvd] *adj attr loss, danger* empfunden
per cent [pəˈsent], AM **per·cent I.** *n* Prozent *nt*; **what ~ ...?** wie viel Prozent ...? **II.** *adv* -prozentig; **I'm 100 ~ sure that ...** ich bin mir hundertprozentig sicher, dass ... **III.** *adj attr* **25/50 ~** 25-/50-prozentig
per·cent·age [pəˈsentɪdʒ] *n* ❶ (*rate*) Prozentsatz *m*; **what ~ ...?** wie viel Prozent ...? ❷ AM, AUS (*advantage*) Vorteil *m*
per·cent·age 'point *n* Prozentpunkt *m*
per·cep·tible [pəˈseptəbl] *adj* wahrnehmbar
per·cep·tion [pəˈsepʃ^ən] *n usu sing* Wahrnehmung *f kein pl*; *of a conception* Auffassung *f kein pl*
per·cep·tive [pəˈseptɪv] *adj* einfühlsam; (*attentive*) aufmerksam; *analysis, remark* scharfsinnig; *observer* aufmerksam
per·cep·tive·ly [pəˈseptɪvli] *adv* scharfsinnig; (*attentive*) aufmerksam, umsichtig; **to speak/write ~ on sth** etw kritisch beleuchten
perch[1] [pɜːtʃ] **I.** *n* <*pl* -es> ❶ (*for birds*) Sitzstange *f* ❷ (*high location*) Hochsitz *m*

II. *vi* ■ **to ~ on sth** *bird* auf etw *dat* sitzen; *person* auf etw *dat* thronen III. *vt* ■ **to ~ sth somewhere** etw auf etw *akk* stecken; ■ **to ~ oneself on sth** sich auf etw *dat* niederlassen

perch² <*pl* - *or* -**es**> [pɜːtʃ] *n* (*fish*) Flussbarsch *m*

per·co·late ['pɜːkəleɪt] I. *vt* filtrieren; **to ~ coffee** Filterkaffee zubereiten II. *vi* ❶ (*filter through*) *water* durchsickern; *sand* durchrieseln; *coffee* durchlaufen ❷ (*fig: spread*) durchsickern

per·co·la·tor ['pɜːkəleɪtəʳ] *n* Kaffeemaschine *f*

per·cus·sion [pəˈkʌʃən] *n no pl* Percussion *f*, Schlagzeug *nt*

per·cus·sion·ist [pəˈkʌʃənɪst] *n* Schlagzeuger(in) *m(f)*

per·di·tion [pəˈdɪʃən] *n no pl* ❶ (*liter: damnation*) [ewige] Verdammnis ❷ (*fig: ruin*) Verderben *nt*

per·egrine ['perəgrɪn] I. *n* Wanderfalke *m* II. *adj attr* (*old*) fremdländisch

per·egrine ˈfal·con *n* Wanderfalke *m*

per·emp·tori·ly [pəˈrem(p)təʳrɪli] *adv* gebieterisch

per·emp·tory [pəˈrem(p)təʳri] *adj* ❶ (*autocratic*) gebieterisch ❷ LAW End-; **~ challenge** Ablehnung eines Geschworenen ohne Angabe der Gründe; **~ decision** Endurteil *nt*

per·en·nial [pəˈreniəl] I. *n* mehrjährige Pflanze II. *adj attr* ❶ (*not annual*) mehrjährig ❷ (*constant*) immer während; (*repeated*) immer wiederkehrend *attr; beauty, truth* unsterblich

per·fect I. *adj* ['pɜːfɪkt] vollkommen, perfekt II. *vt* [pəˈfekt] perfektionieren III. *n* ['pɜːfɪkt] *no pl* LING Perfekt *nt;* **future ~** vollendete Zukunft; **past ~** Plusquamperfekt *nt;* [**present**] **~** Perfekt *nt*

per·fect·ible [pəˈfektɪbl] *adj* vervollkommnungsfähig

per·fec·tion [pəˈfekʃən] *n no pl* Perfektion *f*, Vollkommenheit *f;* **to attain ~** Perfektion erlangen

per·fec·tion·ism [pəˈfekʃənɪzəm] *n no pl* Perfektionismus *m;* **obsessive ~** zwanghafter Perfektionismus

per·fec·tion·ist [pəˈfekʃənɪst] *n* Perfektionist(in) *m(f)*

per·fect·ly ['pɜːfɪktli] *adv* vollkommen, perfekt; **you know ~ well what I'm talking about** du weißt ganz genau, wovon ich rede; **~ clear** absolut klar *fam;* **to be ~ honest ...** ehrlich gesagt, ...; **to stand ~ still** völlig regungslos dastehen

per·fidi·ous [pəˈfɪdiəs] *adj* (*liter*) perfid[e] *geh; attack* heimtückisch; *lie* gemein

per·fo·rate ['pɜːfəʳreɪt] *vt* perforieren; (*once*) durchstechen

per·fo·rat·ed ['pɜːfəʳreɪtɪd] *adj* perforiert; **~ eardrum** geplatztes Trommelfell

per·fo·ra·tion [ˌpɜːfəʳˈeɪʃən] *n* ❶ (*hole in sth*) Loch *nt* ❷ *also* MED (*set of holes*) Perforation *f* ❸ *no pl* (*act*) Perforieren *nt*

per·form [pəˈfɔːm] I. *vt* ❶ (*entertain*) vorführen; *play, opera* aufführen; (*sing*) singen; (*on an instrument*) spielen ❷ (*do*) **to ~ one's duty/a function** seine Pflicht/eine Funktion erfüllen; **to ~ a task** eine Aufgabe verrichten ❸ MED, SCI (*carry out*) durchführen ❹ REL *a ceremony, ritual* vollziehen II. *vi* ❶ (*on stage*) auftreten; (*sing*) singen; (*play*) spielen ❷ (*function*) funktionieren; *car* laufen; (*respond*) sich fahren; **to ~ poorly/well** schlecht/gut funktionieren ❸ (*do, act*) **how did she ~?** wie war sie?; **to ~ badly/well** schlecht/gut sein

per·for·mance [pəˈfɔːmən(t)s] *n* ❶ (*entertaining, showing*) Vorführung *f; of a play, opera, ballet, symphony* Aufführung *f; of a part* Darstellung *f; of a song, musical piece* Darbietung *f;* (*show, event*) Vorstellung *f;* **to put on a ~ of a play** ein Stück aufführen; **to give a ~** eine Vorstellung geben ❷ (*capability, effectiveness*) Leistung *f;* **high/poor ~** hohe/niedrige Leistung ❸ (*level of achievement*) Leistung *f;* **to give a good/poor ~** eine starke/schwache Leistung zeigen ❹ *no pl* (*execution*) ■ **the ~ of sth** die Ausführung einer S. *gen;* **the ~ of a duty/task** die Erfüllung einer Pflicht/Aufgabe ❺ (*fam: fuss*) Theater *nt kein pl fig, pej* ❻ BRIT (*fam: difficult job*) **to be quite/such a ~** eine Heidenarbeit sein ❼ LING Performanz *f fachspr*

per·ˈfor·mance-en·hanc·ing *adj attr drugs, substances* leistungssteigernd, zur Leistungsverbesserung *nach n* **per·ˈfor·mance ˈlev·el** *n* ❶ (*achievement*) Leistungsniveau *nt*, Leistung *f* ❷ ECON, MECH (*output*) Leistung *f;* (*efficiency*) Wirkungsgrad *m* **per·ˈfor·mance re·port** *n* Leistungsbericht *m*

per·form·er [pəˈfɔːməʳ] *n* ❶ (*artist*) Künstler(in) *m(f);* **accomplished ~** talentierter Künstler/talentierte Künstlerin; (*actor*) Darsteller(in) *m(f)* ❷ (*achiever*) **to be a poor ~** [**in school**] ein schlechter Schüler/eine schlechte Schülerin sein

per·form·ing [pəˈfɔːmɪŋ] I. *n no pl* THEAT Theaterspielen *nt;* MUS Spielen *nt* II. *adj*

attr ❶ *(doing tricks)* animals dressiert ❷ LAW ~ **party** Leistende(r) *f(m)*
per·fume I. *n* [ˈpɜːfjuːm] ❶ *(scented liquid)* Parfüm *nt* ❷ *of a flower* Duft *m* II. *vt* [pəˈfjuːm] parfümieren
per·fum·ery <*pl* -ries> [pəˈfjuːmᵊri] *n* ❶ *no pl (production of perfumes)* Parfümherstellung *f* ❷ *(shop)* Parfümerie *f* ❸ *(manufacturer of perfumes)* Parfümhersteller *m*
per·func·tory [pəˈfʌŋ(k)tᵊri] *adj* flüchtig; *examination* oberflächlich; ~ **manner** abweisende Art
per·go·la [ˈpɜːgᵊlə] *n* Pergola *f*
per·haps [pəˈhæps, præps] *adv* ❶ *(maybe)* vielleicht; ~ **so** ja, vielleicht ❷ *(about)* etwa, ungefähr
per·il [ˈperᵊl] *n (form: danger)* Gefahr *f*; *(risk)* Risiko *nt*; **to be in** ~ in Gefahr sein; **at one's** ~ auf eigene Gefahr
peri·lous [ˈperᵊləs] *adj (form: dangerous)* gefährlich; *(risky)* riskant
pe·rim·eter [pəˈrɪmɪtər] *n* ❶ *(border)* Grenze *f* ❷ MATH Umfang *m*
pe·rim·eter ˈfence *n* Umzäunung *f*
pe·ri·od [ˈpɪəriəd] I. *n* ❶ *(length of time)* Zeitspanne *f*, Periode *f*; **he was unemployed for a long** ~ [**of time**] er war lange [Zeit] arbeitslos; **for a** ~ **of three months** für die Dauer von drei Monaten ❷ *(lesson)* Stunde *f* ❸ *(time in life, history, development)* Zeit *f*; *(distinct time)* Zeitabschnitt *m*; *(phase)* Phase *f*; **incubation** ~ Inkubationszeit *f*; ~ **of office** Amtszeit *f*; **colonial** ~ Kolonialzeit *f* ❹ GEOL Periode *f* *geh*; **Precambrian** ~ Präkambrium *nt* *fachspr* ❺ *(fam: menstruation)* Periode *f* ❻ AM LING *(also fig: full stop)* Punkt *m* II. *adj* ❶ *(of an earlier period) chair, vase, drama* historisch ❷ *(concerning menstruation) cramps, pains* Menstruations-
pe·ri·od ˈfur·ni·ture *n no pl (antique)* antike Möbel; *(reproduction)* Stilmöbel *pl*
pe·ri·od·ic [ˌpɪəriˈɒdɪk] *adj attr* ❶ *(reoccurring)* periodisch *geh*, regelmäßig wiederkehrend ❷ CHEM ~ **law** Gesetz *nt* der Periodizität *fachspr*; ~ **system** Periodensystem *nt fachspr*
pe·ri·odi·cal [ˌpɪəriˈɒdɪkᵊl] I. *n* Zeitschrift *f*; *(specialist journal also)* Periodikum *nt fachspr* II. *adj attr* periodisch *geh*, regelmäßig wiederkehrend
pe·ri·odi·cal·ly [ˌpɪəriˈɒdɪkᵊli] *adv* periodisch, in regelmäßigen Abständen
pe·ri·od·ic ˈta·ble *n no pl* CHEM Periodensystem *nt fachspr*
pe·riph·er·al [pəˈrɪfᵊrᵊl] I. *adj* ❶ *(minor)* unbedeutend, unwesentlich ❷ MED peripher *fachspr* ❸ *(at the edge)* Rand-, peripher *geh* II. *n* COMPUT Peripherie *f fachspr*
pe·riph·ery [pəˈrɪfᵊri] *n usu sing* Rand *m*; *of a town, an area* Peripherie *f*; **on the** ~ **of one's vision** am Rand des Blickfelds
peri·scope [ˈperɪskəʊp] *n* Periskop *nt*
per·ish [ˈperɪʃ] I. *vi* ❶ *(form, liter: die)* sterben, umkommen; *(be destroyed)* untergehen *a. fig* ❷ BRIT, AUS *(deteriorate) rubber, leather* brüchig werden; *food* verderben II. *vt* zugrunde richten
per·ish·able [ˈperɪʃəbl] *adj* ❶ *food* [leicht] verderblich ❷ *(transitory)* vergänglich
per·ish·er [ˈperɪʃər] *n* BRIT *(fam)* Teufelsbraten *m*
per·ish·ing [ˈperɪʃɪŋ] *adj* ❶ BRIT, AUS *(fam: extremely cold)* bitterkalt ❷ *attr* BRIT, AUS *(dated: damn)* verdammt *pej fam*
peri·to·ni·tis [ˌperɪtə(ʊ)ˈnaɪtɪs] *n no pl* MED Peritonitis *f fachspr*
per·jure [ˈpɜːdʒər] *vt* ■ **to** ~ **oneself** einen Meineid schwören
per·jur·er [ˈpɜːdʒᵊrər] *n* Meineidige(r) *f(m)*
per·jury [ˈpɜːdʒᵊri] *n* Meineid *nt*; **to commit** ~ einen Meineid schwören
perk[1] [pɜːk] *n* ❶ *(additional benefit)* Vergünstigung *f* ❷ *(advantage)* Vorteil *m*
perk[2] [pɜːk] I. *vt (fam)* **to** ~ **coffee** Kaffee machen II. *vi (fam)* durchlaufen ◆ **perk up** I. *vi* ❶ *(cheer up)* aufleben, munter werden ❷ *(become more awake, livelier)* munter werden ❸ *(increase, recover)* steigen, sich erholen; *share prices* fester tendieren II. *vt* ❶ *(cheer up)* aufheitern ❷ *(energize)* aufmuntern ❸ *(cause increase)* ■ **to** ~ **up** ⟲ **sth** etw steigern
perky [ˈpɜːki] *adj* ❶ *(lively)* munter ❷ *(cheeky)* keck
perm[1] [pɜːm] *n (fam) short for* **permanent wave** Dauerwelle *f*
perm[2] [pɜːm] *vt* **to** ~ **hair** Dauerwellen machen; **~ed hair** Dauerwellen *pl*
per·ma·frost [ˈpɜːməfrɒst] *n no pl* Dauerfrost[boden] *m*
per·ma·nence [ˈpɜːmᵊnən(t)s] *n*, **per·ma·nen·cy** [ˈpɜːmᵊnən(t)si] *n no pl* Beständigkeit *f*
per·ma·nent [ˈpɜːmᵊnənt] I. *adj* ❶ *(lasting indefinitely)* permanent, ständig; *arrangement* unbefristet; *relationship* dauerhaft; ~ **abode** fester Wohnsitz; ~ **appointment** Ernennung *f* auf Lebenszeit; ~ **damage/hearing loss** bleibender Schaden/Hörverlust; ~ **resident** Staatsbürger mit unbeschränkter Aufenthaltserlaubnis ❷ *(continual)* ständig, permanent II. *n* Dauerwelle *f*

per·ma·nent·ly ['pɜːmənəntli] *adv* ❶ (*all the time*) ständig, immer ❷ (*long term*) auf Dauer; **are you working here ~?** sind Sie hier fest angestellt?; **to damage sb's health ~** jds Gesundheit dauerhaft schädigen

per·ma·nent 'wave *n* Dauerwelle *f*

per·man·ga·nate [pɜːˈmæŋgəneɪt] *n* CHEM Permanganat *nt fachspr*

per·ma·tan ['pɜːmətæn, AM 'pɜːrmətæn] *n* (*pej fam*) Dauerbräune *f*

per·me·able ['pɜːmiəbl] *adj* (*also fig form*) durchlässig *a. fig;* **~ to water** wasserdurchlässig

per·me·ate ['pɜːmieɪt] **I.** *vt* durchdringen **II.** *vi* (*form*) ■**to ~ into/through sth** etw durchdringen

per·mis·sible [pəˈmɪsəbl] *adj* gestattet, zulässig; **is it ~ to park my car here?** ist hier Parken erlaubt?

per·mis·sion [pəˈmɪʃən] *n no pl* Erlaubnis *f;* (*from an official body*) Genehmigung *f;* **with your ~, I'd like to ...** wenn Sie gestatten, würde ich gerne ...; **with sb's written ~** mit jds schriftlichem Einverständnis; **to ask for [sb's] ~** [jdn] um Erlaubnis fragen

per·mis·sive [pəˈmɪsɪv] *adj* (*pej*) nachgiebig; (*sexually*) freizügig

per·mis·sive·ness [pəˈmɪsɪvnəs] *n no pl* Toleranz *f;* [**sexual**] **~** sexuelle Freizügigkeit

per·mit I. *n* ['pɜːmɪt] Genehmigung *f;* **export ~** Exporterlaubnis *f;* **hunting ~** Jagdschein *m;* **residence ~** Aufenthaltsgenehmigung *f;* **work ~** Arbeitserlaubnis *f* **II.** *vt* <-tt-> [pəˈmɪt] ❶ (*allow, give permission*) gestatten, erlauben ❷ (*make possible*) ■**to ~ sb to do sth** jdm ermöglichen, etw zu tun **III.** *vi* [pəˈmɪt] ❶ (*allow*) erlauben, gestatten; **circumstances ~ting** wenn die Umstände es erlauben; **weather ~ting** vorausgesetzt, das Wetter spielt mit ❷ (*form*) ■**to ~ of sth** etw zulassen

per·mit·ted [pəˈmɪtɪd] *adj* zulässig

per·mu·ta·tion [ˌpɜːmjʊˈteɪʃən] *n* ❶ *also* MATH (*possible ordering*) Umstellung *f* ❷ BRIT SPORTS (*combination*) Kombination *f*

per·ni·cious [pəˈnɪʃəs] *adj* ❶ (*form*) schädlich ❷ MED bösartig, perniziös *fachspr*

per·nick·ety [pəˈnɪkəti] *adj* (*pej*) ❶ (*fussy*) pingelig *fam,* kleinlich ❷ (*tricky*) heikel

per·ox·ide [pəˈrɒksaɪd] **I.** *n no pl* Peroxyd *nt* **II.** *vt* mit Peroxyd behandeln; *hair* bleichen

per·ox·ide 'blonde (*pej*) **I.** *n* Wasserstoffblondine *f pej* **II.** *adj* wasserstoffblond

per·pen·dic·u·lar [ˌpɜːpənˈdɪkjʊləʳ] **I.** *adj* senkrecht (**to** zu), perpendikular *fachspr* **II.** *n* Senkrechte *f;* MATH, ARCHIT ■**the ~** das Lot; **to be out of the ~** nicht im Lot sein

per·pe·trate ['pɜːpɪtreɪt] *vt* (*form*) begehen

per·pe·tra·tion [ˌpɜːpɪˈtreɪʃən] *n* LAW (*form*) Begehen *nt; of crime also* Verübung *f*

per·pe·tra·tor ['pɜːpɪtreɪtəʳ] *n* (*form*) Täter(in) *m(f);* **~ of fraud** Betrüger(in) *m(f);* **~ of violence** Gewalttäter(in) *m(f)*

per·pet·ual [pəˈpetʃuəl] *adj attr* ❶ (*everlasting*) immer während, ständig ❷ (*repeated*) fortgesetzt, wiederholt

per·pet·u·ate [pəˈpetʃueɪt] *vt* aufrechterhalten

per·pe·tu·ity [ˌpɜːpɪˈtjuːəti] *n no pl* (*form*)

---

permission

asking for permission	um Erlaubnis bitten
May I interrupt for a moment?	Darf ich Sie kurz stören?
Would you mind if I opened the window?	Stört es Sie, wenn ich das Fenster aufmache?
Is it all right with you if I take my holidays in July?	Sind Sie damit einverstanden, dass ich im Juli Urlaub nehme?

granting permission	erlauben
You can go out to play when you have finished your homework.	Wenn du mit deinen Hausaufgaben fertig bist, darfst du raus spielen.
You are welcome to come in.	Sie dürfen gern hereinkommen.
You may smoke in this area.	In diesem Bereich dürfen Sie rauchen.
You can park here if you like.	Wenn Sie möchten, können Sie hier parken.

Ewigkeit *f;* **in** ~ auf ewig; LAW lebenslänglich

per·plex [pəˈpleks] *vt* ❶ *(confuse)* verwirren; *(puzzle)* verblüffen ❷ *(complicate)* verkomplizieren

per·plexed [pəˈplekst] *adj* perplex; *(confused also)* verwirrt; *(puzzled also)* verblüfft

per·plex·ity [pəˈpleksəti] *n* ❶ *(puzzlement)* Verblüffung *f;* *(confusion)* Verwirrung *f;* **to look/stare at sth in** ~ etw verständnislos ansehen/anstarren ❷ *usu pl (complicated situation)* Verwicklungen *pl*

per·qui·site [ˈpɜːkwɪzɪt] *n (form: additional benefit)* Vergünstigung *f*

per·se·cute [ˈpɜːsɪkjuːt] *vt usu passive* verfolgen; ▪ **to be** ~**d for sth** wegen einer S. *gen* verfolgt werden

per·se·cu·tion [ˌpɜːsɪˈkjuːʃən] *n usu sing* Verfolgung *f*

per·se·ˈcu·tion com·plex *n,* **per·se·ˈcu·tion ma·nia** *n no pl* Verfolgungswahn *m*

per·se·cu·tor [ˈpɜːsɪkjuːtəʳ] *n* Verfolger(in) *m(f)*

per·se·ver·ance [ˌpɜːsɪˈvɪərən(t)s] *n no pl* Beharrlichkeit *f,* Ausdauer *f*

per·se·vere [ˌpɜːsɪˈvɪəʳ] *vi* nicht aufgeben, beharrlich bleiben; ▪ **to** ~ **with sth** an etw *dat* festhalten; *(continue)* mit etw *dat* weitermachen; *project, crusade, programme* etw [unbeirrt] fortsetzen

per·se·ver·ing [ˌpɜːsɪˈvɪərɪŋ] *adj* beharrlich, ausdauernd

Per·sia [ˈpɜːʃə] *n no pl* Persien *nt*

Per·sian [ˈpɜːʃən] **I.** *adj* persisch **II.** *n* ❶ *(person)* Perser(in) *m(f)* ❷ *(language)* Persisch *nt*

per·sist [pəˈsɪst] *vi* ❶ *(continue to exist)* andauern; *cold, heat, rain* anhalten; *habit, tradition* fortbestehen; MED persistieren *fachspr* ❷ *(to not give up)* beharrlich bleiben; ▪ **to** ~ **in sth** an etw *dat* festhalten ❸ *(continue)* ▪ **to** ~ **in doing sth** nicht aufhören, etw zu tun; ▪ **to** ~ **with sth** mit etw *dat* weitermachen; *project, crusade, programme* etw unbeirrt fortsetzen

per·sis·tence [pəˈsɪstən(t)s] *n no pl* ❶ *(continuation)* Anhalten *nt* ❷ *(perseverance)* Hartnäckigkeit *f*

per·sis·tent [pəˈsɪstənt] *adj* ❶ *(long lasting)* *difficulties* anhaltend; *cough, rumour* hartnäckig ❷ *(constant)* unaufhörlich; *demand* ständig ❸ *(perservering)* beharrlich, hartnäckig; **he is very** ~ **in his requests** er ist sehr hartnäckig, wenn er etwas möchte

per·sis·tent·ly [pəˈsɪstəntli] *adv* ständig,

andauernd; **to knock** ~ **[on the door]** hartnäckig an die Tür klopfen; **to warn sb** ~ jdn immer wieder warnen

per·son *<pl* people *or form* -s*>* [ˈpɜːsən] *n* ❶ *(human)* Person *f,* Mensch *m;* **not a single** ~ **came** kein Mensch kam; **cat/dog** ~ Katzen-/Hundeliebhaber(in) *m(f);* **morning/night** ~ Morgen-/Nachtmensch *m;* **people** ~ geselliger Mensch ❷ LING *(verb form)* Person *f*

per·so·na *<pl* -nae *or* -s*>* [pəˈsəʊnə, *pl* -niː] *n* Fassade *f meist pej*

per·son·able [ˈpɜːsənəbl] *adj* sympathisch

per·son·age [ˈpɜːsənɪdʒ] *n (form or hum)* Persönlichkeit *f*

per·son·al [ˈpɜːsənəl] *adj* ❶ *(of a particular person)* persönlich; ~ **belongings** persönliches Eigentum; ~ **data** Personalien *pl* ❷ *(direct, done in person)* persönlich; **to make a** ~ **appearance** persönlich erscheinen ❸ *(private)* privat, persönlich ❹ *(offensive)* persönlich; **nothing** ~**, but ...** es geht nicht gegen Sie persönlich, aber ...; **I didn't mean to be** ~ ich wollte nicht persönlich werden ❺ *(bodily)* körperlich; ~ **appearance** äußeres Erscheinungsbild ❻ *(human)* persönlich; ~ **quality** Charaktereigenschaft *f*

per·son·al com·ˈput·er *n* Personal Computer *m* **ˈper·son·al day** *n* AM *(fam)* **to take a** ~ aus persönlichen Gründen einen Tag frei nehmen **per·son·al di·gi·tal as·ˈsis·tant** *n* PDA *m,* [handflächengroßer] Taschencomputer

per·son·al·ity [ˌpɜːsənˈæləti] *n* ❶ *(character)* Persönlichkeit *f,* Charakter *m;* **to have a strong** ~ eine starke Persönlichkeit sein ❷ *(celebrity)* ▪ **a** ~ eine Persönlichkeit

per·son·ˈal·ity-al·ter·ing *adj* ~ **drug** persönlichkeitsverändernde Droge

per·son·al·ly [ˈpɜːsənəli] *adv* persönlich

per·son·al ˈpro·noun *n* Personalpronomen *nt*

per·son·al·ty [ˈpɜːsənəlti] *n* Privatvermögen *nt*

per·soni·fi·ca·tion [pəˌsɒnɪfɪˈkeɪʃən] *n* LIT Personifikation *f a. fig geh*

per·soni·fy [pəˈsɒnɪfaɪ] *vt* personifizieren; *(be the personification of also)* verkörpern

per·son·nel [ˌpɜːsəˈnel] *n* ❶ *pl (employees)* Personal *nt kein pl* ❷ *no pl (human resources department)* Personalabteilung *f*

per·son·ˈnel de·part·ment *n* Personalabteilung *f* **per·son·ˈnel di·rec·tor** *n* Personalchef(in) *m(f)* **per·son·nel ˈman·ag·er** *n* Personalchef(in) *m(f)*

per·spec·tive [pəˈspektɪv] *n* ❶ *(view-*

point) Perspektive *f;* ■ ~ **on sth** Einschätzung *f* einer S. *gen;* **from a historical ~** aus geschichtlicher Sicht; **to see sth in a new ~** etw aus einem neuen Blickwinkel sehen; **to get sth in ~** etw nüchtern betrachten ❷ (*method of representation*) Perspektive *f;* **in ~** perspektivisch

per·spi·ca·cious [ˌpɜːspɪˈkeɪʃəs] *adj* (*form: astute*) scharfsinnig; (*far-sighted*) weitblickend

per·spi·cac·ity [ˌpɜːspɪˈkæsəti] *n no pl* (*form: astuteness*) Scharfsinn *m;* (*insight*) Scharfblick *m;* (*far-sightedness*) Weitblick *m*

per·spi·cu·ity [ˌpɜːspɪˈkjuːəti] *n no pl* (*form*) Klarheit *f*

per·spicu·ous [pəˈspɪkjuəs] *adj* (*form*) klar

per·spi·ra·tion [ˌpɜːspəˈreɪʃən] *n no pl* Schweiß *m*

per·spire [pəˈspaɪəʳ] *vi* schwitzen

per·suade [pəˈsweɪd] *vt* (*talk into*) überreden; (*convince*) überzeugen; ■ **to ~ sb into sth** jdn zu etw *dat* überreden; ■ **to ~ sb of sth** jdn von etw *dat* überzeugen

per·sua·sion [pəˈsweɪʒən] *n usu sing* ❶ (*talking into*) Überredung *f;* (*convincing*) Überzeugung *f* ❷ (*conviction*) Überzeugung *f;* (*hum*) **to be of the Catholic/Protestant ~** katholischen/protestantischen Glaubens sein

per·sua·sive [pəˈsweɪsɪv] *adj* überzeugend

per·sua·sive·ness [pəˈsweɪsɪvnəs] *n no pl* (*ability to talk into*) Überredungskünste *pl;* (*to convince*) Überzeugungskraft *f*

pert [pɜːt] *adj* ❶ (*attractively small*) wohl geformt ❷ (*impudent*) frech ❸ (*neat and jaunty*) adrett

per·tain [pəˈteɪn] *vi* (*form*) ■ **to ~ to sth/sb** etw/jdn betreffen

per·ti·nent [ˈpɜːtɪnənt] *adj* (*form*) relevant; *argument* stichhaltig; *question* sachdienlich; ■ **to be ~ to sth** für etw *akk* relevant sein; *remark* treffend

per·turb [pəˈtɜːb] *vt* (*form*) beunruhigen

per·tur·ba·tion [ˌpɜːtəˈbeɪʃən] *n* (*form*) ❶ (*uneasiness*) Unruhe *f* ❷ PHYS, ASTRON Störung *f*

Peru [pəˈruː] *n* Peru *nt*

pe·rus·al [pəˈruːzəl] *n no pl* (*form*) Durchlesen *nt*

pe·ruse [pəˈruːz] *vt* (*form: read*) durchlesen; (*check*) durchsehen; (*study*) studieren

Peru·vian [pəˈruːviən] I. *adj* peruanisch II. *n* Peruaner(in) *m(f)*

per·vade [pəˈveɪd] *vt* (*form*) erfüllen; (*quality, philosophy, attitude*) durchziehen

per·va·sive [pəˈveɪsɪv] *adj* (*form: penetrating*) durchdringend *attr;* (*widespread*) weit verbreitet; **all-~** alles beherrschend

per·verse [pəˈvɜːs] *adj* (*pej: deliberately unreasonable*) abwegig; *person* eigensinnig; *delight* diebisch; *pride* widernatürlich

per·verse·ness [pəˈvɜːsnəs] *n no pl* (*pej: unreasonableness*) of a person Eigensinn *m;* of a situation; **the ~ of it all is that I love being scared to death in movies** das Perverse ist, dass ich es sogar genieße, wenn ich bei einem Film richtig Angst kriege *fam*

per·ver·sion [pəˈvɜːʃən] *n* (*pej*) ❶ (*unnatural behaviour*) Perversion *f* ❷ (*corruption*) Pervertierung *f geh;* **~ of justice** Rechtsbeugung *f*

per·ver·sity [pəˈvɜːsəti] *n* (*pej*) ❶ (*unreasonable behaviour*) Eigensinn *m kein pl* ❷ (*unnatural behaviour*) Perversität *f*

per·vert I. *n* [ˈpɜːvɜːt] (*pej*) ❶ (*sexual deviant*) Perverse(r) *f(m)* ❷ (*creepy person*) Persversling *m pej fam* II. *vt* [pəˈvɜːt] (*pej*) ❶ (*corrupt*) ■ **to ~ sb** jdn verderben ❷ (*distort*) ■ **to ~ sth** etw verdrehen

per·vert·ed [pəˈvɜːtɪd] *adj* ❶ (*sexually deviant*) pervers ❷ (*distorted*) verdreht

pervy [ˈpɜːvi] *adj* (*sl*) *short for* **perverted**

pes·sary [ˈpesəri] *n* ❶ (*contraceptive*) Pessar *nt* ❷ (*suppository*) Vaginalzäpfchen *nt*

pes·si·mism [ˈpesɪmɪzəm] *n no pl* Pessimismus *m*

pes·si·mist [ˈpesɪmɪst] *n* Pessimist(in) *m(f)*

pes·si·mis·tic [ˌpesɪˈmɪstɪk] *adj* pessimistisch

pes·si·mis·ti·cal·ly [ˌpesɪˈmɪstɪkəli] *adv* pessimistisch

pest [pest] *n* ❶ (*destructive animal*) Schädling *m* ❷ (*fig fam: annoying person*) Nervensäge *f fam;* (*annoying thing*) Plage *f*

'pest con·trol *n* ❶ *no pl* (*removal*) Schädlingsbekämpfung *f* ❷ (*service*) Kammerjäger *m*

pes·ter [ˈpestəʳ] *vt* belästigen; ■ **to ~ sb for sth** jdm mit etw *dat* keine Ruhe lassen; (*beg*) jdn um etw *akk* anbetteln; ■ **to ~ sb to do sth** jdn drängen, etw zu tun

pes·ti·cide [ˈpestɪsaɪd] *n* Schädlingsbekämpfungsmittel *nt*

pes·ti·lent [ˈpestɪlənt] *adj*, **pes·ti·len·tial** [ˌpestɪˈlen(t)ʃəl] *adj* ❶ (*deadly*) tödlich

❷ (*fig: morally destructive*) verderblich ❸ (*troublesome*) lästig
pes·tle ['pesl] *n* Stößel *m*; **~ and mortar** Stößel und Mörser
pes·to ['pestəʊ] *n* Pesto *nt o m*
pet [pet] **I.** *n* ❶ (*animal*) Haustier *nt* ❷ (*pej: favourite*) Liebling *m* ❸ (*fam: nice person*) Schatz *m* ❹ Aus, Brit (*fam: darling*) Schatz *m* **II.** *adj* ❶ (*concerning animals*) Tier-; **~ cat** Hauskatze *f*; **~ snake** Schlange *f* als Haustier ❷ (*favourite*) *project, theory* Lieblings-; **to be one's ~ hate** jdm ein Gräuel sein **III.** *vi* <-tt-> (*fam*) fummeln *fam* **IV.** *vt* <-tt-> streicheln
peta·byte ['petəbaɪt] *n* COMPUT Petabyte *m*
pet·al ['petəl] *n* ❶ (*flower part*) Blütenblatt *nt* ❷ Brit (*fam: darling*) Schatz *m*
pe·tard [petˈɑːd] *n* ❶ (*bomb*) Sprengkörper *m* ❷ (*fire cracker*) Feuerwerkskörper *m*
pe·ter ['piːtər] **I.** *n* Am (*sl: willy*) Zipfel *m fam* **II.** *vi* ■**to ~ out** zu Ende gehen; *conversation, interest* sich totlaufen; *storm* abklingen; *trail, track, path* sich verlieren
pe·tite [pəˈtiːt] *adj* (*approv*) *person* zierlich
pe·ti·tion [pəˈtɪʃən] **I.** *n* ❶ (*signed document*) Petition *f* (**against** gegen, **for** für) ❷ LAW (*written request*) Gesuch *nt* **II.** *vi* ❶ (*start a written action*) ■**to ~ about sth** für etw *akk* Unterschriften sammeln ❷ LAW (*request formally*) ■**to ~ for sth** einen Antrag auf etw *akk* stellen; **to ~ for divorce** eine Scheidungsklage einreichen **III.** *vt* ■**to ~ sb for sth** jdn um etw *akk* ersuchen *form*
pe·ti·tion·er [pəˈtɪʃənər] *n* ❶ (*collecting signatures*) Unterschriftensammler(in) *m(f)* ❷ LAW Kläger(in) *m(f)*
'**pet name** *n* Kosename *m*
pet·rel ['petrəl] *n* Sturmvogel *m*
Petri dish ['petri,-] *n* Petrischale *f*
pet·ri·fac·tion [ˌpetrɪˈfækʃən] *n*, **pet·ri·fi·ca·tion** [ˌpetrɪfɪˈkeɪʃən] *n* ❶ (*changing to stone*) Versteinerung *f* ❷ (*state of terror*) Lähmung *f fig*
pet·ri·fied ['petrɪfaɪd] *adj* ❶ (*fossilized*) versteinert ❷ (*terrified*) gelähmt *fig*; ■**to be ~ of sth** vor etw *dat* panische Angst haben; **to be ~ with fear** vor Angst wie gelähmt sein ❸ *attr* (*liter: old and unchanging*) aus grauer Vorzeit *nach n*
pet·ri·fy ['petrɪfaɪ] **I.** *vi* versteinern **II.** *vt* ■**to ~ sb** jdm schreckliche Angst einjagen
pet·ro·chemi·cal [ˌpetrə(ʊ)ˈkemɪkəl] **I.** *n* petrochemisches Produkt **II.** *adj attr* petrochemisch
pet·ro·dol·lar ['petrəʊˌdɒlər] *n* Petrodollar *m*

pet·rol ['petrəl] *n no pl* Brit, Aus Benzin *nt*; **unleaded ~** bleifreies Benzin
'**pet·rol can** *n* Brit, Aus Benzinkanister *m*
'**pet·rol com·pa·ny** *n* Erdölgesellschaft *f*
'**pet·rol con·sump·tion** *n no pl* Brit, Aus Benzinverbrauch *m*
pe·tro·leum [pəˈtrəʊliəm] *n* Erdöl *nt*
'**pet·rol gauge** *n* Benzinuhr *f* '**pet·rol pipe** *n* Brit, Aus Benzinleitung *f* '**pet·rol pump** *n* Brit, Aus Zapfsäule *f*; (*nozzle*) Zapfhahn *m* '**pet·rol sta·tion** *n* Brit, Aus Tankstelle *f* '**pet·rol tank** *n* Brit, Aus Benzintank *m*
pet·ti·coat ['petɪkəʊt] *n* (*dated*) Unterrock *m*, Unterkleid *nt*
pet·ti·ness ['petɪnəs] *n no pl* ❶ (*insignificance*) Belanglosigkeit *f*; (*triviality*) Trivialität *f* ❷ (*small-mindedness*) Kleinlichkeit *f pej*
pet·ting ['petɪŋ] *n no pl* ❶ (*stroking*) Streicheln *nt* ❷ (*sexual fondling*) Petting *nt*
pet·ty ['peti] *adj* (*pej*) ❶ (*insignificant*) unbedeutend; (*trivial*) trivial ❷ (*small-minded*) kleinkariert ❸ LAW (*on a small scale*) geringfügig
'**pet·ty of·fic·er** *n* NAUT ≈ Marineunteroffizier *m*
petu·lant ['pejələnt] *adj* (*pej*) verdrießlich; *child* bockig; *look* verdrossen
pe·tu·nia [pɪˈtjuːniə] *n* Petunie *f*
pew [pjuː] *n* Kirchenbank *f*
pew·ter ['pjuːtər] *n no pl* Zinn *nt*
PG [ˌpiːˈdʒiː] *abbrev of* **parental guidance I.** *adj* **to be rated ~** nicht jugendfrei sein; **~-13** frei ab 13 **II.** *n* **the film's a ~** der Film ist nicht jugendfrei
PGCE [ˌpiːdʒiːsiːˈiː] Brit *abbrev of* **Postgraduate Certificate in Education**
pH [ˌpiːˈeɪtʃ] *n usu sing* pH-Wert *m*; **~ value** pH-Wert *m*
pha·lanx <*pl* **-es** *or* **phalanges**> ['fælæŋ(k)s, *pl* fælˈændʒiːz] *n* (*form*) Phalanx *f*
phal·lic ['fælɪk] *adj* phallisch
phal·lus <*pl* **-es** *or* **-li**> ['fæləs, *pl* -laɪ] *n* Phallus *m geh*
phan·tas·mal [fænˈtæzməl] *adj* (*liter*) ❶ (*imaginary*) erfunden, Fantasie- ❷ (*ghost-like*) fantastisch, geisterhaft
phan·tom ['fæntəm] **I.** *n* Geist *m*, Gespenst *nt* **II.** *adj attr* ❶ (*ghostly*) Geister- ❷ (*caused by mental illusion*) Phantom- ❸ (*for show*) Schein-
phar·aoh ['feərəʊ] *n* Pharao *m*
phari·sa·ic(al) [ˌfærɪˈseɪɪk(əl)] *adj* ❶ (*of Jewish sect*) pharisäisch *geh* ❷ (*fig, pej: hypocritical*) pharisäerhaft

Phari·see ['færɪsi:] *n* ❶ (*Jewish tribe*) ■**the ~s** *pl* die Pharisäer *pl* ❷ (*fig liter: hypocrite*) Pharisäer(in) *m(f) geh*

phar·ma·ceu·tic [ˌfɑ:məˈsju:tɪk] *adj* pharmazeutisch

phar·ma·ceu·ti·cal [ˌfɑ:məˈsju:tɪkəl] *adj attr* pharmazeutisch

phar·ma·ceu·tics [ˌfɑ:məˈsju:tɪks] *n no pl* Pharmazie *f*

phar·ma·'ceu·tics in·dus·try *n no pl* Pharmaindustrie *f*

phar·ma·cist [ˈfɑ:məsɪst] *n* Apotheker(in) *m(f)*

phar·ma·co·logi·cal [ˌfɑ:məkəˈlɒdʒɪkəl] *adj* pharmakologisch

phar·ma·colo·gist [ˌfɑ:məˈkɒlədʒɪst] *n* Pharmakologe *m*/Pharmakologin *f*

phar·ma·col·ogy [ˌfɑ:məˈkɒlədʒi] *n no pl* Pharmakologie *f*

phar·ma·co·poeia [ˌfɑ:məkəˈpi:ə] *n usu sing* ❶ (*drugs book*) Pharmakopöe *f fachspr* ❷ (*stock of medicine*) Arzneimittellager *nt*

phar·ma·cy [ˈfɑ:məsi] *n* ❶ (*store*) Apotheke *f* ❷ *no pl* (*study*) Pharmazie *f*

phar·yn·gi·tis [ˌfærɪnˈdʒaɪtɪs] *n no pl* Pharyngitis *f fachspr*

phar·ynx <*pl* **pharynges**> [ˈfærɪŋks, *pl* færˈɪndʒi:z] *n* MED Pharynx *m fachspr*

phase [feɪz] I. *n* Phase *f*; **moon ~** Mondphase *f*; **developmental ~** Entwicklungsphase *f*; **to go through a ~** eine Phase durchlaufen II. *vt usu passive* (*implement*) stufenweise durchführen; (*introduce*) stufenweise einführen; (*coordinate*) synchronisieren ◆**phase in** *vt* stufenweise einführen ◆**phase out** *vt* ❶ ECON (*gradually stop*) auslaufen lassen ❷ (*fig: get rid of*) ■**to ~ sb out** jdn abservieren *fam*

phat [fæt] *adj* (*sl: Black English: cool, hip*) krass *sl*, abgefahren *sl*, fett *sl*

PhD [ˌpi:eɪtʃˈdi:] *n abbrev of* **Doctor of Philosophy** Dr., Doktor *m*; **~ student** Doktorand(in) *m(f)*; **~ thesis** Doktorarbeit *f*

pheas·ant <*pl* -s *or* -> [ˈfezənt] *n* Fasan *m*

phe·nom·ena [fɪˈnɒmɪnə] *n pl of* **phenomenon**

phe·nom·enal [fɪˈnɒmɪnəl] *adj* (*great*) phänomenal

phe·nom·enon <*pl* -mena *or* -s> [fɪˈnɒmɪnən, *pl* -mɪnə] *n* Phänomen *nt geh*

phew [fju:] *interj* (*fam*) puh

phi·lan·der [fɪˈlændər] *vi* (*pej dated*) tändeln

phi·lan·der·er [fɪˈlændərər] *n* (*pej dated*) Schürzenjäger *m fam*

phil·an·throp·ic [ˌfɪlənˈθrɒpɪk] *adj* philanthropisch *geh*

phil·an·thro·pist [fɪˈlæn(t)θrəpɪst] *n* (*donor*) Philanthrop(in) *m(f) geh*

phil·an·thro·py [fɪˈlæn(t)θrəpi] *n no pl* Wohltätigkeit *f*

phila·tel·ic [ˌfɪləˈtelɪk] *adj* philatelistisch *geh*

phi·lat·elist [fɪˈlætəlɪst] *n* Philatelist(in) *m(f) geh*

phi·lat·ely [fɪˈlætəli] *n no pl* Philatelie *f*

phil·har·mon·ic [ˌfɪl(h)ɑ:ˈmɒnɪk] *adj attr* philharmonisch; **the Vienna ~ Orchestra** die Wiener Philharmoniker *pl*

Phil·ip·pines [ˈfɪlɪpi:nz] *npl* ■**the ~** die Philippinen *pl*

phil·is·tine [ˈfɪlɪstaɪn] (*pej*) I. *n* Banause *m* II. *adj* banausisch

philo·logi·cal [ˌfɪləˈlɒdʒɪkəl] *adj* (*dated*) philologisch

phi·lolo·gist [fɪˈlɒlədʒɪst] *n* Philologe *m*/Philologin *f*

phi·lol·ogy [fɪˈlɒlədʒi] *n no pl* Philologie *f*

phi·loso·pher [fɪˈlɒsəfər] *n* Philosoph(in) *m(f)*

philo·soph·ic(al) [ˌfɪləˈsɒfɪk(əl)] *adj* ❶ PHILOS philosophisch ❷ (*calm*) gelassen

phi·loso·phize [fɪˈlɒsəfaɪz] *vi* philosophieren; (*make excuses*) sich herausreden

phi·loso·phy [fɪˈlɒsəfi] *n no pl* Philosophie *f*

phish [fɪʃ] *vi* INET phishen (*im Internet persönliche Daten und Passwörter auskundschaften, um die Betroffenen zu bestehlen*)

phish·er [ˈfɪʃər] *n* INET Phisher(in) *m(f)* (*Betrüger, der mit gefälschten E-Mails Passwörter und persönliche Benutzerdaten ausspioniert*)

phish·ing [ˈfɪʃɪŋ] *n* INET Phishing *nt* (*betrügerisches Ausspionieren von Passwörtern und persönlichen Benutzerdaten*)

phle·bi·tis [flɪˈbaɪtɪs] *n* MED Phlebitis *f fachspr*

phlegm [flem] *n no pl* ❶ (*mucus*) Schleim *m* ❷ (*calmness*) Gleichmut *m* ❸ (*apathetic temperament*) Phlegma *nt geh*

phleg·mat·ic [flegˈmætɪk] *adj* ❶ (*calm*) gleichmütig ❷ (*apathetic*) phlegmatisch

pho·bia [ˈfəʊbiə] *n* Phobie *f*

phoe·nix [ˈfi:nɪks] *n usu sing* Phönix *m*

phone [fəʊn] I. *n* Telefon *nt*; **she put the ~ down on me** sie hat [bei unserem Gespräch] einfach aufgelegt; **to answer the ~** ans Telefon gehen; **to hang up the ~** auflegen; **to pick up the ~** abheben; **to speak**

[to sb] on the ~ [mit jdm] telefonieren; on the ~ am Telefon; Brit to be on the ~ telefonieren II. vt anrufen III. vi telefonieren ◆ phone back vt zurückrufen ◆ phone in I. vi anrufen; to ~ in ill sich telefonisch krank melden II. vt (*information*) telefonisch durchgeben ◆ phone round vi Brit herumtelefonieren *fam* ◆ phone up vt anrufen

'phone book *n* Telefonbuch *nt* 'phone booth *n* Telefonzelle *f* 'phone box *n* Brit Telefonzelle *f* 'phone·card *n* Telefonkarte *f* 'phone-in I. *n* Sendung, an der sich das Publikum telefonisch beteiligen kann II. *adj attr* ~ programme Sendung mit telefonischer Publikumsbeteiligung

pho·neme ['fəʊniːm] *n* LING Phonem *nt*
'phone num·ber *n* Telefonnummer *f*
pho·net·ic [fə(ʊ)'netɪk] *adj* LING phonetisch *fachspr*
pho·net·i·cal·ly [fə(ʊ)'netɪkəli] *adv* LING phonetisch *fachspr*
pho·ne·ti·cian [ˌfəʊnɪ'tɪʃən] *n* LING Phonetiker(in) *m(f) fachspr*
pho·net·ics [fə(ʊ)'netɪks] *n* + *sing vb* LING Phonetik *f kein pl fachspr*
pho·ney ['fəʊni] (*pej*) I. *adj* (*fam*) accent, smile aufgesetzt, künstlich; address falsch; documents gefälscht II. *n* (*impostor*) Hochstapler(in) *m(f);* (*pretender*) Schwindler(in) *m(f);* (*fake*) Fälschung *f*
phon·ic ['fɒnɪk] *adj* LING phonisch *fachspr*
pho·nol·o·gy [fə(ʊ)'nɒlədʒi] *n no pl* LING Phonologie *f fachspr*
pho·ny *adj* Am *see* phoney
phoo·ey ['fuːi] *interj* (*hum fam*) pfui
phos·phate ['fɒsfeɪt] *n* Phosphat *nt*
phos·pho·res·cence [ˌfɒsfər'esən(t)s] *n no pl* Phosphoreszenz *f*
phos·pho·res·cent [ˌfɒsfər'esənt] *adj* phosphoreszierend
phos·phor·ic [fɒs'fɒrɪk] *adj,* phos·pho·rous ['fɒsfərəs] *adj* CHEM phosphorig *fachspr*
phos·pho·rus ['fɒsfərəs] *n no pl* Phosphor *m*
pho·to ['fəʊtəʊ] *n short for* photograph Foto *nt*
photo-'age·ing *n no pl* Hautalterung *f* durch Sonnenstrahlen 'pho·to·bomb *vt* (*fam*) ■ to ~ sb jdm in die Aufnahme [*o* ins Bild] platzen; I was [*or* got] ~ed by a tourist mir ist ein Tourist in die Aufnahme [*o* ins Bild] geplatzt 'pho·to·call *n* Fototermin *m* 'photo·cell *n* Fotozelle *f* photo-'chrom·ic *adj* PHOT *lenses* phototrop 'photo·cop·i·er *n* [Foto]kopierer *m*

'photo·copy I. *n* [Foto]kopie *f* II. *vt* [foto]kopieren photo·e'lec·tric *adj* photoelektrisch pho·to 'fin·ish *n* in SPORTS Fotofinish *nt fachspr* 'photo·flash *n* Blitzlicht *nt* photo·'gen·ic *adj* fotogen

photo·graph ['fəʊtəɡrɑːf] I. *n* Fotografie *f,* Foto *nt;* colour ~ Farbfoto[grafie]; black-and-white ~ Schwarz-Weiß-Foto[grafie]; aerial ~ Luftaufnahme *f;* to take a ~ [of sb/sth] [jdn/etw] fotografieren, ein Foto [von jdm/etw] machen II. *vt* fotografieren III. *vi* to ~ well/badly auf Fotos [immer] gut/schlecht aussehen
'photo·graph al·bum *n* Fotoalbum *nt*
pho·tog·ra·pher [fə'tɒɡrəfər] *n* Fotograf(in) *m(f)*
photo·graph·ic [ˌfəʊtə'ɡræfɪk] *adj* fotografisch; ~ equipment Fotoausrüstung *f*
pho·to·graphi·cal·ly [ˌfəʊtə'ɡræfɪəli] *adv* fotografisch
pho·tog·ra·phy [fə'tɒɡrəfi] *n no pl* Fotografie *f*
pho·to·'jour·nal·ism *n no pl* Fotojournalismus *m*
pho·tom·e·ter [fə(ʊ)'tɒmɪtər] *n* Photometer *nt fachspr*
pho·to·mon·tage [ˌfəʊtə(ʊ)mɒn'tɑːʒ] *n* Fotomontage *f*
pho·ton ['fəʊtɒn] *n* Photon *nt*
photo op·por·tu·ni·ty *n* Fototermin *m*
photo re·port·er *n* Fotoreporter(in) *m(f)* photo·'sen·si·tive *adj* lichtempfindlich 'photo·set·ting *n no pl* PUBL Lichtsatz *m* 'photo·shoot *n* Fototermin *m*
photo·stat <-tt-> ['fəʊtə(ʊ)stæt] *vt* fotokopieren
photo·'syn·the·sis *n no pl* BIOL, CHEM Photosynthese *f*
phras·al 'verb *n* LING Phrasal Verb *nt* (*Grundverb mit präpositionaler oder adverbialer Ergänzung*)
phrase [freɪz] I. *n* ❶ (*words*) Satz *m;* (*idiomatic expression*) Ausdruck *m* ❷ MUS (*series of notes*) Phrase *f fachspr* II. *vt* formulieren
'phrase book *n* Sprachführer *m*
phra·seol·o·gy [ˌfreɪzi'ɒlədʒi] *n no pl* Ausdrucksweise *f;* LING Phraseologie *f fachspr*
phre·net·ic *adj see* frenetic
phut [fʌt] *interj* Brit, Aus peng; to go ~ (*fam*) kaputtgehen
pH value ['piːeɪtʃ,-] *n* pH-Wert *m*
physi·cal ['fɪzɪkəl] I. *adj* ❶ (*of the body*) condition, strength, weakness körperlich, physisch *geh;* to have a ~ disability körperbehindert sein; ~ contact Körperkontakt *m;* ~ exercise sportliche Betätigung

② *(sexual) contact, love, relationship* körperlich; **~ attraction** körperliche Anziehung **③** *(material)* physisch; *object, world* stofflich **④** *(of physics)* physikalisch **II.** *n* MED Untersuchung *f*

phys·i·cal edu·'ca·tion *n no pl* Sport[unterricht] *m*

phys·i·cal·ly ['fɪzɪkəli] *adv* **①** *(concerning the body)* körperlich; **it's just not ~ possible** das ist schon rein physisch nicht möglich; **~ disabled** körperbehindert **②** *(not imagined)* wirklich **③** *(structurally)* **Britain is ~ isolated from the mainland** Großbritannien ist geografisch vom Festland abgeschnitten

phy·si·cian [fɪ'zɪʃən] *n esp* AM *(GP)* Arzt *m*/Ärztin *f*

phys·i·cist ['fɪzɪsɪst] *n* Physiker(in) *m(f)*

phys·ics ['fɪzɪks] *n + sing vb* Physik *f*

phys·io ['fɪziəʊ] *n* **①** BRIT, AUS *(fam) short for* **physiotherapist** Physiotherapeut(in) *m(f)* **②** *no pl esp* BRIT *short for* **physiotherapy** Physiotherapie *f*

physi·o·ball [fɪziəʊbɔːl] *n* Gymnastikball *m*

phys·i·og·no·my [ˌfɪzi'ɒnəmi] *n (form)* Physiognomie *f*

physio·logi·cal [ˌfɪziə'lɒdʒɪkəl] *adj* physiologisch

physi·ol·o·gist [ˌfɪzi'ɒlədʒɪst] *n* Physiologe *m*/Physiologin *f*

physi·ol·o·gy [ˌfɪzi'ɒlədʒi] *n no pl* Physiologie *f*

physio·ther·a·pist [ˌfɪziə(ʊ)'θerəpɪst] *n esp* BRIT Physiotherapeut(in) *m(f) fachspr*, Krankengymnast(in) *m(f)*

physio·ther·a·py [ˌfɪziə(ʊ)'θerəpi] *n no pl esp* BRIT Physiotherapie *f fachspr*

phy·sique [fɪ'ziːk] *n* Körperbau *m*; *(appearance)* Figur *f*

pi [paɪ] *n no pl* MATH Pi *nt fachspr*

pi·a·nist ['piːənɪst] *n* Klavierspieler(in) *m(f)*; *(professional)* Pianist(in) *m(f)*

pi·ano [pi'ænəʊ] *n* Klavier *nt*, Piano *nt*; **to play [the] ~** Klavier spielen; ■ **at the ~** am Klavier

pi·'ano re·cit·al *n* Klavierkonzert *nt* **pi·'ano stool** *n* Klavierstuhl *m*

pi·az·za [pi'ætsə] *n* Marktplatz *m*

pica·resque [ˌpɪkər'esk] *adj* LIT pikaresk

pic·ca·nin·ny [ˌpɪkə'nɪni] *n (pej!)* abwertender Ausdruck für ein schwarzes Kind

pic·co·lo ['pɪkələʊ] *n* Pikkoloflöte *f*

pick [pɪk] **I.** *n* **①** *(choice)* Auswahl *f*; **to have first ~** die erste Wahl haben; **to take one's ~** sich *dat* etw aussuchen **②** *+ sing/pl vb (best)* ■ **the ~ of sth** *of things* das Beste; *of people* die Elite **③** *(pickaxe)* Spitzhacke *f* **④** MUS Plättchen *nt* **II.** *vt* **①** *(select)* aussuchen; **to ~ sth/sb at random** jdn/etw [völlig] willkürlich aussuchen **②** *(fam: start)* **to ~ a fight with sb** mit jdm einen Streit anzetteln **③** *(harvest)* pflücken; *mushrooms* sammeln **④** *(scratch)* ■ **to ~ sth** an etw *dat* kratzen; **stop ~ing your spots!** hör auf, an deinen Pickeln herumzudrücken!; **to ~ one's nose** in der Nase bohren **⑤** *(take)* ■ **to ~ sth from/off [of] sth** etw aus/von etw *dat* nehmen **⑥** MUS *(play)* zupfen **III.** *vi* **①** *(be choosy)* aussuchen **②** *(toy with)* ■ **to ~ at one's food** in seinem Essen herumstochern **③** *(scratch)* ■ **to ~ at sth** an etw *dat* [herum]kratzen ◆ **pick off** *vt* **①** *(shoot)* ■ **to ~ off** ⟳ **sb/sth** jdn/etw einzeln abschießen **②** *(fig: take best)* ■ **to ~ off** ⟳ **sth** sich *dat* das Beste herauspicken ◆ **pick on** *vi* **①** *(select)* ■ **to ~ on sb/sth** jdn/etw aussuchen **②** *(victimize)* ■ **to ~ on sb** auf jdm herumhacken ◆ **pick out** *vt* **①** *(select)* aussuchen **②** *(recognize)* erkennen **③** *(highlight)* hervorheben **④** MUS **to ~ out a tune on an instrument** auf einem Instrument improvisieren ◆ **pick over**, **pick through** *vt* ■ **to ~ sth** ⟳ **over** etw gut durchsehen ◆ **pick up I.** *vt* **①** *(lift)* aufheben; **to ~ up the phone** [den Hörer] abnehmen; *(make phone call)* anrufen **②** *(stand up)* ■ **to ~ oneself up** aufstehen; *(collect oneself)* sich aufrappeln *fam* **③** *(acquire)* erwerben; **to ~ up a bargain** ein Schnäppchen machen; **to ~ up an illness** sich mit einer Krankheit anstecken **④** *(learn)* aufschnappen **⑤** *(collect)* abholen; **to ~ up passengers** Fahrgäste aufnehmen **⑥** *(fam: for sexual purposes)* ■ **to ~ up** ⟳ **sb** jdn abschleppen **⑦** *(detect)* wahrnehmen; **he's awfully quick to ~ up any mistakes in your grammar** er reagiert immer wie der Blitz darauf, wenn man einen grammatischen Fehler macht **⑧** *(on radio)* **to ~ up a signal** ein Signal empfangen **⑨** *(increase)* **to ~ up speed** schneller werden; *(fig)* sich verstärken **⑩** BRIT, AUS *(correct)* ■ **to ~ sb up on sth** jdn auf etw *akk* aufmerksam machen **⑪** *(fam: earn)* verdienen **⑫** *(resume)* ■ **to ~ up** ⟳ **sth** an etw *akk* anknüpfen **II.** *vi* **①** *(improve)* sich bessern, besser werden; *numbers* steigen **②** *(resume)* **to ~ up where one left off** da weitermachen, wo man aufgehört hat **③** *(notice)* ■ **to ~ up on sb/sth** jdn/etw bemerken; *(react to)* auf etw *akk* reagieren **④** *esp* AM *(clean up)* ■ **to ~ up after sb** jdm hinterherräumen

picka·back *n* (*fam*) *see* **piggyback**
'pick·axe *n*, AM **'pick·ax** *n* Spitzhacke *f*
pick·er ['pɪkə^r] *n* (*of crops*) Erntehelfer(in) *m(f);* **cotton** ~ Baumwollpflücker(in) *m(f)*
pick·et ['pɪkɪt] **I.** *n* ① (*striker*) Streikposten *m;* (*blockade*) Streikblockade *f* ② (*stake*) Palisade *f* **II.** *vt* ■ **to** ~ **sth** (*in a strike*) vor etw *dat* Streikposten aufstellen; (*demonstrate at*) vor etw *dat* demonstrieren; (*blockade*) etw blockieren **III.** *vi* demonstrieren
'pick·et fence *n* Palisadenzaun *m*
'pick·et line *n* Streikpostenkette *f*
'pick·ing list *n* AM ① COMM Entnahmeliste *f* ② COMPUT Pickliste *f*
pick·ings ['pɪkɪŋz] *npl* **rich** ~ schnelles Geld
pick·le ['pɪkl] **I.** *n* ① *no pl* [Mixed] Pickles *pl;* (*sauce*) Relish *nt* ② AM (*conserved gherkin*) saure Gurke ③ (*brine*) Salzlake *f* ④ (*solution with vinegar*) Essigbrühe *f* **II.** *vt* einlegen
pick·led ['pɪkld] *adj* ① (*preserved*) eingelegt ② (*fig fam: drunk*) besoffen
'pick·lock *n* (*burglar*) Einbrecher(in) *m(f);* (*instrument*) Dietrich *m*
'pick-me-up *n* Muntermacher *m*
'pick·pock·et *n* Taschendieb(in) *m(f)*
'pick·up *n* ① (*on gramophone*) Tonabnehmer *m* ② (*fam: collection*) Abholen *nt kein pl* ③ (*fam: collection point*) Treffpunkt *m* ④ (*fam: passenger*) Passagier(in) *m(f);* (*in a private car*) Mitfahrer(in) *m(f)* ⑤ (*fam: casual sexual acquaintance*) Eroberung *f hum* ⑥ (*increase*) Zunahme *f* ⑦ (*van*) Kleintransporter *m*
'pick·up point *n* Treffpunkt *f;* (*for bus*) Haltestelle *f*
picky ['pɪki] *adj* (*pej fam*) pingelig; *eater* wählerisch
pic·nic ['pɪknɪk] **I.** *n* Picknick *nt;* **to go on a** ~ ein Picknick machen; **to be no** ~ kein Spaziergang sein **II.** *vi* <-ck-> picknicken
pic·nick·er ['pɪknɪkə^r] *n jd, der ein Picknick macht*
pic·to·gram ['pɪktə(ʊ)græm] *n* Piktogramm *nt fachspr*
pic·to·rial [pɪk'tɔːriəl] *adj* (*done as picture*) Bild-; (*done like picture*) bildhaft; *book, brochure* illustriert
pic·ture ['pɪktʃə^r] **I.** *n* ① (*painting, drawing*) Bild *nt* ② (*photograph*) Bild *nt*, Foto *nt;* **wedding** ~ Hochzeitsfoto *nt;* **to take a** ~ ein Foto machen ③ (*on TV screen*) [Fernseh]bild *nt* ④ (*film*) Film *m;* **to make a** ~ einen Film drehen ⑤ (*cinema*) ■ **the** ~**s** *pl* das Kino ⑥ (*fig: impression*) Bild *nt;* **this is not an accurate** ~ das ist eine Verdrehung der Tatsachen; **mental** ~ Vorstellung *f;* **to paint a** ~ **of sth** ein Bild von etw *dat* zeichnen; **to paint a gloomy/rosy** ~ **of sth** etw in düsteren/rosigen Farben ausmalen ⑦ (*embodiment*) ■ **the** ~ **of sth** der Inbegriff einer S. *gen* ▶ **to be in the** ~ (*informed*) im Bilde sein; (*involved*) beteiligt sein; (*in the public sphere*) im Rampenlicht stehen; **to get the** ~ etw verstehen **II.** *vt* ■ **to** ~ **sth** sich *dat* etw vorstellen; (*depict*) etw darstellen **III.** *vi* ■ **to** ~ **to oneself how ...** sich *dat* vorstellen, wie ...
'pic·ture book *n* (*for children*) Bilderbuch *nt;* (*for adults*) Buch *nt* mit Illustrationen
'pic·ture frame *n* Bilderrahmen *m*
'pic·ture gal·lery *n* [Kunst]galerie *f*
'pic·ture-goer *n* Kinogänger(in) *m(f)*
'pic·ture li·brary *n* Bildarchiv *nt*
'pic·ture mes·sag·ing *n* Picture Messaging *nt*
pic·ture 'post·card *n* Ansichtskarte *f*
'pic·ture puz·zle *n* Puzzle *nt*
pic·tur·esque [ˌpɪktʃə^r'esk] *adj scenery* malerisch, pittoresk *geh; language* bildhaft
pic·tur·esque·ly [ˌpɪktʃə^r'eskli] *adv* malerisch, pittoresk *geh*
'pic·ture tube *n* Bildröhre *f*
'pic·ture 'win·dow *n* Panoramafenster *nt*
pid·dle ['pɪdl] (*fam!*) **I.** *n* (*esp childspeak*) ① *no pl* (*urine*) Pipi *nt* ② *usu sing esp* BRIT (*action*) Pinkeln *nt* **II.** *interj* (*expresses irritation*) Mist! **III.** *vi* pinkeln
pid·dling ['pɪdlɪŋ] *adj* (*pej fam!*) lächerlich
pidg·in ['pɪdʒɪn] **I.** *n* LING Pidgin *nt fachspr* **II.** *adj attr* Pidgin-; ~ **German** gebrochenes Deutsch
pie [paɪ] *n* Pastete *f*
pie·bald ['paɪbɔːld] **I.** *adj* scheckig, gescheckt **II.** *n* Schecke *f o m*
piece [piːs] **I.** *n* ① (*bit*) Stück *nt;* (*part*) Teil *nt o m; of bread* Scheibe *f; of cake* Stück *nt; of glass;* **a** ~ **of broken glass** eine Glasscherbe; [**all**] **in one** ~ heil; **to break/smash/tear sth in[to]** ~**s** etw in Stücke brechen/schlagen/reißen; **to go to** ~**s** (*fig*) *person* zusammenbrechen; *marriage* zerbrechen; **to take sth to** ~**s** BRIT etw zerlegen; ■ ~ **by** ~ Stück für Stück ② (*item*) Stück *nt;* ~ **of baggage** Gepäckstück *nt;* ~ **of paper** Blatt *nt* Papier ③ (*non-physical item*) **a** ~ **of advice** ein Rat *m;* **a** ~ **of evidence** ein Beweis *m;* **a** ~ **of information** eine Information; **a** ~ **of legislation** ein Gesetz *nt* ④ (*in chess*) Figur *f;* (*in backgammon, draughts*) Stein *m* ⑤ ART, LIT, MUS, THEAT Stück *nt*, Werk *nt;* **a** ~

of writing ein literarisches Werk ❻ JOURN Beitrag *m* ❼ (*coin*) Stück *nt* ❽ AM (*sl: gun*) Knarre *f fam* ▶ **a ~ of the action** *esp* AM ein Stück *nt* des Kuchens; **to be a ~ of cake** (*fam*) kinderleicht sein; **to give sb a ~ of one's mind** (*fam*) jdm [mal gehörig] die Meinung sagen II. *vt* ■ **to ~ together sth** etw zusammensetzen; (*reconstruct*) etw rekonstruieren
'**piece·meal** I. *adv* (*bit by bit*) Stück für Stück, stück[chen]weise; (*in fits and starts*) unsystematisch II. *adj* (*bit by bit*) stück[chen]weise; (*in fits and starts*) unsystematisch '**piece price** *n* Stückpreis *m*
'**piece rate** *n* Akkordlohn *m* '**piece·work** *n no pl* Akkordarbeit *f* '**piece·work·er** *n* Akkordarbeiter(in) *m(f)*
pied [paɪd] *adj attr* ZOOL gescheckt, gefleckt
pie-'eyed *adj* (*fam*) [völlig] besoffen
pier [pɪəʳ] *n* ❶ NAUT Pier *m o fachspr f*, Hafendamm *m*; (*landing stage*) Landungsbrücke *f* ❷ ARCHIT (*wall support*) Trumeau *m*; (*pillar*) Pfeiler *m*
pierce [pɪəs] I. *vt* (*make hole in*) ■ **to ~ sth** etw durchstechen; (*penetrate*) in etw *akk* eindringen; (*forcefully*) etw durchstoßen; (*break through*) etw durchbrechen; **to have ~d ears** Ohrlöcher haben II. *vi* (*drill*) ■ **to ~ into sth** sich in etw *akk* bohren
pierced [pɪəst] *adj* durchstochen, gepierct *sl*
pierc·ing ['pɪəsɪŋ] I. *adj* ❶ (*loud*) durchdringend; (*pej*) *voice* schrill ❷ (*cold*) eisig ❸ (*penetrating*) *eyes, gaze, look* durchdringend, stechend; *question, reply, wit* scharf; *sarcasm* beißend ❹ (*liter: deeply felt*) tief II. *n no pl* (*body-piercing*) Piercing *nt*
pierc·ing·ly ['pɪəsɪŋli] *adv* durchdringend
pi·ety ['paɪəti] *n no pl* Frömmigkeit *f*; (*deep loyalty*) Achtung *f*
pif·fling ['pɪflɪŋ] *adj* (*dated fam*) lächerlich
pig [pɪg] *n* ❶ (*animal*) Schwein *nt* ❷ (*fam: greedy person*) Vielfraß *m* ❸ (*pej fam: bad person*) Schwein *nt* ◆ **pig out** *vi* (*fam*) ■ **to ~ out [on sth]** sich [mit etw *dat*] vollstopfen
pi·geon ['pɪdʒən] *n* Taube *f*
'**pi·geon fan·ci·er** *n* BRIT, AUS Brieftaubenfreund(in) *m(f)* '**pi·geon-hole** I. *n* [Post]fach *nt*, Ablage *f*; **to put sb/sth in a ~** (*fig*) jdn/etw in eine Schublade stecken II. *vt* ❶ (*categorize*) ■ **to ~ sb/sth** jdn/etw in eine Schublade stecken ❷ (*defer*) **to ~ a project** ein Projekt auf Eis legen **pi·geon-'toed** *adj* mit einwärts gerichteten Füßen

nach n; ■ **to be ~** über den großen Onkel gehen *veraltend fam*
pig·gery ['pɪgəri] *n* ❶ AGR Schweinezucht *f* ❷ *no pl* (*pej: unpleasant behaviour*) Widerwärtigkeit *f;* (*gluttony*) Verfressenheit *f pej fam*
pig·gish ['pɪgɪʃ] *adj* (*pej*) *behaviour, manners* schweinisch
pig·gy ['pɪgi] (*fam*) I. *n* (*childspeak*) Schweinchen *nt* II. *adj esp* BRIT (*pej*) schweinisch; (*in appetite*) verfressen; (*unhygienic*) schweinisch *fam*
pig·gy·back I. *n* **to give sb a ~** jdn huckepack nehmen II. *vi* huckepack machen '**pig·gy bank** *n* Sparschwein *nt*
pig·'head·ed *adj* (*pej*) stur, starrköpfig
'**pig iron** *n no pl* Roheisen *nt*
pig·let ['pɪglət] *n* Ferkel *nt*
pig·ment ['pɪgmənt] *n* Pigment *nt*
pig·men·ta·tion [ˌpɪgmənˈteɪʃən] *n no pl* Pigmentation *f*
Pig·my *n, adj see* **pygmy**
'**pig·skin** *n* ❶ (*hide*) Schweinshaut *f* ❷ *no pl* (*leather*) Schweinsleder *nt* ❸ AM SPORTS (*fam*) Leder *nt* (*Ball beim American Football*) '**pig·sty** *n* (*pej, also fig*) Schweinestall *m* '**pig·swill** *n no pl* Schweinefutter *nt* (*aus Essensresten*); (*pej: very unpleasant food*) [Schweine]fraß *m pej fam* '**pig·tail** *n* (*tied at back*) Pferdeschwanz *m*; (*braided*) Zopf *m*
pike[1] [paɪk] *n* ZOOL Hecht *m*
pike[2] [paɪk] *n* ❶ MIL, HIST (*weapon*) Spieß *m*, Pike *f* ❷ NBRIT (*hill*) spitze Erhebung
pike[3] [paɪk] *n* AM Mautstraße *f* ▶ **sth comes down the ~** etw kommt auf uns zu; **looks like there's a whole lot of trouble coming down the ~** sieht so aus, als ob da gewaltig Ärger auf uns zukommt
pike·staff ['paɪkstɑːf] *n* BRIT ▶ **as plain as a ~** glasklar
pi·las·ter [pɪˈlæstəʳ] *n* ARCHIT Pilaster *m fachspr*
Pi·la·tes [pɪˈlɑːteɪz] *n no pl* SPORTS Pilates *nt*
pil·chard ['pɪltʃəd] *n* Sardine *f*
pile[1] [paɪl] *n* ARCHIT Pfahl *m*
pile[2] [paɪl] *n no pl* Flor *m*
pile[3] [paɪl] I. *n* ❶ (*stack*) Stapel *m;* Haufen *m* ❷ (*fam: large amount*) Haufen *m* ❸ (*esp hum: big building*) Palast *m* II. *vt* stapeln (**on**[**to**] auf) III. *vi* ❶ (*fam: crowd into*) **to ~ into the car/onto the bus/up the stairs** sich ins Auto zwängen/ in den Bus reindrücken/die Treppen raufquetschen ❷ (*collide*) ■ **to ~ into sth** ineinanderrasen ◆ **pile in** *vi* in etw *akk* [hi-

nein|strömen; (*forcefully*) sich in etw *akk* [hinein|drängen ♦**pile on** *vt* anhäufen; **you're really piling it on with the compliments tonight** du bist ja heute Abend so großzügig mit Komplimenten *hum* ♦**pile up I.** *vi* debts, problems sich anhäufen; (*get more frequent*) sich häufen **II.** *vt* anhäufen
'pile·driv·er *n* Ramme *f* fachspr
piles [paɪlz] *npl* (*fam*) Hämorrhoiden *pl*
'pile-up *n* ❶ AUTO (*crash*) Massenkarambolage *f* ❷ (*accumulation*) Anhäufung *f*, Berg *m* fig; (*backlog*) Rückstand *m*
pil·fer ['pɪlfər] *vt*, *vi* klauen
pil·fer·ing ['pɪlfərɪŋ] *n* no pl Bagatelldiebstahl *m* form
pil·grim ['pɪlgrɪm] *n* Pilger(in) *m(f)*
pil·grim·age ['pɪlgrɪmɪdʒ] *n* REL Pilgerfahrt *f*; (*esp Christian*) Wallfahrt *f* (**to** nach)
pill [pɪl] *n* ❶ (*tablet*) Tablette *f* ❷ (*contraceptive*) ■**the ~** die Pille; **to be on the ~** die Pille nehmen
pil·lage ['pɪlɪdʒ] **I.** *vt*, *vi* (*form*) plündern **II.** *n* no pl (*form*) Plündern *nt*
pil·lar ['pɪlər] *n* ❶ (*column*) Pfeiler *m*, Säule *f*; **~ of flame/smoke** Flammen-/Rauchsäule *f* ❷ (*fig: mainstay*) Stütze *f*
'pil·lar box *n* BRIT Briefkasten *m*
'pill·box *n* ❶ (*for tablets*) Pillendose *f* ❷ MIL Bunker *m* ❸ (*hat*) Pillbox *f* o *m* fachspr
pil·lion ['pɪliən] **I.** *n* (*seat*) Soziussitz *m* **II.** *adj attr* BRIT, AUS Beifahrer- **III.** *adv* BRIT, AUS **to ride/sit ~** auf dem Beifahrersitz mitfahren/sitzen
'pil·lock ['pɪlək] *n* BRIT (*pej fam!*) Idiot(in) *m(f)* fam; **a complete ~** ein Volltrottel *m* fam
pil·lo·ry ['pɪləri] **I.** *vt* <-ie-> an den Pranger stellen *a. fig* **II.** *n* Pranger *m*
pil·low ['pɪləʊ] **I.** *n* ❶ (*for bed*) [Kopf]kissen *nt* ❷ AM (*cushion*) Kissen *nt* **II.** *vt* **to ~ one's head on sth** seinen Kopf auf etw *akk* legen
'pil·low·case *n*, **'pil·low cov·er** *n*, **'pil·low·slip** *n* [Kopf]kissenbezug *m* **'pil·low pack** *n* FOOD Pillow-Pack-Beutel *m* (*aromadichte Verpackung für Salat oder Gemüse*)
pi·lot ['paɪlət] **I.** *n* ❶ AVIAT Pilot(in) *m(f)*; NAUT Lotse *m*/Lotsin *f* ❷ TV Pilotfilm *f* ❸ TECH (*pilot light*) Kontrollampe *f*; (*flame*) Zündflamme *f* **II.** *vt* ❶ AVIAT, NAUT aircraft fliegen; ship lotsen ❷ (*fig: guide*) durchbringen ❸ (*test*) **to ~ a project** ein Pilotprojekt durchführen **III.** *adj usu attr* Pilot-; **a ~ test** ein erster Test

'pi·lot boat *n* Lotsenboot *nt* **'pi·lot fish** *n* ZOOL Lotsenfisch *m*
pi·lot·less ['paɪlətləs] *adj* führerlos
'pi·lot light *n* ❶ (*monitoring light*) Kontrollampe *f* ❷ (*flame*) Zündflamme *f* **'pi·lot plant** *n* Versuchsanlage *f* **'pi·lot's li·cence**, AM **'pi·lot's li·cense** *n* Pilotenschein *m* **'pi·lot sur·vey** *n* Pilotuntersuchung *f* **'pi·lot-test** *vt* ■**to ~ sth** eine erste Testreihe von etw *dat* durchführen
'pilot-test·ing *n* no pl Durchführung *f* einer ersten Testreihe
pi·men·to [pɪ'mentəʊ], AM usu **pi·mien·to** *n* ❶ (*sweet red pepper*) [rote] Paprika ❷ (*spice*) Piment *m* o *nt*
pimp [pɪmp] **I.** *n* Zuhälter *m* **II.** *vi* als Zuhälter arbeiten; ■**to ~ for sb** jds Zuhälter *m* sein
pim·ple ['pɪmpl] *n* Pickel *m*
pim·ply ['pɪmpli] *adj* pickelig
pin [pɪn] **I.** *n* ❶ (*sharp object*) Nadel *f*; **drawing ~** Reißzwecke *f* ❷ (*for clothing*) [Ansteck]nadel *f*; AM (*brooch*) Brosche *f* **II.** *vt* <-nn-> ❶ (*attach with pin*) befestigen ([**up**]**on/to** an); **to ~ back one's ears** *esp* BRIT (*fig fam*) die Ohren spitzen; **to ~ all one's hopes on sth** (*fig*) seine ganze Hoffnung auf etw *akk* setzen ❷ (*hold firmly*) **she was ~ned under a fallen beam from the roof** sie saß unter einem vom Dach gefallenen Balken fest; **to ~ sb against the door/in a corner/to the floor** jdn gegen die Tür/in eine Ecke drücken/auf den Boden drücken ❸ (*fix blame unfairly*) ■**to ~ sth on sb** etw auf jdn schieben ♦**pin down** *vt* ❶ (*define exactly*) genau definieren; (*locate precisely*) genau bestimmen ❷ (*make decide*) ■**to ~ down ○ sb** [**to sth**] jdn [auf etw *akk*] festnageln ❸ (*hold fast*) ■**to ~ down ○ sb** jdn fest halten ♦**pin up** *vt* anstecken; **to ~ up one's hair** die Haare hochstecken; **to ~ up a picture on the wall** ein Bild an die Wand hängen
PIN [pɪn] *n abbrev of* **personal identification number** PIN
pina·fore ['pɪnəfɔːʳ] *n* ❶ (*apron*) [große] Schürze ❷ *esp* BRIT, AUS Trägerkleid *nt*
'pina·fore dress *n esp* BRIT Trägerkleid *nt*
'pin·ball *n no pl* Flipper *m*
'pin·ball ma·chine *n* Flipper *m*
pin·cer ['pɪn(t)səʳ] *n* ❶ *usu pl* ZOOL Schere *f*, Zange *f* ❷ (*tool*) ■**~s** *pl* [Kneif]zange *f*, [Beiß]zange *f*
pinch [pɪn(t)ʃ] **I.** *vt* ❶ (*nip*) kneifen, zwicken *bes* SÜDD, ÖSTERR; (*squeeze*) quetschen ❷ (*fam: steal*) klauen **II.** *vi* kneifen,

zwicken; *boots, shoes, slippers* drücken III. *n <pl* -es*>* ❶ (*nip*) Kneifen *nt,* Zwicken *nt;* **to give sb a ~** jdn kneifen ❷ (*small quantity*) Prise *f;* **a ~ of salt/sugar/dried thyme** eine Prise Salz/Zucker/getrockneter Thymian ▸ **to take sth with a ~ of salt** etw mit Vorsicht genießen
pinched [pɪn(t)ʃt] *adj* verhärtet
'**pin·cush·ion** *n* Nadelkissen *nt*
pine[1] [paɪn] *n* ❶ (*tree*) Kiefer *f* ❷ *no pl* (*wood*) Kiefer *f,* Kiefernholz *nt* ❸ Brit (*stone pine*) Pinie *f* ❹ *no pl* Brit (*wood of stone pines*) Pinie *f,* Pinienholz *nt*
pine[2] [paɪn] *vi* sich vor Sehnsucht verzehren *liter;* ■ **to ~ for sb/sth** sich nach jdm/ etw sehnen ◆ **pine away** *vi* sich vor Sehnsucht verzehren *liter*
pin·eal ['pɪniəl] *adj* zapfenähnlich
'**pin·eal body** *n,* '**pin·eal gland** *n* Zirbeldrüse *f*
pine·ap·ple ['paɪnæpl] *n* Ananas *f*
'**pine cone** *n* Kiefernzapfen *m;* Brit (*of stone pine*) Pinienzapfen *m* '**pine grove** *n* Kiefernwäldchen *nt;* Brit (*with stone pines*) Pinienhain *m* '**pine nee·dle** *n* Kiefernnadel *f;* Brit (*of stone pine*) Piniennadel *f* '**pine-wood** *n no pl* Kiefernholz *nt;* Brit (*of stone pine*) Pinienholz *nt*
ping [pɪŋ] I. *n* [kurzes] Klingeln; *of glass* Klirren *nt;* (*click*) Klicken *nt* II. *vi* ❶ (*make sound*) [kurz] klingeln; *glass* klirren; (*click*) klicken ❷ Am, Aus auto *engine* klingeln
ping-pong ['pɪŋˌpɒŋ] *n no pl* (*fam*) Tischtennis *nt,* Pingpong *nt*
'**pin·head** *n* ❶ (*of pin*) Stecknadelkopf *m* ❷ (*pej fam: simpleton*) Blödmann *m*
pin·ion[1] ['pɪnjən] *vt* ■ **to ~ sb** jdn fest halten; **he was ~ed to the wall** er wurde gegen die Mauer gedrückt
pin·ion[2] ['pɪnjən] *n* tech Ritzel *nt*
pink[1] [pɪŋk] I. *n* Rosa *nt,* Pink *nt* II. *adj* (*pale red*) rosa, pink; *cheeks* rosig; *face, nose* gerötet
pink[2] [pɪŋk] *n* bot [Garten]nelke *f*
pinkie ['pɪŋki] *n* (*fam*) kleiner Finger
pink·ing shears ['pɪŋkɪŋ-] *npl* Zickzackschere *f*
pin·na·cle ['pɪnəkl] *n* ❶ *usu pl of a mountain* Berggipfel *m* ❷ archit (*on a building*) Fiale *f fachspr* ❸ *usu sing* (*culmination*) Höhepunkt *m*
'**pin·point** I. *vt* [genau] feststellen II. *adj attr* sehr genau, haargenau; **~ accuracy** hohe Genauigkeit; *of missile, shot* hohe Zielgenauigkeit III. *n* winziger Punkt '**pin·prick** *n* Nadelstich *m;* (*fig: cause of irrita-* *tion*) [kleine] Widrigkeit **pin-'sharp** *adj photograph, image* gestochen scharf; (*fig*) *comments, assessments* akkurat, scharfsinnig '**pin·stripe** *n* ❶ *no pl* (*pattern*) Nadelstreifen *m* ❷ (*suit*) Nadelstreifenanzug *m*
pint [paɪnt] *n* ❶ (*measurement*) Pint *nt* (*0,568 l*) ❷ Brit (*fam: beer*) ≈ eine Halbe
pin·ta ['paɪntə] *n* Brit (*dated fam*) Pint *nt* Milch
'**pint-size(d)** *adj* (*fam*) winzig; (*fig*) unbedeutend
'**pin-up** I. *n* ❶ (*picture*) [Star]poster *nt o m* ❷ (*fam: person*) **he's the latest teen-age ~** er ist der neueste Teenagerschwarm II. *adj attr* Pin-up-; **~ magazine** Zeitschrift *mit vielen Postern zum Aufhängen*
pio·neer [ˌpaɪə'nɪəʳ] I. *n* Pionier(in) *m(f)* II. *adj* Pionier-, bahnbrechend; (*innovative*) innovativ III. *vt* ■ **to ~ sth** den Weg für etw *akk* bereiten
pio·neer·ing [ˌpaɪə'nɪərɪŋ] *adj* bahnbrechend; (*innovative*) innovativ
pi·ous ['paɪəs] *adj* ❶ rel (*devout*) fromm ❷ (*iron: well-intentioned*) gut gemeint ❸ (*pej: hypocritical*) scheinheilig
pip[1] [pɪp] *n* hort Kern *m*
pip[2] [pɪp] *n usu pl esp* Brit Piep *m*
pip[3] <-pp-> [pɪp] *vt* Brit (*fam*) ■ **to ~ sb** jdn [knapp] besiegen; **to ~ sb to the post** jdn um Haaresbreite schlagen
pipe [paɪp] I. *n* ❶ tech (*tube*) Rohr *nt;* (*small tube*) Röhre *f; for gas, water* Leitung *f* ❷ (*for smoking*) Pfeife *f* ❸ mus (*instrument*) Flöte *f;* (*in organ*) [Orgel]pfeife *f* II. *vt* ❶ (*transport*) *gas, oil, water* leiten ❷ (*speak shrilly*) piepsen; *esp women* zwitschern *oft hum;* (*loudly*) kreischen III. *vi* piepsen; *esp women* zwitschern *oft hum;* (*loudly*) kreischen ◆ **pipe down** *vi* (*fam: be quiet*) den Mund halten; (*be quieter*) leiser sein ◆ **pipe up** *vi* den Mund aufmachen
'**pipe clean·er** *n* Pfeifenreiniger *m* '**pipe dream** *n* [Tag]traum *m* '**pipe-fit·ter** *n* Installateur(in) *m(f)* (*von Rohrleitungen*) '**pipe·line** *n* Pipeline *f;* **in the ~** (*fig*) in Planung
pip·er ['paɪpəʳ] *n* Dudelsackspieler(in) *m(f)*
pi·pette [pɪ'pet] *n* Pipette *f,* Saugröhrchen *nt*
pip·ing ['paɪpɪŋ] I. *n no pl* Paspel *f;* (*on furniture*) Kordel *f;* food Spritzgussverzierung *f* II. *adv* **~ hot** kochend heiß
pip·squeak ['pɪpskwiːk] *n* (*pej fam*) Würstchen *nt*
pi·quant ['piːkənt] *adj* pikant; (*fig: stimu-*

lating) interessant; (*with sexual overtones*) pikant

pi·quant·ly ['piːkəntli] *adv* interessant, faszinierend; **to speak/talk ~ about sth** etw unterhaltsam erzählen

pique [piːk] **I.** *n no pl* Ärger *m* **II.** *vt* verärgern; **to ~ sb's curiosity/interest** jds Neugier *f*/Interesse *nt* wecken

pi·ra·cy ['paɪ(ə)rəsi] *n no pl* ❶ (*at sea*) Piraterie *f*, Seeräuberei *f*, Freibeuterei *f* ❷ (*of copyrights*) Raubkopieren *nt;* **software/video ~** Software-/Videopiraterie *f*

pi·ran·ha <*pl* -s *or* -> [pɪˈrɑːnə] *n* Piranha *m*

pi·rate ['paɪ(ə)rət] **I.** *n* ❶ (*buccaneer*) Pirat(in) *m(f)*, Seeräuber(in) *m(f)* ❷ (*plagiarizer*) Raubkopierer(in) *m(f)* **II.** *adj attr video, CD* raubkopiert **III.** *vt* ■ **to ~ sth** eine Raubkopie von etw *dat* machen

pirou·ette [ˌpɪruˈet] **I.** *n* Pirouette *f* **II.** *vi* eine Pirouette drehen

Pi·sces <*pl* -> ['paɪsiːz] *n* ASTROL ❶ *no pl* (*sign*) Fische *pl* ❷ (*person*) Fisch *m*

piss [pɪs] (*fam!*) **I.** *n no pl* Pisse *f derb* ▶ **to take the ~** [**out of sb**] BRIT jdn verarschen *derb* **II.** *vi* ❶ (*urinate*) pinkeln *fam* ❷ *impers* BRIT, AUS (*sl: rain*) gießen **III.** *vt* ■ **to ~ oneself** in die Hose machen; (*laugh*) sich *dat* vor Lachen in die Hosen machen ♦ **piss about, piss around** BRIT, AUS **I.** *vi* (*fam!: be silly*) Blödsinn machen; (*waste time*) herumtrödeln; **stop ~ing about!** Hör mit dem Blödsinn! **II.** *vt* (*fam!*) ■ **to ~ sb about** (*mess about*) jdm auf die Nerven gehen; (*waste time*) jds Zeit *f* verschwenden; **stop ~ing me about** jetzt komm endlich zur Sache

pissed [pɪst] *adj* (*fam!*) ❶ BRIT, AUS besoffen *fam;* **to be ~ out of one's head** sternhagelvoll sein ❷ AM [stink]sauer

'**piss-up** *n* BRIT, AUS (*fam!*) Besäufnis *nt*

pis·ta·chio [pɪˈstɑːʃɪəʊ] *n* Pistazie *f*

piste [piːst] *n* Piste *f*

pis·til ['pɪstɪl] *n* BOT Stempel *m*

pis·tol ['pɪstəl] *n* Pistole *f*

'**pis·tol shot** *n* [Pistolen]schuss *m*

pis·ton ['pɪstən] *n* Kolben *m*

'**pis·ton en·gine** *n* Kolbenmotor *m* '**pis·ton ring** *n* Kolbenring *m fachspr*

pit[1] [pɪt] *n* ❶ (*in ground*) Grube *f*; (*scar*) Narbe *f*; TECH (*hollow*) Loch *nt*; MED (*in body*) Grube *f*, Höhle *f* ❷ (*mine*) Bergwerk *nt* ❸ (*pej fam: untidy place*) Schweinestall *m* ❹ BRIT THEAT (*seating area*) Parkett *nt* ❺ MUS (*orchestral area*) Orchestergraben *m* ❻ SPORTS ■ **the ~s** *pl* die Boxen *pl*

pit[2] [pɪt] **I.** *n esp* AM (*stone*) Kern *m* **II.** *vt* <-tt-> ❶ FOOD entkernen ❷ (*in competition*) ■ **to ~ sth against sth** *products* etw gegen etw *akk* ins Rennen schicken; **a war that ~ted neighbour against neighbour** ein Krieg, in dem der Nachbar gegen den Nachbarn kämpfte; **to ~ oneself against sb/sth** sich mit jdm/etw messen

pit-a-pat [ˌpɪtəˈpæt] **I.** *adv feet* tapsend; *heart, rain* klopfend **II.** *n no pl of feet* Getrappel *nt; of the heart, rain* Klopfen *nt; of water* Plätschern *nt*

pitch[1] *n no pl* Pech *nt*

pitch[2] [pɪtʃ] **I.** *n* <*pl* -es> ❶ BRIT, AUS (*sports field*) [Spiel]feld *nt*; BRIT (*for camping*) [Zelt]platz *m* ❷ (*baseball throw*) Wurf *m* ❸ *no pl* (*tone*) Tonhöhe *f*; (*of a voice*) Stimmlage *f*; (*of an instrument*) Tonlage *f*; (*volume*) Lautstärke *f* ❹ (*fig: level*) **to be at fever ~** (*worked-up*) [furchtbar] aufgeregt sein; *children* [völlig] aufgedreht sein ❺ *no pl* (*persuasion*) [**sales**] **~** [Verkaufs]sprüche *pl a. pej fam* ❻ *esp* BRIT (*sales area*) Platz *m* ❼ (*slope*) Schräge *f*, Neigung *f* **II.** *vt* ❶ (*throw*) werfen ❷ (*set up*) aufstellen; **to ~ a tent** ein Zelt aufschlagen ❸ SPORTS **to ~ a ball** einen Ball werfen ❹ MUS *instrument* stimmen; *song* anstimmen; *note* treffen ❺ (*target*) ■ **to ~ sth at sb** etw auf jdn ausrichten; ■ **to be ~ed at sb** *book, film* sich an jdn richten ❻ (*set*) **to ~ sth at a certain level** etw auf einem bestimmten Niveau ansiedeln ❼ *usu passive* (*slope*) **to be ~ed at 30°** eine Neigung von 30° haben; **~ed roof** Schrägdach *nt* ❽ (*advertise*) propagieren **III.** *vi* ❶ (*move*) *ship* stampfen *fachspr;* AVIAT absacken ❷ SPORTS (*in baseball*) werfen ❸ SPORTS (*in cricket*) [auf den Boden] aufkommen ❹ (*slope*) sich [nach unten] neigen ❺ (*aim*) ■ **to ~ for sth** etw anstreben ❻ (*attack*) ■ **to ~ into sb** jdn angreifen ❼ (*start*) ■ **to ~ into sth** etw [entschlossen] angehen ♦ **pitch in** *vi* (*fam: contribute*) mit anpacken; (*financially*) zusammenlegen; ■ **to ~ in with sth** sich mit etw *dat* einbringen; **everyone ~ed in with comments** jeder machte seine Bemerkungen ♦ **pitch up** *vi* BRIT (*fam*) auftauchen

'**pitch-black** *adj* pechschwarz

pitched [pɪtʃt] *adj* ❶ (*with tar*) geteert ❷ (*sloping*) **~ roof** Dachschräge *f*

pitched ˈbat·tle *n* MIL offene [Feld]schlacht; (*fig: confrontation*) offener Schlagabtausch

pitch·er[1] ['pɪtʃər] *n* ❶ BRIT (*container*) Henkelkrug *m* ❷ *esp* AM (*jug*) Krug *m*

pitch·er² ['pɪtʃər] *n* SPORTS (*in baseball*) Pitcher(in) *m(f)* fachspr

'**pitch·fork I.** *n* (*for hay*) Heugabel *f*; (*for manure*) Mistgabel *f* **II.** *vt* (*fig*) ■ **to ~ sb into sth** jdn unerwartet mit etw *dat* konfrontieren '**pitch pine** *n* Pechkiefer *f*

pit·eous ['pɪtiəs] *adj* Mitleid erregend, herzzerreißend

'**pit·fall** *n usu pl* Falle *f*; *of a language, subject* Hauptschwierigkeit *f*

pith [pɪθ] *n no pl* ❶ (*of orange, grapefruit etc.*) weiße Innenhaut ❷ (*in plants*) Mark *nt* ❸ (*fig: essence*) Kern *m* ❹ (*fig: substance of speech*) Substanz *f*

'**pit·head I.** *n usu sing* MIN (*entrance*) Zecheneinstieg *m*; (*buildings*) Übertageanlagen *pl* **II.** *adj attr* Tagebau-, Übertage-

pith 'hel·met *n* (*esp hist*) Tropenhelm *m*

pithy ['pɪθi] *adj* ❶ (*succinct*) prägnant ❷ (*of citrus fruits*) dickschalig

piti·able ['pɪtiəbl] *adj* ❶ (*arousing pity*) bemitleidenswert; (*terrible*) schrecklich ❷ (*despicably*) lächerlich

piti·ful ['pɪtɪfəl] *adj* ❶ (*arousing pity*) bemitleidenswert; (*terrible*) *conditions etc.* schrecklich; *sight* traurig ❷ (*unsatisfactory*) jämmerlich

piti·ful·ly ['pɪtɪfəli] *adv* ❶ (*distressingly*) bemitleidenswert; (*terribly*) erschreckend, fürchterlich ❷ (*despicably*) lächerlich, erbärmlich

piti·less ['pɪtɪləs] *adj* erbarmungslos, unbarmherzig

piti·less·ly ['pɪtɪləsli] *adv* erbarmungslos, unbarmherzig

pi·ton ['pɪtɒn] *n* SPORTS (*for rock*) Felshaken *m*; (*for ice*) Eishaken *m*

pit·ta ['pɪtə] *n*, **pit·ta bread** *n no pl* Pittabrot *nt*

pit·tance ['pɪtən(t)s] *n usu sing* (*pej*) Hungerslohn *m*

pi·tui·tary [pɪ'tjuːɪtəri] *n*, **pi·tui·tary gland** *n* ANAT Hirnanhangsdrüse *f*

pity ['pɪti] *n no pl* ❶ (*compassion*) Mitleid *nt;* **for ~'s sake** um Himmels willen; **to feel ~ for sb** mit jdm Mitleid haben ❷ (*shame*) **what a ~!** wie schade!; **more's the ~** *esp* BRIT leider; ■ **to be a ~** schade sein **II.** *vt* <-ie-> ■ **to ~ sb** Mitleid mit jdm haben

pity·ing ['pɪtiɪŋ] *adj* mitleidig; (*condescending*) herablassend

pity·ing·ly ['pɪtiɪŋli] *adv* mitleidig; (*condescendingly*) herablassend

piv·ot ['pɪvət] **I.** *n* ❶ MECH, TECH (*shaft*) [Dreh]zapfen *m*, (*fig. focal point*) Dreh- und Angelpunkt *m* ❷ (*fig: key person*) Schlüsselfigur *f* **II.** *vi* ■ **to ~ around sth** ❶ (*also fig: revolve*) um etw *akk* kreisen ❷ (*fig: depend on*) von etw *dat* abhängen

piv·ot·al ['pɪvətəl] *adj* Schlüssel-, Haupt-

pix·el ['pɪksəl] *n* Pixel *nt fachspr*

pixe·late, pixel·late ['pɪksəleɪt] *vt* COMPUT verpixeln

pixie ['pɪksi] *n* Kobold *m*

piz·za ['piːtsə] *n* Pizza *nt*

plac·ard ['plækɑːd] *n* Plakat *nt;* (*at demonstrations also*) Transparent *nt*

pla·cate [plə'keɪt] *vt* (*soothe*) beruhigen; (*appease*) beschwichtigen

placa·tory [plə'keɪtəri] *adj* (*calming*) beschwichtigend; (*appeasing*) versöhnlich

place [pleɪs] **I.** *n* ❶ (*location*) Ort *m; this is the exact ~!* das ist genau die Stelle!; **Scotland is a very nice ~** Schottland ist ein tolles Land *fam;* **that café is a nice ~** dieses Café ist echt nett *fam;* **please put this book back in its ~** bitte stell dieses Buch wieder an seinen Platz zurück; **this is the ~ my mother was born here** wurde meine Mutter geboren; **sorry, I can't be in two ~s at once** tut mir leid, ich kann nicht überall gleichzeitig sein; **~ of birth** Geburtsort *m;* **~ of residence** Wohnort *m;* **~ of work** Arbeitsplatz *m;* **to go ~s** AM viel sehen; **in ~s** stellenweise ❷ *no pl* (*appropriate setting*) [geeigneter] Ort; **that bar is no ~ for a woman like you** Frauen wie du haben in solch einer Bar nichts verloren ❸ (*home*) **I'm looking for a ~ to live** ich bin auf Wohnungssuche; **we'll have a meeting at my ~/Susan's ~** wir treffen uns bei mir/bei Susan; **your ~ or mine?** zu dir oder zu mir? ❹ (*fig: position, rank*) Stellung *f;* **to keep sb in their ~** jdn in seine Schranken weisen; **to put sb in his/her ~** jdm zeigen, wo es lang geht *fam* ❺ (*instead of*) ■ **in ~ of** stattdessen ❻ (*proper position*) ■ **to be in ~** an seinem Platz sein; (*fig: completed*) fertig sein; **the chairs were all in ~** die Stühle waren alle dort, wo sie sein sollten; (*fig*) **the arrangements are all in ~ now** die Vorbereitungen sind jetzt abgeschlossen; (*fig*) **the new laws are now in ~** die neuen Gesetze gelten jetzt; (*fig*) **suddenly it all fell into ~** plötzlich machte alles Sinn; **to be out of ~** nicht an der richtigen Stelle sein; *person* fehl am Platz[e] sein; (*fig*) **the large desk was totally out of ~ in such a small room** der große Schreibtisch war in solch einem kleinen Zimmer völlig deplatziert ❼ MATH (*in decimals*) Stelle *f* ❽ (*job, position*) Stelle *f;* (*in team*)

Platz *m;* (*at university*) Studienplatz *m;* **to take the ~ of sb** jds Platz *m* einnehmen ⑨ (*in book*) Stelle *f* ⑩ (*seat*) Platz *m;* **to change ~s with sb** mit jdm die Plätze tauschen; **to keep sb's ~** jdm den Platz freihalten ⑪ (*position*) Stelle *f;* **just put yourself in my ~** versetzen Sie sich doch mal in meine Lage!; **if I were in your ~ ...** ich an deiner Stelle ... ⑫ (*ranking*) Platz *m,* Position *f;* **to take first/second ~** (*fig*) an erster/zweiter Stelle kommen ⑬ AM (*fam: somewhere*) **I know I left that book some ~** ich weiß, dass ich das Buch irgendwo gelassen habe ▶ **there is a ~ and time for everything** alles zu seiner Zeit; **all over the ~** (*everywhere*) überall; (*badly organized*) [völlig] chaotisch; (*spread around*) in alle Himmelsrichtungen zerstreut; **in the first ~** (*at first*) zuerst; (*at all*) überhaupt; **in the first/second ~** (*firstly, secondly*) erstens/zweitens; **to go ~s** (*fam*) auf dem Weg nach oben sein; **to take ~** stattfinden **II.** *vt* ① (*position*) **to ~ sth somewhere** etw irgendwohin stellen; (*lay*) etw irgendwohin legen; **to ~ an advertisement in the newspaper** eine Anzeige in die Zeitung setzen; **to ~ sth on the agenda** etw auf die Tagesordnung setzen; **to ~ a bet on sth** auf etw *akk* wetten; **to ~ sb under sb's care** jdn in jds Obhut *f* geben; **to ~ one foot in front of the other** einen Fuß vor den anderen setzen; ■ **to be ~d** *shop, town* liegen ② (*impose*) **to ~ an embargo on sb/sth** über jdn/etw ein Embargo verhängen; **to ~ a limit on sth** etw begrenzen ③ (*ascribe*) **to ~ the blame on sb** jdm die Schuld geben; **to ~ one's faith in sb/sth** sein Vertrauen in jdn/etw setzen; **to ~ one's hopes on sb/sth** seine Hoffnungen auf jdn/etw setzen; **to ~ importance on sth** auf etw *akk* Wert legen ④ (*arrange for*) **to ~ sth at sb's disposal** jdm etw überlassen ⑤ (*appoint to a position*) ■ **to ~ sb/sth somewhere** jdn/etw irgendwo unterbringen [*o* SCHWEIZ platzieren]; **to ~ sb on [the] alert** jdn in Alarmbereitschaft versetzen; **to ~ sb under arrest** jdn festnehmen; **to ~ sb in charge [of sth]** jdm die Leitung [von etw *dat*] übertragen; **to ~ sb under pressure** jdn unter Druck setzen; **to ~ a strain on sb/sth** jdn/etw belasten; **to ~ sb under surveillance** jdn unter Beobachtung stellen ⑥ (*recognize*) *face, person, voice, accent* einordnen ⑦ ECON *goods* absetzen; **to ~ an order for sth** etw bestellen ⑧ *passive* (*good position*) ■ **to be well ~d for sth** für etw *akk* eine gute Ausgangsposition haben **III.** *vi* SPORTS sich platzieren; AM *also* (*finish second*) Zweite(r) werden

pla·ce·bo [pləˈsiːbəʊ] *n* MED Placebo *nt;* (*fig*) Ablenkungsmanöver *nt*

ˈ**place card** *n* Tischkarte *f* ˈ**place kick** *n* SPORTS Platztritt *m* ˈ**place mat** *n* Set *nt o m,* Platzdeckchen *nt*

place·ment [ˈpleɪsmənt] **I.** *n* ① (*being placed*) Platzierung *f;* *of building* Lage *f* ② (*by job service*) Vermittlung *f;* (*job itself*) Stelle *f* **II.** *adj attr* Einstufungs-; **~ service** Stellenvermittlung *f*

ˈ**place name** *n* Ortsname *m*

pla·cen·ta <*pl* -s *or* -tae> [pləˈsentə, *pl* -tiː] *n* Plazenta *f*

plac·id [ˈplæsɪd] *adj* ruhig, friedlich; *person also* gelassen

pla·gia·rism [ˈpleɪdʒəˀrɪzəˀm] *n no pl* geistiger Diebstahl

pla·gia·rist [ˈpleɪdʒəˀrɪst] *n* Plagiator(in) *m(f)* geh

pla·gia·rize [ˈpleɪdʒəˀraɪz] **I.** *vt* ■ **to ~ sth** etw plagiieren *form* **II.** *vi* abschreiben (**from** aus)

plague [pleɪg] **I.** *n* ① (*disease*) Seuche *f;* ■ **the ~** die Pest; **to avoid sb/sth like the ~** jdn/etw wie die Pest meiden ② *of insects* Plage *f;* (*fig*) **a ~ of journalists descended on the town** ein Schwarm von Journalisten fiel in die Stadt ein **II.** *vt* bedrängen; (*irritate*) ärgern; ■ **to be ~d with sth** von etw *dat* geplagt werden; **to be ~d with bad luck** vom Pech verfolgt sein

plaice <*pl* -> [pleɪs] *n* Scholle *f*

plaid [plæd] **I.** *n no pl esp* AM FASHION Schottenmuster *nt* **II.** *adj attr* kariert

plain [pleɪn] **I.** *adj* ① (*simple*) einfach; (*not flavoured*) natur *nach n;* **~ food** einfaches Essen ② (*uncomplicated*) einfach; **~ and simple** ganz einfach ③ (*clear*) klar, offensichtlich; **her meaning was ~** es war klar, was sie meinte; **to be perfectly ~** ganz offensichtlich sein; **to make sth ~** etw klarstellen; **have I made myself ~ to you?** habe ich mich klar ausgedrückt? ④ *attr* (*sheer*) rein, pur ⑤ (*unattractive*) unscheinbar **II.** *adv* ① (*simply*) ohne großen Aufwand; **the fish had been grilled and served ~** der Fisch war gegrillt und kam ohne weitere Zutaten auf den Tisch ② (*fam: downright*) einfach **III.** *n* ① (*area of flat land*) Ebene *f* ② (*in knitting*) rechte Masche

plain ˈclothes *npl* Zivilkleidung *f kein pl;* **in ~** in Zivil

plain·ly [ˈpleɪnli] *adv* ① (*simply*) ein-

fach, schlicht ❷ (*clearly*) deutlich, klar; (*obviously*) offensichtlich
plain·ness ['pleɪnnəs] *n no pl* ❶ (*simplicity*) Einfachheit *f*, Schlichtheit *f* ❷ (*obviousness*) Eindeutigkeit *f*, Klarheit *f* ❸ (*unattractiveness*) Unscheinbarkeit *f*, Unansehnlichkeit *f*
plain 'sail·ing *n no pl* (*fig*) ■ **to be ~** wie geschmiert laufen *fam*; (*on motorway*) freie Fahrt haben **plain-'spo·ken** *adj* ■ **to be ~** eine deutliche Sprache sprechen; **he's very ~** er ist sehr direkt
plain·tiff ['pleɪntɪf] *n* Kläger(in) *m(f)*
plain·tive ['pleɪntɪv] *adj* klagend; (*wistful*) melancholisch; *voice* traurig
plait [plæt] *esp* BRIT I. *n* (*hair*) Zopf *m*; (*material*) Flechtwerk *nt* II. *vt, vi* flechten
plan [plæn] I. *n* ❶ (*detailed scheme*) Plan *m*; **the best-laid ~s** die ausgefeiltesten Pläne; **to go according to ~** wie geplant verlaufen ❷ (*intention*) Plan *m*, Absicht *f*; **what are your ~s for this weekend?** was hast du dieses Wochenende vor?; **to change ~s** umdisponieren ❸ (*diagram*) Plan *m* ❹ (*drawing*) ■ **~s** *pl* Pläne *pl* II. *vt* <-nn-> ❶ (*draft*) planen ❷ (*prepare*) vorbereiten ❸ (*envisage*) planen ❹ (*intend*) vorhaben III. *vi* ❶ (*prepare*) planen; **to ~ carefully** sorgfältig planen; **to ~ for one's old age** Vorkehrungen für das Alter treffen ❷ ■ **to ~ on sth** (*expect*) mit etw *dat* rechnen; (*intend*) etw vorhaben
plane¹ [pleɪn] I. *n* ❶ (*surface*) Fläche *f*; MATH Ebene *f* ❷ (*level*) Ebene *f*, Niveau *nt* ❸ (*aircraft*) Flugzeug *nt*; **to board the ~** das Flugzeug besteigen; **by ~** mit dem Flugzeug II. *vi* gleiten III. *adj attr* flach, eben; **~ angle** MATH gestreckter Winkel *fachspr*
plane² [pleɪn] I. *n* Hobel *m* II. *vt* hobeln; (*until smooth*) abhobeln
plane³ [pleɪn] *n* Platane *f*
'**plane crash** *n* Flugzeugunglück *nt*
plan·et ['plænɪt] *n* Planet *m*; **to be on a different ~** (*fig*) in einer anderen Welt sein
plan·etar·ium <*pl* -s *or* -ria> [ˌplænɪ'teəriəm, *pl* -riə] *n* Planetarium *nt*
plan·etary ['plænɪtəri] *adj* planetarisch *geh*
'**plane tree** *n* Platane *f*
plank [plæŋk] *n* ❶ (*timber*) Brett *nt*, Latte *f*; (*in house*) Diele *f*; NAUT Planke *f* ❷ (*fig: element*) Pfeiler *m*
plank·ing ['plæŋkɪŋ] *n no pl* Bretter *pl*; NAUT Planken *pl*; **floor ~** Dielenboden *m*
plank·ton ['plæŋktən] *n no pl* Plankton *nt*
plan·ner ['plænə^r] *n* Planer(in) *m(f)*
plan·ning ['plænɪŋ] *n no pl* Planung *f*;

~ application BRIT Bauantrag *m*; **at the ~ stage** in der Planung[sphase]
'**plan·ning board** *n* Planungsgremium *nt*; **town ~** Stadtplanungsamt *nt* '**plan·ning per·mis·sion** *n no pl* BRIT Baugenehmigung *f*
plant [plɑ:nt] I. *n* ❶ (*organism*) Pflanze *f*; **indoor ~** Zimmerpflanze *f* ❷ (*factory*) Werk *nt*, Betrieb *m* ❸ *no pl* (*machinery*) Maschinen *pl* II. *vt* ❶ (*put in earth*) pflanzen ❷ (*lodge*) platzieren; **to ~ oneself on the sofa** (*fam*) sich aufs Sofa pflanzen ❸ (*circulate*) verbreiten; **to ~ doubts about sth** Zweifel an etw *dat* hervorrufen; **to ~ a rumour** ein Gerücht in die Welt setzen ❹ (*fam: frame*) [heimlich] platzieren; ■ **to ~ sth on sb** jdm etw unterschieben
plan·tain¹ ['plæntɪn] *n* FOOD, BOT Kochbanane *f*
plan·tain² ['plæntɪn] *n* (*weed*) Wegerich *m*
plan·ta·tion [ˌplæn'teɪʃ^ən] *n* ❶ (*estate*) Plantage *f* ❷ (*plants*) Pflanzung *f*; (*trees*) Schonung *f*
plant·er ['plɑ:ntə^r] *n* ❶ (*plantation owner*) Pflanzer(in) *m(f)* ❷ (*container*) Blumentopf *m*; (*stand*) Blumenständer *m* ❸ (*machine*) Pflanzmaschine *f*; (*for sowing*) Sämaschine *f*
plaque [plɑ:k, plæk] *n* ❶ (*plate*) Tafel *f*; **brass ~** Messingschild *nt*; **stone ~** Steintafel *f*; **blue ~** BRIT *Schild an einem Gebäude, das auf den früheren Wohnort einer bedeutenden Persönlichkeit hinweist*; **commemorative ~** Gedenktafel *f* ❷ *no pl* MED [Zahn]belag *m*
plasm ['plæz^əm] *n* Plasma *nt*
plas·ma ['plæzmə] *n no pl* MED, PHYS, ASTRON Plasma *nt*; **~ display** [**panel**] Plasmabildschirm *m*
plas·ter ['plɑ:stə^r] I. *n* ❶ (*in building*) [Ver]putz *m* ❷ MED Gips[verband] *m* ❸ BRIT (*for cuts*) Pflaster *nt*; **sticking ~** Heftpflaster *nt* II. *vt* ❶ (*mortar*) verputzen; (*fig*) **the rain had ~ed her hair to her head** durch den Regen klebte ihr das Haar am Kopf ❷ (*fam: put all over*) voll kleistern; **~ed with mud** voller Schlamm
'**plas·ter·board** *n no pl* Gipskarton *m*
'**plas·ter cast** *n* Gipsverband *m*; ART Gipsabguss *m*
plas·tered ['plɑ:stəd] *adj pred* (*fam*) stockbesoffen; **to get ~** sich zusaufen
plas·ter·er ['plɑ:stərə^r] *n* Gipser(in) *m(f)*
plas·tic ['plæstɪk] I. *n* ❶ (*material*) Plastik *nt kein pl* ❷ (*industry*) ■ **~s** *pl* Kunststoffindustrie *f* ❸ *no pl* (*fam: credit cards*)

Plastikgeld *nt* **II.** *adj* ❶ (*of plastic*) Plastik- ❷ (*pej: artificial*) (*false also*) unecht; *smile* aufgesetzt ❸ ART (*malleable*) formbar; (*fig: impressionable*) leicht formbar

plas·tic ˈbag *n* Plastiktüte *f* **plas·tic ˈbomb** *n* Plastikbombe *f* **plas·tic ˈbullet** *n* Gummigeschoss *nt* **plas·tic exˈplo·sive** *n* Plastiksprengstoff *m*

Plas·ti·cine® [ˈplæstəsiːn] *n no pl* BRIT Plastilin *nt*

plas·tic·ity [plæsˈtɪsəti] *n no pl* Formbarkeit *f*

plas·tic ˈmoney *n no pl* Plastikgeld *nt fam* **ˈplas·tics in·dus·try** *n* Kunststoffindustrie *f*

plas·tic ˈsur·gery *n no pl* Schönheitschirurgie *f*

plate [pleɪt] **I.** *n* ❶ (*dish*) Teller *m* ❷ (*panel*) Platte *f* ❸ (*sign*) Schild *nt* ❹ AUTO Nummernschild *nt;* **licence ~** Nummernschild *nt* ❺ *no pl* (*metal layer*) Überzug *m;* **chrome ~** Verchromung *f;* **gold ~** Vergoldung *f* ❻ *no pl* (*objects made of precious metal*) Silber und Gold; (*silver cutlery*) Tafelsilber *nt* ❼ TYPO (*illustration*) [Bild]tafel *f* **II.** *vt* überziehen

plat·eau <*pl* -**x** *or* AM, AUS -**s**> [ˈplætəʊ] *n* ❶ GEOG (*upland*) [Hoch]plateau *nt* ❷ ECON (*flat period*) Stagnation *f;* (*stabilization*) Stabilisierung *f;* **to reach a ~** stagnieren; (*become stable*) sich einpendeln

plat·ed [ˈpleɪtɪd] *adj* überzogen; **~ with chrome/gold/silver** verchromt/vergoldet/versilbert

plate·ful [ˈpleɪtfʊl] *n* Teller *m;* **a ~ of lasagna** ein Teller *m* [voll] Lasagne

plate ˈglass *n no pl* Flachglas *nt fachspr* **plate·let** [ˈpleɪtlət] *n* [Blut]plättchen *nt* **ˈplate rack** *n* Geschirrständer *m* **ˈplate·warm·er** *n* Tellerwärmer *m*

plat·form [ˈplætfɔːm] *n* ❶ (*elevated area*) Plattform *f;* (*raised structure*) Turm *m* ❷ (*on station*) Bahnsteig *m* ❸ (*stage*) Podium *nt* ❹ (*opportunity to voice views*) Plattform *f* ❺ (*policies*) [Partei]programm *nt*

plat·form ˈshoes *npl* Plateauschuhe *pl*

plat·ing [ˈpleɪtɪŋ] *n* Überzug *m;* **~ of chrome/gold/silver** Verchromung/Vergoldung/Versilberung *f*

plati·num [ˈplætɪnəm] *n no pl* Platin *nt*

plati·tude [ˈplætɪtjuːd] *n* (*pej*) Platitüde *f geh*

pla·ton·ic [pləˈtɒnɪk] *adj* platonisch

pla·toon [pləˈtuːn] *n* + *sing/pl vb* MIL Zug *m*

plat·ter [ˈplætə^r] *n* ❶ (*food selection*) Platte *f* ❷ AM, AUS (*main course*) Teller *m*

platy·pus <*pl* -**es**> [ˈplætɪpəs] *n* Schnabeltier *nt*

plau·si·bil·ity [ˌplɔːzɪˈbɪləti] *n no pl* Plausibilität *f; of an argument* Schlagkraft *f*

plau·si·ble [ˈplɔːzɪbl̩] *adj* plausibel; *person* glaubhaft

play [pleɪ] **I.** *n* ❶ *no pl* (*recreation*) Spiel *nt;* **to be at ~** spielen ❷ *no pl* SPORTS (*during game*) Spiel *nt* ❸ AM SPORTS (*move*) Spielzug *m* ❹ THEAT [Theater]stück *nt; radio* ~ Hörspiel *nt;* **to go to see a ~** ins Theater gehen ❺ *no pl* (*change*) **the ~ of light [on sth]** das Spiel des Lichts [auf etw *dat*] ❻ (*freedom to move*) Spielraum *m* ❼ *no pl* (*interaction*) Zusammenspiel *nt;* **to bring sth into ~** etw ins Spiel bringen; **to come into ~** eine Rolle spielen **II.** *vi* ❶ (*amuse oneself*) spielen ❷ SPORTS spielen; **to ~ in the match** am Spiel teilnehmen ❸ THEAT *actor* spielen ❹ MUS spielen ❺ (*move*) **a smile ~ed across his lips** ein Lächeln spielte um seine Lippen ▸ (*gamble*) spielen; **to ~ for fun** zum Spaß spielen; **to ~ for money** um Geld spielen **III.** *vt* ❶ (*take part in*) spielen; **to ~ cards/darts/tag** Karten/Darts/Fangen spielen ❷ (*compete against*) ▪ **to ~ sb** gegen jdn spielen ❸ (*execute*) **to ~ a shot** schießen; (*in snooker*) stoßen; ▪ **to ~ the ball** den Ball spielen ❹ (*have*) **to ~ a part** eine Rolle spielen ❺ (*act as*) spielen; **to ~ the lead** die Hauptrolle spielen; **to ~ host to sb** jds Gastgeber/Gastgeberin sein; **to ~ host to sth** *event* etw ausrichten ❻ MUS spielen; **to ~ the bagpipes/piano/violin** Dudelsack/Klavier/Geige spielen ❼ (*operate*) *CD, tape* [ab]spielen; **to ~ the radio** Radio hören; **to ~ one's stereo** seine Anlage anhaben ❽ MUS, THEAT (*perform at*) **to play Berlin/London/San Francisco** in Berlin/London/San Francisco spielen ❾ (*gamble*) **to ~ a slot machine** an einem Spielautomaten spielen; **to ~ the stock market** an der Börse spekulieren ❿ (*perpetrate*) **to ~ a trick on sb** jdn hochnehmen *fig fam;* (*practical joke*) [jdm] einen Streich spielen ⓫ CARDS (*put down*) **to ~ an ace/a king** ein Ass/einen König [aus]spielen ▸ **to ~ [with] one's <u>cards</u> close to one's chest** seine Karten nicht offenlegen *fig;* **to ~ one's <u>cards</u> right** geschickt taktieren; **to ~ <u>the game</u>** BRIT sich an die [Spiel]regeln halten; **to ~ <u>hardball</u>** *esp* AM andere Saiten aufziehen *fig;* **to ~ <u>havoc</u> with sth** etw durcheinanderbringen; **to ~ hook(e)y** *esp* Am, Aus blaumachen *fam;* **to ~ truant [from school]** Brit schwänzen *fam;* **to ~ dumb** sich taub stellen; **to ~ [it] safe** auf Nummer sicher gehen ♦**play about** *vi see* **play around** ♦**play along I.** *vi* ▪**to ~ along with it** gute Miene zum bösen Spiel machen; ▪**to ~ along with sth** etw [zum Schein] mitmachen **II.** *vt (pej)* ▪**to ~ sb along** jdn hinhalten ♦**play around** *vi* ❶ *(mess around)* children spielen; **stop ~ing around!** hör mir den Blödsinn auf! *fam* ❷ *(pej fam: be unfaithful)* fremdgehen *fam* ❸ *(experiment)* ▪**to ~ around with sth** mit etw *dat* [herum]spielen; *(try out)* etw ausprobieren; **to ~ around with ideas** etw in Gedanken durchspielen ❹ *(pej: tamper with)* herumspielen *dat* ♦**play at** *vi* ❶ *(play game)* ▪**to ~ at sth** etw spielen ❷ *(pretend)* ▪**to ~ at being sb** so tun, als wäre man jd ❸ *(pej: do)* ▪**to ~ at sth** etw treiben *oft iron fam* ♦**play back** *vt* noch einmal abspielen; *(rewind)* zurückspulen ♦**play down** *vt* herunterspielen ♦**play off I.** *vi* ▪**to ~ off for sth** um etw *akk* spielen **II.** *vt* ▪**to ~ off ○ sb against sb** jdn gegen jdn ausspielen ♦**play on** *vi* ❶ *(exploit)* ▪**to ~ on sth** ausnutzen ❷ *(liter: develop cleverly)* **to ~ on a phrase/word** mit einem Ausdruck/einem Wort spielen ❸ Mus, Sports *(keep playing)* weiterspielen ♦**play out I.** *vt* ❶ *usu passive (take place)* ▪**to be ~ed out** *scene* sich abspielen ❷ *(act out)* umsetzen ❸ *(play to end)* Theat *a play, scene* [zu Ende] spielen; **to ~ out the last few seconds/the rest of the first half** Sports die letzten Sekunden/den Rest der ersten Halbzeit spielen ❹ *(blow over)* ▪**to ~ itself out** von selbst verschwinden **II.** *vi esp* Am bekannt werden; *(make itself felt)* sich manifestieren ♦**play through I.** *vt* Mus [von Anfang bis Ende] [durch]spielen; **to ~ through a series of pieces** eine Reihe von Stücken spielen **II.** *vi* Sports *auf dem Golfplatz eine langsamer spielende Gruppe überholen* ♦**play up I.** *vt* ❶ *(emphasize)* hochspielen ❷ Brit *(fam)* ▪**to ~ up ○ sb** *(cause trouble)* jdm zu schaffen machen; *(cause pain)* jdm Schmerzen bereiten ❸ Brit *(fam: annoy)* nerven **II.** *vi (fam)* ❶ *(flatter)* ▪**to ~ up to sb** sich bei jdm einschmeicheln ❷ Brit *(misbehave)* sich danebenbenehmen *fam;* (*throw a tantrum*) Theater machen *fig fam; children also* ungezogen sein ❸ Brit, Aus *(malfunction)* verrückt spielen *fam* ❹ Brit, Aus *(hurt)* weh tun *fam* ♦**play upon** *vi (form) see* **play on** ♦**play with** *vi* ❶ *(entertain oneself with)* ▪**to ~ with sth** mit etw *dat* spielen ❷ *(play together)* ▪**to ~ with sb** mit jdm spielen ❸ *(manipulate nervously)* ▪**to ~ with sth** mit etw *dat* herumspielen ❹ *(consider)* ▪**to ~ with an idea** mit einem Gedanken spielen ❺ *(treat insincerely)* ▪**to ~ with sb** *(pej)* mit jdm spielen ❻ *(have available)* **to have sth to ~ with** etw zur Verfügung haben

play·able ['pleɪəbl] *adj* Mus spielbar; Sports zu spielen; *(in tennis)* unhaltbar

'**play-act** *vi (pretend emotion)* Theater spielen *fig;* (*make fuss*) Theater machen *fig*

'**play·back** *n* ❶ *(pre-recorded version)* Playback *nt* ❷ *no pl (replaying)* Wiederholung *f* einer Aufnahme '**play·bill** *n* ❶ *(poster)* Theaterplakat *nt* ❷ Am Theaterprogramm *nt* '**play·boy** *n (usu pej)* Playboy *m* '**play date** *n* Spieltermin *m;* **to make ~s** feste Zeiten zum Spielen ausmachen

play·er ['pleɪəʳ] *n* ❶ Sports Spieler(in) *m(f);* **football/tennis ~** Fußball-/Tennisspieler(in) *m(f);* **a key ~** ein wichtiger Spieler/eine wichtige Spielerin ❷ *(musical performer)* Spieler(in) *m(f);* **cello ~** Cellist(in) *m(f)* ❸ *(dated: actor)* Schauspieler(in) *m(f)* ❹ *(playback machine)* **CD ~** CD-Player *m;* **video ~** Videorecorder *m* ❺ Pol *(participant)* ▪**to be a ~** eine Rolle spielen; **a key ~** Schlüsselfigur *f*

'**play·fel·low** *n (dated)* Spielkamerad(in) *m(f)*

play·ful ['pleɪfəl] *adj* ❶ *(not serious)* spielerisch, scherzhaft ❷ *(frolicsome)* verspielt; **he was in a ~ mood** er war zum Spielen/Scherzen aufgelegt

play·ful·ly ['pleɪfəli] *adv* scherzhaft; *(in play)* spielerisch, im Spiel

'**play·ground** *n* Spielplatz *m* '**play·group** *n* Spielgruppe *f;* *(kindergarten)* Kindergarten *m* '**play·house** *n* ❶ *(theatre)* Theater *nt* ❷ *(toy house)* Spielhaus *nt (für Kinder)*

play·ing card ['pleɪɪŋ-] *n* Spielkarte *f*

play·ing field *n* Sportplatz *m*

'**play·mate** *n* ❶ *(for child)* Spielkamerad(in) *m(f)* ❷ *(fam: for adult)* Geliebte(r) *f(m),* Gespiele *m*/Gespielin *f iron* '**play-off** *n* Play-off *nt;* **~ game** Entscheidungsspiel *nt* '**play·pen** *n* Laufstall *m* '**play·room** *n* Spielzimmer *nt* '**play·school** *n* Brit Kindergarten *m* '**play·suit** *n* Spielanzug *m* '**play·thing** *n* ❶ *(toy)* Spielzeug *nt* ❷ *(pej: exploited person, thing) of force,* *power* Spielball *m fig;* **to treat sb as a ~** jdn wie eine Sache behandeln; (*as sex object*) jdn zum Sexualobjekt machen '**play·time** *n no pl* ❶ (*in school*) Pause *f* ❷ (*for recreation*) Freizeit *f* '**play·wright** *n* Dramatiker(in) *m(f)*

pla·za ['plɑːzə] *n* ❶ (*open square*) Marktplatz *m* ❷ (*to shop*) |**shopping**| ~ Einkaufszentrum *nt*

plc [ˌpiːel'siː] *n esp* Brit *abbrev of* **public limited company** AG *f*

plea [pliː] *n* ❶ (*appeal*) Appell *m;* (*entreaty*) [flehentliche] Bitte; **to make a ~ for help/mercy** um Hilfe/Gnade bitten ❷ law [Sach]einwand *m;* **to put in a ~** eine Einrede erheben ❸ (*form: reason*) Grund *m;* (*pretext*) Vorwand *m*

'**plea bar·gain·ing** *n no pl* law Vereinbarung zwischen Staatsanwalt und Angeklagtem, der sich zu einem geringeren Straftatbestand bekennen soll

plead <pleaded, pleaded *or* Scot, Am *also* pled, pled> [pliːd] **I.** *vi* ❶ (*implore*) [flehentlich] bitten, flehen; **to ~ for forgiveness/justice/mercy** um Verzeihung/Gerechtigkeit/Gnade bitten; ■ **to ~ with sb** [**to do sth**] jdn anflehen[, etw zu tun] ❷ law (*as advocate*) plädieren; (*speak for*) ■ **to ~ for sb** jdn verteidigen ❸ *+ adj* law (*answer charge*) **to ~ guilty** sich schuldig bekennen; **to ~ not guilty** sich für nicht schuldig erklären **II.** *vt* ❶ (*claim*) behaupten; **to ~ one's ignorance** sich auf Unkenntnis berufen; **to ~ insanity** law auf Unzurechnungsfähigkeit plädieren ❷ (*argue for*) **to ~ sb's cause** jds Fall vortragen; **to ~ a case** law eine Sache vor Gericht vertreten

plead·ing ['pliːdɪŋ] *adj* flehend

plead·ing·ly ['pliːdɪŋli] *adv* flehentlich

pleas·ant ['plezənt] *adj* ❶ (*pleasing*) *day, experience, sensation, time* angenehm, schön; *chat, smile* nett ❷ (*friendly*) freundlich (**to** zu), liebenswürdig

pleas·ant·ly ['plezəntli] *adv* ❶ (*nicely*) freundlich; **to treat sb ~** jdn freundlich behandeln ❷ (*causing pleasure*) angenehm; **~ surprised** angenehm überrascht ❸ (*nice-looking*) hübsch

pleas·ant·ry ['plezəntri] *n usu pl* Kompliment *nt*

please [pliːz] **I.** *interj* ❶ (*in requests*) bitte ❷ (*when accepting sth*) ja, bitte; **more potatoes? — ~** noch Kartoffeln? — gern; **may I ...? — ~** oh darf ich ...? — selbstverständlich ❸ Brit sch (*to attract attention*) **~, Miss/Sir, I know the answer!** bitte, ich weiß die Antwort! **II.** *vt* ■ **to ~ sb** jdm gefallen; **I'll do it to ~ you** ich mache es, nur dir zuliebe; **it ~ s me to see ...** es freut mich, ... zu sehen; **to be hard/easy to ~** schwer/leicht zufrieden zu stellen sein; (*fam*) **oh well, ~ yourself** bitte, wie du meinst **III.** *vi* ❶ (*be agreeable*) **to be eager to ~** [unbedingt] gefallen wollen; **he's a bit too eager to ~ if you ask me** er ist ein bisschen übereifrig, wenn du mich fragst ❷ (*wish*) **to do as one ~ s** machen, was man möchte; **come whenever you ~** kommt, wann [immer] ihr wollt

pleased [pliːzd] *adj* ❶ (*happy*) froh, erfreut; (*content*) zufrieden; ■ **to be ~ about sth** sich über etw *akk* freuen; ■ **to be ~ that ...** froh sein, dass ...; ■ **to be ~ with oneself** mit sich *dat* selbst zufrieden sein ❷ (*willing*) **I'm only too ~ to help** ich helfe wirklich gerne

pleas·ing ['pliːzɪŋ] *adj* angenehm; **it's ~ that so many people could come** es ist schön, dass so viele Leute kommen konnten; **to be ~ to the ear/eye** hübsch klingen/aussehen

pleas·ur·able ['pleʒərəbl] *adj* angenehm

pleas·ure ['pleʒər] *n* ❶ *no pl* (*enjoyment*) Freude *f,* Vergnügen *nt;* **to give sb ~** jdm Freude bereiten; **to take ~ in doing sth** Vergnügen daran finden, etw *akk* zu tun ❷ (*source of enjoyment*) Freude *f;* **please don't mention it, it was a ~** nicht der Rede wert, das habe ich doch gern getan ❸ (*form: desire*) Wunsch *m*

'**pleas·ure boat** *n* Vergnügungsdampfer *m* '**pleas·ure prin·ci·ple** *n no pl* Lustprinzip *nt* '**pleas·ure trip** *n* Vergnügungsreise *f*

pleat [pliːt] *n* Falte *f*

pleb [pleb] *n usu pl* Brit (*pej fam*) *short for* **plebeian** Proll *m;* ■ **the ~ s** der Mob

pleb·by ['plebi] *adj* Brit (*pej fam*) proletenhaft *pej,* prollig brd

ple·beian ['pləbiːən] **I.** *adj* (*pej form*) primitiv **II.** *n* hist Plebejer(in) *m(f);* (*fig*) Prolet(in) *m(f) pej;* ■ **the ~ s** das gemeine Volk

plebi·scite ['plebɪsaɪt] *n* Volksentscheid *m*

pled [pled] *vi, vt esp* Am, Scot *pt, pp of* **plead**

pledge [pledʒ] **I.** *n* ❶ (*promise*) Versprechen *nt;* **to fulfil a ~** ein Versprechen halten; **to make a ~ that ...** geloben, dass ... ❷ (*token*) **a ~ of friendship/good faith/loyalty** ein Unterpfand *nt* der Freundschaft/des Vertrauens/der Treue ❸ (*promise of donation*) Spendenzusage *f* ❹ (*sth pawned*) Pfand *nt* ❺ Am univ (*of fraternity*) jemand, der die Zusage zur Mitgliedschaft *in einer Studentenverbindung erhalten hat, der aber noch nicht initiiert worden ist; (of a man)* ≈ Fuchs *m (in einer Burschenschaft)* II. *vt* ❶ *(solemnly promise)* versprechen; **I've been ~d to secrecy** ich bin zur Verschwiegenheit verpflichtet worden; **to ~ allegiance to one's country** den Treueid auf sein Land leisten; **to ~ loyalty** Treue schwören ❷ *(promise to contribute) money* versprechen ❸ *(form: drink health of)* ■ **to ~ sb/sth** auf jdn/etw trinken ❹ AM UNIV *(promise to join)* **to ~ a fraternity/sorority** einer Studentenverbindung/[weiblichen] Verbindung beitreten wollen

ple·na·ry ['pliːnºri] I. *adj* ❶ *(attended by all members)* **~ assembly** Vollversammlung *f*, Plenarversammlung *f* ❷ *(form: unqualified)* unbeschränkt II. *n* Vollversammlung *f*

pleni·po·ten·ti·ary [ˌplenɪpə(ʊ)'ten(t)ʃºri] I. *n* POL *(dated form)* Bevollmächtigte(r) *f(m)* II. *adj* POL *(dated form)* bevollmächtigt

plen·ti·ful ['plentɪfºl] *adj* reichlich *präd;* **~ supply** großes Angebot

plen·ty ['plenti] I. *n no pl (form: abundance)* Reichtum *m;* **to live in ~** im Überfluss leben II. *adv (fam)* **I'm ~ warm enough, thank you** mir ist warm genug, fast schon zu warm, danke; **~ more** noch viel mehr; **she has ~ more ideas** sie hat noch viele Ideen; **~ good/bad** AM sehr gut/schlecht III. *pron* ❶ *(more than enough)* mehr als genug; **he's had ~ of opportunities to apologize** er hatte genügend Gelegenheiten, sich zu entschuldigen; **~ of money/time** viel Geld/Zeit ❷ *(a lot)* genug; **do we have problems? — yeah, we've got ~** haben wir Probleme? — ja, allerdings!; **~ to do/see** viel zu tun/sehen; AM *(fam)* **this car cost me ~** dieses Auto hat mich eine Stange Geld gekostet

ple·num ['pliːnəm] *n (spec)* Plenum *nt*

pletho·ra ['pleθºrə] *n no pl* ■ **a ~ of sth** eine Fülle von etw *dat; (oversupply)* ein Übermaß *nt* an etw *dat*

pleu·ri·sy ['plʊərəsi] *n no pl* MED Rippenfellentzündung *f*

plex·us <*pl* -es *or* -> ['pleksəs] *n* ❶ ANAT Plexus *m;* **solar ~** Solarplexus *m fachspr* ❷ *(network)* Netzwerk *nt*

pli·abil·ity [ˌplaɪə'bɪləti] *n no pl* Biegsamkeit *f; (fig) of personality* Fügsamkeit *f; (conformity)* Überangepasstheit *f*

pli·able ['plaɪəbl] *adj* biegsam; *(fig: easily influenced)* gefügig

pli·ers ['plaɪəz] *npl* Zange *f;* **a pair of ~** eine Zange

plight [plaɪt] *n* Not[lage] *f,* schwierige Lage; **to be in a dreadful/sad/sorry ~** in einer schrecklichen/traurigen/erbärmlichen Lage sein

plim·soll ['plɪm(p)səl] *n* BRIT Turnschuh *m*

'Plim·soll line *n,* **'Plim·soll mark** *n* NAUT Kiellinie *f*

plinth [plɪn(t)θ] *n* Plinthe *f*

---

pleasure

expressing pleasure	Freude ausdrücken
It's great of you to come!	Wie schön, dass du gekommen bist!
I'm so glad to see you again.	Ich freue mich sehr, dass wir uns wieder sehen.
You have made me very happy (by doing that).	Sie haben mir damit eine große Freude bereitet.
I could jump for joy!	Ich könnte vor lauter Freude in die Luft springen.

expressing enthusiasm	Begeisterung ausdrücken
Fantastic!	Fantastisch!
Great!/Amazing! *(fam)*/Super! *(fam)*/Cool! *(fam)*/Wicked! *(sl)*	Toll! *(fam)*/Super! *(fam)*/Cool! *(sl)*/Wahnsinn! *(fam)*/Krass! *(sl)*
That's wonderful!	Das ist ja wunderbar/großartig!
I'm really into this guy. *(fam)*	Auf diesen Typen fahre ich voll ab. *(sl)*
I'm completely bowled over. *(fam)*	Ich bin ganz hin und weg. *(fam)*
I got really carried away by her performance.	Ihre Darbietung hat mich richtig mitgerissen.

PLO [ˌpiːelˈəʊ] *n no pl abbrev of* **Palestine Liberation Organization**: ■the ~ die PLO

plod [plɒd] **I.** *n* Marsch *m* **II.** *vi* <-dd-> ❶(*walk slowly*) stapfen ❷(*work slowly*) ■**to ~ through sth** sich durch etw *akk* hindurcharbeiten ◆**plod away** *vi* vor sich *akk* hin arbeiten; **to ~ away at sth** etw [freudlos] tun; (*work hard*) schuften *pej fam;* **for years, he's ~ded away at the same routine job** seit Jahren macht er dieselbe stumpfe Routinearbeit ◆**plod on** *vi* ❶(*continue walking*) weiterstapfen ❷(*continue working*) weiterarbeiten

plod·der [ˈplɒdəʳ] *n* Arbeitstier *nt fam*

plonk¹ [plɒŋk] *n no pl esp* BRIT, AUS (*fam: wine*) Gesöff *nt pej*

plonk² [plɒŋk] **I.** *n* (*fam: sound*) Ploppen *nt* **II.** *adv* (*fam*) dumpf knallend; **I heard something go ~** ich hörte, wie etwas plopp machte **III.** *vt* (*fam*) ❶(*set down heavily*) ■**to ~ sth somewhere** etw irgendwo hinknallen ❷(*sit heavily*) **to ~ oneself down on a chair/sofa** sich auf einen Stuhl/ein Sofa plumpsen lassen ◆**plonk down** (*fam*) **I.** *vt* ■**to ~ down** ⟲ **sth** etw hinknallen; ■**to ~ oneself down** sich hinplumpsen lassen **II.** *vi* sich fallen lassen

plonk·er [ˈplɒŋkəʳ] *n* BRIT (*sl*) Blödmann *m fam,* Trottel *m fam*

plop [plɒp] **I.** *n* Platsch[er] *m fam;* **it fell into the water with a ~** es platschte ins Wasser **II.** *adv* platschend **III.** *vi* <-pp-> ❶(*fall into liquid*) platschen *fam* ❷(*drop heavily*) plumpsen *fam*

plot [plɒt] **I.** *n* ❶(*conspiracy*) Verschwörung *f;* **to foil a ~** einen Plan vereiteln; **to hatch a ~** einen Plan aushecken; ■**a ~ against sb/sth** eine Verschwörung gegen jdn/etw ❷LIT (*storyline*) Handlung *f* ❸(*of land*) Parzelle *f;* **garden/vegetable ~** Garten-/Gemüsebeet *nt* **II.** *vt* <-tt-> ❶(*conspire*) [im Geheimen] planen *a. hum* ❷(*mark out*) ■**to ~ sth** etw [graphisch] darstellen ❸(*create storyline*) ■**to ~ sth** *novel, play, scene* sich *dat* die Handlung für etw *akk* ausdenken **III.** *vi* <-tt-> ■**to ~ against sb/sth** sich gegen jdn/etw verschwören; ■**to ~ to do sth** (*also hum*) planen, etw zu tun ◆**plot out** *vt* ❶*route* [grob] planen ❷*scene, story* umreißen

plot·ter [ˈplɒtəʳ] *n* ❶(*conspirator*) Verschwörer(in) *m(f)* ❷COMPUT Plotter *m*

plough [plaʊ] **I.** *n* Pflug *m* **II.** *vt* ❶AGR pflügen ❷(*move with difficulty*) **to ~ one's way through sth** sich *dat* seinen Weg durch etw *akk* bahnen; (*fig*) sich durch etw *akk* [hindurch] wühlen *fig* **III.** *vi* ❶AGR pflügen ❷(*move with difficulty*) ■**to ~ through sth** sich durch etw *akk* durchkämpfen; (*fig*) sich durch etw *akk* [hindurch] wühlen *fig* ◆**plough back** *vt* ■**to ~ back** ⟲ **sth** *plants* etw unterpflügen; **to ~ back profits** (*fig*) Profite reinvestieren ◆**plough into I.** *vi* ■**to ~ into sth** in etw *akk* hineinrasen **II.** *vt* ■**to ~ sth into sth** etw in etw *akk* investieren ◆**plough up** *vt* **to ~ up fields/land** Felder/Land umpflügen; **to ~ up sb's lawn** jds Rasen umgraben

Plough [plaʊ] *n no pl* ■**the ~** der Große Wagen

plow *n, vt, vi* AM *see* **plough**

ploy [plɔɪ] *n* Plan *m,* Strategie *f;* (*trick*) Trick *m*

pluck [plʌk] **I.** *n* Mut *m,* Schneid *m* o ÖSTERR *f fam* **II.** *vt* ❶(*pick*) ■**to ~ sth** [**from sth**] *fruit, flower* etw [von etw *dat*] abpflücken; *grass, dead leaves, loose thread* etw [von etw *dat*] abzupfen ❷(*remove*) *feathers* ausrupfen; *hair* entfernen; (*with pincers*) auszupfen; *chicken, goose* rupfen ❸(*pull*) **he ~ed the letter out of my hand** er riss mir den Brief aus der Hand ❹(*remove from situation*) ■**to ~ sb from sth** jdn aus etw *dat* herausholen ❺MUS zupfen **III.** *vi* zupfen (**at** an) ◆**pluck out** *vt* auszupfen; *feathers* ausrupfen ◆**pluck up** *vt* **to ~ up one's courage** [**to do sth**] allen Mut zusammennehmen[, um etw zu tun]

plucky [ˈplʌki] *adj* schneidig

plug [plʌg] **I.** *n* ❶(*connector*) Stecker *m;* **to pull the ~** [**on sth**] den Stecker [aus etw *dat*] herausziehen; (*fig*) **the Administration has pulled the ~ on this project** die Verwaltung hat diesem Projekt ihre Unterstützung aufgekündigt ❷(*socket*) Steckdose *f* ❸(*for basin, sink*) Stöpsel *m* ❹(*stopper*) Pfropfen *m;* cask Spund *m;* (*bung*) Zapfen *m* ❺(*fam: publicity*) Werbung; **to give sb/sth a ~** Werbung für jdn/etw machen ❻(*spark plug*) Zündkerze *f* **II.** *vt* <-gg-> ❶(*stop up*) *hole, leak* stopfen; ■**to ~ sth with sth** etw mit etw *dat* [zu]stopfen ❷(*publicize*) anpreisen ❸AM (*sl: shoot*) treffen (*mit einer Gewehr-, Pistolenkugel*); **to ~ sb in the arm/leg** jdm in den Arm/ins Bein schießen ◆**plug away** *vi* verbissen arbeiten (**at** an), sich abmühen (**at** mit) ◆**plug in I.** *vt* einstöpseln **II.** *vi* (*electrical device*) sich anschließen lassen ◆**plug up** *vt* zustopfen

ˈplug·hole *n* Abfluss *m*

'**plug-in** n Plug-in nt (*Erweiterung für ein existierendes Softwareprogramm*)

plum [plʌm] I. n ❶ (*fruit*) Pflaume f ❷ (*tree*) ~ |**tree**| Pflaumenbaum m ❸ (*colour*) Pflaumenblau nt II. adj ❶ (*colour*) pflaumenfarben ❷ <plummer, plummest> attr (*exceptionally good*) traumhaft fam; ~ **job** Traumberuf m

plum·age ['pluːmɪdʒ] n no pl Federkleid n

plumb[1] [plʌm] I. vt ❶ (*determine depth*) [aus]loten ❷ (*fig: fathom*) ergründen II. adj pred gerade, im Lot fachspr III. adv ❶ (*fam: exactly*) genau ❷ AM (*fam: completely*) ~ **crazy** total verrückt IV. n Lot nt

plumb[2] [plʌm] vt **our house isn't ~ed properly** die Installationen in unserem Haus sind schlecht gemacht; **to ~ sth into sth** etw an etw akk anschließen ◆**plumb in** vt washing machine, dishwasher etw anschließen

plumb·er ['plʌmə'] n Klempner(in) m(f), Sanitär(in) m(f) SCHWEIZ

plumb·ing ['plʌmɪŋ] I. n no pl Wasserleitungen pl II. adj attr ~ **contractor** beauftragter Installateur/beauftragte Installateurin; **a ~ fixture** Installationszubehör nt

plume [pluːm] n ❶ (*large feather*) Feder f; **tail ~** Schwanzfeder f; (*as ornament*) Federbusch m ❷ (*cloud*) **~ of smoke** Rauchwolke f

plum·met ['plʌmɪt] I. vi ❶ (*plunge*) fallen; (*with loud noise*) [herunter]donnern ❷ (*be reduced*) **house prices have ~ed** die Häuserpreise sind in den Keller gefallen; **morale has absolutely ~ed** die Stimmung ist auf den Nullpunkt gesunken II. n Lot nt

plum·my ['plʌmi] adj ❶ (*resembling plum*) pflaumenartig ❷ (*of plum colour*) pflaumenfarben ❸ (*exceptionally desirable*) toll fam; **~ job** Traumjob m fam ❹ (*rich-toned*) sonor; (*high-brow*) affektiert pej

plump [plʌmp] I. adj (*rounded*) rund; (*euph*) person füllig, mollig; arms rundlich; cheeks rund II. vi ■**to ~ for sb/sth** sich für jdn/etw entscheiden III. vt **to ~ a cushion/pillow** ein Kissen/Kopfkissen aufschütteln ◆**plump down** (*fam*) I. vt ■**to ~ down** ⟳ **sth** etw hinplumpsen lassen fam; **to ~ oneself down in a chair/on the sofa** sich in einen Stuhl/aufs Sofa fallen lassen II. vi **to ~ down in a chair/on the sofa** sich auf einen Stuhl/ein Sofa fallen lassen ◆**plump up** vt cushion, pillow aufschütteln

plump·ness ['plʌmpnəs] n no pl Fülligkeit f; fruit Größe f

plum 'pud·ding n BRIT Plumpudding m
'**plum tree** n Pflaumenbaum m

plun·der ['plʌndə'] I. vt gold, treasure plündern; church, palace, village [aus]plündern; (*fig*) the planet, environment ausbeuten II. vi plündern III. n no pl ❶ (*booty*) Beute f ❷ (*act of plundering*) Plünderung f; of planet Ausbeutung f

plun·der·er ['plʌndərə'] n Plünderer m/ Plünderin f

plunge [plʌndʒ] I. n ❶ (*drop*) Sprung m; (*fall*) Sturz m, Fall m; (*dive*) **to make a ~** tauchen ❷ (*swim*) ~ |**in the pool**| Schwimmen [im Pool] nt kein pl ❸ (*sharp decline*) Sturz m; **a ~ in value** dramatischer Wertverlust II. vi ❶ (*fall*) stürzen (**into** in); **to ~ to one's death** in den Tod stürzen ❷ (*dash*) stürzen (**into** in); **she ~d forward** sie warf sich nach vorne ❸ (*decrease dramatically*) dramatisch sinken ❹ (*fig: begin abruptly*) ■**to ~ into sth** sich in etw akk [hinein]stürzen fig III. vt ❶ (*immerse*) ■**to ~ sth into sth** etw in etw akk eintauchen; (*in cooking*) etw in etw akk geben ❷ (*thrust*) **to ~ a dagger/knife/needle into sb** jdn mit einem Dolch/einem Messer/einer Nadel stechen ◆**plunge in** I. vi ❶ (*dive in*) eintauchen ❷ (*fig: get involved*) sich einmischen; ❸ (*do without preparation*) ins kalte Wasser springen fig II. vt ■**to ~ sth in** knife etw reinstechen; hand etw reinstecken

'**plunge pool** n kleiner Swimmingpool; (*in sauna*) Tauchbecken nt

plunk [plʌŋk] n, adv, vt AM see **plonk**[2]

plu·per·fect [ˌpluːˈpɜːfɪkt] I. adj LING Plusquamperfekt-; **the ~ tense** das Plusquamperfekt II. n LING ■**the ~** das Plusquamperfekt

plu·ral ['plʊərəl] I. n ■**the ~** der Plural; **in the ~** im Plural II. adj ❶ LING Plural-, pluralisch ❷ (*pluralistic*) pluralistisch ❸ (*multiple*) mehrfach attr

plu·ral·ism ['plʊərəlɪzəm] n no pl Pluralismus m geh

plu·ral·is·tic [ˌplʊərəlˈɪstɪk] adj pluralistisch geh

plu·ral·ity [plʊəˈræləti] n ❶ no pl (*variety*) ■**a ~ of sth** eine Vielfalt an etw dat ❷ AM POL (*of votes*) Mehrheit f ❸ no pl (*plural condition*) Pluralität f geh

plus [plʌs] I. prep plus II. n <pl -es or pl -ses> Plus nt kein pl fam; MATH also Pluszeichen nt; (*advantage also*) Pluspunkt m III. adj ❶ attr (*above zero*) plus; ~ **two degrees** zwei Grad plus ❷ pred (*or more*) mindestens; **20/30/250 ~** mindestens

20/30/250 ❸ (*slightly better than*) **A ~ ≈ Eins** *f* **plus** ❹ (*positive*) **the ~ side [of sth]** das Positive an etw *dat*
plush [plʌʃ] **I.** *adj* ❶ (*luxurious*) exklusiv; **~ restaurant** Nobelrestaurant *nt* ❷ (*made of plush*) Plüsch- **II.** *n* Plüsch *m*
'**plus sign** *n* Pluszeichen *nt* '**plus-size** *adj attr person* übergroß; *clothing* in Übergrößen, Übergröße-
Pluto ['pluːtəʊ] *n* Pluto *m*
plu·toc·ra·cy [pluːˈtɒkrəsi] *n* Plutokratie *f geh*; (*fig: wealthy elite*) die oberen Zehntausend
plu·to·crat ['pluːtə(ʊ)kræt] *n* ❶ (*rich and powerful person*) Plutokrat(in) *m(f) geh* ❷ (*pej, hum: very wealthy person*) Krösus *m oft hum*
plu·to·crat·ic [ˌpluːtə(ʊ)ˈkrætɪk] *adj* plutokratisch *geh*
plu·to·ni·um [pluːˈtəʊniəm] *n no pl* Plutonium *nt*
ply[1] [plaɪ] *n no pl* ❶ (*thickness*) Stärke *f*, Dicke *f* ❷ (*layer*) Schicht *f* ❸ (*strand*) **two-~ rope** zweilagiges Seil; **three-~ wool** dreifädige Wolle ❹ *no pl* (*fam: plywood*) Sperrholz *nt*
ply[2] <-ie-> [plaɪ] **I.** *vt* ❶ (*work steadily*) **to ~ a trade** ein Gewerbe betreiben; **to ~ one's work** seiner Arbeit nachgehen ❷ (*manipulate*) benutzen ❸ (*sell*) *drugs* handeln; *wares* anpreisen ❹ (*supply continuously*) ■ **to ~ sb with sth** jdn mit etw *dat* versorgen; **to ~ sb with whisky** jdn mit Whisky abfüllen *fam* **II.** *vi* ❶ BRIT ECON **to ~ for business** für sich *akk* Werbung machen ❷ (*travel*) **to ~ between two cities** *ship, train* zwischen zwei Städten verkehren
'**ply·wood** ['plaɪwʊd] *n no pl* Sperrholz *nt*
pm, **p.m.** [ˌpiːˈem] *adv abbrev of* **post meridian: one ~** ein Uhr mittags, dreizehn Uhr; **eight ~** acht Uhr abends, zwanzig Uhr
PM [ˌpiːˈem] *n* BRIT *abbrev of* **Prime Minister** Premierminister(in) *m(f)*
PMS [ˌpiːemˈes] *n* MED *abbrev of* **premenstrual syndrome** PMS *nt*
pneu·mat·ic [njuːˈmætɪk] *adj* pneumatisch
pneu·mo·nia [njuːˈməʊniːə] *n no pl* Lungenentzündung *f*
PO [ˌpiːˈəʊ] *n abbrev of* **Post Office**
poach[1] [pəʊtʃ] *vt* pochieren
poach[2] [pəʊtʃ] **I.** *vt* ❶ (*catch illegally*) wildern ❷ (*steal*) ■ **to ~ sth** sich *dat* etw unrechtmäßig aneignen; **Caroline always ~es my ideas** Caroline stiehlt mir immer meine Ideen ❸ (*lure away*) ■ **to ~ sb [from sb]** jdn [jdm] abwerben **II.** *vi* ❶ (*catch illegally*) wildern ❷ (*steal*) stehlen
poach·er[1] ['pəʊtʃəʳ] *n* Dünster *m*; **egg ~** Eierkocher *m*
poach·er[2] ['pəʊtʃəʳ] *n* Wilderer *m*
poach·ing ['pəʊtʃɪŋ] *n no pl* ❶ HUNT Wilderei *f* ❷ (*taking unfairly*) Wegnehmen *nt*
POB [ˌpiːəʊˈbiː] *n abbrev of* **post office box** Postfach *nt*
P'O box *n abbrev of* **Post Office Box: ~ 3333** Postfach 3333
pock [pɒk] *n usu pl* Pockennarbe *f*
pock·et ['pɒkɪt] **I.** *n* ❶ (*in clothing*) Tasche *f*; **coat/jacket/trouser ~** Mantel-/Jacken-/Hosentasche *f* ❷ (*on bag, in car*) Fach *nt* ❸ (*fig: financial resources*) Geldbeutel *m*; **to pay for sth out of one's own ~** etw aus eigener Tasche bezahlen; **to be out of ~** Geld verlieren ❹ (*small area*) Insel *f fig*; **~ of resistance** vereinzelter Widerstand ❺ SPORTS (*on snooker table*) Loch *nt* **II.** *vt* ❶ (*put in one's pocket*) in die Tasche stecken ❷ (*keep sth for oneself*) behalten ❸ SPORTS (*in snooker, billiards*) **to ~ a ball** einen Ball ins Loch spielen **III.** *adj* (*pocket-sized*) *knife, phone, calculator* Taschen-; **~ edition** Taschenbuchausgabe *f*
'**pock·et·book** *n* AM ❶ (*woman's handbag*) Handtasche *f* ❷ (*paperback*) Taschenbuch *nt* ❸ (*fig: ability to pay*) Brieftasche *f* **pock·et 'cal·cu·la·tor** *n* Taschenrechner *m* '**pock·et-cam** *n short for* **pocket camera** Pockenkamera *f* **pock·et 'cam·era** *n* Pockenkamera *f* '**pock·et·ful** *n* **~s of candy** Taschen voller Süßigkeiten; **a ~ of money** (*fig*) Unmengen *pl* von Geld **pock·et 'hand·ker·chief** *n* (*dated*) Taschentuch *f* '**pock·et knife** *n* Taschenmesser *nt* '**pock·et mon·ey** *n no pl* Taschengeld *nt* **Pock·et P'C** *n* COMPUT, INET Pocket PC *m* '**pock·et-size(d)** *adj* im Taschenformat *nach n*; **~ television** Fernseher im Taschenformat
pod [pɒd] *n* ❶ (*seed container*) Hülse *f*; *pea, vanilla* Schote *f* ❷ (*on aircraft*) Gondel *f*; (*to hold jet*) Düsenaggregat *nt* ❸ (*bag*) **coffee ~** Kaffeepad *nt*
pod·cast ['pɒdkɑːst] INET **I.** *n* Podcast *m* **II.** *vt, vi* <-ed> podcasten (**about** über +*akk*)
podgy ['pɒdʒi] *adj* (*esp pej*) fett; **~ face** Mondgesicht *nt hum fam*
po·dia·trist [pə(ʊ)ˈdaɪətrɪst] *n esp* AM, AUS (*chiropodist*) Fußspezialist(in) *m(f)*

po·di·um <*pl* -dia> ['pəʊdiəm, *pl* -diə] *n* Podium *nt*

poem ['pəʊɪm] *n* (*also fig*) Gedicht *nt*

poet ['pəʊɪt] *n* Dichter(in) *m(f)*

po·et·ic(al) [pəʊ'etɪk(əl)] *adj* ❶ (*relating to poetry*) dichterisch; ~ **language** Dichtersprache *f*; **to have a ~ temperament** Sinn für Poesie haben ❷ (*like poetry*) poetisch

po·eti·cal·ly [pəʊ'etɪkəli] *adv* dichterisch, poetisch

po·et·ry ['pəʊɪtri] *n no pl* ❶ (*genre*) Dichtung *f*, Lyrik *f* ❷ (*poetic quality*) Poesie *f*

pog·rom ['pɒgrəm] *n* Pogrom *nt*

poign·ant ['pɔɪnjənt] *adj* bewegend; (*distressing*) erschütternd; *memories* melancholisch

poin·set·tia [ˌpɔɪn(t)'setiə] *n* Weihnachtsstern *m*

point [pɔɪnt] **I.** *n* ❶ (*sharp end*) Spitze *f*; *of a star* Zacke *f* ❷ (*dot*) Punkt *m*; ~ **of light** Lichtpunkt *m* ❸ (*punctuation mark*) Punkt *m* ❹ (*decimal point*) Komma *nt* ❺ (*position*) Stelle *f*, Punkt *m*; ~ **of contact** Berührungspunkt *m*; **starting** ~ Ausgangspunkt *m* a. *fig* ❻ (*particular time*) Zeitpunkt *m*; **she was on the ~ of collapse** sie stand kurz vor dem Zusammenbruch; **I was completely lost at one ~** an einer Stelle hatte ich mich komplett verlaufen; **at this/that ~ in time** zu dieser/jener Zeit; **at that ~** zu diesem Zeitpunkt; (*then*) in diesem Augenblick; **from that ~ on ...** von da an ... ❼ (*about to do*) **I was on the ~ of leaving him** ich war kurz davor, ihn zu verlassen ❽ (*argument, issue*) Punkt *m*; **ok ok, you've made your ~!** ja, ich hab's jetzt verstanden! *fam*; **what ~ are you trying to make?** worauf wollen Sie hinaus?; **she does have a ~ though** so ganz Unrecht hat sie nicht; **she made the ~ that ...** sie wies darauf hin, dass ...; (*stress*) sie betonte, dass ...; **my ~ exactly** das sag ich ja *fam*; **ok, ~ taken** ok, ich hab schon begriffen *fam*; ~ **of law** Rechtsfrage *f* ❾ *no pl* (*most important idea*) **the ~ is ...** der Punkt ist nämlich der, ...; **that's beside the ~!** darum geht es doch gar nicht!; **to come to the ~** auf den Punkt kommen; **to keep to the ~** beim Thema bleiben ❿ *no pl* (*purpose*) Sinn *m*, Zweck *m*; **but that's the whole ~!** aber das ist doch genau der Punkt!; **what's the ~ of waiting for them?** warum sollten wir auf sie warten?; **but that's the whole ~ of doing it!** aber deswegen machen wir es ja gerade!; **what's the ~ anyway?** was soll's? ⓫ (*stage in process*) Punkt *m*; **from that ~ on ...** von diesem Moment an ...; **the high ~ of the evening ...** der Höhepunkt des Abends ...; **when it came to the ~ ...** als es soweit war, ...; **up to a ~** bis zu einem gewissen Grad ⓬ (*important characteristic*) Merkmal *nt*; **bad/good ~s** schlechte/gute Seiten; **sb's strong ~s** jds Stärken *pl*; **sb's weak ~s** jds Schwächen ⓭ (*in sports*) Punkt *m*; **to win on ~s** nach Punkten siegen ⓮ (*unit*) STOCKEX Punkt *m*; (*with prices*) [Prozent]punkt *m* ⓯ (*on compass*) Strich *m*; (*on thermometer*) Grad *m* ⓰ (*in ballet*) Spitze *f* ⓱ (*socket*) Steckdose *f* ⓲ BRIT RAIL ■ ~**s** *pl* Weichen *pl* ⓳ TYPO Punkt *m* ⓴ (*punch line*) *of a story* Pointe *f* **II.** *vi* ❶ (*with finger*) deuten, zeigen (**at/to** auf) ❷ (*be directed*) weisen; **to ~ east/west** nach Osten/Westen zeigen ❸ (*indicate*) hinweisen (**to** auf) ❹ (*use as evidence*) verweisen (**to** auf) ❺ HUNT *dog* vorstehen **III.** *vt* ❶ (*aim*) ■ **to ~ sth at sb/sth** *weapon* etw [auf jdn/etw] richten; *stick, one's finger* mit etw *dat* auf jdn/etw zeigen ❷ (*direct*) **to ~ sb in the direction of sth** jdm den Weg zu etw *dat* beschreiben ❸ (*extend*) **to ~ one's toes** die Zehen strecken ◆**point out** *vt* ❶ (*show*) ■ **to ~ out** ⟲ **sth** auf etw hinweisen; (*with finger*) etw zeigen ❷ (*inform*) ■ **to ~ out that ...** darauf aufmerksam machen, dass ... ◆**point up** *vt* (*form*) hervorheben; (*show*) zeigen

point-'blank I. *adv* ❶ (*at very close range*) aus nächster Nähe ❷ (*bluntly*) geradewegs, unumwunden **II.** *adj attr* ❶ (*very close*) nah; **to shoot sb/sth at ~ range** auf jdn/etw aus nächster Nähe schießen ❷ (*blunt*) unverhohlen; *question* unverblümt

point·ed ['pɔɪntɪd] *adj* ❶ (*with sharp point*) spitz ❷ (*emphatic*) pointiert *geh*; *criticism* scharf; *question* unverblümt; *remark* spitz; *reminder* eindrücklich

point·er ['pɔɪntəʳ] *n* ❶ (*on dial*) Zeiger *m* ❷ (*rod*) Zeigestock *m* ❸ *usu pl* (*fam: tip*) Tipp *m*; (*instructions*) Hinweis *m* ❹ (*indicator*) Gradmesser *m* *fig* ❺ (*dog*) Vorstehhund *m*; (*breed*) Pointer *m*

point·less ['pɔɪntləs] *adj* sinnlos, zwecklos; *remark* überflüssig

point·less·ness ['pɔɪntləsnəs] *n no pl* Sinnlosigkeit *f*

point of 'view <*pl* points of view> *n* Ansicht *f*, Einstellung *f*; **from a purely practical ~** rein praktisch betrachtet

'points·man *n* BRIT ❶ RAIL Weichensteller(in) *m(f)* ❷ ADMIN (*with point duty*) Verkehrspolizist(in) *m(f)*

point-to-'point *n*, **point-to-'point race** *n* SPORTS Jagdrennen *nt*

pointy ['pɔɪnti] *adj* spitz

poise [pɔɪz] **I.** *n no pl* Haltung *f* **II.** *vt usu passive* ❶ (*balance*) balancieren; **to be ~d to jump** sprungbereit sein; (*hover*) ■ **to be ~d** schweben ❷ (*fig*) ■ **to be ~d to do sth** (*about to*) nahe daran sein, etw zu tun

poised [pɔɪzd] *adj* beherrscht

poi·son ['pɔɪzᵃn] **I.** *n* Gift *nt;* (*fig*) **to lace sth with ~** etw mit Gift präparieren **II.** *vt* **to poison sb/sth** jdn/etw vergiften; (*fig*) **to ~ sb's mind against sb/sth** jdn gegen jdn/etw einnehmen

poison 'gas *n no pl* Giftgas *nt* **poi·son·ing** ['pɔɪzᵃnɪŋ] *n* ❶ *no pl* (*act*) Vergiften *nt* ❷ (*condition*) Vergiftung *f;* (*individual case*) Fall *m* von Vergiftung; **blood-/lead ~** Blut-/Bleivergiftung *f;* **food ~** Lebensmittelvergiftung *f* **poi·son·ous** ['pɔɪzᵃnəs] *adj* ❶ (*containing poison*) giftig; **~ mushroom** Giftpilz *m;* **~ snake** Giftschlange *f* ❷ (*malicious*) giftig *fig,* boshaft

poke¹ [pəʊk] *n* ❶ *pop* SCOT (*bag*) Beutel *m* ❷ AM (*fam: purse*) Portmonee *nt*

poke² [pəʊk] **I.** *n* ❶ (*jab*) Stoß *m* ❷ (*vulg, sl: sex*) Fick *m* **II.** *vt* ❶ (*prod*) anstoßen; (*with umbrella, stick*) stechen; **to ~ sb in the arm/ribs** jd in den Arm/die Rippen knuffen; **to ~ a hole in sth** ein Loch in etw *akk* bohren ❷ ■ **to ~ sth into/through sth** (*prod with*) etw in/durch etw *akk* stecken; (*thrust*) etw in/durch etw *akk* stoßen ❸ (*stir*) **to ~ [up] a fire** ein Feuer schüren ❹ (*extend*) **to ~ one's head up/ through the window** den Kopf in die Höhe/durch das Fenster strecken ❺ AM (*fam: hit*) **to ~ sb** [**on the nose**] jdn [auf die Nase] hauen ▸ **to ~ fun at sb** sich über jdn lustig machen; **to ~ one's nose into sb's business** (*fam*) seine Nase in jds Angelegenheiten stecken **III.** *vi* ❶ (*jab repeatedly*) herumfummeln *fam* (**at** an); **to ~ at sth with one's finger/a stick** mit einem Finger/Stock an etw *akk* stoßen; **to ~ at one's food** in seinem Essen herumstochern ❷ (*break through*) ■ **to ~ through** durchscheinen ◆**poke about, poke around** *vi* (*fam*) herumstöbern; (*without permission*) herumschnüffeln ◆**poke out I.** *vi* ■ **to ~ out [of sth]** [aus etw *dat*] hervorgucken [*o* SÜDD, ÖSTERR heraushauen] **II.** *vt* ❶ (*stick out*) **to ~ one's head out** den Kopf herausstecken; **to ~ one's tongue out** die Zunge herausstrecken ❷ (*remove*) **to ~ out sb's eyes** jdm die Augen ausstechen ◆**poke round** *vi*

BRIT *see* **poke around** ◆**poke up I.** *vi* hervorragen; ■ **to ~ up over sth** über etw *dat* herausragen **II.** *vt* **to ~ up a fire** ein Feuer schüren

pok·er¹ ['pəʊkə'] *n* (*card game*) Poker *m o nt;* **a game of ~** eine Runde Poker

pok·er² ['pəʊkə'] *n* (*fireplace tool*) Schürhaken *m*

pok·ey ['pəʊki] *adj,* **poky** ['pəʊki] *adj* (*pej*) ❶ (*small*) winzig ❷ AM (*slow*) lahm

Po·land ['pəʊlənd] *n* Polen *nt*

po·lar ['pəʊlə'] *adj attr* ❶ (*near pole*) polar; **~ explorer** Polarforscher(in) *m(f)* ❷ (*opposite*) gegensätzlich, polar *geh; opposites* diametral *geh*

po·lar 'bear *n* Eisbär *m* **po·lar 'cir·cle** *n* Polarkreis *m* **po·lar 'front** *n* METEO Polarfront *f*

po·lar·ity [pə(ʊ)'lærɪti] *n* SCI Polarität *f;* (*fig also*) Gegensätzlichkeit *f*

po·lari·za·tion [ˌpəʊləraɪ'zeɪʃᵃn] *n no pl* Polarisierung *f*

po·lar·ize ['pəʊlᵃraɪz] **I.** *vt* polarisieren **II.** *vi* sich polarisieren

po·lar 'lights *npl* Polarlicht *nt* **'po·lar zone** *n* Polarzone *f*

pole¹ [pəʊl] *n* Stange *f;* (*pointed at one end*) Pfahl *m;* **fishing ~** *esp* AM Angelrute *f;* **flag~** Fahnenmast *m*

pole² [pəʊl] *n* ❶ GEOG, ELEC Pol *m;* **the magnetic ~** der Magnetpol; **the North/ South P~** der Nord-/Südpol; **the minus/ positive ~** der Minus-/Pluspol ❷ (*extreme*) Extrem *nt;* **to be ~s apart** Welten voneinander entfernt sein

pole·axe ['pəʊlæks] **I.** *n* Schlächterbeil *nt* **II.** *vt* ❶ (*strike powerfully*) zusammenschlagen ❷ (*shock strongly*) schockieren

pole·cat ['pəʊlkæt] *n* BRIT (*wild cat*) Iltis *m* **'pole danc·ing** *n no pl* Vorführung von fast unbekleideten Tänzerinnen in Bars: erotische Bewegungen, bei denen ein vertikaler Stab als Mittelpunkt und Accessoire dient

po·lem·ic [pə'lemɪk] **I.** *n* Polemik *f* **II.** *adj* polemisch

po·lemi·cal [pə'lemɪkᵃl] *adj* polemisch

pole po'si·tion *n no pl* SPORTS Poleposition *f fachspr;* **to be in ~** die Poleposition haben; (*fig*) an der Spitze stehen **'Pole Star** *n no pl* Polarstern *m;* (*fig liter: guiding principle*) Leitgedanke *m* **'pole vault** *n* Stabhochsprung *m kein pl* **'pole-vault·er** *n* Stabhochspringer(in) *m(f)*

po·lice [pə'liːs] **I.** *n* + *pl vb* ❶ (*force*) ■ **the ~** die Polizei *kein pl;* **to call the ~** die Polizei rufen ❷ (*police officers*) Polizis-

police car → pollinate

ten *mpl*/Polizistinnen *fpl* II. *vt* ❶ (*guard*) überwachen ❷ (*regulate*) ■**to** ~ **sb/sth/oneself** jdn/etw/sich selbst kontrollieren ❸ AM MIL ■**to** ~ **sth** *an event* irgendwo Wache halten

po·'lice car *n* Polizeiauto *nt* **po·lice 'con·sta·ble** *n* BRIT Polizeiwachtmeister(in) *m(f)* **po·'lice court** *n* ≈ Amtsgericht *nt* **po·'lice de·part·ment** *n* Polizeidienststelle *f* **po·'lice dog** *n* Polizeihund *m* **po·lice 'es·cort** *n* Polizeieskorte *f* **po·'lice force** *n* ❶ *no pl* (*the police*) ■**the** ~ die Polizei ❷ (*unit of police*) Polizeieinheit *f* **po·lice in·'form·er** *n* Informant(in) *m(f)* [der Polizei], Polizeispitzel(in) *m(f) pej* **po·lice 'mag·is·trate** *n* Polizeirichter(in) *m(f)* **po·'lice·man** *n* Polizist *m* **po·'lice of·fic·er** *n* Polizeibeamte(r) *m*, Polizeibeamte [*o* -in] *f* **po·'lice raid** *n* Razzia *f* **po·lice 'rec·ord** *n* ❶ (*dossier*) Polizeiakte *f* ❷ (*history of convictions*) Vorstrafenregister *nt* **po·'lice re·port·er** *n* Polizeireporter(in) *m(f)* **po·'lice state** *n* (*pej*) Polizeistaat *m* **po·'lice sta·tion** *n* Polizeiwache *f* **po·'lice·wom·an** *n* Polizistin *f*

poli·cy[1] ['pɒləsi] *n* ❶ (*plan*) Programm *nt*, Strategie *f*; (*principle*) Grundsatz *m* ❷ *no pl* Politik *f*; **a change in** ~ ein Richtungswechsel *m* in der Politik; **company** ~ Firmenpolitik *f*; **domestic** ~ Innenpolitik *f*; **economic** ~ Wirtschaftspolitik *f*; **to make** ~ **on sth** Richtlinien *pl* für etw *akk* festlegen

poli·cy[2] ['pɒləsi] *n* (*in insurance*) Police *f*, Polizze *f* ÖSTERR

'poli·cy·hold·er *n* Versicherungsnehmer(in) *m(f)* **'poli·cy mak·er** *n* Parteiideologe *m*/-ideologin *f* **'poli·cy·mak·ing** *n no pl* Festsetzen von Richtlinien **'poli·cy num·ber** *n* Versicherungsnummer *f*, Polizzennummer *f* ÖSTERR **'poli·cy own·er** *n* Versicherungsnehmer(in) *m(f)* **po·lio** ['pəʊliəʊ] *n*, **po·lio·my·eli·tis** [ˌpəʊliə(ʊ)maɪə'laɪtɪs] *n* (*spec*) Kinderlähmung *f*

'po·lio vac·cine *n* Polioimpfstoff *m*

pol·ish ['pɒlɪʃ] I. *n* ❶ (*substance*) Politur *f*; **shoe** ~ Schuhcreme *f* ❷ *usu sing* (*act*) Polieren *nt kein pl* ❸ (*fig: refinement*) [gesellschaftlicher] Schliff II. *vt* ❶ (*rub*) polieren; *shoes, silver* putzen ❷ (*fig: refine*) aufpolieren ◆ **polish off** *vt* ❶ (*eat up*) *food* verdrücken *fam* ❷ (*deal with*) ■**to** ~ **off** ⌒ **sth** etw schnell erledigen ◆ **polish up** *vt* aufpolieren; (*fig*) auffrischen

Po·lish ['pəʊlɪʃ] I. *n* Polnisch *nt* II. *adj* polnisch

pol·ished ['pɒlɪʃt] *adj* ❶ (*gleaming*) glänzend *attr* ❷ (*showing great skill*) formvollendet; *performance* großartig ❸ (*refined*) gebildet; *manners* geschliffen

pol·it·bu·ro ['pɒlɪtˌbjʊərəʊ] *n* (*hist*) Politbüro *nt hist*

po·lite [pə'laɪt] *adj* ❶ (*courteous*) höflich ❷ (*cultured*) vornehm; *society* gehoben

po·lite·ly [pə'laɪtli] *adv* höflich; ~ **but firmly** höflich aber bestimmt

po·lite·ness [pə'laɪtnəs] *n no pl* Höflichkeit *f*

poli·tic ['pɒlətɪk] *adj* ❶ (*prudent*) [taktisch] klug ❷ POL **the body** ~ der Staat

po·liti·cal [pə'lɪtɪkᵊl] *adj* ❶ (*of politics*) politisch; ~ **leaders** politische Größen *pl* ❷ *esp* AM (*pej: tactical*) taktisch

po·liti·cal cor·'rect·ness *n*, **PC** *n no pl* politische Korrektheit

po·liti·cal·ly [pə'lɪtɪkᵊli] *adv* (*of politics*) politisch; ~ **aware** politisch gebildet

po·liti·cal·ly cor·'rect *adj*, **PC** politisch korrekt

poli·ti·cian [ˌpɒlɪ'tɪʃᵊn] *n* Politiker(in) *m(f)*

po·liti·cize [pə'lɪtɪsaɪz] I. *vt* politisieren *geh* II. *vi* politisieren *geh*, sich politisch engagieren

poli·tics ['pɒlətɪks] *npl* ❶ + *sing vb* Politik *f kein pl*; **global/local** ~ Welt-/Lokalpolitik *f kein pl*; **to go into** ~ in die Politik gehen ❷ + *pl vb* (*political beliefs*) politische Ansichten *pl* ❸ + *sing vb* (*within group*) **office** ~ Büroklüngelei *f pej*; **to play** ~ Winkelzüge machen ❹ + *sing vb* BRIT (*political science*) Politologie *f kein pl*

pol·ka ['pɒlkə] I. *n* Polka *f* II. *vi* Polka tanzen

poll [pəʊl] I. *n* ❶ (*public survey*) Erhebung *f*; **a** [**public**] **opinion** ~ eine [öffentliche] Meinungsumfrage ❷ (*voting places*) ■**the** ~ **s** *pl* die Wahllokale *pl*; **to go to the** ~ **s** wählen [gehen] ❸ (*result of vote*) [Wähler]stimmen *pl* ❹ (*number of votes cast*) Wahlbeteiligung *f* II. *vt* ❶ (*canvass in poll*) befragen ❷ (*receive*) **the party** ~ **ed 67% of the vote** die Partei hat 67 % der Stimmen erhalten

pol·lard ['pɒləd] I. *n* ❶ (*tree*) gekappter Baum ❷ (*animal*) hornloses Tier II. *vt* **to** ~ **a tree/an animal** einen Baum/ein Tier kappen

pol·len ['pɒlən] *n no pl* Blütenstaub *m*

'pol·len count *n* Pollenflug *m kein pl*

pol·li·nate ['pɒləneɪt] *vt* bestäuben

pol·li·na·tion [ˌpɒləˈneɪʃᵊn] *n no pl* BOT Bestäubung *f*

poll·ing [ˈpəʊlɪŋ] *n no pl* (*election*) Wahl *f*; (*referendum*) Abstimmung *f*

'poll·ing booth *n* BRIT, AUS Wahlkabine *f*

'poll·ing card *n* BRIT, AUS Wahlbenachrichtigung *f form* **'poll·ing day** *n no art* BRIT, AUS Wahltag *m* **'poll·ing sta·tion** *n* BRIT, AUS, AM **'poll·ing place** *n* Wahllokal *nt*

poll·ster [ˈpəʊlstər] *n* Meinungsforscher(in) *m(f)*

pol·lu·tant [pəˈluːtᵊnt] *n* Schadstoff *m*

pol·lute [pəˈluːt] *vt* ❶ (*contaminate*) verschmutzen ❷ (*fig: corrupt*) besudeln *fig, pej;* **to ~ sb's mind** jds Charakter verderben

pol·lut·er [pəˈluːtər] *n* Umweltverschmutzer(in) *m(f)*

pol·lu·tion [pəˈluːʃᵊn] *n no pl* ❶ (*polluting*) Verschmutzung *f;* **air ~** Luftverschmutzung *f;* **environmental ~** Umweltverschmutzung *f* ❷ (*pollutants*) Schadstoffe *pl* ❸ (*corruption*) Besudelung *f fig, pej*

polo [ˈpəʊləʊ] *n* ❶ *no pl* SPORTS Polo *nt* ❷ (*shirt*) Polohemd *nt*

'polo neck *n* Rollkragen *m* **'polo shirt** *n* Polohemd *nt*

poly [ˈpɒli] *n* BRIT (*fam*) *short for* **polytechnic** Fachhochschule *f*

poly·am·ide [ˌpɒliˈæmaɪd] *n no pl* Polyamid *nt*

poly·chrome [ˈpɒlɪkrəʊm] **I.** *adj* polychrom *fachspr* **II.** *n* ART (*statue*) polychrome Statue *fachspr;* (*sculpture*) polychrome Skulptur *fachspr*

poly·clin·ic [ˌpɒlɪˈklɪnɪk] *n* Poliklinik *f*

poly·es·ter [ˌpɒliˈestər] *n no pl* (*polymer*) Polyester *m*

po·lyga·mist [pəˈlɪɡəmɪst] *n* Polygamist(in) *m(f) geh*

po·lyga·mous [pəˈlɪɡəməs] *adj* polygam *geh*

po·lyga·my [pəˈlɪɡəmi] *n no pl* Polygamie *f geh*

poly·glot [ˈpɒlɪɡlɒt] **I.** *adj* (*form*) polyglott **II.** *n* (*form*) Polyglotte(r) *f(m)*

poly·gon [ˈpɒlɪɡən] *n* Vieleck *nt*, Polygon *nt fachspr*

po·lygo·nal [pəˈlɪɡᵊnᵊl] *adj* vieleckig, polygonal *fachspr*

poly·graph [ˈpɒlɪɡrɑːf] *n esp* AM Lügendetektor *m*

poly·mer·ic [ˌpɒlɪˈmerɪk] *adj* polymer *fachspr*

poly·mor·phic [ˌpɒlɪˈmɔːfɪk] *n*, **poly·mor·phous** [ˌpɒlɪˈmɔːfəs] *adj* (*spec*) polymorph *fachspr*

Poly·nesia [ˌpɒlɪˈniːʒə] *n* Polynesien *nt*

Poly·nesian [ˌpɒlɪˈniːʒən] **I.** *adj* polynesisch **II.** *n* ❶ (*native of Polynesia*) Polynesier(in) *m(f)* ❷ (*language group*) polynesische Sprachen *pl*

pol·yp [ˈpɒlɪp] *n* MED, ZOOL Polyp *m*

poly·phon·ic [ˌpɒlɪˈfɒnɪk] *adj* polyphon *fachspr*

po·lypho·ny [pəˈlɪfᵊni] *n no pl* Polyphonie *f fachspr*

poly·sty·rene [ˌpɒlɪˈstaɪ(ə)riːn] *n no pl* BRIT, AUS Styropor® *nt*

poly·syl·lab·ic [ˌpɒlɪsɪˈlæbɪk] *adj* mehrsilbig, polysyllabisch *fachspr*

poly·syl·la·ble [ˌpɒlɪˈsɪləbl] *n* LING mehrsilbiges Wort, Polysyllabum *nt fachspr*

poly·tech·nic [ˌpɒlɪˈteknɪk] *n esp* BRIT Fachhochschule *f*

poly·the·ism [ˈpɒlɪθiːɪzᵊm] *n no pl* Polytheismus *m*

poly·the·is·tic [ˌpɒlɪθiːˈɪstɪk] *adj* polytheistisch

poly·thene [ˈpɒlɪθiːn] *n no pl* BRIT, AUS Polyäthylen *nt;* **~ bag** Plastiktüte *f*

poly·un·sat·u·rat·ed [ˌpɒliʌnˈsætʃᵊreɪtɪd] *adj* mehrfach ungesättigt

poly·un·sat·u·rat·ed fats *n*, **poly·un·sat·u·rates** [ˌpɒliʌnˈsætʃᵊreɪts] *npl* (*fatty acids*) mehrfach ungesättigte Fettsäuren; (*fats*) Fette mit einem hohen Anteil an mehrfach ungesättigten Fettsäuren

poly·urethane [ˌpɒlɪˈjʊərəθeɪn] *n no pl* Polyurethan *nt*

poly·va·lent [ˌpɒlɪˈveɪlənt] *adj* polyvalent

po·made [pə(ʊ)ˈmeɪd] (*dated*) **I.** *n no pl* Pomade *f* **II.** *vt* **to ~ sb's hair** jdm Pomade ins Haar streichen

pom·egran·ate [ˈpɒmɪɡrænɪt] *n* Granatapfel *m*

pomp [pɒmp] *n no pl* Pomp *m*, Prunk *m*

pom·pos·ity [pɒmˈpɒsəti] *n no pl* Selbstgefälligkeit *f*

pomp·ous [ˈpɒmpəs] *adj* ❶ (*self-important*) *person* selbstgefällig ❷ (*pretentious*) *language* geschraubt *pej*

pomp·ous·ly [ˈpɒmpəsli] *adv manner* aufgeblasen *pej; choice of words* geschraubt *pej*

ponce [pɒn(t)s] **I.** *n* ❶ BRIT, AUS (*pej fam*) Softie *m oft pej sl* ❷ BRIT (*fam: pimp*) Zuhälter *m* **II.** *vi* ■**to ~ about** ❶ BRIT, AUS (*behave effeminately*) herumtänzeln *fam* ❷ BRIT (*muck about*) herumhängen *fam*

pon·cho [ˈpɒntʃəʊ] *n* Poncho *m*

pon·cy ['pɒn(t)ʃi] *adj* BRIT, AUS (*pej fam*) affig

pond [pɒnd] *n* ❶ (*body of water*) Teich *m* ❷ (*hum: Atlantic Ocean*) ■**the ~** der große Teich

pon·der ['pɒndə'] I. *vt* ■**to ~ sth** etw durchdenken II. *vi* nachdenken (**on** über); **he appeared to be ~ing deeply** er schien tief in Gedanken versunken; ■**to ~ whether/why ...** sich fragen, ob/warum ...

pon·der·ous ['pɒndərəs] *adj* (*pej*) ❶ (*heavy and awkward*) mühsam ❷ (*laborious*) schwerfällig

pone [poʊn] *n* AM [**corn**] ~ Maisbrot *nt*

pong [pɒŋ] BRIT, AUS I. *n* (*fam*) Mief *m pej* II. *vi* (*fam*) ■**to ~ of sth** nach etw *dat* miefen *pej*

pon·tiff ['pɒntɪf] *n* (*form*) ■**the ~** der Papst

pon·tifi·cal [pɒn'tɪfɪkəl] REL I. *adj* päpstlich II. *n* (*form*) ❶ (*vestments*) ■**~s** *pl* Pontifikalien *pl fachspr* ❷ (*book of liturgy*) Pontifikale *nt fachspr*

pon·tifi·cate [pɒn'tɪfɪkət] I. *vi* (*pej*) ■**to ~ about sth** sich über etw *akk* auslassen II. *n* (*form*) Pontifikat *m o nt fachspr*

pon·toon [pɒn'tuːn] *n* ❶ (*floating device*) Ponton *m* ❷ *no pl* BRIT (*blackjack*) Siebzehnundvier *nt*

pon·toon 'bridge *n* Pontonbrücke *f*

pony ['pəʊni] *n* (*small horse*) Pony *nt*

'**pony·tail** *n* Pferdeschwanz *m*; (*braided*) Zopf *m* '**pony-trek·king** *n no pl* Ponyreiten *nt*

poo *n* BRIT, AUS (*childspeak*) *see* **pooh**

poo·dle ['puːdl] *n* Pudel *m*

poof[1] [pʊf] *n* BRIT, AUS (*pej! sl*) Tunte *f meist pej fam*

poof[2] [pʊf] *interj* (*fam*) hui!

poof·ter ['pʊftə'] *n* BRIT, AUS (*pej! sl*) Tunte *f meist pej fam*

pooh [puː] (*fam*) I. *n usu pl* (*childspeak*) Aa *nt kein pl* II. *vi* (*childspeak*) Aa machen III. *interj* ❶ (*in disgust*) pfui!, igitt! ❷ (*in impatience*) ach was

pooh-pooh [puː'puː] *vt* (*fam*) abtun

pool[1] [puːl] I. *n* ❶ (*natural*) Tümpel *m* ❷ (*of liquid*) Lache *f;* **~ of blood** Blutlache *f;* (*fig*) **the shrubbery illuminated in a ~ of moonlight** die Büsche, die in Mondlicht gebadet waren ❸ (*construction*) Becken *nt;* **ornamental ~** Zierteich *m;* [**swimming**] **~** Schwimmbecken *nt;* (*private*) Swimmingpool *m;* (*public*) Schwimmbad *nt* II. *vi liquid* sich stauen

pool[2] [puːl] I. *n* ❶ (*spec*) Pool *m fachspr;* **gene ~** Erbmasse *f* ❷ *no pl* SPORTS Poolbillard *nt;* **to shoot ~** *esp* AM (*fam*) Poolbillard spielen ❸ (*in card games*) Jackpot *m;* AM (*in gambling*) Wetteinsatz *m* ❹ *pl* BRIT ■**the ~s** Toto *nt o m;* **to do the ~s** Toto spielen ▶ **that is dirty ~** AM (*fam*) das ist unfair II. *vt* zusammenlegen

'**pool hall** *n,* '**pool room** *n* Billardzimmer *nt* '**pool table** *n* Poolbillardtisch *m*

poop[1] [puːp] *n* (*of ship*) Heck *nt*

poop[2] [puːp] *n no pl* AM (*fam*) [Insider]informationen *pl*

poop[3] [puːp] I. *n no pl* (*esp childspeak*) Aa *nt;* **dog ~** Hundedreck *m fam* II. *vi* (*fam*) Aa machen *Kindersprache;* **he ~ed in his pants** er hat in die Hose gekackt *fam*

poop·er scoop·er ['puːpə,skuːpə'] *n,* **poop scoop** *n* Schaufel zum Entfernen von Hundedreck

poop 'out *vi* AM, AUS (*fam*) ❶ (*become tired*) schlappmachen ❷ (*not persevere*) sich geschlagen geben

'**poop sheet** *n* AM JOURN (*fam: information sheet*) Infoblatt *nt*

poor [pɔː'] I. *adj* ❶ (*lacking money*) arm ❷ (*inadequate*) unzureichend, schlecht; **their French is still quite ~** ihr Französisch ist noch ziemlich bescheiden; *attendance* gering; *excuse* faul; **to be in ~ health** in schlechtem gesundheitlichen Zustand sein; **to make a ~ job of [doing] sth** bei etw *dat* schlechte Arbeit leisten; **~ showing** armselige Vorstellung ❸ *attr* (*deserving of pity*) arm ❹ *pred* (*lacking*) ■**to be ~ in sth** arm an etw *dat* sein II. *n* ■**the ~** *pl* die Armen *pl*

'**poor box** *n* Almosenbüchse *f* '**poor·house** *n* (*hist*) Armenhaus *nt*

poor·ly ['pɔːli] I. *adv* ❶ (*not rich*) arm; ■**to be ~ off** arm [dran] sein *fam;* **~ dressed** ärmlich gekleidet ❷ (*inadequately*) schlecht II. *adj pred* **to feel ~** sich schlecht fühlen; BRIT, AUS **the doctor described his condition as ~** die Ärztin beschrieb seinen Zustand als kritisch

poor·ness ['pɔːnəs] *n no pl* ❶ (*inadequacy*) Dürftigkeit *f,* Mangelhaftigkeit *f* ❷ (*poverty*) Armut *f*

poor re·la·tion *n* arme(r) Verwandte(r) *f(m);* (*fig*) Stiefkind *nt*

pop[1] [pɒp] I. *n* ❶ (*noise*) Knall *m* ❷ *no pl* (*dated fam: effervescent drink*) Brause *f* ❸ *usu sing* AM, AUS COMM ■**a ~** pro Stück II. *adv* **to go ~** (*make noise*) einen Knall machen; (*toy gun*) peng machen; (*burst*) explodieren III. *vi* <-pp-> ❶ (*make noise*) knallen; **to let the cork ~** den Korken knallen lassen ❷ (*burst*) platzen ❸ (*go quickly*) ■**to ~ out** hinausgehen; ■**to ~ over** vorbeikommen; **to ~ upstairs** die Treppen hinaufspringen **IV.** *vt* <-pp-> ❶ (*burst*) platzen lassen ❷ (*put quickly*) **~ the pizza in the oven** schieb die Pizza in den Ofen ❸ *fam:* (*hit*) schlagen ▸**to ~ one's clogs** BRIT (*fam*) den Löffel abgeben; **to ~ pills** Pillen schlucken ♦**pop in** *vi* vorbeischauen; **to keep ~ping in and out** dauernd rein und rauslaufen ♦**pop off** *vi* ❶ (*hum fam: die*) abkratzen *derb* ❷ (*fam: leave*) abhauen; **to ~ off home** nach Hause düsen ♦**pop out** *vi* ❶ (*come out*) herausspringen ❷ (*leave*) kurz weg sein; ■**to ~ out for sth** schnell etw besorgen ♦**pop up** *vi* ❶ (*appear unexpectedly*) auftauchen; **to ~ up out of nowhere** aus dem Nichts auftauchen ❷ (*in pop-up book*) sich aufrichten ❸ AM SPORTS (*hit a short fly ball*) einen Ball im Flug berühren

pop² [pɒp] **I.** *n no pl* (*music*) Pop *m* **II.** *adj attr* ❶ (*popular*) populär; **~ culture** Popkultur *f* ❷ (*also pej: popularized*) populär

pop³ [pɒp] *n esp* AM (*esp childspeak fam*) Papa *m*

'**pop art** *n no pl* Pop-Art *f* '**pop con·cert** *n* Popkonzert *nt* '**pop·corn** *n no pl* Popcorn *nt*

pope [pəʊp] *n* Papst *m*

Pope·mo·bile [ˈpəʊpmə(ʊ)biːl] *n* Papstmobil *nt*, Papamobil *nt*

pop-ˈeyed *adj* ❶ (*with surprise*) mit Stielaugen *fam;* ■**to be ~** Stielaugen bekommen ❷ (*with bulging eyes*) mit Glupschaugen *nach n,* glupschäugig '**pop group** *n* Popgruppe *f* '**pop·gun** *n* Spielzeugpistole *f*

pop·lar [ˈpɒplə^r] *n* Pappel *f*

pop·lin [ˈpɒplɪn] *n no pl* Popelin *m*

'**pop mu·sic** *n no pl* Popmusik *f*

pop·per [ˈpɒpə^r] *n* BRIT (*fam*) Druckknopf *m*

pop·pet [ˈpɒpɪt] *n esp* BRIT, AUS (*fam*) Schatz *m;* (*form of address also*) Schätzchen *nt*

pop·py [ˈpɒpi] *n* Mohn *m kein pl,* Mohnblume *f*

'**pop·py·cock** *n no pl* (*pej dated fam*) Quatsch *m* '**Pop·py Day** *n* BRIT *Sonntag, der dem 11. November am nächsten kommt, an dem insbesondere der Gefallenen der beiden Weltkriege gedacht wird* '**pop·py seed** *n usu pl* Mohnsamen *m,* Mohn *m kein pl*

'**pop sing·er** *n* Popsänger(in) *m(f)* '**pop song** *n* Popsong *m* '**pop star** *n* Popstar *m*

popu·lace [ˈpɒpjələs] *n no pl* ■**the ~** die breite Masse [der Bevölkerung]

popu·lar [ˈpɒpjələ^r] *adj* ❶ (*widely liked*) beliebt, populär; ■**to be ~ with sb** bei jdm beliebt sein ❷ *attr* (*not high-brow*) populär; **the ~ press** die Massenmedien *pl* ❸ *attr* (*widespread*) weit verbreitet; **it is a ~ belief that ...** viele glauben, dass ... ❹ *attr* (*of the people*) Volks-; **by ~ request** auf allgemeinen Wunsch; **~ support** Unterstützung *f* durch breite Schichten der Bevölkerung

popu·lar·ity [ˌpɒpjəˈlærəti] *n no pl* Beliebtheit *f,* Popularität *f*

popu·lar·ize [ˈpɒpjəˈraɪz] *vt* ❶ (*make liked*) populär machen; **to ~ an artist** einem Künstler/einer Künstlerin zum Durchbruch verhelfen ❷ (*make accessible*) breiteren Kreisen zugänglich machen

popu·lar·ly [ˈpɒpjəlali] *adv* ❶ (*commonly*) allgemein; **as is ~ believed** wie man allgemein annimmt; **to be ~ thought of as sth** allgemein für etw *akk* gehalten werden ❷ (*by the people*) vom Volk

popu·late [ˈpɒpjəleɪt] *vt* ❶ *usu passive* (*inhabit*) ■**to be ~d** bevölkert sein; *island* bewohnt sein (**by/with** von) ❷ (*provide inhabitants*) besiedeln

popu·la·tion [ˌpɒpjəˈleɪʃ^ən] *n* ❶ *usu sing* (*inhabitants*) Bevölkerung *f kein pl;* **the civilian ~** die Zivilbevölkerung ❷ *no pl* (*number of people*) Einwohnerzahl *f;* **a ~ of 1.2 million** 1,2 Millionen Einwohner ❸ BIOL Population *f fachspr,* Bestand *m;* **the deer ~** der Hirschbestand

popu·la·tion ˈ**den·sity** *n no pl* Bevölkerungsdichte *f* **popu·**ˈ**la·tion drift** *n no pl* Bevölkerungsbewegung *f,* demographischer Wandel **popu·la·tion ex·**ˈ**plo·sion** *n* Bevölkerungsexplosion *f*

popu·lous [ˈpɒpjələs] *adj* (*form*) bevölkerungsreich; *region, area* dicht besiedelt

porce·lain [ˈpɔːs^əlɪn] *n no pl* Porzellan *nt*

porch <*pl* -es> [pɔːtʃ] *n* ❶ (*without walls*) Vordach *nt;* (*with walls*) Vorbau *m; of a church* Portal *nt* ❷ AM (*veranda*) Veranda *f*

por·cu·pine [ˈpɔːkjəpaɪn] *n* Stachelschwein *nt*

pore¹ [pɔː^r] *n* Pore *f*

pore² [pɔː^r] *vi* brüten (**over** über); **to ~ over books** über Büchern hocken *fam;* **to ~ over a map/newspaper** eine Landkarte/Zeitung eingehend studieren

pork [pɔːk] *n no pl* Schweinefleisch *nt*

pork ˈ**chop** *n* Schweinekotelett *nt*

pork·er ['pɔːkəʳ] *n* Mastschwein *nt*
porkie ['pɔːki] *n usu pl* BRIT (*hum rhyming sl*) Lüge[ngeschichte] *f*
pork 'pie *n* BRIT ❶ (*food*) Schweinefleischpastete *f* ❷ (*hum rhyming sl*) *see* **porkie**
pork-pie 'hat *n flacher Hut mit Krempe*
porky ['pɔːki] **I.** *adj* (*pej fam*) fett **II.** *n* ❶ AM (*fam*) Stachelschwein *nt* ❷ BRIT (*hum rhyming sl*) *see* **porkie**
porn [pɔːn] (*fam*) **I.** *n no pl short for* **pornography** Porno *m* **II.** *adj attr short for* **pornographic** Porno-
por·no·graph·ic [ˌpɔːnəˈgræfɪk] *adj* ❶ (*containing pornography*) pornografisch, Porno- ❷ (*obscene*) obszön
por·nog·ra·phy [pɔːˈnɒgrəfi] *n no pl* Pornografie *f*
po·rous ['pɔːrəs] *adj* ❶ (*permeable*) porös ❷ (*not secure*) durchlässig
por·poise ['pɔːpəs] *n* Tümmler *m*
por·ridge ['pɒrɪdʒ] *n no pl* ❶ (*boiled oats*) Porridge *m o nt*, Haferbrei *m* ❷ BRIT (*fam: time in prison*) **to do ~** [im Knast] sitzen
por·ridge 'oats *npl* BRIT Haferflocken *pl*
port[1] [pɔːt] *n* ❶ (*harbour*) Hafen *m* ❷ (*town*) Hafenstadt *f*
port[2] [pɔːt] *n no pl* AVIAT, NAUT Backbord *nt* ÖSTERR *a. m*
port[3] [pɔːt] *n* ❶ COMPUT Anschluss *m*, Port *m fachspr* ❷ NAUT (*porthole*) Bullauge *nt* ❸ NAUT, MIL (*gun port*) Geschützpforte *f*
port[4] [pɔːt] *n no pl* (*wine*) Portwein *m*
port[5] [pɔːt] *n* AUS (*fam: travelling bag*) Reisetasche *f*
port·able ['pɔːtəbl] *adj* tragbar; **~ radio** Kofferradio *nt*
por·ta·cab·in *n* BRIT Wohncontainer *m*
por·tage ['pɔːtɪdʒ] *n no pl* ❶ TRANSP, NAUT (*carrying*) Transport *m* über Land ❷ *no pl* (*costs*) Transportkosten *pl* ❸ (*place*) Portage *f*
por·tal ['pɔːtᵊl] *n* ❶ (*form*) Portal *nt* ❷ INET Portal *nt*; **web ~** Onlineportal *nt*
port au'thor·ity *n* Hafenbehörde *f*
port 'charges *npl*, **port 'dues** *npl* Hafengebühr[en] *f*[*pl*]
port·cul·lis <*pl* -es> [ˌpɔːtˈkʌlɪs] *n* Fallgitter *nt*
por·ten·tous [pɔːˈtentəs] *adj* ❶ (*form: highly significant*) bedeutungsvoll; (*ominous*) unheilvoll; (*grave*) schicksalhaft ❷ (*pej: pompous*) hochtrabend
por·ter[1] ['pɔːtəʳ] *n* ❶ (*baggage-carrier*) Gepäckträger *m*; (*on expedition*) Träger *m* ❷ *no pl* (*beer*) Porter *nt*
por·ter[2] ['pɔːtəʳ] *n* ❶ *esp* BRIT (*doorkeeper*) Portier *m*/Portiersfrau *f* ❷ AM RAIL (*on sleeping car*) [Schlafwagen]schaffner(in) *m(f)*
port·fo·lio [ˌpɔːtˈfəʊliəʊ] *n* ❶ (*case*) Aktenmappe *f* ❷ (*of drawings, designs*) Mappe *f* ❸ FIN Portefeuille *nt fachspr* ❹ POL (*ministerial position*) Geschäftsbereich *m*
'port·hole *n* NAUT Bullauge *nt*; AVIAT Kabinenfenster *nt*
por·ti·co <*pl* -es *or* -s> ['pɔːtɪkəʊ] *n* Säulengang *m*, Portikus *m fachspr*
por·tion ['pɔːʃᵊn] **I.** *n* ❶ (*part*) Teil *m* ❷ (*share*) Anteil *m* ❸ (*serving*) Portion *f*; (*piece*) Stück *nt* **II.** *vt* ○ **sth** etw aufteilen; (*fig*) [die] Schuld zuweisen
port·ly ['pɔːtli] *adj* (*esp hum*) korpulent
por·trait ['pɔːtrɪt] *n* ❶ (*picture*) Porträt *nt*, Bildnis *nt*; **to paint a ~ of sb** jds Porträt malen ❷ (*fig: description*) Bild *nt* ❸ *no art* TYPO (*format*) Hochformat *nt*
por·trait·ist ['pɔːtrɪtɪst] *n*, **por·trait paint·er** *n* Porträtmaler(in) *m(f)*
por·trai·ture ['pɔːtrɪtʃəʳ] *n no pl* Porträtmalerei *f*
por·tray [pɔːˈtreɪ] *vt* ❶ (*paint*) porträtieren ❷ (*describe*) darstellen
por·tray·al [pɔːˈtreɪəl] *n* Darstellung *f*; (*in literature*) Schilderung *f*
Por·tu·gal ['pɔːtʃəgᵊl] *n* Portugal *nt*
Por·tu·guese [ˌpɔːtʃəˈgiːz] **I.** *n* ❶ <*pl* -> (*person*) Portugiese *m*/Portugiesin *f* ❷ *no pl* (*language*) Portugiesisch *nt* **II.** *adj* ❶ (*of Portugal*) portugiesisch ❷ (*of language*) *course, speaker* Portugiesisch-
pose [pəʊz] **I.** *n* ❶ (*bodily position*) Haltung *f*, Pose *f* ❷ *usu sing* (*pretence*) Getue *nt* **II.** *vi* ❶ (*adopt position*) posieren, eine Haltung einnehmen; ■**to ~ for sb** für jdn Modell sitzen; **to ~ for one's photograph** sich fotografieren lassen ❷ (*pretend*) ■**to ~ as sth** sich als etw ausgeben ❸ (*behave affectedly*) sich geziert benehmen **III.** *vt* ❶ (*cause*) aufwerfen; **to ~ difficulties** Schwierigkeiten mit sich *dat* bringen; **to ~ a threat to sb/sth** eine Bedrohung für jdn/etw darstellen ❷ (*ask*) **to ~ a question** eine Frage stellen
pos·er ['pəʊzəʳ] *n* (*fam*) ❶ (*problem*) schwierige Frage ❷ (*pej: person*) Angeber(in) *m(f)*
posh [pɒʃ] (*fam*) **I.** *adj* ❶ (*stylish*) vornehm, piekfein; **~ car** Luxusschlitten *m fam*; **~ hat** todschicker Hut *fam* ❷ *esp* BRIT (*upper-class*) vornehm; **a ~ woman** eine feine Dame **II.** *adv* BRIT vornchm; **she talks dead ~** sie spricht so furchtbar gestelzt

pos·it ['pɒzɪt] *vt* (*form*) postulieren
po·si·tion [pəˈzɪʃən] I. *n* ❶ (*place*) Platz *m*, Stelle *f;* *building* Lage *f* ❷ (*appointed place*) Platz *m;* **to be in ~** an seinem/ihrem Platz sein; **to get into ~** seinen/ihren Platz einnehmen; **to move sth into ~** etw zurechtrücken ❸ (*in navigation*) Position *f,* Standort *m* ❹ (*posture*) Stellung *f,* Lage *f;* **yoga ~** Yogahaltung *f;* **lying/sitting ~** liegend/sitzend; **to change one's ~** eine andere Stellung einnehmen ❺ SPORTS (*in team*) [Spieler]position *f* ❻ (*rank*) Position *f,* Stellung *f* ❼ BRIT, AUS (*in race, competition*) Platz *m* ❽ (*job*) Stelle *f;* **a ~ of responsibility** ein verantwortungsvoller Posten ❾ *usu sing* (*situation*) Situation *f,* Lage *f;* **put yourself in my ~** versetz dich in meine Lage; **to put sb in an awkward ~** jdn in eine unangenehme Lage bringen ❿ *usu sing* (*form: opinion*) Haltung *f,* Standpunkt *m* ⓫ *usu pl* MIL Stellung *f* II. *vt* platzieren
posi·tive ['pɒzətɪv] *adj* ❶ (*certain*) sicher, bestimmt; ■ **to be ~ about sth** sich *dat* einer S. *gen* sicher sein ❷ (*optimistic*) positiv; *criticism* konstruktiv ❸ MED positiv ❹ *attr* (*complete*) wirklich, absolut; **a ~ disadvantage/miracle** ein echter Nachteil/ein echtes Wunder ❺ MATH (*above zero*) positiv ❻ ELEC (*carried by protons*) Plus-, positiv
posi·tive·ly ['pɒzətɪvli] *adv* ❶ (*definitely*) bestimmt; *say, promise* fest ❷ (*optimistically*) positiv ❸ (*fam: completely*) völlig, absolut
poss [pɒs] *adj pred* (*fam*) *short for* **possible** möglich
pos·se ['pɒsi] *n* ❶ (*group of people*) Gruppe *f* ❷ (*sl: group of friends*) Clique *f* *fam* ❸ (*hist: summoned by sheriff*) [Hilfs]trupp *m*
pos·sess [pəˈzes] *vt* ❶ (*own, have*) besitzen ❷ LAW (*carry illegally*) [illegal] besitzen ❸ (*fam: cause*) **what ~ed you?** was ist denn [bloß] in dich gefahren?; **whatever ~ed him to ...** wie ist er bloß auf den Gedanken gekommen, ... ❹ *usu passive* (*control*) **to be ~ed by demons/the Devil** von Dämonen/vom Teufel besessen sein; **to be ~ed by the urge to do sth** von dem Drang besessen sein, etw tun zu müssen
pos·ses·sion [pəˈzeʃən] *n* ❶ *no pl* (*having*) Besitz *m;* ■ **to be in sb's ~** sich in jds Besitz befinden ❷ *usu pl* (*something owned*) Besitz *m kein pl* ❸ POL (*area of land*) Besitzung[en] *f[pl]* ❹ *no pl* SPORTS **to regain ~** [**of the ball**] wieder in den Ballbesitz gelangen
pos·ses·sive [pəˈzesɪv] *adj* ❶ (*not sharing*) eigen ❷ (*jealous*) besitzergreifend; **he's very ~ towards his wife** was seine Frau angeht, ist er sehr besitzergreifend ❸ LING (*showing possession*) possessiv
pos·ses·sor [pəˈzesər] *n usu sing* (*form*) Besitzer(in) *m(f)*
pos·sibil·ity [ˌpɒsəˈbɪləti] *n* ❶ (*event or action*) Möglichkeit *f;* **there's a ~ that ...** es kann sein, dass ...; **there is every ~ that ...** es ist sehr wahrscheinlich, dass ... ❷ *no pl* (*likelihood*) Möglichkeit *f,* Wahrscheinlichkeit *f;* **is there any ~** [**that**] **...?** besteht irgendeine Möglichkeit, dass ...?; **there's not much ~ of that happening** die Wahrscheinlichkeit, dass das passiert, ist sehr gering; **it's not beyond the bounds of ~ that ...** es ist nicht völlig auszuschließen, dass ... ❸ (*potential*) ■ **possibilities** *pl* Möglichkeiten *pl*
pos·sible ['pɒsəbl] *adj* ❶ *usu pred* (*feasible*) möglich; **it's just not ~** das ist einfach nicht machbar; **the best/cheapest ~ ...** der/die/das allerbeste/allerbilligste ...; **as much/soon as ~** so viel/bald wie möglich ❷ (*that could happen*) möglich, vorstellbar; **to make sth ~** etw ermöglichen
pos·sibly ['pɒsəbli] *adv* ❶ (*feasibly*) **he can't ~ have drunk all that on his own!** das kann er doch unmöglich alles allein getrunken haben!; **to do all that one ~ can** alles Menschenmögliche tun ❷ (*perhaps*) möglicherweise, vielleicht; **very ~** durchaus möglich; (*more likely*) sehr wahrscheinlich ❸ (*in polite use*) möglicherweise; **could I ~ ask you to ...?** dürfte ich Sie vielleicht bitten, ...?
pos·sum <*pl* - *or* -**s**> ['pɒsəm] *n* Gleitbeutler *m*
post [pəʊst] I. *n* ❶ (*pole*) Pfosten *m,* Pfahl *m;* **concrete/iron/wooden ~** Beton-/Eisen-/Holzpfosten *m* ❷ (*in a race*) ■ **the finishing ~** der Zielpfosten ❸ (*fam: goalpost*) [Tor]pfosten *m* II. *vt* ❶ (*send*) [per Post] schicken ❷ (*give notice*) [durch Aushang] bekannt geben; **to ~ sth on the** [**Inter**]**net** etw über das Internet bekannt geben
post-9-11 ['pəʊstnaɪnɪˌlevən], **post-Sept. 11** ['pəʊstsepˌtembəˈrɪˌlevən] *adj* nach dem 11. September *nach n*
post·age ['pəʊstɪdʒ] *n no pl* Porto *nt*
'post·age me·ter *n* AM (*franking machine*) Frankiermaschine *f* **post·age 'paid** *adj* [porto]frei **'post·age rate** *n*

Porto *nt*, Postgebühren *pl* **'post·age stamp** *n* (*form*) Postwertzeichen *nt*
post·al ['pəʊstəl] *adj attr* Post-, postalisch *geh*
'post·al code *n* BRIT, AUS Postleitzahl *f*
'post·al or·der *n esp* BRIT Postanweisung *f* **post·al 'vote** *n* BRIT Briefwahl *f*
post-apoca·lyp·tic [ˌpəʊstəˌpɒkəˈlɪptɪk] *adj book or film setting, society* post-apokalyptisch
'post·bag *n* BRIT ❶ (*letters*) Zuschriften *pl*; (*by readers*) Leserzuschriften *pl*; (*by viewers*) Zuschauerzuschriften *pl*; (*by listeners*) Hörerzuschriften *pl* ❷ (*bag*) Postsack *m* **'post·box** *n esp* BRIT, AUS Briefkasten *m* **'post·card** *n* Postkarte *f* **'post·code** *n* BRIT, AUS Postleitzahl *f*
post-'date *vt* ❶ (*give later date*) vordatieren ❷ (*happen after*) ■ **to ~ sth** sich später ereignen
post·er ['pəʊstə^r] *n* ❶ (*advertisement*) [Werbe]plakat *nt* ❷ (*large picture*) Poster *nt*
poste res·tante [ˌpəʊstˈrestɑːnt] I. *n usu sing* Aufbewahrungs- und Abholstelle *f* für postlagernde Briefe und Sendungen; (*on envelopes*) '~', ,postlagernd' II. *adv* postlagernd, poste restante
pos·teri·or [pɒsˈtɪəriə^r] I. *n* (*hum*) Hinterteil *nt hum* II. *adj attr* (*form*) ❶ (*later in time*) spätere(r, s) ❷ (*towards the back*) hintere(r, s)
pos·ter·ity [pɒsˈterəti] *n no pl* (*form*) Nachwelt *f geh*
pos·tern ['pɒstən] *n* (*old: at back*) Hintertür *f*; (*at side*) Seitentür *f*
'post-free BRIT I. *adj* gebührenfrei II. *adv* portofrei, gebührenfrei
post-'gradu·ate I. *n* Postgraduierte(r) *f(m) fachspr*, Student(in) *m(f)* im Aufbaustudium (*nach Erreichen des ersten akademischen Grades*) II. *adj attr* weiterführend, Postgraduierten- *fachspr*, Aufbau-
Post·gradu·ate Cer·tifi·cate in Edu·'ca·tion *n* BRIT *in Großbritannien für Lehramtskandidaten/-kandidatinnen vorgeschriebenes einjähriges Referendariat nach Ablegen des ersten Examens*
post-'haste *adv* (*dated form*) schnellstens
post·hu·mous ['pɒstjəməs] *adj* (*form*) post[h]um
post·ing ['pəʊstɪŋ] *n esp* BRIT ❶ (*appointment to job*) Versetzung *f*; MIL Abkommandierung *f* ❷ (*location*) Ort, an den jd versetzt wird
'post·man *n* Postbote *m*, Briefträger *m*

'post·mark I. *n* Poststempel *m* II. *vt usu passive* ■ **to be ~ed** abgestempelt sein
'post·mas·ter *n* Leiter *m* einer Poststelle
post me·rid·iem [ˌpəʊs(t)məˈrɪdiəm] *adv* see **p.m.**
post·'mod·ern *adj* post-modern **post·'mod·ern·ism** *n no pl* Postmoderne *f*
post-mor·tem [ˌpəʊs(t)ˈmɔːtem] I. *n* ❶ MED (*examination*) Autopsie *f* ❷ (*fam: discussion*) Manöverkritik *f hum* II. *adj attr* (*done after death*) nach dem Tod nach *n*, postmortal *fachspr*; ~ **report** Obduktionsbericht *m* **post-'na·tal** *adj* nach der Geburt nach *n*, postnatal *fachspr*
'Post Of·fice *n* ■ **the ~** die Post *kein pl*
post of·fice 'box *n* Postfach *nt* **post-'paid** I. *adj* portofrei, gebührenfrei; *reply card* frankiert II. *adv* gebührenfrei, portofrei
post·pone [pəʊs(t)ˈpəʊn] *vt* verschieben
post·pone·ment [pəʊs(t)ˈpəʊnmənt] *n* ❶ (*delay*) Verschiebung *f* ❷ *no pl* (*deferment*) Aufschub *m*; *of a court case* Vertagung *f*
'post·script *n* ❶ (*to a letter*) Postskript[um] *nt* ❷ (*to piece of writing*) Nachwort *nt* ❸ (*sequel*) Fortsetzung *f*
post-trau·'mat·ic *adj* posttraumatisch
pos·tu·late (*form*) I. *vt* ['pɒstjəleɪt] postulieren *geh*; ■ **to ~ that ...** die These vertreten, dass ... II. *n* ['pɒstjələt] Postulat *nt geh*
pos·ture ['pɒstʃə^r] I. *n* ❶ *no pl* (*natural*) [Körper]haltung *f*; (*pose also*) Stellung *f*, Pose *f* ❷ *no pl* (*attitude*) Haltung *f* (**on** zu) II. *vi* (*pej*) sich in Pose werfen
post·vi·ral [ˌpəʊs(t)ˈvaɪrəl] *adj* MED postviral; ~ **[fatigue] syndrome** Erschöpfungssyndrom *nt* **post-'war** *adj* Nachkriegs-, der Nachkriegszeit nach *n*
posy ['pəʊzi] *n* Sträußchen *nt*
pot¹ *n no pl* (*sl*) Pot *nt*
pot² [pɒt] I. *n* ❶ (*for cooking*) Topf *m* ❷ (*container*) Topf *m*; (*glass*) Glas *nt*; **coffee ~/tea~** Kaffee-/Teekanne *f* ❸ (*amount*) **a ~ of coffee/tea** eine Kanne Kaffee/Tee; **two ~s of sour cream/yoghurt** BRIT zwei Becher *pl* saure Sahne/Joghurt ❹ (*for plants*) Blumentopf *m* ❺ (*fam: a lot*) ■ **~s** *pl* jede Menge II. *vt* <-tt-> ❶ (*put in pot*) *plants* eintopfen; *food* in Töpfe füllen ❷ (*shoot*) abschießen ❸ SPORTS (*in billiards, snooker*) einlochen III. *vi* ■ **to ~ at sth** auf etw *akk* schießen
pot·ash ['pɒtæʃ] *n no pl* Pottasche *f*

po·tas·sium [pəˈtæsiəm] *n no pl* Kalium *nt*
po·tas·sium ˈchlo·ride *n no pl* Kaliumchlorid *nt* **po·tas·sium ˈcya·nide** *n no pl* Kaliumzyanid *nt fachspr* **po·tas·sium per·ˈman·ga·nate** *n no pl* Kaliumpermanganat *nt*

po·ta·to <*pl* -es> [pəˈteɪtəʊ] *n* Kartoffel *f*, Erdapfel *m* ÖSTERR; **baked** ~ Ofenkartoffel *f*; **fried/roasted** ~ **es** Brat-/Röstkartoffeln *pl*; **mashed** ~ **es** Kartoffelbrei *m*

po·ˈta·to bee·tle *n*, **po·ˈta·to bug** *n* AM Kartoffelkäfer *m* **po·ta·to ˈcrisp**, AM, AUS **po·ta·to ˈchip** *n usu pl* Kartoffelchip *m* **po·ˈta·to mash·er** *n* Kartoffelstampfer *m* **po·ˈta·to peel·er** *n* Kartoffelschäler *m*

pot-bel·lied [ˈpɒtˌbelɪd] *adj* dickbäuchig
pot ˈbel·ly *n* dicker Bauch, Wampe *f fam*; (*sign of illness*) Blähbauch *m*

ˈpot·boil·er *n* (*pej: music*) rein kommerzielles Stück; (*novel*) rein kommerzieller Roman

po·teen [pɒtˈiːn] *n* IRISH *illegal gebrannter irischer Schnaps*

po·ten·cy [ˈpəʊt³n(t)si] *n no pl* ❶ (*strength*) Stärke *f*; *of evil, temptation, a spell* Macht *f*; *of a drug, poison* Wirksamkeit *f*; *of a weapon* Durchschlagskraft *f* ❷ (*sexual*) Potenz *f*

po·tent [ˈpəʊt³nt] *adj* ❶ (*strong*) mächtig; *antibiotic, drink, poison* stark; *argument* schlagkräftig; *symbol* aussagekräftig; *weapon* durchschlagend ❷ (*sexual*) potent

po·ten·tate [ˈpəʊt³nteɪt] *n* (*esp pej liter*) Potentat(in) *m(f) geh*

po·ten·tial [pə(ʊ)ˈten(t)ʃ³l] **I.** *adj* potenziell *geh*, möglich **II.** *n no pl* Potenzial *nt geh*; **to have** [**a lot of**] ~ *building, idea* [vollkommen] ausbaufähig sein; *person* [großes] Talent haben; *song* viel versprechend sein

po·ten·ti·al·i·ty [pə(ʊ),ten(t)ʃiˈæləti] *n no pl* (*form: ability*) Potenzial *nt*; (*capacity*) Leistungsfähigkeit *f*

po·ten·tial·ly [pə(ʊ)ˈten(t)ʃ³li] *adv* potenziell *geh*; ~ **disastrous/successful** möglicherweise verheerend/erfolgreich; **sth is** ~ **fatal** etw kann tödlich sein

ˈpot hold·er *n esp* AM, AUS Topflappen *m*
ˈpot·hole *n* ❶ (*in road*) Schlagloch *nt* ❷ (*underground hole*) Höhle *f* **ˈpot·hol·er** *n* BRIT *jd, der als Hobby Höhlen erforscht*

po·tion [ˈpəʊʃ³n] *n* Trank *m*; (*esp pej: medicine*) Mittelchen *nt hum o pej*

pot ˈluck *n no pl* Zufallstreffer *m*; **to take** ~ nehmen, was es gerade gibt **pot·pour·ri** [ˌpəʊˈpʊəri] *n no pl* Potpourri *nt* **ˈpot**

roast *n* Schmorbraten *m* **ˈpot·shot** *n* (*with gun*) blinder Schuss; (*fig: verbal attack*) Seitenhieb *m*; **to take a ~ at sb/sth** [aufs Geratewohl] auf jdn/etw schießen; (*fig*) Seitenhiebe gegen jdn/etw austeilen

pot·ted [ˈpɒtɪd] *adj attr* ❶ (*in a pot*) Topf- ❷ (*preserved*) eingelegt ❸ BRIT (*fam: shorter*) gekürzt, Kurz-

pot·ter¹ [ˈpɒtə^r] *n* Töpfer(in) *m(f)*

pot·ter² [ˈpɒtə^r] *esp* BRIT **I.** *n no pl* (*stroll*) Bummel *m*; (*around town*) Stadtbummel *m* **II.** *vi* ❶ (*unhurriedly*) bummeln ❷ (*do nothing in particular*) vor sich *akk* hin werkeln *fam*

pot·tery [ˈpɒtəri] *n* ❶ *no pl* (*activity*) Töpfern *nt* ❷ (*objects*) Keramik *f kein pl* ❸ (*factory*) Töpferei *f*

pot·ty [ˈpɒti] **I.** *adj esp* BRIT (*fam*) verrückt; ■ **to be ~ about sb/sth** nach jdm/etw verrückt sein; **to drive sb ~** jdn zum Wahnsinn treiben **II.** *n* Töpfchen *nt*

pouch <*pl* -es> [paʊtʃ] *n* ❶ (*small bag*) Beutel *m* ❷ ZOOL (*of kangaroo, koala*) Beutel *m*; (*of hamster*) Tasche *f*

pouf¹ [puːf] *n* Puff *m*
pouf² *n esp* BRIT, AUS (*pej sl*) *see* **poof**
pouffe *n* Puff *m*, gepolsterter Hocker
poul·ter·er [ˈpəʊltərə^r] *n* BRIT Geflügelhändler(in) *m(f)*
poul·tice [ˈpəʊltɪs] *n* MED Breiumschlag *m*
poul·try [ˈpəʊltri] *n* ❶ *pl* (*birds*) Geflügel *nt kein pl* ❷ *no pl* (*meat*) Geflügel[fleisch] *nt*

ˈpoul·try farm *n* Geflügelfarm *f* **ˈpoul·try farm·ing** *n no pl* Geflügelzucht *f*

pounce [paʊn(t)s] *vi* ❶ (*jump*) losspringen; *attacker, animal* einen Satz machen; *bird of prey* niederstoßen ❷ (*fig: seize opportunity*) *police, journalist* zuschlagen, zuschnappen *fam; interrogator* sich auf sein Opfer stürzen *fig*

pound¹ [paʊnd] *n* Pfund *nt*; (*coin*) Pfundmünze *f*

pound² [paʊnd] *n* ≈ Pfund *nt* (*454 g*)

pound³ [paʊnd] **I.** *vt* ❶ (*hit repeatedly*) ■ **to ~ sth** auf etw *akk* hämmern; **to ~ the door** gegen die Tür hämmern ❷ MIL (*bombard*) **to ~ the enemy positions/town** die feindlichen Stellungen/Stadt bombardieren; (*fig*) **the storm ~ed southern France** der Sturm peitschte über Südfrankreich hinweg ❸ *esp* BRIT *esp* FOOD (*crush*) zerstampfen **II.** *vi* ❶ (*strike repeatedly*) hämmern (**on** an/gegen/auf) ❷ (*run noisily*) stampfen ❸ (*beat*) *pulse* schlagen; *heart also* pochen

pound·ing ['paʊndɪŋ] I. n ❶ no pl (noise) of guns Knattern nt; of heart Schlagen nt; (in head) Pochen nt; of music, drum Dröhnen nt; of waves Brechen nt ❷ (attack) Beschuss m kein pl; (from air) Bombardement nt; **to take a ~** unter schwerem Beschuss geraten; (fig) ziemlich unter Beschuss geraten ❸ (defeat) Niederlage f; (in election, match) Schlappe f II. adj drum, music dröhnend; head, heart pochend

pour [pɔːʳ] I. vt ❶ (cause to flow) gießen (**into** in, **onto** auf); ■ **to ~ sth onto sb/oneself** (accidently) etw über jdn/sich kippen; ■ **to ~ sb/oneself sth** jdm/sich etw einschenken; (as refill) jdm/sich etw nachschenken; **~ yourself a drink** nimm dir was zu trinken ❷ (fig: give in large amounts) ■ **to ~ sth into sth** money, resources etw in etw akk fließen lassen; energies etw in etw akk stecken II. vi ❶ (fill glasses, cups) eingießen, einschenken ❷ (flow) fließen (**into** in, **out** aus); **the sunlight came ~ing into the room** das Sonnenlicht durchströmte den Raum ❸ impers (rain) **it's ~ing [with rain]** es schüttet fam ◆**pour in** vi hereinströmen, hineinströmen; letters, donations massenweise eintreffen ◆**pour out** I. vt ❶ (serve from a container) liquids ausgießen; solids ausschütten ❷ (fig: recount) **to ~ out one's problems/thoughts/worries** sich dat Probleme/Gedanken/Sorgen von der Seele reden ❸ (produce quickly) ausstoßen II. vi ❶ (come out) ausströmen; smoke herausquellen ❷ (be expressed) words etc. herauskommen fig

pout [paʊt] I. vi einen Schmollmund machen; (sulk) schmollen II. vt **to ~ one's lips** die Lippen spitzen III. n Schmollmund m

pov·er·ty ['pɒvəti] n no pl ❶ (state of being poor) Armut f ❷ (form: lack) Mangel m (**of** an)

'**pov·er·ty line** n ■ **the ~** die Armutsgrenze
'**pov·er·ty-strick·en** adj bitterarm

POW [ˌpiːəʊˈdʌbljuː] n, Brit also **PoW** n (hist) abbrev of **prisoner of war** KG

pow·der ['paʊdəʳ] I. n ❶ no pl Pulver nt ❷ no pl (make-up) Puder m ❸ Brit (washing powder) Waschpulver nt II. vt pudern; ■ **to be ~ed with sth** mit etw dat bestreut sein

'**pow·der com·pact** n Puderdose f

pow·dered ['paʊdəd] adj ❶ (in powder form) Pulver-, pulverisiert ❷ (covered with powder) gepudert

'**pow·der keg** n Pulverfass nt '**pow·der**

puff n Puderquaste f '**pow·der room** n (dated) Damentoilette f

pow·dery ['paʊdᵊri] adj pulvrig; (finer) pudrig

pow·er ['paʊəʳ] I. n ❶ no pl (control) Macht f; (influence) Einfluss m; **to have sb in one's ~** jdn in seiner Gewalt haben ❷ no pl (political control) Macht f; **to come to ~** an die Macht kommen; **executive/legislative ~** die exekutive/legislative Gewalt; **to seize ~** die Macht ergreifen ❸ (nation) [Führungs]macht f ❹ (person, group) Macht f; (person also) treibende Kraft; pl (group also) ■ **~s** Kräfte pl ❺ no pl (right) Berechtigung f ❻ (authority) ■ **~s** pl Kompetenz[en] f[pl] ❼ no pl (ability) Vermögen nt; **it is beyond my ~ to ...** es steht nicht in meiner Macht, ...; **to do everything in one's ~** alles in seiner Macht Stehende tun ❽ no pl (strength) Kraft f; (of sea, wind, explosion) Gewalt f; (of nation, political party) Stärke f, Macht f ❾ no pl (emotion) Intensität f; of words Macht f ❿ no pl (electricity) Strom m, Elektrizität f; **nuclear ~** Atomenergie f ⓫ no pl (output) Leistung f, Kraft f ⓬ no pl MATH Potenz f; **two to the ~ [of] four** zwei hoch vier ▶ **the ~s that be** die Mächtigen II. vt antreiben ◆**power down** vt ELEC, TECH abschalten; computer herunterfahren ◆**power up** I. vt ELEC, TECH einschalten; computer hochfahren II. vi TECH, COMPUT hochfahren

pow·er-as·'sist·ed adj attr Servo- '**pow·er·boat** n Rennboot nt **pow·er 'brakes** npl Servobremsen pl '**pow·er cable** n Stromkabel nt '**pow·er cut** n BRIT, AUS (accidental) Stromausfall m; (deliberate) Stromsperre f '**pow·er-driven** adj Motor-; (by electricity) elektrisch, Elektro-

pow·er·ful ['paʊəfᵊl] adj ❶ (mighty) mächtig; (influential) einflussreich ❷ (physically strong) stark, kräftig ❸ (having physical effect) stark; explosion heftig ❹ (compelling) effect, influence stark; argument schlagkräftig; evidence überzeugend; gaze durchdringend ❺ (emotionally moving) mitreißend; literature, music also ausdrucksvoll; speech also bewegend; language, painting ausdrucksstark ❻ TECH, TRANSP leistungsstark ❼ lens, microscope, telescope stark

pow·er·ful·ly ['paʊəfᵊli] adv ❶ (strongly) stark; (very much) sehr ❷ (using great force) kraftvoll, mit Kraft; argue schlagkräftig

'**pow·er·house** n treibende Kraft, Motor m

fig; (*of ideas, suggestions*) unerschöpfliche Quelle; **to be an academic ~** eine Hochburg der Wissenschaft sein

pow·er·less ['paʊələs] *adj* machtlos (**against** gegen); (*without authority*) monarchy ohne Machtbefugnis; ■ **to be ~ to do sth** unfähig sein, etw zu tun

pow·er·less·ness ['paʊələsnəs] *n no pl* Machtlosigkeit *f*

'**pow·er line** *n* Stromkabel *nt* '**pow·er mow·er** *n* (*electric*) elektrischer Rasenmäher; (*petrol-driven*) Benzinrasenmäher *m* '**pow·er plant** *n* ❶ *esp* AM Kraftwerk *nt* ❷ TECH (*engine*) Triebwerk *nt;* (*equipment*) Triebwerkanlage *f* '**pow·er point** *n* BRIT, AUS Steckdose *f* '**pow·er sta·tion** *n* Kraftwerk *nt* **pow·er 'steer·ing** *n no pl* Servolenkung *f* '**pow·er strip** *n* Steckdosenleiste *f* '**pow·er tool** *n* Motorwerkzeug *nt;* (*electric*) Elektrowerkzeug *nt*

pow·wow ['paʊwaʊ] *n* Powwow *nt* (*indianische Versammlung*); (*fig fam*) Versammlung *f*

pox [pɒks] *n no pl* (*dated fam*) ■ **the ~** die Syphilis

poxy ['pɒksi] *adj* BRIT (*fam*) verflixt; (*stupid*) blöd

pp *npl* (*form*) *abbrev of* **pages** S.

PR[1] [ˌpiːˈɑːʳ] *n no pl abbrev of* **public relations** PR; **a ~ campaign/exercise** eine PR-Kampagne/PR-Maßnahme

PR[2] [ˌpiːˈɑːʳ] *n abbrev of* **proportional representation** Verhältniswahlsystem *nt*

prac·ti·cable ['præktɪkəbl] *adj* (*form*) durchführbar, machbar

prac·ti·cal ['præktɪkəl] I. *adj* ❶ (*not theoretical*) praktisch ❷ (*suitable*) praktisch; ■ **to be ~ for sth** sich zu etw *dat* eignen ❸ (*approv: good at doing things*) praktisch [veranlagt] ❹ (*possible*) realisierbar, praktikabel; **~ method/technique** [in der Praxis] anwendbare Methode/Technik ❺ (*fam: virtual*) praktisch II. *n* praktische Prüfung

prac·ti·cal·ity [ˌpræktɪˈkæləti] *n* ❶ *no pl* (*feasibility*) Durchführbarkeit *f,* Machbarkeit *f;* (*practical gain*) praktischer Nutzen ❷ (*not theoretically*) ■ **the practicalities** *pl* die praktische Seite ❸ *no pl* (*usability*) Nützlichkeit *f* ❹ (*approv*) *of a person* praktische Veranlagung

prac·ti·cal·ly ['præktɪkəli] *adv* ❶ (*almost*) praktisch; **we're ~ home** wir sind fast zu Hause ❷ (*not theoretically*) praktisch; **to be ~ minded** praktisch denken; **~ speaking** praktisch betrachtet

prac·tice ['præktɪs] I. *n* ❶ *no pl* (*preparation*) Übung *f;* ■ **to be out of/in ~** aus der/in Übung sein ❷ (*training session*) [Übungs]stunde *f;* SPORTS Training *nt* ❸ *no pl* (*actual performance*) Praxis *f;* ■ **in ~** in der Praxis; **to put sth into ~** etw [in die Praxis] umsetzen ❹ *no pl* (*usual procedure*) Praxis *f* ❺ (*regular activity*) Praktik *f,* Gewohnheit *f;* (*custom*) Sitte *f* ❻ (*business*) Praxis *f* ❼ *no pl* (*work*) Praktizieren *nt* II. *vt* AM *see* **practise**

prac·ticed *adj* AM *see* **practised**

prac·tic·ing *adj attr* AM *see* **practising**

prac·tise ['præktɪs] I. *vt* ❶ (*rehearse*) ■ **to ~ [doing] sth** etw üben; (*improve particular skill*) an etw *dat* arbeiten; **to ~ the flute/piano/violin** Flöte/Klavier/Geige üben ❷ (*do regularly*) praktizieren; *a religion* ausüben ❸ (*work in*) praktizieren II. *vi* ❶ (*improve skill*) üben; SPORTS trainieren ❷ (*work in a profession*) praktizieren

prac·tised ['præktɪst] *adj* ❶ (*experienced*) erfahren; ■ **to be ~ in sth** in etw *dat* geübt sein; ■ **to be ~ at doing sth** sich mit etw *dat* auskennen; **~ ear/eye** geübtes Ohr/Auge ❷ (*form: obtained by practice*) gekonnt

prac·tis·ing ['præktɪsɪŋ] *adj attr* praktizierend

prac·ti·tion·er [prækˈtɪʃənəʳ] *n* (*form*) ■ **to be a ~ [of sth]** [etw] praktizieren; *of a job, profession* etw ausüben; **medical ~** praktischer Arzt/praktische Ärztin

prag·mat·ic [præɡˈmætɪk] *adj person, attitude* pragmatisch; *idea, reason* vernünftig

prag·mati·cal·ly [præɡˈmætɪkəli] *adv* pragmatisch

prag·ma·tism ['præɡmətɪzəm] *n no pl* Pragmatismus *m*

Prague [prɑːɡ] *n* Prag *nt*

prai·rie ['preəri] *n* [Gras]steppe *f;* (*in North America*) Prärie *f*

praise [preɪz] I. *vt* ❶ (*express approval*) loben ❷ (*worship*) **to ~ God/the Lord** Gott/den Herrn preisen *geh* II. *n no pl* ❶ (*approval*) Lob *nt;* **to heap ~ on sb** jdn mit Lob überschütten; **to win ~ for sth** für etw *akk* [großes] Lob ernten ❷ (*form: worship*) Lobpreis *m*

praise·wor·thy ['preɪzˌwɜːði] *adj* lobenswert

pram [præm] *n* BRIT, AUS Kinderwagen *m*

prance [prɑːn(t)s] *vi person* stolzieren; (*horse*) tänzeln; ■ **to ~ around** herumhüpfen; *children* umhertollen

prang [præŋ] I. *vt esp* BRIT, AUS (*fam*) ram-

ponieren **II.** *n* BRIT, AUS *(fam)* Rums *m;* **to have a ~** *(fam)* in einen Unfall verwickelt sein; *(cause an accident)* einen Unfall bauen
prank [præŋk] *n* Streich *m*
prat [præt] **I.** *n* BRIT *(fam)* Trottel *m pej;* **to make a ~ of oneself** sich zum Narren machen **II.** *vi* <-tt-> BRIT *(fam)* ■**to ~ about** herumspinnen
prate [preɪt] *vi (pej form)* schwadronieren
prat·tle ['prætl̩] **I.** *vi* ❶ *(talk foolishly)* plappern; ■**to ~ away** ununterbrochen plappern ❷ *(talk at length)* labern *pej fam;* ■**to ~ on about sth** von nichts anderem als etw *dat* reden **II.** *n no pl* ❶ *(foolish talk)* Geplapper *nt* ❷ *(inconsequential talk)* Geschwafel *nt pej*
prawn [prɔːn] *n* Garnele *f,* Krabbe *f fam*
prawn 'cock·tail *n* Krabbencocktail *m*
pray [preɪ] **I.** *vi* ❶ REL beten; **let us ~** lasset uns beten ❷ *(fig: hope)* ■**to ~ for sth** auf etw *akk* hoffen **II.** *adv* ❶ *(old form: please)* **~ take a seat** nehmen Sie doch bitte Platz *form* ❷ *(iron form)* **and what, ~, is that supposed to mean?** und was, bitte, soll das heißen?
prayer ['preər] *n* ❶ *(request to a god)* Gebet *nt;* **to answer sb's ~[s]** jds Gebet[e] erhören; **to say a ~ for sb** für jdn beten ❷ *no pl (action of praying)* Gebet *nt,* Beten *nt* ❸ *(fig: hope)* Hoffnung *f;* **to not have a ~** *(fam)* kaum Chancen haben ❹ *(service)* ■**~s** *pl* Andacht *f*
'prayer book *n* Gebetbuch *nt* **'prayer meet·ing** *n* Gebetsstunde *f* **'prayer rug** *n* Gebetsteppich *m*
pray·ing 'man·tis *n* Gottesanbeterin *f*
pre- [priː] *in compounds* prä-
pre-9-11 [ˌpriːˌnaɪnɪˌlevən], **pre-Sept. 11** [ˌpriːsepˌtembəˈrɪˌlevən] *adj* vor dem 11. September *nach n (bezieht sich auf die Zeit vor dem 11. September 2001, dem Tag der Terrorangriffe auf New York und Washington)*
preach [priːtʃ] **I.** *vi* ❶ *(give a sermon)* predigen; ■**to ~ to sb** vor jdm predigen ❷ *(pej: lecture)* ■**to ~ at sb** jdm eine Predigt halten *fig* **II.** *vt* ❶ *(give)* **to ~ a sermon** eine Predigt halten ❷ *(advocate)* predigen *fig*
preach·er ['priːtʃər] *n* ❶ *(priest)* Geistliche(r) *f(m),* Pfarrer(in) *m(f)* ❷ *esp* AM Prediger(in) *m(f)*
pre·am·ble ['priːæmbl̩] *n (form)* ❶ *(introduction)* Einleitung *f,* Vorwort *nt; (to a lecture)* Einführung *f* ❷ *no pl (fig: introductory material)* Einleitung *f*
pre-ar·range [ˌpriːəˈreɪndʒ] *vt usu passive* vorplanen
pre-ar·ranged [ˌpriːəˈreɪndʒd] *adj* vorher vereinbart

---

praise

giving praise	loben, positiv bewerten
Excellent!/Outstanding!	Ausgezeichnet!/Hervorragend!
You did (that) very well.	Das hast du sehr gut gemacht.
You've made a great job of that. *(fam)*	Das hast du prima hingekriegt. *(fam)*
That's (really) something to be proud of!	Das kann sich aber (wirklich) sehen lassen!
That's an example worth following.	Daran kann man sich ein Beispiel nehmen.
I couldn't have done better myself.	Das hätte ich auch nicht besser machen können.

expressing regard	Wertschätzung ausdrücken
I think it's great how he looks after the children.	Ich finde es super, wie er sich um die Kinder kümmert.
I think this professor's lectures are very good.	Ich finde die Vorlesungen dieses Professors sehr gut.
I (really) appreciate your dedication.	Ich schätze Ihren Einsatz (sehr).
I very much appreciate your work.	Ich weiß Ihre Arbeit sehr zu schätzen.
Where would we be without your good advice?	Ich möchte nicht auf Ihre guten Ratschläge verzichten müssen.
I don't know what we would do without your help.	Ich wüsste nicht, was wir ohne Ihre Hilfe tun sollten.

preb·end ['prebənd] *n* ① (*stipend*) Präbende *f* ② (*prebendary*) Pfründner(in) *m(f)*

'pre-board·ing *adj attr* AVIAT vor dem Einsteigen [ins Flugzeug] nach *n*

pre·cari·ous [prɪ'keərɪəs] *adj* (*hazardous*) gefährlich; (*insecure*) *hold, balance* unsicher; *peace* unstabil

pre·cast [ˌpriː'kɑːst] *adj* vorgefertigt

pre·cau·tion [prɪ'kɔːʃən] *n* Vorkehrung *f*; **fire ~s** Brandschutzmaßnahmen *pl*; **to take the ~ of doing sth** etw sicherheitshalber tun

pre·cau·tion·ary [prɪ'kɔːʃənəri] *adj* Vorsichts-

pre·cede [priː'siːd] *vt* ① (*in time*) vorausgehen *dat* ② (*in space*) vorangehen; ■ **sb/sth is ~d by sb/sth** jd/etw geht jdm/etw voran

prec·edence ['presɪdən(t)s] *n no pl* ① (*priority*) Priorität *f*, Vorrang *m*; **to give ~ to sb/sth** jdm/etw den Vorrang geben; **to take ~ [over sth/sb]** Priorität [gegenüber jdm/etw] haben ② (*form: order of priority*) Rangordnung *f*

prec·edent ['presɪdənt] *n* ① (*example*) vergleichbarer Fall, Präzedenzfall *m geh*; **to set a ~** einen Präzedenzfall schaffen; **without ~** noch nie da gewesen, ohne Beispiel ② *no pl* (*past procedure*) Tradition *f*; **to break with ~ |by doing sth|** [durch etw *akk*] mit der Tradition brechen

pre·ced·ing [priː'siːdɪŋ] *adj attr* vorhergehend, vorangegangen; **the ~ page** die vorige Seite; **the ~ year** das Jahr davor

pre·cept ['priːsept] *n* (*form: rule*) Regel *f*; (*principle*) Prinzip *nt*, Grundsatz *m*

pre·cinct ['priːsɪŋ(k)t] *n* ① (*boundaries*) ■ **~s** *pl* Bereich *m* ② BRIT (*restricted traffic zone*) verkehrsberuhigte Zone; **pedestrian ~** Fußgängerzone *f*; **shopping ~** Einkaufszone *f* ③ AM (*police district*) Polizeirevier *nt*; (*electoral district*) Wahlbezirk *m*

pre·cious ['preʃəs] **I.** *adj* ① (*of great value*) wertvoll, kostbar; **to be ~ to sb** jdm viel bedeuten ② (*pej: affected*) *manner, style* geziert; *person* affektiert *geh* ③ *attr* (*iron fam: with annoyance*) **a ~ lot he cares about it!** es kümmert ihn einen Dreck! **II.** *adv* (*fam*) **~ little** herzlich wenig

pre·cious·ness ['preʃəsnəs] *n no pl* ① (*value*) Kostbarkeit *f* ② (*pej*) Affektiertheit *f*

preci·pice ['presɪpɪs] *n* (*steep drop*) Abgrund *m*; (*cliff face*) Steilhang *m*; **to stand at the edge of the ~** am Abgrund stehen; **to fall over a ~** in einen Abgrund stürzen

pre·cipi·tate **I.** *vt* [prɪ'sɪpɪteɪt] ① (*form: trigger*) auslösen ② *usu passive* (*form: throw*) schleudern ③ (*force suddenly*) stürzen (**into** in) **II.** *vi* [prɪ'sɪpɪteɪt] ■ **to ~ [out]** CHEM ausfallen *fachspr*; METEO einen Niederschlag bilden **III.** *n* [prɪ'sɪpɪteɪt] Satz *m*; GEOL, MED Sediment *nt fachspr*; METEO Niederschlag *m*

pre·cipi·ta·tion [prɪˌsɪpɪ'teɪʃən] *n no pl* ① (*forming into a solid*) Setzen *nt*; GEOL, MED Sedimentieren *nt fachspr*; METEO Niederschlag *m* ② (*triggering*) **the ~ of a conflict/crisis** das Auslösen eines Konflikts/einer Krise

pre·cipi·tous [prɪ'sɪpɪtəs] *adj* ① (*very steep*) steil, abschüssig, steil abfallend *attr* ② (*fig: abrupt*) abrupt ③ (*form: precipitate*) voreilig, übereilt

pré·cis ['preɪsiː] **I.** *n* <*pl* -> Zusammenfassung *f* **II.** *vt* (*form*) [kurz] zusammenfassen

pre·cise [prɪ'saɪs] *adj* ① (*exact*) genau, präzise ② (*approv: careful*) sorgfältig, genau; *movement* [ziel]sicher; *pronunciation, spelling* korrekt; ■ **to be ~ about doing sth** etw sehr genau nehmen

pre·cise·ly [prɪ'saɪsli] *adv* ① (*exactly*) genau, präzise ② (*just*) genau; **~ because** eben wegen ③ (*approv: carefully*) sorgfältig

pre·ci·sion [prɪ'sɪʒən] **I.** *n no pl* ① (*accuracy*) Genauigkeit *f*, Präzision *f* ② (*approv: meticulous care*) Sorgfalt *f* **II.** *adj attr* exakt, präzise

pre·clude [prɪ'kluːd] *vt* (*form*) ausschließen; ■ **to ~ sb from doing sth** (*form*) jdn davon abhalten, etw zu tun

pre·co·cious [prɪ'kəʊʃəs] *adj* ① (*developing early*) frühreif; **~ talent** frühe Begabung ② (*pej: maturing too early*) altklug

pre·co·cious·ness [prɪ'kəʊʃəsnəs] *n no pl*, **pre·coc·ity** [prɪ'kɒsəti] *n no pl* (*form*) ① (*early development*) Frühreife *f* ② (*pej: maturing too early*) Altklugheit *f*

pre·con·ceived [ˌpriːkən'siːvd] *adj* (*esp pej*) vorgefasst

pre·con·cep·tion [ˌpriːkən'sepʃən] *n* (*esp pej*) vorgefasste Meinung

pre·con·di·tion [ˌpriːkən'dɪʃən] *n* Vorbedingung *f*, Voraussetzung *f*

pre·cook [ˌpriː'kʊk] *vt* vorkochen

pre·cooked [ˌpriː'kʊkt] *adj* vorgekocht

pre·cur·sor [ˌpriː'kɜːsər] *n* (*form*) ① (*forerunner*) Vorläufer *m*; (*preparing way for sth*) Wegbereiter *m* ② (*harbinger*) Vorbote *m*

pre·date [ˌpriː'deɪt] *vt* (*form*) zeitlich vorausgehen

preda·tor ['predətəʳ] *n* ❶ (*animal*) Raubtier *nt*; (*bird*) Raubvogel *m*; (*fish*) Raubfisch *m* ❷ (*pej: person*) Profiteur(in) *m(f)*; (*vulture*) Aasgeier *m fig fam*

preda·tory ['predətᵊri] *adj* ❶ (*preying*) Raub-, räuberisch ❷ (*esp pej: exploitative*) unbarmherzig, rücksichtslos; (*greedy*) [raff]gierig ❸ (*in business*) expansionistisch *geh*

pre·de·ces·sor [ˌpriːdɪ'sesəʳ] *n* Vorgänger(in) *m(f)*

pre·des·ti·na·tion [ˌpriːdestɪ'neɪʃᵊn] *n no pl* REL Vor[her]bestimmung *f*

pre·des·tine [ˌpriː'destɪn] *vt* vor[her]bestimmen

pre·de·ter·mine [ˌpriːdɪ'tɜːmɪn] *vt usu passive* (*form*) vor[her]bestimmen; **at a ~d signal** auf ein verabredetes Zeichen hin

pre·dica·ment [prɪ'dɪkəmənt] *n* Notlage *f*; **to be in a ~** sich in einer misslichen Lage befinden

predi·cate I. *n* ['predɪkət] LING Prädikat *nt* II. *vt* ['predɪkeɪt] (*form*) ❶ (*assert*) ■ **to ~ that ...** behaupten, dass ... ❷ *usu passive* (*base*) ■ **to be ~d on sth** auf etw *dat* basieren

pre·dica·tive [prɪ'dɪkətɪv] *adj* LING prädikativ

pre·dict [prɪ'dɪkt] *vt* vorhersagen; *sb's future etc.* prophezeien

pre·dict·abil·ity [prɪˌdɪktə'bɪləti] *n no pl* Vorhersagbarkeit *f*

pre·dict·able [prɪ'dɪktəbl] *adj* ❶ (*foreseeable*) vorhersehbar, voraussagbar ❷ (*pej: not very original*) berechenbar; **her answer was so ~** es war von vornherein klar, was sie antworten würde

pre·dic·tion [prɪ'dɪkʃᵊn] *n* ❶ (*forecast*) Vorhersage *f*, Voraussage *f*; ECON, POL Prognose *f*; **to make a ~ about sth** etw vorhersagen; ECON, POL eine Prognose zu etw *dat* abgeben ❷ *no pl* (*act of predicting*) Vorhersagen *nt*

pre·di·lec·tion [ˌpriːdɪ'lekʃᵊn] *n* (*form*) Vorliebe *f*, Schwäche *f*, Faible *nt* (**for** für)

pre·dis·pose [ˌpriːdɪ'spəʊz] *vt* ❶ (*form: influence*) ■ **to ~ sb to sth** jdn zu etw *dat* neigen lassen; ■ **to be ~d to sth** zu etw *dat* neigen ❷ (*make susceptible*) ■ **to ~ sb to sth** jdn für etw *akk* anfällig machen

pre·dis·po·si·tion [ˌpriːdɪspə'zɪʃᵊn] *n* ❶ (*form: tendency*) Neigung *f* (**to** zu); ■ **to have a ~ against sth/sb** eine Abneigung gegen etw/jdn haben ❷ MED (*susceptibility*) ■ **a ~ to sth** eine Anfälligkeit für etw

pre·domi·nance [prɪ'dɒmɪnən(t)s] *n no pl* ❶ (*greater number*) zahlenmäßige Überlegenheit ❷ (*predominant position*) Vorherrschaft *f* (**in** bei)

pre·domi·nant [prɪ'dɒmɪnənt] *adj* vorherrschend, beherrschend; ■ **to be ~** führend sein

pre·domi·nant·ly [prɪ'dɒmɪnəntli] *adv* überwiegend

pre·domi·nate [prɪ'dɒmɪneɪt] *vi* ❶ (*be most important*) vorherrschen ❷ (*be more numerous*) überwiegen

pre-emi·nence [ˌpriː'emɪnən(t)s] *n no pl* (*form*) Überlegenheit *f*, überragende Bedeutung

pre-emi·nent [ˌpriː'emɪnənt] *adj* (*form*) herausragend, überragend

pre-empt [ˌpriː'em(p)t] *vt* ❶ (*form: act in advance*) ■ **to ~ sb/sth** jdm/etw zuvorkommen ❷ (*form: appropriate in advance*) mit Beschlag belegen ❸ AM LAW **to ~ public land** staatlichen Grundbesitz aufgrund eines Vorkaufsrechts erwerben

pre-emp·tion [ˌpriː'em(p)ʃᵊn] *n* ❶ LAW (*purchase*) Vorkaufsrecht *nt* ❷ (*form: pre-empting*) Vorkauf *m* ❸ MIL präventive Kriegsführung

pre-emp·tive [ˌpriː'em(p)tɪv] *adj* ❶ (*preventive*) vorbeugend, Präventiv- ❷ LAW, ECON zum Vorkauf berechtigend ❸ MIL (*forestalling the enemy*) präventiv, Präventiv-

preen [priːn] I. *vi* ❶ *bird* sich putzen ❷ (*pej*) *person* sich auftakeln ❸ (*esp pej: congratulate oneself*) **to ~ and posture** sich in die Brust werfen II. *vt* ❶ (*of bird*) ■ **to ~ its feathers** sein Gefieder putzen ❷ (*pej: groom*) ■ **to ~ oneself** sich auftakeln ❸ (*esp pej: congratulate*) ■ **to ~ oneself** sich in die Brust werfen

pre-ex·ist [ˌpriːɪɡ'zɪst] (*form*) I. *vi* vorher existieren; PHILOS, REL präexistieren II. *vt* vorausgehen

pre·fab ['priːfæb] (*fam*) I. *n short for* **prefabricated house** Fertighaus *nt* II. *adj short for* **prefabricated** vorgefertigt

pre·fab·ri·cate [ˌpriː'fæbrɪkeɪt] *vt* vorfertigen

pre·fab·ri·cat·ed [ˌpriː'fæbrɪkeɪtɪd] *adj* vorgefertigt

pref·ace ['prefɪs] I. *n* ❶ (*introduction*) Einleitung *f*; *to a novel, play, collection of poems* Vorwort *nt* (**to** zu) ❷ (*fig: preceding event*) ■ **as a ~** als Einstieg; (*to entertainment etc.*) zur Einstimmung II. *vt* ❶ (*provide with preface*) ■ **to ~ sth** eine Einleitung zu etw *dat* verfassen; ■ **to be ~d by sth** durch etw *akk* eingeleitet werden; ■ **to ~ sth with sth** etw mit etw *dat* einleiten ❷ (*lead up to*) einleiten

pref·a·tory ['prefət°ri] *adj* (*form*) einleitend *attr*, zur Einleitung *nach* n

pre·fect ['pri:fekt] *n* ❶ (*official*) Präfekt(in) *m(f)* ❷ *esp* BRIT, AUS SCH Schüler, der die Jüngeren beaufsichtigen muss

pre·fer <-rr-> [prɪ'fɜ:ʳ] *vt* (*like better*) vorziehen, bevorzugen; **she ~s Daniel to his brother** sie mag Daniel lieber als seinen Bruder; ■ **to ~ doing sth** [**to doing sth**] etw lieber [als etw] tun; ■ **to ~ sb to do sth** es vorziehen, dass jd etw tut; **I'd ~ you not to smoke, please** ich möchte Sie bitten, hier nicht zu rauchen

pref·er·able ['prefʳəbl] *adj* besser

pref·er·ably ['prefʳəbli] *adv* am besten, vorzugsweise

pref·er·ence ['prefʳən(t)s] *n* ❶ *no pl* (*priority*) Priorität *f*, Vorzug *m*; **given ~** Vorrang haben ❷ *no pl* (*greater liking*) Vorliebe *f* (**for** für) ❸ (*preferred thing*) Vorliebe *f*; **what are your ~s in music?** welche Musik hören Sie am liebsten?; **which is your personal ~?** was ist Ihnen persönlich lieber? ❹ (*advantage*) Vergünstigung *f*

pref·er·en·tial [,prefʳ'ren(t)ʃʳl] *adj attr* Vorzugs-, Präferenz-; **to get ~ treatment** bevorzugt behandelt werden

pre·ferred [prɪ'fɜ:d] *adj attr* bevorzugt, Lieblings-; **the ~ choice** die erste Wahl

pre·fig·ure [pri:'fɪgəʳ] *vt* (*form*) anzeigen

pre·fix I. *n* <*pl* -es> ['pri:fɪks] ❶ LING Präfix *nt fachspr*, Vorsilbe *f* ❷ (*something prefixed*) Namensvorsatz *m*; **to add sth as a ~** etw voranstellen ❸ (*title*) Anrede *f*; (*Dr etc.*) Titel *m* ❹ BRIT (*dialling code*) Vorwahl *f* II. *vt* [,pri:'fɪks] ■ **to ~ sth with sth** etw einer S. *dat* voranstellen

preg·nan·cy ['pregnən(t)si] *n* Schwangerschaft *f*; ZOOL Trächtigkeit *f*

'preg·nan·cy test *n* Schwangerschaftstest *m*

preg·nant ['pregnənt] *adj* ❶ (*with child*) *woman* schwanger; *animal* trächtig; **she's eight months ~** sie ist im achten Monat [schwanger]; **my sister is ~ with twins** meine Schwester erwartet Zwillinge ❷ (*fig: meaningful*) *pause, remark* bedeutungsvoll; (*tense*) spannungsgeladen

pre·hen·sile [prɪ'hen(t)saɪl] *adj* ZOOL Greif-

pre·his·tor·ic [,prɪ(h)ɪ'stɒrɪk] *adj* ❶ (*before written history*) prähistorisch; **~ man** der prähistorische Mensch ❷ (*pej fam: outdated*) steinzeitlich *fig*, völlig veraltet

pre·his·to·ry [,pri:'hɪstʳri] *n no pl* Prähistorie *f geh*, Vorgeschichte *f*

pre·judge [,pri:'dʒʌdʒ] *vt* ■ **to ~ sb/sth** vorschnell ein Urteil über jdn/etw fällen, eine vorgefasste Meinung über jdn/etw haben

preju·dice ['predʒədɪs] I. *n* ❶ (*preconceived opinion*) Vorurteil *nt* ❷ *no pl* (*bias*) Vorurteil *nt* (**against** gegen); **racial ~** Rassenvorurteil *nt* ❸ *no pl* LAW [Rechts]nachteil *m* II. *vt* ❶ (*harm*) schädigen; **to ~ sb's chances** jds Chancen beeinträchtigen ❷ (*bias*) ■ **to ~ sb** [**against sth**] jdn [gegen etw] einnehmen; **to ~ a case** LAW den Ausgang eines Prozesses beeinflussen

preju·diced ['predʒədɪst] *adj* voreingenommen; **he is racially ~** er hat Rassenvorurteile; ■ **to be ~ against sb/sth** Vorurteile gegen jdn/etw haben; ■ **to be ~ in favour of sb/sth** gegenüber jdm/etw positiv eingestellt sein; *attitude, opinion, judgment* vorgefasst

preju·di·cial [,predʒə'dɪʃʳl] *adj* (*form*) abträglich; ■ **to be ~ to sb/sth** jdm/etw abträglich sein; **to have a ~ effect on sth** eine nachteilige Wirkung auf etw *akk* haben; **to be ~ to sb's health/safety** jds Gesundheit/Sicherheit beeinträchtigen

pre·lim ['pri:lɪm] *n* (*fam*) ❶ *usu pl* (*preliminary exam*) *short for* **preliminary** Vorprüfung *f* ❷ SPORTS *short for* **preliminary** Vorrunde *f*

pre·limi·nary [prɪ'lɪmɪnʳri] I. *adj attr* einleitend; (*preparatory*) vorbereitend; **~ arrangements** Vorbereitungen *pl*; **a ~ draft/step** ein erster Entwurf/Schritt; **a ~ selection/stage/study** eine Vorauswahl/Vorstufe/Vorstudie II. *n* ❶ (*introduction*) Einleitung *f*; (*preparation*) Vorbereitung *f* ❷ SPORTS (*heat*) Vorrunde *f* ❸ (*form: preliminary exam*) Vorprüfung *f*

prel·ude ['prelju:d] I. *n* ❶ *usu sing* (*preliminary*) Vorspiel *nt*, Auftakt *m* ❷ MUS Prélude *nt* II. *vt* einleiten

pre·mari·tal [,pri:'mærɪtʳl] *adj* vorehelich *attr*

prema·ture ['premətʃəʳ] *adj* ❶ (*too early*) verfrüht, vorzeitig; *announcement, criticism, decision* voreilig ❷ MED **~ baby** Frühgeburt *f*

prema·ture ejacu·'la·tion *n* vorzeitiger Samenerguss

prema·ture·ly ['premətʃəli] *adv* ❶ (*too early*) verfrüht; **to age ~** vorzeitig altern; **to die/leave ~** frühzeitig sterben/gehen ❷ MED **to be born ~** eine Frühgeburt sein

pre·medi·tat·ed [,pri:'medɪteɪtɪd] *adj* vorsätzlich, geplant; *act* überlegt

pre·medi·ta·tion [,pri:medɪ'teɪʃʳn] *n no*

pl (*form*) [wohl durchdachtes] Planen; **with/without ~** mit/ohne Absicht; *of a crime* mit/ohne Vorsatz

pre·men·stru·al [ˌpriːˈmen(t)struəl] *adj attr* prämenstruell

pre·men·stru·al ˈsyn·drome *n,* **pre·men·stru·al ˈten·sion** *n no pl* BRIT prämenstruelles Syndrom

prem·ier [ˈpremiəʳ] **I.** *n* Premierminister(in) *m(f);* CAN, AUS Ministerpräsident(in) *m(f)* **II.** *adj attr* führend; **the ~ sport arena** das bedeutendste Stadion

prem·ière [ˈpremieəʳ] **I.** *n* Premiere *f,* Uraufführung *f* **II.** *vt* uraufführen **III.** *vi* **to ~ in New York/London** in New York/London uraufgeführt werden

prem·ise I. *n* [ˈpremɪs] Prämisse *f geh,* Voraussetzung *f;* ■ **on the ~ that ...** unter der Voraussetzung, dass ...; **to start from the ~ that ...** von der Voraussetzung ausgehen, dass ... **II.** *vt* [prɪˈmaɪz] (*form*) ❶ (*base*) ■ **to ~ sth on sth** etw auf etw *akk* [auf]bauen; ■ **to be ~d on sth** auf etw *dat* basieren ❷ AM (*preface*) einleiten

prem·ises [ˈpremɪsɪz] *npl* ❶ (*building*[*s*]) Gebäude *nt;* **business ~** Geschäftsgebäude *nt;* **school ~** Schulgelände *nt;* **off the ~** außerhalb des Gebäudes/Geländes ❷ (*personal property*) Land *nt,* Grundstück *nt*

pre·mium [ˈpriːmiəm] **I.** *n* ❶ (*insurance payment*) [Versicherungs]prämie *f* ❷ (*extra charge*) Zuschlag *m;* ■ **a ~ on sth** ein Preisaufschlag auf etw *akk* ❸ (*bonus*) Prämie *f;* **to earn a ~ for sth** eine Prämie für etw *akk* bekommen ❹ *no pl* AM (*petrol*) Super[benzin] *nt* **II.** *adj attr* ❶ (*high*) hoch ❷ (*top-quality*) Spitzen-; **the ~ brand** die führende Marke; *fruit* erstklassig

pre·mium ˈqual·ity *n* Spitzenqualität *f*

pre·mo·ni·tion [ˌpreməˈnɪʃ*ə*n] *n* [böse] Vorahnung

pre·na·tal [ˌpriːˈneɪt*ə*l] *adj attr* AM, AUS vorgeburtlich, pränatal *fachspr*

pre·oc·cu·pa·tion [priːˌɒkjəˈpeɪʃ*ə*n] *n* ❶ (*dominant concern*) Sorge *f;* **main ~** Hauptsorge *f* ❷ *no pl* (*state of mind*) ■ [a] **~ with sth** ständige [gedankliche] Beschäftigung mit etw *dat;* **to have a ~ with sth** von etw *dat* besessen sein

pre·oc·cu·pied [ˌpriːˈɒkjəpaɪd] *adj* ❶ (*distracted*) gedankenverloren; (*absorbed*) nachdenklich; ■ **to be ~ with sb/sth** sich mit jdm/etw stark beschäftigen ❷ (*worried*) besorgt

pre·oc·cu·py <-ie-> [ˌpriːˈɒkjəpaɪ] *vt* ■ **to ~ sb** jdn [sehr stark] beschäftigen

pre·or·dain [ˌpriːɔːˈdeɪn] *vt usu passive* (*form*) ■ **to be ~ed** vorherbestimmt sein; *path* vorgezeichnet; **to be ~ed to fail** zum Scheitern verurteilt sein; **sb/sth is ~ to succeed** der Erfolg ist jdm/etw sicher

pre-owned [ˈpriːoʊnd] *adj* AM AUTO *short for* **previously owned** *car* Gebraucht[wagen]-

prep¹ [prep] *n no pl* (*fam*) ❶ (*preparation*) Vorbereitung *f* ❷ BRIT (*homework*) Hausaufgaben *pl* ❸ BRIT (*time for homework*) Hausaufgabenstunde *f;* (*at school*) Übungs- und Lernstunde *f* ❹ AM (*prep school*) private Vorbereitungsschule vor dem College

prep² [prep] *n* LING *abbrev of* **preposition** Präp.

pre-pack [ˌpriːˈpæk] *vt esp* BRIT abpacken

pre-paid [ˌpriːˈpeɪd] *adj* im Voraus bezahlt, bereits bezahlt

pre-paid reˈply *n* frankierte Rückantwortkarte

prep·a·ra·tion [ˌprepəˈreɪʃ*ə*n] *n* ❶ *no pl* (*getting ready*) Vorbereitung *f; of food* Zubereitung *f;* **to do a lot of/very little ~ [for sth]** sich sehr gut/kaum [auf etw *akk*] vorbereiten; **in ~ for sth** als Vorbereitung auf etw *akk* ❷ (*measures*) ■ **~s** *pl* Vorbereitungen *pl* (**for** für); (*precautions*) Vorkehrungen *pl* ❸ (*substance*) Präparat *nt,* Mittel *nt*

pre·para·tory [prɪˈpærət*ə*ri] *adj* vorbereitend *attr,* Vorbereitungs-; **to be ~ [to sth]** als Vorbereitung [auf etw *akk*] dienen

preˈpara·tory school *n* BRIT (*for public school*) private Vorbereitungsschule auf eine Public School; AM (*form: mixed private school*) private Vorbereitungsschule auf das College

pre·pare [prɪˈpeəʳ] **I.** *vt* ❶ (*get ready*) vorbereiten (**for** auf); **you need to ~ yourself for a long wait** Sie sollten sich auf eine lange Wartezeit einstellen; **I hadn't ~d myself for such a shock** auf einen solchen Schock war ich nicht gefasst; **to ~ the way [for sb/sth]** den Weg [für jdn/etw] bereiten ❷ (*make*) zubereiten; **to ~ breakfast/dinner/lunch** das Frühstück/Abendessen/Mittagessen machen **II.** *vi* ■ **to ~ for sth** sich auf etw *akk* vorbereiten; **to ~ for take-off** sich zum Start bereit machen

pre·pared [prɪˈpeəd] *adj* ❶ *pred* (*ready*) bereit, fertig *fam;* ■ **to be ~ for sb/sth** auf jdn/etw vorbereitet sein; **they were ~ for the worst** sie waren auf das Schlimmste gefasst ❷ *pred* (*willing*) ■ **to be ~ to do sth** bereit sein, etw zu tun ❸ (*arranged* *previously*) vorbereitet; **the room had been specially ~** das Zimmer war extra zurechtgemacht worden; **~ meal** Fertiggericht *nt*

pre·pared·ness [prɪ'peədnəs] *n no pl* (*form*) Bereitschaft *f*

pre·pay <-paid, -paid> [ˌpriː'peɪ] *vt* im Voraus bezahlen

pre·pay·ment [ˌpriː'peɪmənt] *n* Vorauszahlung *f*

pre·pon·der·ance [ˌpriː'pɒndᵊrᵊn(t)s] *n no pl* (*form*) [überwiegende] Mehrheit; (*fact of being in majority*) zahlenmäßiges Übergewicht

pre·pon·der·ant [ˌpriː'pɒndᵊrᵊnt] *adj* (*form*) vorherrschend *attr;* ■ **to be ~ [in sth]** [bei etw *dat*] eine vorherrschende Rolle spielen; (*in numbers*) [bei etw *dat*] überwiegen

prepo·si·tion [ˌprepə'zɪʃᵊn] *n* Verhältniswort *nt*, Präposition *f*

pre·pos·ses·sing [ˌpriːpə'zesɪŋ] *adj usu neg* einnehmend, anziehend; **to be not very ~** nicht sehr ansprechend sein; *person* nicht sehr einnehmend sein

pre·pos·ter·ous [prɪ'pɒstᵊrəs] *adj* absurd, unsinnig

prep·pie, prep·py ['prepi] AM I. *n* Schüler(in) einer privaten „prep school", der/ die großen Wert auf gute Kleidung und das äußere Erscheinungsbild legt II. *adj appearance* adrett; *clothes, look* popperhaft *meist pej fam*

pre·requi·site [ˌpriː'rekwɪzɪt] *n* (*form*) [Grund]voraussetzung *f*, Vorbedingung *f* (**of/to** für)

pre·roga·tive [prɪ'rɒgətɪv] *n usu sing* (*form*) ❶ (*right*) Recht *nt;* (*privilege*) Vorrecht *nt*, Privileg *nt* ❷ (*responsibility*) Zuständigkeit *f*

pres·age ['presɪdʒ] *vt* (*form: predict*) ankündigen; (*intuit*) ahnen

Pres·by·ter·ian [ˌprezbɪ'tɪərɪən] I. *n* Presbyterianer(in) *m/f* II. *adj* presbyterianisch

pres·by·tery ['prezbɪtᵊri] *n* REL ❶ (*sanctuary*) Altarraum *m*, Presbyterium *nt fachspr* ❷ (*administrative body*) Kirchenvorstand *m*, Presbyterium *nt fachspr* ❸ (*Catholic priest's residence*) Pfarrhaus *nt*

pre-school ['priːskuːl] I. *n* AM, AUS Kindergarten *m* II. *adj attr* vorschulisch, Vorschul-

pre·scribe [prɪ'skraɪb] *vt* ❶ (*medical*) ■ **to ~ sth [for sb]** [jdm] etw verschreiben; ■ **to be ~d sth** etw verschrieben bekommen ❷ (*recommend*) ■ **to ~ sth [to sb]** *a special diet* [jdm] etw verordnen; *fresh air,*

exercise [jdm] etw empfehlen ❸ (*form: state*) vorschreiben

pre·scrip·tion [prɪ'skrɪpʃᵊn] *n* ❶ (*medical*) Rezept *nt* (**for** für); **to be only available on ~** verschreibungspflichtig sein ❷ (*form: rule*) Vorschrift *f* (**for** für); (*instruction*) Belehrung *f meist pej*

pre·'scrip·tion charge *n* BRIT Rezeptgebühr *f*

pre·scrip·tive [prɪ'skrɪptɪv] *adj* (*pej form*) normativ; *guidelines* bindend; LING präskriptiv *fachspr*

pre·scrip·tive 'gram·mar *n no pl* LING präskriptive Grammatik *fachspr*

pres·ence ['prezᵊn(t)s] *n* ❶ *no pl* (*attendance*) Anwesenheit *f;* (*occurrence*) Vorhandensein *nt;* **in my ~** in meiner Gegenwart ❷ (*approv: dignified bearing*) Haltung *f*, Auftreten *nt* ❸ (*supernatural*) Gegenwart *f kein pl;* **to feel sb's ~** jds Gegenwart [förmlich] spüren können ❹ (*representation*) Präsenz *f kein pl*

pres·ent[1] ['prezᵊnt] I. *n* ❶ *no pl* (*now*) ■ **the ~** die Gegenwart; **at ~** zurzeit, gegenwärtig; **for the ~** vorläufig; **up to the ~** bis jetzt ❷ *no pl* LING Präsens *nt* II. *adj* ❶ *attr* (*current*) derzeitig, gegenwärtig; **down to the ~ day** bis zum heutigen Tag; **at the ~ moment** im Moment; **the ~ month** der laufende Monat ❷ *attr* (*being dealt with*) betreffend; **in the ~ case** im vorliegenden Fall ❸ *usu pred* (*in attendance*) anwesend (**at** bei); **counting those ~** Anwesende eingeschlossen ❹ *usu pred* (*existing*) vorhanden; ■ **to be ~ [in sth]** [in etw *dat*] vorkommen

pres·ent[2] ['prezᵊnt] *n* Geschenk *nt;* **birthday/Christmas/wedding ~** Geburtstags-/Weihnachts-/Hochzeitsgeschenk *nt;* **to get sth as a ~** etw geschenkt bekommen

pres·ent[3] [prɪ'zent] *vt* ❶ (*give formally*) ■ **to ~ sth [to sb]** *gift* [jdm] etw schenken; *award, medal, diploma* [jdm] etw überreichen ❷ (*express*) **to ~ ones apologies** (*form*) [vielmals] um Entschuldigung bitten; **to ~ one's thoughts/view** seine Gedanken/Ansichten darlegen ❸ (*hand over, show*) ■ **to ~ sth [to sb]** [jdm] etw vorlegen; **to ~ a united front** *organization, people* sich geeint zeigen ❹ (*put forward*) ■ **to ~ sth [to sb]** [jdm] etw präsentieren; **to ~ an argument** ein Argument anführen; **to ~ a proposal** einen Vorschlag unterbreiten ❺ (*face, confront*) **to ~ sb with a challenge** jdn vor eine Herausforderung stellen; **to ~ sb with [the] facts** jdm die Fakten vor Augen führen; **to ~ sb with a**

problem jdn vor ein Problem stellen ⑥ (*be*) darstellen; (*offer, provide*) bieten; (*cause*) mit sich bringen ⑦ (*form: introduce*) ■ **to ~ sb** [**to sb**] jdn [jdm] vorstellen ⑧ (*compere*) TV programme moderieren; (*show*) film zeigen; product vorstellen ⑨ (*arise*) ■ **to ~ itself** opportunity, solution sich bieten; problem sich zeigen

pre·sent·able [prɪˈzentəbl̩] *adj* person vorzeigbar; *thing* ansehnlich; **to make sth ~** etw herrichten

pres·en·ta·tion [ˌprezənˈteɪʃən] *n* ① (*giving*) Präsentation *f*; *of a theory* Darlegung *f*; *of a dissertation, thesis* Vorlage *f*; *of gifts* Überreichung *f*; (*awarding*) Verleihung *f* ② (*lecture, talk*) Präsentation *f* (**on** zu), Vortrag *f* (**on** über) ③ *no pl* (*display*) *of photographs, works* Ausstellung *f* ④ (*exhibition, theatre*) Inszenierung *f*

pres·en·ta·tion ˈcopy *n* PUBL Widmungsexemplar *nt*

pres·ent-ˈday *adj usu attr* heutig *attr*; **~ London** das heutige London

pre·sent·er [prɪˈzentəʳ] *n* BRIT, AUS RADIO, TV Moderator(in) *m(f)*

pre·sen·ti·ment [prɪˈzentɪmənt] *n* (*form*) Vorahnung *f*; **to have a ~ of danger** eine Gefahr vorausahnen

pres·ent·ly [ˈprezəntli] *adv* ① (*soon*) bald, gleich ② *esp* BRIT, AUS (*now*) zurzeit, gegenwärtig

pres·ent par·ˈti·ci·ple *n* LING Partizip *nt* Präsens **pres·ent ˈtense** *n* LING Präsens *nt*, Gegenwartsform *f*

pres·er·va·tion [ˌprezəˈveɪʃən] I. *n no pl* ① (*upkeep*) Erhaltung *f* ② (*conservation*) Bewahrung *f*; *of order* Aufrechterhaltung *f*; (*protection*) Schutz *m*; *of* [*national*] *interests* Wahrung *f* ③ FOOD Konservierung *f* II. *adj attr* Konservierungs-

pre·serva·tive [prɪˈzɜːvətɪv] *n* Konservierungsstoff *m*

pre·serve [prɪˈzɜːv] I. *vt* ① (*maintain*) erhalten; *customs, tradition* bewahren; **to ~ one's right to do sth** sich *dat* das Recht vorbehalten, etw zu tun ② (*conserve*) konservieren; *wood* [mit Holzschutzmittel] behandeln; *fruit and vegetables* einmachen; *gherkins* einlegen ③ (*protect*) schützen II. *n* ① *usu pl* (*food*) Eingemachte(s) *nt kein pl*; **apricot/strawberry ~** eingemachte Aprikosen/Erdbeeren ② (*domain*) Domäne *f*; (*responsibility*) Wirkungsbereich *m*; *of a department* Ressort *nt*; (*property*) Besitztum *nt* ③ *esp* AM (*reserve*) Reservat *nt*; **nature/wildlife ~** Naturschutzgebiet *nt*

pre·served [prɪˈzɜːvd] *adj* ① (*maintained*) konserviert; *building* erhalten ② FOOD eingemacht, eingelegt; **~ food** konservierte Lebensmittel

pre-shrunk [ˌpriːˈʃrʌŋk] *adj clothes* vorgewaschen

pre·side [prɪˈzaɪd] *vi* ① (*be in charge*) *of meeting, rally* den Vorsitz haben; ■ **to ~ over sth** etw leiten; **to ~ over a change/dissolution** für eine Änderung/Auflösung verantwortlich sein ② (*dominate*) ■ **to ~ over sth** (*iron, hum*) etw beherrschen *fig*

presi·den·cy [ˈprezɪdənt(t)si] *n* ① (*office*) Präsidentschaft *f*; **to stand for the ~** für das Amt des Präsidenten/der Präsidentin kandidieren ② (*tenure*) Präsidentschaft *f*; (*of company*) Aufsichtsratsvorsitz *m*

presi·dent [ˈprezɪdənt] *n* ① (*head of state*) Präsident(in) *m(f)* ② (*head*) *of society* Präsident(in) *m(f)*; *of company, corporation* [Vorstands-]vorsitzende(r)

presi·den·tial [ˌprezɪˈden(t)ʃəl] *adj* ① *usu attr* POL (*of president*) Präsidenten-; (*of office*) Präsidentschafts-; **~ race** Rennen *nt* um die Präsidentschaft ② *attr* (*of head of organization*) **~ address** Ansprache *f* des/der Vorsitzenden

presi·den·tial ˈcan·di·date *n* Präsidentschaftskandidat(in) *m(f)*

ˈPresi·dents' Day *n no pl* AM *amerikanischer Feiertag am dritten Montag im Februar zum Gedenken an die Geburtstage von Washington und Lincoln*

press [pres] I. *n* <*pl* -es> ① (*push*) Druck *m*; **at the ~ of a button** auf Knopfdruck ② (*ironing*) Bügeln *nt kein pl* ③ (*instrument*) Presse *f* ④ (*news media, newspapers*) ■ **the ~** + *sing/pl vb* die Presse ⑤ (*publicity*) Presse *f*; **to have a bad/good ~** eine schlechte/gute Presse bekommen ⑥ (*publishing house*) Verlag *m* II. *vt* ① (*push*) ■ **to ~ sth** [auf] etw *akk* drücken; **Sammy ~ed his nose against the windowpane** Sammy drückte die Nase gegen die Fensterscheibe; **to ~ on the brake pedal** auf das Bremspedal treten; ■ **to ~ sth ⟳ down** etw herunterdrücken; ■ **to ~ sth into sth** etw in etw *akk* hineindrücken ② (*flatten*) zusammendrücken; *flowers* pressen ③ (*extract juice from*) auspressen; *grapes* keltern ④ (*iron*) bügeln, glätten SCHWEIZ, plätten NORDD *a*. ⑤ (*manufacture*) CD, record pressen ⑥ (*fig: urge, impel*) bedrängen; **to ~ sb for an answer/decision** jdn zu einer Antwort/Entscheidung drängen; **to ~ sb into a role** jdn in eine Rolle hineindrängen ⑦ (*forcefully promote*) forcieren; **to ~ one's case** seine Sache durchsetzen wollen; **to ~ one's point** beharrlich seinen Standpunkt vertreten ❽ (*insist on giving*) ■ **to ~ sth [up]on sb** gift, offer jdm etw aufdrängen ❾ *usu passive* (*face difficulty*) **they'll be hard ~ed to complete the assignment** man wird sich aber ranhalten müssen, wenn sie den Auftrag ausführen wollen, müssen sie sich aber ranhalten ❿ LAW (*bring*) **to ~ charges** Anklage erheben (**against** gegen) III. *vi* ❶ (*push*) drücken ❷ (*be urgent*) drängen ◆ **press ahead** *vi* ■ **to ~ ahead [with sth]** etw vorantreiben ◆ **press on** I. *vi* ■ **to ~ on [with sth]** [mit etw *dat*] [zügig] weitermachen; **to ~ on with one's journey** seine Reise fortsetzen; **to ~ on with one's plans** seine Pläne vorantreiben; **to ~ on with one's work** sich bei der Arbeit ranhalten *fam;* **to ~ on regardless** trotzdem weitermachen II. *vt* ■ **to ~ sth on sb** jdm etw aufdrängen ◆ **press upon** *vt see* **press on** II

'**press ag·en·cy** *n* Presseagentur *f* '**press bar·on** *n* Pressezar *m* '**press-but·ton** *adj, n see* **push-button** '**press cam·paign** *n* Pressekampagne *f* '**press card** *n* Presseausweis *m* '**press clip·ping** *n* Zeitungsausschnitt *m* '**press con·fer·ence** *n* Pressekonferenz *f* '**press cov·er·age** *n* ❶ (*scale of reporting*) Berichterstattung *f* (*in der Presse*) ❷ (*footage*) [Fernseh]übertragung *f* '**press gal·lery** *n* Pressetribüne *f* '**press gang** I. *n* (*hist*) Werber *pl fachspr* II. *vt* ■ **to press-gang sb into doing sth** jdn [dazu] zwingen, etw zu tun

press·ing ['presɪŋ] I. *adj* (*urgent*) issue, matter dringend; requests nachdrücklich II. *n* (*manufacture of CD, record*) Pressung *f;* (*series made together*) Auflage *f* '**press·man** *n* Zeitungsmann *m/* Zeitungsfrau *f* '**press of·fice** *n* Pressestelle *f* '**press of·fic·er** *n* Pressereferent(in) *m(f)* '**press pho·'tog·ra·pher** *n* Pressefotograf(in) *m(f)* '**press re·lease** *n* Pressemitteilung *f*, Pressemeldung *f* '**press re·port** *n* Pressebericht *m* '**press stud** *n* BRIT, AUS Druckknopf *m* '**press-up** *n* BRIT Liegestütz *m*

pres·sure ['preʃə'] I. *n* ❶ *no pl* (*physical force*) Druck *m;* **to apply ~** Druck ausüben; **to put ~ on sth** auf etw *akk* drücken ❷ PHYS Druck *m* ❸ *no pl* (*stress*) Druck *m*, Stress *m*, Belastung *f;* (*stronger*) Überlastung *f;* **to be under ~ to do sth** unter Druck stehen, etw zu tun; **there is a lot of ~ on sb** jd hat Stress ❹ *no pl* (*insistence*) Druck *m; to do sth under ~ from sb* etw auf jds Drängen *nt* hin tun; **to put ~ on sb** [**to do sth**] jdn unter Druck setzen[, damit er/sie etw tut] ❺ (*demands, stress*) ■ **~s** *pl* Druck *m kein pl*, Belastung[en] *f* [*pl*] II. *vt esp* AM ■ **to ~ sb to do sth** jdn dazu drängen, etw zu tun

'**pres·sure cab·in** *n* [Über]druckkabine *f* '**pres·sure cook·er** *n* Schnellkochtopf *m* '**pres·sure gauge** *n* Druckmesser *m* '**pres·sure group** *n* Pressuregroup *f* '**pres·sure wash·er** *n* Hochdruckreiniger *m*

pres·sur·ize ['preʃ°raɪz] *vt* ❶ (*control air pressure*) druckfest halten ❷ (*persuade by force*) ■ **to ~ sb to do sth** jdn [massiv] dazu drängen, etw zu tun

pres·tige [pres'tiːʒ] I. *n no pl* Prestige *nt*, Ansehen *nt* II. *adj* angesehen; *hotel* vornehm

pres·tig·ious [pres'tɪdʒəs] *adj* angesehen, Prestige-

pre·stressed [ˌpriː'strest] *adj* TECH vorgespannt

pre·sum·ably [prɪ'zjuːməbli] *adv* vermutlich

pre·sume [prɪ'zjuːm] I. *vt* (*suppose, believe*) annehmen, vermuten; **to be ~d innocent** als unschuldig gelten; **I ~ so/not** ich denke ja/nein; **she's ~d to have shot him in cold blood** man sagt ihr nach, sie hätte ihn kaltblütig erschossen II. *vi* ❶ (*be rude*) anmaßend sein ❷ (*take advantage of*) ■ **to ~ on sth** etw überbeanspruchen ❸ (*dare*) ■ **to ~ to do sth** sich *dat* erlauben, etw zu tun

pre·sump·tion [prɪ'zʌmpʃ°n] *n* ❶ (*assumption*) Annahme *f*, Vermutung *f* ❷ *no pl* (*form: arrogance*) Überheblichkeit *f*

pre·sump·tive [prɪ'zʌmptɪv] *adj* attitude, reasoning vermutlich, mutmaßlich

pre·sump·tuous [prɪ'zʌmptʃuəs] *adj* (*arrogant*) person, behaviour anmaßend; attitude überheblich; (*forward*) unverschämt

pre·sup·pose [ˌpriːsə'pəʊz] *vt* (*form*) voraussetzen

pre·sup·po·si·tion [ˌpriːsʌpə'zɪʃ°n] *n* Voraussetzung *f*, Annahme *f*

pre-tax [ˌpriː'tæks] *adj* unversteuert, vor Abzug der Steuern *nach n*, Brutto-

pre·tence [prɪ'ten(t)s] *n no pl* ❶ (*false behaviour, insincerity*) Vortäuschung *f;* **under the ~ of friendship** unter dem Deckmantel der Freundschaft; **under false ~s** *also* LAW unter Vorspiegelung falscher Tatsachen; **to keep up a ~ of sth** etw vortäuschen ❷ (*story, excuse*) Vorwand *m*; **under the ~ of doing sth** unter dem Vorwand, etw zu tun ❸ (*claim*) **I make no ~ to having any athletic skill** ich behaupte gar nicht, sportlich zu sein ❹ (*imagination*) Vorstellungskraft *f,* Fantasie *f*

pre·tend [prɪˈtend] I. *vt* ❶ (*behave falsely*) vorgeben, vortäuschen; **to ~ surprise** so tun, als ob man überrascht wäre; **to ~ that one is asleep** sich schlafend stellen ❷ (*imagine*) ■**to ~ to be sb/sth** so tun, als sei man jd/etw; **I'll just ~ that I didn't hear that** ich tue einfach so, als hätte ich das nicht gehört II. *vi* ❶ (*feign*) sich *dat* etw vormachen; ■**to ~ to sb** jdm etw vormachen ❷ (*form: claim*) **I don't ~ to remember all the details** ich behaupte nicht, mich an alle Einzelheiten zu erinnern III. *adj attr* (*fam: in deception, game*) Spiel-; **this doll is Katie's ~ baby** mit dieser Puppe spielt Katie Baby

pre·tend·ed [prɪˈtendɪd] *adj attr* vorgetäuscht, geheuchelt, gespielt

pre·tend·er [prɪˈtendəʳ] *n to position, title* Anwärter, Anwärterin (**to** auf)

pre·tense *n no pl esp* AM *see* **pretence**

pre·ten·sion [prɪˈten(t)ʃən] *n* ❶ *usu pl* (*claim*) Anspruch *m* (**to** auf); (*aspiration*) Ambition *f* ❷ *no pl* (*pej*) *see* **pretentiousness**

pre·ten·tious [prɪˈten(t)ʃəs] *adj* (*pej: boastful*) *person* großspurig; (*pompous*) *manner, speech, style* hochgestochen; (*ostentatious*) *protzig meist pej fam*; *house, style* pompös

pre·ten·tious·ly [prɪˈten(t)ʃəsli] *adv* (*pej: ostentatious*) *attitude* protzig *meist pej fam*; (*boastfully*) *person* angeberisch *fam*

pre·ten·tious·ness [prɪˈten(t)ʃəsnəs] *n no pl* (*arrogance*) Überheblichkeit *f,* Anmaßung *f*; (*boastfulness*) Angeberei *f fam*

pret·er·it(e) [ˈpretərɪt] LING I. *n* Präteritum *nt,* Imperfekt *nt* II. *adj attr* Präteritums-; **~ form** Präteritum *nt,* Imperfekt *nt*

pre·ter·natu·ral [ˌpriːtəˈnætʃərəl] *adj* (*form*) ❶ (*exceptional*) außergewöhnlich ❷ (*supernatural*) übernatürlich

pre·text [ˈpriːtekst] *n* Vorwand *m* (**for** für); **on the ~ of doing sth** unter dem Vorwand, etw zu tun

pret·ti·fy <-ie-> [ˈprɪtɪfaɪ] *vt room etc.* verschönern

pret·ty [ˈprɪti] I. *adj* ❶ (*attractive*) *person* hübsch; *thing* nett; **not a ~ sight** kein schöner Anblick ❷ (*iron: not good*) schön, prima *fam* II. *adv* (*fam*) ❶ (*fairly*) ziemlich; **~ good** (*fam*) ganz gut; **~ damn good/quick** (*fam*) verdammt gut/schnell ❷ (*almost*) **~ well everything** beinah alles; **~ much** fast, nahezu III. *vt* ■**to ~ oneself** ⌾ **up** sich zurechtmachen; ■**to ~ up** ⌾ **sth** (*enhance*) etw verschönern; (*enliven*) etw aufpeppen

pret·zel [ˈpretsəl] *n* Brezel *f* ÖSTERR *a. nt*

pre·vail [prɪˈveɪl] *vi* ❶ (*triumph*) *justice, good* siegen; *person* sich durchsetzen ❷ (*induce*) ■**to ~ on sb to do sth** jdn dazu bewegen, etw zu tun ❸ (*exist, be widespread*) *custom* weit verbreitet sein; *opinion* geläufig sein

pre·vail·ing [prɪˈveɪlɪŋ] *adj attr wind* vorherrschend; *weather* derzeit herrschend; **under the ~ circumstances** unter den gegebenen Umständen; **under ~ law** nach geltendem Recht [und Gesetz]; **~ mood** momentane Stimmung; **~ opinion** aktuelle Meinungslage

preva·lence [ˈprevələn(t)s] *n no pl* (*common occurrence*) *of crime, disease* Häufigkeit *f*; *of bribery, of drugs* Überhandnehmen *nt*; (*predominance*) Vorherrschen *nt*

preva·lent [ˈprevələnt] *adj* (*common*) vorherrschend *attr*; *disease* weit verbreitet; *opinion* geläufig; (*frequent*) besonders häufig

pre·vari·cate [prɪˈværɪkeɪt] *vi* (*form*) **Jane is prevaricating over whether to buy a new house** Jane kann sich einfach nicht zu dem Kauf eines neuen Hauses entscheiden

pre·vari·ca·tion [prɪˌværɪˈkeɪʃən] *n no pl* (*form*) Ausflüchte *pl,* Ausweichmanöver *nt meist pl*

pre·vent [prɪˈvent] *vt* verhindern; MED vorbeugen; *crime* verhüten; ■**to ~ sb/sth [from] doing sth** jdn/etw daran hindern, etw zu tun; **there's nothing to ~ us from doing it** davon kann uns überhaupt nichts abhalten

pre·ven·ta·tive [prɪˈventətɪv] *adj see* **preventive**

pre·ven·tion [prɪˈven(t)ʃən] *n no pl of disaster* Verhinderung *f*; *of accident* Vermeidung *f*; *of crime* Verhütung *f*

pre·ven·tive [prɪˈventɪv] *adj* vorbeugend, Präventiv-; ■**to be ~** zur Vorbeugung dienen

pre·view [ˈpriːvjuː] I. *n of a film, play* Vorpremiere *f*; *of a trailer* Vorschau *f*; *of an exhibition* Vernissage *f*; *of new products* Vor[ab]besichtigung *f* II. *vt* ❶ (*detail in advance*) *film, theatre, TV* vorab ankündigen; *book* vorab besprechen; *report* vorab besprechen ❷ (*see in advance*) *film, thea-*

tre schon vorher sehen; (*read in advance*) schon vorher lesen III. *vi* eine Voraufführung geben

pre·vi·ous ['priːviəs] *adj attr* ❶ (*former*) vorig, vorausgegangen; (*prior*) vorherig; **~ conviction** Vorstrafe *f*; **no ~ experience required** keine Vorkenntnisse erforderlich; **~ holder/owner** Vorbesitzer(in) *m(f)* ❷ (*preceding*) vorig, vorhergehend; **on the ~ day** am Tag davor; **the ~ evening/week** der Abend/die Woche zuvor; **on my ~ visit to Florida** bei meinem letzten Besuch in Florida; **the ~ ten years** die vergangenen zehn Jahre

pre·vi·ous·ly ['priːviəsli] *adv* (*beforehand*) zuvor, vorher; (*formerly*) früher; **~ unknown/unreleased** bisher unbekannt/unveröffentlicht

pre-war [ˌpriːˈwɔːʳ] *adj* Vorkriegs-

pre-wash <*pl* -es> [ˌpriːˈwɒʃ] *n* vor dem Waschen

prey [preɪ] I. *n no pl* ❶ (*food*) Beute *f* ❷ (*fig: victim*) Beute *f*; **to be easy ~ for sb** leichte Beute für jdn sein II. *vi* ❶ (*kill*) **to ~ on sth** Jagd auf etw *akk* machen ❷ (*exploit*) ■ **to ~ on sb** jdn ausnutzen; (*abuse*) jdn ausnehmen; **to ~ on old people** sich *dat* alte Menschen als Opfer [aus]suchen

price [praɪs] I. *n* ❶ (*money*) Preis *m*; (*monetary sum*) [Geld]preis *m*; **computer ~s** Computerpreise *pl*; **the ~ of oil** der Ölpreis ❷ (*forfeit*) Preis *m kein pl fig*; **to pay a** [**heavy/small**] **~** einen [hohen/geringen] Preis zahlen *fig*; **not at any ~** um keinen Preis II. *vt* ■ **to ~ sth** (*mark with price*) etw auszeichnen; (*set value*) den Preis für etw *akk* festsetzen; **to be reasonably ~d** einen angemessenen Preis haben

ˈ**price brack·et** *n* Preisklasse *f* ˈ**price con·trol** *n* Preiskontrolle *f* ˈ**price cut** *n* Preissenkung *f* ˈ**price fix·ing** *n no pl* Preisabsprache *f* ˈ**price freeze** *n* Preisstopp *m* ˈ**price-goug·ing** *n no pl* überhöhte Preise, Preistreiberei *f* ˈ**price in·dex** *n* Preisindex *m* ˈ**price-led** *adj attr* marketing strategy preisfixiert; supermarket chain Billig-, Niedrigpreis-

price·less ['praɪsləs] *adj* ❶ (*invaluable*) unbezahlbar, von unschätzbarem Wert nach *n* ❷ (*fig fam: funny*) remark, situation köstlich; of person unbezahlbar *hum*

ˈ**price list** *n* Preisliste *f* ˈ**price range** *n* Preislage *f* ˈ**price tag** *n*, ˈ**price tick·et** *n* ❶ (*label*) Preisschild *nt* ❷ (*fam: cost*) Preis *m* (**for** für) ˈ**price war** *n* Preiskrieg *m*

pricey ['praɪsi] *adj* (*fam*) teuer

pric·ing ['praɪsɪŋ] *n no pl* Preisgestaltung *f*

prick [prɪk] I. *n* ❶ (*act of piercing*) Stechen *nt*; (*pierced hole, mark*) Stich *m*; (*fig: sharp pain*) Stich *m*; **a ~ of anxiety/resentment** ein Anflug *m* von Angst/Groll ❷ (*vulg: penis*) Schwanz *m* ❸ (*vulg: idiot*) Arsch *m* II. *vt* stechen; **to ~ one's finger** sich *dat or akk* in den Finger stechen; **to ~ a potato with a fork** eine Kartoffel mit einer Gabel einstechen ♦ **prick out** *vt* ❶ HORT auspflanzen ❷ (*draw, decorate*) design, pattern, shape punktieren ♦ **prick up** I. *vt* **to ~ up one's ears** die Ohren spitzen II. *vi* sb's ears ~ up [at sth] jd spitzt die Ohren [bei etw *dat*]

prick·le ['prɪkl̩] I. *n* ❶ (*thorn*) of plant Dorn *m*; of animal Stachel *m* ❷ (*sensation*) by beard, wool Kratzen *nt*; (*fig*) Kribbeln *nt a. fig fam* II. *vi* of beard, wool jucken, kratzen; (*fig*) kribbeln, prickeln III. *vt* wool sweater etc. kratzen

prick·ly ['prɪkli] *adj* ❶ (*thorny*) stachelig ❷ (*scratchy*) kratzig ❸ (*fam: easily offended*) person [leicht] reizbar; (*stronger*) kratzbürstig; *subject* heikel

prick·ly ˈpear *n* ❶ (*plant*) Feigenkaktus *m* ❷ (*fruit*) Kaktusfeige *f*

pride [praɪd] I. *n no pl* ❶ (*arrogance*) Hochmut *m*, Überheblichkeit *f*; (*satisfaction*) Stolz *m*; **to feel great ~** besonders stolz sein; **to take ~ in sb/sth** stolz auf jdn/etw sein; (*self-respect*) Stolz *m*; **to have too much ~ to do sth** zu stolz sein, um etw zu tun ❷ *no pl* (*object of satisfaction*) Stolz *m* ❸ (*animal group*) **a ~ of lions** ein Rudel *nt* Löwen ▶ **~ comes before a fall** (*prov*) Hochmut kommt vor dem Fall; **to swallow one's ~** seinen Stolz überwinden II. *vt* ■ **to ~ oneself on sth** auf etw *akk* [besonders] stolz sein

priest [priːst] *n* Priester *m*, Geistlicher *m*

priest·ess <*pl* -es> [ˌpriːˈstes] *n* Priesterin *f* **priest·hood** ['priːsthʊd] *n no pl* ❶ (*position, office*) Priestertum *nt*; **to enter the ~** Priester/Priesterin werden ❷ (*body of priests*) Priesterschaft *f* **priest·ly** ['priːstli] *adj* priesterlich, Priester-

prig [prɪg] *n* (*pej: moralist*) Tugendbold *m*; (*pedant*) Erbsenzähler *m*

prig·gish ['prɪgɪʃ] *adj* (*pej: self-righteous*) selbstgefällig; (*prudish*) übertrieben tugendhaft

prim <-mm-> [prɪm] *adj* (*pej: stiffly formal*) steif; (*prudish*) prüde; (*neat*) house mustergültig, untadelig; *clothes* streng

pri·ma·cy ['praɪməsi] *n no pl* (*form*) Vorrang *m*, Primat *m o nt geh*

pri·ma don·na [ˌpriːməˈdɒnə] *n* (*also fig*) Primadonna *f*

pri·mae·val *adj esp* BRIT *see* **primeval**

pri·mal [ˈpraɪmᵊl] *adj* ursprünglich, Ur-

pri·mari·ly [praɪˈmerəli] *adv* vorwiegend, hauptsächlich, in erster Linie

pri·ma·ry [ˈpraɪmᵊri] **I.** *adj* ❶ (*principal*) primär *geh*, Haupt-; ~ **concern** Hauptanliegen *nt* ❷ (*not derivative*) roh gewonnen, Roh- ❸ *esp* BRIT, AUS (*education*) Grundschul[s]- **II.** *n* AM POL (*election*) Vorwahl *f*

pri·ma·ry 'col·our *n*, AM **pri·ma·ry 'col·or** *n* Grundfarbe *f* **pri·ma·ry edu·'ca·tion** *n no pl esp* BRIT Grundschul[aus]bildung *f*

pri·mate [ˈpraɪmeɪt] *n* ❶ ZOOL (*mammal*) Primat *m* ❷ (*priest*) Primas *m fachspr*

prime [praɪm] **I.** *adj attr* ❶ (*main*) wesentlich, Haupt-; **of ~ importance** von äußerster Wichtigkeit; ~ **objective** oberstes Ziel; ~ **suspect** Hauptverdächtige(r) *f(m)* ❷ (*best*) erstklassig; *example* ausgezeichnet **II.** *n no pl* Blütezeit *f fig;* **to be in one's ~** im besten Alter sein; **to be past one's ~** die besten Jahre hinter sich *dat* haben **III.** *vt* ❶ (*prepare*) vorbereiten ❷ TECH, MIL (*for exploding*) scharfmachen; (*for firing*) schussbereit machen; (*undercoat*) *canvas, metal, wood* grundieren ❸ *usu passive* MED, BIOL **the immune system is ~d to attack diseased cells** das Immunsystem ist darauf ausgerichtet, kranke Zellen anzugreifen

prime 'cost *n* ECON Selbstkosten *pl* **prime me·'ridi·an** *n* Nullmeridian *m* **prime 'min·is·ter** *n* Premierminister(in) *m(f)* **prime 'mov·er** *n* treibende Kraft; *also* PHILOS bewegende Kraft, Triebfeder *f* **prime 'num·ber** *n* Primzahl *f*

prim·er [ˈpraɪmər] *n* (*paint*) Grundierfarbe *f;* (*coat*) Grundierung *f*

'prime time *n* Hauptsendezeit *f*

pri·meval [ˌpraɪˈmiːvᵊl] *adj* urzeitlich, Ur-

primi·tive [ˈprɪmɪtɪv] *adj* ❶ (*early stage*) primitiv; ZOOL urzeitlich; ~ **mammal** Säugetier *nt* aus der Urzeit; (*unsophisticated, unreasoned*) *society, tribe, behaviour, emotion* primitiv ❷ (*pej: simple*) primitiv

primi·tive·ness [ˈprɪmɪtɪvnəs] *n no pl* (*in development*) Primitivität *f;* (*simplicity*) Einfachheit *f*

pri·mo·geni·ture [ˌpraɪməʊˈdʒenɪtʃər] *n no pl* (*spec*) Primogenitur *f*

pri·mor·dial [praɪˈmɔːdiəl] *adj* (*form*) ❶ ASTRON (*primeval*) Ur-, ursprünglich ❷ (*basic, fundamental*) Ur-, ureigen *attr*

prim·rose [ˈprɪmrəʊz] *n* [gelbe] Schlüsselblume

primu·la [ˈprɪmjələ] *n* Primel *f*

Pri·mus® [ˈpraɪməs] *n*, **Pri·mus stove®** *n* Campingkocher *m*

prince [prɪn(t)s] *n* ❶ (*royal*) Prinz *m;* (*head of principality*) Fürst *m* ❷ (*fig: one of best*) **to be a ~** [**among sb**] eine herausragende Persönlichkeit [unter jdm] sein

prince 'con·sort *n* Prinzgemahl *m*

prince·ly [ˈprɪn(t)sli] *adj* (*approv*) fürstlich

prin·cess [*pl* -es> [prɪnˈses] *n* Prinzessin *f*

prin·ci·pal [ˈprɪn(t)səpᵊl] **I.** *adj attr* ❶ (*most important*) Haupt-, hauptsächlich; **one of the ~ towns** eine der bedeutendsten Städte ❷ FIN (*original sum*) Kapital- **II.** *n* ❶ AM, AUS (*head person*) *in a school* Direktor(in) *m(f);* *in a company* Vorgesetzte(r) *f(m);* *in a play* Hauptdarsteller(in) *m(f);* *in an orchestra* Solist(in) *m(f);* (*person responsible for crime*) Hauptschuldige(r) *f(m)* ❷ (*client of lawyer*) Mandant(in) *m(f)* ❸ *usu sing* (*of investment*) Kapitalsumme *f;* (*of loan*) Kreditsumme *f*

prin·ci·pal·ity [ˌprɪn(t)sɪˈpæləti] *n* Fürstentum *nt*

prin·ci·pal·ly [ˈprɪn(t)səpli] *adv* hauptsächlich, vorwiegend, in erster Linie

prin·ci·ple [ˈprɪn(t)səpᵊl] *n* ❶ (*basic concept*) Prinzip *nt;* **basic ~** Grundprinzip *nt* ❷ (*fundamental*) Grundlage *f* ❸ (*approv: moral code*) Prinzip *nt,* Grundsatz *m;* **to stick to one's ~s** an seinen Prinzipien festhalten ❹ CHEM Grundbestandteil *m* ▶ **on ~** aus Prinzip; **in ~** im Prinzip

print [prɪnt] **I.** *n* ❶ (*lettering*) Gedruckte(s) *nt;* **the small ~** das Kleingedruckte ❷ *no pl* (*printed form*) Druck *m;* **to appear in ~** veröffentlicht werden; **to be in/out of ~** erhältlich/vergriffen sein ❸ (*printed media*) ■**in ~** in der Presse ❹ (*photo*) Abzug *m;* (*film*) Kopie *f;* (*reproduction*) Kopie *f;* (*copy of artwork*) Druck *m* ❺ (*pattern*) [Druck]muster *nt;* **floral ~** Blumenmuster *nt* ❻ (*footprint*) Fußabdruck *m;* (*fam: fingerprint*) Fingerabdruck *m* **II.** *vt* ❶ TYPO drucken; **to ~ a magazine/newspaper** eine Zeitschrift/Zeitung herausgeben ❷ PUBL veröffentlichen; (*in magazine, newspaper*) abdrucken ❸ COMPUT etw ausdrucken ❹ PHOT abziehen ❺ (*on fabric*) bedrucken; **~ed by hand** handbedruckt ❻ (*write by hand*) in Druckschrift schreiben **III.** *vi* ❶ (*be in preparation*) sich im Druck befinden ❷ (*make copy*) drucken ❸ (*write in unjoined letters*) in Druckschrift schreiben

print·able ['prɪntəbl] *adj* druckfähig, druckbar; *manuscript* druckfertig
print·ed cir·cuit board *n* Leiterplatte *f*
print·er ['prɪntə'] *n* ❶ (*person*) Drucker(in) *m(f)* ❷ (*machine*) Drucker *m*
'**print·er driv·er** *n* Druckertreiber *m*
print·ing ['prɪntɪŋ] *n* ❶ *no pl* (*act*) Drucken *nt* ❷ (*print run*) Auflage *f* ❸ *no pl* (*handwriting*) Druckschrift *f*
'**print·ing ink** *n* Druckerschwärze *f*, Druckfarbe *f* '**print·ing press** *n* Druckerpresse *f* '**print·out** *n* Ausdruck *m* '**print run** *n* ❶ TYPO Auflage *f* ❷ COMPUT Drucklauf *m*
'**print shop** *n* ❶ (*factory*) Druckmaschinensaal *m* ❷ (*copy store*) Druckerei *f* ❸ (*shop*) Grafikhandlung *f*
pri·or[1] ['praɪə'] **I.** *adv* ■~ **to sth** vor etw *dat* **II.** *adj attr* ❶ (*earlier*) frühere(r, s), vorherige(r, s); ~ **engagement** vorher getroffene Verabredung; ~ **conviction** LAW Vorstrafe *f* ❷ (*having priority*) vorrangig **III.** *n* AM (*prior conviction*) Vorstrafe *f*
pri·or[2] ['praɪə'] *n* (*of abbey/priory*) Prior *m*
pri·ori·tize [praɪ'ɒrɪtaɪz] *esp* AM **I.** *vt* ■to ~ **sth** ❶ (*order*) etw der Priorität nach ordnen ❷ (*give preference to*) etw vorrangig behandeln **II.** *vi* Prioritäten setzen
pri·or·ity [praɪ'ɒrəti] *n* **I.** *n* ❶ (*deserving greatest attention*) vorrangige Angelegenheit; **first**/**top** ~ Angelegenheit *f* von höchster Priorität; **my first ~ is to find somewhere to live** für mich ist es vorrangig, eine Wohnung zu finden; **to get one's priorities right** seine Prioritäten richtig setzen ❷ *no pl* (*great importance*) Priorität *f* ❸ *no pl* (*precedence*) Vorrang *m*; **to give ~ to sb/sth** jdm/etw den Vorzug geben ❹ *no pl* (*right of way*) Vorfahrt *f* **II.** *adj* ❶ (*urgent*) *task* vordringlich; ~ **mail** AM Expresszustellung *f* ❷ (*preferential*) vorrangig
pri·ory ['praɪəri] *n* Priorat *nt*
prise [praɪz] *vt esp* BRIT, AUS ■to ~ **sth open** etw [mit einem Hebel] aufbrechen; **to ~ sb's hand open** jds Hand [mit Gewalt] öffnen
prism ['prɪzəm] *n* Prisma *nt*
pris·mat·ic [prɪz'mætɪk] *adj* ❶ (*shape*) prismatisch ❷ (*formed by a prism*) Prismen-; ~ **colours** Spektralfarben *pl*
pris·on ['prɪzən] *n* (*also fig*: *jail*) Gefängnis *nt a. fig*; **to be in** ~ im Gefängnis sitzen; **to go to** ~ ins Gefängnis kommen
'**pris·on camp** *n* (*for POWs*) [Kriegs]gefangenenlager *nt;* (*for political prisoners*) Straflager *nt* '**pris·on cell** *n* Gefängniszelle *f*

pris·on·er ['prɪzənə'] *n* (*also fig*) Gefangene(r) *f(m) a. fig*, Häftling *m;* (*fig*) **political** ~ politischer Häftling; **to hold sb** ~ jdn gefangen halten; **to take sb** ~ jdn gefangen nehmen

pris·on·er of 'war <*pl* prisoners-> *n* Kriegsgefangene(r) *f(m)*
'**pris·on guard** *n* Gefängniswärter(in) *m(f)*
'**pris·on in·'mate** *n* Gefängnisinsasse *m*/-insassin *f*, Häftling *m* **pris·on 'riot** *n* Gefängnisaufstand *m* '**pris·on yard** *n* Gefängnishof *m*
pris·tine ['prɪsti:n] *adj* (*approv: original*) ursprünglich; *nature* unberührt; (*perfect*) tadellos, makellos
pri·va·cy ['prɪvəsi] *n no pl* ❶ (*personal realm*) Privatsphäre *f*; **in the ~ of one's home** in den eigenen vier Wänden *fam* ❷ (*time alone*) Zurückgezogenheit *f*, Abgeschiedenheit *f* ❸ (*secret*) Geheimhaltung *f*; **in strict ~** streng vertraulich
'**pri·va·cy glass** *n no pl* (*in cars*) ~ **windows** abgedunkelte Scheiben
pri·vate ['praɪvɪt] **I.** *adj* ❶ (*personal*) privat, Privat-; ~ **joke** Insiderwitz *m fam;* **sb's ~ opinion** jds persönliche Meinung ❷ (*not open to public*) privat, Privat-; *discussion, meeting* nicht öffentlich ❸ (*confidential*) vertraulich; **to keep sth ~** etw für sich *akk* behalten ❹ (*not social*) zurückhaltend, introvertiert ❺ (*secluded*) abgelegen; (*undisturbed*) ungestört ❻ (*not governmental*) privat, Privat- ❼ (*not as official*) **as a ~ person** als Privatperson **II.** *n* ❶ *no pl* (*not in public*) ■**in ~** privat; LAW unter Ausschluss der Öffentlichkeit; **to speak to sb in ~** jdn [*o* mit jdm] unter vier Augen sprechen ❷ (*fam: genitals*) ■~**s** *pl* Geschlechtsteile *pl* ❸ (*soldier*) Gefreiter *m*
pri·va·teer [ˌpraɪvə'tɪə'] *n* (*hist*) Freibeuter *m*
pri·vate·ly ['praɪvɪtli] *adv* ❶ (*not in public*) privat; **to speak ~ with sb** mit jdm unter vier Augen sprechen ❷ (*secretly*) heimlich, insgeheim ❸ (*personally*) persönlich
pri·va·tion [praɪ'veɪʃən] *n* (*form*) ❶ *no pl* Armut *f*, Not *f* ❷ (*hardship*) Entbehrung *f*
pri·vati·za·tion [ˌpraɪvɪtaɪ'zeɪʃən] *n no pl* Privatisierung *f*
pri·va·tize ['praɪvɪtaɪz] *vt* privatisieren
priv·et ['prɪvɪt] *n* Liguster *m*
privi·lege ['prɪvəlɪdʒ] **I.** *n* ❶ (*special right*) Privileg *nt*, Vorrecht *nt* ❷ (*honour*) Ehre *f;* (*iron*) Vergnügen *nt;* ■**it is a ~** [**for sb**] **to do sth** es ist [jdm] eine Ehre, etw zu tun ❸ *no pl* (*advantage*) Sonderrecht *nt*, Privileg *nt* ❹ LAW **attorney-client ~** Anwaltsge-

heimnis *nt* II. *vt usu passive* ❶ (*give privileges to*) privilegieren ❷ (*exempt from*) ■ **to be ~d from sth** von etw *dat* befreit sein

priv·i·leged ['prɪvᵊlɪdʒd] *adj* ❶ (*with privileges*) privilegiert ❷ LAW *communication, information* vertraulich

privy ['prɪvi] I. *adj* (*form*) ■ **to be ~ to sth** in etw *akk* eingeweiht sein II. *n* ❶ (*old: toilet*) Retriade *f* ❷ LAW Mitinteressent(in) *m(f)*

prize[1] [praɪz] I. *n* ❶ (*sth won*) Preis *m*; (*in lottery*) Gewinn *m* ❷ (*reward*) Lohn *m* II. *adj attr* ❶ (*iron: first-rate*) erstklassig; **~ idiot** Vollidiot(in) *m(f) pej sl* ❷ (*prizewinning*) preisgekrönt III. *vt usu passive* schätzen; ■ **to ~ sth above sth** etw über etw *dat* stellen; **sb's ~d possession** jds wertvollster Besitz; **to ~ sth highly** etw hoch schätzen

prize[2] *vt* AM *see* **prize**

'**prize·fight** *n* Profiboxkampf *m* '**prize·fight·er** *n* Profiboxer(in) *m(f)* '**prize·fight·ing** *n no pl* Profiboxen *nt* '**prize·giv·ing** *n* Preisverleihung *f* '**prize list** *n* Gewinnerliste *f* '**prize mon·ey** *n no pl* Geldpreis *m*; SPORTS Preisgeld *nt* '**prize·win·ner** *n* Gewinner(in) *m(f)*, Preisträger(in) *m(f)* '**prize-win·ning** *adj attr* preisgekrönt

pro[1] [prəʊ] (*fam*) I. *n* Profi *m* II. *adj attr* Profi-

pro[2] [prəʊ] I. *adv* dafür II. *n* Pro *nt*; ■ **the ~s of sth** die Vorteile *pl* einer S. *gen;* **the ~s and cons of sth** das Pro und Kontra einer S. *gen;* **to weigh the ~s and cons of sth** die Vor- und Nachteile einer S. *gen* gegeneinander abwägen III. *prep* (*in favour of*) für IV. *adj* pro-; **a measure's ~ arguments** die Argumente *pl* für eine Maßnahme

pro·ac·tive [ˌprəʊˈæktɪv] *adj* initiativ *geh*; **some firms should be taking a more ~ attitude towards exporting** manche Firmen sollten, was den Export betrifft, mehr Eigeninitiative zeigen

prob·abil·ity [ˌprɒbəˈbɪləti] *n* Wahrscheinlichkeit *f*; **high/strong ~** hohe/große Wahrscheinlichkeit; **in all ~** höchstwahrscheinlich

prob·able ['prɒbəbl] I. *adj* wahrscheinlich II. *n* POL, ECON Kandidat(in) *m(f)*

prob·ably ['prɒbəbli] *adv* wahrscheinlich

pro·bate ['prəʊbeɪt] I. *n no pl* ❶ LAW gerichtliche Testamentsbestätigung [und Erbscheinerteilung] ❷ AUS (*tax*) Erbschaftssteuer *f* II. *vt* AM gerichtlich bestätigen

pro·ba·tion [prə(ʊ)ˈbeɪʃᵊn] *n no pl* ❶ (*trial period*) Probezeit *f*; **to be on ~** Probezeit haben ❷ LAW Bewährung *f*; **to be [out] on ~** auf Bewährung [draußen] sein ❸ AM SCH, UNIV (*disciplinary period*) Besserungsfrist *f*; **to place sb on ~** jdm eine Besserungsfrist einräumen

pro·ba·tion·ary [prə(ʊ)ˈbeɪʃᵊnᵊri] *adj* Probe-; LAW Bewährungs-

pro·ba·tion·er [prə(ʊ)ˈbeɪʃᵊnər] *n* ❶ (*ex-convict*) auf Bewährung Freigelassene(r) *f(m)* ❷ (*employee*) Angestellte(r) *f(m)* auf Probe

pro·'ba·tion of·fic·er *n* Bewährungshelfer(in) *m(f)*

probe [prəʊb] I. *vi* ❶ (*investigate*) forschen (**for** nach); (*pester*) bohren *pej fam*; **to ~ into sb's past/private life** in jds Vergangenheit/Privatleben herumschnüffeln *pej fam* ❷ (*physically search*) Untersuchungen durchführen II. *vt* ❶ (*investigate*) untersuchen; *mystery* ergründen; *scandal* auf den Grund gehen ❷ MED untersuchen III. *n* ❶ (*investigation*) Untersuchung *f*; **~ into a murder/scandal** Untersuchung *f* eines Mordes/Skandals; **~ into sb's past/private life** Herumschnüffeln *nt* in jds Vergangenheit/Privatleben *pej fam* ❷ MED Sonde *f*

prob·ing ['prəʊbɪŋ] I. *adj attr* prüfend; *question* bohrend; **~ glance** forschender Blick II. *n* (*investigation*) Untersuchung *f*; **~ into sb's activities** eine Überprüfung der Aktivitäten einer Person *gen*

pro·bi·otic [ˌprəʊbaɪˈɒtɪk] *adj bacteria* probiotisch

pro·bity ['prəʊbəti] *n no pl* (*form*) Rechtschaffenheit *f*

prob·lem ['prɒbləm] *n* ❶ (*difficulty*) Schwierigkeit *f*, Problem *nt*; **it's not my ~!** das ist [doch] nicht mein Problem!; **he had no ~ in getting the job** er bekam die Arbeit ohne Probleme; (*fam*) **no ~** (*sure*) kein Problem; (*don't mention it*) keine Ursache; **what's your ~?** was ist [mit dir] los?; **to face a ~** vor einem Problem stehen; **to pose a ~ [for sb]** [für jdn] ein Problem sein ❷ (*task*) Aufgabe *f*; **that's her ~!** das ist ihre Sache! ❸ MED Problem *nt* ❹ MATH [Rechen]aufgabe *f*

prob·lem·at·ic(al) [ˌprɒbləˈmætɪk(ᵊl)] *adj* ❶ (*difficult*) problematisch ❷ (*questionable*) fragwürdig

'**prob·lem child** *n* Problemkind *nt*

pro·bos·cis <*pl* -sces> [prə(ʊ)ˈbɒsɪs, *pl* -siːz] *n* ❶ ZOOL Rüssel *m* ❷ (*hum: person's nose*) Rüssel *m fam*

pro·cedur·al [prəˈsiːdʒərəl] *adj* verfahrenstechnisch; LAW verfahrensrechtlich, Verfahrens-

pro·cedure [prəˈ(ʊ)siːdʒər] *n* ❶ (*particular course of action*) Verfahren *nt;* **standard ~** übliche Vorgehensweise ❷ (*operation*) Vorgang *m*, Prozedur *f* ❸ LAW Verfahren *nt*, Prozess *m;* **court ~** Gerichtsverfahren *nt*

pro·ceed [prəˈ(ʊ)siːd] *vi* (*form*) ❶ (*make progress*) fortschreiten, vorangehen ❷ (*advance*) vorrücken ❸ (*continue*) fortfahren, weiterfahren SÜDD, SCHWEIZ ❹ ■ **to ~ from sth** (*come from*) von etw *dat* kommen; (*be caused by*) von etw *dat* herrühren ❺ (*form: drive*) [weiter]fahren; (*walk*) [weiter]gehen ❻ (*continue speaking*) fortfahren [zu sprechen] ❼ (*go on*) ■ **to ~ to do sth** sich anschicken, etw zu tun ❽ LAW ■ **to ~ against sb** gegen jdn gerichtlich vorgehen

pro·ceed·ing [prəˈ(ʊ)siːdɪŋ] *n* ❶ (*action*) Vorgehen *nt kein pl;* (*manner*) Vorgehensweise *f* ❷ LAW (*legal action*) ■ **~s** *pl* Verfahren *nt* ❸ (*event*) ■ **~s** *pl* Veranstaltung *f*

pro·ceeds [ˈprəʊsiːdz] *npl* Einnahmen *pl*

pro·cess¹ [ˈprəʊses] I. *n* <*pl* -**es**> ❶ (*set of actions*) Prozess *m* ❷ (*method*) Verfahren *nt* ❸ *no pl* (*going on*) Verlauf *m;* **in ~** im Gange; **in the ~** dabei ❹ (*summons*) gerichtliche Verfügung II. *vt* ❶ (*deal with*) bearbeiten; **to ~ sb** jdn abfertigen ❷ COMPUT verarbeiten ❸ (*fig: comprehend*) verstehen ❹ (*treat*) bearbeiten, behandeln; *food* haltbar machen, konservieren ❺ PHOT *film* entwickeln

pro·cess² [prəˈ(ʊ)ses] *vi* (*form*) [in einer Prozession] mitgehen

ˈpro·cess chart *n* Arbeitsablaufdiagramm *nt* **pro·cess en·gi·ˈneer·ing** *n no pl* Verfahrenstechnik *f*

pro·cess·ing [ˈprəʊsesɪŋ] *n no pl* ❶ (*dealing with*) *of application* Bearbeitung *f* ❷ (*treatment*) TECH Weiterverarbeitung *f;* FOOD Konservierung *f; of milk* Sterilisierung *f* ❸ COMPUT Verarbeitung *f* ❹ PHOT Entwicklung *f*

pro·ces·sion [prəˈseʃən] *n* ❶ (*line*) Umzug *m;* REL Prozession *f;* **funeral ~** Trauerzug *m;* ■ **in ~** hintereinander; **to go in ~** einen Umzug machen; REL eine Prozession machen ❷ (*fig: group*) Schlange *f*, Reihe *f*

pro·ces·sor [ˈprəʊsesər] *n* ❶ (*company*) [Weiter]verarbeitungsbetrieb *m* ❷ (*machine*) **food ~** Küchenmaschine *f* ❸ COMPUT Prozessor *m*

pro·claim [prəˈ(ʊ)kleɪm] *vt* ❶ (*form: announce*) verkünden, erklären ❷ (*liter: signify*) zum Ausdruck bringen

proc·la·ma·tion [ˌprɒkləˈmeɪʃən] *n* ❶ (*form: act of proclaiming*) Verkündigung *f*, öffentliche Bekanntmachung; **~ of the republic** Ausrufung *f* der Republik ❷ (*decree*) Erlass *m* ❸ (*liter: sign*) Ausdruck *m* (**of**)

pro·cliv·ity [prəˈ(ʊ)klɪvəti] *n* (*form*) Hang *m kein pl*, Neigung *f* (**for** zu), Schwäche *f* (**for** für)

pro·cras·ti·nate [prəˈ(ʊ)kræstɪneɪt] *vi* (*form*) zögern, zaudern

pro·cras·ti·na·tion [prəˈ(ʊ)ˌkræstɪˈneɪʃən] *n no pl* (*form*) Zögern *nt*, Zaudern *nt*

pro·cre·ate [ˈprəʊkrieɪt] I. *vi* sich fortpflanzen II. *vt* (*also fig*) zeugen; ■ **to ~ sth** etw hervorbringen

pro·crea·tion [ˌprəʊkriˈeɪʃən] *n no pl* Fortpflanzung *f;* (*fig*) Erzeugung *f*, Hervorbringen *nt*

proc·tor [ˈprɒktər] I. *n* ❶ AM (*for exam*) [Prüfungs]aufsicht *f* ❷ BRIT UNIV Disziplinarbeamte(r) *m/*Disziplinarbeamtin *f* II. *vi* AM Aufsicht führen III. *vt* AM **to ~ an exam** eine Prüfung beaufsichtigen

pro·cur·able [prəˈkjʊərəbl] *adj* erhältlich, beschaffbar

procu·ra·tor [ˈprɒkjʊ(ə)reɪtər] *n* ❶ (*representative*) Bevollmächtigte(r) *f/m)* ❷ SCOT (*attorney*) Anwalt *m/*Anwältin *f*

procu·ra·tor ˈfis·cal *n* SCOT Staatsanwalt *m/*Staatsanwältin *f*

pro·cure [prəˈkjʊər] (*form*) I. *vt* ❶ (*obtain*) beschaffen, besorgen; *sb's release* erreichen ❷ (*form: pimp*) **to ~ women for prostitution** Zuhälterei betreiben II. *vi* (*form*) Zuhälterei treiben

pro·cure·ment [prəˈkjʊəmənt] *n* (*form*) ❶ (*acquisition*) Beschaffung *f*, Besorgung *f* ❷ *no pl* (*system*) Beschaffungswesen *nt*

pro·cur·er [prəˈkjʊərər] *n* (*form*) Zuhälter *m*, Kuppler *m pej*

prod [prɒd] I. *n* ❶ (*tool*) Ahle *f;* **cattle ~** [elektrischer] Viehtreibstab ❷ (*poke*) Schubs *m fam*, [leichter] Stoß; **to give sb a ~** jdm einen Stoß versetzen ❸ (*fig: incitation*) Anstoß *m fig;* (*reminder*) Gedächtnisanstoß *m* II. *vt* <-dd-> ❶ (*poke*) stoßen; **to ~ a horse with a stick** ein Pferd mit einem Stock vorwärtstreiben ❷ (*fig: encourage*) antreiben; **to ~ sb into action** jdn auf Trab bringen *fam*

prodi·gal [ˈprɒdɪgəl] *adj* verschwenderisch

pro·di·gious [prəˈdɪdʒəs] *adj* (*form*) ❶ (*enormous*) gewaltig, ungeheuer ❷ (*wonderful*) wunderbar, erstaunlich

prodi·gy ['prɒdɪdʒi] *n* ① (*person*) außergewöhnliches Talent; **child ~** Wunderkind *nt*; **mathematical ~** Mathematikgenie *nt* ② (*accomplishment*) Wunder *nt*

pro·duce I. *vt* [prə'dju:s] ① (*make*) herstellen, produzieren; *coal, oil* fördern; *electricity* erzeugen ② (*bring about*) bewirken, hervorrufen; *effect* erzielen; *profits, revenue* erzielen; **to ~ results** zu Ergebnissen führen ③ ZOOL (*give birth to*) zur Welt bringen; **to ~ kittens/puppies/young** [Katzen]junge/Welpen/Junge bekommen ④ FILM, MUS *film, programme* produzieren; THEAT *play, opera* inszenieren ⑤ (*show*) hervorholen; **to ~ identification/one's passport** seinen Ausweis/Pass zeigen II. *vi* [prə'dju:s] ① (*bring results*) Ergebnisse erzielen; ECON einen Gewinn erwirtschaften ② (*give output*) produzieren; *mine* fördern ③ (*be fertile*) *humans* Nachwuchs bekommen; *plant* Früchte tragen; *land* ertragreich sein ④ FILM einen Film produzieren; THEAT ein Stück inszenieren III. *n* ['prɒdju:s] *no pl* ① AGR Erzeugnisse *pl*, Produkte *pl* ② AM (*fruit and vegetables*) Obst *nt* und Gemüse *nt*

pro·duc·er [prə'dju:sə'] *n* ① (*manufacturer*) Hersteller *m*, Produzent *m*; AGR Erzeuger *m* ② FILM, TV Produzent(in) *m(f)*; THEAT Regisseur(in) *m(f)*; MUS [Musik]produzent(in) *m(f)*

prod·uct ['prɒdʌkt] *n* ① (*sth produced*) Produkt *nt*, Erzeugnis *nt* ② (*result*) Ergebnis *nt*, Folge *f* ③ MATH Produkt *nt*

pro·duc·tion [prə'dʌkʃ°n] *n* ① *no pl* (*process*) Produktion *f*, Herstellung *f*; *of coal* Förderung *f*; *of energy* Erzeugung *f* ② *no pl* (*yield*) Produktion *f* ③ *no pl* FILM, TV, RADIO, MUS Produktion *f*; THEAT Inszenierung *f* ④ *no pl* (*form: presentation*) Vorweisen *nt*

pro·duc·tion ca·'pac·ity *n no pl* Produktionskapazität *f* **pro·'duc·tion costs** *npl* Produktionskosten *pl* **pro·duc·tion 'di·rec·tor** *n* RADIO Sendeleiter(in) *m(f)* **pro·'duc·tion line** *n* Fließband *nt* **pro·duc·tion 'man·ag·er** *n* Produktionsleiter(in) *m(f)* **pro·'duc·tion time** *n* Produktionszeit *f* **pro·'duc·tion vol·ume** *n* Fertigungsvolumen *nt*

pro·duc·tive [prə'dʌktɪv] *adj* ① (*with large output*) produktiv; *land, soil* fruchtbar, ertragreich; *mine, well* ergiebig; (*fig*) *conversation* fruchtbar; *discussion, meeting* ergiebig ② (*profitable*) *business* rentabel ③ (*efficient*) leistungsfähig ④ (*useful*) sinnvoll

prod·uc·tiv·ity [ˌprɒdʌk'tɪvəti] *n no pl* ① (*output*) Produktivität *f*; **high/low ~** hohe/niedrige Produktivität ② (*effectiveness*) Effektivität *f*, Effizienz *f* ③ (*profitability*) Rentabilität *f*

prod·uc·'tiv·ity agree·ment *n* BRIT Produktivitätsvereinbarung *f* **prod·uc·'tiv·ity bo·nus** *n* Leistungszulage *f*

prof [prɒf] *n* (*hum fam*) *short for* **professor** Prof *m*

pro·fane [prə'feɪn] I. *adj* ① (*blasphemous*) gotteslästerlich, frevelhaft ② (*form: secular*) weltlich, profan *geh* II. *vt* entweihen

pro·fan·ity [prə'fænəti] *n* ① *no pl* (*blasphemy*) Gotteslästerung *f* ② (*swearing*) Fluch *m* ③ (*word*) Kraftausdruck *m* ④ (*behaviour*) Lasterhaftigkeit *f*, Verderbtheit *f*

pro·fess [prə'fes] *vt* ① (*claim*) erklären; (*insistingly*) beteuern; **to ~ little enthusiasm** wenig Begeisterung zeigen ② (*affirm*) sich zu etw *dat* bekennen

pro·fessed [prə'fest] *adj attr* ① (*openly declared*) Marxist, communist erklärt ② (*alleged*) angeblich

pro·fes·sion [prə'feʃ°n] *n* ① (*field of work*) Beruf *m*; **teaching ~** Lehrberuf *m*; **to enter a ~** einen Beruf ergreifen; **by ~** von Beruf ② (*body of workers*) Berufsstand *m* ③ (*claim*) Bekundung *f*, Erklärung *f*

pro·fes·sion·al [prə'feʃ°n°l] I. *adj* ① (*of a profession*) beruflich, Berufs- ② (*not tradesman*) freiberuflich, akademisch; **~ people** Angehörige *pl* der freien [*o* akademischen] Berufe ③ (*expert*) fachmännisch; **is that your personal or ~ opinion?** ist das Ihre private Meinung oder Ihre Meinung als Fachmann? ④ (*approv: businesslike*) professionell, fachmännisch; **to do a ~ job** etw fachmännisch erledigen; **~ manner** professionelles Auftreten ⑤ (*not amateur*) Berufs-; SPORTS Profi- ⑥ (*fam: habitual*) notorisch II. *n* ① (*not an amateur*) Fachmann *m*/Fachfrau *f*; SPORTS Profi *m* ② (*not a tradesman*) Akademiker(in) *m(f)*, Angehörige(r) *f(m)* der freien [*o* akademischen] Berufe

pro·fes·sion·al·ism [prə'feʃ°n°lɪz°m] *n no pl* ① (*skill and experience*) Professionalität *f*; (*attitude*) professionelle Einstellung; **to handle sth with ~** mit etw *dat* professionell [*o* fachmännisch] umgehen ② SPORTS Profitum *nt*

pro·fes·sion·al·ly [prə'feʃ°n°li] *adv* ① (*by a professional*) von einem Fachmann/einer Fachfrau; **to do sth ~** etw fachmännisch erledigen ② (*not as an amateur*) be-

rufsmäßig; **to do sth ~** etw beruflich betreiben
pro·fes·sor [prəˈfesəʳ] n ❶ (*at university*) Professor(in) *m(f);* **~ of history/mathematics** Professor(in) *m(f)* für Geschichte/Mathematik; AM (*teacher at university*) Dozent(in) *m(f)* ❷ (*affirmer*) Bekenner(in) *m(f)*
pro·fes·so·ri·al [ˌprɒfɪˈsɔːriəl] *adj* Professoren-
pro·fes·sor·ship [prəˈfesəʃɪp] *n* Professur *f*, Lehrstuhl *m*
prof·fer [ˈprɒfəʳ] *vt* (*form*) anbieten; **to ~ sb one's hand** jdm seine Hand reichen
pro·fi·cien·cy [prəˈfɪʃ°n(t)si] *n no pl* Tüchtigkeit *f*, Können *nt;* **~ in a language** Sprachkenntnisse *pl*
pro·fi·cient [prəˈfɪʃ°nt] *adj* fähig, tüchtig; **to be ~ in a language** eine Sprache beherrschen
pro·file [ˈprəʊfaɪl] I. *n* ❶ (*side view*) Profil *nt* ❷ (*description*) Porträt *nt* *fig;* (*restricted in scope*) Profil *nt* ❸ (*public image*) **to raise sb's ~** jdn hervorheben; **to be in a high-~ position** eine bedeutende Position innehaben ▶ **to keep a low ~** sich zurückhalten II. *vt* ❶ (*write*) porträtieren *fig* ❷ (*draw*) im Profil zeichnen
prof·it [ˈprɒfɪt] I. *n* ❶ (*money earned*) Gewinn *m;* **gross/net ~** Brutto-/Reingewinn *m* ❷ (*advantage*) Nutzen *m,* Vorteil *m* II. *vi* ❶ (*gain financially*) profitieren (**by/from** von), Gewinn machen ❷ (*benefit*) profitieren (**by/from** von)
prof·it·abil·ity [ˌprɒfɪtəˈbɪləti] *n no pl* Rentabilität *f*
prof·it·able [ˈprɒfɪtəbl] *adj* ❶ (*in earnings*) Gewinn bringend, rentabel, profitabel ❷ (*advantageous*) nützlich, vorteilhaft
prof·it·ably [ˈprɒfɪtəbli] *adv* ❶ (*at a profit*) Gewinn bringend, rentabel ❷ (*advantageously*) nutzbringend, vorteilhaft; **to spend one's time ~** seine Zeit sinnvoll nutzen
pro·fi·teer [ˌprɒfɪˈtɪəʳ] I. *n* (*pej*) Profitjäger(in) *m(f)* II. *vi* ❶ (*make excessive profit*) riesige Gewinne erzielen; (*make unfair profit*) sich bereichern ❷ (*earn money on black market*) Schwarzhandel treiben
pro·fi·teer·ing [ˌprɒfɪˈtɪərɪŋ] *n no pl* ❶ (*profit-seeking*) Geschäftemacherei *f pej* ❷ (*selling at too high prices*) Wucher *m pej*
ˈ**prof·it-mak·ing** *adj* Gewinn bringend, rentabel ˈ**prof·it mar·gin** *n* Gewinnspanne *f* **prof·it-ˈori·en·tat·ed** [-ˌɔːrienteɪtɪd] BRIT, *esp* AM **prof·it-ˈori·ent·ed** [-ˌɔːrientɪd] *adj* gewinnorientiert ˈ**prof·it-shar·ing** *n no pl* Gewinnbeteiligung *f* ˈ**prof·it-tak·ing** *n no pl* Gewinnmitnahme *f*
prof·li·gate [ˈprɒflɪgət] I. *adj* (*form*) ❶ (*wasteful*) verschwenderisch ❷ (*without moral*) lasterhaft, ausschweifend II. *n* ❶ (*wasteful person*) Verschwender(in) *m(f)* ❷ (*immoral person*) lasterhafter Mensch; (*rake*) Wüstling *m pej*
pro·found [prəˈfaʊnd] *adj* ❶ (*extreme*) tief gehend; *change* tief greifend; *effect* nachhaltig; *impression* tief; *interest* lebhaft, stark; *ignorance* völlig ❷ (*strongly felt*) tief, heftig; *compassion, gratification, gratitude* tief empfunden; *respect, reverence, veneration, love* groß; *anger* tief sitzend; *distress* groß ❸ (*intellectual*) tiefsinnig *a. iron,* tiefgründig; *knowledge* umfassend; *truth, wisdom* tief
pro·fun·di·ty [prəˈfʌndəti] *n* (*form*) ❶ *no pl* (*great depth*) Tiefe *f* ❷ *no pl* (*intellectual depth*) Tiefgründigkeit *f* ❸ (*deep remark*) Weisheit *f*
pro·fuse [prəˈfjuːs] *adj* überreichlich; *bleeding, perspiration* stark; *praise, thanks* überschwänglich
pro·fu·sion [prəˈfjuːʒ°n] *n no pl* (*form*) Überfülle *f*
pro·gen·i·tor [prə(ʊ)ˈdʒenɪtəʳ] *n* (*form: ancestor*) Ahn[e] *m*/Ahnin *f;* (*predecessor*) Vorläufer(in) *m(f);* (*intellectual ancestor*) geistiger Vater/geistige Mutter
prog·eny [ˈprɒdʒəni] *n + sing/pl vb* (*form*) Nachkommenschaft *f*
prog·no·sis <*pl* -ses> [prɒgˈnəʊsɪs, *pl* -siːz] *n also* MED Prognose *f;* **to make a ~** eine Prognose stellen
prog·nos·ti·cate [prɒgˈnɒstɪkeɪt] *vt* prognostizieren
pro·gram [ˈprəʊgræm] I. *n* ❶ COMPUT Programm *nt* ❷ *esp* AM, AUS *see* **programme** II. *vt* <-mm-> ❶ COMPUT programmieren ❷ *esp* AM, AUS *see* **programme**
pro·gram·er *n* AM *see* **programmer**
pro·gramme [ˈprəʊgræm] I. *n* ❶ RADIO, TV Programm *nt;* (*single broadcast*) Sendung *f* ❷ (*list of events*) Programm *nt;* THEAT (*for all plays*) Spielplan *m;* (*for one play*) Programmheft *nt* ❸ (*plan*) Programm *nt,* Plan *m;* **what's on the ~ for today?** was steht heute auf dem Programm? II. *vt* <-mm-> ❶ (*instruct*) programmieren ❷ *usu passive* (*mentally train*) ▪ **to ~ sb to do sth** jdn darauf programmieren, etw zu tun
pro·gram·mer [ˈprəʊgræməʳ] *n* ❶ (*opera-*

tor) Programmierer(in) *m(f)* ❷ (*component*) Programmiergerät *nt*

pro·gram·ming ['prəʊgræmɪŋ] *n no pl* ❶ COMPUT Programmieren *nt*, Programmierung *f* ❷ RADIO, TV Programm[e] *nt[pl]*, Programmgestaltung *f*

pro·gress I. *n* ['prəʊgres] *no pl* ❶ (*onward movement*) Vorwärtskommen *nt;* **to make slow/good ~** langsam/gut vorwärtskommen ❷ (*development*) Fortschritt *m* ❸ (*to be going*) **to be in ~** im Gange sein ❹ *no art* (*general improvement*) Fortschritt *m* II. *vi* [prə(ʊ)'gres] ❶ (*develop*) Fortschritte machen; **how's the work ~ing?** wie geht's mit der Arbeit voran? ❷ (*move onward*) *in space* vorankommen; *in time* fortschreiten

pro·gres·sion [prə(ʊ)'greʃ[ə]n] *n no pl* ❶ (*development*) Entwicklung *f* ❷ MATH (*series*) Reihe *f*

pro·gres·sive [prə(ʊ)'gresɪv] I. *adj* ❶ (*gradual*) fortschreitend; (*gradually increasing*) zunehmend; **a ~ change/ increase/decline** eine allmähliche Veränderung/Zunahme/ein allmählicher Verfall ❷ (*reformist, forward-looking*) progressiv; POL fortschrittlich ❸ LING (*verb form*) **~ form** Verlaufsform *f* II. *n* ❶ (*reformist*) Progressive(r) *f(m)* ❷ LING ■ **the ~** die Verlaufsform

pro·gres·sive·ly [prə(ʊ)'gresɪvli] *adv* zunehmend; **my eyesight has got ~ worse over the years** mein Sehvermögen hat sich im Lauf der Zeit immer mehr verschlechtert

pro·hib·it [prə(ʊ)'hɪbɪt] *vt* ❶ (*forbid*) verbieten; **to be ~ed by law** gesetzlich verboten sein; ■ **to ~ sb from doing sth** jdm verbieten, etw zu tun ❷ (*prevent*) verhindern

pro·hi·bi·tion [ˌprəʊ(h)ɪ'bɪʃ[ə]n] *n* ❶ (*ban*) Verbot *nt* (**of/on** gegen) ❷ *no pl* (*banning*) Verbieten *nt* ❸ (*hist: US alcohol ban*) ■ **P~** *no art* die Prohibition

pro·hibi·tive [prəʊ'hɪbətɪv] *adj* ❶ (*too expensive*) *price* unerschwinglich ❷ (*prohibiting*) **~ measures** Verbotsmaßnahmen *pl*

proj·ect I. *n* ['prɒdʒekt] ❶ (*undertaking*) Projekt *nt* ❷ (*plan*) Plan *m* II. *vt* [prə(ʊ)'dʒekt] ❶ (*forecast*) vorhersagen; *profit, expenses, number* veranschlagen ❷ (*propel*) schleudern ❸ *slides, film* projizieren (**onto** auf) ❹ (*display*) darstellen; **to ~ a tougher image** ein härteres Image vermitteln III. *vi* [prə(ʊ)'dʒekt] (*protrude*) hervorragen, [hinaus]ragen (**over** über)

pro·jec·tile [prə(ʊ)'dʒektaɪl] *n* (*thrown object*) Wurfgeschoss *nt;* (*bullet, shell*) Geschoss *nt;* (*missile*) Rakete *f*

pro·jec·tion [prə(ʊ)'dʒekʃ[ə]n] *n* ❶ (*forecast*) Prognose *f;* *of expenses* Voranschlag *m* ❷ (*protrusion*) Vorsprung *m* ❸ *no pl* (*on screen*) Vorführung *f;* (*projected image*) Projektion *f* ❹ *no pl* PSYCH (*unconscious transfer*) Projektion *f;* (*mental image*) Projektion *f* ❺ *no pl* (*presentation*) Darstellung *f*

pro·jec·tion·ist [prə(ʊ)'dʒekʃ[ə]nɪst] *n* Filmvorführer(in) *m(f)*

proj·ect 'man·age·ment *n* Projektmanagement *nt* **proj·ect 'man·ag·er** *n* Projektmanager(in) *m(f)*

pro·jec·tor [prə(ʊ)'dʒektə^r] *n* Projektor *m*

pro·lapse ['prəʊlæps] *n* MED Prolaps *m fachspr*

prole [prəʊl] (*pej or hum*) I. *n short for* **proletarian** Prolet(in) *m(f)* II. *adj short for* **proletarian** proletenhaft

pro·letar·ian [ˌprəʊlɪ'teərɪən] I. *n* Proletarier(in) *m(f)* II. *adj* proletarisch

pro·letari·at [ˌprəʊlɪ'teərɪət] *n no pl* Proletariat *nt*

pro·lif·er·ate [prəʊ'lɪf[ə]reɪt] *vi* stark zunehmen; (*animals*) sich stark vermehren

pro·lif·era·tion [prəʊˌlɪf[ə]r'eɪʃ[ə]n] *n no pl* starke Zunahme; (*of animals*) starke Vermehrung

pro·lif·ic [prə(ʊ)'lɪfɪk] *adj* ❶ (*productive*) produktiv ❷ (*producing many offspring*) fruchtbar ❸ *pred* (*abundant*) ■ **to be ~** in großer Zahl vorhanden sein

pro·lix ['prəʊlɪks] *adj* (*pej form*) weitschweifig

pro·logue ['prəʊlɒg] *n,* AM **pro·log** *n* ❶ (*introduction*) Vorwort *nt;* THEAT Prolog *m* ❷ (*fig fam: preliminary event*) Vorspiel *nt* (**to** zu)

pro·long [prə(ʊ)'lɒŋ] *vt* verlängern

pro·lon·ga·tion [ˌprə(ʊ)lɒŋ'geɪʃ[ə]n] *n no pl* Verlängerung *f*

pro·longed [prə(ʊ)'lɒŋd] *adj* [lang] anhaltend, langwierig *pej;* **~ applause** anhaltender Applaus

prom [prɒm] *n* ❶ AM (*school dance*) Ball am Ende des Jahres in einer amerikanischen High School ❷ BRIT (*concert*) **the P~s** Konzertreihe in London in der Albert Hall, deren Parkettsitze dafür entfernt werden, so dass die meisten Zuschauer stehen ❸ BRIT (*seaside walkway*) [Strand]promenade *f*

prom·enade [ˌprɒmə'nɑːd] I. *n* ❶ (*walkway*) [Strand]promenade *f* ❷ (*form or* *dated: walk*) Spaziergang *m;* (*in vehicle*) Spazierfahrt *f* **II.** *vi* (*dated*) promenieren

prom·enade 'con·cert *n* BRIT Konzert *nt*

prom·e'nade deck *n* Promenadendeck *nt*

promi·nence ['prɒmɪnən(t)s] *n* ❶ *no pl* (*projecting nature*) Auffälligkeit *f* ❷ *no pl* (*conspicuousness*) Unübersehbarkeit *f;* **to give sth ~** etw in den Vordergrund stellen ❸ *no pl* (*importance*) Bedeutung *f* ❹ (*projection*) Vorsprung *m*

promi·nent ['prɒmɪnənt] *adj* ❶ (*projecting*) vorstehend *attr;* **chin** vorspringend ❷ (*conspicuous*) auffällig ❸ (*distinguished*) prominent; **position** führend

promis·cu·ity [ˌprɒmɪˈskjuːəti] *n no pl* Promiskuität *f geh*

pro·mis·cu·ous [prəˈmɪskjuəs] *adj* (*pej*) promisk

prom·ise ['prɒmɪs] **I.** *vt* ❶ (*pledge*) versprechen ❷ (*have the potential*) versprechen **II.** *vi* ❶ (*pledge*) versprechen; **I ~!** ich verspreche es! ❷ (*be promising*) **to ~ well** viel versprechen **III.** *n* ❶ (*pledge*) Versprechen *nt;* **to break/keep one's ~** [**to sb**] sein Versprechen [gegenüber jdm] brechen/halten ❷ *no pl* (*potential*) **to show ~** aussichtsreich sein; (*person*) viel versprechend sein

prom·is·ing ['prɒmɪsɪŋ] *adj* viel versprechend

prom·is·sory note [ˌprɒmɪsᵊriˈnəʊt] *n* Schuldschein *m*

pro·mo ['prəʊməʊ] **I.** *n* ❶ (*fam*) *short for* **promotional film** Werbevideo *nt* ❷ AM, AUS *short for* **promotion** Werbung *f* **II.** *adj* *short for* **promotional** Werbe-

prom·on·tory ['prɒməntᵊri] *n* GEOG Vorgebirge *nt*

pro·mote [prəˈməʊt] *vt* ❶ (*raise in rank*) befördern (**to** zu) ❷ SPORTS ■ **to be ~d** aufsteigen ❸ AM SCH ■ **to be ~d** versetzt werden ❹ (*encourage*) fördern; **to ~ awareness of sth** etw ins Bewusstsein rufen ❺ (*advertise*) für etw *akk* werben

pro·mot·er [prəˈməʊtəʳ] *n* ❶ (*encourager*) Förderer *m*/Förderin *f* ❷ (*organizer*) Veranstalter(in) *m(f)*

pro·mo·tion [prəˈməʊʃᵊn] *n* ❶ *no pl* (*in rank*) Beförderung *f* (**to** zu) ❷ (*raise in status*) Beförderung *f* ❸ SPORTS Aufstieg *m* ❹ (*advertising campaign*) Werbekampagne *f* ❺ (*encouragement*) Förderung *f*

pro·mo·tion·al ma·'terial *n* Werbematerial *nt*

prompt [prɒm(p)t] **I.** *vt* ❶ (*spur*) veranlassen; ■ **to ~ sb** [**to do sth**] jdn [dazu] veranlassen, etw zu tun ❷ THEAT (*remind of lines*) soufflieren ❸ COMPUT auffordern **II.** *adj* ❶ (*swift*) prompt; ■ **to be ~ in doing sth** etw schnell tun; *action* sofortig; *delivery* unverzüglich ❷ (*punctual*) pünktlich **III.** *adv* pünktlich **IV.** *n* ❶ COMPUT Prompt *m* *fachspr* ❷ THEAT (*reminder*) Stichwort *nt* ❸ THEAT (*fam: prompter*) Souffleur *m*/Souffleuse *f*

'prompt box *n* Souffleurkasten *m*

prompt·er ['prɒm(p)təʳ] *n* Souffleur *m*/Souffleuse *f*

promp·ti·tude ['prɒm(p)tɪtjuːd] *n no pl* (*form*) Promptheit *f*

prompt·ly ['prɒm(p)tli] *adv* ❶ (*quickly*) prompt ❷ (*fam: immediately afterward*) gleich danach, unverzüglich ❸ (*in time*) pünktlich

prompt·ness ['prɒm(p)tnəs] *n no pl* Promptheit *f*

prom·ul·gate ['prɒmᵊlgeɪt] *vt* (*form*) ❶ (*spread*) verbreiten ❷ *law, decree* verkünden

prom·ul·ga·tion [ˌprɒmᵊlˈgeɪʃᵊn] *n no pl* (*form*) ❶ (*spread*) Verbreitung *f* ❷ LAW (*proclamation*) Verkündung *f*

prone [prəʊn] *adj* (*disposed*) ■ **to be ~ to sth** zu etw *dat* neigen; ■ **to be ~ to do sth** dazu neigen, etw zu tun

prong [prɒŋ] *n* Zacke *f*

pro·nomi·nal [prəˈ(ʊ)nɒmɪnᵊl] *adj* Pronominal- *fachspr*

pro·noun ['prəʊnaʊn] *n* Pronomen *nt*

pro·nounce [prəˈnaʊn(t)s] **I.** *vt* ❶ (*speak*) aussprechen ❷ (*announce*) verkünden ❸ (*declare*) erklären; **the jury ~d him guilty** die Geschworenen erklärten ihn für schuldig **II.** *vi* Stellung nehmen (**on/upon** zu)

pro·nounce·able [prəˈnaʊn(t)səbl] *adj* aussprechbar

pro·nounced [prəˈnaʊn(t)st] *adj* deutlich; *accent* ausgeprägt

pro·nounce·ment [prəˈ(ʊ)naʊn(t)smənt] *n* Erklärung *f* (**on** zu)

pron·to ['prɒntəʊ] *adv* (*fam*) fix

pro·nun·cia·tion [prəˌnʌn(t)siˈeɪʃᵊn] *n usu no pl* Aussprache *f*

proof [pruːf] **I.** *n* ❶ *no pl* (*confirmation*) Beweis *m* (**of** für) ❷ (*evidence*) Beweis *m* ❸ TYPO (*trial impression*) Korrekturfahne *f;* PHOT Probeabzug *m* ❹ MATH Beweis *m* ❺ *no pl* (*degree of strength*) Volumenprozent *nt*, Vol.- % *nt;* *of alcohol* Alkoholgehalt *m* **II.** *adj* unempfindlich (**against** gegen); **to be ~ against temptation** gegen Versuchungen immun sein; **to be ~ against burglars** einbruchssicher sein **III.** *vt* (*treat*) imprägnieren; (*make waterproof*) wasserdicht machen

'**proof-read** <-read, -read> *vt, vi* Korrektur lesen '**proof-read·er** *n* Korrektor(in) *m(f)* '**proof-read·ing I.** *n no pl* Korrekturlesen *nt* **II.** *adj attr* Korrektur-

prop[1] [prɒp] *n usu pl* Requisite *f*

prop[2] [prɒp] **I.** *n* (*support*) Stütze *f*; (*fig*) Halt *m* **II.** *vt* <-pp-> ■ **to ~ sth against sth** etw gegen etw *akk* lehnen; ■ **to ~ sth on sth** etw auf etw *akk* stützen

propa·gan·da [ˌprɒpə'gændə] *n no pl* (*usu pej*) Propaganda *f*

propa·gand·ist [ˌprɒpə'gændɪst] **I.** *n* (*usu pej*) Propagandist(in) *m(f)* **II.** *adj* propagandistisch

propa·gate ['prɒpəgeɪt] **I.** *vt* ❶ (*breed*) züchten; (*plants*) vermehren ❷ (*form: disseminate*) verbreiten **II.** *vi* sich fortpflanzen; *plants* sich vermehren

propa·ga·tion [ˌprɒpə'geɪʃ(ə)n] *n no pl* ❶ (*reproduction*) Fortpflanzung *f*; **the ~ of plants** die Vermehrung von Pflanzen ❷ (*spread*) *of rumour, lie* Verbreitung *f*

pro·pane ['prəʊpeɪn] *n no pl* Propan *nt*

pro·pel <-ll-> [prə'pel] *vt* antreiben; (*fig*) **the country was being ~led towards civil war** das Land wurde in den Bürgerkrieg getrieben

pro·pel·lant [prə'pelənt] *n* ❶ (*fuel*) Treibstoff *m* ❷ (*gas*) Treibgas *nt*

pro·pel·ler [prə'pelə'] *n* Propeller *m*

pro·'pel·ler shaft *n* Antriebswelle *f*

pro·pel·ling pen·cil [prəˌpelɪŋ'-] *n* BRIT, AUS Drehbleistift *m*

pro·pen·sity [prə(ʊ)'pen(t)səti] *n no pl* (*form*) Neigung *f* (**for** zu)

prop·er ['prɒpə'] **I.** *adj* ❶ (*real*) echt, richtig ❷ (*correct*) richtig; **she likes everything to be in its ~ place** sie hat gern alles an seinem angestammten Platz ❸ (*socially respectable*) anständig ❹ BRIT (*fam: total*) absolut **II.** *adv* BRIT (*fam*) ❶ (*very*) richtig *fam* ❷ (*usu hum: genteelly*) vornehm

prop·er 'frac·tion *n* echter Bruch

prop·er·ly ['prɒpəli] *adv* ❶ (*correctly*) richtig; **to be dressed ~** korrekt gekleidet sein; **~ speaking** genau genommen ❷ (*socially respectably*) anständig ❸ BRIT (*thoroughly*) ganz schön *fam*

prop·er 'name *n*, **prop·er 'noun** *n* Eigenname *m*

prop·er·tied ['prɒpətid] *adj* begütert *attr*

prop·er·ty ['prɒpəti] *n* ❶ *no pl* (*things owned*) Eigentum *nt* ❷ *no pl* (*owned buildings*) Immobilienbesitz *m*; (*owned land*) Grundbesitz *m*; **private ~** Privatbesitz *m* ❸ (*piece of real estate*) Immobilie *f* ❹ (*attribute*) Eigenschaft *f*

'**prop·er·ty de·vel·op·er** *n* Immobilienmakler(in) *m(f)* '**prop·er·ty de·vel·op·ment** *n* Grundstückserschließung *f* '**prop·er·ty in·sur·ance** *n no pl* Gebäudeversicherung *f* '**prop·er·ty man** *n*, '**prop·er·ty man·ag·er** *n* THEAT Requisiteur *m* '**prop·er·ty mar·ket** *n no pl* Immobilienmarkt *m* '**prop·er·ty room** *n* THEAT Requisitenkammer *f* '**prop·er·ty spec·u·la·tion** *n no pl* Immobilienspekulation *f* '**prop·er·ty tax** *n* AM (*on land*) ≈ Grundssteuer *f*; (*general*) Vermögenssteuer *f*

proph·ecy ['prɒfəsi] *n* ❶ (*prediction*) Prophezeiung *f* ❷ *no pl* (*ability*) Weissagen *nt*

proph·esy <-ie-> ['prɒfəsaɪ] **I.** *vt* prophezeien **II.** *vi* Prophezeiungen machen

proph·et ['prɒfɪt] *n* ❶ (*also fig: religious figure*) Prophet *m* ❷ (*precursor*) Vorkämpfer(in) *m(f)*

proph·et·ess <*pl* -es> [ˌprɒfɪ'tes] *n* Prophetin *f*

pro·phet·ic [prə(ʊ)'fetɪk] *adj* prophetisch

prophy·lac·tic [ˌprɒfɪ'læktɪk] **I.** *adj* MED prophylaktisch *fachspr*, vorbeugend *attr* **II.** *n* ❶ (*medicine*) Prophylaktikum *nt fachspr* ❷ *esp* AM (*condom*) Präservativ *nt*

prophy·lax·is [ˌprɒfɪ'læksɪs] *n no pl* Prophylaxe *f fachspr*

pro·pin·quity [prə(ʊ)'pɪŋkwəti] *n no pl* (*form*) ❶ (*proximity*) Nähe *f* ❷ (*similarity, kinship*) Verwandtschaft *f*

pro·pi·tious [prə'pɪʃəs] *adj* (*form*) günstig

prop jet ['prɒpdʒet] *n* (*plane*) Turbo-Prop-Flugzeug *nt*; (*engine*) Turbo-Prop-Triebwerk *nt*

pro·po·nent [prə(ʊ)'pəʊnənt] *n* Befürworter(in) *m(f)*

pro·por·tion [prə'pɔ:ʃ(ə)n] *n* ❶ (*part*) Anteil *m* ❷ *no pl* (*relation*) Proportion *f*, Verhältnis *nt* (**to** zu); **to be in/out of ~** [**to sth**] im/in keinem Verhältnis zu etw *dat* stehen ❸ (*balance*) Verhältnis *nt*; **to have/ keep a sense of ~** bei etw *dat* den richtigen Maßstab anlegen; **to blow sth out of** [**all**] **~** etw maßlos übertreiben; **to keep sth in ~** etw im richtigen Verhältnis sehen ❹ (*size*) ■ **~s** *pl* Ausmaße *pl*

pro·por·tion·al [prə'pɔ:ʃ(ə)n(ə)l] *adj* proportional (**to** zu); **inversely ~** umgekehrt proportional

pro·por·tion·al·ity [prəˌpɔːʃənˈæləti] *n no pl* Verhältnismäßigkeit *f*

pro·por·tion·al rep·re·sen·ta·tion *n no pl* Verhältniswahlsystem *nt*

pro·por·tion·ate [prəˈpɔːʃənət] *adj* proportional

pro·por·tion·ate·ly [prəˈpɔːʃənətli] *adv* proportional

pro·por·tioned [prəˈpɔːʃnd] *adj* **beautifully/finely ~** ebenmäßig/anmutig proportioniert

pro·po·sal [prəˈpəʊzəl] *n* ① (*suggestion*) Vorschlag *m* ② (*offer of marriage*) Antrag *m*

pro·pose [prəˈpəʊz] I. *vt* ① (*suggest*) vorschlagen ② (*intend*) ■**to ~ to do/doing sth** beabsichtigen, etw zu tun ③ (*nominate*) vorschlagen ④ (*put forward*) motion stellen; **to ~ a toast** einen Toast ausbringen II. *vi* ■**to ~** [**to sb**] [jdm] einen [Heirats]antrag machen

pro·pos·er [prəˈpəʊzəʳ] *n* (*of motion*) Antragsteller(in) *m(f)*; (*of candidate*) Vorschlagende(r) *f(m)*

propo·si·tion [ˌprɒpəˈzɪʃən] I. *n* ① (*assertion*) Aussage *f* ② (*proposal*) Vorschlag *m*; *business* ~ geschäftliches Angebot ③ (*matter*) Unternehmen *nt*; **a difficult ~** ein schwieriges Unterfangen II. *vt* ■**to ~ sb** jdm ein eindeutiges Angebot machen *euph*

pro·pound [prəˈpaʊnd] *vt* (*form*) darlegen

pro·pri·etary [prəˈpraɪətəri] *adj* ① ECON, LAW (*with legal right*) urheberrechtlich geschützt ② (*owner-like*) besitzergreifend

pro·pri·etor [prəˈpraɪətəʳ] *n* Inhaber(in) *m(f)*

pro·pri·etor·ship [prəˈpraɪətəʃɪp] *n* Besitz *m*

pro·pri·etress <*pl* -es> [prəˈpraɪətrɪs] *n* Inhaberin *f*

pro·pri·ety [prəˈpraɪəti] *n* ① *no pl* (*decency*) Anstand *m* ② *no pl* (*correctness*) Richtigkeit *f*

pro·pul·sion [prəˈpʌlʃən] *n no pl* Antrieb *m*

pro rata [ˌprəʊˈrɑːtə] *adj, adv* (*form*) anteilmäßig

pro·rate [ˌproʊˈreɪt] *vt* AM anteilmäßig aufteilen

pro·sa·ic [prəʊˈzeɪɪk] *adj* nüchtern, prosaisch *geh*

pro·scenium <*pl* -s *or* -nia> [prəʊˈsiːniəm, *pl* -niə] *n* THEAT Proszenium *nt*

pro·scribe [prəʊˈskraɪb] *vt* (*form*) verbieten

pro·scrip·tion [prəʊˈskrɪpʃən] *n no pl* (*form*) Verbot *nt*

prose [prəʊz] *n no pl* Prosa *f*

pros·ecut·able [ˌprɒsɪˈkjuːtəbl] *adj* strafbar

pros·ecute [ˈprɒsɪkjuːt] I. *vt* ① LAW ■**to ~ sb** [**for sth**] jdn [wegen einer S. *gen*] strafrechtlich verfolgen ② (*form: carry on*) **to ~ an enquiry/investigation** eine Untersuchung/Ermittlung durchführen II. *vi* ① (*bring a charge*) Anzeige erstatten, gerichtlich vorgehen ② (*in court*) für die Anklage zuständig sein

pros·ecut·ing [ˈprɒsɪkjuːtɪŋ] *adj attr* Anklage-; **~ attorney** Staatsanwalt *m*/Staatsanwältin *f*

pros·ecu·tion [ˌprɒsɪˈkjuːʃən] *n* ① *no pl* (*legal action*) strafrechtliche Verfolgung ② (*case*) Anklage[erhebung] *f* (**for** wegen), Gerichtsverfahren *nt* (**for** gegen) ③ *no pl* (*legal team*) ■**the ~** die Anklagevertretung ④ *no pl* (*form: pursuance*) Verfolgen *nt*; *of inquiry, investigation* Durchführung *f*

pros·ecu·tor [ˈprɒsɪkjuːtəʳ] *n* Ankläger(in) *m(f)*

pros·elyte [ˈprɒsəlaɪt] *n* REL (*form*) Neubekehrte(r) *f(m)*

pros·elyt·ize [ˈprɒsəlɪtaɪz] I. *vt* bekehren II. *vi* Leute bekehren

proso·dy [ˈprɒsədi] *n no pl* ① LING Prosodie *f fachspr* ② LIT Verslehre *f*

pros·pect *n* [ˈprɒspekt] ① (*idea*) Aussicht *f* (**of** auf) ② (*likelihood*) Aussicht *f*, Wahrscheinlichkeit *f* (**of** auf); **what are the ~s of success in this venture?** wie steht es um die Erfolgsaussichten bei diesem Unternehmen? ③ (*opportunities*) ■**~s** *pl* Aussichten *pl*, Chancen *pl*; **to have no ~s** keine Zukunft haben

pro·spec·tive [prəˈspektɪv] *adj* voraussichtlich; *candidate* möglich; *customer* potenziell

pro·spec·tor [prəˈspektəʳ] *n* MIN Prospektor(in) *m(f) fachspr*

pro·spec·tus [prəˈspektəs] *n* Prospekt *m*

pros·per [ˈprɒspəʳ] *vi* ① (*financially*) florieren ② (*physically*) gedeihen

pros·per·ity [prɒsˈperəti] *n no pl* Wohlstand *m*

pros·per·ous [ˈprɒspərəs] *adj* ① (*well off*) wohlhabend, reich; *business* gut gehend; *economy* blühend ② (*successful*) erfolgreich

pros·tate [ˈprɒsteɪt] *n* Prostata *f*

pros·the·sis <*pl* -ses> [ˈprɒsθɪsɪs, *pl* -siːz] *n* Prothese *f*

pros·ti·tute [ˈprɒstɪtjuːt] I. *n* Prostituierte *f* **II.** *vt* ❶ (*sexually*) ■**to ~ oneself** sich prostituieren ❷ (*debase*) **to ~ one's talents** seine Talente verschleudern

pros·ti·tu·tion [ˌprɒstɪˈtjuːʃᵊn] *n no pl* Prostitution *f*

pros·trate I. *adj* [ˈprɒstreɪt] ❶ (*face downward*) ausgestreckt ❷ (*overcome*) überwältigt (**with** von) **II.** *vt* [prɒsˈtreɪt] ■**to ~ oneself** sich zu Boden werfen

pro·tago·nist [prəʊˈtægᵊnɪst] *n* ❶ (*main character*) Protagonist(in) *m/f* ❷ (*advocate*) Verfechter(in) *m/f* (**of** von)

pro·tect [prəˈtekt] *vt* schützen (**against** gegen, **from** vor); **to ~ one's interests** seine Interessen wahren

pro·tec·tion [prəˈtekʃᵊn] *n* ❶ (*defence*) Schutz *m* (**against** gegen); *of interests* Wahrung *f*; **to be under sb's ~** unter jds Schutz stehen ❷ *no pl* (*paid to criminals*) Schutzgeld *nt*

pro·ˈtec·tion dog *n* Wachhund *m* **pro·ˈtec·tion fac·tor** *n* Lichtschutzfaktor *m*

pro·tec·tion·ism [prəˈtekʃᵊnɪzᵊm] *n no pl* Protektionismus *m*

pro·tec·tion·ist [prəˈtekʃᵊnɪst] **I.** *adj* (*pej*) protektionistisch **II.** *n* Protektionist(in) *m/f*

pro·ˈtec·tion rack·et *n* Erpresserorganisation *f*

pro·tec·tive [prəˈtektɪv] *adj* ❶ (*affording protection*) Schutz- ❷ (*wishing to protect*) fürsorglich (**of**/**towards** gegenüber)

pro·tec·tor [prəˈtektəʳ] *n* ❶ (*person*) Beschützer *m* ❷ (*device*) Schutzvorrichtung *f*

pro·tec·tor·ate [prəˈtektᵊrət] *n* Protektorat *nt*

pro·té·gé *n*, **pro·té·gée** [ˈprɒtɪʒeɪ] *n* Protegé *m geh*

pro·tein [ˈprəʊtiːn] *n* ❶ *no pl* (*collectively*) Eiweiß *nt* ❷ (*specific substance*) Protein *nt*

pro·test I. *n* [ˈprəʊtest] ❶ (*strong complaint*) Protest *m*; **to make a ~** eine Beschwerde einreichen ❷ (*demonstration*) Protestkundgebung *f* ❸ (*legal document*) Protest *m* **II.** *vi* [prə(ʊ)ˈtest] protestieren **III.** *vt* [prə(ʊ)ˈtest] ❶ (*assert*) beteuern ❷ AM (*object to*) ■**to ~ sth** gegen etw *akk* protestieren

Prot·es·tant [ˈprɒtɪstᵊnt] **I.** *n* Protestant(in) *m/f* **II.** *adj* protestantisch; (*in Germany*) evangelisch

Prot·es·tant·ism [ˈprɒtɪstᵊntɪzᵊm] *n no pl* Protestantismus *m*

pro·tes·ta·tion [ˌprɒtesˈteɪʃᵊn] *n usu pl* ❶ (*strong objection*) Protesterklärung *f* ❷ (*strong affirmation*) Beteuerung *f*

pro·test·er [prəˈtestəʳ] *n* (*objector*) Protestierende(r) *f(m)*; (*demonstrator*) Demonstrant(in) *m(f)*

ˈpro·test march *n* Protestmarsch *m* **ˈpro·test vote** *n* Proteststimme *f*

pro·to·col [ˈprəʊtəkɒl] *n* ❶ *no pl* (*system of rules*) Protokoll *nt* ❷ (*international agreement*) Protokoll *nt*

pro·ton [ˈprəʊtɒn] *n* PHYS Proton *nt*

pro·to·plasm [ˈprəʊtə(ʊ)plæzᵊm] *n no pl* Protoplasma *nt*

pro·to·type [ˈprəʊtə(ʊ)taɪp] *n* Prototyp *m* (**for** für)

pro·to·zoan <*pl* -s *or* -zoa> [ˌprəʊtə(ʊ)ˈzəʊən, *pl* -zəʊə] *n* Protozoon *m fachspr*, Urtierchen *nt*

pro·tract [prəʊˈtrækt] *vt* (*form*) in die Länge ziehen

pro·tract·ed [prəʊˈtræktɪd] *adj* langwierig

pro·trac·tion [prəʊˈtrækʃᵊn] *n* ❶ *no pl* (*prolonging*) Ausdehnung *f* ❷ (*muscle action*) Streckung *f*

pro·trac·tor [prəʊˈtræktəʳ] *n* ❶ MATH Winkelmesser *m* ❷ (*muscle*) Streckmuskel *m*

pro·trude [prəʊˈtruːd] **I.** *vi jaw* vorstehen; *branch, ears* abstehen; ■**to ~ from sth** aus etw *dat* hervorragen **II.** *vt* vorstrecken

pro·trud·ing [prəʊˈtruːdɪŋ] *adj attr* herausragend; *jaw* vorstehend; *ears* abstehend

pro·tru·sion [prəʊˈtruːʒᵊn] *n* ❶ *no pl* (*sticking out*) Vorstehen *nt* ❷ (*bump*) Vorsprung *m*

pro·tu·ber·ance [prəʊˈtjuːbᵊrᵊn(t)s] *n* (*form*) Beule *f*

pro·tu·ber·ant [prəʊˈtjuːbᵊrᵊnt] *adj* (*form*) vorstehend; *eyes* vortretend

proud [praʊd] **I.** *adj* ❶ (*pleased*) stolz (**of** auf) ❷ (*having self-respect*) stolz ❸ (*pej: arrogant*) eingebildet ❹ BRIT (*protrude*) **to stand ~** [**of sth**] [von etw *dat*] abstehen **II.** *adv* **to do sb ~** BRIT, AUS (*dated: treat well*) jdn verwöhnen; AM (*please by doing well*) jdn mit Stolz erfüllen

proud·ly [ˈpraʊdli] *adv* ❶ (*with pride*) stolz ❷ (*pej: haughtily*) hochnäsig *fam*

prov·able [ˈpruːvəbl̩] *adj* beweisbar; *theory* nachweisbar

prove <-d, -d *or* AM *usu* proven> [pruːv] **I.** *vt* ❶ (*establish*) beweisen; **to ~ the truth of sth** die Richtigkeit von etw *dat* nachweisen ❷ (*show*) **during the rescue she ~d herself to be a highly competent climber** während der Rettungsaktion erwies sie sich als sehr geübte Kletterin **II.** *vi* + *n or adj* sich erweisen; **to ~ successful** sich als erfolgreich erweisen

prov·en [ˈpruːvᵊn] **I.** *vt, vi esp* AM *pp of*

prove II. *adj* nachgewiesen; *remedy* erprobt

prov·enance ['prɒvənən(t)s] *n no pl* (*form*) Herkunft *f*; **to be of unknown ~** unbekannter Herkunft sein

prov·erb ['prɒvɜːb] *n* ❶ (*saying*) Sprichwort *nt* ❷ (*fig: well-known for*) ■**to be a ~ for sth** *akk* berühmt sein ❸ REL ■**P~s** + *sing vb* Sprüche *pl*

pro·ver·bial [prə(ʊ)'vɜːbiəl] *adj* ❶ (*from a proverb*) sprichwörtlich ❷ (*fig: well-known*) sprichwörtlich

pro·vide [prə(ʊ)'vaɪd] I. *vt* zur Verfügung stellen, bereitstellen; *evidence, explanation* liefern; ■**to ~ sb/sth with sth** (*supply*) jdn/etw mit etw *dat* versorgen; (*offer*) jdm/etw etw bieten II. *vi* ❶ (*form: anticipate*) ■**to ~ for sth** für etw *akk* vorsorgen; ■**to ~ against sth** Vorkehrungen gegen etw *akk* treffen ❷ (*look after*) ■**to ~ for sb/oneself** für jdn/sich selbst sorgen ❸ (*form: enable*) ■**to ~ for sth** etw ermöglichen; *law* etw erlauben

pro·vid·ed [prə(ʊ)'vaɪdɪd] I. *adj* mitgeliefert, beigefügt II. *conj see* **providing** [**that**]

provi·dence ['prɒvɪdən(t)s] *n no pl* Vorsehung *f*

provi·den·tial [ˌprɒvɪ'den(t)ʃəl] *adj* (*form*) günstig, glücklich

pro·vid·er [prə(ʊ)'vaɪdə'] *n* ❶ (*supplier*) Lieferant(in) *m(f)* ❷ TELEC, INET Anbieter *m*; **mobile service ~** Mobilfunkanbieter *m* ❸ (*breadwinner*) Ernährer(in) *m(f)*

pro·vid·ing [prə(ʊ)'vaɪdɪŋ] *conj* ■**~ that** ... sofern, vorausgesetzt, dass ...

prov·ince ['prɒvɪn(t)s] *n* ❶ (*territory*) Provinz *f* ❷ *no pl* (*area of knowledge*) [Fach]gebiet *nt*; (*area of responsibility*) Zuständigkeitsbereich *m*

pro·vin·cial [prə(ʊ)'vɪn(t)ʃəl] I. *adj* ❶ (*of a province*) Provinz- ❷ (*pej: unsophisticated*) provinziell II. *n* ❶ (*province inhabitant*) Provinzbewohner(in) *m(f)* ❷ (*pej: unsophisticated person*) Provinzler(in) *m(f)*

'**prov·ing ground** *n* Versuchsgelände *nt*

pro·vi·sion [prə(ʊ)'vɪʒən] *n* ❶ *no pl* (*providing*) Versorgung *f*; (*financial precaution*) Vorkehrung *f* ❷ (*something supplied*) Vorrat *m* (**of** an) ❸ (*stipulation*) Auflage *f*; **with the ~ that** ... unter der Bedingung, dass ...

pro·vi·sion·al [prə(ʊ)'vɪʒənəl] *adj* vorläufig

pro·vi·sion·al 'li·cence *n* BRIT, AUS Führerschein *m* auf Probe

pro·vi·sions [prə(ʊ)'vɪʒənz] *npl* Vorräte *pl*; **to be low on ~** [nur noch] wenig Vorräte haben

pro·vi·so [prə(ʊ)'vaɪzəʊ] *n* Auflage *f*, Bedingung *f* (**with/on** unter)

provo·ca·tion [ˌprɒvə'keɪʃən] *n* Provokation *f*

pro·voca·tive [prə'vɒkətɪv] *adj* ❶ (*provoking*) provokativ *geh* ❷ (*sexually arousing*) provokant *geh*, provozierend *attr*

pro·voca·tive·ly [prə'vɒkətɪvli] *adv* ❶ (*provokingly*) provokativ *geh* ❷ (*sexually arousing*) provokant *geh*, provozierend *attr*

pro·voke [prə'vəʊk] *vt* ❶ (*vex*) ■**to ~ sb** [**into doing sth**] jdn [zu etw *dat*] provozieren ❷ (*give rise to*) *worries, surprise, outrage* hervorrufen

pro·vok·ing [prə'vəʊkɪŋ] *adj* provozierend *attr*; *question* provokativ *geh*; *statement* provokant *geh*

prov·ost ['prɒvəst] *n* ❶ BRIT UNIV Hochschulleiter(in) *m(f)*; AM [hoher] Verwaltungsbeamte(r), [hohe] Verwaltungsbeamte [*o* -in] ❷ SCOT (*mayor*) Bürgermeister(in) *m(f)*

prow [praʊ] *n* Bug *m*

prow·ess ['praʊɪs] *n no pl* (*esp form*) Können *nt*, Leistungsfähigkeit *f*

prowl [praʊl] I. *n* (*fam*) Streifzug *m* (**on** auf) II. *vt* durchstreifen III. *vi* ■**to ~** [**around**] umherstreifen

'**prowl car** *n* AM (*patrol car*) Streifenwagen *m*

prowl·er ['praʊlə'] *n* Herumtreiber(in) *m(f) fam*

'**prowl·ing** *n* Herumtreiben *nt*

prox·im·ity [prɒk'sɪməti] *n no pl* Nähe *f*

proxy ['prɒksi] *n* Bevollmächtigte(r) *f(m)*; **to sign** Zeichnungsbevollmächtigte(r)

prude [pruːd] *n* prüder Mensch

pru·dence ['pruːdən(t)s] *n no pl* Vorsicht *f*, Besonnenheit *f*

pru·dent ['pruːdənt] *adj* vorsichtig, umsichtig; *action* klug

pru·dent·ly ['pruːdəntli] *adv* vorsichtig, umsichtig

prud·ery ['pruːdəri] *n* Prüderie *f*

prud·ish ['pruːdɪʃ] *adj* prüde

prune¹ [pruːn] *vt* HORT [be]schneiden; (*fig*) reduzieren; *costs* kürzen

prune² [pruːn] *n* ❶ (*plum*) Dörrpflaume *f* ❷ (*fam: person*) Miesepeter *m*

prun·ing ['pruːnɪŋ] I. *adj* Schneide- II. *n no pl* HORT Zurückschneiden *nt*, Stutzen *nt*

'**prun·ing hook** *n* Schneidehaken *m*
'**prun·ing saw** *n* Baumsäge *f* '**prun·ing shears** *npl* AM (*secateurs*) Gartenschere *f*

pru·ri·ence ['prʊəriən(t)s] *n no pl* (*pej form: obsession*) *with sexual matters* Lüsternheit *f*; *with unpleasantness* Abartigkeit *f*

pru·ri·ent ['prʊəriənt] *adj* (*pej form*) lüstern; *inclination* abartig

Prus·sia ['prʌʃə] *n* HIST Preußen *nt*

Prus·sian ['prʌʃən] **I.** *n* (*hist*) Preuße *m*/Preußin *f* **II.** *adj* HIST preußisch

prus·sic 'acid *n no pl* (*dated*) Blausäure *f*

pry¹ <-ie-> [praɪ] *vi* neugierig sein; ■ **to ~ about** herumschnüffeln *fam*; ■ **to ~ into sth** seine Nase in etw *akk* stecken *fam*

pry² <-ie-> [praɪ] *vt esp* AM (*prise*) ■ **to ~ sth open** etw aufbrechen; **to ~ a secret out of sb** jdm ein Geheimnis entlocken

pry·ing ['praɪɪŋ] *adj* (*pej*) neugierig

PS [ˌpiːˈes] *n abbrev of* **postscript** PS *nt*

psalm [sɑːm] *n* REL Psalm *m*

pse·phol·ogy [(p)sɪˈfɒlədʒi] *n no pl* Wahlanalyse *f*

pseud [sjuːd] BRIT **I.** *n* (*pej*) Möchtegern *m fam* **II.** *adj* (*pej*) angeberisch

pseu·do ['sjuːdəʊ] **I.** *adj* ❶ (*false*) Pseudo-, Möchtegern- ❷ (*insincere*) heuchlerisch, verlogen **II.** *n* Heuchler(in) *m(f)*

pseudo·nym ['sjuːdənɪm] *n* Pseudonym *nt*

psit·ta·co·sis [ˌ(p)sɪtəˈkəʊsɪs] *n no pl* Psittakose *f fachspr*

pso·ri·a·sis [(p)səˈraɪəsɪs] *n no pl* Schuppenflechte *f*, Psoriasis *f fachspr*

psych [saɪk] *vt* (*fam*) ❶ (*psychoanalyse*) ■ **to ~ sb** jdn psychiatrisch behandeln ❷ (*prepare*) ■ **to ~ oneself/sb up** sich *akk*/jdn [psychisch] aufbauen ◆ **psych out** *vt* (*fam*) ❶ (*intimidate*) ■ **to ~ out ⊃ sb** jdn psychologisch schwächen ❷ (*analyse*) ■ **to ~ sth ⊃ out** etw analysieren

psyche¹ [saɪk] *vt see* **psych**

psyche² ['saɪki] *n* Psyche *f*

psychedel·ic [ˌsaɪkɪˈdelɪk] *adj* psychedelisch

psy·chi·at·ric [ˌsaɪkiˈætrɪk] *adj* psychiatrisch

psy·chia·trist [saɪˈkaɪətrɪst] *n* Psychiater(in) *m(f)*

psy·chia·try [saɪˈkaɪətri] *n no pl* Psychiatrie *f*

psy·chic ['saɪkɪk] **I.** *n* Medium *nt* **II.** *adj* ❶ (*supernatural*) übernatürlich ❷ (*of the mind*) psychisch, seelisch

psycho·ana·lyse [ˌsaɪkəʊˈænəlaɪz] *vt* psychoanalysieren

psycho·analy·sis [ˌsaɪkəʊəˈnæləsɪs] *n no pl* Psychoanalyse *f*

psycho·ana·lyst [ˌsaɪkəʊˈænəlɪst] *n* Psychoanalytiker(in) *m(f)*

psycho·ana·lyt·ic(al) [ˌsaɪkəʊˌænəlˈɪtɪk(əl)] *adj* psychoanalytisch

psycho·logi·cal [ˌsaɪkəˈlɒdʒɪkəl] *adj* ❶ (*of the mind*) psychisch ❷ (*of psychology*) psychologisch ❸ (*not physical*) psychisch

psy·chol·o·gist [saɪˈkɒlədʒɪst] *n* Psychologe *m*/Psychologin *f*

psy·chol·ogy [saɪˈkɒlədʒi] *n* Psychologie *f*

psycho·path ['saɪkə(ʊ)pæθ] *n* Psychopath(in) *m(f)*

psycho·path·ic [ˌsaɪkə(ʊ)ˈpæθɪk] *adj* psychopathisch

psy·cho·sis <*pl* -ses> [saɪˈkəʊsɪs, *pl* -siːz] *n* Psychose *f*

psycho·so·mat·ic [ˌsaɪkə(ʊ)sə(ʊ)ˈmætɪk] *adj* psychosomatisch

psycho·thera·pist [ˌsaɪkə(ʊ)ˈθerəpɪst] *n* Psychotherapeut(in) *m(f)*

psycho·thera·py [ˌsaɪkə(ʊ)ˈθerəpi] *n no pl* Psychotherapie *f*

psy·chot·ic [saɪˈkɒtɪk] **I.** *adj* psychotisch **II.** *n* Psychotiker(in) *m(f)*

PT [ˌpiːˈtiː] *n no pl* ❶ (*dated*) *abbrev of* **physical training** Leibesübungen *pl* ❷ MED *abbrev of* **physical therapy** Physiotherapie *f*

ptar·mi·gan ['tɑːmɪɡən] *n* Schneehuhn *nt*

pto [ˌpiːtiːˈəʊ] *abbrev of* **please turn over** b.w.

pub [pʌb] *n* (*fam*) *short for* **public house** Kneipe *f*

'pub crawl *n esp* BRIT (*fam*) Kneipentour *f*

pu·ber·ty ['pjuːbəti] *n no pl* Pubertät *f*

pu·bes·cent [pjuːˈbesənt] *adj* pubertierend *attr*

pu·bic ['pjuːbɪk] *adj attr* Scham-

pu·bis <*pl* -bes> ['pjuːbɪs, *pl* -biːz] *n* Schambein *nt*

pub·lic ['pʌblɪk] **I.** *adj* öffentlich **II.** *n* + *sing/pl vb* ❶ (*the people*) ■ **the ~** die Öffentlichkeit, die Allgemeinheit ❷ (*patrons*) Anhängerschaft *f*; *of newspapers* Leser *pl*; *of TV* Zuschauer *pl*, Publikum *nt* ❸ (*not in private*) Öffentlichkeit *f*; **in ~** in der Öffentlichkeit, öffentlich

pub·lic ac·'count·ant *n* AM (*licensed by state*) Buchprüfer(in) *m(f)*; (*chartered*) ≈ Wirtschaftsprüfer(in) *m(f)* **pub·lic ad·'dress** *n*, **pub·lic ad·'dress sys·tem** *n* Lautsprecheranlage *f* **pub·lic af·'fairs** *npl* öffentliche Angelegenheiten

pub·li·can ['pʌblɪkən] *n* BRIT, AUS Kneipenbesitzer(in) *m(f)*

pub·lic ap·'pear·ance *n* öffentlicher Auftritt **pub·lic ap·'point·ment** *n* POL, ADMIN öffentliche Bestellung **pub·lic as·'sist·ance** *n* AM staatliche Fürsorge

pub·li·ca·tion [ˌpʌblɪ'keɪʃ°n] *n* ❶ *no pl* (*publishing*) Veröffentlichung *f* ❷ (*published work*) Publikation *f*

pub·lic 'bar *n* BRIT [Steh]ausschank *m*

pub·lic con·'veni·ence *n* BRIT, AUS (*euph form*) öffentliche Toilette

pub·lic de·'fend·er *n* AM LAW Pflichtverteidiger(in) *m/f*

pub·lic do·'main *n* ❶ (*government property*) öffentliches Eigentum, Staatsbesitz *m* ❷ (*not subject to copyright*) **to be in the ~** zum Allgemeingut gehören

pub·lic 'en·emy *n* Staatsfeind *m*

pub·lic ex·'pen·di·ture *n* Staatsausgaben *pl*

pub·lic 'funds *npl* öffentliche Gelder

pub·lic 'health *n no pl* Volksgesundheit *f* *veraltend* **pub·lic 'health ser·vice** *n* [staatliches] Gesundheitssystem

pub·lic 'holi·day *n* gesetzlicher Feiertag

pub·lic 'house *n* BRIT (*form*) Kneipe *f fam*

pub·lic in·for·'ma·tion of·fi·cer *n* Pressesprecher(in) *m/f*

pub·lic 'in·ter·est *n* öffentliches Interesse

pub·li·cist ['pʌblɪsɪst] *n* ❶ (*agent*) Publizist(in) *m/f* ❷ (*pej: attention-seeker*) **self-~** Selbstdarsteller(in) *m/f*

pub·lic·ity [pʌb'lɪsəti] I. *n no pl* ❶ (*promotion*) Publicity *f*, Reklame *f* ❷ (*attention*) Aufsehen *nt*, Aufmerksamkeit *f* II. *adj* Publicity-, Werbe-

pub·'lic·ity agent *n* Werbeagent(in) *m/f*

pub·'lic·ity cam·paign *n* Werbekampagne *f*

pub·'lic·ity de·part·ment *n* Werbeabteilung *f*

pub·li·cize ['pʌblɪsaɪz] *vt* bekannt machen

pub·lic 'law *n* öffentliches Recht

pub·lic 'li·brary *n* öffentliche Bibliothek

pub·lic lim·it·ed 'com·pa·ny *n* BRIT Aktiengesellschaft *f*

pub·lic 'loan *n* Staatsanleihe *f*

pub·lic·ly ['pʌblɪkli] *adv* ❶ (*not privately*) öffentlich ❷ (*by the state*) staatlich

pub·lic 'nui·sance *n* ❶ (*act*) öffentliches Ärgernis ❷ (*fam: person*) Störenfried *m*

pub·lic o'pin·ion *n* öffentliche Meinung

pub·lic 'prop·er·ty *n no pl* Staatseigentum *nt*

pub·lic pros·e'cu·tion *n* Staatsanwaltschaft *f*

pub·lic 'pros·ecu·tor *n* Staatsanwalt *m*/Staatsanwältin *f*

pub·lic 'rec·ords *npl* staatliche Archive

pub·lic re·'la·tions *npl* MEDIA, POL Public Relations *pl*, Öffentlichkeitsarbeit *f kein pl*; **~ con·sultant** PR-Berater(in) *m/f*; **~ officer** Öffentlichkeitsreferent(in) *m/f*

pub·lic 'school *n* BRIT Privatschule *f*; AM, AUS, SCOT staatliche Schule

pub·lic 'sec·tor *n* öffentlicher Sektor

pub·lic 'space *n* öffentlicher Raum

pub·lic·'spir·it·ed *adj* (*approv*) von Gemeinsinn zeugend *attr*; **she's a very ~ person** sie hat viel Gemeinsinn

pub·lic 'tele·phone *n esp* BRIT öffentlicher Fernsprecher

pub·lic 'trans·port *n* BRIT, *esp* AM **pub·lic trans·por·'ta·tion** *n* öffentliche Verkehrsmittel

pub·lic u'til·ity *n* Leistungen *pl* der öffentlichen Versorgungsbetriebe; (*company*) öffentlicher Versorgungsbetrieb

pub·lic 'view·ing *n no pl* öffentliche Besichtigung; SPORTS Public Viewing *nt*

pub·lic 'works *npl* öffentliche Bauprojekte

pub·lish ['pʌblɪʃ] *vt article, result* veröffentlichen; *book, magazine, newspaper* herausgeben

pub·lish·er ['pʌblɪʃər] *n* MEDIA ❶ (*company*) Verlag *m* ❷ (*person*) Verleger(in) *m/f* ❸ AM (*newspaper owner*) Herausgeber(in) *m/f*

pub·lish·ing ['pʌblɪʃɪŋ] I. *n no pl, no art* Verlagswesen *nt* II. *adj attr* Verlags-

'pub·lish·ing house *n* Verlag *m*, Verlagshaus *nt*

puck [pʌk] *n* SPORTS Puck *m*

puck·er ['pʌkər] I. *vt* in Falten legen; **to ~ [up] one's lips** seine Lippen spitzen II. *vi* ■ **to ~ [up]** *cloth* sich kräuseln; *lips* sich spitzen; *eyebrows* sich runzeln

pud·ding ['pʊdɪŋ] *n* ❶ BRIT (*dessert course*) Nachspeise *f* ❷ *no pl* AM (*blancmange*) Pudding *m* ❸ *esp* BRIT (*with suet pastry*) [Fleisch]pastete *f*

pud·dle ['pʌdl] *n* Pfütze *f*

pu·den·da [pju'dendə] *npl* (*form*) Genitalien *pl*

pudgy ['pʌdʒi] *adj esp* AM rundlich; *face* schwammig; *person* pummelig

pu·er·ile ['pjʊəraɪl] *adj* kindlich, kindisch *pej*

pu·er·il·ity [pjʊə'rɪləti] *n no pl* ❶ (*childlikeness*) kindliches Wesen ❷ (*pej: childishness*) Albernheit *f*

Puer·to Ri·can [ˌpwɜːtə(ʊ)'riːkən] I. *n* Puertorikaner(in) *m/f* II. *adj* puertorikanisch

Puer·to Rico [ˌpwɜːtə(ʊ)'riːkəʊ] *n* Puerto Rico *nt*

puff [pʌf] I. *n* ❶ (*fam: short blast*) Windstoß *m*; *of breath* Atemstoß *m*; *of vapour* Wolke *f* ❷ AM, CAN (*quilt*) Federbett *nt* ❸ *no pl* BRIT (*fam: breath*) Puste *f fam* ❹ (*drag*) Zug *m* ❺ (*savoury snack*) [Mais]flips *pl*, [Erdnuss]flips *pl* II. *vi* ❶ (*breathe heavily*) schnaufen ❷ (*smoke*) paffen III. *vt* ❶ (*smoke*) paffen ❷ (*fam: praise*) aufbauschen ◆ **puff out** *vt* ❶ (*ex-*

pand) aufblähen; *feathers* aufplustern ❷ BRIT (*exhaust*) erschöpfen ◆**puff up** I. *vt* ❶ (*make swell*) [an]schwellen lassen ❷ (*fig*) ■ **to ~ oneself up** *person* sich aufblasen II. *vi* [an]schwellen

puff ad·der *n* Puffotter *f* **'puff·ball** *n* BOT Bovist *m* **'puff·ball skirt** *n* Ballonrock *m*
puf·fin ['pʌfɪn] *n* Papageientaucher *m*
puff 'pas·try *n no pl* Blätterteig *m*
puf·fy ['pʌfi] *adj* geschwollen, verschwollen
pug [pʌg] *n* Mops *m*
pu·gi·lism ['pjuːdʒɪlɪzᵊm] *n* ❶ SPORTS (*dated: boxing*) Boxen *nt*; (*fight*) Faustkampf *m* geh ❷ (*fam: enjoying hitting*) Prügellust *f*
pu·gi·list ['pjuːdʒɪlɪst] *n* ❶ (*dated: boxer*) Boxkämpfer *m* ❷ (*fam: one who enjoys hitting*) Schläger *m fam*
pug·na·cious [pʌgˈneɪʃəs] *adj* (*form*) kampflustig
pug·nac·ity [pʌgˈnæsəti] *n no pl* (*form*) Kampflust *f*
'pug nose *n* Stupsnase *f*
puke [pjuːk] I. *vt* (*fam!*) ■ **to ~ sth** ○ **[up]** etw [aus]kotzen *sl* II. *vi* (*sl*) ■ **to ~ [up]** kotzen *sl*, spucken DIAL *fam* III. *n no pl* (*sl*) Kotze *f sl*
puk·ka ['pʌkə] *adj* (*dated fam: genuine*) echt; (*of good quality*) ausgezeichnet
pull [pʊl] I. *n* ❶ (*tug*) Zug *m*, Ziehen *nt* ❷ *no pl* (*force*) Zugkraft *f*; *of the earth, moon* Anziehungskraft *f*; *of the water* Sog *m* ❸ (*on a cigarette*) Zug *m*; (*on a bottle*) Schluck *m* ❹ (*attraction*) at an event, a thing Anziehung *f*; *of a person* Anziehungskraft *f* ❺ *no pl* (*fam: influence*) Einfluss *m* ❻ (*handle*) [Hand]griff *m* ❼ *no pl* (*effort*) Anstrengung *f* ❽ BRIT, AUS (*sl: seek partner*) ■ **to be on the ~** (*for a woman*) auf Weiberjagd sein *sl*; (*for a man*) auf Männerfang sein *sl* ❾ MED Zerrung *f* II. *vt* ❶ (*draw*) ziehen; **to ~ the curtains** die Vorhänge zuziehen; **to ~ the trigger** abdrücken ❷ (*put on*) **to ~ sth over one's head** *clothes* sich *dat* etw über den Kopf ziehen ❸ MED (*strain*) *muscle, tendon* zerren ❹ (*fam: take out*) *gun, knife, tooth* ziehen ❺ (*attract*) **to ~ a crowd** eine Menschenmenge anziehen ❻ BRIT, AUS (*sl: attract sexually*) aufreißen ❼ (*help through*) ■ **to ~ sb through sth** jdn durch etw *akk* durchbringen ❽ (*fam: cancel*) *event* absagen; *advertisement* zurückziehen ❾ BRIT (*draw beer*) **to ~ [sb/oneself] a pint** BRIT [jdm/sich *dat*] ein Bier zapfen ❿ AM (*withdraw*) **to ~ a player** SPORTS einen Spieler aus dem Spiel nehmen ▸ **to ~ a face** [**at sb**] [jdm] eine Grimasse schneiden; **to ~ a fast one** (*sl*) einen [gerissenen] Trick anwenden; **to ~ sb's leg** (*fam*) jdn auf den Arm nehmen; **to ~ strings** Beziehungen spielen lassen; **to ~ one's weight** (*fam*) seinen [An]teil beitragen III. *vi* ❶ (*draw*) ziehen; "~" „Ziehen" ❷ (*drive*) ■ **to ~ into sth** in etw *akk* hineinfahren ❸ BRIT (*sl: attract sexually*) jdn aufreißen ◆**pull about** *vt* herumzerren ◆**pull ahead** *vi* ❶ (*overtake*) **to ~ ahead of sb** jdn überholen ❷ SPORTS in Führung gehen ❸ (*make a career*) weiterkommen ◆**pull apart** *vt* ❶ (*break*) zerlegen ❷ (*separate*) auseinanderziehen ❸ (*criticize*) *book, play* zerpflücken ◆**pull around** I. *vt* herumzerren II. *vi* sich erholen ◆**pull aside** *vt* ■ **to ~ sb aside** jdn zur Seite nehmen ◆**pull away** I. *vi* ■ **to ~ away from sb/sth** ❶ (*leave*) sich von jdm/etw wegbewegen; **the bus ~ed away** der Bus fuhr davon ❷ (*leave behind*) jdn/etw zurücklassen ❸ SPORTS *runner* sich vom Feld absetzen ❹ (*recoil*) vor jdm/etw zurückweichen II. *vt* wegreißen; ■ **to ~ sth away** ○ **from sb/sth** jdm/etw etw entreißen ◆**pull back** I. *vi* ❶ (*recoil*) zurückschrecken ❷ MIL sich zurückziehen ❸ (*back out*) ■ **to ~ back** [**from sth**] [von etw *dat*] einen Rückzieher machen; (*from policies*) sich [von etw *dat*] distanzieren II. *vt* ❶ (*draw back*) zurückziehen; *bed sheets* zurückschlagen; *curtains* aufziehen ❷ (*score*) [wieder] aufholen ◆**pull down** *vt* ❶ (*move down*) herunterziehen ❷ (*demolish*) *building* abreißen ❸ (*fig: hold back*) ■ **to ~ down** ○ **sb** jdn [moralisch] runterziehen *fam* ❹ AM (*fam: earn*) kassieren ◆**pull in** I. *vi* TRANSP ❶ (*arrive*) einfahren ❷ (*move over*) [wieder] einscheren II. *vt* ❶ (*attract*) anziehen ❷ (*fam: arrest*) einkassieren ❸ BRIT (*fam: earn*) [ab]kassieren ❹ (*suck in*) einziehen ◆**pull off** I. *vt* ❶ (*take off*) [schnell] ausziehen ❷ (*fam: succeed*) durchziehen; *deal* zustande bringen; *order* an Land ziehen; *victory* davontragen II. *vi* losfahren, abfahren ◆**pull on** *vt* [schnell] überziehen ◆**pull out** I. *vi* ❶ (*move out*) *vehicle* ausscheren; **to ~ out of a road** von einer Straße abfahren ❷ (*leave*) ausfahren ❸ (*withdraw*) aussteigen *fam*; ■ **to ~ out of sth** sich aus etw *dat* zurückziehen ❹ MIL abziehen II. *vt* ❶ MIL **to ~ out troops** Truppen abziehen ❷ (*get out*) ■ **to ~ sth out of sth** etw aus etw *dat*

[heraus]ziehen ❸ (*take out*) herausziehen ♦ **pull over** I. *vt* ❶ (*make fall*) umreißen ❷ (*stop*) anhalten II. *vi vehicle* zur Seite fahren ♦ **pull round** BRIT I. *vi* sich erholen II. *vt* [her]umdrehen ♦ **pull through** I. *vi* (*survive*) durchkommen II. *vt* **to ~ sb through** [**sth**] jdn [durch etw *akk*] durchbringen ♦ **pull to** *vt door, window* zuziehen ♦ **pull together** I. *vt* ❶ (*regain composure*) ■ **to ~ oneself together** sich zusammennehmen ❷ (*organize*) auf die Beine stellen *fig fam* II. *vi* zusammenarbeiten ♦ **pull under** *vt* herunterziehen ♦ **pull up** I. *vt* ❶ (*raise*) hochziehen; *chair* heranziehen ❷ (*fam: reprimand*) ■ **to ~ sb up** jdn zurechtweisen ▶ **to ~ one's** <u>socks</u> **up** (*fam*) sich zusammenreißen II. *vi vehicle* [heranfahren und] anhalten
pull-down 'menu *n* Pulldown-Menü *nt*
pul·let ['pʊlɪt] *n* Junghenne *f*
pul·ley ['pʊli] *n* Flaschenzug *m*
Pull·man ['pʊlmən] *n* (*dated*) Pullmanwaggon *m*
'**pull-out** I. *n* ❶ MIL Rückzug *m* ❷ MEDIA [Sonder]beilage *f* II. *adj* herausziehbar
'**pull·over** *n esp* BRIT Pullover *m* '**pull-up** *n* ❶ (*exercise*) Klimmzug *m* ❷ BRIT (*service area*) Raststätte *f*
pul·mo·nary ['pʌlmənəri] *adj* Lungen-
pulp [pʌlp] I. *n* ❶ (*mush*) Brei *m;* **to beat sb to a ~** (*fig fam*) jdn zu Brei schlagen ❷ (*in paper-making*) [Papier]brei *m* ❸ FOOD Fruchtfleisch *nt kein pl* II. *vt* ❶ (*mash*) zu Brei verarbeiten; *food* zerstampfen ❷ (*destroy printed matter*) einstampfen
pul·pit ['pʊlpɪt] *n* Kanzel *f*
pulpy ['pʌlpi] *adj* matschig; *fruit* fleischig
pul·sar ['pʌlsɑːʳ] *n* Pulsar *m*
pul·sate [pʌl'seɪt] *vi* pulsieren; (*with noise*) *building, loudspeaker* vibrieren; (*move rhythmically*) sich rhythmisch bewegen
pul·sa·tion [pʌl'seɪʃən] *n* Pulsieren *nt*
pulse[1] [pʌls] I. *n* ❶ (*heartbeat*) Puls *m;* **to take sb's ~** jds Puls fühlen ❷ (*vibration*) [Im]puls *m* ❸ (*fig: mood*) **to take the ~ of sth** etw sondieren *geh;* **to have/keep one's finger on the ~** am Ball sein/bleiben II. *vi* pulsieren
pulse[2] [pʌls] *n* FOOD Hülsenfrucht *f*
pul·ver·ize ['pʌlvəraɪz] *vt* ❶ (*crush*) pulverisieren ❷ (*fam: damage*) demolieren ❸ (*fig fam: thrash*) ■ **to ~ sb** jdn zu Brei schlagen; SPORTS jdn vernichtend schlagen
puma ['pjuːmə] *n* Puma *m*
pum·ice ['pʌmɪs] *n,* **pum·ice stone** *n no pl* Bimsstein *m*

pum·mel <BRIT -ll- *or* AM *usu* -l-> ['pʌməl] *vt* ❶ (*hit*) ■ **to ~ sb** auf jdn einprügeln ❷ (*fig: defeat*) ■ **to ~ sb** jdn fertigmachen *fam* ❸ (*criticize*) niedermachen
pump[1] [pʌmp] *n* ❶ BRIT, AUS (*for gymnastics*) Gymnastikschuh *m;* (*for dancing*) Tanzschuh *m;* (*for ballet*) Ballettschuh *m* ❷ AM, AUS (*court shoe*) Pumps *m*
pump[2] [pʌmp] I. *n* Pumpe *f* II. *vt* pumpen
pump-and-'run *n* AM (*fam*) Tankbetrug *m* (*Tanken ohne zu bezahlen*)
pum·per·nick·el ['pʌmpəˌnɪkl̩] *n no pl* Pumpernickel *nt*
pump·ing ['pʌmpɪŋ] I. *n no pl* Pumpen *nt* II. *adj attr* Pump-
'**pump·ing sta·tion** *n* Pumpstation *f*
pump·kin ['pʌmpkɪn] *n* ❶ (*vegetable*) [Garten]kürbis *m* ❷ AM (*fig: term of endearment for child*) Schatz *m,* Mäuschen *nt*
pun [pʌn] I. *n* Wortspiel *nt* II. *vi* <-nn-> Wortspiele machen
punch[1] [pʌn(t)ʃ] *n hot or cold* Punsch *m; cold* Bowle *f*
punch[2] [pʌn(t)ʃ] I. *n* <*pl* -es> ❶ (*hit*) [Faust]schlag *m;* (*in boxing*) Punch *m kein pl fachspr;* **to give sb a ~** jdn boxen ❷ (*perforation*) Lochen *nt kein pl* ❸ (*piercing tool*) Stanzwerkzeug *nt;* [**hole**] **~** (*for paper*) Locher *m* ❹ (*strong effect*) Durchschlagskraft *f kein pl; of arguments* Überzeugungskraft *f kein pl; of a speech/of music* Schwung *m; of criticism* Biss *m fam; of a presentation* Pep *m fam* II. *vt* ❶ (*hit*) schlagen; **to ~ sb in the eye/ nose** jdm aufs Auge/auf die Nase schlagen; **to ~ sb in the stomach** jdn in den Bauch boxen ❷ (*stamp*) *coin, ring* stempeln; (*pierce*) *metal, leather* [aus]stanzen; *paper* lochen ❸ AM, CAN AGR (*drive*) *cattle, a herd* treiben
'**punch·bag** *n* BRIT ❶ (*for boxers*) Sandsack *m* ❷ (*person*) Opfer *nt fig* '**punch·bowl** *n* Punschschüssel *f,* Bowlengefäß *nt*
'**punch·card** *n* COMPUT (*hist*) Lochkarte *f*
punch-'drunk *adj* ❶ (*of boxers*) hirngeschädigt ❷ (*unstable*) wack[e]lig [auf den Beinen] ❸ (*fig: dazed*) ■ **to be ~** benommen sein ❹ (*fig: overwhelmed*) [tief] erschüttert
'**punch·ing bag** *n* AM SPORTS Sandsack *m*
'**punch·line** *n* Pointe *f* '**punch-up** *n* BRIT Schlägerei *f*
punc·ti·li·ous [pʌŋk'tɪliəs] *adj* (*also pej form*) ❶ (*thorough*) *in observing rules* [peinlich] genau, penibel *a. pej* ❷ (*formal*)

in clothing korrekt; *in conduct* [sehr] steif *pej*

punc·tu·al ['pʌŋktʃuəl] *adj* pünktlich; ■ **to be ~ in doing sth** etw pünktlich tun

punc·tu·al·ity [ˌpʌŋktʃu'æləti] *n no pl* Pünktlichkeit *f*

punc·tu·al·ly ['pʌŋktʃuəli] *adv* pünktlich

punc·tu·ate ['pʌŋktʃueɪt] *vt* ❶ LING (*mark*) *written matter* mit Satzzeichen versehen ❷ (*fig form: accentuate*) unterstreichen ❸ (*intersperse*) [hier und da] einfügen; (*interrupt*) [immer wieder] unterbrechen

punc·tu·a·tion [ˌpʌŋktʃu'eɪʃ(ə)n] *n no pl* Zeichensetzung *f*

punc·tu·a·tion mark *n* Satzzeichen *nt*

punc·ture ['pʌŋktʃə'] I. *vt* ❶ (*pierce*) *cardboard, leather* durchstechen ❷ (*fig: make collapse*) *dream, hope* zerstören; *mood* verderben II. *vi* (*burst*) *tyre* ein Loch bekommen; *plastic* einreißen III. *n* Reifenpanne *f*

pun·dit ['pʌndɪt] *n* ❶ REL (*scholar*) Pandit *m fachspr* (Ehrentitel indischer Gelehrter, hauptsächlich von Brahmanen geführt) ❷ ECON, POL (*also pej: authority*) Koryphäe *f*, Guru *m hum, pej* ❸ (*pej: commentator*) autoritärer Kritiker/autoritäre Kritikerin

pun·gen·cy ['pʌndʒ(ə)n(t)si] *n of smell, taste* Schärfe *f*; (*fig*) *of criticism, wit* Schärfe *f kein pl a. pej*; *of comments, remarks* Bissigkeit *f kein pl*

pun·gent ['pʌndʒ(ə)nt] *adj* ❶ (*also pej: strong*) *smell* scharf, beißend *pej*; *taste* scharf, pikant ❷ (*fig: biting*) *wit, words* scharf *a. pej*; *comment, remark* bissig *pej*; (*pointed*) *comment, expression* treffend; *style* pointiert

pun·gent·ly ['pʌndʒ(ə)ntli] *adv* beißend, ätzend

pun·ish ['pʌnɪʃ] *vt* ❶ (*penalize*) bestrafen; **to ~ sb heavily/severely** jdn hart/streng bestrafen; **to ~ sb with a fine** jdn mit einer Geldstrafe belegen ❷ (*treat roughly*) strapazieren; (*treat badly*) malträtieren; *in a fight* übel zurichten ❸ (*exert oneself*) ■ **to ~ oneself** sich [ab]quälen

pun·ish·able ['pʌnɪʃəbl] *adj* LAW strafbar; **murder is ~ by life imprisonment** Mord wird mit lebenslanger Haft bestraft

pun·ish·ing ['pʌnɪʃɪŋ] I. *adj attr* (*fig*) ❶ (*heavy*) *pace, workload* Mords-, mörderisch *fig fam* ❷ (*brutal*) mörderisch *fig fam*, gnadenlos ❸ (*tough*) hart, schwer, anstrengend II. *n* TECH (*severe handling*) Strapazierung *f*; (*rough treatment*) Malträtierung *f*; **to take a ~** *device, equipment* stark beansprucht werden; (*be damaged*) malträtiert werden; *boxer* Prügel beziehen

pun·ish·ment ['pʌnɪʃmənt] *n* ❶ (*penalty*) Bestrafung *f*, Strafe *f*; **capital ~** Todesstrafe *f*; **corporal ~** Prügelstrafe *f* ❷ TECH (*severe handling*) Strapazierung *f*; (*rough treatment*) grobe Behandlung; **to take ~** *in boxing* schwer einstecken müssen *fig fam* ❸ (*strain*) Strapaze *f*; **to take a lot of ~** *device, equipment* stark strapaziert werden

pu·ni·tive ['pju:nətɪv] *adj* (*form*) ❶ (*penalizing*) Straf-; **to take ~ action** [**against sb**] Strafmaßnahmen [gegen jdn] treffen; **~ damages** LAW *in case of libel, slander* verschärfter Schaden[s]ersatz ❷ ECON, FIN (*severe*) streng, rigoros, einschneidend ❸ FIN (*extreme*) unverhältnismäßig [hoch]

punk [pʌŋk] *n* ❶ *esp* AM (*pej sl: worthless person*) Dreckskerl *m* ❷ *esp* AM (*pej sl: troublemaker*) Rabauke *m fam* ❸ (*pej: young rebel*) Revoluzzer(in) *m(f)* ❹ *no pl* (*music*) Punk[rock] *m*; (*fan*) Punker(in) *m(f)*

pun·net ['pʌnɪt] *n* BRIT, AUS [Obst]körbchen *nt*

punt¹ [pʌnt] SPORTS I. *vt* **to ~ the ball** *in American football* einen Befreiungsschlag ausführen *fachspr*; *in rugby* einen Falltritt ausführen *fachspr* II. *n* (*kick*) *in American football* Befreiungsschlag *m fachspr*; *in rugby* Falltritt *m fachspr*

punt² [pʌnt] NAUT I. *vt* staken *fachspr* II. *vi* staken *fachspr*; **to go ~ing** Stechkahn fahren III. *n* Stechkahn *m fachspr*

punt³ [pʌnt] I. *vi* ❶ (*bet against bank*) *at card game* gegen die Bank setzen ❷ (*bet*) *at horse races* wetten ❸ (*gamble on stocks*) [an der Börse] spekulieren II. *n* Wette *f*

punt⁴ [pʌnt] *n* irisches Pfund

punt·er¹ ['pʌntə'] *n* BRIT ❶ (*gambler*) [Glücks]spieler(in) *m(f)*; *in lottery, pools* Tipper(in) *m(f)*; *at horse races* [kleiner] Wetter(in)/[kleine] Wetterin (*das Wetten wird berufsmäßig betrieben*); *on stocks* [Börsen]spekulant(in) *m(f)* ❷ (*fam: customer*) Kunde *m*/Kundin *f*; *of a casino* Besucher(in) *m(f)*; *newspaper reader* Leser(in) *m(f)*; **the average ~** (*fam*) Otto Normalverbraucher ❸ (*fam: prostitute's customer*) Freier *m sl*

punt·er² ['pʌntə'] *n* Stechkahnfahrer(in) *m(f)*

puny ['pju:ni] *adj* ❶ (*pej: sickly*) *person* schwächlich ❷ (*small*) *person* winzig *pej* ❸ (*fig, pej: lacking in power*) schwach;

attempt schüchtern; *excuse* billig ④ (*minor*) belanglos, unmaßgeblich

pup [pʌp] I. n ① (*baby dog*) junger Hund, Welpe m ② (*baby animal*) *of a fox, otter, seal* Junge(s) nt ③ AM (*fig, pej sl: stupid person*) Blödmann m II. vi <-pp-> [Junge] werfen

pupa <pl -s or -pae> ['pju:pə, pl -pi:] n BIOL ① (*covering*) Puppe f *fachspr* ② (*stage*) Puppenstadium nt *fachspr*

pu·pate ['pju:peɪt] vi BIOL sich verpuppen *fachspr*

pu·pil[1] ['pju:pəl] n ① (*schoolchild*) Schüler(in) m(f) ② (*follower*) Schüler(in) m(f)

pu·pil[2] ['pju:pəl] n ANAT Pupille f

pup·pet ['pʌpɪt] n (*theatre doll*) [Hand]puppe f; (*on strings*) Marionette f a. *pej, fig*

pup·pet·eer [ˌpʌpɪ'tɪər] n ① THEAT (*entertainer using puppets*) Puppenspieler(in) m(f) ② (*pej: manipulator*) **to be the ~ of sth** der Drahtzieher/die Drahtzieherin einer S. *gen* sein

pup·pet 'gov·ern·ment n Marionettenregierung f **'pup·pet show** n Puppenspiel nt, Marionettentheater nt

pup·py ['pʌpi] n ① (*baby dog*) junger Hund, Welpe m ② (*baby animal*) Junge(s) nt

pur·chase ['pɜ:tʃəs] I. vt ① (*form: buy*) kaufen, erstehen *geh* ② FIN, LAW (*form: acquire*) etw [käuflich] erwerben ③ (*pej: by bribery*) ■ **to ~ sth** *career, success* sich *dat* etw erkaufen II. n (*form*) ① (*something to be bought*) [Handels]ware f; (*something bought*) Kauf m; **to make a ~** einen Kauf tätigen; *bulky goods* eine Anschaffung machen ② (*act of buying*) Kauf m ③ FIN, LAW (*acquisition*) Erwerb m ④ *kein pl no pl* (*spec: hold*) Halt m; TECH (*grip*) Haftung f *fachspr* ⑤ TECH (*power*) Hebelwirkung f; *device* [einfaches] Hebezeug *fachspr*; (*fig*) Einfluss m

pur·chas·er ['pɜ:tʃəsər] n ① (*buyer*) Käufer(in) m(f); FIN, LAW Erwerber(in) m(f) ② (*purchasing agent*) Einkäufer(in) m(f)

pur·chas·ing ['pɜ:tʃəsɪŋ] n *no pl* (*form*) Erwerb m *geh*, [Ein]kaufen nt, [Ein]kauf m **'pur·chas·ing de·part·ment** n Einkaufsabteilung f **'pur·chas·ing man·ag·er** n Einkaufsleiter(in) m(f) **'pur·chas·ing pow·er** n Kaufkraft f *kein pl*

pure [pjʊər] adj ① (*unmixed*) rein, pur; ZOOL (*purebred*) reinrassig *fachspr* ② (*clean*) *air, water* sauber, klar ③ (*fig: utter*) rein, pur ④ (*free of evil*) unschuldig, rein; *intentions* ehrlich; *motives* uneigennützig ⑤ (*non-sexual*) rein *geh*, keusch ⑥ (*virginal*) unberührt

'pure-bred I. n reinrassiges Tier II. *adj* reinrassig

pu·rée ['pjʊəreɪ] I. vt <puréed, puréeing> pürieren II. n *no pl* Püree nt

pure·ly ['pjʊəli] adv ① (*completely*) rein, ausschließlich ② (*merely*) bloß, lediglich; **~ and simply** schlicht und einfach ③ (*free of evil*) unschuldig ④ (*virtuously*) keusch

pur·ga·tive ['pɜ:gətɪv] I. n MED Abführmittel nt II. *adj* ① MED abführend, Abführ- ② (*fig liter*) befreiend

pur·ga·tory ['pɜ:gətəri] n *no pl* ① REL ■ **P~** das Fegefeuer ② (*fig: unpleasant experience*) **this is sheer ~!** das ist die reinste Hölle!

purge [pɜ:dʒ] I. vt ① (*also fig: cleanse*) ■ **to ~ sb/sth of sth** jdn/etw von etw *dat* reinigen a. *fig*; ■ **to ~ oneself/sb of sth** *guilt, suspicion* sich/jdn von etw *dat* rein waschen ② LAW *offence* sühnen II. vi MED **to binge and ~** sich vollstopfen und [anschließend] erbrechen III. n ① (*cleaning out*) Reinigung f ② POL (*getting rid of*) Säuberung[saktion] f

pu·ri·fi·ca·tion [ˌpjʊərɪfɪ'keɪʃən] n *no pl* ① (*cleansing*) Reinigung f ② REL (*spiritual cleansing*) Reinigung f

pu·ri·fy ['pjʊərɪfaɪ] vt ① (*cleanse*) *air, metal, water* reinigen (**of/from** von) ② REL (*cleanse morally*) reinigen, läutern; ■ **to ~ oneself of/from sth** sich von etw *dat* befreien

pur·ist ['pjʊərɪst] n Purist(in) m(f)

pu·ri·tan ['pjʊərɪtən] I. n (*Protestant*) Puritaner(in) m(f); ■ **the P~s** pl die Puritaner pl II. *adj* ① (*of Puritans*) puritanisch ② (*fig, usu pej: strict*) puritanisch

pu·ri·tani·cal [ˌpjʊərɪ'tænɪkəl] *adj* (*usu pej*) puritanisch

Pu·ri·tan·ism ['pjʊərɪtənɪzəm] n *no pl* Puritanismus m

pur·ity ['pjʊərəti] n *no pl* ① (*cleanness*) Sauberkeit f ② (*freedom from admixture*) Reinheit f ③ REL (*moral goodness*) Reinheit f; (*innocence*) Unschuld f

purl [pɜ:l] I. n linke Masche II. *adj attr* linke(r, s); **~ stitch** linke Masche III. vt, vi links stricken

pur·loin [pɜ:'lɔɪn] vt (*form*) entwenden; (*hum fam: pinch*) mitgehen lassen

pur·ple ['pɜ:pəl] I. *adj* ① (*red/blue mix*) violett; (*more red*) lila[farben]; (*crimson*) purpurrot ② (*darkly coloured*) **to go ~** [**in the face**] hochrot [im Gesicht] anlaufen II. n ① (*blue/red mix*) Violett nt; (*more red*) Lila *nt;* (*crimson*) Purpur *m kein pl* ❷ (*robe*) Purpur *m kein pl* **III.** *vt* violett [*o* lila] [*o* purpurrot] [ein]färben **IV.** *vi* violett [*o* lila] [*o* purpurrot] werden

pur·port [pəˈpɔːt] **I.** *vi* (*form*) ❶ (*claim*) ▪ **to ~ to do sth** vorgeben, etw tun zu wollen ❷ (*convey meaning*) ▪ **to ~ that ...** bedeuten, dass ... **II.** *n* (*form*) ❶ (*meaning*) Inhalt *m* ❷ (*object*) Zweck *m*

pur·pose [ˈpɜːpəs] **I.** *n* ❶ (*reason*) Grund *m;* **to do sth for financial/ humanitarian ~s** etw aus finanziellen/ humanitären Gründen tun ❷ (*goal*) Absicht *f,* Ziel *nt;* **to have a ~ in life** ein Lebensziel haben; **to all intents and ~s** in jeder Hinsicht; **for that very ~** eigens zu diesem Zweck; **on ~** absichtlich ❸ (*resoluteness*) Entschlossenheit *f;* **lack of ~** Unentschlossenheit *f* **II.** *vi* (*form*) ▪ **to ~ to do sth** (*intend*) vorhaben, etw zu tun; (*resolve*) beschließen, etw zu tun

pur·pose-ˈbuilt *adj* ❶ (*manufactured*) *part of machinery* speziell gefertigt, Spezial- ❷ (*erected*) speziell gebaut, Zweck-

pur·pose·ful [ˈpɜːpəsfəl] *adj* ❶ (*single-minded*) zielstrebig ❷ (*resolute*) entschlossen ❸ (*meaningful*) *existence* sinnvoll ❹ (*useful*) zweckdienlich ❺ (*intentional*) absichtlich

pur·pose·ful·ly [ˈpɜːpəsfəli] *adv* ❶ (*single-mindedly*) zielstrebig, zielbewusst ❷ (*resolutely*) entschlossen; **to act ~** entschlossen handeln ❸ (*intentionally*) absichtlich

pur·pose·less [ˈpɜːpəsləs] *adj* ❶ (*lacking goal*) ziellos ❷ (*lacking meaning*) sinnlos ❸ (*useless*) unzweckmäßig

pur·pose·ly [ˈpɜːpəsli] *adv* ❶ (*intentionally*) absichtlich, bewusst ❷ (*expressly*) ausdrücklich, gezielt

purr [pɜːʳ] **I.** *vi* ❶ (*cat*) schnurren ❷ (*engine*) surren **II.** *n* ❶ (*cat's sound*) Schnurren *nt kein pl* ❷ (*engine noise*) Surren *nt kein pl*

purse [pɜːs] **I.** *n* ❶ BRIT (*for money*) Geldbeutel *m,* Geldbörse *f* ❷ AM (*handbag*) Handtasche *f* ❸ (*financial resources*) **public ~** Staatskasse *f* **II.** *vt* **to ~ one's lips/ mouth** die Lippen schürzen/den Mund spitzen; (*sulkily*) die Lippen aufwerfen/einen Schmollmund machen **III.** *vi* **under stress her lips would ~ slightly** wenn sie angespannt war, verzog sich ihr Mund ein wenig

purs·er [ˈpɜːsəʳ] *n* AVIAT Purser *m;* NAUT Zahlmeister(in) *m(f) fachspr*

pur·su·ance [pəˈsjuːən(t)s] *n no pl* (*form*) ❶ (*seeking after*) *of freedom, ideal, truth* Streben *nt* ❷ (*execution*) *of a plan* Ausführung *f; of instructions* Befolgung *f; of duties* Erfüllung *f* ❸ (*accordance*) Übereinstimmung *f*

pur·su·ant [pəˈsjuːənt] *adv* LAW (*form*) ▪ **~ to sth** laut einer S.

pur·sue [pəˈsjuː] *vt* ❶ (*follow*) verfolgen ❷ (*fig: seek to achieve*) **to ~ one's goals** seine Ziele verfolgen ❸ (*fig, pej: repeatedly attack*) verfolgen ❹ (*investigate*) weiterverfolgen ❺ (*engage in*) betreiben; *career* ausüben; **to ~ one's studies** seinem Studium nachgehen ❻ (*fig: admire*) *film star* anhimmeln

pur·su·er [pəˈsjuːəʳ] *n* Verfolger(in) *m(f)*

pur·suit [pəˈsjuːt] *n* ❶ (*chase*) Verfolgung[sjagd] *f; of knowledge, fulfilment* Streben *nt* (**of** nach); (*hunt*) Jagd *f a. pej* (**of** nach) ❷ (*activity*) Aktivität *f,* Beschäftigung *f;* **indoor/outdoor ~s** Innen-/ Außenaktivitäten *pl*

pu·ru·lent [ˈpjʊərʊlənt] *adj* MED eitrig

pur·vey [pəˈveɪ] *vt* (*form*) ❶ (*trade*) ▪ **to ~ sth** *food* mit etw *dat* handeln ❷ (*provide*) ▪ **to ~ sth to sb** *food* jdm etw liefern ❸ (*supply*) ▪ **to ~ sth** *service* etw anbieten; *information* etw liefern; (*spread*) *news* etw verbreiten

pur·vey·or [pəˈveɪəʳ] *n* (*form*) ❶ (*trader*) *in food* Händler(in) *m(f)* ❷ (*supplier*) Lieferant(in) *m(f),* Versorger(in) *m(f)*

pus [pʌs] *n no pl* Eiter *m*

push [pʊʃ] **I.** *n* <*pl* -es> ❶ (*shove*) Stoß *m;* (*slight push*) Schubs *m fam;* **to give sb/ sth a ~** jdm/etw einen Stoß versetzen ❷ (*press*) Druck *m;* **at the ~ of a button** auf Knopfdruck *a. fig* ❸ (*fig: motivation*) Anstoß *m* ❹ (*concerted effort*) Anstrengung[en] *f*[*pl*], Kampagne *f* ❺ (*publicity*) **to get a ~** gepusht werden *sl* ❻ (*military attack*) Vorstoß *m* **II.** *vt* ❶ (*shove*) schieben; (*in a crowd*) drängeln; (*violently*) stoßen, schubsen; **to ~ sth to the back of one's mind** (*fig*) etw verdrängen ❷ (*move forcefully*) schieben; (*give a push*) stoßen; **to ~ things to the limit** (*fig*) etw bis zum Äußersten treiben ❸ (*manoeuvre*) ▪ **to ~ sb towards sth** jdn in eine Richtung drängen ❹ (*impose*) ▪ **to ~ sth** [**on sb**] [jdm] etw aufdrängen ❺ (*pressure*) ▪ **to ~ sb into doing sth** jdn [dazu] drängen, etw zu tun; (*force*) jdn zwingen, etw zu tun; (*persuade*) jdn überreden, etw zu tun ❻ (*press*) ▪ **to ~ sth** auf etw *akk* drücken ❼ (*demand a lot*) ▪ **to ~ oneself** sich *dat* alles abverlangen; **to not ~ oneself** sich nicht überanstrengen *iron* ❽ (*find sth diffi-*

cult) ▪**to be** [**hard**] **~ed to do sth** *esp* BRIT [große] Schwierigkeiten haben, etw zu tun ❿ *esp* BRIT (*be short of*) **to be ~ed for money/time** wenig Geld/Zeit haben ⓾ (*sl: promote*) propagieren; ECON pushen *sl* ⓫ (*sl: sell illegal drugs*) pushen ⓬ (*approach*) **to be ~ing 30/40** (*age*) auf die 30/40 zugehen; (*drive at*) fast 30/40 fahren ⓭ (*fam: overdo*) **to ~ sth too far** etw übertreiben III. *vi* ❶ (*exert force*) dränge[l]n; (*press*) drücken; (*move*) schieben; **to ~ and pull** hin- und herschieben ❷ (*manoeuvre through*) sich durchdrängen; MIL vorstoßen; ▪**to ~ past sb** sich an jdm vorbeidrängen ◆**push along** I. *vi* (*fig fam: leave* [*one's host*]) sich [wieder] auf die Socken machen, [wieder] los müssen II. *vt* vorantreiben ◆**push around** ❶ (*move around*) herumschieben; (*violently*) herumstoßen; ▪**to ~ sb around** (*in a wheelchair*) jdn herumfahren ❷ (*fig, pej: bully*) **to ~ sb ⟳ around** jdn herumkommandieren ◆**push away** *vt* wegschieben ◆**push back** ❶ (*move backwards*) zurückschieben, zurückdrängen ❷ (*fig: delay*) *date* verschieben; ▪**to ~ sb back** jdn zurückwerfen ❸ (*fig, pej: ignore*) verdrängen ◆**push down** *vt* ❶ (*knock down*) herunterdrücken; (*press down*) *lever* hinunterdrücken ❸ ECON (*fig, pej: cause decrease*) *prices* [nach unten] drücken; *value* mindern ◆**push forward** I. *vt* ❶ (*approv, fig: advance*) *development, process* [ein großes Stück] vorantreiben ❷ (*present forcefully*) in den Vordergrund stellen; **to ~ forward a claim** eine Forderung geltend machen ❸ (*draw attention*) ▪**to ~ oneself forward** sich vordrängen II. *vi* ❶ (*continue*) weitermachen ❷ (*continue travelling*) weiterfahren ◆**push in** I. *vt* ❶ (*destroy*) eindrücken ❷ (*fig, also pej: force in*) **to ~ one's way in** sich hineindrängen II. *vi* ❶ (*fig, also pej: force way in*) sich hineindrängen ❷ (*fig, pej: jump queue*) sich vordränge[l]n ◆**push off** I. *vi* ❶ (*fig, also pej fam: leave*) sich verziehen; **well, I have to ~ off now** also, ich muss jetzt los ❷ NAUT (*set sail*) abstoßen II. *vt* NAUT abstoßen ◆**push on** I. *vi* ❶ (*continue despite trouble*) **to ~ on with sth** *plan, project* mit etw *dat* weiterkommen ❷ (*take the lead*) sich bis zur Spitze vorarbeiten; (*in a race*) sich an die Spitze setzen ❸ (*continue travelling*) [noch] weiterfahren II. *vt* [energisch] vorantreiben ◆**push out** I. *vt* ❶ (*force out*) *person, cat, dog* hinausjagen ❷ (*dismiss*) hinauswerfen; (*reject*) ausstoßen ❸ ECON (*produce*) ausstoßen II. *vi* HORT *buds, flowers* sprießen; *buds, trees* austreiben; *bushes, trees* ausschlagen ◆**push over** *vt* umwerfen, umstoßen ◆**push through** I. *vi* (*manoeuvre through*) ▪**to ~ through sth** sich durch etw *akk* drängen II. *vt* ❶ POL (*make pass*) *bill, motion* durchdrücken *fam* ❷ (*help to succeed*) **the school manages to ~ most of its students through their exams** die Schule bringt die meisten ihrer Schüler durch die Prüfungen ◆**push up** I. *vt* ❶ (*move higher*) **to ~ a bike up a hill** ein Fahrrad den Hügel hinaufschieben; ▪**to ~ sb ⟳ up** jdn hochheben ❷ ECON (*cause increase*) *demand* steigern; *prices* hochtreiben II. *vi* ❶ (*fig: grow*) *weeds* [nach oben] schießen ❷ (*fig fam: move*) [rüber]rutschen

'**push·bike** *n* BRIT, AUS (*fam*) [Fahr]rad *nt* '**push-but·ton** I. *adj* ❶ (*automated*) Druckknopf-, [Druck]tasten-, [voll]automatisch ❷ (*using complex weapons*) mit modernsten Waffensystemen [*o* modernster Elektronik] *nach n* II. *n* Druckknopf *m*, [Druck]taste *f* '**push·cart** *n* ❶ (*barrow*) Schubkarren *m* ❷ (*trolley*) Einkaufswagen *m* '**push·chair** *n* BRIT [Kinder]sportwagen *m*

push·er ['pʊʃər] *n* (*pej*) Dealer(in) *m(f)*

'**push-fit** *adj* TECH *pipes, connections* Steck-

pushi·ness ['pʊʃinəs] *n no pl* (*fig*) ❶ (*pej fam: aggressiveness*) Rücksichtslosigkeit *f* ❷ (*pej fam: obnoxiousness*) Aufdringlichkeit *f*

push·ing ['pʊʃɪŋ] I. *n no pl* Gedränge[l] *nt*; **~ and shoving** [großes] [Geschiebe und] Gedränge II. *adj* (*fig*) ❶ (*ambitious*) tatkräftig ❷ (*pej: forceful*) rücksichtslos ❸ (*pej: obnoxious*) aufdringlich

'**push·over** *n* ❶ (*approv, fig fam: easy success*) Kinderspiel *nt kein pl* ❷ (*fig, pej fam: easily defeated opponent*) leichter Gegner/leichte Gegnerin; (*easily influenced*) Umfaller(in) *m(f) fig, pej fam*; **to be a real ~** echt leicht rumzukriegen sein *fam* '**push·pin** *n* AM Reißzwecke *f* '**push-start** I. *vt* ❶ (*jump-start*) *car* anschieben ❷ (*fig: begin improvement*) **to ~ the economy** die Wirtschaft ankurbeln II. *n* ❶ (*jump-start*) *of a car* Anschieben *nt kein pl* ❷ (*fig: helpful prompt*) Starthilfe *f* '**push-up** *n* Liegestütz *m*

pushy ['pʊʃi] *adj* (*fig fam*) ❶ (*ambitious*) tatkräftig ❷ (*pej: aggressive*) aggressiv ❸ (*pej: obnoxious*) aufdringlich

puss <*pl* -es> [pʊs] *n* ❶ (*fam*) Mieze[katze] *f* ❷ A*M* (*fig, also pej fam: female*) Puppe *f* ❸ I*RISH,* S*COT,* A*M* (*sl: face*) Visage *f fam;* (*mouth*) Fresse *f derb*
pussy ['pʊsi] *n* ❶ (*cat*) Mieze[katze] *f fam* ❷ *no pl* (*fig, pej vulg: woman's genitals*) Muschi *f* ❸ A*M* (*fig, pej sl: effeminate male*) Waschlappen *m fam*
'**pussy·foot** *vi* (*fig, pej fam*) ❶ (*move cautiously*) schleichen; ■ to ~ **around** herumschleichen *fam* ❷ (*be evasive*) sich [herum]drücken; ■ to ~ **around** herumreden *fam* '**pussy wil·low** *n* Salweide *f*
pus·tule ['pʌstjuːl] M*ED* I. *n* Eiterbläschen *nt,* Pustel *f* II. *vi* eitern
put <-tt-, put, put> [pʊt] I. *vt* ❶ (*place*) ■ to ~ **sth somewhere** etw irgendwohin stellen; (*lay down*) etw irgendwohin legen; (*push in*) etw irgendwohin stecken; ~ **your clothes in the closet** häng deine Kleider in den Schrank; **she ~ some milk in her coffee** sie gab etwas Milch in ihren Kaffee; **this ~s me in a very difficult position** das bringt mich in eine schwierige Situation; **to ~ oneself in sb's place** sich in jds Situation versetzen; **~ the cake into the oven** schieb den Kuchen in den Backofen; **I ~ clean sheets on the bed** ich habe das Bett frisch bezogen; **she ~ her arm round him** sie legte ihren Arm um ihn; **to ~ sb to bed** jdn ins Bett bringen; **to stay ~** *person* sich nicht von der Stelle rühren; *object* liegen/stehen/hängen bleiben ❷ (*invest*) **to ~ effort/energy/money/time into sth** Mühe/Energie/Geld/Zeit in etw *akk* stecken ❸ (*impose*) **to ~ the blame on sb** jdm die Schuld geben; **to ~ an embargo on sth** ein Embargo über etw *akk* verhängen; **to ~ faith in sth** sein Vertrauen in etw *akk* setzen; **to ~ pressure on sb** jdn unter Druck setzen; **to ~ sb/sth to the test** jdn/etw auf die Probe stellen ❹ (*present*) **to ~ sth to a discussion** etw zur Diskussion stellen; **to ~ a question to sb** jdm eine Frage stellen; **to ~ sth to a vote** etw zur Abstimmung bringen ❺ (*include*) ■ **to ~ sth in[to] sth** etw in etw *akk or dat* aufnehmen; **to ~ sth on the agenda** etw auf die Tagesordnung setzen ❻ (*indicating change of condition*) **to ~ sb at risk** jdn in Gefahr bringen; **to ~ sb in a good/bad mood** jds Laune heben/verderben; **to ~ one's affairs in order** seine Angelegenheiten in Ordnung bringen; **to ~ sb/an animal out of his/its misery** jdn/ein Tier von seinen Qualen erlösen; **to ~ sb to shame** jdn beschämen; **to ~ a stop to sth** etw beenden; **to ~ sth right** etw in Ordnung bringen ❼ (*express*) **how should I ~ it?** wie soll ich mich ausdrücken?; **to ~ it bluntly** um es deutlich zu sagen; **that's ~ting it mildly** das ist ja noch milde ausgedrückt ❽ (*write*) **to ~ a cross/tick next to sth** etw ankreuzen/abhaken ❾ (*estimate, value*) **she ~s her job above everything else** für sie geht ihr Beruf allem anderen vor; **to ~ sb/sth in a category** jdn/etw in eine Kategorie einordnen ❿ (*install*) **to ~ heating/a kitchen into a house** eine Heizung/Küche in einem Haus installieren ⓫ M*ED* (*prescribe*) ■ **to ~ sb on sth** jdm etw verschreiben II. *vi* N*AUT* **to ~ to sea** in See stechen ◆ **put about** I. *vt* ❶ (*scatter within*) verteilen ❷ (*spread rumour*) verbreiten ❸ B*RIT* (*fam: be promiscuous*) ■ **to ~ it about** mit jedem/jeder ins Bett gehen ❹ (*fam: be extroverted*) ■ **to ~ oneself about** sich in Szene setzen II. *vi* N*AUT* wenden ◆ **put across** *vt* ❶ (*make understood*) vermitteln ❷ (*fam: trick*) **to ~ one across sb** jdn hintergehen ◆ **put aside** ❶ (*save*) auf die Seite legen ❷ (*postpone*) ■ **to ~ aside** ⟳ **sth** *activity* mit etw *dat* aufhören; *book etc.* etw beiseitelegen ❸ (*fig: abandon*) aufgeben; *plan* über Bord werfen ◆ **put away** *vt* ❶ (*tidy up*) wegräumen; (*in storage place*) einräumen ❷ (*set aside*) *book, game, glasses* beiseitelegen ❸ (*save*) *money, savings* zurücklegen ❹ (*fam: eat a lot*) ■ **to ~ away** ⟳ **sth** etw in sich *akk* hineinstopfen ❺ (*fam: have institutionalized*) ■ **to ~ sb away** (*in an old people's home*) jdn in Pflege geben; (*in prison*) jdn einsperren; **to ~ sb away for life** jdn lebenslänglich einsperren ❻ A*M* (*fam: kill*) ■ **to ~ sb away** jdn umlegen ◆ **put back** *vt* ❶ (*replace*) zurückstellen ❷ (*reassemble*) ■ **to ~ sth back together** etw wieder zusammensetzen; ■ **to ~ sth back on** *clothes* etw wieder anziehen ❸ (*postpone*) verschieben; *time, clock* zurückstellen ❹ S*CH* (*not progress*) ■ **to ~ sb back** jdn eine Klasse zurückstufen ◆ **put by** *vt* zurücklegen; *money also* auf die hohe Kante legen ◆ **put down** I. *vt* ❶ (*set down*) ablegen, abstellen ❷ (*put to bed*) **to ~ a child down** ein Kind ins Bett bringen ❸ (*lower*) *arm, feet* herunternehmen; **to ~ down the [tele]phone** [den Hörer] auflegen; ■ **to ~ sb** ⟳ **down** jdn runterlassen ❹ (*drop off*) ■ **to ~ down** ⟳ **sb** jdn rauslassen ❺ (*spread*) **to ~ down poison** Gift auslegen; **to ~ down roots** (*also fig*) Wurzeln schlagen ❻ (*write*) aufschreiben;

we'll ~ your name down on the waiting list wir setzen Ihren Namen auf die Warteliste; ■to ~ sb down for sth jdn für etw *akk* eintragen ❼ ECON (*leave as deposit*) *money* anzahlen ❽ (*stop*) *rebellion* niederschlagen; *crime* besiegen; *rumour* zum Verstummen bringen ❾ (*deride*) ■to ~ down ⊃ sb/oneself jdn/sich schlechtmachen ❿ (*have killed*) *an animal* einschläfern lassen ⓫ (*give as cause*) ■to ~ sth down to sth etw auf etw *akk* zurückführen; to ~ sth down to experience etw als Erfahrung mitnehmen II. *vi* AVIAT landen ◆ **put forward** *vt* ❶ (*propose*) *idea, plan* vorbringen; to ~ forward a proposal einen Vorschlag machen; *candidate* vorschlagen ❷ (*make earlier*) vorverlegen (to auf) ❸ (*set later*) to ~ the clock/time forward die Uhr vorstellen ◆ **put in** I. *vt* ❶ (*place in*) hineinsetzen/-legen/-stellen ❷ (*add*) *food, ingredients* hinzufügen; *plants* [ein]pflanzen ❸ (*install*) installieren ❹ (*enter, submit*) ■to ~ sb/sth ⊃ in for sth *exam, school, competition* jdn/etw für etw anmelden; to ~ in an order for sth etw bestellen ❺ (*invest*) *time, work* investieren; I ~ in a good day's work today ich habe heute ein ordentliches Arbeitspensum erreicht ❻ (*cause to be*) to ~ sb in a rage jdn wütend machen II. *vi* ❶ NAUT anlegen; to ~ into Hamburg/harbour in Hamburg/im Hafen einlaufen ❷ to ~ in for sth job sich um etw *akk* bewerben; *pay rise, transfer* etw beantragen ◆ **put off** *vt* ❶ (*delay*) verschieben; (*avoid*) we've been ~ting off the decision about whether to have a baby wir haben die Entscheidung, ob wir ein Kind haben wollen, vor uns her geschoben ❷ (*fob off*) vertrösten; you're not going to ~ me off with excuses ich lasse mich von dir nicht mit Ausreden abspeisen ❸ (*deter*) abschrecken ❹ (*distract*) ablenken; you're ~ting me right off the job du bringst mich völlig raus ❺ BRIT TRANSP (*drop off*) aussteigen lassen; (*forcibly*) hinauswerfen ❻ ELEC (*turn off*) ausmachen ◆ **put on** *vt* ❶ (*wear*) *clothes, shoes* anziehen; to ~ on make-up Make-up auflegen; to ~ on a smile (*fig*) ein Lächeln aufsetzen ❷ (*pretend*) vorgeben; it's all ~ on es ist alles nur Schau ❸ (*turn on*) einschalten; to ~ on the brakes bremsen; to ~ on Mozart Mozart auflegen ❹ (*provide*) bereitstellen; to ~ on an exhibition eine Ausstellung veranstalten; to ~ on a play ein Theaterstück aufführen; to ~ sth on the market etw auf den Markt bringen ❺ (*increase*) to ~ on weight zunehmen ❻ (*bet*) to ~ money on a horse Geld auf ein Pferd setzen; (*fig*) I wouldn't ~ my money on it darauf würde ich nichts geben ❼ (*start cooking*) aufsetzen ❽ (*allow to speak on phone*) to ~ sb on [the telephone] jdm den Hörer weitergeben ◆ **put out** I. *vt* ❶ (*place outside*) to ~ the washing out [to dry] die Wäsche draußen aufhängen; to ~ sb/sth out of business jdn/etw aus dem Geschäft drängen; to ~ sb out of a job jdn entlassen; to ~ sb/sth out of one's mind jdn/etw vergessen ❷ (*extend*) *hand, foot* ausstrecken; she ~ her head out of the window sie lehnte den Kopf aus dem Fenster ❸ MEDIA (*publish, circulate*) veröffentlichen ❹ (*produce*) herstellen; (*sprout*) *leaves, roots* austreiben ❺ (*place ready*) ■to ~ sth out [for sb/sth] *cutlery, plate, dish* [jdm/etw] etw hinstellen ❻ (*inconvenience*) ■to ~ sb out jdm Umstände machen ❼ (*bother*) ■to be ~ out by sth über etw *akk* verärgert sein ❽ (*extinguish*) *fire* löschen; *candle, cigarette* ausmachen; (*turn off*) *lights* ausschalten ❾ (*hurt*) he ~ his back out er hat seinen Rücken verrenkt ❿ (*knock out*) narkotisieren ⓫ (*eliminate*) to ~ sb out of the competition jdn aus dem Rennen werfen II. *vi* NAUT (*set sail*) in See stechen ◆ **put over** *vt* ❶ (*make understood*) verständlich machen ❷ (*fool*) to ~ one over on sb sich mit jdm einen Scherz erlauben ◆ **put through** *vt* ❶ (*insert through*) ■to ~ sth through sth etw durch etw *akk* schieben; (*pierce*) etw durch etw *akk* stechen ❷ TELEC (*connect*) ■to ~ sb through to sb jdn mit jdm verbinden ❸ (*cause to undergo*) to ~ sb through hell jdm das Leben zur Hölle machen ❹ (*support*) to ~ sb through college/school jdn zum College/zur Schule schicken ❺ (*carry through*) *bill, plan, proposal* durchbringen; *claim* weiterleiten ◆ **put together** *vt* ❶ (*assemble*) zusammensetzen; *machine, model, radio* zusammenbauen ❷ (*place near*) zusammenschieben ❸ (*make*) zusammenstellen; to ~ together a dinner/snack ein Mittagessen/einen Imbiss fertig machen; to ~ together a list eine Liste aufstellen ❹ MATH (*add*) to ~ 10 and 15 together 10 und 15 zusammenzählen; (*fig*) she earns more than all the rest of us ~ together sie verdient mehr als wir alle zusammengenommen ❻ FOOD (*mix*) mischen ◆ **put up** I. *vt* ❶ (*hang up*) *decora-*

tions, curtains, notice aufhängen; *flag, sail* hissen ❷ *(raise)* hochheben; **to ~ one's feet up** die Füße hochlegen; **to ~ one's hair up** sich *dat* das Haar aufstecken ❸ *(build)* bauen; *fence* errichten; *tent* aufstellen ❹ *(increase) numbers, price, sales, blood pressure* erhöhen ❺ *(offer) Summe* bezahlen; **to ~ up bail** eine Kaution zahlen; **to ~ up a reward** eine Belohnung aussetzen; **to ~ sth up for sale** etw zum Verkauf anbieten ❻ *(give shelter)* unterbringen ❼ *(propose)* vorschlagen ❽ *(cause to do)* ■ **to ~ sb up to sth** jdn zu etw *dat* verleiten ❾ *(resist)* **to ~ up a struggle** kämpfen; **the villagers did not ~ up any resistance** die Dorfbewohner leisteten keinen Widerstand II. *vi (stay)* **to ~ up in a hotel/at sb's place** in einem Hotel/bei jdm unterkommen ◆ **put up with** *vi* **I don't know why she ~s up with him** ich weiß nicht, wie sie es mit ihm aushält; **they have a lot to ~ up with** sie haben viel zu ertragen; **I'm not ~ing up with this any longer** ich werde das nicht länger dulden

pu·ta·tive ['pjuːtətɪv] *adj attr (form)* ❶ *(reputed) efficiency, superiority* angeblich ❷ *(supposed) father, leader, offender* mutmaßlich

'**put-off** *n* ❶ *(delay)* Aufschub *m* ❷ *(fam: excuse)* Ausrede *f* '**put-on** *n* AM *(fam)* ❶ *(act of teasing)* Scherz *m* ❷ *(affected manner)* Schau *f fig fam*, Getue *nt fam*

pu·tre·fac·tion [ˌpjuːtrɪˈfækʃ(ə)n] *n no pl (form)* ❶ *(decay)* MED *of a body* Verwesung *f;* BIOL *of organic matter* Fäulnis *f* ❷ *(fig: corruption) of a culture, morals* Verfall *m*

pu·tre·fy <-ie-> ['pjuːtrɪfaɪ] *vi* ❶ *body* verwesen; *organic matter* [ver]faulen ❷ *(fig: become corrupt)* verrotten

pu·trid ['pjuːtrɪd] *adj (form)* ❶ *(decayed)* MED *corpse* verwest; BIOL *organic matter* verfault; *water* faul ❷ *(foul) smell* faulig ❸ *(fig: corrupt)* verdorben ❹ *(fig: objectionable) behaviour* widerlich; *(horrible)* scheußlich; **that was a pretty ~ trick!** das war ein ziemlich übler Trick! ❺ *(fig: worthless) effort, achievement* armselig

putsch <*pl* -es> [pʊtʃ] *n* Putsch *m*

putt [pʌt] SPORTS I. *vt, vi* putten II. *n* Putt *m*

put·tee ['pʌti] *n* ❶ MIL *(hist: strip of cloth) worn by soldier* Wickelgamasche *f* ❷ AM *(legging) worn by rider* [Leder]gamasche *f*

putt·er¹ ['pʌtəʳ] *n* SPORTS ❶ *golf club* Putter *m* ❷ *(golfer)* Einlocher(in) *m(f)*

putt·er² ['pʌtəʳ] *vi* AM ❶ *(busy oneself)* geschäftig sein, werkeln SÜDD ❷ *(move slowly)* [herum]trödeln ❸ *(idle)* die Zeit mit Nichtstun verbringen

put·ty ['pʌti] I. *n no pl* [Dichtungs]kitt *m* II. *vt* <-ie-> [ver]kitten, [ver]spachteln

'**put·ty-knife** *n of a glazier* Kittmesser *nt; of a plasterer* Spachtelmesser *nt*

'**put-up** *adj (fam)* abgekartet '**put-upon** *adj (fam)* ausgenutzt

puz·zle ['pʌzl] I. *n* ❶ *(test of ingenuity)* Rätsel *nt;* **jigsaw ~** Puzzle *nt* ❷ *(test of patience)* Geduldsspiel *nt* ❸ *(question)* Rätsel *nt* ❹ *(mystery)* Rätsel *nt* ❺ *(confusion)* Verwirrung *f* II. *vt* vor ein Rätsel stellen III. *vi* ■ **to ~ about sth** über etw *akk* nachgrübeln

puz·zled ['pʌzld] *adj* ❶ *(helpless) expression* ratlos ❷ *(confused)* verwirrt ❸ *(surprised)* [sehr] überrascht ❹ *(disconcerted) expression* irritiert

puz·zler ['pʌzləʳ] *n* ❶ *(usu fam: question)* harte Nuss *fig* ❷ *(fig: difficult person)* Rätsel *nt fig* ❸ *(thinker)* Puzzler(in) *m(f)*

puz·zling ['pʌzlɪŋ] *adj* ❶ *(mysterious) mechanism, story* rätselhaft ❷ *(difficult) question, situation* schwierig ❸ *(confusing)* verwirrend ❹ *(surprising) outcome, success* verblüffend

PVC [ˌpiːviːˈsiː] CHEM I. *n abbrev of* **polyvinyl chloride** PVC *nt* II. *adj attr abbrev of* **polyvinyl chloride** PVC-, aus PVC *nach n*

PVR [ˌpiːviːɑːʳ] *n abbrev of* **personal video recorder** Personal Video Recorder *m*

pyg·my ['pɪgmiː] I. *n (pej, also fig)* Zwerg(in) *m(f)* II. *adj attr* Zwerg-

py·ja·mas [pɪˈdʒɑːməz] *npl* Pyjama *m;* **a pair of ~** ein Pyjama *m*

py·lon ['paɪlɒn] *n* ❶ ELEC *(power lines pole)* freitragender Leitungsmast; [**electricity**] **~** Hochspannungsmast *m* ❷ AVIAT *(guidance pole) in gliding* Orientierungsturm *m*

pyra·mid ['pɪrəmɪd] *n* Pyramide *f*

pyra·mid 'sell·ing *n no pl* ECON, LAW Vertrieb *m* nach dem Schneeballprinzip

pyre ['paɪəʳ] *n* Scheiterhaufen *m*

Pyr·enees [ˌpɪrəˈniːz] *npl* ■ **the ~** die Pyrenäen *pl*

Py·rex® ['paɪ(ə)reks] I. *n* Pyrex-Glas® II. *adj attr baking dish, pan* Pyrex-®, aus Pyrex-Glas® *nach n*

py·rites [paɪ(ə)ˈraɪtiːz] *n + sing vb* Pyrit *m fachspr*

pyro·ma·nia [ˌpaɪ(ə)rə(ʊ)ˈmeɪnɪə] *n no pl* Pyromanie *f fachspr*

pyro·ma·ni·ac [ˌpaɪ(ə)rə(ʊ)ˈmeɪnɪæk] *n*

PSYCH Brandstifter(in) *m(f)* [aus krankhafter Veranlagung], Pyromane *m*/Pyromanin *f fachspr*
pyro·tech·nic [ˌpaɪ(ə)rə(ʊ)ˈteknɪk] *adj* *attr* ❶ *(fireworks)* pyrotechnisch ❷ *(fig: sensational) musical performance, rhetoric* brillant
py·thon <*pl* -s *or* -> [ˈpaɪθᵊn] *n* Python *m*

Qq

Q <*pl* -'s *or* -s>, **q** <*pl* -'s> [kjuː] *n* Q *nt*, q *nt; see also* **A 1**
Q [kjuː] *n* ❶ *abbrev of* **Queen** Königin *f* ❷ SCH, UNIV *abbrev of* **question** Frage *f* ❸ ECON *abbrev of* **quarter** Quartal *nt*
Qa·tar [kəˈtɑːɐ] *n* Katar *nt*
QC [ˌkjuːˈsiː] *n* BRIT *abbrev of* **Queen's Counsel**
QED [ˌkjuːiːˈdiː] *n abbrev of* **quod erat demonstrandum** q.e.d.; *(fig: and that's the solution)* ganz einfach
QR code [ˈkjuːɑːʳ-] *n abbrev of* **Quick Response Code** INET QR-Code *m*
qtr *abbrev of* **quarter** Viertel *nt*
quack¹ [kwæk] I. *n (duck's sound)* Quaken *nt* II. *vi* quaken
quack² [kwæk] *n (pej: fake doctor)* Quacksalber(in) *m(f) pej*; BRIT, AUS *(sl: doctor)* Doktor *m fam*; ~ **treatment** Kurpfuscherei *f*
quad¹ [kwɒd] *n* ❶ *(fam)* *abbrev of* **quadruplet** Vierling *m* ❷ *abbrev of* **quadrangle** *(block of buildings)* Geviert *nt; (on a campus)* Hof; *(on school grounds)* viereckiger Schulhof
quad² [kwɒd] *n* ❶ MEDIA *(space) in printing* Geviert *nt* ❷ PHYS *(energy unit)* Quad *nt* ❸ ELEC, TELEC *(cable)* Vierer *m* ❹ MED *(fam: paralysed person)* Tetraplegiker(in) *m(f)*
quad·ran·gle [ˈkwɒdræŋgl] *n (form)* ❶ *(figure)* Viereck *nt* ❷ *(square) of buildings* Geviert *nt;* BRIT *on a campus* von Gebäuden umschlossener viereckiger Hof *(z.B. in Oxford); of a court* [viereckiger] Innenhof; *on school grounds* viereckiger Schulhof ❸ AM GEOG *in surveying* Landkartenviereck *m*
quad·ran·gu·lar [kwɒdˈræŋgjələʳ] *adj* viereckig
quad·rant [ˈkwɒdrᵊnt] *n* ❶ MATH *(quarter) of a circle/two axes also* Quadrant *m fachspr; of a sphere* Viertelkugel *f* ❷ ASTRON, NAUT *(instrument)* Quadrant *m fachspr*

quad·ra·phon·ic [ˌkwɒdrəˈfɒnɪk] *adj* MUS quadrophon[isch]
quad·rat·ic [kwɒdˈrætɪk] I. *adj* quadratisch; ~ **equation** quadratische Gleichung II. *n* quadratische Gleichung
quad·ri·lat·er·al [ˌkwɒdrɪˈlætᵊrᵊl] I. *adj* vierseitig II. *n (shape)* Viereck *nt*
quad·ri·par·tite [ˌkwɒdrɪˈpɑːtaɪt] *adj (form)* vierteilig, Vier[er]-
quad·ru·ped [ˈkwɒdrʊped] I. *adj* ZOOL vierfüßig II. *n* Vierfüßer *m*
quad·ru·ple [ˈkwɒdrʊpl] I. *vt* vervierfachen II. *vi* sich vervierfachen III. *adj* vierfach *attr; amount, number* vierfach; ~ **time** MUS Viervierteltakt *m* IV. *adv* vierfach [ausgelegt]
quad·ru·plet [ˈkwɒdrʊplət] *n* ❶ *(child)* Vierling *m* ❷ MUS *(fugue)* Quadrupelfuge *f fachspr*
quaff [kwɒf] I. *vt (hum liter)* [in großen Zügen] trinken II. *vi* zechen
quag·mire [ˈkwɒgmaɪəʳ] *n* ❶ *(muddy ground)* Morast[boden] *m* ❷ *(fig: difficult situation)* Patsche *f fig;* **to be caught in a** ~ in der Patsche sitzen; **a** ~ **of corruption** ein Morast der Korruption ❸ *(fig: mess)* Wust *m*
quail¹ <*pl* -s *or* -> [kweɪl] *n (bird)* Wachtel *f*
quail² [kweɪl] *vi* bangen *geh;* **she** ~**ed with fear** ihr war Angst und Bange
quaint [kweɪnt] *adj* ❶ *(charming)* reizend; *landscape, village* malerisch; *cottage, pub* urig ❷ *(also pej: strangely old-fashioned) customs, way of speaking, name* altertümlich a. *pej* ❸ *(usu pej: strange) person, views* verschroben; *customs, ideas, sight* eigenartig ❹ *(pleasantly unusual) encounter, sound* wundersam
quaint·ness [ˈkweɪntnəs] *n no pl* ❶ *(charm)* Reiz *m; of landscape, village* idyllischer Charakter; *of pub* Urigkeit *f* ❷ *(usu pej: strangeness) of a person, of views* Verschrobenheit *f; of customs, ideas,*

sight Merkwürdigkeit *f;* *of way of speaking* Seltsamkeit *f*

quake [kweɪk] **I.** *n* (*fam*) [Erd]beben *nt* **II.** *vi* ❶ (*move*) earth beben ❷ (*fig: shake*) zittern; **her voice ~d with emotion** ihre Stimme bebte vor Erregung

Quak·er ['kweɪkə'] **I.** *n* Quäker(in) *m(f)* **II.** *adj attr* Quäker-

quali·fi·ca·tion [ˌkwɒlɪfɪ'keɪʃ⁰n] *n* ❶ (*skill*) Qualifikation *f;* (*document*) Abschlusszeugnis *nt;* **he left school with no ~s** er verließ die Schule ohne einen Abschluss ❷ *no pl* (*completion of training*) Abschluss *m* seiner Ausbildung; *from school* [Schul]abschluss *m; from university* [Studien]abschluss *m* ❸ (*restriction*) Einschränkung *f* ❹ (*change*) [Ab]änderung *f* ❺ (*condition*) [notwendige] Voraussetzung *f* (**for**/**of** für); ~ **for an examination** AM UNIV Zulassung zu einer Prüfung *f;* ~ **procedure** AM UNIV Zulassungsverfahren *nt* ❻ (*eligibility*) Berechtigung *f* ❼ SPORTS (*preliminary test*) Qualifikation *f*

quali·fied ['kwɒlɪfaɪd] *adj* ❶ (*competent*) qualifiziert; **well ~** gut geeignet ❷ (*certified*) ausgebildet, -meister [*o* -meisterin]; ~ **mason** Maurermeister(in) *m(f);* ~ **radiologist** ausgebildeter Radiologe/ausgebildete Radiologin; (*at university*) graduiert; (*by the state*) staatlich anerkannt; ~ **medical practitioner** approbierter praktischer Arzt/approbierte praktische Ärztin ❸ (*restricted*) bedingt; **to make a ~ statement** eine Erklärung unter Einschränkungen abgeben; **to be a ~ success** ein mäßiger Erfolg sein ❹ (*eligible*) berechtigt

quali·fi·er ['kwɒlɪfaɪə'] *n* ❶ (*restriction*) Einschränkung *f;* (*condition*) Bedingung *f* ❷ SPORTS (*test*) Qualifikationsspiel *nt* ❸ LING (*modifier*) nähere Bestimmung

quali·fy <-ie-> ['kwɒlɪfaɪ] **I.** *vt* ❶ (*make competent*) qualifizieren ❷ (*make eligible*) ■**to ~ sb** [**for sth**] jdm das Recht [auf etw *dat*] geben; ■**to ~ sb to do sth** jdn berechtigen, etw zu tun ❸ (*restrict*) criticism, judgement einschränken; **to ~ an opinion/remark** eine Meinung/Bemerkung unter Vorbehalt äußern **II.** *vi* ❶ (*complete training*) die Ausbildung abschließen; UNIV das Studium abschließen ❷ (*prove competence*) ■**to ~** [**for sth**] sich [für etw *akk*] qualifizieren ❸ (*meet requirements*) ■**to ~** [**for sth**] *citizenship, membership, an office* [für etw *akk*] die [nötigen] Voraussetzungen erfüllen; (*be eligible for*) *benefits, a job* für etw *akk* in Frage kommen

quali·fy·ing ['kwɒlɪfaɪɪŋ] **I.** *n no pl* ❶ (*meeting requirement*) Qualifizierung *f* ❷ (*restricting*) Einschränkung *f* ❸ SPORTS (*preliminary testing*) Qualifizierung *f* **II.** *adj attr* ❶ (*restrictive*) einschränkend ❷ (*testing standard*) Qualifikations-, Eignungs-; ~ **test** SCH, UNIV Aufnahmeprüfung *f* ❸ LING (*modifying*) *adjective, adverb* bestimmend ❹ SPORTS *round* Qualifikations-

quali·ta·tive ['kwɒlɪtətɪv] *adj* qualitativ, Qualitäts-; ~ **classification** Einteilung *f* nach Güte

qual·ity ['kwɒləti] **I.** *n* ❶ (*standard*) Qualität *f;* MECH, TECH Gütegrad *m fachspr;* **seal** [*or* **mark**] **of ~** Gütesiegel *nt,* Gütezeichen *nt;* ~ **of life** Lebensqualität *f* ❷ (*character*) Art *f;* **the unique ~ of their relationship** die Einzigartigkeit ihrer Beziehung ❸ (*feature*) Merkmal *nt;* **managerial qualities** Führungsqualitäten *pl;* **the school has many excellent qualities** die Schule hat viele Vorzüge; **this cheese has a rather rubbery ~ to it** dieser Käse hat etwas ziemlich Gummiartiges an sich **II.** *adj* [qualitativ] hochwertig, Qualitäts-; ~ **control** Qualitätskontrolle *f;* ~ **time** *no pl* die Zeit, die man dafür aufbringt, familiäre Beziehungen zu entwickeln und zu pflegen

qualm [kwɑːm] *n* ❶ (*doubt*) ■**~s** *pl* Bedenken *pl* ❷ (*uneasiness*) ungutes Gefühl; **without the slightest ~** ohne die geringsten Skrupel

quan·da·ry ['kwɒndəri] *n usu sing* ❶ (*indecision*) Unentschiedenheit *f;* **to be in a ~** sich nicht entscheiden können ❷ (*difficult situation*) verzwickte Lage; **to put sb in a ~** jdn in große Verlegenheit bringen

quan·go ['kwæŋgəʊ] *n* BRIT (*usu pej*) *acr for* **quasi-autonomous non-governmental organization** halbautonome nichtstaatliche Organisation

quan·ti·fi·able [ˌkwɒntɪ'faɪəbl] *adj* mengenmäßig messbar

quan·ti·fi·ca·tion [ˌkwɒntɪfɪ'keɪʃ⁰n] *n* mengenmäßige Messung

quan·ti·fy <-ie-> ['kwɒntɪfaɪ] *vt* mengenmäßig messen

quan·ti·ta·tive ['kwɒntɪtətɪv] *adj* quantitativ

quan·tity ['kwɒntəti] **I.** *n* ❶ (*amount*) Menge *f;* **you can buy the paper plates in quantities of 10, 100, and 1000** Sie können Papierteller in Stückzahlen von 10, 100 oder 1000 kaufen ❷ (*large amount*) große Menge[n] *f[pl]* ❸ *pl* (*huge amount*) Unmenge[n] *f[pl]* ❹ MATH (*magnitude*) [direkt messbare] Größe **II.** *adj* in großen

Mengen *nach n;* ECON en gros *nach n;* ~ **theory** ECON Quantitätstheorie *f*
quan·ti·ty 'dis·count *n* Mengenrabatt *m*
'quan·ti·ty sur·vey·or *n* BRIT ARCHIT, FIN Kostenplaner(in) *m(f)*
quan·tum <*pl* -ta> ['kwɒntəm, *pl* -tə] *n* ❶ (*form: amount*) Menge *f* (**of** an) ❷ (*portion*) [An]teil *m* ❸ PHYS (*unit*) Quant[um] *nt;* ~ **mechanics** + *sing vb* Quantenmechanik *f kein pl*
quar·an·tine ['kwɒrənti:n] **I.** *n* Quarantäne *f;* **to place sb under** ~ jdn unter Quarantäne stellen **II.** *vt* unter Quarantäne stellen
quark [kwɑ:k] *n* PHYS Quark *nt*
quar·rel ['kwɒrəl] **I.** *n* ❶ (*argument*) Streit *m;* **to have a** ~ sich streiten; **to patch up a** ~ einen Streit beilegen; **to pick a** ~ **with sb** einen Streit vom Zaun brechen ❷ (*cause of complaint*) Einwand *m* **II.** *vi* <-ll-> ❶ (*argue*) sich streiten; **what did you** ~ **about?** worüber habt ihr gestritten? ❷ (*disagree with*) ▪ **to** ~ **with sth** etw an etw *dat* aussetzen; **you can't** ~ **with that** daran gibt es nichts auszusetzen
quar·rel·some ['kwɒrəlsəm] *adj* (*pej*) streitsüchtig
quar·ry[1] ['kwɒri] **I.** *n* ❶ (*rock pit*) Steinbruch *m;* (*fig*) Fundgrube *f* ❷ (*square stone*) Quader[stein] *m* **II.** *vt* <-ie-> ❶ (*obtain*) marble, stone brechen ❷ (*fig: make visible*) contradictions, secrets zutage fördern ❸ (*fig: gather*) data, information zusammentragen
quar·ry[2] ['kwɒri] *n* ❶ (*hunted animal*) Jagdbeute *f* ❷ (*pursued person*) criminal gejagte Person; (*fig: victim*) Opfer *nt*
quart [kwɔ:t] *n* Quart *nt* (*1,14 l in England, 0,95 l in Amerika*); **a** ~ **of beer/water** ein Quart *nt* Bier/Wasser
quar·ter ['kwɔ:təʳ] **I.** *n* ❶ (*one fourth*) Viertel *nt;* **the bottle was a** ~ **full** es war noch ein Viertel in der Flasche; **for a** ~ **of the price** zu einem Viertel des Preises; **a** ~ **[of a pound] of tea** ein Viertel[pfund] Tee; **to divide sth into** ~**s** etw in vier Teile teilen ❷ (*time*) Viertel *nt;* **a** ~ **of a century** ein Vierteljahrhundert *nt;* **a** ~ **of an hour** eine Viertelstunde; **an hour and a** ~ eineinviertel Stunden; **a** ~ **to** [*or* AM **of**]/**past** [*or* AM **after**] **three** Viertel vor/nach drei ❸ (*1/4 of year*) Quartal *nt;* AM (*school term*) Quartal *nt* ❹ (*1/4 of a game*) Viertel *nt* ❺ AM (*25 cents*) Vierteldollar *m* ❻ (*area*) Gegend *f;* (*neighbourhood*) Viertel *nt* ❼ (*unspecified place*) Seite *f;* (*place*) Stelle *f;* **help came from a totally unex-** **pected** ~ Hilfe kam von völlig unerwarteter Seite ❽ *pl* (*lodgings*) Wohnung *f;* MIL Quartier *nt* ▪ **at close** ~**s** aus der Nähe **II.** *vt* ❶ (*cut into four*) vierteln ❷ (*give housing*) ▪ **to** ~ **sb somewhere** jdn irgendwo unterbringen **III.** *adj* Viertel-
'quar·ter·back *n* AM ❶ SPORTS (*in American Football*) Quarterback *m* ❷ (*leader*) Gruppenleiter(in) *m(f)* **'quar·ter day** *n* BRIT Quartalstag *m* [für fällige Zahlungen]; *for rent* Mietzahltag *m;* FIN *for interest* Zinstag *m;* MIL *for pay* Zahltag *m* **'quar·ter·deck** *n* NAUT Quarterdeck *nt* **quar·ter·'fi·nal** *n* SPORTS Viertelfinale *nt* **quar·ter·ing** ['kwɔ:tərɪŋ] *n* ❶ *no pl* (*dividing into fourths*) Vierteln *nt* ❷ *no pl* (*lodging*) Unterbringung *f;* MIL Einquartierung *f* **quar·ter·ly** ['kwɔ:təˤli] **I.** *adv* vierteljährlich; **to be paid** ~ vierteljährlich gezahlt werden **II.** *adj* vierteljährlich, Vierteljahres-, Quartals- **quar·ter·mas·ter** ['kwɔ:tə,mɑ:stəʳ] *n* ❶ MIL (*army officer*) Quartiermeister *m* ❷ NAUT (*steersman*) *in merchant marine* Quartermeister *m; rank in navy* Steuermannsmaat *m* **'quar·ter·tone** *n* MUS Viertelton *m*
quar·tet *n,* **quar·tette** [kwɔ:'tet] *n* MUS Quartett *nt;* **string** ~ Streichquartett *nt*
quartz [kwɔ:ts] *n no pl* Quarz *m;* **rose** ~ Rosenquarz *m*
quartz 'clock *n* Quarzuhr *f* **quartz iod·ine 'lamp** *n,* **quartz 'lamp** *n* Quarz[halogen]lampe *f;* MED künstliche Höhensonne
qua·sar ['kweɪzɑ:ʳ] *n* Quasar *m*
quash [kwɒʃ] *vt* ❶ *hopes, plans* zunichtemachen; *rebellion, revolt* niederschlagen; *objection* zurückweisen; *rumours* zum Verstummen bringen ❷ LAW (*annul*) aufheben; *a law* für ungültig erklären
quasi- ['kweɪzaɪ] *in compounds* ❶ (*resembling*) *religion, science* Quasi-; *philosophical, spiritual* quasi-; *official* halb-; *legislative* -ähnlich; LAW *partner, partnership* Schein- ❷ (*pej: seeming*) *intellectual, scientific* pseudo-
quat·rain ['kwɒtreɪn] *n* LIT Vierzeiler *m*
qua·ver ['kweɪvəʳ] **I.** *vi* ❶ (*shake*) *person, voice* zittern; *voice* beben ❷ (*utter*) mit zitternder Stimme sprechen ❸ MUS tremolieren *fachspr* **II.** *n* ❶ (*shake*) Zittern *nt kein pl,* Beben *nt kein pl* ❷ BRIT, AUS MUS (*note*) Achtelnote *f fachspr;* (*sound*) Tremolo *nt fachspr*
quay [ki:] *n* Kai *m,* Kaje *f* NORDD
quea·sy ['kwi:zi] *adj* ❶ (*easily upset*) *person, stomach* [über]empfindlich ❷ (*upset*) übel *nach n;* **he feels** ~ ihm ist übel ❸ (*fig:*

uneasy) *conscience* schlecht; **with a ~ conscience** mit Gewissensbissen; **to feel ~ about sth** ein ungutes Gefühl bei etw *dat* haben

Que·bec [kwɪˈbek] *n* Quebec *nt*

queen [kwiːn] **I.** *n* ❶ (*female monarch*) Königin *f*; **the ~ of England** die englische Königin ❷ (*fig: top lady*) Königin *f*; **beauty ~** Schönheitskönigin *f* ❸ (*in cards, chess*) Dame *f* ❹ (*pej fam: flamboyant gay man*) Tunte *f* oft pej sl; **drag ~** Transvestit *m* **II.** *vt* [zur Königin] krönen

queen 'bee *n* ZOOL Bienenkönigin *f*

queen 'dowa·ger *n* Königinwitwe *f*

queen·ly [ˈkwiːnli] *adj* königlich

Queen 'Moth·er *n* Königinmutter *f*

Queen's 'Coun·sel *n* BRIT LAW Kronanwalt *m*/-anwältin *f* **Queen's 'Eng·lish** *n no pl* BRIT Standardenglisch *nt*

queer [kwɪə] **I.** *adj* ❶ (*strange*) seltsam; **to have ~ ideas** schräge Ideen haben; **to have a ~-sounding name** einen merkwürdig klingenden Namen haben ❷ (*usu pej: homosexual*) schwul *fam* ❸ (*suspicious*) merkwürdig **II.** *n* (*pej fam: homosexual*) Schwule(r) *m* oft pej; *female* Lesbe *f* oft pej *sl* **III.** *vt* (*spoil*) bargain, deal verderben ▶ **to ~ sb's <u>pitch</u>** AUS, BRIT jdm die Suppe versalzen

quell [kwel] *vt* ❶ (*suppress*) opposition, protest [gewaltsam] unterdrücken; *rebellion, revolt* niederschlagen ❷ (*fig: subdue*)

to ~ one's anger seinen Zorn zügeln; (*overcome*) **to ~ one's fear** seine Angst überwinden ❸ (*fig: quiet*) beschwichtigen; **to ~ sb's anxieties/doubts/fears** jds Befürchtungen/Zweifel/Ängste zerstreuen

quench [kwen(t)ʃ] *vt* ❶ (*also fig: put out*) *fire, flames* löschen; (*fig*) dämpfen ❷ (*also fig: satisfy*) befriedigen; *thirst* löschen

queru·lous [ˈkwerʊləs] *adj* ❶ (*peevish*) missmutig; **in a ~ voice** in gereiztem Ton ❷ (*complaining*) nörg[e]lig

que·ry [ˈkwɪəri] **I.** *n* (*also fig: question*) Rückfrage *f* **II.** *vt* <-ie-> (*form*) ❶ (*question*) in Frage stellen; ■ **to ~ whether ...** bezweifeln, dass ...; **"but is that really the case?" he queried** „aber ist das wirklich so?" fragte er ❷ AM (*put questions to*) befragen

quest [kwest] **I.** *n* (*also fig*) Suche *f* (**for** nach); **a ~ for a treasure** eine Schatzsuche; **in ~ of sth** auf der Suche nach etw *dat* **II.** *vi* (*liter*) ■ **to ~ after sb/sth** nach jdm/etw suchen

ques·tion [ˈkwestʃən] **I.** *n* ❶ (*inquiry*) Frage *f*; **to put a ~ to sb** jdm eine Frage stellen; **to beg the ~** die Frage aufwerfen; **in answer to your ~** um Ihre Frage zu beantworten; **direct/indirect ~** LING direkte/indirekte Frage; **to pop the ~** (*fam*) jdm einen [Heirats]antrag machen ❷ *no pl* (*doubt*) Zweifel *m*; **there's no ~ about it** keine Frage; **the time/place in ~** LAW die

---

asking questions

obtaining information	Informationen erfragen
Can you tell me what time it is, please?	Können Sie mir bitte sagen, wie spät es ist?
What's the best way to the station?	Wie komme ich am besten zum Bahnhof?
Is there a café anywhere round here?	Gibt es hier in der Nähe ein Café?
Is the flat still available?	Ist die Wohnung noch zu haben?
Can you recommend a good dentist?	Kannst du mir einen guten Zahnarzt empfehlen?
Do you know anything about cars?	Kennst du dich mit Autos aus?
Do you have any details on this story?	Weißt du Näheres über diese Geschichte?

asking permission	um Erlaubnis bitten
May I come in?	Darf ich hereinkommen?
Am I disturbing you?	Störe ich gerade?

asking someone's opinion	nach Meinungen fragen
What do you think of the new law?	Was hältst du von dem neuen Gesetz?
Do you think that's right?	Glaubst du, das ist so richtig?
Is that possible, in your opinion?	Hältst du das für möglich?

besagte Zeit/der besagte Ort; **to be beyond ~** außer Zweifel stehen; **to call sth into ~** etw bezweifeln; **without ~** zweifellos ❸ (*matter*) Frage *f*; **it's a ~ of life or death** es geht um Leben und Tod; **there's no ~ of a general strike** von einem Streik kann keine Rede sein; **to be out of the ~** nicht in Frage kommen ❹ SCH, UNIV (*test problem*) Frage *f* II. *vt* ❶ (*ask*) ■ **to ~ sb about sth** jdn über etw *akk* befragen ❷ (*interrogate*) ■ **to ~ sb [about sth]** jdn [zu etw *dat*] verhören ❸ (*doubt*) bezweifeln; *facts, findings* anzweifeln ❹ SCH (*test*) **to ~ sb on sth** jdn in etw *dat* prüfen

ques·tion·able ['kwestʃənəbl] *adj* ❶ (*uncertain*) zweifelhaft; *future* ungewiss; **it is ~ how reliable those statements are** es ist fraglich, wie glaubwürdig diese Aussagen sind ❷ (*not respectable*) fragwürdig, zweifelhaft; **to do ~ business** bedenkliche Geschäfte machen; **some of his jokes were in ~ taste** manche seiner Witze waren von etwas zweideutiger Natur

ques·tion·er ['kwestʃənəʳ] *n* Fragesteller(in) *m(f)*

ques·tion·ing ['kwestʃənɪŋ] I. *n no pl* Befragung *f*; *by police* Verhör *nt*; **to be brought in for ~** ins Verhör genommen werden II. *adj* forschend; *look* fragend; **in a ~ voice** in fragendem Ton

'**ques·tion mark** *n* (*also fig*) Fragezeichen *nt* '**ques·tion mas·ter** *n* BRIT Quizmaster *m*

ques·tion·naire [ˌkwestʃəˈneəʳ] *n* Fragebogen *m*; **~ analysis/construction** die Analyse/Erstellung von Fragebögen

'**ques·tion time** *n* Zeit *f* für Fragen, Diskussionszeit *f*; POL *in parliament* Fragestunde *f*

queue [kju:] I. *n* BRIT, AUS ❶ (*line*) Schlange *f*; **a ~ of people** eine Menschenschlange; **to join the ~** sich mit anstellen; (*fig*) mit von der Partie sein; **to jump the ~** sich vordränge[l]n; *driver* aus der Kolonne ausscheren; **to stand in a ~** Schlange stehen ❷ (*number*) [ganze] Anzahl II. *vi* anstehen

quib·ble ['kwɪbl] I. *n* ❶ (*pej: petty argument*) haarspalterisches Argument; (*petty arguments*) Haarspalterei *f* ❷ (*also pej: minor criticism*) Krittelei *f* (**about/over** an) II. *vi* ■ **to ~ about sth** sich über etw *akk* streiten; **no one would ~ with that** das würde niemand bestreiten

quib·bler ['kwɪbləʳ] *n* ❶ (*pej: petty arguer*) Querulant(in) *m(f)* ❷ (*over-critical person*) Nörgler(in) *m(f)*

quib·bling ['kwɪblɪŋ] I. *n* (*pej*) Streiterei *f* II. *adj* (*pej: petty*) spitzfindig; (*quarrelsome*) streitsüchtig

quiche <*pl* -> [ki:ʃ] *n* Quiche *f*

quick [kwɪk] I. *adj* ❶ (*also fig: fast*) schnell; **to be ~ about sth** sich mit etw *dat* beeilen; **to have a ~ drink/meal** [noch] schnell etw trinken/essen; **to have a ~ one** (*fig fam: drink*) einen auf die Schnelle kippen; **in ~ succession** in schneller [Ab]folge; **to have a ~ temper** (*fig, pej*) ein rasch aufbrausendes Temperament haben; **he is always ~ to criticize** mit Kritik ist er rasch bei der Hand ❷ (*short*) kurz; **to give sb a ~ call** jdn kurz anrufen; **to have a ~ look at sth** sich *dat* etw kurz ansehen; **could I have a ~ word with you?** könnte ich Sie kurz sprechen? ❸ (*hurried*) noch schnell ❹ (*alert*) [geistig] gewandt; **~ wit** Aufgewecktheit *f*; **in replying** Schlagfertigkeit *f* *fig* II. *adv* schnell, rasch III. *interj* schnell IV. *n* **to bite/cut nails to the ~** die Nägel bis auf das Nagelbett abbeißen/schneiden; **to cut sb to the ~** (*fig*) jdn bis ins Mark treffen

'**quick-act·ing** *adj* schnell wirksam

quick-ˈchange art·ist *n* THEAT Verwandlungskünstler(in) *m(f)*; (*fig*) Lebenskünstler(in) *m(f)*

quick·en ['kwɪkən] I. *vt* ❶ (*make faster*) beschleunigen ❷ (*fig: awaken*) anregen; **to ~ sb's curiosity/interest** jds Neugier/Interesse wecken II. *vi* schneller werden; **his pulse ~ed** sein Pulsschlag erhöhte sich

quick-ˈfreeze <-froze, -frozen> *vt* tiefgefrieren

quick·ie ['kwɪki] I. *n* ❶ (*fam: fast thing*) kurze Sache, Quickie *m*; **to make it a ~** es kurz machen ❷ (*fam: fast drink*) Schluck *m* auf die Schnelle II. *adj* (*also pej fam*) Schnell-, schnell [hingehauen]; **a ~ divorce** eine schnelle und unkomplizierte Scheidung

quick·ly ['kwɪkli] *adv* schnell, rasch

quick-n-ˈeasy *adj* kinderleicht; **a ~ way** die [aller]einfachste Art

quick·ness ['kwɪknəs] *n no pl* ❶ (*speed*) Schnelligkeit *f* ❷ (*fig, pej: temper*) Hitzigkeit *f* ❸ (*approv: alertness*) [geistige] Beweglichkeit; **~ of mind** scharfer Verstand

'**quick·sand** *n no pl* Treibsand *m* '**quick·sil·ver** *n no pl* Quecksilber *nt* '**quick·step** I. *n no pl* (*dance*) ■ **the ~** der Quickstep II. *vi* <-pp-> Quickstep tanzen **quick-ˈtem·pered** *adj* hitzköpfig

quick-ˈwin *adj attr* (*fam*) *investment* mit schnellem Gewinn *nach n*; *strategy* kurzfristig **quick-'wit·ted** *adj* (*alert*) aufgeweckt; (*quick in replying*) schlagfertig; *reply* schlagfertig

quid[1] <*pl* -> [kwɪd] *n* BRIT (*fam: money*) Pfund *nt*; **could you lend me twenty ~, mate?** kannst du mir zwanzig Piepen leihen? *fam*; **to not be the full ~** AUS (*fig, pej*) nicht ganz dicht sein

quid[2] [kwɪd] *n* Stück *nt* Kautabak

quid pro quo [ˌkwɪdprəʊˈkwəʊ] *n* (*form*) Gegenleistung *f*

qui·es·cent [kwiːˈesᵊnt, kwaɪ-] *adj* (*form*) ruhig

qui·et [kwaɪət] **I.** *adj* <-er, -est *or* more ~, most ~> ① (*not loud*) *voice, appliance, machine* leise ② (*silent*) ruhig; **please be ~** Ruhe bitte!; **to keep ~** ruhig sein; **give the baby a bottle to keep her ~** gib mal dem Baby die Flasche, damit es nicht schreit ③ (*not talkative*) still; *person* schweigsam; *child* ruhig; **to keep ~ about sth** über etw *akk* Stillschweigen bewahren ④ (*secret*) heimlich; **to feel a ~ satisfaction** eine stille Genugtuung empfinden; **to have a ~ word with sb** mit jdm ein Wörtchen im Vertrauen reden *fam*; **to keep sth ~** etw für sich *akk* behalten ⑤ (*not ostentatious*) schlicht; *clothes* dezent; *colour* gedämpft ⑥ (*not exciting*) geruhsam; (*not busy*) *street, town* ruhig ▶ **as ~ as a <u>mouse</u>** mucksmäuschenstill **II.** *n no pl* ① (*silence*) Stille *f* ② (*lack of excitement*) Ruhe *f*; **peace and ~** Ruhe und Frieden ▶ **on the ~** heimlich **III.** *vt esp* AM besänftigen; **to ~ children** Kinder zur Ruhe bringen **IV.** *vi esp* AM sich beruhigen

qui·et·en [ˈkwaɪətᵊn] **I.** *vi* ① (*become quiet*) sich beruhigen ② (*become calm*) ruhiger werden **II.** *vt* ① (*make quiet*) beruhigen ② (*calm*) beruhigen; **to ~ sb's fears** jds Ängste zerstreuen; *tension* lösen ◆ **qui·eten down I.** *vi* ① (*become quiet*) leiser werden ② (*become calm*) sich beruhigen **II.** *vt* ① (*make less noisy*) zur Ruhe bringen; **go and ~ those children down** stell die Kinder mal ruhig! ② (*calm* [*down*]) beruhigen

qui·et·ly [ˈkwaɪətli] *adv* ① (*not loudly*) leise; **he is a ~ spoken, thoughtful man** er ist ein nachdenklicher Mann, der mit leiser Stimme spricht ② (*silently*) still; **to wait ~** ruhig warten ③ (*unobtrusively*) unauffällig; **the plan has been ~ dropped** der Plan wurde stillschweigend fallen gelassen; **to chuckle/laugh ~ to oneself** in sich hineinkichern/-lachen; **to be ~ confident** insgeheim überzeugt sein

qui·et·ness [ˈkwaɪətnəs] *n no pl* Ruhe *f*; (*silence*) Stille *f*

qui·etude [ˈkwaɪətjuːd] *n no pl* (*form*) Ruhe *f*, Frieden *m*

quiff [kwɪf] *n* [Haar]tolle *f*

quill [kwɪl] *n* ① (*feather*) Feder *f* ② (*of porcupine*) Stachel *m* ③ (*pen*) Federkiel *m*; (*fig, hum*) Feder *f*

quilt [kwɪlt] **I.** *n* Steppdecke *f*; **patchwork ~** Quilt *m* **II.** *vt* [ab]steppen

quin [kwɪn] *n* BRIT (*fam*) *short for* **quintuplet** Fünfling *m*

quince [kwɪn(t)s] **I.** *n* Quitte *f*; (*tree also*) Quittenbaum *m* **II.** *adj* *jam, jelly, tart* Quitten-

qui·nine [ˈkwɪniːn] *n no pl* Chinin *nt*

quin·tess·ence [kwɪnˈtesᵊn(t)s] *n no pl* Quintessenz *f geh*; (*embodiment*) Inbegriff *m*; **to be the ~ of sth** etw verkörpern

quin·tes·sen·tial [ˌkwɪntɪˈsen(t)ʃᵊl] *adj* (*form*) essentiell; **this is the ~ English vil-**

---

requesting quiet

asking for silence	zum Schweigen auffordern
Quiet, please!	*Ruhe, bitte!/Ich bitte um Ruhe!* (form)
Quieten down now please! *(to pupils)*	*Wenn ihr jetzt bitte mal ruhig sein könnt!* *(an Schüler)*
Shh!/Shush! *(fam)*	*Psst!* (fam)
Shut up! *(fam)*/Shut your gob *(sl)*/face! *(sl)*	*Halt's Maul!* (sl)/*Schnauze!* (sl)
Do be quiet a minute!	*Jetzt sei doch mal still!*
Now just listen to me!	*Jetzt hör mir aber mal zu!*
Could you stop talking, please?	*Könnten Sie bitte ruhig sein?*
I'd like to get a word in too!	*Ich möchte auch noch etwas sagen!*
Thank you! <u>I</u> think ...	*Danke! <u>Ich</u> meine dazu, ...*

lage dies ist der Inbegriff eines englischen Dorfes

quin·tet(te) [kwɪn'tet] *n* Quintett *nt*

quin·tu·plet [kwɪn'tjuːplət] *n* Fünfling *m*

quip [kwɪp] **I.** *n* witzige Bemerkung **II.** *vi* <-pp-> witzeln

quirk [kwɜːk] *n* ❶ (*odd habit*) Marotte *f* ❷ (*oddity*) Merkwürdigkeit *f kein pl;* **by some strange ~ of fate** durch eine [merkwürdige] Laune des Schicksals

quirky ['kwɜːki] *adj* schrullig *fam*

quit <-tt-, quit *or* quitted, quit *or* quitted> [kwɪt] **I.** *vi* ❶ (*resign*) *worker* kündigen; *manager, official* zurücktreten ❷ (*leave rented flat*) kündigen; **to give sb notice to ~** jdm kündigen ❸ COMPUT (*exit*) aussteigen ❹ (*give up*) aufgeben; AM (*fam: stop*) **~!** hör [damit] auf! **II.** *vt* ❶ *esp* AM (*stop*) **will you ~ that!** wirst du wohl damit aufhören!; ■ **to ~ doing sth** aufhören etw zu tun; **~ wasting my time** hör auf meine Zeit zu verschwenden; **to ~ smoking** das Rauchen aufgeben ❷ (*give up*) aufgeben; **to ~ one's job** kündigen ❸ (*leave*) *building, place* verlassen; *flat, room* kündigen ❹ COMPUT (*end*) **to ~ the program** aus dem Programm aussteigen **III.** *adj pred* (*rid*) ■ **to be ~ of sth/sb** jdn/etw loswerden

quite [kwaɪt] *adv* ❶ (*fairly*) ziemlich; **we had ~ a pleasant evening in the end** schließlich war es doch noch ein recht netter Abend; **I'm feeling ~ a bit better, thank you** es geht mir schon viel besser, danke; (*fam*) **that girl's ~ something!** das Mädchen ist wirklich klasse!; **I had to wait ~ a time** ich musste ganz schön lange warten *fam* ❷ (*completely*) ganz, völlig; **I don't ~ know what to say** ich weiß nicht so recht, was ich sagen soll; **~ honestly, ...** ehrlich gesagt ...

quits [kwɪts] *adj pred* quitt; (*fam*) **to be ~ [with sb]** [mit jdm] quitt sein; **to call it ~** es gut sein lassen

quit·tance ['kwɪtⁿn(t)s] *n* (*form*) ❶ (*settlement of debt*) Schulderfüllung *f* ❷ (*receipt*) Quittung *f*

quiv·er[1] ['kwɪvə'] **I.** *n* (*shiver*) Zittern *nt kein pl;* **a ~ went down my spine** mir lief ein kalter Schauder über den Rücken **II.** *vi* zittern; **to ~ with rage** vor Wut beben

quiv·er[2] ['kwɪvə'] *n* (*arrow holder*) Köcher *m*

quix·ot·ic [kwɪk'sɒtɪk] *adj* (*liter*) *personality* schwärmerisch; *idea, suggestion, vision* unrealistisch; *attempt* naiv

quiz [kwɪz] **I.** *n* <*pl* -es> ❶ (*question game*) Quiz *nt* ❷ AM SCH, UNIV (*test*) [kurze] Prüfung **II.** *adj* ❶ *question* Quiz-; **~ night** BRIT Quizabend *m;* **~ team** Rateteam *nt* ❷ AM SCH, UNIV *question, results* Prüfungs- **III.** *vt* ❶ (*question*) befragen (**about** zu) ❷ AM SCH, UNIV prüfen (**on** über)

'quiz·mas·ter *n* Quizmaster *m* **'quiz show** *n* Quizsendung *f*

quiz·zi·cal ['kwɪzɪkᵊl] *adj* ❶ (*questioning*) fragend ❷ (*teasing*) spöttisch

quor·ate ['kwɔːreɪt] *adj* handlungsfähig

quor·um ['kwɔːrəm] *n* Quorum *nt*

quo·ta ['kwəʊtə] *n* ❶ (*fixed amount*) Quote *f* ❷ (*fig: proportion*) Quantum *nt*

quot·able ['kwəʊtəbl] *adj* ❶ (*suitable for quoting*) zitierbar ❷ POL (*on the record*) für die Öffentlichkeit bestimmt

quo·ta·tion [kwə(ʊ)'teɪʃⁿn] *n* ❶ (*from book, person*) Zitat *nt;* ■ **a ~ from sb/sth** ein Zitat *nt* von jdm/aus etw *dat* ❷ *no pl* (*quoting*) Zitieren *nt* ❸ (*estimate*) Kostenvoranschlag *m* ❹ STOCKEX (*price of stock*) [Kurs]notierung *f*

quo·'ta·tion marks *npl* Anführungszeichen *pl;* **to close/open ~** Anführungszeichen oben/unten setzen

quote [kwəʊt] **I.** *n* ❶ (*fam: quotation*) Zitat *nt* ❷ (*fam: quotation marks*) ■ **~s** *pl* Gänsefüßchen *pl fam* ❸ (*fam: estimate*) Kostenvoranschlag *m* ▶ **~ [unquote] Mr Brown stated that, ~, ...** Hr. Brown meinte, ich zitiere ...; (*implying disbelief*) **they are ~, 'just good friends'** sie sind – in Anführungszeichen – ,nur gute Freunde' **II.** *vt* ❶ (*say words of*) zitieren; ■ **to ~ sb on sth** jdn zu etw *dat* zitieren; **but don't ~ me on that!** aber sag's nicht weiter! *fam* ❷ (*give*) ■ **to ~ a price** einen Preis nennen ❸ STOCKEX notieren ❹ (*name*) nennen **III.** *vi* zitieren; ■ **to ~ from sb** jdn zitieren; ■ **to ~ from sth** aus etw *dat* zitieren

quo·tid·ian [kwə(ʊ)'tɪdɪən] *adj* (*form*) [all]täglich

quo·tient ['kwəʊʃⁿnt] *n also* MATH Quotient *m*

qwerty key·board [ˌkwɜːtiː'-] *n*, **QWERTY key·board** *n* englische Standard-Computertastatur

Rr

R <pl -'s or -s>, **r** <pl -'s> [ɑː^r] n R nt, r nt; see also **A** 1

r adv abbrev of **right** re.

R[1] [ɑː^r] **I.** n no pl ① (*Queen*) abbrev of **Regina** Regina ② (*King*) abbrev of **Rex** Rex ③ abbrev of **river II.** adj ① abbrev of **right** re. ② abbrev of **Royal** königl.

R[2] adj Am FILM abbrev of **Restricted**: **rated** ~ nicht für Jugendliche unter 16 Jahren

rab·bi ['ræbaɪ] n Rabbiner m

rab·bit ['ræbɪt] **I.** n ① (*animal*) Kaninchen nt ② no pl (*meat*) Hase m kein pl **II.** vi Brit, Aus (*pej fam*) schwafeln (**about** über)

'**rab·bit hole** n Kaninchenbau m '**rab·bit hutch** n Kaninchenstall m '**rab·bit punch** n Nackenschlag m

rab·ble ['ræbl] n no pl (pej) ① (*disorderly group*) ungeordneter Haufen ② (*mob*) ▪**the** ~ der Mob

'**rab·ble-rous·er** n Aufwiegler(in) m(f)
'**rab·ble-rous·ing** adj Hetz-, [auf]hetzerisch

rab·id ['ræbɪd] adj ① (*esp pej: fanatical*) fanatisch; *critic* scharf; *nationalist* radikal ② (*having rabies*) tollwütig

ra·bies ['reɪbiːz] n + *sing vb* Tollwut f

RAC <pl -> [ˌɑːreɪˈsiː] n abbrev of **Royal Automobile Club**: ▪**the** ~ der RAC, ≈ ADAC m

rac·coon [rəˈkuːn, ræ-] n Waschbär(in) m(f)

race[1] [reɪs] **I.** n ① (*competition*) Rennen nt ② (*fig: contest*) Rennen nt; (*competition*) Wettkampf m ③ no pl (*rush*) Hetze f ④ SPORTS **a day at the** ~**s** ein Tag m beim Pferderennen **II.** vi ① (*compete*) *people* Rennen laufen; *vehicles* Rennen fahren ② (*rush*) rennen ③ (*pass quickly*) ▪**to** ~ **by** schnell vergehen ④ (*beat fast*) *heart* heftig schlagen; *pulse* rasen **III.** vt ① ▪**to** ~ **sb** (*in competition*) gegen jdn antreten; (*for fun*) mit jdm ein Wettrennen machen ② (*enter for races*) **to** ~ **a greyhound/horse** einen Greyhound/ein Pferd Rennen laufen lassen ③ (*transport fast*) ▪**to** ~ **sb somewhere** jdn schnellstmöglich irgendwohin bringen

race[2] [reɪs] n ① (*ethnic grouping*) Rasse f ② (*species*) **the human** ~ die menschliche Rasse; (*of animals, plants*) Spezies f ③ + *sing/pl vb* (*people*) Volk nt; (*fig*) Gruppe f

race '**con·flict** n no pl Rassenkonflikt m
'**race·course** n Rennbahn f
race '**ha·tred** n no pl Rassenhass m
'**race·horse** n Rennpferd nt

rac·er ['reɪsə^r] n ① (*runner*) [Renn]läufer(in) m(f); (*horse*) Rennpferd nt ② (*boat*) Rennboot nt; (*cycle*) Rennrad nt; (*car*) Rennwagen m; (*yacht*) Rennjacht f

race re·la·tions npl Beziehungen pl zwischen den Rassen '**race riot** n Rassenunruhen pl

'**race·track** n ① (*racecourse*) Rennbahn f; esp Am (*for horses also*) Rennstrecke f ② (*racing complex*) Rennplatz m

ra·cial ['reɪʃ^əl] adj ① (*to do with race*) rassisch, Rassen- ② (*motivated by racism*) rassistisch; ~ **discrimination/segregation** Rassendiskriminierung f/-trennung f

ra·cial·ism ['reɪʃ^əlɪz^əm] n no pl Brit Rassismus m

ra·cial·ist ['reɪʃ^əlɪst] Brit **I.** n Rassist(in) m(f) **II.** adj rassistisch

ra·cial '**pro·fil·ing** n no pl Profiling nt aufgrund der Rassenzugehörigkeit

rac·ing ['reɪsɪŋ] n no pl ① (*in horse racing: event*) Pferderennen nt; (*sport*) Pferderennsport m ② (*conducting races*) Rennen nt

'**rac·ing bi·cy·cle** n, '**rac·ing bike** n (*fam*) Rennrad nt '**rac·ing car** n Rennwagen m '**rac·ing driv·er** n Rennfahrer(in) m(f) '**rac·ing yacht** n Rennjacht f

rac·ism ['reɪsɪz^əm] n no pl Rassismus m

rac·ist ['reɪsɪst] **I.** n Rassist(in) m(f) **II.** adj rassistisch

rack[1] [ræk] n no pl **to go to** ~ **and ruin** verkommen, vor die Hunde gehen fam

rack[2] [ræk] vt **to** ~ **[off] wine/beer** Wein/Bier abfüllen

rack[3] [ræk] **I.** n ① (*for storage*) Regal nt; **clothes** ~ Am Kleiderständer m; **magazine/newspaper** ~ Zeitschriften-/Zeitungsständer m ② (*for torture*) Folterbank f; **to be on the** ~ (*fig*) Höllenqualen ausstehen fam ③ FOOD ~ **of lamb** Lammrippchen pl **II.** vt (*hurt*) quälen; **at the end, his cancer** ~**ed his body** am Ende zerfraß der Krebs seinen Körper; **to be** ~**ed with doubts/pain** von Zweifeln/Schmerzen gequält werden ▸**to** ~ **one's brains** sich dat den Kopf zerbrechen

rack·et[1] ['rækɪt] n ① SPORTS Schläger m ② (*game*) ▪~**s** pl Racketball nt kein pl

rack·et² ['rækɪt] *n* (*fam*) ❶ *no pl* (*din*) Krach *m* ❷ (*pej: dishonest scheme*) unsauberes Geschäft; **protection ~** Schutzgelderpressung *f* ❸ (*hum: business*) Geschäft *nt*

rack·et·eer [ˌrækɪ'tɪər] *n* (*pej*) Gangster *m*

'rack rent *n* Wuchermiete *f pej*

ra·coon *n see* **raccoon**

rac·quet *n see* **racket¹** 1

racy ['reɪsɪ] *adj* ❶ (*risqué*) *behaviour, novel* anzüglich ❷ (*sexy*) *clothing* gewagt ❸ (*lively and vigorous*) *person, image* draufgängerisch; *wine, car, yacht* rassig

ra·dar ['reɪdɑːr] *n no pl* Radar *m o nt;* **~ screen** Radarschirm *m;* **~ trap** Radarfalle *f* ▶ **to go** [*or* **fall**] **off the ~** aus dem Blickfeld verschwinden; *Person* abtauchen *fam*

ra·dial ['reɪdɪəl] **I.** *adj* ❶ (*radiating*) strahlenförmig ❷ TECH radial, Radial-; **~ tyre** Gürtelreifen *m* **II.** *n* Gürtelreifen *m*

ra·di·ance ['reɪdɪən(t)s] *n no pl* ❶ (*glowing beauty*) Strahlen *nt;* **the ~ of her smile** ihr strahlendes Lächeln ❷ (*heat and light*) Leuchten *nt; of sun* strahlendes Licht

ra·di·ant ['reɪdɪənt] *adj* ❶ (*happy*) strahlend *attr fig* ❷ (*splendid*) *weather, day* wunderschön, strahlend *attr fig* ❸ *attr* PHYS (*shining*) Strahlungs-

ra·di·ate ['reɪdɪeɪt] **I.** *vi* ❶ (*spread out*) ■ **to ~** [**from sth**] strahlenförmig [von etw *dat*] ausgehen ❷ (*be given off*) ■ **to ~ from sth** von etw *dat* abstrahlen; *light, energy* ausstrahlen **II.** *vt* (*also fig*) ausstrahlen; *heat* abgeben

ra·di·a·tion [ˌreɪdɪ'eɪʃən] *n no pl* ❶ (*radiated energy*) Strahlung *f* ❷ (*emitting*) Abstrahlen *nt*

ra·di·a·tion sick·ness *n no pl* Strahlenkrankheit *f* **ra·di·a·tion thera·py** *n* Strahlentherapie *f*

ra·dia·tor ['reɪdɪeɪtər] *n* ❶ (*heating device*) Heizkörper *m* ❷ (*to cool engine*) Kühler *m*

radi·cal ['rædɪkəl] **I.** *adj* ❶ POL radikal ❷ (*fundamental*) fundamental ❸ MED radikal **II.** *n* ❶ (*person*) Radikale(r) *f(m)* ❷ CHEM Radikal *nt;* **free ~s** freie Radikale

radi·cal·ism ['rædɪkəlɪzəm] *n no pl* Radikalismus *m*

radi·cal·ly ['rædɪkəlɪ] *adv* radikal, völlig; (*fundamentally*) grundlegend; **~ new ideas** völlig neue Ideen; **to change sth ~** etw von Grund auf ändern

ra·dii ['reɪdɪaɪ] *n pl of* **radius**

ra·dio ['reɪdɪəʊ] **I.** *n* ❶ (*receiving device*) Radio *nt* SÜDD, ÖSTERR, SCHWEIZ *a. m;* **to turn the ~ on/off** das Radio an-/ausmachen ❷ (*transmitter and receiver*) Funkgerät *nt;* **on/over the ~** über Funk ❸ *no pl* (*broadcasting*) Radio *nt,* [Rund]funk *m;* **to listen to the ~** Radio hören; **what's on the ~?** was kommt im Radio? ❹ *no pl* (*medium*) Funk *m* **II.** *adj* ❶ (*of communications*) *frequency, receiver* Funk- ❷ (*of broadcasting*) *broadcast, commercial* Radio- **III.** *vt* ❶ (*call on radio*) *base, shore* anfunken ❷ (*send by radio*) funken **IV.** *vi* **to ~ for help/assistance** über Funk Hilfe/Unterstützung anfordern

ra·dio·ac·tive [ˌreɪdɪəʊ'æktɪv] *adj* radioaktiv **ra·dio·ac·tiv·ity** [ˌreɪdɪəʊæk'tɪvətɪ] *n no pl* Radioaktivität *f* **'ra·dio a·larm** *n,* **ra·dio a'larm clock** *n* Radiowecker *m*

'ra·dio bea·con *n* Funkfeuer *nt*

ra·dio·car·bon 'dat·ing *n no pl* Radiokarbonmethode *f*

ra·dio cas·'sette re·cord·er *n* Radiorecorder *m*

ra·dio·gram ['reɪdɪə(ʊ)græm] *n short for* **radio telegram** Funktelegramm *nt*

ra·dio·graph ['reɪdɪə(ʊ)grɑːf] *n* Röntgenbild *nt*

ra·di·og·ra·pher [ˌreɪdɪ'ɒgrəfər] *n* Röntgenassistent(in) *m(f)*

ra·di·og·ra·phy [ˌreɪdɪ'ɒgrəfɪ] *n* Röntgenographie *f;* **I was sent to the ~ unit** ich wurde zum Röntgen geschickt

'ra·dio ham *n* Funkamateur(in) *m(f)*

ra·di·ol·o·gist [ˌreɪdɪ'ɒlədʒɪst] *n* Radiologe *m*/Radiologin *f*

ra·di·ol·ogy [ˌreɪdɪ'ɒlədʒɪ] *n no pl* Radiologie *f*

ra·dio 'micro·phone *n* Funkmikrofon *nt*

'ra·dio op·era·tor *n* Funker(in) *m(f)* **'ra·dio·pag·er** *n* Piepser *m fam* **'ra·dio play** *n* Hörspiel *nt* **'ra·dio pro·gramme** *n* Rundfunkprogramm *nt,* Radioprogramm *nt*

ra·di·os·co·py [ˌreɪdɪ'ɒskəpɪ] *n no pl* Radioskopie *f fachspr*

'ra·dio set *n* Radioapparat *m* **'ra·dio sta·tion** *n* ❶ (*radio channel*) Radiosender *m* ❷ (*building*) Rundfunkstation *f* **ra·dio·te'leph·o·ny** *n no pl* Funktelefonie *f* **ra·dio 'tele·scope** *n* Radioteleskop *nt* **ra·dio·'thera·py** *n no pl* Strahlentherapie *f* **'ra·dio wave** *n* Radiowelle *f*

rad·ish <*pl* -es> ['rædɪʃ] *n* Rettich *m*

ra·dium ['reɪdɪəm] *n no pl* Radium *nt;* **~ therapy** [*or* **treatment**] Radiumtherapie *f*

ra·dius <*pl* -dii> ['reɪdɪəs, *pl* -dɪaɪ] *n*

❶ (*distance from centre*) *also* MATH Radius *m* ❷ ANAT Speiche *f*
RAF [ˌɑːrˈeɪˈef] *n abbrev of* **Royal Air Force**: ▪**the** ~ die R.A.F.
raf·fia [ˈræfɪə] *n no pl* Raphia[bast] *m*
raff·ish [ˈræfɪʃ] *adj* ❶ (*rakish*) flott *fam*, verwegen ❷ (*disreputable*) *area, place* verrufen, mit schlechtem Ruf *nach n*
raf·fle [ˈræfl̩] I. *n* Tombola *f* II. *vt* verlosen
raft[1] [rɑːft] I. *n* (*vessel*) Floß *nt* II. *vi* an einem Rafting teilnehmen III. *vt* **to** ~ **sth** etw auf einem Floß transportieren
raft[2] [rɑːft] *n esp* AM (*large number*) ▪**a** ~ **of sth** eine [ganze] Menge einer S. *gen*
raft·er[1] [ˈrɑːftər] *n* ARCHIT Dachsparren *m*
raft·er[2] [ˈrɑːftər] *n* (*sb using a raft*) Rafter(in) *m(f)*
raft·ing [ˈrɑːftɪŋ] *n no pl* Rafting *nt*
rag[1] [ræg] *n* ❶ (*old cloth*) Lumpen *m*; (*for cleaning*) Lappen *m*, ÖSTERR Fetzen *m*; (*for dust*) Staubtuch *nt* ❷ *pl* (*worn-out clothes*) Lumpen *pl* ❸ (*pej fam: newspaper*) Käseblatt *nt*, Schmierblatt *nt* ÖSTERR
rag[2] [ræg] I. *n* BRIT (*students' fund-raising event*) studentische karnevalistische Veranstaltung, um Spenden für wohltätige Zwecke zu sammeln II. *vi* <-gg-> AM (*pej sl*) ▪**to** ~ **on sb** jdn nerven *sl*; (*scold*) auf jdm herumhacken *fam*
rag[3] [ræg] *n* Ragtime *m*
raga·muf·fin [ˈræɡəˌmʌfɪn] *n* (*fam*) Dreckspatz *m*
ˈ**rag·bag** *n* ~ [**collection**] Sammelsurium *nt*
rage [reɪdʒ] I. *n* ❶ *no pl* (*violent anger*) Wut *f*, Zorn *m* ❷ (*fit of anger*) **to get in a** ~ sich aufregen (**about** über) ❸ (*mania*) **to be** [**all**] **the** ~ der letzte Schrei sein AM ❹ AUS (*fam: lively event*) **the party was a** ~ auf der Party ging's echt ab *sl* II. *vi* ❶ (*express fury*) toben; ▪**to** ~ **at sb** jdn anschreien; ▪**to** ~ **at sth** sich über etw *akk* aufregen ❷ (*continue violently*) *argument, battle, storm* toben; *epidemic, fire* wüten
rag·ged [ˈræɡɪd] *adj* ❶ (*torn*) *clothes* zerlumpt; *cuffs, hem* ausgefranzt ❷ (*wearing worn clothes*) *children* zerlumpt ❸ (*jagged*) ~ **coastline** zerklüftete Küste; (*irregular*) abgehackt ❹ (*disorderly*) *people, group* unorganisiert; *esp in sports* stümperhaft; *rooms* unordentlich; *hair* zottig
rag·ing [ˈreɪdʒɪŋ] *adj* ❶ GEOG (*flowing fast*) reißend *attr*, ❷ (*burning fiercely*) *fire* lodernd *attr*; *inferno* flammend *attr* ❸ METEO (*very violent*) tobend *attr* ❹ (*severe*) rasend; *fever* wahnsinnig *fam*; *thirst* schrecklich ❺ (*fam: extreme*) äußerst; *bore* total *fam*; *success* voll
ra·gout [ræˈɡuː] *n no pl* FOOD Ragout *nt*
rag ˈ**rug** *n* Flickenteppich *m*, Fleckerlteppich *m* SÜDD, ÖSTERR ˈ**rag·tag** *n* Pöbel *m kein pl pej*, Gesindel *nt kein pl pej* ˈ**rag·time** *n no pl* Ragtime *m* ˈ**rag trade** *n* (*sl*) **her dad's in the** ~ ihr Vater hat irgendwas mit Klamotten zu tun
raid [reɪd] I. *n* ❶ (*military attack*) Angriff *m* ❷ (*robbery*) Razzia *f* (**on** auf) ❸ (*by police*) Razzia *f* II. *vt* ❶ MIL (*attack*) überfallen; (*bomb*) bombardieren; *town* plündern ❷ (*by police*) **police** ~**ed the bar looking for drugs** die Polizei führte eine Drogenrazzia in einer Bar durch ❸ (*steal from*) ausplündern; *bank, post office* überfallen; (*fig*) *fridge, piggybank* plündern *hum* III. *vi* ❶ (*steal*) einen Diebstahl begehen ❷ MIL (*make incursions*) einfallen
raid·er [ˈreɪdər] *n* ❶ (*attacker*) Angreifer(in) *m(f)* ❷ (*robber*) Einbrecher(in) *m(f)* ❸ (*pej: investor*) **corporate** ~ Heuschrecke *f pej fam*
rail[1] [reɪl] *vi* wettern (**against/at** gegen), schimpfen (**against/at** über)
rail[2] [reɪl] *n* (*bird*) Ralle *f*
rail[3] [reɪl] I. *n* ❶ *no pl* (*transport system*) Bahn *f*; **by** ~ mit der Bahn ❷ (*railway track*) Schiene *f* ❸ (*on stairs*) Geländer *nt*; (*on fence*) Stange *f*; (*on ship*) Reling *f* ❹ (*to hang things on*) [**hanging**] ~ Halter *m*, Stange *f*; **off the** ~ von der Stange II. *adj pass, strike, worker* Bahn-
ˈ**rail·car** [ˈreɪlkɑːr] *n* BRIT RAIL Triebwagen *m*
ˈ**rail·card** *n* BRIT Bahnkarte *f* ˈ**rail·head** *n* ❶ (*end of track*) Gleisstutzen *m*, Gleisabschluss *m* ❷ (*depot*) Kopfbahnhof *m*
rail·ing [ˈreɪlɪŋ] *n* ❶ (*fence*) Geländer *nt* ❷ (*on a ship*) Reling *f*
ˈ**rail net·work** *n* Bahnnetz *nt* ˈ**rail·road** I. *n* AM ❶ (*train track*) Schienen *pl*, Gleise *pl*; (*stretch of track*) Strecke *f* ❷ (*railway system*) [Eisen]bahn *f kein pl* AM II. *adj* AM *bridge, tunnel* [Eisen]bahn- III. *vt* zwingen; ▪**to have been** ~**ed into sth** gezwungen worden sein, etw zu tun ˈ**rail·way** [ˈreɪlweɪ] I. *n esp* BRIT ❶ (*train tracks*) Gleise *pl*, Schienen *pl* ❷ (*rail system*) ▪**the** ~[**s**] die [Eisen]bahn II. *adj museum, tunnel* [Eisen]bahn-; ~ **yard** Rangierbahnhof *m* ˈ**rail·way bridge** *n* ❶ (*carrying railway line*) Eisenbahnbrücke *f* ❷ (*over railway*) Brücke *f* über einen Bahndamm ˈ**rail·way car·riage** *n* Personenwagen *m* ˈ**rail·way cross·ing** *n* Bahnübergang *m* ˈ**rail·way en·gine** *n* Lokomotive *f* ˈ**rail·way line** *n*

❶ (*train track*) Bahnlinie *f* ❷ (*stretch of track*) Bahnstrecke *f* ˈrail·way·man *n* Eisenbahner *m* ˈrail·way sta·tion *n* Bahnhof *m*

rain [reɪn] **I.** *n* ❶ *no pl* (*precipitation*) Regen *m*; **pouring ~** strömender Regen; **in the ~** im Regen ❷ (*rainy season*) ■ **the ~s** *pl* die Regenzeit *f* **II.** *vi impers* regnen; **it's ~ing** es regnet ◆ **rain off** BRIT, **rain out** *vt passive* AM ■ **to be ~ed off** wegen Regens abgesagt werden

rain·bow [ˈreɪnbəʊ] *n* Regenbogen *m* ˈrain cloud *n* Regenwolke *f* ˈrain·coat *n* Regenmantel *m* ˈrain·drop *n* Regentropfen *m* ˈrain·fall *n no pl* ❶ (*period of rain*) Niederschlag *m* ❷ (*quantity of rain*) Niederschlagsmenge *f* ˈrain for·est *n* Regenwald *m* ˈrain gauge *n*, AM ˈrain gage *n* Regenmesser *m* ˈrain·proof *adj* wasserdicht ˈrain·storm *n* starke Regenfälle *pl*

rainy [ˈreɪni] *adj* regnerisch

raise [reɪz] **I.** *n* AM, AUS (*rise*) Gehaltserhöhung *f* **II.** *vt* ❶ (*lift*) heben; *anchor* lichten; **to ~ one's arm/hand/leg** den Arm/die Hand/das Bein heben; *blinds* hochziehen; **to ~ one's eyebrows** die Augenbrauen hochziehen; *flag, sail* hissen ❷ (*cause to rise*) *drawbridge* hochziehen ❸ (*stir up*) *dust* aufwirbeln ❹ (*increase*) erhöhen; **to ~ public awareness** das öffentliche Bewusstsein schärfen ❺ (*improve*) anheben; *morale* heben; *quality* verbessern ❻ (*arouse*) auslösen; *a cheer, a laugh, a murmur* hervorrufen; *doubts, hopes* wecken; *suspicions* erregen ❼ (*moot*) vorbringen; *an issue, a question* aufwerfen; *an objection* erheben ❽ (*capital, money* aufbringen ❾ (*bring up*) *children* aufziehen ❿ *esp* AM (*breed*) züchten; (*look after*) aufziehen ⓫ (*end*) *embargo, sanctions* aufheben

rai·sin [ˈreɪzɪn] *n* Rosine *f*

rake [reɪk] **I.** *n* ❶ (*garden tool*) Harke *f*, Rechen *m* ❷ (*incline*) Neigung *f* ❸ (*pej: dissolute man*) Windhund *m* **II.** *vt* ❶ (*treat*) *soil* harken ❷ (*gather up*) [zusammen]rechen; *leaves, the lawn* rechen ❸ (*sweep*) *with the eyes* durchstreifen; *with gunfire* beharken; *with a searchlight* absuchen **III.** *vi* ■ **to ~ through sth** etw durchsuchen ◆ **rake in** *vt* ❶ (*work in*) rechen ❷ (*fam: of money*) kassieren ◆ **rake up** *vt* ❶ (*gather up*) zusammenrechen; (*fig*) einstreichen ❷ (*fig: revive*) **she's always raking up the past** ständig muss sie die alten Geschichten wieder aufwärmen ❸ (*get together*) **see if you can ~ up a few costumes for the carnival** sieh zu, ob du ein paar Faschingskostüme auftreiben kannst

rake-off [ˈreɪkɒf] *n* (*fam*) Anteil *m*

rak·ish [ˈreɪkɪʃ] *adj* ❶ (*jaunty*) flott, keck, frech ❷ (*dissolute*) ausschweifend; *charm* verwegen

ral·ly [ˈræli] **I.** *n* ❶ (*motor race*) Rallye *f*; **~ driver** Rallyefahrer(in) *m(f)* ❷ SPORTS (*in tennis*) Ballwechsel *m* ❸ (*meeting*) [Massen]versammlung *f*, Treffen *nt*, Zusammenkunft *f* ❹ (*recovery*) *of prices* Erholung *f* **II.** *vt* <-ie-> mobilisieren; *support* gewinnen; *supporters* mobilisieren; ■ **to ~ sb against/in favour of sth** jdn gegen/für etw *akk* mobilisieren **III.** *vi* <-ie-> ❶ (*support*) ■ **to ~ behind sb** sich geschlossen hinter jdn stellen ❷ MED, FIN, STOCKEX sich erholen; SPORTS sich fangen *fam* ◆ **ral·ly ˈround** *vi* ❶ (*support*) ■ **to ~ round sb** jdn unterstützen ❷ (*display*) **to ~ round the flag** Patriotismus zeigen

ram [ræm] **I.** *n* ❶ (*sheep*) Widder *m*, Schafbock *m* ❷ (*implement*) Rammbock *m*, Ramme *f* ❸ TECH Presskolben *m*, Stoßheber *m* ❹ ASTROL **the sign of the ~** das Sternzeichen Widder **II.** *vt* <-mm-> ❶ (*hit*) rammen ❷ (*push in*) **he ~med the sweets into his mouth** er stopfte sich die Süßigkeiten in den Mund ❸ (*push down*) **to ~ down the soil** den Boden feststampfen ❹ (*slam in*) **to ~ sth home** *bolt* etw zuknallen; **to ~ one's point home** seinen Standpunkt [mit Vehemenz] klar machen **III.** *vi* <-mm-> ■ **to ~ into sth** gegen etw *akk* prallen; (*with car also*) gegen etw *akk* fahren

RAM [ræm] *n* COMPUT *acr for* **Random Access Memory** RAM *m o nt*

Rama·dan [ˌræməˈdæn] *n no pl* Ramadan *m*

ram·ble [ˈræmbl] **I.** *n* Wanderung *f*, Spaziergang *m* **II.** *vi* ❶ (*walk*) wandern, umherstreifen (**through** durch) ❷ (*spread*) sich ranken ❸ (*meander*) *stream* sich winden ❹ (*be incoherent*) faseln *fam*; (*be too detailed*) vom Hundertsten ins Tausendste kommen

ram·bler [ˈræmblər] *n* ❶ (*walker*) Wanderer *m*/Wanderin *f* ❷ HORT, BOT (*rose*) Kletterrose *f* ❸ (*incoherent talker*) Schwafler(in) *m(f) fam*

ram·bling [ˈræmblɪŋ] **I.** *n* ■ **~s** *pl* Gefasel *nt kein pl pej* **II.** *adj* ❶ (*sprawling*) *building* weitläufig ❷ BOT, HORT rankend *attr*, Kletter- ❸ (*incoherent*) unzusammenhängend, zusammenhanglos

ram·ekin [ˈræmɪkɪn] *n* [kleine] Auflaufform

ra·mi·fi·ca·tion [ˌræmɪfɪˈkeɪʃᵊn] *n usu pl* (*consequences*) Auswirkung *f*, Konsequenz *f*; (*subdivision of a structure*) Verzweigung *f*

ra·mi·fy <-ie-> [ˈræmɪfaɪ] *vi* sich verzweigen

ramp [ræmp] *n* ❶ (*slope*) Rampe *f*; AVIAT Gangway *f* ❷ BRIT (*speed deterrent*) Bodenwelle *f* ❸ AM (*slip road*) Auffahrt *f*, Ausfahrt *f*

ram·page I. *n* [ˈræmpeɪdʒ] Randale *f*; **on the ~** angriffslustig II. *vi* [ræmˈpeɪdʒ] randalieren

ram·pant [ˈræmpənt] *adj* ❶ (*unrestrained*) ungezügelt; *inflation* galoppierend *attr*; *nationalism, racism* zügellos ❷ (*spreading*) epidemic ▪ **to be ~** grassieren ❸ *after n* (*rearing*) *lion* sprungbereit

ram·part [ˈræmpɑːt] *n* [Schutz]wall *m*, Befestigungswall *m*

ˈ**ram·rod** *n* Ladestock *m;* **he stood as stiff as a ~** er stand da, als hätte er einen Besenstiel verschluckt

ram·shack·le [ˈræmʃækl] *adj* ❶ (*dilapidated*) klapp[e]rig; *building* baufällig ❷ (*fig, pej: disorganized*) chaotisch

ran [ræn] *pt of* **run**

ranch [rɑːn(t)ʃ] *n* <*pl* -es> Farm *f*, Ranch *f* II. *vi* Viehwirtschaft treiben III. *vt* *cattle, mink, salmon* züchten

ranch·er [ˈrɑːn(t)ʃəʳ] *n* AM ❶ (*ranch owner*) Viehzüchter(in) *m(f)* ❷ (*ranch worker*) Farmarbeiter(in) *m(f)*

ran·cid [ˈræn(t)sɪd] *adj* ranzig; **to go ~** ranzig werden

ran·cor *n* AM, AUS *see* **rancour**

ran·cor·ous [ˈræŋkᵊrəs] *adj* bitter; *quarrel* erbittert; *tone* giftig

ran·cour [ˈræŋkəʳ] *n no pl* (*bitterness*) Verbitterung *f*, Groll *m* (**towards** gegenüber); (*hatred*) Hass *m*

R and B [ˌɑːrən(d)ˈbiː] *n abbrev of* **rhythm and blues** R & B *m*

R and D [ˌɑːrən(d)ˈdiː] *n abbrev of* **research and development** Forschung *f* und Entwicklung *f*

ran·dom [ˈrændəm] I. *n no pl* **at ~** (*aimlessly*) willkürlich, wahllos; (*by chance*) zufällig II. *adj* zufällig, wahllos; **a ~ sample** eine Stichprobe

ran·dom·ly [ˈrændəmli] *adv* zufällig, willkürlich; **~ chosen/selected** zufällig gewählt/ausgesucht

randy [ˈrændi] *adj* (*fam*) geil

rang [ræŋ] *pt of* **ring**

range¹ [reɪndʒ] I. *n* ❶ *no pl* (*limit*) Reichweite *f*; (*area*) Bereich *m;* **to be out of ~** außer Reichweite sein ❷ (*series of things*) Reihe *f*; **narrow/wide ~ of sth** kleine/große Auswahl an etw *dat* ❸ (*selection*) Angebot *nt*, Sortiment *nt* ❹ MUS *of a voice* Stimmumfang *m*; *of an instrument* Tonumfang *m* ❺ (*distance*) Entfernung *f*; *of a gun* Schussweite *f*; *of a missile* Reichweite *f* ❻ MIL (*practice area*) **firing ~** Schießplatz *m* II. *vi* ❶ (*vary*) schwanken ❷ (*roam*) umherstreifen ❸ **to ~ from sth to sth** von etw *dat* bis [zu etw *dat*] reichen; **a wide-ranging investigation** eine umfassende Ermittlung

range² [reɪndʒ] *n* ❶ (*of mountains*) Hügelkette *f*, Bergkette *f* ❷ AM (*pasture*) Weide *f*, Weideland *nt*

range³ [reɪndʒ] *n* (*for cooking*) [Koch]herd *m*

ˈ**range find·er** *n* Entfernungsmesser *m*

rang·er [ˈreɪndʒəʳ] *n* Aufseher(in) *m(f);* AM (*mounted soldier*) Ranger(in) *m(f);* BRIT (*Girl Guide*) Pfadfinderin *f*

rangy [ˈreɪndʒi] *adj* hoch aufgeschossen

rank¹ [ræŋk] I. *n* ❶ *no pl* POL (*position*) Position *f* ❷ MIL Dienstgrad *m*, Rang *m*; ▪ **the ~s** *pl* (*non-officers*) einfache Soldaten *mpl;* **to close ~s** die Reihen schließen; (*fig*) sich zusammenschließen ❸ (*membership*) ▪ **the ~s** Mitglieder *pl* ❹ (*row*) Reihe *f*; **cab ~** Taxistand *m* II. *vi* ❶ (*hold a position*) ▪ **to ~ above sb** einen höheren Rang als jd einnehmen ❷ (*be classified as*) **he currently ~s second in the world** er steht derzeit auf Platz zwei der Weltrangliste; **she ~s among the theatre's greatest actors** sie gehört mit zu den größten Theaterschauspielern III. *vt* ❶ (*classify*) einstufen; ▪ **to ~ sb** **among sb/sth** jdn zu jdm/etw zählen ❷ (*arrange*) anordnen; **to ~ sb/sth in order of size** jdn/etw der Größe nach aufstellen

rank² [ræŋk] *adj* ❶ (*growing thickly*) *of a plant* üppig wuchernd ❷ (*overgrown*) verwildert, überwuchert ❸ (*rancid*) stinkend *attr;* ▪ **to be ~ with sth** nach etw *dat* stinken ❹ (*absolute*) absolut, ausgesprochen; *outsider* total; *stupidity* rein

ran·kle [ˈræŋkl] *vi* ▪ **to ~ [with sb]** jdn wurmen

ran·sack [ˈrænsæk] *vt* ❶ (*search*) *cupboard* durchwühlen ❷ (*also fig, hum: plunder*) plündern; (*rob*) ausrauben

ran·som [ˈræn(t)sᵊm] I. *n* Lösegeld *nt* II. *adj amount, demand, pickup* Lösegeld- III. *vt* auslösen

rant [rænt] I. *n* ❶ *no pl* (*angry talk*) Geschimpfe *nt*, Gezeter *nt fam* ❷ (*tirade*)

Schimpfkanonade f II. vi [vor sich akk hin] schimpfen

rap[1] [ræp] I. n ❶ (knock) Klopfen nt kein pl, Pochen nt kein pl ❷ (fam: rebuke) Anpfiff m fam ❸ AM (sl: criticism) Verriss m fam ❹ AM (sl: punishment) Knast m II. vt <-pp-> ❶ (strike) ▪to ~ sth an etw akk klopfen ❷ (fig: criticize) ▪to ~ sb jdn scharf kritisieren

rap[2] [ræp] I. n ❶ no pl MUS Rap m ❷ (sl: conversation) Plausch m kein pl DIAL, SÜDD, Plauderei f II. vi MUS rappen

ra·pa·cious [rəˈpeɪʃəs] adj (form) ❶ (grasping) habgierig; landlord, businessman raffgierig; ~ **appetite** Wolfshunger m ❷ (plundering) plündernd attr

ra·pac·ity [rəˈpæsəti] n no pl Habgier f

rape[1] [reɪp] I. n ❶ no pl (sexual assault) Vergewaltigung f ❷ no pl (fig: destruction) Zerstörung f II. vt vergewaltigen III. vi eine Vergewaltigung begehen

rape[2] [reɪp] n no pl AGR Raps m

'rape·seed oil n Rapsöl nt

rap·id [ˈræpɪd] adj ❶ (quick) schnell; change, growth, expansion rasch; increase, rise steiler ❷ (sudden) plötzlich

rap·id·ity [rəˈpɪdəti] n no pl ❶ (suddenness) Plötzlichkeit f ❷ (speed) Geschwindigkeit f, Schnelligkeit f

rap·id·ly [ˈræpɪdli] adv schnell, rasch; **to speak ~** schnell sprechen; **~ growing** wachstumsstark

rap·ids [ˈræpɪdz] npl Stromschnellen pl

ra·pi·er [ˈreɪpɪər] n Rapier nt II. adj attr (fig) schlagfertig, scharfzüngig; wit scharf

rap·ist [ˈreɪpɪst] n Vergewaltiger(in) m(f)

rap·port [ræpˈɔːr] n no pl Übereinstimmung f, Harmonie f

rap·proche·ment [ræpˈrɒʃmɑ̃(ŋ)] n (form) Annäherung f

rapt [ræpt] adj (engrossed) versunken, selbstvergessen; **with ~ attention** gespannt

rap·ture [ˈræptʃər] n ❶ no pl (bliss) Verzückung f, Entzücken nt ❷ pl (expression of joy) **to be in ~s about sth** entzückt über etw akk sein

rap·tur·ous [ˈræptʃərəs] adj ❶ (delighted) entzückt, hingerissen; smile verzückt ❷ (enthusiastic) begeistert; applause stürmisch

rare[1] [reər] adj ❶ (uncommon) rar, selten ❷ (thin) atmosphere dünn

rare[2] [reər] adj meat nicht durch[gebraten] präd, blutig

rare·bit [ˈreəbɪt] n **Welsh ~** überbackene Käseschnitte

rar·efy [ˈreərɪfaɪ] vt verdünnen

rare·ly [ˈreəli] adv selten

rar·ing [ˈreərɪŋ] adj ▪**to be ~ to do sth** großes Verlangen haben, etw zu tun; **to be ~ to go** startbereit sein

rar·ity [ˈreərəti] n Rarität f, Seltenheit f

ras·cal [ˈrɑːskəl] n ❶ (scamp) Schlingel m; (child) Frechdachs m ❷ (hist: dishonest person) Schurke m/Schurkin f

rash [ræʃ] I. n <pl -es> ❶ (skin condition) Ausschlag m ❷ no pl (spate) ▪**a ~ of sth** Unmengen pl von etw dat II. adj übereilt, hastig, vorschnell

rash·er [ˈræʃər] n **~ [of bacon]** Speckscheibe f

rash·ly [ˈræʃli] adv unbedacht, unbesonnen, übereilt

rash·ness [ˈræʃnəs] n no pl Unbedachtheit f, Unbesonnenheit f

rasp [rɑːsp] I. n ❶ (tool) Raspel f ❷ (noise) schneidendes Geräusch II. vt ❶ (file) feilen ❷ (rub roughly) wegschaben; skin aufreiben III. vi ❶ (of a noise) kratzen ❷ (talk roughly) krächzen, schnarren

rasp·berry [ˈrɑːzbəri] I. n ❶ (fruit) Himbeere f ❷ (fam: disapproving noise) verächtliches Schnauben; **to get a ~** Buhrufe bekommen II. adj cake, jam, syrup, vinegar Himbeer-

rasp·ing [ˈrɑːspɪŋ] adj krächzend; breath rasselnd

Ras·ta·far·ian [ˌræstəˈfeərɪən] I. n Rastafari m II. adj Rasta-

rat [ræt] I. n Ratte f a. fig, pej II. vi <-tt-> ▪**to ~ on sb** ❶ (inform on) jdn verraten ❷ (let down) jdn im Stich lassen

rat·able adj see **rateable**

ratch·et [ˈrætʃɪt] n TECH Ratsche f ♦**ratchet up** vt (fam) ▪**to ~ up ↻ sth** etw Schritt für Schritt hochfahren

rate [reɪt] I. n ❶ (speed) Geschwindigkeit f; **at one's own ~** in seinem eigenen Rhythmus ❷ (measure) Maß nt, Menge f; **unemployment ~** Arbeitslosenquote f ❸ (payment) Satz m; **volume ~** TELEC Volumentarif m ❹ (premium payable) Zinssatz m; (excise payable) Steuersatz m ▶ **at any ~** (whatever happens) auf jeden Fall; (at least) zumindest, wenigstens II. vt ❶ (regard) einschätzen; **she is ~d very highly by the people she works for** die Leute, für die sie arbeitet, halten große Stücke auf sie; **she ~s him among her closest friends** sie zählt ihn zu ihren engsten Freunden ❷ (be worthy of) **to ~ a mention** erwähnenswert sein III. vi that **~s as the worst film I've ever seen** das

war so ziemlich der schlechteste Film, den ich jemals gesehen habe
rate·able ['reɪtəbl] *adj* BRIT steuerpflichtig
ra·ther ['rɑːðəʳ] *adv* ❶ (*somewhat*) ziemlich; I ~ doubt ... ich bin nicht ganz sicher, ob ...; **to be ~ more expensive than sb was expecting** um einiges teurer sein als erwartet ❷ (*very*) ziemlich, recht; **it's ~ a shame that ...** es ist wirklich schade, dass ... ❸ (*on the contrary*) eher ❹ (*in preference to*) **I'd like to stay at home this evening ~ than going out** ich möchte heute Abend lieber zu Hause bleiben und nicht ausgehen ❺ (*more exactly*) genauer [*o* besser] gesagt
rati·fi·ca·tion [ˌrætɪfɪ'keɪʃən] *n no pl* Ratifizierung *f*
rati·fy <-ie-> ['rætɪfaɪ] *vt* ratifizieren
rat·ing ['reɪtɪŋ] *n* ❶ *no pl* (*assessment*) Einschätzung *f* ❷ (*regard*) Einstufung *f* ❸ (*audience*) ■~s *pl* [Einschalt]quoten *pl*
ra·tio ['reɪʃɪəʊ] *n* Verhältnis *nt*
ra·tion ['ræʃən] *n* I. *n* ❶ (*fixed amount*) Ration *f*; ~ **of food** Essensration *f* ❷ (*food supplies*) ■~s *pl* [Lebensmittel]marken *pl* II. *vt* rationieren, beschränken (**to** auf)
ra·tion·al ['ræʃənəl] *adj* rational
ra·tion·ale [ˌræʃə'nɑːl] *n* Gründe *pl*
ra·tion·al·ism ['ræʃənəlɪzəm] *n no pl* Rationalismus *m*
ra·tion·al·ist ['ræʃənəlɪst] I. *n* Rationalist(in) *m(f)* II. *adj* rationalistisch
ra·tion·al·is·tic [ˌræʃənəl'ɪstɪk] *adj* rationalistisch
ra·tion·al·ity [ˌræʃən'æləti] *n no pl* ❶ (*clear reasoning*) Rationalität *f geh,* Vernunft *f* ❷ (*sensibleness*) Vernünftigkeit *f*
ra·tion·ali·za·tion [ˌræʃənəlaɪ'zeɪʃən] *n no pl* Rationalisierung *f*
ra·tion·al·ize ['ræʃənəlaɪz] I. *vt* rationalisieren II. *vi* rationalisieren, Rationalisierungsmaßnahmen *pl* durchführen
ra·tion·ing ['ræʃənɪŋ] *n no pl* Rationierung *f*
'**rat poi·son** *n* Rattengift *nt* '**rat race** *n* erbarmungsloser Konkurrenzkampf; **to join the ~** sich ins Heer der arbeitenden Bevölkerung einreihen '**rat run** *n* (*fam*) Schleichweg *m*
rat·tle ['rætl] I. *n* ❶ *no pl* (*sound*) Klappern *nt;* (*of chains*) Rasseln *nt;* (*of hail*) Prasseln *nt* ❷ MUS Rassel *f* ❸ (*of a rattlesnake*) Klapper *f* II. *vi* ❶ (*make noise*) klappern; *keys* rasseln; *hail* prasseln; *engine* knattern; *bottles* [*in a crate*] klirren; *coins* klingen ❷ (*move noisily*) rattern ❸ (*talk*) ■**to ~ on** [drauflos]quasseln *fam* III. *vt*

❶ ■**to ~ sth** *windows* etw zum Klirren bringen; *keys* mit etw *dat* rasseln; *crockery* mit etw *dat* klappern ❷ (*make nervous*) ■**to ~ sb** jdn durcheinanderbringen
'**rat·tle·snake** *n* Klapperschlange *f*
rat·tling ['rætlɪŋ] *adj* ❶ (*making a noise*) klappernd *attr; car, engine* ratternd *attr; windows* klirrend *attr; keys* rasselnd *attr* ❷ (*fast*) [rasend] schnell, geschwind DIAL
rat·ty ['ræti] *adj* (*fam*) ❶ BRIT (*ill-tempered*) gereizt ❷ (*shabby*) *house, chair* verlottert; *hair* verknotet
rau·cous ['rɔːkəs] *adj* ❶ (*loud and harsh*) rau, heiser; *call of the crows* krächzend; **~ laughter** heiseres Lachen; (*boisterous*) kreischendes Gelächter ❷ (*noisy*) lärmend *attr,* wild
raun·chy ['rɔːn(t)ʃi] *adj conversation* schlüpfrig; *film* scharf *fam; video* heiß *fam*
rav·age ['rævɪdʒ] *vt* verwüsten; *face* verunstalten
rave [reɪv] I. *n* BRIT (*fam*) Fete *f,* Rave *m o nt* (*mit Technomusik*) II. *adj attr* begeistert, enthusiastisch; *reviews* glänzend III. *vi* ❶ (*talk wildly*) toben, wüten; **to rant and ~** toben ❷ (*fam: praise*) schwärmen; **to ~ about sth** von etw *dat* schwärmen
rav·el <BRIT -ll- *or* AM *usu* -l-> ['rævəl] I. *vi* sich verwickeln; *thread* sich verheddern II. *vt* verwickeln; *thread* verheddern
ra·ven ['reɪvən] I. *n* Rabe *m* II. *adj attr* (*liter*) rabenschwarz
rav·en·ous ['rævənəs] *adj* (*very hungry*) ausgehungert; (*predatory*) räuberisch; *appetite* unbändig
rav·en·ous·ly ['rævənəsli] *adv* [heiß]hungrig, völlig ausgehungert; **I'm ~ hungry** ich habe einen Bärenhunger
ra·vine [rə'viːn] *n* Schlucht *f,* Klamm *f*
rav·ing ['reɪvɪŋ] I. *n* ❶ *no pl* (*delirium*) wirres Gerede ❷ *pl* (*ramblings*) Hirngespinste *pl* II. *adj attr* absolut, total *fam; nightmare* echt III. *adv* völlig
ra·vio·li [ˌrævi'əʊli] *n* Ravioli *pl*
rav·ish ['rævɪʃ] *vt* ❶ (*delight*) entzücken ❷ (*old: rape*) vergewaltigen
rav·ish·ing ['rævɪʃɪŋ] *adj* ❶ (*beautiful*) hinreißend; *countryside* atemberaubend ❷ (*delicious*) wundervoll
raw [rɔː] *adj* ❶ (*unprocessed*) roh, unbehandelt; **~ sewage** ungeklärte Abwässer *pl* ❷ (*uncooked*) roh ❸ (*of information*) Roh-; **~ figures** Schätzungen *pl* ❹ (*inexperienced*) unerfahren ❺ (*unbridled*) rein; *energy* pur; *power* roh ❻ (*outspoken*) offen ❼ (*sore*) wund; (*fig*) *nerves, emotions* empfindlich ❽ (*cold*) rau

ˈraw·hide *n no pl* ungegerbtes Leder
Rawl·plug® [ˈrɔːlˌplʌɡ] *n* BRIT Dübel *m*
raw·ness [ˈrɔːnəs] *n no pl* ❶ (*harshness*) Rauheit *f* ❷ (*soreness*) Wundsein *nt*
ray¹ [reɪ] *n* ❶ (*beam*) Strahl *m* ❷ (*trace*) Spur *f* ❸ PHYS (*radiation*) Strahlung *f*
ray² [reɪ] *n* (*fish*) Rochen *m*
ray·on [ˈreɪɒn] *n no pl* Viskose *f*
raze [reɪz] *vt* (*völlig*) zerstören; MIL schleifen
ra·zor [ˈreɪzə**ʳ**] **I.** *n* Rasierapparat *m*, Rasierer *m fam;* (*cutthroat*) Rasiermesser *nt;* **electric ~** Elektrorasierer *m* **II.** *vt* **hair** [ab]rasieren
ˈra·zor·back *n* ❶ (*rorqual*) Finnwal *m* ❷ AM (*hog*) [halbwildes] spitzrückiges Schwein ❸ (*narrow ridge*) schmaler Grat
ˈra·zor·bill *n* ORN Tordalk *m* **ˈra·zor blade** *n* Rasierklinge *f* **ˈra·zor sharp** *adj pred,* **ˈra·zor-sharp** *adj attr* ❶ (*sharp*) scharf wie ein Rasiermesser; *teeth* messerscharf ❷ (*fig: intelligent*) *person* [äußerst] scharfsinnig; *brain* messer|scharf **ˈra·zor wire** *n no pl* Nato-Draht *m fam*
raz·zle [ˈræzl] *n no pl* BRIT (*fam*) **to be [out] on the ~** einen draufmachen
RC [ˌɑːˈsiː] *n* ❶ REL *abbrev of* **Roman Catholic** r.-k., röm.-kath. ❷ (*organization*) *abbrev of* **Red Cross** RK *nt*
RCMP [ˌɑːsiːemˈpiː] *n* + *pl vb* CAN *abbrev of* **Royal Canadian Mounted Police** berittene Polizeieinheit
Rd *n abbrev of* **road** Str.
RE¹ [ˌɑːˈriː] *n* BRIT + *pl vb* MIL *abbrev of* **Royal Engineers** Pionierkorps der britischen Armee
RE² [ˌɑːˈriː] *n* BRIT *no pl* REL, SCH *abbrev of* **religious education** Religionslehre *f*
reach [riːtʃ] **I.** *n* <*pl* -es> ❶ *no pl* (*arm length*) Reichweite *f* ❷ *no pl* (*distance to travel*) **to be within [easy] ~** [ganz] in der Nähe sein ❸ *no pl* (*power*) Reichweite *f* ❹ *no pl* TV, RADIO [Sende]bereich *m* ❺ ■ **~es** *pl* (*part*) Abschnitt *m;* (*land*) Gebiet *nt;* (*river*) [Fluss]abschnitt *m;* (*fig: circles*) Kreise *pl* **II.** *vi* ❶ (*stretch*) greifen, langen *fam* ❷ (*touch*) herankommen, [d]rankommen *fam* ❸ (*extend*) reichen (**to** bis zu) **III.** *vt* ❶ (*arrive at*) erreichen; **I've ~ed chapter five** ich bin bis Kapitel fünf gekommen; **to ~ one's destination** an seinem Bestimmungsort ankommen ❷ (*attain*) erreichen; *agreement, consensus* erzielen; **to ~ the conclusion/decision that ...** zu den Schluss/der Entscheidung kommen, dass ... ❸ (*extend to*) ■ **to ~ sth** *road* bis zu etw *dat* führen; *hair, clothing* bis zu etw *dat* reichen ❹ (*touch*) **to be able to ~ sth** an etw *akk* herankommen ❺ (*give*) hinüberreichen ❻ (*contact*) erreichen; (*phone*) [telefonisch] erreichen ❼ TV, RADIO *an audience* erreichen ❽ (*influence*) erreichen ◆**reach across** *vt, vi see* **reach over ◆reach down** *vi* ❶ (*stretch*) hinuntergreifen, hinunterlangen *fam;* ■ **to ~ down for sth** nach etw *dat* greifen ❷ (*extend*) hinabreichen ◆**reach out** **I.** *vt* **to ~ out** ⟲ **one's hand** die Hand ausstrecken **II.** *vi* die Hand ausstrecken; ■ **to ~ out for sth** nach etw *dat* greifen ◆**reach out to** *vi* ■ **to ~ out to sb** ❶ (*stretch*) die Hand nach jdm ausstrecken ❷ (*appeal to*) sich [Hilfe suchend] an jdn wenden ❸ (*help*) für jdn da sein ◆**reach over** *vi* hinübergreifen, hinüberlangen *fam;* ■ **to ~ over for sth** nach etw *dat* greifen ◆**reach up** *vi* ❶ (*stretch*) nach oben greifen, hinauflangen *fam;* ■ **to ~ up for sth** nach etw *dat* greifen ❷ (*extend*) hinaufreichen
re·act [riˈækt] *vi* ❶ (*respond*) reagieren (**to** auf); **to be slow to ~** langsam reagieren ❷ MED reagieren (**to** auf) ❸ CHEM reagieren (**with** mit)
re·ac·tion [riˈækʃən] *n* ❶ (*response*) Reaktion *f* (**to** auf) ❷ *pl* (*reflexes*) Reaktionsvermögen *nt kein pl* ❸ MED, CHEM, PHYS Reaktion *f* ❹ *no pl* POL (*pej form*) Reaktion *f pej* ❺ (*opposite response*) [Gegen]reaktion *f*
re·ac·tion·ary [riˈækʃənəri] **I.** *adj* POL (*pej*) reaktionär **II.** *n* POL (*pej*) Reaktionär(in) *m(f)*
re·ac·ti·vate [riˈæktɪveɪt] **I.** *vt* reaktivieren **II.** *vi* wieder aktiv werden
re·ac·tive [riˈæktɪv] *adj* ❶ (*showing response*) gegenwirkend ❷ (*acting in response*) ■ **to be ~** als Gegenreaktion erfolgen ❸ PSYCH, MED reaktiv *fachspr*, Abwehr- ❹ CHEM reaktiv, reaktionsfähig ❺ ELEC Blind-
re·ac·tor [riˈæktə**ʳ**] *n* ❶ (*sb or sth that reacts*) **to be a quick/slow ~** schnell/langsam reagieren ❷ NUCL Reaktor *m;* **nuclear ~** Kernreaktor *m;* **fusion ~** Fusionsreaktor *m*

read¹ [riːd] **I.** *n usu sing* ❶ BRIT, AUS (*act of reading*) Lesen *nt* ❷ (*fam: book*) **to be a good ~** sich gut lesen [lassen] ❸ AM (*interpretation*) Lesart *f* **II.** *vt* <read, read> ❶ (*understand written material*) lesen; *handwriting* entziffern ❷ MUS **to ~ music** Noten lesen ❸ (*speak aloud*) vorlesen ❹ (*discern*) *emotion* erraten; **to ~ sth in sb's face** jdm etw vom Gesicht ablesen ❺ (*interpret*) interpretieren, deuten ❻ POL, LAW **to ~ a bill/measure** eine Gesetzesvorlage/gesetzliche Verfügung lesen ❼ (*inspect and record*) ablesen ❽ (*show information*) anzeigen ❾ BRIT UNIV (*form*) *chemistry, English, history* studieren ❿ RADIO, TELEC ■ **to ~ sb** jdn verstehen; (*fig: understand sb's meaning*) jdn verstehen; **to ~ sb like a book** in jdm lesen können, wie in einem [offenen] Buch **III.** *vi* <read, read> ❶ (*understand written material*) lesen ❷ (*speak aloud*) **to ~ aloud** laut vorlesen ❸ (*create impression*) **to ~ well** *book, letter, article, magazine* sich gut lesen ❹ THEAT, FILM **to ~ for a part** für eine Rolle vorlesen ❺ *esp* BRIT UNIV (*form*) ■ **to ~ for sth** etw studieren ◆**read off** *vt* ❶ (*note exactly*) *measurements, technical readings* ablesen ❷ (*enumerate*) herunterlesen ◆**read out** *vt* ❶ (*read aloud*) laut vorlesen ❷ COMPUT auslesen ❸ *esp* AM (*expel*) **to ~ sb out of a body/an organization** jdn aus einem Gremium/einer Organisation ausschließen ◆**read over**, ◆**read through** *vt* [schnell] durchlesen ◆**read up** *vi* nachlesen; ■ **to ~ up on sth** sich über etw informieren

read² [red] **I.** *vt, vi pt, pp of* **read II.** *adj* ▶ **to take sth as ~** etw als selbstverständlich voraussetzen

read·abil·ity [ˌriːdəˈbɪləti] *n no pl* Lesbarkeit *f*

read·able [ˈriːdəbl] *adj* ❶ (*legible*) lesbar, leserlich ❷ (*enjoyable to read*) lesenswert ❸ (*easy to read*) [gut] lesbar

read·er [ˈriːdəʳ] *n* ❶ (*person who reads*) Leser(in) *m(f)* ❷ (*person who reads aloud*) Vorleser(in) *m(f)* ❸ (*in library*) Leser(in) *m(f)* ❹ (*proof-corrector*) Lektor(in) *m(f)* ❺ (*book of extracts*) Aufsatzsammlung *f;* SCH Lesebuch *nt;* UNIV Reader *m* ❻ (*device*) **microfilm/microfiche ~** Mikrofilm-/Mikrofichelesegerät *nt*

read·er·ship [ˈriːdəʃɪp] *n + sing/pl vb* ❶ (*readers*) Leserschaft *f* ❷ BRIT UNIV Dozentenstelle *f*

readi·ly [ˈrɛdɪli] *adv* ❶ (*willingly*) bereitwillig ❷ (*easily*) einfach, ohne weiteres

readi·ness [ˈrɛdɪnəs] *n no pl* ❶ (*willingness*) Bereitwilligkeit *f*, Bereitschaft *f* ❷ (*preparedness*) Bereitschaft *f* ❸ (*quickness*) Schnelligkeit *f*

read·ing [ˈriːdɪŋ] *n* ❶ *no pl* (*activity*) Lesen *nt* ❷ *no pl* (*material to be read*) Lesestoff *m;* **to catch up on one's ~** den Stoff nachholen ❸ *no pl* (*with indication of quality*) **compulsory ~** Pflichtlektüre *f* ❹ (*recital, also religious*) Lesung *f* ❺ (*interpretation*) *of a literary work* Deutung *f,* Interpretation *f; of a situation, the facts* Einschätzung *f* ❻ (*amount shown*) Anzeige *f;* **meter ~** Zählerstand *m* ❼ POL Lesung *f*

ˈ**read·ing book** *n* Lesebuch *nt* ˈ**read·ing glasses** *npl* Lesebrille *f* ˈ**read·ing lamp** *n* Leselampe *f* ˈ**read·ing list** *n* Lektüreliste *f* ˈ**read·ing room** *n* Lesesaal *m*

re·ad·just [ˌriːəˈdʒʌst] **I.** *vt* ❶ (*correct*) [wieder] neu anpassen; **he ~ed his tie** er rückte seine Krawatte zurecht ❷ *machine* neu einstellen **II.** *vi* ❶ (*adjust again*) *objects, machines* sich neu einstellen; *clock* sich neu stellen ❷ (*readapt*) ■ **to ~ to sth** sich wieder an etw *akk* gewöhnen

re·ad·just·ment [ˌriːəˈdʒʌstmənt] *n* ❶ TECH Neueinstellung *f,* Korrektur *f* ❷ POL Neuorientierung *f*

read-only ˈmemo·ry *n* COMPUT Festspeicher *m*

read-ˈwrite head *n* COMPUT Schreib-Lese-Kopf *m*

ready [ˈrɛdi] *adj* ❶ *pred* (*prepared*) fertig, bereit; **to get ~** sich fertig machen; **to get sth ~** etw fertig machen ❷ (*willing*) **he is always ~ with compliments** er verteilt gerne Komplimente ❸ (*on verge of*) **he looked ~ to collapse** er sah aus, als würde er gleich zusammenbrechen ❹ (*immediately available*) verfügbar ❺ *attr* (*esp approv: quick*) prompt, schnell; *mind* wach ❻ (*fam: desirous*) **to be ~ for a drink** etw zum Trinken brauchen; **to be ~ for a fight** kämpfen wollen ▶ **~, steady, go!** BRIT SPORTS auf die Plätze, fertig, los!

ready-ˈmade *adj* ❶ (*ready for use*) gebrauchsfertig; FOOD fertig ❷ FASHION Konfektions- ❸ (*available immediately*) vorgefertigt ˈ**ready-to-wear** *adj* Konfektions-

re·af·firm [ˌriːəˈfɜːm] *vt* bestätigen

re·af·for·est [ˌriːəˈfɒrɪst] *vt* BRIT, AUS *see* **reforest**

re·af·for·esta·tion [ˌriːəˌfɒrɪˈsteɪʃən] *n no pl* BRIT, AUS *see* **reforestation**

real [rɪəl] **I.** *adj* ❶ (*not imaginary*) wirklich, real ❷ (*genuine*) echt; *beauty, pleasure* wahr ❸ (*for emphasis*) **~ bargain** echt günstiges Angebot; **to be a ~ dump** die reinste Müllkippe sein *fam* (*hum: proper*) *man* richtig; *gentleman* wahr ❺ (*fam: utter*) *disaster* echt ❻ *attr* FIN effektiv; **~ wages** Reallohn *m* ▶ **the ~ thing** (*not fake*) das Wahre; (*true love*) die wahre Liebe; **get ~!** AM (*fam*) mach dir doch nichts vor!; **for ~** (*fam*) echt, wahr; **is this letter a joke or is it for ~?** ist dieser Brief ein Scherz oder [ist er] ernst gemeint?

II. *adv esp* AM (*fam*) wirklich *fam,* total *sl,* echt *sl*

ˈreal es·tate *n no pl esp* AM, AUS Immobilien *pl*

re·align·ment [ˌriːəˈlaɪnmənt] *n* ❶ (*new alignment*) Neuordnung *f;* TECH [neuerliches] Fluchten; AUTO [neuerliche] Spureinstellung ❷ POL Neuordnung *f,* Neugruppierung *f*

re·al·ism [ˈrɪəlɪzᵊm] *n no pl* Wirklichkeitssinn *m; also* ART, LIT, PHILOS Realismus *m*

re·al·ist [ˈrɪəlɪst] I. *n also* ART, LIT Realist(in) *m(f)* II. *adj* ART, LIT realistisch

re·al·is·tic [ˌrɪəˈlɪstɪk] *adj also* ART, LIT realistisch

re·al·is·ti·cal·ly [ˌrɪəˈlɪstɪkli] *adv* realistisch

re·al·ity [rɪˈæləti] *n* ❶ *no pl* (*the actual world*) Realität *f;* **to face ~** den Tatsachen ins Auge sehen ❷ (*fact*) Tatsache *f;* **to become a ~** wahr werden ▸ **in ~** in Wirklichkeit

reˈ·al·ity show *n* Reality Show *f* **re·al·ity ˈtele·vi·sion** *n,* **re·al·ity TV** *n* Reality-Fernsehen *nt*

real·iz·able [ˌrɪəˈlaɪzəbl] *adj* realisierbar

real·i·za·tion [ˌrɪəlaɪˈzeɪʃᵊn] *n* ❶ (*awareness*) Erkenntnis *f;* **the ~ was dawning on them that ...** allmählich dämmerte ihnen, dass ... ❷ *no pl* (*fulfilment*) Realisierung *f,* Verwirklichung *f* ❸ *no pl* FIN Realisierung *f;* **~ of assets** Veräußerung *f* von Vermögenswerten

re·al·ize [ˈrɪəlaɪz] *vt* ❶ (*be aware of*) ■ **to ~ sth** sich *dat* einer S. *gen* bewusst sein; (*become aware of*) etw erkennen; **I ~ how difficult it's going to be** mir ist klar, wie schwierig das sein wird ❷ (*make real*) verwirklichen; (*come true*) *fears* sich bewahrheiten ❸ *film, play* [künstlerisch] umsetzen ❹ FIN veräußern, realisieren *fachspr*

re·al·ly [ˈrɪəli] I. *adv* ❶ (*in fact*) wirklich, tatsächlich ❷ (*used to stress sth*) wirklich; **the film was ~ good** der Film war echt stark ❸ (*seriously*) ernsthaft; **did you ~ believe that ...** haben Sie im Ernst geglaubt, dass ... II. *interj* ❶ (*indicating surprise, disbelief*) wirklich, tatsächlich; **I'm getting married to Fred! — R~? When?** Fred und ich heiraten? – Nein, wirklich? Wann denn? ❷ (*indicating annoyance*) also wirklich, [also] so was ❸ AM (*indicating agreement*) in der Tat

realm [relm] *n* ❶ (*liter: kingdom*) [Königreich *nt* ❷ (*sphere of interest*) Bereich *m*

re·al·time [ˈrɪəltaɪm] *n* Echtzeit *f;* **in ~** in Echtzeit

re·al·tor [ˈriːəltɚ] *n* AM Immobilienmakler(in) *m(f)*

re·al·ty [ˈrɪəlti] *n no pl* AM Immobilien *pl*

re·ani·mate [riˈænɪmeɪt] *vt* ❶ (*revive*) wiederbeleben ❷ (*give fresh activity to*) [neu] beleben

reap [riːp] *vt* ❶ (*gather*) **to ~ the crops** ernten; *a field* abernten ❷ (*fig: receive*) ernten; **to ~ the benefits** [**of sth**] [für etw *akk*] entlohnt werden; *profits* realisieren

reap·er [ˈriːpɚ] *n* (*person*) Mäher(in) *m(f);* (*machine*) Mähmaschine *f* ▸ **the Grim R~** der Sensenmann *euph*

re·ap·pear [ˌriːəˈpɪɚ] *vi* wiederauftauchen; *moon, sun* wieder zum Vorschein kommen

re·ap·ply <-ie-> [ˌriːəˈplaɪ] I. *vi* ■ **to ~ for sth** sich nochmals um etw *akk* bewerben II. *vt* ❶ (*apply differently*) **to ~ a principle/rule** ein Prinzip/eine Regel anders anwenden ❷ (*spread again*) erneut auftragen

re·ap·point [ˌriːəˈpɔɪnt] *vt* ■ **to ~ sb** jdn wieder einstellen

re·ap·prais·al [ˌriːəˈpreɪzᵊl] *n* ❶ (*new assessment*) Neubewertung *f* ❷ FIN Neuschätzung *f*

rear¹ [rɪɚ] I. *n* ❶ (*back*) ■ **the ~** der hintere Teil ❷ ANAT (*fam: buttocks*) Hintern *m* II. *adj attr* ❶ (*backward*) hintere(r, s), Hinter- ❷ AUTO Heck-; **~ axle/wheel** Hinterachse *f*/-rad *nt*

rear² [rɪɚ] I. *vt* ❶ *usu passive* (*bring up*) *an animal* aufziehen; *a child* großziehen ❷ (*breed*) *livestock* züchten ❸ (*raise*) **to ~ one's head** den Kopf heben II. *vi* ❶ (*rise up on hind legs*) *horse, pony* sich aufbäumen ❷ (*rise high*) ■ **to ~ above sth** *building, mountain* etw überragen

rear ˈad·mi·ral *n* MIL Konteradmiral(in) *m(f)*

rear·guard [ˈrɪəgɑːd] *n no pl* MIL Nachhut *f*

re·arm [ˌriːˈɑːm] I. *vt* ■ **to ~ sb** jdn wiederaufrüsten II. *vi* sich wiederbewaffnen

re·arma·ment [riˈɑːməmənt] *n no pl* Wiederbewaffnung *f;* *of a country* Wiederaufrüstung *f*

rear·most [ˈrɪəməʊst] *adj attr* ■ **the ~ ...** der/die/das hinterste ...

re·ar·range [ˌriːəˈreɪndʒ] *vt* ❶ (*arrange differently*) umstellen ❷ (*change*) ■ **to ~ sth** *meeting, appointment* etw [zeitlich] verlegen; **to ~ the order of sth** die Reihenfolge von etw *dat* ändern

re·ar·range·ment [ˌriːəˈreɪndʒmənt] *n* Umstellung *nt kein pl;* CHEM Umlagerung *f*

rear view ˈmir·ror *n* AUTO Rückspiegel *m*

rear·ward ['rɪəwəd] **I.** *adj* hintere(r, s), rückwärtige(r, s) **II.** *adv* nach hinten **III.** *n* (*liter*) Rückseite *f*

rear-wheel 'drive *n* Hinterradantrieb *m*

rea·son ['riːzᵊn] **I.** *n* ❶ (*cause*) Grund *m* (**for** für); **there is every ~ to believe that ...** es spricht alles dafür, dass ...; **for some ~** aus irgendeinem Grund ❷ *no pl* (*good cause*) Grund *m;* **she was furious, and with ~** sie war wütend, und das aus gutem Grund ❸ *no pl* (*power to think*) Denkvermögen *nt* ❹ *no pl* (*common sense*) Vernunft *f;* **to be beyond all ~** vollkommen unsinnig sein; **to see ~** auf die Stimme der Vernunft hören ❺ *no pl* (*sanity*) Verstand *m* **II.** *vi* ❶ (*form judgments*) ■**to ~ from sth** von etw *dat* ausgehen ❷ (*persuade*) ■**to ~ with sb** vernünftig mit jdm reden **III.** *vt* (*deduce*) ■**to ~ that ...** schlussfolgern, dass ... ◆**reason out** *vt* (*deduce*) [schluss]folgern; (*work out*) herausfinden

rea·son·able ['riːzᵊnəbl̩] *adj* ❶ (*sensible*) *person, answer* vernünftig ❷ (*understanding*) *person* einsichtig, verständig; **be ~!** sei [doch] vernünftig! ❸ (*justified*) angebracht ❹ (*decent*) relativ gut, [ganz] passabel; *chance* reell; *compromise* vernünftig ❺ (*inexpensive*) annehmbar

rea·son·ably ['riːzᵊnəbli] *adv* ❶ (*in a sensible manner*) vernünftig ❷ (*justifiably*) **to ~ believe** vernünftigerweise glauben ❸ (*fairly*) ziemlich, ganz ❹ (*inexpensively*) **~ priced** preiswert

rea·son·ing ['riːzᵊnɪŋ] *n no pl* logisches Denken, Logik *f;* **~ ability** logisches Denkvermögen

re·as·sem·ble [ˌriːə'sembl̩] **I.** *vi* sich wieder versammeln **II.** *vt* wieder zusammenbauen

re·as·sess [ˌriːə'ses] *vt* neu bewerten; FIN neu schätzen

re·as·sign [ˌriːə'saɪn] *vt* ❶ (*reappoint*) **to ~ sb to a different post** jdn versetzen; **to ~ sb to a different task** jdm eine andere Aufgabe zuweisen ❷ (*distribute differently*) **to ~ resources/work** Ressourcen/Arbeit neu verteilen

re·as·sur·ance [ˌriːə'ʃʊərᵊn(t)s] *n* ❶ *no pl* (*action*) Bestärkung *f* ❷ (*statement*) Versicherung *f,* Beteuerung *f*

re·as·sure [ˌriːə'ʃʊər] *vt* ■**to ~ sb** jdn [wieder] beruhigen

re·as·sur·ing [ˌriːə'ʃʊərɪŋ] *adj* beruhigend

re·as·sur·ing·ly [ˌriːə'ʃʊərɪŋli] *adv* beruhigend

re·badge [riː'bædʒ] *vt product range, model of car* mit einem neuen Markenzeichen versehen [auf den Markt bringen]

re·bate ['riːbeɪt] *n* ❶ (*refund*) Rückzahlung *f,* Rückvergütung *f* ❷ (*discount*) [Preis]nachlass *m*

re·bel I. *n* ['rebᵊl] Rebell(in) *m(f)* **II.** *adj* ['rebᵊl] *army, guerrillas, forces* aufständisch, rebellierend; *person* rebellisch **III.** *vi* <-ll-> [rɪ'bel] (*also fig*) rebellieren (**against** gegen)

re·bel·lion [rɪ'beliən] *n no pl* Rebellion *f*

re·bel·lious [rɪ'beliəs] *adj* ❶ (*insubordinate*) *child* aufsässig, widerspenstig; *troops, youth* rebellisch ❷ POL rebellierend, aufständisch ❸ (*unmanageable*) *hair* widerspenstig

re·birth [ˌriː'bɜːθ] *n no pl* ❶ (*reincarnation*) Wiedergeburt *f* ❷ (*revival*) Wiederaufleben *nt*

re·boot [ˌriː'buːt] COMPUT **I.** *vt computer system* neu starten **II.** *vi* rebooten *fachspr* **III.** *n* Rebooten *nt kein pl fachspr*

re·bound I. *vi* [rɪ'baʊnd] ❶ (*bounce back*) abprallen, zurückprallen; ■**to ~ off sth** von etw *dat* abprallen ❷ (*recover in value*) *stocks* wieder [stark] an Wert gewinnen ❸ (*have negative effect*) ■**to ~ on sb** auf jdn zurückfallen **II.** *n* ['riːbaʊnd] ❶ *no pl* (*ricochet*) Abprallen *nt* ❷ (*increase*) *of profits* Ansteigen *nt*

re·brand [ˌriː'brænd] *vt* ■**to ~ sth** einer Firma ein anderes Markenimage verschaffen

re·broad·cast [ˌriː'brɔːdkɑːst] *n* Wiederholung[ssendung] *f*

re·buff [rɪ'bʌf] **I.** *vt* [schroff] zurückweisen **II.** *n* Zurückweisung *f*

re·build <rebuilt, rebuilt> [ˌriː'bɪld] *vt* ❶ (*build again*) wiederaufbauen; **to ~ one's life** (*fig*) sein Leben neu ordnen ❷ TECH umbauen ❸ (*restructure*) umstrukturieren

re·buke [rɪ'bjuːk] **I.** *vt* ■**to ~ sb** jdn rügen **II.** *n* ❶ (*reproof*) Zurechtweisung *f* ❷ *no pl, no art* (*censure*) Verweis *m*

re·but <-tt-> [rɪ'bʌt] *vt* widerlegen

re·but·tal [rɪ'bʌtᵊl] *n* Widerlegung *f*

re·cal·ci·trant [rɪ'kælsɪtrənt] **I.** *adj* ❶ (*defiant*) aufmüpfig; *child* aufsässig ❷ (*not responsive*) widerspenstig, hartnäckig ❸ (*resisting restraint*) *animal* störrisch **II.** *n* Widerspenstige(r) *f(m)*

re·call I. *vt* [rɪ'kɔːl] ❶ (*remember*) ■**to ~ sth** sich an etw *akk* erinnern ❷ COMPUT *data* abrufen ❸ (*order to return*) *person, product* zurückrufen **II.** *n* [rɪ'kɔːl] ❶ (*instance of recalling*) Zurückrufung *f* ❷ AM (*dismissal*) *of an elected official* Abberufung *f*, Absetzung *f* ③ COMM *of a product* Rückruf *m*

re·cant [rɪˈkænt] I. *vi* widerrufen II. *vt* widerrufen; **to ~ one's belief/faith** seiner Überzeugung/seinem Glauben abschwören

re·cap[1] [ˈriːkæp] I. *vt, vi* <-pp-> *short for* **recapitulate** [kurz] zusammenfassen II. *n short for* **recapitulation** [kurze] Zusammenfassung

re·cap[2] [ˈriːkæp] *vt* AM AUTO *tyres* runderneuern

re·ca·pitu·late [ˌriːkəˈpɪtjəleɪt] *vt, vi* [kurz] zusammenfassen

re·ca·pitu·la·tion [ˌriːkəˌpɪtjəˈleɪʃ(ə)n] *n* ① (*summary*) [kurze] Zusammenfassung, Rekapitulation *f geh* ② MUS, THEAT, FILM Reprise *f*

re·cap·ture [ˌriːˈkæptʃər] I. *vt* ① (*capture again*) *animal* wieder einfangen; *an escapee* wieder ergreifen; MIL zurückerobern ② (*fig: re-experience*) noch einmal erleben; (*recreate*) wieder lebendig werden lassen; *emotion* wieder aufleben lassen; *the past, one's youth* heraufbeschwören; *a style* wiederbeleben II. *n* MIL Rückeroberung *f*

re·cast <recast, recast> [ˌriːˈkɑːst] *vt* ① (*change form*) **to ~ a metal object** einen Metallgegenstand in eine andere Form gießen ② (*arrange differently*) neu arrangieren; (*rewrite*) *play, novel* umschreiben ③ THEAT, FILM *role* neu besetzen

re·cede [rɪˈsiːd] *vi* ① (*move farther away*) *sea, tide* zurückgehen; *fog* sich auflösen ② (*appear farther off*) **to ~ into the distance** in der Ferne verschwinden ③ (*fig: diminish*) weniger werden; *memories* verblassen; *prices, hopes* sinken ④ (*stop growing*) *hair* aufhören zu wachsen; (*go bald*) kahl[köpfig] werden

re·ced·ing ˈchin *n* fliehendes Kinn

re·ced·ing ˈhair·line *n* einsetzende Stirnglatze

re·ceipt [rɪˈsiːt] I. *n* ① *no pl* (*act of receiving*) Eingang *m*, Erhalt *m*; **on ~** bei Erhalt ② (*statement acknowledging payment*) Quittung *f*; (*statement acknowledging acquisition*) Empfangsbestätigung *f* ③ *pl* (*money*) Einnahmen *pl* II. *vt bill* quittieren

re·ˈceipt book *n* Quittungsbuch *nt*

re·ceiv·able [rɪˈsiːvəbl] I. *adj pred* ausstehend II. *n* FIN ■ **~s** *pl* Außenstände *pl*

re·ceive [rɪˈsiːv] I. *vt* ① (*get*) erhalten; *pension, salary* beziehen; **to ~ Communion** die heilige Kommunion empfangen; **to ~ a clean bill of health** eine gute Gesundheit attestiert bekommen ② (*be awarded*) *degree, knighthood* erhalten; *prize, reward* [verliehen] bekommen ③ (*get in writing*) erhalten; (*take delivery of*) annehmen, entgegennehmen; *ultimatum* gestellt bekommen ④ RADIO, TV empfangen ⑤ *confession, oath* abnehmen; *petition* entgegennehmen ⑥ (*be receptacle for*) auffangen ⑦ (*suffer*) *blow, shock* erleiden ⑧ (*react to*) *criticizm, suggestions* aufnehmen ⑨ (*admit to membership*) **to ~ sb into an organization** jdn in eine Organisation aufnehmen II. *vi* (*in tennis*) den Ball bekommen

re·ceived [rɪˈsiːvd] *adj attr* allgemein akzeptiert; *opinion* landläufig

re·ceiv·er [rɪˈsiːvər] *n* ① (*telephone component*) Hörer *m* ② RADIO, TV Empfänger *m* ③ (*person*) Empfänger(in) *m(f)* ④ *esp* BRIT, AUS *of stolen goods* Hehler(in) *m(f)* ⑤ (*in*

---

rebuking somebody

rebuking somebody	jemanden zurechtweisen
Don't you dare!	Untersteh dich!
How dare you!	Was erlaubst du dir!
Oh, how could you!	Wie konnten Sie nur!
What do you think you're doing!	Was fällt dir ein!
I will not be spoken to in that tone of voice!	Ich verbitte mir diesen Ton!
I don't like your attitude.	Mir missfällt Ihre Art.
I don't have to put up with that from you!	Das brauche ich mir von dir nicht bieten zu lassen!
Your behaviour leaves a lot to be desired.	Dein Benehmen lässt einiges zu wünschen übrig.

bankruptcy cases) **to be put in the hands of the ~** liquidiert werden

re·cent ['riːsᵊnt] *adj* kürzlich; **~ developments** die neuesten Entwicklungen; **~ events** die jüngsten Ereignisse; **in ~ times** in der letzten Zeit

re·cent·ly ['riːsᵊntli] *adv* kürzlich, vor kurzem, neulich; **have you seen any good films ~?** hast du in letzter Zeit irgendwelche guten Filme gesehen?

re·cep·ta·cle [rɪ'septəkl] *n* [Sammel]behälter *m*

re·cep·tion [rɪ'sepʃᵊn] *n* ❶ *no pl* (*receiving*) Aufnehmen *nt* ❷ (*response*) Aufnahme *f* ❸ *no pl* RADIO, TV Empfang *m* ❹ *no pl* (*receiving people*) Empfang *m* ❺ *no pl* (*formal welcoming*) offizieller Empfang ❻ (*social occasion*) Empfang *m* ❼ *no pl, no art* (*area for greeting guests*) Rezeption *f* ❽ BRIT SCH *see* **reception class**

re·'cep·tion area *n* TOURIST Rezeption *f*, Empfang *m* **re·'cep·tion cen·tre** *n* BRIT Aufnahmelager *nt* **re·'cep·tion class** *n* BRIT SCH erste Klasse **re·'cep·tion desk** *n* Rezeption *f*

re·cep·tion·ist [rɪ'sepʃᵊnɪst] *n* (*in hotels*) Empfangschef *m*; (*female*) Empfangsdame *f*; (*with offices*) Empfangssekretärin *f*; (*in hospitals*) Herr *m*/Dame *f* an der Anmeldung

re·cep·tive [rɪ'septɪv] *adj* empfänglich (**to** für)

re·cep·tive·ness [rɪ'septɪvnəs], **re·cep·tiv·i·ty** [ˌriːsep'tɪvəti] *n no pl* Empfänglichkeit *f*, Aufnahmebereitschaft *f*

re·cess ['riːses, rɪ'ses] I. *n* <*pl* -es> ❶ LAW, POL [Sitzungs]pause *f* ❷ *esp* AM, AUS SCH Pause *f* ❸ ARCHIT Nische *f* II. *vt* ❶ ARCHIT *fitment* aussparen ❷ (*suspend*) *proceedings* vertagen III. *vi esp* AM, AUS [eine] Pause machen; LAW, POL sich vertagen

re·ces·sion [rɪ'seʃᵊn] *n* Rezession *f*

re·ces·sive [rɪ'sesɪv] *adj* rezessiv

re·charge [ˌriː'tʃɑːdʒ] I. *vt battery* [neu] aufladen; *gun* nachladen; **to ~ one's batteries** (*fig*) neue Kräfte tanken II. *vi battery* sich [neu] aufladen; (*fig*) *person* neue Kräfte tanken

re·charge·able [ˌriː'tʃɑːdʒəbl] *adj* [wieder]aufladbar

re·cid·i·vism [rə'sɪdɪvɪzᵊm] *n no pl* Rückfälligkeit *f*

re·cid·i·vist [rə'sɪdɪvɪst] I. *n* Rückfalltäter(in) *m(f)* II. *adj* rückfällig

rec·i·pe ['resɪpi] *n* ❶ (*in cooking*) Rezept *nt* (**for** für) ❷ (*for producing sth*) **a ~ for success** ein Erfolgsrezept *nt*

re·cip·i·ent [rə'sɪpiənt] *n* Empfänger(in) *m(f)*

re·cip·ro·cal [rə'sɪprəkᵊl] I. *adj* ❶ (*mutual*) beidseitig; *favour, help* gegenseitig ❷ (*reverse*) umgekehrt ❸ MATH, LING reziprok *fachspr* II. *n* MATH reziproker Wert *fachspr*

re·cip·ro·cate [rə'sɪprəkeɪt] I. *vt* **to ~ help/a favour** sich für die Hilfe/einen Gefallen revanchieren; *love, trust* erwidern II. *vi* sich revanchieren (**with** mit)

reci·proc·i·ty [ˌresɪ'prɒsəti] *n no pl* Gegenseitigkeit *f*, Wechselseitigkeit *f*

re·cit·al [rɪ'saɪtᵊl] *n* ❶ (*performance*) *of poetry, music* Vortrag *m*; *of dance* Aufführung *f*; **piano ~** Klavierkonzert *nt;* **vocal ~** Liederabend *m* ❷ (*description*) Schilderung *f*; *of facts, details* Aufzählung *f*

reci·ta·tion [ˌresɪ'teɪʃᵊn] *n* LIT Rezitation *f*

reci·ta·tive [ˌresɪtəti:v] *n* MUS Rezitativ *nt*

re·cite [rɪ'saɪt] I. *vt* ❶ (*say aloud*) *lesson, oath* vortragen; *monologue, poem* [auswendig] aufsagen ❷ (*tell*) *one's adventures, a story* vortragen ❸ (*enumerate*) *arguments, complaints* aufzählen; *dates, facts* hersagen II. *vi* rezitieren, vortragen

reck·less ['rekləs] *adj* (*not cautious*) unbesonnen, leichtsinnig; *disregard, speed* rücksichtslos; LAW grob fahrlässig

reck·less·ness ['rekləsnəs] *n no pl* Leichtsinn *m*; *of sb's driving* Rücksichtslosigkeit *f*; *of speed* Gefährlichkeit *f*; *in sports* Gewagtheit *f*

reck·on ['rekᵊn] I. *vt* ❶ (*calculate*) berechnen ❷ (*judge*) **she is ~ed to be among the greatest professional ice skaters of all time** sie zählt zu den größten Profschlittschuhläuferinnen aller Zeiten; **I don't ~ much to their chances of winning** bei ihnen rechne ich nicht wirklich mit Gewinnchancen; **I ~ you won't see her again** ich denke nicht, dass du sie je wiedersehen wirst II. *vi* (*fam*) meinen ◆**reckon in** *vt overtime, tax* [mit] einrechnen ◆**reckon on** *vt* ■**to ~ on sth/sb** (*need*) auf etw/jdn zählen; (*hope*) mit etw/jdm rechnen; **I don't ~ on him ever coming back** ich rechne nicht damit, dass er jemals zurückkommt ◆**reckon up** *vt bill, costs, estimate* zusammenrechnen ◆**reckon with** *vt* (*take into account*) ■**to ~ with sth/sb** mit etw/jdm rechnen; **I didn't ~ with having to re-type the whole document** ich habe nicht damit gerechnet, das ganze Schriftstück noch mal tippen zu müssen ◆**reckon without** *vt* ■**to ~ without sth/sb** mit etw/jdm nicht rechnen

reck·on·ing ['rekənɪŋ] *n* ❶ *no pl* (*calculation*) Berechnung *f*; **by sb's ~** nach jds Rechnung ❷ (*opinion*) **to be out in one's ~** falschliegen ❸ (*vengeance*) Abrechnung *f*
re·claim [rɪ'kleɪm] *vt* ❶ (*claim back*) zurückverlangen; *luggage* abholen ❷ (*make usable*) *land* urbar machen; **to ~ land from the sea** dem Meer Land abgewinnen
re·cla·ma·tion [ˌreklə'meɪʃən] *n no pl* ❶ (*demanding*) Rückforderung *f*; (*receiving*) Rückgewinnung *f* ❷ *of land, resources* Kultivierung *f*; **land ~** Landgewinnung *f* ❸ (*form: redemption*) *person* Besserung *f*
re·cline [rɪ'klaɪn] I. *vi person* sich zurücklehnen; **to ~ on a bed/sofa/in a chair** sich auf einem Bett/Sofa/in einem Stuhl ausruhen II. *vt* **to ~ one's chair/seat** die Rückenlehne seines Stuhls/Sitzes nach hinten stellen; **to ~ one's head against sth** den Kopf an etw *akk* lehnen
re·clin·er [rɪ'klaɪnər] *n* [verstellbarer] Lehnstuhl
re·clin·ing 'chair, re·clin·ing 'seat *n* [verstellbarer] Lehnstuhl; (*in a bus, car, plane*) Liegesitz *m*
re·cluse [rɪ'kluːs] *n* Einsiedler(in) *m(f)*
re·clu·sive [rɪ'kluːsɪv] *adj* einsiedlerisch, zurückgezogen
rec·og·ni·tion [ˌrekəg'nɪʃən] *n no pl* ❶ (*act, instance*) [Wieder]erkennung *f*; **to change beyond ~** nicht wiederzuerkennen sein ❷ (*appreciation, acknowledgement*) Anerkennung *f*
rec·og·niz·able [ˌrekəg'naɪzəbl] *adj* erkennbar; **a singer without any ~ talent** ein untalentierter [*o* talentfreier *iron*] Sänger
re·cog·ni·zance [rɪ'kɒgnɪzən(t)s] *n* LAW schriftliche Verpflichtung (*vor Gericht*)
rec·og·nize ['rekəgnaɪz] *vt* ❶ (*identify*) *person, symptoms* erkennen; (*know again*) *person, place* wiedererkennen ❷ (*demonstrate appreciation*) anerkennen ❸ (*acknowledge*) *country, regime, state* anerkennen; ■ **to be ~d as sth** als etw gelten ❹ LAW (*allow to speak*) ■ **to ~ sb** jdm das Wort erteilen
rec·og·nized ['rekəgnaɪzd] *adj attr* anerkannt
re·coil I. *vi* [rɪ'kɔɪl] ❶ (*spring back*) zurückspringen; (*draw back*) zurückweichen; **to ~ in horror** zurückschrecken; (*mentally*) ■ **to ~ at sth** vor etw *dat* zurückschrecken ❷ (*be driven backwards*) *gun* einen Rückstoß haben; *rubber band, spring* zurückschnellen II. *n* ['riːkɔɪl] Rückstoß *m*

rec·ol·lect [ˌrekə'lekt] I. *vt* **to ~ sth/sb** sich an etw/jdn erinnern II. *vi* sich erinnern
rec·ol·lec·tion [ˌrekə'lekʃən] *n* ❶ (*memory*) Erinnerung *f*; **to have no ~ of sth** sich an etw *akk* nicht erinnern können ❷ *no pl* (*ability to remember*) **power of ~** Erinnerungsvermögen *nt*
rec·om·mend [ˌrekə'mend] *vt* empfehlen; **to highly/strongly ~ sth** etw wärmstens empfehlen; **the doctor ~s [that] I take more exercise** der Arzt rät, dass ich mich mehr bewege
rec·om·mend·able [ˌrekə'mendəbl] *adj* empfehlenswert
rec·om·men·da·tion [ˌrekəmen'deɪʃən] *n* ❶ (*suggestion*) Empfehlung *f* ❷ (*advice*) Empfehlung *f*, Rat *m*
rec·om·pense ['rekəmpen(t)s] I. *n no pl* ❶ (*reward*) Belohnung *f*; **in ~ for** als Belohnung für ❷ (*retribution*) Entschädigung *f* (**for** für) II. *vt* ■ **to ~ sb** (*pay back*) jdm eine Entschädigung zahlen; (*for damages*) jdn entschädigen (**for** für)
rec·on·cile ['rekənsaɪl] *vt* ❶ (*make friends*) versöhnen; **my brother and I were finally ~d with each other** mein Bruder und ich haben uns schließlich versöhnt ❷ (*make compatible*) *conflict* schlichten; *differences* beilegen; **it's difficult to ~ different points of view** es ist schwierig, verschiedene Standpunkte unter einen Hut zu bringen; ■ **to ~ sth with sth** etw mit etw *dat* vereinbaren; AM **to ~ accounts/one's checkbook** FIN Konten/sein Scheckbuch abgleichen ❸ (*accept*) ■ **to ~ oneself to sth** sich mit etw *dat* abfinden
rec·on·cili·a·tion *n* ❶ (*of good relations*) Aussöhnung *f*, Versöhnung *f* ❷ *no pl* (*making compatible*) Beilegung *f*; **the ~ of the facts with the theory is not always easy** das Vereinbaren von Fakten mit der Theorie ist nicht immer einfach
re·con·di·tion [ˌriːkən'dɪʃən] *vt engine, ship* [general]überholen; **a ~ed engine** ein Austauschmotor *m*
re·con·nais·sance [rɪ'kɒnɪsən(t)s] I. *n* MIL Aufklärung *f*; **to be on ~** auf Spähpatrouille sein II. *adj attr* MIL Aufklärungs-; **~ patrol** Spähpatrouille *f*
re·con·noi·tre, [ˌrekə'nɔɪtər], AM **re·con·noi·ter** I. *vt* MIL *enemy territory* auskundschaften II. *vi* MIL das Gelände erkunden III. *n* (*fam*) Aufklärungseinsatz *m*
re·con·sid·er [ˌriːkən'sɪdər] I. *vt* ■ **to ~ sth** etw [noch einmal] überdenken; *facts* etw neu erwägen; *case* etw wieder aufnehmen II. *vi* sich *dat* etw [noch einmal] überlegen

re·con·struct [ˌriːkən'strʌkt] vt ❶ (*build again*) wiederaufbauen; *economy, a government* wiederherstellen ❷ (*reorganize*) *company* umstrukturieren; **after the divorce, it took him almost a year to ~ his life** nach der Scheidung brauchte er fast ein Jahr, um sein Leben wieder in den Griff zu bekommen ❸ (*in an investigation*) *crime, events* rekonstruieren

re·con·struc·tion [ˌriːkən'strʌkʃən] n ❶ no pl (*rebuilding*) Rekonstruktion f; *of a country* Wiederaufbau m ❷ (*reorganization*) *system* Neustrukturierung f, Neuaufbau m ❸ *of crime, events* Rekonstruktion f

rec·ord I. n ['rekɔːd] ❶ (*information*) Aufzeichnungen pl, Unterlagen pl; (*document*) Akte f; *of attendance* Liste f; (*minutes*) Protokoll nt, Niederschrift f; **~s** (*register*) Buch führen; (*list*) eine Liste führen; *historian* Aufzeichnungen machen; **for the ~** (*for the minutes*) für das Protokoll; (*as a matter of form*) der Ordnung halber ❷ no pl (*past history*) Vorgeschichte f; **criminal ~** Vorstrafenregister nt; **to have a criminal ~** vorbestraft sein; **to have an excellent ~** *worker, employee* ausgezeichnete Leistungen vorweisen können; **to have a good/bad ~** einen guten/schlechten Ruf haben; **medical ~** Krankenblatt nt ❸ (*music*) [Schall]platte f ❹ SPORTS Rekord m; **world ~** Weltrekord m; **to break a ~** einen Rekord brechen; **to set a ~** einen Rekord aufstellen ❺ LAW (*court report*) [Gerichts]protokoll nt ▸ **to put the ~ straight** alle Missverständnisse aus dem Weg räumen; **to say sth on/off the ~** etw offiziell/inoffiziell sagen II. adj ['rekɔːd] Rekord-; **to reach a ~ high/low** ein Rekordhoch/Rekordtief nt erreichen; **to do sth in ~ time** etw in Rekordzeit erledigen III. vt [rɪ'kɔːd] ❶ (*store*) *facts, events* aufzeichnen; *birth, death, marriage* registrieren; *one's feelings, ideas, thoughts* niederschreiben ❷ (*register*) *speed, temperature* messen ❸ (*for later reproduction*) FILM, MUS aufnehmen; *event* dokumentieren; *speech* aufzeichnen IV. vi [rɪ'kɔːd] (*on tape, cassette*) Aufnahmen machen; *person* eine Aufnahme machen; *machine* aufnehmen

'rec·ord-break·er n (*performance*) Rekordleistung f, Rekordergebnis nt; (*person*) Rekordler(in) m(f) fam **'rec·ord-break·ing** adj attr Rekord-

re·cord·ed [rɪ'kɔːdɪd] adj ❶ (*appearing in records*) verzeichnet, dokumentiert, belegt ❷ (*stored electronically*) aufgenommen, aufgezeichnet

re·cord·er [rɪ'kɔːdəʳ] n ❶ (*record-keeper*) Registriergerät nt ❷ (*machine*) Rekorder m ❸ MUS (*instrument*) Blockflöte f ❹ BRIT LAW (*judge*) Anwalt m/Anwältin f in Richterfunktion

'rec·ord hold·er n Rekordhalter(in) m(f)

re·cord·ing [rɪ'kɔːdɪŋ] n ❶ no pl (*process*) Aufnahme f ❷ (*of sound*) Aufnahme f; (*of programme*) Aufzeichnung f

re·'cord·ing ses·sion n Aufnahme f **re·'cord·ing stu·dio** n Aufnahme-/Tonstudio nt

'rec·ord la·bel n Plattenlabel nt **'rec·ord li·brary** n Plattenverleih m; *archives* Phonothek f; (*collection*) Plattensammlung f

'rec·ord play·er n [Schall]plattenspieler m **'rec·ord to·ken** n [Schall]plattengutschein m

re·count¹ I. vt [ˌriː'kaʊnt] (*count again*) nachzählen II. vi [ˌriː'kaʊnt] POL eine erneute Stimmenauszählung durchführen III. n ['riːkaʊnt] POL erneute Stimmenauszählung

re·count² [rɪ'kaʊnt] vt (*tell*) [ausführlich] erzählen

re·coup [rɪ'kuːp] I. vt ❶ (*regain*) *costs, one's investment* wiedereinbringen; *one's losses* wettmachen; **to ~ one's strength** wieder zu Kräften kommen ❷ (*reimburse*) ▪**to ~ sb for sth** jdn für etw akk entschädigen II. vi sich erholen; ▪**to ~ from sth** sich von etw dat erholen

re·course [rɪ'kɔːs] n no pl Zuflucht f; **to have ~ to sb** sich an jdn wenden können; **to have ~ to sth** Zuflucht zu etw dat nehmen können; ▪**without ~ to sth/sb** ohne etw/jdn in Anspruch zu nehmen

re·cov·er [rɪ'kʌvəʳ] I. vt ❶ (*get back*) *one's health* zurückerlangen; *sth lent* zurückbekommen; *one's appetite* wiedergewinnen; *stolen goods* sicherstellen; *one's balance/composure* wiederfinden; **to ~ consciousness** wieder zu Bewusstsein kommen; **to ~ data** Daten wiederherstellen; **to ~ one's hearing/sight** wieder hören/sehen können; **to ~ one's strength** wieder zu Kräften kommen; **to be fully ~ed** völlig genesen sein ❷ (*obtain*) *coal, ore* gewinnen; **to ~ compensation/damages** LAW eine Entschädigung/Schadenersatz erhalten; **to ~ possession** den Besitz wiedererlangen II. vi sich erholen; ▪**to ~ from sth** sich von etw dat erholen

re·cov·er [ˌriː'kʌvəʳ] vt *chair, sofa* neu beziehen

re·cov·er·able [rɪ'kʌvərəbl] adj FIN *costs*

erstattungsfähig; *damage, loss* ersetzbar; *debt* eintreibbar; COMPUT wiederherstellbar

re·cov·ery [rɪˈkʌvªri] *n* ❶ *no pl* (*action*) MED Erholung *f*; *of sight/hearing* Wiedererlangung *f*; **to make a full/quick/slow ~ from sth** sich völlig/schnell/langsam von etw *dat* erholen; **to show signs of ~** [erste] Zeichen einer Besserung zeigen; ECON [Anzeichen für] einen Aufschwung erkennen lassen; **to be beyond ~** nicht mehr zu retten sein ❷ *no pl* (*getting back*) *also* FIN Wiedererlangung *f*, Zurückgewinnung *f*; *of a body, an object* Bergung *f*; **cost ~** Kostendeckung *f*; **~ of damages** Erlangung *f* eines Schaden[s]ersatzes

re·ˈcov·ery ser·vice *n* Abschleppdienst *m*

re·ˈcov·ery ship *n* Bergungsschiff *nt* **re·ˈcov·ery truck** *n* Abschleppwagen *m*

re·cre·ate [ˌriːkriˈeɪt] *vt* ❶ (*create again*) wiederherstellen; *of friendship* wiederbeleben ❷ (*reproduce*) nachstellen

re·crea·tion[1] [ˌriːkriˈeɪʃªn] *n* ❶ *no pl* (*creation again*) Wiedergestaltung *f* ❷ (*reproduction*) Nachstellung *f*

re·crea·tion[2] [ˌrekriˈeɪʃªn] *n* ❶ (*hobby*) Freizeitbeschäftigung *f*, Hobby *nt* ❷ *no pl* (*fun*) Erholen *nt*, Entspannen *nt*; **to do sth for ~** etw zur Erholung tun

rec·rea·tion·al [ˌrekriˈeɪʃªnªl] *adj* Freizeit-, Erholungs-; **~ drug** weiche Droge

rec·rea·tion·al ˈve·hi·cle *n* AM Caravan *m*, Wohnwagen *m*

rec·reˈa·tion ground *n* BRIT Freizeitgelände *nt* **rec·reˈa·tion room** *n* Aufenthaltsraum *m*

rec·rea·tive [ˌrekriˈeɪtɪv] *adj* erholsam, entspannend

re·crimi·nate [rəˈkrɪmɪneɪt] *vi* gegenseitige Anschuldigungen vorbringen

re·crimi·na·tion [rəˌkrɪmɪˈneɪʃªn] *n usu pl* Gegenbeschuldigung *f*; LAW Gegenklage *f*

re·cruit [rɪˈkruːt] I. *vt employees* einstellen; *members* werben; *soldiers* rekrutieren; **to ~ volunteers** Freiwillige finden II. *vi army* Rekruten anwerben; *company* Neueinstellungen vornehmen; *club, organization* neue Mitglieder werben III. *n* MIL Rekrut(in) *m(f)*; **to party, club** neues Mitglied; *staff* neu eingestellte Arbeitskraft

re·cruit·ing [rɪˈkruːtɪŋ] I. *n no pl* MIL Rekrutierung *f*; (*in business*) [An]werben *nt* [von Arbeitskräften] II. *adj attr* (*in army*) Rekrutierungs-; (*in business*) Einstellungs-; **~ agent** [Personal]anwerber(in) *m(f)*

re·cruit·ment [rɪˈkruːtmənt] *n no pl of soldiers* Rekrutierung *f*; *of employees* Neueinstellung *f*; *of members, volunteers* Anwerbung *f* II. *adj attr* Anwerbungs-; **~ agency** Personal[vermittlungs]agentur *f*; **~ consultant** Angestellte(r) *f(m)* einer Personalagentur; **~ drive** Anwerbungskampagne *f*

rec·tan·gle [ˈrektæŋgl] *n* Rechteck *nt*

rec·tan·gu·lar [rekˈtæŋgjələʳ] *adj* rechteckig; *coordinates* rechtwinklig

rec·ti·fi·ca·tion [ˌrektɪfɪˈkeɪʃªn] *n* ❶ *no pl of a mistake, situation* Berichtigung *f*, Korrektur *f*; *of a statement* Richtigstellung *f* ❷ ELEC *of current* Gleichrichtung *f*

rec·ti·fy <-ie-> [ˈrektɪfaɪ] *vt* ❶ (*set right*) korrigieren; *omission* nachholen ❷ ELEC *current* gleichrichten ❸ CHEM (*refine*) *liquor* rektifizieren

rec·ti·lin·ear [ˌrektɪˈlɪniəʳ] *adj* g[e]radlinig

rec·ti·tude [ˈrektɪtjuːd] *n no pl* (*form*) Rechtschaffenheit *f*

rec·tor [ˈrektəʳ] *n* ❶ BRIT REL (*parish priest*) Pfarrer *m* ❷ SCOT UNIV (*student rep*) Rektor(in) *m(f)*; AM (*head of school*) Rektor(in) *m(f)*

rec·tory [ˈrektªri] *n* Pfarrhaus *nt*

rec·tum <*pl* -ta *or* -s> [ˈrektəm, *pl* -tə] *n* MED Rektum *nt fachspr*, Mastdarm *m*

re·cum·bent [rɪˈkʌmbənt] *adj* (*liter*) liegend, ruhend; **to be ~** liegen; *plant* kleinwüchsig sein

re·cu·per·ate [rɪˈkjuːpªreɪt] I. *vi* **to ~ from the flu/an operation** sich von der Grippe/einer Operation erholen II. *vt* wettmachen

re·cu·pera·tion [rɪˌkjuːpªrˈeɪʃªn] *n no pl* Erholung *f*; MED Gesundung *f geh* (**from** von); **powers of ~** Heilkräfte *pl*

re·cur <-rr-> [rɪˈkɜːʳ] *vi* ❶ (*happen again*) *event* wieder passieren, sich wiederholen; *opportunity* sich wieder bieten; *pain, symptoms* wieder auftreten; *problem, theme* wiederauftauchen ❷ (*come to mind*) ■ **to ~ to sb** jdm wieder einfallen

re·cur·rence [rɪˈkʌrªn(t)s] *n* Wiederholung *f*, erneutes Auftreten

re·cur·rent [rɪˈkʌrənt] *adj attr*, **re·cur·ring** [rɪˈkɜːrɪŋ] *adj attr* sich wiederholend; *dream, nightmare* [ständig] wiederkehrend; *bouts, problems* wiederholt auftretend; **~ costs** laufende Kosten

re·cur·ring ˈdeci·mal *n* MATH periodischer Dezimalbruch

re·cy·clable [rɪˈsaɪkləbl] *adj* recycelbar, wiederverwertbar

re·cy·cle [rɪˈsaɪkl] *vt* ❶ (*convert into sth new*) recyceln, wiederaufbereiten ❷ (*fig: use again*) wiederverwenden

re·cy·cling [rɪˈsaɪklɪŋ] I. *n no pl* Recy-

cling *nt*, Wiederverwertung *f* II. *adj attr* Recycling-; ~ **bin** Wertstofftonne *f*
red [red] I. *adj* <-dd-> ❶ (*colour*) rot ❷ (*fig: flushing*) **she's gone bright ~ with embarrassment/anger** sie ist ganz rot vor Verlegenheit/Wut [geworden] ❸ (*bloodshot*) **eyes** rot, gerötet ❹ POL (*Socialist*) **Communist** kommunistisch II. *n* ❶ (*colour*) Rot *nt;* (*shade*) Rotton *m;* [*dressed*] **all in ~** ganz in Rot gekleidet ❷ *no pl* FIN **to be in the ~** in den roten Zahlen sein ❸ POL (*pej fam: left-winger*) Rote(r) *f(m) fam*
Red 'Army *n no pl* ■ **the ~** die Rote Armee **red-'blood·ed** *adj* heißblütig **'red·cap** *n* ❶ BRIT MIL (*sl: policeman*) Militärpolizist *m* ❷ AM (*dated: at railway*) Gepäckträger *m* **Red 'Cres·cent** *n* ■ **the ~** der Rote Halbmond **Red 'Cross** *n* ■ **the ~** das Rote Kreuz **red-'cur·rant** I. *n* [rote] Johannisbeere II. *adj* Johannisbeer- **red 'deer** *n* ❶ (*animal*) Rothirsch *m* ❷ *no pl* (*species*) Rotwild *np*
red·den ['redən] I. *vi* face, eyes sich röten; *person* rot werden; *leaves, sky, water* sich rot färben II. *vt* rot färben
red·dish ['redɪʃ] *adj* rötlich
re·deco·rate [ˌriːˈdekəreɪt] I. *vt* (*by painting*) neu streichen; (*by wallpapering*) neu tapezieren II. *vi* renovieren
re·deco·ra·tion [ˌriːdekəˈreɪʃən] *n* Renovierung *f;* (*with paint*) Neuanstrich *m;* (*with wallpaper*) Neutapezieren *nt*
re·deem [rɪˈdiːm] *vt* ❶ (*compensate for*) **fault, mistake** wettmachen ❷ (*save*) **to ~ one's good name/reputation** seinen guten Namen/Ruf wiederherstellen; **he tried to ~ himself by giving her a huge bunch of flowers** er versuchte, sie mit einem riesigen Strauß Blumen wieder versöhnlich zu stimmen; ■ **to ~ sb** REL jdn erlösen ❸ FIN (*convert*) **bond, coupon** einlösen; (*from pawnshop*) [gegen Zahlung] zurückerhalten ❹ FIN (*pay off*) ab[be]zahlen; **to ~ a mortgage** eine Hypothek tilgen ❺ (*fulfil*) **promise** einlösen
re·deem·able [rɪˈdiːməbl] *adj* ❶ (*financially*) coupon, savings certificate, voucher einlösbar; mortgage tilgbar; loan rückzahlbar ❷ (*by compensation*) ■ **to be ~** *faux pas, fault* wieder gutzumachen sein
Re·deem·er [rɪˈdiːmər] *n* REL ■ **the ~** der Erlöser
re·deem·ing [rɪˈdiːmɪŋ] *adj attr* ausgleichend; **the only ~ feature of the dull film was the soundtrack** das einzig Positive an dem langweiligen Film war die Filmmusik; **he has absolutely no ~ qualities** er hat aber auch gar nichts Gewinnendes an sich
re·de·fine [ˌriːdɪˈfaɪn] *vt* ■ **to ~ sb/sth** jdn/etw neu definieren
re·demp·tion [rɪˈdem(p)ʃən] *n no pl* ❶ (*from blame, guilt*) Wiedergutmachung *f*, Ausgleich *m;* REL (*from sin*) Erlösung *f* ❷ (*rescue*) **to be beyond ~** nicht mehr zu retten sein ❸ FIN (*conversion*) *of a bond, coupon* Einlösen *nt; of a debt, loan* Tilgung *f*
re·de·ploy [ˌriːdɪˈplɔɪ] *vt* workers, staff, troops verlegen
re·de·ploy·ment [ˌriːdɪˈplɔɪmənt] *n of workers, staff, troops* Verlegung *f*
re·de·vel·op [ˌriːdɪˈveləp] *vt* neighbourhood, area sanieren; *machine* neu entwickeln
re·de·vel·op·ment [ˌriːdɪˈveləpmənt] I. *n* Sanierung *f* II. *adj fund, loan* Sanierungs-
red-'haired *adj* rothaarig **red-'hand·ed** *adj* **to catch sb ~** jdn auf frischer Tat ertappen **'red·head** *n* Rothaarige(r) *f(m)*, Rotschopf *m* **red-'head·ed** *adj* ❶ (*person*) rothaarig ❷ (*bird*) mit roter Haube nach *n* **red 'her·ring** *n* ❶ (*fish*) Räucherhering *m* ❷ (*sth misleading*) Ablenkungsmanöver *nt* **red-'hot** *adj* ❶ (*glowing*) **to be ~** [rot] glühen; (*fig*) glühend heiß sein ❷ (*brand new*) **news, data** brandaktuell, brandheiß *fam*
Red 'In·dian *n* (*pej! dated*) Indianer(in) *m(f)*
re·di·rect [ˌriːdɪˈrekt] *vt* **to ~ one's interests** seine Interessen neu ausrichten; **to ~ a letter/package** einen Brief/ein Paket nachsenden; **to ~ resources** Mittel umverteilen; **to ~ traffic** Verkehr umleiten
re·dis·cov·er [ˌriːdɪsˈkʌvər] *vt* ■ **to ~ sth** etw wiederentdecken
re·dis·tri·bute [ˌriːdɪˈstrɪbjuːt] *vt* land, resources wealth umverteilen
re·dis·tri·bu·tion [ˌriːdɪstrɪˈbjuːʃən] *n no pl* Umverteilung *f*
red-'let·ter day *n* ein besonderer Tag, den man sich im Kalender rot anstreichen muss **red 'light** *n* rote Ampel **red-'light dis·trict** *n* Rotlichtviertel *nt* **red 'meat** *n no pl* dunkles Fleisch (*wie Rind, Lamm und Reh*) **'red·neck** *n esp* AM (*pej fam*) weißer Arbeiter aus den am. Südstaaten, oft mit reaktionären Ansichten
red·ness ['rednəs] *n no pl* Röte *f*
re·do <-did, -done> [ˌriːˈduː] *vt* ❶ (*do again*) ■ **to ~ sth** etw noch einmal ma-

chen; *task* mit etw *dat* von vorn beginnen ❷ (*redecorate*) renovieren

re·do·lent ['redᵊlənt] *adj pred* (*form*) ■ **to be ~ of sth** ❶ (*smelling*) nach etw *dat* duften ❷ (*suggestive*) [stark] an etw *akk* erinnern

re·dou·ble [ˌriː'dʌbl] I. *vt* verdoppeln II. *vi* sich verdoppeln

re·doubt·able [rɪ'daʊtəbl] *adj person* Respekt einflößend; (*hum*) gefürchtet

red 'pep·per *n* ❶ (*fresh*) rote(r) Paprika ❷ *no pl* (*powdered*) Paprikagewürz *nt*; (*Cayenne*) Cayennepfeffer *m*

re·draft [ˌriː'drɑːft] I. *vt contract, law, proposal* neu entwerfen; *map* überarbeiten II. *n* überarbeiteter Entwurf

re·dress [rɪ'dres] I. *vt mistake* wiedergutmachen; *situation* bereinigen; *grievance* beseitigen II. *n no pl* Wiedergutmachung *f*, Abhilfe *f*; *of an imbalance* Behebung *f*; *of a grievance* Beseitigung *f*; LAW **to seek ~** einen Regressanspruch geltend machen

Red 'Sea *n* ■ **the ~** das Rote Meer **red 'tape** *n no pl* Bürokratie *f*

re·duce [rɪ'djuːs] I. *vt* ❶ (*make less*) verringern, reduzieren; *price* heruntersetzen; *backlog* aufholen; *taxes* senken; *wages* kürzen ❷ (*make smaller*) *drawing, photo* verkleinern; MATH *fraction* kürzen; *liquids, a sauce* einkochen lassen ❸ (*bring down*) **when he lost his job, they were ~d to begging help from his parents** als er seine Arbeit verlor, waren sie gezwungen, seine Eltern um Hilfe zu bitten; **to ~ sb to tears** jdn zum Weinen bringen ❹ MED (*repair*) **to ~ a dislocated arm/joint** einen ausgekugelten Arm/ein Gelenk einrenken II. *vi* AM abnehmen; **to be reducing** eine Diät machen

re·duced [rɪ'djuːst] *adj attr* ❶ (*in price*) reduziert, heruntergesetzt ❷ (*in number, size, amount*) reduziert, verringert; **to be in ~ circumstances** in verarmten Verhältnissen leben; **~ risk** niedriges Risiko; **on a ~ scale** in kleinerem Umfang; **~ [jail] sentence** herabgesetzte [Gefängnis]strafe

re·duc·er [rɪ'duːsɚ, -'djuː-] *n* AM *Person, die eine Diät macht*

re·duc·tion [rɪ'dʌkʃᵊn] *n* ❶ *no pl* (*action*) Reduzierung *f*, Reduktion *f*, Verringerung *f*; *in taxes* Senkung *f*; *of staff* Abbau *m* ❷ (*decrease*) Reduzierung *f*, Verminderung *f*; **~ in taxes** Steuersenkung *f*; *in production, output* Drosselung *f*; *in expense, salary* Reduzierung *f*, Senkung *f*; **a ~ in traffic** ein verringertes Verkehrsaufkommen ❸ *of drawing, photo* Verkleinerung *f* ❹ (*simplification*) Vereinfachung *f*

re·dun·dan·cy [rɪ'dʌndən(t)si] *n* ❶ *no pl* BRIT, AUS ECON (*downsizing*) Entlassung *f* (*aus Arbeitsmangel oder Rationalisierungsgründen*); (*unemployment*) Arbeitslosigkeit *f*; **voluntary ~** freiwilliges Ausscheiden ❷ BRIT, AUS ECON (*instance*) Entlassung *f* ❸ *no pl* LING Redundanz *f* ❹ LING (*instance*) Überflüssigkeit *f*

re·'dun·dan·cy pay·ment *n* BRIT, AUS Entlassungsgeld *nt*

re·dun·dant [rɪ'dʌndənt] *adj* ❶ (*superfluous*) überflüssig; LING redundant ❷ BRIT, AUS (*unemployed*) arbeitslos; (*fig*) überflüssig; **to make sb ~** jdn entlassen

re·du·pli·cate [rɪ'djuːplɪkeɪt] *vi* LING reduplizieren

re·du·pli·ca·tion [rɪˌdjuːplɪ'keɪʃᵊn] *n* LING Reduplikation *f*

red 'wine *n* Rotwein *m* **'red·wood** *n* BOT ❶ (*tree*) Mammutbaum *m* ❷ *no pl* (*wood*) Redwood *nt*, Rotholz *nt*

reed [riːd] I. *n* ❶ BOT (*plant*) Schilf[gras] *nt* ❷ BRIT (*straw*) Stroh *nt* (*zum Decken von Strohdächern*) ❸ MUS (*of an instrument*) Rohrblatt *nt* II. *adj curtain* aus Schilfrohr

reed 'in·stru·ment *n* Rohrblattinstrument *nt*

re-edu·cate [ˌriː'edʒʊkeɪt] *vt* umerziehen

reedy ['riːdi] *adj* ❶ (*full of reeds*) schilfig, schilfbedeckt ❷ *voice* durchdringend, grell ❸ (*thin*) *person* dünn

reef [riːf] I. *n* ❶ GEOG Riff *nt*; **coral ~** Korallenriff *nt*; (*of gold ore*) [Gold]ader *f* ❷ NAUT (*of a sail*) Reff *nt* II. *vt* **to ~ the sails** die Segel reffen

reef·er ['riːfɚ] *n* ❶ (*jacket*) [kurze] Seemannsjacke ❷ (*sl: joint*) Joint *m fam*

'reef knot *n* Reffknoten *m*; (*square knot*) Kreuzknoten *m*

reek [riːk] I. *n* Gestank *m* II. *vi* ❶ (*smell bad*) übel riechen ❷ (*fig: be pervaded with*) **to ~ of corruption/favouritism/racism** nach Korruption/Vetternwirtschaft/Rassismus stinken

reel [riːl] I. *n* ❶ (*device*) Rolle *f*; (*for film, yarn, tape*) Spule *f*; (*for fishing line*) Angelrolle *f* ❷ (*unit*) **~ of film** Filmrolle *f*; **~ of thread** Fadenspule *f* II. *vt* **to ~ thread** Faden *m* aufspulen

re-elect [ˌriː·ɪ'lekt] *vt* wiederwählen

re-elec·tion [ˌriː·ɪ'lekʃᵊn] *n* Wiederwahl *f*

re-em·'ploy *vt* ■ **to ~ sb** jdn wieder einstellen

re-en·'gage vt wieder einstellen; *artist* wieder engagieren

re-en·ter [ˌriːˈentəʳ] vt ❶ (*go in again*) *bus, car* wieder einsteigen in +*akk; country* wieder einreisen in +*akk; house, store* wieder hineingehen in +*akk; room* wieder betreten; **to ~ the [earth's] atmosphere** wieder in die [Erd]atmosphäre eintreten ❷ (*enrol*) ■**to ~ sth** sich wieder an etw *dat* beteiligen; **to ~ a club** einem Verein wieder beitreten; **to ~ Parliament** wieder ins Parlament einziehen; **to ~ politics** sich wieder an der Politik beteiligen ❸ COMPUT (*type in*) nochmals eingeben

re-en·try [ˌriːˈentri] n ❶ *no pl* (*going in*) Wiedereintritt m; (*in a car*) Wiedereinstieg m; (*into a country*) Wiedereinreise f ❷ LAW Wiederinbesitznahme f

re-es·tab·lish [ˌriːɪˈstæblɪʃ] vt ■**to ~ sth** etw wieder einführen; *contact, order, peace* wiederherstellen; **to ~ oneself [in a field]** sich [auf einem Gebiet] wieder behaupten

re-es·tab·lish·ment [ˌriːɪˈstæblɪʃmənt] n Wiederherstellung f, Wiedereinführung f; *state, enterprise* Neu[be]gründung f

ref [ref] n ❶ (*fam*) abbrev of **referee** Schieri m ❷ abbrev of **reference** AZ

re·fec·to·ry [rɪˈfektəri] n *of a school* Speisesaal m; *of a university* Mensa f; *of a monastery* Refektorium nt

re·fer <-rr-> [rɪˈfɜːʳ] vt (*to hospital*) verlegen ◆**refer to** vt ❶ (*to an authority, expert*) **the patient was ~red to a specialist** der Patient wurde an einen Facharzt überwiesen; **to ~ a decision to sb** jdm eine Entscheidung übergeben; **to ~ an application/a letter/a request** eine Bewerbung/einen Brief/eine Bitte weiterleiten ❷ (*allude*) **who are you ~ring to?** wen meinst du?; **he always ~s to his wife as 'the old woman'** er spricht von seiner Frau immer als ‚der Alten'; **~ring to your letter/phone call, ...** Bezug nehmend auf Ihren Brief/Anruf ... ❸ (*consult*) ■**to ~ to sb** sich an jdn wenden; ■**to ~ to sth** etw zu Hilfe nehmen

ref·eree [ˌrefəˈriː] I. n ❶ (*umpire*) Schiedsrichter(in) m(f) ❷ (*arbitrator*) Schlichter(in) m(f) ❸ BRIT (*endorser*) Referenz f II. vt **to ~ a match** bei einem Spiel Schiedsrichter(in) sein III. vi Schiedsrichter(in) sein

ref·er·ence [ˈrefərən(t)s] n ❶ (*to an authority*) Rücksprache f; (*to a book, article*) Verweis m; **I cut out the article for future ~** ich schnitt den Artikel heraus, um ihn später verwenden zu können; **to make ~ to sth** etw erwähnen ❷ (*responsibility*) **terms of ~** Aufgabenbereich m ❸ (*allusion*) *indirect* Anspielung f; *direct* Bemerkung f; (*direct mention*) Bezugnahme f; **with particular ~ to sth** unter besonderer Berücksichtigung einer S. *gen*; **in ~ to sb/sth** mit Bezug auf jdn/etw ❹ (*citation*) Verweis m; **list of ~s** Anhang m; (*information*) Hinweis m; **for future ~ please note that we do need your account number** für die Zukunft bitten wir Sie, zur Kenntnis zu nehmen, dass wir Ihre Kontonummer benötigen ❺ (*in correspondence*) Aktenzeichen nt ❻ (*in library*) Ansicht f; **the books in that section of the library are for ~ only** die Bücher in diesem Teil der Bibliothek sind nur zum Nachschlagen gedacht ❼ (*recommendation*) Empfehlungsschreiben nt, [Arbeits]zeugnis nt, Referenz f geh

'ref·er·ence book n Nachschlagewerk nt
'ref·er·ence li·brary n Präsenzbibliothek f **'ref·er·ence num·ber** n (*in letters*) Aktenzeichen nt; (*on goods*) Artikelnummer f

ref·er·en·dum <*pl* -s or -da> [ˌrefəˈrendəm, *pl* -də] n POL Referendum nt

re·fer·ral [rɪˈfɜːrəl] n ❶ (*case*) Überweisung f; (*to the hospital*) Einweisung f ❷ *no pl* (*action*) Einweisung f

re·fill I. n [ˈriːfɪl] Auffüllen nt, Nachfüllen nt; *for fountain pen* Nachfüllpatrone f; *for ballpoint* Nachfüllmine f II. vt [ˌriːˈfɪl] **to ~ a cup/glass** eine Tasse/ein Glas wieder füllen

re·fine [rɪˈfaɪn] vt ❶ (*from impurities*) raffinieren ❷ (*fig: improve*) verfeinern

re·fined [rɪˈfaɪnd] adj ❶ (*processed*) raffiniert; *foods* aufbereitet; *metal* veredelt ❷ (*approv: sophisticated*) [hoch] entwickelt, verfeinert; **~ methods** ausgeklügelte Methoden; **~ tastes** feiner Geschmack ❸ (*well-mannered*) *person* gebildet, kultiviert

re·fine·ment [rɪˈfaɪnmənt] n ❶ *no pl* (*processing*) Raffinieren nt, Raffination f; *of metal* Veredelung f ❷ (*improvement*) Verbesserung f; *of ideas, methods* Überarbeitung f, Verbesserung f; **with all the latest ~s** mit den neuesten technischen Raffinessen ❸ *no pl* (*good manners*) Gebildetheit f, Kultiviertheit f

re·fin·ery [rɪˈfaɪnəri] n Raffinerie f

re·fit I. vi <BRIT -tt- or AM *usu* -t-> [ˌriːˈfɪt] NAUT überholt werden II. vt <BRIT -tt- or AM *usu* -t-> [ˌriːˈfɪt] *factory* neu ausstatten;

ship überholen III. *n* ['ri:fɪt] NAUT Überholung *f*
re·flate [ˌri:'fleɪt] I. *vt* **to ~ a currency** eine Währung [bewusst] inflationieren; **to ~ the economy** die Wirtschaft ankurbeln II. *vi* [bewusst] inflationieren
re·fla·tion [ˌri:'fleɪʃ°n] *n* Reflation *f*, Konjunkturbelebung *f*
re·flect [rɪ'flekt] I. *vt* ① (*throw back*) heat, light, sound reflektieren; ▪ **to be ~ed in sth** sich in etw *dat* spiegeln ② (*show*) ▪ **to ~ sth** *hard work, one's views* etw zeigen [*o* zum Ausdruck bringen]; *honesty, generosity* für etw *akk* sprechen ③ (*think*) ▪ **to ~ that ...** denken, dass ... II. *vi* ① *light, mirror* reflektieren ② (*ponder*) nachdenken (**on**/**upon** über) ③ (*make impression*) **will the accident ~ on his ability to do his job?** wird der Unfall seine Arbeitsfähigkeit beeinträchtigen?; **it ~ed badly on his character** es warf ein schlechtes Licht auf seinen Charakter
re·flect·ing [rɪ'flektɪŋ] *adj attr* reflektierend
re·flec·tion [rɪ'flekʃ°n] *n* ① (*reflecting*) Reflexion *f* ② (*mirror image*) Spiegelbild *nt* ③ (*fig: sign*) Ausdruck *m*; **his unhappiness is a ~ of ...** seine Unzufriedenheit ist ein Zeichen für ... ④ *no pl* (*consideration*) Betrachtung *f*, Überlegung *f* (**on**/**about** über); **on ~** nach reiflicher Überlegung ⑤ (*thought, comment*) Betrachtung *f* (**on**/**about** über) ⑥ (*discredit*) ▪ **to be a ~ on sb**/**sth** ein Licht auf jdn/etw werfen; **to cast a ~ upon sb's abilities** jds Fähigkeiten in Frage stellen; **it's no ~ on your character** es geht nicht gegen Sie persönlich
re·flec·tive [rɪ'flektɪv] *adj* ① *glass, clothing* reflektierend ② *person* nachdenklich
re·flec·tor [rɪ'flektə^r] *n* ① (*device*) Reflektor *m*; *on a bicycle, car* Rückstrahler *m*, Katzenauge *nt* ② (*telescope*) Spiegelteleskop *nt* ③ AM (*on road*) Reflektor *m*
re·flex ['ri:fleks] *n* <*pl* -es> Reflex *m*
'**re·flex ac·tion** *n* Reflexhandlung *f* '**re·flex cam·era** *n* Spiegelreflexkamera *f*
re·flex·ive [rɪ'fleksɪv] I. *adj* AM ① (*involuntary*) reflexartig ② LING reflexiv II. *n* LING Reflexiv *nt*
re·flex·olo·gist [ˌri:flek'sɒlədʒɪst] *n* MED Reflexologe *m*/Reflexologin *f*
re·flex·ol·ogy [ˌri:flek'sɒlədʒi] *n no pl* Reflexologie *f*
re·flux <*pl* -es> ['ri:flʌks] *n* Rückfluss *m*
re·for·est [ˌri:'fɒrɪst] *vt esp* AM *land, an area* aufforsten

re·for·es·ta·tion [ˌri:fɒrɪ'steɪʃ°n] I. *n no pl esp* AM Aufforstung *f* II. *adj attr* **~ programme** Aufforstungsprogramm *nt*
re·form [rɪ'fɔ:m] I. *vt institution, system* reformieren; *criminal, drug addict* bessern II. *vi person* sich bessern III. *n* Reform *f*; *of self, a criminal* Besserung *f*; ▪ **to be beyond ~** nicht reformierbar sein
re-form [ˌri:'fɔ:m] I. *vt* umformen II. *vi clouds* eine neue Form annehmen; *police, troops* sich neu formieren; *committee, management* sich wiederbilden
ref·or·ma·tion [ˌrefə'meɪʃ°n] *n* ① *of an institution* Reformierung *f*; *of a person* Besserung *f* ② (*hist*) ▪ **the R~** die Reformation
re·for·ma·tory [rɪ'fɔ:mət°ri] I. *n* AM Jugendhaftanstalt *f* II. *adj attr* reformatorisch, Reform-
re·form·er [rɪ'fɔ:mə^r] *n* Reformer(in) *m(f)*; REL Reformator *m*
re·form·ist [rɪ'fɔ:mɪst] I. *n* Reformist(in) *m(f)* II. *adj* reformistisch
re'form school *n* Erziehungsheim *nt*
re·fract [rɪ'frækt] *vt* PHYS **to ~ a ray of light** einen Lichtstrahl brechen
re·frac·tion [rɪ'frækʃ°n] *n no pl* Refraktion *f fachspr*, Brechung *f*
re·frac·tory [rɪ'frækt°ri] *adj person* starrsinnig *geh*, stur; *disease* hartnäckig; *metal* hitzebeständig
re·frain¹ [rɪ'freɪn] *n* (*in a song*) Refrain *m*; (*in a poem*) Kehrreim *m*; (*comment*) häufiger Ausspruch
re·frain² [rɪ'freɪn] *vi* sich zurückhalten; **kindly ~ from smoking**/**talking** wir bitten, das Rauchen/Sprechen zu unterlassen
re·fresh [rɪ'freʃ] *vt* ① (*reinvigorate*) *sleep, a holiday* erfrischen ② (*cool*) abkühlen; *food* abschrecken ③ (*fig*) *one's knowledge, skills* auffrischen; **to ~ one's memory** seinem Gedächtnis auf die Sprünge helfen ④ AM (*refill*) **to ~ sb's coffee**/**glass**/**lemonade** jds Kaffee/Glas/Limonade nachfüllen
re·fresh·er [rɪ'freʃə^r] *n* ① (*course*) Auffrischungskurs *m* ② (*drink*) Erfrischung *f* ③ BRIT LAW (*fee*) zusätzliches Honorar (*für einen Anwalt bei längerer Prozessdauer*)
re·fresh·ing [rɪ'freʃɪŋ] *adj* ① (*rejuvenating*) *air, colour, drink* erfrischend ② (*pleasing*) [herz]erfrischend; *thought* wohltuend; **a ~ change** eine willkommene Abwechslung
re·fresh·ment [rɪ'freʃmənt] *n* ① (*rejuvenation*) Erfrischung *f*, Belebung *f* ② ▪ **~s** *pl* (*drink*) Erfrischungen *pl*; (*food*) Snacks *pl*; **light ~s** Erfrischungsgetränke und Snacks

re·frig·er·ant [rɪˈfrɪdʒ³r³nt] *n* Kühlmittel *nt*

re·frig·er·ate [rɪˈfrɪdʒ³reɪt] I. *vt food, drink* im Kühlschrank aufbewahren II. *vi* ~ **after opening** nach dem Öffnen kühl aufbewahren

re·frig·era·tion [rɪˌfrɪdʒ³ˈreɪʃ³n] *n no pl* Kühlung *f*

re·frig·era·tor [rɪˈfrɪdʒ³reɪtə^r] *n* Kühlschrank *m*

re·fuel <BRIT -ll- *or* AM *usu* -l-> [ˌriːˈfjuːəl] I. *vi plane* auftanken II. *vt airplane, lorry* auftanken; (*fig*) *controversy, speculation* anheizen

ref·uge [ˈrefjuːdʒ] *n* ❶ (*secure place*) Zuflucht *f*, Zufluchtsort *m*; **women's** ~ Frauenhaus *nt*; **to take** ~ **in sth** in etw *dat* Zuflucht suchen ❷ (*from reality*) **to seek** ~ **in sth** in etw *dat* Zuflucht suchen; **to take** ~ **in sth** sich in etw *akk* flüchten

refu·gee [ˌrefjʊˈdʒiː] *n* Flüchtling *m*; **economic** ~ Wirtschaftsflüchtling *m*; **political** ~ politischer Flüchtling; ~ **camp** Flüchtlingslager *nt*

re·fund I. *vt* [ˌriːˈfʌnd] **to** ~ **expenses/money** Auslagen/Geld zurückerstatten; ■ **to** ~ **sb sth** jdm etw *akk* zurückerstatten II. *n* [ˈriːfʌnd] Rückzahlung *f*; **I'd like a** ~ **on this shirt, please** ich hätte gern mein Geld für dieses Hemd zurück

re·fund·ing [ˌriːˈfʌndɪdʒ] *n no pl* Umfinanzierung *f*

re·fur·bish [ˌriːˈfɜːbɪʃ] *vt* aufpolieren; *furniture* verschönern; *house* renovieren

re·fus·al [rɪˈfjuːz³l] *n* Ablehnung *f*; *of offer* Zurückweisung *f*; *of invitation* Absage *f*; *of food, visa* Verweigerung *f*; ~ **of an application/planning permission** Ablehnung *f* eines Antrags/einer Baugenehmigung

re·fuse[1] [rɪˈfjuːz] I. *vi* ablehnen; *horse* verweigern II. *vt* ablehnen, zurückweisen; **to** ~ **sb credit** jdm keinen Kredit gewähren; **the horse** ~**d the obstacle** das Pferd hat am Hindernis verweigert; **to** ~ **an offer** ein Angebot ausschlagen; **to** ~ **a request** eine Bitte abschlagen

re·fuse[2] [ˈrefjuːs] *n* (*form*) Abfall *m*, Müll *m*
'ref·use bin *n* Mülltonne *f* **'ref·use col·lec·tion** *n no pl* Müllabfuhr *f* **'ref·use col·lec·tor** *n* (*form*) Müllwerker *m geh*
'ref·use dis·pos·al *n no pl* Müllbeseitigung *f* **'ref·use dump** *n* Mülldeponie *f*

re·fuse·nik [rɪˈfjuːznɪk] *n* POL ❶ (*hist*) Flüchtling *m* (*ursprünglicher Ausdruck für russische Juden, denen die Emigration aus einem Land verweigert wird*) ❷ (*protestor*) Verweigerer *m*/Verweigerin *f pej*

refu·ta·tion [ˌrefjʊˈteɪʃ³n] *n* Widerlegung *f*

re·fute [rɪˈfjuːt] *vt* widerlegen, entkräften

re·gain [rɪˈgeɪn] *vt* wiederbekommen, zurückbekommen; *consciousness* wiedererlangen; **to** ~ **one's footing** wieder Halt finden; **to** ~ [*lost*] **ground** [verlorenen] Boden zurückgewinnen; **to** ~ **one's health** wieder gesund werden; **to** ~ **lost time** verlorene Zeit wieder einholen; **to** ~ **the use of one's legs/fingers** seine Beine/Finger wieder gebrauchen können

re·gal [ˈriːg³l] *adj* königlich, majestätisch

re·gale [rɪˈgeɪl] *vt* ■ **to** ~ **sb with sth** *stories, jokes* jdn mit etw *dat* aufheitern; *food, drink* jdn mit etw *dat* verwöhnen

re·ga·lia [rɪˈgeɪliə] *n* + *sing/pl vb* Kostüme *pl*, Aufmachung *f kein pl hum*; (*of royalty*) Insignien *pl*

re·gard [rɪˈgɑːd] I. *vt* ❶ (*consider*) betrachten; ■ **to** ~ **sb/sth as sth** jdn/etw als etw betrachten; **she is** ~**ed as a talented actress** sie wird für eine talentierte Schauspielerin gehalten; **to** ~ **sb with great respect** jdn sehr schätzen; **to** ~ **sb highly** jdn hoch schätzen; (*be considerate of*) große Rücksicht auf jdn nehmen; **to not** ~ **sb's needs/situation/wishes** jds Bedürfnisse/Situation/Wünsche nicht berücksichtigen ❷ (*look at*) ■ **to** ~ **sb/sth** jdn/etw betrachten ❸ (*concerning*) ■ **as** ~**s** ... was ... angeht, II. *n* ❶ (*consideration*)

---

refusing to answer

refusing to answer	die Antwort verweigern
Not telling! *(fam)*	Sag ich nicht! *(fam)*
(I'm afraid) I can't tell you.	Das kann ich dir (leider) nicht sagen.
I don't want to say anything about it.	Dazu möchte ich nichts sagen.
No comment!	Kein Kommentar!
I don't wish to comment on the matter. *(form)*	Ich möchte mich zu dieser Angelegenheit nicht äußern. *(form)*

Rücksicht *f;* **without ~ for sb/sth** ohne Rücksicht auf jdn/etw; **without ~ to race or colour** egal welcher Rasse und Hautfarbe; **to pay no ~ to a warning** eine Warnung in den Wind schlagen ❷ (*respect*) Achtung *f* (**for** vor); **to hold sb/sth in high ~** Hochachtung vor jdm/etw haben; **to hold sb/sth in low ~** jdn/etw gering schätzen; **to lose one's ~ for sb** seine Achtung vor jdm verlieren ❸ (*gaze*) Starren *nt* ❹ (*aspect*) **in this ~** in dieser Hinsicht ❺ (*concerning*) ■ **with ~ to ...** in Bezug auf ... +*akk;* **there is no problem as ~s the financial arrangements** es gibt kein Problem, was die finanziellen Vereinbarungen angeht

re·gard·ful [rɪˈgɑːdfəl] *adj pred* ■ **to be ~ of sth** auf etw *akk* Rücksicht nehmen

re·gard·ing [rɪˈgɑːdɪŋ] *prep* bezüglich +*gen;* **~ your inquiry** bezüglich Ihrer Anfrage

re·gard·less [rɪˈgɑːdləs] *adv* trotzdem; **~ of age/consequences/danger** trotz des Alters/der Konsequenzen/der Gefahr; **~ of the expense** ungeachtet der Kosten; **~ of sb's opposition** gegen jds Widerstand; **to press on ~** trotzdem weitermachen

re·gards [rɪˈgɑːdz] *n pl* Grüße *mpl;* **kind** [*or* **best**] **~** viele Grüße; **please give my ~ to your mother** bitte grüße deine Mutter von mir; **Jim sends his ~** Jim lässt grüßen

re·gat·ta [rɪˈgætə] *n* Regatta *f*

re·gen·cy [ˈriːdʒən(t)si] **I.** *n* Regentschaft *f;* (*period of rule*) Regentschaft[szeit] *f* **II.** *adj attr* Régence-

re·gen·er·ate [rɪˈdʒenəreɪt] **I.** *vt* ❶ (*revive*) erneuern; **to ~ |inner| cities** [Innen]städte neu gestalten; **to ~ sb/sb's spirit** REL jdn/jds Geist erneuern ❷ ELEC rückkoppeln ❸ (*grow again*) claw, tissue neu bilden **II.** *vi* BIOL sich regenerieren *geh; tissue* sich neu bilden

re·gen·era·tion [rɪˌdʒenəˈreɪʃən] *n no pl* ❶ (*improvement*) Erneuerung *f,* Regeneration *f;* **urban ~** Stadtsanierung *f; of spirit* Erholung *f;* REL Erneuerung *f* ❷ ELEC Rückkoppelung *f* ❸ BIOL (*regrowth*) Neubildung *f*

re·gent [ˈriːdʒənt] **I.** *n* Regent(in) *m(f)* **II.** *adj after n* **Prince R~** Prinzregent *m*

reg·gae [ˈregeɪ] *n no pl* Reggae *m*

regi·cide [ˈredʒɪsaɪd] *n* (*person*) Königsmörder(in) *m(f);* (*act*) Ermordung *f* eines Königs; (*crime*) Königsmord *m*

re·gime [reɪˈʒiːm] *n* ❶ (*government*) Regime *nt* ❷ (*in management*) Leitung *f* ❸ (*procedure*) Behandlungsweise *f*

regi·men [ˈredʒɪmən] *n* ❶ (*plan for health*) Gesundheitsplan *m* (*entsprechend ärztlichen Anweisungen*) ❷ (*routine*) geregelter Tagesablauf

regi·ment I. *n* [ˈredʒɪmənt] + *sing/pl vb* ❶ MIL Regiment *nt* ❷ (*fig: group of people*) Schar *f* **II.** *vt* [ˈredʒɪment] ❶ MIL **to ~ troops** Truppen in Gruppen einordnen ❷ (*regulate*) ■ **to ~ sb** jdn kontrollieren; ■ **to ~ sth** etw reglementieren

regi·men·ta·tion [ˌredʒɪmenˈteɪʃən] *n* Reglementierung *f*

re·gion [ˈriːdʒən] *n* ❶ (*geographical*) Region *f;* **the Birmingham ~** die Region um Birmingham ❷ (*administrative*) [Verwaltungs]bezirk *m,* Provinz *f* ❸ (*of the body*) Gegend *f;* **in the ~ of the head** im Bereich des Kopfes; **the stomach ~** die Magengegend ❹ (*approximately*) ■ **in the ~ of ...** etwa bei ..., im Bereich von ..

re·gion·al [ˈriːdʒənəl] **I.** *adj* regional **II.** *n* ■ **the ~s** *pl* SPORTS regionaler Wettbewerb

re·gion·al·ism [ˈriːdʒənəlɪzəm] *n* ❶ *no pl* Regionalismus *m* ❷ LING Regionalismus *m;* (*word*) nur regional verwendeter Ausdruck

re·gion·al·ly [ˈriːdʒənəli] *adv* regional

reg·is·ter [ˈredʒɪstər] **I.** *n* ❶ (*official list*) Register *nt,* Verzeichnis *nt* ❷ (*device*) Registriergerät *nt;* AM (*till*) Kasse *f* ❸ (*range*) Stimmumfang *m;* (*part of span*) Stimmlage *f* ❹ LING Register *nt fachspr* **II.** *vt* ❶ (*report*) registrieren; **to ~ a birth/death** eine Geburt/einen Tod anmelden; *car* zulassen; *copyright, trademark* eintragen ❷ (*measure*) anzeigen ❸ (*at post office*) *letter, parcel* per Einschreiben schicken ❹ (*notice*) ■ **to ~ sth** sich *dat* etw merken ❺ (*show*) **to ~ disappointment/shock/surprise** sich enttäuscht/schockiert/überrascht zeigen; **to ~ protest** Protest zum Ausdruck bringen **III.** *vi* ❶ (*person*) sich melden; (*to vote*) sich eintragen; (*at university*) sich einschreiben [*o* immatrikulieren]; **to ~ with the authorities/police** sich behördlich/polizeilich anmelden; **to ~ at a hotel** sich in einem Hotel anmelden; **to ~ as unemployed** sich arbeitslos melden ❷ *machine, measuring device* angezeigt werden ❸ (*show*) sich zeigen

reg·is·tered [ˈredʒɪstəd] *adj* registriert, gemeldet; *charity* eingetragen; *vehicle* amtlich zugelassen; **~ nurse** *esp* AM staatlich anerkannte Krankenschwester

reg·is·trar [ˌredʒɪˈstrɑːʳ] *n* ❶ (*for the state*) Standesbeamte(r) *m*/Standesbeamtin *f*

② UNIV (*office*) Studentensekretariat *nt;* (*person*) höchste(r) Verwaltungsbeamte(r)/höchste Verwaltungsbeamtin **③** BRIT, AUS (*at hospital*) Assistenzarzt *m*/Assistenzärztin *f*

reg·is·tra·tion [ˌredʒɪˈstreɪʃ(ə)n] *n* **①** (*action*) Anmeldung *f;* (*at university*) Einschreibung *f;* **car ~** Autozulassung *f* **②** AUTO (*certificate*) Kraftfahrzeugbrief *m;* (*number*) Kraftfahrzeugkennzeichen *nt*

reg·is·'tra·tion docu·ment *n* BRIT Kraftfahrzeugbrief *m* **reg·is·'tra·tion fee** *n* Anmeldegebühr *f;* UNIV Einschreibegebühr *f* **reg·is·'tra·tion num·ber** *n* Kraftfahrzeugkennzeichen *nt*

reg·is·try [ˈredʒɪstri] *n* BRIT Standesamt *nt;* **business ~** Handelsregister *nt;* **land ~** Katasteramt *nt*

'reg·is·try office *n* BRIT Standesamt *nt*

re·gress [rɪˈgres] *vi* (*lose ability*) sich verschlechtern; (*deteriorate*) *person* sich zurückentwickeln; *society* sich rückläufig entwickeln; PSYCH regredieren *fachspr*

re·gres·sion [rɪˈgreʃ(ə)n] *n no pl* **①** MED (*physical*) Regression *f fachspr,* Verschlechterung *f;* (*mental*) Zurückentwicklung *f* **②** MATH Regression *f*

re·gres·sive [rɪˈgresɪv] *adj* **①** (*becoming worse*) rückschrittlich **②** (*tax type*) regressiv **③** (*in philosophy*) rückläufig

re·gret [rɪˈgret, re-] I. *vt* <-tt-> bedauern; **they ~ted pouring paint on the neighbour's car** es tat ihnen leid, dass sie Farbe auf das Auto des Nachbarn geschüttet hatten II. *vi* <-tt-> ■ **to ~ to do sth** bedauern, etw tun zu müssen; **I ~ to have to inform you that ...** leider muss ich Ihnen mitteilen, dass ... III. *n* Bedauern *nt kein pl;* **my only ~ is that ...** das Einzige, was ich bedaure, ist, dass ...; **a pang of ~** ein Anflug *m* von Reue; **much to my ~** zu meinem großen Bedauern; **to have no ~s about sth** etw nicht bereuen; **to send one's ~s** sich entschuldigen [lassen]

re·gret·ful [rɪˈgretf(ə)l, re-] *adj* bedauernd; *smile* wehmütig; ■ **to be ~ about sth** etw bedauern

re·gret·ful·ly [rɪˈgretf(ə)li, re-] *adv* mit Bedauern; **I left New York ~** schweren Herzens verließ ich New York

re·gret·table [rɪˈgretəbl̩, re-] *adj* bedauerlich

re·group [ˌriːˈɡruːp] I. *vt* neu gruppieren; **to ~ one's forces** die Streitkräfte neu formieren II. *vi troops, demonstrators* sich neu formieren

regu·lar [ˈregjələʳ] I. *adj* **①** (*routine*) regelmäßig; *price* regulär; **to do sth on a ~ basis** etw regelmäßig tun; **~ customer** Stammkunde *m*/-kundin *f;* **~ income** geregeltes Einkommen; **~ procedure** übliche Vorgehensweise **②** (*steady in time*) regelmäßig; **to keep ~ hours** sich an feste Zeiten halten; **to eat ~ meals** regelmäßig essen **③** (*well-balanced*) regelmäßig; *surface* gleichmäßig; (*geometry*) symmetrisch **④** (*not unusual*) üblich, normal; **my ~ doctor was on vacation** mein Hausarzt hatte Urlaub; **~ gas** AM Normalbenzin *nt* **⑤** *attr* AM (*size*) **~ fries** normale Portion Pommes Frites; (*of clothing*) **~ size** Normalgröße *f* **⑥** LING regelmäßig **⑦** (*approv: nice*) nett, umgänglich II. *n* (*customer*) Stammgast *m*

regu·lar·ity [ˌregjəˈlærəti] *n no pl* (*in time*) Regelmäßigkeit *f,* Gleichmäßigkeit *f;* (*in shape*) Ebenmäßigkeit *f*

regu·lar·ize [ˈregjəʳraɪz] I. *vt* **①** (*make consistent*) *a language, work hours* standardisieren, vereinheitlichen **②** (*normalize*) *status, relationship* normalisieren II. *vi breathing, heart beat* sich regulieren

regu·lar·ly [ˈregjələli] *adv* **①** (*evenly*) regelmäßig **②** (*frequently*) regelmäßig **③** (*equally*) gleichmäßig **④** AM COMM, ECON (*normally*) regulär

regu·late [ˈregjəleɪt] *vt* **①** (*supervise*) regeln, steuern; ■ **to ~ whether/how/when ...** festlegen, ob/wie/wann ... **②** (*adjust*) regulieren; **to ~ the flow of input/supplies/water** den Eingabe-/Versorgungs-/Wasserfluss regeln

regu·la·tion [ˌregjəˈleɪʃ(ə)n] I. *n* **①** (*rule*) Vorschrift *f,* Bestimmung *f* (**on** über); **in accordance with the ~s** vorschriftsmäßig; **fire ~s** Brandschutzbestimmungen *pl;* **health ~s** Gesundheitsverordnungen *pl;* **rules and ~s** Regeln und Bestimmungen **②** *no pl* (*supervision*) Überwachung *f* II. *adj* vorgeschrieben; **the ~ pin-stripe suit** der obligatorische Nadelstreifenanzug

regu·la·tor [ˈregjəleɪtəʳ] *n* **①** TECH Regler *m* **②** (*person*) aufsichtsführende Person

regu·la·tory [ˈregjələtəri] *adj* Aufsichts-, Kontroll-; **~ enzymes/hormones** Regulierungsenzyme/-hormone *pl;* **~ powers** ordnungspolitische Instrumente

re·gur·gi·tate [rɪˈɡɜːdʒɪteɪt] *vt* **①** (*throw up*) *food* wieder hochwürgen **②** (*pej: repeat*) *facts, information* nachplappern

re·ha·bili·tate [ˌriːhəˈbɪlɪteɪt] *vt* **①** (*have therapy*) rehabilitieren; *criminal* resozialisieren; **to ~ victims of accidents** Unfallopfer wieder ins normale Leben eingliedern ❷ (*restore reputation*) rehabilitieren

re·ha·bili·ta·tion [ˌriːhəˌbɪlɪˈteɪʃ^ən] I. *n no pl* ❶ *of criminals* Resozialisierung *f*; *of drug addicts* Rehabilitation *f geh*; *of victims* Wiedereingliederung *f* ins normale Leben ❷ (*of reputation*) Rehabilitation *f*; **to be given a ~** rehabilitiert werden ❸ (*renovation*) Instandsetzung *f*, Sanierung *f* II. *adj* Rehabilitations-; **drug ~ centre** Entziehungsanstalt *f*

re·hash I. *vt* [ˌriːˈhæʃ] ❶ (*pej fam: offer as new*) aufwärmen ❷ (*discuss*) wiederkäuen; **to ~ events** Ereignisse noch einmal durchsprechen II. *n* <*pl* -es> [ˈriːhæʃ] (*fam*) Aufguss *m*

re·hears·al [rɪˈhɜːs^əl] *n* ❶ THEAT Probe *f*; ■ **to be in ~** geprobt werden ❷ (*recital*) **a ~ of arguments/complaints/criticisms** eine Aufzählung von Argumenten/Beschwerden/Kritiken

re·hearse [rɪˈhɜːs] I. *vt* ❶ THEAT, MUS (*practise*) proben; (*in thought*) in Gedanken durchgehen ❷ (*prepare*) ■ **to ~ sb** jdn vorbereiten ❸ (*repeat*) ■ **to ~ sth** *arguments, old theories* etw aufwärmen *fig* II. *vi* proben

re·hy·dra·tion [ˌriːhaɪˈdreɪʃ^ən] *n* Flüssigkeitsersatz *m*, Rehydration *f*

reign [reɪn] I. *vi* ❶ (*be king, queen*) regieren, herrschen; (*be head of state*) regieren; **to ~ over a country** ein Land regieren ❷ (*be dominant*) dominieren; ■ **to ~ over sb/sth** jdn/etw beherrschen; **confusion/peace/silence ~s** es herrscht Verwirrung/Frieden/Stille II. *n* Herrschaft *f*; **during the ~ of Queen Victoria** unter der Herrschaft von Königin Victoria

re·im·burse [ˌriːɪmˈbɜːs] *vt* ■ **to ~ sb** jdn entschädigen; **to ~ sth** etw ersetzen; *expenses* [rück]erstatten

re·im·burse·ment [ˌriːɪmˈbɜːsmənt] *n* Rückzahlung *f*; *of expenses* Erstattung *f*; *of loss* Entschädigung *f*

rein [reɪn] I. *n usu pl* (*for horse*) Zügel *m*; BRIT (*for children*) Laufgurt *m* ▸ **to give free ~ to sb** jdm freie Hand lassen; **to keep a tight ~ on sb/sth** jdn/etw an der kurzen Leine halten II. *vt* **to ~ a horse** ○ **in** ein Pferd zügeln; (*fig*) ■ **to ~ sb in** jdn an die Kandare nehmen

re·in·car·na·tion [ˌriːɪnkɑːˈneɪʃ^ən] *n* ❶ (*rebirth*) Reinkarnation *f geh*, Wiedergeburt *f*; (*fig*) *product* Nachbau *m* ❷ *no pl* (*philosophy*) Reinkarnation[slehre] *f*

rein·deer <*pl* -> [ˈreɪndɪə^r] *n* Rentier *nt*

re·in·force [ˌriːɪnˈfɔːs] *vt* ❶ (*strengthen*) verstärken; *concrete* armieren; *findings, opinion, prejudice* bestätigen; *impression* verstärken; **that just ~s what I've been saying** das unterstreicht genau das, was ich gesagt habe; **to ~ an argument with sth** ein Argument mit etw *dat* untermauern ❷ MIL **to ~ a border/one's position/troops** eine Grenze/seine Position/Truppen verstärken

re·in·force·ment [ˌriːɪnˈfɔːsmənt] *n* ❶ *no pl* Verstärkung *f*, Armierung *f fachspr*; **steel ~** Stahlträger *m meist pl* ❷ ■ **~s** *pl* (*troops*) Verstärkungstruppen *pl*; (*equipment*) Verstärkung *f*

re·in·state [ˌriːɪnˈsteɪt] *vt* ❶ (*at job*) ■ **to ~ sb** jdn wieder einstellen; **to ~ sb in a position** jdn in eine Position wieder einsetzen ❷ (*re-establish*) ■ **to ~ sth** *death penalty, sales tax* etw wieder einführen; **to ~ law and order** die öffentliche Ordnung wiederherstellen

re·in·sure [ˌriːɪnˈʃʊə^r] *vi, vt* rückversichern

re·in·te·grate [ˌriːˈɪntɪgreɪt] *vt* **to ~ a criminal into society** einen Kriminellen resozialisieren; **to ~ a patient** einen Patienten wieder [in die Gesellschaft] eingliedern

re·in·te·gra·tion [ˌriːɪntɪˈgreɪʃ^ən] *n of a criminal* Resozialisierung *f*; *of a patient* Wiedereingliederung *f*

re·in·tro·duce [ˌriːɪntrəˈdjuːs] *vt* wieder einführen; **to ~ an animal into the wild** ein Tier in die Wildnis zurückführen

re·is·sue [ˌriːˈɪʃuː] I. *vt novel, recording* neu herausgeben II. *n* Neuauflage *f*, Neuausgabe *f*

re·it·er·ate [rɪˈɪtəreɪt] *vt* wiederholen

re·it·era·tion [rɪˌɪtəˈreɪʃ^ən] *n* Wiederholung *f*

re·ject I. *vt* [rɪˈdʒekt] ❶ (*decline*) ablehnen, zurückweisen; **to ~ an excuse** eine Entschuldigung nicht annehmen ❷ (*snub*) ■ **to ~ sb** jdn abweisen; **to feel ~ed** sich als Außenseiter(in) fühlen ❸ MED **to ~ a drug** ein Medikament nicht vertragen; **to ~ a transplant** ein Transplantat abstoßen ❹ (*not accept*) *token, bill, coin, card* nicht annehmen II. *n* [ˈriːdʒekt] (*product*) Fehlerware *f*, Ausschussware *f*; (*person*) Außenseiter(in) *m/f*

re·jec·tion [rɪˈdʒekʃ^ən] *n* ❶ (*dismissing*) Ablehnung *f*, Absage *f*; **fear of ~** Furcht *f* vor Ablehnung; **to meet with ~** auf Ablehnung stoßen ❷ MED Abstoßung *f*

re·joice [rɪˈdʒɔɪs] *vi* sich freuen; ■ **to ~ at sth** sich an etw *dat* erfreuen *geh*; ■ **to ~ in doing sth** genießen, etw zu tun

re·joic·ing [rɪˈdʒɔɪsɪŋ] *n no pl* Freude *f* (**at** über)

re·join[1] [riːˈdʒɔɪn] *vt* (*reunite with*) ■ **to ~ sb/sth** sich mit jdm/etw wiedervereinigen; **to ~ the motorway** wieder auf die Autobahn fahren; **to ~ a political party** wieder in eine Partei eintreten

re·join[2] [rɪˈdʒɔɪn] *vt* (*form: reply*) erwidern *geh*

re·join·der [rɪˈdʒɔɪndəʳ] *n* (*form*) Erwiderung *f geh*; **~ to a question** Antwort *f* auf eine Frage

re·ju·venate [rɪˈdʒuːvᵊneɪt] *vt* ❶ (*energize*) revitalisieren *geh;* **to feel ~d** (*after a rest, holiday*) sich frisch und munter fühlen ❷ (*make younger, modernize*) verjüngen; **since he fell in love, he has felt ~d** seit er sich verliebt hat, fühlt er sich Jahre jünger; **to ~ a factory/firm/town** eine Fabrik/Firma/Stadt modernisieren

re·ju·vena·tion [rɪˌdʒuːvᵊnˈeɪʃn] *n no pl* (*enlivening*) Revitalisierung *f geh;* **of youthful feelings** Verjüngung *f;* **of a company, factory** Modernisierung *f*

re·kin·dle [ˌriːˈkɪndl̩] *vt* (*also fig*) wieder entfachen

re·lapse I. *n* [ˈriːlæps] MED Rückfall *m;* (*in economy*) Rückschlag *m* II. *vi* [rɪˈlæps] ❶ MED (*after improvement*) einen Rückfall haben; *economy* einen Rückschlag erleiden; **to ~ into alcoholism/drug abuse** wieder dem Alkoholismus/Drogenkonsum verfallen ❷ (*to previous state*) **to ~ into coma/sleep** in ein Koma/einen Schlaf verfallen; **to ~ into silence** in Schweigen verfallen

re·late [rɪˈleɪt] I. *vt* ❶ (*show relationship*) ■ **to ~ sth with sth** etw mit etw *dat* in Verbindung bringen ❷ (*narrate*) erzählen; ■ **to ~ sth to sb** jdm etw berichten II. *vi* ❶ (*fam: get along*) ■ **to ~ to sb/sth** eine Beziehung zu jdm/etw finden; **can you ~ to country music?** hast du etwas für Countrymusic übrig? ❷ (*be about*) ■ **to ~ to sb/sth** von jdm/etw handeln; (*be relevant to*) **chapter nine ~s to the effect of inflation** in Kapitel neun geht es um die Auswirkungen der Inflation; **I fail to see how your proposal ~s to me** es ist mir nicht klar, inwiefern Ihr Vorschlag mich betrifft

re·lat·ed [rɪˈleɪtɪd] *adj* ❶ (*connected*) verbunden; **we discussed inflation, unemployment and ~ issues** wir diskutierten über Inflation, Arbeitslosigkeit und damit zusammenhängende Themen; **to be directly ~ to sth** in direktem Zusammenhang mit etw *dat* stehen ❷ *species, language* verwandt (**to** mit); **to be ~ by blood** blutsverwandt sein; **to be ~ by marriage** durch Heirat verwandt sein; **closely/distantly ~** nah/entfernt verwandt

re·lat·ing to [rɪˈleɪtɪŋ-] *prep* in Zusammenhang mit +*dat*

re·la·tion [rɪˈleɪʃən] *n* ❶ *no pl* (*connection*) Verbindung *f,* Bezug *m;* **in ~ to** in Bezug auf +*akk;* **I haven't understood what this question is in ~ to** ich verstehe nicht, worauf sich diese Frage bezieht; **to bear no ~** keinerlei Beziehung haben; (*in appearance*) **to bear no ~ to sb** jdm überhaupt nicht ähnlich sehen ❷ (*relative*) Verwandte(r) *f(m);* **is Hans any ~ to you?** ist Hans irgendwie mit dir verwandt?; **~ by marriage** angeheirateter Verwandter/angeheiratete Verwandte; **closest living ~** nächster lebender Verwandter/nächste lebende Verwandte ❸ (*between people, countries*) ■ **~s** *pl* Beziehungen *pl,* Verhältnis *nt* (**between** zwischen); **to break off ~s with sb/sth** den Kontakt zu jdm/etw abbrechen

re·la·tion·ship [rɪˈleɪʃᵊnʃɪp] *n* ❶ (*connection*) Beziehung *f;* **to establish a ~ between sth and sth** zwischen etw *dat* und etw *dat* eine Verbindung herstellen ❷ (*in family*) Verwandtschaftsverhältnis *nt* ❸ (*association*) Verhältnis *nt,* Beziehung *f* (**to/with** zu); *business* ~ Geschäftsbeziehung *f;* (*romantic*) Beziehung *f;* ■ **to be in a ~ with sb** mit jdm eine feste Beziehung haben

rela·tive [ˈrelətɪv] I. *adj* ❶ (*connected to*) relevant (**to** für); (*relevant*) sich auf etw *akk* beziehen ❷ (*corresponding*) jeweilige(r, s); ■ **to be ~ to sth** von etw *dat* abhängen; **petrol consumption is ~ to a car's speed** der Benzinverbrauch hängt von der Geschwindigkeit des Autos ab ❸ (*comparative*) relative(r, s), vergleichbare(r, s); (*not absolute*) *evil, happiness* relativ II. *adv* ■ **~ to** sich beziehend auf +*akk* III. *n* Verwandte(r) *f(m);* **~ by marriage** angeheirateter Verwandter/angeheiratete Verwandte; **distant ~** entfernter Verwandter/entfernte Verwandte

rela·tive ˈclause *n* Relativsatz *m*

rela·tive·ly [ˈrelətɪvli] *adv* relativ

rela·tiv·ity [ˌrelə'tɪvəti] *n no pl* Relativität *f;* **[Einstein's] Theory of R~** [Einsteins] Relativitätstheorie *f*

re·launch I. *vt* [rɪˈlɔːn(t)ʃ] ❶ AEROSP **to ~ a rocket** eine Rakete erneut starten ❷ ECON to ~ a product ein Produkt erneut auf den Markt bringen II. n ['rɪlɔːn(t)ʃ] ❶AEROSP, TRANSP ~ of a rocket Zweitstart m einer Rakete; ~ of a ship zweiter Stapellauf eines Schiffes ❷ECON ~ of a brand/a product Wiedereinführung f einer Marke/eines Produkts

re·lax [rɪ'læks] I. vi sich entspannen; ~! entspann dich!; (don't worry) beruhige dich!; **to ~ with a cup of tea** sich bei einer Tasse Tee entspannen II. vt rules, supervision lockern; **to ~ one's grip on sth** seinen Griff um etw akk lockern; **to ~ one's muscles** (by resting) die Muskeln entspannen; (by massage or movement) die Muskeln lockern; **to ~ security** die Sicherheitsmaßnahmen einschränken

re·laxa·tion [ˌriːlækˈseɪʃ°n] I. n ❶(recreation) Entspannung f ❷(liberalizing) ~ **of discipline** Nachlassen nt der Disziplin; ~ **of laws** Liberalisierung f von Gesetzen; ~ **of the rules** Lockerung f der Vorschriften II. adj attr Entspannungs-

re·laxed [rɪ'lækst] adj ❶(at ease) entspannt; **to feel ~** sich entspannt fühlen ❷(easy-going) locker, gelassen; manner lässig; **to be ~ about sth** etw gelassen sehen; **to take a ~ approach to sth** gelassen an etw akk herangehen

re·lax·ing [rɪ'læksɪŋ] adj entspannend, erholsam; ~ **day** Tag m zum Ausspannen; ~ **holidays** [or AM **vacation**] erholsame Ferien; ~ **place** Ort m der Erholung

re·lay ['riːleɪ] I. vt ▪**to ~ sth to sb** jdm etw mitteilen; **to ~ a message** eine Meldung weiterleiten; **to ~ TV pictures** Fernsehbilder übertragen; **to ~ the news to sb** jdm die Neuigkeiten weitererzählen II. n ❶(group) Ablösung f; of workers Schicht f ❷SPORTS ~ **[race]** Staffellauf m ❸ELEC (device) Relais nt

re-lay <-laid, -laid> [ˌriːˈleɪ] vt carpet neu verlegen; floor neu auslegen

re·lease [rɪ'liːs] I. vt ❶(set free) freilassen ❷LAW ▪**to ~ sb** jdn [aus der Haft] entlassen; **to ~ sb on bail** jdn gegen Kaution auf freien Fuß setzen; **to ~ sb from prison** jdn aus dem Gefängnis entlassen; **to ~ sb on probation** jdn auf Bewährung entlassen ❸(fig: free from suffering) ▪**to ~ sb from sth** jdn von etw dat befreien ❹(move sth from fixed position) brake lösen; PHOT shutter betätigen ❺(detonate, drop) bomb abwerfen; missile abschießen ❻(allow to escape) gas, steam freisetzen; **to ~ sth into the atmosphere** etw in die Atmosphäre entweichen lassen ❼(relax pressure) loslassen; **to ~ one's grip** seinen Griff lockern ❽(make public, circulate) verbreiten; (issue) veröffentlichen; film, CD herausbringen; **to be ~d** erscheinen, auf den Markt kommen II. n no pl ❶(setting free) Entlassung f; ~ **of a hostage** Freilassung f einer Geisel ❷(mechanism) Auslöser m; **brake/clutch ~** Brems-/Kupplungsausrückmechanismus m; ~ **cord** Reißleine f ❸(action) of a handbrake Lösen nt ❹(items on hold) of funds, goods Freigabe f ❺(relaxation) Entspannung f; of tension Nachlassen nt; (freeing from unpleasant feeling) Erleichterung f ❻(escape of gases) Entweichen nt ❼no pl (publication) Veröffentlichung f ❽(information document) Verlautbarung f; **press ~** Pressemitteilung f ❾(new CD) Neuerscheinung f

rel·egate ['relɪɡeɪt] vt usu passive ❶(lower in status) **the story was ~d to the middle pages of the paper** die Story wurde in den Mittelteil der Zeitung verschoben; **to ~ sb to the background** jdn in den Hintergrund drängen ❷BRIT SPORTS **to ~ a team** eine Mannschaft absteigen lassen (**from** aus)

rel·ega·tion [ˌrelɪˈɡeɪʃ°n] n no pl BRIT SPORTS Abstieg m; ~ **struggle** Abstiegskampf m

re·lent [rɪ'lent] vi people nachgeben; wind, rain nachlassen

re·lent·less [rɪ'lentləs] adj (unwilling to compromise) unnachgiebig; (without stopping) unablässig; persecution gnadenlos; pressure unaufhörlich; ~ **summer heat** anhaltende sommerliche Hitze; ▪**to be ~ in doing sth** etw unermüdlich tun

rele·vance ['relɪvən(t)s], **rele·van·cy** ['relɪvən(t)si] n no pl ❶(appropriateness) Relevanz f geh, Bedeutsamkeit f (**to** für); **I don't quite understand the ~ of your question** ich weiß nicht so recht, worauf Sie mit Ihrer Frage hinauswollen; **to have ~ to sth** Bezug auf etw akk haben ❷(significance) Bedeutung f (**to** für); **to have ~ for sb/sth** für jdn/etw relevant sein

rele·vant ['relɪvənt] adj ❶(appropriate) relevant; **for further information please refer to the ~ leaflet** weitere Informationen entnehmen Sie bitte der entsprechenden Broschüre; **to be [hardly] ~ to sth** für etw akk [kaum] von Bedeutung sein; **the question is not ~ to the case** die Frage gehört nicht zur Sache; **please bring all the ~ documents** bitte bringen

Sie die nötigen Papiere mit ❷ (*important*) wichtig, bedeutend; **highly** ~ höchst bedeutungsvoll ❸ (*appropriate to modern life*) gegenwartsbezogen; **to remain** ~ seine Aktualität bewahren

re·li·abil·ity [rɪˌlaɪəˈbɪləti] *n no pl* ❶ (*dependability*) Zuverlässigkeit *f* ❷ (*trustworthiness*) Vertrauenswürdigkeit *f*

re·li·able [rɪˈlaɪəbl] *adj* ❶ (*dependable*) verlässlich, zuverlässig ❷ (*credible*) glaubwürdig; *criterion* sicher ❸ (*trustworthy*) vertrauenswürdig, seriös

re·li·ance [rɪˈlaɪən(t)s] *n no pl* ❶ (*dependence*) Verlass *m* (**on** auf); **sb cannot avoid** ~ **on sth** jd ist auf etw *akk* angewiesen ❷ (*trust*) Vertrauen *nt;* **to place** ~ **on sb/sth** Vertrauen in jdn/etw setzen

re·li·ant [rɪˈlaɪənt] *adj* ■ **to be** ~ **on sb/sth** von jdm/etw abhängig sein; ■ **to be** ~ **on sb/sth to do sth** abhängig davon sein, dass jd/etw etw tut

rel·ic [ˈrelɪk] *n* ❶ (*object*) Relikt *nt,* Überbleibsel *nt,* Überrest *m* ❷ (*pej: survival from past*) Relikt *nt*; (*hum: sth old-fashioned*) altmodisches Ding, Ding *nt* von anno dazumal ❸ (*saintly remains*) Reliquie[n] *f\|pl\|*

re·lief¹ [rɪˈliːf] *n* ❶ *no pl* (*assistance for poor*) Hilfsgüter *pl;* **to be on** ~ AM (*fam*) von der Sozialhilfe leben; **disaster-/famine** ~ Katastrophen-/Hungerhilfe *f* ❷ (*diminution*) Entlastung *f;* ~ **of hunger/suffering** Linderung *f* von Hunger/Leid; **tax** ~ Steuerermäßigung *f* ❸ (*release from tension*) Erleichterung *f;* **to feel an incredible sense of** ~ sich unglaublich erleichtert fühlen; **to breathe a sigh of** ~ erleichtert aufatmen ❹ (*substitute*) Ersatz *m,* Vertretung *f*

re·lief² [rɪˈliːf] *n* ❶ (*three-dimensional representation*) Reliefdruck *m* ❷ (*sculpture*) Relief *nt* ❸ *no pl* (*sharpness of image*) Kontrast *m*; ■ **to be in** ~ **against sth** sich von etw *dat* abheben; **to stand out in sharp** ~ sich deutlich von etw *dat* abheben

reˈlief work·er *n* Mitarbeiter(in) *m(f)* einer Hilfsorganisation; (*in third-world countries*) Entwicklungshelfer(in) *m(f)*

re·lieve [rɪˈliːv] *vt* ❶ (*assist*) ■ **to** ~ **sb** jdm [in einer Notsituation] helfen; ■ **to** ~ **sth** etw lindern ❷ (*take burden from*) ■ **to** ~ **sb of sth** jdm etw abnehmen; (*hum: steal*) jdn um etw *akk* erleichtern ❸ (*take over*) ■ **to** ~ **sb** jdn ablösen; **to** ~ **sb of a position** jdn eines Amtes entheben *geh* ❹ (*weaken negative feelings*) erträglicher machen; **to** ~ **boredom** gegen die Langeweile angehen; **to** ~ **the pressure** den Druck verringern; **to** ~ **the tension** die Spannung abbauen ❺ (*alleviate*) *pain, suffering* lindern ❻ (*improve*) bessern; **to** ~ **pressure on sth** etw entlasten ❼ (*euph form: urinate*) **to** ~ **oneself** sich erleichtern

re·lieved [rɪˈliːvd] *adj* erleichtert (**at** über); **to be** ~ **to hear/see sth** etw mit Erleichterung hören/sehen; **to feel** ~ sich erleichtert fühlen

re·li·gion [rɪˈlɪdʒən] *n* ❶ *no pl* (*faith in god(s)*) Religion *f*; (*set of religious beliefs*) Glaube *m* ❷ (*system of worship*) Kult *m* ❸ (*fig: sth done with devotion*) Kult *m*; **to make a** ~ **of sth** einen Kult mit etw *dat* treiben ❹ (*also hum: personal set of beliefs*) Glaube *m,* Überzeugung *f*

re·li·gious [rɪˈlɪdʒəs] *adj* ❶ (*of religion*) religiöse(r, s), Religions-; ~ **creed/organization** Glaubensbekenntnis *nt*/-gemeinschaft *f*; ~ **education/practice** Religionsunterricht *m*/-ausübung *f*; ~ **freedom** Religionsfreiheit *f*; ~ **holiday** religiöser Feiertag; ~ **service** Gottesdienst *m* ❷ (*pious*) religiös, fromm; **deeply** ~ tief religiös ❸ (*fig: meticulous*) gewissenhaft

---

relief

expressing relief	Erleichterung ausdrücken
I'm so glad things turned out the way they did!	Ich bin sehr froh, dass es nun so gekommen ist!
I'm so relieved!	Bin ich froh!
That's a weight off my mind!	Mir fällt ein Stein vom Herzen!
It's lucky you came!	Ein Glück, dass du gekommen bist!
Thank goodness!/Thank God!	Gott sei Dank!
Done it! *(fam)*/Finished! *(fam)*	Geschafft! *(fam)*
At last!	Endlich!

re·lin·quish [rɪˈlɪŋkwɪʃ] *vt* (*form*) ❶ (*abandon*) aufgeben; **to ~ a right** auf ein Recht verzichten; ▪**to ~ sth to sb** jdm etw überlassen; *responsibility* jdm etw übertragen ❷ (*lose*) **to ~ one's hold on reality** den Bezug zur Realität verlieren; **to ~ the lead** die Führung verlieren ❸ (*weaken grip*) **to ~ one's grip** seinen Griff lockern

reli·quary [ˈrelɪkwəri] *n* Reliquiar *nt*

rel·ish [ˈrelɪʃ] I. *n* no *pl* (*enjoyment*) Genuss *m;* ▪**with ~** genüsslich ❷ FOOD Relish *nt* II. *vt* genießen; **to ~ doing sth** etw sehr gern tun; **to ~ the thought that ...** sich darauf freuen, dass ...

re·load [ˌriːˈləʊd] I. *vt gun, pistol* nachladen; *camera, software* neu laden; *ship* wiederbeladen II. *vi weapon* nachladen

re·lo·cate [ˌriːlə(ʊ)ˈkeɪt] I. *vi* umziehen II. *vt* ▪**to ~ sb** jdn versetzen; ▪**to ~ sth** etw verlegen

re·lo·ca·tion [ˌriːlə(ʊ)ˈkeɪʃ°n] *n of a company* Verlegung *f; of a person* Versetzung *f*

re·luc·tance [rɪˈlʌktən(t)s] *n no pl* Widerwillen *m,* Widerstreben *nt;* ▪**with ~** widerwillig, ungern

re·luc·tant [rɪˈlʌktənt] *adj* widerwillig, widerstrebend; ▪**to be ~ to do sth** sich dagegen sträuben, etw zu tun, etw nur ungern tun; **to be a ~ participant in sth** an etw *dat* nur ungern teilnehmen

re·luc·tant·ly [rɪˈlʌktəntli] *adv* widerwillig; **I say it ~ but ...** ich sage es ungern, aber ...; **to accept sth ~** etw widerstrebend akzeptieren; **to agree ~** widerwillig zustimmen

rely [rɪˈlaɪ] *vi* ❶ (*have confidence in*) ▪**to ~ on sb/sth** sich auf jdn/etw verlassen; ▪**to ~ on sb/sth to do sth** sich darauf verlassen, dass jd/etw etw tut ❷ (*depend on*) ▪**to ~ on sb/sth** von jdm/etw abhängen; ▪**to ~ on sb/sth doing sth** darauf angewiesen sein, dass jd/etw etw tut

REM [ˌɑːriːˈem, rem] *abbrev of* **Rapid Eye Movement** REM; ~ **sleep** REM-Phase *f*

re·main [rɪˈmeɪn] *vi* ❶ (*stay*) bleiben; **to ~ in bed** im Bett bleiben; **to ~ behind** zurückbleiben ❷ + *n or adj* (*not change*) bleiben; **the epidemic has ~ed unchecked** die Epidemie hält unvermindert an; **to ~ aloof** Distanz wahren; **to ~ undecided** sich nicht entscheiden können; **to ~ unpunished** ungestraft davonkommen; **to ~ untreated** nicht behandelt werden ❸ (*survive, be left over*) übrig bleiben; *person* überleben; **much ~s to be done** es muss noch vieles getan werden; **the fact ~s that ...** das ändert nichts an der Tatsache, dass ...; **it ~s to be seen [who/what/how ...]** es bleibt abzuwarten[, wer/was/wie ...]

re·main·der [rɪˈmeɪndəʳ] I. *n no pl also* MATH Rest *m* II. *vt* **to ~ books** Bücher billig verkaufen **re·main·ing** [rɪˈmeɪnɪŋ] *adj attr* übrig, restlich; **our only ~ hope** unsere letzte Hoffnung

re·mains [rɪˈmeɪnz] *npl* ❶ (*leftovers*) Überbleibsel *pl,* Überreste *pl* ❷ (*form: corpse*) sterbliche Überreste; **animal/human ~** tierische/menschliche Überreste

re·make I. *vt* <-made, -made> [ˌriːˈmeɪk] **to ~ a film** einen Film neu drehen II. *n* [ˈriːmeɪk] Neuverfilmung *f,* Remake *nt*

re·mand [rɪˈmɑːnd] I. *vt usu passive* (*form*) ▪**to ~ sb on sth** jdn wegen einer S. *gen* in Untersuchungshaft nehmen; **to ~ on bail** auf Kaution freilassen; **to ~ sb in custody** jdn in Untersuchungshaft behalten II. *n no pl* **custodial ~** Untersuchungshaft *f;* **to be on ~** in Untersuchungshaft sitzen *fam;* **to hold sb on ~** jdn in Untersuchungshaft behalten

re·ˈmand cen·tre *n* BRIT, AUS Untersuchungsgefängnis *nt*

re·mark [rɪˈmɑːk] I. *vt* äußern, bemerken; **sb once ~ed [that] ...** jd hat einmal gesagt, dass ... II. *vi* eine Bemerkung machen; ▪**to ~ on sb/sth** sich über jdn/etw äußern; **it has often been ~ed upon that ...** es ist oft darauf hingewiesen worden, dass ... III. *n* Bemerkung *f* (**about** über), Äußerung *f*

re·mark·able [rɪˈmɑːkəbl] *adj* ❶ (*approv: extraordinary*) bemerkenswert, erstaunlich; *ability* beachtlich ❷ (*surprising*) merkwürdig; ▪**to be ~ for sth** sich durch etw *akk* auszeichnen; **it's ~ [that] ...** es ist erstaunlich, dass ...

re·mark·ably [rɪˈmɑːkəbli] *adv* ❶ (*strikingly*) bemerkenswert, auffällig ❷ (*surprisingly*) überraschenderweise, erstaunlicherweise

re·mar·ry <-ie-> [ˌriːˈmæri] I. *vt* wieder heiraten II. *vi* sich wieder verheiraten

re·medial [rɪˈmiːdiəl] *adj* (*form*) ❶ (*relief*) Hilfs- ❷ SCH Förder- ❸ MED Heil-

rem·edy [ˈremədi] I. *n* ❶ (*medicinal agent*) Heilmittel *nt* (**for** gegen) ❷ (*solution*) Mittel *nt* (**for** zu), Lösung *f* (**for** für) ❸ (*legal redress*) [**legal**] **~** Rechtsmittel *nt* II. *vt* in Ordnung bringen; *a mistake* berichtigen; **poverty** beseitigen

re·mem·ber [rɪˈmembəʳ] I. *vt* ❶ (*recall*) ▪**to ~ sb/sth** sich an jdn/etw erinnern; (*memorize*) ▪**to ~ sth** sich *dat* etw merken; **I never ~ her birthday** ich denke nie an ihren Geburtstag; **she will be ~ed for her courage** ihr Mut wird für immer im Gedächtnis bleiben; ■ **to ~ doing sth** sich daran erinnern, etw getan zu haben ❷ (*commemorate*) ■ **to ~ sb/sth** einer Person/einer S. *gen* gedenken ❸ (*form: send greetings*) ■ **to ~ sb to sb** jdn von jdm grüßen; **~ me to your parents** grüß deine Eltern von mir **II.** *vi* ❶ (*recall*) sich erinnern; **I can't ~** ich kann mich nicht erinnern; **it was a night to ~** es war eine Nacht, die man nicht vergisst; ■ **to ~ [that]** ... sich daran erinnern, [dass] ...; ■ **to ~ what/who/why** ... sich daran erinnern, was/wer/warum ... ❷ (*fam: indicating prior knowledge*) **we had tea in the little cafe — you ~, the one next to the bookshop** wir tranken Tee in dem kleinen Cafe – du weißt schon, das neben der Buchhandlung

re·mem·brance [rɪˈmembrən(t)s] *n* (*form*) ❶ *no pl* (*act of remembering*) Gedenken *nt geh*; ■ **in ~ of sb/sth** zum Gedenken an jdn/etw ❷ (*a memory, recollection*) Erinnerung *f* (**of** an)

Re·ˈmem·brance Day *n* BRIT, CAN Volkstrauertag *m* (*11. Nov.: Gedenktag für die Gefallenen der beiden Weltkriege*)

re·mind [rɪˈmaɪnd] *vt* erinnern; **that ~s me!** das erinnert mich an etwas!; ■ **to ~ sb to do sth** jdn daran erinnern, etw zu tun; ■ **to ~ sb about sth** jdn an etw *akk* erinnern; ■ **to ~ sb of sb/sth** jdn an jdn/etw erinnern

re·mind·er [rɪˈmaɪndər] *n* ❶ (*prompting recall*) Mahnung *f*; **to give sb a gentle ~ [that]** ... jdn freundlich darauf hinweisen, dass ...; **as a ~ to oneself that** ... um sich *akk* daran zu erinnern, dass ... ❷ (*awakening memories*) Erinnerung *f* (**of** an)

remi·nisce [ˌremɪˈnɪs] *vi* (*form*) in Erinnerungen schwelgen; ■ **to ~ about sb/sth** von jdm/etw erzählen

remi·nis·cence [ˌremɪˈnɪsən(t)s] *n* (*form*) ❶ *no pl* (*reflection on past*) Erinnerung *f* ❷ (*memory*) Erinnerung *f* (**of/about** an) ❸ LIT (*form: book of memoirs*) ■ **~s** Memoiren *pl*

remi·nis·cent [ˌremɪˈnɪsənt] *adj* ❶ (*suggestive, evocative*) ■ **to be ~ [of sb/sth]** Erinnerungen [an jdn/etw] hervorrufen ❷ (*recalling the past*) **to be in a ~ mood** in Erinnerungen schwelgen

re·miss [rɪˈmɪs] *adj pred* (*form*) nachlässig

re·mis·sion [rɪˈmɪʃən] *n no pl* ❶ BRIT LAW (*reduction in sentence*) Strafferlass *m* ❷ FIN (*cancellation of debt*) Erlass *m* ❸ MED (*form: lessening of pain*) Nachlassen *nt*; *of symptoms* Remission *f fachspr*

re·mit **I.** *vt* <-tt-> [rɪˈmɪt] (*form*) ❶ (*shorten prison sentence*) **to ~ a sentence** eine Strafe erlassen ❷ (*tender money*) **to ~ money** Geld überweisen ❸ (*pass on*) weiterleiten; **to ~ a case to sb/sth** jdm/etw einen Fall übertragen **II.** *n* [ˈriːmɪt] *no pl* Aufgabengebiet *nt*

re·mit·tance [rɪˈmɪtən(t)s] *n* (*form*) Überweisung *f*

re·mix MUS **I.** *vt* [ˌriːˈmɪks] ❶ (*mix tracks again*) **to ~ songs** einen Remix von Liedern machen ❷ (*re-record*) **to ~ songs** Lieder neu aufnehmen **II.** *n* <*pl* -es> [ˈriːmɪks] Remix *m*

rem·nant [ˈremnənt] *n* Rest *m*; **~ sale** Resteverkauf *m*

re·mod·el <BRIT -ll- *or* AM *usu* -l-> [ˌriːˈmɒdəl] *vt* umgestalten

re·mold *n, vt* AM *see* **remould**

re·mon·strance [rɪˈmɒn(t)strən(t)s] *n* (*form*) Protest *m*

re·mon·strate [ˈremənstreɪt] *vi* (*form*) protestieren; ■ **to ~ against sb/sth** sich über jdn/etw beschweren; ■ **to ~ with sb about sth** jdm wegen einer S. *gen* Vorhaltungen machen

re·morse [rɪˈmɔːs] *n no pl* (*form*) Reue *f*; **feeling of ~** Gefühl *nt* der Reue; **to feel ~ for sth** etw bereuen; ■ **without ~** erbarmungslos; **the defendant was without ~** der Angeklagte zeigte keine Reue

re·morse·ful [rɪˈmɔːsfəl] *adj* (*form: filled with regret*) reuevoll *geh*; *sinner* reuig *geh*; (*apologetic*) schuldbewusst; **to be ~ for sth** etw bereuen

re·morse·ful·ly [rɪˈmɔːsfəli] *adv* (*form*) reumütig *geh*, voller Reue

re·morse·less [rɪˈmɔːsləs] *adj* (*form*) ❶ (*relentless*) unerbittlich ❷ (*callous*) gnadenlos, unbarmherzig; *attack* brutal

re·mote <-er, -est *or* more ~, most ~> [rɪˈməʊt] *adj* ❶ (*distant in place*) fern, entfernt; (*isolated*) abgelegen ❷ (*distant in time*) lang vergangen; *past, future* fern ❸ (*standoffish*) distanziert, unnahbar ❹ (*slight*) gering; *resemblance* entfernt

re·mote con·ˈtrol *n* ❶ (*control from distance*) Fernsteuerung *f* ❷ (*device*) Fernbedienung *f* **re·mote-con·ˈtrolled** *adj* ferngesteuert

re·mote·ness [rɪˈməʊtnəs] *n no pl* ❶ (*inaccessibility*) Abgelegenheit *f* ❷ (*aloofness*) Distanziertheit *f*

re·mould **I.** *vt* [ˌriːˈməʊld] neu gestalten;

tyre runderneuern **II.** *n* ['riːməʊld] *of a tyre* Runderneuerung *f*

re·mount [ˌriːˈmaʊnt] *vt* **to ~ a bicycle/horse/motorbike** wieder auf ein Fahrrad/Pferd/Motorrad steigen

re·mov·able [rɪˈmuːvəbl] *adj* ① (*cleanable*) *ink* abwaschbar ② (*detachable*) *sleeves* abnehmbar, zum Abnehmen *nach n*

re·mov·al [rɪˈmuːvəl] *n* ① *esp* BRIT (*changing address*) Umzug *m;* **~ expenses** Umzugskosten *pl;* **~ firm** Umzugsfirma *f;* **~ man** Möbelpacker *m;* **~ men** Möbelwagen *m* ② *no pl* (*expulsion*) Beseitigung *f; of a dictator* Absetzung *f;* (*abolition*) *of customs duties* Abschaffung *f* ③ *no pl* (*cleaning*) Entfernung *f* ④ *no pl* (*taking off*) Abnahme *f*, Entfernung *f*

re·move [rɪˈmuːv] *vt* ① (*take away*) entfernen, wegräumen; *obstacle* beseitigen; *wrecked vehicle* abschleppen; **to ~ a mine** MIL eine Mine räumen; **to ~ a roadblock** eine Straßensperre beseitigen ② (*get rid of*) entfernen; (*cancel*) streichen; **to ~ the film from the camera** den Film aus der Kamera nehmen; **to ~ one's make-up/a stain** sein Make-up/einen Fleck entfernen ③ (*form: dismiss*) **to ~ sb [from office]** jdn [aus dem Amt] entlassen

re·mov·er [rɪˈmuːvər] *n* ① BRIT (*sb doing home removals*) Möbelpacker *m* ② (*cleaning substance*) Reinigungsmittel *nt;* **nail-varnish ~** Nagellackentferner *m;* **stain ~** Fleckenentferner *m*

re·mu·ner·ate [rɪˈmjuːnəreɪt] *vt* (*form*) ■ **to ~ sb for sth** jdn für etw *akk* bezahlen

re·mu·ner·a·tion [rɪˌmjuːnəˈreɪʃən] *n* (*form*) Vergütung *f*, Remuneration *f* ÖSTERR

re·mu·ner·a·tive [rɪˈmjuːnərətɪv] *adj* (*form*) lukrativ

Re·nais·sance [rəˈneɪsənts] *n* ■ **the ~** die Renaissance; **~ art** Kunst *f* der Renaissance; **~ music/painting** Renaissancemusik *f*/-malerei *f*

re·nal [ˈriːnəl] *adj* Nieren-; **~ dialysis** Dialyse *f*

re·name [ˌriːˈneɪm] *vt* umbenennen

ren·der [ˈrendər] *vt* (*form*) ① (*cause to become*) **she was ~ed unconscious by the explosion** sie wurde durch die Explosion ohnmächtig; **to ~ sb speechless** jdn sprachlos machen ② (*interpret*) wiedergeben; *song* vortragen ③ (*offer*) *aid, service* leisten ④ (*submit*) vorlegen; **to ~ a report on sth to sb/sth** jdm/etw einen Bericht über etw *akk* vorlegen ⑤ (*translate*) übersetzen ⑥ (*put plaster on wall*) verputzen

ren·der·ing [ˈrendərɪŋ] *n* ① (*performance of art work*) Interpretation *f; song* Vortrag *m; of a part* Darstellung *f* ② (*translation*) Übersetzung *f* ③ (*account*) Schilderung *f* ④ (*plaster*) Putz *m*

ren·dez·vous [ˈrɒndɪvuː] **I.** *n* <*pl* -> ① (*meeting*) Rendezvous *nt*, Treffen *nt* ② (*meeting place*) Treffpunkt *m*, Treff *m fam* **II.** *vi* sich heimlich treffen

ren·di·tion [renˈdɪʃən] *n* Wiedergabe *f; of a song* Interpretation *f*

ren·egade [ˈrenɪgeɪd] **I.** *n* Abtrünnige(r) *f*(*m*) *pej* **II.** *adj attr priest, province* abtrünnig(r, s)

re·nege [rɪˈneɪg] *vi* **to ~ on a deal** sich nicht an ein Abkommen halten; **to ~ on a promise** ein Versprechen nicht halten

re·new [rɪˈnjuː] *vt* ① (*resume*) erneuern; **to ~ a relationship with sb/sth** eine Beziehung zu jdm/etw wieder aufnehmen; **to ~ pressure** erneut Druck ausüben ② (*revalidate*) *book, membership, visa* verlängern lassen ③ (*grant continued validity*) *passport* verlängern ④ (*repair*) reparieren; (*to mend in places*) ausbessern

re·new·able [rɪˈnjuːəbl] *adj* ① *energy sources* erneuerbar ② *contract, documents, passport* verlängerbar

re·new·al [rɪˈnjuːəl] *n* ① (*extension*) *of a passport* Verlängerung *f* ② (*process of renewing*) Erneuerung *f* ③ MECH Austausch *m* ④ (*urban regeneration*) Erneuerung *f*, Entwicklung *f*

re·newed [rɪˈnjuːd] *adj* erneuert *attr;* **~ interest** wieder erwachtes Interesse; **~ relationship** wieder aufgenommene Beziehung

ren·net [ˈrenɪt] *n*, **ren·nin** [ˈrenɪn] *n no pl* Lab *nt*

re·nounce [rɪˈnaʊn(t)s] *vt* ■ **to ~ sth** ① (*formally give up*) *right* auf etw *akk* verzichten; **to ~ one's citizenship** seine Staatsbürgerschaft aufgeben; **to ~ one's family** seine Familie aufgeben; **to ~ one's faith/religion** seinem Glauben/seiner Religion abschwören ② (*deny sb's authority*) **to ~ sb's authority** die Autorität einer Person *gen* ablehnen

reno·vate [ˈrenəveɪt] *vt* renovieren

reno·va·tion [ˌrenəˈveɪʃən] *n* (*small and large scale*) Renovierung *f;* (*large scale only*) Sanierung *f;* **to make ~s** Renovierungsarbeiten durchführen; **to be under ~** gerade renoviert werden

re·nown [rɪˈnaʊn] *n no pl* (*form, liter*) Ruhm *m;* **to win ~** sich *dat* Ansehen verschaffen; **she was a woman of ~** sie war eine angesehene Frau

re·nowned [rɪˈnaʊnd] *adj* (*form, liter*) berühmt (**as** als, **for** für)

rent [rent] **I.** *n* Miete *f*; (*esp for land and business*) Pacht *f*; ■ **for ~** zu vermieten **II.** *vt* ❶ (*hire as tenant*) mieten (**from** von); *land, business* pachten ❷ (*let, rent out as landlord*) vermieten **III.** *vi* AM *house, apartment, car* vermietet werden; ■ **to ~ at sth** gegen etw *akk* zu mieten sein

rent·al [ˈrentəl] **I.** *n* Miete *f*; **video and television ~** Leihgebühr *f* für Video- und Fernsehgeräte **II.** *adj attr* Miet-; **~ agency** Verleih *m*; **~ library** AM Leihbücherei *f*

ˈ**rent boy** *n* BRIT (*fam*) Stricher *m pej* **rentˈfree** *adj* mietfrei

re·nun·ci·a·tion [rɪˌnʌn(t)siˈeɪʃən] *n no pl* Verzicht *m* (**of** auf)

re·oc·cur <-rr-> [ˌriːəˈkɜːʳ] *vi* sich wiederholen; *cancer, ulcers* erneut auftreten

re·open [ˌriːˈəʊpən] **I.** *vt* ❶ (*open again*) *door, window* wieder aufmachen; *shop* wieder eröffnen ❷ (*start again*) *negotiations* wieder aufnehmen **II.** *vi* wieder eröffnen

re·or·der [ˌriːˈɔːdəʳ] **I.** *n* Nachbestellung *f* **II.** *vt* ❶ (*order again*) nachbestellen ❷ (*rearrange*) umordnen; *priorities* neu festlegen

re·or·gani·za·tion [riːˌɔːgənaɪˈzeɪʃən] *n* Reorganisation *f*, Umstrukturierung *f*, Sanierung *f*; LAW Neuordnung *f*

re·or·gan·ize [riːˈɔːgənaɪz] **I.** *vt* umorganisieren, reorganisieren **II.** *vi* reorganisieren, eine Umstrukturierung vornehmen

re·ori·en·ta·tion [riːˌɔːriənˈteɪʃən] *n* ❶ (*new direction*) Umorientierung *f*, Neuausrichtung *f* ❷ (*personal adjustment*) Eingewöhnung *f*

rep [rep] **I.** *n* ❶ (*fam: salesperson*) *short for* **representative** Vertreter(in) *m(f)* ❷ *no pl* THEAT (*fam*) *short for* **repertory company/theatre** (*single*) Repertoireensemble *nt*, Repertoiretheater *nt*; (*in general*) Repertoiretheater *nt* **II.** *vi* <-pp-> (*fam*) Klinken putzen *pej*

re·paint [ˌriːˈpeɪnt] *vt* neu streichen

re·pair [rɪˈpeəʳ] **I.** *vt* ❶ (*restore*) reparieren; *road* ausbessern; *car puncture* beheben; *tyre* flicken ❷ (*put right*) [wieder] in Ordnung bringen; *damage* wiedergutmachen; *friendship* kitten *fam* **II.** *n* ❶ (*overhaul*) Reparatur *f*; ■ **~s** *pl* Reparaturarbeiten *pl* (**to** an); (*specific improvement*) ausgebesserte Stelle; **in need of ~** reparaturbedürftig; **to do ~s** Reparaturen durchführen; **to make ~s to sth** etw ausbessern; **beyond ~** irreparabel ❷ (*state*) Zustand *m*; **to be in good/bad ~** in gutem/schlechtem Zustand sein; **to keep sth in good ~** etw instand halten

re·pair·able [rɪˈpeərəbl] *adj* reparabel

reˈpair kit *n* Flickzeug *nt kein pl* **reˈpair·man** *n* (*for domestic installations*) Handwerker *m*; (*for cars*) Mechaniker *m*; TV ~ Fernsehtechniker *m* **reˈpair shop** *n* Reparaturwerkstatt *f*

re·pa·per [ˌriːˈpeɪpəʳ] *vt* neu tapezieren

repa·rable [ˈrepərəbl] *adj* reparabel; **~ loss** LAW ersetzbarer Schaden

repa·ra·tion [ˌrepəˈreɪʃən] *n* (*form*) Entschädigung *f*; ■ **~s** *pl* (*for war victims*) Wiedergutmachung *f kein pl*; (*for a country*) Reparationen *pl*

rep·ar·tee [ˌrepɑːˈtiː] *n no pl* schlagfertige Antwort

re·pat·ri·ate [riːˈpætrieɪt] *vt* ■ **to ~ sb** jdn [in sein Heimatland] zurückschicken [*o geh* repatriieren]

re·pat·ri·a·tion [riːˌpætriˈeɪʃən] *n no pl* Repatriierung *f geh*, Rückführung *f*

re·pay <-paid, -paid> [ˌriːˈpeɪ] *vt* ❶ (*pay back*) zurückzahlen; *debts, a loan* tilgen; ■ **to ~ sb** jdm Geld zurückzahlen ❷ (*fig*) **to ~ a kindness** sich für eine Gefälligkeit erkenntlich zeigen; ■ **to ~ sth by sth** etw mit etw *dat* vergelten

re·pay·able [ˌriːˈpeɪəbl] *adj* rückzahlbar

re·pay·ment [ˌriːˈpeɪmənt] *n of a loan* Rückzahlung *f*, Tilgung *f*

re·peal [rɪˈpiːl] **I.** *vt decree, a law* aufheben **II.** *n no pl of a decree, law* Aufhebung *f*

re·peat [rɪˈpiːt] **I.** *vt* ❶ (*say again*) wiederholen; **~ after me** bitte mir nachsprechen ❷ (*communicate*) **don't ~ this but ...** sag es nicht weiter, [aber] ... ❸ (*emphasizing*) **I am not, ~ not, going to allow you to hitchhike by yourself** ich werde dir nicht, ich betone nicht, erlauben, allein zu trampen ❹ (*do again*) wiederholen; *history* **~s itself** die Geschichte wiederholt sich; **to ~ a class/a year** eine Klasse/ein Schuljahr wiederholen **II.** *vi* ❶ (*recur*) sich wiederholen ❷ (*fam*) **cucumber always ~s on me** Gurke stößt mir immer auf **III.** *n* Wiederholung *f* **IV.** *adj attr* Wiederholungs-; **~ business** Stammkundschaft *f*; **~ pattern** sich wiederholendes Muster; (*on material, carpets*) Rapport *m fachspr*

re·peat·ed [rɪˈpiːtɪd] *adj* wiederholte(r, s)

re·peat·ed·ly [rɪˈpiːtɪdli] *adv* wiederholt; (*several times*) mehrfach

reˈpeat or·der *n* Nachbestellung *f* **re·peat per·ˈfor·mance** *n* ❶ (*repetition of* *show*) Wiederholungsvorstellung *f* ❷ (*pattern*) Wiederholung *f*

re·pel <-ll-> [rɪˈpel] *vt* ❶ (*ward off*) zurückweisen, abweisen ❷ MIL (*form: repulse*) abwehren ❸ *magnets* abstoßen ❹ (*disgust*) ▪ **sb is ~led by sth** etw stößt jdn ab

re·pel·lent [rɪˈpelənt] **I.** *n* Insektenspray *nt* **II.** *adj* abstoßend, widerwärtig

re·pent [rɪˈpent] *vi, vt* (*form*) bereuen; ▪ **to ~ of sth** etw bereuen; ▪ **to ~ doing sth** bereuen, etw getan zu haben

re·pen·tance [rɪˈpentən(t)s] *n no pl* Reue *f*

re·pen·tant [rɪˈpentənt] *adj* (*form*) reuig; **to feel ~** reumütig sein

re·per·cus·sion [ˌriːpəˈkʌʃən] *n usu pl* Auswirkung *f meist pl;* **far-reaching ~s** weitreichende Konsequenzen

rep·er·toire [ˈrepətwɑːʳ] *n* Repertoire *nt* (**of** an)

ˈrep·er·tory com·pa·ny *n* Repertoireensemble *nt*

ˈrep·er·tory thea·tre *n,* AM **ˈrep·er·tory thea·ter** *n* Repertoiretheater *nt*

rep·eti·tion [ˌrepɪˈtɪʃən] *n* Wiederholung *f;* **sth is full of ~** etw ist voll von Wiederholungen

rep·eti·tious [ˌrepɪˈtɪʃəs] *adj,* **re·peti·tive** [rɪˈpetətɪv] *adj* sich wiederholend *attr,* monoton *pej*

re·place [rɪˈpleɪs] *vt* ❶ (*take the place of*) ersetzen (**with** durch) ❷ (*put back*) ▪ **to ~ sth** etw [an seinen Platz] zurücklegen [*o* zurückstellen]; **to ~ the receiver** den Hörer wieder auflegen ❸ (*substitute*) ersetzen; *bandage* wechseln; *a loss* ersetzen

re·place·able [rɪˈpleɪsəbl] *adj* ersetzbar

re·place·ment [rɪˈpleɪsmənt] **I.** *n* ❶ (*substitute*) Ersatz *m;* (*person*) Vertretung *f* ❷ *no pl* (*substituting*) Ersetzung *f* **II.** *adj attr* Ersatz-; **~ hip/knee joint** künstliches Hüft-/Kniegelenk

re·plant [ˌriːˈplɑːnt] *vt* ▪ **to ~ sth** ❶ *trees, plants* etw neu pflanzen; (*plant sth again*) etw umpflanzen ❷ *land* etw neu bepflanzen

re·play **I.** *vt* [ˌriːˈpleɪ] ❶ (*game*) *match, game* wiederholen ❷ (*recording*) *video* nochmals abspielen; **to ~ sth over and over again in one's mind** (*fig*) etw in Gedanken immer wieder durchspielen **II.** *n* [ˈriːpleɪ] ❶ (*match*) Wiederholungsspiel *nt* ❷ (*recording*) Wiederholung *f*

re·plen·ish [rɪˈplenɪʃ] *vt* (*form*) *glass* wieder füllen; *supplies* [wieder] auffüllen

re·plen·ish·ment [rɪˈplenɪʃmənt] *n no pl* (*form*) *of stocks, supplies* Auffüllung *f*

re·plete [rɪˈpliːt] *adj pred* (*form*) ❶ (*no longer hungry*) *person* satt, voll *fam* ❷ (*provided*) ▪ **to be ~ with sth** mit etw *dat* großzügig ausgestattet sein

re·ple·tion [rɪˈpliːʃən] *n no pl* (*form*) ❶ (*satisfying of hunger*) Sättigung *f* ❷ (*filling of something*) Füllen *nt*

rep·li·ca [ˈreplɪkə] *n* Kopie *f; painting* Replik *f geh;* **~ of a car/ship** Auto-/Schiffsmodell *nt*

rep·li·cate [ˈreplɪkeɪt] **I.** *vt* (*form*) reproduzieren *geh;* *experiment* wiederholen; ▪ **to ~ oneself** BIOL sich replizieren *fachspr* **II.** *vi* BIOL sich replizieren *fachspr*

re·ply [rɪˈplaɪ] **I.** *vi* <-ie-> ❶ (*respond*) antworten, erwidern; **to ~ to letters/a question** Briefe/eine Frage beantworten ❷ (*fig: react*) ▪ **to ~ to sth** auf etw *akk* reagieren **II.** *n* Antwort *f* (**to** auf); (*verbal also*) Erwiderung *f;* **we advertised the job but received very few replies** wir haben die Stelle ausgeschrieben, bekamen aber nur sehr wenige Zuschriften; **in ~ to your letter of ...** in Beantwortung Ihres Schreibens vom ...

re·ˈply cou·pon *n* BRIT Antwortcoupon *m*

re·ply-ˈpaid *adj* BRIT **~ envelope** Freiumschlag *m*

re·port [rɪˈpɔːt] **I.** *n* ❶ (*news*) Meldung *f* (**on** über); **~s in the newspaper/press** Zeitungs-/Presseberichte *pl* ❷ (*formal statement*) Bericht *m* (**on** über); [*school*] **~** BRIT Schulzeugnis *nt;* **stock market/ weather ~** Börsen-/Wetterbericht *m* ❸ (*unproven claim*) Gerücht *nt;* **according to ~s ...** Gerüchten zufolge ... **II.** *vt* ❶ (*communicate information*) ▪ **to ~ sth** etw berichten [*o* melden]; **he was ~ed missing in action** er wurde als vermisst gemeldet; **to ~ a crime/break-in/theft** ein Verbrechen/einen Einbruch/einen Diebstahl anzeigen ❷ (*denounce*) ▪ **to ~ sb** jdn melden; **to ~ sb to the police** jdn anzeigen ❸ (*claim*) **the new management are ~ed to be more popular among the staff** es heißt, dass die neue Geschäftsleitung bei der Belegschaft beliebter sei ❹ (*give account*) wiedergeben **III.** *vi* ❶ (*make public*) Bericht erstatten; ▪ **to ~ on sth to sb** (*once*) jdm über etw *akk* Bericht erstatten; (*ongoing*) jdn über etw *akk* auf dem Laufenden halten; ▪ **to ~ [that] ...** mitteilen, [dass] ... ❷ ADMIN (*be accountable to sb*) ▪ **to ~ to sb** jdm unterstehen ❸ (*arrive at work*) **to ~ for duty/work** sich zum Dienst/zur Arbeit melden; **to ~ sick** *esp* BRIT sich krankmelden ❹ (*present* *oneself formally*) **some young offenders have to ~ to the police station once a month** manche jugendliche Straftäter müssen sich einmal im Monat bei der Polizei melden ◆ **report back** I. *vt* (*communicate results*) ■ **to ~ back sth** [**to sb**] [jdm] über etw *akk* berichten II. *vi* Bericht erstatten; ■ **to ~ back on sth** über etw *akk* Bericht erstatten; ■ **to ~ back to sb** jdm Bericht erstatten

re·ˈport card *n* AM [Schul]zeugnis *nt*

re·port·er [rɪˈpɔːtə^r] *n* Reporter(in) *m(f)*

re·port·ing [rɪˈpɔːtɪŋ] *n no pl* ❶ (*documenting*) Berichterstattung *f*; (*in-house also*) Reporting *nt* ❷ FIN (*accounting*) Rechnungslegung *f*

re·pose [rɪˈpəʊz] I. *vi* (*form*) ❶ (*rest*) sich ausruhen ❷ (*lie*) liegen ❸ (*be buried*) ruhen *geh* II. *vt* (*form*) **to ~ hope/trust in sb/sth** Hoffnung/Vertrauen auf jdn/etw setzen III. *n no pl* (*form*) Ruhe *f*

re·posi·tory [rɪˈpɒzɪt^əri] *n* (*form*) ❶ (*place*) Aufbewahrungsort *m*; (*fig*) **my diary is a ~ for all my secret thoughts** in meinem Tagebuch bewahre ich all meine geheimen Gedanken auf ❷ (*container*) Behältnis *nt*; (*fig*) Quelle *f*

re·pos·sess [ˌriːpəˈzes] *vt* wieder in Besitz nehmen

re·pos·ses·sion [ˌriːpəˈzeʃ^ən] *n* Wiederinbesitznahme *f*

rep·re·hen·sible [ˌreprɪˈhen(t)səbl] *adj* (*form*) verurteilenswert; *act* verwerflich

rep·re·sent [ˌreprɪˈzent] *vt* ❶ (*act on behalf of*) repräsentieren, vertreten ❷ (*depict*) darstellen, zeigen ❸ (*be a symbol of*) symbolisieren ❹ (*be the result of*) darstellen; **this book ~s ten years of research** dieses Buch ist das Ergebnis von zehn Jahren Forschung ❺ (*be typical of*) widerspiegeln

rep·re·sen·ta·tion [ˌreprɪzenˈteɪʃ^ən] *n* ❶ *no pl* (*acting on behalf of a person*) [Stell]vertretung *f*; POL, LAW Vertretung *f* ❷ (*something that depicts*) Darstellung *f* ❸ *no pl* (*act of depicting*) Darstellung *f*

rep·re·sen·ta·tive [ˌreprɪˈzentətɪv] I. *adj* ❶ POL repräsentativ; **~ democracy/government** parlamentarische Demokratie/Regierung ❷ (*like others*) *cross section, result* repräsentativ ❸ (*typical*) typisch (**of** für) II. *n* ❶ (*person*) [Stell]vertreter(in) *m(f)*; ECON Vertreter(in) *m(f)* ❷ POL Abgeordnete(r) *f(m)*; **elected ~** gewählter Vertreter/gewählte Vertreterin ❸ AM (*member of House of Representatives*) Mitglied *nt* des Repräsentantenhauses

re·press [rɪˈpres] *vt* unterdrücken

re·pressed [rɪˈprest] *adj* ❶ (*hidden*) unterdrückt; PSYCH verdrängt ❷ (*unable to show feelings*) gehemmt, verklemmt *fam*

re·pres·sion [rɪˈpreʃ^ən] *n no pl* ❶ POL Unterdrückung *f* ❷ PSYCH Verdrängung *f*

re·pres·sive [rɪˈpresɪv] *adj* repressiv *geh*; *regime* unterdrückerisch

re·prieve [rɪˈpriːv] I. *vt* begnadigen; (*fig*) verschonen II. *n* ❶ LAW (*official order*) Begnadigung *f* ❷ (*fig: respite*) Schonfrist *f*

rep·ri·mand [ˈreprɪmɑːnd] I. *vt* rügen, tadeln II. *n* Rüge *f*; **to give sb a ~ for doing sth** jdn rügen, weil er/sie etw getan hat

re·print I. *vt* [ˌriːˈprɪnt] nachdrucken II. *vi* [ˌriːˈprɪnt] nachgedruckt werden III. *n* [ˈriːprɪnt] Nachdruck *m*

re·pris·al [rɪˈpraɪz^əl] *n* Vergeltungsmaßnahme *f*; **to take ~s against sb** Vergeltungsmaßnahmen gegenüber jdm ergreifen

re·proach [rɪˈprəʊtʃ] I. *vt* ■ **to ~ sb** jdm Vorwürfe machen; ■ **to ~ sb for doing sth** jdm wegen einer S. *gen* Vorwürfe machen; ■ **to ~ sb with sth** jdm etw vorwerfen; ■ **to ~ oneself** sich *dat* Vorwürfe machen II. *n* <*pl* -es> Vorwurf *m*

re·proach·ful [rɪˈprəʊtʃf^əl] *adj* vorwurfsvoll

re·proach·ful·ly [rɪˈprəʊtʃf^əli] *adv* vorwurfsvoll

rep·ro·bate [ˈreprə(ʊ)beɪt] *n* (*form*) Gauner *m*, Halunke *m*

re·pro·cess [ˌriːˈprəʊses] *vt* wiederaufbereiten

re·pro·cess·ing [ˌriːˈprəʊsesɪŋ] *n no pl* Wiederaufbereitung *f*; **~ plant** Wiederaufbereitungsanlage *f*

re·pro·duce [ˌriːprəˈdjuːs] I. *vi* ❶ (*produce offspring*) sich fortpflanzen; (*multiply*) sich vermehren ❷ (*be copied*) sich kopieren lassen II. *vt* ❶ (*produce offspring*) ■ **to ~ oneself** sich fortpflanzen; (*multiply*) sich vermehren ❷ (*produce a copy*) reproduzieren; (*in large numbers*) vervielfältigen ❸ (*repeat sth*) wiederholen ❹ (*recreate*) neu erstehen lassen

re·pro·duc·tion [ˌriːprəˈdʌkʃ^ən] I. *n* ❶ *no pl* (*producing offspring*) Fortpflanzung *f*; (*multiplying*) Vermehrung *f* ❷ *no pl* (*copying*) Reproduktion *f*, Vervielfältigung *f* ❸ (*repeating*) Wiederholung *f* ❹ (*quality of sound*) Wiedergabe *f* ❺ (*copy*) Reproduktion *f*, Kopie *f*; **~ of construction** Nachbau *m* II. *adj* ❶ (*concerning the production of offspring*) *process, rate* Fortpflanzungs- ❷ (*copying an earlier style*) *chair, desk,* *furniture* nachgebaut; **~ furniture** Stilmöbel *pl*

re·pro·duc·tive [ˌriːprəˈdʌktɪv] *adj* Fortpflanzungs-

re·proof[1] [rɪˈpruːf] *n* (*form*) ❶ (*words expressing blame*) Tadel *m geh* ❷ *no pl* (*blame*) Vorwurf *m;* **to look at sb with ~** jdn vorwurfsvoll ansehen

re·proof[2] [ˌriːˈpruːf] *vt* neu imprägnieren

re·prove [rɪˈpruːv] *vt* (*form*) zurechtweisen

re·prov·ing [rɪˈpruːvɪŋ] *adj* (*form*) tadelnd, vorwurfsvoll

rep·tile [ˈreptaɪl] *n* Reptil *nt*

rep·til·ian [repˈtɪlɪən] *adj* ❶ (*of reptiles*) Reptilien-, reptilienartig ❷ (*pej: unpleasant*) *person* unangenehm; *stare* stechend

re·pub·lic [rɪˈpʌblɪk] *n* Republik *f*

Re·pub·lic·an [rɪˈpʌblɪkən] **I.** *n* AM, IRISH POL Republikaner(in) *m(f)* **II.** *adj* AM, IRISH POL republikanisch

re·pub·li·ca·tion [ˌriːˌpʌblɪˈkeɪʃ*ə*n] *n no pl* Neuveröffentlichung *f*

re·pu·di·ate [rɪˈpjuːdieɪt] *vt* (*form*) zurückweisen; *suggestion* ablehnen

re·pu·di·a·tion [rɪˌpjuːdiˈeɪʃ*ə*n] *n no pl* Zurückweisung *f; of a suggestion* Ablehnung *f; of a treaty* Nichtanerkennung *f*

re·pug·nance [rɪˈpʌgnən(t)s] *n no pl* (*form*) Abscheu *m o f*

re·pug·nant [rɪˈpʌgnənt] *adj* (*form*) widerlich; *behaviour* abstoßend; ▪ **to be ~ to sb** jdm zuwider sein, jdn anwidern

re·pulse [rɪˈpʌls] **I.** *vt* ❶ MIL abwehren; *an offensive* zurückschlagen ❷ (*reject*) zurückweisen ❸ (*disgust*) abstoßen, anwidern **II.** *n* (*form*) Abwehr *f*

re·pul·sion [rɪˈpʌlʃ*ə*n] *n no pl* ❶ (*disgust*) Abscheu *m,* Ekel *m* ❷ PHYS Abstoßung *f,* Repulsion *f fachspr*

re·pul·sive [rɪˈpʌlsɪv] *adj* abstoßend

re·pur·chase [ˌriːˈpɜːtʃəs] *vt* zurückkaufen

repu·table [ˈrepjətəbl] *adj* angesehen, achtbar

repu·ta·tion [ˌrepjəˈteɪʃ*ə*n] *n no pl* ❶ (*general estimation*) Ruf *m;* **to have a ~ for sth** für etw *akk* bekannt sein; **to have a ~ as sth** einen Ruf als etw haben; **to make a ~ for oneself** sich *dat* einen Namen machen; **to live up to one's ~** seinem Ruf gerecht werden ❷ (*being highly regarded*) Ansehen *nt,* guter Ruf ❸ (*being known for sth*) Ruf *m*

re·pute [rɪˈpjuːt] *n no pl* Ansehen *nt; of ~* angesehen; **sth of ill/good ~** etw von zweifelhaftem/gutem Ruf

re·put·ed [rɪˈpjuːtɪd] *adj* ❶ (*believed*) angenommen, vermutet ❷ *attr* (*supposed*) mutmaßlich

re·quest [rɪˈkwest] **I.** *n* ❶ (*act of asking*) Bitte *f* (**for** um), Anfrage *f* (**for** nach); **at sb's ~** auf jds Bitte [*o* Wunsch] hin; **on ~** auf Anfrage [*o* Wunsch] ❷ (*formal*

---

request

requesting something	bitten
Can/Could you please take the rubbish down?	Kannst/Könntest du bitte den Müll runterbringen?
Be an angel/a love/a darling and bring me my jacket.	Bitte sei doch so lieb und bring mir meine Jacke.
Would you be good enough to bring me back a paper?	Wärst du so nett und würdest mir die Zeitung mitbringen?
Would you mind moving your luggage slightly to one side?	Würden Sie bitte so freundlich sein und Ihr Gepäck etwas zur Seite rücken?
Could I ask you to turn your music down a little?	Darf ich Sie bitten, Ihre Musik etwas leiser zu stellen?

asking for help	um Hilfe bitten
Could you help me, please?	Könnten Sie mir bitte helfen?
Could you give me a hand, please?	Könnten Sie mir bitte behilflich sein?
Could you do me favour, please?	Kannst du mir bitte einen Gefallen tun?
Can/Could I ask you a favour?	Darf/Dürfte ich dich um einen Gefallen bitten?
I would be grateful if you could help me out with this.	Ich wäre Ihnen dankbar, wenn Sie mir dabei helfen könnten.

entreaty) Antrag *m*; **to submit a ~ that ...** beantragen, dass ... ❸ RADIO (*requested song*) [Musik]wunsch *m* **II.** *vt* ❶ (*ask for*) ■ **to ~ sth** (*form*) um etw *akk* bitten; **I ~ed a taxi for 8 o'clock** ich bestellte ein Taxi für 8 Uhr; **as ~ed** wie gewünscht ❷ RADIO (*ask for song*) ■ **to ~ sth** [sich *dat*] etw wünschen

re·qui·em ['rekwiəm] *n*, **requi·em 'mass** *n* Requiem *nt*

re·quire [rɪˈkwaɪəʳ] *vt* ❶ (*need*) brauchen; **the house ~s painting** das Haus müsste mal gestrichen werden *fam;* ■ **to be ~d for sth** für etw *akk* erforderlich sein ❷ (*demand*) ■ **to ~ sth** [of sb] etw [von jdm] verlangen ❸ (*officially order*) ■ **to ~ sb to do sth** von jdm verlangen, etw zu tun; **the rules ~ that ...** die Vorschriften besagen, dass ... ❹ (*form: wish to have*) wünschen

re·quire·ment [rɪˈkwaɪəmənt] *n* Voraussetzung *f* (**for** für); **it is a legal ~ that ...** es ist gesetzlich vorgeschrieben, dass ...; **minimum ~** Grundvoraussetzung *f;* **to meet the ~s** die Voraussetzungen erfüllen; **I do hope that the new computer will meet your ~s** ich hoffe, der neue Computer wird Ihren Anforderungen gerecht

requi·site ['rekwɪzɪt] **I.** *adj attr* (*form*) erforderlich **II.** *n usu pl* Notwendigkeit *f*

requi·si·tion [ˌrekwɪˈzɪʃ(ə)n] **I.** *vt* beschlagnahmen (**from** von) **II.** *n* ❶ *no pl* (*official request*) Ersuchen *nt*, Aufforderung *f* ❷ (*written request*) Anforderung *f*, Antrag *m* (**for** auf); **to make a ~ for sth** etw anfordern

re·route [ˌriːˈruːt] *vt demonstration, flight, phone call* umleiten

re·run I. *vt* <-ran, -run> [ˌriːˈrʌn] wiederholen; *film* noch einmal zeigen; *play* noch einmal aufführen **II.** *n* ['riːrʌn] ❶ FILM, TV (*repeated programme*) Wiederholung *f* ❷ (*fig: repeat of*) Wiederholung *f; of an event, situation* Wiederkehr *f*

re·sale ['riːseɪl] *n* Wiederverkauf *m*

re·sched·ule [ˌriːˈʃedjuːl] *vt* ❶ (*rearrange time*) *date* verschieben; *an event* verlegen ❷ (*postpone payment*) *debts* stunden

re·scind [rɪˈsɪnd] *vt esp* LAW (*form*) aufheben; **to ~ a contract** von einem Vertrag zurücktreten

res·cue ['reskjuː] **I.** *vt* (*save*) retten; (*free*) befreien; **to ~ sb from danger** jdn aus einer Gefahr retten **II.** *n* Rettung *f;* **to come to sb's ~** jdm zu Hilfe kommen **III.** *adj attempt, helicopter* Rettungs-

'res·cue pack·age *n* FIN, POL [Euro]rettungsschirm *m*

res·cu·er ['reskjuːəʳ] *n* Retter(in) *m(f)*

re·search [rɪˈsɜːtʃ] **I.** *n* ❶ *no pl* (*general*) Forschung *f;* (*particular*) Erforschung *f;*

---

requiring and demanding

asking someone
Can you just come here for a minute?
Don't forget to phone me this evening.
Do come and visit me.
I must ask you to leave the room.

jemanden auffordern
Kannst du mal kurz herkommen?
Denk dran, mich heute Abend anzurufen.
Besuchen Sie/Besuch mich doch einmal.
Ich muss Sie bitten, den Raum zu verlassen.

inviting a shared activity
Let's go!
(Let's get) to work!/Let's get down to work!
Let's just talk about it calmly.
Shall we finally make a start on it?

zu gemeinsamem Handeln auffordern
Auf geht's!
An die Arbeit!/Fangen wir mit der Arbeit an!
Lasst uns mal in Ruhe darüber reden.
Wollen wir jetzt nicht endlich einmal damit anfangen?

demanding
I want you to go/insist (that) you go.

I demand an explanation from you.
That is the least one can expect.

verlangen
Ich will, dass/bestehe darauf, dass Sie gehen/du gehst.
Ich verlange eine Erklärung von Ihnen.
Das ist das Mindeste, das man erwarten kann.

~ **in human genetics** Forschungen *pl* auf dem Gebiet der Humangenetik; **to carry out** ~ **[into sth]** [etw er]forschen ②(*studies*) ■~**es** *pl* Untersuchungen *pl* (**in** über) **II.** *adj centre, programme, project, unit, work* Forschungs-; ~ **assistant** wissenschaftlicher Mitarbeiter/wissenschaftliche Mitarbeiterin; ~ **scientist** Forscher(in) *m(f)* **III.** *vi* forschen; ■**to** ~ **in[to] sth** etw erforschen [*o* untersuchen] **IV.** *vt* ①SCI erforschen ②JOURN recherchieren

re·search·er [rɪˈsɜːtʃəʳ] *n*, **re·ˈsearch·work·er** *n* Forscher(in) *m(f)*

re·sem·blance [rɪˈzembləṇ(t)s] *n no pl* Ähnlichkeit *f*; **to bear a** ~ **to sb/sth** jdm/etw ähnlich sehen; **this account bears no** ~ **to the truth** diese Darstellung hat nichts mit der Wahrheit zu tun

re·sem·ble [rɪˈzembl] *vt* ähneln

re·sent [rɪˈzent] *vt* ■**to** ~ **sb/sth** sich [sehr] über jdn/etw ärgern; ■**to** ~ **doing sth** etw [äußerst] ungern tun

re·sent·ful [rɪˈzentfəl] *adj* ①(*feeling resentment*) verbittert, verärgert; ■**to be** ~ **of sb/sth** sich über jdn/etw ärgern ②(*showing resentment*) nachtragend

re·sent·ment [rɪˈzentmənt] *n* Verbitterung *f*, Groll *m*; **to feel** [**a**] ~ **against sb** einen Groll gegen jdn hegen

res·er·va·tion [ˌrezəˈveɪʃən] *n* ① *usu pl* (*doubt*) Bedenken *pl*; **to have** ~**s about sth** wegen einer S. *gen* Bedenken haben ②TOURIST (*act and result*) Reservierung *f*; **to make a** ~ [etw] reservieren ③(*area of land*) Reservat *nt*

re·serve [rɪˈzɜːv] **I.** *n* ① *no pl* (*form: doubt*) Zurückhaltung *f*; **with** ~ mit Vorbehalt ②(*store*) Reserve *f*, Vorrat *m*; **to put sth on** ~ [**for sb**] etw [für jdn] reservieren ③(*area*) Reservat *nt*; **wildlife** ~ Naturschutzgebiet *nt* ④SPORTS Ersatzspieler(in) *m(f)* ⑤MIL Reserve *f* ⑥ *no pl* (*self-restraint*) Reserviertheit *f* **II.** *vt* ①(*keep*) aufheben ②(*save*) reservieren; **to** ~ **the right to do sth** sich *dat* das Recht vorbehalten, etw zu tun ③(*book*) *room, table, ticket* vorbestellen, reservieren

re·serve ˈcur·ren·cy *n* Leitwährung *f*

re·served [rɪˈzɜːvd] *adj* ①(*booked*) reserviert ②(*restrained*) *person* reserviert; *smile* verhalten

re·ˈserve price *n* (*at auctions*) Mindestpreis *m*

re·serv·ist [rɪˈzɜːvɪst] *n* MIL Reservist(in) *m(f)*

res·er·voir [ˈrezəvwɑːʳ] *n* ①(*large lake*) Wasserreservoir *nt* ②(*fig: supply of*) Reservoir *nt*

re·set <-tt-, -set, -set> [ˌriːˈset] *vt* ①(*set again*) *clock, a timer* neu stellen ②MED *broken bone* [ein]richten ③COMPUT neu starten; ~ **button** Resettaste *f*

re·set·tle [ˌriːˈsetl] **I.** *vi* sich neu niederlassen **II.** *vt* umsiedeln

re·shuf·fle [ˌriːˈʃʌfl] **I.** *vt* POL *cabinet, organization* umbilden **II.** *n* POL Umbildung *f*

re·side [rɪˈzaɪd] *vi* (*form*) ①(*be living*) residieren, wohnhaft sein ②(*form: be kept*) aufbewahrt werden ③(*form: have the right*) **the power to sack employees** ~**s in the Board of Directors** nur der Vorstand hat das Recht, Angestellte zu entlassen

resi·dence [ˈrezɪdəṇ(t)s] *n* ①(*form: domicile*) Wohnsitz *m*; **to take up** ~ **in a country** sich in einem Land niederlassen ② *no pl* (*act of residing*) Wohnen *nt*; ■**to be in** ~ wohnen; *monarch* residieren ③(*building*) Wohngebäude *nt*; *of a monarch* Residenz *f* ④UNIV (*for research*) Forschungsaufenthalt *m*; (*for teaching*) Lehraufenthalt *m*

ˈ**resi·dence per·mit** *n* Aufenthaltserlaubnis *f*

resi·dent [ˈrezɪdənt] **I.** *n* ①(*person living in a place*) Bewohner(in) *m(f)*; *of a hotel* [Hotel]gast *m*; **local** ~ Anwohner(in) *m(f)*; "~'**s only**" „Anlieger frei" ②POL **is she a** ~ **of Canada?** lebt sie in Canada? **II.** *adj* ①(*residing*) ansässig, wohnhaft ② *attr* (*living where one is employed*) im Haus lebend *nach n*; ~ **doctor** Arzt/Ärztin im Haus ③(*employed in a particular place*) hauseigen

resi·den·tial [ˌrezɪˈden(t)ʃəl] *adj* ①(*housing area*) Wohn-; ~ **district** Wohngebiet *nt* ②(*job requiring person to live in*) mit Wohnung im Haus *nach n*; **my job is** ~ ich wohne an meinem Arbeitsplatz ③(*used as a residence*) *hotel* Wohn- ④(*concerning residence*) *requirements* Aufenthalts-

re·sid·ual [rɪˈzɪdjuəl] *adj* restlich; *opposition* vereinzelt; ~ **moisture/warmth** Restfeuchtigkeit *f*/-wärme *f*

resi·due [ˈrezɪdjuː] *n usu sing* ①(*form: remainder*) Rest *m* ②CHEM Rückstand *m* ③LAW restlicher Nachlass

re·sign [rɪˈzaɪn] **I.** *vi* (*leave one's job*) kündigen; **to** ~ **from an office/post** von einem Amt/einem Posten zurücktreten **II.** *vt* ①(*give up*) aufgeben; *office, post* niederlegen ②(*accept*) **to** ~ **oneself to a fact/one's fate/the inevitable** sich mit einer Tatsache/seinem Schicksal/dem Unvermeidlichen abfinden

res·ig·na·tion [ˌrezɪgˈneɪʃ(ə)n] *n* ① (*official letter*) Kündigung *f*; **to hand in one's ~** seine Kündigung einreichen ② *no pl* (*act of resigning*) Kündigung *f*; *from office, post* Rücktritt *m* ③ *no pl* (*acceptance*) Resignation *f*

re·signed [rɪˈzaɪnd] *adj* resigniert; ▪**to be ~ to sth** sich mit etw *dat* abgefunden haben

re·sili·ence [rɪˈzɪliən(t)s] *n no pl*, **re·sili·en·cy** [rɪˈzɪliən(t)si] *n no pl* ① (*ability to regain shape*) *of material* Elastizität *f* ② (*ability to recover*) *of person* Widerstandskraft *f*, Durchhaltevermögen *nt*

re·sili·ent [rɪˈzɪliənt] *adj* ① (*able to keep shape*) *material* elastisch ② (*fig: able to survive setbacks*) unverwüstlich, zäh; *health* unverwüstlich

res·in [ˈrezɪn] *n no pl* Harz *nt*

res·in·ous [ˈrezɪnəs] *adj* harzig

re·sist [rɪˈzɪst] I. *vt* ① (*fight against*) ▪**to ~ sth** etw *dat* Widerstand leisten; **to ~ arrest** LAW sich der Verhaftung widersetzen ② (*refuse to accept*) ▪**to ~ sth** sich gegen etw *akk* wehren, sich etw *dat* widersetzen ③ (*be unaffected by*) widerstehen +*dat* ④ (*not give into*) widerstehen +*dat*; **she couldn't ~ laughing** sie musste einfach loslachen *fam* II. *vi* ① (*fight an attack*) sich wehren ② (*refuse sth*) widerstehen

re·sis·tance [rɪˈzɪst(ə)n(t)s] *n* ① *no pl* (*military opposition*) Widerstand *m* (**to** gegen) ② (*organization*) ▪**the R~** der Widerstand; **the [French] R~** die [französische] Résistance ③ (*refusal to accept*) Widerstand *m* (**to** gegen); **to offer no ~** [**to sb/sth**] [jdm/etw] keinen Widerstand leisten; **to put up [a] determined ~** erbitterten Widerstand leisten ④ *no pl* (*ability to withstand illness*) Widerstandskraft *f*; **~ to a disease/an infection** Resistenz *f* gegen eine Krankheit/eine Infektion ⑤ *no pl* (*force*) *also* PHYS, ELEC Widerstand *m*

re-ˈsis·tance fight·er *n* Widerstandskämpfer(in) *m(f)*

re·sis·tant [rɪˈzɪst(ə)nt] *adj* ① (*refusing to accept*) ablehnend; ▪**to be ~ to sth** etw *dat* ablehnend gegenüberstehen ② (*hardened against damage*) resistent (**to** gegen)

re·sis·tor [rɪˈzɪstə^r] *n* ELEC Widerstand *m*

re·sit *esp* BRIT I. *vt* <-tt-, -sat, -sat> [ˌriːˈsɪt] *examination* wiederholen II. *n* [ˈriːsɪt] SCH, UNIV Wiederholungsprüfung *f*

reso·lute [ˈrezəluːt] *adj* (*form*) entschlossen; *belief, stand* fest; *person* energisch; ▪**to be ~ in sth** hartnäckig in etw *dat* sein

reso·lute·ly [ˈrezəluːtli] *adv* resolut, entschlossen; **to ~ refuse to do sth** sich hartnäckig weigern, etw zu tun

reso·lute·ness [ˈrezəluːtnəs] *n no pl* (*approv*) Resolutheit *f*, Entschlossenheit *f*

reso·lu·tion [ˌrezəˈluːʃ(ə)n] *n* ① *no pl* (*approv: determination*) Entschlossenheit *f* ② *no pl* (*form: solving*) Lösung *f*; *of crises* Überwindung *f*; *of a question* Klärung *f* ③ POL (*proposal*) Beschluss *m*, Resolution *f*; **to ~ pass/reject a ~** eine Resolution verabschieden/ablehnen ④ (*decision*) Entscheidung *f*; (*intention*) Vorsatz *m*; **to make a ~** eine Entscheidung treffen ⑤ *no pl* CHEM, TECH Aufspaltung *f* ⑥ *no pl* COMPUT, PHOT, TV (*picture quality*) Auflösung *f*

re·solv·able [rɪˈzɒlvəbl] *adj* lösbar

re·solve [rɪˈzɒlv] I. *vt* ① (*solve*) lösen ② (*settle*) *differences* beilegen; **the crisis ~d itself** die Krise legte sich von selbst ③ (*separate*) zerlegen (**into** in) ④ (*form: decide*) ▪**to ~ that ...** beschließen, dass ... II. *vi* ① (*decide*) beschließen; ▪**to ~ on doing sth** beschließen, etw zu tun ② (*separate into*) sich auflösen III. *n* Entschlossenheit *f*

re·solved [rɪˈzɒlvd] *adj pred* entschlossen

reso·nance [ˈrezənən(t)s] *n* ① *no pl* (*echo*) [Nach]hall *m*, Resonanz *f geh* ② (*form: association*) Erinnerung *f*

reso·nant [ˈrezənənt] *adj* [wider]hallend; ▪**to be ~ with sth** von etw *dat* widerhallen

reso·nate [ˈrezəneɪt] I. *vi* ① (*resound*) hallen ② (*fig: be important*) ▪**to ~ with sth** etw ausstrahlen; ▪**to ~ with sb** bei jdm Echo finden ③ *esp* AM (*fig: share an understanding*) einer Meinung sein; ▪**to ~ with sth** mit etw *dat* im Einklang sein II. *vt* ▪**to ~ sth** mit etw *dat* Resonanzen erzeugen

re·sort [rɪˈzɔːt] I. *n* ① (*place for holidays*) Urlaubsort *m* ② *no pl* (*recourse*) Einsatz *m*, Anwendung *f*; **without ~ to violence** ohne Gewaltanwendung; **as a last ~** als letzten Ausweg; **you're my last ~!** du bist meine letzte Hoffnung! II. *vi* ▪**to ~ to sth** auf etw *akk* zurückgreifen, etw anwenden

re·sound [rɪˈzaʊnd] *vi* ① (*resonate*) [wider]hallen ② (*fig: cause sensation*) Furore machen; **the rumour ~ed through the whole world** das Gerücht ging um die ganze Welt

re·sound·ing [rɪˈzaʊndɪŋ] *adj pred* ① (*very loud*) schallend; *applause* tosend

② (*emphatic*) unglaublich; *defeat* schwer; *success* durchschlagend

re·source [rɪˈzɔːs] **I.** *n* **①** *usu pl* (*asset*) Ressource *f* **②** *pl* (*source of supply*) Ressourcen *pl;* **natural ~s** Bodenschätze *pl* **③** *pl* (*wealth*) [finanzielle] Mittel **④** (*approv form: resourcefulness*) Einfallsreichtum *m* **II.** *vt* ausstatten

re·source·ful [rɪˈzɔːsfəl] *adj* (*approv*) einfallsreich

re·spect [rɪˈspekt] **I.** *n* **①** *no pl* (*esteem*) Respekt *m*, Achtung *f* (**for** vor); **②** *no pl* (*consideration*) Rücksicht *f;* **to have ~ for sb/sth** Rücksicht auf jdn/etw nehmen; **to have no ~ for sth** etw nicht respektieren; **out of ~ for sb's feelings** aus Rücksicht auf jds Gefühle **③** (*form: polite greetings*) ■ **~s** *pl* Grüße *pl;* **to pay one's ~s** [**to sb**] jdm einen Besuch abstatten; **to pay one's last ~s to sb** jdm die letzte Ehre erweisen ▸ **in all**/**many**/**some ~s** in allen/vielen/einigen Punkten; **in every ~** in jeglicher Hinsicht **II.** *vt* respektieren; **to ~ sb's decision**/**wishes**/**privacy** jds Entscheidung/Wünsche/Privatsphäre respektieren

re·spect·abil·ity [rɪˌspektəˈbɪləti] *n no pl* Ansehen *nt*, Seriosität *f;* **to achieve ~** Ansehen gewinnen

re·spect·able [rɪˈspektəbl] *adj* **①** (*decent*) anständig, ehrbar **②** (*presentable*) anständig, ordentlich **③** (*acceptable*) *salary, sum* anständig *fam*, ordentlich *fam*, ansehnlich **④** (*deserving respect*) respektabel; *person* angesehen **⑤** (*hum: be dressed*) **to make oneself ~** sich *dat* was anziehen *fam*

re·spect·ably [rɪˈspektəbli] *adv* **①** (*in a respectable manner*) anständig, ordentlich **②** (*reasonably well*) passabel *fam*

re·spect·ed [rɪˈspektɪd] *adj* angesehen

re·spect·ful [rɪˈspektfəl] *adj* respektvoll; **to be ~ of sth** etw respektieren

re·spect·ful·ly [rɪˈspektfəli] *adv* respektvoll; **R~ yours** hochachtungsvoll, Ihr(e)

re·spect·ing [rɪˈspektɪŋ] *prep* (*form*) bezüglich +*gen*

re·spec·tive [rɪˈspektɪv] *adj attr* jeweilig

re·spec·tive·ly [rɪˈspektɪvli] *adv* beziehungsweise, bzw.; **the two pens cost £3 and £4 respectively** die beiden Stifte kosten 3 bzw. 4 Pfund

res·pi·ra·tion [ˌrespəˈreɪʃən] *n no pl* (*spec*) Atmung *f;* **artificial ~** künstliche Beatmung

res·pi·ra·tor [ˈrespəreɪtər] *n* **①** MED (*breathing equipment*) Beatmungsgerät *nt* **②** (*air-filtering mask*) Atem[schutz]gerät *nt*

re·spira·tory [rɪˈspɪrətəri] *adj attr* (*form*) Atem-

res·pite [ˈrespaɪt] *n no pl* (*form: pause*) Unterbrechung *f*, Pause *f;* **the injection provided only a temporary ~ from the pain** die Spritze befreite nur vorübergehend von den Schmerzen; **without ~** pausenlos

re·splen·dent [rɪˈsplendənt] *adj* (*form or liter*) prächtig, prachtvoll

re·spond [rɪˈspɒnd] **I.** *vt* ■ **to ~ that ...** erwidern, dass ... **II.** *vi* **①** (*answer*) antworten (**to** auf) **②** (*react*) reagieren (**to** auf) **③** MED (*react*) **to ~ to treatment** auf eine Behandlung ansprechen

re·spon·dent [rɪˈspɒndənt] *n* **①** (*person who answers*) Befragte(r) *f(m)* **②** LAW Angeklagte(r) *f(m)*

re·sponse [rɪˈspɒn(t)s] *n* **①** (*answer*) Antwort *f* (**to** auf) **②** (*act of reaction*) Reaktion *f;* **to meet with a bad**/**good ~** eine schlechte/gute Resonanz finden; **in ~ to sth** in Erwiderung auf etw *akk* **③** *no pl* (*sign of reaction*) Reaktion *f* **④** (*part of church service*) Responsorium *nt*

re·spon·sibil·ity [rɪˌspɒn(t)səˈbɪləti] *n* **①** *no pl* (*being responsible*) Verantwortung *f* (**for** für); **to claim ~ for sth** sich für etw *akk* verantwortlich erklären; **to take full ~ for sth** die volle Verantwortung für etw *akk* übernehmen; **sense of ~** Verantwortungsbewusstsein *nt;* **to act on one's own ~** auf eigene Verantwortung handeln; **to carry a lot of ~** eine große Verantwortung tragen **②** (*duty*) Verantwortlichkeit *f,* Zuständigkeit *f*

re·spon·sible [rɪˈspɒn(t)səbl] *adj* **①** (*accountable*) verantwortlich (**for** für); **to hold sb ~** jdn verantwortlich machen; LAW jdn haftbar machen **②** (*in charge*) verantwortlich (**for** für), zuständig **③** (*sensible*) verantwortungsbewusst **④** (*requiring responsibility*) *job, task* verantwortungsvoll

re·spon·sive [rɪˈspɒn(t)sɪv] *adj* gut reagierend; **I always found him very ~** ich fand ihn immer sehr entgegenkommend; **we had a wonderfully ~ audience for last night's performance** das Publikum ging bei der Vorstellung gestern Abend sehr gut mit; **to be ~ to treatment** auf eine Behandlungsmethode ansprechen

rest[1] [rest] *n* + *sing*/*pl vb* ■ **the ~** der Rest

rest[2] [rest] **I.** *n* **①** (*period of repose*) [Ruhe]pause *f;* **to have a ~** eine Pause machen **②** *no pl* (*repose*) Erholung *f;* **for a ~** zur Erholung **③** MUS Pause *f;* (*symbol*) Pausenzeichen *nt* ❹ (*support*) Stütze *f*, Lehne *f*; (*in billiards*) Führungsqueue *m* ◆ o *nt* **II.** *vt* ❶ (*repose*) **to ~ one's eyes/legs** seine Augen/Beine ausruhen; **to ~ oneself** sich ausruhen ❷ (*support*) lehnen ❸ LAW (*conclude evidence*) **to ~ one's case** seine Beweisführung abschließen **III.** *vi* ❶ (*cease activity*) [aus]ruhen, sich ausruhen; **to not ~ until** … [so lange] nicht ruhen, bis … ❷ (*not to mention sth*) **to let sth ~** etw ruhen lassen; (*fam*) **let it ~!** lass es doch auf sich beruhen! ❸ (*be supported*) ruhen ❹ (*depend on*) ■**to ~ on sb/sth** auf jdm/ etw ruhen; (*be based on*) ■**to ~ on sth** auf etw *dat* beruhen ❺ (*form or liter: alight on*) ■**to ~ [up]on sb/sth** *gaze* auf jdm/ etw ruhen ▶ **to ~ on one's laurels** sich auf seinen Lorbeeren ausruhen; **[you can] ~ assured [that …]** seien Sie versichert, dass …

re·state [ˌriːˈsteɪt] *vt* ■**to ~ sth** etw noch einmal [mit anderen Worten] sagen

res·tau·rant [ˈrestᵊrɔ̃(ŋ)] *n* Restaurant *nt*, Gaststätte *f*

'res·tau·rant car *n* BRIT Speisewagen *m*

res·tau·ra·teur [ˌrestɒrəˈtɜːʳ] *n* Gastwirt(in) *m(f)*

'rest cure *n* Erholungskur *f* **'rest day** *n* Ruhetag *m*

rest·ful [ˈrestfᵊl] *adj* erholsam; *sound* beruhigend; *atmosphere* entspannt; *place* friedlich

'rest home *n* Altersheim *nt*

rest·ing place [ˈrestɪŋ-] *n* ❶ (*euph: burial place*) **sb's [final] ~** jds [letzte] Ruhestätte ❷ (*place to relax*) Rastplatz *m*

res·ti·tu·tion [ˌrestɪˈtjuːʃᵊn] *n no pl* ❶ (*return*) Rückgabe *f*; *of sb's rights* Wiederherstellung *f*; *of money* [Zu]rückerstattung *f*; *of a house, estates* [Zu]rückgabe *f* ❷ (*compensation*) Entschädigung *f*; (*financial usu*) Schaden[s]ersatz *m*

res·tive [ˈrestɪv] *adj* ❶ (*restless and impatient*) unruhig, nervös ❷ (*stubborn*) widerspenstig; *horse* störrisch

rest·less [ˈrestləs] *adj* ❶ (*agitated*) unruhig ❷ (*uneasy*) rastlos; **to get ~** anfangen, sich unwohl zu fühlen ❸ (*wakeful*) ruhelos; *night* schlaflos

rest·less·ly [ˈrestləsli] *adv* unruhig

rest·less·ness [ˈrestləsnəs] *n no pl* ❶ (*agitation*) Unruhe *f* ❷ (*impatience*) Rastlosigkeit *f*

re·stock [ˌriːˈstɒk] **I.** *vt* ■**to ~ sth** etw wieder auffüllen; **to ~ a lake** einen See wieder mit Fischen besetzen **II.** *vi* Vorräte erneuern

res·to·ra·tion [ˌrestᵊrˈeɪʃᵊn] *n* ❶ *no pl* (*act of restoring*) Restaurieren *nt* ❷ (*instance of restoring*) Restaurierung *f* ❸ *no pl* (*re-establishment*) Wiederherstellung *f*; **the ~ of the death penalty** die Wiedereinführung der Todesstrafe ❹ *no pl* (*form: return to owner*) Rückgabe *f* ❺ *no pl* (*return to position*) Wiedereinsetzung *f* (**to** in)

re·stora·tive [rɪˈstɒrətɪv] **I.** *n* Stärkungsmittel *nt* **II.** *adj* stärkend *attr*; **~ powers [of sth]** (*strengthening*) kräftigende Wir-

---

responsibility

asking about responsibility	nach Zuständigkeit fragen
Are you in charge/the person responsible?	Sind Sie dafür zuständig?
Are you the doctor in attendance?	Sind Sie die behandelnde Ärztin/der behandelnde Arzt?

expressing responsibility	Zuständigkeit ausdrücken
Yes, you've come to the right person.	Ja, bei mir sind Sie richtig.
I am responsible for organizing the party.	Ich bin für die Organisation des Festes verantwortlich/zuständig.

expressing lack of responsibility	Nicht-Zuständigkeit ausdrücken
I'm not responsible for that (, I'm afraid).	Dafür bin ich (leider) nicht zuständig.
That isn't our responsibility.	Dafür sind wir nicht zuständig.
You've come to the wrong person./ I'm not the one you want.	Da sind Sie bei mir an der falschen Adresse.
I'm not entitled/authorized to do that (, I'm afraid).	Dazu bin ich (leider) nicht berechtigt/ befugt.

kung [von etw *dat*]; (*healing*) heilende Wirkung [von etw *dat*]

re·store [rɪˈstɔːʳ] *vt* ❶ (*renovate*) restaurieren ❷ (*re-establish*) wiederherstellen; **to ~ sb's faith in sth** jdm sein Vertrauen in etw *akk* zurückgeben; **to ~ a law** ein Gesetz wieder einführen; **to ~ sb to life** jdn ins Leben zurückbringen ❸ (*form: return to owner*) ■ **to ~ sth to sb** jdm etw zurückgeben; ■ **to ~ sb to sb** jdn [zu] jdm zurückbringen ❹ (*reinstate*) **to ~ sb to their former position** jdn in seine/ihre frühere Position wieder einsetzen; **to ~ sb to power** jdn wieder an die Macht bringen

re·stor·er [rɪˈstɔːrəʳ] *n* ❶ ARCHIT, ART (*person*) Restaurator(in) *m(f)* ❷ (*hair growth treatment*) **hair ~** Haarwuchsmittel *nt*

re·strain [rɪˈstreɪn] *vt* zurückhalten; (*forcefully*) bändigen; ■ **to ~ sb from [doing] sth** jdn davon abhalten, etw zu tun; ■ **to ~ oneself** sich beherrschen; **she ~ed her impulse to smile** sie unterdrückte ein Lächeln

re·strained [rɪˈstreɪnd] *adj* beherrscht; *criticism* verhalten; *manners* gepflegt; *policy* zurückhaltend

re·straint [rɪˈstreɪnt] *n* ❶ *no pl* (*self-control*) Beherrschung *f*; **to exercise ~** Zurückhaltung *f* üben ❷ (*restriction*) Einschränkung *f*; **~s on imports** Einfuhrbeschränkungen *pl* ❸ LAW **to place/keep sb under ~** jdn in Gewahrsam nehmen/behalten

re·strict [rɪˈstrɪkt] *vt* ❶ (*limit*) beschränken, einschränken; *number* begrenzen (**to** auf) ❷ (*deprive of right*) ■ **to ~ sb from sth** jdm etw untersagen

re·strict·ed [rɪˈstrɪktɪd] *adj* ❶ (*limited*) *choice, vocabulary* begrenzt; *view* eingeschränkt ❷ (*subject to limitation*) eingeschränkt; *number* beschränkt (**to** auf) ❸ (*spatially confined*) eng

re·stric·tion [rɪˈstrɪkʃən] *n* ❶ (*limit*) Begrenzung *f*, Beschränkung *f*, Einschränkung *f*; **to be subject to ~s** Beschränkungen unterliegen; **to impose a ~ on sth** etw mit Restriktionen belegen; **to lift ~s** Restriktionen aufheben ❷ *no pl* (*action of limiting*) Einschränkung *nt*

re·stric·tive [rɪˈstrɪktɪv] *adj* (*esp pej*) einschränkend, einengend; *measure* restriktiv

re·string <-strung, -strung> [rɪˈstrɪŋ] *vt instrument* neu besaiten; *pearls* neu aufziehen; *sports racket* neu bespannen

ˈrest·room *n esp* AM (*toilet*) Toilette *f*

re·struc·ture [ˌriːˈstrʌktʃəʳ] *vt* umstrukturieren

re·struc·tur·ing [ˌriːˈstrʌktʃərɪŋ] *n* Umstrukturierung *f*

re·sult [rɪˈzʌlt] **I.** *n* ❶ (*consequence*) Folge *f*; ■ **with the ~ that ...** mit dem Ergebnis, dass ...; ■ **as a ~ of sth** als Folge einer S. *gen* ❷ (*outcome*) Ergebnis *nt;* **the ~ of the match was 4 - 2** das Spiel ist 4 zu 2 ausgegangen ❸ (*satisfactory outcome*) Erfolg *m,* Resultat *nt;* **to have good ~s with sth** gute Ergebnisse mit etw *dat* erzielen ❹ BRIT (*fam: a win*) Sieg *m* ❺ MATH *of a calculation, a sum* Resultat *nt,* Ergebnis *nt* **II.** *vi* ❶ (*ensue*) resultieren, sich ergeben ❷ (*cause*) ■ **to ~ in sth** etw zur Folge haben

re·sult·ant [rɪˈzʌltənt] *adj attr* (*form*), **re·sult·ing** [rɪˈzʌltɪŋ] *adj* resultierend *attr;* sich daraus ergebend *attr*

re·sume [rɪˈzjuːm] **I.** *vt* ❶ (*start again*) wieder aufnehmen; *journey* fortsetzen; ■ **to ~ doing sth** fortfahren, etw zu tun ❷ (*form: reoccupy*) *one's seat* wieder einnehmen **II.** *vi* wieder beginnen; (*after short interruption*) weitergehen

ré·su·mé [ˈrezjuːmeɪ] *n* ❶ (*summary*) Zusammenfassung *f* (**of** über), Resümee *nt geh* ❷ AM, AUS (*curriculum vitae*) Lebenslauf *m*

re·sump·tion [rɪˈzʌm(p)ʃən] *n* ❶ *no pl* (*act*) *of a game, talks* Wiederaufnahme *f* ❷ (*instance*) Wiederbeginn *m kein pl*

re·sur·face [ˌriːˈsɜːfɪs] **I.** *vi* ❶ (*rise to surface*) *submarine, diver* wieder auftauchen ❷ (*reappear*) wieder zum Vorschein kommen; *memories, topic* aufkommen **II.** *vt* ■ **to ~ sth** die Oberfläche einer S. *gen* erneuern; **to ~ a road** den Straßenbelag erneuern

re·sur·gence [ˌriːˈsɜːdʒən(t)s] *n no pl* (*form*) Wiederaufleben *nt*

re·sur·gent [ˌriːˈsɜːdʒənt] *adj usu attr* (*form*) wieder auflebend *attr*

res·ur·rect [ˌrezəˈrekt] *vt* ❶ (*revive*) ■ **to ~ sth** etw wieder aufleben lassen; *a fashion* etw wiederbeleben ❷ (*bring back to life*) **to ~ sb** jdn auferstehen lassen; **to ~ the dead** die Toten wieder zum Leben erwecken

res·ur·rec·tion [ˌrezəˈrekʃən] *n no pl* Wiederbelebung *f*; *of a law* Wiedereinführung *f*

re·sus·ci·tate [rɪˈsʌsɪteɪt] *vt* ❶ MED wiederbeleben ❷ (*fig*) [neu] beleben

re·sus·ci·ta·tion [rɪˌsʌsɪˈteɪʃən] *n* MED (*revival*) Wiederbelebung *f*; **mouth-to-mouth ~** Mund-zu-Mund-Beatmung *f*

re·tail [ˈriːteɪl] **I.** *n no pl* Einzelhandel *m,* Detailhandel *m* SCHWEIZ **II.** *vt* im Einzelhan-

del verkaufen III. *vi* **this model of computer is ~ing at £650** im Einzelhandel kostet dieses Computermodell 650 Pfund
'**re·tail busi·ness** *n* ECON Einzelhandel *m*; (*shop*) Einzelhandelsgeschäft *nt*
re·tail·er [ˈriːteɪləʳ] *n* Einzelhändler(in) *m(f)*
'**re·tail out·let** *n* Einzelhandelsgeschäft *nt*
'**re·tail price** *n* Einzelhandelspreis *m* **re·tail** '**price**(**s**) **in·dex** *n* BRIT ECON ■ **the ~** der Einzelhandelspreisindex '**re·tail trade** *n* ECON Einzelhandel *m*
re·tain [rɪˈteɪn] *vt* ❶ (*keep*) behalten; **to ~ sb's attention** jds Aufmerksamkeit halten; **to ~ the championship** SPORTS Meister/Meisterin bleiben; **to ~ one's composure** die Haltung bewahren; **to ~ control of sth** etw weiterhin in der Gewalt haben; **to ~ one's dignity/independence** seine Würde/Unabhängigkeit wahren; **to ~ the right to do sth** LAW sich das Recht vorbehalten, etw zu tun ❷ (*not alter*) ■ **to ~ sth** etw beibehalten, bei etw *dat* bleiben ❸ (*not lose*) speichern ❹ (*remember*) ■ **to ~ sth** sich *dat* etw merken ❺ (*hold in place*) zurückhalten
re·tain·er [rɪˈteɪnəʳ] *n* (*fee*) Vorschuss *m*
re·ˈtain·ing wall *n* Stützmauer *f*
re·take I. *vt* <-took, -taken> [ˌriːˈteɪk] ❶ (*take again*) *exam* wiederholen ❷ (*regain*) wiedergewinnen; **to ~ the lead** SPORTS sich wieder an die Spitze setzen; (*in a race*) wieder die Führung übernehmen ❸ (*film again*) **to ~ a scene** eine Szene nochmals drehen II. *n* [ˈriːteɪk] ❶ *esp* BRIT (*exam*) Wiederholungsprüfung *f* ❷ (*filming again*) Neuaufnahme *f*
re·tal·i·ate [rɪˈtælieɪt] *vi* Vergeltung üben; *for insults* sich revanchieren
re·tal·i·a·tion [rɪˌtæliˈeɪʃən] *n no pl* Vergeltung *f*; (*in fighting*) Vergeltungsschlag *m*; **in ~ for sth** als Vergeltung für etw *akk*
re·tal·i·a·tory [rɪˈtæliətəri] *adj attr* Vergeltungs-
re·tard I. *vt* [rɪˈtɑːd] (*form*) verzögern, verlangsamen; **to ~ economic growth** das Wirtschaftswachstum bremsen II. *n* [ˈriːtɑːd] AM (*pej! fam*) Idiot *m*
re·tar·da·tion [ˌriːtɑːˈdeɪʃən] *n no pl* (*form*) Verzögerung *f*
retch [retʃ] *vi* würgen; **to make sb ~** jdn zum Würgen bringen
re·ten·tion [rɪˈten(t)ʃən] *n no pl* ❶ (*keeping*) Beibehaltung *f*; **~ of power** Machterhalt *m*; SPORTS *of a title* Verteidigung *f* ❷ (*preservation*) Erhaltung *f*; *of rights* Wahrung *f*; **staff ~** Personalerhaltung *f* ❸ (*not losing*) Speicherung *f*; MED Retention *f fachspr*; **~ of heat** Hitzespeicherung *f* ❹ (*form: memory*) Gedächtnis *nt*; **powers of ~** Merkfähigkeit *f* ❺ *esp* LAW (*securing sb's services*) **~ of a lawyer** Mandat *nt* [nach geleisteter Vorauszahlung]
re·ten·tive [rɪˈtentɪv] *adj* aufnahmefähig
re·think I. *vt* <-thought, -thought> [ˌriːˈθɪŋk] überdenken II. *vi* <-thought, -thought> [ˌriːˈθɪŋk] überlegen III. *n* [ˈriːθɪŋk] *no pl* Überdenken *nt*; **to have a ~** etw noch einmal überdenken
ret·i·cence [ˈretɪsən(t)s] *n no pl* Zurückhaltung *f*; (*taciturnity*) Wortkargheit *f*
ret·i·cent [ˈretɪsənt] *adj* (*form*) zurückhaltend; (*taciturn*) wortkarg
ret·i·na <*pl* -s *or* -nae> [ˈretɪnə, *pl* -niː] *n* Netzhaut *f*, Retina *f fachspr*
ret·i·nue [ˈretɪnjuː] *n* + *sing/pl vb* Gefolge *nt kein pl*
re·tire [rɪˈtaɪəʳ] I. *vi* ❶ (*stop working*) in den Ruhestand treten; *worker* in Rente gehen; *civil servant* in Pension gehen; *self-employed person* sich zur Ruhe setzen; *soldier* aus der Armee ausscheiden; SPORTS seine Karriere beenden ❷ (*form: withdraw*) sich zurückziehen; **the jury ~d to consider the verdict** die Jury zog sich zur Urteilsfindung zurück ❸ (*form: go to bed*) sich zu Bett begeben II. *vt* (*cause to stop working*) ■ **to ~ sb** jdn in den Ruhestand versetzen; *worker* jdn verrenten
re·tired [rɪˈtaɪəd] *adj* (*no longer working*) im Ruhestand *präd*; *worker* in Rente *präd*; *civil servant* pensioniert
re·tire·ment [rɪˈtaɪəmənt] *n* ❶ (*from job*) Ausscheiden *nt* aus dem Arbeitsleben; *of a civil servant* Pensionierung *f*; *of a soldier* Verabschiedung *f* ❷ *no pl esp* SPORTS (*ceasing to compete*) Ausscheiden *nt* ❸ *no pl* (*period after working life*) Ruhestand *m* ❹ *no pl* (*form: seclusion*) Zurückgezogenheit *f*
re·ˈtire·ment age *n* (*of a worker*) Rentenalter *nt*; (*of a civil servant*) Pensionsalter *nt*
re·ˈtire·ment pen·sion *n* (*for worker*) [Alters]rente *f*; (*for civil servant*) [Alters]ruhegeld *nt*, Pension *f*
re·tir·ing [rɪˈtaɪərɪŋ] *adj* ❶ *attr* (*stopping work*) ausscheidend ❷ (*reserved*) zurückhaltend
re·tort [rɪˈtɔːt] I. *vt* ■ **to ~ that ...** scharf erwidern, dass ...; **"no need to be so rude,"** **she ~ed** „kein Grund so unhöflich zu sein", gab sie zurück II. *vi* scharf antworten III. *n* scharfe Anwort [*o* Erwiderung]

re·touch [ˌriː'tʌtʃ] *vt* retuschieren
re·trace [rɪ'treɪs] *vt* zurückverfolgen; *in mind* [geistig] nachvollziehen; **to ~ one's steps** denselben Weg zurückgehen
re·tract [rɪ'trækt] **I.** *vt* ❶ (*withdraw*) zurückziehen; *offer, statement* zurücknehmen ❷ (*draw back*) zurückziehen; (*into body*) einziehen **II.** *vi* ❶ (*withdraw words*) einen Rückzieher machen *fam* ❷ (*be drawn back*) eingezogen werden
re·tract·able [rɪ'træktəbl] *adj* einziehbar
re·trac·tion [rɪ'trækʃən] *n* (*form*) Zurücknahme *f kein pl*
re·train [rɪ'treɪn] **I.** *vt* umschulen **II.** *vi* umgeschult werden
re·train·ing [rɪ'treɪnɪŋ] *n no pl* Umschulung *f*
re·tread I. *vt* [ˌriː'tred] AUTO *tyre* runderneuern **II.** *n* ['riːtred] runderneuerter Reifen
re·treat [rɪ'triːt] **I.** *vi* ❶ MIL sich zurückziehen ❷ (*move backwards*) zurückweichen; (*become smaller*) *flood waters* zurückgehen, fallen; *ice* schmelzen; *shares* fallen ❸ (*withdraw*) sich zurückziehen; (*hide*) sich verstecken; ■**to ~ into oneself** sich in sich selbst zurückziehen ❹ (*fail to uphold*) einen Rückzieher machen; **to ~ from one's principles** von seinen Prinzipien abweichen; **to ~ from one's promises/proposals** seine Versprechen/Vorschläge zurücknehmen **II.** *n* ❶ MIL (*withdrawal*) Rückzug *m*; ■**to be in ~** sich auf dem Rückzug befinden ❷ *no pl* (*withdrawal*) Abwendung *f*, Abkehr *f* (**from** von) ❸ (*private place*) Zufluchtsort *m* ❹ (*period of seclusion*) Zeit *f* der Ruhe und Abgeschiedenheit; **to go on ~** REL in Klausur gehen ❺ (*failure to uphold*) Abweichung *f* (**from** von)
re·trench [rɪ'tren(t)ʃ] **I.** *vi* (*form*) sich einschränken, sparen **II.** *vt* AUS (*make redundant*) einsparen; *personnel* abbauen
re·trench·ment [rɪ'tren(t)ʃmənt] *n* ❶ (*form: financial cut*) Kürzung *f* ❷ *no pl* (*reducing spending*) Einschränken *nt* ❸ AUS (*dismissal from employment*) Stellenstreichung *f*; **~ of personal** Personalabbau *m*
re·trial [ˌriː'traɪəl] *n* LAW Wiederaufnahmeverfahren *nt*
ret·ri·bu·tion [ˌretrɪ'bjuːʃən] *n no pl* (*form*) Vergeltung *f*
re·tribu·tive [rɪ'trɪbjuːtɪv] *adj attr* (*form*) Vergeltungs-; **~ justice** ausgleichende Gerechtigkeit
re·triev·al [rɪ'triːvəl] *n no pl* ❶ (*regaining*) Wiedererlangen *nt* ❷ (*rescuing*) Rettung *f*; (*of wreckage*) Bergung *f*; **to be beyond ~** hoffnungslos verloren sein ❸ COMPUT **data/information ~** Daten-/Informationsabruf *m*; (*when lost*) Retrieval *nt fachspr*; Daten-/Informationsrückgewinnung *f*
re·trieve [rɪ'triːv] *vt* ❶ (*get back*) wiederfinden; **to ~ forgotten memories** sich wieder erinnern können ❷ (*fetch*) heraus-/herunter-/zurückholen ❸ (*rescue*) retten; (*from wreckage*) bergen ❹ COMPUT *data* abrufen ❺ (*by dog*) apportieren
re·triev·er [rɪ'triːvər] *n* Retriever *m*
retro·ac·tive [ˌretrəʊ'æktɪv] *adj* rückwirkend
retro·grade ['retrə(ʊ)greɪd] *adj* ❶ (*form: regressive*) *development* rücklaufig; *policy* rückschrittlich; **~ step** Rückschritt *m* ❷ GEOL, ASTRON rückläufig, retrograd *fachspr*
retro·gres·sive [ˌretrə(ʊ)'gresɪv] *adj* (*form*) *policy, reforms* rückschrittlich; *development* rückläufig
retro·spect ['retrə(ʊ)spekt] *n no pl* **in ~** im Rückblick [*o* Nachhinein], rückblickend
retro·spec·tive [ˌretrə(ʊ)'spektɪv] **I.** *adj* ❶ (*looking back*) rückblickend; *mood* nachdenklich ❷ *esp* LAW (*form*) rückwirkend **II.** *n* Retrospektive *f*
retro·spec·tive·ly [ˌretrə(ʊ)'spektɪvli] *adv* ❶ (*with hindsight*) im Nachhinein ❷ *esp* LAW (*form: retroactively*) rückwirkend, retrospektiv *fachspr*
re·turn [rɪ'tɜːn] **I.** *n* ❶ (*to a place/time*) Rückkehr *f* (**to** zu); **~ home** Heimkehr *f*; **his ~ to power** POL seine Wiederwahl; **~ to school** Schulbeginn *m* ❷ (*reoccurrence*) *of an illness* Wiederauftreten *nt* ❸ (*giving back*) Rückgabe *f*; **by ~** [*of post*] BRIT, AUS postwendend ❹ (*recompense*) Gegenleistung *f* ❺ BRIT, AUS (*ticket*) Hin- und Rückfahrkarte *f* ❻ SPORTS (*stroke*) Rückschlag *m*; **~ of serve** Return *m* ❼ (*proceeds*) Gewinn *m*; **~s on capital** Rendite *f* ❽ AM POL ■**the ~s** *pl* die Wahlergebnisse ❾ *no pl* (*key on keyboard*) Returntaste *f* **II.** *adj attr postage, flight, trip* Rück- **III.** *vi* ❶ (*go/come back*) zurückkehren, zurückkommen; (*fig*) **to ~ home** (*come back home*) nach Hause kommen; (*go back home*) nach Hause gehen; (*after long absence*) heimkehren; ■**to ~ to somewhere** irgendwohin zurückkehren; **~ to sender** zurück an Absender ❷ (*reoccur*) *pain, illness* wiederkommen ❸ (*revert to*) ■**to ~ to sth** etw wieder aufnehmen; **to ~ to a problem** sich einem Problem wieder zu-

wenden; **to ~ to a subject** auf ein Thema zurückkommen; **to ~ to a task** sich einer Aufgabe wieder widmen; **to ~ to normal** *things* sich wieder normalisieren; *person* wieder zu seinem alten Ich zurückfinden **IV.** *vt* ❶ (*give back*) zurückgeben; ■ **to ~ sth to sb** (*in person*) jdm etw zurückgeben; (*by post*) jdm etw zurückschicken; **to ~ sth to its place** etw an seinen Platz zurückstellen ❷ (*reciprocate*) erwidern; **to ~ a blow/a salute/a wave** zurückschlagen/-grüßen/-winken; **to ~ sb's call** zurückrufen; **to ~ a favour** sich revanchieren ❸ (*place back*) ■ **to ~ sth somewhere** etw irgendwohin zurückstellen [*o* zurücklegen] ❹ FIN **to ~ a profit** einen Gewinn abwerfen ❺ LAW (*pronounce*) **to ~ a verdict of guilty/not guilty** einen Schuldspruch/Freispruch aussprechen ❻ TENNIS **to ~ a volley** einen Volley annehmen

re·turn·able [rɪˈtɜːnəbl] *adj* ❶ (*recyclable*) wiederverwendbar, Mehrweg- ❷ (*accepted back*) umtauschbar

reˈturn fare *n* Preis *m* für eine Rückfahrkarte; AVIAT Preis *m* für ein Rückflugticket

reˈturn·ing of·fic·er *n* BRIT, CAN POL Wahlleiter(in) *m(f)*

reˈturn key *n* Eingabetaste *f* **reˈturn match** *n* Rückspiel *nt* **reˈturn tick·et** *n* ❶ BRIT, AUS (*ticket there and back*) Hin- und Rückfahrkarte *f*; AVIAT Hin- und Rückflugticket *nt* ❷ AM (*ticket for return*) Rückfahrkarte *f*

re·uni·fi·ca·tion [ˌriːjuːnɪfɪˈkeɪʃ(ə)n] *n no pl* Wiedervereinigung *f*

re·uni·fy <-ie-> [ˌriːˈjuːnɪfaɪ] *vt* ■ **to ~ sth** wiedervereinigen

re·union [ˌriːˈjuːnɪən] *n* ❶ (*gathering*) Treffen *nt*, Zusammenkunft *f* ❷ *no pl* (*form: bringing together*) Wiedervereinigung *f*; (*coming together*) Wiedersehen *nt*; **~ of people** Zusammenführung *f* von Menschen

re·unite [ˌriːjuːˈnaɪt] **I.** *vt* ■ **to ~ sb with sb** jdn mit jdm [wieder] zusammenbringen; **to ~ families** Familien wieder zusammenführen **II.** *vi* sich wiedervereinigen; *people* wieder zusammenkommen

re·us·able [ˌriːˈjuːzəbl] *adj* (*in the same shape*) wiederverwendbar; (*reprocessed*) wiederverwertbar

re·use [ˌriːˈjuːz] *vt* ❶ (*use again*) wiederverwenden ❷ (*recycle by processing*) *waste material* wiederverwerten

rev[1] [rev] *n* (*fam*) *short for* **revolution** Drehzahl *f*; ■ **~s** *pl* Umdrehungen *pl* [pro Minute]

rev[2] <-vv-> [rev] *vt* **to ~ an engine** einen Motor auf Touren bringen; (*noisily*) einen Motor aufheulen lassen ◆ **rev up** *vi engine* auf Touren kommen; (*make noise*) aufheulen; (*fig*) *person* aufdrehen

re·valu·a·tion [ˌriːˌvæljuˈeɪʃ(ə)n] *n* ❶ (*value again*) Neubewertung *f* ❷ (*change in value*) *of a currency* Aufwertung *f*

re·value [ˌriːˈvæljuː] *vt* neu bewerten; *an asset* neu schätzen lassen; *currency* aufwerten

re·vamp [ˌriːˈvæmp] *vt* (*fam*) aufpeppen; *room* aufmöbeln; **to ~ a department** eine Abteilung auf Vordermann bringen; **to ~ one's image/a play** sein Image/ein Theaterstück aufpolieren

ˈrev count·er *n* Drehzahlmesser *m*

Revd *n abbrev of* **Reverend**

re·veal [rɪˈviːl] *vt* ❶ (*allow to be seen*) zeigen, zum Vorschein bringen; *a talent* erkennen lassen ❷ (*disclose*) enthüllen, offenlegen; *particulars* preisgeben; *secret* verraten; ■ **to ~ that ...** enthüllen, dass ...; (*admit*) zugeben, dass ...; ■ **to ~ how/where/why ...** verraten, wie/wo/warum ...; **to ~ sb's identity** jds Identität zu erkennen geben ❸ REL (*make known*) ■ **to ~ sth** etw offenbaren

re·veal·ing [rɪˈviːlɪŋ] *adj* ❶ (*displaying body*) freizügig; *dress* gewagt ❷ (*divulging sth*) *comment, interview* aufschlussreich; **his scathing review was all too ~ of his own envy of the author's success** seine beißende Kritik zeigt nur allzu deutlich, dass er auf den Erfolg des Autors einfach neidisch ist

re·veil·le [rɪˈvæli] *n no pl* MIL Reveille *f veraltet*, Wecksignal *nt*

rev·el <BRIT -ll- *or* AM *usu* -l-> [ˈrev(ə)l] *vi* feiern

rev·ela·tion [ˌrev(ə)lˈeɪʃ(ə)n] *n* ❶ *no pl* (*act of revealing*) Enthüllung *f*, Aufdeckung *f* ❷ (*sth revealed*) Enthüllung *f* ❸ *no pl* REL (*supernatural revealing*) Offenbarung *f*; **divine ~** göttliche Offenbarung ▶ **to be a ~ to sb** jdm die Augen öffnen, jdn umhauen *fam*

rev·el·ler [ˈrev(ə)lə(r)], AM **rev·el·er** *n* Feiernde(r) *f(m)*

rev·el·ry [ˈrev(ə)lri] *n* ❶ *no pl* (*noisy merrymaking*) [ausgelassenes] Feiern ❷ *usu pl* (*festivity*) [ausgelassene] Feier

re·venge [rɪˈvendʒ] **I.** *n no pl* ❶ (*retaliation*) Rache *f*; **to get one's ~** sich rächen ❷ (*desire for retaliation*) Rachedurst *m*

II. *adj* attack, bombing, raid aus Rache nach n; ~ **killing** Vergeltungsmord m **III.** *vt* rächen

rev·enue ['revᵊnju:] n ❶ no pl (income) Einkünfte pl (**from** aus) ❷ no pl (of a state) öffentliche Einnahmen, Staatseinkünfte pl ❸ pl (instances of income) **sales ~s** Verkaufseinnahmen pl; **tax ~s** Steueraufkommen nt

'**rev·enue of·fic·er** n Finanzbeamte(r) m/ -beamtin f '**rev·enue stamp** n AM Steuermarke f

re·ver·ber·ate [rɪ'vɜ:bᵊreɪt] vi ❶ (echo) widerhallen, nachhallen; ■ **to ~ through-[out]** sth durch etw akk [hindurch]hallen ❷ (be recalled) **his terrible childhood experiences ~d throughout the whole of his life** die schlimmen Kindheitserfahrungen wirkten sein ganzes Leben lang nach ❸ (be widely heard) **news of the disaster ~d through the company** die Nachricht von der Katastrophe ging wie ein Lauffeuer durch die Firma

re·ver·ber·a·tion [rɪ,vɜ:bᵊ'reɪʃᵊn] n (form) ❶ no pl (echoing) Widerhallen nt, Nachhallen nt ❷ usu pl (an echo) Widerhall m, Nachhall m ❸ usu pl (long-lasting effects) Nachwirkungen pl

re·vere [rɪ'vɪə'] vt (form) verehren (**for** für), achten; **to ~ sb's work** jds Arbeit hoch schätzen

rev·er·ence ['revᵊrᵊn(t)s] n no pl Verehrung f (**for** für); **to feel ~ for sb** jdn hoch schätzen; **to treat sth/sb with ~** etw/jdn ehrfürchtig behandeln

rev·er·end ['revᵊrᵊnd] n ≈ Pfarrer m, ≈ Pastor m

rev·er·ent ['revᵊrᵊnt] adj ehrfürchtig, ehrfurchtsvoll; behaviour ehrerbietig

rev·er·en·tial [,revᵊr'en(t)ʃᵊl] adj (form) ehrfürchtig, ehrfurchtsvoll

rev·er·ent·ly ['revᵊrᵊntli] adv (form) ehrfürchtig, ehrfurchtsvoll; **you ought to behave more ~ in church!** Sie sollten in der Kirche mehr Ehrfurcht zeigen!

rev·erie ['revᵊri] n ❶ (liter: daydream) Träumerei f (**about** über) ❷ no pl (liter: daydreaming) Tagträumen nt ❸ MUS (instrumental piece) Reverie f fachspr

re·ver·sal [rɪ'vɜ:sᵊl] n ❶ (changing effect) Wende f; **~ of a trend** Trendwende f ❷ (changing situation) Umkehrung f; **role ~** Rollentausch m ❸ (misfortune) Rückschlag m ❹ (annulment) Aufhebung f

re·verse [rɪ'vɜ:s] **I.** vt ❶ esp BRIT, AUS (move sth backwards) zurücksetzen ❷ (change to opposite) umkehren; judgement aufheben; **to ~ the charges** ein R-Gespräch führen; **to ~ the order of sth** die Reihenfolge von etw dat vertauschen ❸ (turn sth over) umdrehen; coat wenden **II.** vi esp BRIT, AUS (move backwards) rückwärtsfahren; (short distance) zurücksetzen; **to ~ into a parking space** rückwärts einparken **III.** n ❶ no pl (opposite) ■ **the ~** das Gegenteil; **no, quite the ~!** nein, ganz im Gegenteil!; **to do sth in ~** etw umgekehrt tun ❷ (gear) Rückwärtsgang m; **to go into ~** in den Rückwärtsgang schalten; (fig) rückläufig sein ❸ (back) Rückseite f; of a coin, medal also Kehrseite f **IV.** adj umgekehrt; direction entgegengesetzt

re·verse-charge 'call n BRIT R-Gespräch nt **re·verse 'gear** n Rückwärtsgang m; **to go into ~** den Rückwärtsgang einlegen

re·ver·sible [rɪ'vɜ:səbl] adj ❶ (inside out) zum Wenden nach n; **~ coat** Wendejacke f ❷ (alterable) umkehrbar

re·ver·sion [rɪ'vɜ:ʃᵊn] n no pl ❶ (form: return to earlier position) Umkehr f (**to** zu); (to bad state) Rückfall (**to** in) ❷ LAW Rückfallsrecht nt fachspr

re·vert [rɪ'vɜ:t] vi ❶ (go back) ■ **to ~ to sth** zu etw dat zurückkehren; bad state in etw akk zurückfallen; **to ~ to a method** auf eine Methode zurückgreifen ❷ LAW (become sb's property) ■ **to ~ to sb** an jdn zurückfallen

re·view [rɪ'vju:] **I.** vt ❶ (examine) [erneut] [über]prüfen; (reconsider) überdenken; **to ~ a contract** einen Vertrag einer Revision unterziehen; **to ~ salaries** die Gehälter revidieren ❷ (look back over) auf etw akk zurückblicken; **let's ~ what has happened so far** führen wir uns vor Augen, was bis jetzt passiert ist ❸ (read again) **to ~ one's notes** seine Notizen noch einmal durchgehen ❹ (produce a criticism) besprechen; book, film, play rezensieren ❺ MIL **to ~ the troops** eine Parade abnehmen ❻ AM (study again) wiederholen **II.** n ❶ (assessment) Überprüfung f; **to come under ~** überprüft werden; LAW case wieder aufgenommen werden; **this decision is subject to ~** dieser Beschluss gilt unter Vorbehalt ❷ (summary) Überblick m (**of** über); **month/year under ~** ECON Berichtsmonat m/Berichtsjahr nt; **wage** [or **salary**] **~** Gehaltsrevision f ❸ (criticism) of a book, play Kritik f, Rezension f; **film ~** Filmbesprechung f ❹ MEDIA **~ [programme]** RADIO, TV Magazin nt; **~ [section]**

JOURN Nachrichtenteil *m* ❺ MIL Truppenschau *f*, Parade *f* ❻ THEAT Revue *f*

re·view·er [rɪ'vjuːə^r] *n* Kritiker(in) *m(f); of plays, literature also* Rezensent(in) *m(f)*

re·vise [rɪ'vaɪz] I. *vt* ❶ *(reread)* überarbeiten; *book* redigieren ❷ *(reconsider)* überdenken ❸ BRIT, AUS *(increase/decrease)* ■ to ~ sth upwards/downwards *estimates, number* etw nach oben/unten korrigieren ❹ BRIT, AUS *(study again)* wiederholen II. *vi* BRIT, AUS to ~ for an exam auf eine Prüfung lernen

re·vised [rɪ'vaɪzd] *adj attr* ❶ *(reread)* revidiert; ~ edition überarbeitete Ausgabe ❷ *(reconsidered)* abgeändert

re·vi·sion [rɪ'vɪʒ^ən] *n* ❶ *no pl (act of revising)* Revision *f*, Überarbeitung *f* ❷ *(reconsidered version)* Neufassung *f;* ~ of a book überarbeitete Ausgabe; ~ of a contract Neufassung *f* eines Vertrages ❸ *(alteration)* Änderung *f* ❹ *no pl* BRIT, AUS *(studying a subject again)* Wiederholung *f* [des Stoffs]; ~ for an exam Prüfungsvorbereitung *f;* to do ~ den Stoff wiederholen

re·vi·sion·ist [rɪ'vɪʒ^ənɪst] POL I. *n* Revisionist(in) *m(f)* II. *adj* revisionistisch

re·vi·tal·ize [ˌriː'vaɪt^əlaɪz] *vt person* neu beleben; *trade* wiederbeleben

re·viv·al [rɪ'vaɪv^əl] *n* ❶ *no pl (restoration to life)* Wiederbelebung *f* ❷ *no pl (coming back of an idea)* Wiederaufleben *f*, Comeback *nt; of a custom, fashion also* Renaissance *f;* economic ~ wirtschaftlicher Aufschwung; to undergo a ~ eine Renaissance erleben; *person* ein Come-back feiern ❸ *(new production)* Neuauflage *f; of a film* Neuverfilmung *f; of a play* Neuaufführung *f* ❹ REL Erweckung *f*

re·vive [rɪ'vaɪv] I. *vt* ❶ *(bring back to life)* wiederbeleben ❷ *(give new energy)* beleben ❸ *(resurrect)* wiederaufleben lassen; *economy* ankurbeln; *idea* wiederaufgreifen; to ~ sb's hopes jdm neue Hoffnungen machen; to ~ interest in sb/sth das Interesse an jdm/etw wieder wecken; to ~ sb's spirits jds Stimmung wieder heben II. *vi* ❶ *(be restored to consciousness)* wieder zu sich *dat* kommen ❷ *(be restored to health) person, animal, plant* sich erholen ❸ *(be resurrected)* sich erholen; *economy also* wiederaufblühen; *custom, tradition* wiederaufleben; *confidence, hopes* zurückkehren; *suspicions* wiederaufkeimen

revo·ca·tion [ˌrevəʊ'keɪʃ^ən] *n* Widerruf *m*, Aufhebung *f*

re·voke [rɪ'vəʊk] *vt (form)* aufheben; *decision* widerrufen; *licence* entziehen; *order* zurückziehen

re·volt [rɪ'vəʊlt] I. *vi* rebellieren, revoltieren II. *vt* ■ to ~ sb jdn abstoßen; ■ to be ~ed by sth von etw *dat* angeekelt sein III. *n* ❶ *(rebellion)* Revolte *f*, Aufstand *m;* ~ against the government Regierungsputsch *m* ❷ *no pl (insurrection)* to rise in ~ einen Aufstand machen (against gegen)

re·volt·ing [rɪ'vəʊltɪŋ] *adj* abstoßend; *person* widerlich; *smell* ekelhaft; ■ it is ~ that ... es ist widerlich, dass ...

revo·lu·tion [ˌrevəl'uːʃ^ən] *n* ❶ *(also fig: overthrow)* Revolution *f* ❷ ASTRON Umlauf *m* ❸ TECH Umdrehung *f;* ~s per minute Drehzahl *f*, Umdrehungen *pl* pro Minute

revo·lu·tion·ary [ˌrevəl'uːʃ^ənəri] I. *n* Revolutionär(in) *m(f)* II. *adj* revolutionär *a. fig;* *(fig)* bahnbrechend

revo·lu·tion·ize [ˌrevəl'uːʃ^ənaɪz] *vt* revolutionieren

re·volve [rɪ'vɒlv] I. *vi* sich drehen; to ~ on an axis sich um eine Achse drehen II. *vt* drehen ◆**revolve around** *vt (also fig)* ■ to ~ around sth sich um etw *akk* drehen

re·volv·er [rɪ'vɒlvə^r] *n* Revolver *m*

re·volv·ing [rɪ'vɒlvɪŋ] *adj attr* rotierend, Dreh-; ~ door Drehtür *f*

re·vue [rɪ'vjuː] *n* Revue *f*

re·vul·sion [rɪ'vʌlʃ^ən] *n no pl* Abscheu *f;* in ~ at mit Abscheu gegen +*akk;* to fill sb with ~ jdn mit Abscheu erfüllen

re·ward [rɪ'wɔːd] I. *n* Belohnung *f; for merit, service* Anerkennung *f* (for für); *(for return of sth lost)* Finderlohn *m;* to offer a ~ eine Belohnung aussetzen II. *vt* belohnen

re·ward·ing [rɪ'wɔːdɪŋ] *adj* befriedigend; *experience* lohnend; a ~ task eine dankbare Aufgabe

re·wind I. *vt* <-wound, -wound> [ˌriː'waɪnd] *cable* aufwickeln; *cassette, tape* zurückspulen; *watch* aufziehen II. *vi* <-wound, -wound> [ˌriː'waɪnd] *cassette, tape* zurückspulen III. *n* ['riːwaɪnd] *of a cassette, tape* Zurückspulen *nt* IV. *adj* ['riːwaɪnd] *button, control* Rückspul-

re·wire [ˌriː'waɪə^r] *vt* to ~ a building/house ein Gebäude/Haus neu verkabeln; to ~ a plug einen Stecker neu anschließen

re·word [ˌriː'wɜːd] *vt* umschreiben, umformulieren; *contract* neu abfassen

re·work [ˌriː'wɜːk] *vt* überarbeiten; *speech* umschreiben

re·write <-wrote, -written> **I.** *vt* [ˌriːˈraɪt] neu schreiben; (*revise*) überarbeiten; (*recast*) umschreiben; **to ~ history** die Geschichte neu schreiben; (*fig*) **you can't ~ history** Vergangenes lässt sich nicht ändern; **to ~ the rules** (*fig*) die Regeln neu schreiben **II.** *n* [ˈriːraɪt] Überarbeitung *f*

Rhaeto-Romanic [ˌriːtəʊrə(ʊ)ˈmænɪk] **I.** *n* Rätoromanisch *nt* **II.** *adj* rätoromanisch

rhap·so·dy [ˈræpsədi] *n* ① (*piece of music*) Rhapsodie *f* ② (*form: great enthusiasm*) Schwärmerei *f*

'rhe·sus fac·tor *n*, **'Rh fac·tor** *n no pl* Rhesusfaktor *m*

rhet·o·ric [ˈretᵊrɪk] *n no pl* ① (*persuasive language*) Redegewandtheit *f* ② (*bombastic language*) Phrasendrescherei *f pej*; **empty ~** leere Worte ③ (*effective use of language*) Rhetorik *f geh*, Redekunst, f

rhe·tor·i·cal [rɪˈtɒrɪkᵊl] *adj* ① (*relating to rhetoric*) rhetorisch ② (*overdramatic*) gesture übertrieben dramatisch; *commitment* plakativ *geh*

rhe·tor·i·cal·ly [rɪˈtɒrɪkᵊli] *adv* ① (*not expecting answer*) rhetorisch ② (*overdramatically*) *speak, write* schwülstig *pej*

rheu·mat·ic [ruːˈmætɪk] **I.** *adj* rheumatisch; *joint also* rheumakrank; **he is ~** er hat Rheuma **II.** *n* ① (*person*) Rheumatiker(in) *m(f)* ② (*fam*) ■**~s** *usu + sing vb* Rheuma *nt kein pl*

rheu·ma·tism [ˈruːmətɪzᵊm] *n no pl* Rheuma *nt*, Rheumatismus *m*

rheu·ma·toid ar·thri·tis [ˌruːmətɔɪd-] *n no pl* rheumatoide Arthritis

Rhine [raɪn] *n* GEOG ■**the ~** der Rhein

rhi·no [ˈraɪnəʊ] *n* (*fam*) short for **rhinoceros** Nashorn *nt*, Rhinozeros *nt*

rhi·noc·er·os <*pl* -es *or* -> [raɪˈnɒsᵊrəs] *n* Nashorn *nt*, Rhinozeros *nt*

Rhodes [rəʊdz] *n no pl* Rhodos *nt*

rho·do·den·dron [ˌrəʊdəˈdendrən] *n* Rhododendron *n*

rhom·bus <*pl* -es *or* -bi> [ˈrɒmbəs, *pl* -baɪ] *n* Rhombus *m*, Raute *f*

rhu·barb [ˈruːbɑːb] *n no pl* Rhabarber *m*

rhyme [raɪm] **I.** *n* ① *no pl* (*identity in sound*) Reim *m*; ■**in ~** gereimt, in Reimform ② (*poem*) Reim[vers] *m* ③ (*word*) Reimwort *nt* **II.** *vi* ■**to ~ [with sth]** *poem, song, words* sich [auf etw *akk*] reimen **III.** *vt* reimen

rhym·ing [ˈraɪmɪŋ] *adj* Reim-

rhythm [ˈrɪðᵊm] *n* Rhythmus *m*, Takt *m*; **the ~ of the seasons** der Wechsel der Jahreszeiten; **sense of ~** Rhythmusgefühl *nt*

rhyth·mic(al) [ˈrɪðmɪk(ᵊl)] *adj* rhythmisch

rib [rɪb] **I.** *n* ① ANAT Rippe *f*; **to break a ~** sich *dat* eine Rippe brechen ② FOOD ■**~s** Rippchen *pl* ③ *of a boat, roof* Spant *m* ④ *of a lute, violin* Zarge *f* ⑤ *of an umbrella* Speiche *f* ⑥ (*in aerofoil*) Stab *m* ⑦ *of an insect's wing, a leaf* Rippe *f* ⑧ *of land, rock* Grat *m* ⑨ *no pl* (*in knitting*) Rippung *f* ⑩ *esp* AM (*fam: joke*) Scherz *m* **II.** *vt* <-bb-> ① *usu passive* (*mark with ridges*) mit Speichen versehen ② (*fam: tease*) aufziehen

rib·bon [ˈrɪbᵊn] *n* ① (*strip of fabric*) Band *nt*; (*fig*) Streifen *m* ② MIL Ordensband *nt* ③ (*rag*) ■**in ~s** in Fetzen; **to cut sb/sth to ~s** jdn/etw zerfetzen; (*fig*) jdn/ etw in Luft zerreißen ④ *of a typewriter* Farbband *nt*

'rib cage *n* Brustkorb *m*

ri·bo·nu·cleic acid [ˌraɪbə(ʊ)njuː-ˌkliːɪkˈ-] *n no pl* Ribonukleinsäure *f*

rice [raɪs] **I.** *n no pl* Reis *m*; **brown ~** Naturreis *m* **II.** *vt* AM **to ~ potatoes/vegetables** Kartoffeln/Gemüse passieren

'rice field *n* Reisfeld *nt* **'rice-grow·ing** *n no pl* Reisanbau *m* **'rice pad·dy** *n* Reisfeld *nt* **rice 'pud·ding** *n no pl* Milchreis *m*

rich [rɪtʃ] **I.** *adj* ① (*wealthy*) reich; **to get ~ quick** schnell zu Reichtum kommen ② (*abounding*) reich (**in** an); **~ in detail** sehr detailliert; **~ in vitamins** vitaminreich ③ (*very fertile*) *land* fruchtbar; *earth, soil also* fett; *harvest* reich; *vegetation* üppig ④ (*opulent*) *carvings, furniture* prachtvoll ⑤ (*valuable*) *offerings* reich; *reward* großzügig ⑥ (*of food*) gehaltvoll; (*hard to digest*) schwer; *meal* opulent ⑦ (*intense*) *colour* satt; *flavour* reich; *smell* schwer; *taste, tone* voll ⑧ AUTO **~ mixture** fettes Gemisch ⑨ (*interesting*) reich; *life also* erfüllt; *experience* wertvoll; *history* bedeutend ⑩ *mine* ergiebig ⑪ *pred* (*fam: causing amusement*) *criticism, remark* lächerlich; **that's ~ coming from him!** das muss gerade er sagen! **II.** *n* ■**the ~** *pl* die Reichen *pl*

riches [ˈrɪtʃɪz] *npl* (*material wealth*) Reichtümer *pl*

rich·ly [ˈrɪtʃli] *adv* ① (*lavishly*) prachtvoll, prächtig; **~ decorated** reich verziert ② (*generously*) **~ illustrated** reich bebildert; **~ rewarded** reich belohnt

rich·ness [ˈrɪtʃnəs] *n no pl* ① (*wealth*) Reichtum *m*; **~ of detail** (*fig*) Detailgenauigkeit *f* ② (*fattiness*) Reichhaltigkeit *f*

❸ (*intensity*) Stärke *f*; *of a colour* Sattheit *f*
rick¹ [rɪk] **I.** *n* Heuhaufen *m* **II.** *vt* AGR *hay* schobern, schöbern ÖSTERR; *wood* stapeln
rick² [rɪk] MED **I.** *n* Verzerrung *f* **II.** *vt* (*fam*) **to ~ one's back/neck** sich *dat* eine Zerrung im Rücken/Nacken zuziehen
rick·ets ['rɪkɪts] *npl* + *sing/pl vb* MED Rachitis *f*
rick·ety ['rɪkəti] *adj* ❶ (*likely to collapse*) wack[e]lig; *bus* klapp[e]rig; *wooden stairs* morsch ❷ (*decrepit*) *person* alt und klapp[e]rig; (*tottering*) gebrechlich ❸ MED (*suffering from rickets*) rachitisch
rick·sha(w) ['rɪkʃɔː] *n* Rikscha *f*
rico·chet ['rɪkəʃeɪ] **I.** *n* ❶ *no pl* (*action*) Abprallen *nt kein pl*, Abprall *m kein pl* ❷ (*a rebounding ball*) Abpraller *m*; *bullet* Querschläger *m* **II.** *vi* abprallen (**off** von)
rid <-dd-, rid, rid> [rɪd] *vt* ■**to ~ sth/sb of sth** etw/jdn von etw *dat* befreien; ■**to be ~ of sb/sth** jdn/etw los sein; **to get ~ of sb/sth** jdn/etw loswerden; **the cream got ~ of my skin rash** durch die Creme bin ich meinen Hautausschlag losgeworden
rid·dance ['rɪdᵊn(t)s] *n no pl* Loswerden *nt* ▶**good ~** [**to bad rubbish**] Gott sei Dank [, dass wir den/die/das los sind]; **to bid sb good ~** jdn dahin wünschen, wo der Pfeffer wächst
rid·den ['rɪdᵊn] *pp of* **ride**
rid·dle¹ ['rɪdl] **I.** *n* Rätsel *nt a. fig* **II.** *vi* in Rätseln sprechen **III.** *vt* enträtseln
rid·dle² ['rɪdl] **I.** *vt usu passive* ❶ (*perforate*) durchlöchern; (*fig: permeate*) durchdringen ❷ (*sift through sieve*) [aus]sieben **II.** *n* [Schüttel]sieb *nt*
ride [raɪd] **I.** *n* ❶ (*journey*) Fahrt *f* (**on** mit); *on a horse* Ritt *m*; *bus* ~ Busfahrt *f*; **to go for a ~** eine Fahrt machen; (*with horse*) ausreiten ❷ AM (*person*) Fahrer(in) *m(f)* ❸ (*trip costing nothing*) Mitfahrgelegenheit *f*; **to give sb a ~** jdn [im Auto] mitnehmen ❹ AM (*fam: motor vehicle*) fahrbarer Untersatz ❺ (*at a fair*) [Karussell]fahrt *f* ▶**to take sb for a ~** (*fam*) jdn übers Ohr hauen **II.** *vt* <rode, ridden> ❶ (*sit on*) *bicycle, motorcycle* fahren; *horse* reiten; **I ~ my bicycle to work** ich fahre mit dem Fahrrad zur Arbeit; **they rode their horses into town** sie ritten auf ihren Pferden in die Stadt ein ❷ (*as a passenger*) **to ~ the bus/train** Bus/Zug fahren ❸ (*prevent blow*) **to ~ a blow** einen Schlag abfangen ❹ AM (*pester*) antreiben *fam* ❺ *usu passive* (*full of*) **to be ridden with anger** wutentbrannt sein; **to be ridden with guilt** von [schweren] Schuldgefühlen geplagt werden **III.** *vi* <rode, ridden> ❶ (*as a sport*) reiten ❷ (*travel on animal*) reiten; ■**to ~ by** vorbeireiten ❸ (*travel on vehicle*) fahren ◆**ride out** *vt* überstehen; *crisis* durchstehen ◆**ride up** *vi T-shirt, skirt* hochrutschen
rid·er ['raɪdər] *n* ❶ *of a horse* Reiter(in) *m(f)*; *of a vehicle* Fahrer(in) *m(f)* ❷ (*form: amendment*) Zusatzklausel *f* ❸ POL (*to a bill*) [Gesetzes]novelle *f*; BRIT LAW (*to a verdict*) zusätzliche Empfehlung
ridge [rɪdʒ] *n* ❶ GEOG Grat *m* ❷ *of a roof* Dachfirst *m* ❸ METEO **~ of high/low pressure** Hoch-/Tiefdruckkeil *m*
'**ridge pole** *n* Firststange *f* '**ridge·way** *n* Gratweg *m*
ridi·cule ['rɪdɪkjuːl] **I.** *n no pl* Spott *m*, Hohn *m*; **to lay oneself open to ~** sich lächerlich machen; **to hold sb/sth up to ~** sich über jdn/etw lustig machen **II.** *vt* verspotten
ri·dicu·lous [rɪˈdɪkjələs] **I.** *adj* ❶ (*comical*) lächerlich, albern; **to make oneself look ~** sich lächerlich machen ❷ (*inane*) absurd ❸ BRIT (*approv sl: incredible*) unglaublich **II.** *n no pl* ■**the ~** das Absurde
ri·dicu·lous·ly [rɪˈdɪkjələsli] *adv* ❶ (*laughably*) lächerlich; **to behave** [*or fam* **act**] **~** sich zum Narren machen ❷ (*unbelievably*) unglaublich, wahnsinnig; **~ easy** unglaublich [*o fam* total] einfach
ri·dicu·lous·ness [rɪˈdɪkjələsnəs] *n no pl* Lächerlichkeit *f*
rid·ing ['raɪdɪŋ] *n* ❶ *no pl* (*sport*) Reiten *nt* ❷ CAN POL (*constituency*) Wahlbezirk *m*
'**rid·ing breeches** *npl* Reithose *f* '**rid·ing crop** *n* Reitgerte *f* '**rid·ing school** *n* Reitschule *f* '**rid·ing whip** *n* Reitpeitsche *f*
rife [raɪf] *adj pred* ❶ (*widespread*) weit verbreitet ❷ (*full of*) **~ with** voller +*gen*; **the office was ~ with rumours** im Büro kursierten jede Menge Gerüchte
rif·fle ['rɪfl] **I.** *vt* ❶ (*leaf through*) durchblättern ❷ (*ruffle*) zerzausen ❸ (*shuffle*) mischen **II.** *vi* **to ~ through a book** ein Buch durchblättern **III.** *n* ❶ *usu sing* (*search*) Durchsuchung *f* ❷ (*rustle of paper*) Rascheln *nt kein pl* ❸ CARDS Mischen *nt kein pl* ❹ *esp* AM *of a stream* seichte Stelle
riff-raff ['rɪfræf] *n no pl,* + *sing/pl vb* (*pej*) Gesindel *nt kein pl*
ri·fle¹ ['raɪfl] *n* ❶ (*gun*) Gewehr *nt* ❷ (*troops*) ■**~s** *pl* Schützen *mpl*/Schützinnen *fpl*
ri·fle² ['raɪfl] **I.** *vi* durchwühlen **II.** *vt* plündern

'ri·fle butt *n* Gewehrkolben *m* **'ri·fle·man** *n* Schütze *m* **'ri·fle range** *n* ❶ (*for practice*) Schießstand *m* ❷ (*shooting distance*) ■**within ~** in Schussweite [eines Gewehrs] **'ri·fle shot** *n* ❶ (*shot*) Gewehrschuss *m* ❷ *no pl* (*distance*) Schussweite *f* ❸ (*person*) Gewehrschütze *m*/-schützin *f*

rift [rɪft] *n* ❶ (*open space*) Spalt *m* ❷ GEOL [Erd]spalt *m* ❸ (*fig: disagreement*) Spaltung *f* (**between** zwischen); (*in friendship*) Bruch *m*; **to heal a ~** eine Kluft überbrücken

rig [rɪɡ] **I.** *n* ❶ NAUT Takelage *f* ❷ (*apparatus*) Vorrichtung *f* ❸ (*for fishing tackle*) [Vorfach]montage *f* ❹ TECH **drilling ~** Bohrinsel *f*; **gas/oil ~** Gas-/Ölbohrinsel *f* ❺ *esp* AM TRANSP (*semi-trailer*) [mehrachsiger] Sattelschlepper **II.** *vt* <-gg-> ❶ NAUT *boat* takeln; *sails, shrouds, stays* anschlagen *fachspr* ❷ AVIAT aufrüsten ❸ (*set up*) [behelfsmäßig] zusammenbauen ❹ (*falsify*) *results, prices* manipulieren

rig·ger ['rɪɡə^r] *n* ❶ NAUT Takler(in) *m(f)* ❷ (*scaffolder*) Gerüstbauer(in) *m(f)* ❸ (*on oil rig*) Arbeiter(in) *m(f)* auf einer Bohrinsel

rig·ging ['rɪɡɪŋ] *n no pl* ❶ NAUT (*action*) Auftakeln *nt*; (*ropes and wires*) Takelung *f* ❷ AVIAT Aufrüstung *f* ❸ POL (*manipulating*) Manipulation *f*; **ballot ~** Wahlmanipulation *f*

right [raɪt] **I.** *adj* ❶ (*morally good*) richtig; (*fair*) gerecht; **you're ~ to be annoyed** du bist zu Recht verärgert; **to do the ~ thing** das Richtige tun ❷ (*correct*) *answer, direction, order, position* richtig; *time* genau; **were you given the ~ change?** hat man dir richtig herausgegeben?; **is your watch ~?** geht deine Uhr richtig?; **the ~ way round** richtig herum; **to get sth ~** etw richtig machen; **to put sth ~** etw richtigstellen; **to put sb ~** jdn berichtigen ❸ *pred* (*correct in opinion*) **am I ~ in thinking that ...** gehe ich recht in der Annahme, dass ...; **you were ~ about him** was ihn angeht haben Sie Recht gehabt ❹ (*interrog*) oder, richtig ❺ (*best*) richtig; **he's the ~ person for the job** er ist der Richtige für den Job; **to be in the ~ place at the ~ time** zur rechten Zeit am rechten Ort sein ❻ (*important*) *people, places* richtig ❼ *pred* (*working correctly*) in Ordnung ❽ (*healthy*) **to be not [quite] ~ in the head** (*fam*) nicht [ganz] richtig im Kopf sein ❾ (*not left*) rechte(r, s); **to make a ~ turn** rechts abbiegen ❿ (*conservative*) rechte(r, s) ⓫ *attr esp* BRIT (*fam: complete*) total ⓬ BRIT (*fam: foolish*) **a ~ one** ein Dummkopf *m* **II.** *adv* ❶ (*completely*) völlig, ganz; **she walked ~ past me** sie lief direkt an mir vorbei; **~ through** durch und durch; **to be ~ behind sb** voll [und ganz] hinter jdm stehen ❷ (*all the way*) ganz; (*directly*) genau, direkt ❸ (*fam: immediately*) gleich; **I'll be ~ with you** ich komme sofort; **~ away** sofort ❹ (*morally good*) **to do ~ by sb** sich jdm gegenüber anständig verhalten ❺ (*properly*) gut; **things have been going ~ for me** es läuft gut für mich ❻ (*not left*) rechts; **to turn ~** [nach] rechts abbiegen ❼ BRIT (*form: in titles*) **the R~ Honourable Sarah Bast, MP** die sehr Ehrenwerte Sarah Bast, Mitglied des Parlaments; **the R~ Reverend John Jones** Bischof John Jones **III.** *n* ❶ *no pl* (*goodness*) Recht *nt* ❷ (*morally correct thing*) das Richtige; **to discuss the ~s and wrongs of sth** [über] das Für und Wider einer S. *gen* diskutieren ❸ (*claim, entitlement*) Recht *nt*; **~ of free speech** Recht *nt* auf freie Meinungsäußerung; **women's ~s** die Rechte *pl* der Frau[en]; **to be within one's ~s to do sth** das Recht haben, etw zu tun; **to stand up for one's ~s** für seine Rechte einstehen ❹ *pl* (*authority, ownership*) Rechte *pl* ❺ *no pl* (*right side*) rechte Seite; **on the ~** rechts, auf der rechten Seite; **on my/her ~** rechts [von mir/ihr] ❻ *no pl* (*road*) **the first/second ~** die erste/zweite [Straße] rechts; **take the second ~** fahren Sie die zweite rechts [rein *fam*] ❼ + *sing/pl vb* POL ■**the R~** die Rechte; **the far ~** die Rechtsextremen *pl* **IV.** *vt* ❶ (*correct position*) aufrichten; (*correct condition*) in Ordnung bringen ❷ (*rectify*) *mistake, wrong* wiedergutmachen **V.** *interj* (*fam*) ❶ (*okay*) in Ordnung, okay *fam*; **~ you are!** in Ordnung! ❷ BRIT (*fam: agreed*) **too ~!** wohl [o nur zu] wahr! ❸ (*fam: filler word*) also; **so we were on our way to work, ~, when ...** also, wir waren auf dem Weg zur Arbeit, als ... ❹ (*as introduction*) **~, let's go** also, nichts wie los *fam* ❺ AUS (*reassuring*) nur keine Sorge

'right an·gle *n* rechter Winkel **'right-an·gled** *adj* rechtwinklig

right·eous ['raɪtʃəs] (*form*) **I.** *adj* ❶ (*virtuous*) *person* rechtschaffen ❷ (*justifiable*) *anger, indignation* berechtigt, gerechtfertigt ❸ (*pej, iron: self-righteous*) selbstgerecht **II.** *n* ■**the ~** *pl* die Gerechten *pl*

right·ful ['raɪtfəl] *adj attr* rechtmäßig

'right-hand *adj attr* ❶ (*on the right*) rechte(r, s) ❷ (*with the right hand*) mit der Rechten *nach n;* ~ **punch** rechter Haken
right-hand 'drive *n no pl* Rechtslenkung *f*
right-'hand·ed *adj* rechtshändig **right-'hand·er** *n* ❶ (*person*) Rechtshänder(in) *m(f)* ❷ (*in boxing*) rechter Haken
right·ist ['raɪtɪst] I. *n* POL Rechte(r) *f(m)* II. *adj* rechtsgerichtet
right·ly ['raɪtli] *adv* ❶ (*correctly*) richtig ❷ (*justifiably*) zu Recht; **quite** ~ völlig zu Recht
right-'mind·ed *adj* (*approv*) vernünftig
right of 'way <*pl* rights-> *n* ❶ *no pl* (*right to pass*) Durchgangsrecht *nt* ❷ (*path*) Wegerecht *nt* ❸ AUTO, AVIAT, NAUT Vorfahrt *f*
'rights is·sue *n* BRIT STOCKEX Bezugsrechtsemission *f*
right-'wing *adj* rechts *präd*, rechte(r, s)
rig·id ['rɪdʒɪd] *adj* ❶ (*inflexible*) starr, steif; **to be** ~ **with fear/pain** gelähmt vor Angst/Schmerzen sein; **to be bored** ~ BRIT (*fam*) zu Tode gelangweilt sein ❷ (*fig: unalterable*) *routine, rules* starr; (*overly stringent*) streng, hart
ri·gid·ity [rɪ'dʒɪdəti] *n no pl* ❶ (*inflexibility*) Steifheit *f,* Steifheit *f; of concrete* Härte *f* ❷ (*fig, pej: intransigence*) Starrheit *f,* Unbeugsamkeit *f*
rig·ma·role ['rɪgm³rəʊl] *n usu sing* (*pej*) ❶ (*procedure*) Prozedur *f* ❷ (*rambling story*) Gelabere *nt pej*
rig·or *n* AM *see* **rigour**
rig·or mor·tis [ˌrɪgə'mɔːtɪs] *n no pl* Leichenstarre *f*
rig·or·ous ['rɪg³rəs] *adj* ❶ (*approv: thorough*) [peinlich] genau, präzise ❷ (*disciplined*) strikt, streng ❸ (*physically demanding*) hart ❹ (*harsh*) rau
rig·our ['rɪgə'] *n* ❶ *no pl* (*approv: thoroughness*) Genauigkeit *f,* Präzision *f* ❷ *no pl* (*strictness*) Strenge *f,* Härte *f*
rile [raɪl] *vt* (*fam*) ❶ (*annoy*) ärgern; **to get sb** ~**d** jdn verärgern ❷ AM (*stir up*) *water* verschmutzen
rim [rɪm] I. *n* ❶ (*brim*) *of a cup, plate* Rand *m* ❷ (*boundary*) Rand *m;* **on the Pacific** ~ am Rande des Pazifiks ❸ *of a wheel* Felge *f* ❹ *usu pl* (*spectacle frames*) Fassung *f* II. *vt* <-mm-> umgeben; (*frame*) umrahmen
rime[1] [raɪm] (*liter*) I. *n no pl* [Rau]reif *m* II. *vt* mit [Rau]reif bedecken
rime[2] *n* (*hist*) *see* **rhyme**
'rim·less ['rɪmləs] *adj* randlos
rind [raɪnd] *n no pl* Schale *f;* (*of a tree*) [Baum]rinde *f;* **bacon** ~ [Speck]schwarte *f;* [grated] **lemon** ~ [geriebene] Zitronenschale

ring[1] [rɪŋ] I. *n* ❶ (*jewellery*) Ring *m* ❷ (*circular object*) Ring *m* ❸ ASTRON Ring *m* ❹ BRIT (*cooking device*) Kochplatte *f* ❺ (*arena*) Ring *m;* **circus** ~ Manege *f* ❻ + *sing/pl vb* (*circle of people*) Kreis *m* ❼ + *sing vb* (*circle of objects*) Kreis *m* ❽ + *sing/pl vb* (*clique*) Kartell *nt,* Syndikat *nt;* **drug/spy** ~ Drogen-/Spionagering *m* II. *vt* ❶ *usu passive* (*surround*) umringen ❷ BRIT (*draw*) einkreisen
ring[2] [rɪŋ] I. *n* ❶ (*act of sounding bell*) Klingeln *nt kein pl* ❷ (*sound made*) Klingeln *nt kein pl,* Läuten *nt kein pl* ❸ *usu sing esp* BRIT (*telephone call*) **to give sb a** ~ jdn anrufen ❹ (*loud sound*) Klirren *nt kein pl* ❺ *usu sing* (*quality*) Klang *m;* **your name has a familiar** ~ Ihr Name kommt mir bekannt vor ❻ (*set of bells*) Glockenspiel *nt; of a church* Läut[e]werk *nt* II. *vi* <rang, rung> ❶ (*produce bell sound*) *telephone* klingeln, läuten; (*cause bell sound*) klingen ❷ (*have humming sensation*) *ears* klingen ❸ (*reverberate*) **the room rang with laughter** der Raum war von Lachen erfüllt; (*fig*) **his voice rang with anger** seine Stimme bebte vor Zorn ❹ (*appear*) **to** ~ **false/true** unglaubhaft/glaubhaft klingen ❺ *esp* BRIT (*call on telephone*) anrufen III. *vt* <rang, rung> ❶ (*make sound*) *bell* läuten; **to** ~ **the alarm** Alarm auslösen ❷ (*of a church*) **to** ~ **the hour** die Stunde schlagen ❸ *esp* BRIT (*call on telephone*) anrufen; ▪**to** ~ **sb back** jdn zurückrufen ◆**ring in** I. *vi* BRIT sich telefonisch melden; **to** ~ **in sick** sich telefonisch krankmelden II. *vt* ▪**to** ~ **in** ⟳ **sb** nach jdm klingeln; ▪**to** ~ **in** ⟳ **sth** etw einläuten ◆**ring off** *vi* BRIT auflegen ◆**ring out** I. *vi* ertönen II. *vt* ausläuten ◆**ring up** I. *vt* ❶ *esp* BRIT (*telephone*) anrufen ❷ COMM **to** ~ **up an amount** einen Betrag [in die Kasse] eintippen II. *vi* BRIT anrufen
'ring bind·er *n* Ringbuch *nt*
ring·er[1] ['rɪŋə'] *n* ❶ *esp* AM SPORTS (*fam*) *Spieler, der unerlaubt an einem Wettkampf teilnimmt oder gegen das Reglement eingewechselt wird;* (*in horseracing*) Ringer *m* (*vertauschtes Pferd*) ❷ (*impostor*) Schwindler(in) *m(f)* ❸ (*person*) Glöckner(in) *m(f)* ▸**to be a** <u>dead</u> ~ **for sb** jdm aufs Haar gleichen
ring·er[2] ['rɪŋə'] *n* ❶ AUS, NZ (*shearer*) [Schaf]scherer(in) *m(f)* ❷ AUS (*stockman*)

Farmarbeiter(in) *m(f);* (*employed in droving*) Viehtreiber(in) *m(f)*
'ring fin·ger *n* Ringfinger *m*
ring·ing ['rɪŋɪŋ] I. *adj attr* ❶ (*resounding*) schallend; ~ **cheer** lauter Jubel; ~ **crash** ohrenbetäubendes Krachen ❷ (*unequivocal*) eindringlich II. *n no pl* Klingeln *nt*
'ring·lead·er *n* Anführer(in) *m(f)*
ring·let ['rɪŋlɪt] *n usu pl* Locke *f*
'ring road *n* BRIT, AUS Ringstraße *f*
'ring·side *n* (*in boxing*) Sitzreihe *f* am Boxring; (*in a circus*) Sitzreihe an der Manege; ~ **seat** (*in boxing*) Ringplatz *m;* (*in a circus*) Manegenplatz *m*
'ring tone *n* Klingelton *m*
'ring·worm *n no pl* MED Flechte *f*
rink [rɪŋk] *n* Bahn *f;* **ice** ~ Eisbahn *f*
rinse [rɪns] I. *n* ❶ (*action*) Spülung *f;* **to give a bottle/one's mouth a** ~ eine Flasche/sich *dat* den Mund ausspülen; **to give clothes/one's hair a** ~ Kleidungsstücke/sich *dat* die Haare spülen ❷ (*for mouth*) Mundspülung *f* ❸ (*conditioner*) [Haar]spülung *f;* (*for tinting hair*) Tönung *f* II. *vt* spülen; **to quickly** ~ **one's hands** sich *dat* kurz die Hände abspülen; **to** ~ **one's mouth** sich *dat* den Mund ausspülen III. *vi* spülen
riot ['raɪət] I. *n* ❶ (*disturbance*) Krawall *m,* Unruhen *pl;* (*uproar*) Aufstand *m a. fig* ❷ *no pl* (*fig approv: display*) **a** ~ **of colour[s]** eine Farbenpracht ❸ *no pl* (*fig: outburst*) **a** ~ **of emotions** ein Gefühlsausbruch *m* ▸ **to run** ~ (*behave uncontrollably*) *people* Amok laufen; *emotions* verrückt spielen; (*spread uncontrollably*) *prejudices* um sich *akk* greifen; **my imagination ran** ~ die Fantasie ist mit mir durchgegangen II. *vi* (*act violently*) randalieren ❷ (*fig: behave uncontrollably*) wild feiern
ri·ot·er ['raɪətə^r] *n* Aufständische(r) *f/m)*
'riot gear *n no pl* Schutzanzug *m*
riot·ing ['raɪətɪŋ] *n no pl* Randalieren *nt,* Krawalle *pl*
ri·ot·ous ['raɪətəs] *adj* ❶ (*involving disturbance*) aufständisch ❷ (*boisterous*) ausschweifend; *party* wild ❸ (*vivid*) **a** ~ **display** eine hemmungslose Zurschaustellung
'riot po·lice *n* + *sing/pl vb* Bereitschaftspolizei *f*
rip¹ [rɪp] *n* GEOG, NAUT Kabbelung *f*
rip² [rɪp] I. *n* ❶ (*tear*) Riss *m* ❷ *usu sing* (*act*) Zerreißen *nt;* (*with knife*) Zerschlitzen *nt* II. *vt* <-pp-> zerreißen; **to** ~ **sth into shreds** etw zerfetzen; **to** ~ **sth open** etw aufreißen; (*with knife*) etw aufschlitzen; ▪ **to** ~ **sth apart** etw auseinanderreißen III. *vi* <-pp-> ❶ (*tear*) reißen; *seams of clothing* platzen ❷ (*rush*) **to** ~ **through sth** durch etw *akk* fegen ♦ **rip off** *vt* ❶ (*take off fast*) abreißen ❷ (*fam: overcharge*) ▪ **to** ~ **off** ⟲ **sb** jdn übers Ohr hauen ❸ (*fam: steal*) mitgehen lassen; **to** ~ **off ideas** Ideen klauen ♦ **rip out** *vt* herausreißen ♦ **rip up** *vt* zerreißen; **to** ~ **the carpets up** den Teppichboden herausreißen

RIP [ˌɑːraɪˈpiː] *abbrev* **of rest in peace** R.I.P.
rip·cord ['rɪpkɔːd] *n* Reißleine *f*
ripe [raɪp] *adj* ❶ (*ready to eat*) *fruit, grain* reif ❷ (*matured*) *cheese, wine* ausgereift ❸ (*intense*) *flavour, smell* beißend ❹ ZOOL *insect, fish* reif für die Eiablage *präd* ❺ *pred* (*prepared*) ~ **to be** ~ **for sth** reif für etw *akk* sein ❻ *pred* (*full of*) ▪ **to be** ~ **with sth** von etw *dat* erfüllt sein ❼ *attr* (*advanced*) fortgeschritten; **to live to a** ~ **old age** ein hohes Alter erreichen
rip·en ['raɪpən] I. *vi* [heran]reifen *a. fig* II. *vt fruit* reifen lassen
ripe·ness ['raɪpnəs] *n no pl* Reife *f*
'rip-off *n* (*fam*) Wucher *m kein pl pej;* (*fraud*) Schwindel *m,* Beschiss *m kein pl derb;* **that's just a** ~ **of my idea!** da hat doch bloß einer meine Idee geklaut! *fam*
ri·poste [rɪˈpɒst] I. *n* ❶ (*usu approv liter: reply*) [schlagfertige] Antwort ❷ (*in fencing*) Riposte *f* II. *vt* (*usu approv*) ▪ **to** ~ **that ...** [schlagfertig] kontern, dass ... III. *vi* (*in fencing*) ripostieren
rip·ple ['rɪpl] I. *n* ❶ (*in water*) leichte Welle ❷ (*sound*) Raunen *nt kein pl;* **a** ~ **of applause** ein kurzer Applaus; **a** ~ **of laughter** ein leises Lachen ❸ (*feeling*) Schauer *m* ❹ (*reaction*) Wirkung *f* ❺ *no pl* ELEC Brummstrom *m* ❻ *no pl* (*ice cream*) **chocolate/raspberry** ~ [Vanille]eiscreme, die marmorartig mit Schokoladen-/Himbeersirup durchzogen ist II. *vi* ❶ (*form waves*) *water* sich kräuseln ❷ (*flow with waves*) plätschern ❸ (*move with waves*) *grain* wogen; **his muscles** ~**d under his skin** man sah das Spiel seiner Muskeln [unter der Haut] ❹ (*spread*) *feeling* sich breit machen; *sound* ertönen III. *vt* ❶ (*produce wave in*) **to** ~ **the water** das Wasser kräuseln ❷ (*make wavy*) **to** ~ **muscles** die Muskeln spielen lassen
rip-'roar·ing *adj attr* (*fam*) *match* sagenhaft, mitreißend; *person* Aufsehen erregend
'rip tide *n* GEOG, NAUT Stromkabbelung *f*
rise [raɪz] I. *n* ❶ (*upward movement*) of

theatre curtain Hochgehen *nt kein pl*, Heben *nt kein pl; of the sun* Aufgehen *nt kein pl* ❷ (*in fishing*) Steigen *nt kein pl* ❸ MUS *of a pitch, sound* Erhöhung *f* ❹ (*in society*) Aufstieg *m;* ~ **to power** Aufstieg *m* an die Macht ❺ (*hill*) Anhöhe *f,* Erhebung *f;* (*in a road*) (Straßen)kuppe *f* ❻ (*height*) Höhe *f* ❼ (*increase*) Anstieg *m kein pl,* Steigen *nt kein pl;* [**pay**] ~ BRIT Gehaltserhöhung *f* II. *vi* <rose, risen> ❶ (*ascend*) steigen; *curtain* aufgehen, hochgehen ❷ (*become visible*) *moon, sun* aufgehen ❸ *voice* höher werden ❹ (*improve position*) aufsteigen; **to** ~ **to fame** berühmt werden; **to** ~ **in sb's esteem** in jds Ansehen *nt* steigen ❺ (*from a chair*) sich erheben ❻ (*get out of bed*) aufstehen ❼ (*be reborn*) auferstehen ❽ *wind* aufkommen ❾ (*rebel*) ■**to** ~ **against sb/sth** sich gegen jdn/etw auflehnen ❿ (*incline upwards*) *ground* ansteigen ⓫ FOOD *yeast, dough* aufgehen ⓬ (*increase*) [an]steigen; (*in height*) *river, prices* steigen ⓭ *of emotion* sich erhitzen; **tempers were rising at the meeting** auf der Besprechung erhitzten sich die Gemüter ⓮ (*become louder*) *voice* lauter werden, sich erheben ⓯ *mood, spirits* steigen ⓰ *barometer, thermometer* steigen ▶ **to** ~ **to the bait** anbeißen; ~ **and shine!** aufstehen!, los, raus aus den Federn! ◆**rise above** *vi* ■**to** ~ **above sth** ❶ (*protrude*) *skyscraper* sich über etw *dat* erheben ❷ (*be superior to*) über etw *dat* stehen; **to** ~ **above difficulties/poor conditions** Schwierigkeiten/Notlagen überwinden ◆**rise up** *vi* ❶ (*mutiny*) ■**to** ~ **up** sich auflehnen (**against** gegen) ❷ (*be visible*) aufragen ❸ (*become present in mind*) aufsteigen; **to** ~ **up in sb's mind** jdm in den Sinn kommen

ris·en ['rɪzən] *pp of* **rise**

ris·er ['raɪzə'] *n* ❶ (*person*) **early** ~ Frühaufsteher(in) *m(f);* **late** ~ Spätaufsteher(in) *m(f)* ❷ AM (*platform*) ■~ **s** *pl* Tribüne *f*

ris·ible ['rɪzəbl] *adj* (*pej form*) lächerlich

ris·ing ['raɪzɪŋ] I. *adj attr* ❶ (*increasing in status*) *author, politician* aufstrebend ❷ (*getting higher*) *flood waters* steigend; *sun* aufgehend ❸ (*increasing*) *costs* steigend; *wind* aufkommend; *fury* wachsend ❹ (*advancing to adulthood*) heranwachsend ❺ (*angled upwards*) *ground* [auf]steigend ❻ LING ~ **intonation** Anhebung *f* der Stimme II. *n* Aufstand *m,* Erhebung *f*

risk [rɪsk] I. *n* Risiko *nt;* ■**at the** ~ **of doing sth** auf die Gefahr hin, etw zu tun; **fire** ~ Brandgefahr *f;* ~ **to health** Gesundheitsrisiko *nt;* **to take a** ~ ein Risiko eingehen; ■**to be at** ~ einem Risiko ausgesetzt sein II. *vt* riskieren; **to** ~ **life and limb** Leib und Leben riskieren

'risk capi·tal *n no pl* ECON Risikokapital *nt* **'risk-free** *adj* (*approv*) risikolos **'risk lia·bil·ity** *n* Risikohaftung *f*

risky ['rɪski] *adj* riskant

ris·qué ['rɪskeɪ] *adj* gewagt

ris·sole ['rɪsəʊl] *n* Rissole *f*

rite [raɪt] *n usu pl* Ritus *m;* **funeral** ~ Bestattungsritual *nt;* **last** ~ **s** Sterbesakramente *pl*

ritu·al ['rɪtjʊəl] I. *n* Ritual *nt,* Ritus *m;* **mating** ~ ZOOL Balzritual *nt* II. *adj attr* rituell, Ritual-; ~ **bath** rituelle Waschung

ritzy ['rɪtsi] *adj* (*fam*) nobel

ri·val ['raɪvəl] I. *n* Rivale *m*/Rivalin *f;* ECON, COMM Konkurrent *m;* **arch** ~ Erzrivale *m*/-rivalin *f;* **bitter** ~ **s** scharfe Rivalen; **closest** ~ größter Rivale/größte Rivalin II. *adj* rivalisierend *attr,* konkurrierend *attr;* ~ **brand** Konkurrenzmarke *f;* ~ **camp/team** gegnerisches Lager/gegnerische Mannschaft III. *vt* <BRIT -ll- *or* AM *usu* -l-> ■**to** ~ **sb/sth** mit jdm/etw konkurrieren; ■**to be** ~**led by sth/sb** von etw/jdm übertroffen werden

ri·val·ry ['raɪvəlri] *n* ❶ *no pl* (*competition*) Rivalität *f* (**among** unter); *esp* ECON, SPORTS Konkurrenz *f* (**for** um) ❷ (*incidence*) Rivalität *f;* **friendly** ~ freundschaftlicher Wettstreit

riv·er ['rɪvə'] *n* (*water*) Fluss *m;* **the R~ Thames** die Themse; **down** ~ stromabwärts; **up** ~ stromaufwärts; **down by the** ~ unten am Fluss

'riv·er ba·sin *n* Flussbecken *nt* **'riv·er bed** *n* Flussbett *nt* **'riv·er fish** *n* Flussfisch *m* **'riv·er po·lice** *n no pl, + sing/pl vb* Wasserschutzpolizei *f* **'riv·er·side** *n* [Fluss]ufer *nt*

riv·et ['rɪvɪt] I. *n* Niete *f* II. *vt* ❶ (*join*) ■**to** ~ **sth** [**together**] etw [zusammen]nieten ❷ (*fix firmly*) fesseln; **to be** ~**ed to the spot** wie angewurzelt stehen bleiben ❸ (*engross*) fesseln

riv·et·ing ['rɪvɪtɪŋ] *adj* (*fam*) fesselnd

rivi·era [ˌrɪvi'eərə] *n* Riviera *f*

rivu·let ['rɪvjələt] *n* Bächlein *nt;* (*fig*) ~**s of sweat ran down his face** der Schweiß lief ihm in Rinnsalen übers Gesicht

RN [ˌɑː'en] *n* ❶ BRIT MIL *abbrev of* **Royal Navy** ❷ AM *abbrev of* **registered nurse** examinierte Krankenschwester; (*male*) examinierter Krankenpfleger

RNA [ˌɑːrenˈeɪ] *n no pl abbrev of* **ribonucleic acid** RNS *f*

RNLI [ˌɑːrenelˈaɪ] *n* BRIT *abbrev of* **Royal National Lifeboat Institution** ≈ DLRG *f*

roach[1] <*pl* -> [rəʊtʃ] *n* (*fish*) Rotauge *nt*

roach[2] <*pl* -es> [rəʊtʃ] *n* (*fam*) ❶ AM ZOOL (*cockroach*) Küchenschabe *f* ❷ (*sl: of a joint*) eingedrehter Pappfilter

road [rəʊd] *n* ❶ (*way*) Straße *f;* **on this/the other side of the ~** auf dieser/der anderen Straßenseite; **busy ~** stark befahrene Straße; **main ~** Hauptstraße *f;* **to cross the ~** die Straße überqueren ❷ *no pl* (*street name*) Straße *f* ❸ MIN Tunnel *m,* Förderstrecke *f* ❹ AM (*railroad*) Eisenbahn *f* ❺ BRIT (*railway track*) Schiene *f* ❻ (*fig: course*) Weg *m;* **to be on the ~ to recovery** sich auf dem Wege der Besserung befinden ❼ *usu pl* NAUT Reede *f*

ˈ**road ac·ci·dent** *n* Verkehrsunfall *m* ˈ**road·block** *n* Straßensperre *f* ˈ**road haul·age** *n no pl* BRIT Güterverkehr *m* (*auf den Straßen*) ˈ**road hog** *n* (*pej fam*) Verkehrsrowdy *m* ˈ**road·house** *n* AM Raststätte *f*

roadie [ˈrəʊdi] *n* (*fam*) Roadie *m*

ˈ**road map** *n* Straßenkarte *f* ˈ**road rage** *n no pl* aggressives Verhalten im Straßenverkehr **road** ˈ**safe·ty** *n no pl* Verkehrssicherheit *f* ˈ**road sense** *n no pl* BRIT verantwortungsvolles Verhalten im Straßenverkehr ˈ**road·show** *n* ❶ RADIO, TV Direktübertragung *f* vom Drehort ❷ POL Kampagne *f* ❸ MUS, THEAT Tournee *f;* (*people*) Musikgruppe *f*/Theatertruppe *f* auf Tournee ˈ**road·side I.** *n no pl* Straßenrand *m* **II.** *adj* Straßen-, am Straßenrand gelegen ˈ**road sign** *n* Verkehrsschild *nt* ˈ**road sur·face** *n* Straßenbelag *m* ˈ**road sweep·er** *n* Straßenkehrer(in) *m(f),* Straßenfeger(in) *m(f)* SÜDD ˈ**road-test** *vt car* Probe fahren ˈ**road traf·fic** *n no pl* Straßenverkehr *m* ˈ**road trans·port** *n no pl* BRIT Güterverkehr *m* ˈ**road us·er** *n* Verkehrsteilnehmer(in) *m(f)* ˈ**road·way** *n no pl* Fahrbahn *f* ˈ**road·works** *npl* Straßenbauarbeiten *pl*

roam [rəʊm] **I.** *vi* ❶ (*travel aimlessly*) **to ~ about/around/over/through** umherstreifen, umherziehen ❷ *mind, thoughts* abschweifen **II.** *vt* **to ~ the streets** durch die Straßen ziehen *fam; dog* herumstreunen **III.** *n* [Herum]wandern *nt kein pl*

roan[1] [rəʊn] **I.** *adj horse, calf* rötlich grau **II.** *n* Rotschimmel *m*

roan[2] [rəʊn] *n no pl* (*for bookbinding*) Schafleder *nt*

roar [rɔːʳ] **I.** *n* ❶ (*bellow*) *of a lion, person* Brüllen *nt kein pl,* Gebrüll *nt kein pl* ❷ (*loud noise*) *of an aircraft, a cannon* Donnern *nt kein pl; of an engine* [Auf]heulen *nt kein pl,* Dröhnen *nt kein pl; of a fire* Prasseln *nt kein pl; of thunder* Rollen *nt kein pl,* Grollen *nt kein pl; of waves* Tosen *nt kein pl; of wind* Heulen *nt kein pl* ❸ (*laughter*) schallendes Gelächter **II.** *vi* ❶ (*bellow*) *lion, person* brüllen; ■ **to ~ at sb** jdn anbrüllen ❷ (*make a loud noise*) *aircraft, cannon* donnern; *engine* [auf]heulen, dröhnen; *fire* prasseln; *thunder* rollen, grollen; *waves* tosen; *wind* heulen ❸ (*laugh*) **to ~ with laughter** in schallendes Gelächter ausbrechen **III.** *vt* brüllen

roar·ing [ˈrɔːrɪŋ] *adj attr* ❶ (*noisy*) *animal, crowd, person* brüllend; *inanimate object* lärmend; *aircraft, cannon* donnernd; *engine, wind* heulend; *fire* prasselnd; *traffic, waves* tosend; *thunder* rollend ❷ (*fam: for emphasis*) **to be a ~ success** ein Bombenerfolg sein; **to do a ~ trade** ein Bombengeschäft machen

roast [rəʊst] **I.** *vt* ❶ (*heat*) rösten; *meat* braten ❷ (*criticize*) ■ **to ~ sb** mit jdm hart ins Gericht gehen **II.** *vi* braten *a. fig,* [vor Hitze] fast umkommen *fam* **III.** *adj attr* Brat-; **~ beef** Roastbeef *nt,* Rinderbraten *m;* **~ chicken** Brathähnchen *nt;* **~ lamb/pork** Lamm-/Schweinebraten *m* **IV.** *n* ❶ FOOD Braten *m* ❷ *no pl* (*process*) Rösten *nt* ❸ (*of coffee*) Röstung *f* ❹ AM (*party*) Grillparty *f*

roast·er [ˈrəʊstəʳ] *n* ❶ (*device*) Röstapparat *m; for metal ore* Röstofen *m* ❷ (*oven*) Bratofen *m,* Bratröhre *f* ❸ (*chicken*) Brathähnchen *nt;* (*pig*) Spanferkel *nt*

roast·ing [ˈrəʊstɪŋ] **I.** *adj attr* ❶ (*for roasting*) zum Braten *nach n* ❷ (*being roasted*) **~ coffee** Röstkaffee *m* ❸ (*fam: hot*) knallheiß **II.** *n* ❶ *no pl* (*action of cooking*) Braten *nt* ❷ *usu sing* (*fam: criticism*) Standpauke *f;* **to give sb a ~** jdm eine Standpauke halten; **to give sth a ~** etw verreißen

rob <-bb-> [rɒb] *vt* ❶ (*steal from*) ■ **to ~ sb** jdn bestehlen; (*violently*) jdm rauben; **to ~ a bank** eine Bank ausrauben ❷ *usu passive* (*fam: overcharge*) ■ **to ~ sb** jdn ausnehmen ❸ (*deprive*) ■ **to ~ sb of sth** jdn um etw *akk* bringen

rob·ber [ˈrɒbəʳ] *n* Räuber(in) *m(f)*

rob·bery [ˈrɒbəri] *n* ❶ *no pl* (*action*) Raubüberfall *m* ❷ (*theft*) Raub[überfall] *m;* **bank ~** Bankraub *m;* **armed ~** bewaffneter Raubüberfall ❸ (*fam: overcharging*) **day-**

light [*or* AM **highway**] ~ Halsabschneiderei *f pej fam*
robe [rəʊb] *n* ❶ (*long garment*) langes Kleid, Abendkleid *nt* ❷ *usu pl* (*formal gown*) Talar *m* ❸ (*dressing gown*) Morgenmantel *m*
rob·in ['rɒbɪn] *n*, *liter* **rob·in 'red·breast** *n* ORN ❶ (*European bird*) Rotkehlchen *nt* ❷ (*American bird*) Wanderdrossel *f*
ro·bot ['rəʊbɒt] *n* ❶ (*machine*) Roboter *m a. fig* ❷ SA (*traffic light*) Ampel *f*
ro·bot·ics [rə(ʊ)'bɒtɪks] *n + sing vb* Robotik *f kein pl*
ro·bust [rə(ʊ)'bʌst] *adj* ❶ (*healthy*) kräftig, robust; *appetite* gesund; **to be in ~ health** kerngesund sein ❷ (*sturdy*) *material* robust, widerstandsfähig ❸ ECON stabil ❹ (*down-to-earth*) *approach, view* bodenständig ❺ (*physical*) hart ❻ (*full-bodied*) *food* deftig; *wine* kernig
ro·bust·ness [rə(ʊ)'bʌstnəs] *n no pl* ❶ (*vitality, sturdiness*) Widerstandsfähigkeit *f*, Robustheit *f* ❷ ECON (*stability*) Stabilität *f* ❸ (*determination*) Entschlossenheit *f*
rock[1] [rɒk] *n* ❶ *no pl* (*mineral material*) Stein *m* ❷ (*sticking out of ground*) Fels[en] *m*; (*sticking out of sea*) Riff *nt*; (*boulder*) Felsbrocken *m* ❸ GEOL Gestein *nt* ❹ (*Gibraltar*) ▪**the R~** der Felsen von Gibraltar ❺ AM, AUS (*a stone*) Stein *m* ❻ (*fig: firm support*) Fels *m* in der Brandung ❼ *no pl* BRIT **stick of ~** Zuckerstange *f* ❽ (*fam: diamond*) Klunker *m* ❾ (*fam: piece of crack cocaine*) Crack *nt kein pl* ▶ **on the ~s** (*fam: in disastrous state*) am Ende; *relationship, marriage* kaputt *fam*; (*served with ice*) mit Eis
rock[2] [rɒk] I. *n* ❶ *no pl* Rockmusik *f* ❷ (*movement*) Schaukeln *nt kein pl*, Wiegen *nt kein pl* II. *vt* ❶ (*cause to move*) schaukeln; (*gently*) wiegen; **to ~ sb to sleep** jdn in den Schlaf wiegen ❷ (*also fig: sway*) erschüttern III. *vi* ❶ (*move*) schaukeln; **to ~ back and forth** hin und her schaukeln ❷ (*dance*) rocken *fam*; (*play music*) Rock[musik] spielen ❸ (*fam: be excellent*) **he really ~s!** er ist ein Supertyp!; **this party really ~s!** diese Party bringt's!
rock and 'roll *n no pl* Rock and Roll *m*
'rock band *n* Rockband *f* **rock 'bot·tom** *n* Tiefpunkt *m*; **to be at ~** am Tiefpunkt [angelangt] sein; *person also* am Boden zerstört sein **'rock bun** *n* BRIT, AUS, **'rock cake** *n* BRIT, AUS [kleiner] Rosinenkuchen **'rock climb·er** *n* Bergsteiger(in) *m(f)* **'rock climb·ing** *n no pl* Klettern *nt*
rock·er ['rɒkə[r]] *n* ❶ (*musician*) Rockmusiker(in) *m(f)*; (*fan*) Rockfan *m*; (*song*) Rocksong *m* ❷ BRIT (*hist: in '60s motorcycle cult*) Rocker(in) *m(f)* ❸ (*chair*) Schaukelstuhl *m*; (*rocking horse*) Schaukelpferd *nt* ❹ (*curved bar*) *of a chair* [Roll]kufe *f*; *of a cradle* [Wiegen]kufe *f* ❺ TECH Wippe *f*; (*in dynamo*) Kipphebel *m*
rock·ery ['rɒkəri] *n* Steingarten *m*
rock·et[1] ['rɒkɪt] I. *n* ❶ (*missile*) [Marsch]flugkörper *m*; (*for space travel*) Rakete *f* ❷ (*firework*) [Feuerwerks]rakete *f* ❸ (*engine*) Raketentriebwerk *nt* II. *vi* ▪**to ~ [up]** *costs, prices* hochschnellen, in die Höhe schnellen; **to ~ to fame** über Nacht berühmt werden
rock·et[2] ['rɒkɪt] *n no pl* BOT Rucola *f*, Rauke *f*
'rock·et launch·er *n* MIL Raketenwerfer *m*
'rock face *n* Felswand *f*
'rock fes·ti·val *n* Rockfestival *nt*
'rock gar·den *n esp* AM Steingarten *m*
Rockies ['rɒkiz] *n* ▪**the ~** die Rocky Mountains *pl*
rock·ing ['rɒkɪŋ] *adj* schaukelnd, Schaukel-
'rock·ing chair *n* Schaukelstuhl *m* **'rock·ing horse** *n* Schaukelpferd *nt*
'rock mu·sic *n no pl* Rockmusik *f*
'rock plant *n* Steingartenpflanze *f* **'rock salt** *n no pl* Steinsalz *nt*
'rock star *n* Rockstar *m*
rocky[1] ['rɒki] *adj* ❶ (*characterized by rocks*) felsig ❷ (*full of rocks*) *soil* steinig
rocky[2] ['rɒki] *adj* ❶ (*tottering*) wack[e]lig *fam* ❷ (*full of difficulties*) schwierig; *future* unsicher
Rocky 'Moun·tains *n* ▪**the ~** die Rocky Mountains *pl*
ro·co·co [rə(ʊ)'kəʊkəʊ] I. *adj* Rokoko- *f* II. *n no pl* Rokoko *nt*
rod [rɒd] *n* ❶ (*bar*) Stange *f* ❷ (*staff*) Stab *m*; (*symbol of authority*) Zepter *nt* ❸ (*for punishing*) Rute *f*; (*cane*) Rohrstock *m* ❹ (*for fishing*) [Angel]rute *f*; (*angler*) Angler(in) *m(f)* ▶ **to rule sb/sth with a ~ of iron** jdn/etw mit eiserner Hand regieren
rode [rəʊd] *pt of* **ride**
ro·dent ['rəʊdənt] I. *n* Nagetier *nt* II. *adj* nagend, Nage-
ro·deo [rə(ʊ)'deɪəʊ] I. *n* ❶ (*for cowboys*) Rodeo *nt*; (*for motorcyclists*) Motorrad-/Autorodeo *nt* ❷ (*cattle round-up*) Zusammentreiben *nt* des Viehs ❸ (*enclosure*)

umzäunter Sammelplatz für das Zusammentreiben des Viehs II. *vi* an einem Rodeo teilnehmen
roe¹ [rəʊ] *n no pl of female fish* Rogen *m; of male fish* Milch
roe² <*pl* -s *or* -> [rəʊ] *n* (*deer*) Reh *nt*
'roe·buck *n* Rehbock *m*
'rog·er ['rɒdʒəʳ] *interj* ~! verstanden!, roger! *sl*
rogue [rəʊg] I. *n* (*pej*) Gauner(in) *m(f)*; (*rascal*) Spitzbube *m* II. *adj company, organization* skrupellos; ~ **state** Schurkenstaat *m*; ~ **regime** Unrechtsregime *nt*
ro·guery ['rəʊgəri] *n* (*pej*) ❶ (*dishonesty*) Gaunerei *f* ❷ (*mischief*) Unfug *m kein pl*, Unsinn *m kein pl*
ro·guish ['rəʊgɪʃ] *adj* ❶ (*dishonest*) schurkisch ❷ (*mischievous*) schelmisch; *smile, twinkle* spitzbübisch
role [rəʊl] *n* ❶ FILM, THEAT, TV Rolle *f*; **leading ~** Hauptrolle *f*; **supporting ~** Nebenrolle *f* ❷ (*function*) Rolle *f*, Funktion *f*
'role mod·el *n* Vorbild *nt* **'role play** *n*, **'role play·ing** *n no pl* Rollenspiel *nt* **'role re·ver·sal** *n* Rollentausch *m kein pl*
roll [rəʊl] I. *n* ❶ (*cylinder*) Rolle *f*; **a ~ of film/paper** eine Rolle Film/Papier ❷ (*cylindrical mass*) Rolle *f*; *of cloth* Ballen *m* ❸ (*list*) [Namens]liste *f*; (*register*) Verzeichnis *nt*; **electoral ~** Wählerverzeichnis *nt*; **to call** [*or* **take**] **the ~** die Anwesenheit überprüfen ❹ (*bread*) Brötchen *nt* ❺ (*meat*) Roulade *f*; (*cake, pastry*) Rolle *f* ❻ AM, AUS (*money*) Bündel *nt* Banknoten ❼ *no pl* (*movement*) Rollen *nt*; (*turning over*) Herumrollen *nt*; (*wallowing*) Herumwälzen *nt* ❽ *no pl* (*unsteady movement*) *of a car, plane, ship* Schlingern *nt* ❾ SPORTS, AVIAT Rolle *f*; **a backward ~** eine Rolle rückwärts ❿ *usu sing* (*sound*) *of thunder* [G]rollen *nt kein pl*; *of an organ* Brausen *nt kein pl*; **drum ~** Trommelwirbel *m* ▸ **to be on a ~** (*fam*) eine Glückssträhne haben II. *vt* ❶ (*cause to move around axis*) rollen; **to ~ one's eyes** die Augen verdrehen ❷ (*turn over*) drehen; **to ~ one's car** sich mit dem Auto überschlagen ❸ (*push on wheels*) rollen; (*when heavier*) schieben ❹ (*shape*) ▪**to ~ sth into sth** etw zu etw *dat* rollen; **he ~ed the clay into a ball** er formte den Ton zu einer Kugel ❺ (*wind*) aufrollen; **the hedgehog ~ed itself into a ball** der Igel rollte sich zu einer Kugel zusammen; **to ~ a cigarette** eine Zigarette drehen; **to ~ wool into a ball** Wolle aufwickeln ❻ (*wrap*) ▪**to ~ sth in sth** etw in etw *akk*

einwickeln ❼ (*flatten*) walzen; *pastry* ausrollen ❽ *dice* würfeln ❾ LING **to ~ one's r's** das R rollen III. *vi* ❶ (*move around axis*) rollen (**off** von); (*turn over*) sich herumrollen; (*wallow*) sich [herum]wälzen ❷ (*flow*) *drop, waves* rollen; *tears* kullern ❸ (*move on wheels*) rollen ❹ (*oscillate*) *ship, plane* schlingern; (*person*) schwanken ❺ *planet* kreisen ❻ SPORTS, AVIAT eine Rolle machen ❼ (*operate*) laufen; **to keep sth ~ing** etw in Gang halten ❽ (*fig: elapse*) *years* **to ~ by** vorbeiziehen ❾ (*undulate*) wallen ❿ (*reverberate*) widerhallen; *thunder* [g]rollen ⓫ (*curl up*) **to ~ into a ball** sich zu einer Kugel zusammenrollen ⓬ (*be uttered effortlessly*) **to ~ off sb's tongue** leicht über die Lippen kommen ◆**roll about** *vi* ❶ (*move around axis, turn over*) herumrollen; (*wallow*) sich herumwälzen ❷ (*move unsteadily*) *ship* schlingern ◆**roll along** *vi* ❶ (*move by turning*) dahinrollen ❷ (*move*) *flood* dahinströmen; *clouds* dahinziehen ❸ (*fam: arrive*) eintrudeln ◆**roll back** I. *vt* ❶ (*move back*) zurückrollen; (*push back*) zurückschieben; (*fold back*) zurückschlagen ❷ (*fig: reverse development*) *advances* umkehren; **to ~ back the years** die Uhr zurückdrehen *fig* ❸ AM (*lower*) *costs, prices, wages* senken II. *vi* ❶ (*move backwards*) zurückrollen ❷ ECON, FIN *prices, wages* sinken ◆**roll down** I. *vt* ❶ (*move around axis*) hinunterrollen; (*bring down*) herunterrollen ❷ (*turn*) *window* herunterkurbeln; **to ~ down** ○ **one's sleeves** die Ärmel herunterkrempeln II. *vi* hinunterrollen; (*come down*) herunterrollen; *tears also* herunterlaufen ◆**roll in** I. *vi* (*fam*) ❶ (*move*) hineinrollen; (*come in*) hereinrollen ❷ (*be received*) *offers* [massenhaft] eingehen; *money* reinkommen *fam* ❸ (*arrive*) hereinplatzen *fam* ▸ **to be ~ing in money** (*fam*) im Geld schwimmen II. *vt* (*bring in*) hereinrollen; (*take in*) hineinrollen ◆**roll off** I. *vt* **he quickly ~ed off some copies on the duplicating machine** er machte schnell ein paar Kopien am Kopierer II. *vi* ❶ (*fall*) herunterrollen ❷ (*set off*) davonrollen ◆**roll on** I. *vi* ❶ (*move further*) weiterrollen ❷ (*continue*) weitergehen; *time* verfliegen ▸**~ on the holidays/weekend!** BRIT, AUS (*fam*) wenn doch nur schon Ferien wären/Wochenende wäre! II. *vt* (*apply*) aufwalzen ◆**roll out** I. *vt* ❶ (*take out*) hinausrollen; (*bring out*) herausrollen ❷ *dough* ausrollen; *metal* auswalzen ❸ AM ECON *new product* herausbringen ❹ (*unroll*) ausrollen II. *vi* ❶ (*move outside*) hinausrollen; (*come out*) herausrollen ❷ AM ECON *new product* herauskommen ◆**roll over** I. *vi* herumrollen; *person, animal* sich umdrehen; *car* umkippen; *boat* kentern; **to ~ over onto one's side** sich auf die Seite rollen II. *vt* ❶ (*turn over*) umdrehen; **~ him over onto his back** dreh ihn auf den Rücken ❷ FIN *credit* erneuern; *debt* umschulden ◆**roll up** I. *vt* ❶ (*move up, around axis*) hochrollen; *clothes* hochkrempeln; *window* hochkurbeln ❷ (*coil*) aufrollen; *string* aufwickeln ❸ FIN, ECON *credit* verlängern II. *vi* ❶ (*move up*) hochrollen ❷ (*fam: arrive*) aufkreuzen; *crowds* herbeiströmen ❸ BRIT, AUS (*participate*) **~ up!** treten Sie näher! ❹ (*fam: make a cigarette*) sich *dat* eine drehen

'**roll bar** *n* Überrollbügel *m* '**roll-call** *n* Namensaufruf *m* kein pl

roll·er ['rəʊlə'] *n* ❶ TECH Walze *f* ❷ (*for paint*) Rolle *f*, Roller *m* ❸ (*for hair*) Lockenwickler *m* ❹ MED Rollbinde *f* ❺ (*wave*) Brecher *m*

'**roll·er bear·ing** *n* TECH Rollenlager *nt* '**Roll·er·blade®** I. *n* SPORTS Rollerblade® *m*, Inlineskater *m* II. *vi* inlineskaten '**roll·er blind** *n esp* BRIT, AUS Rollo *nt* '**roll·er coast·er** *n* Achterbahn *f*; (*fig*) **he's been on an emotional ~ for the past few weeks** in den letzten Wochen fahren seine Gefühle mit ihm Achterbahn '**roll·er skate** *n* Rollschuh *m* '**roll·er-skate** *vi* Rollschuh laufen [*o* fahren] '**roll·er skat·er** *n* Rollschuhläufer(in) *m(f)*

rol·lick·ing¹ ['rɒlɪkɪŋ] *adj attr* (*approv*) *party* ausgelassen; *film* lustig; **~ fun** Riesenspaß *m*

rol·lick·ing² ['rɒlɪkɪŋ] *n usu sing* BRIT (*pej fam*) Anpfiff *m*

roll·ing ['rəʊlɪŋ] *adj attr* ❶ (*not immediate*) *implementation* allmählich ❷ (*moderately rising*) *hills* sanft ansteigend ❸ (*undulating*) *gait* wankend, schwankend

'**roll·ing mill** *n* ❶ (*machine*) Walzmaschine *f* ❷ (*factory*) Walzwerk *nt* '**roll·ing pin** *n* Nudelholz *nt* '**roll·ing stock** *n no pl* ❶ RAIL (*vehicles used*) Waggons *pl* im Einsatz, rollendes Material ❷ AM TRANSP Fuhrpark *m*

'**roll-neck** *n* Rollkragen *m*; (*sweater*) Rollkragenpullover *m* '**roll-on** I. *adj attr* Roll-on-; **~ deodorant** Deoroller *m* II. *n* ❶ (*deodorant*) Deoroller *m* ❷ BRIT (*corset*) Korselett *nt* **roll-on roll-off** '**fer·ry** *adj attr* Roll-on-roll-off-Fähre *f*

roly-poly [,rəʊli'pəʊli] I. *n* ❶ *no pl esp* BRIT FOOD englischer Rollpudding, ≈ Strudel *m* (*gebacken oder gedämpft*) ❷ AUS BOT Steppenläufer *m* ❸ (*childspeak: somersault*) Purzelbaum *m* II. *adj* (*hum fam*) rundlich; *baby* moppelig *fam*; *child* pummelig

ROM [rɒm] *n no pl abbrev of* **Read Only Memory** ROM *m o nt*

Ro·man ['rəʊmən] I. *adj* römisch II. *n* Römer(in) *m(f)*

Ro·man candle *n* (*firework*) ≈ Goldregen *m* **Ro·man 'Catho·lic** I. *adj* römisch-katholisch II. *n* Katholik(in) *m(f)*

ro·mance [rə(ʊ)'mæn(t)s] I. *n* ❶ *no pl* (*romanticism*) Romantik *f*; (*love*) romantische Liebe ❷ (*love affair*) Romanze *f*, Liebesaffäre *f*; (*fig*) **whirlwind ~** heftige Liebesaffäre ❸ (*movie*) Liebesfilm *m*; (*remote from reality*) Fantasiegeschichte *f*; (*book*) Liebesroman *m*; (*medieval tale*) Ritterroman *m* ❹ MUS Romanze *f* II. *vt* ❶ (*liter: court*) umwerben ❷ (*fam: flatter*) anschwärmen ❸ (*glamourize*) romantisieren III. *vi* schwärmen (**about** von)

Ro·mance [rə(ʊ)'mæn(t)s] *adj* LING **~ languages** romanische Sprachen

Ro·man·esque [,rəʊmən'esk] ARCHIT I. *adj* romanisch II. *n no pl* ■**the ~** die Romanik

Ro·ma·nia [rʊ'meɪnɪə] *n* Rumänien *nt*

Ro·ma·nian [rʊ'meɪnɪən] I. *adj* rumänisch II. *n* ❶ (*person*) Rumäne *m*/Rumänin *f* ❷ *no pl* (*language*) Rumänisch *nt*

ro·man·tic [rə(ʊ)'mæntɪk] I. *adj* romantisch II. *n* Romantiker(in) *m(f)*

ro·man·ti·cism *n*, **Ro·man·ti·cism** [rə(ʊ)'mæntɪsɪz²m] *n no pl* ART, LIT Romantik *f*

Roma·ny ['rɒməni] I. *n* ❶ *no pl* (*language*) Romani *nt* ❷ (*gypsy*) Roma *pl* II. *adj* Roma-

Rome [rəʊm] *n* Rom *nt*

romp [rɒmp] I. *vi* (*play*) *children, young animals* tollen; ■**to ~ around** herumtollen II. *n* ❶ (*play*) Tollerei *f kein pl* ❷ (*book, film, play*) Klamauk *m kein pl*

romp·ers ['rɒmpəz] *npl*, **romp·er suit** *n* Strampelanzug *m*

roof [ruːf] I. *n* ❶ (*top of house*) Dach *nt* ❷ (*attic*) Dachboden *m* ❸ (*ceiling*) *of a cave* Decke *f*; *of mouth* Gaumen *m*; *of a tree* Krone *f* ❹ (*upper limit*) Obergrenze *f*, [oberes] Limit II. *vt* überdachen

roof·er ['ruːfə'] *n* Dachdecker(in) *m(f)*

'**roof gar·den** *n* Dachgarten *m*

roof·ing ['ruːfɪŋ] I. *n no pl* ❶ (*material*) Material *nt* zum Dachdecken ❷ (*job*) Dachdecken *nt* II. *adj* Dach-; **~ com-**

pany Dachdeckerfirma *f;* ~ **material** Bedachungsmaterial *nt*
'roof rack *n* Dachgepäckträger *m* **'roof-top** *n* Dach *nt;* ~ **view** Aussicht *f* vom Dach aus
rook [rʊk] *n* ❶ (*bird*) Saatkrähe *f* ❷ CHESS Turm *m*
rook·ery ['rʊkᵊri] *n* Saatkrähenkolonie *f;* (*of penguins, seals*) Kolonie *f*
rookie ['rʊki] *n esp* AM, AUS (*fam*) Neuling *m;* MIL Rekrut(in) *m(f)*
room [ruːm] I. *n* ❶ *no pl* (*space*) Platz *m*, Raum *m* ❷ (*scope*) Raum *m;* **his cooking has got better but there is still ~ for improvement** seine Kochkünste haben sich gebessert, sind aber noch verbesserungswürdig; ~ **for manoeuvre** Bewegungsspielraum *m* ❸ (*in a building*) Zimmer *nt*, Raum *m;* **double/single** ~ Doppel-/Einzelzimmer *nt* ❹ (*people present*) **the whole** ~ **turned around and stared at him** alle, die im Zimmer waren, drehten sich um und starrten ihn an II. *vi esp* AM wohnen; ■ **to** ~ **with sb** mit jdm zusammen wohnen
room·ful ['ruːmfʊl] *n usu sing* **a** ~ **of boxes/people** ein Zimmer *nt* voller Kisten/Leute
'room·ing house *n* AM (*boarding house*) Pension *f*
'room-mate *n,* AM *usu* **'room·mate** *n* ❶ (*sharing room*) Zimmergenosse *m/*-genossin *f* ❷ AM (*sharing flat or house*) Mitbewohner(in) *m(f)* **'room ser·vice** *n no pl* Zimmerservice *m* **room 'tem·pera·ture** *n no pl* Zimmertemperatur *f*
roomy ['ruːmi] *adj* (*approv*) geräumig
roost [ruːst] I. *n* Rastplatz *m;* (*for sleep*) Schlafplatz *m* II. *vi* rasten
roost·er ['ruːstər] *n* AM, AUS (*cockerel*) Hahn *m*
root [ruːt] I. *n* ❶ (*embedded part*) Wurzel *f;* (*of a celery*) Knolle *f;* (*of a tulip*) Zwiebel *f;* **to take ~s** Wurzeln schlagen ❷ (*fig: basic cause*) Wurzel *f,* Ursprung *m;* (*essential substance*) Kern *m kein pl* ❸ *pl* (*fig: origins*) Wurzeln *pl,* Ursprung *m* ❹ LING Stamm *m* ❺ MATH Wurzel *f;* **square ~** Quadratwurzel *f* II. *vt cuttings, plant* einpflanzen III. *vi* ❶ *plant* wurzeln, Wurzeln schlagen ❷ (*fam: support*) ■ **to ~ for sb** jdm die Daumen drücken; **to ~ for a team** eine Mannschaft anfeuern ❸ (*search*) ■ **to ~ for sth** nach etw *dat* wühlen; ■ **to ~ through sth** etw durchstöbern ◆ **root about, root around** *vi* (*fam*) herumwühlen; ■ **to ~ about in sth**

in etw *dat* herumwühlen; ■ **to ~ about for sth** nach etw *dat* wühlen ◆ **root out** *vt* ❶ BOT *plant, weeds* ausgraben ❷ (*eliminate*) ausrotten ❸ (*find*) aufstöbern
'root beer *n no pl* AM *colaartiges alkoholfreies Getränk aus verschiedenen Pflanzenwurzeln* **root 'cause** *n* Grundursache *f,* Wurzel *f fig*
root·ed ['ruːtɪd] *adj* verwurzelt; **to be** [**firmly**] ~ **in sth** *distrust, problems* in etw *dat* [tief] verwurzelt sein ▶ **to be ~ to the spot** wie angewurzelt dastehen
root·less ['ruːtləs] *adj* ❶ (*without home*) heimatlos ❷ BOT wurzellos
'root sign *n* MATH Wurzelzeichen *nt*
root 'veg·eta·ble *n* (*beets, carrots*) Wurzel *f,* Wurzelgemüse *nt;* (*celery, potatoes*) Knolle *f*
rope [rəʊp] I. *n* ❶ (*cord*) Seil *nt,* Strick *m;* NAUT Tau *nt* ❷ AM (*lasso*) Lasso *nt* II. *vt* anseilen, festbinden (**to** an); **to ~ calves** Kälber mit dem Lasso [ein]fangen ◆ **rope in** *vt* (*fam*) einspannen ◆ **rope off** *vt* ~ **off** ⟳ **an area** ein Gebiet [mit Seilen/einem Seil] absperren ◆ **rope up** *vi* ❶ (*connect*) sich anseilen ❷ (*climb up*) angeseilt hinaufklettern
rope 'lad·der *n* Strickleiter *f* **'rope·way** *n* RAIL Kabelbahn *f*
ropey *adj,* **ropy** ['rəʊpi] *adj* ❶ (*rope-like*) seilartig ❷ BRIT, AUS (*pej fam: ill*) elend; ~ **tyres** schlechte Reifen
ro-ro ['rəʊrəʊ] *adj* BRIT *short for* **roll-on-roll-off:** ~ **ferry** Ro-Ro-Fähre *f*
ro·sary ['rəʊzᵊri] *n* Rosenkranz *m*
rose¹ [rəʊz] I. *n* ❶ (*flower*) Rose *f;* (*bush*) Rosenbusch *m;* (*tree*) Rosenbäumchen *nt* ❷ (*nozzle*) Brause *f* ❸ *no pl* (*colour*) Rosa *nt* ▶ **to come up** [**smelling of**] ~**s** bestens laufen *fam* II. *adj* rosa
rose² [rəʊz] *pt of* **rise**
rosé ['rəʊzeɪ] *n no pl wine* Rosé *m*
'rose·bud *n* Rosenknospe *f* **'rose bush** *n* Rosenstrauch *m* **'rose gar·den** *n* Rosengarten *m* **'rose hip** I. *n* Hagebutte *f* II. *adj* **~ syrup,** *wine* Hagebutten-
rose·mary ['rəʊzmᵊri] *n no pl* Rosmarin *m*
ro·sette [rə(ʊ)'zet] *n* Rosette *f*
'rose wa·ter *n no pl* Rosenwasser *nt* **rose 'win·dow** *n* ARCHIT Fensterrose *f*
ros·in ['rɒzɪn] MUS I. *n no pl* Kolophonium *nt* II. *vt* **to ~ a violin bow/string** einen Geigenbogen/eine Geigensaite mit Kolophonium einreiben
ros·ter ['rɒstər] *n esp* AM, AUS ❶ (*list*) Liste *f;* (*plan*) Plan *m;* **duty ~** Dienstplan *m* ❷ SPORTS Spielerliste *f* II. *vt usu passive* ■ **to**

~ **sb/sth** jdn/etw auf den Dienstplan setzen

ros·trum <*pl* -s *or* -tra> ['rɒstrəm, *pl* -trə] *n* ❶ (*raised platform*) Tribüne *f*; Podium *nt*; (*for public speaker also*) Rednerpult *nt*; (*for conductor*) Dirigentenpult *nt* ❷ ZOOL (*beak*) Rostrum *nt*

rosy ['rəʊzi] *adj* rosig *a. fig*

rot [rɒt] I. *n no pl* ❶ (*process*) Fäulnis *f* ❷ (*decayed matter*) Verfaultes *nt*, Verwestes *nt* ❸ BRIT (*fig: process of deterioration*) ■ **the ~** der Verfall ❹ BOT Fäule *f* II. *vi* <-tt-> ❶ (*decay*) verrotten; *teeth, meat* verfaulen; *woodwork* vermodern ❷ (*deteriorate*) *institution, society* verkommen III. *vt* <-tt-> ■ **to ~ sth** etw vermodern lassen ◆ **rot away** I. *vi* verfaulen II. *vt* verfaulen lassen

rota ['rəʊtə] *n* ❶ *esp* BRIT (*list*) Liste *f*; (*plan*) Plan *m*; **~ system** Dienstplan *m* ❷ REL ■ **the R~** die Rota

ro·tary ['rəʊtəri] I. *adj* kreisend, rotierend, Dreh-; **~ pump** Rotationspumpe *f* II. *n* ❶ TECH Rotationsmaschine *f* ❷ AM TRANSP Kreisverkehr *m*

ro·tate [rə(ʊ)'teɪt] I. *vi* ❶ (*revolve*) rotieren (**around** um) ❷ (*alternate*) wechseln II. *vt* ❶ (*cause to turn*) drehen ❷ (*alternate*) **to ~ duties** Aufgaben turnusmäßig [abwechselnd] verteilen; *troops* auswechseln ❸ AGR **to ~ crops** im Fruchtwechsel anbauen ❹ AUTO **to ~ tyres** Reifen turnusmäßig wechseln

ro·ta·tion [rə(ʊ)'teɪʃ(ə)n] *n* Rotation *f*, Umdrehung *f*; **crop ~** AGR Fruchtwechsel *m*; **the earth's ~** die Erdumdrehung; **in ~** im Wechsel

ro·ta·tory ['rəʊtət(ə)ri] *adj* rotierend, Rotations-

rote [rəʊt] *n no pl* (*usu pej*) **to learn sth by ~** etw auswendig lernen

ro·tor ['rəʊtə'] *n* Rotor *m*

rot·ten ['rɒt(ə)n] I. *adj* ❶ (*decayed*) verfault; *fruit* verdorben; *tooth* faul; *wood* modrig ❷ (*corrupt*) korrupt, völlig verdorben *fig* ❸ (*fam: very bad*) mies; **I'm a ~ cook** ich bin ein hundsmiserabler Koch; **to feel ~** sich mies fühlen ❹ (*fam: nasty*) *trick, joke* gemein II. *adv* (*fam*) total *fam*; **to be spoiled ~** *child* völlig verzogen sein

ro·tund [rə(ʊ)'tʌnd] *adj* ❶ (*plump*) *person* massig ❷ BRIT (*fig, pej*) *literary style* bombastisch; *speech* hochtrabend ❸ (*spherical*) kreisförmig

ro·tun·da [rə(ʊ)'tʌndə] *n* Rotunde *f*

rou·ble ['ruːbl] *n* Rubel *m*

rouge [ruːʒ] I. *n no pl* ❶ (*makeup*) Rouge *nt* ❷ (*polish*) Polierrot *nt fachspr* II. *vt* **to ~ one's cheeks** Rouge auflegen

rough [rʌf] I. *adj* ❶ (*uneven*) rau; *ground, terrain* uneben; *landscape* rau, unwirtlich; *road* holprig; *fur, hair* struppig ❷ (*not soft*) *accent, sound, voice* rau, hart; (*in taste*) *wine* sauer; *brandy* hart ❸ (*harsh*) rau, hart ❹ (*fam: difficult*) hart, schwer; **to give sb a ~ time** jdm das Leben ganz schön schwer machen ❺ BRIT (*fam: ill*) **to look ~** mitgenommen aussehen; **to feel ~** sich elend fühlen ❻ (*plain*) *furniture* unbearbeitet ❼ (*makeshift*) einfach, primitiv ❽ (*unrefined*) rau, ungehobelt ❾ (*imprecise*) grob; **to give sb a ~ idea of sth** jdm eine ungefähre Vorstellung von etw *dat* geben II. *adv* (*fam*) rau ▶ **to sleep ~** BRIT im Freien schlafen III. *n* ❶ *no pl* (*in golf*) ■ **the ~** das Rough *fachspr* ❷ (*sketch*) Entwurf *m*; **in ~** skizzenhaft ▶ **to take the ~ with the smooth** die Dinge nehmen, wie sie kommen IV. *vt* (*fam*) **to ~ it** [ganz] primitiv leben

rough·age ['rʌfɪdʒ] *n no pl* ❶ (*fibre*) Ballaststoffe *pl* ❷ (*fodder*) Raufutter *nt*

rough and 'ready *adj pred*, **'rough-and-ready** *adj attr* behelfsmäßig; *plan also* provisorisch; (*unrefined*) *person* raubeinig

'rough-and-tum·ble *adj attr* = **atmosphere** raue Atmosphäre **rough 'diamond** *n* ungeschliffener Diamant; BRIT, AUS (*fig*) **he's a ~** er ist rau, aber herzlich

rough·en ['rʌfn] I. *vt* aufrauen II. *vi skin, voice* rau werden; *society* verrohen; *weather* stürmisch werden

rough-'hewn *adj carving, pillar* grob; (*fig*) *person, style* ungehobelt **'rough house** *n usu sing esp* AM (*fam*) Radau *m* **'rough·house** I. *vi* ❶ (*be boisterous*) Radau machen *fam* ❷ BRIT (*have a fight*) sich prügeln ❸ AM (*have playful fight*) sich raufen II. *vt* grob behandeln; (*playfully*) sich mit jdm raufen

rough·ly ['rʌfli] *adv* ❶ (*harshly*) grob, roh ❷ (*without refinement*) **~ built** grob zusammengezimmert ❸ (*approximately*) grob; **~ speaking** ganz allgemein gesagt; **~ the same** ungefähr gleich

'rough·neck *n* ❶ *esp* AM, AUS (*fam: rude person*) Rohling *m pej*, Grobian *m pej* ❷ (*oil rig worker*) Bohrarbeiter(in) *m(f)*

rough·ness ['rʌfnəs] *n no pl* ❶ (*not smoothness*) Rauheit *f*; *of ground, terrain* Unebenheit *f* ❷ (*harshness*) Rauheit *f*; *of a game also* Härte *f*

'rough·shod I. *adj horse* scharf beschlagen

II. *adv* **to ride a horse ~** ein unbeschlagenes Pferd reiten; **to ride ~ over sb** (*fig*) jdn unterdrücken **rough-ˈspok·en** *adj* sprachlich ungewandt

rou·lette [ruːˈlet] *n* Roulette *nt*

round [raʊnd] I. *adj* <-er, -est> ① (*circular*) rund; *face* rundlich; *vowel* gerundet ② (*even number*) rund; **to make sth a ~ hundred** (*bring up*) etw auf hundert aufrunden; (*bring down*) etw auf hundert abrunden II. *adv esp* BRIT ① (*in circular motion*) **to go ~** sich umdrehen; *wheel* sich drehen ② (*here and there*) **to run ~** herumrennen *fam* ③ (*to a specific place*) **to come ~** vorbeikommen *fam*; **to go ~** *virus, rumours* umgehen; **there aren't enough pencils to go ~** es sind nicht genügend Stifte für alle vorhanden; **to show sb ~** jdn herumführen ④ (*surrounding*) rundherum; **all year ~** das ganze Jahr hindurch ⑤ (*towards other direction*) **the right/wrong way ~** richtig/falsch herum; **to turn ~** *person* sich umdrehen; (*go back*) umdrehen ⑥ (*circa*) ungefähr; **~ about 4 o'clock** gegen 4 Uhr ⑦ (*in girth*) **the temple is 20 metres high and 50 metres ~** der Tempel ist 20 Meter hoch und hat einen Umfang von 50 Metern III. *prep* ① (*surrounding*) um +*akk;* **he put his arms ~ her** er legte seine Arme um sie ② (*circling*) um +*akk;* **the moon goes ~ the earth** der Mond kreist um die Erde ③ (*curving to other side of*) um +*akk;* **to be just ~ the corner** gleich um die Ecke sein ④ (*within*) um +*akk;* **she looked ~ the house** sie sah sich im Haus um ▶ **to be/go ~ the** <u>**bend**</u>/<u>**twist**</u> den Verstand verlieren haben/verlieren; **to get ~ sth** um etw *akk* herumkommen IV. *n* ① (*of drinks*) Runde *f*; (*of toast*) Scheibe *f*; **a ~ of sandwiches** ein Sandwich *m o nt* (*in 2 od 4 geschnitten*) ② (*series*) Folge *f*; **~ of talks** Gesprächsrunde *f* ③ (*salvo*) **~ of applause** Beifall *m* ④ (*route*) **to be** [**out**] **on one's ~s** seine Runden drehen; *doctor* Hausbesuche machen ⑤ *esp* BRIT, AUS (*delivery route*) Runde *f*; **to do a paper ~** Zeitungen austragen ⑥ (*routine*) Trott *m pej* ⑦ SPORTS Runde *f* ⑧ (*song*) Kanon *m* ⑨ (*of ammunition*) Ladung *f* V. *vt* ① (*make round*) umrunden ② (*go around*) **to ~ the corner** um die Ecke biegen ◆**round down** *vt number, sum* abrunden ◆**round off** *vt* abrunden ◆**round out** *vt story* abrunden ◆**round up** *vt* ① (*increase*) *figure* aufrunden ② (*gather*) *people* zusammentrommeln *fam*; *things* zusammentragen; *cattle* zusammentreiben; *support* holen

round·about [ˈraʊndəˌbaʊt] I. *n* ① BRIT, AUS (*traffic*) Kreisverkehr *m* ② BRIT (*for funfair*) Karussell *nt* II. *adj* umständlich; **to take a ~ route** einen Umweg machen; **to give a ~ statement** eine unklare Aussage machen; **to ask sb in a ~ way** jdn durch die Blume fragen

round·ed [ˈraʊndɪd] *adj* rund; *edges* abgerundet

round·ers [ˈraʊndəz] *npl* + *sing vb* BRIT SPORTS *ein dem Baseball ähnliches Spiel,* ≈ Schlagball *m*

round·ly [ˈraʊndli] *adv* (*form*) gründlich; *criticize* heftig kritisieren; *defeat* haushoch besiegen

round ˈrob·in *n* ① (*letter*) Petition *f* (*mit oft kreisförmig angeordneten Unterschriften*) ② (*competition format*) Wettkampf, *in dem jeder gegen jeden antritt* **round-ˈshoul·dered** *adj* mit runden Schultern nach *n*; **to be ~** runde Schultern haben **round-ˈta·ble** *adj attr* **~ conference/ discussion** Konferenz *f*/Gespräch *nt* am runden Tisch ˈ**round-the-clock**, *adj, adv* rund um die Uhr; **to be open ~** *shops* durchgehend geöffnet haben; **to work ~** rund um die Uhr arbeiten **round ˈtrip** I. *n* Rundreise *f* II. *adv* AM **to fly ~** ein Rückflugticket haben ˈ**round-up** *n* ① (*gathering*) Versammlung *f*; *of criminals, suspects* Festnahme *f*; *of cattle* Zusammentreiben *nt* ② (*summary*) Zusammenfassung *f* ˈ**round·worm** *n* Spulwurm *m*

rouse [raʊz] *vt* ① (*waken*) wecken; **to ~ sb out of their apathy** jdn aus seiner Apathie reißen ② (*activate*) ■ **to ~ sb to do sth** jdn dazu bewegen, etw zu tun; **to ~ sb to action** jdn zum Handeln bewegen

rous·ing [ˈraʊzɪŋ] *adj* mitreißend; *cheer, reception* stürmisch; **to receive a ~ welcome** überschwänglich empfangen werden

roust·about [ˈraʊstəˌbaʊt] *n* Hilfsarbeiter *m* (*bes. auf einer Bohrinsel*)

rout[1] [raʊt] I. *vt* (*form: defeat*) besiegen II. *n* ① (*defeat*) Niederlage *f* ② (*disorderly retreat*) ungeordneter Rückzug

rout[2] [raʊt] I. *vi pigs* herumwühlen II. *vt* ① (*root*) *the ground* umwühlen ② TECH ausfräsen ◆**rout out** *vt* heraus jagen; (*find*) aufstöbern

route [ruːt] I. *n* ① (*way*) Strecke *f*, Route *f*; *of a parade* Verlauf *m*; **the ~ to success** der Weg zum Erfolg ② TRANSP Linie *f* ③ AM (*delivery path*) Runde *f*; **to have a paper ~**

Zeitungen austragen ④ Am (*road*) Route *f* II. *vt* schicken; *deliveries* liefern

rout·er ['ruːtəʳ, 'raʊtəʳ] *n* COMPUT Router *m*

rou·tine [ruːˈtiːn] I. *n* ❶ (*habit*) Routine *f* ❷ (*dancing*) Figur *f*; (*gymnastics*) Übung *f* ❸ THEAT Nummer *f* ❹ COMPUT Programm *nt* II. *adj* ❶ (*regular*) routinemäßig; ~ **enquiry/inspection/search** Routinebefragung/-untersuchung/-durchsuchung *f*; **to become** ~ zur Gewohnheit werden ❷ (*pej: uninspiring*) routinemäßig; *performance* durchschnittlich

rou·tine·ly [ruːˈtiːnli] *adv* routinemäßig

roux <*pl* -> [ruː] *n* Mehlschwitze *f*, Einbrenne *f* SÜDD, ÖSTERR

rove [rəʊv] I. *vi person* umherwandern; *gaze* [umher|schweifen II. *vt* **to** ~ **the world** durch die Welt ziehen

rov·er ['rəʊvəʳ] *n* ❶ (*tramp*) Vagabund(in) *m(f)* ❷ AEROSP Rover *m*; **Mars** ~ Mars-Rover

rov·ing ['rəʊvɪŋ] *adj* umherstreifend *attr*; *musicians* umherziehend; ~ **ambassador** Botschafter(in) *m(f)* für mehrere Vertretungen

row[1] [rəʊ] *n* ❶ (*line*) Reihe *f*; ~ **s of people** Menschenschlangen *pl*; **in** ~**s** reihenweise ❷ (*street*) Straße *f* ❸ (*in succession*) **in a** ~ hintereinander

row[2] [raʊ] I. *n esp* BRIT, AUS ❶ (*quarrel*) Streit *m*, Krach *m fam* ❷ (*noise*) Lärm *m*, Krach *m kein pl* II. *vi esp* BRIT (*fam*) sich streiten

row[3] [rəʊ] I. *vi* rudern II. *vt boat* rudern (**across** über) III. *n usu sing* Rudern *nt kein pl*

ro·wan ['rəʊən] *n* Eberesche *f*

ro·wan·ber·ry ['rəʊənˌberi] *n* Vogelbeere *f*

row·boat ['rəʊbəʊt] *n* Am (*rowing boat*) Ruderboot *nt*

row·dy ['raʊdi] (*pej*) I. *adj* laut, rüpelhaft; *party* wild II. *n* Krawallmacher *m*, Rowdy *m*

row·er ['rəʊəʳ] *n* Ruderer *m*/Ruderin *f*

row·ing ['rəʊɪŋ] *n no pl* Rudern *nt*

'**row·ing boat** *n* BRIT Ruderboot *nt* '**row·ing club** *n* Ruderklub *m*

roy·al ['rɔɪəl] I. *adj* <-er, -est> ❶ (*of a monarch*) königlich ❷ (*fig*) fürstlich ❸ *esp* AM (*fam: big*) gewaltig II. *n* (*fam*) Angehörige(r) *f(m)* der königlichen Familie

Roy·al 'High·ness *n* **Your/His/Her** ~ Eure/Seine/Ihre Königliche Hoheit

roy·al·ist ['rɔɪəlɪst] I. *n* Royalist(in) *m(f)* II. *adj* royalistisch

roy·al 'jel·ly *n no pl* Gelée royale *nt* **Roy·al 'Navy** *n*, **RN** *n no pl*, + *sing/pl vb* BRIT

■**the** ~ die Königliche Marine **roy·al·ty** ['rɔɪəlti] *n* ❶ *no pl*, + *sing/pl vb* (*sovereignty*) Königshaus *nt*; **to treat sb like** ~ jdn fürstlich behandeln ❷ PUBL ■**royalties** *pl* Tantiemen *pl*

RP [ˌɑːˈpiː] *n no pl* LING *abbrev of* **received pronunciation** britische Standardaussprache

RPI [ˌɑːpiːˈaɪ] *n* BRIT *abbrev of* **retail price index**

rpm <*pl* -> [ˌɑːpiːˈem] *n* AUTO, AVIAT *abbrev of* **revolutions per minute** U/min

RR *n* AM *abbrev of* **railroad**

RRP [ˌɑːɑːˈpiː] *n* BRIT PUBL *abbrev of* **recommended retail price** unverbindliche Preisempfehlung

RSI [ˌɑːesˈaɪ] *n* MED *abbrev of* **repetitive strain injury** RSI-Syndrom *f* (*chronische Beschwerden durch einseitige Belastung*)

RSPCA [ˌɑːesˌpiːsiːˈeɪ] *n no pl*, + *sing/pl vb* BRIT *abbrev of* **Royal Society for the Prevention of Cruelty to Animals** ≈ Tierschutzverein *m*

RSVP [ˌɑːesviːˈpiː] *abbrev of* **répondez s'il vous plaît** u. A. w. g.

Rt Hon *adj attr abbrev of* **Right Honourable**: **the** ~ ... der sehr ehrenwerte ...

rub [rʌb] I. *n* Reiben *nt kein pl*; **to give sth a** ~ *hair* etw trocken rubbeln; *material* etw polieren II. *vt* <-bb-> einreiben; *furniture* behandeln; (*polish*) polieren; **to** ~ **one's eyes sleepily** sich *dat* verschlafen die Augen reiben; **to** ~ **one's hands together** sich *dat* die Hände reiben; **to** ~ **sth clean** etw sauber wischen III. *vi* <-bb-> reiben; *shoes, collar* scheuern ◆**rub along** *vi* BRIT (*fam*) ■**to** ~ **along [together]** mehr schlecht als recht [miteinander] auskommen ◆**rub down** *vt* **to** ~ **down a surface** (*smooth*) eine Fläche abreiben; (*clean*) eine Fläche abwischen; ■**to** ~ **down** ⟳ **sb** jdn abfrottieren; **to** ~ **down a dog** einen Hund trocken reiben ◆**rub in** *vt* ❶ (*spread*) einreiben ❷ (*fam: keep reminding*) ■**to** ~ **it in** auf etw *dat* herumreiten ▶ **to** ~ **sb's nose in it** jdm etw unter die Nase reiben *fam* ◆**rub off** I. *vi* ❶ (*become clean*) wegreiben; *stains* rausgehen ❷ (*fam: affect*) ■**sth** ~ **s off on sb** etw färbt auf jdn ab II. *vt* wegwischen ◆**rub out** I. *vt* ❶ (*erase*) ausradieren ❷ AM (*sl: murder*) ■**to** ~ **out** ⟳ **sb** jdn abmurksen *sl* II. *vi stain* herausgehen; (*erase*) sich ausradieren lassen

rub·ber ['rʌbəʳ] *n* ❶ *no pl* (*elastic substance*) Gummi *m o nt* ❷ BRIT, AUS (*eraser*) Radiergummi *m* ❸ *esp* AM (*sl:*

condom) Gummi *m* ④ AM (*shoes*) ■ ~s *pl* Überschuhe *pl* (*aus Gummi*)

rub·ber 'band *n* Gummiband *nt* **rub·ber 'boot** *n* Gummistiefel *m* **rub·ber 'cheque** *n* (*sl*) ungedeckter Scheck **rub·ber·neck** ['rʌbənek] I. *n* Gaffer(in) *m(f) pej fam* II. *vi* gaffen *fam* **'rub·ber plant** *n* Gummibaum *m* **rub·ber-'stamp** I. *vt* (*often pej*) genehmigen; *decision* bestätigen II. *n* Stempel *m;* (*fig*) Genehmigung *f* **'rub·ber tree** *n* Kautschukbaum *m*

rub·bery ['rʌbəri] *adj* ① (*rubber-like*) gummiartig; *meat* zäh ② (*fam: weak*) *legs* wack[e]lig

rub·bing ['rʌbɪŋ] *n no pl* ① (*action*) Reiben *nt;* (*polishing*) Polieren *nt;* (*using a towel*) Frottieren *nt* ② ART *Durchreiben eines Reliefs auf ein Blatt Papier mit Bleistift, Kreide oder Wachsmalstift*

rub·bish ['rʌbɪʃ] I. *n no pl esp* BRIT ① (*waste*) Müll *m* ② (*fig fam: nonsense*) Quatsch *m;* **to talk ~** Blödsinn reden ③ (*fam: junk*) Gerümpel *nt* II. *vt* BRIT, AUS (*fam*) als Unsinn abtun III. *adj* BRIT (*fam*) **I'm ~ at maths** in Mathe bin ich eine absolute Null

'rub·bish bin *n* Abfalleimer *m* **'rub·bish chute** *n* Müllschlucker *m* **'rub·bish col·lec·tion** *n* Müllabfuhr *f* **'rub·bish con·tain·er** *n* Müllcontainer *m* **'rub·bish dump** *n,* **'rub·bish tip** *n* Mülldeponie *f*

rub·bishy ['rʌbɪʃi] *adj esp* BRIT, AUS (*fam*) mies; ■ **to be ~** Mist sein

rub·ble ['rʌbl] *n no pl* ① (*smashed rock*) Trümmer *pl;* **to reduce sth to ~** (*fig*) etw in Schutt und Asche legen ② (*for building*) Bauschutt *m*

'rub-down *n no pl* Abreiben *nt*

ru·bel·la [ruːˈbelə] *n no pl* (*spec*) Röteln *pl*

ru·bric ['ruːbrɪk] *n* (*form*) Anweisungen *pl*

ruby ['ruːbi] I. *n* Rubin *m* II. *adj* ① (*made of rubies*) *ring, necklace, bracelet* Rubin- ② (*colour*) rubinrot

ruck [rʌk] I. *n* ① + *sing/pl vb* (*average crowd*) die breite Masse ② SPORTS (*in rugby*) offenes Gedränge ③ (*fold*) Falte *f* II. *vt* **to ~ up** ○ *sth clothes* etw [zer]knittern

ruck·sack ['rʌksæk] *n* BRIT Rucksack *m*

ruck·us *n esp* AM (*fam*) Krawall *m*

ruc·tions ['rʌkʃᵊns] *npl esp* BRIT, AUS (*fam*) Krach *m kein pl*

rud·der ['rʌdə] *n* [Steuer]ruder *nt*

rud·der·less ['rʌdələs] *adj* ohne Ruder präd, nach *n;* (*fig*) führerlos; *boat* ruderlos; *plane* steuerlos

rud·dy ['rʌdi] I. *adj* ① (*approv: red*) rot; (*liter*) rötlich; *cheeks* gerötet ② *attr* BRIT, AUS (*dated fam: bloody*) verdammt II. *adv* BRIT, AUS (*dated fam: bloody*) verdammt

rude [ruːd] *adj* ① (*impolite*) unhöflich; *behaviour* unverschämt; *gesture* ordinär; *joke* unanständig; *manners* ungehobelt ② *attr* (*sudden*) unerwartet; *awakening, surprise* böse

rude·ly ['ruːdli] *adv* unhöflich; **he pushed past me ~** er drängte sich rüde an mir vorbei

rude·ness ['ruːdnəs] *n no pl* Unhöflichkeit *f;* (*obscenity*) Unanständigkeit *f*

ru·di·men·ta·ry [ˌruːdɪˈmentᵊri] *adj* (*form*) ① (*basic*) elementar ② (*not highly developed*) primitiv; *method* einfach

ru·di·ments ['ruːdɪmənts] *npl* ■ **the ~** die Grundlagen *pl*

rue [ruː] *vt* (*liter*) bereuen

rue·ful ['ruːfᵊl] *adj* (*liter*) reuevoll

ruff [rʌf] *n on clothing, of an animal* Halskrause *f*

ruf·fian ['rʌfiən] *n* Schlingel *m*

ruf·fle ['rʌfl] I. *vt* ① (*agitate*) durcheinanderbringen; *hair* zerzausen ② (*fig: upset*) aus der Ruhe bringen; **nothing ever ~s her self-confidence** ihr Selbstbewusstsein lässt sich durch nichts erschüttern ► **to ~ sb's feathers** jdn auf die Palme bringen *fam* II. *n* Rüsche *f*

rug [rʌg] *n* ① (*carpet*) Teppich *m* ② AM (*sl: hairpiece*) Haarteil *nt*

rug·by ['rʌgbi] *n no pl* Rugby *nt*

rug·ged ['rʌgɪd] *adj* ① (*uneven*) *terrain, ground* uneben; *cliff, mountain* zerklüftet; *landscape, coast* wild ② (*robust*) kräftig; *looks, features* markant ③ (*solid*) fest; *constitution* unverwüstlich; *honesty* unerschütterlich ④ (*sturdy*) kräftig; *vehicle* robust

ruin ['ruːɪn] I. *vt* (*destroy*) zerstören; *dress, reputation* ruinieren; **to ~ sb's day** jdm den Tag vermiesen; **to ~ one's eyesight** sich *dat* die Augen verderben; **to ~ sb's hopes** jds Hoffnungen zunichtemachen; **to ~ sb's plans** jds Pläne durchkreuzen II. *n* ① (*destroyed building*) Ruine *f* ② ■ ~**s** *pl of building* Ruinen *pl; of reputation* Reste *pl; of career, hopes* Trümmer *pl;* **to be in ~s** eine Ruine sein; (*after bombing, fire*) in Schutt und Asche liegen; (*fig*) zerstört sein; **to fall into ~s** zu einer Ruine verfallen ③ *no pl* (*bankruptcy*) Ruin *m;* **to face** [**financial**] ~ vor dem [finanziellen] Ruin stehen ④ (*downfall*) Untergang *m*

ru·ina·tion [ˌruːɪˈneɪʃᵊn] *n no pl* Ruin *m*

ruined ['ruːɪnd] *adj* ■ **to be ~** ruiniert sein;

a ~ **castle/house** ein verfallenes Schloss/Haus; **a ~ city** eine Stadt, die in Ruinen liegt

ru·in·ous ['ruːɪnəs] *adj* ruinös

rule [ruːl] **I.** *n* ❶ (*instruction*) Regel *f*; **~s and regulations** Regeln und Bestimmungen; **according to the ~s** nach den Regeln, den Regeln entsprechend; **to be against the ~s** gegen die Regeln verstoßen ❷ *no pl* (*control*) Herrschaft *f*; **the ~ of law** die Rechtsstaatlichkeit ▶ **as a** [**general**] **~** in der Regel **II.** *vt* ❶ (*govern*) regieren ❷ (*control*) beherrschen ❸ (*draw*) line ziehen ❹ (*decide*) ■ **to ~ that** ... entscheiden, dass ... **III.** *vi* ❶ (*control*) herrschen; *king, queen* regieren ❷ LAW ■ **to ~ on sth** in etw *dat* entscheiden ♦ **rule off** *vt* ausmessen; *margin* ziehen ♦ **rule out** *vt* ausschließen

'**rule book** *n* Vorschriftenbuch *nt*

rul·er ['ruːlə'] *n* ❶ (*person*) Herrscher(in) *m(f)* ❷ (*device*) Lineal *nt*

rul·ing ['ruːlɪŋ] **I.** *adj attr* ❶ (*governing*) herrschend ❷ (*primary*) hauptsächlich; *ambition, passion* größte(r, s) **II.** *n* LAW Entscheidung *f*

rum [rʌm] *n* (*drink*) Rum *m*

Ru·ma·nia [rʊ'meɪnɪə] *see* **Romania**

rum·ba ['rʌmbə] *n* Rumba *m*

rum·ble ['rʌmbl] **I.** *n* ❶ (*sound*) Grollen *nt* *kein pl; of stomach* Knurren *nt*; **~s of discontent** (*fig*) Anzeichen *pl* von Unzufriedenheit ❷ *esp* AM, AUS (*fam*) Schlägerei *f* **II.** *vi* rumpeln; *stomach* knurren; *thunder* grollen **III.** *vt* BRIT (*fam*) auffliegen lassen; *plot* aufdecken; *scheme* durchschauen

rum·bling ['rʌmblɪŋ] **I.** *n* ❶ (*indication*) ■ **~s** *pl* [erste] Anzeichen *pl* ❷ (*sound*) Grollen *nt; of distant guns* Donnern *nt* **II.** *adj* grollend *attr*

rum·bus·tious [rʌm'bʌstɪəs] *adj esp* BRIT (*fam*) wild; *behaviour* ungehobelt

ru·mi·nant ['ruːmɪnənt] **I.** *n* ZOOL Wiederkäuer *m* **II.** *adj attr* wiederkäuend

ru·mi·nate ['ruːmɪneɪt] *vi* ❶ (*form: meditate*) nachgrübeln (**over/on** über) ❷ *cows* wiederkäuen

ru·mi·na·tive ['ruːmɪnətɪv] *adj* (*form*) grübelnd *attr; look* nachdenklich

rum·mage ['rʌmɪdʒ] **I.** *vi* ■ **to ~ through sth** etw durchstöbern **II.** *n* Durchstöbern *nt*

'**rum·mage sale** *n esp* AM Flohmarkt *m*

rum·my ['rʌmɪ] *n no pl* CARDS Rommé *nt*

ru·mour ['ruːmə'], AM **ru·mor I.** *n* Gerücht *nt;* **~ has it** [**that**] ... es geht das Gerücht um, dass ...; **to spread a ~ that** ... das Gerücht verbreiten, dass ... **II.** *vt passive* **the president is ~ed to be seriously ill** der Präsident soll angeblich ernsthaft krank sein; **it is ~ed that** ... es wird gemunkelt, dass ...

rump [rʌmp] *n* ❶ *of an animal* Hinterbacken *pl* ❷ (*beef*) Rumpsteak *nt* ❸ (*hum: buttocks*) Hinterteil *nt fam*

rum·ple ['rʌmpl] *vt* zerknittern; **to ~ sb's hair** jdm das Haar zerzausen

rump '**steak** *n* Rumpsteak *nt*

rum·pus ['rʌmpəs] *n no pl* (*fam*) Krawall *m*, Krach *m*

run [rʌn] **I.** *n* ❶ (*jog*) Lauf *m;* **to break into a ~** zu laufen beginnen; **to go for a ~** laufen gehen ❷ (*journey*) Strecke *f* ❸ (*period*) Dauer *f;* **~ of bad/good luck** Pech-/Glückssträhne *f* ❹ ECON *test* **~** Probelauf *m* ❺ (*enclosed area*) Gehege *nt;* **chicken ~** Hühnerhof *m* ❻ SPORTS (*point*) Treffer *m;* (*sailing*) Vorwindkurs *m*; (*in cricket, baseball*) Run *m* ❼ (*fam: diarrhoea*) ■ **to have the ~s** Dünnpfiff haben *sl* ▶ **in the long ~** auf lange Sicht gesehen; **in the short ~** kurzfristig; **on the ~** (*escaped*) auf der Flucht; (*extremely busy*) auf Trab *fam* **II.** *vi* <ran, run> ❶ (*move fast*) laufen, rennen; **to ~ for the bus** dem Bus nachlaufen; **to ~ for cover** schnell in Deckung gehen; **to ~ for one's life** um sein Leben rennen ❷ (*operate*) fahren, verkehren; *engine* laufen; *machine* in Betrieb sein; (*fig*) **work is ~ning smoothly at the moment** die Arbeit geht im Moment glatt von der Hand; **to keep the economy ~ning** die Wirtschaft am Laufen halten ❸ (*travel*) laufen; (*go*) verlaufen; *ski* gleiten; **the route ~s through the mountains** die Strecke führt durch die Berge; **a shiver ran down my spine** mir lief ein Schauder über den Rücken ❹ (*extend*) **there's a beautiful cornice ~ning around the ceiling** ein wunderschönes Gesims verläuft um die Decke ❺ (*last*) [an]dauern; **the film ~s for two hours** der Film dauert zwei Stunden ❻ (*be*) **inflation is ~ning at 10%** die Inflationsrate beträgt 10 % ❼ (*flow*) fließen; **my nose is ~ning** meine Nase läuft; **the river ~s** [**down**] **to the sea** der Fluss mündet in das Meer; **don't cry, or your make-up will ~** weine nicht, sonst verwischt sich dein Make-up ❽ POL (*enter an election*) kandidieren; **to ~ for President** für das Präsidentenamt kandidieren ❾ (*in tights*) **oh no, my tights have ~** oh nein, ich habe eine Laufmasche im Strumpf ▶ **to ~ amok** Amok laufen; **to ~ in the family**

in der Familie liegen; **feelings are ~ning high** die Gefühle gehen hoch; **to ~ low** *supplies* [langsam] ausgehen III. *vt* <ran, run> ① (*drive*) **to ~ sb to the station** jdn zum Bahnhof bringen ② (*pass*) **he ran a vacuum cleaner over the carpet** er saugte den Teppich ab; **to ~ one's fingers through one's hair** sich *dat* mit den Fingern durchs Haar fahren ③ (*operate*) *machine* bedienen; *computer program, engine, dishwasher* laufen lassen; **to ~ additional trains** zusätzliche Züge einsetzen ④ (*manage*) *business* leiten; *farm* betreiben; *government, household* führen; **don't tell me how to ~ my life!** erklär mir nicht, wie ich mein Leben leben soll! ⑤ (*conduct*) *course* anbieten; *experiment, test* durchführen ⑥ (*let flow*) *water* laufen lassen; *a bath* einlaufen lassen ⑦ (*in newspaper*) **to ~ a story about sth** über etw *akk* berichten; **to ~ an article/a series** einen Artikel/eine Serie bringen *fam* ⑧ (*incur*) **to ~ a risk** ein Risiko eingehen ⑨ (*perform*) **to ~ errands** Botengänge machen ▶ **to let sth ~ its course** etw seinen Lauf nehmen lassen; **to ~ the show** verantwortlich sein ◆**run about** *vi see* **run around** ◆**run across** *vi* zufällig treffen; **to ~ across a problem** auf ein Problem stoßen ◆**run after** *vi* hinterherlaufen ◆**run along** *vi* (*fam*) **~!** troll dich! ◆**run around** *vi* ① (*bustle*) herumrennen *fam* ② (*run freely*) herumlaufen ③ (*spend time with*) ■ **to ~ around with sb** sich mit jdm herumtreiben *fam* ◆**run away** *vi person* weglaufen; *liquid* abfließen; ■ **to ~ away from sb** jdn verlassen; **to ~ away from home** von zu Hause weglaufen; **to ~ away together** gemeinsam durchbrennen *fam* ◆**run down** I. *vt* ① (*fam: criticize*) runtermachen ② BRIT (*reduce*) reduzieren; *production* drosseln; *supplies* einschränken ③ (*hit*) überfahren; *boat* rammen ④ (*exhaust*) ■ **to ~ oneself down** sich auslaugen *fam;* **to ~ down a car battery** eine Autobatterie völlig leer machen II. *vi* ① BRIT (*become reduced*) reduziert werden ② (*lose power*) *battery* leer werden ◆**run in** *vt* ① (*fam: arrest*) einlochen ② BRIT, AUS (*break in*) *engine, car* einfahren ◆**run into** *vi* ① (*hit*) ■ **to ~ into sb/sth** in jdn/etw hineinrennen; **he ran into a tree on his motorbike** er fuhr mit seinem Motorrad gegen einen Baum ② (*bump into*) ■ **to ~ into sb** jdm über den Weg laufen; ■ **to ~ into sth** (*fig*) auf etw *akk* stoßen; **to ~ into debt** sich in Schulden stürzen; **to ~ into difficulties** auf Schwierigkeiten stoßen; **to ~ into bad weather** in schlechtes Wetter geraten ③ (*reach*) **the repairs will probably ~ into thousands of pounds** die Reparaturen werden sich wahrscheinlich auf Tausende von Pfund belaufen ◆**run off** *vi* ① (*fam: leave*) abhauen; ■ **to ~ off with sb/sth** mit jdm/etw durchbrennen ② (*branch off*) *path, track* abbiegen ③ (*drain*) *liquid* ablaufen ◆**run on** *vi* ① (*continue talking*) weiterreden; (*continue*) **the game ran on for too long** das Spiel zog sich zu lange hin ② (*pass by*) *time* vergehen ③ (*power with*) ■ **to ~ on sth** mit etw *dat* betrieben werden ◆**run over** I. *vt* überfahren II. *vi* ① (*exceed*) **to ~ over time** überziehen ② (*overflow*) *water, bath, sink* überlaufen ③ (*review*) durchgehen ◆**run out** *vi* ① (*finish*) ausgehen; **the milk has ~ out** die Milch ist alle; **time/money is ~ning out** die Zeit/das Geld wird knapp ② (*expire*) *passport* ablaufen; *licence* auslaufen ③ (*leave*) ■ **to ~ out on sb** jdn verlassen ◆**run through** I. *vt* ■ **to ~ sb through** jdn durchbohren II. *vi* ① (*examine*) ■ **to ~ through sth** etw durchgehen ② (*practise*) durchspielen ③ (*spend, consume*) verbrauchen; (*use*) benutzen ◆**run up** I. *vt* ① (*increase*) **to ~ up a debt** Schulden machen ② (*produce*) **to ~ up a dress** ein Kleid nähen II. *vi* **to ~ up against opposition/problems** auf Widerstand/Probleme stoßen

'run·about *n* (*car*) [kleiner] Stadtflitzer *fam*
'run·around *n no pl* (*fig*) **to get the ~** im Dunkeln gelassen werden; **to give sb the ~** jdm keine klare Auskunft geben
'run·away I. *adj attr* ① (*out of control*) *economy, vehicle* außer Kontrolle geraten; *prices* galoppierend ② (*escaped*) *animal, prisoner* entlaufen; *horse* durchgegangen; *criminal* flüchtig ③ (*enormous*) **~ success** Riesenerfolg *m fam* II. *n* Ausreißer(in) *m(f) fam* **'run·down** I. *n* ['rʌndaʊn] ① (*report*) zusammenfassender Bericht ② *no pl* (*reduction*) Kürzung *f* II. *adj* [ˌrʌn'daʊn] ① (*dilapidated*) verwahrlost, heruntergekommen *fam; building* baufällig ② (*worn out*) abgespannt
rune [ruːn] *n* ① (*letter*) Rune *f* ② (*mark*) Geheimzeichen *nt* ③ (*charm*) Zauberwort *nt*
rung¹ [rʌŋ] *n* (*of ladder*) Sprosse *f;* (*fig*) Stufe *f*
rung² [rʌŋ] *pp of* **ring**
'run-in ['rʌnɪn] *n* ① (*fam: argument*) Krach *m* ② (*prelude*) Vorlauf *m*

run·ner ['rʌnər] *n* ❶ (*person*) Läufer(in) *m(f)*; (*horse*) Rennpferd *nt* ❷ AUS (*plimsoll*) Turnschuh *m* ❸ (*messenger*) Bote *m*/Botin *f* ❹ BOT (*stem*) Ausläufer *m* ❺ (*carpet*) Läufer *m*

run·ner 'bean *n* BRIT Stangenbohne *f* **run·ner-'up** *n* Zweite(r); **to be the ~** den zweiten Platz belegen

run·ning ['rʌnɪŋ] I. *n no pl* ❶ (*not walking*) Laufen *nt*, Rennen *nt* ❷ (*management*) *of a business* Leitung *f*; *of a machine* Bedienung *f*, Überwachung *f* ▸ **to be in/out of the ~** (*as a competitor*) mit/nicht mit im Rennen sein; (*as a candidate*) noch/nicht mehr mit im Rennen sein II. *adj* ❶ *after n* (*in a row*) nacheinander *nach n*, hintereinander *nach n* ❷ (*ongoing*) [fort]laufend ❸ (*operating*) betriebsbereit ❹ *attr* (*flowing*) fließend

'run·ning back *n* FBALL Angriffspieler(in) *m(f)* **'run·ning costs** *npl* Betriebskosten *pl*; *of a car* Unterhaltskosten *pl* **'run·ning or·der** *n* Sendefolge *f*

run·ny ['rʌni] *adj nose* laufend *attr*; *jam, sauce* dünnflüssig

'run-off *n* ❶ (*in an election*) Stichwahl *f* ❷ (*in a race*) Entscheidungslauf *m*, Entscheidungsrennen *nt* ❸ (*of rainfall*) Abfluss *m*; (*of a blast furnace*) Abstich *m*

run-of-the-'mill *adj* durchschnittlich, mittelmäßig

runt [rʌnt] *n* ❶ (*animal*) *of a litter* zurückgebliebenes Jungtier; (*cattle*) Zwergrind *nt* ❷ (*pej sl: person*) Wicht *m*

'run-through *n* ❶ (*examination*) Durchgehen *nt*, Überfliegen *nt* ❷ (*outline*) kurze Zusammenfassung, Kurzbericht *m* ❸ THEAT Durchlaufprobe *f* **'run-up** *n* ❶ SPORTS Anlauf *m* [zum Absprung] ❷ *esp* BRIT (*fig: prelude*) Vorlauf *m*, Endphase *f* der Vorbereitungszeit ❸ AM (*increase*) [An]steigen *nt*, Anziehen *nt* **'run·way** *n* AVIAT Start- und Landebahn *f*; SPORTS Anlaufbahn *f*

rup·ture ['rʌptʃər] I. *vi* zerreißen; *appendix* durchbrechen; *artery, blood vessel* platzen; *muscle* reißen; (*tear muscle*) sich *dat* einen Muskelriss zuziehen II. *vt* (*also fig*) zerreißen *a. fig*; **to ~ an artery/a blood vessel** eine Arterie/ein Blutgefäß zum Platzen bringen III. *n* (*also fig*) Zerreißen *nt a. fig*, Zerbrechen *nt a. fig*, Bruch *m a. fig*; *of an artery, blood vessel* Platzen *nt*; (*hernia*) Bruch *m*; (*torn muscle*) [Muskel]riss *m*

ru·ral ['rʊərəl] *adj* ländlich, Land-

ruse [ruːz] *n* List *f*

rush¹ [rʌʃ] *n* BOT Binse *f*

rush² [rʌʃ] I. *n* ❶ (*hurry*) Eile *f*; **slow down! what's the ~?** mach langsam! wozu die Eile?; **to be in a ~** in Eile sein; **to leave in a ~** sich eilig auf den Weg machen ❷ (*rapid movement*) Losstürzen *nt*, Ansturm *m*; (*press*) Gedränge *nt*, Gewühl *nt*; **I hate driving during the afternoon ~** ich hasse das Autofahren im nachmittäglichen Verkehrsgewühl ❸ *also fig: surge*) Schwall *m*, Woge *f*; *of emotions* [plötzliche] Anwandlung, Anfall *m* ❹ (*migration*) **gold ~** Goldrausch *m* ❺ (*in Am football*) Durchstoßversuch *m* II. *vi* ❶ (*hurry*) eilen, hetzen; **stop ~ing!** hör auf zu hetzen!; **we ~ed to buy tickets for the show** wir besorgten uns umgehend Karten für die Show; **we shouldn't ~ to blame them** wir sollten sie nicht voreilig beschuldigen; ■ **to ~ about** herumhetzen; ■ **to ~ in** hineinstürmen; *water* hineinschießen; ■ **to ~ out** hinausstürzen; *water* herausschießen; ■ **to ~ towards sb** auf jdn zueilen; **to ~ up the hill/the stairs** den Berg/die Treppe hinaufeilen ❷ (*hurry into*) ■ **to ~ into sth** *decision, project* etw überstürzen ❸ (*in Am football*) einen Durchbruchsversuch unternehmen III. *vt* ❶ (*send quickly*) **she was ~ed to hospital** sie wurde auf schnellstem Weg ins Krankenhaus gebracht; **the United Nations has ~ed food to the famine zone** die Vereinten Nationen haben eilends Lebensmittel in die Hungerregion geschickt ❷ (*pressure*) ■ **to ~ sb [into sth]** jdn [zu etw *dat*] treiben; **don't ~ me!** dräng mich nicht!; ❸ (*do hurriedly*) **to ~ one's food** hastig essen; **let's not ~ things** lass uns nichts überstürzen ♦ **rush at** *vi* [sich] stürzen auf +*akk* ♦ **rush out** *vt* COMM schnell auf den Markt bringen

rushed [rʌʃt] *adj* gehetzt; **~ decisions** übereilte Entscheidungen

'rush hour *n* Hauptverkehrszeit *f* **rush 'or·der** *n* Eilauftrag *m*

rusk [rʌsk] *n* Zwieback *m*

rus·set ['rʌsɪt] I. *n* (*apple*) Boskop *m* II. *adj* (*esp liter*) rotbraun, gelbbraun III. *n no pl* Rotbraun *nt*, Gelbbraun *nt*

Rus·sia ['rʌʃə] *n* Russland *nt*

Rus·sian ['rʌʃ°n] I. *adj* russisch II. *n* ❶ (*person*) Russe *m*/Russin *f* ❷ (*language*) Russisch *nt*

rust [rʌst] I. *n no pl* ❶ (*decay*) Rost *m* ❷ (*colour*) Rostbraun *nt* ❸ BOT, HORT Rost *m*, Brand *m* II. *vi* rosten; ■ **to ~ away/through** ver-/durchrosten III. *vt* rostig machen; (*fig*) einrosten lassen

rust-col·oured *adj,* Am **rust-col·ored** *adj* rostfarben

rus·tic ['rʌstɪk] *adj* ❶ (*of the country*) ländlich, rustikal ❷ (*simple*) grob [zusammen]gezimmert; (*fig*) schlicht, einfach

rus·tle ['rʌsl] **I.** *vi* leaves, paper rascheln; silk rauschen, knistern **II.** *vt* ❶ (*make noise*) **to ~ paper** mit Papier rascheln ❷ *esp* Am, Aus (*steal*) cattle, horses stehlen **III.** *n* of paper, leaves Rascheln *nt*; of silk Knistern *nt*

rus·tler ['rʌslər] *n esp* Am, Aus Viehdieb(in) *m(f)*

'rust·proof I. *adj* rostbeständig; **~ paint** Rostschutzfarbe *f* **II.** *vt* rostbeständig machen

rusty ['rʌsti] *adj* ❶ (*covered in rust*) rostig, verrostet ❷ (*fig: out of practice*) eingerostet; **my Russian is a bit ~** ich bin mit meinem Russisch etwas aus der Übung

rut¹ [rʌt] *n* (*track*) [Rad]spur *f*, [Wagen]spur *f*; (*furrow*) Furche *f*; (*fig*) Trott *m* ▶ **to be [stuck] in a ~** in einen [immer gleichen] Trott geraten sein

rut² [rʌt] *n no pl* zool Brunst *f*; hunt Brunft *f*

ru·ta·ba·ga [ˌruːtəˈbeɪɡə] *n* Am bot Steckrübe *f*

ruth·less ['ruːθləs] *adj* action, behaviour rücksichtslos, skrupellos; criticism schonungslos; decision, measure hart; dictatorship erbarmungslos; treatment mitleid[s]los

ruth·less·ly ['ruːθləsli] *adv* unbarmherzig, erbarmungslos; **the kidnapper acted ~** der Kidnapper ging skrupellos vor; **to criticize sb ~** jdn schonungslos kritisieren

ruth·less·ness ['ruːθləsnəs] *n no pl* of a person Unbarmherzigkeit *f*, Erbarmungslosigkeit *f*; of sb's behaviour Rücksichtslosigkeit *f*; of an action Skrupellosigkeit *f*

RV [ˌɑːrˈviː] *n* Am *abbrev of* **recreational vehicle**

rye [raɪ] *n no pl* Roggen *m*; **~ [bread]** Roggenbrot *nt*; **~ [whiskey]** Roggenwhiskey *m*

Ss

S <*pl* -'s *or* -s>, **s** <*pl* -'s> [es] *n* S *nt*, s *nt*; *see also* **A 1**

S *n no pl, adj* ❶ geog *abbrev of* **south, southern** S ❷ fashion *abbrev of* **small** S

s <*pl* -> *abbrev of* **second** s, sek., Sek.

Sab·bath ['sæbəθ] *n* Sabbat *m*

sab·bat·i·cal [səˈbætɪkəl] **I.** *n* univ [einjährige] Freistellung, Sabbatjahr *nt* **II.** *adj* ❶ rel Sabbat- ❷ univ **~ term** Forschungssemester *nt*

sa·ber *n* Am *see* **sabre**

sa·ble ['seɪbl] *n no pl* ❶ zool Zobel *m*; (*marten*) [Fichten]marder *m* ❷ (*fur*) Zobelfell *nt* ❸ (*clothing*) Zobelpelz *m*

sabo·tage ['sæbətɑː(d)ʒ] **I.** *vt* efforts, plan sabotieren; **to ~ sb's chances of success** jds Erfolgsaussichten zunichtemachen **II.** *n* Sabotage *f*; **act of ~** Sabotageakt *m*; **economic/industrial ~** Wirtschafts-/Industriesabotage *f*

sabo·teur [ˌsæbəˈtɜːr] *n* Saboteur(in) *m(f)*

sa·bre ['seɪbər] **I.** *n esp* Brit, Aus ❶ (*sword*) Säbel *m* ❷ sports Säbel *m* **II.** *adj* sports Säbel-

'sa·bre-rat·tling *n* (*pej*) Säbelrasseln *nt*

sac [sæk] *n* bot, zool Beutel *f*; **air ~** Luftsack *m*; **amniotic ~** Fruchtblase *f*

sac·cha·rin ['sækərɪn] *n no pl* Süßstoff *m*

sac·cha·rine ['sækəraɪn, -ɪn] *adj* Saccharin-; (*fig, pej*) süßlich

sa·chet ['sæʃeɪ] *n* [kleiner] Beutel; **~ of sugar** Zuckertütchen *nt*

sack¹ [sæk] **I.** *n* ❶ (*bag*) Beutel *m*, Tüte *f* ❷ *no pl* Am, Aus (*fam: bed*) **to hit the ~** sich in die Falle hauen *fam* ❸ *no pl* (*dismissal*) Laufpass *m fam*; **to get the ~** rausgeschmissen werden; **to give sb the ~** jdn rausschmeißen *fam* **II.** *vt* rausschmeißen *fam*

sack² [sæk] **I.** *n no pl* Plünderung *f* **II.** *vt* plündern

'sack·cloth *n no pl* Sackleinen *nt*

'sack·ful *n* Sack *m kein pl*

sack·ing ['sækɪŋ] *n* ❶ *no pl* (*material*) Sackleinen *nt* ❷ (*dismissal*) Entlassung *f* ❸ (*looting*) Plünderung *f*

'sack race *n* Sackhüpfen *nt*

sac·ra·ment ['sækrəmənt] *n* rel Sakrament *nt*; ■**the ~** (*in Roman Catholic Church*) die [heilige] Kommunion; (*in Protestant Church*) das [heilige] Abendmahl

sac·ra·men·tal [ˌsækrəˈmentəl] *adj* sakramental; **~ wine** liturgisch geweihter Wein; (*in Roman Catholic Church*) Messwein *m*

sa·cred ['seɪkrɪd] *adj* ❶ (*holy*) *place* heilig; *tradition* geheiligt ❷ (*pertaining to religion*) *poetry, music* geistlich ❸ (*venerable*) ehrwürdig ❹ (*solemnly binding*) *duty* heilig; **~ promise** feierliches Versprechen ❺ (*inviolable*) *right* unverletzlich ❻ (*also hum: sacrosanct*) heilig a. hum, unantastbar

sac·ri·fice ['sækrɪfaɪs] **I.** *vt* ❶ (*kill*) opfern ❷ (*give up*) opfern, aufgeben **II.** *vi* **to ~ to the gods** den Göttern Opfer bringen **III.** *n* ❶ (*offering to a god*) Opfer *nt* ❷ (*sth given up*) Opfer *nt;* **at great personal ~** unter großem persönlichen Verzicht ▶ **to make the ultimate ~ for sb/sth** für jdn/etw das höchste Opfer bringen

sac·ri·lege ['sækrɪlɪdʒ] *n* Sakrileg *nt geh; (fig)* Verbrechen *nt*

sac·ri·legious [ˌsækrɪ'lɪdʒəs] *adj* frevelhaft; *(fig)* verwerflich; **~ act** frevelhafte Tat

sac·ris·ty ['sækrɪsti] *n* Sakristei *f*

sac·ro·sanct ['sækrə(ʊ)sæŋ(k)t] *adj* (*esp hum*) sakrosankt *geh; right, treaty* unverletzlich; **my weekends are ~** meine Wochenenden sind mir heilig

sa·crum ['seɪkrəm] *n* Kreuzbein *nt*

SAD [ˌesei'diː] *n abbrev of* **seasonal affective disorder** Winterdepression *f*

sad <-dd-> [sæd] *adj* ❶ (*unhappy*) traurig; **to look ~** betrübt aussehen; **to make sb ~** jdn betrüben [*o* traurig machen] ❷ (*unsatisfactory*) traurig, bedauerlich ❸ (*depressing*) *news* traurig; *incident* betrüblich; *weather* trist ❹ (*deplorable*) bedauernswert, beklagenswert; (*hum, pej*) jämmerlich, erbärmlich, elend; **give those flowers some water — they're looking a bit ~** gib den Blumen da etwas Wasser – sie sehen etwas mitgenommen aus; **what a ~ person — still living with his parents at the age of 45** was für ein Jammerlappen – lebt mit 45 Jahren immer noch bei seinen Eltern

sad·den ['sædən] *vt usu passive* traurig machen; **to be deeply ~ed** tieftraurig sein

sad·dle ['sædl] **I.** *n* ❶ (*seat*) Sattel *m;* **to be in the ~** (*riding*) im Sattel sein; (*fig: in charge*) im Amt sein ❷ FOOD Rücken *m* ❸ GEOG [Berg]sattel *m* **II.** *vt* ❶ (*put saddle on*) satteln ❷ (*fam: burden*) ■ **to ~ sb/ oneself with sth** jdm/sich etw aufhalsen; **to be ~d with sth** etw am Hals haben

'sad·dle·bag *n* Satteltasche *f*

'sad·dler ['sædləʳ] *n* Sattler *m*

'sad·dle-sore *adj horse* [am Rücken] wund geritten; *rider* wund geritten

sad·ism ['seɪdɪzəm] *n no pl* Sadismus *m*

sad·ist ['seɪdɪst] *n* Sadist(in) *m(f)*

---

sadness and disappointment

expressing sadness	Traurigkeit ausdrücken
It upsets me that we don't get on.	Ich finde es sehr schade, dass wir uns nicht verstehen.
It's such a shame he's letting himself go like that.	Es ist so schade/traurig, dass er sich derart gehen lässt.
I find these events very depressing.	Ich finde diese Ereignisse sehr deprimierend.

expressing disappointment	Enttäuschung ausdrücken
I am (very) disappointed by his reaction.	Seine Reaktion hat mich (sehr) enttäuscht.
You have (deeply) disappointed me.	Sie haben/Du hast mich (schwer) enttäuscht.
I wouldn't have expected that of her.	Das hätte ich von ihr nicht erwartet.
It's not what I hoped for.	Ich hätte mir etwas anderes gewünscht.

expressing dismay	Bestürzung ausdrücken
That's unbelievable!	Das ist ja unglaublich/nicht zu fassen!
That's outrageous!	Das ist ja ungeheuerlich!
That's the limit!	Das ist ja wohl die Höhe!
You cannot be serious!	Das kann doch nicht Ihr/dein Ernst sein!
I don't believe it!	Ich fass es nicht!
That can't (possibly) be true!	Das kann (doch wohl) nicht wahr sein!

sa·dis·tic [səˈdɪstɪk] *adj* sadistisch
sa·dis·ti·cal·ly [səˈdɪstɪkli] *adv* sadistisch
sad·ly [ˈsædli] *adv* ❶ (*unhappily*) traurig, bekümmert ❷ (*regrettably*) bedauerlicherweise, leider ❸ (*badly*) arg ❹ (*completely*) völlig; **to be ~ mistaken** völlig daneben liegen *fam*
sad·ness [ˈsædnəs] *n no pl* Traurigkeit *f* (**about/at** über)
sae *n*, **SAE** [ˌeseɪˈiː] *n abbrev of* **stamped addressed envelope** frankierter Rückumschlag
sa·fa·ri [səˈfɑːri] *n* Safari *f*
sa·ˈfa·ri park *n* Safaripark *m*
safe [seɪf] **I.** *adj* ❶ (*secure*) sicher; **~ journey!** gute Reise! ❷ (*protected*) sicher; **your secret's ~ with me** bei mir ist dein Geheimnis sicher aufgehoben; **to keep sth in a ~ place** etw sicher aufbewahren; **to feel ~** sich sicher fühlen ❸ (*certain*) [relativ] sicher; **it's a ~ bet that ...** man kann davon ausgehen, dass ... ❹ (*avoiding risk*) vorsichtig; **to make the ~ choice** auf Nummer sicher gehen *fam*; **~ driver** vorsichtiger Fahrer/vorsichtige Fahrerin; **~ play** Spiel *nt* auf Sicherheit ❺ (*dependable*) verlässlich, zuverlässig ▶ **to be in ~ hands** in guten Händen sein; **to be as ~ as houses** BRIT bombensicher sein *fam*; [just] **to be on the ~ side** [nur] zur Sicherheit; **it is better to be ~ than sorry** (*prov*) Vorsicht ist besser als Nachsicht; **~ and sound** gesund und wohlbehalten; **to play it ~** auf Nummer sicher gehen *fam* **II.** *n* Tresor *m*, Safe *m*
safe-de·ˈpos·it box *n* Tresorfach *nt*, [Bank]schließfach *nt* **ˈsafe·guard** [ˈseɪfɡɑːd] **I.** *vt* (*form*) schützen (**against** vor); **to ~ sb's interests/rights** jds Interessen/Rechte wahren **II.** *n* Schutz *m* (**against** vor), Vorsichtsmaßnahme *f* (**against** gegen); TECH Sicherung *f* **safeˈkeep·ing** *n no pl* [sichere] Aufbewahrung; **to be in sb's ~** in jds Gewahrsam sein
safe·ly [ˈseɪfli] *adv* ❶ (*securely*) sicher; **the bomb was ~ defused** die Bombe wurde gefahrlos entschärft; **you can ~ take six tablets a day** Sie können bedenkenlos sechs Tabletten täglich einnehmen ❷ (*avoiding risk*) vorsichtig; **drive ~!** fahr vorsichtig! ❸ (*without harm*) *person* wohlbehalten; *object* heil; **the parcel arrived ~** das Paket kam heil an; **to land ~** sicher landen ❹ (*with some certainty*) mit ziemlicher Sicherheit
safe ˈsex *n no pl* Safer Sex *m*
safe·ty [ˈseɪfti] *n no pl* ❶ (*condition of being safe*) Sicherheit *f*; **place of ~** sicherer Ort; **to guarantee sb's ~** für jds Sicherheit garantieren; **for ~['s sake]** sicherheitshalber, aus Sicherheitsgründen ❷ (*freedom from harm*) Sicherheit *f*; **of a medicine** Unbedenklichkeit *f* ❸ (*safety catch*) *of a gun* Sicherung *f* ▶ **there's ~ in numbers** (*saying*) in der Gruppe ist man sicherer
ˈsafe·ty belt *n* Sicherheitsgurt *m*; NAUT Rettungsgürtel *m* **ˈsafe·ty catch** *n* Sicherung *f*; **is the ~ on?** ist die Waffe gesichert? **ˈsafe·ty cur·tain** *n* THEAT eiserner Vorhang **ˈsafe·ty glass** *n no pl* Sicherheitsglas *nt* **ˈsafe·ty mar·gin** *n* Sicherheitsabstand *m*; ECON, STOCKEX Sicherheitsmarge *f* **ˈsafe·ty mea·sures** *npl* Sicherheitsmaßnahmen *pl* **ˈsafe·ty net** *n* ❶ (*protective net*) Sicherheitsnetz *nt* ❷ (*fig*) soziales Netz **ˈsafe·ty pin** *n* ❶ (*covered pin*) Sicherheitsnadel *f* ❷ (*on grenade*) Sicherungssplint *m* ❸ NAUT Sicherungsbolzen *m* **ˈsafe·ty ra·zor** *n* Rasierapparat *m* **ˈsafe·ty regu·la·tions** *npl* Sicherheitsvorschriften *pl* **ˈsafe·ty valve** *n* Sicherheitsventil *nt*

saf·fron [ˈsæfrən] **I.** *n no pl* Safran *m* **II.** *adj* safrangelb
sag [sæɡ] **I.** *vi* <-gg-> ❶ (*droop*) [herab]hängen; *bed, roof, rope* durchhängen ❷ (*weaken*) *courage* sinken; **her spirits ~ged** ihre Stimmung wurde gedrückt ❸ (*decline*) nachgeben; *support* nachlassen **II.** *n no pl* ❶ (*droop*) Durchhängen *nt* ❷ (*fall*) [Ab]sinken *nt*, Abschwächung *f*
saga [ˈsɑːɡə] *n* ❶ LIT (*medieval story*) Saga *f*; (*long family novel*) Familienroman *m* ❷ (*pej: long involved story*) Geschichte *f*
sa·ga·cious [səˈɡeɪʃəs] *adj* (*form*) gescheit; *remark* scharfsinnig
sa·gac·ity [səˈɡæsəti] *n no pl* (*form*) Scharfsinn *m*
sage [seɪdʒ] *n no pl* Salbei *m*
sag·ging [ˈsæɡɪŋ] *adj* ❶ (*drooping*) *shoulders* herabhängend *attr*; *bed, roof, rope* durchhängend *attr*; **~ breasts** Hängebusen *m* ❷ (*fig: declining*) *demand* sinkend *attr*; *support* nachlassend *attr*
Sag·it·ta·rius [ˌsædʒɪˈteəriəs] *n* ASTROL Schütze *m*
said [sed] **I.** *pp*, *pt of* **say** **II.** *adj attr* LAW besagt; **where were you on the ~ evening?** wo waren Sie am besagten Abend?
sail [seɪl] **I.** *n* ❶ *no pl* (*journey*) [Segel]törn *m* ❷ (*material*) Segel *nt*; **to hoist/lower the ~s** die Segel setzen/einholen ❸ (*of windmill*) Flügel *m* ▶ **to set ~** in See

stechen **II.** vi ❶ (*by ship*) fahren, reisen; (*by yacht*) segeln; **to ~ around the world** die Welt umsegeln ❷ (*start voyage*) auslaufen ❸ (*move effortlessly*) gleiten; **the ball ~ed over the wall** der Ball segelte über die Mauer *fam* ❹ (*do easily*) ■**to ~ through sth** etw mit Leichtigkeit schaffen; **I ~ed through my first pregnancy** bei meiner ersten Schwangerschaft verlief alles glatt ▶**to ~ close to the wind** sich hart an der Grenze des Erlaubten bewegen; **to ~ against the wind** Wind von vorn bekommen **III.** vt ❶ (*navigate*) ship steuern; yacht segeln ❷ (*travel*) **to ~ the Pacific** den Pazifik befahren

'sail·board n Surfbrett nt **'sail·boat** n AM Segelboot nt

sail·ing ['seɪlɪŋ] n ❶ (*going for a sail*) Segeln nt ❷ SPORTS Segelsport m, Segeln nt ❸ (*departure*) Abfahrt f

'sail·ing boat n BRIT, AUS Segelboot nt **'sail·ing ship** n, **'sail·ing ves·sel** n Segelschiff nt

sail·or ['seɪlə^r] n ❶ (*member of ship's crew*) Matrose m, Seemann m ❷ (*person who sails*) Segler(in) m(f)

'sail·or suit n Matrosenanzug m

saint [seɪnt, s^ənt] n ❶ (*holy person*) Heilige(r) f(m); **to make sb a ~** jdn heiligsprechen; **S~ Peter** der heilige Petrus; **S~ Paul's Cathedral** Paulskathedrale f ❷ (*fam: very good person*) Heilige(r) f(m); **to be no ~** (*hum*) nicht gerade ein Heiliger/eine Heilige sein

saint·ed ['seɪntɪd] adj ❶ (*canonized*) heiliggesprochen ❷ (*holy*) geheiligt; place geweiht ❸ (*dead*) selig

saint·li·ness ['seɪntlɪnəs] n no pl Heiligkeit f

saint·ly ['seɪntli] adj heilig, fromm

'saint's day n Heiligenfest nt

sake¹ [seɪk] n ❶ (*purpose*) **for the ~ of sth** um einer S. gen willen; **for the ~ of peace** um des [lieben] Friedens willen ❷ (*benefit*) **for sb's ~** jdm zuliebe; **I hope for both of our ~s that you're right!** ich hoffe für uns beide, dass du Recht hast; **to stay together for the ~ of the children** der Kinder wegen zusammenbleiben ▶**for Christ's** [or **God's**] **~** (*pej! fam!*) Himmelherrgott noch mal! *sl*; **for goodness** [or **heaven's**] **~** um Gottes [o Himmels] willen

sake² ['sɑːki] n Sake m

sal·able ['seɪləbl] adj esp AM (*saleable*) verkäuflich

sa·la·cious [sə'leɪʃəs] adj (*pej*) joke, poem obszön; comment anzüglich; person geil

sal·ad ['sæləd] n Salat m

'sal·ad bowl n Salatschüssel f **'sal·ad cream** n BRIT [Salat]mayonnaise f **'sal·ad dress·ing** n Dressing nt

sala·man·der ['sæləmændə^r] n Salamander m

sa·la·mi [sə'lɑːmi] n Salami f

sal am·mo·ni·ac [ˌsælə'məʊniæk] n Ammoniaksalz nt

sala·ried ['sælərid] adj bezahlt; **~ employee** Gehaltsempfänger(in) m(f); **~ post** Stelle f mit festem Gehalt

sala·ry ['sæl^əri] n Gehalt nt; **annual ~** Jahresgehalt nt; **to raise sb's ~** jds Gehalt erhöhen

'sala·ry cut n Gehaltskürzung f **'sala·ry scale** n Gehaltsskala f

sale [seɪl] n ❶ (*act of selling*) Verkauf m; **to make a ~** ein Verkaufsgeschäft abschließen; ■**for ~** zu verkaufen; **to put sth up for ~** etw zum Verkauf anbieten ❷ (*amount sold*) Absatz m; **~s of cars were down/up this week** die Verkaufszahlen für Autos gingen diese Woche nach unten/oben ❸ (*at reduced prices*) Ausverkauf m; **to be in the** [or AM **on**] **~** im Angebot sein; ■**the ~s** pl der Schlussverkauf kein pl; **clearance ~** Räumungsverkauf m; **in** [or **at**] **the January/summer ~s** im Winter-/Sommerschlussverkauf ❹ (*auction*) Auktion f ❺ pl (*department*) ■**S~s** Verkaufsabteilung f

sale·able ['seɪləbl] adj verkäuflich; **to be easily/to not be very ~** sich gut/schlecht verkaufen **'sale price** n Verkaufspreis m **'sale·room** n esp BRIT Auktionsraum m **'sales analy·sis** n Verkaufsanalyse f **'sales as·sist·ant** n BRIT, AUS Verkäufer(in) m(f) **'sales book** n Warenausgangsbuch nt **'sales cam·paign** n Verkaufskampagne f **'sales clerk** n AM Verkäufer(in) m(f) **'sales con·fer·ence** n Vertreterkonferenz f **'sales de·part·ment** n Verkaufsabteilung f **'sales di·rec·tor** n Verkaufsdirektor(in) m(f) **'sales drive** n Verkaufskampagne f **'sales ex·ecu·tive** n Vertriebsleiter(in) m(f) **'sales fig·ures** npl Verkaufszahlen pl **'sales fore·cast** n Absatzprognose f **'sales·girl** n Verkäuferin f **'sales in·voice** n Verkaufsrechnung f **'sales·lady** n Verkäuferin f **'sales ledg·er** n Warenausgangsbuch nt **'sales lit·era·ture** n Verkaufsprospekte pl **'sales·man** n Verkäufer m, Handelsvertreter m; **door-to-door ~** Hausierer m **sales 'man·ag·er** n Verkaufsleiter(in) m(f) **'sales-**

man·ship *n no pl* (*technique*) Verkaufstechnik *f*; (*skill*) Verkaufsgeschick *nt*
'**sales·per·son** *n* Verkäufer(in) *m(f)*
'**sales pitch** *n* ❶ (*high-pressure approach*) mit [allem] Nachdruck geführtes Verkaufsgespräch; **he's got a good ~** er führt ein Verkaufsgespräch rhetorisch geschickt ❷ (*specific approach*) Verkaufstaktik *f* '**sales re·ceipt** *n* Kassenzettel *m*
'**sales rep** *n* (*fam*), '**sales rep·re·senta·tive** *n* Vertreter(in) *m(f)* '**sales·room** *n* Verkaufsraum *m*; (*auction*) Auktionsraum *m* '**sales talk** *n no pl* Verkaufsgespräch *nt* '**sales tax** *n no pl esp* AM Umsatzsteuer *f* '**sales·wom·an** *n* Verkäuferin *f*
sa·li·ent ['seɪliənt] *adj* ❶ (*important*) bedeutend; **the ~ facts** die wichtigsten Fakten; **the ~ points** die Hauptpunkte *pl* ❷ (*prominent*) herausragend
sa·line ['seɪlaɪn] I. *adj* salzig; **~ deposits** Salzablagerungen *pl* II. *n* Salzlösung *f*; MED Kochsalzlösung *f*
sa·li·va [sə'laɪvə] *n no pl* Speichel *m*; **~ test** Speichelprobe *f*
sali·vate ['sælɪveɪt] *vi* Speichel produzieren; **the thought of all that delicious food made me ~** beim Gedanken an all das köstliche Essen lief mir das Wasser im Mund zusammen
sal·low[1] <-er, -est *or* more ~, most ~> ['sæləʊ] *adj* blassgelb; *complexion* fahl; *skin* bleich
sal·low[2] ['sæləʊ] *n* BOT Salweide *f*
sal·ly ['sæli] I. *n* ❶ MIL **to make a ~** einen Ausfall machen ❷ (*excursion, attempt*) Ausflug *m*, Versuch *m* II. *vi* <-ie-> (*form, liter*) ■ **to ~ forth** [to do sth] aufbrechen[, um etw zu tun]
salm·on ['sæmən] I. *n* <*pl* - *or* -s> *no pl* Lachs *m*; **smoked ~** Räucherlachs *m* II. *adj* lachsfarben
sal·mo·nel·la [ˌsælmə'nelə] *n no pl* Salmonelle[n] *f*[*pl*]
'**salm·on lad·der** *n* Lachsleiter *f* **salm·on 'trout** *n* Lachsforelle *f*
sa·lon ['sælɔ̃(ŋ)] *n* ❶ (*dated: reception room*) Salon *m* ❷ (*establishment*) **beauty ~** Schönheitssalon *m*; **hairdressing ~** Frisiersalon *m*
sa·loon [sə'luːn] *n* ❶ BRIT (*car*) Limousine *f* ❷ *esp* AM (*dated: public bar*) Saloon *m*
sal·sa ['sælsə] *n no pl* ❶ (*spicy sauce*) Salsasoße *f* ❷ (*music*) Salsamusik *f*
sal·si·fy ['sælsɪfi] *n* ❶ BOT Haferwurz *f*; **black ~** Schwarzwurzel *f*
salt [sɔːlt] I. *n* ❶ *no pl* (*seasoning*) Salz *nt*; **a pinch of ~** eine Prise Salz ❷ (*chemical compound*) Salz *nt* ❸ (*granular substance*) Salz *nt*; **bath ~** Badesalz *nt* ▶ **the ~ of the earth** rechtschaffene Leute; REL das Salz der Erde *liter*; **to take sth with a grain of ~** etw mit Vorsicht genießen *fam*; **to rub ~ in sb's wound** Salz in jds Wunde streuen; **to be worth one's ~** sein Geld wert sein II. *vt* ❶ (*season food*) salzen ❷ (*sprinkle*) mit Salz bestreuen; **to ~ the roads** Salz [auf die Straßen] streuen
'**salt cel·lar** *n* Salzstreuer *m* **salt 'lake** *n* Salzsee *m* '**salt mine** *n* Salzmine *f* '**salt·shak·er** *n* AM, AUS Salzstreuer *m* '**salt so·lu·tion** *n* Kochsalzlösung *f* **salt 'wa·ter** *n no pl* Salzwasser *nt* '**salt-wa·ter** *adj attr* Salzwasser-; **~ fish** Meeresfisch *m*; **~ lake** Salzsee *m*
salty ['sɔːlti] *adj* salzig
sa·lu·bri·ous [sə'luːbriəs] *adj* ❶ *place* vornehm ❷ (*healthy*) gesund
salu·tary ['sæljət*ə*ri] *adj* heilsam
salu·ta·tion [ˌsæljə'teɪʃ*ə*n] *n* ❶ (*dated form: greeting*) Gruß *m* ❷ (*in letter*) Anrede *f*
sa·lute [sə'luːt] I. *vt* ❶ (*form: greet*) grüßen; (*welcome*) begrüßen ❷ MIL **to ~ sb** vor jdm salutieren ❸ (*praise*) ■ **to ~ sb** [**for sth**] jdn [für etw *akk*] würdigen II. *vi* MIL salutieren III. *n* ❶ (*gesture*) Gruß *m* ❷ MIL Salut *m*; **to give a ~** salutieren ❸ (*firing of guns*) Salut[schuss] *m*
sal·vage ['sælvɪdʒ] I. *vt* ❶ (*rescue*) *cargo* bergen ❷ (*preserve*) *reputation* wahren II. *n no pl* ❶ (*rescue*) Bergung *f* ❷ (*sth saved*) Bergungsgut *nt*
'**sal·vage val·ue** *n* Wert *m* der geretteten Sachen '**sal·vage ves·sel** *n* Bergungsschiff *nt*
sal·va·tion [sæl'veɪʃ*ə*n] *n no pl* ❶ (*rescue*) Rettung *f*; **to be beyond ~** nicht mehr zu retten sein ❷ (*sth that saves*) Rettung *f* ❸ REL Erlösung *f*
Sal·va·tion 'Army *n no pl* Heilsarmee *f*
salve [sælv] *n* ❶ (*ointment*) Heilsalbe *f* ❷ (*sth that soothes*) Linderung *f*
sal·ver ['sælvə^r] *n* (*form*) Tablett *nt*
sal·vo <*pl* -s *or* -es> ['sælvəʊ] *n* ❶ MIL Salve *f* ❷ (*verbal attack*) Salve *f* ❸ (*round of applause*) donnernder Applaus; **~ of laughter** Lachsalve *f*
SAM [sæm] *n* MIL *acr for* **surface-to-air missile** Boden-Luft-Rakete *f*
Sa·mari·tan [sə'mærɪt*ə*n] *n* ❶ (*kindly person*) Samariter(in) *m(f)*, barmherziger Mensch ❷ BRIT (*organization*) ■**the ~s** *pl* die Telefonseelsorge *kein pl*

sam·ba ['sæmbə] I. *n* Samba *f o m* II. *vi* Samba tanzen

same [seɪm] I. *adj attr* ❶ (*exactly similar*) ■ **the ~ ...** der/die/das gleiche ...; (*identical*) der-/die-/dasselbe; **she's the ~ age as me** sie ist genauso alt wie ich; **it all amounts to the ~ thing** es läuft alles auf dasselbe hinaus; **~ difference** (*fam*) ein und dasselbe ❷ (*not another*) ■ **the ~ ...** der/die/das gleiche ...; **our teacher always wears the ~ pullover** unser Lehrer trägt stets denselben Pullover; **in the ~ breath** im gleichen [*o* selben] Atemzug; **at the ~ time** gleichzeitig, zur gleichen Zeit; (*nevertheless*) trotzdem; **by the ~ token** (*fig*) ebenso ❸ (*monotonous*) eintönig; **it's the ~ old story** es ist die alte Geschichte ▶ **to be in the ~ boat** im gleichen Boot sitzen; **lightning never strikes in the ~ place twice** (*saying*) der Blitz schlägt nicht zweimal an derselben Stelle ein II. *pron* ■ **the ~** der-/die-/dasselbe; **people say I look just the ~ as my sister** die Leute sagen, ich sähe genauso aus wie meine Schwester; **they realized that things would never be the same again** es wurde ihnen klar, dass nichts mehr so sein würde wie früher; **all the ~**: **men are all the ~** die Männer sind alle gleich; **it's all the ~ to me** das macht für mich keinen Unterschied; **to be one and the ~** ein und der-/die-/dasselbe sein ▶ **all the ~** trotzdem; **~ to you** danke, gleichfalls III. *adv* ■ **the ~** gleich; **these two machines are operated the ~** diese beiden Maschinen werden auf dieselbe Art bedient; **I feel just the ~ as you do** mir geht es genauso wie dir

same·ness ['seɪmnəs] *n no pl* (*identity*) Gleichheit *f*; (*uniformity*) Gleichförmigkeit *f*

Sa·moa [sə'məʊə] *n* Samoa *nt*

sam·ple ['sɑːmpl] I. *n* ❶ (*small quantity*) Probe *f*, Muster *nt;* MED Probe *f*; **blood/urine ~** Blut-/Urinprobe *f*; **fabric ~s** Stoffmuster *pl;* **~s of work** Arbeitsproben *pl;* **free ~** Gratisprobe *f* ❷ (*representative group*) Querschnitt *m; of people* Querschnitt *m; of things* Stichprobe *f* II. *vt* ❶ (*try*) [aus]probieren; *food* kosten, probieren ❷ (*survey*) stichprobenartig untersuchen ❸ MUS (*record*) mischen

'sam·ple book *n* Musterheft *nt*

sam·pler ['sɑːmpləʳ] *n* ❶ (*embroidery*) Stickmustertuch *nt* ❷ AM (*collection*) Probeset *nt* ❸ MUS (*recording equipment*) Mischpult *nt*

sam·pling ['sɑːmplɪŋ] *n* ❶ (*surveying*) Stichprobenerhebung *f* ❷ *no pl* (*testing*) stichprobenartige Untersuchung ❸ *no pl* MUS Mischen *nt*

sana·to·rium <*pl* -s *or* -ria> [ˌsænə'tɔː-rɪəm, *pl* -rɪə] *n* Sanatorium *nt*

sanc·ti·fy <-ie-> ['sæŋ(k)tɪfaɪ] *vt* ❶ REL (*consecrate*) weihen, heiligen *geh* ❷ REL (*divinely justify*) rechtfertigen ❸ (*form: sanction*) sanktionieren

sanc·ti·mo·ni·ous [ˌsæŋ(k)tɪ'məʊnɪəs] *adj* (*pej*) scheinheilig

sanc·tion ['sæŋ(k)ʃ⁽ə⁾n] I. *n* ❶ *no pl* (*approval*) Sanktion *f geh*, Zustimmung *f* ❷ (*to enforce compliance*) Strafmaßnahme *f*; LAW, POL Sanktion *f*; **to impose/lift ~s** Sanktionen verhängen/aufheben II. *vt* ❶ (*allow*) sanktionieren *geh* ❷ (*impose penalty*) unter Strafe stellen

sanc·tity ['sæŋ(k)təti] *n no pl* ❶ REL Heiligkeit *f* ❷ (*inviolability*) Unantastbarkeit *f*

sanc·tu·ary ['sæŋ(k)tʃʊəri] *n* ❶ (*holy place*) Heiligtum *nt*; (*near altar*) Altarraum *m* ❷ *no pl* (*refuge*) Zuflucht *f* ❸ (*peaceful haven*) Zufluchtsort *m* ❹ (*for animals*) Schutzgebiet *nt;* **wildlife ~** Wildschutzgebiet *nt*

sand [sænd] I. *n* ❶ *no pl* (*substance*) Sand *m;* **to be built on ~** (*fig*) *idea, plan* auf Sand gebaut sein ❷ (*expanse*) ■ **~s** *pl* (*beach*) Sandstrand *m; of desert* Sand *m kein pl*; **sinking ~s** Treibsand *m* II. *vt* ❶ (*with sandpaper*) [ab]schmirgeln; (*smooth*) abschleifen ❷ (*sprinkle*) mit Sand bestreuen

san·dal ['sændəl] *n* Sandale *f*

'san·dal·wood *n no pl* Sandelholz *nt*

'sand·bag I. *n* Sandsack *m* II. *vt* <-gg-> ❶ (*protect*) mit Sandsäcken schützen ❷ (*hit*) niederschlagen **'sand·bank** *n* Sandbank *f* **'sand·bar** *n* [schmale] Sandbank **'sand·blast** *vt* sandstrahlen **'sand·box** *n* AM (*sandpit*) Sandkasten *m* **'sand·cas·tle** *n* Sandburg *f* **'sand dune** *n* Sanddüne *f*

sand·er ['sændəʳ] *n* Schleifmaschine *f*

'sand flea *n* Sandfloh *m* **'sand·glass** *n* Sanduhr *f* **'sand mar·tin** *n* Uferschwalbe *f* **'sand·pa·per** I. *n no pl* Schmirgelpapier *nt* II. *vt* abschmirgeln **'sand·pip·er** *n* ORN Strandläufer *m* **'sand·pit** *n esp* BRIT Sandkasten *m* **'sand·shoe** *n* ❶ (*for beach*) Strandschuh *m* ❷ AUS (*sneaker*) Freizeitschuh *m* **'sand·stone** *n no pl* Sandstein *m* **'sand·storm** *n* Sandsturm *m*

sand·wich ['sænwɪdʒ] I. *n* <*pl* -es> Sandwich *m o nt;* **sub|marine|** ~ AM Riesensandwich *m o nt fam* ▶ **to be one ~ short of a picnic** (*hum fam*) völlig übergeschnappt sein **II.** *vt* ❶ (*fit together*) aufeinanderschichten ❷ (*squeeze*) einklemmen; **on the train I was ~ed between two very large men** ich war im Zug zwischen zwei riesigen Männern eingequetscht

'**sand·wich board** *n* Reklametafel *f* (*mittels verbindendem Schulterriemen von einer Person auf Brust und Rücken als doppelseitiges Werbeplakat getragen*) '**sand·wich course** *n* BRIT UNIV Ausbildung, bei der theoretische und praktische Abschnitte abwechseln

sandy ['sændi] *adj* ❶ (*containing sand*) sandig ❷ *texture* körnig ❸ *colour* sandfarben

sane [seɪn] *adj* ❶ *person* geistig gesund; LAW zurechnungsfähig; **no ~ person would ...** niemand, der auch nur einigermaßen bei Verstand ist, würde ... ❷ *action* vernünftig

sang [sæŋ] *pt of* **sing**

san·gria ['sæŋgriːə] *n no pl* Sangria *f*

san·guine ['sæŋgwɪn] *adj* ❶ (*form: hopeful*) zuversichtlich ❷ (*liter: blood-red*) blutrot

sani·ta·rium <*pl* -s *or* -ria> [ˌsænɪˈteriəm] *n* AM Sanatorium *nt*

sani·tary ['sænɪtəri] *adj* ❶ (*relating to health conditions*) hygienisch; *installations* sanitär ❷ (*hygienic*) hygienisch

'**sani·tary pad** *n*, BRIT '**sani·tary towel** *n*, AM '**sani·tary nap·kin** *n* Damenbinde *f*

sani·ta·tion [ˌsænɪˈteɪʃ^ən] *n no pl* ❶ (*health conditions*) Hygiene *f;* (*toilets*) sanitäre Anlagen ❷ (*water disposal*) Abwasserkanalisation *f*

san·ity ['sænəti] *n no pl* ❶ (*mental health*) gesunder Verstand; LAW Zurechnungsfähigkeit *f;* (*hum*) Verstand *m fam;* **to doubt sb's ~** an jds Verstand zweifeln; **to lose/ preserve one's ~** seinen Verstand verlieren/bei Verstand bleiben ❷ (*sensibleness*) Vernünftigkeit *f*

sank [sæŋk] *pt of* **sink**

San·ta *n*, **San·ta Claus** [ˌsæntəˈklɔːz] *n no pl* (*Father Christmas*) Weihnachtsmann *m;* (*on December 6*) Nikolaus *m*

sap¹ [sæp] *n no pl* (*of tree*) Saft *m*

sap² [sæp] *vt* <-pp-> ❶ (*drain*) ▪ **to ~ sb of sth** jdm etw nehmen; **to ~ sb's energy** an jds Energie zehren ❷ (*undermine*) unterhöhlen

sap³ [sæp] *n* (*sl*) Trottel *m pej fam*

sap·ling ['sæplɪŋ] *n* junger Baum

sap·per ['sæpə^r] *n* MIL Pionier *m;* BRIT *Soldat der Royal Engineers*

sap·phire ['sæfaɪə^r] **I.** *n* Saphir *m* **II.** *adj* saphirfarben; **~ blue** saphirblau

sar·casm ['sɑːkæz^əm] *n no pl* Sarkasmus *m* ▶ **~ is the lowest form of wit** (*saying*) Sarkasmus ist die niedrigste Form der Schlagfertigkeit

sar·cas·tic [sɑːˈkæstɪk] *adj person, remark* sarkastisch; *tongue* scharf

sar·cas·ti·cal·ly [sɑːˈkæstɪkli] *adv* sarkastisch

sar·copha·gus <*pl* -es *or* -gi> [sɑːˈkɒfəgəs, *pl* -gaɪ] *n* Sarkophag *m*

sar·dine [sɑːˈdiːn] *n* Sardine *f;* **to be squashed like ~s** wie die Ölsardinen zusammengepfercht sein

Sar·di·nia [sɑːˈdɪniə] *n no pl* GEOG Sardinien *nt*

Sar·di·nian [sɑːˈdɪniən] **I.** *adj* sardi[ni]sch **II.** *n* ❶ (*person*) Sarde *m*/Sardin *f*, Sardinier(in) *m(f)* ❷ *no pl* (*language*) Sardi[ni]sch *nt*

sar·don·ic [sɑːˈdɒnɪk] *adj* höhnisch; **a ~ smile** ein süffisantes Lächeln *geh*

sari ['sɑːri] *n* Sari *m*

SARS, Sars [sɑːz] *n no pl, no art* MED *acr for* **severe acute respiratory syndrome** SARS *kein art*

sar·to·rial [sɑːˈtɔːriəl] *adj attr* (*form: relating to clothing*) Kleidungs-; (*relating to tailoring*) Schneider-

SAS [ˌeseɪˈes] *n* BRIT MIL *abbrev of* **Special Air Service** Speziallufteinheit *f*

SASE [ˌeseɪesˈiː] *n* AM *abbrev of* **self-addressed stamped envelope** adressierter und frankierter Rückumschlag

sash¹ <*pl* -es> [sæʃ] *n* Schärpe *f*

sash² <*pl* -es> [sæʃ] *n* (*in windows*) Fensterrahmen *m;* (*in doors*) Türrahmen *m*

sash 'win·dow *n* Schiebefenster *nt*

sat [sæt] *pt, pp of* **sit**

Satan ['seɪt^ən] *n no pl* Satan *m*

sa·tan·ic [səˈtænɪk] *adj* teuflisch; **~ cult/ rite** Satanskult *m*/-ritus *m*

Sa·tan·ism ['seɪt^ənɪz^əm] *n no pl* Satanismus *m*

satch·el ['sætʃ^əl] *n* [Schul]ranzen *m*

sate [seɪt] *vt* (*form*) **to ~ one's desire/ hunger** seine Begierde/seinen Hunger stillen

sat·el·lite ['sæt^əlaɪt] *n* ❶ ASTRON Trabant *m* ❷ AEROSP, TECH Satellit *m* ❸ (*form: hanger-on*) Anhänger(in) *m(f)*

sat·el·lite 'broad·cast·ing *n no pl* Satellitenübertragung *f;* RADIO Satellitenfunk *m;*

TV Satellitenfernsehen nt **'sat·el·lite dish** n Satellitenschüssel f fam **sat·el·lite 'state** n Satellitenstaat m **sat·el·lite 'tele·vi·sion** n no pl Satellitenfernsehen nt **'sat·el·lite town** n Trabantenstadt f

sa·ti·ate ['seɪʃieɪt] vt usu passive curiosity, hunger, thirst stillen; demand befriedigen

sa·ti·ety [sə'taɪəti] n no pl (form) Sättigung f

sat·in ['sætɪn] n Satin m

sat·ire ['sætaɪəʳ] n LIT Satire f

sa·tiri·cal [sæ'tɪrɪkəl] adj literature, film satirisch; (mocking, joking) ironisch

sati·rist ['sætərɪst] n Satiriker(in) m(f)

sati·rize ['sætəraɪz] vt satirisch darstellen

sat·is·fac·tion [ˌsætɪs'fækʃən] n no pl ❶ (fulfilment) Zufriedenheit f; **sb derives ~ from [doing] sth** etw bereitet jdm [große] Befriedigung ❷ (sth producing fulfilment) Genugtuung f geh; **to my great ~** zu meiner großen Genugtuung ❸ (state of being convinced) Zufriedenheit f; ■**to the ~ of sb** zu jds Zufriedenheit

sat·is·fac·tory [ˌsætɪs'fæktəri] adj befriedigend; UNIV, SCH ≈ befriedigend; MED zufriedenstellend

sat·is·fied ['sætɪsfaɪd] adj zufrieden

sat·is·fy <-ie-> ['sætɪsfaɪ] I. vt ❶ (meet needs) zufriedenstellen; curiosity, need befriedigen ❷ (fulfil) demand befriedigen; requirements genügen ❸ (comply with) condition, requirement erfüllen ❹ (convince) ■**to ~ sb that ...** jdn überzeugen, dass ... ▶**to ~ the examiners** BRIT SCH, UNIV (form) eine Prüfung bestehen II. vi (form) befriedigen

sat·is·fy·ing ['sætɪsfaɪɪŋ] adj zufriedenstellend, befriedigend

sat·nav, sat nav ['sætnæv] n (fam) Navi nt fam, Navigationsgerät nt

sat·su·ma [ˌsæt'suːmə] n Satsuma f

satu·rate ['sætʃəreɪt] vt ❶ (make wet) ■**to be ~d [with sth]** [von etw dat] durchnässt sein ❷ (fill to capacity) [völlig] auslasten; CHEM sättigen ❸ (over-supply) market sättigen ❹ (imbue) **to be ~d in tradition** der Tradition verhaftet sein

satu·ra·tion [ˌsætʃəˈreɪʃən] n no pl CHEM, ECON Sättigung f

satu·'ra·tion point n Sättigungspunkt m; **to reach ~** den Sättigungspunkt erreichen

Sat·ur·day ['sætədeɪ] n Samstag m, Sonnabend m NORDD; see also **Tuesday**

Sat·urn ['sætən] n no pl ASTRON Saturn m

sa·tyr ['sætəʳ] n ❶ (mythical figure) Satyr m ❷ (liter: man) Satyr m, lüsterner Mann

sauce [sɔːs] I. n ❶ (liquid) Soße f ❷ (of fruit) **apple ~** Apfelmus nt, Apfelkompott nt ❸ AM (pej sl: alcohol) Alkohol m ❹ (fam: impertinence) Unverschämtheit f II. vt ❶ (dated fam: be cheeky) ■**to ~ sb** zu jdm frech sein ❷ (fam: add interest) ■**to ~ sth up** etw würzen fig ❸ usu passive (with sauce) mit Soße servieren

'sauce·boat n Sauciere f **'sauce·pan** n Kochtopf m

sauc·er ['sɔːsəʳ] n Untertasse f; **to have eyes like ~s** große Augen haben

sauci·ly ['sɔːsɪli] adv (dated) frech

sauci·ness ['sɔːsɪnəs] n no pl (dated) ❶ (impertinence) Frechheit f ❷ BRIT (smuttiness) Freizügigkeit f

saucy ['sɔːsi] adj ❶ (impertinent) frech ❷ BRIT (pej: smutty) freizügig; **~ underwear** Reizwäsche f

Saudi ['saʊdi] I. n (male) Saudi[-Araber] m; (female) Saudi-Araberin f II. adj saudisch

Saudi A'ra·bia n no pl Saudi-Arabien nt **Saudi A'ra·bian** I. n Saudi-Araber(in) m(f) II. adj saudi-arabisch

sauer·kraut ['saʊəkraʊt] n no pl Sauerkraut nt

sau·na ['sɔːnə, 'saʊnə] n ❶ (facility) Sauna f ❷ (activity) Saunagang m

saun·ter ['sɔːntəʳ] I. vi (stroll) bummeln fam; (amble) schlendern; **to ~ along** herumschlendern II. n usu sing Bummel m

sau·sage ['sɒsɪdʒ] n no pl Wurst f; (small) Würstchen nt

'sau·sage dog n BRIT (fam) Dackel m **'sau·sage meat** n no pl Wurstfüllung f **sau·sage 'roll** n BRIT, AUS ≈ Würstchen nt im Schlafrock

sau·té ['səʊteɪ] I. vt <sautéed or sautéd> [kurz] [an]braten II. n (in ballet) Sauté nt III. adj attr sautiert fachspr; **~ potatoes** Bratkartoffeln pl

sav·age ['sævɪdʒ] I. adj ❶ (primitive) wild ❷ (fierce) brutal ❸ (fam: mood) **in a ~ mood** übel gelaunt II. n ❶ (pej: barbarian) Barbar(in) m(f) ❷ (usu pej: primitive person) Wilde(r) f(m) pej III. vt anfallen; (fig) attackieren

sav·age·ly ['sævɪdʒli] adv brutal **sav·age·ry** ['sævɪdʒri] n no pl Brutalität f

sa·van·na(h) [sə'vænə] n Savanne f

save [seɪv] I. vt ❶ (rescue) retten (from vor); **to ~ the day** die Situation retten; **to ~ sb's life** jds Leben retten ❷ (keep for future use) aufheben; **to ~ money** Geld sparen ❸ (collect) sammeln ❹ (avoid wasting) sparen; **to ~ one's breath** sich dat seine Worte sparen; **to ~ one's energy/**

strength seine Energie sparen/mit seinen Kräften haushalten; **to ~ time** Zeit sparen ⑤ (*reserve*) ■ **to ~ sb sth** jdm etw aufheben; **~ my seat — I'll be back in five minutes** halte meinen Platz frei – ich bin in fünf Minuten wieder da ⑥ (*spare from doing*) ■ **to ~ sb** [**doing**] **sth** jdm etw ersparen ⑦ COMPUT sichern, speichern ⑧ SPORTS **to ~ a goal** ein Tor verhindern; **to ~ a penalty kick** einen Strafstoß abwehren ▶ **to ~ sb's bacon** jds Hals retten; **to ~ face** das Gesicht wahren; **not to be able to do sth to ~ one's life** etw beim besten Willen nicht tun können; **a stitch in time ~s nine** (*prov*) was du heute kannst besorgen, das verschiebe nicht auf morgen *prov* II. *vi* ❶ (*keep money for the future*) sparen (**for** für); **I ~ with the Cooperative Bank** ich habe ein Sparkonto bei der Cooperative Bank ❷ (*conserve sth*) ■ **to ~ on sth** bei etw *dat* sparen III. *n* (*in football*) Abwehr *f* IV. *prep* (*form*) außer +*dat;* **they found all the documents ~ one** sie fanden alle Dokumente bis auf ein[e]s; ■ **~ for ...** außer +*dat* ...

sav·er ['seɪvəʳ] *n* ❶ (*person saving money*) Sparer(in) *m(f);* (*investor*) Anleger(in) *m(f)* ❷ (*train fare*) Sparticket *nt*

sav·ing ['seɪvɪŋ] I. *n usu pl* (*money*) Erspartes) *nt kein pl;* ■ **~s** *pl* Ersparnisse *pl* ❷ *no pl* (*result of economizing*) Ersparnis *f;* (*act*) Einsparung *f* ❸ *no pl* (*rescue, preservation*) Rettung *f* II. *adj* rettend

sav·ings ac·count ['seɪvɪŋz-] *n* Sparkonto *nt*

'**sav·ings bank** *n* Sparkasse, *die nicht auf Profitbasis arbeitet und auch für kleine Einlagen Zinsen bietet* '**sav·ings book** *n* Sparbuch *nt* '**sav·ings cer·tifi·cate** *n* BRIT Staatspapier *nt* '**sav·ings de·pos·it** *n* Einzahlung *f*

sav·iour ['seɪvjəʳ] *n,* AM **sav·ior** *n* Retter(in) *m(f);* ■ **the S~** REL der Erlöser

sa·vour ['seɪvəʳ] *n,* AM **sa·vor** I. *n* ❶ (*taste*) Geschmack *m* ❷ (*quality*) Reiz *m* II. *vt* auskosten, genießen

sa·voury ['seɪvəri] *n,* AM **sa·vory** I. *adj* ❶ (*not sweet*) pikant; (*salty*) salzig ❷ (*appetizing*) appetitanregend ❸ (*socially acceptable*) **to have a ~ reputation** angesehen sein II. *n* BRIT [pikantes] Häppchen

sa·voy [sə'vɔɪ] *n,* **sa·voy cab·bage** *n no pl* Wirsing *m*

sav·vy ['sævi] I. *adj* (*fam: shrewd*) ausgebufft *sl* II. *n no pl* (*fam*) Köpfchen *nt;* (*practical knowledge*) Können *nt*

saw[1] [sɔː] *pt of* **see**

saw[2] [sɔː] I. *n* Säge *f;* **chain ~** Kettensäge *f;* **circular ~** Kreissäge *f* II. *vt* <-ed, sawn *or esp* AM -ed> [zer]sägen; **to ~ a tree down** einen Baum umsägen [*o* fällen] ▶ **to ~ wood** (*sl*) schnarchen, sägen *fam* III. *vi* ❶ (*operate a saw*) sägen ❷ (*pej: play stringed instrument*) ■ **to ~ at sth** auf etw *dat* [herum]sägen *fam*

'**saw·dust** *n no pl* Sägemehl *nt*

'**sawed-off** *adj* AM *see* **sawn-off**

'**saw·mill** *n* Sägemühle *f*

sawn [sɔːn] *pp of* **saw**

'**sawn-off** *adj attr* **~ shotgun** abgesägte Schrotflinte

sax <*pl* -es> [sæks] *n short for* **saxophone** Saxophon *nt*

Sax·on ['sæksən] I. *n* ❶ (*hist: member of Germanic people*) [Angel]sachse *m/*-sächsin *f* ❷ (*person*) Sachse *m/*Sächsin *f* ❸ *no pl* (*language*) Sächsisch *nt* II. *adj* ❶ (*of Saxony*) sächsisch ❷ (*hist: in England*) [angel]sächsisch

Saxo·ny ['sæksəni] *n no pl* Sachsen *nt*

saxo·phone ['sæksəfəʊn] *n* Saxophon *nt*

sax·opho·nist ['sæksəfəʊnɪst] *n* Saxophonist(in) *m(f)*

say [seɪ] I. *vt* <said, said> ❶ (*utter*) sagen; **how do you ~ your name in Japanese?** wie spricht man deinen Namen auf Japanisch aus?; **I'm sorry, what did you ~?** Entschuldigung, was hast du gesagt?; **when all is said and done** letzten Endes ❷ (*state*) sagen; **what did you ~ to him?** was hast du ihm gesagt?; **you can ~ that again!** (*fam*) das kannst du laut sagen; **to ~ goodbye to sb** sich von jdm verabschieden; **to ~ the least** um es [einmal] milde auszudrücken; **to ~ yes/no to sth** etw annehmen/ablehnen; **having said that, ...** abgesehen davon ... ❸ (*put into words*) sagen; **what are you ~ing, exactly?** was willst du eigentlich sagen?; **~ no more!** alles klar!; **to have a lot/nothing to ~** viel/ nicht viel reden; **to ~ nothing of sth** ganz zu schweigen [*o* ganz abgesehen] von etw *dat* ❹ (*think*) **it is said** [**that**] **he's over 100** er soll über 100 Jahre alt sein ❺ (*recite aloud*) aufsagen; *prayer* sprechen ❻ (*give information*) sagen; **the sign ~s ...** auf dem Schild steht ...; **my watch ~s 3 o'clock** auf meiner Uhr ist es 3 [Uhr] ❼ (*convey inner/artistic meaning*) ausdrücken; **the look on his face said he knew what had happened** der Ausdruck auf seinem Gesicht machte deutlich, dass er wusste, was geschehen war ❽ (*fam: suggest*) vorschlagen; **what do you ~ we sell**

the car? was hältst du davon, wenn wir das Auto verkaufen? ❾ (*tell, command*) ■ **to ~ when/where etc.** sagen, wann/wo usw.; **to ~ when** sagen, wenn es genug ist ❿ (*for instance*) [let's] ~ ... sagen wir [mal] ...; (*assuming*) ▸ **to ~ cheese** ,cheese' sagen; **to be unable to ~ boo to a goose** ein Hasenfuß sein; **before sb could ~ Jack Robinson** bevor jd bis drei zählen konnte; **to ~ uncle** AM aufgeben; **you don't ~** [so]! was du nicht sagst!; **you said it!** (*fam*) du sagst es! II. *vi* <said, said> ❶ (*state*) sagen; **where was he going? — he didn't ~** wo wollte er hin? – das hat er nicht gesagt; **I can't ~ for certain, but ...** ich kann es nicht mit Sicherheit behaupten, aber ...; **hard to ~** schwer zu sagen ❷ (*believe*) sagen; **is Spanish a difficult language to learn? — they ~ not** ist Spanisch schwer zu lernen? – angeblich nicht ❸ (*to be explicit*) **our friends, that is to ~ our son's friends** unsere Freunde, genauer gesagt, die Freunde unseres Sohnes; **that is not to ~** das soll nicht heißen III. *n no pl* Meinung *f*; **to have one's ~** seine Meinung sagen; **to have a/no ~ in sth** bei etw *dat* ein/kein Mitspracherecht haben IV. *adj attr* (*form*) ■ **the said ...** der/die/das erwähnte ... V. *interj* ❶ AM (*fam: to attract attention*) sag mal ...; ~, **how about going out tonight?** sag mal, was hältst du davon, wenn wir heute Abend ausgehen? ❷ (*fam: to express doubt*) ~**s you!** das glaubst aber auch nur du!; ~**s who?** wer sagt das? ❸ AM (*expresses positive reaction*) sag mal *fam;* ~, **that's really a great idea!** Mensch, das ist ja echt eine tolle Idee! *fam*

say·ing ['seɪɪŋ] *n* ❶ *no pl* (*act*) Sprechen *nt;* **there's no ~ what ...** es lässt sich nicht sagen, was ...; **it goes without ~** es versteht sich von selbst ❷ (*adage*) Sprichwort *nt;* **as the ~ goes** wie es so schön heißt

'say-so *n no pl* (*fam*) ❶ (*approval*) Erlaubnis *f* ❷ (*assertion*) Behauptung *f*

scab [skæb] I. *n* ❶ *of wound* Kruste *f*, Schorf *m* ❷ (*pej fam: strike-breaker*) Streikbrecher(in) *m(f)* II. *vi* (*fam*) ❶ (*act as blackleg*) ein Streikbrecher/eine Streikbrecherin sein ❷ BRIT (*cadge*) schnorren *sl*

scab·bard ['skæbəd] *n* [Schwert]scheide *f*

scab·by ['skæbi] *adj* ❶ (*having scabs*) schorfig ❷ (*pej fam: reprehensible*) schäbig

sca·bies ['skeɪbiːz] *n no pl* Krätze *f*

sca·brous ['skeɪbrəs] *adj* ❶ (*covered with scabs*) schorfig ❷ (*pej: unpleasant*) schäbig

scaf·fold ['skæfəʊld] I. *n* (*hist: for executions*) Schafott *nt* II. *vt* **to ~ a building** ein Gebäude mit einem Gerüst versehen

scaf·fold·ing ['skæfəldɪŋ] *n no pl* [Bau]gerüst *nt*

scala·wag ['skæləwæg] *n* AM (*scallywag*) Schlingel *m hum*

scald [skɔːld] I. *vt* ❶ (*burn*) verbrühen ❷ (*clean*) auskochen ❸ (*heat*) erhitzen; *fruit* dünsten; *milk* abkochen ▸ **like a ~ed cat** wie ein geölter Blitz *fam* II. *n* ❶ MED Verbrühung *f* ❷ HORT Brand *m kein pl*

scald·ing ['skɔːldɪŋ] *adj* ❶ *liquid* kochend ❷ (*extreme*) ~ **criticism** scharfe Kritik

scale[1] [skeɪl] I. *n* ❶ (*on skin*) Schuppe *f* ❷ *no pl* (*mineral coating*) Ablagerung *f* ▸ **the ~s fall from sb's eyes** (*liter*) es fällt jdm wie Schuppen von den Augen II. *vt* ❶ (*remove scales*) abschuppen ❷ (*remove tartar*) **to ~ sb's teeth** bei jdm den Zahnstein entfernen III. *vi skin* sich schuppen; *paint* abblättern

scale[2] [skeɪl] *n* ❶ *usu pl* (*weighing device*) Waage *f;* **to tip the ~s [at sth]** [etw] auf die Waage bringen; **to tip the ~s** (*fig*) den [entscheidenden] Ausschlag geben ❷ ASTROL ■ **the ~s** *pl* Waage *f kein pl* ▸ **to throw sth into the ~** etw in die Waagschale werfen

scale[3] [skeɪl] I. *n* ❶ (*system of gradation*) Skala *f;* *of map* Maßstab *m;* **remuneration is on a sliding ~** die Bezahlung ist gestaffelt ❷ *no pl* ■ **to be to ~** *building, drawing* maßstab[s]getreu sein ❸ (*relative degree/extent*) Umfang *m;* **on a national ~** auf nationaler Ebene; **on a large/small ~** im großen/kleinen Rahmen ❹ *no pl* (*size*) Ausmaß *nt* ❺ MUS Tonleiter *f* II. *vt* ❶ (*climb*) erklimmen *geh;* **to ~ a mountain** einen Berg besteigen ❷ TECH, ARCHIT maßstab[s]getreu zeichnen; (*make*) maßstab[s]getreu anfertigen ◆ **scale down** I. *vt* reduzieren; ECON einschränken; (*make smaller in proportion*) [vom Maßstab her] verkleinern II. *vi* verkleinern

scale 'draw·ing *n* maßstab[s]getreue Zeichnung **scale 'mod·el** *n* maßstab[s]getreues Modell

scal·lop ['skæləp] *n* (*edible shellfish*) Kammmuschel *f;* (*esp in gastronomy*) Jakobsmuschel *f*

scal·ly·wag ['skæliwæg] *n* (*fam*) Schlingel *m hum*

scalp [skælp] I. *n* (*head skin*) Kopfhaut *f* II. *vt* ❶ (*hist: remove head skin*) skalpieren

❷ AM, AUS (*fam: resell*) zu einem Wucherpreis weiterverkaufen ❸ AM (*iron fam: defeat*) haushoch schlagen

scal·pel ['skælpəl] *n* Skalpell *nt*

scaly ['skeɪli] *adj* ❶ ZOOL, MED schuppig ❷ TECH verkalkt

scam [skæm] *n* (*fam*) Betrug *m*

scamp [skæmp] *n* (*fam*) Schlingel *m hum*

scamp·er ['skæmpəʳ] I. *vi* flitzen *fam* II. *n no pl* Flitzen *nt fam*

scam·pi ['skæmpi] *npl* Scampi *pl*

scan [skæn] I. *vt* <-nn-> ❶ (*scrutinize*) absuchen (**for** nach) ❷ (*glance through*) überfliegen ❸ COMPUT einlesen, einscannen ❹ LIT bestimmen; *verse* festlegen II. *vi* <-nn-> ❶ (*glance through*) [flüchtig] durchsehen ❷ LIT (*conform to verse*) das korrekte Versmaß haben III. *n* ❶ (*glancing through*) [flüchtige] Durchsicht ❷ MED Abtastung *f*, Scan *m*; **brain** ~ Computertomographie *f* des Schädels; **ultrasound** ~ Ultraschalluntersuchung *f* ❸ (*image*) Scannerergebnis *nt*

scan·dal ['skændəl] *n* ❶ (*cause of outrage*) Skandal *m* ❷ *no pl* (*gossip*) Skandalgeschichte *f* ❸ *no pl* (*outrage*) Empörung *f* ❹ (*sth shocking*) Skandal *m*; (*disgrace*) Schande *f*

scan·dal·ize ['skændəlaɪz] *vt* schockieren; ▪ **to be** ~**d by sth** von etw *dat* schockiert sein; (*offended*) über etw *akk* empört sein

scan·dal·mon·ger ['skændəlˌmʌŋgəʳ] *n* (*pej*) Lästermaul *nt sl*

scan·dal·ous ['skændələs] *adv* ❶ (*causing scandal*) skandalös ❷ (*disgraceful*) skandalös; (*shocking*) schockierend

Scan·di·na·via [ˌskændɪˈneɪviə] *n no pl* Skandinavien *nt*

Scan·di·na·vian [ˌskændɪˈneɪviən] I. *adj* skandinavisch II. *n* Skandinavier(in) *m(f)*

scan·ner ['skænəʳ] *n* COMPUT, MED Scanner *m*

¹**scan·ning** *n* COMPUT, MED Scannen *nt*

scant [skænt] I. *adj attr* ❶ (*not enough*) unzureichend; **to pay** ~ **attention to sth** etw kaum beachten; ~ **evidence** unzureichende Beweise ❷ (*almost*) **a** ~ **litre/metre** ein knapper Liter/Meter II. *vt* ❶ (*neglect*) vernachlässigen ❷ *esp* AM (*be grudging with*) ▪ **to** ~ **sth** mit etw *dat* hadern *geh*

scanti·ly ['skæntɪli] *adv* spärlich; ~ **clad** freizügig gekleidet

scanty ['skænti] *adj* ❶ (*very small*) knapp ❷ (*barely sufficient*) unzulänglich; *evidence* unzulänglich

scape·goat ['skeɪpɡəʊt] *n* Sündenbock *m*; **to make a** ~ **of sb** jdn zum Sündenbock machen

scapu·la <*pl* -s *or* -lae> ['skæpjələ, *pl* -liː] *n* ANAT Schulterblatt *nt*

scar [skɑːʳ] I. *n* ❶ MED Narbe *f*; **every village bears the** ~ **s of war** jeder Ort ist vom Krieg gezeichnet; ~ **tissue** Narbengewebe *nt* ❷ GEOL blanker Fels *m* II. *vt* <-rr-> ▪ **to be** ~**red** [**by sth**] [von etw *dat*] gezeichnet sein; **to be** ~**red for life** fürs [ganze] Leben gezeichnet sein III. *vi* ▪ **to** ~ [**over**] vernarben

scar·ab ['skærəb] *n* ❶ ZOOL Skarabäus *m* ❷ (*hist: Egyptian gem*) Skarabäus *m*

scarce [skeəs] *adj* knapp; (*rare*) rar; **to make oneself** ~ sich aus dem Staub machen *fam*

scarce·ly ['skeəsli] *adv* ❶ (*barely*) kaum ❷ (*certainly not*) **he would** ~ **have said a thing like that** er hätte so etwas wohl kaum behauptet

scar·city ['skeəsəti] *n no pl* Knappheit *f*; ~ **value** Seltenheitswert *m*

scare [skeəʳ] I. *n* ❶ (*fright*) Schreck[en] *m*; **to give sb a** ~ jdm einen Schreck[en] einjagen ❷ (*public panic*) Hysterie *f*; **bomb** ~ Bombendrohung *f* II. *adj attr* Panik-; ~ **tactic** Panikmache *f* III. *vt* ▪ **to** ~ **sb** jdm Angst machen ▸ **to** ~ **the living daylights out of sb** jdn zu Tode erschrecken; **to** ~ **sb to death** [*or* **out of his wits**] jdn zu Tode ängstigen IV. *vi* erschrecken ◆ **scare away**, **scare off** *vt* ❶ (*frighten into leaving*) verscheuchen ❷ (*discourage*) abschrecken

scare·crow ['skeəkrəʊ] *n* Vogelscheuche *f*

scared [skeəd] *adj* verängstigt; ▪ **to be** ~ **of sth/sb** vor etw/jdm Angst haben; ▪ **to be** ~ **of doing sth** Angst davor haben, etw zu tun; ▪ **to be** ~ **that ...** [be]fürchten, dass ...; **to be** ~ **stiff** Todesängste ausstehen

scare·mon·ger ['skeəˌmʌŋgəʳ] *n* Panikmacher(in) *m(f)*

scare·mon·ger·ing ['skeəˌmʌŋgərɪŋ] I. *n no pl* (*usu pej*) Panikmache *f pej* II. *adj attr* Panik-; ~ **tactics** Panikmache *f*

scarf <*pl* -s *or* scarves> [skɑːf] *n* Schal *m*; **silk** ~ Seidentuch *nt*

scar·let ['skɑːlət] I. *n no pl* Scharlachrot *nt* II. *adj* scharlachrot

scar·let ¹**fe·ver** *n no pl* Scharlach *m*

scarp [skɑːp] *n* Steilhang *m*; MIL innere Grabenböschung

scarp·er ['skɑːpəʳ] *vi* BRIT, AUS (*sl*) sich verziehen

scary ['skeəri] *adj* ❶ (*frightening*) Furcht erregend ❷ (*uncanny*) unheimlich

scat [skæt] *interj* (*fam*) ■ ~! hau ab!
scath·ing ['skeɪðɪŋ] *adj* versengend; *criticism* scharf; *remark* bissig
scato·logi·cal [ˌskætə'lɒdʒɪkəl] *adj* (*form*) skatologisch
scat·ter ['skætər] I. *vt* verstreuen; PHYS streuen II. *vi crowd, protesters* sich zerstreuen III. *n* ❶ (*small amount*) [vereinzeltes] Häufchen ❷ *no pl* PHYS Streuung *f*
'**scat·ter·brain** *n* zerstreute Person '**scat·ter·brained** *adj* zerstreut '**scat·ter cush·ion** *n* BRIT, AUS Sofakissen *nt*
scat·tered ['skætəd] *adj* ❶ (*strewn about*) verstreut ❷ (*far apart*) weit verstreut ❸ (*sporadic*) vereinzelt
scat·ter·ing ['skætərɪŋ] *n* ❶ (*amount*) vereinzeltes Häufchen; **a ~ of people were still strolling around the park** noch ein paar Leute gingen vereinzelt im Park spazieren ❷ (*act of strewing*) Streuen *nt* ❸ *no pl* PHYS, NUCL Streuung *f*
scat·ty ['skæti] *adj* BRIT, AUS (*fam*) schusselig; **to drive sb ~** jdn wahnsinnig machen
scav·enge ['skævɪndʒ] I. *vi* ❶ (*search*) stöbern (**for** nach); ■ **to ~ through sth for sth** etw nach etw *dat* durchstöbern ❷ (*feed*) Aas fressen II. *vt* (*find*) aufstöbern; (*get*) ergattern *fam*
scav·en·ger ['skævɪndʒər] *n* ❶ (*animal*) Aasfresser *m* ❷ (*person*) jd, der nach ausrangierten, aber noch verwendbaren Sachen sucht; (*pej*) Aasgeier *m fam*
sce·nario [sɪ'nɑːriəʊ] *n* ❶ (*imaginary sequence*) Szenario *nt*; **in the worst-case ~** im schlimmsten Fall ❷ THEAT, LIT Szenario *nt*
scene [siːn] *n* ❶ THEAT, FILM (*part of drama*) Szene *f* ❷ THEAT, FILM (*setting*) Schauplatz *m*; (*scenery*) Kulisse *f*; **change of ~** Szenenwechsel *m*; (*fig*) Tapetenwechsel *m*; **behind the ~s** (*also fig*) hinter den Kulissen ❸ LAW Tatort *m* ❹ (*real-life event*) Szene *f*; **a ~ of horrifying destruction** ein schreckliches Bild der Verwüstung ❺ ART Szene *f*; **he paints street ~s** er malt Straßenszenen ❻ (*milieu*) Szene *f*; **opera isn't really my ~** die Oper ist nicht ganz mein Fall; **art/drugs/jazz ~** Kunst-/Drogen-/Jazzszene *f*
'**scene change** *n* Szenenwechsel *m* '**scene paint·er** *n* Bühnenmaler(in) *m(f)*
scen·ery ['siːnəri] *n no pl* ❶ (*landscape*) Landschaft *f* ❷ THEAT, FILM Bühnenbild *nt*
'**scene-shift·er** *n* THEAT Bühnenarbeiter(in) *m(f)*
sce·nic ['siːnɪk] *adj* ❶ *attr* THEAT Bühnen- ❷ *landscape* landschaftlich schön; **~ attractions** landschaftliche Reize
scent [sent] I. *n* ❶ (*aroma*) Duft *m* ❷ (*animal smell*) Fährte *f*; ■ **to be on the ~ of sb/sth** (*also fig*) jdm/etw auf der Fährte sein *a. fig*; **to throw sb off the ~** (*also fig*) jdn abschütteln ❸ *no pl* BRIT (*perfume*) Parfüm *nt* II. *vt* ❶ (*smell*) wittern (*detect*) ahnen; **to ~ danger** Gefahr ahnen ❸ (*apply perfume*) parfümieren
'**scent bot·tle** *n* Parfümfläschchen *nt*
scent·less ['sentləs] *adj* geruchlos
scep·ter *n* AM *see* **sceptre**
scep·tic ['skeptɪk] *n* (*sb inclined to doubt*) Skeptiker(in) *m(f)*
scep·ti·cal ['skeptɪkəl] *adj* skeptisch
scep·ti·cal·ly, AM **skep·ti·cal·ly** ['skeptɪkəli] *adv* skeptisch
scep·ti·cism ['skeptɪsɪzəm] *n no pl* Skepsis *f*
scep·tre ['septər] *n* Zepter *nt*
sched·ule ['ʃedjuːl] I. *n* ❶ (*timetable*) Zeitplan *m*; TRANSP Fahrplan *m*; **to draw up a ~** einen Plan erstellen; **to keep to a ~** sich an einen Zeitplan halten ❷ (*plan of work*) Zeitplan *m*; (*plan of event*) Programm *nt*; **ahead of ~** früher als geplant II. *vt meeting* ansetzen; **they've ~d him to speak at three o'clock** sie haben seine Rede für drei Uhr geplant
sched·uled ['ʃedjuːld] *adj attr* ❶ (*as planned*) geplant; TRANSP planmäßig ❷ BRIT (*listed*) denkmalgeschützt; **a ~ building** ein Gebäude, das unter Denkmalschutz steht
sche·mat·ic [skiː'mætɪk] *adj* schematisch
scheme [skiːm] I. *n* ❶ (*pej: plot*) [finsterer] Plan; LAW, POL Verschwörung *f* ❷ *esp* BRIT (*official plan*) Projekt *nt*; ECON Plan *m*; **pension ~** Altersversorgung *f* ❸ (*overall pattern*) Gesamtbild *nt*; **it fits into his ~ of things** das passt in sein Bild; **colour ~** Farb[en]zusammenstellung *f* II. *vi* ❶ (*pej: plan deviously*) planen ❷ SA (*fam: suppose*) ■ **to ~ that ...** annehmen, dass ...
schem·er ['skiːmər] *n* (*pej*) Intrigant(in) *m(f)* geh
schem·ing ['skiːmɪŋ] I. *adj attr* (*pej*) intrigant *geh*; (*in a clever way*) raffiniert II. *n no pl* Intrigieren *nt*
schism ['skɪzəm] *n* ❶ (*division*) Spaltung *f* ❷ REL (*hist*) Kirchenspaltung *f*
schis·mat·ic ['skɪzmætɪk] REL I. *adj* schismatisch II. *n* Schismatiker(in) *m(f)*
schist [ʃɪst] *n no pl* Schiefer *m*
schizo·phre·nia [ˌskɪtsə(ʊ)'friːniə] *n no pl*

❶ MED Schizophrenie f ❷ (fam: of behaviour) schizophrenes Verhalten geh
schizo·phren·ic [ˌskɪtsə(ʊ)ˈfrenɪk] I. adj schizophren II. n Schizophrene(r) f(m)
schnapps [ʃnæps] n no pl Schnaps m
schol·ar [ˈskɒləʳ] n UNIV ❶ (academic) Gelehrte(r) f(m) ❷ (good learner) fleißiger Student/fleißige Studentin ❸ (holder of scholarship) Stipendiat(in) m(f)
schol·ar·ly [ˈskɒləli] adj ❶ (academic) wissenschaftlich ❷ (erudite) gelehrt
schol·ar·ship [ˈskɒləʃɪp] n ❶ no pl (academic achievement) **her book is a work of great ~** ihr Buch ist eine großartige wissenschaftliche Arbeit ❷ (financial award) Stipendium nt
ˈ**schol·ar·ship hold·er** n Stipendiat(in) m(f)
scho·las·tic [skəˈlæstɪk] adj (relating to education) Bildungs-; (academic) wissenschaftlich
school[1] [skuːl] I. n ❶ (for children) Schule f; **graduate/undergraduate ~** AM hohe/niedrige Stufe innerhalb des Hochschulsystems; **primary** [or AM **elementary**] ~ Grundschule f; **public ~** AM staatliche Schule; BRIT Privatschule f; **secondary ~** ≈ weiterführende Schule; **to attend** [or **go to**] ~ zur Schule gehen; **to start ~** eingeschult werden; **to leave ~** von der Schule [ab]gehen; (with diploma) die Schule beenden; **to teach ~** AM [an der Schule] unterrichten ❷ AM (fam: university) Universität f ❸ (university division) Fakultät f; (smaller division) Institut nt, Seminar nt ❹ (for learning one subject) Schule f; **dancing/driving ~** Tanz-/Fahrschule f ❺ ART, PHILOS Schule f II. vt ❶ (educate) erziehen ❷ (train) schulen; dog dressieren
school[2] [skuːl] I. n ZOOL Schule f; (shoal) Schwarm m II. vi ZOOL einen Schwarm bilden
ˈ**school age** n schulpflichtiges Alter
ˈ**school at·tend·ance** n Schulbesuch m; **~ is low** viele Schüler fehlen häufig
ˈ**school bag** n Schultasche f ˈ**school board** n AM Schulbehörde f ˈ**school·book** n Schulbuch nt ˈ**school·boy** n Schuljunge m, Schüler m **school caf·eteria** n Schülercafeteria f ˈ**school·child** n Schulkind nt ˈ**school·days** npl Schulzeit f kein pl **school ˈdin·ner** n Schulessen nt ˈ**school fees** npl Schulgeld nt kein pl ˈ**school·girl** n Schulmädchen nt, Schülerin f ˈ**school·house** n esp AM (dated) Schulgebäude nt
school·ing [ˈskuːlɪŋ] n no pl (education) Ausbildung f; (for young people) Schulbildung f
school ˈleav·er n BRIT, AUS Schulabgänger(in) m(f) **school-leav·ing cer·ˈtifi·cate** n BRIT Abschlusszeugnis nt **school maga·ˈzine** n Schülerzeitung f ˈ**school·mas·ter** n (dated) Lehrer m ˈ**school·mate** n Schulfreund(in) m(f), Schulkamerad(in) m(f) ˈ**school·mis·tress** n (dated) Lehrerin f **school ˈpa·per** n Schülerzeitung f **school re·ˈport** n [Schul]zeugnis nt ˈ**school·room** n Klassenzimmer nt ˈ**school run** n ▪ **to do the ~** die Kinder von der Schule abholen/zur Schule bringen ˈ**school sys·tem** n Schulsystem nt ˈ**school·teach·er** n Lehrer(in) m(f) ˈ**school·work** n no pl Schularbeiten pl ˈ**school·yard** n Schulhof m
schoon·er [ˈskuːnəʳ] n ❶ NAUT Schoner m ❷ AM, AUS (tall beer glass) [großes] Bierglas; **~ of sherry** BRIT doppelter Sherry
sci·at·ic [saɪˈætɪk] adj MED Ischias-; **~ nerve** Ischiasnerv m
sci·at·i·ca [saɪˈætɪkə] n no pl MED Ischias m o nt; **she suffers from ~** sie hat Ischiasbeschwerden
sci·ence [ˈsaɪən(t)s] n ❶ no pl (study of physical world) [Natur]wissenschaft f; **applied/pure ~** angewandte/reine Wissenschaft ❷ (discipline) Wissenschaft f
sci·ence ˈfic·tion I. n no pl LIT, FILM Sciencefiction f II. adj attr Sciencefiction-
ˈ**sci·ence park** n esp BRIT Technologiepark m
sci·en·tif·ic [ˌsaɪənˈtɪfɪk] adj ❶ (relating to exact science) naturwissenschaftlich ❷ (relating to science) wissenschaftlich; **~ community** Wissenschaftsgemeinde f ❸ (fam: systematic) systematisch
sci·en·tifi·cal·ly [ˌsaɪənˈtɪfɪkəli] adv wissenschaftlich; **~ proven** wissenschaftlich erwiesen
sci·en·tist [ˈsaɪəntɪst] n Wissenschaftler(in) m(f); **research ~** Forscher(in) m(f)
sci fi [ˈsaɪˌfaɪ] n LIT, FILM short for **science fiction** Sciencefiction f
scin·til·late [ˈsɪntɪleɪt] vi ❶ (form: be witty) vor Geist/Witz sprühen geh ❷ ASTRON funkeln, szintillieren fachspr
scin·til·lat·ing [ˈsɪntɪleɪtɪŋ] adj wit sprühend fig; conversation angeregt
sci·on [ˈsaɪən] n ❶ (form: descendant) Spross m geh ❷ HORT Spross m
ˈ**scis·sors** [ˈsɪzəz] npl Schere f; **a pair of ~** eine Schere
scle·ro·sis [skləˈrəʊsɪs] n no pl MED Sklerose f

scoff¹ [skɒf] **I.** *vi* spotten; (*laugh*) lachen; ■**to ~ at sb/sth** sich über jdn/etw lustig machen **II.** *n* Spott *m*

scoff² [skɒf] *vt esp* BRIT (*fam: eat*) verschlingen

scold [skəʊld] *vt* ausschimpfen

scold·ing [ˈskəʊldɪŋ] *n* Schimpfen *nt;* **to get a ~** furchtbar ausgeschimpft werden

scone [skɒn] *n* brötchenartiges Gebäck, das lauwarm mit einer Art dicker Sahne und Marmelade gegessen wird

scoop [sku:p] **I.** *n* ❶(*utensil*) Schaufel *f,* Schippe *f* NORDD, MITTELD; (*ladle*) Schöpflöffel *m;* **ice-cream ~** Eisportionierer *m;* **measuring ~** Messlöffel *m* ❷(*amount*) Löffel *m; of ice cream* Kugel *f* ❸JOURN Knüller *m fam* **II.** *vt* ❶(*move*) *sand, dirt* schaufeln; *ice cream, pudding* löffeln ❷JOURN ausstechen; **we were ~ed by a rival paper** eine konkurrierende Zeitung kam uns zuvor ◆**scoop up** *vt* hochheben

scoot [sku:t] *vi* (*fam*) rennen, springen DIAL; **I'll have to ~ or ...** ich muss schnell machen, sonst ...; ■**to ~ over** AM zur Seite rutschen

scoot·er [ˈsku:təʳ] *n* [Tret]roller *m;* **motor ~** Motorroller *m*

scope [skəʊp] *n no pl* ❶(*range*) Rahmen *m* ❷(*possibility*) Möglichkeit *f;* (*freedom to act*) Spielraum *m*

scorch [skɔ:tʃ] **I.** *vt* ❶(*burn*) versengen ❷(*sl: reject*) *idea, plan* ablehnen **II.** *vi* (*become burnt*) versengt werden **III.** *n* <*pl* -es> versengte Stelle; **~ mark** Brandfleck *m*

scorch·er [ˈskɔ:tʃəʳ] *n* (*fam*) sehr heißer Tag

scorch·ing [ˈskɔ:tʃɪŋ] *adj* sengend

score [skɔ:ʳ] **I.** *n* ❶(*of points*) Punktestand *m;* (*of game*) Spielstand *m;* **at half time, the ~ stood at two all** zur Halbzeit stand es zwei zu zwei; **final ~** Endstand *m* ❷SCH Punktzahl *f* ❸(*act of getting point*) Treffer *m* ❹(*esp form*) ■**~s** *pl* Dutzende *pl;* **there have been ~s of injuries** es hat Dutzende von Verletzten gegeben ❺(*fam: reason*) Grund *m;* **there's nothing to worry about on that ~** darüber brauchst du dir nicht den Kopf zu zerbrechen ❻(*dispute*) Streit[punkt] *m;* **to settle a ~** eine Rechnung begleichen ❼MUS Partitur *f* ▶**to know the ~** wissen, wie der Hase läuft *fam;* **what's the ~?** (*fam*) wie sieht's aus? **II.** *vt* ❶(*gain*) *goal* schießen; *point* machen ❷(*achieve result*) erreichen; **to ~ points** (*fig*) sich *dat* einen Vorteil verschaffen ❸(*mark, cut*) einkerben ❹(*fam: obtain, esp illegally*) beschaffen **III.** *vi* ❶(*make a point*) einen Punkt machen ❷(*achieve result*) abschneiden ❸(*record*) aufschreiben ❹(*fam: gain advantage*) punkten; **this new CD player really ~s in terms of sound quality** dieser neue CD-Spieler ist in punkto Klangqualität eindeutig überlegen ❺(*sl: obtain illegal drugs*) [sich *dat*] Stoff beschaffen ◆**score out** *vt* durchstreichen

ˈscore·board *n* Anzeigetafel *f* **ˈscore·card** *n* Spielstandskarte *f*

scor·er [ˈskɔ:rəʳ] *n* ❶(*scorekeeper*) Punktezähler(in) *m(f)* ❷(*player who scores*) Torschütze *m/*-schützin *f*

scorn [skɔ:n] **I.** *n* ❶(*contempt*) Verachtung *f* ❷(*object of contempt*) ■**to be the ~ of sb** von jdm verachtet werden **II.** *vt* ❶(*feel contempt*) verachten ❷(*refuse*) ablehnen ▶**hell hath no fury like a woman ~ed** (*saying*) die Hölle kennt keinen schlimmeren Zorn als den einer verlachten Frau

scorn·ful [ˈskɔ:nfəl] *adj* verächtlich; ■**to be ~ of sth** verachten

scorn·ful·ly [ˈskɔ:nfəli] *adv* verächtlich; *laugh* spöttisch

Scor·pio [ˈskɔ:piəʊ] *n* Skorpion *m*

scor·pi·on [ˈskɔ:piən] *n* Skorpion *m*

Scot [skɒt] *n* Schotte *m/*Schottin *f*

Scotch [skɒtʃ] **I.** *n* <*pl* -es> ❶*no pl* (*whisky*) Scotch *m;* **a double ~** ein doppelter Scotch ❷(*dated: people*) ■**the ~** die Schotten *pl* **II.** *adj* (*old*) schottisch

Scotch ˈbroth *n no pl* Eintopf aus Rindfleisch oder Hammel, Graupen und Gemüse

scot-ˈfree *adv* ❶(*without punishment*) straffrei; **to get off ~** straffrei davonkommen ❷(*unchallenged*) unbehelligt; (*unharmed*) ungeschoren

Scot·land [ˈskɒtlənd] *n* Schottland *nt*

Scots [skɒts] **I.** *adj* schottisch **II.** *n no pl* Schottisch *nt*

ˈScots·man *n* Schotte *m* **ˈScots·wom·an** *n* Schottin *f*

Scot·tish [ˈskɒtɪʃ] **I.** *adj* schottisch **II.** *n* ■**the ~** *pl* die Schotten *pl*

scoun·drel [ˈskaʊndrəl] *n* (*dishonest person*) Schuft *m pej*

scour¹ [ˈskaʊəʳ] *vt* ■**to ~ sth** [**for sb/sth**] *town, area* etw [nach jdm/etw] absuchen; *newspaper* etw [nach jdm/etw] durchforsten

scour² [ˈskaʊəʳ] **I.** *n no pl* Scheuern *nt* **II.** *vt* ❶(*clean*) scheuern ❷(*remove by the* *force of water*) auswaschen; (*by the force of wind*) abtragen

scour·er ['skaʊərəʳ] *n* Topfreiniger *m*

scourge [skɜːdʒ] **I.** *n* ❶ *usu sing* (*cause of suffering*) Geißel *f geh* ❷ (*critic*) Kritiker(in) *m(f)* **II.** *vt usu passive* (*inflict suffering on*) ■ **to be ~d by sb/sth** von jdm/etw geplagt sein

'**scour·ing pad** *n esp* AM, AUS Topfreiniger *m*

scout [skaʊt] **I.** *n* ❶ (*boy scout*) Pfadfinder *m;* AM (*girl scout*) Pfadfinderin *f;* **~'s honour** [*or* AM **honor**] Pfadfinderehrenwort *nt;* (*fig*) großes Indianerehrenwort *fam* ❷ (*organization*) ■ **the ~s** [*or* **S~s**] *pl* die Pfadfinder *pl* ❸ (*soldier*) Kundschafter(in) *m(f)* ❹ (*talent searcher*) Talentsucher(in) *m(f)* ❺ *no pl* (*search*) **to have a ~ around** [**for sth**] sich [nach etw *dat*] umsehen **II.** *vi* ❶ (*reconnoitre*) kundschaften ❷ (*search*) **to ~ for new talent** nach neuen Talenten suchen **III.** *vt* (*reconnoitre*) auskundschaften

'**scout·mas·ter** *n,* '**Scout·mas·ter** *n* Pfadfinderführer(in) *m(f)*

scowl [skaʊl] **I.** *n* mürrischer [Gesichts]ausdruck **II.** *vi* mürrisch [drein]blicken

scrab·ble ['skræbl] *vi* ❶ (*grope*) [herum]wühlen (**for** nach, **through** in) ❷ (*claw for grip*) ■ **to ~ for sth** nach etw *dat* greifen ❸ (*crawl quickly*) krabbeln; ■ **to ~ up sth** etw hochklettern

Scrab·ble® ['skræbl] *n no pl* Scrabble® *nt;* **a game of ~** eine Runde Scrabble

scrag·gy ['skrægɪ] *adj* ❶ (*pej: thin and bony*) klapperdürr *fam* ❷ (*pej*) meatmager

scram <-mm-> [skræm] *vi* (*fam*) abhauen

scram·ble ['skræmbl] **I.** *n* ❶ *no pl* (*scrambling*) Kletterpartie *f* ❷ *no pl* (*rush*) Gedrängel *nt fam* (**for** um) ❸ *no pl* (*struggle*) Kampf *m* (**for** um) **II.** *vi* ❶ (*climb*) klettern; (*over difficult terrain also*) kraxeln *bes* SÜDD, ÖSTERR *fam* ❷ (*move hastily and awkwardly*) **to ~ for the exit** zum Ausgang stürzen; **to ~ to one's feet** sich hochrappeln *fam* ❸ (*compete*) ■ **to ~ for sth** sich um etw *akk* reißen **III.** *vt* ❶ (*beat and cook*) *eggs* verrühren; **to ~ eggs** Rühreier machen ❷ (*encode*) verschlüsseln

scram'bler ['skræmbləʳ] *n* ❶ TECH (*device*) Verschlüsselungsgerät *nt* ❷ BRIT (*motorcycle*) Geländemotorrad *nt*

scrap¹ [skræp] **I.** *n* ❶ (*small piece, amount*) Stück[chen] *nt;* (*of cloth, paper*) Fetzen *m;* **not a ~** kein bisschen ❷ (*leftover pieces of food*) ■ **~s** *pl* Speisereste *pl* ❸ *no pl* (*old metal*) Schrott *m* **II.** *vt* <-pp-> ❶ (*get rid of*) wegwerfen; (*use for scrap metal*) verschrotten; [**car**] **~ping bonus** Abwrackprämie *f* ❷ (*fam: abandon*) aufgeben; (*abolish*) abschaffen

scrap² [skræp] *n* (*fam: fight*) Gerangel *nt;* (*verbal*) Streit *m;* **to have a ~** [**with sb**] sich [mit jdm] in der Wolle haben

'**scrap·book** *n* [Sammel]album *nt* '**scrap deal·er** *n* Schrotthändler(in) *m(f)*

scrape [skreɪp] **I.** *n* ❶ *no pl* (*for cleaning*) [Ab]kratzen *nt* ❷ (*graze on skin*) Abschürfung *f;* (*scratch*) Kratzer *m* ❸ (*sound*) Kratzen *nt* ❹ (*fam: difficult situation*) Klemme *f;* **to be in a ~** in der Klemme stecken **II.** *vt* ❶ (*remove outer layer*) [ab]schaben; (*remove excess dirt*) [ab]kratzen ❷ (*graze*) **to ~ sth** sich *dat* etw aufschürfen; (*scratch*) *car* etw verkratzen ❸ (*just manage to obtain*) **he managed to ~ a C in the test** mit Ach und Krach schaffte er in der Klausur eine 3; **to ~ a living doing sth** sich mit etw *dat* über Wasser halten **III.** *vi* ❶ (*rub*) reiben; (*brush*) bürsten; (*scratch*) kratzen ❷ (*economize*) sparen ❸ (*barely*) **to ~ into university** es mit Ach und Krach auf die Uni schaffen *fam* ♦ **scrape along** *vi see* **scrape by** ♦ **scrape away** *vt* abkratzen ♦ **scrape by** *vi* mit Ach und Krach durchkommen *fam* ♦ **scrape through** *vi* gerade [mal] so durchkommen *fam*

scrap·er ['skreɪpəʳ] *n* (*for paint, wallpaper*) Spachtel *m o f;* (*for windscreens*) Kratzer *m;* (*for shoes, boots*) Abkratzer *m;* (*grid*) Abstreifer *m*

'**scrap heap** *n cars* Schrotthaufen *m;* **to be on the ~** (*fig*) zum alten Eisen gehören *fam; plan, idea* verworfen worden sein

scrap·ing ['skreɪpɪŋ] **I.** *adj attr* kratzend **II.** *n* ❶ *no pl* (*sound*) Kratzen *nt* ❷ (*small amount*) Rest[e] *m[pl]* ❸ (*bits peeled off*) ■ **~s** *pl* Schabsel *pl;* *of vegetable* Schalen *pl*

'**scrap iron** *n no pl* Alteisen *nt,* Schrott *m* '**scrap mer·chant** *n* BRIT Schrotthändler(in) *m(f)*

scrap·py ['skræpɪ] *adj* (*haphazard*) zusammengestückelt; (*lacking consistency*) unausgewogen; (*incomplete*) *education, report* lückenhaft; (*unsystematic*) unsystematisch; (*uneven in quality*) *handwriting* krakelig *fam*

scratch [skrætʃ] **I.** *n* <*pl* -es> ❶ (*cut on skin*) Kratzer *m,* Schramme *f* ❷ (*mark on surface*) Kratzer *m,* Schramme *f* ❸ *no pl* (*acceptable standard*) **to not be up to ~** zu wünschen übriglassen; **to bring sb/sth**

up to ~ jdn/etw auf Vordermann bringen *fam* ④ (*beginning state*) **to learn sth from ~** etw von Grund auf lernen; **to start [sth] from ~** [mit etw *dat*] bei null anfangen **II.** *adj attr* ① (*hastily got together*) improvisiert ② (*without handicap*) ohne Vorgabe *nach n* **III.** *vt* ① (*cut slightly*) ■ **to ~ sth** etw zerkratzen; ■ **to ~ sb** jdn kratzen ② (*mark by scraping*) verkratzen ③ (*relieve an itch*) kratzen; **to ~ one's head** sich am Kopf kratzen ④ AM (*fam: cancel*) abblasen *fam* ▸ **you ~ my back and I'll ~ yours** eine Hand wäscht die andere *prov* **IV.** *vi* ① (*use claws, nails*) kratzen ② (*relieve an itch*) sich kratzen ③ (*cause itchy feeling*) kratzen ✦ **scratch about, scratch around** *vi* ① *animals* herumscharren; ■ **to ~ about for sth** nach etw *dat* scharren ② (*search hard*) herumsuchen *fam;* ■ **to ~ about for sth** nach etw *dat* suchen ✦ **scratch out** *vt* ① (*strike out*) auskratzen; *line, passage, word* durchstreichen ② (*write hurriedly*) hinkritzeln *fam* ③ (*fam: labour to get*) aufbauen
ˈ**scratch card** *n* Rubbellos *nt* ˈ**scratch pa·per** *n no pl* AM (*scrap paper*) Schmierpapier *nt;* (*for draft notes*) Konzeptpapier *nt*
scratchy [ˈskrætʃi] *adj* ① (*scratched*) verkratzt ② (*irritating to skin*) *pullover* kratzig
scrawl [skrɔːl] **I.** *vt* [hin]kritzeln *fam* **II.** *n* ① *no pl* (*untidy writing*) Gekritzel *nt* ② (*of note, message*) hingekritzelte Notiz *nt*
scrawny [ˈskrɔːni] *adj human, animal* dürr; *vegetation* mager
scream [skriːm] **I.** *n* ① (*loud shrill cry*) Schrei *m;* **a ~ of fear/for help** ein Auf-/Hilfeschrei *m* ② (*of animal*) Gekreisch[e] *nt kein pl* ③ *no pl of engine, siren* Heulen *nt;* *of jet plane* Dröhnen *nt* ④ *no pl* (*fam: sth or sb very funny*) **to be a ~** zum Brüllen sein **II.** *vi* ① (*cry out with fear, pain, rage*) schreien; (*with joy, delight*) kreischen; ■ **to ~ at sb** jdn anschreien; **to ~ for help** [gellend] um Hilfe schreien; **to ~ with laughter** vor Lachen brüllen ② *animals* schreien ③ *engine, siren* heulen; *jet plane* dröhnen ④ (*fam: glaringly obvious*) ■ **to be ~ing at sb** jdm ins Auge springen **III.** *vt* ① (*cry loudly*) schreien, brüllen *bes* SÜDD *fam* ② (*express forcefully*) lauthals schreien
scream·ing [ˈskriːmɪŋ] **I.** *adj attr person* schreiend; *engine* heulend; **a ~ brat** ein Schreihals *m* **II.** *n no pl of people* Geschrei *nt oft pej; of animals* Gekreisch[e] *nt;* *of an engine* Heulen *nt*

scree [skriː] *n no pl* Geröll *nt*
screech [skriːtʃ] **I.** *n* <*pl* -es> *of person* Schrei *m; of animal* Kreischen *nt kein pl; of brakes, tyres* Quietschen *nt kein pl* **II.** *vi person* schreien; *animal* kreischen; *brakes, tyres* quietschen; **to ~ to a halt** mit quietschenden Reifen zum Stillstand kommen
ˈ**screech owl** *n* Kreischeule *f*
screed [skriːd] *n* ① (*speech, writing*) Roman *m;* (*book*) Wälzer *m fam* ② TECH (*layer of plaster*) Estrich *m*
screen [skriːn] **I.** *n* ① (*in cinema, for slides*) Leinwand *f;* (*of television, computer*) Bildschirm *m;* (*for radar, sonar*) Schirm *m* ② *no pl* ■ **the ~** (*cinema*) das Kino; (*fam: television*) das Fernsehen; **the big/small ~** das Kino/Fernsehen ③ (*panel for privacy*) Trennwand *f;* (*decorative*) Paravent *m;* (*for protection*) Schutzschirm *m;* (*against insects*) Fliegengitter *nt;* (*fire screen*) Ofenschirm *m* ④ (*on car*) Windschutzscheibe *f* ⑤ *no pl* (*sth that conceals*) Tarnung *f* ⑥ (*test*) Kontrolle *f;* **health ~** Vorsorgeuntersuchung *f* **II.** *vt* ① (*conceal*) ■ **to ~ sth [from sth]** etw [gegen etw *akk*] abschirmen; **to ~ sth from view** etw vor Einblicken schützen ② (*shield*) ■ **to ~ sb/sth [from sth]** jdn/etw [vor etw *dat*] schützen ③ (*examine closely*) überprüfen; MIL einer Auswahlprüfung unterziehen; ■ **to ~ sb for sth** MED jdn auf etw *akk* hin untersuchen; **to ~ one's calls** nur bei bestimmten Anrufen das Telefon abnehmen ④ (*show*) vorführen; TV senden ✦ **screen off** *vt* abtrennen (**from** von)
screen·ing [ˈskriːnɪŋ] *n* ① (*in cinema*) Filmvorführung *f* ② *no pl* (*process of showing*) *of films* Vorführen *nt; of TV programmes* Ausstrahlung *f* ③ (*testing*) Überprüfung *f* ④ MED (*examination*) Untersuchung *f;* (*X-ray*) Röntgenuntersuchung *f*
ˈ**screen·play** *n* Drehbuch *nt* ˈ**screen sav·er** *n* Bildschirmschoner *m* ˈ**screen·shot** *n* COMPUT Screen Shot *m* ˈ**screen test** *n* FILM, TV Probeaufnahmen *pl* ˈ**screen·writ·er** *n* Drehbuchautor(in) *m(f)*
screw [skruː] **I.** *n* ① (*metal fastener*) Schraube *f* ② *no pl* (*turn*) Drehung *f* ③ (*propeller*) Schraube *f* ④ *no pl* (*vulg, sl: sex*) Fick *m* ⑤ (*sl: prison guard*) [Gefängnis]wärter(in) *m(f),* Schließer(in) *m(f)* ▸ **to have a ~ loose** (*hum fam*) nicht ganz dicht sein *pej;* **to tighten the ~[s] [on sb]** den Druck [auf jdn] verstärken **II.** *vt* ① (*with a screw*) ■ **to ~ sth [on]to sth** etw

an etw *akk* schrauben ❷ (*by twisting*) **to ~ sth tight** etw fest zudrehen; ■ **to ~ sth on[to] sth** etw auf etw *akk* schrauben ❸ (*fam: cheat*) reinlegen; ■ **to ~ sb for sth** jdm etw abzocken *sl* ❹ (*vulg, sl: have sex with*) bumsen *sl*, vögeln *derb* **III.** *vi* (*vulg, sl: have sex*) bumsen *sl*, vögeln *derb*
♦ **screw down** *vt* ❶ (*with screws*) festschrauben ❷ (*by twisting*) fest zudrehen
♦ **screw up I.** *vt* ❶ (*with screws*) zuschrauben ❷ (*by turning*) zudrehen ❸ (*twist and crush*) zusammenknüllen ❹ (*twist into a shape*) **to ~ up one's eyes** blinzeln; **to ~ up one's face/mouth** das Gesicht/den Mund verziehen ❺ (*sl: spoil, do badly*) vermasseln *fam*; **to ~ it** [*or* **things**] **up** Mist bauen *fam* **II.** *vi* ❶ (*tighten*) sich zuschrauben lassen; *nut* sich anziehen lassen ❷ (*sl: fail, make a mess*) ■ **to ~ up** [**on sth**] [bei etw *dat*] Mist bauen *fam*
'**screw·ball** *n* ❶ AM (*in baseball*) angeschnittener Ball ❷ *esp* AM (*fam: person*) Spinner(in) *m(f) pej* '**screw·driv·er** *n* ❶ (*tool*) Schraubenzieher *m* ❷ (*cocktail*) Screwdriver *m*
screwed [skruːd] *adj pred* (*sl: stymied*) festgefahren; (*in a hopeless situation*) geliefert
screwed-'up *adj* (*fam: neurotic*) neurotisch; (*messed up*) verkorkst *fam*
'**screw top** *n* Schraubverschluss *m*
screwy ['skruːi] *adj* (*fam*) verrückt; (*dangerously mad*) hirnrissig
scrib·ble ['skrɪbl̩] **I.** *vt* [hin]kritzeln **II.** *vi* ❶ (*make marks, write*) kritzeln ❷ (*hum: write*) schriftstellern *fam* **III.** *n* ❶ (*mark, words*) Gekritzel *nt kein pl pej* ❷ *no pl* (*handwriting*) Klaue *f pej sl*
scrib·bler ['skrɪblə'] *n* (*pej or hum*) Schreiberling *m pej*
'**scrib·bling block** *n*, '**scrib·bling pad** *n* Schreibblock *m*
scrim·mage ['skrɪmɪdʒ] *n* ❶ SPORTS (*in US football*) Gedränge *nt fachspr* ❷ (*confused fight*) Gerangel *nt kein pl fam*
scrimp [skrɪmp] *vi* sparen; **to ~ and save** knausern *pej fam*
script [skrɪpt] *n* ❶ *of film* Drehbuch *nt*; *of play* Regiebuch *nt*; *of broadcast* Skript *nt*; **to read from a ~** ablesen ❷ (*style of writing*) Schrift *f*; TYPO *also* Schriftart *f*; **italic ~** Kursivschrift *f* ❸ AUS (*prescription*) Rezept *nt* ❹ COMPUT Script *nt*
'**script-girl** *n* Skriptgirl *nt*
scrip·tur·al ['skrɪptʃ^ərəl] *adj* biblisch
scrip·ture *n*, **Scrip·ture** ['skrɪptʃə'] *n* ❶ *no pl* (*the Bible*) die Bibel ❷ (*sacred writings*) **the ~s** [*or* **the S~s**] *pl* die heiligen Schriften
'**script·writ·er** *n* FILM, TV Drehbuchautor(in) *m(f)*; RADIO Rundfunkautor(in) *m(f)*
scroll [skrəʊl] **I.** *n* ❶ (*roll of paper*) [Schrift]rolle *f* ❷ ARCHIT Schnecke *f fachspr* **II.** *vi* COMPUT scrollen *fachspr*
'**scroll-find** *vt* COMPUT ■ **to ~ sth** scrollen und etw finden *fam*
Scrooge [skruːdʒ] *n* (*pej*) Geizhals *m*
scro·tum <*pl* -s *or* -ta> ['skrəʊtəm, *pl* -tə] *n* Hodensack *m*
scrounge [skraʊndʒ] (*fam*) **I.** *n no pl* (*pej or hum*) **to be on the ~** schnorren **II.** *vt* (*pej*) ■ **to ~ sth** [**off sb**] etw [von jdm] schnorren **III.** *vi* (*pej*) ■ **to ~** [**off sb**] [bei jdm] schnorren
scroung·er ['skraʊndʒə'] *n* (*pej fam*) Schnorrer(in) *m(f)*
scrub¹ [skrʌb] *n no pl* ❶ (*trees and bushes*) Gestrüpp *nt* ❷ (*area*) Busch *m*
scrub² [skrʌb] **I.** *n* **to give sth a** [**good**] **~** etw [gründlich] [ab]schrubben **II.** *vt* <-bb-> ❶ (*clean*) [ab]schrubben *fam* ❷ (*fam: cancel, abandon*) fallen lassen; *project* abblasen **III.** *vi* <-bb-> schrubben *fam*
scrub·ber ['skrʌbə'] *n*, '**scrub·bing brush** *n* Schrubber *m*; (*smaller*) Scheuerbürste *f*
scruff [skrʌf] *n of neck* Genick *nt*; **by the ~ of the** [*or* **sb's**] **neck** am Genick
scruffy ['skrʌfi] *adj clothes* schmuddelig *pej fam*; *person* vergammelt *pej fam*; *place* heruntergekommen *fam*
scrum [skrʌm] **I.** *n* ❶ (*in rugby*) Gedränge *nt fachspr* ❷ BRIT (*fam: disorderly crowd*) Getümmel *nt* **II.** *vi* <-mm-> (*in rugby*) ■ **to ~ down** ein Gedränge bilden *fachspr*
scrum 'half *n* (*in rugby*) Gedrängehalbspieler(in) *m(f) fachspr*
scrum·mage ['skrʌmɪdʒ] *n* (*in rugby*) Gedränge *nt fachspr*
scrump·tious ['skrʌm(p)ʃəs] *adj* (*fam*) lecker
scrumpy ['skrʌmpi] *n no pl* BRIT starker Cidre
scrunch [skrʌn(t)ʃ] **I.** *n no pl* Knirschen *nt* **II.** *vi* (*make noise*) knirschen; (*with the mouth*) geräuschvoll kauen **III.** *vt* ❶ (*crunch*) knirschen ❷ (*crush up*) zerknüllen
scru·ple ['skruːpl̩] **I.** *n* ❶ *no pl* (*moral responsibility*) Skrupel *m meist pl*; **to be** [**entirely**] **without ~** [völlig] skrupellos

sein ❷ (*principles*) ■ **~s** *pl* Skrupel *pl*, Bedenken *pl* II. *vi* Bedenken [*o* Skrupel] haben

scru·pu·lous ['skru:pjələs] *adj* ❶ (*extremely moral*) gewissenhaft ❷ (*extremely careful*) [peinlich] genau; ■ **to be ~ about** [*or* **in**] **sth** es mit etw *dat* sehr genau nehmen

scru·ti·neer [ˌskru:tɪ'nɪər] *n esp* BRIT, AUS Wahlprüfer(in) *m(f)*

scru·ti·nize ['skru:tɪnaɪz] *vt* [genau] untersuchen [*o* prüfen]; *text* studieren

scru·ti·ny ['skru:tɪni] *n no pl* [genaue] [Über]prüfung [*o* Untersuchung]

'**scu·ba div·ing** *n no pl* Sporttauchen *nt*

scud <-dd-> [skʌd] *vi* eilen; *clouds* [schnell] ziehen

scuff [skʌf] I. *vt* ❶ (*mark*) verschrammen; (*wear away*) abwetzen ❷ (*drag along the ground*) **to ~ one's feet** schlurfen II. *vi* ❶ (*wear away*) sich abwetzen ❷ (*shuffle*) schlurfen

scuf·fle ['skʌfl] I. *n* ❶ (*short fight*) Handgemenge *nt* ❷ (*sound, movement*) Schlurfen *nt* II. *vi* ■ **to ~ [with sb]** sich [mit jdm] balgen

scull [skʌl] I. *vi* rudern II. *n* SPORTS Skullboot *nt fachspr*

scul·lery ['skʌlᵊri] *n esp* BRIT Spülküche *f*

sculpt [skʌlpt] I. *vt* (*create from stone*) [heraus]meißeln; (*in clay*) modellieren; (*reshape, work*) formen; **to have beautifully/finely ~ed features** (*fig*) schön/fein geformte Züge haben II. *vi* bildhauern *fam*

sculp·tor ['skʌlptər] *n* Bildhauer(in) *m(f)*

sculp·tur·al ['skʌlptʃᵊrᵊl] *adj* bildhauerisch, plastisch; *facial features, form, feel* plastisch; **~ works** Skulpturen *pl*

sculp·ture ['skʌlptʃər] I. *n* ❶ *no pl* (*art*) Bildhauerei *f* ❷ (*object*) Skulptur *f*, Plastik *f* II. *vt* (*make with a chisel*) [heraus]meißeln; (*in clay*) modellieren; (*reshape, work*) formen; (*model*) modellieren III. *vi* bildhauern *fam*

scum [skʌm] *n no pl* ❶ (*foam*) Schaum *m*; (*residue*) Rand *m*; (*layer of dirt*) Schmutzschicht *f* ❷ (*pej: evil people*) Abschaum *m*

'**scum·bag** *n* (*pej sl: man*) Mistkerl *m fam*; (*woman*) Miststück *nt fam*

scup·per ['skʌpər] *vt* BRIT ❶ (*sink deliberately*) versenken ❷ (*fam: thwart*) vereiteln; **to ~ sb's plan** jds Plan über den Haufen werfen

scurf [skɜ:f] *n no pl* (*bits of skin*) Schuppen *pl*

scur·ril·ous ['skʌrələs] *adj* (*pej form: damaging to sb's reputation*) verleumderisch; (*insulting*) unflätig *geh*

scur·ry ['skʌri] I. *vi* <-ie-> *small animal* huschen; *person* eilen II. *n no pl* (*hurry*) Eilen *nt;* **the ~ of feet/footsteps** das Getrappel von Füßen/Schritten

scur·vy ['skɜ:vi] *n no pl* Skorbut *m*

scut·tle¹ ['skʌtl] *vi person* hasten, flitzen *fam; small creature* huschen

scut·tle² ['skʌtl] *vt* ❶ (*sink*) versenken ❷ (*put an end to*) zunichtemachen

scuttle away *vi,* **scuttle off** *vi* (*run*) davoneilen

scythe [saɪð] I. *n* Sense *f* II. *vt* ❶ (*with a scythe*) [mit der Sense] [ab]mähen ❷ (*with swinging blow*) ■ **to ~ sb/sth [down]** jdn/etw niedermähen *fam* III. *vi* preschen (**through** durch)

SDI [ˌesdi:'aɪ] *n abbrev of* **Strategic Defense Initiative** SDI *f*

SE I. *n no pl abbrev of* **south-east** SO. II. *adj* ❶ *abbrev of* **south-east** SO- ❷ *abbrev of* **south-eastern** SO- III. *adv abbrev of* **south-east**

sea [si:] *n* ❶ *no pl* (*salt water surrounding land*) ■ **the ~** das Meer, die See; **at the bottom of the ~** auf dem Meeresboden; **the open ~** das offene Meer, die hohe See; **by** [*or* **beside**] **the ~** am Meer, an der See; **the high ~s** die hohe See ❷ (*specific area*) See *f kein pl*, Meer *nt;* **the Dead ~** das Tote Meer; **the seven ~s** die sieben Meere ❸ (*state of sea*) Seegang *m kein pl;* **a calm/fine/rough ~** ein ruhiger/hoher/schwerer Seegang; **choppy/heavy ~s** kabbelige *fachspr/*schwere See ❹ (*wide expanse*) Meer *nt;* **a ~ of flames/people** ein Flammen-/Menschenmeer *nt* ▶ **to be [all] at ~** [ganz] ratlos sein

sea '**air** *n no pl* Seeluft *f* **sea a**'**nemo·ne** *n* Seeanemone *f* '**sea·bed** *n no pl* ■ **the ~** der Meeresgrund '**sea·bird** *n* Seevogel *m* '**sea·board** *n* Küste *f;* **the Atlantic/Eastern ~ of the United States** die Atlantik-/Ostküste der Vereinigten Staaten '**sea·borne** *adj attr* See-; **~ goods** Seefrachtgüter *pl* **sea** '**breeze** *n* Seewind *m*, Meeresbrise *f* '**sea-calf** *n* Seehund *m* '**sea change** *n* große Veränderung *f* '**sea dog** *n* ❶ (*sailor*) Seebär *m fam* ❷ (*seal*) Seehund *m* **sea·far·er** ['si:ˌfeərər] *n* (*liter*) Seemann *m* **sea·far·ing** ['si:ˌfeərɪŋ] *adj attr* (*esp liter*) seefahrend '**sea·food** *n no pl* Meeresfrüchte *pl* '**sea·front** *n* (*promenade*) Strandpromenade *f;* (*beach*) Strand *m* '**sea-go·ing** *adj attr vessel* Hochsee-, hochseetüchtig '**sea·grass** *n*

Seegras *nt* **'sea·gull** *n* Möwe *f* **'sea·horse** *n* Seepferdchen *nt*
seal[1] [si:l] *n* ZOOL Seehund *m*, Robbe *f*
seal[2] [si:l] I. *n* ❶ (*insignia, stamp*) Siegel *nt* ❷ (*on goods*) Verschluss *m*; (*on doors*) Siegel *nt* ❸ (*air-, watertight join*) Verschluss *m* ❹ (*guarantee*) **to give sth one's ~ of approval** etw seine Zustimmung geben II. *vt* ❶ (*stamp*) siegeln ❷ (*prevent from being opened*) [fest] verschließen; (*with a seal*) versiegeln; (*for customs*) plombieren; (*with adhesive*) zukleben ❸ (*make airtight*) luftdicht verschließen; (*make watertight*) wasserdicht verschließen; *window, gaps* abdichten ❹ (*block access to*) versiegeln; *border* schließen ❺ (*confirm and finalize*) besiegeln; **we won't celebrate until the contract has been signed, ~ed and delivered** wir feiern erst, wenn der Vertrag auch wirklich unter Dach und Fach ist; **to ~ sb's fate** jds Schicksal besiegeln ◆ **seal up** *vt* ❶ (*close*) [fest] verschließen; (*with a seal*) versiegeln; (*with adhesive*) zukleben ❷ (*close permanently*) verschließen; *shaft, mine* zuschütten ❸ *door, window, gaps* abdichten
seal·ant ['si:lənt] *n* (*for surfaces*) Dichtungsmittel *nt*; (*for gaps*) Kitt *m*
'sea legs *npl* **to find one's ~** NAUT seefest werden *fachspr* **'sea lev·el** *n no pl* Meeresspiegel *m*; **above/below ~** über/unter dem Meeresspiegel; **at ~** auf Meereshöhe
seal·ing ['si:lɪŋ] *n no pl* HUNT Robbenjagd *f*
'seal·ing wax *n no pl* Siegellack *nt*
'sea lion *n* Seelöwe *m*
'seal·skin *n no pl* Robbenfell *nt*
seam [si:m] *n* ❶ (*join in garment*) Naht *f*; **to be bursting at the ~s** (*fig*) aus allen Nähten platzen *fam*; **to fall apart at the ~s** aus den Nähten gehen; *marriage* scheitern; *plan* fehlschlagen ❷ (*line of junction*) Naht *f*; NAUT Fuge *f* ❸ (*mineral layer*) Schicht *f*
'sea·man ['si:mən] *n* (*sailor*) Seemann *m*; (*rank*) Matrose *m*; **able** [*or* **able-bodied**] **~** BRIT Vollmatrose *m*; **leading ~** BRIT Erster Matrose; **ordinary ~** BRIT Leichtmatrose *m*
sea 'mile *n* (*old*) Seemeile *f*
seam·less [si:mləs] *adj* ❶ (*without a seam*) *stockings* nahtlos; *garment, robe* ohne Nähte ❷ (*smooth*) nahtlos, problemlos
seam·stress <*pl* -es> ['sem(p)strɪs] *n* Näherin *f*
seamy ['si:mi] *adj* ❶ (*run down*) heruntergekommen ❷ (*dodgy*) *district* zwielichtig; **the ~ side of life** die Schattenseite des Lebens

sé·ance ['seɪɑ̃:(nt)s] *n* Séance *f* geh
'sea·plane *n* Wasserflugzeug *nt* **'sea·port** *n* Seehafen *m* **'sea pow·er** *n* ❶ *no pl* (*naval strength*) Stärke *f* zu Wasser ❷ (*state with strong navy*) Seemacht *f*
sear [sɪəʳ] *vt* ❶ (*scorch*) verbrennen; (*singe*) versengen ❷ (*cause painful sensation*) **a pain ~ed his chest** ein Schmerz durchzuckte seine Brust ❸ FOOD (*fry quickly*) kurz [an]braten ❹ (*cauterize*) *wound* ausbrennen
search [sɜːtʃ] I. *n* ❶ (*for object, person*) Suche *f* (**for** nach); **to go off in ~ of sth** sich auf die Suche nach etw *dat* machen ❷ (*for drugs, stolen property, etc.*) Durchsuchung *f*; *of person* Leibesvisitation *f* ❸ COMPUT Suchlauf *m*; **to do a ~ for sth** etw suchen II. *vi* suchen; **to ~ high and low** [**for sth**] überall [nach etw *dat*] suchen; ■ **to ~ through sth** etw durchsuchen III. *vt* ❶ (*try to find in*) *building, bag* durchsuchen; *place, street* absuchen ❷ LAW durchsuchen ❸ (*examine carefully*) absuchen; *conscience, heart* prüfen; **to ~ one's memory** sein Gedächtnis durchforschen ▶ **~ me!** (*fam*) was weiß ich!? ◆ **search out** *vt* ausfindig machen
'search en·gine *n* COMPUT Suchmaschine *f*
search·er ['sɜːtʃəʳ] *n* Suchende(r) *f(m)*
'search func·tion *n* COMPUT Suchfunktion *f*
search·ing ['sɜːtʃɪŋ] *adj* *gaze, look* forschend; *inquiry* eingehend; *question* tief gehend
'search·light *n* Suchscheinwerfer *m*
'search op·era·tion *n* Suchaktion *f*
'search par·ty *n* Suchtrupp *m* **'search war·rant** *n* Durchsuchungsbefehl *m*
sear·ing ['sɪəʳɪŋ] *adj attr* ❶ (*scorching*) sengend ❷ (*painfully burning*) *pain* brennend ❸ (*intense*) *passion* glühend *geh*; *emotion* leidenschaftlich; *criticism* schonungslos
'sea salt *n* Meersalz *nt* **'sea·scape** *n* ❶ (*picture*) Seestück *nt* ❷ (*view*) Blick *m* auf das Meer **'sea shan·ty** *n esp* BRIT Seemannslied *nt* **'sea·shell** *n* Muschel *f*
'sea·shore *n no pl* (*beach*) Strand *m*; (*land near sea*) [Meeres]küste *f* **'sea·sick** *adj* seekrank **'sea·sick·ness** *n no pl* Seekrankheit *f* **'sea·side** *esp* BRIT I. *n no pl* ■ **the ~** die [Meeres]küste; ■ **at the ~** am Meer II. *adj attr* See-; **a ~ holiday** Ferien *pl* am Meer; **~ resort** Seebad *nt*
sea·son ['siːzən] I. *n* ❶ (*period of year*) Jahreszeit *f*; **the ~ of Advent/Lent** die Advents-/Fastenzeit; **the Christmas/Easter ~** die Weihnachts-/Osterzeit; **~'s**

seasonable → second

greetings fröhliche Weihnachten und ein glückliches neues Jahr; **the dry/rainy/ monsoon ~** die Trocken-/Regen-/Monsunzeit ❷ (*period of ripeness*) Saison *f;* **oysters are out of ~ at the moment** zur Zeit gibt es keine Austern; **apple/strawberry ~** Apfel-/Erdbeerzeit *f;* **flowering ~** Blüte *f* ❸ ZOOL fruchtbare Zeit; **mating ~** Paarungszeit *f;* **to be in ~** brünstig sein ❹ (*business period*) Saison *f*, Hauptzeit *f;* **at the height of the ~** in der Hochsaison; **high ~** Hochsaison *f;* **in/out of ~** während/außerhalb der Saison ❺ SPORTS Saison *f;* **fishing/hunting ~** Angel-/Jagdzeit *f* ❻ (*period of entertainment*) Saison *f;* THEAT Spielzeit *f* ❼ BRIT (*fam: season ticket*) Dauerkarte *f;* SPORTS Saisonkarte *f;* THEAT Abonnement *nt* **II.** *vt* ❶ (*add flavouring*) würzen (**with** mit); **the stew's done, but it needs to be ~ed** der Eintopf ist fertig, aber er muss noch abgeschmeckt werden ❷ (*dry out*) *wood* ablagern lassen ❸ (*mature*) *tobacco, wine* [aus]reifen lassen **III.** *vi* ❶ FOOD würzen, abschmecken ❷ (*dry out*) *wood* [ab]lagern ❸ (*mature*) *tobacco, wine* [aus]reifen

sea·son·able ['siːzᵊnəbl] *adj* ❶ (*expected for time of year*) der Jahreszeit angemessen ❷ (*liter: appropriate*) angebracht

sea·son·al ['siːzᵊnᵊl] *adj* ❶ (*connected with time of year*) jahreszeitlich bedingt; **~ adjustment** Saisonbereinigung *f;* **~ unemployment** saisonbedingte Arbeitslosigkeit; **~ work** Saisonarbeit *f* ❷ (*grown in a season*) Saison-

sea·soned ['siːzᵊnd] *adj* ❶ *usu attr* (*experienced*) erfahren ❷ (*properly dried*) *timber* abgelagert ❸ (*spiced*) gewürzt

sea·son·ing ['siːzᵊnɪŋ] *n no pl* ❶ (*salt and pepper*) Würze *f* ❷ (*herb or spice*) Gewürz *nt* ❸ *no pl* (*drying out*) Ablagern *nt*

'sea·son tick·et *n* Dauerkarte *f;* (*for public transport*) Monatskarte *f;* (*for one year*) Jahreskarte *f;* SPORTS Saisonkarte *f;* THEAT Abonnement *nt* **'sea·son tick·et hold·er** *n* (*for train, bus*) Inhaber(in) *m(f)* einer Monatskarte [*o* Jahreskarte]; (*for sports*) Besitzer(in) *m(f)* einer Saisonkarte; (*for theatre, opera*) Abonnent(in) *m(f)*

seat [siːt] **I.** *n* ❶ (*sitting place*) [Sitz]platz *m;* (*in a car*) Sitz *m;* (*in bus, plane, train*) Sitzplatz *m;* (*in a theatre*) Platz *m;* **is this ~ free/taken?** ist dieser Platz frei/besetzt?; **back ~** Rücksitz *m;* **to book** [*or* **reserve**] **a ~** (*for concert, film, play*) eine Karte reservieren lassen; (*on bus, train*) einen Platz reservieren lassen; **to take a seat** sich [hin]setzen ❷ *usu sing* (*part to sit on*) *of chair* Sitz *m;* *of trousers, pants* Hosenboden *m* ❸ (*form: buttocks*) Gesäß *nt* ❹ POL Sitz *m;* **marginal/safe ~** knappes/sicheres Mandat; **to lose/win a ~** einen Sitz verlieren/gewinnen ❺ (*location*) Sitz *m;* *of company* Sitz *m;* *of aristocrat* [Wohn]sitz *m;* **~ of government** Regierungssitz *m* **II.** *vt* ❶ (*provide seats*) setzen; ■ **to ~ oneself** (*form*) sich setzen ❷ (*seating capacity*) **to ~ 2500** 2500 Menschen fassen; **his car ~s five** in seinem Auto haben fünf Leute Platz ❸ TECH (*fix in base*) einpassen

'seat belt *n* Sicherheitsgurt *m;* **to fasten one's ~** sich anschnallen; **to be wearing a ~** angeschnallt sein

seat·ing ['siːtɪŋ] *n no pl* ❶ (*seats*) Sitzgelegenheiten *pl;* **~ for 6/2000** Sitzplätze *pl* für 6/2000 Personen ❷ (*sitting arrangement*) Sitzordnung *f*

'seat·ing ar·range·ments *npl,* **'seat·ing plan** *n* Sitzordnung *f*

SEATO ['siːtəʊ] *n no pl acr for* **South-East Asia Treaty Organization** SEATO *f*

'sea ur·chin *n* Seeigel *m*

sea·ward ['siːwəd] **I.** *adv* seewärts **II.** *adj* ❶ (*facing towards sea*) dem Meer zugewandt ❷ (*moving towards sea*) auf das Meer hinaus *nach n*

'sea·wa·ter *n no pl* Meerwasser *nt* **'sea·way** *n* ❶ (*channel for large ships*) Wasserstraße *f* ❷ (*route*) Seeweg *m;* **'sea·weed** *n no pl* [See]tang *m* **'sea·wor·thy** *adj* seetauglich

se·ba·ceous gland [sɪˈbeɪʃəs͵glænd] *n* ANAT Talgdrüse *f*

sec [sek] *n short for* **second** Sek.; **I'll be with you in a ~!** (*fam*) Sekunde, ich komme gleich!

seca·teurs [͵sekəˈtɜːz] *npl esp* BRIT Gartenschere *f*

se·cede [sɪˈsiːd] *vi* POL sich abspalten (**from** von)

se·ces·sion [sɪˈseʃᵊn] *n no pl* Abspaltung *f*

se·clude [sɪˈkluːd] *vt* abschließen (**from** von)

se·clud·ed [sɪˈkluːdɪd] *adj spot, house* abgelegen; *area* abgeschieden; **to live a ~ life** zurückgezogen leben

se·clu·sion [sɪˈkluːʒᵊn] *n no pl* ❶ (*quiet and privacy*) Zurückgezogenheit *f;* *of place* Abgelegenheit *f,* Abgeschiedenheit *f* ❷ (*keeping separate*) Absonderung *f*

sec·ond¹ ['sekᵊnd] **I.** *adj* ❶ *usu attr* (*next after first*) zweite(r, s); **Brian's going first, who wants to be ~?** Brian ist Erster, wer möchte der Nächste sein?; **he was the ~**

person to qualify er hat sich als Zweiter qualifiziert; **the ~ time** das zweite Mal ❷ (*next after winner*) zweite(r, s); **to finish ~** Zweite(r) werden; **to be in ~ place** auf Platz zwei sein ❸ (*not first in importance, size*) zweit-; **Germany's ~ city** Deutschlands zweitwichtigste Stadt; **the ~ biggest town** die zweitgrößte Stadt; **to be ~ only to sb/sth** gleich nach jdm/etw kommen *fam;* **to be ~ to none** unübertroffen sein ❹ *attr* (*another*) zweite(r, s), Zweit-; **~ car** Zweitwagen *m;* **to give sb a ~ chance** jdm eine zweite Chance geben; **to have ~ thoughts** es sich *dat* noch einmal überlegen; **without a ~ thought** ohne lange zu überlegen ▶ **to play ~ fiddle to sb** in jds Schatten stehen; **to be ~ nature to sb** jdm in Fleisch und Blut übergegangen sein **II.** *n* ❶ BRIT UNIV ≈ Zwei *f;* **an upper/a lower ~** eine Zwei plus/minus ❷ *no pl* AUTO zweiter Gang ❸ (*extra helping*) ■ **~s** *pl* Nachschlag *m kein pl* ❹ BRIT (*fam: dessert*) ■ **~s** *pl* Nachtisch *m kein pl* ❺ (*imperfect item*) Ware *f* zweiter Wahl **III.** *adv* zweitens **IV.** *vt* (*support, back up*) *proposal* unterstützen, befürworten

sec·ond² ['sekənd] *n* ❶ (*sixtieth of a minute*) Sekunde *f;* **with [only] ~s to spare** in [aller]letzter Sekunde ❷ (*very short time*) Sekunde *f,* Augenblick *m;* **you go on, I'll only be a ~** geh du weiter, ich komme gleich nach; **for a split ~** für den Bruchteil einer Sekunde

sec·ond·ary ['sekəndəri] **I.** *adj* ❶ (*not main*) zweitrangig; **to be of ~ importance** von untergeordneter Bedeutung sein; **to play a ~ role** eine untergeordnete Rolle spielen ❷ (*education*) höher; **~ education** höhere Schulbildung; **~ modern school** BRIT ≈ Hauptschule *f;* (*more advanced*) ≈ Realschule *f* ❸ MED Sekundär- **II.** *n* ❶ MED Metastase *f* ❷ (*secondary school*) höhere [*o* weiterführende] Schule ❸ *no pl* (*education*) ≈ Hauptschule *f;* (*more advanced level*) ≈ Realschule *f*

'**sec·ond·ary school** *n* ❶ (*school*) höhere [*o* weiterführende] Schule ❷ *no pl* (*education*) ≈ Hauptschule *f;* (*more advanced level*) ≈ Realschule *f*

sec·ond 'best *adj* zweitbeste(r, s); **to come off ~** (*fig*) den Kürzeren ziehen *fam;* **to settle for ~** sich mit weniger zufriedengeben **sec·ond 'cham·ber** *n* POL zweite Kammer **sec·ond 'class I.** *n no pl* (*mail*) gewöhnliche Post; (*in travel*) zweite Klasse **II.** *adv* ❶ TRANSP **to travel ~** zweiter Klasse reisen ❷ BRIT (*by second-class mail*) auf dem gewöhnlichen Postweg **sec·ond 'cous·in** *n* Cousin *m*/Cousine *f* zweiten Grades **sec·ond-de·gree 'burn** *n* Verbrennung *f* zweiten Grades

sec·ond·er [ˌsekəndə^r] *n of motion* Befürworter(in) *m(f)*

sec·ond-'guess *vt esp* AM ❶ (*forecast*) vorhersagen; ■ **to ~ sb** vorhersagen, was jd tun wird ❷ (*criticize with hindsight*) im Nachhinein kritisieren '**sec·ond-hand I.** *adj* ❶ (*used*) gebraucht; *clothes* second-hand; **~ car** Gebrauchtwagen *m* ❷ *attr* (*for second-hand goods*) Gebraucht-, Secondhand-; **~ bookshop** Antiquariat *nt;* **~ shop** Secondhandladen *m* ❸ (*obtained from sb else*) *information, experience* aus zweiter Hand *nach n* **II.** *adv* ❶ (*in used condition*) gebraucht ❷ (*from third party*) aus zweiter Hand *nach n* **sec·ond 'hand** *n* Sekundenzeiger *m* **sec·ond lieu·'ten·ant** *n* Leutnant *m*

sec·ond·ly ['sekəndli] *adv* zweitens

se·cond·ment [sɪˈkɒn(d)mənt] *n* BRIT, AUS ❶ *no pl* (*temporary transfer*) zeitweilige Versetzung; MIL Abkommandierung *f* ❷ (*period of secondment*) Versetzungszeit *f;* **to be on a one-year ~** für ein Jahr versetzt werden

sec·ond-'rate *adj* (*pej*) zweitklassig

se·cre·cy ['siːkrəsi] *n no pl* ❶ (*act of keeping secret*) Geheimhaltung *f* ❷ (*ability of keeping secret*) Verschwiegenheit *f;* (*secretiveness*) Heimlichtuerei *f pej* (**about** um); ■ **in ~** im Geheimen

se·cret ['siːkrət] **I.** *n* ❶ (*undisclosed information*) Geheimnis *nt;* **a closely guarded ~** ein streng gehütetes Geheimnis; **open ~** offenes Geheimnis; **to keep a ~** ein Geheimnis für sich *akk* behalten; ■ **in ~** im Geheimen, insgeheim; **to do sth in ~** etw heimlich tun; **it's no ~ that ...** es ist kein Geheimnis, dass ... ❷ (*special knack*) **the ~ of success** das Geheimnis des Erfolgs **II.** *adj* ❶ (*known to few people*) geheim, Geheim-; (*hidden*) verborgen; **to keep sth ~** etw geheim halten ❷ (*doing sth secretly*) heimlich

se·cret 'agent *n* Geheimagent(in) *m(f)*

sec·re·tar·ial [ˌsekrəˈteəriəl] *adj* Sekretariats-, Büro-; **~ staff** Bürokräfte *pl*

sec·re·tar·iat [ˌsekrəˈteəriət] *n* Sekretariat *nt*

sec·re·tary ['sekrətəri] *n* ❶ (*office assistant*) Sekretär(in) *m(f)* ❷ ECON Assistent(in) *m(f)* der Geschäftsführung; **company ~** BRIT ranghöchster Angestellter einer Kapitalgesellschaft ❸ BRIT (*assistant* *ambassador*) ~ [**of embassy**] Botschaftsrat *m*/-rätin *f*; **first** ~ erster Botschaftsrat/erste Botschaftsrätin ❹ BRIT POL Staatssekretär(in) *m(f)*; AM Minister(in) *m(f)*

Sec·re·tary 'Gen·er·al <*pl* Secretaries General> *n* Generalsekretär(in) *m(f)*

se·crete¹ [sɪˈkriːt] *vt* BIOL, MED absondern

se·crete² [sɪˈkriːt] *vt* (*form*) verbergen

se·cre·tion [sɪˈkriːʃən] *n* ❶ BIOL, MED (*secreted substance*) Sekret *nt*; (*secreting*) Absonderung *f* ❷ *no pl* (*hiding*) Absonderung *f*

se·cre·tive [ˈsɪkrətɪv] *adj behaviour* geheimnisvoll; *character* verschlossen

se·cre·tive·ness [ˈsɪkrətɪvnəs] *n no pl* Geheimnistuerei *f pej fam*

se·cret·ly [ˈsiːkrətli] *adv* heimlich; **to ~ admire sb** etw im Stillen bewundern; **~ hope/wish** insgeheim hoffen/wünschen

sect [sekt] *n* ❶ (*religious group*) Sekte *f* ❷ (*denomination*) Konfession *f*

sec·tar·ian [sekˈteəriən] I. *adj* ❶ (*relating to sect*) Sekten- ❷ (*relating to denomination*) konfessionell [bedingt]; **~ differences** Konfessionsunterschiede *pl*; **~ violence** religiöse Unruhen II. *n* Anhänger(in) *m(f)* einer Sekte

sec·tion [ˈsekʃən] I. *n* ❶ (*component part*) Teil *nt*; *of road* Teilstrecke *f*; *of railway* Streckenabschnitt *m*; TECH [Bau]teil *nt* ❷ (*subdivision*) Paragraph *m*; *of book* Abschnitt *m*; *of document* Absatz *m* ❸ (*part of newspaper*) Teil *m* ❹ (*part of an area*) Bereich *m*; **non-smoking ~** (*in restaurant*) Nichtraucherbereich *m*; (*in railway carriage*) Nichtraucherabteil *nt* ❺ (*department*) Abteilung *f* ❻ (*group of instruments*) Gruppe *f*; **brass/woodwind ~** Blech-/Holzbläser *pl* ❼ (*military unit*) Abteilung *f* ❽ BIOL (*thin slice for examination*) Schnitt *m* ❾ (*profile*) Schnitt *m* ❿ (*surgical cut*) Schnitt *m*; [**Caesarean**] **~** Kaiserschnitt *m* II. *vt* ❶ (*to separate*) [unter]teilen ❷ (*cut*) zerschneiden; BIOL segmentieren *fachspr*; MED sezieren *fachspr* ❸ BRIT (*send to hospital*) in eine psychiatrische Klinik einweisen ◆ **section off** *vt* abteilen

sec·tion·al [ˈsekʃənəl] I. *adj* ❶ (*usu pej: limited to particular group*) partikular *geh* ❷ (*done in section*) Schnitt- ❸ *esp* AM (*made in sections*) zusammensetzbar; **~ furniture** Anbaumöbel *pl*; **~ sofa** zerlegbares Sofa II. *n* AM Anbaumöbel *pl*

sec·tor [ˈsektər] *n* ❶ (*part of economy*) Sektor *m*, Bereich *m*; **the private/public ~** der private/öffentliche Sektor ❷ (*area of land*) Sektor *m*, Zone *f* ❸ MATH Sektor *m*

secu·lar [ˈsekjələr] *adj* ❶ (*non-religious*) säkular *geh* ❷ (*non-monastic*) welt[geist]lich

secu·lar·ize [ˈsekjələraɪz] *vt* säkularisieren *geh*

se·cure [sɪˈkjʊər] I. *adj* <-r, -st *or* more ~, the most ~> ❶ (*certain, permanent*) sicher; **financially ~** finanziell abgesichert ❷ *usu pred* (*safe, confident*) sicher ❸ (*safely guarded*) bewacht; (*safe against interception*) abhörsicher; **~ against theft** diebstahlsicher; ■ **to be ~ against sth** vor etw *dat* sicher sein ❹ *usu pred* (*fixed in position*) fest; *door* fest verschlossen II. *vt* ❶ (*obtain*) sich *dat* sichern ❷ (*make safe*) [ab]sichern; **to ~ sb/sth against sth** jdn/etw vor etw *dat* schützen ❸ (*fasten*) befestigen (**to** an); *door, window* fest schließen ❹ (*guarantee repayment of*) absichern; **to ~ a loan against sth** einen Kredit durch etw *akk* abdecken

se·cu·ri·ties [sɪˈkjʊərətɪz] *npl* STOCKEX (*stock or share*) Wertpapiere *pl*; **long-dated/medium-dated/short-dated ~** langfristige/mittelfristige/kurzfristige Anleihen

se·'cu·ri·ties mar·ket *n no pl* STOCKEX Wertpapierbörse *f*

se·cu·ri·ty [sɪˈkjʊərəti] *n* ❶ *no pl* (*protection, safety*) Sicherheit *f*; **maximum-~ prison** Hochsicherheitsgefängnis *nt*; **lax/tight ~** lasche/strenge Sicherheitsvorkehrungen; **national ~** nationale Sicherheit; **to tighten ~** die Sicherheitsmaßnahmen verschärfen ❷ *no pl* (*guards*) Sicherheitsdienst *m* ❸ *no pl* (*permanence, certainty*) Sicherheit *f* ❹ *usu sing* (*safeguard*) Sicherheit *f*, Schutz *m* (**against** gegen) ❺ *no pl* (*guarantee of payment*) Kaution *f* ❻ FIN ■ **securities** *pl* (*investments*) Wertpapiere *pl*

Se·'cu·ri·ty Coun·cil *n* Sicherheitsrat *m*
se·'cu·ri·ty forces *npl* MIL Sicherheitskräfte *pl* **se·'cu·ri·ty guard** *n* Sicherheitsbeamte(r) *m*/-beamtin *f*

se·dan [sɪˈdæn] *n* AM, AUS Limousine *f*
se·dan 'chair *n* Sänfte *f*

se·date [sɪˈdeɪt] I. *adj person* ruhig; *pace* gemächlich; (*pej*) *place* verschlafen II. *vt* MED ein Beruhigungsmittel geben

se·da·tion [sɪˈdeɪʃən] *n no pl* MED Ruhigstellung *f*; **to be under ~** unter dem Einfluss von Beruhigungsmitteln stehen

seda·tive [ˈsedətɪv] I. *adj* beruhigend II. *n* Beruhigungsmittel *nt*

sed·en·tary ['sedᵊntᵊri] *adj* sitzend
sedge [sedʒ] *n no pl* Riedgras *nt*
sedi·ment ['sedɪmənt] *n* ❶ *no pl* (*dregs at bottom*) Sediment *nt;* (*in river*) Ablagerung *f;* (*in wine*) [Boden]satz *m* ❷ (*deposited substance*) Sediment *nt*
sedi·men·tary [ˌsedɪ'mentᵊri] *adj* ~ **layer** Sedimentschicht *f;* ~ **deposits** sedimentäre Ablagerungen
sedi·men·ta·tion [ˌsedɪmen'teɪʃᵊn] *n no pl* Ablagerung *f,* Sedimentation *f fachspr*
se·di·tion [sɪ'dɪʃᵊn] *n no pl* Aufwiegelung *f*
se·di·tious [sɪ'dɪʃəs] *adj* aufwieglerisch
se·duce [sɪ'djuːs] *vt* ❶ (*persuade to have sex*) verführen ❷ (*win over*) ■ **to ~ sb into doing sth** jdn dazu verleiten, etw zu tun
se·duc·er [sɪ'djuːsə^r] *n* Verführer *m*
se·duc·tion [sɪ'dʌkʃᵊn] *n* ❶ *no pl* (*persuasion into sex*) Verführung *f* ❷ (*act of seducing particular person*) Verführung *f* ❸ *usu pl* (*seductive quality*) Verlockung *f geh*
se·duc·tive [sɪ'dʌktɪv] *adj* ❶ (*sexy*) verführerisch ❷ (*attractive*) *argument, offer* verlockend
sedu·lous ['sedjʊləs] *adj* (*liter*) unermüdlich; *worker* fleißig
see¹ <saw, seen> [siː] **I.** *vt* ❶ (*perceive with eyes*) sehen; **I've never ~n anything quite like this before** so etwas habe ich ja noch nie gesehen; **have you ever ~n this man before?** haben Sie diesen Mann schon einmal gesehen?; **I'll believe it when I ~ it** das glaube ich erst, wenn ich es mit eigenen Augen gesehen habe; **I saw her coming** ich habe sie kommen sehen; **to ~ sth with one's own eyes** etw mit eigenen Augen sehen ❷ (*watch as a spectator*) *film, play* [sich *dat*] [an]sehen; **this film is really worth ~ing** dieser Film ist echt sehenswert ❸ (*visit place*) *famous building, place* ansehen; **I'd love to ~ Salzburg again** ich würde Salzburg gern wieder einmal besuchen; **to ~ the sights** die Sehenswürdigkeiten besichtigen ❹ (*understand*) verstehen, begreifen; (*discern mentally*) erkennen; **I ~ what you mean** ich weiß, was du meinst; **I can't ~ why I should do it** ich sehe einfach nicht ein, warum ich es machen sollte; **I really can't ~ what difference it makes** ich weiß wirklich nicht, was es für einen Unterschied machen soll; **~ what I mean?** siehst du? ❺ (*consider*) sehen; **as I ~ it ...** so wie ich das sehe ...; **this is how I ~ it** so sehe ich die Sache; **to ~ sth in a new light** etw mit anderen Augen sehen ❻ (*learn, find out*) feststellen; **I'll ~ what I can do** ich schaue mal, was ich tun kann; **I'll ~ who it is** ich schaue mal nach, wer es ist; **let me ~ if I can help you** mal sehen, ob ich Ihnen helfen kann; **that remains to be ~n** das wird sich zeigen ❼ (*meet socially*) sehen; (*by chance*) [zufällig] treffen [*o* sehen]; **we're ~ing friends at the weekend** wir treffen uns am Wochenende mit Freunden; **I'll ~ you around** bis dann!; **~ you later!** (*fam: when meeting again later*) bis später!; (*goodbye*) tschüs! *fam;* **~ you on Monday** bis Montag!; **to go and ~ sb** jdn besuchen [gehen] ❽ (*have meeting with*) sehen; (*talk to*) sprechen; (*receive*) empfangen; **Ms Miller can't ~ you now** Ms Miller ist im Moment nicht zu sprechen; **to ~ a doctor/a solicitor** zum Arzt/zu einem Anwalt gehen ❾ (*have relationship with*) ■ **to be ~ing sb** mit jdm zusammen sein *fam;* **I'm not ~ing anyone at the moment** ich habe im Moment keine Freundin ❿ (*envisage, foresee*) sich *dat* vorstellen; **I can't ~ him getting the job** ich kann mir nicht vorstellen, dass er den Job bekommt; **to ~ it coming** es kommen sehen ⓫ (*witness, experience*) [mit]erleben; **1997 saw a slackening off in the growth of the economy** 1997 kam es zu einer Verlangsamung des Wirtschaftswachstums; **I've ~n it all** mich überrascht nichts mehr; ■ **to ~ sb do sth** [mit]erleben, wie jd etw tut; **to live to ~ sth** etw [noch] erleben ⓬ (*accompany*) begleiten; **to ~ sb to the door** [*or* out]/**home** jdn zur Tür/nach Hause bringen [*o geh* begleiten] ⓭ (*inspect*) *licence, passport* sehen, prüfen ⓮ *in impers* (*refer to*) ■ ~ **...** siehe ...; **~ below/page 23** siehe unten/Seite 23 ⓯ (*perceive*) ■ **to ~ sth in sb** etw in jdm sehen; **I don't know what she ~s in him** ich weiß nicht, was sie an ihm findet ⓰ (*ensure*) ■ **to ~ sb right** Brit, Aus (*fam: help*) jdm helfen; ■ **to ~ that sth happens** dafür sorgen, dass etw passiert; **~ that this doesn't happen again** sieh zu, dass das nicht noch einmal passiert ▶ **to have ~n better days** schon [einmal] bessere Tage gesehen haben; **to not ~ further than the end of one's nose** nicht weiter sehen als die Nasenspitze reicht; **to ~ the last** [*or* Brit, Aus **the back**] **of sb** [endlich] jdn los sein *fam;* **to ~ the last** [*or* Brit, Aus **the back**] **of sth** endlich etw überstanden haben; **to be ~ing things** sich *dat* etw einbilden; **to not ~**

the wood [or AM the forest] for the trees den Wald vor [lauter] Bäumen nicht sehen hum II. vi ❶ (use eyes) sehen; I can't ~ very well without my glasses ohne Brille kann ich nicht sehr gut sehen; ... but ~ing is believing ... doch ich habe es mit eigenen Augen gesehen!; as far as the eye can ~ so weit das Auge reicht ❷ (look) sehen; let me ~! lass mich mal sehen!; ~ for yourself! sieh doch selbst!; (in theatre etc.) can you ~? können Sie noch sehen?; ~, Grandad's mended it for you schau mal, Opa hat es dir wieder repariert; ❸ (understand, realize) ... — oh, I ~! ... – aha!; I ~ ich verstehe; you ~! it wasn't that difficult was it? na siehst du, das war doch gar nicht so schwer!; ~?! siehst du?!; I ~ from your report ... Ihrem Bericht entnehme ich, ... ❹ (find out) nachsehen; (in the future) herausfinden; wait and ~ abwarten und Tee trinken; let me ~ lass mich mal überlegen; you'll ~ du wirst schon sehen! ▶ to not ~ eye to eye [with sb] nicht derselben Ansicht sein [wie jd]; to ~ fit to do sth es für angebracht halten, etw zu tun; to ~ red rotsehen fam ◆ see about vi ❶ (fam: deal with) ■ to ~ about sth sich um etw akk kümmern; I've come to ~ about the TV ich soll mir den Fernseher ansehen; I think we'd better ~ about getting home ich glaube, wir sehen jetzt besser zu, dass wir nach Hause kommen ❷ (consider) I'll ~ about it ich will mal sehen ▶ we'll ~ about that! (fam) das werden wir ja sehen! ◆ see in I. vi hineinsehen II. vt hineinbringen; to ~ the New Year in das neue Jahr begrüßen ◆ see into vi ❶ (look into) hineinsehen ❷ (find out about) to ~ into the future in die Zukunft schauen ◆ see off vt ❶ (say goodbye) verabschieden; to ~ sb off at the airport/station jdn zum Flughafen/Bahnhof bringen ❷ (drive away) verjagen ❸ (get the better of) ■ to ~ off ⟳ sb/sth mit jdm/etw fertigwerden fam ◆ see out I. vt ❶ (escort to door) hinausbegleiten; I can ~ myself out, thanks danke, ich finde alleine hinaus ❷ (continue to end of) durchstehen; (last until end of) überleben, überstehen II. vi hinaussehen ◆ see over vi BRIT, AUS building besichtigen ◆ see round vi BRIT, AUS sich umsehen ◆ see through I. vt ❶ (look through) ■ to ~ through sth durch etw akk hindurchsehen ❷ (not be deceived by) durchschauen II. vi ❶ (sustain) ■ to ~ sb through jdm über die Runden helfen fam; (comfort) jdm beistehen; we've got enough coffee to ~ us through until the end of the week unser Kaffee reicht noch bis Ende der Woche; will £30 be enough to ~ you through? reichen dir 30 Pfund?; to ~ sb through a difficult time jdm über eine schwierige Zeit hinweghelfen ❷ (continue to the end of) zu Ende bringen ◆ see to vi ■ to ~ to sb/sth sich um jdn/etw kümmern; ■ to ~ to it that ... dafür sorgen, dass ... ◆ see up I. vi hinaussehen II. vt hinaufbringen

see² [si:] n (of bishop or archbishop) [Erz]bistum nt; the Holy S~ der Heilige Stuhl

seed [si:d] I. n ❶ (source of plant) Same[n] m; of grain Korn nt; ■ ~s pl AGR Saat f kein pl ❷ no pl (seeds) Samen pl; to go to ~ Samen bilden; salad, vegetables schießen ❸ (small beginning of sth) Keim m; to sow the ~s of sth etw säen ❹ no pl (liter: semen) Samen m ❺ (seeded player) Platzierte(r) f(m); top [or number one] ~ Erstplatzierte(r) f(m) ▶ to go [or run] to ~ herunterkommen fam II. vt ❶ (sow with seed) besäen ❷ (drop its seed) ■ to ~ oneself sich aussäen ❸ (help start) bestücken ❹ (remove seeds from) entkernen ❺ usu passive SPORTS to be ~ed gesetzt [o platziert] sein

'seed bed n ❶ (area of ground) Samenbeet nt ❷ (fig) Grundlage f
seed·less ['si:dləs] adj kernlos
seed·ling ['si:dlɪŋ] n Setzling m
'seed po·ta·to n Saatkartoffel f
seedy [si:di] adj ❶ (dirty and dubious) district, hotel zwielichtig; character, reputation zweifelhaft; clothes, appearance schäbig ❷ usu pred (slightly unwell) unwohl ❸ (full of seeds) bread mit ganzen Getreidekörnern nach n; fruits voller Kerne nach n

see·ing ['si:ɪŋ] conj ~ that [or as [how]] ... da ...

seek <sought, sought> [si:k] I. vt ❶ (form: look for) suchen ❷ (try to obtain or achieve) erstreben; to ~ asylum/refuge/shelter Asyl/Zuflucht/Schutz suchen; to ~ employment eine Stelle suchen; to ~ justice/revenge nach Gerechtigkeit/Rache streben ❸ (ask for) erbitten geh; to ~ advice from sb jdn um Rat bitten; to ~ approval from sb jds Zustimmung einholen; to ~ permission from sb jdn um Erlaubnis bitten II. vi ❶ (form: search) suchen ❷ (form: attempt) ■ to ~ to do sth danach trachten, etw zu tun geh ◆ seek out vt ausfindig machen; opinion, infor-

mation herausfinden; **to ~ out new talent** auf Talentsuche sein

seek·er [siːkəʳ] *n* Suchende(r) *f(m)*; **asylum ~** Asylsuchende(r) *f(m)*; (*more formally*) Asylbewerber(in) *m(f)*; **job ~** Arbeitssuchende(r) *f(m)*

seem [siːm] *vi* ❶ (*appear to be*) scheinen; **he's sixteen, but he ~s younger** er ist sechzehn, wirkt aber jünger; **it ~s like ages since we last saw you** es kommt mir wie eine Ewigkeit vor, seit wir dich das letzte Mal gesehen haben; **it ~ed like a good idea at the time** damals hielt ich das für eine gute Idee; **what ~s to be the problem?** wo liegt denn das Problem?; ▪ **to ~ as if ...** so scheinen, als ob ... ❷ (*appear*) **there ~s to have been some mistake** da liegt anscheinend ein Irrtum vor; ▪ **it ~s [that] ...** anscheinend ...; **it ~s to me that he isn't the right person for the job** ich finde, er ist nicht der Richtige für den Job; ▪ **it ~s as if** [*or* **as though**] **...** es scheint, als ob ...; **a film of what ~ed** [*or* **felt**] **like four hours** ein Film von gefühlt[en] vier Stunden Länge *fam*

seem·ing [ˈsiːmɪŋ] *adj attr* (*form*) scheinbare(r, s)

seem·ing·ly [ˈsiːmɪŋli] *adv* scheinbar

seem·ly [ˈsiːmli] *adj* (*old*) schicklich *geh*

seen [siːn] *pp of* **see**

seep [siːp] *vi* sickern; (*fig*) *information, truth* durchsickern ◆ **seep away** *vi* versickern

seep·age [ˈsiːpɪdʒ] *n no pl* ❶ (*process of seeping*) *of oil, water* Aussickern *nt*; (*fig*) *of information* Durchsickern *nt* ❷ (*lost fluid*) versickernde Flüssigkeit

seer [ˈsiːəʳ] *n* (*liter*) Seher *m*; (*fig*) Prophet *m*

seer·suck·er [ˈsɪə‚sʌkəʳ] *n no pl* (*material*) Seersucker *m*

see-saw [ˈsiːsɔː] I. *n* ❶ (*for children*) Wippe *f* ❷ (*vacillating situation*) Auf und Ab *nt* II. *vi* ❶ (*play*) wippen ❷ (*fig*) sich auf und ab bewegen; *prices* steigen und fallen; *mood* schwanken

seethe [siːð] *vi* ❶ (*be very angry*) kochen *fam* ❷ (*move about violently*) *river, sea* schäumen; *liquid* brodeln ❸ (*be crowded*) wimmeln (**with** von)

'see-through *adj* ❶ (*transparent*) durchsichtig ❷ (*of very light material*) durchscheinend

seg·ment [ˈsegmənt] I. *n* ❶ (*part, division*) Teil *m*; *of population* Gruppe *f*; *of orange* Schnitz *m* ❷ RADIO, TV (*allocated time*) Sendezeit *f* ❸ MATH Segment *nt* ❹ (*of worm*) Segment *nt* II. *vt* zerlegen III. *vi* sich teilen

seg·men·ta·tion [‚segmən'teɪʃən] *n no pl* Segmentierung *f geh*; BIOL Zellteilung *f*

seg·re·gate [ˈsegrɪgeɪt] *vt* absondern; *races, sexes* trennen

seg·re·ga·tion [‚segrɪ'geɪʃən] *n no pl* Trennung *f*; **racial ~** Rassentrennung *f*

seis·mic [ˈsaɪzmɪk] *adj* ❶ GEOL seismisch; **~ waves** Erdbebenwellen *pl* ❷ (*extremely damaging*) verheerend

seis·mo·graph [ˈsaɪzmə(ʊ)grɑːf] *n* Seismograph *m*

seis·mo·lo·gist [saɪz'mɒlədʒɪst] *n* Seismologe *m*/Seismologin *f*

seis·mol·ogy [saɪz'mɒlədʒi] *n no pl* Seismologie *f*

seize [siːz] *vt* ❶ (*grab*) ergreifen, packen; ▪ **to ~ sb** jdn packen ❷ *usu passive* (*fig: overcome*) ▪ **to be ~d with sth** von etw *dat* ergriffen werden; **to be ~d with panic** von Panik erfasst werden ❸ (*make use of*) *initiative, opportunity* ergreifen ❹ (*capture*) einnehmen; *criminal* festnehmen; *hostage* nehmen; **to ~ power** die Macht ergreifen; (*more aggressively*) die Macht an sich *akk* reißen ❺ (*confiscate*) beschlagnahmen ◆ **seize on** *vi idea* aufgreifen; **to ~ on an excuse** zu einer Ausrede greifen ◆ **seize up** *vi engine, machine* stehen bleiben; *brain* aussetzen; *back, muscles* steif [*o* unbeweglich] werden

sei·zure [ˈsiːʒəʳ] *n* ❶ *no pl* (*taking*) Ergreifung *f*; *of drugs* Beschlagnahmung *f*; **~ of power** Machtergreifung *f* ❷ MED (*fit*) Anfall *m*; (*dated: stroke*) Schlaganfall *m* ❸ *usu sing* MECH Stillstand *m*

sel·dom [ˈseldəm] *adv* selten; **~ if ever** fast nie

se·lect [sɪ'lekt] I. *adj* ❶ (*high-class*) *hotel, club* exklusiv ❷ (*carefully chosen*) ausgewählt; *team* auserwählt; *fruit, cuts of meat* ausgesucht; **a ~ few** einige Auserwählte II. *vt* aussuchen; ▪ **to ~ sb** jdn auswählen; **to ~ a team** SPORTS eine Mannschaft aufstellen III. *vi* ▪ **to ~ from sth** aus etw *dat* [aus]wählen

se·lect com·'mit·tee *n* Sonderausschuss *m* (**on** für)

se·lec·tion [sɪ'lekʃən] *n* ❶ *no pl* (*choosing*) Auswahl *f*; BIOL Selektion *f geh*; **to make one's ~** seine Wahl treffen ❷ *no pl* (*being selected*) Wahl *f*; (*for candidacy*) Aufstellung *f* ❸ *usu sing* (*range*) Auswahl *f*, Sortiment *nt* ❹ (*chosen player*) Spieler[aus]wahl *f*

se·lec·tive [sɪ'lektɪv] *adj* ❶ (*careful about choosing*) wählerisch; *reader, shopper* kritisch; **to have a ~ memory** (*pej, hum*) ein selektives Erinnerungsvermögen haben ❷ (*choosing the best*) ausgewählt; ~ **breeding** Zuchtwahl *f* ❸ (*discriminately affecting*) *process, agent* gezielt

se·lec·tive·ly [sɪˈlektɪvli] *adv* selektiv; **to order** ~ gezielt bestellen

se·lec·tive·ness [sɪˈlektɪvnəs] *n no pl*, **se·lec·tiv·i·ty** [ˌsɪlekˈtɪvəti] *n no pl* ❶ (*careful choice*) [sorgfältiges] Auswählen ❷ (*discriminately affect*) *process, agent* Gezieltheit *f*

se·lec·tor [sɪˈlektəʳ] *n* ❶ (*chooser*) Auswählende(r) *f(m)* ❷ (*switch*) Wählschalter *m*; BRIT (*in car*) Schalthebel *m*; ~ **lever** Automatikschalthebel *m*

se·le·ni·um [sɪˈliːniəm] *n no pl* CHEM Selen *nt*

self <*pl* **selves**> [self] *n* (*personality*) ■**one's** ~ das Selbst [*o* Ich]; **to be** [**like**] **one's former** ~ wieder ganz der/die Alte sein; **to find one's true** ~ sein wahres Ich [*o* sich selbst] finden

self-a·base·ment [-əˈbeɪsmənt] *n no pl* Selbsterniedrigung *f* **self-a·buse** *n no pl* (*harm*) Selbstzerstörung *f* **self-ad·dressed ˈen·ve·lope** *n* adressierter Rückumschlag **self-ad·ˈhe·sive** *adj stamps, envelopes, labels* selbstklebend **self-ap·ˈpoint·ed** *adj manager, experts, critic* selbst ernannt **self-as·ˈsur·ance** *n no pl* Selbstvertrauen *nt*, Selbstsicherheit *f* **self-as·ˈsured** *adj* selbstbewusst, selbstsicher **self-ˈca·ter·ing** *n no pl* BRIT, AUS Selbstverpflegung *f*; ~ **flat** [*or* **Am apartment**] [*or* **accommodation**] Ferienwohnung *f* **self-ˈcen·tred** *adj*, AM **self-ˈcen·tered** *adj* (*pej*) egozentrisch; ~ **person** Egozentriker(in) *m(f)* **self-com·ˈpla·cent** *adj* selbstzufrieden **self-com·ˈposed** *adj* beherrscht; **to remain** ~ gelassen bleiben **self-con·ˈceit·ed** *adj* eingebildet **self-con·ˈfessed** *adj attr* erklärt; **she's a** ~ **thief** sie bezeichnet sich selbst als Diebin **self-ˈcon·fi·dence** *n no pl* Selbstvertrauen *nt* **self-ˈcon·scious** *adj* gehemmt; *laugh, smile* verlegen **self-con·ˈtained** *adj* ❶ (*complete*) selbstgenügsam; ~ **community** autarke Gemeinschaft ❷ (*separate*) ~ **apartment** separate Wohnung **self-contra·ˈdic·to·ry** *adj* (*form*) paradox *geh* **self-con·ˈtrol** *n no pl* Selbstbeherrschung *f*; **to exercise** ~ Selbstdisziplin üben; **to lose/regain one's** ~ die Fassung verlieren/wiedergewinnen **self-ˈcriti·cal** *adj* selbstkritisch **self-ˈcriti·cism** *n no pl* Selbstkritik *f* **self-de·ˈceit**, **self-de·ˈcep·tion** *n no pl* Selbstbetrug *m* **self-de-ˈfeat·ing** *adj* kontraproduktiv

self-de-ˈfence, AM **self-de-ˈfense** *n no pl* Selbstverteidigung *f*; **in** ~, **I have to say that ...** zu meiner Verteidigung muss ich sagen, dass ...; **to kill sb in** ~ jdn in Notwehr töten **self-de-ˈni·al** *n no pl* Selbsteinschränkung *f* **self-de-ˈstruct** *vi* sich selbst zerstören; *materials* zerfallen; *missile* [zer]bersten **self-de·ter·mi·ˈna·tion** *n no pl* POL Selbstbestimmung *f* **self-ˈdis·ci·pline** *n no pl* Selbstdisziplin *f* **self-ˈedu·cat·ed** *adj* autodidaktisch; **he's** ~ er ist ein Autodidakt **self-ef-ˈfac·ing** *adj* bescheiden **self-em·ˈployed** **I.** *adj* selbstständig; **he is** ~ er ist selbstständig; ~ **builder** Bauunternehmer(in) *m(f)*; ~ **lawyer** Anwalt *m*/Anwältin *f* mit eigener Kanzlei **II.** *n* ■**the** ~ *pl* die Selbstständigen *pl* **self-em-ˈploy·ment** *n no pl* Selbstständigkeit *f* **self-es-ˈteem** *n no pl* Selbstwertgefühl *nt*; **to have no/high/low** ~ kein/ein hohes/ein geringes Selbstwertgefühl haben **self-ˈevi·dent** *adj* offensichtlich; ■**it is** ~ **that ...** es liegt auf der Hand, dass ... **self-ex·ˈpla·na·to·ry** *adj* ■**to be** ~ klar sein, keiner weiteren Erklärung bedürfen **self-ex·ˈpres·sion** *n no pl* Selbstdarstellung *f* **self-ful·ˈfill·ing** *adj* ■**to be** ~ sich selbst bewahrheiten **self-ˈgov·ern·ing** *adj* selbst verwaltet; ~ **school** Privatschule *f* **self-ˈgov·ern·ment** *n no pl* Selbstverwaltung *f* **self-ˈhelp** *n no pl* Selbsthilfe *f*; ~ **group** Selbsthilfegruppe *f*

self·ie [ˈselfi] *n* Selfie *nt*; **to take a** ~ ein Selfie machen

sel·fie ˈstick *n* Selfiestange *f*, Selfiestick *m*

self-im·ˈport·ance *n no pl* Selbstgefälligkeit *f* **self-im·ˈport·ant** *adj* selbstgefällig **self-im·ˈposed** *adj* selbst verordnet **self-ˈin·dul·gence** *n* ❶ *no pl* (*hedonism*) Luxus *m* ❷ (*act*) Hemmungslosigkeit *f* **self-in·ˈdul·gent** *adj* genießerisch **self-in·ˈflict·ed** *adj* selbst zugefügt [*o* beigebracht] **self-ˈin·ter·est** *n no pl* Eigeninteresse *f*

self·ish [ˈselfɪʃ] *adj* selbstsüchtig; *motive* eigennützig

self·ish·ly [ˈselfɪʃli] *adv* selbstsüchtig, eigennützig

self·ish·ness [ˈselfɪʃnəs] *n no pl* Selbstsucht *f*

self-jus·ti·fi·ˈca·tion *n* Rechtfertigung *f*

self·less [ˈselfləs] *adj* selbstlos

self-ˈmade *adj* selbst gemacht; ~ **man** Selfmademan *m* **self-o·ˈpin·ion·at·ed** *adj* starrköpfig **self-ˈpity** *n no pl* Selbstmitleid *nt* **self-ˈpor·trait** *n* Selbstbildnis *nt*; **to draw** [*or* **paint**] **a** ~ sich selbst porträtieren **self-pos-ˈsessed** *adj* selbstbeherrscht **self·pre·ser·'va·tion** *n no pl* Selbsterhaltung *f* **self-rais·ing 'flour** *n no pl* BRIT, AUS Mehl, dem Backpulver beigemischt ist **self-re·ali·'za·tion** *n no pl* Selbstverwirklichung *f* **self-re·'li·ance** *n no pl* Selbstvertrauen *nt* **self-re·'li·ant** *adj* selbständig **self-re·'spect** *n no pl* Selbstachtung *f* **self-re·'spect·ing** *adj attr* ❶ *(having self-respect)* ▪ **to be ~** Selbstachtung besitzen; **~ government** ernst zu nehmende Regierung ❷ *(esp hum: good)* anständig; **no -person** niemand, der was auf sich hält **self-'right·eous** *adj* selbstgerecht **self-ris·ing 'flour** *n no pl* AM Mehl, dem Backpulver beigemischt ist **self-'sac·ri·fice** *n no pl* Selbstaufopferung *f;* **to require ~** Opferbereitschaft verlangen **self-sac·ri·fic·ing** [-'sækrɪfaɪsɪŋ] *adj* hingebungsvoll **self-sat·is·'fac·tion** *n no pl* Selbstzufriedenheit *f* **self-'sat·is·fied** *adj* selbstzufrieden **self·seek·ing** *(form)* I. *n no pl* Selbstsucht *f* II. *adj* selbstsüchtig **self-'ser·vice** *n no pl* Selbstbedienung *f;* **~ restaurant** Selbstbedienungsrestaurant *nt* **self-suf·'fi·cien·cy** *n no pl* Selbstversorgung *f;* **economic ~** Autarkie *f geh* **self-suf·'fi·cient** *adj* selbständig **self-'taught** *adj* ❶ *(educated)* selbst erlernt ❷ *(acquired)* autodidaktisch **self-willed** [-'wɪld] *adj* starrköpfig **self-wind·ing 'watch** *n* Armbanduhr *f* mit Selbstaufzug **sell** [sel] I. *vt* <sold, sold> ❶ *(for money)* verkaufen; **I sold him my car for £600** ich verkaufte ihm mein Auto für 600 Pfund; **to ~ sth [for sb] on consignment** AM etw [für jdn] in Zahlung nehmen; **to ~ property** Besitz veräußern; **to ~ sth retail/wholesale** etw im Einzel-/Großhandel verkaufen ❷ *(persuade)* ▪ **to ~ sth [to sb]** jdn für etw *akk* gewinnen; **she's really sold on the idea of buying a new car** sie ist total begeistert von der Idee, ein neues Auto zu kaufen; **to ~ an idea to sb** jdm eine Idee schmackhaft machen ▶ **to ~ one's soul [to the devil]** [dem Teufel] seine Seele verkaufen; **to ~ oneself short** das eigene Licht unter den Scheffel stellen II. *vi* <sold, sold> ❶ *(give for money)* verkaufen ❷ *(attract customers)* sich verkaufen ▶ **to ~ like hot cakes** wie warme Semmeln weggehen III. *n* ❶ *no pl* Ware *f;* **to be a hard [*or* tough]/soft ~** schwer/leicht verkäuflich sein ❷ *no pl* STOCKEX ▪ **to be a ~** *shares* zum Verkauf stehen ◆ **sell off** *vt* verkaufen ◆ **sell out** I. *vi* ❶ *(sell entire stock)* ausverkaufen; **I'm sorry, we've sold out** es tut mir leid, aber wir sind ausverkauft ❷ *(be completely booked)* ▪ **to be sold out** *performance* ausverkauft sein ❸ FIN ▪ **to ~ out to sb** an jdn verkaufen ❹ *(do what others want)* ▪ **to ~ out to sb** sich jdm verkaufen II. *vt* ❶ *stock* ▪ **to be sold out** ausverkauft sein ❷ *(pej fam: betray)* verraten ❸ *(sell)* veräußern; **to ~ out one's interests/shares** seine Anteile/Aktien verkaufen ◆ **sell up** BRIT, AUS I. *vi* verkaufen II. *vt* verkaufen

sell·able ['seləbl] *adj* [gut] verkäuflich; **I'm convinced that my idea is ~** ich bin mir sicher, dass sich meine Idee verkaufen lässt **'sell-by date** *n esp* BRIT Mindesthaltbarkeitsdatum *nt;* **past the ~** nach Ablauf des Mindesthaltbarkeitsdatums; **to be past one's ~** *(hum fam)* seine besten Jahre hinter sich *dat* haben

sell·er ['selə'] *n* ❶ *(person)* Verkäufer(in) *m(f)* ❷ *(product)* Verkaufsschlager *m* **sell·ing** ['selɪŋ] *n no pl* Verkaufen *nt* **'sell·ing point** *n* Kaufattribut *nt* **'sell·ing price** *n* Kaufpreis *m*

'sell-off *n* ❶ *of shares* Verkauf *m* ❷ *(privatization)* Aktienverkauf *m*

Sel·lo·tape® ['seləʊteɪp] *n no pl* BRIT Tesafilm® *m*

'sell-out *n* ❶ *(sales)* Ausverkauf *m;* **the concert was a ~** das Konzert war ausverkauft ❷ *(betrayal)* Auslieferung *f*

selves [selvz] *n pl of* **self**

se·man·tic [sɪ'mæntɪk] *adj* semantisch **se·man·tics** [sɪ'mæntɪks] *n* ❶ + *sing vb (science)* Semantik *f* ❷ *(meaning) of word, text* Bedeutung *f*

sema·phore ['seməfɔː'] I. *n* ❶ *no pl (system of communication)* Semaphor *m* ö ÖSTERR *m (eine Signalsprache)* ❷ *(apparatus)* Semaphor *nt m* ÖSTERR II. *vt* signalisieren

sem·blance ['sembləŋ(t)s] *n no pl (form)* Anschein *m;* **~ of normality** Anschein *m* von Normalität

se·men ['siːmən] *n no pl* Sperma *nt*

se·mes·ter [sɪ'mestə'] *n esp* AM, AUS Semester *nt*

semi <*pl* -s> ['semi] *n (fam)* ❶ BRIT, AUS *(house)* Doppelhaushälfte *f* ❷ AM, AUS *(truck)* Sattelschlepper *m* ❸ SPORTS Halbfinale *nt*

semi-auto·'mat·ic *adj* ❶ MIL **~ weapons** halbautomatische Waffen ❷ TECH halbautomatisch; **~ gearbox** halbautomatische Schaltung **'semi·breve** ['semibriːv] *n esp* BRIT, AUS MUS ganze Note **'semi·cir·cle** *n* Halbkreis *m* **semi·'cir·cu·lar** *adj formation* halbkreisförmig **semi·'co·lon** *n* Semikolon *nt*, Strichpunkt *m* **semi·con·'duc·tor** *n* Halbleiter *m* **semi-'con·scious** *adj* halb bewusstlos; *feeling, memory* teilweise unbewusst; ▪**to be ~** halb bei Bewusstsein sein **semi-de-'tached** I. *n* Doppelhaushälfte *f* II. *adj* Doppelhaus- **semi-'fi·nal** *n* Halbfinale *nt;* **to reach the ~** das Halbfinale erreichen **semi-'fi·nal·ist** *n* SPORTS Halbfinalist(in) *m(f)*

sem·i·nal ['semɪnᵊl] *adj* ❶ *(form: important) role* tragend *geh; work, article* bedeutend ❷ *attr* ANAT Samen-

sem·i·nar ['semɪnɑːʳ] *n* ❶ UNIV Seminar *nt* ❷ *(workshop)* Seminar *nt;* **~ on communication skills** Rhetorikkurs *m;* **training ~** Übung *f*

sem·i·nary ['semɪnᵊri] *n* Priesterseminar *nt*

semi-of·'fi·cial *adj* halboffiziell

se·mi·ot·ics [ˌsemi'ɒtɪks] *n* + *sing vb* LING Semiotik *f*

semi-'pre·cious *adj* **~ stone** Halbedelstein *m* **'semi·qua·ver** *n esp* BRIT Sechzehntel[note] *f* **semi-'skilled** *adj* angelernt; **~ work** Anlerntätigkeit *f;* **~ worker** angelernte Arbeitskraft

Se·mite ['siːmaɪt] *n* Semit(in) *m(f)*

Se·mit·ic [səˈmɪtɪk] *adj* semitisch

'semi·tone *n* Halbton[schritt] *m*

semi-'trail·er *n* AM, AUS ❶ *(truck)* Sattelschlepper *m* ❷ *(trailer)* Anhänger *m (für Sattelschlepper)* **semi-'tropi·cal** *adj see* **subtropical semi-veg·e'tar·ian** *n* Flexitarier(in) *m(f),* Halbvegetarier(in) *m(f)* **'semi-vow·el** *n* Halbvokal *m*

semo·'li·na [ˌsemᵊlˈiːnə] *n no pl* Gries *m*

Sen *n* POL *abbrev of* **senator**

sen·ate ['senɪt] *n no pl,* + *sing/pl vb* POL, LAW, UNIV Senat *m;* **the US S~** der US-Senat

sena·tor ['senətəʳ] *n* ❶ *(member)* Senator(in) *m(f)* ❷ *(title)* ▪**S~** Senator

sena·to·rial [ˌsenəˈtɔːriəl] *adj esp* AM *(form)* Senats-

send <sent, sent> [send] *vt* ❶ *(forward)* ▪**to ~ [sb] sth** jdm etw [zu]schicken; **to ~ sth by airmail/post** etw per Luftpost/mit der Post schicken; **to ~ invitations** Einladungen verschicken; **to ~ sb a message/ warning** jdm eine Nachricht/Warnung zukommen lassen; **to ~ a signal to sb** jdm etw signalisieren ❷ *(pass on)* ▪**to ~ sb sth** jdm etw übermitteln [lassen]; **Maggie ~s her love** Maggie lässt dich grüßen; **be sure to ~ them my regrets** bitte entschuldige mich bei ihnen ❸ *(dispatch)* schicken; ▪**to ~ sb for sth** jdn nach etw *dat* [los]schicken; **to ~ sb to prison** jdn ins Gefängnis stecken; **to ~ reinforcements** Verstärkung schicken ❹ *(transmit)* senden; **to ~ a message in Morse code** eine Nachricht morsen; **to ~ a signal** ein Signal aussenden ❺ *(propel)* bewegen ❻ *(cause)* versetzen; **watching television always ~s me to sleep** beim Fernsehen schlafe ich immer ein; **to ~ sb into a panic** jdn in Panik versetzen; **to ~ shivers down sb's spine** jdm Schauer über den Rücken jagen ► **to ~ sb to <u>Coventry</u>** jdn schneiden; **to ~ sb flying** jdn zu Boden schicken; **to ~ sb packing** *(fam)* sagen, dass jd verschwinden soll ◆ **send away** I. *vi* ▪**to ~ away for sth** sich *dat* etw zuschicken lassen II. *vt* wegschicken ◆ **send back** *vt* zurückschicken ◆ **send down** I. *vt* ❶ BRIT UNIV ▪**to ~ sb down** jdn relegieren [*o* von der Hochschule verweisen] *geh* ❷ BRIT LAW verurteilen; **he was sent down for five years** er wurde zu fünf Jahren Gefängnis verurteilt ❸ *(reduce level)* senken II. *vi* ▪**to ~ down for sth** nach etw *dat* schicken ◆ **send for** *vi* ❶ *(summon)* rufen ❷ *(ask) brochure, information* anfordern; **to ~ for help** Hilfe holen ◆ **send forth** *vt* ❶ *(liter: dispatch)* fortschicken ❷ *(form: emit)* aussenden ◆ **send in** I. *vt* ❶ *(submit) bill* einsenden, einreichen; *report* einschicken; *order* aufgeben ❷ *(dispatch)* einsetzen; **to ~ in reinforcements** Verstärkung einsetzen II. *vi* ▪**to ~ in for sth** sich *dat* etw zuschicken lassen; **to ~ in for information** Informationen anfordern ◆ **send off** I. *vt* ❶ *(post)* abschicken; **to ~ off a parcel** ein Paket aufgeben ❷ BRIT, AUS SPORTS des Platzes verweisen; **to get sent off** einen Platzverweis bekommen ❸ *(dismiss)* wegschicken ❹ *(dispatch)* fortschicken II. *vi* ▪**to ~ off for sth** etw anfordern ◆ **send on** *vt letters* nachsenden ◆ **send out** I. *vi* ▪**to ~ out for sth** etw telefonisch bestellen; **to ~ out for pizza** Pizza bestellen II. *vt* ❶ *(emit)* aussenden, abgeben ❷ *(post)* verschicken [*to* an) ❸ *(dispatch)* aussenden ◆ **send up** *vt* ❶ *(bring up)* zuschicken ❷ AM *(incarcerate)* inhaftieren ❸ *(fam: parody)* ▪**to ~ up ○ sb** jdn nachäffen ❹ *(force up)* ▪**to ~ up ○ sth** etw ansteigen lassen

send·er ['sendəʳ] *n* Einsender(in) *m(f),* Absender(in) *m(f);* **return to ~** — **not known at this address** Empfänger unbekannt verzogen

'send-off *n* Verabschiedung *f;* **to give sb a ~** jdn verabschieden **'send-up** *n (fam)* Parodie *f*

Sen·egal [ˌsenɪˈɡɔːl] *n* Senegal *m*

Sen·ega·lese [ˌsenɪɡəˈliːz] **I.** *adj* senegalesisch **II.** *n* <*pl* -> Senegalese *m*/Senegalesin *f*
se·nile [ˈsiːnaɪl] *adj* senil
se·nile deˈmen·tia *n no pl* senile Demenz
se·nil·ity [sɪˈnɪləti] *n no pl* Senilität *f*
sen·ior [ˈsiːnɪəʳ] **I.** *adj* ❶ (*form: older*) älter ❷ *attr* (*chief*) Ober-; ~ **executive** Vorstandsvorsitzende(r) *f(m)* ❸ *employee* vorgesetzt ❹ *attr* SCH Senior- (*Einteilung der Schüler in Altersklassen in britischen und amerikanischen Schulen*) **II.** *n* ❶ (*older person*) Senior(in) *m(f)*; **she's my ~ by three years** sie ist drei Jahre älter als ich ❷ (*employee*) Vorgesetzte(r) *f(m)* ❸ AM (*pensioner*) Rentner(in) *m(f)* ❹ (*pupil*) Oberstufenschüler(in) *m(f)* (*in Großbritannien und USA Bezeichnung für Schüler einer Highschool oder einer Collegeabgangsklasse*)
sen·ior ˈciti·zen *n* ■-**s** *pl* ältere Menschen, Senioren *pl* **sen·ior ˈhigh school** *n* + *sing/pl vb* AM (*Schulform nach der Junior High School, die die Stufen 10, 11 und 12 enthält*)
sen·ior·ity [ˌsiːniˈɒrəti] *n no pl* ❶ (*age*) Alter *nt* ❷ (*rank*) Dienstalter *nt*
sen·ior ˈof·fic·er *n* ❶ (*boss*) Vorgesetzte(r) *f(m)* ❷ MIL Reserveoffizier(in) *m(f)* **sen·ior ˈpart·ner** *n* Seniorpartner(in) *m(f)*
sen·sa·tion [senˈseɪʃən] *n* ❶ (*physical*) Gefühl *nt*; ~ **of cold/heat** Kälte-/Hitzeempfindung *f*; ~ **of pain** Schmerzempfinden *nt*; **burning** ~ Brennen *nt* ❷ (*mental*) Gefühl *nt*; **to have the** ~ **that ...** das Gefühl haben, dass ... ❸ (*stir*) Sensation *f*; **to be an overnight** ~ einschlagen wie eine Bombe; **to cause a** ~ Aufsehen erregen
sen·sa·tion·al [senˈseɪʃənəl] *adj* sensationell; (*very good also*) fantastisch; (*shocking also*) spektakulär
sen·sa·tion·al·ism [senˈseɪʃənəlɪzəm] *n no pl* (*pej*) ❶ *of the media* Sensationsmache *f pej* ❷ *of the public* Sensationsgier *f*, Sensationshunger *m*
sen·sa·tion·al·ist [senˈseɪʃənəlɪst] *adj* ❶ *media* sensationsmacherisch ❷ *public* sensationsgierig, sensationshungrig
sen·sa·tion·al·ly [senˈseɪʃənəli] *adv* ❶ (*excitingly*) fantastisch, sensationell ❷ (*very*) unwahrscheinlich, extrem; **the book sold** ~ **well** das Buch verkaufte sich unwahrscheinlich gut; ~ **popular/successful** enorm beliebt/erfolgreich
sense [sens] **I.** *n* ❶ *no pl* (*judgement*) Verstand *m;* **I hope they'll have the [good]** ~ **to shut the windows before they leave** ich hoffe, sie sind so klug, die Fenster zu schließen, bevor sie gehen; **to make** ~ sinnvoll sein, einen Sinn ergeben; **to make good** ~ sehr sinnvoll sein; **there's no** ~ **in doing sth** es hat keinen Sinn, etw zu tun ❷ (*reason*) ■**one's** ~**s** *pl* jds gesunder Menschenverstand; **it's time you came to your** ~**s** es wird Zeit, dass du zur Vernunft kommst; **to take leave of one's** ~**s** den Verstand verlieren ❸ (*faculty*) Sinn *m;* ~ **of hearing** Gehör *nt;* ~ **of sight** Sehvermögen *nt;* ~ **of smell/taste/touch** Geruchs-/Geschmacks-/Tastsinn *m;* **the five** ~**s** die fünf Sinne ❹ (*feeling*) Gefühl *nt;* ~ **of direction** Orientierungssinn *m;* ~ **of duty** Pflichtgefühl *nt;* ~ **of justice** Gerechtigkeitssinn *m;* ~ **of time** Zeitgefühl *nt* ❺ (*meaning*) Bedeutung *f,* Sinn *m;* **in the broad[est]** ~ **of the term** im weitesten Sinne des Wortes; **figurative/literal** ~ übertragene/wörtliche Bedeutung ❻ (*way*) Art *f;* **in a** ~ in gewisser Weise; **in every** ~ in jeder Hinsicht ❼ (*aptitude*) **to have a** ~ **of fun** Spaß verstehen [können]; **to have a** ~ **of humour** Sinn für Humor haben ▶ **sixth** ~ sechster Sinn **II.** *vt* wahrnehmen; ■**to** ~ **that ...** spüren, dass ...; **to** ~ **danger** Gefahr wittern
sense·less [ˈsensləs] *adj* ❶ (*pointless*) *violence, waste* sinnlos ❷ (*foolish*) *argument* töricht, sinnlos, sinnfrei *iron;* **to put forward** ~ **arguments** sinnfrei argumentieren *iron* ❸ (*unconscious*) besinnungslos; **to beat sb** ~ jdn k.o. schlagen
sense·less·ly [ˈsensləsly] *adv* ❶ (*pointlessly*) sinnlos; **a** ~ **cruel act** ein sinnloser Akt der Gewalt ❷ (*in a foolish way*) sinnlos, sinnfrei *iron;* **to talk** ~ sinnfrei reden *iron*
ˈsense or·gan *n* Sinnesorgan *nt*
sen·sibil·ity [ˌsen(t)sɪˈbɪləti] *n* ❶ *no pl* (*sensitiveness*) Einfühlungsvermögen *nt* ❷ *no pl* (*understanding*) Verständnis *nt* ❸ (*delicate sensitivity*) ■**sensibilities** *pl* Gefühle *pl*
sen·sible [ˈsen(t)sɪbl] *adj* ❶ (*rational*) vernünftig; ~ **decision** weise Entscheidung; ~ **person** kluger Mensch ❷ (*suitable*) *clothes* angemessen ❸ (*form: aware*) ■**to be** ~ **of sth** sich *dat* einer S. *gen* bewusst sein; **to be** ~ **of the fact that ...** sich *dat* darüber im Klaren sein, dass ...
sen·sibly [ˈsen(t)sɪbli] *adv* ❶ (*rationally*) vernünftig ❷ (*suitably*) angemessen; ~ **dressed** passend gekleidet
sen·si·tive [ˈsen(t)sɪtɪv] *adj* ❶ (*kind*) ver-

ständnisvoll; ■**to be ~ to sth** für etw *akk* Verständnis haben ❷(*precarious*) heikel; *time* kritisch ❸(*touchy*) empfindlich; ■**to be ~ to sth** empfindlich auf etw *akk* reagieren ❹(*secret*) vertraulich ❺(*responsive*) empfindlich (**to** gegenüber); **to be ~ to cold** kälteempfindlich sein; **~ feelings** verletzliche Gefühle

sen·si·tive·ly ['sen(t)sɪtɪvli] *adv* verständnisvoll; **this is a very delicate situation and it needs to be handled ~** dies ist eine sehr heikle Situation, und man muss hier Fingerspitzengefühl beweisen

sen·si·tive·ness ['sen(t)sɪtɪvnəs] *no pl*, **sen·si·tiv·ity** [ˌsen(t)sɪ'tɪvəti] *n* ❶*no pl* (*understanding*) Verständnis *nt* ❷(*touchiness*) ■**sensitivities** *pl* Empfindsamkeit *f* (**about** gegenüber) ❸*no pl* (*confidentiality*) Vertraulichkeit *f* ❹(*reaction*) Überempfindlichkeit *f* (**to** gegen); **~ to cold** Kälteempfindlichkeit *f*; **~ to light** Licht[über]empfindlichkeit *f*

sen·si·tize ['sen(t)sɪtaɪz] *vt* ❶(*make aware*) ■**to ~ sb to sth** jdn für etw *akk* sensibilisieren; **to ~ sb to a problem** jdn auf ein Problem aufmerksam machen ❷(*make sensitive*) sensibilisieren

sen·sor ['sen(t)sə^r] *n* Sensor *m*

sen·so·ry ['sen(t)s^əri] *adj* sensorisch; **~ perception** Sinneswahrnehmung *f*

sen·su·al ['sen(t)sjʊəl] *adj* sinnlich

sen·su·al·ity [ˌsen(t)sju'æləti] *n no pl* Sinnlichkeit *f*

sen·su·ous ['sen(t)sjʊəs] *adj* ❶*see* **sensual** ❷(*of senses*) sinnlich

sen·su·ous·ly ['sen(t)sjʊəsli] *adv* sinnlich; **~ appealing** anziehend

sent [sent] *pp*, *pt of* **send**

sen·tence ['sentən(t)s] I. *n* ❶(*court decision*) Urteil *nt*; (*punishment*) Strafe *f*; **death ~** Todesstrafe *f*; **jail** [*or* **prison**] **~** Gefängnisstrafe *f*; **life ~** lebenslängliche Haftstrafe; **to serve a ~** eine Strafe verbüßen ❷(*word group*) Satz *m* II. *vt* verurteilen (**to** zu)

sen·ten·tious [sen'tən(t)ʃəs] *adj* (*pej form: moralizing*) moralisierend; (*affectedly formal*) salbungsvoll

sen·ti·ent ['sentiənt, 'sen(t)ʃənt] *adj* (*form: having feelings*) fühlend *attr*; (*sensitive*) empfindsam; **~ being** empfindsames Wesen

sen·ti·ment ['sentɪmənt] *n* (*form*) ❶ *usu pl* (*attitude*) Ansicht *f*, Meinung *f*; **my ~s exactly!** ganz meine Meinung!; **to share sb's ~s** jds Ansichten teilen ❷ *no pl* (*general opinion*) **popular/public ~** allgemeine/öffentliche Meinung ❸ *no pl* (*excessive emotion*) Rührseligkeit *f*

sen·ti·men·tal [ˌsentɪ'mentəl] *adj* ❶(*emotional*) mood, person gefühlvoll; **~ value** ideeller Wert; ■**to be ~ about sth** an etw *dat* hängen ❷(*pej: overly emotional*) person sentimental; *music, style* kitschig; *song* schnulzig; *story* rührselig

sen·ti·men·tal·ity [ˌsentɪmen'tæləti] *n no pl* (*pej*) Sentimentalität *f*

sen·ti·men·tal·ize [ˌsentɪ'mentəlaɪz] *vt* gefühlvoll darstellen

sen·try ['sentri] *n* Wache *f*

'sen·try box *n* Wachhäuschen *nt*

SEO [ˌesi:'oʊ] *n abbrev of* **search engine optimizer** Suchmaschinenoptimierer *m*

sep·a·rable ['sepərəbl] *adj* ❶(*form: able to separate*) [ab]trennbar ❷LING trennbar

sep·a·rate I. *adj* ['sepərət] (*not joined*) getrennt, separat; (*independent*) einzeln *attr*; **to go ~ ways** eigene Wege gehen; **to keep sth ~** etw auseinanderhalten II. *n* ['sepərət] ■**~s** *pl* ≈ Einzelteile *pl*; **ladies' ~s** Röcke, Blusen, Hosen III. *vt* ['sepəreɪt] trennen; **they look so alike I can't ~ them in my mind** sie sehen sich so ähnlich, ich kann sie einfach nicht auseinanderhalten IV. *vi* ['sepəreɪt] ❶(*become detached*) sich trennen; CHEM sich scheiden ❷(*of cohabiting couple*) sich trennen; **she is ~d from her husband** sie lebt von ihrem Mann getrennt

sep·a·rate·ly ['sepərətli] *adv* (*apart*) getrennt; (*individually*) gesondert, einzeln

sep·a·ra·tion [ˌsepə'reɪʃən] *n* ❶(*act of separating*) Trennung *f* ❷(*living apart*) [eheliche] Trennung ❸ CHEM Scheidung *f*; TECH Abtrennung *f*

sep·a·rat·ism ['sepərətɪzəm] *n no pl* Separatismus *m*

sep·a·rat·ist ['sepərətɪst] I. *n* Separatist(in) *m(f)* II. *adj* separatistisch

sep·a·ra·tor ['sepəreɪtə^r] *n* TECH Separator *m*

se·pia ['si:piə] *adj* sepia[farben]

sep·sis ['sepsɪs] *n no pl* MED Blutvergiftung *f*

Sep·tem·ber [sep'tembə^r] *n* September *m*; *see also* **February**

sep·tic ['septɪk] *adj* septisch; **to go ~** eitern

sep·ti·cae·mia [ˌseptɪ'si:miə], Am **sep·ti·ce·mia** *n no pl* MED Blutvergiftung *f*

sep·tua·gen·ar·ian [ˌseptjʊədʒə'neəriən] *n* Siebzigjährige(r) *f(m)*

sep·ul·cher *n* Am *see* **sepulchre**

se·pul·chral [sɪ'pʌlkrəl] *adj* (*liter: of burial, tombs*) Grab-; (*gloomy*) düster; **~ silence** Grabesstille *f*

sep·ul·chre ['sepᵊlkər] *n* (*old: tomb*) Grab *nt*, Grabstätte *f*; (*monument*) Grabmal *nt*

se·quel ['siːkwᵊl] *n* ❶ (*continuation*) Fortsetzung *f* ❷ (*follow-up*) Nachspiel *nt*

se·quence ['siːkwən(t)s] *n* ❶ (*order of succession*) Reihenfolge *f*; (*connected series*) Abfolge *f*; **to be in chronological ~** in chronologischer Reihenfolge sein ❷ (*part of film*) Sequenz *f*; **opening-/closing ~** Anfangs-/Schlussszene *f* ❸ MATH Reihe *f*; MUS Sequenz *f*

se·quen·tial [sɪˈkwen(t)ʃᵊl] *adj* (*form*) [aufeinander]folgend *attr*

se·ques·trate ['siːkwəstreɪt] *vt* ❶ LAW (*temporarily confiscate*) beschlagnahmen ❷ AM (*isolate*) isolieren

se·ques·tra·tion [ˌsiːkwesˈtreɪʃᵊn] *n no pl* ❶ LAW (*temporary confiscation*) Beschlagnahme *f* ❷ AM (*isolation*) Isolation *f*

se·quin ['siːkwɪn] *n* Paillette *f*

se·quoia [sɪˈkwɔɪə] *n* BOT Mammutbaum *m*

Serb [sɜːb], **Ser·bian** ['sɜːbiən] **I.** *adj* serbisch **II.** *n* ❶ (*person*) Serbe *m*/Serbin *f* ❷ *no pl* (*language*) Serbisch *nt*

Ser·bia ['sɜːbiə] *n* Serbien *nt*

Serbo-Croat [ˌsɜːbəʊˈkrəʊæt] *n* LING Serbokroatisch *nt*

ser·enade [ˌserəˈneɪd] **I.** *n* ❶ (*classical music*) Serenade *f* ❷ (*music of lover*) Ständchen *nt* **II.** *vt* (*sing*) ein Ständchen bringen

se·rene <-r, -st *or* more ~, most ~> [səˈriːn] *adj* (*calm*) ruhig; (*untroubled*) gelassen

se·ren·ity [səˈrenɪti] *n no pl* (*calmness*) Ruhe *f*; (*untroubled state*) Gelassenheit *f*

serf [sɜːf] *n* (*hist*) Leibeigene(r) *f(m) hist*

serf·dom ['sɜːfdəm] *n no pl* (*hist*) Leibeigenschaft *f hist*

ser·geant ['sɑːdʒᵊnt] *n* ❶ (*military officer*) Unteroffizier *m* ❷ (*police officer*) ≈ Polizeimeister(in) *m(f)*

ser·geant ˈma·jor *n* Oberfeldwebel *m*

se·rial ['sɪəriəl] **I.** *n* MEDIA, PUBL Fortsetzungsgeschichte *f* **II.** *adj* ❶ (*broadcasting, publishing*) Serien-; **~ rights** Rechte *pl* zur Veröffentlichung in Fortsetzungen ❷ (*repeated*) Serien-

se·rial·ize ['sɪəriᵊlaɪz] *vt usu passive in newspapers* in Fortsetzungen veröffentlichen; *on TV, radio* in Fortsetzungen senden

ˈse·rial ˌkill·er *n* Serienmörder(in) *m(f)* **ˈse·rial ˌnum·ber** *n* Seriennummer *f* **ˈse·rial ˌport** *n* COMPUT serielle Schnittstelle *f*

se·ries <*pl* -> ['sɪəriːz] *n* ❶ (*set of events*) Reihe *f*; (*succession*) Folge *f* ❷ SPORTS Serie *f* ❸ RADIO, TV Serie *f* ❹ PUBL Reihe *f* (**on** über) ❺ (*line of products*) Serie *f* ❻ ELEC Reihe *f*

se·ri·ous ['sɪəriəs] *adj* ❶ (*earnest*) person ernst; (*solemn, not funny*) comment, situation ernst; **a ~ threat** eine ernsthafte Bedrohung ❷ (*grave*) accident, crime schwer; (*dangerous*) gefährlich; (*not slight*) [*medical*] condition, problem ernst; allegation schwerwiegend; argument, disagreement ernsthaft; **~ trouble** ernsthafte Schwierigkeiten *pl* ❸ *attr* (*careful*) ernsthaft; **to give sth a ~ thought** ernsthaft über etw *akk* nachdenken ❹ *pred* (*determined*) ernst; ■ **to be ~ about sth/sth es** mit jdm/etw ernst meinen; **is she ~ about going to live abroad?** ist das ihr Ernst, im Ausland leben zu wollen? ❺ (*fam: substantial*) gründlich; (*excellent*) super; **that's a ~ jacket, man!** eh, das ist eine starke Jacke! *fam* ❻ (*significant*) bedeutend; (*thought-provoking*) tiefgründig; literature, writer anspruchsvoll

se·ri·ous·ly ['sɪəriəsli] *adv* ❶ (*in earnest*) ernst; **to take sb/sth ~** jdn/etw ernst nehmen ❷ (*gravely, badly*) schwer; (*dangerously*) ernstlich; **~ ill/wounded** schwer krank/verletzt ❸ (*really*) im Ernst; **no, ~,** ... nein, [ganz] im Ernst, ... ❹ (*fam: very, extremely*) äußerst; **~ funny** urkomisch

se·ri·ous·ness ['sɪəriəsnəs] *n no pl* ❶ (*serious nature*) *of person* Ernst *m*; (*critical state*) *of problem, threat* Ernst *m*; *of situation* Ernsthaftigkeit *f* ❷ (*sincerity*) Ernsthaftigkeit *f*; *of offer* Seriosität *f geh*; **in all ~** ganz im Ernst

ser·mon ['sɜːmən] *n* ❶ (*religious speech*) Predigt *f* (**on** über); **to deliver a ~** eine Predigt halten ❷ (*pej: moral lecture*) [Moral]predigt *f oft pej*

ser·pent ['sɜːpᵊnt] *n* (*old*) Schlange *f*

ser·pen·tine ['sɜːpᵊntaɪn] *adj* (*liter*) ❶ (*snake-like*) schlangenförmig; (*twisting, winding*) movement sich windend *attr*; path, river gewunden; road kurvenreich ❷ (*complicated, subtle*) gewunden; (*cunning*) tückisch

ser·rat·ed [səˈreɪtɪd] *adj* gezackt; **~ knife** Sägemesser *nt*; **knife with a ~ edge** Messer *nt* mit Wellenschliff

ser·ried ['serɪd] *adj* (*liter*) dicht

se·rum <*pl* -s *or* sera> ['sɪərəm, *pl* -rə] *n* MED, COSM Serum *nt*

serv·ant ['sɜːvᵊnt] *n* ❶ (*household helper*) Bedienstete(r) *m*; (*female*) Bedienstete *f*, Dienstmädchen *nt* ❷ (*for public*) Angestellte(r) *f(m)* (*im öffentlichen Dienst*)

serve [sɜːv] **I.** *n* (*in tennis*) Aufschlag *m*; (*in volleyball*) Angabe *f* **II.** *vt* ❶ (*in hotel, restaurant, shop*) bedienen ❷ (*present food,* *drink*) servieren; (*make ready to eat*) anrichten; *wine* reichen ❸ (*be enough for*) reichen; **this ~s 4 to 5** das ergibt 4 bis 5 Portionen ❹ (*work for*) ▪**to ~ sth** etw *dat* dienen; **to ~ the public** im Dienste der Öffentlichkeit stehen ❺ (*complete due period*) ableisten; **to ~ five years as president** eine fünfjährige Amtszeit als Präsident/Präsidentin durchlaufen; **to ~ a prison sentence** eine Haftstrafe absitzen *fam* ❻ (*provide for*) versorgen ❼ (*perform a function*) **to ~ a purpose** einen Zweck erfüllen; **if my memory ~s me right** wenn ich mich recht erinnere ❽ SPORTS **to ~ the ball** Aufschlag haben; (*in volleyball*) Angabe haben ▸ **to ~ time** [**for sth**] (*fam*) eine Haftstrafe [wegen einer S. *gen*] absitzen; **this ~s him right** (*fam*) das geschieht ihm recht **III.** *vi* ❶ (*provide food, drink*) servieren ❷ (*work for*) dienen; ▪**to ~ as sth** als etw fungieren; **to ~ in the army** in der Armee dienen; **to ~ on the council** im Stadtrat sein; **to ~ on a jury** Geschworene(r) *f(m)* sein ❸ (*function*) ▪**to ~ as sth** als etw dienen ❹ (*be acceptable*) seinen Zweck erfüllen; (*suffice*) genügen; (*be of use*) helfen ❺ (*in tennis, etc.*) aufschlagen; (*in volleyball*) angeben ♦ **serve out** *vt* ❶ (*in restaurant, pub*) servieren; *drink* ausschenken; *food* ausgeben ❷ (*complete a due period*) ableisten; *jail sentence* absitzen *fam*; *term of office* beenden ♦ **serve up** *vt* servieren

serv·er ['sɜːvə^r] *n* ❶ (*utensil*) Vorlegebesteck *nt*; (*spoon*) Vorlegelöffel *m*; (*fork*) Vorlegegabel *f* ❷ (*central computer*) Server *m* ❸ REL Ministrant(in) *m(f)*

serv·er·sav·vy ['sɜːvəsævi] *adj* COMPUT, INET internetherfahren

ser·vice ['sɜːvɪs] **I.** *n* ❶ *no pl* (*help for customers*) Service *m*; (*in hotels, restaurants, shops*) Bedienung *f*; **customer ~** Kundendienst *m* ❷ (*act of working*) Dienst *m*, Dienstleistung *f* ❸ (*form: assistance*) Unterstützung *f*; (*aid, help*) Hilfe *f*; ▪**to be of ~** [**to sb**] [jdm] von Nutzen sein; **to need the ~s of a surveyor** einen Gutachter/eine Gutachterin brauchen; **to do sb a ~** jdm einen Dienst erweisen ❹ (*public or government department*) Dienst *m*; **civil/diplomatic ~** öffentlicher/diplomatischer Dienst ❺ (*system for public*) Dienst *m*; (*organization for public*) Beratungsdienst *m*; **ambulance ~** Rettungsdienst *m*; **bus/train ~** Bus-/Zugverbindung *f*; [**public**] **transport ~** [öffentliches] Transportwesen ❻ (*operation*) Betrieb *m*; **postal ~** Postwesen *nt*; **to operate a** [**normal/reduced**] **~ bus, train** eine [normale/eingeschränkte] Verbindung unterhalten ❼ (*roadside facilities*) ▪**~s** *pl* Raststätte *f* ❽ (*tennis, etc.*) Aufschlag *m* ❾ (*armed forces*) Militär *nt*; ▪**the ~s** das Militär *nt kein pl*; **military ~** Militärdienst *m* ❿ (*religious ceremony*) Gottesdienst *m*; **funeral ~** Trauergottesdienst *m*; **morning/evening ~** Frühmesse *f*/Abendandacht *f* ⓫ *esp* BRIT (*maintenance check*) Wartung *f*; AUTO Inspektion *f* ⓬ (*set of crockery*) Service *nt* ▸ **to be in ~** (*employed as servant*) in Stellung sein; (*be in use, in operation*) im Einsatz sein **II.** *vt* warten

ser·vice·able ['sɜːvɪsəbl̩] *adj* strapazierfähig

'**ser·vice area** *n* ❶ (*on motorway*) Raststätte *f* ❷ RADIO, TV Sendegebiet *nt* '**ser·vice bus**, '**ser·vice car** *n* AUS, NZ Linienbus *m* '**ser·vice cen·tre** *n*, AM '**ser·vice cen·ter** *n* ❶ AM (*on freeway*) Raststätte *f* ❷ (*for repairs*) Reparaturwerkstatt *f*; (*garage*) Werkstatt *f* '**ser·vice charge** *n* Bedienungsgeld *nt* '**ser·vice de·part·ment** *n* Kundendienstabteilung *f* '**ser·vice el·eva·tor** *n* AM (*for employees*) Personalaufzug *m*; (*for goods*) Warenaufzug *m* '**ser·vice en·trance** *n* Personaleingang *m* '**ser·vice hatch** *n* Durchreiche *f* '**ser·vice in·dus·try** *n* Dienstleistungsindustrie *f*; (*company*) Dienstleistungsbetrieb *m* '**ser·vice lift** *n* (*for employees*) Personalaufzug *m*; (*for goods*) Warenaufzug *m* '**ser·vice·man** *n* Militärangehöriger *m* '**ser·vice road** *n* (*subsidiary road*) Nebenstraße *f*; (*access road*) Zufahrtsstraße *f*; (*for residents only*) Anliegerstraße *f* '**ser·vice sec·tor** *n* Dienstleistungsindustrie *f* '**ser·vice sta·tion** *n* Tankstelle *f* '**ser·vice·wom·an** *n* MIL Militärangehörige *f*

ser·vic·ing ['sɜːvɪsɪŋ] *n no pl esp* AM Wartung *f*

ser·vi·ette [ˌsɜːvi'et] *n esp* BRIT Serviette *f*

ser·vile ['sɜːvaɪl] *adj* (*pej*) *manner* unterwürfig; *obedience* sklavisch

ser·vil·ity [sɜː'vɪləti] *n no pl* (*pej form*) Unterwürfigkeit *f*

serv·ing ['sɜːvɪŋ] **I.** *n of food* Portion *f* (**of**) **II.** *adj attr* ❶ (*person working*) dienend; **the longest-~ minister** der dienstälteste Minister/die dienstälteste Ministerin ❷ (*imprisoned*) inhaftiert

'**serv·ing spoon** *n* Vorlegelöffel *m*

ser·vi·tude ['sɜːvɪtjuːd] *n no pl* (*form*) Knechtschaft *f*

ser·vo ['sɜːvəʊ] *n* AUTO, TECH ❶ *short for* **servomechanism** Servomechanismus *m* ❷ *short for* **servomotor** Servomotor *m* ❸ AUS (*fam: service station*) Tanke *f fam*

sesa·me ['sesəmi] *n no pl* Sesam *m*

ses·sion ['seʃ°n] *n* ❶ (*formal meeting of organization*) Sitzung *f;* (*period for meetings*) Sitzungsperiode *f;* (*term of office*) Legislaturperiode *f;* **to meet in ~** zu einer Sitzung zusammenkommen ❷ (*period for specific activity*) Stunde *f;* **recording ~** Aufnahme *f;* **training ~** Trainingsstunde *f* ❸ MUS Session *f* ❹ AM, SCOT (*period for classes*) SCH Unterricht *m;* UNIV Seminar *nt;* (*teaching year*) SCH Schuljahr *nt;* UNIV Vorlesungszeit *f;* (*of two terms*) Semester *nt;* (*of three terms*) Trimester *nt*

set [set] **I.** *adj* ❶ *pred* (*ready*) bereit, fertig; **ready, get ~, go!** auf die Plätze, fertig, los!; ■**to be** [**all**] **~** [**for sth**] [für etw *akk*] bereit sein ❷ (*fixed*) *pattern, time* fest[gesetzt]; **~ meal** Tagesgericht *nt;* **~ menu** Tageskarte *f;* **~ phrase** feststehender Ausdruck; **~ price** Festpreis *m* ❸ (*expression of face*) starr ❹ (*unlikely to change*) **to have a ~ idea about sth** eine feste Vorstellung von etw *dat* haben; **to be ~ in one's ways** in seinen Gewohnheiten festgefahren sein ❺ (*likely*) **Manchester United looks ~ for victory** es sieht ganz so aus, als würde Manchester United gewinnen; **the rain is ~ to continue all week** der Regen wird wohl noch die ganze Woche andauern ❻ *attr* (*assigned*) *number, pattern* vorgegebene(r, s); *subject also* bestimmte(r, s); **~ book** Pflichtlektüre *f* ❼ (*determined*) ■**to be** [**dead**] **~ against sth** [vollkommen] gegen etw *akk* sein; ■**to be** [**dead**] **~ on sth** zu etw *akk* [wild] entschlossen sein **II.** *n* ❶ (*collection, group*) Satz *m;* (*of two sets*) Paar *nt;* (*of clothes*) Garnitur *f;* **he's got a complete ~ of Joyce's novels** er hat eine Gesamtausgabe der Romane von Joyce; **box**[**ed**] **~ ~ Box-Set** *nt* (*ein komplettes Set etwa von CDs oder Videokassetten, das in einem Schuber o.Ä. erhältlich ist*); **chess ~** Schachspiel *nt;* **a ~ of chromosomes** ein Chromosomensatz *m;* **~ of encyclopaedias** Enzyklopädiereihe *f;* **~ of rules** Regelwerk *nt;* **tea ~** Teeservice *nt;* **~ of teeth** Gebiss *nt* ❷ + *sing/pl vb* (*group of people*) Kreis *m*, Clique *f fam* ❸ THEAT Bühnenbild *nt;* FILM Szenenaufbau *m;* (*film location*) Drehort *m;* **on the ~** bei den Dreharbeiten; (*location*) am Set ❹ (*appliance*) Gerät *nt;* (*television*) Fernseher *m;* (*radio*) Radio[gerät] *nt* ❺ SPORTS Satz *m* ❻ MATH Menge *f* ❼ MUS Block *m* ❽ COMPUT **data ~** Datensatz *m;* (*file*) Datei *f* ❾ *no pl of eyes, jaw* Stellung *f; of shoulders* Haltung *f* ❿ *no pl* (*hair arrangement*) **to have a shampoo and ~** sich *dat* die Haare waschen und legen lassen **III.** *vt* ❶ (*place*) stellen, setzen; (*on its side*) legen; **to ~ foot in** [*or* **on**] **sth** etw betreten; **to ~ sb on his/her way** (*fig*) jdn losschicken ❷ *usu passive* (*take place in, be located*) **'West Side Story' is ~ in New York** ‚West Side Story' spielt in New York; **their house is ~ on a hill** ihr Haus liegt auf einem Hügel ❸ (*cause to be*) **his remarks ~ me thinking** seine Bemerkungen gaben mir zu denken; **to ~ a boat afloat** ein Boot zu Wasser lassen; **to ~ one's mind at ease** sich beruhigen; **to ~ sth on fire** etw in Brand setzen; **to ~ sth in motion** etw in Bewegung setzen [*o fig a.* ins Rollen bringen]; **to ~ sb loose** jdn freilassen; **to ~ sth right** etw [wieder] in Ordnung bringen; **to ~ sb straight** jdn berichtigen ❹ (*prepare*) vorbereiten; **to ~ the table** den Tisch decken; **to ~ the scene for sth** (*create conditions*) die Bedingungen für etw *akk* schaffen; (*facilitate*) den Weg für etw *akk* frei machen; **to ~ a trap** eine Falle aufstellen ❺ (*adjust*) einstellen; *alarm, clock* stellen ❻ (*fix*) festsetzen; *budget* festlegen; *date, time* ausmachen; *deadline* setzen, festlegen; **to ~ oneself a goal** sich *dat* ein Ziel setzen; **to ~ a limit** eine Grenze setzen ❼ (*establish*) *record* aufstellen; **to ~ a good example to sb** jdm ein Vorbild sein; **to ~ the pace** das Tempo vorgeben ❽ ANAT einrenken; *broken bone* einrichten ❾ (*arrange*) *hair* legen ❿ MUS **to ~ sth to music** etw vertonen ⓫ *esp* BRIT, AUS (*assign*) *homework* aufgeben; **to ~ sb in charge of sth** jdn mit etw *dat* betrauen; **to ~ a task for sb** jdm eine Aufgabe stellen ⓬ COMPUT (*give variable a value*) setzen; (*define value*) einstellen ⓭ TYPO (*compose*) setzen ⓮ (*sail*) **to ~ course for sth** auf etw *akk* Kurs nehmen; **to ~ sail for/from ...** nach/von ... losfahren ⓯ (*see*) **to ~ eyes on sb/sth** jdn/etw sehen ⓰ (*concentrate on*) **to ~ one's mind on sth** sich auf etw *akk* konzentrieren; (*approach with determination*) etw entschlossen angehen ▶ **to ~ the world ablaze** die Welt aus den Angeln heben **IV.** *vi* <set, set> ❶ (*grow together*) *bones* zusammenwachsen ❷ (*become firm*) *concrete, jelly* fest werden ❸ (*sink*) *moon, sun* untergehen ❹ (*become fixed*) *eyes* verharren; *features* [sich] versteinern ◆**set about** *vi* ❶ *(start work upon)* ■ **to ~ about sth** *job, task* sich an etw *akk* machen; **to ~ about doing sth** sich daranmachen, etw zu tun ❷ *(fam: attack)* ■ **to ~ about sb** [**with sth**] [mit etw *dat*] über jdn herfallen ◆**set against** *vt* ❶ *(balance)* gegenüberstellen; **to ~ the disadvantages against the advantages** die Vor- und Nachteile abwägen ❷ *(make oppose)* ■ **to ~ sb against sb else** jdn gegen jdn anderen aufhetzen ❸ ECON ■ **to ~ sth** [**off**] **against sth** etw mit etw *dat* verrechnen ◆**set apart** *vt* ❶ *(distinguish)* ■ **sth ~s sb/sth** ⟳ **apart from sb/sth** etw unterscheidet jdn/etw von jdm/etw ❷ *(reserve)* ■ **to be ~ apart for sth** für etw *akk* reserviert sein ◆**set aside** *vt* ❶ *(put to side)* beiseitelegen [*o* stellen]; *clothes* sich *dat* zurücklegen lassen ❷ *(keep for special use)* money auf die Seite legen; *time* einplanen ❸ *(ignore) differences, hostilities, quarrels* begraben; *work, personal feelings* zurückstellen ❹ LAW *(annul)* aufheben ◆**set back** *vt* ❶ *(delay)* zurückwerfen; *deadline* verschieben ❷ *(position)* zurücksetzen (**from** von); **their garden is ~ back from the road** ihr Garten liegt nicht direkt an der Straße ❸ *(fam: cost)* ■ **to ~ sb back** jdn eine [schöne] Stange Geld kosten ◆**set down** *vt* ❶ *(drop off)* absetzen ❷ *(put down)* absetzen ❸ *(land) plane* landen ❹ *(write down)* aufschreiben ❺ *usu passive (esteem)* ■ **to be ~ down as sth** für etw *akk* gehalten werden ❻ *usu passive* LAW *(arrange trial)* **to be ~ down for 3 August** für den 3. August anberaumt sein ❼ *(establish as a rule)* **to ~ down codes of practise** Verhaltensregeln aufstellen ◆**set forth** I. *vt (form) plan* darlegen II. *vi (liter)* aufbrechen ◆**set in** I. *vt sleeve* einsetzen II. *vi bad weather* einsetzen; *complications* sich einstellen; **the rain has ~ in** es hat angefangen zu regnen ◆**set off** I. *vi* sich auf den Weg machen; *(in car)* losfahren II. *vt* ❶ *(initiate) alarm, blast, reaction* auslösen; *bomb* zünden ❷ *(cause to do)* ■ **to ~ sb off doing sth** jdn dazu bringen, etw zu tun ❸ *(attractively contrast)* hervorheben ❹ *(oppose)* ■ **to ~ off** ⟳ **sth against sth** etw etw *dat* gegenüberstellen ❺ ECON ■ **to ~ off** ⟳ **sth against sth** etw mit etw *dat* verrechnen ◆**set on** *vt* ❶ *(cause to attack)* ■ **to ~ an animal on sb** ein Tier auf jdn hetzen [*o* ansetzen] ❷ *usu passive (attack)* ■ **to be ~ on by an animal** von einem Tier ange-

fallen werden ◆**set out** I. *vt (arrange) goods* auslegen; *chairs, chess pieces* aufstellen ❷ *(explain) idea, point* darlegen II. *vi* ❶ *(begin journey)* sich auf den Weg machen; *(in car)* losfahren ❷ *(intend)* ■ **to ~ out to do sth** beabsichtigen, etw zu tun ◆**set to** *vi (begin work)* loslegen *fam;* **to ~ to work** sich an die Arbeit machen ◆**set up** *vt* ❶ *(erect) camp* aufschlagen; *roadblock* errichten ❷ *(institute) business* einrichten; **to ~ up a public enquiry** eine öffentliche Untersuchung einleiten ❸ *(establish)* ■ **to ~ oneself up** [**as sth**] sich als etw niederlassen; **to ~ oneself up in business** ein Geschäft eröffnen; **to ~ up shop** sich niederlassen ❹ *(arrange) meeting* vereinbaren ❺ *(provide)* versorgen (**with** mit) ❻ *(fam: deceive, frame)* übers Ohr hauen *fam* ❼ COMPUT *program* installieren; *system* konfigurieren ◆**set upon** *vt* ❶ *(cause to attack)* ■ **to ~ sb upon sb** jdn auf jdn ansetzen; ■ **to ~ an animal upon sb** ein Tier auf jdn hetzen ❷ *usu passive* ■ **to be ~ upon by an animal** von einem Tier angefallen werden

ˈset·back *n* Rückschlag *m;* **to suffer a ~** einen Rückschlag erleiden

ˈset·square *n* AUS, BRIT [Zeichen]dreieck *nt*

sett [set] *n* ❶ *(burrow of a badger)* Bau *m* ❷ *(granite paving block)* Pflasterstein *m*

set·tee [setˈiː] *n* Sofa *nt*, Couch *f*

set·ter [ˈsetə] *n* Setter *m*

set·ting [ˈsetɪŋ] *n usu sing* ❶ *(location)* Lage *f*; *(immediate surroundings)* Umgebung *f* ❷ *(in film, novel, play)* Schauplatz *m* ❸ *(adjustment on appliance)* Einstellung *f* ❹ *(place at table)* Gedeck *nt* ❺ *(frame for jewel)* Fassung *f* ❻ MUS Vertonung *f*

ˈset·ting lo·tion *n* [Haar]festiger *m*

set·tle [ˈsetl] I. *vi* ❶ *(get comfortable)* es sich *dat* bequem machen ❷ *(calm down) person* sich beruhigen; *anger, excitement* sich legen; *weather* beständig werden ❸ *(end dispute)* sich einigen ❹ *(form: pay)* begleichen; ■ **to ~ with sb** mit jdm abrechnen ❺ *(take up residence)* sich niederlassen ❻ *(get used to)* ■ **to ~ into sth** sich an etw *akk* gewöhnen ❼ *(alight on surface)* sich niederlassen; *(build up)* sich anhäufen; *(sink)* [ab]sinken; **do you think the snow will ~?** glaubst du, dass der Schnee liegen bleibt? II. *vt* ❶ *(calm down)* beruhigen ❷ *(decide)* entscheiden; *(deal with)* regeln ❸ *(bring to conclusion)* erledigen; *(resolve) argument* beilegen; **that ~s that** damit hat sich das erledigt; **to ~ one's affairs** *(form)* seine Angelegenheiten regeln; **to ~ a lawsuit** einen Prozess durch einen Vergleich beilegen; **to ~ a matter** eine Angelegenheit regeln ❹(*pay*) begleichen *geh;* ■**to ~ sth on sb** (*bequeath*) jdm etw hinterlassen; **to ~ an account** ein Konto ausgleichen ❺(*colonize*) ▶**to ~ a score** [*or* **old scores**] [**with sb**] [mit jdm] abrechnen ◆**settle down** I. *vi* ❶(*get comfortable*) es sich *dat* bequem machen ❷(*adjust*) sich eingewöhnen ❸(*calm down*) sich beruhigen ❹(*adopt steady lifestyle*) sich [häuslich] niederlassen II. *vt* ■**to ~ oneself down** es sich *dat* bequem machen ◆**settle for** *vt* ■**to ~ for sth** mit etw *dat* zufrieden sein ◆**settle in** I. *vi* people sich einleben; *things* sich einpendeln II. *vt* ■**to ~ in** ◯ **sb** jdm helfen, sich einzuleben ◆**settle on** *vt* ■**to ~ on sth** ❶(*decide on*) sich für etw *akk* entscheiden ❷(*agree on*) sich auf etw *akk* einigen; **to ~ on a name** sich für einen Namen entscheiden ◆**settle up** *vi* abrechnen

set·tled ['setld] *adj* ❶ *pred* (*comfortable, established*) ■**to be ~** sich eingelebt haben; **to feel ~** sich heimisch fühlen ❷(*calm*) ruhig ❸(*steady*) *life* geregelt

set·tle·ment ['setlmənt] *n* ❶(*resolution*) Übereinkunft *f;* (*agreement*) Vereinbarung *f;* LAW Vergleich *m; of conflict* Lösung *f; of matter* Regelung *f; of strike* Schlichtung *f;* **they reached an out-of-court ~** sie einigten sich außergerichtlich; **pay ~** *esp* BRIT Tarifvereinbarung *f;* **to negotiate a ~** eine Einigung erzielen ❷FIN, ECON Bezahlung *f* ❸(*colony*) Siedlung *f;* (*colonization*) Besiedlung *f;* (*people*) Ansiedlung *f* ❹*no pl* (*subsidence*) Absinken *nt*

set·tler ['setlər] *n* Siedler(in) *m(f)*

'**set-to** *n* (*fam*) Streit *m*

'**set-top** '**box** *n* TV Set-Top-Box, f (*für den Empfang des digitalen Fernsehens über Kabel*)

'**set-up** *n* ❶(*way things are arranged*) Aufbau *m;* (*arrangement*) Einrichtung *f* ❷(*fam: act of deception*) abgekartetes Spiel

sev·en ['sevən] I. *adj* sieben; *see also* **eight** II. *n* Sieben *f; see also* **eight**

'**sev·en·fold** *adj* siebenfache

sev·en·teen ['sevənti:n] I. *adj* siebzehn; *see also* **eight** II. *n* Siebzehn *f; see also* **eight**

sev·en·teenth ['sevənti:n(t)θ] I. *adj* siebzehnte(r, s) II. *n* ❶(*date*) ■**the ~** der Siebzehnte ❷(*fraction*) Siebzehntel *nt*

sev·enth ['sevən(t)θ] I. *adj* siebte(r, s) ▶**to be in ~ heaven** im siebten Himmel sein II. *n* ❶(*date*) ■**the ~** der Siebte ❷(*fraction*) Siebtel *nt*

sev·en·ti·eth ['sevəntiəθ] I. *adj* siebzigste(r, s) II. *n* ❶(*ordinal number*) Siebzigste(r, s) ❷(*fraction*) Siebzigstel *nt*

sev·en·ty ['sevənti] I. *adj* siebzig II. *n* Siebzig *f*

sev·er ['sevər] *vt* ❶(*separate*) abtrennen; (*cut through*) durchtrennen ❷(*end*) *links, connection* abbrechen; *ties* lösen

sev·er·al ['sevərəl] I. *adj* ❶(*some*) einige, mehrere; (*various*) verschiedene; **to have ~ reasons for doing sth** verschiedene Gründe haben, etw zu tun ❷ *attr* (*form, liter: respective*) einzeln; (*separate*) getrennt; (*distinct*) verschieden II. *pron* ein paar, mehrere, einige; **I offered him one piece of candy but he took ~** ich bot ihm ein Bonbon an, aber er nahm mehrere

sev·er·al·ly ['sevərəli] *adv* (*form, liter: respectively*) einzeln; (*separately*) getrennt

sev·er·ance ['sevərən(t)s] *n no pl* (*form*) ❶(*act of ending*) Abbruch *m* (**of** +*gen*) ❷(*separation*) Trennung *f* ❸(*payment by employer*) Abfindung *f*

'**sev·er·ance deal**, '**sev·er·ance package** *n* Abfindungsübereinkunft *f,* Abfindungsabkommen *nt* '**sev·er·ance pay** *n no pl* Abfindung *f*

se·vere [sə'vɪər] *adj* ❶(*very serious*) schwer, schlimm; *pain* heftig, stark; *cutback* drastisch; *blow, concussion, injury* schwer; **to be under ~ strain** unter starkem Druck stehen ❷(*harsh*) *criticism, punishment* hart; (*strict*) streng; METEO (*harsh*) rau; (*extreme*) heftig, stark; *frost, winter* streng; (*violent*) gewaltig; **~ cold** eisige Kälte; **~ reprimand** scharfer Tadel; **~ storm** heftiger Sturm ❸(*very plain*) *building, dress* schlicht

se·vere·ly [sə'vɪəli] *adv* ❶(*seriously*) schwer; **to be ~ restricted** enorm eingeschränkt sein ❷(*harshly*) hart; (*extremely*) heftig, stark ❸(*strictly*) streng; **to frown ~** streng die Stirn runzeln ❹(*in a plain manner*) schlicht

se·ver·ity [sə'verəti] *n no pl* ❶(*seriousness*) Schwere *f;* (*of situation, person*) Ernst *m* ❷(*harshness*) Härte *f;* (*strictness*) Strenge *f; of criticism* Schärfe *f;* (*extreme nature*) Rauheit *f* ❸(*plainness*) Schlichtheit *f*

Se·ville [sə'vɪl] *n* Sevilla *nt*

sew <sewed, sewn *or* sewed> [səʊ] I. *vt*

nähen; **to ~ a button on** einen Knopf annähen; **to ~ on a patch** einen Flicken aufnähen II. *vi* nähen ◆ **sew up** *vt* ❶ (*repair*) zunähen; *wound* nähen ❷ (*fam: complete successfully*) zum Abschluss bringen ❸ (*fam: make sure of winning*) sich *dat* sichern; **the Democrats appear to have the election ~n up** die Demokraten scheinen die Wahl bereits für sich entschieden zu haben ❹ (*gain control of*) sich einer Sache *gen* bemächtigen

'sew·age ['suːɪdʒ] *n no pl* Abwasser *nt;* **raw** [*or* **untreated**] **~** ungeklärte Abwässer *pl*

'sew·age farm *n*, 'sew·age plant *n* ECOL Rieselfeld *nt*

sew·er¹ ['sʊə^r] *n* Abwasserkanal *m* ▶ **to have a mind like a ~** ein Gemüt wie ein Fleischerhund haben

sew·er² ['səʊə^r] *n* Näher(in) *m(f)*

sew·er·age ['sʊərɪdʒ] *n no pl* Kanalisation *f;* **~ system** Kanalisation *f*

'sew·er rat *n* Kanalratte *f*

sew·ing ['səʊɪŋ] I. *n no pl* ❶ (*activity*) Nähen *nt* ❷ (*things to sew*) Näharbeit *f* II. *adj attr* Näh-

'sew·ing bas·ket *n* Nähkorb *m* 'sew·ing ma·chine *n* Nähmaschine *f*

sewn [səʊn] *pp of* sew

sex [seks] I. *n* <*pl* -es> ❶ (*gender*) Geschlecht *nt;* **the battle of the ~es** (*fig*) der Kampf der Geschlechter; **the male/female ~** das männliche/weibliche Geschlecht; **the opposite ~** das andere Geschlecht ❷ *no pl* (*intercourse*) Sex *m*, Geschlechtsverkehr *m;* **casual ~** gelegentlicher Sex; **extra-/premarital ~** außer-/vorehelicher Geschlechtsverkehr; **unprotected ~** ungeschützter Geschlechtsverkehr; **to have ~** Sex haben; **to have ~ with sb** mit jdm schlafen II. *vt* (*determine gender of*) das Geschlecht bestimmen

'sex ap·peal *n no pl* Sexappeal *m* 'sex dis·crimi·na·tion *n no pl* Diskriminierung *f* aufgrund des Geschlechts 'sex edu·ca·tion *n no pl* Sexualerziehung *f*

sex·ism ['seksɪzəm] *n no pl* Sexismus *m*

sex·ist ['seksɪst] I. *adj* (*pej*) sexistisch II. *n* Sexist(in) *m(f)*

sex·less ['sekslǝs] *adj* ❶ (*without gender*) geschlechtslos ❷ (*without physical attractiveness*) unerotisch ❸ (*without sexual desire*) sexuell desinteressiert

'sex life *n* Sexualleben *nt* sex se·lec·tion *n* MED Geschlechtswahl *f* des Kindes 'sex sym·bol *n* Sexsymbol *nt*

sex·tant ['sekstənt] *n* Sextant *m*

sex·tet(te) [sek'stet] *n* Sextett *nt*

sex·ton ['sekstən] *n* Küster *m*

sex·ual ['sekʃʊəl] *adj* ❶ (*referring to gender*) geschlechtlich; **~ discrimination** Diskriminierung *f* aufgrund des Geschlechts; **~ equality** Gleichheit *f* der Geschlechter ❷ (*erotic*) sexuell; **~ attraction/promiscuity** sexuelle Anziehung/Freizügigkeit; **~ desire** sexuelles Verlangen; **~ relations/relationship** sexuelle Beziehungen/Beziehung

sex·ual 'har·ass·ment *n no pl* sexuelle Belästigung sex·ual 'inter·course *n no pl* Geschlechtsverkehr *m*

sex·ual·ity [ˌsekʃʊ'æləti] *n no pl* Sexualität *f*

sex·ual·ly ['sekʃʊəli] *adv* ❶ (*referring to gender*) geschlechtlich ❷ (*erotically*) sexuell; **~ aroused** sexuell erregt; **~ attractive** sexy

sexy ['seksi] *adj* (*fam*) ❶ (*physically appealing*) sexy ❷ (*aroused*) erregt ❸ (*exciting*) aufregend, heiß

Sey·chelles [seɪ'ʃelz] *n* ■ **the Seychelles** die Seychellen *pl*

SGML [ˌesdʒiːem'el] COMPUT *abbrev of* **Standard General Markup Language** SGML

Sgt *n abbrev of* **sergeant** Uffz.

shab·by ['ʃæbi] *adj* ❶ (*worn*) schäbig ❷ (*poorly dressed*) ärmlich gekleidet ❸ (*unfair*) schäbig; *excuse* fadenscheinig; *trick* billig

shack [ʃæk] *n* Hütte *f* ◆ **shack up** *vi* (*fam*) ■ **to ~ up with sb** mit jdm zusammenziehen

shacked up [ˌʃækt'ʌp] *adj pred* ■ **to be ~ up with sb** mit jdm zusammenleben

shack·le ['ʃækl] *vt* ❶ (*chain*) [mit Ketten] fesseln ❷ (*fig: restrict*) behindern

shack·les ['ʃæklz] *npl* (*also fig*) Fesseln *pl;* **the ~ of censorship** die Beschränkungen durch die Zensur; **the ~ of convention** gesellschaftliche Zwänge; **to shake off one's ~** seine Fesseln abstreifen

shade [ʃeɪd] I. *n* ❶ *no pl* (*area out of sunlight*) Schatten *m;* **a patch of ~** ein schattiges Plätzchen; **in** [*or* **under**] **the ~** im Schatten (**of** +*gen*) ❷ *no pl* (*darker area of picture*) Schatten *m* ❸ (*lampshade*) [Lampen]schirm *m* ❹ AM (*roller blind*) Rollladen *m* ❺ (*variation of colour*) [Farb]ton *m*, Zwischenton *m;* **~s of grey** Grautöne *pl;* **pastel ~s** Pastellfarben *pl* ❻ (*variety*) Nuance *f;* **~[s] of meaning** Bedeutungsnuancen *pl* ❼ (*a little*) ■ **a ~ over/under three hours** knapp über/unter drei Stunden ❽ (*fam:*

sunglasses) ■ ~s *pl* Sonnenbrille *f* ▶ **to put sb/sth in the ~** jdn/etw in den Schatten stellen II. *vt* ❶ (*protect from brightness*) [vor der Sonne] schützen; **to ~ one's eyes** seine Augen beschirmen ❷ (*in picture*) schattieren III. *vi* ❶ (*alter colour*) ■ **to ~ [off] into sth** allmählich in etw *akk* übergehen ❷ (*gradually become*) ■ **to ~ [away] into sth** allmählich in etw *akk* übergehen ❸ (*be very similar*) ■ **to ~ into sth** kaum von etw *dat* zu unterscheiden sein

shad·ed ['ʃeɪdɪd] *adj* ❶ (*in shadow*) schattig, beschattet ❷ (*with shading*) dunkel getönt

shad·ing ['ʃeɪdɪŋ] *n no pl* Schattierung *f*

shad·ow ['ʃædəʊ] I. *n* ❶ (*produced by light*) Schatten *m;* **to cast a ~ over sb/sth** [s]einen Schatten auf jdn/etw werfen *a. fig* ❷ (*under eye*) Augenring *m* ❸ (*on X-ray*) Schatten *m* ❹ (*smallest trace*) Hauch *m,* Anflug *m;* **there isn't even a ~ of doubt** es besteht nicht der leiseste Zweifel ❺ (*secret follower*) Beschatter(in) *m(f);* (*constant follower*) ständiger Begleiter/ständige Begleiterin ❻ (*trainee observing employee*) Auszubildender, der einem bestimmten Angestellten zugeordnet ist und durch Beobachtung von ihm lernt ▶ **to be a ~ of one's former self** [nur noch] ein Schatten seiner selbst sein; **to be scared of one's own ~** sich vor seinem eigenen Schatten fürchten II. *vt* ❶ (*overshadow*) verdunkeln ❷ (*follow secretly*) beschatten ❸ SPORTS (*stay close to*) decken ❹ FIN (*be closely linked to*) ■ **to ~ sth** mit etw *dat* verknüpft sein

'**shad·ow-box·ing** *n no pl* Schattenboxen *nt* **Shad·ow 'Cab·i·net** *n* POL ■ **the ~** das Schattenkabinett

shad·owy ['ʃædəʊi] *adj* ❶ (*out of sun*) schattig; (*dark*) düster; **~ figure** schemenhafte Figur; (*fig*) rätselhaftes Wesen; **~ outline** Schattenriss *m* ❷ (*dubious*) zweifelhaft

shady ['ʃeɪdi] *adj* ❶ (*in shade*) schattig ❷ (*fam: dubious*) fragwürdig; **~ character** fragwürdiger Charakter

shaft [ʃɑːft] I. *n* ❶ (*hole*) Schacht *m;* **lift** [*or* AM **elevator**] **~** Aufzugsschacht *m;* **ventilation ~** Lüftungsschacht *m* ❷ *of tool, weapon* Schaft *m* ❸ (*in engine*) Welle *f* ❹ (*ray*) Strahl *m;* **~ of sunlight** Sonnenstrahl *m* ❺ (*esp liter: witty remark*) treffende Bemerkung; **a scornful ~** ein Pfeil *m* des Spottes ❻ AM (*fam: unfair treatment*) **to get the ~** leer ausgehen II. *vt* betrügen

shag[1] [ʃæg] BRIT, AUS I. *n* ❶ (*sl: act*) **to have a ~** [**with sb**] [mit jdm] eine Nummer schieben ❷ (*sl: sex partner*) Bettgenosse *m*/-genossin *f* II. *vi* <-gg-> (*sl*) bumsen *derb* III. *vt* <-gg-> (*sl*) vögeln *derb*

shag[2] [ʃæg] I. *adj attr* **~ carpet** Veloursteppich *m;* **~ pile** Flor *m* II. *n no pl* (*tobacco*) Shag *m*

shagged out [ˌʃægd'aʊt] *adj pred* BRIT, AUS (*sl, fam!*) ausgepumpt *fam*

shag·gy ['ʃægi] *adj* ❶ (*hairy*) struppig; **a lion's ~ mane** die Zottelmähne eines Löwen ❷ (*unkempt*) zottelig; **~ hair** Zottelhaar *nt*

Shah [ʃɑː] *n* (*hist*) Schah *m*

shake [ʃeɪk] I. *n* ❶ (*action*) Schütteln *nt kein pl;* **she gave the box a ~** sie schüttelte die Schachtel; **a ~ of one's head** ein Kopfschütteln *nt* ❷ (*nervousness*) **to get the ~s** (*fam*) Muffensausen kriegen ❸ *esp* AM (*fam: milkshake*) Shake *m* ▶ **in two ~s** (*fam*) sofort; **to be no great ~s at sth** bei etw *dat* nicht besonders gut sein II. *vt* <shook, shaken> ❶ (*vibrate*) schütteln; **~ well before using** vor Gebrauch gut schütteln; ■ **to ~ oneself** sich schütteln; ■ **to ~ sth over sth** etw über etw *akk* streuen; **to ~ one's fist** [**at sb**] [jdm] mit der Faust drohen; **to ~ hands with sb** jdm die Hand schütteln; **to ~ one's head** den Kopf schütteln ❷ (*undermine*) erschüttern ❸ (*shock*) erschüttern; **the news has ~n the whole country** die Nachricht hat das ganze Land schwer getroffen ❹ (*fam: get rid of*) loswerden ▶ **to ~ a leg** (*fam*) sich beeilen III. *vi* <shook, shaken> ❶ (*quiver*) beben; ■ **to ~ with sth** vor etw *dat* beben [*o* zittern]; **his voice shook with emotion** seine Stimme zitterte vor Rührung ❷ (*shiver with fear*) zittern, beben ❸ (*fam: agree*) ■ **to ~ [on sth]** sich *dat* [in einer Sache] die Hand reichen ▶ **to ~ like a leaf** [*or* BRIT, AUS **like jelly**] wie Espenlaub zittern ◆ **shake down** (*fam*) I. *vt* AM (*take money*) ausnehmen; (*threaten*) erpressen II. *vi* ❶ (*achieve harmony*) person sich einleben; *situation* sich einpendeln ❷ BRIT (*spend the night*) **can I ~ down with you for a couple of nights?** kann ich mich für ein paar Nächte bei dir einquartieren? ◆ **shake off** *vt* ❶ (*remove*) abschütteln ❷ (*get rid of*) überwinden; ■ **to ~ off** ⟳ **sb** jdn loswerden; *pursuer* jdn abschütteln; **to ~ off a habit** eine Angewohnheit ablegen; **to ~ off an illness** eine Krankheit besiegen; **to ~ off an image/a reputation** ein Image/einen Ruf loswerden ◆**shake out** *vt* ausschütteln ◆**shake up** *vt* ❶(*mix*) mischen ❷(*shock*) aufwühlen ❸(*significantly alter*) umkrempeln; (*significantly reorganize*) umstellen

'**shake-down** ['ʃeɪkdaʊn] AM **I.** *n* (*fam*) ❶(*tests and trials*) Erprobung *f;* *of machinery* Testlauf *m;* *of aircraft* Testflug *m;* *of vehicle* Testfahrt *f* ❷(*extortion by tricks*) Abzocken *nt sl;* (*by threats*) Erpressung *f* ❸(*police search*) Razzia *f* ❹(*bed*) Notbett *nt* **II.** *adj attr* ❶(*settling down*) Eingewöhnungs- ❷(*trial*) Test-, Probe-

shak·en ['ʃeɪkən] **I.** *vi*, *vt pp of* **shake** **II.** *adj* erschüttert

shak·er ['ʃeɪkəʳ] *n* ❶(*for mixing liquids*) Mixbecher *m* ❷(*dispenser*) **salt/pepper** ~ Salz-/Pfefferstreuer *m* ❸(*for dice*) Würfelbecher *m*

'**shake-up** ['ʃeɪkʌp] *n* Veränderung *f,* Umstrukturierung *f*

shaki·ly ['ʃeɪkɪli] *adv* ❶(*unsteadily*) wack[e]lig; *voice, hands* zittrig ❷(*uncertainly*) unsicher

'**shak·ing I.** *n* (*jolting*) Schütteln *nt;* (*trembling*) Zittern *nt* **II.** *adj* zitternd; **with ~ hands/knees** mit zitternden Händen/Knien

shaky ['ʃeɪki] *adj* ❶(*unsteady*) *hands, voice, handwriting* zittrig; *ladder, table* wack[e]lig; **to be ~ on one's feet** unsicher auf den Beinen sein; **to feel a bit ~** (*physically*) noch etwas wack[e]lig auf den Beinen sein; (*emotionally*) beunruhigt sein ❷(*unstable*) *basis, foundation* unsicher; *economy, government* instabil; **his English is rather ~** sein Englisch ist etwas holprig; **on ~ ground** auf unsicherem Boden; **to get off to a ~ start** mühsam in Gang kommen

shale [ʃeɪl] *n no pl* Schiefer *m*

shall [ʃæl, ʃəl] *aux vb* ❶(*future*) ■**I ~ ...** ich werde ... ❷*esp* BRIT (*future*) ■**I/he/she ~ ...** ich/er/sie soll ... ❸(*expressing what is mandatory*) **it ~ be unlawful ...** es ist verboten, ...

shal·lot [ʃə'lɒt] *n* Schalotte *f*

shal·low ['ʃæləʊ] *adj* ❶(*not deep*) seicht; *ditch, grave, pan* flach; **~ pool** Kinderbecken *nt* ❷(*light*) **~ breathing** flacher Atem ❸(*superficial*) oberflächlich; *film* seicht

shal·low·ness ['ʃæləʊnəs] *n no pl* ❶(*shallow depth*) Seichtheit *f* ❷(*superficiality*) Oberflächlichkeit *f*

sham [ʃæm] (*pej*) **I.** *n* ❶*usu sing* (*fake thing*) Trug *m kein pl geh,* Betrug *m kein pl;* **the American dream is a ~** der amerikanische Traum ist nur ein schöner Schein ❷*no pl* (*pretence*) Verstellung *f* **II.** *adj* gefälscht; **~ marriage** Scheinehe *f* **III.** *vt* <-mm-> vortäuschen **IV.** *vi* <-mm-> sich verstellen

sham·an ['ʃæmən] *n* ❶(*ethnic priest*) Schamane *m* ❷(*guru*) Guru *m*

sham·ble ['ʃæmbl] *vi* (*walk*) watscheln; (*shuffle*) schlurfen

sham·bles ['ʃæmblz] *n + sing vb* (*fam*) ■**a ~** ein heilloses Durcheinander; **to be in a ~** sich in einem chaotischen Zustand befinden

sham·bol·ic [ʃæm'bɒlɪk] *adj* BRIT (*fam*) chaotisch

shame [ʃeɪm] **I.** *n no pl* ❶(*feeling*) Scham *f,* Schamgefühl *nt;* **have you no ~?** schämst du dich nicht?; **~ on you!** (*also hum*) schäm dich!; **your cooking puts mine to ~** deine Kochkünste lassen meine dilettantisch erscheinen; **to feel no ~** sich nicht schämen ❷(*disgrace*) Schande *f;* **to bring ~ on sb** Schande über jdn bringen ❸(*a pity*) Jammer *m;* **what a ~!** wie schade!; **it's a [great] ~ that ...** es ist jammerschade, dass ... **II.** *vt* (*make ashamed*) beschämen ❷(*bring shame on*) ■**to ~ sb/sth** jdm/etw Schande machen ❸(*put to shame*) weit übertreffen; **our neighbour's garden ~s ours** gegen den Garten unseres Nachbarn sieht der unsrige alt aus *fam*

shame·faced [ʃeɪm'feɪst] *adj* verschämt

shame·ful ['ʃeɪmfəl] *adj* ❶(*causing shame*) *treatment* schimpflich; *defeat* schmachvoll ❷(*disgraceful*) empörend; ■**it's ~ that ...** es ist eine Schande, dass ...

shame·ful·ly ['ʃeɪmfəli] *adv* schändlich; **to be ~ neglected** sträflich vernachlässigt werden

shame·less ['ʃeɪmləs] *adj* schamlos

sham·my ['ʃæmi] *n* (*fam*), **sham·my 'leath·er** *n no pl* Sämischleder *nt*

sham·poo [ʃæm'puː] **I.** *n* ❶*no pl* (*for hair*) Shampoo *nt* ❷(*wash*) **my hair needs a ~** ich muss mir die Haare waschen; **a ~ and set** Waschen und Legen **II.** *vt hair* shamponieren; **to ~ a sofa** ein Sofa mit einem Shampoo reinigen

sham·rock ['ʃæmrɒk] *n* weißer Feldklee; ■**the ~** der Shamrock (*Kleeblatt als Symbol Irlands*)

shan·dy ['ʃændi] *n esp* BRIT, AUS Radler *nt bes* SÜDD, Alsterwasser *nt* NORDD

shank [ʃæŋk] *n* (*of tool*) Schaft *m*

shan·ty[1] ['ʃænti] *n* [Elends]hütte *f*

shan·ty² [ˈʃænti] n Seemannslied nt
ˈshan·ty town n Barackensiedlung f
shape [ʃeɪp] I. n ① (outline) Form f; BIOL Gestalt f; MATH Figur f, Form f; **in any ~ or form** (fig) in jeder Form; **all ~s and sizes** alle Formen und Größen; **to be oval/square in ~** eine ovale/quadratische Form haben; **to lose its ~** die Form verlieren; **to take ~** Form annehmen ② no pl (nature) Form f, Art f; **to show the ~ of things to come** das Gepräge der Zukunft tragen ③ no pl (condition) **to be in bad/good ~ things** in schlechtem/gutem Zustand sein; people in schlechter/guter Verfassung sein; SPORTS nicht in Form/in Form sein; **to be in great ~** in Hochform sein; **to knock sth into ~** etw in Ordnung bringen; **to knock sb into ~** jdn zurechtstutzen fam II. vt ① (mould) [aus]formen ② (influence) prägen; **to ~ sb's character/personality** jds Charakter/Persönlichkeit formen; **to ~ one's destiny** sein Schicksal [selbst] gestalten III. vi sich entwickeln
shape·less [ˈʃeɪpləs] adj ① (not shapely) unförmig; **a ~ dress** ein Kleid nt ohne Form ② (without shape) formlos; ideas vage
shape·less·ly [ˈʃeɪpləsli] adv formlos; **her clothes hung ~ on her** die Kleider hingen ihr lose am Körper
shape·ly [ˈʃeɪpli] adj wohlgeformt; figure, legs schön; woman gut gebaut
shard [ʃɑːd] n Scherbe f; of metal Splitter m
share [ʃeəʳ] I. n ① (part) Teil m, Anteil m; of food Portion f; **he should take his ~ of the blame for what happened** er sollte die Verantwortung für seine Mitschuld am Geschehenen übernehmen; **the lion's ~ of sth** der Löwenanteil von etw dat; **~ of the market** Marktanteil m; **~ of the vote** Stimmenanteil m; **to have had one's fair ~ of sth** (iron) etw reichlich abbekommen haben; **to give sb a ~ in sth** jdn an etw dat beteiligen; **to have a ~ in sth** an etw dat teilhaben; **to have more than one's ~ of sth** mehr von etw dat haben, als einem zusteht ② usu pl (in company) Anteil m, Aktie f; **stocks and ~s** Wertpapiere pl II. vi ① (with others) teilen; ▪ **to ~ with sb** mit jdm teilen ② (have part of) ▪ **to ~ in sth** an etw dat teilhaben; **to ~ in sb's joy/sorrow/triumph** jds Freude/Kummer/Triumph teilen ③ (participate) ▪ **to ~ in sth** an etw dat beteiligt sein III. vt ① (divide) teilen; **shall we ~ the driving?** sollen wir uns beim Fahren abwechseln?; **to ~ the expenses** sich dat die Kosten teilen; **to ~ resources** Mittel gemeinsam nutzen; **to ~ responsibility** Verantwortung gemeinsam tragen ② (have in common) gemeinsam haben; **to ~ a birthday** am gleichen Tag Geburtstag haben; **to ~ sb's concern** jds Besorgnis teilen; **to ~ an interest** ein gemeinsames Interesse haben; **to ~ sb's opinion** jds Ansicht teilen ③ (communicate) ▪ **to ~ sth with sb** information etw an jdn weitergeben; **to ~ one's problems/thoughts with sb** jdm seine Probleme/Gedanken anvertrauen; **to ~ a secret [with sb]** jdn in ein Geheimnis einweihen ▶ **a problem ~d is a problem halved** (prov) geteiltes Leid ist halbes Leid prov ◆ **share out** vt aufteilen
share cer·ˈtifi·cate n Aktienzertifikat nt
ˈshare·crop·per n AM Pächter einer kleinen Farm, der die Pacht teilweise in Naturalien begleicht **ˈshare·hold·er** n Aktionär(in) m(f) **ˈshare in·dex** n Aktienindex m **ˈshare is·sue** n Aktienausgabe f **ˈshare-out** n (distribution) Verteilung f; (division) Aufteilung f **ˈshare price** n Aktienkurs m **ˈshare·ware** n no pl COMPUT Shareware f
shark <pl -s or -> [ʃɑːk] n ① (fish) Hai[fisch] m ② (pej fam: person) **local property ~** Immobilienhai m
sharp [ʃɑːp] I. adj ① (cutting) blade, knife scharf ② (pointed) end, point, nose, pencil spitz; features kantig ③ (acute) **~ angle** spitzer Winkel; **~ bend** scharfe Kurve ④ (severe) attack, rebuff, rebuke scharf; **~ criticism** beißende Kritik; **to have a ~ tongue** eine scharfe Zunge haben ⑤ (stabbing) stechend; **~ stab [of pain]** [schmerzhaftes] Stechen ⑥ (sudden) drop in temperature plötzlich; (marked) drastisch; fall, rise stark ⑦ (clear-cut) scharf, deutlich, klar; **to bring sth into ~ focus** etw klar und deutlich herausstellen ⑧ (perceptive) scharfsinnig; **~ eyes/ears** scharfe Augen/Ohren; **~ mind** scharfer Verstand ⑨ (fam: trendy) elegant; **to be a ~ dresser** immer schick angezogen sein ⑩ (piquant) taste scharf [gewürzt] ⑪ (penetrating) noise, voice schrill ⑫ MUS **C ~ Cis** nt; **F ~ Fis** nt; ▪ **to be ~** zu hoch intonieren II. adv ① (exactly) genau; **the performance will start at 7.30 ~** die Aufführung beginnt um Punkt 7.30 Uhr ② (suddenly) **to turn ~ left/right** scharf links/rechts abbiegen ③ MUS zu hoch III. n MUS Kreuz nt
sharp·en [ˈʃɑːpən] vt ① (make sharp) schärfen; pencil spitzen; scissors, knife schleifen ② (intensify) verschärfen

❸ (*make more distinct*) scharf einstellen ❹ (*improve*) schärfen; **to ~ one's mind** den Verstand schärfen; **to ~ the senses** die Sinne schärfen ❺ MUS um einen Halbton erhöhen

sharp·en·er [ˈʃɑːpənəʳ] *n* pencil ~ Bleistiftspitzer *m;* knife ~ Messerschleifgerät *nt*

sharp·er [ˈʃɑːpəʳ] *n* (*fam: cheat*) Betrüger(in) *m(f);* (*at cards*) Falschspieler(in) *m(f)*

sharp-ˈeyed *adj* scharfsichtig

sharp·ly [ˈʃɑːpli] *adv* ❶ (*having an edge*) ~ **pointed** scharf [zu]gespitzt ❷ (*severely*) scharf; **to criticize sb/sth ~** jdn/etw scharf kritisieren; **a ~ worded letter** ein Brief in schneidenden Tönen ❸ (*abruptly*) abrupt; (*suddenly*) plötzlich; **she looked up ~** sie blickte unvermittelt auf; **to brake ~** voll auf die Bremse treten; **to bend ~ to the left** eine scharfe Linksbiegung machen ❹ (*markedly*) drastisch; **to deteriorate ~** sich drastisch verschlechtern ❺ (*fashionably*) **~ dressed** elegant gekleidet **sharp·ness** [ˈʃɑːpnəs] *n no pl* ❶ *of blade, point, curve* Schärfe *f* ❷ *of pain* Heftigkeit *f,* Stärke *f* ❸ (*acerbity*) Schärfe *f* ❹ (*markedness*) Heftigkeit *f* ❺ (*clarity*) Schärfe *f* ❻ (*perceptiveness*) Scharfsinn *m* ❼ (*stylishness*) Eleganz *f* ❽ (*of taste*) Würzigkeit *f,* Würze *f* **sharp ˈprac·tice** *n no pl* üble Geschäftspraktiken *pl* ˈ**sharp·shoot·er** *n* Scharfschütze *m* **sharp-ˈsight·ed** *adj* ❶ (*very observant*) scharfsichtig ❷ (*alert*) scharfsinnig **sharp-ˈtem·pered** *adj* leicht erregbar **sharp-ˈtongued** *adj* scharfzüngig **sharp-ˈwit·ted** *adj* scharfsinnig

shat [ʃæt] *vi esp* BRIT *pt, pp of* **shit**

shat·ter [ˈʃætəʳ] I. *vi* zerspringen; **the glass ~ed into a thousand tiny pieces** das Glas zerbrach in tausend winzige Stücke II. *vt* ❶ (*smash*) zertrümmern; *health, nerves* zerrütten ❷ (*fig*) vernichten; **to ~ the calm** die Ruhe zerstören; **to ~ sb's dreams/illusions** jds Träume/Illusionen zunichtemachen ❸ BRIT (*fam: exhaust*) schlauchen

shat·tered [ˈʃætəd] *adj* (*fam*) ❶ (*upset*) am Boden zerstört ❷ BRIT (*exhausted*) völlig erschöpft, fix und fertig *präd fam*

shat·ter·ing [ˈʃætərɪŋ] *adj* (*fam*) ❶ (*very upsetting*) erschütternd ❷ (*destructive*) vernichtend ❸ BRIT (*exhausting*) aufreibend

shat·ter·proof [ˈʃætəpruːf] *adj* bruchsicher; *windscreen* splitterfrei

shave [ʃeɪv] I. *n* Rasur *f;* **I need a ~** ich muss mich rasieren; **a close ~** eine Glattrasur ▸ **a close ~** ein knappes Entkommen; **to have a close ~** gerade noch davonkommen II. *vi* sich rasieren; **to ~ under one's arms** sich *dat* die Achselhaare rasieren III. *vt* ❶ (*remove hair*) rasieren; **to ~ one's legs** sich *dat* die Beine rasieren ❷ (*decrease by stated amount*) verringern

shav·en [ˈʃeɪvən] *adj* rasiert; *head* kahl geschoren

shav·er [ˈʃeɪvəʳ] *n* Rasierapparat *m*

shav·ing [ˈʃeɪvɪŋ] I. *adj attr* Rasier- II. *n usu pl* Hobelspan *m*

ˈ**shav·ing brush** *n* Rasierpinsel *m* ˈ**shav·ing cream** *n* Rasiercreme *f* ˈ**shav·ing foam** *n no pl* Rasierschaum *m* ˈ**shav·ing mir·ror** *n* Rasierspiegel *m*

shawl [ʃɔːl] *n* Schultertuch *nt*

she [ʃiː, ʃi] I. *pron* ❶ (*female person, animal*) sie; ■ **~ who ...** (*particular person*) diejenige, die ...; (*any person*) wer ❷ (*inanimate thing*) es; (*for country*) es; (*for ship with name*) sie; (*for ship with no name*) es ❸ AUS, NZ (*fam: it*) es ▸ **who's ~, the cat's mother?** BRIT (*fam*) und wer soll sie sein? II. *n usu sing* ■ **a ~** (*person*) eine Sie; (*animal*) ein Weibchen *nt*

sheaf <*pl* **sheaves**> [ʃiːf] *n* Bündel *nt; of corn* Garbe *f*

shear <-ed, -ed *or* **shorn**> [ʃɪəʳ] I. *vt* ❶ (*remove fleece*) scheren ❷ (*hum fam: cut hair short*) **to ~ sb** jds Haare kurz scheren II. *vi* TECH abbrechen ◆ **shear off** I. *vt* ❶ (*cut off*) abscheren ❷ *usu passive* (*tear off*) **the wing of the plane had been ~ed off** die Tragfläche des Flugzeugs wurde abgerissen II. *vi* abbrechen

shears [ʃɪəz] *npl* TECH [große] Schere; *metal* Metallschere *f;* [**garden**] ~ Gartenschere *f*

sheath [ʃiːθ] *n* ❶ (*for knife, sword*) Scheide *f* ❷ (*casing*) Hülle *f;* (*case*) Futteral *nt; nerve* ~**s** MED Nervenhüllen *pl* ❸ BRIT (*condom*) Kondom *nt* ❹ FASHION ~ [**dress**] enges Kleid

sheathe [ʃiːð] *vt* ❶ (*put into sheath*) **to ~ a knife/sword** ein Messer/Schwert in die Scheide stecken ❷ (*cover*) ■ **to ~ sth in** [*or* **with**] **sth** etw mit etw *dat* umhüllen

ˈ**sheath knife** *n* Dolch *m*

she·bang [ʃɪˈbæŋ] *n no pl esp* AM (*fam*) Drum und Dran *nt;* **the whole ~** der ganze Kram

shed¹ [ʃed] *n* Schuppen *m;* **garden ~** Gartenhäuschen *nt;* **tool ~** Geräteschuppen *m*

shed² <-dd-, shed, shed> [ʃed] I. *vt* ❶ (*cast off*) ablegen; *antlers, leaves* abwerfen; *hair* verlieren; **to ~ a few kilos/**

pounds ein paar Kilo/Pfund abnehmen; **to ~ one's skin** sich häuten; **to ~ one's winter coat** das Winterfell verlieren ❷ (*get rid of*) ablegen; **to ~ one's inhibitions/insecurity** seine Hemmungen/Unsicherheit verlieren ❸ (*generate*) *blood, tears* vergießen; *light* verbreiten ❹ BRIT (*drop accidentally*) **a lorry has ~ a load of gravel across the road** ein LKW hat eine Ladung Kies auf der Straße verloren II. *vi snakes* sich häuten; *cats* haaren

'**shed·load** *n* (*sl*) ▪ **a ~** [*or* **~s**] **of sth** Unmengen von etw *dat*; **~ of cash** Unsummen Geld

sheen [ʃiːn] *n no pl* ❶ (*gloss*) Glanz *m* ❷ (*aura*) Ausstrahlung *f*

sheep <*pl* -> [ʃiːp] *n* Schaf *nt;* **flock of ~** Schafherde *f* ▸ **to separate the ~ from the goats** die Schafe von den Böcken trennen

'**sheep dip** *n* AGR Desinfektionsbad *nt* für Schafe '**sheep·dog** *n* Schäferhund *m* '**sheep·fold** *n* Schafhürde *f*

sheep·ish ['ʃiːpɪʃ] *adj* unbeholfen; *smile* verlegen

sheep·ish·ly ['ʃiːpɪʃli] *adv* verlegen, betreten

'**sheep·skin** *n* Schaffell *nt*

sheer[1] [ʃɪəʳ] I. *adj* ❶ (*utter*) pur, rein; **the ~ size of the thing takes your breath away** schon allein die Größe von dem Ding ist atemberaubend; **~ bliss** eine wahre Wonne; **~ coincidence** reiner [*o* purer] Zufall; **~ lunacy** purer [*o* schierer] Wahnsinn; **~ nonsense** blanker Unsinn ❷ (*vertical*) *cliff, drop* steil ❸ (*thin*) *material* hauchdünn; (*diaphanous*) durchscheinend II. *adv* (*liter*) steil

sheer[2] [ʃɪəʳ] *vi* ▸ **to ~ off** [*or* **away**] ❶ NAUT abscheren ❷ (*avoid*) ausweichen

sheet [ʃiːt] *n* ❶ (*for bed*) Laken *nt* ❷ *of paper* Blatt *nt; of heavy paper* Bogen *m;* **a ~ of paper** ein Blatt *nt* Papier ❸ *of material* Platte *f* ❹ (*large area*) **the rain is coming down in ~s** es regnet in Strömen; **~ of flame** Flammenwand *f;* **~ of ice** Eisschicht *f;* **~ of water** ausgedehnte Wasserfläche

'**sheet feed** *n* COMPUT Einzelblatteinzug *m* '**sheet light·ning** *n no pl* Wetterleuchten *nt* '**sheet met·al** *n* Blech *nt* '**sheet mu·sic** *n* Noten *pl*

sheik(h) [ʃeɪk, ʃiːk] *n* Scheich *m*

shelf <*pl* shelves> [ʃelf] *n* ❶ (*for storage*) [Regal]brett *nt,* Bord *nt;* (*set of shelves*) Regal *nt;* **to buy sth off the ~** etw ab Lager kaufen; *clothing* etw von der Stange kaufen ❷ GEOL (*horizontal portion of rock*) Schelf *m o nt* ▸ **to be** [**left**] **on the ~** (*fam*) sitzen geblieben sein

'**shelf life** *n no pl* Haltbarkeit *f;* **to have a short ~** eine kurze Haltbarkeit haben; (*fig*) bald wieder in Vergessenheit geraten

shell [ʃel] I. *n* ❶ (*exterior case*) *of egg, nut* Schale *f; of tortoise* Panzer *m; of pea* Hülse *f; of insect wing* Flügeldecke *f;* (*on beach*) Muschel *f* ❷ *of a building* Mauerwerk *nt* ❸ (*for artillery*) Granate *f;* AM (*cartridge*) Patrone *f* ❹ (*boat*) Rennruderboot *nt* ❺ FOOD [**pastry**] **~** [Mürbteig]boden *m* ▸ **to bring sb out of his/her ~** jdn aus der Reserve locken; **to come out of one's ~** aus sich *dat* herausgehen; **to crawl** [**back**] **into one's ~** sich in sein Schneckenhaus zurückziehen II. *vt* ❶ (*remove shell*) schälen; *nut* knacken; *pea* enthülsen ❷ (*bombard*) [mit Granaten] bombardieren ◆ **shell out** (*fam*) I. *vt* ▪ **to ~ sth** ↻ **out** für etw *akk* blechen II. *vi* ▪ **to ~ out for sb/sth** für jdn/etw bezahlen

shel·lac [ʃəˈlæk] *n* Schellack *m*

'**shell·fire** *n no pl* Geschützfeuer *nt,* Granatenbeschuss *m;* **to come under heavy ~** unter schweren Beschuss geraten '**shell·fish** <*pl* -> *n* Schalentier *nt*

shell·ing ['ʃelɪŋ] *n no pl* (*bombardment*) Bombardierung *f,* (*shellfire*) Geschützfeuer *nt*

'**shell shock** *n no pl* Kriegsneurose *f* '**shell-shocked** *adj* ❶ (*after battle*) kriegsneurotisch ❷ (*fam: dazed*) völlig geschockt

shel·ter ['ʃeltəʳ] I. *n* ❶ *no pl* Schutz *m;* **to find/take ~** Schutz finden/suchen ❷ (*structure*) Unterstand *m;* (*sth to sit in*) Häuschen *nt;* (*building for the needy*) Heim *nt;* **air raid ~** Luftschutzraum *m;* **bus ~** Bushäuschen *nt;* **a ~ for the homeless/battered wives** ein Obdachlosenheim *nt*/Frauenhaus *nt* II. *vi* Schutz suchen III. *vt* ❶ (*protect*) schützen (**from** vor) ❷ AM (*from tax*) **to ~ income from tax** Einkommen steuerlich nicht abzugsfähig machen

shel·tered ['ʃeltəd] *adj* ❶ (*against weather*) geschützt ❷ (*pej: overprotected*) [über]behütet ❸ AM (*tax-protected*) steuerfrei

shelve[1] [ʃelv] *vt* ❶ (*postpone*) aufschieben; POL vertagen ❷ (*erect shelves*) mit Regalen ausstatten

shelve[2] [ʃelv] *vi* GEOL abfallen

shelves [ʃelvz] *n pl of* **shelf**

shelv·ing ['ʃelvɪŋ] *n no pl* Regale *pl*

she·nani·gans [ʃɪˈnænɪgənz] *npl* (*pej fam*) ❶ (*fraud*) Betrug *m kein pl*; (*trickery*) krumme Dinger ❷ (*pranks*) [derbe] Späße

shep·herd [ˈʃepəd] **I.** *n* Schäfer(in) *m(f)*; (*fig*) [Seelen]hirte *m*; **the Lord is my ~** der Herr ist mein Hirte **II.** *vt* ❶ (*look after*) hüten ❷ (*guide*) **to ~ sb towards the door** jdn zur Tür führen

shep·herd·ess <*pl* -es> [ˌʃepəˈdes] *n* Schäferin *f*

shep·herd's 'pie *n Auflauf aus Hackfleisch und Kartoffelbrei*

sher·bet *n*, **sher·bert** [ˈʃɜːbət] *n no pl* BRIT, AUS (*sweet powder*) Brausepulver *nt*

sher·iff [ˈʃerɪf] *n* ❶ AM (*law officer*) Sheriff *m* ❷ BRIT (*county official*) Grafschaftsvogt *m*/-vögtin *f* ❸ SCOT (*judge*) Amtsrichter(in) *m(f)*

sher·ry [ˈʃeri] *n* Sherry *m*

Shet·land Is·lands *npl*, **Shet·lands** [ˈʃetləndz] *npl* ■ **the ~** die Shetlandinseln *pl*

shield [ʃiːld] **I.** *n* ❶ (*defensive weapon*) [Schutz]schild *m* ❷ (*with coat of arms*) [Wappen]schild *m o nt* ❸ (*protective device*) Schutz *m kein pl*; (*screen*) Schutzschirm *m*; ELEC Abschirmung *f* ❹ (*protection*) Schutz *m kein pl* (**against** gegen); **the ozone layer acts as a ~ protecting the earth from the sun's radiation** die Ozonschicht schirmt die Erde vor der Sonneneinstrahlung ab ❺ SPORTS Trophäe *f* **II.** *vt* beschützen (**from** vor); **to ~ one's eyes** die Augen schützen

shift [ʃɪft] **I.** *vt* ❶ (*move*) [weg]bewegen; (*move slightly*) *furniture* verschieben ❷ (*transfer elsewhere*) **to ~ the blame onto sb** die Schuld auf jdn abwälzen; **to ~ the emphasis** die Betonung verlagern ❸ *esp* AM MECH **to ~ gears** schalten ❹ BRIT, AUS (*fam: get rid of*) wegmachen **II.** *vi* ❶ (*move*) sich bewegen; (*change position*) die (o seine) Position verändern; **it won't ~** es lässt sich nicht bewegen; **she ~ed uneasily from one foot to the other** sie trat unruhig von einem Fuß auf den anderen; **media attention has ~ed recently onto environmental issues** die Medien haben ihr Interesse neuerdings den Umweltthemen zugewandt ❷ *esp* AM AUTO ■ **to ~ up/down** hinauf-/hinunterschalten; **to ~ into reverse** den Rückwärtsgang einlegen ❸ BRIT (*sl: move over*) **would you ~** rutsch mal rüber *fam* **III.** *n* ❶ (*alteration*) Wechsel *m*, Änderung *f*; **a ~ in the balance of power** eine Verlagerung im Gleichgewicht der Kräfte; **a ~ in opinion** ein Meinungsumschwung *m* ❷ LING Lautverschiebung *f*; **consonant/vowel ~** Konsonanten-/Vokalverschiebung *f* ❸ (*period of work*) Schicht *f*; **day/night ~** Tag-/Nachtschicht *f*; **to work in ~s** Schicht arbeiten ❹ + *sing/pl vb* (*people working a shift*) Schicht *f* ❺ (*type of dress*) Hänger *m*

shift·i·ly [ˈʃɪftɪli] *adv* (*evasively*) ausweichend; (*suspiciously*) verdächtig

shift·i·ness [ˈʃɪftɪnəs] *n no pl* Unaufrichtigkeit *f*; *of person, character* Fragwürdigkeit *f*

shift·ing [ˈʃɪftɪŋ] *adj attr* sich verändernd

'shift key *n of a typewriter* Umschalter *m*; COMPUT Shifttaste *f*

'shift work *n no pl* Schichtarbeit *f* **'shift work·er** *n* Schichtarbeiter(in) *m(f)*

shifty [ˈʃɪfti] *adj* hinterhältig; **~ eyes** unsteter Blick; **to look ~** verdächtig aussehen

Shi·ite [ˈʃiːaɪt] **I.** *n* Schiit(in) *m(f)* **II.** *adj* schiitisch

shil·ling [ˈʃɪlɪŋ] *n* (*hist*) Schilling *m* (*alte britische Münze im Wert von 5 Pence*)

shilly-shal·ly <-ie-> [ˈʃɪliʃæli] *vi* (*pej fam*) schwanken

shim·mer [ˈʃɪmə'] **I.** *vi* schimmern **II.** *n usu sing* Schimmer *m*

shim·my [ˈʃɪmi] **I.** *n* ❶ (*dance*) ■ **the ~** der Shimmy; **to do the ~** den Shimmy tanzen ❷ *no pl* TECH Flattern *nt* **II.** *vi* <-ie-> ❶ (*dance the shimmy*) den Shimmy tanzen; (*walk with sway*) *sich beim Gehen in den Hüften wiegen*; **she shimmied through the door** mit einem eleganten Hüftschwung ging sie durch die Tür ❷ TECH (*shake*) *wheel* flattern; (*vibrate*) *wheel* vibrieren

shin [ʃɪn] **I.** *n* ❶ (*of leg*) Schienbein *nt* ❷ *no pl of beef* Hachse *f* **II.** *vi* <-nn-> ■ **to ~ down/up [sth]** [rasch] [etw] hinunter-/hinaufklettern

shin·dig [ˈʃɪndɪg] *n*, **shin·dy** [ˈʃɪndi] *n* (*fam*) ❶ (*loud party*) [wilde] Fete ❷ (*argument*) Krach *m fam*

shine [ʃaɪn] **I.** *n no pl* Glanz *m* ▶ **come rain or ~** komme, was da wolle; **to take a ~ to sb** jdn ins Herz schließen **II.** *vi* <shone *or* shined, shone *or* shined> ❶ (*give off light*) *moon, sun* scheinen; *stars* leuchten; *gold, metal* glänzen; *light* leuchten, scheinen ❷ (*be gifted*) glänzen ❸ (*show happiness*) **her eyes shone with happiness** ihre Augen strahlten vor Glück **III.** *vt* <shone *or* shined, shone *or* shined> ❶ (*point light*) **to ~ a beam of light at sb/sth** jdn/etw anstrahlen; **to ~ a torch** [*or* AM **flashlight**] **into sth** [mit einer Taschenlampe] in etw *akk* hineinleuchten ❷(*polish*) polieren ◆**shine down** *vi* herabscheinen ◆**shine out** *vi* ❶(*be easily seen*) [auf]leuchten ❷(*excel, stand out*) herausragen

shin·er ['ʃaɪnə^r] *n* (*fam: black eye*) Veilchen *nt*

shin·gle ['ʃɪŋgl̩] *n* ❶ *no pl* (*pebbles*) Kies *m* ❷(*tile*) Schindel *f*

shin·gles ['ʃɪŋglz] *npl + sing vb* MED Gürtelrose *f*

shin·ing ['ʃaɪnɪŋ] *adj* ❶(*gleaming*) glänzend ❷(*with happiness*) strahlend ❸(*outstanding*) hervorragend; *example* leuchtend ▶**a knight in ~ armour** ein edler Ritter

shiny ['ʃaɪni] *adj* glänzend; (*very clean*) *surface, metal* [spiegel]blank; ■**to be ~** glänzen

ship [ʃɪp] **I.** *n* Schiff *nt*; **cargo/passenger ~** Fracht-/Passagierschiff *nt*; **merchant ~** Handelsschiff *nt*; **naval ~** Schiff *nt* der Marine; **sailing ~** Segelschiff *nt*; **by ~** mit dem Schiff; (*goods*) per Schiff **II.** *vt* <-pp-> ❶(*send by boat*) verschiffen ❷(*transport*) transportieren ◆**ship off** *vt* ❶(*send by ship*) verschiffen; *goods* per Schiff verschicken ❷(*fam: send away*) wegschicken ◆**ship out I.** *vt* per Schiff senden **II.** *vi* (*fam*) sich verziehen

'**ship·board** *adj attr* Bord- '**ship·build·er** *n* ❶(*person*) Schiff[s]bauer(in) *m(f)* ❷(*business*) Werft *f* '**ship·build·ing** *n no pl* ❶(*person*) Schiffbau *m* '**ship·load** *n* Schiffsladung *f* '**ship·mate** *n* Schiffskamerad(in) *m(f)*

ship·ment ['ʃɪpmənt] *n* ❶(*consignment*) Sendung *f* ❷ *no pl* (*dispatching*) Transport *m*

'**ship·own·er** *n* ❶(*inland navigation*) Schiffseigner(in) *m(f)* ❷(*ocean navigation*) Reeder(in) *m(f)*

ship·per ['ʃɪpə^r] *n* ❶(*person*) Spediteur(in) *m(f)* ❷(*business*) Spediteur *m*; **wine ~** Weinlieferant *m*

ship·ping ['ʃɪpɪŋ] *n no pl* ❶(*ships*) Schiffe *pl* [eines Landes]; **weather forecast for ~** Seewetterbericht *m* ❷(*transportation of goods*) Versand *m*; (*by ship*) Verschiffung *f* '**ship·ping agen·cy** *n* Schiffsagentur *f*; (*courier*) Zustelldienst *m*; (*for packages also*) Paketdienst *m* '**ship·ping agent** *n* ❶(*courier*) Zustelldienst *m* ❷(*shipper*) Schiffsagent(in) *m(f)*; (*company also*) Seehafenspeditionsfirma *f* '**ship·ping de·part·ment** *n* Versandabteilung *f* '**ship·ping lane** *n* Schifffahrtsweg *m* '**ship·ping of·fice** *n* ❶(*of shipping master*) Seemannssamt *nt* ❷(*of shipping agent*) Schiffsmaklerbüro *nt* ❸(*courier*) Kurierdienst *m*; (*for packages also*) Paketdienst *m*

ship's '**chan·dler** *n* ❶(*person*) Schiffsausrüster(in) *m(f)* ❷(*business*) Schiffsausrüster *m*

'**ship·shape** *adj pred* (*fam*) aufgeräumt; **to get sth ~** etw aufräumen '**ship·way** *n* NAUT Stapel *m* '**ship·wreck I.** *n* ❶(*accident*) Schiffbruch *m* ❷(*remains*) [Schiffs]wrack *nt* **II.** *vt usu passive* ■**to be ~ed** ❶ NAUT Schiffbruch erleiden ❷(*fail*) scheitern **ship·wright** ['ʃɪpraɪt] *n* Schiffszimmermann *m* '**ship·yard** *n* [Schiffs]werft *f*

shire ['ʃaɪə^r] *n* BRIT (*hist*) Grafschaft *f*

'**shire horse** *n* schweres englisches Zugpferd

shirk [ʃɜːk] (*pej*) **I.** *vt* meiden; **to ~ one's responsibilities** sich seiner Verantwortung entziehen **II.** *vi* ■**to ~ from sth** sich etw *dat* entziehen

shirk·er ['ʃɜːkə^r] *n* (*pej*) Drückeberger(in) *m(f) fam*

shirt [ʃɜːt] *n* Hemd *nt* ▶**to give sb the ~ off one's back** sein letztes Hemd für jdn hergeben; **keep your ~ on!** reg dich ab! '**shirt col·lar** *n* Hemdkragen *m* '**shirt front** *n* Hemdbrust *f* '**shirt·sleeve** *n usu pl* Hemdsärmel *m* ▶**to roll up one's ~s** die Ärmel hochkrempeln

shirty ['ʃɜːti] *adj* BRIT, AUS (*pej fam*) sauer *sl*; **don't get ~ with me!** sei nicht so griesgrämig!

shit [ʃɪt] (*fam!*) **I.** *n* ❶ *no pl* (*faeces*) Scheiße *f derb*, Kacke *f derb*; **dog ~** Hundekacke *f fam* ❷(*diarrhoea*) ■**the ~s** *pl* Dünnschiss *m kein pl derb* ❸ *no pl* (*nonsense*) Scheiße *m derb*; **a load of ~** ein einziger Mist ❹ *no pl* (*unfairness*) **Jackie doesn't take any ~ from anyone** Jackie lässt sich von niemandem was gefallen *fam* ❺ *no pl* AM (*anything*) **he doesn't know ~ about what's going on** er hat keinen blassen Schimmer, was los ist *fam* ▶**to be up ~[s] creek [without a paddle]** [tief] in der Scheiße stecken *derb*; **to beat the ~ out of sb** aus jdm Hackfleisch machen *fam*; [**the**] **~ hits the fan** es gibt Ärger **II.** *interj* Scheiße *derb* **III.** *vi* <-tt-, shit *or* shitted *or* BRIT *also* shat, shit *or* shitted *or* BRIT *also* shat> scheißen *derb* **IV.** *vt* <-tt-, shit *or* shitted *or* BRIT *also* shat, shit *or* shitted *or* BRIT *also* shat> (*scare*) **to ~ bricks** sich *dat* vor Angst in die Hosen machen *fam*; ■**to ~ oneself** sich *dat* in die Hosen machen *fam*

shite [ʃaɪt] Brit I. *n* ❶ *no pl* (*fam!: shit*) Scheiße *f derb*, Kacke *f derb* ❷ *no pl* (*fam!: rubbish*) Scheiße *f derb* II. *interj* (*fam!*) Scheiße *derb*

shit·ty [ˈʃɪti] *adj* (*fam!*) ❶ (*nasty*) beschissen *derb* ❷ (*ill*) ▪ **to feel ~** sich beschissen fühlen *derb*

shiv·er [ˈʃɪvəʳ] I. *n* ❶ (*shudder*) Schauder *m;* **a ~ went up and down my spine** mir lief es kalt den Rücken hinunter ❷ MED ▪ **the ~s** *pl* Schüttelfrost *m kein pl;* **to give sb the ~s** (*fig fam*) jdn das Fürchten lehren II. *vi* zittern; **to ~ with cold** frösteln; **to ~ like a leaf** wie Espenlaub zittern

shiv·ery [ˈʃɪvəri] *adj* fröstelnd; **to feel ~** frösteln

shoal[1] [ʃəʊl] *n* ❶ (*of fish*) Schwarm *m* ❷ (*many*) Massen *pl;* **~s of letters** Massen *pl* von Briefen; ▪ **in ~s** in Massen

shoal[2] [ʃəʊl] I. *n* ❶ (*area of shallow water*) seichte Stelle ❷ (*sand bank*) Sandbank *f* II. *vi water* flacher werden

shock[1] [ʃɒk] I. *n* ❶ (*unpleasant surprise*) Schock *m;* **prepare yourself for a ~** mach dich auf etwas Schlimmes gefasst; **to give sb the ~ of his/her life** jdn zu Tode erschrecken; **a ~ to the system** eine schwierige Umstellung; **to come as a ~** ein Schock sein ❷ (*fam: electric shock*) elektrischer Schlag ❸ *no pl* (*serious health condition*) Schock[zustand] *m;* **to be in [a state of] ~** unter Schock stehen ❹ *no pl* (*impact*) Aufprall *m* ▶ **~, horror!** (*iron*) oh Schreck, oh Graus! *hum* II. *vt* schockieren; **to ~ sb deeply** jdn zutiefst erschüttern III. *vi* schockieren; (*deeply*) erschüttern IV. *adj attr esp* Brit, Aus (*surprising*) überraschend

shock[2] [ʃɒk] *n* **~ of hair** [Haar]schopf *m*

'shock ab·sorb·er *n* AUTO Stoßdämpfer *m*

shocked [ʃɒkt] *adj* schockiert, entsetzt; **a ~ silence** erschrockenes Schweigen

shock·er [ˈʃɒkəʳ] *n* (*fam*) ❶ (*shocking thing*) Schocker *m;* **the Sun's headline was a deliberate ~** die Schlagzeile der Sun sollte schockieren ❷ (*very bad thing*) Katastrophe *f* ❸ (*crazy person*) abgedrehter Typ *sl*

shock·ing [ˈʃɒkɪŋ] *adj* ❶ (*distressing*) schockierend ❷ *esp* AM (*surprising*) völlig überraschend ❸ (*offensive*) schockierend; **~ crime** abscheuliches Verbrechen ❹ *esp* Brit (*fam: appallingly bad*) schrecklich, furchtbar; *weather* scheußlich; **my memory is ~** ich habe ein furchtbar schlechtes Gedächtnis

shock·ing·ly [ˈʃɒkɪŋli] *adv* ❶ (*distressingly*) erschreckend ❷ (*extremely*) extrem; **they charge ~ high prices** sie verlangen unverschämt hohe Preise

'shock·proof *adj* ❶ (*undamageable*) bruchsicher ❷ (*not producing electric shock*) berührungssicher **'shock thera·py** *n*, **'shock treat·ment** *n* Schocktherapie *f* **'shock troops** *npl* Stoßtruppen *pl* **'shock wave** *n* ❶ PHYS Druckwelle *f* ❷ (*fig*) **the news sent ~s through the financial world** die Nachrichten erschütterte die Finanzwelt

shod [ʃɒd] I. *pt, pp of* **shoe** II. *adj* beschuht; **~ in boots** in Stiefeln

shod·dy [ˈʃɒdi] *adj* (*pej*) ❶ (*poorly produced*) schlampig [gearbeitet] *fam;* (*run down*) schäbig; *goods* minderwertig ❷ (*inconsiderate*) schäbig

shoe [ʃuː] I. *n* ❶ (*for foot*) Schuh *m;* **a pair of ~s** ein Paar *nt* Schuhe ❷ (*horseshoe*) Hufeisen *nt* ❸ TRANSP [**brake**] **~** [Brems]backe *f* ▶ **I wouldn't** like **to be in your/her ~s** ich möchte nicht in deiner/ihrer Haut stecken; **to put oneself in sb's ~s** sich in jds Lage versetzen; **if I** were **in your ~s** (*fam*) wenn ich du wäre, an deiner Stelle II. *vt* <shod *or* AM *also* shoed, shod *or* AM *also* shoed> **to ~ a horse** ein Pferd beschlagen

'shoe·horn I. *n* Schuhlöffel *m* II. *vt usu passive* ▪ **to ~ sb/sth into sth** jdn/etw in etw *akk* hineinzwängen **'shoe·lace** *n usu pl* Schnürsenkel *m;* **to do up one's ~s** sich *dat* die Schuhe zubinden **'shoe·mak·er** *n* Schuster(in) *m(f)* **'shoe pol·ish** *n no pl* Schuhcreme *f* **shoe-re·'pair shop** *n* Schusterwerkstatt *f* **'shoe·shine** *n esp* AM Schuhputzen *nt kein pl* **'shoe·shine boy** *n esp* AM Schuhputzer *m* **'shoe shop** *n*, **'shoe store** *n* Schuhgeschäft *nt* **'shoe size** *n* Schuhgröße *f* **'shoe·string** *n usu pl* AM Schnürsenkel *m* ▶ **to do sth on a ~** (*fam*) etw mit wenig Geld tun **'shoe tree** *n* Schuhspanner *m*

shone [ʃɒn] *pt, pp of* **shine**

shoo [ʃuː] (*fam*) I. *interj* (*to child*) husch [husch] II. *vt* wegscheuchen

shook [ʃʊk] *n pt of* **shake**

shoot [ʃuːt] I. *n* ❶ (*on plant*) Trieb *m;* **green ~s** (*fig*) erste [hoffnungsvolle] Anzeichen ❷ (*hunt*) Jagd *f* ❸ PHOT Aufnahmen *pl* II. *vi* <shot, shot> ❶ (*discharge weapon*) schießen (**at** auf); **to ~ to kill** mit Tötungsabsicht schießen ❷ SPORTS schießen ❸ + *adv/prep* (*move rapidly*) **to ~ to fame** über Nacht berühmt werden; ▪ **to ~ past** *car* vorbeischießen ❹ (*film*) filmen, drehen; (*take photos*) fotografieren ❺ AM (*aim*) ■ **to ~ for** [*or* **at**] **sth** etw anstreben ❻ (*say it*) **~!** schieß los! *fam* **III.** *vt* <shot, shot> ❶ (*fire*) ■ **to ~ sth** *bow, gun* mit etw *dat* schießen; *arrow* etw abschießen; *bullet* etw abfeuern ❷ (*hit*) anschießen; (*dead*) erschießen; **to be shot in the head/leg** in den Kopf/ins Bein getroffen werden ❸ PHOT *film* drehen; *picture* machen ❹ (*direct*) **to ~ a glance at sb** einen schnellen Blick auf jdn werfen; **to ~ questions at sb** jdn mit Fragen bombardieren ❺ (*score*) schießen ❻ *esp* AM (*fam: play*) **to ~ baskets** Basketball spielen ❼ (*sl: inject illegally*) **to ~ heroin** sich *dat* Heroin spritzen ◆ **shoot down** *vt* ❶ (*kill*) erschießen ❷ AVIAT, MIL abschießen ❸ (*fam: refute*) niedermachen ◆ **shoot off** **I.** *vt usu passive* wegschießen ▸ **to ~ one's mouth off** (*sl*) sich *dat* das Maul zerreißen *derb* **II.** *vi vehicle* schnell losfahren; *people* eilig aufbrechen ◆ **shoot out I.** *vi* ❶ (*emerge suddenly*) plötzlich hervorschießen ❷ (*gush forth*) *water* herausschießen; *flames* hervorbrechen **II.** *vt* ❶ (*extend*) **he shot out a hand to catch the cup** er streckte blitzschnell die Hand aus, um die Tasse aufzufangen ❷ (*have gunfight*) ■ **to ~ it out** etw [mit Schusswaffen] austragen ◆ **shoot up I.** *vi* ❶ (*increase rapidly*) schnell ansteigen; *skyscraper* in die Höhe schießen ❷ (*fam: grow rapidly*) *child* schnell wachsen ❸ (*sl: inject narcotics*) sich *dat* einen Schuss verpassen *sl* **II.** *vt* (*inject illegally*) sich *dat* spritzen

shoot·ing [ˈʃuːtɪŋ] **I.** *n* ❶ (*attack with gun*) Schießerei *f*; (*from more than one side*) Schusswechsel *m*; (*killing*) Erschießung *f* ❷ *no pl* (*firing guns*) Schießen *nt* ❸ *no pl* (*sport*) Jagen *nt*; **grouse ~** Moorhuhnjagd *f* ❹ *no pl* FILM Drehen *nt* **II.** *adj attr* **~ pain** stechender Schmerz

ˈshoot·ing gal·lery *n* ❶ (*for target practice*) Schießstand *m* ❷ (*sl: for narcotics users*) Ort, an dem man sich Rauschgift spritzt ˈshoot·ing jack·et *n* Jägerjacke *f* ˈshoot·ing lodge *n* Jagdhütte *f* ˈshoot·ing range *n* Schießstand *m* ˈshoot·ing sea·son *n* Jagdzeit *f* ˈshoot·ing star *n* ❶ (*meteor*) Sternschnuppe *f* ❷ (*person*) Shootingstar *m* ˈshoot·ing stick *n* Jagdstock *m*

ˈshoot-out *n* Schießerei *f*

shop [ʃɒp] **I.** *n* ❶ (*store*) Geschäft *nt*, Laden *m*; **baker's ~** *esp* BRIT Bäckerei *f*; **betting ~** BRIT Wettbüro *nt*; **to go to the ~s** einkaufen gehen; **to set up ~** (*open a shop*) ein Geschäft eröffnen; (*start out in business*) ein Unternehmen eröffnen ❷ BRIT, AUS (*shopping*) Einkauf *m*; **to do the ~** einkaufen [gehen] ▸ **to be all over the ~** BRIT (*fam*) ein [völliges] Durcheinander sein; **to talk ~** über die Arbeit reden, fachsimpeln *fam* **II.** *vi* <-pp-> ❶ einkaufen; **to ~ for bargains** auf Schnäppchenjagd sein *fam*; **to ~ till you drop** (*hum*) eine Shoppingorgie veranstalten

shopaholic [ʃɒpəˈhɒlɪk] *n* Einkaufssüchtige(r) *f/m*

ˈshop as·sis·tant *n* Verkäufer(in) *m(f)* ˈshop·fit·ter *n* Ladenausstatter(in) *m(f)* shop ˈfloor *n* ❶ (*work area*) Produktionsstätte *f* ❷ + *sing/pl vb* (*manual workers*) ■ **the ~** die Belegschaft ˈshop·front *n* Ladenfront *f* ˈshop girl *n* (*dated*) Verkäuferin *f* ˈshop·keep·er *n* Ladeninhaber(in) *m(f)* ˈshop·keep·ing *n no pl* Führen *nt* eines Geschäfts ˈshop·lift·er *n* Ladendieb(in) *m(f)* ˈshop·lift·ing *n no pl* Ladendiebstahl *m*

shop·per [ˈʃɒpəʳ] *n* Käufer(in) *m(f)*

shop·ping [ˈʃɒpɪŋ] *n no pl* ❶ (*buying in shops*) Einkaufen *nt*; **late night ~** *langer*, verkaufsoffener Abend; **to do the ~** einkaufen [gehen]; **to do the Christmas ~** die Weihnachtseinkäufe erledigen; **to go ~** einkaufen gehen ❷ (*purchases*) Einkäufe *pl*; **bags of ~** volle Einkaufstaschen; **Christmas ~** Weihnachtseinkäufe *pl*

ˈshop·ping ar·cade *n* Einkaufspassage *f* ˈshop·ping bag *n* Einkaufstasche *f*; AM (*carrier bag*) Tragetasche *f*; **plastic ~** Plastiktragetasche *f* ˈshop·ping bas·ket *n* Einkaufskorb *m* ˈshop·ping cart *n* AM Einkaufswagen *m* ˈshop·ping cen·tre *n*, AM ˈshop·ping cen·ter *n* Einkaufszentrum *nt* ˈshop·ping list *n* ❶ (*of goods to be purchased*) Einkaufsliste *f* ❷ (*agenda*) Katalog *m* der geplanten Maßnahmen ˈshop·ping mall *n* esp AM, AUS überdachtes Einkaufszentrum *nt* ˈshop·ping street *n* Geschäftsstraße *f* ˈshop·ping trol·ley *n* BRIT Einkaufswagen *m*

ˈshop-soiled *adj* BRIT, AUS leicht beschädigt **shop** ˈstew·ard *n* Gewerkschaftsvertreter(in) *m(f)* ˈshop talk *n no pl* Fachsimpelei *f fam* ˈshop·walk·er *n* BRIT [Kaufhaus]abteilungsleiter(in) *m(f)* **shop** ˈwin·dow *n* ❶ (*display area*) Schaufenster *nt* ❷ (*showcase*) Schaufenster *nt* ˈshop·worn *adj* ❶ AM (*shop·soiled*) leicht beschädigt ❷ (*overused*) abgedroschen

shore[1] [ʃɔːʳ] *n* ❶ (*coast*) Küste *f*; *of river*;

lake Ufer *nt;* (*beach*) Strand *m;* **off** [**the**] ~ vor der Küste; **on** ~ an Land ❷ (*country*) ■ ~**s** *pl* Land *nt*
shore² [ʃɔːʳ] *n* Strebebalken *m* ◆**shore up** *vt* abstützen; (*fig*) aufbessern
'**shore leave** *n no pl* Landurlaub *m*
'**shore·line** *n* Küstenlinie *f*
shorn [ʃɔːn] *pp of* **shear**
short [ʃɔːt] **I.** *adj* ❶ (*not long*) kurz; **Bob's ~ for Robert** Bob ist die Kurzform von Robert ❷ (*not tall*) klein ❸ (*not far*) kurz; ~ **distance** kurze Strecke; **at ~ range** aus kurzer Entfernung ❹ (*brief*) kurz; **to have a ~ memory** ein kurzes Gedächtnis haben; **at ~ notice** kurzfristig; **in the ~ term** kurzfristig; **~ and sweet** kurz und schmerzlos ❺ (*not enough*) **we're still one person ~** uns fehlt noch eine Person; ■ **sb is ~ of sth** jdm mangelt es an etw *dat*; **we're a bit ~ of coffee** wir haben nur noch wenig Kaffee; **to be ~ of breath** außer Atem sein; **to be ~** [**of cash**] (*fam*) knapp bei Kasse sein; **to be ~ of space/time** wenig Platz/Zeit haben; **to be in ~ supply** schwer zu beschaffen sein ❻ LING ~ **vowel** kurzer Vokal ❼ *pred* (*not friendly*) ■ **to be ~** [**with sb**] [jdm gegenüber] kurz angebunden sein ▶ **to not be ~ of a bob or two** BRIT, AUS (*fam*) reich sein; **to have a ~ fuse** schnell wütend werden; **to have sb by the ~ and curlies** *esp* BRIT (*sl*) jdn in der Hand haben; **to make ~ shrift of sth** mit etw *dat* kurzen Prozess machen; **to draw the ~ straw** den Kürzeren ziehen **II.** *n* ❶ FILM Kurzfilm *m* ❷ ELEC (*fam*) Kurzer *m* ❸ BRIT (*fam: alcoholic drink*) Kurzer *m* **III.** *adv* **to cut sth ~** etw abkürzen; **they never let the children go ~** sie ließen es den Kindern an nichts fehlen; **to fall ~ of sth** etw nicht erreichen; **to fall ~ of expectations** den Erwartungen nicht entsprechen; **to stop sb ~** jdn unterbrechen; **to stop sth ~** etw abbrechen; **she stopped ~ of accusing him of lying** beinahe hätte sie ihm vorgeworfen, dass er log ▶ **in ~** kurz gesagt
short·age [ˈʃɔːtɪdʒ] *n* Mangel *m kein pl* (**of** an); **water ~** Wassermangel *m*
'**short·bread** *n no pl* Shortbread *nt* (*Buttergebäck*) '**short·cake** *n* ❶ (*biscuit*) Shortbread *nt* (*Buttergebäck*) ❷ *esp* AM (*layer cake*) Kuchen *m* mit Belag; (*with fruit*) [Torten]boden *m* **short·'change** *vt* ■ **to ~ sb** (*after purchase*) jdm zu wenig Wechselgeld herausgeben **short·'cir·cuit** *vt* (*shorten or avoid*) abkürzen
short·'com·ing *n usu pl* Mangel *m; of*

person Fehler *m; of system* Unzulänglichkeit *f* '**short·crust** *n,* **short·crust 'pas·try** *n no pl* Mürbeteig *m* '**short cut** *n* Abkürzung *f* '**short·cut key** *n* COMPUT Tastenkombination *f* **short·'dat·ed** *n* FIN kurzfristig [zahlbar]
short·en [ˈʃɔːtən] **I.** *vt* (*make shorter*) kürzen; *name* abkürzen **II.** *vi* ❶ (*become shorter*) kürzer werden ❷ (*reduce odds*) **the odds have ~ed on the German team winning the European Championship** die Chancen des deutschen Teams, die Europameisterschaft zu gewinnen, sind gestiegen
short·en·ing [ˈʃɔːtənɪŋ] *n no pl* AM, AUS Backfett *nt*
'**short·fall** *n* ❶ (*shortage*) Mangel *m kein pl* ❷ FIN (*deficit*) Defizit *nt* '**short·hand** *n no pl* Kurzschrift *f,* Stenografie *f;* **to do ~** stenografieren **short·'hand·ed** *adj* unterbesetzt; ■ **to be ~** zu wenig Personal haben
short·hand 'typ·ist *n* BRIT, AUS Stenotypist(in) *m(f)* '**short-haul** *adj attr* ❶ (*covering a short distance*) Kurzstrecken-; ~ **flight** Kurzstreckenflug *m;* ~ **trip** kurze Fahrt ❷ (*short-term*) Kurzzeit- '**short list** *n* Liste *f* der aussichtsreichsten Bewerber/Bewerberinnen; **to be on the ~** in der engeren Wahl sein '**short-list** *vt* in die engere Wahl ziehen '**short-lived** [-ˈlɪvd] *adj* kurzlebig; *happiness, triumph* kurz; ■ **to be ~** von kurzer Dauer sein
short·ly [ˈʃɔːtli] *adv* ❶ (*soon*) in Kürze, bald; ~ **after .../afterwards** kurz nachdem .../danach ❷ (*curtly*) kurz angebunden
short·ness [ˈʃɔːtnəs] *n no pl* ❶ (*in length, brevity*) Kürze *f* ❷ (*insufficiency*) Knappheit *f;* MED Insuffizienz *f;* ~ **of breath** Atemnot *f*
short 'or·der *n* AM ❶ (*order*) Bestellung *f* (*eines Schnellgerichts*) ❷ (*food*) Schnellgericht *nt* '**short-range** *adj* ❶ MIL Kurzstrecken- ❷ (*short-term*) kurzfristig; ~ **weather forecast** Wettervorhersage *f* für die nächsten Tage
shorts [ʃɔːts] *n pl* ❶ (*short trousers*) kurze Hose, Shorts *pl* ❷ AM (*underpants*) Unterhose *f*
short-'sight·ed *adj* kurzsichtig *a. fig*
short-sleeved [-ˌsliːvd] *adj* kurzärmelig
short-staffed [-ˈstɑːft] *adj* unterbesetzt
short 'sto·ry *n* Kurzgeschichte *f* **short-'tem·pered** [-ˈtempəd] *adj* cholerisch '**short-term** *adj* kurzfristig; ~ **memory** Kurzzeitgedächtnis *nt;* ~ **outlook** Aussichten *pl* für die nächste Zeit **short-term-**

ism [ʃɔːtˈtɜːmɪzᵊm] *n no pl* kurzfristiges Denken **short** ˈ**time** *n no pl* Kurzarbeit *f*; **to be on ~** kurzarbeiten ˈ**short wave** *n* ❶ (*radio wave*) Kurzwelle *f* ❷ (*radio*) Kurzwellenempfänger *m* **short-wind·ed** [-ˈwɪndɪd] *adj* kurzatmig

shot¹ [ʃɒt] I. *n* ❶ *of weapon* Schuss *m* ❷ SPORTS (*heavy metal ball*) Kugel *f* ❸ SPORTS (*in tennis, golf*) Schlag *m*; (*in handball, basketball*) Wurf *m*; (*in football, ice hockey*) Schuss *m* ❹ *no pl* (*ammunition*) Schrot *m o nt* ❺ (*photograph*) Aufnahme *f*, FILM Einstellung *f*; **to take a ~** ein Foto machen [*o* schießen] ❻ (*fam: injection*) Spritze *f*; (*fig*) Schuss *m sl* ❼ (*fam: attempt*) Gelegenheit *f*, Chance *f*; **to give it a ~** es mal versuchen *fam* ❽ *of alcohol* Schuss *m* ▸ **like a ~** (*fam*) wie der Blitz II. *vt, vi pp, pt of* **shoot**

shot² [ʃɒt] *adj* ❶ (*with colour*) schillernd *attr*; **~ silk** changierende Seide; **to be ~ with silver** silbrig glänzen ❷ (*fam: worn out*) ausgeleiert *fam*; **my nerves are ~** ich bin mit meinen Nerven am Ende ▸ **to be/ get ~ of sb/sth** jdn/etw los sein/loswerden

ˈ**shot·gun** *n* Schrotflinte *f* ▸ **to ride ~** AM (*fam*) vorne sitzen (*im Auto*) ˈ**shot put** *n* SPORTS ■**the ~** Kugelstoßen *nt kein pl* ˈ**shot put·ter** *n* Kugelstoßer(in) *m(f)*

should [ʃʊd] *aux vb* ❶ (*expressing advisability*) ■**sb/sth ~ ...** jd/etw sollte ...; **he said that I ~ see a doctor** er meinte, ich soll[t]e zum Arzt gehen; **you ~ be ashamed of yourselves** ihr solltet euch [was] schämen; **how kind! you really ~n't have!** wie nett! das war doch [wirklich] nicht nötig! ❷ (*asking for advice*) ■**~ sb/sth ...?** soll[te] jd/etw ...?; **~ I apologize to him?** soll[te] ich mich bei ihm entschuldigen? ❸ (*expressing expectation*) ■**sb/sth ~ ...** jd/etw sollte [*o* müsste] [eigentlich] ...; **you ~ find this guidebook helpful** dieser Führer wird dir sicher nützlich sein; **there ~n't be any problems** es dürfte eigentlich keine Probleme geben; **that ~ be safe enough** das dürfte [*o* müsste eigentlich] sicher genug sein; **could you have the report ready by Friday? — yes, I ~ think so** könnten Sie den Bericht bis Freitag fertig haben? – ja, ich glaube schon; **I don't like to drink more than one bottle of wine in an evening — I ~ think not!** ich mag pro Abend nicht mehr als eine Flasche Wein trinken – das will ich wohl meinen!; **I ~ be so lucky** (*fam*) schön wär's! ❹ (*expressing futurity*) ■**sb/sth ~ ...** jd/etw würde ... ❺ (*form: expressing a possibility*) **it seems very unlikely to happen, but if it ~, we need to be well-prepared** es scheint unwahrscheinlich, aber für den Fall, dass es doch passieren sollte, müssen wir gut vorbereitet sein; **he would be most welcome, ~ he be coming at all** er wäre höchst willkommen, falls er überhaupt kommt; **in case sb/sth ~ do sth** falls jd/etw etw tun sollte ❻ (*rhetorical*) ■**why ~ sb/sth ...?** warum sollte jd/etw ...? ❼ (*expressing surprise*) **I was just getting off the bus when who ~ I see but my old school friend Pat!** was glaubst du, wen ich gesehen habe, als ich aus dem Bus ausstieg – niemand anderen als meinen alten Schulfreund Pat! ❽ (*could*) **where's Stuart? — how ~ I know?** wo ist Stuart? – woher soll[te] ich das wissen? ❾ (*dated form: would*) **I ~ like a whisky before the meal** ich hätte vor dem Essen gern einen Whisky; **I ~n't worry about it if I were you** ich würde mir deswegen an deiner Stelle keine Sorgen machen

shoul·der [ˈʃəʊldəʳ] I. *n* ❶ (*joint*) Schulter *f*; **to lift a burden from sb's ~s** (*fig*) eine Last von jds Schultern nehmen; **a ~ to cry on** (*fig*) eine Schulter zum Ausweinen; **to glance over one's ~** einen Blick über die Schulter werfen; **to hunch one's ~s** die Schultern hochziehen; **to shrug one's ~s** mit den Achseln zucken ❷ FASHION (*in clothing*) Schulter *f* ❸ (*meat*) Schulter *f*; *of beef* Bug *m* ❹ *of road* Bankett *nt*; **hard/ soft ~** befestigtes/unbefestigtes Bankett II. *vt* ❶ (*push*) [mit den Schultern] stoßen; **to ~ one's way somewhere** sich irgendwohin drängen ❷ (*carry*) schultern; ■**to ~ sb** jdn auf die Schultern nehmen ❸ (*accept*) auf sich *akk* nehmen; **to ~ the cost of sth** die Kosten für etw *akk* tragen; **to ~ responsibility** Verantwortung übernehmen

ˈ**shoul·der bag** *n* Umhängetasche *f* ˈ**shoul·der blade** *n* Schulterblatt *nt* ˈ**shoul·der pad** *n* Schulterpolster *nt o* ÖSTERR *m*; SPORTS *also* Schulterschoner *m* ˈ**shoul·der strap** *n* Riemen *m* ˈ**shoul·der surf·ing** *n no pl* (*sl*) visuelle Datenausspähung (*Ausspähen von Passwörtern oder PIN-Nummern, indem man jdm bei der Eingabe über die Schulter sieht*)

shout [ʃaʊt] I. *n* ❶ (*loud cry*) Ruf *m*, Schrei *m*; **a ~ from the audience** ein Zuruf *m* aus dem Publikum; **a ~ of joy** ein Freudenschrei *m*; **a ~ of laughter** lautes

Gelächter ❷ BRIT, AUS (*fam:* round of drinks) Runde *f;* **whose ~ is it?** wer schmeißt die nächste Runde? **II.** *vi* schreien; ■**to ~ at sb** jdn anschreien; ■**to ~ to sb** jdm zurufen; **to ~ for help** um Hilfe rufen **III.** *vt* ❶ (*yell*) rufen, schreien; **to ~ abuse at sb** jdn lautstark beschimpfen ❷ BRIT, AUS (*fam: treat to*) **to ~ [sb] a drink** [jdm] ein Getränk ausgeben ♦**shout down** *vt* niederschreien *fam* ♦**shout out** *vt* [aus]rufen

shout·ing ['ʃaʊtɪŋ] **I.** *n no pl* Schreien *nt,* Geschrei *nt* **II.** *adj* **within ~ distance** in Rufweite; (*fig*) nahe [an + *dat*]

shove [ʃʌv] **I.** *n* Ruck *m;* **to give sth a ~** etw [weg]rücken **II.** *vt* ❶ (*push*) schieben; ■**to ~ sb around** jdn herumstoßen *fam;* ■**to ~ sth aside** etw beiseiteschieben ❷ (*place*) **to ~ sth into a bag** etw in eine Tasche stecken; ■**to ~ sth [down] somewhere** etw irgendwohin stellen ▶**~ it [up your arse]!** (*fam!, sl*) steck dir das sonst wohin! **III.** *vi* ❶ (*push*) drängen ❷ (*fam: move aside*) ■**to ~ along** [*or* **over**] beiseiterücken ♦**shove off** *vi* ❶ (*fam!, sl: go away*) abhauen *sl* ❷ NAUT (*push away*) [vom Ufer] abstoßen

shov·el ['ʃʌvəl] **I.** *n* ❶ (*tool*) Schaufel *f; of earthmoving machine* Baggerschaufel *f* ❷ (*shovelful*) **a ~ of coal/dirt/snow** eine Schaufel [voll] Kohle/Erde/Schnee **II.** *vt* <BRIT -ll- *or* AM *usu* -l-> schaufeln *a. fig;* **to ~ food into one's mouth** sich *dat* Essen in den Mund schaufeln **III.** *vi* <BRIT -ll- *or* AM *usu* -l-> schaufeln

show [ʃəʊ] **I.** *n* ❶ (*showing*) Demonstration *f geh;* **his refusal was a childish ~ of defiance** seine Weigerung war eine kindische Trotzreaktion; **~ of kindness** Geste *f* der Freundlichkeit; **~ of solidarity** Solidaritätsbekundung *f geh;* **~ of strength/unity** Demonstration *f* der Stärke/Einigkeit *geh* ❷ *no pl* (*display, impression*) Schau *f;* **just for ~** nur der Schau wegen; **to make a ~ of sth** etw zur Schau stellen ❸ *no pl* (*impressive sight*) Schauspiel *nt geh;* **a ~ of colour/flowers** eine Farben-/Blumenpracht ❹ (*exhibition, event*) Schau *f,* Ausstellung *f;* **slide ~** Diavortrag *m;* ■**to be on ~** ausgestellt sein ❺ (*entertainment*) Show *f;* (*on TV also*) Unterhaltungssendung *f;* (*at a theatre*) Vorstellung *f;* **puppet ~** Puppenspiel *nt;* **quiz ~** Quizsendung *f,* Quizshow *f;* **radio ~** Radioshow *f* ❻ *no pl* (*fam: activity, affair*) Sache *f;* (*situation*) Situation *f;* **who will run the ~ when she retires?** wer wird den Laden schmeißen, wenn sie in Pension geht? *fam;* **who's running the ~?** wer ist hier der Boss? *fam* ▶**good/poor ~!** (*dated fam*) gut [gemacht]!/schwache Leistung!; **let's get this ~ on the road** (*fam*) lasst uns die Sache [endlich] in Angriff nehmen; **the ~ must go on** (*saying*) die Show muss weitergehen; **~ of hands** [Abstimmung *f* per] Handzeichen *nt* **II.** *vt* <showed, shown *or* showed> ❶ (*display, project*) zeigen; (*exhibit*) ausstellen; (*perform*) vorführen; (*produce*) vorzeigen; **to ~ a film** einen Film zeigen; **to ~ one's passport at the border** seinen Pass an der Grenze vorzeigen ❷ (*expose*) sehen lassen; **this carpet ~s all the dirt** bei dem Teppich kann man jedes bisschen Schmutz sehen ❸ (*reveal*) zeigen; **he started to ~ his age** man konnte ihm langsam sein Alter sehen; **to ~ common sense/courage/initiative** gesunden Menschenverstand/Mut/Unternehmungsgeist beweisen; **to ~ promise** viel versprechend sein ❹ (*express*) zeigen; **to ~ compassion [for sb]** [mit jdm] Mitleid haben; **to ~ sb respect** jdm Respekt erweisen ❺ (*point out*) zeigen; (*represent*) darstellen; **it's ~ing signs of rain** es sieht nach Regen aus ❻ (*explain*) ■**to ~ sb sth** jdm etw zeigen; **to ~ sb the way** jdm den Weg zeigen ❼ (*record*) anzeigen; *statistics* [auf]zeigen; **to ~ a loss/profit** einen Verlust/Gewinn aufweisen ❽ (*prove*) beweisen; ■**to ~ [sb] how/why ...** [jdm] zeigen, wie/warum ...; ■**to ~ oneself [to be] sth** sich als etw erweisen ❾ (*escort*) ■**to ~ sb into/out of sth** jdn in etw *akk*/aus etw *dat* führen; ■**to ~ sb around a place** jdm einen Ort zeigen ▶**to ~ sb the door** jdm die Tür weisen; **to dare [to] ~ one's face** es wagen, aufzukreuzen *fam;* **to ~ one's true colours** Farbe bekennen; **that will ~ you/her** (*fam*) das wird dir/ihr eine Lehre sein **III.** *vi* <showed, shown *or* showed> ❶ (*be visible*) zu sehen sein, erscheinen; **she's four months pregnant and starting to ~** sie ist im vierten Monat schwanger, und allmählich sieht man es auch; **to let sth ~** sich *dat* etw anmerken lassen ❷ *esp* AM, AUS (*fam: arrive*) auftauchen ❸ (*be shown*) *film* laufen *fam;* **now ~ing at a cinema near you!** jetzt in Ihrem Kino! ❹ (*exhibit*) ausstellen ♦**show around** *vt* AM *see* **show round** ♦**show in** *vt* (*bring*) hereinführen; (*take*) hineinführen ♦**show off I.** *vt* ■**to ~ off ○ sb/sth** mit jdm/etw angeben **II.** *vi* angeben ♦**show out** *vt* hinausführen; **will you ~**

Ms Nester out please? würden Sie Frau Nester bitte zur Tür bringen?; **I'll ~ myself out** ich finde schon allein hinaus ◆ **show round** vt ❶ (escort) herumführen; **to ~ sb round the house** jdm das Haus zeigen ❷ (pass round) herumzeigen ◆ **show through** vi durchschimmern ◆ **show up** I. vi ❶ (appear) sich zeigen; **the drug does not ~ up in blood tests** das Medikament ist in Blutproben nicht nachweisbar ❷ (fam: arrive) auftauchen II. vt ❶ (make visible) zeigen ❷ (expose) aufdecken; ■ **to ~ up ○ sb** jdn entlarven ❸ (embarrass) bloßstellen

show·biz ['ʃəʊbɪz] n no pl (fam) short for **show business** Showbiz nt '**show·boat** AM I. n ❶ (ship) Theaterschiff nt ❷ (fam: show-off) Angeber(in) m(f) II. adj (fam) angeberisch III. vi (fam) angeben '**show business** n no pl Showbusiness nt, Showgeschäft nt '**show·case** I. n ❶ (container) Schaukasten m, Vitrine f ❷ (place/opportunity for presentation) Schaufenster nt II. vt ausstellen '**show·down** n Showdown m

show·er ['ʃaʊəʳ] I. n ❶ (brief fall) Schauer m; **~ of rain/snow** Regen-/Schneeschauer m ❷ (spray) Regen m; **to bring a ~ of praise upon sb** (fig) jdm viel Lob einbringen; **~ of sparks** Funkenregen m ❸ (for bathing) Dusche f; **to have a ~** duschen ❹ AM (party) Frauenparty vor einer Hochzeit, Geburt etc., bei der Geschenke überreicht werden II. vt ❶ (with liquid) bespritzen; **to ~ sb with champagne** jdn mit Champagner bespritzen ❷ (fig) **to ~ sb with compliments/presents** jdn mit Komplimenten/Geschenken überhäufen; **to ~ a town with missiles** eine Stadt unter Raketenbeschuss nehmen III. vi (take a shower) duschen '**show·er cap** n Duschhaube f '**show·er curtain** n Duschvorhang m '**show·er gel** n Duschgel nt

show·ery ['ʃaʊəri] adj mit vereinzelten Regenschauern nach n; **~ weather** regnerisches Wetter

'**show flat** n Musterwohnung f '**show·girl** n Revuegirl nt '**show·ground** n Veranstaltungsgelände nt '**show home**, '**show house** n BRIT Musterhaus nt

show·ing ['ʃəʊɪŋ] n usu sing ❶ (exhibition) Ausstellung f ❷ (broadcasting) Übertragung f ❸ (performance in competition) Vorstellung f

'**show jump·ing** n no pl Springreiten nt '**show·man** n Showman m

show·man·ship ['ʃəʊmənʃɪp] n no pl publikumswirksames Auftreten

shown ['ʃəʊn] vt, vi pp of **show**

'**show-off** n Angeber(in) m(f) '**show·piece** n Paradebeispiel nt '**show·room** n Ausstellungsraum m '**show trial** n Schauprozess m

showy ['ʃəʊi] adj auffällig

shrank [ʃræŋk] vt, vi pt of **shrink**

shrap·nel ['ʃræpnəl] n no pl Granatsplitter pl

shred [ʃred] I. n ❶ usu pl (thin long strip) Streifen m; **to leave sb's reputation in ~s** jds Ruf ruinieren; **to be in ~s** zerfetzt sein; **to rip sth to ~s** etw in Fetzen reißen; **to tear sb to ~s** (fig) jdn in Stücke reißen ❷ no pl (tiny bit) of hope Funke m; **there isn't a ~ of evidence** es gibt nicht den geringsten Beweis; **without a ~ of clothing on** splitter[faser]nackt II. vt <-dd-> paper, textiles zerkleinern; vegetables hacken

shred·der ['ʃredəʳ] n Reißwolf m, Shredder m; garden ~ Häcksler m

shrew [ʃru:] n ❶ (animal) Spitzmaus f ❷ (pej: woman) Hexe f

shrewd [ʃru:d] adj schlau, klug; eye scharf; move geschickt; **to make a ~ guess** gut raten

shrewd·ly ['ʃru:dli] adv (approv) schlau, klug; **she ~ predicted the stock market crash** sie sah den Zusammenbruch des Börsenmarkts scharfsinnig voraus

shrewd·ness ['ʃru:dnəs] n no pl (approv) Klugheit f

shrew·ish ['ʃru:ɪʃ] adj (pej) zänkisch

shriek [ʃri:k] I. n [schriller, kurzer] Schrei; **~ of seagull** Kreischen nt kein pl; **~ of delight** Freudenschrei m II. vi kreischen; (with laughter) brüllen; (with pain) schreien III. vt schreien; **to ~ abuse at sb** jdn lauthals beschimpfen

shrift [ʃrɪft] n ▶ **to get short ~ from sb** von jdm wenig Mitleid bekommen; **to give sb short ~** jdn kurz abfertigen; **to make short ~ of sth** mit etw dat kurzen Prozess machen

shrill [ʃrɪl] adj schrill

shrimp [ʃrɪmp] n ❶ <pl -s or -> (crustacean) Garnele f, Shrimp m ❷ (pej fam: very short person) Zwerg m hum

shrine [ʃraɪn] n Heiligtum nt; (casket for relics) Schrein m a. fig; (tomb) Grabmal nt; (place of worship) Pilgerstätte f

shrink [ʃrɪŋk] I. vi <shrank or esp AM shrunk, shrunk or AM also shrunken> ❶ (become smaller) schrumpfen; sweater eingehen ❷ (liter: cower) sich ducken;

■ **to ~ at sth** bei etw *dat* zusammenzucken ❸ (*pull back*) ■ **to ~ away** zurückweichen ❹ (*show reluctance*) ■ **to ~ from [doing] sth** sich vor etw *dat* drücken *fam* **II.** *vt* <shrank *or* AM *esp* shrunk, shrunk *or* AM *also* shrunken> schrumpfen lassen; **I shrank another shirt today** mir ist heute schon wieder ein Hemd eingelaufen; **to ~ costs** die Kosten senken **III.** *n* (*fam*) Psychiater(in) *m(f)*

shrink·age ['ʃrɪŋkɪdʒ] *n no pl* Schrumpfen *nt; of sweater* Eingehen *nt*

'**shrink-wrap I.** *n* Plastikfolie *f* **II.** *vt* **to ~ food** Nahrungsmittel in Frischhaltefolie einpacken; **to ~ a book** ein Buch einschweißen

shriv·el <BRIT -ll- *or* AM *usu* -l-> ['ʃrɪvəl] **I.** *vi* [zusammen]schrumpfen; *fruit* schrumpeln; *plants* welken; *skin* faltig werden; (*fig*) *profits* schwinden **II.** *vt* zusammenschrumpfen lassen; **to ~ the crops** die Ernte vertrocknen lassen ◆ **shrivel up** *vi* zusammenschrumpfen; *fruit* schrumpeln ▶ **to want to ~ up and die** in den Boden versinken wollen

shriv·elled, AM **shriv·eled** ['ʃrɪvəld] *adj fruit* verschrumpelt; *leaf* verwelkt; *skin* faltig

shroud [ʃraʊd] **I.** *n* ❶ (*burial wrapping*) Leichentuch *nt* ❷ (*covering*) Hülle *f*; **~ of dust** Staubschicht *f*; **a ~ of secrecy** (*fig*) ein Mantel *m* der Verschwiegenheit **II.** *vt* einhüllen; **~ed in darkness** in Dunkelheit gehüllt; **to ~ sth in secrecy** etw geheim halten

Shrove Tues·day [ˌʃrəʊv'tjuːzdeɪ] *n no art* Fastnachtsdienstag *m,* Faschingsdienstag *m* SÜDD, ÖSTERR

shrub [ʃrʌb] *n* Strauch *m,* Busch *m*

shrub·bery ['ʃrʌbəri] *n no pl* ❶ (*area planted with bushes*) Gebüsch *nt* ❷ (*group of bushes*) Sträucher *pl*

shrug [ʃrʌg] **I.** *n of one's shoulders* Achselzucken *nt kein pl* **II.** *vi* <-gg-> die Achseln zucken **III.** *vt* <-gg-> **to ~ one's shoulders** die Achseln zucken; (*fig*) tatenlos zusehen ◆ **shrug aside** *vt* ■ **to ~ aside** ⟳ **sth** etw mit einem Achselzucken abtun ◆ **shrug off** *vt* ❶ *see* **shrug aside** ❷ (*get rid of*) loswerden

shrunk [ʃrʌŋk] *vt, vi pp, pt of* **shrink**

shrunk·en ['ʃrʌŋkən] **I.** *adj* geschrumpft **II.** *vt, vi* AM *pp of* **shrink**

shuck [ʃʌk] *vt* AM ❶ FOOD *corn* schälen; *beans* enthülsen; *oysters* aus der Schale herauslösen ❷ (*remove*) **to ~ one's clothes** seine Kleider ausziehen

shucks [ʃʌks] *interj* AM (*fam*) **~, I wish I could have gone to the party** ach Mensch, hätte ich doch nur zur Party gehen können

shud·der ['ʃʌdər] **I.** *vi* zittern; *ground* beben; **I ~ to think what would have happened if ...** mir graut vor dem Gedanken, was passiert wäre, wenn ...; **to ~ with disgust/horror/loathing** vor Ekel/Grauen/Abscheu erschaudern *geh;* **to ~ to a halt** mit einem Rucken zum Stehen kommen **II.** *n* Schaudern *nt kein pl;* **Wendy gave a ~ of disgust** Wendy schüttelte sich vor Ekel; **to send a ~ through sb** jdn erschaudern lassen *geh*

shuf·fle ['ʃʌfl] **I.** *n* ❶ CARDS Mischen *nt kein pl* (*von Karten*)*;* **to give the cards a ~** die Karten mischen ❷ (*rearrangement*) Neuordnung *f kein pl* ❸ *esp* AM, AUS, CAN (*shake-up*) **cabinet ~** Kabinettsumbildung *f* ❹ *no pl of feet* Schlurfen *nt* **II.** *vt* ❶ (*mix*) *cards* mischen ❷ (*move around*) ■ **to ~ sth [around]** etw hin- und herschieben ❸ (*drag*) **to ~ one's feet** schlurfen **III.** *vi* ❶ CARDS Karten mischen ❷ (*sort through*) ■ **to ~ through sth** etw durchblättern ❸ (*drag one's feet*) schlurfen; ■ **to ~ along** (*fig*) sich dahinschleppen; ■ **to ~ around** herumzappeln *fam* ◆ **shuffle off** *vt* abschütteln

shun <-nn-> [ʃʌn] *vt* meiden; ■ **to ~ sb** jdm aus dem Weg gehen

shunt [ʃʌnt] **I.** *vt* ❶ RAIL rangieren ❷ (*move*) abschieben; ■ **to ~ sb** jdn schieben; (*get rid of*) jdn abschieben *fam* **II.** *n* ❶ RAIL Rangieren *nt kein pl* ❷ BRIT AUTO (*fam*) Bums *m*

shunt·ing ['ʃʌntɪŋ] *n* Rangieren *nt kein pl* '**shunt·ing en·gine** *n* Rangierlok[omotive] *f*

shush [ʃʊʃ] **I.** *interj* sch!, pst! **II.** *vt* (*fam*) ■ **to ~ sb** jdm sagen, dass er/sie still sein soll

shut [ʃʌt] **I.** *adj* geschlossen; *curtains* zugezogen; **to slam a door ~** eine Tür zuschlagen; **to slide ~** sich automatisch schließen ▶ **to be ~ of sb/sth** jdn/etw loswerden **II.** *vt* <-tt-, shut, shut> ❶ (*close*) schließen, zumachen; *book* zuklappen ❷ COMM (*stop operating*) schließen ❸ (*pinch*) **to ~ one's finger/hand in sth** sich *dat* den Finger/die Hand in etw *dat* einklemmen ▶ **~ your face** [*or* **mouth**]! (*fam!*) halt die Klappe! *fam;* **~ it!** (*fam!*) Klappe! *sl* **III.** *vi* <-tt-, shut, shut> ❶ (*close*) schließen, zumachen ❷ COMM (*stop operating*) schließen ◆ **shut away** *vt* einschließen, einsperren; ■ **to ~ oneself away** sich einschließen ◆**shut down** I. vt ❶ (*stop operating*) schließen ❷ (*turn off*) abstellen; *computer, system* herunterfahren II. vi *business, factory* zumachen; *engine* sich abstellen ◆**shut in** vt einschließen, einsperren; ■**to ~ oneself in** sich einsperren ◆**shut off** vt ❶ (*isolate*) ■**to ~ off** ⊃ **sb/ sth [from sth]** jdn/etw [von etw *dat*] isolieren; (*protect*) jdn/etw [von etw *dat*] abschirmen; **to ~ oneself off** sich zurückziehen ❷ (*turn off*) abstellen, ausmachen; *computer, system* herunterfahren ❸ (*stop providing*) einstellen; *funds* sperren; **to ~ off signals** Signale verhindern ◆**shut out** vt ❶ (*block out*) ausschließen; (*fig*) *thoughts* verdrängen; **to ~ out the light** das Licht abschirmen; **to ~ out pain** Schmerz ausschalten ❷ (*exclude*) ■**to ~ out sb [from sth]** jdn [von etw *dat*] ausschließen *a. fig* ❸ SPORTS (*prevent from scoring*) ■**to ~ out** ⊃ **sb** jdn zu null schlagen ◆**shut up** I. vt ❶ (*confine*) einsperren ❷ AUS, BRIT (*close*) schließen; **to ~ up shop** das Geschäft schließen; (*fig: stop business*) seine Tätigkeit einstellen ❸ (*fam: cause to stop talking*) zum Schweigen bringen; **to ~ sb up for good** jdn für immer zum Schweigen bringen II. vi ❶ AUS, BRIT (*close*) [seinen Laden] zuschließen ❷ (*fam: stop talking*) den Mund halten

'**shut·down** n Schließung f '**shut·eye** n no pl esp AM (*fam*) Nickerchen nt '**shut-off** n Abschaltmechanismus m '**shut-out** n AM SPORTS Niederlage f ohne Punkt

shut·ter ['ʃʌtəʳ] n ❶ PHOT [Kamera]verschluss m, Blende f; **to open the ~** die Blende öffnen ❷ usu pl (*window cover*) Fensterladen m

'**shut·ter·bug** n AM (*fam*) begeisterter Fotograf, begeisterte Fotografin, Fotofanatiker(in) m(f)

shut·tle ['ʃʌtl] I. n ❶ (*train*) Pendelzug m; (*plane*) Pendelmaschine f; **air ~ [service]** Shuttleflug m; **space ~** Raumfähre f ❷ (*weaving bobbin*) Weberschiffchen nt; (*sewing-machine bobbin*) Schiffchen nt ❸ (*fam*) Federball m II. vt hin- und zurückbefördern III. vi hin- und zurückfahren

'**shut·tle·cock** [-kɒk] n Federball m '**shut·tle flight** n Shuttleflug m '**shut·tle ser·vice** n Shuttleservice m

shy[1] [ʃaɪ] I. adj ❶ (*timid*) schüchtern; **~ smile** scheues Lächeln ❷ after n (*lacking*) **we're only £100 ~ of the total amount** uns fehlen nur noch 100 Pfund vom Gesamtbetrag II. vi <-ie-> *horse* scheuen ◆**shy away** vt ■**to ~ away from [doing] sth** vor etw *dat* zurückschrecken

shy[2] [ʃaɪ] n (*dated fam*) Wurf m

shy·ly [ˈʃaɪli] adv schüchtern; **to smile ~** scheu lächeln

shy·ness [ˈʃaɪnəs] n no pl Schüchternheit f; esp of horses Scheuen nt

Sia·mese [ˌsaɪəˈmiːz] I. n <pl -> ❶ (*person*) Siamese m/Siamesin f ❷ (*cat*) Siamkatze f ❸ no pl (*language*) Siamesisch nt II. adj siamesisch

Sia·mese 'twins npl siamesische Zwillinge

Si·beria [saɪˈbɪəriə] n no pl GEOG Sibirien nt **Si·berian** [saɪˈbɪəriən] I. n Sibir[i]er(in) m(f) II. adj sibirisch; **~ cold** sibirische Kälte

sib·ling [ˈsɪblɪŋ] n Geschwister nt meist pl **Si·cil·ian** [sɪˈsɪliən] I. n Sizilianer(in) m(f) II. adj sizilianisch

Sici·ly [ˈsɪsɪli] n no pl Sizilien nt

sick [sɪk] I. adj ❶ (*physically*) krank; (*in poor condition*) *machine, engine* angeschlagen; **to be off ~** krankgemeldet sein; **to call in ~** sich krankmelden ❷ (*mentally*) geisteskrank; (*fig*) krank ❸ pred (*in stomach*) **to be ~** sich erbrechen, spucken *fam;* **to feel ~** sich schlecht fühlen; **I feel ~** mir ist schlecht [*o* übel]; **it makes me ~ to my stomach when I think of it** mir dreht sich der Magen um, wenn ich daran denke ❹ pred (*fam: fed up*) **to be ~ and tired of sth** etw [gründlich] satthaben; ■**to be ~ of sb/sth** von jdm/etw die Nase voll haben ❺ (*angry*) [wahnsinnig] wütend; **it makes me ~** es regt mich auf ❻ (*fam: cruel and offensive*) geschmacklos; *person* pervers; *mind* abartig ▶ **to feel [as] ~ as a dog** AM, AUS sich hundeelend fühlen; **to be ~ as a parrot** BRIT (*hum*) völlig fertig sein; **to be worried ~** (*fam*) krank vor Sorge sein II. n ❶ (*ill people*) ■**the ~** pl die Kranken pl ❷ no pl BRIT (*fam: vomit*) Erbrochene(s) nt

'**sick bag** n MED, AVIAT Speibeutel m '**sick·bay** n MIL Krankenstation f '**sick·bed** n Krankenbett nt

sick·en [ˈsɪkən] I. vi erkranken II. vt (*upset greatly*) krank machen *fam;* (*turn sb's stomach*) anekeln; **it ~s me to think that ...** mir dreht sich der Magen um, wenn ich daran denke, dass ...

sick·en·ing [ˈsɪkənɪŋ] adj (*repulsive*) *cruelty* entsetzlich; *smell* widerlich, ekelhaft; *prices, frequency* unerträglich; (*annoying*) [äußerst] ärgerlich

sick·le ['sɪkl] *n* Sichel *f*
'**sick leave** *n no pl* MED **to be on** ~ krankgeschrieben sein '**sick list** *n* MED Krankenliste *f*
sick·ly ['sɪklɪ] *adj* ❶ (*not healthy*) kränklich; (*pale*) *complexion, light* blass ❷ (*causing nausea*) ekelhaft ❸ (*full of emotion*) schmalzig *pej*
sick·ness <*pl* -es> ['sɪknəs] *n* ❶ (*illness*) Krankheit *f*; (*nausea*) Übelkeit *f* ❷ (*fig*) Schwäche *f* ❸ *no pl* (*vomiting*) Erbrechen *nt* ❹ *no pl* (*perverseness*) Abartigkeit *f*
'**sick·ness ben·e·fit** *n* BRIT, AUS Krankengeld *nt*
'**sick note** *n* Krankmeldung *f* '**sick pay** *n no pl* ADMIN, MED Krankengeld *nt* '**sick·room** *n* Krankenzimmer *nt*
side [saɪd] **I.** *n* ❶ (*vertical surface*) *of car, box* Seite *f*; *of hill, cliff* Hang *m*; (*wall*) *of house, cave, caravan* [Seiten]wand *f*; ▪ **at the ~ of sth** neben etw *dat* ❷ (*of somebody*) Seite *f*; **to stay at sb's ~** jdm zur Seite stehen; **~ by ~** nebeneinander, Seite an Seite ❸ (*face, surface*) *of coin, record, box* Seite *f*; **this ~ up!** (*on a parcel*) oben!; **the right/wrong ~ of the fabric** [*or* **material**] die rechte/linke Seite des Stoffes ❹ (*page*) Seite *f* ❺ (*edge, border, line*) *of plate, clearing, field* Rand *m*; *of table, square, triangle* Seite *f*; *of river* [Fluss]ufer *nt*; *of road* [Straßen]rand *m*; **at** [*or* **on**] **the ~ of the road** am Straßenrand; **on all ~s** auf allen Seiten; **from ~ to ~** von rechts nach links ❻ (*half*) *of bed, house* Hälfte *f*; *of town, road, brain, room* Seite *f*; **in Britain, cars drive on the left ~ of the road** in Großbritannien fahren die Autos auf der linken Straßenseite; **three ~s of lamb** drei Lammhälften ❼ *no pl* (*part*) *of deal, agreement* Anteil *m*; **this is the best pizza I've tasted this ~ of Italy** das ist die beste Pizza, die ich diesseits von Italien gegessen habe; **we don't expect to see him this ~ of Christmas** wir erwarten nicht, ihn vor Weihnachten zu sehen; **to keep one's ~ of a bargain** seinen Anteil an einem Geschäftes behalten ❽ (*direction*) Seite *f*; **to put sth to one ~** etw beiseitelassen; **to take sb to one ~** jdn auf die Seite nehmen ❾ + *sing/pl vb* (*opposing party*) *of dispute, contest* Partei *f*, Seite *f*; **whose ~ are you on anyway?** auf wessen Seite stehst du eigentlich?; **to change** [*or* **switch**] **~s** sich auf die andere Seite schlagen; **to take ~s** Partei ergreifen ❿ + *sing/pl vb* (*team*) Mannschaft *f*, Seite *f* ⓫ (*aspect*) Seite *f*; **I've listened to your ~ of the story** ich habe jetzt deine Version der Geschichte gehört; **to be on the right/wrong ~ of the law** auf der richtigen/falschen Seite des Gesetzes stehen; **to look on the bright[er] ~ of life** zuversichtlich sein ⓬ *esp* AM (*side dish*) Beilage *f*; **with a ~ of broccoli/french fries/rice** mit Brokkoli/Pommes frites/Reis als Beilage ▶ **the other ~ of the coin** die Kehrseite der Medaille; **to get on the wrong ~ of sb** es sich *dat* mit jdm verderben; **to keep on the right ~ of sb** es sich *dat* mit jdm nicht verderben; **to have a bit on the ~** (*fam: have an affair*) noch nebenher etwas laufen haben; (*have savings*) etw auf der hohen Kante haben; **to be on the large/small ~** zu groß/klein sein; **to let the ~ down** *esp* BRIT (*fail*) alle im Stich lassen; (*disappoint*) alle enttäuschen **II.** *adj* Neben-; **~ job** Nebenbeschäftigung *f*, Nebenjob *m fam* **III.** *vi* ▪ **to ~ against sb** sich gegen jdn stellen; ▪ **to ~ with sb** zu jdm halten
'**side·arm** *n* an der Seite getragene Waffe '**side·board** *n* ❶ (*buffet*) Anrichte *f*, Sideboard *nt* ❷ BRIT (*fam: sideburns*) ▪ **~s** *pl* Koteletten *pl* '**side·burns** *npl* (*hair*) Koteletten *pl* '**side·car** *n* AUTO Seitenwagen *m* '**side dish** *n* FOOD Beilage *f* '**side ef·fect** *n* Nebenwirkung *f* '**side is·sue** *n* Nebensache *f* '**side·kick** *n* (*fam*) ❶ (*subordinate*) Handlanger *m* ❷ (*friend*) Kumpel *m fam* '**side·light** *n* ❶ BRIT AUTO Standlicht *nt* ❷ (*extra information*) Streiflicht *nt*; **what he said threw an interesting ~ on what had happened** was er sagte, beleuchtete die Ereignisse von einem interessanten Blickwinkel aus '**side·line I.** *n* ❶ (*secondary job*) Nebenbeschäftigung *f*; (*money*) Nebenerwerb *m* ❷ *esp* AM SPORTS (*boundary line*) Begrenzungslinie *f*; (*area near field*) Seitenlinie *f* ❸ (*fig*) **to watch sth from the ~s** etw als unbeteiligter Außenstehender beobachten **II.** *vt* ❶ SPORTS (*keep from playing*) auf die Ersatzbank schicken ❷ (*fig: ignore opinions*) kaltstellen *fam* '**side·long I.** *adj* seitlich **II.** *adv* seitlich '**side road** *n* Seitenstraße *f* '**side-sad·dle I.** *n* Damensattel *m* **II.** *adv* **to ride ~** im Damensattel reiten '**side sal·ad** *n* Beilagensalat *m* '**side·show** *n* (*not main show*) Nebenaufführung *f*; (*fig*) Ablenkung *f*; (*exhibition*) Sonderausstellung *f* '**side-slip I.** *n* AUTO Schleudern *nt;* AVIAT seitliches Abrutschen **II.** *vi* <-pp-> AUTO schleudern; AVIAT seit-

lich abrutschen **'side·step I.** *vt* <-pp-> ■ **to ~ sb/sth** jdm/etw ausweichen **II.** *vi* <-pp-> ausweichen **III.** *n* Schritt *m* zur Seite; (*fig*) Ausweichmanöver *nt*; (*in dancing*) Seitenschritt *m*; (*in sports*) Ausfallschritt *m* **'side street** *n* Seitenstraße *f* **'side ta·ble** *n* Beistelltisch *m* **'side·track I.** *vt* ❶ (*distract*) ablenken ❷ (*put on ice*) auf Eis legen ❸ RAIL rangieren **II.** *n* ❶ (*distraction*) Abschweifung *f* ❷ RAIL (*siding*) Rangiergleis *nt* **'side view** *n* Seitenansicht *f* **'side·walk** *n* *esp* AM (*pavement*) Bürgersteig *m*

side·ward ['saɪdwəd] *adj* seitlich

side·wards ['saɪdwədz], **side·ways** ['saɪdweɪz] **I.** *adv* ❶ (*to, from a side*) seitwärts; **the fence is leaning ~** der Zaun steht schief ❷ (*facing a side*) seitwärts **II.** *adj* seitlich; **he gave her a ~ glance** er sah sie von der Seite an

'side whisk·ers *npl* Koteletten *pl* **'side wind** *n* Seitenwind *m* **'side·wind·er** ['saɪdwaɪndər] *n* ❶ ZOOL (*rattlesnake*) Klapperschlange *f* ❷ AM (*punch*) Seitenhieb *m*

sid·ing ['saɪdɪŋ] *n* ❶ RAIL Rangiergleis *nt*; (*dead end*) Abstellgleis *nt* ❷ *no pl* AM (*wall covering*) Außenverkleidung *f*

si·dle ['saɪdl] *vi* schleichen; **she ~d past him** sie schlich sich an ihm vorbei; ■ **to ~ up** sich anschleichen

siege [si:dʒ] *n* MIL Belagerung *f*; **to lay ~ to sth** etw belagern; **to be under ~** unter Belagerung stehen

Si·er·ra Le·one [si,eərəli'əʊn] *n no pl* Sierra Leone *nt*

Si·er·ra Le·on·ean [si,eərəli'əʊniən] **I.** *n* Sierra-Leoner(in) *m/f* **II.** *adj* sierra-leonisch

si·es·ta [si'estə] *n* Siesta *f*; **to take a ~** eine Siesta machen

sieve [sɪv] **I.** *n* Sieb *nt* ▶ **to have a <u>memory</u> like a ~** ein Gedächtnis wie ein Sieb haben **II.** *vt* sieben **III.** *vi* (*fig*) **to ~ through a contract** einen Vertrag genau durchgehen

sift [sɪft] **I.** *n usu sing* Sieben *nt* **II.** *vt* ❶ (*using sieve*) **~ some icing sugar over the top of the cake** bestäuben Sie den Kuchen mit Puderzucker; **to ~ flour/sand** Mehl/Sand sieben ❷ (*examine closely*) durchsieben; *evidence, documents* [gründlich] durchgehen **III.** *vi* **to ~ through archives** Archive durchsehen

sigh [saɪ] **I.** *n* Seufzer *m*; **a ~ of relief** ein Seufzer der Erleichterung; **to heave a ~** seufzen **II.** *vi person* seufzen; *wind* säuseln; **to ~ with relief** vor Erleichterung [auf]seufzen

sight [saɪt] **I.** *n* ❶ *no pl* (*ability to see*) |*sense of*| ~ Sehvermögen *nt*; (*strength of vision*) Sehkraft *f*; **his ~ is deteriorating** seine Sehkraft lässt nach; **to lose one's ~** das Sehvermögen verlieren ❷ *no pl* (*visual access*) Sicht *f*; (*visual range*) Sichtweite *f*, Sicht *f*; **don't let the baby out of your ~** behalte das Baby im Auge; **get out of my ~!** (*fam*) geh mir aus den Augen!; **to be in ~** in Sichtweite sein; **to come into ~** in Sicht kommen; **to disappear from ~** außer Sicht geraten; **out of ~** außer Sichtweite; **to keep out of ~** sich nicht sehen lassen ❸ *no pl* (*act of seeing*) Anblick *m*; **they can't stand the ~ of each other** sie können einander nicht ertragen; **she faints at the ~ of blood** sie wird beim Anblick von Blut ohnmächtig; **love at first ~** Liebe auf den ersten Blick; **to be sick of the ~ of sb/sth** den Anblick einer Person/einer S. *gen* nicht mehr ertragen; **to know sb by ~** jdn vom Sehen [her] kennen ❹ *no pl* (*image, spectacle*) Anblick *m*; **to not be a pretty ~** kein schöner Anblick sein; **to be a ~** (*fam: ridiculous*) lächerlich aussehen; (*terrible*) furchtbar aussehen; **to be a ~ to behold** (*beautiful*) ein herrlicher Anblick sein; (*funny*) ein Bild für die Götter sein *a. hum fam* ❺ (*attractions*) ■ **~s** *pl* Sehenswürdigkeiten *pl* ❻ (*on gun*) Visier *nt* ❼ *no pl* (*fam: a lot*) ■ **a ~** deutlich; **food is a darn ~ more expensive than it used to be** Essen ist um einiges teurer, als es früher war ▶ **to <u>lower</u> one's ~s** seine Ziele zurückschrauben; **out of ~, out of <u>mind</u>** (*prov*) aus den Augen, aus dem Sinn *prov*; **to <u>set</u> one's ~s on sth** sich *dat* etw zum Ziel machen; **to be <u>within</u> ~ of sth** kurz vor etw *dat* stehen **II.** *vt* (*see*) sichten

sight·ed ['saɪtɪd] **I.** *adj* sehend *attr* **II.** *n* ■ **the ~** *pl* die Sehenden *pl*

sight·ing ['saɪtɪŋ] *n* Sichten *nt*; **at the first ~ of land** als zum ersten Mal Land gesichtet wurde

sight·less ['saɪtləs] *adj* blind

sight·ly ['saɪtli] *adj* ansehnlich

'sight-read I. *vi* MUS vom Blatt spielen **II.** *vt* vom Blatt spielen **'sight·see·ing I.** *n no pl* Besichtigungen *pl*, Sightseeing *nt* **II.** *adj attr* Sightseeing- **sight·seer** ['saɪtˌsi:ər] *n* Tourist(in) *m/f*

sign [saɪn] **I.** *n* ❶ (*gesture*) Zeichen *nt*; **to make the ~ of the cross** sich bekreuzigen; **a rude ~** eine unverschämte Geste ❷ (*notice*) [Straßen]schild *nt*, Verkehrsschild *nt*; (*signboard*) Schild *nt*; **stop ~** Stoppschild *nt* ❸ (*symbol*) Zeichen *nt*,

Symbol nt ❹ASTROL (of the zodiac) Sternzeichen nt ❺(indication) [An]zeichen nt; (from God) Zeichen nt; (trace) Spur f; ~ **of life** Lebenszeichen nt; **a ~ of the times** ein Zeichen nt der Zeit; **a sure ~ of sth** ein sicheres Zeichen für etw akk; **to show ~s of improvement** Anzeichen der Besserung erkennen lassen ❻ no pl (sign language) Gebärdensprache f ❼(in maths) Zeichen nt II.vt ❶(with signature) letter unterschreiben; contract, document, cheque unterzeichnen; book, painting signieren; **~ your name on the dotted line** unterschreiben Sie auf der gestrichelten Linie ❷(employ under contract) athlete, musician [vertraglich] verpflichten ❸(in sign language) in der Gebärdensprache ausdrücken ▶ **~ed, <u>sealed</u> and delivered** unter Dach und Fach III.vi ❶(write signature) unterschreiben; **~ here, please** unterschreiben Sie bitte hier ❷(accept) **to ~ for a delivery** eine Lieferung gegenzeichnen ❸(use sign language) die Zeichensprache benutzen ❹(make motion) gestikulieren; ■**to ~ to sb** jdm ein Zeichen geben ◆**sign away** vt ■**to ~ away** ⟲ **sth** auf etw akk verzichten; **to ~ away rights** auf Rechte [o Ansprüche] verzichten ◆**sign in** I.vi sich eintragen II.vt eintragen ◆**sign off** I.vi ❶RADIO, TV (from broadcast) sich verabschieden; (end a letter) zum Schluss kommen; (end work) Schluss machen ❷AM (fam: support) ■**to ~ off on sth** sich etw dat verschreiben II.vt krankschreiben ◆**sign on** I.vi ❶(for work) sich verpflichten; (for a course) sich einschreiben (**for** für) ❷(begin broadcasting) station auf Sendung gehen; disc jockey sich melden ❸BRIT (fam: register unemployment) sich melden II.vt verpflichten ◆**sign out** I.vi sich austragen; (at work) sich abmelden II.vt **to ~ out books** Bücher ausleihen ◆**sign over** vt übertragen ◆**sign up** I.vi (for work) sich verpflichten; (for a course) sich einschreiben II.vt verpflichten; (for course) jdn für einen Kurs anmelden

sig·nal ['sɪgnᵊl] I.n ❶(gesture) Zeichen nt, Signal nt (**for** für) ❷(indication) [An]zeichen nt ❸(traffic light) Ampel f; (for trains) Signal nt ❹ELEC, RADIO (transmission) Signal nt; (reception) Empfang m, Netz nt; **to be getting/to be not getting a ~** ein/kein Netz haben ❺AM AUTO (indicator) Blinker m II.vt <BRIT -ll- or AM usu -l-> ❶(indicate) signalisieren; **he ~led left, but turned right** er blinkte nach links, bog aber nach rechts ab ❷(gesticulate) ■**to ~ sb to do sth** jdm signalisieren, etw zu tun III.vi <BRIT -ll- or AM usu -l-> signalisieren; **she ~led to them to be quiet** sie gab ihnen ein Zeichen, ruhig zu sein IV.adj attr (form) achievement, success bemerkenswert

'**sig·nal box** n RAIL Stellwerk nt '**sig·nal lamp** n Signallampe f
sig·nal·ly ['sɪgnᵊli] adv eindeutig
'**sig·nal·man** n RAIL Bahnwärter m
sig·na·tory ['sɪgnətᵊri] n Unterzeichner(in) m(f)
sig·na·ture ['sɪgnətʃər] n ❶(person's name) Unterschrift f; of artist Signatur f; **to give sth one's ~** etw unterschreiben ❷(characteristic) Erkennungszeichen nt ❸AM (on prescriptions) Signatur f ❹(in printing) Signatur f
'**sign·board** n [Firmen]schild nt
sig·net ring ['sɪgnət,-] n Siegelring m
sig·nifi·cance [sɪgˈnɪfɪkən(t)s] n no pl ❶(importance) Wichtigkeit f; **to be of great ~ for sb/sth** von großer Bedeutung für jdn/etw sein; **to be of no ~** bedeutungslos sein ❷(meaning) Bedeutung f
sig·nifi·cant [sɪgˈnɪfɪkənt] adj ❶(considerable) beachtlich, bedeutend; (important) bedeutsam; date, event wichtig; difference deutlich; increase beträchtlich; **~ other** (fig) Partner(in) m(f); (hum) bessere Hälfte fam ❷(meaningful) bedeutsam; **do you think it's ~ that ...** glaubst du, es hat etwas zu bedeuten, dass ...; **a ~ look** ein viel sagender Blick
sig·ni·fy <-ie-> ['sɪgnɪfaɪ] I.vt ❶(form: mean) bedeuten ❷(indicate) andeuten II.vi ❶(make known) es zeigen ❷(form: matter) eine Rolle spielen
sign·ing ['saɪnɪŋ] n ❶ no pl of a document Unterzeichnung f ❷ no pl SPORTS of an athlete Verpflichten nt ❸(book signing) Buchsignierung f
'**sign lan·guage** n Gebärdensprache f
'**sign paint·er** n Plakatmaler(in) m(f)
'**sign·post** I.n Wegweiser m; (fig: advice) Hinweis m II.vt usu passive aufzeigen; route beschildern, ausschildern; ■**to ~ sth** (fig) etw aufzeigen [o darlegen]
Sikh [siːk] n Sikh m
sil·age ['saɪlɪdʒ] n no pl AGR Silage f
si·lence ['saɪlən(t)s] I.n no pl (absolute) Stille f; (by an individual) Schweigen nt; (on a confidential matter) Stillschweigen nt; (calmness) Ruhe f; **a minute of ~** eine Schweigeminute; **to eat/sit/work in ~** still essen/sitzen/arbeiten; **to reduce**

sb to ~ jdn zum Schweigen bringen; **to be reduced to ~** verstummen ▶ **~ is golden** (*prov*) Schweigen ist Gold II. *vt* zum Schweigen bringen; *doubts* verstummen lassen

si·lenc·er ['saɪlən(t)sər] *n* ❶(*on gun*) Schalldämpfer *m* ❷BRIT (*on car*) [Auspuff]schalldämpfer *m*

si·lent ['saɪlənt] *adj* ❶(*without noise*) still; (*not active*) ruhig; **to keep ~** still sein ❷(*not talking*) schweigsam, still; ■ **to be ~** schweigen; **to go ~** verstummen

si·lent·ly ['saɪləntli] *adv* (*quietly*) lautlos; (*without talking*) schweigend; (*with little noise*) leise

sil·hou·ette [ˌsɪluˈet] I. *n* (*shadow*) Silhouette *f*; (*picture*) Schattenriss *m*; (*outline*) Umriss *m* II. *vt* **to be ~d against sth** sich von etw *dat* abheben

sili·ca ['sɪlɪkə] *n no pl* Kieselerde *f*

sili·cate ['sɪlɪkət] *n* Silikat *nt*

sili·con ['sɪlɪkən] *n no pl* Silizium *nt*

sili·con 'chip *n* COMPUT Siliziumchip *m*

sili·cone ['sɪlɪkəʊn] *n no pl* Silikon *nt*

sili·co·sis [ˌsɪlɪˈkəʊsɪs] *n no pl* MED Staublunge *f*

silk [sɪlk] *n* ❶(*material*) Seide *f* ❷BRIT LAW (*Queen's, King's Counsel*) Kronanwalt *m/* -anwältin *f* ❸(*racing colours*) ■ **~s** *pl* [Renn]farben *pl*

silk·en ['sɪlkən] *adj* (*silk-like*) seiden *liter*; (*dated: made of silk*) seiden; **~ voice** (*fig*) samtige Stimme

silk 'hat *n* Zylinder *m* **'silk moth** *n* Seidenspinner *m* **silk 'pa·per** *n* Seidenpapier *nt* **silk-screen 'print·ing** *n no pl* Siebdruck *m* **'silk·worm** *n* Seidenraupe *f*

silky ['sɪlki] *adj* seidig; **~ voice** (*fig*) samtige Stimme

sill [sɪl] *n of door* Türschwelle *f; of window* Fensterbank *f*

sil·ly ['sɪli] I. *adj* ❶(*foolish*) albern, dumm; **don't be ~!** (*make silly suggestions*) red keinen Unsinn!; (*do silly things*) mach keinen Quatsch! *fam*; **to look ~** albern aussehen ❷*pred* (*senseless*) **to be bored ~** zu Tode gelangweilt sein; **to be worried ~** vor Sorge *dat* außer sich sein II. *n* Dussel *m*

silo ['saɪləʊ] *n* ❶AGR Silo *m o nt* ❷MIL [Raketen]silo *m o nt*

silt [sɪlt] I. *n no pl* Schlick *m* II. *vi* **to ~ [up]** verschlammen III. *vt* **to ~ a canal** einen Kanal verschlammen

sil·ver ['sɪlvər] I. *n no pl* ❶(*metal*) Silber *nt* ❷(*coins*) Münzgeld *nt* ❸(*cutlery*) ■ **the ~** das [Tafel]silber ▶ **to be born with a ~ spoon in one's mouth** mit einem silbernen Löffel im Mund geboren sein II. *vt cutlery, candlesticks* versilbern; *hair* silbergrau werden lassen

sil·ver 'birch *n* Weißbirke *f* **sil·ver 'fir** *n* Weißtanne *f*, Edeltanne *f* **'sil·ver·fish** <*pl* -> *n* ZOOL Silberfischchen *nt* **'sil·ver foil** *n* Silberfolie *f*, Alufolie *f* **sil·ver ju·bi·lee** *n* silbernes Jubiläum **sil·ver 'lin·ing** *n* Lichtblick *m;* **to look for the ~** die positive Seite sehen ▶ **every cloud has a ~** (*saying*) jedes Unglück hat auch sein Gutes **sil·ver 'pa·per** *n no pl* Silberpapier *nt* **sil·ver 'plate** *n no pl* ❶(*coating*) Versilberung *f* ❷(*object*) versilberter Gegenstand **sil·ver-'plate** *vt* versilbern **sil·ver 'screen** *n* FILM ■ **the ~** die Leinwand **sil·ver 'ser·vice** *n no pl* Servieren nach allen Regeln der Kunst **'sil·ver·side** *n no pl* BRIT, AUS FOOD Stück vom Rind, das vom oberen, äußeren Teil der Keule geschnitten wird **'sil·ver·smith** *n* Silberschmied(in) *m(f)* **'sil·ver·ware** *n no pl* ❶(*articles*) Silberwaren *pl* ❷(*cutlery*) Silberbesteck *nt*, Silber *nt* **sil·ver 'wed·ding an·ni·ver·sa·ry** *n* silberne Hochzeit

sil·very ['sɪlvəri] *adj* (*in appearance*) silbrig; (*in sound*) silbern

SIM [sɪm] *n abbrev of* **subscriber identity module** TELEC, INET ■ **[card]** SIM-Karte *f*

sim·ian ['sɪmiən] (*form*) I. *n* Menschenaffe *m* II. *adj* ❶(*monkey-like*) affenartig ❷(*of monkeys*) Affen-

simi·lar ['sɪmɪlər] *adj* ähnlich; ■ **to be ~ to sb/sth** jdm/etw ähnlich sein

simi·lar·ity [ˌsɪmɪˈlærəti] *n* Ähnlichkeit *f* (**to** mit)

simi·lar·ly ['sɪmɪləli] *adv* (*almost the same*) ähnlich; (*likewise*) ebenso; **~, you could maintain ...** genauso gut könnten Sie behaupten, ...

sim·ile ['sɪmɪli] *n* LIT, LING Gleichnis *nt*

si·mili·tude [sɪˈmɪlɪtjuːd] *n* ❶(*similarity*) Ähnlichkeit *f* ❷(*comparison*) Vergleich *m*

sim·mer ['sɪmər] I. *n usu sing* Sieden *nt* II. *vi* ❶(*not quite boil*) sieden; **to ~ with anger** vor Wut kochen ❷(*fig: build up*) sich anbahnen III. *vt food* auf kleiner Flamme kochen lassen; *water* sieden lassen

◆ **simmer down** *vi* sich beruhigen

sim·per ['sɪmpər] I. *vi* ■ **to ~ at sb** jdn albern anlächeln II. *n* Gehabe *nt*

sim·ple <-r, -st *or* more ~, most ~> ['sɪmpl] *adj* ❶(*not elaborate*) *food, dress* einfach ❷(*not difficult*) einfach ❸ *attr* (*not complex*) einfach ❹ *attr* (*honest*) schlicht; **that's the truth, pure and ~** das ist die reine Wahrheit; **the ~ fact is that ...** Tatsache ist, dass ...; **for the ~ reason that ...** aus dem schlichten Grund, dass ... ⑤ (*ordinary*) einfach; **the ~ things in life** die einfachen Dinge im Leben ⑥ (*foolish*) naiv

sim·ple·'mind·ed *adj* (*fam*) ① (*dumb*) einfach ② (*naive*) einfältig

sim·ple·ton ['sɪmpl̩tən] *n* (*pej fam*) Einfaltspinsel *m*

sim·plic·ity [sɪm'plɪsəti] *n no pl* ① (*plainness*) Einfachheit *f*, Schlichtheit *f* ② (*easiness*) Einfachheit *f*; **to be ~ itself** die Einfachheit selbst sein ③ (*humbleness*) Bescheidenheit *f*

sim·pli·fi·ca·tion [ˌsɪmplɪfɪ'keɪʃən] *n* Vereinfachung *f*

sim·pli·fy <-ie-> ['sɪmplɪfaɪ] *vt* vereinfachen

sim·plis·tic [sɪm'plɪstɪk] *adj* simpel; **am I being ~?** sehe ich das zu einfach?

sim·ply ['sɪmpli] *adv* ① (*not elaborately*) einfach ② (*just*) nur; (*absolutely*) einfach **I ~ don't know what happened** ich weiß schlichtweg nicht, was passiert ist; **you ~ must try this!** du musst das einfach versuchen! ③ (*in a natural manner*) einfach, schlicht; (*humbly*) bescheiden

simu·late ['sɪmjəleɪt] *vt* ① (*resemble*) nachahmen ② (*feign*) vortäuschen ③ COMPUT (*on computer*) simulieren

simu·la·tion [ˌsɪmjə'leɪʃən] *n of leather, a diamond* Imitation *f*; *of a feeling* Vortäuschung *f*; COMPUT Simulation *f*

simu·la·tor ['sɪmjəleɪtər] *n* COMPUT, TECH Simulator *m*

sim·ul·ta·neous [ˌsɪməl'teɪniəs] *adj* gleichzeitig

sim·ul·ta·neous·ly [ˌsɪməl'teɪniəsli] *adv* gleichzeitig, simultan *fachspr geh*

sin [sɪn] I. *n* Sünde *f*; **he's** [**as**] **ugly as ~** er ist unglaublich hässlich; **to commit/confess a ~** eine Sünde begehen/beichten; **to live in ~** in wilder Ehe leben II. *vi* <-nn-> sündigen

since [sɪn(t)s] I. *adv* ① (*from that point on*) seitdem; **ever ~** seitdem ② (*ago*) **long ~** seit langem, schon lange; **not long ~** vor kurzem [erst] II. *prep* seit; **~ Saturday/last week** seit Samstag/letzter Woche III. *conj* ① (*because*) da, weil ② (*from time that*) seit, seitdem

sin·cere [sɪn'sɪər] *adj person* ehrlich; *congratulations, gratitude* aufrichtig

sin·cere·ly [sɪn'sɪəli] *adv* ① (*in a sincere manner*) ehrlich, aufrichtig ② (*ending letter*) [**yours**] **~** mit freundlichen Grüßen

sin·cer·ity [sɪn'serəti] *n no pl* Ehrlichkeit *f*, Aufrichtigkeit *f*; **in all ~, ...** ganz ehrlich, ...

sine [saɪn] *n* MATH Sinus *m*

si·ne·cure ['saɪnɪkjʊər] *n* Pfründe *f*

sine qua non [ˌsɪnɪkwɑː'nəʊn] *n* (*form*) unabdingbare Voraussetzung

sin·ew ['sɪnjuː] *n* ① (*tendon*) Sehne *f* ② (*constituent parts*) ■ **~s** *pl* Kräfte *pl*; **the ~s of war** Kriegsmaterial *nt*

sin·ewy ['sɪnjuːi] *adj* ① (*muscular*) sehnig ② (*tough*) zäh; *meat* sehnig

sin·ful ['sɪnfəl] *adj* ① (*immoral*) sündig, sündhaft ② (*deplorable*) *waste* sündhaft ③ (*fam: bad for one*) **to be absolutely ~** die reinste Sünde sein *hum, iron*

sing¹ LING I. *n abbrev of* **singular** Sg., Sing. II. *adj abbrev of* **singular** im Sing. [*o* Sg.] *nach n*

sing² <sang *or* AM *also* sung, sung> [sɪŋ] I. *vi* ① (*utter musical sounds*) singen ② (*high-pitched noise*) *kettle* pfeifen; *locusts* zirpen; *wind* pfeifen ③ (*ringing noise*) dröhnen ④ (*sl: confess*) singen II. *vt* (*utter musical sounds*) singen; **to ~ the praises of sb/sth** ein Loblied auf jdn/ etw singen ▶ **to ~ a different** <u>tune</u> (*to be less friendly*) einen anderen Ton anschlagen; (*change opinion*) seine Meinung ändern ◆ **sing out** I. *vi* ① (*sing loudly*) laut singen ② (*fam: call out*) schreien II. *vt* (*fam*) ■ **to ~ out** ◯ **sth** ausrufen ◆ **sing up** *vi esp* BRIT, AUS lauter singen

sing·along ['sɪŋəlɒŋ] *n* gemeinsames Liedersingen

Sin·ga·pore [ˌsɪŋə'pɔːr] *n* Singapur *nt*

Sin·ga·po·rean [ˌsɪŋəpɔː'riːən] I. *adj* aus Singapur *nach n* II. *n* Singapurer(in) *m(f)*

singe [sɪndʒ] I. *vt* ① (*burn surface of*) ansengen; (*burn skin slightly*) versengen ② (*burn off deliberately*) absengen II. *vi* (*burn*) *hair, fur* angesengt werden; (*burn lightly*) versengt werden III. *n* Brandfleck *m*

sing·er ['sɪŋər] *n* Sänger(in) *m(f)*

sing·er·'song·writ·er *n* Liedermacher(in) *m(f)*

sing·ing ['sɪŋɪŋ] *n no pl* Singen *nt* '**sing·ing les·son** *n* Gesang[s]stunde *f* '**sing·ing teach·er** *n* Gesang[s]lehrer(in) *m(f)* '**sing·ing voice** *n* Singstimme *f*

sin·gle ['sɪŋɡl̩] I. *adj* ① *attr* (*one only*) einzige(r, s); **she didn't say a ~ word all evening** sie sprach den ganzen Abend kein einziges Wort; **with a ~ blow** mit nur einem Schlag; **not a ~ soul** keine Menschenseele; **every ~ thing** [absolut] alles; **every ~ time** jedes Mal ② (*having one* *part*) einzelne(r, s); **in ~ figures** im einstelligen [Zahlen]bereich ❸ (*unmarried*) ledig ❹ (*raising child alone*) allein erziehend; **~ father/mother** allein erziehender Vater/allein erziehende Mutter **II.** *n* ❶ BRIT, AUS (*one-way ticket*) Einzelfahrkarte *f* ❷ (*one-unit dollar note*) Eindollarschein *m* ❸ (*record*) Single *f* ❹ SPORTS (*in cricket*) Schlag für einen Lauf; (*in baseball*) Lauf zum ersten Base ❺ (*single measure of drink*) Einheit *f* (*eine Maßeinheit eines alkoholischen Getränks*) ❻ (*single room*) Einzelzimmer *nt* **III.** *vi* SPORTS mit einem Schlag das erste Base erreichen ◆ **single out** *vt* (*for positive characteristics*) auswählen; (*for negative reasons*) herausgreifen; **to ~ sb out for special treatment** jdm eine Sonderbehandlung zukommen lassen

sin·gle-ˈbreast·ed *adj* einreihig; **~ suit** Einreiher *m* **sin·gle ˈcur·ren·cy** *n* FIN gemeinsame Währung **sin·gle-ˈdeck·er** *n* Bus *m* (*mit einem Deck*)

sin·gle·dom [ˈsɪŋgldəm] *n* (*hum*) Single-Dasein *nt*

sin·gle-ˈen·gined *adj* einmotorig **sin·gle-en·try ˈbook·keep·ing** *n* einfache Buchführung **Sin·gle Euro·pean ˈMar·ket** *n* Europäischer Binnenmarkt **sin·gle-ˈgen·der** *adj* nach Geschlechtern getrennt; **~ school** Mädchenschule *f* [*o* Jungenschule] *f* **sin·gle-ˈhand·ed I.** *adv* [ganz] allein; **he sailed round the world ~** er segelte als Einhandsegler um die Welt **II.** *adj* allein **sin·gle-ˈhand·er** *n* ❶ (*boat*) Einhandsegler *m* ❷ (*person*) Einhandsegler(in) *m(f)* **sin·gle-lens ˈre·flex ˈcam·era** *n* einäugige Spiegelreflexkamera **sin·gle-ˈmind·ed** *adj* zielstrebig **sin·gle-ˈmind·ed·ly** *adv* zielstrebig, zielbewusst; (*unwaveringly*) unbeirrbar **sin·gle-ˈmind·ed·ness** *n* Zielstrebigkeit *f*; (*pursuing sth unwaveringly*) Unbeirrbarkeit *f* **sin·gle-par·ent ˈfam·i·ly** *n* Familie *f* mit [nur] einem Elternteil

ˈsin·gles bar *n* Singlekneipe *f*

sin·gle-ˈseat·er *n* Einsitzer *m* **sin·gle-ˈsex** *adj* nach Geschlechtern getrennt; **~ school for boys/girls** reine Jungen-/Mädchenschule

ˈsin·gles holi·day *n* Singleurlaub *m*

sin·glet [ˈsɪŋglɪt] *n esp* BRIT, AUS ärmelloses Trikot; (*underwear*) Unterhemd *nt*

sin·gle·ton [ˈsɪŋgltən] *n* Single *m*

sin·gle-ˈtrack *adj* ❶ RAIL eingleisig ❷ BRIT (*road*) einspurig

sin·gly [ˈsɪŋgli] *adv* einzeln

sing·song [ˈsɪŋsɒŋ] **I.** *n* ❶ BRIT, AUS (*singing session*) **to have a ~** gemeinsam Lieder singen ❷ *no pl* (*way of speaking*) Singsang *m* **II.** *adj attr* **to speak in a ~ voice** in einem Singsang sprechen

sin·gu·lar [ˈsɪŋgjələʳ] **I.** *adj* ❶ LING Singular-; **to be ~ in** im Singular stehen; **~ form** Singularform *f*; **~ noun** Substantiv *nt* im Singular; **the third person ~** die dritte Person Singular ❷ (*form: extraordinary*) einzigartig ❸ (*form: strange*) eigenartig **II.** *n no pl* LING Singular *m*

sin·gu·lar·i·ty [ˌsɪŋgjəˈlærəti] *n no pl* (*form*) Eigenartigkeit *f*

sin·gu·lar·ly [ˈsɪŋgjələli] *adv* (*form*) ❶ (*extraordinarily*) außerordentlich ❷ (*strangely*) eigenartig

Sin·ha·lese [ˌsɪn(h)əˈliːz] **I.** *adj* singhalesisch **II.** *n* ❶ *no pl* (*language*) Singhalesisch *nt* ❷ <*pl* -> (*person*) Singhalese *m*/Singhalesin *f*

sin·is·ter [ˈsɪnɪstəʳ] *adj* ❶ (*scary*) unheimlich ❷ (*fam: ominous*) unheilvoll; *forces* dunkel

sink [sɪŋk] **I.** *n* ❶ (*kitchen sink*) Spüle *f*, Spülbecken *nt* ❷ (*washbasin*) Waschbecken *nt* ❸ (*cesspool*) Senkgrube *f* ❹ (*sewer*) Abfluss *m* ❺ GEOL Senke *f* ❻ TELEC [Nachrichten]senke *f* **II.** *vi* <sank *or* sunk, sunk>, *vi* ❶ (*not float*) untergehen, sinken ❷ (*in mud, snow*) einsinken ❸ (*go downward*) sinken; *sun, moon* versinken, untergehen; **to ~ to the bottom** auf den Boden sinken; *sediments* sich auf dem Boden absetzen ❹ (*become lower*) *terrain* absinken, abfallen ❺ (*move to a lower position*) *surface, house, construction* sich senken; *level also* sinken ❻ (*become limp*) *arm, head* herabsinken; **to ~ to one's knees** auf die Knie sinken; **to ~ to the ground** zu Boden sinken ❼ (*decrease*) *amount, value* sinken; *demand, sales, numbers also* zurückgehen; **the yen sank to a new low against the dollar** der Yen hat gegenüber dem Dollar einen neuen Tiefstand erreicht ❽ (*become lower in pitch*) sich senken ❾ (*decline*) *standard, quality* nachlassen; *moral character* sinken; **you are ~ing to his level!** du begibst dich auf das gleiche niedrige Niveau wie er! ❿ (*decline in health*) ▪ **to be ~ing** [fast] [gesundheitlich] stark abbauen ▶ **sb's heart ~s** (*gets sadder*) jdm wird das Herz schwer; (*becomes discouraged*) jd verliert den Mut; **we'll ~ or swim together** wir werden gemeinsam untergehen oder gemeinsam überleben; **sb's spirits ~** jds

Stimmung sinkt [auf null] **III.** *vt* <sank *or* sunk, sunk> ❶ *(cause to submerge)* versenken ❷ *(ruin) hopes, plans* zunichtemachen ❸ SPORTS versenken; **to ~ a ball** *(into a hole)* einen Ball einlochen; *(into a pocket)* einen Ball versenken ❹ *(settle) differences* beilegen ❺ *(dig) shaft* abteufen *fachspr; well* bohren ❻ *(lower)* senken ▸ **to ~ one's worries in drink** seinen Kummer im Alkohol ertränken ◆ **sink back** *vi* ❶ *(lean back)* zurücksinken; **to ~ back on the sofa** aufs Sofa sinken ❷ *(relapse)* ■ **to ~ back into sth** [wieder] in etw *akk* verfallen ◆ **sink down** *vi* ❶ *(descend gradually)* sinken; *sun* versinken ❷ *(go down)* zurücksinken; *(on the ground)* zu Boden sinken ◆ **sink in I.** *vi* ❶ *(into a surface)* einsinken ❷ *(be absorbed) liquid, cream* einziehen ❸ *(be understood)* ins Bewusstsein dringen; **I had to tell him several times before it finally sank in** ich musste es ihm mehrere Male sagen, bis er es endlich begriff **II.** *vt* ❶ *(force into)* **to ~ a knife in sth** ein Messer in etw *akk* rammen; **to ~ one's teeth in sth** seine Zähne in etw *akk* schlagen ❷ *(invest)* **to ~ one's money in sth** sein Geld in etw *akk* stecken *fam* ❸ *(engrave)* eingravieren ◆ **sink into I.** *vi* ■ **to ~ into sth** ❶ *(go deeper into)* in etw *dat* einsinken ❷ *(be absorbed)* in etw *akk* einziehen ❸ *(lie back in)* in etw *akk* [hinein]sinken; **to ~ into an armchair** in einen Sessel sinken; **to ~ into bed** sich ins Bett fallen lassen ❹ *(pass gradually into)* in etw *akk* sinken; **he sank into deep despair** er fiel in tiefe Verzweiflung; **to ~ into a coma** ins Koma fallen **II.** *vt* ❶ *(put)* ■ **to ~ sth into sth** etw in etw *akk or dat* versenken; **I'd love to ~ my teeth into a nice juicy steak** ich würde gern in ein schönes, saftiges Steak beißen ❷ *(embed)* **to ~ a post into the ground** einen Pfosten in den Boden schlagen ❸ FIN **to ~ one's money into sth** sein Geld in etw *dat* anlegen

sink·er ['sɪŋkə^r] *n* Senker *m*

sink·ing ['sɪŋkɪŋ] *adj attr* ❶ *(not floating)* sinkend ❷ *(emotion)* **a ~ feeling** ein flaues Gefühl [in der Magengegend]; **with a ~ heart** resigniert ❸ *attr (declining)* sinkend ▸ **to leave the ~ ship** das sinkende Schiff verlassen

'**sink unit** *n* Spüle *f*

sin·ner ['sɪnə^r] *n* Sünder(in) *m(f)*

sinu·ous ['sɪnjuəs] *adj* ❶ *(winding)* gewunden; *path* verschlungen ❷ *(curving and twisting)* geschmeidig

si·nus <*pl* -es> ['saɪnəs] *n* ANAT Nasennebenhöhle *f*

si·nusi·tis [ˌsaɪnəˈsaɪtɪs] *n no pl* MED Nasennebenhöhlenentzündung *f*

Sioux [suː] **I.** *adj (tribe)* Sioux- **II.** *n* ❶ <*pl* -> *(person)* Sioux *m o f* ❷ *no pl (language)* Sioux *nt*

sip [sɪp] **I.** *vt* <-pp-> ■ **to ~ sth** an etw *dat* nippen; *(drink carefully)* etw in kleinen Schlucken trinken **II.** *vi* <-pp-> ■ **to ~ at sth** an etw *dat* nippen **III.** *n* Schlückchen *nt;* **to have a ~** einen kleinen Schluck nehmen

si·phon ['saɪfən] **I.** *n* ❶ *(bent pipe)* Saugheber *m* ❷ BRIT *(soda siphon)* Siphon *m* **II.** *vt* [mit einem Saugheber] absaugen ◆ **siphon off** *vt* ❶ *(remove)* absaugen ❷ FIN *money* abziehen; *profits* abschöpfen

sir [sɜː^r, sə^r] *n no pl* ❶ BRIT *(fam: reference to schoolteacher)* **~!** Herr Lehrer! ❷ *(form of address)* Herr *m;* **can I see your driving licence, ~?** kann ich bitte ihren Führerschein sehen? ❸ *(not at all)* **no, ~!** AM *(fam)* auf keinen Fall!

sire [saɪə^r] *n (old: form of address)* Majestät *f*

si·ren ['saɪ(ə)rən] *n* ❶ *(warning device)* Sirene *f* ❷ *(in mythology)* Sirene *f*

sir·loin ['sɜːlɔɪn] *n no pl* Lendenfilet *nt*

si·roc·co [sɪˈrɒkəʊ] *n* METEO Schirokko *m*

sis [sɪs] *n esp* AM *(fam)* short for **sister** Schwesterherz *nt hum*

si·sal ['saɪsəl] *n no pl* ❶ *(tropical plant)* Sisal *m* ❷ *(strong fibre)* Sisal *m*

sis·sy ['sɪsi] **I.** *n (pej fam)* Waschlappen *m* **II.** *adj (pej fam)* verweichlicht

sista ['sɪstə] *n* AM *(sl)* hauptsächlich von Schwarzafrikanern gebrauchte Anrede für eine weibliche Person

sis·ter ['sɪstə^r] *n* ❶ *(female sibling)* Schwester *f* ❷ *(fellow feminist)* Schwester *f;* *(trade unionist)* Kollegin *f* ❸ *(nun)* [Ordens]schwester *f* ❹ BRIT, AUS *(nurse)* [Kranken]schwester *f;* **S~ Jones** Schwester Jones *f* ❺ AM *(dated fam: form of address to woman)* Schwester *f sl*

sis·ter·hood ['sɪstəhʊd] *n* ❶ *no pl (sisterly bond)* Zusammenhalt *m* unter Schwestern ❷ *no pl (female solidarity)* Solidarität *f* unter Frauen ❸ *+ sing/pl vb (feminists)* ■ **the ~** die Frauenbewegung ❹ REL *(religious society)* Schwesternorden *m*

'**sis·ter-in-law** <*pl* sisters- *or* -s> *n* Schwägerin *f*

sis·ter·ly ['sɪstəli] *adj* schwesterlich

sit <-tt, sat, sat> [sɪt] **I.** *vi* ❶ *(seated)* sitzen; **to ~ at the desk/table** am Schreibtisch/Tisch sitzen; **to ~ for one's portrait** jdm Porträt sitzen; **to ~ for an exam** *esp* BRIT eine Prüfung ablegen ❷ *(fam: babysit)* babysitten (**for** für) ❸ *(sit down)* sich hinsetzen; *(to a dog)* ~! Platz!, Sitz!; **he sat [down] next to me** er setzte sich neben mich ❹ *(perch)* hocken, sitzen ❺ *(on a nest)* brüten ❻ *(be located)* liegen ❼ *(remain undisturbed)* stehen; **to ~ on sb's desk/the shelf** auf jds Schreibtisch liegen/im Regal stehen ❽ *(in session)* tagen; *court* zusammenkommen ❾ AM *(be in office)* einen Sitz haben; ▪ **to ~ for sth** Abgeordnete(r) *f(m)* für etw *akk* sein ❿ *(fit)* passen; *clothes* sitzen ▶ **to ~ on the fence** sich nicht entscheiden können; **to ~ on one's hands** keinen Finger krummmachen *fam;* **to be ~ting pretty** fein heraus sein; **to ~ tight** *(not move)* sich nicht rühren; *(not change opinion)* stur bleiben II. *vt* ❶ *(put on seat)* setzen ❷ BRIT *(take exam)* **to ~ an exam** eine Prüfung ablegen ✦ **sit about** *esp* BRIT, **sit around** *vi* herumsitzen ✦ **sit back** *vi* ❶ *(lean back in chair)* sich zurücklehnen ❷ *(do nothing)* die Hände in den Schoß legen ✦ **sit down** I. *vi* ❶ *(take a seat)* sich [hin]setzen; **to ~ down to dinner** sich zum Essen an den Tisch begeben ❷ *(be sitting)* sitzen ❸ *(take time)* sich [in Ruhe] hinsetzen; **I need time to ~ down and think about this** ich brauche Zeit, um in Ruhe darüber nachzudenken; ▪ **to ~ down with sb** sich mit jdm zusammensetzen II. *vt* ❶ *(put in a seat)* setzen ❷ *(take a seat)* ▪ **to ~ oneself down** sich hinsetzen ✦ **sit in** *vi* ❶ *(attend)* dabeisitzen; **to ~ in on a conference/meeting** einer Konferenz/einem Treffen beisitzen ❷ *(represent)* ▪ **to ~ in for sb** jdn vertreten ❸ *(hold sit-in)* einen Sitzstreik veranstalten ✦ **sit on** *vi* ❶ *(be member of)* **to ~ on a board/a committee** Mitglied eines Ausschusses/Komitees sein ❷ *(fam: not act on sth)* ▪ **to ~ on sth** auf etw *dat* sitzen ❸ *(fam: unaware of value)* ▪ **to be ~ting on sth** auf etw *dat* sitzen ❹ *(fam: rebuke)* ▪ **to ~ on sb** jdm einen Dämpfer verpassen ❺ *(feel heavy)* **to ~ on sb's stomach** jdm schwer im Magen liegen ✦ **sit out** I. *vi* ❶ *(sit outdoors)* draußen sitzen ❷ *(not dance)* einen Tanz auslassen II. *vt* ❶ *(not participate)* auslassen; *(in game, competition)* aussetzen ❷ *(sit until end)* bis zum Ende ausharren ✦ **sit through** *vi* über sich *akk* ergehen lassen ✦ **sit up** I. *vi* ❶ *(sit erect)* aufrecht sitzen; **to ~ up straight** sich gerade hinsetzen

❷ *(fam: pay attention)* **to ~ up and take notice** aufhorchen ❸ *(remain up)* aufbleiben II. *vt* aufrichten

sit·com ['sɪtkɒm] *n (fam) short for* **situation comedy** Sitcom *f*

sit-down 'strike *n* Sitzstreik *m*, Sit-in *nt*

site [saɪt] I. *n* ❶ *(place)* Stelle *f*, Platz *m*, Ort *m; of crime* Tatort *m* ❷ *(plot)* Grundstück *nt;* **archaeological ~** archäologische Fundstätte; **building ~** Baugelände *nt;* **caravan** [*or* AM **camping**] **~** Campingplatz *m* ❸ *(building location)* Baustelle *f;* **on ~** vor Ort ❹ *(on Internet)* [**web**] **~** Website *f;* **fan ~** Fanpage *f* II. *vt* einen Standort bestimmen; **to be ~d out of town** außerhalb der Stadt liegen

'**sit-in** *n* Sit-in *nt;* **to stage a ~** ein Sit-in veranstalten

sit·ter ['sɪtəʳ] *n* ❶ *(model for portrait)* Modell *nt* ❷ *(babysitter)* Babysitter(in) *m(f)* ❸ SPORTS ▪ **a ~** *(fam: easy catch)* ein leichter Ball; *(easy shot)* ein todsicherer Treffer

sit·ting ['sɪtɪŋ] *n* ❶ *(meal session)* Ausgabe *f* ❷ *(session)* Sitzung *f*

sit·ting 'duck *n* leicht zu treffendes Ziel; *(fig)* leichte Beute **sit·ting 'mem·ber** *n* BRIT POL derzeitiger Abgeordneter/derzeitige Abgeordnete '**sit·ting room** *n esp* BRIT Wohnzimmer *nt* **sit·ting 'tar·get** *n* leicht zu treffendes Ziel; **to be a ~ for sb/sth** *(easy prey)* eine leichte Beute für jdn/etw abgeben **sit·ting 'ten·ant** *n* derzeitiger Mieter/derzeitige Mieterin

situ·ate ['sɪtjueɪt] *vt* ❶ *(form: position)* platzieren; *patch, bed* anlegen ❷ *(form: place in context)* im Zusammenhang sehen (**in** zu)

situ·at·ed ['sɪtjueɪtɪd] *adj pred* ❶ *(located)* gelegen; **to be ~ near the church** in der Nähe der Kirche liegen ❷ *(in a state)* **to be well/badly ~** [finanziell] gut/schlecht gestellt sein; **to be well ~ to do sth** gute Voraussetzungen besitzen, etw zu tun

situ·a·tion [ˌsɪtjuˈeɪʃ*ə*n] *n* ❶ *(circumstances)* Situation *f*, Lage *f* ❷ *(location)* Lage *f*, Standort *m* ❸ *(old: job)* Stelle *f*

'**sit-up** *n* Bauchmuskelübung *f;* **to do ten ~s** sich zehnmal aufsetzen

six [sɪks] I. *adj* sechs; **he is over ~ feet tall** er ist über 1 Meter 80; *see also* **eight** ▶ **to be ~ feet under** *(hum)* sich *dat* die Radieschen von unten anschauen *sl* II. *pron* sechs; *see also* **eight** ▶ **~ of one and half a dozen of the other** gehupft wie gesprungen *fam;* **to knock sb for ~** BRIT *(amaze)* jdn umhauen *fam;* *(defeat com-*

pletely) jdn vernichtend schlagen **III.** *n* ❶ (*number*) Sechs *f; see also* **eight** ❷ (*in cricket*) Sechserschlag *m* (*durch einen Schlag sechs Läufe erzielen*) ▶ **to be at ~es and sevens** völlig durcheinander sein
'**six·fold** *adj* sechsfach **six-'foot·er** *n* (*tall male person*) Zweimetermann *m;* (*tall, powerful male*) Hüne *m;* (*tall female*) Zweimeterfrau *f* '**six-pack** *n* ❶ (*package of six*) Sechserpack *m; of beer* Sixpack *m* ❷ (*well-toned stomach*) Waschbrettbauch *m*
six·teen [ˌsɪkˈstiːn] **I.** *adj* sechzehn; *see also* **eight II.** *n* Sechzehn *f; see also* **eight**
six·teenth [ˌsɪkˈstiːnθ] **I.** *adj* sechzehnte(r, s) **II.** *pron* ■**the ~** ... der/die/das sechzehnte ... **III.** *adv* als sechzehnte(r, s) **IV.** *n* Sechzehntel *nt o* SCHWEIZ *a. m*
sixth [sɪksθ] **I.** *adj* sechste(r, s) **II.** *pron* ■**the ~** ... der/die/das sechste ... **III.** *adv* als sechste(r, s) **IV.** *n* Sechstel *nt o* SCHWEIZ *a. m*
'**sixth form** *n* BRIT SCH Abschlussklasse *f* (*das letzte Schuljahr, das mit A-Levels abgeschlossen wird*) **sixth form 'col·lege** *n* BRIT SCH College, *das Schüler auf den A-Level-Abschluss vorbereitet*
six·ti·eth [ˈsɪkstiəθ] **I.** *adj* sechzigste(r, s) **II.** *pron* ■**the ~** der/die/das sechzigste **III.** *adv* als sechzigste(r, s) **IV.** *n* Sechzigstel *nt o* SCHWEIZ *a. m*
six·ty [ˈsɪksti] **I.** *adj* sechzig **II.** *pron* sechzig **III.** *n* Sechzig *f*
size [saɪz] **I.** *n* ❶ *usu sing* (*magnitude*) Größe *f; amount, debt* Höhe *f;* **a company of that ~** eine Firma dieser Größenordnung; **six metres in ~** sechs Meter lang; **the ~ of a thumbnail** daumennagelgroß; **to be a good ~** (*quite big*) ziemlich groß sein; (*suitable size*) die richtige Größe haben; **to be the same ~** genauso groß sein; **to double in ~** seine Größe verdoppeln; **to increase/decrease in ~** größer/kleiner werden ❷ (*measurement*) Größe *f;* **the shirt is a couple of ~s too big** das Hemd ist ein paar Nummern zu groß; **what ~ are you? — I'm a ~ 10** welche Größe haben Sie? – ich habe Größe 36; **collar/shoe ~** Kragenweite *f*/Schuhgröße *f;* **economy ~ pack** Sparpackung *f;* **to try sth [on] for ~** etw anprobieren, ob es passt ▶ **that's about the ~ of it** so könnte man sagen **II.** *vt* nach der Größe ordnen ◆**size up** *vt* [prüfend] abschätzen; **to ~ each other up** sich gegenseitig taxieren
size·able [ˈsaɪzəbl̩] *adj* ziemlich groß; **a ~ amount** eine beträchtliche Summe

siz·zle [ˈsɪzl̩] **I.** *vi* brutzeln **II.** *n no pl* Zischen *nt*
siz·zler [ˈsɪzlər] *n* (*fam*) knallheißer Tag
skate[1] [skeɪt] *n* (*flat fish*) Rochen *m*
skate[2] [skeɪt] **I.** *n* ❶ (*ice skate*) Schlittschuh *m* ❷ (*roller skate*) Rollschuh *m;* (*with stopper*) Rollerskate *m* ▶ **to put one's ~s on** BRIT (*fam*) einen Zahn zulegen *sl* **II.** *vi* ❶ (*on ice*) Schlittschuh laufen ❷ (*on roller skates*) Rollschuh fahren; (*on skates with stopper*) Rollerskate fahren ▶ **to be skating on thin ice** sich auf dünnem Eis bewegen **III.** *vt* **to ~ a figure** eine Figur laufen
skate·board [ˈskeɪtbɔːd] *n* Skateboard *nt*
skate·board·er [ˈskeɪtˌbɔːdər] *n* Skateboardfahrer(in) *m(f)*
skat·er [ˈskeɪtər] *n* ❶ (*on ice*) Schlittschuhläufer(in) *m(f);* **figure ~** Eiskunstläufer(in) *m(f);* **speed ~** Eisschnellläufer(in) *m(f)* ❷ (*on roller skates*) Rollschuhfahrer(in) *m(f)* ❸ (*on roller blades*) Skater(in) *m(f)*
skat·ing [ˈskeɪtɪŋ] *n no pl* ❶ (*ice*) Eislaufen *nt;* **figure ~** Eiskunstlauf *m;* **speed ~** Eisschnelllauf *m;* **to go ~** eislaufen gehen ❷ (*roller skates*) Rollschuh laufen *nt;* (*with modern rollerskates*) Rollerskaten *nt*
'**skat·ing rink** *n* ❶ (*ice skating*) Eisbahn *f* ❷ (*roller skating*) Rollschuhbahn *f*
ske·dad·dle [skɪˈdædl̩] *vi* (*fam*) sich verdünnisieren *sl*
skein [skeɪn] *n* ❶ (*coil*) Strang *m* ❷ (*birds*) Schwarm *m;* **~ of geese** Gänseschar *f*
skel·eton [ˈskelɪtᵊn] *n* ❶ (*bones*) Skelett *nt* ❷ (*thin person*) [wandelndes] Gerippe *fam* ❸ (*framework*) *of boat, plane* Gerippe *nt; of building* Skelett *nt* ❹ (*outline sketch*) *of book, report* Entwurf *m* ▶ **to have ~s in the cupboard** [*or* AM *also* **closet**] eine Leiche im Keller haben *fam*
skel·eton 'key *n* Dietrich *m* **skel·eton 'staff** *n* Minimalbesetzung *f*
skep·tic *n* AM, AUS *see* **sceptic**
skep·ti·cal *adj* AM, AUS *see* **sceptical**
skep·ti·cism *n no pl* AM, AUS *see* **scepticism**
sketch [sketʃ] **I.** *n* <*pl* -es> ❶ (*rough drawing*) Skizze *f* ❷ (*written piece*) Skizze *f* ❸ (*outline*) Überblick *m* ❹ (*performance*) Sketch *m* **II.** *vt* ❶ (*rough drawing*) skizzieren ❷ (*write in outline*) umreißen **III.** *vi* Skizzen machen ◆**sketch in** *vt* ❶ (*draw in*) [andeutungsweise] einzeichnen ❷ (*outline*) umreißen ◆**sketch out** *vt* ❶ (*draw roughly*) [in groben Zügen] skizzieren ❷ (*outline*) umreißen
'**sketch·book** *n* Skizzenbuch *nt*

sketchy ['sketʃi] *adj* ❶ *(not detailed)* flüchtig; *(incomplete)* lückenhaft; **to have a ~ idea of sth** eine vage Vorstellung von etw *dat* haben ❷ *(not fully realized)* skizzenhaft dargestellt

skew [skju:] **I.** *vt* ❶ *(give slant to)* krümmen; TECH abschrägen ❷ *(distort)* verdrehen **II.** *vi* **to ~ around** sich drehen **III.** *adj pred* schräg, schief **IV.** *adv* schräg, schief

skew·bald ['skju:bɔ:ld] *n* Schecke *m o f*

skewed ['skju:d] *adj* schief

skew·er ['skju:əʳ] **I.** *n* Spieß *m* **II.** *vt* ❶ *(pierce)* aufspießen ❷ *(pierce with skewer)* anstechen

skew-whiff [ˌskju:'(h)wɪf] BRIT, AUS **I.** *adj pred (fam)* schief **II.** *adv (fam)* schief

ski [ski:] **I.** *n* Ski *m;* **on ~s** auf Skiern **II.** *vi* Ski fahren [*o* laufen]; **to ~ down the slope** die Piste hinunterfahren

'**ski boot** *n* Skischuh *m*

skid [skɪd] **I.** *vi* <-dd-> *(on foot)* rutschen; *(in a vehicle)* schleudern; **to ~ to a halt** schlitternd zum Stehen kommen; **to ~ on the wet road** auf der nassen Straße ins Rutschen kommen **II.** *n (on foot)* Rutschen *nt;* (*skewing round*) Schleudern *nt;* **to go into a ~** ins Schleudern geraten

'**skid mark** *n* Reifenspur *f;* (*from braking*) Bremsspur *f*

skid '**row** *n no pl esp* AM Pennerviertel *nt fam;* **to end up on ~** auf der Straße enden

ski·er ['ski:əʳ] *n* Skifahrer(in) *m(f)*

skiff [skɪf] *n* ❶ *(rowing boat)* Skiff *nt* ❷ *(sailing boat)* Einer *m*

'**ski gog·gles** *npl* Skibrille *f*

'**ski·ing** ['ski:ɪŋ] *n no pl* Skifahren *nt*

'**ski·ing holi·day** *n* Skiurlaub *m*

'**ski in·struc·tor** *n* Skilehrer *m* '**ski in·struc·tress** *n* Skilehrerin *f* '**ski jump** *n* ❶ *(runway)* Sprungschanze *f* ❷ *no pl (jump)* Skisprung *m;* (*event*) Skispringen *nt*

skil·ful ['skɪlfəl] *adj* ❶ *(adroit)* geschickt ❷ *(showing skill)* gekonnt

skil·ful·ly ['skɪlfəli] *adv* geschickt, gekonnt

'**ski lift** *n* Skilift *m*

skill [skɪl] *n* ❶ *no pl (expertise)* Geschick *nt;* **to involve some ~** einige Geschicklichkeit erfordern ❷ *(particular ability)* Fähigkeit *f;* (*technique*) Fertigkeit *f;* **communication ~s** Kommunikationsfähigkeit *f;* **language ~s** Sprachkompetenz *f;* **negotiating ~s** Verhandlungsgeschick *nt*

skilled [skɪld] **I.** *adj* ❶ *(trained)* ausgebildet; *(skilful)* geschickt ❷ *(requiring skill)* Fach-; **a highly ~ job** eine hoch qualifizierte Tätigkeit; **semi-~ occupation** Anlernberuf *m* **II.** *n* ■**the ~** *pl* qualifiziertes [Fach]personal

skil·let ['skɪlɪt] *n* ❶ BRIT *(saucepan)* Topf *m* ❷ AM *(frying pan)* Bratpfanne *f*

skill·ful *adj* AM *see* **skilful**

skill·ful·ly *adv* AM *see* **skilfully**

'**skills base** *n* Arbeitskräftepotential *nt*

skim <-mm-> [skɪm] **I.** *vt* ❶ *(move lightly above)* streifen; **to ~ the surface of sth** *(fig)* nur an der Oberfläche von etw *dat* kratzen ❷ *(bounce off water)* **to ~ stones on the water** Steine über das Wasser hüpfen lassen ❸ *(read)* überfliegen ❹ FOOD *(remove from surface)* abschöpfen; **to ~ the cream from the milk** die Milch entrahmen **II.** *vi* ■**to ~ over sth** über etw *akk* hinwegstreifen

'**ski mask** *n* Skimaske *f*

skimmed milk [ˌskɪmd'-] *n,* **skim** '**milk** *n no pl* entrahmte Milch, Magermilch *f*

skim·mer ['skɪməʳ] *n* Schaumlöffel *m*

skimp [skɪmp] **I.** *vt* nachlässig erledigen; **to ~ the work** schlud[e]rig arbeiten **II.** *vi* sparen (**on** an)

skimpy ['skɪmpi] *adj* ❶ *(not big enough)* dürftig; *meal* karg ❷ *(small and tight-fitting)* knapp

skin [skɪn] **I.** *n* ❶ *usu sing (on body)* Haut *f;* **to be soaked to the ~** nass bis auf die Haut sein; **to have a thin ~** dünnhäutig sein; **to have thick ~** ein dickes Fell haben ❷ *(animal hide)* Fell *nt* ❸ *(rind) of fruit, potato* Schale *f; of boiled potato* Pelle *f; of sausage* [Wurst]haut *f; of almonds, tomatoes* Haut *f;* **to cook potatoes in their ~s** Pellkartoffeln kochen ❹ *(outer covering) aircraft, ship* [Außen]haut *f* ❺ *usu sing (film on hot liquid)* Haut *f* ❻ *(sl: neo-Nazi)* Skinhead *m* ▶ **to be nothing but ~ and bone**[**s**] nur noch Haut und Knochen sein; **it's no ~ off my nose** [*or* AM *also* **back**] das ist nicht mein Problem; **by the ~ of one's teeth** nur mit knapper Not; **to get under sb's ~** ‒ *(irritate or annoy sb)* jdm auf die Nerven gehen *fam;* (*move or affect sb*) jdm unter die Haut gehen **II.** *vt* <-nn-> ❶ *(remove skin)* häuten; *fruit* schälen; **to ~ sb alive** *(hum)* Hackfleisch aus jdm machen *fam* ❷ *(graze)* **to ~ one's elbow/knees** sich *dat* den Ellbogen/die Knie aufschürfen

'**skin can·cer** *n no pl* Hautkrebs *m*

'**skin·care** *n* Hautpflege *f* '**skin-**'**deep** *adj pred* oberflächlich; **beauty is only ~** man darf nicht nur nach den Äußerlichkeiten urteilen '**skin dis·ease** *n* Hautkrankheit *f* '**skin-div·er** *n* Taucher(in) *m(f)* (*ohne Anzug*) **'skin-div·ing** *n no pl* Tauchen *nt* (*ohne Anzug*) **'skin flick** *n* (*fam*) Porno *m* **'skin·flint** *n* (*pej*) Geizkragen *m fam*

skin·ful ['skɪnfʊl] *n no pl* BRIT (*sl*) ■ **to have had a ~** einen sitzen haben

'skin graft *n* MED ❶ (*skin transplant*) Hauttransplantation *f* ❷ (*skin section*) Hauttransplantat *nt* **'skin·head** *n* Skinhead *m*

skin·ny ['skɪni] *adj* mager

'skin·ny-dip <-pp-> *vi* (*fam*) im Adams-/ Evakostüm baden

skint [skɪnt] *adj pred* BRIT (*sl*) ■ **to be ~** pleite sein *fam*

'skin-tight *adj* hauteng

skip[1] [skɪp] **I.** *vi* <-pp-> ❶ (*hop*) hüpfen ❷ BRIT, AUS (*hop with rope*) seilspringen ❸ (*jump*) gramophone needle springen ❹ (*omit*) springen; ■ **to ~ over sth** etw überspringen; **let's ~ to the interesting bits** lasst uns direkt zu den interessanten Dingen übergehen ❺ (*fam: go quickly*) **to ~ over to France** eine Spritztour nach Frankreich machen; **to ~ across to a shop** kurz bei einem Geschäft vorbeigehen **II.** *vt* <-pp-> ❶ AM (*hop with rope*) **to ~ rope** seilspringen ❷ (*leave out*) überspringen, auslassen ❸ (*not participate in*) ■ **to ~ sth** an etw *dat* nicht teilnehmen; **to ~ breakfast** das Frühstück auslassen; **to ~ classes** den Unterricht schwänzen *fam* ❹ AM, AUS (*bounce off water*) **to ~ stones on the lake** Steine über das Wasser hüpfen lassen **III.** *n* Hüpfer *m*; **to give a ~ of joy** einen Freudensprung machen

skip[2] [skɪp] *n* BRIT, AUS (*rubbish container*) [Müll]container *m*

'ski pants *npl* Skihose *f* **'ski pass** *n* Skipass *m* **'ski-plane** *n* Kufenflugzeug *nt* **'ski pole** *n* Skistock *m*

skip·per ['skɪpə^r] **I.** *n* NAUT Kapitän *m* [zur See]; AVIAT [Flug]kapitän *m*; SPORTS [Mannschafts]kapitän *m*; (*form of address*) Kapitän *m* **II.** *vt* befehligen; **to ~ a ship** Kapitän eines Schiffes sein; **to ~ an aircraft** Flugkapitän sein; **to ~ a team** Mannschaftsführer sein

'skip·ping rope *n* BRIT, AM **'skip rope** *n* Springseil *nt*

'ski rack *n* Skiträger *m* **'ski re·sort** *n* Wintersportort *m*

skir·mish <*pl* -es> ['skɜːmɪʃ] **I.** *n* MIL Gefecht *nt*; (*argument*) Wortgefecht *nt* **II.** *vi* MIL sich *dat* Gefechte liefern (**with** mit); (*fig: argue*) sich heftig streiten (**with** mit)

skirt [skɜːt] **I.** *n* ❶ (*garment*) Rock *m*; (*part of coat*) Schoß *m* ❷ TECH (*on hovercraft*) Schürzen *pl* **II.** *vt* ❶ (*encircle*) umgeben; (*proceed around edge of*) umfahren ❷ (*avoid*) questions [bewusst] umgehen

skirt·ing ['skɜːtɪŋ] *n* BRIT, AUS, **skirt·ing board** *n* BRIT, AUS Fußleiste *f*

'ski run *n* Skipiste *f* **'ski school** *n* Skischule *f* **'ski slope** *n* Skipiste *f* **'ski stick** *n* BRIT Skistock *m* **'ski suit** *n* Skianzug *m*

skit [skɪt] *n* [satirischer] Sketch (**on** über), Parodie *f* (**on** auf)

'ski tow *n* Schlepplift *m*

skit·ter ['skɪtə^r] *vi* umherschwirren; *papers* flattern

skit·tish ['skɪtɪʃ] *adj* ❶ (*nervous*) *horse, person* nervös ❷ (*playful*) *person* übermütig

skit·tle ['skɪtl] *n esp* BRIT ❶ (*target*) Kegel *m* ❷ (*bowling game*) ■ **~s** *pl* Kegeln *nt kein pl*

skive [skaɪv] *vi* BRIT (*fam*) sich drücken
♦ **skive off** *vi* BRIT (*fam*) sich verdrücken; **to ~ off school** die Schule schwänzen *sl*; **to ~ off work** blau machen *fam*

skiv·er ['skaɪvə^r] *n* BRIT (*fam*) Drückeberger(in) *m(f)*

skiv·vy ['skɪvi] **I.** *n* ❶ BRIT (*low-grade servant*) Dienstmädchen *nt a. pej* ❷ AM (*fam: men's underwear*) ■ **skivvies** *pl* Unterwäsche *f* **II.** *vi* BRIT niedere Arbeiten erledigen

skul·dug·gery [skʌl'dʌgºri] *n no pl* üble Tricks *pl*; (*dishonesty*) Hinterlist *f*

skulk [skʌlk] *vi* ❶ (*lurk*) herumlungern *fam* ❷ (*move furtively*) schleichen

skull [skʌl] *n* Schädel *m*; **to get sth into one's/sb's** [**thick**] **~** (*fam*) etw in seinen/ jds Schädel hineinbekommen

'skull·cap *n* ❶ (*top of skull*) Schädeldecke *f* ❷ REL Scheitelkäppchen *nt*; (*for Jews*) Kippa[h] *f*; (*for jockeys*) Kopfschutz *m*

skunk [skʌŋk] *n* ❶ (*animal*) Stinktier *nt* ❷ (*fam: person*) Schweinehund *m* ❸ *no pl* (*sl: marijuana*) Shit *m o nt*

sky [skaɪ] *n* ❶ (*the sky*) Himmel *m*; **in the ~** am Himmel ❷ (*area above earth*) ■ **skies** *pl* Himmel *m*; **sunny skies** sonniges Wetter; **cloudy skies** bewölkter Himmel ▶ **the ~'s the limit** alles ist möglich; **red ~ at night, shepherd's delight** (*prov*) Abendrot Schönwetterbot' *prov*; **red ~ in the morning, shepherd's warning** (*prov*) Morgenrot Schlechtwetterbot' *prov*

'sky-blue *adj attr* himmelblau **'sky·div·ing** *n no pl* Fallschirmspringen *nt* **sky-'high I.** *adv* (*direction*) [hoch] in die Luft; (*position*) [hoch] am Himmel; **to blow a building ~** ein Gebäude in die Luft sprengen; **to go ~** *prices* in die Höhe schnellen **II.** *adj* (*fig*) *prices, premiums* Schwindel erregend hoch '**sky·jack I.** *vt* entführen **II.** *n* Flugzeugentführung *f* '**sky·lark** *n* Feldlerche *f* '**sky·light** *n* Oberlicht *nt;* (*in roof*) Dachfenster *nt* '**sky·line** *n of city* Skyline *f;* (*horizon*) Horizont *m*

skype [skaɪp] *vi, vt* TELEC, INET skypen (**with** mit)

'**sky·rock·et I.** *vi cost, price* in die Höhe schießen; *person* [auf einen Schlag] berühmt werden **II.** *vt* **to ~ sb to fame** jdn [mit einem Schlag] berühmt machen; **to ~ sb to power** jdm [mit einem Schlag] zur Macht verhelfen '**sky·scrap·er** *n* Wolkenkratzer *m*

slab [slæb] *n* ❶ *of rock* Platte *f; of wood* Tafel *f;* (*in mortuary*) Tisch *m;* **paving ~** Pflasterstein *m* ❷ *of food* [dicke] Scheibe; **a ~ of cake** ein [großes] Stück Kuchen; **a ~ of chocolate** eine Tafel Schokolade ❸ (*foundation of house*) Plattenfundament *nt*

slack [slæk] **I.** *adj* ❶ (*not taut*) schlaff ❷ (*pej: lazy*) *person* träge; **discipline has become very ~ lately** die Disziplin hat in letzter Zeit sehr nachgelassen ❸ (*not busy*) ruhig; *market* flau **II.** *adv* schlaff **III.** *n no pl* ❶ (*looseness*) Schlaffheit *f;* **the men pulled on the rope to take up the ~** die Männer zogen am Seil, um es zu spannen; **to cut sb some ~** AM (*fam*) jdm Spielraum einräumen ❷ (*coal*) [Kohlen]grus *m* **IV.** *vi* (*fam*) faulenzen ◆ **slack off** *vi see* **slacken off**

slack·en ['slækən] **I.** *vt* ❶ (*make less tight*) locker lassen; **to ~ one's grip** seinen Griff lockern ❷ (*reduce*) *pace* verlangsamen **II.** *vi* ❶ (*become less tight*) sich lockern ❷ (*diminish*) langsamer werden; *demand, intensity* nachlassen ◆ **slacken off I.** *vi* ❶ (*at work*) *person* es langsamer angehen lassen ❷ (*move slower*) *person* langsamer gehen; *car* langsamer fahren; *speed, pace* langsamer werden **II.** *vt* reduzieren; *speed* drosseln

slack·en·ing ['slækənɪŋ] *n no pl* ❶ (*loosening*) Lockern *nt* ❷ *of speed* Verlangsamung *f; of demand* Nachlassen *nt*

slack·er ['slækər] *n* (*fam*) Faulenzer(in) *m(f)*

slack·ly ['slækli] *adv* ❶ (*not tightly*) schlaff, locker; **to hang ~** schlaff herunterhängen ❷ (*pej: lazily*) träge

slack·ness ['slæknəs] *n no pl* ❶ (*looseness*) Schlaffheit *f* ❷ (*lack of activity*) Nachlassen *nt;* (*in demand*) Flaute *f* ❸ (*pej: laziness*) Trägheit *f*

slacks [slæks] *npl* Hose *f;* **a pair of ~** eine Hose

slag [slæg] **I.** *n* ❶ *no pl* (*in mining*) Schlacke *f* ❷ BRIT (*pej fam!: slut*) Schlampe *f* **II.** *vt* <-gg-> (*fam*) ■**to ~** [**off**] ◯ **sb/sth** über jdn/etw herziehen

'**slag·heap** ['slæghiːp] *n* Schlackenhügel *m*

slain [sleɪn] **I.** *vi, vt pp of* **slay II.** *n* (*liter*) ■**the ~** *pl* die Gefallenen *pl*

slake [sleɪk] *vt needs, wants* befriedigen; *thirst* stillen

sla·lom ['slɑːləm] *n* Slalom *m*

slam [slæm] **I.** *n* ❶ (*sound*) Knall *m; of door* Zuschlagen *nt* ❷ (*punch*) Schlag *m;* (*push*) harter Stoß ❸ (*insult*) vernichtende Kritik **II.** *vt* <-mm-> ❶ (*close*) *door* zuschlagen, zuknallen *fam;* **to ~ the door in sb's face** jdm die Tür vor der Nase zuschlagen ❷ (*hit hard*) schlagen ❸ (*fam: criticize*) heruntermachen **III.** *vi* <-mm-> ❶ (*shut noisily*) zuschlagen ❷ (*hit hard*) **to ~ into a car/tree/building** ein Auto/einen Baum/ein Gebäude rammen; **to ~ on the brakes** voll auf die Bremsen treten

slam·mer ['slæmər] *n* (*sl: prison*) ■**the ~** das Kittchen *fam*

slan·der ['slɑːndər] LAW **I.** *n* ❶ *no pl* (*action*) üble Nachrede, Verleumdung *f* ❷ (*statement*) Verleumdung *f* **II.** *vt* verleumden

slan·der·er ['slɑːndərər] *n* Verleumder(in) *m(f)*

slan·der·ous ['slɑːndərəs] *adj* verleumderisch

slang [slæŋ] **I.** *n no pl* Slang *m;* **army ~** Militärjargon *m;* **teenage ~** Jugendsprache *f* **II.** *adj attr* Slang-; **~ term** [*or* **word**] Slangausdruck *m*

'**slang·ing match** *n esp* BRIT, AUS Schlagabtausch *m*

slangy ['slæŋi] *adj* (*fam*) salopp

slant [slɑːnt] **I.** *vi* sich neigen; **the evening sun ~ed through the narrow window** die Abendsonne fiel schräg durch das schmale Fenster ein; **to ~ down/to the right** sich nach unten/nach rechts neigen **II.** *vt* ❶ (*make diagonal*) ausrichten ❷ (*present for*) zuschneiden; (*pej: in biased way*) zurechtbiegen *fig pam* **III.** *n* ❶ (*slope*) Neigung *f;* **the kitchen floor has a distinct ~ towards the outer wall** der Küchenboden fällt zur Außenwand hin deutlich ab ❷ (*perspective*) Tendenz *f;* **to have a right-wing ~** *newspaper* rechtsgerichtet sein

slant·ed ['slɑːntɪd] *adj* ❶ (*sloping*) geneigt; *eyes* schräg gestellt; *handwriting* geneigt ❷ (*pej: biased*) gefärbt *fig; report* frisierter

slant·ing ['slɑːntɪŋ] *adj* schräg; ~ **roof** Schrägdach *nt*

slap [slæp] **I.** *n* ❶ (*with hand*) Klaps *m fam;* **to give sb a ~ on the back** jdm [anerkennend] auf den Rücken klopfen; (*fig*) jdn loben; **a ~ in the face** eine Ohrfeige; (*fig*) ein Schlag ins Gesicht; **to get a ~ on the wrist** (*fig*) eine Verwarnung bekommen ❷ (*noise*) Klatschen *nt* **II.** *adv* (*fam*) genau; **the child sat down ~ in the middle of the floor** das Kind setzte sich mitten auf den Boden **III.** *vt* <-pp-> ❶ (*with hand*) schlagen; **to ~ sb in the face** jdn ohrfeigen; **to ~ sb on the back** jdn auf den Rücken schlagen; (*in congratulation*) jdm [anerkennend] auf die Schulter klopfen; **to ~ sb's wrist** jdn zurechtweisen ❷ (*strike*) schlagen (**against** gegen) ❸ (*fam: do quickly*) **she ~ped a couple pieces of salami between some bread** sie klatschte ein paar Scheiben Salami zwischen zwei Scheiben Brot ❹ (*fam: impose*) **to ~ a fine/tax on sth** eine Geldstrafe/eine Steuer auf etw *akk* draufschlagen **IV.** *vi water* ▪ **to ~ against sth** gegen etw *akk* schlagen
◆ **slap down** *vt* ❶ (*put down*) hinknallen *fam* ❷ (*silence rudely*) ▪ **to ~ sb down** jdn zusammenstauchen *fam*

slap-'bang *adv* BRIT (*fam*) genau '**slapdash** *adj* (*pej fam*) schlampig '**slaphead** *n* BRIT (*pej sl*) Glatzkopf *m fam* '**slapstick I.** *n no pl* Slapstick *m* **II.** *adj attr* Slapstick-; ~ **comedy** Slapstickkomödie *f* '**slap-up** *adj attr* BRIT, AUS **a ~ meal** ein Essen mit allem Drum und Dran *fam*

slash [slæʃ] **I.** *vt* ❶ (*cut deeply*) **to ~ a painting/a seat/sb's tyres** [*or* AM **tires**] ein Gemälde/einen Sitz/jds Reifen aufschlitzen *fam;* **to ~ one's wrists** sich *dat* die Pulsadern aufschneiden ❷ (*reduce*) *budget* kürzen; *price* senken; *staff* abbauen; *workforce* verringern **II.** *vi* (*with a knife*) **to ~ at sb/sth** [mit einem Messer] auf jdn/etw losgehen **III.** *n* <*pl* -es> ❶ (*cut on person*) Schnittwunde *f;* (*in object*) Schnitt *m* ❷ (*in prices, costs*) Reduzierung *f;* (*in budget*) Kürzung *f* ❸ FASHION (*in clothing*) Schlitz *m* ❹ (*punctuation mark*) Schrägstrich *m*

slat [slæt] *n* Leiste *f;* (*in grid*) Stab *m;* **plastic/wooden** ~ Plastik-/Holzlatte *f*

slate [sleɪt] **I.** *n* ❶ *no pl* (*rock*) Schiefer *m* ❷ (*on roof*) [Dach]schindel *f* ❸ (*dated: for writing*) Schiefertafel *f* ❹ AM, AUS POL (*list of candidates*) Kandidatenliste *f* ❺ (*in film production*) Klappe *f* ▶ **to have a clean ~** eine weiße Weste haben; **to wipe the ~ clean** reinen Tisch machen **II.** *adj* Schiefer- **III.** *vt* ❶ (*cover with slates*) decken ❷ *usu passive* AM, AUS (*assign*) **she's been ~d to lose her job** sie wird wahrscheinlich ihren Job verlieren; ▪ **to be ~d for sth** für etw *akk* vorgesehen sein ❸ BRIT, AUS (*fam: criticize severely*) zusammenstauchen; *book* verreißen

slat·tern ['slætən] *n* (*pej*) Schlampe *f fam* **slat·tern·ly** ['slætənli] *adj* (*pej*) schlampig

slaugh·ter ['slɔːtə'] **I.** *vt* ❶ (*kill*) abschlachten; *animal* schlachten ❷ SPORTS (*fam*) vom Platz fegen **II.** *n no pl* ❶ (*killing*) *of people* Abschlachten *nt; of animals* Schlachten *nt* ❷ (*fam: in sports*) Schlappe *f*

slaugh·ter·er ['slɔːtərə'] *n* Schlächter(in) *m(f)*

'**slaugh·ter·house** *n* Schlachthaus *nt,* Schlachthof *m*

Slav [slɑːv] **I.** *n* Slawe *m*/Slawin *f* **II.** *adj* slawisch

slave [sleɪv] **I.** *n* Sklave *m*/Sklavin *f* **II.** *vi* schuften; ▪ **to ~ [away] at sth** sich mit etw *dat* herumschlagen; **to ~ over a hot stove** (*hum*) [den ganzen Tag] am Herd stehen

'**slave driv·er** *n* Sklaventreiber(in) *m(f)*

slav·er¹ ['sleɪvə'] **I.** *vi* ❶ (*drool*) *animal* geifern; *person* speicheln ❷ (*pej: show excitement*) gieren (**over** nach) **II.** *n no pl animal* Geifer *m; person* Speichel *m*

slav·er² ['sleɪvə'] *n* (*hist*) ❶ (*ship*) Galeere *f hist* ❷ (*trader*) Sklavenhändler(in) *m(f)*

slav·ery ['sleɪv°ri] *n no pl* Sklaverei *f;* (*fig*) sklavische Abhängigkeit

'**slave trade** *n* (*hist*) Sklavenhandel *m*

Slav·ic ['slɑːvɪk] *adj* slawisch

slav·ish ['sleɪvɪʃ] *adj* ❶ (*without originality*) sklavisch ❷ (*servile*) sklavisch

slav·ish·ly ['sleɪvɪʃli] *adv* ❶ (*without change*) sklavisch ❷ (*with dependence*) sklavisch; **to be ~ devoted to sb/sth** jdm/etw unterwürfig ergeben sein

Sla·von·ic [slə'vɒnɪk] *adj* slawisch

slay [sleɪ] *vt* ❶ <slew, slain> (*liter* or *old: kill*) *dragon* erlegen; *enemy* bezwingen ❷ <slew, slain> AM (*murder*) ▪ **to be slain** ermordet werden

sleaze [sliːz] *n* ❶ *no pl* (*immorality*) Korruption *f* ❷ AM (*fam: person*) schmieriger Typ ❸ (*fam*) Schmutzkampagne *f*

sleazy ['sliːzi] *adj* anrüchig; *area* zweifelhaft; ~ **bar** Spelunke *f fam*

sled [sled] AM **I.** *n* Schlitten *m* **II.** *vi*

<-dd-> **to go ~ding** Schlittenfahren [*o* DIAL Rodeln] gehen III. *vt* <-dd-> mit dem Schlitten transportieren

sledge [sledʒ] I. *n* ❶ (*for snow*) Schlitten *m* ❷ (*fam: sledgehammer*) Vorschlaghammer *m* II. *vi esp* BRIT **to go sledging** Schlittenfahren [*o* DIAL Rodeln] gehen III. *vt* mit dem Schlitten transportieren

'**sledge·ham·mer** *n* Vorschlaghammer *m* ▸ **to use a ~ to crack a nut** mit Kanonen auf Spatzen schießen

sleek [sliːk] I. *adj* ❶ (*glossy*) *fur, hair* geschmeidig; (*streamlined*) elegant; *car* schnittig ❷ (*fig: in manner*) [aal]glatt *pej* ❸ (*well-groomed*) gepflegt II. *vt* glätten; *horse* striegeln

sleek·ness ['sliːknəs] *n no pl* Glattheit *f*; (*of style*) Geschliffenheit *f*

sleep [sliːp] I. *n* ❶ *no pl* (*resting state*) Schlaf *m*; (*nap*) Nickerchen *nt*; **I didn't get to ~ until 4 a.m.** ich bin erst um 4 Uhr morgens eingeschlafen; **to go** |**back**| **to ~** [wieder] einschlafen; **to lose ~ over sth** wegen einer S. *gen* schlaflose Nächte haben; **to put an animal to ~** ein Tier einschläfern; **to send sb to ~** jdn einschlafen lassen *fig* ❷ *no pl* (*in eyes*) Schlaf *m* ▸ **to be able to do sth in one's ~** etw im Schlaf beherrschen II. *vi* <slept, slept> schlafen; (*fig: be buried*) ruhen; **~ tight!** schlaf schön!; **we'll be ~ing at Steve's on Saturday night** Samstagnacht werden wir bei Steve übernachten; **to ~ like a log** [*or* **baby**] (*fam*) wie ein Stein [*o* Baby] schlafen; **to ~ late** lange schlafen, ausschlafen; **to ~ sound**[**ly**] [tief und] fest schlafen; **to ~ rough** BRIT auf der Straße schlafen; ■**to ~ with sb** mit jdm schlafen ▸ **to sleep on it** eine Nacht darüber schlafen III. *vt* **to ~ two/ten** zwei/zehn Personen beherbergen können; **to ~ the night with sb** bei jdm übernachten ◆ **sleep around** *vi* (*fam*) herumschlafen ◆ **sleep in** *vi* ❶ (*sleep late*) ausschlafen ❷ (*sleep at work*) im Hause wohnen ◆ **sleep off** *vt hangover* ausschlafen; *cold, headache* sich gesund schlafen; **to ~ it off** seinen Rausch ausschlafen ◆ **sleep out** *vi* draußen schlafen ◆ **sleep through** *vi* weiterschlafen; **I must have slept through the alarm** ich muss den Wecker verschlafen haben ◆ **sleep together** *vi* (*have sex*) miteinander schlafen; (*share bedroom*) zusammen [in einem Zimmer] schlafen

sleep·er ['sliːpə^r] *n* ❶ (*person*) Schläfer(in) *m(f)*; (*pill*) Schlaftablette *f*; (*sofa*) Bettsofa *nt*; **to be a heavy/light ~** einen festen/leichten Schlaf haben ❷ *esp* AM (*pyjamas*) ■ **~s** *pl* Schlafanzug *m* ❸ (*train*) Zug *m* mit Schlafwagenabteil; (*sleeping car*) Schlafwagen *m*; (*berth*) Schlafwagenplatz *m* ❹ BRIT, AUS (*on railway track*) Schwelle *f* ❺ (*earring*) Kreole *f* ❻ PUBL (*unexpected success*) Sensationserfolg *m*

'**sleep·er cell** *n* MIL, POL Schläferzelle *f*

sleepi·ly ['sliːpɪli] *adv* schläfrig

sleepi·ness ['sliːpɪnəs] *n no pl* Schläfrigkeit *f*

sleep·ing ['sliːpɪŋ] *adj attr* schlafend *attr* ▸ **let ~ dogs lie** (*prov*) schlafende Hunde soll man nicht wecken *prov*

'**sleep·ing bag** *n* Schlafsack *m* **Sleep·ing 'Beau·ty** *n* Dornröschen *nt* '**sleep·ing car** *n* Schlafwagen *m* '**sleep·ing part·ner** *n* BRIT COMM stiller Teilhaber '**sleep·ing pill** *n* Schlaftablette *f* **sleep·ing po·** '**lice·man** *n* BRIT Bodenschwelle *f* '**sleep·ing sick·ness** *n no pl* Schlafkrankheit *f* '**sleep·ing tab·let** *n* Schlaftablette *f*

sleep·less ['sliːpləs] *adj* schlaflos

sleep·less·ness ['sliːpləsnəs] *n no pl* Schlaflosigkeit *f*

'**sleep·walk** *vi* schlafwandeln '**sleep·walk·er** *n* Schlafwandler(in) *m(f)*

sleepy ['sliːpi] *adj* ❶ (*drowsy*) schläfrig; **to feel ~** müde sein ❷ (*quiet*) *town* verschlafen *fam*

'**sleepy·head** ['sliːpihed] *n* (*fam*) Schlafmütze *f*

sleet [sliːt] I. *n no pl* Eisregen *m* II. *vi impers* **it is ~ing** es fällt Eisregen

sleeve [sliːv] *n* ❶ (*on clothing*) Ärmel *m*; **to roll up one's ~s** (*for hard work*) die Ärmel hochkrempeln *a. fig* ❷ (*for rod, tube*) Manschette *f* ❸ (*for record*) [Schallplatten]hülle *f* ▸ **to have sth up one's ~** etw im Ärmel haben

sleeve·less ['sliːvləs] *adj* ärmellos *attr*

sleigh [sleɪ] *n* Pferdeschlitten *m*

sleight of 'hand *n no pl* (*in tricks*) Fingerfertigkeit *f*; (*fig*) Trick *m*

slen·der ['slendə^r] *adj* ❶ *legs, waist* schlank; *railings, poles* schmal ❷ *means, resources, majority* knapp

slen·der·ize ['slendəraɪz] AM I. *vi* (*fam*) abnehmen II. *vt* (*fam*) **to ~ one's figure** seine Figur trimmen; ■**to ~ sb** (*colours*) jdn schlank machen; **to ~ a budget** (*fig: reduce*) ein Budget kürzen

slen·der·ness ['slendənəs] *n no pl* ❶ (*slimness*) *of legs, waist* Schlankheit *f* ❷ (*smallness*) Knappheit *f*; **the ~ of her income** ihr geringes Einkommen

slept [slept] *pt, pp of* **sleep**

slew [sluː] *pt of* **slay**

slice [slaɪs] **I.** *n* ❶ *of bread, ham* Scheibe *f; of cake, pizza* Stück *nt* ❷ (*portion*) Anteil *m* ❸ (*tool*) Pfannenwender *m;* **cake ~** Tortenheber *m* ▸ **a ~ of the cake** ein Stück vom großen Kuchen; **a ~ of** life eine Milieuschilderung **II.** *vt* ❶ (*cut in slices*) in Scheiben schneiden; *cake, pizza* in Stücke schneiden ❷ SPORTS **to ~ the ball** (*in golf, cricket*) den Ball verschlagen; (*in tennis*) den Ball anschneiden ▸ **any way** [*or* AM **no matter how**] **you ~ it** wie man es auch dreht und wendet **III.** *vi* ❶ (*food*) sich schneiden lassen ❷ (*cut*) ■**to ~ through sth** etw durchschneiden ◆ **slice off** *vt* abschneiden ◆ **slice up** *vt* ❶ (*make slices*) in Scheiben schneiden; *bread* aufschneiden; *cake, pizza* in Stücke schneiden ❷ (*divide*) *profits* aufteilen

sliced [slaɪst] *adj* geschnitten; *bread* aufgeschnitten

slic·er [ˈslaɪsəʳ] *n* (*machine*) Schneidemaschine *f*; (*knife*) Bratenmesser *nt*

slick [slɪk] **I.** *adj* ❶ (*skillful*) gekonnt; (*great*) geil *sl*; *performance* tadellos ❷ (*pej: overly-polished*) *answer, manner* glatt; (*clever*) gewieft ❸ (*shiny*) *hair* geschniegelt *fam*; AM (*slippery*) *road, floor* glatt **II.** *n* ❶ (*oil slick*) Ölteppich *m* ❷ AM (*glossy*) Hochglanzmagazin *nt* **III.** *vt* **to ~ back/down one's hair** sich *dat* die Haare nach hinten klatschen/anklatschen *fam*

slick·er [ˈslɪkəʳ] *n* AM ❶ (*city slicker*) feiner Pinkel aus der [Groß]stadt *fam* ❷ (*raincoat*) Regenmantel *m*

slick·ness [ˈslɪknəs] *n no pl* ❶ (*deftness*) Routine *f*; **~ of a performance/show** routinierter Ablauf einer Aufführung/Show ❷ (*pej: glibness*) Gewieftheit *f fam*

slide [slaɪd] **I.** *vi* <slid, slid> ❶ (*glide*) rutschen; (*smoothly*) gleiten; **to ~ down the banisters** das Geländer herunterrutschen ❷ (*decline in value*) *currency* sinken ❸ (*get into*) **to ~ into chaos** in ein Chaos geraten; **to ~ into recession** in die Rezession abrutschen ▸ **to let sth/things ~** etw/die Dinge schleifen lassen **II.** *vt* <slid, slid> **can you ~ your seat forward a little?** können Sie mit Ihrem Sitz etwas nach vorne rutschen?; **she slid the hatch open** sie schob die Luke auf **III.** *n* ❶ (*act of sliding*) Rutschen *nt* ❷ (*on ice*) Eisbahn *f* ❸ (*at playground*) Rutsche *f* ❹ GEOG (*landslide*) **earth** ~ Erdrutsch *m;* **mud/rock** ~ Schlamm-/Felslawine *f* ❺ *usu sing* (*decline*) Sinken *nt; of a currency* Wertverlust *m* ❻ (*in photography*) Dia *nt* ❼ (*for microscope*) Objektträger *m* ❽ (*moving part*) *of trombone* Zug *m; of machine* Schlitten *m* ❾ MUS (*glissando*) Glissando *nt* ❿ BRIT (*hair clip*) Haarspange *f*

ˈ**slide pro·jec·tor** *n* Diaprojektor *m* ˈ**slide rule** *n* Rechenschieber *m*

slid·ing [ˈslaɪdɪŋ] *adj attr* Schiebe-

slid·ing ˈ**scale** *n* FIN gleitende Skala

slight [slaɪt] **I.** *adj* ❶ (*small*) gering; **there's been a ~ improvement in the situation** die Situation hat sich geringfügig gebessert; **to not have the ~est idea** nicht die geringste Idee haben; **the ~est thing** die kleinste Kleinigkeit; **not in the ~est** nicht im Geringsten ❷ (*barely noticeable*) klein; **there was a ~ smell of onions in the air** es roch ein wenig nach Zwiebeln; **to have a ~ accent** einen leichten Akzent haben ❸ (*minor*) leicht; **he has a ~ tendency to exaggerate** er neigt etwas zu Übertreibungen ❹ (*slim and delicate*) *person* zierlich **II.** *n* Beleidigung *f* **III.** *vt* beleidigen

slight·ly [ˈslaɪtli] *adv* ein wenig, etwas; **I feel ~ peculiar** ich fühle mich irgendwie komisch; **I think he may have been exaggerating ever so ~** ich denke, er hat wohl ein klein wenig übertrieben; **to know sb ~** jdn flüchtig kennen

slim [slɪm] **I.** *adj* <-mm-> ❶ *person, figure* schlank; *waist* schmal; *object* dünn ❷ *chance, possibility* gering; *profits, income* mager; **~ pickings** magere Ausbeute **II.** *vi* <-mm-> abnehmen ◆ **slim down I.** *vi* abnehmen **II.** *vt workforce* reduzieren; **to ~ one's hips/waist down** an den Hüften/an der Taille abnehmen

slime [slaɪm] *n no pl* ❶ (*substance*) Schleim *m* ❷ (*pej fam: person*) Schleimer(in) *m(f)*

ˈ**slime·bag** *n* (*pej fam*) Schleimer(in) *m(f)*

ˈ**slime ball** *n* (*pej fam*) Schleimer(in) *m(f)*

slim·mer [ˈslɪməʳ] *n* Person, die eine Diät macht

slim·ming [ˈslɪmɪŋ] **I.** *n no pl* Abnehmen *nt* **II.** *adj* ❶ (*for slimmers*) schlank machend *attr;* **~ pill** Schlankheitspille *f* ❷ (*fam: non-fattening*) schlank machend *attr;* **have a salad — that's ~** nimm einen Salat – das hält schlank; **~ food** Diätkost *f* ❸ (*in appearance*) *colours* schlank machend

slim·ness [ˈslɪmnəs] *n no pl of body* Schlankheit *f; of chances, profits* Geringfügigkeit *f*

slimy [ˈslaɪmi] *adj* ❶ (*covered in slime*)

slug, pond, seaweed schleimig ❷ (*pej fam*) *character, person* schleimig

sling [slɪŋ] **I.** *n* ❶ (*for broken arm*) Schlinge *f*; (*for baby*) Tragetuch *nt*; (*for camera, gun*) Tragegurt *m*; (*for lifting*) Schlinge *f* ❷ (*weapon*) ❶ Schleuder *f* **II.** *vt* <slung, slung> ❶ (*fling*) werfen, schleudern; **to ~ sb in prison** jdn ins Gefängnis werfen *fam* ❷ (*hang*) **soldiers with rifles slung over their shoulders** Soldaten mit geschulterten Gewehren; **she sat next to him on the sofa, her legs slung over his** sie saß neben ihm auf dem Sofa, ihre Beine über seine geschlagen ❸ (*suspend*) ■ **to be slung from sth** von etw *dat* herunterhängen ◆ **sling out** *vt* (*fam*) ■ **to ~ out** ⊃ **sb/sth** jdn/etw rauswerfen

'**sling·shot** ['slɪŋʃɑːt] *n* AM, AUS (*catapult*) [Stein]schleuder *f*

slink <slunk, slunk> [slɪŋk] *vi* schleichen; ■ **to ~ away** [sich] davonschleichen

slinky ['slɪŋki] *adj* verführerisch

slip [slɪp] **I.** *n* ❶ (*fall*) **to have a ~** ausrutschen und hinfallen; (*in price, value*) Fall *m* ❷ (*for ordering*) Formular *nt*; (*sales slip*) Kassenzettel *m*; **a ~ of paper** ein Stück *nt* Papier ❸ (*mistake*) Flüchtigkeitsfehler *m*; **a ~ of the tongue** ein Versprecher *m* ❹ (*petticoat*) Unterrock *m* ❺ (*in cricket*) ■ **the ~s** *pl* Bereich neben dem Torwächter ❻ *no pl* (*in pottery*) geschlämmter Ton ▶ **to give sb the ~** jdn abhängen **II.** *vi* <-pp-> ❶ (*lose position*) *person* ausrutschen; *knife, hand* abrutschen; *tyres* wegrutschen; *clutch* schleifen ❷ (*move quietly*) **to ~ into the house** ins Haus schleichen ❸ (*through a gap*) durch ein Loch schlüpfen ❹ (*decline*) *dollar, price, productivity* sinken; **the song has ~ped to number 17 this week** das Lied ist diese Woche auf Platz 17 gefallen ❹ (*make mistake*) *person* sich versprechen; **to let sth ~** *secret* ausplaudern; **he let his guard ~ for just a moment** er war nur für einen Moment unaufmerksam ❺ (*start to have*) ■ **to ~ into sth** sich *dat* etw angewöhnen; **everything seemed to ~ into place** alles schien [plötzlich] zusammenzupassen; **to ~ into bad habits** sich *dat* schlechte Gewohnheiten aneignen ❻ (*change clothing*) ■ **to ~ out of sth** etw ausziehen; ■ **to ~ into sth** in etw *akk* schlüpfen ▶ **to ~ through sb's fingers** jdm entkommen; **to let sth ~ through one's fingers** sich *dat* etw entgehen lassen **III.** *vt* <-pp-> ❶ (*put smoothly*) **he ~ped his arm around her waist** er legte seinen Arm um ihre Taille; **she ~ped the key under the mat** sie schob den Schlüssel unter die Matte; **he ~ped the letter into his pocket** er steckte den Brief in seine Tasche; **to ~ sb money/a note** jdm Geld/eine Nachricht zustecken ❷ (*escape from*) ■ **to ~ sth** sich aus etw *dat* befreien; *chain[s]* sich von etw *dat* befreien; **to ~ sb's attention** jds Aufmerksamkeit entgehen; **sth ~s sb's mind** jd vergisst etw ❸ AUTO **to ~ the car into gear** den Gang schnell einlegen; **to ~ the clutch** die Kupplung lösen ❹ NAUT *anchor* lichten ❺ MED **to ~ a disk** sich *dat* einen Bandscheibenschaden zuziehen ◆ **slip away** *vi* ❶ (*leave unnoticed*) *person* sich wegstehlen ❷ (*not be kept*) **to ~ away [from sb]** *control, power* [jdm] entgleiten; **they wouldn't let this chance of victory ~ away from them** sie würden sich diese Siegeschance nicht entgehen lassen ❸ (*time*) verstreichen *geh* ❹ (*euph: be dying*) im Sterben liegen ◆ **slip by** *vi* ❶ (*pass quickly*) *years* verfliegen ❷ (*move past*) *person* vorbeihuschen ❸ (*go unnoticed*) *mistake, remark* durchgehen ◆ **slip down** *vi* ❶ *trousers, socks* herunterrutschen ❷ (*food, drink*) **a cool beer ~s down wonderfully easily** ein kühles Bier geht runter wie nichts ◆ **slip in** **I.** *vt* einbringen **II.** *vi person* sich hereinschleichen ◆ **slip off** **I.** *vi* ❶ (*leave unnoticed*) sich davonstehlen ❷ (*fall off*) herunterrutschen **II.** *vt* abstreifen ◆ **slip on** *vt* anziehen; *ring* sich *dat* anstecken ◆ **slip out** *vi* ❶ (*for short time*) **I'm just ~ping out to get a paper** ich geh nur kurz eine Zeitung holen; **to ~ out for a moment** kurz weggehen ❷ *words, secret* herausrutschen ◆ **slip up** *vi* einen Fehler begehen

'**slip·case** *n* Schuber *m* '**slip·knot** *n* Schlaufe *f* '**slip-on** **I.** *adj attr* **~ shoes** Slipper *pl* **II.** *n* **~s** *pl* Slipper *pl*

slip·page ['slɪpɪdʒ] *n no pl* ❶ (*in popularity, price*) Sinken *nt* ❷ (*delay*) Verzögerung *f*

slip·pers ['slɪpəz] *npl* Hausschuhe *pl*

slip·pery ['slɪpəri] *adj* ❶ *surface, object* rutschig; (*fig*) *situation* unsicher; *road* glatt ❷ (*pej: untrustworthy*) windig *fam*; **a ~ person** eine unzuverlässige Person, ein Windhund *m* ▶ **to be as ~ as an eel** aalglatt sein

'**slip road** *n* BRIT Zubringer *m* '**slip·shod** *adj* schludrig *fam* '**slip·stream** *n* AUTO Windschatten *m*; AVIAT Sog *m* '**slip-up** *n* Fehler *m* '**slip·way** *n* NAUT Ablaufbahn *f*

slit [slɪt] I. vt <-tt-, slit, slit> aufschlitzen; **to ~ one's wrist** sich dat die Pulsadern aufschneiden II. n ❶(tear) Schlitz m ❷(narrow opening) of eyes Schlitz m; of door Spalt m

slith·er ['slɪðə^r] vi lizard, snake kriechen; person rutschen

slith·ery ['slɪðəri] adj kriechend attr; animal Kriech-

sliv·er ['slɪvə^r] n ❶(shard) Splitter m; **a ~ of light** ein Lichtschimmer m ❷(small piece) **a ~ of cheese** ein Scheibchen nt Käse; **a ~ of cake** ein Stückchen nt Kuchen

slob [slɒb] I. n (pej fam) Gammler(in) m(f) II. vi ■**to ~ about** herumgammeln pej fam

slob·ber ['slɒbə^r] I. vi sabbern; ■**to ~ over sb** (fig fam) von jdm schwärmen; ■**to ~ over sth** etw anschmachten II. n no pl Sabber m

slob·bery ['slɒbəri] adj (wet) feucht; (slobbered on) voll gesabbert fam; **~ kiss** feuchter Kuss

sloe [sləʊ] n Schlehe f

slog [slɒg] I. n ❶ no pl (fam: hard work) Schufterei f; (strenuous hike) [Gewalt]marsch m ❷(hit) wuchtiger Schlag II. vi <-gg-> (fam) ❶(walk) **to ~ up the hill** sich auf den Hügel schleppen ❷(work) sich durcharbeiten (**through** durch) III. vt <-gg-> (fam) **to ~ the ball** SPORTS den Ball schleudern; (in fighting) **to ~ sb in the belly/face** jdn in den Bauch/ins Gesicht schlagen

slo·gan ['sləʊgən] n Slogan m; **campaign ~** Wahlspruch m

slop [slɒp] I. n ❶(waste) ■**~s** pl Abfälle pl; (food waste) Essensreste pl ❷ no pl(pej fam: food) Schlabber m ❸(sentimental material) rührseliges Zeug fam II. vt <-pp-> (fam) verschütten III. vi <-pp-> (fam) a liquid überschwappen ◆**slop out** vi BRIT (in prison) den/die Toiletteneimer [aus]leeren

slope [sləʊp] I. n ❶(hill) Hang m; **ski ~** Skipiste f ❷ no pl(angle) Neigung f; **~ of a roof** Dachschräge f; **to be at a ~** eine Schräge haben ❸MATH (on graph) Gefälle nt ❹AM, AUS (pej! sl: Asian person) Schlitzauge nt II. vi ❶(incline/decline) ground abfallen; roof geneigt sein; ■**to ~ down/up** abfallen/ansteigen ❷(lean) sich neigen III. vt roof, path schräg anlegen ◆**slope off** vi sich verziehen fam

slop·ing ['sləʊpɪŋ] adj attr schräg; (upwards) ansteigend; (downwards) abfallend; **~ shoulders** hängende Schultern

slop·pi·ly ['slɒpɪli] adv dressed, written schlampig

slop·pi·ness ['slɒpɪnəs] n no pl Schlampigkeit f

slop·py ['slɒpi] adj ❶(careless) schlampig ❷(hum or pej: overly romantic) kitschig; **~ love song** Schnulze f fam ❸(pej: too wet) triefend attr; kiss feucht ❹(fam: loose-fitting) clothing schlabb[e]rig

slosh [slɒʃ] (fam) I. vt ❶(pour carelessly) **I ~ed some water on my face** ich habe mir etwas Wasser ins Gesicht geworfen ❷BRIT (sl: hit) ■**to ~ sb** jdm eine verpassen II. vi ❶(splash around) a liquid [herum]schwappen; person [herum]planschen ❷(move through water) waten ◆**slosh about, slosh around** (fam) I. vi herumspritzen; person herumplanschen; (in container) herumschwappen II. vt umrühren

sloshed [slɒʃt] adj pred (fam) besoffen sl; **to get ~** sich besaufen

slot [slɒt] I. n ❶(narrow opening) Schlitz m; (groove) Rille f; (for money) Geldeinwurf m; (for mail) Briefschlitz m ❷(in TV programming) Sendezeit f; **advertising ~** Werbepause f II. vt <-tt-> [hinein]stecken (**into** in) III. vi <-tt-> ■**to ~ into sth** in etw akk hineinpassen

sloth [sləʊθ] n ❶ no pl(laziness) Trägheit f ❷(animal) Faultier nt; (pej: person) Faultier nt a. hum o iron

sloth·ful ['sləʊfəl] adj faul

'**slot ma·chine** n ❶(for gambling) Spielautomat m ❷BRIT, AUS (vending machine) [Münz]automat m '**slot me·ter** n Münzautomat m

slouch [slaʊtʃ] I. n <pl -es> (bad posture) krumme Haltung II. vi (have shoulders bent) gebeugt stehen; (with sadness) sich hängen lassen fig; **she sat ~ed over her desk** sie hing über ihrem Schreibtisch

slouchy [slaʊtʃi] adj sweater, trousers weit, schlabbrig fam o pej

slough¹ [slaʊ] n (depressed state) **a ~ of despair/self-pity** ein Sumpf m der Verzweiflung/des Selbstmitleids liter

slough² [slʌf] vt **to ~ old skin** sich häuten

Slo·vak ['sləʊvæk] I. n ❶(person) Slowake m/Slowakin f ❷ no pl (language) Slowakisch nt II. adj slowakisch

Slo·vakia [sləʊ'vækiə] n no pl die Slowakei

Slo·vak·ian [slə(ʊ)'vækiən] I. n ❶(person) Slowake m/Slowakin f ❷ no pl (language) Slowakisch nt II. adj slowakisch

slov·en ['slʌvən] n (dated: messy) schlampige Person; (unkempt) ungepflegte Person

Slo·vene [slə(ʊ)'viːn] I. n ❶ (person) Slowene m/Slowenin f ❷ no pl (language) Slowenisch nt II. adj slowenisch

Slo·venia [slə(ʊ)'viːniə] n no pl Slowenien nt

Slo·ven·ian [slə(ʊ)'viːniən] I. n ❶ (person) Slowene m/Slowenin f ❷ no pl (language) Slowenisch nt II. adj slowenisch

slov·en·ly ['slʌvənli] adj schlampig; **a ~ appearance** ein ungepflegter Eindruck

slow [sləʊ] I. adj ❶ (without speed) langsam; *business, market* flau; ■**to be ~ to do sth** lange brauchen, um etw zu tun; **to make ~ progress** [nur] langsam vorankommen ❷ (not quick-witted) begriffsstutzig; **to be ~ on the uptake** schwer von Begriff sein ❸ (behind the correct time) **to be** [or **run**] **[10 minutes] ~** *clock, watch* [10 Minuten] nachgehen ▸ **~ and steady wins the race** (prov) langsam, aber sicher II. vi langsamer werden; **to ~ to a crawl** fast zum Stillstand kommen III. vt verlangsamen ◆ **slow down** I. vt verlangsamen; **I don't like working with him, he ~s me down** ich arbeite nicht gerne mit ihm, er hält mich auf II. vi ❶ (reduce speed) langsamer werden; (speak) langsamer sprechen; (walk) langsamer laufen ❷ (relax more) kürzertreten fam

'**slow·coach** n BRIT, AUS (fam) lahme Ente

slow 'cook·er n (a large electric pot used for cooking food very slowly) Crock-Pot® m (elektrischer Kochtopf mit Keramiktopfeinsatz, in dem der Inhalt bei konstant niedriger Temperatur gegart wird)

'**slow·down** n ❶ ECON (business activity) Verlangsamung f; **economic ~** Konjunkturabschwächung f ❷ AM ECON (go-slow) Bummelstreik m

slow·ly ['sləʊli] adv langsam; **~ but surely** langsam, aber sicher

slow 'mo·tion I. n no pl FILM Zeitlupe f II. adj Zeitlupen- **slow-'mov·ing** <slower-, slowest-> adj sich [nur] langsam bewegend; *story, film, plot* langatmig; *traffic* zähflüssig

slow·ness ['sləʊnəs] n no pl ❶ (lack of speed) Langsamkeit f ❷ (lack of intelligence) Begriffsstutzigkeit f

'**slow·poke** n AM (childspeak fam: slow-coach) lahme Ente fam '**slow train** n TRANSP Bummelzug m fam **slow-'wit·ted** adj begriffsstutzig, schwer von Begriff nach n '**slow-worm** n Blindschleiche f

SLR [ˌesel'ɑː'], **SLR cam·era** n PHOT abbrev of **single lens reflex (camera)** Spiegelreflexkamera f

sludge [slʌdʒ] n no pl Schlamm m

slug ['slʌg] I. vt <-gg-> (fam) ❶ (hit with hard blow) ■**to ~ sb** jdm eine verpassen sl ❷ (fight physically or verbally) **to ~ it out** es untereinander ausfechten II. n ❶ (mollusc) Nacktschnecke f ❷ (swig) Schluck m

slug·gish ['slʌgɪʃ] adj träge; *market* flau; *engine* lahm

slug·gish·ness ['slʌgɪʃnəs] n no pl Trägheit f; ECON Flaute f

sluice [sluːs] I. n Schleuse f II. vi ■**to ~ out [from sth]** *water* herausschießen [aus etw dat] III. vt ■**to ~ sth down** etw [mit dem Schlauch] abspritzen

'**sluice gate** n Schleusentor nt '**sluice·way** n [Schleusen]kanal m

slum [slʌm] I. n Slum m, Elendsviertel nt II. vi <-mm-> **to go ~ming** sich unters gemeine Volk mischen III. vt <-mm-> **to ~ it** (iron) primitiv leben

slum·ber ['slʌmbəʳ] I. vi schlummern geh II. n ❶ (sleep) Schlummer m geh; (fig) Dornröschenschlaf m; **~ party** AM Party f mit Übernachtung ❷ (dreams) ■**~s** pl Träume pl

slum 'clear·ance n no pl Beseitigung f der Slums '**slum dwell·er** n Slumbewohner(in) m(f)

slump [slʌmp] I. n ECON ❶ (decline) [plötzliche] Abnahme f; **~ in prices** Preissturz m ❷ (recession) Rezession f; **economic ~** Wirtschaftskrise f II. vi ❶ (fall dramatically) *prices* stürzen; *numbers, sales* zurückgehen ❷ (fall heavily) fallen

slung [slʌŋ] pt, pp of **sling**

slunk [slʌŋk] pt, pp of **slink**

slur [slɜːʳ] I. vt <-rr-> ❶ (pronounce unclearly) undeutlich artikulieren; (because of alcohol) lallen ❷ (damage sb's reputation) verleumden II. n Verleumdung f; **to cast a ~ on sb/sth** jdn/etw in einem schlechten Licht erscheinen lassen

slurp [slɜːp] (fam) I. vi ❶ (drink noisily) schlürfen ❷ (move slowly and loudly) schwappen II. vt schlürfen III. n Schlürfen nt

slur·ry ['slʌri] n no pl TECH Brei m

slush [slʌʃ] n no pl ❶ (melting snow) [Schnee]matsch m ❷ (pej: very sentimental language) Gefühlsduselei f

'**slush fund** n (pej) Schmiergeldfonds m

slushy ['slʌʃi] adj ❶ (melting) matschig ❷ (very sentimental) kitschig

slut [slʌt] n (pej) ❶ (promiscuous woman) Schlampe f derb ❷ (lazy, untidy woman) [liederliche] Schlampe sl

slut·tish ['slʌtɪʃ] adj (pej) schlampig

sly [slaɪ] *adj* ❶ (*secretive*) verstohlen; *smile* verschmitzt; **on the ~** heimlich ❷ (*cunning*) gerissen ▶ **as ~ as a fox** schlau wie ein Fuchs
sly·ly ['slaɪli] *adv* ❶ (*secretively*) verstohlen; *grin* verschmitzt ❷ (*deceptively*) gerissen
smack¹ [smæk] **I.** *n* ❶ (*slap*) [klatschender] Schlag; **a ~ on the bottom** ein fester Klaps auf den Hintern ❷ (*hearty kiss*) Schmatz *m* ❸ (*loud noise*) Knall *m* **II.** *adv* ❶ (*exactly*) direkt; **his shot landed ~ in the middle of the target** sein Schuss landete haargenau im Zentrum der Zielscheibe ❷ (*forcefully*) voll *fam;* **I walked ~ into a lamp post** ich lief voll gegen einen Laternenpfahl **III.** *vt* ❶ (*slap*) ■ **to ~ sb** jdm eine knallen *fam;* **to ~ sb's bottom** jdm den Hintern versohlen ❷ (*slap sth against sth*) ■ **to ~ sth on sth** etw auf etw *akk* knallen *fam*
smack² [smæk] *n no pl* (*sl*) Heroin *nt*
smack·er ['smækər] *n* (*sl*) ❶ *usu pl* BRIT (*pound*) Pfund *nt;* AM (*dollar*) Dollar *m* ❷ (*loud kiss*) Schmatz[er] *m fam*
small [smɔːl] **I.** *adj* ❶ (*not large*) klein; *amount also* gering; **~ circulation** MEDIA niedrige Auflage; **~ percentage** geringe Prozentzahl; **in ~ quantities** in kleinen Mengen; **~ town** Kleinstadt *f;* **~ turnout** geringe Beteiligung ❷ (*young*) klein; **~ child** Kleinkind *nt* ❸ (*insignificant*) unbedeutend; **~ consolation** ein schwacher Trost; **no ~ feat** keine schlechte Leistung; **~ wonder** kein Wunder; **to make sb look ~** jdn niedermachen *fam* ▶ **to be grateful for ~ mercies** mit wenig zufrieden sein; **it's a ~ world!** (*prov*) die Welt ist klein! **II.** *n no pl* **the ~ of the back** das Kreuz
'**small ad** *n* Kleinanzeige *f* '**small arms** *npl* Handfeuerwaffen *pl* **small 'beer** *n no pl* BRIT Kleinigkeit *f* **small 'busi·ness** *n* Kleinunternehmen *nt* **small 'bus·iness·man** *n* Kleinunternehmer *m* **small 'change** *n no pl* Kleingeld *nt;* (*fig: small amount*) Klacks *m fam* **small 'claims** *npl* LAW Bagatellsachen *pl* **'small fry** *n no pl,* + *sing/pl vb* (*fam*) ❶ (*children*) junges Gemüse *hum* ❷ (*unimportant people*) kleine Fische '**small·hold·er** *n* BRIT Kleinbauer *m*/-bäuerin *f* '**small·hold·ing** *n* BRIT kleiner Landbesitz '**small hours** *npl* **the [wee] ~** die frühen Morgenstunden **small in·'tes·tine** *n* Dünndarm *m*
small·ish ['smɔːlɪʃ] *adj* [eher] klein
small-'mind·ed *adj* (*pej*) engstirnig
small·ness ['smɔːlnəs] *n no pl* Kleinheit *f*
'**small·pox** *n no pl* Pocken *pl* **small 'print** *n no pl* ■ **the ~** das Kleingedruckte
'**small-scale** <smaller-, smallest-> *adj* **~ map** Karte *f* in einem kleinen Maßstab; **a ~ operation** (*fig*) ein kleiner Betrieb **small 'screen** *n no pl* [Fernseh]bildschirm *m* '**small talk** *n no pl* Smalltalk *m o nt* '**small-time** *adj* mickerig *fam;* **person** unbedeutend; **~ crook** kleiner Gauner
smarmy ['smɑːmi] *adj* (*pej*) schmeichlerisch; **~ charm** schmieriger Charme
smart [smɑːt] **I.** *adj* ❶ (*intelligent*) schlau, clever *fam; child* intelligent; **to make a ~ move** klug handeln; **to get ~ with sb** (*pej*) jdm gegenüber frech werden ❷ (*stylish*) schick ❸ (*quick and forceful*) [blitz]schnell **II.** *n* ❶ AM (*sl: intelligence*) ■ **the ~s** *pl* die [nötige] Intelligenz ❷ (*sharp pain*) Schmerz *m* **III.** *vi eyes, wound* brennen; ■ **to ~ from sth** unter etw *dat* leiden
smart alec(k) ['smɑːtˌælek] *n* (*pej fam*) Schlauberger(in) *m(f) fam* '**smart arse** *n* BRIT, AUS, AM '**smart ass** *n* (*pej fam!*) Klugscheißer(in) *m(f) sl* '**smart bomb** *n* MIL [laser]gelenkte Bombe '**smart card** *n* COMPUT Chipkarte *f*
smart·en ['smɑːtən] **I.** *vt* ■ **to ~ sth ⟳ up** etw herrichten; *house, town* etw verschönern; ■ **to ~ oneself ⟳ up** sich in Schale werfen *fam;* **to ~ one's act** sich ins Zeug legen *fam* **II.** *vi* ■ **to ~ up** mehr Wert auf sein Äußeres legen
smart·ly ['smɑːtli] *adv* ❶ (*stylishly*) schick ❷ (*quickly*) [blitz]schnell
smart·ness ['smɑːtnəs] *n no pl* ❶ BRIT, AUS (*neatness*) Schick *m* ❷ (*intelligence*) Schlauheit *f*
smart·phone, smart phone ['smɑːtfəʊn] *n* Smartphone *nt*
smash [smæʃ] *n* <*pl* -es> ❶ (*crashing sound*) Krachen *nt;* **I was awakened by the ~ of glass** ich wurde durch das Geräusch von splitterndem Glas geweckt ❷ (*traffic or rail accident*) Unfall *m;* **rail ~** Zugunglück *nt* ❸ SPORTS Schlag *m;* TENNIS Schmetterball *m* ❹ (*smash hit*) Superhit *m fam* **II.** *vt* ❶ (*break into pieces*) zerschlagen; *window* einschlagen ❷ (*strike against*) schmettern (**against** gegen) ❸ POL (*destroy*) zerschlagen ❹ SPORTS *record* brechen; *ball* schmettern **III.** *vi* ❶ (*break into pieces*) zerbrechen ❷ (*strike against*) prallen (**into** gegen); ■ **to ~ through sth** etw durchbrechen ◆ **smash in** *vt* einschlagen

◆**smash up** *vt* zertrümmern; **to ~ up a car** ein Auto zu Schrott fahren

smash-and-'grab raid *n* BRIT, AUS Schaufenstereinbruch *m*

smashed [smæʃt] *adj pred* sternhagelvoll *fam;* **to get ~** sich voll laufen lassen

smash·er ['smæʃər] *n* BRIT (*dated fam: man*) toller Typ; (*woman*) Klassefrau *f*

smash 'hit *n* Superhit *m fam*

smash·ing ['smæʃɪŋ] *adj* BRIT (*dated fam*) klasse

'smash-up *n* schwerer Unfall; (*pile-up*) Karambolage *f*

smat·ter·ing ['smætərɪŋ] *n usu sing* ❶ (*very small amount*) **a ~ of applause** [ein] schwacher Applaus ❷ (*slight knowledge*) **to have a ~ of English/a language** ein paar Brocken Englisch/einer Sprache können

smear [smɪər] I. *vt* ❶ (*spread messily*) ■ **to ~ sth on sth** etw mit etw *dat* beschmieren ❷ (*attack reputation*) verunglimpfen; **to ~ sb's good name** jds guten Namen beschmutzen II. *n* ❶ (*blotch*) Fleck *m* ❷ (*public accusations*) Verleumdung *f;* **~ campaign** Verleumdungskampagne *f* ❸ MED (*smear test*) Abstrich *m*

'smear tac·tics *npl* Verleumdungstaktik *f*

'smear test *n* MED Abstrich *m*

smell [smel] I. *n* ❶ (*sense of smelling*) Geruch *m;* **sense of ~** Geruchssinn *m;* **to have a ~ of sth** an etw *dat* riechen ❷ (*characteristic odour*) Geruch *m;* *of perfume* Duft *m;* **to enjoy the sweet ~ of success** seinen Erfolg genießen; **delicious ~** herrlicher Duft ❸ (*pej: bad odour*) Gestank *m* II. *vi* <smelt *or* AM -ed, smelt *or* AM -ed> ❶ (*perceive*) riechen ❷ + *adj* (*give off odour*) riechen; (*pleasantly*) duften; ■ **to ~ of** [*or* like] **sth** nach etw *dat* riechen; **evil-~ing** übel riechend, stinkend; **sweet-~ing** duftend, wohlriechend ❸ (*pej: smell bad*) stinken ▸ **to ~ fishy** verdächtig sein; **to come out of sth ~ing of roses** frei von jedem Verdacht aus etw *dat* hervorgehen III. *vt* <smelt *or* AM -ed, smelt *or* AM -ed> riechen ▸ **to ~ sth a mile off** etw schon von weitem riechen; **to ~ a rat** den Braten riechen *fam* ◆**smell out** *vt* ❶ (*also fig: discover by smelling*) aufspüren ❷ (*pej: cause to smell bad*) verpesten

'smell·ing bot·tle *n,* **'smell·ing salts** *npl* Riechfläschchen *nt*

smelly ['smeli] *adj* (*pej*) stinkend *attr*

smelt[1] [smelt] *vi, vt* BRIT, AUS *pt, pp of* **smell**

smelt[2] [smelt] *vt metal* erschmelzen; **to ~ iron from its ores** Eisenerze zu Eisen verhütten

smid·gen ['smɪdʒən], **smid·geon, smid·gin** *n* ■ **a ~ ...** ein [klitzekleines] bisschen ...; *of liquid* ein winziges Schlückchen

smile [smaɪl] I. *n* Lächeln *nt;* **wipe that ~ off your face!** hör auf, so zu grinsen!; **to bring a ~ to sb's face** jdn zum Lächeln bringen; **to be all ~s** über das ganze Gesicht strahlen; **to give sb a ~** jdm zulächeln II. *vi* ❶ (*produce a smile*) lächeln; ■ **to ~ at sb** jdn anlächeln; ■ **to ~ to oneself** in sich *akk* hineinlächeln; **to ~ in the face of disaster** sich nicht unterkriegen lassen ❷ (*look favourably upon*) ■ **to ~ on sb** es gut mit jdm meinen III. *vt* **the hostess ~d a welcome** die Gastgeberin lächelte einladend

smiley ['smaɪli] *adj* immer lächelnd *attr*

smil·ing ['smaɪlɪŋ] *adj* lächelnd, strahlend

smirk [smɜːk] (*pej*) I. *vi* grinsen; ■ **to ~ at sb** jdn süffisant anlächeln II. *n* Grinsen *nt*

smite <smote, smitten> [smaɪt] *vt* (*liter*) schlagen; **to ~ sb dead** (*dated*) jdn totschlagen

smith [smɪθ] *n* Schmied *m*

smith·er·eens [ˌsmɪðəˈriːnz] *npl* **to blow/smash sth to ~** etw in tausend Stücke sprengen/schlagen

smithy ['smɪði] *n* Schmiede *f*

smit·ten ['smɪtən] I. *adj pred* (*in love*) ■ **to be ~ with sb/sth** in jdn/etw vernarrt sein II. *pp of* **smite**

smock [smɒk] *n* Kittel *m*

smock·ing ['smɒkɪŋ] *n no pl* FASHION Smokarbeit *f*

smog [smɒg] *n no pl* Smog *m*

smoke [sməʊk] I. *n* ❶ *no pl* (*from burning*) Rauch *m;* **drifts of ~** Rauchschwaden *pl;* **a puff of ~** ein Rauchwölkchen *nt* ❷ (*act of smoking*) **to have a ~** eine rauchen *fam* ❸ (*fam: cigarettes*) ■ **~s** *pl* Glimmstängel *pl* ▸ **there's no ~ without fire** BRIT, AUS (*prov*), **where there's ~, there's fire** AM (*prov*) wo Rauch ist, da ist auch Feuer *prov;* **to go up in ~** in Rauch [und Flammen] aufgehen II. *vt* ❶ (*use tobacco*) rauchen ❷ FOOD räuchern ❸ (*sl: defeat*) besiegen ▸ **to ~ the peace pipe** AM die Friedenspfeife rauchen; **put that in your pipe and ~ it!** schreib dir das hinter die Ohren! III. *vi* rauchen ◆**smoke out** *vt* ausräuchern; ■ **to ~ sb out** (*fig*) jdn entlarven

'smoke bomb *n* MIL Rauchbombe *f*

smoked [sməʊkt] *adj* geräuchert; ~ **fish** Räucherfisch *m*

'smoke de·tec·tor *n* Rauchmelder *m*

smoke·less ['sməʊkləs] *adj* ❶ (*without smoke*) rauchfrei ❷ AM ~ **tobacco** Kautabak *m*

smok·er ['sməʊkə^r] *n* ❶ (*person*) Raucher(in) *m(f)*; ~ **'s cough** Raucherhusten *m* ❷ (*compartment in train*) Raucherabteil *nt* ❸ (*device*) Räuchergefäß *nt*

'smoke-screen *n* ❶ (*pretext*) Vorwand *m;* **to hide behind a** ~ sich hinter einem Deckmantel verstecken ❷ MIL (*smoke cloud*) Rauchvorhang *m* **'smoke sig·nal** *n* Rauchzeichen *nt* **'smoke·stack** *n* Schornstein *m*

smok·ing ['sməʊkɪŋ] I. *n no pl* Rauchen *nt;* ~ **ban** Rauchverbot *nt* II. *adj* **non-~** Nichtraucher-

'smok·ing com·part·ment *n,* AM **'smok·ing car** *n* Raucherabteil *nt* **'smok·ing jack·et** *n* (*dated*) Hausjacke *f*

smoky ['sməʊki] *adj* ❶ (*filled with smoke*) verraucht ❷ (*producing smoke*) rauchend *attr* ❸ (*appearing smoke-like*) rauchartig ❹ (*tasting of smoke*) rauchig

smol·der *vi* AM *see* **smoulder**

smooch [smu:tʃ] I. *vi* (*fam*) ❶ (*kiss vigorously*) knutschen; (*tenderly*) schmusen ❷ BRIT (*dance closely*) eng umschlungen tanzen II. *n usu sing* (*fam*) ❶ (*vigorous*) Knutschen *nt;* (*tender*) Schmusen *nt* ❷ BRIT (*intimate dance*) Schieber *m*

smooth [smu:θ] I. *adj* ❶ (*not rough*) glatt; *sea* ruhig; **as** ~ **as silk** seidenweich ❷ (*well-mixed*) sämig; ~ **sauce** glatte Soße ❸ (*free from difficulty*) problemlos; ~ **flight** ruhiger Flug; ~ **landing** sanfte Landung ❹ (*mild flavour*) mild; ~ **wine** Wein *m* mit einem weichen Geschmack ❺ (*polished, suave*) [aal]glatt *pej;* ~ **opera·tor** gewiefte Person II. *vt* ❶ (*make less difficult*) **to** ~ **the path** [**to sth**] den Weg [zu etw *dat*] ebnen ❷ (*rub in evenly*) ■ **to** ~ **sth into sth** etw in etw *akk* einmassieren

◆**smooth down** *vt* glatt streichen

◆**smooth over** *vt* in Ordnung bringen

smoothie ['smu:θi] *n* ❶ (*pej: charmer*) Charmeur *m* ❷ *esp* AM, AUS, NZ (*drink*) Smoothie *m* (*Getränk aus Yoghurt und Früchten*)

smooth·ly ['smu:θli] *adv* ❶ (*without difficulty*) reibungslos; **to go** ~ glattlaufen *fam* ❷ (*suavely*) aalglatt *pej*

smooth·ness ['smu:θnəs] *n no pl* ❶ (*evenness*) Glätte *f*; *of silk* Weichheit *f*; *of skin* Glattheit *f* ❷ (*lack of difficulty*) problemloser Verlauf ❸ (*pleasant consistency*) *of taste* Milde *f*; *of texture* Glätte *f*

smooth-'shav·en *adj* glatt rasiert

'smooth-talk *vi* (*fam*) sich einschmeicheln

smote [sməʊt] *pt of* **smite**

smoth·er ['smʌðə^r] *vt* ❶ (*suffocate*) ersticken (**with** mit) ❷ (*prevent from growing*) unterdrücken ❸ (*suppress*) *hopes* zerstören ❹ (*cover*) ■ **to be ~ed in sth** von etw *dat* völlig bedeckt sein

smoul·der ['sməʊldə^r] *vi* ❶ (*burn slowly*) schwelen; *cigarette* glimmen; (*fig*) *dispute* schwelen ❷ (*repressed emotions*) **to** ~ **with desire/jealousy/rage** vor Verlangen/Eifersucht/Zorn glühen

SMS [,esem'es] TELEC, INET I. *n no pl abbrev of* **short message service** ❶ (*service*) [der] SMS ❷ (*message*) SMS *f* II. *vt* (*fam*) ■ **to** ~ **sb** jdm simsen *fam*

smudge [smʌdʒ] I. *vt* ❶ (*smear*) *lipstick* verwischen ❷ (*soil*) beschmutzen II. *vi* verlaufen; *ink* klecksen; **her mascara had ~d** ihre Wimperntusche war verschmiert III. *n* (*also fig*) Fleck *m*

smudge-proof ['smʌdʒpru:f] *adj lipstick* kussecht; *mascara* wischfest

smudgy ['smʌdʒi] *adj* verschmiert

smug <-gg-> [smʌg] *adj* selbstgefällig

smug·gle ['smʌgl̩] *vt* schmuggeln

smug·gler ['smʌglə^r] *n* Schmuggler(in) *m(f)*

smug·gling ['smʌglɪŋ] *n no pl* Schmuggel *m*

smut [smʌt] *n* ❶ *no pl* (*pej: indecent material*) Schweinereien *pl* ❷ (*soot from burning*) Rußflocke *f* ❸ *no pl* (*fungal disease*) [Getreide]brand *m*

smut·ty ['smʌti] *adj* (*pej*) schmutzig; *joke* dreckig *fam*

snack [snæk] I. *n* Snack *m*, Imbiss *m;* **to have a** ~ eine Kleinigkeit essen II. *vi* naschen

'snack bar *n* Imbissstube *f*

snaf·fle ['snæfl̩] *vt* BRIT, AUS (*fam*) sich *dat* unter den Nagel reißen *fam*

snag [snæg] I. *n* ❶ (*hidden disadvantage*) Haken *m fam* (**with** an); **to hit a** ~ auf Schwierigkeiten stoßen ❷ (*damage to textiles*) gezogener Faden II. *vt* <-gg-> ❶ (*cause problems*) belasten ❷ (*damage by catching*) **be careful not to** ~ **your coat on the barbed wire** pass auf, dass du mit deiner Jacke nicht am Stacheldraht hängen bleibst ❸ AM (*get*) sich *dat* schnappen *fam* III. *vi* <-gg-> ■ **to** ~ **on sth** durch etw *akk* belastet sein

snail [sneɪl] *n* Schnecke *f*; **at a ~'s pace** im Schneckentempo
'snail mail *n no pl* (*hum fam*) Schneckenpost *f* **'snail shell** *n* Schneckenhaus *nt*
snake [sneɪk] **I.** *n* ❶ (*reptile*) Schlange *f* ❷ (*pej: untrustworthy person*) **a ~ in the grass** eine falsche Schlange **II.** *vi* sich schlängeln
'snake bite *n* Schlangenbiss *m* **'snake charm·er** *n* Schlangenbeschwörer(in) *m(f)* **'snake·skin** *n* ❶ (*skin*) Schlangenhaut *f* ❷ FASHION Schlangenleder *nt* **'snake ven·om** *n no pl* Schlangengift *nt*
snap [snæp] **I.** *n* ❶ *usu sing* (*act*) Knacken *nt;* (*sound*) Knacks *m* ❷ (*photograph*) Schnappschuss *m* ❸ AM (*snap fastener*) Druckknopf *m* ❹ AM (*fam: very easy*) **to be a ~** ein Kinderspiel sein ❺ *no pl* BRIT (*game*) Schnippschnapp *nt* **II.** *interj* (*fam: game*) schnippschnapp! **III.** *vi* <-pp-> ❶ (*break cleanly*) auseinanderbrechen; **her patience finally ~ped** (*fig*) ihr riss schließlich der Geduldsfaden ❷ (*spring into position*) einrasten; **to ~ to attention** MIL [zackig] Haltung annehmen ❸ (*make a whip-like motion*) peitschen ❹ (*sudden bite*) schnappen (**at** nach); **to ~ at sb's heels** jdm auf die Fersen schnappen; (*fig*) jdm auf den Fersen sein ❺ (*speak sharply*) bellen *fam;* **to ~ at sb** jdn anfahren ❻ (*take many photographs*) ■**to ~ away** knipsen *fam* ▶ **to ~ to it!** ein bisschen dalli! *fam* **IV.** *vt* <-pp-> ❶ (*break cleanly*) auseinanderbrechen; ■**to ~ sth ○ off** etw abbrechen ❷ (*close sharply*) **to ~ sth shut** etw zuknallen; **to ~ a book shut** ein Buch zuklappen ❸ (*attract attention*) **to ~ one's fingers** mit den Fingern schnippen ❹ (*speak sharply*) **to ~ sb's head off** jdm den Kopf abreißen *fam* ❺ (*take photograph*) ein Bild schießen ◆ **snap out** *vi* ❶ (*in anger*) brüllen ❷ (*get over*) ■**to ~ out of sth** etw überwinden; **~ out of it!** krieg dich wieder ein! ◆ **snap up** *vt* schnell kaufen
'snap·drag·on *n* HORT Löwenmaul *nt*
'snap fast·en·er *n* BRIT Druckknopf *m*
snap·pish ['snæpɪʃ] *adj* gereizt
snap·py ['snæpi] *adj* ❶ (*fam: smart, fashionable*) schick; **to be a ~ dresser** immer schick gekleidet sein ❷ (*quick*) zackig; **make it ~!** mach fix! *fam* ❸ (*eye-catching*) peppig *fam* ❹ (*pej: irritable*) gereizt
'snap·shot *n* PHOT Schnappschuss *m*
snare [sneə^r] **I.** *n* ❶ (*animal trap*) Falle *f*; (*noose*) Schlinge *f* ❷ (*trap*) Falle *f* **II.** *vt* ❶ (*catch animals*) [mit einer Falle] fangen ❷ (*capture*) fangen
'snare drum *n* MUS Schnarrtrommel *f*
snarl[1] [snɑːl] **I.** *vi* ❶ (*growl*) *dog* knurren ❷ (*speak angrily*) ■**to ~ at sb** jdn anknurren **II.** *n* ❶ (*growl*) Knurren *nt* ❷ (*angry utterance*) **to say sth with a ~** etw knurren ❸ (*growling sound*) Knurren *nt*
snarl[2] [snɑːl] **I.** *n* (*knot*) Knoten *m*; (*tangle*) Gewirr *nt* **II.** *vi* (*become tangled*) sich verheddern ◆ **snarl up** *vi usu passive* durcheinandergeraten; **traffic was ~ed up for several hours after the accident** nach dem Unfall herrschte ein stundenlanges Verkehrschaos
'snarl-up *n* **traffic ~** Verkehrschaos *nt*
snatch [snætʃ] **I.** *n* <*pl* -es> ❶ (*sudden grab*) schneller Griff; **to make a ~ at sth** nach etw *dat* greifen ❷ (*theft*) Diebstahl *m* (*durch Entreißen*) ❸ (*fragment*) Fetzen *m* ❹ (*spell of activity*) **to do sth in ~es** etw mit Unterbrechungen tun **II.** *vt* ❶ (*grab quickly*) schnappen ❷ (*steal*) sich *dat* greifen; (*fig*) **he ~ed the gold medal from the Canadian champion** er schnappte dem kanadischen Champion die Goldmedaille weg ❸ (*kidnap*) entführen ❹ (*take quick advantage of sth*) ergattern ▶ **to ~ victory from the jaws of defeat** eine drohende Niederlage in einen Sieg verwandeln **III.** *vi* (*grab quickly*) greifen (**at** nach) ◆ **snatch up** *vt* sich *dat* schnappen
snaz·zy ['snæzi] *adj* (*sl*) schick *fam*
sneak [sniːk] **I.** *vi* <-ed *or esp* AM snuck, -ed *or esp* AM snuck> ❶ (*move stealthily*) schleichen; **to ~ off** sich davonstehlen; **to ~ up on sb/sth** sich an jdn/etw heranschleichen ❷ BRIT (*pej fam: denounce*) petzen; ■**to ~ on sb** jdn verpetzen **II.** *vt* <-ed *or esp* AM snuck, -ed *or esp* AM snuck> ❶ (*view secretly*) **to ~ a look at sb/sth** einen verstohlenen Blick auf jdn/etw werfen ❷ (*move secretly*) ■**to ~ sb/sth in/out** jdn/etw hinein-/herausschmuggeln **III.** *n* BRIT (*pej fam*) Petze(r) *f(m)*
sneak·er ['sniːkə^r] *n usu pl* AM (*shoe*) Turnschuh *m*
sneak·ing ['sniːkɪŋ] *adj attr* heimlich; **~ feeling** leises Gefühl; **~ suspicion** leiser Verdacht
sneak 'pre·view *n* FILM [inoffizielle] Vorschau **'sneak thief** *n* (Taschen)dieb(in) *m(f)*
sneaky ['sniːki] *adj* raffiniert
sneer [snɪə^r] **I.** *vi* ❶ (*smile derisively*) spöttisch grinsen ❷ (*express disdain*) spotten (**at** über) **II.** *n* spöttisches Lächeln

sneer·ing ['snɪərɪŋ] *adj* spöttisch
sneer·ing·ly ['snɪərɪŋli] *adv* höhnisch, spöttisch
sneeze [sni:z] **I.** *vi* niesen ▸ **not to be ~d at** nicht zu verachten sein **II.** *n* Niesen *nt*
snick [snɪk] *vt* BRIT, AUS SPORTS **to ~ a ball** einen Ball auf Kante schlagen (*beim Kricket*)
snick·er *vi*, *n* AM *see* **snigger**
snide [snaɪd] *adj* (*pej*) *remark* abfällig
sniff [snɪf] **I.** *n* ❶ (*smell deliberately*) Riechen *nt*; *dog* Schnüffeln *nt* ❷ (*smell a trace*) **to catch a ~ of sth** etw wittern **II.** *vi* ❶ (*inhale sharply*) die Luft einziehen; *animal* wittern; ▪ **to ~ at sth** an etw *dat* schnuppern; *animal* die Witterung von etw *dat* aufnehmen ❷ (*show disdain*) ▪ **to ~ at sth** über etw *akk* die Nase rümpfen ▸ **not to be ~ed at** nicht zu verachten sein **III.** *vt* (*test by smelling*) ▪ **to ~ sth** an etw *dat* riechen ◆ **sniff out** *vt* aufspüren; (*fig*) entdecken
'**sniff·er dog** *n* Spürhund *m*
snif·fle ['snɪfl] **I.** *vi* schniefen **II.** *n* ❶ (*repeated sniffing*) Schniefen *nt* ❷ MED ▪ **the ~s** *pl* leichter Schnupfen
snif·fy ['snɪfi] *adj* (*fam*) ▪ **to be ~ about sth** über etw *akk* die Nase rümpfen
snif·ter ['snɪftər] *n* ❶ *esp* AM (*glass*) Schwenker *m* ❷ (*drink of alcohol*) Gläschen *nt hum*
snig·ger ['snɪgər] **I.** *vi* kichern (**at** über) **II.** *n* Kichern *nt*, Gekicher *nt*
snip [snɪp] **I.** *n* ❶ (*cut*) Schnitt *m*; **to give sth a ~** etw [ab]schneiden ❷ (*piece*) **a ~ of cloth** ein Stück *nt* Stoff ❸ BRIT (*fam: bargain*) Schnäppchen *nt* **II.** *vt* schneiden
snipe [snaɪp] **I.** *vi* ❶ MIL aus dem Hinterhalt schießen ❷ (*criticize*) ▪ **to ~ at sb** jdn attackieren **II.** *n* <*pl -* or *-es*> Schnepfe *f*
snip·er ['snaɪpər] *n* MIL Heckenschütze *m*
'**snip·ing** *n* (*criticism*) scharfes Kritisieren
snip·pet ['snɪpɪt] *n* ❶ (*small piece*) Stückchen *nt*; **~s of paper** Papierschnipsel *pl* ❷ (*information*) Bruchstück *nt*; *of gossip, information, knowledge also* Brocken *m*; **~s of a conversation** Gesprächsfetzen *pl* ❸ LIT *of a text* Ausschnitt *m* (**from** aus)
snitch [snɪtʃ] **I.** *vt* (*fam*) klauen **II.** *vi* (*pej sl*) petzen; ▪ **to ~ on sb** jdn verpfeifen *fam* **III.** *n* <*pl -es*> ❶ (*fam: thief*) Dieb(in) *m(f)* ❷ (*pej sl: informer*) Petze *f*
sniv·el ['snɪvəl] **I.** *vi* <BRIT -ll- *or* AM *usu* -l-> ❶ (*sniffle*) schniefen *fam* ❷ (*cry*) flennen *pej fam* **II.** *n* ❶ *no pl* AM (*snivelling*) Geplärre *nt pej fam* ❷ (*sad sniffle*) Schniefen *nt*

sniv·el·ling ['snɪvəlɪŋ], AM **sniv·el·ing I.** *n no pl* Geheul *nt pej fam* **II.** *adj attr person, manner* weinerlich
snob [snɒb] *n* Snob *m*
snob·bery ['snɒbəri] *n* ❶ *no pl* (*self-superiority*) Snobismus *m* ❷ (*act of snobbery*) Snobismus *m*
snob·bish ['snɒbɪʃ] *adj* snobistisch
snob·by ['snɒbi] *adj* (*fam*) snobistisch, versnobt
snog [snɒg] **I.** *vi* <-gg-> BRIT (*fam*) [rum]knutschen (**with** mit) **II.** *vt* <-gg-> BRIT (*fam*) küssen **III.** *n* (*fam*) Kuss *m*; **to have a ~** rumknutschen
snook [snu:k] *n no pl* ▸ **to cock a ~ at sb/sth** sich über jdn/etw lustig machen
snook·er ['snu:kər] **I.** *vt* ❶ *usu passive* ▪ **to be ~ed** BRIT, AUS (*be defeated*) festsitzen ❷ AM (*fam: trick*) übers Ohr hauen ❸ (*in snooker*) abblocken; ▪ **to ~ oneself** sich selbst ausmanövrieren **II.** *n* Snooker *nt*
snoop [snu:p] **I.** *n* (*fam*) ❶ (*look*) Herumschnüffeln *nt kein pl*; **to have a ~** sich [mal] ein bisschen umschauen ❷ (*interloper*) Schnüffler(in) *m(f)*; (*spy*) Spion(in) *m(f)*; (*investigator*) Schnüffler(in) *m(f)* **II.** *vi* (*fam*) ❶ (*look secretly*) [herum]schnüffeln; (*pry*) [herum]spionieren ❷ (*spy on*) ▪ **to ~ on sb** jdn ausspionieren ❸ (*investigate*) sich umsehen
snoop·er ['snu:pər] *n* (*fam*) ❶ (*interloper*) Schnüffler(in) *m(f)* ❷ (*spy*) Spion(in) *m(f)* ❸ (*investigator*) Schnüffler(in) *m(f)*
snooti·ly ['snu:tɪli] *adv* (*fam*) hochnäsig
snooty ['snu:ti] *adj* (*fam*) hochnäsig
snooze [snu:z] (*fam*) **I.** *vi* ein Nickerchen machen **II.** *n* Nickerchen *nt*
'**snooze but·ton** *n* Schlummertaste *f* (*am Wecker*)
snore [snɔ:r] **I.** *vi* schnarchen **II.** *n* Schnarchen *nt kein pl*
snor·ing ['snɔ:rɪŋ] *n no pl* Schnarchen *nt*
snor·kel ['snɔ:kəl] **I.** *n* Schnorchel *m* **II.** *vi* <BRIT -ll- *or* AM *usu* -l-> schnorcheln
snor·kel·ing *n*, **snor·kell·ing** ['snɔ:kəlɪŋ] *n no pl* SPORTS Schnorcheln *nt*; **to go ~** schnorcheln gehen
snort [snɔ:t] **I.** *vi* schnauben; **to ~ with laughter** vor Lachen [los]prusten **II.** *vt* ❶ (*sl: inhale*) **to ~ cocaine/heroin/speed** Kokain/Heroin/Speed schnupfen ❷ (*disapprovingly*) [verächtlich] schnauben **III.** *n* (*noise*) Schnauben *nt kein pl*
snot [snɒt] *n no pl* (*fam: mucus*) Rotz *m*
'**snot-rag** *n* (*sl*) Rotzfahne *f fam*
snot·ty ['snɒti] *adj* (*fam*) ❶ (*full of mucus*) Rotz-; **~ handkerchief** vollgerotztes Ta-

schentuch ❷ *(pej: rude)* rotzfrech *sl; answer* pampig; *look, manner* unverschämt

snout [snaʊt] *n (nose) of animal* Schnauze *f; of pig, insect* Rüssel *m; of person* Rüssel *m sl;* **pig's ~** Schweinerüssel *m*

snow [snəʊ] **I.** *n* ❶ *no pl (frozen vapour)* Schnee *m;* **a blanket of ~ lay on the ground** der Boden war schneebedeckt ❷ *(snowfall)* Schneefall *m* **II.** *vi impers* **it's ~ing** es schneit **III.** *vt* Am *(fam)* ▪ **to ~ sb** jdm Honig ums Maul schmieren ◆ **snow in** *vt usu passive* **to be/get ~ed in** eingeschneit sein/werden ◆ **snow under** *vt usu passive* **to be ~ed under with work** mit Arbeit eingedeckt sein

'**snow·ball I.** *n* Schneeball *m* ▶ **to not have a ~'s chance in hell** [**of doing sth**] *(fam)* null Chancen haben[, etw zu tun] **II.** *vi* lawinenartig anwachsen; **to keep ~ing** eskalieren '**snow·ball ef·fect** *n no pl* Schneeballeffekt *m* '**snow bank** *n esp* Am *(snow drift)* Schneewehe *f* '**snow blind·ness** *n no pl* Schneeblindheit *f* '**snow·board** *n* Snowboard *nt* '**snow·board·ing** *n* Snowboarding *nt,* Snowboardfahren *nt* '**snow·bound** *adj (snowed-in)* eingeschneit; *road* wegen Schnees gesperrt '**snow-capped** *adj* schneebedeckt '**snow chains** *npl* AUTO Schneeketten *pl* '**snow·drift** *n* Schneewehe *f* '**snow·drop** *n* Schneeglöckchen *nt* '**snow·fall** *n* ❶ *no pl (amount)* Schneemenge *f* ❷ *(snowstorm)* Schneefall *m* '**snow·flake** *n* Schneeflocke *f* '**snow gog·gles** *npl* Schneebrille *f* '**snow·line** *n* Schneefallgrenze *f* '**snow·man** *n* Schneemann *m* '**snow·mo·bile** ['snəʊməˌbiːl] *n* Schneemobil *nt* '**snow·plough** *n* ❶ *(vehicle)* Schneepflug *m* ❷ SKI [Schnee]pflug *m* '**snow·shoe I.** *n usu pl* Schneeschuh *m* **II.** *vi* mit Schneeschuhen gehen '**snow·storm** *n* Schneesturm *m* '**snow·suit** *n* Schneeanzug *m* '**snow tyre** *n,* Am '**snow tire** *n* Winterreifen *m*

snow-'**white I.** *adj* schneeweiß; *blouse, sheets also* blütenweiß; *face* kalkweiß **II.** *n no pl* Schneeweiß *nt* **Snow** '**White** *n no pl* Schneewittchen *nt*

snowy ['snəʊi] *adj* ❶ *(with much snow) region, month* schneereich ❷ *(snow-covered)* verschneit; *mountain* schneebedeckt ❸ *(colour)* schneeweiß

snub [snʌb] **I.** *vt* <-bb-> *(offend by ignoring)* brüskieren; *(insult)* beleidigen **II.** *n* Brüskierung *f*

snub '**nose** *n* Stupsnase *f* '**snub-nosed** *adj attr* ❶ *person* stupsnasig ❷ MIL *gun* mit kurzem Lauf *nach n*

snuff [snʌf] **I.** *n* Schnupftabak *m* **II.** *vt* **to ~ it** BRIT, AUS *(fam)* abkratzen *sl* ◆ **snuff out** *vt* ❶ *(extinguish)* auslöschen ❷ *(end)* **to ~ out sb's hopes** jds Hoffnungen zunichtemachen ❸ Am *(die)* **to ~ one's life out** sein Leben aushauchen *geh*

'**snuff box** *n* Schnupftabak[s]dose *f*

snuf·fle ['snʌfl] **I.** *vi* ❶ *(sniffle)* schniefen *fam* ❷ *(speak nasally)* ▪ **to ~** [**out**] näseln **II.** *n* ❶ *(runny nose)* laufende Nase ❷ *(noisy breathing)* Schnüffeln *nt kein pl*

snug [snʌg] **I.** *adj* ❶ *(cosy)* kuschelig, gemütlich; *(warm)* mollig warm ❷ FASHION *(tight)* eng; **to be a ~ fit** eng anliegen ❸ *esp* Am *(adequate)* passend; *salary* gut ▶ **to feel as ~ as a bug in a rug** es so richtig mollig warm und gemütlich haben **II.** *n* BRIT kleines, gemütliches Nebenzimmer *(in einem Pub oder Gasthaus)*

snug·gle ['snʌgl] **I.** *vi* sich kuscheln; ▪ **to ~ with sb** mit jdm kuscheln; ▪ **to ~ into sth** sich in etw *akk* kuscheln **II.** *vt* ❶ *(hold)* an sich *akk* drücken ❷ *usu passive (nestle)* ▪ **to be ~d** sich schmiegen **III.** *n (sl)* Umarmung *f*

so [səʊ] **I.** *adv* ❶ *(to an indicated degree)* so; **he's quite nice, more ~ than I was led to believe** er ist ganz nett, viel netter als ich angenommen hatte; **look, the gap was about ~ wide** schau mal, die Lücke war ungefähr so groß ❷ *(to a great degree)* **what are you looking ~ pleased about?** was freut dich denn so [sehr]?; **I am ~ cold** mir ist so kalt; **what's ~ wrong with that?** was ist denn daran so falsch? ❸ *(in such a way)* so; **gently fold in the eggs like ~** rühren Sie die Eier auf diese Weise vorsichtig unter ❹ *(perfect)* [**to be**] **just ~** genau richtig [sein]; **I want everything just ~** ich will, dass alles perfekt ist ❺ *(also, likewise)* auch; **I've got an enormous amount of work to do — ~ have I** ich habe jede Menge Arbeit – ich auch; **I** [**very much**] **hope ~ !** das hoffe ich doch sehr! ❻ *(yes)* ja; **can I watch television? — I suppose ~** darf ich fernsehen? – na gut, meinetwegen [*o* von mir aus]; **I'm afraid ~** fürchte ja ❼ Am *(fam: contradicting)* doch; **haha, you don't have a bike — I do ~** haha, du hast ja gar kein Fahrrad – hab ich wohl! ❽ *(that)* das; ▪ **they say so** sagt man; **I'm sorry I'm late — ~ you should be** es tut mir leid, dass ich mich verspätet habe – das will ich auch schwer hoffen; **I told you ~** ich habe es dir ja gesagt; **he**

looks like James Dean — ~ **he does** er sieht aus wie James Dean – stimmt! ❾ (*as stated*) so; (*true*) wahr; **is that ~?** stimmt das?; ~ **it is** das stimmt; **if ~ ...** wenn das so ist ... ❿ (*this way, like that*) so; **and ~ it was** und so kam es dann auch; **and ~ it was that ...** und so kam es, dass ...; **it ~ happened that I was in the area** ich war zufällig [gerade] in der Nähe; **and ~ forth** [*or* **on**] und so weiter; ~ **to speak** sozusagen ▶ **far ~ good** so weit, so gut; ~ **long** bis dann [*o* später]; ~ **what?** na und? *fam* II. *conj* ❶ (*therefore*) deshalb, daher; **I couldn't find you ~ I left** ich konnte dich nicht finden, also bin ich gegangen ❷ (*fam: whereupon*) **he said he wanted to come along, ~ I told him that ...** er sagte, er wolle mitfahren, worauf ich ihm mitteilte, dass ... ❸ (*introducing a sentence*) also; ~ **we leave on the Thursday** wir fahren also an diesem Donnerstag; ~ **where have you been?** wo warst du denn die ganze Zeit?; ~ **what's the problem?** wo liegt denn das Problem? ❹ (*in order to*) damit; **be quiet ~ she can concentrate** sei still, damit sie sich konzentrieren kann ▶ ~ **long as ...** (*if*) sofern; (*for the time*) solange; ~ **long as he doesn't go too far, ...** solange er nicht zu weit geht, ...; ~ **there!** (*hum*) ätsch! III. *adj* (*sl*) typisch *fam;* **that's ~ 70's** das ist typisch 70er

soak [səʊk] I. *n* (*immersion*) Einweichen *nt kein pl;* **there's nothing like a good long ~ in the bath** (*hum*) es geht doch nichts über ein genüssliches langes Bad II. *vt* ❶ (*immerse*) einweichen; (*in alcohol*) einlegen ❷ (*make wet*) durchnässen III. *vi* (*immerse*) einweichen lassen ◆**soak in** I. *vi* ❶ (*absorb*) einziehen ❷ (*understand*) in den Schädel gehen *fam;* **will it ever ~ in?** ob er/sie das wohl jemals kapiert? *fam* II. *vt* einsaugen; (*fig*) in sich *akk* aufnehmen ◆**soak off** *vt* [mit Wasser] ablösen ◆**soak up** *vt* ❶ (*absorb*) aufsaugen; (*fig*) [gierig] in sich *akk* aufnehmen ❷ (*bask in*) **to ~ up the atmosphere** die Atmosphäre in sich *akk* aufnehmen; **to ~ up the sun**[**shine**] sich in der Sonne aalen *fam* ❸ (*use up*) **to ~ up money/resources** Geld/Mittel aufbrauchen; **to ~ up sb's time** jds Zeit in Anspruch nehmen

soaked [səʊkt] *adj* ❶ (*wet*) ▪ **to be ~** pitschnass sein *fam;* **to be ~ in sweat** schweißgebadet sein; *shirt* völlig durchgeschwitzt sein ❷ (*fam: drunk*) stockbetrunken

soak·ing [ˈsəʊkɪŋ] I. *n* ❶ (*immersion*) Einweichen *nt kein pl* ❷ (*becoming wet*) Nasswerden *nt kein pl;* **to get a ~** patschnass werden *fam* II. *adj* ~ [**wet**] klatschnass *fam*

so-and-so [ˈsəʊən(d)səʊ] *n* (*fam*) ❶ (*unspecified person*) Herr/Frau Soundso; (*unspecified thing*) das und das ❷ (*pej fam: disliked person*) **oh, he was a right old ~ that Mr Baker** ja, dieser Mr. Baker war ein richtiger alter Fiesling *sl*

soap [səʊp] I. *n* ❶ *no pl* (*substance*) Seife *f;* **liquid ~** Flüssigseife *f* ❷ TV, MEDIA (*soap opera*) Seifenoper *f* II. *vt* einseifen

ˈ**soap·box** *n* ❶ (*hist: container*) Seifenkiste *f* ❷ (*cart*) Seifenkiste *f* ❸ (*pedestal*) Obstkiste *f* (*improvisierte Rednerbühne, z.B. in Speaker's Corner im Hyde Park*) ▶ **to get on/off one's ~** anfangen/aufhören, große Reden zu schwingen ˈ**soap bub·ble** *n* Seifenblase *f* ˈ**soap dish** *n* Seifenschale *f* ˈ**soap dis·pens·er** *n* Seifenspender *m* ˈ**soap flakes** *npl* Seifenflocken *pl* ˈ**soap op·era** *n* TV, MEDIA Seifenoper *f* ˈ**soap pow·der** *n no pl* Seifenpulver *nt* ˈ**soap·suds** *npl* Seifenschaum *m kein pl*

soapy [ˈsəʊpi] *adj* ❶ (*lathery*) seifig; ~ **water** Seifenwasser *nt* ❷ (*like soap*) seifig ❸ (*pej: flattering*) schmeichlerisch; *smile, voice* ölig

soar [sɔːʳ] *vi* ❶ (*rise*) aufsteigen; *mountain peaks* sich erheben ❷ (*increase*) *temperature, prices, profits* in die Höhe schnellen ❸ (*glide*) *bird* [*of prey*] [in großer Höhe] segeln; *glider, hang-glider* gleiten ❹ (*excel*) sehr erfolgreich sein

soar·ing [ˈsɔːrɪŋ] *adj attr* ❶ (*flying*) segelnd, schwebend ❷ (*increasing*) rasch steigend

sob [sɒb] I. *n* Schluchzen *nt kein pl* II. *vi* <-bb-> schluchzen III. *vt* <-bb-> ❶ (*cry*) **to ~ one's heart out** sich *dat* die Seele aus dem Leib weinen; **to ~ oneself to sleep** sich in den Schlaf weinen ❷ (*say while crying*) schluchzen

so·ber [ˈsəʊbəʳ] I. *adj* ❶ (*not drunk*) nüchtern; **I've been ~ for 5 years now** ich bin jetzt seit fünf Jahren trocken; **to be stone cold ~** stocknüchtern sein ❷ (*unemotional*) *thought, judgement* sachlich, nüchtern; *person* nüchtern ❸ (*plain*) *colour* gedeckt; (*simple*) *truth* einfach II. *vt* ernüchtern III. *vi person* ruhiger werden ◆**sober up** I. *vi* ❶ (*become less drunk*) nüchtern werden ❷ (*become serious*) zur Vernunft kommen II. *vt* ❶ (*make less drunk*) nüchtern machen ❷ (*make serious*) zur Vernunft bringen

so·ber·ing ['səʊbərɪŋ] *adj effect, thought* ernüchternd

so·ber·ness ['səʊbənəs] *n no pl* ❶ (*sobriety*) Nüchternheit *f* ❷ (*seriousness*) Ernst *m* ❸ (*plainness*) Schlichtheit *f*

so·bri·ety [sə(ʊ)'braɪəti] *n no pl* (*form or hum*) ❶ (*soberness*) Nüchternheit *f*; (*life without alcohol*) Abstinenz *f* ❷ (*seriousness*) Ernst *m*

so·bri·quet ['səʊbrɪkeɪ] *n* (*form*) Spitzname *m*

'sob sto·ry *n* (*fam*) ❶ (*story*) rührselige Geschichte *f* ❷ (*excuse*) Ausrede *f*

so-called ['səʊkɔ:ld] *adj attr* ❶ (*supposed*) so genannt ❷ (*with neologisms*) so genannt

soc·cer ['sɒkəʳ] *n no pl* Fußball *m*

so·cia·bil·ity [ˌsəʊʃə'bɪləti] *n no pl* Geselligkeit *f*

so·cia·ble ['səʊʃəbl] I. *adj* ❶ (*keen to mix*) gesellig ❷ (*friendly*) freundlich, umgänglich ❸ (*of an event*) gesellig II. *n* Am (*party*) Treffen *nt*; *church* ~ Gemeindefest *nt*

so·cial ['səʊʃəl] *adj* ❶ (*of human contact*) Gesellschafts-, gesellschaftlich; **I'm a ~ drinker** ich trinke nur, wenn ich in Gesellschaft bin ❷ SOCIOL (*concerning society*) gesellschaftlich, Gesellschafts-; ~ **differences/problems** soziale Unterschiede/Probleme; ~ **science** Gesellschaftswissenschaften *pl* ❸ SOCIOL (*of human behaviour*) sozial, Sozial-; ~ **skills** soziale Fähigkeiten ❹ (*concerning the public*) Sozial-, sozial; ~ **policy** Sozialpolitik *f* ❺ ZOOL, BIOL (*living together*) Herden-; ~ **animal** Herdentier *nt*

So·cial 'Demo·crat *n* Sozialdemokrat(in) *m(f)*; BRIT (*hist*) Mitglied der britischen Sozialdemokratischen Partei

so·cial·ism ['səʊʃəlɪzəm] *n no pl* Sozialismus *m*

so·cial·ist ['səʊʃəlɪst] I. *n* Sozialist(in) *m(f)* II. *adj* sozialistisch

so·cial·ite ['səʊʃəlaɪt] *n* Persönlichkeit *f* des öffentlichen Lebens

so·cial·ize ['səʊʃəlaɪz] I. *vi* unter Leuten sein; ■ **to ~ with sb** mit jdm gesellschaftlich verkehren II. *vt* ❶ SOCIOL, BIOL sozialisieren; *offender* [re]sozialisieren; *animal* zähmen ❷ POL sozialistisch machen; (*nationalize*) verstaatlichen

so·cial·ly ['səʊʃəli] *adv* ❶ (*convivially*) gesellschaftlich ❷ (*behaviourally*) ~ **she's a disaster** sie fällt in Gesellschaft immer unangenehm auf ❸ (*privately*) **to meet sb ~** jdn privat treffen ❹ (*of the public*) gesellschaftlich

so·cial 'sci·ence *n* Sozialwissenschaft *f*

so·cial se·'cur·ity *n no pl* ❶ BRIT, AUS (*welfare*) Sozialhilfe *f* ❷ AM (*pension*) Sozial|versicherungs|rente *f* **so·cial 'ser·vice** *n* ❶ (*community help*) gemeinnützige Arbeit ❷ (*welfare*) ■ ~**s** *pl* staatliche Sozialleistungen **'so·cial work** *n no pl* Sozialarbeit *f* **'so·cial work·er** *n* Sozialarbeiter(in) *m(f)*

so·ci·etal [sə'saɪətəl] *adj* gesellschaftlich

so·ci·ety [sə'saɪəti] *n* ❶ (*all people*) Gesellschaft *f* ❷ (*elite*) die [feine] Gesellschaft ❸ (*form: company*) Gesellschaft *f* ❹ (*organization*) Verein *m*, Vereinigung *f*

so·cio·cul·tur·al [ˌsəʊʃɪəʊ'kʌltʃərəl, -si-] *adj* soziokulturell

so·cio-eco·nom·ic [ˌsəʊʃɪəʊˌi:kə'nɒmɪk, -si-] *adj* sozioökonomisch

so·cio·lin·guis·tics [ˌsəʊʃɪəʊlɪŋ'gwɪstɪks] *n* Soziolinguistik *f*

so·cio·logi·cal [ˌsəʊʃɪə'lɒdʒɪkəl, -si-] *adj* soziologisch

so·ci·olo·gist [ˌsəʊʃɪ'ɒlədʒɪst, -si-] *n* Soziologe *m*/Soziologin *f*

so·ci·ol·ogy [ˌsəʊʃɪ'ɒlədʒi, -si-] *n no pl* Soziologie *f*

sock[1] [sɒk] *n* Socke *f*

sock[2] [sɒk] *vt* ❶ (*dated fam: punch*) **to ~ sb in the eye** jdm eins aufs Auge geben ❷ AM SPORTS **to ~ the ball** den Ball schlagen

sock·et ['sɒkɪt] *n* ❶ ELEC (*for a plug*) Steckdose *f*; (*for lamps*) Fassung *f*; MECH Sockel *m* ❷ ANAT, MED **arm/hip/knee ~** Arm-/Hüft-/Kniegelenkpfanne *f*; **eye ~** Augenhöhle *f*

sod[1] [sɒd] I. *n* Grassode *f*, Grasnarbe *f* II. *vt* <-dd-> mit Gras bedecken

sod[2] [sɒd] *n* BRIT ❶ (*sl: mean person*) Sau *f derb*; (*vexing thing*) blödes Ding *fam*, Mist *m fam* ❷ (*fam: person*) **lucky ~** Glückspilz *m*; **poor ~** armes Schwein
◆ **sod off** *vi* BRIT ~ **off!** zieh Leine! *sl*

soda ['səʊdə] *n* ❶ *no pl* (*water*) Sodawasser *nt* ❷ AM (*sweet drink*) Limonade *f* **'soda bread** *n no pl* mit Backpulver gebackenes Brot **'soda foun·tain** *n esp* AM (*device*) Siphon *m* **'soda si·phon** *n* Siphon *m* **'soda wa·ter** *n no pl* Sodawasser *nt*

sod·den ['sɒdən] *adj* ❶ (*soaked*) durchnässt; *grass* durchweicht ❷ AM (*sl: not interesting*) fad

sod·ding ['sɒdɪŋ] *adj attr* Brit (*sl*) verdammt

so·dium ['səʊdiəm] *n no pl* Natrium *nt*

so·dium bi·'car·bon·ate *n no pl* Natriumhydrogenkarbonat *nt;* (*baking soda*) Natron *nt* **so·dium 'car·bon·ate** *n no pl* Natriumkarbonat *nt* **so·dium 'chlo·ride** *n no pl* Natriumchlorid *nt*

sod·o·mize ['sɒdəmaɪz] *vt usu passive* ■ **to ~ sb** Analverkehr mit jdm haben

sod·o·my ['sɒdəmi] *n no pl* (*form*) Sodomie *f*

sod's 'law *n*, **Sod's 'law** *n no pl* (*hum*) Gesetz, nach dem alles, was danebengehen kann, auch danebengeht; **that's ~** das musste ja passieren

sofa ['səʊfə] *n* Sofa *nt*

'sofa bed *n* Schlafcouch *f*

soft [sɒft] *adj* ❶(*not hard*) weich ❷(*smooth*) weich; *cheeks, skin* zart; *leather* geschmeidig; *hair* seidig ❸(*weak*) weich, schlaff ❹(*subtle*) *colour* zart ❺(*not loud*) *music* gedämpft; *sound, voice* leise; *words* sanft ❻(*lenient*) nachgiebig ❼(*compassionate*) weich; **to be a ~ touch** (*fam*) leicht rumzukriegen sein ▶ **to have a ~ spot for sb** eine Schwäche für jdn haben

'soft·ball *n* Softball *m* **soft-'boiled** *adj* weich [gekocht]

sof·ten ['sɒfən] I. *vi* ❶(*melt*) weich werden; *ice cream* schmelzen ❷(*moderate*) nachgiebiger werden II. *vt* ❶(*melt*) weich werden lassen ❷(*moderate*) mildern; *colour, light* dämpfen ❸(*alleviate*) erträglicher machen ◆ **soften up** I. *vt* ❶(*make less hard*) weicher machen ❷(*win over*); (*persuade*) rumkriegen *fam* II. *vi* weich werden

sof·ten·er ['sɒfənəʳ] *n* ❶(*softening agent*) Weichmacher *m;* **fabric ~** Weichspüler *m* ❷(*mineral reducer*) Enthärter *m* **sof·ten·ing** ['sɒfənɪŋ] I. *n no pl* ❶(*making less hard*) Weichmachen *nt;* *of clothes* Weichspülen *nt;* *of leather* Geschmeidigmachen *nt;* *of a voice* Dämpfen *nt;* *of an attitude, opinion* Mäßigen *nt;* *of a manner* Mäßigung *f* ❷(*making less bright*) *of a colour, light* Dämpfen *nt;* *of a contrast* Abschwächen *nt* II. *adj attr* Enthärtungs-, enthärtend

soft 'furn·ish·ings *n* Brit, Aus, **'soft goods** *npl* Am Heimtextilien *pl* **soft-'head·ed** *adj* (*fam*) blöd, doof **soft-'heart·ed** *adj* ❶(*compassionate*) weichherzig ❷(*gullible*) leichtgläubig

softie ['sɒfti] *n* (*fam*) Softie *m*

soft·ly ['sɒftli] *adv* ❶(*not hard*) sanft ❷(*quietly*) leise ❸(*dimly*) schwach ❹(*leniently*) nachsichtig, nachgiebig

soft·ness ['sɒftnəs] *n no pl* ❶(*not hardness*) Weichheit *f* ❷(*smoothness*) Weichheit *f;* *of skin* Glätte *f;* *of hair* Seidigkeit *f* ❸(*subtlety*) *of lighting* Gedämpftheit *f;* *of colours* Zartheit *f* ❹(*wishy-washyness*) Schwächlichkeit *f,* Laschheit *f pej fam*

soft-soap *vt* (*fig fam*) ■ **to ~ sb** jdm Honig ums Maul schmieren **soft-'spok·en** *adj* sowohl leise gesprochen; *person;* ■ **to be ~** leise sprechen; **~ manner** freundliche und sanfte Art **soft 'toy** *n* Brit Plüschtier *nt*

soft·ware ['sɒf(t)weəʳ] comput I. *n no pl* Software *f* II. *adj company, development, publisher* Software-; **~ writer** Programmierer(in) *m(f)*

'soft·ware en·gi·neer *n* Programmierer(in) *m(f)* **'soft·ware pack·age** *n* Softwarepaket *nt* **soft·ware 'pi·ra·cy** *n no pl* Software-Piraterie *f*

'soft·wood *n* ❶ *no pl* (*wood*) Weichholz *nt* ❷(*tree*) immergrüner Baum, Baum *m* mit weichem Holz

softy *n see* softie

sog·gy ['sɒgi] *adj* ❶(*sodden*) durchnässt; (*boggy*) glitschig *fam;* *soil* aufgeweicht ❷ food matschig, pampig *fam*

soil¹ [sɔɪl] *vt* (*form*) ❶(*dirty*) verschmutzen ❷(*foul*) verunreinigen ❸ *usu passive* (*fig: ruin*) **to ~ sb's name/reputation** jds Namen/guten Ruf beschmutzen

soil² [sɔɪl] *n no pl* ❶(*earth*) Boden *m,* Erde *f* ❷(*territory*) Boden *m*

soi·rée ['swɑːreɪ] *n,* **soiree** *n* (*form or hum*) Soiree *f*

so·journ ['sɒdʒɜːn] I. *vi* (*liter*) ■ **to ~ somewhere** irgendwo [ver]weilen *geh* II. *n* (*liter or hum*) [vorübergehender] Aufenthalt

sol·ace ['sɒləs] I. *n no pl* Trost *m* II. *vt* ■ **to ~ oneself with sth** sich mit etw *dat* trösten; **to ~ sb's anxiety/fear** jd's Sorgen/Angst zerstreuen

so·lar ['səʊləʳ] *adj* ❶(*relating to sun*) Solar-, Sonnen-; **~ calculator** Rechner *m* mit Solarzellen ❷ astron **~ day/time** Sonnentag *m/-*zeit *f*

so·lar 'bat·tery *n* Solarbatterie *f* **so·lar 'cell** *n* Solarzelle *f* **so·lar e'clipse** *n* Sonnenfinsternis *f* **so·lar 'en·er·gy** *n no pl* Solarenergie *f* **so·lar·ium** <*pl* -aria *or* -s> [sə(ʊ)'leəriəm*, pl* -iə] *n* ❶(*tanning room*) Solarium *nt* ❷ Am (*conservatory*) Glashaus *nt* **so·lar 'pan·el** *n* Sonnenkol-

lektor m **so·lar plex·us** [ˌsəʊləˈpleksəs] n no pl ANAT, MED Solarplexus m **so·lar ˈpow·er** n no pl Sonnenkraft f **so·lar ra·diˈa·tion** n no pl Sonnenstrahlung f **ˈso·lar sys·tem** n Sonnensystem nt **so·lar ˈwind** n no pl ASTRON Sonnenwind m
sold [səʊld] pt, pp of **sell**
sol·der [ˈsəʊldəʳ] I. vt löten; ■ **to ~ sth on/together** etw an-/zusammenlöten II. n no pl Lötmetall nt
sol·der·ing iron [ˈsəʊldərɪŋ-] n Lötkolben m
sol·dier [ˈsəʊldʒəʳ] n Soldat(in) m(f) ◆ **sol·dier on** vi sich durchkämpfen
sold ˈout adj ausverkauft
sole[1] [səʊl] adj attr ①(only) einzig, alleinig ②(exclusive) Allein-
sole[2] [səʊl] n ①FASHION [Schuh]sohle f ②ANAT [Fuß]sohle f
sole[3] <pl - or -s> [səʊl] n ZOOL, FOOD Seezunge f
sol·ecism [ˈsɒlɪsɪzəm] n (form) ①LING (mistake) Fehler m ②(faux pas) Fauxpas m
sole·ly [ˈsəʊlli] adv einzig und allein, nur
so·lemn [ˈsɒləm] adj ①(ceremonial) feierlich; oath, promise heilig ②(grave) ernst; voice getragen
so·lem·nity [səˈlemnəti] n ①no pl (gravity) Feierlichkeit f, Erhabenheit f ②(ceremony) ■**solemnities** pl Trauerfeierlichkeiten pl; REL [kirchliche] Feierlichkeiten
so·lem·nize [ˈsɒləmnaɪz] vt (form) feiern
so·lemn·ly [ˈsɒləmli] adv ①(ceremonially) feierlich; **to ~ promise sth** etw hoch und heilig versprechen; **to ~ swear sth** etw bei allem, was einem heilig ist, schwören ②(gravely) ernst
so·lenoid [ˈsəʊlənɔɪd] n ELEC Magnetspule f
so·lic·it [səˈlɪsɪt] vt (form) ①(ask for) ■**to ~ sth** um etw akk bitten; **to ~ votes** um [Wähler]stimmen werben ②(sell) **to ~ sex** sich anbieten
so·lic·it·ing [səˈlɪsɪtɪŋ] n no pl Ansprechen nt von Männern (durch Prostituierte)
so·lici·tor [səˈlɪsɪtəʳ] n ①esp BRIT, AUS LAW Rechtsanwalt m/-anwältin f (der seine/die ihre Mandanten nur in den unteren Instanzen vertreten darf, im Gegensatz zum barrister) ②AM POL Rechtsreferent(in) m(f) (einer Stadt)
so·lici·tous [səˈlɪsɪtəs] adj (form) ①(anxious) besorgt ②(careful) sorgfältig ③(attentive) aufmerksam
so·lici·tude [səˈlɪsɪtjuːd] n (form) ①no pl (attentiveness) of a waiter zuvorkommende Art ②(anxiety) Sorge f (**about** um), Besorgtheit f (**about** über)
sol·id [ˈsɒlɪd] I. adj ①(hard) fest; chair, wall solide; foundation stabil; punch kräftig; rock massiv ②(not hollow) massiv ③(not liquid) fest ④(completely) ganz; **~ silver** massives [o reines] Silber ⑤(substantial) verlässlich; argument stichhaltig; evidence handfest; grounding solide ⑥(concrete) plan konkret ⑦(uninterrupted) line, wall durchgehend; month, week ganz ⑧(dependable) person solide, zuverlässig; marriage, relationship stabil ⑨ECON (financially sound) investment solide, sicher ⑩(sound) solide, gut II. n ①PHYS fester Stoff, Festkörper m ②MATH Körper m ③FOOD ■**~s** pl feste Nahrung kein pl
soli·dar·ity [ˌsɒlɪˈdærəti] n no pl ①(unity) Solidarität f (**with** mit) ②(movement) **S~** Solidarität f
sol·id ˈfuel n ①no pl (power source) fester Brennstoff ②(pieces) feste Brennstoffe pl
so·lidi·fy <-ie-> [səˈlɪdɪfaɪ] I. vi ①(harden) fest werden; lava erstarren; cement hart werden; water gefrieren ②(fig: take shape) plans sich konkretisieren; project [konkrete] Gestalt annehmen; idea, thought konkret[er] werden II. vt ①(harden) fest werden lassen; water gefrieren lassen ②(fig: reinforce) festigen; plan konkretisieren
so·lid·ity [səˈlɪdɪti] n no pl ①(hardness) fester Zustand; of wood Härte f; of a foundation, table Stabilität f ②(reliability) Zuverlässigkeit f; of facts, evidence Zuverlässigkeit f; of an argument, reasoning Stichhaltigkeit f; of a judgement Fundiertheit f; of commitment Verlässlichkeit f ③(strength) Stabilität f ④(soundness) Gediegenheit f ⑤(financial soundness) of an investment Solidität f; (financial strength) of a company finanzielle Stärke
sol·id·ly [ˈsɒlɪdli] adv ①(sturdily) solide; **to be ~ built** solide gebaut sein ②(uninterruptedly) work ununterbrochen
ˈsol·id-state adj Festkörper-
so·lilo·quy [səˈlɪləkwi] n Selbstgespräch nt; THEAT Monolog m
soli·taire [ˌsɒlɪˈteəʳ] n ①(jewel) Solitär m ②no pl esp AM (card game) Patience f
soli·tary [ˈsɒlɪtəri] adj ①(single) einzelne(r, s) attr; ZOOL solitär fachspr ②(lonely) einsam; (remote) abgeschieden, abgelegen; **to go for a ~ stroll** allein spazieren gehen

soli·tary con·'fine·ment *n* Einzelhaft *f*
soli·tude ['sɒlɪtjuːd] *n* ❶ *no pl* (*being alone*) Alleinsein *nt;* **in ~** alleine ❷ *no pl* (*loneliness*) Einsamkeit *f*
solo ['səʊləʊ] **I.** *adj attr* (*unaccompanied*) Solo- **II.** *adv* (*single-handed*) allein; MUS solo **III.** *n* MUS Solo *nt* **IV.** *vi* (*play unaccompanied*) solo spielen; (*sing unaccompanied*) solo singen
solo·ist ['səʊləʊɪst] *n* Solist(in) *m(f)*
Solo·mon Is·lands ['sɒləmən‚aɪləndz] *n* ■**the ~** die Salomonen *pl*
sol·stice ['sɒlstɪs] *n* Sonnenwende *f*
sol·uble ['sɒljəbl] *adj* ❶ (*that dissolves*) löslich ❷ (*solvable*) lösbar
so·lu·tion [səˈljuːʃən] *n* ❶ (*to problem*) Lösung *f;* (*to riddle/puzzle*) [Auf]lösung *f* ❷ *no pl* (*act of solving*) Lösen *nt* ❸ (*in business*) Vorrichtung *f;* **software ~s** Softwareanwendungen *pl* ❹ CHEM (*liquid*) Lösung *f*
solve [sɒlv] *vt* lösen; *crime* aufklären; *mystery* aufdecken
sol·ven·cy ['sɒlvən(t)si] *n no pl* FIN Zahlungsfähigkeit *f*
sol·vent ['sɒlvənt] **I.** *n* CHEM Lösungsmittel *nt* **II.** *adj* ❶ FIN zahlungsfähig ❷ (*fam: having sufficient money*) flüssig
'sol·vent abuse *n esp* BRIT Missbrauch *m* von Lösungsmitteln (*als Rauschgift*)
So·ma·li [səˈmɑːli] **I.** *n* <*pl* - *or* -s> ❶ (*person*) Somalier(in) *m(f)* ❷ *no pl* (*language*) Somali *nt* **II.** *adj* somalisch
So·ma·lia [səˈmɑːliə] *n* Somalia *nt*
som·ber *adj* AM, **som·bre** ['sɒmbəʳ] *adj* ❶ (*sad*) düster; *setting* ernst ❷ (*dark-coloured*) dunkel; *day* trüb, finster
some [sʌm, səm] **I.** *adj attr* ❶ (*unknown amount:* + *pl*) einige, ein paar; (+ *sing n*) etwas; **there's ~ cake in the kitchen** es ist noch Kuchen in der Küche ❷ (*certain:* + *pl*) gewisse ❸ (*general, unknown*) irgendein(e); **he's in ~ kind of trouble** er steckt in irgendwelchen Schwierigkeiten; **~ day or another** irgendwann ❹ (*noticeable*) gewiss; **to ~ extent** bis zu einem gewissen Grad ❺ (*slight, small amount*) etwas; **there is ~ hope that he will get the job** es besteht noch etwas Hoffnung, dass er die Stelle bekommt ❻ (*considerable amount, number*) beträchtlich; (*fam: intensifies noun*) ziemlich; **we discussed the problem at ~ length** wir diskutierten das Problem ausgiebig ❼ (*fam: showing annoyance*) **~ hotel that turned out to be!** das war vielleicht ein Hotel! **II.** *pron* ❶ (*unspecified number of persons or things*) welche; **have you got any drawing pins? — if you wait a moment, I'll get you ~** haben Sie Reißnägel? – wenn Sie kurz warten, hole ich [Ihnen] welche ❷ (*unspecified amount of sth*) welche(r, s); **if you need money, I can lend you ~** wenn du Geld brauchst, kann ich dir gerne welches leihen ❸ (*at least a small number*) einige, manche ❹ + *pl vb* (*proportionate number*) einige, ein paar; **~ of you have already met Imran** einige von euch kennen Imran bereits ❺ (*certain people*) **~ just never learn!** gewisse Leute lernen es einfach nie! ❻ + *sing vb* (*proportionate number*) ein bisschen; **have ~ of this champagne, it's very good** trink ein wenig von dem Champagner, er ist sehr gut **III.** *adv* (*roughly*) ungefähr, in etwa; **~ twenty or thirty metres deep/high** ungefähr zwanzig oder dreißig Meter tief/hoch
some·body ['sʌmbədi] *pron indef* ❶ (*anyone*) jemand ❷ (*one person*) irgendwer; **surely ~ knows where the documents are** sicher weiß jemand, wo die Dokumente sind ❸ (*unnamed, unknown person*) jemand; **~ or other** irgendwer ❹ (*some non-specified person of a group*) irgendwer; **~ else** jemand anders; **~ or other** jemand anders **some·how** ['sʌmhaʊ] *adv* irgendwie **some·one** ['sʌmwʌn] *pron see* **somebody some·place** ['sʌmpleɪs] *adv* AM irgendwo; **~ else** (*in a different place*) woanders, irgendwo anders; (*to a different place*) woandershin, irgendwo anders hin; **~ around here** irgendwo hier
som·er·sault ['sʌməsɔːlt] **I.** *n* (*on ground*) Purzelbaum *m;* (*in air*) Salto *m* **II.** *vi* einen Purzelbaum schlagen; (*in air*) einen Salto machen; *vehicle, car* sich überschlagen
some·thing ['sʌm(p)θɪŋ] *pron indef* ❶ (*object*) etwas; **I need ~ to write with** ich brauche etwas zum Schreiben; **~ else** etwas anderes ❷ (*message*) etwas; **is there ~ you'd like to say?** möchtest du mir etwas sagen? ❸ (*action*) etwas; **to do ~** [about sb/sth] etwas [gegen jdn/etw] unternehmen ❹ (*unknown thing*) etwas; **~ about her frightened me** etwas an ihr machte mir Angst ❺ (*outstanding quality*) etwas; **there's ~ about her** sie hat etwas an sich *dat* ❻ (*not exact*) **it was ~ of a surprise** es war eine kleine Überraschung; **the building materials cost ~ under $4500** das Baumaterial kostet etwas unter $4.500; **... or ~** (*fam: similar*) ... oder so;

she works for a bank or ~ sie arbeitet für eine Bank oder so was ▶ **that's** ~ das ist schon was; **there's** ~ **in** sth an etw *dat* ist etwas dran; **there's** ~ **in catching the earlier train** es macht in der Tat Sinn, den früheren Zug zu nehmen **some·time** [ˈsʌmtaɪm] *adv* irgendwann; **come up and see me** ~ komm mich mal besuchen; ~ **soon** demnächst irgendwann, bald einmal **some·times** [ˈsʌmtaɪmz] *adv* manchmal **some·what** [ˈsʌm(h)wɒt] *adv* etwas, ein wenig [*o* bisschen] **some·where** [ˈsʌm(h)weər] *adv* ❶ (*in unspecified place*) irgendwo; ~ **else** woanders, irgendwo anders ❷ (*to unspecified place*) irgendwohin; ~ **else** woandershin, irgendwo anders hin ❸ (*roughly*) ungefähr; ~ **between 30 and 40** so zwischen 30 und 40 ▶ **to get** ~ Fortschritte machen, weiterkommen

som·nam·bu·lism [sɒmˈnæmbjəlɪzᵊm] *n no pl* MED Somnambulismus *m*

som·no·lent [ˈsɒmnələnt] *adj* ❶ (*sleepy*) schläfrig; *village* verschlafen ❷ (*inducing drowsiness*) einschläfernd

son [sʌn] *n* (*male offspring*) Sohn *m*

so·nar [ˈsəʊnɑːr] *n no pl* Sonar[gerät] *nt*

so·na·ta [səˈnɑːtə] *n* Sonate *f*

song [sɒŋ] *n* ❶ MUS Lied *nt* ❷ (*singing*) Gesang *m* ❸ *of bird* Gesang *m; of cricket* Zirpen *nt*

ˈ**song·bird** *n* Singvogel *m* ˈ**song·book** *n* Liederbuch *nt* ˈ**song-trading**, ˈ**song-swapping** *n no pl* INET, MUS Musikaustausch *m* ˈ**song·writ·er** *n* Texter(in) *m/f* und Komponist(in) *m/f*; **singer-**~ Liedermacher(in) *m/f*

son·ic [ˈsɒnɪk] *adj* Schall-

son·ic boom *n* Überschallknall *m*

ˈ**son-in-law** <*pl* sons- *or* -s> *n* Schwiegersohn *m*

son·net [ˈsɒnɪt] *n* Sonett *nt*

son·ny [ˈsʌni] *n no pl* (*fam*) Kleiner *m*

son·or·ous [ˈsɒnᵊrəs] *adj* klangvoll; *voice* sonor, volltönend

soon [suːn] *adv* ❶ (*in a short time*) bald; ~ **after sth** kurz nach etw *dat;* **no** ~**er said than done** gesagt, getan; **how** ~ wie bald [*o* schnell]; ~**er or later** früher oder später; ~**er rather than later** lieber früher als später; **as** ~ **as possible** so bald wie möglich ❷ (*early*) früh; **Monday is the** ~**est we can deliver the chairs** wir können die Stühle frühestens am Montag liefern; **the** ~**er the better** je eher, desto besser; **not a moment too** ~ gerade noch rechtzeitig ❸ (*rather*) lieber; **I'd** ~**er not speak to him** ich würde lieber nicht mit ihm sprechen

soot [sʊt] *n no pl* Ruß *m*

soothe [suːð] *vt* ❶ (*calm*) beruhigen ❷ (*relieve*) lindern

sooth·ing [ˈsuːðɪŋ] *adj* ❶ (*calming*) beruhigend; *bath* entspannend ❷ (*pain-relieving*) [Schmerz] lindernd

sooth·ing·ly [ˈsuːðɪŋli] *adv* beruhigend, besänftigend

sooth·say·er [ˈsuːθˌseɪər] *n* (*hist*) Wahrsager(in) *m/f*

sooty [ˈsʊti] *adj* rußig, verrußt

sop [sɒp] I. *n* (*pej*) Beschwichtigungsmittel *m* II. *vt* ■ **to** ~ **up** ⟳ sth etw aufsaugen

so·phis·ti·cat·ed [səˈfɪstɪkeɪtɪd] *adj* (*approv*) ❶ (*urbane*) [geistig] verfeinert; (*cultured*) kultiviert, gebildet; *audience, readers* niveauvoll, anspruchsvoll; *restaurant* gepflegt ❷ (*highly developed*) hoch entwickelt, ausgeklügelt; *method* raffiniert; (*complex*) *approach* differenziert

so·phis·ti·ca·tion [səˌfɪstɪˈkeɪʃᵊn] *n no pl* (*approv*) ❶ (*urbanity*) Kultiviertheit *f;* (*finesse*) Gepflegtheit *f,* Feinheit *f* ❷ (*complexity*) hoher Entwicklungsstand

soph·ist·ry [ˈsɒfɪstri] *n* (*form*) ❶ *no pl* (*pej: nitpicking*) Sophisterei *f* ❷ (*sophistical argument*) Augenwischerei *f*

sopho·more [ˈsɑːfəmɔːr] *n* AM (*in college*) Student(in) *m/f* im zweiten Studienjahr; (*at high school*) Schüler(in) *m/f* einer Highschool im zweiten Jahr

sopo·rif·ic [ˌsɒpᵊrˈɪfɪk] *adj* einschläfernd *a. fig*

sop·ping [ˈsɒpɪŋ] (*fam*) I. *adj* klatschnass II. *adv* ~ **wet** klatschnass

sop·py [ˈsɒpi] *adj* (*fam*) gefühlsdus[e]lig *pej; story, film* schmalzig

so·pra·no [səˈprɑːnəʊ] I. *n* ❶ (*vocal range*) Sopran *m* ❷ (*singer*) Sopranistin *f* II. *adj* Sopran- III. *adv* **to sing** ~ Sopran singen

sor·bet [ˈsɔːbeɪ] *n* Sorbet *nt o* selten *m*

sor·cer·er [ˈsɔːsᵊrər] *n* (*esp liter*) Zauberer *m,* Hexenmeister *m*

sor·cer·ess <*pl* -es> [ˈsɔːsᵊrɪs] *n* (*esp liter*) Zauberin *f*

sor·cery [ˈsɔːsᵊri] *n no pl* (*esp liter*) Zauberei *f,* Hexerei *f*

sor·did [ˈsɔːdɪd] *adj* ❶ (*dirty*) schmutzig; (*squalid*) schäbig; *apartment* verkommen, heruntergekommen ❷ (*pej: disreputable*) schmutzig *fig*

sore [sɔːr] I. *adj* ❶ (*hurting*) schlimm, weh; (*through overuse*) wund [gescheuert], entzündet; **all the dust has made my eyes** ~

von dem ganzen Staub brennen mir die Augen; ~ **muscles** Muskelkater *m*; ~ **point** (*fig*) wunder Punkt ❷ (*liter: serious*) **to be in ~ need of sth** etw dringend benötigen **II.** *n* wunde Stelle; **to open an old ~** (*fig*) alte Wunden aufreißen

sore·ly ['sɔːli] *adv* sehr, arg; **to be ~ tempted to do sth** stark versucht sein, etw zu tun

so·ror·ity [səˈrɔːrəti] *n* AM Studentinnenvereinigung *f*

sor·rel ['sɒrəl] *n* *no pl* Sauerampfer *m*

sor·row ['sɒrəʊ] *n* (*form*) ❶ (*feeling*) Kummer *m*, Betrübnis *f*, Traurigkeit *f* ❷ (*sad experience*) Leid *nt*

sor·row·ful ['sɒrə(ʊ)fəl] *adj* (*form*) traurig, betrübt (**at** über)

sor·ry ['sɒri] **I.** *adj* ❶ *pred* (*regretful*) **I'm/she's ~** es tut mir/ihr leid; **you'll be ~** das wird dir noch leidtun; ■ **to be ~ about sth** etw bedauern; **to say ~** [**to sb**] sich [bei jdm] entschuldigen ❷ *pred* (*sad*) traurig; **we were ~ to hear** [**that**] **you've not been well** es tat uns leid zu hören, dass es dir nicht gut ging; ■ **to be ~ for oneself** (*esp pej*) sich selbst bemitleiden; **sb feels ~ for sb/sth** jd/etw tut jdm leid ❸ *pred* (*polite preface to remark*) **I'm ~** [**but**] **I don't agree** [es] tut mir leid, aber da bin ich anderer Meinung ❹ *attr* (*wretched*) traurig, armselig, jämmerlich **II.** *interj* ❶ (*expressing apology*) ■ **~!** Verzeihung!, Entschuldigung! ❷ (*prefacing refusal*) **~ you can't go in there** bedaure, aber Sie können da nicht hinein ❸ *esp* BRIT, AUS (*asking sb to repeat sth*) ■ **~?** wie bitte?

sort [sɔːt] **I.** *n* ❶ (*type*) Sorte *f*, Art *f* ❷ (*fam: expressing vagueness*) **I had a ~ of feeling that ...** ich hatte so ein Gefühl, dass ...; **it's a ~ of machine for peeling vegetables and things** es ist so eine Art Maschine, mit der man Gemüse und anderes schälen kann ❸ (*person*) **I know your ~**! Typen wie euch kenne ich [zur Genüge]!; *fam* ▶ **nothing of the ~** nichts dergleichen; **something of the ~** so etwas der Art; **sth of ~s** eine Art von etw *dat* **II.** *adv* (*fam*) ■ **~ of** ❶ (*rather*) irgendwie; **that's ~ of difficult to explain** das ist nicht so einfach zu erklären ❷ (*not exactly*) mehr oder weniger, so ungefähr, sozusagen **III.** *vt* ❶ (*classify*) sortieren ❷ *usu passive* BRIT (*fam: restore to working order*) in Ordnung bringen **IV.** *vi* ■ **to ~ through sth** etw sortieren ◆ **sort out** *vt* ❶ (*arrange*) ordnen, sortieren; (*choose, select*) aussuchen; (*for throwing or giving away*) aussortieren ❷ (*tidy up mess*) in Ordnung bringen ❸ (*resolve*) klären, regeln; *problem* lösen ❹ (*help*) ■ **to ~ out** ⟳ **sb** jdm [weiter]helfen ❺ (*fam: beat up*) ■ **to ~ sb out** jdm zeigen, wo es lang geht

ˈ**sort code** *n* FIN ≈ Bankleitzahl *f*

sort·er ['sɔːtəʳ] *n* ❶ AM (*postal employee*) Sortierer(in) *m(f)* ❷ (*machine*) Sortiermaschine *f*

sor·tie ['sɔːtiː] *n* MIL Ausfall *m*; (*flight*) Einsatz *m*

ˈ**sort·ing of·fice** *n* Sortierstelle *f*; (*central office*) Verteilerpostamt *nt*

SOS [ˌesəʊˈes] *n* SOS *nt*; (*fig*) Hilferuf *m*

so-so ['səʊsəʊ] (*fam*) **I.** *adj* so lala *präd*, mittelprächtig *hum* **II.** *adv* so lala

souf·flé ['suːfleɪ] *n* Soufflé *nt*, Soufflee *nt*

sought [sɔːt] *pt, pp of* **seek**

ˈ**sought-after** *adj* begehrt

soul [səʊl] *n* ❶ (*spirit*) Seele *f* ❷ *no pl* (*approv: profound feeling*) Seele *f*, Gefühl *nt* ❸ (*person*) Seele *f fig*; **not a ~** keine Menschenseele ❹ *no pl* MUS Soul *m*

ˈ**soul-de·stroy·ing** *adj esp* BRIT (*pej*) nervtötend; *work* geisttötend; (*destroying sb's confidence*) zermürbend

soul·ful ['səʊlfəl] *adj* gefühlvoll

soul·less ['səʊləs] *adj* (*pej*) seelenlos; *building, town, person* kalt; (*dull*) öde

ˈ**soul mate** *n* Seelenverwandte(r) *f(m)*

ˈ**soul mu·sic** *n* Soulmusik *f*, Soul *m*

ˈ**soul-search·ing** *n no pl* Prüfung *f* des Gewissens ˈ**soul-stir·ring** *adj* aufwühlend, bewegend

sound[1] [saʊnd] *n* (*sea channel*) Meerenge *f*; (*inlet*) Meeresarm *m*

sound[2] [saʊnd] **I.** *n* ❶ (*noise*) Geräusch *nt*; (*musical tone*) of a bell Klang *m*; (*verbal, TV, film*) Ton *m*; **don't make a ~!** sei still! ❷ LING Laut *m* ❸ *no pl* PHYS Schall *m* ❹ *no pl* RADIO, TV (*volume*) Ton *m* ❺ *no pl* (*on film*) Sound *m* ❻ *no pl* (*impression*) **I don't like the ~ of it** das klingt gar nicht gut; **by the ~ of it** so wie sich das anhört **II.** *vi* ❶ (*resonate*) erklingen; *alarm* ertönen; *alarm clock* klingeln; *bell* läuten ❷ (*fam: complain*) ■ **to ~ off** herumtönen ❸ + *adj* (*seem*) klingen, sich anhören **III.** *vt* (*produce sound from*) **to ~ the alarm** den Alarm auslösen; **to ~ the** [**car**] **horn** hupen

sound[3] [saʊnd] **I.** *adj* ❶ (*healthy*) gesund; (*in good condition*) intakt, in gutem Zustand; *animal, person* kerngesund; **to be of ~ mind** bei klarem Verstand sein ❷ (*trustworthy*) solide; (*reasonable*) vernünftig; *advice* gut; *argument* schlagend;

economy gesund ❸ *(undisturbed) sleep tief* II. *adv* **to be ~ asleep** tief [und fest] schlafen ◆ **sound out** *vt* ■ **to ~ out ⌾ sb** bei jdm vorfühlen; *(ask)* bei jdm anfragen
'**sound ar·chives** *npl* Tonarchiv *nt*
'**sound bar·ri·er** *n* Schallmauer *f*
'**sound bite** *n* prägnanter Ausspruch *(eines Politikers)* '**sound·board** *n* MUS Resonanzboden *m* '**sound·box** *n* Resonanzkörper *m* '**sound card** *n* COMPUT Soundkarte *f* '**sound en·gi·neer** *n* Toningenieur(in) *m(f)*
sound·ing ['saʊndɪŋ] *n usu pl* NAUT [Aus]loten *nt*
'**sound·ing board** *n* ❶ *(resonator)* Resonanzboden *m* ❷ *(fig) Gruppe von Testpersonen für eine erste Meinungssondierung*
sound·less ['saʊndləs] *adj* lautlos, geräuschlos
sound·ly ['saʊndli] *adv* ❶ *(thoroughly)* gründlich, ordentlich; *(clearly)* eindeutig, klar; *(severely) schwer fam* ❷ *(reliably)* fundiert *geh* ❸ *(deeply)* **to sleep ~** tief schlafen
sound·ness ['saʊndnəs] *n no pl* Solidität *f geh*, Verlässlichkeit *f*, Zuverlässigkeit *f*
'**sound·proof** I. *adj* schalldicht, schallisoliert II. *vt* schalldicht machen '**sound system** *n* Stereoanlage *f* '**sound·track** *n* ❶ *(on film)* Tonspur *f* ❷ *(film music)* Filmmusik *f*, Soundtrack *m* '**sound wave** *n* Schallwelle *f*
soup [suːp] *n* ❶ *(fluid food)* Suppe *f;* **oxtail/vegetable ~** Ochsenschwanz-/Gemüsesuppe *f;* **packet ~** Tütensuppe *f* ❷ *esp* AM *(fig: fog)* Suppe *f*
soup·çon ['suːpsɔ̃ː(ŋ)] *n no pl* Spur *f*, Hauch *m*
'**soup kit·chen** *n* Armenküche *f* '**soup plate** *n* Suppenteller *m* '**soup spoon** *n* Suppenlöffel *m*
sour ['saʊəʳ] I. *adj* ❶ *(in taste)* sauer ❷ *(fig: bad-tempered)* griesgrämig, missmutig; *(embittered)* verbittert II. *n esp* AM *saures, alkoholisches Getränk;* **whisky ~** Whisky *m* mit Zitrone III. *vt* ❶ *(give sour taste)* sauer machen ❷ *(fig: make unpleasant)* trüben, beeinträchtigen IV. *vi* ❶ *(become sour)* sauer werden ❷ *(fig)* getrübt werden
source [sɔːs] I. *n* ❶ *(origin)* Quelle *f;* *(reason)* Grund *m* (**of** für); ❷ *(of information)* [Informations]quelle *f;* ■ **~s** *pl* LIT *(for article, essay)* Quellen[angaben] *pl* ❸ *usu pl (person)* Quelle *f;* **according to Government ~s** wie in Regierungskreisen verlautete ❹ *(spring)* Quelle *f* II. *vt usu* passive ■ **to be ~d** ❶ *(have origin stated)* belegt sein ❷ ECON *(be obtained)* stammen

sour·ly ['saʊəli] *adv (fig)* griesgrämig *fam,* missmutig
sour·ness ['saʊənəs] *n no pl* ❶ *(acidity)* Säuerlichkeit *f*, saurer Geschmack ❷ *(fig: churlishness)* Griesgrämigkeit *f;* **to have a note of ~ in one's voice** einen bitteren Unterton in seiner Stimme haben
sour·puss <*pl* -**es**> ['saʊəpʊs] *n (fam)* Miesepeter *m*
souse [saʊs] *vt* ❶ *(drench)* übergießen (**in** mit) ❷ *(pickle)* einlegen
south [saʊθ] I. *n no pl (compass direction)* Süden *m;* **Canberra lies to the ~ of Sydney** Canberra liegt südlich von Sydney; **the ~ of England** der Süden von England; *(southern US states)* ■ **the S~** die Südstaaten *pl* II. *adj* Süd-, südlich III. *adv (toward the south)* **my room faces ~** mein Zimmer ist nach Süden ausgerichtet; **due ~** direkt nach Süden; **to drive ~** Richtung Süden [*o* südwärts] fahren
South 'Af·ri·ca *n* Südafrika *nt* **South 'Af·ri·can** I. *adj* südafrikanisch II. *n* Südafrikaner(in) *m(f)* **South A'meri·ca** *n* Südamerika *nt* **South A'meri·can** I. *adj* südamerikanisch II. *n* Südamerikaner(in) *m(f)*
'**south·bound** *adj* [in] Richtung Süden; **~ passengers** Richtung Süden reisende Passagiere
South Caro·li·na *n* [ˌkærə'laɪnə] Südkarolina *nt* **South Da·ko·ta** *n* [də'kəʊtə] Süddakota *nt* **south-'east** I. *n no pl* Südosten *m* II. *adj* Südost-, südöstlich III. *adv* südostwärts, nach Südosten **south-'east·er·ly** *adj* südöstlich **south-'east·ern** *adj* südöstlich **south-'east·ward(s)** I. *adv* südwärts *präd;* **in a ~ direction** in südöstlicher Richtung II. *adv* südostwärts *präd,* nach Südosten *nach n*
south·er·ly ['sʌðəli] I. *adj* südlich; **in a ~ direction** in südlicher Richtung II. *adv* südlich; *(going south)* südwärts; *(coming from south)* von Süden III. *n* Südwind *m;* NAUT Süd *m kein pl*
south·ern ['sʌðən] *adj* südlich, Süd-; **~ motorway** Autobahn *f* nach Süden
South·ern 'Cross *n* ASTRON Kreuz *nt* des Südens
south·ern·er ['sʌðənəʳ] *n* **to be a ~** aus dem Süden kommen; AM ein Südstaatler *m* sein
south·ern 'hemi·sphere *n* **the ~** die südliche [Erd]halbkugel **South·ern 'Lights** *npl* Südlicht *nt kein pl*

south·ern·most ['sʌðənməʊst] *adj* ■ **the** ~ ... der/die/das südlichste ...
south-'fac·ing *adj* nach Süden gelegen [*o* ausgerichtet] **South Ko·'rea** *n* Südkorea *nt* **South Ko·'rean** I. *adj* südkoreanisch II. *n* Südkoreaner(in) *m(f)*
'south·paw *n* AM SPORTS (*fam*) Linkshänder(in) *m(f)*
South 'Pole *n* Südpol *m*
south·ward(s) ['saʊθwəd(z)] I. *adj* südlich; **in a** ~ **direction** in Richtung Süden II. *adv* südwärts, nach [*o* [in] Richtung] Süden
south-'west I. *n* no pl Südwesten *m* II. *adj* südwestlich, Südwest- III. *adv* südwestwärts, nach Südwesten **south-'west·er·ly** I. *adj* südwestlich, Südwest- II. *adv* südwestlich, nach Südwesten
south-'west·ern *adj* südwestlich
south-'west·ward(s) I. *adj* südwestlich II. *adv* südwestlich, nach Südwesten
sou·ve·nir [ˌsuːvᵊn'ɪəʳ] *n* Andenken *nt* (**of** an)
sou'west·er [ˌsaʊ'westəʳ] *n* (*hat*) Südwester *m*
sov·er·eign ['sɒvᵊrɪn] I. *n* ❶ (*ruler*) Herrscher(in) *m(f)* ❷ (*hist: British coin*) Zwanzigshillingmünze *f* II. *adj attr* ❶ (*chief*) höchste(r, s), oberste(r, s); ~ **power** Hoheitsgewalt *f* ❷ POL (*independent*) *state* souverän ❸ (*good*) ~ **remedy** Allheilmittel *nt*
sov·er·eign·ty ['sɒvᵊrᵊnti] *n no pl* (*supremacy*) höchste Gewalt, Oberhoheit *f*; (*right of self-determination*) Souveränität *f*; **to have** ~ **over sb/sth** oberste Herrschaftsgewalt über jdn/etw besitzen
so·vi·et ['səʊviət] *n* (*hist*) Sowjet *m*
So·vi·et 'Un·ion *n no pl* (*hist*) ■ **the** ~ die Sowjetunion
sow[1] <sowed, sown *or* sowed> [səʊ] I. *vt* ❶ (*plant*) säen; MIL *mines* legen ❷ (*fig: cause*) säen; *terror* hervorrufen; **to** ~ **doubts [in sb's mind]** Zweifel [in jdm] wecken II. *vi* säen
sow[2] [saʊ] *n* (*pig*) Sau *f*
sow·ing ['səʊɪŋ] *n no pl* Aussaat *f*; (*action also*) [Aus]säen *f*
'sow·ing ma·chine *n* Sämaschine *f*
sown [səʊn] *vt, vi pp of* **sow**[1]
sox [sɒks] *npl* (*fam*) Socken *pl*
soya ['sɔɪə], AM **soy** [sɔɪ] *n no pl* Soja *f*
'soya bean *n, esp* AM **'soy bean** *n* Sojabohne *f* **soya 'sauce** *n, esp* AM **soy 'sauce** *n* Sojasoße *f*
soz·zled ['sɒzld] *adj pred* (*fam*) besoffen
spa [spɑː] *n* ❶ (*spring*) Heilquelle *f* ❷ (*place*) [Bade]kurort *m*, Bad *nt* ❸ AM (*health centre*) Heilbad *nt*
space [speɪs] *n* ❶ *no pl* (*expanse*) Raum *m* ❷ (*gap*) Platz *m*; (*between two things*) Zwischenraum *m*; **parking** ~ Parklücke *f* ❸ *no pl* (*vacancy*) Platz *m*, Raum *m* ❹ (*seat*) [Sitz]platz *m* ❺ *no pl* (*country*) Land *m*; (*bigger extent*) Fläche *f*; **wide open** ~ das weite, offene Land ❻ *no pl* (*premises*) Fläche *f*; (*for living*) Wohnraum *m* ❼ *no pl* (*cosmos*) Weltraum *m* ❽ *no pl* (*interim*) Zeitraum *m* ❾ (*blank*) Platz *m*; (*for a photo*) freie Stelle; TYPO (*between words*) Zwischenraum *m*; **blank** ~ Lücke *f* ❿ *no pl* (*fig: freedom*) [Frei]raum *m*, Freiheit *f* ◆ **space out** *vt* ❶ (*position at a distance*) in Abständen verteilen ❷ TYPO (*put blanks*) *page* auseinanderschreiben ❸ AM (*sl: forget*) verpennen *fam* ❹ *usu passive* (*sl*) ■ **to be** ~ **d out** (*in excitement*) geistig weggetreten sein *fam*; (*scatter-brained*) schusselig sein *fam*; (*drugged*) high sein *fam*
'space age *n no pl* ■ **the** ~ das Weltraumzeitalter **'space bar** *n* COMPUT Leertaste *f*
'space cap·sule *n* Weltraumkapsel *f*
'space·craft <*pl* -> *n* Raumfahrzeug *nt*
'space·man *n* [Welt]raumfahrer *m*
'space probe *n* Raumsonde *f*
spac·er ['speɪsəʳ] *n* ❶ TYPO Leerzeichen *nt* ❷ TECH Distanzstück *nt*
'space-sav·ing *adj* Platz sparend; *furniture* Raum sparend
'space·ship *n* Raumschiff *nt* **'space shut·tle** *n* [Welt]raumfähre *f* **'space sta·tion** *n* [Welt]raumstation *f* **'space tour·ism** *n* Weltraumtourismus *m*
spac·ing ['speɪsɪŋ] *n no pl* Abstände *pl*; TYPO **single/double/treble** ~ TYPO einzeiliger/zweizeiliger/dreizeiliger Abstand
spa·cious ['speɪʃəs] *adj* (*approv*) *house, room* geräumig; *area* weitläufig
spa·cious·ly ['speɪʃəsli] *adv* (*approv*) weitläufig
spa·cious·ness ['speɪʃəsnəs] *n no pl* (*approv*) *of house, room* Geräumigkeit *f*; *of area* Weitläufigkeit *f*
spade [speɪd] *n* ❶ (*tool*) Spaten *m* ❷ CARDS Pik *nt*
spade·work ['speɪdwɜːk] *n no pl* Vorarbeit *f*
spa·ghet·ti [spə'ɡeti] *n no pl* FOOD Spaghetti *pl*
spa·ghet·ti 'west·ern *n* (*fam*) Italowestern *m*
Spain [speɪn] *n no pl* Spanien *nt*
Spam® [spæm] *n no pl* Frühstücksfleisch *nt*

spam [spæm] *n no pl* INET (*sl*) Spam *m o f o nt*, Spammail *f*; |**anti-**|**~ filter** Spamfilter *m*

spam·bot ['spæmbɒt] *n* COMPUT, INET Spambot-Programm *nt*

span¹ [spæn] **I.** *n usu sing* ❶ (*period of time*) Spanne *f*; **life ~** Lebensspanne *f*; **attention** ~ Konzentrationsspanne *f*; **life ~** Lebensspanne *f*; **over a ~ of several months** über einen Zeitraum von einigen Monaten ❷ (*distance*) Breite *f*; (*as measurement*) Spanne *f* selten; **wing ~** Flügelspannweite *f* ❸ (*fig: scope*) Umfang *m*, Spannweite *f fig* ❹ ARCHIT (*arch of bridge*) Brückenbogen *m*; (*full extent*) Spannweite *f* **II.** *vt* <-nn-> ❶ (*stretch over*) ■ **to ~ sth** *river* etw überspannen; (*cross*) über etw *akk* führen ❷ (*contain*) *knowledge* umfassen ❸ (*place hands round*) **to ~ sth with one's hands** etw mit den Händen umspannen **III.** *adj* ▶ **spick and ~** blitzblank *fam*

span² [spæn] *vt, vi* BRIT *pt of* **spin**

span·gle ['spæŋgl̩] **I.** *n* Paillette *f* **II.** *vt* mit Pailletten besetzen

span·gled ['spæŋgl̩d] *adj* ❶ (*with spangles*) mit Pailletten besetzt ❷ (*shiny*) glitzernd ❸ (*fig: covered*) ■ **to be ~ with sth** mit etw *dat* übersät sein

Span·iard ['spænjəd] *n* Spanier(in) *m(f)*

span·iel ['spænjəl] *n* Spaniel *m*

Span·ish ['spænɪʃ] **I.** *n* ❶ *no pl* (*language*) Spanisch *nt* ❷ + *pl vb* (*people*) ■ **the ~** die Spanier *pl* **II.** *adj* spanisch

spank [spæŋk] **I.** *vt* (*slap*) ■ **to ~ sb** jdm den Hintern versohlen; (*sexually*) jdm einen Klaps auf den Hintern geben **II.** *n* Klaps *m fam*; **to give sb a ~** jdm den Hintern versohlen; (*sexually*) jdm einen Klaps auf den Hintern geben

spank·ing [spæŋkɪŋ] **I.** *adj* (*fam or approv: fast*) schnell; **at a ~ pace** in einem hohen Tempo **II.** *adv* (*dated fam: very*) **~ new** brandneu **III.** *n* Tracht *f* Prügel

span·ner [spænəʳ] *n* BRIT, AUS Schraubenschlüssel *m*

spar¹ [spɑːʳ] *n* ❶ NAUT Rundholz *nt*, Spiere *f fachspr* ❷ AVIAT Holm *m fachspr*

spar² [spɑːʳ] **I.** *vi* <-rr-> ❶ BOXING sparren *fachspr* ❷ (*argue*) ■ **to ~** [**with sb**] sich |mit jdm| zanken **II.** *n* Sparring *nt kein pl fachspr*

spar³ [spɑːʳ] *n* GEOL Spat *m*

spare [speəʳ] **I.** *vt* ❶ (*not kill*) verschonen ❷ (*go easy on*) schonen ❸ (*avoid*) ersparen; **to ~ sb embarrassment/worry** jdm Peinlichkeiten/Sorgen ersparen ❹ (*not use*) sparen; **to ~ no costs** keine Kosten scheuen ❺ (*do without*) entbehren; **can you ~ one of those apples?** kannst du mir einen dieser Äpfel geben? ❻ (*make free*) **there's no time to ~** es ist keine Zeit übrig ❼ (*give*) **could you ~ me £10?** kannst du mir 10 Pfund leihen?; **to ~ a thought for sb** an jdn denken **II.** *adj* ❶ (*extra*) Ersatz-; ~ [**bed**|**room** Gästezimmer *nt*; **to have some ~ cash** noch etwas Geld übrig haben ❷ (*liter: thin*) hager; (*meagre*) mager ❸ BRIT (*sl: crazy*) **to drive sb ~** jdn wahnsinnig machen *fam* **III.** *n* ❶ (*reserve*) Reserve *f* ❷ (*parts*) ■ **~s** *pl* Ersatzteile *pl*

spare·'ribs *npl* [Schäl]rippchen *pl* **spare 'time** *n no pl* Freizeit *f* **spare 'tyre** *n,* AM **spare 'tire** *n* ❶ AUTO Ersatzreifen *m* ❷ (*fam: fat*) Rettungsring *m*

spar·ing ['speərɪŋ] *adj* (*economical*) sparsam; ■ **to be ~ in sth** mit etw *dat* geizen

spar·ing·ly ['speərɪŋli] *adv* sparsam

spark [spɑːk] **I.** *n* ❶ (*fire, electricity*) Funke[n] *m* ❷ (*fig: trace*) **a ~ of hope** ein Fünkchen *nt* Hoffnung; **a ~ of inspiration** ein Hauch *m* an Inspiration ❸ (*fig: person*) **a bright ~** ein Intelligenzbolzen *m fam* **II.** *vt* ❶ (*ignite, cause*) entfachen *a. fig; interest* wecken; *problems* verursachen ❷ (*provide stimulus*) **to ~ sb into action** jdn zum Handeln bewegen **III.** *vi* Funken sprühen ◆ **spark off** *vt* entfachen *a. fig*

spark·ing plug ['spɑːkɪŋˌplʌg] *n* BRIT (*dated*) Zündkerze *f*

spar·kle ['spɑːkl̩] **I.** *vi* ❶ (*also fig: glitter*) funkeln, glitzern; *fire* sprühen ❷ (*fig: be witty*) sprühen (**with** vor) **II.** *n no pl* ❶ (*also fig: light*) Funkeln *nt*, Glitzern *nt* ❷ (*fig: liveliness*) **sth lacks ~** einer S. *dat* fehlt es an Schwung

spar·kler ['spɑːklə*ʳ*] *n* ❶ (*firework*) Wunderkerze *f* ❷ (*sl: diamond*) Klunker *m fam*

spar·kling ['spɑːklɪŋ] *adj* ❶ (*shining*) glänzend; *eyes* funkelnd, glitzernd ❷ (*fig, approv: lively*) *person* vor Leben sprühend ❸ (*bubbling*) *drink* mit Kohlensäure nach *n*; *lemonade* perlend; *wine, champagne* schäumend, moussierend

spar·kly ['spɑːkli] *adj* ❶ (*glittering*) glänzend, funkelnd ❷ (*vivacious*) quicklebendig, sprühend *fig*

'**spark plug** *n* Zündkerze *f*

'**spar·ring match** *n* ❶ BOXING [Trainings]boxkampf *m* ❷ (*fig: row*) Wortgefecht *nt* '**spar·ring part·ner** *n* ❶ BOXING Sparringpartner(in) *m(f)* ❷ (*fig: arguer*) Kontrahent(in) *m(f)*

spar·row ['spærəʊ] *n* Spatz *m*
spar·row·hawk ['spærəʊhɔːk] *n* ①(*in Europe*) Sperber *m* ②(*in North America*) Falke *m*
sparse [spɑːs] *adj* ①(*scattered, small*) spärlich ②(*meagre*) dünn, dürftig
sparse·ly ['spɑːsli] *adv* ①(*thinly*) spärlich ②(*meagrely*) dürftig
Spar·tan ['spɑːtᵊn] I. *adj life* spartanisch; *meal* frugal *geh* II. *n* Spartaner(in) *m(f)*
spasm ['spæzᵊm] *n* ①MED (*cramp*) Krampf *m* ②(*surge*) Anfall *m*; **a ~ of coughing/pain** krampfartige Hustenanfälle/Schmerzen *pl*
spas·mod·ic [spæz'mɒdɪk] *adj* ①MED krampfartig ②(*fig: occasional*) sporadisch ③(*fig, pej: erratic*) schwankend
spas·tic ['spæstɪk] I. *adj* ①MED (*dated*) spastisch *fachspr* ②(*fig, pej! sl: stupid*) schwach II. *n* ①MED (*dated*) Spastiker(in) *m(f) fachspr* ②(*pej! sl*) Spastiker(in) *m(f)*
spat¹ [spæt] *vt, vi pt, pp of* **spit**
spat² [spæt] I. *n* (*fam*) Krach *m* II. *vi* <-tt-> [sich] streiten [*o* zanken]
spate [speɪt] *n no pl* ①*esp* BRIT (*flood*) **to be in full ~** Hochwasser führen ②(*fig: large number*) ■ **a ~ of sth** eine Flut [*o* Reihe] von etw *dat*
spa·tial ['speɪʃᵊl] *adj* räumlich
spa·tial·ly ['speɪʃᵊli] *adv* räumlich
spat·ter ['spætəʳ] I. *vt* bespritzen; **to ~ sb with water** jdn nass spritzen II. *vi raindrops* prasseln III. *n* (*dirt*) Spritzer *m*; (*sound*) Prasseln *nt kein pl*
spatu·la ['spætjələ] *n* ①ART, FOOD Spachtel *m o f* ②MED (*doctor's instrument*) Spatel *m o f*
spawn [spɔːn] I. *vt* ①(*lay eggs*) *fish, frog* ablegen ②(*fig: produce*) hervorbringen, produzieren ③(*pej: offspring*) erzeugen II. *vi* ①*frog* laichen ②(*fig: grow*) entstehen III. *n* <*pl* -> ①*no pl* (*eggs*) Laich *m* ②(*liter or pej: offspring*) Brut *f*
spay [speɪ] *vt animal* sterilisieren
speak <spoke, spoken> [spiːk] I. *vi* ①(*say words*) sprechen ②(*converse*) sich unterhalten; ■ **to ~ to** [*or esp* AM **with**] **sb** mit jdm reden; **to ~ on the telephone** telefonieren ③(*know language*) sprechen; **she ~s with an American accent** sie spricht mit amerikanischem Akzent ④ + *adv* (*view*) **broadly ~ing** im Allgemeinen; **scientifically ~ing** wissenschaftlich gesehen; **strictly ~ing** genau genommen II. *vt* ①(*say*) sagen; **to not ~ a word** kein Wort herausbringen ②(*language*) sprechen; **to ~ English fluently** fließend Englisch sprechen ③(*represent*) **to ~ one's mind** sagen, was man denkt; **to ~ the truth** die Wahrheit sagen
◆ **speak against** *vi* ■ **to ~ against sth** sich gegen etw *akk* aussprechen ◆ **speak for** *vt* ①(*support*) ■ **to ~ for sb/sth** jdn/etw unterstützen ②(*represent*) ■ **to ~ for sb** in jds Namen sprechen; ■ **to ~ for oneself** für sich selbst sprechen ③(*allocated*) ■ **to be spoken for** [bereits] vergeben sein ▶ **~ for yourself!** (*hum, pej fam*) du vielleicht! ◆ **speak out** *vi* seine Meinung deutlich vertreten; ■ **to ~ out against sth** sich gegen etw *akk* aussprechen; ■ **to ~ out on sth** sich über etw *akk* äußern ◆ **speak up** *vi* ①(*raise voice*) lauter sprechen ②(*support*) seine Meinung sagen; **to ~ up for sb/sth** für jdn/etw eintreten
speak·er ['spiːkəʳ] *n* ①(*orator*) Redner(in) *m(f)* ②*of language* Sprecher(in) *m(f)*; **native ~** Muttersprachler(in) *m(f)* ③(*chair*) ■ **S~** Sprecher(in) *m(f)* ④(*loudspeaker*) Lautsprecher *m*
speak·ing ['spiːkɪŋ] I. *n no pl* (*act*) Sprechen *nt*; (*hold a speech*) Reden *nt* II. *adj attr* (*able to speak*) sprechend ▶ **to be on ~ terms** (*acquainted*) miteinander bekannt sein; **they are no longer on ~ with each other** sie reden nicht mehr miteinander
speak·ing 'clock *n* ①(*device*) sprechende Uhr ②BRIT (*service*) telefonische Zeitansage **'speak·ing part** *n* Sprechrolle *f*
spear [spɪəʳ] I. *n* ①(*weapon*) Speer *m*, Lanze *f* ②BOT (*leaf*) Halm *m*; (*shoot*) Stange *f* II. *vt* aufspießen, durchbohren
'spear·head I. *n* ①(*point of spear*) Speerspitze *f* ②(*fig: leading group or thing*) Spitze *f* II. *vt* (*also fig*) anführen **'spear·mint** *n no pl* grüne Minze
spe·cial ['speʃᵊl] I. *adj* ①(*more*) besondere(r, s); **to be in need of ~ attention** ganz besondere Aufmerksamkeit verlangen; **to pay ~ attention to sth** bei etw *dat* ganz genau aufpassen ②(*unusual*) besondere(r, s); *circumstances* außergewöhnlich; **~ case** Ausnahme *f*; **on ~ occasions** zu besonderen Gelegenheiten ③(*dearest*) beste(r, s); ■ **to be ~ to sb** jdm sehr viel bedeuten ④*attr* (*for particular purpose*) speziell; (*for particular use*) *tyres, equipment* Spezial- ⑤(*extra*) gesondert; **~ rates** besondere Tarife ⑥*attr* SCH Sonder-; **~ education** (*fam*) Sonder[schul]erziehung *f* II. *n* ①*esp* AM, AUS (*meal*) Tagesge-

richt *nt* ❷ *pl esp* AM (*bargains*) ■ ~ **s** Sonderangebote *pl*

'Spe·cial Branch *n no pl usu* BRIT **the** ~ der Sicherheitsdienst **spe·cial de·'liv·ery** *n* ❶ *no pl* (*service*) Eilzustellung *f* ❷ (*letter*) Eilbrief *m* **spe·cial e'di·tion** *n* Sonderausgabe *f* **spe·cial ef·'fect** *n usu pl* Spezialeffekt *m*, Special Effect *m fachspr*

spe·cial·ism ['speʃəlɪzəm] *n* ❶ *no pl* (*studies*) Spezialisierung *f* ❷ (*speciality*) Spezialgebiet *nt*

spe·cial·ist ['speʃəlɪst] **I.** *n* ❶ (*expert*) Fachmann *m/*-frau *f*, Spezialist(in) *m(f)* (**in** für, **on** in) ❷ (*doctor*) Spezialist(in) *m(f)*, Facharzt *m/*-ärztin *f* **II.** *adj attr* *bookshop, knowledge* Fach-

spe·ci·al·ity [,speʃi'æləti] *n esp* BRIT ❶ (*product, quality*) Spezialität *f* ❷ (*feature*) besonderes Merkmal; (*iron or pej*) Spezialität *f iron* ❸ (*skill*) Fachgebiet *nt*

spe·ciali·za·tion [,speʃəlaɪ'zeɪʃən] *n* ❶ *no pl* (*studies*) Spezialisierung *f* (**in** auf) ❷ (*skill*) Spezialgebiet *nt*

spe·cial·ize ['speʃəlaɪz] *vi* sich spezialisieren (**in** auf)

spe·cial·ized ['speʃəlaɪzd] *adj* ❶ (*skilled*) spezialisiert; ~ **knowledge** Fachwissen *f*; ~ **skills** fachliche Fähigkeiten ❷ (*particular*) speziell; ~ **magazine** Fachzeitschrift *f*

spe·cial·ly ['speʃli] *adv* ❶ (*specifically*) speziell, extra; ~ **designed/made** speziell angefertigt/hergestellt ❷ (*particularly*) besonders, insbesondere ❸ (*very*) besonders

spe·cial 'of·fer *n* Sonderangebot *nt*; ■ **on** ~ im Sonderangebot **spe·cial 'plead·ing** *n no pl* ❶ LAW Beibringung *f* neuen Beweismaterials ❷ (*unfair argument*) Berufung *f* auf einen Sonderfall

spe·cial·ty *n* AM, AUS *see* **speciality**

spe·cies <*pl* -> ['spi:ʃi:z] *n* BIOL Art *f*, Spezies *f fachspr*

spe·cif·ic [spə'sɪfɪk] *adj* ❶ (*exact*) genau; **could you be a bit more** ~**?** könntest du dich etwas klarer ausdrücken? ❷ *attr* (*particular*) bestimmt(r, s), speziell; ~ **details** besondere Einzelheiten ❸ (*characteristic*) spezifisch, typisch

spe·cifi·cal·ly [spə'sɪfɪkli] *adv* ❶ (*particularly*) speziell, extra ❷ (*clearly*) ausdrücklich

speci·fi·ca·tion [,spesɪfɪ'keɪʃən] *n* ❶ (*specifying*) Angabe *f* ❷ (*plan*) detaillierter Entwurf; (*for building*) Bauplan *m* ❸ *no pl* (*description*) genaue Angabe; (*for patent*) Patentschrift *f*; (*for machines*) Konstruktionsplan *m* ❹ *no pl* (*function*) detaillierter Entwurf

speci·fy <-ie-> ['spesɪfaɪ] *vt* angeben; (*list in detail*) spezifizieren; (*list expressly*) ausdrücklich angeben

speci·men ['spesəmɪn] *n* ❶ (*example*) Exemplar *nt;* ~ **of earth** Bodenprobe *f* ❷ MED Probe *f* ❸ (*usu pej fam: person*) Exemplar *nt*

spe·cious ['spi:ʃəs] *adj* (*pej form*) *allegation, argument* fadenscheinig

speck [spek] *n* ❶ (*spot*) Fleck *m; of blood, mud* Spritzer *m*, Sprenkel *m* ❷ (*stain*) Fleck *m* ❸ (*particle*) Körnchen *nt;* (*fig*) **not a** ~ **of truth** kein Fünkchen Wahrheit

speck·le ['spekl] *n* Tupfen *m*, Sprenkel *m*

speck·led ['spekld] *adj* gesprenkelt

specs[1] [speks] *npl* (*fam*) *short for* **specifications** technische Daten

specs[2] [speks] *npl esp* BRIT (*fam*) *short for* **spectacles** Brille *f*

spec·ta·cle ['spektəkl] *n* ❶ (*display*) Spektakel *nt* ❷ (*event*) Schauspiel *nt geh*, Spektakel *nt pej;* (*sight*) Anblick *m*

'spec·ta·cle case *n* BRIT Brillenetui *nt*

spec·ta·cled ['spektəkld] *adj esp* BRIT bebrillt

spec·ta·cles ['spektəklz] *npl* BRIT Brille *f*

spec·tacu·lar [spek'tækjələʳ] *adj* ❶ (*wonderful*) *dancer, scenery* atemberaubend, großartig ❷ (*striking*) *increase, failure, success* spektakulär, sensationell

spec·ta·tor [spek'teɪtəʳ] *n* Zuschauer(in) *m(f)* (**at** bei)

spec·ter *n* AM *see* **spectre**

spec·tral ['spektrəl] *adj* (*ghostly*) geisterhaft, gespenstisch

spec·tre ['spektəʳ] *n* ❶ (*liter or old: ghost*) Gespenst *nt* ❷ (*fig liter: threat*) [Schreck]gespenst *nt*

spec·tro·scope ['spektrəskəʊp] *n* PHYS Spektroskop *nt*

spec·trum <*pl* -tra *or* -s> ['spektrəm, *pl* -trə] *pl n* ❶ PHYS (*band of colours*) Spektrum *nt* ❷ (*frequency band*) Palette *f*, Skala *f* ❸ (*fig: range*) Spektrum *nt*

specu·late ['spekjəleɪt] *vi* spekulieren

specu·la·tion [,spekjə'leɪʃən] *n* ❶ (*guess*) Spekulation *f*, Vermutung *f* (**about** über) ❷ (*trade*) Spekulation *f*

specu·la·tive ['spekjələtɪv] *adj* ❶ (*conjectural*) spekulativ *geh* ❷ PHILOS hypothetisch ❷ (*risky*) spekulativ

specu·la·tor ['spekjəleɪtəʳ] *n* Spekulant(in) *m(f)*

specu·lum <*pl* -ula> ['spekjələm, *pl* -jələ] *n* ❶ MED (*instrument*) Spekulum *nt* ❷ (*mirror*) [Metall]spiegel *m*

sped [sped] *pt, pp of* **speed**

speech <pl -es> [spiːtʃ] n ❶ no pl (faculty of speaking) Sprache f; (act of speaking) Sprechen nt; **in everyday ~** in der Alltagssprache ❷ no pl (spoken style) Sprache f, Redestil m ❸ (oration) Rede f; (shorter) Ansprache f (**about/on** über); **acceptance ~** Aufnahmerede f; **freedom of ~** POL Redefreiheit f ❹ of actor Rede f; (longer) Monolog m ❺ no pl LING **direct/indirect ~** direkte/indirekte Rede

'**speech act** n LING Sprechakt m '**speech day** n BRIT Schulfeier f '**speech defect** n Sprachfehler m

speechi·fy <-ie-> ['spiːtʃɪfaɪ] vi (pej or hum) salbadern pej fam; **please talk normally, don't ~!** bitte sprich normal und halte keine langen Reden!

'**speech im·pedi·ment** n Sprachfehler m **speech·less** ['spiːtʃləs] adj ❶ (shocked) sprachlos ❷ (mute) stumm

'**speech rec·og·ni·tion** n no pl COMPUT Spracherkennung f '**speech thera·pist** n Sprachtherapeut(in) m(f), Logopäde m/ Logopädin f '**speech thera·py** n Sprachtherapie f, Logopädie f '**speech writ·er** n Redenschreiber(in) m(f)

speed [spiːd] I. n ❶ (velocity) Geschwindigkeit f, Tempo nt; **~ of light/sound** Licht-/Schallgeschwindigkeit f; **maximum ~** Höchstgeschwindigkeit f; **to gain ~** an Geschwindigkeit gewinnen; vehicle beschleunigen; person schneller werden; **to lower one's ~** seine Geschwindigkeit verringern; vehicle langsamer fahren; person langsamer werden ❷ no pl (high velocity) hohe Geschwindigkeit; **at ~** esp BRIT bei voller Geschwindigkeit; **at lightning ~** schnell wie der Blitz ❸ no pl (quickness) Schnelligkeit f ❹ TECH (operating mode) Drehzahl f; **full ~ ahead/astern!** NAUT volle Kraft voraus/achteraus! ❺ (gear) Gang m ❻ no pl (sl: drug) Speed nt ▶ **to bring sb/sth up to ~** esp BRIT (update) jdn/etw auf den neuesten Stand bringen; (repair) etw wieder zum Laufen bringen II. vi <sped, sped> ❶ (rush) sausen, flitzen; ■ **to ~ along** vorbeisausen ❷ (drive too fast) rasen III. vt <-ed or sped, -ed or sped> ❶ (quicken) beschleunigen ❷ (transport) ■ **to ~ sb somewhere** jdn schnell irgendwohin bringen ◆ **speed up** I. vt beschleunigen; ■ **to ~ up** ⟳ **sb** jdn antreiben II. vi ❶ (accelerate) beschleunigen, schneller werden; person sich beeilen ❷ (improve) sich verbessern, eine Steigerung erzielen

'**speed·boat** n Rennboot nt '**speed bump** n Bodenschwelle f '**speed cop** n (fam) Verkehrsbulle m pej sl '**speed dating** n no pl, no art organisierte Partnersuche, wobei man mit jedem Kandidaten nur wenige Minuten spricht

speedi·ness ['spiːdɪnəs] n no pl Schnelligkeit f; **~ of delivery** Lieferungsgeschwindigkeit f

speed·ing ['spiːdɪŋ] n no pl Geschwindigkeitsüberschreitung f, Rasen nt

'**speed lim·it** n Geschwindigkeitsbegrenzung f, Tempolimit nt

speed·om·eter [spiːˈdɒmɪtəʳ] n Tachometer m o nt, Geschwindigkeitsmesser m '**speed skat·er** n Eisschnellläufer(in) m(f) '**speed skat·ing** n no pl Eisschnelllauf m '**speed trap** n Radarfalle f '**speed·way** n ❶ no pl (sport) Speedwayrennen nt ❷ (racetrack) Speedwaybahn f ❸ AM (highway) Schnellstraße f

speedy ['spiːdi] adj schnell; decision, solution, recovery also rasch; delivery, service prompt

spe·leolo·gist [ˌspiːliˈɒlədʒɪst] n Höhlenforscher(in) m(f)

spe·leol·ogy [ˌspiːliˈɒlədʒi] n no pl Höhlenkunde f

spell[1] [spel] n (state) Zauber m, Bann m geh; (words) Zauberspruch m; **to be under a ~** unter einem Bann stehen; **to cast a ~ on sb** jdn verzaubern; **to be under sb's ~** (fig) von jdm verzaubert sein, in jds Bann stehen

spell[2] [spel] n ❶ (period of time) Weile f; **to go through a bad ~** eine schwierige Zeit durchmachen ❷ (period of weather) **~ of sunny weather** Schönwetterperiode f; **cold/hot ~** Kälte-/Hitzewelle f

spell[3] <spelled or BRIT also spelt, spelled or BRIT also spelt> [spel] I. vt ❶ (using letters) buchstabieren ❷ (signify) bedeuten II. vi (in writing) [richtig] schreiben; (aloud) buchstabieren; **to ~ incorrectly** Rechtschreibfehler machen ◆ **spell out** vt ❶ (using letters) buchstabieren ❷ (explain) klarmachen

spell·bind·ing ['spelbaɪndɪŋ] adj film, performance, speech fesselnd

spell·bound ['spelbaʊnd] adj gebannt, fasziniert; **to be ~ by sth** von etw dat wie verzaubert sein; **to hold sb ~** jdn fesseln '**spell-check·er** n COMPUT Rechtschreibhilfe f

spell·er ['speləʳ] n ❶ (person) **to be a good/weak ~** gut/schlecht in Orthographie sein ❷ AM (spelling book) Rechtschreib[e]buch nt

spell·ing ['spelɪŋ] I. n ❶ no pl (orthography) Rechtschreibung f, Orthographie f ❷ (activity) Buchstabieren nt kein pl II. adj attr Rechtschreib-

spelt [spelt] pp, pt of **spell**

spend [spend] I. vt <spent, spent> ❶ (pay out) **to ~ money** Geld ausgeben (on für) ❷ (pass time) **to ~ time** verbringen; **my sister always ~s ages in the bathroom** meine Schwester braucht immer eine Ewigkeit im Bad; **to ~ time doing sth** Zeit damit verbringen, etw zu tun ❸ (dedicate to) **to ~ one's energy/one's money on sth** seine Energie/sein Geld in etw investieren II. vi <spent, spent> Geld ausgeben III. n BRIT Ausgabe f

spend·ing ['spendɪŋ] n no pl Ausgaben pl (on für)

'**spend·ing cuts** npl FIN Kürzungen pl

'**spend·ing mon·ey** n no pl (as allowance) Taschengeld nt; (for special circumstances) frei verfügbares Geld '**spend·ing pow·er** n no pl ECON Kaufkraft f '**spend·ing spree** n Großeinkauf m

spend·thrift ['spen(d)θrɪft] (pej) I. adj (fam) verschwenderisch II. n (fam) Verschwender(in) m(f)

spent [spent] I. pp, pt of **spend** II. adj ❶ (used up) match, cartridge verbraucht; creativity verbraucht, versiegt ❷ (tired) person ausgelaugt; **to feel ~** sich erschöpft fühlen ❸ (without inspiration) ■ **to be ~** poet, artist, musician keine Ideen mehr haben

sperm <pl - or -s> [spɜːm] n ❶ (male reproductive cell) Samenzelle f ❷ (fam: semen) Sperma nt

'**sperm count** n Spermienzählung f
'**sperm do·nor** n Samenspender m

sper·mi·cide [ˌspɜːmɪˈsaɪd] n Spermizid nt

'**sperm whale** n Pottwal m

spew [spjuː] I. vt ❶ (emit) ausspeien; lava auswerfen, spucken fam; exhaust ausstoßen ❷ (vomit) erbrechen; blood spucken II. vi ❶ (flow out) exhaust, lava, gas austreten; ash, dust herausgeschleudert werden; flames hervorschlagen; water hervorsprudeln ❷ (vomit) erbrechen

sphere [sfɪəʳ] n ❶ (round object) Kugel f; (representing earth) Erdkugel f; (celestial body) Himmelskörper m ❷ (area) Bereich m, Gebiet nt; **social ~** soziales Umfeld

spheri·cal ['sferɪkəl] adj kugelförmig

sphinx <pl - or -es> [sfɪŋks] n Sphinx f

spice [spaɪs] I. n ❶ (aromatic) Gewürz nt ❷ no pl (fig: excitement) Pep m II. vt ❶ (flavour) würzen (**with** mit) ❷ (fig: add excitement to) aufpeppen fam

spici·ness ['spaɪsɪnəs] n no pl ❶ (spicy quality) Würzigkeit f; (hotness) Schärfe f ❷ (fig: sensationalism) Pikanterie f

spick and 'span adj (fam) house, kitchen blitzsauber

spicy ['spaɪsi] adj ❶ food würzig; (hot) scharf ❷ (fig: sensational) tale, story pikant

spi·der ['spaɪdəʳ] n Spinne f

'**spi·der's web**, '**spi·der·web** n Spinnennetz nt

spi·dery ['spaɪdəri] adj (like a spider) writing krakelig; drawing, design fein, spinnwebartig; arms, legs spinnenhaft

spiel [ʃpiːl] n (pej fam) Leier f; **marketing/sales ~** Marketing-/Verkaufsmasche f

spig·ot ['spɪgət] n ❶ (stopper) Zapfen m ❷ AM (faucet) Wasserhahn m

spike [spaɪk] I. n ❶ (nail) Nagel m; of a rail Spitze f; of a plant, animal Stachel m ❷ (on shoes) Spike m ❸ (running shoes) ■ **~s** pl Spikes pl ❹ AM (stiletto heels) ■ **~s** pl Pfennigabsätze pl, Bleistiftabsätze pl ÖSTERR II. vt ❶ (with pointy object) aufspießen ❷ JOURN (fam: reject) article, story ablehnen; (stop) plan, project einstellen ❸ (fam: secretly add alcohol) **to ~ sb's drink** einen Schuss Alkohol in jds Getränk geben

spiky ['spaɪki] adj ❶ (with spikes) railing, wall, fence mit Metallspitzen nach n; branch, plant dornig; animal, bush stachelig ❷ (pointy) grass, leaf spitz; handwriting steil; **~ hair** Igelfrisur f ❸ (fig: irritable) person kratzbürstig fam

spill [spɪl] I. n (spilled liquid) Verschüttete(s) nt; (pool) Lache f; (stain) Fleck m; **oil ~** Ölteppich m II. vt <spilt or AM, AUS usu spilled, spilt or AM, AUS usu spilled> ❶ (tip over) verschütten ❷ (scatter) verstreuen ❸ (fam: reveal) ausplaudern ▸ **to ~ the beans** (esp hum fam) auspacken III. vi ❶ (flow out) liquid überlaufen; flour, sugar verschüttet werden ❷ (fig: spread) crowd strömen; conflict, violence sich ausbreiten ❸ (fam: reveal secret) auspacken

◆ **spill over** vi ❶ (overflow) überlaufen ❷ (spread to) ■ **to ~ over into sth** conflict, violence sich auf etw akk ausdehnen

spill·age ['spɪlɪdʒ] n ❶ no pl (action) Verschütten nt; of a liquid Vergießen nt; **chemical ~** Austreten nt von Chemikalien ❷ (amount spilled) verschüttete Menge

spilt [spɪlt] I. pp, pt of **spill** II. adj ▸ **don't cry over ~ milk** (saying) was passiert ist, ist passiert

spin [spɪn] **I.** *n* ❶ (*rotation*) Drehung *f*; **to send a car into a ~** ein Auto zum Schleudern bringen ❷ (*in washing machine*) Schleudern *nt kein pl* ❸ (*sharp decrease*) Absturz *m*; **to go into a ~** abstürzen ❹ *no pl* (*fam: positive slant*) **to put a ~ on sth** etw ins rechte Licht rücken ❺ (*drive*) Spritztour *f fam* ❻ *no pl* (*fam: nonsense*) Erfindung *f* **II.** *vi* <-nn-, spun *or* BRIT *also* span, spun> ❶ (*rotate*) earth, wheel rotieren; *washing machine* schleudern; **to ~ out of control** außer Kontrolle geraten ❷ (*fig: be dizzy*) **my head is ~ning** mir dreht sich alles *fam* ❸ (*fam: drive*) ▪ **to ~ along** dahinsausen ❹ (*make thread*) spinnen **III.** *vt* <-nn-, spun *or* BRIT *also* span, spun> ❶ (*rotate*) drehen; *clothes* schleudern; *coin* werfen; *records* spielen ❷ (*give positive slant*) ins rechte Licht rücken ❸ (*make thread of*) spinnen ◆ **spin out I.** *vi* AM **to ~ out of control** car außer Kontrolle geraten **II.** *vt* (*prolong*) ▪ **to ~ out ⟳ sth** etw ausdehnen

spi·na bi·fi·da [ˌspaɪnəˈbɪfɪdə] *n no pl* MED Spina bifida *f*

spin·ach [ˈspɪnɪtʃ] *n no pl* Spinat *m*

spi·nal [ˈspaɪnəl] **I.** *adj* muscle, vertebra Rücken-; *injury* Rückgrat-, spinale(r, s) *fachspr*; *nerve, anaesthesia* Rückenmark[s]- **II.** *n* AM Spinalnarkose *f*

'**spi·nal col·umn** *n* Wirbelsäule *f* '**spi·nal cord** *n* Rückenmark *nt*

spin·dle [ˈspɪndl] *n* Spindel *f*

spin·dly [ˈspɪndli] *adj* legs, stem spindeldürr

'**spin doc·tor I.** *n* ≈ Pressesprecher(in) *m(f)*; POL *also* Spin-Doctor *m* **II.** *vt* (*fam*) ▪ **to ~ sth** das Image einer S. *gen* aufpolieren *fig* **spin·'dry** *vt clothes* schleudern **spin·'dry·er** *n* Wäscheschleuder *f*

spine [spaɪn] *n* ❶ (*spinal column*) Wirbelsäule *f*; **to send tingles up sb's ~** jdm wohlige Schauer über den Rücken jagen ❷ (*spike*) *of a plant, fish, hedgehog* Stachel *m* ❸ *of a book* [Buch]rücken *m* ❹ *no pl* (*fig: strength of character*) Rückgrat *nt*

spine-chil·ling [-ˌtʃɪlɪŋ] *adj film, tale* gruselig, Schauer- **spine·less** [ˈspaɪnləs] *adj* ❶ (*without backbone*) wirbellos; (*without spines*) *plant, fish* ohne Stacheln nach *n* ❷ (*fig, pej: weak*) *person* rückgratlos; **to be a ~ jellyfish** AM (*esp hum*) ein Mensch ohne Rückgrat sein

spin·ner¹ [ˈspɪnə'] *n* ❶ (*for thread*) Spinner(in) *m(f)* ❷ (*spin-dryer*) Wäscheschleuder *f* ❸ (*in cricket*) Werfer, der den Bällen einen Drall gibt ❹ (*fish bait*) Spinnköder *m*

spin·ney [ˈspɪni] *n* BRIT Dickicht *nt*

spin·ning [ˈspɪnɪŋ] *n no pl* Spinnen *nt*; SPORTS Spinning *nt*

'**spin·ning top** *n* Kreisel *m* '**spin·ning wheel** *n* Spinnrad *nt*

'**spin-off I.** *n* ❶ (*by-product*) Nebenprodukt *nt* ❷ MEDIA, PUBL (*derived show*) Ableger *m*, Nebenprodukt *nt* ❸ ECON Firmenableger *m* **II.** *adj attr* ~ **effect** Folgewirkung *f*

spin·ster [ˈspɪn(t)stə'] *n* (*usu pej*) alte Jungfer *veraltet*

spiny [ˈspaɪni] *adj* ❶ BIOL stach[e]lig, Stachel-; *plant also* dornig ❷ (*fig: difficult*) heikel

spiny 'lob·ster *n* Gemeine Languste

spi·ral [ˈspaɪər³l] **I.** *n* Spirale *f* **II.** *adj attr* spiralförmig **III.** *vi* <-BRIT -ll- *or* AM *usu* -l-> ❶ (*move up*) sich hochwinden; *smoke, hawk* spiralförmig aufsteigen; (*move down*) *smoke, hawk* spiralförmig absteigen ❷ (*fig: increase*) ansteigen

spire [spaɪə'] *n* Turmspitze *f*

spir·it [ˈspɪrɪt] *n* ❶ (*sb's soul*) Geist *m* ❷ (*ghost*) Geist *m*, Gespenst *nt* ❸ (*the Holy Spirit*) ▪ **the S~** der Heilige Geist ❹ *no pl* (*mood*) Stimmung *f*; **team ~** Teamgeist *m* ❺ (*mood*) **to lift sb's ~s** jds Stimmung heben ❻ (*person*) Seele *f* ❼ *no pl* (*character*) Seele *f*; **to have a broken ~** seelisch gebrochen sein; **to be young in ~** geistig jung geblieben sein ❽ *no pl* (*vitality*) Temperament *nt*; *of a horse* Feuer *nt*; **with ~** voller Enthusiasmus; *horse* feurig ❾ (*whisky, rum, etc.*) ▪ ~**s** *pl* Spirituosen *pl* ❿ (*alcoholic solution*) Spiritus *m*

spir·it·ed [ˈspɪrɪtɪd] *adj* (*approv*) temperamentvoll; *discussion* lebhaft; *horse* feurig; *person* beherzt; *reply* mutig

spir·it·less [ˈspɪrɪtləs] *adj* (*pej*) schwunglos; *person, performance, book* saft- und kraftlos; *answer, defence, reply* lustlos

'**spir·it lev·el** *n* Wasserwaage *f*

spir·itu·al [ˈspɪrɪtʃuəl] **I.** *adj* ❶ (*relating to the spirit*) geistig, spirituell ❷ REL *leader* religiös **II.** *n* MUS Spiritual *nt*

spir·itu·al·ism [ˈspɪrɪtʃuəlɪzəm] *n no pl* ❶ (*communication with dead*) Spiritismus *m* ❷ PHILOS Spiritualismus *m*

spir·itu·al·is·tic [ˌspɪrɪtʃuəlˈɪstɪk] *adj* ❶ (*supernatural*) spiritistisch ❷ PHILOS spiritualistisch

spir·itu·al·ly [ˈspɪrɪtʃuəli] *adv* geistig

spit¹ [spɪt] *n* ❶ (*rod for roasting*) Bratspieß *m* ❷ (*beach*) Sandbank *f*

spit² [spɪt] **I.** *n* (*fam*) Spucke *f* **II.** *vi* <-tt-, spat *or* spit, spat *or* spit> ❶ (*expel saliva*) spucken; ▪to ~ at sb jdn anspucken ❷ (*fig: be angry*) ▪to ~ with anger/frustration/fury vor Ärger/Enttäuschung/Wut schäumen ❸ *impers* (*fam: raining*) it is ~ting [with rain] es tröpfelt ❹ (*crackle*) *bacon, fat* brutzeln; *fire* zischen; (*hiss*) *cat* fauchen III. *vt* <-tt-, spat *or* spit, spat *or* spit> (*out of mouth*) ausspucken ♦ **spit out** *vt* ❶ (*from mouth*) ausspucken ❷ (*fig: say angrily*) fauchen, pfauchen ÖSTERR, SÜDD; **come on, ~ it out!** (*fam*) jetzt spuck's schon aus!

spite [spaɪt] I. *n no pl* ❶ (*desire to hurt*) Bosheit *f* ❷ (*despite*) ▪**in ~ of sth** trotz einer S. *gen* II. *vt* ärgern

spite·ful ['spaɪtfəl] *adj* gehässig
spite·ful·ly ['spaɪtfəli] *adv* gehässig
spit·ting 'im·age *n* Ebenbild *nt*
spit·tle ['spɪtl] *n no pl* Spucke *f fam*
spit·toon [spɪ'tuːn] *n* Spucknapf *m*

splash [splæʃ] I. *n* <*pl* -es> ❶ (*sound*) Platschen *nt kein pl* ❷ (*water*) Spritzer *m* ❸ (*small amount*) *of sauce, dressing, gravy* Klecks *m fam*; *of water, lemonade, juice* Spritzer *m* II. *vt* ❶ (*scatter liquid*) verspritzen; **~ a little paint on that wall** klatsch etwas Farbe auf die Wand *fam* ❷ (*spray*) bespritzen ❸ (*fig: print prominently*) **her picture was ~ed all over the newspapers** ihr Bild erschien groß in allen Zeitungen III. *vi* ❶ (*hit ground*) *rain, waves* klatschen; *tears* tropfen ❷ (*play in water*) ▪to ~ [about] [herum]planschen ❸ (*spill*) spritzen ♦ **splash down** *vi* AEROSP wassern ♦ **splash out** *vi* BRIT, AUS (*fam*) ▪to ~ **out on sth** Geld für etw *akk* hinauswerfen

'**splash·board** *n* ❶ (*on vehicle, in kitchen*) Spritzschutz *m* ❷ (*on boat*) Wellenbrecher *m* '**splash·down** *n* AEROSP Wasserung *f*

splat [splæt] (*fam*) I. *n no pl* Klatschen *nt*, Platschen *nt* II. *vt* klatsch, platsch III. *vt* <-tt-> *bug, fly* totklatschen *fam*

splat·ter ['splætə^r] I. *vt* bespritzen; **her photograph was ~ed across the front pages of newspapers** (*fig*) ihr Bild prangte groß auf allen Titelseiten II. *vi* spritzen

splay [spleɪ] I. *vt one's fingers, legs* spreizen II. *vi* ▪to ~ **out** *legs, fingers* weggestreckt sein; *river, pipe* sich weiten III. *n* (*in road*) Abschrägung *f*, Neigung *f*; (*in window opening*) Ausschrägung *f*

spleen [spliːn] *n* ❶ ANAT Milz *f* ❷ *no pl esp* BRIT, AUS (*fig: anger*) Wut *f*; **to vent one's ~ on sb** seine Wut an jdm auslassen

splen·did ['splendɪd] *adj* großartig *a. iron*
splen·did·ly ['splendɪdli] *adv* großartig; (*magnificently*) herrlich; **the dinner went off ~** das Abendessen ging großartig über die Bühne

splen·dif·er·ous [splen'dɪfərəs] *adj* (*hum fam*) prächtig

splen·dour ['splendə^r] *n*, AM **splen·dor** *n* ❶ *no pl* (*beauty*) Pracht *f* ❷ (*beautiful things*) ▪**~s** *pl* Herrlichkeiten *pl*

splice [splaɪs] I. *vt* ❶ (*unite*) DNA, wires verbinden; *rope* spleißen; ▪**to ~ sth ⟳ together** etw zusammenfügen ❷ (*fig fam*) **to get ~d** heiraten II. *n* Verbindung *f*; *of ropes* Spleiß *m*

spliff [splɪf] *n* (*sl*) Trompete *f fam*, Tüte *f fam*; **to cane the ~** kiffen *fam*, sich *dat* eine Trompete [*o* Tüte] reinziehen *fam*

splint [splɪnt] *n* ❶ MED Schiene *f* ❷ (*for lighting fire*) Splintkohle *f* ❸ (*for basket weaving*) Span *m*

splin·ter ['splɪntə^r] I. *n* Splitter *m*; **~ [of wood]** Holzsplitter *m*, Schiefer *m* ÖSTERR II. *vi* splittern; **the conservatives have ~ed into several smaller political parties** (*fig*) die Konservativen sind in mehrere kleinere Parteien zersplittert

'**splin·ter group**, '**splin·ter par·ty** *n* POL Splittergruppe *f*

split [splɪt] I. *n* ❶ (*crack*) Riss *m* (**in** in); (*in wall, cement, wood*) Spalt *m* ❷ (*division in opinion*) Kluft *f*; POL Spaltung *f* ❸ (*marital separation*) Trennung *f* ❹ (*share*) Anteil *m*; **a two/three/four-way ~** eine Aufteilung in zwei/drei/vier Teile ❺ (*with legs*) **to do the ~s** [einen] Spagat machen II. *vt* <-tt-, split, split> ❶ (*divide*) teilen; **to ~ sth in half** etw halbieren; **to ~ sth down the middle** etw in der Mitte [durch]teilen ❷ (*fig: create division*) *group, party* spalten; ▪**to be ~ over sth** in etw *dat* gespalten sein ❸ (*rip, crack*) *seam* aufplatzen lassen; **to ~ one's head open** sich *dat* den Kopf aufschlagen III. *vi* <-tt-, split, split> ❶ (*divide*) *wood, stone* [entzwei]brechen; *seam, cloth* aufplatzen; *hair* splissen; **to ~ into groups** sich aufteilen; **to ~ open** aufplatzen, aufbrechen ❷ (*become splinter group*) ▪**to ~ from sth** sich von etw *dat* abspalten ❸ (*end relationship*) sich trennen ♦ **split off** I. *vt* (*break off*) abbrechen; (*with axe*) abschlagen; (*separate*) abtrennen II. *vi* ❶ (*become detached*) *rock, brick* sich lösen ❷ (*leave*) ▪**to ~ off from sth** *party, group, faction* sich von etw *dat* abspalten ♦ **split up** I. *vt* ❶ (*share*) *money, work* aufteilen ❷ (*sep-*

arate) a group, team teilen **II.** *vi* ❶ *(divide up)* sich teilen; **to ~ up into groups** sich in Gruppen aufteilen ❷ *(end relationship)* sich trennen; ■ **to ~ up with sb** sich von jdm trennen

split in·'fin·i·tive *n* LING gespaltener Infinitiv **'split-lev·el I.** *adj* mit Zwischengeschossen *nach n* **II.** *n* Haus *nt* mit Zwischengeschossen **split 'pea** *n* Schälerbse *f* **split per·son·'al·ity** *n* gespaltene Persönlichkeit **split 'screen** *n* geteilter Bildschirm

split·ting ['splɪtɪŋ] *n no pl* FIN Splitting *nt* **split·ting 'head·ache** *n* (*fam*) rasende Kopfschmerzen *pl*

'split-up *n* Trennung *f*

splodge [splɒdʒ] **I.** *n esp* BRIT (*fam*) *of paint, colour* Klecks *m; of ketchup, blood, grease, mud* Fleck *m* **II.** *vt esp* BRIT (*fam*) bespritzen

splotch [splɒtʃ] *esp* AM, AUS **I.** *n* (*fam*) ❶ (*mark*) *of paint, colour* Klecks *m; of ketchup, blood,* Fleck *m; (daub) of whipped cream* Klacks *m,* Klecks *m* ❷ (*rash*) Fleck *m* **II.** *vt* (*fam*) bespritzen

splurge [splɜːdʒ] (*fam*) **I.** *vt* **to ~ money/ one's savings/$100 on sth** Geld/sein Gespartes/$100 für etw *akk* verprassen **II.** *vi* prassen *fam;* ■ **to ~ on sth** viel Geld für etw *akk* ausgeben **III.** *n* Prasserei *f fam;* **to go on a ~** groß einkaufen gehen

splut·ter ['splʌtə^r] **I.** *vi* ❶ (*make noises*) stottern ❷ (*spit*) spucken ❸ (*backfire*) *car, lorry* stottern; (*make crackling noise*) *fire* zischen **II.** *vt* ❶ (*say*) **to ~ an excuse** eine Entschuldigung hervorstoßen; **"well I never!" she ~ed** „na so was!" platzte sie los ❷ (*spit out*) *water* ausspucken **III.** *n of a person* Prusten *nt kein pl; of a car* Stottern *nt kein pl; of fire* Zischen *nt kein pl*

spoil [spɔɪl] **I.** *n* ❶ *no pl* (*debris*) Schutt *m* ❷ (*profits*) ■ **~s** *pl* Beute *f kein pl* ❸ AM POL (*advantages*) ■ **~s** *pl* Vorteile *pl* **II.** *vt* <spoiled *or* BRIT *usu* spoilt, spoiled *or* BRIT *usu* spoilt> ❶ (*ruin*) verderben; **to ~ sb's chances for sth** jds Chancen für etw *akk* ruinieren; **to ~ the coastline** die Küste verschandeln *fam* ❷ (*treat well*) verwöhnen; **to ~ a child** (*pej*) ein Kind verziehen; **to be spoilt for choice** eine große Auswahl haben **III.** *vi* <spoiled *or* BRIT *usu* spoilt, spoiled *or* BRIT *usu* spoilt> *food* schlecht werden, verderben; *milk* sauer werden

spoil·er ['spɔɪlə^r] *n of aeroplane* Unterbrecherklappe *f; of car* Spoiler *m*

'spoil·sport ['spɔɪlspɔːt] *n* (*pej fam*) Spielverderber(in) *m(f)*

spoilt [spɔɪlt] **I.** *vt, vi esp* BRIT *pp, pt of* **spoil II.** *adj appetite* verdorben; *view, coastline* verschandelt *fam; meat, milk* verdorben; *child* verwöhnt; (*pej*) verzogen

spoke[1] [spəʊk] *n* Speiche *f* ▸ **to put a ~ in sb's wheel** BRIT jdm einen Knüppel zwischen die Beine werfen

spoke[2] [spəʊk] *pt of* **speak**

spok·en [ˈspəʊkən] **I.** *pp of* **speak II.** *adj* ❶ *attr* (*not written*) gesprochen ❷ *pred* (*sold*) ■ **to be ~ for** verkauft sein ❸ *pred* (*involved in relationship*) ■ **to be ~ for** *person* vergeben sein *hum*

spokes·man ['spəʊks-] *n* Sprecher *m* **'spokes·per·son** <*pl* -people> *n* Sprecher(in) *m(f)*

'spokes·wom·an *n* Sprecherin *f*

sponge [spʌndʒ] **I.** *n* ❶ (*foam cloth*) Schwamm *m* ❷ (*soft cake*) Rührkuchen *m;* (*without fat*) Biskuit[kuchen] *m* ❸ (*fam: parasitic person*) Schnorrer(in) *m(f)* **II.** *vt* ❶ (*clean*) [mit einem Schwamm] abwischen ❷ (*get for free*) **to ~ cigarettes/ lunch/money off of sb** von jdm Zigaretten/ein Mittagessen/Geld schnorren ◆ **sponge down, sponge off** *vt* ■ **to ~ down** ⌕ **sth** etw schnell [mit einem Schwamm] abwaschen; ■ **to ~ down** ⌕ **sb** jdn schnell [mit einem Schwamm] waschen

'sponge bag *n* BRIT, AUS Waschbeutel *m* **'sponge bath** *n* AM **to give oneself/sb a ~** sich/jdn mit einem Schwamm waschen **'sponge cake** *n* Biskuitkuchen *m*

spong·er ['spʌndʒə^r] *n* (*pej*) Schmarotzer(in) *m(f)*

spon·gy ['spʌndʒi] *adj* schwammig; *grass, moss* weich, nachgiebig; *pudding* locker **spon·sor** ['spɒn(t)sə^r] **I.** *vt* ❶ (*support*) *person* sponsern; *government* unterstützen ❷ POL (*host*) **to ~ negotiations/talks** die Schirmherrschaft über Verhandlungen/ Gespräche haben **II.** *n* ❶ (*supporter*) Sponsor(in) *m(f); of a charity* Förderer *m*/Förderin *f; of a match, event* Sponsor(in) *m(f); of a bill* Befürworter(in) *m(f)* ❷ (*host*) Schirmherr(in) *m(f)* ❸ REL Pate *m*/Patin *f*

spon·sor·ship ['spɒn(t)səʃɪp] *n no pl* (*by corporation, people*) Unterstützung *f;* (*at fund-raiser*) Förderung *f;* POL *of a match, event* Sponsern *nt; of a bill* Befürwortung *f; of negotiations* Schirmherrschaft *f;* **to get ~** gefördert werden

spon·ta·neity [ˌspɒntə'neɪəti] *n no pl* (*approv*) Spontaneität *f*

spon·ta·neous [spɒnˈteɪnɪəs] *adj* ❶ *(unplanned)* spontan ❷ *(approv: unrestrained)* impulsiv ❸ MED Spontan-

spoof [spuːf] I. *n* ❶ *(satire)* Parodie *f* ❷ *(trick)* Scherz *m* II. *vt* ❶ *(do satire of)* parodieren ❷ *(fam: imitate mockingly)* nachäffen ❸ AM *(fam: trick)* ■ **to ~ sb** jdn auf die Schippe nehmen

spook [spuːk] I. *n* ❶ *(fam: ghost)* Gespenst *nt* ❷ AM *(spy)* Spion(in) *m(f)* II. *vt esp* AM *(scare)* erschrecken; *(make uneasy)* beunruhigen

spooki·ness [ˈspuːkɪnəs] *n (fam)* gespenstische [*o* unheimliche] Stimmung

spooky [ˈspuːki] *adj (fam: scary)* schaurig; *house, woods, person* unheimlich; *story, film, novel* gespenstisch; *feeling* eigenartig; *(weird)* sonderbar, eigenartig

spool [spuːl] I. *n* Rolle *f* II. *vt* ❶ *(wind) cassette, thread* aufspulen ❷ COMPUT *file* spulen

spoon [spuːn] I. *n* ❶ *(for eating)* Löffel *m* ❷ *(spoonful)* Löffel *m* II. *vt* ❶ *(with a spoon)* löffeln ❷ SPORTS **to ~ the ball** den Ball schlenzen

'spoon-feed <-fed, -fed> [ˈspuːnfiːd] *vt* ■ **to ~ sb** ❶ *(feed with spoon)* jdn mit einem Löffel füttern ❷ *(supply)* jdm alles vorgeben

spoon·ful <*pl* -s *or* spoonsful> [ˈspuːnfʊl] *n* Löffel *m*

spo·rad·ic [spəˈrædɪk] *adj* sporadisch

spore [spɔːʳ] *n* BIOL Spore *f*

spor·ran [ˈspɒrən] *n* SCOT Felltasche *f (die über dem Schottenrock getragen wird)*

sport [spɔːt] I. *n* ❶ *(game)* Sport *m; (type of)* Sportart *f;* **indoor ~** Hallensport *m;* **outdoor ~** Sport *m* im Freien ❷ *no pl* BRIT, AUS ■ AM **~s** *pl (athletic activity)* Sport *m;* **to be good/bad at ~** sportlich/unsportlich sein; **to play ~** Sport treiben ❸ *(fam: co-operative person)* **to be a bad ~** ein Spielverderber/eine Spielverderberin sein ❹ AUS *(form of address)* **hello ~** na, Sportsfreund *fam* II. *vt (esp hum)* ■ **to ~ sth** *(wear)* etw tragen; **to ~ a black eye/a huge moustache** mit einem blauen Auge/einem riesigen Schnurrbart herumlaufen *fam*

sport·ing [ˈspɔːtɪŋ] *adj* SPORTS ❶ *attr (involving sports)* Sport- ❷ *(approv dated: fair)* fair; *(nice)* anständig

'sports car *n* Sportwagen *m* **'sports·cast** *n esp* AM Sportübertragung *f* **sports·cast·er** *n esp* AM Sportreporter(in) *m(f)* **'sports day** *n* BRIT SCH Sportfest *nt* **sports field, 'sports ground** *n*

Sportplatz *m* **'sports jack·et** *n* Sportsakko *nt* **'sports·man** *n* Sportler *m* **'sports·man·like** *adj* fair **'sports·man·ship** *n no pl* Fairness *f* **'sports page** *n* Sportseite *f* **'sports·wear** *n no pl* Sportkleidung *f* **'sports·wom·an** *n* Sportlerin *f* **'sports writ·er** *n* Sportjournalist(in) *m(f)*

sporty [ˈspɔːti] *adj* ❶ *(athletic)* sportlich ❷ *(fast) car* schnell

spot [spɒt] I. *n* ❶ *(mark)* Fleck *m* ❷ *(dot)* Punkt *m;* *(pattern)* Tupfen *m* ❸ BRIT *(pimple)* Pickel *m;* *(pustule)* Pustel *f* ❹ *esp* BRIT *(little bit)* ein wenig [*o* bisschen]; **shall we stop for a ~ of lunch?** sollen wir schnell eine Kleinigkeit zu Mittag essen? ❺ *(place)* Stelle *f;* **on the ~** an Ort und Stelle ❻ TV, RADIO Beitrag *m* ▸ **to put sb on the ~** jdn in Verlegenheit bringen II. *vt* <-tt-> entdecken; *(notice)* ■ **to ~ that ...** bemerken, dass ...

spot 'cash *n no pl* FIN, COMM Sofortliquidität *f* **spot 'check** *n* Stichprobe *f*

spot·less [ˈspɒtləs] *adj* ❶ *(clean)* makellos ❷ *(unblemished)* untadelig, makellos, tadellos

'spot·light I. *n* Scheinwerfer *m;* **to be in the ~** *(fig)* im Rampenlicht stehen II. *vt* <-lighted *or* -lit, -lighted *or* -lit> ■ **to ~ sth** etw beleuchten; *(fig)* auf etw *akk* aufmerksam machen **'spot mar·ket** *n* FIN Lokomarkt *m fachspr* **spot-'on** *adj pred* BRIT, AUS *(fam)* ❶ *(exact)* haargenau; *(correct)* goldrichtig ❷ *(on target)* punktgenau **'spot price** *n* FIN Lokopreis *m fachspr*

spot·ted [ˈspɒtɪd] *adj* ❶ *(pattern)* getupft, gepunktet ❷ *pred (covered)* ■ **to be ~ with sth** mit etw *dat* gesprenkelt sein

spot·ty [ˈspɒti] *adj* ❶ BRIT, AUS *(pimply)* pickelig ❷ AM, AUS *(patchy)* bescheiden *iron*

spouse [spaʊs] *n (form)* [Ehe]gatte *m/* -gattin *f*

spout [spaʊt] I. *n* ❶ *(opening)* Ausguss *m;* *of a teapot, jug* Schnabel *m* ❷ *(discharge)* Strahl *m* ▸ **to be up the ~** BRIT, AUS *(sl: spoiled)* im Eimer sein II. *vt* ❶ *(pej: hold forth)* faseln *fam;* **to ~ facts and figures** mit Fakten und Zahlen um sich *akk* werfen *fam* ❷ *(discharge)* speien III. *vi* ❶ *(pej: hold forth)* Reden schwingen *fam* ❷ *(gush)* hervorschießen

sprain [spreɪn] I. *vt* ■ **to ~ sth** sich *dat* etw verstauchen; **to ~ one's ankle** sich *dat* den Knöchel verstauchen II. *n* Verstauchung *f*

sprang [spræŋ] *vi, vt pt of* **spring**

sprat [spræt] *n* Sprotte *f*

sprawl [sprɔːl] I. n ❶ no pl (slouch) **to lie in a ~** ausgestreckt daliegen ❷ usu sing (expanse) Ausdehnung f; **urban ~** (town) riesiges Stadtgebiet; (area) Ballungsraum m II. vi ❶ (slouch) ■ **to ~ on sth** auf etw dat herumlümmeln pej fam ❷ (expand) sich ausbreiten

sprawl·ing ['sprɔːlɪŋ] adj (pej) ❶ (expansive) ausgedehnt ❷ (irregular) unregelmäßig

spray¹ [spreɪ] I. n ❶ no pl (mist, droplets) Sprühnebel m; of fuel, perfume Wolke f; of water Gischt m o f ❷ (spurt) of perfume Spritzer m; **~ of bullets** (fig) Kugelhagel m ❸ (aerosol) Spray m o nt ❹ (sprinkler) Sprühvorrichtung f; (for irrigation) Bewässerungsanlage f II. vt ❶ (cover) besprühen; plants spritzen; **the car was ~ed with bullets** (fig) das Auto wurde von Kugeln durchsiebt ❷ (disperse in a mist) sprühen; (in a spurt) spritzen ❸ (draw, write) ■ **to ~ sth on sth** etw mit etw dat besprühen ❹ (shoot all around) **to ~ sb with bullets** jdn mit Kugeln durchsieben III. vi spritzen

spray² [spreɪ] n ❶ (branch) Zweig m ❷ (bouquet) Strauß m

'spray gun n Spritzpistole f

spread [spred] I. n ❶ (act of spreading) Verbreitung f ❷ (range) Vielfalt f ❸ JOURN Doppelseite f ❹ (soft food to spread) Aufstrich m ❺ AM (ranch) Ranch f; (farm) Farm f ❻ BRIT, AUS (dated fam: meal) Mahl nt II. vi <spread, spread> ❶ (extend over larger area) fire sich ausbreiten; news, panic sich verbreiten; **to ~ like wildfire** sich wie ein Lauffeuer verbreiten ❷ (stretch) sich erstrecken ❸ FOOD sich streichen lassen III. vt <spread, spread> ❶ (open, extend) arms, papers, wings ausbreiten; net auslegen ❷ (cover with spread) **to ~ toast with jam** Toast mit Marmelade bestreichen ❸ (distribute) sand verteilen; fertilizer streuen; disease übertragen; panic verbreiten ❹ (make known) rumour verbreiten; **to ~ the word** es allen mitteilen

spread-eagled [-ˈiːɡld] adj ausgestreckt

'spread·sheet n Tabellenkalkulation f

spree [spriː] n Gelage nt; **killing ~** Gemetzel nt; **shopping ~** Einkaufstour f

sprig [sprɪɡ] n Zweig nt

spright·ly ['spraɪtli] adj munter; old person rüstig

spring [sprɪŋ] I. n ❶ (season) Frühling m; **in the ~** im Frühling ❷ TECH (part in machine) Feder f ❸ (elasticity) Sprungkraft f, Elastizität f; **to have a ~ in one's step** beschwingt gehen ❹ (source of water) Quelle f II. vi <sprang or AM sprung, sprung> ❶ (move quickly) springen; **to ~ into action** den Betrieb aufnehmen; **to ~ open** aufspringen; **to ~ shut** zufallen ❷ (suddenly appear) auftauchen; **to ~ to mind** in den Kopf schießen III. vt ❶ (operate) auslösen; **to ~ a trap** eine Falle zuschnappen lassen ❷ (suddenly do) **to ~ a trick on sb** jdm einen unverhofften Streich spielen ❸ (provide with springs) federn ◆ **spring back** vi zurückschnellen

spring 'bal·ance n Federwaage f

'spring·board n (also fig) Sprungbrett nt a. fig **spring-'clean** I. vi Frühjahrsputz machen II. vt **to ~ a house/room** in einem Haus/einem Zimmer Frühjahrsputz machen **spring-'clean·ing** n no pl Frühjahrsputz m **spring 'on·ion** n BRIT, AUS Frühlingszwiebel f **spring 'roll** n Frühlingsrolle f **'spring·time** n no pl Frühling m; **in [the] ~** im Frühling

springy ['sprɪŋi] adj federnd attr, elastisch

sprin·kle ['sprɪŋkl] I. vt ❶ (scatter) streuen (**on** auf) ❷ (cover) bestreuen (**with** mit); (with a liquid) besprengen (**with** mit) ❸ (water) **to ~ the lawn** den Rasen sprengen II. n usu sing **a ~ of rain/snow** leichter Regen/Schneefall

sprin·kler ['sprɪŋkləʳ] n ❶ AGR Beregnungsanlage f; (for a sprinkler) Sprinkler m ❷ (for fires) Sprinkler m; ■ **~s** pl (system) Sprinkleranlage f

sprin·kling ['sprɪŋklɪŋ] n ❶ see **sprinkle** ❷ usu sing (light covering) **a ~ of salt** eine Prise Salz; **to top sth with a generous ~ of fresh mint** etw reichlich mit frischer Minze bestreuen ❸ usu sing (smattering) ■ **a ~ of ...** ein paar ...

sprint [sprɪnt] I. vi sprinten II. n ❶ SPORTS Sprint m; **100-metre ~** Hundertmeterlauf m, 100-m-Lauf m ❷ BRIT, AUS (dash) Sprint m; **to break into a ~** zu sprinten beginnen

sprint·er ['sprɪntəʳ] n Sprinter(in) m(f)

sprite [spraɪt] n (liter) Naturgeist m; **sea** [or **water**] **~** Wassergeist m

spritz·er ['sprɪtsəʳ] n Schorle f, Gespritzte(r) f ÖSTERR, SCHWEIZ

sprock·et ['sprɒkɪt], **sprock·et wheel** n Zahnrad nt

sprog [sprɒɡ] I. n BRIT, AUS (sl) Balg m o nt meist pej fam II. vi <-gg-> BRIT, AUS (sl) gebären

sprout [spraʊt] I. n ❶ (shoot) Spross m ❷ esp BRIT (vegetable) Rosenkohl m kein pl II. vi ❶ (grow) sprießen geh, wachsen

❷(*germinate*) keimen III.*vt* **he's beginning to ~ a beard** er bekommt einen Bart; **to ~ buds/flowers/leaves** BOT Knospen/Blüten/Blätter treiben ♦ **sprout up** *vi* aus dem Boden schießen
spruce¹ [spru:s] *n* Fichte *f*
spruce² [spru:s] *adj* adrett
spruce up *vt* ❶(*tidy*) auf Vordermann bringen *fam*; ■ **to ~ up** ⟲ **oneself** sich zurechtmachen ❷(*improve*) aufpolieren *fam*
sprung [sprʌŋ] I.*adj* BRIT gefedert II.*pp, pt of* **spring**
spry [spraɪ] *adj* agil *geh*; *old person* rüstig
spud [spʌd] *n* BRIT (*fam*) Kartoffel *f*, Erdapfel *m* DIAL, ÖSTERR
spun [spʌn] *pp, pt of* **spin**
spunk [spʌŋk] *n* ❶ *no pl* (*dated fam: bravery*) Mumm *m fam* ❷ *no pl* (*vulg, sl: semen*) Sperma *nt* ❸AUS (*fam: hunk*) attraktiver Mann
spur [spɜ:ʳ] I.*n* ❶(*on a heel*) Sporn *m* ❷(*fig: encouragement*) Ansporn *m kein pl* (**to** zu) ❸FIN (*incentive*) Anreiz *m* ▸ **on the ~ of the moment** spontan II.*vt* <-rr-> ❶(*encourage*) anspornen; ■ **to ~ sb** [**to do sth**] (*persuade*) jdn bewegen[, etw zu tun]; (*incite*) jdn anstacheln[, etw zu tun]; **to ~ the economy** die Wirtschaft ankurbeln ❷(*urge to go faster*) **to ~ a horse** einem Pferd die Sporen geben
spu·ri·ous ['spjʊərɪəs] *adj* falsch
spurn [spɜ:n] *vt* (*form*) zurückweisen; (*contemptuously*) verschmähen *geh*
spurt [spɜ:t] I.*n* ❶(*jet*) Strahl *m* ❷(*surge*) Schub *m*; **to do sth in ~s** etw schubweise machen ❸(*run*) **to put on a ~** einen Spurt hinlegen II.*vt* [ver]spritzen III.*vi* ❶(*fig: increase by*) plötzlich steigen ❷(*gush*) spritzen
sput·ter ['spʌtəʳ] I.*n* Knattern *nt kein pl*, Stottern *nt kein pl*; **to give a ~** stottern II.*vi* zischen; (*car, engine*) stottern III.*vt* heraussprudeln; (*stutter*) stottern
spu·tum ['spju:təm] *n no pl* MED Schleim *m*, Sputum *nt fachspr*
spy [spaɪ] I.*n* Spion(in) *m(f)* II.*vi* ❶(*gather information*) spionieren; ■ **to ~ on sb** jdm nachspionieren ❷(*peep*) ■ **to ~ into sth** in etw *akk* spähen III.*vt* (*see*) sehen; (*spot*) entdecken
'**spy·glass** *n* Fernglas *nt* '**spy·hole** *n* BRIT, AUS Guckloch *nt*, Spion *m* '**spy sat·el·lite** *n* Spionagesatellit *m*
sq *n abbrev of* **square** Pl.
squab·ble ['skwɒbl] I.*n* Zankerei *f*, Streiterei *f* II.*vi* sich zanken (**over/about** um)
squad [skwɒd] *n* + *sing/pl vb* ❶(*group*) Einheit *f* ❷SPORTS Mannschaft *f* ❸MIL Gruppe *f*, Trupp *m*
'**squad car** *n* BRIT Streifenwagen *m*
squad·die ['skwɒdi] *n* BRIT (*sl*) Soldat *m*, Bundesheerler *m* ÖSTERR *pej fam*
squad·ron ['skwɒdrən] *n* + *sing/pl vb* (*cavalry*) Schwadron *f*; (*air force*) Staffel *f*; (*navy*) Geschwader *nt*
squal·id ['skwɒlɪd] *adj* ❶(*pej: dirty*) schmutzig; (*neglected*) verwahrlost ❷(*immoral*) verkommen
squall [skwɔ:l] I.*n* ❶(*gust*) Bö *f*; **~ of rain** Regenschauer *m* ❷(*shriek*) Kreischen *nt kein pl* II.*vi* schreien
squally ['skwɔ:li] *adj* böig
squal·or ['skwɒləʳ] *n no pl* ❶(*foulness*) Schmutz *m* ❷(*immorality*) Verkommenheit *f*
squan·der ['skwɒndəʳ] *vt* verschwenden, vergeuden; **to ~ a chance/an opportunity** eine Chance vertun
square [skweəʳ] I.*n* ❶(*shape*) Quadrat *nt*; **to fold sth into a ~** etw zu einem Quadrat falten ❷(*street*) Platz *m*; **town ~** zentraler Platz ❸(*marked space*) Spielfeld *nt*; **to go back to ~ one** (*fam*) wieder von vorne beginnen ❹AM, AUS (*tool*) Winkelmaß *nt* ❺(*dated fam: boring person*) Langweiler(in) *m(f)* ❻(*number times itself*) Quadratzahl *f* II.*adj* ❶(*square-shaped*) *piece of paper, etc.* quadratisch; *face* kantig ❷(*on each side*) im Quadrat; (*when squared*) zum Quadrat; **metre, mile** Quadrat- ❸(*fam: level*) *plan*; **to be** [**all**] **~** auf gleich sein III.*adv* direkt, geradewegs IV.*vt* ❶(*make square*) ■ **to ~ sth** etw quadratisch machen; (*make right-angled*) etw rechtwinklig machen; ■ **to ~ sth with sth** etw mit etw *dat* in Übereinstimmung bringen ❷(*settle*) *matter* in Ordnung bringen ❸MATH quadrieren ❹SPORTS (*tie*) ausgleichen ♦ **square up** *vi* ❶(*fam: settle debt*) abrechnen ❷ *esp* BRIT, AUS (*compete*) in die Offensive gehen ❸BRIT (*deal with*) ■ **to ~ up to sth** mit etw *dat* zurande kommen *fam*
square 'brack·et *n* eckige Klammer
squared [skweəd] *adj* kariert
'**square dance** *n* Squaredance *m*
square·ly ['skweəli] *adv* ❶(*straight*) aufrecht ❷(*directly*) direkt; **to look sb ~ in the eyes** jdm gerade in die Augen blicken
square 'root *n* MATH Quadratwurzel *f*
squash¹ [skwɒʃ] *n esp* AM (*pumpkin*) Kürbis *m*
squash² [skwɒʃ] I.*n* ❶ *no pl* (*dense pack*) Gedränge *nt* ❷ *no pl* (*racket game*)

Squash *nt* ③ BRIT, AUS (*diluted drink*) Fruchtsaftgetränk *nt* II. *vt* ① (*crush*) zerdrücken; **to ~ sth flat** etw platt drücken ② (*fig: end*) **to ~ a rumour** ein Gerücht aus der Welt schaffen ③ (*push*) **can you ~ this into your bag for me?** kannst du das für mich in deine Tasche stecken?; **I should be able to ~ myself into this space** ich glaube, ich kann mich da hineinzwängen ④ (*humiliate*) ■**to ~ sb** jdn bloßstellen; (*silence*) jdm über den Mund fahren *fam*

'**squash court** *n* Squashplatz *m* '**squash rack·et**, '**squash rac·quet** *n* Squashschläger *m*

squashy ['skwɒʃi] *adj* weich

squat [skwɒt] I. *vi* <-tt-> ① (*crouch*) hocken; ■**to ~ [down]** sich hinhocken ② (*occupy land*) **to ~ [on land]** sich illegal ansiedeln; **to ~ [in a house/on a site]** [ein Haus/ein Grundstück] besetzen II. *n* ① *no pl* (*position*) Hocke *f;* **to get into a ~** in Hockstellung gehen ② SPORTS (*exercise*) Kniebeuge *f* ③ (*abode*) besetztes Haus III. *adj* <-tt-> niedrig; *person* gedrungen, untersetzt

squat·ter ['skwɒtər] *n* (*illegal house-occupier*) Hausbesetzer(in) *m(f)*

squaw [skwɔː] *n* (*pej!*) Squaw *f*

squawk [skwɔːk] I. *vi* ① (*cry*) kreischen ② (*fam: complain*) ■**to ~ about sth** lautstark gegen etw *akk* protestieren II. *n* ① (*cry*) Kreischen *nt kein pl* ② (*complaint*) Geschrei *nt kein pl fam*

squeak [skwiːk] I. *n* Quietschen *nt kein pl; of an animal* Quieken *nt kein pl; of a mouse* Pieps[er] *m fam; of a person* Quiekser *m fam;* (*fig*) **if I hear one more ~ out of you, there'll be trouble!** wenn ich noch einen Mucks[er] von dir höre, gibt's Ärger! *fam* II. *vi* (*make sound*) quietschen; *animal, person* quieken; *mouse* piepsen

squeaky ['skwiːki] *adj* ① (*high-pitched*) quietschend; *voice* piepsig *fam;* ■**to be ~** quietschen ② AM (*narrow*) äußerst knapp, hauchdünn *fig* ▶**the ~ wheel gets the grease** AM (*prov*) nur wer am lautesten schreit wird gehört

'**squeaky-clean** *adj* (*also fig*) blitzsauber *fam*

squeal [skwiːl] I. *n* [schriller] Schrei; *of tyres* Quietschen *nt kein pl; of brakes* Kreischen *nt kein pl; of a pig* Quieken *nt kein pl* II. *vi* (*scream*) kreischen; *pig* quieken; *tyres* quietschen; *brakes* kreischen; **to ~ to a halt** mit quietschenden Reifen anhalten; **to ~ with pain** vor Schmerz schreien; **to ~ with pleasure** vor Vergnügen kreischen

squeam·ish ['skwiːmɪʃ] I. *adj* zimperlich *pej,* zart besaitet; ■**to be ~ about doing sth** sich vor etw *dat* ekeln; **he is ~ about seeing blood** er ekelt sich vor Blut II. *npl* **to not be for the ~** nichts für schwache Nerven sein

squee·gee ['skwiːdʒiː] I. *n* Gummiwischer *m* II. *vt* ■**to ~ sth** etw mit einem Gummiwischer putzen

squeeze [skwiːz] I. *n* ① (*press*) Drücken *nt kein pl;* **to give sth a ~** etw drücken ② ECON (*limit*) Beschränkung *f;* **a ~ on spending** eine Beschränkung der Ausgaben ③ *no pl* (*fit*) Gedränge *nt;* **it'll be a tight ~** es wird eng werden ④ (*fam: person*) Eroberung *f hum* II. *vt* ① (*press*) drücken; *a lemon, an orange* auspressen; *a sponge* ausdrücken ② (*extract*) **freshly ~d orange juice** frisch gepresster Orangensaft; **to ~ profit [from sth]** (*fig*) Profit [aus etw *dat*] schlagen ③ (*push in*) [hinein]zwängen; (*push through*) [durch]zwängen ④ (*constrict*) einschränken; **high interest rates are squeezing consumer spending** die hohen Zinsen wirken sich negativ auf das Kaufverhalten aus ⑤ (*fam: threaten*) jdn unter Druck setzen ▶**to ~ sb dry** jdn ausnehmen wie eine Weihnachtsgans *fam* III. *vi* (*fit into*) ■**to ~ into sth** sich in etw *akk* [hinein]zwängen; ■**to ~ past sth** sich an etw *dat* vorbeizwängen; ■**to ~ through sth** sich durch etw *akk* [durch]zwängen

squeez·er ['skwiːzər] *n* Fruchtpresse *f*

squelch [skweltʃ] I. *vi mud, water* patschen *fam;* **to ~ through sth** durch etw *akk* waten II. *vt* AM ■**to ~ sth** etw abwürgen; **to ~ sb** jdm den Mund stopfen *fam* III. *n usu sing* Gepatsche *nt kein pl fam*

squib [skwɪb] *n* ① (*satire*) Satire *f* ② AM (*filler*) Füllartikel *m* ③ (*firework*) Knallkörper *m*

squid <*pl* - *or* -s> [skwɪd] *n* Tintenfisch *m*

squig·gle ['skwɪgl] *n* Schnörkel *m*

squint [skwɪnt] I. *vi* ① (*close one's eyes*) blinzeln ② (*look*) ■**to ~ at sb/sth** einen Blick auf jdn/etw werfen II. *n* ① (*glance*) kurzer Blick; **to have a ~ at sth** einen kurzen Blick auf etw *akk* werfen ② (*eye condition*) Schielen *nt kein pl*

squire [skwaɪər] *n* (*old*) ① (*landowner*) Gutsherr *m* ② BRIT (*dated fam: greeting*) gnädiger Herr; (*iron*) Chef *m*

squirm [skwɜːm] I. *vi* sich winden; **rats make him ~** er ekelt sich vor Ratten; **to ~ with embarrassment** sich vor Verlegenheit winden; **to ~ in pain** sich vor Schmerzen krümmen II. *n* Krümmen *nt kein pl;* **to give a ~** zusammenzucken; **to give a ~ of embarrassment** sich vor Verlegenheit winden

squir·rel ['skwɪrᵊl] *n* Eichhörnchen *nt*

squirt [skwɜːt] I. *vt* ❶ (*spray*) spritzen ❷ (*cover*) ■**to ~ sb with sth** jdn mit etw *dat* bespritzen; **to ~ oneself with perfume** ein paar Spritzer Parfüm auftragen II. *vi* ■**to ~ out** herausspritzen, herausschießen III. *n* ❶ (*quantity*) Spritzer *m* ❷ (*pej dated: jerk*) Nichts *nt;* (*boy*) Pimpf *m fam*

Sri Lan·ka [ˌsriːˈlæŋkə] *n* Sri Lanka *nt*

Sri Lan·kan [ˌsriːˈlæŋkən] I. *adj* sri-lankisch; **to be ~** aus Sri Lanka sein II. *n* Sri-Lanker(in) *m(f)*

SRP [ˌesɑːˈpiː] *n abbrev of* **suggested retail price** empfohlener Einzelhandelspreis

SSW *abbrev of* **south-southwest** SSW

St *n* ❶ *abbrev of* **saint** St. ❷ *abbrev of* **street** Str.

st <*pl* -> *n* BRIT *abbrev of* **stone** I 7

stab [stæb] I. *vt* <-bb-> ❶ (*pierce*) ■**to ~ sb** auf jdn einstechen; **the victim was ~bed** das Opfer erlitt eine Stichverletzung; **to ~ sb in the back** (*fig*) jdm in den Rücken fallen; **to ~ sb to death** jdn erstechen; **to ~ sth with a fork** mit einer Gabel in etw *dat* herumstochern ❷ (*make thrusting movement*) **to ~ the air** [**with sth**] [mit etw *dat*] in der Luft herumfuchteln II. *vi* <-bb-> ■**to ~ at sb/sth** auf jdn/etw einstechen; **to ~ at sth with one's finger** mit dem Finger immer wieder auf etw *akk* drücken III. *n* ❶ (*with weapon*) Stich *m;* (*fig: attack*) Angriff *m* (**at** auf) ❷ (*wound*) Stichwunde *f* ❸ (*with object*) Stich *m* ❹ (*pain*) Stich *m;* **~ of envy** Anflug *m* von Neid ▶ **to have a ~ at** [**doing**] **sth** etw probieren

stab·bing [ˈstæbɪŋ] I. *n* (*assault*) Messerstecherei *f* II. *adj pain* stechend; *fear, memory* durchdringend

sta·bil·ity [stəˈbɪləti] *n no pl* Stabilität *f;* **mental ~** [seelische] Ausgeglichenheit

sta·bi·li·za·tion [ˌsteɪbᵊlaɪˈzeɪʃᵊn] *n no pl* Stabilisierung *f*

sta·bi·lize [ˈsteɪbəlaɪz] I. *vt* ❶ (*make firm*) stabilisieren ❷ (*maintain level*) festigen, stabilisieren II. *vi* sich stabilisieren; **his condition has now ~d** MED sein Zustand ist jetzt stabil

sta·bi·liz·er [ˈsteɪbəlaɪzər] *n* ❶ AM AVIAT Stabilisator *m* ❷ NAUT Stabilisierungsflosse *f* ❸ BRIT ■**~s** *pl* Stützräder *pl* ❹ (*substance*) Stabilisator *m*

sta·bi·liz·ing [ˈsteɪbəlaɪzɪŋ] *adj* stabilisierend; **to have a ~ effect** [**on sth/sb**] eine stabilisierende Wirkung [auf etw/jdn] haben

sta·ble[1] <-r, -st *or* more ~, most ~> [ˈsteɪbl] *adj* ❶ (*firmly fixed*) stabil ❷ MED, CHEM stabil ❸ PSYCH ausgeglichen ❹ (*steadfast*) stabil; **~ job/relationship** feste Anstellung/Beziehung

sta·ble[2] [ˈsteɪbl] I. *n* ❶ (*building*) Stall *m* ❷ (*business*) Rennstall *m* ❸ (*horses*) Stall *m* II. *vt* **to ~ a horse** ein Pferd unterstellen

ˈsta·ble lad *n* BRIT Stallbursche *m veraltend*

stack [stæk] I. *n* ❶ *of videos* Stapel *m; of papers* Stoß *m* ❷ (*fam: large amount*) Haufen *m;* **we've got ~s of time** wir haben massenhaft Zeit ❸ *of hay, straw* Schober *m* ❹ MUS *of hi-fi equipment* Stereoturm *m* ❺ MIL [Gewehr]pyramide *f* ❻ (*chimney*) Schornstein *m,* Kamin *m* SCHWEIZ ❼ AUS (*fam: road accident*) Crash *m sl* II. *vt* ❶ (*arrange in pile*) [auf]stapeln ❷ (*fill*) **the fridge is ~ed with food** der Kühlschrank ist randvoll mit Lebensmitteln; **to ~ a dishwasher** eine Spülmaschine einräumen; **to ~ shelves** Regale auffüllen ▶ **the odds are ~ed against sb** es spricht alles gegen jdn

sta·dium <*pl* -s *or* -dia> [ˈsteɪdiəm, *pl* -iə] *n* Stadion *nt*

staff[1] [stɑːf] I. *n* ❶ + *sing/pl vb* (*employees*) Belegschaft *f;* **members of ~** Mitarbeiter *pl;* **office ~** Bürobelegschaft *f;* **nursing ~** Pflegepersonal *nt* + *sing/pl vb* SCH, UNIV Lehrkörper *m;* **teaching ~** Lehrpersonal *nt* ❸ + *sing/pl vb* MIL Stab *m* ❹ (*stick*) [Spazier]stock *m* ❺ (*flagpole*) Fahnenmast *m;* **to be at half ~** AM auf Halbmast gesetzt sein ❻ (*for surveying*) Messstab *m* ❼ AM MUS Notensystem *nt* II. *vt usu passive* **many charities are ~ed with volunteers** viele Wohltätigkeitsvereine beschäftigen ehrenamtliche Mitarbeiter

staff[2] [stɑːf] *n no pl* ART Stange *f*

ˈstaff as·so·ci·a·tion *n* + *sing/pl vb* Betriebsrat *m* **ˈstaff nurse** *n* BRIT MED examinierte Krankenschwester **ˈstaff of·fic·er** *n* MIL Stabsoffizier(in) *m(f)* **ˈstaff·room** *n* SCH Lehrerzimmer *nt*

stag [stæg] *n* ZOOL Hirsch *m*

ˈstag bee·tle *n* Hirschkäfer *m*

stage [steɪdʒ] I. *n* ❶ (*period*) Etappe *f,* Station *f;* **crucial ~** entscheidende Phase; **early ~** Frühphase *f* ❷ *of a journey, race* Etappe *f,* Abschnitt *m* ❸ THEAT (*platform*) Bühne *f;* **to take centre ~** (*fig*) im Mittelpunkt [des Interesses] stehen ④ ELEC Schaltstufe *f* ⑤ (*scene*) Geschehen *nt kein pl;* **the world ~** die [ganze] Welt; **the political ~** die politische Bühne II. *vt* ① THEAT aufführen; **to ~ a concert** ein Konzert geben ② (*organize*) **to ~ a congress/meeting** einen Kongress/eine Tagung veranstalten; **to ~ a demonstration/ a strike** eine Demonstration/einen Streik organisieren; **to ~ a match** ein Spiel austragen; **to ~ the Olympic Games** die Olympischen Spiele ausrichten ③ MED **to ~ a disease/patient** eine Krankheit/einen Patienten diagnostisch einordnen

'**stage·coach** *n* (*hist*) Postkutsche *f*
'**stage di·rec·tion** *n* Bühnenanweisung *f*
stage 'door *n* Bühneneingang *m* '**stage fright** *n no pl* Lampenfieber *nt* '**stage·hand** *n* Bühnenarbeiter(in) *m(f)* **stage-'man·age** I. *vt* inszenieren II. *vi* (*act as stage manager*) Regie führen **stage 'man·ag·er** *n* Bühnenmeister(in) *m(f)*, Inspizient(in) *m(f) fachspr* **stage name** *n* Künstlername *m* **stage 'whis·per** *n* ① THEAT Beiseitesprechen *nt* ② (*whisper*) unüberhörbares Flüstern

stag·fla·tion [stægˈfleɪʃ⁽ə⁾n] *n no pl* ECON Stagflation *f*

stag·ger [ˈstægəʳ] I. *vi* ① (*totter*) ■**to ~ somewhere** irgendwohin wanken [*o* torkeln]; **to ~ to one's feet** sich aufrappeln ② (*waver*) schwanken, wanken II. *vt* ① (*shock*) erstaunen ② (*arrange*) ■**to ~ sth** etw staffeln III. *n* ① (*lurch*) Wanken *nt kein pl,* Taumeln *nt kein pl* ② (*arrangement*) Staffelung *f*

stag·gered [ˈstægəd] *adj* gestaffelt
stag·ger·ing [ˈstægərɪŋ] *adj* ① (*amazing*) erstaunlich, umwerfend *fam; news* unglaublich ② (*shocking*) erschütternd

stag·ing [ˈsteɪdʒɪŋ] *n* ① THEAT Inszenierung *f* ② (*scaffolding*) [Bau]gerüst *nt* ③ BRIT (*shelf*) Regal *nt*

stag·nant [ˈstægnənt] *adj* (*not flowing*) stagnierend; **~ air** stehende Luft; **~ pool** stiller Teich; **~ water** stehendes Wasser

stag·nate [stægˈneɪt] *vi* ① (*stop flowing*) sich stauen ② (*stop developing*) stagnieren
stag·na·tion [stægˈneɪʃ⁽ə⁾n] *n no pl* Stagnation *f*

'**stag night,** '**stag par·ty** *n* Junggesellenabschiedsparty *f*

stagy [ˈsteɪdʒi] *adj* (*pej*) theatralisch
staid [steɪd] *adj* seriös, gesetzt; (*pej*) spießig

stain [steɪn] I. *vt* ① (*discolour*) verfärben; (*cover with spots*) Flecken auf etw *akk* machen ② (*blemish*) **to ~ sb's image/reputation** jds Image/Ruf schaden ③ (*colour*) [ein]färben II. *vi* ① (*cause discolouration*) abfärben, Flecken machen ② (*discolour*) sich verfärben ③ (*take dye*) Farbe annehmen, sich färben III. *n* ① (*discoloration*) Verfärbung *f,* Fleck *m* ② (*blemish*) Makel *m* ③ (*dye*) Beize *f,* Färbemittel *nt*

stained [steɪnd] *adj* ① (*discoloured*) verfärbt; (*with spots*) fleckig ② (*dyed*) gefärbt, gebeizt ③ (*blemished*) befleckt; **~ reputation** beschädigtes Ansehen

stained 'glass *n no pl* Buntglas *nt*
'**stained-glass win·dow** *n* Buntglasfenster *nt*

stain·less [ˈsteɪnləs] *adj* makellos; *character* tadellos

stain·less 'steel *n no pl* rostfreier Stahl
'**stain re·mov·er** *n* Fleckenentferner *m*

stair [steəʳ] *n* ① (*set of steps*) ■**~s** *pl* Treppe *f;* **a flight of ~s** eine Treppe ② (*step*) Treppenstufe *f*

'**stair·case** *n* (*stairs*) Treppenhaus *nt,* Treppenaufgang *m;* **spiral ~** Wendeltreppe *f* '**stair·lift** *n* Treppenlift *m* '**stair·way** *n* Treppe *f* '**stair·well** *n* Treppenhausschacht *m*

stake¹ [steɪk] I. *n* ① (*stick*) Pfahl *m,* Pflock *m* ② (*hist: for punishment*) **to be burnt at the ~** auf dem Scheiterhaufen verbrannt werden II. *vt animal* anbinden; *plant* hochbinden ▶**to ~ one's claim** [**to sth**] sein Recht [auf etw *akk*] einfordern

stake² [steɪk] I. *n* ① *usu pl* (*wager*) Einsatz *m;* (*in games*) [Wett]einsatz *m;* **to raise the ~s** (*fam*) den Einsatz erhöhen ② (*interest*) *also* FIN, ECON Anteil *m* ③ (*prize money*) ■**~s** *pl* Preis *m* ④ (*horse race*) ■**~s** *pl* Pferderennen *nt* ⑤ (*fam: competitive situation*) **to be high in the popularity ~s** weit oben auf der Beliebtheitsskala stehen ▶**to be at ~** (*in question*) zur Debatte stehen; (*at risk*) auf dem Spiel stehen II. *vt* ① (*wager*) **to ~ money** Geld setzen; **to ~ one's future on sth** seine Zukunft auf etw *akk* aufbauen ② AM (*fig fam: support*) ■**to ~ sb to sth** jdm etw ermöglichen ◆**stake out** *vt* ① (*mark territory*) **to ~ out** ○ **frontiers** Grenzen abstecken; **to ~ out a position** eine Position behaupten ② (*establish*) **to ~ out a position** eine Position einnehmen

'**stake·hold·er** *n* Teilhaber(in) *m(f)*
stal·ac·tite [ˈstæləktaɪt] *n* Tropfstein *m,* Stalaktit *m fachspr*
stal·ag·mite [ˈstæləgmaɪt] *n* Tropfstein *m,* Stalagmit *m fachspr*

stale [steɪl] *adj* ❶ (*not fresh*) fade, schal; *beer, lemonade* abgestanden; ~ **air** muffige Luft; ~ **bread** altbackenes Brot ❷ (*unoriginal*) fantasielos; ~ **idea** abgegriffene Idee *fam;* ~ **joke** abgedroschener Witz ❸ (*without zest*) abgestumpft; **to go ~** stumpfsinnig werden

stale·mate ['steɪlmeɪt] I. *n* ❶ CHESS Patt *nt* ❷ (*deadlock*) Stillstand *m;* **to be locked in ~** sich in einer Sackgasse befinden II. *vt* ❶ CHESS **to ~ sb** jdn patt setzen ❷ (*bring to deadlock*) ■**to ~ sth** etw zum Stillstand bringen

stalk[1] [stɔːk] *n* Stiel *m*

stalk[2] [stɔːk] I. *vt* ❶ (*hunt*) jagen; **to go ~ing** auf die Pirsch gehen ❷ (*harass*) ■**to ~ sb** jdm nachstellen II. *vi* ■**to ~ by** vorbeistolzieren III. *n* ❶ (*pursuit*) Pirsch *f* ❷ (*gait*) Stolzieren *nt*

stalk·er [stɔːkəʳ, AM stɑːkə·] *n* ❶ (*hunter*) Jäger(in) *m(f)* ❷ *of people* Stalker(in) *m(f)* (*Person, die jemanden verfolgt, belästigt und terrorisiert*)

'**stalk·ing horse** *n* ❶ HUNT Jagdschirm *m* ❷ (*pretext*) Täuschungsmanöver *nt,* Vorwand *m* ❸ POL Strohmann *m*

stall [stɔːl] I. *n* ❶ (*for selling*) [Verkaufs]stand *m* ❷ (*for an animal*) Stall *m,* Verschlag *m* ❸ AM (*for parking*) [markierter] Parkplatz ❹ (*for racehorse*) Box *f* ❺ (*in a church*) Chorstuhl *m* ❻ BRIT, AUS (*in a theatre*) ■**the ~s** *pl* das Parkett *kein pl* II. *vi* ❶ (*stop running*) *motor* stehen bleiben; *aircraft* abrutschen ❷ (*come to standstill*) zum Stillstand kommen ❸ (*fam: delay*) zaudern, zögern; **to ~ for time** Zeit gewinnen III. *vt* ❶ (*cause to stop running*) **to ~ a car/a motor** ein Auto/einen Motor abwürgen ❷ (*delay*) aufhalten, verzögern ❸ (*fam: keep waiting*) ■**to ~ sb** jdn hinhalten ❹ (*put in enclosure*) **to ~ an animal** ein Tier einsperren

'**stall hold·er** *n* BRIT Markthändler(in) *m(f);* (*woman*) Marktfrau *f*

stal·lion ['stæljən] *n* Hengst *m*

stal·wart ['stɔːlwət] (*form*) I. *adj* ❶ (*loyal*) unentwegt; *supporter* treu ❷ (*sturdy*) robust, unerschütterlich II. *n* Anhänger(in) *m(f)*

sta·men <*pl* -s *or* -mina> ['steɪmən, *pl* -mənə] *n* Staubgefäß *nt*

stami·na ['stæmɪnə] *n no pl* Durchhaltevermögen *nt,* Ausdauer *f*

stam·mer ['stæməʳ] I. *n* Stottern *nt;* **to have a ~** stottern II. *vi* stottern, stammeln III. *vt* **to ~ words** Worte stammeln

stam·mer·er ['stæmərəʳ] *n* Stotterer *m/*Stotterin *f*

stamp [stæmp] I. *n* ❶ (*implement*) Stempel *m* ❷ (*mark*) Stempel *m;* ~ **of approval** Genehmigungsstempel *m* ❸ (*quality*) Zug *m,* Stempel *m;* **to leave one's ~ on sb/sth** seine Spur bei jdm/etw hinterlassen ❹ (*adhesive*) **postage ~** Briefmarke *f* ❺ (*step*) Stampfer *m fam;* (*sound*) Stampfen *nt* II. *vt* ❶ (*crush*) zertreten; (*stomp*) **to ~ one's foot** mit dem Fuß aufstampfen ❷ (*mark*) [ab]stempeln ❸ (*impress on*) ■**to ~ sth on sth** etw auf etw *akk* stempeln; **that will be ~ed on her memory for ever** das wird sich ihr für immer einprägen ❹ (*affix postage to*) **to ~ a letter** einen Brief frankieren III. *vi* ❶ (*step*) stampfen; ■**to ~ [up]on sth** auf etw *akk* treten; **to ~ [up]on opposition** die Opposition niederknüppeln ❷ (*walk*) stampfen, stapfen ◆**stamp down** *vt* ■**to ~ down** ⟳ **sth** etw niedertrampeln; *earth* etw festtreten ◆**stamp out** *vt* ■**to ~ out** ⟳ **sth** (*eradicate*) etw ausmerzen; *crime, corruption* etw bekämpfen; *a disease* etw ausrotten; *a fire* etw austreten

'**stamp al·bum** *n* Briefmarkenalbum *nt* '**stamp col·lec·tor** *n* Briefmarkensammler(in) *m(f)* '**stamp duty** *n* LAW Stempelgebühr *f*

stam·pede [stæmˈpiːd] I. *n* ❶ *of animals* wilde Flucht ❷ *of people* [Menschen]auflauf *m* II. *vi animals* durchgehen; *people* irgendwohin stürzen III. *vt* ❶ (*cause to rush*) aufschrecken ❷ (*force into action*) ■**to ~ sb into** [**doing**] **sth** jdn zu etw *dat* drängen

'**stamp·ing ground** *n usu pl* Schauplatz *m* der Vergangenheit

stance [stɑːn(t)s] *n* ❶ (*posture*) Haltung *f kein pl;* AM SPORTS Schlagpositur beim Baseball, Golf usw. ❷ (*attitude*) Standpunkt *m,* Einstellung *f* (**on** zu)

stand [stænd] I. *n* ❶ (*physical position*) Stellung *f* ❷ (*position on an issue*) Einstellung *f* (**on** zu); **what's her ~ on sexual equality?** wie steht sie zur Gleichberechtigung?; **to make a ~ against sth** sich gegen etw *akk* auflehnen; **to take a ~ on sth** sich für etw *akk* einsetzen ❸ (*standstill*) Stillstand *m;* **to bring sb/sth to a ~** jdm/etw Einhalt gebieten ❹ *usu pl* (*raised seating for spectators*) [Zuschauer]tribüne *f* ❺ (*support*) Ständer *m* ❻ (*stall*) [Verkaufs]stand *m* ❼ (*for vehicles*) Stand *m* ❽ AM LAW ■**the ~** der Zeugenstand; **to take the ~** vor Gericht aussagen ❾ MIL (*resistance*) Widerstand *m;* **to make a ~** (*fig*) klar Stellung beziehen **II.** *vi* <stood, stood> ❶(*be upright*) stehen; **~ against the wall** stell dich an die Wand; **to ~ to attention** MIL stillstehen; **to ~ clear** aus dem Weg gehen, beiseitetreten; **to ~ tall** gerade stehen; **to ~ still** stillstehen; ❷FOOD (*remain untouched*) stehen ❸(*be located*) liegen; **to ~ in sb's way** jdm im Weg stehen; **to ~ open** offen stehen ❹ + *adj* (*be in a specified state*) stehen; **I never know where I ~ with my boss** ich weiß nie, wie ich mit meinem Chef dran bin *fam;* **with the situation as it ~s right now ...** so wie die Sache im Moment aussieht, ...; **to ~ alone** beispiellos sein; **to ~ accused of murder** des Mordes angeklagt sein ❺(*remain valid*) gelten, Bestand haben; **does that still ~?** ist das noch gültig? ❻BRIT, AUS (*be a candidate for office*) ■**to ~ for sth** für etw *akk* kandidieren; **to ~ for election** sich *akk* zur Wahl stellen ▶ **to ~ on one's own two feet** auf eigenen Füßen stehen **III.** *vt* <stood, stood> ❶(*place upright*) ■**to ~ sth somewhere** etw irgendwohin stellen; **to ~ sth on its head** etw auf den Kopf stellen ❷(*refuse to be moved*) **~ one's ground** wie angewurzelt stehen bleiben ❸(*bear*) ■**to ~ sth** etw ertragen [*o fam* aushalten]; **she can't ~ anyone touching her** sie kann es nicht leiden, wenn man sie anfasst; **to ~ the test of time** die Zeit überdauern ❹ (*fam*) **to ~ a chance of doing sth** gute Aussichten haben, etw zu tun ❺LAW **to ~ trial** sich vor Gericht verantworten müssen ▶ **to ~ sb in good stead** jdm von Nutzen sein ◆ **stand about, stand around** *vi* herumstehen ◆ **stand aside** *vi* ❶(*move aside*) zur Seite treten ❷(*not get involved*) ■**to ~ aside [from sth]** sich [aus etw *dat*] heraushalten ❸(*resign*) zurücktreten ◆ **stand back** *vi* ❶(*move backwards*) zurücktreten ❷(*fig: take detached view*) ■**to ~ back from sth** etw aus der Distanz betrachten ❸(*not get involved*) tatenlos zusehen ❹(*be located away from*) ■**to ~ back from sth** abseits von etw *dat* liegen ◆ **stand by** *vi* ❶(*observe*) dabeistehen, zugucken *fam* ❷(*be ready*) bereitstehen ❸(*support*) ■**to ~ by sb** zu jdm stehen ❹(*abide by*) **to ~ by one's promise** sein Versprechen halten; **to ~ by one's word** zu seinem Wort stehen ◆ **stand down I.** *vi* ❶BRIT, AUS (*resign*) zurücktreten ❷(*relax*) entspannen ❸LAW den Zeugenstand verlassen **II.** *vt* ■**to ~ down** ⟳ **sb** jdn entspannen ◆ **stand for** *vi* ❶(*tolerate*) ■**to not ~ for sth** sich *dat* etw nicht gefallen lassen ❷(*represent*) ■**to ~ for sth** für etw *akk* stehen ◆ **stand in** *vi* ■**to ~ in for sb** für jdn einspringen ◆ **stand out** *vi* hervorragen; **to ~ out in a crowd** sich von der Menge abheben ◆ **stand up** *vi* ❶(*rise*) aufstehen; (*be standing*) stehen ❷(*endure*) ■**to ~ up [to sth]** [etw *dat*] standhalten; **her claim didn't ~ up in court** ihr Anspruch ließ sich gerichtlich nicht durchsetzen

stand·ard ['stændəd] **I.** *n* ❶(*level of quality*) Standard *m,* Qualitätsstufe *f;* **to raise ~s** das Niveau heben ❷(*criterion*) Gradmesser *m,* Richtlinie *f* ❸(*principles*) ■**~s** *pl* Wertvorstellungen *pl* ❹(*currency basis*) Währungsstandard *m* ❺(*flag*) Standarte *f* ❻MUS Klassiker *m* **II.** *adj* ❶(*customary*) Standard- ❷(*average*) durchschnittlich ❸(*authoritative*) **~ book** [*or* **work**] Standardwerk *m* ❹LING Standard-; **~ English** die englische Hochsprache ❺AM (*manual*) **~ transmission** Standardgetriebe *nt*

'**stand·ard-bear·er** *n* ❶MIL (*dated*) Standartenträger *m* ❷(*leader*) Vorkämpfer(in) *m(f)*

stand·ardi·za·tion [ˌstændədaɪˈzeɪʃ⁽ə⁾n] *n no pl* Standardisierung *f*

stand·ard·ize ['stændədaɪz] **I.** *vt* ❶(*make conform*) standardisieren ❷(*compare*) vereinheitlichen **II.** *vi* ■**to ~ on sth** etw zum Vorbild nehmen

stand·ard·ized ['stændədaɪzd] *adj* standardisiert; **~ components** genormte Komponenten; **~ language** Standardsprache *f*

'**stand·ard lamp** *n* BRIT, AUS Stehlampe *f*

stand·ard 'size *n* Standardgröße *f*

stand·by <*pl* -s> ['stæn(d)baɪ] **I.** *n* ❶*no pl* (*readiness*) **on ~** in Bereitschaft; ELEC betriebsbereit; **~ mode** Stand-by-Modus *m,* Stand-by-Betrieb *m* ❷(*backup*) Reserve *f* ❸(*plane ticket*) Stand-by-Ticket *nt* ❹(*traveller*) Fluggast *m* mit Stand-by-Ticket *nt* **II.** *adj attr* Ersatz- **III.** *adv* AVIAT, TOURIST **to fly ~** mit einem Stand-by-Ticket fliegen

'**stand-in** *n* Vertretung *f;* FILM, THEAT Ersatz *m*

stand·ing ['stændɪŋ] **I.** *n no pl* ❶(*status*) Status *m,* Ansehen *nt* ❷(*duration*) Dauer *f;* **to be of long/short ~** von langer/kurzer Dauer sein **II.** *adj attr* ❶(*upright*) [aufrecht] stehend ❷(*permanent*) ständig ❸(*stationary*) stehend

stand·ing 'or·der *n* ❶*esp* BRIT (*for money*) Dauerauftrag *m;* **to pay sth by ~** etw per Dauerauftrag bezahlen ❷(*for goods*) Vorbestellung *f* **stand·ing o'va·**

tion *n* stehende Ovationen *pl* **stand·ing 'start** *n* Start *m* aus dem Stand heraus

stand-off·ish [-'ɒfɪʃ] *adj* (*pej fam*) kühl, reserviert

'stand·pipe *n* Steigrohr *nt* **'stand·point** *n* ❶ (*attitude*) Standpunkt *m;* **depending on your ~,** ... je nachdem, wie man es betrachtet, ... ❷ (*physical position*) [Stand]punkt *m* **'stand·still** *n no pl* Stillstand *m;* **to be at a ~** zum Erliegen kommen **'stand-up** *adj attr* ❶ (*performed standing*) **~ comedy show** One-Man-Show *f;* **~ routine** Stegreifroutine *f* ❷ (*performing while standing*) **~ comedian** Alleinunterhalter(in) *m(f)*

stank [stæŋk] *pt of* **stink**

stan·za ['stænzə] *n* Strophe *f*

sta·ple[1] ['steɪpl] I. *n* ❶ (*for paper*) Heftklammer *f* ❷ (*not for paper*) Krampe *f* II. *vt* heften; ■ **to ~ sth together** etw zusammenheften

sta·ple[2] ['steɪpl] I. *n* ❶ (*main component*) Grundstock *m;* FOOD Grundnahrungsmittel *nt* ❷ ECON Hauptprodukt *nt* ❸ *no pl* (*of cotton*) Rohbaumwolle *f;* (*of wool*) Rohwolle *f* II. *adj attr* Haupt-; **~ foods** Grundnahrungsmittel *pl*

'sta·ple gun *n* Heftmaschine *f*

sta·pler ['steɪplə^r] *n* Hefter *m*, Tacker *m fam*

star [stɑː^r] I. *n* ❶ (*symbol*) *also* ASTRON Stern *m* ❷ (*asterisk*) Sternchen *nt* ❸ (*performer*) Star *m* ❹ (*horoscope*) ■ **the ~s** *pl* die Sterne *pl*, das Horoskop II. *vt* <-rr-> ❶ THEAT, FILM **the new production of 'King Lear' will ~ John Smith as Lear** die neue Produktion von „King Lear" zeigt John Smith in der Rolle des Lear ❷ (*mark with asterisk*) ■ **to ~ sth** etw mit einem Sternchen versehen III. *vi* <-rr-> THEAT, FILM **to ~ in a film/play** in einem Film/Theaterstück die Hauptrolle spielen IV. *adj attr* Star-; **Natalie is the ~ student in this year's ballet class** Natalie ist die beste Schülerin der diesjährigen Ballettklasse; **~ witness** Hauptzeuge *m*/-zeugin *f*

star 'bill·ing *n no pl* **to get ~** auf Plakaten groß herausgestellt werden

star·board ['stɑːbəd] *n* Steuerbord *nt kein pl*

starch [stɑːtʃ] I. *n no pl* ❶ FOOD, FASHION Stärke *f* ❷ (*fig: formality*) Steifheit *f* II. *vt* FASHION **to ~ a collar** einen Kragen stärken

starchy [ˈstɑːtʃi] *adj* ❶ FOOD stärkehaltig ❷ FASHION gestärkt ❸ (*pej fam: formal*) *people* reserviert; **~ image** angestaubtes Image

star·dom ['stɑːdəm] *n no pl* Leben *nt* als Star

stare [steə^r] I. *n* Starren *nt;* **she gave him a long ~** sie starrte ihn unverwandt an; **accusing ~** vorwurfsvoller Blick II. *vi* ❶ (*look at*) starren; ■ **to ~ at sb/sth** jdn/etw anstarren ❷ (*eyes wide open*) große Augen machen ❸ (*be conspicuous*) ■ **to ~ out at sb** jdm ins Auge stechen III. *vt* (*look at*) **to ~ sb in the eye** jdn anstarren; **to ~ sb up and down** jdn anstieren *fam* ▶ **to be staring sb in the face** (*be evident*) auf der Hand liegen

'star·fish *n* Seestern *m*

star·gaz·er [-ˌgeɪzə^r] *n* ❶ (*hum fam*) Sterngucker(in) *m(f)* ❷ AUS (*sl: horse*) Gaul *m* ❸ (*fish*) Seestern *m*

star·ing ['steərɪŋ] *adj eyes* starrend

stark [stɑːk] I. *adj* ❶ (*bare*) *landscape* karg; (*austere*) schlicht ❷ (*obvious*) krass; **~ reality** die harte Realität; **to be a ~ reminder** drastisch an etw *akk* erinnern ❸ *attr* (*sheer*) total II. *adv* **~ naked** splitterfasernackt *fam;* **~ raving mad** (*hum, iron*) völlig übergeschnappt *fam*

stark·ers ['stɑːkəz] *adj pred* BRIT, AUS (*fam*) im Adams-/Evakostüm *hum*, nackert ÖSTERR

star·let ['stɑːlət] *n* ❶ (*actress*) Starlet *nt* ❷ ASTRON Sternchen *nt*

'star·light *n no pl* Sternenlicht *nt*

star·ling ['stɑːlɪŋ] *n* (*bird*) Star *m*

star·lit ['stɑːlɪt] *adj* sternenklar

star·ry ['stɑːri] *adj* ❶ ASTRON sternenklar; **the ~ sky** der mit Sternen übersäte Himmel ❷ (*star-like*) sternförmig ❸ FILM, THEAT **~ cast** Starbesetzung *f*

'star·ry-eyed *adj idealist* blauäugig, verzückt; *lover* hingerissen

Stars and Stripes [ˌstɑːzənd'straɪps] *npl* + *sing vb* ■ **the ~** die Stars and Stripes *pl* (*Nationalflagge der USA*)

'star sign *n* ASTROL Sternzeichen *nt* **Star-Span·gled 'Ban·ner** *n no pl* ■ **the ~** ❶ (*US flag*) das Sternenbanner (*die Nationalflagge der USA*) ❷ (*US national anthem*) der Star Spangled Banner (*die Nationalhymne der USA*) **'star-stud·ded** *adj* ❶ ASTRON mit Sternen übersät ❷ FILM, THEAT (*fam*) mit Stars besetzt; **~ cast** Starbesetzung *f;* **~ concert** Konzert *nt* mit großem Staraufgebot

start [stɑːt] I. *n usu sing* ❶ (*beginning*) Anfang *m*, Beginn *m;* **the race got off to an exciting ~** das Rennen fing spannend an; **at the ~ of the week** [am] Anfang der Woche; **promising ~** viel versprechender Anfang; **to make a ~ on sth** mit etw *dat* anfangen; **to make a fresh ~** einen neuen Anfang machen; **from the ~** von Anfang an; **from ~ to finish** von Anfang bis Ende; **for a ~** zunächst [einmal] ❷ (*foundation*) *of a company* Gründung *f* ❸ SPORTS (*beginning place*) Start *m* ❹ (*beginning time*) Start *m;* **false ~** Fehlstart *m* ❺ (*beginning advantage*) Vorsprung *m;* **to have a good ~ in life** einen guten Start ins Leben haben ❻ (*sudden movement*) Zucken *nt;* **he woke with a ~** er schreckte aus dem Schlaf hoch; **to give a ~** zusammenzucken; **to give sb a ~** jdn erschrecken II. *vi* ❶ (*begin*) anfangen; **we only knew two people in London to ~ with** anfangs kannten wir nur zwei Leute in London; **don't you ~!** jetzt fang du nicht auch noch an! *fam;* **let's get ~ed on this load of work** lasst uns mit der vielen Arbeit anfangen; **to ~ afresh** von neuem beginnen; ■ **to ~ to do sth** anfangen[,] etw zu tun; **to ~ with, ...** (*fam*) zunächst einmal ... ❷ (*fam: begin harassing, attacking*) ■ **to ~ on sb** sich *dat* jdn vornehmen ❸ (*begin a journey*) losfahren ❹ (*begin to operate*) *vehicle, motor* anspringen ❺ (*begin happening*) beginnen ❻ (*jump in surprise*) zusammenfahren, hochfahren III. *vt* ❶ (*begin*) ■ **to ~ [doing] sth** anfangen[,] etw zu tun; **when do you ~ your new job?** wann fängst du mit deiner neuen Stelle an?; **he ~ed work at 16** mit 16 begann er zu arbeiten; **to ~ a family** eine Familie gründen ❷ (*set in motion*) ■ **to ~ sth** etw ins Leben rufen; **to ~ a fight** Streit anfangen; **to ~ a fire** Feuer machen; **to ~ legal proceedings** gerichtliche Schritte unternehmen ❸ MECH einschalten; *machine* anstellen; *motor* anlassen; **to ~ a car** ein Auto starten ❹ ECON **to ~ a business** ein Unternehmen gründen ◆ **start back** *vi* ❶ (*jump back*) zurückschrecken ❷ (*return*) sich auf den Rückweg machen ◆ **start off** I. *vi* ❶ (*begin activity*) ■ **to ~ off with sb/sth** bei jdm/etw anfangen; **they ~ed off by reading the script through** zuerst lasen sie das Skript durch ❷ (*begin career*) ■ **to ~ off as sth** seine Laufbahn als etw beginnen ❸ (*embark*) losfahren; **they ~ed off in New Orleans** sie starteten in New Orleans II. *vt* ❶ (*begin*) ■ **to ~ sth ○ off** etw beginnen ❷ (*cause to begin*) ■ **to ~ sb off on sth** jdn zu etw *dat* veranlassen ❸ (*upset*) **don't ~ her off on the injustice of the class system** gib ihr bloß nicht das Stichwort von der Ungerechtigkeit des Klassensystems ❹ (*help to begin*) ■ **to ~ sb off** jdm den Start erleichtern ◆ **start out** *vi* ❶ (*embark*) aufbrechen ❷ (*begin*) anfangen; ■ **to ~ out as sth** als etw beginnen; (*on a job*) als etw anfangen ❸ (*intend*) **our committee has achieved what we ~ed out to do** unser Komitee hat erreicht, was wir uns zum Ziel gesetzt hatten ◆ **start up** I. *vt* ❶ (*organize*) **to ~ up a business/a club** ein Unternehmen/einen Club gründen ❷ MECH **to ~ up a motor** einen Motor anlassen II. *vi* ❶ (*jump*) aufspringen ❷ (*occur*) beginnen ❸ (*begin running*) motorized vehicle anspringen

START [stɑːt] *abbrev of* **Strategic Arms Reduction Talks** START-Vertrag *m*

start·er ['stɑːtəʳ] *n* ❶ *esp* BRIT FOOD (*fam*) Vorspeise *f* ❷ MECH Anlasser *m* ❸ (*starting race*) Starter *m* ❹ (*participant*) Wettkampfteilnehmer(in) *m(f);* AM (*in baseball*) Starter *m* ❺ (*sb who starts*) **she is a slow ~ in the morning** sie kommt morgens nur langsam in Schwung; **to be a late ~** ein Spätzünder sein *fam*

start·ing ['stɑːtɪŋ] *adj attr* SPORTS Start-

'**start·ing line** *n* SPORTS Startlinie *f* '**start·ing point** *n* Ausgangspunkt *m*

star·tle ['stɑːtl̩] *vt* erschrecken; **the noise ~d the birds** der Lärm schreckte die Vögel auf

star·tling ['stɑːtl̩ɪŋ] *adj* (*surprising*) überraschend, verblüffend; (*alarming*) erschreckend

'**start-up** *n* ❶ COMM [Neu]gründung *f,* Existenzgründung *f* ❷ MECH Start *m,* Inbetriebnahme *f* ❸ COMPUT Hochfahren *nt kein pl,* Start *m;* **~ disk** Startdiskette *f*
'**start-up capi·tal** *n no pl* Startkapital *nt*
'**start-up costs** *npl* Anlaufkosten *pl*

star·va·tion [stɑːˈveɪʃən] *n no pl* ❶ (*death from hunger*) Hungertod *m;* **to die of ~** verhungern ❷ (*serious malnutrition*) Unterernährung *f*

star·'va·tion diet *n* Hungerkur *f*

starve [stɑːv] I. *vi* ❶ (*die of hunger*) verhungern; **to ~ to death** verhungern ❷ (*suffer from hunger*) hungern; (*be malnourished*) unterernährt sein ❸ (*fam: be very hungry*) ■ **to be starving** ausgehungert sein ❹ (*crave*) ■ **to ~ for sth** nach etw *dat* hungern II. *vt* ❶ (*deprive of food*) aushungern; ■ **to ~ oneself to death** sich zu Tode hungern ❷ *usu passive* (*fig: deprive*) **people ~d of sleep start to lose their concentration** Menschen, die unter Schlafmangel leiden, können sich nicht mehr konzentrieren ❸ *usu passive* AM (*fig: crave*) ■**to be ~d for sth** sich nach etw dat sehnen

starv·ing ['stɑːvɪŋ] *adj* ❶ (*malnourished*) ausgehungert, unterernährt; **~ children** hungernde Kinder ❷ (*fam: very hungry*) [ganz] ausgehungert; **I'm ~!** ich bin am Verhungern!

stash [stæʃ] **I.** *n* <*pl* -es> ❶ (*dated: hiding place*) Versteck *nt* ❷ (*cache*) [geheimes] Lager, Vorrat *m* **II.** *vt* (*fam*) verstecken; *money* bunkern

state [steɪt] **I.** *n* ❶ (*existing condition*) Zustand *m;* **a sorry ~ of affairs** traurige Zustände; **~ of siege/war** Belagerungs-/Kriegszustand *m* ❷ (*physical condition*) körperliche Verfassung; **~ of exhaustion/fatigue** Erschöpfungs-/Ermüdungszustand *m;* **to be in a good/poor ~ of health** in einem guten/schlechten Gesundheitszustand sein ❸ PSYCH (*frame of mind*) Gemütszustand *m;* **unconscious ~** Bewusstlosigkeit *f;* **to be in a fit ~ to do sth** in der Lage sein, etw zu tun ❹ (*fam: upset state*) **to be in a ~** mit den Nerven fertig sein; **to get in[to] a ~ [about sth]** [wegen einer S. *gen*] durchdrehen ❺ CHEM **solid/liquid/gaseous ~** fester/flüssiger/gasförmiger Zustand ❻ (*nation*) Staat *m* ❼ (*unit within nation: USA*) [Bundes]staat *m;* (*Germany*) Land *nt;* ■**the S~s** *pl* (*fam: the United States of America*) die Staaten *pl* ❽ (*civil government*) Staat *m,* Regierung *f* **II.** *adj attr* ❶ (*pertaining to a nation*) staatlich, Staats- ❷ (*pertaining to unit*) **the ~ capital of Texas** die Hauptstadt von Texas; **~ forest/park** von einem US-Bundesstaat finanzierter Wald/Park; **~ police** Polizei eines US-Bundesstaates ❸ (*pertaining to civil government*) Regierungs-; **~ enrolled/registered nurse** BRIT staatlich zugelassene/geprüfte Krankenschwester; **~ secret** (*also fig*) Staatsgeheimnis *nt;* **~ subsidy** [staatliche] Subvention ❹ (*showing ceremony*) Staats- **III.** *vt* ❶ (*express*) aussprechen, äußern; **to ~ one's case** seine Sache vortragen; **to ~ one's objections** seine Einwände vorbringen; **to ~ the source** die Quelle angeben; ■**to ~ that ...** erklären, dass ...; ■**to ~ how/what/why ...** darlegen, wie/was/warum ... ❷ (*specify, fix*) nennen, angeben; **to ~ demands** Forderungen stellen

state-con·'trol·led *adj* (*controlled by the government*) staatlich gelenkt [*o* kontrolliert], unter staatlicher Aufsicht *nach n,* präd; (*owned by the state*) staatseigene(r, s) *attr* '**state·craft** *n no pl* Staatskunst *f*

stat·ed ['steɪtɪd] *adj* ❶ (*declared*) genannt, angegeben; **as ~ above** wie oben angegeben ❷ (*fixed*) festgelegt, festgesetzt; **at the ~ time** zur festgesetzten Zeit

'**State De·part·ment** *n no pl,* **+ *sing/pl vb*** AM ■**the ~** das US-Außenministerium

state edu·'ca·tion *n no pl* staatliches Bildungswesen

state·less ['steɪtləs] *adj* staatenlos; **~ person** Staatenlose(r) *f(m)*

state·ly ['steɪtli] *adj* ❶ (*formal and imposing*) würdevoll, majestätisch ❷ (*splendid*) prächtig, imposant; **~ home** herrschaftliches Anwesen

state·ment ['steɪtmənt] *n* ❶ (*act of expressing sth*) Äußerung *f,* Erklärung *f;* (*fig*) ■**to make a ~** *lifestyle, values* viel aussagen; **a coloured telephone can make a ~ too** auch ein farbiges Telefon kann ein Signal setzen ❷ (*formal declaration*) Stellungnahme *f;* **I have no further ~ to make at this time** ich habe dazu im Moment nichts mehr zu sagen; **to make a ~ to the press** eine Presseerklärung abgeben ❸ LAW Aussage *f;* **to make a ~ [in court]** [vor Gericht] aussagen ❹ (*bank statement*) [Konto]auszug *m*

state of the 'art *adj pred,* **state-of-the-'art** *adj attr* auf dem neuesten Stand der Technik *nach n,* hoch entwickelt, hochmodern

state-owned [-ˌəʊnd] *adj* staatseigene(r, s) *attr,* staatlich, in Staatsbesitz *präd* **state 'pris·on** *n* ❶ AM (*prison on the state level*) Staatsgefängnis *nt* (*eines US-Bundesstaates*) ❷ (*prison for political offenders*) Gefängnis *nt* für politische Gefangene '**state·room** *n* ❶ (*in a hotel*) Empfangszimmer *nt;* (*in a palace*) Empfangssaal *m* ❷ NAUT Luxuskabine *f* ❸ RAIL Luxusabteil *nt* '**state school** *n* öffentliche [*o* staatliche] Schule

'**state·side** **I.** *adj* in den Staaten *präd;* **a ~ newspaper** eine Zeitung aus den Staaten **II.** *adv* in die Staaten

'**states·man** *n* Staatsmann *m*

'**states·man·like** *adj* staatsmännisch

'**states·man·ship** ['steɪtsmənʃɪp] *n no pl* Staatskunst *f*

'**states·wom·an** *n* Staatsfrau *f*

state 'vis·it *n* Staatsbesuch *m*

stat·ic ['stætɪk] **I.** *adj* ❶ (*fixed*) statisch; (*not changing*) konstant; **to remain ~** stagnieren **II.** *n* ❶ PHYS ■**~ s + *sing vb*** Statik *f kein pl* ❷ *no pl* (*electrical charge*) statische

Elektrizität; (*atmospherics*) atmosphärische Störungen

stat·ic elec·'tric·i·ty *n no pl* statische Elektrizität

sta·tion ['steɪʃ(ə)n] **I.** *n* ❶ RAIL Bahnhof *m;* **tube** BRIT [*or* AM **subway**] ~ U-Bahn-Haltestelle *f* ❷ (*for designated purpose*) -station *f;* **petrol** BRIT [*or* AM **gas**] ~ Tankstelle *f;* **police** ~ Polizeiwache *f;* **power** ~ Kraftwerk *nt* ❸ (*broadcasting station*) Sender *m;* **radio/TV** ~ Radio-/Fernsehsender *m* ❹ (*position*) Position *f,* Platz *m;* **several destroyers are on ~ off the coast of Norway** mehrere Zerstörer liegen vor der Küste Norwegens ❺ (*dated: social position*) Stellung *f;* **she married below her** ~ sie heiratete unter ihrem Stand ❻ AUS, NZ AGR (*large farm*) [große] Farm **II.** *vt* postieren, aufstellen; *soldiers, troops* stationieren

sta·tion·ary ['steɪʃ(ə)n(ə)ri] *adj* (*not moving*) ruhend; **we were** ~ **at a set of traffic lights** wir standen an einer Ampel; (*not changing*) unverändert

sta·tion·er ['steɪʃ(ə)nə'] *n* BRIT ❶ (*person*) Schreibwarenhändler(in) *m(f)* ❷ (*shop*) Schreibwarenladen *m*

sta·tion·ery ['steɪʃ(ə)n(ə)ri] *n no pl* Schreibwaren *pl;* (*writing paper*) Schreibpapier *nt*

'sta·tion house *n* AM Polizeiwache *f* **'sta·tion·mas·ter** *n* Stationsvorsteher(in) *m(f)* **'sta·tion wag·on** *n* AM, AUS Kombi[wagen] *m*

sta·tis·ti·cal [stə'tɪstɪk(ə)l] *adj* statistisch

sta·tis·ti·cal·ly [stə'tɪstɪk(ə)li] *adv* statistisch; **to analyse sth** ~ etw statistisch auswerten; **to present sth** ~ etw als Statistik darstellen

stat·is·ti·cian [ˌstætɪ'stɪʃ(ə)n] *n* Statistiker(in) *m(f)*

sta·tis·tics [stə'tɪstɪks] *npl* ❶ + *sing vb* (*science*) Statistik *f kein pl* ❷ (*data*) Statistik *f*

statu·ary ['stætʃu(ə)ri] (*form*) **I.** *n no pl* ❶ (*statues collectively*) Statuen *pl* ❷ (*art of making statues*) Bildhauerei *f* **II.** *adj* statuarisch *geh*

stat·ue ['stætʃu:] *n* Statue *f,* Standbild *nt*

Statue of 'Lib·er·ty *n* ■ **the** ~ die Freiheitsstatue

statu·esque [ˌstætʃu:'esk] *adj* (*approv form*) stattlich

statu·ette [ˌstætʃu:'et] *n* Statuette *f*

stat·ure ['stætʃə'] *n* ❶ (*height*) Statur *f,* Gestalt *f;* **large/short** ~ großer/kleiner Wuchs ❷ (*reputation*) Geltung *nt,* Prestige *nt*

sta·tus ['steɪtəs] *n no pl* Status *m;* (*prestige also*) Prestige *nt;* **to have a high** ~ **in a company** in einem Unternehmen eine hohe Stellung haben; **legal** ~ Rechtsposition *f*

'sta·tus bar *n* COMPUT Statusleiste *f* **'sta·tus line** *n* COMPUT Statuszeile *f* **sta·tus quo** [ˌsteɪtəs'kwəʊ] *n no pl* Status quo *m* **'sta·tus re·port** *n* COMPUT Statusbericht *m* **'sta·tus sym·bol** *n* Statussymbol *nt*

stat·ute ['stætju:t] *n* ❶ (*written rules*) Statut *nt meist pl,* Satzung *f;* ■ **by** ~ satzungsgemäß ❷ (*law*) Gesetz *nt* ❸ LAW, ECON (*permanent corporate rule*) Betriebsverfassung *f*

'stat·ute book *n* Gesetzbuch *nt;* **to put a law on the** ~ ein Gesetz durchbringen **stat·ute 'law** *n* LAW ❶ *no pl* (*not common law*) geschriebenes Gesetz ❷ (*statute*) Statut *nt,* Satzung *f* **stat·ute of limi·'ta·tions** *n* Verjährungsgesetz *nt,* Verjährungsvorschrift *f*

statu·tory ['stætjət(ə)ri] *adj* gesetzlich; ~ **law** kodifiziertes Recht; ~ **right** positives Recht

staunch[1] [stɔ:ntʃ] *adj* (*steadfastly loyal*) standhaft, zuverlässig; ~ **Catholic** überzeugter Katholik/überzeugte Katholikin; ~ **opponent** erbitterter Gegner/erbitterte Gegnerin; ~ **refusal** strikte Weigerung

staunch[2] [stɔ:ntʃ] *vt* stauen; *blood* stillen; **to** ~ **a wound** eine Wunde abbinden

stave [steɪv] **I.** *n* ❶ (*musical staff*) Notenlinien *pl* ❷ (*in construction*) Sprosse *f,* Querholz *nt* **II.** *vt* ■ **to** ~ **in** ⟳ *sth* etw eindrücken; **to** ~ **a hole in sth** ein Loch in etw *akk* schlagen ◆ **stave off** *vt* ■ **to** ~ **off** ⟳ *sth* (*postpone*) etw hinauszögern [*o* aufschieben]; (*prevent*) etw abwenden [*o* abwehren]; **to** ~ **off hunger** den Hunger stillen; ■ **to** ~ **off** ⟳ *sb* jdn hinhalten *fam*

staves [steɪvz] *n* ❶ *pl of* **staff** ❷ *pl of* **stave**

stay[1] [steɪ] *n* NAUT, TRANSP Stütztau *nt*

stay[2] [steɪ] **I.** *n* ❶ (*act of remaining*) Aufenthalt *m;* **overnight** ~ Übernachtung *f* ❷ LAW Aussetzung *f* **II.** *vi* ❶ (*remain present*) bleiben; **to** ~ **in bed/at home** im Bett/zu Hause bleiben; **to** ~ **put** (*fam: keep standing*) stehen bleiben; (*not stand up*) sitzen bleiben; (*not move*) sich nicht vom Fleck rühren ❷ (*persevere*) ■ **to** ~ **with sth** bei der Sache bleiben ❸ (*reside temporarily*) untergebracht sein, wohnen; **the children** ~**ed with their grandparents for a week** die Kinder verbrachten eine Woche bei ihren Großeltern; **to** ~ **overnight** übernachten ❹ + *n or adj* (*remain*) bleiben; **the shops** ~ **open until**

8 p.m. die Läden haben bis 20 Uhr geöffnet; **to ~ in touch** in Verbindung bleiben; **to ~ tuned** RADIO, TV, MEDIA am Apparat bleiben III. *vt* (*assuage*) **to ~ one's hunger/thirst** seinen Hunger/Durst stillen ◆**stay away** *vi* ❶ (*keep away*) wegbleiben, fernbleiben ❷ (*avoid*) ■**to ~ away from sb/sth** jdn/etw meiden; **my boss told me to ~ away from company policy** mein Chef sagte mir, ich solle mich aus der Unternehmenspolitik heraushalten ◆**stay behind** *vi* [noch] [da]bleiben; SCH nachsitzen ◆**stay in** *vi* zu Hause bleiben ◆**stay on** *vi* ❶ (*remain longer*) [noch] bleiben ❷ (*remain in place*) *lid, top* halten, darauf bleiben; *sticker* haften ❸ (*remain in operation*) *light* an bleiben; *device* eingeschaltet bleiben ◆**stay out** *vi* ❶ (*not come home*) ausbleiben, wegbleiben ❷ (*continue a strike*) weiter streiken ❸ (*not go somewhere*) **~ out of the kitchen!** bleib aus der Küche!; **~ out of the water if nobody's around** geh nicht ins Wasser, wenn sonst keiner da ist ❹ (*not become involved*) **to ~ out of trouble** sich *dat* Ärger vom Hals halten *fam;* **to ~ out of sb's way** jdm aus dem Wege gehen ◆**stay up** *vi* aufbleiben, wach bleiben

'**stay-at-home** I. *n* (*pej*) Stubenhocker(in) *m(f) fam* II. *adj* ungesellig, menschenscheu

stay·er ['steɪəʳ] *n* ❶ (*approv: persevering person*) ausdauernder Mensch; (*horse*) Steher *m* ❷ (*visitor*) Besucher(in) *m(f)*

stay·ing power ['steɪɪŋ-] *n no pl* ❶ (*physical stamina*) Durchhaltevermögen *nt,* Ausdauer *f* ❷ (*mental stamina*) Mut *m,* Durchsetzungsvermögen *nt*

STD[1] [ˌestiːˈdiː] *n* MED *abbrev of* **sexually transmitted disease** Geschlechtskrankheit *f*

STD[2] [ˌestiːˈdiː] *n no pl* BRIT, AUS TECH *abbrev of* **subscriber trunk dialling** Selbstwählferndienst *m*

stead [sted] *n no pl* Stelle *f* ▶ **to stand sb in good ~** [**for sth**] jdm [bei etw *dat*] zugutekommen

stead·fast ['stedfɑːst] *adj* fest, standhaft, unerschütterlich; *ally* loyal; *critic* unerbittlich; *friend* treu; **to prove oneself ~** sich als zuverlässig erweisen

stead·fast·ly ['stedfɑːstli] *adv* fest, standhaft, unerschütterlich; **to refuse ~ to do sth** kategorisch ablehnen, etw zu tun; **to remain ~ at sb's side** jdm treu zur Seite stehen

stead·fast·ness ['stedfɑːstnəs] *n no pl* Standhaftigkeit *f,* Loyalität *f;* **sb's ~ in the face of sth** jds Standhaftigkeit angesichts einer S. *gen*

steadi·ness ['stedɪnəs] *n no pl* ❶ (*stability*) *of prices* Stabilität *f;* (*firmness*) Festigkeit *f;* (*unwaveringness*) Standhaftigkeit *f* ❷ (*regularity*) Regelmäßigkeit *f,* Stetigkeit *f;* **the ~ of his pulse gives us grounds for hope** sein Puls ist stabil, und das gibt uns Grund zur Hoffnung

steady ['stedi] I. *adj* ❶ (*stable*) fest, stabil ❷ (*regular*) kontinuierlich, gleich bleibend; *breathing, flow, pulse* regelmäßig; *increase, decrease* stetig; *rain* anhaltend; *speed* konstant ❸ (*not wavering*) fest; *pain* permanent; **~ hand** ruhige Hand; **~ voice** feste Stimme ❹ (*calm and dependable*) verlässlich, solide; *nerves* stark ❺ (*regular*) regelmäßig; **~ boyfriend/girlfriend** fester Freund/feste Freundin II. *vt* <-ie-> ❶ (*stabilize*) stabilisieren; **to ~ oneself** ins Gleichgewicht kommen, Halt finden; **to ~ the ladder** die Leiter festhalten ❷ (*make calm*) **to ~ one's aim** sein Ziel fixieren; **to ~ one's nerves** seine Nerven beruhigen III. *adv* ❶ (*still*) **to hold ~ prices** stabil bleiben; **to hold sth ~** etw festhalten ❷ BRIT (*be sparing*) **I'd like a gin and tonic, please, and go ~ on the ice** ich hätte gerne einen Gin Tonic, aber bitte mit wenig Eis IV. *interj* (*warning*) sachte!; **~ on!** BRIT halt!

steak [steɪk] *n* ❶ *no pl* (*superior cut of beef*) zum Kurzbraten geeignetes Stück vom Rind; **rump ~** Rumpsteak *nt* ❷ *no pl* (*poorer-quality beef*) Rindfleisch *nt;* **braising ~** Schmorfleisch *nt* ❸ (*thick slice*) [Beef]steak *nt;* *of fish* Filet *nt*

steal [stiːl] I. *n esp* AM (*fam*) Schnäppchen *nt* II. *vt* <stole, stolen> ❶ (*take illegally*) stehlen; **to ~** [**sb's**] **ideas** [jds] Ideen klauen *fam* ❷ (*gain artfully*) **to ~ sb's heart** jds Herz erobern ❸ (*do surreptitiously*) **she stole a glance at her watch** sie lugte heimlich auf ihre Armbanduhr ▶ **to ~ the show from sb** jdm die Schau stehlen; **to ~ sb's thunder** jdm den Wind aus den Segeln nehmen III. *vi* <stole, stolen> ❶ (*take things illegally*) stehlen ❷ (*move surreptitiously*) sich wegstehlen; **he stole out of the room** er stahl sich aus dem Zimmer

steal·ing ['stiːlɪŋ] *n no pl* Stehlen *nt*

stealth [stelθ] *n* ❶ (*trick*) List *f* ❷ (*furtiveness*) Heimlichkeit *f;* ■ **to do sth by ~** etw heimlich tun

stealthy ['stelθi] *adj* heimlich, verstohlen

steam [sti:m] I. *n no pl* Dampf *m*; **he ran out of ~** ihm ging die Puste aus; **to let off ~** Dampf ablassen *a. fig* II. *vi* dampfen III. *vt* **to ~ fish/vegetables** Fisch/Gemüse dämpfen; **to ~ open a letter** einen Brief über Wasserdampf öffnen ◆ **steam up** I. *vi mirror, window* beschlagen II. *vt* ❶ (*cause to become steamy*) **the windows are ~ed up** die Fenster sind beschlagen ❷ (*fam: cause to become excited*) **to get all ~ed up** [**about sth**] sich [über etw *akk*] unheimlich aufregen
'steam bath *n* Dampfbad *nt* **'steamboat** *n* Dampfschiff *nt,* Dampfer *m* **'steam·clean·er** *n* Dampfreiniger *m,* Dampfsauger *m* **'steam en·gine** *n* ❶ (*engine*) Dampfmaschine *f* ❷ (*locomotive*) Dampflok[omotive] *f*
steam·er ['sti:mə'] *n* ❶ (*boat*) Dampfer *m,* Dampfschiff *nt* ❷ (*for cooking*) Dampfkochtopf *m*
'steam iron *n* Dampfbügeleisen *nt* **'steam·roll·er** I. *n* ❶ (*road machinery*) Dampfwalze *f* ❷ (*fig: extremely forceful person*) Agitator(in) *m(f) geh* II. *vt* ■ **to ~ sb into doing sth** jdn unter Druck setzen, etw zu tun; **to ~ the opposition** die Opposition niederwalzen **'steam·ship** *n* Dampfschiff *nt,* Dampfer *m*
steamy ['sti:mi] *adj* ❶ (*full of steam*) dampfig, dunstig ❷ (*hot and humid*) feuchtheiß ❸ (*fam: torrid, sexy*) heiß, scharf; *love scene, novel also* prickelnd
steed [sti:d] *n* (*dated liter*) Ross *nt*
steel [sti:l] I. *n* ❶ *no pl* (*iron alloy*) Stahl *m* ❷ *no pl* (*firmness of character*) Härte *f,* Stärke *f;* **nerves of ~** Nerven *pl* wie Drahtseile ❸ (*knife sharpener*) Wetzstahl *m* II. *vt* ■ **to ~ oneself against/for sth** sich gegen/für etw *akk* wappnen; ■ **to ~ oneself** [**to do sth**] all seinen Mut zusammennehmen[, um etw zu tun]
steel 'band *n* Steelband *f* **steel 'grey** I. *adj* stahlgrau II. *n* Stahlgrau *nt* **'steel mill** *n* Stahl[walz]werk *nt* **steel 'wool** *n no pl* Stahlwolle *f* **'steel·work·er** *n* Stahlarbeiter(in) *m(f)* **'steel·works** *npl + sing/pl vb* Stahlwerk *nt,* Stahlfabrik *f*
steely ['sti:li] *adj* ❶ (*of steel*) stählern ❷ (*hard, severe*) stahlhart; **~ determination** eiserne Entschlossenheit; **~ expression** harter Ausdruck; **~ glance** stählerner Blick
steep[1] [sti:p] *adj* ❶ (*sharply sloping*) steil; *slope* abschüssig; **~ steps** hohe Stufen ❷ (*dramatic*) drastisch, dramatisch; *decline* deutlich ❸ (*unreasonably expensive*) überteuert
steep[2] [sti:p] I. *vt* ❶ (*soak in liquid*) tränken; *washing* einweichen ❷ *usu passive* (*imbue*) ■ **to be ~ed in sth** von etw *dat* durchdrungen sein; **~ed in history** geschichtsträchtig II. *vi* einweichen; **she never lets the tea ~ long enough** sie lässt den Tee nie lang genug ziehen
steep·en ['sti:pən] I. *vi* ❶ (*become steeper*) steiler werden; *road, slope* ansteigen ❷ (*fam: increase in cost*) steigen, sich erhöhen II. *vt steps* steiler machen
stee·ple ['sti:pl] *n* ARCHIT (*spire*) Turmspitze *f; of a church* Kirchturm *m*
'stee·ple·chase *n* ❶ (*for horses*) Hindernisrennen *nt* ❷ (*for runners*) Hindernislauf *m* **'stee·ple·jack** *n* Hochbauarbeiter(in) *m(f)*
steep·ly ['sti:pli] *adv* steil; (*dramatically*) drastisch; **to decline/rise ~** drastisch zurückgehen/steigen
steer [stɪə'] I. *n* ZOOL junger Ochse II. *vt* ❶ (*direct*) steuern ❷ (*follow*) **to ~ a course** einen Kurs einschlagen III. *vi* steuern, lenken; *vehicle* sich lenken lassen
steer·age ['stɪə'ɪdʒ] I. *n no pl* NAUT (*hist*) Zwischendeck *nt* II. *adj* NAUT (*hist*) Zwischendeck-
steer·ing ['stɪə'ɪŋ] I. *n no pl* AUTO Lenkung *f;* NAUT Steuerung *f* II. *adj attr* AUTO Lenk-; NAUT Ruder-, Steuerungs-
'steer·ing com·mit·tee *n* Lenkungsausschuss *m* **'steer·ing lock** *n* AUTO Lenkradschloss *nt* **'steer·ing wheel** *n* Steuer[rad] *nt; of a car also* Lenkrad *nt*
'steers·man *n* NAUT Steuermann *m*
stele <*pl* -lae *or* -s> ['sti:li] *n* Stele *f*
stel·lar ['stelə'] *adj* ❶ ASTRON (*form*) stellar *fachspr* ❷ (*fam: exceptionally good*) grandios, phänomenal
stem [stem] I. *n* ❶ *of a tree, bush* Stamm *m; of a leaf, flower* Stiel *m,* Stängel *m; of grain, corn* Halm *m; of a glass* [Glas]stiel *m* ❷ LING [Wort]stamm *m* II. *vt* <-mm-> eindämmen, aufhalten; **to ~ the flow of blood** die Blutung stillen; **to ~ the tide** [*or* **flow**] **of sth** etw zum Stillstand bringen III. *vi* <-mm-> ❶ (*be traced back*) ■ **to ~ back to sth** sich bis zu etw *dat* zurückverfolgen lassen, auf etw *akk* zurückgehen; ■ **to ~ from sb/sth** auf jdn/etw zurückzuführen sein ❷ (*slide a ski outwards*) stemmen
'stem cell *n* MED Stammzelle *f;* **~ research** Stammzellenforschung *f*
stench [stentʃ] *n no pl* Gestank *m a. fig*

sten·cil ['sten(t)sᵊl] *n* Schablone *f*; (*picture*) Schablonenzeichnung *f*

ste·nog·ra·pher [stə'nɒgrəfəʳ] *n* AM (*dated*) Stenograf(in) *m(f)*

ste·nog·ra·phy [stə'nɒgrəfi] *n no pl* AM (*dated*) Stenografie *f*

step¹ [step] *n no pl* SPORTS *short for* **step aerobics** Step-Aerobic *nt o f*

step² [step] **I.** *n* ❶ (*foot movement*) Schritt *m;* **to be/walk in ~** im Gleichschritt sein/laufen ❷ *no pl* (*manner of walking*) Gang *m;* **to watch one's ~** (*fig*) aufpassen ❸ (*dance movement*) [Tanz]schritt *m;* ■ **in/out of ~** im/aus dem Takt; (*fig*) im/nicht im Einklang; **to keep in ~ with sth** (*fig*) mit etw *dat* Schritt halten ❹ (*stair*) Stufe *f*; *of a ladder* Sprosse *f*; **"mind the ~"** „Vorsicht, Stufe!"; **a flight of ~s** eine Treppe ❺ (*stage in a process*) Schritt *m;* **one ~ at a time** eins nach dem anderen; **to be one ~ ahead [of sb]** [jdm] einen Schritt voraus sein; **~ by ~** Schritt für Schritt ❻ (*measure, action*) Schritt *m,* Vorgehen *nt;* ■ **to take ~s [to do sth]** Schritte unternehmen[, um etw zu tun]; **to take drastic ~s** zu drastischen Mitteln greifen ❼ BRIT (*stepladder*) ■ **~s** *pl* Trittleiter *f* ❽ *esp* AM MUS (*tone, semitone*) Ton *m* **II.** *vi* <-pp-> ❶ (*tread*) ■ **to ~ somewhere** irgendwohin treten; ■ **to ~ over sth** über etw *akk* steigen; **to ~ on sb's foot** jdm auf den Fuß treten ❷ (*walk*) ■ **to ~ somewhere** irgendwohin gehen; **would you care to ~ this way please, sir?** würden Sie bitte hier entlanggehen, Sir?; **she ~ped backwards** sie machte einen Schritt zurück; **to ~ aside** zur Seite gehen; **to ~ out of line** (*fig*) sich danebenbenehmen **III.** *vi* AUTO, TRANSP (*tread on accelerator, brake*) treten (**on** auf); **~ on it** gib Gas! *fam* ◆ **step aside** *vi* zur Seite treten, Platz machen ◆ **step back** *vi* ❶ (*move back*) zurücktreten ❷ (*gain a new perspective*) Abstand nehmen ❸ (*emotionally re-visit*) **to ~ back in time** sich in die Vergangenheit zurückversetzen ◆ **step down** *vi* ❶ (*resign*) zurücktreten, sein Amt niederlegen ❷ LAW *witness* den Zeugenstand verlassen ◆ **step in** *vi* ❶ (*enter building*) eintreten; (*enter vehicle*) einsteigen ❷ (*intervene*) eingreifen, einschreiten ◆ **step up** *vt* verstärken; **the pace of the reforms is being ~ped up** die Reformen werden jetzt beschleunigt

'**step·broth·er** *n* Stiefbruder *m* '**step·child** *n* Stiefkind *nt* '**step·daugh·ter** *n* Stieftochter *f* **step·fami·ly** *n* + *sing/pl vb* Stieffamilie *f,* Patchworkfamilie *f* '**step·fa·ther** *n* Stiefvater *m*

'**step-free** *adj attr* ohne Stufen *nach n*

'**step·lad·der** *n* Stehleiter *f,* Trittleiter *f*

'**step·moth·er** *n* Stiefmutter *f*

steppe [step] *n* Steppe *f*

'**step·ping ma·chine** *n* Stepper *m* '**step·ping stone** *n* ❶ (*stone*) [Tritt]stein *m* ❷ (*fig: intermediate stage*) Sprungbrett *nt*

'**step·sis·ter** *n* Stiefschwester *f* '**step·son** *n* Stiefsohn *m*

ste·reo¹ <*pl* -os> ['steriəʊ] *n* ❶ *no pl* (*transmission*) Stereo *nt* ❷ (*fam: unit*) Stereoanlage *f; car* ~ Autoradio *nt*

ste·reo² ['steriəʊ] *adj short for* **stereophonic** Stereo-

ste·reo·phon·ic [ˌsteriə(ʊ)'fɒnɪk] *adj* MUS, MEDIA (*form*) stereophon *fachspr;* **~ sound** Stereoklang *m*

ste·reo·scop·ic [ˌsteriə(ʊ)'skɒpɪk] *adj* stereoskopisch

ste·reo·type ['steriə(ʊ)taɪp] **I.** *n* Stereotyp *nt,* Klischee *nt;* (*character*) stereotype Figur; **racist ~s** rassistische Vorurteile **II.** *vt* **to ~ sb/sth** jdn/etw in ein Klischee zwängen

ste·reo·typi·cal [ˌsteriə(ʊ)'tɪpɪkᵊl] *adj* stereotyp; **~ family** Durchschnittsfamilie *f;* **~ male response** typisch männliche Antwort

ste·reo·typi·cal·ly [ˌsteriə(ʊ)'tɪpɪkᵊli] *adv* stereotyp

ster·ile [steraɪl] *adj* ❶ MED (*unable to reproduce*) unfruchtbar, steril ❷ AGR *soil* unfruchtbar ❸ MED (*free from bacteria*) steril, keimfrei

ste·ril·ity [stə'rɪləti] *n no pl* ❶ MED Unfruchtbarkeit *f,* Sterilität *f* ❷ AGR Unfruchtbarkeit *f*

steri·li·za·tion [ˌsterᵊlaɪ'zeɪʃᵊn] *n no pl* ❶ (*operation*) Sterilisierung *f* ❷ (*making sth chemically clean*) Desinfizierung *f*

steri·lize ['sterᵊlaɪz] *vt* MED ❶ *usu passive* (*make infertile*) ■ **to be ~d** (*already*) sterilisiert sein; (*now, in future*) sterilisiert werden; **she decided to be ~d** sie entschloss sich, sich sterilisieren zu lassen ❷ (*disinfect*) desinfizieren; **to ~ water** Wasser abkochen

ster·ling ['stɜːlɪŋ] **I.** *n no pl* ❶ FIN Sterling *m,* [britisches] Pfund ❷ (*metal*) Sterlingsilber *nt* **II.** *adj* (*approv*) gediegen, meisterhaft; **to make a ~ effort** beachtliche Anstrengungen unternehmen

stern¹ [stɜːn] *adj* (*severe*) ernst; (*strict*) streng, unnachgiebig; (*difficult*) *test* hart, schwierig; **to say sth in a ~ voice** etw nachdrücklich sagen; **a ~ warning** eine eindringliche Warnung

stern² [stɜːn] *n* NAUT Heck *nt*

stern·ness ['stɜːnnəs] *n no pl* ❶ *(severity)* Strenge *f*, Härte *f* ❷ *(earnestness)* Ernst *m*, Ernsthaftigkeit *f*

ster·num <*pl* -s *or* -na> ['stɜːnəm, *pl* -nə] *n* Brustbein *nt*

ster·oid ['sterɔɪd] *n* CHEM, MED, PHARM Steroide *pl*

stetho·scope ['steθəskəʊp] *n* Stethoskop *nt*

ste·vedore ['stiːvədɔːʳ] *n* Stauer(in) *m(f)*

stew [stjuː] **I.** *n* Eintopf *m*; **Irish S~** *irischer Eintopf aus Kartoffeln, Fleisch und Gemüse* **II.** *vt* meat schmoren; **to ~ plums** Pflaumenkompott kochen **III.** *vi* ❶ *(simmer)* meat [vor sich *akk* hin] schmoren; BRIT tea zu lange ziehen [und bitter werden] ❷ *(fam: be upset)* schmollen

stew·ard ['stjuːəd] *n* ❶ *(on flight)* Flugbegleiter *m*, Steward *m*; *(on cruise)* Schiffsbegleiter *m*, Steward *m* ❷ *(at an event)* Ordner(in) *m(f)* ❸ *(at a race)* ■**~s** *pl* die Rennleitung *kein pl*

stew·ard·ess <*pl* -es> ['stjuːədes] *n* *(on flight)* Flugbegleiterin *f*, Stewardess *f*; *(on cruise)* Schiffsbegleiterin *f*, Stewardess *f*

stick¹ [stɪk] *n* ❶ *(small thin tree branch)* Zweig *m*; *(thin piece of wood)* Stock *m* ❷ *(severe criticism)* **to get ~** herbe Kritik einstecken müssen; **to give sb ~** jdn heruntermachen; *(a piece of sth)* **carrot ~s** lange Mohrrübenstücke; **celery ~s** Selleriestangen *pl*; **a ~ of chewing gum** ein Stück Kaugummi ❹ *(used in a certain function)* Stock *m*; **hockey/polo ~** Hockey-/Poloschläger *m*; **walking ~** Spazierstock *m* ❺ MUS Taktstock *m* ❻ AUTO, MECH Hebel *m*; **gear ~** Hebel *m* der Gang[schaltung] ❼ *(pej fam: remote area)* **out in the ~s** [ganz] weit draußen ▶ **to get the shit-end of the ~** AM *(fam!)* immer [nur] den schlechten Rest abbekommen; **to up ~s** BRIT *(fam)* mit Sack und Pack umziehen

stick² <stuck, stuck> [stɪk] **I.** *vi* ❶ *(fix by adhesion)* kleben; *(be fixed)* zugeklebt bleiben; **this stuff won't ~** dieser Klebstoff hält nicht ❷ *(fig: attach oneself)* ■**to ~ to sb** [**like a leech**] an jdm kleben *fam* ❸ *(be unable to move)* feststecken; car stecken bleiben; *(be unmovable)* festsitzen; *door, window, gear* klemmen; **help me up — I'm stuck** hilf mir mal – ich stecke fest! ❹ *(fig: unable to continue)* nicht weiter wissen; *(unable to leave)* nicht weg können ❺ *(endure)* hängen bleiben; **to ~ in sb's mind** jdm in Erinnerung bleiben ❻ *(persevere)* ■**to ~ at sth** an etw *dat* dranbleiben ❼ *(keep within limits)* **to ~ to one's budget** sich an sein Budget halten; **to ~ to a diet** eine Diät einhalten ❽ *(not give up)* **to ~ with traditions** an Traditionen festhalten ❾ *(continue to support, comply with)* ■**to ~ by sb/sth** zu jdm/ etw halten; **I ~ by what I said** ich stehe zu meinem Wort ❿ *(fam: need, be at a loss for)* **I'm stuck for money at the moment** im Moment bin ich ein bisschen knapp bei Kasse *fam*; **he was stuck for words** er suchte [vergeblich] nach Worten ▶ **to ~ to one's guns** nicht lockerlassen; **I'm ~ing to my guns** ich stehe zu dem, was ich gesagt habe **II.** *vt* ❶ *(affix)* kleben (**to an**) ❷ *(fam: put)* **~ your things wherever you like** stellen Sie Ihre Sachen irgendwo ab; **to ~ one's head around the door** seinen Kopf durch die Tür stecken ▶ **to ~ one's nose into sb's business** seine Nase in jds Angelegenheiten stecken ◆**stick around** *vi* *(fam)* da bleiben ◆**stick down** *vt* ❶ *(glue)* ■**to ~ sth ⊃ down** etw festkleben ❷ *(fam: write hastily)* **to ~ sth down [on paper]** etw sofort aufschreiben ◆**stick in I.** *vi* dart stecken bleiben ▶ **to get stuck in** BRIT *(fam: start)* anfangen; *(start eating)* [mit dem Essen] anfangen **II.** *vt* *(fam)* ❶ *(affix)* ■**to ~ sth in sth** etw in etw *akk* einkleben ❷ *(put into)* ■**to ~ sth in[to] sth** etw in etw *akk* hineinstecken ◆**stick out I.** *vt* ❶ *(make protrude)* **to ~ out one's hand** die Hand ausstrecken; **to ~ one's tongue out** die Zunge herausstrecken ❷ *(endure)* ■**to ~ it out** es [bis zum Ende] durchhalten **II.** *vi* ❶ *(protrude)* [her]vorstehen; *hair, ears* abstehen; *nail* herausstehen ❷ *(fig: be obvious)* offensichtlich sein; **to ~ out a mile** wie ein bunter Pudel auffallen *fam* ❸ *(endure)* ■**to ~ out for sth** hartnäckig auf etw *dat* bestehen ▶ **to ~ one's neck out** eine Menge riskieren *fam* ◆**stick together I.** *vt* zusammenkleben **II.** *vi* ❶ *(adhere)* zusammenkleben ❷ *(fig: not separate)* immer zusammen sein; *(inseparable)* unzertrennlich sein ❸ *(fig: remain loyal to each other)* zusammenhalten, zueinander stehen; *(help each other)* einander helfen ◆**stick up I.** *vt* *(fam)* ❶ *(attach)* **to ~ up a notice** einen Aushang machen ❷ *(raise)* **if you have a question, ~ your hand up** meldet euch, wenn ihr eine Frage habt ❸ *(armed robbery)* ■**to ~**

up ⟲ **sb/sth** jdn/etw überfallen **II.** *vi* ❶ (*protrude*) hochragen, emporragen ❷ (*stand on end*) abstehen ❸ (*defend*) ■ **to ~ up for sb/sth** sich für jdn/etw einsetzen ❹ (*support*) ■ **to ~ up for sb** jdn unterstützen

stick·er ['stɪkəʳ] *n* ❶ (*adhesive label*) Aufkleber *m*; (*for collecting*) Sticker *m*; **price ~** Preisschild[chen] *nt* ❷ (*persevering person*) **to be a ~** Durchhaltevermögen haben

ˈ**stick·ing plaster** *n* BRIT [Heft]pflaster *nt*

ˈ**stick in·sect** *n* Gespenstheuschrecke *f*

ˈ**stick-in-the-mud I.** *n* (*fam*) Muffel *m*, Spaßverderber(in) *m(f) pej* **II.** *adj attr* altmodisch, rückständig

stick·ler ['stɪklə**ʳ**] *n* Pedant(in) *m(f) pej;* **to be a ~ for accuracy/punctuality** pingelig auf Genauigkeit/Pünktlichkeit achten

ˈ**stick-on** *adj attr* Klebe- ˈ**stick·pin** *n* AM (*tiepin*) Krawattennadel *f* ˈ**stick-up** *n esp* AM (*fam*) Überfall *m*

sticky ['stɪki] *adj* ❶ (*texture*) klebrig; ■ **to be ~ with sth** mit etw *dat* verklebt sein ❷ (*sugary*) klebrig ❸ (*sweaty*) *person* verschwitzt; (*humid*) *weather* schwül; *air* stickig ❹ (*fig: difficult*) *question, situation* heikel; *problem* kompliziert ▸ **to come to a ~ end** ein böses Ende nehmen

stiff [stɪf] **I.** *n* (*fam: corpse*) Leiche *f* **II.** *adj* ❶ (*rigid*) steif (**with** vor); *paper, lid* fest; **his clothes were ~ with dried mud** seine Kleidung starrte vor angetrocknetem Schmutz ❷ (*sore*) *neck, joints* steif; *muscles* hart ❸ (*dense*) *paste* dick; *batter, mixture, dough* fest ❹ (*formal, reserved*) *manner* steif; *letter* unpersönlich; (*forced*) *smile* gezwungen; **to keep a ~ upper lip** Haltung bewahren ❺ (*strong*) *opposition* stark; *penalty, punishment* hart; **~ breeze** steife Brise; **~ criticism** herbe Kritik; **~ drink** harter Drink **III.** *adv* **I got frozen ~ waiting at the bus stop** ich wäre fast erfroren, als ich an der Bushaltestelle wartete; **to be scared ~** zu Tode erschrocken sein **IV.** *vt* AM (*fam: cheat*) ■ **to be ~ed** betrogen werden

stiff·en ['stɪfən] **I.** *vi* ❶ (*tense up*) sich versteifen; *muscles* sich verspannen; (*with nervousness*) *person* sich verkrampfen; (*with fear, fright*) erstarren ❷ (*become denser*) *cream, egg whites* steif werden ❸ (*become stronger*) stärker werden, sich versteifen; *resistance* wachsen **II.** *vt* ❶ (*make rigid*) **to ~ one's arms/legs** die Arme/Beine versteifen; **to ~ a collar** einen Kragen stärken ❷ (*make more severe*) **to ~ a penalty/the rules** eine Strafe/die Regeln verschärfen ❸ (*strengthen*) [ver]stärken; **to ~ competition** den Wettbewerb verschärfen

stiff·en·ing ['stɪfənɪŋ] **I.** *n no pl* ❶ (*becoming rigid*) *of muscles, joints* Versteifung *f* ❷ FASHION (*rigid material*) Einlage *f* **II.** *adj attr* (*fig*) **~ resolve** zunehmende Entschlossenheit

stiff·ly ['stɪfli] *adv* ❶ (*rigidly*) **to sit/stand ~** steif dasitzen/dastehen; (*with difficulty*) **to move ~** sich steif bewegen ❷ (*fig: unfriendly*) steif; **a ~ worded letter** ein scharf formulierter Brief; **to smile ~** gezwungen lächeln

stiff-necked [-'nekt] *adj* (*pej*) ❶ (*stubborn*) halsstarrig, stur ❷ (*arrogant*) hochnäsig, arrogant

stiff·ness ['stɪfnəs] *n no pl* ❶ (*rigidity*) Steifheit *f; of brakes* Steifigkeit *f; of dough, batter* Festigkeit *f; of muscles* Verspanntheit *f* ❷ (*formal behaviour*) Steifheit *f,* Förmlichkeit *f* ❸ *of a punishment, penalty, sentence* Schwere *f; of taxes, fees* Höhe *f*

stif·fy ['stɪfi] *n* (*vulg*) **to get/have a ~** einen Steifen kriegen/haben *vulg*

sti·fle ['staɪfl] **I.** *vi* ersticken **II.** *vt* ❶ (*smother*) ■ **to ~ sb** jdn ersticken; **to ~ a fire/flames** ein Feuer/Flammen ersticken ❷ (*fig: suppress*) ■ **to ~ sth** etw unterdrücken; **to ~ competition** die Konkurrenz ausschalten; **to ~ the urge to laugh** sich *dat* das Lachen verbeißen

sti·fling ['staɪflɪŋ] *adj* ❶ (*smothering*) *fumes, smoke* erstickend; *air* zum Ersticken *nach n, präd;* (*fig*) *heat, humidity* drückend; *room* stickig ❷ (*fig: repressive*) erdrückend

stig·ma ['stɪgmə] *n* ❶ MED *of a disease* Symptom *nt;* (*mark on skin*) Mal *nt* ❷ (*shame*) Stigma *nt geh;* **social ~** gesellschaftlicher Makel

stig·ma·tize ['stɪgmətaɪz] *vt* ❶ (*mark*) brandmarken ❷ REL stigmatisieren

stile [staɪl] *n* Pfosten *m; of a door* Höhenfries *m*

sti·let·to <*pl* -os> [stɪ'letəʊ] *n* ❶ (*knife*) Stilett *nt* ❷ (*shoe*) Pfennigabsatz *m;* ■ **~s** *pl* Schuhe *pl* mit Pfennigabsätzen

sti·let·to ˈheel *n* Pfennigabsatz *m*

still¹ [stɪl] **I.** *n* ❶ *no pl* (*peace and quiet*) Stille *f* ❷ *usu pl* (*photo of film scene*) Standfoto *nt* **II.** *adj* ❶ (*quiet and peaceful*) ruhig, friedlich; *lake, sea* ruhig ❷ (*motionless*) reglos, bewegungslos; **to keep ~** still halten, sich nicht bewegen; **to sit/stand ~** still sitzen/stehen ❸ (*not fizzy*) *drink* ohne

Kohlensäure *nach n; mineral water* still, ohne Kohlensäure *nach n* III. *vt* (*calm*) **to ~ sb's doubts/fears/worries** jdm seine Ängste/Zweifel/Bedenken nehmen

still² [stɪl] *adv* ❶ (*continuing situation*) [immer] noch, noch immer; (*in future as in past*) nach wie vor; **there's ~ time for us to get to the cinema before the film starts** wir können es noch schaffen, ins Kino zu kommen, bevor der Film anfängt ❷ (*nevertheless*) trotzdem; **I know you don't like her but you ~ don't have to be so rude to her** ich weiß, du kannst sie nicht leiden, aber deswegen brauchst du doch nicht gleich so unhöflich zu ihr zu sein; **..., but he's ~ your brother** ..., [aber] er ist immer noch dein Bruder ❸ (*greater degree*) noch; **to want ~ more** immer noch mehr wollen; **better/worse ~** noch besser/schlimmer

still³ [stɪl] *n* ❶ (*distillery*) Brennerei *f* ❷ (*appliance*) Destillierapparat *m*

'**still·birth** *n* Totgeburt *f* '**still·born** *adj* baby, animal young tot geboren **still** '**life** <*pl* -s> *n* ❶ (*painting*) Stillleben *nt* ❷ *no pl* (*style*) Stilllebenmalerei *f*

still·ness ['stɪlnəs] *n no pl* ❶ (*tranquillity*) Stille *f,* Ruhe *f* ❷ (*lack of movement*) *of the air, trees* Unbewegtheit *f,* Bewegungslosigkeit *f; of a person* Reglosigkeit *f*

stilt [stɪlt] *n usu pl* ❶ (*post*) Pfahl *m* ❷ (*for walking*) Stelze *f;* **a pair of ~s** Stelzen *pl*

stilt·ed ['stɪltɪd] *adj* (*pej: stiff and formal*) *way of talking* gestelzt; (*not natural*) *behaviour* unnatürlich, gespreizt

stimu·lant ['stɪmjələnt] I. *n* ❶ (*boost*) Stimulanz *f,* Anreiz *m* ❷ MED (*drug*) Stimulans *nt;* SPORTS Aufputschmittel *nt* II. *adj attr* anregend, belebend

stimu·late ['stɪmjəleɪt] I. *vt* ❶ (*encourage*) beleben, ankurbeln ❷ (*excite*) ■ **to ~ sb/ sth** jdn/etw stimulieren ❸ MED (*activate*) **the drugs ~ the damaged tissue into repairing itself** die Medikamente regen das beschädigte Gewebe dazu an, sich zu regenerieren II. *vi* begeistern, mitreißen

stimu·lat·ing ['stɪmjəleɪtɪŋ] *adj* ❶ (*mentally*) stimulierend; *conversation, discussion* anregend; *atmosphere, environment* animierend ❷ (*sexually*) erregend, stimulierend ❸ (*physically*) *shower, exercise* belebend; *drug* stimulierend

stimu·la·tion [ˌstɪmjə'leɪʃən] *n no pl* ❶ (*mental*) Anregung *f;* (*physical*) belebende Wirkung; (*sexual*) Stimulieren *nt,* Erregen *nt* ❷ (*motivation*) *of the economy* Ankurbelung *f;* (*of interest, enthusiasm*) Erregung *f* ❸ MED *of a gland, the immune system* Stimulation *f; of a nerve* Reizen *nt*

stimu·lus <*pl* -li> ['stɪmjələs, *pl* -laɪ] *n* ❶ (*economic boost*) Anreiz *m,* Stimulus *m geh* ❷ (*motivation*) Ansporn *m kein pl,* Antrieb *m kein pl* ❸ BIOL, MED Reiz *m,* Stimulus *m fachspr*

sting [stɪŋ] I. *n* ❶ BIOL *of a bee, hornet* Stachel *m; of a jellyfish* Brennfaden *m; of a plant* Brennhaar *nt* ❷ (*wound*) Stich *m;* (*caused by jellyfish*) Brennen *nt* ❸ *no pl* (*from antiseptic, ointment*) Brennen *nt;* (*from needle*) Stechen *nt* ❹ *no pl* (*harshness*) *of a remark, satire* Stachel *m; of a voice, criticism* Schärfe *f* II. *vi* <stung, stung> *bee, hornet* stechen; *disinfectant, sunburn* brennen; *wound, cut* schmerzen, weh tun; (*fig*) *words, criticism* schmerzen III. *vt* <stung, stung> ❶ (*insect*) stechen; (*jellyfish*) brennen ❷ (*cause pain*) **the vodka stung her throat** der Wodka brannte ihr im Hals; **to ~ sb's eyes** *sand, wind, hail* jdm in den Augen brennen ❸ (*upset*) **he was stung by her criticisms** ihre Kritik hat ihn tief getroffen

stin·gi·ness ['stɪndʒɪnəs] *n no pl* Geiz *m,* Knaus[e]rigkeit *f pej fam*

'**sting·ing net·tle** *n* Brennnessel *f*

sting·ray ['stɪŋreɪ] *n* Stachelrochen *m*

stin·gy ['stɪndʒi] *adj* (*fam*) geizig, knaus[e]rig *pej;* **to be ~ with compliments/praise** mit Komplimenten/Lob geizen; **to be ~ with money** mit Geld knausern

stink [stɪŋk] I. *n* ❶ *usu sing* (*smell*) Gestank *m* ❷ *usu sing* (*fam: trouble*) Stunk *m;* **to kick up a ~** [**about sth**] [wegen einer S. *gen*] Stunk machen II. *vi* <stank *or* stunk, stunk> ❶ (*smell bad*) stinken; ■ **to ~ of sth** nach etw *dat* stinken ❷ (*fig fam: be bad*) **his acting ~s** er ist ein miserabler Schauspieler ❸ (*fig fam: be disreputable*) stinken; (*be wrong*) zum Himmel stinken *sl* ❹ (*fig fam: have a lot*) **to ~ of money** Geld wie Heu haben

'**stink bomb** *n* Stinkbombe *f*

stink·er ['stɪŋkəʳ] *n* ❶ (*pej fam: person*) Fiesling *m sl;* **what a ~ that man is!** was ist er nur für ein Ekel! ❷ (*fam: sth difficult*) harter Brocken ❸ (*fam!: fart*) Furz *m derb*

stint [stɪnt] I. *n* ❶ (*restricted amount of work*) [Arbeits]pensum *nt;* **to do one's ~** seinen Teil beitragen ❷ (*restricted time of work*) Zeit *f;* **her most productive period was her five-year ~ as a foreign correspondent** ihre produktivste Zeit waren die fünf Jahre, die sie als Auslandskorrespondentin verbrachte II. vt ■to ~ sth *money, resources* mit etw *dat* sparen III. vi ■to ~ on sth mit etw *dat* sparen [*o* geizen]

stipu·late ['stɪpjəleɪt] vt (*person*) verlangen, fordern, zur Bedingung machen; (*contract*) festlegen, stipulieren *fachspr*; (*law, legislation*) zur Auflage machen, vorschreiben

stipu·la·tion [ˌstɪpjəˈleɪʃ^ən] n Auflage *f*; Bedingung *f*; (*in contract*) Klausel *f*

stir [stɜː^r] I. n *usu sing* ❶ (*with spoon*) [Um]rühren *nt* ❷ (*physical movement*) Bewegung *f; of emotion* Erregung *f* ❸ (*excitement*) Aufruhr *f*; **to cause a ~** Aufsehen erregen II. vt <-rr-> ❶ (*mix*) rühren; ■to ~ sth into sth etw in etw *akk* [hin]einrühren ❷ (*physically move*) rühren, bewegen; ■to ~ oneself sich bewegen ❸ (*awaken*) **to ~ sb from a dream** jdn aus einem Traum reißen ❹ (*arouse*) ■to ~ sb jdn bewegen [*o* rühren]; **to ~ anger/curiosity** Ärger/Neugier erregen; **to ~ emotions** Emotionen aufwühlen ❺ (*inspire*) **to ~ sb into action** jdn zum Handeln bewegen III. vi <-rr-> ❶ (*mix*) rühren ❷ (*move*) sich regen; *person also* sich rühren; *grass, water, curtains* sich bewegen ❸ (*awaken*) wach werden, aufwachen; ■to ~ within sb (*fig*) *emotions* sich in jdm regen ❹ BRIT, AUS (*cause trouble*) Unruhe stiften; (*spread gossip*) Gerüchte in Umlauf bringen

'stir-fry I. n Chinapfanne *f*, Wok *m* II. vi <-ie-> kurz anbraten III. vt <-ie-> **to ~ chicken/pork/vegetables** Huhn/Schweinefleisch/Gemüse kurz anbraten

stir·ring ['stɜːrɪŋ] I. n Regung *f* II. adj *appeal, song, speech* bewegend, aufwühlend

stir·rup ['stɪrəp] n ❶ (*on saddle*) *also* ANAT Steigbügel *m* ❷ (*leggings*) ■~s *pl* Steghose *f*

stitch [stɪtʃ] I. n <*pl* -es> ❶ (*in sewing*) Stich *m*; (*in knitting, crocheting*) Masche *f*; **to cast on/off a ~** eine Masche anschlagen/abketten; **to drop a ~** eine Masche fallen lassen ❷ (*method*) Stichart *f*; **blanket/cross ~** Langetten-/Kreuzstich *m* ❸ (*knitting pattern*) Strickmuster *nt* ❹ (*for a wound*) **to have one's ~es taken out** die Fäden gezogen bekommen ❺ (*pain*) Seitenstechen *nt kein pl*; **to be in ~es** (*fig*) sich schieflachen ▶ **a ~ in time saves nine** (*prov*) was du heute kannst besorgen, das verschiebe nicht auf morgen II. vi sticken; (*sew*) nähen III. vt ❶ (*in sewing*) nähen; **to ~ a button onto sth** einen Knopf an etw *akk* [an]nähen ❷ MED nähen

stoat [stəʊt] n Hermelin *nt*

stock¹ [stɒk] n *no pl* FOOD Brühe *f*; **fish ~** Fischfond *m*

stock² [stɒk] I. n ❶ (*reserves*) Vorrat *m* (**of** an); *housing* ~ Bestand *m* an Wohnhäusern; **a ~ of knowledge** (*fig*) ein Wissensschatz *m* ❷ *no pl* (*inventory*) Bestand *m*; **to be in/out of ~** vorrätig/nicht vorrätig sein; **to take ~** Inventur machen; **to take ~ of one's life** (*fig*) Bilanz aus seinem Leben ziehen ❸ ■~s *pl* AM (*shares in a company*) Aktien *pl*; BRIT (*government shares*) Staatspapiere *pl*, Staatsanleihen *pl*; **~ and shares** Wertpapiere *pl* ❹ *no pl* (*livestock*) Viehbestand *m* ❺ *no pl* (*line of descent*) Herkunft *f*; (*breeding line*) Stammbaum II. adj attr ❶ (*in inventory*) Lager-, Vorrats- ❷ (*standard*) Standard- III. vt ❶ (*keep in supply*) ■to ~ sth etw führen [*o* vorrätig haben] ❷ (*fill up*) ■to ~ sth etw füllen; **his wine cellar is well-~ed** sein Weinkeller ist gut gefüllt; **to ~ the shelves** die Regale auffüllen ❸ (*supply goods to*) beliefern

stock·ade [stɒkˈeɪd] n ❶ (*wooden fence*) Palisade *f*; (*enclosed area*) umzäuntes Gebiet ❷ AM (*prison*) Militärgefängnis *nt*

'stock·bro·ker n Börsenmakler(in) *m(f)*

'stock·brok·ing n *no pl* Wertpapierhandel *m*, Effektenhandel *m* **'stock car** n Stockcar *m* **'stock com·pa·ny** n AM ❶ FIN Aktiengesellschaft *f* ❷ THEAT Repertoiretheater *nt* **'stock con·trol** n *no pl* Bestandskontrolle *f*, [regelmäßige] Bestandsaufnahme **'stock cube** n *esp* BRIT Brühwürfel *m*, Suppenwürfel *m* ÖSTERR **'stock ex·change** n Börse *f* **'stockfarm·er** n Viehhalter(in) *m(f)* **'stock·fish** n Stockfisch *m*

'stock·hold·er n AM (*shareholder*) Aktionär(in) *m(f)*

stock·ing ['stɒkɪŋ] n ❶ (*leg garment*) ■~s *pl* Strümpfe *pl* ❷ (*dated: sock*) Strumpf *m*; (*knee-length*) Kniestrumpf *m* ❸ (*on horse*) Färbung *f* am Fuß; **white ~** weißer Fuß

stock-in-'trade n *no pl* ❶ (*tools of trade*) Handwerkszeug *nt*; (*fig*) Rüstzeug *nt* ❷ (*goods*) [Waren]bestand *m* ❸ (*fig: typical characteristic*) Eigenart *f*

stock·ist ['stɒkɪst] n BRIT, AUS [Fach]händler(in) *m(f)*

'stock mar·ket n [Wertpapier]börse *f* **'stock·pile** I. n Vorrat *m*; **~ of weapons** Waffenlager *nt* II. vt ■to ~ sth Vorräte an etw *dat* anlegen, etw horten *pej*; **to ~**

weapons ein Waffenarsenal anlegen
'**stock price** *n* AM (*share price*) Aktienpreis *m* '**stock·room** *n* Lager *nt*, Lagerraum *m*
stock-'still *adj pred* stocksteif
'**stock·take** *n* BRIT Inventur *f*, Bestandsaufnahme *f* '**stock·tak·ing** *n no pl* Inventur *f*; (*fig*) [Selbst]besinnung *f*
stocky ['stɒki] *adj* stämmig, kräftig
'**stock·yard** *n* AM Viehhof *m*; (*at slaughterhouse*) Schlachthof *m*
stodge [stɒdʒ] *n no pl esp* BRIT (*pej fam*) Pampe *f*
stodgy ['stɒdʒi] *adj* (*pej fam*) ❶ *food* schwer [verdaulich], pampig ❷ (*dull*) langweilig, fad
stoic ['stəʊɪk] I. *n* (*reserved person*) stoisch; ∎**S**~ PHILOS Stoiker *m* II. *adj* (*in general*) stoisch; **to be ~ about sth** etw gelassen aufnehmen
stoi·cal ['stəʊɪkᵊl] *adj* stoisch
stoi·cism ['stəʊɪsɪzᵊm] *n no pl* ❶ (*in general*) stoische Ruhe; (*about sth specific*) Gleichmut *m* ❷ PHILOS ∎**S**~ Stoizismus *m*
stoke [stəʊk] *vt* ❶ (*add fuel to*) **to ~ a fire** ein Feuer schüren; **to ~ a furnace** einen Hochofen beschicken ❷ (*fig: encourage*) **to ~ sb's anger/hatred** jds Zorn/Hass schüren; **to ~ sb's prejudice** jds Vorurteil Nahrung geben
stok·er ['stəʊkə'] *n* RAIL Heizer(in) *m(f)*
stole¹ [stəʊl] *pt of* **steal**
stole² [stəʊl] *n* ❶ (*scarf*) Stola *f* ❷ (*priest's vestments*) [Priester]stola *f*
stol·id ['stɒlɪd] *adj* (*not emotional*) *person* stumpf *pej*; (*calm*) gelassen, phlegmatisch *pej*; *silence, determination* beharrlich
stom·ach ['stʌmək] I. *n* ❶ (*digestive organ*) Magen *m*; **to have a pain in one's ~** Magenschmerzen [*o* Bauchschmerzen] haben; **to have an upset ~** eine Magenverstimmung haben; **to churn sb's ~** jdm Übelkeit verursachen ❷ (*abdomen*) Bauch *m*; **to have a big/flat ~** einen dicken/flachen Bauch haben ❸ (*appetite*) **to have no ~ for sth** keinen Appetit auf etw *akk* haben; (*fig: desire*) keine Lust haben, etw zu tun II. *adj cramp, operation* Magen-; **~ muscles** Bauchmuskeln *pl* III. *vt* (*fam*) **to not be able to ~ sb** jdn nicht ausstehen können; **to be hard to ~** schwer zu verkraften sein
'**stom·ach ache** *n usu sing* Magenschmerzen *pl*, Bauchschmerzen *pl* '**stom·ach up·set** *n* Magenverstimmung *f*
stomp [stɒmp] I. *n* ❶ (*with foot*) Stampfen *nt* ❷ *no pl* (*jazz dance*) Stomp *m* II. *vi*
❶ (*walk heavily*) stapfen; (*intentionally*) trampeln ❷ *esp* AM (*kick*) ∎**to ~ on sb/sth** auf jdn/etw treten; (*fig: suppress*) jdn/etw niedertrampeln III. *vt* AM **to ~ one's feet** mit den Füßen [auf]stampfen
stone [stəʊn] I. *n* ❶ *no pl* GEOL Stein *m* ❷ ARCHIT [Bau]stein *m* ❸ (*piece of rock*) Stein *m*; **to be a ~'s throw away** [nur] einen Katzensprung [weit] entfernt sein ❹ MED Stein *m* ❺ (*jewel*) [Edel]stein *m* ❻ (*in fruit*) Stein *m*, Kern *m* ❼ <*pl* -> BRIT (*14 lbs*) britische Gewichtseinheit, die 6,35 kg entspricht II. *adj attr floor, wall* Stein-; **~ statue** Statue *f* aus Stein III. *vt* ❶ (*throw stones at*) **to ~ sb** [**to death**] jdn steinigen ❷ (*remove pit*) *cherries, olives* entsteinen
'**Stone Age** *n* ∎**the ~** die Steinzeit **stone-'broke** *adj* AM (*stony-broke*) völlig pleite *fam*, total blank [*o* abgebrannt] *sl* **stone-'cold** I. *adj* eiskalt II. *adv* **to be ~ sober** stocknüchtern sein *fam*
stoned [stəʊnd] *adj* ❶ (*without pits*) *olives, cherries* entsteint ❷ (*sl: drugged*) high ❸ (*sl: drunk*) betrunken, besoffen
stone 'deaf *adj* stocktaub *fam* '**stone·ma·son** *n* Steinmetz(in) *m(f)* **stone·'wall** I. *vi* ❶ (*in answering questions*) ausweichen ❷ BRIT POL obstruieren ❸ SPORTS mauern *fam* II. *vt* abblocken '**stone·ware** ['stəʊnweə'] *n no pl* Steingut *nt* '**stone·work** *n no pl* Mauerwerk *nt*
stony ['stəʊni] *adj* ❶ (*with many stones*) *beach, ground* steinig ❷ (*fig: unfeeling*) *look, eyes, face* steinern; *person* kalt; *welcome* eisig, frostig
stony-'broke *adj pred* BRIT, AUS (*fam*) völlig pleite, total blank [*o* abgebrannt] *sl*
stood [stʊd] *pt, pp of* **stand**
stooge [stuːdʒ] I. *n* ❶ (*comedian partner*) Stichwortgeber(in) *m(f)* ❷ (*fig, pej: puppet*) Handlanger(in) *m(f)*, Marionette *f* ❸ AM (*fam: informer*) Spitzel *m pej* II. *vi* ❶ (*act for someone else*) ∎**to ~ for sb** [nur] der Handlanger für jdn sein *pej* ❷ THEAT als Stichwortgeber(in) *m(f)* fungieren
stool [stuːl] *n* ❶ (*seat*) Hocker *m*; **kitchen ~** Küchenschemel *m*; **piano ~** Klavierstuhl *m* ❷ (*faeces*) Stuhl *m* ❸ AM HUNT Lockvogel *m*
stoolie ['stuːli] *n* AM, **stool pi·geon** *n* AM (*pej fam*) Spitzel *m*
stoop¹ [stuːp] I. *n usu sing* krummer Rücken, Buckel *m* II. *vi* sich bücken; **we had to ~ to go through the doorway** wir mussten den Kopf einziehen, um durch die

Tür zu gehen; **my mother told me not to ~** meine Mutter sagte mir, ich solle keinen Buckel machen; ▪**to ~ down** sich bücken; **to ~ to sb's level** sich auf jds Niveau herablassen; **to ~ so low as to do sth** so weit sinken, dass man etw tut
stoop² [stu:p] *n* AM (*porch*) offene Veranda

stop [stɒp] **I.** *vt* <-pp-> ❶ (*stop from moving*) **to ~ sb/a car** jdn/ein Auto anhalten; **to ~ one's car** anhalten; **to ~ a thief/the traffic** einen Dieb/den Verkehr aufhalten; **~ that man!** haltet den Mann! ❷ (*make cease*) stoppen, beenden; (*temporarily*) unterbrechen; **this will ~ the pain** davon gehen die Schmerzen weg *fam;* **~ it!** hör auf [damit]!; **I just couldn't ~ myself** ich konnte einfach nicht anders; **to ~ the bleeding** die Blutung stillen; **to ~ the clock** die Uhr anhalten; **to ~ a machine** eine Maschine abstellen ❸ (*cease an activity*) ▪**to ~ sth** mit etw *dat* aufhören; **what time do you usually ~ work?** wann hören Sie normalerweise auf zu arbeiten? ❹ (*prevent*) ▪**to ~ sb [from] doing sth** jdn davon abhalten, etw zu tun ❺ (*refuse payment*) **to ~ wages** keine Löhne mehr zahlen ❻ (*block*) ▪**to ~ sth** etw verstopfen; *gap, hole, leak* etw [zu]stopfen; **to ~ one's ears** sich *dat* die Ohren zuhalten **II.** *vi* <-pp-> ❶ (*cease moving*) *person* stehen bleiben; *car* [an]halten; **~!** halt!; **to ~ dead** abrupt innehalten; ▪**to ~ to do sth** stehen bleiben, um etw zu tun; *car* anhalten, um etw zu tun ❷ (*cease, discontinue*) *machine* nicht mehr laufen; *clock, heart, watch* stehen bleiben; *rain* aufhören; *pain* abklingen, nachlassen; *production, payments* eingestellt werden ❸ (*cease an activity*) ▪**to ~ [doing sth]** aufhören[, etw zu tun]; **she ~ped drinking** sie trinkt nicht mehr ❹ BRIT (*stay*) bleiben; **I ~ped at a pub for some lunch** ich habe an einem Pub Halt gemacht und was zu Mittag gegessen; **to ~ for dinner/tea** zum Abendessen/Tee bleiben; **to ~ at a hotel** in einem Hotel übernachten ❺ TRANSP *bus, train* halten ▸ **to ~ at nothing** vor nichts zurückschrecken **III.** *n* ❶ (*cessation of movement, activity*) Halt *m;* **to bring a conversation to a ~** ein Gespräch beenden; **to come to a ~** stehen bleiben; *car also* anhalten; *rain* aufhören; *project, production* eingestellt werden; **to put a ~ to sth** etw *dat* ein Ende setzen ❷ (*break*) Pause *f;* AVIAT Zwischenlandung *f;* (*halt*) Halt *m* ❸ TRANSP Haltestelle *f;* (*for ship*) Anlegestelle *f* ❹ (*punctuation mark*) Satzzeichen *nt* ❺ MUS (*knob on an organ*) Register *nt* ▸ **to pull out all the ~s** alle Register ziehen ♦**stop by** *vi* vorbeischauen ♦**stop in** *vi* zuhause bleiben, daheim bleiben *bes* ÖSTERR, SCHWEIZ, SÜDD ♦**stop off** *vi* kurz bleiben, Halt machen; (*while travelling*) Zwischenstation machen ♦**stop out** *vi* BRIT (*fam*) wegbleiben ♦**stop over** *vi* ❶ (*stay overnight*) Zwischenstation machen ❷ BRIT (*stay the night*) über Nacht bleiben ❸ (*stay for a short time*) kurz vorbeikommen ♦**stop up I.** *vi* ❶ BRIT (*not go to bed*) aufbleiben ❷ PHOT eine größere Blende einstellen **II.** *vt* ▪**to ~ sth** ⟳ **up** etw verstopfen; **to ~ up a hole** ein Loch [zu]stopfen

'**stop·cock** *n* Absperrhahn *m* '**stop·gap I.** *n* Notlösung *f,* Notbehelf *m* **II.** *adj attr* Überbrückungs-; **~ solution** Zwischenlösung *f* '**stop·light** *n* ❶ AM (*traffic lights*) [Verkehrs]ampel *f* ❷ (*brake light*) Bremslicht *nt* '**stop-off** *n* Unterbrechung *f,* Halt *m;* **to make a ~** Rast machen, haltmachen '**stop·over** *n of plane* Zwischenlandung *f; of person* Zwischenstation *f;* (*length of break*) Zwischenaufenthalt *m*
stop·page ['stɒpɪdʒ] *n* ❶ (*act of stopping*) *of pay, a cheque* Sperrung *f* ❷ (*cessation of work*) Arbeitseinstellung *f* ❸ (*unintentional*) Unterbrechung *f;* **~ in production** Produktionsstillstand *m* ❹ BRIT (*deductions from pay*) ▪**~s** *pl* (*workers*) Lohnabzüge *pl;* (*employees*) Gehaltsabzüge *pl* ❺ (*blockage*) Verstopfung *f;* MED Stauung *f*
'**stop·page time** *n* BRIT SPORTS Auszeit *f*
stop·per ['stɒpə'] **I.** *n* Stöpsel *m* **II.** *vt* zustöpseln
stop·ping ['stɒpɪŋ] **I.** *n no pl* Anhalten *nt* **II.** *adj attr* Nahverkehrs-
stop '**press** *n no pl* ❶ (*last minute news*) letzte Meldungen ❷ (*space in newspaper*) für letzte Meldungen reservierte Spalte '**stop sign** *n* Stoppschild *nt* '**stop·watch** *n* Stoppuhr *f*
stor·age ['stɔ:rɪdʒ] *n no pl* ❶ (*for future use*) *of food, goods* Lagerung *f; of books* Aufbewahrung *f; of water, electricity* Speicherung *f;* **to be in ~** auf Lager sein; **to put sth into ~** etw [ein]lagern ❷ COMPUT *of data* Speicherung *f*
'**stor·age bat·tery** *n,* '**stor·age cell** *n* Akku[mulator] *m* '**stor·age ca·pac·ity** *n* (*in computer*) Speicherkapazität *f;* (*for furniture, books*) Lagerraum *m;* (*in tank*) Fassungsvermögen *nt* '**stor·age heat·er** *n* BRIT [Nacht]speicherofen *m* '**stor·age**

room n, **'stor·age space** n ❶ no pl (capacity) Stauraum m ❷ (room in house) Abstellraum m; (in warehouse) Lagerraum m **'stor·age tank** n Vorratstank m **store** [stɔːʳ] I. n ❶ (supply) Vorrat m (of an); (fig) Schatz m; ■ ~s pl Vorräte pl; ■ **to be in ~** [**for sb**] (fig) [jdm] bevorstehen; **we have a surprise in ~ for your father** wir haben für deinen Vater eine Überraschung auf Lager ❷ esp AM, AUS (any shop) Laden m ❸ esp BRIT (large shop) Geschäft nt; (department store) Kaufhaus nt ❹ (warehouse) Lager nt; **grain ~** Getreidespeicher m ❺ COMPUT Speicher m II. vt ❶ (keep for future use) heat, information, electricity [auf]speichern; furniture unterstellen; supplies lagern ❷ COMPUT (file) speichern; data [ab]speichern **'store card** n Kundenkarte f **'store de·tec·tive** n Kaufhausdetektiv(in) m(f) **'store·front** n AM ❶ (shop front) Schaufenster nt; (larger) Schaufensterfront f ❷ (front room) Verkaufsraum m [eines Ladens], Ladenlokal nt **'store·house** n AM (warehouse) Kaufhaus nt, Warenhaus nt; (fig form) Fundgrube f **'store·keep·er** [-ˌkiːpəʳ] n ❶ (in warehouse) Lagerist(in) m(f), Lagerverwalter(in) m(f) ❷ AM (shopkeeper) Ladenbesitzer(in) m(f), Geschäftsinhaber(in) m(f) **'store·room** n Lagerraum m; (for food) Vorratskammer f, Speisekammer f; (for personal items) Abstellkammer f **sto·rey** ['stɔːri] n Stockwerk nt, Stock m, Etage f; **a three-~ house** ein dreistöckiges Haus **sto·ried** ['stɔːrid] adj attr esp AM (liter: illustrious) sagenumwoben geh **stork** [stɔːk] n Storch m **storm** [stɔːm] I. n ❶ (strong wind) Sturm m; (with thunder) Gewitter nt; (with rain) Unwetter nt ❷ (fig: bombardment) of missiles Hagel m (of von); of arguments [Protest]sturm m; **to die in a ~ of bullets** im Kugelhagel umkommen ❸ MIL (attack) Sturm m (on auf) II. vi ❶ (speak angrily) toben ❷ (move fast) stürmen, jagen; ■ **to ~ off** davonstürmen; ■ **to ~ out** hinausstürmen ❸ impers esp AM **strong winds** stürmen III. vt stürmen **'storm cloud** n Gewitterwolke f; (fig liter) dunkle Wolken pl **'storm door** n AM zusätzliche Tür zur Sturmsicherung **storm-tossed** [-ˌtɒst] adj attr (liter) sturmgepeitscht **stormy** ['stɔːmi] adj ❶ weather, night, sea stürmisch ❷ (fig: fierce) stürmisch; life bewegt; argument heftig; debate hitzig **sto·ry**[1] ['stɔːri] n ❶ (tale) Geschichte f; (narrative) Erzählung f; (plot) Handlung f; **short ~** Kurzgeschichte f; **a tall ~** eine unglaubliche Geschichte; **to read/tell [sb] a ~** [jdm] eine Geschichte vorlesen/erzählen ❷ (rumour) Gerücht nt; **the ~ goes that ...** man erzählt sich, dass ... ❸ (version) Version f, Fassung f; **that's my ~ and I'm sticking to it!** so sehe ich die Sache, und dazu stehe ich!; **sb's side of the ~** jds Version der Geschichte ❹ (news report) Beitrag m; (in newspaper) Artikel m ❺ (lie) Geschichte f, [Lügen]märchen nt fam ▶ **end of ~!** und damit Schluss!; **to cut a long ~ short** um es kurz zu machen **sto·ry**[2] n AM see storey **'sto·ry·book** n Geschichtenbuch nt, Buch mit Kindergeschichten **'sto·ry line** n Handlung f **'sto·ry·tell·er** n ❶ (narrator) Geschichtenerzähler(in) m(f) ❷ (fam: liar) Lügner(in) m(f) **stout**[1] [staʊt] n Stout m (dunkles Bier) **stout**[2] [staʊt] adj ❶ (corpulent) beleibt, korpulent geh; woman füllig euph ❷ (stocky) untersetzt, stämmig ❸ (thick and strong) kräftig, stabil; door, stick massiv; shoes, boots fest ❹ (determined, brave) person tapfer, mutig; defence, opposition tapfer, unerschrocken; support fest **stout-heart·ed** [ˌstaʊtˈhɑːtɪd] adj (dated form, liter) wacker **stout·ly** ['staʊtli] adv ❶ (of person) **~ built** stämmig gebaut ❷ (strong) stabil; **~ made boots** feste Stiefel; **~ built house** solide gebautes Haus ❸ (firmly) entschieden, steif und fest fam; **to believe ~ in sth** fest an etw akk glauben **stove** [stəʊv] n ❶ (heater) Ofen m ❷ esp AM, AUS (for cooking) Herd m; **induction ~** Induktionsherd m **'stove·pipe** n Ofenrohr nt **stow** [stəʊ] vt ❶ (put away) verstauen; (hide) verstecken ❷ (fill) voll machen; NAUT befrachten; goods verladen ◆ **stow away** I. vt ■ **to ~ away ○ sth** etw verstauen [o wegpacken]; (hide) etw verstecken II. vi (travel without paying) als blinder Passagier reisen **stow·age** ['stəʊɪdʒ] n no pl ❶ (stowing) Verstauen nt; NAUT [Be]laden nt ❷ (place) Stauraum m **'stow·away** ['stəʊəˌweɪ] n blinder Passagier/blinde Passagierin **strad·dle** ['strædl] I. vt ❶ ■ **to ~ sth**

(*standing*) mit gespreizten Beinen über etw *dat* stehen; (*sitting*) rittlings auf etw *dat* sitzen; (*jumping*) [mit gestreckten Beinen] über etw *akk* springen ❷ (*bridge*) ■ **to ~ sth** *a border* etw überbrücken [*o geh* überspannen]; (*fig*) *difficulties* etw überwinden ❸ (*part*) **to ~ one's legs** die Beine spreizen ❹ MIL **to ~ a target** um ein Ziel herum einschlagen ❺ *esp* AM (*fig: equivocal position*) **to ~ an issue** bei einer Frage nicht klar Stellung beziehen II. *vi* (*stand*) breitbeinig [da]stehen; (*sit*) mit gegrätschten [*o* gespreizten] Beinen [da]sitzen III. *n* (*jump*) Scherensprung *m*

strag·gle ['stræɡl̩] I. *vi* ❶ (*move as a disorganized group*) umherstreifen; (*neglect time*) [herum]bummeln ❷ (*come in small numbers*) sich sporadisch einstellen ❸ (*hang untidily*) *hair, beard* zottelig herunterhängen II. *n of things* Sammelsurium *nt; of people* Ansammlung *f*

strag·gler ['stræɡlə'] *n* Nachzügler(in) *m(f)*

strag·gly ['stræɡli] *adj hair* zottelig, zerzaust; *beard* [wild] wuchernd, struppig; *eyebrows* zersaust

straight [streɪt] I. *n* ❶ (*race track*) Gerade *f*; **in the home ~** in der Zielgeraden ❷ CARDS Sequenz *f* II. *adj* ❶ (*without curve*) *line, back, nose* gerade; *hair* glatt; *skirt* gerade geschnitten; *road, row, furrow* [schnur]gerade; **the picture isn't ~** das Bild hängt schief ❷ (*frank*) *advice, denial, refusal* offen, freimütig; (*honest*) ehrlich ❸ (*heterosexual*) heterosexuell, hetero *fam* ❹ (*plain*) einfach; (*undiluted*) pur ❺ (*simply factual*) tatsachengetreu, nur auf Fakten basierend *attr* ❻ (*clear, uncomplicated*) *answer* klar; (*in exams*) ~ **A's** glatte Einser ❼ (*fam: serious*) ernst[haft]; (*not laughing*) ernst; (*traditional*) traditionell, konventionell; **to keep a ~ face** ernst bleiben ❽ *pred* (*fam: quits*) ■ **to be ~** quitt sein ❾ *pred* (*in order*) in Ordnung; (*clarified*) geklärt; **to put things ~** (*tidy*) Ordnung schaffen; (*organize*) etwas auf die Reihe kriegen *fam*; **let's get this ~, you need £500 tomorrow or else ...** stellen wir einmal klar: entweder du hast bis morgen 500 Pfund, oder ...; **to set sb ~ about sth** jdm Klarheit über etw *akk* verschaffen III. *adv* ❶ (*in a line*) gerade[aus]; **go ~ along this road** folgen Sie immer dieser Straße; **he drove ~ into the tree** er fuhr frontal gegen den Baum; **the village lay ~ ahead of us** das Dorf lag genau vor uns; **to look ~ ahead** geradeaus schauen ❷ (*directly*) direkt *fam* ❸ (*immediately*) sofort; **we've got to leave ~ away** wir müssen unverzüglich aufbrechen; **to get ~ to the point** sofort zur Sache kommen ❹ (*fam: honestly*) offen [und ehrlich]; ~ **up, I only paid £20 for the fridge** für den Kühlschrank habe ich nicht nur 20 Pfund bezahlt ❺ (*clearly*) klar; **I'm so tired I can't think ~ any more** ich bin so müde, dass ich nicht mehr klar denken kann

straight·away [ˌstreɪtəˈweɪ] I. *adv esp* BRIT sofort, auf der Stelle II. *n* AM (*straight*) Gerade *f*

straight·en ['streɪtən] I. *vt* ❶ (*make straight, level*) gerade machen; **to ~ one's hair** sein Haar glätten; **to ~ a river/road** einen Fluss/eine Straße begradigen ❷ (*arrange in place*) etw richten [*o* ordnen]; **to ~ one's tie** seine Krawatte zurechtrücken II. *vi person* sich aufrichten; *road, river* gerade werden; *hair* sich glätten

◆ **straighten out** I. *vt* ❶ (*make straight*) etw gerade machen; **to ~ out one's clothes** seine Kleider glatt streichen; **to ~ out a wire** einen Draht ausziehen ❷ (*put right*) in Ordnung bringen; (*clarify*) klarstellen; **I think we should get matters ~ed out between us** ich finde, wir sollten die Dinge zwischen uns klären; **to ~ out a misunderstanding** ein Missverständnis aus der Welt schaffen II. *vi* gerade werden

◆ **straighten up** I. *vi* ❶ (*stand upright*) sich aufrichten ❷ (*move straight*) *vehicle, ship* [wieder] geradeaus fahren; *aircraft* [wieder] geradeaus fliegen II. *vt* ■ **to ~ up ⟳ sth** ❶ (*make level*) etw gerade machen ❷ (*tidy up*) etw aufräumen; (*fig: put in order*) etw regeln [*o* in Ordnung bringen]

straight·for·ward [streɪtˈfɔːwəd] *adj* ❶ (*direct*) direkt; *explanation* unumwunden; *look* gerade ❷ (*honest*) *answer, person* aufrichtig, ehrlich ❸ (*easy*) einfach, leicht

straight·for·ward·ness [-ˈfɔːwədnəs] *n* ❶ (*candidness*) Freimütigkeit *f* ❷ (*simplicity*) Einfachheit *f* ❸ (*honesty*) Aufrichtigkeit *f*

'**straight-out** *adj esp* AM (*fam*) offen, unverblümt

strain[1] [streɪn] *n* BIOL (*breed*) *of animals* Rasse *f*; *of plants* Sorte *f*; *of virus* Art *f*

strain[2] [streɪn] I. *n usu sing* ❶ *no pl* (*physical pressure*) Druck *m*, Belastung *f*; **to put a ~ on sth** Druck auf etw *akk* ausüben ❷ (*fig: emotional pressure*) Druck *m*, Belastung *f*; **to be under a lot of ~** unter hohem Druck stehen ❸ *(overexertion)* [Über]beanspruchung *f;* [Über]belastung *f* ❹ *no pl* PHYS *(degree of distortion)* Zug *m,* Spannung *f,* [Über]dehnung *f;* **stress and ~** Zug und Druck ❺ *(pulled tendon, muscle)* Zerrung *f* II. *vi* ❶ *(pull)* ziehen; **the dog is ~ing at the leash** der Hund zerrt an der Leine ❷ *(try hard)* sich anstrengen III. *vt* ■ **to ~ sth** ❶ *(pull)* an etw *dat* ziehen; MED, SPORTS etw überdehnen [*o* zerren] ❷ *(overexert)* etw [stark] beanspruchen; **to ~ one's eyes** die Augen überanstrengen ❸ *(fig: tear out)* etw strapazieren [*o* abhetzen] ❹ *(remove solids from liquids) coffee* etw filtrieren; *(remove liquid from solids) vegetables* etw abgießen

strained [streɪnd] *adj* ❶ *(forced)* bemüht, angestrengt; *(artificial)* gekünstelt *pej;* **a ~ smile** ein gequältes Lächeln ❷ *(tense) relations* belastet, angespannt ❸ *(stressed)* abgespannt, mitgenommen, gestresst ❹ *(far-fetched) interpretation* weit hergeholt

strain·er ['streɪnəʳ] *n* Sieb *nt*

strait [streɪt] *n* GEOG *(narrow sea)* Meerenge *f,* Straße *f;* **the S~s of Gibraltar** die Straße von Gibraltar

strait·ened ['streɪtᵊnd] *adj (form: poor)* knapp; *(restricted)* beschränkt, dürftig

'strait·jack·et *n (also fig)* Zwangsjacke *f*

strait-laced [-'leɪst] *adj (pej)* prüde, puritanisch

strand¹ [strænd] I. *vt* **to ~ a boat** ein Boot auf Grund setzen; **to ~ a whale** einen Wal stranden lassen II. *vi* stranden

strand² [strænd] *n* ❶ *(single thread)* Faden *m; of rope* Strang *m; of tissue* Faser *f; of hair* Strähne *f;* AM, AUS *(string)* Schnur *f;* **~ of pearls** Perlenkette *f* ❷ *(element of whole)* Strang *m;* **~ of the plot** Handlungsstrang *m*

strange [streɪndʒ] *adj* ❶ *(peculiar, odd)* sonderbar, merkwürdig; *(unusual)* ungewöhnlich, außergewöhnlich; *(weird)* unheimlich, seltsam; **~r things have happened** da sind schon ganz andere Dinge passiert ❷ *(exceptional)* erstaunlich, bemerkenswert; **a ~ twist of fate** eine besondere Laune des Schicksals ❸ *(uneasy)* komisch; *(unwell)* seltsam, unwohl ❹ *(not known)* fremd, unbekannt; *(unfamiliar)* nicht vertraut, ungewohnt

strange·ly ['streɪndʒli] *adv* ❶ *(oddly)* merkwürdig, sonderbar ❷ *(unexpectedly)* **she was ~ calm** sie war auffällig still; **~ enough** seltsamerweise, sonderbarerweise

strange·ness ['streɪndʒnəs] *n no pl* ❶ *(unfamiliarity)* Fremdheit *f* ❷ *(peculiarity)* Seltsamkeit *f,* Merkwürdigkeit *f*

strang·er ['streɪndʒəʳ] *n* ❶ *(unknown person)* Fremde(r) *f(m); (person new to a place)* Neuling *m a. pej;* **she is a ~ to me** ich kenne sie nicht; **are you a ~ here, too?** sind Sie auch fremd hier?; **hello, ~!** *(fam)* hallo, lange nicht gesehen! ❷ *(form)* **to be a ~ in sth** in etw *dat* unerfahren sein; **she is no ~ to hard work** sie ist [an] harte Arbeit gewöhnt

stran·gle ['stræŋgl] *vt* ❶ *(murder)* ■ **to ~ sb** jdn erdrosseln [*o* erwürgen] ❷ *(fig: suppress)* ■ **to ~ sth** etw unterdrücken [*o* ersticken]

'strangle·hold *n* ❶ *(grip)* Würgegriff *m* ❷ *(fig: complete control)* Vormacht[stellung] *f kein pl*

stran·gu·la·tion [ˌstræŋgjəˈleɪʃᵊn] *n no pl* ❶ *(strangling)* Erdrosselung *f,* Strangulierung *f; (death from throttling)* Tod *m* durch Erwürgen ❷ MED *(strangulating)* Abbinden *nt*

strap [stræp] I. *n (for fastening)* Riemen *m; (for safety)* Gurt *m; (for clothes)* Träger *m; (for hanging up)* Schlaufe *f; (hold in a vehicle)* Halteschlaufe *f;* **watch ~** Uhrarmband *nt* II. *vt* <-pp-> ❶ *(fasten)* ■ **to ~ sth** [**to sth**] etw [an etw *dat*] befestigen ❷ *(bandage)* ■ **to ~ sb/sth** jdn/etw bandagieren; *(with plaster)* jdn/etw verpflastern

strap·less ['stræpləs] *adj* trägerlos

strap·ping ['stræpɪŋ] I. *n no pl* ❶ *(punishment)* Züchtigung *f* mit einem Lederriemen ❷ *(bandage)* Bandage *f* II. *adj (hum fam)* kräftig, stämmig; **~ girl** dralles Mädchen; **~ lad** strammer Bursche

Stras·bourg ['stræzbɜːg] *n* Straßburg *nt*

strata·gem ['strætədʒəm] *n* ❶ *(scheme)* [Einzel]strategie *f* ❷ *no pl (scheming)* List *f;* MIL Kriegslist *f*

stra·te·gic [strəˈtiːdʒɪk] *adj* strategisch, taktisch

stra·te·gi·cal·ly [strəˈtiːdʒɪkᵊli] *adv* taktisch, strategisch

strat·e·gist ['strætədʒɪst] *n* Stratege *m/* Strategin *f,* Taktiker(in) *m(f)*

strat·e·gy ['strætədʒi] *n* ❶ *(plan of action)* Strategie *f; (less comprising scheme)* Taktik *f* ❷ *no pl (art of planning)* Taktieren *nt; (of war)* Kriegsstrategie *f*

strati·fy <-ie-> ['strætɪfaɪ] *vt* ❶ *(arrange in layers)* schichten ❷ *usu passive* GEOL ■ **to be stratified** geschichtet sein ❸ *(place in groups)* ■ **to ~ sb/sth** jdn/etw klassifizieren (**by** nach); **stratified society** mehrschichtige Gesellschaft

stra·to·sphere ['strætə(ʊ)ˌsfɪər] n Stratosphäre f; **to go into the ~** (fig) astronomische Höhen erreichen

stra·tum <pl -ta> ['strɑːtəm, pl -tə] n ❶ (layer) Schicht f ❷ GEOL (layer of rock) [Gesteins]schicht f ❸ SOCIOL (class) Schicht f

straw [strɔː] n ❶ no pl (crop, fodder) Stroh nt ❷ (single dried stem) Strohhalm m; **to draw ~s** losen ❸ (drinking tube) Strohhalm m ❹ (fam: worthless thing) Belanglosigkeit f ❺ (fam: straw hat) Strohhut m ▶ **to be the final ~** das Fass zum Überlaufen bringen; **to draw the short ~** den Kürzeren ziehen

straw·ber·ry ['strɔːbəri] n Erdbeere f

¹**straw man** n ❶ (cover person) Strohmann m ❷ (discussion tactic) Scheinargument nt (als rhetorischer Kniff)

¹**straw poll** n, ¹**straw vote** n Probeabstimmung f; (test of opinion) [Meinungs]umfrage f

stray [streɪ] I. vi ❶ (wander) streunen; (escape from control) frei herumlaufen; (go astray) sich verirren; **to ~ off course** vom Kurs abkommen ❷ (move casually) umherstreifen; **her eyes kept ~ing to the clock** ihre Blicke wanderten immer wieder zur Uhr ❸ (fig: digress) abweichen; orator, thoughts abschweifen ❹ (to be immoral) person fremdgehen II. n ❶ (animal) streunendes [Haus]tier ❷ (person) Umherirrende(r) f(m); (homeless) Heimatlose(r) f(m) III. adj attr ❶ (homeless) animal streunend, herrenlos; (lost) person herumirrend ❷ (isolated) vereinzelt; (occasional) gelegentlich; **to be hit by a ~ bullet** von einem Blindgänger getroffen werden; **a ~ lock of hair** eine widerspenstige Locke

streak [striːk] I. n ❶ (line) Streifen m; (mark of colour) Spur f; (on window) Schliere f ❷ (strip) Strahl m ❸ (coloured hair) ■**~s** pl Strähnen pl, Strähnchen pl ❹ (character tendency) [Charakter]zug m, Ader f fig ❺ (run of fortune) Strähne f; **losing ~** Pechsträhne f; **lucky** [or **winning**] **~** Glückssträhne f II. vt usu passive ■ **to be ~ed** gestreift sein; **~ed with grey** hair von grauen Strähnen durchzogen; **~ed with mud** clothes von Dreck verschmiert III. vi ❶ (move very fast) flitzen fam; ■**to ~ ahead** (fig) eine Blitzkarriere machen; **to ~ across the street** über die Straße fegen; **to ~ past the window** am Fenster vorbeischießen ❷ (fam: run naked in public) flitzen

streak·er ['striːkər] n (fam) Flitzer(in) m(f)

streaky ['striːki] adj ❶ (with irregular stripes) streifig; pattern gestreift; face verschmiert; hair strähnig; window, mirror schlierig ❷ BRIT FOOD **~ bacon** durchwachsener Speck

stream [striːm] I. n ❶ (small river) Bach m, Flüsschen nt ❷ (flow) of liquid Strahl m; of people Strom m; **~ of light** breiter Lichtstrahl; **~ of visitors** Besucherstrom m; **~ of consciousness** LIT Bewusstseinsstrom m fachspr ❸ (continuous series) Flut f, Schwall m; **a ~ of abuse** eine Schimpfkanonade ❹ (also fig: current) Strömung f a. fig; **The Gulf S~** der Golfstrom ❺ + sing/pl vb BRIT, AUS SCH (group) Leistungsgruppe f ❻ POL, ADMIN (civil service career) Vorrücken nt (in der Beamtenlaufbahn) ❼ INET Stream m, Streaming nt; **live ~** Livestream m, Livestreaming nt II. vi ❶ (flow) blood, tears strömen; water fließen, rinnen ❷ (run) nose laufen; eyes tränen ❸ (move in numbers) strömen ❹ (shine) light, sun strömen ❺ (flutter) clothing flattern; hair wehen III. vt BRIT, AUS SCH ■ **to ~ sb** jdn in Leistungsgruppen einteilen

stream·er ['striːmər] n ❶ (pennant) Wimpel m, Fähnchen nt ❷ (decoration) of ribbon Band nt; of paper Luftschlange f ❸ (heading) **~ [headline]** Schlagzeile f

stream·ing ['striːmɪŋ] n INET Streaming nt, Livestream m

stream·line ['striːmlaɪn] I. vt ■ **to ~ sth** ❶ (shape aerodynamically) etw stromlinienförmig [aus]formen ❷ (fig: improve efficiency) etw rationalisieren; (simplify) etw vereinfachen II. n ❶ PHYS (flow) Stromlinie f ❷ (shape) Stromlinienform f

stream·lined ['striːmlaɪnd] adj ❶ (aerodynamic) stromlinienförmig; car also windschnittig ❷ (efficient) rationalisiert; (simplified) vereinfacht

stream·lin·ing ['striːmlaɪnɪŋ] n ❶ (aerodynamic) stromlinienförmige [Aus]gestaltung ❷ (efficiency) Rationalisierung[smaßnahme] f; **~ operations** Betriebsrationalisierungen pl

street [striːt] n ❶ (road) Straße f; ■ **in the ~** auf der Straße; **I live in** [or AM **on**] **King S~** ich wohne in der King Street; **the ~s were deserted** die Straßen waren wie leer gefegt; **main/side ~** Haupt-/Seitenstraße f; **to cross the ~** die Straße überqueren ❷ + sing/pl vb (residents) Straße f

▶ **the man/woman in the ~** der Mann/die Frau von der Straße; **to be ~s ahead** [**of sb/sth**] BRIT [jdm/etw] meilenweit voraus sein; **to be** [**right**] **up sb's ~** genau das Richtige für jdn sein

'**street bat·tle** *n* Straßenschlacht *f*
'**street·car** *n* AM (*tram*) Straßenbahn *f*
'**street cred** *n no pl* (*sl*) *short for* **street credibility** In-Sein *nt* **street cred·i·'bil·ity** *n no pl* In-Sein *nt sl;* **that jacket won't do much for your ~** mit diesem Jackett bist du einfach nicht in **street di·'rec·tory** *n* Straßenverzeichnis *nt* '**street lamp** *n* Straßenlaterne *f* '**street light** *n* Straßenlicht *nt* '**street light·ing** *n no pl* Straßenbeleuchtung *f* '**street value** *n no pl* Verkaufspreis für illegale Waren, z.B. Drogen '**street·walk·er** *n* (*dated*) Straßendirne *f meist pej* '**street·wise** *adj* gewieft, raffiniert, ausgekocht

strength [streŋ(k)θ] *n* ❶ *no pl* (*muscle power*) Kraft *f*, Stärke *f;* **brute ~** schiere Muskelkraft; **physical ~** körperliche Kraft, Muskelkraft *f* ❷ *no pl* (*health and vitality*) Robustheit *f*, Lebenskraft *f;* **to gain ~** wieder zu Kräften kommen ❸ *no pl* (*effectiveness, influence*) Wirkungsgrad *m*, Stärke *f;* **to gather ~** an Stabilität gewinnen; **to go from ~ to ~** sich immer stärker entwickeln ❹ *no pl* (*mental firmness*) Stärke *f;* **to show great ~ of character** große Charakterstärke zeigen; **~ of will** Willensstärke *f;* **to draw ~ from sth** aus etw *dat* Kraft ziehen ❺ (*number of members*) [Mitglieder]zahl *f;* (*number of people*) [Personen]zahl *f;* MIL [Personal]stärke *f;* **to turn out in ~** in Massen anrücken ❻ (*potency*) *of tea* Stärke *f;* *of alcoholic drink also* Alkoholgehalt *m; of a drug* Konzentration *f; of medicine* Wirksamkeit *f* ❼ (*attribute*) *of a person* Stärke *f* ❽ (*withstand force*) Widerstandskraft *f*, Belastbarkeit *f* ❾ (*intensity*) Intensität *f; of a colour* Leuchtkraft *f; of a feeling* Intensität *f; of belief* Stärke *f*, Tiefe *f* ❿ (*cogency*) **~ of an argument** Überzeugungskraft *f* eines Arguments ⓫ ECON **~ of prices** Preisstabilität *f* ▶ **on the ~ of sth** aufgrund einer S. *gen*

strength·en ['streŋ(k)θən] I. *vt* ❶ (*make stronger*) kräftigen, stärken; (*fortify*) befestigen, verstärken ❷ (*increase*) [ver]stärken; (*intensify*) intensivieren; (*improve*) verbessern; **to ~ a currency** eine Währung stabilisieren ❸ (*support*) bestärken; ■ **to ~ sth** etw untermauern; **to ~ the case for sth** gute Gründe für etw *akk* beibringen II. *vi* ❶ (*become stronger*) stärker werden; *mus-cles* kräftiger werden; *wind* auffrischen ❷ FIN, STOCKEX (*increase in value*) *stock market* an Wert gewinnen; *currency* zulegen

streng·then·ing ['streŋ(k)θənɪŋ] *n no pl* Festigung *f*, Stärkung *f*

strenu·ous ['strenjuəs] *adj* ❶ (*exhausting*) anstrengend ❷ (*energetic*) energisch, heftig; **despite ~ efforts** trotz angestrengter Bemühungen

strep·to·coc·cus <*pl* -cci> [ˌstreptə(ʊ)-ˈkɒkəs, *pl* -ksaɪ] *n usu pl* MED Streptokokkus *m*

stress [stres] I. *n* <*pl* -es> ❶ (*mental strain*) Stress *m*, Druck *m*, Belastung *f;* **to be under ~** starken Belastungen ausgesetzt sein; (*at work*) unter Stress stehen ❷ *no pl* (*emphasis*) Bedeutung *f*, Gewicht *nt* ❸ LING (*pronunciation*) Betonung *f*, Akzent *m fachspr* ❹ PHYS (*force causing distortion*) Belastung *f;* (*tension*) Spannung *f;* (*pressure*) Druck *m kein pl* II. *vt* ❶ (*emphasize*) betonen, hervorheben; **I'd just like to ~ that ...** ich möchte lediglich darauf hinweisen, dass ... ❷ (*strain*) belasten, beanspruchen; ■ **to ~ sb** jdn stressen

stressed [strest] *adj* ❶ (*under mental pressure*) gestresst ❷ (*forcibly pronounced*) betont, akzentuiert *fachspr*

'**stress frac·ture** *n* MED Ermüdungsbruch *m;* PHYS Spannungsriss *m* **stress-'free** *adj* stressfrei, ohne Stress *nach n*

stress·ful ['stresfʊl] *adj* stressig *fam*, anstrengend, aufreibend; **~ situation** Stresssituation *f*

'**stress mark** *n* LING Betonungszeichen *nt*
'**stress test** *n* Stresstest *m*

stretch [stretʃ] I. *n* <*pl* -es> ❶ *no pl* (*elasticity*) Dehnbarkeit *f; of fabric* Elastizität *f* ❷ (*muscle extension*) Dehnungsübungen *pl*, Strecken *nt kein pl;* **to have a ~** sich [recken und] strecken ❸ (*an extended area*) Stück *nt;* (*section of road*) Streckenabschnitt *m*, Wegstrecke *f;* **~ of coast** Küstenabschnitt *m;* **~ of railway** Bahnstrecke *f;* **~ of water** Wasserfläche *f* ❹ SPORTS (*stage of a race*) Abschnitt *m;* **the home ~** die Zielgerade ❺ AM (*straight part of a race track*) Gerade *f* ❻ (*period of time*) Zeitraum *m*, Zeitspanne *f* ❼ (*exertion*) Bemühung *f*, Einsatz *m;* **by every ~ of the imagination** unter Aufbietung aller Fantasie; **by no ~ of the imagination could he be seriously described as an artist** man konnte ihn beim besten Willen nicht als Künstler bezeichnen; **at full ~** mit Volldampf **II.** *adj attr* Stretch- **III.** *vi* ❶ (*become longer, wider*) *rubber, elastic* sich dehnen; *clothes* weiter werden ❷ (*extend the muscles*) Dehnungsübungen machen ❸ (*take time*) sich hinziehen; **this ancient tradition ~es back hundreds of years** diese alte Tradition reicht Hunderte von Jahren zurück ❹ (*cover an area*) sich erstrecken **IV.** *vt* ❶ (*extend*) [aus]dehnen, strecken; (*extend by pulling*) dehnen; (*tighten*) straff ziehen, straffen; **to ~ one's legs** sich *dat* die Beine vertreten ❷ (*increase number of portions*) strecken; *sauce, soup* verlängern ❸ (*demand a lot of*) ▪ **to ~ sb/sth** jdn/ etw bis zum Äußersten fordern; **we're already fully ~ed** wir sind schon voll ausgelastet; **to ~ sb's budget** jds Budget strapazieren; **to ~ sb's patience** jds Geduld auf eine harte Probe stellen ❹ SPORTS (*to improve*) **to ~ one's lead** seinen Vorsprung ausbauen; *football, rugby* mit noch mehr Toren in Führung gehen ❺ (*go beyond*) ▪ **to ~ sth** über etw *akk* hinausgehen

stretch·er ['stretʃəʳ] **I.** *n* ❶ MED (*for carrying*) Tragbahre *f* ❷ (*in rowing boat*) Stemmbrett *nt* ❸ (*for chair legs*) Steg *m* ❹ ART (*for canvas*) Rahmen *m* **II.** *vt* ▪ **to ~ sb** [**off**] jdn auf einer Tragbahre [weg]tragen

'**stretch·er-bear·er** *n* Krankenträger(in) *m(f)*

stretchy ['stretʃi] *adj* elastisch, dehnbar, Stretch-; **~ material** Elastik *nt o f*

strew <strewed, strewn *or* strewed> [struː] *vt* ❶ (*scatter*) [ver]streuen ❷ (*cover*) ▪ **to ~ sth with sth** etw mit etw *dat* bestreuen; **the path to a lasting peace settlement is ~n with difficulties** (*fig*) der Weg zu einem dauerhaften Friedensabkommen ist mit Schwierigkeiten gepflastert

strick·en ['strɪkən] **I.** *vt, vi* (*old*) *pp of* **strike II.** *adj* ❶ (*be overcome*) geplagt; ▪ **to be ~ by sth** von etw *dat* heimgesucht werden; **~ with guilt** von Schuld gequält; **to be ~ with an illness** mit einer Krankheit geschlagen sein *geh* ❷ (*liter: wounded*) versehrt *geh* ❸ (*distressed*) leidgeprüft

strict [strɪkt] *adj* ❶ (*severe*) streng; *boss* strikt, herrisch; *penalty* hart ❷ (*demanding compliance*) streng, genau; **there is ~ enforcement of the regulations here** hier wird streng auf die Einhaltung der Vorschriften geachtet; **~ time limit** festgesetzte Frist; **~ neutrality** strikte Neutralität ❸ (*absolute*) streng, absolut; **in its ~ sense 'frost' refers to ...** streng genommen bezeichnet das Wort ‚Frost' ...; **in the ~est confidence** streng vertraulich ❹ (*unswerving*) streng; **~ Catholics** strenggläubige Katholiken; **~ vegetarian** überzeugter Vegetarier/überzeugte Vegetarierin

strict·ly ['strɪktli] *adv* ❶ (*demanding compliance*) streng; **for a ~ limited period** für sehr kurze Zeit; **~ forbidden** streng verboten ❷ (*precisely*) **not ~ comparable** nicht ohne weiteres vergleichbar; **~ defined** genau definiert; **~ speaking** genau genommen ❸ (*absolutely*) streng; **~ confidential** streng vertraulich ❹ (*severely*) streng

strict·ness ['strɪktnəs] *n no pl* Strenge *f*; *precision* Genauigkeit *f*; *severity* Härte *f*

stride [straɪd] **I.** *vi* <strode, stridden> **to ~ purposefully up to sth** zielstrebig auf etw *akk* zugehen; ▪ **to ~ across sth** über etw *akk* hinwegschreiten; ▪ **to ~ forward** (*fig*) vorankommen, Fortschritte machen **II.** *n* ❶ (*step*) Schritt *m*; **to break one's ~** stehen bleiben, anhalten; **to get into** [*or* AM *usu* **hit**] **one's ~** (*fig*) in Schwung kommen, seinen Rhythmus finden; **to put sb off their ~** *esp* BRIT (*fig*) jdn aus dem Konzept bringen; **to take sth in** [BRIT **one's**] **~** (*fig*) mit etw *dat* gut fertigwerden ❷ (*approv: progress*) Fortschritt *m*; **to make ~s forward** Fortschritte machen

stri·dent ['straɪdᵊnt] *adj* ❶ (*harsh*) grell, schrill, durchdringend ❷ (*forceful*) scharf, schneidend

strife [straɪf] *n no pl* Streit *m*, Zwist *m geh*; **industrial ~** Auseinandersetzungen *pl* in der Industrie

strike¹ [straɪk] **I.** *n* ❶ (*of labour*) Streik *m*, Ausstand *m*; **sit-down ~** Sitzstreik *m*; **to be** [**out**] **on ~** streiken; **to be on ~** gegen sb/sth AM jdn/etw bestreiken; **to call a ~** einen Streik ausrufen ❷ (*occurrence*) **one- ~-and-you're-out policy** Politik *f* des harten Durchgreifens **II.** *vi* streiken, in den Ausstand treten *form*

strike² [straɪk] **I.** *n* ❶ MIL Angriff *m*, Schlag *m* (**against** gegen); **pre-emptive ~** Präventivschlag *m*; (*fig*) vorbeugende Maßnahme ❷ (*discovery*) Fund *m* ❸ AM (*also fig: conviction*) Verurteilung *f* ❹ AM (*in baseball*) Fehlschlag *m* **II.** *vt* <struck, struck *or* AM *also* stricken> ❶ (*beat*) schlagen; (*bang against*) ▪ **to ~ sth** gegen etw *akk* schlagen ❷ (*send by hitting*) **to ~ a ball** einen Ball schlagen; FBALL einen Ball schießen ❸ *usu passive* (*reach, damage*) **to be struck by a bullet/lightning/a**

missile von einer Kugel/vom Blitz/von einer Rakete getroffen werden ❹ ■**to ~ sth** (*meet, bump against*) gegen etw *akk* stoßen; (*drive against*) gegen etw *akk* fahren; (*collide with*) mit etw *dat* zusammenstoßen ❺ (*knock, hurt*) **to ~ one's fist against the door/on the table** mit der Faust gegen die Tür/auf den Tisch schlagen ❻ (*inflict*) **to ~ a blow** zuschlagen; **to ~ a blow against sb/sth** (*fig*) jdm/etw einen Schlag versetzen ❼ (*devastate*) ■**to ~ sb/sth** jdn/etw heimsuchen; **the flood struck Worcester** die Flut brach über Worcester herein ❽ (*give an impression*) ■**to ~ sb as ...** jdm ... scheinen; **she doesn't ~ me as [being] very motivated** sie scheint mir nicht besonders motiviert [zu sein] ❾ (*impress*) ■**to be struck by sth** von etw *dat* beeindruckt sein ❿ (*arouse, induce*) **to ~ fear into sb** jdn in Angst versetzen ⓫ (*achieve*) erreichen; **how can we ~ a balance between economic growth and environmental protection?** wie können wir einen Mittelweg zwischen Wirtschaftswachstum und Umweltschutz finden?; **to ~ a deal with sb** mit jdm eine Vereinbarung treffen ⓬ (*manufacture*) **to ~ coins/a medal** Münzen/eine Medaille prägen ⓭ (*discover*) **to ~ gold** auf Gold stoßen ⓮ (*play*) **to ~ a chord/note** einen Akkord/Ton anschlagen; **to ~ the right note** den richtigen Ton treffen ⓯ (*adopt*) **to ~ the right note** den richtigen Ton treffen; **to ~ a pose** eine Pose einnehmen ⓰ *clock* **to ~ the hour/midnight** die [volle] Stunde/Mitternacht schlagen ⓱ (*occur to*) **has it ever struck you that ...?** ist dir je der Gedanke gekommen, dass ...?; **it's just struck me that ...** mir ist gerade eingefallen, dass ... ⓲ (*ignite*) **to ~ a match** ein Streichholz anzünden ⓳ (*render*) **to be struck dumb** sprachlos sein III. *vi* <struck, struck *or* Am also stricken> ❶ (*reach aim, have impact*) treffen; *lightning* einschlagen; **to ~ at the heart of sth** etw vernichtend treffen; **to ~ home** ins Schwarze treffen ❷ (*act*) zuschlagen; (*attack*) angreifen; **the snake ~s quickly** die Schlange beißt schnell zu ❸ (*cause suffering*) *illness, disaster* ausbrechen; *fate* zuschlagen ❹ *clock* schlagen ❺ (*find*) ■**to ~ [up]on sth** etw finden; **she has just struck upon an idea** ihr ist gerade eine Idee gekommen ▶**to ~ lucky** Brit, Aus (*fam*) einen Glückstreffer landen *fig* ◆**strike back** *vi* (*also fig*) zurückschlagen ◆**strike down** *vt usu passive* ❶ (*knock down*) ■**to ~ down** ◯ **sb** jdn niederschlagen ❷ (*kill*) ■**to ~ sb down** jdn dahinraffen *geh;* **to be struck down by a bullet** von einer Kugel getötet werden ❸ *usu passive* (*become ill*) ■**to be struck down by** [*or* **with**] **sth** [schwer] an etw *dat* erkranken ❹ Am law **to ~ down** ◯ **a law** ein Gesetz aufheben ◆**strike off** *vt usu passive* Brit, Aus ■**to ~ sb off for sth** jdm wegen einer S. *gen* die Zulassung entziehen ◆**strike out** I. *vt* ❶ (*delete*) ■**to ~ out** ◯ **sth** etw [aus]streichen ❷ Am (*in baseball*) ■**to ~ out** ◯ **sb** jdn ausmachen II. *vi* ❶ (*hit out*) zuschlagen; ■**to ~ out at sb** nach jdm schlagen; (*fig*) jdn scharf angreifen ❷ (*start afresh*) neu beginnen; **to ~ out in a new direction** eine neue Richtung einschlagen; **to ~ out on one's own** eigene Wege gehen ❸ (*set off*) aufbrechen ◆**strike through** *vt* ■**to ~ sth through** etw [durch]streichen ◆**strike up** I. *vt* ❶ (*initiate*) anfangen; **to ~ up a conversation** ein Gespräch anfangen; **to ~ up a friendship with sb** sich mit jdm anfreunden ❷ *start playing* **to ~ up a song** ein Lied anstimmen II. *vi* beginnen, anfangen

ˈstrike acˑtion *n no pl* Streikmaßnahmen *pl* ˈstrike comˑmitˑtee *n* + *sing/pl vb* Streikausschuss *m* ˈstrike fund *n* Streikkasse *f* ˈstrike pay *n no pl* Streikgeld *nt*

strikˑer [ˈstraɪkəʳ] *n* ❶ (*in football*) Stürmer(in) *m(f)* ❷ (*worker*) Streikende(r) *f(m)*

strikˑing [ˈstraɪkɪŋ] *adj* ❶ (*unusual*) bemerkenswert, auffallend; **the most ~ aspect of sth** das Bemerkenswerteste an etw *dat; differences* erheblich; *feature* herausragend; *parallels* erstaunlich; *personality* beeindruckend; *result* erstaunlich ❷ (*good-looking*) umwerfend; **~ beauty** bemerkenswerte Schönheit ❸ (*close*) **within ~ distance** [**of sth**] in unmittelbarer Nähe [einer S. *gen*]; (*short distance*) einen Katzensprung [von etw *dat*] entfernt

string [strɪŋ] I. *n* ❶ *no pl* (*twine*) Schnur *f,* Kordel *f;* **ball of ~** Knäuel *m o nt;* **piece of ~** Stück *nt* Schnur ❷ (*fig: controls*) **to pull ~s** seine Beziehungen spielen lassen; **with ~s attached** mit Bedingungen verknüpft; **with no ~s attached** ohne Bedingungen ❸ *usu pl of a puppet* Fäden *pl;* **puppet on ~s** Marionette *f* ❹ (*in music*) Saite *f;* **to pluck a ~** eine Saite zupfen ❺ (*in an orchestra*) ■**the ~s** *pl* (*instruments*) die Streichinstrumente *pl;* (*players*) die Streicher *pl* ❻ sports (*on a racket*) Saite *f* ❼ (*chain*) Kette *f;* **~ of pearls** Perlenkette *f* ❽*(fig: series)* Kette *f*, Reihe *f* ❾COMPUT Zeichenfolge *f*; **search ~** Suchbegriff *m* **II.***vt* <strung, strung> ❶*(fit)* besaiten; **to ~ a racket** SPORTS einen Schläger bespannen ❷*(attach)* auffädeln, aufziehen; *usu passive (arrange in a line)* aufreihen ◆**string along** *vt (fam)* ■ **to ~ sb** ○ **along** ❶*(deceive)* jdn täuschen [*o* übers Ohr hauen]; *(in relationships)* jdn an der Nase herumführen ❷*(delay)* jdn hinhalten ◆**string out I.***vi* sich verteilen **II.***vt* ■ **to ~ sth** ○ **out** etw verstreuen; *(prolong)* etw ausdehnen ◆**string up** *vt* ❶*(hang)* ■ **to ~ up** ○ **sth** etw aufhängen ❷ ■ **to ~ up** ○ **sb** *(fam: execute)* jdn [auf]hängen; *(fig fam: punish)* jdn bestrafen **string 'bag** *n* Einkaufsnetz *nt* **'string band** *n* kleines Streichorchester **string 'bean** *n* AM, AUS grüne Bohne

stringed in·stru·ment [ˌstrɪŋdʹ-] *n* Saiteninstrument *nt*

strin·gen·cy [ˈstrɪndʒən(t)si] *n no pl* ❶*(strictness)* Strenge *f* ❷*(thriftiness)* Knappheit *f*, Verknappung *f*

strin·gent [ˈstrɪndʒənt] *adj* ❶*(strict)* streng, hart; **~ measures** drastische Maßnahmen ❷*(thrifty)* hart, streng; *(financial situation)* angespannt

string·er [ˈstrɪŋəʳ] *n* JOURN *(sl)* freiberuflicher Korrespondent/freiberufliche Korrespondentin

'string-pull·ing *n* Strippenziehen *nt;* **she did some ~ to get the job** sie hat ihre Beziehungen spielen lassen, um die Stelle zu bekommen **'string quar·tet** *n* Streichquartett *nt*

stringy [ˈstrɪŋi] *adj (tough) food* faserig, voller Fäden; *consistence* zäh; *(wiry) person* sehnig, drahtig; *hair* strähnig

strip [strɪp] **I.***n* ❶*(narrow piece)* Streifen *m*; **narrow ~ of land** schmales Stück Land; **thin ~** schmaler Streifen ❷BRIT, AUS *(soccer kit)* Trikot *nt* ❸*(undressing)* Strip[tease] *m* ❹*esp* AM *(long road)* sehr lange, belebte Einkaufsstraße **II.***vt* <-pp-> ❶*(lay bare) house, cupboard* leer räumen, ausräumen; **~ped pine** abgebeizte Kiefer; **to ~ sth bare** etw kahl fressen ❷*(undress)* ■ **to ~ sb** jdn ausziehen ❸*(dismantle)* ■ **to ~ sth** etw auseinandernehmen ❹*usu passive (remove)* ■ **to ~ sb of sth** jdn einer S. *gen* berauben; **to ~ sb of his/her office** jdn seines Amtes entheben; **to ~ sb of his/her title** jdm seinen Titel aberkennen **III.***vi* <-pp-> AM, AUS sich ausziehen; **~ped to the waist** mit nacktem Oberkörper; **to ~ [down] to one's underwear** sich bis auf die Unterwäsche ausziehen

'strip car·toon *n* BRIT Comic[strip] *m*

stripe [straɪp] *n* ❶*(band)* Streifen *m* ❷MIL *(chevron)* [Ärmel]streifen *m* ❸AM *(type)* Schlag *m;* **of every ~** aller Art; *politician, government* jeder Richtung

striped [straɪpt] *adj clothes* gestreift, Streifen-

stripey *adj see* **stripy**

'strip light *n* BRIT Neonröhre *f* **'strip light·ing** *n no pl* Neonlicht *nt*, Neonbeleuchtung *f* **'strip min·ing** *n no pl* AM *(opencast mining)* Tagebau *m*

strip·per [ˈstrɪpəʳ] *n* ❶*(person)* Stripperin *f*, Stripteasetänzerin *f* ❷*no pl (solvent)* Farbentferner *m*; *(for wallpaper)* Tapetenlöser *m* ❸*(tool)* Kratzer *m*; *machine* Tapetenablösegerät *nt*

'strip-search I.*n* Leibesvisitation, bei der sich der/die Durchsuchte ausziehen muss; **to undergo a ~** sich zu einer Durchsuchung ausziehen müssen **II.***vt* ■ **to ~ sb** jdn einer Durchsuchung unterziehen, bei der sich der Betreffende ausziehen muss

'strip show *n* Strip[tease]show *f* **'strip·tease** *n* Striptease *m;* **to do a ~** strippen *fam*

stripy [ˈstraɪpi] *adj clothes* gestreift, Streifen-

strive <strove *or* -d, striven *or* -d> [straɪv] *vi* sich bemühen; ■ **to ~ to do sth** sich bemühen [*o* bestrebt sein], etw zu tun; ■ **to ~ after sth** nach etw *dat* streben, etw anstreben; ■ **to ~ for sth** um etw *akk* ringen; ■ **to ~ against sth** gegen etw *akk* ankämpfen

strobe [strəʊb] *n (fam) short for* **stroboscope** ❶PHYS Stroboskop *nt* ❷*(flashing lamp)* Stroboskoplicht *nt*

'strobe light *n* Stroboskoplicht *nt*

stro·bo·scope [ˈstrəʊbəskəʊp] *n* ❶PHYS Stroboskop *nt* ❷*(flashing lamp)* Stroboskoplicht *nt*

strode [strəʊd] *pt of* **stride**

stroke [strəʊk] **I.***vt* ❶*(rub)* streicheln; **to ~ one's hair into place** sich das Haar glatt streichen ❷*(hit)* **to ~ the ball** den Ball [leicht] streifen **II.***n* ❶*(rub)* Streicheln *nt kein pl;* **to give sb a ~** jdn streicheln; **to give sth a ~** über etw *akk* streichen ❷MED *(attack)* Schlaganfall *m* ❸*(mark)* Strich *m* ❹*(hitting a ball)* Schlag *m* ❺*(form: blow)* Schlag *m*, Hieb *m* ❻*no pl (swimming style)* **breast ~** Brustschwimmen *nt* ❼*(swimming movement)* Zug *m* ❽*(piece)* **by a ~ of fate** durch eine Fügung des Schicksals; **a ~ of luck** ein Glücksfall *m;* **a ~ of bad luck** Pech *nt;* **by a ~ of [bad] luck** [un]glücklicherweise ❾ (*action*) [geschickter] Schachzug; **a ~ of genius** ein genialer Einfall ❿ *no pl, usu neg* (*fam: of work*) **she hasn't done a ~ of work** sie hat noch keinen Handschlag getan ⓫ *of a clock* Schlag *m;* **at the ~ of ten** um Punkt zehn Uhr

stroll [strəʊl] **I.** *n* Spaziergang *m;* **to go for a ~** einen Spaziergang machen, spazieren gehen **II.** *vi* (*amble*) schlendern, bummeln

stroll·er ['strəʊləʳ] *n* ❶ (*person*) Spaziergänger(in) *m(f)* ❷ *esp* AM, AUS (*pushchair*) Sportwagen *m*

strong [strɒŋ] **I.** *adj* ❶ (*powerful*) stark; *desire* brennend; *economy* gesund; *incentive, influence* groß; *reaction* heftig; *resistance* erbittert; *rivalry* ausgeprägt; **~ language** (*vulgar*) derbe Ausdrucksweise; **~ lenses** starke [Brillen]gläser; **~ smell** strenger Geruch; **~ winds** heftige Winde ❷ (*effective*) gut, stark; **tact is not her ~ point** Takt ist nicht gerade ihre Stärke ❸ (*physically powerful*) kräftig, stark; (*healthy*) gesund, kräftig; **to be as ~ as an ox** bärenstark sein ❹ (*robust*) stabil; (*tough*) *person* stark ❺ (*deep-seated*) überzeugt; *conviction* fest; *objections* stark; *tendency* deutlich; **to have ~ views on sth** eine Meinung über etw *akk* energisch vertreten ❻ (*very likely*) groß, hoch, stark; **~ likelihood** hohe Wahrscheinlichkeit ❼ *after n* (*in number*) stark; **our club is currently about eighty ~** unser Club hat derzeit 80 Mitglieder ❽ (*marked*) *accent* stark ❾ (*bright*) hell, kräftig; *light* grell ❿ (*pungent*) streng; *flavour* kräftig; *smell* beißend ⓫ FIN *currency* hart, stark **II.** *adv* (*fam*) **to come on ~** (*sexually*) rangehen *fam;* (*aggressively*) in Fahrt kommen *fam;* **to come on too ~** übertrieben reagieren; **still going ~** noch gut in Form

'strong-arm I. *adj attr* (*pej*) brutal, gewaltsam, Gewalt-; **~ method[s]** brutale Methode[n]; **~ style of government** autoritärer Regierungsstil **II.** *vt* ■**to ~ sb** jdn einschüchtern **'strong·box** *n* [Geld]kassette *f* **'strong·hold** *n* ❶ (*bastion*) Stützpunkt *m,* Bollwerk *nt,* Festung *f;* (*fig*) Hochburg *f,* Zentrum *nt* ❷ (*sanctuary*) Zufluchtsort *m,* Refugium *nt*

strong·ly ['strɒŋli] *adv* ❶ (*powerfully*) stark; **it is ~ doubted that ...** es bestehen erhebliche Zweifel, dass ...; **to ~ advise sb to do sth** jdm nachdrücklich dazu raten, etw zu tun; **to ~ criticize sb** jdn heftig kri-

tisieren; **to ~ deny sth** etw energisch bestreiten; **to be ~ opposed to sth** entschieden gegen etw *akk* sein; **to ~ recommend sth** etw dringend empfehlen ❷ (*durably*) robust, stabil ❸ (*muscularly*) stark; **~ built** kräftig gebaut ❹ (*pungently*) stark; **to smell ~ of sth** stark nach etw *dat* riechen ❺ (*firmly*) nachdrücklich; **to ~ believe sth** von etw *dat* fest überzeugt sein; **to ~ feel that ...** den starken Verdacht haben, dass ...

strong-'mind·ed *adj* willensstark, entschlossen, energisch **'strong·room** *n* Stahlkammer *f,* Tresor[raum] *m* **strong-'willed** *adj* willensstark, entschlossen

stron·tium ['strɒntiəm] *n no pl* Strontium *nt*

strop [strɒp] *n* BRIT, AUS (*fam*) Schmollen *nt kein pl;* **to be in a ~** eingeschnappt sein *fam,* schmollen

strop·py ['strɒpi] *adj* BRIT, AUS (*fam*) muffig *fam,* gereizt; **to get ~** pampig werden *fam*

strove [strəʊv] *pt of* **strive**

struck [strʌk] *pt, pp of* **strike**

struc·tur·al ['strʌktʃərəl] *adj* ❶ (*organizational*) strukturell, Struktur- ❷ (*of a construction*) baulich, Bau-, Konstruktions-; **the houses suffered ~ damage** die Struktur der Häuser wurde beschädigt

struc·tur·al·ly ['strʌktʃərəli] *adv* ❶ (*organizationally*) strukturell ❷ (*of a construction*) baulich; **few buildings were left ~ safe after the earthquake** nach dem Erdbeben waren nur noch wenige Gebäude in einem sicheren baulichen Zustand

struc·tur·al un·em·'ploy·ment *n no pl* ECON, SOCIOL strukturelle Arbeitslosigkeit

struc·ture ['strʌktʃəʳ] **I.** *n* ❶ (*arrangement*) Struktur *f,* Aufbau *m* ❷ (*system*) Struktur *f* ❸ (*construction*) Bau[werk] *nt;* (*make-up of a construction*) Konstruktion *f* **II.** *vt* strukturieren; (*construct*) konstruieren; *life* regeln; **well-~d argument** gut aufgebaute [*o* gegliederte] Argumentation

strug·gle ['strʌɡl] **I.** *n* ❶ (*great effort*) Kampf *m* (**for** um); **to be a real ~** wirklich Mühe kosten, sehr anstrengend sein; **uphill ~** mühselige Aufgabe, harter Kampf; **without a ~** kampflos ❷ (*fight*) Kampf *m* (**against** gegen, **with** mit); **he put up a desperate ~ before his murder** er hatte sich verzweifelt zur Wehr gesetzt, bevor er ermordet wurde **II.** *vi* ❶ (*toil*) sich abmühen [*o* quälen]; ■**to ~ with sth** sich mit etw *dat* herumschlagen; **to ~ to make ends meet** Mühe haben, finanziell zurechtzukommen; **to ~ to one's feet** sich mühsam aufrappeln ❷ (*fight*) kämpfen, ringen; **to ~ for survival** ums Überleben kämpfen

strum [strʌm] MUS **I.** *vt* <-mm-> **to ~ a stringed instrument** auf einem Saiteninstrument herumzupfen *fam*; **to ~ a guitar** auf einer Gitarre herumklimpern *fam* **II.** *vi* <-mm-> [herum]klimpern *fam* **III.** *n usu sing* ❶ (*sound of strumming*) Klimpern *nt fam*, Geklimper *nt pej fam* ❷ (*act of strumming*) **she gave a few ~s of her guitar** sie schlug ein paar Akkorde auf ihrer Gitarre an

strung [strʌŋ] *pt, pp of* **string**

strut [strʌt] **I.** *vi* <-tt-> ▪**to ~ about** herumstolzieren; ▪**to ~ past** vorbeistolzieren **II.** *vt* <-tt-> **to ~ one's stuff** (*esp hum fam: dance*) zeigen, was man hat; (*showcase*) zeigen, was man kann **III.** *n* (*in a car, vehicle*) Strebe *f*; (*in a building, structure*) Verstrebung *f*

strych·nine ['strɪkniːn] *n no pl* Strychnin *nt*

stub [stʌb] **I.** *n of a ticket, cheque* [Kontroll]abschnitt *m*, Abriss *m*; *of a cigarette* [Zigaretten]stummel *m*, Kippe *f fam*; *of a pencil* Stummel *m* **II.** *vt* <-bb-> **to ~ one's toes** sich die Zehen anstoßen
◆ **stub out** *vt* **to ~ out a/one's cigar/cigarette** eine/seine Zigarre/Zigarette ausdrücken; **with one's foot** eine/seine Zigarette/Zigarre austreten

stub·ble ['stʌbl] *n no pl* Stoppeln *pl*

stub·bly ['stʌbli] *adj* ❶ (*bristly*) stoppelig, Stoppel- ❷ (*of crops*) Stoppel-

stub·born [ˈstʌbən] *adj* (*esp pej*) ❶ (*obstinate*) *of a person* stur *fam*, dickköpfig *fam*, starrköpfig, störrisch ❷ (*persistent*) hartnäckig; *problem* vertrackt; **~ hair** widerspenstiges Haar

stub·born·ly ['stʌbənli] *adv* (*esp pej*) ❶ (*obstinately*) stur, störrisch; **she ~ clings on to her outdated views** sie klammert sich verbissen an ihre veralteten Ansichten ❷ (*persistently*) *refuse* hartnäckig

stub·born·ness ['stʌbənnəs] *n no pl* (*esp pej*) Sturheit *f*, Starrköpfigkeit *f*

stub·by ['stʌbi] **I.** *adj* **~ fingers** Wurstfinger *pl fam*; **~ legs** stämmige Beine; **~ person** gedrungene Person; **~ tail** Stummelschwanz *m* **II.** *n* AUS *375 ml fassende Bierflasche*

stuc·co ['stʌkəʊ] *n no pl* (*fine plaster*) Stuck *m*

stuck [stʌk] **I.** *pt, pp of* **stick II.** *adj* ❶ (*unmovable*) fest; **the door is ~** die Tür klemmt ❷ *pred* (*trapped*) **I hate being ~ behind a desk** ich hasse Schreibtischarbeit; ▪**to be ~ in sth** in etw *dat* feststecken; ▪**to be ~ with sb** jdn am Hals haben ❸ *pred* (*at a loss*) ▪**to be ~** nicht klarkommen *fam;* **I'm really ~** ich komme einfach nicht weiter ❹ *pred* BRIT, AUS (*fam: show enthusiasm for*) **to get ~ in|to| sth** sich in etw *akk* reinknien *fam;* **they got ~ into the job straight away** sie stürzten sich gleich in die Arbeit

stuck-'up *adj* (*pej fam*) hochnäsig *fam*, eingebildet, arrogant

stud[1] [stʌd] *n* ❶ (*horse*) Deckhengst *m*, Zuchthengst *m* ❷ (*breeding farm*) Gestüt *nt*, Stall *m* ❸ (*sl: man*) geiler Typ

stud[2] [stʌd] *n* ❶ (*jewellery*) Stecker *m* ❷ (*for a collar*) Kragenknopf *m;* (*for a shirt*) Hemdknopf *m;* (*for a cuff*) Manschettenknopf *m* ❸ TECH Stift *m* ❹ AM (*in a tyre*) Spike *m*

stu·dent [ˈstjuːdənt] *n* ❶ (*at university*) Student(in) *m(f)*, Studierende(r) *f(m);* (*pupil*) Schüler(in) *m(f);* **graduate ~** AM *Doktorand oder Student eines Magisterstudiengangs;* **postgraduate ~** Habilitand(in) *m(f);* **undergraduate ~** Student(in) *m(f)* ❷ (*unofficial learner*) **to be a ~ of sth** sich mit etw *dat* befassen

stu·dent 'teach·er *n* Referendar(in) *m(f)*

stu·dent 'un·ion *n*, **stu·dents' 'un·ion** *n* Studentenvereinigung *f*

'**stud farm** *n* Gestüt *nt*

'**stud horse** *n* Zuchthengst *m*

stud·ied ['stʌdid] *adj* wohl überlegt, [gut] durchdacht; **she listened to his remarks with ~ indifference** sie hörte ihm mit gestellter Gleichgültigkeit zu; **~ elegance** kunstvolle Eleganz; **~ insult** gezielte Beleidigung; **~ politeness** gewollte Höflichkeit

studies ['stʌdiz] *npl* ❶ (*studying*) Studium *nt kein pl*; **he enjoys his ~** ihm macht sein Studium Spaß ❷ (*academic area*) **business ~** Betriebswirtschaft *f*; **social ~** Sozialwissenschaft *f*

stu·dio ['stjuːdiəʊ] *n* ❶ (*artist's room*) Atelier *nt* ❷ (*photography firm*) Studio *nt;* **graphics ~** Grafikstudio *nt* ❸ (*film-making location*) Studio *nt* ❹ (*film company*) Filmgesellschaft *f* ❺ (*recording area*) Studio *nt* ❻ *esp* AM (*studio flat*) Appartement *nt*

stu·dio a'part·ment *n esp* AM Appartement *nt* **stu·dio 'audi·ence** *n + sing/pl vb* Studiopublikum *nt* '**stu·dio couch** *n* Schlafcouch *f*, Bettcouch *f*

stu·di·ous ['stjuːdɪəs] *adj* ①(*bookish*) *person* lernbegierig, lerneifrig; *environment* gelehrt; ~ **atmosphere** dem Lernen zuträgliche Atmosphäre ②(*earnest*) ernsthaft; (*intentional*) bewusst

study ['stʌdi] **I.** *vt* <-ie-> ①(*scrutinize*) ■ to ~ sb/sth jdn/etw studieren, sich mit etw/jdm befassen; (*look at*) jdn/etw eingehend betrachten; ■ to ~ **how/what/when/whether ...** erforschen [*o* untersuchen], wie/was/wann/ob ... ②(*learn*) studieren; (*at school*) lernen **II.** *vi* <-ie-> lernen; (*at university*) studieren **III.** *n* ①(*investigation*) Untersuchung *f*; (*academic investigation*) Studie *f*, wissenschaftliche Untersuchung ②*no pl* (*studying*) Lernen *nt*; (*at university*) Studieren *nt* ③(*room*) Arbeitszimmer *nt* ④(*pilot drawing*) Studie *f*, Entwurf *m* ⑤(*literary portrayal*) Untersuchung *f*, Studie *f* ⑥(*example*) **to be a ~ in sth** ein Musterbeispiel für etw *akk* sein

'study group *n* + *sing/pl vb* Arbeitsgruppe *f* **'study vis·it** *n* Studienreise *f*

stuff [stʌf] **I.** *n no pl* ①(*fam: indeterminate matter*) Zeug *nt oft pej fam*; **we've heard all this ~ before** das haben wir doch alles schon mal gehört!; **there is a lot of ~ about it on TV** im Fernsehen wird dauernd darüber berichtet; **his latest book is good ~** sein neues Buch ist echt gut; **that's the ~!** Brit (*fam*) so ist's richtig!; **to know one's ~** (*fam*) sich auskennen ②(*possessions*) Sachen *pl*, Zeug *nt oft pej fam* ③(*material*) Material *nt*, Stoff *m* ④(*characteristics*) **he's made of the same ~ as his father** er ist aus demselben Holz geschnitzt wie sein Vater; **the ~ of which heroes are made** der Stoff, aus dem Helden sind **II.** *vt* ①(*fam: gorge*) ■ **to ~ sb/oneself** jdn/sich vollstopfen; ■ **to ~ down** ○ **sth** etw in sich *akk* hineinstopfen; **to ~ one's face** sich *dat* den Bauch vollschlagen ②(*vulg: strong disapproval*) **~ it!** Scheiß drauf! *derb*; *esp* Brit, Aus **~ him!** der kann mich mal! *derb*; Brit, Aus **get ~ed!** du kannst mich mal! *derb* ③(*push inside*) stopfen; (*fill*) ausstopfen; (*in cookery*) füllen ④(*in taxidermy*) **to ~ animals** Tiere ausstopfen

stuffed 'shirt *n* (*pej fam*) Wichtigtuer(in) *m(f)*

stuff·ing ['stʌfɪŋ] *n no pl* Füllung *f*

stuffy ['stʌfi] *adj* (*pej*) ①(*prim*) spießig ②(*airless*) stickig, muffig

stul·ti·fy·ing ['stʌltɪfaɪɪŋ] *adj* (*pej form*) lähmend

stum·ble ['stʌmbl] *vi* ①(*trip*) stolpern, straucheln; ■ **to ~ on sth** über etw *akk* stolpern ②(*fig*) **the judges noticed the violinist ~** die Schiedsrichter bemerkten, dass die Violinistin einen Fehler machte; **to ~ from one mistake to another** (*fig*) von einem Fehler zum nächsten stolpern ③(*stagger*) ■ **to ~ about** herumtappen ④(*falter: when talking*) stocken, holpern ⑤(*find*) ■ **to ~ across sb/sth** [zufällig] auf jdn/etw stoßen

'stum·bling block *n* Stolperstein *m*, Hemmschuh *m*, Hindernis *nt*; ■ **to be a ~ to sth** ein Hindernis für etw *akk* sein

stump [stʌmp] **I.** *n* ①(*part left*) *of a tree* Stumpf *m*; *of an arm* Armstumpf *m*; *of a leg* Beinstumpf *m*; *of a tooth* Zahnstummel *m* ②Am pol **out on the ~** im Wahlkampf **II.** *vt* ①(*usu fam: baffle*) ■ **to ~ sb** jdn verwirren [*o* durcheinanderbringen]; **we're all completely ~ed** wir sind mit unserem Latein am Ende ②*esp* Am pol **to ~ the country/a state** Wahlkampfreisen durch das Land/einen Staat machen **III.** *vi* ①(*stamp*) **she ~ed out of the room** sie stapfte aus dem Raum ②pol Wahlreden halten

stumpy ['stʌmpi] *adj* (*usu pej fam*) [klein und] gedrungen, untersetzt, stämmig; *fingers* dick; **~ tail** Stummelschwanz *m*

stun <-nn-> [stʌn] *vt* ①(*shock*) betäuben, lähmen; (*amaze*) verblüffen, überwältigen; **news of the disaster ~ned the nation** die Nachricht von der Katastrophe schockte das Land; **~ned silence** fassungsloses Schweigen ②(*make unconscious*) ■ **to ~ sb/an animal** jdn/ein Tier betäuben

stung [stʌŋ] *pp, pt of* **sting**

'stun gre·nade *n* mil Blendgranate *f*

stunk [stʌŋk] *pt, pp of* **stink**

stunned [stʌnd] *adj* fassungslos, sprachlos, geschockt

stun·ner ['stʌnə^r] *n* ①(*fam: man*) toller Mann; (*woman*) tolle Frau; (*thing, event*) tolle Sache ②(*surprise*) [Riesen]überraschung *f*

stun·ning ['stʌnɪŋ] *adj* ①(*approv: gorgeous*) toll *fam*, fantastisch, umwerfend, überwältigend, sensationell ②(*amazing*) unfassbar ③(*hard*) **a ~ blow/left hook/punch** ein betäubender Schlag/linker Haken/Faustschlag

stunt[1] [stʌnt] *n* ①film Stunt *m*; **to perform a ~** einen Stunt vollführen ②(*for publicity*) Gag *m*, Trick *m pej*; **publicity ~** Werbegag *m*; **to pull a ~** (*fig fam*) etwas Verrücktes tun

stunt² [stʌnt] *vt* hemmen, beeinträchtigen, behindern

stunt·ed ['stʌntɪd] *adj* (*deteriorated*) verkümmert; (*limited in development*) unterentwickelt

'stunt·man *n* Stuntman *m*

stu·pefac·tion [ˌstjuːpɪˈfækʃ ə n] *n no pl* ① (*befuddled state*) Benommenheit *f*; **state of ~** benommener Zustand ② (*astonishment*) Verblüffung *f*; (*involving intense shock*) Bestürzung *f*

stu·pefy <-ie-> ['stjuːpɪfaɪ] *vt usu passive* ■ **to be stupefied by sth** ① (*render numb*) von etw *dat* benommen sein ② (*astonish*) über etw *akk* verblüfft sein; (*shocked*) über etw *akk* bestürzt sein; **we were stupefied by the news** die Nachricht hatte uns die Sprache verschlagen

stu·pen·dous [stjuːˈpendəs] *adj* (*immense*) gewaltig, enorm; (*amazing*) erstaunlich; *beauty* außergewöhnlich; *news* toll *fam*

stu·pid ['stjuːpɪd] **I.** *adj* <-er, -est *or* more ~, most ~> ① (*slow-witted*) dumm, blöd *fam*, einfältig; **don't be ~!** sei doch nicht blöd! *fam* ② (*silly*) blöd *fam*; **have your ~ book!** behalte doch dein blödes Buch! *fam*; **to drink oneself ~** sich bis zur Bewusstlosigkeit betrinken **II.** *n* (*fam*) Blödmann *m*, Dummkopf *m*

stu·pid·ity [stjuːˈpɪdəti] *n no pl* Dummheit *f*, Blödheit *f fam*, Einfältigkeit *f*

stu·pid·ly ['stjuːpɪdli] *adv* dummerweise, blöderweise *fam*; **I ~ forgot to bring a copy of my report** ich habe dummerweise vergessen, meinen Bericht mitzubringen; **he ~ refused** er war so dumm abzulehnen

stu·por ['stjuːpər] *n usu sing* Benommenheit *f*; **in a drunken ~** im Vollrausch

stur·dy ['stɜːdi] *adj* ① (*robust*) *box, chair, wall* stabil; *material* robust; **~ shoes** festes Schuhwerk ② (*physically*) *arms, legs* kräftig; *body, person, legs also* stämmig ③ (*resolute*) *opposition* standhaft, unerschütterlich

stur·geon ['stɜːdʒən] *n* Stör *m*

stut·ter ['stʌtər] **I.** *vi, vt* stottern **II.** *n* Stottern *nt kein pl*; **to have a bad ~** stark stottern

stut·ter·er ['stʌtərər] *n* Stotterer *m*/Stotterin *f*

sty [staɪ] *n* ① (*pig pen*) Schweinestall *m* ② MED (*in eye*) Gerstenkorn *nt*

stye <*pl* sties *or* -s> [staɪ] *n* MED Gerstenkorn *nt*

style [staɪl] **I.** *n* ① (*distinctive manner*) Stil *m*, Art *f*; **~ of teaching** Unterrichtsstil *m*; **in the ~ of sb/sth** im Stil einer Person/einer S. *gen*; **that's not my ~** (*fig fam*) das ist nicht mein Stil *fig*; **in the Gothic ~** ARCHIT, ART im gotischen Stil ② (*approv: stylishness*) Stil *m*; **to have real ~** Klasse haben; **to do things in ~** alles im großen Stil tun; **to live in ~** auf großem Fuß leben; **to travel in ~** mit allem Komfort [ver]reisen ③ (*fashion*) Stil *m*; **the latest ~** die neueste Mode ④ (*specific type*) Art *f*, Ausführung *f* **II.** *vt* (*arrange*) *plan, design* entwerfen; (*shape*) gestalten; **to ~ sb's hair** jdm die Haare frisieren; **elegantly ~d jackets** elegant geschnittene Jacken

'style sheet *n* COMPUT Stylesheet *nt*

styl·ing ['staɪlɪŋ] **I.** *n* Styling *nt*, Design *nt*; *of hair* Frisur *f* **II.** *adj attr* Styling-; **~ mousse** Schaumfestiger *m*; **~ aids** Stylingprodukte *pl*

styl·ish ['staɪlɪʃ] *adj* (*approv*) ① (*chic*) elegant; (*smart*) flott *fam*; (*fashionable*) modisch, stylisch, stylish ② (*polished*) stilvoll, mit Stil *nach n*

styl·ish·ly ['staɪlɪʃli] *adv* (*approv: chic*) elegant; (*smartly*) flott *fam*; (*fashionably*) modisch, stylisch, stylish

styl·ist ['staɪlɪst] *n* ① (*arranger of hair*) Friseur *m*/Friseurin *f*, Friseuse *f*; (*designer*) Designer(in) *m(f)* ② (*writer*) Stilist(in) *m(f)*

styl·is·tic ['staɪlɪstɪk] *adj* stilistisch, Stil-

styl·is·ti·cal·ly ['staɪlɪstɪkli] *adv* stilistisch

styl·is·tics [staɪˈlɪstɪks] *n + sing vb* Stilistik *f kein pl*

styl·ize ['staɪlaɪz] *vt* stilisieren

sty·lus <*pl* -es> ['staɪləs] *n* ① (*needle*) Abspielnadel *f* ② (*pen-like device*) [Licht]stift *m*

sty·mie <-y-> ['staɪmi] *vt* ■ **to ~ sb** jdn mattsetzen *fig*; ■ **to be ~d by sth** durch etw *akk* behindert werden [o nicht vorankommen]; ■ **to ~ sth** etw vereiteln; **to ~ sb's efforts** jds Bemühungen behindern

suave [swɑːv] *adj* (*urbane*) weltmännisch; (*polite*) verbindlich

sub [sʌb] *n* ① (*fam*) *short for* **substitute** Vertretung *f* ② (*fam*) *short for* **submarine** U-Boot *nt* ③ AM (*fam*) *short for* **submarine sandwich** Jumbo-Sandwich *nt* ④ *usu pl* BRIT, AUS (*fam*) *short for* **subscription** Abo *nt fam*; (*membership fee*) [Mitglieds]beitrag *m* **II.** *vi* <-bb-> *short for* **substitute**: ■ **to ~ for sb** für jdn einspringen, jdn vertreten

sub·agen·cy [ˌsʌbˈeɪdʒ ə n(t)si] *n esp*

subagent → subliminal 876

AM Unteragentur f **sub·agent** [ˌsʌb-ˈeɪdʒᵊnt] n Unteragent(in) m(f)
sub·al·tern [ˈsʌbᵊltən] n BRIT MIL Subalternoffizier m fachspr
sub·atom·ic [ˌsʌbəˈtɒmɪk] adj PHYS subatomar **sub·class** [ˈsʌbklɑːs] n BIOL Unterklasse f **sub·com·mit·tee** [ˈsʌbkəˌmɪti] n Unterausschuss m **sub·con·scious** [sʌbˈkɒn(t)ʃəs] **I.** n no pl Unterbewusstsein nt, Unterbewusste(s) nt **II.** adj attr unterbewusst **sub·con·scious·ly** [sʌbˈkɒn(t)ʃəsli] adv (not wholly consciously) unterbewusst; (intuitively) unterbewusst, intuitiv **sub·con·ti·nent** [sʌbˈkɒntɪnənt] n GEOG Subkontinent m **sub·con·tract I.** vt [ˌsʌbkənˈtrækt] ■ **to ~ sth to sb/sth** etw an jdn/etw untervergeben; ■ **to ~ sth out to sb/sth** etw an jdn/etw als Untervertrag hinausgeben **II.** n [ˈsʌbˌkɒntækt] Subkontrakt m, Untervertrag m **sub·con·trac·tor** [ˌsʌbkənˈtræktəʳ] n Subunternehmer(in) m(f) **sub·cul·ture** [ˈsʌbˌkʌltʃəʳ] n Subkultur f **sub·cu·ta·neous** [ˌsʌbkjuːˈteɪniəs] adj MED subkutan **sub·di·vide** [ˌsʌbdɪˈvaɪd] vt unterteilen (into in); ■ **to ~ sth among persons** etw nochmals unter [mehreren] Personen aufteilen **sub·di·vi·sion** [ˌsʌbdɪˈvɪʒᵊn] n ❶ (secondary division) erneute Teilung; (in aspects of a whole) Aufgliederung f, Unterteilung f ❷AM, AUS (housing estate) Wohngebiet nt, Wohnsiedlung f
sub·due [sʌbˈdjuː] vt (get under control) unter Kontrolle bringen; (bring into subjection) unterwerfen; (suppress) unterdrücken; animal, emotion bändigen
sub·dued [sʌbˈdjuːd] adj (controlled) beherrscht; (reticent) zurückhaltend; (toned down) gedämpft; (quiet) leise, ruhig; noise gedämpft; mood gedrückt; **to speak in a ~ voice** mit gedämpfter Stimme sprechen
sub·edit [sʌbˈedɪt] vt JOURN, PUBL redigieren
sub·edi·tor [sʌbˈedɪtəʳ] n ❶ (assistant editor) Redaktionsassistent(in) m(f) ❷ (sb who edits copy for printing) Redakteur(in) m(f) **sub·group** [ˈsʌbɡruːp] n Untergruppe f, Unterabteilung f **sub·head** [sʌbˈhed] n, **sub·head·ing** [ˈsʌbˌhedɪŋ] n Untertitel m
sub·ject I. n [ˈsʌbdʒɪkt, -dʒekt] ❶ (theme, topic) Thema nt; **while we're on the ~** wo wir gerade beim Thema sind; **to change the ~** das Thema wechseln ❷ (person) Versuchsperson f, Testperson f ❸ (field) Fach nt; (at school) [Schul]fach nt; (specific research area) Spezialgebiet nt ❹ (under monarchy) Untertan(in) m(f) ❺LING Subjekt nt, Satzgegenstand m **II.** adj [ˈsʌbdʒɪkt] ❶ attr POL (dominated) people unterworfen ❷ pred (exposed to) ■ **to be ~ to sth** etw dat ausgesetzt sein; **to be ~ to depression** zu Depressionen neigen; **to be ~ to a high rate of tax** einer hohen Steuer unterliegen ❸ (contingent on) ■ **to be ~ to sth** von etw dat abhängig sein; **to be ~ to approval** genehmigungspflichtig sein; **~ to payment** vorbehaltlich einer Zahlung; **~ to your consent** vorbehaltlich Ihrer Zustimmung **III.** adv [ˈsʌbdʒɪkt] ■ **~ to** wenn; **~ to** **IV.** vt [səbˈdʒekt] usu passive (cause to undergo) ■ **to ~ sb/sth to sth** jdn/etw etw dat aussetzen; ■ **to be ~ed to sb/sth** jdm/etw ausgesetzt sein; **to ~ sb to torture** jdn foltern
ˈsub·ject in·dex n Sachregister nt
sub·jec·tion [səbˈdʒekʃᵊn] n no pl POL Unterwerfung f
sub·jec·tive [səbˈdʒektɪv] adj subjektiv
sub·jec·tiv·ity [ˌsʌbdʒekˈtɪvəti] n no pl Subjektivität f
ˈsub·ject mat·ter n Thema nt; of a meeting Gegenstand m; of a book Inhalt m; of a film Stoff m
sub ju·di·ce [ˌsʌbˈdʒuːdɪsi] adj pred LAW rechtshängig
sub·ju·gate [ˈsʌbdʒəgeɪt] vt ❶ (make subservient) unterwerfen, unterjochen ❷ (make subordinate to) ■ **to ~ oneself to sb/sth** sich jdm/etw unterwerfen
sub·ju·ga·tion [ˌsʌbdʒəˈɡeɪʃᵊn] n Unterwerfung f, Unterjochung f
sub·junc·tive [səbˈdʒʌŋ(k)tɪv] **I.** n no pl LING Konjunktiv m **II.** adj LING konjunktivisch, Konjunktiv-
sub·lease I. vt [ˈsʌbliːs] (sublet) untervermieten; (give leasehold) unterverpachten **II.** n [ˈsʌbliːs] (sublet) Untermiete f; (give leasehold) Unterverpachtung f
sub·let [sʌbˈlet] **I.** vt <-tt-, sublet, sublet> untervermieten **II.** n untervermietetes Objekt
sub lieu·ten·ant [ˌsʌblefˈtenənt] n BRIT MIL Oberleutnant m zur See
sub·li·mate [ˈsʌblɪmeɪt] vt PSYCH sublimieren
sub·lime [səˈblaɪm] **I.** adj ❶ (imposing, majestic) erhaben ❷ (usu iron: very great) komplett fam, vollendet iron **II.** n ■ **the ~** das Erhabene
sub·limi·nal [sʌbˈlɪmɪnᵊl] adj PSYCH (covert) unterschwellig; (subconscious) unterbewusst

sub·ma·chine gun [ˌsʌbməˈʃiːn,-] *n* Maschinenpistole *f*
sub·ma·rine [ˌsʌbmərˈiːn] **I.** *n* ❶(*boat*) U-Boot *nt*, Unterseeboot *nt* ❷AM (*doorstep sandwich*) Jumbo-Sandwich *nt* **II.** *adj* Unterwasser-, unterseeisch, submarin *fachspr*
sub·menu [ˌsʌbˈmenjuː] *n* COMPUT Untermenü *nt*
sub·merge [səbˈmɜːdʒ] **I.** *vt* ❶(*place under water*) tauchen (**in** in) ❷(*override*) vereinnahmen ❸(*immerse*) ■ **to ~ oneself in sth** sich in etw *akk* vertiefen ❹(*inundate*) überschwemmen, überfluten **II.** *vi* abtauchen, untertauchen
sub·merged [səbˈmɜːdʒd] *adj* ❶(*under water*) *wreck* unter Wasser *nach n*; (*sunken*) versunken; **~ fields** überschwemmte Felder ❷(*hidden*) versteckt, verborgen
sub·mers·ible [səbˈmɜːsəbl] *n* Tauchboot *nt*, Unterseeboot *nt*
sub·mer·sion [səbˈmɜːʃ°n] *n no pl* Eintauchen *nt*, [Unter]tauchen *nt*
sub·mis·sion [səbˈmɪʃ°n] *n no pl* ❶(*compliance*) Unterwerfung *f*; (*to orders, wishes etc.*) Gehorsam *m* ❷*no pl* (*handing in*) Einreichung *f*, Abgabe *f* ❸(*sth submitted*) Vorlage *f*, Eingabe *f* ❹LAW (*form: hypothesis*) Behauptung *f*; (*petition*) Antrag *m*; **in my ~** LAW (*form*) meiner Meinung nach
sub·mis·sive [səbˈmɪsɪv] *adj* (*subservient*) unterwürfig *pej*; (*humble*) demütig; (*obedient*) gehorsam
sub·mit <-tt-> [səbˈmɪt] **I.** *vt* ❶(*yield*) ■ **to ~ oneself to sb/sth** sich jdm/etw unterwerfen; **to ~ oneself to the new rules** sich den neuen Regeln anpassen ❷(*agree to undergo*) **to ~ oneself to a treatment** sich einer Behandlung unterziehen ❸(*hand in*) einreichen; ■ **to ~ sth to sb** jdm etw vorlegen **II.** *vi* (*resign*) aufgeben; (*yield*) nachgeben; (*yield unconditionally*) sich unterwerfen; **to ~ to sb's will** jds Willen nachgeben
sub·nor·mal [sʌbˈnɔːm°l] *adj* ❶(*mentally*) minderbegabt ❷(*below average*) unterdurchschnittlich
sub·or·di·nate **I.** *n* [səˈbɔːdənət] Untergebene(r) *f(m)* **II.** *vt* [səˈbɔːdɪneɪt] unterordnen; ■ **to be ~d to sb/sth** jdm/etw untergeordnet sein; **to ~ one's private life to one's career** sein Privatleben seiner Karriere unterordnen **III.** *adj* [səˈbɔːdənət] ❶(*secondary*) zweitrangig, nebensächlich ❷(*lower in rank*) untergeordnet, rangniedriger
sub·or·di·nate ˈclause *n* Nebensatz *m*
sub·or·di·na·tion [səˌbɔːdɪˈneɪʃ°n] *n no pl* ❶(*inferior status*) Unterordnung *f* (**to** unter) ❷(*submission*) Zurückstellung *f*
sub·orn [səˈbɔːn] *vt* LAW (*spec*) ■ **to ~ sb to do sth** jdn dazu anstiften, etw zu tun; **to ~ witnesses** Zeugen bestechen
sub·plot [ˈsʌbplɒt] *n* Nebenhandlung *f*
sub·poe·na [səbˈpiːnə] LAW **I.** *vt* <-ed, -ed *or* -'d, -'d> vorladen **II.** *n* Ladung *f*; **to serve a ~ on sb** jdn vorladen
sub·scribe [səbˈskraɪb] **I.** *vt* ❶PUBL (*offer to buy*) subskribieren *fachspr* ❷(*form: sign*) unterzeichnen **II.** *vi* ❶(*pay regularly for*) *newspaper, magazine* abonnieren; *TV channels* Gebühren bezahlen ❷(*donate*) spenden; **to ~ to an appeal** sich an einer Spendenaktion beteiligen ❸■ **to ~ for sth** PUBL etw vorbestellen; ECON etw zeichnen ❹(*agree*) beipflichten; **I cannot ~ to what you have just stated** ich kann Ihnen in diesem Punkt nicht zustimmen ❺STOCKEX (*offer to purchase*) **to ~ to shares** Aktien zeichnen
sub·scrib·er [səbˈskraɪbə'] *n* ❶(*regular payer*) *newspaper, magazine* Abonnent(in) *m(f)* ❷(*form: signatory*) Unterzeichnete(r) *f(m)*, Unterzeichner(in) *m(f)* ❸(*to a fund*) Spender(in) *m(f)* ❹(*to an opinion*) Befürworter(in) *m(f)* ❺(*paying for service*) Kunde *m*/Kundin *f* ❻STOCKEX *of shares* Zeichner(in) *m(f)*
sub·script [ˈsʌbskrɪpt] *adj* TYPO tiefgestellt
sub·scrip·tion [səbˈskrɪpʃ°n] *n* ❶(*to a newspaper, magazine*) Abonnementgebühr *f*; (*TV channels*) Fernsehgebühr *f* ❷(*agreement to receive*) Abonnement *nt*; **to cancel/renew a ~** ein Abonnement kündigen/verlängern; **to take out a ~ to sth** etw abonnieren ❸(*membership fee*) [Mitglieds]beitrag *m* ❹(*money raised*) Spende *f* ❺PUBL (*advance agreement to buy book*) Subskription *f fachspr*, Vorbestellung *f* ❻STOCKEX (*agreement to purchase*) **~ to shares** Zeichnung *f* von Aktien
sub·sec·tion [ˈsʌbˌsekʃ°n] *n* Unterabschnitt *m*; *of legal text* Paragraph *m*
sub·se·quent [ˈsʌbsɪkwənt] *adj* (*resulting*) [nach]folgend, anschließend; (*later*) später; ■ **~ to sth** im Anschluss an etw *akk*, nach etw *dat*; **~ treatment** Nachbehandlung *f*
sub·se·quent·ly [ˈsʌbsɪkwəntli] *adv* (*later*) später, anschließend, danach
sub·ser·vi·ent [səbˈsɜːviənt] *adj* ❶(*pej:*

servile) unterwürfig, servil *geh* ❷ (*serving as means*) ■ **to be ~ to sth** etw *dat* dienen
sub·set ['sʌbset] *n* (*sub-classification*) Untermenge *f*; MATH (*special type of set*) Teilmenge *f*
sub·side [səb'saɪd] *vi* ❶ (*abate*) nachlassen, sich legen, abklingen ❷ (*into sth soft or liquid*) absinken, einsinken, sich senken
sub·sid·ence [səb'saɪdᵊn(t)s] *n no pl* Senkung *f*, Absenken *nt*, Absacken *nt*
sub·sidi·ary [səb'sɪdiᵊri] I. *adj* untergeordnet, Neben-, subsidiär *fachspr*; **company** ECON Tochtergesellschaft *f*; **~ reasons** zweitrangige Gründe II. *n* ECON Tochtergesellschaft *f*
sub·si·dize ['sʌbsɪdaɪz] *vt* subventionieren, finanziell unterstützen
sub·si·dy ['sʌbsɪdi] *n* Subvention *f* (**to** für); **to receive a ~** subventioniert werden
sub·sist [səb'sɪst] *vi* ❶ (*exist*) existieren ❷ (*make a living*) leben; ■ **to ~ on sth** von etw *dat* leben ❸ (*nourish*) sich ernähren
sub·sist·ence [səb'sɪstən(t)s] I. *n* ❶ (*minimum for existence*) [Lebens]unterhalt *m* ❷ (*livelihood*) **means of ~** Lebensgrundlage *f* II. *adj attr* Existenz-; **~ farming** Subsistenzwirtschaft *f fachspr*
sub·sist·ence al·low·ance *n esp* BRIT Unterhaltszuschuss *m* **sub·'sist·ence lev·el** *n* Existenzminimum *nt* **sub·'sist·ence wage** *n* Mindestlohn *m*
sub·soil ['sʌbsɔɪl] *n no pl* Untergrund *m*
sub·stance ['sʌbstən(t)s] *n* ❶ (*material element*) Substanz *f*, Stoff *m*; (*material*) Materie *f kein pl*; **chemical ~** Chemikalie *f*; **illegal ~** (*form*) Droge *f* ❷ *no pl* (*essence*) Substanz *f*, Gehalt *m* ❸ *no pl* (*significance*) Substanz *f*; (*decisive significance*) Gewicht *nt*; **the book lacks ~** das Buch hat inhaltlich wenig zu bieten ❹ *no pl* (*main point*) Wesentliche(s) *nt*, Essenz *f* ❺ *no pl* (*wealth*) Vermögen *nt*
sub·stand·ard [sʌb'stændəd] *adj* unterdurchschnittlich, minderwertig
sub·stan·tial [səb'stæn(t)ʃᵊl] *adj attr* ❶ (*significant*) bedeutend; *contribution* wesentlich; *difference* erheblich; *improvement* deutlich; **~ evidence** hinreichender Beweis ❷ (*weighty*) überzeugend, stichhaltig; ❸ *amount* beträchtlich, erheblich; *breakfast* gehaltvoll; *fortune* bedeutend ❹ (*of solid material or structure*) solide; (*physically also*) kräftig, stark
sub·stan·tial·ly [səb'stæn(t)ʃᵊli] *adv* ❶ (*significantly*) beträchtlich, erheblich ❷ (*in the main*) im Wesentlichen
sub·stan·ti·ate [səb'stæn(t)ʃieɪt] *vt* bekräftigen, erhärten, untermauern; *report* bestätigen; **to ~ a claim** einen Anspruch begründen
sub·stan·tive ['sʌbstᵊntɪv] *adj* beträchtlich, wesentlich; *argument* stichhaltig; **~ law** materielles Recht
sub·sta·tion ['sʌb,steɪʃᵊn] *n* ❶ (*organisation branch*) Nebenstelle *f*; **police ~** AM Polizeidienststelle *f* ❷ ELEC (*relay station*) Hochspannungsverteilungsanlage *f*
sub·sti·tute ['sʌbstɪtjuːt] I. *vt* ersetzen, austauschen; ■ **to ~ sb for sb** FBALL, SPORTS jdn gegen jdn auswechseln II. *vi* (*take over from*) als Ersatz dienen, einspringen (**for** für); (*deputize*) als Stellvertreter fungieren (**for** für); ■ **to ~ for sb** jdn vertreten III. *n* ❶ (*replacement*) Ersatz *m*; **there's no ~ for sb/sth** es geht nichts über jdn/etw ❷ (*replacement player*) Ersatzspieler(in) *m(f)*, Auswechselspieler(in) *m(f)*
sub·sti·tu·tion [,sʌbstɪ'tjuːʃᵊn] *n* ❶ (*replacement*) Ersetzung *f* ❷ SPORTS (*action of replacing*) Austausch *m*, [Spieler]wechsel *m* ❸ LAW (*illegal switching*) Vertauschen *nt*
sub·stra·tum [sʌb'strɑːtəm] *n* ❶ GEOL (*deep[er] layer*) Unterschicht *f* ❷ (*fig: common basis*) Grundlage *f*, Basis *f*
sub·sume [səb'sjuːm] *vt usu passive* (*form*) einordnen (**into** in); (*several*) zusammenfassen (**into** zu)
sub·ten·ant [sʌb'tenᵊnt] *n* Untermieter(in) *m(f)*
sub·ter·fuge ['sʌbtəfjuː(dʒ)] *n* List *f*, Trick *m*
sub·ter·ra·nean [,sʌbtə'reɪniən] *adj* ❶ GEOL (*below ground*) unterirdisch ❷ (*fig: sub-cultural, alternative*) Untergrund-
sub·text ['sʌbtekst] *n* Botschaft *f* **sub·ti·tle** ['sʌb,taɪtl] I. *vt* ❶ (*add captions*) *film* untertiteln ❷ (*add secondary book title*) **to ~ a work** einem Werk einen Untertitel geben II. *n* ❶ (*secondary book title*) Untertitel *m* ❷ (*caption*) ■ **~s** *pl* Untertitel *pl*
sub·tle <-er, -est *or* more ~, most ~> ['sʌtl] *adj* ❶ (*approv: understated*) fein[sinnig], subtil; *irony* hintersinnig ❷ (*approv: delicate*) *flavour*, *nuance* fein; **~ tact** ausgeprägtes Taktgefühl; (*elusive*) subtil; *charm* unaufdringlich ❸ (*slight but significant*) fein, subtil; **~ hint** kleiner Hinweis ❹ (*approv: astute*) scharfsinnig, raffiniert; *strategy* geschickt
sub·tle·ty ['sʌtlti] *n* (*approv*) ❶ (*discernment*) Scharfsinnigkeit *f*, Raffiniertheit *f* ❷ (*delicate but significant*) Feinheit *f*, Subtilität *f*

sub·to·tal ['sʌb,təʊtəl] *n* Zwischensumme *f*

sub·tract [səb'trækt] *vt* ■to ~ sth [from sth] etw [von etw *dat*] abziehen; **four ~ed from ten equals six** zehn minus vier ergibt sechs

sub·trac·tion [səb'trækʃən] *n no pl* Subtraktion *f*

sub·tropi·cal [sʌb'trɒpɪkəl] *adj* subtropisch; **~ regions** Subtropen *pl*

sub·urb ['sʌbɜːb] *n* (*outlying area*) Vorstadt *f*, Vorort *m;* ■**the ~s** *pl* der Stadtrand, die Randbezirke *pl*

sub·ur·ban [sə'bɜːbən] *adj* ❶(*of the suburbs*) Vorstadt-, Vorort-, vorstädtisch; **they live in ~ Washington** sie wohnen in einem Vorort von Washington ❷(*pej: provincial*) spießig *fam*, kleinbürgerlich

sub·ur·bia [sə'bɜːbiə] *n no pl* (*esp pej*) ❶(*areas*) Vororte *pl*, Randbezirke *pl;* **to live in the heart of ~** mitten in einem Vorort wohnen ❷(*people*) Vorstadtbewohner *pl*

sub·ven·tion [səb'ven(t)ʃən] *n* [staatliche] Subvention *f*

sub·ver·sion [səb'vɜːʃən] *n no pl* ❶(*undermining*) Subversion *f geh*, Unterwanderung *f;* **~ of the state** Staatsgefährdung *f* ❷(*successful putsch*) [Um]sturz *m*

sub·ver·sive [səb'vɜːsɪv] **I.** *adj* subversiv *geh*, umstürzlerisch, staatsgefährdend **II.** *n* Umstürzler(in) *m(f)*, subversives Element *pej*

sub·ver·sive·ly [səb'vɜːsɪvli] *adv* subversiv *geh*

sub·vert [sʌb'vɜːt] *vt* ❶(*overthrow*) stürzen ❷(*undermine principle*) unterminieren, untergraben ❸(*destroy*) zunichtemachen

sub·way ['sʌbweɪ] *n* ❶ BRIT, AUS (*subterranean walkway*) Unterführung *f* ❷ *esp* AM (*underground railway*) U-Bahn *f*

sub·zero [sʌb'zɪərəʊ] *adj* unter Null [Grad] *nach n*, unter dem Gefrierpunkt *nach n;* **~ temperatures** Minusgrade *pl*

suc·ceed [sək'siːd] **I.** *vi* ❶(*achieve purpose*) Erfolg haben, erfolgreich sein; ■to ~ in sth mit etw *dat* Erfolg haben; ■to ~ in doing sth etw mit Erfolg tun; **the plan ~ed** der Plan ist gelungen ❷(*follow*) nachfolgen, die Nachfolge antreten; **to ~ to an office** die Nachfolge in einem Amt antreten; **to ~ to the throne** die Thronfolge antreten **II.** *vt* **to ~ sb in office** jds Amt übernehmen; **to ~ sb in a post** jds Stelle antreten

suc·ceed·ing [sək'siːdɪŋ] *adj attr* ❶(*next in line*) [nach]folgend ❷(*subsequent*) aufeinanderfolgend; **~ generations** spätere Generationen; **in the ~ weeks** in den darauf folgenden Wochen

suc·cess <*pl* -es> [sək'ses] *n* ❶ *no pl* (*attaining goal*) Erfolg *m;* **to be a big ~ with sb** bei jdm einschlagen *fam;* **to achieve ~** erfolgreich sein; **to make a ~ of sth** mit etw *dat* Erfolg haben ❷(*successful person or thing*) Erfolg *m;* **box-office ~** Kassenschlager *m fam*

suc·cess·ful [sək'sesfəl] *adj* ❶(*having success*) erfolgreich ❷(*lucrative, profitable*) erfolgreich, einträglich, lukrativ ❸(*effective*) gelungen, geglückt ❹(*selected due to success*) erfolgreich; **~ candidate** ausgewählter Bewerber/ausgewählte Bewerberin

suc·ces·sion [sək'seʃən] *n no pl* ❶(*sequence*) Folge *f*, Reihe *f;* **of events, things also** Serie *f;* **a ~ of rulers** aufeinanderfolgende Herrscher; ■**in** [**close**] **~** [dicht] hintereinander ❷(*line of inheritance*) Nachfolge *f*, Erbfolge *f;* **~ to the throne** Thronfolge *f*

suc·ces·sive [sək'sesɪv] *adj attr* aufeinanderfolgend; **the third ~ defeat** die dritte Niederlage in Folge; **six ~ weeks** sechs Wochen hintereinander

suc·ces·sor [sək'sesər] *n* Nachfolger(in) *m(f);* ■**~ to sb** jds Nachfolger/Nachfolgerin; **~ in office** Amtsnachfolger(in) *m(f);* **~ to the throne** Thronfolger(in) *m(f)*

suc·cinct [sək'sɪŋ(k)t] *adj* (*approv*) knapp, prägnant, kurz [und bündig]

suc·cu·lent ['sʌkjələnt] **I.** *adj* (*approv*) saftig **II.** *n* BOT Sukkulente *f fachspr*

suc·cumb [sə'kʌm] *vi* ❶(*surrender*) sich beugen; MIL kapitulieren; (*be defeated*) unterliegen; (*yield to pressure*) ■**to ~ to sb/sth** jdm/etw nachgeben, sich jdm/etw beugen; **to ~ to temptation** der Versuchung erliegen ❷(*die from*) ■**to ~ to sth** an etw *dat* sterben; **to ~ to one's injuries** seinen Verletzungen erliegen

such [sʌtʃ, sətʃ] **I.** *adj* ❶ *attr* (*of that kind*) solcher(r, s); **I had never met ~ a person before** so ein Mensch war mir noch nie begegnet; **I have been involved in many ~ courses** ich habe [schon] viele Kurse dieser Art gemacht; **~ a thing** so etwas [*o fam* was]; **I said no ~ thing** so etwas habe ich nie gesagt; **there's no ~ thing as ghosts** so etwas wie Geister gibt es nicht ❷(*so great*) solche(r, s), derartig; **he's ~ an idiot!** er ist so ein Idiot!; **why are you in ~ a hurry?** warum bist du derart in Eile? **II.** *pron* ❶(*of that type*) solche(r, s); **we**

were second-class citizens and they treated us as ~ wir waren Bürger zweiter Klasse und wurden auch so [o als solche] behandelt; ~ **is life** so ist das Leben; **the wound was ~ that ...** die Wunde war so groß, dass ... ❷ (*introducing examples*) ~ **as** wie ❸ (*suchlike*) dergleichen ❹ (*strictly speaking*) ■ **as ~** an [und für] sich, eigentlich; **there was no vegetarian food as ~** es gab kein eigentlich vegetarisches Essen III. *adv* so; **she's ~ an arrogant person** sie ist dermaßen arrogant; **~ a big city!** was für eine große Stadt!; **I've never had ~ good coffee** ich habe noch nie [einen] so guten Kaffee getrunken; **it's ~ a long time ago** es ist [schon] so lange her; **to be ~ a long way [away]** so weit weg sein; **~ ... that ...** so ..., dass ...

'**such and such** *adj attr* (*fam*) der und der/die und die/das und das; **to arrive at ~ a time** um die und die Zeit ankommen; **to meet in ~ a place** sich an dem und dem Ort treffen **such·like** ['sʌtʃlaɪk] I. *pron* derlei, dergleichen; **in the shop they sell chocolates and ~** in dem Laden gibt es Schokolade und dergleichen II. *adj attr* derlei; **food, drink, clothing and ~ provisions** Essen, Trinken, Kleidung und Ähnliches

suck [sʌk] I. *n* ❶ (*draw in*) Saugen *nt*; (*keep in the mouth*) Lutschen *nt* ❷ CAN (*fam!*) Heulsuse *f fam* II. *vt* ❶ (*draw into mouth*) ■ **to ~ sth** an etw *dat* saugen ❷ *sweets* lutschen; **to ~ one's thumb** [am] Daumen lutschen ❸ (*strongly attract*) ■ **to ~ sb/sth under** jdn/etw in die Tiefe ziehen; ■ **to ~ sb into sth** (*fig*) jdn in etw *akk* hineinziehen III. *vi* ❶ (*draw into mouth*) saugen, nuckeln *fam*; ■ **to ~ on sth** an etw *dat* saugen ❷ *sweets* lutschen; **to ~ on a pacifier** AM an einem Schnuller saugen ❸ (*be compelled to participate*) ■ **to be ~ed into sth** in etw *akk* hineingezogen werden ❹ *esp* AM (*sl: be disagreeable*) ätzend sein; **man this job ~s!** Mann, dieser Job ist echt Scheiße! ◆ **suck up** I. *vt* ■ **to ~ up ⟳ sth** ❶ (*consume*) etw aufsaugen ❷ (*absorb*) *liquid, moisture* aufsaugen; **to ~ up gases** Gase ansaugen II. *vi* (*pej fam*) ■ **to ~ up to sb** sich bei jdm einschmeicheln

suck·er ['sʌkəʳ] I. *n* ❶ (*pej fam: gullible person*) Einfaltspinsel *m*, Simpel *m* DIAL ❷ (*fam: sb finding sth irresistible*) Fan *m* (**for** von); **to be a ~ for sth** nach etw *dat* verrückt sein ❸ AM (*pej fam: nasty person*) Widerling *m* ❹ ZOOL (*organ*) Saugnapf *m* ❺ BRIT, AUS (*fam: sticking device*) Saugfuß *m* ❻ AM, AUS (*fam: lollipop*) Lutscher *m* ❼ BOT (*part of plant*) Wurzelspross *m* II. *vt* AM (*trick*) ■ **to ~ sb into sth** jdn zu etw *dat* verleiten; ■ **to ~ sb into doing sth** jdn dazu bringen, etw zu tun

suck·le ['sʌkl] I. *vt* säugen II. *vi* trinken, saugen

suck·ling ['sʌklɪŋ] *n* Säugling *m*

'**suck·ling pig** *n* AM Frischling *m*; (*for roasting*) Spanferkel *nt*

su·crose ['suːkrəʊs] *n no pl* Rohr- und Rübenzucker *m*

suc·tion ['sʌkʃən] *n no pl* ❶ (*act of removal by sucking*) [Ab]saugen *nt*; (*initiating act of sucking*) Ansaugen *nt* ❷ (*force*) Saugwirkung *f*, Sog *m*

'**suc·tion ma·chine** *n*, '**suc·tion pump** *n* Saugpumpe *f*

Su·dan [suːˈdɑːn] *n* Sudan *m*

Su·da·nese [ˌsuːdəˈniːz] I. *n* Sudanese *m*/Sudanesin *f* II. *adj* sudanesisch, sudanisch

sud·den ['sʌdən] *adj* plötzlich, jäh; **so why the ~ change?** wieso plötzlich diese Änderung?; **it was so ~** es kam so überraschend; **it's all a bit ~** (*fam*) das geht alles ein bisschen schnell; **~ departure** überhastete Abreise; **~ drop in temperature** unerwarteter Temperatureinbruch; **to get a ~ fright** plötzlich Angst bekommen; **~ movement** abrupte Bewegung; **to put a ~ stop to sth** etw abrupt beenden; **all of a ~** (*fam*) [ganz] plötzlich, urplötzlich

sud·den·ly ['sʌdənli] *adv* plötzlich, auf einmal

su·do·ku [suːˈdəʊkuː] *n* Sudoku *nt*

suds [sʌdz] *npl* (*soapy mixture*) Seifenwasser *nt kein pl*; (*mostly foam*) Schaum *m kein pl*

sue [suː] I. *vt* verklagen; **to ~ sb for damages/libel** jdn auf Schadenersatz/wegen Beleidigung verklagen; **to ~ sb for divorce** gegen jdn die Scheidung einreichen II. *vi* ❶ (*legal action*) klagen, prozessieren, Klage erheben; ■ **to ~ for sth** etw einklagen; **to ~ for damages** auf Schadenersatz klagen; **to ~ for libel** wegen Beleidigung klagen ❷ (*entreat*) **to ~ for peace** um Frieden bitten

suede [sweɪd] *n* Wildleder *nt*, Veloursleder *nt*

suet ['suːɪt] *n no pl* Talg *m*, Nierenfett *nt*

suf·fer ['sʌfəʳ] I. *vi* ❶ (*experience trauma*) leiden ❷ (*be ill with*) ■ **to ~ from sth** an etw *dat* leiden ❸ (*deteriorate*) leiden, Schaden erleiden; **his work ~s from it**

seine Arbeit leidet darunter ❹ (*experience sth negative*) ■**to ~ from sth** unter etw *dat* zu leiden haben; **the economy ~ed from the strikes** die Streiks machten der Wirtschaft zu schaffen ❺ (*be punished*) ■**to ~ for sth** für etw *akk* büßen **II.** *vt* ■**to ~ sth** ❶ (*experience sth negative*) etw erleiden; **both sides ~ed considerable casualties** auf beiden Seiten kam es zu erheblichen Opfern; **to ~ a breakdown** MED einen Zusammenbruch haben; **to ~ misfortune** Pech haben; **to ~ neglect** vernachlässigt werden ❷ (*put up with*) etw ertragen; **not to ~ fools gladly** mit dummen Leuten keine Geduld haben

suf·fer·ance ['sʌfᵊr̩ᵊn(t)s] *n* **on ~** (*with unspoken reluctance*) stillschweigend geduldet; (*with unwilling tolerance*) nur geduldet; **I was there on ~** ich wurde dort nur geduldet

suf·fer·er ['sʌfᵊrəʳ] *n* (*with a chronic condition*) Leidende(r) *f(m)*; (*with an acute condition*) Erkrankte(r) *f(m)*; **AIDS ~** AIDS-Kranke(r) *f(m)*; **asthma ~** Asthmatiker(in) *m(f)*; **hay-fever ~s** an Heuschnupfen Leidende *pl*

suf·fer·ing ['sʌfᵊrɪŋ] *n* ❶ (*pain*) Leiden *nt* ❷ *no pl* (*distress*) Leid *nt*

suf·fice [səˈfaɪs] *vi* genügen, [aus]reichen; **~ [it] to say that ...** es genügt [*o* reicht] wohl, wenn ich sage, dass ...

suf·fi·cien·cy [səˈfɪʃᵊn(t)si] *n no pl* ❶ (*adequacy*) Hinlänglichkeit *f*, Zulänglichkeit *f* ❷ (*sufficient quantity*) ausreichende Menge

suf·fi·cient [səˈfɪʃᵊnt] **I.** *adj* genug, ausreichend, genügend, hinreichend; ■**to be ~ for sth/sb** für etw/jdn ausreichen [*o* genügen] **II.** *n* genügende Menge; **they didn't have ~ to live on** sie hatten nicht genug zum Leben

suf·fi·cient·ly [səˈfɪʃᵊntli] *adv* genug *nach adj*, ausreichend, genügend; **~ large** groß genug

suf·fix ['sʌfɪks] **I.** *n* ❶ LING Suffix *nt fachspr*, Nachsilbe *f* ❷ BRIT MATH Zusatz *m*, tief gestellte Zahl **II.** *vt* anfügen, anhängen

suf·fo·cate ['sʌfəkeɪt] **I.** *vi* ersticken *a. fig* **II.** *vt* ❶ (*asphyxiate*) ersticken; **to feel ~d** (*fig*) das Gefühl haben zu ersticken ❷ (*fig: suppress*) ersticken, erdrücken

suf·fo·cat·ing ['sʌfəkeɪtɪŋ] *adj* ❶ *usu attr* (*life-threatening*) erstickend ❷ (*fig: uncomfortable*) erstickend, zum Ersticken präd; *air* stickig; *atmosphere* erdrückend ❸ (*fig: stultifying*) erdrückend; *regulations, traditions* lähmend

suf·fo·ca·tion [ˌsʌfəˈkeɪʃᵊn] *n no pl* Erstickung *f*; **to die of ~** ersticken

suf·frage ['sʌfrɪdʒ] *n no pl* (*right to vote*) Wahlrecht *nt*, Stimmrecht *nt*; **female ~** Frauenwahlrecht *nt*; **male ~** Wahlrecht *nt* für Männer; **universal ~** allgemeines Wahlrecht

suf·fra·gette [ˌsʌfrəˈdʒet] *n* (*hist*) Suffragette *f hist*, Frauenrechtlerin *f*

sug·ar ['ʃʊgəʳ] **I.** *n* ❶ *no pl* (*sweetener*) Zucker *m*; **caster ~** BRIT Streuzucker *f*; **icing** [*or* AM **powdered**] **~** Puderzucker *m* ❷ *esp* AM (*sl: term of affection*) Schätzchen *nt fam* ❸ CHEM Kohle[n]hydrat *nt* **II.** *vt* ❶ (*sweeten*) zuckern; *coffee, tea* süßen ❷ (*fig: make agreeable*) versüßen

'**sug·ar beet** *n no pl* Zuckerrübe *f* '**sug·ar bowl** *n* Zuckerdose *f* '**sug·ar cane** *n* Zuckerrohr *nt* '**sug·ar-coat·ed** *adj* ❶ FOOD mit Zucker überzogen, verzuckert ❷ (*fig, pej: acceptable*) viel versprechend, verheißungsvoll; *offer, promises* verführerisch ❸ (*sentimental*) sentimental '**sug·ar dad·dy** *n* wohlhabender älterer Mann, der ein junges Mädchen aushält '**sug·ar·loaf** *adj* (*liter*) Zuckerhut *m* '**sug·ar lump** *n esp* BRIT Stück *nt* Zucker, Zuckerwürfel *m*

sug·ary ['ʃʊgᵊri] *adj* ❶ (*sweet*) zuckerhaltig; **the cake was far too ~** der Kuchen war viel zu süß ❷ (*sugar-like*) zuckerig ❸ (*fig, pej: insincere*) zuckersüß; *smile* süßlich

sug·gest [səˈdʒest] *vt* ❶ (*propose*) ■**to ~ sth** [**to sb**] [jdm] etw vorschlagen; **what do you ~ we do with them?** was, meinst du, sollen wir mit ihnen machen?; **~ doing sth** vorschlagen, etw zu tun ❷ (*indicate*) ■**to ~ sth** auf etw *akk* hinweisen; **the footprints ~ that ...** die Fußspuren lassen darauf schließen, dass ... ❸ (*indirectly state*) ■**to ~ sth** etw andeuten [*o pej* unterstellen]; ■**to ~ that ...** darauf hindeuten, dass ...; **are you ~ing that ...?** willst du damit sagen, dass ...? ❹ (*come to mind*) ■**to ~ itself** *idea, thought* sich aufdrängen; *solution* sich anbieten; **does anything ~ itself?** fällt euch dazu etwas ein?

sug·gest·ible [səˈdʒestəbl] *adj* (*pej form*) beeinflussbar, zu beeinflussen; **highly ~** sehr leicht zu beeinflussen

sug·ges·tion [səˈdʒestʃᵊn] *n* ❶ (*idea*) Vorschlag *m*; **to be always open to ~** immer ein offenes Ohr haben; **at sb's ~** auf jds Vorschlag hin ❷ *no pl* (*hint*) Andeutung *f*, Anspielung *f* ❸ (*indication*) Hinweis *m* ❹ (*trace*) Spur *f fig* ❺ *no pl* (*association*)

suggestion box → sulphide

the power of ~ die Macht der Suggestion ❻ *no pl* PSYCH Suggestion *f*

sug·'ges·tion box *n* Kasten *m* für Verbesserungsvorschläge

sug·ges·tive [səˈdʒestɪv] *adj* ❶ *(that suggests)* andeutend ❷ *usu pred (form: evocative)* hinweisend; ■ **to be ~ of sth** auf etw *akk* hindeuten ❸ *(risqué)* anzüglich, zweideutig

sug·ges·tive·ly [səˈdʒestɪvli] *adv* ❶ *(evocatively)* eine suggestive Wirkung ausübend *attr* ❷ *(in a risqué manner)* anzüglich

sug·ges·tive·ness [səˈdʒestɪvnəs] *n no pl* ❶ *(informativeness)* Aufschlussreiche(s) *nt* ❷ *(ambiguousness)* Mehrdeutige(s) *nt*, Vieldeutige(s) *nt*

sui·cid·al [ˌsuːɪˈsaɪdəl] *adj* ❶ *(depressed)* Selbstmord-, selbstmörderisch *a. fig*; *person* selbstmordgefährdet; **to feel ~** sich am liebsten umbringen wollen ❷ *(of suicide)* Selbstmord-; **to have ~ tendencies** selbstmordgefährdet sein ❸ *(disastrous)* [selbst]zerstörerisch; **that would be ~** das wäre glatter Selbstmord

sui·cide [ˈsuːɪsaɪd] *n* ❶ *(killing)* Selbstmord *m a. fig*; **to attempt ~** einen Selbstmordversuch machen [*o* unternehmen]; **to commit ~** Selbstmord begehen ❷ *(form: person)* Selbstmörder(in) *m(f)* ❸ *(disastrous action)* selbstmörderische Aktion *fam*; **it would be ~ to …** es wäre [glatter] Selbstmord, wenn … *fam*

suit [suːt] **I.** *n* ❶ *(jacket and trousers)* Anzug *m*; **three-piece ~** Dreiteiler *m*; *(jacket and skirt)* Kostüm *nt* ❷ *(for sports)* Anzug *m*; **bathing/diving/ski ~** Bade-/Taucher-/Skianzug *m* ❸ *(covering)* **~ of armour** [Ritter]rüstung *f* ❹ CARDS Farbe *f* ❺ LAW Prozess *m*, Verfahren *nt*; **to bring a ~** einen Prozess anstrengen, Klage erheben ▶ **to follow ~** *(form)* dasselbe tun **II.** *vt* ❶ *(be convenient for)* ■ **to ~ sb** jdm passen [*o* recht sein]; **what time ~s you best?** wann passt es Ihnen am besten?; **that ~s me fine** das passt mir gut ❷ *(choose)* ■ **to ~ oneself** tun, was man will; **you can ~ yourself about when you work** man kann selbst bestimmen, wann man arbeitet; **~ yourself** *(hum or pej)* [ganz,] wie du willst, mach, was du willst *pej* ❸ *(enhance)* ■ **to ~ sb** *clothes* jdm stehen; ■ **to ~ sth** zu etw *dat* passen ❹ *(be right)* ■ **to ~ sb** jdm [gut] bekommen; ■ **to ~ sth** sich für etw *akk* eignen **III.** *vi* angemessen sein, passen

suit·abil·ity [ˌsuːtəˈbɪləti] *n no pl of an object* Tauglichkeit *f*; *of a person* Eignung *f*; *of clothes* Angemessenheit *f*

suit·able [ˈsuːtəbl] *adj* geeignet, passend; *clothes* angemessen

'suit·case *n* Koffer *m*

suite [swiːt] *n* ❶ *(rooms)* Suite *f*; **~ of offices** Reihe *f* von Büroräumen ❷ *(furniture)* Garnitur *f*; **bedroom ~** Schlafzimmereinrichtung *f* ❸ MUS Suite *f* ❹ *(retinue)* Gefolge *nt*

suit·or [ˈsuːtər] *n* ❶ *(liter or hum: wooer)* Freier *m veraltend o hum*, Bewerber *m* ❷ LAW Kläger *m*, [Prozess]partei *f* ❸ ECON *(buyer)* Interessent *m (für einen Firmenkauf)*

sul·fate *n* AM *see* **sulphate**
sul·fide *n* AM *see* **sulphide**
sul·fur *n* AM *see* **sulphur**
sul·fu·ric *adj* AM *see* **sulphuric**
sul·fur·ous *adj* AM *see* **sulphurous**

sulk [sʌlk] **I.** *vi* schmollen, beleidigt [*o fam* eingeschnappt] sein **II.** *n* **to be in a ~** beleidigt [*o fam* eingeschnappt] sein, schmollen; **to go into a ~** einschnappen *fam*

sulky [ˈsʌlki] *adj person* beleidigt, eingeschnappt *fam*; *face* mürrisch, verdrießlich; *weather* trübe

sul·len [ˈsʌlən] *adj* ❶ *(pej: bad-tempered)* missmutig, mürrisch ❷ *(liter: dismal) sky* düster

sul·len·ness [ˈsʌlənnəs] *n no pl* Missmutigkeit *f*

sul·ly <-ie-> [ˈsʌli] *vt (liter)* beschmutzen *a. fig*, besudeln *geh*

sul·phate [ˈsʌlfeɪt] *n* Sulfat *nt*
sul·phide [ˈsʌlfaɪd] *n* Sulfid *nt*

---

suggestions

making suggestions	*etwas vorschlagen*
How about/What about a cup of tea?	*Wie wär's mit einer Tasse Tee?*
Do you fancy going out for dinner? *(fam)*	*Was hältst du davon, essen zu gehen?*
Would you like to go for a walk?	*Hättest du Lust, spazieren zu gehen?*
I suggest we postpone the meeting.	*Ich schlage vor, wir vertagen die Sitzung.*

sul·phur ['sʌlfəʳ] *n* ❶ *no pl* CHEM Schwefel *m* ❷ (*colour*) Schwefelgelb *nt*
sul·phur di·ox·ide *n no pl* Schwefeldioxid *nt*
sul·phu·ric [sʌl'fjʊərɪk] *adj* Schwefel-
sul·phu·ric 'acid *n no pl* Schwefelsäure *f*
sul·phur·ous ['sʌlfərəs] *adj* ❶ CHEM schwefelhaltig, Schwefel- ❷ (*colour*) schwefelgelb ❸ (*angry*) wütend, zornig
sul·tan ['sʌltən] *n* Sultan *m*
sul·tana¹ [səl'tɑːnə] *n* (*grape*) Sultanine *f*
sul·tana² [sʌl'tɑːnə] *n* (*sultan's wife*) Sultanin *f*
sul·tri·ness ['sʌltrɪnəs] *n* ❶ METEO Schwüle *f* ❷ *of a woman, a woman's voice* Erotik *f*
sul·try ['sʌltri] *adj* ❶ METEO schwül ❷ (*sexy*) *woman, woman's voice* erotisch, sinnlich
sum [sʌm] *n* ❶ (*money*) Summe *f*, Betrag *m;* **five-figure ~** fünfstelliger Betrag; **huge ~s of money** riesige Summen ❷ *no pl* (*total*) Summe *f*, Ergebnis *nt* ❸ *usu pl* (*calculation*) Rechenaufgabe *f;* **to do ~s** rechnen; **to get one's ~s right** BRIT richtig rechnen; **to get one's ~s wrong** BRIT sich verrechnen ✦ **sum up I.** *vi* ❶ (*summarize*) zusammenfassen ❷ LAW *judge* resümieren **II.** *vt* (*summarize*) zusammenfassen, (*evaluate*) einschätzen; **to ~ up a situation at a glance** eine Situation auf einen Blick erfassen
sum·mari·ly ['sʌmərɪli] *adv* ohne viel Federlesen; LAW summarisch, beschleunigt; **to ~ dismiss sb** jdn fristlos entlassen
sum·ma·rize ['sʌmərɑɪz] **I.** *vt* [kurz] zusammenfassen **II.** *vi* zusammenfassen, resümieren; **to ~, ...** kurz gesagt, ...
sum·mary ['sʌməri] **I.** *n* ❶ Zusammenfassung *f; of a plot, contents* [kurze] Inhaltsangabe *f* **II.** *adj* ❶ (*brief*) knapp, gedrängt; *dismissal* fristlos ❷ LAW *conviction, execution* im Schnellverfahren *nach n*
sum·ma·tion [sʌm'eɪʃən] *n* (*form*) ❶ *no pl* (*addition*) Summierung *f* ❷ (*sum*) Summe *f* ❸ (*summary*) Zusammenfassung *f*
sum·mer ['sʌməʳ] **I.** *n* ❶ (*season*) Sommer *m;* **a ~'s day** ein Sommertag *m;* **in [the] ~** im Sommer; **in the ~ of '68** im Sommer '68 ❷ ASTRON Sommer *m,* Sommerzeit *f* **II.** *vi* den Sommer verbringen; **to ~ outdoors** *animals, plants* im Sommer im Freien bleiben
sum·mer 'holi·day *n,* **sum·mer 'holi·days** *npl* Sommerurlaub *m;* SCH, UNIV Sommerferien *pl* **'sum·mer house** *n* Gartenhaus *nt,* Gartenlaube *f;* AM Ferienhaus *nt,* Sommerhaus *nt* **sum·mer 'slide** *n* Abnehmen der Leistungen nach den Sommerferien **'sum·mer·time** *n* Sommerzeit *f;* **in the ~** im Sommer
sum·mery ['sʌməri] *adj weather* sommerlich
sum·ming-up <*pl* summings-> [ˌsʌmɪŋ'ʌp] *n* LAW (*by a judge*) Resümee *nt;* (*by a lawyer*) [Schluss]plädoyer *nt*
sum·mit ['sʌmɪt] *n* ❶ *of a mountain* Gipfel *m;* (*fig: highest point*) Gipfel *m,* Höhepunkt *m* ❷ POL Gipfel *m*
sum·mon ['sʌmən] *vt* ❶ (*call*) ■ **to ~ sb** jdn rufen [*o* zu sich *dat* bestellen]; LAW jdn vorladen; **to ~ a council/meeting** einen Rat/eine Versammlung einberufen; **to be ~ed to appear in court** vor Gericht geladen werden ❷ (*demand*) **to ~ help** Hilfe holen ❸ (*gather*) **to ~ up the courage/ the strength to do sth** den Mut/die Kraft aufbringen, etw zu tun
sum·mons ['sʌmənz] **I.** *n* <*pl* -es> ❶ LAW [Vor]ladung *f;* **to issue a ~** [vor]laden, eine Ladung ergehen lassen ❷ (*call*) Aufforderung *f;* (*iron, hum*) Befehl *m* **II.** *vt* LAW ■ **to ~ sb** jdn vorladen lassen
sump [sʌmp] *n* ❶ (*container*) [collection] ~ Sammelbehälter *m;* (*hole*) Senkgrube *f* ❷ AUTO Ölwanne *f*
sump·tu·ous ['sʌm(p)tʃʊəs] *adj* luxuriös, kostspielig; *dinner* üppig, *gown* festlich, prächtig
sump·tu·ous·ness ['sʌm(p)tʃʊəsnəs] *n no pl of a meal, dinner* Üppigkeit *f,* Opulenz *f geh;* **to be furnished with ~** luxuriös eingerichtet sein
sun [sʌn] **I.** *n* ❶ (*star*) Sonne *f;* **the rising/setting ~** die aufgehende/untergehende Sonne ❷ *no pl* ■ **the ~** (*sunshine*) die Sonne, der Sonnenschein; **to sit in the ~** in der Sonne sitzen ▶ **to think that the ~ shines out of sb's arse** BRIT (*fig fam!*) jdn für den Größten halten *fam;* **to try everything under the ~** alles Mögliche [*o* Erdenkliche] versuchen **II.** *vt* <-nn-> ❶ (*sit in sun*) ■ **to ~ oneself** sich sonnen ❷ (*expose to sun*) ■ **to ~ sth** etw der Sonne aussetzen **III.** *vi* sich sonnen

'sun-baked *adj* [von der Sonne] ausgedörrt **'sun·bath** *n* Sonnenbad *nt* **'sun·bathe** *vi* sonnenbaden **'sun·beam** *n* Sonnenstrahl *m* **'sun-beat·en** *adj* sonnenverbrannt; **to have ~ skin** einen Sonnenbrand haben **'sun·bed** *n esp* BRIT ❶ (*chair*) Liegestuhl *m* ❷ (*bed*) Sonnenbank *f* **'sun·blind** *n* BRIT Markise *f* **'sun·block** *n no pl* Sunblocker *m* **'sun·burn** **I.** *n no pl* Sonnenbrand *m;* **to get/pre-**

sunburned → superb 884

vent ~ einen Sonnenbrand bekommen/vermeiden II.*vi* <-ed *or* -burnt, -ed *or* -burnt> sich verbrennen, sich *dat* einen Sonnenbrand holen *fam* **'sun·burned** *adj*, **'sun·burnt** *adj* (*tanned*) sonnengebräunt; (*red*) sonnenverbrannt, sonnverbrannt SCHWEIZ, von der Sonne verbrannt; **to be/get ~** einen Sonnenbrand haben/bekommen

sun·dae ['sʌndeɪ] *n* Eisbecher *m*

Sun·day ['sʌndeɪ] *n* Sonntag *m; see also* **Tuesday**

Sun·day 'best *n no pl,* **Sun·day 'clothes** *npl* (*dated*) Sonntagsstaat *m kein pl veraltend o hum,* Sonntagskleider *pl veraltend* **'Sun·day school** *n* REL, SCH Sonntagsschule *f* ▶ **sth is not going to be a ~ picnic** (*fam*) etw ist kein Ponyhof *fam* **'sun deck** *n* ❶ NAUT Sonnendeck *nt* ❷ AM (*balcony*) Sonnenterrasse *f* **'sun·di·al** *n* Sonnenuhr *f* **'sun·down** *n esp* AM, AUS Sonnenuntergang *m* (**at** bei, **before** vor) **'sun-dried** *adj* an der Sonne getrocknet **sun·dry** ['sʌndri] I.*adj attr* verschiedene(r, s) ▶ **all and ~** (*fam*) Hinz und Kunz *pej,* jedermann II.*n* Verschiedenes *nt kein pl* **'sun·flow·er** *n* Sonnenblume *f* **'sun·flow·er oil** *n* Sonnenblumenöl *nt* **'sun·flow·er seeds** *npl* Sonnenblumenkerne *pl*

sung [sʌŋ] *pp of* **sing**

sun·glasses *npl* Sonnenbrille *f;* **a pair of ~** eine Sonnenbrille; **to wear ~** eine Sonnenbrille tragen **'sun hat** *n* Sonnenhut *m*

sunk [sʌŋk] *pp of* **sink**

sunk·en ['sʌŋkən] *adj* ❶ *attr* (*submerged*) *ship* gesunken; *ship, treasure* versunken ❷ *attr* (*below surrounding level*) tief[er] liegend *attr;* **~ bath** eingelassene Badewanne ❸ (*hollow*) *cheeks* eingefallen; **~ eyes** tief liegende Augen

'sun·lamp *n* ❶ (*for therapy*) Höhensonne *f* ❷ FILM Jupiterlampe® *f* **'sun·light** *n no pl* Sonnenlicht *nt* **'sun·lit** *adj* sonnenbeschienen; *room* sonnig

sun·ny ['sʌni] *adj* ❶ (*bright*) sonnig; **~ intervals** Aufheiterungen *pl;* **a few ~ spells** einige sonnige Abschnitte ❷ (*exposed to sun*) *plateau, room* sonnig ❸ (*cheery*) *person* heiter, unbeschwert; *character, disposition* heiter, sonnig; **to have a ~ disposition** ein sonniges Gemüt haben

sun pro'tec·tion fac·tor *n* Sonnenschutzfaktor *m* **'sun·ray** *n* Sonnenstrahl *m* **'sun·rise** *n* Sonnenaufgang *m* (**at** bei, **before** vor) **sun·rise 'in·dus·try** *n* Zukunftsindustrie *f,* Zukunftsbranche *f* **'sun·roof** *n* Schiebedach *nt* **'sun room** *n* AM, **'sun par·lor** *n* AM, **'sun porch** *n* AM Glasveranda *f,* Wintergarten *m* **'sun·screen** *n* ❶ *no pl* (*cream*) Sonnenschutzmittel *nt* ❷ (*ingredient*) Zusatzstoff *m* gegen Sonnenbrand **'sun·seek·er** *n* Sonnenhungrige(r) *f(m)* **'sun·set** *n* ❶ (*time*) Sonnenuntergang *m* (**at** bei, **before** vor) ❷ (*fig: final stage*) Endphase *f* **'sun·shade** *n* ❶ (*umbrella*) Sonnenschirm *m* ❷ AM (*awning*) Markise *f,* Sonnenblende *f* **'sun·shine** ['sʌnʃaɪn] *n no pl* ❶ (*sunlight*) Sonnenschein *m;* **to bask in the ~** sich in der Sonne aalen *fam* ❷ METEO (*sunny weather*) sonniges Wetter ❸ (*fig: cheerfulness*) Freude *f,* Glück *nt* ❹ (*fam: to express friendliness*) Schatz *m;* BRIT (*to express irritation*) mein Lieber/meine Liebe **'sun·spot** *n* ASTRON Sonnenfleck *m* **'sun·stroke** *n no pl* Sonnenstich *m* **'sun·tan** I.*n* Sonnenbräune *f;* **deep ~** tiefe Bräune; **to get a ~** braun werden II.*vi* <-nn-> sich von der Sonne bräunen lassen **'sun·tan cream** *n,* **'sun·tan lo·tion** *n* Sonnencreme *f* **'sun·tanned** *adj* sonnengebräunt, braun gebrannt **'sun·tan oil** *n* Sonnenöl *nt* **'sun·trap** *n* BRIT, AUS sonniges Plätzchen **'sun·up** *n* AM Sonnenaufgang *m* **'sun vi·sor** *n* AUTO Sonnenblende *f* **'sun wor·ship·per** *n* (*hum*) Sonnenanbeter(in) *m(f)*

sup[1] [sʌp] I.*vt* <-pp-> *esp* NBRIT (*hum*) trinken; *soup* löffeln II.*vi* <-pp-> *esp* NBRIT trinken; ■ **to ~ up** austrinken III.*n* Schluck *m*

sup[2] [sʌp] *vi* (*dated: eat*) zu Abend essen; ■ **to ~ on sth** etw zu Abend essen

su·per ['suːpər] I.*adj* (*fam: excellent*) super, klasse, fantastisch II.*interj* super!, spitze! III.*adv* (*fam*) besonders IV. *n* (*fam*) ❶ BRIT (*superintendent*) Aufseher(in) *m(f),* Kommissar(in) *m(f);* AM Hausmeister(in) *m(f)* ❷ AUS (*superannuation*) Pension *f,* Ruhestand *m* ❸ (*petrol*) Super[benzin] *nt*

super·abun·dant [ˌsuːpərə'bʌndənt] *adj* überreichlich **super·an·nu·at·ed** [ˌsuːpərˈænjueɪtɪd] *adj* ❶ (*part of superannuation scheme*) pensioniert ❷ (*hum: obsolete*) überholt, veraltet **super·an·nua·tion** [ˌsuːpərˌænjuˈeɪʃən] *n no pl* ❶ (*payment*) Rentenbeitrag *m* ❷ (*pension*) [Alters]rente *f; of civil servants* Pension *f,* Ruhegeld *nt* ❸ (*process*) Ruhestand *m*

su·perb [suːˈpɜːb] *adj* ❶ (*excellent*) ausgezeichnet, hervorragend ❷(*impressive*) erstklassig; *building, view* großartig

su·perb·ly [suːˈpɜːbli] *adv* ausgezeichnet, hervorragend

ˈ**super·bug** *n* Superbakterium *nt*

super·charged [ˈsuːpətʃɑːdʒd] *adj* ❶(*more powerful*) *car* mit Lader *nach n*; *engine* aufgeladen; **at a ~ pace** mit atemberaubender Geschwindigkeit ❷(*emotional*) *atmosphere* gereizt **super·charg·er** [ˈsuːpəˌtʃɑːdʒəʳ] *n* AUTO Lader *m*, Aufladegebläse *nt*

super·cili·ous [ˌsuːpəˈsɪliəs] *adj* (*pej*) hochnäsig

super·cili·ous·ly [ˌsuːpəˈsɪliəsli] *adv* (*pej*) hochnäsig

super·ego [ˌsuːpəʳˈriːgəʊ] *n* Überich *nt*

super·fi·cial [ˌsuːpəˈfɪʃ^əl] *adj* ❶(*on the surface*) oberflächlich; MED *cuts, injury, wound* oberflächlich; *damage* geringfügig ❷(*apparent*) äußerlich ❸(*cursory*) *knowledge* oberflächlich; *treatment* flüchtig ❹(*pej: shallow*) *person* oberflächlich

super·fi·ci·al·ity [ˌsuːpəˌfɪʃiˈæləti] *n no pl* Oberflächlichkeit *f*

super·fi·cial·ly [ˌsuːpəˈfɪʃ^əli] *adv* ❶(*cursorily*) oberflächlich betrachtet, auf den ersten Blick ❷(*pej: in a shallow manner*) oberflächlich *pej*

super·flu·ous [suːˈpɜːfluəs] *adj* überflüssig

ˈ**super·glue**® I.*n* Sekundenkleber *m; (fig)* **to stick like ~ to sb** an jdm wie eine Klette hängen II.*vt* festkleben ˈ**super·grass** *n* BRIT (*fam*) Informant(in) *m(f)*, Polizeispitzel *m* ˈ**super·he·ro** *n* Superheld *m fam*

ˈ**super·high·way** *n* ❶AM AUTO Autobahn *f* ❷COMPUT [**information**] ~ Datenautobahn *f* **super·ˈhu·man** *adj* übermenschlich **super·im·pose** [ˌsuːpəʳɪmˈpəʊz] *vt* **to ~ images** Bilder überlagern

super·in·tend [ˌsuːpəʳɪnˈtend] *vt* beaufsichtigen, überwachen; *department* leiten

super·in·ten·dent [ˌsuːpəʳɪnˈtend^ənt] *n* ❶(*person in charge*) Aufsicht *f; of schools* Oberschulrat *m*/-rätin *f; of an office, department* Leiter(in) *m(f)* ❷BRIT (*police officer*) Hauptkommissar(in) *m(f)*; AM Polizeichef(in) *m(f)* ❸AM (*caretaker*) Hausverwalter(in) *m(f)*

su·peri·or [suːˈpɪərɪəʳ] I.*adj* ❶(*higher in rank*) höhergestellt, vorgesetzt; ▪ **to be ~ [to sb]** [jdm] vorgesetzt sein ❷(*excellent*) *artist* vorzüglich; *taste* erlesen, gehoben ❸(*better*) überlegen; **to be ~ in numbers** in der Überzahl sein ❹*pred* (*not susceptible*) ▪ **to be ~ to sth** über etw *akk* erha-

ben sein ❺(*pej: arrogant*) überheblich, arrogant II.*n* ❶(*higher person*) Vorgesetzte(r) *f(m)* ❷REL **Father/Mother S~** Vater Abt/Mutter Oberin (*Anrede für den Vorsteher/die Vorsteherin eines Klosters oder Ordens*)

su·peri·or·ity [suːˌpɪərɪˈɒrəti] *n no pl* ❶(*position*) Überlegenheit *f* (**over** über) ❷(*pej: arrogance*) Überheblichkeit *f,* Arroganz *f*

su·peri·ˈor·ity com·plex *n* PSYCH (*fam*) Superioritätskomplex *m fachspr*

super·la·tive [suːˈpɜːlətɪv] I.*adj* ❶(*best*) unübertrefflich, sagenhaft ❷LING superlativisch *fachspr*; ~ **form** Superlativ *m* II.*n* LING ❶(*form*) Superlativ *m* ❷*usu pl* (*hyperbole*) Übertreibung *f*

ˈ**super·man** *n* ❶PHILOS Übermensch *m* ❷(*cartoon character*) **S~** Superman *m* ❸(*fam: exceptional man*) ▪ **a ~** ein Superman *m*

super·mar·ket [ˈsuːpəˌmɑːkɪt] *n* Supermarkt *m*

ˈ**super·mar·ket trol·ley** *n* BRIT Einkaufswagen *m* ˈ**super·mod·el** *n* FASHION Supermodel *nt* **super·natu·ral** [ˈsuːpəˌnætʃ^ər^əl] I.*adj* ❶(*mystical*) übernatürlich ❷(*extraordinary*) außergewöhnlich II.*n* ▪ **the ~** das Übernatürliche **super·nu·mer·ary** [ˌsuːpəˈnjuːm^ər^əri] I.*adj* ❶(*extra*) zusätzlich ❷(*not wanted*) überzählig ❸FILM, THEAT Statisten- II.*n* (*form*) ❶(*employee*) [Aus]hilfskraft *f* ❷(*person*) überzählige Person; (*thing*) überzählige Sache ❸FILM, THEAT Statist(in) *m(f)* ˈ**super·pow·er** *n* Supermacht *f* **super·script** [ˈsuːpəskrɪpt] I.*adj* hochgestellt II.*n* hochgestelltes Zeichen

super·sede [ˌsuːpəˈsiːd] *vt* ersetzen, ablösen

super·son·ic [ˌsuːpəˈsɒnɪk] *adj* Überschall- **super·star** [ˈsuːpəstɑːʳ] *n* Superstar *m*

super·sti·tion [ˌsuːpəˈstɪʃ^ən] *n* ❶*no pl* (*belief*) Aberglaube[n] *m;* ▪ **according to ~** nach einem Aberglauben; ▪ **out of ~** aus Aberglauben ❷(*practice*) Aberglaube *m kein pl*

super·sti·tious [ˌsuːpəˈstɪʃəs] *adj* abergläubisch

super·store [ˈsuːpəstɔːʳ] *n* Großmarkt *m,* Verbrauchermarkt *m* **super·struc·ture** [ˈsuːpəˌstrʌktʃəʳ] *n* ❶(*upper structure*) Oberbau *m* ❷NAUT [Deck]aufbauten *pl* ❸ARCHIT Oberbau *m* ❹PHILOS, SOCIOL Überbau *m* **super·tank·er** [ˈsuːpəˌtæŋkəʳ] *n* NAUT Riesentanker *m,* Supertanker *m*

super·vene [ˌsuːpəˈviːn] *vi* (*form*) dazwischenkommen
super·vise [ˈsuːpəvaɪz] *vt* beaufsichtigen
super·vi·sion [ˌsuːpəˈvɪʒən] *n no pl of children* Beaufsichtigung *f*; *of prisoners, work* Überwachung *f*; ■ **without ~** unbeaufsichtigt
super·vi·sor [ˈsuːpəvaɪzə^r] *n* ❶ (*person in charge*) Aufsichtsbeamte(r) *m*/-beamtin *f*; (*in shop*) Abteilungsleiter(in) *m(f)*; (*in factory*) Vorarbeiter(in) *m(f)*; SCH Betreuungslehrer(in) *m(f)*; UNIV Betreuer(in) *m(f)*; (*for doctoral candidates*) Doktorvater *m*; BRIT Tutor(in) *m(f)* ❷ AM POL leitender Verwaltungsbeamte(r)/leitende Verwaltungsbeamtin
super·vi·sory [ˌsuːpəˈvaɪzəri] *adj* Aufsichts-
su·pine [ˈsuːpaɪn] *adj* ❶ (*lying on back*) **to be** [*or* **lie**] **~** auf dem Rücken liegen ❷ (*fig, pej: indolent*) träge, gleichgültig
sup·per [ˈsʌpə^r] *n* FOOD (*meal*) Abendessen *nt*, Abendbrot *nt*, Nachtmahl *nt* ÖSTERR; **to have ~** zu Abend essen, das Nachtmahl einnehmen ÖSTERR
ˈsup·per·time [ˈsʌpətaɪm] *n no pl* Abendbrotzeit *f*, Abendessenszeit *f*
sup·plant [səˈplɑːnt] *vt* ersetzen, ablösen; **to feel ~ed** sich zurückgesetzt fühlen
sup·ple [ˈsʌpl] *adj* ❶ (*flexible*) *human body* gelenkig, geschmeidig; (*fig*) *mind* flexibel, beweglich ❷ (*not stiff*) *leather* geschmeidig; *skin* weich
sup·ple·ment I. *n* [ˈsʌplɪmənt] ❶ (*something extra*) Ergänzung *f* (**to** zu); (*book*) Supplement *nt*; (*information*) Nachtrag *m*, Anhang *m* ❷ MED **vitamin ~** Nahrungsmittelergänzung *f* ❸ (*section*) Beilage *f* ❹ BRIT (*surcharge*) Zuschlag *m* **II.** *vt* [ˈsʌplɪment] ergänzen; **to ~ one's income by doing sth** sein Einkommen aufbessern, indem man etw tut
sup·ple·men·ta·ry [ˈsʌpləmentəri] *adj*, AM **sup·ple·men·tal** *adj* ❶ (*additional*) ergänzend *attr*, zusätzlich, Zusatz- ❷ MATH supplementär
sup·ple·ness [ˈsʌplnəs] *n no pl* ❶ (*flexibility*) *of the human body* Gelenkigkeit *f*; (*fig*) *of mind* Flexibilität *f* ❷ (*softness*) *of leather* Geschmeidigkeit *f*; *of skin* Weichheit *f*
sup·pli·cant [ˈsʌplɪkənt] *n* (*form, liter*) Bittsteller(in) *m(f)*
sup·pli·ca·tion [ˌsʌplɪˈkeɪʃən] *n* (*form, liter*) Flehen *nt kein pl* (**for** um)
sup·pli·er [səˈplaɪə^r] *n* ❶ (*provider*) Lieferant(in) *m(f)*; **~ of services** Erbringer *m* von Dienstleistungen ❷ (*company*) Lieferfirma *f*, Zulieferbetrieb *m* ❸ (*drug peddler*) [Drogen]lieferant(in) *m(f)*
sup·ply [səˈplaɪ] **I.** *vt* <-ie-> ❶ (*provide sth*) ■ **to ~ sth** für etw *akk* sorgen, etw bereitstellen; **to ~ information about sth** Informationen über etw *akk* geben; **to come supplied with sth** *car, radio* mit etw *dat* ausgestattet sein; ■ **to ~ sth to sb** *arms, drugs* jdm etw beschaffen; **to be accused of ~ing drugs** des Drogenhandels beschuldigt werden ❷ (*provide sb with sth*) ■ **to ~ sb** jdn versorgen; ECON jdn beliefern ❸ (*act as source*) liefern ❹ (*satisfy*) **to ~ a demand** eine Nachfrage befriedigen **II.** *n* ❶ (*stock*) Vorrat *m* (**of** an) ❷ *no pl* (*action*) Versorgung *f*; **oil/petrol ~** Öl-/Benzinzufuhr *f*; **energy ~** Energieversorgung *f* ❸ (*action of providing*) Belieferung *f* ❹ ECON Angebot *nt*; **~ and demand** Angebot und Nachfrage; **to be in plentiful ~** reichlich vorhanden sein; **to be in short ~** Mangelware sein ❺ ■ **supplies** *pl* (*provision*) Versorgung *f kein pl*; (*amount needed*) Bedarf *m*; **to cut off supplies** die Lieferungen einstellen ❻ (*amount available*) ■ **supplies** *pl* Vorräte *pl*; **food supplies** Lebensmittelvorräte *pl*; (*for camping, journey*) Proviant *m*
supˈply teach·er *n* BRIT, AUS Aushilfslehrer(in) *m(f)*, Vertretungslehrer(in) *m(f)*
sup·port [səˈpɔːt] **I.** *vt* ❶ (*hold up*) stützen; ■ **to be ~ed on** [*or* **by**] **sth** von etw *dat* gestützt werden; ■ **to ~ oneself on sth** sich auf etw *akk* stützen; **the ice is thick enough to ~ our weight** das Eis ist so dick, dass es uns trägt ❷ (*provide with money*) [finanziell] unterstützen; **to ~ one's lifestyle** seinen Lebensstil finanzieren ❸ (*provide with necessities*) ■ **to ~ sb** für jds Lebensunterhalt aufkommen; ■ **to ~ oneself** seinen Lebensunterhalt [selbst] bestreiten; **to ~ a family** eine Familie unterhalten ❹ (*comfort*) unterstützen (**in** bei) ❺ (*encourage*) unterstützen; *plan* befürworten; **to ~ a cause** für eine Sache eintreten ❻ (*corroborate*) belegen; *theory* beweisen ❼ SPORTS **to ~ a sportsman/team** für einen Sportler/ein Team sein ❽ COMPUT *device, language, program* unterstützen **II.** *n* ❶ (*prop*) Stütze *f*; ARCHIT Träger *m* ❷ *no pl* (*act of holding*) **to give sth ~** etw *dat* Halt geben ❸ *no pl* (*material assistance*) Unterstützung *f*; LAW Unterhalt *m* ❹ *no pl* (*comfort*) Stütze *f fig*; **to give sb a lot of ~** jdm großen Rückhalt geben; **to give sb moral ~** jdn moralisch unterstüt-

zen ⑤ *no pl* (*encouragement*) Unterstützung *f*; (*proof of truth*) Beweis *m* ⑥ COMPUT Support *m*

sup·port·er [səˈpɔːtə^r] *n* ① (*encouraging person*) Anhänger(in) *m(f)*; *of a campaign, policy* Befürworter(in) *m(f)*; *of a theory* Verfechter(in) *m(f)* ② SPORTS Fan *m*

sup·port·ing [səˈpɔːtɪŋ] *adj attr* BRIT FILM **~ part** [*or* **role**] Nebenrolle *f*; **~ programme** Vorprogramm *nt*, Beiprogramm *nt*

sup·por·tive [səˈpɔːtɪv] *adj* (*approv*) ■ **to be ~ of sb** jdm eine Stütze sein, jdn unterstützen; ■ **to be ~ of sth** etw unterstützen [*o* befürworten]

sup·pose [səˈpəʊz] *vt* ① (*think likely*) ■ **to ~** [**that**] … annehmen [*o* vermuten], dass …; **I ~ you think that's funny** du hältst das wohl auch noch für komisch; **that's not a very good idea — no, I ~ not** das ist keine sehr gute Idee – ja, das glaube ich auch; **I don't ~ you could …** Sie könnten mir nicht zufällig … ② (*as a suggestion*) **~ we leave right away?** wie wär's, wenn wir jetzt gleich fahren würden? ③ (*form: require*) voraussetzen ④ (*believe*) glauben, vermuten; **her new book is ~d to be very good** ihr neues Buch soll sehr gut sein; **it is commonly ~d that …** es wird allgemein angenommen, dass … ⑤ *pred* (*expected*) **you're ~d to be asleep** du solltest eigentlich schon schlafen; **how am I ~d to find that much money?** woher soll ich nur das ganze Geld nehmen? ⑥ *pred, usu neg* (*allowed*) **you're not ~d to park here** sie dürfen hier nicht parken ▶ **I ~ so** wahrscheinlich, wenn du meinst

sup·posed [səˈpəʊzd] *adj attr* vermutet, angenommen; *killer* mutmaßlich

sup·pos·ed·ly [səˈpəʊzɪdli] *adv* ① (*allegedly*) angeblich ② (*apparently*) anscheinend, scheinbar

sup·pos·ing [səˈpəʊzɪŋ] *conj* angenommen; **he doesn't show up?** was, wenn er nicht erscheint?; **but ~ …** aber wenn …; **always ~ …** immer unter der Annahme, dass …

sup·po·si·tion [ˌsʌpəˈzɪʃ(ə)n] *n* ① *no pl* (*act*) Spekulation *f*, Mutmaßung *f* ② (*belief*) Vermutung *f*, Annahme *f*; **on the ~ that …** vorausgesetzt, dass …

sup·pos·i·to·ry [səˈpɒzɪt(ə)ri] *n* MED Zäpfchen *nt*

sup·press [səˈpres] *vt* ① (*end*) unterdrücken; *revolution* niederschlagen; *terrorism* bekämpfen ② (*restrain*) *feelings, impulses, urges* unterdrücken ③ (*prevent from spreading*) *evidence, information* zurückhalten ④ (*inhibit*) hemmen; *the immune system* schwächen; *a process, reaction* abschwächen ⑤ ELEC *electrical interference* entstören ⑥ PSYCH *ideas, memories* verdrängen

sup·pres·sion [səˈpreʃ(ə)n] *n no pl* ① (*act of ending*) Unterdrückung *f*; *of an uprising, a revolution* Niederschlagung *f*; *of terrorism* Bekämpfung *f* ② *of anger, individuality* Unterdrückung *f* ③ *of evidence, information* Zurückhaltung *f* ④ MED Hemmung *f* ⑤ ELEC Entstörung *f* ⑥ PSYCH Verdrängung *f*

sup·pu·rate [ˈsʌpjəreɪt] *vi* eitern

su·pre·ma·cy [suːˈpreməsi] *n no pl* Vormachtstellung *f*; SPORTS Überlegenheit *f*

su·preme [suːˈpriːm] I. *adj* ① (*superior*) höchste(r, s), oberste(r, s) ② (*strongest*) **to reign ~** absolut herrschen; (*fig*) [unangefochten] an erster Stelle stehen ③ (*extreme*) äußerste(r, s), größte(r, s); (*causing great pleasure*) unübertroffen, unvergleichlich; *moment* einzigartig II. *n no pl* FOOD **turkey ~** ≈ Putengeschnetzeltes *nt* (*in Sahnesauce*)

sur·charge [ˈsɜːtʃɑːdʒ] I. *n* ① (*extra charge*) Zuschlag *m* (**for** für), Aufschlag *m* (**on** auf) ② (*penalty*) [Steuer]zuschlag *m* ③ BRIT (*refund*) Rückerstattung *f* ④ (*omission*) Zuschlag *m*, Aufschlag *m* ⑤ (*mark on stamp*) Nachporto *nt*, Strafporto *nt* II. *vt usu passive* ■ **to ~ sb** einen Zuschlag von jdm verlangen; ■ **to ~ sth** einen Zuschlag auf etw *akk* erheben

sure [ʃʊə^r] I. *adj* ① *pred* (*confident*) sicher; ■ **to be ~** [**that**] … [sich *dat*] sicher sein, dass …; **are you ~?** bist du sicher?; **I'm not really ~** ich weiß nicht so genau; **to feel ~** [**that**] … überzeugt [davon] sein, dass … ② (*certain*) sicher, gewiss; **where are we ~ to have good weather?** wo werden wir aller Voraussicht nach gutes Wetter haben?; **we're ~ to see you again before we leave** bestimmt sehen wir Sie noch einmal, bevor wir abreisen ③ (*true*) sicher; **one ~ way** [**of doing sth**] ein sicherer Weg [etw zu tun] ④ *attr* (*reliable*) **a ~ sign of sth** ein sicheres Zeichen für etw *akk* ▶ [**as**] **~ as hell** (*sl*) todsicher *fam*; **~ thing** (*fam: certainty*) sicher!; *esp* AM (*of course*) [aber] natürlich!, [na] klar! *fam*; **~ enough** (*fam*) tatsächlich; **to be ~ of oneself** sehr von sich *dat* überzeugt sein *pej*; **to make ~** [**that**] … darauf achten, dass … II. *adv esp* AM (*fam: certainly*) echt; **I ~ am hungry!** hab ich vielleicht einen Hunger! III. *interj* (*fam: certainly!*) **oh ~!**

[aber] natürlich! *iron*, na klar [doch]! *iron*; ~ **I will!** natürlich!, aber klar doch!

'sure-fire *adj attr* (*fam*) todsicher *fam*

sure-'foot·ed *adj* ❶ (*able to walk*) trittsicher ❷ (*confident*) sicher, souverän geh

sure·ly ['ʃɔ:li, 'ʃʊə-] *adv* ❶ (*certainly*) sicher[lich], bestimmt; **slowly but ~** langsam, aber sicher ❷ (*showing astonishment*) doch; **~ you don't expect me to believe that** du erwartest doch wohl nicht, dass ich dir das abnehme! *fam*; **~ not!** das darf doch wohl nicht wahr sein! ❸ (*confidently*) sicher ❹ *esp* AM (*yes, certainly*) [aber] natürlich

sure·ty ['ʃɔ:rəti, 'ʃʊə-] *n* LAW ❶ (*person*) Bürge *m*/Bürgin *f* ❷ (*money*) Bürgschaft *f*, Sicherheitsleistung *f* ❸ *no pl* (*certainty*) Gewissheit *f*

surf [sɜ:f] I. *n* Brandung *f* II. *vi* ❶ (*on surfboard*) surfen ❷ (*windsurf*) windsurfen III. *vt* COMPUT **to ~ the Internet** im Internet surfen

sur·face ['sɜ:fɪs] I. *n* ❶ (*top layer*) Oberfläche *f*; *of a lake, the sea* Spiegel *m*; **road ~** Straßenbelag *m*; **non-stick ~** Antihaftbeschichtung *f* ❷ SPORTS (*of playing area*) Untergrund *m* ❸ (*superficial qualities*) Oberfläche *f*; **on the ~** äußerlich betrachtet ▸ **to scratch the ~ [of sth]** *topic, problem* [etw] streifen II. *vi* ❶ (*rise to top*) auftauchen ❷ (*fig: become apparent*) auftauchen, aufkommen ❸ (*fig fam: get out of bed*) aufstehen III. *vt* ■ **to ~ sth** ❶ (*cover*) etw mit einem Belag versehen ❷ (*make even*) etw ebnen IV. *adj attr* ❶ (*of outer part*) oberflächlich; (*outward*) äußerlich ❷ (*not underwater*) Überwasser- ❸ MIN (*at ground level*) über Tage *nach n* ❹ (*superficial*) oberflächlich

'sur·face mail *n* Postsendung, die auf dem Land- bzw. Seeweg befördert wird

sur·face 'ten·sion *n* PHYS Oberflächenspannung *f* **sur·face-to-air 'mis·sile** *n* MIL Boden-Luft-Rakete *f*

surf·board ['sɜ:fbɔ:d] *n* Surfbrett *nt*

sur·feit ['sɜ:fɪt] (*form*) I. *n no pl* Übermaß *nt* (**of** an) II. *vt* ■ **to be ~ed with sth** etw satthaben *form*

surf·er ['sɜ:fə'] *n*, AUS *fam* **surfie** ['sɜ:fi] *n* Surfer(in) *m(f)*; (*windsurfer*) Windsurfer(in) *m(f)*

surf·ing ['sɜ:fɪŋ] *n no pl* Surfen *nt*, Wellenreiten *nt*; (*windsurfing*) Windsurfen *nt*

surge [sɜ:dʒ] I. *vi* ❶ (*move powerfully*) *sea* branden; *waves* wogen, sich auftürmen; (*fig*) *people* wogen ❷ (*increase strongly*) *profits* [stark] ansteigen ❸ (*fig*) ■ **to ~** [**up**] (*well up*) *emotion* aufwallen; (*grow louder*) *cheer, roar* aufbrausen II. *n* ❶ (*sudden increase*) [plötzlicher] Anstieg ❷ (*large wave*) Woge *f*; (*breakers*) Brandung *f*; (*tidal breaker*) Flutwelle *f* ❸ *no pl* (*activity of water*) Wogen *nt*, [An]branden *nt* ❹ *no pl* (*fig: pressing movement*) Ansturm *m* ❺ (*fig: wave of emotion*) Welle *f*, Woge *f* ❻ ELEC Spannungsanstieg *m*, Spannungsstoß *m*

sur·geon ['sɜ:dʒən] *n* Chirurg(in) *m(f)*

sur·gery ['sɜ:dʒəri] *n* ❶ BRIT, AUS (*doctor's premises*) [Arzt]praxis *f* ❷ BRIT, AUS (*treatment session*) Sprechstunde *f* ❸ *no pl* (*surgical treatment*) chirurgischer Eingriff ❹ BRIT POL (*discussion time*) Sprechzeit *f*

sur·gi·cal ['sɜ:dʒɪkəl] *adj* ❶ (*used by surgeons*) *gloves, instruments* chirurgisch ❷ (*orthopaedic*) medizinisch ❸ MIL (*very precise*) **~ strike** gezielter Angriff

sur·gi·cal·ly ['sɜ:dʒɪkli] *adv* operativ, chirurgisch

sur·ly ['sɜ:li] *adj* unwirsch, ruppig

sur·mise (*form*) I. *vt* [sɜ:'maɪz] vermuten, annehmen II. *n* ['sɜ:maɪz] ❶ (*guess*) Vermutung *f* ❷ *no pl* (*guessing*) Vermutung *f*, Mutmaßung *f*

sur·mount [sə'maʊnt] *vt* ❶ (*overcome*) **to ~ a challenge/difficulty/problem** eine Herausforderung/eine Schwierigkeit/ein Problem meistern; **to ~ an obstacle/opposition** ein Hindernis/Widerstand überwinden ❷ (*form: stand on top of*) überragen; ARCHIT krönen

sur·name ['sɜ:neɪm] *n* Familienname *m*, Nachname *m*

sur·pass [sə'pɑ:s] *vt* (*form*) übertreffen; ■ **to ~ oneself** sich selbst übertreffen

sur·plus ['sɜ:pləs] I. *n* <*pl* -es> ❶ (*excess*) Überschuss *m* (**of** an) ❷ (*financial*) Überschuss *m* II. *adj* ❶ (*extra*) zusätzlich ❷ (*dispensable*) überschüssig; **to be ~ to requirements** BRIT nicht mehr benötigt werden

sur·prise [sə'praɪz] I. *n* Überraschung *f*; **~! ~!** (*fam*) Überraschung! *a. iron*; **to come as a ~** [**to sb**] völlig überraschend [für jdn] kommen; **to express ~ at sth** seine Überraschung über etw *akk* zum Ausdruck bringen; **to take sb by ~** jdn überraschen; **to sb's** [**great**] **~** zu jds [großem] Erstaunen II. *vt* ❶ (*amaze*) überraschen; **well, you do ~ me** nun, das erstaunt mich! ❷ (*take unawares*) überraschen; ■ **to ~ sb doing sth** jdn bei etw *dat* überraschen [*o* ertappen] III. *adj attr* überraschend, unerwartet

sur·prised [səˈpraɪzd] *adj* ❶ *(taken unawares)* überrascht; *(amazed)* erstaunt (**at** über); **I wouldn't be ~ if it snowed tomorrow** es würde mich nicht wundern, wenn es morgen schneite; **you'd be ~ how many people were there** du würdest kaum glauben, wie viele Leute da waren; **pleasantly ~** angenehm überrascht ❷ *pred (disappointed)* enttäuscht (**at** von)

sur·pris·ing [səˈpraɪzɪŋ] *adj* überraschend

sur·pris·ing·ly [səˈpraɪzɪŋli] *adv* ❶ *(remarkably)* erstaunlich ❷ *(unexpectedly)* überraschenderweise

sur·re·al [səˈrɪəl] *adj* surreal *geh,* [traumhaft-]unwirklich

sur·re·al·ism [səˈrɪəlɪzəm] *n no pl* Surrealismus *m*

sur·re·al·ist [səˈrɪəlɪst] **I.** *n* Surrealist(in) *m(f)* **II.** *adj* surrealistisch

sur·ren·der [sərˈendər] **I.** *vi* ❶ MIL aufgeben, kapitulieren; ▪ **to ~ to sb** sich jdm ergeben ❷ *(fig: give in)* nachgeben, kapitulieren; **to ~ to temptation** der Versuchung erliegen **II.** *vt (form)* ❶ *(give)* ▪ **to ~ sth [to sb]** [jdm] etw übergeben [*o* aushändigen]; **to ~ a claim** auf einen Anspruch verzichten; **to ~ a territory** ein Gebiet abtreten; **to ~ weapons** Waffen abgeben ❷ *(abandon)* ▪ **to ~ oneself to sth** sich etw *dat* überlassen **III.** *n no pl* ❶ *(capitulation)* Kapitulation *f* (**to** vor) ❷ *(form: giving up)* Preisgabe *f* (**to** an)

sur·rep·ti·tious [ˌsʌrəpˈtɪʃəs] *adj* heimlich; *glance* verstohlen

sur·ro·ga·cy [ˈsʌrəgəsi] *n no pl* Leihmutterschaft *f*

sur·ro·gate [ˈsʌrəgɪt] **I.** *adj attr* Ersatz- **II.** *n* Ersatz *m,* Surrogat *nt geh* (**for** für)

sur·ro·gate ˈmoth·er *n* Leihmutter *f*

sur·round [səˈraʊnd] **I.** *vt* ❶ *(enclose)* umgeben ❷ *(encircle)* einkreisen; MIL umstellen, umzingeln ❸ *(fig: be associated with)* umgeben; **to be ~ed by controversy/speculation** Kontroversen/Spekulationen hervorrufen ❹ *(have as companions)* ▪ **to ~ oneself with sb** sich mit jdm umgeben **II.** *n esp* BRIT ❶ *(border)* Rahmen *m* ❷ *(area around sth)* Umrahmung *f,* Einfassung *f*

sur·round·ing [səˈraʊndɪŋ] *adj attr* umgebend; **~ area** Umgebung *f*; **the ~ buildings/gardens** die umliegenden Gebäude/Gärten

sur·round·ings *npl* ❶ *(area)* Umgebung *f* ❷ *(living conditions)* Umgebung *f,* [Lebens]verhältnisse *pl*

sur·tax <*pl* -es> [ˈsɜːtæks] *n* ❶ *no pl* FIN *(extra income tax)* Zusatzabgabe *f* (*zur Einkommenssteuer*) ❷ FIN *(additional tax)* Sondersteuer *f*

sur·veil·lance [sɜːˈveɪlən(t)s] *n no pl* Überwachung *f,* Kontrolle *f*; **to be under ~** unter Beobachtung stehen, überwacht werden

sur·vey I. *vt* [səˈveɪ] ❶ *usu passive (carry out research)* befragen ❷ *(look at)* betrachten; *(carefully)* begutachten ❸ *(give overview)* umreißen ❹ *(map out)* vermessen ❺ BRIT *building, house* begutachten **II.** *n* [ˈsɜːveɪ] ❶ *(opinion poll)* Untersuchung *f*; *(research)* Studie *f*; **local/nationwide ~** örtliche/landesweite Umfrage ❷ *(overview)* Übersicht *f*; *of a topic* Überblick *m* (**of** über) ❸ *of land* Vermessung *f* ❹ BRIT *of building* [Grundstücks]gutachten *nt*

sur·vey·or [səˈveɪər] *n* ❶ *of land* [Land]vermesser(in) *m(f)* ❷ BRIT *of buildings* Gutachter(in) *m(f)*

sur·viv·al [səˈvaɪvəl] *n no pl (not dying)* Überleben *nt*; **chance of ~** Überlebenschance *f* ▶ **the ~ of the fittest** das Überleben des Stärkeren

sur·ˈviv·al in·stinct *n* Überlebensinstinkt *m* **sur·ˈviv·al rate** *n (also fig)* Überlebenschance *f*

sur·vive [səˈvaɪv] **I.** *vi* ❶ *(stay alive)* überleben, am Leben bleiben; ▪ **to ~ on sth** sich mit etw *dat* am Leben halten ❷ *(fig: not be destroyed)* überleben, erhalten bleiben; *monument* überdauern; *tradition* fortbestehen **II.** *vt* ❶ *(stay alive after)* ▪ **to ~ sth** *accident, crash* etw überleben; *(fig)* über etw *akk* hinwegkommen ❷ *(still exist after)* *fire, flood* überstehen ❸ *(outlive)* ▪ **to ~ sb** jdn überleben

sur·viv·ing [səˈvaɪvɪŋ] *adj* ❶ *(still living)* noch lebend; **the rhinoceros is one of the oldest ~ species** das Nashorn ist eine der ältesten noch existierenden Spezies ❷ *(outliving relative)* hinterblieben; **~ dependant** unterhaltspflichtiger Hinterbliebener/unterhaltspflichtige Hinterbliebene ❸ *(fig: still existing)* [noch] vorhanden

sur·viv·or [səˈvaɪvər] *n* ❶ *(person still alive)* Überlebende(r) *f(m)*; **she's a ~ of cancer** sie hat den Krebs besiegt ❷ *(fig: tough person)* Stehaufmännchen *hum fam,* Überlebenskünstler(in) *m(f)*; **he's one of life's ~s** er lässt sich vom Leben nicht kleinkriegen *fam* ❸ *(person outliving relative)* Hinterbliebene(r) *f(m)*

sus·cep·ti·ble [səˈseptəbl] *adj* ❶ *usu pred (easily influenced)* ▪ **to be ~ to sth** für etw *akk* empfänglich sein; **children are very ~ to TV** Kinder sind durch das Fernsehen leicht beeinflussbar ❷MED anfällig ❸*pred* (*form: open*) ■ **to be ~ to sth** offen für etw *akk* sein

sus·pect I.*vt* [sə'spekt] ❶(*think likely*) vermuten; **I ~ed as much** das habe ich mir gedacht ❷(*consider guilty*) verdächtigen; ■ **to be ~ed of sth** einer S. *gen* verdächtigt werden ❸(*doubt*) ■ **to ~ sth** etw anzweifeln; *motives* einer S. *dat* misstrauen II.*n* ['sʌspekt] Verdächtige(r) *f(m)*; (*fig*) Verursacher(in) *m(f)* III.*adj* ['sʌspekt] ❶*usu attr* (*possibly dangerous*) verdächtig, suspekt ❷(*possibly defective*) zweifelhaft

sus·pect·ed [sə'spektɪd] *adj attr* ❶(*under suspicion*) verdächtigt; **~ terrorists** mutmaßliche Terroristen ❷MED **he has a ~ broken leg** es besteht bei ihm der Verdacht auf einen Beinbruch

sus·pend [sə'spend] *vt* ❶(*stop temporarily*) [vorübergehend] aussetzen, einstellen; **to ~ judgement** mit seiner Meinung zurückhalten; **to ~ proceedings** LAW die Verhandlung unterbrechen ❷LAW (*make temporarily inoperative*) **to ~ a constitution/law** eine Verfassung/ein Recht zeitweise außer Kraft setzen; **to ~ disbelief** (*fig*) die Vernunft [zeitweilig] ausschalten; **to ~ a sentence** eine Strafe [zur Bewährung] aussetzen ❸*usu passive* (*from work*) suspendieren; (*from school*) [zeitweilig] [vom Unterricht] ausschließen; SPORTS sperren ❹*usu passive* (*hang*) herabhängen (**from** von) ❺*usu passive* CHEM ■ **to be ~ed in sth** in etw *dat* gelöst sein

sus·pend·er [sə'spendəʳ] *n* ❶(*for stockings*) Strumpfbandhalter *m* ❷AM (*braces*) ■ **~s** *pl* Hosenträger *pl*

sus·'pend·er belt *n* BRIT, AUS Strumpfbandhalter *m*

sus·pense [sə'spen(t)s] *n no pl* Spannung *f*; **to keep sb in ~** jdn im Ungewissen [*o fam* zappeln] lassen

sus·pen·sion [sə'spen(t)ʃən] *n* ❶*no pl* (*temporary stoppage*) [zeitweilige] Einstellung ❷(*from work, school*) Suspendierung *f*; SPORTS Sperrung *f* ❸CHEM Suspension *f fachspr* ❹AUTO Radaufhängung *f*

sus·'pen·sion bridge *n* Hängebrücke *f*

sus·'pen·sion points *npl* Auslassungspunkte *pl*

sus·pi·cion [sə'spɪʃən] *n* ❶(*unbelief*) Verdacht *m* ❷*no pl* (*being suspected*) Verdacht *m;* **to be above ~** über jeglichen Verdacht erhaben sein; **to be under ~** unter Verdacht stehen ❸*no pl* (*mistrust*) Misstrauen *nt;* **to have a ~ of sb/sth** jdm/etw gegenüber misstrauisch sein

sus·pi·cious [sə'spɪʃəs] *adj* ❶(*causing suspicion*) verdächtig ❷(*feeling suspicion*) misstrauisch, argwöhnisch; ■ **to be ~ of sth** einer S. *dat* gegenüber skeptisch sein

sus·pi·cious·ly [sə'spɪʃəsli] *adv* ❶(*so as to cause suspicion*) verdächtig; **to act ~** sich verdächtig benehmen ❷(*mistrustfully*) *look, ask* misstrauisch, argwöhnisch

suss [sʌs] *vt esp* BRIT, AUS ■ **to ~ [out]** ⊃ *sb/sth* ❶(*understand*) jdn/etw durchschauen ❷(*discover*) jdm/etw auf die Spur kommen; ■ **to ~ [out] how/what/where/why ...** herauskriegen, wie/was/wo/warum ... *fam;* ■ **to ~ [out] that ...** herausfinden, dass ...

sus·tain [sə'steɪn] *vt* ❶(*form: suffer*) **to ~ damages** Schäden erleiden; (*object*) beschädigt werden ❷(*maintain*) aufrechterhalten ❸(*keep alive*) [am Leben] erhalten; *a family* unterhalten ❹(*support emotionally*) unterstützen ❺AM LAW (*uphold*) zulassen ❻MUS **to ~ a note** eine Note halten

sus·tain·able [sə'steɪnəbl̩] *adj* ❶(*maintainable*) haltbar; *argument* stichhaltig; ■ **sth is ~** etw kann aufrechterhalten werden ❷ECOL *resources* erneuerbar; *development* nachhaltig

sus·tained [sə'steɪnd] *adj* ❶(*long-lasting*) anhaltend ❷(*determined*) nachdrücklich; **to make a ~ effort to do sth** entschieden an etw *akk* herangehen

sus·te·nance ['sʌstɪnən(t)s] *n no pl* ❶(*form: food*) Nahrung *f* ❷(*form: nutritious value*) Nährwert *m* ❸(*emotional support*) Unterstützung *f;* **to find ~ in sth** eine Stütze an etw *dat* finden

su·ture ['su:tʃəʳ] MED I.*n* Naht *f* II.*vt* [ver]nähen

svelte ['svelt] *adj* (*approv*) *woman* schlank, grazil

SW I.*n no pl abbrev of* **south-west** SW. II.*adj* ❶*abbrev of* **south-west** SW- ❷*abbrev of* **south-western** SW- III.*adv abbrev of* **south-west**

swab [swɒb] I.*n* MED ❶(*pad*) Tupfer *m* ❷(*test sample*) Abstrich *m* II.*vt* <-bb-> ❶MED (*clean*) abtupfen ❷*esp* NAUT **to ~ the deck** das Deck schrubben

swad·dle ['swɒdl̩] *vt* (*dated*) einwickeln; *baby* wickeln

swad·dling clothes ['swɒdlɪŋ-] *npl* (*dated*) Windeln *pl*

swag·ger ['swægəʳ] **I.** vi ❶ (walk boastfully) stolzieren ❷ (behave boastfully) angeben fam, prahlen **II.** n no pl Angeberei f fam, Prahlerei f

swal·low¹ ['swɒləʊ] n Schwalbe f

swal·low² ['swɒləʊ] **I.** n ❶ (action) Schlucken nt kein pl ❷ (quantity) Schluck m **II.** vt ❶ (eat) [hinunter]schlucken; (greedily) verschlingen ❷ usu passive ECON (fig: take over) ■ to be ~ed [up] by sth von etw dat geschluckt werden fam ❸ (fig: engulf) ■ to ~ [up] ⟳ sb/sth jdn/etw verschlingen ❹ (fig: use up) ■ to ~ [up] ⟳ sth etw aufbrauchen ❺ (fig fam: believe unquestioningly) schlucken ❻ (fig: suppress) disappointment hinunterschlucken fam; **to ~ one's pride** seinen Stolz überwinden; **to ~ one's words** sich dat eine Bemerkung verkneifen fam **III.** vi schlucken ◆**swallow down** vt ■ to ~ down ⟳ sth etw hinunterschlucken; (gulp down) etw hinunterschlingen

swam [swæm] vi, vt pt of **swim**

swamp [swɒmp] **I.** vt ❶ (fill with water) boat, canoe voll laufen lassen ❷ (flood) überschwemmen, unter Wasser setzen ❸ (fig: overwhelm) überschwemmen; **I'm ~ed with work at the moment** im Moment ersticke ich in Arbeit ❹ (fig: cause to break down) überlasten ❺ BRIT (fig fam: be too big for) **the new dress absolutely ~s her** in dem neuen Kleid geht sie völlig unter **II.** n ❶ (bog) Sumpf m ❷ no pl (boggy land) Sumpfland nt

'**swamp fe·ver** n no pl Sumpffieber nt

'**swamp·land** n, '**swamp·lands** npl Sumpfland nt, Sumpfgebiet nt

swampy ['swɒmpi] adj sumpfig, morastig

swan [swɒn] **I.** n Schwan m **II.** vi <-nn-> BRIT, AUS (usu pej fam) **to ~ down the street** die Straße hinunterschlendern; **to ~ into the room** ins Zimmer spaziert kommen

swank [swæŋk] (pej) **I.** vi (fam) herumprotzen (**about** mit) **II.** n no pl (fam) Prahlerei f, Protzerei f

swanky ['swæŋki] adj (fam) ❶ (stylish) schick ❷ (pej: boastful) protzig; talk, manner großspurig

'**swan·song** n (fig) Schwanengesang m geh

swap [swɒp] **I.** n ❶ (exchange) Tausch m; (interchange) Austausch m ❷ (deal) Tauschhandel m ❸ (thing) Tauschobjekt nt **II.** vt <-pp-> ❶ (exchange) tauschen; ■ to ~ sth for sth etw gegen etw akk eintauschen ❷ (tell one another) austauschen **III.** vi <-pp-> tauschen; ■ to ~ with sb (exchange objects) mit jdm tauschen; (change places) mit jdm [Platz] tauschen

swarm [swɔːm] **I.** n ❶ (insects) Schwarm m ❷ + sing/pl vb (fig: people) Schar f **II.** vi ❶ ZOOL insects schwärmen ❷ (fig) people schwärmen ❸ (be full of) ■ **to be ~ing with sth** von etw dat [nur so] wimmeln

swarthy ['swɔːði] adj dunkel[häutig]

swash·buck·ling ['swɒʃˌbʌklɪŋ] adj attr hero, pirate verwegen, säbelrasselnd; pseudo-hero großschnäuzig pej

swas·ti·ka ['swɒstɪkə] n Hakenkreuz nt

swat [swɒt] **I.** vt <-tt-> ❶ (kill) insect totschlagen, zerquetschen ❷ (hit) ■ **to ~ sb/sth** jdn/etw hart schlagen; ball schmettern ❸ (fig: destroy) ■ **to ~ sth** etw treffen und zerstören **II.** n ❶ (blow) [heftiger] Schlag ❷ (swatter) Fliegenklatsche f

swatch <pl -es> [swɒtʃ] n [Textil]muster nt, [Textil]probe f

swathe [sweɪð] **I.** vt einwickeln **II.** n ❶ (long strip) Bahn f, Streifen m ❷ (wide area) Gebiet nt, Gegend f

sway [sweɪ] **I.** vi person schwanken; trees sich wiegen; **to ~ from side to side** hin und her schwanken **II.** vt ❶ (swing) schwenken; wind wiegen ❷ usu passive (influence) ■ **to be ~ed by sb/sth** sich von jdm/etw beeinflussen lassen; (change mind) von jdm/etw umgestimmt werden ❸ (fig: alter) ändern **III.** n no pl (liter: control) [beherrschender] Einfluss; **to extend one's ~** seinen Einflussbereich ausdehnen

swear <swore, sworn> [sweəʳ] **I.** vi ❶ (curse) fluchen (**at** auf) ❷ (take an oath) schwören, einen Eid ablegen **II.** vt schwören; **to ~ an oath** einen Eid leisten [o ablegen] ◆**swear in** vt usu passive vereidigen ◆**swear off** vt ■ **to ~ off sth** alcohol, cigarettes, drugs etw dat abschwören

'**swear·ing** n Fluchen nt

'**swear word** n derbes Schimpfwort, Fluch m

sweat [swet] **I.** n no pl ❶ (perspiration) Schweiß m ❷ (fig fam: worried state) **to work oneself into a ~** [about sth] sich [wegen einer S. dat] verrückt machen fam ❸ (fig) **no ~** (fam) kein Problem! ❹ FASHION (fam) Sweatshirt nt **II.** vi ❶ (perspire) schwitzen (**with** vor) ❷ (fig: work hard) schwitzen (**over** über) ❸ (form condensation) wall schwitzen **III.** vt ▶ **to ~ blood** Blut [und Wasser] schwitzen fam ◆**sweat out** vt ❶ (exercise hard) **to ~ it out** sich verausgaben ❷(*suffer while waiting*) **to ~ it out** zittern

'sweat band *n* Schweißband *nt*

sweat·ed ['swetɪd] *adj attr* **~ labour** [schlecht bezahlte] Schwerarbeit

sweat·er['swetəʳ] *n* Pullover *m*, Sweater *m*

'sweat·shirt *n* Sweatshirt *nt* **'sweat·shop** *n* Ausbeuterbetrieb *m pej*

sweaty ['sweti] *adj* ❶(*covered in sweat*) *person* verschwitzt ❷(*causing sweat*) *work* schweißtreibend

swede [swiːd] *n* BRIT, AUS Kohlrübe *f*

Swede [swiːd] *n* Schwede *m*/Schwedin *f*

Swe·den ['swiːdən] *n no pl* Schweden *nt*

Swe·dish ['swiːdɪʃ] **I.***n no pl* Schwedisch *nt* **II.***adj* schwedisch

sweep [swiːp] **I.***n* ❶ *no pl* (*a clean with a brush*) Kehren *nt*, Fegen *nt* NORDD ❷(*dated: chimney sweep*) Schornsteinfeger(in) *m(f)* ❸(*movement*) schwungvolle Bewegung, Schwingen *nt kein pl;* (*with sabre, scythe*) ausholender Hieb; (*all-covering strike*) Rundumschlag *m a. fig* ❹(*range*) Reichweite *f a. fig*, Spielraum *m* ❺(*fam*) *see* **sweepstake II.***vt* <swept, swept> ❶(*with a broom*) kehren, fegen NORDD ❷(*take in powerful manner*) **smiling, he swept me into his arms** lächelnd schloss er mich in seine Arme; **she swept the pile of papers into her bag** sie schaufelte den Stapel Papiere in ihre Tasche ❸(*spread*) ■**to ~ sth** über etw *akk* kommen; **a 1970s fashion revival is ~ing Europe** ein Modetrend wie in den 70ern rollt derzeit über Europa hinweg ▶**to ~ the board** allen Gewinn einstreichen; **to ~ sth under the carpet** etw unter den Teppich kehren *fam;* **to ~ sb off his/her feet** jdm den Kopf verdrehen *fam* **III.***vi* <swept, swept> (*move smoothly*) gleiten; *person* rauschen *fam; eyes* gleiten; **the beam of the lighthouse swept across the sea** der Lichtstrahl des Leuchtturms strich über das Wasser ◆**sweep aside** *vt* ❶(*cause to move*) [hin]wegfegen ❷(*fig: dismiss*) *doubts, objections* beiseiteschieben, abtun ◆**sweep away** *vt* ❶(*remove*) [hin]wegfegen; (*water*) fortspülen; (*fig*) *doubts, objections* beiseiteschieben ❷(*fig: carry away*) mitreißen ◆**sweep out I.***vt* auskehren, ausfegen NORDD **II.***vi* hinausstürmen ◆**sweep up I.***vt* ❶(*brush and gather*) zusammenkehren, zusammenfegen NORDD **II.***vi* heranrauschen

sweep·er ['swiːpəʳ] *n* ❶(*device*) Kehrmaschine *f* ❷(*person*) [Straßen]feger(in) *m(f)*, [Straßen]kehrer(in) *m(f)* ❸FBALL Libero *m*

sweep·ing ['swiːpɪŋ] *adj* ❶(*large-scale*) weitreichend; *changes* einschneidend; **~ cuts** drastische Einsparungen; **a ~ victory** ein Sieg *m* auf der ganzen Linie ❷(*very general*) pauschal; *generalization* grob ❸*attr* (*broad*) *curve* weit

sweep·stake ['swiːpsteɪk] *n* Art Lotterie, wobei mit kleinen Einsätzen z. B. auf Pferde gesetzt wird und diese Einsätze an den Gewinner gehen

sweet [swiːt] **I.***adj* ❶(*like sugar*) süß ❷(*not dry*) *sherry, wine* lieblich ❸(*fig: pleasant*) süß, angenehm; *sound* lieblich; *temper* sanft ❹(*fig: endearing*) süß, niedlich; (*kind*) freundlich, lieb ❺(*individual*) **in one's own ~ time** wenn es einem zeitlich passt; **in one's own ~ way** auf seine eigene Art **II.***n* ❶ *esp* BRIT, AUS (*candy*) Süßigkeit *f meist pl;* **boiled ~** Bonbon *nt;* ■**~s** *pl* Süßigkeiten *pl* ❷BRIT, AUS (*dessert*) Nachspeise *f* ❸(*fam: term of endearment*) Schatz *m*

'sweet-and-'sour *adj* süßsauer **'sweet·bread** *n usu pl* Bries *nt* **sweet 'chest·nut** *n* Esskastanie *f* **'sweet·corn** *n no pl* [Zucker]mais *m*

sweet·en ['swiːtən] *vt* ❶(*make sweet*) süßen ❷(*make more amenable*) ■**to ~ [up]** ◯ **sb** jdn günstig stimmen ❸(*make more attractive*) versüßen, schmackhaft machen

sweet·en·er ['swiːtənəʳ] *n* ❶ *no pl* (*sugar substitute*) Süßstoff *m* ❷(*sweet pill*) Süßstofftablette *f* ❸(*inducement*) Lockspeise *f geh*, Versuchung *f*

'sweet·heart *n* ❶(*term of endearment*) Liebling *m*, Schatz *m fam* ❷(*dated: girlfriend, boyfriend*) Freund(in) *m(f)*

sweet·ly ['swiːtli] *adv* süß; **to sing ~** schön singen; **to smile ~** nett lächeln

'sweet·meat *n* (*dated*) Zuckerwerk *nt kein pl*, Konfekt *nt*

sweet·ness ['swiːtnəs] *n no pl* ❶(*sweet taste*) Süße *f* ❷(*fig: pleasantness*) *of sb's nature* Freundlichkeit *f; of freedom, victory* süßes [*o* wohliges] Gefühl

sweet 'pea *n* Wicke *f* **sweet po·'ta·to** *n* Süßkartoffel *f* **'sweet-talk** *vt* ■**to ~ sb** jdn einwickeln *fam;* ■**to ~ sb into doing sth** jdn beschwatzen, etw zu tun **sweet 'wil·liam** *n* HORT [Bart]nelke *f*

swell <swelled, swollen *or* swelled> [swel] **I.***vt* ❶(*enlarge*) anwachsen lassen; *river* anschwellen lassen; *fruit* wachsen [und gedeihen] lassen ❷(*fig: increase*) [an]steigen lassen; *sales* steigern **II.***vi*

❶(*become swollen*) ■**to ~ [up]** anschwellen ❷(*increase*) zunehmen; *population* ansteigen ❸(*get louder*) lauter werden, anschwellen **III.**n no pl ❶(*increase in sound*) zunehmende Lautstärke; *of music* Anschwellen nt kein pl ❷*of sea* Dünung f, Seegang m **IV.** adj AM (*dated fam*) spitze

ˈ**swell·head** n esp AM (*pej*) Angeber(in) m(f)

swell·ing [ˈswelɪŋ] n ❶MED (*lump*) Schwellung f, Geschwulst f; (*sudden growth*) Beule f ❷no pl (*activity*) Anschwellen nt ❸(*lasting form*) Wölbung f, Ausbauchung f

swel·ter [ˈsweltəʳ] vi verschmachten, [vor Hitze] umkommen

swel·ter·ing [ˈsweltəʳrɪŋ] adj drückend heiß; *heat, weather* schwül

swept [swept] vt, vi pt of **sweep**

swerve [swɜːv] **I.**vi ❶(*change direction*) [plötzlich] ausweichen; *horse* seitlich ausbrechen; *car* ausscheren ❷(*fig liter: deviate*) eine Schwenkung vollziehen *geh;* **to ~ from one's policies/principles** von seiner Politik/seinen Grundsätzen abweichen **II.**n ❶(*sudden move*) plötzliche Seitenbewegung, Schlenker m; (*evading move*) Ausweichbewegung f; **a ~ to the left/right** eine Ausscheren nt nach links/rechts ❷(*fig*) Abweichung f; POL Richtungswechsel m ❸(*in billiards*) Effet m

swift[1] [swɪft] adj ❶(*fast-moving*) schnell ❷(*occurring quickly*) schnell, rasch

swift[2] [swɪft] n Mauersegler m

swift·ly [ˈswɪftli] adv schnell, rasch

swift·ness [ˈswɪftnəs] n no pl Schnelligkeit f

swig [swɪg] (*fam*) **I.**vt <-gg-> schlucken **II.**n Schluck m

swill [swɪl] **I.**n no pl ❶(*pig feed*) Schweinefutter nt; (*fig, pej: unpleasant drink*) Gesöff nt fam; (*unpleasant food*) Fraß m fam ❷(*long draught*) Schluck m ❸(*rinsing*) Spülung f; (*act of rinsing*) Spülen nt **II.**vt ❶(*usu pej fam: drink fast*) hinunterstürzen; *alcohol, beer* hinunterkippen ❷(*swirl a liquid*) ■**to ~ sth around** etw [hin und her] schwenken ❸(*rinse*) ■**to ~ sth out** etw ausspülen

swim [swɪm] **I.**vi <swam or Aus also swum, swum, -mm-> ❶SPORTS schwimmen; **to go ~ming** schwimmen gehen ❷(*whirl*) verschwimmen; (*be dizzy*) schwindeln **II.**vt <swam or Aus also swum, swum, -mm-> ❶(*cross*) durchschwimmen; **to ~ a channel/river** einen Kanal/Fluss durchschwimmen ❷(*do*) **to ~ a few strokes** ein paar Züge schwimmen **III.**n Schwimmen nt kein pl

swim·mer [ˈswɪməʳ] n ❶(*person*) Schwimmer(in) m(f) ❷AUS (*fam: clothes*) ■**~s** pl Schwimmsachen pl

swim·ming [ˈswɪmɪŋ] n no pl Schwimmen nt

ˈ**swim·ming bath(s)** n BRIT Schwimmbecken nt ˈ**swim·ming cap** n Badekappe f, Badehaube f ÖSTERR ˈ**swim·ming cos·tume** n BRIT, AUS Badeanzug m

swim·ming·ly [ˈswɪmɪŋli] adv (*fam or dated*) **to go ~** glattgehen fam

ˈ**swim·ming pool** n Schwimmbecken nt; (*private*) Swimmingpool m; (*public*) Schwimmbad nt; **indoor/outdoor ~** Hallen-/Freibad nt ˈ**swim·ming trunks** npl Badehose f

ˈ**swim·suit** n esp AM (*swimming costume*) Badeanzug m; (*swimming trunks*) Badehose f

swin·dle [ˈswɪndl] **I.**vt betrügen; ■**to ~ sb out of sth** jdn um etw akk betrügen **II.**n Betrug m kein pl außer SCHWEIZ

swin·dler [ˈswɪndləʳ] n (*pej*) Betrüger(in) m(f)

swine [swaɪn] n ❶<pl - or -s> (*pej fam: person*) Schwein nt ❷<pl ->(*liter or old: pig*) Schwein nt

ˈ**swine flu** n no pl, ˈ**swine influenza** n no pl Schweinegrippe f

swing [swɪŋ] **I.**n ❶(*movement*) Schwingen nt kein pl ❷(*punch*) Schlag m ❸(*hanging seat*) Schaukel f ❹(*change*) Schwankung f; POL Umschwung m no pl MUS Swing m ❻AM (*in baseball*) Swing m ▶ **to get [back] into the ~ of things** (*fam*) [wieder] in etwas reinkommen; **to be in full ~** voll im Gang sein **II.**vi <swung, swung> ❶(*move*) [hin und her] schwingen; (*move circularly*) sich drehen; **the door swung open in the wind** die Tür ging durch den Wind auf ❷(*attempt to hit*) zum Schlag ausholen; ■**to ~ at sb** nach jdm schlagen ❸(*in playground*) schaukeln ❹(*alternate*) *mood* schwanken ❺MUS swingen ❻(*fam: be exciting*) **you need music to make a party ~** man braucht Musik, um eine Party in Schwung zu bringen ▶ **to ~ into action** loslegen fam **III.**vt <swung, swung> ❶(*move*) [hin- und her]schwingen ❷MUS als Swing spielen ❸(*fam: arrange*) **do you think you could ~ the job for me?** glaubst du, du könntest die Sache für mich schaukeln?; **to ~ it** es deichseln; **to ~ an election** (*pej*) eine Wahl herumreißen **IV.** adj *voter, state* entscheidend ◆**swing around, swing round** I. vi ① (*turn around*) sich schnell umdrehen; (*in surprise, fright*) herumfahren ② (*go fast*) **she swung around the corner at full speed** sie kam mit vollem Tempo um die Ecke geschossen II. vt ① (*turn round*) ■**to ~ sth around** etw [her]umdrehen; (*move in a circle*) etw herumschwingen ② (*change*) **to ~ a conversation [a]round to sth** ein Gespräch auf etw *akk* bringen

'**swing bridge** n Drehbrücke f **swing 'door** n BRIT, AUS Schwingtür f, Pendeltür f

swinge·ing ['swɪndʒɪŋ] *adj* BRIT (*form*) extrem; *penalty* exorbitant; **~ cuts/economic sanctions** drastische Kürzungen/ Wirtschaftssanktionen

swing·ing ['swɪŋɪŋ] *adj* (*dated fam: fun, exciting*) schwungvoll; (*promiscuous*) freizügig

swin·ish ['swaɪnɪʃ] *adj* (*pej dated fam*) schweinisch

swipe [swaɪp] I. vi schlagen (**at** nach) II. vt ① BRIT (*swat*) [hart] schlagen ② *esp* AM (*graze*) *car* streifen ③ (*fam: steal*) klauen ④ (*pass through*) *magnetic card* durchziehen, einlesen III. n Schlag m; **to take a ~ at sb/sth** auf jdn/etw losschlagen

swirl [swɜːl] I. vi wirbeln II. vt ① (*move circularly*) ■**to ~ sth around** etw herumwirbeln ② (*twist together*) ■**to ~ sth together** etw miteinander vermischen III. n *of water* Strudel m; *of snow, wind* Wirbel m; *of dust* Wolke f

swish [swɪʃ] I. vi ① (*make hissing noise*) zischen ② (*make brushing noise*) rascheln II. vt *liquid* hin und her schwenken III. *adj* <-er, -est> (*fam*) ① (*posh*) todschick ② (*pej: too extravagant*) nobel *oft iron* IV. n ① (*sound*) Rascheln *nt kein pl* ② AM (*pej sl: effeminate man*) Schwuchtel f

Swiss [swɪs] I. *adj* Schweizer-, schweizerisch II. n ① <*pl* -> Schweizer(in) *m(f)* ② *no pl* FOOD Schweizer Käse m

switch [swɪtʃ] I. n <*pl* -es> ① (*control*) Schalter m; **to flick a ~** (*turn on*) einen Schalter anknipsen; (*turn off*) einen Schalter ausknipsen ② (*substitution*) Wechsel m *meist sing* ③ (*alteration*) Änderung f; (*change*) Wechsel m ④ (*thin whip*) Rute f, Gerte f ⑤ AM RAIL (*points*) Weiche f II. vi wechseln, tauschen (**with** mit) III. vt ① (*adjust settings*) umschalten ② (*change abruptly*) wechseln ③ (*substitute*) auswechseln, eintauschen ◆**switch off** I. vt ELEC ausschalten II. vi ① (*turn off*) ausschalten ② (*stop paying attention*) abschalten

fam ◆**switch on** I. vt ① ELEC einschalten; *the TV* anmachen ② (*use*) einschalten; **to ~ on the charm** seinen ganzen Charme aufbieten II. vi einschalten, anschalten ◆**switch over** vi wechseln (**to** zu); TV umschalten (**to** auf)

'**switch·back** n (*road*) Serpentinenstraße f; (*path*) Serpentinenweg m '**switch·blade** n AM (*flick knife*) Klappmesser nt '**switch·board** n ELEC Schaltbrett nt; TELEC [Telefon]zentrale f, Vermittlung f '**switch·board op·era·tor** n Telefonist(in) *m(f)* '**switch·man** <-men> n AM Weichensteller(in) *m(f)* '**switch· yard** n AM Rangierbahnhof m

Swit·zer·land ['swɪtsᵊlənd] n Schweiz f

sviv·el ['swɪvᵊl] I. n Drehring m, Drehgelenk nt II. vt <BRIT, AUS -ll- *or* AM *usu* -l-> drehen III. vi <BRIT, AUS -ll- *or* AM *usu* -l-> sich drehen

swiv·el 'chair n Drehstuhl m

'**swiz·zle stick** n Sektquirl m

swol·len ['swəʊlən] I. *pp of* **swell** II. *adj* ① (*puffy*) geschwollen; *face* aufgequollen ② (*larger than usual*) angeschwollen

swol·len-head·ed [-'hedɪd] *adj* (*pej fam*) hochnäsig

swoon [swuːn] I. vi ① (*dated: faint*) ohnmächtig werden, in Ohnmacht fallen ② (*fig*) schwärmen (**over** für) II. n (*dated liter*) Ohnmacht f

swoop [swuːp] I. n ① (*dive*) Sturzflug m ② (*fam: attack*) Überraschungsangriff m; (*by police*) Razzia f II. vi ① (*dive*) niederstoßen, herabstoßen ② (*fam: attack*) ■**to ~ on sb/sth** jdn/etw angreifen; *police* bei jdm/etw eine Razzia machen

swoopy [swuːpi] *adj* schön geschwungen

swop <-pp-> [swɒp] *vt, vi esp* BRIT, CAN *see* **swap**

sword [sɔːd] n Schwert nt

'**sword dance** n Schwert[er]tanz m '**sword·fish** n Schwertfisch m '**sword· play** n *no pl* (*fencing*) Fechten nt ② (*sparring*) Gefecht nt '**sword-point** n *no pl* Schwertspitze f; (*fig*) ■**to do sth at ~** etw gezwungenermaßen tun

swords·man ['sɔːdzmən] n ① (*hist: sword fighter*) Schwertkämpfer m ② (*fencer*) Fechter m

swords·man·ship ['sɔːdzmənʃɪp] n *no pl* ① (*hist: in sword fighting*) Schwertkunst f ② (*in fencing*) Fechtkunst f

swore [swɔːʳ] *pt of* **swear**

sworn [swɔːn] I. *pp of* **swear** II. *adj attr* beschworen, beeidet; **a ~ statement** eine eidliche [*o* beschworene] Aussage

swot <-tt-> [swɒt] *vi* BRIT, AUS (*fam*) büffeln, pauken

swoz·zled [swɑːzld] *adj pred* AM (*sl*) besoffen *derb*

swum [swʌm] *pp, also* Aus *pt of* **swim**

swung [swʌŋ] *pt, pp of* **swing**

syca·more ['sɪkəmɔːʳ] *n* Sykomore *f*, Maulbeerfeigenbaum *m*; AM Platane *f*

syco·phant ['sɪkəfænt, 'saɪkə-] *n* (*pej form*) Schmeichler(in) *m(f)*; (*pej*) Schleimer(in) *m(f)*, Kriecher(in) *m(f)*

syco·phan·tic [ˌsɪkə(ʊ)'fæntɪk, ˌsaɪkə-] *adj* (*pej form*) kriecherisch

syl·la·ble ['sɪləbl] *n* Silbe *f*

syl·la·bus <*pl* -es *or form* syllabi> ['sɪləbəs, *pl* -aɪ] *n* ❶ (*course outline*) Lehrplan *m* ❷ (*course reading list*) Leseliste *f*

sylph [sɪlf] *n* Sylphide *f geh*

sym·bi·o·sis [ˌsɪmbaɪ'əʊsɪs] *n no pl* Symbiose *f*

sym·bi·ot·ic [ˌsɪmbaɪ'ɒtɪk] *adj* symbiotisch

sym·bol ['sɪmbəl] *n also* MATH, SCI, MUS Symbol *nt*, Zeichen *nt*

sym·bol·ic [sɪm'bɒlɪk] *adj* symbolisch, symbolhaft

sym·bol·i·cal·ly [sɪm'bɒlɪkli] *adv* symbolisch

sym·bol·ism ['sɪmbəlɪzəm] *n no pl* Symbolik *f*; ■**S~** ART, LIT Symbolismus *m*

sym·bol·ize ['sɪmbəlaɪz] *vt* symbolisieren

sym·met·ri·cal [sɪ'metrɪkəl] *adj* symmetrisch; *face* ebenmäßig

sym·met·ri·cal·ly [sɪ'metrɪkəli] *adv* symmetrisch

sym·me·try ['sɪmətri] *n no pl* (*balance*) Symmetrie *f*; (*evenness*) Ebenmäßigkeit *f*; (*correspondence*) Übereinstimmung *f*; MATH Symmetrie *f*

sym·pa·thet·ic [ˌsɪmpə'θetɪk] *adj* ❶ (*understanding*) verständnisvoll; ■**to be ~ about sth** für etw *akk* Verständnis haben; (*sympathizing*) mitfühlend, teilnahmsvoll; **to lend a ~ ear to sb** ein offenes Ohr für jdn haben ❷ (*likeable*) *fictional characters* sympathisch ❸ (*approving*) wohlgesinnt; ■**to be ~ to[wards] sb/sth** mit jdm/etw sympathisieren

sym·pa·thet·i·cal·ly [ˌsɪmpə'θetɪkəli] *adv* (*understanding*) verständnisvoll; (*sympathizing*) teilnahmsvoll

sym·pa·thize ['sɪmpəθaɪz] *vi* ❶ (*show understanding*) Verständnis haben; (*show compassion*) Mitleid haben, mitfühlen ❷ (*agree with*) sympathisieren

sym·pa·thiz·er ['sɪmpəθaɪzəʳ] *n* Sympathisant(in) *m(f)*

sym·pa·thy ['sɪmpəθi] *n* ❶ *no pl* (*compassion*) Mitleid *nt* (**for** mit); (*commiseration*) Mitgefühl *nt*; (*understanding*) Verständnis *nt* ❷ *no pl* (*agreement*) Übereinstimmung *f*; (*affection*) Sympathie *f* (**with** für); ❸ (*condolences*) ■**sympathies** *pl* Beileid *nt kein pl*

sym·phon·ic [sɪm'fɒnɪk] *adj* symphonisch, sinfonisch

sym·pho·ny ['sɪm(p)fəni] *n* Symphonie *f*, Sinfonie *f*; (*orchestra*) Symphonieorchester *nt*, Sinfonieorchester *nt*

'**sym·pho·ny con·cert** *n* Symphoniekonzert *nt*, Sinfoniekonzert *nt* '**sym·pho·ny or·ches·tra** *n* Symphonieorchester *nt*, Sinfonieorchester *nt*

sym·po·sium <*pl* -s *or* -sia> [sɪm'pəʊziəm, *pl* -ziə] *n* (*form*) Symposium *nt*, Symposion *nt*

symp·tom ['sɪm(p)təm] *n* ❶ MED Symptom *nt*, Krankheitszeichen *nt* ❷ (*fig: indicator*) [An]zeichen *nt*, Symptom *nt geh*

symp·to·mat·ic [ˌsɪm(p)tə'mætɪk] *adj* symptomatisch

syna·gogue ['sɪnəgɒg] *n* Synagoge *f*

syn·chro·ni·za·tion [ˌsɪŋkrənaɪzeɪʃən] *n no pl* ❶ (*state*) Synchronisation *f*, Übereinstimmung *f*; **to be in ~** völlig synchron sein, in völliger Übereinstimmung sein ❷ (*process*) Synchronisation *f*, zeitliches Zusammentreffen

syn·chro·nize ['sɪŋkrənaɪz] I. *vt* aufeinander abstimmen II. *vi* zeitlich zusammenfallen

syn·chro·nous ['sɪŋkrənəs] *adj* gleichzeitig, synchron

syn·co·pate ['sɪŋkəpeɪt] *vt* MUS synkopieren

syn·di·cate I. *n* ['sɪndɪkət] ❶ + *sing/pl vb* COMM, FIN Syndikat *nt*, Verband *m* ❷ JOURN Pressesyndikat *nt* II. *vt* ['sɪndɪkeɪt] ❶ JOURN an mehrere Zeitungen verkaufen ❷ (*finance*) über ein Syndikat finanzieren

syn·di·ca·tion [ˌsɪndɪ'keɪʃən] *n no pl* ❶ JOURN Verkauf *m* an mehrere Zeitungen ❷ (*financing*) Finanzierung *f* durch ein Syndikat

syn·drome ['sɪndrəʊm] *n* MED (*also fig*) Syndrom *nt*

syn·er·gism ['sɪnədʒɪzəm], **syn·er·gy** ['sɪnədʒi] *n no pl* Synergismus *m*; (*energy*) Synergie *f*

syn·od ['sɪnəd] *n* Synode *f*

syno·nym ['sɪnənɪm] *n* Synonym *nt*

syn·ony·mous [sɪ'nɒnɪməs] *adj* synonym

syn·op·sis <*pl* -ses> [sɪ'nɒpsɪs, *pl* -siːz] *n* Zusammenfassung *f*

syn·tac·tic [sɪn'tæktɪk] *adj* syntaktisch, Syntax-

syn·tax ['sɪntæks] *n no pl* Syntax *f*

syn·the·sis <*pl* -theses> ['sɪn(t)θəsɪs, *pl* -si:z] *n* ① (*combination*) Synthese *f*, Verbindung *f* ② *no pl* SCI (*creation*) Synthese *f*

syn·the·size ['sɪn(t)θəsaɪz] *vt* künstlich herstellen, synthetisieren *fachspr*

syn·the·siz·er ['sɪn(t)θəsaɪzə'] *n* Synthesizer *m*

syn·thet·ic [sɪn'θetɪk] I. *adj* ① (*man-made*) synthetisch, künstlich; ~ **fibre** Kunstfaser *f* ② (*fig, pej: fake*) künstlich, gekünstelt II. *n* synthetischer Stoff

syphi·lis ['sɪfɪlɪs] *n no pl* Syphilis *f*

syphi·lit·ic [ˌsɪfɪ'lɪtɪk] *adj* syphilitisch

sy·phon ['saɪfən] *n see* **siphon**

Syria ['sɪriə] *n* Syrien *nt*

Syr·ian ['sɪriən] I. *adj* syrisch II. *n* Syr[i]er(in) *m(f)*

sy·ringe [sɪ'rɪndʒ] MED I. *n* Spritze *f* II. *vt* [aus]spülen

syr·up ['sɪrəp] *n no pl* ① (*sauce*) Sirup *m* ② (*medicine*) Saft *m*, Sirup *m*

syr·upy ['sɪrəpi] *adj* ① (*usu pej*) *food* süßlich ② (*pej: overly sweet*) zuckersüß *fig;* (*sentimental*) sentimental, rührselig

sys·tem ['sɪstəm] *n* System *nt*

sys·tem·at·ic [ˌsɪstə'mærɪk] *adj* systematisch

sys·tem·ati·cal·ly [ˌsɪstə'mætɪkəli] *adv* systematisch

sys·tema·tize ['sɪstəmətaɪz] *vt* systematisieren

'**sys·tem check** *n* Systemüberprüfung *f*
'**sys·tem crash** *n* COMPUT Systemabsturz *m* '**sys·tem disk** *n* Systemdiskette *f*
'**sys·tem er·ror** *n* Systemfehler *m* '**sys·tem reg·is·try** *n* Systemregistrierung *f*

sys·tems a'naly·sis *n* Systemanalyse *f*
sys·tems 'ana·lyst *n* Systemanalytiker(in) *m(f)*

sys·tem 'soft·ware *n* Systemsoftware *f*

Tt

T <*pl* -'s *or* -s>, **t** <*pl* -'s> [ti:] *n* T *nt*, t *nt; see also* **A** 1 ▶ **to a ~** (*fam*) that fits him to a ~ das passt ihm wie angegossen; **that's Philip to a ~** das ist Philip, wie er leibt und lebt

t *n abbrev of* **metric ton** t

ta [tɑ:] *interj* ① BRIT (*fam: thanks*) danke ② AM (*expression of disbelief*) echt

tab [tæb] I. *n* ① (*flap*) Lasche *f*; (*on file*) [Kartei]reiter *m* ② COMPUT Schreibschutz *m* ③ (*fam: bill*) Rechnung *f*; **to pick up the ~** die Rechnung übernehmen ④ AM (*ring pull*) Dosenring *m* ▶ **to keep ~s on sth/sb** etw/jdn [genau] im Auge behalten II. *vi* <-bb-> COMPUT mit dem Tabulator springen

tab·by ['tæbi] I. *adj* (*with stripes*) *cat* getigert II. *n* (*striped*) Tigerkatze *f*

tab·er·nac·le ['tæbəˌnækl] *n* ① (*old form: Jewish place of worship*) Stiftshütte *f* ② (*container*) Tabernakel *m* ③ (*Christian church*) Kirche *f*

'**tab key** *n* COMPUT Tabulatortaste *f*

ta·ble ['teɪbl] I. *n* ① (*furniture*) Tisch *m;* **to lay the ~** den Tisch decken ② (*fig: people*) Tischrunde *f* ③ (*information*) Tabelle *f;* (*list*) Verzeichnis *nt* ▶ **to drink someone under the ~** jdn unter den Tisch trinken; **to lay sth on the ~** etw vorlegen; **to turn the ~s on sb** jdm gegenüber den Spieß umdrehen

'**ta·ble·cloth** *n* Tischtuch *nt* '**ta·ble·land** *n* Hochebene *f* '**ta·ble lin·en** *n no pl* Tischwäsche *f* '**ta·ble man·ners** *npl* Tischmanieren *pl* '**ta·ble mat** *n* Platzdeckchen *nt* '**ta·ble·spoon** *n* (*for measuring*) Esslöffel *m;* (*for serving*) Servierlöffel *m*

tab·let ['tɒblət] *n* ① (*pill*) Tablette *f;* **sleeping ~** Schlaftablette *f* ② (*flat slab*) Block *m; of metal* Platte *f;* (*commemorative*) [Gedenk]tafel *f;* ~ **of soap** BRIT Stück *nt* Seife ③ (*writing pad*) Notizblock *m* ④ (*computer*) Tablet *nt*

'**ta·ble talk** *n* Tischgespräch *nt* '**ta·ble ten·nis** *n no pl* Tischtennis *nt*

Tab·let P'C *n* COMPUT, INET Tablet-PC *m*

'**ta·ble·ware** *n no pl* (*form*) Tafelgeschirr, Besteck und Gläser '**ta·ble wine** *n* Tafelwein *m*

tab·loid ['tæblɔɪd] *n* Boulevardzeitung *f*
tab·loid 'press *n no pl* Regenbogenpresse *f fam*, Boulevardpresse *f*

ta·boo [tə'bu:], **tabu** I. *n* Tabu *nt;* **to**

break a ~ gegen ein Tabu verstoßen II. *adj* tabu, Tabu-; **a ~ subject** ein Tabuthema *nt*
tabu·lar ['tæbjələʳ] *adj* tabellarisch
tabu·late ['tæbjəleɪt] *vt* (*form*) tabellarisch [an]ordnen
tabu·la·tor ['tæbjəleɪtəʳ] *n* (*form*) ❶ (*tab key*) Tabulator *m* ❷ (*processor*) Tabellenprozessor *m*
tacho·graph ['tækə(ʊ)grɑːf] *n* Fahrtenschreiber *m*
ta·chom·eter [tæk'ɒmɪtəʳ] *n* Tachometer *m*, Tacho *m fam*
tac·it ['tæsɪt] *adj agreement, approval, consent* stillschweigend
tac·it·ly ['tæsɪtli] *adv* stillschweigend
taci·turn ['tæsɪtɜːn] *adj* schweigsam
taci·turn·ity [ˌtæsɪ'tɜːnɪti] *n no pl* (*form*) Schweigsamkeit *f*
tack [tæk] I. *n* ❶ (*nail*) kurzer Nagel; (*pin*) Reißzwecke *f* ❷ *no pl* (*riding gear*) Sattel- und Zaumzeug *nt* ❸ NAUT Schlag *m* ❹ (*approach*) Weg *m;* **to try a different ~** eine andere Richtung einschlagen ❺ (*loose stitch*) Heftstich *m* II. *vt* ❶ (*nail down*) festnageln ❷ (*sew loosely*) anheften; *hem* heften III. *vi* NAUT wenden
tack·le ['tækl] I. *n no pl* ❶ (*gear*) Ausrüstung *f;* NAUT Tauwerk *nt;* **fishing ~** Angelausrüstung *f* ❷ (*lifting device*) Winde *f;* **block and ~** Flaschenzug *m* ❸ SPORTS Angriff *m* ❹ AM (*line position*) Halbstürmer(in) *m(f)* ❺ BRIT (*sl: genitals*) Gehänge *nt* II. *vt* ❶ (*deal with*) in Angriff nehmen; *problem* angehen; (*manage*) fertig werden (mit); ∎**to ~ sb** [**about sth**] jdn [wegen einer S. *gen*] zur Rede stellen ❷ SPORTS ∎**to ~ sb** jdn angreifen
tacky[1] ['tæki] *adj* (*sticky*) klebrig
tacky[2] ['tæki] *adj esp* AM (*pej fam*) ❶ (*in bad taste*) billig ❷ (*shoddy*) schäbig
tact [tækt] *n no pl* (*diplomacy*) Taktgefühl *nt;* (*sensitiveness*) Feingefühl *nt*
tact·ful ['tæktfᵊl] *adj* taktvoll
tac·tic ['tæktɪk] *n* ❶ (*strategy*) Taktik *f;* **delaying ~s** Verzögerungstaktik *f;* **dubious ~s** zweifelhafte Methoden ❷ MIL ∎**~s** + *sing/pl vb* Taktik *f kein pl*
tac·ti·cal ['tæktɪkᵊl] *adj also* MIL, POL taktisch; (*skilful*) geschickt
tac·ti·cal·ly ['tæktɪkᵊli] *adv* taktisch; **to vote ~** POL taktisch wählen, eine Wahltaktik verfolgen
tac·ti·cian [tæk'tɪʃᵊn] *n* Taktiker(in) *m(f)*
tac·tile ['tæktaɪl] *adj* (*form*) ❶ BIOL Tast-; **~ sense** Tastsinn *m* ❷ (*tangible*) tastbar ❸ (*pleasing to touch*) **~ materials** sich angenehm anfühlende Materialien

tact·less ['tæktləs] *adj* taktlos
tact·less·ness ['tæktləsnəs] *n no pl* Taktlosigkeit *f*
tad [tæd] *n no pl* (*fam*) **a ~ more/less** etwas mehr/weniger
tad·pole ['tædpəʊl] *n* Kaulquappe *f*
taf·fe·ta ['tæfɪtə] *n no pl* Taft *m*
tag [tæg] I. *n* ❶ (*label*) Schild[chen] *nt;* (*on food, clothes*) Etikett *nt;* (*on suitcase*) [Koffer]anhänger *m;* (*fam*) **price ~** Preisschild *nt* ❷ AM (*number plate*) Nummernschild *nt* ❸ (*electronic device*) *for person* elektronische Fessel; *for thing* Sicherungsetikett *nt* ❹ *no pl* (*children's game*) Fangen *nt* II. *vt* <-gg-> ❶ (*label*) mit einem Schild versehen; *suitcase* mit Anhänger versehen ❷ (*electronically*) ∎**to ~ sb** jdm eine elektronische Fessel anlegen; ∎**to ~ sth** ein Sicherungsetikett an etw *akk* anbringen ❸ COMPUT markieren ◆**tag along** *vi* (*fam*) hinterherlaufen
ta·glia·tel·le [ˌtæljə'teli] *n no pl* Tagliatelle *pl*
tail [teɪl] I. *n* ❶ (*of animal*) Schwanz *m;* *of horse also* Schweif *m geh; of bear, badger, wild boars* Bürzel *m;* **to wag one's ~** mit dem Schwanz wedeln ❷ (*fig: rear*) Schwanz *m; of aeroplane also* Rumpfende *nt; of car* Heck *nt;* **to be/keep on sb's ~** jdm auf den Fersen sein/bleiben; **to have sb on one's ~** jdn auf den Fersen haben ❸ FASHION (*fam*) ∎**~s** *pl* Frack *m* ❹ (*reverse of coin*) ∎**~s** *pl* Zahlseite *f;* **heads or ~s?** Kopf oder Zahl? ❺ (*fam: person following sb*) Beschatter(in) *m(f);* **to put a ~ on sb** jdn beschatten lassen ▶**to not be able to make** heads **or ~s of sth** aus etw *dat* nicht schlau werden; **to go off with one's ~ between one's** legs sich mit eingezogenem Schwanz davonschleichen *fam* II. *vt* ❶ (*remove the stalks of fruit*) putzen ❷ (*fam*) beschatten ◆**tail back** *vi* BRIT sich stauen ◆**tail off** *vi* nachlassen; *sound, voice* schwächer werden; *interest* zurückgehen; *race participant* zurückfallen
ˈ**tail·back** *n* BRIT [Rück]stau *m* ˈ**tail·board** *n* BRIT Ladeklappe *f; of van* Laderampe *f* **tail** ˈ**end** *n* Ende *nt*, Schluss *m* ˈ**tail·gate** I. *n* AM, AUS (*fam*) [zu] dicht auffahren **tail·less** ['teɪlləs] *adj* schwanzlos ˈ**tail light** *n* Rücklicht *nt*
tai·lor ['teɪləʳ] I. *n* Schneider(in) *m(f);* **~'s chalk** Schneiderkreide *f;* **~'s dummy** Schneiderpuppe *f* II. *vt* ❶ (*make clothes*)

[nach Maß] schneidern ❷ (*modify*) to sb's needs abstimmen

tai·lor-'made *adj* ❶ (*made-to-measure*) maßgeschneidert; **to have sth ~** [sich *dat*] etw [maß]schneidern lassen ❷ (*fig: suited*) ■ **to be ~ for sb/sth** für jdn/etw *akk* maßgeschneidert sein

'tail·piece *n* ❶ (*addition*) Anhang *m* ❷ AVIAT Heck *nt* ❸ TYPO Schlussvignette *f* ❹ MUS Saitenhalter *m* **'tail·pipe** *n* AM AUTO Auspuffrohr *nt* **'tail·spin** I. *n* AVIAT (*also fig*) Trudeln *nt kein pl* II. *vi irreg* abtrudeln **'tail wind** *n* Rückenwind *m*

taint [teɪnt] I. *n no pl* (*flaw*) Makel *m*; (*trace*) Spur *f* II. *vt* (*also fig*) verderben; **to ~ sb's reputation** jds Ruf beflecken

Tai·wan [ˌtaɪˈwɒn] *n* Taiwan *nt*

Tai·wan·ese [ˌtaɪwəˈniːz] I. *adj* taiwanisch II. *n* Taiwaner(in) *m(f)*

Ta·ji·ki·stan [tɑːˈdʒiːkiˈstɑːn] *n* Tadschikistan *nt*

take [teɪk] I. *n* ❶ *no pl* (*money received*) Einnahmen *pl* ❷ (*filming of a scene*) Take *m o nt fachspr* ▸ **to be on the ~** AM (*fam*) Bestechungsgelder nehmen II. *vt* <took, taken> ❶ (*accept*) *advice, bet, offer* annehmen; *credit card, criticism* akzeptieren; **to ~ responsibility** [**for sth**] die Verantwortung [für etw *akk*] übernehmen; **to ~ sth badly/well** etw schlecht/gut aufnehmen; **to ~ sth seriously** etw ernst nehmen ❷ (*transport*) bringen; **to ~ sb to hospital/the station/home** jdn ins Krankenhaus/zum Bahnhof/nach Hause fahren ❸ (*seize*) nehmen; **to ~ sb by the hand/ throat** jdn bei der Hand nehmen/am Kragen packen; ▸ **to ~ hold of sb** (*fig*) jdn ergreifen ❹ (*tolerate*) ertragen; *abuse, insults* hinnehmen; **to be able to ~ a joke** einen Spaß verstehen ❺ (*hold*) aufnehmen; **my car ~s five people** mein Auto hat Platz für fünf Leute ❻ (*require*) erfordern; **I ~** [**a**] **size five** ich habe Schuhgröße fünf; ■ **it ~s ...** man braucht ...; **hold on, it won't ~ long** warten Sie, es dauert nicht lange; **to ~ one's time** sich *dat* Zeit lassen ❼ (*receive*) erhalten, bekommen ❽ (*remove*) [weg]nehmen; (*steal also*) stehlen; *chess piece* schlagen; MATH abziehen ❾ (*travel by*) nehmen; **to ~ the bus/car/ train** mit dem Bus/Auto/Zug fahren ❿ (*eat, consume*) zu sich *dat* nehmen; *medicine* einnehmen ⓫ (*capture*) gefangen nehmen; *city* einnehmen; *power* ergreifen ⓬ (*assume*) **to ~ office** ein Amt antreten ⓭ BRIT, AUS (*teach*) unterrichten; **Mr Williams ~s us for geography** in Erdkunde haben wir Herrn Williams ⓮ (*have*) **to ~ a rest/walk** eine Pause/einen Spaziergang machen ⓯ BRIT (*sit exam*) **to ~ an exam** eine Prüfung ablegen ⓰ (*feel*) **to ~ notice of sb/sth** jdn/etw beachten; **to ~ offence** beleidigt sein; **to ~ pity on sb/sth** mit jdm/etw *dat* Mitleid haben ⓱ (*earn*) einnehmen ⓲ (*write*) **to ~ notes** sich *dat* Notizen machen ⓳ (*photograph*) **to ~ pictures** Bilder machen, fotografieren ⓴ (*for example*) **~ last week/ me, ...** letzte Woche/ich zum Beispiel ... ㉑ (*assume to be*) **I ~ it** [**that**] ... ich nehme an, [dass] ... ㉒ (*understand*) **to ~ sb's/ the point** jds/den Standpunkt verstehen; **point ~n** [habe] verstanden ▸ **to ~ sb by surprise** jdn überraschen; **to ~ it as it comes** es nehmen, wie es kommt; **she's got what it ~s** sie kann was; **what do you ~ me for?** wofür hältst du mich? III. *vi* <took, taken> ❶ (*have effect*) wirken; *plant* angehen; *dye* angenommen werden; *medicine* anschlagen ❷ (*become*) **to ~ ill** krank werden ◆**take aback** *vt* (*surprise*) verblüffen; (*shock*) schockieren; ■ **to be ~n aback** verblüfft sein ◆**take after** *vi* ■ **to ~ after sb** nach jdm kommen ◆**take along** *vt* mitnehmen ◆**take apart** I. *vt* ❶ (*disassemble*) ■ **to ~ apart** ↻ **sth** etw auseinandernehmen ❷ (*fam: analyse critically*) ■ **to ~ apart** ↻ **sb/sth** jdn/etw auseinandernehmen II. *vi* zerlegbar sein ◆**take away** *vt* ❶ (*remove, deprive of*) [weg]nehmen; **to ~ away sb's fear/pain** jdm die Angst/den Schmerz nehmen ❷ (*lead away*) ■ **to ~ away** ↻ **sb** jdn mitnehmen; *police* jdn abführen ❸ BRIT, AUS *food* mitnehmen; **to ~ away** zum Mitnehmen ❹ (*subtract from*) ■ **to ~ away** ↻ **sth from sth** etw von etw *dat* abziehen; **10 ~ away 7** 10 weniger 7 ▸ **to ~ sb's breath away** jdm den Atem verschlagen ◆**take back** *vt* ❶ (*retract*) zurücknehmen ❷ (*return*) [wieder]zurückbringen; **to ~ sb back** [**home**] jdn nach Hause bringen ❸ (*transmit in thought*) zurückversetzen (**to** in) ❹ (*repossess*) [sich *dat*] zurückholen; *territory* zurückerobern ◆**take down** *vt* ❶ (*write down*) [sich *dat*] notieren; *particulars* aufnehmen; **to ~ down notes** sich *dat* Notizen machen ❷ (*remove*) abnehmen; (*remove from higher position*) herunternehmen; *curtains, picture* abhängen ❸ (*disassemble*) *tent* abschlagen; *scaffolding* abbauen ❹ (*bring downstairs*) hinunterbringen ❺ (*lower*) *flag* einholen ◆**take in** *vt*

❶ (*bring inside*) person hineinführen; *sth* hineinbringen ❷ (*accommodate*) aufnehmen; *child* zu sich *dat* nehmen; **to ~ in lodgers** Zimmer vermieten ❸ (*admit*) *hospital* aufnehmen; *university* zulassen ❹ (*bring to police station*) festnehmen; **they took the suspect in for questioning** sie nahmen den Verdächtigen zum Verhör mit auf die Wache ❺ (*deceive*) hereinlegen; ■**to be ~n in** [**by sb/sth**] sich [von jdm/etw] täuschen lassen ❻ (*understand*) aufnehmen; **to ~ in a situation** eine Situation erfassen ❼ (*include*) einschließen ❽ (*have examined or repaired*) zur Reparatur bringen ❾ (*absorb*) aufnehmen; *nutrients, vitamins* zu sich *dat* nehmen ❿ FASHION enger machen ◆**take off** I. *vt* ❶ (*remove*) abnehmen; *clothes* ausziehen; *coat also* ablegen; *hat* absetzen; **to ~ sth off the market** etw vom Markt nehmen; **to ~ sth off the menu** etw von der Speisekarte streichen; ■**to ~ sth off sb** (*fam*) jdm etw wegnehmen ❷ (*bring away*) **he was ~n off to hospital** er wurde ins Krankenhaus gebracht ❸ (*stop*) **to ~ sb off a diet** jdn von einer Diät absetzen; **to ~ a play off** ein Stück absetzen ❹ (*not work*) **to ~ time off** [**work**] [sich *dat*] freinehmen ❺ (*subtract*) abziehen ❻ BRIT (*imitate*) ■**to ~ off** ○ **sb** jdn nachmachen II. *vi* ❶ (*leave the ground*) abheben ❷ (*fam: leave*) verschwinden; (*flee*) abhauen ❸ (*have sudden success*) *idea, plan, project* ankommen; *product also* einschlagen ◆**take on** *vt* ❶ (*agree to do*) *responsibility* auf sich nehmen; *work, job* annehmen ❷ (*assume*) *colour, expression* annehmen ❸ (*employ*) einstellen ❹ (*compete against*) antreten (gegen) ❺ (*load*) *goods* laden; *passengers* aufnehmen ◆**take out** *vt* ❶ (*remove*) herausnehmen ❷ (*bring outside*) hinausbringen; **to ~ out the rubbish** [*or* AM **trash**] den Müll hinausbringen ❸ (*invite*) ausführen; **to ~ sb out for dinner/for a drink** jdn zum Abendessen/auf einen Drink einladen ❹ AM (*take away*) mitnehmen ❺ (*deduct*) herausnehmen; **to ~ time out** sich *dat* eine Auszeit nehmen ❻ (*obtain*) *insurance* abschließen; *loan* aufnehmen; *money* abheben ❼ (*vent anger*) ■**to ~ sth out on sb** etw an jdm auslassen *fam* ❽ (*fam: exhaust*) ■**to ~ a lot out of sb** jdn sehr anstrengen ◆**take over** I. *vt* ❶ (*seize control*) übernehmen; (*fig*) in Beschlag nehmen; *power* ergreifen; **to be ~n over by an idea/the devil** (*fig*) von einer Idee/vom Teufel besessen sein ❷ (*assume*) ■**to ~ over** ○ **sth** [**for sb**] etw [für jdn] übernehmen II. *vi* (*assume responsibility*) ■**to ~ over** [**from sb**] jdn ablösen; **the night shift ~s over at six o'clock** die Nachtschicht übernimmt um achtzehn Uhr ◆**take to** *vi* ❶ (*start to like*) ■**to ~ to sb/sth** an jdm/etw Gefallen finden ❷ (*begin as a habit*) anfangen; ■**to ~ to doing sth** anfangen etw zu tun; **to ~ to drink/drugs** anfangen zu trinken/ Drogen zu nehmen ❸ (*go to*) **to ~ to one's bed** sich ins Bett legen; **to ~ to the hills** in die Berge flüchten ▶**to ~ to like a <u>duck</u> to water** bei etw *dat* gleich in seinem Element sein ◆**take up** I. *vt* ❶ (*bring up*) hinaufbringen; *floorboards, carpet* herausreißen; (*shorten*) kürzen ❷ (*pick up*) aufheben; **to ~ up arms against sb** die Waffen gegen jdn erheben ❸ (*start doing*) anfangen; *job* antreten; **to ~ up the piano/fishing** anfangen Klavier zu spielen/zu angeln ❹ (*start to discuss*) ■**to ~ sth up with sb** etw mit jdm erörtern; **to ~ up a point/question** einen Punkt/eine Frage aufgreifen ❺ (*accept*) *challenge, offer* annehmen; *opportunity* wahrnehmen; **to ~ sb up on an invitation/offer/suggestion** auf jds Einladung/Angebot/Vorschlag zurückkommen ❻ (*continue*) fortführen; **he took up reading where he had left off last night** er las da weiter, wo er am Abend vorher aufgehört hatte ❼ (*occupy*) **my job ~s up all my time** mein Beruf frisst meine ganze Zeit auf; **to ~ up room/space** Raum einnehmen II. *vi* (*start to associate with*) ■**to ~ up with sb** sich mit jdm einlassen *meist pej*

'**take·away** *n* BRIT, AUS ❶ (*shop*) Imbissbude *f* ❷ (*food*) Essen *nt* zum Mitnehmen; **Chinese ~** chinesisches Essen zum Mitnehmen **take-home** '**pay** *n no pl* Nettoeinkommen *nt; of employee* Nettogehalt *nt; of worker* Nettolohn *m*

tak·en ['teɪkən] I. *vt, vi pp of* **take** II. *adj pred* begeistert; ■**to be ~ with sb/sth** von jdm/etw angetan sein

'**take-off** *n* ❶ AVIAT Start *m;* **to be ready for ~** startklar sein ❷ BRIT, AUS (*imitation*) Parodie *f* (**of** auf) ❸ SPORTS Absprungstelle *f* '**take-out** *n* AM *see* **takeaway** '**take·over** *n* Übernahme *f* '**take·over bid** *n* Übernahmeangebot *nt*

tak·er ['teɪkər] *n* ❶ (*at betting*) Wettende(r) *f(m);* **any ~s?** wer nimmt die Wette an? ❷ (*at an auction*) Interessent(in) *m(f);* (*when buying*) Käufer(in) *m(f);* **any ~s?**

wer bietet? ❸ (*fig: person interested in an offer*) Interessent(in) *m(f)*

tak·ing ['teɪkɪŋ] **I.** *n* (*consumption*) Einnahme *f* ▸ **to be there for the ~** (*for free*) zum Mitnehmen sein; (*not settled*) offen sein **II.** *adj* einnehmend

tak·ings ['teɪkɪŋz] *npl* Einnahmen *pl*

talc [tælk], **tal·cum** ['tælkəm] **I.** *n no pl* ❶ MED Talkpuder *m*; (*perfumed*) Körperpuder *m* ❷ (*mineral*) Talk *m* **II.** *vt* [ein]pudern

'**tal·cum pow·der** *n no pl* Körperpuder *m*

tale [teɪl] *n* ❶ (*story*) Geschichte *f*; LIT Erzählung *f*; (*true story*) Bericht *m*; **fairy ~** Märchen *nt* ❷ (*lie*) Märchen *nt*; (*gossip*) Geschichte[n] *f*[*pl*]; **tall ~s** Lügenmärchen *pl*; **to tell ~s** petzen; (*dated: tell lies*) Märchen erzählen ▸ **to live to tell the ~** (*also hum fam*) überleben; **to tell its own ~** für sich sprechen

tal·ent ['tælənt] *n* ❶ (*natural ability*) Talent *nt*, Begabung *f*; **of great ~** sehr talentiert ❷ *no pl* (*talented person*) Talente *pl*; **new/promising/young ~** neue/viel versprechende/junge Talente

tal·ent·ed ['tæləntɪd] *adj* begabt

Tali·ban ['tælɪbæn] *n no pl* Taliban *f*

tal·is·man <*pl* -s> ['tælɪzmən] *n* Talisman *m*

talk [tɔːk] **I.** *n* ❶ (*discussion*) Gespräch *nt*; (*conversation*) Unterhaltung *f*; (*private*) Unterredung *f*; **to have a ~ with sb** mit jdm reden; (*conversation*) sich mit jdm unterhalten; **heart-to-heart ~** offene Aussprache ❷ (*lecture*) Vortrag *m* ❸ *no pl* (*discussion*) Reden *nt*; (*things said*) Worte *pl*; **to make small ~** Konversation betreiben ❹ (*formal discussions*) ■ **~s** *pl* Gespräche *pl*; **peace ~s** Friedensverhandlungen *pl* **II.** *vi* ❶ (*speak*) sprechen, reden (*about* über, **to** mit); (*converse*) sich unterhalten; **to ~ to sb on the phone** mit jdm telefonieren; ■ **to ~ to oneself** Selbstgespräche führen ❷ (*imitate speech*) **parrot** plappern *fam* ▸ **to be ~ing through one's hat** (*pej! fam*) nur so daherreden; **look who's ~ing** (*fam*) du hast es gerade nötig, etwas zu sagen; **~ing of sb/sth ...** *esp* BRIT wo wir gerade von jdm/etw *dat* reden ... **III.** *vt* (*fam: discuss*) **to ~ business/money/politics** über Geschäfte/Geld/Politik sprechen ▸ **to be able to ~ the hind leg[s] off a donkey** BRIT (*fam*) jdm ein Loch in den Bauch reden können; **to ~ nonsense** (*pej*) Unsinn reden; **to ~ a blue streak** AM ohne Punkt und Komma reden *fam*; **to ~ turkey** *esp* AM (*fam*) offen reden; **~ about ...** so was von ... *fam* ◆ **talk back** *vi* eine freche Antwort geben ◆ **talk down I.** *vt* (*dissuade*) ■ **to ~ sb down from sth** jdm etw ausreden **II.** *vi* (*pej*) ■ **to ~ down to sb** mit jdm herablassend reden ◆ **talk out** *vt* ❶ (*discuss thoroughly*) ■ **to ~ out ○ sth** etw ausdiskutieren ❷ (*be persuasive*) **to ~ one's way out of sth** sich aus etw *dat* herausreden ❸ (*convince not to*) ■ **to ~ sb out of sth** jdm etw ausreden ◆ **talk over** *vt* durchsprechen ◆ **talk round I.** *vt* (*convince*) ■ **to ~ sb round** jdn überreden (**to** zu) **II.** *vi* ■ **to ~ [a]round sth** um etw *akk* herumreden ◆ **talk through** *vt* ❶ (*discuss thoroughly*) durchsprechen ❷ (*reassure with talk*) ■ **to ~ sb through sth** jdm bei etw *dat* gut zureden

talka·tive ['tɔːkətɪv] *adj* gesprächig, redselig

talka·tive·ness ['tɔːkətɪvnəs] *n* Gesprächigkeit *f*, Redseligkeit *f*

talk·er ['tɔːkəʳ] *n* (*person who speaks*) Sprechende(r) *f(m)*; (*talkative person*) Schwätzer(in) *m(f) pej*

talk·ing ['tɔːkɪŋ] **I.** *adj* sprechend **II.** *n no pl* Sprechen *nt*; "**no ~, please!**" „Ruhe bitte!"; **to let sb [else] do the ~** das Reden jd anderem überlassen

'**talk·ing shop** *n* BRIT (*fig fam*) Gruppe von Personen, die nur redet und nicht handelt

'**talk·ing-to** *n* (*pej*) Standpauke *f fam*; **to give sb a [good] ~** jdm eine [ordentliche] Standpauke halten

'**talk show** *n* Talkshow *f*

tall [tɔːl] *adj* ❶ (*high*) *building, fence, grass, ladder, tree* hoch; *person* groß; **to be six feet ~** 1,83 m groß sein; **to grow ~** groß werden ❷ (*long*) *rod, stick, stalk* lang ❸ (*fig: considerable*) *amount, price* ziemlich hoch ❹ (*fig: confident*) **to stand ~** selbstbewusst auftreten ❺ (*fig: unlikely*) unglaublich; **~ story** unglaubliche Geschichte ❻ (*fig: difficult*) *problem* schwer

'**tall·boy** *n* ❶ BRIT (*chest*) hohe Kommode; (*chest on chest*) Doppelkommode *f*; (*closet*) Kleiderschrank *m* ❷ (*piece of chimney*) Zugaufsatz *m* ❸ (*glass*) langstieliges Trinkglas

'**tall·ness** ['tɔːlnəs] *n no pl of person* Größe *f*; *of building, plant* Höhe *f*; *of stick* Länge *f*

tal·low ['tæləʊ] *n no pl* Talg *m*; MECH, TECH Schmiere *f*

tal·ly[1] <-ie-> ['tæli] **I.** *vi figures, statements, signatures* übereinstimmen (**with** mit) **II.** *vt* COMM ❶ (*count*) ■ **to ~ [up] sth** *amounts, sums* etw zusammenzählen

❷ *(check off) goods, items* nachzählen; NAUT *(register) cargo, load, shipment* kontrollieren; SPORTS *point, score* notieren ❸ *(mark) goods* auszeichnen

tal·ly² ['tæli] *n usu sing* ❶ *(list for goods)* Stückliste *f; (for single item)* [Zähl]strich *m; (account)* Abrechnung *f* ❷ *(mark on goods)* Auszeichnung *f* ❸ *(count)* [zahlenmäßige] Aufstellung *f;* **to keep a ~** eine [Strich]liste führen

tal·ly-ho [ˌtæli'həʊ] *interj* ■ **~!** *(when sighting game)* halali!; *(when facing a challenge)* auf geht's!

tal·on ['tælən] *n* ❶ ORN *(claw)* Klaue *f;* ANAT *(finger)* Finger *m* ❷ BRIT STOCKEX Erneuerungsschein *m* ❸ CARDS Talon *m fachspr; (in dealing also)* Kartenrest *m; (in gambling also)* Kartenstock *m* ❹ ARCHIT *(groove)* Hohlkehle *f*

tama·rind ['tæmərɪnd] *n (tree)* Tamarinde *f; (fruit)* Frucht *f* der Tamarinde

tama·risk ['tæmərɪsk] *n* Tamariske *f*

tam·bour ['tæmbʊəʳ] *n* ❶ MUS *(instrument)* Trommel *f; (musician)* Trommler(in) *m(f)* ❷ ARCHIT Säulentrommel *f*

tam·bou·rine [ˌtæmbəˈriːn] *n* Tamburin *nt*

tame [teɪm] I. *adj* ❶ *(domesticated)* zahm; *(harmless)* friedlich ❷ *(tractable) child* folgsam; *person* fügsam; *(under control) elements, river* gezähmt ❸ *(unexciting) book, joke, person* lahm; *criticism, report* zahm II. *vt (also fig) person, river, animal* zähmen, bändigen; *anger, curiosity, hunger* bezähmen; *impatience, passion* zügeln

tam·er ['teɪməʳ] *n* Tierbändiger(in) *m(f);* **lion-~** Löwenbändiger(in) *m(f)*

tamp [tæmp] *vt* ❶ *(fill)* [zu]stopfen; *pipe* stopfen; MIN verdämmen ❷ *(compact)* ■ **to ~ sth [down]** etw [fest]stampfen; *tobacco* festklopfen; *concrete, loam* stampfen

tam·per ['tæmpəʳ] *vi* ■ **to ~ with sth** ❶ *(handle improperly)* an etw *dat* herummachen *fam* ❷ *(manipulate)* etw [in betrügerischer Absicht] verändern

'**tam·per-proof** *adj,* **tam·per re·'sist·ant** *adj* Sicherheits-; **~ cap/lock** Sicherheitsverschluss *m/*-schloss *nt*

tam·pon ['tæmpɒn] *n* Tampon *m*

tan¹ [tæn] I. *vi* <-nn-> ❶ *(make brown)* braun werden; **to be ~ned** braun gebrannt sein ❷ CHEM *(convert) hides, leather* gerben III. *n* ❶ *(brown colour of skin)* [Sonnen]bräune *f;* **to get a ~** braun werden ❷ *(light brown)* Gelbbraun *nt* ❸ CHEM *(agent)* Gerbstoff *m; (bark)* [Gerber]lohe *f fachspr* IV. *adj clothing, shoes* gelbbraun

tan² [tæn] MATH *short for* **tangent** tan

tan·dem ['tændəm] I. *n* ❶ *(vehicle) as bicycle* Tandem *nt; as carriage* [Wagen]gespann *nt; as team of horses* [Pferde]gespann *nt* ❷ TECH *(arrangement) of cylinders, drives* Reihe[nanordnung] *f;* **to operate in ~** MECH, TECH im Tandembetrieb arbeiten; *of people* im Team arbeiten II. *adv* **to ride ~** Tandem fahren

tang [tæŋ] *n* ❶ *(also pej: smell)* [scharfer] Geruch; *(taste)* [scharfer] Geschmack ❷ *(fig form: suggestion)* Andeutung *f,* Hauch *m;* **a ~ of autumn/jasmine/irony** ein Hauch von Herbst/Jasmin/Ironie

tan·gent ['tændʒənt] *n* MATH Tangente *f* ▶ **to fly** [*or* AM, AUS *also* **go**] **off on a ~** [plötzlich] das Thema wechseln

tan·gen·tial [tæn'dʒen(t)ʃəl] *adj* nebensächlich

tan·ge·rine [ˌtændʒəˈriːn] I. *n* Mandarine *f* II. *adj* orangerot

tan·gible ['tændʒəbl] *adj* ❶ *(also fig: perceptible)* fassbar; *benefits, results, success* greifbar; *lack, loss, swelling, relief* fühlbar; *difference, disappointment, effects, improvement* spürbar ❷ *(real)* real; **~ advantage** echter Vorteil; **~ gain** realer Gewinn; **~ property** LAW Sachvermögen *nt* ❸ *(definite)* eindeutig; **to have ~ evidence** handfeste Beweise haben

Tan·gier [tænˈdʒɪəʳ] *n* Tanger *nt*

tan·gle ['tæŋgl] I. *n* ❶ *(also fig, pej: mass) of hair, wool* [wirres] Knäuel; *of branches, roads, wires* Gewirr *nt;* **to be in a ~** *hair, wool* verfilzt sein ❷ *(also fig, pej: confusion)* Durcheinander *nt;* **a diplomatic/political ~** diplomatische/politische Verwicklungen; **to get into a ~** sich verfangen II. *vt (also fig, pej)* durcheinanderbringen; *threads* verwickeln III. *vi (also fig, pej: knot up) wool* verwickeln; *threads, wires* sich verwickeln

tan·gled ['tæŋgld] *adj (also fig, pej) wool* verfilzt; *cord, threads, wires* verwickelt; *affair* verworren; *hair* zerzaust; *undergrowth* dicht ▶ **oh what a ~ web we weave, when first we practise to deceive** *(saying)* welche Netze wir doch spinnen, wenn erstmal wir auf Täuschung sinnen *prov*

tan·go ['tæŋgəʊ] I. *n* Tango *m* II. *vi* Tango tanzen

tangy ['tæŋi] *adj taste* scharf; *smell* durchdringend

tank [tæŋk] *n* ❶ *(container)* Tank *m; (sl: prison)* [Gemeinschafts]zelle *f; (for drunks)* Ausnüchterungszelle *f;* **fish ~**

Aquarium *nt;* **hot-water** ~ Heißwasserspeicher *m;* **storage** ~ Sammelbehälter *m* ❷ MIL Panzer *m* ❸ (*tank top*) Pullunder *m*
tank·ard ['tæŋkəd] *n* [Bier]krug *m*
tanked up [tæŋkt'ʌp] *adj pred* AM, **'tanked-up** *adj attr* AM (*sl*) besoffen
tank·er ['tæŋkə^r] *n* ❶ (*ship*) Tanker *m;* **oil** ~ Öltanker *m* ❷ (*aircraft*) Tankflugzeug *nt* ❸ (*truck*) Tankwagen *m*
tanned [tænd] *adj* ❶ *skin* braun [gebrannt] ❷ *hides, leather* gegerbt
tan·ner ['tænə^r] *n* Gerber(in) *m(f)*
tan·nery ['tænəri] *n* Gerberei *f*
tan·nic 'acid *n* [Gallus]gerbsäure *f fachspr*
tan·nin ['tænɪn] *n* Tannin *nt*
tan·ning ['tænɪŋ] *n no pl* ❶ *of skin* Bräunen *nt* ❷ *of hides, leather* Gerben *nt*
tan·noy® *n* BRIT, **Tan·noy**® ['tænɔɪ] *n* BRIT [öffentliche] Lautsprecheranlage
tan·ta·lize ['tæntəlaɪz] I. *vt* ❶ (*torment*) quälen ❷ (*excite*) reizen; (*fascinate*) in den Bann ziehen ❸ (*keep in suspense*) auf die Folter spannen II. *vi* ❶ (*torment*) quälen ❷ (*excite*) reizen
tan·ta·liz·ing ['tæntəlaɪzɪŋ] *adj* ❶ (*painful*) quälend ❷ (*enticing*) verlockend; *smile* verführerisch
tan·ta·mount ['tæntəmaʊnt] *adj* ▪**to be** ~ **to sth** mit etw *dat* gleichbedeutend sein
tan·trum ['tæntrəm] *n* Wutanfall *m;* **to throw a** ~ einen Wutanfall bekommen
Tan·zania [ˌtænzə'niə] *n* Tansania *nt*
tap¹ [tæp] I. *n* ❶ BRIT Wasserhahn *m;* **to turn the** ~ **on/off** den Hahn auf-/zudrehen ❷ (*outlet*) Hahn *m;* **beer on** ~ Bier *nt* vom Fass; **to be on** ~ (*fig*) [sofort] verfügbar sein ❸ TELEC Abhörgerät *nt* II. *vt* <-pp-> ❶ (*intercept*) abhören ❷ (*make available*) *energy, sources* erschließen ❸ (*let out*) [ab]zapfen; *barrel* anstechen; *beer* zapfen ❹ MED punktieren III. *vi* (*fam: gain access*) vorstoßen; **to** ~ **into new markets** neue Märkte erschließen
◆**tap**² [tæp] I. *n* ❶ (*light hit*) [leichter] Schlag ❷ (*tap-dancing*) Stepp[tanz] *m* II. *adj attr* Stepp- III. *vt* <-pp-> ❶ (*strike lightly*) [leicht] klopfen; **to** ~ **sb on the shoulder** jdm auf die Schulter tippen ❷ MED *chest* abklopfen IV. *vi* <-pp-> [leicht] klopfen; **to** ~ **one's foot on the floor** mit dem Fuß [rhythmisch] auf den Boden klopfen
'tap dance *n* Stepptanz *m*
tape [teɪp] I. *n* ❶ (*strip*) Band *nt;* SPORTS Zielband *nt;* (*for measuring*) Maßband *nt;* (*adhesive*) Klebeband *nt;* TYPO Lochstreifen *m;* **insulating** ~ Isolierband *nt;* **masking** ~ Abdeckband *nt;* **Scotch** ~® AM Tesafilm® *m,* Tixo® *nt* ÖSTERR; **sticky** ~ BRIT, AUS Klebeband *nt* ❷ *for recording* [Ton-/Magnet]band *nt;* **audio** ~ Audiokassette *f;* **to record sth on** ~ etw auf Band aufnehmen II. *vt* ❶ (*support*) **she** ~**d a note to the door** sie heftete eine Nachricht an die Tür ❷ (*record*) aufnehmen
'tape-cas·sette *n* Tonbandkassette *f*
'tape-deck *n* Tapedeck *nt* **'tape meas·ure** *n* Maßband *nt*
tap·er ['teɪpə^r] I. *n* ❶ (*candle*) [spitz zulaufende] Wachskerze ❷ *of spire* Verjüngung *f* ❸ *of activities, interest* Verringerung *f* II. *vt column, spire* verjüngen III. *vi* ❶ *column, spire* sich verjüngen (**into** zu) ❷ *activities, interest* [allmählich] abnehmen
◆**taper off** I. *vt* (*fig*) *production, series* auslaufen lassen; *enthusiasm, interest* abklingen lassen II. *vi* ❶ (*become pointed*) sich verjüngen (**into** zu) ❷ (*decrease*) [allmählich] abnehmen; *interest* nachlassen
'tape-re·cord *vt* [auf Band] aufnehmen
'tape re·cord·er *n* Tonbandgerät *nt*
'tape re·cord·ing *n* Tonbandaufnahme *f*
ta·pered 'wing *n* AVIAT spitz zulaufender Flügel
tap·es·try ['tæpɪstri] *n* ❶ (*fabric*) Gobelingewebe *nt;* (*for furniture*) Dekorationsstoff *m* ❷ (*carpet*) Gobelin *m* ❸ (*fig: illustration*) bildliche Darstellung
'tape·worm *n* Bandwurm *m*
tapio·ca [ˌtæpi'əʊkə] *n no pl* Tapioka *f* (*Stärkemehl aus den Wurzeln des Maniokstrauches*)
ta·pir ['teɪpə^r] *n* Tapir *m*
tap·pet ['tæpɪt] *n* MECH Daumen *m;* (*on car engine*) [Ventil]stößel *m fachspr*
'tap·room *n* Schankstube *f*
'tap wa·ter *n* Leitungswasser *nt*
tar [tɑ:^r] I. *n no pl* ❶ (*for paving*) Teer *m,* Asphalt *m* ❷ (*in cigarettes*) Teer *m* ▶**to beat the** ~ **out of sb** AM (*fam*) jdn grün und blau schlagen II. *vt* <-rr-> (*pave*) teeren ▶**to be** ~**red with the same brush** (*pej*) um kein Haar besser sein
ta·ran·tu·la [tə'ræntjələ] *n* Tarantel *f*
tar·dy ['tɑ:di] *adj* ❶ (*slow*) langsam; ~ **progress** schleppender Fortschritt ❷ (*late*) unpünktlich; (*overdue*) verspätet ❸ (*sluggish*) säumig
tare [teə^r] *n* Leergewicht *nt*
tar·get ['tɑ:gɪt] I. *n* ❶ MIL Ziel *nt;* ▪**to be on/off** ~ *bullet, shot* das Ziel treffen/verfehlen; *radar* ein Ziel erfasst/nicht erfasst haben ❷ (*mark aimed at*) Ziel *nt;* ▪**to be on** ~ auf [Ziel]kurs liegen; *analysis, description* zutreffen; **to be a** ~ **for criticism/**

mock·ery eine Zielscheibe der Kritik/des Spotts sein; **to hit the ~** ins Schwarze treffen ❸ ECON (*goal*) Zielsetzung *f*, [Plan]ziel *nt;* ■**to be on ~** im Zeitplan liegen; **sales ~** Verkaufsziel *nt;* **to meet a ~** ein [Plan]ziel erreichen; **to miss a ~** ein Ziel verfehlen; **to set oneself a ~** sich *dat* ein Ziel setzen II. *vt* <BRIT -tt- *or* AM *usu* -t-> (*address, direct*) [ab]zielen (auf), sich richten (an)

'**tar·get date** *n* (*for completion*) Stichtag *m,* Termin *m;* (*for delivery*) Liefertermin *m;* (*for payment*) Fälligkeitsdatum *nt*

'**tar·get·ed** *adj* BRIT *customer, market, group* Ziel-; *profit* angestrebt; **to be ~** als Zielgruppe ausgewählt werden; **places ~ by terrorists** von Terroristen ins Visier genommene Orte **tar·get 'lan·guage** *n* Zielsprache *f* '**tar·get prac·tice** *n* MIL Übungsschießen *nt,* Zielschießen *nt* '**tar·get price** *n* Richtpreis *m,* Orientierungspreis *m;* (*in process costing*) Kostenpreis *m*

tar·iff ['tærɪf] *n* ❶ (*form: table of charges*) Preisliste *f; of insurance* [Versicherungs]tarif *m;* (*for services*) [Gebühren]satz *m; esp* BRIT (*charges*) Fahrpreis *m; of hotel* Preis *m* ❷ ECON, LAW (*table of customs*) Zolltarif *m;* (*customs*) Zoll *m kein pl*

'**tar·iff bar·ri·ers** *npl* ECON Zollschranken *pl*

tar·mac® ['tɑːmæk] I. *n no pl* ❶ BRIT (*paving material*) Asphalt *m* ❷ (*paved surface*) ■**the ~** (*road*) die Fahrbahn; AVIAT das Rollfeld *nt* II. *vt* <-ck-> BRIT asphaltieren

tarn *n,* **Tarn** [tɑːn] *n* GEOL Bergsee *m*

tar·nish ['tɑːnɪʃ] I. *vi* ❶ (*dull*) *metal* stumpf werden; (*discolour*) anlaufen ❷ (*fig, pej: lose shine*) an Glanz verlieren; (*lose purity*) *honour, reputation* beschmutzt werden II. *vt* ❶ (*dull*) *metals* trüben; (*discolour*) anlaufen lassen ❷ (*fig, pej*) ■**to ~ sth** (*diminish shine*) *success* etw den Glanz nehmen; *reputation* beflecken III. *n* ❶ (*dull condition*) Stumpfheit *f* ❷ (*coating*) Belag *m* ❸ (*fig, pej: loss of shine*) Glanzlosigkeit *m;* (*loss of purity*) Makel *m*

tar·pau·lin [tɑːˈpɔːlɪn] *n* ❶ *no pl* (*fabric*) [wasserdichtes] geteertes Leinwandgewebe ❷ (*covering*) [Abdeck]plane *f;* **a sheet of ~** eine Plane

tar·ra·gon ['tærəgən] *n no pl* Estragon *m*

tar·sus <*pl* -si> ['tɑːsəs, *pl* -saɪ] *n* ANAT Fußwurzel *f*

tart[1] [tɑːt] I. *n* ❶ (*small pastry*) [Obst]törtchen *nt;* **jam ~** Marmeladentörtchen *nt* ❷ BRIT (*cake*) [Obst]torte *f;* **custard ~** Vanillecremetorte *f* II. *adj* ❶ (*sharp*) *sauce, soup* scharf; *apples, grapes* sauer ❷ (*cutting*) scharf; *irony* beißend; *remark* bissig

tart[2] [tɑːt] *n* (*usu pej*) ❶ (*loose female*) Schlampe *f* ❷ (*prostitute*) Nutte *f* ◆**tart up** *vt esp* BRIT (*fam*) ■**to ~ oneself up** sich aufdonnern

tar·tan ['tɑːt[ə]n] I. *n* ❶ *no pl* (*cloth*) Schottenstoff ❷ (*design*) Schottenkaro *nt* II. *adj* Schotten-

tar·tar[1] ['tɑːtə[r]] *n no pl* ❶ MED (*on teeth*) Zahnstein *m* ❷ CHEM Weinstein *m*

tar·tar[2] *n,* **Tar·tar** ['tɑːtə[r]] *n* ❶ (*person*) Tatar(in) *m(f);* (*language*) Tatarisch *nt* ❷ (*dated: ill-tempered person*) Choleriker(in) *m(f)*

tar·tar(e) 'sauce *n no pl* Remouladensoße *f*

tar·tar·ic [tɑːˈtærɪk] *adj attr* CHEM Weinstein-; **~ acid** Wein[stein]säure *f*

task [tɑːsk] *n* ❶ (*work*) Aufgabe *f;* SCH [Prüfungs]aufgabe *f;* **~ in hand** zu erledigende Arbeit; **menial ~s** niedrige Arbeiten; **to set sb the ~ of doing sth** jdn [damit] beauftragen, etw zu tun ❷ *no pl* (*reprimand*) **to bring sb to ~** jdn zur Rede stellen

'**task force** *n* ❶ MIL Eingreiftruppe *f; in police* Spezialeinheit *f* ❷ COMM Arbeitsgruppe *f* '**task mas·ter** *n* ❶ (*superior*) [strenger] Vorgesetzter; **to be a hard ~** ein strenger Meister sein ❷ (*strain*) harte Arbeit

Tas·ma·nia [tæzˈmeɪnɪə] *n* Tasmanien *nt*

Tas·ma·nian [tæzˈmeɪnɪən] I. *n* (*person*) Tasmanier(in) *m(f)* II. *adj* (*of Tasmania*) tasmanisch

tas·sel ['tæsəl] *n* (*on caps, curtains, cushions*) Quaste *f;* (*on carpets, cloths, skirts*) Franse *f*

taste [teɪst] I. *n* ❶ *no pl* (*flavour*) Geschmack *m;* **sense of ~** Geschmackssinn *m;* **to leave a bad ~ in the mouth** einen üblen Nachgeschmack hinterlassen ❷ (*liking*) Vorliebe *f;* **I've never understood Liz's ~ in men** ich habe Liz' Geschmack, was Männer anbelangt, nie verstanden; **to acquire a ~ for sth** an etw *dat* Geschmack finden ❸ *no pl* (*aesthetic quality/discernment*) Geschmack *m;* **bad ~** schlechter Geschmack; **to be in poor ~** geschmacklos sein; **to have [good] ~** [einen guten] Geschmack haben ❹ *no pl* (*short encounter*) Kostprobe *f;* **to have a ~ of sth** einen Vorgeschmack von etw *dat* bekommen II. *vt* ❶ (*perceive flavour*) schmecken; (*test*) probieren ❷ (*experience briefly*) *luxury, success* [einmal] erleben **III.** *vi* schmecken; ■ **to ~ of sth** nach etw *dat* schmecken; **to ~ bitter/salty/sweet** bitter/salzig/süß schmecken; **to ~ like sth** wie etw schmecken

'**taste bud** *n* ANAT Geschmacksknospe *f*

taste·ful ['teɪstfᵊl] *adj* ❶ (*appetizing*) schmackhaft ❷ (*decorous*) geschmackvoll, stilvoll

taste·ful·ly ['teɪstfᵊli] *adv* (*approv*) ❶ (*appetizingly*) schmackhaft, lecker; **~ cooked** schmackhaft zubereitet ❷ *dressed, furnished* geschmackvoll

taste·less ['teɪstləs] *adj* ❶ (*without physical taste*) geschmacksneutral; (*unappetizing*) *food* fad[e]; *beer, wine* schal ❷ (*pej: unstylish, offensive*) geschmacklos

taste·less·ly ['teɪstləsli] *adv* ❶ (*pej: unappetizingly*) wenig schmackhaft, fad[e] ❷ (*pej*) *dressed, furnished* geschmacklos

tast·er ['teɪstəʳ] *n* ❶ (*quality expert*) Koster(in) *m(f);* *wine-~* Weinkoster(in) *m(f)* ❷ (*sample*) Kostprobe *f*

tasty ['teɪsti] *adj* ❶ (*appetizing*) lecker ❷ BRIT (*fam: attractive*) gut aussehend *attr*

tat [tæt] *n no pl* BRIT (*pej fam*) Ramsch *m*

tat·ter ['tætəʳ] *n usu pl* ❶ (*pej*) *of cloth, a flag* Fetzen *m;* ■ **to be in ~s** zerfetzt sein; (*fig*) **his reputation was in ~** sein Ruf war ruiniert ❷ (*pej: clothing*) ■ **~s** abgerissene Kleidung

tat·tered ['tætəd] *adj clothing* zerlumpt; *cloth, flag* zerrissen; *reputation* ramponiert

tat·tle ['tætl] **I.** *n* (*pej*) Tratsch *m* **II.** *vi M* (*esp childspeak*) ■ **to ~ on sb** jdn verpetzen

tat·tler ['tætləʳ] *n* ❶ (*gossip*) Klatschmaul *m* ❷ AM (*fam: informer*) Petzer(in) *m(f)*

tat·too¹ [tæt'u:] *n* ❶ MIL (*signal*) Zapfenstreich *m;* BRIT (*display*) [Musik]parade *f* ❷ (*noise*) Trommeln *nt kein pl*

tat·too² [tæt'u:] **I.** *n* Tattoo *m o nt,* Tätowierung *f* **II.** *vt* tätowieren

tat·ty ['tæti] *adj* (*pej*) ❶ (*tawdry*) geschmacklos [aufgemacht] ❷ (*showing wear*) zerfleddert; *book also* abgegriffen; *furnishing, room* schäbig; *clothing* zerschlissen

taught [tɔːt] *pt, pp of* **teach**

taunt [tɔːnt] **I.** *vt* ❶ (*mock*) verspotten ❷ (*tease*) **to ~ sb about sth** jdn wegen einer S. *gen* hänseln ❸ (*provoke*) sticheln (gegen) **II.** *n* spöttische Bemerkung; (*tease*) Hänselei *f;* (*provocation*) Stichelei *f*

Taurus ['tɔːrəs] *n* ASTROL, ASTRON Stier *m*

taut [tɔːt] *adj* ❶ (*tight*) *rope* straff [gespannt]; *elastic* stramm; *muscle, skin* gespannt ❷ (*pej: tense*) *expression, face, nerves* angespannt ❸ (*tidy*) schmuck, [sehr] gepflegt ❹ (*strict*) streng [geführt]

taut·ness ['tɔːtnəs] *n* Straffheit *f,* Spannung *f*

tau·to·logi·cal [ˌtɔːtə'lɒdʒɪkᵊl] *adj* doppelt gesagt *attr*

tau·tolo·gous [tɔː'tɒləgəs] *adj* tautologisch *fachspr*

tau·tol·ogy [tɔː'tɒlədʒi] *n* Doppelaussage *f,* Tautologie *f fachspr*

tav·ern ['tævᵊn] *n* ❶ BRIT (*old: pub*) Schenke *f;* AM Bar *f* ❷ AM (*inn*) Gasthaus *nt*

taw·dry ['tɔːdri] *adj* (*pej*) ❶ (*gaudy*) protzig ❷ (*cheap*) geschmacklos ❸ (*base*) niederträchtig

taw·ny ['tɔːni] *adj* lohfarben

'**taw·ny owl** *n* Waldkauz *m*

tax [tæks] **I.** *n* <*pl* -es> ❶ (*levy*) Steuer *f;* **income ~** Einkommenssteuer *f;* **to collect/levy ~es** Steuern einziehen/erheben; **to cut/increase ~es** Steuern senken/erhöhen; **to impose a ~ on sth** etw besteuern ❷ *no pl* (*levying*) Besteuerung *f;* **after/before ~[es]** nach/vor Abzug von Steuern ❸ (*burden: on a person*) Belastung *f* (**on** für); (*on patience, resources, time*) Beanspruchung *f* (**on** +*gen*) **II.** *vt* ❶ (*levy*) besteuern; **to be ~ed [heavily/lightly]** [hoch/niedrig] besteuert werden ❷ (*burden*) belasten; (*make demands*) beanspruchen; (*confront*) ■ **to ~ sb with sth** jdn einer S. *gen* beschuldigen

tax·able ['tæksəbl] *adj* steuerpflichtig; **~ income** zu versteuerndes Einkommen

'**tax al·low·ance** *n* Steuerfreibetrag *m*

taxa·tion [tæk'seɪʃᵊn] *n no pl* ❶ (*levying*) Besteuerung *f* ❷ (*money obtained*) Steuereinnahmen *pl;* **direct/indirect ~** direkte/indirekte Steuern

'**tax avoid·ance** *n* [legale] Steuerumgehung *f* '**tax brack·et** *n* Steuerklasse *f* '**tax col·lec·tor** *n* Steuerbeamte(r) *m/*-beamtin *f* '**tax con·sult·ant** *n* Steuerberater(in) *m(f)* **tax-de-'duc·tible** *adj* AM, AUS steuerlich absetzbar '**tax disc** *n* BRIT (*on motor vehicle*) Steuerplakette *f,* Vignette *f* ÖSTERR, SCHWEIZ '**tax dodg·er** *n* (*fam*) Steuerhinterzieher(in) *m(f)* '**tax evad·er** *n* Steuerhinterzieher(in) *m(f)* '**tax eva·sion** *n* Steuerhinterziehung *f* '**tax ex·emp·tion** *n* FIN Steuerbefreiung *f;* AM Freibetrag *m* **tax-'free** *adj* steuerfrei '**tax ha·ven** *n* Steueroase *f*

taxi ['tæksi] **I.** *n* Taxi *nt* **II.** *vi* ❶ (*ride*) mit dem Taxi fahren ❷ AVIAT (*move*) rollen

taxi·der·mist ['tæksidɜːmɪst] *n* [Tier]präparator(in) *m(f)*

taxi·der·my ['tæksidɜːmi] *n* Taxidermie *f*

'**taxi-driv·er** *n* Taxifahrer(in) *m(f)* **taxi·me·ter** ['tæksiˌmiːtə ͬ] *n* Taxameter *m*

tax·ing ['tæksɪŋ] *adj* ❶ (*burdensome*) anstrengend ❷ (*hard*) schwierig

'**taxi·plane** *n* Lufttaxi *nt* '**taxi rank** *n* BRIT, '**taxi stand** *n* AM Taxistand *m*

'**tax·man** *n* Finanzbeamte(r) *m/*-beamtin *f*; ▪ **the ~** das Finanzamt

tax·ono·my [tæk'sɒnəmi] *n* BIOL Taxonomie *f*; COMPUT Systematik *f*

'**tax·pay·er** *n* Steuerzahler(in) *m(f)* '**tax re·bate** *n* Steuernachlass *m* '**tax re·lief** *n* Steuervergünstigung *f* '**tax re·turn** *n* Steuererklärung *f* '**tax rev·enues** *npl* Steueraufkommen *nt* **tax-'sen·si·tive** *adj* steuerbegünstigt '**tax sys·tem** *n* Steuerwesen *nt* '**tax year** *n* Steuerjahr *nt*

TB [ˌtiːˈbiː] *n no pl* MED *abbrev of* **tuberculosis** TB

'**T-bar** *n*, **T-bar 'lift** *n* ❶ ARCHIT T-Träger *m* ❷ (*on ski lift*) [Sicherheits]bügel *m* ❸ (*lift*) Schlepplift *m*

tbsp <*pl* -> *n abbrev of* **tablespoonful** Essl., EL

tea [tiː] *n* ❶ *no pl* (*plant*) Tee *m*, Teepflanze *f* ❷ (*drink*) Tee *m*; **fennel/peppermint ~** Fenchel-/Pfefferminztee *m* ❸ (*cup of tea*) Tasse *f* Tee; **two ~s, please** zwei Tee, bitte ❹ BRIT (*late afternoon meal*) Tee *m* (*mit Tee, Sandwiches, Kuchen*); **afternoon ~** Fünfuhrtee *m* ❺ BRIT, AUS (*early evening meal*) [frühes] Abendessen; **high ~** [warmes] Abendessen (*mit warmer Mahlzeit, Brot, Butter und Tee*) ▶ **not for all the ~ in China** nicht um alles in der Welt; **to [not] be sb's cup of ~** [nicht] jds Fall sein

'**tea bag** *n* Teebeutel *m* '**tea break** *n* Teepause *f* '**tea cad·dy** *n* Teedose *f* '**tea·cake** *n* ❶ BRIT (*bun*) [getoastetes] Rosinenbrötchen ❷ (*biscuit*) Keks *m*; (*tart*) Teekuchen *m*

teach <taught, taught> [tiːtʃ] **I.** *vt* ❶ (*impart knowledge*) unterrichten; ▪ **to ~ sb sth** jdm etw beibringen; **to ~ French/history** Französisch/Geschichte unterrichten; **to ~ school** AM Lehrer(in) *m(f)* sein ❷ (*show*) **this has taught him a lot** daraus hat er viel gelernt; **to ~ sb a lesson** jdm eine Lehre erteilen ▶ **you can't ~ an old dog new tricks** (*saying*) einen alten Menschen kann man nicht mehr ändern **II.** *vi* unterrichten

teach·er ['tiːtʃə ͬ] *n* Lehrer(in) *m(f)*; **English/physics ~** Englisch-/Physiklehrer(in) *m(f)*; **supply** [*or* AM **substitute**] **~** Aushilfslehrer(in) *m(f)*

teach·er 'train·ing *n* Lehrerausbildung *f* **teach·er 'train·ing col·lege** *n*, '**teach·er's col·lege** *n* pädagogische Hochschule

'**tea chest** *n* Teekiste *f*

teach·ing ['tiːtʃɪŋ] **I.** *n* ❶ *no pl* (*imparting knowledge*) Unterrichten *nt* ❷ *no pl* (*profession*) Lehrberuf *m* ❸ *usu pl* (*precept*) Lehre *f*; **Buddha's ~s** die Lehren des Buddha **II.** *adj* aids, methods Lehr-, Unterrichts-

'**teach·ing staff** *n + sing/pl vb* Lehrerkollegium *nt*

'**tea cloth** *n* ❶ BRIT (*for dishes*) Geschirrtuch *nt* ❷ (*for table*) [kleine] Tischdecke '**tea cosy** *n* Teewärmer *m* '**tea·cup** *n* Teetasse *f* '**tea·house** *n* Teehaus *nt*

teak [tiːk] *n no pl* ❶ (*wood*) Teak[holz] *nt* ❷ (*tree*) Teakbaum *m*

'**tea-leaves** *npl* [zurückgebliebene] Teeblätter *pl*

team [tiːm] **I.** *n + sing/pl vb* ❶ (*group of people*) Team *nt*; SPORTS *also* Mannschaft *f*; **research ~** Forschungsgruppe *f* ❷ (*harnessed animals*) Gespann *nt;* **~ of horses** Pferdegespann *nt* **II.** *vi* ❶ *usu* AM (*fam: gather*) ein Team bilden ❷ (*drive*) einen Lkw fahren ❸ (*match*) sich [in eine Gruppe] einfügen ◆ **team up** *vi* ein Team bilden (**with** mit)

team 'cap·tain *n* Mannschaftskapitän *m* **team 'ef·fort** *n* Teamarbeit *f* '**team·mate** *n* Mitspieler(in) *m(f)* '**team play** *n* Mannschaftsspiel *nt* '**team spir·it** *n* Teamgeist *m* '**team work** *n* Teamarbeit *f*

'**tea·pot** *n* Teekanne *f*

tear[1] [tɪə ͬ] *n* (*watery fluid*) Träne *f*; ▪ **to be in ~s** weinen; **~s of frustration/remorse** Tränen *pl* der Enttäuschung/Reue; **~s of happiness/joy** Glücks-/Freudentränen *pl*; **to burst into ~s** in Tränen ausbrechen

tear[2] [teə ͬ] **I.** *n* Riss *m* **II.** *vt* <tore, torn> ❶ (*rip*) zerreißen; **to ~ a hole in one's trousers** sich *dat* ein Loch in die Hose reißen ❷ (*injure*) **to ~ a muscle** sich *dat* einen Muskelriss zuziehen **III.** *vi* <tore, torn> ❶ (*rip*) fabric, paper, rope [zer]reißen; buttonhole, lining, tab ausreißen ❷ (*fam: rush*) rasen; ▪ **to ~ away** losrasen ◆ **tear apart** *vt* ❶ fabric, paper zerreißen

❷ *article, book, play* verreißen ◆**tear at** *vt* ❶ (*pull*) *bandage, clasp, fastener* herumreißen (an); **to ~ at sb's heartstrings** jdm das Herz zerreißen; **to ~ at each other's throats** aufeinander losgehen; (*verbally also*) übereinander herziehen ❷ (*fam: eat*) sich hermachen (über) ◆**tear away** *vt* ❶ (*make leave*) ■**to ~ sb** ⇌ **away** jdn wegreißen ❷ (*rip from*) ■**to ~ sth** ⇌ **away** *page of calendar, poster etw* abreißen ◆**tear down** *vt* ❶ (*destroy*) abreißen; *forest* abholzen ❷ (*discredit*) ■**to ~ sb** ⇌ **down** jdn schlechtmachen ◆**tear into** *vt* heftig kritisieren ◆**tear off** *vt* ❶ (*rip from*) abreißen ❷ (*undress*) **to ~ off one's clothes** sich *dat* die Kleider vom Leib reißen ◆**tear out** *vt hair, nail* ausreißen; *page* herausreißen; **to ~ sb's heart out** jdm das Herz zerreißen ◆**tear up** *vt* ❶ (*rip*) zerreißen ❷ (*destroy*) kaputtmachen *fam; pavement, road* aufreißen ❸ (*annul*) zerreißen

tear·a·way ['teərəweɪ] *n* BRIT, AUS (*fam*) Randalierer(in) *m(f)*

'**tear·drop** *n* Träne *f*

tear·ful ['tɪəfəl] *adj* ❶ (*inclined to cry*) den Tränen nah *präd*; (*crying*) weinerlich *pej*; **to become ~** Tränen in die Augen bekommen ❷ *farewell, reunion* tränenreich ❸ (*moving*) ergreifend '**tear gas** *n no pl* Tränengas *nt* '**tear jerk·er** *n* (*fam*) Schnulze *f* '**tear-jerk·ing** *adj* (*fam*) schnulzig

'**tea room** *n*, '**tea shop** *n* Teestube *f*

'**tear-stained** *adj* tränenüberströmt; **~ letter** Brief *m* mit Tränenspuren

tease [tiːz] **I.** *n* Quälgeist *m fam*; (*playfully*) neckische Person; (*pej: erotic arouser*) Aufreißer(in) *m(f)* **II.** *vt* ❶ (*make fun of*) aufziehen; (*playfully*) necken ❷ (*provoke*) provozieren **III.** *vi* sticheln

teas·er ['tiːzər] *n* (*riddle*) harte Nuss *fam*

'**tea ser·vice** *n*, '**tea set** *n* Teeservice *nt*

'**tea·spoon** *n* Teelöffel *m* '**tea·spoon·ful** *n* Teelöffelvoll *m* '**tea-strain·er** *n* Teesieb *nt*

teat [tiːt] *n* ❶ (*nipple of breast*) Zitze *f* ❷ (*artificial nipple*) Sauger *m*

'**tea·time** *n* Teestunde *f* '**tea tow·el** *n* Geschirrtuch *nt* '**tea tray** *n* Tablett *nt* zum Teeservieren '**tea trol·ley** *n esp* BRIT Teewagen *m* '**tea urn** *n esp* BRIT Teespender *m* '**tea wag·on** *n* AM (*tea trolley*) Teewagen *m*

tech·ni·cal ['teknɪkəl] *adj* ❶ (*concerning applied science*) technisch ❷ (*detailed*) Fach-; **~ aspects** fachliche Aspekte; **~ term** Fachausdruck *m* ❸ (*in technique*) technisch

'**tech·ni·cal col·lege** *n* technische Hochschule

tech·ni·cal·i·ty [ˌteknɪ'kæləti] *n* LAW ❶ (*unimportant detail*) Formsache *f* ❷ (*confusing triviality*) unnötiges Detail

tech·ni·cal·ly ['teknɪkəli] *adv* ❶ (*of technology*) technologisch; **~ backward countries** Länder *pl* auf technologisch niedrigem Stand ❷ (*relating to technique*) technisch ❸ (*strictly speaking*) eigentlich; **~ speaking** strenggenommen

'**tech·ni·cal school** *n* Technikum *nt*

tech·ni·cian [tek'nɪʃən] *n* Techniker(in) *m(f)*

tech·nique [tek'niːk] *n* Technik *f*, Verfahren *nt*; (*method*) Methode *f*; **to work on one's ~** an seiner Technik arbeiten

tech·no ['teknəʊ] *n no pl* MUS Techno *m o nt*

tech·noid ['teknɔɪd] *n* Technologiebegeisterte(r) *f(m)*, Technikfreak *m fam*

tech·no·logi·cal [ˌteknə'lɒdʒɪkəl] *adj* technologisch

tech·nol·ogy [tek'nɒlədʒi] *n* Technologie *f*, Technik *f*; **computer ~** Computertechnik *f*; **science and ~** Wissenschaft und Technik; **advanced ~** Zukunftstechnologie *f*; **modern ~** moderne Technologie; **nuclear ~** Atomtechnik *f*

tech·no·phile ['teknə(ʊ)faɪl] *n* Technologieliebhaber(in) *m(f)*

tech·no·phobe ['teknə(ʊ)fəʊb] *n* Technologiehasser(in) *m(f)*

ted·dy ['tedi] *n* Teddybär *m*

'**ted·dy bear** *n* Teddybär *m*

te·di·ous ['tiːdɪəs] *adj* öde; *job also* öde; *conversation* zäh

te·di·ous·ness ['tiːdɪəsnəs] *n no pl* Langweiligkeit *f*

te·dium ['tiːdɪəm] *n no pl* Langeweile *f*

tee [tiː] *n* (*in golf*) Abschlagstelle *f* ◆**tee off I.** *vi* ❶ (*in golf*) abschlagen ❷ (*fam: begin*) beginnen **II.** *vt* AM (*fam*) verärgern; **to get ~d off** sauer werden *fam*

teem [tiːm] *vi* ❶ *impers* **it's ~ing [with rain]** es gießt [in Strömen] ❷ (*be full*) ■**to ~ with sth** von etw *dat* wimmeln

teem·ing ['tiːmɪŋ] *adj place, streets* überfüllt

teen [tiːn] *n* Teenager *m*

teen·age(d) ['tiːneɪdʒ(d)] *adj attr* (*characteristic of a teenager*) jugendlich; (*sb who is a teenager*) im Teenageralter *nach n*

teen·ager ['tiːnˌeɪdʒər] *n* Teenager *m*

teens [tiːnz] *npl* Jugendjahre *pl;* ■ **to be in one's ~** im Teenageralter sein
teen·sy *adj,* **teen·sy ween·sy** [ˌtiːnzi'wiːnsi] *adj,* **tee·ny** *adj,* **tee·ny wee·ny** [ˌtiːni'wiːni] *adj (fam)* klitzeklein; **a ~ bit** *(hum)* ein klein wenig *fam*
tee shirt *n* T-Shirt *nt*
tee·ter ['tiːtəʳ] *vi + adv/prep* taumeln; **to ~ between sth** *(fig)* zwischen etw *dat* schwanken; **to ~ on the brink of a disaster** *(fig)* sich am Rande einer Katastrophe bewegen
teeth [tiːθ] *npl pl of* **tooth** ▶ **in the ~ of sth** *(against)* angesichts einer S. *gen;* *(despite)* trotz einer S. *gen*
teethe [tiːð] *vi* zahnen
'teeth·ing prob·lems *npl* BRIT, AUS, **'teeth·ing trou·bles** *npl* BRIT, AUS *(fig)* Anfangsschwierigkeiten *pl*
tee·to·tal [ˌtiː'təʊtəl] *adj* ■ **to be ~** abstinent sein
tee·to·tal·ler [ˌtiː'təʊtələʳ] *n,* AM **tee·to·tal·er** *n* Abstinenzler(in) *m(f)*
tel *n abbrev of* **telephone number** Tel.
tele·cast ['telɪkæst] AM **I.** *n* TV-Sendung *f* **II.** *vt (form)* [im Fernsehen] übertragen
tele·com·mu·ni·ca·tions [ˌtelɪkəˌmjuːnɪ'keɪʃənz] *npl + sing vb* Fernmeldewesen *nt kein pl*
tele·com·mut·ing [ˌtelɪkə'mjuːtɪŋ] *n* COMPUT Telearbeit *f*
tele·con·fer·ence [ˌtelɪ'kɒnfərən(t)s] *n* Konferenzschaltung *f*
tele·copi·er® [ˈtelɪˌkɑːpɪəʳ] *n* AM Telekopierer *m*
tele·copy ['telɪkɒpi] *n* AM Fax *nt*
tele·fax® ['telɪfæks] *n* ❶ *(device)* [Tele]faxgerät *nt* ❷ *(message)* Tele[fax] *nt;* **to send a ~** ein Fax schicken, etw faxen
tele·gen·ic [ˌtelɪ'dʒenɪk] *adj* telegen
tele·gram ['telɪgræm] *n* Telegramm *nt*
tele·graph ['telɪgrɑːf] **I.** *n no pl* Telegraf *m;* **by ~** telegrafisch **II.** *vt* ❶ *(send by telegraph)* telegrafieren ❷ *(inform by telegraph)* telegrafisch benachrichtigen
tele·graph·ese [ˌtelɪgrɑːˈfiːz] *n no pl* Telegrammstil *m*
tele·graph·ic [ˌtelɪ'græfɪk] *adj* telegrafisch
'tele·graph mess·age *n* Telegramm *nt*
'tele·graph pole *n,* **'tele·graph post** *n* Telegrafenmast *m*
te·leg·ra·phy [tɪ'legrəfi] *n no pl* Telegrafie *f*
tele·mes·sage *n* BRIT, **Tele·mes·sage** ['telɪˌmesɪdʒ] *n* BRIT Telex *nt*
tele·novela [ˌtelɪnəʊ'veːla] *n* Telenovela *f*

tele·path·ic [ˌtelɪ'pæθɪk] *adj* telepathisch; ■ **to be ~** telepathische Fähigkeiten besitzen
te·lepa·thy [tɪ'lepəθi] *n no pl* Telepathie *f*
tele·phone ['telɪfəʊn] **I.** *n* ❶ *(device)* Telefon *nt;* **mobile** [*or* AM *also* **cell**[**ular**]] **~** Handy *nt,* Mobiltelefon *nt;* **to pick up the ~** das Telefon abnehmen ❷ *no pl (system)* ■ **by ~** telefonisch; ■ **on the ~** am Telefon **II.** *vt* anrufen **III.** *vi* telefonieren; **to ~ long-distance** ein Ferngespräch führen
'tele·phone book *n* Telefonbuch *nt* **'tele·phone box** *n* BRIT, AM **'tele·phone booth** *n* Telefonzelle *f* **'tele·phone call** *n* Telefonanruf *m;* **to make a ~** telefonieren **'tele·phone con·nec·tion** *n* Telefonverbindung *f* **'tele·phone con·ver·sa·tion** *n* Telefongespräch *nt* **'tele·phone di·rec·tory** *n* Telefonverzeichnis *nt* **'tele·phone ex·change** *n* Fernsprechvermittlung *f* **tele·phone in·for·'ma·tion ser·vice** *n (form)* Telefonauskunft *f* **'tele·phone mes·sage** *n (form)* telefonische Nachricht **'tele·phone num·ber** *n* Telefonnummer *f* **'tele·phone op·era·tor** *n* AM Vermittlung *f* **'tele·phone rates** *npl* Telefontarife *pl*
te·le·pho·nist [tɪ'lefənɪst] *n* BRIT Telefonist(in) *m(f)*
te·lepho·ny [tɪ'lefəni] *n no pl* Fernmeldewesen *nt*
tele·pho·to 'lens *n* Teleobjektiv *nt*
tele·print·er ['telɪˌprɪntəʳ] *n* Fernschreiber *m*
tele·pro·cess·ing [ˌtelɪ'prəʊsesɪŋ] *n* COMPUT Datenfernverarbeitung *f ohne pl*
tele·prompt·er *n* AM, AUS, **Tele·Prompt·er**® ['teləˌprɑːm(p)təʳ] *n* AM, AUS Teleprompter *m fachspr*
tele·sales ['telɪseɪlz] *npl* Telefonmarketing *nt kein pl*
tele·scope ['telɪskəʊp] **I.** *n* Teleskop *nt* **II.** *vt* ineinanderschieben **III.** *vi* sich ineinanderschieben
tele·scop·ic [ˌtelɪ'skɒpɪk] *adj* ❶ *(done by telescope)* **~ observation** Teleskopbeobachtung *f* ❷ *(concerning telescopes)* **~ lens** Teleobjektiv *nt* ❸ *(folding into each other)* Teleskop-; *(automatic)* ausfahrbar; **~ ladder** ausziehbare Leiter
tele·shop·ping ['telɪˌʃɒpɪŋ] *n (shop)* Internetshop *m*
tele·text® *n no pl,* **Tele·text**® ['telɪtekst] *n no pl* Videotext *m*
tele·type® *n,* **Tele·type**® ['telɪtaɪp] *n (machine)* Fernschreibegerät *nt;* *(message)* Telex *nt*

te·le·type·writ·er [ˌtelɪˈtaɪpˌraɪtəʳ] *n esp* AM Fernschreibegerät *nt*

te·le·van·gel·ist [ˌtelɪˈvændʒəlɪst] *n esp* AM Fernsehprediger(in) *m(f)*

te·le·view·er [ˈtelɪˌvjuːəʳ] *n* Fernsehzuschauer(in) *m(f)*

tele·vise [ˈtelɪvaɪz] *vt* [im Fernsehen] übertragen

tele·vi·sion [ˈtelɪvɪʒən] *n* ❶ (*device*) Fernsehgerät *nt*, Fernseher *m fam;* colour ~ Farbfernseher *m* ❷ *no pl* (*TV broadcasting*) Fernsehen *nt;* ■on ~ im Fernsehen; **to watch** ~ fernsehen

tele·vi·sion anˈnounc·er *n* Fernsehsprecher(in) *m(f)* **tele·vi·sion ˈcam·era** *n* Fernsehkamera *f* **tele·vi·sion ˈpro·gramme** *n*, AM **tele·vi·sion ˈpro·gram** *n* Fernsehprogramm *nt* **ˈtele·vi·sion set** *n* Fernsehapparat *m*, Fernseher *m* **tele·vi·sion ˈstu·dio** *n* Fernsehstudio *nt*

tele·work·ing [ˈtelɪˌwɜːkɪŋ] *n no pl* Telearbeit *f*

tel·ex [ˈteleks] I. *n* <*pl* -es> Telex *nt;* (*device also*) Fernschreiber *m;* **by** ~ per Telex II. *vt* ■**to** ~ **sth** etw per Telex schicken; ■**to** ~ **sb** jdm ein Telex schicken III. *vi* ein Telex verschicken

tell [tel] I. *vt* <told, told> ❶ (*say, communicate*) sagen; (*relate*) erzählen; **to** ~ **a joke/story** einen Witz/eine Geschichte erzählen; **to** ~ **a lie** lügen; **to** ~ **the truth** die Wahrheit sagen; **to** ~ **[you] the truth ...** ehrlich gesagt ...; **can you** ~ **me the way to the station?** können Sie mir sagen, wie ich zum Bahnhof komme? ❷ (*assure*) sagen; **you're** ~**ing me!** (*fam*) wem sagst du das! ❸ (*give account*) ■**to** ~ **sb about sth/sb** jdm von etw/jdm *dat* erzählen ❹ (*instruct*) **do as you're told!** mach, was man dir sagt!; **I won't** ~ **you again ...** ich sag's nicht nochmal ... ❺ (*discern*) erkennen; (*notice*) [be]merken; (*know*) wissen; (*determine*) feststellen; **to** ~ **right from wrong** Recht und Unrecht unterscheiden; **to** ~ **the difference** einen Unterschied feststellen; **to** ~ **the time** die Uhr lesen II. *vi* <told, told> ❶ (*liter: give account*) ■**to** ~ **of sb/sth** von jdm/etw *dat* erzählen ❷ (*indicate*) **her face told of her anger** aus ihrem Gesicht sprach Zorn ❸ (*inform*) ■**to** ~ **on sb** jdn verraten ❹ (*have an effect or impact*) sich bemerkbar machen; *blow, punch, word* sitzen ◆**tell apart** *vt* auseinanderhalten ◆**tell off** *vt* ❶ (*reprimand*) ausschimpfen (**about/for** wegen) ❷ MIL **to** ~ **off soldiers** Soldaten abkommandieren

tell·er [ˈteləʳ] *n* ❶ (*vote counter*) Stimmenzähler(in) *m(f)* ❷ AM, AUS (*bank employee*) Kassierer(in) *m(f)*

tell·ing [ˈtelɪŋ] I. *adj* (*revealing*) aufschlussreich; (*effective*) wirkungsvoll; *argument* schlagend II. *n* Erzählung *f*

tell·ing-off <*pl* tellings-> [ˌtelɪŋˈɒf] *n* Tadel *m;* **to give sb a** ~ **for [doing] sth** jdn für etw *akk* tadeln

tell·tale [ˈtelteɪl] I. *n* (*pej*) Petze *f* II. *adj* verräterisch

tel·ly [ˈtelɪ] *n* BRIT, AUS (*fam*) ❶ (*television set*) Glotze *f pej* ❷ *no pl* (*TV broadcasting*) ■**on** ~ im Fernsehen

te·mer·ity [tɪˈmerətɪ] *n no pl* (*pej form: recklessness*) Tollkühnheit *f;* (*cheek*) Frechheit *f*

temp [temp] (*fam*) I. *n* (*temporary employee*) Zeitarbeiter(in) *m(f);* (*temporary secretary*) Aushilfssekretär(in) *m(f)* II. *vi* aushilfsweise arbeiten, jobben *fam;* **she spent the summer** ~**ing** sie hat sich über den Sommer bei einer Zeitarbeitsagentur angemeldet

tem·per [ˈtempəʳ] I. *n* ❶ *usu sing* (*state of mind*) Laune *f;* (*angry state*) Wut *f kein pl;* (*predisposition to anger*) Reizbarkeit *f kein pl;* ~**s were getting [rather] frayed** die Stimmung wurde [ziemlich] gereizt; **fit of** ~ Wutanfall *m;* **to get into a** ~ **[about sth]** sich [über etw *akk*] aufregen; **to have a** ~ leicht reizbar sein; **to lose one's** ~ die Geduld verlieren ❷ *usu sing* (*characteristic mood*) Naturell *nt;* **she has a very sweet** ~ sie hat ein sehr sanftes Wesen II. *vt* ❶ (*form: mitigate*) ausgleichen (**with** durch); **to** ~ **one's enthusiasm** seine Begeisterung zügeln ❷ (*make hard*) härten; *iron* glühfrischen ❸ (*add water*) anrühren ❹ MUS temperieren

tem·pera·ment [ˈtempəʳrəmənt, -prə-] *n* ❶ (*person's nature*) Temperament *nt;* **to be of an artistic** ~ eine Künstlerseele sein ❷ *no pl* (*pej: predisposition to anger*) **fit of** ~ Temperamentsausbruch *m;* (*angry*) Wutanfall *m*

tem·pera·men·tal [ˌtempəʳrəˈmentəl] *adj* launisch; **to be rather** ~ so seine Launen haben

tem·per·ance [ˈtempəʳrən(t)s] *n no pl* (*form*) Mäßigung *f;* (*in eating, drinking*) Maßhalten *nt* (**in** bei); (*abstinence from alcohol*) Abstinenz *f*

tem·per·ate [ˈtempəʳrət] *adj* ❶ (*form: self-*

restrained) maßvoll ❷ (*mild*) *climate, zone* gemäßigt

tem·pera·ture ['temprətʃəʳ] *n* ❶ Temperatur *f;* **sudden rise/fall in ~** plötzlicher Temperaturanstieg/-abfall; **perceived** [*or* **apparent**] **~** gefühlte Temperatur ❷ MED Temperatur *f;* **body ~** Körpertemperatur *f;* **to have a ~** Fieber haben; **to take sb's ~** jds Temperatur messen

tem·pest ['tempɪst] *n* Sturm *m*

tem·pes·tu·ous [tem'pestjuəs, -tʃu-] *adj* ❶ (*liter: very stormy*) stürmisch ❷ (*turbulent*) turbulent

tem·plate ['templeɪt] *n,* **tem·plet** ['templɪt] *n* Schablone *f;* **to serve as a ~ for sth** (*fig*) als Muster für etw *akk* dienen

tem·ple[1] ['templ] *n* REL Tempel *m*

tem·ple[2] ['templ] *n* (*part of head*) Schläfe *f*

tem·po <*pl* -s *or* -pi> ['tempəʊ, *pl* -piː] *n* ❶ (*rate of motion*) Tempo *nt;* **rapid ~** schnelles Tempo ❷ MUS Tempo *nt;* **change in ~** Tempowechsel *m*

tem·po·ral ['tempᵊrᵊl] *adj* (*form*) weltlich

tem·po·rari·ly ['tempᵊrᵊli] *adv* vorübergehend

tem·po·rary ['tempᵊrᵊri] *adj* (*not permanent*) vorübergehend; (*with specific limit*) befristet; **a ~ lapse in concentration** ein zeitweiliger Konzentrationsverlust; **~ staff** Aushilfspersonal *nt*

tem·po·rize ['tempᵊraɪz] *vi* (*form*) Verzögerungstaktiken einsetzen; ▪ **to ~ with sb** jdn hinhalten

tempt [tempt] *vt* ❶ (*entice*) in Versuchung führen; ▪ **to be ~ed** schwachwerden; ▪ **to be ~ed to do sth** versucht sein, etw zu tun; ▪ **to ~ sb into doing sth** jdn dazu verleiten, etw zu tun ❷ (*attract*) reizen ▶ **to ~ fate** das Schicksal herausfordern

temp·ta·tion [temp'teɪʃᵊn] *n* ❶ (*enticement*) Versuchung *f;* **to give in to ~** der Versuchung erliegen; **to resist the ~** [**to do sth**] der Versuchung widerstehen[, etw zu tun] ❷ (*sth tempting*) Verlockung *f* ▶ **and lead us not into ~** REL und führe uns nicht in Versuchung

tempt·ing ['temptɪŋ] *adj* verführerisch; *offer also* verlockend

tempt·ing·ly ['temptɪŋli] *adv* verführerisch, verlockend; **to move ~** sich aufreizend bewegen

temp·tress <*pl* -es> ['temptrəs] *n* (*liter or hum*) Verführerin *f*

ten [ten] I. *adj* zehn; *see also* **eight** ▶ **sth is ~ a penny** BRIT es gibt etw wie Sand am Meer II. *n* Zehn *f;* **~s of thousands** zehntausende; *see also* **eight**

ten·able ['tenəbl] *adj* ❶ (*defendable*) *approach* vertretbar; *argument* haltbar ❷ *pred* (*to be held*) *office, position* zu besetzen *präd;* **the university scholarship is ~ for three years** das Stipendium für die Universität gibt es drei Jahre lang

te·na·cious [tɪ'neɪʃəs] *adj* ❶ (*tight*) *grip* fest ❷ (*persistent*) *person, legend, theory* hartnäckig; *person also* beharrlich

te·na·cious·ly [tɪ'neɪʃəsli] *adv* ❶ (*gripping tightly*) fest ❷ (*persistently*) unermüdlich, beharrlich

te·nac·ity [tɪ'næsəti] *n no pl* Beharrlichkeit *f*

ten·an·cy ['tenən(t)si] *n* ❶ (*status concerning lease*) Pachtverhältnis *nt;* (*rented lodgings*) Mietverhältnis *nt* ❷ (*right of possession*) Eigentum *nt* ❸ (*duration of lease*) Pachtvertrag *m;* (*of rented lodgings*) Mietvertrag *m*

ten·ant ['tenənt] *n of rented accommodation* Mieter(in) *m(f); of leasehold* Pächter(in) *m(f);* **council ~** BRIT Mieter(in) *m(f)* einer Sozialwohnung

ten·ant 'farm·er *n* Pächter(in) *m(f)*

tench <*pl* -> [ten(t)ʃ] *n* Schleie *f*

tend[1] [tend] *vi* ❶ (*be directed towards*) tendieren; **to ~ downwards/upwards** eine Tendenz nach unten/oben aufweisen ❷ (*incline*) ▪ **to ~ to**[**wards**] **sth** zu etw *dat* neigen

tend[2] [tend] *vt* sich kümmern (um); **to ~ sheep** Schafe hüten; **to ~ a road accident victim** dem Opfer eines Verkehrsunfalls Hilfe leisten

ten·den·cy ['tendən(t)si] *n* Tendenz *f;* (*inclination*) Neigung *f;* (*trend*) Trend *m* (**to**[**wards**] zu); ▪ **to have a ~ to**[**wards**] **sth** zu etw *dat* neigen; **alarming ~** alarmierende Tendenz; **hereditary ~** erbliche Veranlagung

ten·den·tious [ten'den(t)ʃəs] *adj* (*pej form*) tendenziös *pej geh*

ten·der[1] ['tendəʳ] *adj* ❶ (*not tough*) *meat, vegetable* zart ❷ (*easily hurt*) *skin, plants* zart; (*sensitive to pain*) *part of body* [schmerz]empfindlich ❸ (*liter: youthful*) zart; **at a ~ age of five** im zarten Alter von fünf Jahren ❹ (*requiring tact*) heikel ❺ (*affectionate*) zärtlich; **to have a ~ heart** ein weiches Herz haben

ten·der[2] ['tendəʳ] I. *n* (*price quote*) Angebot *nt;* **to invite ~s** Angebote einholen; **to submit a ~** ein Angebot machen II. *vt* **to ~ the exact fare** das Fahrgeld genau abgezählt bereithalten; **to ~ one's resignation** die Kündigung einreichen; (*from office*) seinen Rücktritt anbieten **III.** *vi* ein Angebot machen; *goods* andienen

'ten·der·foot <*pl* -s *or* -feet> *n* Neuling *m* **ten·der·'heart·ed** *adj* weichherzig

ten·der·ize ['tendəraɪz] *vt* zart machen

ten·der·iz·er ['tendəraɪzəʳ] *n* Weichmacher *m*

ten·der·loin ['tendəlɔɪn] *n no pl* Filet *nt*, Lendenstück *nt*

ten·der·ly ['tendəli] *adv* zärtlich; (*lovingly*) liebevoll

ten·der·ness ['tendənəs] *n no pl* ❶ (*fondness*) Zärtlichkeit *f* ❷ (*physical sensitivity*) [Schmerz]empfindlichkeit *f* ❸ (*succulence*) Zartheit *f*

ten·don ['tendən] *n* Sehne *f*

ten·dril ['tendrəl] *n* Ranke *f*

ten·ement ['tenəmənt] *n* Mietwohnung *f*; AM *also* (*run-down*) heruntergekommene Mietwohnung

Ten·erife [ˌtenəˈriːf] *n no pl* Teneriffa *nt*

ten·et ['tenɪt] *n* (*form*) Lehre *f*

'ten·fold *adj* zehnfach

ten·ner ['tenəʳ] *n* (*fam*) Zehner *m*

ten·nis ['tenɪs] *n no pl* Tennis *nt*

'ten·nis ball *n* Tennisball *m* **'ten·nis court** *n* Tennisplatz *m* **ten·nis 'el·bow** *n no pl* MED Tennisarm *m* **'ten·nis rack·et** *n* Tennisschläger *m*

ten·on ['tenən] *n* Zapfen *m*

ten·or[1] ['tenəʳ] *n* Tenor *m*; (*voice also*) Tenorstimme *f*

ten·or[2] ['tenəʳ] *n no pl* ❶ (*general meaning*) Tenor *m*; (*content also*) Inhalt *m* ❷ (*settled nature*) *of life* Stil *m*, Verlauf *m*

ten·pin 'bowl·ing *n no pl* Bowling *nt*

tense[1] [ten(t)s] *n* LING Zeit[form] *f*

tense[2] [ten(t)s] **I.** *adj* *finger, muscle, person, voice* angespannt; *atmosphere, moment* spannungsgeladen; **to defuse a ~ situation** eine gespannte Lage entschärfen **II.** *vt* *muscle* anspannen ♦ **tense up** *vi* *muscle, person* sich [an]spannen

tense·ly ['ten(t)sli] *adv* angespannt; (*nervously*) nervös

ten·sion ['ten(t)ʃən] *n no pl* ❶ (*tightness*) Spannung *f*; *of muscle* Verspannung *f* ❷ (*uneasiness*) [An]spannung *f* ❸ (*strain*) Spannung[en] *f*[*pl*] (**between** zwischen); **to ease ~** Spannungen reduzieren ❹ (*emotional excitement*) Spannung *f*

tent [tent] *n* Zelt *nt*; **beer ~** Bierzelt *nt*; **two-man ~** Zweipersonenzelt *nt*; **to pitch a ~** ein Zelt aufschlagen

ten·ta·cle ['tentəkl] *n* Tentakel *m*; (*as a sensor*) Fühler *m* ▶ **to have one's ~s in sth** die Finger in etw *dat* haben

ten·ta·tive ['tentətɪv] *adj* ❶ (*provisional*) vorläufig ❷ (*hesitant*) vorsichtig; *attempt, effort also* zaghaft

ten·ta·tive·ly ['tentətɪvli] *adv* ❶ (*provisionally*) provisorisch ❷ (*hesitatingly*) zögernd

ten·ter·hooks ['tentəhʊks] *npl* Spannhaken *m* ▶ **to be [kept] on ~** wie auf glühenden Kohlen sitzen; **to keep sb on ~** jdn auf die Folter spannen

tenth [ten(t)θ] **I.** *n* ■**the ~** der Zehnte; ■**a ~** ein Zehntel *nt* **II.** *adj attr* zehnte(r, s); ■**to be ~** Zehnte(r, s) sein **III.** *adv* als Zehnte(r, s)

'tent peg *n* Hering *m* **'tent pole** *n* Zeltstange *f*

tenu·ous ['tenjuəs] *adj* spärlich; *argument, excuse* schwach

ten·ure ['tenjəʳ] *n* (*form*) ❶ *no pl* (*right of title*) Besitz *m*; **security of ~** Kündigungsschutz *m* ❷ *no pl* (*term of possession*) Pachtdauer *f* ❸ (*holding of office*) Amtszeit *f* ❹ UNIV (*permanent position*) feste Anstellung

te·pee ['tiːpiː] *n* Indianerzelt *nt*

tep·id ['tepɪd] *adj* lau|warm]; *applause* schwach

term [tɜːm] **I.** *n* ❶ (*of two*) Semester *nt*; (*of three*) Trimester *nt*; **half-~** kurze Ferien, die zwischen den langen Ferien liegen, z.B. Pfingst-/Herbstferien ❷ (*set duration of job*) Amtszeit *f*; **~ of office** Amtsperiode *f* ❸ (*period of sentence*) **prison ~** Gefängnisstrafe *f* ❹ (*form: duration of contract*) Laufzeit *f* ❺ (*range*) Dauer *f*; **in the long/medium/short ~** lang-/mittel-/kurzfristig ❻ (*phrase*) Ausdruck *m*; **~ of abuse** Schimpfwort *nt*; **~ of endearment** Kosewort *nt*; **technical ~** Fachausdruck *m*; **in no uncertain ~s** unmissverständlich **II.** *vt* bezeichnen

ter·mi·nable ['tɜːmɪnəbl] *adj* (*form*) kündbar, auflösbar

ter·mi·nal ['tɜːmɪnəl] **I.** *adj* ❶ (*fatal*) End-; **~ cancer** Krebs *m* im Endstadium; **~ disease** tödlich verlaufende Krankheit; **~ patient** Sterbepatient(in) *m(f)* ❷ (*concerning travel terminals*) Terminal-; **~ building** Flughafengebäude *nt* **II.** *n* ❶ AVIAT, TRANSP Terminal *m o nt*; **air ~** Flughafengebäude *nt*; **ferry ~** Bestimmungshafen *m*; **rail ~** Endstation *f* ❷ (*part of computer*) Terminal *nt* ❸ (*point in circuit*) Anschluss *m*

ter·mi·nate ['tɜːmɪneɪt] **I.** *vt* beenden;

contract aufheben; *pregnancy* abbrechen II. *vi* enden

ter·mi·na·tion [ˌtɜːmɪˈneɪʃən] *n no pl* Beendigung *f; of contract* Aufhebung *f;* ~ **of a pregnancy** Schwangerschaftsabbruch *m*

ter·mi·no·logi·cal [ˌtɜːmɪnəˈlɒdʒɪkəl] *adj* terminologisch

ter·mi·nol·ogy [ˌtɜːmɪˈnɒlədʒi] *n* Terminologie *f*

ter·mi·nus <*pl* -es *or* -ni> [ˈtɜːmɪnəs, *pl* -naɪ] *n* Endstation *f; of train also* Endbahnhof *m*

ter·mite [ˈtɜːmaɪt] *n* Termite *f*

terms [tɜːmz] *npl* ❶ Bedingungen *pl;* ~ **of an agreement** Vertragsbedingungen *pl;* ~ **and conditions** [Geschäfts]bedingungen *pl;* **on equal** ~ unter den gleichen Bedingungen; **on one's** [**own**] ~ zu seinen/ihren [eigenen] Bedingungen ❷ (*as*) als etw; **in** ~ **of costs** was die Kosten angeht ▶ **to be on bad/good** ~ **with sb** sich schlecht/gut mit jdm verstehen; **to come to** ~ **with sth** sich mit etw *dat* abfinden

tern [tɜːn] *n* Seeschwalbe *f*

ter·race [ˈterɪs] I. *n* ❶ (*patio*) Terrasse *f* ❷ (*geol*) Terrasse *f* ❸ BRIT ■ ~**s** *pl* (*in a stadium*) Tribüne *f;* **spectators'** ~ Besucherränge *pl* ❹ *esp* BRIT (*row of houses*) Reihenhäuser *pl* II. *vt* terrassenförmig anlegen

ter·raced [ˈterɪst] *adj* Terrassen-; ~ **property** Reihenhaus *nt;* ~ **road** BRIT Straße *f* mit Reihenhäusern

ter·raced house *n* Reihenhaus *nt*

ter·rain [təˈreɪn] *n* Gelände *nt*, Terrain *nt*

ter·ra·pin <*pl* - *or* -s> [ˈterəpɪn] *n* Dosenschildkröte *f*

ter·res·trial [təˈrestriəl] (*form*) I. *adj* ❶ (*relating to earth*) terrestrisch *geh*, Erd- ❷ (*living on the ground*) *animal, plant* Land- ❸ TV, MEDIA terrestrisch *geh* II. *n* Erdling *m*, Erdbewohner(in) *m(f)*

ter·ri·ble [ˈterəbl] *adj* ❶ (*shockingly bad*) schrecklich, furchtbar; **to look/feel** ~ schlimm aussehen/sich schrecklich fühlen ❷ (*fam: very great*) schrecklich, fürchterlich; **to be a** ~ **nuisance** schrecklich lästig sein

ter·ri·bly [ˈterəbli] *adv* ❶ (*awfully*) schrecklich ❷ (*fam: extremely*) außerordentlich ❸ (*fam: really*) wirklich; **not** ~ nicht wirklich

ter·ri·er [ˈteriəʳ] *n* Terrier *m*

ter·rif·ic [təˈrɪfɪk] *adj* (*fam*) ❶ (*excellent*) großartig, toll ❷ (*very great*) gewaltig, unglaublich

ter·ri·fied [ˈterəfaɪd] *adj* (*through sudden fright*) erschrocken; (*scared*) verängstigt; ■ **to be** ~ **of sth** [große] Angst vor etw *dat* haben

ter·ri·fy <-ie-> [ˈterəfaɪ] *vt* fürchterlich erschrecken; **it terrifies me to think about what could've happened** wenn ich mir vorstelle, was alles hätte passieren können, läuft es mir kalt den Rücken runter

ter·ri·fy·ing [ˈterəfaɪɪŋ] *adj thought, sight* entsetzlich; *speed* Angst erregend; *experience* schrecklich

ter·ri·to·rial [ˌterɪˈtɔːriəl] I. *n* BRIT Territorialsoldat *m* II. *adj* ❶ GEOG, POL territorial, Gebiets- ❷ ZOOL regional begrenzt; ~ **bird** Vogel *m* mit Territorialverhalten ❸ *esp* AM (*relating to a Territory*) ■ **T**~ Territorial-, Landes-

ter·ri·tory [ˈterɪtəri] *n* ❶ (*area of land*) Gebiet *nt no pl* POL Hoheitsgebiet *nt;* **forbidden** ~ (*fig*) verbotenes Terrain; **maritime** ~ Hoheitsgewässer *pl* ❸ BIOL Revier *nt* ❹ (*of activity or knowledge*) Bereich *m*, Gebiet *nt;* **familiar** ~ (*fig*) vertrautes Gebiet; **new/uncharted** ~ Neuland *nt* ❺ AUS **Northern** ~ Nordterritorium *nt* ▶ **to come with the** ~ dazugehören

ter·ror [ˈterəʳ] *n* ❶ *no pl* (*great fear*) schreckliche Angst; **to strike sb with** ~ jdn in Angst und Schrecken versetzen; **to strike** ~ **into sb's heart** jdn mit großer Angst erfüllen ❷ (*political violence*) Terror *m;* **campaign of** ~ Terrorkampagne *f;* **reign of** ~ Schreckensherrschaft, f; **war on** ~ Bekämpfung *f* des Terrorismus ❸ HIST ■ **the T**~ Schreckensherrschaft *f*

'ter·ror cell *n* Terrorzelle *f*

ter·ror·ism [ˈterərɪzəm] *n no pl* Terrorismus *m;* **act of** ~ Terroranschlag *m*

ter·ror·ist [ˈterərɪst] I. *n* Terrorist(in) *m(f)* II. *adj attr* terroristisch; ~ **attack** Terroranschlag *m;* ~ **militia** + *sing/pl verb* Terrormiliz *f;* ~ **network** Terrornetzwerk *nt*

ter·ror·ize [ˈterəraɪz] *vt* (*frighten*) in Angst und Schrecken versetzen; (*coerce by terrorism*) terrorisieren

'ter·ror-strick·en *adj*, **'ter·ror-struck** *adj* starr vor Schreck

ter·ry [ˈteri], **ter·ry cloth** *n no pl* (*type*) Frottee *m o nt;* (*cloth*) Frottiertuch *nt*

terse [tɜːs] *adj* kurz und bündig; ~ **and to the point** kurz und prägnant; ~ **reply** kurze Antwort

ter·tiary [ˈtɜːʃəri] I. *adj* ❶ (*third in place/degree*) drittrangig; ~ **education** Hochschulbildung *f* ❷ MED dritten Grades *nach n;* ~ **burns** Verbrennungen *pl* dritten Grades ❸ GEOL ■ **T**~ Tertiär-; **T**~ **deposit**

tessellated → texter

Tertiärablagerung *f;* **the T~ period** das Tertiär **II.** *n* ❶ (*tertiary feather*) Flaumfeder *f* ❷ GEOL Tertiär *nt;* ■ **tertiaries** *pl* tertiäre Überreste

tes·sel·lat·ed ['tesəleɪtɪd] *adj* mosaikartig

test [test] **I.** *n* ❶ (*of knowledge, skill*) Prüfung *f,* Test *m;* SCH Klassenarbeit *f;* UNIV Klausur *f;* **aptitude ~** Eignungstest *m;* **driving ~** Fahrprüfung *f;* **IQ ~** Intelligenztest *m;* **to fail a ~** eine Prüfung nicht bestehen; **to pass a ~** eine Prüfung bestehen; **to take a ~** einen Test [*o* eine Prüfung] machen ❷ MED, SCI (*examination*) Untersuchung *f,* Test *m;* **blood ~** Blutuntersuchung *f;* **pregnancy ~** Schwangerschaftstest *m* ❸ (*of metallurgy*) Versuchstiegel *m* ❹ (*challenge*) Herausforderung *f;* **to put sth to the ~** etw auf die Probe stellen ❺ SPORTS (*cricket*) ■ **T~** Testmatch *nt* ▶ **to stand the ~ of time** die Zeit überdauern **II.** *vt* ❶ (*for knowledge, skill*) prüfen, testen ❷ (*try to discover*) untersuchen ❸ (*check performance*) testen, überprüfen ❹ (*for medical purposes*) untersuchen; **to be ~ed for HIV** auf Aids untersucht werden; **to ~ sb's hearing** jds Hörvermögen testen ❺ (*by touching*) prüfen; (*by tasting*) probieren ❻ (*try to the limit*) ■ **to ~ sb/sth** jdn/etw auf die Probe stellen ▶ **to ~ the patience of a saint** eine harte Geduldsprobe sein **III.** *vi* MED einen Test machen; **she ~ed positive for HIV** ihr Aidstest ist positiv ausgefallen

tes·ta·ment ['testəmənt] *n* ❶ (*will*) Testament *nt;* **last will and ~** LAW Testament *nt* ❷ (*evidence*) Beweis *m;* ■ **to be** [a] **~ to sth** etw beweisen ❸ REL **the New/Old T~** das Neue/Alte Testament

'**test ban** *n* Teststopp *m* '**test bench** *n* Prüfstand *m* '**test card** *n* TV Testbild *nt* '**test case** *n* LAW (*case establishing a precedent*) Musterprozess *m;* (*precedent*) Präzedenzfall *m* '**test drive** *n* Probefahrt *f;* **to take sth for a ~** (*fig*) product etw testen

test·er¹ ['testər] *n* ❶ (*person*) Prüfer(in) *m(f)* ❷ (*machine*) Prüfgerät *nt* ❸ (*sample*) Muster *nt,* Probe *f*

test·er² ['testər] *n* (*canopy*) Baldachin *m*

'**test flight** *n* Testflug *m*

tes·ti·cle ['testɪkl] *n* Hoden *m*

tes·ti·fy <-ie-> ['testɪfaɪ] *vi* ❶ LAW (*give evidence*) als Zeuge *m*/Zeugin *f* aussagen; ■ **to ~ against/for sb** gegen/für jdn aussagen; **to be called upon to ~** als Zeuge *m*/Zeugin *f* aufgerufen werden ❷ (*prove*) ■ **to ~ to sth** von etw *dat* zeugen *geh;* LAW etw bezeugen

tes·ti·mo·nial [ˌtestɪ'məʊniəl] *n* ❶ (*assurance of quality*) Bestätigung *f* ❷ (*tribute for achievements*) Ehrengabe *f*

tes·ti·mo·ny ['testɪməni] *n* ❶ (*statement in court*) [Zeugen]aussage *f;* **to bear ~ to sth** etw bezeugen; **to give ~** aussagen ❷ (*fig: proof*) Beweis *m;* ■ **to be ~ to sth** etw beweisen

test·ing ['testɪŋ] **I.** *n no pl* Testen *nt,* Prüfen *nt* **II.** *adj attr* hart; *situation* schwierig

'**test·ing ground** *n* Testgebiet *nt,* Versuchsfeld *nt*

'**test match** *n* Testmatch *nt* '**test piece** *n* ❶ MUS Stück *nt* zum Vorspielen ❷ (*sample*) Muster *nt* '**test pi·lot** *n* Testpilot(in) *m(f)* '**test stage** *n* Versuchsstadium *nt* '**test tube** *n* Reagenzglas *nt* **test tube 'baby** *n* Retortenbaby *nt*

tes·ty ['testi] *adj person* leicht reizbar; *answer* gereizt

teta·nus ['tetənəs] *n no pl* Tetanus *m*

tetchy ['tetʃi] *adj* reizbar

tête-à-tête [ˌteɪtɑː'teɪt] **I.** *n* Tête-à-tête *nt* veraltet **II.** *adv* unter vier Augen

teth·er ['teðər] **I.** *n* [Halte]seil *nt* ▶ **to be at the end of one's ~** am Ende seiner Kräfte sein **II.** *vt* **to ~ an animal** [**to sth**] ein Tier [an etw *dat*] anbinden

tetra·he·dron <*pl* -dra *or* -s> [ˌtetrə'hiːdrən] *n* MATH Tetraeder *nt fachspr*

Teu·ton ['tjuːtən] *n* ❶ (*ancient native of Jutland*) Teutone *m*/Teutonin *f* ❷ (*esp pej: German*) Germane *m*/Germanin *f pej fam,* Deutsche(r) *f(m)*

Teu·ton·ic [tjuː'tɒnɪk] *adj* ❶ (*Germanic*) germanisch ❷ (*showing German characteristics*) deutsch; (*hist or hum*) teutonisch; (*pej*) typisch deutsch; **~ efficiency** deutsche Tüchtigkeit

Tex·an ['teksən] **I.** *n* Texaner(in) *m(f)* **II.** *adj* texanisch

Tex·as ['teksəs] *n* Texas *nt*

text [tekst] **I.** *n* ❶ *no pl* (*written material*) Text *m; of document* Inhalt *m* ❷ (*book*) Schrift *f;* **set ~** Pflichtlektüre *f* ❸ *no pl* COMPUT Text[teil] *m* ❹ TELEC SMS[-Nachricht] *f* **II.** *vt* TELEC ■ **to ~** [**sb**] **sth** [jdm] eine SMS[-Nachricht] senden

'**text·book I.** *n* Lehrbuch *nt* (**on** für/über) **II.** *adj attr* ❶ (*very good*) Parade-; **~ landing** Bilderbuchlandung *f* ❷ (*usual*) Lehrbuch-; **~ methods** Schulbuchmethoden *f*

'**text edi·tor** *n* COMPUT Texteditor *m*

text·er ['tekstə'] *n* **she is an avid ~** sie schickt oft SMS

tex·tile ['tekstaɪl] n (fabric) Stoff m; ■ ~s pl Textilien pl
'**tex·tile mill** n Textilfabrik f
'**text mes·sage** I. n SMS II. vt ■ **to ~ sth** etw per SMS schicken '**text pro·cess·ing** n COMPUT Textverarbeitung f
tex·tu·al ['tekstjuəl] adj textlich; ~ **analy·sis** Textanalyse f
tex·ture ['tekstʃəʳ] n ❶ (feel) Struktur f ❷ (consistency) Konsistenz f ❸ no pl (surface appearance) [Oberflächen]beschaffenheit f; **skin** ~ Teint m
Thai [taɪ] I. n ❶ (person) Thai mf, Thailänder(in) m(f) ❷ (language) Thai nt II. adj thailändisch
Thai·land ['taɪlænd] n Thailand nt
tha·lido·mide [θəˈlɪdə(ʊ)maɪd] n no pl MED Thalidomid nt, Contergan® nt
Thames [temz] n no pl Themse f; **the River ~** die Themse
than [ðæn, ðən] I. prep ❶ after superl (in comparison to) als; **she invited more ~ 30 people** sie lud mehr als 30 Leute ein; **bigger/earlier ~** größer/früher als ❷ (instead of) **rather ~ sth** anstatt etw gen ❸ (besides) **other ~ sb/sth** außer jdm/etw dat; **other ~ that ...** abgesehen davon ... II. conj als
thank [θæŋk] vt ■ **to ~ sb** jdm danken, sich bei jdm bedanken; ~ **you [very much]!** danke [sehr]!, vielen herzlichen Dank; **how are you — I'm fine, ~ you** wie geht es dir – danke, [mir geht es] gut; **no, ~ you/yes, ~ you** nein, danke/ja, bitte; **you have Joe to ~ for this job** diese Arbeit hast du Joe zu verdanken ▶ **thank goodness** [or **God**]! Gott sei Dank!; **to ~ one's lucky stars** von Glück reden können
thank·ful ['θæŋkfəl] adj ❶ (pleased) froh ❷ (grateful) dankbar (**for** für)
thank·ful·ly ['θæŋkfəli] adv ❶ (fortunately) glücklicherweise, zum Glück ❷ (gratefully) dankbar
thank·less ['θæŋkləs] adj ❶ (not rewarding) wenig lohnend; task undankbar ❷ (ungrateful) person, behaviour undankbar
thanks [θæŋks] npl ❶ (gratitude) Dank m kein pl; **to express one's ~** seinen Dank zum Ausdruck bringen geh ❷ (thank you) danke; **many ~!** vielen Dank!; ~ **very much [indeed]!** [vielen] herzlichen Dank!; **no, ~!** nein, danke!
thanks·giv·ing [ˌθæŋksˈgɪvɪŋ] n no pl ❶ (gratitude) Dankbarkeit f; **a prayer of ~** ein Dankgebet nt; **General T~** BRIT Dankgottesdienst m ❷ AM (public holiday) ■ **T~** Thanksgiving nt; (celebration of harvest) amerikanisches Erntedankfest **Thanks·'giv·ing Day** n AM Thanksgiving nt
'**thank you** n Danke[schön] nt; **to say a ~ to sb** sich bei jdm bedanken
'**thank-you note** n, '**thank-you let·ter** n Dankschreiben nt geh, Dankesbrief m
that [ðæt, ðət] I. adj dem (person, thing specified) der/die/das; (farther away) der/die/das [... dort [o da]]; **who is ~ girl?** wer ist das Mädchen?; **what was ~ noise?** was war das für ein Geräusch? II. pron ❶ dem (person, thing, action specified) das; (farther away) das [da [o dort]]; ~'**s a good idea** das ist eine gute Idee; ~'**s enough** das reicht; **who's ~?** wer ist das?; ~'**s why** deshalb ❷ dem, after prep **after/before ~** danach/davor; **by ~** damit; **what do you mean by ~?** was soll das heißen?; **like ~** (in such a way) so; (of such a kind) derartig, (fam: effortlessly) einfach so; **over/under ~** darüber/darunter ❸ dem (form: the one) der/die/das; **his handwriting is ~ of a child** seine Handschrift ist die eines Kindes ❹ dem (when finished) ~'**s it!** das war's!, jetzt reicht's!; **I won't agree to it and ~'s ~** ich stimme dem nicht zu, und damit Schluss; ~'**ll do** das wird reichen; **no thanks, ~'s all** nein danke, das ist alles ❺ relative (which, who) der/die/das ❻ relative (when) als; **the year ~ Anna was born** das Jahr, in dem Anna geboren wurde III. conj ❶ (as subject/object) dass; **I knew [~] he'd never get here on time** ich wusste, dass er niemals rechtzeitig hier sein würde ❷ (as a result) **it was so dark [~] I couldn't see anything** es war so dunkel, dass ich nichts sehen konnte ❸ (with a purpose) **so ~** damit ❹ after adj (in apposition to 'it') **is it true [~] she's gone back to teaching?** stimmt es, dass sie wieder als Lehrerin arbeitet? ❺ after -ing words **considering [~] ...** wenn man bedenkt, dass ...; **supposing [~] ...** angenommen, dass ... ❻ (as a reason) weil, da [ja]; **now ~ we've bought a house ...** jetzt, wo wir ein Haus gekauft haben ...; **except [~] ...** außer, dass ...; **to the extent ~ ...** dermaßen, dass ...; (insofar as) insofern als ... IV. adv so; **it wasn't [all] ~ good** so gut war es [nun] auch wieder nicht
thatch [θætʃ] I. n no pl (roof) Reetdach nt II. vt mit Reet decken
thatched [θætʃt] adj reetgedeckt
thaw [θɔː] I. n ❶ (weather) Tauwetter nt

❷ no pl (improvement in relations) Tauwetter nt; **there are signs of a ~ in relations between the two countries** zwischen den beiden Ländern gibt es Anzeichen für eine Entspannung **II.** vi ❶ (unfreeze) auftauen; **ice schmelzen** ❷ (become friendlier) auftauen **III.** vt FOOD auftauen

the [ðiː, ði, ðə] **I.** art def ❶ (denoting thing mentioned) der/die/das; **at ~ cinema** im Kino; **on ~ table** auf dem Tisch ❷ (particular thing/person) ■ **~ ...** der/die/das ...; **Harry's Bar is ~ place to go** Harry's Bar ist in der Szene total in fam ❸ (with family name) **~ Smiths** die Schmidts ❹ (before relative clause) der/die/das; **I really enjoyed ~ book I've just read** das Buch, das ich gerade gelesen habe, hat mir wirklich gefallen ❺ (in title) der/die; **Edward ~ Seventh** Eduard der Siebte ❻ (before adjective) der/die/das; **~ inevitable** das Unvermeidliche ❼ (to represent group) der/die/das; (with mass group) die; **~ panda is becoming an increasingly rare animal** der Pandabär wird immer seltener; **~ democrats/poor** die Demokraten/Armen ❽ (with superlative) der/die/das; **~ highest/longest ...** der/die/das höchste/längste ... ❾ (with dates) der; **~ 24th of May, May ~ 24th** der 24. Mai; (with time period) **in ~ eighties** in den achtziger Jahren ❿ (with ordinal numbers) **~ first/fifth** der/die Erste/Fünfte ⓫ (with measurements) pro; **these potatoes are sold by ~ kilo** diese Kartoffeln werden kiloweise verkauft ⓬ (enough) der/die/das; **I haven't got ~ energy to go out this evening** ich habe heute Abend nicht mehr die Energie auszugeben **II.** adv + comp **all ~ better/worse** umso besser/schlechter; **~ colder it got, ~ more she shivered** je kälter es wurde, desto mehr zitterte sie

the·a·tre ['θɪətəʳ] n, AM **thea·ter** n ❶ (for performances) Theater nt; **to go to the ~** ins Theater gehen ❷ AM, AUS, NZ (cinema) Kino nt ❸ UNIV lecture **~** Hörsaal m ❹ BRIT MED Operationssaal m ❺ no pl (dramatic art) Theater nt; **the Greek ~** das griechische Theater ❻ (where events happen) Schauplatz m

'thea·tre com·pa·ny n [Theater]ensemble nt, Schauspieltruppe f **'thea·tre crit·ic** n Theaterkritiker(in) m(f) **'thea·tre·goer** n Theaterbesucher(in) m(f)

the·at·ri·cal [θɪˈætrɪkəl] **I.** adj ❶ (of theatre) Theater-; **~ agent** Theateragent(in) m(f) ❷ (exaggerated) theatralisch **II.** n usu pl Berufsschauspieler(in) m(f)

thee [ðiː, ði] pron object pron DIAL (old: you) dir in dat, dich in akk

theft [θeft] n Diebstahl m

their [ðeəʳ, ðər] adj poss ❶ (of them) ihr(e); **the children brushed ~ teeth** die Kinder putzten sich die Zähne; **she took ~ picture** sie fotografierte sie ❷ (his or her) **has everybody got ~ passport?** hat jeder seinen Pass dabei?

theirs [ðeəz] pron ihr(e, es); **they think everything is ~** sie glauben, dass ihnen alles gehört; **I think she's a relation of ~** ich glaube, sie ist mit ihnen verwandt; **a favourite game of ~** eines ihrer Lieblingsspiele

the·ism ['θiːɪzəm] n no pl Theismus m geh

them [ðem, ðəm] **I.** pron object pron ❶ (persons, animals) sie in akk, ihnen in dat; **I told ~ I was leaving next week** ich habe ihnen gesagt, dass ich nächste Woche wegfahre; **the cats are hungry — could you feed ~?** die Katzen haben Hunger – könntest du sie füttern? ❷ (objects) sie in akk; **I've lost my keys — I can't find ~ anywhere** ich habe meine Schlüssel verloren – ich kann sie nirgends finden ❸ (him) ihm/ihr in dat, ihn/sie in akk; **we want to show every customer that we appreciate ~** wir wollen jedem Kunden zeigen, wie sehr wir ihn schätzen ❹ (fam: the other side) **us against ~** wir gegen sie **II.** adj attr DIAL (fam: those) diese pl; **look at ~ eyes** schau dir diese Augen an

the·mat·ic [θiˈmætɪk] **I.** adj thematisch **II.** n ■ **~s** + sing/pl vb Themengebiet nt

theme [θiːm] n ❶ (subject) Thema nt ❷ MUS Thema f; FILM, TV Melodie f ❸ AM SCH (essay) Aufsatz m

'theme mu·sic n no pl FILM, TV Titelmusik f **'theme park** n Themenpark m **'theme song** n FILM, TV Titelmelodie f **'theme tune** n Erkennungsmelodie f

them·selves [ðəmˈselvz] pron reflexive ❶ (direct object) sich; **the children behaved ~ very well** die Kinder benahmen sich sehr gut ❷ (form: them) sie selbst; **besides their parents and ~, no one else will attend their wedding** außer ihren Eltern und ihnen selbst wird niemand zu ihrer Hochzeit kommen ❸ (emph: personally) selbst; **to see/taste/feel/try sth for ~** etw selbst sehen/kosten/fühlen/versuchen ❹ (himself or herself) sich selbst; **anyone who fancies ~ as a racing driver** jeder, der sich selbst für einen Rennfahrer hält ❺ (*alone*) ■ [**all**] **by ~** [ganz] allein; **they had the whole campsite to ~** sie hatten den ganzen Campingplatz für sich

then [ðen] **I.** *adj* (*form*) damalige(r, s) **II.** *adv* ❶ (*at an aforementioned time*) damals; **before ~** davor, vorher; **by ~** bis dahin; **from ~ on** seit damals; **until ~** bis dahin ❷ (*after that*) dann, danach, darauf ❸ (*however*) **but ~** aber schließlich; **but ~ again** aber andererseits ❹ (*unwilling agreement*) **all right** [*or* **ok**] **~** na gut, [also] meinetwegen ❺ (*used to end conversation*) **see you next Monday ~** dann bis nächsten Montag

thence [ðen(t)s] *adv* (*dated form*) ❶ (*from there*) von dort ❷ (*from then on*) seit jener Zeit ❸ (*therefore*) deshalb

thence·forth [ˌðen(t)s'fɔːθ] *adv*, **thence·for·ward** [ˌðen(t)s'fɔːwəd] *adv* (*form*) seit jener Zeit

the·oc·ra·cy [θi'ɒkrəsi] *n no pl* Theokratie *f*

the·odo·lite [θi'ɒdəlaɪt] *n* Winkelmessgerät *nt*

theo·lo·gian [ˌθiːə'ləʊdʒən] *n* Theologe *m* / Theologin *f*

theo·logi·cal [ˌθiːə'lɒdʒɪkəl] *adj* Theologie-; **~ college** Priesterseminar *nt*

theo·logi·cal·ly [ˌθiːə'lɒdʒɪkəli] *adv* theologisch

the·ol·ogy [θi'ɒlədʒi] *n* ❶ (*principle*) Glaubenslehre *f* ❷ *no pl* (*study*) Theologie *f*

theo·rem [ˈθɪərəm] *n* MATH Lehrsatz *m;* **Pythagoras' ~** der Satz des Pythagoras

theo·reti·cal [θɪə'retɪkəl] *adj* theoretisch; **to be a ~ possibility** theoretisch möglich sein

theo·reti·cal·ly [θɪə'retɪkəli] *adv* theoretisch

theo·rist ['θɪərɪst] *n* Theoretiker(in) *m(f)*

theo·rize ['θɪəraɪz] *vi* Theorien aufstellen (**about** über)

theo·ry ['θɪəri] *n* ❶ *no pl* (*rules*) Theorie *f* ❷ (*possible explanation*) Theorie *f;* **in ~** theoretisch

thera·peu·tic [ˌθerə'pjuːtɪk] *adj* ❶ (*healing*) therapeutisch ❷ (*beneficial to health*) gesundheitsfördernd

thera·peu·tics [ˌθerə'pjuːtɪks] *n + sing vb* Therapielehre *f*

thera·pist ['θerəpɪst] *n* Therapeut(in) *m(f)*

thera·py ['θerəpi] *n* Therapie *f,* Behandlung *f;* **occupational ~** Beschäftigungstherapie *f*

there [ðeəʳ, ðəʳ] **I.** *adv* ❶ (*in, at that place*) dort, da; **~ 's that book you were looking for** hier ist das Buch, das du gesucht hast; **to be ~ for sb** für jdn da sein; **here and ~** hier und da ❷ (*at the place indicated*) dort, da; **in/out/over/up ~** da drin[nen]/draußen/drüben/oben ❸ (*to a place*) dahin, dorthin; **the museum is closed today — we'll go ~ tomorrow** das Museum ist heute zu – wir gehen morgen hin; **to get ~** (*arrive*) hinkommen; (*fig: succeed*) es schaffen; (*understand*) es verstehen; **~ and back** hin und zurück; **in ~** dort [*o* da] hinein ❹ (*in speech or text*) an dieser Stelle; **I'd have to disagree with you ~** da muss ich Ihnen leider widersprechen ❺ (*used to introduce sentences*) **~ are lives at stake** es stehen Leben auf dem Spiel; **~'s a good boy/girl/dog** braver Junge/braves Mädchen/braver Hund; **~ appears to be ...** es scheint ...; **~ comes a point where ...** es kommt der Punkt, an dem ... ❻ (*said to attract attention*) **hello ~!** hallo! ▶ **to be neither here nor ~** keine Rolle spielen; **~ you are — that'll be £3.80 please** bitte schön – das macht £3,80; **been ~, done that** (*fam*) kalter Kaffee; **~ you have it** na siehst du; **II. interj** ❶ (*expressing sympathy*) da!, schau!; **~, ~!** ganz ruhig!, schon gut! ❷ (*expressing satisfaction*) na bitte!, siehst du! ❸ (*fam*) **so ~!** und damit basta!; **you can't have any, so ~!** du kriegst nichts ab, ätsch!

there·abouts ['ðeərəbaʊts] *adv* ❶ (*in that area*) dort in der Nähe ❷ (*approximate time*) **or ~** oder so; **he's lived in Norwich for 40 years, or ~** er lebt seit ungefähr vierzig Jahren in Norwich **there·'after** *adv* (*form*) darauf; **shortly ~** kurze Zeit später **'there·by** *adv* dadurch ▶ **~ hangs a tale** *esp* BRIT (*hum*) das ist eine lange Geschichte **there·fore** ['ðeəfɔːʳ] *adv* deshalb, deswegen, daher **there·in** [ˌðeə'rɪn] *adv* (*form*) darin **there·of** [ˌðeə'rɒv] *adv* (*form*) davon **there·upon** [ˌðeərə'pɒn] *adv* (*form*) daraufhin

therm [θɜːm] *n* BRIT (*dated*) veraltete britische Einheit für Arbeit und Energie

ther·mal ['θɜːməl] **I.** *n* ❶ (*air current*) Thermik *f* ❷ (*underwear*) ■ **~ s** *pl* Thermounterwäsche *f kein pl* **II.** *adj attr* ❶ MED Thermal-; **~ bath** Thermalbad *nt* ❷ PHYS thermisch, Thermo-; **~ conductivity** Wärmeleitfähigkeit *f*

ther·mal 'under·wear *n no pl* Thermounterwäsche *f*

ther·mo·dy·nam·ic [ˌθɜːməʊdaɪ'næmɪk] *adj attr* thermodynamisch

ther·mo·elec·tric [ˌθɜːməʊɪˈlektrɪk] *adj* thermoelektrisch

ther·mom·eter [ˈθɜːmɒmɪtəʳ] *n* ❶ (*device*) Thermometer *nt o* SCHWEIZ *a. m;* **clinical ~** Fieberthermometer *nt* ❷ (*record*) Barometer *nt*

ther·mo·nu·clear [ˌθɜːmə(ʊ)ˈnjuːklɪəʳ] *adj* thermonuklear; **~ bomb** Wasserstoffbombe *f*

Thermos® [ˈθɜːmɒs] *n,* **Thermos® bottle** *n,* **Thermos® flask** *n* Thermosflasche *f*

ther·mo·stat [ˈθɜːməstæt] *n* Thermostat *m*

ther·mo·stat·ic [ˈθɜːməstætɪk] *adj* thermostatisch

the·sau·rus <*pl* -es *or pl* -ri> [θɪˈsɔːrəs, *pl* -raɪ] *n* Synonymwörterbuch *nt,* Thesaurus *m fachspr*

these [ðiːz] I. *adj pl of* **this** II. *pron dem pl of* **this** ❶ (*the things here*) diese; **take ~ and put them on my desk please** nimm die[se] hier und stell sie bitte auf meinen Tisch; **are ~ your bags?** sind das hier deine Taschen; **~ here** die da ❷ (*the people here*) das; **~ are my kids** das sind meine Kinder ❸ (*current times*) diese; **in times like ~ ...** in Zeiten wie diesen ... ❹ (*familiar referent*) diese

the·sis <*pl* -ses> [ˈθiːsəs, *pl* -siːz] *n* ❶ (*written study*) wissenschaftliche Arbeit; (*for diploma*) Diplomarbeit *f;* (*for PhD*) Doktorarbeit *f;* **doctoral ~** Doktorarbeit *f* ❷ (*proposition*) These *f*

they [ðeɪ] *pron pers* ❶ (*3rd person plural*) sie; **where are my glasses? ~ were on the table just now** wo ist meine Brille? sie lag doch gerade noch auf dem Tisch ❷ (*he or she*) er, sie; **ask a friend if ~ could help** frag einen Freund, ob er/sie helfen kann ❸ (*people in general*) sie; **~ say ...** es heißt ... ❹ (*fam: those with authority*) **~ 've decided to change the bus route into town** es wurde beschlossen, die Busroute in die Stadt zu ändern; **~ cut my water off** man hat mir das Wasser abgestellt

they'll [ðeɪl] = **they will** *see* **will**¹
they're [ðeəʳ] = **they are** *see* **be**
they've [ðeɪv] = **they have** *see* **have** I, II

thick [θɪk] I. *adj* ❶ (*not thin*) *coat, layer, volume* dick ❷ (*bushy*) *eyebrows* dicht; *hair also* voll ❸ *after n* (*measurement*) dick, stark; **the walls are two metres ~** die Wände sind zwei Meter dick ❹ (*not very fluid*) dick, zähflüssig ❺ (*dense*) dicht; **~ with smoke** verraucht; **~ clouds/fog** dichte Wolkendecke/dichter Nebel ❻ (*extreme*) deutlich, ausgeprägt; *accent* stark ❼ (*pej sl: mentally slow*) dumm; **to be [a bit] ~** [ein bisschen] begriffsstutzig sein ▸ **to have a ~ skin** ein dickes Fell haben; **blood is ~er than water** (*saying*) Blut ist dicker als Wasser *prov;* **to be as ~ as thieves** wie Pech und Schwefel zusammenhalten; **to be as ~ as two short planks** dumm wie Bohnenstroh sein II. *n no pl* (*fam*) ■ **in the ~ of sth** mitten[drin] in etw *dat* III. *adv* (*heavily*) dick; **the snow lay ~ on the path** auf dem Weg lag eine dicke Schneedecke ▸ **to come ~ and fast the complaints were coming ~ and fast** es hagelte Beschwerden; **to lay it on ~** dick auftragen *fam*

thick·en [ˈθɪkən] I. *vt sauce* eindicken II. *vi* ❶ (*become less fluid*) dick[er] werden ❷ (*become denser*) dicht[er] werden ❸ (*become less slim*) [an Umfang] zunehmen ▸ **the plot ~s** (*saying*) die Sache wird langsam interessant

thick·en·er [ˈθɪkənəʳ] *n* Bindemittel *nt;* **gravy ~** Soßenbinder *m*

thick·et [ˈθɪkɪt] *n* Dickicht *nt*

thick-ˈhead·ed *adj* ❶ (*mentally slow*) begriffsstutzig ❷ (*stupid*) dumm

thick·ly [ˈθɪkli] *adv spread, cut* dick

thick·ness [ˈθɪknəs] *n* ❶ *no pl* (*size, depth*) Dicke *f* ❷ (*denseness*) Dichte *f* ❸ (*layer*) Schicht *f*

thick-ˈset *adj person* stämmig; *plant* dicht [gepflanzt] **thick-ˈskinned** *adj* dickhäutig; **to be ~ in** ein dickes Fell haben

thief <*pl* thieves> [θiːf] *n* Dieb(in) *m(f)* ▸ **like a ~ in the night** wie ein Dieb in der Nacht

thieve [θiːv] *vi, vt* (*liter*) stehlen

thiev·ing [ˈθiːvɪŋ] I. *n* (*liter, form*) Stehlen *nt* II. *adj attr* diebisch; **take your ~ hands off my cake!** (*hum*) lass deine Finger von meinem Kuchen!

thigh [θaɪ] *n* [Ober]schenkel *m*

ˈthigh bone *n* Oberschenkelknochen *m*

thim·ble [ˈθɪmbl̩] *n* Fingerhut *m*

thin <-nn-> [θɪn] I. *adj* ❶ (*not thick*) dünn; **~ line** feine Linie; (*fig*) schmaler Grat ❷ (*slim*) *person* dünn; (*too slim*) hager ❸ (*not dense*) *fog* leicht; *crowd* klein; (*lacking oxygen*) *air* dünn ❹ (*sparse*) spärlich; **~ hair** (*on head*) schütteres Haar; (*on body*) spärlicher Haarwuchs ❺ (*very fluid*) dünn[flüssig] ❻ (*feeble*) schwach; *disguise* dürftig; *excuse* fadenscheinig ❼ (*come to an end*) **to wear ~** *soles, clothes* dünner werden; (*fig*) erschöpft sein ▸ **out of ~ air** aus dem Nichts; **to disappear into ~ air**

sich in Luft auflösen; **to be ~ on the ground** BRIT, AUS dünn gesät sein; **to be on ~ ice** sich auf dünnem Eis bewegen; **to stick together through thick and ~** zusammen durch dick und dünn gehen **II.** *vt* <-nn-> ❶ *(make more liquid)* verdünnen ❷ *(remove some)* ausdünnen, lichten **III.** *vi* <-nn-> ❶ *(become weaker) soup, blood* dünner werden; *crowd* sich zerstreuen; *fog* sich lichten; *hair* dünner werden, sich lichten ❷ *(become worn) material* sich verringern, abnehmen ◆**thin down I.** *vi* abnehmen **II.** *vt* verdünnen ◆**thin out I.** *vt* ausdünnen; *plants* pikieren **II.** *vi* weniger werden, sich verringern; *crowd* kleiner werden, sich verlaufen

thine [ðaɪn] DIAL **I.** *adj det (old)* dein **II.** *pron poss (old)* der/die/das Deinige

thing [θɪŋ] *n* ❶ *(unspecified object)* Ding *nt,* Gegenstand *m,* Dings[bums] *nt fam;* **I haven't got a ~ to wear** ich habe nichts zum Anziehen ❷ *(possessions)* ■ **~s** *pl* Besitz *m kein pl; (objects for special purpose)* Sachen *pl,* Zeug *nt kein pl;* **swimming ~s** Schwimmzeug *nt kein pl* ❸ *(unspecified idea, event)* Sache *f;* **if there's one ~ I want to know it's this** wenn es etwas gibt, das ich wissen will, dann ist es das; **one ~ leads to another** das Eine führt zum Andern; **don't worry about a ~!** mach dir keine Sorgen!; **to not be sb's ~** nicht jds Ding *nt* sein *fam;* **the whole ~** das Ganze ❹ *(unspecified activity)* Sache *f;* **that was a close ~!** das war knapp!; **to do sth first/last ~** etw als Erstes/Letztes tun; **to do one's own ~** *(fam)* seinen [eigenen] Weg gehen ❺ *(fam: what is needed)* **just the ~** genau das Richtige ❻ *(matter)* Thema *nt,* Sache *f;* **sure ~!** *esp* AM na klar!; **to know a ~ or two** eine ganze Menge wissen ❼ *(social behaviour)* **smoking during meals is not the done ~** es gehört sich nicht, während des Essens zu rauchen ❽ *(the situation)* **how are ~s [with you]?** wie geht's [dir]?; **as ~s stand** so wie die Dinge stehen ❾ *(person)* **you lucky ~!** du Glückliche(r)!; **lazy ~** Faulpelz *m;* **the poor ~** der/die Ärmste; *(young woman, child)* das arme Ding ▶ **to be the greatest ~ since sliced bread** *(fam)* einfach Klasse sein; **the best ~s in life are free** *(saying)* die besten Dinge im Leben sind umsonst; **to be just one of those ~s** *(be unavoidable)* einfach unvermeidlich sein; *(typical happening)* typisch sein; **worse ~s happen at sea** *(saying)* davon geht die Welt nicht unter *fam;* **to be onto a good ~** *(fam)* etwas Gutes auftun

thing·ma·bob [ˈθɪŋəməˌbɒb], **thinga·ma·jig** [ˈθɪŋəməˌdʒɪɡ], BRIT **thingum·my** [ˈθɪŋəmi], *esp* BRIT **thingy** [ˈθɪŋi] *n (fam)* [der/die/das] Dings[da] [*o* Dingsbums]

think [θɪŋk] **I.** *n no pl (fam)* **to have a ~ about sth** sich *dat* etw überlegen, über etw *akk* nachdenken **II.** *vi* <thought, thought> ❶ *(believe)* denken, glauben, meinen; **yes, I ~ so** ich glaube schon; **no, I don't ~ so** ich glaube nicht ❷ *(reason, have views/ideas)* denken; **not everybody ~s like you** nicht jeder denkt wie du ❸ *(consider to be, have an opinion)* **I want you to ~ of me as a friend** ich möchte, dass du mich als Freund siehst; **~ nothing of it!** keine Ursache!; **to ~ highly of sb/sth** viel von jdm/etw *dat* halten; **to ~ nothing of doing sth** nichts dabei finden, etw zu tun ❹ *(expect)* **I thought as much!** das habe ich mir schon gedacht! ❺ *(intend)* ■ **to ~ of doing sth** erwägen, etw zu tun ❺ *(come up with)* ■ **to ~ of sth** sich *dat* etw ausdenken; **to ~ of an idea/solution** auf eine Idee/Lösung kommen ❼ *(remember)* **I can't ~ when/where/who ...** ich weiß nicht mehr, wann/wo/wer ... ❽ *(reflect)* [nach]denken, überlegen; **that'll give him something to ~ about** das sollte ihm zu denken geben; **I haven't seen him for weeks, in fact, come to ~ of it, since March** ich habe ihn seit Wochen nicht mehr gesehen, wenn ich es mir recht überlege, seit März nicht; **to ~ better of sth** sich *dat* etw anders überlegen; **to ~ for oneself** selbständig denken ❾ *(imagine)* ■ **to ~ of sth** sich *dat* etw vorstellen; **to ~ of an idea/solution** ⑯ *(have in one's mind)* ■ **to ~ of sb/sth** an jdn/etw *akk* denken ⑪ *(take into account)* ■ **to ~ of sth** etw bedenken ▶ **to be unable to hear oneself ~** sein eigenes Wort nicht mehr verstehen **III.** *vt* <thought, thought> ❶ *(hold an opinion)* denken, glauben; **to ~ the world of sb/sth** große Stücke auf jdn/etw *akk* halten; **to ~ to oneself that ...** [bei] sich *dat* denken, dass ... ❷ *(consider to be)* **who do you ~ you are?** für wen hältst du dich eigentlich?; **to ~ it [un]likely that ...** es für [un]wahrscheinlich halten, dass ... ❸ *(intend)* **I ~ I'll go for a walk** ich denke, ich mache einen Spaziergang ❹ *(remember)* ■ **to ~ to do sth** daran denken, etw zu tun ❺ *(find surprising, strange, foolish)* **to ~ [that] I loved him!** kaum zu glauben, dass ich ihn einmal geliebt habe! ◆**think about** vi ❶ (*have in one's mind*) denken (an) ❷ (*reflect*) nachdenken (über) ❸ (*consider*) **to ~ about sth** sich *dat* etw überlegen; **to [not] ~ twice about sth** sich *dat* etw [nicht] zweimal überlegen ◆**think ahead** vi vorausdenken; (*be foresighted*) sehr vorausschauend sein ◆**think back** vi zurückdenken (**to** an); ■**to ~ back over sth** sich *dat* etw noch einmal vergegenwärtigen ◆**think on** vt NBRIT, AM (*fam*) nachdenken (über) ◆**think out** vt ❶ (*prepare carefully*) durchdenken; **a well thought out plan** ein gut durchdachter Plan ❷ (*plan*) vorausplanen ❸ (*come up with*) sich *dat* ausdenken; (*develop*) entwickeln ◆**think over** vt überdenken; **I'll ~ it over** ich überleg's mir noch mal ◆**think through** vt [gründlich] durchdenken ◆**think up** vt (*fam*) sich *dat* ausdenken

think·er ['θɪŋkəʳ] *n* Denker(in) *m(f)*

think·ing ['θɪŋkɪŋ] I. *n no pl* ❶ (*using thought*) Denken *nt;* **to do some ~ about sth** sich *dat* über etw *akk* Gedanken machen ❷ (*reasoning*) Überlegung *f;* **good ~!** that's a brilliant idea! nicht schlecht! eine geniale Idee! ❸ (*opinion*) Meinung *f;* **to my way of ~** meiner Ansicht nach II. *adj attr* denkend, vernünftig

'**think tank** *n* (*fig*) Expertenkommission *f*

thin·ner ['θɪnəʳ] I. *n* Verdünnungsmittel *nt;* **paint ~** Farbverdünner *m* II. *adj comp of* **thin**

thin·ness ['θɪnnəs] *n no pl* ❶ (*not fat*) Magerkeit *f* ❷ (*fig: lack of depth*) Dünnheit *f*

thin-'skinned *adj* empfindlich, sensibel

third [θɜːd] I. *n* ❶ (*number 3*) Dritte(r, s); **George the T~** Georg der Dritte; **the ~ of September** der dritte September ❷ (*fraction*) Drittel *nt* ❸ (*gear position*) dritter Gang ❹ MUS Terz *f* ❺ BRIT UNIV (*class of degree*) dritter [akademischer] Grad II. *adj* dritte(r, s); **~ best** drittbeste(r, s); **the ~ time** das dritte Mal

third 'age *n* ■**the ~** das dritte Leben [*o* Alter] **third de·'gree** *n* Polizeimaßnahme *f* (*zur Erzwingung eines Geständnisses*); **to get the ~** (*hum fam*) verhört werden; **to give sb the ~** (*fam*) jdn in die Mangel nehmen **third-de·gree 'burn** *n* Verbrennung *f* dritten Grades **third·ly** ['θɜːdli] *adv* drittens **third 'par·ty** I. *n* dritte Person; LAW Dritte(r) *f(m);* POL dritte Partei II. *adj attr* Haftpflicht-; **~ accident insurance** Unfall-Fremdversicherung **third-par·ty in·'sur·ance** *n no pl* Haftpflichtversicherung *f* **third-par·ty lia·'bil·ity** *n no pl* Haftpflicht *f;* **to be covered for ~** haftpflichtversichert sein **third 'per·son** *n* ❶ (*person*) dritte Person; LAW Dritte(r) *f(m)* ❷ LING dritte Person **third-'rate** *adj* minderwertig **Third 'World** *n* ■**the ~** die Dritte Welt; **~ country** Drittweltland *nt*

thirst [θɜːst] *n no pl* ❶ (*need for a drink*) Durst *m;* **to die of ~** verdursten; **to quench one's ~** seinen Durst löschen ❷ (*strong desire*) Verlangen *nt;* **to have a ~ for adventure** abenteuerlustig sein; **~ for knowledge** Wissensdurst *m;* **~ for power** Machtgier *f*

thirsty ['θɜːsti] *adj* durstig; **gardening is ~ work** Gartenarbeit macht durstig; ■**to be ~ for sth** nach etw *dat* hungern

thir·teen [θɜːˈtiːn] I. *n* Dreizehn *f; see also* **eight** II. *adj* dreizehn; *see also* **eight**

thir·teenth [θɜːˈtiːn(t)θ] I. *n* ❶ (*order*) ■**the ~** der/die/das Dreizehnte; *see also* **eighth** ❷ (*date*) **the ~** der Dreizehnte; *see also* **eighth** ❸ (*fraction*) Dreizehntel *nt; see also* **eighth** II. *adj* dreizehnte(r, s); *see also* **eighth** III. *adv* als Dreizehnte(r, s); *see also* **eighth**

thir·ti·eth ['θɜːtiəθ] I. *n* ❶ (*after twenty-ninth*) Dreißigste(r, s); *see also* **eighth** ❷ (*date*) **the ~** der Dreißigste; *see also* **eighth** ❸ (*fraction*) Dreißigstel *nt; see also* **eighth** II. *adj* dreißigste(r, s); *see also* **eighth** III. *adv* als Dreißigste(r, s); *see also* **eighth**

thir·ty ['θɜːti] I. *n* ❶ (*number*) Dreißig *f; see also* **eight** ❷ (*age*) **to be in one's thirties** in den Dreißigern sein ❸ (*time period*) ■**the thirties** *pl* die dreißiger Jahre ❹ (*speed*) **he was doing ~ kph** er fuhr gerade dreißig II. *adj* dreißig; *see also* **eight**

this [ðɪs, ðəs] I. *adj attr* ❶ (*close in space*) diese(r, s); **can you sign ~ form [here] for me?** kannst du dieses Formular für mich unterschreiben? ❷ (*close in future*) diese(r, s); **I'll do it ~ Monday/week/month/year** ich erledige es diesen Montag/diese Woche/diesen Monat/dieses Jahr; (*of today*) **~ morning/evening** heute Morgen/Abend; **~ minute** sofort ❸ (*referring to specific*) diese(r, s); **don't listen to ~ guy** hör nicht auf diesen Typen; **by ~ time** dann ❹ (*fam: a*) diese(r, s); **~ lady came up to me and asked me where I got my tie** da kam so eine Frau auf mich zu und fragte mich nach meiner Krawatte ▶**watch ~ space** BRIT man darf gespannt sein II. *pron* ❶ (*the thing here*) das; **~ is my purse not yours** das ist mein Geldbeutel, nicht deiner; **is ~ your bag?** ist das deine Tasche? ❷ (*the person here*) das; **~ is my husband, Stefan** das ist mein Ehemann Stefan; **~ is the captain speaking** hier spricht der Kapitän ❸ (*this matter here*) das; **what's ~?** was soll das?; **what's all ~ about?** was soll das [Ganze] hier?; **~ is what I was talking about** davon spreche ich ja ❹ (*present time*) **how can you laugh at a time like ~?** wie kannst du in einem solchen Moment lachen? ❺ (*with an action*) das; **every time I do ~, it hurts** jedes Mal, wenn ich das mache, tut es weh; **like ~ so** ❻ (*the following*) das; **listen to ~ ... how does it sound?** hör dir das an ... wie klingt das? ▶ **~ and that** dies und das **III.** *adv* so; **he's not used to ~ much attention** er ist so viel Aufmerksamkeit nicht gewohnt; **~ far and no further** (*also fig*) bis hierher und nicht weiter

this·tle [ˈθɪsl] *n* Distel *f*

tho' [ðəʊ] *conj short for* **though** obwohl

thong [θɒŋ] *n* ❶ (*strip of leather*) Lederband *nt* ❷ (*part of whip*) Peitschenschnur *f* ❸ (*G-string panty*) Tanga *m* ❹ AM, AUS (*flip-flop*) ■ **~s** *pl* [Zehen]sandalen *pl*, Badeschuhe *pl* (*mit Leder- oder Plastikriemen zwischen ersten beiden Zehen*)

thor·ax <*pl* -es *or* -races> [ˈθɔːræks, *pl* -rəsiːz] *n* ANAT Brustkorb *m*

thorn [θɔːn] *n* ❶ (*prickle*) Dorn *m* ❷ (*bush with prickles*) Dornenstrauch *m* ❸ (*nuisance*) Ärgernis *nt* ▶ **to be a ~ in sb's side** jdm ein Dorn im Auge sein; **there is no rose without a ~** (*prov*) keine Rose ohne Dornen *prov*

thorny [ˈθɔːni] *adj* ❶ (*with thorns*) dornig ❷ (*difficult*) schwierig; *issue* heikel

thor·ough [ˈθʌrə] *adj* ❶ (*detailed*) genau, exakt ❷ (*careful*) sorgfältig, gründlich; *reform* durchgreifend ❸ *attr* (*complete*) komplett; **it was a ~ waste of time** das war reine Zeitverschwendung

ˈthor·ough·bred I. *n* Vollblut[pferd] *nt* **II.** *adj* ❶ *horse* reinrassig, Vollblut- ❷ (*fam: excellent*) rassig **ˈthor·ough·fare** *n* (*form*) Durchgangsstraße *f*; **"no ~"** „keine Durchfahrt" **ˈthor·ough·go·ing** *adj* (*form*) ❶ (*complete*) gründlich ❷ (*radical*) radikal; **a ~ idiot** ein Vollidiot *m pej*

thor·ough·ly [ˈθʌrəli] *adv* ❶ (*in detail*) genau, sorgfältig ❷ (*completely*) völlig; **to ~ enjoy sth** etw ausgiebig genießen

thor·ough·ness [ˈθʌrənəs] *n no pl* Gründlichkeit *f*, Sorgfältigkeit *f*

those [ðəʊz] **I.** *adj det* ❶ *pl of* **that** (*to identify specific persons/things*) diese; **how much are ~ brushes?** wie viel kosten die Bürsten da? ❷ *pl of* **that** (*familiar referent*) jene; **where are ~ children of yours?** wo sind deine Kinder? ❸ *pl of* **that** (*singling out*) **I like ~ biscuits with the almonds in them** ich mag die Kekse mit den Mandeln drinnen **II.** *pron pl of* **that** ❶ (*the things over there*) diejenigen; **what are ~?** was ist das?; **these peaches aren't ripe, try ~ on the table** diese Pfirsiche sind noch nicht reif, versuch' die auf dem Tisch ❷ (*the people over there*) das; **~ are my kids over there** das sind meine Kinder da drüben ❸ (*past times*) damals; **~ were the days** das war eine tolle Zeit ❹ (*the people*) ■ **~ who ...** diejenigen, die ...; ■ **one of ~** (*belonging to a group*) eine(r) davon; **to be one of ~ who ...** eine(r) von denen sein, die ..., zu denen gehören, die ... ❺ (*the ones*) diejenigen; **my favourite chocolates are ~ which have cherries inside them** meine Lieblingspralinen sind die mit Kirschen

thou[1] [ðaʊ] *pron pers* DIAL (*old: you*) du

thou[2] <*pl* -> [θaʊ] *n* (*fam*) ❶ *abbrev of* **thousand** ❷ *abbrev of* **thousandth**

though [ðəʊ] **I.** *conj* ❶ (*despite the fact that*) obwohl ❷ (*however*) [je]doch ❸ (*fam: nevertheless*) dennoch; **the report was fair, ~** der Bericht war trotz allem fair ❹ (*if*) ■ **as ~** als ob **II.** *adv* trotzdem

thought [θɔːt] **I.** *n* ❶ *no pl* (*thinking*) Nachdenken *nt*, Überlegen *nt*; **food for ~** Denkanstöße *pl*; **freedom of ~** Gedankenfreiheit *f*; **train of ~** Gedankengang *m*; **to be deep in ~** tief in Gedanken versunken sein; **to give sth some ~** sich *dat* Gedanken über etw *akk* machen ❷ (*opinion, idea*) Gedanke *m*; **I've just had a ~** mir ist eben eingefallen; **to spare a ~ for sb/sth** an jdn/etw *akk* denken ▶ **a penny for your ~s!** (*saying*) ich wüsste zu gern, was du gerade denkst!; **it's the ~ that counts** der gute Wille zählt **II.** *vt, vi pt, pp of* **think**

thought·ful [ˈθɔːtfəl] *adj* ❶ (*considerate*) aufmerksam ❷ (*mentally occupied*) nachdenklich ❸ (*careful*) sorgfältig

thought·less [ˈθɔːtləs] *adj* ❶ (*inconsiderate*) rücksichtslos ❷ (*without thinking*) unüberlegt

thought·less·ly [ˈθɔːtləsli] *adv* ❶ (*without thinking of others*) rücksichtslos ❷ (*without thinking*) gedankenlos, unüberlegt

thought·less·ness [ˈθɔːtləsnəs] *n no pl* ❶ (*without considering others*) Rücksichtslosigkeit *f* ❷ (*without thinking*) Gedankenlosigkeit *f*, Unüberlegtheit *f*

thought-'out *adj* durchdacht **'thought-pro·vok·ing** *adj* nachdenklich stimmend; **she made some very ~ remarks** ihre Bemerkungen gaben mir zu denken

thou·sand [ˈθaʊzᵊnd] **I.** *n* ① *no pl* (*number*) Tausend *f;* **as a father, he's one in a ~** er ist ein fantastischer Vater; **one ~ / two ~** [ein]tausend/zweitausend ② *no pl* (*year*) **two ~ and five** [das Jahr] zweitausend und fünf ③ *no pl* (*quantity*) **a ~ pounds** [ein]tausend Pfund ④ *pl* (*lots*) ■ **~ s** Tausende *pl* **II.** *adj det, attr* tausend; **I've said it a ~ times** ich habe es jetzt unzählige Male gesagt ▶**the sixty-four ~ <u>dollar</u> question** die [alles] entscheidende Frage

thou·sandth [ˈθaʊzᵊn(d)θ] **I.** *n* (*in series*) Tausendste(r, s); (*fraction*) Tausendstel *nt* **II.** *adj* tausendste(r, s); ■ **the ~ ...** der/die/das tausendste ...; **a ~ part** ein Tausendstel *nt;* **the ~ time** das tausendste Mal

thrash [θræʃ] **I.** *vt* ① (*beat*) verprügeln; **to get ~ed** Prügel beziehen ② (*fam: defeat*) haushoch schlagen **II.** *vi* (*liter*) rasen ◆**thrash out** *vt* ① (*fam: discuss*) ausdiskutieren ② (*produce by discussion*) aushandeln

thrash·ing [ˈθræʃɪŋ] *n* Prügel *pl;* **to give sb a [good] ~** jdm eine [anständige] Tracht Prügel verpassen

thread [θred] **I.** *n* ① *no pl* (*for sewing*) Garn *nt* ② (*fibre*) Faden *m*, Faser *f* ③ (*theme*) roter Faden; **to lose the ~** [**of what one is saying**] den Faden verlieren ④ (*groove*) Gewinde *nt;* (*part of groove*) Gewindegang *m* ⑤ INET Thread *m* **II.** *vt* ① (*put through*) einfädeln; **she ~ed her way through the crowd** sie schlängelte sich durch die Menge; **to ~ a needle** einen Faden in eine Nadel einfädeln ② (*put onto a string*) auffädeln; **to ~ beads onto a chain** Perlen auf einer Kette aufreihen

'thread·bare *adj* ① *material* abgenutzt; *clothes* abgetragen; *carpet* abgelaufen; (*fig*) *argument* fadenscheinig ② *person, building* schäbig ③ (*too often used*) abgedroschen

threat [θret] *n* ① (*warning*) Drohung *f;* **death ~** Morddrohung *f;* **an empty ~** eine leere Drohung ② LAW (*menace*) Bedrohung *f* ③ *no pl* (*potential danger*) Gefahr *f*, Bedrohung *f;* **~ of war** Kriegsgefahr *f;* **to pose a ~ to sb/sth** eine Gefahr für jdn/etw *akk* darstellen; ■ **to be under ~ of sth** von etw *dat* bedroht sein

threat·en [ˈθretᵊn] **I.** *vt* ① (*warn*) ■ **to ~ sb** jdn bedrohen, jdm drohen; ■ **to ~ sb with sth** jdm mit etw *dat* drohen; (*with weapon*) jdn mit etw *dat* bedrohen; **to ~ sb with violence** jdm Gewalt androhen ② (*be a danger*) gefährden, eine Bedrohung sein (für) ③ (*present risk*) **the sky ~ s rain** am Himmel hängen dunkle Regenwolken **II.** *vi* drohen; ■ **to ~ to do sth** damit drohen, etw zu tun

threat·en·ing [ˈθretᵊnɪŋ] *adj* ① (*hostile*) drohend, Droh-; **~ behaviour** Drohungen *pl;* **~ letter** Drohbrief *m* ② (*menacing*) bedrohlich; *clouds* dunkel; **~ behaviour** LAW Bedrohung *f*

threat·en·ing·ly [ˈθretᵊnɪŋli] *adv* bedrohlich, drohend

three [θriː] **I.** *n* ① (*number*) Drei *f; see also* **eight** ② (*quantity*) drei; **in ~ s** in Dreiergruppen ③ (*score*) Drei *f;* CARDS Drei *f;* **the ~ of diamonds** die Karodrei ④ (*the time*) drei [Uhr]; **at ~ pm** um drei Uhr [nachmittags], um fünfzehn Uhr; *see also* **eight** ⑤ (*the third*) drei; **lesson/number ~** Lektion/[Haus]nummer drei ▶**two's <u>com·pany</u>, ~ 's a crowd** drei sind einer zu viel **II.** *adj* drei; **I'll give you ~ guesses** dreimal darfst du raten; *see also* **eight** ▶**~ <u>cheers</u>!** (*also iron*) das ist ja großartig! *a. iron;* **to be ~ <u>sheets</u> to the wind** total durch den Wind sein *fam*

three-'cor·nered *adj* ① (*triangular*) dreieckig; **~ hat** Dreispitz *m;* **~ arrangement** Dreiecksvereinbarung *f* ② SPORTS Drei-; **~ battle** Dreikampf *m* **three-D**, **3D** [θriːˈdiː] (*fam*) **I.** *n short for* **three-dimensional quality** 3-D *nt*, 3D *nt;* **a map in ~** eine Landkarte in 3-D [*o* 3D] *dat* **II.** *adj short for* **three-dimensional** 3-D-, 3D-; **~ printer** 3-D-Drucker *m*, 3D-Drucker *m;* **~ film** BRIT [*or* AM **movie**] 3D-Film *m*, 3D-Film *m*, **three-di·'men·sion·al** *adj* dreidimensional **'three·fold** *adj* dreifach **'three-part** *adj attr* dreistimmig **three·pen·ny 'bit** *n* BRIT (*hist*) Dreipencestück *nt* **'three-piece I.** *adj* ① (*of three items*) dreiteilig ② (*of three people*) Dreimann- **II.** *n* Dreiteiler *m* **three-piece 'suit** *n* (*man's*) Dreiteiler *m;* (*lady's*) dreiteiliges Ensemble **'three-ply I.** *adj* ① (*of three layers*) *wood* dreischichtig; *tissue* dreilagig ② (*of three strands*) **~ wool** Dreifachwolle *f* **II.** *n no pl* (*wool*) Dreifachwolle *f;* (*wood*) dreischichtiges Spanholz

three-'quar·ter I. *adj attr* dreiviertel; **~ portrait** Halbbild *nt* **II.** *n* SPORTS (*in rugby*) Dreiviertelspieler *m* **three-'quar·ters I.** *n* Dreiviertel *nt* **II.** *adv* dreiviertel, zu drei Vierteln; **the bottle is still ~ full** die Flasche ist noch dreiviertel voll

three·some ['θriːsəm] *n* ❶ (*three people*) Dreiergruppe *f*; **as a ~** zu dritt ❷ (*fam: sexual act*) Dreier *m fam* ❸ SPORTS (*in golf*) Dreier *m*

three-'wheel·er *n* (*car*) dreirädriges Auto; (*tricycle*) Dreirad *nt*

thresh [θreʃ] I. *vt crop* dreschen; *person* verprügeln II. *vi* ❶ (*beat*) ■ **to ~ at sth** auf etw *akk* einschlagen ❷ *see* **thrash II**

'thresh·ing ma·chine *n* AGR Dreschmaschine *f*

thresh·old ['θreʃ(h)əʊld] *n* ❶ (*of doorway*) [Tür]schwelle *f* ❷ (*beginning*) Anfang *m*, Beginn *m*; (*limit*) Grenze *f*, Schwelle *f*; **I have a low boredom ~** ich langweile mich sehr schnell; **~ country** Schwellenland *nt*; **pain ~** Schmerzgrenze *f*; **tax ~** *esp* BRIT Steuereingangsstufe *f* ❸ PHYS, COMPUT Schwellenwert *m*

threw [θruː] *pt of* **throw**

thrice [θraɪs] *adv* (*old*) dreimal

thrift [θrɪft] *n no pl* ❶ (*use of resources*) Sparsamkeit *f* ❷ (*plant*) Grasnelke *f*

thrifty ['θrɪfti] *adj* sparsam

thrill [θrɪl] I. *n* (*wave of emotion*) Erregung *f*; (*titillation*) Nervenkitzel *m*; **the ~ of the chase** der besondere Reiz der Jagd ▸ **all the ~s and spills** all der Nervenkitzel und all die Aufregung II. *vt* (*excite*) erregen; (*fascinate*) faszinieren; (*frighten*) Angst machen; (*delight*) entzücken

thrill·er ['θrɪlə'] *n* Thriller *m*

thrill·ing ['θrɪlɪŋ] *adj* aufregend; *story* spannend; **~ sight** überwältigender Anblick

thrive <-d *or* throve, -d *or* thriven> [θraɪv] *vi* gedeihen; *business* florieren; **she seems to ~ on stress and hard work** Stress und harte Arbeit scheinen ihr gut zu tun

thriv·ing ['θraɪvɪŋ] *adj* **it's a ~ community** das ist eine gut funktionierende Gemeinschaft; **business is ~** das Geschäft floriert

throat [θrəʊt] *n* ❶ (*inside the neck*) Rachen *m*, Hals *m*; **to have a sore ~** Halsschmerzen haben; **to clear one's ~** sich räuspern ❷ (*front of the neck*) Kehle *f*, Hals *m*; **to cut sb's ~** jdm die Kehle durchschneiden; **to grab sb by the ~** jdn an der Kehle packen; ▸ **to have a frog in one's ~** einen Frosch im Hals haben; **to have a lump in one's ~** einen Kloß im Hals haben; **to be at each other's ~s** sich *dat* in den Haaren liegen; **to jump down sb's ~** jdn anschnauzen

throaty ['θrəʊti] *adj* ❶ (*harsh-sounding*) kehlig, rau ❷ (*hoarse*) heiser, rau

throb [θrɒb] I. *n* Klopfen *nt*, Hämmern *nt*; *of heart, pulse* Pochen *nt*; *of bass, engine* Dröhnen *nt* II. *vi* <-bb-> klopfen; *pulse, heart* pochen; *bass, engine* dröhnen; **his head ~bed** er hatte rasende Kopfschmerzen; **a ~bing pain** ein pochender Schmerz

throes [θrəʊz] *npl* **death ~** Todeskampf *m*; **the ~ of passion** die Qualen der Leidenschaft; **to be in the ~ of sth** mitten in etw *dat* stecken; **to be in the final ~** (*fig*) in den letzten Zügen liegen

throm·bo·sis <*pl* -ses> [θrɒm'bəʊsɪs, *pl* -siːz] *n* Thrombose *f*

throne [θrəʊn] *n* Thron *m*; REL Stuhl *m*; **heir to the ~** Thronerbe *m*/-erbin *f*; **to ascend to the ~** den Thron besteigen

throng [θrɒŋ] I. *n* + *sing/pl vb* [Menschen]menge *f*; **~s of people** Scharen *pl* von Menschen II. *vt* sich drängen (in); **visitors ~ed the narrow streets** die engen Straßen wimmelten nur so von Besuchern III. *vi* **the public is ~ing to see the new musical** die Besucher strömen in Massen in das neue Musical; ■ **to ~ into sth** in etw *akk* hineinströmen

throt·tle ['θrɒtl] I. *n* ❶ AUTO Drosselklappe *f* ❷ (*speed*) **at full/half ~** mit voller/halber Geschwindigkeit; (*fig*) mit Volldampf/halbem Einsatz II. *vt* ❶ AUTO **to ~ the engine** Gas wegnehmen ❷ (*try to strangle*) würgen; (*strangle*) erdrosseln ❸ (*stop, hinder*) drosseln ♦ **throttle back** I. *vi* den Motor drosseln II. *vt* drosseln

through [θruː] I. *prep* ❶ (*from one side to other*) durch; **we drove ~ the tunnel** wir fuhren durch den Tunnel ❷ (*in*) durch; **her words kept running ~ my head** ihre Worte gingen mir ständig durch den Kopf ❸ *esp* AM (*up until*) bis; **she works Monday ~ Thursday** sie arbeitet von Montag bis Donnerstag ❹ (*during*) während; **they drove ~ the night** sie fuhren durch die Nacht ❺ (*because of*) wegen, durch; **I can't hear you ~ all this noise** ich kann dich bei diesem ganzen Lärm nicht verstehen ❻ (*into pieces*) **he cut ~ the string** er durchschnitt die Schnur ❼ (*by means of*) über; **I got my car ~ my brother** ich habe mein Auto über meinen Bruder bekommen; **~ chance** durch Zufall ❽ (*at*) **she looked ~ her mail** sie sah ihre Post durch; **to go ~ sth** etw durchgehen ❾ (*suffer*) durch; **to go ~ a hard time/a transition** eine harte Zeit/eine Übergangsphase durchmachen ❿ (*to the finish*) **to get ~ sth** etw durchstehen ⓫ (*to be viewed by*) **the bill went ~ parliament**

der Gesetzentwurf kam durchs Parlament ⑫ (*into*) **we were cut off halfway ~ the conversation** unser Gespräch wurde mittendrin unterbrochen ⑬ MATH (*divided into*) durch; **five ~ ten is two** Zehn durch Fünf gibt Zwei **II.** *adj* ❶ *pred* (*finished*) fertig; **we're ~** (*finished relationship*) mit uns ist es aus; (*finished job*) es ist alles erledigt ❷ *pred* (*successful*) durch; ■ **to be ~** bestanden haben; **Henry is ~ to the final** Henry hat sich für das Finale qualifiziert ❸ *attr* TRANSP (*without stopping*) durchgehend; **~ station** Durchgangsbahnhof *m* ❹ *attr* (*of room*) Durchgangs- **III.** *adv* ❶ (*to a destination*) durch; **the train goes ~ to Hamburg** der Zug fährt bis nach Hamburg durch ❷ (*from beginning to end*) [ganz] durch; **Paul saw the project ~ to its completion** Paul hat sich bis zum Abschluss um das Projekt gekümmert; **to be halfway ~ sth** etw halb durch haben; **to think sth ~** etw durchdenken ❸ (*from one side to another*) ganz durch ❹ (*from outside to inside*) durch und durch, völlig; **cooked ~** durchgegart; **soaked ~** völlig durchnässt

through·'out [θruːˈaʊt] **I.** *prep* ❶ (*all over in*) **people ~ the country** Menschen im ganzen Land ❷ (*at times during*) während; **several times ~ the year** mehrmals während des Jahres; **~ the performance** die ganze Vorstellung über **II.** *adv* ❶ (*in all parts*) vollständig ❷ (*the whole time*) die ganze Zeit [über] **'through·put** *n no pl* Verarbeitungsmenge *f*; COMPUT Datendurchlauf *m* **'through tick·et** *n* Fahrkarte *f* für die gesamte Strecke **through 'traf·fic** *n no pl* Durchgangsverkehr *m*; "**no ~!**" „keine Durchfahrt!" **'through train** *n* durchgehender Zug **'through·way** *n* AM Autobahn *f*

throve *pt of* **thrive**

throw [θrəʊ] **I.** *n* ❶ (*act of throwing*) Wurf *m*; **a stone's ~** [*away*] (*fig*) nur einen Steinwurf von hier ❷ SPORTS (*in wrestling, cricket*) Wurf *m* ❸ (*fam: each*) ■ **a ~** pro Stück; **they're charging nearly £100 a ~ for concert tickets!** eine Konzertkarte kostet fast 100 Pfund! ❹ (*furniture cover*) Überwurf *m* **II.** *vi* <threw, thrown> werfen **III.** *vt* <threw, thrown> ❶ (*propel with arm*) werfen; (*hurl*) schleudern; ■ **to ~ sb sth** jdm etw zuwerfen; **to ~ a punch at sb** jdm einen Schlag versetzen ❷ (*pounce upon*) ■ **to ~ oneself onto sb/sth** sich auf jdn stürzen/auf etw *akk* werfen ❸ SPORTS (*in wrestling*) zu Fall bringen; *rider* abwerfen ❹ (*of dice*) **to ~ a dice** würfeln ❺ (*direct*) zuwerfen; **to ~ a glance at sb/sth** einen Blick auf jdn/etw *akk* werfen; ■ **to ~ oneself at sb** (*embrace*) sich jdm an den Hals werfen; (*attack*) sich auf jdn stürzen ❻ (*dedicate*) ■ **to ~ oneself into sth** sich in etw *akk* stürzen ❼ (*move violently*) ■ **to ~ sth against sth** etw gegen etw *akk* schleudern ❽ ART (*pottery*) töpfern; **hand-~n pottery** handgetöpferte Keramik ❾ (*cause*) **to ~ a shadow over sth** einen Schatten auf etw *akk* werfen ❿ (*show emotion*) **to ~ a fit** (*fam*) einen Anfall bekommen; **to ~ a tantrum** einen Wutanfall bekommen ⑪ (*give*) **to ~ a party** eine Party geben ⑫ (*fam: confuse*) durcheinanderbringen ⑬ (*give birth*) **to ~ a calf/cub/lamb/piglet** ein Kalb/Junges/Lamm/Ferkel werfen ▶ **to ~ caution to the wind** eine Warnung in den Wind schlagen; **people who live in glass houses shouldn't ~ stones** (*saying*) wer im Glashaus sitzt, sollte nicht mit Steinen werfen ◆ **throw away I.** *vt* ❶ (*discard*) wegwerfen ❷ (*waste*) verschwenden; **to ~ money away on sth** Geld für etw *akk* zum Fenster hinauswerfen ❸ (*in card games*) **to ~ away** ◯ **a card** eine Karte abwerfen **II.** *vi* (*in card games*) abwerfen ◆ **throw back** *vt* ❶ (*move with force*) **to ~ one's hair/head back** seine Haare/den Kopf nach hinten werfen ❷ (*open*) **to ~ the curtains back** die Vorhänge aufreißen ❸ (*drink*) *whisky* hinunterstürzen ❹ (*reflect*) reflektieren ❺ *esp passive* (*delay*) ■ **to ~ sb** ◯ **back** jdn zurückwerfen ◆ **throw down** *vt* ❶ (*throw from above*) herunterwerfen; **to ~ oneself down** sich niederwerfen ❷ (*deposit forcefully*) hinwerfen; **to ~ down one's weapons** die Waffen strecken ❸ (*drink quickly*) hinunterstürzen; (*eat quickly*) hinunterschlingen ▶ **to ~ down the gauntlet to sb** jdm den Fehdehandschuh hinwerfen ◆ **throw in I.** *vt* ❶ (*put into*) ■ **to ~ sth in[to] sth** etw in etw *akk* [hinein]werfen ❷ (*include in price*) ■ **to ~ sth** ◯ **in** etw gratis dazugeben ❸ (*throw onto pitch*) *ball* einwerfen ❹ (*put into*) **to ~ in a comment** eine Bemerkung einwerfen ❺ (*give up*) **to ~ in one's hand** aufgeben; CARDS aussteigen *fam* ▶ **to ~ in the towel** das Handtuch werfen **II.** *vi* [den Ball] einwerfen ◆ **throw off** *vt* ❶ (*remove forcefully*) herunterreißen; *clothing* schnell ausziehen ❷ (*jump*) ■ **to ~ oneself off sth** sich von etw *dat* hinunterstürzen ❸ (*cause to lose*

balance) **to ~ sb off balance** jdn aus dem Gleichgewicht bringen ❹ (*escape*) ■ **to ~ sb ⌒ off** jdn abschütteln ❺ (*radiate*) **to ~ energy/heat/warmth ⌒ off** Energie/Hitze/Wärme abgeben ◆**throw on** *vt* ❶ (*place*) werfen (auf); **~ a log on the fire, will you?** legst du bitte noch einen Scheit aufs Feuer? ❷ (*pounce upon*) ■ **to ~ oneself on sb** sich auf jdn stürzen; ■ **to ~ oneself on|to sth** sich auf etw *akk* niederwerfen ❸ (*get dressed*) eilig anziehen ❹ (*cast*) **to ~ light on a crime** ein Verbrechen aufklären; **to ~ suspicion on|to sb** den Verdacht auf jdn lenken ◆**throw out** *vt* ❶ (*fling outside*) hinauswerfen ❷ (*eject*) hinauswerfen; (*dismiss*) entlassen ❸ (*discard*) wegwerfen; **to ~ out a case** einen Fall abweisen ❹ (*offer*) äußern; **to ~ out an idea/a suggestion** eine Idee/einen Vorschlag in den Raum stellen ❺ (*emit*) abgeben; *heat, warmth also* ausstrahlen ❻ (*of plant*) **to ~ out a leaf/root/shoot** ein Blatt/eine Wurzel/einen Keim treiben ❼ SPORTS (*in cricket, baseball*) abwerfen ▶ **to ~ the baby out with the bath water** das Kind mit dem Bade ausschütten ◆**throw over** *vt* ❶ (*propel across top*) ■ **to ~ sth over sth** etw über etw *akk* werfen ❷ (*fam: pass*) **~ that book over here, can you?** könntest du mir bitte das Buch zuwerfen? ❸ (*cover*) **to ~ sth over one's shoulder** (*carry*) etw schultern; (*discard*) etw hinter sich *akk* werfen ◆**throw together** *vt* ❶ (*fam: make quickly*) **to ~ a meal together** eine Mahlzeit zaubern ❷ (*cause to meet*) zusammenbringen ◆**throw up** I. *vt* ❶ (*project upwards*) hochwerfen; **to ~ up one's hands** die Hände hochreißen ❷ (*deposit on beach*) anschwemmen ❸ (*build quickly*) schnell errichten ❹ (*fam: vomit*) erbrechen II. *vi* (*fam*) sich übergeben
'**throw·away** ['θrəʊəweɪ] I. *adj attr* ❶ (*disposable*) wegwerfbar; **~ razor** Einwegrasierer *m*; **~ culture** Wegwerfkultur *f* ❷ (*unimportant*) achtlos dahingeworfen *attr* II. *n usu pl* Wegwerfgut *nt* '**throw·back** *n* Rückschritt *m*
throw·er ['θrəʊəʳ] *n* Töpferscheibe *f*
'**throw-in** *n* SPORTS Einwurf *m*
'**throw·ing** ['θrəʊɪŋ] *n no pl* ❶ (*hurling action*) Werfen *nt* ❷ *of clay* Töpfern an der Drehscheibe
thrown [θrəʊn] *pp of* **throw**
thru [θruː] *prep, adv usu* AM (*fam*) *see* **through**
thrum [θrʌm] I. *vt* <-mm-> herumklimpern *pej fam* (auf) II. *vi* <-mm-> *engine, machine* dröhnen III. *n no pl* ❶ (*thrumming sound*) Geklimper *nt pej fam* ❷ (*machines*) Dröhnen *nt*

thrush¹ <*pl* -es> [θrʌʃ] *n* ORN Drossel *f*
thrush² <*pl* -es> [θrʌʃ] *n* MED Soor *m*; (*of vagina*) Pilzinfektion *f*
thrust [θrʌst] I. *n* ❶ (*forceful push*) Stoß *m* ❷ *no pl* (*impetus, purpose*) Stoßrichtung *f*; **the main ~ of an argument** die Hauptaussage eines Arguments ❸ *no pl* TECH Schubkraft *f* II. *vi* <thrust, thrust> **to ~ at sb with a knife** nach jdm mit einem Messer stoßen III. *vt* <thrust, thrust> ❶ (*push with force*) **to ~ the money into sb's hand** jdm das Geld in die Hand stecken ❷ (*compel to do*) ■ **to ~ sth [up]on sb** jdm etw auferlegen; ■ **to ~ oneself [up]on sb** sich jdm aufdrängen ❸ (*stab, pierce*) stechen ❹ (*impel*) hineinstoßen; **she was suddenly ~ into a position of responsibility** sie wurde plötzlich in eine sehr verantwortungsvolle Position hineingedrängt
thrust·ing ['θrʌstɪŋ] *adj* zielstrebig
thru·way *n esp* AM *see* **throughway**
thud [θʌd] I. *vi* <-dd-> dumpf aufschlagen II. *n* dumpfer Schlag; **~ of hooves/shoes** Geklapper *nt* von Hufen/Schuhen
thug [θʌg] *n* Schlägertyp *m pej*
thumb [θʌm] I. *n* Daumen *m* ▶ **to stand out like a sore ~** unangenehm auffallen; **to be under sb's ~** unter jds Fuchtel stehen; **to twiddle one's ~** Däumchen drehen *fam* II. *vt* ❶ (*hitchhike*) **to ~ a lift/ride** per Anhalter fahren, trampen ❷ (*mark by handling*) abgreifen; **well-~ed** abgegriffen III. *vi* (*glance through*) **to ~ through a newspaper** durch die Zeitung blättern
thumb·'in·dex *n* Daumenregister *nt*
'**thumb·nail** *n* Daumennagel *m* **thumb·nail 'sketch** *n* Abriss *m* '**thumb·screw** *n usu pl* Daumenschraube *f* '**thumb·tack** *n* AM, AUS (*drawing-pin*) Reißnagel *m* '**thumb-typ·er** *n* Daumentipper(in) *m(f)*
thump [θʌmp] I. *n* dumpfer Knall; **to give sb a ~** jdm eine knallen II. *vt* schlagen III. *vi* ■ **to ~ on sth** auf etw *akk* schlagen; *heart* klopfen
thump·ing ['θʌmpɪŋ] (*fam*) I. *adj* kolossal; **to have a ~ headache** grässliches Kopfweh haben; **to tell ~ lies** faustdicke Lügen verbreiten *fam* II. *adv* unglaublich *fam*
thun·der ['θʌndəʳ] I. *n no pl* ❶ METEO Donner *m*; **clap of ~** Donnerschlag *m*; **rumble of ~** Donnergrollen *nt* ❷ (*loud sound*) Getöse *nt* ❸ (*angry expression*) **his face was**

like ~ sein Gesicht war bitterböse ▶**to steal sb's** ~ jdm die Schau stehlen **II.** *vi* ❶ (*make rumbling noise*) donnern; ■**to** ~ **by** vorbeidonnern ❷ (*declaim*) schreien; ■**to** ~ **about sth** sich lautstark über etw *akk* äußern **III.** *vt* brüllen

'thun·der·bolt *n* ❶ (*lightning*) Blitzschlag *m;* **the news came like a** ~ die Nachricht schlug wie eine Bombe ein ❷ SPORTS (*powerful shot*) Bombe *f sl* ▶**to drop a** ~ **on sb** jdm einen Schock versetzen **'thun·der·clap** *n* Donnerschlag *m* **'thun·der·cloud** *n usu pl* Gewitterwolke *f*

thun·der·ing ['θʌndərɪŋ] **I.** *n no pl* Donnern *nt* **II.** *adj* ❶ (*extremely loud*) tosend; *voice* dröhnend ❷ (*enormous*) enorm; *success also* riesig

thun·der·ous ['θʌndərəs] *adj attr* donnernd; ~ **applause** Beifallsstürme *pl*

'thun·der·storm *n* Gewitter *nt* **'thun·der·struck** *adj pred* wie vom Donner gerührt

thun·dery ['θʌndəri] *adj* gewittrig

Thurs·day ['θɜːzdeɪ] *n* Donnerstag *m; see also* **Tuesday**

thus [ðʌs] *adv* ❶ (*therefore*) folglich ❷ (*in this way*) so

thwart [θwɔːt] *vt* vereiteln; *escape* verhindern; *plan* durchkreuzen; **to** ~ **sb's efforts** jds Bemühungen vereiteln

thy [ðaɪ] *adj poss* DIAL (*old*) dein

thyme [taɪm] *n no pl* Thymian *m*

thy·roid ['θaɪrɔɪd] **I.** *n* Schilddrüse *f* **II.** *adj attr* Schilddrüsen-

ti·ara [tiˈɑːrə] *n* Tiara *f*

Ti·bet [tɪˈbet] *n no pl* GEOG Tibet *nt*

tibia <*pl* -biae> ['tɪbɪə, *pl* -biiː] *n* Schienbein *nt*

tic [tɪk] *n* [nervöses] Zucken

tick[1] [tɪk] *n* ZOOL Zecke *f*

tick[2] [tɪk] **I.** *n* ❶ (*sound of watch*) Ticken *nt kein pl;* **'~ tock'** (*fam*) ,ticktack'; **hold on** [**just**] **a** ~ BRIT (*fam*) warte einen Moment ❷ (*mark*) Haken *m;* **to put a** ~ **against sth** neben etw *dat* einen Haken setzen **II.** *vi* ticken ▶**what makes sb** ~ was jdn bewegt **III.** *vt* abhaken ◆**tick off** *vt* ❶ (*mark with tick*) abhaken; **to** ~ **off sth on one's fingers** etw an den Fingern abzählen ❷ BRIT (*fam: reproach*) schelten ❸ AM (*fam: irritate*) auf die Palme bringen ◆**tick over I.** *vi esp* BRIT ❶ TECH (*operate steadily*) auf Leerlauf geschaltet sein ❷ (*function at minimum level*) am Laufen halten **II.** *vt* **to keep things ~ing over** die Dinge am Laufen halten

tick·er ['tɪkər] *n* (*fam*) Pumpe *f sl*

'tick·er tape *n no pl* ❶ (*paper strip*) Lochstreifen *m* ❷ (*confetti*) Konfetti *nt* **'tick·er-tape pa·'rade** *n* AM Konfettiparade *f*

tick·et ['tɪkɪt] *n* ❶ (*card*) Karte *f;* **cinema/concert** ~ Kino-/Konzertkarte *f;* **cloakroom** ~ Garderobenmarke *f;* **lottery** ~ Lottoschein *m;* **plane** ~ Flugticket *nt;* **season** ~ Dauerkarte *f,* Saisonkarte *f;* **return** ~ Rückfahrkarte *f* ❷ (*means of progress*) Chance *f;* **her incredible memory was her** ~ **to success** ihr unglaublich gutes Gedächtnis ebnete ihr den Weg zum Erfolg ❸ (*price tag*) Etikett *nt;* **price** ~ Preisschild *nt* ❹ (*notification of offence*) Strafzettel *m;* **parking** ~ Strafzettel *m* für Falschparken ▶**just the** ~ (*dated*) passt perfekt

'tick·et agen·cy *n* Kartenbüro *nt* **'tick·et-col·lec·tor** *n* (*on the train*) Schaffner(in) *m(f);* (*on the platform*) Bahnsteigschaffner(in) *m(f)* **'tick·et count·er** *n* Fahrkartenschalter *m* **'tick·et hold·er** *n* Kartenbesitzer(in) *m(f)* **'tick·et ma·chine** *n* Fahrkartenautomat *m* **'tick·et-of·fice** *n* RAIL Fahrkartenschalter *m;* THEAT Vorverkaufsschalter *m* **'tick·et tout** *n* BRIT Schwarzhändler(in) *m(f)* (*für Eintrittskarten*)

tick·ing ['tɪkɪŋ] **I.** *n no pl* ❶ *of clock* Ticken *nt* ❷ (*for mattress*) Matratzenüberzug *m* **II.** *adj* tickend; ~ **bomb** Zeitbombe *f*

tick·ing-'off <*pl* tickings-> *n* BRIT (*fam*) Tadel *m;* **to get a** ~ **from sb** von jdm getadelt werden

tick·le ['tɪkl] **I.** *vi* kitzeln **II.** *vt* ❶ (*touch lightly*) kitzeln ❷ (*fam: appeal to sb*) **to** ~ **sb's fancy** jdn reizen ❸ (*amuse*) kitzeln ■**to be** ~**d that** ... sich darüber amüsieren, dass ... ▶**to be** ~**d pink** (*fam*) vor Freude völlig aus dem Häuschen sein **III.** *n no pl* ❶ (*itching sensation*) Jucken *nt* ❷ (*action causing laughter*) **to give sb a** ~ jdn amüsieren ❸ (*irritating cough*) **a** ~ **in one's throat** ein Kratzen *nt* im Hals

tick·lish ['tɪklɪʃ] *adj* ❶ (*sensitive to tickling*) kitzlig ❷ (*awkward*) heikel

tid·al ['taɪdəl] *adj* von Gezeiten abhängig; ~ **basin** Tidebecken *nt;* ~ **harbour** den Gezeiten unterworfener Hafen

'tid·al wave *n* Flutwelle *f;* (*fig*) Flut *f*

tid·bit *n* AM *see* **titbit**

tid·dly ['tɪdli] *adj* ❶ (*fam: tiny*) winzig ❷ BRIT, AUS (*dated fam: slightly drunk*) beschwipst

tid·dly·wink ['tɪdliwɪŋk] *n* ❶ (*flat disc*)

Spielstein *m* ❷ (*game*) ■ **~s** *pl* Flohhüpfen *nt kein pl*

tide [taɪd] *n* ❶ (*of sea*) Gezeiten *pl*; **flood ~** Springflut *f*; **high ~** Flut *f*; **low ~** Ebbe *f*; **strong ~** starke Strömung; **the ~ is in/out** es ist Flut/Ebbe ❷ (*main trend of opinion*) öffentliche Meinung; **the ~ has turned** die Meinung ist umgeschlagen; **to stem the ~ of events** den Lauf der Dinge aufhalten; **to swim against/with the ~** gegen den/mit dem Strom schwimmen ❸ (*powerful trend*) Welle *f* ◆ **tide over** *vt* über die Runden helfen

'**tide·land** *n* AM (*mud-flats*) Watt *nt* '**tide·mark** *n* ❶ (*mark left by tide*) Gezeitenmarke *f* ❷ *esp* BRIT (*on bath*) schwarzer Rand

tidi·ness ['taɪdɪnəs] *n no pl* Ordnung *f*

tid·ings ['taɪdɪŋz] *npl* (*old*) Neuigkeiten *pl*; **glad/sad ~** gute/schlechte Nachrichten

tidy ['taɪdi] **I.** *adj* ❶ (*in order*) ordentlich; **neat and ~** sauber und ordentlich ❷ (*fam: considerable*) beträchtlich; **~ sum** hübsche Summe **II.** *n* ❶ (*little receptacle*) Abfallbehälter *m* ❷ (*period of cleaning*) **he gave his room a good ~** er räumte sein Zimmer gründlich auf **III.** *vt* aufräumen

tie [taɪ] **I.** *n* ❶ (*necktie*) Krawatte *f*; **bow ~** Fliege *f* ❷ (*cord*) Schnur *f* ❸ *pl* (*links*) **diplomatic ~s** diplomatische Beziehungen; **family ~s** Familienbande *pl* ❹ (*equal score*) Punktegleichstand *m kein pl* ❺ BRIT (*match in a competition*) Ausscheidungsspiel *nt* ❻ (*structural support*) Schwelle *f* **II.** *vi* <-y-> ❶ (*fasten*) schließen ❷ (*equal in points*) ■ **to ~ with sb/sth** denselben Platz wie jd/etw belegen **III.** *vt* <-y-> ❶ (*fasten together*) **to ~ sb's hands** jds Hände fesseln; **to ~ a knot** einen Knoten machen; **to ~ one's [shoe]laces** sich *dat* die Schuhe [*o* ÖSTERR, DIAL Schuhbänder] zubinden ❷ (*restrict*) ■ **to ~ sb by/to sth** jdn durch/an etw *akk* binden ❸ (*restrict in movement*) ■ **to be ~d to sth/somewhere** an etw *akk*/einen Ort gebunden sein ▶ **to be ~d to sb's apron strings** (*pej*) an jds Rockzipfel hängen; **sb's hands are ~d** jds Hände sind gebunden; **to ~ the knot** sich das Ja-Wort geben ◆ **tie back** *vt* zurückbinden ◆ **tie down** *vt* ❶ (*secure to ground*) festbinden ❷ (*restrict*) ■ **to be ~d down** gebunden sein; ■ **to ~ sb down to sth** (*fam*) jdn auf etw *akk* festlegen ❸ MIL (*restrict mobility of*) binden ◆ **tie in** *vi* ■ **to ~ in with sth** mit etw *dat* übereinstimmen ◆ **tie up** *vt* ❶ (*bind*) festbinden; *hair* hochbinden ❷ (*delay*) aufhalten; ■ **to be ~d up**

by sth durch etw *akk* aufgehalten werden ❸ (*busy*) ■ **to be ~d up** beschäftigt sein ❹ *capital, money* binden ❺ (*have to do with*) ■ **to be ~d up with sth** mit etw *dat* zusammenhängen ▶ **to ~ up some loose ends** etw erledigen

'**tie-break·er**, BRIT '**tie-break** *n* Verlängerung *f*; TENNIS Tiebreak *m o nt* '**tie clip** *n* Krawattennadel *f* '**tie-in** *n* Verbindung *f* **tie-on** '**la·bel** *n* Etikett *nt* '**tie·pin** *n* Krawattennadel *f*

tier [tɪər] **I.** *n* (*row*) Reihe *f*; (*level*) Lage *f*; **~ of management** Managementebene *f* **II.** *vt* (*next to each other*) aufreihen; (*on top of each other*) aufschichten

'**tie-up** *n* ❶ (*connection*) Verbindung *f* ❷ (*fam: traffic jam*) Stau *m* ❸ (*delay*) Verspätung *f*

tiff [tɪf] *n* (*fam*) Plänkelei *f*; **lovers' ~** Ehekrach *m*; **to have a ~** eine Meinungsverschiedenheit haben

ti·ger ['taɪɡər] *n* Tiger *m* ▶ **to have a ~ by the tail** vor einer unerwartet schwierigen Situation stehen

tight [taɪt] **I.** *adj* ❶ (*firm*) fest; *clothes* eng ❷ (*close together*) dicht; **in ~ formation** in geschlossener Formation ❸ (*stretched tautly*) gespannt; *muscle* verspannt ❹ (*severe*) streng; *bend* eng; *budget* knapp; **~ spot** (*fig*) Zwickmühle *f*; **to keep a ~ hold on sth** etw streng kontrollieren ❺ *face, voice* angespannt ❻ (*hard-fought, keenly competitive*) knapp; **~ finish** knapper Zieleinlauf ▶ **to keep a ~ rein over sb** jdn fest an die Kandare nehmen; **to run a ~ ship** ein strenges Regime führen **II.** *adv pred* straff; **to hang on ~ to sb/sth** sich an jdm/etw *dat* festklammern; **to close/seal sth ~** etw fest verschließen/versiegeln ▶ **sleep ~!** schlaf gut

tight·en ['taɪtən] **I.** *vt* ❶ (*make tight*) festziehen; *rope* festbinden; *screw* anziehen ❷ (*increase pressure*) verstärken; **to ~ one's grip on sth** den Druck auf etw *akk* verstärken ▶ **to ~ one's belt** den Gürtel enger schnallen; **to ~ the reins** die Zügel anziehen **II.** *vi* straff werden; **sb's lips ~** jd kneift die Lippen zusammen ▶ **a noose ~s around sb's neck** die Schlinge um jds Hals wird enger

tight-'fist·ed *adj* (*pej fam*) geizig **tight-'fit·ting** *adj* eng anliegend **tight-'lipped** *adj* ❶ (*compressing lips*) schmallippig ❷ (*saying little*) *silence* eisig; ■ **to be ~ about sth** wortkarg auf etw *akk* reagieren

tight·ly ['taɪtli] *adv* ❶ (*holding sth firmly*) fest ❷ (*close together*) eng; **to be ~**

packed vollgepackt sein ❸ (*firm control*) mit festem Griff

tight·ness ['taɪtnəs] *n no pl* ❶ (*firmness, strength*) Festigkeit *f* ❷ (*close fitting*) enge Passform ❸ (*tight sensation*) Spannen *nt*

'tight·rope *n* Drahtseil *nt;* **to walk the ~** auf dem Drahtseil tanzen; **diplomatic/ legal ~** (*fig*) diplomatischer/rechtlicher Drahtseilakt

'tight·rope walk·er *n* Seiltänzer(in) *m(f)*

tights [taɪts] *npl* ❶ (*leggings*) Strumpfhose *f;* **pair of ~** Strumpfhose *f* ❷ Am, Aus (*for dancing/aerobics etc.*) Leggings *pl*, Gymnastikhose *f*

tight·wad ['taɪtwɑːd] *n* Am, Aus (*pej sl*) Geizkragen *m*

ti·gress <*pl* -es> ['taɪgrəs] *n* (*female tiger*) Tigerin *f*

tike *n see* **tyke**

tile [taɪl] I. *n* Fliese *f;* **roof ~** Dachziegel *m* ▶ **to have a night [out] on the ~s** Brit die Stadt unsicher machen II. *vt* fliesen

til·er ['taɪlər] *n* Fliesenleger(in) *m(f)*

till¹ [tɪl] I. *prep see* **until** II. *conj see* **until**

till² [tɪl] *n* Kasse *f* ▶ **to be caught with one's hand in the ~** auf frischer Tat ertappt werden

till³ [tɪl] *vt soil* bestellen

till·er ['tɪlər] *n* Ruderpinne *f;* **at the ~** am Ruder

tilt [tɪlt] I. *n* ❶ (*slope*) Neigung *f* ❷ (*movement of opinion*) Schwenk *m* ▶ [at] **full ~** mit voller Kraft II. *vt* neigen; **to ~ the balance in favour of sth/sb** einen Meinungsumschwung zugunsten einer S./Person *gen* herbeiführen III. *vi* ❶ (*slope*) sich neigen ❷ (*movement of opinion*) ■ **to ~ away from sth/sb** sich von etw *dat*/jdm abwenden; ■ **to ~ towards sth/sb** sich etw/jdm zuwenden

tim·ber ['tɪmbər] I. *n* ❶ *no pl esp* Brit (*wood for building*) Bauholz *nt;* **to fell ~** Holz fällen; **for ~** für kommerzielle Nutzung ❷ (*elongated piece of wood*) Holzplanke *f* II. *interj* "T~!" „Achtung, Baum!"

tim·bered ['tɪmbəd] *adj* Fachwerk-

'tim·ber·line *n* Am (*treeline*) Baumgrenze *f*

'tim·ber mer·chant *n* Holzhändler(in) *m(f)*

tim·bre ['tæbrə] *n* mus Klangfarbe *f,* Timbre *nt geh*

time [taɪm] I. *n* ❶ *no pl* (*considered as a whole*) Zeit *f;* **~ stood still** die Zeit stand still; **over the course of ~** im Lauf[e] der Zeit; **as ~ goes by** im Lauf[e] der Zeit; **for all ~** für immer; **in ~** mit der Zeit; **over ~** im Lauf[e] der Zeit ❷ *no pl* (*period, duration*) Zeit *f;* **~ 's up** (*fam*) die Zeit ist um; **it will take some ~** es wird eine Weile dauern; **breakfast/holiday ~** Frühstücks-/Urlaubszeit *f;* **extra ~** sports Verlängerung *f;* **free ~** [*or* **spare**] Freizeit *f;* **injury ~** Brit sports Nachspielzeit *f;* **to have ~ on one's hands** viel Zeit zur Verfügung haben; **period of ~** Zeitraum *m;* **in one week's ~** in einer Woche; **some/a long ~ ago** vor einiger/langer Zeit; **to pass the ~** sich *dat* die Zeit vertreiben; **to be pressed for ~** in Zeitnot sein; **to take one's ~** sich *dat* Zeit lassen; **for a long/short ~** [für] lange/ kurze Zeit; **for the ~ being** vorläufig; **in no ~** [at all] im Nu ❸ (*pertaining to clocks*) **what's the ~?** wie spät ist es?; **the ~ is 8.30** es ist 8.30 Uhr; **to tell the ~** die Uhr lesen ❹ (*specific time or hour*) Zeit *f;* **he recalled the ~ when they had met** er erinnerte sich daran, wie sie sich kennen gelernt hatten; **this ~ tomorrow/next month** morgen/nächsten Monat um diese Zeit ❺ (*occasion*) Mal *nt;* **for the first ~** zum ersten Mal; **some other ~** ein andermal; **from ~ to ~** ab und zu ❻ (*frequency*) Mal *nt;* **~ and [~] again** immer [und immer] wieder; **three/four ~s a week** drei/ vier Mal in der Woche; **three ~s as much** dreimal so viel; **for the hundredth/thousandth/umpteenth ~** zum hundertsten/ tausendsten/x-ten Mal ❼ *no pl* (*correct moment*) **it's ~ for bed** es ist Zeit, ins Bett zu gehen; **[and] about ~ [too]** Brit, Aus (*yet to be accomplished*) wird aber auch [langsam] Zeit!; (*already accomplished*) wurde aber auch [langsam] Zeit!; **in [good] ~** rechtzeitig; **on ~** pünktlich ❽ *usu pl* (*era, lifetime*) Zeit *f;* **~s are changing** die Zeiten ändern sich; **at his ~ of life** in seinem Alter; **to be behind the ~s** seiner Zeit hinterherhinken; **in former/medieval ~s** früher/im Mittelalter ❾ (*schedule*) **arrival/departure ~** Ankunfts-/Abfahrtszeit *f* ❿ (*hour registration method*) **Greenwich Mean T~** Greenwicher Zeit *f* ⓫ sports Zeit *f;* **record ~** Rekordzeit *f* ⓬ math **two ~s five is ten** zwei mal fünf ist zehn ⓭ *no pl* mus Takt *m;* **to get out of ~** aus dem Takt kommen; **to keep ~** den Takt halten; **in three-four ~** im Dreivierteltakt ⓮ (*remunerated work*) **part ~** Teilzeit *f;* **short ~** Brit Kurzarbeit *f;* **to have ~ off** frei haben ⓯ ([*not*] *like*) **to not have much ~ for sb** jdn nicht gut leiden mögen; **to have a lot of ~ for sb** großen Respekt vor jdm haben ▶ **~ is of the essence** die Zeit drängt;

~ **flies** [**when you're having fun**] (*saying*) wie die Zeit vergeht!; ~ **is money** (*prov*) Zeit ist Geld; [**only**] ~ **will tell** (*saying*) erst die Zukunft wird es zeigen; ~ **and tide wait for no man** (*prov*) man muss die Gelegenheiten beim Schopf[e] packen II. *vt* ❶ (*measure duration*) ■ **to** ~ **sb over 100 metres** jds Zeit beim 100-Meter-Lauf nehmen ❷ (*choose best moment for*) ■ **to** ~ **sth** den richtigen Zeitpunkt wählen (für) ❸ (*arrange when sth should happen*) ■ **to** ~ **sth to ...** etw so planen, dass ...

'**time bomb** *n* (*also fig*) Zeitbombe *f* '**time card** *n* AM Stechkarte *f* '**time clock** *n* Stechuhr *f* '**time-con·sum·ing** *adj* zeitintensiv '**time dif·fer·ence** *n* Zeitunterschied *m* '**time-hon·oured** *adj attr* altehrwürdig *geh*; ~ **custom** alter Brauch '**time·keep·er** *n* ❶ SPORTS Zeitnehmer *m* ❷ (*clock, watch*) Zeitmesser *m;* **to be a bad/good** ~ *person* sein Zeitsoll nie/immer erfüllen '**time lag** *n* Zeitdifferenz *f* '**time-lapse** *adj attr film, photography* Zeitraffer- **time·less** ['taɪmləs] *adj* ❶ (*not dated*) *book, dress, values* zeitlos ❷ (*unchanging*) *landscape, beauty* immer während *attr* '**time lim·it** *n* Zeitbeschränkung *f* '**time lock** I. *n* (*on a safe*) Zeitschloss *nt;* (*on a computer*) Abschaltzeit *f* II. *vt* mit einem Zeitschloss versehen **time·ly** ['taɪmli] *adj* rechtzeitig; *remark* passend; ~ **arrival** Ankunft *f* zur rechten Zeit; **in a** ~ **manner** rasch '**time-out** I. *n* <*pl* times- *or* -s> SPORTS Auszeit *f* II. *interj* AM Stopp **tim·er** ['taɪmə'] *n* ❶ (*for lights, VCR*) Timer *m;* (*for cooking eggs*) Eieruhr *f* ❷ (*time recorder*) Zeitmesser *m;* (*person*) Zeitnehmer(in) *m(f)* ❸ AM (*time switch*) Zeitschalter *m*

times [taɪmz] *vt* (*fam*) ■ **to** ~ **sth** etw multiplizieren

'**time-sav·ing** *adj* Zeit sparend '**time scale** *n* Zeitrahmen *m;* ~ **of events** zeitliche Abfolge von Ereignissen '**time share** *n* Timeshare-Projekt *nt* '**time-shar·ing** *n no pl* Timesharing *nt* '**time sheet** *n* Arbeitsblatt *nt* '**time switch** *n* BRIT, AUS Zeitschalter *m* '**time·ta·ble** I. *n* ❶ (*for bus, train*) Fahrplan *m;* (*for events, project*) Programm *nt;* (*for appointments*) Zeitplan *m* ❷ BRIT, AUS (*at school/university*) Stundenplan *m* II. *vt usu passive* planen '**time·worn** *adj* abgenutzt; *excuse* abgedroschen '**time zone** *n* Zeitzone *f*

tim·id <-er, -est *or* more ~, most ~> ['tɪmɪd] *adj* ängstlich; (*shy*) schüchtern; (*lacking courage*) zaghaft

ti·mid·ity [tɪ'mɪdəti] *n no pl* Ängstlichkeit *f;* (*shyness*) Schüchternheit *f;* (*lack of courage*) Zaghaftigkeit *f*

tim·ing ['taɪmɪŋ] *n* ❶ *no pl* (*of words, actions*) Timing *nt;* **perfect** ~! genau zum richtigen Zeitpunkt!, perfektes Timing! ❷ *no pl* (*musical rhythm*) Einsatz *m* ❸ *no pl* AUTO Steuerung *f* der Kraftstoffverbrennung ❹ (*measuring of time*) Zeitabnahme *f; of a race, runners also* Stoppen *nt kein pl;* (*in factories*) Zeitkontrolle *f*

tim·or·ous ['tɪmᵊrəs] *adj* (*form, liter: shy*) schüchtern; (*fearful*) ängstlich

tim·pa·ni ['tɪmpəni] *npl* MUS Pauken *pl*

tin [tɪn] I. *n* ❶ *no pl* (*metal*) Zinn *nt* ❷ *esp* BRIT (*can*) Büchse *f*, Dose *f* ❸ (*for baking*) Backform *f;* **cake** ~ Kuchenform *f* II. *vt* <-nn-> *esp* BRIT eindosen, in Dosen konservieren

tin 'can *n* Blechdose *f*

tinc·ture ['tɪŋktʃə'] *n* Tinktur *f*

tin·der ['tɪndə'] *n no pl* Zunder *m;* ~-**dry** staubtrocken

'**tin·foil** ['tɪnfɔɪl] *n no pl* Alufolie *f*

ting [tɪŋ] I. *adv* **to go** ~ ‚bing' machen II. *n* Klingen *nt kein pl* III. *vi* klingen

tinge [tɪndʒ] I. *n* ❶ (*of colour*) Hauch *m;* ~ **of red** [leichter] Rotstich ❷ (*of emotion*) Anflug *m kein pl* II. *vt usu passive* ❶ (*with an emotion*) ~**d with admiration/regret** mit einer Spur von Bewunderung/Bedauern ❷ (*with colours*) **to be** ~**d with orange** mit Orange [leicht] getönt sein

tin·gle ['tɪŋgl] I. *vi* kribbeln; **to** ~ **with desire** vor Verlangen brennen; **to** ~ **with excitement** vor Aufregung zittern; **sb's spine** ~**s** jdm läuft ein Schauer über den Rücken II. *n no pl* Kribbeln *nt*

tin·gling ['tɪŋglɪŋ] *n* Kribbeln *nt kein pl*

tin·gly ['tɪŋgli] *adj* kribbelnd *attr;* **to go all** ~ ganz kribbelig werden; **to feel** ~ ein Prickeln spüren

tin 'god *n* (*fam*) Abgott *m pej;* **little** ~ kleiner Gott *iron* **tin 'hat** *n* Stahlhelm *m* '**tin·horn** *esp* AM I. *adj attr* angeberisch II. *n* Angeber(in) *m(f)*

tink·er ['tɪŋkə'] I. *n* ❶ (*attempt to repair*) **to have a** ~ **with sth** an etw *dat* herumbasteln ❷ (*repairman*) wandernder Kesselflicker *hist;* BRIT (*pej: gypsy*) Zigeuner(in) *m(f)* II. *vi* ■ **to** ~ [**around**] [**with sth**] [an etw *dat*] herumbasteln

tin·kle ['tɪŋkl] I. *vi* ❶ (*make sound*) *piano* klimpern; *bell* klingen; *fountain* plätschern ❷ (*fam: urinate*) Pipi machen II. *vt* **to** ~ **a**

bell mit einer Glocke klingeln **III.** *n* ❶ (*of bell*) Klingen *nt kein pl;* (*of water*) Plätschern *nt kein pl;* **to give sb a ~** (*dated fam*) jdn anklingeln ❷ (*fam: urine*) Pipi *nt*

tinned [tɪnd] *adj* Brit, Aus konserviert; **~ fruit** Dosenfrüchte *pl;* **~ milk** Büchsenmilch *f*

tin·ny ['tɪni] *adj* ❶ *recording* blechern ❷ *taste, food* nach Blech schmeckend *attr*

'tin-open·er *n* Brit, Aus Dosenöffner *m*

tin·'plate *n no pl* Zinnblech *nt*

tin·sel ['tɪn(t)səl] *n no pl* ❶ (*for magic wand*) Flitter *m;* (*for Christmas tree*) Lametta *nt* ❷ (*fig: sth showy*) Prunk *m*

tint [tɪnt] **I.** *n* ❶ (*hue*) Farbton *m;* **warm ~** warme Farbe ❷ (*dye*) Tönung *f* **II.** *vt hair* tönen

tiny ['taɪni] *adj* winzig; **teeny ~** klitzeklein

tip[1] [tɪp] **I.** *vt* <-pp-> ❶ (*attach to extremity of*) **mountains ~ped with snow** Berge *pl* mit schneebedeckten Gipfeln ❷ (*dye one's hair*) **to ~ one's hair** sich *dat* die Spitzen färben **II.** *n* (*pointed end*) Spitze *f;* **asparagus ~** Spargelspitze *f* ▶ **the ~ of the iceberg** die Spitze des Eisbergs; **it's on the ~ of my tongue** es liegt mir auf der Zunge ◆ **tip off** *vt* einen Tipp geben ◆ **tip out I.** *vi* herauskippen **II.** *vt* ausleeren ◆ **tip over** *vt, vi* umschütten, umkippen ◆ **tip up** *vt, vi* kippen; *seat* hochklappen

tip[2] [tɪp] **I.** *n* Brit ❶ (*garbage dump*) Deponie *f* ❷ (*fam: mess*) Saustall *m pej sl* **II.** *vt* <-pp-> ❶ (*empty out*) ■**to ~ sth into sth** etw in etw *akk* ausschütten ❷ *impers* **it's ~ping** [**it**] **down** Brit, Aus (*fam*) es gießt ❸ (*tilt*) neigen; **to ~ the balance** den Ausschlag geben; **to ~ the window** das Fenster kippen ❹ (*touch*) antippen; **to ~ one's cap** an den Hut tippen **III.** *vi* <-pp-> ❶ Brit (*dump*) **"No ~ping"** „Müll abladen verboten" ❷ (*tilt*) umkippen

tip[3] [tɪp] **I.** *n* ❶ (*money*) Trinkgeld *nt;* **to leave a 10% ~** 10 % Trinkgeld geben ❷ (*suggestion*) Rat[schlag] *m*, Tipp *m;* **helpful/useful ~** hilfreicher/nützlicher Tipp; **take a ~ from me ...** wenn du mich fragst, ... **II.** *vt* <-pp-> ❶ (*give money to*) Trinkgeld geben ❷ *esp* Brit (*predict*) tippen (auf); **he is being ~ped as the next Prime Minister** er gilt als der nächste Premierminister **III.** *vi* <-pp-> Trinkgeld geben

'tip-off *n* (*fam*) Tipp *m*

tip·ple ['tɪpl] **I.** *vi* (*drink alcohol*) trinken **II.** *vt beer, champagne* süffeln *fam* **III.** *n* (*fam*) **white wine is her ~** sie trinkt am liebsten Weißwein

tip·si·ness ['tɪpsɪnəs] *n no pl* (*fam*) Schwips *m*

tip·ster ['tɪpstər] *n* (*in sports*) Tippgeber(in) *m(f);* (*to authorities*) Informant(in) *m(f)*

tip·sy ['tɪpsi] *adj* beschwipst

tip·toe ['tɪptəʊ] **I.** *n* **on ~**[**s**] auf Zehenspitzen **II.** *vi* auf Zehenspitzen gehen; ■**to ~ in/out** hinein-/hinausschleichen

tip-'top *adj* (*fam*) Spitzen-, Spitze *präd*, tipptopp

'tip-up seat *n* Klappsitz *m*

ti·rade [taɪ'reɪd] *n* Tirade *f geh;* **angry ~** Schimpfkanonade *f*

tire[1] ['taɪər] **I.** *vt* ermüden; **to ~ oneself doing sth** von etw *dat* müde werden **II.** *vi* müde werden; ■**to ~ of sth/sb** etw/jdn satthaben; **to never ~ of doing sth** nie müde werden, etw zu tun

tire[2] ['taɪər] *n* Am *see* **tyre**

tired <-er, -est *or* more ~, most ~> ['taɪəd] *adj* ❶ (*exhausted*) müde ❷ (*bored with*) **to be sick and ~ of sth/sb** von etw/jdm die Nase gestrichen voll haben *fam* ❸ (*over-used*) *excuse* lahm; *phrase* abgedroschen

tired·ness ['taɪədnəs] *n no pl* Müdigkeit *f*

tire·less ['taɪələs] *adj* unermüdlich (**in** bei)

tire·less·ly ['taɪələsli] *adv* unermüdlich

tire·some ['taɪəsəm] *adj* mühsam; *habit* unangenehm

tir·ing ['taɪərɪŋ] *adj* ermüdend

'tis [tɪz] (*old*) = **it is** *see* **be**

tis·sue ['tɪʃuː, -sjuː] *n* ❶ (*for wrapping*) Seidenpapier *nt* ❷ (*for wiping noses*) Tempo® *nt* ❸ *no pl* (*of animals or plants*) Gewebe *nt*

tit [tɪt] *n* ❶ (*bird*) Meise *f;* **blue ~** Blaumeise *f* ❷ (*vulg: breast*) Titte *f* ▶ **~ for tat** wie du mir, so ich dir; **to get on sb's ~s** Brit (*sl*) jdm auf den Sack gehen *derb*

ti·tan·ic [taɪ'tænɪk] *adj* gigantisch

ti·ta·nium [tɪ'teɪniəm] *n no pl* Titan *nt*

tit·bit ['tɪtbɪt] *n* ❶ (*snack*) Leckerbissen *m* ❷ *usu pl* (*of information*) Leckerbissen *m;* **juicy ~s** pikante Einzelheiten

tit·il·late ['tɪtɪleɪt] **I.** *vt* anregen; **to ~ the palate** den Gaumen kitzeln **II.** *vi* erregen

tit·il·la·tion [ˌtɪtɪ'leɪʃən] *n no pl* (*sexual*) Erregung *f;* (*intellectual*) Anregung *f*

tit·ivate ['tɪtɪveɪt] **I.** *vi* sich zurechtmachen **II.** *vt* ■**to ~ oneself** sich fein machen

ti·tle ['taɪtl] **I.** *n* ❶ *of book, film* Titel *m* ❷ (*film credits*) ■**~s** *pl* Vor-/Nachspann *m* ❸ (*status, rank*) Titel *m;* **job ~** Berufsbezeichnung *f* ❹ (*in sports event*) Titel *m* ❺ (*of nobility*) [Adels]titel *m;* **to have**

a ~ ad[e]lig sein ⓖ *no pl* Rechtsanspruch *m* (**to** auf); (*to a car*) Fahrzeugbrief *m;* (*to a house, property*) Eigentumsrecht *nt* **II.** *vt* **book, film** betiteln

ti·tle 'deed *n* LAW Eigentumsurkunde *f* **'ti·tle·hold·er** *n* Titelverteidiger(in) *m(f)* **'ti·tle page** *n* Titelblatt *nt* **'ti·tle role** *n* Titelrolle *f* **'ti·tle track** *n* Titelsong *m*

tit·ter ['tɪtə^r] **I.** *vi* kichern **II.** *n* Gekicher *nt kein pl*

'tit·tle-tat·tle *n no pl* (*fam*) Geschwätz *nt pej*

tiz·zy ['tɪzi] *n no pl* (*fam*) Aufregung *f;* **to get oneself in a real ~** sich schrecklich aufregen

TNT [ˌtiːenˈtiː] *n no pl* CHEM *abbrev of* **trinitrotoluene** TNT *nt*

to [tuː, tu, tə] **I.** *prep* ❶ (*moving towards*) in, nach, zu; **she walked over ~ the window** sie ging [hinüber] zum Fenster; **they go ~ work on the bus** sie fahren mit dem Bus zur Arbeit; **we moved ~ Germany last year** wir sind letztes Jahr nach Deutschland gezogen; **~ the north/south** nördlich/südlich; **from place ~ place** von Ort zu Ort ❷ (*attending regularly*) zu, in; **she goes ~ university** sie geht auf die Universität ❸ (*inviting to*) zu; **I've asked them ~ dinner** ich habe sie zum Essen eingeladen ❹ (*in direction of*) auf; **she pointed ~ a distant spot on the horizon** sie zeigte auf einen fernen Punkt am Horizont ❺ (*in contact with*) an; **cheek ~ cheek** Wange an Wange ❻ (*attached to*) an; **tie the lead ~ the fence** mach die Leine am Zaun fest ❼ (*with indirect object*) ■ **~ sb/sth** jdm/etw *dat;* **give that gun ~ me** gib mir das Gewehr; **to be married ~ sb** mit jdm verheiratet sein; **to tell/show sth ~ sb** jdm etw erzählen/zeigen ❽ (*with respect to*) zu; **and what did you say ~ that?** und was hast du dazu gesagt? ❾ (*in response*) auf ❿ (*belonging to*) zu; **the keys ~ his car** seine Autoschlüssel ⑪ (*compared to*) mit; **I prefer beef ~ seafood** ich ziehe Rindfleisch Meeresfrüchten vor ⑫ (*in scores*) zu ⑬ (*until*) bis, zu; **unemployment has risen ~ almost 8 million** die Arbeitslosigkeit ist auf fast 8 Millionen angestiegen ⑭ (*expressing change of state*) zu; **he converted ~ Islam** er ist zum Islam übergetreten; **he drank himself ~ death** er trank sich zu Tode ⑮ (*to point in time*) bis; **and ~ this day ...** und bis auf den heutigen Tag ... ⑯ (*including*) **from morning ~ night** von morgens bis abends ⑰ BRIT (*in clock times*)

vor, bis SÜDD; **it's twenty ~ six** es ist zwanzig vor sechs ⑱ (*causing*) zu; **~ my relief/horror/astonishment** zu meiner Erleichterung/meinem Entsetzen/meinem Erstaunen ⑲ (*according to*) für; **if it's acceptable ~ you** wenn Sie einverstanden sind; **what's it ~ you?** (*fam*) was geht dich das an? ⑳ (*serving*) für; **economic adviser ~ the president** Wirtschaftsberater des Präsidenten ㉑ (*in honour of*) auf; **here's ~ you!** auf dein/Ihr Wohl!; **the record is dedicated ~ her mother** die Schallplatte ist ihrer Mutter gewidmet ㉒ (*per*) **the odds are 2 ~ 1 that you'll lose** die Chancen stehen 2 zu 1, dass du verlierst ㉓ (*as a result of*) von ㉔ (*roughly*) bis ㉕ MATH (*defining exponent*) hoch; **ten ~ the power of three** zehn hoch drei ▶ **there's not much ~ it** das ist nichts Besonderes **II.** *to form infin* ❶ (*expressing future intention*) **I'll have ~ tell him** ich werde es ihm sagen müssen; **to be about ~ do sth** gerade etw tun wollen ❷ (*forming requests*) zu; **he told me ~ wait** er sagte mir, ich solle warten; **I asked her ~ give me a call** ich bat sie, mich anzurufen ❸ (*expressing wish*) zu; **I'd love ~ live in New York** ich würde nur zu gern in New York leben; **would you like ~ dance?** möchten Sie tanzen? ❹ (*omitting verb*) **would you like to go? — yes, I'd love ~** möchtest du hingehen? – ja, sehr gern ❺ *after adj* (*to complete meaning*) **I'm sorry ~ hear that** es ist tut mir leid, das zu hören; **easy ~ use** leicht zu bedienen ❻ (*expressing purpose*) **she's gone ~ pick Jean up** sie ist Jean abholen gegangen ❼ (*expressing intent*) **we tried ~ help** wir versuchten zu helfen; **he managed ~ escape** es gelang ihm zu entkommen ❽ (*after wh- words*) **I don't know what ~ do** ich weiß nicht, was ich tun soll; **I don't know where ~ begin** ich weiß nicht, wo ich anfangen soll ❾ (*introducing clause*) **~ be honest** um ehrlich zu sein **III.** *adv* zu; **to push the door ~** die Tür anlehnen; **to come ~** zu sich *dat* kommen

toad [təʊd] *n* Kröte *f*

toad-in-the-'hole *n* BRIT *in Teig gebackene Wurst* **'toad·stool** *n* Giftpilz *m*

toady ['təʊdi] (*pej*) **I.** *n* Speichellecker *m* **II.** *vi* <-ie-> ■ **to ~ to sb** vor jdm kriechen

to and 'fro I. *adv* hin und her; (*back and forth*) vor und zurück **II.** *vi* (*move*) ■ **to be toing and froing** hin und zurückgehen; (*be indecisive*) hin und her schwanken

toast [təʊst] **I.** *n* ❶ *no pl* (*bread*) Toast *m;*

slice of ~ Scheibe *f* Toast ❷ (*when drinking*) Toast *m*, Trinkspruch *m;* **to drink a ~ to sb/sth** auf jdn/etw *akk* trinken **II.** *vt* ❶ (*cook over heat*) *nuts* rösten; *bread, muffin* toasten ❷ (*warm up*) **to ~ oneself by the fire** sich am Feuer wärmen ❸ (*drink to*) trinken (auf)

toast·er ['təʊstə^r] *n* Toaster *m*

'**toast·mas·ter** *n* ein Mann/eine Frau, der/die Tischredner ankündigt und Toasts ausspricht

'**toast rack** *n* Toastständer *m*

to·bac·co [təˈbækəʊ] *n no pl* Tabak *m*

to·bac·co·nist [təˈbækənɪst] *n* Tabakwarenhändler(in) *m(f)*

-to-be [təˈbi:] *in compounds* (*boss-, husband-*) zukünftige(r, s) *attr;* **bride-~** zukünftige Braut; **mother-~** werdende Mutter

to·bog·gan [təˈbɒgən] **I.** *n* Schlitten *m*, Rodel *f* ÖSTERR **II.** *vi* Schlitten fahren, rodeln

to·ˈbog·gan run *n,* **to·ˈbog·gan slide** *n* Rodelbahn *f*

toby ['təʊbi] *n,* **toby jug** *n* Figurkrug *m*

tod [tɒd] *n no pl* BRIT (*fam*) **to be on one's ~** allein sein

to·day [təˈdeɪ] **I.** *adv* ❶ (*on this day*) heute ❷ (*nowadays*) heutzutage **II.** *n* ❶ (*this day*) heutiger Tag; **~'s date** heutiges Datum; **what's ~'s date?** welches Datum haben wir heute?; **~'s paper** Zeitung *f* von heute ❷ (*present period of time*) Heute *nt;* **cars/computers/youth of ~** Autos *pl*/Computer *pl*/Jugend *f* von heute

tod·dle ['tɒdl] *vi child* wackeln; *adult* schlappen *fam*

tod·dler ['tɒdlə^r] *n* Kleinkind *nt*

tod·dy [ˈtɒdi] *n* Toddy *m*

to-do [təˈduː] *n usu sing* (*fam*) ❶ (*fuss*) Getue *nt pej;* **to make a great ~ about sth** ein großes Theater um etw *akk* machen ❷ (*confrontation*) Wirbel *m*

toe [təʊ] **I.** *n* ❶ (*on foot*) Zehe *f* ❷ (*of sock, shoe*) Spitze *f* ▸ **to keep sb on their ~s** jdn auf Zack halten; **to step on sb's ~s** jdm nahetreten **II.** *vt* **to ~ the party line** der Parteilinie folgen **III.** *vi* ■ **to ~ in/out** X-/O-Beine haben

'**toe cap** *n* Schuhkappe *f* '**toe·hold** *n* ❶ (*in climbing*) Halt *m* für die Zehen ❷ (*starting point*) Ausgangspunkt *m;* **to get a ~ in** Fuß fassen '**toe·nail** *n* Zehennagel *m*

tof·fee *n* ['tɒfi] Toffee *nt,* Sahnebonbon *nt*

'**tof·fee ap·ple** *n* kandierter Apfel '**tof·fee-nosed** *adj* BRIT (*pej fam*) hochnäsig

to·geth·er [təˈgeðə^r] **I.** *adv* ❶ (*with each other*) zusammen; **close ~** nah beisammen ❷ (*collectively*) zusammen, gemeinsam; **all ~ now** jetzt alle miteinander ❸ (*as to combine*) **to add sth ~** etw zusammenzählen; **to go ~** zusammenpassen ❹ (*in relationship*) zusammen; **to be [back] ~** [wieder] zusammen sein; **to get ~** zusammenkommen ❺ (*simultaneously*) gleichzeitig **II.** *adj* (*fam*) ausgeglichen

to·geth·er·ness [təˈgeðənəs] *n no pl* Zusammengehörigkeit *f;* **feeling of ~** Zusammengehörigkeitsgefühl *nt*

tog·gle ['tɒgl] **I.** *n* ❶ (*switch*) Kippschalter *m;* COMPUT (*key*) Umschalttaste *f* ❷ (*fastener*) Knebel *m* **II.** *vi* COMPUT hin- und herschalten

'**tog·gle switch** *n* Kippschalter *m*

Togo ['təʊgəʊ] *n* Togo *nt*

To·go·lese [ˌtəʊgəʊˈliːz] **I.** *adj* togoisch **II.** *n* Togoer(in) *m(f)*

toil [tɔɪl] **I.** *n no pl* Mühe *f;* **hard/honest ~** harte/ehrliche Arbeit **II.** *vi* ❶ (*work hard*) hart arbeiten ❷ (*go with difficulty*) **to ~ up a hill** sich einen Hügel hoch schleppen **III.** *vt* **to ~ one's way through sth** sich durch etw *akk* durcharbeiten

toi·let ['tɔɪlɪt] *n* ❶ (*lavatory*) Toilette *f,* Klo *nt fam;* **to go to the ~** *esp* BRIT auf die Toilette gehen; **to flush the ~** spülen ❷ *no pl* (*dated: preparation*) Toilette *f geh*

'**toi·let bag** *n* Kulturbeutel *m,* Toilettentasche *f* '**toi·let pa·per** *n* Toilettenpapier *nt*

toi·let·ries [ˈtɔɪlɪtrɪz] *npl* Toilettenartikel *pl*

'**toi·let·ries bag** *n* Kulturbeutel *m*

'**toi·let roll** *n* BRIT, AUS Rolle *f* Toilettenpapier '**toi·let soap** *n* Toilettenseife *f* '**toi·let wa·ter** *n no pl* Eau *nt* de Toilette

to·ken ['təʊkən] **I.** *n* ❶ (*symbol*) Zeichen *nt;* **a ~ of sb's affection** ein Zeichen *nt* für jds Zuneigung ❷ BRIT, AUS (*voucher*) Gutschein *m* ❸ (*money substitute*) Chip *m* ▸ **by the same ~** aus demselben Grund **II.** *adj attr* ❶ (*symbolic*) nominell; *fine, gesture, resistance* symbolisch ❷ (*pej: an appearance of*) Schein-; **a ~ offer** ein Pro-Forma-Angebot *nt;* **the ~ black/woman** der/die Alibischwarze/die Alibifrau

told [təʊld] *pt, pp of* **tell**

tol·er·able ['tɒlərəbl] *adj* erträglich; (*fairly good*) annehmbar

tol·er·ably ['tɒlərəbli] *adv* recht, ganz

tol·er·ance ['tɒlərən(t)s] *n* ❶ *no pl* (*open-mindedness*) Toleranz *f* (**of/towards**) gegenüber) ❷ (*capacity to endure*) Toleranz *f,* Widerstandsfähigkeit *f* (**to** gegen); **~ to alcohol/a drug** Alkohol-/ Medizinverträglichkeit *f;* **pain-~ threshold** Schmerzschwelle *f* ❸ (*in quantity, measurement*) Toleranz *f*

tol·er·ant ['tɒlərənt] *adj* ❶ (*open-minded*) tolerant (**of/towards** gegenüber) ❷ (*resistant*) *person* widerstandsfähig; *plant* resistent (**of** gegen)

tol·er·ate ['tɒləreɪt] *vt* ❶ (*accept*) tolerieren; **I won't ~ lying** Lügen werde ich nicht dulden; ▪ **to ~ sb** jdn ertragen ❷ (*resist*) *heat, pain, stress* aushalten; *of plant: cold, insects* widerstehen; *drug* vertragen

tol·era·tion [ˌtɒləˈreɪʃən] *n no pl* Toleranz *f*

toll¹ [təʊl] *n* ❶ (*for motorways etc.*) Maut *f;* **truck ~** Lkw-Maut *f* ❷ AM (*for phone call*) [Fernsprech]gebühr *f* ❸ *no pl* (*deaths, loss*) Tribut *m;* **death ~** Opferzahl *f;* **to take its ~** [**on sb/sth**] seinen/ihren Tribut [von jdm/etw *dat*] fordern

toll² [təʊl] *vt, vi bell* läuten

'**toll bridge** *n* Mautbrücke *f* '**toll call** *n* AM Ferngespräch *nt* '**toll-free** *adj* gebührenfrei '**toll·gate** *n* Schlagbaum *m* '**toll·house** *n* Mautstelle *f* '**toll road** *n* Mautstraße *f*

tom [tɒm] *n* (*male animal*) Männchen *nt;* (*cat*) Kater *m*

to·ma·to <*pl* -es> [təˈmɑːtəʊ] *n* Tomate *f,* Paradeiser *m* ÖSTERR

to·ma·to 'ketch·up *n no pl* Tomatenketchup *nt*

tomb [tuːm] *n* Grab *nt;* (*mausoleum*) Gruft *f;* (*below ground*) Grabkammer *f*

tom·bo·la [tɒmˈbəʊlə] *n* BRIT, AUS Tombola *f*

tom·boy ['tɒmbɔɪ] *n* Wildfang *m*

tomb·stone ['tuːmstəʊn] *n* Grabstein *m*

tom·cat ['tɒmkæt] *n* Kater *m*

tome [təʊm] *n* (*usu hum*) Schmöker *m fam*

tom·fool·ery [ˌtɒmˈfuːləri] *n no pl* Albernheit *f*

'tom·my gun ['tɒmi-] *n* Maschinenpistole *f*

tomo·graph ['təʊməgræf] *n* MED ❶ (*device*) Tomograph *m* ❷ (*image*) Tomographie *f*

to·mog·ra·phy [təˈmɒgrəfi] *n no pl* MED Tomographie *f*

to·mor·row [təˈmɒrəʊ] I. *adv* morgen II. *n* morgiger Tag; **~'s problems/technology/youth** Probleme *pl*/Technologie *f*/Jugend *f* von morgen; **~ morning** morgen früh; **~ week** BRIT morgen in einer Woche; **a better ~** eine bessere Zukunft ▶ **~ is another day** (*saying*) morgen ist auch noch ein Tag; **who knows what ~ will bring?** wer weiß, was die Zukunft bringt?

tom-tom ['tɒmtɒm] *n* Tamtam *nt*

ton <*pl* - *or* -**s**> [tʌn] *n* ❶ (*unit of measurement*) Tonne *f;* **long ~** *1016,05 kg;* **short ~** *907,185 kg* ❷ (*fam: very large amount*) **how much money does he have? — ~s** wie viel Geld besitzt er? – jede Menge; **to weigh a ~** Unmengen wiegen ▶ **to come down on sb like a ~ of bricks** jdn völlig fertigmachen

tone [təʊn] I. *n* ❶ (*of instrument*) Klang *m* ❷ (*manner of speaking*) Ton *m;* **an apologetic/a disrespectful ~** ein entschuldigender/respektloser Ton ❸ (*voice*) **to speak in hushed ~s** mit gedämpfter Stimme sprechen ❹ (*character*) Ton *m;* **to lower/raise the ~ of sth** der Qualität einer S. *gen* schaden/die Qualität einer S. *gen* heben ❺ (*of colour*) Farbton *m* ❻ *no pl* (*of muscles*) Tonus *m fachspr* ❼ MUS (*difference in pitch*) Ton *m;* **half/whole ~** Halb-/Ganzton *m* ❽ (*of telephone*) Ton *m;* **dialling** [*or* AM **dial**] **~** Wählton *m;* **engaged** [*or* AM **busy**] **~** Besetztzeichen *nt* II. *vt* **to ~ the body/muscles** den Körper/die Muskeln fit halten III. *vi* ▪ **to ~ with sth** mit etw *dat* harmonieren ◆ **tone down** *vt* abmildern; *colour, sound* abschwächen; *criticism, language, protests* mäßigen ◆ **tone in** *vi* sich anpassen ◆ **tone up** I. *vt muscles* kräftigen II. *vi* sich in Form bringen

'**tone con·trol** *n* Klangregler *m* **tone-'deaf** *adj* ▪ **to be ~** unmusikalisch sein **tone·less** ['təʊnləs] *adj* (*liter*) tonlos

ton·er ['təʊnə'] *n* ❶ (*for skin*) Gesichtswasser *nt* ❷ (*for photographs*) Toner *m*

Tonga ['tɒŋə] *n* Tonga *nt*

Tong·an ['tɒŋən] I. *adj* tongaisch II. *n* ❶ (*person*) Tongaer(in) *m(f)* ❷ LING Tongasprache *f*

tongs [tɒŋz] *npl* Zange *f;* **fire ~** Feuerzange *f*

tongue [tʌŋ] I. *n* ❶ (*mouth part*) Zunge *f;* **have you lost your ~?** hat es dir die Sprache verschlagen?; **to bite one's ~** sich *dat* in die Zunge beißen ❷ (*tongue-shaped object*) **~ of land** Landzunge *f* ❸ (*language*) Sprache *f* ❹ *no pl* (*expressive style*) Ausdrucksweise *f;* **to have a sharp ~** eine spitze Zunge haben ▶ **to say sth ~ in cheek** etw als Scherz meinen; **to set ~s wagging** Gerede verursachen II. *vt* MUS mit Zungenschlag spielen

'**tongue-tied** *adj* sprachlos; **to be/get ~ with surprise** vor Überraschung kein

Wort herausbekommen **'tongue twist·er** *n* Zungenbrecher *m*
ton·ic[1] ['tɒnɪk] *n* ❶ (*medicine*) Tonikum *nt* geh ❷ (*sth that rejuvenates*) Erfrischung *f*
ton·ic[2] ['tɒnɪk] MUS **I.** *n* ■ the ~ der Grundton **II.** *adj* Grundton-; ~ **chord** Grundakkord *m*
ton·ic[3] ['tɒnɪk] *n*, **ton·ic wa·ter** *n* Tonic[water] *nt*
to·night [təˈnaɪt] **I.** *adv* (*during today's night*) heute Abend; (*till after midnight*) heute Nacht **II.** *n* (*today's night*) der heutige Abend
ton·nage ['tʌnɪdʒ] *n no pl* Tonnage *f*
tonne <*pl* -s *or* -> [tʌn] *n* Tonne *f*
ton·sil·li·tis [ˌtɒn(t)səˈlaɪtɪs] *n no pl* Mandelentzündung *f*
ton·sils ['tɒn(t)səlz] *npl* MED Mandeln *pl*
too [tu:] *adv* ❶ (*overly*) big, heavy, small zu; **to be ~ bad** wirklich schade sein; **far ~ difficult** viel zu schwierig; **to be ~ good to be true** zu schön um wahr zu sein ❷ (*very*) sehr; **my mother hasn't been ~ well recently** meiner Mutter geht es in letzter Zeit nicht allzu gut; **to not be ~ sure if …** sich *dat* nicht ganz sicher sein, ob … ❸ (*also*) auch; **me ~!** ich auch! ❹ (*moreover*) überdies ❺ AM (*fam: said for emphasis, to contradict*) **I'm not going to school today — you are ~!** ich gehe heute nicht in die Schule – und ob du gehst! ▸ ~ **right!** AUS stimmt genau!
took [tʊk] *vt, vi pt of* **take**
tool [tu:l] **I.** *n* ❶ (*implement*) Werkzeug *nt* ❷ (*aid*) Mittel *nt* ❸ (*pej: instrument*) Marionette *f* ❹ (*occupational necessity*) Instrument *nt*; **to be a ~ of the trade** zum Handwerkszeug gehören **II.** *vt* bearbeiten
'tool bag *n* Werkzeugtasche *f* **'tool bar** *n* COMPUT Symbolleiste *f* **'tool box** *n* Werkzeugkiste *f* **'tool chest** *n*, **'tool kit** *n* Werkzeugkasten *m* **'tool·mak·er** *n* Werkzeugmacher(in) *m(f)* **'tool shed** *n* Geräteschuppen *m*
toot [tu:t] **I.** *n* Hupen *nt kein pl*; **to give a ~** hupen **II.** *vt* ❶ (*sound*) anhupen; **to ~ a horn** auf die Hupe drücken ❷ (*fam: blow wind instrument*) blasen (in) **III.** *vi* (*honk*) hupen
tooth <*pl* teeth> [tu:θ, *pl* ti:θ] *n* ❶ (*in mouth*) Zahn *m*; **to bare one's teeth** die Zähne fletschen; **to brush one's teeth** die Zähne putzen; **to grind one's teeth** mit den Zähnen knirschen *a. fig*; **to grit one's teeth** die Zähne zusammenbeißen ❷ *usu pl of comb* Zinke *f*; *of saw* [Säge]zahn *m*; *of cog* Zahn *m* ▸ **to fight ~ and nail** [to do sth] mit aller Macht [um etw *akk*] kämpfen; **to be [a bit] long in the ~** in die Jahre gekommen sein; **to get one's teeth into sth** sich in etw *akk* hineinstürzen
'tooth·ache *n no pl* Zahnschmerzen *pl*
'tooth·brush *n* Zahnbürste *f*
toothed [tu:θt] *adj* mit Zähnen versehen, Zahn-; *leaf* gezähnt, gezackt
'tooth·paste *n no pl* Zahnpasta *f* **'tooth·pick** *n* Zahnstocher *m* **tooth·some** ['tu:θsəm] *adj* köstlich
toothy ['tu:θi] *adj* zähnefletschend; **a ~ grin** ein breites Grinsen
too·tle ['tu:tl] *vi* (*fam*) ■ **to ~ along** dahinzockeln
toots [tʊtz] *n esp* AM (*fam*) Süße *f*
top[1] [tɒp] *n* Kreisel *m*
top[2] [tɒp] **I.** *n* ❶ (*highest part*) oberes Ende, Spitze *f*; *of mountain* [Berg]gipfel *m*; *of tree* [Baum]krone *f*; **from ~ to bottom** von oben bis unten; **to get on ~ of sth** etw in den Griff bekommen ❷ (*upper surface*) Oberfläche *f*; **on ~ of the table** auf dem Tisch ❸ *no pl* (*highest rank*) Spitze *f*; **to be at the ~ of the class** Klassenbeste(r) *f(m)* sein ❹ FASHION Top *nt* ❺ (*head end*) *of bed, table* Kopfende *nt*; **to live at the ~ of a street** am Ende der Straße wohnen ❻ (*lid*) Deckel *m* ▸ **on ~ of that** (*in addition to*) **on ~ of that …** obendrein … ▸ **off the ~ of one's head** (*fam*) aus dem Stegreif; **from ~ to toe** von Kopf bis Fuß; **the Big T~** das Großzelt; **to go over the ~** überreagieren **II.** *adj* ❶ *attr* (*highest*) oberste(r, s); ~ **floor** oberstes Stockwerk; **the ~ rung of the ladder** (*fig*) die Spitze der Karriereleiter ❷ (*best*) beste(r, s); **sb's ~ choice** jds erste Wahl ❸ (*most successful*) Spitzen-; ~ **athlete** Spitzensportler(in) *m(f)* ❹ (*maximum*) höchste(r, s); ~ **speed** Höchstgeschwindigkeit *f* **III.** *adv* BRIT **to come ~** [**of the class**] Klassenbeste(r) *f(m)* sein **IV.** *vt* <-pp-> ❶ (*be at top of*) anführen; **to ~ a list** oben auf einer Liste stehen ❷ (*cover*) überziehen (**with** mit) ❸ (*surpass*) übertreffen, toppen (*fam*) ❹ *esp* BRIT (*sl: kill*) umbringen ◆ **top off** *vt* ❶ FOOD (*give topping to*) garnieren ❷ *esp* AM, AUS (*conclude satisfactorily*) abrunden; (*more than satisfactorily*) krönen ◆ **top up** *vt* ❶ (*fill up again*) nachfüllen; ■ **to ~ sb up** (*fam*) jdm nachschenken ❷ (*bring to a certain level*) aufbessern
to·paz ['təʊpæz] *n* Topas *m*
'top·coat *n* ❶ (*outer layer*) Deckanstrich *m* ❷ (*paint*) Deckfarbe *f* **top 'copy** *n* Original[manuskript] *nt* **top 'dog** *n* (*fam*) Boss *m fam* **top 'draw·er** *n* ❶ (*upper-*

most drawer) oberste [Schub]lade ❷ *esp* BRIT (*fam: social position*) Oberschicht *f*
top ex·'ec·u·tive *n* Topmanager(in) *m(f)*
'top-flight *adj attr* beste(r, s) **top 'hat** *n* Zylinder *m* **top-'heavy** *adj* ❶ (*usu pej: unbalanced*) kopflastig ❷ (*fam: big-breasted*) **a ~ woman** eine Frau mit großem Vorbau

top·ic ['tɒpɪk] *n* Thema *nt*

top·i·cal ['tɒpɪkəl] *adj* ❶ (*currently of interest*) aktuell ❷ (*by topics*) thematisch ❸ MED (*applied locally*) lokal

top·i·cal·i·ty [ˌtɒpɪˈkæləti] *n no pl* Aktualität *f*

top·less ['tɒpləs] I. *adj* oben ohne *präd*, barbusig II. *adv* **to go ~** oben ohne gehen

'top-lev·el *adj negotiations, talks* Spitzen- **top 'load·er** *n* Toplader *m* **top 'man·age·ment** *n usu no pl* Topmanagement *nt* **'top·most** *adj attr* oberste(r, s) **'top-notch** *adj* (*fam*) erstklassig **'top note** *n* (*fig*) Kopfnote *f* (*eines Parfüms*)

to·pog·raph·er [təˈpɒgrəfə^r] *n* Vermessungsingenieur(in) *m(f)*

topo·graphi·cal [ˌtɒpə(ʊ)ˈgræfɪkəl] *adj* topographisch

to·pog·ra·phy [təˈpɒgrəfi] *n no pl* Topographie *f*

top·per ['tɒpə^r] *n* (*fam*) Zylinder *m*

top·ping ['tɒpɪŋ] *n* Garnierung *f*

top·ple ['tɒpl] I. *vt* ❶ (*knock over*) umwerfen ❷ POL (*overthrow*) stürzen II. *vi* stürzen; *prices* fallen ◆ **topple over** I. *vt* umwerfen II. *vi* umfallen, stürzen (über)

top 'price *n* Höchstpreis *m* **top pri·'or·i·ty** *n* höchste Priorität **top 'qual·i·ty** *n* Spitzenqualität *f* **top-'rank·ing** *adj* Spitzen-; **~ university** Eliteuniversität *f* **'top·sail** *n* Toppsegel *m* **top 'sala·ry** *n* Spitzengehalt *nt* **top 'se·cret** *adj* streng geheim **'top-sell·ing** *adj attr* meistverkauft **'top·soil** *n no pl* Mutterboden *m* **top 'speed** *n* Höchstgeschwindigkeit *f* **'top·spin** *n no pl* SPORTS Topspin *m*

top·sy-tur·vy [ˌtɒpsɪˈtɜːvɪ] (*fam*) I. *adj* chaotisch II. *adv* **to turn sth ~** etw auf den Kopf stellen

torch [tɔːtʃ] I. *n* <*pl* -es> ❶ AUS, BRIT (*hand-held light*) Taschenlampe *f* ❷ (*burning stick*) Fackel *f*; **Olympic ~** olympisches Feuer; **to pass the ~ [to sb]** [jdm] den Stab übergeben; (*fig*) etw [an jdn] weitergeben ❸ AM (*blowlamp*) Lötlampe *f* ▶ **to carry a ~ for sb** nach jdm schmachten II. *vt* (*fam*) in Brand setzen

'torch·light I. *n no pl* Fackelschein *m* II. *adj attr* Fackel-

tore [tɔː^r] *vi, vt pt of* **tear**

tor·ment ['tɔːment] I. *n* ❶ (*mental suffering*) Qual *f* ❷ (*physical pain*) starke Schmerzen *pl*; ■ **to be in ~** unter starken Schmerzen leiden ❸ (*torture*) Tortur *f* II. *vt* (*cause to suffer*) quälen; **to be ~ed by grief** großen Kummer haben

tor·men·tor [tɔːˈmentə^r] *n* Peiniger(in) *m(f)*

torn [tɔːn] I. *vi, vt pp of* **tear** II. *adj pred* (*unable to choose*) [innerlich] zerrissen

tor·na·do [tɔːˈneɪdəʊ] *n* <*pl* -s *or* -es> Tornado *m*

tor·pe·do [tɔːˈpiːdəʊ] MIL, NAUT I. *n* <*pl* -es> Torpedo *m* II. *vt* torpedieren

tor·pid ['tɔːpɪd] *adj* (*form*) träge

tor·por ['tɔːpə^r] *n no pl* (*form*) Trägheit *f*; (*hibernation*) Winterschlaf *m*

torque [tɔːk] *n no pl* PHYS Drehmoment *nt*

tor·rent ['tɒrənt] *n* ❶ (*large amount of water*) Sturzbach *m*; **~ s [of rain]** sintflutartige Regenfälle; **to come down in ~ s** in Strömen gießen ❷ (*large amount*) Strom *m*

tor·ren·tial [təˈren(t)ʃəl] *adj* sintflutartig

tor·sion ['tɔːʃən] *n no pl* MECH, MED Verdrehung *f*

tor·so ['tɔːsəʊ] *n* ❶ (*body*) Rumpf *m* ❷ (*statue*) Torso *m*

tor·toise ['tɔːtəs] *n* [Land]schildkröte *f*

'tor·toise·shell I. *n* ❶ Schildpatt *nt* II. *adj attr* Schildpatt-

tor·tuous ['tɔːtʃʊəs] *adj* gewunden; (*complicated*) umständlich; *process* langwierig

tor·ture ['tɔːtʃə^r] I. *n* ❶ *no pl* (*act of cruelty*) Folter *f*; **mental ~** seelische Folter ❷ (*painful suffering*) Qual *f*, Tortur *f* II. *vt* ❶ (*cause suffering to*) foltern ❷ (*greatly disturb*) quälen; ■ **to be ~d by sth** von etw *dat* gequält werden

tor·tur·er ['tɔːtʃərə^r] *n* Folterer *m*

Tory ['tɔːri] POL I. *n* BRIT (*British Conservative*) Tory *m* (*Angehöriger der britischen konservativen Partei*); ■ **the Tories** *pl* die Tories *pl* II. *adj* Tory-

tosh [tɒʃ] *n no pl* BRIT (*dated fam*) Unsinn *m*

toss <*pl* -es> [tɒs] I. *n* Wurf *m*; **to win/lose the ~** den Münzwurf gewinnen/verlieren ▶ **I don't <u>care</u> a ~** BRIT (*fam*) das ist mir piepegal II. *vt* ❶ (*throw*) werfen; (*fling*) schleudern; *horse* abwerfen; **to ~ one's head** den Kopf zurückwerfen; **to ~ a coin** eine Münze werfen ❷ (*move up and back*) hin und her schleudern; FOOD schwenken; *pancake* wenden (*durch Hochwerfen*) ▶ **to ~ one's <u>hat</u> in the ring** *esp* AM in den Wahlkampf einsteigen III. *vi* knobeln (**for** um) ▶ **to ~ and <u>turn</u>** sich hin und her wälzen ◆**toss about**, **toss around** *vt* hin und her werfen; (*fig*) *proposal* zur Debatte stellen ◆**toss away** *vt* wegwerfen ◆**toss off** *vi* BRIT, AUS (*vulg, sl*) sich *dat* einen runterholen ◆**toss out** *vt* ❶(*throw out*) hinauswerfen ❷(*offer unsolicited*) *remark* rauslassen *fam; suggestion* einwerfen ◆**toss up** *vi* eine Münze werfen

'**toss-up** *n* ❶(*uncertain situation*) ungewisse Situation; ■ **to be a ~** [noch] offen sein ❷(*tossing a coin*) Werfen *nt* einer Münze

tot [tɒt] *n* ❶(*fam: small child*) Knirps *m* ❷ *esp* BRIT (*small amount of alcohol*) Schlückchen *nt* ◆**tot up** I. *vt* (*fam*) zusammenrechnen II. *vi* ausmachen; **that ~ s up to £20** das macht zusammen 20 Pfund

to·tal ['təʊtəl] I. *n* Gesamtsumme *f*; **a ~ of 21 horses were entered for the race** im Ganzen wurden 21 Pferde zum Rennen zugelassen; **in ~** insgesamt II. *adj* ❶ *attr* (*complete*) gesamt ❷(*absolute*) völlig; *disaster* rein; **to be a ~ stranger** vollkommen fremd sein III. *vt* <BRIT -ll- *or* AM *usu* -l-> ❶(*add up*) zusammenrechnen; **their debts ~ £8,000** ihre Schulden belaufen sich auf 8.000 Pfund ❷ AM (*fam*) **to ~ a car** einen Wagen zu Schrott fahren ◆**total up** *vt* zusammenrechnen

to·tali·tar·ian [tə(ʊ)ˌtælɪ'teərɪən] *adj* POL totalitär

to·tali·tar·ian·ism [tə(ʊ)ˌtælɪ'teərɪənɪzəm] *n no pl* POL Totalitarismus *m*

to·tal·ity [tə(ʊ)'tælɪti] *n no pl* ❶(*whole amount*) Gesamtheit *f* ❷(*total eclipse*) totale Verfinsterung

to·tal·ly ['təʊtəli] *adv* ❶(*completely*) völlig ❷(*incredibly*) total; (*fam: much too*) so was von *fam;* **his behaviour was ~ out of order/~ pathetic!** sein Verhalten war so was von unverschämt/von lächerlich! *fam*

tote[1] [təʊt] *n pl* SPORTS ■ **the ~** das Toto

tote[2] [təʊt] *vt esp* AM (*fam*) schleppen

'**tote bag** *n* Einkaufstasche *f*

to·tem ['təʊtəm] *n* Totem *nt*

tot·ter ['tɒtər] *vi* wanken; **to ~ towards extinction** kurz vor dem Aussterben sein

tot·tery ['tɒtəri] *adj* wack[e]lig; *person* zittrig

tou·can ['tuːkæn] *n* Tukan *m*

touch [tʌtʃ] I. *n* <*pl* -es> ❶ *no pl* (*ability to feel*) Tasten *nt;* **the sense of ~** der Tastsinn; **the material was soft to the ~** das Material fühlte sich weich an ❷(*instance of touching*) Berührung *f*; **at the ~ of a button** auf Knopfdruck ❸ *no pl*(*communication*) Kontakt *m;* **to be in ~ with sb/ sth** mit jdm/etw *dat* in Kontakt sein ❹ *no pl*(*skill*) Gespür *nt* ❺ *no pl*(*small amount*) **a ~ of irony** eine Spur Ironie; **a ~ of flu** (*fam*) eine leichte Grippe ❻ *no pl*(*rather*) ■ **a ~** ziemlich ❼(*valuable addition*) Ansatz *m;* **the final ~** der letzte Schliff ❽ *no pl* FBALL AUS *nt* ▶ **to be a soft ~** (*fam*) leichtgläubig sein II. *vt* ❶(*feel with fingers*) berühren, anfassen; **to ~ the brake** auf die Bremse steigen *fam* ❷(*come in contact with*) in Berührung kommen (mit); (*border*) grenzen (an) ❸(*move emotionally*) bewegen ❹(*deal with*) anpacken ▶ **to ~ a [raw] <u>nerve</u>** einen wunden Punkt berühren; **not to ~ sb/sth with a barge** [*or* AM **ten-foot**] **pole** jdn/etw meiden wie die Pest; **~ <u>wood</u>** BRIT wenn alles gut geht III. *vi* ❶(*feel with fingers*) berühren ❷(*come in contact*) sich berühren ◆**touch at** *vi* NAUT **to ~ at a port** in einem Hafen anlegen ◆**touch down** *vi* AVIAT landen ◆**touch in** *vt* ART skizzieren ◆**touch off** *vt* auslösen ◆**touch on, touch upon** *vi* ansprechen ◆**touch up** *vt* ❶(*improve*) auffrischen; *photograph* retuschieren ❷ BRIT (*fam: assault sexually*) ■ **to ~ sb up** jdn begrapschen *pej*

touch-and-'go *adj* unentschieden; ■ **to be ~ whether ...** auf Messers Scheide stehen, ob ...

'**touch·down** *n* ❶(*landing*) Landung *f* ❷ *esp* AM SPORTS (*scoring play*) Versuch *m*

touched [tʌtʃt] *adj pred* gerührt

touchi·ly ['tʌtʃɪli] *adv* (*fam*) überempfindlich, leicht gereizt

touchi·ness ['tʌtʃɪnəs] *n no pl* (*fam*) ❶(*sensitive nature*) Überempfindlichkeit *f* ❷(*delicacy*) Empfindlichkeit *f*

touch·ing ['tʌtʃɪŋ] I. *adj* berührend II. *n* Berühren *nt kein pl*

touch·ing·ly ['tʌtʃɪŋli] *adv* auf rührende Weise; **to care ~ for sb** sich rührend um jdn kümmern

'**touch·line** *n* BRIT SPORTS Seitenlinie *f*

'**touch·pad** *n* COMPUT Touchpad *nt*

'**touch·screen** *n* Touchscreen *m fachspr,* Berührungsbildschirm *m* **touch-'sen·si·tive** *adj* COMPUT Touch-; **~ screen** Touchscreen *m* '**touch·stone** *n* Kriterium *nt* geh (**for** für) '**touch-type** *vi* blind schreiben

touchy ['tʌtʃi] *adj* (*fam*) ❶(*oversensitive*) *person* empfindlich ❷(*delicate*) *situation, topic* heikel

tough [tʌf] I. *adj* ❶(*strong*) robust; **~ plas-**

tic Hartplastik *nt* ❷ (*hardy*) *person, animal* zäh; **to be as ~ as old boots** nicht unterzukriegen sein ❸ (*stringent*) *law* streng ❹ (*hard to cut*) *meat* zäh; **to be as ~ as old boots** [*or* AM *also* **shoe leather**] zäh wie Schuhsohlen sein ❺ (*difficult*) schwierig, hart; *climate* rau; *competition* hart; *winter* streng ❻ (*violent*) rau, brutal ❼ (*fam: unlucky*) **that's a bit ~!** da hast du wirklich Pech!; **~ luck!** so ein Pech! *a. iron* **II.** *n esp* AM (*fam*) Rowdy *m pej*

tough·en ['tʌfən] **I.** *vt* ❶ (*strengthen*) verstärken; **~ed glass** gehärtetes Glas ❷ (*make difficult to cut*) hart werden lassen **II.** *vi* stärker werden

tough·ness ['tʌfnəs] *n no pl* ❶ (*strength*) Härte *f*, Robustheit *f* ❷ (*determination*) Entschlossenheit *f* ❸ (*of meat*) Zähheit *f*

tou·pee ['tu:peɪ] *n* Toupet *nt*

tour [tɔː^r, tʊə-] **I.** *n* ❶ (*journey*) Reise *f*, Tour *f*; **guided ~** Führung *f*; **sightseeing ~** Rundfahrt *f* ❷ (*spell of duty*) Tournee *f*; **lecture ~** Vortragsreise *f*; **to be/go on ~** auf Tournee sein/gehen **II.** *vt* ❶ (*travel around*) bereisen ❷ (*visit professionally*) besuchen ❸ (*perform*) **to ~ Germany** eine Deutschlandtournee machen **III.** *vi* ▪**to ~ [with sb]** [mit jdm] auf Tournee gehen

tour·ing ['tɔːrɪŋ, 'tʊə-] **I.** *adj attr* THEAT, MUS Tournee-; **~ company** Wandertheater *nt* **II.** *n* Reisen *nt kein pl*; **to do some ~** herumreisen

tour·ism ['tɔːrɪzəm, 'tʊə-] *n no pl* Tourismus *m*; **mass ~** Massentourismus *m*

'tour·ism boy·cott *n* Tourismusboykott *m*

tour·ist ['tɔːrɪst, 'tʊə-] *n* ❶ (*traveller*) Tourist(in) *m(f)* ❷ AUS, BRIT (*member of sports team*) Mitglied *nt* einer Tourneemannschaft

'tour·ist agen·cy *n* Reisebüro *nt* **'tour·ist bu·reau** *n* Fremdenverkehrsamt *nt* **'tour·ist class** *n* Touristenklasse *f* **'tour·ist des·ti·na·tion** *n* Reiseziel *nt* **'tour·ist guide** *n* ❶ (*book*) Reiseführer *m* ❷ (*person*) Fremdenführer(in) *m(f)* **'tour·ist in·dus·try** *n* Tourismusindustrie *f* **tour·ist in·for·'ma·tion of·fice** *n*, **'tour·ist of·fice** *n* Touristeninformation *f* **'tour·ist sea·son** *n* Hauptsaison *f* **'tour·ist tick·et** *n* Touristenkarte *f* **'tour·ist visa** *n* Reisevisum *nt*

tour·na·ment ['tɔːnəmənt, 'tʊə-] *n* SPORTS Turnier *nt*

'tour op·era·tor *n* Reiseveranstalter *m*

tou·sle ['taʊzl] *vt hair* zerzausen

tou·sled ['taʊzld] *adj* zerzaust

tout [taʊt] **I.** *n* (*pej*) Schwarzhändler(in) *m(f)* **II.** *vt* ❶ (*advertise*) Reklame machen (für); ▪**to ~ sb as sth** jdn als etw preisen ❷ BRIT (*pej: sell unofficially*) unter der Hand verkaufen **III.** *vi* ▪**to ~ for sth/sb** um etw *akk*/jdn werben

tow¹ [təʊ] *n* (*fibre*) Werg *nt*

tow² [təʊ] **I.** *n* Schleppen *nt kein pl*; **to give sb a ~** jdn abschleppen; **to have sb in ~** jdn im Schlepptau haben **II.** *vt* ziehen; *vehicle* abschleppen

to·ward(s) [təˈwɔːd(z)] *prep* ❶ (*in direction of*) in Richtung; **she walked ~ him** sie ging auf ihn zu; **he leaned ~ her** er lehnte sich zu ihr ❷ (*near*) nahe; **we're well ~ the front of the queue** wir sind nahe dem Anfang der Schlange ❸ (*just before*) gegen; **~ midnight/the end of the year** gegen Mitternacht/Ende des Jahres ❹ (*to goal of*) **to count ~ sth** auf etw *akk* angerechnet werden ❺ (*to trend of*) zu ❻ (*to be used for*) für; **he has given me some money ~ it** er hat mir etwas Geld dazugegeben

'tow bar *n* Abschleppstange *f* **'tow boat** *n* AM NAUT Schlepper *m*

tow·el ['taʊəl] **I.** *n* Handtuch *nt*; **paper ~** Papiertuch *nt*; **tea ~** Geschirrtuch *nt* ▸ **to throw in the ~** das Handtuch werfen **II.** *vt* <-ll-> **to ~ sth dry** etw trockenreiben

tow·el·ling ['taʊəlɪŋ], AM **tow·el·ing** *n no pl* Frottee *nt o m*

tow·er [taʊə^r] *n* Turm *m*; **office ~** Bürohochhaus *nt* ▸ **a ~ of strength** ein Fels in der Brandung ♦**tower above, tower over** *vi* aufragen; ▪**to ~ above sb/sth** jdn/etw überragen

'tow·er block *n* BRIT Hochhaus *nt*

tow·er·ing ['taʊərɪŋ] *adj* ❶ (*very high*) hoch aufragend ❷ (*very great*) überragend

town [taʊn] *n* ❶ (*small city*) Stadt *f*; **home ~** Heimatstadt *f* ❷ *no art* (*residential or working location*) Stadt *f*; ▪**to be in ~** in der Stadt sein ❸ (*downtown*) ▪**[the] ~** das Zentrum; **to go to ~** ins Zentrum fahren ▸ **to go to ~ [on sth]** sich [bei etw *dat*] ins Zeug legen

town 'cen·tre *n* ▪**the ~** das Stadtzentrum **town 'clerk** *n* Magistratsbeamte(r) *m*/ -beamtin *f* **town 'coun·cil** *n* Stadtrat *m* **town 'coun·cil·lor** *n* Stadtrat *m*/-rätin *f* **town 'hall** *n* Rathaus *nt* **'town house** *n* ❶ (*residence*) Stadthaus *nt* ❷ *esp* AM (*row house*) Reihenhaus *nt* **town 'plan·ning** *n no pl* Stadtplanung *f* **'town·scape** ['taʊnskeɪp] *n* Stadtbild *nt*; (*picture of town*) Stadtansicht *f*

'towns·folk *npl* Stadtbevölkerung *f kein pl*

town·ship ['taʊnʃɪp] *n* ❶ AM, CAN (*local government*) Gemeinde *f* ❷ SA (*settlement for blacks*) Township *f* (*von Schwarzen bewohnte abseits der Stadt gelegene Siedlung*)

'**towns·peo·ple** *npl* Stadtbevölkerung *f kein pl*

'**tow truck** *n* AM, AUS Abschleppwagen *m*

tox·ae·mia [tɒkˈsiːmɪə], *esp* AM **tox·emia** *n no pl* Blutvergiftung *f*

tox·ic ['tɒksɪk] *adj* giftig; ~ **waste** Giftmüll *m*

toxi·col·ogy [ˌtɒksɪˈkɒlədʒi] *n no pl* Toxikologie *f*

tox·in ['tɒksɪn] *n* Toxin *nt*

toy [tɔɪ] *n* Spielzeug *nt;* **cuddly ~** Kuscheltier *nt* ◆ **toy with** *vt* ❶ (*consider*) herumspielen (mit); *idea* spielen (mit); *food* herumstochern (in) ❷ (*not treat seriously*) spielen

'**toy·shop** *n* Spielwarengeschäft *nt*

trace [treɪs] **I.** *n* ❶ (*sign*) Zeichen *nt,* Spur *f;* **to disappear without a ~** spurlos verschwinden ❷ (*slight amount*) Spur *f;* **~s of cocaine/poison** Kokain-/Giftspuren *pl;* ~ **of a smile** Anflug *m* eines Lächelns ❸ (*electronic search*) Aufzeichnung *f* ❹ (*measurement line*) Aufzeichnung *f* ❺ *esp* AM (*path*) [Trampel]pfad *m* ❻ (*in math*) Kurve *f* **II.** *vt* ❶ (*follow trail*) auffinden; ■**to ~ sb** jds Spur verfolgen ❷ (*track back*) *phone call, computer virus* zurückverfolgen ❸ (*through paper*) durchpausen; (*with a finger*) nachmalen ❹ (*take route*) **to ~ a path** einem Weg folgen

trace·able ['treɪsəbl] *adj* zurückverfolgbar

'**trace el·ement** *n* Spurenelement *nt*

trac·er ['treɪsə'] *n* ❶ MIL Leuchtspurgeschoss *nt* ❷ (*transmission device*) Sender *m* ❸ (*monitoring programme*) Überwachungsprogramm *nt*

trac·ery ['treɪsəri] *n* ❶ *no pl* (*ornamental work*) Maßwerk *nt* ❷ (*pattern*) Filigranmuster *nt*

tra·chea <*pl* -s *or* -chae> [trəˈkiːə, *pl* -i] *n* Luftröhre *f*

trac·ing ['treɪsɪŋ] *n* Skizze *f*

'**trac·ing pa·per** *n no pl* Pauspapier *nt*

track [træk] **I.** *n* ❶ (*path*) Weg *m,* Pfad *m* ❷ (*rails*) ■**~s** *pl* Gleise *pl,* Schienen *pl* ❸ (*for curtains*) Schiene *f* ❹ AM RAIL (*platform*) Bahnsteig *m* ❺ *usu pl* (*mark*) Spur *f; of deer* Fährte *f;* **tyre ~s** Reifenspuren *pl;* **to cover one's ~s** seine Spuren verwischen ❻ (*path*) *of hurricane* Bahn *f; of comet* [Lauf]bahn *f; of airplane* Route *f* ❼ *no pl* (*course*) Weg *m;* **to get one's life back on ~** sein Leben wieder in die Reihe bringen; **to be on the right/wrong ~** auf dem richtigen/falschen Weg sein ❽ SPORTS *for running* Laufbahn *f; for race cars* Piste *f; for bikes* Radrennbahn *f* ❾ *no pl* (*athletics*) Leichtathletik *f* ❿ (*piece of music*) Stück *nt;* (*in film*) Soundtrack *m* ⓫ (*on a bulldozer, tank*) Kette *f* ⓬ ELEC Leiter *m* ▶ **to be off the beaten ~** abgelegen sein; **to keep ~ of sb/sth** jdn/etw im Auge behalten; **to lose ~ of sb/sth** (*lose contact*) jdn/etw aus den Augen verlieren; **to lose ~** (*be confused about*) den Überblick verlieren; (*not keep up to date*) nicht mehr auf dem Laufenden sein; **to make ~s** (*fam*) sich aufmachen; **to stop in one's ~s** vor Schreck erstarren **II.** *vt* ❶ (*pursue*) verfolgen; **to ~ an animal** die Fährte eines Tieres verfolgen; ■**to ~ sb** jds Spur verfolgen ❷ (*find*) aufspüren ◆ **track away** *vi camera* abschwenken ◆ **track down** *vt* aufspüren; *reference, piece of information* ausfindig machen ◆ **track in I.** *vt* AM *mud, dirt* hereintragen **II.** *vi camera* heranfahren ◆ **track up** *vt* AM **to ~ up** ⟲ **the house** Schmutzspuren im Haus hinterlassen

track and 'field *n no pl* SPORTS Leichtathletik *f* '**track ball** *n* COMPUT Rollkugel *f*

'**track·er dog** *n* Spürhund *m*

'**track event** *n* SPORTS Laufwettbewerb *m*

'**track·ing sta·tion** *n* AEROSP Bodenstation *f* **track 'rec·ord** *n* ❶ SPORTS Streckenrekord *m* ❷ *of company, person* Erfolgsbilanz *f* '**track shoe** *n* Laufschuh *m*

'**track·suit** *n* Trainingsanzug *m*

tract[1] [trækt] *n* Traktat *nt o m geh* (**on** über)

tract[2] [trækt] *n* ❶ (*area of land*) Gebiet *nt;* AM (*property*) Grundstück *nt* ❷ ANAT (*bodily system*) Trakt *m;* **respiratory ~** Atemwege *pl*

trac·table ['træktəbl] *adj* (*form*) *person, child* lenkbar; *metal* formbar; *problem* lösbar

trac·tion ['trækʃ°n] *n no pl* ❶ *of car, wheels* Bodenhaftung *f* ❷ MECH (*pulling*) Antrieb *m* ❸ (*medical treatment*) Strecken *nt;* **to be in ~** im Streckverband liegen

'**trac·tion en·gine** *n* Zugmaschine *f*

trac·tor ['træktə'] *n* Traktor *m*

trad [træd] *adj* BRIT, AUS (*fam*) *short for* **traditional** traditionell

trade [treɪd] **I.** *n* ❶ *no pl* (*buying and selling*) Handel *m* ❷ *no pl* (*business activity*) Umsatz *m* ❸ (*type of business*) Branche *f;* **building ~** Baugewerbe *nt* ❹ *no pl* (*particular business*) ■**the ~** die Branche

⑤ (*handicraft*) Handwerk *nt;* **to learn a ~** ein Handwerk erlernen **⑥** AM SPORTS (*transfer*) Transfer *m* **⑦** (*trade wind*) ■ **the ~s** *pl* der Passat **II.** *vi* **①** (*exchange goods*) tauschen (**with** mit) **②** (*do business*) Geschäfte machen **③** STOCKEX (*be bought and sold*) handeln **III.** *vt* **①** (*exchange*) austauschen; **to ~ bets** Wetten abschließen; **to ~ places [with sb]** [mit jdm] den Platz tauschen; **to ~ insults/punches** Beleidigungen/Schläge austauschen **②** STOCKEX (*buy and sell*) handeln (mit) ◆ **trade in** *vt* in Zahlung geben

'**trade agree·ment** *n* Handelsabkommen *nt* '**trade as·so·cia·tion** *n* Wirtschaftsverband *m* '**trade bal·ance** *n* Handelsbilanz *f* '**trade bar·ri·er** *n* Handelsschranke[n] *f[pl]* '**trade cy·cle** *n* Konjunkturzyklus *m* **trade di·'rec·tory** *n* Branchenverzeichnis *nt* **trade 'dis·count** *n* Händlerrabatt *m* '**trade fair** *n* Messe *f* '**trade gap** *n* Außenhandelsdefizit *nt* '**trade-in I.** *n* Tauschware *f* **II.** *adj attr* Eintausch- '**trade-in value** *n* Gebrauchtwert *m* **trade 'jour·nal** *n* Handelsblatt *nt* '**trade·mark** *n* **①** (*of company*) Warenzeichen *nt* **②** (*of person, music*) charakteristisches Merkmal '**trade name** *n* Markenname *m* '**trade-off** *n* Einbuße *f* '**trade pol·i·cy** *n* Handelspolitik *f* '**trade 'press** *n no pl* Wirtschaftspresse *f* '**trade price** *n* BRIT Großhandelspreis *m*

trad·er ['treɪdəʳ] *n* **①** (*person*) Händler(in) *m(f);* STOCKEX Wertpapierhändler(in) *m(f)* **②** (*ship*) Handelsschiff *nt*

'**trade reg·is·ter** *n* Handelsregister *nt* '**trade route** *n* Handelsweg *m* **trade 'se·cret** *n* Betriebsgeheimnis *nt*

trades·man ['treɪdzmən] *n* (*shopkeeper*) Händler *m;* (*craftsman*) Handwerker *m;* (*supplier*) Lieferant *m*

'**trades·peo·ple** *npl* Händler *pl* **trade 'sur·plus** *n* Handelsbilanzüberschuss *m* **trade 'un·ion** *n* Gewerkschaft *f* **trade 'un·ion·ism** *n no pl* Gewerkschaftswesen *nt* **trade 'un·ion·ist** *n* Gewerkschaftler(in) *m(f)* '**trade war** *n* Handelskrieg *m* '**trade wind** *n* Passat *m*

trad·ing ['treɪdɪŋ] *n no pl* Handel *m;* **Sunday ~** BRIT Offenhalten *nt* der Geschäfte am Sonntag

'**trad·ing es·tate** *n* BRIT Industriegelände *nt* '**trad·ing floor** *n* Börsenparkett *nt* '**trad·ing li·cence** *n* Gewerbekonzession *f*

tra·di·tion [trəˈdɪʃən] *n* **①** *no pl* (*customary behaviour*) Tradition *f* **②** (*custom*) Tradition *f,* Brauch *m* **③** (*style*) Tradition *f,* Stil *m* **④** (*in religion*) Überlieferung *f*

tra·di·tion·al [trəˈdɪʃənəl] *adj* traditionell; *person* konservativ

tra·di·tion·al·ism [trəˈdɪʃənəlɪzəm] *n no pl* Traditionalismus *m geh*

tra·di·tion·al·ist [trəˈdɪʃənəlɪst] **I.** *n* Traditionalist(in) *m(f) geh* **II.** *adj* traditionalistisch *geh*

tra·di·tion·al·ly [trəˈdɪʃənəli] *adv* traditionell; (*usually*) üblicherweise; **this area is ~ liberal** diese Region war schon immer liberal

traf·fic ['træfɪk] **I.** *n no pl* **①** (*vehicles*) Verkehr *m;* **air/rail ~** Luft-/Bahnverkehr *m;* **to get stuck in ~** im Verkehr stecken bleiben **②** (*on telephone*) Fernsprechverkehr *m;* **data ~** COMPUT Datenverkehr *m* **③** (*in illegal items*) illegaler Handel (**in** mit); **drug ~** Drogenhandel *m* **II.** *vi* <-ck-> handeln; **to ~ in arms** Waffenhandel betreiben; **to ~ in drugs** mit Drogen handeln

'**traf·fic ac·ci·dent** *n* Verkehrsunfall *m* **traf·fic-calmed** ['træfɪkˌkɑːmd] *adj attr* BRIT verkehrsberuhigt '**traf·fic-calm·ing** BRIT **I.** *n no pl* Verkehrsberuhigung *f* **II.** *adj attr* **~ measures** verkehrsberuhigende Maßnahmen '**traf·fic cir·cle** *n* AM Kreisverkehr *m* '**traf·fic is·land** *n* **①** (*pedestrian island*) Verkehrsinsel *f* **②** AM (*central reservation*) Mittelstreifen *m* '**traf·fic jam** *n* Stau *m*

traf·fick·er ['træfɪkəʳ] *n* (*pej*) Händler(in) *m(f);* **arms ~** Waffenschieber(in) *m(f);* **drug ~** Drogenhändler(in) *m(f)*

'**traf·fic lane** *n* Fahrstreifen *m* '**traf·fic light** *n* Ampel *f* '**traf·fic regu·la·tion** *n* Straßenverkehrsordnung *f* '**traf·fic sign** *n* Verkehrszeichen *nt* '**traf·fic war·den** *n* BRIT Verkehrspolizist(in) *m(f)*

trag·edy ['trædʒədi] *n* Tragödie *f;* **it's a ~ that ...** es ist tragisch, dass ...

trag·ic ['trædʒɪk] *adj* tragisch; **he's a ~ actor** er spielt tragische Rollen

tragi·cal·ly ['trædʒɪkəli] *adv* **①** (*sadly*) tragischerweise **②** (*in theatre*) tragisch

tragi·com·edy [ˌtrædʒɪˈkɒmədi] *n* Tragikomödie *f*

trail [treɪl] **I.** *n* **①** (*path*) Weg *m,* Pfad *m* **②** (*track*) Spur *f;* ■ **to be on the ~ of sth/sb** etw/jdm auf der Spur sein; **~ of dust/smoke** Staubwolke *f*/Rauchfahne *f* **II.** *vt* ■ **to ~ sb ①** (*follow*) jdm auf der Spur sein **②** (*in a competition*) hinter jdm liegen **III.** *vi* **①** (*drag*) schleifen; (*plant*) sich ran-

ken ❷ (*be losing*) zurückliegen ❸ (*move sluggishly*) ■ **to ~** [**after sb**] [hinter jdm her] trotten ◆ **trail away** *vi* verstummen ◆ **trail behind I.** *vi* zurückbleiben **II.** *vt* hinterherlaufen ◆ **trail off** *vi* verstummen
trail·blaz·er [-ˌbleɪzəʳ] *n* Wegbereiter(in) *m(f)*
trail-blaz·ing ['treɪlbleɪzɪŋ] *adj attr* bahnbrechend
trail·er ['treɪləʳ] *n* ❶ (*wheeled container*) Anhänger *m* ❷ AM (*caravan*) Wohnwagen *m* ❸ (*advertisement*) Trailer *m*
'**trail·er camp**, '**trail·er park** *n* AM Wohnwagenabstellplatz *m*
'**trail·wear** *n no pl* Outdoor-Kleidung *f*
train [treɪn] **I.** *n* ❶ RAIL Zug *m;* **to board a ~** in einen Zug einsteigen; **to change ~s** umsteigen ❷ (*series*) Serie *f;* **~ of thought** Gedankengang *m* ❸ (*retinue*) Gefolge *nt kein pl;* (*procession*) Zug *m* ❹ (*part of dress*) Schleppe *f* **II.** *vi* trainieren (**for** für) **III.** *vt* ❶ (*teach*) ausbilden *dat;* ■ **to ~ sb for sth** jdn für etw *akk* ausbilden; **to ~ dogs** Hunde abrichten ❷ HORT *roses, vines* ziehen ❸ (*point at*) **to ~ a gun/light on sb/sth** eine Waffe/ein Licht auf jdn/etw *akk* richten
'**train ac·ci·dent** *n* Zugunglück *nt* '**train dri·ver** *n* Lokführer(in) *m(f)*
trained [treɪnd] *adj* ❶ (*educated*) ausgebildet; *animal* abgerichtet ❷ (*expert*) *ear, eye* geschult; *voice* ausgebildet
trainee [ˌtreɪ'ni:] **I.** *n* Auszubildende(r) *f(m)*, Trainee *m* **II.** *adj* **~ manager** Management-Trainee *m;* **~ teacher** Referendar(in) *m(f)*
trainee·ship [ˌtreɪ'ni:ʃɪp] *n* Praktikum *nt*
train·er ['treɪnəʳ] *n* ❶ (*teacher*) Trainer(in) *m(f);* (*of animals*) Dresseur(in) *m(f);* (*in circus*) Dompteur *m*/Dompteuse *f* ❷ BRIT (*shoe*) Turnschuh *m* ❸ (*coach*) **personal ~** Personal Trainer(in) *m(f)*
train·ing ['treɪnɪŋ] **I.** *n no pl* ❶ (*education*) Ausbildung *f; of new employee* Schulung *f; of dogs* Abrichten *nt* ❷ SPORTS (*practice*) Training *nt;* ■ **to be in ~ for sth** für etw *akk* trainieren **II.** *adj attr* Schulungs-
'**train·ing camp** *n* SPORTS Trainingscamp *nt* '**train·ing col·lege** *n* BRIT Lehrerbildungsanstalt *f* '**train·ing course** *n* Vorbereitungskurs *m* '**train·ing pro·gramme** *n*, AM '**train·ing pro·gram** *n* Ausbildungsprogramm *nt* '**train·ing ship** *n* Schulschiff *nt* '**train ser·vice** *n no pl* Zugverkehr *m;* (*between two towns*) [Eisen]bahnverbindung *f*
traipse [treɪps] *vi* latschen *fam*

trait [treɪ, treɪt] *n* Eigenschaft *f;* **character ~** Charakterzug *m;* **genetic ~** genetisches Merkmal
trai·tor ['treɪtəʳ] *n* Verräter(in) *m(f)*
trai·tor·ous ['treɪtᵊrəs] *adj* verräterisch
tra·jec·tory [trə'dʒektəri] *n* PHYS Flugbahn *f;* MATH Kurve *f*
tram [træm] *n* BRIT, AUS Straßenbahn *f*
'**tram·line** *n* BRIT, AUS ❶ (*route*) Straßenbahnlinie *f* ❷ (*tracks*) ■ **~s** *pl* Straßenbahnschienen *pl* ❸ SPORTS (*boundary lines*) ■ **~s** *pl* Seitenlinien *pl*
tram·mel ['træmᵊl] *n* ❶ (*liter*) ■ **~s** *pl* (*restrictions*) Fesseln *pl* ❷ (*net*) Schleppnetz *nt*
tramp [træmp] **I.** *vi* (*walk*) marschieren; (*walk heavily*) trampeln **II.** *vt* **you're ~ing dirt and mud all over the house!** du schleppst den Schmutz und Matsch durch das ganze Haus! **III.** *n* ❶ (*poor person*) Vagabund(in) *m(f)*, Sandler(in) *m(f)* ÖSTERR ❷ *no pl* (*stomping sound*) schwere Schritte *pl* ❸ *no pl* (*tiring walk*) Fußmarsch *m* ❹ *esp* AM (*pej: woman*) Flittchen *nt*
tram·ple ['træmpl] **I.** *vt* niedertrampeln; *grass, flowers, crops* zertrampeln; **to be ~d to death** zu Tode getrampelt werden **II.** *vi* ■ **to ~ on sth** auf etw *dat* herumtrampeln
tram·po·line ['træmpᵊli:n] *n* Trampolin *nt*
'**tram·way** *n* (*rails*) Straßenbahnschienen *pl;* (*system*) Straßenbahnnetz *nt*
trance [trɑ:n(t)s] *n* ❶ (*mental state*) Trance *f* ❷ *no pl* (*music*) Trance-Musik *f*
tran·ny ['træni] *n esp* BRIT (*sl*) *short for* **transistor radio** Transistorradio *nt*
tran·quil ['træŋkwɪl] *adj setting* ruhig; *voice, expression* gelassen
tran·quil·ity *n* AM *see* **tranquillity**
tran·quil·ize *vt* AM *see* **tranquillize**
tran·quil·iz·er *n* AM *see* **tranquillizer**
tran·quil·lity [træŋ'kwɪləti] *n no pl* Ruhe *f*, Gelassenheit *f*
tran·quil·lize ['træŋkwɪlaɪz] *vt* ■ **to ~ sb/ an animal** jdn/ein Tier ruhigstellen
tran·quil·liz·er ['træŋkwɪlaɪzəʳ] *n* Beruhigungsmittel *nt*
trans·act [træn'zækt] **I.** *vt deal* abschließen; *negotiations* durchführen **II.** *vi* **to ~ with sb** mit jdm verhandeln
trans·ac·tion [træn'zækʃᵊn] *n* ❶ ECON Transaktion *f;* **business ~** Geschäft *nt* ❷ (*published report*) ■ **~s** *pl* Sitzungsbericht *m*
trans·al·pine [træn'zælpaɪn] *adj* transalpin

trans·at·lan·tic [ˌtrænzət'læntɪk], **trans-At·lan·tic** adj transatlantisch; **a ~ voyage** eine Reise über den Atlantik; **our ~ allies/partners** (said by British) unsere amerikanischen Alliierten/Partner; (said by Americans) unsere britischen Alliierten/Partner

trans·ceiv·er [træn'siːvəʳ] n Sende- und Empfangsgerät nt

trans·cend [træn'send] vt ① (go beyond) hinausgehen (über); barriers überschreiten ② (surpass) übergagen

trans·cen·dent [træn'sendənt] adj ① (supreme) authority, being übernatürlich ② (exceptional) love, genius überragend ③ (in philosophy) transzendent geh

trans·cen·den·tal [ˌtræn(t)sen'dentəl] adj transzendent[al] geh

trans·con·ti·nen·tal [ˌtræns.kɒntɪ'nentəl] adj transkontinental

tran·scribe [træn'skraɪb] vt ① (put in written form) conversation, recording protokollieren ② MUS transkribieren ③ LING transkribieren; **to ~ shorthand** Kurzschrift [in Langschrift] übertragen ④ BIOL transkribieren, übertragen

tran·script ['træn(t)skrɪpt] n ① (copy) Abschrift f ② (in genetics) Transkription f ③ AM (school records) ■**~s** pl Zeugnisse pl

tran·scrip·tion [træn'skrɪpʃən] n ① (copy) Abschrift f, Protokoll nt ② no pl (putting into written form) Abschrift f; BIOL, LING, MUS Transkription f; of genetic information also Übertragung f

trans·duc·er [trænz'djuːsəʳ] n ELEC Wandler m

tran·sept [træn(t)'sept] n ARCHIT Querschiff nt

trans·fer I. vt <-rr-> [træn(t)s'fɜː'] ① money überweisen ② (re-assign) versetzen; **to ~ power** die Macht abgeben; **to ~ responsibility** die Verantwortung übertragen ③ (redirect) übertragen; **to ~ a call** ein Gespräch weiterleiten ④ (change ownership) überschreiben (**to** auf) ⑤ SPORTS (sell) verkaufen II. vi <-rr-> [træn(t)s'fɜː'] ① (change job) employee überwechseln; (change club, university) wechseln (**to** in/nach) ② (change bus) umsteigen ③ (change system) umstellen III. n ① no pl (process of moving) of hospital patients, prisoners Verlegung f (**to** in/nach) ② (re-assignment) of money Überweisung f; **~ of ownership** Übertragung f eines Besitzes; **~ of power** Machtübertragung f ③ (at work) Versetzung f; of teams, clubs Transfer m ④ no pl (distribution) Transfer m ⑤ SPORTS (player) Transferspieler(in) m(f) ⑥ (ticket) Umsteige[fahr]karte f ⑦ (pattern) Abziehbild nt

trans·fer·able [træn(t)s'fɜːrəbl] adj übertragbar

trans·fer·ence [trɑːn(t)s'fɜːrən(t)s, 'træn(t)sfɜːrənts] n no pl ① (act of changing) Übergabe f ② PSYCH of emotions Übertragung f ③ of property, stocks, money Überschreibung f

trans·fig·ure [træn(t)s'fɪgəʳ] vt verwandeln (**into** in)

trans·fix [træn(t)s'fɪks] vt usu passive ■ **to be ~ed with sth/sb** von etw dat/jdm fasziniert sein; **to be ~ed with horror** starr vor Entsetzen sein

trans·form [træn(t)s'fɔːm] vt ① (change) verwandeln ② ELEC transformieren ③ MATH umwandeln

trans·for·ma·tion [ˌtræn(t)sfə'meɪʃən] n ① (great change) Verwandlung f ② (in theatre) Verwandlungsszene f ③ ELEC Transformation f ④ MATH Umwandlung f

trans·form·er [træn(t)s'fɔːməʳ] n ELEC Transformator m

trans·fuse [træn(t)sfjuːz] vt ① MED blood übertragen ② (impart) respect vermitteln

trans·fu·sion [træn(t)s'fjuːʒən] n ① no pl MED Transfusion f; **blood ~** Bluttransfusion f ② (fig) Investition f

trans·gen·ic [ˌtræns'dʒenɪk] BIOL I. adj transgen II. n transgener Organismus

trans·gress [trænz'gres] I. vt (form) **to ~ a law** ein Gesetz übertreten II. vi ① (form: break rule) die Regeln verletzen ② REL sündigen

trans·gres·sion [trænz'greʃən] n ① no pl (form: violation) Übertretung f; **~ of the law** Gesetzesverstoß m ② REL (sin) Sünde f

trans·gres·sor [trænz'gresəʳ] n ① (form: violator) Schuldige(r) f(m) ② REL (sinner) Sünder(in) m(f)

tran·si·ent ['trænzɪənt] I. adj ① (temporary) vergänglich ② (mobile) **~ population** nicht ansässiger Teil der Bevölkerung II. n Durchreisende(r) f(m)

tran·sis·tor [træn'zɪstəʳ] n ELEC Transistor m

tran·sis·tor·ize [træn'zɪstəraɪz] vt ELEC transistorisieren

tran·sit ['træn(t)sɪt] I. n ① no pl of people, goods Transit m ② (crossing) Transit m ③ AM (public transport) öffentliches Verkehrswesen; **mass ~** öffentlicher Nahverkehr II. vt durchqueren

'tran·sit busi·ness n Transitgeschäft nt

'**tran·sit camp** n Auffanglager nt '**trans·it desk** n AVIAT Transitschalter m
tran·si·tion [trænˈzɪʃᵊn] n Übergang m; ■ **to be in** ~ in einer Übergangsphase sein
tran·si·tion·al [trænˈzɪʃᵊnᵊl] adj Übergangs-
tran·si·tive [ˈtræn(t)sətɪv] LING I. adj transitiv II. n Transitiv nt
'**tran·sit lounge** n Transitraum m
tran·si·to·ry [ˈtræn(t)sɪtᵊri] adj vergänglich
'**tran·sit pas·sen·ger** n Transitreisende(r) f(m) '**tran·sit visa** n Transitvisum nt
trans·lat·able [trænzˈleɪtəbl] adj übersetzbar
trans·late [trænzˈleɪt] I. vt ① (change language) übersetzen; **to** ~ **sth from Greek into Spanish** etw aus dem Griechischen ins Spanische übersetzen ② (adapt) adaptieren ③ (make a reality) umsetzen II. vi ① (change words) übersetzen; **to** ~ **from Hungarian into Russian** aus dem Ungarischen ins Russische übersetzen ② (transfer) sich umsetzen lassen
trans·la·tion [trænzˈleɪʃᵊn] n ① (of text, word) Übersetzung f ② no pl (process) Übersetzen nt ③ (conversion) Umsetzung f
trans·la·tor [trænzˈleɪtər] n Übersetzer(in) m(f)
trans·lit·era·tion [trænzˌlɪtᵊrˈeɪʃᵊn] n LING Transliteration f (**into**)
trans·lu·cent [trænzˈluːsᵊnt] adj lichtdurchlässig; (fig) writing, logic, prose klar; skin durchsichtig
trans·mi·gra·tion [ˌtrænzmaɪˈgreɪʃᵊn] n ① of soul Seelenwanderung f ② (emigration) Auswanderung f
trans·mis·sible [trænzˈmɪsəbl] adj übertragbar
trans·mis·sion [trænzˈmɪʃᵊn] n ① no pl (act of broadcasting) Übertragen nt ② (broadcast) Sendung f ③ no pl of disease Übertragung f; of hereditary disease Vererbung f ④ (in car engine) Getriebe nt
trans·ˈmis·sion speed n COMPUT Übertragungsgeschwindigkeit f
trans·mit <-tt-> [trænzˈmɪt] I. vt ① MED (pass on) übertragen ② (impart) übermitteln; knowledge vermitteln II. vi senden
trans·mit·ter [trænzˈmɪtər] n Sender m
trans·ˈmit·ting sta·tion n Sendestation f
trans·mo·gri·fy <-ie-> [trænzˈmɒgrɪfaɪ] vt verwandeln (**into** in)
trans·mu·ta·tion [ˌtrænzmjuːˈteɪʃᵊn] n (form: change) Umwandlung f; of elements, metals, species Transmutation f
trans·mute [trænzˈmjuːt] (form) I. vt verwandeln (**into** in) II. vi ① (change completely) ■ **to** ~ **into sth** sich in etw akk verwandeln ② (spec) transmutieren (**into** zu)
trans·ocean·ic [ˌtrænzəʊsiˈænɪk] adj attr people, cultures aus Übersee nach n; communications, flight Übersee-
tran·som [ˈtræn(t)səm] n ① (on boat) Querbalken m ② AM (fanlight) Oberlicht nt
trans·par·en·cy [trænsˈpærᵊn(t)si] n ① no pl (quality) Lichtdurchlässigkeit f ② (slide) Dia nt ③ no pl (obviousness) Durchschaubarkeit f
trans·par·ent [trænsˈpærᵊnt] adj ① (see-through) durchsichtig ② (fig) transparent geh
tran·spi·ra·tion [ˌtræn(t)spɪˈreɪʃᵊn] n no pl BIOL Transpiration f geh; (sweat) Schwitzen nt
tran·spire [trænˈspaɪər] vi ① (occur) passieren, sich ereignen ② (become known) sich herausstellen ③ BIOL transpirieren geh; person also schwitzen
trans·plant I. vt [trænˈsplɑːnt] ① (re-plant) umpflanzen ② MED (from donor) transplantieren ③ (relocate) umsiedeln II. n [ˈtræn(t)splɑːnt] ① (surgery) Transplantation f ② (organ) Transplantat nt ③ (plant) umgesetzte Pflanze
trans·plan·ta·tion [ˌtræn(t)splɑːnˈteɪʃᵊn] n no pl Transplantation f (**from** von)
trans·port I. vt [trænˈspɔːt] ① (carry) transportieren, befördern ② (remind) ■ **to** ~ **sb to a place/time** jdn an einen Ort/in eine Zeit versetzen II. n [ˈtræn(t)spɔːt] ① no pl (conveying) Transport m, Beförderung f ② no pl (traffic) Verkehrsmittel nt; **means of** ~ Transportmittel nt; **public** ~ öffentliche Verkehrsmittel pl ③ (vehicle) [Transport]fahrzeug nt
trans·port·able [trænˈspɔːtəbl] adj transportabel
trans·por·ta·tion [ˌtræn(t)spɔːˈteɪʃᵊn] n no pl ① (conveying) Transport m, Beförderung f ② esp AM, AUS (traffic) Transportmittel nt, Verkehrsmittel nt; **to provide** ~ ein Beförderungsmittel zur Verfügung stellen
'**trans·port café** n BRIT Fernfahrerraststätte f
trans·port·er [trænˈspɔːtər] n Transporter m
trans·pose [trænˈspəʊz] vt ① (form: swap) numbers vertauschen ② (form: relocate) versetzen ③ MUS transponieren ④ MATH umstellen

trans·sexu·al [træn'sekʃʊəl] **I.** *n* Transsexuelle(r) *f(m)* **II.** *adj* transsexuell
trans·verse [trænz'vɜːs] *adj* TECH quer laufend; **~ beam** Querbalken *m*
trans·ves·tite [trænz'vestaɪt] *n* Transvestit *m*
trap [træp] **I.** *n* ❶ (*snare*) Falle *f*; **to set a ~** eine Falle aufstellen ❷ (*trick*) Falle *f*; (*ambush*) Hinterhalt *m*; **to fall into a ~** in die Falle gehen ❸ BRIT (*fam!: mouth*) Klappe *f* ❹ (*part of drain*) Siphon *m* ❺ (*hist: carriage*) [zweirädriger] Einspänner **II.** *vt* <-pp-> ❶ (*snare*) ▪ **to ~ an animal** ein Tier [in einer Falle] fangen ❷ *usu passive* (*confine*) ▪ **to be ~ped** eingeschlossen sein; **to feel ~ped** sich gefangen fühlen ❸ (*trick*) in die Falle locken; ▪ **to ~ sb into sth/doing sth** jdn dazu bringen, etw zu tun ❹ (*catch*) **to ~ one's finger in the door** sich *dat* den Finger in der Tür einklemmen; **to ~ a nerve** sich *dat* einen Nerv einklemmen
'**trap·door** *n* ❶ (*door*) Falltür *f*; THEAT Versenkung *f* (**into** in) ❷ COMPUT Fangstelle *f*
tra·peze [trə'piːz] *n* Trapez *nt*
tra·pezium <*pl* -s *or* -zia> [trə'piːziəm, *pl* -ziə] *n* BRIT, AUS, AM **trap·ezoid** ['træpɪzɔɪd] *n* MATH Trapez *nt*
trap·per ['træpə^r] *n* Trapper(in) *m(f)*; **fur ~** Pelztierjäger(in) *m(f)*
trap·pings ['træpɪŋz] *npl* Drumherum *nt kein pl fam* (**of** +*gen*); **the ~ of power** die Insignien *pl* der Macht
Trap·pist ['træpɪst] *n*, **Trap·pist 'monk** *n* Trappist *m*
'**trap·shoot·ing** *n no pl* Tontaubenschießen *nt*
trash [træʃ] **I.** *n no pl* ❶ AM (*waste*) Müll *m*, Abfall *m* ❷ AM (*pej fam: people*) Gesindel *nt* ❸ (*pej fam: junk*) Ramsch *m* ❹ (*pej fam: art*) Kitsch *m*, Plunder *m*; (*literature*) Schund *m* ❺ (*pej fam: nonsense*) Mist *m* **II.** *vt* (*fam*) ❶ (*wreck*) kaputt machen; *place* verwüsten ❷ (*criticize*) auseinandernehmen ❸ AM (*sl: to speak badly about*) ▪ **to ~ sb** über jdn herziehen
'**trash can** *n* AM (*dustbin*) Mülltonne *f*
trashy ['træʃi] *adj* (*pej fam*) wertlos; **~ novels** Kitschromane *pl*
trau·ma ['trɔːmə] *n* <*pl* -s *or* -ta> ❶ *no pl* (*shock*) Trauma *nt* ❷ MED (*injury*) Trauma *nt*
trau·mat·ic [trɔː'mætɪk] *adj* ❶ (*disturbing*) traumatisierend; *experience* traumatisch ❷ (*upsetting*) furchtbar
trau·ma·tize ['trɔːmətaɪz] *vt usu passive* ▪ **to be ~d by sth** durch etw *akk* traumatisiert sein
trav·el ['træv^əl] **I.** *vi* <BRIT -ll- *or* AM *usu* -l-> ❶ (*journey*) *person* reisen; (*by air*) fliegen; **to ~ on business** geschäftlich reisen; **to ~ by car/train** mit dem Auto/Zug fahren ❷ (*move*) sich [fort]bewegen ❸ (*react to travelling*) ▪ **to ~ well/badly** *person* lange Reisen vertragen/nicht vertragen; *freight* lange Transporte vertragen/nicht vertragen **II.** *vt* <BRIT -ll- *or* AM *usu* -l-> ▪ **to ~ a country/the world** ein Land/die Welt bereisen **III.** *n* ❶ *no pl* (*travelling*) Reisen *nt* ❷ *pl* (*journey*) ▪ **~s** *pl* Reise *f*
'**trav·el agen·cy** *n* Reisebüro *nt* '**trav·el agent** *n* Reisebürokaufmann *m*/Reisebürokauffrau *f* '**trav·el al·low·ance** *n* Reisekostenzuschuss *m* '**trav·el bu·reau** *n* Reisebüro *nt* '**trav·el card** *n* Tages-/Wochen-/Monatskarte *f*; (*for train also*) Netzkarte *f* '**trav·el cot** *n* BRIT Kinderreisebett[chen] *nt*
trav·eled *adj* AM *see* **travelled**
trav·el·er *n* AM *see* **traveller**
trav·el ex·penses *npl* Reisekosten *pl* '**trav·el guide** *n* Reiseführer *m*
trav·el·ing *n* AM *see* **travelling**
'**trav·el in·sur·ance** *n no pl* Reiseversicherung *f*; (*for cancellations*) Reiserücktrittsversicherung *f*
trav·elled ['træv^əld] *adj* **widely ~** weit gereist; **a little-/much-/well-~ route** eine wenig/viel/gut befahrene Strecke
trav·el·ler ['træv^ələ^r] *n* ❶ (*organized*) Reisende(r) *f(m)* ❷ BRIT (*pej: gypsy*) Zigeuner(in) *m(f) pej*
trav·el·ler's 'cheque *n* Reisescheck *m*
trav·el·ling ['træv^əlɪŋ] *n no pl* Reisen *nt* '**trav·el·ling bag** *n* Reisetasche *f* '**trav·el·ling 'cir·cus** *n* Wanderzirkus *m* '**trav·el·ling 'crane** *n* Rollkran *m* '**trav·el·ling ex·hi·'bi·tion** *n* Wanderausstellung *f* '**trav·el·ling 'sales·man** *n* Vertreter(in) *m(f)*
trav·elogue ['træv^əlɒg] *n*, *esp* AM **trav·elog** (*book*) Reisebericht *m*; (*film*) Reisebeschreibung *f*
'**trav·el-sick** *adj* reisekrank '**trav·el sick·ness** *n no pl* Reisekrankheit *f*
trav·erse [trə'vɜːs] **I.** *vt* (*form*) ❶ (*travel*) bereisen ❷ (*consider*) *subject* beleuchten ❸ (*cross*) *foundation* überspannen ❹ (*in mountaineering*) *ice, slope* queren, traversieren **II.** *n* ❶ (*in mountaineering*) Queren *nt* ❷ ARCHIT Querbalken *m*
trav·es·ty ['trævəsti] *n* Karikatur *f*; (*burlesque*) Travestie *f*

trawl [trɔːl] I. vt ❶ (*fish*) mit dem Schleppnetz fangen ❷ (*search*) ■ to ~ sth [for sth] etw [nach etw *dat*] durchkämmen II. vi ❶ (*fish*) ■ to ~ [for sth] mit dem Schleppnetz [nach etw *dat*] fischen ❷ (*search*) ■ to ~ through sth data etw durchsuchen III. n ❶ (*net*) Schleppnetz *nt* ❷ (*fishing*) Trawl *nt* ❸ (*search*) Suche *f*; (*process*) [Ab]suchen *nt* kein pl (for nach)

trawl·er ['trɔːlər] n Trawler m

tray [treɪ] n ❶ (*for serving*) Tablett *nt* ❷ *esp* BRIT (*for papers*) Ablage *f*; **in-~/out-~** Ablage für Posteingänge/-ausgänge

treach·er·ous ['tretʃ(ə)rəs] adj ❶ (*esp old: deceitful*) verräterisch; (*disloyal*) treulos ❷ (*dangerous*) tückisch; *sea, weather* trügerisch

treach·ery ['tretʃ(ə)ri] n no pl (*esp old*) Verrat m

trea·cle ['triːkl] n no pl BRIT ❶ (*black*) Melasse *f* ❷ (*golden*) Sirup m

trea·cly ['triːkli] adj ❶ (*sticky*) sirupartig ❷ (*pej: sentimental*) zuckersüß

tread [tred] I. vi <trod or AM *also* treaded, trodden or AM, AUS trod> ❶ (*step*) treten; **to ~ carefully** vorsichtig auftreten; ■ to ~ in/on sth in/auf etw *akk* treten ❷ (*maltreat*) ■ to ~ on sb jdn treten ▶ to ~ **carefully** vorsichtig vorgehen II. vt <trod or AM *also* treaded, trodden or AM, AUS trod> **to ~ sth down** *grass* etw niedertreten; **to ~ water** Wasser treten III. n ❶ no pl (*walking*) Tritt m, Schritt m ❷ (*step*) Stufe *f* ❸ (*profile*) *of tyre* [Reifen]profil *nt*; *of shoe* [Schuh]profil *nt*

trea·dle ['tredl] n Pedal *nt*

tread·mill ['tredmɪl] n ❶ (*hist: wheel*) Tretmühle *f* ❷ (*exerciser*) Heimtrainer m ❸ (*boring routine*) Tretmühle *f fam*; **the same old ~** derselbe alte Trott

trea·son ['triːzən] n no pl [Landes]verrat m; **high ~** LAW Hochverrat m

trea·son·able ['triːzənəbl] adj, **trea·son·ous** ['triːzənəs] adj (*form*) verräterisch

treas·ure ['treʒər] I. n ❶ no pl (*hoard*) Schatz m ❷ (*valuables*) ■ ~s pl Schätze pl ❸ (*fam: person*) Schatz m II. vt [hoch]schätzen; **to ~ the memory/memories of sb/sth** die Erinnerung[en] an jdn/etw *akk* bewahren

ˈtreas·ure house n ❶ (*building*) Schatzhaus *nt* ❷ (*room*) Schatzkammer *f* ❸ (*collection*) Fundgrube *f* **ˈtreas·ure hunt** n Schatzsuche *f*

treas·ur·er ['treʒərər] n Schatzmeister(in) *m(f)*; *of club* Kassenwart(in) *m(f)*

ˈtreas·ure trove n ❶ (*find*) Schatzfund m ❷ (*collection*) Fundgrube *f*

treas·ury ['treʒəri] n ❶ (*office*) die Schatzkammer ❷ (*funds*) ■ **the ~** die Kasse ❸ no pl POL ■ **the T~** das Finanzministerium

treas·ury ˈbill n AM [kurzfristiger] Schatzwechsel **treas·ury ˈbond** n AM [langfristige] Schatzanleihe **treas·ury ˈnote** n AM [mittelfristiger] Schatzschein **Treas·ury ˈSec·re·tary** n AM Finanzminister(in) *m(f)*

treat [triːt] I. vt ❶ (*handle*) behandeln; **to ~ sb like royalty** für jdn den roten Teppich ausrollen; **to ~ sb/sth badly** jdn/etw schlecht behandeln ❷ (*regard*) betrachten (**as** als); **to ~ sth with contempt** etw mit Verachtung begegnen ❸ MED (*heal*) behandeln; **he was being ~ed for a skin disease** er war wegen einer Hautkrankheit in Behandlung ❹ *usu passive* (*process*) material behandeln (**with** mit); *sewage* klären ❺ (*pay for*) ■ to ~ sb [to sth] jdn [zu etw *dat*] einladen; ■ to ~ oneself [to sth] sich *dat* etw gönnen II. vi (*fam: pay*) einen ausgeben; **Jack's ~ing!** Jack gibt einen aus! III. n ❶ (*event*) [it's] my ~ das geht auf meine Rechnung; ■ **it is a ~ to do sth** es ist ein Vergnügen, etw zu tun ❷ no pl BRIT (*fam: very well*) **to work a ~** gut funktionieren

trea·tise ['triːtɪz] n Abhandlung *f* (**on** über)

treat·ment ['triːtmənt] n ❶ no pl (*handling*) Behandlung *f* ❷ *usu sing* (*cure*) Behandlung *f* (**for** gegen); **a course of ~** eine Behandlungsmethode; **to respond to ~** auf eine Behandlung ansprechen ❸ no pl (*processing*) Behandlung *f*; *of waste* Verarbeitung *f*

trea·ty ['triːti] n Vertrag m (**between** zwischen, **on** über, **with** mit); **peace ~** Friedensvertrag m; **to ratify/sign a ~** einen Vertrag ratifizieren/schließen

tre·ble ['trebl] I. adj ❶ (*three*) dreifach ❷ *attr* (*high-pitched*) *notes* Diskant-; **~ voice** Sopranstimme *f* II. adv ❶ (*three*) das Dreifache ❷ (*high-pitched*) **to sing ~** hoch singen III. vt verdreifachen IV. vi *price* sich verdreifachen V. n Sopran m

tre·ble ˈclef n MUS Violinschlüssel m

tree [triː] n Baum m; **money doesn't grow on ~s** Geld wächst nicht an Bäumen ▶ **to be out of one's ~** nicht [mehr] ganz dicht sein

ˈtree frog n Laubfrosch m **ˈtree house** n Baumhaus *nt* **tree·less** ['triːləs] adj baumlos '**tree-line** *n no pl* ■ the ~ die Baumgrenze '**tree-lined** *adj* von Bäumen gesäumt '**tree sur·geon** *n* Baumchirurg(in) *m(f)* '**tree-tops** *npl* ■ the ~ die [Baum]wipfel *pl* '**tree trunk** *n* Baumstamm *m*

tre·foil ['trefɔɪl] *n* ❶ BOT Dreiblatt *nt* ❷ ARCHIT Dreipass *m*

trek [trek] I. *vi* <-kk-> wandern; **to go ~king** wandern gehen II. *vt* (*fam*) latschen III. *n* Wanderung *f*; (*long way*) Marsch *m*

trel·lis ['trelɪs] I. *n* <*pl* -es> Gitter *nt*; (*for plants*) Spalier *nt* II. *vt* HORT ■ to ~ **vines** Reben am Spalier ziehen

trem·ble ['trembl] I. *vi* zittern; *lip, voice* beben; **to ~ with anger/cold** vor Wut/Kälte zittern; **to ~ like a leaf** zittern wie Espenlaub II. *n* Zittern *nt*

trem·bling ['tremblɪŋ] *adj attr* zitternd; *lip, voice* bebend

tre·men·dous [trɪ'mendəs] *adj* ❶ (*big*) enorm; *crowd, scope* riesig; *help* riesengroß *fam*; *success* enorm ❷ (*good*) klasse *fam*

tre·men·dous·ly [trɪ'mendəsli] *adv* äußerst, enorm, riesig *fam*

tremo·lo <*pl* -s> ['treməˡləʊ] *n* Tremolo *nt*

trem·or ['tremə'] *n* ❶ (*shiver*) Zittern *nt*; MED Tremor *m* ❷ (*earthquake*) Beben *nt* ❸ (*thrill*) Schauer *m*; **a ~ of excitement** ein aufgeregtes Beben ❹ (*fluctuation*) Schwanken *nt*

tremu·lous ['tremjələs] *adj hand* zitternd; *voice* zittrig

trench <*pl* -es> [tren(t)ʃ] *n* ❶ (*hole*) Graben *m* ❷ MIL Schützengraben *m*

trench·ant ['tren(t)ʃənt] *adj* (*form*) energisch; *criticism, wit* scharf

'**trench coat** *n* Trenchcoat *m* '**trench war·fare** *n no pl* Grabenkrieg *m*

trend [trend] *n* ❶ (*tendency*) Trend *m*, Tendenz *f*; **downward/upward ~** Abwärts-/Aufwärtstrend *m* ❷ (*style*) Mode *f*, Trend *m*; **the latest ~** der letzte Schrei *fam*

'**trend·meis·ter** *n* (*sl*) Trendsetter(in) *m(f)* '**trend·set·ter** ['trend‚setə'] *n* Trendsetter(in) *m(f)*

trendy ['trendi] *adj* modisch, in *fam*

trepi·da·tion [‚trepɪ'deɪʃən] *n no pl* (*form*) Ängstlichkeit *f*; **a feeling of ~** ein beklommenes Gefühl

tres·pass I. *n* <*pl* -es> ['trespəs] ❶ LAW (*intrusion*) unbefugtes Betreten ❷ (*old: sin*) Sünde *f* (**against** gegen) II. *vi* ['trespəs] ❶ (*intrude*) unbefugt eindringen; **to ~ on sb's land** jds Land unerlaubt betreten ❷ (*old: sin*) ■ **to ~ against sb** gegen jdn sündigen

tres·pass·er ['trespəsə'] *n* Eindringling *m*; "**~s will be prosecuted!**" „unbefugtes Betreten wird strafrechtlich verfolgt!"

tres·tle ['tresl] *n* [Auflage]bock *m*

tres·tle 'ta·ble *n auf Böcke gestellter Tisch*

tri·ad ['traɪæd] *n* MUS Dreiklang *m*

tri·al ['traɪəl] I. *n* ❶ (*in court*) Prozess *m*, [Gerichts]verhandlung *f*; **~ by jury** Schwurgerichtsverhandlung *f*; **to go to ~** vor Gericht gehen; **to be on ~** vor Gericht stehen ❷ (*test*) Probe *f*, Test *m*; **clinical ~s** klinische Tests *pl*; **to be on ~** *product* getestet werden; (*employee*) auf Probe eingestellt sein ❸ (*problem*) Problem *nt*; (*nuisance*) Plage *f*; ■ **to be a ~ to sb** eine Plage für jdn sein; **~s and tribulations** Schwierigkeiten *pl* ❹ (*competition*) Qualifikationsspiel *nt* II. *vt* <-ll- *or* -l-> *drugs* testen

'**tri·al flight** *n* Testflug *m* '**tri·al pe·ri·od** *n* Probezeit *f* '**tri·al sepa·ra·tion** *n* Trennung *f* auf Probe

tri·an·gle ['traɪæŋgl] *n* ❶ (*shape*) Dreieck *nt* ❷ (*object*) dreieckiges Objekt ❸ (*percussion*) Triangel *f* ❹ AM (*set-square*) Zeichendreieck *nt*

tri·an·gu·lar [traɪ'æŋgjələ'] *adj* dreieckig

tri·ath·lon [traɪ'æθlən] *n* Triathlon *nt*

trib·al ['traɪbəl] *adj* ❶ (*ethnic*) Stammes- ❷ (*fam: group*) *attitudes* Gruppen-

trib·al·ism ['traɪbəlɪzəm] *n no pl* ❶ (*organization*) Stammesorganisation *f* ❷ (*loyalty*) Stammesverbundenheit *f*

tri·band ['traɪbænd] *adj mobile phone* mit Triband-Funktion *nach n*

tribe [traɪb] *n + sing/pl vb* ❶ (*community*) Stamm *m* ❷ (*fam: group*) Sippe *f*

tribes·man *n* Stammesangehöriger *m*

tribu·la·tion [‚trɪbjəˡleɪʃən] *n* ❶ *no pl* (*state*) Leiden *nt* ❷ *usu pl* (*cause*) Kummer *m*

tri·bu·nal [traɪ'bjuːnəl] *n* ❶ (*court*) Gericht *nt* ❷ (*investigative body*) Untersuchungsausschuss *m*

trib·une¹ ['trɪbjuːn] *n* (*hist*) **~ [of the people]** [Volks]tribun *m*

trib·une² ['trɪbjuːn] *n* ❶ (*dais*) Tribüne *f* ❷ REL (*throne*) Bischofsthron *m*

tribu·tary ['trɪbjət³ri] I. *n* Nebenfluss *m* II. *adj* (*form: secondary*) Neben-

trib·ute ['trɪbjuːt] *n* ❶ (*respect*) Tribut *m*; **to pay ~ to sb/sth** jdm/etw Tribut zollen *geh* ❷ (*beneficial result*) ■ **to be a ~ to sb/sth** jdm/etw Ehre machen

trick [trɪk] I. *n* ❶ (*ruse*) Trick *m*; **to play a ~ on sb** jdm einen Streich spielen

❷ (*knack*) Kunstgriff *m;* **he knows all the ~s of the trade** er ist ein alter Hase ❸ (*illusion*) **a ~ of the light** eine optische Täuschung ❹ (*cards*) Stich *m;* **to take a ~** einen Stich machen ▶ **the oldest ~ in the book** der älteste Trick, den es gibt; **to be up to one's [old] ~s again** wieder in seine [alten] Fehler verfallen; **a dirty ~** ein gemeiner Trick; **not to miss a ~** keine Gelegenheit auslassen; **to do the ~** (*fam*) klappen *fam* **II.** *adj attr* ❶ (*deceptive*) question Fang- ❷ (*acrobatic*) Kunst- **III.** *vt* ❶ (*deceive*) täuschen; ■ **to ~ sb into doing sth** jdn dazu bringen, etw zu tun ❷ (*fool*) reinlegen *fam*

trick·ery ['trɪkəri] *n no pl* (*pej*) Betrug *m;* (*repeated*) Betrügerei *f*

trick·le ['trɪkl] **I.** *vi* ❶ (*flow*) sickern; (*in drops*) tröpfeln; *sand* rieseln; *tear* kullern ❷ (*come*) in kleinen Gruppen kommen ❸ (*become known*) durchsickern **II.** *vt* tröpfeln, träufeln **III.** *n* ❶ (*flow*) Rinnsal *nt geh;* (*in drops*) *of blood* Tropfen *pl* ❷ (*few, little*) ■ **a ~ of people/things** wenige Leute/Sachen ◆ **trickle away** *vi* ❶ *water* langsam abfließen ❷ (*fig: stop gradually*) versiegen

trick·ster ['trɪkstər] *n* (*pej*) Schwindler(in) *m(f)*

tricky ['trɪki] *adj* ❶ (*deceitful*) betrügerisch ❷ (*sly*) raffiniert ❸ (*awkward*) *situation* schwierig ❹ (*fiddly*) verzwickt *fam* ❺ (*skilful*) geschickt

tri·cy·cle ['traɪsɪkl] *n* Dreirad *nt*

tri·dent ['traɪdənt] *n* ❶ (*fork*) Dreizack *m* ❷ (*missile*) ■ **T~** Trident *f* (*ballistische Rakete, die von U-Booten abgefeuert wird*)

tried [traɪd] *vi, vt pt, pp of* **try**

tri·en·nial [traɪˈeniəl] *adj* dreijährlich

tri·er ['traɪər] *n* Kämpfernatur *f*

tri·fle ['traɪfl] *n* ❶ BRIT (*dessert*) Trifle *nt* (*Biskuitdessert mit Obst und Schlagsahne*) ❷ (*form: petty thing*) Kleinigkeit *f* ❸ (*money*) ■ **a ~** ein paar Cent *pl* ❹ **+** *adj* (*form: slightly*) **I'm a ~ surprised about your proposal** ich bin über deinen Vorschlag etwas erstaunt

tri·fling ['traɪflɪŋ] *adj* (*form*) unbedeutend; *sum of money* geringfügig

trig [trɪg] *n no pl* (*fam*) *short for* **trigonometry** Trigonometrie *f*

trig·ger ['trɪgər] **I.** *n* ❶ (*gun part*) Abzug *m;* **to pull the ~** abdrücken ❷ (*start*) Auslöser *m* (**for** für) **II.** *vt* auslösen

'**trig·ger-hap·py** <more trigger-happy, most trigger-happy> *adj* ❶ (*shooting*) schießfreudig ❷ (*using force*) schießwütig

trigo·nom·etry [ˌtrɪgəˈnɒmɪtri] *n no pl* Trigonometrie *f*

trike [traɪk] *n short for* **tricycle** Dreirad *nt*

tri·lat·er·al [traɪˈlætərəl] *adj* ❶ POL trilateral ❷ MATH dreiseitig

tril·by ['trɪlbi] *n esp* BRIT [weicher] Filzhut

tri·lin·gual [traɪˈlɪŋgwəl] *adj* dreisprachig

trill [trɪl] **I.** *n* ❶ (*chirp*) Trillern *nt* ❷ MUS (*note*) Triller *m* **II.** *vi* trillern; *lark* tirilieren *geh* **III.** *vt* ❶ MUS trillern ❷ LING **to ~ one's r's** das R rollen

tril·lion ['trɪljən] *n* ❶ <*pl* - or -s> (*10¹²*) Billion *f* ❷ *pl* (*fam: many*) ■ **~s** *pl* Tausende *pl* (**of** von)

tril·ogy ['trɪlədʒi] *n* Trilogie *f*

trim [trɪm] **I.** *n no pl* ❶ (*cutting*) Nachschneiden *nt* ❷ (*edging*) Applikation *f* ❸ AVIAT, NAUT Trimmung *f* **II.** *adj* <-mer, -mest> ❶ (*neat*) ordentlich; *lawn* gepflegt ❷ (*slim*) schlank **III.** *vt* <-mm-> ❶ (*cut*) [nach]schneiden; *beard, hedge* stutzen ❷ (*reduce*) kürzen; *costs also* verringern ❸ (*decorate*) schmücken (**with** mit) ❹ AVIAT [aus]trimmen ◆ **trim down** *vi* abnehmen ◆ **trim off** *vt* ❶ (*cut*) abschneiden ❷ (*reduce*) kürzen

trim·ming ['trɪmɪŋ] *n* ❶ *no pl* (*cutting*) Nachschneiden *nt* ❷ (*pieces*) ■ **~s** *pl* Abfälle *pl* ❸ *usu pl* (*edging*) Besatz *m* ❹ (*accompaniment*) ■ **the ~s** *pl* das Zubehör; **turkey with all the ~s** Truthahn *m* mit allem Drum und Dran

Trini·dad ['trɪnɪdæd] *n no pl* Trinidad *nt*

Trini·dad·ian [ˌtrɪnɪˈdædiən] **I.** *adj* trinidadisch **II.** *n* Trinidader(in) *m(f)*

trini·ty ['trɪnɪti] *n no pl* ■ **the [Holy] T~** die [Heilige] Dreifaltigkeit

trin·ket ['trɪŋkɪt] *n* ❶ (*bauble*) wertloser Schmuckgegenstand ❷ (*rubbish*) ■ **~s** *pl* Plunder *m kein pl*

trio <*pl* -s> ['triəʊ] *n* Trio *nt* (**of** von)

trip [trɪp] **I.** *n* ❶ (*journey*) Reise *f*, Fahrt *f;* **round ~** Rundreise *f esp* BRIT (*outing*) Ausflug *m* ❸ (*stumble*) Stolpern *nt* ❹ (*self-indulgence*) **an ego ~** ein Egotrip *m* ❺ (*hallucination*) Trip *m sl* **II.** *vi* <-pp-> ❶ (*unbalance*) stolpern ❷ (*be uttered*) **to ~ off the tongue** leicht von der Zunge gehen ❸ (*fam: be on drugs*) auf einem Trip sein *sl* **III.** *vt* <-pp-> ❶ (*unbalance*) ■ **to ~ sb** jdm ein Bein stellen ❷ *switch* anschalten ◆ **trip over** *vt* ❶ (*be hindered*) stolpern (**über**); **to ~ over one's own feet** über seine eigenen Füße stolpern ❷ (*mispronounce*) **to ~ over one's words** über seine Worte stolpern ◆ **trip up I.** *vt* ❶ (*unbalance*) ■ **to ~ up ○ sb** jdm ein Bein stellen ❷(*foil*) zu Fall bringen II. *vi* ❶(*stumble*) stolpern ❷(*blunder*) einen Fehler machen

tri·par·tite [ˌtraɪˈpɑːtaɪt] *adj* ❶(*form: three-part*) *structure* dreiteilig ❷ POL *meetings, coalition* Dreiparteien-

tripe [traɪp] *n no pl* ❶(*food*) Kutteln *pl* ❷(*fam: nonsense*) Quatsch *m*

tri·ple [ˈtrɪpl] I. *adj* ❶ *attr* (*threefold*) dreifach ❷ *attr* (*of three parts*) Dreier- II. *adv* dreimal so viel III. *vt* verdreifachen IV. *vi* sich verdreifachen

'**tri·ple jump** *n no pl* Dreisprung

tri·plet [ˈtrɪplət] *n* ❶ *usu pl* (*baby*) Drilling *m* ❷ MUS Triole *f*

trip·li·cate [ˈtrɪplɪkət] *adj attr* (*form*) *samples* dreifach; **in** ~ in dreifacher Ausfertigung

tri·pod [ˈtraɪpɒd] *n* Stativ *nt*

trip·per [ˈtrɪpəʳ] *n esp* BRIT Ausflügler(in) *m(f)*

'**trip·ping** *adj* trippelnd

trip·tych [ˈtrɪptɪk] *n* Triptychon *nt*

tri·sect [traɪˈsekt] *vt* dreiteilen

trite [traɪt] *adj* (*pej*) platt; *cliché* abgedroschen

tri·umph [ˈtraɪəm(p)f] I. *n* ❶(*victory*) Triumph *m*, Sieg *m* (**for** für, **over** über) ❷(*feat*) **a ~ of engineering/medicine** ein Triumph *m* der Ingenieurskunst/Medizin ❸ *no pl* (*joy*) Siegesfreude *f* II. *vi* ❶(*win*) triumphieren (**over** über) ❷(*exult*) ■**to ~ over sb** über jdn triumphieren

tri·um·phal [traɪˈʌm(p)fəl] *adj* triumphal

tri·um·phant [traɪˈʌm(p)fənt] *adj* ❶(*victorious*) siegreich ❷(*successful*) erfolgreich ❸(*exulting*) *smile* triumphierend

tri·um·phant·ly [traɪˈʌm(p)fəntli] *adv* triumphierend

trivia [ˈtrɪviə] *npl* Lappalien *pl*

triv·ial [ˈtrɪviəl] *adj* ❶(*unimportant*) trivial; *issue* bedeutungslos; *details* bedeutungslos ❷(*petty*) kleinlich

trivi·al·ity [ˌtrɪviˈæləti] *n* ❶ *no pl* (*unimportance*) Belanglosigkeit *f* ❷(*unimportant thing*) Trivialität *f*

trivi·al·ize [ˈtrɪviəlaɪz] *vt* (*pej*) trivialisieren

trod [trɒd] *pt, pp of* **tread I, II**

trod·den [ˈtrɒdən] *pp of* **tread I, II**

trog·lo·dyte [ˈtrɒglə(ʊ)daɪt] *n* ❶(*cave dweller*) Höhlenbewohner(in) *m(f)* ❷(*loner*) Einsiedler(in) *m(f)*

Tro·jan [ˈtrəʊdʒən] I. *n* Trojaner(in) *m(f)*; **to work like a ~** arbeiten wie ein Pferd *fam* II. *adj* trojanisch

troll [trəʊl] *n* Troll *m*

trol·ley [ˈtrɒli] *n* ❶ *esp* BRIT, AUS (*cart*) Karren *m;* **luggage ~** Gepäckwagen *m;* **shopping ~** Einkaufswagen *m* ❷ *esp* BRIT, AUS (*table*) Servierwagen *m* ❸ AM (*tram*) Straßenbahn *f* ▶ **to be off one's ~** *esp* BRIT, AUS nicht mehr ganz dicht sein

'**trol·ley·bus** *n* Oberleitungsbus *m* '**trolley car** *n* AM (*tram*) Straßenbahn *f*

trol·lop [ˈtrɒləp] *n* (*pej*) Flittchen *nt*

trom·bone [trɒmˈbəʊn] *n* ❶(*instrument*) Posaune *f* ❷(*player*) Posaunist(in) *m(f)*

trom·bon·ist [trɒmˈbəʊnɪst] *n* Posaunist(in) *m(f)*

troop [truːp] I. *n* ❶(*group*) Truppe *f*; *of animals* Schar *f*; *of soldiers* Trupp *m;* **cavalry ~** Schwadron *f* ❷(*soldiers*) ■ **~s** *pl* Truppen *pl* II. *vi* ■ **to ~ off** abziehen *fam* III. *vt* BRIT **to ~ the colour** die Fahnenparade abhalten

'**troop car·ri·er** *n* Truppentransporter *m*

troop·er [ˈtruːpəʳ] *n* ❶(*soldier*) [einfacher] Soldat ❷ AM (*police officer*) **state ~** Polizist(in) *m(f)*

tro·phy [ˈtrəʊfi] *n* ❶(*prize*) Preis *m* ❷(*memento*) Trophäe *f*; **war ~** Kriegsbeute *f kein pl*

trop·ic [ˈtrɒpɪk] *n* ❶(*latitude*) Wendekreis *m* ❷(*hot region*) ■ **the ~s** *pl* die Tropen *pl*

tropi·cal [ˈtrɒpɪkəl] *adj* ❶(*of tropics*) Tropen-; **~ hardwoods** tropische Harthölzer ❷ *weather* tropisch

tropo·sphere [ˈtrɒpə(ʊ)sfɪəʳ] *n no pl* SCI Troposphäre *f*

trot [trɒt] I. *n* ❶ *no pl* (*pace*) Trab *m;* *of horse* Trott; **to go at a ~** *horse* traben ❷(*fam: diarrhoea*) ■ **the ~s** *pl* Dünnpfiff *m* II. *vi* <-tt-> ❶(*walk*) *horse* traben ❷(*ride*) im Trab reiten ❸(*run*) laufen III. *vt* <-tt-> *horse* traben lassen ◆ **trot along** *vi* traben ◆ **trot off** *vi* (*fam*) losziehen ◆ **trot out** *vt* (*pej*) vorführen

trot·ter [ˈtrɒtəʳ] *n* ❶(*food*) ■ **~s** *pl* Schweinshaxen *pl* ❷(*horse*) Traber *m*

trou·ble [ˈtrʌbl] I. *n* ❶ *no pl* (*difficulties*) Schwierigkeiten *pl;* (*annoyance*) Ärger *m;* **to be in/get into ~** in Schwierigkeiten sein/geraten; **to spell ~** (*fam*) nichts Gutes bedeuten; **to stay out of ~** sauber bleiben *hum fam* ❷(*problem*) Problem *nt;* (*cause of worry*) Sorge *f*; **the only ~ is that we ...** der einzige Haken [dabei] ist, dass wir ... ❸ *no pl* (*inconvenience*) Umstände *pl*, Mühe *f*; **it's no ~ at all** das macht gar keine Umstände; **to go to the ~ [of doing sth]** sich *dat* die Mühe machen, [etw zu tun] ❹ *no pl* (*physical ailment*)

stomach ~ Magenbeschwerden *pl* ❺ *no pl* (*malfunction*) Störung *f;* **engine ~** Motorschaden *m* ❻ (*strife*) Unruhe *f* II. *vt* ❶ (*form: cause inconvenience*) ■ **to ~ sb for sth** jdn um etw *akk* bemühen *geh* ❷ (*cause worry*) beunruhigen; (*grieve*) bekümmern; **to be** [**deeply**] **~ ed by sth** wegen einer S. *gen* tief beunruhigt sein ❸ (*cause pain*) plagen III. *vi* sich bemühen

trou·bled ['trʌbld] *adj* ❶ (*beset*) *situation* bedrängt; *times* unruhig ❷ (*worried*) besorgt

'trou·ble-free *adj* problemlos **'trou·ble-mak·er** *n* Unruhestifter(in) *m/f*

Trou·bles ['trʌblz] *npl* ■ **the ~** die Unruhen in Nordirland ab den 60ern

'trou·ble·shoot·ing *n no pl* ❶ (*fixing*) Fehler-/Störungsbeseitigung *f* ❷ (*mediation*) Vermittlung *f* **trou·ble·some** ['trʌblsəm] *adj* schwierig **'trou·ble spot** *n* Unruheherd *m*

trough [trɒf] *n* ❶ (*bin*) Trog *m* ❷ (*low*) Tiefpunkt *m;* (*in economy*) Talsohle *f* ❸ METEO Trog *m*

troupe [tru:p] *n + sing/pl vb* THEAT Truppe *f*

troup·er ['tru:pəʳ] *n* ❶ (*actor*) **an old ~** ein alter Hase *fam* ❷ (*reliable*) treue Seele

trou·ser clip ['traʊzə-] *n* Hosenklammer *f* **'trou·ser leg** *n* Hosenbein *nt*

trou·sers ['traʊzəz] *npl* Hose *f*; **a pair of ~** eine Hose ▶ **to wear the ~** die Hosen anhaben *fam*

'trou·ser suit *n* BRIT Hosenanzug *m*

trous·seau <*pl* -s *or* -x> ['tru:səʊ, *pl* -səʊz] *n* (*dated*) Aussteuer *f kein pl*

trout [traʊt] *n <pl* -s *or* -> Forelle *f*

'trout farm *n* Forellenzucht *f*

trow·el ['traʊəl] *n* ❶ *for building* Maurerkelle *f* ❷ *for gardening* kleiner Spaten

Troy [trɔɪ] *n no pl* (*hist*) Troja *nt*

'troy weight *n* Troygewicht *nt*

tru·an·cy ['tru:ən(t)si] *n no pl* [Schule]schwänzen *nt fam*

tru·ant ['tru:ənt] I. *n* Schulschwänzer(in) *m/f fam;* **to play ~** [**from school**] *esp* BRIT, AUS [die Schule] schwänzen *fam* II. *adj* schwänzend III. *vi esp* BRIT, AUS [die Schule] schwänzen *fam*

truce [tru:s] *n* Waffenstillstand *m* (**between** zwischen)

truck[1] [trʌk] I. *n* ❶ (*lorry*) Last[kraft]wagen *m;* **pickup ~** Lieferwagen *m* ❷ BRIT (*train*) Güterwagen *m* II. *vt esp* AM per Lastwagen transportieren

truck[2] [trʌk] *n no pl* ▶ **to have no ~ with sb/sth** (*fam*) mit jdm/etw nichts zu tun haben

'truck driv·er *n,* **truck·er** ['trʌkəʳ] *n* Lastwagenfahrer(in) *m/f;* (*long-distance*) Fernfahrer(in) *m/f* **'truck farm·ing** *n no pl* AM, CAN Gemüseanbau *m*

truck·ing ['trʌkɪŋ] *n no pl* AM, AUS Lkw-Transport *m*

'truck·ing com·pa·ny *n* AM, AUS Spedition[sfirma] *f*

trucu·lence ['trʌkjələn(t)s] *n no pl* ❶ (*aggression*) Wildheit *f* ❷ (*defiance*) Aufsässigkeit *f*

trucu·lent ['trʌkjələnt] *adj* ❶ (*aggressive*) wild ❷ (*defiant*) aufsässig

trudge [trʌdʒ] I. *vi* ❶ (*walk*) wandern; **to ~ along/down sth** etw entlang-/hinunterlatschen *fam* ❷ (*work*) ■ **to ~ through sth** etw durchackern II. *n* ❶ (*walk*) [anstrengender] Fußmarsch ❷ (*work*) mühseliger Weg

true [tru:] I. *adj* <-r, -st> ❶ (*not false*) wahr; **it is ~** [**to say**] **that ...** es stimmt, dass ...; **to ring ~** glaubhaft klingen ❷ (*exact*) richtig; *aim* genau ❸ *attr* (*actual*) echt, wahr, wirklich; **~ love** wahre Liebe ❹ (*loyal*) treu; ■ **to be ~ to sb/sth/oneself** jdm/etw/sich *dat* treu sein; **to be ~ to one's word** zu seinem Wort stehen ❺ *attr* (*conforming*) echt; **in ~ Hollywood style** in echter Hollywoodmanier ▶ **sb's ~ colours** jds wahres Gesicht; **~ to form** wie zu erwarten II. *adv* ❶ (*admittedly*) stimmt ❷ (*exactly*) genau ◆ **true up** *vt machinery* genau einstellen; *wheel* einrichten

'true-blue *adj attr* ❶ (*loyal*) treu ❷ (*typical*) waschecht *fam* **true-'heart·ed** *adj servant* treu **'true-life** *adj* lebensecht **'true-love** *n* ■ **sb's ~** jds Geliebte(r) *f(m)* **true-to-'life** *adj novel* lebensnah, lebensecht

truf·fle ['trʌfl] *n* Trüffel *f o m*

tru·ism ['tru:ɪzᵊm] *n* Binsenweisheit *f;* (*platitude*) Plattitüde *f geh*

tru·ly ['tru:li] *adv* ❶ (*not falsely*) wirklich, wahrhaftig ❷ (*genuinely*) wirklich, echt ❸ (*very*) wirklich ❹ (*form: sincerely*) ehrlich, aufrichtig; **Yours ~,** (*in private letter*) dein(e)/Ihr(e) ▶ **yours ~** (*fam*) meine Wenigkeit *hum*

trump [trʌmp] I. *n* ❶ (*card*) Trumpf *m* ❷ (*suit*) ■ **~s** *pl* Trumpf *m,* Trumpffarbe *f* ▶ **to come up ~s** BRIT Glück haben; (*help out*) die Situation retten II. *vt* ❶ (*cards*) übertrumpfen ❷ (*better*) ausstechen ◆ **trump up** *vt* erfinden

trum·pet ['trʌmpɪt] I. *n* ❶ (*instrument*) Trompete *f* ❷ *of elephant* Trompeten *nt*

II. *vi* trompeten **III.** *vt* (*esp pej*) ausposaunen *fam*

trum·pet·er ['trʌmpɪtəʳ] *n* Trompeter(in) *m(f)*

trun·cate [trʌŋ'keɪt] *vt* kürzen

trun·cheon ['trʌn(t)ʃən] *n* BRIT, AUS Schlagstock *m*

trun·dle ['trʌndl] *vi* **to ~ along** (*proceed leisurely*) zuckeln

trunk [trʌŋk] *n* ❶ (*stem*) Stamm *m* ❷ (*body*) Rumpf *m* ❸ (*of elephant*) Rüssel *m* ❹ (*box*) Schrankkoffer *m* ❺ AM (*boot of car*) Kofferraum *m* ❻ (*for swimming*) ■ **~s** *pl* Badehose *f*

'trunk call *n* BRIT (*dated*) Ferngespräch *nt*

'trunk road *n* BRIT Fern[verkehrs]straße *f*

truss [trʌs] **I.** *n* ❶ (*belt*) Bruchband *nt* ❷ ARCHIT (*frame*) Gerüst *nt* **II.** *vt* fesseln; **to ~ poultry** Geflügel dressieren ◆**truss up** *vt* fesseln

trust [trʌst] **I.** *n* ❶ *no pl* (*belief*) Vertrauen *nt* ❷ *no pl* (*responsibility*) **a position of ~** ein Vertrauensposten *m*; ■ **in sb's ~** in jds Obhut *f* ❸ (*arrangement*) Treuhand *f* *kein pl*; **investment ~** Investmentfonds *m*; **to set up a ~** eine Treuhandschaft übernehmen ❹ (*trustees*) Treuhandgesellschaft *f*; **charitable ~** Stiftung *f* ❺ AM (*union*) Ring *m*; BRIT (*trust company*) Trust *m* ❻ AM (*bank name*) Zusatz bei Banknamen **II.** *vt* (*believe, rely on*) vertrauen (auf); ■ **to ~ sb to do sth** jdm zutrauen, dass er/sie etw tut; ■ **to ~ sb with sth** jdm etw anvertrauen ▶ **~ her/him/you etc. to do that!** (*fam*) das musste sie/er/musstest du natürlich machen! *iron* **III.** *vi* ❶ (*form: believe*) ■ **to ~ in sb/sth** auf jdn/etw vertrauen ❷ (*form: hope*) ■ **to ~ [that]** ... hoffen, [dass] ...

trust·ed ['trʌstɪd] *adj attr* ❶ (*loyal*) getreu *geh* ❷ (*proved*) bewährt

trus·tee [trʌs'tiː] *n* Treuhänder(in) *m(f)*; **board of ~s** Kuratorium *nt*

trust·ful ['trʌstfəl] *adj see* **trusting**

'trust fund *n* Treuhandfonds *m*

trust·ing ['trʌstɪŋ] *adj* ❶ (*artless*) vertrauensvoll ❷ (*gullible*) leichtgläubig

trust·ing·ly ['trʌstɪŋli] *adv* vertrauensvoll, zutraulich

trust·wor·thi·ness ['trʌstˌwɜːðɪnəs] *n no pl* ❶ (*honesty*) Vertrauenswürdigkeit *f* ❷ (*accuracy*) Zuverlässigkeit *f*

trust·wor·thy ['trʌstˌwɜːði] *adj* ❶ (*honest*) vertrauenswürdig ❷ (*accurate*) zuverlässig

trusty ['trʌsti] *adj attr* (*hum*) ❶ (*reliable*) zuverlässig ❷ (*loyal*) *servant* getreu *liter*

truth <*pl* -s> [truːθ] *n* ❶ *no pl* (*not falsity*) Wahrheit *f* (**of** über); **there is some/no ~ in what she says** es ist etwas/nichts Wahres an dem, was sie sagt ❷ *no pl* (*facts*) ■ **the ~** die Wahrheit (**about/of** über) ❸ (*principle*) Grundprinzip *nt*

truth·ful ['truːθfəl] *adj* ❶ (*true*) wahr ❷ (*sincere*) ehrlich ❸ (*not lying*) ehrlich ❹ (*accurate*) wahrheitsgetreu

truth·ful·ly ['truːθfli] *adv* wahrheitsgemäß; **~, I don't know what happened** ehrlich, ich weiß nicht, was passiert ist

truth·ful·ness ['truːθfəlnəs] *n no pl* ❶ (*veracity*) Wahrhaftigkeit *f* ❷ (*sincerity*) Ehrlichkeit *f* ❸ (*accuracy*) Wahrheit *f*

try [traɪ] **I.** *n* ❶ (*attempt*) Versuch *m;* **to give sth a ~** etw ausprobieren ❷ (*in rugby*) Versuch *m* **II.** *vi* <-ie-> ❶ (*attempt*) versuchen ❷ (*make an effort*) sich bemühen **III.** *vt* <-ie-> ❶ (*attempt*) versuchen; **to ~ one's best** sein Bestes versuchen; **to ~ one's luck** sein Glück versuchen ❷ (*test by experiment*) probieren, versuchen ❸ (*sample*) [aus]probieren ❹ (*put to test*) auf die Probe stellen; **to ~ sb's patience** jds Geduld auf die Probe stellen ❺ (*put on trial*) vor Gericht stellen ◆**try on** *vt clothes* anprobieren ▶ **to ~ on** ↻ **sth for size** ◆**try out I.** *vt* ausprobieren; ■ **to ~ out** ↻ **sb** jdn testen **II.** *vi* AM, AUS **to ~ out for a post/a role/a team** sich auf einem Posten/in einer Rolle/ bei einer Mannschaft versuchen

try·ing ['traɪɪŋ] *adj* ❶ (*annoying*) anstrengend ❷ (*difficult*) *time* schwierig

'try-out *n* (*fam*) ❶ SPORTS Testspiel *nt* ❷ (*test run*) Erprobung *f; of play* Probevorstellung *f*

tsar [zɑːʳ] *n* BRIT, AUS Zar *m;* **drug ~** Drogenzar *m*

tsa·ri·na [zɑːˈriːnə] *n* BRIT, AUS Zarin *f*

tsar·ist BRIT, AUS **I.** *adj* zaristisch **II.** *n* Zarist(in) *m(f)*

tset·se fly ['tetsi-] *n* Tsetsefliege *f*

T-shirt ['tiːʃɜːt] *n* T-Shirt *nt*

tsp <*pl* - *or* -s> *n abbrev of* **teaspoon** Teel.

T-square ['tiːskweəʳ] *n* Reißschiene *f*

tsu·na·mi [tsuːˈnɑːmi] *n* Tsunami *m*

tub [tʌb] *n* ❶ (*vat*) Kübel *m* ❷ (*fam: bath*) [Bade]wanne *f* ❸ (*carton*) Becher *m* ❹ (*pej fam: boat*) Kahn *m*

tuba ['tjuːbə] *n* Tuba *f*

tub·by ['tʌbi] *adj* pummelig

tube [tjuːb] *n* ❶ (*pipe*) Röhre *f*; (*bigger*) Rohr *nt;* **inner ~** Schlauch *m; test ~* Reagenzglas *nt* ❷ (*container*) Tube *f* ❸ BIOL Röhre *f*; **bronchial ~s** Bronchien *pl* ❹ *no*

pl Brit (*fam: railway*) ■ **the ~** die [Londoner] U-Bahn ❺ *no pl* Am (*fam: TV*) ■ **the ~** die Glotze *sl* ❻ Aus (*fam: can*) Dose *f* [Bier]; (*bottle*) Flasche *f* [Bier] ▶ **to go down the ~**[**s**] den Bach runter gehen *fam*
tu·ber ['tju:bə^r] *n* Bot Knolle *f*
tu·ber·cu·lar [tju:'bɜ:kjələ^r] *adj* tuberkulös
tu·ber·cu·lo·sis [tju:ˌbɜ:kjə'ləʊsɪs] *n no pl* Tuberkulose *f*
tu·ber·cu·lous [tju:'bɜ:kjələs] *adj* tuberkulös
'**tube sta·tion** *n* U-Bahnstation *f*
'**tub-thump·er** *n* (*pej fam*) Demagoge *m*/Demagogin *f*
TUC [ˌti:ju:'si:] *n no pl* Brit *abbrev of* **Trades Union Congress**: ■ **the ~** ≈ der DGB, ≈ der ÖGB Österr
tuck [tʌk] **I.** *n* ❶ (*pleat*) Abnäher *m*; (*ornament*) Biese *f* ❷ Med **a tummy ~** Operation, bei der am Bauch Fett abgesaugt wird **II.** *vt* ❶ (*fold*) stecken; **to ~ sb into bed** jdn ins Bett [ein]packen *fam* ❷ (*stow*) verstauen; **to ~ one's legs under one** seine Beine unterschlagen ◆ **tuck away** *vt* ❶ (*stow*) verstauen; (*hide*) verstecken ❷ *usu passive* (*lie*) ■ **to be ~ed away somewhere** irgendwo versteckt liegen ◆ **tuck in I.** *vt* ❶ (*fold*) hineinstecken; **to ~ in one's shirt** sein Hemd in die Hose stecken ❷ (*put to bed*) zudecken ❸ (*fam: hold in*) **to ~ in** ⟲ **one's tummy** seinen Bauch einziehen **II.** *vi* (*fam: eat*) reinhauen
tuck·er ['tʌkə^r] (*fam*) **I.** *n no pl* Aus Essen *nt* **II.** *vt* Am fix und fertig machen
'**tuck shop** *n* Brit (*dated*) Schulkiosk *nt* (*für Snacks und Süßwaren*)
Tues·day ['tju:zdeɪ] *n* Dienstag *m*; **[on] ~ afternoon/evening/morning/night** [am] Dienstagnachmittag/-abend/-morgen/-nacht; **on ~ afternoons/evenings/mornings/nights** dienstagnachmittags/-abends/-morgens/-nachts; **a week/fortnight on ~** Dienstag in einer Woche/zwei Wochen; **a week/fortnight last ~** Dienstag vor einer Woche/zwei Wochen; **every ~** jeden Dienstag; **last/next/this ~** [am] letzten/[am] nächsten/diesen Dienstag; **~ before last/after next** vorletzten/übernächsten Dienstag; **one ~** an einem Dienstag; [on] ~ [am] Dienstag; **on ~ 4th March** [*or esp* Am **March 4**] am Dienstag, den 4. März; [on] **~s** dienstags
tuft [tʌft] *n* Büschel *nt*
tug [tʌɡ] **I.** *n* ❶ (*pull*) Ruck *m* (**at** an); **to give sth a ~** an etw *dat* zerren ❷ (*boat*) Schlepper *m* **II.** *vt* <-gg-> ziehen **III.** *vi* <-gg-> zerren (**at** an)

tui·tion [tju:'ɪʃ^ən] *n no pl* ❶ *esp* Brit (*teaching*) Unterricht *m* (**in** in) ❷ *esp* Am (*tuition fee*) Studiengebühr *f*; *of school* Schulgeld *nt kein pl*
tu'i·tion fee *n esp* Brit Studiengebühr *f*; *of school* Schulgeld *nt kein pl*
tu·lip ['tju:lɪp] *n* Tulpe *f*
tum·ble ['tʌmbl̩] **I.** *vi* ❶ (*fall*) fallen; (*faster*) stürzen ❷ (*rush*) stürzen ❸ *prices* [stark] fallen **II.** *n* ❶ (*fall*) Sturz *m*; **to take a ~** stürzen ❷ *of prices* Sturz *m* ◆ **tumble down I.** *vi building* einstürzen **II.** *vt* hinabstürzen ◆ **tumble over I.** *vi* (*unbalance*) hinfallen; (*collapse*) umfallen **II.** *vt* stürzen (über)
'**tum·ble·down** *adj attr building* baufällig
tum·ble 'dri·er, tum·ble 'dry·er *n* Wäschetrockner *m*
tum·bler ['tʌmblə^r] *n* ❶ (*glass*) [Trink]glas *nt* ❷ (*acrobat*) Bodenakrobat(in) *m(f)* ❸ (*dryer*) Wäschetrockner *m*
tum·ble·weed ['tʌmbl̩wi:d] *n no pl* Steppenhexe *f*
tu·mes·cent [tju:'mes^ənt] *adj* Anat anschwellend
tum·my [tʌmi] *n* (*fam*) Bauch *m*
'**tum·my ache** *n* (*fam*) Bauchweh *nt kein pl*
tu·mour ['tju:mə^r] *n* Brit, Aus, Am **tumor** *m* Geschwulst *f*, Tumor *m*
tu·mult ['tju:mʌlt] *n* ❶ (*noise*) Krach *m* ❷ (*disorder*) Tumult *m*; **to be in ~ over sth** sich wegen einer S. *gen or dat* in Aufruhr befinden ❸ (*uncertainty*) Verwirrung *f*
tu·mul·tu·ous [tju:'mʌltjuəs] *adj* ❶ (*loud*) lärmend; *applause* stürmisch ❷ (*confused*) turbulent ❸ (*excited*) aufgeregt
tu·mul·tu·ous·ly [tju:'mʌltjuəsli] *adv* stürmisch
tun [tʌn] *n* ❶ (*vat*) Fass *nt* ❷ (*measure*) Tonne *f*
tuna ['tju:nə] *n* ❶ <*pl* -s *or* -> (*fish*) Thunfisch *m* ❷ *no pl* (*meat*) Thunfisch *m*
tun·dra ['tʌndrə] *n no pl* Tundra *f*
tune [tju:n] **I.** *n* ❶ (*melody*) Melodie *f* ❷ *no pl* (*pitch*) ■ **to be in/out of ~** richtig/falsch spielen ❸ Brit Tech Einstellung *f*; **to give a car a ~** einen Wagen neu einstellen ❹ (*amount*) ■ **to the ~ of £2 million** in Höhe von 2 Millionen Pfund ▶ **to change one's ~** einen anderen Ton anschlagen **II.** *vt* ❶ Mus stimmen ❷ Radio, Auto einstellen **III.** *vi* [sein Instrument/die Instrumente] stimmen ◆ **tune in I.** *vi* ❶ Radio, TV einschalten; **to ~ in to a channel/station** einen Kanal/Sender einstellen ❷ (*fam: be*

sensitive to sth) ■ **to be ~d in to sth** eine Antenne für etw *akk* haben **II.** *vt* AUS RADIO, TV einschalten ◆ **tune up I.** *vi* [sein Instrument/die Instrumente] stimmen **II.** *vt* ❶ AUTO einstellen ❷ MUS stimmen

tune·ful ['tjuːnfəl] *adj* melodisch

tune·less ['tjuːnləs] *adj* unmelodisch

tun·er ['tjuːnəʳ] *n* ❶ TECH (*for selecting stations*) Empfänger *m* ❷ MUS (*person*) Stimmer(in) *m(f)*

'**tune-up** *n* TECH Einstellung *f*; **to give a car a ~** einen Wagen [neu] einstellen

tung·sten ['tʌŋ(k)stən] *n no pl* Wolfram *nt*

tu·nic ['tjuːnɪk] *n* Kittel *m*; HIST Tunika *f*

tun·ing ['tjuːnɪŋ] *n no pl* ❶ MUS Stimmen *nt*; (*correctness of pitch*) Klangreinheit *f* ❷ TECH Einstellen *nt*

'**tun·ing fork** *n* Stimmgabel *f*

Tu·ni·sia [tjuːˈnɪziə] *n* Tunesien *nt*

Tu·ni·sian [tjuːˈnɪziən] **I.** *n* Tunesier(in) *m(f)* **II.** *adj* tunesisch

tun·nel ['tʌnəl] **I.** *n* Tunnel *m*; ZOOL, BIOL Gang *m* ▸ **to see** [**the**] **light at the end of the ~** das Licht am Ende des Tunnels sehen **II.** *vi* <BRIT -ll- *or* AM *usu* -l-> einen Tunnel graben; **to ~ under a river** einen Fluss untertunneln **III.** *vt* <BRIT -ll- *or* AM *usu* -l-> graben; **to ~ one's way out** sich herausgraben

tun·ny <*pl* - *or* -nies> ['tʌni] *n* (*fam*) Thunfisch *m*

tup·pence ['tʌpəⁿ(t)s] *n no pl* BRIT (*fam*) zwei Pence; (*fig*) **to not give ~ for sth** keinen Pfifferling für etw *akk* geben

tup·pen·ny ['tʌpəni] *adj attr* BRIT (*dated*) *coin* Zwei-Pence-

tur·ban ['tɜːbən] *n* Turban *m*

tur·bid ['tɜːbɪd] *adj* ❶ *liquid* trüb ❷ *clouds* dicht ❸ *emotions, thoughts* verworren

tur·bine ['tɜːbaɪn] *n* Turbine *f*

'**tur·bo-charged** *adj* ❶ TECH mit Turboaufladung nach *n* ❷ (*sl: energetic*) Turbo-

'**tur·bo-charg·er** *n* Turbolader *m* '**tur·bo en·gine** *n* Turbomotor *m* '**tur·bo·jet** *n* ❶ (*engine*) Turbojet *m* ❷ (*aircraft*) Turbojet-Flugzeug *nt*

tur·bot <*pl* - *or* -s> ['tɜːbət] *n* Steinbutt *m*

tur·bu·lence ['tɜːbjələn(t)s] *n no pl* Turbulenz *f*; **air ~** Turbulenzen *pl*

tur·bu·lent ['tɜːbjələnt] *adj* turbulent, stürmisch; *see also* unruhig

turd [tɜːd] *n* (*vulg, sl*) Scheißhaufen *m derb*

tu·reen [təˈriːn] *n* FOOD Terrine *f*

turf <*pl* -s *or* BRIT *usu* turves> [tɜːf] **I.** *n* ❶ *no pl* (*grassy earth*) Rasen *m* ❷ (*square of grass*) Sode *f*; **to lay ~s** Rasen[flächen] anlegen ❸ (*fam: personal territory*) Revier *nt*; (*field of expertise*) Spezialgebiet *f* **II.** *vt* Rasen verlegen

'**turf ac·count·ant** *n* BRIT (*form: bookmaker*) Buchmacher(in) *m(f)*

tur·gid ['tɜːdʒɪd] *adj* ❶ (*form: swollen*) [an]geschwollen ❷ *speech, style* schwülstig

Turk [tɜːk] *n* Türke *m*/Türkin *f*

tur·key ['tɜːki] *n* ❶ ZOOL Pute(r) *f(m)* ❷ *no pl* (*meat*) Truthahn *m*, Putenfleisch *nt*

Tur·key ['tɜːki] *n no pl* GEOG Türkei *f*

Turk·ish ['tɜːkɪʃ] **I.** *adj* türkisch **II.** *n* Türkisch *nt*

tur·moil ['tɜːmɔɪl] *n* Tumult *m*, Aufruhr *m*; **her mind was in a ~** sie war völlig durcheinander

turn [tɜːn] **I.** *n* ❶ (*rotation*) *of wheel* Drehung *f*; **give the screw a couple of ~s** drehen Sie die Schraube einige Male ❷ (*change in direction*) Kurve *f*; SPORTS Wende *f*; **"no left/right ~"** „Links/Rechts abbiegen verboten"; (*fig*) **things took an ugly ~** die Sache nahm eine üble Wendung ❸ (*changing point*) **the ~ of the century** die Jahrhundertwende ❹ (*allotted time*) **it's my ~ now!** jetzt bin ich dran!; **to do sth in ~** etw abwechselnd tun ❺ ([*dis*]*service*) **to do sb a good/bad ~** jdm einen guten/schlechten Dienst erweisen ❻ (*not appropriate*) **out of ~** unangebracht ❼ (*round in coil, rope*) Umwickelung *f* ❽ (*cooked perfectly*) **to be done to a ~** gut durch[gebraten] sein ▸ **one good ~ deserves another** eine Hand wäscht die andere; **to be on the ~** sich wandeln; *milk* einen Stich haben; *leaves* gelb werden **II.** *vt* ❶ (*rotate*) *knob, screw* drehen ❷ (*switch direction*) wenden, drehen; **to ~ the corner** um die Ecke biegen; **to ~ the course of history** den Gang der Geschichte [ver]ändern ❸ (*aim*) ■ **to ~ sth on sb** *lamp, hose, gun* etw auf jdn richten; **to ~ one's attention to sth** seine Aufmerksamkeit etw zuwenden ❹ + *adj* (*cause to become*) **the shock ~ed her hair grey overnight** durch den Schock wurde sie über Nacht grau ❺ (*cause to feel nauseous*) **to ~ sb's stomach** jdn den Magen umdrehen ❻ (*change*) ■ **to ~ sth/sb into sth** etw/jdn in etw *akk* umwandeln ❼ (*reverse*) *garment, mattress* wenden, umdrehen; **to ~ the page** umblättern ❽ (*send*) **to ~ a dog on sb** einen Hund auf jdn hetzen ❾ TECH *wood* drechseln; *metal* drehen ▸ **to ~ one's back on sb/sth** sich von jdm/etw *dat* abwenden; **to ~ the other cheek**

die andere Wange hinhalten; **to ~ a blind eye to sth** die Augen vor etw *dat* verschließen; **to ~ the tables [on sb]** den Spieß umdrehen III. *vi* ① (*rotate*) sich drehen; *person* sich umdrehen; **to ~ upside down** *boat* umkippen; *car* sich überschlagen ② (*switch direction*) *person* sich umdrehen; *car* wenden; (*in bend*) abbiegen; *wind* drehen; (*fig*) sich wenden; **to ~ on one's heel** auf dem Absatz kehrtmachen ③ (*for aid or advice*) **to ~ to sb for help/money** jdn um Hilfe/Geld bitten ④ (*change*) werden; *milk* sauer werden; *leaves* sich verfärben; *luck* sich wenden; **his face ~ed green** er wurde ganz grün im Gesicht; ■**to ~ into sth** zu etw *dat* werden ⑤ (*turn attention to*) ■**to ~ to sth** *conversation, subject* sich etw zuwenden ⑥ (*attain particular age*) **to ~ 20/40** 20/40 werden ⑦ (*pass particular hour*) **it had already ~ed eleven** es war schon kurz nach elf ⑧ (*make feel sick*) **this smell makes my stomach ~** bei diesem Geruch dreht sich mir der Magen um ▶ **to ~ [over] in one's grave** sich im Grabe umdrehen; **to ~ tattle-tail** AM (*fam*) petzen ◆**turn against** I. *vi* sich auflehnen (gegen) II. *vt* ■**to ~ sb against sb/sth** jdn gegen jdn/etw *dat* aufwiegeln ◆**turn away** I. *vi* sich abwenden II. *vt* ① (*move*) wegrücken; **to ~ one's face away** seinen Blick abwenden ② (*refuse entry*) abweisen ③ (*deny help*) abweisen ◆**turn back** I. *vi* ① (*return*) zurückgehen; (*fig*) **there's no ~ing back now!** jetzt gibt es kein Zurück [mehr]! II. *vt* ① (*send back*) zurückschicken; (*at frontier*) zurückweisen ② (*fold*) *bedcover* zurückschlagen ③ (*put back*) **to ~ back** ⟳ **the clocks** die Uhren zurückstellen; **to ~ back time** (*fig*) die Zeit zurückdrehen ◆**turn down** *vt* ① (*reject*) abweisen; *proposal, offer, invitation* ablehnen ② (*reduce level*) niedriger stellen; (*make quieter*) leiser stellen ③ (*fold*) umschlagen; *blanket* zurückschlagen; *collar* herunterschlagen ◆**turn in** I. *vt* ① (*give to police etc.*) abgeben ② (*submit*) *assignment* einreichen; **to ~ in good results** gute Ergebnisse abliefern ③ (*fam: to the police*) ■**to ~ sb** ⟳ **in** jdn verpfeifen; **to ~ oneself in to the police** sich der Polizei stellen ④ (*inwards*) nach innen drehen II. *vi* ① (*fam: go to bed*) sich in die Falle hauen ② (*drive in*) einbiegen ③ (*inwards*) **his toes ~ in when he walks** er läuft über den großen Onkel *fam* ◆**turn off** I. *vt* ① (*switch off*) abschalten; *engine, power* abstellen; *gas* abdrehen; *light* ausmachen; *radio, TV* ausschalten ② (*cause to lose interest*) ■**to ~ off sb** jdm die Lust nehmen; (*be sexually unappealing*) jdn abtörnen *sl* II. *vi* (*leave one's path*) abbiegen; **to ~ off the path** den Weg verlassen ◆**turn on** I. *vt* ① (*switch on*) *air conditioning, computer, radio* einschalten; *gas, heat* aufdrehen; *light* anmachen ② (*fam: excite*) anmachen; (*sexually also*) antörnen *sl* ③ (*start to use*) einschalten; **to ~ on the charm** seinen Charme spielen lassen II. *vi* ① (*switch on*) einschalten ② (*attack*) ■**to ~ on sb** auf jdn losgehen ◆**turn out** I. *vi* ① (*work out*) sich entwickeln; **how did it ~ out?** wie ist es gelaufen? *fam* ② (*be revealed*) sich herausstellen; **it ~ed out that ...** es stellte sich heraus, dass ... ③ (*come to*) erscheinen ④ (*point*) sich nach außen drehen II. *vt* ① (*switch off*) *radio, TV* ausschalten; *gas* abstellen; *light* ausmachen ② (*kick out*) [hinaus]werfen *fam;* **to ~ sb out on the street** jdn auf die Straße setzen *fam* ③ (*empty contents*) [aus]leeren; **to ~ out one's pockets** die Taschen umdrehen ④ (*produce*) produzieren ⑤ (*turn outwards*) **she ~s her feet out** sie läuft nach außen ◆**turn over** I. *vi* ① (*move*) *person* sich umdrehen; *boat* kentern; *car* sich überschlagen ② (*sell*) laufen ③ (*operate*) *engine* laufen; (*start*) anspringen ④ BRIT (*change TV channel*) umschalten ⑤ (*feel nauseous*) **at the mere thought of it my stomach ~ed over** schon bei dem Gedanken daran drehte sich mir der Magen um ⑥ (*in book*) umblättern II. *vt* ① (*move*) umdrehen; *mattress* wenden; *page* umblättern; *soil* umgraben ② (*delegate responsibility*) ■**to ~ over** ⟳ **sth to sb** jdm etw übertragen ③ (*give*) ■**to ~ sth** ⟳ **over to sb** jdm etw [über]geben ④ (*ponder*) sorgfältig überdenken; **to ~ sth over in one's mind** sich *dat* etw durch den Kopf gehen lassen ▶ **to ~ over a new leaf** einen [ganz] neuen Anfang machen ◆**turn up** I. *vi* ① (*show up*) erscheinen ② (*become available*) sich ergeben; *solution* sich finden ③ (*occur in*) auftreten ④ (*happen*) passieren II. *vt* ① (*increase volume*) aufdrehen; *music* lauter machen; *heat* höher stellen ② (*hem clothing*) aufnähen ③ (*point to face upwards*) *collar* hochschlagen; *one's palms* nach oben drehen ④ (*find*) finden; **I'll see if I can ~ up something for you** ich schau mal, ob ich etwas für Sie finden kann

ˈturn·about *n* Umschwung *m* ˈturn·

around *n no pl* ① (*improvement*) Wende *f;* *of health* Besserung *f; of company* Aufschwung *m;* (*sudden reversal*) Kehrtwendung *f* ② COMM Bearbeitungszeit *f* ③ AVIAT ~ **time** Wartezeit *f* (*eines Flugzeugs am Boden zwischen zwei Flügen*)
'**turn·coat** *n* Überläufer(in) *m(f)*
turn·er ['tɜːnəʳ] *n* Drechsler(in) *m(f)*
turn·ing ['tɜːnɪŋ] *n* ① (*road*) Abzweigung *f* ② *no pl* (*changing direction*) Abbiegen *nt*
'**turn·ing point** *n* Wendepunkt *m*
tur·nip ['tɜːnɪp] *n* [Steck]rübe *f*
turn·key ['tɜːnkiː] *adj attr* schlüsselfertig; ~ **housing unit** Fertigbau *m;* ~ **system** Fertigteilsystem *nt*
'**turn-off** ['tɜːnɒf] *n* ① (*sth unappealing*) Gräuel *nt* ② (*sth sexually unappealing*) **to be a real** ~ abstoßend sein '**turn·out** ['tɜːnaʊt] *n no pl* ① (*attendance*) Teilnahme *f* (**for** an) ② POL Wahlbeteiligung *f*
'**turn·over** ['tɜːnˌəʊvəʳ] *n* ① (*rate change in staff*) Fluktuation *f geh* ② (*volume of business*) Umsatz *m;* **annual** ~ Jahresumsatz *m* ③ (*rate of stock movement*) Absatz *m* ④ FOOD **apple** ~ Apfeltasche *f*
'**turn·pike** *n* AM Mautschranke *f* '**turn·round** *n no pl* BRIT *see* **turnaround** '**turn·stile** *n* SPORTS Drehkreuz *nt* '**turn·ta·ble** *n* ① TECH, RAIL Drehscheibe *f* ② (*on record player*) Plattenteller *m* '**turn-up** ['tɜːnʌp] *n esp* BRIT Aufschlag; **trouser** ~ Hosenaufschlag *m* ▸ **to be a** ~ **for the book**[**s**] mal ganz was Neues sein *fam*
tur·pen·tine ['tɜːpəntaɪn] *n no pl* Terpentin *nt*
tur·pi·tude ['tɜːpɪtjuːd] *n no pl* (*form*) Verworfenheit *f*
turps [tɜːps] *n no pl* (*fam*) *short for* **turpentine** Terpentin *nt*
tur·quoise ['tɜːkwɔɪz] **I.** *n* ① (*stone*) Türkis *m* ② (*colour*) Türkis *nt* **II.** *adj* türkis[farben]
tur·ret ['tʌrɪt] *n* [Mauer]turm *m;* MIL **bomber's/ship's** ~ Geschützturm *m* eines Bombers/eines Schiffes; **tank's** ~ Panzerturm *m*
tur·tle <*pl* - *or* -**s**> ['tɜːtl] *n* Schildkröte *f*
'**tur·tle·dove** *n* Turteltaube *f* '**tur·tle·neck** *n* ① BRIT Stehkragen *m;* (*pullover*) Stehkragenpullover *m* ② AM (*polo neck pullover*) Rollkragenpullover *m*
tusk [tʌsk] *n* Stoßzahn *m*
tus·sle ['tʌsl] **I.** *vi* ① (*scuffle*) sich balgen (**with** mit) ② (*quarrel*) ■**to** ~ [**with sb**] **over sth** [mit jdm] über etw *akk* streiten **II.** *n* ① (*struggle*) Rauferei *f* ② (*quarrel*) Streiterei *f* (**for** um, **over** wegen)

tus·sock ['tʌsək] *n* [Gras]büschel *nt*
tut [tʌt] *interj* (*pej*) ~ ~ na, na!
tu·te·lage ['tjuːtɪlɪdʒ] *n no pl* [An]leitung *f*
tu·tor ['tjuːtəʳ] **I.** *n* (*giving extra help*) Nachhilfelehrer(in) *m(f);* (*private teacher*) Privatlehrer(in) *m(f);* BRIT UNIV (*supervising teacher*) Tutor(in) *m(f)* **II.** *vt* (*in addition to school lessons*) Nachhilfestunden geben; (*private tuition*) Privatunterricht erteilen
tu·to·rial [tjuːˈtɔːrɪəl] *n* Tutorium *nt geh*
tux·edo [tʌkˈsiːdəʊ] *n* AM (*dinner jacket*) Smoking *m*
TV [ˌtiːˈviː] *n* ① (*appliance*) *abbrev of* **television** Fernseher *m* ② *no pl* (*programming*) *abbrev of* **television** Fernsehen *nt*
twad·dle ['twɒdl] *n no pl* (*fam*) Unsinn *m*
twang [twæŋ] **I.** *n no pl* ① (*sound*) Doing *nt;* **to give sth a** ~ an etw *dat* zupfen ② LING (*nasal accent*) Näseln *nt* **II.** *vt* zupfen **III.** *vi* einen sirrenden Ton von sich geben
twat [twæt] *n* ① ANAT (*vulg: female genitals*) Möse *f* ② BRIT, AUS (*pej! vulg: idiot*) Idiot(in) *m(f) pej;* **he's a bloody** ~ er ist ein verdammter Idiot
tweak [twiːk] **I.** *vt* ① (*pull sharply*) zupfen ② (*adjust*) ■**to** ~ **sth** etw gerade ziehen; **this proposal still needs some** ~**ing** an diesem Vorschlag muss noch etwas gefeilt werden **II.** *n* Zupfen *nt kein pl*
'**tweak·able** *adj* feinjustierbar
twee [twiː] *adj esp* BRIT (*pej*) niedlich
tweed [twiːd] *n* ① *no pl* (*cloth*) Tweed *m* ② (*clothes*) ■~**s** *pl* Tweedkleidung *f kein pl*
tweedy ['twiːdi] *adj* ① (*made of tweed*) Tweed- ② (*casually rich*) elegant im Stil des englischen Landadels
'**tween·ager**, '**tween·ie** ['twiːni] *n* (*fam*) 8 bis 12 Jahre altes Kind
tweet [twiːt] **I.** *vi* piepsen **II.** *n* Piepsen *nt kein pl*
tweet·er ['twiːtəʳ] *n* TECH Hochtonlautsprecher *m*
tweez·ers ['twiːzəz] *npl* Pinzette *f*
twelfth [twelfθ] **I.** *adj* zwölfte(r, s) **II.** *adv* als zwölfte(r, s) **III.** *n* ■**the** ~ der/die/das Zwölfte
twelve [twelv] **I.** *adj* zwölf; *see also* **eight** **II.** *n* Zwölf *f;* **the England** ~ SPORTS die England-Zwölf; *see also* **eight**
twen·ti·eth ['twentiɪθ] **I.** *adj* zwanzigste(r, s) **II.** *adv* an zwanzigster Stelle **III.** *n* ■**the** ~ der/die/das Zwanzigste
twen·ty ['twenti] **I.** *adj* zwanzig; *see also* **eight** **II.** *n* Zwanzig *f;* *see also* **eight**

twerp [twɜːp] n (pej sl) Blödmann m fam
twice [twaɪs] I. adv zweimal; ~ **a day** zweimal täglich II. adj doppelt
twid·dle ['twɪdl̩] I. vt [herum]drehen (an); **to ~ one's thumbs** Däumchen drehen II. vi [herum]drehen (**with** an) III. n [Herum]drehen nt kein pl
twig[1] [twɪg] n ❶ (of tree) Zweig m ❷ (skinny person) Bohnenstange f
twig[2] <-gg-> [twɪg] (fam) I. vt kapieren II. vi ❶ (understand) kapieren ❷ (realize) ▪ **to ~ to sth** sich etw merken
twi·light ['twaɪlaɪt] n no pl Dämmerung f, Zwielicht nt; **the ~ of sb's life** jds Lebensabend
twin [twɪn] I. n ❶ (one of two siblings) Zwilling m; (similar or connected thing) Pendant nt geh; **identical/fraternal ~s** eineiige/zweieiige Zwillinge ❷ (room) Zweibettzimmer nt II. adj ❶ (born at the same time) Zwillings- ❷ (connected) miteinander verbunden III. vt <-nn-> ▪ **to ~ sth [with sth]** etw [mit etw dat] [partnerschaftlich] verbinden IV. vi <-nn-> eine Städtepartnerschaft bilden
twin 'bed n Einzelbett nt (eines von zwei gleichen Betten) **twin 'broth·er** n Zwillingsbruder m
twine [twaɪn] I. vi (twist around) ▪ **to ~ around sth** sich um etw akk schlingen; ▪ **to ~ up sth** sich an etw dat hochranken II. vt ▪ **to ~ sth together** etw ineinanderschlingen III. n no pl Schnur f
'twin-en·gined adj zweimotorig
twinge [twɪndʒ] n Stechen nt kein pl; **a ~ of fear** eine leise Furcht; **a ~ of guilt** ein Anflug m eines schlechten Gewissens; **a ~ of pain** ein stechender Schmerz
twin·kle ['twɪŋkl̩] I. vi funkeln II. n no pl Funkeln nt; **to do sth with a ~ in one's eye** etw mit einem [verschmitzten] Augenzwinkern tun
twin·kling ['twɪŋklɪŋ] I. adj ❶ eyes, light, star funkelnd ❷ tap dancer leichtfüßig II. n no pl kurzer Augenblick ▸ **to do sth in the ~ of an eye** etw im Handumdrehen tun
twin·ning ['twɪnɪŋ] n no pl gemeinsame Durchführung
twin 'room n Zweibettzimmer nt **'twin·set** n BRIT, AUS Twinset nt **twin 'sis·ter** n Zwillingsschwester f **twin 'town** n BRIT Partnerstadt f
twirl [twɜːl] I. vi wirbeln II. vt rotieren lassen; (in dancing) ▪ **to ~ sb** jdn [herum]wirbeln III. n Wirbel m; (in dancing) Drehung f; **give us a ~** dreh dich doch mal
twist [twɪst] I. vt ❶ (wind) [ver]drehen; ▪ **to ~ sth on/off** etw auf-/zudrehen ❷ (coil) herumwickeln (**around** um) ❸ (sprain) sich verrenken ❹ (fig: manipulate) verdrehen; **don't ~ my words!** dreh mir nicht die Worte im Mund herum! ▸ **to ~ sb's arm** auf jdn Druck ausüben; **to ~ sb [a]round one's [little] finger** jdn um den kleinen Finger wickeln II. vi ❶ (squirm) sich winden; **to ~ in pain** person sich vor Schmerz krümmen; face sich vor Qual/Schmerz verzerren; **to ~ and turn** road sich schlängeln ❷ (dance) twisten III. n ❶ (rotation) Drehung f; **to give sth a ~** etw [herum]drehen ❷ (sharp bend) Kurve f ❸ (unexpected change) Wendung f; **a cruel ~ of fate** eine grausame Wendung des Schicksals ❹ (dance) ▪ **the ~** der Twist ▸ **to send sb round the ~** BRIT (fam) jdn verrückt machen
twist·ed ['twɪstɪd] adj ❶ (bent and turned) verdreht; **~ ankle** gezerrter Knöchel ❷ (winding) verschlungen; path gewunden ❸ (perverted) verdreht
twist·er ['twɪstə^r] n Tornado m
twisty ['twɪsti] adj (fam) road kurvenreich; path gewunden
twit [twɪt] n esp BRIT (pej fam) Trottel m
twitch [twɪtʃ] I. vi zucken II. vt ❶ (jerk) zucken (mit); **to ~ one's nose** rabbit schnuppern ❷ (tug quickly) zupfen III. n <pl -es> ❶ (jerky spasm) **to have a [nervous] ~** nervöse Zuckungen haben ❷ (quick tug) Ruck m; **a ~ of the reins** ein rasches Ziehen an den Zügeln
twit·ter ['twɪtə^r] I. vi ❶ (chirp) zwitschern ❷ (talk rapidly) ▪ **to ~ away** vor sich hin plappern ❸ TELEC, INET twittern II. n Gezwitscher nt kein pl
two [tuː] I. adj zwei; **are you ~ coming over?** kommt ihr zwei 'rüber?; ~ **[o'clock]** zwei [Uhr]; **to break sth in ~** etw entzwei brechen; **to cut sth in ~** etw durchschneiden; **the ~ of you** ihr beide; see also **eight** ▸ **to throw in one's ~ cents worth** AM, AUS seinen Senf dazugeben; ~**'s company three's a crowd** (prov) drei sind einer zu viel; ~ **can play at that game** wie du mir, so ich dir prov; **to be ~ of a kind** aus dem gleichen Holz geschnitzt sein; **to be in ~ minds** hin- und hergerissen sein; **there are no ~ ways about it** es gibt keine andere Möglichkeit; **to put ~ and ~ together** (fam) zwei und zwei zusammenzählen; **it takes ~ to tango** (prov) dazu gehören immer zwei II. n Zwei f; see also **eight**
'two-bit adj attr AM (pej fam) billig pej

two-di·'men·sion·al *adj* zweidimensional; (*pej*) *character, plot* flach **'two-door I.** *adj attr* AUTO zweitürig **II.** *n* zweitüriges Auto **'two-edged** *adj* (*also fig*) zweischneidig **'two-faced** *adj* (*pej*) falsch

two·fold ['tuːfəʊld] **I.** *adj* (*double*) zweifach; (*with two parts*) zweiteilig **II.** *adv* (*double*) zweifach; **to increase sth** ~ etw verdoppeln

'two-hand·ed *adj attr* ❶ (*needing two hands*) ~ **backhand** TENNIS, SPORTS beidhändige Rückhand; ~ **saw** Zugsäge *f* ❷ (*ambidextrous*) beidhändig **'two-part** *adj attr* zweiteilig **two-par·ty** **'sys·tem** *n* Zweiparteiensystem *nt* **two·pence** ['tʌpǝn(t)s] *n* BRIT zwei Pence; (*fig*) **this thing isn't worth** ~ dieses Ding ist keinen Pfifferling wert **two·pen·ny** ['tʌpǝni] *adj attr* BRIT ❶ (*dated: worth two pennies*) ~ **piece** Zweipencestück *nt* ❷ (*fam: worthless*) wertlos **'two-phase** *adj attr* ELEC Zweiphasen- **'two-piece** *n* ❶ (*suit*) Zweiteiler *m* ❷ (*bikini*) Bikini *m* **two-'seat·er** *n* (*car, sofa*) Zweisitzer *m* **two·some** ['tuːsəm] *n* ❶ (*duo*) Duo *nt*; (*couple*) Paar *nt* ❷ (*dance for two*) Paartanz *m*; (*game for two*) Spiel *nt* für zwei Personen

'two-stroke *n* (*car, engine*) Zweitakter *m* **'two-tiered** *adj* (*two levels*) zweistufig; (*pej: two standards*) Zweiklassen- **'two-time I.** *vt* (*fam*) ■**to** ~ **sb** [**with sb**] jdn [mit jdm] betrügen **II.** *adj* zweifach **'two-way** *adj attr* ❶ (*traffic*) ~ **street/tunnel** Straße *f*/Tunnel *m* mit Gegenverkehr ❷ *conversation, process* wechselseitig ❸ ELEC ~ **switch** Wechselschalter *m* **two-way 'ra·dio** *n* Funksprechgerät *nt*

TXT [tekst] *vt* TELEC *short for* **text**: ■**to** ~ **sth** etw texten

'TXT mes·sag·ing *n no pl* TELEC *short for* **text messaging** Versenden *nt* von SMS-Nachrichten

ty·coon [taɪˈkuːn] *n* [Industrie]magnat(in) *m(f)*

tyke [taɪk] *n* ❶ BRIT, AUS (*fam: mischievous child*) Gör *nt oft pej* ❷ AM (*small child*) kleines Kind ❸ (*dog*) Hund *m*; (*mongrel*) Mischling[shund] *m*

tym·pa·num <*pl* -s *or* tympana> ['tɪmpǝnəm, *pl* -nə] *n* ❶ ANAT Paukenhöhle *f* im Mittelohr ❷ ARCHIT Tympanon *nt*

type [taɪp] **I.** *n* ❶ (*kind*) Art *f*; *of hair, skin* Typ *m*; *of food, vegetable* Sorte *f*; **for all different skin** ~**s** für jeden Hauttyp ❷ (*character*) Typ *m*; ■**to be one's** ~ jds Typ sein *fam*; **quiet/reserved** ~ ruhiger/zurückhaltender Typ ❸ TYPO (*lettering*) Schriftart *f*; **italic** ~ Kursivschrift *f* **II.** *vt* ❶ (*write with machine*) tippen ❷ (*categorize*) typisieren *geh* ❸ (*be example for*) typisch sein (für) **III.** *vi* Maschine schreiben ◆**type out** *vt* tippen ◆**type up** *vt report* erfassen

'type·cast *vt irreg, usu passive* FILM, THEAT (*pej*) ■**to be** ~ auf eine Rolle festgelegt sein/werden **'type·face** *n no pl* Schrift[art] *f* **'type·script** *n* Maschine geschriebenes Manuskript **'type·set·ter** *n* TYPO ❶ (*machine*) Setzmaschine *f* ❷ (*printer*) [Schrift]setzer(in) *m(f)* **'type·set·ting** TYPO **I.** *n no pl* Setzen *nt* **II.** *adj attr* (*machine, technique*) Satz- **'type·write** *vt irreg* tippen **'type·writ·er** *n* Schreibmaschine *f* **'type·writ·er rib·bon** *n* Farbband *nt* **'type·writ·ten** *adj* Maschine geschrieben

ty·phoid ['taɪfɔɪd], **ty·phoid 'fe·ver** *n no pl* Typhus *m*

ty·phoon [taɪˈfuːn] *n* Taifun *m*

ty·phus ['taɪfəs] *n no pl* Typhus *m*

typ·i·cal ['tɪpɪkǝl] *adj* typisch; *symptom also* charakteristisch (**of** für)

typ·i·cal·ly ['tɪpɪkǝli] *adv* typisch; ~**, ...** normalerweise ...

typ·i·fy <-ie-> ['tɪpɪfaɪ] *vt* kennzeichnen; (*symbolize*) ein Symbol sein (für)

typ·ing ['taɪpɪŋ] **I.** *n no pl* Tippen *nt* **II.** *adj attr* Tipp-; ~ **error** Tippfehler *m*

typ·ist ['taɪpɪst] *n* Schreibkraft *f*

ty·pog·ra·pher [taɪˈpɒgrəfə^r] *n* [Schrift]setzer(in) *m(f)*

ty·po·graph·ic(al) [ˌtaɪpə(ʊ)ˈgræfɪkǝl] *adj* typografisch

ty·pog·ra·phy [taɪˈpɒgrəfi] *n no pl* Typografie *f*

ty·ran·ni·cal [tɪˈrænɪkǝl] *adj* (*pej*) tyrannisch; ~ **regime** Tyrannei *f*

tyr·an·nize ['tɪrǝnaɪz] *vt* tyrannisieren

tyr·an·ny ['tɪrǝni] *n* Tyrannei *f*

ty·rant ['taɪrǝnt] *n* Tyrann(in) *m(f)*; (*bossy man*) [Haus]tyrann *m pej*; (*bossy woman*) [Haus]drachen *m pej fam*

tyre [taɪə^r] *n* Reifen *m*; **spare** ~ Ersatzreifen *m*

'tyre gauge *n* Reifendruckmesser *m* **'tyre pres·sure** *n no pl* Reifendruck *m*

Ty·rol [tɪˈrəʊl] *n no pl* GEOG ■**the** ~ Tirol *nt*

tzar [zɑː^r] *n see* **tsar**

'T-zone *n* T-Zone *f*

Uu

U <*pl* -'s *or* -s>, **u** <*pl* -'s> [ju:] *n* ❶ (*letter*) U *nt; see also* **A 1** ❷ (*sl: you*) du

U[1] [ju:] *n* ❶ Brit (*for general audience*) jugendfrei ❷ chem *see* **uranium** U *nt*

U[2] [ju:] Am, Aus (*fam*) *abbrev of* **university** Uni *f*

UAE [ˌjuːeɪˈiː] *n abbrev of* **United Arab Emirates** VAE

ubiqui·tous [juːˈbɪkwɪtəs] *adj* allgegenwärtig

ubiquity [juːˈbɪkwɪti] *n no pl* (*form*) Allgegenwart *f*

U-boat [ˈjuːbəʊt] *n* U-Boot *nt*

ud·der [ˈʌdəʳ] *n* Euter *nt*

UDI [ˌjuːdiːˈaɪ] *n abbrev of* **unilateral declaration of independence** einseitige Unabhängigkeitserklärung

UEFA [juːˈeɪfə] *n no pl, + sing/pl vb* sports *acr for* **Union of European Football Associations** UEFA *f*

UFO [juːefˈəʊ] *n* <*pl* s *or* -'s> *abbrev of* **unidentified flying object** UFO *nt*

Ugan·da [juːˈgændə] *n* Uganda *nt*

Ugan·dan [juːˈgændən] **I.** *n* Ugander(in) *m(f)* **II.** *adj* ugandisch

ugh [ʊg, ʊh] *interj* (*fam*) igitt!

ugli·ness [ˈʌglɪnəs] *n no pl* Hässlichkeit *f;* (*fig also*) Scheußlichkeit *f*

ugly [ˈʌgli] *adj* ❶ (*not attractive*) hässlich; **to be ~ as sin** hässlich wie die Nacht sein; **to feel/look ~** sich hässlich fühlen/hässlich aussehen ❷ (*unpleasant*) *scene* hässlich; *weather* scheußlich; *rumours* übel; *mood* unerfreulich; *look* böse; *thought* schrecklich; **the ~ truth** die unangenehme Wahrheit; (*terrible*) die schreckliche Wahrheit; **to turn ~** eine üble Wendung nehmen

UHF [ˌjuːeɪtʃˈef] *n abbrev of* **ultrahigh frequency** UHF

UHT [ˌjuːeɪtʃˈtiː] *adj abbrev of* **ultra-heat-treated**: **~ milk** H-Milch *f*

UID [ˌjuːaɪˈdiː] *n abbrev of* **user identifier** comput Benutzerkennung *f*

UK [juːˈkeɪ] *n abbrev of* **United Kingdom**: ■ **the ~** das Vereinigte Königreich

Ukraine [juːˈkreɪn] *n* ■ **the ~** die Ukraine

Ukrain·ian [juːˈkreɪniən] **I.** *n* ❶ (*person*) Ukrainer(in) *m(f)* ❷ (*language*) Ukrainisch *nt* **II.** *adj* ukrainisch

uku·lele [ˌjuːkəˈleɪli] *n* Ukulele *f*

ul·cer [ˈʌlsəʳ] *n* ❶ med Geschwür *nt;* **stomach ~** Magengeschwür *nt* ❷ (*blemish*) Schandfleck *m*, Makel *m*

ul·cer·ate [ˈʌlsᵊreɪt] *vi* ulzerieren *fachspr*

ul·cer·ous [ˈʌlsᵊrəs] *adj* geschwürig

ul·lage [ˈʌlɪdʒ] *n no pl* die Menge, die in einem Flüssigkeitsbehälter bis zum Gefülltsein fehlt; (*liquid loss*) Flüssigkeitsschwund *m*; (*in brewery*) Restbier *nt*

ulna <*pl* -nae *or* -s> [ˈʌlnə, *pl* -niː] *n* Elle *f*

Ul·ster [ˈʌlstəʳ, am -stɚ] *n no pl* Nordirland *nt*, Ulster *nt*

ul·te·ri·or [ʌlˈtɪəriəʳ] *adj* ❶ (*secret*) versteckt; **~ measures** geheime Maßnahmen; **~ motive** Hintergedanke *m* ❷ (*form: subsequent*) weitere(r, s); (*coming later*) spätere(r, s) ❸ (*form: beyond scope*) ■ **to be ~ to sth** für etw *akk* nicht von Bedeutung sein

ul·ti·mate [ˈʌltɪmət] **I.** *adj attr* ❶ (*unbeatable*) beste(r, s) ❷ (*highest degree*) höchste(r, s); *deterrent, weapon* wirksamste(r, s) ❸ (*final*) letzte(r, s); *decision also* endgültig; *effect* eigentlich; **the ~ destination** das Endziel; **the ~ truth** die letzte Wahrheit ❹ (*fundamental*) grundsätzlich; *aim, cause* eigentlich; **the ~ problem** das Grundproblem **II.** *n* (*the best*) ■ **the ~** das Nonplusultra; (*highest degree*) **the ~ in happiness** das größte Glück; **the ~ of bad taste** der Gipfel der Geschmacklosigkeit

ul·ti·mate·ly [ˈʌltɪmətli] *adv* (*in the end*) letzten Endes; (*eventually*) letztlich

ul·ti·ma·tum <*pl* -ta *or* -tums> [ˌʌltɪˈmeɪtəm] *n* Ultimatum *nt;* **to give sb an ~** jdm ein Ultimatum stellen

ul·ti·mo [ˈʌltɪməʊ] *adj* econ (*dated*) des vergangenen Monats nach *n*

ˈ**ultra·book** *n* comput Ultrabook *nt* **ultra·high** ˈ**fre·quen·cy** *n no pl* Ultrahochfrequenz *f* **ultra·ma·**ˈ**rine I.** *adj* ultramarin[blau] **II.** *n no pl* Ultramarin[blau] *nt* **ultra·**ˈ**mod·ern** *adj* hypermodern **ultra·pre·**ˈ**cise** *adj* äußerst genau **ultra·re·**ˈ**li·able** *adj* extrem zuverlässig **ultra·**ˈ**short wave** *n* Ultrakurzwelle *f* **ultra·**ˈ**son·ic** *adj* Ultraschall- ˈ**ultra·sound** *n no pl* Ultraschall *m* **ultra·sound** ˈ**pic·ture** *n* Ultraschallbild *nt* **ultra·vio·let** *adj* ultraviolett; **~ lamp** UV-Lampe *f;* **~ rays** ultraviolette Strahlen

Ulysses [ˈjuːlɪsiːz] *n* Odysseus *kein art*

um·bel [ˈʌmbəl] *n* Dolde *f*

um·ber [ˈʌmbəʳ] **I.** *adj* umbra[braun] **II.** *n no pl* Umbra *nt*

um·bili·cal [ʌmˈbɪlɪkl] *adj attr* ❶ med Nabel- ❷ aerosp Versorgungs-, Verbindungs-

um·bili·cal 'cord *n* ❶ MED, ANAT Nabelschnur *f;* **to cut the ~** die Nabelschnur durchschneiden ❷ AEROSP Versorgungskabel *nt*
um·brage ['ʌmbrɪdʒ] *n no pl* (*form*) Anstoß *m;* **to take ~ at sth** Anstoß an etw *dat* nehmen
um·brel·la [ʌmˈbrelə] **I.** *n* ❶ (*protection from rain*) Regenschirm *m;* **folding ~** Knirps® *m;* (*sun protection*) Sonnenschirm *m* ❷ (*protection*) Schutz *m;* MIL Jagdschutz *m* **II.** *adj* ❶ *stand, handle* Schirm-; **~ cover** Schirmhülle *f* ❷ POL, ADMIN (*including many elements*) Dach-; **~ fund** FIN Investmentfonds *m*
um·brel·la or·gani·ˈza·tion *n* Dachorganisation *f*
um·pire ['ʌmpaɪəʳ] **I.** *n* ❶ SPORTS Schiedsrichter(in) *m(f)* ❷ (*arbitrator*) Schlichter(in) *m(f)* **II.** *vt game, match* leiten
ump·teen [ʌm(p)ˈtiːn] *adj* (*fam*) zig; **to do sth ~ times** etw zigmal tun
ump·teenth [ʌm(p)ˈtiːnθ] *adj* (*fam*) x-te(r, s)
UN [juːˈen] *n abbrev of* **United Nations**: ■**the ~** die UN[O]; **ambassador to the ~** UN[O]-Botschafter(in) *m(f);* **the ~ General Assembly** die UN-Vollversammlung; **~ peace-keeping mission** UNO-Friedensmission *f;* **~ Security Council** UN-Sicherheitsrat *m;* **~ troops** UNO-Truppen *pl*
un·abashed [ˌʌnəˈbæʃt] *adj* unverschämt
un·abat·ed [ˌʌnəˈbeɪtɪd] *adj* (*form*) unvermindert
un·able [ʌnˈeɪbl] *adj* unfähig; **he was ~ to look her in the eye** er konnte ihr nicht in die Augen schauen
un·abridged [ˌʌnəˈbrɪdʒd] *adj* LIT, PUBL ungekürzt
un·ac·cep·table [ˌʌnəkˈseptəbl] *adj behaviour, excuse* inakzeptabel; *offer* unannehmbar; *conditions* untragbar; **the ~ face of sth** BRIT, AUS die Kehrseite einer S. *gen*
un·ac·com·pa·nied [ˌʌnəˈkʌmpənɪd] *adj* ❶ (*without companion*) ohne Begleitung *nach n, präd; baggage* herrenlos ❷ MUS ohne Begleitung *nach n;* **~ flute** Soloflöte *f*
un·ac·count·able [ˌʌnəˈkaʊntəbl] *adj* ❶ (*not responsible*) nicht verantwortlich ❷ (*inexplicable*) unerklärlich; **for some ~ reason** aus unerfindlichen Gründen
un·ac·count·ed for [ˌʌnəˈkaʊntɪdˌfɔːʳ] *adj* ❶ (*unexplained*) ungeklärt; **~ absence from work** unentschuldigtes Fehlen bei der Arbeit ❷ (*not included in count*) nicht erfasst; (*missing*) fehlend *attr; person* vermisst
un·ac·cus·tomed [ˌʌnəˈkʌstəmd] *adj* ❶ (*seldom seen*) selten ❷ (*new*) ungewohnt; **to be ~ to doing sth** es nicht gewohnt sein, etw zu tun
un·ac·knowl·edged [ˌʌnəkˈnɒlɪdʒd] *adj* unbeachtet; (*unrecognized*) nicht anerkannt; **to remain ~** unbeachtet bleiben
un·ad·dressed [ˌʌnəˈdrest] *adj* ❶ *envelope* nicht adressiert ❷ *question* unbeantwortet
un·adorned [ˌʌnəˈdɔːnd] *adj* (*plain*) schlicht; *story* nicht ausgeschmückt; *beauty* natürlich; *truth* ungeschminkt
un·adul·ter·at·ed [ˌʌnəˈdʌltəreɪtɪd] *adj* (*absolute*) unverfälscht; *alcohol* rein; **~ nonsense** blanker Unsinn; **the ~ truth** die reine Wahrheit
un·ad·ven·tur·ous [ˌʌnədˈventʃərəs] *adj person* wenig unternehmungslustig; *life* unspektakulär; *style* einfallslos
un·ad·vis·able [ˌʌnədˈvaɪzəbl] *adj* nicht empfehlenswert
un·af·fect·ed [ˌʌnəˈfektɪd] *adj* ❶ (*unchanged*) unberührt; (*unmoved*) unbeeindruckt; MED nicht angegriffen; (*not influenced*) nicht beeinflusst ❷ (*down to earth*) natürlich; *manner* ungekünstelt; (*sincere*) echt
un·afraid [ˌʌnəˈfreɪd] *adj* unerschrocken; ■**to be ~ of sb/sth** vor jdm/etw *dat* keine Angst haben
un·aid·ed [ʌnˈeɪdɪd] *adj* ohne fremde Hilfe *nach n*
un·alike [ˌʌnəˈlaɪk] *adj* unähnlich
un·al·loyed [ˌʌnəˈlɔɪd] *adj* ❶ (*liter: complete*) rein; *pleasure* ungetrübt ❷ *metal* rein
un·al·tered [ʌnˈɔːltəd] *adj* unverändert; **to leave sth ~** etw lassen, wie es ist
un·am·big·u·ous [ˌʌnæmˈbɪɡjʊəs] *adj* unzweideutig; *statement* eindeutig
un·am·big·u·ous·ly [ˌʌnæmˈbɪɡjʊəslɪ] *adv* eindeutig, unmissverständlich
un-Ameri·can [ˌʌnəˈmerɪkən] *adj* (*pej*) unamerikanisch; **~ activities** ≈ Landesverrat *m* (*gegen den amerikanischen Staat gerichtete Umtriebe*)
una·nim·ity [ˌjuːnəˈnɪmətɪ] *n no pl* Einstimmigkeit *f*
unani·mous [juːˈnænɪməs] *adj* einstimmig
unani·mous·ly [juːˈnænɪməslɪ] *adv* einstimmig; ■**to be ~ for/against sth** einstimmig für/gegen etw *akk* sein
un·an·nounced [ˌʌnəˈnaʊn(t)st] **I.** *adj*

① (*without warning*) unangekündigt; (*unexpected*) unerwartet; ~ **visitor** unerwarteter Gast; (*not wanted*) ungebetener Gast **②** (*not made known*) unangekündigt **II.** *adv* unangemeldet; (*unexpected*) unerwartet

un·an·swer·able [ʌnˈɑːn(t)sərəbl] *adj* **①** (*without an answer*) unbeantwortbar; ■**to be** ~ nicht zu beantworten sein **②** (*form: irrefutable*) unwiderlegbar; *proof* eindeutig

un·an·swered [ʌnˈɑːn(t)səd] *adj* unbeantwortet

un·ap·pe·tiz·ing [ʌnˈæpətaɪzɪŋ] *adj* unappetitlich

un·ap·proach·able [ˌʌnəˈprəʊtʃəbl] *adj* unzugänglich; *person also* unnahbar

un·armed [ʌnˈɑːmd] *adj* (*without weapons*) unbewaffnet; (*not prepared*) unvorbereitet

un·ashamed [ˌʌnəˈʃeɪmd] *adj* schamlos; *attitude* unverhohlen; ■**to be ~ of sth** sich einer S. *gen* überhaupt nicht schämen

un·asked [ʌnˈɑːskt] **I.** *adj* **①** (*not questioned*) ungefragt; **an ~ question** eine Frage, die keiner zu stellen wagt **②** (*not requested*) ■**~-for** ungebeten **II.** *adv* **①** (*spontaneously*) spontan **②** (*unwanted*) ungebeten

un·as·sign·able [ˌʌnəˈsaɪnəbl] *adj* LAW nicht übertragbar

un·as·sum·ing [ˌʌnəˈsjuːmɪŋ] *adj* (*approv*) bescheiden

un·at·tached [ˌʌnəˈtætʃt] *adj* **①** (*not connected*) einzeln **②** (*independent*) unabhängig **③** (*not in relationship*) ungebunden

un·at·tain·able [ˌʌnəˈteɪnəbl] *adj* unerreichbar; **an ~ dream** ein ferner Traum

un·at·tend·ed [ˌʌnəˈtendɪd] *adj* **①** (*alone*) unbegleitet; *child, baggage* unbeaufsichtigt; **to leave sth/sb ~** etw/jdn allein lassen **②** (*not taken care of*) unerledigt; (*unmanned*) nicht besetzt; **to go ~** *patient, wound* unbehandelt bleiben

un·at·trac·tive [ˌʌnəˈtræktɪv] *adj* unattraktiv; *place also* ohne Reiz *nach n, präd*; *personality* wenig anziehend

un·author·ized [ʌnˈɔːθəraɪzd] *adj* nicht autorisiert; *person* unbefugt *attr*; **to obtain ~ access to sth** sich *dat* unbefugt Zugang zu etw *dat* verschaffen

un·avail·able [ˌʌnəˈveɪləbl] *adj* **①** (*not in*) nicht verfügbar; *person* nicht erreichbar; (*busy*) nicht zu sprechen **②** (*not for the public*) [der Öffentlichkeit] nicht zugänglich **③** (*in relationship*) ■**to be ~** vergeben sein

un·avail·ing [ˌʌnəˈveɪlɪŋ] *adj* (*liter*) vergeblich

un·avoid·able [ˌʌnəˈvɔɪdəbl] *adj* unvermeidlich

un·aware [ˌʌnəˈweər] *adj* ■**to be/be not ~ of sth** sich *dat* einer S. *gen* nicht/durchaus bewusst sein

un·awares [ˌʌnəˈweəz] *adv* unerwartet; **to catch sb ~** jdn überraschen

un·bal·anced [ʌnˈbælən(t)st] *adj* **①** (*uneven*) schief; *account* nicht ausgeglichen; *economy* unausgeglichen; JOURN einseitig; *diet* unausgewogen **②** (*unstable*) labil; **mentally ~** psychisch labil

un·bar <-rr-> [ʌnˈbɑːr] *vt* entriegeln

un·bear·able [ʌnˈbeərəbl] *adj* unerträglich

un·bear·ably [ʌnˈbeərəbli] *adv* unerträglich; **~ sad** unsäglich traurig

un·beat·able [ʌnˈbiːtəbl] *adj* (*approv*) **①** (*sure to win*) unschlagbar; *army* unbesiegbar **②** (*perfect*) unübertrefflich; *value, quality* unübertroffen

un·beat·en [ʌnˈbiːtən] *adj* ungeschlagen; *army* unbesiegt

un·be·com·ing [ˌʌnbɪˈkʌmɪŋ] *adj* **①** (*not flattering*) unvorteilhaft **②** *behaviour* unschön; (*unseemly*) unschicklich

un·be·known [ˌʌnbɪˈnəʊn], **un·be·knownst** [ˌʌnbɪˈnəʊnst] *adv* (*form*) ■**~ to sb** ohne jds Wissen; **~ to anyone he was leading a double life** kein Mensch ahnte, dass er ein Doppelleben führte

un·be·lief [ˌʌnbɪˈliːf] *n no pl* **①** (*surprise and shock*) Ungläubigkeit *f* **②** (*faithlessness*) Unglaube *m*

un·be·liev·able [ˌʌnbɪˈliːvəbl] *adj* **①** (*surprising*) unglaublich **②** (*fam: extraordinary*) sagenhaft

un·be·liev·ably [ˌʌnbɪˈliːvəbli] *adv* unglaublich

un·be·liev·er [ˌʌnbɪˈliːvər] *n* Ungläubige(r) *f(m)*

un·be·liev·ing [ˌʌnbɪˈliːvɪŋ] *adj* ungläubig

un·bend [ʌnˈbend] **I.** *vt* <-bent, -bent> strecken; *wire* gerade biegen **II.** *vi* <-bent, -bent> **①** (*straighten out*) [wieder] gerade werden; *person* sich aufrichten **②** (*relax*) sich entspannen; (*become less reserved*) auftauen

un·bend·ing [ʌnˈbendɪŋ] *adj* (*form*) unnachgiebig; *will* unbeugsam

un·bi·as(s)ed [ʌnˈbaɪəst] *adj* unparteiisch; *judge* nicht befangen; *opinion, report* objektiv

un·bid·den [ʌnˈbɪdən] *adj, adv* (*liter*) ungebeten
un·bind <-bound, -bound> [ʌnˈbaɪnd] *vt* losbinden
un·bleached [ʌnˈbliːtʃt] *adj* ungebleicht
un·blink·ing [ʌnˈblɪŋkɪŋ] *adj gaze* starr
un·block [ʌnˈblɒk] *vt* ■ **to ~ sth** *pipe* etw wieder durchlässig machen
un·blush·ing [ʌnˈblʌʃɪŋ] *adj* schamlos
un·bolt [ʌnˈbəʊlt] *vt* entriegeln
un·born [ʌnˈbɔːn] **I.** *adj* ❶ (*not yet born*) ungeboren ❷ (*future*) künftig; **~ generations** kommende Generationen **II.** *n* ■ **the ~** *pl* ungeborene Kinder
un·bos·om [ʌnˈbʊzəm] *vt* (*old*) ❶ (*reveal*) enthüllen ❷ (*confide in*) ■ **to ~ oneself to sb** jdm sein Herz ausschütten
un·bound·ed [ʌnˈbaʊndɪd] *adj* grenzenlos; *ambition; hope* unbegrenzt
un·bowed [ʌnˈbaʊd] *adj pred* ❶ (*erect*) erhoben ❷ (*not submitting*) ungebrochen
un·break·able [ʌnˈbreɪkəbl] *adj* (*unable to be broken*) unzerbrechlich; *code* nicht zu knacken; *habit* fest verankert; *promise* bindend; *record* nicht zu brechen; *rule* unumstößlich; *silence* undurchdringlich
un·brib·able [ʌnˈbraɪbəbl] *adj* unbestechlich
un·bri·dled [ʌnˈbraɪdld] *adj* ❶ (*unrestrained*) ohne Zügel ❷ (*form or liter: not controlled*) ungezügelt; *ambition, greed* hemmungslos; *passion* zügellos
un-Brit·ish [ʌnˈbrɪtɪʃ] *adj* unbritisch
un·brok·en [ʌnˈbrəʊkən] *adj* ❶ (*not broken*) unbeschädigt; *spirit* ungebrochen; **an ~ promise** ein gehaltenes Versprechen ❷ (*continuous*) stetig; *peace* beständig; **an ~ night's sleep** ein ungestörter Schlaf ❸ *record* ungebrochen ❹ (*not tamed*) **an ~ horse** ein nicht zugerittenes Pferd
un·buck·le [ʌnˈbʌkl] *vt* aufschnallen; *seatbelt* öffnen
un·bur·den [ʌnˈbɜːdən] *vt* ❶ (*unload*) ■ **to ~ an animal/sb** einem Tier/jdm die Lasten abnehmen ❷ (*fig*) ■ **to ~ oneself [of sth]** sich [von etw *dat*] befreien; ■ **to ~ oneself [to sb]** [jdm] sein Herz ausschütten; **to ~ one's sorrows** seine Sorgen abladen
un·busi·ness·like [ʌnˈbɪznɪslaɪk] *adj* unprofessionell
un·but·ton [ʌnˈbʌtən] *vt, vi* aufknöpfen
un·ˈcalled for *adj pred,* **un·ˈcalled-for** [ʌnˈkɔːldfɔːʳ] *adj attr* unnötig; **an ~ remark** eine unpassende Bemerkung
un·can·ny [ʌnˈkæni] *adj* unheimlich; **an ~ knack** eine außergewöhnliche Fähigkeit;

an ~ likeness eine unglaubliche Ähnlichkeit
un·cared for *adj pred,* **un·cared-for** [ʌnˈkeədfɔːʳ] *adj attr* ungepflegt
un·car·pet·ed [ʌnˈkɑːpɪtɪd] *adj* nicht mit Teppich ausgelegt
un·ceas·ing [ʌnˈsiːsɪŋ] *adj* (*form*) unaufhörlich; **~ efforts/support** unablässige Anstrengungen/Unterstützung
un·cer·e·mo·ni·ous [ʌnˌserɪˈməʊniəs] *adj* ❶ (*abrupt*) rüde *pej*; **an ~ refusal** eine unsanfte Abfuhr ❷ (*informal*) locker
un·cer·tain [ʌnˈsɜːtən] *adj* ❶ (*unsure*) unsicher; **to be ~ of sth** sich *dat* einer S. *gen* nicht sicher sein; ■ **to be ~ whether/when/why/what ...** nicht sicher sein, ob/wann/warum/was ...; **in no ~ terms** klar und deutlich ❷ (*unpredictable*) ungewiss; **an ~ future** eine ungewisse Zukunft ❸ (*volatile*) unstet; **an ~ temper** ein launenhaftes Gemüt
un·cer·tain·ty [ʌnˈsɜːtənti] *n* ❶ (*unpredictability*) Unbeständigkeit *f* ❷ *no pl* (*doubtfulness*) Ungewissheit *f,* Zweifel *m* (**about** über) ❸ *no pl* (*hesitancy*) Unsicherheit *f*
un·chal·lenged [ʌnˈtʃælɪndʒd] *adj* unangefochten; (*not opposed*) unwidersprochen; **to go ~** unangefochten bleiben; **to pass ~** MIL passieren, ohne angehalten zu werden
un·changed [ʌnˈtʃeɪndʒd] *adj* ❶ (*unaltered*) unverändert ❷ (*not replaced*) nicht [aus]gewechselt
un·chang·ing [ʌnˈtʃeɪndʒɪŋ] *adj* unveränderlich, gleich bleibend
un·char·ac·ter·is·tic [ʌnkærəktəˈrɪstɪk] *adj* untypisch (**of** für)
un·chari·table [ʌnˈtʃærɪtəbl] *adj* ❶ (*severe*) unbarmherzig ❷ (*unkind*) unfair; ■ **to be ~ [of sb] to do sth** gemein [von jdm] sein, etw zu tun
un·checked [ʌnˈtʃekt] *adj* ❶ (*unrestrained*) unkontrolliert; **~ passion/violence** hemmungslose Leidenschaft/Gewalt; **to continue ~** ungehindert weitergehen ❷ (*not examined*) ungeprüft ❸ *ticket* nicht kontrolliert
un·chris·tian [ʌnˈkrɪstʃən] *adj* unchristlich
un·civ·il [ʌnˈsɪvəl] *adj* unhöflich
un·clad [ʌnˈklæd] *adj* (*form*) unbekleidet
un·claimed [ʌnˈkleɪmd] *adj winnings* nicht beansprucht; *letter, baggage* nicht abgeholt
un·clasp [ʌnˈklɑːsp] *vt* ■ **to ~ sth** etw öffnen; **to ~ sb's hand** jds Hand lösen
un·clas·si·fied [ʌnˈklæsɪfaɪd] *adj* ❶ (*not*

ordered or arranged) nicht klassifiziert ❷ (*not secret*) nicht geheim

un·cle ['ʌŋkl] *n* Onkel *m*

un·clean [ʌn'kli:n] *adj* ❶ (*unhygienic*) verunreinigt ❷ (*form: taboo*) unrein ❸ (*impure*) schmutzig

un·clear [ʌn'klɪəʳ] *adj* ❶ (*not certain*) unklar; ▪ **to be ~ about sth** in Bezug auf etw *akk* nicht sicher sein ❷ (*vague*) vage; **an ~ statement** eine unklare Aussage

un·clut·tered [ʌn'klʌtəd] *adj* ❶ (*tidy*) aufgeräumt ❷ (*fig*) **an ~ mind** ein freier Kopf

un·col·lect·ed [ˌʌnkə'lektɪd] *adj* ❶ *fare, tax* nicht erhoben ❷ *baggage, mail* nicht abgeholt ❸ LIT nicht in den gesammelten Werken enthalten

un·com·fort·able [ʌn'kʌm(p)ftəbl] *adj* ❶ (*causing discomfort*) unbequem ❷ (*ill at ease*) **to feel ~** sich unwohl fühlen ❸ (*uneasy, awkward*) unbehaglich; **an ~ silence** eine gespannte Stille; **an ~ situation/predicament** eine missliche Situation/Lage

un·com·mit·ted [ˌʌnkə'mɪtɪd] *adj* ❶ (*undecided*) unentschieden ❷ (*not dedicated*) **to be ~ to a cause/relationship** einer Sache/Beziehung halbherzig gegenüberstehen

un·com·mon [ʌn'kɒmən] *adj* ❶ (*rare*) selten; *name also* ungewöhnlich ❷ (*dated form: exceptional*) außergewöhnlich; **with ~ interest** mit ungeteiltem Interesse

un·com·mon·ly [ʌn'kɒmənli] *adv* ❶ (*unusually*) ungewöhnlich ❷ (*exceptionally*) äußerst

un·com·mu·ni·ca·tive [ˌʌnkə'mju:nɪkətɪv] *adj* verschlossen; ▪ **to be ~ about sth/sb** wenig über etw *akk*/jdn sprechen

un·com·pre·hend·ing [ˌʌnkɒmprɪ'hendɪŋ] *adj* verständnislos

un·com·pro·mis·ing [ʌn'kɒmprəmaɪzɪŋ] *adj* kompromisslos; **to take an ~ stand** eindeutig Stellung beziehen

un·con·cerned [ˌʌnkən'sɜːnd] *adj* ❶ (*not worried*) unbekümmert; ▪ **to be ~ about sth/sb** sich *dat* keine Sorgen über etw *akk*/jdn machen ❷ (*indifferent*) desinteressiert; ▪ **to be ~ with sth/sb** nicht an etw *akk*/jdm interessiert sein

un·con·di·tion·al [ˌʌnkən'dɪʃənəl] *adj* bedingungslos; *love also* rückhaltlos

un·con·di·tion·al·ly [ˌʌnkən'dɪʃənəli] *adv* bedingungslos, vorbehaltlos

un·con·firmed [ˌʌnkən'fɜːmd] *adj* unbestätigt

un·con·gen·ial [ˌʌnkən'dʒiːniəl] *adj* ❶ *person* unsympathisch ❷ (*unpleasant*) unangenehm; *climate* unwirtlich; **~ conditions** wenig zusagende Bedingungen

un·con·nec·ted [ˌʌnkə'nektɪd] *adj* unzusammenhängend

un·con·scion·able [ʌn'kɒn(t)ʃənəbl] *adj* (*form*) unzumutbar

un·con·scious [ʌn'kɒn(t)ʃəs] **I.** *adj* ❶ MED bewusstlos; **~ state** Bewusstlosigkeit *f*; **to knock sb ~** jdn bewusstlos schlagen ❷ PSYCH unbewusst; **the ~ mind** das Unterbewusste ❸ (*unaware*) unabsichtlich; ▪ **to be ~ of sth** sich *dat* einer S. *gen* nicht bewusst sein **II.** *n no pl* PSYCH ▪ **the ~** das Unterbewusstsein

un·con·scious·ly [ʌn'kɒn(t)ʃəsli] *adv* unbewusst

un·con·scious·ness [ʌn'kɒn(t)ʃəsnəs] *n no pl* ❶ MED Bewusstlosigkeit *f* ❷ (*unawareness*) Unbewusstheit *f*

un·con·si·dered [ˌʌnkən'sɪdəd] *adj* unüberlegt

un·con·sti·tu·tion·al [ˌʌnˌkɒn(t)stɪ'tjuːʃənəl] *adj* verfassungswidrig

un·con·sum·mat·ed [ˌʌnˌkɒn(t)səmeɪtɪd] *adj* nicht umgesetzt; *marriage* nicht vollzogen

un·con·test·ed [ˌʌnkən'testɪd] *adj* ❶ (*unchallenged*) unbestritten; **an ~ claim** ein unstreitiger Anspruch ❷ LAW unangefochten; **an ~ divorce** eine einvernehmliche Scheidung

un·con·trol·lable [ˌʌnkən'trəʊləbl] *adj* unkontrollierbar; *bleeding, urge* unstillbar; *child* unzähmbar

un·con·trolled [ˌʌnkən'trəʊld] *adj* unkontrolliert; *children, dogs* unbeaufsichtigt; **~ aggression** unbeherrschte Aggressivität

un·con·tro·ver·sial [ˌʌnˌkɒntrə'vɜːʃəl] *adj* unumstritten

un·con·ven·tion·al [ˌʌnkən'ven(t)ʃənəl] *adj* unkonventionell; **~ weapons** (*euph*) Atomwaffen *pl*

un·con·vinced [ˌʌnkən'vɪn(t)st] *adj* nicht überzeugt (**of** von)

un·con·vinc·ing [ˌʌnkən'vɪn(t)sɪŋ] *adj* ❶ (*not persuasive*) nicht überzeugend; **rather ~** wenig überzeugend ❷ (*not credible*) unglaubwürdig

un·cooked [ʌn'kʊkt] *adj* roh

un·co·oper·a·tive [ˌʌnkəʊ'ɒpərətɪv] *adj* unkooperativ

un·cork [ʌn'kɔːk] *vt* ❶ *bottle* entkorken ❷ (*let out*) **to ~ one's feelings** aus sich *dat* herausgehen

un·cor·robo·rat·ed [ˌʌnkə'rɒbəreɪtɪd] *adj* unbestätigt

un·count·able [ʌnˈkaʊntəbl] *adj* (*not countable*) unzählbar; **an ~ noun** ein unzählbares Hauptwort; (*countless*) zahllos; **an ~ number of people** unzählige Menschen

un·cou·ple [ʌnˈkʌpl] *vt* ❶ MECH abkuppeln (**from** von) ❷ (*fig*) trennen

un·couth [ʌnˈkuːθ] *adj* ungehobelt

un·cov·er [ʌnˈkʌvəʳ] *vt* ❶ (*lay bare*) freilegen; **to ~ a wound** den Verband von einer Wunde nehmen ❷ (*disclose*) entdecken; **to ~ a scandal/secret** einen Skandal/ein Geheimnis aufdecken

un·cov·ered *adj* **~ cheque** BRIT ungedeckter Scheck

un·criti·cal [ʌnˈkrɪtɪkəl] *adj* unkritisch; ▪ **to be ~ of sth/sb** gegenüber etw *dat*/jdm eine unkritische Einstellung haben

un·criti·cal·ly [ʌnˈkrɪtɪkəli] *adv* unkritisch

un·crowned [ʌnˈkraʊnd] *adj* (*also fig*) ungekrönt

unc·tion [ˈʌŋkʃən] *n* REL Salbung *f*; **extreme ~** letzte Ölung

unc·tu·ous [ˈʌŋktjuəs] *adj* (*pej form: obsequious*) salbungsvoll

unc·tu·ous·ness [ˈʌŋktjuəsnəs] *n* (*form*) salbungsvolles Gehabe

un·cut [ʌnˈkʌt] *adj* ❶ (*not cut*) ungeschnitten; *drugs* unverschnitten; *diamond* ungeschliffen ❷ (*not shortened*) ungekürzt

un·dam·aged [ʌnˈdæmɪdʒd] *adj* unbeschädigt, unversehrt

un·dat·ed [ʌnˈdeɪtɪd] *adj* undatiert

un·daunt·ed [ʌnˈdɔːntɪd] *adj usu pred* unerschrocken; **to remain ~** unverzagt bleiben

un·de·ceive [ˌʌndɪˈsiːv] *vt* (*liter*) ▪ **to ~ sb [of sth]** jdn [über etw *akk*] aufklären

un·de·cid·ed [ˌʌndɪˈsaɪdɪd] *adj* ❶ (*hesitant*) unentschlossen; ▪ **to be ~ about sth** sich *dat* über etw *akk* [noch] unklar sein ❷ (*not settled*) offen; **an ~ vote** eine unentschiedene Abstimmung

un·de·clared [ˌʌndɪˈkleəd] *adj* ❶ FIN nicht deklariert ❷ (*not official*) nicht erklärt; **an ~ war** ein Krieg *m* ohne Kriegserklärung

un·de·fined [ˌʌndɪˈfaɪnd] *adj* ❶ (*not defined*) unbestimmt ❷ (*lacking clarity*) vage

un·de·liv·er·able [ˌʌndɪˈlɪvərəbl] *adj* unzustellbar

un·de·liv·ered [ˌʌndɪˈlɪvəd] *adj* nicht zugestellt

un·de·mand·ing [ˌʌndɪˈmɑːndɪŋ] *adj* anspruchslos

un·demo·crat·ic [ˌʌndeməˈkrætɪk] *adj* undemokratisch

un·de·mon·stra·tive [ˌʌndɪˈmɒn(t)strətɪv] *adj* zurückhaltend

un·de·ni·able [ˌʌndɪˈnaɪəbl] *adj* unbestritten; **~ evidence** eindeutiger Beweis

un·de·ni·ably [ˌʌndɪˈnaɪəbli] *adv* unbestreitbar

un·der [ˈʌndəʳ] I. *prep* ❶ (*below*) unter +*dat*; *with verbs of motion* unter +*akk*; **he walked ~ the bridge** er lief unter die Brücke; **he stood ~ a bridge** er stand unter einer Brücke; **~ water/the surface** unter Wasser/der Oberfläche ❷ (*supporting*) unter +*dat*; **to break ~ the weight** unter dem Gewicht zusammenbrechen ❸ (*less than*) unter +*dat*; **to cost ~ £5** weniger als fünf Pfund kosten; **those ~ the age of 30** diejenigen, die jünger sind als 30 ❹ (*governed by*) unter +*dat*; **~ the supervision of sb** unter jds Aufsicht; **they are ~ strict orders** sie haben strenge Anweisungen; **to be ~ sb's influence** unter jds Einfluss stehen ❺ (*in condition/state of*) unter +*dat*; **~ arrest/oath/pressure/suspicion** unter Arrest/Eid/Druck/Verdacht; **~ repair** in Reparatur; **~ [no] circumstances** unter [keinen] Umständen ❻ (*in accordance to*) gemäß +*dat* ❼ (*referred to as*) unter +*dat*; **to write ~ a pseudonym** unter einem Pseudonym schreiben ❽ (*in category of*) unter +*dat* ▶ **[already] ~ way** [bereits] im Gange; **to get ~ way** anfangen II. *adv* ❶ (*sink*) **to go ~** untergehen; *company* Pleite machen ❷ (*below specified age*) **suitable for kids of five and ~** geeignet für Kinder von fünf Jahren und darunter ▶ **to get out from ~** sich aufrappeln III. *adj pred* ▪ **to be ~** unter Narkose stehen

under·a·chieve *vi* weniger leisten als erwartet **under·ˈact** I. *vi* [in einer Rolle] zu verhalten spielen II. *vt* ▪ **to ~ sth** etw zu schwach wiedergeben **under·ˈage** *adj* minderjährig; **~ drinking** der Genuss von Alkohol durch Minderjährige **under·ˈbid** <-bid, -bid> I. *vt* ❶ ein zu niedriges Angebot machen II. *vt* unterbieten **under·ˈcapi·tal·ized** *adj* FIN mit zu geringer Kapitalausstattung *nach n*; ▪ **to be ~** zu wenig Kapital haben **ˈunder·car·riage** *n usu sing* AVIAT Fahrwerk *nt* **under·ˈcharge** *vt, vi* zu wenig berechnen **ˈunder·clothes** *npl*, **ˈunder·cloth·ing** *n no pl* (*form*) Unterwäsche *f* **ˈunder·coat** *n* ❶ *no pl* (*paint*) Grundierung *f* ❷ (*fur*) Wollhaarkleid *nt* **ˈunder·cov·er** I. *adj attr* geheim; *detective* verdeckt; **~ police officer** Geheimpolizist(in) *m(f)* II. *adv* geheim **ˈunder·cur·rent** *n* ❶ (*of sea, river*) Unterströmung *f*

❷ (fig) Unterton m **under·'cut** <-cut, -cut> vt ❶ (charge less) unterbieten ❷ (undermine) untergraben **under·de·'vel·oped** adj unterentwickelt; ~ **country** Entwicklungsland nt; **an ~ resource** ein unzureichend ausgebeuteter Rohstoff **'under·dog** n Außenseiter(in) m(f); **societal ~** Außenseiter(in) m(f) der Gesellschaft; **to side with the ~** den Außenseiter/die Außenseiterin unterstützen **under·'done** adj (undercooked) nicht gar; meat blutig **under·em·'ployed** adj ❶ person unterbeschäftigt ■ **to be ~** nicht voll genutzt werden **under·e'quipped** adj unzureichend ausgerüstet **under·'es·ti·mate** I. vt unterschätzen II. vi eine zu geringe Schätzung abgeben III. n Unterbewertung f **under·ex·'pose** vt PHOT unterbelichten **under·ex·'po·sure** n no pl PHOT Unterbelichtung f **under·'fed** adj unterernährt **'under·felt** n no pl BRIT Filzunterlage f **'under·floor** adj esp BRIT Unterboden·; ~ **heating** Fußbodenheizung f **under·'foot** adv unter den Füßen; **it was very muddy ~** der Weg war sehr schlammig; **to trample sb/sth ~** jdn/etw mit Füßen treten **under·'fund** vt unterfinanzieren **under·'funding** n no pl Unterfinanzierung f **'under·gar·ment** n Unterbekleidung f

under·'go <-went, -gone> vt **to ~ a change** eine Veränderung durchmachen; **to ~ surgery** sich einer Operation unterziehen

under·'gradu·ate n Student(in) m(f) **'under·ground** I. adj ❶ GEOG unterirdisch; ~ **cable** Erdkabel nt ❷ POL Untergrund·; ~ **movement** Untergrundbewegung f ❸ attr RAIL U-Bahn·; ~ **station** U-Bahn-Station f II. adv ❶ GEOG unter der Erde ❷ POL **to go ~** in den Untergrund gehen III. n ❶ no pl esp BRIT RAIL U-Bahn f; ■ **by ~** mit der U-Bahn ❷ POL ■ **the ~** der Untergrund, die Untergrundbewegung **under·ground 'rail·way** n Untergrundbahn f **'under·growth** n no pl Dickicht nt; **dense ~** dichtes Gestrüpp **'under·hand** I. adj ❶ BRIT (devious) hinterhältig; ~ **dealings** betrügerische Machenschaften ❷ AM service mit der Hand von unten nach n II. adv AM SPORTS mit der Hand von unten **under·in·'sure** vt unterversichern **'under·lay** I. n no pl BRIT, AUS Unterlage f II. vt pt of **underlie under·'lie** <-y-, -lay, -lain> vt zugrunde liegen **under·'line** vt ❶ (draw a line beneath) unterstreichen; **to ~ sth in red** etw rot unterstreichen ❷ (emphasize) betonen **under·ling** ['ʌndəlɪŋ] n Handlanger m pej **under·'ly·ing** adj attr ❶ GEOG tiefer liegend ❷ (real, basic) zugrunde liegend; **the ~ reason for sth** der Grund für etw akk **under·'manned** adj unterbesetzt **under·'man·ning** n no pl Unterbesetzung f **'under·men·tioned** adj attr esp BRIT (form) unten genannt

under·'mine vt ❶ (tunnel under) untertunneln; river bank unterhöhlen ❷ (weaken) untergraben; currency, confidence schwächen; health schädigen; hopes zunichtemachen

under·most ['ʌndəməʊst] adj ■ **the ~ ...** der/die/das unterste ...

under·neath [ʌndə'ni:θ] I. prep unter +dat; with verbs of motion unter +akk II. adv darunter III. n no pl ■ **the ~** die Unterseite IV. adj untere(r, s)

under·'nour·ished adj unterernährt **under·'paid** adj unterbezahlt **'under·pants** npl Unterhose f **'under·pass** <pl -es> n Unterführung f **under·'pay** <-paid, -paid> vt usu passive unterzahlen **under·per·'form** I. vi eine [unerwartet] schlechte Leistung erbringen II. vt hinter den Erwartungen zurückbleiben **under·'pin** <-nn-> vt ■ **to ~ sth** ❶ ARCHIT building, wall etw untermauern ❷ (fig) etw unterstützen; reforms, policies flankieren; **he presented very few facts to ~ his argument** er brachte sehr wenige Fakten zur Erhärtung seines Arguments bei **under·'play** vt ❶ (play down) herunterspielen ❷ THEAT zurückhaltend spielen **under·'popu·lat·ed** adj unterbevölkert **under·'privi·leged** I. adj unterprivilegiert II. n ■ **the ~** pl die Unterprivilegierten pl **under·'rate** vt unterschätzen **under·rep·re·'sent·ed** adj unterrepräsentiert **under·'score** vt ❶ (put a line under) unterstreichen ❷ (emphasize) betonen **'under·seal** esp BRIT I. n AUTO Unterbodenschutz m kein pl II. vt AUTO mit Unterbodenschutz versehen **under·'sec·re·tary** n POL esp BRIT Staatssekretär(in) m(f) ❷ AM Unterstaatssekretär(in) m(f) **under·'sell** <-sold, -sold> vt ❶ (offer cheaper) unterbieten; **to ~ the competition** die Konkurrenz unterbieten; **to ~ goods** Waren unter Preis verkaufen ❷ (undervalue) unterbewerten; ■ **to ~ oneself** sich unter Wert verkaufen fam **'under·shirt** n AM Unterhemd nt **'under·side** n usu sing Unterseite f **under·'signed** <pl -> n (form) ■ **the ~** der/die Unterzeichnete; **we, the ~** wir, die Unterzeichnenden **under·'size(d)** *adj* zu klein **'under·skirt** *n* Unterrock *m* **under·'staffed** *adj* unterbesetzt

under·stand <-stood, -stood> [ˌʌndə'stænd] I. *vt* ❶ *(perceive meaning)* verstehen; **to not ~ a single word** kein einziges Wort verstehen; **to ~ one another** sich verstehen; **to make oneself understood** sich verständlich machen ❷ *(comprehend significance)* begreifen ❸ *(sympathize with)* ■**to ~ sb/sth** für jdn/etw *akk* Verständnis haben ❹ *(empathize)* ■**to ~ sb** sich in jdn einfühlen können ❺ *(be informed)* ■**to ~ [that]** ... hören, dass ...; **to give sb to ~ that** ... jdm zu verstehen geben, dass ... ❻ *(believe, infer)* **he is understood to have paid £3 million for the picture** er soll 3 Millionen Pfund für das Bild bezahlt haben; **as I ~ it** ... so, wie ich es sehe ... ❼ *(be generally accepted)* ■**to be understood that** ... klar sein, dass ...; **in this context, 'America' is understood to refer to the United States** in diesem Kontext sind mit ‚Amerika' selbstverständlich die Vereinigten Staaten gemeint II. *vi* ❶ *(comprehend)* verstehen, kapieren *fam* ❷ *(infer)* ■**to ~ from sth that** ... aus etw *dat* schließen, dass ... ❸ *(be informed)* ■**to ~ from sb that** ... von jdm hören, dass ...

under·stand·able [ˌʌndə'stændəbl] *adj* verständlich

under·stand·ably [ˌʌndə'stændəbli] *adv* verständlicherweise

under·stand·ing [ˌʌndə'stændɪŋ] I. *n* ❶ *no pl (comprehension)* Verständnis *nt;* **to be beyond sb's ~** über jds Verständnis hinausgehen ❷ *(agreement)* Übereinkunft *f;* **to come to an ~** zu einer Übereinkunft kommen; **a tacit ~** ein stillschweigendes Abkommen ❸ *no pl (harmony)* Verständigung *f;* **a spirit of ~** eine verständnisvolle Atmosphäre ❹ *no pl (condition)* Bedingung *f;* **to do sth on the ~ that** ... etw unter der Bedingung machen, dass ... ❺ *no pl (form: intellect)* Verstand *m* II. *adj* verständnisvoll

under·'state [ˌʌndə'steɪt] *vt* abschwächen; **to ~ the case** untertreiben **under·'stat·ed** [ˌʌndə'steɪtɪd] *adj* ❶ *(downplayed)* untertrieben ❷ *(restrained)* zurückhaltend; *elegance* schlicht **'under·state·ment** [ˌʌndə'steɪtmənt] *n* Untertreibung *f,* Understatement *nt* **under·'stocked** *adj* ungenügend bestückt; *shelves* halb leer

under·stood [ˌʌndə'stʊd] *pt, pp of* **understand**

'under·sto·rey <*pl* -s> [ˌʌndə'stɔːri] *n* BOT Unterholz *nt kein pl*

'under·study ['ʌndəˌstʌdi] THEAT I. *n* Zweitbesetzung *f* II. *vt* <-ie-> ■**to ~ sb** jdn als Zweitbesetzung vertreten

under·take <-took, -taken> [ˌʌndə'teɪk] *vt* ❶ *(set about, take on)* durchführen; *journey* unternehmen; **to ~ an offensive** in die Offensive gehen ❷ *(form: guarantee)* ■**to ~ to do sth** sich

---

understanding

signalling understanding	Verständnis signalisieren
(Yes,) I understand!	(Ja, ich) verstehe!
Exactly!	Genau!
Yes, I appreciate that.	Ja, das kann ich gut verstehen.

signalling incomprehension	Verständnislosigkeit signalisieren
What do you mean by that?	Was meinen Sie damit?
Pardon? – I didn't quite catch that.	Wie bitte? – Das habe ich eben akustisch nicht verstanden.
Could you repeat that, please?	Könnten Sie das bitte wiederholen?
I don't (quite) understand that.	Das verstehe ich nicht (ganz).
(I'm sorry, but) I didn't understand that.	(Entschuldigen Sie bitte, aber) das habe ich eben nicht verstanden.
I don't quite follow you.	Ich kann Ihnen nicht ganz folgen.
I don't understand!	Versteh ich nicht!
I don't get it! *(fam)*	Kapier ich nicht! *(fam)*

verpflichten, etw zu tun; ■ **to ~ [that]** ... garantieren, [das] ...

un·der·tak·er [ˈʌndəteɪkəʳ] n ❶ (*person*) Leichenbestatter(in) *m(f)* ❷ (*firm*) Bestattungsinstitut *nt*

un·der·tak·ing [ˌʌndəˈteɪkɪŋ] n ❶ (*project*) Unternehmung *f;* **noble** ~ edles Unterfangen *iron geh* ❷ (*form: pledge*) Verpflichtung *f;* **to honour one's** ~ seiner Verpflichtung nachkommen

under-the-ˈcount·er I. *adj attr* illegal II. *adv* unter der Hand

ˈunder·tone n ❶ *no pl* (*voice*) gedämpfte Stimme; **to say sth in an** ~ etw mit gedämpfter Stimme sagen ❷ (*insinuation*) Unterton *m* **under-ˈused** *adj,* **under-ˈuti·lized** *adj* nicht [voll] ausgelastet **under-ˈvalue** *vt* unterbewerten; *person* unterschätzen **ˈunder·wa·ter** I. *adj* Unterwasser- II. *adv* unter Wasser **ˈunder·wear** n *no pl* Unterwäsche *f* **ˈunder·weight** *adj* untergewichtig **under-ˈworked** *adj* ❶ (*insufficiently used*) nicht [voll] ausgelastet ❷ (*insufficiently challenged*) zu wenig gefordert **ˈunder·world** n ❶ *no pl* (*criminal milieu*) Unterwelt *f* ❷ (*afterworld*) ■ **the U~** die Unterwelt **under-ˈwrite** <-wrote, -written> *vt* **to ~ an insurance policy** die Haftung für eine Versicherung übernehmen; **to ~ a loan** für einen Kredit bürgen **ˈunder·writ·er** *n* (*of insurance*) Versicherer *m*

un·de·sir·able [ˌʌndɪˈzaɪ(ə)rəbl̩] I. *adj* unerwünscht; **an ~ character** ein windiger Typ *pej fam* II. *n usu pl* unerwünschte Person

un·de·tect·ed [ˌʌndɪˈtektɪd] *adj* unentdeckt

un·de·vel·oped [ˌʌndɪˈveləpt] *adj* ❶ (*not built on or used*) unerschlossen ❷ BIOL, BOT unausgereift ❸ ECON unterentwickelt ❹ PHOT nicht entwickelt ❺ PSYCH gering ausgeprägt

un·did [ʌnˈdɪd] *pt of* **undo**

un·dies [ˈʌndiz] *npl* (*fam*) Unterwäsche *f kein pl*

un·dig·ni·fied [ʌnˈdɪɡnɪfaɪd] *adj* unwürdig, würdelos

un·di·lut·ed [ˌʌndaɪˈluːtɪd] *adj* ❶ *liquid* unverdünnt ❷ (*not moderated or weakened*) unverfälscht; *joy, pleasure* ungetrübt

un·di·min·ished [ˌʌndɪˈmɪnɪʃt] *adj* unvermindert; ■ **to remain ~ by sth** durch etw *akk* nicht gemindert werden

un·dis·ci·plined [ʌnˈdɪsɪplɪnd] *adj* undiszipliniert

un·dis·closed [ˌʌndɪsˈkləʊzd] *adj* nicht veröffentlicht; *amount, location, source* geheim; **an ~ address** eine Geheimadresse

un·dis·cov·ered [ˌʌndɪsˈkʌvəd] *adj* unentdeckt

un·dis·put·ed [ˌʌndɪˈspjuːtɪd] *adj* unumstritten

un·dis·tin·guished [ˌʌndɪˈstɪŋɡwɪʃt] *adj* mittelmäßig *meist pej*

un·dis·turbed [ˌʌndɪˈstɜːbd] *adj* ❶ (*untouched*) unberührt ❷ (*uninterrupted*) ungestört ❸ (*unconcerned*) nicht beunruhigt

un·di·vid·ed [ˌʌndɪˈvaɪdɪd] *adj* ❶ (*not split*) ungeteilt ❷ (*concentrated*) uneingeschränkt; **~ attention** ungeteilte Aufmerksamkeit

un·do <-did, -done> [ʌnˈduː] I. *vt* ❶ (*unfasten*) öffnen; *buttons, zip* aufmachen ❷ (*cancel*) **to ~ the damage** den Schaden beheben; **to ~ the good work** die gute Arbeit zunichtemachen ❸ (*ruin*) zugrunde richten ▶ **what's done** cannot be **~ne** (*saying*) Geschehenes kann man nicht mehr ungeschehen machen II. *vi button* aufgehen

un·do·ing [ʌnˈduːɪŋ] *n no pl* Ruin *m;* **to be sb's** ~ jds Ruin *m* sein

un·done [ʌnˈdʌn] I. *vt pp of* **undo** II. *adj* ❶ (*not fastened*) offen; **to come ~** aufgehen ❷ (*unfinished*) unvollendet

un·doubt·ed [ʌnˈdaʊtɪd] *adj* unbestritten

un·doubt·ed·ly [ʌnˈdaʊtɪdli] *adv* zweifellos

un·dreamed of *adj pred,* **un·dreamed-of** [ʌnˈdriːmdˌɒv] *adj attr,* **un·dreamt of** *adj pred,* **un·dreamt-of** [ʌnˈdrem(p)tˌɒv] *adj attr* unvorstellbar; *success* ungeahnt

un·dress [ʌnˈdres] I. *vt* ausziehen; **to ~ sb with one's eyes** (*fig*) jdn mit den Augen ausziehen II. *vi* sich ausziehen III. *n no pl* (*hum*) **in a state of ~** spärlich bekleidet

un·dressed [ʌnˈdrest] *adj pred* unbekleidet; **to get ~** sich ausziehen

un·due [ʌnˈdjuː] *adj* (*form*) ungebührlich; **to cause ~ alarm** die Pferde scheu machen; **~ pressure** übermäßiger Druck

un·du·late [ˈʌndjəleɪt] *vi* (*form*) auf und ab verlaufen

un·du·lat·ing [ˈʌndjəleɪtɪŋ] *adj* (*form*) ❶ (*moving like a wave*) wallend ❷ (*shaped like waves*) **~ hills/landscape** sanft geschwungene Hügel/Landschaft

un·du·ly [ʌnˈdjuːli] *adv* unangemessen; *concerned* übermäßig

un·dy·ing [ʌnˈdaɪɪŋ] *adj attr* (*liter*) unvergänglich; *devotion* unerschütterlich; *love* ewig

un·earned [ʌn'ɜːnd] *adj* ❶ (*undeserved*) unverdient ❷ (*not worked for*) nicht erarbeitet; ~ **income** (*from real estate*) Besitzeinkommen *nt*; (*from investments*) Kapitaleinkommen *nt*

un·earth [ʌn'ɜːθ] *vt* ❶ (*dig up*) ausgraben ❷ (*discover*) entdecken; *truth* ans Licht bringen; *person* ausfindig machen

un·earth·ly [ʌn'ɜːθli] *adj* ❶ (*eerie*) gespenstisch; *beauty* übernatürlich; *noise* grässlich ❷ (*fam: inconvenient*) unmöglich *meist pej*; **at some ~ hour** zu einer unchristlichen Zeit ❸ (*not from the earth*) nicht irdisch

un·ease [ʌn'iːz], **un·easi·ness** [ʌn'iːzɪnəs] *n no pl* Unbehagen *nt* (**over/at** über)

un·easi·ly [ʌn'iːzɪli] *adv* ❶ (*anxiously*) unbehaglich ❷ (*causing anxiety*) beunruhigend

un·easy [ʌn'iːzi] *adj* ❶ (*anxious*) besorgt; *smile* gequält; ■ **to be/feel ~ about sth/sb** sich in Bezug auf etw *akk*/jdn unbehaglich fühlen ❷ (*causing anxiety*) unangenehm; *feeling* ungut; *relationship* gespannt; *suspicion* beunruhigend ❸ (*insecure*) unsicher

un·eco·nom·ic [ʌnˌiːkə'nɒmɪk] *adj* unwirtschaftlich

un·edu·cat·ed [ʌn'edʒʊkeɪtɪd] **I.** *adj* ungebildet **II.** *n* ■ **the ~** *pl* die ungebildete Bevölkerungsschicht

un·emo·tion·al [ˌʌnɪ'məʊʃᵊnᵊl] *adj* ❶ (*not feeling emotions*) kühl ❷ (*not revealing emotions*) emotionslos

un·em·ploy·able [ˌʌnɪm'plɔɪəbl] *adj* unvermittelbar

un·em·ployed [ˌʌnɪm'plɔɪd] **I.** *n* ■ **the ~** *pl* die Arbeitslosen **II.** *adj* arbeitslos

un·em·ploy·ment [ˌʌnɪm'plɔɪmənt] *n no pl* ❶ (*state*) Arbeitslosigkeit *f* ❷ (*rate*) Arbeitslosenrate *f*; **long-/short-term ~** Langzeit-/Kurzzeitarbeitslosigkeit *f*; **mass ~** Massenarbeitslosigkeit *f* ❸ AM (*unemployment insurance*) Arbeitslosengeld *nt*

un·em·'ploy·ment ben·efit *n* BRIT, AUS, AM **un·em·ploy·ment com·pen·'sa·tion** *n no pl*, AM **un·em·ploy·ment in·'sur·ance** *n no pl* Arbeitslosenunterstützung *f*, Arbeitslosengeld *nt*; **to claim ~** Arbeitslosengeld beziehen

un·en·cum·bered [ˌʌnɪŋ'kʌmbəd] *adj usu pred* ❶ (*unburdened*) unbelastet; ■ **to be ~ [by sth]** [von etw *dat*] befreit sein ❷ (*fig: free from debt*) unbelastet

un·end·ing [ʌn'endɪŋ] *adj* endlos

un·en·light·ened [ˌʌnɪn'laɪtᵊnd] *adj* ❶ (*not wise or insightful*) unklug; *person also* ignorant ❷ (*subject to superstition*) unaufgeklärt ❸ (*missing the higher level*) einfallslos ❹ (*not informed*) ahnungslos; **to remain ~** im Dunkeln tappen *fam*

un·en·vi·able [ʌn'enviəbl] *adj* wenig beneidenswert

un·equal [ʌn'iːkwəl] *adj* ❶ (*different*) unterschiedlich; **~ triangle** ungleichseitiges Dreieck ❷ (*unjust*) ungerecht; *contest* ungleich; *relationship* ungleich; **~ treatment** Ungleichbehandlung *f* ❸ (*inadequate*) ■ **to be ~ to sth** etw nicht gewachsen sein

un·equalled [ʌn'iːkwəld], AM **un·equaled** *adj* unübertroffen

un·equal·ly [ʌn'iːkwəli] *adv* unterschiedlich, ungleichmäßig; **to treat people ~** Menschen ungleich behandeln

un·equiv·o·cal [ˌʌnɪ'kwɪvəkᵊl] *adj* unmissverständlich; *success* eindeutig

un·equiv·o·cal·ly [ˌʌnɪ'kwɪvəkᵊli] *adv* unmissverständlich; **to state sth ~** etw hundertprozentig unterschrieben

un·err·ing [ʌn'ɜːrɪŋ] *adj* unfehlbar

UNESCO, Unesco [juː'neskəʊ] *n no pl acr for* **United Nations Educational, Scientific and Cultural Organization** UNESCO *f*

un·ethi·cal [ʌn'eθɪkᵊl] *adj* unmoralisch

un·even [ʌn'iːvᵊn] *adj* ❶ (*not flat or level*) uneben; *road* holprig ❷ (*unequal*) ungleich; **~ bars** AM (*in gymnastics*) Stufenbarren *m* ❸ (*unfair*) unterschiedlich; *contest* ungleich; **~ treatment** Ungleichbehandlung *f* ❹ (*of inadequate quality*) uneinheitlich ❺ (*erratic*) unausgeglichen; *performances* schwankend ❻ MED unregelmäßig ❼ (*odd*) ungerade

un·even·ly [ʌn'iːvᵊnli] *adv* ❶ (*irregularly*) ungleichmäßig ❷ (*unfairly*) unfair; **to be ~ distributed** ungerecht verteilt sein ❸ MED (*irregularly*) unregelmäßig

un·event·ful [ˌʌnɪ'ventfᵊl] *adj* ereignislos

un·event·ful·ly [ˌʌnɪ'ventfᵊli] *adv* ruhig; **to pass ~** ohne Zwischenfälle verlaufen

un·ex·am·pled [ˌʌnɪg'zɑːmpld] *adj* (*form*) unvergleichlich

un·ex·cep·tion·able [ˌʌnɪk'sepʃᵊnəbl] *adj* untadelig; *behaviour* tadellos

un·ex·cep·tion·al [ˌʌnɪk'sepʃᵊnᵊl] *adj* nicht außergewöhnlich

un·ex·cit·ing [ˌʌnɪk'saɪtɪŋ] *adj* ❶ (*commonplace*) durchschnittlich ❷ (*uneventful*) ereignislos

un·ex·pect·ed [ˌʌnɪk'spektɪd] **I.** *adj* unerwartet; *opportunity* unvorhergesehen; *windfall* unverhofft; [to take] an ~ turn eine unvorhergesehene Wendung [nehmen] II. *n no pl* ▪ the ~ das Unerwartete; life is full of the ~ das Leben ist voller Überraschungen

un·ex·pect·ed·ly [ˌʌnɪkˈspektɪdli] *adv* unerwartet

un·ex·plained [ˌʌnɪkˈspleɪnd] *adj* unerklärt

un·ex·plod·ed [ˌʌnɪkˈspləʊdɪd] *adj* nicht detoniert

un·ex·ploit·ed [ˌʌnɪkˈsplɔɪtɪd] *adj* nicht ausgeschöpft

un·ex·pressed [ˌʌnɪkˈsprest] *adj* unausgesprochen

un·ex·pres·sive [ˌʌnɪkˈspresɪv] *adj* ausdruckslos

un·ex·pur·gat·ed [ʌnˈekspəgeɪtɪd] *adj* unzensiert

un·fail·ing [ʌnˈfeɪlɪŋ] *adj* ❶ (*dependable*) beständig; *loyalty* unerschütterlich ❷ (*continuous*) unerschöpflich

un·fair [ʌnˈfeəʳ] *adj* ungerecht

un·fair·ly [ʌnˈfeəli] *adv* unfair; to be ~ blamed zu Unrecht beschuldigt werden; to treat sb ~ jdn unfair behandeln

un·faith·ful [ʌnˈfeɪθfəl] *adj* ❶ (*adulterous*) untreu ❷ (*disloyal*) illoyal *geh* ❸ (*form: inaccurate*) ungenau

un·faith·ful·ness [ʌnˈfeɪθfəlnəs] *n no pl* ❶ (*sexual infidelity*) Untreue *f* ❷ (*disloyalty*) Illoyalität *f geh*

un·fal·ter·ing [ʌnˈfɔːltərɪŋ] *adj* unbeirrbar; with ~ steps mit festem Schritt

un·fa·mil·iar [ˌʌnfəˈmɪljəʳ] *adj* ❶ (*new*) unvertraut; *experience* ungewohnt; *place* unbekannt; ▪ to be ~ to sb jdm fremd sein ❷ (*unacquainted*) ▪ to be ~ with sth mit etw *dat* nicht vertraut sein

un·fash·ion·able [ʌnˈfæʃənəbl] *adj* unmodisch

un·fas·ten [ʌnˈfɑːsən] I. *vt button, belt* öffnen; *jewellery* abnehmen; do not ~ your seatbelts until the aircraft has come to a complete stop bleiben Sie angeschnallt, bis das Flugzeug zum Stillstand gekommen ist II. *vi* aufgehen

un·fath·om·able [ʌnˈfæðəməbl] *adj* ❶ (*too deep to measure*) unergründlich ❷ (*inexplicable*) unverständlich

un·fa·vor·able *adj* AM *see* **unfavourable**

un·fa·vour·able [ʌnˈfeɪvərəbl] *adj* ❶ (*adverse*) ungünstig; *comparison* unvorteilhaft; *decision* negativ ❷ (*disadvantageous*) nachteilig; to appear in an ~ light in einem ungünstigen Licht erscheinen

un·fa·vour·ably, AM **un·fa·vor·ably** [ʌnˈfeɪvərəbli] *adv* ungünstig; to be ~ disposed [towards sb/sth] [jdm/etw gegenüber] negativ eingestellt sein; to compare ~ with sth/sb im Vergleich mit etw/jdm schlecht abschneiden

un·fea·sible [ʌnˈfiːzəbl] *adj* undurchführbar, nicht machbar

un·feel·ing [ʌnˈfiːlɪŋ] *adj* gefühllos

un·feigned [ʌnˈfeɪnd] *adj* aufrichtig; *surprise* echt

un·fet·tered [ʌnˈfetəd] *adj* ❶ (*form: not restricted*) uneingeschränkt ❷ (*unchained*) nicht gefesselt

un·filled [ʌnˈfɪld] *adj* leer; *position, job* offen

un·fin·ished [ʌnˈfɪnɪʃt] *adj* ❶ (*incomplete*) unvollendet; ~ business (*also fig*) offene Fragen *pl* ❷ *esp* AM (*rough, without finish*) unlackiert

un·fit [ʌnˈfɪt] *adj* ❶ (*unhealthy*) nicht fit; to be ~ for work/military service arbeits-/dienstuntauglich sein ❷ (*incompetent*) ungeeignet (for für); ▪ to be ~ to do sth unfähig sein, etw zu tun ❸ (*unsuitable*) ungeeignet (for für); to be ~ for human consumption nicht zum Verzehr geeignet sein

un·flag·ging [ʌnˈflægɪŋ] *adj* unermüdlich; *optimism* ungebrochen

un·flap·pable [ʌnˈflæpəbl] *adj* (*fam*) unerschütterlich; ▪ to be ~ nicht aus der Ruhe zu bringen sein

un·flinch·ing [ʌnˈflɪn(t)ʃɪŋ] *adj* unerschrocken; *determination* unbeirrbar; *report* wahrheitsgetreu; *support* beständig

un·fold [ʌnˈfəʊld] I. *vt* ❶ (*open out*) entfalten; *piece of furniture* aufklappen ❷ *ideas, plans* darlegen; *story* entwickeln II. *vi* ❶ (*develop*) sich entwickeln ❷ (*become revealed*) enthüllt werden ❸ (*become unfolded*) aufgehen

un·fore·see·able [ˌʌnfɔːˈsiːəbl] *adj* unvorhersehbar

un·fore·seen [ˌʌnfɔːˈsiːn] *adj* unvorhergesehen

un·for·get·table [ˌʌnfəˈgetəbl] *adj* unvergesslich

un·for·giv·able [ˌʌnfəˈgɪvəbl] *adj* unverzeihlich; an ~ sin eine Todsünde

un·for·giv·ing [ˌʌnfəˈgɪvɪŋ] *adj* ❶ (*not willing to forgive*) *person* nachtragend, unversöhnlich ❷ (*harsh, hostile*) gnadenlos a. *fig; place, climate* menschenfeindlich

un·for·tu·nate [ʌnˈfɔːtʃənət] *adj* ❶ (*unlucky*) unglücklich; to be ~ that ... ungünstig sein, dass ... ❷ (*regrettable*) bedauerlich; *manner* ungeschickt ❸ (*adverse*) unglückselig; **~ circumstances** unglückliche Umstände

un·for·tu·nate·ly [ʌnˈfɔːtʃənətli] *adv* unglücklicherweise

un·found·ed [ʌnˈfaʊndɪd] *adj* unbegründet

un·freeze <-froze, -frozen> [ʌnˈfriːz] *vt, vi* auftauen; *assets* freigeben

un·fre·quent·ed [ˌʌnfrɪˈkwentɪd] *adj* wenig besucht

un-ˈfriend *vt* INET ■ **to ~ sb** jdn von seiner Freundesliste streichen

un·friend·ly [ʌnˈfrendli] *adj* unfreundlich; (*hostile*) feindlich; **environmentally ~** umweltschädlich

un·ful·filled [ˌʌnfʊlˈfɪld] *adj* ❶ (*not carried out*) unvollendet; *promise* unerfüllt ❷ (*unsatisfied*) unausgefüllt; *life* unerfüllt

un·ful·filled ˈor·der *n* nicht ausgeführter Auftrag

un·furl [ʌnˈfɜːl] I. *vt* ausrollen; *banner, flag* entfalten; *umbrella* aufspannen; *sail* setzen II. *vi* sich öffnen

un·fur·nished [ʌnˈfɜːnɪʃt] I. *adj* unmöbliert II. *n* BRIT (*fam*) unmöbliertes Zimmer

un·gain·ly [ʌnˈgeɪnli] *adj* unbeholfen

un·gen·er·ous [ʌnˈdʒenərəs] *adj* knausrig *pej fam*

un·gen·tle·man·ly [ʌnˈdʒentlmənli] *adj* ungalant *geh*

un·get-at-able [ˌʌngetˈætəbl̩] *adj* (*sl*) unerreichbar

un·god·ly [ʌnˈgɒdli] *adj* (*pej*) ❶ *attr* (*fam: unreasonable*) unerhört; **at some ~ hour** zu einer unchristlichen Zeit ❷ (*impious*) gottlos

un·gov·ern·able [ʌnˈgʌvənəbl̩] *adj* *country* unregierbar; *temper* unkontrollierbar

un·grace·ful [ʌnˈgreɪsfəl] *adj* plump

un·gra·cious [ʌnˈgreɪʃəs] *adj* (*form*) unhöflich; *behaviour* unfreundlich

un·gra·cious·ly [ʌnˈgreɪʃəsli] *adv* unfreundlich, ungnädig *fig*

un·grate·ful [ʌnˈgreɪtfəl] *adj* undankbar

un·grudg·ing [ʌnˈgrʌdʒɪŋ] *adj* ❶ (*without reservation*) bereitwillig; *admiration* rückhaltlos; *encouragement* großzügig ❷ (*not resentful*) neidlos

un·grudg·ing·ly [ʌnˈgrʌdʒɪŋli] *adv* großzügig

un·guard·ed [ʌnˈgɑːdɪd] *adj* ❶ (*not defended or watched*) unbewacht; *border* offen ❷ (*careless, unwary*) unvorsichtig; **in an ~ moment** in einem unbedachten Augenblick

un·guent [ˈʌŋgwənt] *n* (*spec*) Salbe *f*

un·hal·lowed [ʌnˈhæləʊd] *adj* ❶ (*not consecrated*) ungeweiht ❷ (*unholy*) unheilig *veraltend o hum*

un·hap·pi·ness [ʌnˈhæpɪnəs] *n no pl* Traurigkeit *f*

un·hap·py [ʌnˈhæpi] *adj* ❶ (*sad*) unglücklich ❷ (*unfortunate*) unglücksselig; *coincidence* unglücklich

un·harmed [ʌnˈhɑːmd] *adj* unversehrt; **to escape ~** unversehrt davonkommen

UNHCR [ˌjuːeneɪtʃsiːˈɑːɹ] *n no pl abbrev of* **United Nations High Commission for Refugees** Der Hohe Flüchtlingskommissar der Vereinten Nationen

un·healthi·ly [ʌnˈhelθɪli] *adv* ❶ MED ungesund ❷ PSYCH krankhaft

un·healthy [ʌnˈhelθi] *adj* ❶ (*unwell*) kränklich ❷ (*harmful to health*) ungesund ❸ (*fam: dangerous*) gefährlich ❹ (*morbid*) krankhaft

un·heard [ʌnˈhɜːd] *adj* ungehört

un-ˈheard-of *adj* ❶ (*unknown*) unbekannt ❷ (*unthinkable*) undenkbar

un·help·ful [ʌnˈhelpfəl] *adj* nicht hilfsbereit; *behaviour, comment* nicht hilfreich

un·hesi·tat·ing [ʌnˈhezɪteɪtɪŋ] *adj* unverzüglich

un·hin·dered [ʌnˈhɪndəd] *adj* ungehindert

un·hinge [ʌnˈhɪndʒ] *vt* ❶ (*take off hinges*) aus den Angeln heben ❷ (*make crazy*) aus der Fassung bringen

un·holy [ʌnˈhəʊli] *adj* ❶ (*wicked*) ruchlos ❷ REL gottlos; *ground* ungeweiht ❸ (*outrageous*) **to get up at some ~ hour** zu einer unchristlichen Zeit aufstehen ❹ (*dangerous*) gefährlich; **an ~ alliance** eine unheilige Allianz *a. hum*

un·hook [ʌnˈhʊk] *vt* ❶ (*remove from hook*) abhängen; *fish* vom Haken nehmen ❷ *clothing* aufmachen

un·hoped-for [ʌnˈhəʊptˌfɔːɹ] *adj* unverhofft

un·horse [ʌnˈhɔːs] *vt* abwerfen

un·hurt [ʌnˈhɜːt] *adj* unverletzt

un·hy·gien·ic [ˌʌnhaɪˈdʒiːnɪk] *adj* unhygienisch

uni [ˈjuːni] *n* BRIT, AUS (*fam*) *short for* **university** Uni *f fam*

UNICEF *n*, **Unicef** [ˈjuːnɪsef] *n no pl acr for* **United Nations (International) Children's (Emergency) Fund** UNICEF *f*

uni·corn [ˈjuːnɪkɔːn] *n* Einhorn *nt*

uni·cul·ture [ˈjuːnɪkʌltʃəɹ] *n* Einheitskultur *f*

un·iden·ti·fied [ˌʌnaɪˈdentɪfaɪd] *n* ❶ (*un-

known) nicht identifiziert ② (*not yet made public*) unbekannt

un·iden·ti·fied fly·ing 'ob·ject *n* unbekanntes Flugobjekt

uni·fi·ca·tion [ˌjuːnɪfɪˌkeɪʃᵊn] *n no pl* Vereinigung *f*

uni·form [ˈjuːnɪfɔːm] I. *n* ① (*clothing*) Uniform *f* ② AM (*fam: uniformed policeman*) Polizist(in) *m(f)* II. *adj* ① (*same*) einheitlich ② *quality, treatment* gleich bleibend; *temperature, rate* konstant; *colour, design* einförmig; *scenery* gleichförmig

uni·formed [ˈjuːnɪfɔːmd] *adj* uniformiert; **the ~ branch** die uniformierte Polizei

uni·form·ity [ˌjuːnɪˈfɔːməti] *n no pl* ① (*sameness*) Einheitlichkeit *f*; (*constancy*) Gleichmäßigkeit *f* ② (*monotony*) Eintönigkeit *f*

uni·form·ly [ˈjuːnɪfɔːmli] *adv* ohne Ausnahme

uni·fy [ˈjuːnɪfaɪ] *vt, vi* [sich] vereinigen

uni·lat·er·al [ˌjuːnɪˈlætᵊrᵊl] *adj* einseitig

un·im·agi·nable [ˌʌnɪˈmædʒɪnəbl] *adj* unvorstellbar

un·im·agi·na·tive [ˌʌnɪˈmædʒɪnətɪv] *adj* einfallslos, fantasielos

un·im·peach·able [ˌʌnɪmˈpiːtʃəbl] *adj* (*form*) untadelig

un·im·por·tance [ˌʌnɪmˈpɔːtᵊn(t)s] *n* Unwichtigkeit *f*, Bedeutungslosigkeit *f*

un·im·por·tant [ˌʌnɪmˈpɔːtᵊnt] *adj* unwichtig

un·in·formed [ˌʌnɪnˈfɔːmd] *adj* uninformiert

un·in·hab·it·able [ˌʌnɪnˈhæbɪtəbl] *adj* ① (*unlivable in*) unbewohnbar ② (*unlivable on*) unbesiedelbar

un·in·hab·it·ed [ˌʌnɪnˈhæbɪtɪd] *adj* ① (*not lived in*) unbewohnt ② (*not lived on*) unbesiedelt

un·in·hib·it·ed [ˌʌnɪnˈhɪbɪtɪd] *adj* ungehemmt

un·in·jured [ʌnˈɪndʒəd] *adj* unverletzt

un·in·stall [ˌʌnɪnˈstɔːl] *vt* ■ **to ~ sth** etw deinstallieren

un·in·sured [ˌʌnɪnˈʃʊəd] *adj* ■ **to be ~ against sth** [gegen etw *akk*] nicht versichert sein

un·in·tel·li·gent [ˌʌnɪnˈtelɪdʒᵊnt] *adj* unintelligent

un·in·tel·li·gible [ˌʌnɪnˈtelɪdʒəbl] *adj* unverständlich

un·in·ten·tion·al [ˌʌnɪnˈten(t)ʃᵊnᵊl] *adj* unabsichtlich; *humour* unfreiwillig

un·in·ten·tion·al·ly [ˌʌnɪnˈten(t)ʃᵊnᵊli] *adv* unabsichtlich

un·in·ter·est·ed [ʌnˈɪntrəstɪd] *adj* uninteressiert; ■ **to be ~ in sth/sb** kein Interesse an etw *dat*/jdm haben

un·in·ter·est·ing [ʌnˈɪntrəstɪŋ] *adj* uninteressant

un·in·ter·rupt·ed [ʌnˌɪntᵊrˈʌptɪd] *adj* ununterbrochen; *rest, view* ungestört; *growth* beständig

un·in·vit·ed [ˌʌnɪnˈvaɪtɪd] *adj* *guest* ungeladen, ungebeten; *question* unerwünscht, unwillkommen

un·ion [ˈjuːnjən] *n* ① *no pl* (*state*) Union *f*; **monetary ~** Währungsunion *f* ② (*act*) Vereinigung *f* ③ + *sing/pl vb* (*organization*) Verband *m*; (*trade union*) Gewerkschaft *f*; **student[s'] ~** Studentenunion *f* (*universitäre Einrichtung zur studentischen Betreuung*) ④ (*form: marriage*) Verbindung *f* ⑤ (*harmony*) **to live in perfect ~** in völliger Harmonie leben

un·ion·ist [ˈjuːnjənɪst] *n* ① (*trade unionist*) Gewerkschaftler(in) *m(f)* ② BRIT POL **U~** Unionist(in) *m(f)*

un·ion·ize [ˈjuːnjənaɪz] *vt, vi* [sich] gewerkschaftlich organisieren

Un·ion 'Jack *n* Union Jack *m* (*britische Nationalflagge*)

unique [juːˈniːk] *adj* ① (*only one*) einzigartig; *characteristic* besondere(r, s); **the coral is ~ to this reef** die Koralle ist nur an diesem Riff heimisch; **to be ~ in doing sth** als Einzige(r) *f(m)* etw tun ② (*fam: exceptional*) einzigartig; *opportunity* einmalig

unique·ness [juːˈniːknəs] *n no pl* Einzigartigkeit *f*

u'nique·ness theo·rem *n* MATH Eindeutigkeitssatz *m*

uni·sex [ˈjuːnɪseks] *adj* für Männer und Frauen; FASHION Unisex-

uni·son [ˈjuːnɪsᵊn] I. *n no pl* ① MUS Gleichklang *m*; **to sing in ~** einstimmig singen ② (*simultaneously*) ■ **to do sth in ~** gleichzeitig dasselbe tun ③ (*in agreement*) **to act in ~** in Übereinstimmung handeln II. *adj attr* MUS einstimmig

unit [ˈjuːnɪt] *n* ① (*standard of quantity*) Einheit *f*; **~ of currency** Währungseinheit *f* ② + *sing/pl vb* (*group of people*) Abteilung *f*; **anti-terrorist ~** Antiterroreinheit *f* ③ (*part*) Teil *m*, Einheit *f* ④ (*element of furniture*) Element *nt* ⑤ MECH Einheit *f*; **central processing ~** Zentraleinheit *f* ⑥ AM, AUS (*apartment*) Wohnung *f* ⑦ MATH Einer *m*

'unit cost *n* COMM Kosten *pl* pro Einheit

unite [juːˈnaɪt] I. *vt* ① (*join together*) vereinigen (**with** mit) ② (*bring together*) ver-

binden (**with** mit) **II.** *vi* ❶ (*join in common cause*) sich vereinigen, sich zusammentun ❷ (*join together*) sich verbinden
unit·ed [juːˈnaɪtɪd] *adj* ❶ (*joined together*) vereinigt; ~ **Germany** wiedervereinigtes Deutschland ❷ (*joined in common cause*) **to present a ~ front** Einigkeit demonstrieren; ~ **in grief** in Trauer vereint ▸ ~ **we stand, divided we fall** (*saying*) nur gemeinsam sind wir stark
Unit·ed Arab ˈEmir·ates *npl* ■ **the** ~ die Vereinigten Arabischen Emirate **Unit·ed ˈKing·dom** *n* ■ **the** ~ das Vereinigte Königreich **Unit·ed ˈNa·tions** *n* ■ **the** ~ die Vereinten Nationen *pl* **Unit·ed ˈStates** *n* + *sing vb* ■ **the** ~ [**of America**] die Vereinigten Staaten *pl* [von Amerika]
ˈunit price *n* COMM Preis *m* pro Einheit
unit ˈtrust *n* BRIT FIN Investmentfonds *m*
unity [ˈjuːnəti] *n usu no pl* ❶ (*oneness*) Einheit *f* ❷ (*harmony*) Einigkeit *f*
Univ. *abbrev of* **University** Univ.
uni·ver·sal [ˌjuːnɪˈvɜːsəl] *adj* universell; *agreement* allgemein; ~ **language** Weltsprache *f*; **a** ~ **truth** eine allgemein gültige Wahrheit
uni·ver·sal·ly [ˌjuːnɪˈvɜːsəli] *adv* allgemein; **to be** ~ **true** allgemein gültig sein
uni·verse [ˈjuːnɪvɜːs] *n* ❶ ASTRON ■ **the** ~ das Universum ❷ LIT Schauplatz *m* ❸ *no pl* (*fig*) Welt *f*
uni·ver·sity [ˌjuːnɪˈvɜːsəti] *n* Universität *f*
uni·ver·sity edu·ˈca·tion *n* Hochschulbildung *f* **uni·ˈver·sity gradu·ate** *n* Akademiker(in) *m(f)* **uni·ˈver·sity ˈlec·ture** *n* Vorlesung *f* **uni·ˈver·sity ˈlec·tur·er** *n* Hochschuldozent(in) *m(f)* **uni·ˈver·sity stu·dent** *n* Student(in) *m(f)* **uni·ˈver·sity town** *n* Universitätsstadt *f*
un·just [ʌnˈdʒʌst] *adj* ungerecht
un·jus·ti·fi·able [ʌnˌdʒʌstɪˈfaɪəbl̩] *adj* nicht zu rechtfertigen *präd*
un·jus·ti·fied [ʌnˈdʒʌstɪfaɪd] *adj* ungerechtfertigt; *complaint* unberechtigt
un·just·ly [ʌnˈdʒʌstli] *adv* (*pej*) ❶ (*in an unjust manner*) ungerecht ❷ (*wrongfully*) zu Unrecht
un·kempt [ʌnˈkem(p)t] *adj* ungepflegt; *hair* ungekämmt
un·kind [ʌnˈkaɪnd] *adj* ❶ (*not kind*) unfreundlich, gemein ❷ *pred* (*not gentle*) **to be** ~ **to hair/skin/surfaces** die Haare/die Haut/Oberflächen angreifen
un·kind·ly [ʌnˈkaɪndli] *adv* unfreundlich; **she speaks** ~ **of him** sie hat für ihn kein gutes Wort übrig
un·know·ing [ʌnˈnəʊɪŋ] *adj* ahnungslos

un·known [ʌnˈnəʊn] **I.** *adj* unbekannt; ~ **to me, ...** ohne mein Wissen ... **II.** *n* ❶ (*sth not known*) Ungewissheit *f*; MATH Unbekannte *f*; ■ **the** ~ das Unbekannte ❷ (*sb not widely familiar*) Unbekannte(r) *f(m)*
un·lace [ʌnˈleɪs] *vt* ■ **to** ~ **sth** etw aufschnüren
un·law·ful [ʌnˈlɔːfəl] *adj* rechtswidrig; ~ **possession of sth** illegaler Besitz einer S. *gen*
un·law·ful·ly [ʌnˈlɔːfəli] *adv* auf ungesetzliche Weise, ungesetzlich, gesetzwidrig
un·lead·ed [ʌnˈledɪd] *adj* unverbleit; *petrol* bleifrei
un·learn [ʌnˈlɜːn] *vt* verlernen; *habit* sich *dat* abgewöhnen
un·leash [ʌnˈliːʃ] *vt dog* von der Leine lassen; **she** ~**ed the full force of her anger on him** sie ließ ihre ganze Wut an ihm aus; **to** ~ **a storm of protest** einen Proteststurm auslösen
un·leav·ened [ʌnˈlevənd] *adj* ~ **bread** ungesäuertes Brot
un·less [ʌnˈles] *conj* wenn ... nicht, außer ... wenn; ~ **I'm mistaken** wenn ich mich nicht irre; **he won't come** ~ **he has time** er wird nicht kommen, außer wenn er Zeit hat; **don't promise anything** ~ **you're 100 per cent sure** mach keine Versprechungen, es sei denn, du bist hundertprozentig sicher
un·li·censed [ʌnˈlaɪsən(t)st] *adj* ohne Lizenz nach *n*; *car* nicht zugelassen *präd*; *restaurant* ohne Konzession; BRIT ohne Schankkonzession
un·like [ʌnˈlaɪk] **I.** *adj pred* (*not similar*) unähnlich **II.** *prep* ❶ (*different from*) **to be** ~ **sb/sth** jdm/etw nicht ähnlich sein ❷ (*in contrast to*) im Gegensatz zu ❸ (*not normal for*) **to be** ~ **sb/sth** für jdn/etw *akk* nicht typisch sein
un·like·ly [ʌnˈlaɪkli] *adj* ❶ (*improbable*) unwahrscheinlich; **it seems** ~ **that ...** es sieht nicht so aus, als ... ❷ (*unconvincing*) nicht überzeugend; **an** ~ **couple** ein seltsames Paar
un·lim·it·ed [ʌnˈlɪmɪtɪd] *adj* ❶ (*not limited*) unbegrenzt; *visibility* uneingeschränkt ❷ (*very great*) grenzenlos
un·list·ed [ʌnˈlɪstɪd] *adj* ❶ (*not on stock market*) nicht notiert; *securities* unnotiert; ~ **market** geregelter Freiverkehr ❷ AM, AUS (*not in phone book*) nicht verzeichnet; **to have an** ~ **number** nicht im Telefonbuch stehen
un·load [ʌnˈləʊd] **I.** *vt* ❶ *vehicle* entladen;

container, boot of car ausladen; *dishwasher* ausräumen ❷ (*fam: get rid of*) *rubbish* abladen ❸ (*unburden*) **to ~ one's worries on sb** jdm etwas vorjammern *pej* **II.** *vi* ❶ (*remove contents*) abladen ❷ (*discharge goods*) entladen; *ship* löschen ❸ (*fam: relieve stress*) Dampf ablassen; ■ **to ~ on sb** jdm sein Herz ausschütten

un·lock [ʌnˈlɒk] *vt* ❶ (*release a lock*) aufschließen ❷ (*release*) freisetzen; **to ~ the imagination** der Fantasie freien Lauf lassen ❸ *mystery* lösen

un·locked [ʌnˈlɒkt] *adj* unverschlossen

un·looked-for *adj attr*, **un·looked for** [ʌnˈlʊktfɔːʳ] *adj pred* unerwartet; *problem* unvorhergesehen

un·lov·ing [ʌnˈlʌvɪŋ] *adj* lieblos

un·lucky [ʌnˈlʌki] *adj* ❶ (*unfortunate*) glücklos; **he's always been ~** er hat immer Pech; **to be ~ at cards/in love** Pech im Spiel/in der Liebe haben ❷ (*bringing bad luck*) ■ **to be ~** Unglück bringen; **~ day** Unglückstag *m*

un·man·age·able [ʌnˈmænɪdʒəbl̩] *adj* unkontrollierbar; *children* außer Rand und Band *präd;* **to become ~** *situation* außer Kontrolle geraten

un·manned [ˈʌnmænd] *adj* AEROSP unbemannt

un·man·ner·ly [ʌnˈmænəli] *adj* (*form*) *behaviour* ungehörig; *language* salopp

un·marked [ʌnˈmɑːkt] *adj* ❶ (*uninjured*) unverletzt; (*without mark, stain*) unbeschädigt ❷ (*without distinguishing signs*) nicht gekennzeichnet; *grave* namenlos; **~ [police] car** Zivilfahrzeug *nt* der Polizei

un·mar·ried [ʌnˈmærɪd] *adj* unverheiratet

un·mask [ʌnˈmɑːsk] *vt* entlarven; (*uncover*) aufdecken

un·matched [ʌnˈmætʃt] *adj* ❶ (*unequalled*) unübertroffen ❷ (*extremely great*) gewaltig

un·men·tion·able [ʌnˈmen(t)ʃʰnəbl̩] *adj* unaussprechlich; ■ **to be ~** tabu sein

un·men·tioned [ʌnˈmen(t)ʃʰnd] *adj* unerwähnt

un·mind·ful [ʌnˈmaɪndfʰl] *adj* (*form*) ■ **to be ~ of sth** auf etw *akk* keine Rücksicht nehmen

un·mis·tak(e)·able [ˌʌnmɪˈsteɪkəbl̩] *adj* unverkennbar; *symptom* eindeutig

un·miti·gat·ed [ʌnˈmɪtɪgeɪtɪd] *adj* absolut; *contempt* voll; *disaster* total

un·mo·ti·vat·ed [ʌnˈməʊtɪveɪtɪd] *adj* unmotiviert

un·moved [ʌnˈmuːvd] *adj usu pred* unbewegt; (*emotionless*) ungerührt

un·named [ʌnˈneɪmd] *adj* ungenannt

un·natu·ral [ʌnˈnætʃʰrʰl] *adj* ❶ (*contrary to nature*) unnatürlich; PSYCH abnorm; *sexual practices* pervers ❷ (*not normal*) ungewöhnlich

un·nec·es·sari·ly [ʌnˌnesəˈserɪli] *adv* unnötigerweise; **~ complex** unnötig kompliziert

un·nec·es·sary [ʌnˈnesəsʳri] *adj* ❶ (*not necessary*) unnötig ❷ (*uncalled for*) überflüssig

un·nerve [ʌnˈnɜːv] *vt* nervös machen

un·nerv·ing [ʌnˈnɜːvɪŋ] *adj* entnervend

un·no·ticed [ʌnˈnəʊtɪst] *adj pred* unbemerkt; **to go ~ that ...** nicht bemerkt werden, dass ...

un·num·bered [ʌnˈnʌmbəd] *adj* ❶ (*not marked*) nicht nummeriert; *house* ohne Hausnummer *nach n; page* ohne Zahl *nach n* ❷ (*form: countless*) unzählig

un·ob·tain·able [ˌʌnəbˈteɪnəbl̩] *adj* unerreichbar

un·ob·tru·sive [ˌʌnəbˈtruːsɪv] *adj* unaufdringlich; *make-up* dezent

un·oc·cu·pied [ʌnˈɒkjəpaɪd] *adj* ❶ (*uninhabited*) unbewohnt ❷ (*not under military control*) nicht besetzt; *country* unbesetzt ❸ *seat* frei

un·of·fi·cial [ˌʌnəˈfɪʃʰl] *adj* inoffiziell; **in an ~ capacity** inoffiziell; **~ strike** BRIT wilder Streik

un·of·fi·cial·ly [ˌʌnəˈfɪʃʰli] *adv* inoffiziell; **speaking ~, the politician intimated that ...** hinter vorgehaltener Hand gab der Politiker zu verstehen, dass ...

un·op·posed [ˌʌnəˈpəʊzd] *adj* keinem Widerstand ausgesetzt, unbehindert; *opinion* unwidersprochen

un·or·gan·ized [ʌnˈɔːgʰnaɪzd] *adj* unorganisiert

un·or·tho·dox [ʌnˈɔːθədɒks] *adj* unkonventionell; *method* ungewöhnlich

un·pack [ʌnˈpæk] *vt, vi* auspacken; *car* ausladen

un·paid [ʌnˈpeɪd] *adj* unbezahlt; *invoice also* ausstehend

un·pal·at·able [ʌnˈpælətəbl̩] *adj* ❶ (*not tasty*) ■ **to be ~** schlecht schmecken ❷ (*distasteful*) unangenehm

un·par·al·leled [ʌnˈpærʰleld] *adj* (*form*) einmalig; *success* noch nie da gewesen

un·par·lia·men·tary [ʌnˌpɑːləˈmentʰri] *adj* unparlamentarisch

un-P'C *adj remark* politisch unkorrekt

un·per·turbed [ˌʌnpəˈtɜːbd] *adj* nicht beunruhigt; ■ **to be ~ by sth** sich durch etw *akk* nicht aus der Ruhe bringen lassen

un·pick [ʌnˈpɪk] vt ❶ (*undo sewing*) auftrennen ❷ (*reverse*) zunichtemachen

un·placed [ʌnˈpleɪst] *adj* SPORTS unplatziert

un·pleas·ant [ʌnˈplezənt] *adj* ❶ (*not pleasing*) unangenehm ❷ (*unfriendly*) unfreundlich; *relations* frostig

un·pleas·ant·ly [ʌnˈplezəntli] *adv* ❶ (*not pleasingly*) unangenehm, in unangenehmer Weise ❷ (*in an unfriendly manner*) unfreundlich

un·pleas·ant·ness [ʌnˈplezəntnəs] *n* ❶ *no pl* (*quality*) Unerfreulichkeit *f* ❷ *no pl* (*unfriendly feelings*) Unstimmigkeit[en] *f[pl]* ❸ (*instance*) Gemeinheit *f*

un·plug <-gg-> [ʌnˈplʌg] *vt* ❶ (*disconnect from mains*) ausstecken ❷ *drain, pipe* reinigen

un·plumbed [ʌnˈplʌmd] *adj* ❶ (*not known*) unergründet; *mystery* ungelöst ❷ (*not plumbed*) ohne Wasserleitungen *nach n*

un·pol·ished [ʌnˈpɒlɪʃt] *adj* ❶ (*not polished*) unpoliert ❷ (*not refined*) ungehobelt

un·pol·lut·ed [ˌʌnpəˈluːtɪd] *adj* unverschmutzt; *water* sauber

un·popu·lar [ʌnˈpɒpjələʳ] *adj* ❶ (*not liked*) unbeliebt ❷ (*not widely accepted*) unpopulär; **to be ~** wenig Anklang finden

un·popu·lar·ity [ʌnˌpɒpjəˈlærəti] *n no pl of person* Unbeliebtheit *f*; *of policies* Unpopularität *f*

un·prac·ti·cal [ʌnˈpræktɪkəl] *adj* ❶ (*impractical*) unpraktisch ❷ (*not feasible*) unpraktikabel ❸ (*lacking skill*) unpraktisch

un·prac·tised [ʌnˈpræktɪst] *adj*, AM **un·prac·ticed** (*form*) unerfahren

un·prec·ed·ent·ed [ʌnˈpresɪdəntɪd] *adj* noch nie da gewesen; *action* beispiellos; **on an ~ scale** in bislang ungekanntem Ausmaß

un·pre·dict·abil·ity [ʌnprɪˌdɪktəˈbɪlɪti] *n no pl* Unvorhersehbarkeit *f*

un·pre·dict·able [ˌʌnprɪˈdɪktəbl̩] *adj* ❶ (*impossible to anticipate*) unvorhersehbar; *weather* unberechenbar ❷ (*moody*) unberechenbar

un·preju·diced [ʌnˈpredʒədɪst] *adj* ❶ (*not prejudiced*) unvoreingenommen; *opinion* objektiv ❷ (*not prejudiced against race*) ohne [Rassen]vorurteile *nach n*

un·pre·medi·tat·ed [ˌʌnpriːˈmedɪteɪtɪd] *adj* unüberlegt; **~ crime** LAW nicht vorsätzliches Verbrechen

un·pre·pared [ˌʌnprɪˈpeəd] *adj* (*not prepared*) unvorbereitet; ■ **to be ~ for sth** *an event* auf etw *akk* nicht vorbereitet sein; *a reaction, emotion* auf etw *akk* nicht gefasst sein

un·pre·ten·tious [ˌʌnprɪˈten(t)ʃəs] *adj* bescheiden; *tastes* einfach

un·prin·ci·pled [ʌnˈprɪn(t)səpl̩d] *adj* skrupellos; *person* ohne Skrupel *nach n*

un·pro·duc·tive [ˌʌnprəˈdʌktɪv] *adj* unproduktiv; *business* unrentabel; *land* unfruchtbar; *negotiation* unergiebig

un·pro·fes·sion·al [ˌʌnprəˈfeʃənəl] *adj* (*pej*) ❶ (*amateurish*) unprofessionell ❷ (*beneath serious consideration*) unseriös ❸ (*contrary to professional ethics*) gegen die Berufsehre *präd;* **~ conduct** berufswidriges Verhalten; (*against colleagues*) unkollegiales Verhalten

un·prof·it·able [ʌnˈprɒfɪtəbl̩] *adj* ❶ (*not making a profit*) unrentabel; **to be ~** keinen Gewinn abwerfen; **~ investment** Fehlinvestition *f* ❷ (*unproductive*) unproduktiv

un·prom·is·ing [ʌnˈprɒmɪsɪŋ] *adj* (*bad*) nicht sehr viel versprechend; (*promising success*) nicht gerade aussichtsreich

un·prompt·ed [ʌnˈprɒm(p)tɪd] *adj* unaufgefordert

un·pro·tect·ed [ˌʌnprəˈtektɪd] *adj* ❶ (*exposed to harm*) schutzlos ❷ (*without safety guards*) unbewacht ❸ (*without a condom*) *sex* ungeschützt

un·pro·vid·ed for *adj pred* unversorgt *präd;* **to leave sb ~ in one's will** jdn in seinem Testament nicht bedenken

un·pro·voked [ˌʌnprəˈvəʊkt] *adj* grundlos

un·pub·lished [ʌnˈpʌblɪʃt] *adj* unveröffentlicht

un·punc·tual [ʌnˈpʌŋktʃuːəl] *adj* unpünktlich

un·pun·ished [ʌnˈpʌnɪʃt] *adj* unbestraft; **to go ~** *flaw, foul* durchgehen *fam; crime* unbestraft bleiben; *person* ungestraft davonkommen

un·quali·fied [ʌnˈkwɒlɪfaɪd] *adj* ❶ (*without appropriate qualifications*) unqualifiziert, ungeeignet; ■ **to be ~ for sth** für etw *akk* nicht qualifiziert sein ❷ (*unreserved*) bedingungslos; *denial* strikt; *success* voll; **an ~ disaster** eine Katastrophe grenzenlosen Ausmaßes

un·ques·tion·able [ʌnˈkwestʃənəbl̩] *adj* fraglos; *evidence, fact* unumstößlich; *honesty* unzweifelhaft

un·ques·tion·ably [ʌnˈkwestʃənəbli] *adv* zweifellos

un·ques·tion·ing [ʌnˈkwestʃənɪŋ] *adj* bedingungslos; *obedience* absolut

un·quote ['ʌnkwəʊt] *vi* **quote** ... ~ Zitatanfang ... Zitatende, sie sind, in Anführungszeichen, ‚nur gute Freunde'

un·quot·ed [ʌn'kwəʊtɪd] *adj* STOCKEX nicht notiert

un·rav·el <BRIT -ll- *or* AM *usu* -l-> [ʌn'rævəl] **I.** *vt* ❶ (*unknit, undo*) auftrennen ❷ (*untangle*) entwirren; *knot* aufmachen ❸ (*solve*) enträtseln; *mystery* lösen ❹ (*destroy*) zunichtemachen **II.** *vi* sich auftrennen

un·read·able [ʌn'riːdəbl] *adj* (*pej*) ❶ (*illegible*) unleserlich ❷ (*badly written*) schwer zu lesen *präd*

un·real [ʌn'rɪəl] *adj* ❶ (*not real*) unwirklich ❷ (*sl: astonishingly good*) unmöglich *fam*

un·re·al·is·tic [ˌʌnrɪə'lɪstɪk] *adj* ❶ (*not realistic*) unrealistisch, realitätsfern ❷ (*not convincing*) nicht realistisch

un·re·al·is·ti·cal·ly [ˌʌnrɪə'lɪstɪkəli] *adv* unrealistisch[erweise]

un·re·al·ized [ʌn'rɪəlaɪzd] *adj* ❶ (*not realized*) nicht verwirklicht ❷ (*not turned into money*) unrealisiert

un·rea·son·able [ʌn'riːzənəbl] *adj* ❶ (*not showing reason*) unvernünftig; **it's not ~ to assume that** ... es ist nicht abwegig anzunehmen, dass ... ❷ (*unfair*) übertrieben; *demand* überzogen; **don't be so ~! he's doing the best he can** verlang nicht so viel! er tut sein Bestes

un·rea·son·ably [ʌn'riːzənəbli] *adv* ❶ (*illogically*) unvernünftig; **she claims, not ~, that** ... sie behauptet nicht zu Unrecht, dass ... ❷ (*unfairly*) übertrieben, unangemessen; **you're being ~ strict with Daphne** du bist unnötig streng mit Daphne

un·rea·son·ing [ʌn'riːzənɪŋ] *adj* unbegründet

un·rec·og·niz·able [ˌʌnrekəg'naɪzəbl] *adj* nicht [wieder]erkennbar, unkenntlich

un·rec·og·nized [ʌn'rekəgnaɪzd] *adj* ❶ (*not identified*) nicht [wieder]erkannt, unerkannt ❷ (*not acknowledged*) nicht anerkannt

un·re·deemed [ˌʌnrɪ'diːmd] *adj* nicht ausgeglichen; REL *sinner* unerlöst

un·re·fined [ˌʌnrɪ'faɪnd] *adj* ❶ (*not chemically refined*) nicht raffiniert; **~ sugar/oil** Rohzucker *m*/Rohöl *nt* ❷ (*not socially polished*) unkultiviert; *manners* rüde

un·re·flect·ing [ˌʌnrɪ'flektɪŋ] *adj* (*form*) unbedacht

un·reg·is·tered [ʌn'redʒɪstəd] *adj* nicht registriert; *birth* nicht eingetragen; *mail* nicht eingeschrieben

un·re·lat·ed [ˌʌnrɪ'leɪtɪd] *adj* ❶ (*not relatives*) nicht [miteinander] verwandt ❷ (*not logically connected*) nicht zusammenhängen (**to** mit)

un·re·lent·ing [ˌʌnrɪ'lentɪŋ] *adj* ❶ (*not yielding*) unerbittlich; *opponent* unbeugsam; ■**to be ~ in sth** in etw *dat* nicht nachlassen ❷ (*incessant*) unaufhörlich; *pressure* konstant; *rain* anhaltend; **to be ~** nicht nachlassen ❸ (*form: unmerciful*) gnadenlos

un·re·li·abil·ity [ˌʌnrɪlaɪə'bɪlɪti] *n no pl* Unzuverlässigkeit *f*

un·re·li·able [ˌʌnrɪ'laɪəbl] *adj* unzuverlässig

un·re·lieved [ˌʌnrɪ'liːvd] *adj* ❶ (*depressingly unvarying*) ununterbrochen; *poverty* unvermindert; *pressure, stress* anhaltend; *boredom* dauernd ❷ (*not helped*) unvermindert

un·re·mark·able [ˌʌnrɪ'mɑːkəbl] *adj* nicht bemerkenswert

un·re·mit·ting [ˌʌnrɪ'mɪtɪŋ] *adj* (*form*) unablässig; ■**to be ~ in sth** in etw *dat* beharrlich sein

un·re·peat·able [ˌʌnrɪ'piːtəbl] *adj* nicht wiederholbar

un·re·pen·tant [ˌʌnrɪ'pentənt] *adj* reu[e]los; ■**to be ~** keine Reue zeigen

un·re·quit·ed [ˌʌnrɪ'kwaɪtɪd] *adj* (*form or hum*) unerwidert

un·re·served [ˌʌnrɪ'zɜːvd] *adj* ❶ (*without reservations*) uneingeschränkt; *support* voll ❷ (*not having been reserved*) nicht reserviert; *seat* frei ❸ (*not standoffish*) offen; **~ friendliness** Herzlichkeit *f*

un·re·serv·ed·ly [ˌʌnrɪ'zɜːvɪdli] *adv* vorbehaltlos; **to apologize ~** sich ohne Einschränkungen entschuldigen

un·re·solved [ˌʌnrɪ'zɒlvd] *adj* ❶ (*not settled*) ungelöst; *tension* anhaltend ❷ *pred* (*undecided*) unentschlossen

un·rest [ʌn'rest] *n no pl* Unruhen *pl*; **ethnic/social ~** ethnische/soziale Spannungen

un·re·strained [ˌʌnrɪ'streɪnd] *adj* uneingeschränkt; *criticism* hart; *laughter* ungehemmt; *praise* unumschränkt

un·re·strict·ed [ˌʌnrɪ'strɪktɪd] *adj* uneingeschränkt; *access* ungehindert

un·ripe [ʌn'raɪp] *adj* unreif

un·ri·valled [ʌn'raɪvəld] *adj* einzigartig

un·roll [ʌn'rəʊl] **I.** *vt* *poster* aufrollen **II.** *vi* sich abrollen [lassen]

un·ruf·fled [ʌn'rʌfld] *adj* ❶ (*not agitated*) gelassen ❷ (*not ruffled up*) unzerzaust; *feathers* glatt; *hair* ordentlich

un·ru·ly <-ier, -iest or more ~, most ~> [ʌnˈruːli] adj ❶ (*disorderly*) ungebärdig; *crowd* aufrührerisch ❷ *children* außer Rand und Band; *hair* nicht zu bändigen

un·sad·dle [ʌnˈsædl] vt ❶ (*remove saddle*) absatteln ❷ (*unseat*) abwerfen

un·safe [ʌnˈseɪf] adj ❶ (*dangerous*) unsicher; *animal* gefährlich; ■ **to be ~ to do sth** gefährlich sein, etw zu tun; **~ sex** ungeschützter Sex ❷ *pred* (*in danger*) nicht sicher ❸ BRIT LAW *conviction* unhaltbar

un·said [ʌnˈsed] I. adj (*form*) ungesagt; **to leave sth ~** etw ungesagt lassen II. vt pt, pp of **unsay**

un·sala·ried [ʌnˈsæləʳrid] adj unbezahlt; **~ position** Tätigkeit ohne Monatsgehalt

un·sal(e)·able [ʌnˈseɪləbl] adj unverkäuflich

un·salt·ed [ʌnˈsɔːltɪd] adj ungesalzen

un·sat·is·fac·tory [ʌnˌsætɪsˈfæktəʳri] adj ❶ (*not satisfactory*) unzureichend; *answer* unbefriedigend ❷ (*grade*) ungenügend

un·sat·is·fied [ʌnˈsætɪsfaɪd] adj ❶ (*not content*) unzufrieden; **to leave sb/sth ~** jdn/etw nicht befriedigen ❷ (*not convinced*) nicht überzeugt; **to be ~ with sth** sich mit etw *dat* nicht zufriedengeben ❸ (*not sated*) nicht gesättigt

un·sa·voury [ʌnˈseɪvəʳri] adj, AM **un·sa·vory** adj ❶ (*unpleasant to the senses*) unappetitlich ❷ (*disgusting*) widerlich ❸ (*socially offensive*) fragwürdig; *area* übel; *reputation* zweifelhaft; *character* zwielichtig

un·say <-said, -said> [ʌnˈseɪ] vt ungesagt machen ▶ **what's said cannot be unsaid** (*prov*) gesagt ist gesagt

un·scathed [ʌnˈskeɪðd] adj unverletzt; **to emerge ~ from sth** (*fig*) etw unbeschadet überstehen

un·sche·duled [ʌnˈʃedjuːld] adj außerplanmäßig; *stop* außerfahrplanmäßig

un·schooled [ʌnˈskuːld] adj (*form*) ❶ (*uninstructed*) nicht ausgebildet (**in** in), nicht vertraut (**in** mit) ❷ *horse* undressiert

un·screened [ʌnˈskriːnd] adj ❶ (*not checked*) unkontrolliert ❷ (*not broadcast*) nicht ausgestrahlt

un·screw [ʌnˈskruː] I. vt ❶ (*remove screws*) abschrauben ❷ (*to open*) aufschrauben; *lid* abschrauben II. vi (*take off by unscrewing*) sich abschrauben lassen; (*open*) aufschrauben

un·script·ed [ʌnˈskrɪptɪd] adj improvisiert; **~ speech** Stegreifrede f

un·scru·pu·lous [ʌnˈskruːpjələs] adj (*pej*) skrupellos

un·seal [ʌnˈsiːl] vt (*dated*) ❶ (*open*) entsiegeln ❷ (*tell*) enthüllen

un·sealed [ʌnˈsiːld] adj ❶ (*not sealed*) unversiegelt ❷ (*open*) nicht zugeklebt

un·seat [ʌnˈsiːt] vt ❶ (*remove from power*) ■ **to ~ sb** jdn seines Amtes entheben ❷ (*throw*) abwerfen

un·se·cured [ˌʌnsɪˈkjuːəd] adj ❶ FIN ungesichert; **an ~ loan** Blankokredit m ❷ (*unfastened*) unbefestigt

un·see·ing [ʌnˈsiːɪŋ] adj (*form*) blind; **to look at sb with ~ eyes** jdn mit leerem Blick anstarren

un·seem·ly [ʌnˈsiːmli] adj (*form or dated*) unschicklich; *behaviour* ungehörig

un·seen [ʌnˈsiːn] adj ungesehen, unbemerkt

un·self·ish [ʌnˈselfɪʃ] adj selbstlos

un·ser·vice·able [ʌnˈsɜːvɪsəbl] adj unnütz; *appliances* unbrauchbar

un·set·tle [ʌnˈsetl] vt ❶ (*make nervous*) verunsichern ❷ (*make unstable*) stören

un·set·tled [ʌnˈsetld] adj ❶ (*unstable*) instabil; *political climate* unruhig; *weather* unbeständig ❷ (*troubled*) unruhig ❸ (*unresolved*) noch anstehend ❹ (*queasy*) gereizt ❺ (*without settlers*) unbesiedelt

un·set·tling [ʌnˈsetlɪŋ] adj ❶ (*causing nervousness*) beunruhigend; **to have the ~ feeling that ...** das ungute Gefühl haben, dass ... ❷ (*causing disruption*) ■ **to be ~** jdn/einen aus der Bahn werfen ❸ COMM destabilisierend

un·shak·able [ʌnˈʃeɪkəbl] adj, **un·shake·able** adj *belief, feeling* unerschütterlich; *alibi* felsenfest; **to have ~ faith in sth** fest an etw *akk* glauben

un·shaved [ʌnˈʃeɪvd] adj, **un·shav·en** [ʌnˈʃeɪvən] adj unrasiert

un·shod [ʌnˈʃɒd] adj (*form*) unbeschuht

un·shrink·able [ʌnˈʃrɪŋkəbl] adj ■ **to be ~** nicht einlaufen

un·shrink·ing [ʌnˈʃrɪŋkɪŋ] adj furchtlos

un·sight·ly <-ier, -iest or more ~, most ~> [ʌnˈsaɪtli] adj unansehnlich

un·signed [ʌnˈsaɪnd] adj ❶ (*lacking signature*) nicht unterschrieben; *painting* unsigniert ❷ (*not under contract*) nicht unter Vertrag stehend *attr*

un·skilled [ʌnˈskɪld] adj ❶ (*not having skill*) ungeschickt ❷ (*not requiring skill*) ungelernt; **~ job** Tätigkeit f für ungelernte Arbeitskräfte; **~ work** Hilfsarbeiten pl

un·so·ciable [ʌnˈsəʊʃəbl] adj *person* ungesellig; *place* nicht einladend

un·so·cial [ʌnˈsəʊʃəl] adj ❶ BRIT (*socially inconvenient*) nicht sozialverträglich; **to**

work ~ hours außerhalb der normalen Arbeitszeiten arbeiten ❷ (*antisocial*) asozial *pej* ❸ (*not seeking company*) unsozial

un·sold [ʌnˈsəʊld] *adj* unverkauft

un·so·lic·it·ed [ˌʌnsəˈlɪsɪtɪd] *adj* unerbeten; *advice* ungebeten

un·solved [ʌnˈsɒlvd] *adj mystery, problem* ungelöst; *murder* unaufgeklärt

un·so·phis·ti·cat·ed [ˌʌnsəˈfɪstɪkeɪtɪd] *adj* ❶ (*lacking knowledge*) naiv; *taste* einfach ❷ (*uncomplicated*) einfach ❸ (*genuine*) unverfälscht

un·sound [ʌnˈsaʊnd] *adj* ❶ (*unstable*) instabil ❷ *argument* nicht stichhaltig; *judgement* anfechtbar ❸ (*unreliable*) unzuverlässig ❹ (*unhealthy*) ungesund; **to be of ~ mind** unzurechnungsfähig sein

un·spar·ing [ʌnˈspeərɪŋ] *adj* ❶ (*merciless*) schonungslos ❷ (*form: lavish*) großzügig; **to be ~ in one's efforts** keine Mühen scheuen

un·speak·able [ʌnˈspiːkəbl] *adj* unbeschreiblich

un·speci·fied [ʌnˈspesɪfaɪd] *adj* unspezifiziert; (*not named*) [namentlich] nicht genannt

un·spoiled [ʌnˈspɔɪld] *adj,* **un·spoilt** [ʌnˈspɔɪlt] *adj* BRIT *person* natürlich; *child* nicht verwöhnt; *landscape* unberührt; *view* unverbaut

un·spok·en [ʌnˈspəʊkən] *adj* unausgesprochen; *agreement* stillschweigend

un·sta·ble [ʌnˈsteɪbl] *adj* ❶ (*not firm*) nicht stabil; *piece of furniture* wack[e]lig ❷ (*fig*) instabil; *future* ungewiss; **~ society** instabile Gesellschaft; **emotionally ~** [psychisch] labil

un·steadi·ly [ʌnˈstedɪli] *adv* ❶ (*unstably*) unsicher, unruhig; **to walk ~** wanken ❷ (*irregularly*) unregelmäßig

un·steady [ʌnˈstedi] *adj* ❶ (*unstable*) nicht stabil; *piece of furniture* wack[e]lig; **to be ~ on one's feet** wack[e]lig auf den Beinen sein ❷ (*wavering*) zittrig ❸ *footsteps, heartbeat* unregelmäßig

un·stressed [ʌnˈstrest] *adj* ❶ LING unbetont ❷ (*not worried*) unbelastet

un·stuck [ʌnˈstʌk] *adj* (*no longer stuck*) **to come ~** sich [ab]lösen; (*fam: waver*) ins Schleudern geraten; (*fam: fail*) scheitern

un·stud·ied [ʌnˈstʌdid] *adj* (*form: natural*) ungezwungen; *response* spontan

un·sub·stan·tial [ˌʌnsəbˈstæn(t)ʃəl] *adj* unwesentlich; (*immaterial*) körperlos

un·sub·stan·ti·at·ed [ˌʌnsəbˈstæn(t)ʃieɪtɪd] *adj* unbegründet

un·suc·cess·ful [ˌʌnsəkˈsesfəl] *adj* erfolglos; *attempt* vergeblich; *candidate* unterlegen; ■ **to be ~ in sth** bei etw *dat* keinen Erfolg haben

un·suit·able [ʌnˈsjuːtəbl] *adj* nicht geeignet

un·sul·lied [ʌnˈsʌliːd] *adj* ❶ (*form: not tarnished*) unbefleckt; *reputation* makellos ❷ (*dated: pure*) unberührt

un·sung [ʌnˈsʌŋ] *adj* unbesungen; *achievements* unbeachtet; **an ~ hero** ein Held *m*, von dem niemand spricht

un·sure [ʌnˈʃʊər] *adj* unsicher; ■ **to be ~ how/what/when/whether/why ...** nicht genau wissen, wie/was/wann/ob/warum ...; ■ **to be ~ about sth** sich *dat* einer S. *gen* nicht sicher sein; ■ **to be ~ of oneself** kein Selbstvertrauen haben

un·sur·pass·able [ˌʌnsəˈpɑːsəbl] *adj* unübertrefflich, unüberbietbar

un·sur·passed [ˌʌnsəˈpɑːst] *adj* einzigartig; ■ **to be ~ in** [**doing**] **sth** in etw *dat* unübertroffen sein

un·sus·pect·ing [ˌʌnsəˈspektɪŋ] *adj* ahnungslos

un·sus·tain·able [ˌʌnsəˈsteɪnəbl] *adj* ❶ (*not maintainable*) nicht aufrechtzuerhalten ❷ (*damaging to ecology*) umweltschädigend

un·swerv·ing [ʌnˈswɜːvɪŋ] *adj commitment, loyalty* unerschütterlich

un·sym·pa·thet·ic [ˌʌnsɪmpəˈθetɪk] *adj* ❶ (*not showing sympathy*) ohne Mitgefühl *nach n*, präd ❷ (*not showing approval*) verständnislos; ■ **to be ~ toward sth** für etw *akk* kein Verständnis haben

un·tal·ent·ed [ʌnˈtæləntɪd] *adj* untalentiert, unbegabt, talentfrei *iron*

un·tan·gle [ʌnˈtæŋgl] *vt* entwirren *a. fig; mystery* lösen

un·tapped [ʌnˈtæpt] *adj market* nicht erschlossen; *resources* ungenutzt

un·tar·nished [ʌnˈtɑːnɪʃt] *adj* makellos; (*also fig*) im alten Glanz erstrahlend, ungetrübt

un·taxed [ʌnˈtækst] *adj income* steuerfrei; (*tax not paid for*) unversteuert

un·ten·able [ʌnˈtenəbl] *adj* (*form*) nicht vertretbar

un·ten·ant·ed [ʌnˈtenəntɪd] *adj house* unbewohnt

un·think·able [ʌnˈθɪŋkəbl] **I.** *adj* ❶ (*unimaginable*) undenkbar ❷ (*shocking*) unfassbar **II.** *n no pl* **the ~** das Unvorstellbare

un·think·ing [ʌnˈθɪŋkɪŋ] *adj* unbedacht; (*unintentional*) unabsichtlich

un·thought of [ʌnˈθɔːtɒv] *adj pred,* **un·**

thought-of *adj attr* unvorstellbar; *detail* nicht bedacht

un·ti·di·ly [ʌnˈtaɪdɪli] *adv* unordentlich

un·ti·di·ness [ʌnˈtaɪdɪnəs] *n no pl* Unordnung *f*; *of person, dress* Unordentlichkeit *f*

un·tidy [ʌnˈtaɪdi] *adj* ❶ (*disordered*) unordentlich; *appearance* ungepflegt ❷ (*not well organized*) unsystematisch; *thesis also* konzeptlos

un·tie <-y-> [ʌnˈtaɪ] *vt* ❶ (*undo*) lösen; *shoelaces* aufbinden ❷ *boat* losbinden; *parcel* aufschnüren

un·til [ʌnˈtɪl] **I.** *prep* ❶ (*up to*) bis; **two more days ~ Easter** noch zwei Tage bis Ostern ❷ (*beginning at*) bis; **we didn't eat ~ midnight** wir aßen erst um Mitternacht **II.** *conj* (*esp form*) ❶ (*up to time when*) bis; **I laughed ~ tears rolled down my face** ich lachte, bis mir die Tränen kamen ❷ (*not before*) ■ **to not do sth ~ ...** etw erst [dann] tun, wenn ...; **he didn't have a girlfriend ~ he was thirty-five** er hatte erst mit 35 eine Freundin; **not ~ he's here** erst wenn er da ist

un·time·ly [ʌnˈtaɪmli] *adj* (*form*) ❶ (*inopportune*) ungelegen ❷ (*premature*) verfrüht

un·tir·ing [ʌnˈtaɪərɪŋ] *adj* unermüdlich

unto [ˈʌntuː] *prep* ❶ (*to*) zu; **for ~ us a child is born** denn uns ist ein Kind geboren ❷ (*until*) bis; **~ this day** bis zum heutigen Tage

un·told [ʌnˈtəʊld] *adj* ❶ *attr* (*immense*) unsagbar; *damage* immens; *misery* unsäglich; *wealth* unermesslich ❷ (*not told*) ungesagt

un·touched [ʌnˈtʌtʃt] *adj* ❶ (*not touched*) unberührt ❷ (*not eaten/drunk*) nicht angerührt ❸ (*not affected*) ■ **to be ~ by sth** von etw *dat* nicht betroffen sein; **to leave sth ~** etw verschont lassen ❹ (*indifferent*) ungerührt ❺ (*not mentioned*) unerwähnt

un·to·ward [ˌʌntəˈwɔːd] *adj* (*form*) ❶ (*unfortunate*) ungünstig; **unless anything ~ happens** wenn nichts dazwischenkommt ❷ *remark* unpassend

un·trained [ʌnˈtreɪnd] *adj* ungeübt; *eye* ungeschult

un·trans·fer·able [ˌʌntræn(t)sˈfɜːrəbl] *adj* LAW nicht übertragbar

un·trans·lat·able [ˌʌntræn(t)sˈleɪtəbl] *adj* unübersetzbar

un·treat·ed [ʌnˈtriːtɪd] *adj* unbehandelt; **~ sewage** ungeklärte Abwässer

un·tried [ʌnˈtraɪd] *adj* ❶ (*not tested*) ungetestet ❷ (*form: inexperienced*) unerfahren ❸ LAW noch nicht verhandelt; *case* unerledigt

un·trou·bled [ʌnˈtrʌbld] *adj* sorglos; ■ **to be ~ by sth** sich von etw *dat* nicht beunruhigen lassen

un·true [ʌnˈtruː] *adj* ❶ (*false*) unwahr, falsch ❷ *pred* (*not faithful*) untreu; ■ **to be ~ to sb/sth** jdm/etw untreu sein

un·trust·wor·thy [ʌnˈtrʌstˌwɜːði] *adj* unzuverlässig

un·truth [ʌnˈtruːθ] *n* ❶ (*lie*) Unwahrheit *f*; **to tell an ~** (*euph*) flunkern *fam* ❷ *no pl* (*quality*) Falschheit *f*

un·truth·ful [ʌnˈtruːθfəl] *adj* unwahr; (*tending to tell lies*) unaufrichtig

un·turned [ʌnˈtɜːnd] *adj* nicht umgedreht; *soil* nicht umgegraben

un·tu·tored [ʌnˈtjuːtəd] *adj* (*form*) ungeschult

un·typi·cal [ʌnˈtɪpɪkəl] *adj* abweichend, untypisch

un·used¹ [ʌnˈjuːzd] *adj* (*not used*) unbenutzt; *clothes* ungetragen; **to go ~** nicht genutzt werden

un·used² [ʌnˈjuːst] *adj pred* (*not accustomed*) ■ **to be ~ to sth** an etw *akk* nicht gewöhnt sein

un·usual [ʌnˈjuːʒəl] *adj* ❶ (*not habitual*) ungewöhnlich; (*for a person*) untypisch ❷ (*remarkable*) außergewöhnlich

un·usual·ly [ʌnˈjuːʒəli] *adv* ungewöhnlich; **~ for me, ...** ganz gegen meine Gewohnheit ...

un·ut·ter·able [ʌnˈʌtərəbl] *adj* (*form*) unsäglich; *suffering* unbeschreiblich

un·var·nished [ʌnˈvɑːnɪʃt] *adj* ❶ (*not coated with varnish*) unlackiert ❷ (*straightforward*) einfach; *truth* ungeschminkt

un·veil [ʌnˈveɪl] **I.** *vt* ❶ (*remove covering*) enthüllen; *face* entschleiern ❷ (*present to public*) der Öffentlichkeit vorstellen **II.** *vi* den Schleier abnehmen

un·veil·ing [ʌnˈveɪlɪŋ] *n no pl* Enthüllung *f* a. *fig*; (*fig*) Entschleierung *f*, Aufdeckung *f*

un·versed [ʌnˈvɜːst] *adj pred* (*form*) nicht versiert (**in** in)

un·waged [ʌnˈweɪdʒd] BRIT **I.** *adj* ❶ (*out of work*) arbeitslos ❷ (*unpaid*) unbezahlt **II.** *n* ■ **the ~** *pl* die Arbeitslosen *pl*

un·want·ed [ʌnˈwɒntɪd] *adj* unerwünscht; *clothes* abgelegt; *advice* ungebeten; *child* ungewollt

un·war·rant·ed [ʌnˈwɒrəntɪd] *adj* (*form*) ❶ (*not justified*) ungerechtfertigt; *fears* unbegründet; *criticism* unberechtigt ❷ (*not authorized*) unrechtmäßig

un·wa·ver·ing [ʌnˈweɪvərɪŋ] *adj* unerschütterlich; *determination* eisern

un·wed [ʌnˈwed] *adj* (*dated*) unverheiratet

un·welcome [ʌnˈwelkəm] *adj* unwillkommen; *news* unerfreulich; **to make sb feel ~** jdm das Gefühl geben, nicht willkommen zu sein

un·well [ʌnˈwel] *adj pred* unwohl; ■ **sb is ~** jdm geht es nicht gut; **to feel ~** sich unwohl fühlen

un·wieldy [ʌnˈwiːldi] *adj* ❶ (*cumbersome*) unhandlich; *piece of furniture* sperrig ❷ (*ineffective*) unüberschaubar; *system* schwerfällig

un·will·ing [ʌnˈwɪlɪŋ] *adj* widerwillig; ■ **to be ~ to do sth** nicht gewillt sein, etw zu tun

un·will·ing·ly [ʌnˈwɪlɪŋli] *adv* ungern

un·wind <unwound, unwound> [ʌnˈwaɪnd] **I.** *vi* ❶ (*unroll*) sich abwickeln ❷ (*relax*) sich entspannen **II.** *vt* abwickeln

un·ˈwired *adj* drahtlos

un·wise [ʌnˈwaɪz] *adj* unklug

un·wit·ting [ʌnˈwɪtɪŋ] *adj* ❶ (*unaware*) ahnungslos ❷ (*unintentional*) unbeabsichtigt

un·wit·ting·ly [ʌnˈwɪtɪŋli] *adv* ❶ (*without realizing*) unwissentlich ❷ (*unintentionally*) unbeabsichtigt

un·wonted [ʌnˈwəʊntɪd] *adj attr* (*form*) ungewohnt

un·work·able [ʌnˈwɜːkəbl] *adj* undurchführbar

un·world·ly [ʌnˈwɜːldli] *adj* ❶ (*spiritually minded*) weltabgewandt ❷ (*naive*) weltfremd ❸ (*not of this world*) nicht von dieser Welt *präd*

un·wor·thy [ʌnˈwɜːði] *adj* (*pej*) ❶ (*not deserving*) unwürdig; **to be ~ of interest** nicht von Interesse sein ❷ (*unacceptable*) nicht würdig

un·wrap <-pp-> [ʌnˈræp] *vt* ❶ (*remove wrapping*) auspacken ❷ (*reveal*) enthüllen

un·writ·ten [ʌnˈrɪtən] *adj* nicht schriftlich fixiert; *agreement* stillschweigend; *law* ungeschrieben; **~ traditions** mündliche Überlieferungen

un·yield·ing [ʌnˈjiːldɪŋ] *adj* ❶ *ground* hart; ■ **to be ~** nicht nachgeben ❷ (*resolute*) unnachgiebig; *opposition* hartnäckig

un·zip <-pp-> [ʌnˈzɪp] *vt* ❶ (*open zip*) den Reißverschluss aufmachen ❷ COMPUT auspacken

up [ʌp] **I.** *adv* ❶ (*to higher position*) nach oben, hinauf; **hands ~!** Hände hoch!; **the water had come ~ to the level of the windows** das Wasser war bis auf Fensterhöhe gestiegen; **four flights ~** vier Etagen höher; **halfway ~** auf halber Höhe; **~ and ~** immer höher; **to get/stand ~** aufstehen ❷ (*erect*) aufrecht; **lean it ~ against the wall** lehnen Sie es gegen die Wand ❸ (*out of bed*) auf; **to be ~ late** lange aufbleiben; **~ and about** auf den Beinen ❹ (*northwards*) hinauf, herauf; **~ north** oben im Norden ❺ (*at higher place*) oben; **farther ~** weiter oben; **~ here/there** hier/da oben; **I live on the next floor ~** ich wohne ein Stockwerk höher ❻ (*toward*) ■ **~ to sb/sth** auf jdn/etw *akk* zu; **she went ~ to the counter** sie ging zum Schalter; **to walk ~ to sb** auf jdn zugehen ❼ (*in high position*) an der Spitze; **he's ~ there with the best** er zählt zu den Besten; **she's something high ~ in the company** sie ist ein hohes Tier in der Firma ❽ (*higher in price or number*) höher; [**from**] **£50 ~** ab 50 Pfund aufwärts; **for children aged 13 and ~** für Kinder ab 13 Jahren geeignet ❾ (*to point of*) **~ until** [*or* **to**] bis; **~ to £300** bis zu 300 Pfund ❿ (*in opposition to*) **to be ~ against sb/sth** es mit jdm/etw *dat* zu tun haben ⓫ (*depend on*) **to be ~ to sb** von jdm abhängen; **I'll leave it ~ to you** ich überlasse dir die Entscheidung ⓬ (*contrive*) **to be ~ to sth** etw vorhaben; **to be ~ to no good** nichts Gutes im Schilde führen ⓭ (*be adequate*) **to be ~ to sth** einer Sache *dat* gewachsen sein; **to be ~ to doing sth** in der Lage sein, etw zu tun; **to not be ~ to much** nicht viel taugen ⓮ AM (*apiece*) pro Person; **the score was 3 ~ at half-time** bei Halbzeit stand es 3 [für] beide ▶ **to be ~ with the <u>clock</u>** gut in der Zeit liegen; **to be ~ to the <u>ears</u> in problems** bis zum Hals in Schwierigkeiten stecken **II.** *prep* ❶ (*to higher position*) hinauf, herauf; **~ the ladder/mountain/stairs** die Leiter/den Berg/die Treppe hinauf ❷ (*along*) [**just**] **~ the road** ein Stück die Straße hinauf; **~ and down** auf und ab ❸ (*against flow*) **~ the river** flussauf[wärts] ❹ (*at top of*) **he's ~ that ladder** er steht dort oben auf der Leiter ❺ AUS, BRIT (*fam: at*) **I'll see you ~ the pub later** wir sehen uns später in der Kneipe ▶ **to be ~ the <u>creek</u> [without a paddle]** [schön] in der Klemme sitzen; **~ <u>hill</u> and down dale** bergauf und bergab; **~ <u>top</u>** BRIT (*fam*) im Kopf; **~ <u>yours</u>!** (*vulg*) ihr könnt/du kannst mich mal! **III.** *adj* ❶ *attr* (*moving upward*) nach oben ❷ *pred* (*leading*) in Führung ❸ *pred* (*more intense*) **the wind is ~** der Wind hat aufgedreht ④ *pred* (*functioning properly*) funktionstüchtig; **do you know when the server will be ~ again?** weißt du, wann der Server wieder in Betrieb sein wird? ⑤ *pred* (*finished*) vorbei, um; **your time is ~!** Ihre Zeit ist um! ⑥ *pred* (*fam: happening*) **something is ~** irgendetwas ist im Gange; **what's ~?** was ist los? ⑦ *pred* (*informed*) **how well ~ are you in Spanish?** wie fit bist du in Spanisch? *fam* ⑧ *pred* (*scheduled*) **to be ~ for sale** zum Verkauf stehen ⑨ *pred* LAW **to be ~ for trial** *person* vor Gericht stehen; *case* verhandelt werden ⑩ *pred* (*interested in*) **who's ~ for a walk?** wer hat Lust auf einen Spaziergang? **IV.** *n* (*fam: good period*) Hoch *nt;* **~s and downs** Höhen und Tiefen *pl* ▶ **to be on the ~ and ~** BRIT, AUS (*fam: be improving*) im Aufwärtstrend begriffen sein **V.** *vi* <-pp-> (*fam*) ■ **to ~ and do sth** etw plötzlich tun **VI.** *vt* <-pp-> ① (*increase*) erhöhen; *price, tax* anheben; **to ~ the stakes** den Einsatz erhöhen ② *glass* erheben

up-and-com·ing *adj attr* aufstrebend

up·beat [ˈʌpbiːt] **I.** *n* MUS Auftakt *m* **II.** *adj* (*fam*) optimistisch; *mood* fröhlich

up·braid [ʌpˈbreɪd] *vt* (*form*) tadeln

up·bring·ing [ˈʌpˌbrɪŋɪŋ] *n usu sing* Erziehung *f*

up·com·ing *adj esp* AM bevorstehend

up·coun·try I. *adv* [ʌpˈkʌntri] landeinwärts **II.** *adj* [ˌʌpˈkʌntri] im Landesinnern **III.** *n* [ˌʌpˈkʌntri] *no pl* das Landesinnere

up·date I. *vt* [ʌpˈdeɪt] ① (*modernize*) aktualisieren; COMPUT ein Update machen; *hardware* nachrüsten ② (*inform*) auf den neuesten Stand bringen; (*permanently*) auf dem Laufenden halten **II.** *n* [ˈʌpdeɪt] Aktualisierung *f;* Update *nt*

up·dat·ed [ʌpˈdeɪtɪd] *adj* aktualisiert, überarbeitet

ˈup·draught *n* Zug *m;* AVIAT Aufwind *m*

up·end [ʌpˈend] **I.** *vt* (*fam*) hochkant stellen **II.** *vi* ① (*rise on end*) sich aufstellen ② (*submerge head*) tauchen

up·front [ʌpˈfrʌnt] *adj* (*fam*) ① *pred* (*frank*) offen; **to be ~ about sth** etw offen sagen ② *attr* (*advance*) Voraus-; **~ payment** Anzahlung *f*

up·grade [ʌpˈgreɪd] **I.** *vt* ① (*improve quality*) verbessern; COMPUT erweitern; *hardware* nachrüsten ② (*raise in rank*) befördern **II.** *n* ① COMPUT Aufrüsten *nt* ② (*version*) verbesserte Version; **a software ~** eine verbesserte Version einer Software ③ AM (*slope*) Steigung *f*

up·grade·able [ʌpˈgreɪdəbl] *adj* COMPUT aufrüstbar

up·heav·al [ʌpˈhiːvəl] *n* ① *no pl* (*change*) Aufruhr *m;* **political ~** politische Umwälzung[en] ② GEOL Erhebung *f*

up·hill [ʌpˈhɪl] **I.** *adv* bergauf **II.** *adj* ① (*ascending*) bergauf ② (*difficult*) mühselig; **~ battle** harter Kampf **III.** *n* Steigung *f*

up·hold <-held, -held> [ʌpˈhəʊld] *vt* aufrechterhalten; *traditions* pflegen; *verdict* bestätigen; **to ~ the law** das Gesetz [achten und] wahren

up·hol·ster [ʌpˈhəʊlstəʳ] *vt* ① *furniture* [auf]polstern; (*cover*) beziehen ② (*furnish*) ausstatten

up·hol·ster·er [ʌpˈhəʊlstərəʳ] *n* Polsterer *m*/Polsterin *f*

up·hol·stery [ʌpˈhəʊlstəri] *n no pl* ① (*padding*) Polsterung *f;* (*covering*) Bezug *m* ② (*activity*) Polstern *nt*

UPI [ˌjuːpiːˈaɪ] *n* AM *abbrev of* **United Press International** UPI

up·keep [ˈʌpkiːp] *n no pl* ① (*maintenance*) Instandhaltung *f* ② (*cost*) Instandhaltungskosten *pl* ③ *of person* Unterhalt *m;* *of animals* Haltungskosten *f*

up·land [ˈʌplənd] **I.** *adj attr* Hochland-; **~ plain** Hochebene *f* **II.** *n* ■ **the ~s** *pl* das Hochland *kein pl*

up·lift [ˈʌplɪft] **I.** *vt* ① (*raise*) anheben; *soil* aufwerfen ② (*inspire*) [moralisch] aufrichten **II.** *n* ① (*elevation*) Aufschwung *m* ② GEOL Hebung *f* ③ (*influence*) Erbauung *f*

up·lift·ing [ʌpˈlɪftɪŋ] *adj* (*form*) erbaulich

up·load [ˈʌpləʊd] INET **I.** *vt, vi* hochladen, uploaden **II.** *n* Upload *m*

up·mar·ket [ˌʌpˈmɑːkɪt] *esp* BRIT **I.** *adj* *goods* hochwertig; *consumer* anspruchsvoll; **~ hotel** Luxushotel *nt* **II.** *adv* in der gehobenen Preisklasse; **to go ~** exklusiver werden

upon [əˈpɒn] *prep* (*usu form*) ① (*on top of*) auf +*dat;* *with verbs of motion* auf +*akk* ② (*around*) an +*dat;* **the ring ~ my finger** der Ring an meinem Finger ③ (*hanging on*) an +*dat* ④ (*at time of*) bei +*dat;* **~ arrival** bei Ankunft; **once ~ a time** [es war einmal] vor langer Zeit ⑤ (*form: through medium of*) auf +*akk;* **~ paper** auf Papier ⑥ (*with base in*) auf +*akk;* **he swore ~ his word** er schwor bei seinem Wort ⑦ (*concerning*) **don't try to force your will ~ me** versuch nicht, mir deinen Willen aufzuzwingen; **we settled ~ a price** wir einigten uns auf einen Preis

up·per [ˈʌpəʳ] **I.** *adj attr* ① (*higher, further up*) obere(r, s); *arm, lip etc.* Ober-; **~ part**

of the body Oberkörper *m* ❷ *rank* höhere(r, s); **the ~ middle class** die gehobene Mittelschicht ❸ *location* höher gelegen; **the U~ Rhine** der Oberrhein II. *n* ❶ (*part of shoe*) Obermaterial *nt* ❷ (*sl: drug*) Aufputschmittel *nt*

up·per 'case *n* TYPO ■**in ~** in Großbuchstaben **up·per 'class** *n* + *sing/pl vb* Oberschicht *f* **'up·per-class** *adj* der Oberschicht *nach n;* **in ~ circles** in den gehobenen Kreisen **'up·per-cut** *n* BOXING Aufwärtshaken *m* **up·per 'deck** *n* Oberdeck *nt*

up·per·most ['ʌpəməʊst] I. *adj* ❶ (*highest, furthest up*) oberste(r, s), höchste(r, s) ❷ (*most important*) wichtigste(r, s); **to be ~ in one's mind** jdn am meisten beschäftigen II. *adv* ganz oben

up·pish ['ʌpɪʃ] *adj,* **up·pi·ty** ['ʌpɪti] *adj* hochmütig; *reaction* schnippisch

up·right ['ʌpraɪt] I. *adj* ❶ (*vertical*) senkrecht; (*erect*) aufrecht; **~ freezer** Gefrierschrank *m* ❷ (*honest*) anständig II. *adv* (*vertical*) senkrecht; (*erect*) aufrecht; **bolt ~** kerzengerade III. *n* ❶ (*perpendicular*) [Stütz]pfeiler *m* ❷ FBALL Pfosten *m*

up·ris·ing ['ʌpˌraɪzɪŋ] *n* Aufstand *m;* **popular ~** Volkserhebung *f*

up·river [ˌʌpˈrɪvəʳ] I. *adj* flussaufwärts gelegen II. *adv* flussaufwärts

up·roar ['ʌprɔːʳ] *n no pl* ❶ (*noise*) Lärm *m* ❷ (*protest*) Aufruhr *m*

up·roari·ous [ʌpˈrɔːriəs] *adj* ❶ (*loud and disorderly*) stürmisch; *crowd* lärmend; *laughter* schallend ❷ (*extremely amusing*) urkomisch

up·root [ʌpˈruːt] *vt* ❶ (*extract from ground*) herausreißen; *tree* entwurzeln ❷ (*remove from one's home*) aus der gewohnten Umgebung herausreißen; ■**to ~ oneself** seine Heimat verlassen ❸ (*eradicate*) ausmerzen

up·set I. *vt* [ʌpˈset] ❶ (*push over*) umwerfen; *boat* zum Kentern bringen; *glass* umstoßen ❷ (*psychologically unsettle*) aus der Fassung bringen; (*distress*) mitnehmen; ■**to ~ oneself** sich aufregen ❸ (*throw into disorder*) durcheinanderbringen ❹ (*cause pain*) **to ~ sb's stomach** jdm auf den Magen schlagen ▶**to ~ the apple cart** (*fam*) alle Pläne über den Haufen werfen II. *adj* [ʌpˈset] ❶ (*up-ended*) umgestoßen ❷ *pred* (*nervous*) aufgeregt; (*angry*) aufgebracht; (*distressed*) bestürzt; (*sad*) traurig; ■**to be ~ [that]** ... traurig sein, dass ...; **to be ~ to hear/read/see that ...** mit Bestürzung hören/lesen/sehen, dass ... ❸ (*fam: bilious*) **to have an ~ stomach** sich *dat* den Magen verdorben haben III. *n* ['ʌpset] ❶ *no pl* (*trouble*) Ärger *m;* (*argument*) Verstimmung *f;* (*psychological*) Ärgernis *nt;* ■**to be an ~ to sb** jdn mitnehmen; **to have an ~** eine Meinungsverschiedenheit haben ❷ (*unwelcome surprise*) unliebsame Überraschung ❸ (*fam*) **stomach ~** Magenverstimmung *f*

'up·set price *n* AM Mindestpreis *m*

up·set·ting [ʌpˈsetɪŋ] *adj* erschütternd; (*saddening*) traurig; (*annoying*) ärgerlich

up·shot ['ʌpʃɒt] *n no pl* [End]ergebnis *nt*

up·side 'down I. *adj* ❶ (*inverted position*) auf dem Kopf stehend *attr;* **that picture is ~** das Bild hängt verkehrt herum ❷ (*very confused*) verkehrt II. *adv* (*inverted position*) verkehrt herum; **to turn sth ~** (*also fig*) etw auf den Kopf stellen

up·stage I. *adj* [ʌpˈsteɪdʒ] THEAT im hinteren Bühnenbereich *nach n* II. *adv* [ʌpˈsteɪdʒ] THEAT **to look ~** in Richtung Bühnenhintergrund schauen III. *vt* ['ʌpsteɪdʒ] ■**to ~ sb** jdm die Schau stehlen

up·stairs [ʌpˈsteəz] I. *adj* oben *präd,* obere(r, s) *attr* II. *adv* (*upward movement*) nach oben; (*higher position*) oben III. *n no pl* Obergeschoss *nt*

up·stand·ing [ʌpˈstændɪŋ] *adj* ❶ (*honest*) aufrichtig ❷ (*erect*) groß gewachsen; (*strong*) kräftig ❸ BRIT (*form: stand up*) ■**to be ~** sich erheben

up·start ['ʌpstɑːt] *n* (*usu pej*) Emporkömmling *m*

up·state AM I. *adj* im ländlichen Norden [des Bundesstaates] *präd;* **in ~ New York** im ländlichen Teil New Yorks II. *adv* in den/im ländlichen Norden [des Bundesstaates]

up·stream [ʌpˈstriːm] I. *adj* **the ~ part of the river** der obere Teil des Flusses II. *adv* flussaufwärts; **to swim ~** gegen den Strom schwimmen

up·surge ['ʌpsɜːdʒ] *n* rasche Zunahme; **~ of attention** steigende Aufmerksamkeit; **the ~ of violence** die stark zunehmende Gewalt

up·swing ['ʌpswɪŋ] *n* ECON Aufschwung *m;* ■**to be on the ~** ansteigen

up·take ['ʌpteɪk] *n no pl* ❶ (*absorption*) Aufnahme *f* ❷ BRIT, AUS (*level of usage*) Nutzungsgrad *m* ▶**to be quick/slow on the ~** (*fam*) schnell schalten/schwer von Begriff sein

up·tight [ʌpˈtaɪt] *adj* (*fam*) ❶ (*nervous*) nervös; (*anxious*) ängstlich; **to be/get ~ [about sth]** [wegen einer S. *gen*] nervös sein/werden ❷ (*stiff in outlook*) verklemmt

'up-to-date *adj attr* zeitgemäß; *information, report* aktuell

up-to-the-'min·ute *adj* hochaktuell

up·town AM **I.** *adj* **to live in ~ Manhattan** im nördlichen/vornehmen Teil Manhattans leben **II.** *adv* (*in residential area*) in den [nördlichen] Wohngebieten; (*with affluent connotations*) im Villenviertel **III.** *n* (*residential area*) Wohnviertel *nt*; (*wealthy area*) Villenviertel *nt*

up·trend [ˈʌptrend] *n esp* AM Aufwärtstrend *m*

up·turn [ˈʌptɜːn] *n* Aufschwung *m*; **~ in the economy** Konjunkturaufschwung *m*

up·turned [ˈʌptɜːnd] *adj* nach oben gewendet; *table* umgeworfen; *boat* gekentert; **~ nose** Stupsnase *f*

up·ward [ˈʌpwəd] **I.** *adj usu* AM Aufwärts-; **~ movement** Aufwärtsbewegung *f* **II.** *adv* nach oben; **from childhood ~** von Kindheit an

up·ward·ly [ˈʌpwədli] *adv* nach oben, aufwärts

up·ward·ly 'mo·bile *adj* ■ **to be ~** ehrgeizig daran arbeiten, in der Gesellschaft aufzusteigen; **he belongs to the new ~ generation** er gehört zu der neuen aufstrebenden Generation

up·wards [ˈʌpwədz] *adv* nach oben, aufwärts

up·ward 'trend *n* Aufwärtstrend *m*; **~ in inflation** Inflationsstoß *m*

ura·nium [jʊəˈreɪniəm] *n no pl* Uran *nt*

Ura·nus [ˈjʊərənəs] *n no art* ASTRON Uranus *m*

ur·ban [ˈɜːbən] *adj attr* städtisch; **~ area** Stadtgebiet *nt*; **~ decay** (*in centre*) Verfall *m* der Innenstadt; (*in residential area*) Verslumung *f*; **~ population** Stadtbevölkerung *f*; **~ redevelopment** Stadtsanierung *f*; **~ sprawl** Zersiedelung *f*

ur·bane [ɜːˈbeɪn] *adj* weltmännisch; *manner* kultiviert

ur·ban·ity [ɜːˈbænəti] *n no pl* weltmännische Art

ur·ban·i·za·tion [ˌɜːbənaɪˈzeɪʃən] *n no pl* Verstädterung *f*

ur·ban·ize [ˈɜːbənaɪz] *vt* verstädtern

ur·chin [ˈɜːtʃɪn] *n* **street ~** Straßenkind *nt*; (*boy*) Gassenjunge *m*

urethra <*pl* -s *or* -rae> [jʊəˈriːθrə, *pl* -riː] *n* ANAT Harnröhre *f*

urge [ɜːdʒ] **I.** *n* (*strong desire*) Verlangen *nt* (**for** nach); (*compulsion*) Drang *m* (**for** nach); PSYCH Trieb *m*; **to get the ~ to do sth** Lust bekommen, etw zu tun; **irresistible ~** unwiderstehliches Verlangen; **sexual ~** Sexual-/Geschlechtstrieb *m*; **to give in to the ~ to do sth** dem Verlangen, etw zu tun, nicht widerstehen können **II.** *vt* ❶ (*try to persuade*) ■ **to ~ sb** [**to do sth**] jdn drängen[, etw zu tun] ❷ (*advocate*) ■ **to ~ sth** auf etw *akk* drängen, zu etw *dat* drängen; **I ~ you to reconsider your decision** ich rate Ihnen dringend, Ihren Beschluss zu überdenken; **to ~ caution/vigilance** zur Vorsicht/Wachsamkeit mahnen ❸ (*form: persuade to accept*) ■ **to ~ sth on sb** jdn zu etw *dat* drängen ◆ **urge on** *vt* ■ **to ~ sb on** [**to do sth**] jdn [dazu] antreiben[, etw zu tun]

ur·gen·cy [ˈɜːdʒənsi] *n no pl* ❶ (*top priority*) Dringlichkeit *f*; *of problem, situation also* Vordringlichkeit *f*; **to be a matter of ~** äußerst dringend sein ❷ (*insistence*) Eindringlichkeit *f*

ur·gent [ˈɜːdʒənt] *adj* ❶ (*imperative*) dringend; *situation* brisant; (*on letter*) ‚eilt'; **to be in ~ need of sth** dringend etw benötigen ❷ (*insistent*) eindringlich; *steps* eilig; *plea* deutlich

ur·gent·ly [ˈɜːdʒəntli] *adv* ❶ (*imperatively*) dringend ❷ (*insistently*) eindringlich

uri·nal [jʊəˈraɪnəl, -rɪ-] *n* ❶ (*men's toilet*) Pissoir *nt* ❷ (*for patient*) Uringlas *nt*

uri·nary [ˈjʊərɪnəri] *adj* Harn-; **~ diseases** Erkrankungen *pl* der Harnwege

uri·nate [ˈjʊərɪneɪt] *vi* urinieren

urine [ˈjʊərɪn] *n no pl* Urin *m*

URL [ˌjuːɑːˈel] *n abbrev of* **uniform resource locator** URL *m*

urn [ɜːn] *n* ❶ (*garden ornament*) Krug *m*; (*for remains*) [Grab]urne *f* ❷ (*for drinks*) großer, hoher Metallbehälter mit Deckel für heiße Getränke; **tea ~** Teekessel *m*

urol·ogy [jʊəˈrɒlədʒi] *n no pl* SCI, MED Urologie *f fachspr*

Uru·guay [ˈjʊərəgwaɪ] *n* Uruguay *nt*

Uru·guay·an [ˌjʊərəˈgwaɪən] *adj* uruguayisch

us [ʌs, əs] *pron* ❶ (*object of we*) uns *in dat o akk*; **let ~ know** lassen Sie es uns wissen; **both/many of ~** wir beide/viele von uns; **it's ~** wir sind's; **older than ~** älter als wir; **them and ~** (*fam*) gleicher als gleich; **~ against them** (*fam*) wir gegen sie ❷ (*Aus*, BRIT (*fam: me*)) mir *in dat*, mich *in akk*; **give ~ a kiss** gib mir einen Kuss ❸ AM (*fam: to, for ourselves*) uns

USA [ˌjuːesˈeɪ] *n no pl* ❶ (*country*) *abbrev of* **United States of America**: ■ **the ~** die

USA *pl* ❷ (*army*) *abbrev of* **United States Army** Armee *f* der USA

us·able ['juːzəbl] *adj* brauchbar, nutzbar; ■ **to [not] be ~** [nicht] zu gebrauchen sein; **~ software** verwendbare Software

USAF [ˌjuːeseɪ'ef] *n no pl abbrev of* **United States Air Force** Luftwaffe *f* der Vereinigten Staaten

us·age ['juːsɪdʒ] *n* ❶ *no pl* (*handling*) Gebrauch *m*; (*consumption*) Verbrauch *m* ❷ *no pl* (*customary practice*) Usus *m geh*; **it's common ~** ... es ist allgemein üblich ... ❸ *of term, word* Verwendung *f*, Gebrauch *m* ❹ *no pl* (*manner of using language*) Sprachgebrauch *m*

USB [ˌjuːes'biː] *n abbrev of* **Universal Serial Bus** COMPUT USB *m*; **~ flash drive** USB-Stick *m*; **~ port** [*or* **interface**] USB-Schnittstelle *f*

use I. *vt* [juːz] ❶ (*make use of, utilize*) benutzen; *building, chance, one's skills, talent* nutzen; *method, force* anwenden; *dictionary, idea* verwenden; *poison, gas, chemical warfare* einsetzen; **I could ~ some help** ich könnte etwas Hilfe gebrauchen; **I could ~ a drink now** ich könnte jetzt einen Drink vertragen; **I've got to ~ the toilet** ich muss auf die Toilette; **to ~ drugs** Drogen nehmen; **to ~ swear words** fluchen; **to ~ sth against sb** etw gegen jdn verwenden ❷ (*employ*) einsetzen; **~ your head** jetzt schalt doch mal dein Hirn ein! *sl*; **~ your imagination!** lass doch mal deine Fantasie spielen!; **to ~ common sense** seinen gesunden Menschenverstand benutzen; **to ~ discretion/tact** diskret/taktvoll sein ❸ (*get through, consume*) verbrauchen; **we've ~d nearly all the bread** wir haben fast kein Brot mehr; **this radio ~s 1.5 volt batteries** für dieses Radio braucht man 1,5 Volt Batterien ❹ (*manipulate*) benutzen; (*exploit*) ausnutzen ❺ (*form: treat in stated way*) **to ~ sb badly/well** jdn schlecht/gut behandeln **II.** *n* [juːs] ❶ (*application, employment*) Verwendung *f* (**for** für); *of dictionary also* Benutzung *f*; *of talent, experience* Nutzung *m*; *of force, method* Anwendung *f*; *of poison, gas, labour* Einsatz *m*; **don't throw that away, you'll find a ~ for it one day** wirf das nicht weg – eines Tages wirst du es schon noch irgendwie verwenden können; **to lose the ~ of sth** *finger, limb* etw nicht mehr benutzen können; **the ~ of alcohol/drugs** der Alkohol-/Drogenkonsum; **directions for ~** Gebrauchsanweisung *f*; **for ~ in an emergency** für den Notfall; **for ~ in case of fire** bei Feuer; **for external ~ only** nur zur äußerlichen Anwendung; **for private ~ only** nur für den Privatgebrauch; **to be no longer in ~** nicht mehr benutzt werden; **to find a ~ for sth** für etw *akk* Verwendung finden; **to fall out of ~** nicht mehr benutzt werden; **to make ~ of sth** etw benutzen; *experience, talent* etw nutzen; **can you make ~ of that?** kannst du das gebrauchen? ❷ (*consumption*) Verwendung *f* ❸ (*usefulness*) Nutzen *m*; **can I be of any ~?** kann ich vielleicht irgendwie behilflich sein?; **what's the ~ of shouting?** was bringt es denn herumzuschreien?; **what's the ~** was soll's! *fam*; **to be no/not much ~ to sb** jdm nichts/nicht viel nützen; **is this of any ~ to you?** kannst du das vielleicht gebrauchen?; **it's no ~ [doing sth]** es hat keinen Zweck[, etw zu tun] ❹ (*right to use*) **to have the ~ of sth** *room, car* etw benutzen dürfen ❺ (*custom*) Brauch *m* ❻ (*out of order*) ■ **to be out of** [*or* AM, AUS *usu* **not in**] **~** nicht funktionieren ◆ **use up** *vt strength, energy* verbrauchen; (*completely*) [völlig] aufbrauchen; **I was tired and ~d up** ich war müde und ausgebrannt

used¹ [juːst] *vt only in past* **he ~ to teach** er hat früher unterrichtet; **my father ~ to say ...** mein Vater sagte [früher] immer, ...; **did you use to work in banking?** haben Sie früher im Bankgewerbe gearbeitet?; **you didn't use to like wine** früher mochtest du keinen Wein

used² [juːzd] *adj* ❶ (*not new*) gebraucht; **~ clothes** Secondhandkleidung *f* ❷ (*familiar with*) gewohnt; ■ **to be ~ to sth** etw gewohnt sein; **to become ~ to sth** sich an etw *akk* gewöhnen

use·ful ['juːsfəl] *adj* ❶ (*practical, functional*) nützlich (**for** für); **to make oneself ~** sich nützlich machen ❷ (*advantageous*) wertvoll; **to come in ~** gut zu gebrauchen sein ❸ (*effective*) hilfreich; *discussion* ergiebig ❹ (*fam: competent*) gut; **he's a ~ person to know if you get into trouble** es ist ganz gut, ihn zu kennen, wenn man in Schwierigkeiten gerät; **to be ~ with a drill** gut mit der Bohrmaschine umgehen können

use·ful·ness ['juːsfəlnəs] *n no pl* Nützlichkeit *f*; *of contribution, information also* Brauchbarkeit *f*; (*applicability*) Verwendbarkeit *f*

use·less ['juːsləs] *adj* ❶ (*pointless*) sinnlos; ■ **it's ~ [doing sth]** es ist sinnlos[, etw zu tun] ❷ (*fam: incompetent*) zu nichts zu gebrauchen *präd;* **he's a ~ goalkeeper** er taugt nichts als Torwart ❸ (*unusable*) unbrauchbar; **to be ~** nichts taugen; **to render sth ~** etw unbrauchbar machen

use·less·ness ['ju:ləsnəs] *n no pl* ❶ (*unproductiveness*) Nutzlosigkeit *f,* Unbrauchbarkeit *f* ❷ (*futility*) Sinnlosigkeit *f,* Zwecklosigkeit *f*

user ['ju:zʳ] *n* Benutzer(in) *m(f); of software, system also* Anwender(in) *m(f); of electricity, gas* Verbraucher(in) *m(f);* **drug ~** Drogenkonsument(in) *m(f)*

user-'friend·ly *adj* benutzerfreundlich

user 'inter·face *n* Benutzeroberfläche *f*

user 'pro·gram *n* Anwenderprogramm *nt*

user 'soft·ware *n* Anwendersoftware *f*

US-'friendly <-ier, -iest> *adj* den USA wohlgesinnt

ush·er ['ʌʃəʳ] I. *n* ❶ (*in theatre, church*) Platzanweiser(in) *m(f)* ❷ LAW Gerichtsdiener(in) *m(f)* ❸ BRIT (*escort*) Zeremonienmeister(in) *m(f)* II. *vt* **to ~ sb into a room/to his seat** jdn in einen Raum hineinführen/zu seinem Platz führen

ush·er·ette [ˌʌʃəˈret] *n* Platzanweiserin *f*

USP [ˌju:esˈpi:] *n* BRIT ECON *abbrev of* **unique selling proposition** USP *m*

USS [ˌju:esˈes] *n before n* MIL *abbrev of* **United States Ship** Schiff aus den Vereinigten Staaten

USSR [ˌju:esesˈɑ:ʳ] *n* (*hist*) *abbrev of* **Union of Soviet Socialist Republics** UdSSR *f*

usu·al ['ju:ʒəl] I. *adj* üblich, normal; **to find sth in its ~ place** etw an seinem gewohnten Platz vorfinden; **later/less/more than ~** später/weniger/mehr als sonst; **as [per] ~** wie üblich II. *n* (*fam: regular drink*) ▪ **the ~** das Übliche

usu·al·ly ['ju:ʒəli] *adv* normalerweise

usu·fruct ['ju:sjʊfrʌkt] *n no pl* LAW Nießbrauch *m fachspr*

usu·rer ['ju:ʒərəʳ] *n* LAW Wucherer *m/* Wucherin *f*

usu·ri·ous [ju:ˈzjʊəriəs] *adj esp* LAW wucherisch; **~ rates** Wucherzinsen *pl*

usurp [ju:ˈzɜ:p] *vt* ❶ (*take position*) sich *dat* widerrechtlich aneignen; *power* an sich *akk* reißen ❷ (*supplant*) verdrängen

usurp·er [ju:ˈzɜ:pəʳ] *n* Usurpator(in) *m(f) geh*

usu·ry ['ju:ʒəri] *n no pl esp* LAW Wucher *m*

USW [ˌju:esˈdʌblju:] *n abbrev of* **ultrashort waves** UKW

uten·sil [ju:ˈten(t)səl] *n* Utensil *nt;* **kitchen ~s** Küchengeräte *pl*

uter·ine ['ju:təʳraɪn] *adj* Gebärmutter-

uter·us <*pl* -ri *or* -es> ['ju:təʳrəs] *n* Gebärmutter *f*

utili·tar·ian [ˌju:tɪlɪˈteəriən] *adj* ❶ (*philosophy*) utilitaristisch ❷ (*functional*) funktionell

util·ity [ju:ˈtɪləti] I. *n* ❶ (*usefulness*) Nützlichkeit *f* ❷ *usu pl* (*public service*) Leistungen *pl* der öffentlichen Versorgungsbetriebe; **~ bill** [Ab]rechnung *f* der öffentlichen Versorgungsbetriebe II. *adj* (*useful*) Mehrzweck-; **~ vehicle** Mehrzweckfahrzeug *nt*

u'til·ity room *n* ≈ Vorratskammer *f* und Technikraum *m* (*Raum, in dem z.B. auch Waschmaschine und Trockner stehen*)

uti·liz·able ['ju:tɪlaɪzəbl̩] *adj* (*form*) verwendbar, nutzbar

uti·li·za·tion [ˌju:tʰəlaɪˈzeɪʃʰən] *n no pl* (*form*) Verwendung *f;* ECON Auslastung *f*

uti·lize ['ju:tɪlaɪz] *vt* nutzen

ut·most ['ʌtməʊst] I. *adj attr* größte(r, s); **with the ~ care/precision** so sorgfältig/ genau wie möglich; **with the ~ caution/ reluctance** mit äußerster Vorsicht/Zurückhaltung; **of the ~ importance** von äußerster Wichtigkeit II. *n no pl* ▪ **the ~** das Äußerste (**in** an); ▪ **at the ~** höchstens; ▪ **to the ~** bis zum Äußersten; **to try one's ~** sein Bestes geben

Uto·pia [ju:ˈtəʊpiə] *n no pl* Utopia *nt*

uto·pian [ju:ˈtəʊpiən] *adj* utopisch

ut·ter[1] ['ʌtəʳ] *adj attr* vollkommen; **in ~ disbelief** völlig ungläubig; **~ fool** Vollidiot(in) *m(f) fam;* **~ nonsense** absoluter Blödsinn; **complete and ~** total; **a complete and ~ waste of time** eine totale Zeitverschwendung; **to be a complete and ~ arsehole** BRIT [*or* AM **asshole**] (*pej vulg!*) sich unterirdisch verhalten *pej fam*

ut·ter[2] ['ʌtəʳ] *vt* ❶ (*liter: make a noise*) von sich *dat* geben; **no one ~ed a sound** keiner brachte einen Ton heraus; **to ~ a groan** stöhnen; **without ~ing a word** ohne ein Wort zu sagen ❷ (*liter: put into words*) sagen; *curse, threat* ausstoßen; *oath* schwören; *prayer* sprechen; *warning* aussprechen

ut·ter·ance ['ʌtəʳən(t)s] *n* ❶ (*form: statement*) Äußerung *f;* **a child's first ~s** die ersten Worte eines Kindes ❷ *no pl* (*form: act of speaking*) Sprechen *nt*

ut·ter·ly ['ʌtəli] *adv* vollkommen; **to be ~ convinced that ...** vollkommen [davon] überzeugt sein, dass ...; **to find sb/sth ~ irresistible** jdn/etw absolut unwiderstehlich finden

ut·ter·most [ˈʌtəməʊst] *n, adj see* **utmost**
U-turn [ˈjuːtɜːn] *n* ① (*of a car*) Wende *f*; **to do a ~** wenden ② (*change of plan*) Kehrtwendung *f*
UV [ˌjuːˈviː] *abbrev of* **ultraviolet** UV
UVF [ˌjuːviːˈef] *n abbrev of* **Ulster Volunteer Force** UVF

uvu·la ⟨*pl* -lae⟩ [ˈjuːvjələ, *pl* -liː] *n* ANAT [Gaumen]zäpfchen *nt*
uxo·ri·ous [ʌkˈsɔːriəs] *adj* (*form*) *husband* blind ergeben
Uz·bek [ˈʊzbek] *adj* usbekisch
Uz·beki·stan [ʊzˌbekɪˈstɑːn] *n no pl* GEOG Usbekistan *nt*

Vv

V ⟨*pl* -'s *or* -s⟩ *n*, **v** ⟨*pl* -'s⟩ [viː] *n* ① (*letter of alphabet*) V *nt*, v *nt*; *see also* **A** 1 ② (*Roman numeral*) V (*römisches Zahlzeichen für 5*) ③ (*shape*) V *nt*; **V-shaped neck** V-Ausschnitt *m*
v [viː] I. *adv abbrev of* **very** II. *n* LING *abbrev of* **verb** v III. *prep abbrev of* **verse, verso, versus** vs.
vac [væk] I. *n* ① BRIT (*fam*) *short for* **vacation** Semesterferien *pl* ② (*fam*) *short for* **vacuum cleaner** Staubsauger *m* ③ (*fam*) *short for* **vacuum clean: to give sth a ~** etw [staub]saugen II. *vt* ⟨-cc-⟩ (*fam*) *short for* **vacuum clean** [staub]saugen
va·can·cy [ˈveɪkən(t)si] *n* ① (*unoccupied room*) freies Zimmer; **'vacancies'** ‚Zimmer frei'; **'no vacancies'** ‚belegt' ② (*appointment*) freier Termin ③ (*employment*) freie Stelle; **to fill a ~** eine [freie] Stelle besetzen ④ *no pl* (*emptiness*) *of expression* Leere *f*; *of look* Ausdruckslosigkeit *f* ⑤ (*lack of thought*) Gedankenlosigkeit *f*
va·cant [ˈveɪkənt] *adj* ① (*empty*) *bed, chair, seat* frei; *house* unbewohnt; *plot* [*of land*] unbebaut; (*on toilet door*) ‚~', frei' ② (*employment*) unbesetzt; **to fall ~** frei werden ③ (*unfilled time*) frei ④ (*expressionless*) leer; **~ stare** ausdrucksloser Blick
va·cant·ly [ˈveɪkəntli] *adv* (*without thought*) leer; (*without expression*) ausdruckslos; **to gaze ~ into space** geistesabwesend ins Leere starren
va·cate [vəˈkeɪt] *vt* räumen; *job, position, post* aufgeben; *place, seat* frei machen
va·ca·tion [vəˈkeɪʃən] I. *n* ① AM (*proper holiday*) Ferien *pl*, Urlaub *m*; **to take a ~** Urlaub machen; ■ **to be on ~** im Urlaub sein ② UNIV Semesterferien *pl*; LAW Gerichtsferien *pl*; AM, AUS SCH (*school holidays*) [Schul]ferien *pl* ③ *no pl* (*relinquish*) **~ of a house** Räumung *f* eines Hauses;
~ of a post Aufgabe *f* eines Postens II. *vi* AM Urlaub machen
va·ca·tion·er [veɪˈkeɪʃənɚ] *n* AM Urlauber(in) *m(f)*
vac·ci·nate [ˈvæksɪneɪt] *vt* impfen (**against** gegen)
vac·ci·na·tion [ˌvæksɪˈneɪʃən] *n* [Schutz]impfung *f* (**against** gegen)
vac·cine [ˈvæksiːn] *n* Impfstoff *m*
vac·il·late [ˈvæsəleɪt] *vi* schwanken
vac·il·la·tion [ˌvæsəˈleɪʃən] *n* Schwanken *nt kein pl*
va·cu·ity [væˈkjuːəti] *n* ① *no pl* (*pej: vacancy of mind*) Leere *f*; (*brainlessness*) Geistlosigkeit *f*; (*lack of expression*) Ausdruckslosigkeit *f* ② (*inane remarks*) ■ **vacuities** *pl* Plattheiten *pl*
vacu·ous [ˈvækjuəs] *adj* ① (*inane*) *person, question* geistlos; *remark also* nichts sagend ② (*expressionless*) *look, expression* ausdruckslos, leer
vacuum ⟨*pl* -s *or form* -cua⟩ [ˈvækjuːm, *pl* -kjuə] I. *n* ① (*area without gas/air*) Vakuum *nt* ② (*fig: gap*) Vakuum *nt*, Lücke *f*; **to fill/leave a ~** eine Lücke füllen/hinterlassen ③ ⟨*pl* -s⟩ (*Hoover*) Staubsauger *m* II. *vt* [staub]saugen; ■ **to ~ up** ⟳ **sth** etw aufsaugen
ˈvacuum bot·tle *n*, **ˈvacuum flask** *n esp* BRIT Thermosflasche *f* **ˈvacuum clean·er** *n* Staubsauger *m* **ˈvacuum-pack·aged** *adj*, **ˈvacuum-packed** *adj* vakuumverpackt **ˈvacuum suc·tion** *n* Vakuumabsaugung *f*
vaga·bond [ˈvægəbɒnd] I. *n* (*dated*) Vagant *m* II. *adj* umherziehend *attr*, vagabundierend *attr*
va·gary [ˈveɪgəri] *n* ① (*caprice, whimsy*) Laune *f*, Kaprize *f* ÖSTERR ② (*fig*) ■ **vagaries** *pl* (*unpredictable change*) Launen *pl*; **the vagaries of life** die Wechselfälle *pl* des Lebens

va·gi·na [vəˈdʒaɪnə] *n* ANAT Vagina *f*, Scheide *f*

vagi·nal [vəˈdʒaɪnəl] *adj* ANAT, MED vaginal *fachspr,* Vaginal- *fachspr,* Scheiden-; **~ discharge** Ausfluss *m*

va·gran·cy [ˈveɪgrən(t)si] *n no pl* ❶ (*homelessness*) Obdachlosigkeit *f* ❷ (*dated*) Landstreicherei *f*

va·grant [ˈveɪgrənt] **I.** *n* ❶ (*dated*) Landstreicher(in) *m(f)* ❷ (*homeless person*) Obdachlose(r) *f(m)* **II.** *adj* vagabundierend

vague [veɪg] *adj* ❶ (*not distinct*) ungenau, vage; *figure, shape* verschwommen, undeutlich ❷ (*imprecise*) *person* zerstreut; ▪ **to be ~ about sth** sich [nur] vage zu etw *dat* äußern

vague·ly [ˈveɪgli] *adv* vage; **he does look ~ familiar** er kommt mir irgendwie bekannt vor; **to ~ remember** sich dunkel erinnern

vague·ness [ˈveɪgnəs] *n no pl* ❶ (*imprecision*) Unbestimmtheit *f* ❷ (*absent-mindedness*) Zerstreutheit *f*

vain [veɪn] *adj* ❶ (*pej: conceited*) eingebildet; (*about one's looks*) eitel ❷ (*futile*) sinnlos; *hope* töricht ❸ (*unsuccessful*) *attempt, effort* vergeblich; **in ~** vergeblich, umsonst

vain·glo·ri·ous [ˌveɪnˈglɔːriəs] *adj* (*pej liter*) dünkelhaft; *behaviour* überheblich; *manner* hochnäsig

va·lance [ˈvælən(t)s] *n* ❶ (*on bed*) Volant *m* ❷ AM (*on curtain rail*) Querbehang *m*

vale [veɪl] *n* ❶ (*liter: valley*) Tal *nt* ❷ (*place name*) **the V~ of Evesham/York** das Tal von Evesham/York

val·edic·tion [ˌvælɪˈdɪkʃən] *n* (*form*) Abschiedsrede *f*

val·edic·tory [ˌvælɪˈdɪktəri] *adj* Abschieds-; AM (*upon finishing school*) **~ address** Abschiedsrede *f*

va·lence [ˈveɪlən(t)s], **va·len·cy** [ˈveɪlən(t)si] *n* CHEM, PHYS Valenz *f fachspr;* **~ band/bond** Verbindungs-/Bindungswertigkeit *f fachspr*

Va·len·cia [vəˈlen(t)ʃiə] *n* Valencia *nt*

val·en·tine [ˈvæləntaɪn] *n* Person, die am Valentinstag von ihrem Verehrer/ihrer Verehrerin beschenkt wird; **the message on the card said "be my ~!"** auf der Karte stand: „sei mein Schatz am Valentinstag!"

'Val·en·tine's Day *n* Valentinstag *m*

va·lerian [vəˈlɪəriən] *n* Baldrian *m*

val·et [ˈvæleɪ] **I.** *n* ❶ (*esp hist: private servant*) Kammerdiener *m* ❷ (*car parker*) Person, die Autos (*meist im Hotel*) einparkt **II.** *vt* BRIT **to ~ a car** ein Auto waschen; (*on the inside*) den Innenraum eines Autos reinigen

'val·et ser·vice *n* BRIT Hotelwäscherei *f*

val·etu·di·nar·ian [ˌvælɪtjuːdɪˈneəriən] *n* (*esp pej form*) ❶ (*hypochondriac*) Hypochonder(in) *m(f);* (*health fanatic*) Gesundheitsapostel *m hum, pej fam* ❷ (*in poor health*) kränkelnde Person

val·iant [ˈvæliənt] *adj* (*approv*) mutig; *effort* kühn; *resistance* tapfer; *warrior* wacker

val·id [ˈvælɪd] *adj* ❶ (*well-founded*) begründet; (*worthwhile*) berechtigt; *argument* stichhaltig; *criticism* gerechtfertigt; *reason* triftig ❷ (*still in force*) *passport, qualification* gültig; LAW (*contractually binding*) rechtskräftig

vali·date [ˈvælɪdeɪt] *vt* ❶ (*officially approve*) anerkennen ❷ (*verify, authenticate*) bestätigen

va·lid·ity [vəˈlɪdəti] *n no pl* ❶ (*authentication*) Gültigkeit *f*; (*value*) Wert *m* ❷ (*significance*) Bedeutung *f*

val·ley [ˈvæli] *n* Tal *nt*

val·our [ˈvælər], AM **val·or** *n no pl* (*approv form*) Wagemut *m*

valu·able [ˈvæljuəbl] *adj* wertvoll; *gems* kostbar

valu·ables [ˈvæljuəblz] *npl* Wertsachen *pl*

valua·tion [ˌvæljuˈeɪʃən] *n* ❶ (*instance*) Schätzwert *m* ❷ *no pl* (*act*) Schätzung *f* ❸ FIN Bewertung *f*, Wertansatz *m*

valua·tor [ˈvæljueɪtər] *n* Schätzer(in) *m(f)*

value [ˈvæljuː] **I.** *n* ❶ *no pl* (*significance*) Wert *m*, Bedeutung *f*; **to be of little ~** wenig Wert haben; **to place a high ~ on sth** auf etw *akk* großen Wert legen ❷ *no pl* (*financial worth*) Wert *m;* **that restaurant is ~ for money** in diesem Restaurant bekommt man etwas für sein Geld ❸ (*monetary value*) Wert *m* ❹ (*moral ethics*) ▪ **~s** *pl* Werte *pl*, Wertvorstellungen *pl;* **moral ~s** Moralvorstellungen *pl* **II.** *vt* ❶ (*deem significant*) schätzen; **to ~ sb as a friend** jdn als Freund schätzen ❷ (*estimate financial worth*) schätzen; ▪ **to have sth ~d** etw schätzen lassen

value 'add·ed tax *n* Mehrwertsteuer *f*

valued [ˈvæljuːd] *adj* (*approv form*) geschätzt

value·less [ˈvæljuːləs] *adj* wertlos

valu·er [ˈvæljuːər] *n esp* BRIT Schätzer(in) *m(f)*

valve [vælv] *n* ❶ (*control device*) Ventil *nt*

vamp → vascular

❷ (*body part*) Klappe *f* ❸ (*wind instrument part*) Ventil *nt*
vamp¹ [væmp] *vi* MUS improvisieren
vamp² [væmp] *n* (*woman*) Vamp *m*
vam·pire ['væmpaɪəʳ] *n* Vampir *m*
van [væn] *n* ❶ (*vehicle*) Transporter *m;* **delivery** ~ Lieferwagen *m* ❷ AM (*car type*) Kleinbus *m;* (*smaller*) Minibus *m* ❸ BRIT (*railway*) **luggage** ~ Gepäckwagen *m*
van·dal ['vændəl] *n* Vandale *m pej*
van·dal·ism ['vændəlɪzəm] *n no pl* Vandalismus *m*
van·dal·ize ['vændəlaɪz] *vt* mutwillig zerstören; *building* verwüsten; *vehicle* demolieren
vane [veɪn] *n* Propellerflügel *m*
van·guard ['vængɑːd] *n no pl* ❶ (*esp form: advance guard*) Vorhut *f;* (*advance elements*) Spitze *f* ❷ (*fig: leader*) **he sees himself as being in the** ~ **of economic reform** er glaubt, dass er zu den Vorreitern der Wirtschaftsreform gehört
va·nil·la [vəˈnɪlə] I. *n no pl* Vanille *f* II. *adj* Vanille-; ~ **ice cream** Vanilleeis *nt*
van·ish ['vænɪʃ] *vi* ❶ (*disappear*) verschwinden; **to** ~ **into thin air** sich in Luft auflösen; **to** ~ **without trace** spurlos verschwinden ❷ (*cease to exist*) verloren gehen; **a** ~**ed era/past** ein verflossenes Zeitalter/eine vergangene Zeit; **to see one's hopes** ~**ing** seine Hoffnungen schwinden sehen
'**van·ish·ing cream** *n* (*dated*) Pflegecreme *f* '**van·ish·ing point** *n* ❶ (*horizon*) Fluchtpunkt *m* ❷ (*fig*) Nullpunkt *m*
van·ity ['vænəti] *n no pl* Eitelkeit *f*
'**van·ity bag** *n* Schminktasche *f* '**van·ity case** *n* Kosmetikkoffer *m*
van·quish ['væŋkwɪʃ] *vt* (*esp liter*) bezwingen
van·tage ['vɑːntɪdʒ] *n* Aussichtspunkt *m*
'**van·tage point** *n* ❶ (*outlook*) Aussichtspunkt *m* ❷ (*fig: ideological perspective*) Blickpunkt *m*
Va·nu·atu [ˌvænuˈɑːtuː] *n no pl* Vanuatu *nt*
vap·id ['væpɪd] *adj* (*pej*) banal
va·por *n* AM *see* **vapour**
va·pori·za·tion [ˌveɪpəraɪˈzeɪʃən] *n* (*slow*) Verdunstung *f;* (*quick*) Verdampfung *f*
va·por·ize ['veɪpəraɪz] I. *vt* verdampfen II. *vi* (*slowly*) verdunsten; (*quickly*) verdampfen
va·por·iz·er ['veɪpəraɪzəʳ] *n* Inhalator *m*
va·pour ['veɪpəʳ] *n* (*steam*) Dampf *m;* (*breath*) Atem[hauch] *m;* **water** ~ Wasserdampf *m*

'**va·pour pres·sure** *n no pl* Gasdruck *m*
'**va·pour trail** *n* Kondensstreifen *m*
varia·bil·ity [ˌveəriəˈbɪləti] *n no pl* Veränderlichkeit *f*
vari·able ['veəriəbl] I. *n* Variable *f* II. *adj* variabel, veränderlich; *quality* wechselhaft; *weather* unbeständig
vari·ance ['veəriən(t)s] *n* ❶ *no pl* (*form: at odds*) ■**to be at** ~ **with sth** mit etw *dat* nicht übereinstimmen ❷ *no pl* (*variation*) Abweichung *f* ❸ AM LAW (*special permission*) Sondergenehmigung *f*
vari·ant ['veəriənt] I. *n* Variante *f* II. *adj attr* variierend, unterschiedlich
varia·tion [ˌveəriˈeɪʃən] *n* ❶ *no pl* (*variability*) Abweichung *f* ❷ (*difference*) Schwankung[en] *f[pl]* ❸ LIT, MUS Variation *f* (**on** über)
vari·cose ['værɪkə(ʊ)s] *adj* varikös *fachspr*
var·ied ['veərid] *adj* unterschiedlich; *career* bewegt; *group* bunt gemischt
varie·gat·ed ['veərɪgeɪtɪd] *adj* ❶ (*with variety*) vielfältig ❷ (*multicoloured*) mischfarbig; BOT panaschiert *fachspr;* ~ **leaves** bunte Blätter
va·ri·ety [vəˈraɪəti] *n* ❶ *no pl* (*absence of monotony*) Vielfalt *f;* (*in a job also*) Abwechslungsreichtum *m;* ECON Auswahl *f* ❷ *no pl* (*differing from one another*) Verschiedenartigkeit *f* ❸ *no pl* **a** ~ **of courses** verschiedene Kurse; **in a** ~ **of ways** auf vielfältige Weise ❹ (*category*) Art *f;* BIOL Spezies *f;* **a new** ~ **of tulip/sweetcorn** eine neue Tulpen-/Maissorte ❺ *no pl* (*entertainment*) Varietee *nt*
va·ri·ety show *n* Varieteeshow *f* **va·ri·ety thea·tre** *n* BRIT Varieteetheater *nt*
vari·fo·cal ['veərɪfəʊkəl] *adj lenses, glasses* Gleitsicht-
vari·ous ['veəriəs] *adj* verschieden
var·mint ['vɑːrmɪnt] *n* AM Schädling *m;* (*fig fam: mischievous person*) Tunichtgut *m*
var·nish ['vɑːnɪʃ] I. *n* <*pl* -es> Lack *m;* (*on painting*) Firnis *m* II. *vt* lackieren
var·sity ['vɑːsəti] *n* BRIT (*fam*) Uni *f*
vary <-ie-> ['veəri] I. *vi* ❶ (*differ*) variieren, verschieden sein; **to** ~ **greatly** stark voneinander abweichen ❷ (*change*) sich verändern; (*fluctuate*) schwanken II. *vt* variieren; **to** ~ **one's diet** abwechslungsreich essen
vary·ing ['veərɪɪŋ] *adj* (*different*) unterschiedlich; (*fluctuating*) variierend; *costs* schwankend
vas·cu·lar ['væskjələʳ] *adj* BOT, MED vaskulär *fachspr*

vase [vɑːz] n Vase f

vas·sal ['væsəl] n ❶ (hist: feudal subject) Vasall m ❷ (fig, pej: puppet) Marionette f

vas·sal·age ['væsəlɪdʒ] n no pl (hist) Vasallentum nt

vast [vɑːst] adj gewaltig, riesig; country weit; majority überwältigend

vast·ly ['vɑːstli] adv wesentlich, erheblich; ~ **superior** haushoch überlegen

vast·ness ['vɑːstnəs] n no pl riesige Ausmaße pl

vat [væt] n (for beer, wine) Fass nt; (with open top) Bottich m

VAT [ˌviːeɪˈtiː] n no pl BRIT abbrev of value added tax MwSt f

Vati·can ['vætɪkən] I. n no pl ■the ~ der Vatikan II. adj attr Vatikan-, des Vatikans nach n

vau·de·ville ['vɑːdvɪl] n no pl AM (old: variety theatre) Varietee nt

vault [vɔːlt] I. n ❶ (arch) Gewölbebogen m ❷ (ceiling) Gewölbe nt ❸ (strongroom) Tresorraum m; (safe repository) Magazin nt ❹ (in church) Krypta f; (at cemeteries) Gruft f ❺ (jump) Sprung m II. vt (jump) ■to ~ sth über etw akk springen; athletics etw überspringen (**over** über) III. vi springen

vault·ed ['vɔːltɪd] adj gewölbt

vault·ing ['vɔːltɪŋ] I. n no pl Wölbung f II. adj attr (fig) rasch ansteigend; ambition skrupellos; costs explodierend

'**vault·ing horse** n Sprungpferd nt '**vault·ing pole** n Stab m (für Stabhochsprung)

vaunt [vɔːnt] vt preisen

VC [ˌviːˈsiː] n BRIT abbrev of **Victoria Cross** Viktoriakreuz nt (Tapferkeitsmedaille)

VCR [ˌviːsiːˈɑːr] n AM abbrev of **video cassette recorder** Videorekorder m

VD [ˌviːˈdiː] n no pl MED (dated) abbrev of **venereal disease** Geschlechtskrankheit f

VDU [ˌviːdiːˈjuː] n abbrev of **visual display unit** Sichtgerät nt

VE [ˌviːˈiː] abbrev of **Victory in Europe** Sieg m in Europa; **VE Day** Tag an dem der Sieg der Alliierten im Zweiten Weltkrieg in Europa gefeiert wird

veal [viːl] n no pl Kalbfleisch nt

vec·tor ['vektər] n ❶ (changing quantity) Vektor m ❷ (disease transmitter) Überträger m

veer [vɪər] vi ❶ (alter course) abdrehen ❷ (alter goal) umschwenken; ■to ~ **back and forth between sth** zwischen etw dat hin und her pendeln; ■to ~ **towards sth** auf etw akk hinsteuern; **to ~ from one's usual opinions** von seiner üblichen Meinung abgehen

veg[1] [vedʒ] n no pl (fam) short for **vegetable(s)** Gemüse nt; fruit and ~ stall/shop Obst- und Gemüsestand m/-laden m

veg[2] [vedʒ] vi (fam) ■**to ~ out** herumhängen

ve·gan ['viːgən] I. n Veganer(in) m(f) II. adj vegan; **to turn ~** Veganer(in) m(f) werden

veg·e·ta·ble ['vedʒtəbl] n ❶ (plant) Gemüse nt; **fresh fruit and ~ s** frisches Obst und Gemüse ❷ (as opposed to animal and mineral) Pflanze f ❸ (fig, pej: inactive person) Faulpelz m fam ❹ (fig, pej fam: severely disabled person) Scheintote(r) f(m); **to be a ~** vor sich dat hin vegetieren

'**veg·eta·ble fat** n pflanzliches Fett '**veg·eta·ble gar·den** n Gemüsegarten m **veg·eta·ble 'king·dom** n no pl Pflanzenreich nt '**veg·eta·ble oil** n pflanzliches Öl

veg·etar·ian [ˌvedʒɪˈteəriən] I. n Vegetarier(in) m(f) II. adj vegetarisch; **to go ~** Vegetarier(in) m(f) werden

veg·etate ['vedʒɪteɪt] vi vegetieren

veg·eta·tion [ˌvedʒɪˈteɪʃən] n no pl (in general) Pflanzen pl; (in specific area) Vegetation f

'**veg·gie box** n FOOD Abokiste f

veg·gie·bur·ger ['vedʒiˌbɜːgər] n Gemüseburger m

ve·he·mence ['viːəmən(t)s] n no pl Vehemenz f

ve·he·ment ['viːəmənt] adj vehement, heftig; critic scharf

ve·hi·cle ['vɪəkl] n ❶ (transport) Fahrzeug nt ❷ (fig: means of expression) Vehikel nt (for für)

ve·hi·cle reg·is·'tra·tion cen·tre n BRIT Kfz-Zulassungsstelle f **ve·hi·cle reg·is·'tra·tion num·ber** n Kfz-Kennzeichen nt

ve·hicu·lar [vɪˈɪkjələr] adj attr (form) Fahrzeug-; ~ **access** Zufahrt f

veil [veɪl] I. n (also fig) Schleier m II. vt ❶ usu passive (cover by veil) ■**to be ~ed** verschleiert sein; ■**to ~ oneself** sich verschleiern ❷ (fig: cover) verschleiern; **he tried to ~ his contempt by changing the subject** er versuchte seine Verachtung zu verbergen, indem er das Thema wechselte ❸ (envelop) einhüllen

veiled [veɪld] adj ❶ (wearing a veil) verschleiert ❷ (fig: concealed) verschleiert; criticism, hint, threat versteckt

vein [veɪn] n ❶ (blood vessel) Vene f ❷ BOT, ZOOL, MIN Ader f ❸ (fig: element) Spur f ❹ usu sing (style) Stil m

veined [veɪnd] *adj* geädert

Vel·cro® [ˈvelkrəʊ] *n no pl* Klettverschluss *m*

veld *n*, **veldt** [velt] *n* Steppe *f*

ve·loc·ity [vɪˈlɒsəti] I. *n* (*form*) Geschwindigkeit *f* II. *adj attr* Geschwindigkeits-

vel·vet [ˈvelvɪt] *n no pl* Samt *m*

vel·vet·een [ˌvelvɪˈtiːn] *n no pl* Veloursamt *m*

vel·vety [ˈvelvɪti] *adj* (*fig*) samtig

ve·nal [ˈviːnəl] *adj* (*pej form*) bestechlich; *character* verdorben; *regime, ruler* korrupt

ve·nal·ity [viːˈnæləti] *n no pl* (*pej form*) Korruption *f*

vend [vend] *vt* verkaufen

ven·det·ta [venˈdetə] *n* Vendetta *f*

ˈvend·ing ma·chine *n* Automat *m*

ven·dor [ˈvendɔːʳ] *n* ❶ (*street seller*) Straßenverkäufer(in) *m(f)* ❷ (*form: seller of real estate*) Verkäufer(in) *m(f)*

ven·due [ˈvenduː] *n* AM (*public auction*) Auktion *f*

ve·neer [vəˈnɪəʳ] *n* ❶ (*covering layer*) Furnier *nt* ❷ *no pl* (*fig: false front*) Fassade *f*

ven·er·able [ˈvenərəbl̩] *adj* ❶ (*approv: deserving respect*) ehrwürdig; *family* angesehen; *tradition* alt ❷ (*esteemed through age*) *ruins* altehrwürdig ❸ (*very old*) *age* ehrwürdig ❹ *no pl* ■**the V~** (*Anglican archdeacon's title*) Hochwürden

ven·er·ate [ˈvenəreɪt] *vt* (*form*) verehren, bewundern (**for** für)

ven·er·a·tion [ˌvenəˈreɪʃən] *n no pl* Verehrung *f*

ve·nereal [vəˈnɪəriəl] *adj* MED venerisch *fachspr*; ~ **disease** Geschlechtskrankheit *f*

Ve·netian [vəˈniːʃən] *adj* venezianisch

ve·netian ˈblind *n* Jalousie *f*

Ven·ezue·la [ˌvenɪˈzweɪlə] *n no pl* Venezuela *nt*

Ven·ezue·lan [ˌvenɪˈzweɪlən] I. *adj* venezolanisch II. *n* Venezolaner(in) *m(f)*

venge·ance [ˈvendʒən(t)s] *n no pl* ❶ (*revenge*) Rache *f*; **to exact** ~ Rache üben; **to take/vow** ~ Rache nehmen/schwören ❷ (*fig: great energy*) ■**with a** ~ mit voller Kraft

ve·nial [ˈviːniəl] *adj* (*form*) verzeihlich; *sin* harmlos

veni·son [ˈvenɪsən] *n no pl* Rehfleisch *nt*

ven·om [ˈvenəm] *n no pl* (*toxin*) Gift *nt*; (*fig: viciousness*) Bosheit *f*

ven·om·ous [ˈvenəməs] *adj* giftig *a. fig*

ve·nous [ˈviːnəs] *adj* ANAT, MED venös *fachspr*

vent [vent] I. *n* ❶ (*gas outlet*) Abzug *m*; **air** ~ Luftschacht *m* ❷ FASHION (*opening*) Schlitz *m* ❸ (*fig: release of feelings*) Ventil *nt*; **to give** ~ **to one's anger/rage** seinem Ärger/seiner Wut Luft machen; **to give** ~ **to one's feelings** seinen Gefühlen Ausdruck geben II. *vt* ■**to** ~ **sth** etw *dat* Ausdruck geben; **to** ~ **one's anger on sb** seine Wut an jdm auslassen III. *vi* Dampf ablassen *fam*

ven·ti·late [ˈventɪleɪt] *vt* ❶ (*with air*) lüften ❷ (*form: verbalize*) ■**to** ~ **sth** etw *dat* Ausdruck verleihen *geh*

ven·ti·la·tion [ˌventɪˈleɪʃən] *n no pl* Belüftung *f*

ven·ti·ˈla·tion duct *n* Belüftungsschacht *m*

ven·ti·la·tor [ˈventɪleɪtəʳ] *n* ❶ (*air outlet*) Abzug *m*; (*device for freshening air*) Ventilator *m* ❷ (*breathing apparatus*) Beatmungsgerät *nt*

ven·tri·cle [ˈventrɪkl̩] *n* Herzkammer *f*

ven·trilo·quist [venˈtrɪləkwɪst] *n* Bauchredner(in) *m(f)*

ven·ture [ˈventʃəʳ] I. *n* Projekt *nt*; ECON Unternehmen *nt*; **joint** ~ Jointventure *nt fachspr* II. *vt* (*dare to express*) ■**to** ~ **sth** etw vorsichtig äußern; **to** ~ **an opinion** sich *dat* erlauben, seine Meinung zu sagen III. *vi* sich vorwagen

ˈven·ture capi·tal *n no pl* Risikokapital *nt*

ven·ture·some [ˈventʃəsəm] *adj* ❶ (*adventurous*) *person* wagemutig; *entrepreneur* risikofreudig ❷ (*risky*) riskant; *journey* gefährlich

venue [ˈvenjuː] *n* ❶ (*location for event*) Veranstaltungsort *m*; (*for competition*) Austragungsort *m* ❷ AM LAW (*location for trial*) Verhandlungsort *m*

Ve·nus [ˈviːnəs] *n no pl* Venus *f*

ve·rac·ity [vəˈræsəti] *n no pl* (*form*) Aufrichtigkeit *f*; *of an alibi* Glaubwürdigkeit *f*

ve·ran·da(h) [vəˈrændə] *n* Veranda *f*

verb [vɜːb] *n* Verb *nt*; **intransitive/transitive** ~ intransitives/transitives Verb

ver·bal [ˈvɜːbəl] I. *adj* ❶ (*oral*) mündlich ❷ (*pertaining to verb*) ~ **noun** Verbalsubstantiv *nt* II. *n* BRIT (*sl*) ■~**s** *pl* mündliche Aussage

ver·bal·ize [ˈvɜːbəlaɪz] I. *vt* ausdrücken II. *vi* sich verbal ausdrücken; **to start to** ~ *children* anfangen zu sprechen

ver·bal·ly [ˈvɜːbəli] *adv* verbal, mündlich

ver·ba·tim [vɜːˈbeɪtɪm] I. *adj* wörtlich II. *adv* wortwörtlich

ver·bi·age [ˈvɜːbiːdʒ] *n no pl* (*pej form*) Worthülsen *pl*; (*in a speech*) Floskeln *pl*

ver·bose [vɜːˈbəʊs] *adj* (*pej*) wortreich; *speech* weitschweifig

ver·bos·ity [vɜː'bɒsəti] *n no pl* (*pej*) Wortfülle *f*
ver·dant ['vɜːdənt] *adj* (*liter*) fruchtbar; *garden* üppig; *lawn* sattgrün
ver·dict ['vɜːdɪkt] *n* ❶ (*judgement*) Urteil *nt;* **~ of guilty** [**with extenuating circumstances**] Schuldspruch *m* [mit mildernden Umständen]; **~ of not guilty** Freispruch *m;* **unanimous ~** einstimmiges Urteil; **to deliver a ~** ein Urteil verkünden ❷ (*opinion*) Urteil *nt;* **to give a ~ on sth** ein Urteil über etw *akk* fällen
ver·di·gris ['vɜːdɪɡrɪs] *n no pl* Grünspan *m*
verge [vɜːdʒ] *n* ❶ (*physical edge*) Rand *m;* **on the ~ of the desert** am Rand der Wüste ❷ *esp* BRIT (*ribbon next to road*) [seitlicher] Grünstreifen ❸ (*fig: brink*) ▪**to be on the ~ of sth** am Rande von etw *dat* stehen; **to be on the ~ of collapse** kurz vor dem Zusammenbruch stehen ♦**verge on** *vi* ▪**to ~ on sth** etw *dat* nahe sein; **to ~ on the ridiculous** ans Lächerliche grenzen
ver·ger ['vɜːdʒəʳ] *n esp* BRIT Küster(in) *m(f)*
veri·fi·able [ˌverɪ'faɪəb|] *adj* verifizierbar *geh; fact* überprüfbar; *theory* nachweisbar
veri·fi·ca·tion [ˌverɪfɪ'keɪʃən] *n no pl* Verifizierung *f geh;* (*checking*) Überprüfung *f*
veri·fy <-ie-> ['verɪfaɪ] *vt* verifizieren *geh;* (*check*) überprüfen; (*confirm*) belegen
veri·si·mili·tude [ˌverɪsɪ'mɪlɪtjuːd] *n no pl* (*form*) Wahrhaftigkeit *f; of a painting* Wirklichkeitsnähe *f; of a story also* Authentizität *f*
veri·table ['verɪtəbl] *adj attr* wahr; **a ~ war of words** das reinste Wortgefecht
ver·mi·cel·li [ˌvɜːmɪ'tʃeli] *npl* ❶ (*pasta*) Fadennudeln *pl* ❷ BRIT (*in baking*) Schokosplitter *pl*
ver·mi·cide ['vɜːmɪsaɪd] *n* MED Wurmmittel *nt*
ver·mil·(l)ion [və'mɪljən] I. *n* Zinnoberrot *nt* II. *adj* zinnoberrot
ver·min ['vɜːmɪn] *npl* (*pej: animals*) Schädlinge *pl;* (*persons*) nutzloses Pack *pej;* **to control ~** Ungeziefer bekämpfen
ver·min·ous ['vɜːmɪnəs] *adj attr* (*pej*) voller Ungeziefer *nach n*
ver·mouth ['vɜːməθ] *n no pl* Wermut *m*
ver·nacu·lar [və'nækjələʳ] I. *n* Umgangssprache *f;* (*dialect*) Dialekt *m;* (*jargon*) Jargon *m* II. *adj* ❶ (*of language*) umgangssprachlich; (*as one's mother tongue*) muttersprachlich ❷ ARCHIT *building* funktional; MUS volksnah
ver·nal 'equi·nox *n* Frühlingsäquinoktium *nt fachspr*

ver·ru·ca <*pl* -s *or* -ae> [və'ruːkə, *pl* -kiː] *n* Warze *f*
ver·sa·tile ['vɜːsətaɪl] *adj actor, athlete* vielseitig; *material* vielseitig verwendbar
ver·sa·til·ity [ˌvɜːsə'tɪləti] *n no pl* (*flexibility*) Vielseitigkeit *f;* (*adjustability*) Anpassungsfähigkeit *f; of a device* vielseitige Verwendbarkeit
verse [vɜːs] *n* ❶ *no pl* (*poetical writing*) Dichtung *f;* **volume of ~** Gedichtband *m;* **in ~** in Versen *m* ❷ (*stanza of poetry*) *also* MUS Strophe *f* ❸ (*of scripture*) Vers *m*
versed [vɜːst] *adj* (*form*) **to be** [**well**] **~ in sth** (*knowledgeable about*) in etw *dat* [sehr] versiert sein *geh;* (*familiar with*) sich mit etw *dat* [gut] auskennen
ver·si·fy ['vɜːsɪfaɪ] I. *vi* dichten II. *vt* in Versform bringen
ver·sion ['vɜːʃən, -ʒən] *n* ❶ (*account*) Version *f;* (*description*) Darstellung *f* ❷ (*variant*) Version *f; of book, text, film* Fassung *f;* **abridged ~** Kurzfassung *f;* **revised ~** revidierte Ausgabe ❸ (*translation*) **English-language ~** englischsprachige Ausgabe
ver·sion·ing ['vɜːʃənɪŋ] *n no pl* FILM, COMPUT Versioning *nt* (*per Computer seine eigene Version eines Films erstellen*)
ver·so ['vɜːsəʊ] *n* ❶ PUBL (*left-hand page*) linke Seite; (*back of page*) Verso *nt fachspr* ❷ (*reverse side*) Rückseite *f; of coin also* Revers *m fachspr*
ver·sus ['vɜːsəs] *prep* gegen
ver·te·bra <*pl* -brae> ['vɜːtɪbrə, *pl* -briː] *n* Wirbel *m*
ver·te·bral ['vɜːtɪbrəl] *adj* ANAT, MED Wirbel-
ver·te·brate ['vɜːtɪbreɪt] BIOL I. *n* Wirbeltier *nt* II. *adj attr* Wirbel-
ver·tex <*pl* -es *or* -tices> ['vɜːteks, *pl* -tɪsiːz] *n* ❶ MATH Scheitel[punkt] *m* ❷ (*highest point*) Spitze *f*
ver·ti·cal ['vɜːtɪkəl] I. *adj* senkrecht, vertikal; *cliffs* senkrecht abfallend II. *n* ❶ (*vertical line*) Senkrechte *f*, Vertikale *f geh* ❷ (*of ski slopes*) Abfahrt *f*
ver·ti·cal·ly ['vɜːtɪkəli] *adv* senkrecht, vertikal; **to jump** [*or* **leap**] **~** senkrecht hochspringen; (*in basketball*) einen Korbleger machen
ver·tigi·nous [vɜː'tɪdʒɪnəs] *adj* (*form*) ❶ (*causing vertigo*) Schwindel erregend ❷ (*dizzy*) schwindlig
ver·ti·go ['vɜːtɪɡəʊ] *n no pl* (*feeling*) Schwindel *m;* MED Gleichgewichtsstörung *f*
verve [vɜːv] *n no pl* Begeisterung *f,* Verve *f geh*
very ['veri] I. *adv* ❶ (*extremely*) sehr, außerordentlich; **there's nothing ~ interesting**

on TV tonight es kommt nichts besonders Interessantes heute Abend im Fernsehen; **how are you? — ~ well, thanks** wie geht es dir? – sehr gut, danke ❷ *(to a great degree)* sehr; **~ much** sehr; **to feel ~ much at home** sich ganz wie zu Hause fühlen; **not ~ much** ... nicht besonders ... ❸ + *superl (to add force)* aller-; **the ~ best** der/die/das Allerbeste; **the ~ best of friends** die allerbesten Freunde; **to do the ~ best one can** sein Allerbestes geben; **at the ~ most/least** allerhöchstens/zumindest; **the ~ next day** schon am nächsten Tag; **the ~ same** genau der/die/das Gleiche ❹ *(I agree)* **~ well** [also] gut **II.** *adj attr* genau; **at the ~ bottom** zuunterst; **at the ~ end of** ganz am Ende einer S. *gen;* **the ~ fact that ...** allein schon die Tatsache, dass ...; **the ~ thought ...** allein der Gedanke ...; **they're the ~ opposite of one another** sie sind völlig unterschiedlich

Very light ['veri, 'vɪəri] *n* Leuchtkugel *f*

Very pis·tol ['veri, 'vɪəri] *n* Leuchtpistole *f*

vesi·cle ['vesɪkl] *n (blister)* also GEOL Blase *f;* *(pustule)* Pustel *f;* *(fluid-filled sac)* also BOT Bläschen *nt; (cyst)* Zyste *f*

ves·pers ['vespə'z] *npl* REL Vesper *f*

ves·sel ['vesəl] *n* ❶ NAUT *(form)* Schiff *nt* ❷ *(form: for liquid)* Gefäß *nt* ❸ *(liter: person)* **he saw his son as a ~ for his own ambitions** in seinem Sohn sollten sich seine eigenen Ambitionen verwirklichen ❹ ANAT, BOT Gefäß *nt*

vest [vest] **I.** *n* ❶ BRIT *(underwear)* Unterhemd *nt* ❷ *esp* AM *(outer garment)* Weste *f* ❸ *(jersey)* Trikot *nt* ❹ AM, AUS *(waistcoat)* [Anzugs]weste *f* ❺ BRIT *(T-shirt)* **~ [top]** ärmelloses T-Shirt **II.** *vt (form)* ❶ *usu passive (give)* **to be ~ed with the power to do sth** berechtigt sein, etw zu tun ❷ *(place)* **control has been ~ed in local authorities** die Aufsicht liegt bei den örtlichen Behörden; **to ~ one's hopes in sb/sth** seine Hoffnungen auf jdn/etw setzen **III.** *vi* LAW **a property ~s in sb** ein Besitz geht auf jdn über

ves·ti·bule ['vestɪbju:l] *n (form)* ❶ *(foyer)* Vorraum *m; (in a hotel, big building)* Eingangshalle *f; (in a theatre)* Foyer *nt* ❷ AM *(porch)* Veranda *f*

ves·tige ['vestɪdʒ] *n* ❶ *(trace)* Spur *f;* *(remainder)* Überrest *m* ❷ *(fig)* **there is no ~ of hope** es gibt keinerlei Hoffnung mehr; **there's not a ~ of truth in what she says** es ist kein Körnchen Wahrheit in dem, was sie sagt; **to remove the last ~ of doubt** den letzten Rest Zweifel ausräumen

vest·ments ['ves(t)mənts] *npl* ❶ *(for clergy)* Messgewand *nt; (for special occasion)* Ornat *m geh* ❷ *(hist: official clothes)* Amtstracht *f*

'vest-pock·et *adj attr* AM ❶ *(pocket-size)* Westentaschen-, im Westentaschenformat nach *n* ❷ *(very small)* Miniatur-, Mini-

ves·try ['vestri] *n* Sakristei *f*

vet[1] [vet] **I.** *n (animal doctor)* Tierarzt *m/*Tierärztin *f* **II.** *vt* <-tt-> ❶ *(examine)* überprüfen ❷ *usu passive* BRIT *(screen)* **to be ~ted** [auf Herz und Nieren] [über]prüft werden *fam*

vet[2] [vet] *n* AM MIL *(fam)* short for **veteran** Veteran(in) *m(f)*

vetch [vetʃ] *n* Wicke *f*

vet·er·an ['vetərən] **I.** *n* ❶ *(experienced person)* Veteran(in) *m(f),* alter Hase *hum* ❷ *(ex-military)* Veteran(in) *m(f)* **II.** *adj attr (experienced)* erfahren; *(of many years' standing)* langjährig; *(of an actor)* altgedient

vet·er·an 'car *n* BRIT Oldtimer *m*

'Vet·er·ans Day *n* AM *11. November, an dem als staatlicher Feiertag die Kriegsveteranen geehrt werden und der Kriegsopfer gedacht wird*

vet·eri·nar·ian [ˌvetərɪ'neriən] *n* AM *(vet)* Tierarzt *m*/Tierärztin *f*

vet·eri·nary ['vetərɪnəri] *adj attr* tierärztlich; **~ medicine** Tiermedizin *f*

veto ['vi:təʊ] **I.** *n* <*pl* -es> ❶ *(nullification)* Veto *nt;* **~ of a measure** Veto *nt* gegen eine Maßnahme; **presidential ~** Veto *nt* des Präsidenten ❷ *(right of refusal)* Vetorecht *nt;* **to have the power of ~** das Vetorecht haben; **to put a ~ on sth** *esp* BRIT *(fig)* etw verbieten **II.** *vt* **to ~ sth** ❶ *(officially refuse)* ein Veto gegen etw *akk* einlegen ❷ *(forbid)* etw untersagen

vex [veks] *vt* verärgern

vexa·tion [vek'seɪʃən] *n no pl (dated)* Ärger *m*

vexa·tious [vek'seɪʃəs] *adj (dated)* ärgerlich; *child* unausstehlich; *problem* leidig; LAW schikanös

v. g. *abbrev of* **very good** sehr gut

VHF [ˌvi:eɪtʃ'ef] **I.** *n no pl abbrev of* **very high frequency** UKW *f;* **on ~** auf UKW **II.** *adj attr abbrev of* **very high frequency** UKW-

via ['vaɪə] *prep* ❶ *(through)* über; **the flight goes ~ Frankfurt** der Flug geht über Frankfurt ❷ *(using)* per, via; **sent ~ email** per Email geschickt

vi·abil·ity [ˌvaɪəˈbɪləti] *n no pl* ❶ BIOL Lebensfähigkeit *f* ❷ *of businesses* Rentabilität *f* ❸ *(feasibility)* Realisierbarkeit *f*

vi·able [ˈvaɪəbl̩] *adj* ❶ *(successful)* existenzfähig; *of a company* rentabel ❷ *(feasible)* machbar; *alternative* durchführbar ❸ BIOL *(able to sustain life)* lebensfähig; *(able to reproduce)* zeugungsfähig

via·duct [ˈvaɪədʌkt] *n* Viadukt *m o nt;* *(bridge)* Brücke *f*

vibes [vaɪbz] *npl (fam)* ❶ *(vibrations)* Schwingungen *pl;* *(general feeling)* Klima *nt* ❷ *(vibraphone)* Vibraphon *nt*

vi·brant [ˈvaɪbrənt] *adj* ❶ *person* lebhaft; *(dynamic)* dynamisch ❷ *atmosphere, place* lebendig ❸ ECON ~ **economy** boomende Wirtschaft ❹ *colour* leuchtend ❺ *sound* sonor; *performance* temperamentvoll

vi·bra·phone [ˈvaɪbrəfəʊn] *n* Vibraphon *nt*

vi·brate [vaɪˈbreɪt] **I.** *vi* ❶ *(pulsate)* vibrieren; *person* zittern; **to ~ with emotion** vor Erregung zittern ❷ *sound* nachklingen **II.** *vt* vibrieren lassen; MUS zum Schwingen bringen

vi·bra·tion [vaɪˈbreɪʃən] *n* Vibration *f; of earthquake* Erschütterung *f;* PHYS Schwingung *f*

vi·bra·tor [vaɪˈbreɪtər] *n* Vibrator *m*

vic·ar [ˈvɪkər] *n* Pfarrer *m*

vic·ar·age [ˈvɪkərɪdʒ] *n* Pfarrhaus *nt*

vi·cari·ous [vɪˈkeərɪəs] *adj* ❶ *(through another person)* nachempfunden; *pleasure* indirekt; ~ **satisfaction** Ersatzbefriedigung *f;* **to get a ~ thrill out of sth** sich an etw *dat* aufgeilen *sl* ❷ *(form: delegated)* stellvertretend

vi·cari·ous·ly [vɪˈkeərɪəsli] *adv* indirekt, mittelbar; *(as substitute)* stellvertretend; **to experience sth ~** etw ersatzweise erleben; **to be ~ embarrassed** sich fremdschämen *fam*

vice[1] [vaɪs] *n* ❶ *(moral weakness)* Laster *nt* ❷ *no pl (immoral behaviour)* Lasterhaftigkeit *f* ❸ LAW Sittlichkeitsdelikt *nt*

vice[2] [vaɪs] *n (tool)* Schraubstock *m*

vice-ˈchair·man *n* stellvertretende(r) Vorsitzende(r) **vice-ˈchan·cel·lor** *n (senior official)* Vizekanzler(in) *m(f);* BRIT UNIV Rektor(in) *m(f)* **Vice ˈPresi·dent** *n,* **vice-ˈpresi·dent** *n* Vizepräsident(in) *m(f)*

vice ver·sa [ˌvaɪsiˈvɜːsə] *adv* umgekehrt

vi·cin·ity [vɪˈsɪnəti] *n (nearness)* Nähe *f; (surrounding area)* Umgebung *f;* ▪ **in the ~ [of sth]** in der Nähe [einer S. *gen*]; *(fig)* **they paid in the ~ of £3 million for their latest new player** sie haben um die 3 Millionen Pfund für ihren jüngsten Neuzugang gezahlt

vi·cious [ˈvɪʃəs] *adj* ❶ *(malicious)* boshaft, gemein; *attack* heimtückisch; *crime, murder* grauenhaft; *dog* bissig; *fighting* brutal; *gossip* gehässig ❷ *(causing pain)* grausam ❸ *(nasty)* gemein ❹ *(fig: powerful)* schrecklich; *wind* heftig

vi·cious ˈcir·cle *n,* **vi·cious ˈcy·cle** *n* Teufelskreis *m;* **to be caught in a ~** in einen Teufelskreis geraten

vi·cis·si·tude [vɪˈsɪsɪtjuːd] *n (form)* steter Wandel; ▪ **~s** *pl of circumstances* Unbeständigkeit *f;* **the ~s of life** die Launen *pl* des Schicksals

vic·tim [ˈvɪktɪm] *n* ❶ *(sb, sth harmed)* Opfer *nt;* **to fall ~ to sb/sth** jdm/etw zum Opfer fallen ❷ *(sufferer of illness)* **Max fell ~ to the flu** Max hat die Grippe erwischt *fam;* **cancer ~** Krebskranke(r) *f(m)* ❸ *(fig)* **to fall ~ to sb's charms** jds Charme *m* erliegen; **to be a ~ of fortune** dem Schicksal ausgeliefert sein

vic·tim·ize [ˈvɪktɪmaɪz] *vt* ungerecht behandeln; *(pick at)* schikanieren

vic·tor [ˈvɪktər] *n (person)* Sieger(in) *m(f);* **to emerge [as] the ~** als Sieger/Siegerin hervorgehen

Victoria Cross [vɪktɔːrɪəˈkrɒs] *höchste britische Tapferkeitsauszeichnung*

Vic·to·rian [vɪkˈtɔːrɪən] **I.** *adj* ❶ *(era)* viktorianisch ❷ *(fig, pej: prudish)* prüde ❸ AUS *(of or from Victoria)* aus Viktoria nach *n* **II.** *n* Viktorianer(in) *m(f);* *(fig, pej)* prüder Mensch

vic·to·ri·ous [vɪkˈtɔːrɪəs] *adj* siegreich; **to emerge ~** als Sieger/Siegerin hervorgehen

vic·tory [ˈvɪktəri] *n* Sieg *m* (**against** über); **to win a ~ [in sth]** [bei etw *dat*] einen Sieg erringen

vict·ual·ler [ˈvɪtlər] *n* **licensed ~** Gastwirt, der eine Lizenz für den Verkauf von Alkohol hat

vid [vɪd] *n (fam) short for* **video** Video *nt*

vi·deli·cet [vɪˈdiːlɪset] *adv (form)* nämlich

video [ˈvɪdɪəʊ] **I.** *n* ❶ *no pl (recording)* Video *nt* ❷ *(tape)* Videokassette *f* ❸ *(recorded material)* Videoaufnahme *f* ❹ *(of pop group)* Video *nt* ❺ BRIT *(recorder)* Videorekorder *m* **II.** *vt* auf Video aufnehmen

ˈvideo cam·era *n* Videokamera *f* **ˈvideo cas·sette** *n* Videokassette *f* **video ˈcon·fer·ence** *n* Videokonferenz *f* **ˈvideo game** *n* Videospiel *nt* **ˈvideo·phone** *n* Bildtelefon *nt* **ˈvideo re·cord·er** *n* Videorekorder *m* **ˈvideo set** *n* Videogerät *nt* **ˈvideo sur·ˈveil·lance** *n no pl* Videoüberwachung *f* **'video·tape** I. *n* ❶ (*cassette*) Videokassette *f* ❷ *no pl* (*tape*) Videoband *nt* ❸ (*recorded material*) Videoaufnahme *f* II. *vt* auf Video aufnehmen **'video·text** *n* Videotext *m* **'video trans·mis·sion** *n* Videoübertragung *f* **'video trans·mit·ter** *n* Videosender *m*

vie <-y-> [vaɪ] *vi* wetteifern; (*in commerce, business*) konkurrieren; ▪ **to ~ [with sb] for sth** [mit jdm] um etw *akk* wetteifern

Vi·en·na [vi'enə] *n* Wien *nt*

Vi·en·nese [ˌviə'niːz] I. *n* <*pl* -> Wiener(in) *m(f)* II. *adj* Wiener-, wienerisch

Vi·et·cong <*pl* -> [ˌvjet'kɒŋ] *n* Vietkong *m*

Vi·et·nam [ˌvjet'næm] *n* Vietnam *nt*

Vi·et·nam·ese [ˌvjetnə'miːz] I. *adj* vietnamesisch II. *n* ❶ (*language*) Vietnamesisch *nt* ❷ (*person*) Vietnamese *m*/Vietnamesin *f*

view [vjuː] I. *n* ❶ *no pl* (*sight*) Sicht *f*; **in full ~ of all the spectators** vor den Augen aller Zuschauer; **to come into ~** sichtbar werden; **to disappear from ~** [in der Ferne] verschwinden; **to hide from ~** sich dem Blick entziehen ❷ (*panorama*) [Aus]blick *m*; **he paints rural ~s** er malt ländliche Motive; **he lifted his daughter up so that she could get a better ~** er hob seine Tochter hoch, so dass sie besser sehen konnte; **to afford a ~** einen Blick bieten ❸ (*opportunity to observe*) Besichtigung *f* ❹ *no pl* (*for observation*) **to be on ~** ausgestellt werden; **to be on ~ to the public** der Öffentlichkeit zugänglich sein ❺ (*opinion*) Ansicht *f*, Meinung *f* (**about**/**on** über); **it's my ~ that the price is much too high** meiner Meinung nach ist der Preis viel zu hoch; **point of ~** Standpunkt *m*; **from my point of ~ ...** meiner Meinung nach ...; **world ~** Weltanschauung *f*; **to share a ~** gleicher Meinung sein; ▪ **in sb's ~** jds Ansicht *f* nach ❻ (*fig: perspective*) Ansicht *f*; **from the money point of ~, the plan is very attractive but from the work point of ~, it's a disaster** vom Finanziellen her gesehen ist der Plan sehr verlockend, aber von der Arbeit her ist er eine Katastrophe; **we take a very serious ~ of the situation** wir nehmen die Situation sehr ernst; ▪ **in ~ of sth** angesichts einer S. *gen;* ▪ **with a ~ to doing sth** mit der Absicht, etw zu tun II. *vt* ❶ (*watch*) ▪ **to ~ sth** etw betrachten; (*as a spectator*) etw zusehen [*o bes* SÜDD, ÖSTERR, SCHWEIZ zuschauen] ❷ (*fig: consider*) betrachten; **we ~ the situation with concern** wir betrachten die Lage mit Besorgnis; **to ~ sth from a different angle** etw aus einem anderen Blickwinkel betrachten ❸ (*inspect*) ▪ **to ~ sth** sich *dat* etw ansehen

view·er ['vjuːə'] *n* ❶ (*person*) [Fernseh]zuschauer(in) *m(f)* ❷ (*for film*) Filmbetrachter *m*; (*for slides*) Diabetrachter *m*

'view·find·er *n* PHOT [Bild]sucher *m*

'view·ing ['vjuːɪŋ] *n no pl* ❶ (*inspection*) Besichtigung *f* ❷ FILM Anschauen *nt*; TV Fernsehen *nt*

'view·point *n* ❶ (*fig: opinion*) Standpunkt *m*; (*aspect*) Gesichtspunkt *m* ❷ (*place*) Aussichtspunkt *m*

vig·il ['vɪdʒɪl] *n* [Nacht]wache *f*

vigi·lance ['vɪdʒɪlən(t)s] *n no pl* Wachsamkeit *f*

vigi·lant ['vɪdʒɪlənt] *adj* wachsam; **to be ~ about**/**for sth** auf etw *akk* achten

vigi·lant·ly ['vɪdʒɪləntli] *adv* wachsam, [sehr] aufmerksam; **to guard sb**/**sth ~** jdn/etw streng bewachen

vi·gnette [vɪ'njet] *n* Vignette *f*

vig·or *n no pl* AM, AUS *see* **vigour**

vig·or·ous ['vɪgərəs] *adj* ❶ (*energetic*) energisch; *speech* feurig; **we went for a ~ walk** wir machten einen strammen Spaziergang ❷ SPORTS *exercises* intensiv ❸ (*flourishing*) kräftig; **~ health** robuste Gesundheit

vig·or·ous·ly ['vɪgərəsli] *adv* (*energetically*) energisch; (*vehemently*) heftig; **to deny**/**oppose sth ~** etw entschieden leugnen/ablehnen; **to exercise ~** eifrig trainieren

vig·our ['vɪgə'] *n no pl* ❶ (*liveliness*) Energie *f*, [Tat]kraft *f*; (*vitality*) Vitalität *f*; **to do sth with ~** etw mit vollem Eifer tun ❷ (*forcefulness*) Ausdruckskraft *f*

Vi·king ['vaɪkɪŋ] I. *n* Wikinger(in) *m(f)* II. *adj* Wikinger-, wikingisch

vile [vaɪl] *adj* ❶ (*nasty*) gemein, niederträchtig ❷ (*fam: disgusting*) abscheulich; *language* unflätig; **to smell ~** stinken

vili·fy <-ie-> ['vɪlɪfaɪ] *vt* verleumden

vil·la ['vɪlə] *n* ❶ (*rural residence*) Villa *f* ❷ BRIT (*holiday home*) Ferienhaus *nt* ❸ BRIT (*Victorian, Edwardian house*) Einfamilienhaus *nt*

vil·lage ['vɪlɪdʒ] *n* ❶ (*settlement*) Dorf *nt* ❷ + *sing*/*pl vb* (*populace*) Dorfbevölkerung *f*

vil·lage com·'mun·ity *n* Dorfgemeinschaft *f* **vil·lage 'green** *n* Dorfwiese *f* **vil·lage 'inn** *n* Dorfgasthaus *nt*

vil·lag·er ['vɪlɪdʒə'] *n* Dorfbewohner(in) *m(f)*

vil·lain ['vɪlən] *n* ❶ (*lawbreaker*) Verbre-

cher(in) *m(f)* ❷ *(capable of bad behaviour)* Schurke *m*; *(in novel, film)* Bösewicht *m*
vil·lain·ous ['vɪlənəs] *adj* schurkisch; *(mean)* gemein; *deed* niederträchtig
vil·lainy ['vɪləni] *n no pl* Schurkerei *f*; *(meanness)* Gemeinheit *f*
vinai·grette [ˌvɪnɪ'gret] *n*, **vinai·grette 'dress·ing** *n no pl* Vinaigrette *f*
vin·di·cate ['vɪndɪkeɪt] *vt* ❶ *(justify)* ■ **to ~ sth** etw rechtfertigen; ■ **to ~ sb** jdn verteidigen ❷ *(support)* *theory* bestätigen ❸ *(clear of blame, suspicion)* ■ **to ~ sb** jdn rehabilitieren
vin·di·ca·tion [ˌvɪndɪ'keɪʃ^ən] *n no pl* ❶ *(justification)* Rechtfertigung *f*; **in ~ of sth** zur Rechtfertigung einer S. *gen* ❷ *(act of clearing blame)* Rehabilitierung *f*
vin·dic·tive [vɪn'dɪktɪv] *adj* nachtragend; *(longing for revenge)* rachsüchtig
vin·dic·tive·ness [vɪn'dɪktɪvnəs] *n no pl* Rachsucht *f*; **to feel ~ towards sb** Rachegefühle gegenüber jdm hegen
vine [vaɪn] *n* ❶ *(grape plant)* Weinrebe *f* ❷ *(climbing plant)* Rankengewächs *nt*
'vine fruit *n usu pl* getrocknete Weinbeeren *f[pl]*
vin·egar ['vɪnɪgə^r] *n no pl* Essig *m*
vin·egary ['vɪnɪgə^ri] *adj* ❶ *(of taste)* sauer ❷ *(full of vinegar)* Essig- ❸ *(fig: of attitude)* säuerlich; *critical, unkind)* scharf
vine·yard ['vɪnjəd] *n* ❶ *(where vines grow)* Weinberg *m* ❷ *(area)* Weinanbaugebiet *nt*
vin·tage ['vɪntɪdʒ] **I.** *n* ❶ *(wine)* Jahrgangswein *m* ❷ *(wine year)* Jahrgang *m* **II.** *adj* ❶ FOOD Jahrgangs- ❷ *(of classic quality)* erlesen; **this film is ~ Disney** dieser Film ist ein Disneyklassiker ❸ BRIT, AUS AUTO Oldtimer-; **~ car** Oldtimer *m*
vint·ner ['vɪntnə^r] *n* Weinhändler(in) *m(f)*
vi·nyl ['vaɪn^əl] *n* ❶ *no pl (material, record)* Vinyl *nt* ❷ *(type of plastic)* Vinoplast *m*
vio·la[1] [vi'əʊlə] *n* MUS Viola *f*, Bratsche *f*
vio·la[2] ['vaɪələ] *n* BOT Veilchen *nt*
vio·late ['vaɪəleɪt] *vt* ❶ *(not comply with) ceasefire agreement* brechen; **to ~ a law/rule** gegen ein Gesetz/eine Regel verstoßen; *regulation* verletzen ❷ *(enter, cross illegally)* ■ **to ~ sth** in etw *akk* eindringen ❸ *(not respect)* **to ~ sb's privacy/rights** jds Privatsphäre *f*/Rechte *pl* verletzen ❹ *(form: rape)* vergewaltigen
vio·la·tion [ˌvaɪə'leɪʃ^ən] *n* ❶ *of rules, the law* Verletzung *f*, Verstoß *m* ❷ *(rape)* Vergewaltigung *f* ❸ *of holy places* Entweihung *f*
vio·lence ['vaɪəl^ən(t)s] *n no pl* ❶ *(behaviour)* Gewalt *f* (**against** gegen); **act of ~** Gewalttat *f*; **to use ~ against sb** Gewalt gegen jdn anwenden ❷ *(force)* Heftigkeit *f*; **we were all surprised at the ~ of his anger** wir waren alle vom Ungestüm seines Zorns überrascht
vio·lent ['vaɪəl^ənt] *adj* ❶ *(brutal)* gewalttätig; *person also* brutal; **~ crime** Gewaltverbrechen *nt*; *death* gewaltsam ❷ *(powerful) attack, blow, pain* heftig; *(fig, pej) colour* grell; *argument* heftig; *contrast* krass; **to have a ~ temper** jähzornig sein
vio·lent·ly ['vaɪəl^əntli] *adv* ❶ *(physically abusive)* brutal; **to die ~** eines gewaltsamen Todes sterben ❷ *(very much)* heftig; **I was ~ sick last night** ich musste mich letzte Nacht heftig übergeben; **~ jealous** äußerst eifersüchtig; **to tremble ~** heftig zittern
vio·let ['vaɪələt] **I.** *n* ❶ *(colour)* Violett *nt* ❷ BIOL Veilchen *nt* **II.** *adj* violett
vio·lin [ˌvaɪə'lɪn] *n* Violine *f*, Geige *f*
vio·lin·ist [vaɪə'lɪnɪst] *n* Geiger(in) *m(f)*
vio·lon·cel·lo [ˌvaɪələn't]eləʊ] *n* *(form)* Violoncello *nt*
V.I.P., VIP [ˌviːaɪ'piː] **I.** *n abbrev of* **very important person** Promi *m fam* **II.** *adj attr abbrev of* **very important person** *(area, tent)* VIP-
vi·per ['vaɪpə^r] *n* ❶ ZOOL Viper *f* ❷ *(fig, pej liter: person)* Natter *f*; *(esp a woman)* Schlange *f*
vi·ra·go <*pl* -s *or* -es> [vɪ'rɑːgəʊ] *n* ❶ *(pej: shrew)* Xanthippe *f* ❷ *(dated: warrior)* Amazone *f*
vir·gin ['vɜːdʒɪn] **I.** *n* ❶ *(sexually inexperienced person)* Jungfrau *f* ❷ *(inexperienced person)* unbeschriebenes Blatt *fam* **II.** *adj attr* ❶ *(chaste)* jungfräulich ❷ *(fig: unexplored)* jungfräulich, unerforscht; **~ territory** Neuland *nt* ❸ *(liter: untouched)* jungfräulich; *forest* unberührt
vir·gin·al ['vɜːdʒɪn^əl] *adj* jungfräulich
vir·gin 'for·est *n* Urwald *m*
vir·gin·ity [və'dʒɪnəti] *n no pl* Jungfräulichkeit *f*
Vir·go ['vɜːgəʊ] *n no art* ASTROL Jungfrau *f*
vir·ile ['vɪraɪl] *adj (approv)* ❶ *(full of sexual energy)* potent; *(masculine)* männlich ❷ *(energetic) voice* kraftvoll
vi·ril·ity [vɪ'rɪləti] *n no pl (approv)* ❶ *(sexual vigour)* Potenz *f*; *(masculinity)* Männlichkeit *f* ❷ *(vigour)* Kraft *f*
vi·rol·ogy [vaɪə'rɒlədʒi] *n no pl* Virologie *f*
vir·tual ['vɜːtʃʊəl] *adj* ❶ *(almost certain)* so gut wie, quasi; **snow brought the whole of Guernsey to a ~ standstill yesterday**

der Schnee brachte gestern ganz Guernsey praktisch zum Stillstand; **to be a ~ unknown** praktisch unbekannt sein ❷ COMPUT, PHYS virtuell

vir·tu·al·ly ['vɜːtʃʊəli] *adv* ❶ (*almost*) praktisch, eigentlich, so gut wie ❷ COMPUT virtuell

virtual 'of·fice *n* virtuelles Büro **vir·tual re·'al·ity** *n no pl* virtuelle Realität **vir·tual 'shop·ping mall** *n* virtuelle Einkaufspassage **vir·tual 'stor·age** *n no pl* virtueller Speicher

vir·tue ['vɜːtjuː, -tʃuː] *n* ❶ (*good quality*) Tugend *f* ❷ *no pl* (*morality*) Tugendhaftigkeit *f* ❸ (*advantage*) Vorteil *m* ❹ *no pl* (*benefit*) Nutzen *m* ❺ (*hist: chastity*) Keuschheit *f* ❻ (*form: because of*) ■ **by ~ of sth** wegen einer S. *gen*

vir·tu·os·ity [ˌvɜːtjʊˈɒsəti, -tʃuː-] *n no pl* (*form*) Virtuosität *f*

vir·tuo·so [ˌvɜːtjʊˈəʊsəʊ, -tʃuː-, *pl* -si] I. *n* <*pl* -s *or* -si> Virtuose *m*/Virtuosin *f* II. *adj* virtuos

vir·tu·ous ['vɜːtʃʊəs, -tjuː-] *adj* ❶ (*morally good*) tugendhaft; (*upright*) rechtschaffen ❷ (*pej: morally better*) moralisch überlegen; (*self-satisfied*) selbstgerecht

viru·lence ['vɪrʊlən(t)s] *n no pl* ❶ MED Virulenz *f fachspr* ❷ (*form: bitterness*) Schärfe *f*; (*maliciousness*) Bösartigkeit *f*

viru·lent ['vɪrʊlənt] *adj* ❶ MED virulent *fachspr*; *poison* stark ❷ (*form: fierce*) bösartig; *critic* scharf

vi·rus ['vaɪ(ə)rəs] *n* <*pl* -es> ❶ MED Virus *nt*; **~ infection** Virusinfektion *f* ❷ COMPUT Virus *m*

visa ['viːzə] *n* Visum *nt*; **entry/exit ~** Einreise-/Ausreisevisum *nt*

vis-à-vis [ˌviːzɑːˈviː] *prep* ❶ (*concerning*) bezüglich, wegen ❷ (*in comparison with*) gegenüber

vis·cera ['vɪsərə] *npl* Eingeweide *pl*

vis·cose ['vɪskəʊs] *n no pl* Viskose *f*

vis·cos·ity ['vɪskɒsəti] *n no pl* Zähflüssigkeit *f*

vis·count ['vaɪkaʊnt] *n* Viscount *m*

vis·count·ess <*pl* -es> [ˌvaɪkaʊn'tes] *n* Viscountess *f*

vis·cous ['vɪskəs] *adj* zähflüssig

vise *n* AM *see* **vice**[2]

vis·ibil·ity [ˌvɪsəˈbɪləti] *n no pl* ❶ (*of view*) Sichtweite *f*; **good/poor ~** gute/schlechte Sicht ❷ (*being seen*) Sichtbarkeit *f*

vis·ible ['vɪsəbl] *adj* ❶ (*able to be seen*) sichtbar; **to be barely ~** kaum zu sehen sein; **to be clearly ~** deutlich sichtbar sein ❷ (*fig*) sichtbar; (*imminent*) deutlich

vi·sion ['vɪʒən] *n* ❶ *no pl* (*sight*) Sehvermögen *nt*; **to have blurred ~** verschwommen sehen ❷ (*mental image*) Vorstellung *f*; **~ of the future** Zukunftsvision *f* ❸ (*supernatural experience*) Vision *f* ❹ *no pl* (*forethought*) Weitblick *m* ❺ (*esp hum: beautiful sight*) **she emerged from the bedroom, a ~ in cream silk** sie kam aus dem Schlafzimmer heraus, ein Traum in cremefarbener Seide; **to be a real ~** traumhaft sein

vi·sion·ary ['vɪʒənəri] I. *adj* ❶ (*future-orientated*) visionär *geh* ❷ (*not realistic*) unrealistisch; (*imagined*) eingebildet II. *n* ❶ (*religious prophet*) Seher(in) *m(f)* ❷ (*social prophet*) Visionär(in) *m(f) geh*

vi·sit ['vɪzɪt] I. *n* ❶ (*stopping by*) Besuch *m*; **to have a ~ from sb** von jdm besucht werden; **to pay a ~ to sb** jdn besuchen; (*for professional purposes*) jdn aufsuchen ❷ AM (*fam: chat*) Plauderei *f* II. *vt* ❶ (*stop by*) besuchen ❷ (*for professional purposes*) aufsuchen III. *vi* ❶ (*stopping by*) einen Besuch machen; ■ **to ~ with sb** sich mit jdm treffen ❷ AM (*fam: chat*) ein Schwätzchen halten

vis·ita·tion [ˌvɪzɪˈteɪʃən] *n* ❶ (*supernatural experience*) Erscheinung *f* ❷ *no pl* (*stopping by*) Besuch *m* ❸ (*official visit*) offizieller Besuch ❹ (*hum fam*) Heimsuchung *f hum* ❺ *no pl* AM (*for child*) ≈ Besuchszeit *f*; (*right to see child*) Besuchsrecht *nt* ❻ REL Heimsuchung *f*

vis·it·ing ['vɪzɪtɪŋ] *adj attr* Gast-; **~ profes·sor** Gastprofessor

'vis·it·ing hours *npl* Besuchszeiten *pl* **vis·it·ing pro·'fes·sor** *n* Gastprofessor(in) *m(f)*

visi·tor ['vɪzɪtər] *n* Besucher(in) *m(f)*; (*in a hotel*) Gast *m*

vi·sor ['vaɪzər] *n* ❶ (*part of helmet*) Visier *nt* ❷ AM (*brim of cap*) Schild *nt* ❸ AUTO Sonnenblende *f*

vis·ta ['vɪstə] *n* ❶ (*view*) Aussicht *f*; Blick *m* ❷ *usu pl* (*fig: mental view*) Perspektiven *pl*

vis·ual ['vɪʒuəl] I. *adj* visuell, Seh-; **~ imagery** Bildersymbolik *f* II. *n* ■ **~s** *pl* Bildmaterial *nt*

visu·al·ize ['vɪʒuəlaɪz] *vt* ■ **to ~ sth** ❶ (*imagine*) sich *dat* etw vorstellen; (*sth of the past*) sich *dat* etw vergegenwärtigen ❷ (*foresee*) etw erwarten

visu·al·ly ['vɪʒuəli] *adv* visuell *geh*; **~ impaired** sehbehindert

vi·tal ['vaɪtəl] *adj* ❶ (*essential*) unerlässlich; (*more dramatic*) lebensnotwendig; **to play a ~ part** eine entscheidende Rolle spielen;

to be of ~ importance von entscheidender Bedeutung sein; ▪it is ~ that ... es ist von entscheidender Bedeutung, dass ... ❷ (approv form: energetic) person vital, lebendig

vi·tal·ity [vaɪˈtæləti] n no pl (approv) ❶ (energy) Vitalität f ❷ (durability) Dauerhaftigkeit f

vi·tal·ize [ˈvaɪtəlaɪz] vt beleben

vita·min [ˈvɪtəmɪn] n Vitamin nt

ˈvita·min de·fi·cien·cy n no pl Vitaminmangel m **ˈvita·min tab·lets** npl Vitamintabletten pl

vit·reous [ˈvɪtriəs] adj attr Glas-

vit·ri·fy [ˈvɪtrɪfaɪ] vt esp passive zu Glas schmelzen

vit·ri·ol [ˈvɪtriəl] n no pl ❶ CHEM (dated: sulphuric acid) Vitriolsäure f ❷ (fig: criticism) Schärfe f

vit·ri·ol·ic [ˌvɪtriˈɒlɪk] adj ❶ criticism scharf; remark beißend ❷ CHEM vitriolhaltig

vi·tu·per·ate [vɪˈtjuːpəreɪt] (form) I. vt schelten II. vi schmähen veraltend

vi·tu·pera·tion [vɪˌtjuːpəˈreɪʃən] n no pl (form) Schmähungen pl geh

vi·va·cious [vɪˈveɪʃəs] adj (lively) lebhaft; (cheerful) munter

vi·va·cious·ly [vɪˈveɪʃəsli] adv lebhaft; (cheerfully) munter; **to talk ~** sich lebhaft unterhalten

vi·vac·ity [vɪˈvæsəti] n no pl Lebhaftigkeit f; (cheerfulness) Munterkeit f

vi·var·ium <pl -s or -ria> [vɪˈveəriəm, pl -riə] n Vivarium nt fachspr

viva voce [ˌvaɪvəˈvəʊsi] I. n mündliche Prüfung II. adv mündlich

viv·id [ˈvɪvɪd] adj ❶ account, description anschaulich, lebendig ❷ (of mental ability) lebhaft; **to have ~ memories of sth** sich lebhaft an etw akk erinnern können ❸ colours kräftig

viv·id·ly [ˈvɪvɪdli] adv lebhaft; describe anschaulich, lebendig

viv·id·ness [ˈvɪvɪdnəs] n no pl of a person Lebhaftigkeit f; of a description Anschaulichkeit f; (of colours, light) Intensität f

vivi·sect [ˈvɪvɪsekt] vt vivisezieren fachspr

vivi·sec·tion [ˌvɪvɪˈsekʃən] n no pl Vivisektion f fachspr

vix·en [ˈvɪksən] n Füchsin f

viz, viz. adv (dated) nämlich

V-neck [ˈviːnek] n FASHION V-Ausschnitt m

vo·cabu·lary [və(ʊ)ˈkæbjələri] n Vokabular nt, Wortschatz m; (words) Vokabeln pl; (glossary) Wörterverzeichnis nt

vo·cal [ˈvəʊkəl] I. adj ❶ (of voice) stimmlich; communication mündlich ❷ (outspoken) laut; ▪**to be ~** sich freimütig äußern; minority lautstark; **to become ~** laut werden ❸ (communicative) gesprächig II. n ❶ MUS Vokalpartie f fachspr ❷ (singer) Sänger(in) m(f)

vo·cal·ist [ˈvəʊkəlɪst] n Sänger(in) m(f)

vo·cal·ize [ˈvəʊkəlaɪz] LING I. vi vokalisieren fachspr II. vt ❶ (make sound) in Töne umsetzen ❷ (put into words) aussprechen; (of thoughts, ideas) in Worte fassen ❸ (in phonetics) vokalisieren fachspr

vo·ca·tion [və(ʊ)ˈkeɪʃən] n ❶ (calling) Berufung f; **to have a ~ for sth** sich zu etw dat berufen fühlen ❷ usu sing (trade) Beruf m

vo·ca·tion·al [və(ʊ)ˈkeɪʃənəl] adj beruflich; **~ training** Berufsausbildung f

vo·cif·er·ate [və(ʊ)ˈsɪfəreɪt] I. vi lautstark protestieren (**against** gegen) II. vt lautstark zum Ausdruck bringen

vo·cif·era·tion [və(ʊˌ)sɪfəˈreɪʃən] n (form) Aufschrei m

vo·cif·er·ous [və(ʊ)ˈsɪfərəs] adj lautstark; (impetuous) vehement

vod·ka [ˈvɒdkə] n Wodka m

vogue [vəʊg] n Mode f; ▪**to be in ~/out of ~** in Mode/aus der Mode sein; **to be back in ~** wieder Mode sein

voice [vɔɪs] I. n ❶ (of person) Stimme f; **at the top of one's ~** in voller Lautstärke; **hushed ~** gedämpfte Stimme; (whisper) Flüsterstimme f; **inner ~** innere Stimme; **sb's ~ is breaking** jd ist im Stimmbruch; **to keep one's ~ down** leise sprechen; **to lower/raise one's ~** seine Stimme senken/erheben ❷ (ability to speak, sing) Artikulationsfähigkeit f geh ❸ (opinion) Stimme f; **to make one's ~ heard** sich dat Gehör verschaffen ❹ (agency expressing opinion) Stimme f; **to give sb a ~** jdm ein Mitspracherecht einräumen ❺ MUS Stimmlage f II. vt ▪**to ~ sth** etw zum Ausdruck bringen; complaint vorbringen; desire aussprechen

voice-ˈac·ti·vat·ed adj **~ dialling** Wählen nt mittels Spracheingabe **ˈvoice box** n (fam) Kehlkopf m **voice-ˈca·pable** adj ELEC mit Sprachbefehl nach n **ˈvoice com·mand** n Sprachbefehl m

voiced [vɔɪst] adj LING stimmhaft

voice·less [ˈvɔɪsləs] adj stumm a. fig; (lacking power) ohne Mitspracherecht nach n; LING stimmlos

ˈvoice-over n TV, FILM Begleitkommentar m fachspr

void [vɔɪd] I. n Leere f kein pl a. fig; (in building) Hohlraum m; ▪**into the ~** ins

Leere **II.** *adj* ❶ (*invalid*) nichtig ❷ (*liter: lacking in*) **he's completely ~ of charm** er hat absolut keinen Charme ❸ (*form*) *position* frei ❹ *action, speech* nutzlos; **to render sth ~** etw zunichtemachen **III.** *vt esp* AM (*declare invalid*) aufheben

vol *n abbrev of* **volume** Bd.; (*measure*) vol.

voip [vɔɪp] *vt, vi* INET *abbrev of* **Voice over Internet Protocol** voipen

vola·tile ['vɒlətaɪl] **I.** *adj* ❶ (*changeable*) unbeständig; (*unstable*) instabil ❷ (*explosive*) *situation* explosiv ❸ CHEM flüchtig **II.** *n usu pl* sich schnell verflüchtigende Substanz

vol·can·ic [vɒl'kænɪk] *adj* ❶ GEOL vulkanisch, Vulkan- *m* ❷ (*fig*) *emotion* aufbrausend

vol·ca·no <*pl* -oes *or* -os> [vɒl'keɪnəʊ] *n* Vulkan *m;* (*of emotion*) Pulverfass *nt fig*

vole [vəʊl] *n* Wühlmaus *f*

vo·li·tion [və(ʊ)'lɪʃ°n] *n no pl* (*form*) Wille *m*

vol·ley ['vɒli] **I.** *n* ❶ (*salvo*) Salve *f* ❷ (*hail*) Hagel *m;* **~ of bullets** Kugelhagel *m* ❸ (*fig: onslaught*) Flut *f* ❹ TENNIS Volley *m;* FBALL Volleyschuss *m* **II.** *vi* TENNIS einen Volley schlagen; FBALL einen Volley schießen **III.** *vt* ❶ TENNIS, FBALL **to ~ a ball** einen Ball volley nehmen ❷ (*fig: let fly*) **to ~ a series of questions/remarks** eine Reihe von Fragen/Bemerkungen loslassen

vol·ley·ball ['vɒlibɔːl] *n no pl* Volleyball *m*

volt [vəʊlt, vɒlt] *n* Volt *nt*

volt·age ['vəʊltɪdʒ] *n* Spannung *f;* **high/low ~** Hoch-/Niederspannung *f*

'volt·age de·tec·tor *n* ELEC Spannungsdetektor *m* **'volt·age drop** *n* ELEC Spannungsabfall *m*

volte-face <*pl* volte-faces> [,vɒlt'fæs] *n usu sing* (*also fig liter*) Kehrtwendung *f*

vol·uble ['vɒljəbl] *adj* ❶ (*fluent*) redegewandt ❷ (*pej: talkative*) redselig

vol·ume ['vɒljuːm] *n* ❶ *no pl* (*space*) Volumen *nt* ❷ *no pl* (*amount*) Umfang *m* ❸ *no pl* (*sound level*) Lautstärke *f* ❹ (*control dial*) Lautstärkeregler *m;* **to turn the ~ down/up** leiser/lauter machen ❺ (*book of set*) Band *m*

'vol·ume con·trol, 'vol·ume regu·la·tor *n* Lautstärkeregler *m*

vo·lu·mi·nous [və'luːmɪnəs] *adj* (*form*) *clothes* weit [geschnitten]; *written account* umfangreich; *writer* produktiv

vol·un·tari·ly ['vɒlənt°r°li, ,vɒlən'teər°li] *adv* freiwillig

vol·un·tary ['vɒlənt°ri] **I.** *adj* freiwillig; *counsellor, teacher, work* ehrenamtlich;

~ work for the Red Cross ehrenamtliche Tätigkeit für das Rote Kreuz **II.** *n* MUS Orgelsolo *nt*

vol·un·tary eutha·'na·sia *n* freiwillige Euthanasie **vol·un·tary or·gani·'za·tion** *n + sing/pl vb* Freiwilligenorganisation *f* **vol·un·tary re·'dun·dan·cy** *n* freiwilliges Ausscheiden

vol·un·teer [,vɒlən'tɪər] **I.** *n* ❶ (*unpaid worker*) ehrenamtlicher Mitarbeiter/ehrenamtliche Mitarbeiterin ❷ (*willing person*) Freiwillige(r) *f/m/* **II.** *vt* ■**to ~ oneself for sth** sich freiwillig zu etw *dat* melden; **to ~ information** bereitwillig Informationen geben; **to ~ one's services** seine Dienste anbieten **III.** *vi* ❶ (*offer one's services*) ■**to ~ to do sth** sich [freiwillig] anbieten, etw zu tun ❷ (*join*) **to ~ for the army** sich freiwillig zur Armee melden

vo·lup·tu·ous [və'lʌptʃuəs] *adj* (*approv*) üppig; *woman also* kurvenreich; *lips* sinnlich; (*sumptuous*) verschwenderisch

vol·ute [və(ʊ)'luːt] **I.** *n* ❶ ARCHIT Volute *f fachspr* ❷ (*marine gastropod*) Meeresschnecke *f* ❸ (*snail's shell*) Schneckenhaus *nt* **II.** *adj* spiralförmig

vom·it ['vɒmɪt] **I.** *vi* [sich] erbrechen **II.** *vt* ❶ (*of person, animal*) ■**to ~ [up]** ○ **sth** etw erbrechen ❷ (*fam: of machine*) ■**to ~ sth** ○ **[out]** etw ausspucken **III.** *n no pl* Erbrochene(s) *nt*

voo·doo ['vuːduː] *n no pl* ❶ (*black magic*) Voodoo *m* ❷ (*fam: jinx*) Hexerei *f;* (*magic spell*) Zauber *m*

vo·ra·cious [və'reɪʃəs] *adj* (*liter*) gefräßig; (*fig*) gierig

vo·rac·ity [və'ræsəti] *n no pl* Gefräßigkeit *f;* (*fig*) Gier *f* (**for** nach)

vor·tex <*pl* -es *or* -tices> ['vɔːteks, *pl* -tɪsiːz] *n* ❶ (*whirlwind*) Wirbel *m* ❷ (*whirlpool*) Strudel *m*

vote [vəʊt] **I.** *n* ❶ (*expression of choice*) Stimme *f;* **to cast one's ~** seine Stimme abgeben ❷ (*election*) Abstimmung *f;* **to hold a ~** eine Abstimmung durchführen ❸ (*of group*) Stimmen *pl* ❹ *no pl* (*right*) ■**the ~** das Wahlrecht **II.** *vi* ❶ (*elect candidate, measure*) wählen; **to ~ in an election** zu einer Wahl gehen; ■**to ~ against/for sb/sth** gegen/für jdn/etw stimmen ❷ (*formally choose*) ■**to ~ to do sth** dafür stimmen, etw zu tun ❸ (*formally decide*) ■**to ~ on sth** über etw *akk* abstimmen; **to ~ on a proposal** über einen Vorschlag abstimmen **III.** *vt* ❶ (*elect*) ■**to ~ sb in** jdn wählen; **to ~ sb into office** jdn ins Amt wählen; **to ~ sb out** [of

office] jdn [aus dem Amt] abwählen ❷ (*propose*) ■**to ~ that ...** vorschlagen, dass ... ❸ (*declare*) **she was ~d the winner** sie wurde zur Siegerin erklärt ◆**vote down** *vt* niederstimmen

vot·er ['vəʊtəʳ] *n* Wähler(in) *m(f)*

vot·er reg·is·'tra·tion *n* Eintragung *f* ins Wählerverzeichnis **vot·er 'turn·out** *n* Wahlbeteiligung *f*

vot·ing ['vəʊtɪŋ] **I.** *adj attr* wahlberechtigt **II.** *n no pl* Wählen *nt*

'vot·ing booth *n* Wahlkabine *f* **'vot·ing box** <-es> *n* Wahlurne *f* **'vot·ing ma·chine** *n esp* Am Wahlmaschine *f*

vouch [vaʊtʃ] *vi* ■**to ~ for sb/sth** sich für jdn/etw verbürgen; ■**to ~ that ...** dafür bürgen, dass ...

vouch·er ['vaʊtʃəʳ] *n* Aus, Brit Gutschein *m;* **gift ~** Geschenkgutschein *m;* **luncheon ~** Essensmarke *f;* **school ~** Am öffentliche Mittel, die in Amerika bereitgestellt werden, damit Eltern ihre Kinder in Privatschulen schicken können

vow [vaʊ] **I.** *vt* geloben *geh* **II.** *n* Versprechen *nt;* ■**~s** *pl* (*of marriage*) Eheversprechen *nt;* (*of religious order*) Gelübde *nt geh;* **to take a ~** ein Gelübde ablegen *geh;* **to take a ~ to do sth** geloben, etw zu tun *geh*

vow·el [vaʊəl] *n* Vokal *m,* Selbstlaut *m*

voy·age ['vɔɪdʒ] **I.** *n* Reise *f;* (*by sea*) Seereise *f;* **~ of discovery** (*also fig*) Entdeckungsreise *f* **II.** *vi* (*liter or dated*) reisen

voy·ag·er ['vɔɪɪdʒəʳ] *n* Reisende(r) *f(m);* (*by sea*) Seereisende(r) *f(m);* (*in space*) Raumfahrer(in) *m(f)*

vo·yeur [vwɑː'jɜʳ] *n* (*pej*) Voyeur(in) *m(f)*

vo·yeur·ism ['vwɑːjɜːrɪzᵊm] *n no pl* (*pej*) Voyeurismus *m pej,* Spannertum *nt fam*

vo·yeur·is·tic [ˌvɔɪə'rɪstɪk] *adj* (*pej*) voyeuristisch *pej*

VP [ˌviː'piː] *n abbrev of* **Vice President** Vizepräsident(in) *m(f)*

VTOL ['viːtɒl] *abbrev of* **vertical take-off and landing**: **~ aircraft** Senkrechtstarter *m* (*Flugzeug, das senkrecht starten und landen kann*)

vul·can·ite ['vʌlkənaɪt] *n no pl* Hartgummi *m o nt*

vul·cani·za·tion [ˌvʌlkənaɪ'zeɪʃᵊn] *n no pl* Vulkanisierung *f*

vul·can·ize ['vʌlkənaɪz] *vt* vulkanisieren

vul·gar ['vʌlgəʳ] *adj* ordinär, vulgär; (*of bad taste*) abgeschmackt

vul·gar·ity [vʌl'gærəti] *n no pl* Vulgarität *f geh;* (*bad taste*) Geschmacklosigkeit *f*

vul·gar·ize ['vʌlgəraɪz] *vt* vulgarisieren *geh*

Vul·gate ['vʌlgeɪt] *n* ■**the ~** die Vulgata

vul·ner·able ['vʌlnᵊrəbl] *adj* verletzlich; ■**to be ~ to sth** anfällig für etw *akk* sein; **to be ~ to attack/criticism** Angriffen/Kritik ausgesetzt sein; **to be in a ~ position** in einer prekären Lage sein; **~ spot** schwache Stelle; **to feel ~** sich verwundbar fühlen

vul·ture ['vʌltʃəʳ] *n* (*also fig*) Geier *m a. fig*

vul·va <*pl* -s *or* vulvae> ['vʌlvə, *pl* -viː] *n* anat Vulva *f*

vy·ing ['vaɪɪŋ] *pp of* **vie**

Ww

W <pl -'s or -s>, **w** <pl -'s> ['dʌblju:] n W nt, w nt; see also **A** 1

W[1] I. adj ① abbrev of **West** W- ② abbrev of **western** I II. n no pl abbrev of **West** W

W[2] <pl -> n abbrev of **Watt** W

wack[1] [wæk] n NBRIT, DIAL Kumpel m fam

wack[2] [wæk] n AM (fam) ① (person) Querkopf m ② no pl (nonsense) Blödsinn m

wacky ['wæki] adj (fam) person verrückt; place skurril

wad [wɒd] n ① (mass) Knäuel nt; (for stuffing) Pfropfen m; of cotton wool Wattebausch m ② (bundle) of banknotes Bündel nt; of forms Stoß m; ~|s pl) of money (fam) schöne Stange Geld

wad·ding ['wɒdɪŋ] n no pl (packaging) Watte f; (for stuffing) Polstermaterial nt

wad·dle ['wɒdl] I. vi watscheln II. n no pl Watschelgang m

wade [weɪd] I. n usu sing Waten nt kein pl II. vi ① (walk in water) waten; **to ~ into the river/the sea** in den Fluss/das Meer hineinwaten ② (fig: deal with) ■**to ~ through sth** sich durch etw akk durchkämpfen III. vt ■**to ~ sth** etw durchwaten

wad·er ['weɪdə'] n ① (bird) Watvogel m ② (boots) ■~s pl Watstiefel pl

wa·fer ['weɪfə'] n ① (biscuit) Waffel f; (extremely thin) Oblate f ② (for Holy Communion) Hostie f

wa·fer-'thin adj hauchdünn

waf·fle[1] ['wɒfl] (pej) I. vi (fam: talk, write) ■**to ~ on** schwafeln II. n no pl (speech, writing) Geschwafel nt fam

waf·fle[2] ['wɒfl] n (breakfast food) Waffel f

'waf·fle iron n Waffeleisen nt

waf·fler ['wɒflə'] n (fam) Schwätzer(in) m(f) fam

waft [wɒft] (liter) I. vi schweben; **to ~ through the air** smell durch die Luft ziehen; sound in der Luft liegen II. vt **to be ~ed by the wind** vom Wind getragen werden

wag [wæg] I. vt <-gg-> **to ~ one's finger** mit dem Finger drohen; **to ~ one's tail** dog mit dem Schwanz wedeln II. vi <-gg-> wedeln III. n usu sing Wackeln nt kein pl; of the head Schütteln nt kein pl; of the tail Wedeln nt kein pl

wage [weɪdʒ] I. n Lohn m; **to get a decent/good/low ~** anständig/gut/wenig verdienen II. vt (form) **to ~ war against/for sb/sth** gegen/für jdn/etw zu Felde ziehen; **to ~ war on sb** gegen jdn Krieg führen; **to ~ war on sth** (fig) gegen etw akk vorgehen

'wage ad·just·ment n Lohnangleichung f

'wage bill n Lohnrechnung f **'wage claim**, **'wage de·mand** n BRIT, AUS Lohnforderung f **'wage costs** npl Lohnkosten pl **'wage dis·pute** n Lohnstreitigkeit f **'wage dump·ing** n Lohndumping nt **'wage earn·er** n Lohnempfänger(in) m(f) **'wage freeze** n Lohnstopp m; **to impose a ~** einen Lohnstopp verhängen **'wage in·crease** n Lohnerhöhung f **'wage lev·el** n Lohnniveau nt **'wage ne·go·ti·a·tion** n Lohnverhandlung f **'wage pack·et** n AUS, BRIT ① (pay) Lohn m ② (envelope) Lohntüte f

wa·ger ['weɪdʒə'] I. n ① (bet) Wette f ② (stake) [Wett]einsatz m II. vt ■**to ~ that ...** wetten, dass ...; **to ~ one's life/reputation** sein Leben/Ansehen aufs Spiel setzen

'wage scale n Lohnskala f

'wages clerk n Lohnbuchhalter(in) m(f)

'wage slip n Lohnzettel m

'wages poli·cy <-ies> n Lohnpolitik kein pl

'wage work·er n AM Lohnempfänger(in) m(f)

wag·gle ['wægl] I. n Wackeln nt kein pl II. vt ■**to ~ sth** mit etw dat wackeln III. vi wackeln

wag·gly ['wægli] adj wack[e]lig

wag·(g)on ['wægən] n ① (cart) Wagen m; (wooden cart) Karren m ② AUS, BRIT (for freight) Wagon m; **goods ~** Güterwagon m ▶ **to be on the ~** (fam) trocken sein; **to fall off the ~** (fam) wieder zur Flasche greifen

wag·tail <pl - or -s> ['wægteɪl] n ORN Bachstelze f

waif [weɪf] n ① (very thin female) Bohnenstange f ② (child) verwahrlostes Kind ③ (animal) streunendes Tier ▶ **~s and strays** Heimatlose pl

wail [weɪl] I. vi jammern; siren heulen; wind pfeifen II. vt ■**to ~ that ...** jammern, dass ... III. n Gejammer nt kein pl; of sirens Geheul nt kein pl

wail·ing ['weɪlɪŋ] adj jammernd; **~ cries** Klagegeschrei nt; **~ sirens** heulende Sirenen

Wail·ing 'Wall *n no pl* ■ **the ~** die Klagemauer
waist [weɪst] *n* Taille *f; of skirts, trousers* Bund *m*
'waist·band *n* Bund *m* **'waist·coat** *n* BRIT Weste *f* **waist-'deep** I. *adj* bis zur Taille [reichend] II. *adv* bis zur Taille
'waist·line *n* Taille *f*
wait [weɪt] I. *n no pl* Warten *nt* (for auf) ▶ **to lie in ~** [for sb] [jdm] auflauern II. *vi* ❶ (*bide one's time*) warten (for auf); **~ a minute!** Moment mal!; **I can't ~** ich kann's kaum erwarten ❷ (*be delayed*) warten ❸ (*express warning*) [**just**] **you ~!** warte [du] nur! III. *vt* AM (*serve*) **to ~ a meal for sb** mit dem Essen auf jdn warten ▶ **to ~ one's turn** warten, bis man an der Reihe ist ◆ **wait about, wait around** *vi* warten ◆ **wait behind** *vi* zurückbleiben ◆ **wait in** *vi* zu Hause warten ◆ **wait on** I. *vi* noch länger warten II. *vt* ■ **to ~ on sb** jdn bedienen ◆ **wait up** *vi* ❶ (*not go to bed*) ■ **to ~ up for sb** wegen jdm aufbleiben ❷ AM (*wait*) ■ **~ up!** warte mal!
wait·er ['weɪtəʳ] *n* Bedienung *f,* Kellner *m;* **~!** Herr Ober!
wait·ing ['weɪtɪŋ] *n no pl* ❶ (*time*) Warten *nt* (for auf) ❷ BRIT (*parking*) **"no ~"** „Halten verboten" ❸ (*by waiter, waitress*) Bedienen *nt*
'wait·ing game *n* **to play a ~** zunächst einmal abwarten **'wait·ing list** *n* Warteliste *f* **'wait·ing room** *n* Wartezimmer *nt*
wait·ress <*pl* -es> ['weɪtrɪs] *n* Kellnerin *f,* Bedienung *f*
waive [weɪv] *vt* (*form*) verzichten auf +*akk; a fee* erlassen; *an objection* fallen lassen; *right* verzichten auf +*akk*
waiv·er ['weɪvəʳ] *n* ❶ (*document*) Verzichterklärung *f* ❷ (*agreement*) Erlass *m;* (*repeal*) Außerkraftsetzung *f*
wake¹ [weɪk] *n* NAUT Kielwasser *nt;* AEROSP Turbulenz *f;* ■ **in the ~ of sth** (*fig*) infolge einer S. *gen*
wake² [weɪk] *n* (*vigil*) Totenwache *f*
wake³ <woke *or* waked, woken *or* waked> [weɪk] I. *vi* aufwachen II. *vt* (*rouse*) aufwecken ▶ **to ~ the dead** die Toten auferwecken ◆ **wake up** I. *vi* aufwachen *a. fig* ▶ **~ up and smell the coffee!** AM (*saying fam*) wach endlich auf und sieh den Tatsachen ins Auge! II. *vt* aufwecken
wake·ful ['weɪkfəl] *adj* (*form*) ❶ (*sleepless*) **~ night** schlaflose Nacht; ■ **to be ~** nicht schlafen können ❷ (*vigilant*) wach, wachsam; **to feel ~** sich munter fühlen
wak·en ['weɪkən] *vi* (*form*) aufwachen
wakey ['weɪki] *interj* (*hum*) **~ ~!** aufwachen!
Wales [weɪlz] *n no pl* Wales *nt*
walk [wɔːk] I. *n* ❶ (*going on foot*) Gehen *nt;* (*as recreation*) Spaziergang *m;* **it's a five minute ~** es sind fünf Minuten [zu Fuß] ❷ (*promenade*) Spazierweg *m;* (*path in rural area*) Wanderweg *m* ▶ **~ of life** soziale Schicht II. *vt* ❶ (*go on foot*) **to ~ the streets** (*wander*) durch die Straßen gehen; (*be a prostitute*) auf den Strich gehen *sl* ❷ (*accompany*) **to ~ sb home** jdn nach Hause bringen ❸ (*take for a walk*) **to ~ the dog** den Hund ausführen ❹ BRIT (*fam: succeed easily*) spielend meistern III. *vi* ❶ (*go on foot*) zu Fuß gehen ❷ (*for recreation*) spazieren gehen ❸ (*fig fam: go missing*) Beine bekommen *fam* ▶ **to ~ before one can run** laufen lernen, bevor man springt ◆ **walk about** *vi,* **walk around** *vi* herumlaufen ◆ **walk away** *vi* ❶ (*steal*) mitgehen lassen *fam;* (*easily win*) spielend gewinnen ❷ (*escape unhurt*) **to ~ away from an accident** einen Unfall unverletzt überstehen ◆ **walk in** *vi* hereinkommen; ■ **to ~ in on sb/sth** bei jdm/ etw hereinplatzen *fam* ◆ **walk off** I. *vt* **to ~ off a meal** einen Verdauungsspaziergang machen II. *vi* ❶ (*leave*) weggehen ❷ ■ **to ~ off with sth** (*steal*) etw mitgehen lassen *fam;* (*easily win*) etw spielend gewinnen ◆ **walk on** *vi* THEAT eine Nebenrolle spielen ◆ **walk out** *vi* ❶ (*leave*) gehen; ■ **to ~ out on sb** jdn im Stich lassen; **to ~ out of a meeting** eine Sitzung [aus Protest] verlassen ❷ (*go on strike*) streiken ◆ **walk over** *vt* (*fig*) **to ~ [all] over sb** jdn ausnutzen (*o bes* SÜDD, ÖSTERR ausnützen) ◆ **walk through** *vt* ❶ (*accompany*) ■ **to ~ sb through sth** etw mit jdm durchgehen ❷ THEAT ■ **to ~ through sth** etw [ein]üben
'walk·able *n* district, housing, area zu Fuß erreichbar **'walk·about** *n esp* BRIT (*fam*) Rundgang *m* ▶ **to go ~** (*hum*) *person* verschwinden; *object* sich selbständig machen
'walk·away *n* AM leichter Sieg; **to win in a ~** einen leichten Sieg davontragen
walk·er ['wɔːkəʳ] *n* ❶ (*person on foot*) Fußgänger(in) *m(f);* (*for recreation*) Spaziergänger(in) *m(f)* ❷ (*as sport*) Geher(in) *m(f)*
walk·er-'on *n* Statist(in) *m(f)*
walkie-talkie [ˌwɔːkiˈtɔːki] *n* [tragbares] Funksprechgerät, Walkie-Talkie *nt*
'walk-in *adj* begehbar; **~ wardrobe** begehbarer Kleiderschrank

walk·ing ['wɔːkɪŋ] **I.** *n no pl* Gehen *nt;* (*as recreation*) Spazierengehen *nt* **II.** *adj attr* ❶ (*of movement on foot*) Geh-; **to be within ~ distance** zu Fuß erreichbar sein ❷ (*human*) wandelnd; **to be a ~ encyclopaedia** ein wandelndes Lexikon sein *hum fam*
'**walk·ing frame** *n* Aus, Brit Gehhilfe *f*
'**walk·ing shoes** *npl* Wanderschuhe *pl*
'**walk·ing stick** *n* Spazierstock *m;* (*for old people*) Stock *m;* (*for invalids*) Krücke *f* '**walk·ing tour** *n* ❶ (*in town*) [Stadt]rundgang *m* (**of/through** durch) ❷ (*in the countryside*) Wanderung *f*
Walk·man® <*pl* -men *or* -s> ['wɔːkmən, *pl* -mən] *n* Walkman® *m*
'**walk-on** *adj attr* THEAT, FILM Statist(in) *m(f);* **~ part** [*or* **role**] Statistenrolle *f*
'**walk·out** *n* Arbeitsniederlegung *f;* **to stage a ~** aus Protest die Arbeit niederlegen '**walk·over** *n* (*easy victory*) leichter Sieg, Spaziergang *m fam* '**walk·through** *n* Probe *f* '**walk·way** *n* [Fuß]weg *m;* **moving ~** Laufband *nt*
wall [wɔːl] *n* ❶ *of a house, around a plot* Mauer *f; of a room* Wand *f;* **city ~** Stadtmauer *f;* **the Berlin W~** (*hist*) die Berliner Mauer *hist;* **the Great W~ of China** die Chinesische Mauer ❷ MED, ANAT Wand *f* ❸ *of a tyre* Mantel *m* ❹ (*barrier*) Mauer *f* ▶ **to have one's back to the ~** mit dem Rücken an der Wand stehen; **~s have ears** (*saying*) die Wände haben Ohren; **to be a fly on the ~** Mäuschen spielen; **to drive sb up the ~** jdn zur Weißglut treiben ◆ **wall in** *vt usu passive* ummauern ◆ **wall off** *vt usu passive* durch eine Mauer abtrennen ◆ **wall up** *vt* ❶ (*imprison*) einmauern ❷ (*fill in*) zumauern
'**wall bars** *npl* Sprossenwand *f* '**wall chart** *n* Schautafel *f* '**wall clock** *n* Wanduhr *f*
wal·let ['wɒlɪt] *n* ❶ (*for money*) Brieftasche *f* ❷ *esp* Brit (*for documents*) Dokumentenmappe *f*
'**wall·flow·er** *n* ❶ HORT Goldlack *m* ❷ (*fam: woman*) Mauerblümchen *nt* '**wall hang·ing** *n* Wandteppich *m*
Wal·lis and Fu·tu·na [ˌwɒlɪsəndfuː-ˈtjuːnə] *n* ■**the ~ Islands** die Wallis- und -Futuna-Inseln *pl*
'**wall map** *n* Wandkarte *f*
Wal·loon [wɒlˈuːn] *n* ❶ (*person*) Wallone *m*/Wallonin *f* ❷ *no pl* (*language*) Wallonisch *nt*
wal·lop ['wɒləp] (*fam*) **I.** *vt* ❶ (*hit*) schlagen ❷ (*fig: win*) jdn haushoch besiegen **II.** *n* Schlag *m*
wal·lop·ing ['wɒləpɪŋ] **I.** *adj attr* (*fam*) ❶ (*hum: very big*) riesig ❷ AM (*very good*) super **II.** *n usu sing* **to give sb a ~** jdm eine Tracht Prügel verpassen
wal·low ['wɒləʊ] **I.** *n usu sing* Bad *nt a. fig* **II.** *vi* ■**to ~ in sth** sich in etw *dat* wälzen; **to ~ in luxury** im Luxus baden; **to ~ in self-pity** vor Selbstmitleid zerfließen
'**wall·pa·per I.** *n* Tapete *f;* **a roll of ~** eine Tapetenrolle; **to put up ~** tapezieren **II.** *vt* tapezieren '**wall sock·et** *n* [Wand]steckdose *f* '**Wall Street** *n no pl* die Wall Street [*o* Wallstreet] **wall-to-'wall** *adj* ❶ (*covering floor*) **~ carpet** Teppichboden *m* ❷ (*fig: continuous*) ständig; **~ coverage** Berichterstattung *f* rund um die Uhr
wal·nut ['wɔːlnʌt] *n* ❶ (*nut*) Walnuss *f* ❷ (*tree*) Walnussbaum *m* ❸ *no pl* (*wood*) Nussbaumholz *nt*
wal·rus <*pl* - *or* -es> ['wɔːlrəs] *n* Walross *nt*
waltz [wɒls] **I.** *n* <*pl* -es> Walzer *m* **II.** *vi* ❶ (*dance*) Walzer tanzen ❷ (*fam: walk confidently*) ■**to ~ up to sb** auf jdn [einfach] zugehen ◆ **waltz in** *vi* hereintanzen *fam* ◆ **waltz off** *vi* abtanzen *fam* ◆ **waltz out** *vi* (*fam*) abrauschen; **to ~ out of the room** aus dem Zimmer rauschen
wan <-nn-> [wɒn] *adj light* fahl; *face* blass; *smile* matt
wand [wɒnd] *n* Zauberstab *m;* **to wave one's magic ~** (*also fig*) den Zauberstab schwingen *a. fig*
wan·der ['wɒndə^r] **I.** *n usu sing* (*fam*) Bummel *m* **II.** *vt* **to ~ the streets** (*leisurely*) durch die Straßen schlendern; (*being lost*) durch die Straßen irren **III.** *vi* ❶ (*lose concentration*) **my attention is ~ing** ich bin nicht bei der Sache ❷ (*become confused*) **her mind is beginning to ~** sie wird allmählich wirr [im Kopf *fam*]
wan·der·er ['wɒnd^ərə^r] *n* Wandervogel *m hum* veraltet
wan·der·ing ['wɒnd^ərɪŋ] *adj attr* ❶ (*nomadic*) wandernd; *minstrel, tinker* fahrend; *people, tribe* nomadisierend ❷ (*not concentrating*) abschweifend; (*rambling*) wirr
wan·der·ings ['wɒnd^ərɪŋz] *npl* (*travels*) Reisen *pl;* (*walks*) Streifzüge *pl*
wan·der·lust ['wɒndəlʌst] *n no pl* Reiselust *f,* Fernweh *nt*
wane [weɪn] **I.** *vi* abnehmen; *interest, popularity* schwinden *geh* **II.** *n no pl* **to be on the ~** im Abnehmen begriffen sein

geh; interest, popularity |dahin|schwinden *geh*

wan·gle ['wæŋgl] *vt* (*fam*) deichseln; **to ~ one's way into sth** sich in etw *akk* [hinein]mogeln; **to ~ one's way out of sth** sich aus etw *dat* herauswinden

wank [wæŋk] BRIT, AUS **I.** *vi* (*vulg*) ■ **to ~** |off| **II.** *vt* (*vulg*) ■ **to ~ sb off** jdm einen runterholen **III.** *n* (*vulg*) Wichsen *nt kein pl;* **to have a ~** sich *dat* einen runterholen, wichsen

wank·er ['wæŋkə'] *n* BRIT, AUS (*pej vulg*) Wichser *m;* **a bunch of ~s** ein Haufen *m* Wichser

want [wɒnt] **I.** *n* ❶ (*need*) Bedürfnis *nt;* **to be in ~ of sth** etw benötigen ❷ *no pl* (*lack*) Mangel *m;* **for ~ of anything better to do, ...** da ich nichts Besseres zu tun hatte, ...; **to live in ~** Not leiden; **for ~ of sth** aus Mangel an etw *dat* **II.** *vt* ❶ (*wish*) wünschen, wollen; (*politely*) mögen; ■ **to ~ sb to do sth** wollen, dass jd etw tut; ■ **to ~ sth done** wünschen, dass etw getan wird; **to be ~ed by the police** polizeilich gesucht werden; ■ **to ~ to do sth** etw tun wollen; **what do you ~ to eat?** was möchtest du essen? ❷ (*need*) brauchen; **you'll ~ a coat on** du wirst einen Mantel brauchen ❸ (*fam: should*) sollen; **you ~ to turn left here** Sie müssen hier links abbiegen ▶ **waste not, ~ not** (*prov*) spare in der Zeit, dann hast du in der Not *prov*

want·age ['wɑːntɪdʒ] *n usu sing* AM (*need*) Mangel *m kein pl*

want·ing ['wɒntɪŋ] *adj pred* ❶ (*be required*) ■ **to be ~** fehlen ❷ (*deficient*) **to be found to be ~** sich als unzulänglich erweisen

wan·ton ['wɒntən] *adj* ❶ (*wilful*) leichtfertig; **~ destruction** mutwillige Zerstörung; **~ disregard** völlige Gleichgültigkeit ❷ (*liter: capricious*) übermütig, launenhaft

WAP [wɒp] *n* INET *acr for* **Wireless Application Protocol** WAP *nt*

war [wɔːʳ] *n* ❶ *no pl* (*armed conflict*) Krieg *m;* **state of ~** Kriegszustand *m;* **the cold W~** (*hist*) der Kalte Krieg; **the Great W~** der Erste Weltkrieg; **to declare ~ on sb/sth** jdm/etw den Krieg erklären; **to go to ~** in den Krieg ziehen; **to wage ~ against sb/sth** gegen jdn/etw Krieg führen; **at ~** (*also fig*) im Kriegszustand ❷ (*conflict*) Kampf *m;* **class ~** *esp* BRIT Klassenkampf *m;* **price/trade ~** Preis-/ Handelskrieg *m* ▶ **to have been in the ~s**

esp BRIT [ziemlich] ramponiert aussehen *fam*

'**war atroc·ities** *npl* Kriegsgräuel *pl geh,* Kriegsverbrechen *pl* '**war baby** *n* ❶ (*child*) Kriegskind *nt* ❷ AM (*fam: bond*) Aktie, die durch einen Krieg an Wert gewinnt

war·ble ['wɔːbl] *vi bird* trillern; (*hum*) *person* trällern

war·bler ['wɔːblə'] *n* ❶ (*songbird*) Grasmücke *f;* (*any singing bird*) Singvogel *m* ❷ (*hum: person*) Sänger(in) *m(f)*

'**war bond** *n* Kriegsanleihe *f* '**war bulletin** *n* Kriegsbericht *m* '**war cor·res·pond·ent** *n* Kriegsberichterstatter(in) *m(f)* '**war crime** *n* Kriegsverbrechen *nt* '**war crimi·nal** *n* Kriegsverbrecher(in) *m(f)* '**war cry** *n* Schlachtruf *m*

ward [wɔːd] *n* ❶ (*in hospital*) Station *f* ❷ BRIT (*political area*) Wahlbezirk *m* ❸ AM (*in prison*) [Gefängnis]trakt *m* ◆ **ward off** *vt* abwehren

war·den ['wɔːdn] *n* ❶ (*building manager*) [Heim]leiter(in) *m(f)* ❷ BRIT, AUS (*head of a college*) Rektor(in) *m(f)* ❸ AM (*prison governor*) Gefängnisdirektor(in) *m(f)* ❹ (*public official*) **park ~** Parkwächter(in) *m(f);* **traffic ~** BRIT Verkehrspolizist(in) *m(f)*

war·der ['wɔːdə'] *n esp* BRIT [Gefängnis]aufseher(in) *m(f)*

war·dress <*pl* -es> ['wɔːdrɪs] *n esp* BRIT [Gefängnis]aufseherin *f*

ward·robe ['wɔːdrəʊb] *n* ❶ (*cupboard*) [Kleider]schrank *m* ❷ *no pl* (*clothes*) Garderobe *f*

'**ward·robe trunk** *n* Schrankkoffer *m*

ward·ship ['wɔːdʃɪp] *n no pl* Vormundschaft *f* (**of** für)

'**war ef·fort** *n* Kriegsanstrengungen *pl*

ware·house ['weəhaʊs] *n* Lagerhaus *nt*

'**ware·house keep·er** *n* Lagerverwalter(in) *m(f)*

ware·hous·ing ['weəhaʊzɪŋ] *n no pl* Lagerung *f*, Lagerhaltung *f*

wares [weəz] *npl* Ware[n] *f*|*pl*|

war·fare ['wɔːfeəʳ] *n esp* BRIT Krieg[s]führung *f*

'**war game** *n* Kriegsspiel *nt* '**war·head** ['wɔːhed] *n* Sprengkopf *m*

wari·ly ['weərəli] *adv* vorsichtig, (*suspiciously*) misstrauisch

war·like ['wɔːlaɪk] *adj* ❶ (*military*) kriegerisch ❷ (*hostile*) militant '**war·lord** *n* Kriegsherr *m*

warm [wɔːm] **I.** *adj* ❶ (*not cool*) warm ❷ (*affectionate*) warm; *person* warmherzig; *welcome* herzlich ❸ *clothes* warm

④ *usu attr colours* warm ⑤ *usu pred* (*close guess*) ■ **to be ~** nahe dran sein *fam* **II.** *vi* **to come into the ~** ins Warme kommen; **to have a ~** sich [auf]wärmen **III.** *vt* wärmen; **to ~ the soup** die Suppe aufwärmen ▶ **to ~ the** <u>heart</u> das Herz erwärmen **IV.** *vi* (*grow to like*) ■ **to ~ to[wards] sb/sth** sich für jdn/etw erwärmen ◆ **warm up I.** *vi* ① *engine, machine* warm laufen ② (*limber up*) sich aufwärmen **II.** *vt engine* warm laufen lassen; *room* erwärmen; *food* aufwärmen

warm-ˈblood·ed *adj* warmblütig ˈ**warm front** *n* METEO Warmfront *f* **warm-ˈheart·ed** *adj* warmherzig **warm·ly** [ˈwɔːmli] *adv* ① (*of heat*) **to dress ~** sich warm anziehen ② (*affectionately*) herzlich **warm ˈstart** *n* COMPUT Warmstart *m*

warmth [wɔːmθ] *n no pl* ① (*heat*) Wärme *f* ② (*affection*) Herzlichkeit *f*

ˈ**warm-up** *n* SPORTS **to have a ~** sich aufwärmen

warn [wɔːn] **I.** *vi* warnen (**of** vor) **II.** *vt* warnen (**about** vor); ■ **to ~ sb not to do sth** jdn davor warnen, etw zu tun; ■ **to ~ that ...** darauf hinweisen, dass ...

warn·ing [ˈwɔːnɪŋ] *n* ① *no pl* (*notice*) Warnung *f* ② (*threat*) Drohung *f* ③ (*lesson*) **let it be a ~ to you!** lass dir das eine Lehre sein! ④ (*of dangers, risks*) Warnung *f* (**about/on** vor); **a word of ~** ein guter Rat; **to issue a ~** [**about sth**] [vor etw *dat*] warnen ⑤ (*a caution*) Verwarnung *f*

ˈ**warn·ing light** *n* Warnleuchte *f* ˈ**warn·ing shot** *n* Warnschuss *m* ˈ**warn·ing sign** *n* ① (*signboard*) Warnschild *nt* ② *usu pl* (*symptom*) Anzeichen *nt*

warp [wɔːp] **I.** *vi wood* sich verziehen **II.** *vt wood* verziehen **III.** *n* ① (*in wood*) verzogene Stelle ② (*in space travel*) **time ~** Zeitverwerfung *f* ③ *no pl* (*threads*) **~ and weft** Kette und Schuss

ˈ**war·paint** *n no pl* (*also hum*) Kriegsbemalung *f* ˈ**war·path** *n no pl* Kriegspfad *m*; **to be on the ~** (*hum fam*) auf dem Kriegspfad sein

warped [wɔːpt] *adj* ① (*bent*) verzogen ② (*fig: perverted*) verschroben *pej*

war·rant [ˈwɒrənt] **I.** *n* ① (*document*) [Vollziehungs]befehl *m*; **arrest/search ~** Haft-/Durchsuchungsbefehl *m*; **to execute a ~** AM (*form*) einen Befehl ausführen ② FIN Bezugsrecht *nt* ③ *no pl* (*justification*) Rechtfertigung *f* **II.** *vt* ① (*justify*) rechtfertigen ② (*form: guarantee*) garantieren

war·ran·tee [ˌwɒrənˈtiː] *n* Garantienehmer(in) *m(f)*

ˈ**war·rant of·fic·er** *n ranghöchster Unteroffizier*

war·ran·tor [ˈwɒrəntɔːʳ] *n* Garantiegeber(in) *m(f)*

war·ran·ty [ˈwɒrənti] *n* Garantie *f*; **extended ~** verlängerte Garantiezeit

war·ren [ˈwɒrən] *n* ① (*burrows*) Kaninchenbau *m* ② (*maze*) Labyrinth *nt*

war·ring [ˈwɔːrɪŋ] *adj attr* **the ~ factions** die Krieg führenden Parteien

war·ri·or [ˈwɒriəʳ] *n* (*usu hist*) Krieger *m*

War·saw [ˈwɔːsɔː] *n* Warschau *nt*

War·saw Pact [ˌwɔːsɔːˈpækt] *n*, **War·saw Trea·ty** *n* (*hist*) ■ **the ~** der Warschauer Pakt

ˈ**war·ship** [ˈwɔːʃɪp] *n* Kriegsschiff *nt*

wart [wɔːt] *n* Warze *f*; **~ s and all** (*fig fam*) mit all seinen/ihren Fehlern und Schwächen

wart·hog [ˈwɔːthɒg] *n* Warzenschwein *nt*

ˈ**war·time** *n no pl* Kriegszeit[en] *f*[*pl*]

ˈ**war-torn** *adj usu attr* vom Krieg erschüttert

warts-and-all [ˈwɔːtsən(d)ɔːl] *adj attr* umfassend, mit allen Vor- und Nachteilen *nach n*

ˈ**war-weary** *adj* kriegsmüde

wary [ˈweəri] *adj* vorsichtig; ■ **to be ~ about** [*or* **of**] **doing sth** etw nur ungern tun; ■ **to be ~ of sb/sth** sich vor jdm/etw in Acht nehmen

ˈ**war zone** *n* Kriegsgebiet *nt*

was [wɒz, wəz] *pt of* **be**

wash [wɒʃ] **I.** *n* <*pl* -es> ① *usu sing* (*cleaning, laundering*) Waschen *nt kein pl*; **to have a ~** sich waschen ② *no pl* (*clothes*) ■ **to do a ~** Wäsche waschen; **to be in the ~** in der Wäsche sein ③ *usu sing* (*thin layer*) [Farb]überzug *m* ▶ **it'll all** <u>come</u> **out in the ~** (*fam*) das wird sich alles klären **II.** *vt* ① (*clean*) waschen; *dishes* abwaschen, spülen; *wound* spülen ② *usu passive* (*sweep*) **to be ~ed ashore** an Land gespült werden ▶ **to ~ one's** <u>hands</u> **of sb/sth** mit jdm/etw nichts zu tun haben wollen; **to ~ one's dirty** <u>linen</u> **in public** (*pej*) seine schmutzige Wäsche in aller Öffentlichkeit waschen **III.** *vi* (*clean oneself*) sich waschen ▶ **sth won't ~ with sb** etw hat keinerlei Wirkung bei jdm ◆ **wash away** *vt* ① (*sweep off, erode*) wegspülen ② (*fig: eliminate*) **to ~ away sb's sins** jdn von seinen Sünden reinwaschen ③ (*clean*) auswaschen ◆ **wash down** *vt* ① (*swallow*) hinunterspülen

❷ (*clean*) waschen ❸ *usu passive* (*carry off*) herabschwemmen ◆**wash off** I. *vi* sich abwaschen lassen II. *vt* abwaschen ◆**wash out** I. *vi* sich herauswaschen lassen II. *vt* ❶ (*clean inside*) auswaschen ❷ (*remove*) herauswaschen ❸ (*launder*) [aus]waschen ❹ *usu passive* ■ **to be ~ed out** *event* ins Wasser fallen *fam* ◆**wash over** *vi* ❶ (*flow over*) **to ~ over sb/sth** über jdn/etw [hinweg]spülen ❷ (*fig: overcome*) überkommen ❸ (*fig: have no effect*) **it makes no difference what I say, it just ~es over them** es ist ganz egal, was ich sage, es prallt einfach an ihnen ab ◆**wash up** I. *vi* ❶ (*clean dishes*) abspülen, abwaschen ❷ AM (*wash oneself*) sich waschen II. *vt* (*sea*) anspülen

wash·able [ˈwɒʃəbl] *adj* **machine-~** waschmaschinenfest

wash-and-ˈwear *adj* bügelfrei ˈ**wash·ba·sin** *n* Waschbecken *nt* ˈ**wash·board** *n* (*dated*) Waschbrett *nt* ˈ**wash·bowl** *n* AM (*washbasin*) Waschbecken *nt* ˈ**wash·cloth** *n* AM (*face cloth*) Waschlappen *m* ˈ**wash·day** *n* Waschtag *m* ˈ**wash·down** *n* Wäsche *f*; **to give sb a ~** jdn waschen; **to give sth a ~** etw abwaschen

washed-out [ˌwɒʃtˈaʊt] *adj* ❶ *clothes* verwaschen ❷ (*tired*) fertig *fam*

wash·er [ˈwɒʃəʳ] *n* ❶ AM (*washing machine*) Waschmaschine *f* ❷ (*ring*) Unterlegscheibe *f*; (*for sealing*) Dichtung *f*

wash-ˈhand ba·sin *n* Waschbecken *nt* ˈ**wash house** *n* Waschhaus *nt*

wash·ing [ˈwɒʃɪŋ] *n no pl* Wäsche *f*; **to do the ~** [Wäsche] waschen

ˈ**wash·ing ma·chine** *n* Waschmaschine *f* ˈ**wash·ing pow·der** *n* BRIT Waschpulver *nt* ˈ**wash·ing soda** *n no pl* Bleichsoda *f*

Wash·ing·ton [ˌwɒʃɪŋtən] *n* (*US state*) Washington *nt*

Wash·ing·ton D.ˈC. *n* (*US city*) Washington *nt*

wash·ing-ˈup *n no pl* BRIT, AUS ❶ (*cleaning dishes*) **to do the ~** abspülen, abwaschen ❷ (*dishes*) Abwasch *m* **wash·ing-ˈup ba·sin** *n* BRIT Spülbecken *nt* **wash·ing-ˈup bowl** *n* BRIT Spülschüssel *f* **wash·ing-ˈup liq·uid** *n* BRIT Spülmittel *nt*

ˈ**wash leath·er** *n* ❶ *no pl* (*material*) Waschleder *nt* ❷ (*to clean windows*) Fensterleder *nt* ˈ**wash·out** *n usu sing* (*fam*) Reinfall *m* ˈ**wash·room** *n* AM Toilette *f*

wasn't [ˈwɒzənt] = **was not** *see* **be**

wasp [wɒsp] *n* Wespe *f*

wasp·ish [ˈwɒspɪʃ] *adj* giftig *fam*, gehässig *pej*

ˈ**wasps' nest** *n* Wespennest *nt* **wasp-ˈwaist·ed** *adj* mit einer Wespentaille *nach n*

wast·age [ˈweɪstɪdʒ] *n no pl* ❶ (*misuse*) Verschwendung *f* ❷ BRIT, AUS (*cutting workforce*) natürlicher Arbeitskräfteabgang ❸ (*product wasted*) Ausschuss *m*

waste [weɪst] I. *n* ❶ *no pl* (*misuse*) Verschwendung *f*; **~ of effort** vergeudete Mühe; **~ of energy/money/time** Energie-/Geld-/Zeitverschwendung *f*; **~ of resources** Vergeudung *f* von Ressourcen; **to lay ~ to the land** das Land verwüsten ❷ *no pl* (*unwanted matter*) Abfall *m*; **household/industrial ~** Haushalts-/Industriemüll *m*; **electronic ~** Elektroschrott *m*; **to go to ~** verkommen ❸ (*excrement*) Exkremente *pl* II. *vt* ❶ (*misuse*) verschwenden; **don't ~ my time!** stiehl mir nicht meine wertvolle Zeit!; **to ~ one's breath** sich *dat* seine Worte sparen können ❷ AM (*sl*) ■ **to ~ sb** jdn umlegen *fam* III. *vi* ▶ **~ not, want not** (*prov*) spare in der Zeit, dann hast du in der Not ◆**waste away** *vi* dahinsiechen *geh*; (*get thinner*) immer dünner werden

ˈ**waste·bas·ket** *n* AM Papierkorb *m* ˈ**waste dis·pos·al** *n no pl* Abfallbeseitigung *f*, Müllentsorgung *f* **waste-disˈpos·al unit** *n* Müllschlucker *m*

waste·ful [ˈweɪs(t)fəl] *adj* ■ **to be ~ of sth** verschwenderisch mit etw *dat* umgehen

waste·ful·ly [ˈweɪs(t)fəli] *adv* verschwenderisch

waste ˈheat *n no pl* TECH Abwärme *f fachspr* ˈ**waste·land** *n* ❶ (*neglected land*) unbebautes Land ❷ (*fig: unproductive area*) Öde *f* **waste ˈman·age·ment** *n no pl* Abfallwirtschaft *f* ˈ**waste·pa·per** *n no pl* Papiermüll *m*; (*for recycling*) Altpapier *nt* ˈ**waste·pa·per bas·ket** *n*, BRIT, AUS *also* ˈ**waste·pa·per bin** *n* Papierkorb *m* ˈ**waste pipe** *n* Abflussrohr *nt* **waste ˈprod·uct** *n* Abfallprodukt *nt*

wast·er [ˈweɪstəʳ] *n* ❶ (*wasteful person*) Verschwender(in) *m(f)* ❷ BRIT (*fam: good-for-nothing*) Taugenichts *m pej*

waste reˈpro·cess·ing *n no pl* Müllwiederaufbereitung *f* ˈ**waste sepa·ra·tion** *n no pl* Mülltrennung *f* **waste ˈsteam** *n no pl* Abdampf *m*

wast·ing [ˈweɪstɪŋ] *adj attr* schwächend; **muscle-~ disease** muskelschwächende Krankheit

wast·rel ['weɪstrəl] *n* (*liter*) Nichtsnutz *m pej veraltend*

watch [wɒtʃ] **I.** *n* ❶ (*on wrist*) Armbanduhr *f*; (*on chain*) Taschenuhr *f* ❷ *no pl* (*observation*) Wache *f*; **on ~** auf Wache; **to be under** [**close**] **~** unter [strenger] Bewachung stehen; **to keep close ~ over sb/sth** über jdn/etw sorgsam wachen ❸ (*period of duty*) Wache *f* ❹ (*unit*) Wacheinheit *f* **II.** *vt* ❶ (*look at*) beobachten; **I ~ed him get into a taxi** ich sah, wie er in ein Taxi stieg; **to ~ TV** fernsehen; **to ~ the world go by** die [vorbeigehenden] Passanten beobachten ❷ (*keep vigil*) ■ **to ~ sb/sth** auf jdn/etw aufpassen; **to ~ sb/sth like a hawk** jdn/etw mit Argusaugen bewachen *geh* ❸ (*be careful about*) **~ it!** pass auf!; **~ yourself!** sieh dich vor!; **to ~ one's weight** auf sein Gewicht achten ▶ **~ this <u>space</u>!** mach dich auf etwas gefasst!; **to ~ one's <u>step</u>** aufpassen **III.** *vi* ❶ (*look*) zusehen, zuschauen ❷ (*be attentive*) aufpassen ◆ **watch out** *vi* ❶ (*keep lookout*) ■ **to ~ out for sb/sth** nach jdm/etw Ausschau halten ❷ (*beware of*) **~ out!** Achtung!

'watch·band *n* Am, Aus Uhr[arm]band *nt*

'watch·dog *n* ❶ (*guard dog*) Wachhund *m* ❷ (*fig: organization*) Überwachungsgremium *nt*; (*state-controlled*) Aufsichtsbehörde *f*

watch·er ['wɒtʃəʳ] *n* (*watching person*) Zuschauer(in) *m(f)*; (*observer*) Beobachter(in) *m(f)*

watch·ful ['wɒtʃfəl] *adj* wachsam

watch·ful·ly ['wɒtʃfəli] *adv* wachsam, aufmerksam

'watch·mak·er [-ˌmeɪkəʳ] *n* Uhrmacher(in) *m(f)* **'watch·man** *n* Wachmann *m*; **night ~** Nachtwächter *m* **'watch·strap** *n esp* Brit Uhr[arm]band *nt* **'watch·tow·er** *n* Wachturm *m* **'watch·word** *n usu sing* ❶ (*slogan*) Parole *f* ❷ (*password*) Kennwort *nt*

wa·ter ['wɔːtəʳ] **I.** *n* ❶ *no pl* Wasser *nt* ❷ (*urine*) **to pass ~** Wasser lassen ❸ (*area of water*) ■ **~s** *pl* Gewässer *pl*; **the ~s of the Rhine** die Wasser des Rheins; **coastal ~s** Küstengewässer *pl* ❹ Med **~ on the brain** Wasserkopf *m*; **~ on the knee** Kniegelenkerguss *m* ❺ (*amniotic fluid*) Fruchtwasser *nt* ▶ **<u>blood</u> is thicker than ~** (*prov*) Blut ist dicker als Wasser; **to be ~ under the <u>bridge</u>** Schnee von gestern sein; **to be** [**like**] **~ off a <u>duck's</u> back** an jdm einfach abprallen; **to take to sth like a <u>duck</u> to ~** sich bei etw *dat* gleich in seinem Element fühlen; **like a <u>fish</u> out of ~** wie ein Fisch auf dem Trocknen; **to keep one's <u>head</u> above ~** sich über Wasser halten; **come <u>hell</u> or high ~** komme was [da] wolle **II.** *vt* bewässern; *farm animals* tränken; *garden* sprengen; *flowers, plants* gießen **III.** *vi* ❶ (*produce tears*) tränen ❷ (*salivate*) **my mouth is watering** mir läuft das Wasser im Munde zusammen

'wa·ter·bird *n* Wasservogel *m* **wa·ter'boat·man** *n* zool Rückenschwimmer *m* **'wa·ter-borne** *adj* ❶ (*transported*) **~ attack** Angriff *m* zu Wasser; **~ trade** Handelsschifffahrt *f* ❷ (*transmitted*) **~ disease** durch das Wasser übertragene Krankheit **'wa·ter bot·tle** *n* Wasserflasche *f* **'wa·ter butt** *n* Brit Regentonne *f* **'wa·ter can·non** *n* Wasserwerfer *m* **'wa·ter car·ri·er** *n* ❶ *esp* Brit astrol ■ **the ~** der Wassermann ❷ (*water pipe*) Wasserleitung *f* **'wa·ter cart** *n* (*hist*) Wasserkarren *m* **'wa·ter clos·et** *n* WC *nt* **'wa·ter col·our**, Am **'wa·ter col·or** **I.** *n* ❶ (*paint*) Aquarellfarbe *f* ❷ (*picture*) Aquarell *nt* **II.** *adj usu attr* Aquarell- **'wa·ter con·tent** *n* Wassergehalt *m* **'wa·ter-cooled** *adj* wassergekühlt **'wa·ter·course** *n* Wasserlauf *m* **'wa·ter·craft** *n* (*liter: vessel*) Wasserfahrzeug *nt* **'wa·ter·cress** *n no pl* bot Brunnenkresse *f* **'wa·ter cure** *n* med Wasserkur *f* **'wa·ter·fall** *n* Wasserfall *m* **'wa·ter·fowl** *n* zool (*one bird*) Wasservogel *m* **'wa·ter·front** *n* (*bank, shore*) Ufer *nt*; (*area*) Hafengebiet *nt* **'wa·ter gauge** *n* Wasserstandsmesser *m* **'wa·ter heat·er** *n* Heißwassergerät *nt* **'wa·ter hole** *n* Wasserloch *nt* **'wa·ter hose** *n* Wasserschlauch *m* **'wa·ter ice** *n* Sorbet *nt*

wa·ter·ing ['wɔːtərɪŋ] *n of land* Bewässerung *f*; *of garden* Sprengen *nt*; *of plants* Gießen *nt*

'wa·ter·ing can *n* Gießkanne *f* **'wa·ter·ing place** *n* (*fam: watering hole*) Wasserstelle *f*

wa·ter·less ['wɔːtələs] *adj* wasserlos; **~ desert** trockene Wüste

'wa·ter lev·el *n* ❶ *of surface water* Wasserstand *m*; *of river* Pegel[stand] *m* ❷ *of groundwater* Grundwasserspiegel *m* **'wa·ter lily** *n* Seerose *f*, Teichrose *f* **'wa·ter line** *n no pl* naut Wasserlinie *f*; geol Grundwasserspiegel *m* **'wa·ter-logged** *adj ship* voll gelaufen; *ground* feucht

Wa·ter·loo [ˌwɔːtə'luː] *n* ▶ **to meet one's ~** ein Fiasko erleiden

'wa·ter main *n* Haupt|wasser|leitung *f* **'wa·ter·man** *n* ① (*ferryman*) Fährmann *m* ② SPORTS Ruderer *m* **'wa·ter·mark** *n* ① (*showing tide level*) Wasser|stands|marke *f* ② (*on paper*) Wasserzeichen *nt* **'wa·ter·mel·on** *n* Wassermelone *f* **'wa·ter me·ter** *n* Wasserzähler *m* **'wa·ter pipe** *n* ① (*conduit*) Wasserleitung *f* ② (*hookah*) Wasserpfeife *f* **'wa·ter pis·tol** *n* Wasserpistole *f* **'wa·ter pol·lu·tion** *n* Wasserverschmutzung *f*; *of sea, river* Gewässerverschmutzung *f*; *of drinking water* Trinkwasserbelastung *f* **'wa·ter polo** *n* Wasserball *m kein pl* **'wa·ter pow·er** *n no pl* Wasserkraft *f* **'wa·ter pres·sure** *n* Wasserdruck *m* **'wa·ter·proof** I. *adj* wasserdicht II. *n esp* BRIT (*coat*) Regenmantel *m* III. *vt* wasserundurchlässig machen **wa·ter·re·'pel·lent** *adj* Wasser abweisend **'wa·ter·shed** *n* ① (*high ground*) Wasserscheide *f* ② (*fig: great change*) Wendepunkt *m* **'wa·ter short·age** *n* Wassermangel *m kein pl* **'wa·ter·side** *n no pl* (*beside lake*) Seeufer *nt*; (*beside river*) Flussufer *nt*; (*beside sea*) Strand *m* **'wa·ter-ski** I. *vi* Wasserski fahren II. *n* Wasserski *m* **'wa·ter sof·ten·er** *n* Wasserenthärter *m* **wa·ter-'sol·uble** *adj* wasserlöslich **'wa·ter sup·ply** *n usu sing* (*for area*) Wasservorrat *m*; (*for households*) Wasserversorgung *f* **'wa·ter 'sup·ply pipe** *n* Wasserzuleitung *f* **'wa·ter 'supply point** *n* Wasserentnahmestelle *f* **'wa·ter·ta·ble** *n* Grundwasserspiegel *m* **'wa·ter tank** *n* Wassertank *m* **'wa·ter·tight** ['wɔ:tətaɪt] *adj* ① (*impermeable*) wasserdicht ② (*fig*) *agreement* wasserdicht; *argument* unanfechtbar **'wa·ter tow·er** *n* Wasserturm *m* **'wa·ter va·pour** *n,* AM **'wa·ter va·por** *n* Wasserdampf *m* **'wa·ter vole** *n* Schermaus *f* **'wa·ter wave** *n* Wasserwelle *f* **'wa·ter·way** *n* Wasserstraße *f,* Schifffahrtsweg *m* **'wa·ter·works** *npl* ① (*facility*) Wasserwerk *nt* ② (*fam: in body*) [Harn]blase *f* ▶ **to turn on the ~** (*pej*) losheulen

wa·tery <more, most *or* -ier, -iest> ['wɔ:-tᵊri] *adj* ① (*pej: bland, thin*) *drink* dünn; *soup* wässrig ② *light, sun* fahl; *smile* müde

watt *n* ELEC, PHYS Watt *nt*

watt·age ['wɒtɪdʒ] *n no pl* ELEC Wattzahl *f*

wave [weɪv] I. *n* ① *of water* Welle *f* ② (*fig: feeling*) ~ **of emotion** Gefühlswallung *f*; **~ of fear/panic/sympathy** Welle *f* der Angst/Panik/Sympathie ③ (*series*) ~ **of redundancies** Entlassungswelle *f*; ~ **of terrorism** Terrorwelle *f* ④ (*hand movement*) Wink *m*; **to give sb a ~** jdm [zu]winken ⑤ (*hairstyle*) Welle *f* ⑥ PHYS Welle *f* II. *vi* ① (*greet*) winken; **I ~d at him across the room** ich winkte ihm durch den Raum zu ② (*sway*) *field of grass* wogen *geh*; *flag* wehen ③ (*be wavy*) sich wellen III. *vt* ① (*signal with*) **to ~ sb goodbye** jdm zum Abschied [nach]winken ② (*swing*) **to ~ a magic wand** einen Zauberstab schwingen ③ (*make wavy*) **to ~ one's hair** sich *dat* das Haar wellen ◆ **wave aside** *vt* **to ~ aside an idea/an objection/a suggestion** eine Idee/einen Einwand/Vorschlag abtun ◆ **wave down** *vt* anhalten ◆ **wave on** *vt* **the policeman ~d the traffic on** der Polizist winkte den Verkehr durch ◆ **wave through** *vt* durchwinken

'wave-band *n* Wellenbereich *m* **'wave-length** *n* PHYS Wellenlänge *f* ▶ **to be on the same ~** auf derselben Wellenlänge liegen **'wave pow·er** *n* Wellenkraft *f*

wa·ver ['weɪvə'] *vi* ① (*lose determination*) wanken; *concentration, support* nachlassen ② (*become unsteady*) *eyes* flackern; *voice* beben ③ (*be indecisive*) schwanken; ■ **to ~ over sth** sich *dat* etw hin- und herüberlegen

wa·ver·er ['weɪvərə'] *n* Unentschlossene(r) *f(m)* **wa·ver·ing** ['weɪvᵊrɪŋ] *adj usu attr* ① (*unsteady*) *flame, candle* flackernd; *courage* wankend; *voice* zitternd ② (*indecisive*) unentschlossen; *between two options* schwankend

wavy ['weɪvi] *adj* wellig; *hair* gewellt; ~ **pattern** Wellenmuster *nt*

wax¹ [wæks] I. *n* ① (*substance*) Wachs *nt*; **candle ~** Kerzenwachs *nt* ② (*for polishing*) Wachs *nt*; (*for shoes*) Schuhcreme *f* ③ (*inside ear*) Ohrenschmalz *nt* II. *vt* ① (*polish*) wachsen; *floorboards* bohnern; *shoes* wichsen ② (*remove hair*) enthaaren

wax² [wæks] *vi* ① *moon* zunehmen; **to ~ and wane** zu- und abnehmen ② (*liter*) **to ~ lyrical [about sth]** [über etw *akk*] ins Schwärmen geraten

wax·en ['wæksᵊn] *adj* wächsern; *complexion* wachsbleich

'wax pa·per *n* Butterbrotpapier *nt* **'wax·work** *n* Wachsfigur *f*

waxy ['wæksi] *adj* ① (*like wax*) Wachs-, aus Wachs *nach* ② BRIT *potatoes* fest kochend

way [weɪ] I. *n* ① (*road*) Weg *m*; **one-~ street** Einbahnstraße *f* ② (*route*) **oh, I must be on my ~** oh, ich muss mich auf den Weg machen!; **on the ~ in/out** ...

beim Hineingehen/Hinausgehen …; **I'm on my ~ out** ich bin gerade am Gehen; **"W~In/Out"** „Eingang/Ausgang"; **we have to go by ~ of Copenhagen** wir müssen über Kopenhagen fahren; **"give ~"** BRIT „Vorfahrt [beachten]"; **to ask the ~** nach dem Weg fragen; **to be on the ~** *letter, baby* unterwegs sein; **to be out of the ~** abgelegen sein; **to find one's ~ around** (*fig*) sich zurechtfinden; **to get under ~** in Gang kommen; **to go out of one's ~ to do sth** einen Umweg machen, um etw zu tun; (*fig*) sich bei etw *dat* besondere Mühe geben; **to go separate ~s** getrennte Wege gehen; **to go the wrong ~** sich verlaufen; (*in car*) sich verfahren; **to lead the ~** vorausgehen; **to lose one's ~** sich verirren; **to pay one's ~** (*fig*) für sich *akk* selbst aufkommen; **to show sb the ~** jdm den Weg zeigen ❸ (*fig: be just doing*) **to be [well] on the ~ to doing sth** auf dem besten Weg[e] sein, etw zu tun ❹ (*distance*) Weg *m*, Strecke *f*; **I'll support you all the ~** du hast meine volle Unterstützung; **to be a long/short ~ off** (*in space*) weit entfernt/sehr nahe sein; (*in time*) fern/nahe sein; **to go a long ~** (*fig*) lange reichen; **to have come a long ~** (*fig*) es weit gebracht haben ❺ (*facing direction*) **"this ~ up"** „hier oben"; **this ~ round** so herum; **to be the wrong ~ up** auf dem Kopf stehen ❻ (*direction*) **which ~ are you going?** in welche Richtung gehst du?; **this ~, please!** hier entlang bitte!; **down my ~** bei mir in der Nähe ❼ (*manner*) Art *f*, Weise *f*; **that's just the ~ it is** so ist das nun einmal; **the ~ things are going …** so wie sich die Dinge entwickeln …; **I did it my ~** ich habe es gemacht, [so] wie ich es für richtig hielt; **this is definitely not the ~ to do it** so macht man das auf gar keinen Fall!; **it's always the ~!** es ist doch echt immer dasselbe! *fam*; **to see the error of one's ~s** seine Fehler einsehen; **~ of life** Lebensweise *f*; **one ~ or another** so oder so; **no ~** auf gar keinen Fall ❽ (*respect*) Weise *f*, Hinsicht *f*; **in a ~** in gewisser Weise; **in many/some ~s** in vielerlei/gewisser Hinsicht ❾ *no pl* (*free space*) Weg *m*, Platz *m*; **to be in sb's ~** jdm im Weg sein *a. fig*; **to get out of sb's/sth's ~** jdm/etw aus dem Weg gehen; **to keep out of the ~** wegbleiben ❿ (*method*) Art *f* [und Weise]; **don't worry, we'll find a ~!** keine Sorge, wir werden einen Weg finden!; **~s and means** Mittel und Wege; **to have a ~ with children** gut mit Kindern umgehen können ⓫ (*habit*) Art *f*; **that's the ~ of the world** das ist nun mal der Lauf der Dinge; **to fall into bad ~s** in schlechte Angewohnheiten verfallen ⓬ *no pl* (*condition*) Zustand *m*; **to be in a bad ~** in schlechter Verfassung sein ⓭ (*desire*) **to have one's [own] ~** seinen Willen bekommen ▶ **the ~ to a man's heart is through his stomach** (*prov*) [die] Liebe [des Mannes] geht durch den Magen *prov*; **where there's a will, there's a ~** (*prov*) wo ein Wille ist, ist auch ein Weg *prov*; **there are no two ~s about it** daran gibt es keinen Zweifel; **by the ~** übrigens **II.** *adv* (*fam: used for emphasis*) weit; **to be ~ past sb's bedtime** (*fam*) für jdn allerhöchste Zeit zum Schlafengehen sein

way·bill *n* (*list of passengers*) Passagierliste *f*; (*list of goods*) Frachtbrief *m* **way·lay** <-laid, -laid> [ˌweɪˈleɪ] *vt* ❶ (*hum*) abfangen ❷ (*attack*) überfallen **way 'out** *n* Ausgang *m* **way-'out** *adj* (*sl: unconventional*) irre, abgefahren **'way·side** *n* (*beside road*) Straßenrand *m*; **to fall by the ~** (*fig*) auf der Strecke bleiben

way·ward ['weɪwəd] *adj* (*wilful*) eigenwillig; **~ child** widerspenstiges Kind

WC [ˌdʌbljuːˈsiː] *n* BRIT *abbrev of* **water closet** WC *nt*

we [wiː, wi] *pron pers* ❶ (*1st person plural*) wir; **if you don't hurry up, ~'ll be late** wenn du dich nicht beeilst, kommen wir zu spät ❷ (*speaker/writer for group*) wir; **in this section ~ discuss …** in diesem Abschnitt besprechen wir … ❸ (*all people*) wir; **~ all …** wir alle … ❹ (*form: royal I*) Wir; **the royal ~** das königliche Wir

weak [wiːk] *adj* ❶ (*not strong*) schwach; *coffee, tea* dünn; **to be/go ~ at the knees** weiche Knie haben/bekommen ❷ (*ineffective*) *leader* unfähig; *argument, attempt* schwach ❸ (*below standard*) schwach

weak·en ['wiːkən] **I.** *vi* (*become less strong*) schwächer werden, nachlassen; (*become less resolute*) schwachwerden **II.** *vt* schwächen

weak·ling ['wiːklɪŋ] *n* (*pej*) Schwächling *m*

weak·ly ['wiːkli] *adv* ❶ (*without strength*) schwach, kraftlos ❷ (*unconvincingly*) schwach, matt

weak-mind·ed [-ˈmaɪndɪd] *adj* (*pej*) ❶ (*lacking determination*) unentschlossen; (*weak-willed*) willensschwach ❷ (*mentally deficient*) schwachsinnig

weak·ness <*pl* -es> ['wiːknəs] *n* ❶ *no pl* (*physical frailty*) Schwäche *f* ❷ (*area of*

vulnerability) Schwachstelle *f* ❸(*flaw*) Schwäche *f* ❹(*strong liking*) Schwäche *f* (**for** für)

weal [wi:l] *n* Schwiele *f*, Striemen *m*

wealth [welθ] *n no pl* ❶(*money*) Reichtum *m*; (*fortune*) Vermögen *nt* ❷(*large amount*) Fülle *f*; **to have a ~ of sth** reich an etw *dat* sein

ˈ**wealth creaˑtion** *n*, ˈ**wealth genˑeraˑtion** *n* Vermögensbildung *f* ˈ**wealth tax** *n* Vermögenssteuer *f*

wealthy [ˈwelθi] **I.** *adj* reich, wohlhabend **II.** *n* ■ **the ~** *pl* die Reichen *pl*

wean [wi:n] *vt* ❶ *a baby* abstillen; *an animal* entwöhnen ❷(*make independent of*) ■ **to ~ sb off sth** jdm etw abgewöhnen

weapˑon [ˈwepən] *n* (*also fig*) Waffe *f*; **nuclear ~s** Atomwaffen *pl*

weaˑponˑry [ˈwepənri] *n no pl* Waffen *pl*

wear [weəʳ] **I.** *n* ❶(*clothing*) Kleidung *f* ❷(*amount of use*) Gebrauch *m*; **signs of ~** Abnutzungserscheinungen *pl*; **I feel a bit the worse for ~** ich fühle mich etwas angeschlagen; **~ and tear** Verschleiß *m* **II.** *vt* <wore, worn> (*have on body*) tragen; **she had nothing to ~ to the party** sie hatte für die Party nichts anzuziehen ▶ **to ~ one's heart on one's sleeve** das Herz auf der Zunge tragen; **to ~ the trousers** [*or* AM **pants**] die Hosen anhaben **III.** *vi* <wore, worn> (*get thinner*) *clothes* abtragen; *machine parts* abnutzen ◆ **wear away** *vi* sich abnutzen ◆ **wear down** *vt* ❶(*reduce*) abtragen ❷(*make weak and useless*) abnutzen ❸(*fig: tire*) fertigmachen *fam*; (*weaken*) *resistance* zermürben ◆ **wear off** *vi effect* nachlassen ◆ **wear on** *vi time* sich hinziehen ◆ **wear out I.** *vi* sich abnutzen **II.** *vt* erschöpfen

wearˑable [ˈweərəbl] *adj* tragbar

wearˑing [ˈweərɪŋ] *adj* ermüdend

weariˑsome [ˈwɪərɪsəm] *adj* (*form*) ❶(*tiring*) ermüdend ❷(*boring*) langweilig

weary [ˈwɪəri] **I.** *adj* ❶(*tired*) müde ❷(*bored*) gelangweilt; (*unenthusiastic*) lustlos; **to be ~ of sth** etw leid sein; **~ of life** lebensmüde **II.** *vt* <-ie-> (*liter*) ❶(*make tired*) ermüden ❷(*make bored*) langweilen **III.** *vi* <-ie-> ■ **to ~ of sth** von etw *dat* genug haben

weaˑsel [ˈwi:zəl] *n* Wiesel *nt*

weathˑer [ˈweðəʳ] **I.** *n no pl* METEO Wetter *nt*; (*climate*) Witterung *f*; **in all ~s** bei jedem Wetter ▶ **to make heavy ~ of sth** sich *dat* mit etw *dat* schwertun; **to be under the ~** angeschlagen sein *fam* **II.** *vi object* verwittern; *person* altern **III.** *vt* ❶ *usu passive wood* auswittern; *skin* gerben ❷(*survive*) **to ~ the storm** *ship* dem Sturm trotzen

ˈ**weathˑerˑbeatˑen** *adj* ❶(*of person*) *face, hands, skin* wettergegerbt ❷(*of object*) verwittert ˈ**weathˑerˑboard I.** *n* ❶ *usu pl* (*protective board*) [Dach]schindel[n] *f*[*pl*] ❷ *no pl* (*covering of boards*) Verschalung *f* ❸(*over window*) Überdachung *f* **II.** *vt* abdichten; (*panel*) verschalen ˈ**weathˑerˑbound** *adj* wetterbedingt behindert ˈ**weathˑer buˑreau** *n* AM Wetteramt *nt* ˈ**weathˑer chart** *n* Wetterkarte *f* ˈ**weathˑerˑcock** *n* Wetterhahn *m* ˈ**weathˑer conˑdiˑtions** *npl* Witterungsverhältnisse *pl*

weathˑered [ˈweðəd] *adj* von der Witterung gezeichnet, der Witterung ausgesetzt; *face* wettergegerbt

ˈ**weathˑer foreˑcast** *n* Wettervorhersage *f*

ˈ**weathˑerˑing** [ˈweðərɪŋ] *n no pl* Verwitterung *f*

ˈ**weathˑerˑman** *n* Wettermann *m fam*

ˈ**weathˑerˑproof** *adj* wetterfest

weave [wi:v] **I.** *vt* <wove *or* AM *also* weaved, woven *or* AM *also* weaved> ❶ *cloth* weben ❷(*also fig: intertwine things*) ■ **to ~ sth together** etw zusammenflechten ❸(*also fig: move*) **to ~ one's way through sth** sich *dat* einen Weg durch etw *akk* bahnen **II.** *vi* <wove *or* AM *also* weaved, woven *or* AM *also* weaved> ❶(*produce cloth*) weben ❷(*also fig: move*) sich durchschlängeln ▶ **to get weaving** BRIT (*dated fam: hurry*) Gas geben; (*begin action*) loslegen **III.** *n* Webart *f*

weavˑer [ˈwi:vəʳ] *n* Weber(in) *m(f)*

ˈ**weavˑer bird** *n* Webervogel *m*

web [web] *n* ❶(*woven net trap*) Netz *nt*; **spider['s] ~** Spinnennetz *nt*; **to spin a ~** ein Netz spinnen ❷(*fig: network*) Netzwerk *nt*; **a ~ of deceit/intrigue** ein Netz *nt* von Betrug/Intrigen ❸ COMPUT ■ **the ~** das Netz

ˈ**web browsˑer** *n* COMPUT [Web-]Browser *m*

web-footˑed [-ˈfʊtɪd] *adj* mit Schwimmfüßen *nach n*

ˈ**Web gen** [-dʒen] *n* Internet-Generation *f*

ˈ**web-log** *n* INET Weblog *nt* **webˑmasˑter** [ˈwebmɑ:stəʳ] *n* INET, COMPUT Web-Administrator(in) *m(f)* **web-offˑset** ˈ**printˑing** *n no pl* Rotationsdruck *m* ˈ**web page** *n* INET Webseite *f* ˈ**web porˑtal** *n* INET Internetportal *nt* ˈ**webˑsite** *n* INET Website *f* ˈ**web surfˑer** *n* COMPUT Internetsurfer(in) *m(f)* **Web-wise** *adj attr* **~ consumers** mit dem Internet vertraute

Verbraucher **web·zine** ['webziːn] *n* INET Webzine *nt*

wed <wedded *or* wed, wedded *or* wed> [wed] **I.** *vt* ❶ (*dated: marry*) ▪**to ~ sb** jdn ehelichen *veraltend* ❷ (*fig: unite*) ▪**to ~ sth and sth** etw mit etw *dat* vereinen **II.** *vi* sich vermählen *geh*

we'd [wiːd, wɪd] ❶ = **we had** *see* **have I, II** ❷ = **we would** *see* **would**

wed·ded ['wedɪd] **I.** *adj attr* verheiratet; **~ bliss** Eheglück *nt;* **lawful ~ wife** rechtmäßig angetraute Ehefrau **II.** *pt, pp of* **wed**

wed·ding ['wedɪŋ] *n* Hochzeit *f*

'**wed·ding an·ni·ver·sa·ry** *n* Hochzeitstag *m* '**wed·ding break·fast** *n* BRIT Hochzeitsessen *nt* '**wed·ding cake** *n no pl* Hochzeitstorte *f* '**wed·ding day** *n* Hochzeitstag *m* '**wed·ding dress** *n* Brautkleid *nt* '**wed·ding guest** *n* Hochzeitsgast *m* '**wed·ding night** *n* Hochzeitsnacht *f* '**wed·ding pres·ent** *n* Hochzeitsgeschenk *nt* '**wed·ding ring** *n* Ehering *m*, Trauring *m*

wedge [wedʒ] **I.** *n* ❶ (*tapered block*) Keil *m* ❷ (*fig*) **a ~ of bread/cake** ein Stück *nt* Brot/Kuchen ▶ **the thin end of the ~** der Anfang vom Ende **II.** *vt* ❶ (*jam into*) einkeilen ❷ (*keep in position*) **to ~ sth closed/open** etw mithilfe eines Keils geschlossen halten/offen halten

wed·lock ['wedlɒk] *n no pl* Ehe *f;* ▪**out of ~** außerehelich; **to be born in/out of ~** ehelich/unehelich geboren sein

Wednes·day ['wenzdeɪ] *n* Mittwoch *m; see also* **Tuesday**

wee [wiː] **I.** *adj attr* SCOT (*fam*) winzig; **a ~ bit** ein [*fam* klitze]kleines bisschen **II.** *n no pl* (*childspeak fam*) ▪**~** [~] Pipi *nt* **III.** *vi* (*childspeak fam*) Pipi machen

weed [wiːd] **I.** *n* ❶ (*plant*) Unkraut *nt kein pl* ❷ BRIT (*pej fam: person*) Schwächling *m* ❸ *no pl* (*sl: marijuana*) Gras *nt* **II.** *vt* **to ~ the garden** den Garten jäten **III.** *vi* [Unkraut] jäten

'**weed·kill·er** *n* Unkrautvernichtungsmittel *nt*

weedy ['wiːdi] *adj* ❶ (*full of weeds*) von Unkraut überwachsen ❷ BRIT (*pej fam: of person*) [spindel]dürr

week [wiːk] *n* ❶ (*seven days*) Woche *f;* **for ~s** [**on end**] wochenlang; **last ~** letzte Woche; **once/twice a ~** einmal/zweimal die Woche; ▪**~ in, ~ out** Woche für Woche ❷ (*work period*) [Arbeits]woche *f;* **to work a five-day ~** eine 5-Tage-Woche haben ❸ (*fam: Monday to Friday*) **during the ~** während [*o* SÜDD unter] der Woche

'**week·day** *n* Wochentag *m;* ▪**on ~s** an Wochentagen, wochentags **week·'end** *n* Wochenende *nt;* ▪**this ~** (*present*) dieses Wochenende; (*future*) kommendes Wochenende; ▪**at** [*or* AM, AUS **on**] **the ~** am Wochenende, an den Wochenenden **week·'end·er** *n* Wochenendausflügler(in) *m(f)*

week·ly ['wiːkli] **I.** *adj* wöchentlich; **~ magazine** Wochenzeitschrift *f;* **bi~** zweimal wöchentlich **II.** *adv* wöchentlich; **to exercise ~** wöchentlich trainieren; **to meet ~** sich jede Woche treffen **III.** *n* (*magazine*) Wochenzeitschrift *f;* (*newspaper*) Wochenzeitung *f*

weeny ['wiːni] *adj* (*fam*) klitzeklein

weep [wiːp] **I.** *vi* <wept, wept> ❶ (*also liter: cry*) weinen; (*sob*) schluchzen; **to ~ with joy/sorrow** vor Freude/Kummer weinen ❷ (*secrete liquid*) nässen **II.** *vt* <wept, wept> **to ~ tears of joy/sorrow** Freudentränen/Tränen des Kummers weinen **III.** *n no pl* (*liter*) Weinen *nt;* **to have a** [**good**] **~** sich [ordentlich] ausweinen

weep·ing ['wiːpɪŋ] **I.** *adj attr* ❶ (*of person*) weinend ❷ (*of wound*) nässend **II.** *n no pl* Weinen *nt*

weep·ing 'wil·low *n* Trauerweide *f*

wee-wee ['wiːwiː] *n no pl* (*fam or childspeak*) Pipi *nt Kindersprache fam;* **to do a ~** Pipi machen *Kindersprache fam*

w.e.f. *abbrev of* **with effect from** gültig ab

weigh [weɪ] **I.** *vi* ❶ (*in measurement*) wiegen ❷ (*fig: be important*) **to ~ heavily** eine große Bedeutung haben ❸ (*distress*) ▪**to ~ on sb** sb auf jdm lasten **II.** *vt* ❶ (*measure*) wiegen ❷ (*consider*) ▪**to ~ sth against sth** etw gegen etw *akk* abwägen ◆**weigh down** *vt* ❶ (*to burden*) niederdrücken; ▪**to be ~ed down with sth** schwer mit etw *dat* beladen sein ❷ (*fig: worry*) **she felt ~ed down by worries** sie fühlte sich von Sorgen erdrückt ◆**weigh in** *vi* ❶ (*be weighed*) **to ~ in at 60 kilos** 60 Kilo auf die Waage bringen ❷ (*fam: intervene*) sich einschalten; ▪**to ~ in with sth** *opinion, proposal* etw einbringen ◆**weigh out** *vt* abwiegen ◆**weigh up** *vt* ❶ (*consider*) abwägen ❷ (*evaluate*) einschätzen

'**weigh·bridge** *n* Brückenwaage *f* '**weigh-in** *n no pl* SPORTS Wiegen *nt*

weight [weɪt] **I.** *n* ❶ *no pl* (*heaviness*) Gewicht *nt;* **to lose/put on ~** ab-/zunehmen ❷ (*unit of heaviness*) **to lift a heavy ~** ein schweres Gewicht heben ❸ (*metal piece*) **to lift ~s** Gewicht[e] heben ❹ *no pl* (*importance*) Gewicht *nt*, Bedeutung *f*; **to carry ~ ins Gewicht fallen** ▶ **to take the ~ off one's feet** es sich *dat* bequem machen; **to be worth one's ~ in gold** sein Gewicht in Gold wert sein; **to throw one's ~ about** (*fam*) seinen Einfluss geltend machen **II.** *vt* ■ **to ~ sth down** etw beschweren

'**weight-bear·ing** *adj exercise, activity* unter Einsatz des eigenen Körpergewichts [als Belastungsreiz] nach *n*

weight·ing ['weɪtɪŋ] *n no pl* ❶ BRIT (*additional allowance*) Zulage *f* ❷ MATH Gewichtung *f* ❸ (*importance*) Bedeutung *f*

weight·less ['weɪtləs] *adj* schwerelos

weight·less·ness ['weɪtləsnəs] *n no pl* Schwerelosigkeit *f*

'**weight·lift·er** *n* Gewichtheber(in) *m(f)*

'**weight·lift·ing** *n no pl* Gewichtheben *nt*

weighty ['weɪti] *adj* ❶ (*heavy*) schwer ❷ (*fig: important*) [ge]wichtig; **~ issues** wichtige Angelegenheiten

weir [wɪəʳ] *n* Wehr *nt*

weird [wɪəd] *adj* (*fam*) seltsam, komisch; (*crazy*) irre; **that's ~** das ist aber merkwürdig

weirdo ['wɪədəʊ] *n* (*fam: person*) seltsame Person

wel·come ['welkəm] **I.** *vt* ❶ (*greet gladly*) willkommen heißen ❷ (*be glad of*) begrüßen **II.** *n* ❶ (*act of friendly reception*) **to give sb a warm ~** jdm einen herzlichen Empfang bereiten ❷ (*expression of approval*) Zustimmung *f* ▶ **to outstay one's ~** länger bleiben, als man erwünscht ist **III.** *adj* ❶ (*gladly received*) willkommen; **to make sb very ~** jdn sehr freundlich aufnehmen ❷ (*wanted*) willkommen; **~ chance** willkommene Gelegenheit ❸ (*willingly permitted*) **you're ~ to use the garage while we're away** Sie können gerne unsere Garage benutzen, solange wir nicht da sind ❹ (*replying to thanks*) **thank you very much — you're ~** vielen Dank – nichts zu danken **IV.** *interj* **~ to Birmingham** [herzlich] willkommen in Birmingham

wel·com·ing ['welkəmɪŋ] *adj* Begrüßungs-; **~ smile** freundliches Lächeln

weld [weld] **I.** *vt* (*join material*) schweißen; ■ **to ~ sth together** etw zusammenschweißen **II.** *n* Schweißnaht *f*

weld·er ['weldəʳ] *n* Schweißer(in) *m(f)*

weld·ing ['weldɪŋ] *n no pl* Schweißen *nt*

'**weld·ing torch** *n* Schweißbrenner *m*

wel·fare ['welfeəʳ] *n no pl* ❶ (*state of health, happiness*) Wohlergehen *nt* ❷ (*state aid*) Sozialhilfe *f*; **~ policy** Gesundheits- und Sozialpolitik *f*; ■ **to be on ~** AM von [der] Sozialhilfe leben

'**wel·fare pay·ments** *npl* AM Sozialabgaben *pl* '**wel·fare ser·vices** *npl* ❶ (*state support*) Sozialleistungen *pl* ❷ + *sing vb* (*office*) Sozialamt *nt* **wel·fare 'state** *n* Sozialstaat *m,* Wohlfahrtsstaat *m oft pej*

'**wel·fare to work** *n no pl* Regierungsmaßnahme, die Arbeitslose und Fürsorgeempfänger veranlassen soll, Arbeit zu suchen '**wel·fare work** *n no pl* Fürsorgearbeit *f* '**wel·fare work·er** *n* Sozialarbeiter(in) *m(f)*

we'll [wiːl, wɪl] = **we will** *see* **will**[1]

well[1] [wel] **I.** *adj* <better, best> *usu pred* ❶ (*healthy*) gesund; **to be alive and ~** gesund und munter sein; **to feel ~** sich gut fühlen; **to get ~** gesund werden; **get ~ soon!** gute Besserung! ❷ (*okay*) **all's ~ here** hier ist alles in Ordnung; **all being ~, we should arrive on time** wenn alles gut geht, müssten wir pünktlich ankommen; **all ~ and good** gut und schön; **that's all very ~ but ...** das ist [ja] alles schön und gut, aber ...; **it's just as ~ that ...** es ist [nur] gut, dass ... ❸ (*sensible*) **it would be as ~ to do sth** es wäre ratsam, etw zu tun ▶ **all's ~ that ends** ~ (*prov*) Ende gut, alles gut *prov* **II.** *adv* <better, best> ❶ (*in a good way*) gut; **~ spotted!** gut aufgepasst!; [that was] **~ put** gut ausgedrückt; **~ done!** gut gemacht!, super! *fam;* **to be money ~ spent** gut angelegtes Geld sein; **to mean ~** es gut meinen; **as ~ as sb/sth** so gut wie jd/etw ❷ (*favourably*) gut; **to speak ~ of sb/sth** nur Gutes über jdn/etw sagen ❸ (*thoroughly*) gut; **to know sb ~** jdn gut kennen ❹ (*very much*) **to cost ~ over/under £ 100** weit über/unter 100 Pfund kosten ❺ (*used for emphasis*) [sehr] wohl; **I should damn ~ hope so!** (*fam*) das will ich [aber auch] stark hoffen!; **to be ~ aware of sth** sich *dat* einer S. *gen* durchaus bewusst sein; **to be ~ over forty** weit über vierzig sein; **to be ~ worth it/an attempt** es/einen Versuch wert sein; **~ and truly** ganz einfach ❻ (*justifiably*) wohl; **you may ~ ask!** das kann man wohl fragen!; **I couldn't very ~ refuse the offer** ich konnte das Angebot ja wohl schlecht ablehnen ❼ (*probably*) gut; **it may ~ be that ...** es ist gut möglich, dass ... ❽ (*very*) völlig, total *fam* ❾ (*also*) **as ~** auch; (*and*) **... as ~ as ...** sowie **III.** *interj* (*introducing, continuing a statement*) nun [ja], also; (*showing hesitation*) tja *fam;* (*showing surprise*) **~** [, **~**]! sieh mal einer an!; **oh ~**, **it doesn't matter** ach [was], das macht doch nichts **IV.** *n no pl* **to wish sb ~** jdm alles Gute wünschen

well[2] [wel] *n* ❶ *(for water)* Brunnen *m* ❷ *(for mineral)* Schacht *m;* **oil ~** Ölquelle *f* ❸ ARCHIT *(for stairs)* Treppenhaus *nt; (for lift)* Fahrstuhlschacht *m* ◆ **well up** *vi* ▪ **to ~ [up] out of sth** aus etw *dat* hervorquellen; **tears ~ed up in her eyes** Tränen stiegen ihr in die Augen; *(fig)* **pride ~ed up in his chest** Stolz schwellte seine Brust *geh*

well-ad·'just·ed *adj* ❶ *(approv: mentally stable)* [mental] ausgeglichen ❷ *(successfully changed)* gut eingestellt **well-ad·'vised** *adj pred (form)* ▪ **to be ~ to do sth** gut beraten sein, etw zu tun **well-ap·'point·ed** *adj (form)* gut ausgestattet **well-'bal·anced** *adj* ❶ *(not one-sided) article, report* objektiv; *team* harmonisch ❷ *diet, meal* ausgewogen ❸ *person* ausgeglichen **well-be·'haved** *adj child* artig; *dog* brav **well-'be·ing** *n no pl* ❶ *(relaxation, recreation)* Wohlbefinden *nt;* **a feeling of ~** ein wohliges Gefühl ❷ *(health)* Wellness *f* **well-'bred** *adj* ❶ *(with good manners)* wohlerzogen *geh;* *(refined)* gebildet ❷ *(dated: from high society)* aus gutem Hause **well-brought-'up** *adj* gut erzogen **well-'chos·en** *adj* gut gewählt; [**to say**] **a few ~ words** ein paar passende Worte [sagen] **well-con·'nect·ed** *adj* ▪ **to be ~** gute Beziehungen haben; **a ~ family** eine angesehene Familie **well-de·'served** *adj* wohlverdient **well-de·'vel·oped** *adj* gut entwickelt; **a ~ sense of humour** ein ausgeprägter Sinn für Humor **well-dis·'posed** *adj* wohlgesinnt; ▪ **to be ~ to[wards] sb/sth** jdm/etw wohlgesinnt sein **well-'done** *adj* ❶ *meat* gut durch[gebraten] ❷ *work* gut gemacht **well-'dressed** *adj* gut gekleidet **well-'earned** *adj* wohlverdient **well-'edu·cat·ed** *adj* gebildet **well-'fed** *adj (having good food)* [ausreichend] mit Nahrung versorgt; *(result of good feeding)* wohlgenährt **well-'found·ed** *adj* [wohl]begründet; **~ fears/suspicions** [wohl]begründete Ängste/Vermutungen **well-'groomed** *adj* gepflegt **well-'heeled** **I.** *adj (fam)* [gut] betucht **II.** *n* ▪ **the ~** *pl* die Wohlhabenden *pl*

wel·lie ['weli] *n esp* BRIT *(fam)* short for **wellington** [**boot**] Gummistiefel *m*

well-in·'formed *adj (approv)* gut informiert; **to be ~ on a subject** über ein Thema gut Bescheid wissen

wel·ling·ton ['welɪŋtən] *esp* BRIT, **wel·ling·ton 'boot** *n esp* BRIT Gummistiefel *m*

well-in·'ten·tioned *adj* gut gemeint **well-'kept** *adj* ❶ *property* gepflegt ❷ *(not revealed)* **a ~ secret** ein gut gehütetes Geheimnis **well-'knit** *adj* **a ~ group** eine fest gefügte Gruppe; **a ~ plot/story** eine gut durchdachte Handlung/Geschichte **well-'known** *adj (widely known)* [allgemein] bekannt; *(famous)* berühmt **well-'man·nered** *adj* wohlerzogen **well-'mean·ing** *adj* wohlmeinend; **~ advice/comments** gut gemeinte Ratschläge/Kommentare **well-'meant** *adj* gut gemeint **well·ness** ['welnəs] *n no pl* Wellness *f* **well-nigh** [ˌwel'naɪ] *adv* beinah[e]; **to be ~ impossible** praktisch unmöglich sein **well-'off** **I.** *adj* <better-, best-> ❶ *(wealthy)* wohlhabend ❷ *pred (fortunate)* gut dran *fam;* **to not know when one is ~** nicht wissen, wie gut es einem geht **II.** *n* ▪ **the ~** *pl* die Wohlhabenden *pl* **well-'oiled** *adj* ❶ *attr (functioning)* gut funktionierend ❷ *pred (euph fam: inebriated)* betrunken **well-'or·gan·ized** *adj* gut organisiert **well-'paid** *adj* gut bezahlt **well-'placed** *adj* gut platziert; **a ~ remark** die richtige Bemerkung zum richtigen Zeitpunkt **well-pro·'por·tioned** *adj* wohlproportioniert **well-'read** *adj* ❶ *(knowledgeable)* [sehr] belesen ❷ *(frequently read)* viel gelesen *attr* **well-'spok·en** *adj (speaking pleasantly)* höflich; *(articulate or refined in speech)* beredt **well-'thought-of** *adj (highly regarded)* angesehen; *(recognized)* anerkannt **well-'timed** *adj* zeitlich gut gewählt; **his remark was ~** seine Bemerkung kam zur rechten Zeit **well-to-'do** *(fam)* **I.** *adj* [gut] betucht **II.** *n* ▪ **the ~** *pl* die [Gut]betuchten *pl* **well-'tried** *adj* [alt]bewährt **well-'turned** *adj (of speech act)* wohlgesetzt *geh* **'well-wish·er** *n (supportive person)* Sympathisant(in) *m(f);* *(person who wishes well)* wohlwollender Freund/wohlwollende Freundin **well-'worn** *adj* ❶ *(damaged by wear) clothes* abgetragen; *object* abgenützt ❷ *(fig: overused)* abgedroschen *fam*

wel·ly ['weli] *n esp* BRIT *(fam)* short for **wellington** Gummistiefel *m*

Welsh [welʃ] **I.** *adj* walisisch **II.** *n* ❶ *no pl (Celtic language)* Walisisch *nt* ❷ *(inhabitants, people of Wales)* ▪ **the ~** *pl* die Waliser *pl*

'Welsh·man *n* Waliser *m* **'Welsh·wom·an** *n* Waliserin *f*

welt [welt] **I.** *n* ❶ *usu pl* (*scar*) Striemen *m* ❷ *of shoe* Rahmen *m* **II.** *vt* verprügeln
wel·ter·weight ['weltəweɪt] *n* Weltergewicht *nt*
wend [wend] *vt* (*liter*) **to ~ one's way home** sich auf den Heimweg machen
went [went] *pt of* **go**
wept [wept] *pt, pp of* **weep**
were [wɜːʳ, wəʳ] *pt of* **be**
we're [wiːəʳ] = **we are** *see* **be**
weren't [wɜːnt] = **were not** *see* **be**
were·wolf <*pl* **-wolves**> ['weəwʊlf, *pl* -wʊlvz] *n* Werwolf *m*
west [west] **I.** *n no pl* ❶ (*direction*) ▪W~ Westen *m*; **~-facing** westwärts; **to be to the ~ of sth** westlich von etw *dat* liegen ❷ (*of the US*) **the Wild W~** der Wilde Westen ❸ + *sing/pl vb* POL (*western hemisphere*) ▪**the W~** die westliche Welt; (*the Occident*) das Abendland ❹ POL (*hist: noncommunist countries*) ▪**the W~** der Westen; **East-W~ relations** Ost-West-Beziehungen *pl* **II.** *adj* westlich; **the ~ coast of Ireland** die Westküste Irlands; **to be due ~ of sth** genau westlich von etw *dat* liegen **III.** *adv* westwärts; **to go/head/travel ~** nach Westen gehen/ziehen/reisen
'**west·bound** *adj* in Richtung Westen
West 'End I. *n no pl* ▪**the ~** das [Londoner] Westend **II.** *adj attr* (*of central London*) **the ~ theatres** die Theater *pl* des Londoner Westends
west·er·ly ['westəli] *adj* westlich; **~ gales/winds** Weststürme *pl*/-winde *pl*
west·ern ['westən] **I.** *adj attr* GEOG West-, westlich; **~ Europe** Westeuropa *nt* **II.** *n* (*film*) Western *m*
west·ern·er ['westənəʳ] *n* ❶ (*person from western hemisphere*) Abendländer(in) *m(f)* ❷ POL Person *f* aus dem Westen
west·ern·ize ['westənaɪz] **I.** *vt* verwestlichen **II.** *vi* sich dem Westen anpassen
Wes·tern Sa·moa [səˈməʊə] *n* Westsamoa *nt*
West 'Ger·ma·ny *n no pl* (*hist*) Westdeutschland *nt*
West·min·ster 'Ab·bey *n* Westminster Abbey *f*
west·ward(s) ['wes(t)wəd(z)] *adj* westlich; *road* nach Westen
wet [wet] **I.** *adj* <-tt-> ❶ (*saturated*) nass; ▪**~ through** [völlig] durchnässt ❷ (*covered with moisture*) feucht ❸ (*not yet dried*) "**~ paint!**" „frisch gestrichen!" ❹ (*rainy*) regnerisch ❺ BRIT (*pej: feeble*) schlapp ▸ **to be a ~ blanket** ein Spielverderber/eine Spielverderberin sein **II.** *vt* <-tt-, **wet** *or* **wetted**, **wet** *or* **wetted**> ❶ (*moisten*) anfeuchten; (*saturate*) nass machen ❷ (*urinate*) **to ~ the bed** das Bett nass machen **III.** *n* ❶ *no pl* (*rain*) ▪**the ~** die Nässe ❷ *no pl* (*liquid*) Flüssigkeit *f*; (*moisture*) Feuchtigkeit *f*
weth·er ['weðəʳ] *n* ZOOL Hammel *m*
wet·ness ['wetnəs] *n no pl* ❶ (*moisture*) Nässe *f*; *of climate, paint* Feuchtigkeit *f* ❷ (*state of being wet*) Nässe *f*
'**wet nurse** *n* (*usu hist*) Amme *f* '**wet room** *n* Nasszelle *f* '**wet·suit** *n* Taucheranzug *m*
wet·ting ['wetɪŋ] *n no pl* ❶ (*making wet*) **to get a ~** nass werden ❷ (*urination*) **bed ~** Bettnässen *nt*
we've [wiːv, wɪv] = **we have** *see* **have I, II**
whack [(h)wæk] **I.** *vt* (*fam*) ❶ (*hit*) schlagen ❷ (*defeat*) [haushoch] besiegen **II.** *n* ❶ (*blow*) Schlag *m*; **to give sb/an animal a ~** jdm/einem Tier einen Schlag versetzen ❷ *no pl* (*fam*) **to pay full ~** den vollen Satz bezahlen ❸ *no pl* (*fam: deal*) **a fair ~** ein fairer Handel ▸ **to be out of ~** AM, AUS nicht in Ordnung sein; **to have a ~ at sth** (*fam*) etw mal versuchen
whacked [(h)wækt] *adj pred* (*fam: exhausted*) kaputt
whack·ing ['(h)wækɪŋ] **I.** *adj attr* riesig **II.** *adv* enorm; **a ~ big kiss** ein dicker Kuss **III.** *n* BRIT, AUS Prügel *pl*
whacko [ˈ(h)wækəʊ] *adj* (*sl*) durchgeknallt
whale [(h)weɪl] *n* ZOOL Wal *m* ▸ **to have a ~ of a time** eine großartige Zeit haben
whal·er ['(h)weɪləʳ] *n* ❶ (*ship*) Walfangschiff *nt* ❷ (*person*) Walfänger(in) *m(f)*
whal·ing ['(h)weɪlɪŋ] *n no pl* Walfang *m*
wham [(h)wæm] **I.** *interj* (*fam*) ❶ (*as sound effect*) zack, peng! ❷ (*emphasis for sudden action*) wumm **II.** *vi* <-mm-> ▪**to ~ into sth** in etw *akk* [hinein]krachen
whang [(h)wæŋ] *interj* (*fam*) **~!** boing!
wharf <*pl* **wharves** *or* **-s**> [(h)wɔːf, *pl* (h)wɔːvz] *n* Kai *m*
wharf·age ['wɔːfɪdʒ] *n* NAUT Kaigebühr *f*; (*for repairs*) Werftgebühr *f*
what [(h)wɒt] **I.** *pron* ❶ *interrog* (*asking for specific information*) was; **~ is your name?** wie heißt du?; **~ are you looking for?** wonach suchst du?; **~ on earth …?** (*fam*) was in aller Welt …?; **~ about sb/sth?** (*fam*) was ist mit jdm/etw?; **~ about taking a few days off?** wie wäre es mit ein paar Tagen Urlaub?; **~ for?** (*why*) wo-

für?; (*fam: why is sth being done?*) warum; **~ is sb/sth like?** wie ist jd/etw?; **~ if ...?** was ist, wenn ...?; **so ~?** (*fam*) na und? ❷ *relative* (*thing or things that*) was; **I can't decide ~ to do next** ich kann mich nicht entschließen, was ich als nächstes tun soll; **~'s more ...** darüber hinaus ... ❸ *relative* (*used as an introduction*) **you'll never guess ~ ...** du wirst es nie erraten ... ❹ *relative* (*whatever*) was; **do ~ you can but I don't think anything will help** tu, was du kannst, aber glaub nicht, dass etwas hilft ❺ *in exclamations* was; **is he smart or ~!** ist er intelligent oder was! ▶ **to have** **~ it takes** ausgesprochen fähig sein; **Judith knows ~'s ~** Judith kennt sich aus; **and ~ not** (*often pej fam*) und was sonst noch alles **II.** *adj* ❶ (*which*) welche(r, s); **~ time is it?** wie spät ist es?; **~ sort of** was für ein(e) ❷ (*used for emphasis*) was für; **~ a day!** was für ein Tag!; **~ luck!** was für ein Glück!; **~ a pity!** wie schade! **III.** *adv* (*to what extent?*) was; **~ does it matter?** was macht's? *fam* **IV.** *interj* ❶ (*fam: pardon?*) ~? **I can't hear you** was? ich höre dich nicht ❷ (*showing surprise or disbelief*) ~! **you left him there alone!** was? du hast ihn da allein gelassen?

what·ever [(h)wɒt'evə^r] **I.** *pron* ❶ (*anything that*) was [auch immer]; **I eat ~ I want** ich esse, was ich will; **~ you do, don't tell him** ganz gleich, was du machst, aber erzähl ihm davon; **~ that means** was auch immer das heißen soll ❷ (*fam: that or something else*) wie du willst ❸ (*no matter what*) was auch immer; **~ happens** was auch passieren mag ❹ *interrog* **~ are you talking about?** worüber in Gottes Namen sprichst du? **II.** *adj* ❶ (*any*) was auch immer; **take ~ action is needed** mach, was auch immer nötig ist ❷ (*regardless of*) gleichgültig welche(r, s); **we'll go ~ the weather** wir fahren bei jedem Wetter **III.** *adv* ❶ *with neg* (*whatsoever*) überhaupt ❷ (*fam: no matter what happens*) auf jeden Fall

what·not ['(h)wɒtnɒt] *n no pl* (*fam*) ▪ **and ~** und was weiß ich noch alles

what·sit ['(h)wɒtsɪt] *n* (*fam*) Dingsda *m* o *f* o *nt*; (*object*) Dings *nt*

what·so·ever [,(h)wɒtsəʊ'evə^r] *adv* überhaupt; **he has no respect for authority ~** er hat überhaupt keinen Respekt vor Autorität; **I have no idea ~** ich habe nicht die leiseste Idee

wheat [(h)wiːt] *n no pl* Weizen *m* ▶ **to separate the ~ from the chaff** die Spreu vom Weizen trennen

'wheat belt *n esp* AM Weizengürtel *m* (*extensives Weizenanbaugebiet*) **'wheat·germ** *n no pl* Weizenkeim *m*

wheel [wiːl] **I.** *n* ❶ (*circular object*) Rad *nt*; **front/rear ~** Vorder-/Hinterrad *nt* ❷ (*for steering*) Steuer *nt*; AUTO Steuerrad *nt*; ▪ **to be at the ~** am Steuer sitzen ❸ (*vehicle*) ▪ **~s** *pl* (*fam*) fahrbarer Untersatz *hum* ❹ (*fig: cycle, process*) Kreis *m*; **the ~ of fortune** das Glücksrad ❺ (*fig*) ▪ **~s** *pl* (*workings*) Räder *pl*; **to set the ~s in motion** die Sache in Gang bringen ❻ (*at fairground*) **the** [**big**] **~** das Riesenrad **II.** *vt* ▪ **to ~ sth** etw rollen; **to ~ a pram along** einen Kinderwagen schieben **III.** *vi* kreisen ▶ **to ~ and deal** (*pej fam*) mauscheln ♦ **wheel around, wheel round** *vi* BRIT, AUS sich schnell umdrehen; (*esp out of shock*) herumfahren

'wheel·bar·row *n* Schubkarre *f* **'wheel brace** *n* Kreuzschlüssel *m* **'wheel·chair** *n* Rollstuhl *m* **'wheel clamp I.** *n esp* BRIT, AUS Parkkralle *f* **II.** *vt* **to ~ a car** ein Auto mit einer Parkkralle festsetzen

wheel·er-deal·er [,(h)wiːlə'diːlə^r] *n* (*pej fam: tricky person*) Schlitzohr *nt*

'wheel·house ['(h)wiːlhaʊs] *n* NAUT Ruderhaus *n*

wheelie *n* Wheelie *m sl* (*Fahren auf dem Hinterrad*)

'wheelie bin *n* BRIT, AUS Mülltonne *f* auf Rollen

wheel·ing ['(h)wiːlɪŋ] *n no pl* **~ and dealing** (*pej fam*) Mauschelei *f*; (*shady deals and actions*) Gemauschel *nt*

wheeze [(h)wiːz] **I.** *vi* keuchen **II.** *n* Keuchen *nt kein pl*

wheezy ['(h)wiːzi] *adj* keuchend; **to get all ~** zu keuchen anfangen

whelp [(h)welp] *n* (*old*) ❶ (*puppy*) Welpe *m* ❷ (*young animal, cub*) Junge(s) *nt*

when [(h)wen] **I.** *adv* ❶ *interrog* (*at what time*) wann; **~ do you want to go?** wann möchtest du gehen?; **since ~ ...?** seit wann ...? ❷ *interrog* (*in what circumstances*) wann ❸ *relative* (*in following circumstances*) wenn; (*at which, on which*) wo; **there are times ~ ...** es gibt Momente, wo ... **II.** *conj* ❶ (*at, during the time*) als; **I loved that film ~ I was a child** als Kind liebte ich diesen Film ❷ (*after*) wenn; **call me ~ you've finished** ruf mich an, wenn du fertig bist ❸ (*whenever*) wenn ❹ (*and just then*) als; **I was just getting into the bath ~ the**

telephone rang ich stieg gerade in die Badewanne, als das Telefon läutete ❺ *(considering that)* wenn; **how can you say you don't like something ~ you've never even tried it?** wie kannst du sagen, dass du etwas nicht magst, wenn du es nie probiert hast?

whence [(h)wen(t)s] *adv (old)* ❶ *interrog (form: from what place)* woher ❷ *relative (form: from where)* wo ❸ *relative (form: as a consequence)* daraus

when·ev·er [(h)wen'evər] **I.** *conj* ❶ *(on whatever occasion)* wann auch immer ❷ *(every time)* jedes Mal, wenn ... **II.** *adv* ❶ *(at whatever time)* wann auch immer; **~ possible** wenn möglich ❷ *interrog (when)* wann denn [nur]

where [(h)weər] *adv* ❶ *interrog (what place, position)* wo; **~ does he live?** wo wohnt er?; **~ are you going?** wohin gehst du? ❷ *relative (at that place which)* wo; **Bradford, ~ Phil comes from ...** Bradford, wo Phil herkommt ... ▶ **to know/see ~ sb's coming from** wissen/verstehen, was jd meint

where·abouts I. *n* ['(h)weərəbaʊts] + *sing/pl vb, no pl* Aufenthaltsort *m;* **do you know the ~ of my silver pen?** weißt du, wo mein Silberfüller hingekommen ist? **II.** *adv* [,(h)weərə'baʊts] *(fam)* wo [genau]; **~ in Manchester do you live?** wo genau in Manchester wohnst du?

where·as [(h)weə'ræz] *conj* ❶ *(in contrast to)* während, wo[hin]gegen ❷ LAW *(considering that)* in Anbetracht dessen, dass ...

where·by [(h)weər'baɪ] *conj (form)* wodurch, womit

where·in [(h)weə'rɪn] *conj (old form, liter: in which)* worin

where·so·ever [,(h)weəsəʊ'evər] *(form)* **I.** *conj (form)* ❶ *(at which place)* wo [auch] immer ❷ *(to which place)* wohin [auch] immer **II.** *adv* wo [nur]

where·upon [,(h)weərə'pɒn] *conj (form)* worauf[hin]

wher·ev·er [(h)weə'revər] **I.** *conj* ❶ *(in, to whatever place)* wohin auch immer ❷ *(in all places)* wo auch immer **II.** *adv* ❶ *(in every case)* wann immer; **~ possible** wenn möglich ❷ *interrog (where)* wo [nur]; **~ did you find that hat?** wo hast du nur diesen Hut gefunden? ❸ *(fam: any similar place)* wo auch immer

where·with·al ['(h)weəwɪðɔːl] *n no pl* ■ **the ~** die [erforderlichen] Mittel *pl*

whet <-tt-> [(h)wet] *vt* ❶ *(stimulate)* **to ~ sb's appetite [for sth]** jdm Appetit [auf etw *akk*] machen ❷ *(old: sharpen) knife* wetzen

wheth·er ['(h)weðər] *conj* ❶ *(if)* ob; **to ask ~** fragen, ob; **she can't decide ~ to tell him** sie kann sich nicht entscheiden, ob sie es ihm sagen soll ❷ *(no difference if)* **~ you like it or not** ob es dir [nun] gefällt oder nicht

'**whet·stone** *n* Wetzstein *m*

whew [fjuː] *interj (fam)* puh

whey [(h)weɪ] *n no pl* Molke *f*

which [(h)wɪtʃ] **I.** *pron* ❶ *interrog (one of choice)* welche(r, s); **~ [one] is mine?** welches gehört mir? ❷ *relative (with defining clause)* der/die/das; **a conference in Vienna ~ ended on Friday** eine Konferenz in Wien, die am Freitag geendet hat ❸ *relative (with non-defining clause)* was; **she says it's Anna's fault, ~ is rubbish** sie sagt, es sei Annas Schuld, was aber Blödsinn ist; **at** [*or* **upon**] **~ ...** woraufhin ... ❹ *after prep* der/die/das; **is that the film in ~ he kills his mother?** ist das der Film, in dem er seine Mutter umbringt? **II.** *adj* ❶ *interrog (what one)* welche(r, s); **~ doctor did you see?** bei welchem Arzt warst du? ❷ *relative (used to introduce more info)* der/die/das; **it might be made of plastic, in ~ case you could probably carry it** es könnte aus Plastik sein, dann könntest du es wohl tragen

which·ev·er [(h)wɪtʃ'evər] **I.** *pron* ❶ *(any one)* wer/was auch immer; **which bar would you prefer to meet in? — ~, it doesn't matter to me** in welcher Bar sollen wir uns treffen? – wo du willst – mir ist es egal ❷ *(regardless of which)* was/wer auch immer **II.** *adj attr* ❶ *(any one)* ■ **~ ...** der-/die-/dasjenige, der/die/das ...; **choose ~ brand you prefer** wähle die Marke, die du lieber hast ❷ *(regardless of which)* egal welche(r, s), welche(r, s) ... auch immer; **~ way** wie auch immer

whiff [(h)wɪf] **I.** *n usu sing (smell)* Hauch *m kein pl* **II.** *vi* BRIT *(fam)* ■ **to ~ [of sth]** [nach etw *dat*] müffeln DIAL

whif·fy ['(h)wɪfi] *adj* BRIT *(sl)* muffig *fam*

Whig [(h)wɪg] *n (hist: British party)* ■ **the ~s** *pl* die Whigs *pl (ehemalige Vertreter der liberalen Politik in England)*

while [(h)waɪl] **I.** *n no pl* Weile *f;* **all the ~** die ganze Zeit [über]; **a ~ ago** vor einer Weile; **in a ~** in Kürze; **to be worth [the] ~** die Mühe wert sein **II.** *conj* ❶ *(during which time)* während ❷ *(although)* obwohl; **~ I fully understand your point of view, ...** wenn ich Ihren Standpunkt auch vollkommen verstehe, ... ❸ *(however)* wo[hin]gegen **III.** *vi* **to ~ away the time** sich *dat* die Zeit vertreiben

whilst [waɪlst] *conj* BRIT *(form) see* **while**

whim [(h)wɪm] *n* Laune *f;* **to indulge sb's every ~** jds Launen ertragen; **[to do sth] on a ~** [etw] aus einer Laune heraus [tun]

whim·per [ˈ(h)wɪmpəʳ] **I.** *vi person* wimmern; *dog* winseln **II.** *n of person* Wimmern *nt kein pl; of dog* Winseln *nt kein pl*

whim·sey, whim·sy [ˈ(h)wɪmzi] *n (pej)* ❶ *no pl (fancifulness)* Spleenigkeit *f* ❷ *(whim)* Laune *f*

whim·si·cal [ˈ(h)wɪmzɪkəl] *adj* ❶ *(fanciful)* skurril *geh* ❷ *(capricious)* launenhaft

whim·si·cal·ity [ˌ(h)wɪmzɪˈkæləti] *n no pl* ❶ *(fanciful quality)* Skurrilität *f geh* ❷ *(capriciousness)* Launenhaftigkeit *f*

whine [(h)waɪn] **I.** *vi (make complaining sound)* jammern; *animal* jaulen; *engine* heulen **II.** *n usu sing of child* Jammern *nt kein pl; of animal* Jaulen *nt kein pl; of engine* Heulen *nt kein pl*

whinge [(h)wɪndʒ] **I.** *n no pl* *(griping)* Gejammer *nt pej fam* **II.** *vi* BRIT, AUS *(pej fam)* meckern

whinge·ing [ˈ(h)wɪndʒɪŋ] **I.** *n no pl* BRIT, AUS *(pej fam: petty complaining)* Gemecker[e] *nt;* **stop your ~!** hör mit dem Gejammer auf! **II.** *adj* BRIT, AUS *(pej fam)* meckernd

whing·ing [ˈ(h)wɪndʒɪŋ] *n, adj* BRIT, AUS *see* **whingeing**

whin·ing [ˈ(h)waɪnɪŋ] **I.** *n no pl* ❶ *(noise) of a person* Heulen *nt; of an animal* Jaulen *nt* ❷ *(pej fam: complaining)* Gejammer *nt* **II.** *adj* ❶ *(fretful) person* queng[e]lig *fam; animal* jaulend; **~ voice** weinerliche Stimme ❷ *(complaining)* klagend; *(grumbling)* nörglerisch *pej*

whin·ny [ˈ(h)wɪni] **I.** *vi* wiehern **II.** *n* Wiehern *nt kein pl*

whip [(h)wɪp] **I.** *n* ❶ *(for hitting)* Peitsche *f* ❷ BRIT POL *(person)* Einpeitscher(in) *m(f)* ❸ *no pl* FOOD *(person)* Creme *f* **II.** *vt* <-pp-> ❶ *(hit)* [mit der Peitsche] schlagen; *a horse* die Peitsche geben ❷ FOOD *cream, egg whites* schlagen ❸ AM *(fam: defeat)* [vernichtend] schlagen ◆**whip away** *vt* wegziehen, wegreißen ◆**whip off** *vt clothes* vom Leib reißen; *tablecloth* wegziehen ◆**whip out** *vt (take out quickly)* zücken ◆**whip up** *vt* ❶ *(excite)* **to ~ up support** Unterstützung finden ❷ *(fam: cook or make quickly)* zaubern *fig, hum*

ˈ**whip·cord** *n* ❶ *no pl (for whips)* Peitschenschnur *f* ❷ FASHION Whipcord *m fachspr* **whip ˈhand** *n* **to get/hold the ~** die Oberhand gewinnen/haben ˈ**whip·lash** *n* ❶ *(flexible part of whip)* Peitschenschnur *f* ❷ *(blow)* Peitschenhieb *m* ❸ *no pl* MED *(injury to neck)* **~ [injury]** Schleudertrauma *nt*

whipped [(h)wɪpt] *adj* ❶ FOOD *(beaten to firmness)* geschlagen; **~ cream** Schlagsahne *f,* Schlagobers *nt* ÖSTERR, Schlagrahm *m* SCHWEIZ ❷ *attr (hit)* verprügelt

whip·per·in <*pl* whippers-in> [ˌ(h)wɪpəʳˈɪn] *n* HUNT Pikör *m fachspr*

ˈ**whip·per·snap·per** *n (hum fam)* **~ young** ~ Grünschnabel *m oft pej*

whip·ping [ˈ(h)wɪpɪŋ] *n* ❶ *no pl (hitting with whip)* [Aus]peitschen *nt kein pl* ❷ *(hard physical beating)* **to get/give a ~** Prügel beziehen/austeilen

ˈ**whip·ping boy** *n* Prügelknabe *m* ˈ**whip·ping cream** *n no pl* Schlagsahne *f,* Schlagobers *nt* ÖSTERR, Nidel *m o f* SCHWEIZ

ˈ**whip·ping top** *n* Kreisel *m*

ˈ**whip-round** *n* BRIT *(fam)* **to have a ~ [for sb]** [für jdn] sammeln

whir *n, vi* AM *see* **whirr**

whirl [(h)wɜ:l] **I.** *vi, vt* wirbeln **II.** *n* ❶ *no pl (movement)* Wirbel *m;* *(action, of dust)* Wirbeln *m* ❷ *(activity)* Trubel *m* ❸ *(overwhelmed)* **my head's in a ~** mir schwirrt der Kopf

whirli·gig [ˈ(h)wɜ:lɪgɪg] *n* ❶ *(spinning top)* Kreisel *m* ❷ *no pl (fig: sth hectic/ changing)* Wechselspiel *nt*

whirl·pool [ˈ(h)wɜ:lpu:l] *n* ❶ *(fig: situation)* Trubel *m,* Wirbel *m* ❷ *(pool)* Whirlpool *m;* *(in river, sea)* Strudel *m* **whirl·wind** [ˈ(h)wɜ:lwɪnd] *n* METEO Wirbelwind *m*

whirly·bird [ˈ(h)wɜ:rlɪbɜ:rd] *n* AM *(dated: helicopter)* Hubschrauber *m*

whirr [(h)wɜ:ʳ] **I.** *vi insects* summen; *machine parts* surren **II.** *n usu sing of insects* Summen *nt kein pl; of machines* Surren *nt kein pl*

whisk [(h)wɪsk] **I.** *n (kitchen tool)* Schneebesen *m;* **electric ~** [elektrisches] Rührgerät **II.** *vt* ❶ *cream, egg whites* schlagen ❷ *(take, move quickly)* **I was ~ed off to hospital** ich wurde ins Krankenhaus überwiesen

whisk·er [ˈ(h)wɪskəʳ] *n* ❶ *usu pl (of animal)* Schnurrhaar[e] *nt[pl]* ❷ ■**~s** *pl (beard)* Bartstoppeln *pl;* *(moustache)* Schnurrbart *m* ▶ **by a ~** um Haaresbreite, haarscharf; **within a ~ [of sth]** in unmittelbarer Nähe [einer S. *gen*]

whis·key *esp* AM, IRISH, **whis·ky** ['hwɪski] *n* BRIT, AUS *no pl* (*drink*) Whisk[e]y *m*
whis·per ['(h)wɪspəʳ] I. *vi* flüstern; ■ **to ~ to sb** mit jdm flüstern II. *vt* ■ **to ~ sth [in sb's ear]** etw [in jds Ohr] flüstern III. *n* ❶ (*soft speaking*) Flüstern *nt kein pl*, Geflüster *nt kein pl;* **to speak in a ~** etw im Flüsterton sagen ❷ *usu sing* (*trace*) Spur *f* ❸ *no pl* (*liter: soft rustle*) Rascheln *nt*
whis·per·ing ['(h)wɪspəʳrɪŋ] I. *n no pl* (*talking very softly*) Flüstern *nt*, Geflüster *nt* II. *adj attr* ❶ (*talking softly*) flüsternd ❷ (*rustling*) raschelnd
'**whis·per·ing cam·paign** *n* (*pej*) Verleumdungskampagne *f*
whist [(h)wɪst] *n no pl* Whist *nt;* **a game of ~** eine Partie Whist
whis·tle ['(h)wɪsl] I. *vi* ❶ *person* pfeifen; ■ **to ~ at sb** hinter jdm herpfeifen ❷ *wind, kettle* pfeifen ❸ *bird* zwitschern II. *vt* pfeifen III. *n* ❶ *no pl* (*sound*) *also of wind* Pfeifen *nt; of referee* Pfiff *m;* **as clean as a ~** blitzsauber ❷ (*device*) Pfeife *f;* **referee's ~** Trillerpfeife *f* ▶ **to wet one's ~** sich *dat* die Kehle anfeuchten *fam*
whit [(h)wɪt] *n no pl* (*old form*) **not a ~** keinen Deut; **not a ~ of sense** keinen Funken Verstand
white [(h)waɪt] I. *n* ❶ *no pl* (*colour*) Weiß *nt* ❷ *usu pl* (*part of eye*) Weiße(s) *nt* ❸ *of egg* Eiweiß *nt*, Eiklar *nt* ÖSTERR ❹ (*person*) Weiße(r) *f/m;* II. *adj* ❶ (*colour*) weiß; **black and ~** schwarz-weiß ❷ (*in coffee*) mit Milch ❸ FOOD **~ bread** Weißbrot *nt;* **~ pepper/rum/sugar** weißer Pfeffer/Rum/Zucker ❹ (*Caucasian*) weiß; (*paleskinned*) hellhäutig ▶ **as ~ as a sheet** weiß wie die Wand, kreidebleich
'**white·bait** [-beɪt] *n no pl* (*young sprat*) junge Sprotte; (*young herring*) junger Hering '**white-col·lar** *adj* **~ job** Schreibtischposten *m;* **~ worker** Angestellte(r) *f/m;* **white 'cor·pus·cle** *n* MED weißes Blutkörperchen **white 'el·ephant** *n* (*useless object*) Fehlinvestition *f;* (*unwanted property*) lästiger Besitz **white 'en·sign** *n* NAUT Fahne der Royal Navy **white 'feath·er** *n* BRIT **to show the ~ feather** BRIT sich feig[e] benehmen **white 'flag** *n* weiße Fahne '**white goods** *npl* ❶ (*household appliances*) Haushaltsgeräte *pl* ❷ (*old: household linens*) Weißwäsche *f kein pl* '**White·hall** *n* ❶ (*offices of Britain's government*) Whitehall ❷ (*fig: government of Britain*) Whitehall **white 'heat** *n no pl* (*also fig*) Weißglut *f* **white 'horse** *n* ❶ (*animal*) Schimmel *m* ❷ BRIT (*liter: of waves*) ■ **~s** *pl* Schaumkronen *pl* '**White House** *n no pl* ■ **the ~** ❶ (*US President's residence*) das Weiße Haus ❷ (*fig: US government*) das Weiße Haus **white 'lead** *n no pl* Bleiweiß *nt* **white 'lie** *n* Notlüge *f* '**white meat** *n* helles Fleisch
whit·en ['(h)waɪtən] I. *vt* weiß machen; *shoe, wall* weißen, weißeln ÖSTERR, SCHWEIZ, SÜDD; **she's had her teeth ~ed** sie hat ihre Zähne bleichen lassen II. *vi* weiß werden
whit·en·er ['(h)waɪtənəʳ] *n no pl* (*for coffee*) Kaffeeweißer *m;* (*for shoes*) Schuhweiß *nt*
whit·en·ing ['(h)waɪtənɪŋ] *n* Schuhweiß *nt*
'**white-out** *n* ❶ (*blizzard*) [starker] Schneesturm ❷ *no pl* AM, AUS (*for erasing*) Tipp-Ex® *nt* **white 'pa·per** *n* BRIT, AUS POL Weißbuch *nt* **white 'sale** *n* Weißwäscheausverkauf *m* **white 'slave** *n* (*pej*) ≈ Prostitutionssklavin *f* **white 'spir·it** *n no pl* BRIT Terpentinersatz *m* '**white·thorn** *n* Weißdorn *m* **white 'tie** I. *adj* mit Frackzwang *nach* II. *n* ❶ (*bowtie*) weiße Fliege ❷ (*full evening dress*) Frack *m* '**white·wash** I. *n* ❶ *no pl* (*solution*) Tünche *f* ❷ (*pej: cover-up*) Schönfärberei *f* II. *vt* ❶ (*paint*) weiß anstreichen; *walls* tünchen ❷ (*pej, fig: conceal*) schönfärben **white-wa·ter 'raft·ing** *n no pl* Wildwasserfahren *nt* **white 'wine** *n* Weißwein *m*
whith·er ['(h)wɪðəʳ] *adv* (*old*) wohin
whit·ing¹ <*pl* -> ['(h)waɪtɪŋ] *n* (*fish*) Weißfisch *m*
whit·ing² ['(h)waɪtɪŋ] *n no pl* (*substance*) Schlämmkreide *f*
Whit 'Mon·day *n* Pfingstmontag *m*
Whit·sun ['(h)wɪtsən] *n* Pfingsten *nt;* **at ~** an Pfingsten
Whit 'Sun·day *n* Pfingstsonntag *m*
'**Whit·sun·tide** [(h)wɪtsəntaɪd] *n* Pfingsten *nt*
whit·tle ['(h)wɪtl] *vt* ■ **to ~ sth** etw schnitzen ◆ **whittle down** *vt* reduzieren
whizz [(h)wɪz] AM **whiz** I. *vi* ❶ (*fam*) **to ~ by** vorbeijagen ❷ (*fig*) im Nu rasen; **the holidays just ~ed past** die Ferien vergingen im Nu ❸ AM (*sl: urinate*) pinkeln *fam* II. *vt* FOOD [mit dem Mixer] verrühren III. *n* ❶ *usu sing* (*approv fam: expert*) Genie *nt;* **computer ~** Computerass *nt* ❷ AM (*sl*) **to take a ~** pinkeln *fam*
whiz(z) kid *n* Wunderkind *nt*, Genie *nt oft hum*
who [hu:] *pron* ❶ *interrog* (*which person*) wer; **~ did this?** wer war das?; **~'s she?** wer ist sie? ❷ *interrog* (*whom*) wem *in*

dat, wen *in akk;* ~ **do you want to talk to?** mit wem möchten Sie sprechen? ❸ *interrog (unknown person)* wer; ~ **knows?** wer weiß? ❹ *relative (with defining clause)* der/die/das; **I think it was your dad** ~ **phoned** ich glaube, das war dein Vater, der angerufen hat ❺ *relative (with non-defining clause)* der/die/das; **he rang Chris,** ~ **was a good friend** er rief Chris an, der ein guter Freund war

whoa [(h)wəʊ] *interj* ❶ *(command to stop horse)* brr, hoo ❷ *(fig fam: used to slow or stop)* langsam

who·dun·(n)it [ˌhuːˈdʌnɪt] *n (fam)* Krimi *m*

who·ev·er [huːˈevəʳ] *pron* ❶ *relative* wer auch immer; **come out,** ~ **you are** kommen Sie heraus, wer auch immer Sie sind ❷ *interrog (who on earth)* wer; ~ **told you that?** wer hat dir das erzählt?; ~ **does he think he is?** wer glaubt er denn, dass er ist?

whole [həʊl] I. *adj* ❶ *(entire)* ganz, gesamt; **this** ~ **thing is ridiculous!** das Ganze ist ja lächerlich!; **the** ~ **[wide] world** die ganze [weite] Welt ❷ *(in one piece)* ganz, heil; *(intact)* intakt ❸ *(fam: emphasize amount)* **flying is a** ~ **lot cheaper these days** Fliegen ist heutzutage sehr viel billiger II. *n* ❶ *(entire thing)* ■ **a** ~ ein Ganzes *nt* ❷ *no pl (entirety)* ■ **the** ~ das Ganze ❸ *(in total)* **as a** ~ als Ganzes [betrachtet] III. *adv* ganz; **a** ~ **new approach** ein ganz neuer Ansatz

'**whole·food** *n* BRIT *no pl (unprocessed food)* Vollwertkost *f* ❷ *(unprocessed food products)* ■ ~**s** *pl* Vollwertprodukte *pl*

'**whole·food shop** *n* BRIT Reformhaus *nt*

'**whole·grain** *adj esp* BRIT, AUS Vollkorn-; ~ **bread** Vollkornbrot *nt* **whole-heart·ed** [-ˈhɑːtɪd] *adj* ❶ *(sincere)* aufrichtig; *(cordial)* herzlich ❷ *(committed)* engagiert

'**whole·meal** I. *n* BRIT Vollkornmehl *nt* II. *adj* BRIT Vollkorn-; ~ **bread** Vollkornbrot *nt* **whole·sale** [ˈhəʊlseɪl] I. *adj* ❶ *attr* ~ **business** Großhandel *m* ❷ *(usu pej: on large scale)* Massen-; ~ **reform** umfassende Reform II. *adv* ❶ *(at bulk price)* zum Großhandelspreis ❷ *(in bulk)* in Großmengen **whole·sal·er** [ˈhəʊlseɪləʳ] *n* Großhändler(in) *m(f)* **whole·some** [ˈhəʊlsəm] *adj (approv: promoting well-being)* wohltuend; *(healthy)* gesund; **clean** ~ **fun** einfacher harmloser Spaß **whole-tone** '**scale** *n* Ganztonleiter *f*

'**whole·wheat** I. *n no pl* Voll[korn]weizen *m* II. *adj bread, pasta* Voll[korn]weizen-; ~ **flour** Weizenvollkornmehl *nt*

who'll [huːl] = **who will** *see* **who**

whol·ly [ˈhəʊl(l)i] *adv* ganz, völlig; **to be** ~ **aware of sth** sich *dat* einer S. *gen* vollkommen bewusst sein

whom [huːm] *pron (form)* ❶ *interrog, after vb or prep* wem *dat,* wen *akk;* ~ **did he marry?** wen hat er geheiratet? ❷ *relative* der/die/das; **all/none/several/some of** ~ **...** alle/keiner von denen/mehrere/einige, die ...

whoop [(h)wuːp] I. *vi* jubeln II. *n* ❶ *(shout of excitement)* Jauchzer *m;* **to give a** ~ **of triumph** einen Triumphschrei loslassen ❷ *of object* Aufheulen *nt* ❸ *of cough* Keuchen *nt*

whoo·pee I. *interj* [(h)wʊˈpiː] juchhe, hurra; *(iron)* toll; **oh,** ~**, another letter to type up!** super, noch ein Brief zum Abtippen! II. *n* [ˈ(h)wuːpi] *no pl* **to make** ~ *(have sex)* es tun

'**whoop·ing cough** *n no pl* Keuchhusten *m*

whoops [(h)wʊps] *interj (fam)* hoppla; ~ **a daisy** *(childspeak)* hopsala

whop I. *vt* <-pp-> *esp* AM *(fam)* ❶ *(strike)* schlagen; **to** ~ **sb one** jdm eine reinhauen ❷ *(defeat)* ■ **to** ~ **sb** jdn schlagen II. *n usu sing esp* AM *(fam)* Knall *m*

whop·per [ˈ(h)wɒpəʳ] *n (hum fam)* ❶ *(huge thing)* Apparat *m sl;* **that's a** ~ **of a fish** das ist ja ein Riesenfisch ❷ *(lie)* faustdicke Lüge; **to tell sb a** ~ jdm einen Bären aufbinden

whop·ping [ˈ(h)wɒpɪŋ] *(fam)* I. *adj* saftig; ~ **lie** faustdicke Lüge II. *n* AM ❶ *(beating)* Prügel *pl* ❷ *(defeat)* Schlappe *f*

whore [hɔːʳ] *n (pej)* ❶ *(female prostitute)* Nutte *f sl* ❷ *(fam: promiscuous woman)* Flittchen *nt*

'**whore·house** *n esp* AM *(pej fam)* Puff *m*

whorl [(h)wɜːl] *n (liter)* Windung *f*

whor·tle·ber·ry [ˈ(h)wɜːtlˌberi] *n* Heidelbeere *f*

who's [huːz] = **who is, who has** *see* **who**

whose [huːz] I. *adj* ❶ *(in questions)* wessen; ~ **round is it?** wer ist dran? ❷ *(indicating possession)* dessen; **she's the woman** ~ **car I crashed into** sie ist die Frau, in deren Auto ich gefahren bin II. *pron poss, interrog* wessen; ~ **is this bag?** wessen Tasche ist das?

why [(h)waɪ] I. *adv* ❶ *(for what reason)* warum; ~ **did he say that?** warum hat er das gesagt? ❷ *(for that reason)* **the reason** ~ **I ...** der Grund, warum ich ... II. *interj esp* AM *(dated)* ~**, if it isn't old Georgie**

Frazer! na, wenn das nicht Georgie Frazer ist!

wick [wɪk] n Docht m ▶ **to get on sb's ~** BRIT (fam) jdm auf den Keks gehen

wick·ed ['wɪkɪd] I. adj ❶ (evil) böse ❷ (cunning) raffiniert ❸ (very bad) cough schlimm ❹ (approv sl: excellent) saugut II. n pl ■ **the ~** die Bösen pl ▶ **there's no rest for the ~** (saying) es gibt keine Ruhe für die Schuldigen III. interj (approv sl) super fam

wick·er ['wɪkəʳ] n no pl Korbgeflecht nt

wick·er 'bot·tle n Korbflasche f **wick·er 'fur·ni·ture** n no pl Korbmöbel pl **'wick·er·work** n no pl ❶ (material) Korbmaterial nt ❷ (articles) Korbwaren pl

wick·et ['wɪkɪt] n BRIT ❶ (target in cricket) Tor nt, Wicket nt fachspr ❷ (area in cricket) Spielbahn f ▶ **to be on a sticky ~** (fam) in der Klemme stecken

'wick·et-keep·er n BRIT Torwächter(in) m(f)

wide [waɪd] I. adj ❶ (broad) breit ❷ (considerable) enorm, beträchtlich ❸ (very open) geweitet; eyes groß ❹ after n (with a width of) breit ❺ (varied) breit gefächert; **a ~ range of goods** ein großes Sortiment an Waren II. adv weit; **~ apart** weit auseinander; **~ open** weit geöffnet

'wide-an·gle, wide-an·gle 'lens n PHOT Weitwinkelobjektiv nt **wide-a'wake** adj hellwach **'wide boy** n BRIT (pej fam) Gauner m **wide-'eyed** adj mit großen Augen nach n; (fig) blauäugig

wide·ly ['waɪdli] adv ❶ (broadly) breit ❷ (extensively) weit; **~ accepted/admired/believed** weithin akzeptiert/bewundert/geglaubt ❸ (considerably) beträchtlich; **~ differing aims** völlig verschiedene Ziele

wid·en ['waɪdᵊn] I. vt (make broader) verbreitern; (make wider) erweitern; (make larger) vergrößern II. vi (become broader) river, smile breiter werden

wide-'open adj ❶ (undecided) völlig offen ❷ (vulnerable, exposed) anfällig **'wide-screen** adj attr television Breitbild-; film Breitwand-; monitor Widescreen- **'wide-spread** adj weit verbreitet; **there is ~ speculation that ...** es wird weithin spekuliert, dass ...

wid·ow ['wɪdəʊ] I. n (woman) Witwe f II. vt usu passive ■ **to be ~ed** zur Witwe/zum Witwer werden

wid·owed ['wɪdəʊd] adj verwitwet

wid·ow·er ['wɪdəʊəʳ] n Witwer m

wid·ow·hood ['wɪdəʊhʊd] n no pl (state) of women Witwenschaft f; of men Witwerschaft f selten

wid·ow's al·'low·ance n Witwenunterstützung f **wid·ow's 'peak** n spitz zulaufender Haaransatz in der Stirnmitte **wid·ow's 'pen·sion** n Witwenrente f

width [wɪtθ] n ❶ no pl (measurement) Breite f; of clothes Weite f; **to be five metres** [or AM **meters**] **in ~** fünf Meter breit sein ❷ (unit) Breite f; **to come in different ~s** unterschiedlich breit sein ❸ no pl (fig: scope, range) Größe f

wield [wi:ld] vt ■ **to ~ sth** tool, weapon etw schwingen; **to ~ authority/influence/power over sb/sth** Autorität/Einfluss/Macht über jdn/etw ausüben

wife <pl wives> [waɪf] n [Ehe]frau f, Gattin f form o hum ▶ **the world and his ~** BRIT (saying) Gott und die Welt fam

wife·ly ['waɪfli] adj einer Ehefrau nach n; **her ~ duties** ihre Pflichten als Ehefrau

Wi-Fi® ['waɪfaɪ] n no pl INET abbrev of **Wireless Fidelity** WLAN nt

wig [wɪg] n Perücke f

wig·gle ['wɪgl] I. vt, vi wackeln II. n ❶ (movement) Wackeln nt kein pl; **she walks with a sexy ~** sie hat einen sexy Gang fam ❷ esp AM (fam: hurry) **to get a ~ on** einen Zahn zulegen

wig·wam ['wɪgwæm] n Wigwam m

wild [waɪld] I. adj ❶ (not domesticated) wild; cat, duck, goose Wild- ❷ (uncultivated) country, landscape rau, wild; **~ flowers** wild wachsende Blumen ❸ (uncivilized) people unzivilisiert; behaviour undiszipliniert ❹ (uncontrolled) unbändig; (disorderly) hair, lifestyle wirr ❺ (stormy) wind, weather rau, stürmisch ❻ (excited) wild, ungezügelt; (not sensible) verrückt fam; **in ~ rage** in blinder Wut ❼ (fam: angry) wütend ❽ (fam: enthusiastic) ■ **to be ~ about sb/sth** auf jdn/etw ganz wild sein ❾ (not accurate) ungezielt; (imaginative) wild; **beyond one's ~est dreams** mehr als man sich dat je erträumt hat ▶ **~ horses couldn't make me do sth** keine zehn Pferde könnten mich dazu bringen, etw zu tun II. adv wild; **to run ~** child, person sich dat selbst überlassen sein; animals frei herumlaufen III. n ❶ (natural environment) ▶ **the ~** die Wildnis ❷ (fig: remote places) ■ **the ~s** pl die Pampa f kein pl oft hum fam

wild 'boar n ZOOL Wildschwein nt **'wild card** ['waɪldka:d] n ❶ CARDS Joker m ❷ COMPUT Wildcard f **'wild·cat** I. n ZOOL Wildkatze f a. fig II. adj attr ❶ esp AM (very *risky*) riskant ❷ ECON (*unofficial*) ~ **company** Schwindelfirma *f*

wil·der·ness <*pl* -es> ['wɪldənəs] *n usu no pl* ❶ (*wild, unpopulated area*) Wildnis *f;* (*desert*) Wüste *f* ❷ (*fam: overgrown area*) wild wachsendes Stück Land

'**wild·fire** *n no pl* Lauffeuer *nt;* **to spread like** ~ (*fig*) sich wie ein Lauffeuer verbreiten '**wild·fowl** *n* Federwild *nt kein pl;* FOOD Wildgeflügel *nt kein pl* **wild 'goose** <- geese> *n* Wildgans *f* **wild-'goose chase** *n* (*hopeless search*) aussichtslose Suche; (*pointless venture*) fruchtloses Unterfangen '**wild·life I.** *n no pl* [natürliche] Tier- und Pflanzenwelt **II.** *adj club, photography* Natur-; ~ **reserve** Wildreservat *nt*

wild·ly ['waɪldli] *adv* ❶ (*in uncontrolled way*) wild; (*boisterously*) unbändig; **to behave** ~ sich wie wild aufführen *fam;* **to talk** ~ wirres Zeug reden *fam* ❷ (*haphazardly*) ungezielt; **to guess** ~ [wild] drauflosraten *fam* ❸ (*fam: extremely*) äußerst; (*totally*) völlig; ~ **exaggerated** maßlos übertrieben; ~ **improbable/inaccurate** höchst unwahrscheinlich/ungenau

wild·ness ['waɪldnəs] *n no pl* ❶ (*natural state*) Wildheit *f* ❷ (*behaviour*) Wildheit *f;* (*lack of control*) Unkontrolliertheit *f* ❸ (*haphazardness*) Ungezieltheit *f;* (*rashness*) Unüberlegtheit *f*

wiles [waɪlz] *npl* (*form*) Trick *m*, Schliche *pl;* **to use all one's** ~ mit allen Tricks arbeiten

wil·ful ['wɪlfəl] *adj* ❶ *usu attr* (*deliberate*) bewusst, absichtlich; *damage* mutwillig ❷ (*self-willed*) eigensinnig; (*obstinate*) starrsinnig

wili·ness ['waɪlinəs] *n no pl* Listigkeit *f*, Schläue *f*

will[1] <would, would> [wɪl] **I.** *aux vb* ❶ (*in future tense*) werden; **do you think he ~ come?** glaubst du, dass er kommt? ❷ (*in immediate future*) **we'll be off now** wir fahren jetzt; **I'll answer the telephone** ich gehe ans Telefon ❸ (*with tag question*) **you won't forget to tell him,** ~ **you?** du vergisst aber nicht, es ihm zu sagen, oder?; **they'll have got home by now, won't they?** sie müssten mittlerweile zu Hause sein, nicht?. ❹ (*expressing intention*) werden; **I** ~ **always love you** ich werde dich immer lieben ❺ (*in requests, instructions*) ~ **you stop that!** hör sofort damit auf!; ~ **you sit down?** setzen Sie sich doch! ❻ (*expressing willingness*) **anyone like to volunteer for this job? — we** ~**!** meldet sich jemand freiwillig für diese Arbeit? — ja, wir!; **I keep asking him to play with me, but he won't** ich frage ihn ständig, ob er mit mir spielt, aber er will nicht ❼ (*expressing facts*) **fruit** ~ **keep longer in the fridge** Obst hält sich im Kühlschrank länger ❽ (*expressing persistence*) **accidents** ~ **happen** Unfälle passieren nun einmal ❾ (*expressing likelihood*) **that'll be Rosa** das wird Rosa sein **II.** *vi* (*form*) wollen; **as you** ~ wie du willst

will[2] [wɪl] **I.** *n* ❶ *no pl* (*faculty*) Wille *m;* **strength of** ~ Willensstärke *f;* **to lose the** ~ **to live** den Lebenswillen verlieren ❷ *no pl* (*desire*) Wille *m;* **against sb's** ~ gegen jds Willen ❸ LAW letzter Wille, Testament *nt* ▶ **where there's a** ~**, there's a way** (*saying*) wo ein Wille ist, ist auch ein Weg *prov;* **with the best** ~ **in the world** beim besten Willen **II.** *vt* ■ **to** ~ **sb to do sth** jdn [durch Willenskraft] dazu bringen, etw zu tun; **I was** ~**ing you to win** ich habe mir ganz fest gewünscht, dass du gewinnst

will·ful *adj* AM *see* **wilful**

William ['wɪljəm] *n* Wilhelm *m*

wil·lie *n see* **willy**

wil·lies ['wɪliz] *npl* (*fam*) **sb gets/has the** ~ jd kriegt Zustände

will·ing ['wɪlɪŋ] **I.** *adj* ❶ *pred* (*not opposed*) bereit, gewillt *geh;* ■ **to be** ~ **to do sth** bereit sein, etw zu tun ❷ (*enthusiastic*) willig ▶ **the spirit is** ~ **but the flesh is weak** (*saying*) der Geist ist willig, doch das Fleisch ist schwach *prov* **II.** *n no pl* BRIT **to show** ~ [seinen] guten Willen zeigen

will·ing·ness ['wɪlɪŋnəs] *n no pl* (*readiness*) Bereitschaft *f;* (*enthusiasm*) Bereitwilligkeit *f*

will-o'-the-wisp [ˌwɪlədə'wɪsp] *n* ❶ (*light*) Irrlicht *nt* ❷ (*fig: elusive thing*) Trugbild *nt*

wil·low ['wɪləʊ] *n* BOT Weide *f*

wil·lowy ['wɪləʊi] *adj person* gertenschlank

'**will pow·er** *n no pl* Willenskraft *f*

wil·ly ['wɪli] *n esp* BRIT (*fam!*) Pimmel *m fam*

willy-nilly [ˌwɪli'nɪli] *adv* ❶ (*like it or not*) wohl oder übel ❷ (*haphazardly*) aufs Geratewohl

wilt[1] [wɪlt] *vi* ❶ (*droop*) *plants* [ver]welken ❷ (*lose energy*) *person* schlappmachen *fam* ❸ (*lose confidence*) den Mut verlieren

wilt[2] [wɪlt, əlt] (*old*) *2nd pers sing of* **will**

wily ['waɪli] *adj* listig; *deception, plan* raffiniert; *person also* gewieft

wimp [wɪmp] (*pej*) **I.** *n* (*fam*) Waschlappen *m* **II.** *vi* (*fam*) ■ **to ~ out** (*shirk*) kneifen; (*give in*) den Schwanz einziehen

win [wɪn] **I.** *vt* <won, won> ❶ (*be victorious*) gewinnen; **to ~ an election** eine Wahl gewinnen; **to ~ a victory** einen Sieg erringen ❷ (*obtain*) gewinnen, bekommen; **to ~ sb's approval** jds Anerkennung finden; **to ~ sb's heart/love** jds Herz/Liebe gewinnen; **to ~ recognition** Anerkennung finden ❸ (*extract*) ore, coal abbauen; *oil* gewinnen ▸ **[you] ~ some, [you] lose some** (*saying*) mal gewinnt man, mal verliert man; **you can't ~ them all** (*fam*) man kann nicht immer Glück haben **II.** *vi* <won, won> gewinnen; **to ~ hands down** (*fam*) spielend gewinnen ▸ **may the best man ~** möge der Beste gewinnen **III.** *n* Sieg *m;* **away/home ~** Auswärts-/Heimsieg *m* ■ **to ~ back** *vt* ⟳ sth etw zurückgewinnen ♦ **win over** *vt* (*persuade*) überzeugen; (*gain support*) für sich *akk* gewinnen ♦ **win round** *vt* BRIT überzeugen ♦ **win through** *vi* [letztlich] Erfolg haben

wince [wɪn(t)s] **I.** *n* Zusammenzucken *nt* **II.** *vi* zusammenzucken

winch [wɪn(t)ʃ] **I.** *n* <*pl* -es> (*for lifting, pulling*) Winde *f* **II.** *vt* mit einer Winde [hoch]ziehen

wind¹ [wɪnd] **I.** *n* ❶ (*current of air*) Wind *m;* **gust of ~** Windböe *f;* **to see which way the ~ is blowing** (*also fig*) sehen, woher der Wind weht; **to go/run like the ~** laufen/rennen wie der Wind ❷ *no pl* (*breath*) Atem *m* ❸ *no pl* (*meaningless words*) **he's full of ~** er ist ein Schaumschläger ❹ *no pl* (*flatulence*) Blähungen *pl* ❺ MUS **the ~s** die [Blech]bläser(innen) *mpl(fpl)* ❻ (*scent*) Witterung *f;* **to get ~ of sth** (*fig*) von etw *dat* Wind bekommen ▸ **to be three sheets in the ~** völlig betrunken sein **II.** *vt* ❶ (*knock breath out*) ■ **to ~ sb** jdm den Atem nehmen ❷ BRIT **to ~ a baby** ein Baby ein Bäuerchen machen lassen

wind² [waɪnd] **I.** *n* ❶ (*bend*) Windung *f;* *of river* Schleife *f;* *of road* Kurve *f* ❷ (*turn*) Umdrehung *f;* **to give sth a ~** etw aufziehen **II.** *vt* <wound, wound> ❶ (*wrap*) wickeln; *a film* spulen; **to ~ wool/yarn into a ball** Wolle/Garn zu einem Knäuel aufwickeln ❷ (*cause to function*) *a clock, watch* aufziehen ❸ (*turn*) winden, kurbeln ❹ (*cause to move*) spulen; **to ~ a film/tape back[wards]/forwards** einen Film/ein Band zurück-/vorspulen **III.** *vi* <wound, wound> ❶ (*meander*) *stream, road* sich schlängeln ❷ (*coil*) sich wickeln ♦ **wind down I.** *vt* ❶ (*lower*) *a car window* herunterkurbeln ❷ (*gradually reduce*) zurückschrauben; *a business* auflösen; ECON *production* drosseln **II.** *vi* ❶ (*become less active*) ruhiger werden; *business* nachlassen; *party* an Schwung verlieren ❷ (*cease*) auslaufen ❸ (*relax after stress*) [sich] entspannen ♦ **wind up I.** *vt* ❶ (*raise*) hochziehen; *a car window* hochkurbeln ❷ TECH aufziehen; *clock, watch* aufziehen ❸ BRIT (*fam*) ■ **to ~ up** ⟳ **sb** (*tease*) jdn aufziehen; (*annoy*) jdn auf die Palme bringen; **to get wound up** von etw aufregen ❹ (*bring to an end*) abschließen; *debate, meeting, speech* beenden ❺ BRIT, AUS ECON *a company* auflösen **II.** *vi* ❶ (*fam: end up*) enden; **to ~ up in prison** im Gefängnis landen ❷ (*bring to an end*) schließen; (*conclude*) abschließend bemerken

'**wind·bag** *n* (*pej fam: excessive talker*) Schwätzer(in) *m/f* '**wind·break** *n* Windschutz *m* '**wind chill** PHYS **I.** *n no pl* Windkälte *f,* Windchill *m* **II.** *adj* Windkälte-, Windchill-; **~ factor** Windkältefaktor *m,* Windchillindex *m;* **~ temperature** Windchilltemperatur *f fachspr,* gefühlte Temperatur '**wind cone** *n* Windsack *m* '**wind en·er·gy** *n no pl* Windenergie *f*

wind·er ['waɪndər] *n* (*winding device*) Aufziehschraube *f;* (*for clock*) Schlüssel *m;* (*on watch*) Krone *f*

'**wind·fall** *n* ❶ (*fruit*) ■ **~s** *pl* Fallobst *nt kein pl* ❷ (*money*) warmer [Geld]regen *fam* '**wind farm** *n* Windpark *m* '**wind gen·era·tor** *n* Windgenerator *m*

wind·ing ['waɪndɪŋ] **I.** *adj course, path, river* gewunden; *road* kurvenreich **II.** *n* ❶ *no pl of course* Windung *f* ❷ ELEC (*coils*) Wicklung *f;* *of machinery* Aufwickeln *nt*

'**wind·ing rope** *n* Wickelseil *nt* '**wind·ing sheet** *n* Leichentuch *nt* **wind·ing** '**stair·case** *n* Wendeltreppe *f* **wind·ing** '**up** *n no pl* BRIT, AUS ECON [Geschäfts]auflösung *f;* *of a company's affairs* Abwicklung *f*

'**wind in·stru·ment** *n* Blasinstrument *nt* **wind·jam·mer** ['wɪn(d)ˌdʒæmər] *n* Windjammer *m*

wind·lass ['wɪndləs] *n* <*pl* -es> Winde *f;* NAUT Winsch *f fachspr*

'**wind·mill** *n* ❶ (*for grinding*) Windmühle *f* ❷ (*wind turbine*) Windrad *nt*

win·dow ['wɪndəʊ] *n* ❶ (*in building*) Fenster *nt;* **bay ~** Erkerfenster *nt;* **French ~** bodentiefes Fenster ❷ *of shop* Schaufenster *nt* ❸ *of vehicle* [Fenster]scheibe *f;*

rear ~ Heckscheibe *f* ❹ *of ticket office* Schalter *m* ❺ (*fig: opportunity*) Gelegenheit *f* ❻ COMPUT Fenster *nt*
'win·dow box *n* Blumenkasten *m* **'window clean·er** *n* ❶ (*person*) Fensterputzer(in) *m(f)* ❷ *no pl* (*detergent*) Glasreiniger *m* **'win·dow dis·play** *n* Schaufensterauslage *f* **'win·dow dis·play com·pe·ti·tion** *n* Schaufensterwettbewerb *m* **'win·dow dress·ing** *n no pl* ❶ (*in shop*) Schaufensterdekoration *f* ❷ (*swindle*) Augenwischerei *f pej* **'win·dow en·velope** *n* Fenster[brief]umschlag *m* **'win·dow frame** *n* Fensterrahmen *m* **'win·dow pane** *n* Fensterscheibe *f* **'win·dow-shop·ping** *n no pl* Schaufensterbummel *m* **'win·dow sill** *n* (*inside*) Fensterbank *f*; (*outside*) Fenstersims *m o nt*
'wind·pipe *n* Luftröhre *f*
'wind pow·er *n no pl* ❶ (*force of wind*) Windkraft *f* ❷ ECOL Windenergie *f* **'wind·screen** *n* BRIT, AUS Windschutzscheibe *f* **'wind·screen wip·er** *n* BRIT, AUS Scheibenwischer *m* **'wind·shield** *n* AM (*windscreen*) Windschutzscheibe *f* **'wind·sock** *n* Windsack *m* **'wind·surf·er** *n* Windsurfer(in) *m(f)* **'wind·surf·ing** *n no pl* Windsurfen *nt* **'wind·swept** *adj* ❶ (*exposed*) dem Wind ausgesetzt; *beach, coast* windgepeitscht ❷ *appearance* [vom Wind] zersaust **'wind tun·nel** *n* Windkanal *m* **'wind tur·bine** *n* Windturbine *f*
'wind·ward ['wɪn(d)wəd] NAUT **I.** *adj* **the ~ side** die Windseite **II.** *adv* gegen den Wind **III.** *n* Windseite *f*
windy[1] ['wɪndi] *adj* ❶ METEO windig; **a ~ street** eine zugige Straße ❷ (*of digestion*) blähend
windy[2] ['waɪndi] *adj* (*curvy*) gewunden; (*meandering*) sich schlängelnd; *road* kurvenreich
wine [waɪn] **I.** *n* Wein *m*; **red/white ~** Rot-/Weißwein *m* **II.** *vt* **to ~ and dine sb** jdn fürstlich bewirten **III.** *vi* **to ~ and dine** fürstlich essen
'wine bot·tle *n* Weinflasche *f* **'wine cool·er** *n* Weinkühler *m* **'wine glass** *n* Weinglas *nt* **'wine·grow·er** [-ˌgrəʊəʳ] *n* Winzer(in) *m(f)* **'wine·grow·ing** [-ˌgrəʊɪŋ] **I.** *n no pl* Wein[an]bau *m* **II.** *adj attr* Wein[an]bau-; **~ area** Weingegend *f* **'wine list** *n* Weinkarte *f* **'wine mer·chant** *n esp* BRIT Weinhändler(in) *m(f)* **'wine press** *n* [Wein]kelter *f*
win·ery ['waɪnəri] *n esp* AM Weinkellerei *f*
'wine tast·ing *n* Weinprobe *f* **'wine wait·er** *n* BRIT Weinkellner(in) *m(f)*

wing [wɪŋ] *n* ❶ ZOOL *of bird* Flügel *m*; **to take sb under one's ~** (*also fig*) jdn unter seine Fittiche nehmen *a. fig fam* ❷ AVIAT Flügel *m*, Tragfläche *f* ❸ ARCHIT *of building* Flügel *m* ❹ FBALL Flügel *m*; **to play left/right ~** links/rechts Außen spielen ❺ THEAT **to be waiting in the ~s** in den Kulissen warten ❻ + *sing/pl vb* POL **the left/right ~** der linke/rechte Flügel
wing 'chair *n* Ohrensessel *m* **wing com·'mand·er** *n* BRIT MIL Oberstleutnant(in) *m(f)* (*der Luftwaffe*); AM Geschwaderkommodore *m*/-kommodorin *f*
winged [wɪŋd] *adj* ❶ ZOOL mit Flügeln *nach n* ❷ (*with projections*) Flügel-
wing·er ['wɪŋəʳ] *n* FBALL (*on the left/right wing*) Links-/Rechtsaußen *m*
'wing nut *n* Flügelmutter *f* **'wing·span** *n* Flügelspannweite *f*
wink [wɪŋk] **I.** *vi* ❶ (*close one eye*) zwinkern; ■ **to ~ at sb** jdm zuzwinkern ❷ (*twinkle*) *light* blinken; *star* funkeln ❸ BRIT AUTO blinken **II.** *vt* **to ~ one's eye** zwinkern **III.** *n* Zwinkern *nt*; **to give sb a ~** jdm zuzwinkern ▶ **in the ~ of an eye** in einem Augenblick; **to not sleep a ~** kein Auge zutun; **to take <u>forty</u> ~s** ein Nickerchen machen
wink·er ['wɪŋkəʳ] *n* BRIT AUTO Blinker *m*
win·ner ['wɪnəʳ] *n* ❶ (*sb that wins*) Gewinner(in) *m(f)*; (*in competition*) Sieger(in) *m(f)* ❷ SPORTS (*fam: goal*) Siegestor *nt*; (*shot*) [Sieges]treffer *m* ❸ (*fam: successful thing*) Knaller *m*; ■ **to be onto a ~** das große Los gezogen haben
win·ning ['wɪnɪŋ] **I.** *adj* ❶ *attr* (*that wins*) Gewinn-; (*in competition*) Sieger-; (*victorious*) siegreich; **to play one's ~ card** (*fig*) sein Ass ausspielen; **on the ~ side** auf der Gewinnerseite; **to be on a ~ streak** eine Glückssträhne haben ❷ (*charming*) gewinnend **II.** *n* ■ **~s** *pl* Gewinn *m*
win·ning·ly ['wɪnɪŋli] *adv* gewinnend, einnehmend
win·now ['wɪnəʊ] *vt* ❶ AGR *grain* reinigen ❷ (*fig: sift*) sichten ❸ (*reduce*) ■ **to ~ [down]** ○ **sth** etw aussortieren
win·some ['wɪnsəm] *adj* (*liter*) *person, looks* reizend; *charm, smile* gewinnend
win·ter ['wɪntəʳ] **I.** *n* Winter *m*; ■ **in [the] ~** im Winter **II.** *vi animals* überwintern; *person* den Winter verbringen
win·ter 'sports *npl* Wintersport *m kein pl*
'win·ter·time *n no pl* Winterzeit *f*
wint(e)ry ['wɪntri] *adj* ❶ (*typical of winter*) winterlich ❷ (*fig: unfriendly*) *greeting, smile* frostig; *look* eisig

win-'win situa·tion *n* (*fam*) für alle Beteiligten vorteilhafte Situation *f*
WIP [ˌdʌbljuːaɪˈpiː] *n abbrev of* **work in progress** laufende Arbeiten *pl*
wipe [waɪp] **I.** *vt* ❶ (*clean*) abwischen; *feet* abtreten; *nose* putzen ❷ (*dry*) *hands, dishes* abtrocknen ❸ (*erase*) *cassette, disk* löschen ▶ **to ~ the floor with sb** (*fam*) jdn fertigmachen **II.** *vi* BRIT, AUS abtrocknen **III.** *n* ❶ (*act of cleaning*) Wischen *nt*; **to give the floor a ~** den [Fuß]boden [auf]wischen ❷ (*tissue*) Reinigungstuch *nt* ◆ **wipe down** *vt* abwischen; (*with water*) abwaschen; (*rub*) abreiben ◆ **wipe off** *vt* ❶ (*clean*) wegwischen; (*from hand, shoes, surface*) abwischen ❷ (*erase*) löschen ❸ (*destroy*) **to be ~d off the face of the earth** von der Erdoberfläche verschwinden ▶ **to ~ the smile off sb's face** dafür sorgen, dass jdm das Lachen vergeht ◆ **wipe out I.** *vt* ❶ (*clean inside of*) auswischen ❷ (*destroy*) auslöschen; **to ~ out world poverty** die Armut in der Welt beseitigen; **to ~ out a disease** eine Krankheit ausrotten ❸ (*sl: murder*) beseitigen **II.** *vi esp* AM, AUS (*fam: have accident*) einen Unfall bauen ◆ **wipe up I.** *vt* aufwischen; (*dry*) abtrocknen **II.** *vi* abtrocknen
wire [ˈwaɪəʳ] **I.** *n* ❶ *no pl* (*metal thread*) Draht *m* ❷ ELEC (*electric cable*) Leitung *f* ❸ AM ELEC (*hidden microphone*) Wanze *f* ▶ **to get one's ~s crossed** aneinander vorbeireden; **to be a live ~** (*fam*) ein Energiebündel sein *m* **II.** *vt* ❶ (*fasten with wire*) ■ **to ~ sth to sth** etw mit Draht an etw *akk* binden ❷ ELEC (*fit with cable*) mit elektrischen Leitungen versehen ❸ *esp* AM **to ~ sb money** jdm telegrafisch Geld überweisen ❹ *esp* AM (*dated: send telegram to*) telegrafieren **III.** *vi* telegrafieren
'wire-cut·ters *npl* [**a pair of**] ~ eine Drahtschere **wire-haired 'ter·ri·er** *n* Drahthaarterrier *m*
wire·less [ˈwaɪələs] **I.** *n* <*pl* -es> BRIT (*dated*) ❶ (*set*) Radioapparat *m*, Radio *nt* ❷ *no pl* (*radio*) ■ **on the ~** im Rundfunk **II.** *adj* (*lacking wire*) drahtlos; (*radio*) Funk-, Radio-
wire·less·ly [ˈwaɪələsli] *adv* COMPUT, INET drahtlos
wire·less 'net·work·ing *n* COMPUT drahtlose Vernetzung **'wire·less op·era·tor** *n* AVIAT Funker(in) *m(f)* **'wire·less set** *n* BRIT Radioapparat *m*, Radio *nt*
'wire·photo *n* ❶ (*process*) Bildtelegrafie *f* ohne *pl* ❷ (*picture*) Bildtelegramm *nt*
wire·pull·er [-ˌpʊləʳ] *n esp* AM (*fam*) Drahtzieher(in) *m(f)* **'wire·pull·ing** *n no pl esp* AM (*fam*) Drahtziehen *nt*; **to do some ~** seine Beziehungen spielen lassen
wire·tap·ping [-ˌtæpɪŋ] *n no pl* Abhören *nt* von Telefonleitungen **'wire trans·fer** *n* AM telegrafische Geldüberweisung
wir·ing [ˈwaɪərɪŋ] *n no pl* ELEC ❶ (*system of wires*) elektrische Leitungen *pl* ❷ (*electrical installation*) Stromverlegen *nt*; **to do the ~** die elektrischen Leitungen verlegen
'wir·ing dia·gram *n* Schaltplan *m*
wiry [ˈwaɪəri] *adj* ❶ (*rough-textured*) drahtig; *hair* borstig ❷ (*fig: lean and strong*) drahtig
wis·dom [ˈwɪzdəm] *n no pl* ❶ (*good judgement*) Weisheit *f*; **in her ~ ...** (*iron*) in ihrer grenzenlosen Weisheit ...; **with the ~ of hindsight** im Nachhinein ❷ (*sensibleness*) Klugheit *f* ❸ (*sayings*) weise Sprüche *pl*; **words of ~** (*also iron*) weise Worte
'wis·dom tooth *n* Weisheitszahn *m*
wise[1] [waɪz] **I.** *adj* ❶ (*having knowledge and sagacity*) weise, klug; **the Three W~ Men** REL die drei Weisen [aus dem Morgenland]; **to be older and ~r** durch Schaden klug geworden sein ❷ (*showing sagacity*) klug; **~ words** weise Worte *a. pej* ❸ (*sensible*) vernünftig; **a ~ choice** eine gute Wahl; **a ~ decision** eine weise Entscheidung ❹ *pred* (*experienced*) **to be worldly ~** weltklug sein ❺ *pred* (*fam: aware*) **to get ~ to sb** jdn durchschauen; **to get ~ to sth** etw spitzkriegen ❻ *esp* AM (*fam: cheeky*) **to act ~** dreist sein ▶ **early to bed and early to rise makes a man healthy, wealthy and ~** (*saying*) ≈ Morgenstund hat Gold im Mund *prov* **II.** *n* ■ **the ~** *pl* die Weisen *pl* ◆ **wise up** *vi esp* AM (*fam*) ■ **to ~ up** aufwachen *fig*; ■ **to ~ up to sb** jdn durchschauen; ■ **to ~ up to sth** etw spitzkriegen
wise[2] [waɪz] *n no pl* (*dated*) Weise *f*; **in no ~** keinesfalls
wise·crack [ˈwaɪzkræk] **I.** *n* Witzelei[en] *f*[*pl*] **II.** *vi* witzeln **'wise guy** *n* (*pej fam*) Klugschwätzer *m*
wise·ly [ˈwaɪzli] *adv* ❶ (*showing wisdom*) weise *geh*; **to speak ~** weise Worte sprechen *geh* ❷ (*sensibly*) klug, vernünftig; **to invest one's money ~** sein Geld schlau investieren; **to act ~** sich klug verhalten
wish [wɪʃ] **I.** *n* <*pl* -es> ❶ (*desire*) Wunsch *m*, Verlangen *nt*; **to have a ~** sich *dat* etwas wünschen ❷ (*thing desired*) Wunsch *m*; **to grant sb a ~** jdm einen Wunsch erfüllen; **to make a ~** sich *dat* et-

was wünschen ❸ (*regards*) ■ **-es** *pl* Grüße *pl;* **with best ~es** mit den besten Wünschen; (*at end of letter*) mit herzlichen Grüßen **II.** *vt* ❶ (*be desirous*) wünschen; (*expressing annoyance*) wollen, dass …; **whatever you ~** was immer du möchtest ❷ (*form: want*) **I ~ to make a complaint** ich möchte mich beschweren ❸ (*make a magic wish*) ■ **to ~ [that]** … sich *dat* wünschen, dass …; **I ~ you were here** ich wünschte, du wärst hier ❹ (*express wishes*) ■ **to ~ sb sth** jdm etw wünschen; **to ~ sb happy birthday** jdm zum Geburtstag gratulieren **III.** *vi* ❶ (*want*) wollen, wünschen; **[just] as you ~** [ganz] wie Sie wünschen ❷ (*make a wish*) wünschen
'**wish·bone** ['wɪʃbəʊn] *n* Gabelbein *nt*
wish·ful 'think·ing *n no pl* Wunschdenken *nt*
'**wish list** *n* Wunschliste *f*
wishy-washy ['wɪʃi,wɒʃi] *adj* (*pej*) ❶ *person* lasch; *argument* schwach ❷ (*weak and watery*) *colours* verwaschen; *drink* wässrig; *food* fad[e]
wisp [wɪsp] *n* (*small bundle*) Büschel *nt;* **~s of cloud** (*fig*) Wolkenfetzen *pl;* **~ of hair** Haarsträhne *f;* **~s of smoke** (*fig*) [kleine] Rauchfahnen
wispy ['wɪspi] *adj* dünn; *person* schmächtig; *hair* strähnig; **~ clouds** Wolkenfetzen *pl*
wis·te·ria [wɪˈstɪəriə] *n no pl* BOT Glyzin[i]e *f*
wist·ful ['wɪs(t)fəl] *adj note, smile* wehmütig; *glance, look* sehnsüchtig; **to feel ~** Wehmut empfinden *geh*
wist·ful·ness ['wɪs(t)fəlnəs] *n no pl* ❶ (*melancholy*) Wehmut *f geh* ❷ (*longing*) Sehnsucht *f;* **to feel a ~ for sth** sich nach etw *dat* sehnen
wit [wɪt] *n* ❶ *no pl* (*humour*) Witz *m;* **biting/dry ~** beißender/trockener Humor ❷ *no pl* (*intelligence*) Verstand *m* ❸ (*practical intelligence*) ■ **~s** *pl* geistige Fähigkeiten; **to be at one's ~s' end** mit seiner Weisheit am Ende sein; **to frighten sb out of his/her ~s** jdn zu Tode erschrecken; **to have/keep one's ~s about one** seine fünf Sinne beisammenhaben/zusammenhalten ❹ (*funny person*) geistreiche Person
witch [*pl* -es] [wɪtʃ] *n* ❶ (*woman with magic powers*) Hexe *f* ❷ (*pej fam: ugly or unpleasant woman*) [alte] Hexe
'**witch·craft** *n no pl* Hexerei *f* '**witch doc·tor** *n* Medizinmann *m*
witch·ery ['wɪtʃəri] *n no pl* Hexerei *f*
'**witch-hunt** *n* Hexenjagd *f*

'**witch·ing hour** *n* ■ **the ~** die Geisterstunde
with [wɪθ] *prep* mit +*dat* ❶ (*having, containing*) **~ a little luck** mit ein wenig Glück ❷ (*accompanied by*) **~ friends** mit Freunden ❸ (*together with*) **to talk ~ sb** mit jdm reden ❹ (*concerning*) **to have something/nothing to do ~ sb/sth** etwas/nichts mit jdm/etw zu tun haben ❺ (*expressing manner*) **~ a look of surprise** mit einem erstaunten Gesichtsausdruck ❻ (*in addition to*) **~ that …** [und] damit … ❼ (*in proportion to*) **the value could decrease ~ time** der Wert könnte mit der Zeit sinken ❽ (*in direction of*) **~ the current/tide/wind** mit der Strömung/der Flut/dem Wind ❾ (*using*) **she paints ~ watercolours** sie malt mit Wasserfarben ❿ (*in circumstances of, while*) **~ things the way they are** so wie die Dinge sind ⓫ (*in a state of*) vor +*dat;* **she was shaking ~ rage** sie zitterte vor Wut ⓬ (*despite*) bei +*dat;* **~ all her faults** bei all ihren Fehlern ⓭ (*in company of*) bei +*dat;* **to stay ~ relatives** bei Verwandten übernachten ⓮ (*in support of*) **I agree ~ you 100%** ich stimme dir 100 % zu ⓯ (*to match*) **to go ~ sth** zu etw *dat* passen ⓰ (*on one's person*) bei +*dat,* an +*dat;* **do you have a pen ~ you?** hast du einen Stift bei dir? ⓱ (*fam: denoting comprehension*) **are you ~ me?** verstehst du?
with·draw <-drew, -drawn> [wɪðˈdrɔː] **I.** *vt* ❶ (*remove*) herausziehen; **to ~ one's hand** seine Hand zurückziehen ❷ (*from bank account*) abheben ❸ (*take back*) *coins, notes, stamps* aus dem Verkehr ziehen; BRIT *goods* zurückrufen; *a team, troops* abziehen ❹ (*cancel*) *an accusation* zurücknehmen; LAW *a charge* fallen lassen; *funding* einstellen; **to ~ one's statement** LAW seine Aussage zurückziehen; **to ~ one's support for sth** etw nicht mehr unterstützen **II.** *vi* ❶ (*leave, retreat*) MIL *also* sich zurückziehen ❷ (*stop taking part in*) **to ~ from college** vom College abgehen; **to ~ from public life** sich aus dem öffentlichen Leben zurückziehen ❸ (*fig: become incommunicative*) sich zurückziehen
with·draw·al [wɪðˈdrɔːəl] *n* ❶ FIN [Geld]abhebung *f* ❷ MIL Rückzug *m* ❸ *no pl* (*taking back*) Zurücknehmen *nt;* (*cancel*) Zurückziehen *nt; of consent, support, funds* Entzug *m;* BRIT ECON *of goods for sale* Rückruf *m; of allegation* Widerruf *m; of action* Zurücknehmen *nt; of charge* Fallenlassen *nt;* (*from a contract*) Rücktritt *m* ❹ *no pl*

SPORTS Abzug *m* (**from** von) ❺ *no pl* (*fig: distancing from others*) Rückzug *m* in sich akk selbst ❻ *no pl from drugs* Entzug *m*
with·'draw·al symp·toms *npl* Entzugserscheinungen *pl*
with·er ['wɪðə^r] **I.** *vi* ❶ (*of plants*) verdorren ❷ *person* verfallen; **to ~ with age** mit dem Alter an Vitalität verlieren ❸ (*fig*) *interest* nachlassen **II.** *vt* **age cannot ~ her** das Alter kann ihr nichts anhaben
with·er·ing ['wɪðrɪŋ] **I.** *adj* ❶ (*destructive*) **~ fire** verzehrendes Feuer *geh* ❷ (*contemptuous*) vernichtend; **to give sb a ~ look** jdn vernichtend anblicken **II.** *n no pl* ❶ (*becoming shrivelled*) Verdorren *nt* ❷ (*becoming less*) Abnahme *f*
with·hold <-held, -held> [wɪθ'həʊld] *vt* ❶ (*not give*) zurückhalten; ■ **to ~ sth from sb** jdm etw vorenthalten; **to ~ information** Informationen verschweigen ❷ (*not pay*) etw nicht zahlen; **to ~ benefit payments** Leistungen nicht auszahlen
with·in [wɪˈðɪn] **I.** *prep* +*gen* ❶ (*form: inside of, confined by*) **~ the EU** innerhalb der EU ❷ (*in limit of*) **~ earshot/reach/sight** in Hör-/Reich-/Sichtweite ❸ (*in less than*) **~ hours/minutes/six months** innerhalb von Stunden/Minuten/sechs Monaten ❹ (*in accordance to*) **~ the law/the rules** innerhalb des Gesetzes/der Regeln ❺ (*in group of*) **~ society** innerhalb der Gesellschaft **II.** *adv* innen; **"cleaning personnel wanted, enquire ~"** „Raumpflegepersonal gesucht, Näheres im Geschäft"; ■ **from ~** von innen [heraus]
with·out [wɪˈðaʊt] **I.** *prep* ❶ (*not having, not wearing*) ohne; **she looks much better ~ make-up** sie sieht ohne Make-up viel besser aus ❷ (*no occurrence of*) ohne; **~ delay/warning** ohne Verzögerung/ [Vor]warnung ❸ (*no feeling of*) ohne; **~ conviction** ohne Überzeugung ❹ (*not with*) ohne; **~ sugar** ohne Zucker **II.** *adv* (*liter: on the outside*) außen; ■ **from ~** von außen
with·stand <-stood, -stood> [wɪðˈstænd, wɪθ-] *vt* ■ **to ~ sb/sth** jdm/etw standhalten; **to ~ temptation** der Versuchung widerstehen; **to ~ rough treatment** eine unsanfte Behandlung aushalten
wit·ness ['wɪtnəs] **I.** *n* <*pl* -es> ❶ (*observer*) Zeuge *m*/Zeugin *f* (**to** +*gen*); **~ [to a marriage]** Trauzeuge *m*/-zeugin *f* ❷ LAW (*sb giving testimony*) Zeuge *m*/Zeugin *f*; **character ~** Leumundszeuge *m*/-zeugin *f*; **expert ~** Gutachter(in) *m(f)*; **key ~ for the defence** Hauptentlastungszeuge *m*/ -zeugin *f* ❸ *no pl* (*form: proof*) Zeugnis *nt geh*; **to bear ~ to sth** von etw *dat* zeugen *geh* ❹ REL (*of belief*) Bekenntnis *nt* **II.** *vt* ❶ (*see*) beobachten; ■ **to ~ sb doing sth** sehen, wie jd etw tut ❷ (*experience*) miterleben ❸ (*attest*) bestätigen; **to ~ a will** ein Testament als Zeuge/Zeugin unterschreiben ❹ *usu passive* ■ **as ~ed by sth** (*demonstrated*) wie etw zeigt
'wit·ness box *n esp* BRIT, *esp* AM **'wit·ness stand** *n* Zeugenstand *m kein pl*
wit·ty ['wɪti] *adj* (*clever*) geistreich; (*funny*) witzig
wiz·ard ['wɪzəd] **I.** *n* ❶ (*magician*) Zauberer *m* ❷ (*expert*) Genie *nt oft hum;* **computer/financial ~** Computer-/Finanzgenie *nt* **II.** *adj* BRIT (*dated fam*) prima
wiz·ard·ry ['wɪzədri] *n no pl* ❶ (*expertise*) Zauberei *f* ❷ (*also hum: equipment*) **hightech/technical ~** hochtechnologische/ technische Wunderdinge *pl hum*
wiz·ened ['wɪzənd] *adj person* verhutzelt; *face, skin* runz[e]lig; *apple* schrump[e]lig
WMD [ˌdʌbljuːemˈdiː] *n abbrev of* **weapons of mass destruction** Massenvernichtungswaffen *pl*
w/o *prep abbrev of* **without** o.
wob·ble ['wɒbl] **I.** *vi* ❶ (*move*) wackeln; *wheel* eiern *fam; double chin, jelly, fat* schwabbeln *fam; knees* zittern, schlottern ❷ (*tremble*) *voice* zittern ❸ ECON (*fig: fluctuate*) *prices, shares* schwanken *fig* **II.** *vt* rütteln **III.** *n* ❶ *usu sing* (*movement*) Wackeln *nt kein pl* ❷ *usu sing* (*sound*) Vibrieren *nt kein pl; of a voice* Zittern *nt kein pl* ❸ ECON (*fig*) Schwankung *f*
wob·bly ['wɒbli] **I.** *adj* ❶ (*unsteady*) wack[e]lig; **I've got a ~ tooth** bei mir wackelt ein Zahn; **to draw a ~ line** einen zittrigen Strich ziehen ❷ (*wavering*) *voice* zittrig **II.** *n* BRIT (*fam*) **to throw a ~** einen Wutanfall kriegen
woe [wəʊ] *n* ❶ *no pl* (*liter: unhappiness*) Kummer *m;* **~ betide you if ...** wehe dir, wenn ... ❷ (*form*) ■ **~s** *pl* (*misfortunes*) Nöte *pl*
woe·be·gone ['wəʊbɪgɒn] *adj* (*liter*) *expression* kummervoll; **to look ~** bekümmert aussehen
woe·ful ['wəʊfəl] *adj* ❶ (*deplorable*) beklagenswert; *ignorance, incompetence* erschreckend; *standard* erbärmlich ❷ (*liter: sad*) traurig; **~ tidings** schlechte Nachrichten
wog [wɒg] *n* (*pej! sl*) ❶ BRIT, AUS (*dark-skinned person*) ≈ Kanake *m*/Kanakin *f*

❷ Aus (*non-English-speaking immigrant*) Ausländer(in) *m(f)*
wok [wɒk] *n* Wok *m*
woke [wəʊk] *vt, vi pt of* **wake**
wok·en [ˈwəʊkən] *vt, vi pp of* **wake**
wolf [wʊlf] **I.** *n* <*pl* wolves> Wolf *m* ▶ **to cry ~** blinden Alarm schlagen **II.** *vt* (*fam: gobble up*) ■ **to ~** [**down**] **sth** etw verschlingen
'**wolf cub** *n* (*young wolf*) Wolfsjunge(s) *nt*
'**wolf·hound** *n* Wolfshund *m* '**wolf whis·tle** *n* bewundernder Pfiff; **to give sb a ~** jdm nachpfeifen
wom·an *n* <*pl* women> [ˈwʊmən, *pl* ˈwɪmɪn] ❶ (*female human*) Frau *f* ❷ (*fam: used as term of address*) Weib *pej* ❸ (*fam: man's female partner*) Frau *f*; **the other ~** die Geliebte ▶ **hell knows no fury like a ~ scorned** (*saying*) die Hölle [selbst] kennt nicht solche Wut wie eine zurückgewiesene Frau
wom·anhood [ˈwʊmənhʊd] *n no pl* (*female adulthood*) Frausein *nt;* **to reach ~** eine Frau werden
wom·an·ish [ˈwʊmənɪʃ] *adj* (*pej*) weibisch
wom·an·ize [ˈwʊmənaɪz] *vi* Frauengeschichten haben *fam*
wom·an·iz·er [ˈwʊmənaɪzəʳ] *n* Weiberheld *m pej*
wom·an·kind [ˌwʊmənˈkaɪnd] *n no pl* (*dated form*) das weibliche Geschlecht, die Frauen *pl*
wom·an·ly [ˈwʊmənli] *adj* ❶ (*of character*) weiblich; **~ virtues** weibliche Tugenden ❷ (*of body*) fraulich
womb [wuːm] *n* Mutterleib *m;* MED Gebärmutter *f*
wom·en·folk [ˈwɪmɪnfəʊk] *npl* Frauen *pl*
'**wom·en's cen·tre** *n* Frauenzentrum *nt*
wom·en's lib [-ˈlɪb] *n* (*dated fam*) *short for* **women's liberation** Frauen|rechts|bewegung *f* **wom·en's ˈref·uge** *n* BRIT, AUS, AM **wom·en's ˈshel·ter** *n* Frauenhaus *nt*
won [wʌn] *vt, vi pt, pp of* **win**
won·der [ˈwʌndəʳ] **I.** *vt* ❶ (*ask oneself*) sich fragen; **it makes you ~ why they ...** man fragt sich [schon], warum sie ... ❷ (*feel surprise*) ■ **to ~ that ...** überrascht sein, dass ... **II.** *vi* ❶ (*ask oneself*) sich fragen; **why do you ask? — I was just ~ing** warum fragst du? – ach, nur so; ■ **to ~ about sb/sth** sich Gedanken über jdn/etw machen; ■ **to ~ about doing sth** darüber nachdenken, ob man etw tun sollte ❷ (*feel surprise*) ■ **to ~ at sb/sth** sich über jdn/

etw wundern; (*astonished*) über jdn/etw erstaunt sein **III.** *n* ❶ *no pl* (*feeling*) Staunen *nt*, Verwunderung *f* ❷ (*marvel*) Wunder *nt;* **no ~ ...** kein Wunder, dass ...; **~s [will] never cease!** (*iron*) es geschehen noch Zeichen und Wunder! *hum;* **the Seven W~s of the world** die sieben Weltwunder; **to work ~s** [wahre] Wunder wirken
'**won·der boy** *n* (*iron, hum fam*) Wunderknabe *m* '**won·der drug** *n* Wundermittel *nt*
won·der·ful [ˈwʌndəfəl] *adj* wunderbar, wundervoll
won·der·ful·ly [ˈwʌndəfəli] *adv* wunderbar; **to cope ~ with sth** mit etw *dat* ausgezeichnet zurechtkommen
'**won·der·land** *n* Wunderland *nt;* **winter ~** winterliche Märchenlandschaft
won·der·ment [ˈwʌndəmənt] *n no pl* Verwunderung *f*, Erstaunen *nt*
won·ky [ˈwɒŋki] *adj* BRIT, AUS (*fam*) ❶ (*unsteady*) wack[e]lig *a. fig* ❷ (*askew*) schief
wont [wəʊnt] (*form*) **I.** *adj pred* gewohnt **II.** *n no pl* (*hum*) Gewohnheit *f;* **as is her/his ~** wie er/sie zu tun pflegt
won't [wəʊnt] = **will not** *see* **will**[1]
woo [wuː] *vt* ❶ (*attract*) **to ~ customers/voters** Kunden/Wähler umwerben; ■ **to ~ sb with sth** jdn mit etw *dat* locken ❷ (*dated: court*) ■ **to ~ sb** jdn umwerben
wood [wʊd] *n* ❶ *no pl* (*material from trees*) Holz *nt;* **block of ~** Holzklotz *m;* **plank of ~** [Holz]brett *nt* ❷ (*type of timber*) Holz *nt* ❸ (*forest*) ■ **~s** *pl* Wald *m* ❹ *no pl* (*container*) [Holz]fass *nt* ▶ **in our neck of the ~s** in unseren Breiten; **sb can't see the ~[s] for the trees** jd sieht den Wald vor [lauter] Bäumen nicht *prov fam;* **touch ~!** unberufen!; **to not be out of the ~** (*not out of critical situation*) noch nicht über den Berg sein *fam;* (*not out of difficulty*) noch nicht aus dem Schneider sein *fam*
wood ˈal·co·hol *n no pl* CHEM Methanol *nt*
wood·bine [ˈwʊdbaɪn] *n* BOT ❶ (*wild honeysuckle*) Geißblatt *nt* ❷ AM (*Virginia creeper*) Wilder Wein
'**wood·carv·er** *n* Holzschnitzer(in) *m(f)*
'**wood·craft** *n no pl esp* AM ❶ (*outdoor skills*) Fähigkeiten/Kenntnisse zum Überleben in freier Natur ❷ (*artistic skill*) Geschick *nt* für das Arbeiten mit Holz
'**wood·cut** *n* ART Holzschnitt *m* '**wood·cut·ter** *n* (*dated*) Holzfäller *m*
wood·ed [ˈwʊdɪd] *adj* bewaldet; **~ area** Waldgebiet *nt*

wood·en ['wʊdən] *adj* ❶ (*made of wood*) Holz-, hölzern, aus Holz *nach n* ❷ (*fig, pej: stiff*) *movements* hölzern; *smile* ausdruckslos

'**wood·land I.** *n* ■ ~ [*or* ~s] Wald *m* **II.** *adj animals, flora* Wald- **wood 'pan·el·ling** *n no pl* Holzverkleidung *f* '**wood·peck·er** *n* Specht *m* '**wood·pile** *n* Holzstoß *m* '**wood pre·ser·va·tive** *n* Holzschutzmittel *nt* '**wood pulp** *n no pl* Zellstoff *m*, Holzschliff *m fachspr* '**wood·shed I.** *n* Holzschuppen *m* **II.** *vi* <-dd-> AM (*fam*) intensiv üben '**wood·wind** MUS **I.** *n* ❶ (*instrument*) Holzblasinstrument *nt* ❷ + *sing/pl vb* ■ **the ~** (*orchestra section*) die Holzbläser *pl* **II.** *adj instrument* Holzblas-; **~ music** Musik *f* von Holzbläsern '**wood·work** *n no pl* ❶ (*parts of building*) Holzwerk *nt* ❷ BRIT (*carpentry*) Tischlern *nt*; (*business*) Tischlerei *f*; SCH ≈ Werkunterricht *m* (*mit Holz als Werkstoff*) ❸ BRIT SPORTS (*fam*) ■ **the ~** (*goal post*) der Pfosten; (*cross bar*) die Latte ▶ **to come out of the ~** ans Licht kommen '**wood·worm** <*pl* -> *n* ❶ (*larva*) Holzwurm *m* ❷ *no pl* (*damage*) Wurmfraß *m*

woody ['wʊdi] *adj* ❶ HORT holzig, Holz- ❷ FOOD holzig ❸ (*wooded*) bewaldet

woof[1] [wʊf] **I.** *n* Bellen *nt* **II.** *vi dog* bellen; "**~, ~**" „wau, wau"

woof[2] [wu:f] *n* BRIT (*in weaving*) Schuss *m fachspr*

woof·er ['wʊfə*r*] *n* Tieftonlautsprecher *m*

wool [wʊl] **I.** *n no pl* ❶ (*sheep's fleece*) Wolle *f* ❷ (*fibre from fleece*) Wolle *f*; **ball of ~** Wollknäuel *nt* ▶ **to pull the ~ over sb's eyes** jdm Sand in die Augen streuen *fam* **II.** *adj* (*made of wool*) *blanket, coat, lining* Woll-

wool·en *adj* AM *see* **woollen**

wool-gath·er·ing ['wʊlˌɡæðərɪŋ] **I.** *n no pl* Träumen *nt* **II.** *vi* ■ **to be ~** [vor sich *akk*] hin]träumen

wool·len ['wʊlən] *adj* wollen, aus Wolle *nach n*; **~ dress** Wollkleid *nt*

wool·ly ['wʊli] **I.** *adj* ❶ (*made of wool*) Woll-, wollen; **~ hat** Wollmütze *f* ❷ (*vague*) verschwommen; *mind, ideas* verworren; *thoughts* kraus **II.** *n* BRIT (*dated fam: jumper*) Wollpulli *m*

'**wool trade** *n* Wollhandel *m*

wooly *adj* AM *see* **woolly I**

woozy ['wu:zi] *adj* (*fam: dizzy*) benommen; (*drunk*) beschwipst *fam*

wop [wɒp] *n* (*pej: sl*) Spaghettifresser(in) *m(f)*

word [wɜ:d] **I.** *n* ❶ (*unit of language*) Wort *nt*; **hush, not a ~!** pst, keinen Mucks!; **or ~s to that effect** oder so ähnlich; **in other ~s** mit anderen Worten; **the spoken/written ~** das gesprochene/geschriebene Wort; **to be too stupid for ~s** unsagbar dumm sein; **in a ~** um es kurz zu sagen ❷ *no pl* (*short conversation*) [kurzes] Gespräch; (*formal*) Unterredung *f*; **to have a ~ with sb [about sth]** mit jdm [über etw *akk*] sprechen; **to exchange a few ~s with sb** ein paar Worte mit jdm wechseln; **to have a quiet ~ with sb** jdn zur Seite nehmen ❸ *no pl* (*news*) Nachricht *f*; (*message*) Mitteilung *f*; **~ has it that ...** es geht das Gerücht, dass ...; **to get ~ of sth [from sb]** etw [von jdm] erfahren ❹ *no pl* (*order*) Kommando *nt*; **to give the ~** den Befehl geben ❺ (*remark*) Bemerkung *f*; **~ of warning** Warnung *f* ❻ *no pl* (*promise*) Wort *nt*, Versprechen *nt*; **to go back on/keep one's ~** sein Wort brechen/halten ❼ *no pl* (*statement of facts*) **it's her ~ against mine** es steht Aussage gegen Aussage; **to take sb's ~ for it [that ...]** jdm glauben, dass ... ❽ (*lyrics*) ■ **~s** *pl* Text *m* ▶ **by ~ of mouth** mündlich; **sb cannot get a ~ in edgeways** [*or* AM **edgewise**] (*fam*) jd kommt überhaupt nicht zu Wort; **from the ~ go** vom ersten Moment an; **to have ~s with sb** eine Auseinandersetzung mit jdm haben; **my ~!** du meine Güte! **II.** *vt* ■ **to ~ sth** etw formulieren

'**word break** *n* [Silben]trennung *f* '**word di·vi·sion** *n no pl* [Silben]trennung *f*

word·ing ['wɜ:dɪŋ] *n no pl* ❶ (*words used*) Formulierung *f* ❷ (*manner of expression*) Formulieren *nt*

word·less ['wɜ:dləs] *adj* wortlos, ohne Worte

'**word or·der** *n no pl* Wortstellung *f* **word-'per·fect** *adj pred* textsicher '**word·play** *n no pl* Wortspiel *nt* **word 'pro·cess·ing** *n no pl* Textverarbeitung *f* **word 'pro·ces·sor** *n* ❶ COMPUT (*computer*) Textverarbeitungssystem *nt* ❷ (*program*) Textverarbeitungsprogramm *nt* '**word wrap** *n no pl* COMPUT [automatischer] Zeilenumbruch

wordy ['wɜ:di] *adj* (*pej*) langatmig, weitschweifig

wore [wɔ:*r*] *vt, vi pt of* **wear**

work [wɜ:k] **I.** *n* ❶ *no pl* (*useful activity*) Arbeit *f*; **good ~!** (*fig*) gute Arbeit!; **it's hard ~ doing sth** (*strenuous*) es ist anstrengend, etw zu tun; (*difficult*) es ist schwierig, etw zu tun; **to be at ~ doing**

sth [gerade] damit beschäftigt sein, etw zu tun ❷ *no pl* (*employment*) Arbeit *f;* **to look for ~** auf Arbeitssuche sein; **to be in ~** eine Stelle haben; **to be out of ~** arbeitslos sein ❸ *no pl* (*place of employment*) Arbeit *f,* Arbeitsplatz *m;* **to be at ~** bei der Arbeit sein; **to be off ~** frei haben; (*due to illness*) sich krankgemeldet haben; **to commute to ~** pendeln ❹ (*construction, repairs*) ■**~s** *pl* Arbeiten *pl;* **building/road ~s** Bau-/Straßenarbeiten *pl* ❺ *no pl* (*result, product*) Arbeit *f;* (*act*) Werk *nt;* **this is the ~ of professional thieves** das ist das Werk professioneller Diebe ❻ ART, LIT, MUS Werk *nt;* **~s of art** Kunstwerke *pl* ❼ (*factory*) ■**~s** + *sing/pl vb* Werk *nt,* Fabrik *f* ❽ (*fam: everything*) ■**the ~s** *pl* das ganze Drum und Dran kein *pl* II. *adj* ■**~s** *canteen, inspection* Werks-; **~s premises** Werksgelände *nt* III. *vi* ❶ (*do a job*) arbeiten; **to ~ like a slave** [*or* AM, AUS **dog**] wie ein Sklave [*o* Tier] schuften *fam;* **to ~ hard** hart arbeiten; **to ~ together** zusammenarbeiten ❷ (*be busy, active*) arbeiten; ■**to ~ at** [*or* **on**] **sth** an etw *dat* arbeiten; ■**to ~ for** [*or* **towards**] **sth** auf etw *akk* hinwirken ❸ (*have an effect*) sich auswirken; ■**to ~ in sb's favour** sich zu jds Gunsten auswirken ❹ (*function*) funktionieren; *generator, motor* laufen; **my cell phone doesn't ~** mein Handy geht nicht ❺ (*be successful*) funktionieren, klappen *fam; plan, tactics* aufgehen ❻ *medicine, pill* wirken IV. *vt* ❶ (*make work*) **to ~ oneself to death** (*fam*) sich zu Tode arbeiten ❷ (*operate*) *machine* bedienen; *piece of equipment* betätigen ❸ (*move*) **to ~ one's way down a list** eine Liste durchgehen; **to ~ one's way up** sich hocharbeiten; **to ~ sth free/ loose** etw losbekommen/lockern ❹ (*bring about*) bewirken; **to ~ miracles** [wahre] Wunder vollbringen ❺ (*mix, rub*) ■**to ~ sth into sth** etw in etw *akk* einarbeiten; *food* etw mit etw *dat* vermengen ❻ (*cultivate*) **to ~ the land** das Land bewirtschaften ❼ (*pay for by working*) **to ~ one's way through university** sich *dat* sein Studium finanzieren ▶**to ~ one's fingers to the bone** [**for sb**] (*fam*) sich *dat* [für jdn] den Rücken krumm arbeiten; **to ~ a treat** BRIT (*fam*) prima funktionieren ◆**work around** *vi* (*fam*) ❶ (*approach cautiously*) ■**to ~ around to sth** sich an etw *akk* herantasten ❷ (*bring oneself*) ■**to ~ around to doing sth** sich dazu aufraffen, etw zu tun ◆**work away** *vi* vor sich *akk* hinarbeiten ◆**work for** *vt* ❶ (*be employed by*) ■**to ~ for sb/sth** für jdn/etw arbeiten ❷ (*appeal to*) ■**to** [**not**] **~ for sb** jdm [nicht] zusagen ◆**work in** *vt* (*mix in, rub in*) einarbeiten; *food* hineingeben; (*on one's skin*) einreiben; AGR *fertilizer, manure* einarbeiten ◆**work off** *vt* ❶ (*counter effects of*) abarbeiten; **to ~ off surplus energy** überschüssige Energie loswerden; **to ~ off stress** Stress abbauen ❷ (*pay by working*) *a debt, a loan* abtragen ◆**work out** I. *vt* ❶ (*calculate*) errechnen, ausrechnen ❷ (*develop*) ausarbeiten; **to ~ out a solution** eine Lösung erarbeiten ❸ (*understand*) verstehen ❹ (*figure out*) ■**to ~ out** ○ **sth** hinter etw *akk* kommen ❺ (*solve itself*) **things usually ~ themselves out** die Dinge erledigen sich meist von selbst II. *vi* ❶ (*amount to*) **that ~s out at 154 litres per day** das macht 154 Liter am Tag; **to ~ out cheaper/more expensive** billiger/teurer kommen ❷ (*develop*) sich entwickeln; (*progress*) laufen *fam;* **to ~ out for the best** sich zum Guten wenden; **to ~ out badly** schiefgehen *fam;* **to ~ out well** gut laufen *fam* ❸ (*do exercise*) trainieren ◆**work over** *vt* (*fam*) ■**to ~ over** ○ **sb** jdn zusammenschlagen ◆**work round** *vi* (*fam*) ❶ (*approach cautiously*) **what are you ~ing round to?** (*fam*) worauf willst du hinaus? ❷ (*bring oneself*) ■**to ~ round to doing sth** sich dazu aufraffen, etw zu tun ◆**work through** I. *vt* durcharbeiten; *traumas, difficulties, problems* aufarbeiten II. *vi* ❶ (*not stop*) durcharbeiten ❷ (*deal with*) ■**to ~ through sth** sich durch etw *akk* durcharbeiten ◆**work to** *vt* **to ~ to a deadline** auf einen Termin hinarbeiten; **to ~ to rule** Dienst nach Vorschrift tun ◆**work up** I. *vt* ❶ (*generate*) **to ~ up an appetite** Appetit bekommen; **to ~ up courage** sich *dat* Mut machen ❷ (*upset, make angry*) ■**to ~ oneself/sb up** sich/jdn aufregen; **to ~ sb up into a rage** jdn in Rage bringen ❸ (*develop*) **to ~ up a sweat** ins Schwitzen kommen ❹ (*prepare*) ■**to ~ oneself up to sth** sich auf etw *akk* vorbereiten II. *vi* ❶ (*progress to*) ■**to ~ up to sth** sich zu etw *dat* hocharbeiten ❷ (*get ready for*) ■**to ~ up to sth** auf etw *akk* zusteuern *fig*

work·able ['wɜːkəbl] *adj* ❶ (*feasible*) durchführbar; **~ compromise** vernünftiger Kompromiss ❷ (*able to be manipulated*) bearbeitbar; **~ land** AGR bebaubares Land

worka·day ['wɜːkədeɪ] *adj* ❶ (*of job*) Arbeits- ❷ (*not special*) alltäglich

worka·hol·ic [ˌwɜːkəˈhɒlɪk] *n* (*fam*) Arbeitssüchtige(r) *f(m)*, Arbeitstier *nt fig, oft pej*

'**work·bag** *n* Handarbeitsbeutel *m* '**work·bench** *n* Werkbank *f* '**work·book** *n* Arbeitsbuch *nt* '**work camp** *n esp* AM *La-ger in dem Freiwillige gemeinnützige Arbeiten verrichten* '**work·day** *n* AM, AUS ❶ (*time at work*) Arbeitstag *m* ❷ (*not holiday*) Werktag *m*

work·er ['wɜːkəʳ] *n* ❶ (*not executive*) Arbeiter(in) *m(f)*; **blue-collar ~** [Fabrik|arbeiter(in) *m(f)*; **white-collar ~** [Büro|angestellte(r) *f(m)*; ■**the ~s** *pl* POL die Arbeiter *pl* ❷ (*sb who works hard*) Arbeitstier *nt fam* ❸ (*insect*) Arbeiterin *f*

'**work eth·ic** *n* Arbeitsethos *nt* '**work·force** *n* + *sing/pl vb* Belegschaft *f*, Betriebspersonal *nt* '**work·horse** *n* Arbeitstier *nt fig, oft pej*

work·ing ['wɜːkɪŋ] I. *adj attr* ❶ (*employed*) berufstätig ❷ (*pertaining to work*) Arbeits-; **~ conditions** Arbeitsbedingungen *pl*; **~ hour/hours** Arbeitsstunde *f/* -zeit *f* ❸ (*functioning*) funktionierend; **~ order** Betriebsfähigkeit *f*; **in ~ order** betriebsfähig ❹ (*basic*) Arbeits-; **to have a ~ knowledge of sth** in etw *dat* Grundkenntnisse haben II. *n* ❶ *no pl* (*activity*) Arbeiten *nt*, Arbeit *f* ❷ *no pl* MIN (*extracting minerals*) Abbau *m* ▶**the ~s of fate** die Wege des Schicksals

'**work·ing class** *n* + *sing/pl vb* ■**the ~** die Arbeiterklasse *kein pl* '**work·ing-class** *adj* der Arbeiterklasse *nach n*; **a ~ family** eine Arbeiterfamilie '**work·ing 'day** *n esp* BRIT ❶ (*time at work*) Arbeitstag *m* ❷ (*not holiday*) Werktag *m* '**work·ing-'out** *n no pl* MATH Rechenweg *m* '**work·ing-'over** *n* (*fam*) Abreibung *f*

'**work·load** *n* Arbeitspensum *nt kein pl*; TECH Leistungsumfang *m*

'**work·man** *n* ❶ (*craftsman*) Handwerker *m* ❷ (*worker*) Arbeiter *m* '**work·man·like** *adj* ❶ (*approv: skilful*) fachmännisch ❷ (*pej: sufficient*) annehmbar

work·man·ship ['wɜːkmənʃɪp] *n no pl* Verarbeitung|squalität| *f*; **fine/shoddy/solid ~** feine/schludrige/solide Verarbeitung

work of 'art *n* Kunstwerk *nt* '**work·out** *n* SPORTS Fitnesstraining *nt* '**work per·mit** *n* Arbeitserlaubnis *f*, Arbeitsgenehmigung *f* '**work·place** *n* Arbeitsplatz *m*

works com·'mit·tee *n*, **works 'coun·cil** *n* Betriebsrat *m*

'**work-shar·ing** *n* Arbeitsteilung *f* '**work·shop** *n* ❶ (*room*) Werkstatt *f* ❷ (*meeting*) Workshop *m*; **weekend ~** Wochenendseminar *nt* '**work-shy** *adj* BRIT (*pej*) arbeitsscheu

works 'man·ag·er *n* Betriebsleiter(in) *m(f)* **works 'out·ing** *n* Betriebsausflug *m* '**work·sta·tion** *n* ❶ COMPUT Workstation *f fachspr* ❷ (*work area*) Arbeitsplatz *m* '**work·table** *n* Arbeitstisch *m*; MECH Werktisch *m*; (*for sewing*) Nähtisch *m* '**work·top** *n* BRIT Arbeitsfläche *f* '**work-to-'rule** *n no pl esp* BRIT Dienst *m* nach Vorschrift '**work·week** *n* AM Arbeitswoche *f*

world [wɜːld] *n* ❶ *no pl* (*earth*) ■**the ~** die Welt [*o* Erde] ❷ (*planet*) Welt *f*; **beings from other ~s** Außerirdische *pl* ❸ (*society*) **the ancient/modern ~** die antike/moderne Welt; **the industrialized ~** die Industriegesellschaft; **the ~ to come** die Nachwelt ❹ *usu sing* (*domain*) **the Catholic/Christian/Muslim ~** die katholische/christliche/moslemische Welt ❺ *no pl* (*life*) **to be in a ~ of one's own** in seiner eigenen Welt sein ▶**sb has the ~ at his/her <u>feet</u>** jdm liegt die Welt zu Füßen; **money makes the ~ go [a]round** Geld regiert die Welt *prov*; **the ~ is your <u>oyster</u>** die Welt steht dir offen; **to be ~s apart** Welten auseinanderliegen; **to <u>mean</u> |all| the ~ to sb** jds Ein und Alles sein; **to <u>be</u> out of this ~** (*fam*) himmlisch sein; **not <u>for</u> |all| the ~** nie im Leben; **how/what/<u>who</u> in the ~** wie/was/wer um alles in der Welt

World 'Bank *n no pl* ■**the ~** die Weltbank '**world-beat·er** *n* der/die/das Weltbeste '**world-class** *adj* von Weltklasse *nach n* **world 'con·gress** *n* Weltkongress *m* **World 'Cup** *n* ❶ (*competition*) Weltmeisterschaft *f*; (*in soccer*) Fußballweltmeisterschaft *f* ❷ (*trophy*) Worldcup *m*, Weltpokal *m* **world-'fa·mous** *adj* weltberühmt **world 'lan·guage** *n* Weltsprache *f* **world·ly** ['wɜːldli] *adj* ❶ *attr* (*physical*) weltlich; **~ goods** materielle Güter ❷ (*experienced*) weltgewandt **world o'pin·ion** *n* Meinung *f* der Weltöffentlichkeit **world popu·'la·tion** *n no pl* Weltbevölkerung *f* **world 'pow·er** *n* Weltmacht *f* **world 'rec·ord** *n* Weltrekord *m* '**World's Fair** *n* Weltausstellung *f* '**world-shak·ing**, '**world-shat·ter·ing** *adj* weltbewegend '**world view** *n* PHILOS Weltanschauung *f* **world 'war** *n* Welt-

krieg *m;* **W~ W~ I/II** 1./2. Weltkrieg *m*
'world-weary *adj* lebensmüde **world·**
'wide [ˌwɜːldˈwaɪd] **I.** *adj* weltweit; **of ~ reputation** von Weltruf *nach n* **II.** *adv* weltweit; **to travel ~** die ganze Welt bereisen **World Wide 'Web** *n no pl* COMPUT ■**the ~** das World Wide Web, das Internet
worm [wɜːm] **I.** *n* ❶ ZOOL Wurm *m;* (*larva*) Larve *f;* (*maggot*) Made *f* ❷ MED **to have ~s** Würmer haben ❸ TECH (*in gear*) Schnecke *f fachspr* **II.** *vt* ❶ (*wriggle*) **to ~ one's way through the crowd** sich *dat* seinen Weg durch die Menge bahnen ❷ (*fig, pej: insinuate into*) **to ~ oneself into someone's heart** sich in jds Herz einschleichen ❸ (*treat for worms*) *an animal* entwurmen **III.** *vi* **to ~ through the crowd/people** sich durch die Menge/Menschen zwängen
'worm-eat·en *adj* wurmstichig **'worm·hole** *n* ❶ (*burrow*) Wurmloch *nt* ❷ PHYS Wurmloch *nt*
wormy [ˈwɜːmi] *adj* ❶ (*full of worms*) *animal* von Würmern befallen; *fruit, vegetable* wurmig ❷ (*damaged by worms*) wurmstichig
worn [wɔːn] **I.** *vt, vi pp* of **wear II.** *adj* ❶ (*damaged*) abgenutzt; *carpet* abgetreten; *clothing, furniture* abgewetzt; *shoes* durchgelaufen; *tyres* abgefahren ❷ (*exhausted*) *person* erschöpft
worn 'out *adj pred,* **'worn-out** *adj attr* ❶ (*exhausted*) *person* erschöpft ❷ (*damaged*) *clothes* verschlissen; *shoes also* durchgelaufen ❸ (*fig: used too often*) *idea, method* abgedroschen
wor·ried [ˈwʌrɪd] *adj* (*concerned*) beunruhigt, besorgt; ■**to be ~ about sb/sth** sich *dat* um jdn/etw Sorgen machen; ■**to be ~ that ...** Angst haben, dass ...; **to be ~ to death** verrückt vor Sorge sein
wor·ried·ly [ˈwʌrɪdli] *adv* besorgt, beunruhigt
wor·ri·some [ˈwʌrɪsəm] *adj* beunruhigend; *problem* drückend
wor·ri·some·ly [ˈwʌrɪsəmli] *adv* AM besorgniserregend
wor·ry [ˈwʌri] **I.** *vi* <-ie-> (*be concerned*) sich *dat* Sorgen machen (**about** um); **I'm sorry — don't ~** tut mir leid – das macht doch nichts; **don't ~, we'll be right back!** keine Sorge, wir sind gleich zurück! ▶**not to ~!** (*fam*) keine Sorge [*o* Angst]! **II.** *vt* <-ie-> ❶ (*cause worry*) beunruhigen ❷ (*bother*) stören **III.** *n* ❶ *no pl* (*state of anxiety*) Sorge *f*, Besorgnis *f* ❷ (*source of anxiety*) Sorge *f;* **financial worries** finanzielle Sorgen; **to be a major/minor ~ for sb** jdm ernste/kaum Sorgen machen
wor·ry·ing [ˈwʌriɪŋ] *adj* Besorgnis erregend, beunruhigend
worse [wɜːs] **I.** *adj comp of* **bad** ❶ (*not as good*) schlechter; (*more difficult, unpleasant*) schlimmer; **~ luck!** (*fam*) so ein Pech!; **and to make matters ~ ...** und was alles noch schlimmer macht, ... ❷ MED (*sicker*) schlechter ▶**~ things have happened at sea!** es gibt Schlimmeres!; [**a bit**] **the ~ for wear** (*fam*) [ziemlich] mitgenommen **II.** *adv comp of* **badly** ❶ (*less well*) schlechter; (*more seriously*) schlimmer; **he did ~ than he was expecting in the exams** er schnitt beim Examen schlechter als erwartet ab ❷ (*to introduce statement*) **even ~, ...** was noch schlimmer ist, ... **III.** *n no pl* ❶ (*condition*) ■**the ~** das Schlechtere; **to change for the ~** schlechter werden ❷ (*circumstance*) Schlimmeres *nt*
wors·en [ˈwɜːsən] **I.** *vi* sich verschlechtern **II.** *vt* verschlechtern
wors·en·ing [ˈwɜːsənɪŋ] *n no pl* Verschlechterung *f*
wor·ship [ˈwɜːʃɪp] **I.** *n no pl* ❶ (*homage*) Verehrung *f;* **act of ~** Anbetung *f* ❷ (*religious service*) Gottesdienst *m* ❸ (*adoration*) Verehrung *f;* **money ~** Geldgier *f pej* ❹ *esp* BRIT (*form: title*) **Your W~** (*to judge*) Euer Ehren **II.** *vt* <BRIT -pp- *or* AM *usu* -p-> ❶ (*revere*) **to ~ a deity** einer Gottheit huldigen *geh* ❷ (*adore*) vergöttern ❸ (*be obsessed with*) besessen sein; **to ~ money** geldgierig sein ▶**to ~ the ground sb walks on** jdn abgöttisch verehren **III.** *vi* <BRIT -pp- *or* AM *usu* -p-> beten; **to ~ in a church/mosque/synagogue/temple** in einer Kirche/einer Moschee/einer Synagoge/einem Tempel zu Gott beten
wor·ship·er *n* AM *also see* **worshipper**
wor·ship·per [ˈwɜːʃɪpəʳ] *n* (*person going to church*) Kirchgänger(in) *m(f);* (*believer*) Gläubige(r) *f(m);* **devil ~** Teufelsanbeter(in) *m(f)*
worst [wɜːst] **I.** *adj superl of* **bad** ❶ (*of poorest quality*) ■**the ~ ...** der/die/das schlechteste ... ❷ (*least pleasant*) schlechteste(r, s) ❸ (*most dangerous*) übelste(r, s), schlimmste(r, s) ❹ (*least advantageous*) ungünstigste(r, s) **II.** *adv superl of* **badly** ❶ (*most severely*) am schlimmsten ❷ (*least well*) am schlechtesten ❸ (*to introduce sth*) **~ of all ...** und was am schlimmsten war, ... **III.** *n no pl* ■**the ~**

der/die/das Schlimmste; ■ at ~ schlimmstenfalls ▶ **to be at one's ~** sich von seiner schlechtesten Seite zeigen
worst·ed ['wʊstɪd] *n no pl* Kammgarn *nt*
worth [wɜːθ] **I.** *adj pred* ❶ (*of monetary value*) wert; **to be ~ one's weight in gold** Gold wert sein ❷ (*deserving*) wert; **to be ~ a try/visit** einen Versuch/Besuch wert sein ❸ (*advisable*) [lohnens]wert; **it's ~ remembering that ...** man sollte daran denken, dass ... ▶ **if a thing is ~ doing, it's ~ doing well** (*saying*) wenn schon, denn schon *fam*; **to be ~ sb's while doing sth** sich für jdn auszahlen, etw zu tun; **to be [well] ~ it** die Mühe wert sein; **to do sth for all one is ~** etw mit aller Kraft tun **II.** *n no pl* ❶ (*monetary value*) Wert *m*; **to get one's money's ~** etw für sein Geld bekommen ❷ (*merit*) Bedeutung *f*, Wert *m*; **of comparable/dubious/little ~** von vergleichbarem/zweifelhaftem/geringem Wert
worthi·ly ['wɜːðɪli] *adv* (*form*) ehrenhaft *geh*
worth·less ['wɜːθləs] *adj* wertlos *a. fig*
worth·while [ˌwɜːθˈ(h)waɪl] *adj* lohnend; ■ **to be ~** sich lohnen; **that's hardly ~** das ist kaum der Mühe wert
worthy ['wɜːði] *adj* ❶ (*form: estimable*) würdig; **to donate to a ~ cause** für einen wohltätigen Zweck spenden; **~ principles** achtbare Prinzipien ❷ (*meriting*) **~ of attention/praise** beachtens-/lobenswert ❸ *pred* (*suitable*) würdig
would [wʊd] *aux vb* ❶ (*in indirect speech*) **they promised that they ~ help** sie versprachen zu helfen ❷ (*to express condition*) **what ~ you do if ...?** was würdest du tun, wenn ...? ❸ (*to express inclination*) **I'd go myself, but I'm too busy** ich würde [ja] selbst gehen, aber ich bin zu beschäftigt; **sb ~ rather** [*or* **sooner**] **do sth** jd würde lieber etw tun ❹ (*polite request*) **if you ~ just wait a moment ...** wenn Sie einen kleinen Moment warten, ... ❺ (*expressing opinion*) **I ~ imagine that ...** ich könnte mir vorstellen, dass ...; **I ~n't have thought that ...** ich hätte nicht gedacht, dass ... ❻ (*express regularity*) immer [wieder]; **the bus ~ be late when I'm in a hurry** der Bus kommt immer zu spät, wenn ich es eilig habe; **he ~ say that, wouldn't he?** er sagt das immer, nicht wahr?
'**would-be I.** *adj attr* Möchtegern- *pej* **II.** *n* Möchtegern *m pej*
wouldn't ['wʊdənt] = **would not** *see* **would**

wound[1] [wuːnd] **I.** *n* ❶ (*injury*) Wunde *f*; **gunshot/stab/war ~** Schuss-/Stich-/Kriegsverletzung *f* ❷ (*fig: psychological hurt*) Wunde *f*, Kränkung *f*; **to reopen old ~s** alte Wunden wiederaufreißen **II.** *vt* ❶ (*physically*) verletzen, verwunden; **to ~ sb badly/fatally/mortally** jdn schwer/schlimm/tödlich verletzen ❷ (*fig: psychologically*) kränken; **to ~ sb deeply** jdn tief verletzen
wound[2] [waʊnd] *vt, vi pt, pp of* **wind**
wound·ed ['wuːndɪd] **I.** *adj* ❶ (*physically*) verletzt, verwundet ❷ (*fig: psychologically*) gekränkt, verletzt **II.** *n* ■ **the ~** *pl* die Verletzten *pl*; MIL die Verwundeten *pl*
wove [wəʊv] *vt, vi pt of* **weave**
wov·en ['wəʊvən] **I.** *vt, vi pp of* **weave II.** *adj* ❶ (*on loom*) gewebt; **~ fabric** Gewebe *nt* ❷ (*intertwined*) **basketware, wreath** geflochten ❸ (*complex*) verwickelt
wow [waʊ] (*fam*) **I.** *interj* wow *sl*, toll! *fam*, super! *sl* **II.** *vt* ■ **to ~ sb** jdn hinreißen
WPC [ˌdʌbljuːpiːˈsiː] *n* BRIT *abbrev of* **Woman Police Constable** Wachtmeisterin *f*
wpm *abbrev of* **words per minute** WpM
wraith [reɪθ] *n* (*liter*) ❶ (*spirit*) Geist *m* ❷ (*insubstantial person*) Gespenst *nt* ❸ (*faint trace*) Spur *f*
wran·gle [ˈræŋgl] **I.** *vi* streiten; ■ **to ~ about sth** um etw *akk* rangeln **II.** *vt* AM (*care for*) **cattle, horses** hüten **III.** *n* Gerangel *nt* (**about/over** um); **a legal ~** ein Rechtsstreit *m*
wrap [ræp] **I.** *n* ❶ FASHION (*covering*) Umhang *m*; (*stole*) Stola *f* ❷ *no pl* (*packaging*) Verpackung *f* ❸ *usu pl* (*fig: veil of secrecy*) **to keep sth under ~s** etw unter Verschluss halten ❹ FILM (*fam*) **it's a ~** die Szene ist im Kasten ❺ *esp* AM (*meal*) Tortillawrap *m* **II.** *vt* <-pp-> ❶ (*cover*) einpacken; (*in paper*) einwickeln ❷ (*draw round*) ■ **to ~ sth around sb/sth** etw um jdn/etw wickeln ❸ (*place around*) **to ~ one's arms around sb** die Arme um jdn schlingen ❹ COMPUT **to ~ text/words** Texte/Wörter umbrechen ▶ **to ~ sb [a]round one's little finger** jdn um den kleinen Finger wickeln **III.** *vi* <-pp-> ❶ COMPUT umbrechen ❷ FILM (*fam*) die Dreharbeiten beenden ◆ **wrap up I.** *vt* ❶ (*completely cover*) einwickeln ❷ (*dress warmly*) warm einpacken ❸ (*conclude*) abschließen; **to ~ up a deal** einen Handel unter Dach und Fach bringen **II.** *vi* (*fig: preoccupy*) ■ **to be ~ped up in sb/sth** mit jdm/etw ganz beschäftigt sein

wrap·around ['ræpəraʊnd] I. *adj* ❶ *(curving)* herumgezogen ❷ FASHION Wickel-; ~ **skirt** Wickelrock *m* II. *n* ❶ FASHION Wickelrock *m* ❷ COMPUT Zeilenumbruch *m*

wrap·per ['ræpər] *n* ❶ *(packaging)* Verpackung *f*; **sweet** [*or* AM **candy**] ~ Bonbonpapier *nt* ❷ *(for book)* [Schutz]umschlag *m* ❸ *esp* AM *(for cigars)* Deckblatt *nt* ❹ AM *(robe)* Umhang *m*

'wrap·ping pa·per *n no pl* *(for package)* Packpapier *nt*; *(for present)* Geschenkpapier *nt*

wrath [rɒθ] *n no pl* *(liter or dated)* Zorn *m*; **to incur sb's** ~ sich *dat* jds Zorn zuziehen

wrath·ful ['rɒθfəl] *adj* *(liter or dated)* zornig

wreak [ri:k] *vt* *(form)* ❶ *(cause)* **to** ~ **damage** [*or* **havoc**] [**on sth**] Schaden [an etw *dat*] anrichten ❷ *(inflict)* **to** ~ **revenge on sb** sich an jdm rächen

wreath [ri:θ] *n* Kranz *m* (**of** aus); **laurel** ~ Lorbeerkranz *m*

wreathe [ri:ð] *(liter)* I. *vt usu passive* ❶ *(encircle)* umwinden; ~**d in cloud** in Wolken gehüllt ❷ *(form into wreath)* zu einem Kranz flechten II. *vi* sich kräuseln; **the smoke** ~**d upwards** der Rauch stieg in Kringeln auf

wreck [rek] I. *n* ❶ *(destruction of boat)* Schiffbruch *m* ❷ *(boat)* [Schiffs]wrack *nt* ❸ *(ruined vehicle)* Wrack *nt* ❹ *(disorganized remains)* Trümmerhaufen *m*, Ruine *f* ❺ *(accident)* Unfall *m* ❻ *(person)* **to be a complete/nervous** ~ ein totales/nervliches Wrack sein II. *vt* ❶ *(sink)* ■**to be** ~**ed ship** Schiffbruch erleiden ❷ *(destroy)* zerstören ❸ *(fig: spoil)* ruinieren; *chances, hopes plans* zunichtemachen; **to** ~ **sb's life** jds Leben zerstören; **to** ~ **a marriage** eine Ehe zerrütten

wreck·age ['rekɪdʒ] *n no pl* Wrackteile *pl*, Trümmer *pl a. fig*

wreck·er ['rekər] *n* ❶ *(person who destroys)* Zerstörer(in) *m(f)* ❷ *esp* AM *(salvager)* Bergungsarbeiter(in) *m(f)* ❸ AM *(breakdown truck)* Abschleppwagen *m*

wreck·ing ['rekɪŋ] *n no pl* Bergung *f* von Strandgut; HIST Strandraub *m*

wren [ren] *n* Zaunkönig *m*

wrench [ren(t)ʃ] I. *n* <*pl* -es> ❶ *usu sing (twisting)* Ruck *m* ❷ *usu sing (fig: pain caused by a departure)* Trennungsschmerz *m* ❸ *esp* AM *(spanner)* Schraubenschlüssel *m*; **screw** ~ Franzose *m* II. *vt* ❶ *(twist)* ■**to** ~ **sb/sth from sb** jdm /etw entreißen *a. fig*; **to** ~ **free** losreißen; ■**to** ~ **off** abreißen ❷ *(injure) a muscle* zerren; *a joint* verrenken ❸ *(turn)* **to** ~ **a bolt/nut** eine Schraube/Mutter drehen

wres·tle ['resl] I. *vi* ❶ SPORTS ringen ❷ *(fig: struggle)* ■**to** ~ **with sth** mit etw *dat* ringen II. *vt* SPORTS ringen; **to** ~ **sb to the ground** jdn zu Boden bringen III. *n* ❶ *(contest)* Ringkampf *m* ❷ *(fig: struggle)* Ringen *nt kein pl*

wres·tler ['reslər] *n* Ringer(in) *m(f)*; **professional** ~ Profiringer(in) *m(f)*; **Sumo** ~ Sumoringer(in) *m(f)*

wres·tling ['reslɪŋ] *n no pl* Ringen *nt*

'wres·tling bout, **'wres·tling match** *n* Ringkampf *m*

wretch <*pl* -es> [retʃ] *n* ❶ *(unfortunate person)* **poor** ~ armer Kerl *fam* ❷ *(fam: mean person)* **miserable** ~ Schweinehund *m pej*

wretch·ed ['retʃɪd] *adj* ❶ *(unhappy)* unglücklich; **to feel** ~ sich elend fühlen ❷ *(very bad)* schlimm; *state, condition* jämmerlich; **she had a** ~ **life as a child** sie hatte eine schreckliche Kindheit ❸ *(to express anger)* verflixt; **it's a** ~ **nuisance!** so ein Mist!

wrick *n*, *vt* AM *see* **rick**[2]

wrig·gle ['rɪgl] I. *vi* ❶ *(twist and turn)* sich winden; **to** ~ **free** [**of sth**] sich [aus etw *dat*] herauswinden ❷ *(move)* ►**to** ~ **off the hook** *(fam)* sich herausreden; **to** ~ **out of doing sth** *(fam)* sich davor drücken, etw zu tun II. *vt* **to** ~ **one's toes in the sand** die Zehen in den Sand graben III. *n usu sing* Schlängeln *nt*

wri·ly ['raɪli] *adv remark, smile* trocken

wring <wrung, wrung> [rɪŋ] I. *n usu sing* [Aus]wringen *nt* II. *vt* ❶ *(twist)* auswringen ❷ *(break)* **to** ~ **sb's/an animal's neck** *(also fig)* jdm/einem Tier den Hals umdrehen ❸ *(squeeze)* **to** ~ **sb's hand** jdm fest die Hand drücken ❹ *(obtain)* ■**to** ~ **sth out of sb** etw aus jdm herauspressen ►**to** ~ **one's hands** die Hände ringen

wring·er ['rɪŋər] *n* Wäschemangel *f* ►**to put sb through the** ~ *(fam)* jdn in die Mangel nehmen

wrin·kle ['rɪŋkl] I. *n* ❶ *(in a material)* Knitterfalte *f*; *(in the face)* Falte *f*, Runzel *f* ❷ *(fam: difficulty)* **to iron out the** ~**s** einige Unklarheiten beseitigen II. *vt* zerknittern ►**to** ~ **one's brow** die Stirn runzeln; **to** ~ [**up**] **one's nose at sth** über etw *akk* die Nase rümpfen III. *vi material* zerknittern; *face, skin* Falten bekommen; *fruit* schrumpeln

wrin·kled ['rɪŋkld] *adj clothes* zerknittert;

face, skin faltig, runzlig; *fruit* verschrumpelt

wrinkle-free *adj* knitterfrei

wrist [rɪst] *n* ANAT Handgelenk *nt*; **to slash one's ~s** sich *dat* die Pulsadern aufschneiden

wrist·band *n* ❶ (*strap*) Armband *nt* ❷ (*absorbent material*) Schweißband *nt*

wrist·let ['rɪs(t)lɪt] *n* ❶ (*bracelet*) Armreif *m* ❷ (*handcuff*) Handschelle *f*

wrist·watch *n* Armbanduhr *f*

writ[1] [rɪt] *n* ❶ (*legal notice*) [gerichtliche] Verfügung; **a ~ of summons** eine [schriftliche] Vorladung; **to issue a ~ against sb** jdn vorladen ❷ *esp* BRIT (*Crown document*) Wahlausschreibung *f* für das Parlament ❸ *no pl* (*form: authority*) **~ of law** Gesetzgebungshoheit *f*

writ[2] [rɪt] *vt, vi* (*old*) *pt, pp of* **write**

write <wrote, written *or old* writ> [raɪt] I. *vt* ❶ (*make letters*) schreiben; **to ~ a letter to sb** jdm einen Brief schreiben ❷ (*complete*) *a cheque, a prescription, a receipt* ausstellen; *one's will* aufsetzen ❸ CAN, SA SCH **to ~ a test** einen Test schreiben ❹ (*compose*) *a book, a song* schreiben; ■**to ~ to sb** [**that ...**] BRIT, AUS [*or* AM **to ~ sb** [**that ...**]] jdm schreiben[, dass ...]; **to ~ sth in English** etw auf Englisch verfassen ❺ (*add*) **to ~ sth into a contract** etw in einen Vertrag aufnehmen ❻ COMPUT **to ~ sth to sth** etw auf etw *dat* speichern ▶ **to be nothing to ~ home about** nichts Weltbewegendes sein II. *vi* ❶ (*make letters*) schreiben; **to know how to read and ~** Lesen und Schreiben können ❷ COMPUT speichern ♦ **write away** *vi* ■**to ~ away for sth** etw [schriftlich] anfordern ♦ **write back** *vt, vi* zurückschreiben ♦ **write down** *vt* ❶ (*record*) aufschreiben ❷ FIN abschreiben ♦ **write in** I. *vt* (*put in*) ■**to ~ in** ⟳ **sth** (*in text*) etw einfügen; (*in form*) etw eintragen II. *vi* schreiben; **he wrote in expressing his dissatisfaction with recent programming** er schickte einen Brief, um seine Unzufriedenheit mit dem momentanen Programm auszudrücken ♦ **write off** I. *vi* ■**to ~ off for sth** etw [schriftlich] anfordern II. *vt* ❶ (*dismiss*) abschreiben ❷ FIN *an asset, a debt* abschreiben ❸ BRIT (*destroy*) **to ~ off a car** ein Auto zu Schrott fahren *fam* ❹ (*send*) *a letter* abschicken ♦ **write out** *vt* ❶ (*remove*) streichen; THEAT, FILM *character in play, series* einen Abgang schaffen; **to ~ sb out of one's will** jdn aus seinem Testament streichen ❷ (*write in full*) ausschreiben ❸ (*put in writing*) aufschreiben ❹ (*fill out*) *cheque* ausstellen ♦ **write up** *vt* ❶ (*put in written form*) *an article, notes* ausarbeiten ❷ (*critique*) **to ~ up a concert/film/play** eine Kritik zu einem Konzert/Film/Stück schreiben ❸ AM (*report*) aufschreiben *fam*

write-in *adj* AM POL **a ~ candidate** *ein nachträglich auf der Liste hinzugefügter Kandidat;* **a ~ campaign** *eine Wahlkampagne, bei der man einen Kandidaten wählen kann, den man nachträglich auf den Stimmzettel dazuschreibt*

write-off *n* ❶ BRIT (*vehicle*) **to be a complete ~** ein absoluter Totalschaden sein ❷ (*worthless person*) Versager(in) *m(f)*; (*worthless event*) Reinfall *m* ❸ FIN Abschreibung *f*

write-pro·tect·ed *adj* COMPUT schreibgeschützt

writ·er ['raɪtəʳ] *n* ❶ (*person who writes*) Verfasser(in) *m(f)* ❷ (*author*) *of books, films, plays* Autor(in) *m(f)*; **sports ~** Sportreporter(in) *m(f)*; **travel ~** Reiseschriftsteller(in) *m(f)*

writer-in-'resi·dence *n* <*pl* -s-in-residence> *Schriftsteller, der Gast ist an einer Universität oder einer anderen Institution und ev. dort Workshops veranstaltet*

write-up *n of play, film* Kritik *f*; *of book also* Rezension *f*

writhe [raɪð] *vi* ❶ (*squirm*) sich winden ❷ (*fig: emotionally*) beben; **she ~d in suppressed fury** sie bebte innerlich vor unterdrückter Wut

writ·ing ['raɪtɪŋ] *n* ❶ *no pl* (*skill*) Schreiben *nt*; ■**in ~** schriftlich ❷ *no pl* (*occupation*) Schriftstellerei *f* ❸ *no pl* (*literature*) Literatur *f* ❹ (*written works*) ■**~s** *pl* Schriften ❺ *no pl* (*handwriting*) [Hand]schrift *f* ▶ **the ~ is on the wall** die Stunde hat geschlagen; **to read the ~ on the wall** die Zeichen der Zeit erkennen

'writ·ing desk *n* Schreibtisch *m* **'writ·ing pad** *n* Schreibblock *m* **'writ·ing pa·per** *n no pl* Schreibpapier *nt*

writ·ten ['rɪtᵊn] I. *vt, vi pp of* **write** II. *adj* schriftlich; **the ~ word** das geschriebene Wort ▶ **to be ~ in the stars** in den Sternen stehen; **to have sth ~ all over one's face** jdm steht etw ins Gesicht geschrieben

wrong [rɒŋ] I. *adj* ❶ (*not correct*) falsch; **it's all ~** das ist völlig verkehrt; **sorry, you've got the ~ number** tut mir leid, Sie haben sich verwählt; **he got the answer ~** er hat die falsche Antwort gegeben; **to be proved ~** widerlegt werden; ■**to be ~ about sth** sich bei etw *dat* irren ❷ *pred*

(*amiss*) **is there anything ~?** stimmt etwas nicht?; **what's ~ with you today?** was ist denn heute mit dir los? ❸ (*morally reprehensible*) verwerflich *geh;* **it was ~ of her to ...** es war nicht richtig von ihr, ... ❹ *pred* (*not functioning properly*) **something's ~ with the television** irgendetwas stimmt mit dem Fernseher nicht ▶ **to get out of bed on the ~ side** mit dem linken Fuß zuerst aufstehen; **to get hold of the ~ end of the stick** etw in den falschen Hals bekommen *fam;* **to fall into the ~ hands** in die falschen Hände geraten **II.** *adv* ❶ (*incorrectly*) falsch; **to spell sth ~** etw falsch buchstabieren ❷ (*in a morally reprehensible way*) falsch ❸ (*amiss*) **to go ~ things** schiefgehen *fam;* **people** vom rechten Weg abkommen **III.** *n* ❶ *no pl* (*moral reprehensibility*) **to know right from ~** richtig und falsch unterscheiden können ❷ *no pl* (*unjust action*) Unrecht *nt* ▶ **to be in the ~** (*mistaken*) sich irren; (*reprehensible*) im unrecht sein **IV.** *vt usu passive* (*form: treat unjustly*) ■ **to ~ sb** jdm unrecht tun; (*judge character unjustly*) jdn falsch einschätzen

wrong·do·er [-ˌduːəʳ] *n* Übeltäter(in) *m(f)*
wrong·do·ing [-ˌduːɪŋ] *n no pl* Übeltat *nt;* **police ~** Fehlverhalten *nt* der Polizei; **to accuse sb of ~** jdm Fehlverhalten vorwerfen **wrong·ful** ['rɒŋfəl] *adj* unrechtmäßig **wrong-'head·ed** *adj* (*pej*) *person* querköpfig *pej; idea, plan* hirnverbrannt *fam*
wrong·ly ['rɒŋli] *adv* ❶ (*mistakenly*) fälschlicherweise ❷ (*unjustly*) **to ~ convict sb of a crime** jdn zu Unrecht verurteilen ❸ (*incorrectly*) falsch
wrote [rəʊt] *vt, vi pt of* **write**
wrought [rɔːt] *adj* ❶ (*form: crafted*) [aus]gearbeitet; (*conceived*) [gut] durchdacht; *piece of writing* [gut] konzipiert ❷ *attr* (*beaten out*) *silver, gold* gehämmert
wrought 'iron I. *n no pl* Schmiedeeisen *nt* **II.** *adj pred* schmiedeeisern **wrought 'up** *adj usu pred* beunruhigt, aufgeregt
wrung [rʌŋ] *vt pt, pp of* **wring**
wry <-ier, -iest *or* -er, -est> [raɪ] *adj usu attr* (*dry and ironic*) *comments, humour* trocken; *smile* bitter
wry·ly *adv see* **wrily**
WSW *abbrev of* **west southwest** WSW
wt *n abbrev of* **weight** Gew.
WW *n abbrev of* **World War** Weltkrieg *m*
WWF [ˌdʌbljuːˌdʌbljuːˈef] *n no pl abbrev of* **Worldwide Fund for Nature:** ■ **the ~** der WWF
WWW [ˌdʌbljuːdʌbljuːˈdʌbljuː] *n no pl abbrev of* **World Wide Web** WWW *nt*

X <*pl* -s *or* -'s>, **x** <*pl* -'s> [eks] *n* X *nt,* x *nt; see also* **A 1**
x [eks] **I.** *vt* AM **to ~ [out]** [aus]streichen **II.** *n* ❶ MATH x *nt;* **x-axis** x-Achse *f* ❷ (*symbol for kiss*) Kusssymbol, *etwa am Briefende;* **all my love, Katy ~~~** alles Liebe, Gruß und Kuss, Katy
X 'chro·mo·some *n* X-Chromosom *nt*
xeno·pho·bia [ˌzenə(ʊ)ˈfəʊbiə] *n no pl* Fremdenhass *m*
xeno·phob·ic [ˌzenə(ʊ)ˈfəʊbɪk] *adj* fremdenfeindlich
Xer·ox® *n* Kopie *f*
Xmas ['krɪs(t)məs, 'eksməs] (*fam*) **I.** *n* <*pl* -es> *short for* **Christmas** Weihnachten *nt* **II.** *adj* Weihnachts-
'X-rat·ed *adj* (*hist*) **an ~ film** [*or* **movie**] ein Film, der für Jugendliche unter 18 (*in den USA unter 17*) Jahren nicht zugelassen ist
X-ray ['eksreɪ] **I.** *n* ❶ (*radiation*) Röntgenstrahl *m* ❷ (*examination*) Röntgenuntersuchung *f;* **to give sb an ~** jdn röntgen; **to go for** [*or* **have**] **an ~** sich röntgen lassen ❸ (*picture*) Röntgenbild *nt* ❹ *no pl* (*hospital department*) Röntgenabteilung *f* **II.** *adj* Röntgen-; **~ vision** (*fig*) Röntgenblick *m* **III.** *vt* röntgen
xy·lo·phone ['zaɪləfəʊn] *n* Xylophon *nt*

Y <*pl* -s *or* -'s>, **y** <*pl* -'s> [waɪ] *n* Y *nt*, y *nt*; *see also* **A** 1

y [waɪ] *n* MATH y *nt*; **y-axis** y-Achse *f*

yacht [jɒt] *n* Jacht *f*

yacht·ing ['jɒtɪŋ] *n no pl* Segeln *nt*; **to go ~** segeln gehen

'yachts·man *n* (*owner*) Jachtbesitzer *m*; (*person sailing*) Segler *m*; **round-the-world ~** Weltumsegler *m*

yack [jæk] *vi* (*sl*) quasseln

yak [jæk] **I.** *n* Jak *m* **II.** *vi* <-kk-> (*sl*) quasseln

yam [jæm] *n* ❶ (*African vegetable*) Jamswurzel *f* ❷ AM Süßkartoffel *f*

yank [jæŋk] (*fam*) **I.** *n* Ruck *m* **II.** *vt* ■ **to ~ sth** an etw *dat* [ruckartig] ziehen **III.** *vi* ■ **to ~ [on sth]** [an etw *dat*] zerren ◆**yank out** *vt* herausreißen; *tooth* ziehen; **to be ~ed out of bed** (*fig*) aus dem Bett geworfen werden

Yank [jæŋk] *n* (*fam*) Ami *m*

Yan·kee ['jæŋki] (*fam*) **I.** *n* ❶ (*American*) Ami *m fam* ❷ AM (*person from northern USA*) Nordstaatler(in) *m(f)* **II.** *adj attr* ❶ (*from USA*) Ami- ❷ AM (*from northern USA*) Nordstaatler-

yap [jæp] **I.** *vi* <-pp-> ❶ *dog* kläffen ❷ (*pej fam*) *person* quasseln **II.** *n no pl* Kläffen *nt*

yap·ping ['jæpɪŋ] **I.** *adj attr dog* kläffend **II.** *n no pl* ❶ (*high-pitched barking*) Kläffen *nt*, Kläfferei *f* ❷ (*pej fam: chatter*) Gequassel *nt fam*

yard[1] [jɑːd] *n* ❶ (*3 feet*) Yard *nt*; **a list a ~ long** (*fig*) eine ellenlange Liste; **~s and ~s of material** meterweise Stoff; **to sell sth by the ~** etw in Yards verkaufen ❷ NAUT Rah[e] *f*

yard[2] [jɑːd] *n* ❶ (*paved area*) Hof *m* ❷ (*work site*) Werksgelände *nt*; (*for storage*) Lagerplatz *m*; (*dockyard*) [Schiffs]werft *f* ❸ AM (*garden*) Garten *m*

'yard·stick *n* ❶ (*measuring tool*) Zollstock *m* ❷ (*standard*) Maßstab *m*

yarn [jɑːn] *n* ❶ *no pl* (*for knitting, weaving*) Wolle *f*; (*for sewing*) Garn *nt* ❷ (*story*) Geschichte *f*; (*tall story*) *of sailor* Seemannsgarn *nt*; *of hunter* Jägerlatein *nt*; *of angler* Anglerlatein *nt*; **to spin [sb] a ~** [jdm] eine Lügengeschichte erzählen

yaw [jɔː] **I.** *vi ship* gieren; *plane* ausbrechen **II.** *n no pl* Gieren *nt*

yawl [jɔːl] *n* Jolle *f*

yawn [jɔːn] **I.** *vi* gähnen *a. fig* **II.** *vt* **to ~ one's head off** (*fam*) hemmungslos gähnen **III.** *n* ❶ (*sign of tiredness*) Gähnen *nt kein pl* ❷ (*fig fam*) [stink]langweilige Angelegenheit; **I thought the film was a big ~** ich fand den Film stinklangweilig

yawn·ing ['jɔːnɪŋ] *adj* gähnend *a. fig*

yd *n abbrev of* **yard**[1] 1

yea [jeɪ] *adv* (*form*) **~ or nay** ja oder nein

yeah [jeə] *adv* (*fam: yes*) ja[wohl]; **~?** ach wirklich?; **oh ~!** [*or* **~, ~!**] (*iron*) klar!, ganz bestimmt!

year [jɪəʳ] *n* ❶ (*twelve months*) Jahr *nt*; **how much does he earn a ~?** wie viel verdient er im Jahr?; **the time of the ~** die Jahreszeit; **five times a ~** fünfmal im [*o* pro] Jahr; **two ~s' work** zwei Jahre Arbeit; **all [the] ~ round** das ganze Jahr über; **last/next/this ~** letztes/nächstes/dieses Jahr; **he retires in March of next ~** er geht im März nächsten Jahres in Rente; **for two ~s** zwei Jahre lang; **~ by ~** Jahr für Jahr ❷ (*age, time of life*) [Lebens]jahr *nt*; **a two-~-old child** ein zweijähriges Kind ❸ (*fam: indefinite time*) ■ **~s** *pl* Jahre *pl*; **~ in, ~ out** Jahr ein, Jahr aus; **for ~s** (*since a long time ago*) seit Jahren; (*for a long time*) jahrelang; **over the ~s** mit den Jahren ❹ (*academic year*) SCH Schuljahr *nt*; UNIV Studienjahr *nt*; (*group*) Klasse *f*; **she was in the ~ above** [*or* AM **ahead of**]/ **below** [*or* AM **behind**] **me at school** sie war in der Schule ein Jahr über/unter mir; **a three-~ course** ein dreijähriger Kurs; **the ~ 9 pupils** BRIT die Neuntklässler *pl*; **a first-~ student** ein Student/eine Studentin im ersten Studienjahr; **the second-~s** die Schüler, Schülerinnen *mpl, fpl* der zweiten Klasse ▶ **to take ~s off sb** jdn jünger wirken lassen

'year·book *n* ❶ PUBL Jahresausgabe *f* ❷ AM SCH, UNIV Jahrbuch *nt* **'year-long** *adj* (*lasting one year*) einjährig; (*lasting for years*) jahrelang

year·ly ['jɪəli] *adj, adv* jährlich; **twice-~** zweimal pro Jahr

yearn [jɜːn] *vi* ■ **to ~ for sb/sth** sich nach jdm/etw sehnen

yearn·ing ['jɜːnɪŋ] *n* Sehnsucht *f*

yeast [jiːst] *n no pl* Hefe *f*

yell [jel] **I.** *n* ❶ (*loud shout*) [Auf]schrei *m*; **to let out a ~** einen Schrei ausstoßen ❷ AM (*chant*) Schlachtruf *m* **II.** *vi* gellend schreien; **she ~ed at me to catch hold of**

the rope sie schrie mir zu, das Seil zu packen; **the teacher was ~ing at the class** der Lehrer schrie die Klasse an; ■**to ~ for sb/sth** nach jdm/etw rufen; **to ~ for help** um Hilfe rufen; **to ~ at each other** sich anschreien; **to ~ out** aufschreien III. vt ■**to ~ sth [at sb]** [jdm] etw laut [zu]rufen

yel·low ['jeləʊ] I. adj ❶ (colour) gelb; (with age) paper vergilbt; **bright ~** knallgelb ❷ (fam: cowardly) feige; **to have a ~ streak** feige sein II. n ❶ no pl (colour) Gelb nt; **to paint sth ~** etw gelb streichen ❷ (shade of yellow) Gelbton m III. vi vergilben

yel·low 'fe·ver n no pl Gelbfieber nt
yel·low·ish ['jeləʊɪʃ] adj gelblich
yel·low·ness ['jeləʊnəs] n no pl gelbe Farbe
Yel·low 'Pages® npl + sing vb ■**the ~** die Gelben Seiten®

yelp [jelp] I. vi dog kläffen, aufjaulen; of person aufschreien II. n dog Gebell nt, Gejaule nt; person Schrei m; **~ of pain** Schmerzensschrei m

Yem·en ['jemən] n no pl Jemen m
yen¹ [pl ->] [jen] n FIN Yen m
yen² [jen] n (fam) Faible nt; **to have a ~ to do sth** den Drang haben, etw zu tun
yep [jep] adv (fam) ja
Ye·re·van [jerəvɑ:n] n Eriwan nt

yes [jes] I. adv ❶ (affirmative) ja; **~ sir/madam** [or AM **ma'am**] jawohl; **~ please** ja bitte; **to say ~ [to sth]** ja [zu etw dat] sagen, etw bejahen ❷ (contradicting a negative) aber ja [doch]; **I'm not a very good cook! — Y~, you are!** ich bin kein sehr guter Koch! – Ach was, bist du doch!; **she didn't really mean it! — Oh ~ she did!** sie hat es nicht so gemeint! – Oh doch, das hat sie! II. n <pl -es> Ja nt; **was that a ~ or a no?** war das ein Ja oder ein Nein? III. vt <-ss-> AM ■**to ~ sb** jdm nach dem Mund reden
'yes-man n (pej) Jasager m
yes·ter·day ['jestədeɪ] I. adv gestern; **~ afternoon** gestern Nachmittag; **the day before ~** vorgestern II. n no pl Gestern nt; **this is ~'s paper** das ist die Zeitung von gestern
'yes·ter·tech adj technisch veraltet
yet [jet] I. adv ❶ (up to now) bis jetzt; **as ~** bis jetzt; + superl; **the best ~** der/die/das Beste bisher ❷ (already) schon; **is it time to go ~? — No, not ~** ist es schon Zeit zu gehen? – Nein, noch nicht ❸ (in the future, still) noch; **the best is ~ to come** das Beste kommt [erst] noch; **not ~** noch nicht; **she won't be back for a long time ~** sie wird noch lange nicht zurück sein; **to have ~ to do sth** noch etw tun müssen ❹ (even) [sogar] noch; + comp; **~ bigger/more beautiful** noch größer/schöner ❺ (despite that) trotzdem; (but) aber [auch]; (in spite of everything) schon ❻ (in addition) **he came back from rugby with ~ another black eye** er kam vom Rugby wieder mal mit einem blauen Auge nach Hause; **~ again** schon wieder II. conj doch

yeti ['jeti] n Yeti m
yew [ju:] n Eibe f
Yid·dish ['jɪdɪʃ] n no pl Jiddisch nt
yield [ji:ld] I. n ❶ AGR Ertrag m ❷ MIN Ausbeute f ❸ FIN [Zins]ertrag m; **initial ~s** anfängliche Gewinne II. vt ❶ (produce) hervorbringen; cereals, fruit erzeugen; information, results liefern ❷ FIN abwerfen; **the bonds are currently ~ing 6-7%** die Pfandbriefe bringen derzeit 6-7 % ❸ (concede) **to ~ ground to sb** jdm [gegenüber] nachgeben; **to ~ a point to sb** jdm ein Zugeständnis machen; (in discussion) jdm in einem Punkt Recht geben; (in competition) einen Punkt an jdn abgeben III. vi (give way) ■**to ~ [to sb/sth]** [jdm/etw] [gegenüber] nachgeben; (give right of way) ■**to ~ to sb** jdm den Vortritt lassen ◆**yield up** vt ❶ (surrender) aufgeben; rights abtreten ❷ (reveal) secret lüften
yield·ing ['ji:ldɪŋ] adj ❶ (pliable) dehnbar ❷ (compliant) nachgiebig

YMCA [ˌwaɪemsi:'eɪ] n abbrev of **Young Men's Christian Association** CVJM m

yob [jɒb] n BRIT, AUS, **yob·bo** <pl -os or -oes> ['jɒbəʊ] n BRIT, AUS (fam) Rabauke m, Rüpel m
yob·bish ['jɒbɪʃ] adj BRIT (fam) behaviour rowdyhaft
yo·del ['jəʊdəl] I. vi, vt <BRIT -ll- or AM usu -l-> jodeln II. n Jodler m
yo·del·ler ['jəʊdələʳ] n Jodler(in) m(f)
yoga ['jəʊgə] n no pl Yoga nt
yo·ghourt n, **yo·gurt** ['jəʊgət] n Joghurt m o nt
yoke [jəʊk] I. n (for pulling) Joch nt a. fig; (for carrying) Tragjoch nt II. vt ❶ (fit with yoke) ■**to ~ an animal** ein Tier ins Joch spannen; **to ~ animals to a plough** Tiere vor einen Pflug spannen ❷ (fig) ■**to ~ sth together** etw [miteinander ver]koppeln
yo·kel ['jəʊkəl] n (pej) Tölpel m; **country ~** Bauerntölpel m
yolk [jəʊk] n Eigelb nt
yon·der ['jɒndəʳ] (liter) I. adv dort drüben II. adj jene(r, s) ... dort [drüben]

you [juː, ju, jə] *pron* ❶ *(singular)* du *in nomin,* dich *in akk,* dir *in dat; (polite form)* Sie *in nomin, akk,* Ihnen *in dat;* ~ **painted that yourself?** das hast du selbst gemalt?; **if I were ~** wenn ich du/Sie wäre, an deiner/Ihrer Stelle; **that dress just isn't ~!** das Kleid passt einfach nicht zu dir! ❷ *(plural)* ihr *in nomin,* euch *in akk, dat; (polite form)* Sie *in nomin, akk,* Ihnen *in dat;* ~ **Americans/kids!** ihr Amerikaner/Kinder!; **how many of ~ are there?** wie viele seid ihr?; **I can't stand ~ men!** ich kann euch Männer nicht ausstehen!; **are ~ two ready?** seid ihr zwei [*o* beide] fertig? ❸ *(one)* man; ~ **learn from experience** aus Erfahrung wird man klug; ~ **meet a lot of people through work** in der Arbeit trifft man viele Menschen; **it's not good for ~** das ist nicht gesund; ~ **never know** man weiß nie

you'll [juːl] = **you will** *see* **will**¹

young [jʌŋ] **I.** *adj* jung; *(title)* ▪ **the Y~er** der/die Jüngere; **I'm not as ~ as I was** ich bin nicht mehr der Jüngste; **she's a very ~ forty** für vierzig sieht sie sehr jung aus; **she's ~ for sixteen** für sechzehn ist sie noch recht kindlich; **the night is still ~** die Nacht ist noch jung; **this is John, our ~est** das ist John, unser Jüngster; ~ **children** kleine Kinder; **to be ~ at heart** im Herzen jung [geblieben] sein **II.** *npl* ❶ *(young people)* ▪ **the ~** die jungen Leute ❷ ZOOL Junge *pl*

young·ish ['jʌnɪʃ] *adj* ziemlich jung

young·ster ['jʌŋ(k)stəʳ] *n (fam)* Jugendliche(r) *f/m);* **you ~s** ihr jungen Leute

your [jɔːʳ, jʊəʳ] *adj poss* ❶ *(of you, singular)* dein(e); *(plural)* euer/eure; *(polite form)* Ihr(e) ❷ *(one's)* sein(e); **it's enough to break ~ heart** es bricht einem förmlich das Herz; *(referring to sb else)* ~ **average German** *(fam)* der durchschnittliche Deutsche

you're [jɔːʳ, jəʳ] = **you are** *see* **be**

yours [jɔːz] *pron poss* ❶ *(belonging to you)* deine(r, s); *(polite form)* Ihre(r, s); **this is my plate and that one's ~** dies ist mein Teller und der da ist deiner; **is this pen ~?** ist das dein Stift?; **the choice is ~** Sie haben die Wahl; **what's ~?** *(to drink)* was möchtest du [trinken]?; **you and ~** du und deine Familie; **that recipe of ~ was wonderful!** dein Rezept war wunderbar!; **it's no business of ~** das geht dich nichts an ❷ *(at end of letter)* **Y~ sincerely** [*or* **faithfully**], ... mit freundlichen Grüßen, ... ▶ **up ~!** *(vulg)* leck mich!; ~ **truly** *(fam)* ich

your·self <*pl* **yourselves**> [jɔːˈself] *pron* ❶ *(singular)* dich *in akk,* dir *in dat; (plural)* euch; *(polite form, sing/pl)* sich; **how would you describe ~?** wie würden Sie sich beschreiben?; **please help ~** bitte bedienen Sie sich; **help yourselves, boys** bedient euch, Jungs; **do you always talk to ~ like that?** sprichst du immer so mit dir selbst?; **see for ~** sieh selbst ❷ *(oneself)* sich; **you tell ~ everything's all right** man sagt sich, dass alles in Ordnung ist; **you should love others like you love ~** man soll andere lieben wie sich selbst; **to have sth [all] to ~** etw für dich [*o* sich] allein haben ❸ *(personally)* selbst; **you can do that ~** du kannst das selbst machen; **to be ~** du selbst sein; **just be ~** sei ganz natürlich; **to not be ~** nicht du selbst sein; **to feel/see/taste/try sth for ~** etw selbst fühlen/sehen/kosten/versuchen; **to look ~** wie du selbst aussehen; ▪ **[all] by ~** [ganz] allein; **you ~ ...** du selbst ... ▶ **how's ~?** wie geht's?; **I'm fine, thanks, and [how's] ~?** mir geht's gut, danke, und selbst?

youth [juːθ] *n* ❶ *no pl (period)* Jugend *f* ❷ *(young man)* junger Mann, Jugendliche(r) *m* ❸ *(young people)* **the ~ of today** die Jugend von heute

'**youth club** *n* Jugendzentrum *nt*

youth·ful ['juːθᵊl] *adj* jugendlich; ~ **good looks** jugendlich-hübsche Erscheinung

youth·ful·ly ['juːθᵊli] *adv* jugendlich

youth·ful·ness ['juːθᵊlnəs] *n no pl* ❶ *(youthful appearance)* Jugendlichkeit *f* ❷ *(youthful spirit)* jugendliche Art

'**youth hos·tel** *n* Jugendherberge *f*

you've [juːv] = **you have** *see* **have I, II**

yowl [jaʊl] **I.** *vi* jaulen **II.** *n* Gejaule *nt*

yo-yo <*pl* -os> ['jəʊjəʊ] *n* Jo-Jo *nt;* **to go up and down like a ~** rauf- und runterschnellen

yuan [juːˈæn] *n* FIN Yüan *m*

yuck [jʌk] *interj (fam)* igitt

yucky ['jʌki] *adj (fam)* ek[e]lig

Yu·go·slav ['juːɡə(ʊ)slɑːv] *(hist)* **I.** *adj* jugoslawisch **II.** *n* Jugoslawe *m*/Jugoslawin *f*

Yu·go·sla·via [ˌjuːɡə(ʊ)ˈslɑːviə] *n no pl (hist)* Jugoslawien *nt;* **the former ~** das ehemalige Jugoslawien

Yu·go·sla·vian [ˌjuːɡə(ʊ)ˈslɑːviən] **I.** *adj (hist)* jugoslawisch; **to be ~** Jugoslawe *m*/Jugoslawin *f* sein **II.** *n (hist)* Jugoslawe *m*/Jugoslawin *f*

yuk·ky *adj see* **yucky**

Yu·kon Ter·ri·tory [ˌjuːkɒn ˈterɪtəri] *n* Yukon Territory *nt*

yule log *n* ❶ (*log*) großes Holzscheit, das zur Weihnachtszeit im offenen Feuer brennt ❷ (*cake*) Schokoladenkuchen in der Form eines Holzscheits, der zur Weihnachtszeit gegessen wird

Yule·tide ['juːltaɪd] *n* (*liter*) Weihnachtszeit *f*; ~ **greetings** Weihnachtsgrüße *pl*

yum·my ['jʌmi] *adj* (*fam*) lecker *a. fig*

yup·pie ['jʌpi] *n* Yuppie *m*

Zz

Z <*pl* -s *or* -'s>, **z** <*pl* -'s> [zed] *n* Z *nt*, z *nt*; *see also* A 1 ▶ **to** <u>catch</u> [*or* <u>get</u>] **some ~ 's** AM ein Nickerchen machen

z [zed] *n* MATH z *nt*; ~ **-axis** z-Achse *f*

Za·ire [zɑɪˈɪər] *n no pl* Zaire *nt*

Zam·bia [ˈzæmbiə] *n no pl* Sambia *nt*

zany [ˈzeɪni] *adj* (*fam*) ulkig

zap [zæp] (*fam*) **I.** *vt* <-pp-> ❶ (*destroy*) ▪ **to ~ sb** jdn erledigen; ▪ **to ~ sth** etw kaputtmachen ❷ (*send fast*) blitzschnell übermitteln ❸ AM FOOD in der Mikrowelle aufwärmen ❹ COMPUT (*delete*) löschen **II.** *vi* <-pp-> ❶ (*go fast*) düsen ❷ (*change channels*) zappen **III.** *n no pl* AM Pep *m* **IV.** *interj* schwups!

'zap·ping *n* (*fam*) Zappen *nt fam*

zeal [ziːl] *n no pl* Eifer *m*

zeal·ot [ˈzelət] *n* (*usu pej*) Fanatiker(in) *m(f)*

zeal·ous [ˈzeləs] *adj* ❶ (*eager*) [über]eifrig ❷ (*enthusiastic*) leidenschaftlich

ze·bra <*pl* -s *or* -> [ˈzebrə] *n* Zebra *nt*

ze·bra 'cross·ing *n* BRIT, AUS Zebrastreifen *m*

zeit·geist [ˈtsaɪtɡaɪst] *n no pl* Zeitgeist *m*

ze·nith [ˈzenɪθ] *n* Zenit *m a. fig*

zep·pe·lin [ˈzepəlɪn] *n* Zeppelin *m*

ze·ro [ˈzɪərəʊ] **I.** *n* <*pl* -os *or* -oes> ❶ MATH Null *f* ❷ (*temperature*) Gefrierpunkt *m*; **10 degrees above/below ~** zehn Grad über/unter null **II.** *adj* **his prospects are ~** seine Aussichten sind gleich null; **at ~ extra cost** ohne zusätzliche Kosten; **at ~ gravity** bei Schwerelosigkeit; **~ growth** Nullwachstum *nt*; ~ **hour** die Stunde null **III.** *vt* auf null einstellen ◆ **zero in** *vi* ❶ (*aim precisely*) **to ~ in on a target** ein Ziel anvisieren ❷ (*fig*) sich konzentrieren (**on** auf)

zero-day 'threat *n* Null-Tag-Bedrohung *f*

zero-e'mis·sion *adj attr* AUTO Zero-Emissions-, mit extrem geringem Schadstoffausstoß *nach n* **zero-'en·er·gy** *adj* äußerst energiesparend, mit extrem geringem Energieverbrauch *nach n*; ~ **building** Null-Energie-Haus *nt* **zero-'rat·ed** *adj* BRIT FIN von der Mehrwertsteuer befreit **zero 'tol·er·ance** *n no pl* LAW Null-Toleranz-Prinzip *nt*

zest [zest] *n no pl* ❶ (*enthusiasm*) Eifer *m*; ~ **for life** Lebensfreude *f* ❷ (*stimulation*) [An]reiz *m*, Würze *f* ❸ FOOD **lemon ~** Zitronenschale *f*

zig·zag [ˈzɪɡzæɡ] **I.** *n* Zickzack *m*; **in a ~** im Zickzack **II.** *adv* im Zickzack **III.** *vi* <-gg-> sich im Zickzack bewegen; *line, path* im Zickzack verlaufen

Zim·ba·bwe [zɪmˈbɑːbweɪ] *n no pl* Simbabwe *nt*

zinc [zɪŋk] *n no pl* Zink *nt*

zip [zɪp] **I.** *n* ❶ BRIT (*zipper*) Reißverschluss *m*; **to do up a ~** einen Reißverschluss zumachen ❷ *no pl* (*fam: vigour*) Schwung *m* **II.** *pron* AM (*fam: nothing*) null; **I know ~ about computers** ich habe null Ahnung von Computern; **they have done ~ about it** sie haben bisher rein gar nichts unternommen **III.** *vt* <-pp-> **would you mind helping me to ~ [up] my dress?** könntest du mir vielleicht helfen, den Reißverschluss an meinem Kleid zuzumachen?; **they ~ped themselves into their sleeping bags** sie zogen die Reißverschlüsse an ihren Schlafsäcken zu; **to ~ sth together** etw mit einem Reißverschluss zusammenziehen ▶ **to ~ one's** <u>lip</u> den Mund halten **IV.** *vi* <-pp-> ❶ (*fasten*) **it ~ s [up] at the back** es hat hinten einen Reißverschluss ❷ (*go quickly*) rasen, flitzen; **to ~ through** *job* im Eiltempo erledigen

'zip code *n* AM (*postal code*) ≈ Postleitzahl *f* **zip 'fast·en·er** *n* BRIT, AM, AUS **zip·per** [ˈzɪpəʳ] *n* Reißverschluss *m*

zip·per [ˈzɪpəʳ] *n* AM, AUS Reißverschluss *m*

zip·py [ˈzɪpi] *adj* (*fam*) spritzig

zit [zɪt] *n* (*fam*) kleiner Pickel, Wimmerl *nt* SÜDD, ÖSTERR *fam*, Stippe *f* NORDD *fam*, Bibeli *nt* SCHWEIZ *fam*

zo·di·ac ['zəʊdiæk] *n* ASTROL **sign of the ~** Tierkreiszeichen *nt*
zom·bie ['zɒmbi] *n* Zombie *m*
zone [zəʊn] **I.** *n* Zone *f;* **combat/war ~** Kampf-/Kriegsgebiet *nt;* **danger ~** Gefahrenzone *f;* **earthquake ~** Erdbebenregion *f;* **no-fly ~** Flugverbotszone *f;* **no-parking ~** Parkverbotszone *f;* **wheat ~** Weizengürtel *m* **II.** *vt* in [Nutzungs]zonen aufteilen
zon·ing ['zəʊnɪŋ] **I.** *n no pl* Bodenordnung *f* **II.** *adj* **~ law** Baugesetz *nt;* **~ restriction** Planungsbeschränkung *f*
zoo [zu:] *n* Zoo *m*
zoo·logi·cal [ˌzəʊə(ʊ)'lɒdʒɪkəl] *adj* zoologisch
zo·olo·gist [zʊ'ɒlədʒɪst] *n* Zoologe *m*/Zoologin *f*
zo·ol·ogy [zʊ'ɒlədʒi] *n no pl* Zoologie *f*
zoom [zu:m] **I.** *n* **~ [lens]** Zoom[objektiv] *nt* **II.** *vi* (*fam*) ❶ (*move very fast*) rasen; ■**to ~ ahead** [*or* **off**] davonsausen; (*in a race*) vorpreschen; ■**to ~ past** vorbeirasen; (*fig*) *year* rasend schnell vergehen ❷ PHOT zoomen ◆**zoom in** *vi* [nahe] heranfahren, heranzoomen; ■**to ~ in on sth** auf etw *akk* [ein]schwenken ◆**zoom out** *vi* wegzoomen
zuc·chi·ni <*pl* -s *or* -> [zʊ'ki:ni] *n* AM, AUS Zucchini *f*
Zum·ba® ['zʊmba] *n no pl, no art* SPORT Zumba® *nt*

Aa

A [aː], **a** <-, - *o* -s, -s> *nt* ❶ (*Buchstabe*) A, a; **ein großes A/ein kleines a** a capital A/a small a; **A wie Anton** A for Andrew BRIT, A as in Abel AM ❷ MUS A, a; **A-Dur/a-Moll** A major/A minor ▶ **wer A sagt, muss auch B sagen** (*prov*) as you make your bed, so you must lie in it, BRIT also in for a penny, in for a pound *prov;* **das A und [das] O** the be-all and end-all; **von A bis Z** from beginning to end

à [a] *präp* at; **zehn Flaschen à zwölf Euro** ten bottles at twelve euros each

Ä [ɛː], **ä** <-, - *o* -s, -s> *nt* A umlaut, a umlaut

AA[1] <-> *nt kein pl* ❶ *Abk von* **Auswärtiges Amt** German Ministry BRIT *[or* AM *Department]* of Foreign Affairs

AA[2] *ohne Art Abk von* **Anonyme Alkoholiker** AA

Aa·chen <-s> ['aːxn̩] *nt* Aachen

Aal <-[e]s, -e> [aːl] *m* eel

aa·len ['aːlən] *vr* (*fam*) ■ **sich ~** to stretch out; ■ **sich in der Sonne ~** to bask in the sun

aal·glatt ['aːlˈɡlat] I. *adj* slippery II. *adv* artfully

a. a. O. *Abk von* **am angegebenen Ort** loc. cit.

Aar·gau <-s> ['aːɐ̯ɡau̯] *m* Aargau

Aas <-es> [aːs] *nt* ❶ *pl* **Aase** (*Tierleiche*) carrion ❷ *pl* **Äser** (*fam männliche Person*) bastard, AM *also* jerk; (*weibliche Person*) bitch

Aas·fres·ser <-s, -> *m* carrion-eating animal **Aas·gei·er** *m* vulture *also pej*

ab [ap] I. *adv* ❶ (*weg, entfernt*) off; **zur Post geht es links ~** the post office is off to the left; **weit ~ sein** to be far away; **das liegt weit ~ vom Weg** that's far off the beaten track ❷ (*abgetrennt*) off; **~ sein** (*fam*) to be broken [off]; **mein Knopf ist ab** I've lost a button; **erst muss die alte Farbe ~** first you have to remove the old paint ❸ (*in Befehlen*) off; **~ ins Bett!** off to bed!; **~ sofort** as of now; **~ und zu** now and then II. *präp* ❶ (*räumlich*) from; **~ Köln** from Cologne ❷ (*zeitlich*) from; **~ wann ...?** from when ...? ❸ (*von ... aufwärts*) from; **Kinder ~ 14 Jahren** children from the age of 14 up ❹ SCHWEIZ (*nach der Uhrzeit*) past; **Viertel ~ acht** quarter past eight ❺ SCHWEIZ (*von*) on; **~ Kassette** on cassette

ab|än·dern *vt* to amend (**in** to); *Programm* to change; *Strafe* to revise

Ab·än·de·rung *f* amendment; *einer Strafe* revision

ab·än·de·rungs·fä·hig *adj* amendable

ab|ar·bei·ten I. *vt* ❶ (*durch Arbeit tilgen*) to work off *sep* ❷ (*der Reihe nach erledigen*) to work through II. *vr* ■ **sich ~** (*fam*) to work like a madman

Ab·art ['apʔaːɐ̯t] *f* ❶ BIOL mutation *spec* ❷ BOT variety

ab·ar·tig I. *adj* ❶ (*abnorm*) abnormal; (*pervers a.*) perverted ❷ (*sl: verrückt*) mad II. *adv* (*abnorm*) abnormally

Abb. *Abk von* **Abbildung** Fig.

Ab·bau <-s> *m kein pl* ❶ (*Förderung*) mining; **der ~ von Bodenschätzen** mining for mineral resources ❷ (*Verringerung*) cut; **ein ~ der Produktion** a cutback in production ❸ (*allmähliche Beseitigung*) revocation; **der ~ von Vorurteilen** the breaking down of prejudices

ab·bau·bar *adj* CHEM, MED degradable; **biologisch ~** biodegradable

ab|bau·en I. *vt* ❶ BERGB to mine ❷ (*demontieren*) to dismantle ❸ (*verringern*) to reduce ❹ (*schrittweise beseitigen*) to cut ❺ CHEM, MED to break down *sep* II. *vi* *Kräfte, Konzentration* to flag; (*geistig nachlassen*) to deteriorate

Ab·bau·pro·dukt *nt* break-down product

ab|bei·ßen *irreg* I. *vt* to bite [off] II. *vi* to take a bite; **möchtest du mal ~?** would you like a bite?

ab|bei·zen *vt* to strip

Ab·beiz·mit·tel *nt* stripper

ab|be·kom·men* *vt irreg* ❶ (*seinen Anteil erhalten*) to get one's share; **die Hälfte von etw** *dat* **~** to receive half of sth ❷ (*durch etw getroffen werden*) to get; **Prügel ~** to get a beating ❸ (*fam: beschädigt werden*) to get damaged ❹ (*fam: verletzt werden*) to be injured ❺ (*entfernen können*) to get off

ab|be·stel·len* *vt* to cancel; **du kannst den Klempner wieder ~** you can tell the plumber he needn't come anymore

Ab·be·stel·lung *f* cancellation

ab|be·zah·len* I. *vt* to pay off *sep* II. *vi* to pay in instalments; **an dem Auto muss ich noch zehn Monate lang ~** I have another ten month's instalments to make on the car

ab|bie·gen *irreg* **I.** *vt haben* (*fam*) ▪ etw ~ to get out of sth; *Plan* to forestall **II.** *vi sein* ❶ (*nach links/rechts fahren*) to turn; [*nach*] **links/rechts** ~ to turn left/right ❷ (*eine Biegung machen*) to bend; **die Straße biegt ab** there's a bend in the road

Ab·bie·ge·spur *f* turn-off [*or* AM turning] lane

Ab·bild *nt* image; (*im Spiegel*) reflection

ab|bil·den *vt* (*fotografisch wiedergeben*) to copy; ▪ jdn ~ to portray sb; *Landschaft* to depict; **auf dem Foto war der Tatort abgebildet** the photo showed the scene of the crime

Ab·bil·dung <-, -en> *f* ❶ (*Illustration*) illustration ❷ (*bildliche Wiedergabe*) image, diagram; **siehe ~ 3.1** see figure 3.1 ❸ (*das Abbilden*) depiction

ab|bin·den *irreg vt* ❶ (*abschnüren*) to put a tourniquet on ❷ *Soße* to thicken ❸ (*losbinden*) to untie; *Krawatte* to undo

ab|bla·sen *vt irreg* ❶ (*fam: absagen*) to call off ❷ (*fortblasen*) to blow away

ab|blät·tern *vi sein* to peel [off]

ab|blen·den *vt, vi* ❶ AUTO to dip [*or* AM dim] the lights ❷ FILM to fade out

Ab·blend·licht *nt* AUTO dipped [*or* AM dimmed] headlights

ab|blit·zen *vi sein* (*fam*) ▪ **bei jdm ~** to not get anywhere with sb; **jdn ~ lassen** to turn sb down

ab|blo·cken I. *vt* to block **II.** *vi* to refuse to talk about sth

ab|bre·chen *irreg* **I.** *vt haben* ❶ (*von etw lösen*) to break off *sep* ❷ (*abbauen*) to dismantle; *Lager, Zelt* to strike ❸ (*niederreißen*) to pull down *sep* ❹ (*vorzeitig beenden*) to stop; *Beziehung* to break off; *Streik* to call off; *Übertragung* to interrupt; **das Studium** ~ to drop out of college [*or* BRIT *also* university]; **den Urlaub** ~ to cut short one's holidays **II.** *vi* ❶ *sein Zweig* to break off ❷ (*aufhören*) to stop ❸ (*beendet werden*) to cease; *Beziehung* to end; **etw ~ lassen** to break off sth

ab|brem·sen *vt, vi* to slow down *sep*

ab|bren·nen *irreg* **I.** *vt haben* ❶ (*durch Verbrennen beseitigen*) to burn off *sep* ❷ (*niederbrennen*) to burn down *sep* ❸ (*brennen lassen*) to burn; *Feuerwerk, Rakete* to let off *sep* **II.** *vi sein* (*niederbrennen*) to burn down

ab|brin·gen *vt irreg* ▪ **jdn von etw** *dat* ~ get sb to give up sth; (*abraten*) to change sb's mind about sth; ▪ **jdn davon ~, etw zu tun** to prevent sb [from] doing sth; **jdn vom Kurs** ~ to throw sb off course; **jdn vom Thema** ~ to get sb away from the subject

ab|brö·ckeln *vi sein* to crumble (**von** away from)

Ab·bruch *m* ❶ *kein pl* (*das Niederreißen*) demolition ❷ *kein pl* (*Beendigung*) breaking off; *einer Therapie* a. ceasing; *des Studiums* dropping out ▸ **einer S.** *dat* **keinen ~ tun** to not spoil sth

ab·bruch·reif *adj* ❶ (*baufällig*) dilapidated ❷ SCHWEIZ (*schrottreif*) ready for the scrap heap *präd*

Ab·bruch·woh·nung *f* hovel, squalid apartment

ab|bu·chen *vt* ❶ (*vom Konto*) to debit (**von** from) ❷ (*verzeichnen*) ▪ **etw als etw** ~ to write sth off as sth

Ab·bu·chung *f* direct debit; (*abgebuchter Betrag*) debit

ab|bürs·ten *vt* to brush off *sep;* **einen Anzug** ~ to brush down a suit

ab|bü·ßen *vt* to serve

Abc <-, -> [a:be:'tse:] *nt* ❶ (*Alphabet*) abc, ABC; **etw nach dem ~ ordnen** to put sth in alphabetical order ❷ (*fig: Grundwissen*) ABC; „~ **der Astronomie für Anfänger**" "Basic Astronomy for Beginners"

ab|che·cken [-tʃɛkn̩] *vt* (*fam*) ❶ (*kontrollieren, prüfen*) to check out *sep* ❷ (*absprechen*) ▪ **etw mit jdm ~** to confirm sth with sb

Abc-Schüt·ze, -Schüt·zin [a:be:-ˈtse:-] *m, f* (*Schulanfänger*) school starter

ABC-Waf·fen [a:be:'tse:-] *pl* nuclear, biological and chemical [*or* NBC] weapons *pl*

ab|dan·ken *vi* ❶ (*zurücktreten*) to resign ❷ (*auf den Thron verzichten*) to abdicate

Ab·dan·kung <-, -en> *f* ❶ (*Rücktritt*) resignation ❷ (*Thronverzicht*) abdication ❸ SCHWEIZ (*Trauerfeier*) funeral service

ab|de·cken *vt* ❶ (*abnehmen*) to take off *sep; Bett* to strip; *Tisch* to clear ❷ (*aufmachen*) to uncover *sep;* (*den Deckel abnehmen*) to remove the cover from sth ❸ *Gebäude* to lift the roof off ❹ (*bedecken*) to cover [over] ❺ (*ausgleichen*) to cover; **die Kosten werden von der Firma abgedeckt** the cost will be met by the company

Ab·de·ckung *f* ❶ (*Abdeckmaterial*) cover ❷ *kein pl* (*das Bedecken*) covering *no pl*

ab|dich·ten *vt* ❶ (*dicht machen*) to seal; *Leck* to plug ❷ (*isolieren*) to proof (**gegen** against); *gegen Feuchtigkeit* to damp proof

Ab·dich·tung *f* ❶ (*Dichtung*) seal ❷ (*Isolierung*) proofing ❸ *kein pl* (*das Abdichten*) sealing; *eines Lecks* plugging

ab|drän·gen *vt* to push

ab|dre·hen I. vt haben ① (abstellen) to turn off sep ② (abtrennen) to twist [off] ③ FILM to finish [filming] II. vi sein o haben ① (Richtung ändern) to turn [off]; **nach Norden ~** to turn to the north ② PSYCH (fam) to go crazy

ab|drif·ten vi sein ① (abgetrieben werden) to drift [off] ② (sl: abgleiten) to drift

Ab·druck¹ <-drücke> m ① (abgedrückte Spur) print ② (Umriss) impression

Ab·druck² <-drucke> m ① (Veröffentlichung) printing ② kein pl (das Nachdrucken) reprint

ab|druck·en vt to print

ab|drü·cken I. vt ① (fam: umarmen) to hug ② MED to clamp ③ (abfeuern) to fire II. vi (feuern) to shoot

ab|dun·keln vt ① (abschirmen) to dim ② (dunkler machen) to darken; Fenster to black out ③ (dunkler werden lassen) to tone down

ab|eb·ben vi sein to subside; **der Straßenlärm ebbt ab** the noise from the street dies down

abend^ALT ['a:bn̩t] adv s. Abend 1

Abend <-s, -e> ['a:bn̩t] m ① (Tageszeit) evening; **'n ~!** (fam) evening!; **gestern/morgen ~** yesterday/tomorrow evening; **guten ~!** good evening!; **jdm guten ~ sagen** [o **wünschen**] to wish sb good evening, to say good evening to sb; **heute ~** tonight, this evening; **übermorgen ~** the evening after next; **vorgestern ~** the evening before last; **jeden ~** every evening; **letzten ~** yesterday evening, last night; **am** [o **den**] **nächsten ~** tomorrow evening; **~ sein/werden** to be/get dark; **um 20 Uhr ist es ja schon ~!** it's already dark at 8 o'clock!; **es wird so langsam ~** the evening's beginning to draw in; **zu ~ essen** to eat dinner; **am ~** in the evening; **der Unfall geschah am ~ des 13.** the accident occurred on the evening of the 13th; **~ für** [o **um**] **~** every night, night after night; **gegen ~** towards evening; **den ganzen ~ über** the whole evening, all evening; **des ~s** (geh: abends) in the evening; **eines ~s** [on] one evening ② (Vorabend) eve liter; **der ~ des Geschehens** the eve of the events ③ (abendliche Freizeit) evening; **ein bunter ~** (Unterhaltungsveranstaltung) an entertainment evening ▶ **je später der ~, desto schöner die Gäste** (prov, hum) some guests are worth waiting for! hum

Abend·an·dacht f evening service **Abend·brot** nt supper **Abend·dämme·rung** f dusk **Abend·es·sen** nt dinner **abend·fül·lend** adj all-night attr; lasting the whole evening **präd Abend·kas·se** f evening box-office **Abend·kleid** nt evening dress **Abend·kurs** m evening class **Abend·land** nt kein pl (geh) ■ **das ~** the Occident **abend·län·disch** I. adj (geh) occidental II. adv (geh) occidentally

abend·lich ['a:bn̩tlɪç] I. adj evening II. adv for the evening; **es war schon um drei Uhr ~ kühl** there was already an evening chill at three o'clock

Abend·mahl nt [Holy] Communion; **das Letzte ~** the Last Supper; **das ~ empfangen** (geh) to receive [Holy] Communion **Abend·pro·gramm** nt evening programme **Abend·rot** ['a:bn̩tro:t] nt (geh) [red] sunset; **im ~** in the evening glow

abends ['a:bn̩ts] adv in the evening

Abend·schu·le f evening school **Abend·son·ne** f kein pl sunset **Abend·ständ·chen** nt serenade **Abend·stun·de** f meist pl evening [hour]; **in den frühen ~n** in the early hours of the evening **Abend·vor·stel·lung** f FILM evening showing; THEAT evening performance

Aben·teu·er <-s, -> ['a:bn̩tɔyɐ] nt ① (aufregendes Erlebnis) adventure ② (Liebesabenteuer) fling; **auf ~ aus sein** to be looking for a fling fam ③ (risikoreiches Unternehmen) venture

Aben·teu·er·fe·ri·en pl adventure holiday **aben·teu·er·lich** ['a:bn̩tɔyɐlɪç] I. adj ① (abenteuerlustig) adventurous ② (fantastisch) fantastic[al] ③ (wild romantisch) exotic ④ (unglaublich) preposterous II. adv ① (fantastisch) fantastic[al] ② (wild romantisch) exotically

Aben·teu·er·lust f thirst for adventure **aben·teu·er·lus·tig** adj adventurous **Aben·teu·er·ro·man** m adventure novel **Aben·teu·er·spiel·platz** m adventure playground

Aben·teu·rer, Aben·teu·(r)e·rin <-s, -> ['a:bn̩tɔyre, -ɔy(r)ərɪn] m, f adventurer

aber ['a:bɐ] I. konj (jedoch) but; **~ dennoch ...** but in spite of this ...; **oder ~** or else II. part ① (jedoch, dagegen) but; **ich habe ~ keine Zeit!** but I haven't got any time!; **ein Pils, ~ 'n bisschen plötzlich!** a lager and a bit quick about it! ② (wirklich) really; **das ist ~ schön!** that really is wonderful! ③ (empört) oh; **~ Hannelore, reiß dich doch endlich zusammen!** [oh] Hannelore, pull yourself together!; **~ hallo!** excuse me! ▶ **~ selbstverständlich** but of course; **~ ja!** yes [of course]!, BRIT also rather! *form;* ~ **nein!** goodness, no!; ~, ~! now, now!

Aber <-s, - *o fam* -s> ['aːbɐ] *nt but fam;* **ein ~ haben** to have a catch; **kein ~!** no buts!

Aber·glau·be *m* ❶ (*falscher Glaube*) superstition ❷ (*fam: Unsinn*) rubbish BRIT, nonsense AM

aber·gläu·bisch ['aːbɐɡlɔybɪʃ] *adj* superstitious

aber·hun·dert, Aber·hun·dert^RR *adj* (*geh*) hundreds upon hundreds of

Aber·hun·der·te *pl* (*geh*) hundreds upon hundreds of

ab|er·ken·nen* ['apʔɛɐ̯kɛnən] *vt irreg* ■ **jdm etw ~** to divest sb of sth *form*

Ab·er·ken·nung <-, -en> *f* divestiture *form*

aber·mals ['aːbɐmaːls] *adv* once again

ab|ern·ten *vt* to harvest

aber·tau·send, Aber·tau·send^RR *adj* (*geh*) thousands upon thousands; **Tausend und A~tausend** thousands upon thousands

Aber·tau·sen·de *pl* (*geh*) thousands upon thousands

Abf. *Abk von* **Abfahrt** dep.

ab·fahr·be·reit *adj s.* **abfahrtbereit**

ab|fah·ren *irreg* I. *vi sein* ❶ (*losfahren*) to depart ❷ SKI to ski down ❸ (*abgewiesen werden*) ■ **jdn ~ lassen** to turn sb down ❹ (*sl*) ■ **auf jdn/etw ~** to be crazy about sb/sth II. *vt* ❶ *sein o haben* ■ **etw ~** to [drive along and] check sth ❷ *haben* (*abnutzen*) to wear down *sep*

Ab·fahrt *f* ❶ (*Wegfahren*) departure ❷ (*Autobahnabfahrt*) exit ❸ SKI (*Talfahrt*) run; (*Abfahrtsstrecke*) slope

ab·fahrt·be·reit *adj* ready to depart *präd*

Ab·fahrts·lauf *m* SKI downhill [event] **Ab·fahrts·zeit** *f* departure time

Ab·fall¹ *m* rubbish *esp* BRIT, garbage AM, trash *esp* AM, refuse *form*

Ab·fall² *m kein pl* REL renunciation

Ab·fall·auf·be·rei·tung <-> *f kein pl* waste processing **Ab·fall·be·häl·ter** *m* waste container; (*kleiner*) waste bin **Ab·fall·be·sei·ti·gung** *f* ❶ (*Beseitigung von Müll*) refuse disposal ❷ (*städtisches Reinigungsamt*) town refuse collection service BRIT, municipal waste collection AM **Ab·fall·ei·mer** *m* [rubbish] bin BRIT, garbage [*or* AM trash] can

ab|fal·len *vi irreg sein* ❶ (*herunterfallen*) to fall off ❷ (*schlechter sein*) to fall behind ❸ (*übrig bleiben*) to be left over ❹ (*schwinden*) to vanish ❺ *Gelände* to slope; ■ **~d** declining ❻ (*sich vermindern*) to decrease; *Temperatur* to drop

Ab·fall·ent·sor·gung *f* waste disposal; (*industriell*) waste management **Ab·fall·hau·fen** *m* rubbish [*or* AM garbage] heap

ab·fäl·lig I. *adj* derogatory; *Lächeln* derisive II. *adv* (*in abfälliger Weise*) disparagingly; **sich ~ über jdn/etw äußern** to make disparaging remarks about sb/sth

Ab·fall·pro·dukt *nt* ❶ CHEM waste product ❷ (*Nebenprodukt*) by-product **Ab·fall·sor·tie·rung** *f kein pl* sifting of refuse **Ab·fall·stoff** *m meist pl* waste product **Ab·fall·ton·ne** *f* rubbish bin BRIT, trash can **Ab·fall·ver·mei·dung** *f* waste reduction **Ab·fall·ver·wer·tung** *f* recycling of waste

ab|fäl·schen *vt* SPORT ■ **etw ~** to deflect sth

ab|fan·gen *vt irreg* ❶ (*vor dem Ziel einfangen*) to intercept ❷ (*abwehren*) to ward off *sep* ❸ (*mildernd auffangen*) to cushion

Ab·fang·jä·ger *m* MIL interceptor

ab|fär·ben *vi* ❶ (*die Farbe übertragen*) to run (**auf** into) ❷ (*fig: sich übertragen*) ■ **auf jdn ~** to rub off on sb

ab|fas·sen *vt* to write

ab|fau·len *vi sein Blätter* to rot away

ab|fe·dern I. *vt haben* ❶ (*durch Federn dämpfen*) to cushion ❷ (*abmildern*) to mitigate II. *vi sein o haben* ❶ (*hochfedern*) to bounce ❷ (*zurückfedern*) to land

ab|fei·ern I. *vt* (*fam*) **Überstunden ~** *to* take time off by using up hours worked overtime II. *vi* (*tanzen*) to dance the night away; (*trinken*) to drink the night away

ab|fei·len *vt* ■ **etw ~** to file off sth *sep*

ab|fer·ti·gen *vt* ❶ (*fertig machen*) to process ❷ (*be- und entladen*) *Flugzeug* to prepare for take-off; *Lastwagen* to clear for departure; *Schiff* to prepare to sail ❸ (*bedienen*) to serve; *Passagiere* to handle ❹ (*kontrollieren und passieren lassen*) to clear ❺ (*abspeisen*) to fob off (**mit** with) ❻ (*behandeln*) to treat

Ab·fer·ti·gung *f* ❶ (*Bearbeitung für den Versand*) processing ❷ (*Abfertigungsstelle*) check-in counter ❸ (*Bedienung*) service ❹ (*Kontrolle*) check

Ab·fer·ti·gungs·hal·le *f* check-in hall **Ab·fer·ti·gungs·schal·ter** *m* check-in counter

ab|feu·ern *vt* to fire; *Flugkörper, Granate* to launch

ab|fin·den *irreg* I. *vt* ❶ (*entschädigen*) to compensate (**mit** with) ❷ (*zufrieden stel-*

len) to palm off (**mit** with) **II.** *vr* ■ **sich mit jdm/etw ~** (*fam*) to put up with sb/sth

Ab·fin·dung <-, -en> *f* compensation; (*bei Entlassung*) severance pay; (*wegen Rationalisierungsmaßnahmen*) redundancy [*or* AM severance] payment

ab|fla·chen I. *vi sein* (*sinken*) to drop **II.** *vt haben* to flatten **III.** *vr haben* ■ **sich ~** to level off

ab|flau·en *vi sein* ❶ (*schwächer werden*) to subside; (*zurückgehen*) to decrease; *Interesse* to wane; (*nachgeben*) to drop ❷ (*sich legen*) to abate

ab|flie·gen *vi irreg sein* to depart [by plane]

ab|flie·ßen *vi irreg sein* ❶ (*wegfließen*) to flow away; ■ **von etw** *dat* **~** to run off [of] sth; ■ **aus etw** *dat* **~** to drain away from sth ❷ (*sich entleeren*) to empty

Ab·flug *m* departure

ab·flug·be·reit *adj* ready for departure *präd* **Ab·flug·hal·le** *f* departure lounge **Ab·flug·zeit** *f* flight departure time

Ab·fluss^{RR} <-es, -flüsse> *m*, **Ab·fluß**^{ALT} <-sses, -flüsse> *m* ❶ (*Abflussstelle*) drain; *eines Flusses* outlet; (*Rohr*) drain pipe ❷ *kein pl* (*das Abfließen*) drainage

Ab·fluss·rei·ni·ger^{RR} *m* drain cleaner **Ab·fluss·rin·ne**^{RR} *f* drainage channel **Ab·fluss·rohr**^{RR} *nt* ❶ (*Kanalrohr*) drain pipe ❷ (*Einleitungsrohr*) outlet pipe

Ab·fol·ge *f* (*geh*) sequence

Ab·fra·ge <-, -n> *f* INFORM *von Daten* query

ab|fra·gen *vt* ❶ (*prüfen*) to test; ■ **jdn etw ~** *Vokabel, Chemie, etc.* to test sb on sth ❷ INFORM to call up

Ab·fuhr <-, -en> *f* ❶ (*Zurückweisung*) snub; **jdm eine ~ erteilen** to snub sb ❷ SPORT crushing defeat

ab|füh·ren I. *vt* ❶ (*wegführen*) to lead away; **~!** take him/her away! ❷ FIN (*abgeben*) to pay ❸ (*ableiten*) to expel **II.** *vi* ❶ MED to loosen the bowels ❷ (*wegführen*) to turn off (**von** of)

ab·füh·rend I. *adj* MED laxative; **ein leicht/stark ~es Mittel** a mild/strong laxative **II.** *adv* **~ wirken** to have a laxative effect

Ab·führ·mit·tel *nt* laxative

Ab·füh·rung *f* FIN payment

ab|fül·len *vt* ❶ *Flüssigkeit* to fill (**in** into); (*in Flaschen*) to bottle ❷ (*sl: betrunken machen*) to get drunk

Ab·ga·be¹ *f kein pl* ❶ (*Tätigkeit*) giving; *einer Erklärung* issuing; *eines Urteils* passing ❷ (*Einreichung*) submission ❸ (*das Abliefern*) giving in ❹ (*Abstrahlung*) emission ❺ SPORT (*Abspiel*) pass; (*Verlust*) loss

Ab·ga·be² *f* ❶ (*Gebühr*) [additional] charge ❷ (*Steuer*) tax

ab·ga·be(n)·frei I. *adj* non-taxable **II.** *adv* tax-free **ab·ga·be(n)·pflich·tig** *adj* taxable **Ab·ga·be·ter·min** *m* deadline for submission

Ab·gang <-gänge> *m* ❶ *kein pl* (*Schul-*) leaving; (*Ausscheiden aus einem Amt*) retirement from office ❷ *kein pl* (*das Verlassen der Bühne*) exit ❸ SPORT (*Absprung*) dismount ❹ ÖSTERR (*Fehlbetrag*) deficit

Ab·gangs·zeug·nis *nt* [school-]leaving certificate BRIT, diploma AM

Ab·gas *nt* exhaust *no pl*

ab·gas·arm *adj* low-emission **Ab·gas·ka·ta·ly·sa·tor** *m* catalytic converter **Ab·gas·norm** *f* [exhaust] emission[s] standard *usu pl* **Ab·gas·son·der·un·ter·su·chung** *f* exhaust emission check

ab|ge·ben *irreg* **I.** *vt* ❶ (*übergeben*) to give (**an** to); (*einreichen*) to submit (**an** to) ❷ (*hinterlassen*) ■ **etw ~** to leave sth; *Gepäck* to check sth in; **den Mantel an der Garderobe ~** to leave one's coat in the cloakroom ❸ (*verschenken*) to give away ❹ (*überlassen*) ■ **jdm etw ~** to give sb sth; ■ **etw [an jdn] ~** to hand over sth [to sb] ❺ (*teilen*) **jdm die Hälfte [von etw] ~** to go halves [on sth] with sb; **jdm nichts ~** to not share with sb ❻ (*erteilen*) *Erklärung, Urteil* to make; *Gutachten* to submit; *Stimme* to cast ❼ (*brauchbar sein*) to be useful for; **der alte Stoff könnte noch ein Kleid für dich ~** you might get a dress out of the old material ❽ (*darstellen*) to be; **die perfekte Hausfrau ~** to be the perfect wife; **eine traurige Figur ~** to cut a sorry figure ❾ (*feuern*) **einen Schuss [auf jdn] ~** to fire a shot [at sb] ❿ (*ausströmen lassen*) to emit ⓫ SPORT *Ball* to pass (**an** to); *Punkt* to concede **II.** *vr* ❶ (*sich beschäftigen*) ■ **sich mit jdm ~** to look after sb; ■ **sich mit etw** *dat* **~** to spend [one's] time on sth ❷ (*sich einlassen*) ■ **sich mit jdm ~** to associate with sb

ab·ge·brannt *adj* (*fam*) broke, BRIT *also* skint

ab·ge·bro·chen *adj* ❶ (*fam*) **ein ~er Jurist/Mediziner** law school/medical school dropout ❷ *s.* **abbrechen**

ab·ge·brüht *adj* (*fam*) unscrupulous

ab·ge·dro·schen *adj* (*pej fam*) hackneyed; **ein ~er Witz** an old joke

ab·ge·fah·ren *adj* (*sl*) ❶ (*außergewöhnlich, schräg*) way-out ❷ (*begeisternd*) cool

ab·ge·fuckt ['apgəfakt] *adj* (*sl*) fucked-up *attr*, fucked up *präd*

ạb·ge·hackt I. *adj* broken; ~e **Worte** clipped words II. *adv* ~ **sprechen** to speak in a clipped manner

ạb·ge·han·gen *adj* hung

ạb·ge·här·tet *adj* ■[**gegen etw** *akk*] ~ **sein** to be hardened [to sth]

ạb|ge·hen¹ *irreg* I. *vi sein* ❶ (*sich lösen*) to come off ❷ (*abgeschickt werden*) to be sent [off]; ■ ~ **d** outgoing ❸ (*abzweigen*) to branch off (**von** from) ❹ (*abweichen*) to deviate (**von** from); **von seiner Meinung nicht** ~ to stick to one's opinion ❺ (*fam: fehlen*) ■**jdm** ~ to be lacking in sb II. *vt sein* (*entlanggehen und abmessen*) to pace out

ạb|ge·hen² *vi irreg sein* ❶ (*verlaufen*) to go ❷ *impers* to be happening; **auf der Party ist irre 'was abgegangen** (*sl*) the party was really happening

ạb·ge·ho·ben *adj* ❶ (*weltfremd*) far from reality *präd* ❷ (*verstiegen*) fanciful; **eine ~e Vorstellung** a high-flown idea

ạb·ge·kar·tet *adj* (*fam*) rigged; **eine ~e Sache sein** to be a put-up job; **ein ~es Spiel treiben** to play a double game

ạb·ge·klärt I. *adj* prudent II. *adv* prudently

ạb·ge·le·gen *adj* remote

ạb·ge·neigt *adj* (*ablehnend*) ■**einer S.** *dat* ~ **sein** to be opposed to sth; ■**einer S.** *dat* **nicht** ~ **sein** to not be averse to sth; ■**nicht** ~ **sein[, etw zu tun]** to not be averse [to doing sth]

Ạb·ge·ord·ne·te(r) ['ɑpgəʔɔrdnətə, -tə] *f(m) dekl wie adj* Member of Parliament

Ạb·ge·ord·ne·ten·haus *nt* POL parliament

Ạb·ge·ord·ne·ten·sitz *m* parliamentary seat

ạb·ge·ris·sen *adj* ❶ (*zerlumpt*) tattered ❷ (*heruntergekommen*) scruffy ❸ (*unzusammenhängend*) incoherent

Ạb·ge·sand·te(r) *f(m) dekl wie adj* envoy

ạb·ge·schie·den I. *adj* (*geh*) isolated II. *adv* in isolation

Ạb·ge·schie·den·heit <-> *f kein pl* isolation

ạb·ge·schla·gen *adj* ❶ SPORT (*abgedrängt*) lagging behind *after n* ❷ POL, ÖKON outstripped

ạb·ge·schlos·sen I. *adj* ❶ (*isoliert*) secluded ❷ *attr* (*separat*) separate ❸ (*umgeben*) enclosed II. *adv* (*isoliert*) in seclusion III. *pp von* **abschließen**

ạb·ge·schmackt ['ɑpgəʃmakt] I. *adj* tasteless II. *adv* tastelessly

ạb·ge·schnit·ten I. *adj* isolated; **von der Welt** ~ cut off from the rest of civilization II. *adv* in isolation

ạb·ge·seh·en I. *adj* **es auf jdn** ~ **haben** (*jdn schikanieren wollen*) to have it in for sb; (*an jdm interessiert sein*) to have a thing for sb; **es auf etw** *akk* ~ **haben** to have one's eye on sth; **du hast es nur darauf** ~, **mich zu ärgern** you're just out to annoy me II. *adv* ■ ~ **davon, dass ...** apart from the fact that ...; ■ ~ **von jdm/ etw** except for sb/sth

ạb·ge·spannt *adj, adv* weary, tired out

ạb·ge·stan·den I. *adj* stale; *Limonade* flat II. *adv* stale; **die Limonade schmeckt ziemlich** ~ the lemonade tastes quite flat

ạb·ge·stor·ben *adj* MED numb

ạb·ge·tra·gen *adj* worn *attr,* worn out *präd*

ạb·ge·tre·ten *adj* worn *attr,* worn down *präd*

ạb·ge·wetzt *adj* worn

ạb|ge·win·nen* *vt irreg* ❶ (*als Gewinn abnehmen*) ■[**jdm**] **etw** ~ to win sth [off sb] ❷ (*etwas Positives finden*) ■**einer S.** *dat* **etw/nichts** ~ to get sth/not get anything out of sth

ạb·ge·wo·gen *adj* well-considered

ạb|ge·wöh·nen* *vt* ■**jdm etw** ~ to break sb of sth; **diese Frechheiten werde ich dir schon noch** ~! I'll teach you to be cheeky!; ■**sich** *dat* **etw** ~ to give up sth

ạb·ge·zehrt *adj* emaciated

ạb|gie·ßen *vt irreg* to pour off *sep*

Ạb·glanz *m kein pl* reflection

ạb|glei·chen *vt irreg* ■**etw** ~ ❶ (*aufeinander abstimmen*) to compare sth (**mit** +*dat* with) ❷ (*in der Höhe gleichmachen*) to level off sth (**mit** +*dat* with) ❸ TECH to match sth ❹ ELEK to tune sth

ạb|glei·ten *vi irreg sein* (*geh*) ❶ (*abrutschen*) to slip (**von** off); (*fig*) to decline; *Person* to go downhill ❷ (*abschweifen*) to stray (**von** from, **in** into) ❸ (*absinken*) to slide ❹ (*abprallen*) ■**an jdm** ~ to bounce off sb

Ạb·gott, -göt·tin *m, f* idol

ạb·göt·tisch *adj* inordinate

ạb|gra·sen *vt* ❶ (*abfressen*) to graze on ❷ (*fam: absuchen*) to comb

ạb|gren·zen I. *vt* ❶ (*einfrieden*) to enclose; ■**etw** [**gegen etw** *akk*] ~ to close sth off [from sth] ❷ (*eingrenzen*) to differentiate; **diese Begriffe lassen sich schwer gegeneinander** ~ it is difficult to differentiate between these terms II. *vr* ■**sich** [**gegen jdn/etw**] ~ to distinguish oneself [from sb/sth]

Ạb·gren·zung <-, -en> *f* ❶ *kein pl* (*das Einfrieden*) enclosing ❷ (*Einfriedung*) boundary; (*Zaun*) enclosure ❸ (*fig: Eingrenzung*) definition ❹ (*das Abgrenzen*) disassociation

Ab·grund *m* ❶ (*steil abfallender Hang*) precipice; (*Schlucht*) abyss ❷ (*Verderben*) abyss; **am Rande des ~s stehen** to be on the brink of disaster; **ein ~ tut sich auf** an abyss is opening up

ab·grund·häss·lich^RR *adj* ugly as sin präd **ab·grund·tief** ['apgrʊntˈtiːf] *adj* ❶ (*äußerst groß*) profound ❷ (*äußerst tief*) bottomless

ab|gu·cken I. *vt* (*von jdm kopieren*) to copy (**von** from); **bei ihm kann man sich so manchen Trick ~** you can learn lots of tricks from him II. *vi* to copy (**bei** from)

Ab·guss^RR <-es, Abgüsse> *m*, **Ab·guß**^ALT <-sses, Abgüsse> *m* ❶ (*Nachbildung*) cast ❷ (*Ausguss*) drain[pipe]; **etwas in den ~ kippen** to tip sth down the drain

ab|ha·cken *vt* to chop down; *Finger* to chop off

ab|ha·ken *vt* ❶ (*mit einem Häkchen markieren*) to tick off ❷ (*einen Schlussstrich darunter machen*) to forget; **die Affäre ist abgehakt** the affair is over and done with

ab|hal·ten *vt irreg* ❶ (*hindern*) ▪ **jdn von etw** *dat* **~** to keep sb from sth; ▪ **sich ~ lassen** to be deterred (**von** by) ❷ *Hitze* to protect from; *Insekten* to deter ❸ (*veranstalten*) to hold; *Demonstration* to stage

ab|han·deln¹ *vt* ❶ (*abkaufen*) to buy [after having haggled] ❷ (*herunterhandeln*) ▪ **20 Euro [von etw** *dat*] **~** to get 20 euros knocked off [sth]

ab|han·deln² *vt* to deal with

ab·han·den|kom·men [apˈhandn̩kɔmən] *adv* to become lost; **mir ist meine Geldbörse ~** I've lost my purse

Ab·hand·lung *f* ❶ (*gelehrte Veröffentlichung*) paper ❷ (*das Abhandeln*) dealing

Ab·hang *m* inclination

ab|hän·gen¹ I. *vt haben* ❶ (*abnehmen*) to take down ❷ (*abkoppeln*) to uncouple ❸ (*hinter sich lassen*) ▪ **jdn ~** to lose sb II. *vi* (*meist pej sl*) to laze about

ab|hän·gen² *vi irreg* ❶ *haben* (*abhängig sein*) to depend (**von** on); **das hängt davon ab** that [all] depends ❷ *haben* (*auf jdn angewiesen sein*) to be dependent (**von** on)

ab·hän·gig *adj* ❶ (*bedingt*) ▪ **von etw** *dat* **~ sein** to depend on sth ❷ (*angewiesen*) ▪ **von jdm ~ sein** to be dependent on sb ❸ (*süchtig*) addicted; ▪ **[von etw] ~ sein** to be addicted [to sth] ❹ LING subordinate; **ein ~er Nebensatz** a subordinate clause

Ab·hän·gi·ge(r) *f(m) dekl wie adj* ❶ (*Süchtige(r)*) addict ❷ (*abhängiger Mensch*) dependant

Ab·hän·gig·keit <-, -en> *f* ❶ *kein pl* (*Bedingtheit, Angewiesensein*) dependence ❷ (*Sucht*) addiction

Ab·hän·gig·keits·ver·hält·nis *nt* relationship of dependence

ab|här·ten *vt, vi* to harden (**gegen** to)

Ab·här·tung <-> *f kein pl* ❶ (*das Abhärten*) hardening ❷ (*Widerstandsfähigkeit*) resistance

ab|hau·en¹ *vt* <hieb ab *o fam* haute ab, abgehauen> (*abschlagen*) to chop down; ▪ **etw ~** to chop sth off ❷ <haute ab, abgehauen> (*durch Schlagen entfernen*) to break off *sep*

ab|hau·en² <haute ab, abgehauen> *vi sein* (*sich davonmachen*) to do a runner BRIT, to skip out of town AM; **hau ab!** get lost!

ab|he·ben *irreg* I. *vi* ❶ LUFT to take off (**von** from) ❷ (*den Hörer abnehmen*) to answer [the phone] ❸ KARTEN to pick [up] II. *vt irreg* ❶ *Geld* to withdraw ❷ *Karte* to take ❸ *Masche* to cast off III. *vr* ▪ **sich von jdm/etw ~** to stand out from sb/sth

ab|hef·ten *vt* to file [away *sep*]

ab|hei·len *vi Wunde* to heal [up]

ab|hel·fen *vi irreg* ▪ **einer S.** *dat* **~** to remedy sth

ab|het·zen I. *vr* ▪ **sich ~** to stress oneself out II. *vt* ▪ **jdn/etw ~** to push sb/sth

Ab·hil·fe *f kein pl* remedy; **~ schaffen** to do something about it

ab|ho·beln *vt* ❶ (*durch Hobeln entfernen*) to plane off *sep* ❷ (*glatt hobeln*) to plane smooth

ab·hol·be·reit *adj* ready for collection [*or* AM to be picked up] *präd*

ab|ho·len *vt* ❶ (*kommen und mitnehmen*) to collect ❷ (*treffen und mitnehmen*) to pick up *sep*

Ab·hol·markt *m* furniture superstore (*where customers transport goods themselves*) **Ab·hol·preis** *m* price without delivery

Ab·ho·lung <-, -en> *f* collection

ab|hol·zen *vt* to chop down *sep*; *Baum* to fell; *Wald* to clear

Ab·hol·zung <-, -en> *f* deforestation

Ab·hör·ak·ti·on *f* bugging campaign **Ab·hör·an·la·ge** *f* bugging system

ab|hor·chen *vt* to listen to; ▪ **jdn ~** to auscultate sb

ab|hö·ren *vt* ❶ (*belauschen*) to bug ❷ (*überwachen*) to observe; ■**jds Telefon ~** to monitor sb's telephone [line] ❸ SCH to test ❹ MED to auscultate ❺ *Tonband* to listen to

ab|hun·gern *vr* ❶ (*fam: durch Hungern verlieren*) ■**sich ~** to starve oneself; **sich 10 Kilo ~** to lose 10 kilos [by not eating] ❷ (*sich mühselig absparen*) ■**sich** *dat* **etw ~** to scrape together sth *sep*

Abi <-s, -s> ['abi] *nt* (*fam*) *kurz für* **Abitur**

Abi·tur <-s, *selten* -e> [abi'tuːɐ] *nt* Abitur (*school examination usually taken at the end of the 12th or 13th year and approximately equivalent to the British A level/ American SAT exam*); [**das**] **~ machen** to do [one's] Abitur

Abi·tu·ri·ent(in) <-en, -en> [abitu'ri̯ɛnt] *m(f)* Abitur student (*student who has passed the Abitur*)

Abi·tur·zeug·nis *nt* Abitur certificate

Abk. *f Abk von* **Abkürzung** abbr.

ab|kap·seln *vr* (*sich ganz isolieren*) ■**sich ~** to cut oneself off (**von** from)

ab|kas·sie·ren* I. *vt* ❶ (*fam: schnell, leicht verdienen*) to receive sth ❷ (*abrechnen*) **das Essen ~** to ask sb to settle the bill for a meal II. *vi* ❶ (*fam: finanziell profitieren*) to clean up (**bei** in); **kräftig ~** to make a tidy sum ❷ (*abrechnen*) ■**bei jdm ~** to hand sb the bill; **darf ich bei Ihnen ~?** could I ask you to settle up?

ab|kau·en *vt* **sich** *dat* **die Fingernägel ~** to bite one's nails

ab|kau·fen *vt* ❶ (*von jdm kaufen*) ■**jdm etw ~** to buy sth off sb ❷ (*fam: glauben*) ■**jdm etw ~** to buy sth off sb; **das kaufe ich dir nicht ab!** I don't buy that!

Ab·kehr <-> *f kein pl* rejection; *vom Glauben* renunciation; *von der Familie* estrangement

ab|keh·ren I. *vt* ❶ (*geh: abwenden*) **das Gesicht ~** to avert one's gaze ❷ (*abfegen*) to sweep away II. *vr* (*geh*) ■**sich ~** to turn away

ab|kip·pen *vt* to dump

ab|klap·pern *vt* (*fam*) ■**etw [nach etw** *dat*] **~** to go round sth [looking for sth]; **ich habe die ganze Gegend nach dir abgeklappert** I've been looking for you everywhere

ab|klä·ren *vt* ■**etw [mit jdm] ~** to clear sth up [with sb]; [**mit jdm**] **~, ob ...** to check [with someone] whether ...

Ab·klatsch <-[e]s, -e> *m* (*pej*) pale imitation

ab|klem·men *vt* ❶ (*abquetschen*) to crush ❷ *Nabelschnur* to clamp ❸ *Kabel* to disconnect

ab|klin·gen *vi irreg sein* ❶ (*leiser werden*) to fade away ❷ (*schwinden*) to subside

ab|klop·fen *vt* ❶ (*durch Klopfen abschlagen*) to knock off ❷ (*durch Klopfen vom Staub reinigen*) ■**etw ~** to beat the dust out of sth; **den Schmutz von einer Jacke ~** to tap off the dust from a jacket ❸ MED to tap ❹ (*fam: untersuchen*) to check [out]

ab|knal·len *vt* (*sl*) to blast

ab|kni·cken I. *vt haben* ❶ (*durch Knicken abbrechen*) to break off ❷ (*umknicken*) to fold over; *Blume* to knock over II. *vi sein* ❶ (*umknicken und abbrechen*) to break off ❷ (*abzweigen*) to branch off

ab|knöp·fen *vt* ❶ (*durch Knöpfen entfernen*) to unbutton ❷ (*fam: listig abwerben*) ■**jdm etw ~** to get sth off sb

ab|knut·schen *vt* (*fam*) to snog BRIT; ■**sich ~** to neck, to snog BRIT

ab|ko·chen *vt* to boil

ab|kom·man·die·ren* *vt* ❶ MIL to post; **er wurde an die Front abkommandiert** he was posted to the Front ❷ (*befehlen*) ■**jdn** [**zu etw**] **~** to order sb [to do sth]

ab|kom·men *vi irreg sein* ❶ (*versehentlich abweichen*) to go off; **von der Straße ~** to veer off; *vom Weg* to stray from ❷ (*aufgeben*) to give up; **von einer Angewohnheit ~** to break a habit; **von einer Meinung ~** to change one's mind; ■**davon ~, etw zu tun** to stop doing sth ❸ (*sich vom Eigentlichen entfernen*) to digress (**von** from)

Ab·kom·men <-s, -> *nt* agreement; **das Münchner ~** HIST the Treaty of Munich; **ein ~ abschließen** to conclude an agreement

ab·kömm·lich *adj* available; ■**nicht ~ sein** to be unavailable

Ab·kömm·ling <-s, -e> *m* ❶ (*geh: Nachkomme*) descendant ❷ (*Sprössling*) offspring *no pl*

ab|kön·nen *vt irreg* (*fam*) ❶ (*leiden können*) ■**jdn/etw nicht ~** to not be able to stand sb/sth ❷ (*vertragen*) **nicht viel ~** to not [be able to] take a lot

ab|kop·peln I. *vt* ❶ (*abhängen*) to uncouple (**von** from) ❷ RAUM to undock II. *vr* (*fam*) ■**sich von etw** *dat* **~** to sever one's ties with sth

ab|krat·zen I. *vt haben* to scratch off *sep*; ■**etw [von etw** *dat*] **~** to scrape sth [off sth] II. *vi sein* (*sl*) to kick the bucket

ab|krie·gen *vt* (*fam*) *s.* **abbekommen**

ab·küh·len I. vi sein ❶ (kühl werden) to cool [down] ❷ (an Intensität verlieren) to cool [off]; Begeisterung to wane **II.** vt haben (kühler werden lassen) to leave to cool **III.** vr impers haben ■ **sich ~** to cool off; Wetter to become cooler **IV.** vi impers haben to become cooler

Ab·küh·lung f ❶ (Verminderung der Wärme) cooling; **sich** dat **eine ~ verschaffen** to cool oneself down ❷ (Verringerung der Intensität) cooling off

Ab·kunft <-> f kein pl (geh) **einer bestimmten ~ sein** to be of [a] particular origin; **sie ist asiatischer ~** she is of Asian descent

ab·kup·fern I. vt (fam) ■ **etw [von jdm] ~** to copy sth [from sb] **II.** vi (fam) ■ **[aus etw** dat**] ~** to quote [from sth]; ■ **voneinander ~** to copy from one another

ab·kür·zen I. vt ❶ (eine Kurzform benützen) to abbreviate ❷ (etw kürzer machen) to cut short **II.** vi (einen kürzeren Weg nehmen) to take a shorter route

Ab·kür·zung f ❶ (abgekürzter Begriff) abbreviation ❷ (abgekürzter Weg) short cut ❸ (Verkürzung) cutting short

Ab·kür·zungs·ver·zeich·nis nt list of abbreviations

ab·küs·sen vt to smother in kisses

ab·la·den vt irreg ❶ (deponieren) to dump ❷ (entladen) to unload ❸ (absetzen) ■ **jdn ~** drop sb off ❹ (abreagieren) **seinen Ärger bei jdm ~** to take out one's anger on sb ❺ (abwälzen) ■ **etw auf jdn ~** to shift sth on to sb

Ab·la·ge f ❶ (Möglichkeit zum Deponieren) storage place ❷ (Akten~) filing cabinet ❸ SCHWEIZ (Annahmestelle) delivery point; (Zweigstelle) branch [office]

ab·la·gern I. vt haben (deponieren) to dump **II.** vi sein o haben (durch Lagern ausreifen lassen) ■ **etw ~ lassen** to let sth mature **III.** vr haben ■ **sich ~** to be deposited

Ab·la·ge·rung f ❶ (Sedimentbildung) sedimentation ❷ (Sediment) sediment ❸ (Inkrustierung) incrustation BRIT, encrustation AM ❹ kein pl (das Ablagern zum Reifen) maturing

Ab·lass[RR] <-es, Ablässe> m, **Ab·laß**[ALT] <-sses, Ablässe> [ˈaplas, pl ˈaplɛsə] m ❶ REL indulgence ❷ (fam) outlet valve

ab·las·sen irreg **I.** vt ❶ (abfließen lassen) to let out sep; Dampf to let off; Öl, Wasser to drain ❷ (leerlaufen lassen) **das Wasser aus etw** dat **~** to drain the water from sth **II.** vi (in Ruhe lassen) ■ **von jdm ~** to let sb be

Ab·lauf[1] m ❶ (Verlauf) course; **von Verbrechen, Unfall** sequence of events ❷ (das Verstreichen) passing; **nach ~ von zehn Tagen** after ten days

Ab·lauf[2] m ❶ (geh: das Ablaufen) draining ❷ (Abflussrohr) outlet pipe

ab·lau·fen I. vi irreg sein ❶ (abfließen) to run (aus out of); **das Badewasser ~ lassen** to let the bath water out ❷ (sich leeren) to empty ❸ (trocken werden) to stand [to dry] ❹ (ungültig werden) to expire; ■ **abgelaufen** expired ❺ (zu Ende gehen) to run out; **das Verfallsdatum dieses Produkts ist abgelaufen** this product has passed its sell-by date ❻ (verlaufen) to proceed **II.** vt irreg ❶ Schuhe to wear down sep ❷ (abgehen) to walk

Ab·le·ben nt kein pl (geh) death, demise form

ab·le·cken vt ❶ Blut, Marmelade to lick off ❷ Finger, Teller to lick [clean]

ab·le·gen I. vt ❶ (deponieren) to put ❷ (archivieren) to file [away] ❸ Kleider **Sie können Ihren Mantel dort drüben ~** you can put your coat over there ❹ (ausrangieren) to cast aside ❺ (absolvieren, vollziehen, leisten) to take; Eid to swear; Prüfung to pass; **ein Geständnis ~** to confess ❻ KARTEN to discard **II.** vi ❶ NAUT to [set] sail; **die Fähre legt gleich ab** the ferry's just leaving ❷ (ausziehen) to take off sep

Ab·le·ger <-s, -> m ❶ BOT shoot; **einen ~ ziehen** to take a cutting ❷ (Filiale) branch ❸ (Sprössling) offspring

ab·leh·nen I. vt ❶ (zurückweisen) to turn down; Antrag to reject; ■ **jdn ~** to reject sb ❷ (sich weigern) ■ **es ~ etw zu tun** to refuse to do sth ❸ (missbilligen) to disapprove of **II.** vi (nein sagen) to refuse

ab·leh·nend I. adj negative **II.** adv negatively; ■ **jdm/etw ~ gegenüberstehen** to disapprove of sb/sth

Ab·leh·nung <-, -en> f ❶ (Zurückweisung) rejection ❷ (Missbilligung) disapproval; **auf ~ stoßen** (wird abgelehnt) to be rejected; (wird missbilligt) to meet with disapproval

ab·leis·ten vt (absolvieren) to serve; Probezeit to complete

ab·lei·ten I. vt ❶ (umleiten) to divert; Blitz to conduct ❷ LING to derive [from] ❸ MATH Funktion to differentiate; Gleichung to develop ❹ (logisch folgern) to deduce [from sth] **II.** vr ❶ LING ■ **sich ~** to stem [from] ❷ (logisch folgen) ■ **sich ~** to be derived [from]

Ab·lei·tung f ❶ (*Umleitung*) diversion ❷ LING derivation; (*abgeleitetes Wort*) derivative ❸ MATH differentiation ❹ (*Folgerung*) deduction

ab|len·ken I. vt ❶ (*zerstreuen*) to divert; **Gartenarbeit lenkt ihn ab** working in the garden diverts his thoughts ❷ (*abbringen*) to distract (**von** from); ■**sich von etw** dat **~ lassen** to be distracted by sth ❸ (*eine andere Richtung geben*) to divert ❹ PHYS *Licht* to refract; *Strahlen* to deflect **II.** vi ❶ (*ausweichen*) to change the subject ❷ (*Aufmerksamkeit entziehen*) to distract

Ab·len·kung f ❶ (*Zerstreuung*) diversion; **zur ~** in order to relax ❷ (*Störung*) distraction

Ab·len·kungs·ma·nö·ver nt diversionary tactic

ab|le·sen irreg vt, vi ❶ *Messgeräte, Strom* to read ❷ (*nach Vorlage vortragen*) to read (**von** from) ❸ (*folgern*) to read (**aus** from)

ab|lich·ten vt (*fam: fotografieren*) to take a photo of

ab|lie·fern vt ❶ (*abgeben*) to turn in sep ❷ (*liefern*) to deliver (**bei** to) ❸ (*fam: nach Hause bringen*) ■**jdn ~** to hand sb over

ab|lö·sen I. vt ❶ (*abmachen*) to remove (**von** from); *Pflaster* to peel off sep ❷ (*abwechseln*) ■**sich ~** to take turns (**bei** at); **sich bei der Arbeit ~** to work in shifts; **einen Kollegen ~** to take over from a colleague; **die Wache ~** to change the guard ❸ (*fig: an die Stelle von etw treten*) to replace **II.** vr (*abgehen*) ■**sich ~** to peel off

Ab·lö·se·sum·me f transfer fee

Ab·lö·sung f ❶ (*Auswechslung*) relief; **die ~ der Schichtarbeiter** change of shift; **die ~ der Wache** the changing of the guard ❷ (*Ersatzmann*) replacement ❸ (*Entlassung*) dismissal ❹ (*das Ablösen*) removal; *Farbe, Lack* peeling off; (*Abtrennung*) separation

ab|lot·sen vt, **ab|luch·sen** [-lʊksn̩] vt (*fam*) ■**jdm etw ~** to wangle sth out of sb

ABM <-, -s> [a:beːˈʔɛm] f Abk von **Arbeitsbeschaffungsmaßnahme** job creation scheme [or AM plan]

ab|ma·chen vt ❶ (*entfernen*) to take off; **er machte dem Hund das Halsband ab** he took the dog's collar off ❷ (*vereinbaren*) ■**etw [mit jdm] ~** to arrange sth [with sb]; ■**abgemacht** arranged; ■**abgemacht!** agreed! ❸ (*klären*) to sort out sep; **wir sollten das lieber unter uns ~** we should better settle this between ourselves

Ab·ma·chung <-, -en> f (*Vereinbarung*) agreement; **sich [nicht] an eine ~ halten** to [not] carry out an agreement sep

ab|ma·gern vi sein to grow thin; ■**abgemagert** very thin; **die Flüchtlinge waren völlig abgemagert** the refugees were emaciated

Ab·ma·ge·rungs·kur f diet

Ab·mah·nung f warning, BRIT also caution *form*

ab|ma·len vt to paint (**von** from)

Ab·marsch m march off; **fertig machen zum ~!** ready to march!

ab|mel·den I. vt ❶ (*den Austritt anzeigen*) ■**jdn [von etw] ~** to cancel sb's membership [of sth] [or AM [in sth]]; **jdn von einer Schule ~** to withdraw sb from a school ❷ (*Außerbetriebnahme anzeigen*) **ein Fernsehgerät/Radio ~** to cancel a TV/radio licence; **ein Auto ~** to cancel a car's registration; **das Telefon ~** to have the phone disconnected ❸ (*fam*) ■**bei jdm abgemeldet sein** no longer be of interest to sb; **er ist endgültig bei mir abgemeldet** I've had it with him **II.** vr (*seinen Umzug anzeigen*) ■**sich ~** to give [official] notification of a change of address

Ab·mel·dung f ❶ *vom Auto* request to deregister a car; *vom Fernsehgerät, Radio* cancellation; *vom Telefon* disconnection ❷ (*Anzeige des Umzugs*) [official] notification of a change of address ❸ (*fam*) change of address form

ab|mes·sen vt irreg ❶ (*ausmessen*) to measure ❷ (*abschätzen*) **etw ~ können** to be able to assess sth

Ab·mes·sung f meist pl measurements; (*von dreidimensionalen Objekten* a.) dimensions

ABM-Kraft f ÖKON employee on job creation scheme

ab|mon·tie·ren* vt to remove; **die Einbauküche musste abmontiert werden** the built-in kitchen had to be dismantled

ABM-Stel·le f position assisted by job creation scheme [or AM plan]

ab|mü·hen vr ■**sich ~** to work hard (**mit** at); ■**sich mit jdm ~** to take a lot of trouble with sb; ■**sich ~ etw zu tun** to try hard to do sth

ab|murk·sen vt (*sl: umbringen*) to bump off sep

ab|na·beln I. vt (*Nabelschnur durchtrennen*) **das Baby ~** to cut the baby's umbilical cord **II.** vr (*Bindungen kappen*) ■**sich [von jdm/etw] ~** to become independent [of sb/sth]

ab|na·gen vt ❶ (blank nagen) to gnaw clean ❷ (durch Nagen abessen) to gnaw (von off)
Ab·nä·her <-s, -> m MODE dart
Ab·nah·me¹ <-, -n> ['apnaːmə] f ❶ (Verringerung) reduction [of] ❷ (das Nachlassen) loss; ~ der Kräfte weakening
Ab·nah·me² <-, -n> ['apnaːmə] f ❶ von Ware acceptance ❷ eines Fahrzeug inspection and approval
ab|neh·men¹ vi irreg ❶ (Gewicht verlieren) to lose weight ❷ (sich verringern) to decrease ❸ (nachlassen) to diminish; **die Nachfrage hat stark abgenommen** demand has dropped dramatically
ab|neh·men² vt irreg ❶ (wegnehmen) ■ **jdm etw ~** to take sth [away] from sb sep ❷ (herunternehmen) to take down sep; Hut take off ❸ Telefonhörer to pick up sep ❹ (tragen helfen) ■ **jdm etw ~** to take sth [from sb] ❺ (a. fig: abkaufen) ■ **jdm etw ~** to buy sth [from sb] ❻ (übernehmen) ■ **jdm etw ~** to take on sth for sb; **deine Arbeit kann ich dir nicht ~** I can't do your work for you ❼ KARTEN to take ❽ (begutachten und genehmigen) to approve; **eine Prüfung ~** to examine sb

Ab·neh·mer(in) <-s, -> m(f) (Käufer) customer
Ab·nei·gung f ❶ (Widerwillen) ■ **~ gegen jdn/etw** dislike of sb/sth; **sie ließ ihn ihre ~ deutlich spüren** she didn't hide her dislike of him ❷ (Widerstreben) **eine ~ haben, etw zu tun** to be reluctant to do sth
ab|ni·cken vt (fam) ■ **etw ~** to give sth the nod
ab·norm [apˈnɔrm] adj, **ab·nor·mal** [ˈapnɔrmaːl] adj bes ÖSTERR, SCHWEIZ abnormal
Ab·nor·mi·tät <-, -en> [apnɔrmiˈtɛːt] f abnormality
ab|nut·zen, ab|nüt·zen SÜDD, ÖSTERR I. vt to wear out; ■ **abgenutzt** worn; **der Teppich ist an manchen Stellen ziemlich abgenutzt** the carpet is fairly worn in places II. vr ❶ (im Gebrauch verschleißen) ■ **sich ~** [o **abnützen**] to wear ❷ (an Wirksamkeit verlieren) ■ **sich ~** to lose effect; ■ **abgenutzt** worn-out; **abgenutzte Phrasen** hackneyed phrases
Ab·nut·zung <-, -en> f, **Ab·nüt·zung** <-, -en> f SÜDD, ÖSTERR (Verschleiß durch Gebrauch) wear and tear
Ab·nut·zungs·er·schei·nun·gen pl signs of wear; **Abnutzungs- und Ver-**

Abneigung ausdrücken

Antipathie ausdrücken	expressing antipathy
Ich mag ihn nicht (besonders).	I don't like him (very much).
Ich finde diesen Typ unmöglich.	I think that bloke is just impossible.
Das ist ein (richtiges) Arschloch. *(sl)*	He's an (a real) arsehole [or Am asshole]. *(sl)*
Ich kann ihn nicht leiden/ausstehen/riechen. *(fam)*	I cannot stand/bear him.
Diese Frau geht mir auf den Geist/Wecker/Keks. *(fam)*	That woman gets on my nerves.

Langeweile ausdrücken	expressing boredom
Wie langweilig!/So was von langweilig!	How boring!/Talk about boring!
Ich schlaf gleich ein! *(fam)*/Das ist ja zum Einschlafen!	I'll nod off in a minute! *(fam)*/It's enough to send you to sleep!
Der Film ist ja zum Gähnen. *(fam)*	The film is (just) one big yawn.
Diese Disco ist total öde.	This nightclub is dead boring.

Abscheu ausdrücken	expressing disgust
Igitt!	Yuk!
Du widerst mich an!	You make me sick!
Das ist geradezu widerlich!	That is absolutely revolting!
Das ist (ja) ekelhaft!	That is (quite) disgusting!
Das ekelt mich an.	That makes me sick.
Ich finde das zum Kotzen. *(sl)*	That makes me puke. *(sl)*

schleißerscheinungen signs of wear and tear

Abo <-s, -s> ['abo] *nt* MEDIA (*fam*) *kurz für* **Abonnement** subscription; (*Theater~*) season ticket [*or* AM tickets]

A-Bom·be ['a:bɔmbə] *f* MIL (*Atombombe*) atomic [*or* nuclear] bomb

Abon·ne·ment <-s, -s> [abɔnə'mã:] *nt* subscription; **etw im ~ beziehen** to subscribe to sth

Abon·nent(in) <-en, -en> [abɔ'nɛnt] *m(f)* subscriber

abon·nie·ren* [abɔ'ni:rən] *vt haben* to subscribe to

ab|ord·nen *vt* to delegate (**zu** to); (*abkommandieren*) to detail (**zu** for); **er wurde nach Berlin abgeordnet** he was posted to Berlin

Ab·ord·nung *f* delegation

Abort <-s, -e> [a'bɔrt] *m* MED (*Fehlgeburt*) miscarriage

ab|pa·cken *vt a.* ÖKON ■ **etw ~** to pack sth; **abgepackte Lebensmittel** pre-packaged food

ab|pas·sen *vt* ① (*abwarten*) to wait for; **die richtige Gelegenheit ~** to bide one's time ② (*timen*) **etw gut ~** to time sth well ③ (*abfangen*) to waylay

ab|pau·sen *vt* to trace sth (**von** from)

ab|pfei·fen *irreg* I. *vt* to stop by blowing a whistle; *Spiel* to blow the final whistle II. *vi* to blow the whistle

Ab·pfiff *m* the [final] whistle

ab|pla·gen *vr* ■ **sich** [**mit etw** *dat*] **~** to struggle [with sth]; **er hat sich sein ganzes Leben lang abgeplagt** he slaved away his whole life; **sie plagt sich ab mit ihren schweren Einkaufstaschen** she struggles with her heavy shopping bags

Ab·prall <-[e]s, *selten* -e> *m* rebound, ricochet

ab|pral·len *vi sein* ① (*zurückprallen*) to rebound (**von** off) ② (*nicht treffen*) ■ **an jdm ~** to bounce off sb

ab|pum·pen *vt* to pump (**aus** out of)

ab|put·zen *vt* to clean; ■ **jdm etw ~** to clean sb's sth; ■ [**sich** *dat*] **etw ~** to clean sth; **putz dir die Schuhe ab!** wipe your shoes!; ■ **etw** [**von etw** *dat*] **~** to wipe sth [off sth]

ab|quä·len *vr* ① (*sich abmühen*) ■ **sich ~** to struggle (**mit** with); **was quälst du dich so ab?** why are you making things so difficult for yourself? ② (*sich mühsam abringen*) ■ **sich** *dat* **etw ~** to force sth; **er quälte sich ein Grinsen ab** he managed to force a grin

ab|qua·li·fi·zie·ren *vt* to scorn *fam;* ■ **etw ~** to dismiss sth [out of hand]

ab|ra·ckern *vr* (*fam: sich abmühen*) ■ **sich** [**mit etw** *dat*] **~** to slave [over/away at sth]; ■ **sich für jdn/etw ~** to work one's fingers to the bone for sb/sth

ab|rah·men *vt Milch* to skim

ab|ra·sie·ren* *vt* ① (*durch Rasieren entfernen*) to shave [off] *sep* ② (*fam: dem Erdboden gleichmachen*) to raze to the ground

ab|ra·ten *vi irreg* ■ **jdm** [**von etw**] **~** to advise sb [against sth]; **von diesem Arzt kann ich Ihnen nur ~** I really can't recommend that doctor

ab|räu·men *vt* to clear; **nach dem Essen räumte er das Geschirr ab** after the meal he cleared the table; **beim Kegelturnier räumte sie kräftig ab** at the skittles tournament she really cleaned up

ab|re·a·gie·ren* ['apreagi:rən] I. *vt Wut, Frust* to work off II. *vr* ■ **sich ~** to calm down

ab|rech·nen I. *vi* ① (*abkassieren*) to settle up; **am Ende der Woche rechnet der Chef ab** the boss does the accounts at the end of the week; ■ **mit jdm ~** to settle up with sb ② (*zur Rechenschaft ziehen*) ■ **mit jdm ~** to call sb to account; ■ [**miteinander**] **~** to settle the score [with each other] II. *vt* (*abziehen*) to deduct (**von** from)

Ab·rech·nung *f* ① (*Erstellung der Rechnung*) calculation of a bill; **die ~ machen** to add up the bill ② (*Aufstellung*) itemized bill ③ (*Rache*) pay off; **der Tag der ~** the day of reckoning; **endlich war die Stunde der ~ gekommen** the time for revenge had finally come

Ab·re·de *f* (*geh*) **etw in ~ stellen** to deny sth

ab|re·gen *vr* (*fam*) ■ **sich ~** to calm down; **reg dich ab!** keep your shirt [*or* BRIT hair] on!

ab|rei·ben *vt irreg* ① (*abwischen*) to rub off; **bitte reib dir doch nicht immer die Hände an der Hose ab!** please don't always wipe your hands on your trousers! ② (*durch Reiben säubern*) to rub down; *Autolack, Fenster* to polish ③ (*trocknen*) to rub down; **er rieb das Baby mit einem Frotteehandtuch ab** he dried the baby with a terry towel

Ab·rei·bung *f* (*fam*) ① (*Prügel*) a good thump *fam;* **dafür hast du eine ~ verdient!** you deserve to get clobbered! ② (*Tadel*) criticism

Ab·rei·se *f kein pl* departure
ab|rei·sen *vi sein* to depart
ab|rei·ßen *irreg* **I.** *vt haben* ❶ (*durch Reißen abtrennen*) to tear (**von** off); *Blumen* to pull off; ■ **sich** *dat* **etw ~** to tear off sth *sep* ❷ (*niederreißen*) to tear down **II.** *vi sein* ❶ (*von etw losreißen*) to tear off ❷ (*aufhören*) to break off; ■ **nicht ~** to go on and on; **der Strom der Flüchtlinge riss nicht ab** the stream of refugees did not end; **einen Kontakt nicht ~ lassen** to not lose contact
Ab·reiß·ka·len·der *m* tear-off calendar
ab|rich·ten *vt* (*dressieren*) to train
ab|rie·geln *vt* ❶ (*absperren*) to cordon off *sep* ❷ (*versperren*) to bolt
Ab·rie·ge·lung <-, -en>, **Ab·rieg·lung** <-, -en> *f* (*Absperrung*) cordoning off
ab|rin·gen *irreg* **I.** *vt* (*abzwingen*) ■ **jdm etw ~** to force sth out of sb; **dem Meer Land ~** to wrest land from the sea **II.** *vr* (*sich abquälen*) ■ **sich** *dat* **etw ~** to force [oneself to do sth]; **er rang sich ein Grinsen ab** he forced a grin
Ab·riss[RR1] <-e, -e> *m*, **Ab·riß**[ALT] <-sses, -sse> *m kein pl* (*Abbruch*) demolition; **die Planierraupe begann mit dem ~ des Gebäudes** the bulldozer began to tear down the building
Ab·riss[RR2] <-e, -e>, **Ab·riß**[ALT] <-sses, -sse> *m* (*Übersicht*) summary; ■ **ein ~ einer S.** *gen* an outline of sth
ab|rü·cken **I.** *vi sein* ❶ (*sich distanzieren*) ■ **von etw/jdm ~** to distance oneself from sth/sb ❷ (*abmarschieren*) to march off ❸ (*hum: weggehen*) to go away ❹ (*wegrücken*) to move away **II.** *vt haben* (*wegschieben*) to move away (**von** from)
Ab·ruf *m* ❶ (*Bereitschaft*) **auf ~** on alert ❷ INFORM recall ❸ ÖKON **auf ~** on call purchase
ab·ruf·be·reit **I.** *adj* ❶ (*einsatzbereit*) on alert ❷ (*abholbereit*) ready for collection ❸ (*verfügbar*) disposable **II.** *adv* ❶ (*einsatzbereit*) on alert ❷ (*abholbereit*) ready for collection
ab|ru·fen *vt irreg* ❶ (*wegrufen*) ■ **jdn ~** to call sb away (**von** from) ❷ (*liefern lassen*) ■ **etw [bei jdm] ~** to have sth delivered [by sb] ❸ INFORM to retrieve (**aus** from)
ab|run·den *vt* ❶ (*auf einen vollen Betrag kürzen*) ■ **[auf etw** *akk*] **~** to round down [to sth]; ■ **abgerundet** rounded down ❷ (*perfektionieren*) *Kenntnisse, Werk* to round off
abrupt [a'brʊpt] **I.** *adj* abrupt **II.** *adv* abruptly

ab|rüs·ten *vt, vi* ❶ MIL to disarm (**um** by, **auf** to) ❷ BAU to remove the scaffolding
Ab·rüs·tung *f kein pl* disarmament
Ab·rüs·tungs·ver·hand·lun·gen *pl* disarmament negotiations
ab|rut·schen *vi sein* ❶ (*abgleiten*) to slip (**an** on, **von** from) ❷ (*fig: sich verschlechtern*) to drop (**auf** to) ❸ (*fig: herunterkommen*) to go downhill
Abs. *m Abk von* **Absatz** par.
ABS <-> [aːbeːˈʔɛs] *nt Abk von* **Antiblockiersystem** ABS
ab|sa·cken *vi sein* ❶ (*einsinken*) to subside ❷ LUFT to drop ❸ (*fam: sich verschlechtern*) to drop (**auf** to); **sie ist in ihren Leistungen sehr abgesackt** her performance has deteriorated considerably ❹ *Blutdruck* to sink
Ab·sa·ge *f* ❶ (*negativer Bescheid*) refusal; *auf eine Bewerbung* rejection; **jdm eine ~ erteilen** (*geh*) to refuse sb ❷ (*Ablehnung*) ■ **eine ~ an etw** *akk* a rejection of sth
ab|sa·gen **I.** *vt* (*rückgängig machen*) to cancel **II.** *vi* **eine Einladung von jdm ~** to decline sb's invitation; **ich muss leider ~** I'm afraid I'll have to cry off; **hast du ihr schon abgesagt?** have you told her you're not coming?
ab|sä·gen *vt* ❶ (*abtrennen*) to saw off *sep; Baum* to saw down *sep* ❷ (*fam: um seine Stellung bringen*) ■ **jdn ~** to give sb the chop [*or* AM ax]
ab|sah·nen *vt, vi* ❶ (*fam: sich verschaffen*) to cream off *sep* ❷ *Milch* to skim
ab|sat·teln **I.** *vt ein Pferd* **~** to unsaddle a horse **II.** *vi* (*fig: aufhören*) to stop
Ab·satz[1] *m* ❶ (*Schuh~*) heel ❷ (*Abschnitt*) paragraph; **einen ~ machen** to begin a paragraph ❸ (*Treppen~*) landing ▶ **auf dem ~ kehrtmachen** to turn on one's heel
Ab·satz[2] *m sales pl; ~* **finden** to find a market
Ab·satz·flau·te *f* ÖKON period of slack sales
Ab·satz·markt *m* market **ab·satz·wei·se** *adv* (*Absatz für Absatz*) paragraph by paragraph
ab|sau·gen *vt* ❶ (*durch Saugen entfernen*) to draw off ❷ (*mit dem Staubsauger reinigen*) to vacuum
ab|scha·ben *vt* ❶ (*entfernen*) to scrape (**von** off) ❷ (*verschleißen*) to wear through; **ein abgeschabter Mantel** a tattered coat
ab|schaf·fen *vt* ❶ (*außer Kraft setzen*) to do away with; *Gesetz* to repeal ❷ (*weggeben*) to get rid of

Ab·schaf·fung f ❶ (*das Abschaffen*) abolition; **die ~ eines Gesetzes** the repeal of a law ❷ (*Weggabe*) disposal
ab|schal·ten I. *vt* (*abstellen*) to turn off II. *vi* (*fam: nicht mehr aufmerksam sein*) to switch off III. *vr* ■ **sich ~** to disconnect
ab|schät·zen *vt* ❶ (*einschätzen*) to assess; **ich kann ihre Reaktion schlecht ~** I can't even guess at her reaction; **es ist nicht abzuschätzen …** it's not possible to say … ❷ (*ungefähr schätzen*) to estimate
ab·schät·zig ['apʃɛtsɪç] I. *adj* disparaging II. *adv* disparagingly; **sich ~ über jdn/ etw äußern** to make disparaging remarks about sb/sth
Ab·schät·zung f estimation, assessment
ab|schau·en *vt* SÜDD, ÖSTERR, SCHWEIZ ❶ (*nachahmen*) **das hast du sicher von ihm abgeschaut!** I bet you learnt that from him! ❷ SCH (*abschreiben*) to crib [from sb] *fam*
Ab·schaum *m kein pl* (*pej*) scum *no pl*
ab|schei·den *irreg vt haben* ❶ MED to secrete ❷ (*separieren*) to separate
Ab·scheu <-[e]s> ['apʃɔy] *m kein pl* (*Ekel*) revulsion (**vor** against); **sie konnte ihren ~ vor Spinnen kaum verbergen** she could hardly conceal her loathing for spiders
ab·scheu·lich [apˈʃɔylɪç] *adj* ❶ (*entsetzlich*) revolting; *Verbrechen* horrifying ❷ (*fam: unerträglich*) dreadful
Ab·scheu·lich·keit <-, -en> f ❶ *kein pl* (*Scheußlichkeit*) atrociousness ❷ (*schreckliche Sache*) atrocity; **kriegerische ~en** atrocities of war
ab|schi·cken *vt* to send [off]; *Brief* to post [*or* AM mail]
ab|schie·ben *irreg* I. *vt haben* ❶ (*ausweisen*) to deport ❷ (*abwälzen*) ■ **etw auf jdn ~** to pass sth on to sb; **die Schuld auf jdn ~** to shift the blame onto sb; **er versucht immer, die Verantwortung auf andere abzuschieben** he's always trying to pass the buck *fam* II. *vi sein* (*sl*) to push off; **komm, schieb jetzt ab!** go on, get lost!
Ab·schie·be·stopp *m* deportation prevention
Ab·schie·bung f deportation
Ab·schied <-[e]s, -e> ['apʃiːt] *m* ❶ (*Trennung*) farewell; **der ~ fiel ihr nicht leicht** she found it difficult to say goodbye; **von jdm ~ nehmen** to say goodbye to sb; **von etw** *dat* **~ nehmen** to part with sth; **zum ~** as a token of farewell *liter;* **sie gab ihm zum ~ einen Kuss** she gave him a goodbye kiss ❷ (*Entlassung*) **seinen ~ nehmen** to resign
Ab·schieds·be·such *m* farewell visit **Ab·schieds·brief** *m* farewell letter **Ab·schieds·fei·er** f farewell party **Ab·schieds·ge·schenk** *nt* (*für Freunde*) going-away present; (*für Kollegen*) leaving present **Ab·schieds·gruß** *m* goodbye **Ab·schieds·kuss**^RR *m* goodbye kiss **Ab·schieds·sze·ne** f farewell scene
ab|schie·ßen *vt irreg* ❶ (*durch Schüsse zerstören*) to shoot; *Flugzeug* to shoot down; *Panzer* to disable ❷ (*abfeuern*) to fire [off] (**auf** at); *Böller* to let off BRIT, to shoot off AM; *Rakete, Torpedo* to launch
ab|schir·men *vt* ❶ (*schützen*) to isolate (**von** from); ■ **abgeschirmt** isolated ❷ (*verdecken, dämpfen*) to shield; *Licht* to shade
Ab·schir·mung <-, -en> f ❶ (*Schutz*) isolation ❷ (*Dämpfen, Zurückhalten*) protection; *von Licht* shading; **eine ~ aus Blei** a lead screen
ab|schlach·ten *vt* to slaughter
ab|schlaf·fen *vi sein* (*fam*) to droop; ■ **abgeschlafft** dog-tired; **abgeschlaffte Typen** dead beats; **sie wirkt in letzter Zeit ziemlich abgeschlafft** she's been looking quite frazzled recently
Ab·schlag *m* ❶ (*Preisnachlass*) discount ❷ (*Vorschuss*) ■ **ein ~ auf etw** *akk* an advance payment on sth ❸ FBALL kickout; (*beim Golf*) tee-off; (*~fläche*) tee; (*beim Hockey*) bully[-off]
ab|schla·gen *irreg vt* ❶ (*durch Schlagen abtrennen*) to knock (**von** off); *Ast* to knock down; **jdm den Kopf ~** to chop off sb's head ❷ (*fällen*) to cut down ❸ (*ablehnen*) ■ **jdm etw ~** to deny sb sth; *Einladung, Wunsch* to turn down; **er kann keinem etwas ~** he can't refuse anybody anything ❹ SPORT ■ **abgeschlagen sein** to have fallen behind; **die Konkurrenz war weit abgeschlagen** the competitors were totally wiped out
ab·schlä·gig ['apʃlɛːɡɪç] *adj* negative; **ein ~er Bescheid** a negative reply; **etw ~ bescheiden** (*geh*) to turn down sth
Ab·schlag(s)·zah·lung f (*Vorschusszahlung*) part payment
ab|schlei·fen *irreg vt* to sand [down]
Ab·schlepp·dienst *m* breakdown [*or* AM towing] service
ab|schlep·pen I. *vt* ❶ *Fahrzeug, Schiff* to tow [away] ❷ (*fam: mitnehmen*) to pick up; **jede Woche schleppt er eine andere ab** he comes home with a different girl every week II. *vr* (*fam: sich beim Tra-*

gen abmühen) ■ **sich ~** to struggle (**mit** with)

Ab·schlepp·fahr·zeug *nt* breakdown [*or* AM tow] truck **Ab·schlepp·seil** *nt* tow rope **Ab·schlepp·wa·gen** *m* recovery vehicle BRIT, tow truck AM

ab|schlie·ßen *irreg* **I.** *vt* ❶ (*verschließen*) to lock ❷ (*isolieren*) to seal; **luftdicht ~** to put an airtight seal on sth ❸ (*beenden*) to finish; *mit einer Diplomprüfung* to graduate; **ein abgeschlossenes Studium** completed studies; *Diskussion* to end ❹ (*vereinbaren*) ■ **etw ~** to agree to sth; *Geschäft* to close; *Versicherung* to take out; *Vertrag* to sign; *Wette* to place **II.** *vi* ❶ (*zuschließen*) to lock up ❷ (*Schluss machen*) ■ **mit etw/jdm ~** to be through with sb/sth; **er hatte mit dem Leben abgeschlossen** he no longer wanted to live

ab·schlie·ßend I. *adj* closing; **einige ~e Bemerkungen machen** to make a few closing remarks **II.** *adv* finally; **~ möchte ich noch etwas anmerken** finally I would like to point something out

Ab·schluss^{RR} <-es, Abschlüsse> *m*, **Ab·schluß**^{ALT} <-sses, Abschlüsse> *m* ❶ *kein pl* (*Ende*) conclusion; ■ **etw zum ~ bringen** to bring sth to a conclusion; **zum ~ kommen** to draw to a conclusion; **kurz vor dem ~ stehen** to be shortly before the end; **zum ~ möchte ich Ihnen allen danken** finally, I would like to thank you all ❷ (*abschließendes Zeugnis*) *final certificate from educational establishment;* **ohne ~ haben Bewerber keine Chance** applicants without a certificate don't stand a chance; **viele Schüler verlassen die Schule ohne ~** a lot of pupils leave school without taking their final exams; **welchen ~ haben Sie?** what is your final qualification? ❸ (*das Abschließen, Vereinbarung*) settlement; *einer Versicherung* taking out; *eines Vertrags* signing ❹ (*Geschäft*) deal; **ich habe den ~ so gut wie in der Tasche!** I've got the deal just about sewn up! ❺ (*Jahresabrechnung*) accounts, books

Ab·schluss·prü·fung^{RR} *f* ❶ SCH final exam[s], finals ❷ ÖKON statutory balance sheet audit, audit of annual accounts BRIT

Ab·schluss·zeug·nis^{RR} *nt* leaving certificate BRIT, diploma AM

ab|schme·cken *vt, vi* ❶ (*würzen*) to season ❷ (*versuchen*) to taste

ab·schmin·ken *vt* ❶ (*Schminke entfernen*) ■ **sich ~** to take off one's make-up; ■ **abgeschminkt** without make-up ❷ (*fam: aufgeben*) ■ **sich** *dat* **etw ~** to give sth up; **das können Sie sich ~!** you can forget about that!; **das habe ich mir schon längst abgeschminkt** I gave that idea up ages ago

ab|schnal·len I. *vt* (*losschnallen*) to unbuckle; **nach der Landung schnallte ich mich ab** after the landing I undid the seat belt **II.** *vi* (*sl*) ❶ (*nicht verstehen können*) to be lost ❷ (*fassungslos sein*) to be thunderstruck; **da schnallst du ab!** it's incredible!

ab|schnei·den *irreg* **I.** *vt* ❶ (*durch Schneiden abtrennen*) to cut [off]; **könntest du mir ein Stück Brot ~?** could you slice me a piece of bread? ❷ (*unterbrechen, absperren*) **jdm den Fluchtweg ~** to cut off sb's escape route; **jdm den Weg ~** to intercept sb; **jdm das Wort ~** to cut sb short ❸ (*isolieren*) to cut off; **jdn von der Außenwelt ~** to cut sb off from the outside world **II.** *vi* (*fam*) to perform; **bei etw** *dat* **gut/ schlecht ~** to do well/badly at sth; **wie hast du bei der Prüfung abgeschnitten?** how did you do in the exam?; **sie schnitt bei der Prüfung als Beste ab** she got the best mark in the exam

Ab·schnitt *m* ❶ (*abtrennbarer Teil*) counterfoil BRIT, stub AM ❷ (*Zeit~*) phase, period; **ein neuer ~ der Geschichte** a new era in history; **es begann ein neuer ~ in seinem Leben** a new chapter of his life began ❸ (*Unterteilung*) part; *einer Autobahn* section ❹ MIL sector ❺ MATH segment

ab|schöp·fen *vt* ❶ (*herunternehmen*) to skim off ❷ *Gewinne* to cream off

ab|schot·ten ['apʃɔtn̩] *vt* ❶ NAUT to build in watertight doors and hatches ❷ (*isolieren*) to cut off; **der Präsident wurde durch seine Leibwächter abgeschottet** the president was guarded by his bodyguards; ■ **sich ~** to isolate oneself

ab|schrau·ben *vt* to unscrew; **der Deckel lässt sich nicht ~** I can't unscrew the lid

ab|schre·cken I. *vt* ❶ (*abhalten*) ■ **jdn [von etw** *dat***] ~** to put sb off [sth]; **er ließ sich nicht von seinem Plan ~** he wasn't put off from carrying out his plan ❷ KOCHK to rinse with cold water **II.** *vi* (*abschreckend sein*) to deter

ab·schre·ckend I. *adj* ❶ (*abhaltend, warnend*) deterrent; **ein ~es Beispiel** a warning ❷ (*abstoßend*) abhorrent **II.** *adv* (*abhaltend*) **~ wirken** to act as a deterrent; **die hohen Geldstrafen sollen ~ wirken** the high fines are designed to be a powerful deterrent

Ab·schre·ckung <-, -en> f deterrent; **als ~ dienen** to act as a deterrent

ab|schrei·ben irreg I. vt ❶ (handschriftlich kopieren) to copy; **Mönche haben die alten Handschriften abgeschrieben** monks transcribed the old scripts ❷ (plagiieren) ■ **etw [bei jdm] ~** to copy sth [from sb]; **das hast du doch aus dem Buch abgeschrieben!** you copied that from the book! ❸ FIN to write off ❹ (verloren geben) to write off; **bei jdm abgeschrieben sein** (fam) to be out of favour with sb; **ich bin bei ihr endgültig abgeschrieben** she's washed her hands of me II. vi to copy (**von** from); **er hatte seitenweise abgeschrieben** he plagiarized entire pages; **wo hat sie das abgeschrieben?** where did she get that from?

Ab·schrei·ber(in) m(f) (fam) cribber fam, plagiarist

Ab·schrei·bung f ❶ (steuerliche Geltendmachung) deduction ❷ (Wertminderung) depreciation

Ab·schrift f duplicate

ab|schür·fen vt Haut to graze

Ab·schür·fung <-, -en> f (Schürfwunde) graze

Ab·schuss[RR] <-es, Abschüsse> m, **Ab·schuß**[ALT] <-sses, Abschüsse> m ❶ (das Abfeuern) firing; einer Rakete launch; **fertig machen zum ~!** stand by to fire! ❷ (das Abschießen) shooting down ❸ JAGD **Fasane sind jetzt zum ~ freigegeben** it's open season for pheasants now ❹ SPORT [goal] kick

ab·schüs·sig ['apʃʏsɪç] adj steep

Ab·schuss·lis·te[RR] f hit list; **bei jdm auf der ~ stehen** (fam) to be on sb's hit list

Ab·schuss·ram·pe[RR] f launch[ing] pad

ab|schüt·teln vt to shake off; **es gelang ihm, seine Verfolger abzuschütteln** he succeeded in shaking off his pursuers; **sie versuchte, ihre Müdigkeit abzuschütteln** she tried to ward off sleep

ab|schüt·ten vt ❶ (abgießen) to pour off ❷ (Kochwasser wegschütten) to drain; Kartoffeln to strain

ab|schwä·chen I. vt ❶ (weniger drastisch machen) to tone down ❷ (vermindern) to reduce II. vr ■ **sich ~** ❶ (leiser werden) to quieten [or AM quiet] down ❷ (an Intensität verlieren) to get weaker ❸ (sich vermindern) to diminish; **die Inflation hat sich deutlich abgeschwächt** inflation has decreased markedly

Ab·schwä·chung <-, -en> f ❶ (das Abschwächen) toning-down, moderation ❷ (Verminderung) lessening ❸ (Verringerung) decrease; von Inflation fall

ab|schwat·zen vt, **ab|schwät·zen** vt SÜDD (fam) ■ **jdm etw ~** to talk sb into parting with sth; **diesen Tisch habe ich meiner Oma abgeschwatzt** I talked my grandmother into giving me this table

ab|schwei·fen vi sein (abweichen) to deviate (**von** from); **vom Thema ~** to digress [from a topic]; **bitte schweifen Sie nicht ab!** please stick to the point

ab|schwel·len vi irreg sein ❶ (sich zurückbilden) to subside; **sein Knöchel ist abgeschwollen** the swelling has gone down in his ankle ❷ (geh: leiser werden) to fade away

ab|schwir·ren vi sein (fam: verschwinden) to buzz off

ab|schwö·ren vi irreg ■ einer S. dat ~ ❶ (etw aufgeben) to give up sth; **dem Alkohol ~** to abstain from alcohol ❷ (sich von etw lossagen) to renounce sth

ab|seg·nen vt (fam: genehmigen) to bless; ■ **etw von jdm ~ lassen** to get sb's blessing on sth

ab·seh·bar ['apzeːbaːɐ̯] adj foreseeable; **das Ende ist nicht ~** the end is not in sight; **in ~er Zeit** in the foreseeable future

ab|se·hen irreg I. vt ❶ (voraussehen) to predict; **ist die Dauer des Verfahrens abzusehen?** can you say how long the trial will last? ❷ (fam: abgucken) ■ **jdm etw ~** to imitate sb; **diesen Tanzschritt habe ich mir bei meiner Schwester abgesehen** I got this dance step from my sister II. vi (übergehen) ■ **von etw** dat **~** to ignore sth; ■ **davon ~, etw zu tun** to refrain from doing sth

ab|sei·len I. vr (fam: verschwinden) ■ **sich ~** to clear off II. vt to let down on a rope, to abseil [or AM rappel]

ab|sein[ALT] vi irreg s. ab

ab·seits ['apzaɪts] I. adv ❶ (entlegen) off the beaten track ❷ SPORT ■ **~ sein** to be offside II. präp (entfernt von etw) ■ **~ einer S.** gen at a distance from sth; **das Haus liegt ein wenig ~ der Straße** the house isn't far from the road

Ab·seits <-, -> ['apzaɪts] nt ❶ SPORT offside; **im ~ stehen** to be offside ❷ (ausweglose Situation) end of the line; **im ~ stehen** to be on the edge; **Langzeitarbeitslose geraten oft ins soziale ~** the long-term unemployed are often marginalized

ab·seits|hal·ten[RR] vr irreg ■ **sich ~** to be aloof **ab·seits|ste·hen**[RR] vi irreg to stand on the sidelines

ab·sen·den *vt reg o irreg* to send [*or* BRIT post] [*or* AM mail] (**an** to)
Ab·sen·der(in) <-s, -> *m(f)* sender
ab|ser·vie·ren* I. *vi* (*Geschirr abräumen*) to clear the table II. *vt* ① (*abräumen*) to clear ② (*fam: loswerden*) to get rid of; **sich von jdm ~ lassen** to let oneself be pushed around ③ (*sl: umbringen*) to bump off
ab·setz·bar *adj* ① (*verkäuflich*) saleable; **nicht ~ sein** to be unsaleable ② (*steuerlich zu berücksichtigen*) tax-deductible ③ (*des Amtes zu entheben*) removable [from office]
ab|set·zen I. *vt* ① (*des Amtes entheben*) to remove [from office]; *Herrscher* to depose; *König, Königin* to dethrone ② (*abnehmen*) *Brille* to take off ③ (*hinstellen*) to put down ④ (*aussteigen lassen*) ■ **jdn ~** to drop sb off; **wo kann ich dich ~?** where shall I drop you off? ⑤ (*verkaufen*) to sell ⑥ FIN ■ **etw ~** to deduct sth (**von** from) ⑦ *Theaterstück* to cancel ⑧ *Medikament* to stop taking ⑨ *Feder* to take off the paper; *Glas* to take from one's lips ⑩ (*kontrastieren*) ■ **Dinge voneinander ~** to define things [from one another] II. *vr* ■ **sich ~** ① *Dreck, Staub* to settle ② CHEM, GEOL to be deposited ③ (*fam: verschwinden*) to clear out; **sich ins Ausland ~** to clear out of the country ④ (*Abstand vergrößern*) to get away (**von** from) ⑤ (*sich unterscheiden*) to stand out (**von** against); **die Silhouette des Doms setzte sich gegen den roten Abendhimmel ab** the silhouette of the cathedral stood out against the red evening sky III. *vi* (*innehalten*) to pause
Ab·set·zung <-, -en> *f* ① (*Amtsenthebung*) removal [from office], dismissal; **die Massen verlangten die ~ des Diktators** the masses called for the dictator to be deposed ② (*das Absetzen*) cancellation; *von Theaterstück* removal, withdrawal
ab|si·chern I. *vr* ■ **sich ~** to cover oneself (**gegen** against); **sich vertraglich ~** to cover oneself by signing a contract II. *vt* ① (*garantieren*) to guarantee ② (*sicher machen*) to secure; **du solltest das Fahrrad am besten mit einem Schloss ~** it is best to secure the bicycle with a lock
Ab·sicht <-, -en> *f* intention; **das war nicht meine ~!** I didn't mean to do it!; **mit den besten ~en** with the best of intentions; **ernste ~en haben** to have honourable intentions; **die ~ haben, etw zu tun** to have the intention of doing sth; **~ sein** to be intentional; **in der ~, etw zu**

Absicht ausdrücken

nach Absicht fragen	*asking about intention*
Was bezwecken Sie damit?	What are you trying to achieve by that?
Was hat das alles für einen Zweck?	What's the point of all this?
Was wollen Sie damit behaupten/sagen?	What are you trying to say?
Absicht ausdrücken	*expressing intent*
Ich werde diesen Monat noch das Wohnzimmer tapezieren.	I'm going to wallpaper the living room this month.
Ich habe für nächstes Jahr eine Reise nach Italien vor.	I'm planning a trip to Italy next year.
Ich beabsichtige, eine Klage gegen die Firma zu erheben. *(form)*	I intend to institute proceedings against the company. *(form)*
Ich habe bei dem Menü als Dessert eine Mousse au Chocolat ins Auge gefasst.	The mousse au chocolat has rather caught my eye.
Ich habe mir in den Kopf gesetzt, den Pilotenschein zu machen.	I've set my mind on getting a pilot's licence.
Absichtslosigkeit ausdrücken	*expressing lack of intention*
Das war nicht von mir beabsichtigt.	I didn't intend that.
Das liegt mir fern.	That's the last thing I want to do.
Ich habe nicht die Absicht, dir irgendwelche Vorschriften zu machen.	I'm not interested in telling you what you should or should not do.
Ich habe es nicht auf Ihr Geld abgesehen.	I am not after your money.

absichtlich → abstammen

tun with a view to doing sth; **er folgte ihr in der ~, sie zu berauben** he followed her with intent to rob her; **eine ~ verfolgen** to pursue a goal; **mit/ohne ~** intentionally/unintentionally

ab·sicht·lich ['apzɪçtlɪç] **I.** *adj* deliberate, intentional **II.** *adv* deliberately, on purpose

ab|sin·ken *vi irreg sein* ❶ (*sich verringern*) to drop (**auf** to) ❷ (*sich verschlechtern*) to deteriorate; **das Niveau ist abgesunken** the standard has fallen off ❸ (*tiefer sinken*) to sink ❹ (*sich senken*) to subside (**um** by)

ab|sit·zen *irreg* **I.** *vt haben* (*verbringen*) to sit out; *Haftstrafe* to serve **II.** *vi sein vom Pferd* to dismount

ab·so·lut [apzo'luːt] **I.** *adj* ❶ (*uneingeschränkt*) absolute; **~e Ruhe** complete calm ❷ (*nicht relativ*) absolute; **~e Mehrheit** absolute majority **II.** *adv* (*fam*) absolutely; **~ nicht** positively not; **~ nichts** absolutely nothing

Ab·so·lu·ti·on <-, -en> [apzolu'tsi̯oːn] *f* REL absolution; **die ~ erteilen** to grant absolution

Ab·so·lu·tis·mus <-> [apzolu'tɪsmʊs] *m kein pl* absolutism *no pl*

ab·so·lu·tis·tisch I. *adj* absolutist **II.** *adv* in an absolutist manner; **~ regieren** to rule absolutely

Ab·sol·vent(in) <-en, -en> [apzɔl'vɛnt] *m(f)* graduate

absolvieren* [apzɔl'viːrən] *vt* ❶ (*bestehen*) to [successfully] complete; *Prüfung* to pass; **welche Schule haben Sie absolviert?** which school did you go to? ❷ (*ableisten*) to do sth

ab·son·der·lich [ap'zɔndɐlɪç] **I.** *adj* peculiar **II.** *adv* peculiarly

Ab·son·der·lich·keit <-, -en> *f* ❶ *kein pl* (*Merkwürdigkeit*) strangeness; *von Verhalten* oddness ❷ (*merkwürdige Eigenart*) peculiarity

ab|son·dern I. *vt* ❶ (*ausscheiden*) to secrete ❷ (*isolieren*) to isolate; ■**jdn von jdm ~** to separate sb from sb **II.** *vr* ■**sich ~** ❶ (*sich isolieren*) to keep oneself apart ❷ (*ausgeschieden werden*) to be secreted

Ab·son·de·rung <-, -en> *f* ❶ *kein pl* (*Isolierung*) isolation ❷ *kein pl* (*Vorgang des Absonderns*) discharge ❸ (*abgeschiedener Stoff*) secretion

ab·sor·bie·ren* [apzɔr'biːrən] *vt* to absorb

ab|spal·ten I. *vr* ■**sich ~** to split away/off (**von** from); **viele Gebiete der ehemaligen Sowjetunion haben sich abgespaltet** many areas have split away from the former Soviet Union **II.** *vt* ❶ (*etw durch Spalten trennen*) to chop off ❷ CHEM to separate (**von** from)

Ab·spann <-[e]s, -e> *m* FILM, TV credits *pl*

ab|spe·cken ['apʃpɛkn̩] **I.** *vi* (*fam: abnehmen*) to slim down **II.** *vt* (*fam: reduzieren*) ■**etw ~** to reduce the size of sth

ab|spei·chern *vt* to store; **eine Datei auf eine Diskette ~** to save a file onto [a] disk

ab|spei·sen *vt* ■**jdn ~** to fob sb off *sep*; **sich von jdm ~ lassen** to be fobbed off by sb

ab·spens·tig ['apʃpɛnstɪç] *adj* **jdm etw ~ machen** to take sth away from sb; **er hat mir meine Verlobte ~ gemacht** he has stolen my fiancée from me

ab|sper·ren I. *vt* ❶ (*versperren*) to cordon off (**mit** with); **die Unfallstelle wurde von der Polizei abgesperrt** the police cordoned off the scene of the accident ❷ (*abstellen*) *Strom, Wasser* to cut off ❸ SÜDD (*zuschließen*) to lock **II.** *vi* SÜDD (*die Tür verschließen*) to lock up

Ab·sper·rung *f* ❶ (*das Absperren*) cordoning off; (*durch Absperrgitter*) fencing-off ❷ (*Sperre*) cordon; *durch Polizei* police cordon

ab|spie·len I. *vr* (*ablaufen*) ■**sich ~** to happen; **was hat sich hier abgespielt?** what happened here? **II.** *vt* ❶ (*laufen lassen*) to play ❷ *Ball* to pass

Ab·spra·che *f* agreement; **eine ~ treffen** to come to an agreement; **nach ~** as agreed

ab|spre·chen *irreg* **I.** *vt* ❶ (*verabreden*) to arrange ❷ (*vorher vereinbaren*) to agree on ❸ (*streitig machen, aberkennen*) ■**jdm etw ~** to deny sb sth **II.** *vr* ■**sich mit jdm ~** to come to an agreement with sb (**wegen** about)

ab|sprin·gen *vi irreg sein* ❶ (*fam: sich zurückziehen*) to bale out (**von** of) ❷ (*hinunterspringen*) to jump (**von** from); *mit dem Fallschirm* to parachute ❸ (*von etw hoch springen*) **mit dem rechten Fuß ~** to take off on the right foot ❹ (*sich lösen*) to come off ❺ (*abprallen*) to rebound; **von einer Mauer ~** to bounce back from a wall

Ab·sprung *m* ❶ (*Sprung aus einer Höhe*) jump ❷ (*fam: Ausstieg*) getting out; **den ~ schaffen** to make a getaway; **den ~ verpassen** to miss the boat ❸ LUFT take-off ❹ SKI jump

ab|spü·len I. *vt* ❶ (*unter fließendem Wasser reinigen*) to rinse ❷ (*durch einen Wasserstrahl entfernen*) to wash off **II.** *vi* (*spülen*) to do the dishes, BRIT *also* to wash up

ab|stam·men *vi kein pp* ❶ (*herkommen*)

to descend (**von** from) ❷ LING to stem (**von** from)

Ab·stam·mung <-, -en> f (*Abkunft*) origins pl; **adeliger ~ sein** to be of noble birth; **sie muss französischer ~ sein** she must be of French extraction

Ab·stand m ❶ (*räumliche Distanz*) distance; **der ~ von hier zur Mauer beträgt 2 Meter** the distance between here and the wall is 2 metres; **ein ~ von 20 Metern** a distance of 20 metres; **mit knappem/ weitem ~** at a short/great distance; **in einigem ~** at some distance; **einen ~ einhalten** to keep a distance; **~ halten** to maintain a distance; **fahr nicht so dicht auf, halte ~!** don't drive so close, leave a space!; **mit ~** by a long way ❷ (*zeitliche Distanz*) interval; **in kurzen/regelmäßigen Abständen** at short/regular intervals ❸ (*innere Distanz*) aloofness ❹ SPORT **mit zwei Punkten ~** with a two-point margin; **mit [großem] ~ führen** to lead by a [wide] margin ❺ (*geh*) **von etw** dat **~ nehmen** to decide against sth; **davon ~ nehmen, etw zu tun** to refrain from doing sth

ab|stat·ten ['apʃtatn̩] vt (*geh*) ■**jdm etw ~** to do sth dutifully or officially; **jdm einen Besuch ~** to pay sb a visit

ab|stau·ben vt, vi ❶ (*fam: ergattern*) to rip off (**von** from); **dieses alte Gemälde habe ich bei meinen Großeltern abgestaubt** I liberated that painting from my grandparents ❷ (*vom Staub befreien*) to dust

ab|ste·chen irreg I. vt to stab to death; ■**ein Tier ~** to slit an animal's throat II. vi (*sich abheben*) to stand out (**von** from)

Ab·ste·cher <-s, -> m ❶ (*Ausflug*) trip ❷ (*Umweg*) detour ❸ (*Exkurs*) ■**ein ~ in etw** akk a sidestep into sth

ab|ste·cken vt ❶ (*markieren*) to mark out; *mit Pfosten* to stake out ❷ (*umreißen*) to sketch out ❸ MODE to pin; **der Anzug wurde von der Schneiderin abgesteckt** the suit was fitted by the tailor

ab|ste·hen vi irreg to stick out; **er hat ~de Ohren** his ears stick out

Ab·stei·ge f (*schäbiges Hotel*) dive, dosshouse BRIT, flophouse AM

ab|stei·gen vi irreg sein ❶ (*heruntersteigen*) to dismount; **von einer Leiter ~** to get down off a ladder ❷ (*fam*) **in einem Hotel ~** to stay in a hotel ❸ (*seinen Status verschlechtern*) to go downhill; **beruflich/gesellschaftlich ~** to slide down the job/social ladder ❹ SPORT to be relegated ❺ (*im Gebirge*) to descend

ab|stel·len vt ❶ (*ausschalten*) to switch off sep ❷ (*Zufuhr unterbrechen*) ■**etw ~** to cut sth off sep; **den Haupthahn ~** to turn off the mains [or AM main tap] ❸ (*absetzen*) to put down ❹ (*aufbewahren*) ■**etw [bei jdm] ~** to leave sth [with sb]; **Gepäckstücke können hier abgestellt werden** luggage can be deposited here ❺ (*parken*) to park; **wo stellst du dein Auto immer ab?** where do you park? ❻ (*unterbinden*) to stop sth ❼ (*abordnen*) ■**jdn für etw** akk/**zu etw** dat **~** to send sb to sth

Ab·stell·gleis nt siding **Ab·stell·kammer** f broom closet, BRIT also box room

Ab·stell·raum m storeroom, BRIT also box room

ab|stem·peln vt ❶ (*mit einem Stempel versehen*) to stamp ❷ (*pej*) ■**jdn [als etw] ~** to brand sb [as sth]

ab|ster·ben vi irreg sein ❶ *Zellen, Blätter* to die ❷ *Finger, Zehen* to go numb

Ab·stieg <-[e]s, -e> m ❶ (*das Hinabklettern*) descent ❷ (*Niedergang*) decline; **der berufliche/gesellschaftliche ~** descent down the job/social ladder ❸ SPORT relegation

ab|stil·len vt, vi *Baby* to stop breast-feeding

ab|stim·men I. vi (*die Stimme abgeben*) to vote; **[über etw** akk **] ~ lassen** to have a vote [on sth] II. vt ❶ (*anpassen*) ■**Dinge aufeinander ~** to co-ordinate things [with each other]; *Farben, Kleidung* to match ❷ RADIO to tune ❸ (*mechanisch einstellen*) to adjust; **die Sitze sind genau auf seine Größe abgestimmt** the seats are adjusted to fit his size

Ab·stim·mung f ❶ (*Stimmabgabe*) vote (**über** on); **etw zur ~ bringen** to put sth to the vote; **geheime ~** secret ballot ❷ (*harmonische Kombination*) co-ordination; **die ~ der Farben ist sehr gelungen** the colours are well-matched ❸ RADIO tuning ❹ (*Anpassung durch mechanische Einstellung*) adjustment

ab·stinent [apsti'nɛnt] I. adj ❶ (*enthaltsam*) abstinent; ■**~ sein** to be a teetotaller ❷ (*sexuell enthaltsam*) celibate II. adv ❶ (*enthaltsam*) abstinently ❷ (*sexuell enthaltsam*) in celibacy

Ab·sti·nenz <-> [apsti'nɛnts] f kein pl ❶ (*das Abstinentsein*) abstinence ❷ (*sexuelle Enthaltsamkeit*) celibacy

Ab·sti·nenz·ler(in) <-s, -> m(f) (*pej*) teetotaller

ab|sto·ßen irreg I. vt ❶ MED to reject ❷ (*nicht eindringen lassen*) to repel; **Was-**

abstoßend → abtragen

ser ~ **d** water-repellent ❸ (*anwidern*) to repel ❹ (*durch einen Stoß abschlagen*) to chip off ❺ (*verkaufen*) to get rid of ❻ (*durch Stöße abnutzen*) to damage; **an Büchern sind oft die Ecken abgestoßen** the corners of books are often bent and damaged ❼ (*wegstoßen*) to push away (**von** from); **mit dem Ruder stieß er das Boot vom Ufer ab** using the rudder he shoved off from the bank ❽ (*abwerfen*) **die Schlange stieß die Haut ab** the snake shed its skin II. *vr* ❶ (*abfedern und hochspringen*) to jump (**von** from) ❷ (*durch Stöße ramponiert werden*) to become damaged III. *vi* (*anwidern*) **sich von etw abgestoßen fühlen** to be repelled by sth

ab·sto·ßend I. *adj* ❶ (*widerlich*) repulsive ❷ (*für Flüssigkeiten undurchlässig*) repellent II. *adv* (*widerlich*) in a repulsive way; ~ **aussehen** to look repulsive; ~ **riechen** to smell disgusting

ab|stot·tern *vt* (*fam: nach und nach bezahlen*) to pay by instalments, BRIT *also* to buy sth on the never-never

ab·stra·hie·ren* [apstra'hi:rən] *vt, vi* to abstract

ab·strakt [ap'strakt] I. *adj* abstract II. *adv* in the abstract; **etw zu ~ darstellen** to present sth too much in the abstract

Ab·strak·ti·on <-, -en> *f* (*abstraktes Denken*) abstraction

ab|strei·fen *vt* ❶ (*abziehen*) to take off ❷ (*säubern*) *Füße* to wipe

ab|strei·ten *vt irreg* ❶ (*leugnen*) to deny; **er stritt ab, sie zu kennen** he denied knowing her ❷ (*absprechen*) ■**jdm etw ~** to deny sb sth; **das kann man ihr nicht ~** you can't deny her that

Ab·strich *m* ❶ *pl* (*Kürzungen*) cuts; **~e machen** to make cuts; (*Kompromisse*) to lower one's sights (**bei** in) ❷ MED swab

ab·strus [ap'stru:s] *adj* (*geh*) abstruse

ab|stu·fen *vt* ❶ (*nach Intensität staffeln*) to shade; ■**abgestuft** shaded ❷ (*terrassieren*) to terrace ❸ (*nach der Höhe staffeln*) to grade

Ab·stu·fung <-, -en> *f* ❶ (*Staffelung*) grading; **die ~ der Gehälter** the grading of salaries ❷ (*Stufe*) grade ❸ (*Schattierung*) shading ❹ (*Nuance*) shade

ab|stump·fen *vi sein* ❶ (*stumpf werden*) to blunt ❷ (*fig*) to become inured (**gegen** to), to dull

Ab·sturz *m* ❶ (*Sturz in die Tiefe*) fall; *von Flugzeug* crash ❷ (*fam: Misserfolg*) fall from grace ❸ (*Zusammenbruch*) collapse; *von Computer* crash

ab|stür·zen *vi sein* ❶ *Person* to fall; *Flugzeug* to crash ❷ INFORM to crash ❸ (*fam: Misserfolg haben*) to fall from grace ❹ (*fam: völlig betrunken sein*) to get blind drunk

Ab·sturz·stel·le *f* ❶ LUFT crash site ❷ (*Stelle eines Bergsteigerunfalls*) location of the fall

ab|stüt·zen *vt* to support (**mit** with); **sich durch Krücken ~** to support oneself on crutches

ab|su·chen *vt* ❶ (*durchstreifen*) to search (**nach** for) ❷ (*untersuchen*) to examine; **wir haben den Baum nach Schädlingen abgesucht** we've examined the tree for pests

ab·surd [ap'zʊrt] *adj* absurd; **~es Theater** theatre of the absurd

Ab·sur·di·tät <-, -en> *f* absurdity

Ab·szess[RR] <-es, -sse> *m*, **Ab·szeß**[ALT] <-sses, -sse> [aps'tsɛs] *m* MED abscess

Abt, Äb·tis·sin <-[e]s, Äbte> [apt, ɛp'tɪsɪn, *pl* 'ɛptə] *m, f* abbot *masc*, abbess *fem*

Abt. *f Abk von* **Abteilung** dept.

ab|tan·zen *vi* (*sl*) boogie *fam,* get down [on the dance floor]

ab|tas·ten *vt* ❶ (*tastend untersuchen*) to search (**nach** for); **jdn nach Waffen ~** to frisk sb for weapons ❷ INFORM to scan ❸ (*sondieren*) ■**jdn ~** to sound sb out; ■**sich ~** to size one another up; **den Feind ~** to size up the enemy

ab|tau·chen *vi sein* (*sl*) to go underground

ab|tau·en *vt haben* to thaw; *Kühlschrank* to defrost

Ab·tei <-, -en> *f* abbey

Ab·teil *nt* compartment

ab|tei·len *vt* to divide off (**von** from)

Ab·tei·lung[1] *f* (*Teil einer Organisation*) department; *eines Krankenhauses* ward ❷ MIL section

Ab·tei·lung[2] *f kein pl* (*Abtrennung*) dividing off

Ab·tei·lungs·lei·ter(in) *m(f) einer Verkaufsabteilung* department[al] manager; *einer Firma* head of department

ab|tip·pen *vt* (*fam*) to type [up *sep*]

Äb·tis·sin <-, -nen> [ɛp'tɪsɪn] *f fem form von* **Abt** abbess

ab|tö·ten *vt* ❶ (*zum Absterben bringen*) to kill off *sep* ❷ (*zum Erlöschen bringen*) ■**etw [in jdm] ~** to deaden sth [in sb]

ab|tra·gen *irreg vt* ❶ (*abnutzen*) to wear out ❷ (*geh: abräumen*) *Geschirr* to clear away *sep* ❸ (*entfernen*) *Boden* to clear away ❹ *Mauer* to take down *sep* ❺ GEOG to wash away *sep*

ab·träg·lich [ˈaptrɛːklɪç], **ab·trä·gig** [ˈaptrɛːgɪç] *adj* SCHWEIZ damaging; *Kritik* a. adverse; ▪[jdm/etw] ~ sein to be detrimental [to sb/sth]

ab|trans·por·tie·ren* *vt* to transport [away]

ab|trei·ben *irreg* I. *vt haben ein Kind* to have an abortion II. *vi sein* (*in eine andere Richtung treiben*) to be carried [away]; **das Boot trieb weit vom Kurs ab** the boat was driven a long way off course

Ab·trei·bung <-, -en> *f* abortion

Ab·trei·bungs·pil·le *f* morning-after pill

ab|tren·nen *vt* ❶ (*ablösen*) to detach (**von** from); **hier ~** detach here ❷ (*abteilen*) to divide off *sep* (**von** from) ❸ (*gewaltsam vom Körper trennen*) ▪*etw* ~ to cut sth off *sep*

ab|tre·ten *irreg* I. *vt haben* ❶ (*übertragen*) ▪*etw* ~ to sign over sth *sep; Rechte* to transfer; *Land* to cede ❷ (*fam: überlassen*) ▪*jdm etw* ~ to give sth to sb; **er hat ihr seinen Platz abgetreten** he gave up his seat to her ❸ (*durch Betreten abnutzen*) to wear out ❹ (*durch Treten entfernen*) to stamp off *sep* II. *vi sein* ❶ (*zurücktreten*) to step down; *Monarch* to abdicate; *Politiker* to resign ❷ THEAT *von der Bühne* to exit [the stage] ❸ (*fam: sterben*) to make one's [last] exit ❹ MIL to stand down; ~! dismissed! III. *vr haben* **sich** *dat* **seine Schuhe ~** to wipe off one's shoes *sep*

Ab·tre·ter <-s, -> *m* (*fam*) doormat

Ab·tre·tung <-, -en> *f* signing over; *von Rechten* transferring; *von Gebiet* ceding

ab|trock·nen *vt*, *vi* to dry; ▪**sich ~** to dry oneself; *Geschirr* to dry the dishes, to dry up BRIT

ab|trop·fen *vi sein* to drain; ▪*etw* ~ **lassen** to leave sth to drain

ab·trün·nig [ˈaptrʏnɪç] *adj* renegade; *Provinz, Staat* rebel; ▪**jdm/einer S.** *dat* **~ werden** to be disloyal to sb/sth; **seinem Glauben ~ werden** to renounce one's faith

Ab·trün·ni·ge(r) *f(m) dekl wie adj* renegade; REL apostate

ab|tun *vt irreg* to dismiss (**mit** with, **als** as); **etw mit einem Achselzucken/ Lächeln ~** to dismiss sth with a shrug/ laugh, to shrug/laugh sth off

ab|tup·fen *vt* ❶ (*durch Tupfen entfernen*) to dab away; **sich** *dat* **den Schweiß von der Stirn ~** to dab the sweat from one's brow ❷ (*durch Tupfen reinigen*) to swab; *Wunde* to clean

ab·tur·nen [-tøːɐ̯nən] *vi* (*sl*) to be a pain in the neck

ab|ver·lan·gen* *vt* to demand

ab|wä·gen *vt irreg* ▪*etw* [**gegeneinander**] ~ to weigh sth up [against sth else]; **seine Worte gut ~** to choose one's words carefully; **Vor- und Nachteile ~** to weigh [up] the disadvantages and advantages

ab|wäh·len *vt Person* to vote out [of office]; *Schulfach* to drop

ab|wäl·zen *vt* ▪*etw* [**auf jdn**] ~ to unload sth [on to sb]; *Kosten* to pass on; *Verantwortung* to shift

ab|wan·deln *vt* to adapt; *Vertrag* to modify

ab|wan·dern I. *vi sein* ❶ (*sich von einem Ort entfernen*) to go away ❷ (*auswandern*) to migrate; **die ländliche Bevölkerung wanderte in die Städte ab** the rural population migrated to the towns ❸ (*fam: überwechseln*) ▪**zu jdm ~** to move to sb II. *vt ein Gebiet* to walk all over

Ab·wan·de·rung *f* migration

ab|war·ten *vt*, *vi* to wait [for]; **das bleibt abzuwarten** that remains to be seen; **wart mal ab!** [just] [you] wait and see!

ab·war·tend I. *adj* expectant; **eine ~e Haltung einnehmen** to adopt a policy of wait and see II. *adv* expectantly; **sich ~ verhalten** to behave cautiously

ab·wärts [ˈapvɛrts] *adv* downhill; **vom Chef ~ sind alle anwesend** from the boss down everyone is present; **es geht mit jdm/etw ~** sb/sth is going downhill

ab·wärts·kom·pa·ti·bel *adj* INFORM downward compatible **Ab·wärts·trend** *m* downhill trend

Ab·wasch¹ <-[e]s> *m kein pl* ❶ (*Spülgut*) dirty dishes *pl*, BRIT *also* washing-up ❷ (*das Spülen*) washing the dishes, washing-up BRIT; **den ~ machen** to do the dishes, BRIT *also* to wash up, BRIT *also* to do the washing-up ▶ **das geht in einem ~** (*fam*) you can kill two birds with one stone *prov*

Ab·wasch² <-, -en> *f* ÖSTERR (*Spülbecken*) sink

ab·wasch·bar *adj* washable

ab|wa·schen *irreg* I. *vt* ❶ (*spülen*) to wash up ❷ (*durch Waschen entfernen*) to wash off; **sie wusch ihrer Tochter den Schmutz vom Gesicht ab** she washed the dirt off her daughter's face ❸ (*reinigen*) ▪**sich ~** to wash oneself II. *vi* to do the dishes, BRIT *also* to wash up, BRIT *also* to do the washing-up; **hilfst du mir mal beim A~?** will you help me do the washing-up?

Ab·was·ser <-wässer> *nt* waste water; *von Industrieanlagen* effluent

Ab·was·ser·auf·be·rei·tung f sewage treatment **Ab·was·ser·ka·nal** m sewer **Ab·was·ser·lei·tung** f waste pipe

ab|wech·seln vi, vr ▪ **sich ~** ❶ (im Wechsel handeln) to take turns ❷ (im Wechsel erfolgen) to alternate; **Sonne und Regen wechselten sich ab** it alternated between sun and rain

ab·wech·selnd adv alternately; **in der Nacht hielten die vier ~ Wache** the four took turns to stand guard during the night

Ab·wech·se·lung <-, -en>, **Ab·wechs·lung** <-, -en> f change; **die ~ lieben** to like a bit of variety; **zur ~** for a change

ab·wechs·lungs·hal·ber adv for variety's sake **ab·wechs·lungs·los** adj unchanging **ab·wechs·lungs·reich** adj varied

Ab·weg m meist pl **jdn auf ~e führen** to lead sb astray; **auf ~e geraten** to go astray; (moralisch) to stray from the straight and narrow

ab·we·gig ['apve:gɪç] adj ❶ (unsinnig) absurd; Idee far-fetched; Verdacht unfounded ❷ (merkwürdig) strange

Ab·wehr f kein pl ❶ (inneres Widerstreben) resistance; **seine Pläne stießen auf starke ~** his plans met [with] strong resistance ❷ MIL repelling ❸ (Spionage~) counterespionage ❹ SPORT (Verteidigung) defence; (die Abwehrspieler) defenders ❺ (Widerstand gegen Krankheit) protection

ab|weh·ren I. vt ❶ MIL to repel ❷ SPORT to fend off; Ball to clear ❸ (abwenden) to turn away; Gefahr, Unheil, Verdacht to avert; Vorwurf to fend off II. vi ❶ (ablehnen) to refuse ❷ SPORT to clear

Ab·wehr·kräf·te pl the body's defences **Ab·wehr·me·cha·nis·mus** m PSYCH, MED defence mechanism **Ab·wehr·re·ak·ti·on** f defensive reaction **Ab·wehr·spie·ler(in)** m(f) SPORT defender

ab|wei·chen vi irreg sein ❶ (abkommen) to deviate (**von** from); ❷ (sich unterscheiden) ▪ **von jdm/etw ~** to differ from sb/sth

ab·wei·chend adj different

Ab·wei·chung <-, -en> f ❶ (Unterschiedlichkeit) difference; einer Auffassung deviation ❷ (das Abkommen) deviation ❸ TECH **zulässige ~** tolerance

ab|wei·sen vt irreg ❶ (wegschicken) to turn away; **sich [von jdm] nicht ~ lassen** to not take no for an answer [from sb] ❷ (ablehnen) to turn down sep; Antrag, Bitte to deny; ▪ **jdn ~** to reject sb ❸ Klage to dismiss

ab·wei·send adj cold

Ab·wei·sung f ❶ (das Wegschicken) turning away ❷ (das Ablehnen) turning down, rejection ❸ JUR dismissal

ab|wen·den reg o irreg I. vr ▪ **sich ~** to turn away II. vt ❶ (verhindern) **eine Katastrophe ~** to avert a catastrophe ❷ (zur Seite wenden) **die Augen ~** to avert one's gaze

ab|wer·ben vt irreg to entice away

ab|wer·fen irreg I. vt ❶ (herunterfallen lassen) to drop; Blätter, Nadeln to shed ❷ Reiter to throw ❸ FIN, ÖKON Gewinn to yield; Zinsen to bear ❹ (geh: abschütteln) to cast off sth sep ❺ Karte to discard II. vi ❶ (beim Hochsprung) to knock down the bar ❷ FBALL to throw the ball out

ab|wer·ten vt ❶ (Kaufwert vermindern) to devalue (**um** by); ▪ **abgewertet** devalued ❷ (Bedeutung mindern) to debase

ab·wer·tend I. adj derogatory II. adv derogatorily; **ein Wort ~ gebrauchen** to use a word in a derogatory way

Ab·wer·tung f ❶ (Minderung der Kaufkraft) devaluation ❷ (Wertminderung) debasement

ab·we·send ['apve:znt] adj ❶ (geh) absent ❷ (geistes~) absent-minded

Ab·we·sen·heit <-, selten -en> f ❶ (Fehlen) absence; **durch ~ glänzen** (iron fam) to be conspicuous by one's absence; **in ~ von jdm** in sb's absence ❷ (Geistes~) absent-mindedness

ab|wi·ckeln I. vt ❶ (von etw wickeln) to unwind ❷ (erledigen) to deal with; Auftrag to process; Geschäft to carry out II. vr (glatt vonstattengehen) ▪ **sich ~** to run smoothly

ab|wie·gen vt irreg to weigh [out]

ab|wim·meln vt (fam) ▪ **jdn ~** to get rid of sb; ▪ **etw ~** to get out of [doing] sth

ab|win·ken vi to signal one's refusal

ab|wi·schen vt to wipe (**von** from); **sich** dat **die Tränen ~** to dry one's tears; **sich** dat **den Schweiß von der Stirn ~** to mop the sweat from one's brow

Ab·wrack·prä·mie f ❶ (Prämie, Bonus) [car] scrapping bonus BRIT, [car] junk bonus AM fam ❷ (Maßnahme) scrappage scheme programme BRIT [or program AM], CARS no pl AM

Ab·wurf m ❶ (das Hinunterwerfen) dropping; von Ballast shedding ❷ (das Abgeworfenwerden) throwing ❸ (Speerwerfen) throwing; (beim Fußball) throw-out

ab|wür·gen vt (fam) ❶ Motor to stall the engine ❷ (im Keim ersticken) to nip in the bud; ▪ **jdn ~** (unterbrechen) to cut sb short; **jdn mitten im Satz ~** to cut sb off right in the middle of a sentence

ab|zah·len vt ❶ (zurückzahlen) to pay off

❷ (*in Raten bezahlen*) to pay in instalments; ■**abgezahlt** paid for *präd;* **unser Haus ist endlich abbezahlt** we've finally paid off the house

ab|zäh·len *vt, vi* to count [out]; ■**abgezählt** exact; **das Fahrgeld abgezählt bereithalten** to tender [the] exact fare

Ab·zah·lung *f* ❶ (*Rückzahlung*) paying off ❷ (*Bezahlung auf Raten*) repayment

Ab·zei·chen *nt* ❶ (*Anstecknadel*) badge ❷ MIL insignia of rank

ab|zeich·nen I. *vt* ❶ (*durch Zeichnen wiedergeben*) to copy ❷ (*signieren*) to initial **II.** *vr* ❶ (*erkennbar werden*) ■**sich ~** to become apparent ❷ (*Umrisse erkennen lassen*) ■**sich ~** to show

Ab·zieh·bild *nt* TECH transfer

ab|zie·hen *irreg* **I.** *vi* ❶ *sein* MIL to withdraw (**aus** from) ❷ *sein* (*fam: weggehen*) to go away; **zieh ab!** clear off! ❸ *sein* (*durch Luftzug entfernen*) to clear (**aus** from) ❹ *sein* METEO to move away **II.** *vt haben* ❶ (*einbehalten*) to deduct (**von** from); **Steuern und Sozialabgaben werden direkt vom Gehalt abgezogen** tax and national insurance are deducted directly from the wages ❷ MATH to subtract (**von** from) ❸ FIN *Kapital* to withdraw ❹ MIL *Truppen* to withdraw ❺ (*etw durch Ziehen entfernen*) *Bett* to strip; *Schlüssel* to take out; *einem Tier das Fell* to skin ❻ SCHWEIZ (*ausziehen*) to take off **III.** *vr* SCHWEIZ (*sich ausziehen*) ■**sich ~** to undress

ab|zie·len *vi* ❶ (*anspielen*) ■**auf etw** *akk* **~** to get at sth *fam* ❷ (*im Visier haben*) ■**auf jdn/etw ~** to aim at sb/sth

Ab·zo·cke <-> ['aptsɔkə] *f kein pl* (*pej fam*) profiteering, price gouging AM

ab|zo·cken I. *vt* (*sl*) ■**jdn ~** to fleece sb **II.** *vi* (*sl*) to clean up

Ab·zug *m* ❶ (*das Abziehen*) deduction ❷ FOTO print ❸ MIL withdrawal; **jdm freien ~ gewähren** to grant sb safe passage ❹ FIN *von Kapital* withdrawal ❺ (*Luft~*) vent; (*Dunst~*) extractor [fan]; (*über einem Herd*) extractor hood ❻ (*Vorrichtung an einer Waffe*) trigger

ab·züg·lich ['aptsy:klɪç] *präp* ■**~ einer S.** *gen* minus sth

ab·zugs·frei *adj* tax-free **Ab·zugs·hau·be** *f* extractor hood **Ab·zugs·rohr** *nt* flue [pipe]

ab|zwei·gen I. *vi sein* to branch off; **hinter der Kurve zweigt die Goethestraße nach links ab** Goethestraße turns off to the left after the bend **II.** *vt haben* (*fam*) to set aside *sep* (**von** from)

Ab·zwei·gung <-, -en> *f* ❶ (*Straßengabelung*) turning ❷ (*Nebenlinie einer Strecke*) branch line

Ac·ces·soire <-s, -s> [aksɛˈsoaːɐ̯] *nt meist pl* accessory

Ac·count <-s, -s> [əˈkau̯nt] *m o nt* INFORM account; **sich** *dat* **ein** [*o* **einen**] **~ einrichten** to create an account

Ace·tat <-s, -e> [atseˈtaːt] *nt* acetate

Ace·ton <-s, -e> [atseˈtoːn] *nt* acetone

ach [ax] **I.** *interj* ❶ (*jammernd, ärgerlich*) oh no!; **~, das sollte doch schon lange erledigt sein!** oh no! that was supposed to have been done ages ago!; **~ je!** oh dear [me]!; **~, rutsch mir doch den Buckel runter!** oh, go [and] take a running jump! ❷ (*also*) oh!; **~, so ist das also ...** oh, so that's how it is ... ❸ (*aha*) [oh,] I see!; **~ so, ich verstehe!** oh, I see!; **~ wirklich?** really? ❹ (*ganz und gar nicht*) **~ was!** come on! **II.** *adv* (*geh*) **sie glaubt von sich, sie sei ~ wie schön** she thinks she's oh so beautiful

Ach <-s, -[s]> [ax] *nt* (*Ächzen*) groan ▶ **mit ~ und Krach** (*fam*) by the skin of one's teeth

Achat <-[e]s, -e> [aˈxaːt] *m* agate

Ach·se <-, -n> ['aksə] *f* ❶ AUTO axle ❷ (*Linie*) axis ▶ **auf ~ sein** (*fam*) to be on the move

Ach·sel <-, -n> ['aksl̩] *f* ❶ ANAT armpit ❷ (*fam: Schulter*) shoulder; **mit den ~n zucken** to shrug one's shoulders

Ach·sel·haa·re *pl* armpit hair **Ach·sel·höh·le** *f* armpit **Ach·sel·zu·cken** <-> *nt kein pl* shrug [of the shoulders] **ach·sel·zu·ckend I.** *adj* shrugging **II.** *adv* with a shrug [of the shoulders]

Ach·sen·bruch *m* broken axle

acht[1] [axt] *adj* eight; **~ mal drei sind gleich 24** eight times three is 24; **das kostet ~ Euro** that costs eight euros; **die Linie ~ fährt zum Bahnhof** the No. 8 goes to the station; **es steht ~ zu drei** the score is eight three [*or* 8-3]; **~ [Jahre alt] sein/werden** to be/turn eight [years old]; **mit ~ [Jahren]** at the age of eight, at eight [years old], as an eight-year-old; **~ Uhr sein** to be eight o'clock; **gegen ~ [Uhr]** [at] about eight [o'clock]; **um ~** at eight [o'clock]; **... [Minuten] nach/vor ~** ... [minutes] past/to eight [o'clock]; **kurz nach/vor ~ [Uhr]** just after/before eight [o'clock]; **alle ~ Tage** [regularly] every week; **heute/Freitag in ~ Tagen** a week today/on Friday; **heute/Freitag vor ~ Tagen** a week ago today/on Friday

acht² [axt] *adv* **wir waren zu ~** there were eight of us

Acht¹ <-, -en> [axt] *f* ❶ (*Zahl*) eight ❷ (*etw von der Form einer 8*) **ich habe eine ~ im Vorderrad** my front wheel is buckled; **auf dem Eis eine ~ laufen** to skate a figure of eight on the ice ❸ KARTEN **die Kreuz-~** the eight of clubs ❹ (*Verkehrslinie*) ■ **die ~** the [number] eight

Acht^RR2 [axt] *f* **~ geben** to be careful; **sie gab genau ~, was der Professor sagte** she paid careful attention to what the professor said; **auf jdn/etw ~ geben** to look after sb/sth; **etw außer ~ lassen** to not take sth into account; **sich [vor jdm/etw] in ~ nehmen** to be wary [of sb/sth]

acht·bar *adj* (*geh*) respectable

ach·te(r, s) ['axtə, -tə, -təs] *adj* ❶ (*nach dem siebten kommend*) eighth; **an ~r Stelle** [in] eighth [place]; **die ~ Klasse** third year of senior school BRIT, eighth grade AM ❷ (*Datum*) eighth; **am ~n September** on the eighth of September

Ach·te(r) ['axtə] *f(m) dekl wie adj* ❶ (*Person*) **der/die/das ~** the eighth; **du bist jetzt der ~, der fragt** you're the eighth person to ask; **als ~ an der Reihe** [*o* **dran**] **sein** to be the eighth [in line]; **~(r) sein/werden** to be/finish [in] eighth [place]; **er ist als ~r durchs Ziel gegangen** he finished eighth, he crossed the line in eighth place; **jeder ~** every eighth person, one in eight [people] ❷ (*bei Datumsangaben*) ■ **der ~** [*o geschrieben* **der 8.**] the eighth spoken, the 8th *written;* **heute ist der ~** it's the eighth today; ■ **am ~n** on the eighth ❸ (*Namenszusatz*) **Karl der ~** [*o geschrieben* **Karl VIII.**] Karl the Eighth spoken *or written* Karl VIII]

Acht·eck ['axt?ɛk] *nt* octagon

acht·eckig *adj* octagonal, eight-sided *attr*

ach·tel ['axtl] *adj* eighth

Ach·tel <-s, -> ['axtl] *nt* eighth

Ach·tel·fi·na·le *nt* round of the last sixteen

Ach·tel·no·te *f* MUS quaver

ach·ten ['axtn̩] I. *vt* (*schätzen*) to respect II. *vi* ❶ (*aufpassen*) ■ **auf jdn/etw ~** to look after sb/sth ❷ (*be~*) ■ **auf jdn/etw ~** to pay attention to sb/sth; ■ **darauf ~, etw zu tun** to remember to do sth; **achtet aber darauf, dass ihr nichts umwerft!** be careful not to knock anything over!

äch·ten ['ɛçtn̩] *vt* ❶ (*verdammen*) to ostracize ❷ HIST (*proskribieren*) ■ **jdn ~** to outlaw sb

ach·tens ['axtn̩s] *adv* eighthly

Ach·ter·bahn *f* roller-coaster

ach·ter·lei ['axtɐˈlai] *adj* eight [different]; **~ Sorten Brot/Käse** eight [different] kinds of bread/cheese; **in ~ Farben/Größen** in eight [different] colours/sizes

acht·fach, 8·fach ['axtfax] I. *adj* eightfold; **die ~e Menge** eight times the amount; **bei ~er Vergrößerung** enlarged eight times; **in ~er Ausfertigung** eight copies of II. *adv* eightfold, eight times over

acht|ge·ben *vi irreg* to be careful; **sie gab genau acht, was der Professor sagte** she paid careful attention to what the professor said; **auf jdn/etw ~** to look after sb/sth

acht·hun·dert ['axtˈhʊndət] *adj* eight hundred

acht·jäh·rig, 8-jäh·rig^RR ['axtjɛːrɪç] *adj* ❶ (*Alter*) eight-year-old *attr,* eight years old *präd;* **das ~e Jubiläum einer S.** *gen* the eighth anniversary of sth ❷ (*Zeitspanne*) eight-year *attr;* **eine ~e Amtszeit** an eight-year tenure

acht·kan·tig *adj* MATH octagonal ▸ **jdn ~ hinauswerfen** (*fam*) to throw sb out on his ear

acht·los I. *adj* careless II. *adv* without noticing; **~ ging er an ihr vorbei** he went past her without noticing

Acht·lo·sig·keit <-> *f* ❶ (*Unachtsamkeit*) carelessness ❷ (*unachtsames Verhalten*) thoughtlessness

acht·mal, 8-mal^RR ['axtmaːl] *adv* eight times; **~ so viel/so viele** eight times as much/as many

acht·sam ['axtzaːm] I. *adj* (*geh*) careful; ■ **~ sein** to be careful II. *adv* (*geh*) carefully; **bitte gehen Sie sehr ~ damit um!** please take great care with this!

Acht·sam·keit <-> *f kein pl* (*geh*) care

Acht·stun·den·tag [axtˈʃtʊndn̩taːk] *m* eight-hour day

acht·stün·dig, 8-stün·dig^RR ['axtʃtʏndɪç] *adj* eight-hour *attr,* lasting eight hours *präd*

acht·tä·gig, 8-tä·gig^RR ['axttɛːgɪç] *adj* eight-day *attr,* lasting eight days *präd*

acht·tau·send ['axtˈtaʊznt] *adj* ❶ (*Zahl*) eight thousand ❷ (*fam:* €8000) eight grand *no pl*, eight thou *no pl sl*, eight G's [*or* K's] *no pl* AM *sl*

Acht·und·sech·zi·ger(in) <-s, -> *m(f)* sb who took an active part in the demonstrations and student revolts of 1968

Ach·tung¹ ['axtʊŋ] *interj* ■ **~!** ❶ (*Vorsicht*) watch out!; **„~ Lebensgefahr!"** "danger [to life]!"; **„~ Stufe!"** "mind the step" ❷ (*Aufmerksamkeit*) [your] attention please! ▸ **~, fertig, los!** ready, steady, go!

Ach·tung² <-> ['axtʊŋ] *f kein pl* respect

(**vor** for); [**keine**] ~ **vor jdm/etw haben** to have [no] respect for sb/sth; **alle ~!** well done!

Äch·tung <-, -en> f ① (*Verfemung*) ostracism ② (*Verdammung*) condemnation ③ HIST (*Erklärung der Acht*) outlawing

Ach·tungs·er·folg m reasonable success

acht·zehn ['axtseːn] *adj* eighteen; **frei|ge·geben**] **ab ~** for eighteeners and over; ■ **~ Uhr** 6pm, 1800hrs *written,* eighteen hundred hours *spoken; s. a.* **acht** ¹

acht·zig ['axtsɪç] *adj* ① (*Zahl*) eighty; **die Linie ~ fährt zum Bahnhof** the No. 80 goes to the station; **~ [Jahre alt] sein** to be eighty [years old]; **mit ~ [Jahren]** at the age of eighty, at eighty [years old], as an eighty-year-old; **über ~ sein** to be over eighty; **Mitte ~ sein** to be in one's mid-eighties ② (*fam: Stundenkilometer*) eighty [kilometres an hour]; [**mit**] **~ fahren** to do eighty [kilometres an hour] ▶ **jdn auf ~ bringen** (*fam*) to make sb's blood boil, to make sb flip his/her lid; **auf ~ sein** (*fam*) to be hopping mad *fam*

Acht·zig <-> ['axtsɪç] *f* eighty

acht·zi·ger, 80er ['axtsɪɡɐ] *adj attr* ① (*das Jahrzehnt von 80 bis 90*) **die ~ Jahre** the eighties, the '80s ② (*aus dem Jahr -80 stammend*) [from] '80; **ein ~ Jahrgang** an '80 vintage

acht·zig·ste(r, s) ['axtsɪçstə, -tɐ, -təs] *adj* eightieth; *s. a.* **achte(r, s)**

äch·zen ['ɛçtsn̩] *vi* ① (*stöhnen*) to groan ② (*knarren*) to creak

Acker <-s, Äcker> ['akɐ, *pl* 'ɛkɐ] *m* field

A·cker·bau *m kein pl* [arable] farming; **~ betreiben** to farm [the land] **A·cker·land** *nt kein pl* arable [farm]land

ackern ['akɐn] *vi* ① (*fam: hart arbeiten*) to slog away ② (*das Feld bestellen*) to till the soil

A·cker·sa·lat *m* DIAL lamb's lettuce

Acryl <-s> [a'kryːl] *nt* acrylic

Ac·tion <-> ['ɛkʃn̩] *f* (*fam*) action; **jede Menge ~** loads of action; **~ geladen** action packed

Ac·tion·film *m* action film

a. D. [aː'deː] *Abk von* **außer Dienst** retd.

A. D. [aː'deː] *Abk von* **Anno Domini** AD

ADAC <-> [aːdeːʔaːˈtseː] *m kein pl Abk von* **Allgemeiner Deutscher Automobil-Club** *German automobile club*

ad ac·ta [at 'akta] *adv* **etw ~ legen** (*geh*) to consider sth [as] finished

Adam <-s, -s> ['aːdam] *m* ① (*Name*) Adam ② (*hum: Mann*) man ▶ **bei ~ und Eva anfangen** (*fam*) to start from scratch [*or* the very beginning]; **noch von ~ und Eva stammen** (*fam*) to be out of the ark *fam*

Adams·ap·fel *m* Adam's apple **Adams·kos·tüm** *nt* ▶ **im ~** (*hum fam*) in one's birthday suit

Adap·ta·ti·on <-, -en> [adapta'tsi̯oːn] *f* (*fachspr*) adaptation

Adap·ter <-s, -> [a'daptɐ] *m* adapter

adap·tie·ren* [adap'tiːrən] I. *vt* ① (*umarbeiten*) to adapt (**für** for) ② ÖSTERR (*herrichten*) to renovate II. *vr* **sich an etw** *akk* **~** to adapt to sth

adä·quat [adɛ'kvaːt] *adj* adequate; *Position, Stellung* suitable; **~e Kritik** valid criticism; ■ **einer S.** *dat* **~ sein** to be appropriate to sth

ad·die·ren* [a'diːrən] I. *vt* to add up *sep;* ■ **etw zu etw** *dat* **~** to add sth to sth II. *vi* to add; **ich habe mich beim A~ vertan** I've made a mistake counting

Ad·di·ti·on <-, -en> [adi'tsi̯oːn] *f* addition

Ad·di·tiv <-s, -e> [adi'tiːf, *pl* adi'tiːvə] *nt* additive

ade [a'deː] *interj* SÜDD goodbye

Adel <-s> ['aːdl̩] *m kein pl* nobility, aristocracy; **~ verpflichtet** noblesse oblige; **jdm den ~ verleihen** to bestow a title on sb, to raise sb to the peerage BRIT; **alter ~** ancient nobility; **von ~ sein** to be of noble birth

ade·lig ['aːdəlɪç] *adj s.* **adlig**

Ade·li·ge(r) ['aːdəlɪɡə, -ɡɐ] *f(m) dekl wie adj s.* **Adlige(r)**

adeln ['aːdl̩n] *vt* ① (*den Adel verleihen*) to bestow a title on ② (*geh: auszeichnen*) to ennoble

Adels·ti·tel *m* title [of nobility]

Ader <-, -n> ['aːdɐ] *f* ① (*Vene*) vein; (*Schlagader*) artery ② (*Begabung*) **eine ~ für etw** *akk* **haben** to have a talent for sth; **eine künstlerische ~ haben** to have an artistic bent

Ader·lass[RR] <-es, -lässe> *m,* **Ader·laß**[ALT] <-lasses, -lässe> *m* ① (*geh: fühlbarer Verlust*) drain ② MED (*veraltet*) bleeding

ADFC [aːdeːʔɛfˈtseː] *m Akr von* **Allgemeiner Deutscher Fahrrad-Club** *German cycling club*

adi·eu [a'di̯øː] *interj* (*geh*) *s.* **ade**

Ad·jek·tiv <-s, -e> ['atjɛktiːf, *pl* -iːvə] *nt* adjective

ad·jek·ti·visch ['atjɛktiːvɪʃ] I. *adj* adjectival II. *adv* adjectively

Ad·ler <-s, -> ['aːdlɐ] *m* eagle

Ad·ler·na·se *f* aquiline nose

ad·lig ['aːdlɪç] *adj* aristocratic, noble; ■ **~ sein** to have a title

Ad·li·ge(r) ['aːdlɪɡə, -ɡə] f(m) dekl wie adj aristocrat, nobleman masc, noblewoman fem

Ad·mi·nis·tra·ti·on <-, -en> [atmɪnɪstra'tsi̯oːn] f administration

ad·mi·nis·tra·tiv [atmɪnɪstra'tiːf] I. adj administrative II. adv administratively

Ad·mi·nis·tra·tor(in) <-toren, -toren> [atmɪnɪs'traːtoːɐ̯, atmɪnɪstra'toːrɪn, pl -'toːrən] m(f) INFORM administrator, admin fam

Ad·mi·ral(in) <-s, -e o Admiräle> [atmi'raːl, pl -rɛːlə] m(f) admiral

adop·tie·ren* [adɔp'tiːrən] vt to adopt

Adop·ti·on <-, -en> [adɔp'tsi̯oːn] f adoption; **ein Kind zur ~ freigeben** to put a child up for adoption

Adop·tiv·el·tern [adɔp'tiːf-] pl adoptive parents **Adop·tiv·kind** nt adopted child

Adr. f Abk von **Adresse** addr.

Ad·re·na·lin <-s> [adrena'liːn] nt kein pl adrenalin no pl

Ad·re·na·lin·spie·gel m adrenalin level **Ad·re·na·lin·stoß** m rush of adrenalin

Ad·res·sat(in) <-en, -en> [adrɛ'saːt] m(f) (geh: Empfänger) addressee

Ad·ress·buchRR nt ❶ (amtliches Adressverzeichnis) directory ❷ (Notizbuch für Adressen) address book

Ad·res·se <-, -n> [a'drɛsə] f ❶ (Anschrift) address ❷ INFORM (Kennzeichen für einen Speicherplatz einer Datei) address ❸ (Name) **eine gute ~** a leading name ▶ **bei jdm** [mit etw dat] **an der falschen/richtigen ~ sein** to have addressed the wrong/right person [with sth]; **sich an die falsche/richtige ~ wenden** (fam) to knock at the wrong/right door

ad·res·sie·ren* [adrɛ'siːrən] vt to address (**an** to)

ad·rett [ad'rɛt] I. adj (hübsch, gepflegt) smart II. adv smartly; **sie ist immer ~ gekleidet** she's always neatly turned out

Ad·ria <-> ['aːdria] f Adriatic [Sea]

ad·ri·a·tisch [adri'aːtɪʃ] adj Adriatic; ▪ **das ~ e Meer** the Adriatic Sea

Ad·vent <-s, -e> [at'vɛnt] m Advent [season]; ▪ **im ~** during [the] Advent [season]; **erster ~** first Sunday in Advent

Ad·vents·ka·len·der m Advent calendar **Ad·vents·kranz** m Advent wreath **Ad·vents·zeit** f Advent [season]

Ad·verb <-s, -ien> [at'vɛrp, pl -bi̯ən] nt adverb

ad·ver·bi·al [atvɛr'bi̯aːl] I. adj adverbial II. adv adverbially

Ad·vo·kat(in) <-en, -en> [atvo'kaːt] m(f) ❶ ÖSTERR, SCHWEIZ (Rechtsanwalt) lawyer, solicitor BRIT, attorney AM ❷ (geh: Fürsprecher) advocate

Ad·vo·ka·tur <-, -en> [atvoka'tuːɐ̯] f SCHWEIZ ❶ (Amt eines Advokaten) legal profession ❷ (Kanzlei eines Advokaten) lawyer's office

Ae·ro·bic <-s> [ɛ'roːbɪk] nt kein pl aerobics + sing/pl vb

Ae·ro·dy·na·mik [aerody'naːmɪk] f aerodynamics + sing/pl vb **ae·ro·dy·na·misch** [aerody'naːmɪʃ] I. adj aerodynamic II. adv aerodynamically

Af·fä·re <-, -n> [a'fɛːrə] f ❶ (Angelegenheit) business no pl ❷ (Liebesabenteuer) [love] affair ❸ (unangenehmer Vorfall) affair; (Skandal) scandal; **in eine ~ verwickelt sein** to be involved in an affair ▶ **sich aus der ~ ziehen** (fam) to wriggle out of a sticky situation

Af·fe <-n, -n> ['afə] m ❶ (Tier) ape, monkey ❷ (sl: blöder Kerl) twit; **ein eingebildeter ~** (fam) a conceited ass ▶ **ich glaub, mich laust der ~!** (fam) I think my eyes are deceiving me!

Af·fekt <-[e]s, -e> [a'fɛkt] m affect; **im ~ handeln** to act in the heat of the moment

Af·fekt·hand·lung f act committed in the heat of the moment

af·fek·tiert [afɛk'tiːɐ̯t] I. adj (pej geh) affected II. adv (pej geh) affectedly

af·fen·ar·tig adj apelike, like a monkey präd **af·fen·geil** ['afn̩ˌɡail] adj (sl) wicked **Af·fen·hit·ze** ['afn̩ˌhɪtsə] f (fam) scorching heat **Af·fen·kä·fig** m monkey cage **Af·fen·schan·de** f (fam) it's a sin fam **Af·fen·tem·po** nt (fam) breakneck speed; **in einem ~** at breakneck speed **Af·fen·the·a·ter** nt (fam) (furchtbare Umstände) [sheer] farce ▶ **wegen etw gen] ein ~ machen** to make a right [or AM real] fuss [about sth] **Af·fen·zahn** m (sl) breakneck speed

Af·fi·che <-, -n> [a'fiʃə] f SCHWEIZ (Plakat) poster

af·fig ['afɪç] I. adj (pej fam) affected II. adv (pej fam) affectedly

Äf·fin <-, -nen> ['ɛfɪn] f fem form von **Affe 1**

Af·front <-s, -s> [a'frõː] m (geh) affront

Af·gha·ne, Af·gha·nin <-n, -n> [afˈɡaːnə, -'ɡaːnɪn] m, f Afghan; s. a. **Deutsche(r)**

af·gha·nisch [afˈɡaːnɪʃ] adj Afghan; s. a. **deutsch**

Af·gha·nis·tan <-s> [afˈɡaːnɪstaːn] nt Afghanistan; s. a. **Deutschland**

Af·ri·ka <-s> ['aːfrika] nt Africa

Afri·kaans <-> [afri'kaːns] nt Afrikaans

Afri·ka·ner(in) <-s, -> [afriˈkaːnɐ] *m(f)* African; ■**~ sein** to be [an] African
afri·ka·nisch [afriˈkaːnɪʃ] *adj* African
Afro·ame·ri·ka·ner(in) [ˈaːfro-] *m(f)* Afro-American
afro·ame·ri·ka·nisch [ˈaːfro-] *adj* Afro-American
Afro·look[RR], **Afro Look**[ALT] <-s, -s> [ˈaːfroluk] *m* Afro[-]look]
Af·ter <-s, -> [ˈaftɐ] *m* (*geh*) anus
Af·ter-Shave[RR], **Af·ter·shave**[RR], **Af·ter-shave**[ALT] <-[s], -s> [ˈaːftəʃeːf] *nt* aftershave
Af·ter-Work-Par·ty[RR], **Af·ter·work·par·ty**[RR] [ˈaːftɐ(ˈ)wəːk-] *f mid-week disco open usually to young office workers soon after business hours*
AG <-, -s> [aːˈgeː] *f Abk von* **Aktiengesellschaft** plc, public limited company BRIT, [stock] corporation AM
Ägä·is <-> [ɛˈgɛːɪs] *f* the Aegean [Sea]
Aga·ve <-, -n> [aˈgaːvə] *f* agave
Agent(in) <-en, -en> [aˈgɛnt] *m(f)* ① (*Spion*) spy ② (*Generalvertreter*) agent
Agen·tur <-, -en> [agɛnˈtuːɐ̯] *f* agency
Agen·tur·be·richt *m* [news] agency report
Agen·tur·mel·dung *f* agency report
AGG <-s> [aːgeːˈgeː] *nt kein pl Abk von* **Allgemeines Gleichbehandlungsgesetz** JUR ■**das ~** the Equality Act
Ag·glo·me·ra·ti·on <-, -en> [aglomeraˈtsi̯oːn] *f* SCHWEIZ (*Ballungsraum*) conurbation
Ag·gre·gat <-[e]s, -e> [agreˈgaːt] *nt* unit; (*Stromaggregat*) power unit
Ag·gres·si·on <-, -en> [agrɛˈsi̯oːn] *f* aggression; **~en gegen jdn/etw empfinden** to feel aggressive towards sb/sth
ag·gres·siv [agrɛˈsiːf] I. *adj* aggressive II. *adv* aggressively
Ag·gres·si·vi·tät <-, -en> [agrɛsiviˈtɛːt] *f* aggressiveness
agie·ren* [aˈgiːrən] *vi* (*geh*) to act
agil [aˈgiːl] *adj* (*geh*) agile
Agi·ta·ti·on <-, -en> [aguta'tsi̯oːn] *f* agitation
Agi·ta·tor, **Agi·ta·to·rin** <-en, -toren> [agiˈtaːtoːɐ̯, -ˈtoːrɪn, *pl* -ˈtoːrən] *m, f* agitator
agi·ta·to·risch [agitaˈtoːrɪʃ] I. *adj* inflammatory II. *adv* for purposes of agitation
Ago·nie <-, -n> [agoˈniː, *pl* -ˈniːən] *f* (*geh*) death throes *npl*
Agrar·flä·che *f* agrarian land **Agrar·land** *nt* agricultural country **Agrar·markt** *m* agricultural market **Agrar·po·li·tik** *f* agricultural policy **Agrar·wirt·schaft** *f* agricultural economy
Ägyp·ten <-s> [ɛˈgʏptn̩] *nt* Egypt

Ägyp·ter(in) <-s, -> [ɛˈgʏptɐ] *m(f)* Egyptian; ■**~ sein** to be [an] Egyptian
ägyp·tisch [ɛˈgʏptɪʃ] *adj* Egyptian
ah [aː] *interj* ① (*sieh an*) ah, oh; **~, jetzt verstehe ich** ah, now I understand; **~, da kommt ja unser Essen!** oh look, here comes our food! ② (*Ausdruck von Wohlbehagen*) mmm; **~, das schmeckt lecker!** mmm, that tastes lovely!
Ah *Abk von* **Amperestunde** ampere-hour
aha [aˈhaː] *interj* ① (*ach so*) aha; **~, ich verstehe!** aha, I understand ② (*sieh da*) look!
Aha-Er·leb·nis [aˈhaː-] *nt* PSYCH aha experience
Ah·le <-, -n> [ˈaːlə] *f* bodkin
Ahn <-[e]s *o* -en, -en> [ˈaːn] *m* ① *meist pl* (*geh: Vorfahr*) ancestor, forefather ② (*geh: Vorläufer*) forerunner
ahn·den [ˈaːndn̩] *vt* (*geh*) to punish
Ah·ne, **Ah·ne** <-n, -n> [ˈaːnə] *m, f* (*geh*) ancestor *masc*, ancestress *fem*
äh·neln [ˈɛːnl̩n] *vt* to resemble; **du ähnelst meiner Frau** you remind me of my wife
ah·nen [ˈaːnən] *vt* ① (*vermuten*) to suspect; **na, ahnst du jetzt, wohin wir fahren?** well, have you guessed where we're going yet? ② (*voraussehen*) ■**etw ~** to have a premonition of sth ③ (*er~*) to guess [at]; **das kann/konnte ich doch nicht ~!** how can/could I know that?; **ohne es zu ~** without suspecting; **etwas/nichts ~** to have an/no idea (**von** about)
Ah·nen·for·schung *f* genealogy **Ah·nen·rei·he** *f* ancestral line **Ah·nen·ta·fel** *f* genealogical table
ähn·lich [ˈɛːnlɪç] I. *adj* similar; ■**~ wie jd/etw sein** to be similar to sb/sth; ■**[etwas] Ähnliches** [something] similar II. *adv* (*vergleichbar*) similarly; ■**jdm ~ sehen** to look like sb
Ähn·lich·keit <-, -en> *f* ① (*ähnliches Aussehen*) resemblance; **man konnte eine gewisse ~ feststellen** there was a certain similarity; **sie hat eine große ~ mit ihrem Vater** she bears a great resemblance to her father ② (*Vergleichbarkeit*) similarity ③ (*ähnliche Züge*) ■**mit jdm/etw ~ haben** to resemble sb/sth ④ (*vergleichbar sein*) ■**mit etw** *dat* **~ haben** to be similar to sth
ähn·lich|se·hen[RR] *vi irreg* (*fam*) **das sieht dir/ihr [mal wieder] ähnlich!** that's you/her all over!
Ah·nung <-, -en> *f* ① (*Vorgefühl*) premonition; **~en haben** to have premonitions ② (*Vermutung*) suspicion; **es ist eher so eine ~** it's more of a hunch *fam* ③ (*Idee*)

idea; **keine ~ haben** to have no idea; **keine blasse ~ haben** to not have the faintest idea; **hast du eine ~!** (*iron fam*) that's what you think!; **~/keine ~ [von etw** *dat*] **haben** to understand/to not understand [sth]; **man merkt gleich, dass sie ~ hat** you can see straight away that she knows what she's talking about; **keine ~!** (*fam*) [I've] no idea!

ah·nungs·los I. *adj* ❶ (*etw nicht ahnend*) unsuspecting ❷ (*unwissend*) ignorant **II.** *adv* unsuspectingly

ahoi [a'hɔy] *interj* ■ **Boot ~!** ship ahoy!

Ahorn <-s, -e> ['a:hɔrn] *m* ❶ (*Baum*) maple [tree] ❷ (*Holz*) maple [wood]

Äh·re <-, -n> ['ɛ:rə] *f* ❶ (*Samenstand*) ear ❷ (*Blütenstand*) spike

Aids <-> [e:ts] *nt Akr von* **Acquired Immune Deficiency Syndrome** Aids

Aids·er·re·ger *m* Aids virus **Aids·hil·fe** *f* Aids relief **aids·in·fi·ziert** *adj* infected with Aids *pred* **Aids·in·fi·zier·te(r)** *f(m) dekl wie adj* person infected with Aids **aids·krank** *adj* suffering from Aids *präd* **Aids·kran·ke(r)** *f(m) dekl wie adj* person suffering from Aids **Aids·test** *m* Aids test **Aids·über·tra·gung** *f* Aids transmission **Aids·vi·rus** *nt* Aids virus

Air·bag <-s, -s> ['ɛːɐ̯bɛk] *m* airbag

Air·bus ['ɛːɐ̯bʊs] *m* airbus

Aja·tol·lah <-s, -s> [aja'tɔla] *m* Ayatollah

Aka·de·mie <-, -en> [akade'mi:, *pl* -'mi:ən] *f* ❶ (*Fachhochschule*) college ❷ (*wissenschaftliche Vereinigung*) academy

Aka·de·mi·ker(in) <-s, -> [aka'de:mikɐ] *m(f)* ❶ (*Hochschulabsolvent*) graduate ❷ (*Hochschullehrkraft*) academic

aka·de·misch [aka'de:mɪʃ] **I.** *adj* academic **II.** *adv* **~ gebildet sein** to be academically educated

Aka·zie <-, -n> [a'ka:tsi̯ə] *f* ❶ (*Acacia*) acacia ❷ (*Robinia pseudoacacia*) robinia

ak·kli·ma·ti·sie·ren* [aklimati'zi:rən] *vr* ❶ (*sich gewöhnen*) ■ **sich ~** to become acclimatized ❷ (*sich einleben*) to get used to sth

Ak·kli·ma·ti·sie·rung <-, -en> *f* acclimatization

Ak·kord¹ <-[e]s, -e> [a'kɔrt, *pl* -kɔrdə] *m* chord

Ak·kord² <-[e]s, -e> [a'kɔrt, *pl* -kɔrdə] *m* piece-work; ■ **im ~ arbeiten** to be on piece-work

Ak·kord·ar·beit *f* piece-work **Ak·kord·ar·bei·ter(in)** *m(f)* piece-worker

Ak·kor·de·on <-s, -s> [a'kɔrdeɔn] *nt* accordion

Ak·ku <-s, -s> ['aku] *m* (*fam*) *kurz für* **Ak·kumulator** accumulator, [storage] battery

ak·ku·rat [aku'ra:t] **I.** *adj* ❶ (*sorgfältig*) meticulous ❷ (*exakt*) accurate **II.** *adv* ❶ (*sorgfältig*) meticulously ❷ (*exakt*) accurately

Ak·ku·sa·tiv <-s, -e> ['akuzati:f, *pl* -ti:və] *m* accusative [case]

Ak·ku·sa·tiv·ob·jekt *nt* accusative object

Ak·ne <-, -n> ['aknə] *f* acne

ak·qui·rie·ren [akvi'ri:rən] *vt* ❶ (*veraltet: erwerben*) to acquire ❷ ÖKON (*werben*) *Aufträge* to procure; **Kunden ~** to win clients

akri·bisch [a'kri:bɪʃ] **I.** *adj* (*geh*) meticulous **II.** *adv* (*geh*) meticulously

Akro·bat(in) <-en, -en> [akro'ba:t] *m(f)* acrobat

Akro·ba·tik <-> [akro'ba:tɪk] *f kein pl* ❶ (*Körperbeherrschung und Geschicklichkeit*) acrobatic skill ❷ (*Disziplin*) acrobatics + *sing vb*

akro·ba·tisch *adj* acrobatic

Akro·nym <-s, -e> [akro'ny:m] *nt* acronym

Akt¹ <-[e]s, -e> [akt] *m* ❶ (*Darstellung eines nackten Menschen*) nude [painting] ❷ (*Handlung*) act; **ein ~ der Rache** an act of revenge ❸ (*Zeremonie*) ceremony ❹ (*Aufzug eines Theaterstücks*) act

Akt² <-[e]s, -en> [akt] *m* ÖSTERR (*Akte*) file

Ak·te <-, -n> ['aktə] *f* file; **die ~ Borgfeld** the Borgfeld file; **etw zu den ~n legen** (*ablegen*) to file sth away; (*als erledigt betrachten*) to lay sth to rest

Ak·ten·kof·fer *m* briefcase **ak·ten·kun·dig** *adj* ❶ (*mit dem Inhalt der Akte vertraut sein*) familiar with the records *präd* ❷ (*in Akten vermerkt*) on record ▶ **sich ~ machen** to make oneself familiar with the records **Ak·ten·ord·ner** *m* file **Ak·ten·schrank** *m* filing cabinet **Ak·ten·ta·sche** *f* briefcase **Ak·ten·zei·chen** *nt* file reference [number]

Akt·fo·to *nt* nude photograph

Ak·tie <-, -n> ['aktsi̯ə] *f* BÖRSE share, stock *esp* AM; **die ~n stehen gut/schlecht** (*einen guten Kurs haben*) the shares are doing well/badly; (*fig: die Umstände sind vorteilhaft*) things are/aren't looking good

Ak·ti·en·fonds *m* share fund **Ak·ti·en·ge·sell·schaft** *f* ÖKON public limited company BRIT, [stock] corporation AM **Ak·ti·en·in·dex** *m* share index **Ak·ti·en·kurs** *m* share [*or* AM *also* stock] price **Ak·ti·en·markt** *m* stock market

Ak·ti·on <-, -en> [ak'tsi̯o:n] *f* ❶ (*Handlung*) action; **in ~ sein** to be [constantly] in action; **in ~ treten** to come into action ❷(*Sonderverkauf*) sale ❸(*Militär~, Werbe~*) campaign

Ak·ti·o·när(in) <-s, -e> [aktsi̯oˈnɛːɐ̯] *m(f)* FIN shareholder, AM *also* stockholder

Ak·ti·ons·preis *m* special offer **Ak·ti·ons·ra·di·us** *m* ❶(*Reichweite*) radius of action ❷(*Wirkungsbereich*) sphere of activity

ak·tiv [akˈtiːf] I. *adj* active; (*berufstätig*) working; ■ **in etw** *dat* ~ **sein** to be active in sth II. *adv* actively

Ak·tiv <-s, *selten* -e> [akˈtiːf, *pl* -tiːvə] *nt* LING active [voice]

Ak·ti·va [akˈtiːva] *pl* ÖKON assets; ~ **und Passiva** assets and liabilities

ak·ti·vie·ren* [aktiˈviːrən] *vt* ❶(*anspornen*) ■ **jdn** ~ to get sb moving ❷(*aktiver gestalten*) to intensify ❸(*stimulieren*) to stimulate ❹(*in Gang setzen*) to activate; **einen Prozess** ~ to set a process in motion

Ak·ti·vie·rung <-, -en> *f* activation; **dieses Mittel dient zur ~ der körpereigenen Abwehrkräfte** this preparation serves to activate the body's defences

Ak·ti·vist(in) <-en, -en> [aktiˈvɪst] *m(f)* activist

Ak·ti·vi·tät <-, -en> [aktiviˈtɛːt] *f* ❶(*Tätigkeit*) activity; ~[**en**] **entfalten** to be active ❷(*Funktion*) function

Akt·ma·le·rei *f* nude painting **Akt·mo·dell** *nt* nude model

ak·tu·a·li·sie·ren* *vt* to update; ■ **aktualisiert** updated

Ak·tu·a·li·sie·rung <-, -en> [aktu̯aliˈziːrʊŋ] *f* update

Ak·tu·a·li·tät <-, -en> [aktu̯aliˈtɛːt] *f* ❶(*Gegenwartsinteresse*) topicality ❷ *pl* (*geh: aktuelle Ereignisse*) current events

ak·tu·ell [akˈtu̯ɛl] *adj* ❶(*gegenwärtig*) topical; **die ~sten Nachrichten** the latest news; ~ **e Vorgänge** current events; ■ **Aktuelles** topicalities, news ❷(*modern*) latest; **solche Schuhe sind schon lange nicht mehr** ~ shoes like that haven't been in fashion for ages

Akt·zeich·nung *f* nude drawing

Aku·pres·sur <-, -en> [akuprɛˈsuːɐ̯] *f* acupressure

aku·punk·tie·ren* [akupʊŋkˈtiːrən] *vt, vi* to perform acupuncture [on sb]

Aku·punk·tur <-, -en> [akupʊŋkˈtuːɐ̯] *f* acupuncture

Akus·tik <-> [aˈkʊstɪk] *f kein pl* acoustics + *pl vb*; **der Raum hat eine gute** ~ the room has good acoustics

akus·tisch [aˈkʊstɪʃ] I. *adj* acoustic II. *adv* acoustically; **ich habe dich rein ~ nicht verstanden** I just didn't hear what you said

akut [aˈkuːt] *adj* ❶(*plötzlich auftretend*) acute ❷(*dringend*) urgent

AKW <-s, -s> [aːkaːˈveː] *nt Abk von* **Atomkraftwerk**

Ak·zent <-[e]s, -e> [akˈtsɛnt] *m* ❶(*Aussprache*) accent; **mit ~ sprechen** to speak with an accent ❷ LING (*Zeichen*) accent ❸(*Betonung*) stress ❹(*Schwerpunkt*) emphasis; **den ~ auf etw** *akk* **legen** to emphasize sth; ~**e setzen** (*Vorbilder schaffen*) to set [new] trends

ak·zent·frei *adj, adv* without an accent

ak·zen·tu·ie·ren* [aktsɛntuˈiːrən] *vt* (*geh*) ❶(*betonen*) to emphasize ❷(*hervorheben*) to accentuate

ak·zep·ta·bel [aktsɛpˈtaːbl̩] *adj* acceptable (**für** to)

Ak·zep·tanz <-> [aktsɛpˈtants] *f* acceptance

ak·zep·tie·ren* [aktsɛpˈtiːrən] *vt, vi* to accept

Ala·bas·ter <-s, -> [alaˈbastɐ] *m* alabaster

Alarm <-[e]s, -e> [aˈlarm] *m* ❶(*Warnsignal*) alarm; ■ ~ **schlagen** to raise the alarm ❷(*Alarmzustand*) alert; ■ **bei** ~ during an alert; ■ ~**!** alert!

Alarm·an·la·ge *f* alarm [system] **Alarm·be·reit·schaft** *f* stand-by; ■ ~ **haben** to be on stand-by; ■ **in** ~ **sein** to be on stand-by; **jdn/etw in** ~ **versetzen** to put sb/sth on stand-by

alar·mie·ren* [alarˈmiːrən] *vt* ❶(*zum Einsatz rufen*) to call out ❷(*aufschrecken*) to alarm

Alar·mis·mus <-> [alarˈmɪsmʊs] *m kein pl* (*pej*) alarmism

Alar·mist(in) <-en, -en> [alarˈmɪst] *m(f)* (*pej*) alarmist

alar·mis·tisch *adj* (*pej geh*) alarmist

Alarm·sig·nal *nt* alarm signal **Alarm·stu·fe** *f* state of alert

Alaska [aˈlaska] *nt* Alaska

Al·ba·ner(in) <-s, -> [alˈbaːnɐ] *m(f)* Albanian; *s. a.* **Deutsche(r)**

Al·ba·ni·en <-s> [alˈbaːni̯ən] *nt* Albania; *s. a.* **Deutschland**

al·ba·nisch [alˈbaːnɪʃ] *adj* Albanian; *s. a.* **deutsch**

Al·ba·tros <-, -se> [ˈalbatrɔs] *m* albatross

Al·ben [ˈalbən] *pl von* **Album**

al·bern[1] [ˈalbɐn] I. *adj* ❶(*kindisch*) childish ❷(*lächerlich*) trivial II. *adv* childishly

al·bern[2] [ˈalbɐn] *vi* to fool around

Al·bern·heit <-, -en> *f* ❶(*kindisches Wesen*) childishness ❷(*Lächerlichkeit*) triviality ❸(*kindische Handlung*) tomfoolery

Al·bi·no <-s, -s> [al'bi:no] *m* albino
Alb·traum^RR *m* nightmare
Al·bum <-s, Alben> ['albʊm, *pl* 'albən] *nt* album
Al·che·mie <-> [alçə'mi:], **Al·chi·mie** <-> [alçi'mi:] *f bes* ÖSTERR alchemy
Al·co·pop <-s, -s> ['alkɔpɔp] *m o nt* alcopop
al den·te [al 'dɛntə] *adj* al dente (*[of pasta] tender but still firm when bitten*)
Al·ge <-, -n> ['algə] *f* alga
Al·ge·bra <-> ['algebra] *f* algebra
al·ge·bra·isch [alge'bra:ɪʃ] *adj* algebraic
Al·gen·pest *f* ÖKOL plague of algae
Al·ge·ri·en <-s> [al'ge:ri̯ən] *nt* Algeria; *s. a.* **Deutschland**
Al·ge·ri·er(in) <-s, -> *m(f)* Algerian; *s. a.* **Deutsche(r)**
al·ge·risch [al'ge:rɪʃ] *adj* Algerian; *s. a.* **deutsch**
Al·gier <-s> ['alʒi:ɐ̯] *nt* Algiers
Al·go·rith·mus <-, -men> [algo'rɪtsmʊs] *m* algorithm
ali·as ['a:li̯as] *adv* alias
Ali·bi <-s, -s> ['a:libi] *nt* ❶ (*Aufenthaltsnachweis zur Tatzeit*) alibi ❷ (*Vorwand*) excuse
Ali·bi·funk·ti·on *f* use as an alibi; ■ **[nur] ~ haben** to [only] serve as an alibi
Alien <-, -s> ['eɪli̯ən] *m* alien
Ali·men·te [ali'mɛntə] *pl* maintenance *no pl*, alimony *no pl* AM
al·ka·lisch [al'ka:lɪʃ] *adj* alkaline
Al·ko·hol <-s, -e> ['alkoho:l] *m* alcohol
Al·ko·hol·ein·fluss^RR *m* (*geh*) influence of alcohol; **unter ~ stehen** to be under the influence of alcohol [*or* BRIT *also* drink] **Al·ko·hol·ein·wir·kung** *f* influence of alcohol **Al·ko·hol·fah·ne** *f* (*fam*) alcohol breath; ■ **eine ~ haben** to smell of alcohol **al·ko·hol·frei** *adj* non-alcoholic **Al·ko·hol·ge·halt** *m* alcohol[ic] content **Al·ko·hol·ge·nuss**^RR *m* (*geh*) consumption of alcohol **al·ko·hol·hal·tig** *adj* alcoholic
Al·ko·ho·li·ker(in) <-s, -> [alko'ho:likɐ] *m(f)* alcoholic; **~ sein** to be [an] alcoholic; **Anonyme ~** Alcoholics Anonymous
al·ko·ho·lisch [alko'ho:lɪʃ] *adj* alcoholic
al·ko·ho·li·siert [alkoholi'zi:rən] I. *adj* (*geh*) inebriated II. *adv* (*geh*) inebriatedly
Al·ko·ho·lis·mus <-> [alkoho'lɪsmʊs] *m* alcoholism
Al·ko·hol·kon·sum *m* consumption of alcohol **al·ko·hol·krank** *adj* alcoholic **Al·ko·hol·lei·che** *f* (*hum fam*) alcohol casualty, person in an alcohol-induced stupor **Al·ko·hol·miss·brauch**^RR *m kein pl* alcohol abuse **Al·ko·hol·pe·gel** *m* (*hum*), **Al·ko·hol·spie·gel** *m* level of alcohol in one's blood **Al·ko·hol·pro·blem** *nt* (*fam*) drink problem **al·ko·hol·süch·tig** *adj* alcoholic **Al·ko·hol·sün·der(in)** *m(f)* (*fam*) [convicted] drunk driver *fam* **Al·ko·hol·test** *m* breath test *fam* **Al·ko·hol·ver·bot** *nt* ban on alcohol, *esp* AM prohibition **Al·ko·hol·ver·gif·tung** *f* alcohol poisoning **Al·ko·hol·wir·kung** *f* effect of alcohol
Al·ko·pop <-s, -s> ['alkɔpɔp] *m o nt s.* **Alcopop**
all [al] *pron indef* all; ■ **~ jds ...** all sb's ....; **sie gab ihnen ~ ihr Geld** she gave them all her money; ■ **~ der/die/das/dies ...** all the/this ...; **~ dies soll umsonst gewesen sein?** all this was for nothing?
All <-s> [al] *nt kein pl* space
all·abend·lich [al'ʔa:bn̩tlɪç] I. *adj* regular evening *attr*; **der ~e Spaziergang** the regular evening walk II. *adv* every evening
Al·lah ['ala:] *m* REL Allah
all·dem [al'de:m] *pron* all that; **trotz ~** in spite of that
al·le ['alə] *adj präd* (*fam: gegessen, verbraucht*) ■ **~ sein** to be all gone; **etw ~ machen** to finish sth off *sep*
al·le(r, s) ['alə, -lɐ, -ləs] *pron indef* ❶ *attr* (*mit Singular*) all; **er hat ~s Geld verloren** he's lost all his money; **[ich wünsche dir] ~s Gute** [I wish you] all the best; (*mit Plural*) all, all the; **ich bitte ~e Anwesenden** I call on all those present ❷ *substantivisch* ■ **~** all of you, everyone, all of them; **und damit sind ~ gemeint** and that means everyone; **ihr seid ~ beide Schlitzohren!** you're both a couple of crafty devils!; **wir haben ~ kein Geld mehr** none of us have any money left; ■ **~ die[jenigen], die** everyone, who ❸ *substantivisch* (~ *Dinge*) ■ **alles** everything; **ist das schon ~s?** is that it? ❹ *substantivisch* (*insgesamt*) ■ **alles** all [that]; **das ist doch ~s Unsinn** that's all nonsense ❺ (*bei Zeit und Maßangaben*) every; **~ fünf Minuten** every five minutes; **das ist ~s** that's everything; **~ auf einmal** all at once; **redet nicht ~ auf einmal** don't all speak at once; **in ~m** in everything; **~s in ~m** (*insgesamt betrachtet*) all in all; (*zusammengerechnet*) in all; **trotz ~m** in spite of everything; **über ~s** above all else; **vor ~m** (*insbesondere*) above all; (*hauptsächlich*) primarily; **was habt ihr im Urlaub so ~s gemacht?** what did you get up to on holiday?; **was er ~s so weiß** the

things he knows; **~s, was ich weiß, ist ...** all I know is that ...; **wer war ~s da?** who was there? ▶ [**wohl**] **nicht mehr ~ haben** (*fam*) to be mad; **~ für einen und einer für ~** all for one and one for all

Al·lee <-, -n> [aˈleː, *pl* -leːən] *f* avenue

Al·le·go·rie <-, -n> [alegoˈriː, *pl* -riːən] *f* allegory

al·lein [aˈlaɪ̯n], **al·lei·ne** [aˈlaɪ̯nə] (*fam*) I. *adj präd* ❶ (*ohne andere*) alone; **jdn ~ lassen** to leave sb alone; **wir sind jetzt endlich ~** we're on our own at last; **sind Sie ~ oder in Begleitung?** are you by yourself or with someone? ❷ (*einsam*) lonely ❸ (*ohne Hilfe*) on one's own; **für sich ~** by oneself; **er arbeitet lieber für sich ~** he prefers to work alone ▶ **für sich ~ [genommen]** in itself II. *adv* ❶ (*bereits*) just; **~ der Schaden war schon schlimm genug** the damage alone was bad enough; **~ der Gedanke daran** the mere thought of it ❷ (*ausschließlich*) exclusively; **das ist ~ deine Entscheidung** it's your decision [and yours alone] ❸ (*ohne Hilfe*) by oneself; **er kann sich schon ~ anziehen** he can already dress himself; **~ erziehend sein** to be a single parent; **von ~** by itself/ oneself; **ich wäre auch von ~ darauf gekommen** I would have thought of it myself ❹ (*unbegleitet*) unaccompanied; (*isoliert*) alone; **sich ~ gelassen fühlen** to feel abandoned

Al·lein·er·be, -er·bin *m, f* sole heir *masc* [*or fem* heiress] **Al·lein·er·zie·hen·de(r)** *f(m) dekl wie adj* single parent **Al·lein·gang** <-gänge> *m* (*fam*) solo effort; **etw im ~ machen** to do sth on one's own **Al·lein·herr·schaft** *f* absolute power **Al·lein·herr·scher(in)** *m(f)* absolute ruler

al·lei·nig [aˈlaɪ̯nɪç] I. *adj attr* sole II. *adv* (*geh*) solely

Al·lein·sein *nt kein pl* solitariness; (*Einsamkeit*) loneliness; **manchen Menschen macht das ~ nichts aus** some people don't mind being alone **al·lein·stehend** *adj* single **Al·lein·ste·hen·de(r)** *f(m) dekl wie adj* unmarried person **Al·lein·un·ter·hal·ter(in)** *m(f)* solo entertainer

al·le·mal [aləˈmaːl] *adv* (*ohne Schwierigkeit*) without any trouble; **was er kann, kann ich ~** whatever he can do, I can do, too; *s. a.* **Mal**[1]

al·len·falls [ˈalənˈfals] *adv* at [the] most, at best

al·ler·bes·te(r, s) [ˈalɐˈbɛstə, -tɐ, -təs] *adj* very best; **ich wünsche dir das A~** I wish you all the best; **es ist das A~, zu schweigen** it's best to keep quiet

al·ler·dings [ˈalɐˈdɪŋs] *adv* ❶ (*jedoch*) although; **ich rufe dich an, ~ erst morgen** I'll call you, although not till tomorrow ❷ (*in der Tat*) definitely; **~!** indeed!, Am *also* you bet! *fam;* **hast du mit ihm gesprochen? — A~!** did you speak to him? — I certainly did!

al·ler·ers·te(r, s) [ˈalɐˈʔeːɐ̯stə, -tɐ, -təs] *adj* the [very] first; ■ **als A~r** the first; ■ **als A~s** first of all **al·ler·frü·hes·tens** *adv* at the [very] earliest

al·ler·gen [alɛrˈgeːn] I. *adj* MED allergenic II. *adv* as an allergen; **~ wirken** to have an allergenic effect

Al·ler·gen <-s, -e> [alɛrˈgeːn] *nt* MED allergen

Al·ler·gie <-, -n> [alɛrˈgiː, *pl* -giːən] *f* allergy; **~ auslösend** allergenic; **eine ~ [gegen etw] haben** to have an allergy [to sth]

Al·ler·gie·test *m* allergy test

Al·ler·gi·ker(in) <-s, -> [aˈlɛrgikɐ] *m(f)* person suffering from an allergy

al·ler·gisch [aˈlɛrgɪʃ] I. *adj* MED allergic (**gegen** to) II. *adv* ❶ MED **~ reagieren** to have an allergic reaction (**auf** to) ❷ (*abweisend*) **~ auf etw** *akk* **reagieren** to get hot under the collar about sth

al·ler·hand [ˈalɐˈhant] *adj* (*fam*) all sorts of; (*ziemlich viel*) a great deal of; **ich habe noch ~ zu tun** I've still got so much to do ▶ **das ist ja ~!** that's a bit rich [*or* Am much]!

Al·ler·hei·li·gen <-s> [ˈalɐˈhaɪ̯lɪɡn̩] *nt* All Saints' Day

al·ler·höchs·tens *adv* ❶ (*allenfalls*) at the most ❷ (*spätestens*) at the latest; **in ~ zehn Minuten** in ten minutes at the very latest

al·ler·lei [ˈalɐˈlaɪ̯] *adj* ❶ *substantivisch* (*viel*) a lot; **ich muss noch ~ erledigen** I still have a lot to do ❷ *attr* (*viele Sorten*) all sorts of

al·ler·letz·te(r, s) [ˈalɐˈlɛtstə, -tɐ, -təs] *adj* ❶ (*ganz letzte*) [very] last; ■ **der/die A~** the [very] last [person]; ■ **das A~** the [very] last thing ❷ (*allerneueste*) latest ❸ (*allerjüngste*) recently ▶ **das A~ sein** (*fam*) to be beyond the pale!; **er ist das A~!** he's just vile! **al·ler·liebs·te(r, s)** [ˈalɐˈliːpstə, -tɐ, -təs] *adj* ❶ (*Lieblings-*) favourite ❷ (*meistgeliebt*) dearest; ■ **am ~n** most [of all]; **mir wäre es am ~n, wenn ...** I would prefer it if ... **al·ler·meis·te(r, s)** [ˈalɐˈmaɪ̯stə, -tɐ, -təs] *adj* most *generalization*, the most *comparison*; **im Urlaub**

verbringt er die ~ Zeit mit Angeln on holiday he spends most of his time fishing; ▪das A~ most; das A~ habe ich schon fertig I've done most of it already; ▪die A~n most people; ▪am ~n most of all **al·ler·neu·es·te(r, s)** ['alɐ'nɔystə, -tə, -təs] *adj*, **al·ler·neus·te(r, s)** ['alɐ'nɔystə, -tə, -təs] *adj* latest; **auf dem ~n Stand** state-of-the-art; ▪**das A~** the latest; ▪**am ~n** the newest

Al·ler·see·len <-s> ['alɐ'ze:lən] *nt* All Souls' Day

al·ler·seits ['alɐ'zaits] *adv* ❶ (*bei allen*) on all sides; **sie war ~ ein gerne gesehener Gast** she was a welcome guest everywhere ❷ (*an alle*) everyone; „**Abend, ~!**" "evening, everyone!"

al·ler·spä·tes·tens *adv* at the latest **al·ler·we·nigs·te(r, s)** *adj* ❶ (*wenigste: zählbar*) fewest; (*unzählbar*) least; **in den ~n Fällen** in only a very few cases; **das ~ Geld** the least money; ▪**am ~n** the least ❷ (*mindeste*) least; **das ~ wäre noch gewesen, sich zu entschuldigen** the least he could have done was to apologize **Al·ler·wer·tes·te** ['alɐ'veːɐ̯təstə] *m dekl wie adj* (*hum*) behind

al·les ['aləs] *pron indef s.* **alle(r, s)**
al·le·samt ['alə'zamt] *adv* all [of them/ you/us]; **die Politiker sind doch ~ korrupt** politicians are corrupt to a man

Al·les·fres·ser <-s, -> *m* BIOL omnivore
Al·les·kle·ber *m* general purpose glue
allg. *adj Abk von* **allgemein**

All·gäu <-s> ['algɔy] *nt* ▪**das ~** the Allgäu (*German Alpine region*)

all·ge·gen·wär·tig *adj* ❶ REL (*geh*) omnipresent ❷ (*überall gegenwärtig*) ubiquitous

all·ge·mein ['algə'main] **I.** *adj* ❶ *attr* (*alle betreffend*) general; **von ~em Interesse sein** to be of interest to everyone; **~e Vorschriften** universal regulations; **das ~e Wahlrecht** universal suffrage ❷ *attr* (*allen gemeinsam*) general; **zur ~en Überraschung** to everyone's surprise; **das ~e Wohl** the common good ❸ (*nicht spezifisch*) general; **die Frage war ~er Natur** the question was of a rather general nature ▶**im A~en** (*normalerweise*) generally speaking; (*insgesamt*) on the whole **II.** *adv* ❶ (*allerseits, überall*) generally; **~ bekannt sein** to be common knowledge; **~ gültig** general; **~ verständlich** intelligible to everybody; **~ zugänglich sein** to be open to the general public ❷ (*nicht spezifisch*) generally

All·ge·mein·be·fin·den *nt* general health; **danke, mein ~ ist recht gut** generally speaking, I'm very well, thanks **All·ge·mein·bil·dung** *f kein pl* general education **all·ge·mein·gül·tig**ᴬᴸᵀ *adj attr* general, universally applicable **All·ge·mein·gül·tig·keit** *f* [universal] validity

All·ge·mein·heit <-> ['algə'mainhait] *f kein pl* ❶ (*Öffentlichkeit*) general public ❷ (*Undifferenziertheit*) generality
All·ge·mein·me·di·zin *f* general medicine
all·ge·mein·ver·ständ·lichᴬᴸᵀ *adj* intelligible to everybody **All·ge·mein·wis·sen** *nt* general knowledge **All·ge·mein·wohl** *nt* welfare of the general public **All·ge·mein·zu·stand** *m* general health

All·heil·mit·tel *nt* cure-all
Al·li·anz <-, -en> [a'li̯ants] *f* alliance
Al·li·ga·tor <-s, -toren> [ali'ɡaːtoːɐ̯] *m* alligator

al·li·iert [ali'iːɐ̯t] *adj attr* allied
Al·li·ier·te(r) [ali'iːɐ̯tə, -tə] *f(m) dekl wie adj* ally; ▪**die ~n** the Allies

all·jähr·lich [al'jɛːɐ̯lɪç] **I.** *adj attr* annual **II.** *adv* annually

All·macht [a'almaxt] *f kein pl* unlimited power; REL omnipotence

all·mäch·tig [al'mɛçtɪç] *adj* all-powerful; REL omnipotent

all·mäh·lich [al'mɛːlɪç] **I.** *adj attr* gradual **II.** *adv* ❶ (*langsam*) gradually; **~ geht er mir auf die Nerven** he's beginning to get on my nerves ❷ (*endlich*) **wir sollten jetzt ~ gehen** it's time we left; **es wurde auch ~ Zeit!** about time too!

All·rad·an·trieb *m* four-wheel drive
all·sei·tig ['alzaitɪç] **I.** *adj* widespread **II.** *adv* **~ interessiert sein** to be interested in everything; **~ begabt sein** to be an all-round talent

all·seits ['alzaits] *adv* ❶ (*überall*) everywhere ❷ (*rundum*) in every respect
All·tag ['altaːk] *m* ❶ (*Werktag*) working day BRIT, workday AM ❷ (*Realität*) everyday life
all·täg·lich ['altɛːklɪç] *adj* ❶ *attr* (*tagtäglich*) daily, everyday ❷ (*gang und gäbe*) usual; **diese Probleme sind bei uns ~** these problems are part of everyday life here ❸ (*gewöhnlich*) ordinary

all·tags ['altaːks] *adv* on workdays
all·um·fas·send *adj* (*geh*) all-round, global; **~e Forschungen** extensive research; **sein Wissen ist nahezu ~!** his knowledge is almost enclyclop[a]edic!

Al·lü·ren [a'lyːrən] *pl* ❶ (*geziertes Verhalten*) affectation ❷ (*Starallüren*) airs and graces

all·wis·send ['alvɪsn̩t] *adj* ❶ (*fam: umfas-*

send informiert) knowing it all ❷ REL omniscient
All·wis·sen·heit <-> ['alˈvɪsn̩haɪt] *f kein pl* omniscience
all·zu ['altsuː] *adv* all too; ~ **früh** far too early; **ruf mich am Sonntag an, aber bitte nicht ~ früh!** call me on Sunday, but not too early!; **magst du Fisch? — Nicht ~ gern** do you like fish? — Not very much; ~ **oft** only too often; **nicht ~ oft** not [all] too often; ~ **sehr** too much; **nicht ~ gerne** reluctantly; **fühlst du dich nicht gut? — Nicht ~ sehr!** are you all right? — Not really; ~ **viel** too much
all·zu·gernᴬᴸᵀ *adv s.* allzu **all·zu·sehr**ᴬᴸᵀ *adv s.* allzu **all·zu·viel**ᴬᴸᵀ *adv s.* allzu
All·zweck·rei·ni·ger *m* general-purpose cleaner
Alm <-, -en> [alm] *f* mountain pasture
Al·mo·sen <-s, -> ['almoːzn̩] *nt* ❶ (*pej: geringer Betrag*) pittance ❷ (*geh: Spende*) alms
Al·pa·ka <-s, -s> [alˈpaka] *nt* alpaca
Al·pen ['alpn̩] *pl* ■ **die** ~ the Alps
Al·pen·passᴿᴿ *m* alpine pass **Al·pen·veil·chen** *nt* cyclamen **Al·pen·vor·land** [alpn̩ˈfoːɐ̯lant] *nt* foothills *pl* of the Alps
Al·pha·bet <-[e]s, -e> [alfaˈbeːt] *nt* alphabet
al·pha·be·tisch [alfaˈbeːtɪʃ] *adj* alphabetical
al·pha·be·ti·sie·ren* [alfabetiˈziːrən] *vt* to put into alphabetical order; ■ **jdn** ~ to teach sb to read and write
al·pha·nu·me·risch [alfanuˈmeːrɪʃ] *adj* INFORM alphanumeric **Al·pha·strah·len** *pl* NUKL alpha rays
al·pin [alˈpiːn] *adj* alpine
Al·pi·nis·mus <-> [alpiˈnɪsmʊs] *m kein pl* SPORT alpinism
Alp·traum ['alptraʊm] *m* nightmare
al-Qai·da <-> [alˈkaɪda] *f kein pl* ■ **die** ~ al-Qaeda, al-Qaida
als [als] *konj* ❶ (*in dem Moment, da*) when, as; **ich kam, ~ er ging** I came as he was leaving; **gleich, ~ ...** as soon as ...; **damals, ~ ...** in the days when ...; **gerade ~ ...** just when ... ❷ *nach comp* than; **der Bericht ist interessanter ~ erwartet** the report is more interesting than would have been expected ❸ (*geh: wie*) as; **alles andere ~ ...** everything but ...; **anders ~ jd sein** to be different from sb; **niemand anders ~ ...** (*a. hum, iron*) none other than ...; **sie haben andere Verfahren ~ wir** they have different procedures from ours ❹ (*in Modalsätzen*) ■ **...**, ~ **habe/könne/sei/würde ...** as if; **es sieht aus,** ~ **würde es bald schneien** it looks like snow; ~ **ob ich das nicht wüsste!** as if I didn't know that! ❺ (*ausschließend*) **du bist noch zu jung,** ~ **dass du dich daran erinnern könntest** you're too young to be able to remember that ❻ (*in der Eigenschaft von etw*) as; **schon ~ Kind hatte er immer Albträume** even as a child, he had nightmares; **sich ~ wahr/falsch erweisen** to prove to be true/false
als·bald [alsˈbalt] *adv* (*geh*) presently **als·bal·dig** [alsˈbaldɪç] *adj* (*geh*) immediate
al·so ['alzo] **I.** *adv* (*folglich*) so, therefore *form;* **es regnet,** ~ **bleiben wir zu Hause** it's raining, so we'll stay at home **II.** *part* ❶ (*nun ja*) well ❷ (*tatsächlich*) so; **er hat** ~ **doch nicht die Wahrheit gesagt!** so he wasn't telling the truth after all! ❸ (*aber*) ~**, jetzt habe ich langsam genug von deinen Eskapaden!** now look here, I've had enough of your escapades! ❹ (*na*) ~ **gut** [well,] all right; ~ **dann, ...!** so ..., well then ...; ~ **dann, mach's gut!** oh well, take care! ▶ ~ **doch!** you see!; **na** ~ **!** just as I thought!; **wird's bald? na** ~ **!** get moving! at last!
Als·ter·was·ser *nt* (*Mixgetränk aus Bier und Limonade*) ≈ shandy
alt <älter, älteste(r, s)> [alt] *adj* ❶ (*betagt*) old; **ich möchte mit dir** ~ **werden** I'd like to grow old with you; ■ **älter sein/werden** to be/get older; **tja, man wird eben älter!** well, we're all getting on!; ■ **älter als jd werden** to live longer than sb; ■ **für etw** *akk* **zu** ~ **sein** to be too old for sth; ■ **jdm zu** ~ **sein** to be too old for sb; **A~ und Jung** young and old alike; ~ **genug sein** to be old enough (**für/zu** for) ❷ (*ein bestimmtes Alter habend*) old; **er ist 21 Jahre** ~ he's 21 [years old]; **wie** ~ **ist er? — Er ist 18 Monate** ~ how old is he? — He's 18 months [old]; **darf ich fragen, wie** ~ **Sie sind?** may I ask how old you are?; **er wird dieses Jahr 21 Jahre** ~ he'll be 21 [years old] this year; **Ende Mai wurde sie 80 Jahre** ~ she turned 80 at the end of May; [etwas] **älter als jd sein** to be [slightly] older than sb; ■ **älter/am ältesten sein** to be the older/the oldest; ■ **der/die Ältere/Älteste** the older/the oldest ❸ (*aus früheren Zeiten stammend*) ancient ❹ *attr* (*langjährig*) old; ~**e diplomatische Beziehungen** long-standing diplomatic relations ❺ (*gebraucht*) old ❻ (*nicht mehr frisch*) old; ~ **es Brot** stale bread ❼ *attr* (*abgelagert*) mature; ~ **er Wein** vintage wine ❽ *attr* **du** ~ **er Geiz-**

hals! you old skinflint! *fam;* **~ es Haus!** old mate! ❸ *attr* (*frühere*) ■ **der/die/das A~ ...** the same old ...; **du bist ganz der A~e geblieben** you're still your old self; **er war nie wieder der A~e** he was never the same again ▶ **~ aussehen** (*fam: dumm dastehen*) to look a [*or* AM like a] complete fool [*or* BRIT *also* a proper charlie]; **ich werde heute nicht ~!** (*fam*) I won't stay up late tonight

Alt <-s, -e> [alt] *m* MUS alto

Al·tar <-s, -täre> [al'taːɐ̯, *pl* al'tɛːrə] *m* altar

Alt·arm *m* oxbow lake **alt·ba·cken** *adj* ❶ (*nicht mehr frisch*) stale ❷ (*altmodisch*) old-fashioned **Alt·bau** <-bauten> *m* old building **Alt·bau·woh·nung** *f* flat [*or* AM apartment] in an old building **alt·be·kannt** ['altbə'kant] *adj* well-known **alt·be·währt** ['altbə'vɛːɐ̯t] *adj* ❶ (*seit langem bewährt*) well-tried ❷ (*lange gepflegt*) well-established; **eine ~e Freundschaft** a long-standing friendship **Alt·bier** *nt* top-fermented dark beer **Alt·bun·des·kanz·ler(in)** *m(f)* former German chancellor **alt·deutsch** ['altdɔytʃ] I. *adj* traditional German II. *adv* in traditional German style **Al·te(r)** ['altə, -tɐ] *f(m) dekl wie adj* ❶ (*fam: alter Mann*) old geezer; (*alte Frau*) old dear; ■ **die ~n** the older generation, the old folks *fam* ❷ (*fam: Ehemann, Vater*) old man; (*Mutter*) old woman; ■ **meine/die ~e** (*Ehefrau*) the old wife *fam;* ■ **die/jds ~n** (*Eltern*) the/sb's old folks ❸ (*fam: Vorgesetzte(r)*) ■ **der/die ~** the boss ❹ *pl* (*die Ahnen*) ■ **die ~n** the ancients

alt·ein·ge·ses·sen *adj* old-established **Alt·ei·sen** *nt* scrap iron

Al·ten·heim *nt s.* **Altersheim Al·ten·hil·fe** *f* geriatric welfare **Al·ten·pfle·ge** *f* care for the elderly **Al·ten·pfle·ge·heim** *nt* old people's home **Al·ten·pfle·ger(in)** *m(f)* geriatric nurse **Al·ten·wohn·heim** *nt* sheltered housing

Al·ter <-s, -> ['altɐ] *nt* ❶ (*Lebensalter*) age; **wenn du erst mal mein ~ erreicht hast, ...** when you're as old as I am, ...; **in jds** *dat* **~** at sb's age; **mittleren ~s** middle-aged; **in jds ~ sein** to be the same age as sb; **er ist in meinem ~** he's my age ❷ (*Bejahrtheit*) old age; **er hat keinen Respekt vor dem ~** he doesn't respect his elders; **im ~** in old age ▶ **~ schützt vor Torheit nicht** (*prov*) there's no fool like an old fool *prov*

äl·ter ['ɛltɐ] *adj* ❶ *comp von* **alt** ❷ *attr* (*schon betagt*) somewhat older; **~e Mitbürger** senior citizens

al·tern ['altɐn] *vi sein o selten haben* ❶ (*älter werden*) to age; ■ **das Altern** the process of ageing ❷ (*sich abnutzen*) to age; ■ **das Altern** the ageing-process ❸ (*reifen*) to mature

al·ter·na·tiv [altɐna'tiːf] I. *adj* alternative; **~e Liste** Green Party Faction in Berlin II. *adv* **~ leben** to live an alternative lifestyle

Al·ter·na·ti·ve <-n, -n> [altɐna'tiːvə] *f* alternative; ■ **die ~ haben, etw zu tun** to have the alternative of doing sth

Al·ter·na·tiv·rei·sen·de(r) *f(m) dekl wie adj* TOURIST alternative traveller

al·ters *adv* **von** [*o* **seit**] **~** [**her**] (*geh*) of old; **das ist schon von ~ her bei uns so Sitte** that's a time-honoured custom here

Al·ters·ar·mut *f kein pl* old-age poverty **al·ters·be·dingt** *adj* due to old age; **~e Kurzsichtigkeit** myopia caused by old age; ■ **~ sein** to be caused by old age **Al·ters·be·schwer·den** *pl* complaints *pl* of old age **Al·ters·be·zü·ge** *pl* benefits for senior citizens **Al·ters·er·schei·nung** *f* symptom of old age **Al·ters·ge·nos·se, -ge·nos·sin** *m, f* person of the same age **Al·ters·gren·ze** *f* ❶ (*altersbedingtes Einstellungslimit*) age limit ❷ (*Beginn des Rentenalters*) retirement age **Al·ters·grün·de** *pl* reasons of age; ■ **aus ~n** by reason of age **Al·ters·grup·pe** *f* age group **Al·ters·heim** *nt* old people's home, AM *also* home for senior citizens **Al·ters·py·ra·mi·de** *f* SOZIOL age pyramid **Al·ters·ren·te** *f,* **Al·ters·ru·he·geld** *nt* (*geh*) old-age pension BRIT, social security AM **al·ters·schwach** *adj* ❶ (*gebrechlich*) frail ❷ (*fam: abgenutzt*) decrepit **Al·ters·schwä·che** *f kein pl* ❶ (*Gebrechlichkeit*) infirmity ❷ (*fam: schwere Abnutzung*) decrepitude **al·ters·spe·zi·fisch** *adj* age-related **Al·ters·stu·fe** *f* ❶ (*Altersgruppe*) age group ❷ (*Lebensabschnitt*) stage of life **Al·ters·un·ter·schied** *m* age difference **Al·ters·ver·sor·gung** *f* retirement pension; (*betrieblich*) pension scheme [*or* AM plan] **Al·ters·vor·sor·ge** *f* provision for [one's] old age; **private ~** private pension plan

Al·ter·tum <-> ['altɐtuːm] *nt kein pl* antiquity; **das Ende des ~s** the end of the ancient world

Al·ter·tü·mer ['altɐtyːmɐ] *pl* KUNST, HIST antiquities *pl*

al·ter·tüm·lich ['altɐtyːmlɪç] *adj* ❶ (*veraltet*) dated ❷ (*archaisch*) ancient; LING archaic

Al·ter·tums·wert *m* antique value ▶**schon ~ haben** (*hum fam*) to be an antique

Al·te·rung <-, -en> *f* ageing

Al·te·rungs·pro·zess^RR *m* ageing process

äl·tes·te(r, s) ['ɛltəstə, -tɐ, -təs] *adj superl von* **alt** oldest

Äl·tes·te(r) ['ɛltəstə, -tɐ] *f(m) dekl wie adj* the oldest; **ich glaube, mit 35 sind wir hier die ~n** I think that, at 35, we're the oldest here; ■ **die ~n** REL, HIST the elders *pl*

Äl·tes·ten·rat *m* council of elders; (*in der BRD*) parliamentary advisory committee (*consisting of members of all parties whose task it is to assist the President of the Bundestag*)

Alt·ge·rät *nt* second-hand equipment **Alt·glas** *nt* glass for recycling **Alt·glas·con·tai·ner** *m* bottle bank BRIT, glass-recycling collection point AM **alt·grie·chisch** *adj* classical Greek **alt·her·ge·bracht** ['alt'hɛːɐ̯gəbraxt], **alt·her·kömm·lich** ['alt'hɛːɐ̯kœmlɪç] *adj* traditional; **eine ~e Sitte** an ancient custom; ■ **etwas Althergebrachtes** a tradition **Alt·hoch·deutsch** ['altho:xdɔʏtʃ] *nt dekl wie adj* Old High German

Al·tist(in) <-en, -en> ['altɪst] *m(f)* MUS alto

Alt·klei·der·samm·lung *f* collection of used clothes **alt·klug** ['alt'kluːk] *adj* precocious

ält·lich ['ɛltlɪç] *adj* oldish

Alt·ma·te·ri·al *nt* waste material **Alt·meis·ter(in)** *m(f)* ❶ (*großer Könner*) doyen *masc*, doyenne *fem*, dab hand *fam* ❷ SPORT former champion **Alt·me·tall** *nt* scrap metal **alt·mo·disch** I. *adj* old-fashioned; (*rückständig*) old-fangled II. *adv* ~ **gekleidet** dressed in old-fashioned clothes; ~ **eingerichtet** furnished in an old-fashioned style **Alt·öl** *nt* used oil **Alt·pa·pier** *nt* waste paper **Alt·pa·pier·samm·lung** *f* waste paper collection **Alt·phi·lo·lo·ge, -phi·lo·lo·gin** *m, f* classical scholar, classicist

Al·tru·is·mus <-> [altru'ɪsmʊs] *m kein pl* BIOL, PSYCH altruism

al·tru·is·tisch *adj* (*geh*) altruistic, selfless

Alt·schul·den *pl* POL, ÖKON public debt left behind by the former GDR **Alt·stadt** *f* old town centre **Alt·stim·me** *f* alto; (*Frauenstimme*) contralto [voice] **Alt·stoff** *m* waste material **Alt·stoff·con·tai·ner** *m* waste container; (*für wiederverwertbare Stoffe*) recycling bin **Alt·wa·ren·händ·ler(in)** *m(f)* second-hand dealer

Alt·wei·ber·fas(t)·nacht *f* DIAL part of the carnival celebrations: last Thursday before Ash Wednesday, when women assume control **Alt·wei·ber·som·mer** *m* Indian summer

Alu¹ ['aːlu] *nt kurz für* **Aluminium**

Alu² ['aːlu] *f* (*fam*) *Akr von* **Arbeitslosenunterstützung** dole BRIT, unemployment benefit AM

Alu·fel·ge *f* aluminium [*or* AM aluminum] [wheel] rim

Alu·fo·lie *f* tin foil

Alu·mi·ni·um <-s> [alu'miːni̯ʊm] *nt kein pl* aluminium BRIT, aluminum AM

Alz·hei·mer <-s> ['altshaɪmɐ] *m* (*fam*), **Alz·hei·mer·krank·heit**^RR *f kein pl* Alzheimer's [disease]; ■ **~ haben** to suffer from Alzheimer's [disease]

am [am] = **an dem** ❶ *zur Bildung des Superlativs* **ich fände es ~ besten, wenn …** I think it would be best if …; **es wäre mir ~ liebsten, wenn …** I would prefer it if …; **~ schnellsten/schönsten sein** to be [the] fastest/most beautiful ❷ (*fam: beim*) **ich bin ~ Schreiben!** I'm writing!

Amal·gam <-s, -e> [amal'gaːm] *nt* amalgam

Ama·teur(in) <-s, -e> [ama'tøːɐ̯] *m(f)* amateur

Ama·teur·li·ga *f* amateur league

Ama·zo·nas <-> [ama'tsoːnas] *m* Amazon

Ama·zo·ne <-, -n> [ama'tsoːnə] *f* Amazon

Am·bi·en·te <-> [am'bi̯ɛntə] *nt kein pl* (*geh*) ambience

Am·bi·ti·on <-, -en> [ambi'tsi̯oːn] *f meist pl* ambition; **~[en] haben** to be ambitious

am·bi·ti·o·niert [ambitsi̯o'niːɐ̯t] *adj* (*geh*) ambitious

am·bi·va·lent [ambiva'lɛnt] *adj* (*geh*) ambivalent; **~e Gefühle haben** to have mixed feelings

Am·boss^RR <-es, -e> *m*, **Am·boß**^ALT <-sses, -sse> ['ambɔs] *m* anvil

am·bu·lant [ambu'lant] I. *adj* **ein ~er Patient** an out-patient II. *adv* **jdn ~ behandeln** to treat sb as an out-patient

Am·bu·lanz <-, -en> [ambu'lants] *f* ❶ (*im Krankenhaus*) out-patient department ❷ (*Unfallwagen*) ambulance

Amei·se <-, -n> ['aːmaɪzə] *f* ant

Amei·sen·bär *m* anteater **Amei·sen·hau·fen** *m* anthill **Amei·sen·säu·re** *f* formic acid

amen ['aːmɛn, 'aːmən] *interj* amen

Amen <-s, -> ['aːmɛn, 'aːmən] *nt* Amen

Amerika → amüsieren

so sicher wie das ~ in der Kirche (*fam*) as sure as eggs are eggs; **sein ~ zu etw geben** *dat* to give one's blessing to sth
Ame·ri·ka <-s> [aˈmeːrika] *nt* ❶ (*Kontinent*) America ❷ (*USA*) the USA, the United States, the States *fam*
Ame·ri·ka·ner(in) <-s, -> [ameriˈkaːnɐ] *m(f)* American
ame·ri·ka·nisch [ameriˈkaːnɪʃ] *adj* ❶ (*der USA*) American; **der Mississippi ist der längste ~e Fluss** the Mississippi is the longest river in the USA ❷ (*des ~en Kontinents*) American
ame·ri·ka·ni·sie·ren* [amerikaniˈziːrən] *vt* to Americanize
Ame·ri·ka·nis·mus <-, -men> [amerikaˈnɪsmʊs] *m* LING Americanism
Ame·thyst <-s, -e> [ameˈtʏst] *m* amethyst
Ami <-s, -s> [ˈami] *m* ❶ (*fam: US-Bürger*) Yank ❷ (*sl: US-Soldat*) GI
Ami·no·säu·re *f* amino acid
Am·me <-, -n> [ˈamə] *f* wet nurse
Am·men·mär·chen *nt* (*pej*) old wives' tale
Am·mo·ni·ak <-s> [amoˈnjak, ˈamonjak] *nt kein pl* ammonia
Am·ne·sie <-, -n> [amneˈziː, *pl* -ziːən] *f* amnesia
Am·nes·tie <-, -n> [amnɛsˈtiː, *pl* -tiːən] *f* amnesty; **eine ~ verkünden** to declare [BRIT *also* an] amnesty
am·nes·tie·ren* [amnɛsˈtiːrən] *vt* to grant [BRIT *also* an] amnesty
Amö·be <-, -n> [aˈmøːbə] *f* amoeba
Amok <-s> [ˈaːmɔk] *m* **~ fahren/laufen** to run amok
Amok·läu·fer(in) *m(f)* madman
amo·ra·lisch [aˈmoːralɪʃ] *adj* ❶ (*unmoralisch*) immoral ❷ (*außerhalb moralischer Werte*) amoral
Amor·ti·sa·ti·on <-, -en> [amɔrtizaˈtsi̯oːn] *f* (*Deckung vor Ertrag*) amortization
amor·ti·sie·ren* [amɔrtiˈziːrən] I. *vt* ÖKON **eine Investition ~** to amortize an investment II. *vr* ■ **sich ~** to pay for itself
amou·rös [amuˈrøːs] *adj* (*geh*) amorous
Am·pel <-, -n> [ˈampl̩] *f* traffic lights *npl;* **die ~ ist auf Rot gesprungen** the lights have turned red; **du hast eine rote ~ überfahren** you've just driven through a red light
Am·pere <-[s], -> [amˈpeːɐ̯] *nt* amp, ampere *form*
Am·pere·me·ter [ampeˈɐ̯meːtɐ] *nt* ammeter
Am·phe·ta·min <-s, -e> [amfetaˈmiːn] *nt* amphetamine

Am·phi·bie <-, -n> [amˈfiːbi̯ə, *pl* -fiːbi̯ən] *f* amphibian
am·phi·bisch [amˈfiːbɪʃ] *adj* amphibious
Am·phi·the·a·ter [amˈfiːteaːtɐ] *nt* amphitheatre
Am·pul·le <-, -n> [amˈpʊlə] *f* ampoule
Am·pu·ta·ti·on <-, -en> [amputaˈtsi̯oːn] *f* amputation
am·pu·tie·ren* [ampuˈtiːrən] *vt, vi* to amputate
Am·sel <-, -n> [ˈamzl̩] *f* blackbird
Amt <-[e]s, Ämter> [amt, *pl* ˈɛmtɐ] *nt* ❶ (*Behörde*) office, department; **aufs ~ gehen** (*fam*) to go to the authorities; **Auswärtiges ~** *German Ministry* BRIT [*or* AM *Department*] *of Foreign Affairs* ❷ (*öffentliche Stellung*) post; (*hohe, ehrenamtliche Stellung*) office; **im ~ sein** to be in office; **ein ~ antreten** to take up one's post; **für ein ~ kandidieren** to be a candidate for a post; **ein ~ innehaben** to hold an office ❸ (*offizielle Aufgabe*) [official] duty; **seines ~es walten** (*geh*) to carry out one's duty; **von ~s wegen** officially
Äm·ter·häu·fung *f* holding of multiple posts
am·tie·ren* [amˈtiːrən] *vi* ❶ (*ein Amt innehaben*) to hold office (**als** as); ■ **~d** official ❷ (*fungieren*) ■ **als etw ~** to act [as] sth
amt·lich I. *adj* official II. *adv* officially
Amts·an·tritt *m* assumption of office
Amts·arzt, -ärz·tin *m, f* ADMIN ≈ medical officer **Amts·deutsch** *nt* (*pej*) officialese *pej* **Amts·eid** *m* oath of office **Amts·ent·he·bung** *f*, **Amts·ent·set·zung** *f* SCHWEIZ dismissal, removal from office **Amts·ge·richt** *nt* ≈ magistrates' [*or* AM district] court **Amts·hand·lung** *f* (*geh*) official duty **Amts·in·ha·ber(in)** *m(f)* office-bearer [*or* -holder], incumbent **Amts·miss·brauch**[RR] *m* abuse of authority **Amts·pe·ri·o·de** *f* term of office **Amts·rich·ter(in)** *m(f)* ≈ magistrate BRIT, district court judge AM **Amts·spra·che** *f* ❶ *kein pl* (*Amtsdeutsch*) official language ❷ (*offizielle Landessprache*) official language **Amts·weg** *m* official channels *pl;* **auf dem ~** through official channels **Amts·zeit** *f* period of office
Amu·lett <-[e]s, -e> [amuˈlɛt] *nt* amulet
amü·sant [amyˈzant] I. *adj* amusing II. *adv* entertainingly; **sich ~ unterhalten** to have an amusing conversation
amü·sie·ren* [amyˈziːrən] I. *vr* ■ **sich ~** enjoy oneself; **amüsiert euch gut!** have a good time!; ■ **sich mit jdm ~** to have a good time with sb; ■ **sich über jdn/etw ~**

to laugh about sb/sth **II.** *vt* ■**jdn ~ to amuse sb**; **dein Benehmen amüsiert mich nicht sehr!** I don't find your behaviour very amusing!

Amü·sier·vier·tel *nt* red light district

an [an] **I.** *präp* ❶ (*direkt bei*) at; **der Knopf ~ der Maschine** the button on the machine; **nahe ~ der Autobahn** close to the motorway [*or* Am freeway]; **~ dieser Stelle** in this place, on this spot ❷ (*in Berührung mit*) on; **er nahm sie ~ der Hand** he took her by the hand ❸ (*auf/bei*) at; **sie arbeitet am Finanzamt** she works for the Inland Revenue ❹ (*zur Zeit von*) on; **~ den Abenden** in the evenings; **~ jenem Morgen** that morning; **~ Weihnachten** at Christmas; (*25. Dezember*) on Christmas Day ❺ (*verbunden mit einer Sache/Person*) about; **das Angenehme ~ etw** *dat* the pleasant thing about sth; **was ist ~ ihm so besonders?** what's so special about him? ❻ (*nebeneinander*) **Tür ~ Tür wohnen** to be next-door neighbours ❼ schweiz (*auf*) on; (*bei*) at; (*in*) in; **das kam gestern am Fernsehen** it was on television yesterday ❽ *räumlich* **er setzte sich ~ den Tisch** he sat down at the table; **die Hütte war ~ den Fels gebaut** the hut was built on the rocks; **bis ~ etw** *akk* **reichen** to reach as far as sth; **er schrieb etw ~ die Tafel** he wrote sth on the board ❾ (*sich wendend*) to; **~ das Telefon gehen** to answer the telephone ❿ *zeitlich* (*sich bis zu etw erstreckend*) of, about; **sie dachten nicht ~ Morgen** they didn't think about tomorrow ⓫ schweiz (*zu*) to **II.** *adv* ❶ (*ungefähr*) ■**~ die ...** about ❷ (*fam: angeschaltet*) on; *Licht a.* to be burning ❸ (*zeitlich*) **von jetzt ~** from now on

Ana·bo·li·kum <-s, -ka> [anaˈboːlikʊm] *nt* anabolic steroid

Ana·chro·nis·mus <-, -nismen> [anakroˈnɪsmʊs] *m* (*geh*) anachronism

ana·chro·nis·tisch [anakreoˈnɪstɪʃ] *adj* (*geh*) anachronistic

anal [aˈnaːl] **I.** *adj* anal **II.** *adv* anally; **~ verkehren** to have anal intercourse

An·al·ge·ti·kum <-s, -ka> [anʔalˈgeːtikʊm] *nt* MED (*schmerzstillendes Mittel*) analgesic

ana·log [anaˈloːk] **I.** *adj* ❶ (*entsprechend*) analogous ❷ INFORM analog **II.** *adv* ❶ (*entsprechend*) analogously ❷ INFORM as an analog

Ana·lo·gie <-, -n> [analoˈgiː, *pl* -giːən] *f* analogy

Ana·log·kä·se *m* cheese analogue Brit [*or* Am analog] **Ana·log·uhr** *f* (*Wanduhr*) analogue Brit [*or* Am analog] clock; (*Armbanduhr*) analogue Brit [*or* Am analog] watch

An·al·pha·bet(in) <-en, -en> [anʔalfaˈbeːt] *m(f)* illiterate

An·al·pha·be·ten·tum <-s> [anʔalfaˈbeːtn̩tuːm] *nt*, **An·al·pha·be·tis·mus** <-> [anʔalfabeˈtɪsmʊs] *m kein pl* illiteracy

An·al·pha·be·tin <-, -nen> *f fem form von* **Analphabet**

Anal·ver·kehr *m* anal sex

Ana·ly·se <-, -n> [anaˈlyːzə] *f* analysis

ana·ly·sie·ren* [analyˈziːrən] *vt* to analyze

Ana·ly·ti·ker(in) <-s, -> [anaˈlyːtikɐ] *m(f)* (*geh*) analyst

ana·ly·tisch [anaˈlyːtɪʃ] **I.** *adj* (*geh*) analytic **II.** *adv* analytically

Anä·mie <-, -n> [anɛˈmiː, *pl* -miːən] *f* MED anaemia

Ana·nas <-, -*o* -se> [ˈananas] *f* pineapple

Anar·chie <-, -n> [anarˈçiː, *pl* -çiːən] *f* anarchy

Anar·chis·mus <-> [anarˈçɪsmʊs] *m kein pl* anarchism *no pl*

Anar·chist(in) <-en, -en> [anarˈçɪst] *m(f)* anarchist

anar·chis·tisch *adj* anarchic

An·äs·the·sie <-, -n> [anʔɛsteˈziː, *pl* -ziːən] *f* anaesthesia

An·äs·the·sist(in) <-en, -en> [anʔɛsteˈzɪst] *m(f)* anaesthetist Brit, anesthetist Am

Ana·to·li·en <-s> [anaˈtoːli̯ən] *nt* Anatolia

Ana·to·mie <-, -n> [anatoˈmiː, *pl* -miːən] *f* anatomy

ana·to·misch [anaˈtoːmɪʃ] **I.** *adj* anatomic **II.** *adv* anatomically

an|bag·gern *vt* (*sl*) to chat up Brit, to hit on Am

an|bah·nen **I.** *vt* (*geh: in die Wege leiten*) ■**etw ~** to prepare [the ground] for sth **II.** *vr* ❶ (*sich andeuten*) to be in the offing ❷ (*sich entwickeln*) ■**sich ~** to be in the making; **zwischen ihnen bahnt sich etwas an** there's sth going on there

an|bän·deln [ˈanbɛndl̩n] *vi* (*Liebesbeziehung beginnen*) to take up with sb

An·bau¹ *m kein pl* AGR cultivation

An·bau² <-bauten> *m* ❶ (*Nebengebäude*) extension Brit, annex Am ❷ *kein pl* (*das Errichten*) building

an|bau·en *vt, vi* ❶ *Gemüse* to grow ❷ *Gebäude* to build an extension

Anb·au·flä·che *f* AGR ❶ (*zum Anbau*

Amüsierviertel → Anbaufläche

geeignete Fläche) land suitable for cultivation ❷ (*bebaute Ackerfläche*) acreage

An·bau·ge·biet *nt* AGR area [of cultivation]

An·be·ginn *m* (*geh*) beginning; **seit ~ [einer S.** *gen*] since the beginning [of sth]

an·bei [anˈbaɪ] *adv* enclosed; **~ die erbetenen Prospekte** please find enclosed the requested brochure

an|bei·ßen *irreg* I. *vi* to take the bait II. *vt* ■ **etw ~** to take a bite of sth ▶ **zum Anbeißen** (*fam*) fetching BRIT, hot AM *sl*

an|be·lan·gen* *vt* (*geh*) **was jdn/etw anbelangt, ...** as far as sb/sth is concerned ...

an|bel·len *vt* to bark at

an|be·rau·men* [ˈanbəraʊmən] *vt* (*geh*) *Termin* to fix

an|be·ten *vt* ❶ REL to worship ❷ (*verehren*) to adore

An·be·tracht *m* ■ **in ~ einer S.** *gen* in view of

An·be·tung <-, -en> *f pl selten* REL worship, adoration

an|bie·dern [ˈanbiːdɐn] *vr* (*pej*) ■ **sich [bei jdm] ~** to curry favour with sb; ■ **~d** crawling

an|bie·ten *irreg* I. *vt* ■ **[jdm] etw ~** to offer [sb] sth II. *vr* ❶ (*sich zur Verfügung stellen*) ■ **sich ~** to offer one's services; **darf ich mich Ihnen als Stadtführer ~?** my services as guide are at your disposal; ■ **sich ~, etw zu tun** to offer to do sth ❷ (*naheliegen*) ■ **sich ~** to be just the right thing (**für** for); **eine kleine Pause würde sich jetzt ~** a little break would be just the thing now

An·bie·ter(in) *m(f)* supplier

an|bin·den *vt irreg* ❶ (*festbinden*) to tie (**an** to) ❷ (*durch Pflichten einschränken*) ■ **jdn ~** to tie sb down ❸ TRANSP to connect (**an** to)

An·blick *m* sight; **einen erfreulichen ~ bieten** to be a welcoming sight; **das war kein schöner ~!** it was not a pretty sight!; **beim ~ einer S.** *gen* at the sight of

an|bli·cken *vt* to look at

an|bra·ten *vt irreg* KOCHK ■ **etw ~** to fry sth until brown

an|bre·chen *irreg* I. *vi sein* to begin; *Tag* to dawn; *Winter, Abend* to set in; *Dunkelheit, Nacht* to fall; **wir redeten, bis der Tag anbrach** we talked until the break of day II. *vt haben* ❶ (*zu verbrauchen beginnen*) to open; **die Vorräte ~** to break into supplies; ■ **angebrochen** opened ❷ (*teilweise brechen*) to chip sth

an|bren·nen *irreg* I. *vi sein* to burn; ■ **etw ~ lassen** to let sth burn; **es riecht hier so angebrannt** it smells of burning in here

---

etwas anbieten

nach Wünschen fragen, etwas anbieten	*asking people what they want, offering something*
Kann ich Ihnen helfen?/Was darf's sein?	*Can I help you?/What'll it be?*
Haben Sie irgendeinen Wunsch?	*Would you like anything?*
Was hättest du denn gern?	*What would you like?/do you fancy? (fam)*
Was möchtest/magst du essen/trinken?	*What would you like to eat/drink?*
Wie wär's mit einer Tasse Kaffee? *(fam)*	*How about a cup of coffee?*
Darf ich Ihnen ein Glas Wein anbieten?	*May I offer you a glass of wine?*
Sie können gern mein Telefon benutzen.	*You're welcome to use my phone.*

Angebote annehmen	*accepting offers*
Ja, bitte./Ja, gern.	*Yes please./I'd love one.*
Danke, das ist nett/lieb von dir.	*Thanks, that's kind of you.*
Ja, das wäre nett.	*Yes, that would be nice.*
Oh, das ist aber nett!	*Oh, that's nice of you!*

Angebote ablehnen	*turning down offers*
Nein, danke!	*No, thanks!*
Aber das ist doch nicht nötig!	*But that's not necessary!/You shouldn't have!*
Das kann ich doch nicht annehmen!	*I can't (possibly) accept this!*

▶ **nichts ~ lassen** (*fam*) to not hesitate **II.** *vt* **haben** to ignite
an|brin·gen *vt irreg* ❶ (*befestigen*) to fix (**an** to) ❷ (*montieren*) *Gerät* to install; *Regal* to put up ❸ (*vorbringen*) to introduce ❹ (*fam: herbeibringen*) to bring [along]
An·bruch *m kein pl* (*geh*) **bei ~ des Tages** at the break of day; **bei ~ der Dunkelheit** at dusk
an|brül·len *vt, vi* to shout [at]
An·cho·vis <-, -> [anˈço:vɪs] *f* anchovy
An·dacht <-, -en> [ˈandaxt] *f* prayer service; **voller ~** (*geh*) in rapt devotion
an·däch·tig [ˈandɛçtɪç] **I.** *adj* ❶ REL devout ❷ (*ehrfürchtig*) reverent; (*in Gedanken versunken*) rapt **II.** *adv* ❶ REL devoutly ❷ (*hum: ehrfürchtig*) reverently; (*inbrünstig*) raptly
an|dau·ern *vi* to continue; *Gespräche* to go on
an·dau·ernd **I.** *adj* continuous **II.** *adv* continuously; **jetzt schrei mich nicht ~ an** stop shouting at me all the time
An·den [ˈandn̩] *pl* Andes *npl*
An·den·ken <-s, -> *nt* ❶ (*Souvenir*) souvenir ❷ (*Erinnerungsstück*) keepsake ❸ *kein pl* (*Erinnerung*) memory; **zum ~ an jdn** in memory of
an·de·re(r, s) [ˈandərə, -rə, -rəs] *pron indef* ❶ *adjektivisch* (*abweichend*) different, other; **das ist eine ~ Frage** that's another question; **das ~ Geschlecht** the opposite sex; **ein ~s Mal** another time ❷ *adjektivisch* (*weitere*) other; **haben Sie noch ~ Fragen?** have you got any more questions? ❸ *substantivisch* (*sonstige*) more, others; **es gibt noch ~, die warten!** there are others waiting!; ■ **das/der/die ~** the other; ■ **ein ~r/eine ~/ein ~s** [an]other; **eines ist schöner als das ~!** each one is more beautiful than the last! ❹ *substantivisch* (*sonstige Menschen*) others; ■ **der/die ~** the other [one]; ■ **ein ~r/eine ~** someone else; ■ **die ~n** the others; **alle ~n** all the others; **wir ~n** the rest of us; **jede/jeder ~** anybody else; **keine ~/kein ~r als ...** nobody but ...; **weder den einen/die eine noch den ~n/die ~** neither one of them; **einer nach dem ~n, eine nach der ~n** one after the other; **der eine oder ~** one or two people ❺ *substantivisch* (*Abweichendes*) other things *pl*; **das T-Shirt ist schmutzig — hast du noch ein ~s?** that T-shirt is dirty — have you got another one?; ■ **etwas/nichts ~s** [*o* **A-s**] something/anything else; **das ist natürlich etwas ~s!** that's a different matter altogether; **das ist etwas ganz ~s!** that's something quite different!; **es bleibt uns nichts ~s übrig** there's nothing else we can do; **lass uns von etwas ~m sprechen** let's talk about something else; **alles ~ als ...** anything but ...; **ein[e]s nach dem ~n** first things first; **so kam eins zum ~n** one thing led to another; **unter ~m ...** ... amongst other things
an·de·ren·falls [ˈandərənfals] *adv* otherwise
an·de·ren·orts [ˈandərənˀɔrts] *adv* (*geh*) elsewhere
an·de·rer·seits [ˈandərəzaɪ̯ts] *adv* on the other hand
an·der·mal [ˈandəma:l] *adv* ■ **ein ~** another time
än·dern [ˈɛndən] *vt, vr* ❶ (*verändern*) to change; **ich kann es nicht ~** I can't do anything about it; [s]**eine Meinung ~** to change one's mind; **daran kann man nichts ~** there's nothing you can do about it; **es hat sich nichts geändert** nothing's changed ❷ MODE to alter
an·dern·falls [ˈandɛnfals] *adv s.* **anderenfalls** **an·dern·orts** [ˈandɛnˀɔrts] *adv s.* **anderenorts**
an·ders [ˈandəs] *adv* ❶ (*verschieden*) differently; ■ **~ als ...** different to [*or* AM *also* than] ...; **~ als sonst** different than usual; **es sich** *dat* **~ überlegen** to change one's mind; **~ denkend** dissenting ❷ (*sonst*) otherwise; **~ kann ich es mir nicht erklären** I can't think of another explanation; **jemand ~** somebody else; **niemand ~** nobody else; **es ging leider nicht ~** I'm afraid I couldn't do anything about it ▶ **nicht ~ können** (*fam*) to be unable to help it; **jdm wird ganz ~** to feel dizzy
an·ders·ar·tig [ˈandɐsʔaːɐ̯tɪç] *adj* different **an·ders·den·kend**^ALT *adj attr* dissenting **An·ders·den·ken·de(r)** *f(m) dekl wie adj* dissident **an·ders·far·big** **I.** *adj* of a different colour **II.** *adv* a different colour; **~ lackiert** painted a different colour **an·ders·gläu·big** *adj* of a different faith **an·ders·he·rum** [ˈandɐshɛrʊm], **an·ders·rum** [ˈandɐsrʊm] **I.** *adv* the other way round **II.** *adj präd* (*fam: homosexuell*) gay **an·ders·wo** [ˈandɐsvoː] *adv* ❶ (*an einer anderen Stelle*) somewhere else ❷ (*an anderen Orten*) elsewhere
an·dert·halb [ˈandɐtˈhalp] *adj* one and a half; **~ Stunden** an hour and a half
Än·de·rung <-, -en> *f* ❶ (*Abänderung*) change; *eines Gesetzes* amendment; *eines*

Entwurfs modification; ■ **die ~ an etw** *dat* the alteration to sth; **eine ~/~en an etw** *dat* **vornehmen** to change sth; **geringfügige ~en** slight alterations; **„~en vorbehalten"** "subject to change" ❷ MODE alteration

Än·de·rungs·schneider(in) *m(f)* ≈ tailor *masc*, ≈ seamstress *fem* **Än·de·rungs·vor·schlag** <*pl* -vorschläge> *m* proposed change **Än·de·rungs·wunsch** <*pl* -wünsche> *m* proposed changes

an·der·wei·tig ['andɐvaitɪç] I. *adj attr* other II. *adv* ❶ (*mit anderen Dingen*) with other matters ❷ (*von anderer Seite*) somewhere else ❸ (*bei anderen Leuten*) **~ verpflichtet sein** to have other commitments ❹ (*an einen anderen*) to somebody else ❺ (*anders*) in a different way

an|deu·ten I. *vt* ❶ (*erwähnen*) to indicate ❷ (*zu verstehen geben*) ■ **[jdm] etw ~** to imply sth [to sb] ❸ KUNST, MUS to outline II. *vr* ■ **sich ~** to be signs of sth

Än·deu·tung *f* hint; **eine ~ fallen lassen** to drop a hint; **bei der geringsten ~ von etw** *dat* at the first sign of sth; **eine versteckte ~** an insinuation; **eine ~ machen** to make a remark

an·deu·tungs·wei·se *adv* ❶ (*indirekt*) as an indication of ❷ (*rudimentär*) as an intimation

An·dor·ra <-s> [an'dɔra] *nt* GEOG Andorra

An·dor·ra·ner(in) <-s, -> [andɔ'ra:nɐ] *m(f)* Andorran

an·dor·ra·nisch *adj* Andorran

Än·drang *m kein pl* rush

an·dre(r, s) ['andrə, -drɐ, -drəs] *adj s.* **andere(r, s)**

an|dre·hen *vt* ❶ (*anstellen*) to turn sth on ❷ (*fam: verkaufen*) ■ **jdm etw ~** to flog sb sth; ■ **sich** *dat* **etw ~ lassen** to be flogged sth

an·drer·seits ['andrɐzaits] *adv s.* **andererseits**

an·dro·gyn [andro'gy:n] *adj* androgynous

an|dro·hen *vt* ■ **jdm etw ~** to threaten sb with sth

an|e·cken *vi sein* (*fam*) to put people's backs up

an|eig·nen *vr* ■ **sich** *dat* **etw ~** ❶ (*an sich nehmen*) to take sth ❷ (*sich vertraut machen*) to learn ❸ (*sich angewöhnen*) to pick up *sep*

Än·eig·nung <-, -en> *f pl selten* ❶ (*geh: Diebstahl*) appropriation ❷ (*Erwerb*) acquisition ❸ (*Lernen*) learning, acquisition

an·ei·nan·der [anʔai'nandɐ] *adv* ❶ (*jeder an den anderen*) to one another; **~ denken** to think about each other; **~ vorbeireden** to talk at cross purposes ❷ (*zusammen*) together

an·ei·nan·der|fü·gen *vt, vt* **etw ~** to put sth together **an·ei·nan·der|ge·ra·ten** *vi irreg sein* to have a fight [*or* BRIT *also* row]

an·ei·nan·der|rei·hen I. *vt* ■ **etw ~** to string sth together II. *vr* ■ **sich ~** to follow one another **an·ei·nan·der|schmie·gen** *vr* ■ **sich ~** to cuddle **an·ei·nan·der|sto·ßen** *vi irreg sein* to bump into each other; (*zwei Dinge*) to bang together

Anek·do·te <-, -n> [anɛk'do:tə] *f* anecdote

an|e·keln *vt* ■ **jdn ~** to make sb sick; ■ **von etw** *dat* **angeekelt sein** to be disgusted by sth

Ane·mo·ne <-, -n> [ane'mo:nə] *f* BOT anemone

an·er·kannt *adj* recognized

an|er·ken·nen* ['anʔɛɐ̯kɛnən] *vt irreg* ❶ (*offiziell akzeptieren*) to recognize (**als** as); *Kind* to acknowledge; *Forderung* to accept ❷ (*würdigen*) to appreciate ❸ (*gelten lassen*) *Meinung* to respect

an·er·ken·nend I. *adj* acknowledging; **ein ~er Blick** a look of acknowledg[e]ment II. *adv* in acknowledg[e]ment

An·er·ken·nung *f* ❶ (*offizielle Bestätigung*) recognition; **~ finden** to gain recognition ❷ (*lobende Zustimmung*) praise

an|er·zie·hen* *vt irreg* ■ **jdm etw ~** to teach sb sth; ■ **anerzogen sein** to be acquired

an|fa·chen *vt* (*geh*) ❶ (*zum Brennen bringen*) to kindle ❷ (*schüren*) to arouse

an|fah·ren *irreg* I. *vi sein* to drive off; *Zug* to draw in II. *vt haben* ❶ (*beim Fahren streifen*) to hit ❷ *irreg* (*schelten*) ■ **jdn ~** to snap at sb ❸ TRANSP to call at; **einen Hafen ~** to pull in at a port

Än·fahrt <-, -en> *f* journey [to]

Än·fall <-[e]s, -fälle> *m* ❶ MED attack; **einen Herz~ haben** to have a heart attack; **epileptischer ~** epileptic fit (*Wutanfall*) fit of rage; **der kriegt einen ~, wenn er das mitbekommt!** he's going to go round the bend when he hears about this! ❸ (*Anwandlung*) ■ **in einem ~ von etw** *dat* in a fit of sth

an|fa·llen I. *vi irreg sein* ❶ (*entstehen*) to arise ❷ *Kosten* incur ❸ (*sich anhäufen*) to accumulate; *Arbeit a.* to pile up II. *vt irreg* (*angreifen*) to attack

an·fäl·lig *adj* to be prone (**für** to); AUTO, TECH temperamental

An·fäl·lig·keit <-> *f meist sing* ❶ (*anfällige Konstitution*) delicateness; ■**die ~ für etw** *akk* susceptibility to sth ❷ AUTO, TECH temperamental nature

An·fang <-[e]s, -fänge> *m* ❶ (*Beginn*) beginning, start; **... und das ist erst der ~** ... and that's just the start; **den ~ machen** to make a start (**mit** with); **einen neuen ~ machen** to make a fresh start; **~ September/der Woche** at the beginning of September/the week; **der Täter war ca. ~ 40** the perpetrator was in his early 40s; **von ~ bis Ende** from start to finish; **am ~** (*zu Beginn*) in the beginning; (*anfänglich*) to begin with; **von ~ an** from the [very] start ❷ (*Ursprung*) origin[s] *usu pl* ▶ **der ~ vom Ende** the beginning of the end; **aller ~ ist schwer** (*prov*) the first step is always the hardest

an|fan·gen *irreg vt, vi* ❶ (*beginnen*) to begin; ■**etw ~** to start sth (**mit** with) ❷ *Packung Kekse* to start ❸ (*machen*) **etw anders ~** to do sth differently; **etwas mit etw/jdm ~ können** (*fam*) to be able to do sth with/sb; **jd kann mit etw/jdm nichts ~** (*fam*) sth/sb is [of] no use to sb; **was soll ich damit ~?** what am I supposed to do with that?; **mit jdm ist nichts anzufangen** nothing can be done with sb; **nichts mit sich** *dat* **anzufangen wissen** to not know what to do with oneself

An·fän·ger(in) <-s, -> *m(f)* beginner; (*im Straßenverkehr*) learner [driver] BRIT, student driver AM; **~ sein** to be a novice; **ein blutiger ~ sein** (*fam*) to be an absolute beginner

An·fän·ger·kur·sus *m* beginners' course

an·fäng·lich I. *adj attr* initial *attr* II. *adv* (*geh*) initially

an·fangs I. *adv* at first II. *präp* SCHWEIZ at the start of

An·fangs·buch·sta·be *m* initial [letter] **An·fangs·schwie·rig·kei·ten** *pl* initial difficulties *pl* **An·fangs·sta·di·um** *nt* initial stage[s] *usu pl* **An·fangs·zeit** *f* early stages *pl*

an|fas·sen I. *vt* ❶ (*berühren*) to touch ❷ (*behandeln*) to treat ▶ **zum A~** (*fam*) approachable II. *vi* ■**mit ~** to lend a hand III. *vr* (*sich anfühlen*) to feel; **es fasst sich rau an** it feels rough

an|fau·chen *vt* ❶ *Katze* to spit at ❷ (*fig fam*) to snap at

an·fecht·bar *adj* contestable

an|fech·ten *vt irreg* ❶ JUR to contest ❷ (*nicht anerkennen*) to dispute

an|fein·den ['anfaɪndn̩] *vt* ■**jdn ~** to be hostile to sb; **wegen ihrer feministischen Aussagen wurde sie damals heftig angefeindet** due to her feminist statements she aroused great hostility at that time; ■**sich ~** to be at war with one another

an|fer·ti·gen *vt* to make; ■**sich** *dat* **etw ~ lassen** to have sth made

An·fer·ti·gung <-, -en> *f* making [up]

an|feuch·ten *vt* to moisten

an|feu·ern *vt* ❶ (*ermutigen*) to cheer on ❷ (*anzünden*) to light

an|fle·hen *vt* to beg (**um** for)

an|flie·gen *irreg vt, vi haben* to fly to; ■**beim A~** in the approach; **angeflogen kommen** (*fam*) to come flying in

An·flug <-[e]s, -flüge> *m* ❶ LUFT approach ❷ (*fig: Andeutung*) hint; (*Anfall*) fit

an|for·dern *vt* ❶ (*die Zusendung erbeten*) to request; *Katalog* to order ❷ (*beantragen*) to ask for

An·for·de·rung <-, -en> *f* ❶ *kein pl* (*das Anfordern*) request; *Katalog* ordering; ■**auf ~** on request ❷ *meist pl* (*Anspruch*) demands; **~en [an jdn] stellen** to place demands [on sb]; **du stellst zu hohe ~en** you're too demanding

An·fra·ge <-, -n> *f* inquiry; ■**auf ~** on request

an|fra·gen *vi* to ask (**um** for)

an|freun·den ['anfrɔyndn̩] *vr* ❶ (*Freunde werden*) ■**sich mit jdm ~** to make friends with sb; ■**sich ~** to become friends ❷ (*fig: schätzen lernen*) ■**sich mit jdm/etw ~** to get to like sb/sth ❸ (*fig: sich zufriedengeben*) ■**sich mit etw** *dat* **~** to get used to the idea of sth

an|fü·gen *vt* to add

an|füh·len *vr* **sich weich ~** to feel soft

An·fuhr *f* transportation

an|füh·ren *vt* ❶ (*vorangehen*) to lead ❷ (*fig: zitieren*) to quote; *Beispiel, Grund* to give ❸ (*fig: benennen*) to name

An·füh·rer(in) <-s, -> *m(f)* leader; *von Truppen* commander

An·füh·rungs·strich *m*, **An·füh·rungs·zei·chen** *nt meist pl* quotation mark[s], BRIT *also* inverted comma[s]; **Anführungsstriche** [*o* **Anführungszeichen**] **unten/oben** quote/unquote

An·ga·be <-, -n> *f* ❶ *meist pl* (*Mitteilung*) details *pl;* **es gibt bisher keine genaueren ~n** there are no further details to date; **~n machen** to give details (**über/zu** about); **~n zur Person** (*geh*) personal details ❷ *kein pl* (*Prahlerei*) boasting ❸ SPORT (*Aufschlag*) service

an|gaf·fen vt (pej) to gape [or BRIT also gawp] [or AM also gawk] at

an|ge·ben irreg **I.** vt ❶ (nennen) to give; **seinen Namen ~** to give one's name; **jdn als Zeugen ~** to cite sb as a witness ❷ (zitieren) to quote ❸ (behaupten) to claim ❹ (deklarieren) to declare ❺ (anzeigen) to indicate ❻ (bestimmen) to set; **das Tempo ~** to set the pace; *Takt* to give **II.** vi (prahlen) to boast (**mit** about)

An·ge·ber(in) <-s, -> m(f) show-off, poser

An·ge·be·rei <-, -en> [angeˑbəˈraɪ] f (fam) showing-off

An·ge·be·rin <-, -nen> f fem form von **Angeber**

an·ge·be·risch I. adj pretentious **II.** adv pretentiously

An·ge·be·te·te(r) f(m) dekl wie adj (geh) beloved

an·geb·lich [ˈangəːplɪç] **I.** adj attr alleged **II.** adv allegedly; **er hat ~ nichts gewusst** apparently, he didn't know anything about it

an·ge·bo·ren adj ❶ MED congenital ❷ (fig fam) innate

An·ge·bot <-[e]s, -e> nt ❶ (Anerbieten) offer ❷ FIN (Versteigerungsgebot) bid; (Offerte) offer ❸ kein pl (Warenangebot) range of goods; **~ und Nachfrage** supply and demand ❹ (Sonderangebot) special offer; **im ~** on special offer

an·ge·bracht adj ❶ (sinnvoll) sensible ❷ (angemessen) suitable

an·ge·gos·sen adj ▸ **wie ~ sitzen** (fam) to fit like a glove

an·ge·grif·fen I. adj frail; *Nerven* raw **II.** adv **~ aussehen** to look exhausted

an·ge·hei·tert [ˈangəhaɪtət] adj (fam) tipsy

an|ge·hen irreg **I.** vi ❶ sein (beginnen) to start; (zu funktionieren) to come on ❷ (bekämpfen) to fight (**gegen** against) **II.** vt ❶ haben o SÜDD, ÖSTERR sein (in Angriff nehmen) to tackle ❷ haben (betreffen) to concern; **was geht mich das an?** what's that got to do with me?; **das geht dich einen Dreck an!** (fam) that's none of your [damn] business; **was mich angeht, ...** as far as I am concerned, ...

an·ge·hend adj prospective

an|ge·hö·ren* vi to belong to

An·ge·hö·ri·ge(r) f(m) dekl wie adj ❶ (Familienangehörige(r)) relative; **die nächsten ~n** the next of kin ❷ (Mitglied) member

An·ge·klag·te(r) f(m) dekl wie adj accused

An·gel <-, -n> [ˈaŋl] f ❶ (zum Fische fangen) fishing-rod and line, AM also fishing pole ❷ (Türangel) hinge ▸ **etw aus den ~n heben** (fam) to turn sth upside down

An·ge·le·gen·heit <-, -en> f meist sing matter; **in welcher ~ wollten Sie ihn sprechen?** in what connection did you want to speak to him?; **sich um seine eigenen ~en kümmern** to mind one's own business; **in eigener ~** on a private matter; **jds ~ sein** to be sb's responsibility

an·ge·lernt adj ❶ (eingearbeitet) semi-skilled ❷ (oberflächlich gelernt) acquired

An·gel·ha·ken m fish-hook

an·geln [ˈaŋln] **I.** vi ❶ (Fische fangen) to fish; ▪ [das] **A~** fishing ❷ (zu greifen versuchen) to fish [around] (**nach** for) **II.** vt to catch; **sich** dat **einen Mann ~** (fam) to catch oneself a man

An·gel·punkt m crucial point

An·gel·ru·te f fishing rod

An·gel·sach·se, -säch·sin <-n, -n> [ˈaŋlzaksə, -zɛksɪn] m, f Anglo-Saxon

an·gel·säch·sisch [ˈaŋlzɛksɪʃ] adj Anglo-Saxon

An·gel·schnur f fishing line

an·ge·mes·sen I. adj ❶ (entsprechend) fair; ▪ **einer S.** dat **~ sein** to be proportionate to sth ❷ (passend) appropriate **II.** adv ❶ (entsprechend) proportionately ❷ (passend) appropriately

an·ge·nehm I. adj pleasant; *Nachricht* good; *Wetter* agreeable ▸ **das A~e mit dem Nützlichen verbinden** to mix business with pleasure; **[sehr] ~!** (geh) pleased to meet you! **II.** adv pleasantly

an·ge·nom·men I. adj assumed; *Kind* adopted **II.** konj assuming

an·ge·passtᴿᴿ, **an·ge·paßt**ᴬᴸᵀ adj, adv conformist

an·ge·regt I. adj animated **II.** adv animatedly; **sie diskutierten ~** they had an animated discussion

an·ge·sagt adj scheduled

an·ge·schla·gen adj (fig fam) weak[ened] (**von** by); *Gesundheit* poor

an·ge·se·hen adj respected; *Firma* of good standing

An·ge·sicht <-[e]s, -er> nt (geh) countenance; **von ~ zu ~** face to face

an·ge·sichts präp ▪ **~ einer S.** gen in the face of sth

an·ge·spannt I. adj tense; *Situation* critical **II.** adv **~ wirken** to seem tense; **etw ~ verfolgen** to follow sth tensely

an·ge·stammt adj (geerbt) hereditary; (überkommen) traditional

an·ge·staubt *adj* (*fig*) outdated; **~e Ansichten** antiquated views

An·ge·stell·te(r) *f(m) dekl wie adj* employee

an·ge·strengt I. *adj* ❶ *Gesicht* strained ❷ (*intensiv*) hard II. *adv* (*intensiv*) hard; **~ diskutieren** to discuss intensively

an·ge·tan *adj* ▪**von jdm/etw ~ sein** to be taken with sb/sth

an·ge·trun·ken *adj* slightly drunk

an·ge·wandt *adj attr* applied

an·ge·wie·sen *adj* dependent (**auf** on)

an|ge·wöh·nen* *vt* ▪**sich** *dat* **etw ~** to get into the habit of [doing] sth

An·ge·wohn·heit <-, -en> *f* habit

an·ge·wur·zelt *adj* **wie ~ dastehen** to stand rooted to the spot

an·ge·zeigt *adj* (*geh*) appropriate

An·gi·na <-, Anginen> [aŋˈgiːna, *pl* -nən] *f* MED angina; **~ Pectoris** angina pectoris

an|glei·chen *irreg* I. *vt* to bring sth into line II. *vr* ▪**sich ~** to adapt oneself (+*dat* to)

An·glei·chung *f* ❶ (*Anpassung*) adaptation ❷ (*gegenseitige Anpassung*) becoming alike

Ang·ler(in) <-s, -> [ˈaŋlɐ] *m(f)* angler

an|glie·dern *vt* ▪**etw ~** to incorporate sth (+*dat* into)

An·glie·de·rung *f* ❶ (*Anschluss*) incorporation ❷ (*Annexion*) annexation

an·gli·ka·nisch [aŋgliˈkaːnɪʃ] *adj* Anglican; **die ~e Kirche** the Church of England

An·glist(in) <-en, -en> [ˈaŋlɪst] *m(f)* ❶ (*Wissenschaftler*) Anglist ❷ (*Student*) student of English [language and literature]

An·glis·tik <-> [aŋˈglɪstɪk] *f kein pl* study of English [language and literature]

An·gli·zis·mus <-, -men> [aŋgliˈtsɪsmʊs] *m* LING anglicism

an·glo·ame·ri·ka·nisch [aŋglo-] *adj* Anglo-American

an|glot·zen *vt* (*fam: anstarren*) to gape [*or* BRIT *also* gawp] [*or* AM *also* gawk] at

An·go·la <-s> [aŋˈgoːla] *nt* Angola

An·go·ra·wol·le [aŋˈgoːra-] *f* angora [wool]

an·greif·bar *adj* contestable

an|grei·fen *irreg vt, vi* ❶ MIL, SPORT to attack; ▪**angegriffen** under attack *präd* ❷ (*schädigen*) to damage sth; ▪[**etw ist**] **angegriffen** [sth is] weakened ❸ (*zersetzen*) to corrode ❹ (*beeinträchtigen*) to affect; ▪**angegriffen sein** to be exhausted

An·grei·fer(in) <-s, -> *m(f)* ❶ MIL attacker ❷ *meist pl* SPORT attacking player

an|gren·zen *vi* to border (**an** on)

an·gren·zend *adj attr* bordering; **die ~en Bauplätze** the adjoining building sites

An·griff *m* ❶ MIL attack; **zum ~ übergehen** (*fig*) to go on the offensive ❷ SPORT (*Vorgehen*) attack; (*die Angriffsspieler*) forwards *pl*; **im ~ spielen** to play in attack ▶ **~ ist die beste Verteidigung** (*prov*) offence is the best defence *prov*; **etw in ~ nehmen** to tackle sth

An·griffs·flä·che *f* target **An·griffs·lust** *f kein pl* ❶ (*angriffslustige Einstellung*) aggressiveness ❷ (*Aggressivität*) aggression

an·griffs·lus·tig *adj* aggressive **An·griffs·punkt** *m* target

an|grin·sen *vt* to grin at

Angst <-, Ängste> [aŋst, *pl* ˈɛŋstə] *f* ❶ (*Furcht*) fear; ▪**die ~ vor jdm/etw** the fear of sb/sth; **~ bekommen** (*fam*) to become frightened; **~ [vor etw** *dat*] **haben** to be afraid [of sth]; **~ um etw haben** *akk* to be worried about sth; **jdm ~ machen** to frighten sb; **aus ~, etw zu tun** for fear of doing sth; **vor ~** by fear; **~ und Schrecken verbreiten** to spread fear and terror ❷ (*seelische Unruhe*) anxiety

angst *adj* afraid

Angst·ha·se *m* (*fig fam*) scaredy-cat

ängs·ti·gen [ˈɛŋstɪgn̩] I. *vt* ❶ (*in Furcht versetzen*) to frighten ❷ (*beunruhigen*) to worry II. *vr* ▪**sich ~** ❶ (*Furcht haben*) to be afraid ❷ (*sich sorgen*) to worry

ängst·lich [ˈɛŋstlɪç] *adj* ❶ (*verängstigt*) frightened ❷ (*besorgt*) worried

Ängst·lich·keit <-> *f kein pl* ❶ (*Furchtsamkeit*) fear ❷ (*Besorgtheit*) anxiety

Angst·ma·cher(in) *m(f)* (*pej*) scaremonger **Angst·ma·che·rei** <-> [ˈaŋstmaxəraɪ] *f kein pl* (*pej*) scaremongering

Angst·schweiß *m* cold sweat

an|gu·cken *vt* (*fam*) to look at

an|gur·ten *vt* to strap in; ▪**sich ~** to fasten one's seat belt, AM *also* to buckle up

an|ha·ben *vt irreg* ❶ *Kleidung* to have on ❷ (*Schaden zufügen*) **jdm nichts ~ können** to be unable to harm sb

an|haf·ten *vi* (*sich zugehörig fühlen*) to belong to; **einer Idee ~** to adhere to an idea

an|hal·ten¹ *irreg* I. *vi* ❶ (*stillstehen*) to stop ❷ (*innehalten*) to pause II. *vt* ❶ (*stoppen*) to bring to a stop ❷ (*anleiten*) ▪**jdn** [**zu etw** *dat*] **~** to teach sb [to do sth]; ▪**angehalten sein, etw zu tun** to be encouraged to do sth

an|hal·ten² *vi irreg* (*fortdauern*) to continue

an·hal·tend *adj* continuous; *Lärm* inces-

sant; *Schmerz* persistent; **die ~e Hitzewelle** the continuing heatwave
An·hal·ter(in) <-s, -> [ˈanhaltɐ] *m(f)* hitch-hiker; **per ~ fahren** to hitch-hike
An·halts·punkt *m* clue
an·hand [anˈhant] *präp* on the basis of
An·hang <-[e]s, -hänge> *m* ❶ (*Nachtrag*) appendix ❷ *kein pl* (*Angehörige*) [close] family, dependants ❸ *kein pl* (*Gefolgschaft*) followers
an|hän·gen I. *vt* ❶ a. BAHN (*ankuppeln*) to couple (**an** to) ❷ (*daran hängen*) to hang [up] (**an** on) ❸ (*hinzufügen*) to add; **~angehängt** final ❹ (*fig fam: übertragen*) ▪jdm etw ~ to pass sth on to sb ❺ (*fig fam: anlasten*) ▪jdm etw ~ to blame sth on sb **II.** *vr* ▪**sich ~** to follow **III.** *vi irreg* (*fig*) ❶ (*anhaften*) ▪jdm hängt etw an sth sticks to sb ❷ (*sich zugehörig fühlen*) to belong to; **einer Idee ~** to adhere to an idea
An·hän·ger <-s, -> *m* ❶ AUTO trailer ❷ (*Schmuckstück*) pendant ❸ (*Gepäckanhänger*) label
An·hän·ger(in) <-s, -> *m(f)* (*fig*) ❶ SPORT fan ❷ (*Gefolgsmann*) follower, supporter
An·hän·ger·schaft <-> *f kein pl* ❶ (*Gefolgsleute*) followers *pl,* supporters *pl* ❷ SPORT fans *pl*
an·hän·gig *adj* JUR pending
an·häng·lich [ˈanhɛŋlɪç] *adj* (*treu, verbunden*) devoted; (*sehr zutraulich*) friendly
An·häng·lich·keit <-> *f kein pl* ❶ (*anhängliche Art*) devotion ❷ (*Zutraulichkeit*) trusting nature
an|hau·chen *vt* to breathe on
an|hau·en *vt irreg* (*sl*) ❶ (*ansprechen*) to accost ❷ (*erbitten*) to tap (**um** for)
an|häu·fen *vt, vr* ❶ (*aufhäufen*) to pile up ❷ (*fig: ansammeln*) to accumulate
An·häu·fung <-, -en> *f* ❶ (*das Aufhäufen*) piling up ❷ (*fig: das Ansammeln*) accumulation
an|he·ben *irreg vt* ❶ (*hochheben*) to lift [up] ❷ (*erhöhen*) to increase
An·he·bung <-, -en> *f* increase; **die ~ der Preise** the increase in prices
an|hef·ten *vt* ❶ (*daran heften*) to attach ❷ (*anstecken*) to pin on
an·heim|fal·len *vi irreg sein* (*geh*) ▪jdm/etw ~ to fall victim to sb/sth
an|hei·zen *vt* ▪etw ~ ❶ (*zum Brennen bringen*) to light sth, to set sth alight ❷ (*fig fam: im Schwung bringen*) to get sth going, to hot sth up ❸ (*fam: verschlimmern*) to aggravate sth
an|heu·ern *vt, vi* NAUT to sign on
An·hieb *m* **auf ~** (*fam*) straight away; **das kann ich nicht auf ~ sagen** I couldn't say off the top of my head

---

Angst/Sorge ausdrücken

Angst/Befürchtungen ausdrücken	expressing anxiety/fears
Ich habe (da) ein ungutes Gefühl.	I've got a bad feeling (about this).
Mir schwant nichts Gutes. *(fam)*	I've got a bad feeling.
Ich rechne mit dem Schlimmsten.	I'm expecting the worst.
Diese Menschenmengen machen mir Angst.	These crowds terrify me.
Diese Rücksichtslosigkeit beängstigt mich.	This thoughtlessness frightens me.
Ich habe Angst, dass du dich verletzen könntest.	I'm scared/afraid you will hurt yourself.
Ich habe Angst vorm Zahnarzt.	I'm scared/afraid of the dentist.
Ich habe Bammel/Schiss vor der Prüfung. *(fam)*	I'm worried to death about the exam. *(fam)*

Sorge ausdrücken	expressing concern
Sein Gesundheitszustand macht mir große Sorgen.	I am very worried about his health.
Ich mache mir Sorgen um dich.	I am worried about you.
Die steigenden Arbeitslosenzahlen beunruhigen mich.	I'm concerned about the rising unemployment figures.
Die Sorge um ihn bereitet mir schlaflose Nächte.	I'm having sleepless nights worrying about him.

an|him·meln vt (fam) to idolize
An·hö·he <-, -n> f high ground
an|hö·ren I. vt ❶(zuhören) ■[sich dat] etw ~ to listen to sth ❷(mithören) Geheimnis [mit] ~ to overhear a secret ❸(anmerken) ■jdm etw ~ to hear sth in sb['s voice]; **dass er Däne ist, hört man ihm aber nicht an!** you can't tell from his accent that he's Danish! II. vr (klingen) ■sich ~ to sound; **Ihr Angebot hört sich gut an** your offer sounds good
An·hö·rung <-, -en> f hearing
Ani·ma·teur(in) <-s, -e> [animaˈtøːɐ̯] m(f) host masc [or fem hostess]
Ani·ma·ti·on <-, -en> [animaˈtsi̯oːn] f ❶(Unterhaltung) entertainment ❷FILM animation
ani·mie·ren* [aniˈmiːrən] vt, vi to encourage
Anis <-[es], -e> [aˈniːs, ˈa(ː)nɪs] m ❶(Pflanze) anise ❷(Gewürz) aniseed
Ank. Abk von **Ankunft** arr.
an|kämp·fen vi to fight (**gegen** against); **sie kämpfte gegen ihre Tränen an** she fought back her tears
An·kauf <-[e]s, -käufe> m buy
an|kau·fen vt, vi to buy
An·ker <-s, -> [ˈaŋkɐ] m anchor; **vor ~ gehen** to drop anchor [somewhere]; **den ~ lichten** to weigh anchor; **vor ~ liegen** to lie at anchor
an·kern [ˈaŋkɐn] vi ❶(Anker werfen) to drop anchor ❷(vor Anker liegen) to lie at anchor
An·ker·platz m anchorage
an|ket·ten vt to chain up (**an** to)
An·kla·ge <-, -n> f ❶ kein pl (gerichtliche Beschuldigung) charge; **gegen jdn ~ [wegen etw** gen**] erheben** to charge sb [with sth]; **unter ~ stehen** to be charged ❷(Anklagevertretung) prosecution ❸(Beschuldigung) accusation
An·kla·ge·bank f JUR dock; **auf der ~ sitzen** to be in the dock **An·kla·ge·er·he·bung** f JUR preferral of charges
an|kla·gen vt ❶JUR to charge ❷(beschuldigen) to accuse ❸(fig: anprangern) to denounce
an|kla·gend I. adj ❶(anprangernd) denunciatory ❷(eine Beschuldigung beinhaltend) accusatory II. adv (als Anklage) accusingly
An·kla·ge·punkt m JUR [count of a] charge
An·klä·ger(in) <-s, -> m(f) JUR prosecutor
An·kla·ge·schrift f JUR indictment
An·klang <-[e]s, -klänge> m approval; **~ finden** to meet with approval

an|kle·ben I. vt haben to stick on II. vi sein to stick; ■**an etw** akk o dat **angeklebt sein** to be stuck [on]to sth
an|klei·den vt (geh) to dress
An·klei·de·raum m changing room
an|kli·cken vt INFORM to click on
an|klop·fen vi to knock
an|knab·bern vt (fam) to gnaw [away] at
an|knip·sen vt (fam) to flick on fam
an|knüp·fen I. vt to tie (**an** to) II. vi (fig) ■**an etw** akk ~ to resume sth; **an ein altes Argument ~** to take up an old argument
an|kom·men irreg I. vi sein ❶TRANSP to arrive; **seid ihr gut angekommen?** did you arrive safely? ❷(angelangen) ■**bei etw** dat ~ to reach sth ❸(fam: Anklang finden) ■[bei jdm] ~ Sache to go down well [with sb]; Person to make an impression [on sb] ❹(sich durchsetzen) ■**gegen jdn/etw ~** to get the better of sb/sth ❺(fam: darauf ansprechen) **kommen Sie mir bloß nicht schon wieder damit an!** don't start harping on about that again! II. vi impers sein ❶(wichtig sein) ■**es kommt auf etw** akk **an** sth matters; ■**es kommt darauf an, dass ...** what matters is that ... ❷(von etw abhängen) ■**auf jdn/etw ~** to be dependent on sb/sth; **das kommt darauf an** it depends; **darauf ~, dass/ob** it depends on/on whether ❸(riskieren) **es auf etw** akk ~ **lassen** to risk sth
An·kömm·ling <-s, -e> m newcomer
an|kot·zen vt ❶(derb: anwidern) to make sick ❷(derb: bespucken) to puke [all] over
an|krei·den vt ■**jdm etw ~** to hold sth against sb
an|kreu·zen vt to mark with a cross
an|kün·di·gen vt ❶(ansagen) to announce ❷(voraussagen) to predict
An·kün·di·gung <-, -en> f ❶(Ansage, Anzeige) announcement ❷(Avisierung) advance notice ❸(Vorzeichen) advance warning
An·kunft <-, -künfte> [ˈankʊnft, pl -kʏnftə] f arrival
An·kunfts·hal·le f arrivals [lounge]
An·kunfts·zeit f time of arrival; **geschätzte ~** estimated time of arrival
an|kur·beln vt ❶ÖKON to boost ❷AUTO to start [up]
An·kur·be·lung <-, -en> f ÖKON boost
an|lä·cheln vt to smile at
an|la·chen vr (fam) ■**sich** dat **jdn ~** to pick sb up
An·la·ge <-, -n> f ❶(Produktionsgebäude) plant ❷BAU (das Errichten) build-

ing, construction ❸ (*Grün~*) park ❹ SPORT facilities *pl* ❺ (*Stereo~*) sound system; (*Telefon~*) telephone system ❻ (*technische Vorrichtung*) plant *no pl;* **sanitäre ~n** (*geh*) sanitary facilities ❼ (*Kapital~*) investment ❽ (*Beilage zu einem Schreiben*) enclosure ❾ *meist pl* (*Veranlagung*) disposition

an|lan·gen *vt haben* ❶ (*betreffen*) **was jdn/etw anlangt, …** as far as sb/sth is concerned, … ❷ SÜDD (*anfassen*) to touch

An·lass^RR <-es, -lässe> *m*, An·laß^ALT <-sses, -lässe> [ˈanlas, *pl* ˈanlɛsə] *m* ❶ (*Grund*) reason; **es besteht ~ zu etw** *dat* there are grounds for sth; **es besteht kein ~ zu etw** *dat/*, **etw zu tun** there are no grounds for sth/to do sth; [**jdm**] **~ zu etw** *dat* **geben** to give [sb] grounds for sth; **einen/keinen ~ haben, etw zu tun** to have grounds/no grounds to do sth; **etw zum ~ nehmen, etw zu tun** to use sth as an opportunity to do sth; **und aus diesem ~** and for this reason; **aus keinem besonderen ~** for no particular reason; **aus gegebenem ~** with good reason ❷ (*Gelegenheit*) occasion; **dem ~ entsprechend** to fit the occasion; **bei jedem ~** at every opportunity

an|las·sen *irreg* I. *vt* ❶ AUTO to start [up] ❷ (*fam: anbehalten*) to keep on ❸ (*fam: in Betrieb lassen*) to leave on II. *vr* (*fam*) ❶ (*anfangen*) to start ❷ (*sich entwickeln*) to develop

An·las·ser <-s, -> *m* AUTO starter [motor] an·läss·lich^RR, an·läß·lich^ALT [ˈanlɛslɪç] *präp* ❷**~ einer** S. *gen* on the occasion of

an|las·ten *vt* ■ **jdm etw ~** to blame sb for sth

An·lauf <-[e], -läufe> *m* ❶ SPORT run-up; **~ nehmen** to take a run-up; **mit/ohne ~** with/without a run-up ❷ (*fig: Versuch*) attempt; **beim ersten/zweiten ~** at the first/second attempt; **noch einen ~ nehmen** to make another attempt

an|lau·fen *irreg* I. *vi sein* ❶ (*beginnen*) to begin ❷ SPORT to take a run-up ❸ *Brillengläser, Glasscheibe* to steam up ❹ (*oxidieren*) to tarnish ❺ (*sich verfärben*) to change colour; **vor Wut rot ~** to turn purple with rage II. *vt haben* **den Hafen ~** to put into port

An·lauf·schwie·rig·keit *f meist pl* teething problem *fig*, initial difculty An·lauf·stel·le *f* refuge

An·laut *m* LING initial sound

an|le·gen I. *vt* ❶ (*erstellen*) to compile; *Liste* to draw up ❷ *Garten, Park* to lay out ❸ *Vorrat* to lay in ❹ (*investieren*) to invest (**in** in) ❺ (*fig*) ■ **es auf etw** *akk* **~** to risk sth ❻ (*daran legen*) to place (**an** against) ❼ (*geh: anziehen*) to don; ■ **jdm etw ~** to put sth on sb ❽ (*ausrichten*) to structure (**auf** for); **etw auf eine bestimmte Dauer ~** to plan sth [to last] for a certain period II. *vi* ❶ NAUT (*festmachen*) to berth ❷ (*zielen*) to aim (**auf** at) III. *vr* ■ **sich mit jdm ~** to pick an argument with sb

An·le·ge·platz *m* dock

An·le·ger(in) <-s, -> *m(f)* FIN investor

an|leh·nen I. *vt* ❶ (*daran lehnen*) to lean [against]; ■ **angelehnt sein** to be propped up ❷ *Tür* to leave ajar II. *vr* ❶ (*sich daran lehnen*) to lean (**an** against) ❷ (*fig*) ■ **sich an etw** *akk* **~** *Text* to follow sth

An·leh·nung <-, -en> *f* **in ~ an jdn/etw** following sb/sth

an·leh·nungs·be·dürf·tig *adj* needing affection *präd*

an|lei·ern *vt* (*fam: im Gang setzen*) to get going

An·lei·he <-, -n> *f* FIN (*Kredit*) loan; (*Wertpapier*) bond

an|lei·ten *vt* to instruct

An·lei·tung <-, -en> *f* ❶ (*Gebrauchs~*) instructions *pl;* **unter jds** *dat* **~** under sb's guidance ❷ (*das Anleiten*) instruction

an|ler·nen *vt* to train

an|le·sen *irreg* I. *vt* (*den Anfang von etw lesen*) to start to read II. *vr* (*sich durch Lesen aneignen*) ■ **sich** *dat* **etw ~** to learn sth by reading

an|lie·fern *vt* to deliver

an|lie·gen *vi irreg* ❶ (*zur Bearbeitung anstehen*) to be on the agenda ❷ MODE to fit tightly; ■ **~d** tight-fitting ❸ (*nicht abstehen*) to lie flat; ■ **~d** flat (**an** against)

An·lie·gen <-s, -> *nt* ❶ (*Bitte*) request; **ein ~ [an jdn] haben** to have a request to make [of sb] ❷ (*Angelegenheit*) matter

an·lie·gend *adj* ❶ (*beiliegend*) enclosed ❷ (*angrenzend*) adjacent

An·lie·ger <-s, -> *m* ❶ (*Anwohner*) resident; **~ frei** residents only ❷ (*Anrainer*) neighbour

an|lo·cken *vt* to attract; *Tier* to lure

an|lü·gen *vt irreg* to lie to

Anm. *f Abk von* Anmerkung

An·ma·che <-> *f kein pl* (*sl: plumper Annäherungsversuch*) come-on

an|ma·chen *vt* ❶ (*einschalten*) to turn on ❷ (*anzünden*) to light ❸ *Salat* to dress ❹ (*sl: aufreizen*) to turn on ❺ (*sl: aufreißen wollen*) to pick up; (*rüde ansprechen*) to have a go at sb

an|mai·len ['anmeɪlən] *vt* TELEK ■**jdn** ~ to [e-]mail sb

an|ma·len I. *vt* to paint; **mit Buntstiften** ~ to colour in with pencils **II.** *vr* (*fam: sich schminken*) ■**sich** ~ to paint one's face **III.** *vi* (*anzeichnen*) to mark

an|ma·ßen *vr* ■**sich** *dat* **etw** ~ to claim sth [unduly] for oneself; **was maßen Sie sich an!** what right do you [think you] have!

an·ma·ßend ['anma:snt] *adj* arrogant

An·ma·ßung <-, -en> *f* arrogance

An·mel·de·for·mu·lar *nt* registration form

An·mel·de·ge·bühr *f* registration fee

an|mel·den I. *vt* ❶ (*ankündigen*) to announce; **wen darf ich** ~**?** who shall I say is calling?; **ich bin angemeldet** I have an appointment ❷ (*vormerken lassen*) to enrol (**bei** at, **zu** in) ❸ ADMIN to register ❹ (*geltend machen*) to assert; **Bedenken** ~ to make [one's] misgivings known ❺ FIN (*anzeigen*) to declare **II.** *vr* ■**sich** ~ ❶ (*ankündigen*) to give notice of a visit (**bei** to) ❷ (*sich eintragen lassen*) to apply (**zu** for) ❸ (*sich einen Termin geben lassen*) to make an appointment

an·mel·de·pflich·tig *adj präd* ■~ **sein** to be obliged to have a licence

An·mel·dung <-, -en> *f* ❶ (*vorherige Ankündigung*) [advance] notice [of a visit]; **ohne** ~ without an appointment ❷ SCH enrolment ❸ (*Registrierung*) registration; **die** ~ **eines Fernsehers** the licensing of a television ❹ (*Anmelderaum*) reception

an|mer·ken *vt* ❶ (*bemerken*) to notice; **er ließ sich nichts anmerken** he didn't let it show ❷ (*eine Bemerkung machen*) to add ❸ (*notieren*) to make a note of

An·mer·kung <-, -en> *f* ❶ (*Erläuterung*) note ❷ (*Fußnote*) footnote ❸ (*Kommentar*) comment

An·mo·de·ra·ti·on *f* TV continuity [*or* AM voiceover] announcement

an|mo·de·rie·ren *vt* ■**etw** ~ to deliver a piece to camera

an|mot·zen *vt* (*fam*) ■**jdn** ~ to bite sb's head off

An·mut <-> ['anmu:t] *f kein pl* (*geh*) ❶ (*Grazie*) grace[fulness] ❷ (*liebliche Schönheit*) beauty

an·mu·tig *adj* (*geh*) ❶ (*graziös*) graceful ❷ (*hübsch anzusehen*) beautiful

an|nä·hen *vt* to sew on

an|nä·hern I. *vr* ■**sich** [**einander** *dat*] ~ to come closer [to one another] **II.** *vt* ■**aneinander** ~ to bring into line with each other

an·nä·hernd I. *adj* approximate **II.** *adv* approximately; **es kamen nicht** ~ **so viele Besucher wie erwartet** nowhere near as many spectators came as had been expected

An·nä·he·rung <-, -en> *f* convergence

An·nä·he·rungs·ver·such *m* advance[s] *esp pl*; ~**e machen** to make advances **an·nä·he·rungs·wei·se** *adv* approximately; ■**nicht** ~ nowhere near

An·nah·me <-, -n> ['anna:mə] *f* ❶ (*Vermutung*) assumption; **von einer** ~ **ausgehen** to proceed on the assumption; **in der** ~, [**dass**] ... on the assumption [that] ❷ *kein pl* (*geh: das Annehmen*) acceptance ❸ (*Annahmestelle*) reception

An·nah·me·stel·le *f* ❶ (*Lottoannahmestelle*) outlet selling lottery tickets ❷ (*Abgabestelle für Altmaterialien/Müll*) [rubbish [*or* AM garbage]] dump ❸ (*Stelle für die Annahme*) counter

An·na·len *pl* annals; **in die** ~ **eingehen** to go down in the annals [of history]

an·nehm·bar I. *adj* ❶ (*akzeptabel*) acceptable ❷ (*nicht übel*) reasonable **II.** *adv* reasonably

an|neh·men *irreg* **I.** *vt* ❶ (*entgegennehmen*) to accept (**von** from) ❷ ÖKON (*in Auftrag nehmen*) to take [on] ❸ (*akzeptieren*) to accept ❹ (*meinen*) ■**etw** [**von jdm**] ~ to think sth [of sb] ❺ (*voraussetzen*) to assume ❻ (*sich zulegen*) to adopt ❼ (*zulassen*) *Patienten, Schüler* to take on ❽ (*sich entwickeln*) **der Konflikt nimmt immer schlimmere Ausmaße an** the conflict is taking a turn for the worse ❾ (*adoptieren*) to adopt **II.** *vr* ❶ (*sich kümmern*) ■**sich jds** *gen* ~ to look after sb ❷ (*erledigen*) ■**sich einer S.** *gen* ~ to take care of sth

An·nehm·lich·keit <-, -en> *f meist pl* ❶ (*Bequemlichkeit*) convenience ❷ (*Vorteil*) advantage

an·nek·tie·ren* [anɛkˈtiːrən] *vt* to annex

An·no *adv,* **an·no** ['ano] *adv* ÖSTERR (*im Jahre*) in the year ▶ **von** ~ **dazumal** (*fam*) from the year dot BRIT, from long ago AM

An·non·ce <-, -n> [aˈnõːsə] *f* MEDIA advertisement, ad[vert] *fam*

an·non·cie·ren* [anõˈsiːrən] **I.** *vi* to advertise **II.** *vt* (*geh*) to announce

an·nul·lie·ren* [anʊˈliːrən] *vt* JUR to annul

An·nul·lie·rung <-, -en> *f* JUR annulment

Ano·de <-, -n> [aˈnoːdə] *f* PHYS anode

an|ö·den ['anˈøːdn̩] *vt* (*fam*) ■**etw/jd ödet jdn an** sth/sb bores sb silly

ano·mal [anoˈmaːl] *adj* abnormal

Ano·ma·lie <-, -n> [anomaˈliː, *pl* -ˈliːən] *f*

① (*Missbildung*) abnormality **②** (*Unregelmäßigkeit*) anomaly

ano·nym [ano'ny:m] **I.** *adj* anonymous; ~ **bleiben** to remain anonymous **II.** *adv* anonymously

ano·ny·mi·sie·ren* [anonymi'zi:rən] *vt* to make sth anonymous

Ano·ny·mi·tät <-> [anonymi'tɛ:t] *f kein pl* anonymity

Ano·rak <-s, -s> ['anɔrak] *m* anorak

an|ord·nen *vt* **①** (*festsetzen*) to order **②** (*ordnen*) to arrange (**nach** according to)

An·ord·nung <-, -en> *f* **①** (*Verfügung*) order; **auf ~ seines Arztes** on [his] doctor's orders **②** (*systematische Ordnung*) order

an·or·ga·nisch ['anʔɔrgaːnɪʃ] *adj* CHEM inorganic

anor·mal ['anɔrmaːl] *adj* (*fam*) *s.* **anomal** abnormal

an|pa·cken I. *vt* (*fam*) **①** (*anfassen*) to touch **②** (*beginnen*) to tackle; **packen wir's an!** let's get started! **II.** *vi* (*fam*) **①** (*anfassen*) to take hold of **②** (*mithelfen*) ■ **jd packt** [**mit**] **an** sb lends a hand

an|pas·sen I. *vt* **①** (*adaptieren*) to adapt (**an** to) **②** (*entsprechend verändern*) ■ **etw einer S.** *dat* ~ to adjust sth to sth **II.** *vr* **①** (*sich darauf einstellen*) ■ **sich ~** to adjust **②** (*sich angleichen*) ■ **sich jdm/einer S. ~** to fit in with sb/sth; (*gesellschaftlich*) to conform to sth

An·pas·sung <-, *selten* -en> *f* **①** (*Abstimmung*) adaptation (**an** to); **mangelnde ~** maladaptation **②** (*Erhöhung*) adjustment **③** (*Angleichung*) conformity *no art* (**an** to)

an·pas·sungs·fä·hig *adj* adaptable **An·pas·sungs·fä·hig·keit** *f* adaptability (**an** to) **An·pas·sungs·schwie·rig·kei·ten** *pl* difficulties in adapting

an|pei·len *vt* **①** TELEK to take a bearing on **②** (*fam: ansteuern wollen*) to head for **③** (*fam: anvisieren*) to set one's sights on

an|pfei·fen *irreg vi, vt* to blow the whistle

An·pfiff *m* **①** SPORT **~** [**des Spiels**] whistle [to start the game]; FBALL *a.* kick-off **②** (*fam: Rüffel*) ticking-off BRIT, chewing-out AM

an|pflan·zen *vt* (*setzen*) to plant; (*anbauen*) to grow

an|pflau·men *vt* (*fam*) ■ **jdn ~** to make fun of sb

an|pir·schen *vr* **①** (*sich vorsichtig nähern*) ■ **sich** [**an ein Tier**] **~** to stalk [an animal] **②** (*fam: sich anschleichen*) ■ **sich an jdn ~** to creep up on sb

an|pö·beln *vt* (*fam*) ■ **jdn ~** to get snotty with sb

an|pran·gern ['anpraŋɐn] *vt* to denounce

an|prei·sen *vt irreg* to extol

An·pro·be *f* fitting

an|pro·bie·ren* *vt, vi* to try on *sep*

an|pum·pen *vt* (*fam*) ■ **jdn** [**um etw** *akk*] **~** to cadge [sth] from sb

an|quat·schen *vt* (*fam*) to speak to; (*anbaggern*) to chat up *sep* [*or* AM hit on]

An·rai·ner·staat *m* neighbouring country; **die ~en Deutschlands** the countries bordering on Germany

an|rech·nen *vt* **①** (*gutschreiben*) to take sth into consideration; **die 2000 Euro werden auf die Gesamtsumme angerechnet** the 2000 euros will be deducted from the total **②** (*in Rechnung stellen*) ■ **jdm etw ~** to charge sb with sth **③** (*bewerten*) ■ **jdm etw als Fehler ~** to count sth as a mistake; (*fig*) to consider sth as a fault on sb's part; **dass er ihr geholfen hat, rechne ich ihm hoch an** I think very highly of him for having helped her

An·recht *nt* ■ **das/ein ~ auf etw** *akk* **haben** to have the/a right to sth

An·re·de *f* form of address

an|re·den I. *vt* **jdn ~** to address sb **II.** *vi* ■ **gegen jdn ~** to argue against sb

an|re·gen I. *vt* **①** (*ermuntern*) ■ **jdn** [**zu etw** *dat*] **~** to encourage sb [to do sth]; **jdn zum Nachdenken ~** to make sb ponder **②** (*geh: vorschlagen*) to suggest **③** (*stimulieren*) to stimulate; **den Appetit ~** to stimulate the appetite **II.** *vi* (*beleben*) to be a stimulant

an·re·gend *adj* **①** (*stimulierend*) stimulating **②** (*sexuell stimulierend*) sexually arousing

An·re·gung *f* **①** (*Vorschlag*) idea; **auf jds ~** at sb's suggestion **②** (*Impuls*) stimulus **③** *kein pl* (*Stimulierung*) stimulation

an|rei·chern ['anraɪçɐn] *vt* **①** (*gehaltvoller machen*) to enrich **②** CHEM ■ **etw ~** to add sth (**mit** to)

An·rei·se *f* **①** (*Anfahrt*) journey [here/there] **②** (*Ankunft*) arrival

an|rei·sen *vi sein* **①** (*ein Ziel anfahren*) to travel [here/there] **②** (*eintreffen*) to arrive

An·reiz *m* incentive

an|rem·peln *vt* to bump into

an|ren·nen *vi irreg sein* ■ **gegen etw** *akk* **~** to storm sth

An·rich·te <-, -n> *f* **①** (*Büfett*) sideboard **②** (*Raum*) pantry

an|rich·ten *vt* **①** (*zubereiten*) to prepare **②** (*geh*) ■ **es ist angerichtet** dinner etc. is served **③** (*fam: anstellen*) **Unfug ~** to get up to mischief; **was hast du da wieder**

angerichtet! what have you done now! ④ *Schaden, Unheil* to cause

an·rü·chig ['anrʏçɪç] *adj* indecent

an|rü·cken I. *vi sein* ① (*herbeikommen*) to be coming up; *Feuerwehr, Polizei* to be on the scene ② MIL (*im Anmarsch sein*) ■ **[gegen jdn/etw] ~** to advance [against sb/sth] ③ (*hum fam: zum Vorschein kommen*) to turn up, to materialize *hum*; ■ **etw ~ lassen** to bring sth along *hum* ④ (*weiter heranrücken*) ■ **an jdn ~** to move closer [to sb] **II.** *vt haben* (*heranrücken*) ■ **etw an etw** *akk* ~ to move sth closer [to sth]

An·ruf *m* (*Telefonanruf*) [telephone] call

An·ruf·be·ant·wor·ter <-s, -> *m* answering machine, BRIT *also* answerphone

an|ru·fen *irreg vt, vi* ① (*telefonisch kontaktieren*) to call [on the telephone], to phone; ■ **angerufen werden** to get a telephone call ② JUR (*appellieren*) to appeal to ③ (*beschwören*) to call on

An·ru·fer(in) <-s, -> *m(f)* caller

an|rüh·ren *vt* ① *verneint* (*konsumieren*) ■ **etw nicht ~** to not touch sth ② (*geh: berühren*) to touch; **rühr mich ja nicht an!** don't you touch me! ③ (*ansprechen*) to touch on ④ (*durch Rühren zubereiten*) to mix; *Soße* to blend

ans [ans] = **an das** *s.* **an**

An·sa·ge *f* announcement

an|sa·gen I. *vt* ① (*ankündigen*) to announce ② (*fam: erforderlich sein*) ■ **angesagt sein** to be called for; (*in Mode sein*) to be in **II.** *vr* ■ **sich ~** to announce a visit **III.** *vi* (*eine Ansage machen*) to do the announcements

An·sa·ger(in) <-s, -> ['anzaːgɐ] *m(f)* ① (*Sprecher*) announcer ② (*Conférencier*) host BRIT, emcee AM

an|sam·meln I. *vt* ① (*anhäufen*) to accumulate; *Vorräte* to build up ② FIN (*akkumulieren*) *Zinsen* to accrue ③ MIL **Truppen ~** to concentrate troops **II.** *vr* ■ **sich ~** ① (*sich versammeln*) to gather ② (*sich anhäufen*) *Staub* to collect; *Krimskrams, Müll* to accumulate ③ (*sich aufstauen*) to build up

An·samm·lung *f* ① (*Haufen*) crowd ② (*Aufhäufung*) accumulation ③ (*Aufstauung*) build-up

an·säs·sig ['anzɛsɪç] *adj* (*geh*) resident; **in einer Stadt ~ sein** to be resident in a city

An·satz *m* ① (*Basis*) base; *von Haar* hairline; **im ~** basically ② (*erster Versuch*) ■ **der/ein ~ zu etw** *dat* the/an [initial] attempt at sth ③ (*Ausgangspunkt*) first sign[s *pl*]

An·satz·punkt *m* starting point

an·satz·wei·se *adv* basically; **~ richtig sein** to be basically correct

an|sau·fen *vr irreg* ■ **sich** *dat* **einen [Rausch] ~** (*sl*) to get plastered [*or* BRIT pissed] [*or* AM hammered]

an|schaf·fen I. *vt* ① (*kaufen*) to buy sth; ■ **sich** *dat* **etw ~** to buy oneself sth ② (*fam: zulegen*) **Kinder ~** to have children; **[sich** *dat*] **eine Freundin ~** to find [oneself] a girlfriend **II.** *vi* (*sl*) ~ **[gehen]** to be on the game BRIT, to hook AM *pej fam*

An·schaf·fung <-, -en> *f* purchase; **eine ~ machen** to make a purchase

an|schal·ten *vt* to switch on

an|schau·en I. *vt* to look at; *Film* to watch **II.** *vr* **sich** *dat* **etw [genauer] ~** to take a [closer] look at sth

an·schau·lich I. *adj* illustrative; **[jdm] etw ~ machen** to illustrate sth [to sb] **II.** *adv* vividly

An·schau·lich·keit <-> *f kein pl* vividness; *einer Beschreibung* graphicness

An·schau·ung <-, -en> *f* view; **eine ~ teilen** to share a view

An·schau·ungs·ma·te·ri·al *nt* visual aids *pl*

An·schein *m* appearance; **den ~ erwecken, als [ob]** ... to give the impression that ...; **den ~ haben, als [ob]** ... to seem that ...; **allem ~ nach** to all appearances

an·schei·nend *adv* apparently

an|schei·ßen *vt irreg* (*sl*) ① (*zurechtweisen*) to give a dressing down [*or* BRIT *also* bollocking] ② (*betrügen*) to screw

an|schi·cken *vr* (*geh*) ■ **sich ~, etw zu tun** to prepare to do sth

an|schie·ben *vt irreg Fahrzeug* to push

an|schie·ßen *irreg* **I.** *vt* (*verletzen*) to shoot and wound **II.** *vi* ■ **angeschossen kommen** to come shooting along

an|schir·ren *vt ein Pferd* to harness

An·schiss^RR <-es, -e> *m*, **An·schiß**^ALT <-sses, -sse> *m* (*sl*) dressing down, BRIT *also* bollocking

An·schlag *m* ① (*Überfall*) assassination; (*ohne Erfolg*) attempted assassination; ■ **einen ~ auf verüben** to make an attack; **einem ~ zum Opfer fallen** to be assassinated; **einen ~ auf jdn vorhaben** (*hum fam*) to have a request for sb ② *am Klavier* touch, action; *an der Schreibmaschine* stroke; **200 Anschläge die Minute** ≈ 40 words a minute ③ (*Plakat*) placard ④ (*Widerstand*) **etw bis zum ~ durchdrücken** to push sth right down; **er trat das Gaspedal durch bis zum ~** he floored it *fam*

An·schlag·brett *nt* notice [*or* AM bulletin] board

an|schla·gen *irreg* **I.** *vt haben* ❶ *Aushang, Plakat* to put up ❷ MUS *Taste, Akkord* to strike ❸ (*beschädigen: Splitter abschlagen*) to chip; (*einen Sprung, Riss verursachen*) to crack ❹ ÖSTERR (*anzapfen*) **ein Fass ~** to tap a barrel **II.** *vi* ❶ *sein* (*anprallen*) ▪ **mit etw** *dat* **~** to knock sth (**an** on) ❷ *haben Hund* to bark ❸ *haben* (*wirken*) to have an effect

an|schlei·chen *vr irreg* ▪ **sich an jdn/ etw ~** to creep up on sb/up to sth

an|schlep·pen *vt* ❶ (*mitbringen*) to drag along ❷ *Fahrzeug* to tow-start

an|schlie·ßen *irreg* **I.** *vt* ❶ TECH to connect (**an** to) ❷ (*mit Schnappschloss befestigen*) to padlock ❸ (*hinzufügen*) to add ❹ (*anketten*) to chain; **jdn an Händen und Füßen ~** to chain sb hand and foot **II.** *vr* ❶ (*sich zugesellen*) ▪ **sich jdm ~** to join sb ❷ (*beipflichten*) ▪ **sich jdm/einer S.** *dat* **~** to fall in with sb/sth; **dem schließe ich mich an** I think I'd go along with that ❸ (*sich beteiligen*) ▪ **sich einer S.** *dat* **~** to associate with sth ❹ (*angrenzen*) to adjoin; **sich unmittelbar ~** to directly adjoin

an·schlie·ßend I. *adj* (*darauf folgend*) following; **die ~e Diskussion** the ensuing discussion **II.** *adv* afterwards

An·schluss^{RR} <-es, Anschlüsse> *m*, **An·schluß**^{ALT} <-sses, Anschlüsse> *m* ❶ TELEK connection; (*weiterer ~*) extension; **der ~ ist gestört** there's a disturbance on the line; „**kein ~ unter dieser Nummer**" "the number you are trying to call is not available" ❷ TECH (*das Anschließen*) connecting ❸ (*anschließend*) **im ~ an etw** *akk* after sth ❹ *kein pl* (*Kontakt*) contact; **~ finden** to make friends; **~ suchen** to want to make friends ❺ BAHN, LUFT (*Verbindung*) connection; **~ [nach London/ München] haben** to have a connection [to London/Munich]; **den ~ verpassen** to miss one's connecting train/flight; (*fig*) to miss the boat

an|schmie·gen *vr* ▪ **sich [an jdn/etw] ~** to cuddle up [to sb/sth]; *Katze, Hund* to nestle [up to sb/into sth]

an·schmieg·sam *adj* ❶ (*anlehnungsbedürftig*) affectionate ❷ (*weich*) soft

an|schnal·len *vt* ❶ AUTO, LUFT (*den Sicherheitsgurt anlegen*) ▪ **sich ~** to fasten one's seat belt ❷ (*sich etw festschnallen*) to strap on

An·schnall·pflicht *f* obligatory wearing of seat belts

an|schnau·zen *vt* (*fam*) to bawl at

an|schnei·den *vt irreg* ❶ *Brot, Fleisch* to cut ❷ *Thema* to touch on

An·scho·vis <-, -> [anˈʃoːvɪs] *f s.* **Anchovis**

an|schrau·ben *vt* to screw (**an** to)

an|schrei·ben *irreg* **I.** *vt* ❶ (*an eine Tafel*) to write (**an** on) ❷ (*an eine Person*) ▪ **jdn ~** to write to sb **II.** *vi* (*fam*) ▪ **~ lassen** to buy on credit [*or* BRIT *also* tab]

an|schrei·en *vt irreg* to shout at

An·schrift *f* address

an|schul·di·gen *vt* ▪ **jdn [einer S.** *gen*] **~** to accuse sb [of sth]

An·schul·di·gung <-, -en> *f* accusation

an|schwär·zen *vt* (*fam*) ▪ **jdn ~** ❶ (*schlechtmachen*) to blacken sb's name ❷ (*denunzieren*) to run sb down

an|schwei·gen *vt irreg* to say nothing; ▪ **sich ~** to say nothing to each other

an|schwel·len *vi irreg sein* ❶ (*eine Schwellung bilden*) to swell [up]; ▪ **angeschwollen sein** to be swollen ❷ *Fluss* to swell, to rise ❸ (*lauter werden*) to rise

An·schwel·lung *f* ❶ MED slight swelling ❷ (*zunehmende Lautstärke*) Beifall roar ❸ (*zunehmend mehr Wasser*) Fluss rising levels

an|schwem·men *vt, vi* to wash up

an|schwin·deln *vt* (*fam*) to tell fibs

an|se·hen *irreg vt* ❶ (*ins Gesicht sehen*) to look at; **jdn böse ~** to give sb an angry look ❷ (*betrachten*) to take a look at; **etw genauer ~** to take a closer look at sth; **hübsch anzusehen sein** to be pretty to look at; *Film* to watch; *Theaterstück, Fußballspiel* to see ❸ (*halten*) ▪ **etw für etw** *akk* **~** to consider sth [as being] sth ❹ (*ablesen können*) **jdm sein Alter nicht ~** sb doesn't look his/her age; **ihre Erleichterung war ihr deutlich anzusehen** her relief was obvious ❺ (*hinnehmen*) ▪ **etw [mit] ~** to stand by and watch sth; **das kann ich nicht länger mit ~** I can't stand it any more ▸ **sieh mal einer an!** (*fam*) well, well, what a surprise! *fam*, BRIT *also* well I never!

An·se·hen <-s> *nt kein pl* reputation; [**bei jdm**] [**ein großes**] **~ genießen** to enjoy a [good] reputation [with sb]; **an ~ verlieren** to lose standing

an·sehn·lich *adj* ❶ (*beträchtlich*) considerable; **eine ~e Leistung** an impressive performance ❷ (*stattlich*) good-looking

an|sei·len *vt* to fasten with a rope; ▪ **sich ~** to fasten a rope to oneself; ▪ **angeseilt sein** to be roped together

an|sen·gen I. *vt haben* to singe II. *vi sein* to be[come] singed

an|set·zen I. *vt* ❶ (*anfügen*) to attach (**an** to) ❷ (*daran setzen*) to place in position; *Trinkgefäß* to raise to one's lips; **wo muss ich den Wagenheber ~?** where should I put the jack? ❸ (*veranschlagen*) to estimate ❹ (*auf jdn hetzen*) to put sb on[to] sb/sth; **Hunde auf jdn ~** to put dogs on sb's trail II. *vi* ❶ (*beginnen*) to start; **zum Überholen ~** to start to overtake ❷ (*dick werden*) to put on weight

An·sicht <-, -en> *f* ❶ (*Meinung*) view, opinion; **in etw** *dat* **geteilter ~ sein** to have a different view of sth; **ich bin ganz Ihrer ~** I agree with you completely; **der gleichen ~ sein** to be of the same opinion; **der ~ sein, dass ...** to be of the opinion that ...; **meiner ~ nach** in my opinion ❷ (*Abbildung*) view; **zur ~** for inspection

An·sichts·kar·te *f* [picture] postcard **An·sichts·sa·che** *f* [**reine**] **~ sein** to be [purely] a matter of opinion; ■**das ist ~!** (*fam*) that's a matter of opinion!

an|sie·deln I. *vt* ❶ (*ansässig machen*) to settle; *Tierart* to introduce ❷ (*etablieren*) to establish II. *vr* **sich ~** ❶ (*sich niederlassen*) to settle ❷ BIOL (*entstehen*) to establish itself/themselves

An·sied·lung *f* ❶ (*Siedlung*) settlement ❷ (*das Ansiedeln*) introduction ❸ (*Etablierung*) establishment

An·sitz *m* JAGD raised hide [*or* AM blind]

an·sons·ten [anˈzɔnstn̩] *adv* ❶ (*im Übrigen*) otherwise ❷ (*iron: sonst*) **~ hast du nichts zu kritisieren?** anything else to criticize?; **aber ~ geht's dir gut?** you're not serious! ❸ (*im anderen Fall*) otherwise; (*bedrohlicher*) else

an|span·nen *vt* ❶ (*zusammenziehen*) to tighten; *Muskeln* to tense ❷ (*überanstrengen*) to strain; **jdn [zu sehr] ~** to [over]tax sb ❸ (*mit Zugtieren bespannen*) to hitch; *Pferd* to harness; *Ochsen* to yoke [up]

An·span·nung *f* strain; (*körperlich*) effort

An·spiel <-s> *nt kein pl* ❶ (*Spielbeginn: Schach*) first move; SPORT start of play ❷ SPORT pass

an|spie·len I. *vi* (*etw andeuten*) to allude (**auf** to); (*böse*) to insinuate; **worauf willst du ~?** what are you driving at? II. *vt* SPORT to pass the ball to

An·spie·lung <-, -en> *f* allusion (**auf** to); (*böse*) insinuation

an|spit·zen *vt* ❶ (*spitz machen*) to sharpen ❷ (*fam: antreiben*) to egg on

An·sporn <-[e]s> *m kein pl* incentive; **innerer ~** motivation

an|spor·nen *vt* to spur on (**zu** to); *Spieler* to cheer on

An·spra·che *f* speech; **eine ~ halten** to make a speech

an·sprech·bar *adj präd* ❶ (*zur Verfügung stehend*) available ❷ (*bei Bewusstsein*) responsive ❸ (*zugänglich sein*) ■**auf etw** *akk* **~ sein** to respond to sth; **sie ist heute nicht ~** you can't talk to her at all today

an|spre·chen *irreg* I. *vt* ❶ (*anreden*) to speak to ❷ (*mit Namen nennen*) **jdn** [**mit Peter/seinem Namen**] **~** to address sb [as Peter/by his name] ❸ (*meinen*) to concern; **damit sind wir alle angesprochen** this concerns us all ❹ (*erwähnen*) to mention ❺ (*gefallen*) ■**jdn ~** to appeal to sb II. *vi* ❶ (*reagieren*) to respond (**auf** to) ❷ (*Anklang finden*) to appeal to sb

an|spre·chend *adj* appealing; *Umgebung* pleasant

An·sprech·part·ner(in) *m(f)* contact

an|sprin·gen *irreg* I. *vi sein* ❶ *Motor* to start ❷ (*fam: reagieren*) ■**auf etw** *akk* **~** to jump at sth II. *vt haben* to jump on; *Raubtiere* to pounce on; *Hund* to jump up at

An·spruch *m* ❶ JUR (*Recht*) claim; **einen ~ auf etw** *akk* **erheben** to make a claim for sth; **einen ~ auf etw** *akk* **haben** to be entitled to sth ❷ *pl* (*Anforderungen*) demands (**an** on); **den Ansprüchen** [**voll/nicht**] **gerecht werden** to [fully/not] meet the requirements; **Ansprüche stellen** to be exacting; **hohe Ansprüche** [**an jdn/etw**] **stellen** to place great demands on sb/sth; **etw** [**für sich**] **in ~ nehmen** to claim sth [for oneself]; **jds Hilfe in ~ nehmen** to enlist sb's help; **jdn in ~ nehmen** to preoccupy sb; **sehr in ~ genommen** to be very busy ❸ *pl* (*Wünsche*) requirements

an·spruchs·los *adj* ❶ (*keine Ansprüche habend*) modest ❷ (*trivial*) trivial ❸ (*pflegeleicht*) undemanding **An·spruchs·lo·sig·keit** <-> *f kein pl* ❶ (*anspruchsloses Wesen*) modesty ❷ (*Trivialität*) triviality ❸ (*Pflegeleichtigkeit*) undemanding nature **an·spruchs·voll** *adj* ❶ (*besondere Anforderungen habend*) demanding; **sehr ~** fastidious ❷ (*geistige Ansprüche stellend*) demanding; *Geschmack, Lesestoff, Film a.* highbrow ❸ (*qualitativ hochwertig*) high-quality

an|spu·cken *vt* to spit at

an|sta·cheln *vt* ■**jdn ~** to drive sb (**zu** to)

An·stalt <-, -en> ['anʃtalt] *f* ① MED institute ② SCH (*geh*) institution ③ (*öffentliche Einrichtung*) institute; **öffentliche ~** public institution

An·stand *m kein pl* decency; **keinen ~ haben** to have no sense of decency; **~ an etw** *dat* **nehmen** to object to sth; **ohne ~** (*geh*) without objection

an·stän·dig I. *adj* ① (*gesittet*) decent ② (*ehrbar*) respectable ③ (*fam: ordentlich*) proper **II.** *adv* ① (*gesittet*) decently; **sich ~ [er] benehmen** to behave oneself; **~ sitzen** to sit up straight ② (*fam: ausgiebig*) properly; **~ ausschlafen/essen** to get a decent meal/a good night's sleep

an·stän·di·ger·wei·se *adv* out of decency

An·stän·dig·keit <-> *f kein pl* ① (*Ehrbarkeit*) respectability ② (*Sittsamkeit*) decency

An·stands·be·such *m* duty call **An·stands·da·me** *f* (*veraltet*) chaperon[e]

an·stands·hal·ber *adv* out of politeness

an·stands·los *adv* without difficulty

an|star·ren *vt* to stare at; **was starrst du mich so an?** what are you staring at?

an·statt [an'ʃtat] **I.** *präp* instead of **II.** *konj* ■ **~ etw** *akk* **zu tun** instead of doing sth

an|stau·en I. *vt* to dam up **II.** *vr* ■ **sich ~** to bank; *Blut* to congest

an|ste·chen *vt irreg* ① KOCHK to prick ② (*durch Hineinstechen öffnen*) to lance ③ (*in etw stechen*) to puncture ④ *Fass* to tap

an|ste·cken I. *vt* ① (*befestigen*) to pin on ② *Fingerring* to put on ③ *Zigarette* to light [up] ④ (*in Brand stecken*) to set on fire ⑤ (*infizieren*) to infect (**mit** with); **ich möchte dich nicht ~** I don't want to give it to you **II.** *vr* (*sich infizieren*) ■ **sich** [**bei jdm**] **~** to catch sth [from sb] **III.** *vi* ① (*infektiös sein*) to be infectious; **sich leicht/schnell ~** to catch illnesses easily ② (*fig: sich übertragen*) to be contagious

an·ste·ckend *adj* ① MED infectious; (*durch Berührung*) contagious ② (*fig: sich leicht übertragend*) contagious

An·steck·na·del *f* pin

An·ste·ckung <-, *selten* -en> *f* infection; (*durch Berührung*) contagion

An·ste·ckungs·ge·fahr *f* risk of infection

an|ste·hen *vi irreg* haben *o* SÜDD sein ① (*Schlange stehen*) to queue [*or* AM line] [up] (**nach** for) ② (*zu erledigen sein*) **steht bei dir heute etwas an?** are you planning on doing anything today; **~de Fragen** questions on the agenda

an|stei·gen *vi irreg sein* ① (*sich erhöhen*) to go up (**auf** to, **um** by); ■ **~d** increasing ② (*steiler werden*) to ascend; **stark/steil ~** to ascend steeply; ■ **~d** ascending *attr*

an·stel·le [an'ʃtɛlə] *präp* instead of

an|stel·len I. *vt* ① (*einschalten*) to turn on ② (*beschäftigen*) to employ ③ (*geh: durchführen*) **Betrachtungen/Vermutungen [über etw** *akk*] **~** to make observations [on sth]/assumptions [about sth]; **Nachforschungen [über etw** *akk*] **~** to conduct enquiries [into sth] ④ (*fam: bewerkstelligen*) to manage; **etw geschickt ~** to bring sth off ⑤ (*fam: anrichten*) **Blödsinn ~** to get up to nonsense; **was hast du da wieder angestellt?** what have you done now? *fam;* **dass ihr mir ja nichts anstellt!** see to it that you don't get up to anything! **II.** *vr* ■ **sich ~** ① (*Schlange stehen*) to queue [up] BRIT, to line up AM; **sich hinten ~** to join the back of the queue [*or* AM line[-up]] ② (*fam: sich verhalten*) to act; **sich dumm ~** to act as if one is stupid ③ (*wehleidig sein*) to make a fuss; **stell dich nicht [so] an!** don't go making a fuss!

An·stel·lung *f* post

An·stich *m* tapping

An·stieg <-[e]s, -e> ['anʃtiːk] *m* ① (*Aufstieg*) ascent ② *kein pl* (*Steigung*) incline ③ *kein pl* (*das Ansteigen*) rise

an|stif·ten *vt* ① (*anzetteln*) to instigate ② (*veranlassen*) **jdn zu einem Verbrechen ~** to incite sb to commit a crime; ■ **jdn [dazu] ~, etw zu tun** to incite sb to do sth

An·stif·ter(in) *m(f)* instigator (**zu** of)

An·stif·tung *f* **~ eines Verbrechens** instigation of a crime; ■ **~ einer Person** incitement of a person

an|stim·men I. *vt* ① *Lied* to begin singing ② (*zu spielen anfangen*) to start playing ③ (*erheben*) **ein Geschrei ~** to start screaming; **Gelächter ~** to burst out laughing **II.** *vi* (*den Grundton angeben*) to give the keynote

An·stoß *m* ① (*Ansporn*) impetus (**zu** for); **den ~ zu etw** *dat* **bekommen** to be encouraged to do sth; **jdm den ~ geben, etw zu tun** to encourage sb to do sth ② (*geh: Ärgernis*) annoyance; **~ erregen** to cause annoyance; **an etw** *dat* **~ nehmen** to take offence ③ SPORT (*Spielbeginn*) start of the game; (*Billard*) break; (*Fußball*) kick off; (*Eishockey*) face-off ④ SCHWEIZ (*Angrenzung*) ■ **~ an etw** *akk* border to sth

an|sto·ßen *irreg* **I.** *vi* ① *sein* (*gegen etw stoßen*) **mit dem Kopf an etw** *akk o dat* **~** to bump one's head on sth ② *haben* (*einen Toast ausbringen*) to drink (**auf** to); **lasst**

uns ~! let's drink to it/that! **II.** *vt* **haben** ❶ (*leicht stoßen*) to bump ❷ (*in Gang setzen*) to set in motion **III.** *vr* **haben sich** *dat* **den Kopf/Arm ~** to knock one's head/arm

an·stö·ßig I. *adj* offensive; **ein ~er Witz** an offensive [*or* BRIT *also* a blue] joke **II.** *adv* offensively

An·stö·ßig·keit <-, -en> *f* offensiveness *no pl*, indecency *no pl*

an|strah·len *vt* ❶ (*mit Scheinwerfer anleuchten*) *Gebäude* to floodlight; *Menschen, Szene* to train a spotlight on ❷ (*strahlend ansehen*) to beam at

an|stre·ben *vt* to strive for

an|strei·chen *vt irreg* ❶ (*mit Farbe bestreichen*) to paint; **etw neu/frisch ~** to give sth a new/fresh coat of paint ❷ (*markieren*) to mark sth; **etw rot ~** to mark sth in red

An·strei·cher(in) <-s, -> *m(f)* [house] painter

an|stren·gen I. *vr* ■ **sich ~** ❶ (*sich intensiv einsetzen*) to exert oneself (**bei** in, **für** for); **sich mehr ~** to make a greater effort ❷ (*sich besondere Mühe geben*) to try hard **II.** *vt* ❶ (*strapazieren*) ■ **jdn ~** to tire sb out ❷ (*intensiv beanspruchen*) to strain; *Geist, Muskeln* to exert

an·stren·gend *adj* strenuous; (*geistig*) taxing; (*körperlich*) exhausting; **das ist ~ für die Augen** it's a strain on the eyes

An·stren·gung <-, -en> *f* ❶ (*Kraftaufwand*) exertion *no pl* ❷ (*Bemühung*) effort; **mit letzter ~** with one last effort

An·strich *m* ❶ *kein pl* (*das Anstreichen*) painting ❷ (*Farbüberzug*) coat [of paint]

An·sturm *m* ❶ (*Andrang*) rush (**auf** on) ❷ MIL onslaught ❸ (*geh: das Aufwallen*) surge

An·ta·go·nist(in) <-en, -en> *m(f)* antagonist

Ant·ark·tis <-> [ant'ʔarktɪs] *f* Antarctic

ant|ark·tisch [ant'ʔarktɪʃ] *adj* Antarctic *attr*

an|tas·ten *vt* ❶ (*beeinträchtigen*) **jds Ehre/Würde ~** to offend against sb's honour/dignity; **jds Privileg/Recht ~** to encroach [up]on sb's privilege/right ❷ (*anbrechen*) to use; **Vorräte ~** to break into supplies ❸ (*leicht berühren*) to touch

An·teil ['antaɪl] *m* ❶ (*Teil*) share (**an** of); **~ an einem Werk** contribution to a work; **der ~ an Asbest** the proportion of asbestos ❷ (*geh: Mitgefühl*) sympathy (**an** for) ❸ (*Beteiligung*) interest (**an** in); **~ an etw** *dat* **haben** to take part in sth; **~ an etw** *dat* **nehmen** to show an interest in sth

an·tei·lig, an·teil·mä·ßig *adj* proportionate

An·teil·nah·me <-> ['antaɪlnaːmə] *f kein pl* (*Beileid*) sympathy (**an** with)

An·ten·ne <-, -n> [an'tɛnə] *f* aerial

An·tho·lo·gie <-, -n> [antolo'giː, *pl* -'giːən] *f* anthology

An·thra·zit <-s, *selten* -e> [antra'tsiːt] *m* anthracite

An·thro·po·lo·ge, An·thro·po·lo·gin <-n, -n> [antropo'loːgə, -'loːgɪn] *m, f* anthropologist

An·thro·po·lo·gie <-> [antropolo'giː] *f kein pl* anthropology

An·ti·al·ko·ho·li·ker(in) [anti?alko'hoːlɪkɐ] *m(f)* teetotaller **an·ti·al·ko·ho·lisch** *adj* anti-alcohol *attr* **an·ti·ame·ri·ka·nisch** *adj* anti-American **an·ti·au·to·ri·tär** [anti?autori'tɛːɐ̯] *adj* anti[-]authoritarian **An·ti·ba·by·pil·le** [anti'beːbipɪlə] *f* (*fam*) the pill **an·ti·bak·te·ri·ell I.** *adj* antibacterial **II.** *adv* antibacterially; **~ wirken** to work as an antibacterial agent

An·ti·bi·o·ti·kum <-s, -biotika> [anti'bi̯oːtikʊm, *pl* -ka] *nt* antibiotic

An·ti·blo·ckier·sys·tem [antiblɔ'kiːɐ̯-] *nt* anti-lock [braking] system, ABS **An·ti·de·pres·si·vum** <-s, -va> [antidepre'siːvʊm, *pl* -va] *nt* antidepressant **An·ti·fal·ten·cre·me** *f* anti-wrinkle cream **An·ti·fa·schis·mus** [antifa'ʃɪsmʊs] *m* antifascism **An·ti·fa·schist(in)** [antifa'ʃɪst] *m(f)* antifascist **an·ti·fa·schis·tisch** *adj* antifascist

An·ti·gen <-s, -e> [anti'geːn] *nt* BIOL, MED antigen

an·tik [an'tiːk] *adj* ❶ (*als Antiquität anzusehen*) antique ❷ (*aus der Antike stammend*) ancient; **~e Kunst** ancient art forms *pl*

An·ti·ke <-> [an'tiːkə] *f kein pl* antiquity; **der Mensch/die Kunst der ~** man/the art of the ancient world

an·ti·kle·ri·kal [antikleri'kaːl, 'antikleri·kaːl] *adj* anticlerical **An·ti·kör·per** *m* MED antibody **An·ti·kriegs·be·we·gung** ['anti-] *f* POL peace movement

An·ti·lo·pe <-, -n> [anti'loːpə] *f* antelope

An·ti·oxi·dans <-, -danzien *o* -dantien> [anti'ʔɔksidans] *nt*, **An·ti·oxy·dans** <-, -danzien *o* -dantien> [anti'ʔɔksydans] *nt* CHEM antioxidant

An·ti·pa·thie <-, -n> [antipa'tiː, *pl* -'tiːən] *f* antipathy (**gegen** to)

an|tip·pen *vt* (*kurz berühren*) ■ **jdn ~** to give sb a tap; ■ **etw ~** to touch sth

An·ti·qua·ri·at <-[e]s, -e> [antikvaˈriːaːt] *nt* second-hand bookshop [*or* AM *also* bookstore]

an·ti·qua·risch [antiˈkvaːrɪʃ] *adj* (*alt*) antiquarian; (*von modernen Büchern*) second-hand

an·ti·quiert [antiˈkviːrt] *adj* (*pej*) antiquated, AM *also* horse-and-buggy *attr*

An·ti·qui·tät <-, -en> [antikviˈtɛːt] *f* antique

An·ti·qui·tä·ten·ge·schäft *nt* antiques shop **An·ti·qui·tä·ten·händ·ler(in)** *m(f)* antiques dealer

An·ti·se·mit(in) [antizeˈmiːt] *m(f)* anti-Semite; ~[in] sein to be anti-Semitic

an·ti·se·mi·tisch [antizeˈmiːtɪʃ] *adj* anti-Semitic **An·ti·se·mi·tis·mus** <-> [antizemiˈtɪsmʊs] *m kein pl* anti-Semitism

An·ti·sep·ti·kum <-s, -ka> [antiˈzɛptikʊm, *pl* -ka] *nt* MED antiseptic **an·ti·sep·tisch** [antiˈzɛptɪʃ] *adj* antiseptic **an·ti·sta·tisch** [antiˈstaːtɪʃ] I. *adj* antistatic II. *adv* etw ~ behandeln to treat sth with an antistatic [agent] **An·ti·ter·ror·ein·heit** *f* antiterrorist squad **An·ti·ter·ror·krieg** *m* MIL war on terror **An·ti·vi·ren·pro·gramm** *nt* INFORM anti-virus [program]

an·ti·zi·pie·ren* [antitsiˈpiːrən] *vt* (*geh*) to anticipate

Ant·litz <-es, -e> [ˈantlɪts] *nt* (*poet*) countenance

an|tör·nen [ˈantœrnən] I. *vt* (*sl*) to give a kick II. *vi* (*sl*) ■ **angetörnt sein** to be [on a] high

An·trag <-[e]s, -träge> [ˈantraːk, *pl* ˈantrɛːɡə] *m* ❶ (*Beantragung*) application; **einen ~ stellen** to put in an application (**auf** für); **auf jds ~** at sb's request ❷ (*Formular*) application form (**auf** for) ❸ JUR petition; **einen ~ stellen** to file a petition (**auf** for) ❹ POL (*Vorschlag zur Abstimmung*) motion ❺ (*Heiratsantrag*) [marriage] proposal; **jdm einen ~ machen** to propose [to sb]

an|tra·gen *vt irreg* (*geh*) ■ **jdm etw ~** to offer sb sth; ■ **jdm ~, etw zu tun** to suggest that sb does sth

An·trags·for·mu·lar *nt* application form **An·trag·stel·ler(in)** <-s, -> *m(f)* (*geh*) applicant **An·trag·stel·lung** <-> *f kein pl* application

an|tref·fen *vt irreg* ❶ (*treffen*) to catch; **jdn beim Putzen ~** to catch sb cleaning ❷ (*vorfinden*) to come across

an|trei·ben *irreg* I. *vt haben* ❶ (*vorwärtstreiben*) to drive [on] ❷ (*drängen*) to urge; (*aufdringlicher*) to push ❸ TECH to drive ❹ (*veranlassen*) ■ **jdn ~, etw zu tun** to drive sb [on] to do sth II. *vi sein* (*angeschwemmt werden*) to be washed up

an|tre·ten *irreg* I. *vt haben* ❶ (*beginnen*) to begin ❷ (*übernehmen*) to take up; **seine Amtszeit ~** to take office; **ein Erbe ~** to come into an inheritance; **eine Stellung ~** to take up a post ❸ *Motorrad* to kick-start II. *vi sein* ❶ (*sich aufstellen*) to line up; MIL to fall in ❷ (*erscheinen*) to appear ❸ SPORT (*zum Wettkampf erscheinen*) to compete (**zu** in)

An·trieb *m* ❶ AUTO, LUFT drive (+*gen* for) ❷ (*motivierender Impuls*) energy *no indef art;* **aus eigenem ~** (*fig*) on one's own initiative; **jdm [neuen] ~ geben** (*fig*) to give sb the/a new impetus

An·triebs·kraft *f* TECH [driving] power **An·triebs·wel·le** *f* TECH drive shaft

an|trin·ken *irreg* I. *vt* (*fam*) **die Flasche ~** to drink a little from the bottle; **eine angetrunkene Flasche** an opened bottle II. *vr* (*fam*) **sich** *dat* **einen [Schwips] ~** to get [oneself] tiddly [*or* AM *also* tipsy] *fam*

An·tritt *m kein pl* ❶ (*Beginn*) start ❷ (*Übernahme*) **nach ~ seines Amtes/der Erbschaft** after assuming office/coming into the inheritance ❸ SPORT spurt

An·tritts·be·such *m* first courtesy call **An·tritts·re·de** *f* maiden speech

an|tun *vt irreg* ❶ (*zufügen*) ■ **jdm etwas/nichts ~** to do something/not to do anything to sb; **tu mir das nicht an!** (*hum fam*) spare me, please!; **sich** *dat* **etwas ~** (*Selbstmord begehen*) to kill oneself ❷ (*gefallen*) **es jdm angetan haben** to appeal to sb

Ant·wort <-, -en> [ˈantvɔrt] *f* ❶ (*Beantwortung*) answer (**auf** to); **jdm [eine] ~ geben** to give sb an answer ❷ (*Reaktion*) response (**auf** to); **als ~ auf etw** *akk* in response to sth ▶ **keine ~ ist auch eine ~** (*prov*) no answer is an answer

ant·wor·ten [ˈantvɔrtn̩] *vi* ❶ (*als Antwort geben*) to answer, to reply; **ich kann Ihnen darauf leider nichts ~** unfortunately I cannot give you an answer to that; **mit Ja/Nein ~** to answer yes/no; **schriftlich ~** to answer in writing ❷ (*reagieren*) to respond (**mit** with)

Ant·wort·schrei·ben *nt* (*geh*) reply

an|ver·trau·en* [ˈanfɛɐ̯traʊən] I. *vt* ■ **jdm etw ~** ❶ (*vertrauensvoll übergeben*) to entrust sb with sth ❷ (*vertrauensvoll erzählen*) to confide sth to sb II. *vr* ■ **sich** *jdm dat* **~** to confide in sb

an|vi·sie·ren* vt ❶ (ins Visier nehmen) to sight ❷ (geh: ins Auge fassen) to set one's sights on

an|wach·sen vi irreg sein ❶ (festwachsen) to grow ❷ (zunehmen) to increase (**auf** to)

An·walt, An·wäl·tin <-[e]s, -wälte> ['anvalt, 'anvɛltɪn, pl 'anvɛltə] m, f ❶ (Rechtsanwalt) lawyer, solicitor BRIT, attorney AM; **sich** dat **einen ~ nehmen** to engage the services of a lawyer ❷ (geh: Fürsprecher) advocate

An·walts·bü·ro nt ❶ s. Anwaltskanzlei ❷ (Anwaltssozietät) law firm, BRIT also firm of solicitors

An·walt·schaft <-, selten -en> f ❶ (Vertretung eines Klienten) case; **eine ~ übernehmen** to take on a case ❷ (Gesamtheit der Anwälte) legal profession

An·walts·kanz·lei f lawyer's [or AM law] office, law firm **An·walts·kos·ten** pl legal expenses

An·wand·lung f mood; **aus einer ~ heraus** on an impulse; **~en bekommen** (fam) to go into fits; **in einer ~ von Großzügigkeit** in a fit of generosity

An·wär·ter(in) m(f) candidate (**auf** for); SPORT contender (**auf** for)

An·wart·schaft <-, selten -en> f candidature (**auf** for)

an|wei·sen vt irreg ❶ (beauftragen) ■ **jdn ~ [, etw zu tun]** to order sb to do sth ❷ (anleiten) to instruct

An·wei·sung f ❶ (Anordnung) order; **~ haben, etw zu tun** to have instructions to do sth; **auf [jds] ~** on [sb's] instruction ❷ (Anleitung) instruction ❸ (Gebrauchsanweisung) instructions pl

an·wend·bar adj applicable (**auf** to); **in der Praxis ~** practicable

an|wen·den vt reg o irreg ❶ (gebrauchen) to use (**bei** on) ❷ (übertragen) to apply (**auf** to)

An·wen·der(in) <-s, -> m/(f) INFORM user **an·wen·der·freund·lich** adj INFORM user-friendly **an·wen·der·ori·en·tiert** adj INFORM user-oriented **An·wen·der·pro·gramm** nt INFORM application program **An·wen·der·soft·ware** <-, -s> f application software

An·wen·dung f ❶ (Gebrauch) use; **~ finden** (geh) to be used ❷ (Übertragung) application (**auf** to) ❸ (therapeutische Maßnahme) administration

An·wen·dungs·be·reich m area of application

an|wer·ben vt irreg to recruit (**für** for)

An·we·sen <-s, -> nt (geh) estate

an·we·send adj present präd; ■ **~ sein** to be present (**bei** at); **nicht ganz ~ sein** (hum fam) to be a million miles away

An·we·sen·de(r) f(m) dekl wie adj person present; ■ **die ~n** those present

An·we·sen·heit <-> f kein pl presence; **von Studenten** attendance; **in jds ~** in sb's presence

an|wi·dern ['anviːdɐn] vt to nauseate; ■ **angewidert** nauseated attr

An·woh·ner(in) <-s, -> m(f) [local] resident

An·woh·ner·park·platz m resident parking

An·zahl f kein pl number

an|zah·len vt ❶ (als Anzahlung geben) to pay a deposit of; **500 Euro waren schon angezahlt** a deposit of 500 euros has already been paid ❷ (eine Anzahlung auf den Preis von etw leisten) to pay a deposit on

An·zah·lung f ❶ (angezahlter Betrag) deposit; **eine ~ machen** to pay a deposit ❷ (erster Teilbetrag) first instalment

an|zap·fen vt ❶ (Flüssigkeit durch Zapfen entnehmen) to tap ❷ ELEK, TELEK (fam) **eine Telefonleitung ~** to tap a telephone line

An·zei·chen nt sign; MED symptom

An·zei·ge <-, -n> f ❶ (Strafanzeige) charge (**wegen** for) ❷ (Bekanntgabe bei Behörde) notification ❸ (Inserat) ad[vertisement] ❹ (Bekanntgabe) announcement

---

Antwort verweigern

Antwort verweigern	refusing to answer
Sag ich nicht! (fam)	Not telling! (fam)
Das kann ich dir (leider) nicht sagen.	(I'm afraid) I can't tell you.
Dazu möchte ich nichts sagen.	I don't want to say anything about it.
Ich möchte mich zu dieser Angelegenheit nicht äußern. (form)	I don't wish to comment on the matter. (form)

anzeigen → Apparat

❺ (*das Anzeigen*) display **❻** TECH (*Instrument*) gauge

an|zei·gen *vt* **❶** (*Strafanzeige erstatten*) ■ jdn [wegen etw *gen*] ~ to report sb [for sth] **❷** (*angeben*) to indicate; (*digital*) to display; **diese Uhr zeigt auch das Datum an** this watch also shows the date **❸** (*erkennen lassen*) ■ jdm ~, dass ... to indicate to sb that ...

An·zei·gen·an·nah·me *f* **❶** (*Stelle für die ~*) advertising sales department **❷** (*Erfassung einer Anzeige*) advertising sales **An·zei·gen·blatt** *nt* advertiser **An·zei·gen·teil** *m* advertising section

An·zei·ger¹ *m* advertiser

An·zei·ger(in)² *m(f)* (*geh*) informer *also pej*

An·zei·ge·ta·fel *f* LUFT, BAHN departure and arrivals board; SPORT scoreboard

an|zet·teln *vt* **❶** (*vom Zaun brechen*) *Schlägerei, Streit* to provoke; *Blödsinn* ~ to be up to mischief **❷** (*in Gang setzen*) to instigate

an|zie·hen *irreg* **I.** *vt* **❶** *Kleidungsstück* to put on *sep*; *Person* to dress; ■ sich ~ to get dressed; **sich leger/schick/warm ~** to put on casual/smart/warm clothing **❷** (*straffen*) to pull tight **❸** (*festziehen*) to tighten; **die Bremse ~** to apply the brake **❹** *Arm, Bein* to draw up **❺** (*anlocken*) to attract; **sich von jdm/etw angezogen fühlen** to be attracted to sb/sth **❻** SCHWEIZ (*beziehen*) **das Bett frisch ~** to change the bed **II.** *vi* **❶** (*sich in Bewegung setzen*) *Zugtier* to start pulling **❷** (*beschleunigen*) to accelerate **❸** FIN (*ansteigen*) to rise

an·zie·hend *adj* attractive

An·zie·hung *f* **❶** (*verlockender Reiz*) attraction **❷** *kein pl s.* **Anziehungskraft 1**

An·zie·hungs·kraft *f* **❶** PHYS (*Gravitation*) [force of] attraction; **~ der Erde** [force of] gravitation **❷** (*Verlockung*) appeal; **auf jdn eine ~ ausüben** to appeal to sb

An·zug¹ *m* **❶** (*Herrenanzug*) suit; **ein einreihiger/zweireihiger ~** a single-/double-breasted suit **❷** SCHWEIZ (*Bezug*) duvet cover; **Anzüge fürs Bett** linen *no pl*

An·zug² *m kein pl* approach; **im ~ sein** to be on the way; MIL to be approaching; *Bedrohung, Gefahr* to be in the offing

an·züg·lich ['antsy:klɪç] *adj* **❶** (*schlüpfrig*) insinuating **❷** (*zudringlich*) personal; ■ ~ werden to get personal

An·züg·lich·keit <-, -en> *f* **❶** *kein pl* suggestiveness *no pl* **❷** *kein pl* (*Zudringlichkeit*) advances *pl* **❸** (*zudringliche Handlung*) pushiness *no pl*

an|zün·den *vt* **❶** *Feuer* to light **❷** *Haus* to set on fire **❸** *Zigarette* to light

an|zwei·feln *vt* to question

AOL [a:oː'ɛl] INFORM *Abk von* **America Online** AOL

Aor·ta <-, Aorten> [a'ɔrta] *f* aorta

apart [a'part] *adj* striking

Apart·heid <-> [a'paːɐ̯thait] *f kein pl* POL (*hist*) apartheid *no pl, no indef art*

Apart·ment <-s, -s> [a'partmənt] *nt* flat BRIT, apartment AM

Apa·thie <-, -n> [apa'tiː, *pl* -'tiːən] *f* apathy; MED listlessness

apa·thisch [a'paːtɪʃ] **I.** *adj* apathetic; MED listless **II.** *adv* apathetically; MED listlessly

Ape·ri·tif <-s, -s *o* -e> [aperi'tiːf] *m* aperitif

Ap·fel <-s, Äpfel> ['apfl̩, *pl* 'ɛpfl̩] *m* apple ▶ **der ~ fällt nicht weit vom <u>Stamm</u>** (*prov*) like father, like son; **in den <u>sauren</u> ~ beißen** (*fam*) to bite the bullet

Ap·fel·baum *m* apple tree **Ap·fel·ku·chen** *m* apple pie **Ap·fel·mus** *nt* apple sauce **Ap·fel·saft** *m* apple juice

Ap·fel·si·ne <-, -n> [apfl̩'ziːnə] *f* (*Frucht*) orange; (*Baum*) orange tree

Ap·fel·stru·del *m* apple strudel **Ap·fel·wein** *m* cider

Apho·ris·mus <-, -rismen> [afo'rɪsmʊs] *m* aphorism

Aph·ro·di·si·a·kum <-s, -disiaka> [afrodi'ziːakʊm, *pl* -ka] *nt* aphrodisiac

apo·dik·tisch [apo'dɪktɪʃ] (*geh*) **I.** *adj* apodictic **II.** *adv* apodictically

apo·ka·lyp·tisch [apoka'lyptɪʃ] *adj* REL apocalyptic

apo·li·tisch ['apoli:tɪʃ] *adj* apolitical

Apos·tel <-s, -> [a'pɔstl̩] *m* apostle

Apos·tel·ge·schich·te *f kein pl* Acts *pl* of the Apostles

Apo·stroph <-s, -e> [apo'stroːf] *m* apostrophe

Apo·the·ke <-, -n> [apo'teːkə] *f* pharmacy, BRIT *also* [dispensing] chemist's

apo·the·ken·pflich·tig *adj* available only at the pharmacy [*or* BRIT *also* chemist's]

Apo·the·ker(in) <-s, -> [apo'teːkɐ] *m(f)* pharmacist, BRIT *also* [dispensing] chemist

App <-, -s> [ɛp] *f o nt* INET app

App. *Abk von* **Appartement** apartment *esp* AM, flat BRIT

Ap·pa·rat <-[e]s, -e> [apa'raːt] *m* **❶** TECH apparatus *no pl form*; (*kleineres Gerät*) gadget **❷** (*Telefon*) telephone; **am ~ bleiben** to hold the line; **am ~!** speaking! **❸** (*sl: großer Gegenstand*) whopper

Ap·pa·ra·tur <-, -en> [apara'tuːɐ̯] f [piece of] equipment no pl

Ap·par·te·ment <-s, -s> [apartə'mãː] nt ❶ (Zimmerflucht) suite [of rooms] ❷ s. **Apartment**

Ap·pell <-s, -e> [a'pɛl] m ❶ (Aufruf) appeal; **einen ~ an jdn richten** to make an appeal to sb ❷ MIL roll call; **zum ~ antreten** to line up for roll call

ap·pel·lie·ren* [apɛ'liːrən] vi ❶ (sich auffordernd an jdn wenden) to appeal ❷ (etw wachrufen) **an jds** dat **Vernunft ~** to appeal to sb's common sense ❸ SCHWEIZ (Berufung einlegen) ■ **gegen etw** akk **~** to appeal against sth

Ap·pen·zell <-s> [apn'tsɛl] nt Appenzell

Ap·pe·tit <-[e]s> [ape'tiːt] m kein pl (Lust auf Essen) appetite; **~ [auf etw** akk**] haben** to feel like [having] [sth]; **[jdm] ~ machen** to whet sb's appetite; **den ~ anregen** to work up an/one's appetite; **jdm den ~ [auf etw** akk**] verderben** (fam) to spoil sb's appetite; **guten ~!** enjoy your meal!

ap·pe·tit·an·re·gend adj ❶ (appetitlich) appetizing ❷ (appetitfördernd) **ein ~es Mittel** an appetite stimulant **Ap·pe·tit·hap·pen** m canapé **ap·pe·tit·hem·mend** adj appetite suppressant

ap·pe·tit·lich I. adj ❶ (Appetit anregend) appetizing ❷ (fam: Lust anregend) tempting II. adv appetizingly, temptingly

Ap·pe·tit·lo·sig·keit <-> f kein pl lack of appetite

Ap·pe·tit·züg·ler <-s, -> m appetite suppressant

ap·plau·die·ren* [aplau̯'diːrən] vi (geh) to applaud

Ap·plaus <-es, selten -e> [a'plau̯s, pl -'plau̯zə] m (geh) applause no pl; **stehender ~** standing ovation

Ap·po·si·ti·on <-, -en> [apozi'tsi̯oːn] f LING apposition

Ap·rès-Ski <-, -s> [aprɛ'ʃiː] nt après-ski

Ap·ri·ko·se <-, -n> [apri'koːzə] f (Frucht) apricot; (Baum) apricot tree

April <-s, selten -e> [a'prɪl] m April; s. a. **Februar** ▶ **jdn in den ~ schicken** to make an April fool of sb; **~! ~!** (fam) April fool!

April·scherz m April fool's trick **April·wet·ter** nt April weather

apro·pos [apro'poː] adv ❶ (übrigens) by the way ❷ (was ... angeht) **~ Männer, ...** talking of men, ...

Ap·sis <-, -siden> ['apsɪs, pl a'psiːdn̩] f ❶ ARCHIT (Chorabschluss) apse ❷ (im Zelt) bell

Aquä·dukt <-[e]s, -e> [akvɛ'dʊkt] m o nt ARCHÄOL aqueduct

Aqua·ma·rin <-s, -e> [akvama'riːn] m aquamarine

aqua·ma·rin·blau adj aquamarine

Aqua·pla·ning <-s> [akva'plaːnɪŋ] nt kein pl aquaplaning no pl

Aqua·rell <-s, -e> [akva'rɛl] nt watercolour [painting]

Aqua·ri·um <-s, -rien> [a'kvaːri̯ʊm, pl -ri̯ən] nt aquarium

Äqua·tor <-s> [ɛ'kvaːtoːɐ̯] m kein pl equator

äqua·to·ri·al [ɛkvato'ri̯aːl] adj equatorial; **~es Klima** equatorial climate

Äqui·va·lent [ɛkviva'lɛnt] adj (geh) equivalent

Äqui·va·lent <-s, -e> [ɛkviva'lɛnt] nt equivalent

Äqui·va·lenz <-, -en> [ɛkviva'lɛnts] f equivalence

Ar <-s, -e> [aːɐ̯] nt o m (100 m^2) are

Ära <-, Ären> ['ɛːra, pl ɛːrən] f (geh) era

Ara·ber(in) <-s, -> ['arabɐ] m(f) Arab

Ara·bes·ke <-, -n> [ara'bɛskə] f KUNST, ARCHIT arabesque

Ara·bi·en <-s> [a'raːbi̯ən] nt Arabia

ara·bisch [a'raːbɪʃ] adj ❶ GEOG (zu Arabien gehörend) Arabian; **A~es Meer** Arabian Sea ❷ LING Arabic; **auf ~** in Arabic

Ar·beit <-, -en> ['arbai̯t] f ❶ (Tätigkeit) work no pl, no indef art; **gute/schlechte ~ leisten** to do a good/bad job; **etw in ~ haben** to be working on sth; **in ~ sein** work is in progress on sth; **bei der ~ sein** to be working; **jdm ~ machen** to make work for sb; **sich an die ~ machen** to get down to working; **an die ~!** get to work! ❷ (Arbeitsplatz) job; **er fand ~ als Kranfahrer** he got a job as a crane driver; **wir fahren mit dem Fahrrad zur ~** we cycle to work ❸ (handwerkliches Produkt) handiwork ❹ (schriftliches Werk) work ❺ SCH (Klassenarbeit) test; **eine ~ schreiben** to do a test ❻ kein pl (Mühe) trouble no pl; **sich** dat **~ machen** to go to trouble (**mit**) with) ❼ (Aufgabe) job ▶ **erst die ~, dann das Vergnügen** (prov) business before pleasure prov

ar·bei·ten ['arbai̯tn̩] I. vi ❶ (tätig sein) to work; ■ **an etw** dat **~** to be working on sth ❷ (berufstätig sein) to have a job ❸ TECH (funktionieren) to work ❹ MED (funktionieren) to function ❺ Holz to warp II. vr ■ **sich irgendwohin ~** to work one's way somewhere III. vt ❶ (herstellen) ■ **etw [aus etw** dat**] ~** to make sth [from sth];

Arbeiter → Arbeitsunfall

von Hand ~ to make sth by hand ❷ *(tun)* ■ **etwas/nichts ~** to do sth/nothing
Ar·bei·ter(in) <-s, -> *m(f) (Industrie)* [blue-collar] worker; *(Landwirtschaft)* labourer
Ar·bei·ter·be·we·gung *f* POL. labour movement **Ar·bei·ter·fa·mi·lie** *f* working-class family
Ar·bei·te·rin <-, -nen> *f fem form von* **Arbeiter**
Ar·bei·ter·schaft <-> *f kein pl* work force + *sing/pl vb*
Ar·bei·ter·vier·tel *nt* working-class area
Ar·bei·ter·wohl·fahrt *f kein pl* ■ **die ~** the workers' welfare union
Ar·beit·ge·ber(in) <-s, -> *m(f)* employer
Ar·beit·ge·ber·an·teil *m* employer's contribution **Ar·beit·ge·be·rin** <-, -nen> *f fem form von* **Arbeitgeber Ar·beit·ge·ber·ver·band** *m* employers' association
Ar·beit·neh·mer(in) *m(f)* employee **Ar·beit·neh·mer·an·teil** *m* employee's contribution **Ar·beit·neh·me·rin** <-, -nen> *f fem form von* **Arbeitnehmer**
Ar·beits·ab·lauf *m* work routine
ar·beit·sam *adj (geh o veraltend)* industrious
Ar·beits·amt *nt (veraltet)* jobcentre BRIT, employment office AM **Ar·beits·auf·wand** *m* expenditure of energy; **was für ein ~!** what a lot of work! **ar·beits·auf·wän·dig**^RR *adj* labour-intensive **Ar·beits·aus·fall** *m* loss of working hours **Ar·beits·be·din·gun·gen** *pl* working conditions *pl* **Ar·beits·be·schaf·fungs·maß·nah·me** *f* job creation scheme [*or* AM plan] **Ar·beits·ei·fer** *m* enthusiasm for one's work **Ar·beits·ein·stel·lung** *f* walkout **Ar·beits·ein·tei·lung** *f* work allocation **Ar·beits·er·laub·nis** *f* work permit **Ar·beits·er·leich·te·rung** *f* saving of labour; **zur ~** to facilitate work **Ar·beits·es·sen** *nt* business lunch/dinner **ar·beits·fä·hig** *adj* ❶ *(tauglich)* able to work ❷ *(funktionsfähig)* viable **Ar·beits·gang** <-gänge> *m* ❶ *(Produktionsabschnitt)* production stage; *(Bearbeitungsabschnitt)* stage [of operation] ❷ *s.* **Arbeitsablauf Ar·beits·ge·mein·schaft** *f* working-group; SCH study-group **Ar·beits·ge·richt** *nt* industrial tribunal **Ar·beits·grup·pe** *f* team
ar·beits·in·ten·siv *adj* labour-intensive
Ar·beits·kampf *m* industrial action **Ar·beits·klei·dung** *f* work clothes *pl* **Ar·beits·kli·ma** *nt* working atmosphere **Ar·beits·kol·le·ge, -kol·le·gin** *m, f* colleague **Ar·beits·kraft** *f* ❶ *kein pl (Leistungskraft)* work capacity; **die menschliche ~** human labour ❷ *(Mitarbeiter)* worker **Ar·beits·kreis** *m* working group **Ar·beits·la·ger** *nt* labour camp **Ar·beits·lohn** *m* wages *pl*
ar·beits·los *adj* unemployed
Ar·beits·lo·se(r) *f(m) dekl wie adj* unemployed person; ■ **die ~n** the unemployed
Ar·beits·lo·sen·geld *nt* unemployment benefit, BRIT *fam also* the dole **Ar·beits·lo·sen·hil·fe** *f* unemployment aid **Ar·beits·lo·sen·quo·te** *f* unemployment figures *pl* **Ar·beits·lo·sen·un·ter·stüt·zung** *f kein pl (hist)* unemployment benefit, BRIT *fam also* the dole **Ar·beits·lo·sen·ver·si·che·rung** *f* unemployment insurance, National Insurance BRIT **Ar·beits·lo·sen·zah·len** *pl* unemployment figures *pl* **Ar·beits·lo·sen·zif·fer** *f* unemployment figures *pl*
Ar·beits·lo·sig·keit <-> *f kein pl* unemployment *no indef art,* + *sing vb*
Ar·beits·man·gel *m* lack of work **Ar·beits·markt** *m* job market **Ar·beits·mit·tel** *nt* material required for work **Ar·beits·mo·ral** *f* work morale **Ar·beits·nie·der·le·gung** *f* walkout **Ar·beits·ober·flä·che** *f* INFORM user interface **Ar·beits·pen·sum** *nt* work quota **Ar·beits·platz** *m* ❶ *(Arbeitsstätte)* workplace; **am ~** at work ❷ *(Stelle)* job; **freier ~** vacancy **Ar·beits·platz·be·schaf·fungs·maß·nah·me** *f* POL *s.* **Arbeitsbeschaffungsmaßnahme Ar·beits·platz·si·che·rung** *f kein pl* safeguarding of jobs *no pl* **Ar·beits·platz·tei·lung** *f* job-sharing **Ar·beits·platz·wech·sel** *m* change of employment **Ar·beits·pro·be** *f* sample of one's work **Ar·beits·recht** *nt* industrial law **ar·beits·reich** *adj* busy **Ar·beits·rich·ter(in)** *m(f)* judge in an industrial tribunal **ar·beits·scheu** *adj (pej)* work-shy **Ar·beits·spei·cher** *m* INFORM main memory **Ar·beits·stät·te** *f (geh)* place of work **Ar·beits·stel·le** *f* job **Ar·beits·su·che** *f* search for employment; **auf ~ sein** to be job-hunting **Ar·beits·tag** *m* working day; **ein harter ~** a hard day at work **Ar·beits·tei·lung** *f* job-sharing **Ar·beits·tier** *nt (fam)* workaholic, workhorse
Ar·beit·su·chen·de(r) *f(m) dekl wie adj* job-seeker

ar·beits·un·fä·hig I. *adj* unfit for work; **jdn ~ schreiben** to write sb a sick note II. *adv* off sick **Ar·beits·un·fä·hig·keit** *f* inability to work **Ar·beits·un·fall** *m* work-related accident **Ar·beits·ver·hält·**

nis *nt* contractual relationship between employer and employee; **in einem ~ stehen** to be in employment **Ar·beits·ver·mitt·lung** *f* ❶ (*Vermittlung einer Beschäftigung*) arrangement of employment ❷ (*Abteilung im Arbeitsamt*) job centre ❸ (*Vermittlungsagentur*) employment agency **Ar·beits·ver·trag** *m* contract of employment **Ar·beits·ver·wei·ge·rung** *f* refusal to work **Ar·beits·wei·se** *f* (*Vorgehensweise bei der Arbeit*) working method; (*Funktionsweise von Maschinen*) mode of operation **ar·beits·wil·lig** *adj* willing to work **Ar·beits·wo·che** *f* working week **Ar·beits·wut** *f* (*fam*) work mania **ar·beits·wü·tig** *adj* (*fam*) ■ **~ sein** to be suffering from work mania **Ar·beits·zeit** *f* ❶ (*tägliche betriebliche Arbeit*) working hours *pl;* **gleitende ~** flexitime, AM *also* flextime ❷ (*benötigte Zeit*) required [working] time **Ar·beits·zeit·ver·kür·zung** *f* reduction of working hours **Ar·beits·zeug·nis** *nt* reference **Ar·beits·zim·mer** *nt* study
ar·cha·isch [arˈçaːɪʃ] *adj* archaic
Ar·chä·o·lo·ge, Ar·chä·o·lo·gin <-n, -n> [arçɛoˈloːɡə, -ˈloːɡɪn] *m, f* archaeologist, *esp* AM archeologist
Ar·chä·o·lo·gie <-> [arçɛoloˈɡiː] *f kein pl* archaeology, *esp* AM archeology
Ar·chä·o·lo·gin <-, -nen> [arçɛoˈloːɡɪn] *f fem form von* **Archäologe**
ar·chä·o·lo·gisch [arçɛoˈloːɡɪʃ] *adj, adv* archaeological, *esp* AM archeological
Ar·che <-, -n> [ˈarçə] *f* ark; **die ~ Noah** REL Noah's Ark
ar·che·ty·pisch *adj* archetypal
Ar·chi·pel <-s, -e> [arçiˈpeːl] *m* GEOG archipelago
Ar·chi·tekt(in) <-en, -en> [arçiˈtɛkt] *m(f)* architect
ar·chi·tek·to·nisch [arçitɛkˈtoːnɪʃ] I. *adj* architectural II. *adv* from an architectural point of view
Ar·chi·tek·tur <-, -en> [arçitɛkˈtuːɐ̯] *f* architecture
Ar·chiv <-s, -e> [arˈçiːf, *pl* -və] *nt* archives *pl*
Ar·chi·var(in) <-s, -e> [arçiˈvaːɐ̯] *m(f)* archivist
ar·chi·vie·ren* [arçiˈviːrən] *vt* MEDIA to archive
Are·al <-s, -e> [areˈaːl] *nt* ❶ (*Gebiet*) area ❷ (*Grundstück*) grounds *pl*
Ären [ɛːrən] *pl von* **Ära**
Are·na <-, Arenen> [aˈreːna, *pl* -nən] *f* ❶ (*Manege*) [circus-]ring ❷ SPORT arena ❸ (*Stierkampfarena*) [bull-]ring ▶ **in die ~ steigen** to enter the ring

arg <ärger, ärgste> [ark] I. *adj bes* SÜDD ❶ (*schlimm*) bad; **im A~en liegen** to be at sixes and sevens; **etw noch ärger machen** to make sth worse ❷ *attr* (*groß*) Enttäuschung great ❸ *attr* (*stark*) Raucher heavy II. *adv* SÜDD (*fam: sehr*) badly; **tut es ~ weh?** does it hurt badly?; **er hat dazu ~ lang gebraucht** he took a terribly long time for it
Ar·gen·ti·ni·en <-s> [arɡɛnˈtiːniən] *nt* Argentina; *s. a.* **Deutschland**
Ar·gen·ti·ni·er(in) <-s, -> [arɡɛnˈtiːniɐ] *m(f)* Argentinian; *s. a.* **Deutsche(r)**
ar·gen·ti·nisch [arɡɛnˈtiːnɪʃ] *adj* Argentinian; *s. a.* **deutsch**
Är·ger <-s> [ˈɛrɡɐ] *m kein pl* ❶ (*Wut*) anger ❷ (*Unannehmlichkeiten*) trouble; **~ bekommen** to get into trouble; **~ haben** to have problems; **[jdm] ~ machen** to cause [sb] trouble; **zu jds ~** to sb's annoyance
är·ger·lich I. *adj* ❶ (*verärgert*) annoyed (**über** about); (*sehr verärgert*) infuriated; **jdn ~ machen** to annoy sb ❷ (*unangenehm*) unpleasant II. *adv* (*verärgert*) annoyed; (*nervig*) annoyingly; **sie sah mich ~ an** she looked at me crossly
är·gern [ˈɛrɡɐn] I. *vt* ❶ (*ungehalten machen*) to annoy (**mit** with); **ich ärgere mich, dass ich nicht hingegangen bin** I'm annoyed with myself for not having gone ❷ (*reizen*) to tease (**wegen** about) II. *vr* (*ärgerlich sein*) ■ **sich ~** to be annoyed (**über** about)
Är·ger·nis <-, -se> *nt kein pl* (*Anstoß*) offence; **ein ~ sein** to be a terrible nuisance
Arg·list <-> *f kein pl* (*geh*) cunning
arg·lis·tig I. *adj* (*geh*) cunning II. *adv* cunningly
arg·los *adj* innocent
ärgs·te(r, s) [ˈɛrkstə, -tɐ, -təs] *adj superl von* **arg**
Ar·gu·ment <-[e]s, -e> [arɡuˈmɛnt] *nt* argument; **das ist kein ~** (*unsinnig sein*) that's a poor argument; (*keine Entschuldigung*) that's no excuse
Ar·gu·men·ta·ti·on <-, -en> [arɡumɛnˈtatsi̯oːn] *f* argumentation *no pl*
ar·gu·men·tie·ren* *vi* to argue; ■ **mit etw** *dat* **~** to use sth as an argument
Arg·wohn <-s> [ˈarkvoːn] *m kein pl* suspicion; **jds ~ erregen** to arouse sb's suspicion[s]
arg·wöh·nen [ˈarkvøːnən] *vt* (*geh*) to suspect

arg·wöh·nisch ['arkvø:nɪʃ] I. *adj* suspicious II. *adv* suspiciously
Arie <-, -n> ['a:riə] *f* MUS aria
Ari·er(in) <-s, -> ['a:riɐ] *m(f)* ❶ LING (*Indogermane*) Aryan ❷ HIST Aryan
arisch ['a:rɪʃ] *adj* ❶ LING Indo-Germanic ❷ HIST Aryan
Aris·to·krat(in) <-en, -en> [arɪsto'kra:t] *m(f)* aristocrat
Aris·to·kra·tie <-, -n> [arɪstokra'ti:, *pl* -'ti:ən] *f* aristocracy
Aris·to·kra·tin <-, -nen> *f fem form von* **Aristokrat**
aris·to·kra·tisch *adj* aristocratic
Arith·me·tik <-> [arɪt'me:tɪk] *f kein pl* arithmetic *no pl*
arith·me·tisch [arɪt'me:tɪʃ] I. *adj* arithmetic II. *adv* arithmetically
Ar·ka·de <-, -n> [ar'ka:də] *f* ARCHIT ❶ (*Torbogen*) archway ❷ *pl* (*Bogengang*) arcade ❸ (*überdachte Einkaufsstraße*) [shopping] arcade
Ark·tis <-> ['arktɪs] *f* Arctic
ark·tisch ['arktɪʃ] *adj* arctic
arm <ärmer, ärmste> [arm] *adj* ❶ (*besitzlos*) poor ❷ (*gering*) sparse; ■~ **an etw** *dat* **sein** to be somewhat lacking in sth ❸ (*fam*) ~ **dran sein** to have a hard time of it
Arm <-[e]s, -e> [arm] *m* ANAT arm; **jdn im ~ halten** to hold sb in one's arms; **sich** *dat* **in den ~en liegen** to lie in each other's arms; **ein Kind auf den ~ nehmen** to pick up a child; **jdn in die ~e nehmen** to take sb in one's arms; **jdm den ~ umdrehen** to twist sb's arm ▶ **jdm mit offenen ~en empfangen** to welcome sb with open arms; **jdm [mit etw** *dat*] **unter die ~e greifen** to help sb out [with sth]; **jdm in die ~e laufen** to bump into sb; **jdn auf den ~ nehmen** to pull sb's leg
Ar·ma·tur <-, -en> [arma'tu:ɐ] *f meist pl* ❶ TECH (*Mischbatterie mit Hähnen*) fitting ❷ AUTO (*Kontrollinstrument*) instrument
Ar·ma·tu·ren·brett *nt* AUTO dashboard
Arm·band <-bänder> *nt* ❶ (*Uhrarmband*) [watch] strap ❷ (*Schmuckarmband*) bracelet
Arm·band·uhr *f* [wrist-]watch **Arm·bin·de** *f* ❶ (*Armschlinge*) sling ❷ (*Abzeichen*) armband **Arm·brust** ['armbrʊst] *f* crossbow
Ar·me(r) *f(m) dekl wie adj* (*besitzloser Mensch*) poor person ▶ [**ach,**] **du/Sie ~(r)!** (*iron*) poor you!
Ar·mee <-, -n> [ar'me:, *pl* -me:ən] *f* army; **die rote ~** the Red Army
Är·mel <-s, -> ['ɛrml] *m* sleeve; **sich** *dat* **die ~ hochkrempeln** to roll up one's sleeves ▶ **etw aus dem ~ schütteln** (*fam*) to produce/do sth just like that
Är·mel·auf·schlag *m* MODE cuff
Är·mel·ka·nal *m* ■ **der ~** the [English] Channel
är·mel·los *adj* sleeveless
Ar·men·haus *nt* HIST poorhouse
Ar·me·ni·en <-s> [ar'me:niən] *nt* Armenia; *s. a.* **Deutschland**
Ar·me·ni·er(in) <-s, -> [ar'me:niɐ] *m(f)* Armenian; *s. a.* **Deutsche(r)**
ar·me·nisch [ar'me:nɪʃ] *adj* Armenian; *s. a.* **deutsch**
Ar·men·vier·tel *nt* poor district

Ärger ausdrücken

Unzufriedenheit ausdrücken	*expressing dissatisfaction*
Das entspricht nicht meinen Erwartungen.	*That doesn't meet my expectations.*
Ich hätte erwartet, dass Sie sich nun mehr Mühe geben.	*I would have expected you to take more trouble.*
So hatten wir es nicht vereinbart.	*That's not what we agreed.*
Verärgerung ausdrücken	*expressing annoyance*
Das ist (ja) unerhört!	*That's an outrage!*
Eine Unverschämtheit ist das!/So eine Frechheit!	*That's outrageous!/What a cheek!*
Das ist doch wohl die Höhe!	*That's the limit!*
Das darf doch wohl nicht wahr sein!	*That can't be true!*
Das nervt! *(fam)*	*It's a pain in the neck. (fam)*
Das ist ja nicht mehr zum Aushalten! *(fam)*	*It's become unbearable!/I can't stand it! (fam)*

är·mer ['ɛrmɐ] *adj comp von* **arm**
Arm·leh·ne *f* armrest **Arm·leuch·ter** *m* ❶ (*mehrarmiger Leuchter*) chandelier ❷ (*pej fam: Dummkopf*) idiot
ärm·lich ['ɛrmlɪç] **I.** *adj* ❶ (*von Armut zeugend*) poor; (*Kleidung*) shabby ❷ (*dürftig*) meagre **II.** *adv* (*kümmerlich*) poorly
arm·se·lig *adj* ❶ (*primitiv*) shabby ❷ (*dürftig*) miserable ❸ (*meist pej: unzulänglich*) pathetic
ärm·ste(r, s) *adj superl von* **arm**
Ar·mut <-> ['armuːt] *f kein pl* ❶ (*Bedürftigkeit*) poverty ❷ (*Verarmung*) ▪ **die ~ an** etw *dat* the lack of sth; **geistige ~** intellectual poverty
Ar·muts·flücht·ling *m* economic refugee
Ar·muts·gren·ze *f* poverty line; **unterhalb der ~ leben** to live below the poverty line **Ar·muts·zeug·nis** *nt* ▶ **ein ~ für jdn sein** to be the proof of sb's shortcomings
Aro·ma <-s, Aromen *o* -s *o* -ta> [a'roːma, *pl* -mata] *nt* ❶ (*Geruch*) aroma; (*Geschmack*) taste, flavour ❷ CHEM (*Aromastoff*) [artificial] flavouring
Aro·ma·stoff *m* flavouring **Aro·ma·the·ra·pie** *f* aromatherapy
aro·ma·tisch [aro'maːtɪʃ] **I.** *adj* aromatic; (*wohlschmeckend*) flavoursome BRIT, flavorful AM **II.** *adv* ❶ (*voller Aroma*) aromatic ❷ (*angenehm schmeckend*) savoury
aro·ma·ti·sie·ren* [aromatiˈziːrən] *vt* to aromatize
Ar·ran·ge·ment <-s, -s> [arãʒəˈmãː] *nt* (*geh*) arrangement
ar·ran·gie·ren* [arãˈʒiːrən] **I.** *vt* to arrange; ▪ **~, dass ...** to arrange, so that ... **II.** *vr* ❶ (*übereinkommen*) ▪ **sich [mit jdm] ~** to come to an arrangement [with sb] ❷ (*sich abfinden*) ▪ **sich [mit etw *dat*] ~** to come to terms [with sth]
Ar·rest <-[e]s, -s> [a'rɛst] *m* JUR ❶ (*Freiheitsentzug*) detention ❷ (*Beschlagnahme*) **dinglicher ~** attachment
ar·re·tie·ren* [areˈtiːrən] *vt* (*feststellen*) to lock
ar·ro·gant [aroˈɡant] **I.** *adj* arrogant **II.** *adv* arrogantly
Ar·ro·ganz <-> [aroˈɡants] *f kein pl* arrogance
Arsch <-[e]s, Ärsche> [arʃ, *pl* 'ɛrʃə] *m* (*derb*) ❶ (*Hintern*) arse BRIT, ass AM, BRIT *also* bum ❷ (*blöder Kerl*) [stupid] bastard, BRIT *sl also* bugger ▶ **am ~ der Welt** (*sl*) out in the sticks; **jdm in den ~ kriechen** to brown-nose sb; **jdn [mal] am ~ lecken können** sb can get stuffed *sl*; **leck mich** [**damit**] **am ~!** (*verpiss dich*) fuck off!, BRIT *also* get stuffed!, AM *also* kiss my ass!; (*verdammt noch mal*) fuck it!, BRIT *fam also* [oh] bugger [it]!; **im ~ sein** (*sl*) to be fucked[-up]; **jdn** [*o* **jdm**] **in den ~ treten** (*sl: einen Tritt versetzen*) to kick sb's arse [*or* AM ass]; (*jdn antreiben*) to give sb a [good] kick up the arse [*or* AM ass] *fam*; [**von jdm**] **den ~ vollbekommen** (*sl*) to get a [bloody [*or* AM hell of a]] good hiding [from sb]

Arsch·ba·cke *f* (*derb*) [bum-]cheek BRIT, [butt-]cheek AM **Arsch·kar·te** *f* (*derb*) ▶ **die ~ ziehen** to draw the short straw
Arsch·krie·cher(in) *m(f)* (*pej sl*) arselicker BRIT, ass-kisser AM **Arsch·loch** *nt* (*vulg*) arsehole BRIT, asshole AM **Arsch·tritt** *m* (*sl*) kick up the arse
Ar·sen <-s> [arˈzeːn] *nt kein pl* CHEM arsenic *no pl*
Ar·se·nal <-s, -e> [arzeˈnaːl] *nt* arsenal
Art <-, -en> [aːɐ̯t, *pl* 'aːɐ̯tn̩] *f* ❶ (*Sorte*) sort, kind ❷ (*Methode*) way; **eine merkwürdige ~** an odd way; **auf diese ~ und Weise** [in] this way ❸ (*Wesens~*) nature ❹ (*Verhaltensweise*) behaviour; **das ist doch keine ~!** (*fam*) that's no way to behave! ❺ BIOL species ❻ (*Stil*) style ▶ **nach ~ des Hauses** à la maison; **einzig sein in seiner ~** to be the only one of its kind; **aus der ~ schlagen** (*Familie*) to go a different way
Art. *Abk von* **Artikel**
Art·di·rec·tor(in) <-s, -en> ['aːɐ̯tdirɛktoːɐ̯, 'aːɐ̯tdirɛkˈtoːrɪn, *pl* -toːrən] *m(f)* art director
Ar·ten·reich·tum <-s> *m kein pl* BIOL abundance of species **Ar·ten·schutz** *m* protection of species **Ar·ten·ster·ben** *nt kein pl* extinction of the species **Ar·ten·viel·falt** <-> *f kein pl* BIOL abundance of species
Art·er·hal·tung *f* survival of the species
Ar·te·rie <-, -n> [arˈteːri̯ə] *f* artery
ar·te·ri·ell [arteˈri̯ɛl] *adj* arterial
Ar·te·ri·en·ver·kal·kung *f*, **Ar·te·rio·skle·ro·se** <-, -n> [arteri̯oskleˈroːzə] *f* hardening of the arteries
art·fremd *adj* uncharacteristic **art·ge·mäß** *adj s.* **artgerecht Art·ge·nos·se**, **-ge·nos·sin** *m, f* BIOL plant/animal of the same species **art·ge·recht** *adj, adv* appropriate to a species
Ar·thro·se <-, -n> [arˈtroːzə] *f* arthrosis
ar·tig ['aːɐ̯tɪç] *adj* well-behaved; **sei schön ~!** be good!
Ar·tig·keit <-, -en> *f kein pl* (*veraltend*) courteousness *no pl*

Ar·ti·kel <-s, -> [ar'ti:kl̩, ar'tɪkl̩] *m* ❶ MEDIA (*Zeitungs~*) article; (*Eintrag*) entry ❷ ÖKON (*Ware*) item ❸ LING article
Ar·ti·ku·la·ti·on <-, -en> [artikula'tsi̯oːn] *f* (*geh*) enunciation
ar·ti·ku·lie·ren* [artiku'liːrən] **I.** *vt* (*geh*) to enunciate **II.** *vr* (*geh*) **sich gut/schlecht ~** to articulate oneself well/badly
Ar·til·le·rie <-, *selten* -n> ['artɪləri:, *pl* -ri:ən] *f* artillery
Ar·ti·scho·cke <-, -n> [artɪ'ʃɔkə] *f* artichoke
Ar·tist(in) <-en, -en> [ar'tɪst] *m(f)* (*Zirkuskunst etc.*) performer
ar·tis·tisch *adj* ❶ (*Zirkuskunst betreffend*) spectacular ❷ (*überaus geschickt*) skilful
art·ver·wandt *adj* BIOL of similar species
Arz·nei <-, -en> [a:ɐ̯ts'naɪ̯] *f* medicine
Arz·nei·fla·sche *f* medicine bottle **Arz·nei·for·mel** *f* medical formula **Arz·nei·mit·tel** *nt* drug **Arz·nei·mit·tel·ab·hän·gig·keit** *f* drug addiction **Arz·nei·mit·tel·al·ler·gie** *f* drug allergy **Arz·nei·mit·tel·ge·setz** *nt* law governing the manufacture and prescription of drugs **Arz·nei·mit·tel·her·stel·ler** *m* drug manufacturer **Arz·nei·mit·tel·miss·brauch**[RR] *m* drug abuse **Arz·nei·mit·tel·sucht** *f* prescription drug addiction **Arz·nei·mit·tel·ver·gif·tung** *f* prescription drug overdose **Arz·nei·pflan·ze** *f* medicinal plant
Arzt, Ärz·tin <-es, Ärzte> [a:ɐ̯tst, 'ɛːɐ̯tstɪn, *pl* 'ɛːɐ̯tstə] *m, f* doctor; **~ für Allgemeinmedizin** general practitioner, GP; **behandelnder ~** personal doctor
Arzt·be·such *m* ❶ (*Besuch des Arztes*) doctor's visit ❷ (*Aufsuchen eines Arztes*) visit to the doctor
Ärz·te·kam·mer *f* General Medical Council BRIT, medical association AM **Ärz·te·schaft** <-> *f kein pl* medical profession
Arzt·hel·fer(in) *m(f)* [doctor's] receptionist
Ärz·tin <-, -nen> ['ɛːɐ̯tstɪn] *f fem form von* **Arzt**
Arzt·kos·ten *pl* medical costs *pl*
ärzt·lich ['ɛːɐ̯tstlɪç] **I.** *adj* medical **II.** *adv* medically; **sich ~ behandeln lassen** to get medical advice
Arzt·pra·xis *f* doctor's surgery
As <-ses, -se> [as] *nt* KARTEN *s.* **Ass**
As·best <-[e]s> [as'bɛst] *nt kein pl* asbestos *no pl*
asch·blond *adj* ash-blond
Asche <-, -n> ['aʃə] *f* ash
Aschen·bahn *f* SPORT cinder track **Aschen·be·cher** *m* ashtray **Aschen·brö·del** <-s> ['aʃn̩brøːdl̩] *nt kein pl,*

Aschen·put·tel <-s> ['aʃn̩pʊtl̩] *nt kein pl* LIT Cinderella
Ascher <-s, -> ['aʃɐ] *m* (*fam*) *s.* **Aschenbecher**
Ascher·mitt·woch [aʃɐ'mɪtvɔx] *m* REL Ash Wednesday
Asche·wol·ke *f* ash cloud
asch·grau *adj* ash-grey
ASCII-Code <-s, -s> *m* ASCII code
Äser ['ɛːzɐ] *pl von* **Aas**
ase·xu·ell ['azɛksu̯ɛl] *adj* asexual
Asi·at [a'zi̯a:t], **Asi·a·te, Asi·a·tin** <-en, -en> [a'zi̯a:t(ə), a'zi̯a:tɪn] *m, f* Asian
asi·a·tisch [a'zi̯a:tɪʃ] *adj Sprache, Kultur* Asian; (*Asien betreffend*) Asiatic
Asi·en <-s> ['a:zi̯ən] *nt* Asia
As·ke·se <-> [as'ke:zə] *f kein pl* (*geh*) asceticism *no pl*
As·ket(in) <-en, -en> [as'ke:t] *m(f)* (*geh*) ascetic
as·ke·tisch **I.** *adj* ascetic **II.** *adv* ascetically
aso·zi·al ['azotsi̯a:l] **I.** *adj* antisocial **II.** *adv* antisocially
Aso·zi·a·le(r) *f(m) dekl wie adj* (*pej*) social misfit
As·pekt <-[e]s, -e> [as'pɛkt] *m* (*geh*) aspect; **unter diesem ~ betrachtet** looking at it from this aspect
As·phalt <-[e]s, -e> [as'falt] *m* asphalt *no pl*
as·phal·tie·ren* [asfal'ti:rən] *vt* to asphalt
As·pi·rin® <-s, -> [aspi'ri:n] *nt* aspirin
Ass[RR] <-es, -e>, **Aß**[ALT] <-sses, -sse> [as] *nt* ace ▶ **[noch] ein ~ im Ärmel haben** to have an ace up one's sleeve
aß [a:s] *imp von* **essen**
As·sess·ment-Cen·ter, As·sess·ment·cen·ter <-s, -> [ə'sɛsmənt sɛntɐ] *nt* assessment centre BRIT [*or* AM center]
As·si·mi·la·ti·on <-, -en> [asimila'tsi̯o:n] *f* ❶ BIOL, CHEM photosynthesis ❷ (*geh: Anpassung*) assimilation
as·si·mi·lie·ren* [asimi'li:rən] **I.** *vr* (*geh*) ■ **sich an etw** *akk* **~** to assimilate oneself into sth **II.** *vt* BIOL, CHEM to photosynthesize
As·sis·tent(in) <-en, -en> [asɪs'tɛnt] *m(f)* assistant
As·sis·tenz·arzt, -ärz·tin *m, f* assistant physician BRIT, resident [doctor] AM **As·sis·tenz·trai·ner, -trai·ne·rin** *m, f* SPORT assistant coach
as·sis·tie·ren* [asɪs'ti:rən] *vi* to assist (**bei** with)
As·so·zi·a·ti·on <-, -en> [asotsi̯a'tsi̯o:n] *f* (*geh*) association
as·so·zi·ie·ren* [asotsi'i:rən] *vt* (*geh*) to associate
Ast <-[e]s, Äste> [ast, *pl* 'ɛstə] *m* branch

▶ **auf dem** <u>absteigenden</u> **~ sein** (*fam*) sb/sth is going downhill; **den ~** <u>**absägen, auf dem man sitzt**</u> to dig one's own grave; **sich** *dat* **einen ~** <u>lachen</u> (*sl*) to double up with laughter

As·ter <-, -n> ['astɐ] *f* Michaelmas daisy

As·te·ro·id <-en, -en> [astero'i:t, *pl* -'i:dən] *m* asteroid

Ast·ga·bel *f* fork of a tree

Äs·thet(in) <-en, -en> [ɛs'te:t] *m(f)* (*geh*) aesthete

Äs·the·tik <-> [ɛs'te:tɪk] *f kein pl* aesthetics *pl*

äs·the·tisch [ɛs'te:tɪʃ] *adj* (*geh*) aesthetic

Asth·ma <-s> ['astma] *nt kein pl* asthma *no pl*

Asth·ma·ti·ker(in) <-s, -> [ast'ma:tikɐ] *m(f)* asthmatic

asth·ma·tisch [ast'ma:tɪʃ] **I.** *adj* asthmatic **II.** *adv* asthmatically

ạst·rein *adj* ❶ (*fam: moralisch einwandfrei*) straight ❷ (*sl: spitze*) fantastic

As·tro·lo·ge, As·tro·lo·gin <-n, -n> [astro'lo:gə, -'lo:gɪn] *m, f* astrologer

As·tro·lo·gie <-> [astrolo'gi:] *f kein pl* astrology *no pl*

As·tro·lo·gin <-, -nen> *f fem form von* **Astrologe**

as·tro·lo·gisch [astro'lo:gɪʃ] **I.** *adj* astrological **II.** *adv* astrologically

As·tro·naut(in) <-en, -en> [astro'naʊt] *m(f)* astronaut

As·tro·nom(in) <-en, -en> [astro'no:m] *m(f)* astronomer

As·tro·no·mie <-> [astrono'mi:] *f kein pl* astronomy *no pl*

as·tro·no·misch [astro'no:mɪʃ] *adj* ASTRON astronomical; (*fig: riesig*) astronomical

Asyl <-s, -e> [a'zy:l] *nt* asylum; **das Recht auf ~** the right to asylum; **um ~ bitten** (*geh*) to apply for [political] asylum; **jdm ~ gewähren** to grant sb [political] asylum

Asy·lant(in) <-en, -en> [azy'lant] *m(f) s.* **Asylbewerber**

Asy·lan·ten·wohn·heim *nt* home for asylum-seekers

Asyl·an·trag *m* application for political asylum **Asyl·be·wer·ber(in)** *m(f)* applicant for [political] asylum **Asyl·recht** *nt* right of political asylum **Asyl·su·chen·de(r)** *f(m) dekl wie adj* asylum seeker

Asym·me·trie <-> [azyme'tri:] *f* asymmetry

asym·me·trisch ['azyme:trɪʃ] *adj* asymmetric

As·zen·dent <-en, -en> [astsɛn'dɛnt] *m* ASTROL ascendant; JUR ascendent

ata·vis·tisch [ata'vɪstɪʃ] *adj* BIOL atavistic

Ate·lier <-s, -s> [atə'lie:] *nt* KUNST studio

Atem <-s> ['a:təm] *m kein pl* ❶ (*Atemluft*) breath; **den ~ anhalten** to hold one's breath; **~ holen** to take a breath; **wieder zu ~ kommen** to catch one's breath; **nach ~ ringen** to be gasping for breath; **außer ~** out of breath ❷ (*das Atmen*) breathing ▶ **den** <u>längeren</u> **~ haben** to have the whip hand; **jdn in ~** <u>halten</u> to keep sb on their toes; **jdm den ~** <u>verschlagen</u> to take sb's breath away

atem·be·rau·bend *adj* breath-taking **Atem·be·schwer·den** *pl* breathing difficulties *pl* **Atem·ge·rät** *nt* respirator; (*von Taucher, Feuerwehr*) breathing apparatus **Atem·läh·mung** *f* respiratory paralysis **atem·los I.** *adj* ❶ (*außer Atem*) breathless ❷ (*perplex*) speechless **II.** *adv* breathlessly **Atem·not** *f* shortness of breath *no pl* **Atem·pau·se** *f* ❶ (*um Luft zu schöpfen*) pause for breath ❷ (*kurze Unterbrechung*) breather **Atem·still·stand** *m* respiratory arrest **Atem·we·ge** *pl* ANAT respiratory tracts *pl* **Atem·wegs·er·kran·kung** *f* MED respiratory disease **Atem·zug** *m* breath ▶ **in einem ~** in one breath

Athe·is·mus <-> [ate'ɪsmʊs] *m kein pl* atheism *no pl*

Athe·ist(in) <-en, -en> [ate'ɪst] *m(f)* atheist

athe·is·tisch *adj* atheist

Athen <-s> [a'te:n] *nt* Athens

Äther <-s> ['ɛ:tɐ] *m kein pl* CHEM ether *no pl* ▶ **etw in den ~** <u>schicken</u> RADIO to put sth on the air; **über den ~** over the air

äthe·risch [ɛ'te:rɪʃ] *adj* ethereal

Äthi·o·pi·en <-s> [ɛ'ti̯o:pi̯ən] *nt* Ethiopia; *s. a.* **Deutschland**

Äthi·o·pi·er(in) <-s, -> [ɛ'ti̯o:pi̯ɐ] *m(f)* Ethiopian; *s. a.* **Deutsche(r)**

äthi·o·pisch [ɛ'ti̯o:pɪʃ] *adj* Ethiopian; *s. a.* **deutsch**

Ath·let(in) <-en, -en> [at'le:t] *m(f)* athlete

ath·le·tisch [at'le:tɪʃ] *adj* athletic

At·lan·ten [at'lantn̩] *pl von* **Atlas**

At·lan·tik <-s> [at'lantɪk] *m* Atlantic

at·lan·tisch [at'lantɪʃ] *adj* Atlantic; **ein ~es Hoch** a high-pressure area coming from the Atlantic

At·las <- *o* -ses, Atlanten *o* -se> ['atlas, *pl* at'lantn̩, 'atlasə] *m* atlas

at·men ['a:tmən] *vi, vt* to breathe

At·men ['a:tmən] *nt kein pl* respiration *no pl spec*

At·mo·sphä·re <-, -n> [atmo'sfɛ:rə] *f* atmosphere

at·mo·sphä·risch [atmo'sfɛ:rɪʃ] *adj* atmospheric

Atmung → Audioguide

At·mung <-> f kein pl breathing no pl
at·mungs·ak·tiv adj MODE breathable
Ät·na <-[s]> ['ɛtna] m ■**der ~** Mount Etna
Atoll <-s, -e> [a'tɔl] nt atoll
Atom <-s, -e> [a'to:m] nt atom
Atom·an·griff m nuclear attack **Atom·aus·stieg** m denuclearization, nuclear [power] phase-out
ato·mar [ato'ma:ɐ̯] **I.** adj nuclear **II.** adv ❶ MIL (*Atomwaffen betreffend*) with nuclear weapons ❷ TECH with nuclear power; ■**~ angetrieben sein** to be nuclear-powered
Atom·bom·be f nuclear bomb **Atom·bom·ben·ex·plo·si·on** f nuclear explosion **Atom·bom·ben·ver·such** m nuclear [weapons] test **Atom·bun·ker** m nuclear fall-out shelter **Atom·ener·gie** f nuclear energy **Atom·ex·plo·si·on** f nuclear explosion **Atom·for·schungs·zen·trum** nt nuclear research centre **Atom·geg·ner(in)** m(f) person who is against nuclear power **Atom·in·dust·rie** f nuclear industry
ato·mi·sie·ren* [atomi'zi:rən] vt to atomize
Atom·kern m PHYS nucleus **Atom·kraft** f kein pl nuclear power **Atom·kraft·werk** nt nuclear power station **Atom·krieg** m nuclear war **Atom·macht** f POL, MIL nuclear power **Atom·müll** m nuclear waste **Atom·mülla·ge·rung**ᴬᴸᵀ <-> f kein pl s. **Atommülllagerung Atom·müll·end·la·ger** nt nuclear waste disposal site **Atom·müll·la·ge·rung**ᴿᴿ <-> f kein pl nuclear waste disposal no pl **Atom·phy·sik** f nuclear physics + sing vb **Atom·pro·gramm** nt nuclear [or atomic] programme **Atom·ra·ke·te** f nuclear missile **Atom·re·ak·tor** m nuclear reactor **Atom·spal·tung** f nuclear fission **Atom·spreng·kopf** m nuclear warhead **Atom·test** m MIL nuclear [weapons] test **Atom·test·stopp**ᴿᴿ m nuclear test ban **Atom·uhr** f TECH atomic watch **Atom·waf·fe** f MIL nuclear weapon **atom·waf·fen·frei** adj POL nuclear-free **Atom·zeit·al·ter** nt kein pl nuclear age **Atom·zer·fall** m kein pl radioactive decay
Atri·um <-s, Atrien> ['a:triʊm, pl -triən] nt ARCHIT atrium
Atro·phie <-, -n> [atro'fi:, pl -'fi:ən] f MED atrophy
ätsch [ɛ:tʃ] interj (fam) ha-ha; **du hast verloren, ~ [bätsch]!** ha-ha, you lost!
At·ta·ché <-s, -s> [ata'ʃe:] m POL attaché
At·ta·cke <-, -n> [a'takə] f ❶ (*Angriff*) attack (**gegen** against) ❷ (*Anfall*) fit

at·ta·ckie·ren* [ata'ki:rən] vt to attack
At·ten·tat <-[e]s, -e> ['atn̩ta:t] nt (*Mordanschlag*) an attempt on sb's life; (*mit tödlichem Ausgang*) assassination; **ein ~ auf jdn verüben** to make an attempt on sb's life; (*mit tödlichem Ausgang*) to assassinate sb
At·ten·tä·ter(in) ['atn̩tɛ:tɐ] m(f) assassin
At·test <-[e]s, -e> [a'tɛst] nt (*ärztliche Bescheinigung*) certificate; **jdm ein ~ [über etw** akk**] ausstellen** to certify sth for sb
at·tes·tie·ren* [atɛs'ti:rən] vt ❶ (*ärztlich bescheinigen*) to certify ❷ (*bescheinigen*) to confirm
At·ti·tü·de <-, -n> [ati'ty:də] f meist pl (geh) posture
At·trak·ti·on <-, -en> [atrak'tsi̯o:n] f attraction
at·trak·tiv [atrak'ti:f] adj attractive
At·trak·ti·vi·tät <-, -en> [atraktivi'tɛ:t] f kein pl attractiveness no pl
At·trap·pe <-, -n> [a'trapə] f dummy
At·tri·but <-[e]s, -e> [atri'bu:t] nt (geh) ❶ LING attribute ❷ (*Kennzeichen*) symbol
at·tri·bu·tiv [atribu'ti:f] adj LING attributive
aty·pisch ['a:typɪʃ] adj atypical
ät·zen ['ɛtsn̩] **I.** vi ❶ (*versetzend sein*) to corrode ❷ (sl) to make catty remarks **II.** vt KUNST to etch
ät·zend adj❶ (*zerfressend wirkend*) corrosive ❷ Geruch pungent ❸ (sl: sehr übel) lousy
au [au] interj ❶ (bei Schmerz) ouch ❷ (bei Freude) **~ ja!** (fam) oh yeah!
aua ['aua] interj s. **au 1**
Au·ber·gi·ne <-, -n> [obɛrˈʒi:nə] f aubergine BRIT, egg-plant AM
auch [aux] adv ❶ (*ebenfalls*) too, also, as well; **ich habe Hunger, du ~?** I'm hungry, you too?; **... ~ nicht!** not ... either, ... neither, nor ...; **ich gehe nicht mit! — Ich ~ nicht!** I'm not coming! — Nor am I!; **wenn du nicht hingehst, gehe ich ~ nicht** if you don't go, I won't either ❷ (*sogar*) even; **der Chef hat immer Recht, ~ wenn er Unrecht hat!** the boss is always right, even when he's wrong!; **~ wenn** even if; **so schnell sie ~ laufen mag** however fast she may run ...; **wie dem ~ sei** whatever ❸ (*tatsächlich*) too; **ich habe das nicht nur gesagt, ich meine das ~ [so]!** I didn't just say it, I mean it too! ▶ **~ das noch!** that's all I need!
Au·di·enz <-, -en> [au̯'di̯ɛnts] f audience
Au·dio·da·tei ['aud̯i̯o-] f audio file **Au·dio·guide** <-s, -s> [-gai̯d] m audio tour

[or guide] **Au·dio·kas·set·te** f audio cassette **au·dio·vi·su·ell** adj audio-visual
Au·di·to·ri·um <-s, -rien> [aʊdiˈtoːriʊm, pl -riən] nt ❶ SCH auditorium ❷ (Zuhörerschaft) audience
Au·er·hahn [ˈaʊəhaːn] m ORN [male/cock] capercaillie
auf [aʊf] I. präp ❶ +dat on, upon form; ~ **dem Stuhl** on the chair ❷ +akk (in Richtung) on, onto; **sie fiel ~ den Rücken** she fell on[to] her back ❸ (in Bezug ~ Inseln) **wann fliegst du ~ die Kanaren?** when are you flying to the Canaries?; **Kingston liegt ~ Jamaica** Kingston is in Jamaica ❹ +akk (zur) to; **er muss ~ die Post** he has to go to the post office ❺ +dat at; **sein Geld ist ~ der Bank** his money is in the bank; **er arbeitet ~ dem Finanzamt** he works at the tax office ❻ +akk (einen Zeitpunkt festlegend) on; **Heiligabend fällt ~ einen Dienstag** Christmas Eve falls on a Tuesday; **die Konferenz muss ~ morgen verlegt werden** the conference has to be postponed until tomorrow ❼ +akk (beschränkend) to; ~ **den Millimeter genau** exact to a millimetre ❽ +dat (während) on; ~ **der Busfahrt wurde es einigen schlecht** some people felt sick on the bus ride ❾ +akk (als Reaktion) at; ~ **seine Bitte** [**hin**] at his request ❿ +akk (zu einem Anlass) to; **wollen wir ~ das Fest gehen?** shall we go to the party? II. adv ❶ (fam: geöffnet) ~ **sein** to be open ❷ (fam: nicht mehr im Bett) ~ **sein** to be up ▶~ **und ab** up and down; ~ **und davon** (fort) up and away III. interj ❶ (los) ~ **nach Kalifornien!** let's go to California! ❷ (aufgesetzt) on; **Helme ~!** helmets on! IV. konj (geh: Äußerung eines Wunsches) ■ ~ **dass ...** that ...

auf|ar·bei·ten vt ❶ (renovieren) to refurbish ❷ (bearbeiten) to get through ❸ (bewältigen) Vergangenheit to reappraise
auf|at·men vi ❶ (durchatmen) to breathe ❷ (seine Erleichterung zeigen) to heave a sigh of relief
auf·bah·ren [ˈaʊfbaːrən] vt to lay out in state
Auf·bau m kein pl ❶ (das Zusammenbauen) assembling ❷ (Schaffung) eines Landes the building; eines sozialen Netzes the creation ❸ (Wiedererrichtung) reconstruction ❹ (Struktur) structure
auf|bau·en I. vt ❶ (zusammenbauen) to assemble ❷ (hinstellen) to set out sep ❸ (schaffen) ■ **sich** dat **etw ~** to build up sth sep ❹ (basieren) to base (**auf** on) ❺ (herstellen) **eine Verbindung ~** to make a connection ❻ (eine Struktur haben) ■ **aufgebaut sein** to be structured II. vr ❶ (fam) ■ **sich vor jdm ~** to stand up in front of sb ❷ (sich bilden) to build up
Auf·bau·kurs m (in der Oberstufe) sixth form course BRIT; (Spezialisierung) continuation course
auf|bäu·men vr ■ **sich ~** ❶ (sich ruckartig aufrichten) to convulse; Pferd to rear [up] ❷ (geh: sich auflehnen) to revolt (**gegen** against)
auf|bau·schen vt ❶ (übertreiben) to blow up sep (**zu** into) ❷ (blähen) to fill
auf|be·geh·ren* vi ❶ (geh) to rebel (**gegen** against) ❷ SCHWEIZ (protestieren) to protest (**gegen** against)
auf|be·hal·ten* vt irreg to keep on sep
auf|be·kom·men* vt irreg (fam) ❶ (öffnen) to get open ❷ (zu erledigen erhalten) **Hausaufgaben ~** to be given homework
auf|be·rei·ten* vt ❶ (verwendungsfähig machen) to process; Trinkwasser to purify ❷ Text to edit
Auf·be·rei·tung <-, -en> f ❶ (das Aufbereiten) processing; von Wasser the purification ❷ (Bearbeitung) editing
auf|bes·sern vt to improve; Gehalt to increase
Auf·bes·se·rung <-, -en> f improvement
auf|be·wah·ren* vt ❶ (in Verwahrung nehmen) to keep ❷ (lagern) to store
Auf·be·wah·rung <-, -en> f [safe]keeping
auf|bie·ten vt irreg to muster; Truppen to call in
auf|bin·den vt irreg ❶ (öffnen, lösen) to untie ❷ (auf etw befestigen) to fasten; **sich** dat **etw auf den Rücken ~** to hitch sth on[to] one's back ❸ (fam: weismachen) ■ **jdm etw ~** to make sb fall for sth
auf|blä·hen I. vt ❶ (füllen) to fill out sep; ■ **aufgebläht** inflated ❷ MED to distend ❸ (aufbauschen, übersteigern) to inflate II. vr ■ **sich ~** ❶ (sich füllen) to fill ❷ MED to become distended ❸ (pej: sich wichtigmachen) to puff oneself up
auf·blas·bar adj inflatable
auf|bla·sen irreg I. vt to inflate; Luftballon to blow up sep II. vr ■ **sich ~** (pej: sich wichtigmachen) to puff oneself up; ■ **aufgeblasen** [**sein**] [to be] puffed-up
auf|blei·ben vi irreg sein ❶ (nicht zu Bett gehen) to stay up ❷ (geöffnet bleiben) to stay open
auf|blen·den vi, vt ❶ AUTO to turn up the headlights sep ❷ FOTO to increase the aperture

auf|bli·cken *vi* ❶ (*nach oben sehen*) to look up (**zu** at) ❷ (*als Vorbild verehren*) ■ **zu jdm ~** to look up to sb

auf|blit·zen *vi* to flash

auf|blü·hen *vi sein* ❶ *Blume* to bloom ❷ (*aufleben*) to blossom out

auf|bo·cken *vt* AUTO ■ **etw ~** to jack up sth *sep*

auf|brau·chen *vt* to use up *sep;* ■ **sich ~** to get used up

auf|brau·sen *vi sein* ❶ (*wütend werden*) to flare up ❷ (*schäumen*) to fizz [up]

auf·brau·send *adj* quick-tempered

auf|bre·chen *irreg* **I.** *vt haben* to break open *sep;* **ein Auto ~** to break into a car **II.** *vi sein* ❶ (*aufplatzen*) to break up; *Wunde* to open ❷ (*sich auf den Weg machen*) to start off; **ich glaube, wir müssen ~** I think we've got to go

auf|bre·zeln *vr* (*fam*) ■ **sich ~** to doll up oneself *sep fam,* to tart up oneself *sep* BRIT *fam*

auf|brin·gen *vt irreg* ❶ (*bezahlen*) to pay; *Geld* to raise ❷ (*mobilisieren*) to summon [up *sep*] ❸ (*erzürnen*) to irritate ❹ (*auftragen*) to apply (**auf** to)

Auf·bruch *m kein pl* departure; **das Zeichen zum ~ geben** to give the signal to set off

Auf·bruchs·stim·mung *f* ❶ (*vor dem Aufbrechen*) atmosphere of departure; **in ~ sein** to be wanting to go; **hier herrscht schon ~** it's all breaking up ❷ (*Stimmung der Erneuerung*) atmosphere of awakening

auf|brü·hen *vt* to brew up *sep*

auf|brum·men *vt* (*fam*) ■ **jdm etw ~** to land sb with sth

auf|bür·den *vt* (*geh*) ❶ (*jdn mit etw belasten*) ■ **jdm etw ~** to encumber sb with sth ❷ (*jdm geben*) *Verantwortung* to burden with

auf|de·cken *vt* ❶ (*enthüllen*) to uncover ❷ (*bloßlegen*) to expose; *Fehler* to discover ❸ KARTEN **die Karten ~** to show one's cards ❹ (*zurückschlagen*) to fold down *sep*

auf|don·nern *vr* (*pej fam*) ■ **sich ~** to doll [*or* BRIT *also* tart] oneself up

auf|drän·gen **I.** *vt* ■ **jdm etw ~** to force sth on sb **II.** *vr* ■ **sich jdm ~** to impose oneself on sb; **ich will mich nicht ~** I don't want to impose [myself]

auf|dre·hen **I.** *vt* ❶ (*durch Drehen öffnen*) to turn on *sep; Flasche, Ventil* to open; *Schraubverschluss* to unscrew ❷ (*fam: lauter stellen*) to turn up *sep;* **voll aufgedreht** turned up full *präd* **II.** *vi* (*fam*) ❶ (*loslegen*) to get going; ■ **aufgedreht sein** to be full of go ❷ (*beschleunigen*) [**voll**] **~** to floor the accelerator

auf·dring·lich *adj* ❶ (*forsch*) obtrusive, importunate; *Person* insistent; ■ **~ werden** to become obtrusive ❷ *Geruch* pungent

Auf·dring·lich·keit <-, -en> *f* ❶ (*Zudringlichkeit*) obtrusiveness *no pl* ❷ (*zu intensive Art*) pungency *no pl* ❸ (*grelle Gestaltung*) loudness *no pl*

Auf·druck <-drucke> *m* ❶ (*aufgedruckter Hinweis*) imprint, stamp ❷ (*Zusatzstempel auf Briefmarke*) overprint

auf|drü·cken *vt* ❶ *Tür* to push open *sep* ❷ *Stempel* to press on ❸ (*fam*) ■ **jdm etw ~** *Pflicht, Aufgabe, Arbeit* to impose sth on sb

auf|dru·cken *vt* ■ **etw** [**auf etw** *akk*] **~** to print sth on sth, to apply sth [to sth] *form*

auf·ei·nan·der [aʊfʔaiˈnandə] *adv* ❶ (*räumlich*) on top of each other ❷ (*zeitlich*) after each other ❸ (*gegeneinander*) **~ losgehen** to hit away at each other ❹ (*wechselseitig auf den anderen*) **~ angewiesen sein** to be dependent on each other; **~ zugehen** to approach each other

auf·ei·nan·der|fol·gen *vi sein* to follow each other; **dicht ~** to come thick and fast

auf·ei·nan·der|fol·gend *adj* successive; **eng ~** thick and fast *also hum* **auf·ei·nan·der|sto·ßen** *vi irreg sein* to clash

Auf·ent·halt <-[e]s, -e> [ˈaʊfʔɛnthalt] *m* ❶ (*das Verweilen*) stay ❷ (*das Wohnen*) residence ❸ (*Aufenthaltsort*) place of residence ❹ BAHN (*Wartezeit*) stop[over]; **wie lange haben wir in Köln ~?** how long do we stop [for] in Cologne?

Auf·ent·halts·er·laub·nis *f* residence permit **Auf·ent·halts·ge·neh·mi·gung** *f* residence permit **Auf·ent·halts·ort** *m* whereabouts + *sing/pl vb* **Auf·ent·halts·raum** *m* day room; (*in Firma*) recreation room

auf|er·le·gen* [ˈaʊfʔɛɐ̯leːɡn̩] *vt* (*geh*) ■ **jdm etw ~** to impose sth on sb

auf|er·ste·hen* *vi irreg sein* REL to rise from the dead; *Christus* to rise again

Auf·er·ste·hung <-, -en> *f* REL resurrection; **Christi ~** the Resurrection [of Christ]

auf|es·sen *irreg vt, vi* to eat up *sep*

auf|fah·ren *irreg vi sein* ❶ (*darauf fahren*) ■ **auf jdn/etw ~** to run into sb/sth ❷ (*näher heranfahren*) to drive up (**auf** to); **zu dicht ~** to tailgate ❸ (*hochschrecken*) to start [up] ❹ (*aufbrausen*) to fly into a rage

Auf·fahrt *f* ❶ (*Autobahn~*) [motorway [*or* AM freeway]] slip [*or* AM ramp] road ❷ *kein pl* (*das Hinauffahren*) climb ❸ (*anstei-*

gende Zufahrt) drive[way] ⬥ SCHWEIZ *s.* **Himmelfahrt**

Auf·fahr·un·fall *m* collision; (*von mehreren Fahrzeugen*) pile-up

auf|fal·len *vi irreg sein* ❶ (*positiv bemerkt werden*) [jdm] [positiv] ~ to make a positive impression on sb ❷ (*negativ bemerkt werden*) to attract attention; **nur nicht ~!** don't go attracting attention!; [unangenehm] ~ to make a bad impression ❸ (*besonders bemerkt werden*) to stand out ❹ (*als auffallend bemerkt werden*) **ist Ihnen etwas Ungewöhnliches aufgefallen?** did you notice anything unusual?; **der Fehler fällt nicht besonders auf** the mistake is not all that noticeable; ■**jdm ~, dass ...** sb has noticed that ...

auf·fal·lend I. *adj* conspicuous; **~e Ähnlichkeit** striking likeness; **das A~[st]e an ihm sind die roten Haare** the [most] striking thing about him is his red hair **II.** *adv* (*in ~ er Weise*) strangely

auf·fäl·lig I. *adj* conspicuous; ■**an jdm ~ sein** to be noticeable about sb; ■**etwas A~es** something conspicuous **II.** *adv* conspicuously

auf|fan·gen *vt irreg* ❶ (*einfangen, mitbekommen*) to catch ❷ (*kompensieren*) to offset ❸ (*sammeln*) to collect ❹ (*abfangen*) to cushion ❺ (*abwehren*) to block

Auf·fang·ge·sell·schaft *f* ÖKON rescue company **Auf·fang·la·ger** *nt* reception camp

auf|fas·sen *vt* to interpret (**als** as); **etw falsch ~** to misinterpret sth

Auf·fas·sung *f* opinion; **ich bin der ~, dass ...** I think [that]...; **nach jds ~** in sb's opinion

Auf·fas·sungs·ga·be *f kein pl* perception

auf·find·bar *adj* ■**etw ist [nicht] ~** sth can[not] be found

auf|fin·den *vt irreg* to find

auf|fla·ckern *vi sein* (*geh*) to flare up, to kindle *liter*

auf|flam·men *vi sein* ❶ (*flammend aufleuchten*) to flare up; **etw zum A~ bringen** to make sth flare up; **etw wieder zum A~ bringen** to rekindle sth ❷ (*geh: gewaltig losbrechen*) to flare up

auf|flie·gen *vi irreg sein* ❶ *Vogel* to fly up ❷ *Tür* to fly open ❸ (*fam: öffentlich bekannt werden*) to be busted; *Betrug, Machenschaften* to be blown; ■**jdn/etw ~ lassen** to blow sb/sth

auf|for·dern *vt* ■**jdn ~, etw zu tun** to ask sb to do sth; **wir fordern Sie auf, ...** you are requested ...; **jdn zum Tanz ~** to ask sb to dance

Auf·for·de·rung *f* request; (*stärker*) demand; **~ zum Tanz** invitation to dance

auf|fors·ten ['aʊffɔrstn̩] **I.** *vt* to [re]afforest; ■**das A~** afforestation **II.** *vi* to plant trees

---

auffordern

jemanden auffordern	*asking someone*
Kannst du grade mal kommen?	*Can you just come here for a minute?*
Besuch mich doch mal.	*Do come and visit me.*
Denk dran, mich heute Abend anzurufen.	*Don't forget to phone me this evening.*
Ich muss Sie bitten, den Raum zu verlassen. *(form)*	*I must ask you to leave the room.*

zu gemeinsamem Handeln auffordern	*inviting a shared activity*
Auf geht's! *(fam)*	*Let's go! (fam)*
An die Arbeit!/Fangen wir mit der Arbeit an!	*(Let's get) to work!/Let's get down to work!*
Lasst uns mal in Ruhe darüber reden.	*Let's just talk about it calmly.*
Wollen wir jetzt nicht endlich mal damit anfangen?	*Shall we finally make a start on it?*

verlangen	*demanding*
Ich will/bestehe darauf, dass du gehst.	*I want you to go/insist (that) you go.*
Ich verlange eine Erklärung von Ihnen.	*I demand an explanation from you.*
Das ist das Mindeste, was man verlangen kann.	*That is the least one can expect.*

Aufforstung *f* afforestation; (*Wieder~*) reforestation

auf|fres·sen *irreg vt, vi* ❶(*verschlingen*) to eat up *sep; Beute* to devour ❷(*fig: erschöpfen*) to exhaust

auf|fri·schen I. *vt haben* ❶ *Beziehung* to renew; *Erinnerung* to refresh; *Kenntnisse* to polish up *sep;* **sein Französisch ~** to brush up one's French *sep* ❷ *Anstrich* to brighten up *sep; Make-up* to retouch ❸ *Vorräte* to replenish II. *vi sein o haben Wind* to freshen, to pick up

Auf·fri·schungs·kurs *m* refresher course

auf|füh·ren I. *vt* ❶ *Theaterstück* to perform ❷(*auflisten*) to list; **etw im Einzelnen ~** to itemize sth; *Beispiele, Zeugen* to cite II. *vr* (*sich benehmen*) to behave; **sich so ~, als ob ...** to act as if ...

Auf·füh·rung *f* ❶(*Darbietung*) performance ❷(*Auflistung*) listing; *von Beispielen, Zeugen* citing; **einzelne ~** itemization

auf|fül·len *vt, vi* ❶(*vollständig füllen*) to fill up *sep* ❷(*nachfüllen*) to top up *sep*

Auf·ga·be[1] <-, -n> *f* ❶(*Pflicht*) job, task ❷ *meist pl* (*Übungs~*) exercise; (*Haus~*) homework *no pl* ❸(*zu lösendes Problem*) question; **eine schwierige ~ lösen** to solve a difficult problem ❹(*Zweck*) purpose

Auf·ga·be[2] <-> *f kein pl* ❶(*Verzicht auf weiteren Kampf*) surrender ❷(*Einstellung*) giving up ❸(*das Abbrechen*) abandonment

auf|ga·beln *vt* ❶(*fam: kennen lernen*) to pick up sb *sep* ❷(*mit der Forke aufladen*) to fork up *sep*

Auf·ga·ben·be·reich *m,* **Auf·ga·ben·ge·biet** *nt* area of responsibility

Auf·gang <-gänge> *m* ❶(*das Erscheinen*) rising; *von Planeten a.* ascent ❷(*Treppe*) staircase

auf|ge·ben *irreg* I. *vt* ❶ *Aufgabe* to give ❷ *Gepäck* to register; LUFT to check in ❸ *Brief, Päckchen* to post [*or* AM mail] ❹(*in Auftrag geben*) to place ❺(*mit etw aufhören*) to give up *sep; Stellung* to resign; **eine Gewohnheit ~** to give up a habit ❻(*fallen lassen*) to drop ❼(*verloren geben*) ■ **jdn ~** to give up with sb ❽(*vorzeitig beenden*) to abandon II. *vi* (*sich geschlagen geben*) to give up; MIL to surrender

auf·ge·bla·sen I. *pp von* **aufblasen** II. *adj* (*mit Luft gefüllt*) blown-up; (*pej: eingebildet, arrogant*) self-important

Auf·ge·bot *nt* ❶(*aufgebotene Menschenmenge*) crowd; *von Polizei, Truppen* contingent *form* ❷(*Heiratsankündigung*) notice of [an] intended marriage; **das ~ bestellen** to give notice of one's intended marriage

auf·ge·bracht I. *adj* outraged (**über** with) II. *adv* in outrage

auf·ge·dreht I. *pp von* **aufdrehen** II. *adj* (*fam: lebhaft*) in high spirits

auf·ge·dun·sen *adj* bloated; *Gesicht* puffy

auf|ge·hen *vi irreg sein* ❶(*langsam sichtbar werden*) to rise; *Planeten a.* to ascend ❷(*sich öffnen*) to open; (*Vorhang*) to rise; *Knoten, Reißverschluss etc.* to come undone ❸(*klar werden*) ■ **jdm ~** to dawn on sb ❹ MATH to work out ❺(*seine Erfüllung finden*) ■ **in etw** *dat* **~** to be taken up in sth ❻(*aufkeimen*) to sprout ❼ *Teig* to rise

auf·ge·ho·ben *adj* [**bei jdm**] **gut/schlecht ~ sein** to be/to not be in good hands [with sb]

auf|gei·len I. *vt* (*sl*) to work up *sep* II. *vr* (*sl*) ■ **sich** [**an jdm/etw**] **~** to get off [on sb/sth]

auf·ge·klärt *adj* enlightened; (*sexualkundlich*) to know the facts of life

auf·ge·kratzt *adj* (*fam*) full of beans

auf·ge·legt *adj* **gut/schlecht ~ sein** to be in a good/bad mood; ■ [**dazu**] **~ sein, etw zu tun** to feel like doing sth

auf·ge·löst *adj* ■ **~ sein** to be beside oneself

auf·ge·räumt *adj* (*geh*) cheerful, blithe *dated*

auf·ge·regt I. *adj* (*erregt*) excited; (*durcheinander*) flustered II. *adv* excitedly

auf·ge·schlos·sen *adj* open-minded

Auf·ge·schlos·sen·heit <-> *f kein pl* open-mindedness *no pl*

auf·ge·schmis·sen *adj* (*fam*) ■ **~ sein** to be in a fix

auf·ge·setzt *adj s.* **aufsetzen** I. 5

auf·ge·weckt *adj* bright

auf|gie·ßen *vt irreg* ❶(*nachfüllen*) to pour in *sep* ❷ *Kaffee, Tee* to make

auf|glie·dern I. *vt* to subdivide (**in** into); *in Unterpunkte* to itemize II. *vr* ■ **sich in etw** *akk* **~** to subdivide into sth

Auf·glie·de·rung *f* breakdown

auf|grei·fen *vt irreg* ❶(*festnehmen*) to pick up *sep* ❷(*weiterverfolgen*) to take up *sep; Gespräch* to continue

auf·grund *präp,* **auf Grund** [aʊfˈɡrʊnt] + *gen* ■ **~ einer S.** *gen* owing to sth

Auf·guss[RR] <-es, Aufgüsse> *m,* **Auf·guß**[ALT] <-sses, Aufgüsse> *m* ❶ PHARM [herbal] brew ❷(*in der Sauna*) a preparation of herbs suspended in water for vaporization on hot stones in a sauna

auf|ha·ben *irreg* I. *vt* (*fam*) ❶(*geöffnet*

haben) to leave open *sep* ❷ *Hut, Mütze* to wear ❸ (*aufgeknöpft haben*) to have open *sep* ❹ SCH (*aufbekommen haben*) to have [to do *sep*] II. *vi* (*fam*) to be open

auf|hal·sen *vt* (*fam*) ■ **jdm etw** ~ to saddle sb with sth

auf|hal·ten *irreg* I. *vt* ❶ (*abhalten*) to keep back (**bei** from) ❷ (*am Weiterkommen hindern*) to hold up ❸ (*zum Halten bringen*) to stop ❹ (*fam: offen hinhalten*) to hold open *sep;* **die Hand** ~ to hold out one's hand *sep* II. *vr* ❶ (*verweilen*) ■ **sich** ~ to stay; ■ **sich bei etw** *dat* ~ to dwell on sth ❷ (*sich weiterhin befassen*) ■ **sich mit jdm/etw** ~ to spend time [dealing] with sb/sth; **mit denen halte ich mich nicht länger auf** I'll not waste any more time with them

auf|hän·gen I. *vt* ❶ (*daran hängen*) to hang up; **die Wäsche** ~ to hang out the washing [*or* AM laundry] ❷ (*durch Erhängen töten*) to hang II. *vr* ■ **sich** ~ to hang oneself (**an** from)

Auf·hän·ger <-s, -> *m* ❶ (*Schlaufe zum Aufhängen*) loop ❷ (*fam: Anknüpfungspunkt*) peg

auf|häu·fen I. *vt* ■ **etw** ~ to accumulate sth; ■ **aufgehäuft** accumulated II. *vr* ■ **sich** ~ to accumulate

auf|he·ben *irreg* I. *vt* ❶ (*vom Boden nehmen*) to pick up *sep* ❷ (*aufrichten*) to lift up *sep* ❸ (*aufbewahren*) to put aside *sep;* (*nicht wegwerfen*) to keep ❹ (*widerrufen*) to abolish; *Urteil* to quash II. *vr* (*sich ausgleichen*) ■ **sich** ~ to offset each other

Auf·he·ben <-s> *nt kein pl* [**nicht**] **viel** ~[**s**] [**von etw** *dat*] **machen** to [not] make a lot of fuss [about sth]

Auf·he·bung <-, -en> *f* ❶ (*das Aufheben*) abolition; *von Urteil* reversal ❷ (*Beendigung*) lifting

auf|hei·tern *vt* to cheer up *sep*

Auf·hei·te·rung <-, -en> *f* ❶ (*Erheiterung*) cheering up ❷ METEO bright period

auf|hei·zen I. *vt* ❶ (*allmählich erhitzen*) ■ **etw** ~ to heat [up *sep*] sth ❷ (*geh: emotional aufladen*) ■ **jdn** ~ to inflame sb; **die Atmosphäre** ~ to charge the atmosphere; **die Stimmung** ~ to stir up feelings *sep;* ■ **aufgeheizt** charged II. *vr* ■ **sich** ~ ❶ (*sich allmählich erhitzen*) to heat up ❷ (*geh: sich emotional aufladen*) to become charged, to intensify

auf|hel·len I. *vt* ❶ (*blonder, heller machen*) to lighten sth ❷ (*klarer machen*) to throw light upon sth II. *vr* ■ **sich** ~ (*sonniger werden*) to brighten [up]

auf|het·zen *vt* (*pej*) to incite (**gegen** against)

auf|ho·len I. *vt* (*wettmachen*) to make up *sep;* **versäumten Lernstoff** ~ to catch up on missed learning II. *vi* to catch up; *Läufer, Rennfahrer* to make up ground

auf|hor·chen *vi* to prick up one's ears

auf|hö·ren *vi* to stop; **hör endlich auf!** [will you] stop it!; **plötzlich** ~ to stop dead; ■ ~, **etw zu tun** to stop doing sth

auf|hüb·schen [ˈaʊfhʏpʃn̩] *vt* (*iron fam*) ■ **jdn/etw** ~ to make sb/sth look good; (*schönen*) *Bilanz* to massage sth; (*verschönern*) *Gebäude* to prettify sth

auf|kau·fen *vt* to buy up *sep*

auf|kei·men *vi sein* ❶ (*sprießen*) to germinate ❷ (*geh: sich zaghaft zeigen*) to bud

auf·klapp·bar *adj* hinged; ~**es Verdeck** fold[-]down top

auf|klap·pen *vt, vi haben* ❶ *Buch* to open [up *sep*]; *Liegestuhl* to unfold; *Messer* to unclasp; *Verdeck* to fold back *sep* ❷ *Kragen* to turn up *sep*

auf|klä·ren I. *vt* ❶ (*erklären*) to clarify; *Irrtum, Missverständnis* to resolve ❷ (*aufdecken*) to solve; *Verbrechen* to clear up ❸ (*informieren*) to inform (**über** about); ■ **aufgeklärt sein** to be informed ❹ (*sexuell informieren*) to explain the facts of life II. *vr* ■ **sich** ~ ❶ *Geheimnis, Irrtum etc.* to resolve itself ❷ (*sonniger werden*) to brighten [up]

Auf·klä·rer <-s, -> *m* ❶ MIL reconnaissance plane ❷ PHILOS philosopher of the Enlightenment

Auf·klä·rung *f* ❶ (*Erklärung*) clarification; *von Irrtum, Missverständnis* resolution ❷ (*Aufdeckung*) solution (+*gen*/**von** to); *von Verbrechen* clearing up ❸ (*Information*) information (**über** about) ❹ (*sexuelle Information*) sex education ❺ PHILOS ■ **die** ~ the Enlightenment

Auf·klä·rungs·be·darf *m kein pl* need for information   **Auf·klä·rungs·kam·pag·ne** *f* information campaign

auf|klat·schen *vt* (*sl: verprügeln*) to beat up

auf|kle·ben *vt* to stick (**auf** on); (*mit Leim*) to glue *sep; Briefmarke* to put on *sep*

Auf·kle·ber *m* sticker; (*für Briefumschläge, Pakete usw.*) adhesive label

auf|knöp·fen *vt* to unbutton; *Knopf* to undo

auf|ko·chen I. *vt haben* to bring sth to the [*or* AM a] boil II. *vi sein* to come to the [*or* AM a] boil

auf|kom·men *vi irreg sein* ❶ (*finanziell*

begleichen) ■**für etw** *akk* ~ to pay for sth ❷(*Unterhalt leisten*) ■**für jdn** ~ to pay for sb's upkeep ❸(*entstehen*) to arise; *von Nebel* to come down; *Regen* to set in; *Wind* to rise; ■**etw** ~ **lassen** to give rise to sth ❹(*aufsetzen*) to land (**auf** on); **hart/weich** ~ to have a hard/soft landing

Auf·kom·men <-s, -> *nt* ❶ *kein pl* (*Entstehung*) emergence; *einer Mode a.* rise ❷(*das Auftreten*) appearance; *von Wind* rising

auf|krat·zen *vt* ❶(*durch Kratzen öffnen*) to scratch open *sep* ❷(*sich durch Kratzen verletzen*) ■**sich** ~ to scratch oneself sore

auf|krei·schen *vi* to shriek

auf|krem·peln *vt* to roll up *sep*

auf|kreu·zen *vi sein* (*fam*) to turn up

auf|krie·gen *vt* (*fam*) *s.* **aufbekommen**

Aufl. *f Abk von* **Auflage** ed.

auf|la·chen *vi* to [give a] laugh

auf|la·den *irreg* **I.** *vt* ❶(*darauf laden*) to load (**auf** on[to]) ❷(*aufbürden*) ■**jdm etw** ~ to burden sb with sth ❸ELEK to charge **II.** *vr* ELEK ■**sich** ~ to become charged

Auf·la·ge <-, -n> *f* ❶(*gedruckte Exemplare*) edition; **verbesserte** ~ revised edition ❷(*Auflagenhöhe*) number of copies; *von Zeitung* circulation ❸(*Produktion*) [series] production ❹(*Bedingung*) condition; **die** ~ **haben, etw zu tun** to be obliged to do sth ❺(*Polster*) pad ❻(*Überzug*) plating *no pl*

Auf·la·ge(n)·hö·he *f* (*von Buch*) number of copies published; *von Zeitung* circulation

auf|las·sen *vt irreg* ❶(*fam: offen lassen*) to leave open *sep* ❷(*fam: aufbehalten*) to leave on *sep*; **soll ich meinen Hut** ~**?** should I keep my hat on?

auf|lau·ern *vi* ■**jdm** ~ to lie in wait for sb; (*anschließend angreifen, ansprechen*) to waylay sb

Auf·lauf[1] *m* KOCHK savoury or sweet dish baked in the oven

Auf·lauf[2] *m* (*Menschen~*) crowd

auf|lau·fen *vi irreg sein* ❶(*sich ansammeln*) to accumulate ❷(*auf Grund laufen*) to run aground ❸(*aufprallen*) ■**auf jdn/etw** ~ to run into sb/sth ❹(*scheitern*) to fail; ■**jdn** ~ **lassen** (*fam*) to drop sb in it

auf|le·ben *vi sein* ❶(*munter werden*) to liven up ❷(*neuen Lebensmut bekommen*) to find a new lease of [*or* AM on] life ❸(*geh: sich erneut bemerkbar machen*) to revive

auf|le·cken *vt* ■**etw** ~ to lick up sth *sep*

auf|le·gen *vt* ❶(*herausgeben*) to publish; **ein Buch neu** ~ to reprint a book; (*neue Bearbeitung*) to bring out a new edition ❷(*produzieren*) to launch ❸TELEK **den Hörer** ~ to hang up ❹(*nachlegen*) **Holz/Kohle** ~ to put on more wood/coal *sep*

auf|leh·nen *vr* to revolt (**gegen** against)

auf|le·sen *vt irreg* (*fam*) ❶(*aufheben*) to pick up ❷(*finden und mitnehmen*) **jdn** [**von der Straße**] ~ to pick sb up [off the street]

auf|leuch·ten *vi sein o haben* to light up

auf|lis·ten *vt* to list

auf|lo·ckern **I.** *vt* ❶(*abwechslungsreicher machen*) to liven up *sep* ❷(*zwangloser machen*) to ease ❸(*weniger streng machen*) to soften ❹(*von Verspannungen befreien*) to loosen up *sep;* (*vor Leibesübungen*) to limber up *sep* ❺(*lockern*) to loosen [up *sep*]; **die Erde** ~ to break up the earth **II.** *vr* ■**sich** ~ ❶SPORT (*sich von Verspannungen befreien*) to loosen up; (*vor Leibesübungen*) to limber up ❷(*sich zerstreuen*) to break up; **aufgelockerte Bewölkung** thinning cloudcover

Auf·lo·cke·rung *f* ❶(*das Erleichtern*) **zur** ~ **des Unterrichtsstoffes** [in order] to liven up the lesson; **zur** ~ **der Atmosphäre** to ease the atmosphere ❷(*Beseitigung von Verspannungen*) loosening up; (*vor Leibesübungen*) limbering up

auf|lo·dern *vi sein* ❶(*plötzlich hoch schlagen*) to flare up; [**hoch**] ~**de Flammen** raging flames ❷(*geh: ausbrechen*) to flare up; *Kämpfe a.* to break out

auf|lö·sen **I.** *vt* ❶(*in Flüssigkeit lösen*) to dissolve ❷(*aufklären*) to clear up *sep* ❸(*aufheben*) to disband; *Parlament* to dissolve ❹ *Konto* to close ❺ *Haushalt* to break up *sep* ❻FOTO to resolve ❼MATH to [re]solve **II.** *vr* ■**sich** ~ ❶(*in Flüssigkeit zergehen*) to dissolve ❷(*sich zersetzen*) to disintegrate ❸(*sich klären*) to resolve itself ❹(*sich zerstreuen*) to break up *sep; Nebel a.* to lift ❺(*verschwinden*) **sich** [**in nichts/Luft**] ~ to disappear [into thin air]

Auf·lö·sung *f* ❶(*Beendigung des Bestehens*) disbanding; *vom Parlament* dissolution ❷(*Zerstreuung*) dispersal ❸(*Klärung*) clearing up ❹FIN closing ❺(*Bildqualität*) resolution ❻*von Haushalt* breaking up ❼(*das Zergehen*) dissolving

Auf·lö·sungs·zei·chen *nt* MUS natural [sign]

auf|ma·chen **I.** *vt* ❶(*fam: öffnen*) to open ❷(*fam: lösen*) to undo ❸(*gestalten*) to make up *sep* ❹(*darstellen*) to feature; **etw**

groß ~ to give sth a big spread **II.** vi ❶ (*die Tür öffnen*) to open the door ❷ (*ein Geschäft [er]öffnen*) to open up **III.** vr ❶ (*sich anschicken*) ■ **sich [dazu] ~, etw zu tun** to get ready to do sth ❷ (*aufbrechen*) to set out; **sich in die Kneipe ~** to set out for the pub

Auf·ma·cher *m* MEDIA front-page story, lead [article]

Auf·ma·chung <-, -en> *f* ❶ (*Kleidung*) turn-out ❷ (*Gestaltung von Buch*) presentation ❸ (*Gestaltung von Seite, Zeitschrift*) layout

auf|mar·schie·ren* *vi sein* ❶ (*heranmarschieren*) to march up ❷ MIL (*in Stellung gehen*) to be deployed; ■ **jdn ~ lassen** to deploy sb; (*fig fam*) to drum up sb *sep*

auf·merk·sam I. *adj* ❶ (*alles genau bemerkend*) attentive; ■ **~ werden** to take notice (**auf** of); **jdn auf etw** *akk* **~ machen** to draw sb's attention to sth ❷ (*zuvorkommend*) attentive; [**das ist**] **sehr ~** [**von Ihnen**]! [that's] most kind [of you] **II.** *adv* attentively; (*beobachtend*) observantly

Auf·merk·sam·keit <-, -en> *f* ❶ *kein pl* (*aufmerksames Verhalten*) attention ❷ *kein pl* (*Zuvorkommenheit*) attentiveness ❸ (*Geschenk*) token [gift]

auf|mi·schen *vt* (*sl*) ❶ (*neu mischen*) to remix ❷ (*verprügeln*) to lay into *sl*

auf|mö·beln *vt* (*fam*) ❶ (*restaurieren*) to do up *sep* ❷ (*aufmuntern*) to cheer up *sep*

auf|mu·cken *vi* (*fam*) to kick [out] (**gegen** against)

auf|muck·sen *vi* (*fam*) ■ **gegen etw** *akk* **~** to protest against sth

auf|mun·tern *vt* ❶ (*aufheitern*) to cheer up *sep* ❷ (*beleben*) to liven up *sep* ❸ (*Mut machen*) to encourage

auf·mun·ternd I. *adj* encouraging **II.** *adv* encouragingly

Auf·mun·te·rung <-, -en> *f* ❶ (*Aufheiterung*) cheering up ❷ (*Ermutigung*) encouragement ❸ (*Belebung*) livening up

auf·müp·fig *adj* (*fam*) ■ **~ sein/werden** to be rebellious

Auf·nah·me <-, -n> *f* ❶ (*Fotografie*) photo[graph]; **von jdm/etw eine ~ machen** to take a photo[graph] of sb/sth ❷ (*Tonband~*) [tape-]recording; **von jdm/etw eine ~ machen** to record sb/sth [on tape] ❸ (*Beginn*) start; **von Tätigkeit a.** taking up; **von Beziehung, Verbindung a.** establishment ❹ *kein pl* (*Absorption*) absorption ❺ (*Verleihung der Mitgliedschaft*) admission ❻ (*Auflistung*) inclusion (**in** in) ❼ (*Reaktion*) reception; ■ **die ~ einer S.** *gen* **bei jdm** sb's reception of sth

auf·nah·me·fä·hig *adj* ■ [**für etw**] **~ sein** to be able to grasp [sth] **Auf·nah·me·gebühr** *f* membership fee **Auf·nah·me·la·ger** *nt* POL, SOZIOL refugee camp **Auf·nah·me·prü·fung** *f* entrance examination

auf|neh·men *vt irreg* ❶ (*fotografieren*) to photograph ❷ (*filmen*) to film ❸ (*aufzeichnen*) to record ❹ (*unterbringen*) ■ **jdn [bei sich** *dat*] **~** to take in sb *sep* ❺ (*beitreten lassen*) to admit ❻ (*geistig registrieren*) to grasp ❼ (*auflisten*) to include ❽ (*beginnen*) to begin; *Tätigkeit* to take up *sep;* **Kontakt mit jdm ~** to contact sb ❾ (*absorbieren*) to absorb ❿ (*auf etw reagieren*) to receive ⓫ (*niederschreiben*) to take down *sep; Telegramm* to take ⓬ (*fassen*) to contain ⓭ (*aufheben*) to pick up *sep* ⓮ NORDD (*aufwischen*) to wipe up *sep* ▶ **es mit jdm/etw ~ [können]** to be a match for sb/sth (**an** in)

auf|nö·ti·gen *vt* to force sth on sb

auf|op·fern *vr* ■ **sich ~** to sacrifice oneself (**für** for)

auf·op·fernd *adj s.* **aufopferungsvoll**

Auf·op·fe·rung *f* sacrifice

auf·op·fe·rungs·voll I. *adj* (*hingebungsvoll*) devoted **II.** *adv* with devotion

auf|päp·peln *vt* (*fam*) ■ **jdn/ein Tier ~** to feed up sb/an animal *sep;* (*wieder gesund machen*) to nurse sb/an animal back to health

auf|pas·sen *vi* ❶ (*aufmerksam sein*) to pay attention; **genau ~** to pay close attention; ■ **pass auf!** (*sei aufmerksam*) [be] careful!; (*Vorsicht*) watch [*or* BRIT *also* mind] out! ❷ (*beaufsichtigen*) to keep an eye (**auf** on); **auf die Kinder ~** to mind the children

Auf·pas·ser(in) <-s, -> *m(f)* (*pej: Aufseher*) watchdog; (*bei Prüfung*) invigilator BRIT, proctor AM; (*Wächter*) guard

auf|peit·schen *vt* ❶ (*aufhetzen*) to inflame sb *sep;* (*stärker*) to whip up sb *sep* into a frenzy ❷ (*aufbranden lassen*) to whip up *sep;* **das aufgepeitschte Meer** the wind-lashed sea

auf|pep·pen ['aʊfpɛpn̩] *vt* (*sl*) to jazz up *sep*

auf|pflan·zen I. *vt* ❶ MIL **Bajonette ~** to fix bayonets; ■ **aufgepflanzt** fixed ❷ (*aufstellen*) ■ **etw ~** to plant sth **II.** *vr* (*fam: sich hinstellen*) ■ **sich [vor jdm/etw] ~** to plant oneself in front of sb/sth

auf|pfrop·fen *vt* ■ **etw [auf etw** *akk*] **~** to graft sth on[to] sth, to graft on sth *sep*

auf|plat·zen *vi sein* to burst open; *Wunde* to open up; ■ **aufgeplatzt** burst

auf|plus·tern I. *vt* (*aufrichten*) to ruffle [up] *sep* **II.** *vr* ■ **sich ~ ①** (*das Gefieder aufrichten*) to ruffle [up *sep*] its feathers ② (*pej fam: sich wichtigmachen*) to puff oneself up

auf|po·lie·ren* *vt* ■ **etw ~** (*fam*) to polish up sth *sep*

auf|pop·pen ['aufpɔpn̩] *vi* INFORM *Fenster* to pop up

Auf·prall <-[e]s, -e> *m* impact

auf|pral·len *vi sein* ■ [**auf etw** *akk o dat*] **~** to hit sth; *Mensch, Fahrzeug a.* to run into sth

Auf·preis *m* extra charge; **gegen ~** for an extra charge

auf|pro·bie·ren* *vt Hut, Brille* to try [on *sep*]

auf|pum·pen *vt* to pump up *sep;* ■ **aufgepumpt** inflated

auf|put·schen I. *vt* ① (*aufwiegeln*) to stir up *sep* (**gegen** against) ② (*jds Leistungsfähigkeit steigern*) to stimulate **II.** *vr* ■ **sich** [**mit etw** *dat*] **~** to pep oneself up [with sth]

Auf·putsch·mit·tel *nt* stimulant

auf|quel·len *vi irreg sein* to swell [up]; ■ **aufgequollen** swollen; **aufgequollenes Gesicht** puffy face

auf|raf·fen I. *vr* ① (*sich mühselig erheben*) ■ **sich ~** to pull oneself up ② (*sich mühselig entschließen*) ■ **sich zu etw** *dat* **~** to bring oneself to do sth **II.** *vt* ① (*schnell aufheben*) to snatch up *sep* ② (*raffen*) to gather up *sep*

auf|ra·gen *vi sein o haben* to rise (**über** above); (*sehr hoch*) to tower [up] over, to tower up

auf|rap·peln *vr* (*fam*) ■ **sich ~ ①** (*wieder zu Kräften kommen*) to recover ② *s.* **aufraffen I.**

auf|räu·men I. *vt* (*Ordnung machen*) to tidy up *sep; Schrank* to clear out *sep; Schreibtisch* to clear [up] *sep; Spielsachen* to clear away *sep;* ■ **aufgeräumt sein** to be [neat and] tidy **II.** *vi* ① (*Ordnung machen*) to tidy up ② (*etw beseitigen*) ■ **mit etw** *dat* **~** to do away with sth

Auf·räu·mungs·ar·bei·ten *pl* clear[ing]-up operations

auf·recht ['aufrɛçt] *adj, adv* upright

auf·recht|er·hal·ten* ['aufrɛçt?ɛɐ̯haltn̩] *vt irreg* ① (*daran festhalten*) to maintain; *Anklage* to uphold; **seine Behauptung ~** to stick to one's view; **seine Entscheidung ~** to abide by one's decision ② (*bestehen lassen*) to keep up *sep* ③ (*moralisch stützen*) ■ **jdn ~** to keep sb going **Auf·recht·er·hal·tung** *f* ① (*das Aufrechterhalten*) maintenance; *von Anklage* upholding; *von Behauptung* sticking (+*gen* to); *von Entscheidung* abiding (+*gen* by) ② (*das weitere Bestehenlassen*) continuation

auf|re·gen I. *vt* (*erregen*) to excite; (*verärgern*) to annoy; (*nervös machen*) to make nervous; (*bestürzen*) to upset; **reg mich nicht auf!** stop getting on my nerves! **II.** *vr* (*sich erregen*) ■ **sich ~** to get worked up (**über** about); **reg dich nicht so auf!** don't get [yourself] so worked up!

auf·re·gend *adj* exciting

Auf·re·gung *f* ① (*aufgeregte Erwartung*) excitement *no pl* ② (*Beunruhigung*) agitation *no pl;* **nur keine ~!** don't get flustered; **in heller ~** in utter confusion; **jdn/etw in ~ versetzen** to get sb/sth into a state *fam*

auf|rei·ben *irreg* **I.** *vt* ① (*zermürben*) ■ **jdn ~** to wear down sb *sep;* **jdn nervlich ~** to fray sb's nerves ② (*wund reiben*) ■ [**jdm**] **etw ~** to chafe sb's sth ③ MIL (*völlig vernichten*) ■ **etw ~** to annihilate sth **II.** *vr* ① (*sich zermürben*) ■ **sich ~** to wear oneself out; **sich** [**für die Arbeit**] **~** to work oneself into the ground ② (*sich aufscheuern*) **sich die Hände/Haut ~** to rub one's hands/skin sore

auf·rei·bend *adj* wearing

auf|rei·hen I. *vt* to string (**auf** on) **II.** *vr* ■ **sich ~** to line up

auf|rei·ßen *irreg* **I.** *vt haben* ① (*durch Reißen öffnen*) to tear open *sep;* (*ruckartig öffnen*) to fling open *sep* ② *Augen, Mund* to open wide ③ (*sl: aufgabeln*) to pick up *sep* **II.** *vi sein Hose* to rip (**an** at); *Naht* to split; *Wolkendecke* to break up

auf|rei·zen *vt* ① (*erregen*) to excite; (*stärker*) to inflame ② (*provozieren*) to provoke

auf·rei·zend I. *adj* ① (*erregend*) exciting ② (*sexuell provokant*) provocative; *Unterwäsche a.* sexy *fam* **II.** *adv* (*sexuell provokant*) provocatively

auf|rich·ten I. *vt* ① (*in aufrechte Lage bringen*) to put upright ② (*aufstellen*) to erect ③ (*geh: Mut machen*) ■ **jdn** [**wieder**] **~** to give fresh courage to sb **II.** *vr* ■ **sich ~** (*gerade stehen*) to stand up [straight]; (*gerade sitzen*) to sit up [straight]; (*aus gebückter Haltung*) to straighten up

auf·rich·tig I. *adj* honest; *Gefühl* sincere; *Liebe* true **II.** *adv* sincerely

Auf·rich·tig·keit <-> *f kein pl* sincerity *no pl*

auf|rol·len *vt* ❶ (*zusammenrollen*) to roll up *sep*; *Kabel* to coil [up *sep*], to wind up *sep* (**auf** on) ❷ (*entrollen*) to unroll ❸ (*erneut aufgreifen*) ▪**etw wieder** ~ to re[-]open sth

auf|rü·cken *vi sein* ❶ (*weiterrücken*) to move up; (*auf einer Bank a.*) to budge up BRIT *fam* ❷ (*avancieren*) to be promoted (**zu** to)

Auf·ruf *m* ❶ (*Appell*) appeal; **letzter ~ für alle Passagiere** last call for all passengers ❷ INFORM call; *von Daten a.* retrieval

auf|ru·fen *irreg* I. *vt* ❶ *Zeuge, Schüler* to call [out] ❷ (*auffordern*) ▪**jdn ~, etw zu tun** to request sb to do sth ❸ INFORM to call up *sep*; *Daten* to retrieve II. *vi* ▪**zu etw** *dat* ~ to call for sth

Auf·ruhr <-[e]s, -e> ['aʊfruːɐ̯] *m* ❶ *kein pl* (*geh: Erregung*) turmoil *no pl*; (*in der Stadt/im Volk*) unrest *no pl, no indef art*; **jdn in ~ versetzen** to throw sb into a turmoil ❷ (*Aufstand*) revolt

auf·rüh·re·risch *adj* ❶ *attr* (*rebellisch*) rebellious; (*meuternd*) mutinous ❷ (*aufwiegelnd*) inflammatory

auf|run·den *vt* to round up *sep* (**auf** to); **etw auf einen glatten Betrag ~** to bring up *sep* sth to a round figure; ▪**aufgerundet** rounded up

auf|rüs·ten *vi, vt* ❶ (*das* [*Militär*]*potenzial verstärken*) to [re]arm ❷ (*hochwertiger machen*) to upgrade

Auf·rüs·tung *f* arming *no pl,* armament *no pl;* **die atomare ~** nuclear armament

auf|rüt·teln *vt* to rouse (**aus** from)

aufs [aʊfs] ❶ (*fam*) = **auf das** *s.* **auf** ❷ + *superl* **~ entschiedenste/grausamste** most decisively/cruelly

auf|sa·gen *vt* to recite

auf|sam·meln *vt* to gather [up *sep*]; (*Fallengelassenes*) to pick up *sep*

auf·säs·sig ['aʊfzɛsɪç] *adj* ❶ (*widerspenstig*) unruly ❷ (*widersetzlich*) rebellious

Auf·satz[1] *m* (*Aufbau*) top part; **ein abnehmbarer ~** a removable top section

Auf·satz[2] *m* (*Text*) essay

auf|sau·gen *vt reg o irreg* ❶ *Flüssigkeit* to soak up *sep* ❷ (*mit dem Staubsauger*) to vacuum up *sep* ❸ (*in sich aufnehmen*) to absorb

auf|schau·en *vi* (*geh*) *s.* **aufblicken**

auf|scheu·chen *vt* ❶ *Tiere* to frighten away *sep* ❷ (*fam: jds Ruhe stören*) to disturb

auf|schich·ten *vt* to stack

auf|schie·ben *vt irreg* ❶ (*durch Schieben öffnen*) to slide open *sep*; *Riegel* to push back *sep* ❷ (*verschieben*) to postpone (**auf** until) ▸ **aufgeschoben ist nicht aufgehoben** (*prov*) there'll be another opportunity

Auf·schlag *m* ❶ (*Aufprall*) impact *no pl* ❷ SPORT service *no pl;* **~ haben** to be serving ❸ (*Aufpreis*) extra charge ❹ MODE (*von Ärmel*) cuff; (*von Hose*) turn-up BRIT, cuff AM; (*von Mantel*) lapel

auf|schla·gen *irreg* I. *vi* ❶ *sein* (*auftreffen*) to strike; **das Flugzeug schlug in einem Waldstück auf** the plane crashed into a wood; **mit dem Kopf** [**auf etw** *akk o dat*] ~ to hit one's head [on sth] ❷ *sein Tür* to burst open ❸ *haben* (*sich verteuern*) to rise (**um** by) ❹ *haben* SPORT to serve II. *vt haben* ❶ (*aufklappen*) to open; **Seite 35 ~** to turn to page 35 ❷ (*durch Schläge aufbrechen*) to break open *sep* ❸ (*aufbauen*) to put up *sep* ❹ (*verteuern*) to raise (**um** by) ❺ (*umlegen*) to turn back *sep*; *Ärmel* to roll up *sep*; *Kragen* to turn up *sep*

auf|schlie·ßen *irreg* I. *vt* to unlock II. *vi* ❶ (*öffnen*) ▪[**jdm**] ~ to unlock the door [for sb] ❷ (*näher rücken*) to move up

auf|schlit·zen *vt* to slash [open *sep*]

Auf·schluss[RR] <-es, Aufschlüsse> *m*, **Auf·schluß**[ALT] <-sses, Aufschlüsse> *m* information *no pl*; [**jdm**] **~** [**über jdn/etw**] **geben** to give [sb] information [about sb/sth]

auf|schlüs·seln *vt* ❶ (*detaillieren*) to classify (**nach** according to) ❷ (*erläutern*) to explain

auf·schluss·reich[RR], **auf·schluß·reich**[ALT] *adj* informative; (*enthüllend*) revealing

auf|schnap·pen *vt* (*fam*) ❶ (*mitbekommen*) to pick up *sep*; **einzelne Worte ~** to catch the odd word *sep* ❷ (*durch Zuschnappen fangen*) to catch

auf|schnei·den *irreg* I. *vt* ❶ (*in Scheiben schneiden*) to slice ❷ (*tranchieren*) to carve ❸ (*auseinanderschneiden*) to cut open *sep* ❹ MED to lance II. *vi* (*fam*) to boast

Auf·schnei·der(in) *m(f)* (*fam*) boaster

Auf·schnitt *m kein pl* (*aufgeschnittene Wurst*) assorted sliced cold meats *pl,* cold cuts *npl* AM; (*aufgeschnittener Käse*) assorted sliced cheese[s *pl*]

auf|schnü·ren *vt* to untie; *Paket* to unwrap; *Schuh* to unlace

auf|schrau·ben *vt* to unscrew; *Flasche* to take the cap off

auf|schre·cken I. *vt* <schreckte auf, aufgeschreckt> *haben* to startle (**aus** from)

II. *vi* <schreckte *o* schrak auf, aufgeschreckt> *sein* to start [up] (**aus** from)

Auf·schrei *m* ❶ (*schriller Schrei*) scream ❷ (*Lamento*) outcry

auf|schrei·ben *vt irreg* to write down *sep;* ■ **sich** *dat* **etw ~** to make a note of sth

auf|schrei·en *vi irreg* to shriek

Auf·schrift *f* inscription

Auf·schub *m* ❶ (*Verzögerung*) delay (+*gen* in); (*das Hinauszögern*) postponement ❷ (*Stundung*) grace *no pl, no art;* **jdm ~ gewähren** to allow sb grace

auf|schüt·teln *vt* ■ **etw ~** to plump up sth *sep*

auf|schüt·ten *vt* ❶ (*nachgießen*) to pour on *sep* ❷ (*aufhäufen*) to heap up *sep*

auf|schwat·zen *vt*, **auf|schwät·zen** *vt* DIAL (*fam*) ■ **jdm etw ~** to fob sth off on sb; ■ **sich** *dat* **etw ~ lassen** to get talked into taking sth

Auf·schwung *m* ❶ (*Auftrieb*) impetus *no pl, no indef art;* **jdm neuen ~ geben** to give sb fresh impetus ❷ (*Aufwärtstrend*) upswing ❸ SPORT swingup

auf|se·hen *vi irreg* ❶ (*hochsehen*) to look up (**von** from, **zu** at) ❷ (*bewundern*) ■ **zu jdm ~** to look up to sb

Auf·se·hen <-s> *nt kein pl* sensation; **ohne [großes] ~** without any [real] fuss; **etw erregt [großes] ~** sth causes a [great] sensation; **~ erregend** sensational

auf·se·hen·er·re·gend^{ALT} *adj* sensational

Auf·se·her(in) <-s, -> *m(f)* ❶ (*Gefängnis~*) [prison] guard, BRIT *also* warder ❷ (*die Aufsicht führende Person*) supervisor; (*Museums~*) attendant

auf|sein^{ALT} *vi irreg sein* (*fam*) *s.* **auf II. 1, 2, 3**

auf·sei·ten [aufˈzaitn̩] *präp* +*gen* ■ **~ einer S.** on the part of sth

auf|set·zen I. *vt* ❶ *Hut* to put on *sep* ❷ (*auf den Herd stellen*) to put on *sep* ❸ (*auf den Boden aufkommen lassen*) to put down *sep;* **ich kann den Fuß nicht richtig ~** I can't put any weight on my foot ❹ (*verfassen*) to draft ❺ (*zur Schau tragen*) to put on *sep;* **ein aufgesetztes Lächeln** a false smile II. *vr* ■ **sich ~** to sit up III. *vi* to land (**auf** on)

Auf·sicht <-, -en> *f* ❶ *kein pl* (*Überwachung*) supervision (**über** of); **jdn ohne ~ lassen** to leave sb unsupervised ❷ (*Aufsicht führende Person*) person in charge; (*bei einer Prüfung*) invigilator BRIT, proctor AM

Auf·sichts·pflicht *f* obligatory supervision (*legal responsibility to look after sb, esp children*); (*die elterliche ~*) parental responsibility **Auf·sichts·rat** *m* supervisory board

auf|sit·zen *vi irreg* ❶ *sein* (*auf ein Pferd*) to mount ❷ *haben* NAUT (*festsitzen*) to run aground (**auf** on)

auf|span·nen *vt* ❶ (*ziehen*) to stretch out *sep; Seil* to put up *sep* ❷ *Schirm* to open ❸ (*aufziehen*) to stretch (**auf** on[to])

auf|sp·aren *vt* to save

auf|sper·ren *vt* ❶ (*aufreißen*) to open wide *sep* ❷ SÜDD, ÖSTERR (*aufschließen*) to unlock

auf|spie·len *vr* (*fam*) ■ **sich ~** to give oneself airs

auf|spie·ßen *vt* ❶ (*daraufstecken*) to skewer; **etw mit der Gabel ~** to stab one's fork into sth ❷ (*durchbohren*) to run through (**mit** with)

auf|sprin·gen *vi irreg sein* ❶ (*hoch springen*) to leap up ❷ (*auf etw springen*) to jump (**auf** on[to]) ❸ (*sich abrupt öffnen*) to burst open ❹ (*aufplatzen*) to crack; *Lippen, Haut a.* to chap ❺ (*auftreffen*) to bounce

auf|spü·ren *vt* ❶ (*auf der Jagd entdecken*) to scent ❷ (*ausfindig machen*) to track down *sep*

auf|sta·cheln *vt* ■ **jdn [zu etw** *dat*] **~** to incite sb [to do sth]; ■ **jdn gegen jdn ~** to turn sb against sb

Auf·stand *m* rebellion; **einen ~ niederschlagen** to quell a rebellion

auf·stän·disch *adj* rebellious; (*meuternd*) mutinous

Auf·stän·di·sche(r) *f(m) dekl wie adj* rebel; (*einer politischen Gruppe a.*) insurgent

auf|sta·peln *vt* to stack [up *sep*]

auf|stau·en I. *vt* to dam II. *vr* ■ **sich ~** ❶ (*sich stauen*) to be dammed up ❷ (*sich ansammeln*) to be bottled up

auf|ste·hen *vi irreg sein* ❶ (*sich erheben*) to stand up (**von** from) ❷ (*das Bett verlassen*) to get up ❸ (*fam: offen sein*) to be open ▶ **da musst du früher ~!** (*fig fam*) you'll have to do better than that!

auf|stei·gen *vi irreg sein* ❶ (*sich in die Luft erheben*) to soar [up]; *Flugzeug* to climb; *Ballon* to ascend ❷ (*besteigen*) ■ **[auf etw** *akk*] **~** to get on [sth] ❸ (*befördert werden*) to be promoted (**zu** to) ❹ (*den sportlichen Rang verbessern*) to go up (**in** into) ❺ (*entstehen*) ■ **in jdm ~** to well up in sb ❻ (*hochklettern*) to climb up

Auf·stei·ger(in) <-s, -> *m(f)* ❶ (*fam: beruflich aufgestiegene Person*) ■ **ein**

[**sozialer**] ~ a social climber ❷ (*aufgestiegene Mannschaft*) promoted team

auf|stel·len I. *vt* ❶ (*aufbauen*) to put up *sep; Maschine* to install; *Denkmal* to erect; *Falle* to set ❷ (*ausarbeiten, erstellen*) to draw up *sep; Theorie* to elaborate; *Rechnung* to make out; *Tabelle* to compile ❸ (*nominieren*) to nominate ❹ (*postieren*) to post ❺ *Mannschaft* to organize; *Truppen* to raise ❻ *Rekord* to set ❼ (*aufrichten*) to prick up *sep* ❽ SCHWEIZ (*aufmuntern*) to pick up *sep* **II.** *vr* (*sich hinstellen*) ■**sich** ~ to stand; *Wachen* to be posted; **sich hintereinander** ~ to line up; **sich im Kreis** ~ to form a circle

Auf·stel·lung <-> *f kein pl* ❶ (*Errichtung*) erection *no pl;* (*von Maschine*) installation *no pl* ❷ (*Ausarbeitung*) drawing up *no pl; von Theorie* elaboration *no pl* ❸ (*Erstellung*) making [out] *no pl; von Rechnung* making out *no pl; von Tabelle* compiling *no pl* ❹ (*Nominierung*) nomination *no pl* ❺ (*Postierung*) posting; ~ **nehmen** to take up position ❻ *von Mannschaft* drawing up *no pl; von Truppen* raising *no pl* ❼ SPORT (*Auswahl*) team ❽ (*Erzielung*) setting *no pl*

Auf·stieg <-[e]s, -e> ['aʊfʃtiːk] *m* ❶ (*Verbesserung*) rise; **sozialer** ~ social advancement; **den** ~ **ins Management schaffen** to work one's way up into the management ❷ (*Weg zum Gipfel*) climb (**auf** up) ❸ SPORT promotion (**in** to) ❹ LUFT ascent

Auf·stiegs·chan·ce *f* prospect of promotion **Auf·stiegs·mög·lich·keit** *f* career prospect

auf|stö·bern *vt* ■**jdn** ~ to track down sb *sep;* ■**etw** ~ to discover sth

auf|sto·cken *vt* ❶ (*zusätzlich erhöhen*) to increase; **das Team** ~ to expand the team ❷ (*erhöhen*) **etw um ein Stockwerk/zwei Stockwerke** ~ to add another storey/another two storeys on[to] sth

auf|stöh·nen *vi* to groan loudly [*or* aloud], to give [*or* heave] a loud groan

auf|sto·ßen *irreg* **I.** *vi* ❶ *haben* (*rülpsen*) to burp; **das Essen stößt mir immer noch auf** the food is still repeating on me ❷ *sein* (*fam: übel vermerkt werden*) **jdm sauer/übel** ~ to stick in sb's craw **II.** *vt haben* to push open **III.** *vr haben* ■**sich** *dat* **etw** ~ *Kopf, Knie* to hit one's sth

auf·stre·bend *adj* ❶ (*Fortschritt anstrebend*) aspiring, striving for progress *pred;* **eine** ~**e Stadt** an up-and-coming town ❷ (*ehrgeizig*) ambitious

auf|stüt·zen *vr* ■**sich** [**auf etw** *akk*] ~ to support oneself [on sth]; *Gebrechliche a.* to prop oneself [on sth]

auf|su·chen *vt* (*geh*) ❶ (*besuchen*) ■**jdn** ~ to go to [see] sb ❷ (*geh: irgendwohin gehen*) ■**etw** ~ to go to sth

Auf·takt *m* ❶ (*Beginn*) start; (*Vorbereitung*) prelude (**zu/für** to); **den** ~ **zu etw** *dat* **bilden** to mark the beginning of sth ❷ MUS upbeat

auf|tan·ken *vt, vi* to fill up *sep; Flugzeug* to refuel

auf|tau·chen *vi sein* ❶ (*an die Oberfläche kommen*) to surface; *Taucher a.* to come up ❷ (*zum Vorschein kommen*) to turn up; *verlorener Artikel a.* to be found ❸ (*plötzlich da sein*) to suddenly appear ❹ (*sichtbar werden*) to appear (**aus** out of)

auf|tau·en I. *vi sein* ❶ *Eis* to thaw ❷ (*fig*) to open up **II.** *vt haben* to thaw [out *sep*]

auf|tei·len *vt* ❶ (*aufgliedern*) to divide [up *sep*] (**in** into) ❷ (*verteilen*) to share out *sep* (**unter** between)

Auf·tei·lung *f* division (**in** into)

auf|ti·schen *vt* ❶ (*servieren*) to serve ❷ (*fam: erzählen*) to tell; **jdm Lügen** ~ to give sb a pack of lies

Auf·trag <-[e]s, Aufträge> ['aʊftraːk, *pl* 'aʊftrɛːɡə] *m* ❶ (*Beauftragung*) contract; (*an Freiberufler*) commission ❷ (*Bestellung*) [sales] order (**über** for) ❸ (*Anweisung*) orders *pl;* **jdm den** ~ **geben, etw zu tun** to instruct sb to do sth; **im** ~ by order; **in jds** ~ on sb's instructions; (*für jdn*) on sb's behalf ❹ *kein pl* (*geh: Mission*) mission; „~ **erledigt!**" "mission accomplished"

auf|tra·gen *irreg* **I.** *vt* ❶ (*aufstreichen*) to apply (**auf** to) ❷ (*in Auftrag geben*) ■**jdm etw** ~ to instruct sb to do sth ❸ (*durch Tragen abnutzen*) to wear out *sep* **II.** *vi* ❶ (*dick aussehen lassen*) to be bulky ❷ (*übertreiben*) ■**dick** ~ to lay it on thick

Auf·trag·ge·ber(in) *m(f)* client **Auf·trags·kil·ler(in)** <-s, -> [-kɪlɐ] *m(f)* JUR (*pej fam*) contract [*or* hired] killer **Auf·trags·la·ge** *f* order position

auf|trei·ben *vt irreg* (*fam*) ■**jdn/etw** ~ to get hold of sb/sth

auf|tren·nen *vt* to undo

auf|tre·ten *irreg* **I.** *vi sein* ❶ (*den Fuß aufsetzen*) to walk ❷ (*eintreten*) to occur; *Schwierigkeiten* to arise ❸ (*erscheinen*) to appear [on the scene *also pej*] (**als** as); **geschlossen** ~ to appear as one body; **gegen jdn/etw als Zeuge** ~ to give evidence against sb/sth ❹ (*in einem Stück spielen*) to appear [on the stage] (**als** as)

Auftreten → aufzeigen

⑤ (*sich benehmen*) to behave **II.** *vt haben* to kick open *sep*

Auf·tre·ten <-s> *nt kein pl* ① (*Benehmen*) behaviour *no pl* ② (*Manifestation*) occurrence ③ (*Erscheinen*) appearance

Auf·trieb *m* ① *kein pl* PHYS buoyancy *no pl*; LUFT lift *no pl* ② *kein pl* (*Aufschwung*) upswing ③ *kein pl* (*frischer Schwung*) impetus *no pl*; **jdm neuen ~ geben** to give sb fresh impetus

Auf·tritt *m* ① (*Erscheinen*) appearance ② (*Erscheinen auf der Bühne*) entrance

auf|trump·fen *vi* to show sb what one is made of

auf|tun *irreg* **I.** *vr* ■ **sich ~** to open [up] **II.** *vt* (*sl: ausfindig machen*) to find

auf|wa·chen *vi sein* to wake [up]

auf|wach·sen [-ks-] *vi irreg sein* to grow up

auf|wal·len *vi sein* ① (*leicht aufkochen*) to be brought to the [*or* AM a] boil ② (*geh: aufsteigen*) ■ **in jdm ~** to surge [up] [with]in sb

Auf·wand <-[e]s> ['aυfvant] *m kein pl* ① (*Einsatz*) expenditure *no pl*; **der ~ war umsonst** it was a waste of energy/money/time ② (*aufgewendeter Luxus*) extravagance; [**großen**] **~ treiben** to be [very] extravagant

aufwändig^RR **I.** *adj* ① (*teuer und luxuriös*) lavish; **~ es Material** costly material[s *pl*] ② (*umfangreich*) costly, expensive **II.** *adv* lavishly

Auf·wands·ent·schä·di·gung *f* expense allowance

auf|wär·men I. *vt* ① *Essen* to heat up *sep* ② (*fam*) *Thema* to drag up *sep* **II.** *vr* ■ **sich ~** ① (*bei Kälte*) to warm oneself [up] ② (*die Muskulatur auflockern*) to warm up

auf·wärts ['aυfvɛrts] *adv* ① (*nach oben*) up, upward[s]; **den Fluss ~** upstream; **es geht** [**mit jdm/etw**] **~** things are looking up [for sb/sth]; ■ **von etw** *dat* **~** from sth upward[s] ② (*bergauf*) uphill

Auf·wärts·ent·wick·lung *f* upward trend (+*gen* in) **auf·wärts·kom·pa·ti·bel** *adj* INFORM upward compatible **Auf·wärts·trend** *m*, **Auf·wärts·ten·denz** *f* upward trend

auf|wa·schen *vt irreg* DIAL (*abwaschen*) to wash the dishes, BRIT *also* to wash up ▸ **das ist** [**dann**] **ein A~** (*fam*) [that way] we can kill two birds with one stone

auf|we·cken *vt* to wake [up *sep*]

auf|wei·chen *vt, vi haben* ① (*morastig machen*) to make sodden ② (*weich machen*) to soak ③ (*geh: lockern*) to weaken

auf|wei·sen *vt irreg* ① (*erkennen lassen*) to show ② (*durch etw gekennzeichnet sein*) to contain ③ (*aufzeigen*) ■ **etw aufzuweisen haben** to have sth to show [for oneself]

auf|wen·den *vt irreg o reg* ① (*einsetzen*) to use; **viel Energie ~, etw zu tun** to put a lot of energy into doing sth ② (*ausgeben*) to spend

auf·wen·dig *adj, adv s.* **aufwändig**

auf|wer·fen *irreg vt* ① (*zur Sprache bringen*) to raise ② (*aufhäufen*) to build [up *sep*]

auf|wer·ten *vt* ① (*im Wert erhöhen*) to revalue (**um** by) ② (*höher werten*) to increase the value of sth

Auf·wer·tung <-, -en> *f* ① (*das Aufwerten*) revaluation (**um** by) ② (*höhere Bewertung*) enhancement

auf|wi·ckeln *vt* ① (*aufrollen*) to roll up *sep*; **sich die Haare ~** to put curlers in one's hair ② *Verband* to unwind

auf|wie·geln ['aυfvi:gln] *vt* to stir up *sep*; **Leute gegeneinander ~** to set people at each other's throats

auf|wie·gen *vt irreg* to compensate for

Auf·wieg·ler(in) <-s, -> *m(f)* (*pej*) rabble-rouser *pej*

Auf·wind *m* ① *kein pl* (*Aufschwung*) impetus *no pl*; [**neuen**] **~ bekommen** to be given fresh impetus ② LUFT upcurrent, updraught

auf|wir·beln *vi, vt* to swirl up

auf|wi·schen *vt, vi* to wipe [up *sep*]

auf|wüh·len *vt* ① (*aufwerfen*) to churn [up *sep*] ② (*geh: stark bewegen*) ■ **jdn** [**innerlich**] **~** to stir up *sep* sb; ■ **~ d** stirring; (*stärker*) devastating; ■ **aufgewühlt** agitated; (*stärker*) turbulent

auf|zäh·len *vt* to list

Auf·zäh·lung <-, -en> *f* list; *von Gründen, Namen a.* enumeration

auf|zäu·men *vt* to bridle; **etw von hinten aufzäumen** (*fig fam*) to set about sth the wrong way

auf|zeich·nen *vt* ① (*aufnehmen*) to record (**auf** on); *mit dem Videorekorder* to video ② (*als Zeichnung erstellen*) to draw (**auf** on) ③ (*notieren*) to note [down *sep*]

Auf·zeich·nung *f* ① (*Aufnahme*) recording *no pl, no indef art*; (*auf Band a.*) taping *no pl, no indef art*; (*auf Videoband a.*) videoing *no pl, no indef art* ② (*Zeichnung*) drawing ③ *meist pl* (*Notizen*) notes

auf|zei·gen *vt* ■ [**jdm**] **~, dass/wie ...** *dat* to show [sb] that/how ...; (*nachweisen a.*) to demonstrate [to sb] that/how ...

auf|zie·hen *irreg* **I.** *vt haben* ❶ (*durch Ziehen öffnen*) to open; *Reißverschluss* to undo; *Schnürsenkel* to untie; *die Vorhänge* to draw back ❷ (*aufkleben*) to mount (**auf on**) ❸ (*befestigen und festziehen*) to fit; **Saiten auf eine Gitarre ~** to string a guitar ❹ (*spannen*) to wind up *sep* ❺ (*großziehen*) to raise ❻ (*fam: verspotten*) to tease (**mit** about) ❼ (*veranstalten*) to set up *sep* ❽ (*fam: gründen*) to start up *sep* ❾ (*durch Einsaugen füllen*) to draw up *sep* **II.** *vi sein* (*sich nähern*) to gather

Auf·zucht *f kein pl* raising *no pl, no indef art*

Auf·zug[1] *m* ❶ (*Fahrstuhl*) lift BRIT, elevator AM; **~ fahren** to take the lift ❷ *kein pl* (*das Nahen*) gathering *no pl, no indef art* ❸ (*Akt*) act

Auf·zug[2] *m kein pl* (*pej fam*) get-up

auf|zwin·gen *irreg vt* ■ **jdm etw ~** to force sth on sb

Aug·ap·fel ['au̯kʔapfl̩] *m* eyeball; **jdn/etw wie seinen ~ hüten** to cherish sb/sth like life itself

Au·ge <-s, -n> ['au̯gə] *nt* ❶ (*Sehorgan*) eye; **mit bloßem ~** with the naked eye; **gute/schlechte ~n [haben]** [to have] good/poor eyesight *sing;* **auf einem ~ schielen/blind sein** to have a squint/to be blind in one eye; **mit offenen ~n schlafen** to daydream; **mir wurde schwarz vor ~n** everything went black; **ein sicheres ~ für etw** *akk* **haben** to have a good eye for sth; **da blieb kein ~ trocken** (*hum fam*) there wasn't a dry eye in the place; **man muss seine ~n überall haben** (*fam*) you need eyes in the back of your head; **mit verbundenen ~n** blindfolded; **so weit das ~ reicht** as far as the eye can see; **jdn/etw im ~ behalten** (*beobachten*) to keep an eye on sb/sth; (*sich vormerken*) to keep sb/sth in mind; **etw ins ~ fassen** to contemplate sth; **geh mir aus den ~n!** get out of my sight!; **ein ~ auf jdn/etw geworfen haben** to have one's eye on sb/sth; **ein ~ auf jdn/etw haben** to keep an eye on sb/sth; **jdn nicht aus den ~n lassen** to not let sb out of one's sight; **ein ~ riskieren** (*fam*) to risk a glance; **jdm in die ~n sehen** to look into sb's eyes; **ins ~ springen** (*fam*) to catch the eye; **ich traute meinen ~n nicht!** I couldn't believe my eyes; **etw aus den ~n verlieren** to lose track of sth; **sich aus den ~n verlieren** to lose contact; **~ in ~** face to face; **vor aller ~n** in front of everybody ❷ (*Punkt beim Würfeln*) point ❸ (*Keimansatz*) eye ▶ **das ~ des Gesetzes** (*hum*) the [arm of the] law + *sing/pl vb;* **aus den ~n, aus dem Sinn** (*prov*) out of sight, out of mind *prov;* **mit einem blauen ~ davonkommen** (*fam*) to get off lightly; **vor jds geistigem ~** in sb's mind's eye; **jdm schöne ~n machen** to make eyes at sb; **unter vier ~n** in private; **jdm jeden Wunsch an den ~n ablesen** to anticipate sb's every wish; **jdm jdn/etw aufs ~ drücken** (*fam*) to force sb/sth on sb; **ins ~ gehen** (*fam*) to backfire; [**große**] **~n machen** (*fam*) to be wide-eyed [*or* BRIT *also far*] gobsmacked]; **die ~n vor etw** *dat* **verschließen** to close one's eyes to sth; **ein ~/beide ~n zudrücken** (*fam*) to turn a blind eye; **kein ~ zutun** (*fam*) to not sleep a wink; **~n zu und durch** (*fam*) take a deep breath and get to it

Au·gen·arzt, -ärz·tin *m, f* eye specialist

Au·gen·auf·schlag *m* look **Au·gen·blick** ['au̯gn̩blɪk] *m* moment; **im ersten ~** for a moment; **im letzten ~** at the [very] last moment; **~ mal!** just a minute!

au·gen·blick·lich ['au̯gn̩blɪklɪç] **I.** *adj* ❶ (*sofortig*) immediate ❷ (*derzeitig*) present ❸ (*einen Augenblick dauernd*) momentary **II.** *adv* ❶ (*sofort*) immediately; (*herausfordernd*) at once, this minute ❷ (*zurzeit*) at present

Au·gen·braue *f* eyebrow; **die ~n hochziehen** to raise one's eyebrows

au·gen·fäl·lig *adj* obvious

Au·gen·far·be *f* colour of [one's] eyes **Au·gen·heil·kun·de** *f* ophthalmology *spec* **Au·gen·hö·he** *f* ■ **in ~** at eye level **Au·gen·höh·le** *f* [eye] socket **Au·gen·klap·pe** *f* eye-patch; ■ **~n** (*für Pferd*) blinkers *pl* BRIT, blinders *pl* AM **Au·gen·licht** *nt kein pl* (*geh*) [eye]sight *no pl, no art* **Au·gen·lid** *nt* eyelid **Au·gen·maß** *nt kein pl* eye for distance[s]; [**ein**] **gutes/**[**ein**] **schlechtes ~ haben** to have a good/no eye for distance[s]; **nach ~** by eye

Au·gen·merk <-s> *nt kein pl* attention *no pl, no art*

Au·gen·op·ti·ker(in) *m(f)* (*geh*) *s.* **Optiker Au·gen·rän·der** *pl* rims of the/one's eyes **Au·gen·rin·ge** *pl* rings under one's/the eyes *pl* **Au·gen·schein** *m kein pl* ❶ (*Anschein*) appearance; **dem ~ nach** by all appearances; **jdn/etw in ~ nehmen** to look closely at sb/sth ❷ SCHWEIZ (*Lokaltermin*) visit to the scene of the crime

au·gen·schein·lich ['au̯gn̩ʃai̯nlɪç] **I.** *adj* obvious **II.** *adv* obviously

Au·gen·trop·fen *pl* eye drops *npl* **Au·**

gen·wei·de *f* feast for one's eyes; **nicht gerade eine ~** a bit of an eyesore **Au·gen·win·kel** *m* corner of the eye **Au·gen·wi·sche·rei** <-, -en> *f* eyewash *no pl, no indef art* **Au·gen·zeu·ge, -zeu·gin** *m, f* eyewitness; ■**~ bei etw** *dat* **sein** to be an eyewitness to sth **Au·gen·zwin·kern** *nt kein pl* blinking *no pl, no indef art;* (*mit einem Auge*) winking *no pl, no indef art* **au·gen·zwin·kernd** *adv* with a wink

Au·gust <-[e]s, -e> ['aʊɡʊst] *m* August; *s. a.* **Februar**

Auk·ti·on <-, -en> [aʊk'tsi̯oːn, *pl* -'tsi̯oːnən] *f* auction

Auk·ti·o·na·tor, Auk·ti·o·na·to·rin <-s, -toren> [aʊktsi̯o'naːtoːɐ̯, -'toːrɪn, *pl* -'toːrən] *m, f* auctioneer

Auk·ti·ons·haus *nt* auctioneers *pl*

Au·la <-, Aulen> ['aʊla, *pl* 'aʊlən] *f* [assembly] hall

Au-pair-Mäd·chen [oˈpɛːɐ̯-], **Au·pair·mäd·chen**^RR [oˈpɛːɐ̯-] *nt* au pair [girl]

Au·ra <-> ['aʊra] *f kein pl* (*geh*) aura

aus [aʊs] **I.** *präp* ① (*von innen nach außen*) out of; **~ dem Fenster/der Tür** out of the window/door; **das Öl tropfte ~ dem Fass** the oil was dripping from the barrel; **Zigaretten ~ dem Automaten** cigarettes from a machine ② (*die zeitliche Herkunft bezeichnend*) from; **~ dem 17. Jahrhundert stammen** to be [from the] 17th century ③ (*auf Ursache deutend*) **~ Dummheit/Angst/Verzweiflung** out of stupidity/fear/desperation; **~ einer Laune heraus** on a whim ④ (*von*) from; **~ dem Englischen** from [the] English; **~ München kommen** to be from Munich ⑤ (*unter Verwendung von etw hergestellt*) [made] of **II.** *adv* ① (*fam: gelöscht*) out ② (*ausgeschaltet*) off ③ (*zu Ende*) ■**~ sein** to have finished; *Krieg* to have ended; *Schule* to be out; **mit etw** *dat* **ist es ~** sth is over; **~ und vorbei sein** to be over and done with ④ (*außerhalb*) **~ sein** *SPORT* to be out

Aus <-> [aʊs] *nt kein pl* ① *FBALL* out of play *no pl, no art;* (*seitlich*) touch *no pl, no art;* **ins ~ gehen** to go out of play; (*seitlich a.*) to go into touch ② (*Ende*) end

aus|ar·bei·ten *vt* to work out *sep;* (*verbessern*) to perfect; *System, Theorie* to elaborate; *Text* to prepare

Aus·ar·bei·tung <-, -en> *f* working out *no pl;* (*Verbesserung*) perfection *no pl; System, Theorie* elaboration *no pl; Text* drawing up *no pl*

aus|ar·ten *vi sein* ① (*zu etw werden*) to degenerate (**in** into) ② (*auffallend werden*) to get out of hand

aus|at·men *vi, vt* to exhale

aus|ba·den *vt* (*fam*) to pay [*or* BRIT *also* carry the can] for

aus|bag·gern *vt* ■**etw ~** ① (*mit einem Bagger vertiefen*) to excavate sth; **einen Fluss/See ~** to dredge [out *sep*] a river/lake ② (*mit einem Bagger herausholen*) to excavate sth; (*in Fluss, See*) to dredge [up *sep*] sth

Aus·bau <-bauten> *m* ① *kein pl* (*das Ausbauen*) extension *no pl* (**zu** into) ② *kein pl* (*das Herausmontieren*) removal *no pl* (**aus** from) ③ *kein pl* (*die Festigung*) strengthening *no pl*

aus|bau·en *vt* ① *Gebäude* to extend (**zu** into); (*innen*) to fit out *sep* ② (*herausmontieren*) to remove (**aus** from) ③ (*vertiefen*) to cultivate (**zu** to)

aus·bau·fä·hig *adj* ① (*fam: viel versprechend*) promising ② (*erweiterungsfähig*) expandable ③ (*sich vertiefen lassend*) that can be built up ④ (*möglich zu entfernen*) removable

aus|bei·ßen *vr irreg* ■**sich** *dat* **einen Zahn** [**an etw** *dat*] **~** to break a tooth [on sth]

aus|bes·sern *vt* to mend

Aus·bes·se·rung <-, -en> *f* mending *no pl*

aus|beu·len I. *vt* ■**etw ~** ① (*nach außen wölben*) to make sth bulge; (*verschleißen*) to make sth [go] baggy; ■**ausgebeult** baggy ② *Kotflügel* to remove dents **II.** *vr* ■**sich ~** to go baggy

Aus·beu·te <-, -n> *f* ① (*Förderung*) gains *pl;* ■**die ~ an etw** *dat* the yield in sth ② (*Gewinn*) profits *pl*

aus|beu·ten *vt* to exploit

Aus·beu·ter(in) <-s, -> *m(f)* (*pej*) exploiter

Aus·beu·tung <-, -en> *f* exploitation *no pl*

aus|be·zah·len* *vt* ① (*zahlen*) ■**etw ~** to pay out *sep* sth ② (*bezahlen*) ■**jdn ~** to pay off sb *sep*

aus|bil·den *vt* ① (*beruflich qualifizieren*) to train (**in** in); (*unterrichten a.*) to instruct; (*akademisch*) to educate; **jdn zum Arzt ~** to train sb to be a doctor; ■**ausgebildeter** qualified ② (*entwickeln*) to develop

Aus·bil·der(in) <-s, -> *m(f)*, **Aus·bild·ner(in)** <-s, -> *m(f)* ÖSTERR, SCHWEIZ trainer; MIL instructor

Aus·bil·dung <-, -en> *f* ❶ (*Schulung*) training *no pl, no indef art;* (*Unterricht*) instruction *no pl, no indef art;* (*akademisch*) education *no pl; von Rekruten* drilling *no pl;* **in der ~ sein** to be in training; (*akademisch*) to still be at university [*or* college] BRIT, to still be in school [*or* college] AM ❷ (*Entwicklung*) development *no pl*
Aus·bil·dungs·bei·hil·fe *f* educational grant; (*für Lehrlinge*) training allowance
Aus·bil·dungs·platz *m* place to train
aus|bla·sen *vt irreg* to blow out *sep*
aus|blei·ben *vi irreg sein* to fail to appear; *Regen, Schnee* to hold off
aus|blen·den *vt* (*fam*) *Problem* to blend out *sep*
Aus·blick *m* ❶ (*Aussicht*) view; **ein Zimmer mit ~ aufs Meer** a room overlooking the sea ❷ (*Zukunftsvision*) prospect
aus|bor·gen *vt* ❶ (*fam: verleihen*) to lend ❷ (*fam: sich ausleihen*) to borrow
aus|bre·chen *irreg vi sein* ❶ (*entkommen*) to escape (**aus** from) ❷ (*sich befreien*) to break away (**aus** from) ❸ *Vulkan* to erupt ❹ *Feuer, Sturm* to break out ❺ (*Gefühl zeigen*) **in Gelächter/Tränen ~** to burst into laughter/tears
Aus·bre·cher(in) <-s, -> *m(f)* escapee
aus|brei·ten I. *vt* ❶ *Decke, Landkarte* to spread [out *sep*] ❷ (*einzelne Gegenstände*) to lay out *sep* ❸ *Arme, Flügel* to spread [out *sep*] ❹ (*darlegen*) to enlarge [up]on II. *vr* ■ **sich ~** ❶ (*sich erstrecken*) to spread [out] (**in** in, **nach** towards) ❷ (*übergreifen*) to spread (**auf** to, **über** over) ❸ (*fam: sich breit machen*) to spread oneself out
Aus·brei·tung <-, -en> *f* spread *no pl* (**auf** to)
aus·bren·nen *irreg* I. *vi sein* (*zu Ende brennen*) to go out; *Feuer a.* to burn [itself] out; ■ **ausgebrannt** (*a. fig*) extinguished II. *vt haben* ■ **etw ~** to burn out *sep* sth, to cauterize sth *spec*
Aus·bruch *m* ❶ (*das Ausbrechen*) escape (**aus** from; *von Gefangenen a.* breakout (**aus** from) ❷ (*Beginn*) outbreak ❸ (*Eruption*) eruption ❹ (*fam: Entladung*) outburst
aus|brü·ten *vt* to hatch
aus|büch·sen *vi* (*fam: abhauen*) to push off
aus|bü·geln *vt* ❶ (*durch Bügeln glätten*) to iron out *sep* ❷ (*fam: wettmachen*) to make good *sep*
Aus·bund *m kein pl* paragon *no pl* (**an** of)
aus|bür·gern [ˈaʊsbʏrɡɐn] *vt* to expatriate

Aus·bür·ge·rung <-, -en> *f* expatriation
aus|bürs·ten *vt* to brush [out]
Aus·dau·er *f kein pl* ❶ (*Beharrlichkeit*) perseverance *no pl;* (*Hartnäckigkeit a.*) persistence *no pl* ❷ (*Durchhaltevermögen*) stamina *no pl;* (*im Ertragen*) endurance *no pl*
aus·dau·ernd I. *adj* ❶ (*beharrlich*) persevering; (*hartnäckig a.*) persistent ❷ (*Durchhaltevermögen besitzend*) with stamina; (*im Ertragen*) with endurance II. *adv* **~ arbeiten** to apply oneself to working
aus|deh·nen I. *vr* ❶ (*größer werden*) to expand ❷ (*sich ausbreiten*) to spread (**auf** to, **über** over); ■ **ausgedehnt** extensive II. *vt* ❶ (*verlängern*) to extend (**bis zu** up to, **über** by) ❷ (*erweitern, vergrößern*) to expand (**auf** to)
Aus·deh·nung *f* ❶ (*Verlängerung*) extension (+*gen* to/of) ❷ (*Ausbreitung*) spread[ing] *no pl* (**auf** to) ❸ (*Erweiterung, Vergrößerung*) expansion *no pl* ❹ (*Fläche*) area; **eine ~ von 10.000 km² haben** to cover an area of 10,000 km²
aus|den·ken *vr irreg* ■ **sich** *dat* **etw ~** to think up sth *sep;* **eine Überraschung ~** to plan a surprise
aus|die·nen *vi* (*fam*) ■ **ausgedient** worn-out, BRIT *fam also* clapped-out; ■ **ausgedient haben** to have had its day
aus|dis·ku·tie·ren* *vt* to discuss fully
aus|dör·ren I. *vt haben* ■ **jdn ~** to dehydrate sb; ■ **etw ~** to dry up sth *sep;* ■ **ausgedörrt sein** to be dehydrated; *Kehle* to be parched; *Erde, Land* to have dried out II. *vi sein* to dry out; (*stärker*) to become parched; ■ **ausgedörrt** dried out; (*stärker*) parched
aus|dre·hen *vt* (*fam*) to turn off
Aus·druck¹ <-drücke> *m* ❶ (*Bezeichnung*) expression; ■ **Ausdrücke** swear words *pl* ❷ *kein pl* (*Gesichts~*) [facial] expression ❸ *kein pl* (*Zeichen*) ■ **als ~ der Dankbarkeit** an expression of one's gratitude; **etw zum ~ bringen** to express sth
Aus·druck² <-drucke> *m* [computer] print-out; **einen ~** [**von etw** *dat*] **machen** to run off *sep* a copy [of sth]
aus|dru·cken *vt* to print [out *sep*]
aus|drü·cken I. *vt* ❶ (*bekunden*) to express ❷ (*formulieren*) to put into words; **anders ausgedrückt** in other words; **einfach ausgedrückt** put simply ❸ (*zeigen*) to show ❹ (*auspressen*) to squeeze ❺ *Zigarette* to stub out *sep* II. *vr* ■ **sich ~** to express oneself; **sich falsch ~** to use the

wrong word; **sich gewandt ~** to be very articulate

aus·drück·lich [ˈaʊsdrʏklɪç] **I.** *adj attr* explicit **II.** *adv* explicitly; (*besonders*) particularly

aus·drucks·los *adj* inexpressive; *Gesicht* expressionless; (*ungerührt*) impassive; *Blick* vacant **aus·drucks·voll** *adj* expressive **Aus·drucks·wei·se** *f* mode of expression

aus·ei·nan·der [aʊsʔaɪˈnandɐ] *adv* ❶ (*räumlich*) ■**~ sein** to be wide apart ❷ (*zeitlich*) **ein Jahr ~ sein** to be a year apart in age

aus·ei·nan·der|be·kom·men* *vt irreg* ■**etw ~** to be able to get sth apart **aus·ei·nan·der|bie·gen** *vt irreg* ■**etw ~** to bend apart sth *sep* **aus·ei·nan·der|bre·chen** *irreg vi, vt sein* to break apart; ■**etw ~** to break sth in two **aus·ei·nan·der|brin·gen** *vt irreg* (*fam*) ■**jdn ~** to separate sb **aus·ei·nan·der|fal·len** *vi irreg* to fall apart **aus·ei·nan·der|fal·ten** *vt* to unfold **aus·ei·nan·der|ge·hen** *vi irreg sein* ❶ (*sich auflösen*) to disperse; (*sich verzweigen*) to diverge; (*fam: dick werden*) to [start to] fill out *also hum* ❷ (*fam: getrennt*) *Beziehung* to break up; *Ehe a.* to fall apart; *Meinungen* to differ; (*sich trennen*) to part **aus·ei·nan·der|hal·ten** *vt irreg* ■**etw ~** to distinguish between sth **aus·ei·nan·der|neh·men** *vt irreg* ■**etw ~** (*demontieren*) to take apart sth *sep*; (*zerpflücken*) to tear apart sth *sep* **aus·ei·nan·der|set·zen** *vt, vi* ■**jdm etw ~** to explain sth to sb; ■**sich mit etw** *dat* **~** to tackle sth

Aus·ei·nan·der·set·zung <-, -en> [aʊsʔaɪˈnandɐzɛtsʊŋ] *f* ❶ (*Streit*) argument ❷ (*Beschäftigung*) ■**die ~ mit etw** *dat* the examination of sth

aus·ei·nan·der|trei·ben *irreg vt, vi sein o haben* ■**jdn/etw ~** to disperse sb/sth

aus·er·ko·ren *adj* (*geh*) chosen

aus·er·le·sen **I.** *adj* select **II.** *adv* particularly

aus|er·wäh·len* *vt* (*geh*) to choose (**zu** for)

aus·fahr·bar *adj* extendable; *Antenne* retractable

aus|fah·ren *irreg* **I.** *vt haben* ❶ (*spazieren fahren*) to take [out *sep*] for a drive ❷ (*ausliefern*) to deliver ❸ TECH (*ausstrecken*) to extend; *Fahrgestell* to lower **II.** *vi sein* ❶ (*spazieren fahren*) to go [out] for a drive ❷ (*sich verlängern*) *Antenne* to extend; *Fahrgestell* to lower

Aus·fahrt *f* ❶ (*Spazierfahrt*) drive; **eine ~ machen** to go for a drive ❷ (*Hof~, Garagen~*) exit; (*mit Tor*) gateway; „**~ freihalten!**" "keep clear"; (*Autobahn~*) slip road BRIT, exit [ramp] AM

Aus·fall *m* ❶ (*Fehlbetrag*) deficit; (*Verlust*) loss ❷ (*das Versagen*) failure; AUTO breakdown; (*Produktions~*) stoppage; MED failure ❸ *kein pl* (*das Nichtstattfinden*) cancellation; (*das Fehlen*) absence ❹ LING dropping

aus|fal·len *vi irreg sein* ❶ (*herausfallen*) to fall out ❷ (*nicht stattfinden*) to be cancelled; ■**etw ~ lassen** to cancel sth ❸ (*nicht funktionieren*) *Niere* to fail; *Motor* to break down ❹ (*entfallen*) to be lost ❺ (*nicht zur Verfügung stehen*) to be absent (**bei** for, **wegen** owing to); (*ausscheiden*) to drop out; *Rennwagen a.* to retire ❻ MODE **groß/klein ~** to be large/small ❼ (*werden*) to turn out

aus·fal·lend, aus·fäl·lig I. *adj* abusive **II.** *adv* **sich ~ ausdrücken** to use abusive language

Aus·fall·stra·ße *f* arterial road

aus|fech·ten *vt irreg* to fight [out *sep*]

aus|fe·gen *vt* to sweep [out *sep*]

aus|fei·len *vt* ❶ (*wegfeilen*) to file down *sep* ❷ (*den letzten Schliff geben*) to polish [up *sep*]; ■**ausgefeilt** polished

aus|fer·ti·gen *vt* (*geh*) to draft; *Pass* to issue; *Rechnung* to make out *sep*

Aus·fer·ti·gung *f* (*geh*) ❶ *kein pl* (*Ausstellung*) drawing up, drafting; *einer Rechnung* making out; *von Pass a.* issuing ❷ (*Abschrift*) copy; **in doppelter ~** as two copies

aus·fin·dig *adj* ■**jdn/etw ~ machen** to locate sb/sth

aus|flie·ßen *vi irreg sein* to leak out (**aus** of)

aus|flip·pen [ˈaʊsflɪpn̩] *vi sein* (*fam*) ❶ (*wütend werden*) to freak out, BRIT *also* to do one's nut ❷ (*sich wahnsinnig freuen*) to jump for joy ❸ (*überschnappen*) to lose it [completely]; ■**ausgeflippt** freaky; ■**Ausgeflippte[r]** freak

Aus·flucht <-, Ausflüchte> *f* excuse; **Ausflüchte machen** to make excuses

Aus·flug *m* ❶ outing, excursion; (*Schulausflug*) school trip; **einen ~ machen** to go on an outing ❷ (*Exkurs*) excursion (**in** into)

Aus·flüg·ler(in) <-s, -> [ˈaʊsflyːklɐ] *m(f)* tripper; (*für einen Tag*) day-tripper

Aus·flugs·lo·kal *nt* tourist café **Aus·flugs·ort** *m* pleasure resort

Aus·fluss^{RR} <-es, Ausflüsse> *m*, **Aus·fluß**^{ALT} <-sses, Ausflüsse> *m* ❶(*Ausflussstelle*) outlet ❷ *kein pl* MED discharge

aus|for·mu·lie·ren* *vt Gedanken* to tidy up *sep; Text* to formulate in words

aus|fra·gen *vt* to question

aus|fran·sen *vi sein* to fray

aus|fres·sen *vt irreg* (*fam*) ■ **etwas/nichts ausgefressen haben** to have done something/nothing wrong

Aus·fuhr <-, -en> *f kein pl* (*Export*) export[ation]; (*~handel*) exports *pl*

Aus·fuhr·be·stim·mun·gen *pl* export regulations *pl*

aus|füh·ren *vt* ❶ (*durchführen*) to carry out *sep; Befehl* to execute; **einen Elfmeter/Freistoß ~** to take a penalty/free kick ❷(*spazieren gehen mit*) to take out *sep* ❸(*exportieren*) to export (**in** to) ❹(*erläutern*) to explain; (*darlegen*) to set out *sep*

Aus·fuhr·ge·neh·mi·gung *f* ÖKON export authorization

aus·führ·lich ['aʊsfyːɐ̯lɪç, aʊs'fyːɐ̯lɪç] I. *adj* detailed II. *adv* in detail; **sehr ~** in great detail; ■ **~ er** in more detail

Aus·führ·lich·keit <-> *f kein pl* detail[edness]; *von Erklärung* fullness; **in aller ~** in [great] detail

Aus·füh·rung *f* ❶ *kein pl* (*Durchführung*) carrying out; *von Befehl* execution; *von Elfmeter, Freistoß* taking; *eines Gesetzes* implementation ❷(*Qualität*) quality; *von Möbel a.* workmanship; (*Modell*) model ❸ *kein pl* (*Darlegung, Erklärung*) explanation ❹ *meist pl* (*Bericht*) report

Aus·fuhr·zoll *m* export duty

aus|fül·len *vt* ❶ *Formular* to fill in *sep* ❷(*befriedigen*) to satisfy ❸(*Zeit in Anspruch nehmen*) ■ **etw ~** to take up *sep* all of sth; ■ **seine Zeit ~** to fill up *sep* one's time (**mit** with) ❹(*stopfen*) to fill (**mit** with)

Aus·ga·be *f* ❶ *kein pl* (*Austeilung*) distribution; (*Aushändigung a.*) handing out; *von Befehl, Fahrkarte, Dokument* issuing ❷ MEDIA, LIT edition; *von Zeitschrift a.* issue; **alte ~ n** back issues; (*Version*) version ❸ *pl* (*Kosten*) expenses

Aus·ga·be·ge·rät *nt* INFORM output drive

Aus·ga·ben·be·leg *m* FIN receipt [for expenditure] **Aus·ga·ben·kür·zung** *f* FIN reduction in outgoings, expenditure capping

Aus·gang *m* ❶(*Weg nach draußen*) exit (+*gen* from) ❷(*Erlaubnis zum Ausgehen*) permission to go out; MIL pass; **~ haben** to have permission to go out; MIL to be on leave ❸ *kein pl* (*Ende*) end; *einer Epoche a.* close; *von Film, Roman a.* ending; (*Ergebnis*) outcome ❹ *pl* (*ausgehende Post*) outgoing mail *no pl, no indef art*; (*ausgehende Waren*) outgoing goods *pl*

Aus·gangs·ba·sis *f kein pl* basis **Aus·gangs·po·si·ti·on** *f* starting position **Aus·gangs·punkt** *m* starting point; *einer Reise a.* departure **Aus·gangs·sper·re** *f* MIL (*für die Bevölkerung*) curfew; (*für Soldaten*) confinement to barracks

aus|ge·ben *vt irreg* ❶(*aufwenden*) to spend (**für** on) ❷(*austeilen*) to distribute (**an** to); (*aushändigen*) to hand out *sep; Ausweis, Fahrkarte* to issue; *Spielkarten* to deal ❸(*fam: spendieren*) ■ **|jdm| etw ~** to treat sb to sth; **eine Runde ~** to buy a round; **|jdm| einen ~** (*fam*) to buy sb a drink ❹(*darstellen*) ■ **sich als jd/etw ~** to pass oneself off as sb/sth

aus·ge·brannt *adj* drained, BRIT *also* knackered *fam!*; (*geistig erschöpft a.*) burned-out

aus·ge·bucht *adj* booked up

aus·ge·bufft ['aʊsɡəbʊft] *adj* (*fam*) shrewd, BRIT *also* fly

Aus·ge·burt *f* ❶(*Gebilde*) monstrous product; **eine ~ der Fantasie** a product of a diseased imagination *pej* ❷(*pej: Geschöpf, Kreatur*) monster; **eine ~ der Hölle** a fiend from hell

aus·ge·dehnt I. *pp von* **ausdehnen** II. *adj* ❶(*lang*) long ❷(*groß*) extensive

aus·ge·fal·len *adj* unusual; (*sonderbar*) weird

aus·ge·gli·chen *adj* equable

Aus·ge·gli·chen·heit <-> *f kein pl* evenness; *Mensch* level-headedness

aus|ge·hen *vi irreg* ❶ (*aus dem Haus gehen*) to go out ❷(*aufhören zu brennen*) to go out ❸ *Haare* to fall out ❹(*herrühren*) ■ **von jdm ~** to come from sb ❺(*seinen Ursprung haben*) ■ **von etw** *dat* **~** to lead from sth; ■ **etw geht von jdm/etw aus** sb/sth radiates sth ❻(*enden*) to end; ■ **gut/schlecht ~** to turn out well/badly; *Buch, Film* to have a happy/sad ending ❼(*annehmen*) ■ **davon ~, dass ...** to start out from the fact that ...; **es ist davon auszugehen, dass ...** it can be assumed that ...; **davon kann man nicht ~** you can't go by that ❽(*zu Grunde legen*) ■ **von etw** *dat* **~** to take sth as a basis

aus·ge·hend *adj attr* **im ~ en Mittelalter** towards the end of the Middle Ages; **das ~ e 19. Jahrhundert** the close of the 19th century

Aus·geh·mei·le *f* (*fam*) entertainment quarter, party district

aus·ge·hun·gert *adj* ❶ (*fam: sehr hungrig*) starved ❷ (*ausgezehrt*) emaciated

aus·ge·klü·gelt *adj* ingenious

aus·ge·kocht *adj* (*pej fam*) cunning

aus·ge·las·sen *adj* wild; *Kinder* boisterous

Aus·ge·las·sen·heit <-, *selten* -en> *f* wildness; *von Kindern* boisterousness

aus·ge·macht *adj* ❶ (*entschieden*) ■ **es ist ~, dass ...** it is agreed that ... ❷ *attr* (*fam: eingefleischt*) complete

aus·ge·mer·gelt *adj* emaciated; *Gesicht* gaunt

aus·ge·nom·men *konj* except; **wir kommen, ~ es regnet** we'll come, but only if it doesn't rain; **ich nicht ~** myself not excepted

aus·ge·po·wert [-gəpaṷɐt] *adj* (*fam*) washed out, BRIT *also* done in *pred fam*

aus·ge·prägt *adj* distinctive; *Interesse* pronounced; *Stolz* deep-seated

aus·ge·rech·net ['aṷsgərɛçnət] *adv* ❶ *personenbezogen* (*gerade*) ■ **~ jd/jdn/jdm** sb of all people; **warum muss das ~ mir passieren?** why does it have to happen to me [of all people]? ❷ *zeitbezogen* (*gerade*) ■ **~ jetzt** now of all times; ■ **~ gestern/heute** yesterday/today of all days; **~ dann war ich nicht zu Hause** right then I was not in, of course; **~, als wir ins Bett gehen wollten, ...** just when we wanted to go to bed ...

aus·ge·schla·fen *adj* (*fam*) sharp

aus·ge·schlos·sen *adj präd* **es ist nicht ~, dass ...** it is just possible that ...; ■ [**völlig**] **~!** [that's] [completely] out of the question

aus·ge·schnit·ten *adj Kleid, Bluse* low-cut

aus·ge·spro·chen I. *adj* (*positive Eigenschaft bezeichnend*) distinct; (*negative Eigenschaft bezeichnend*) extreme; (*ausgeprägt*) pronounced; **~ es Pech haben** to have really bad luck II. *adv* really

aus·ge·stor·ben *adj* ❶ (*erloschen*) extinct ❷ (*verlassen*) ■ [**wie**] **~ sein** to be deserted

aus·ge·sucht I. *adj* ❶ (*erlesen*) choice ❷ (*gewählt*) well-chosen II. *adv* extremely

aus·ge·wach·sen *adj* ❶ (*voll entwickelt*) fully grown ❷ (*fam: komplett*) utter

aus·ge·wo·gen *adj* balanced

Aus·ge·wo·gen·heit <-> *f kein pl* balance; **~ bewahren** to preserve the balance

aus·ge·zeich·net ['aṷsgətsaiçnət, 'aṷsgə'tsaiçnət] I. *adj* excellent II. *adv* extremely well; **mir geht es ~** I'm feeling just great

aus·gie·big ['aṷsgi:bɪç] I. *adj* extensive; *Mahlzeit* substantial; *Mittagsschlaf* long; **von etw** *dat* **~en Gebrauch machen** to make full use of sth II. *adv* extensively; **~ schlafen** to have a long [long] sleep

aus|gie·ßen *vt irreg* ❶ (*entleeren*) to empty; (*weggießen*) to pour away *sep* ❷ (*füllen*) to fill [in *sep*] (**mit** with)

Aus·gleich <-[e]s, *selten* -e> *m* ❶ (*das Ausgleichen*) balancing ❷ (*das Wettmachen*) settlement; *eines Fehlers, Schadens* compensation ❸ (*das Korrigieren*) balancing; *von Unebenheiten* evening out ❹ (*Vermittlung*) conciliation ❺ (*Kompensierung*) **er treibt zum ~ Sport** he does sport to keep fit; **zum willkommenen ~ von etw** *dat* as a welcome change from sth ❻ *kein pl* SPORT equalizer, tie AM; **den ~ erzielen** to equalize, to tie [the score] AM; TENNIS deuce

aus|glei·chen *irreg* I. *vt* ❶ (*glattstellen*) to balance (**durch** with); *Schulden* to settle ❷ (*wettmachen*) to compensate for ❸ (*ausbalancieren*) to reconcile II. *vi* ❶ SPORT to equalize, to tie the score AM ❷ (*vermitteln*) to prove conciliatory; *Mensch* to act as a mediator III. *vr* ■ **sich ~** to balance out

Aus·gleichs·tor *nt*, **Aus·gleichs·tref·fer** *m* equalizer, tying goal AM

aus|gra·ben *vt irreg* ❶ (*aus der Erde graben*) to dig up *sep; Altertümer* to excavate; *Leiche* to disinter ❷ (*hervorholen*) to dig out *sep; alte Geschichten* to bring up *sep*

Aus·gra·bung *f* ❶ *kein pl* (*das Ausgraben*) digging up; *einer Leiche* disinterment ❷ (*Grabungsarbeiten*) excavation[s *pl*]; (*Grabungsort*) excavation site; (*Grabungsfund*) [archaeological] find

aus|gren·zen *vt* to exclude (**aus** from)

Aus·gren·zung <-> *f kein pl* exclusion (**aus** from)

aus|gu·cken *vt* (*fam*) ■ [**sich** *dat*] **jdn/etw ~** to set one's sights on sb/sth

Aus·guss[RR] <-es, Ausgüsse> *m*, **Aus·guß**[ALT] <-sses, Ausgüsse> *m* ❶ (*Spüle*) sink ❷ (*Tülle*) spout

aus|ha·ben *irreg* I. *vt* (*fam*) ❶ (*ausgezogen haben*) to have taken off *sep* ❷ (*beendet haben*) to have finished II. *vi* (*fam*) to get off [school]

aus|hal·ten *irreg* I. *vt* ❶ (*ertragen können*) to bear; **hältst du es noch eine Stunde**

aus? can you hold out another hour?; **die Kälte ~** to endure the cold; **es ist nicht [länger] auszuhalten** it's [getting] unbearable; **es lässt sich [mit jdm] ~** it's bearable [being with sb]; **es lässt sich [hier] ~** it's not a bad place ❷ (*standhalten*) to be resistant to; **eine hohe Temperatur ~** to withstand a high temperature; **viel ~** to take a lot; **den Druck ~** to [with]stand the pressure ❸ (*fam: Unterhalt leisten*) ■ **jdn ~** to keep sb **II.** *vi* to hold out

aus|han·deln *vt* to negotiate

aus|hän·di·gen ['aʊshɛndɪɡn̩] *vt* ■ **jdm etw ~** to hand over *sep* sth to sb; *Preis* to give; *Urkunde* to surrender

Aus·hang *m* notice; (*das Aushängen*) posting; **etw durch ~ bekannt geben** to put up a notice about sth

aus|hän·gen I. *vt* ❶ (*durch Aushang bekannt machen*) to put up *sep*; *Plakat* to post ❷ (*aus den Angeln heben*) to unhinge; *Haken* to unhook **II.** *vi irreg* to be/have been put up; **am schwarzen Brett ~** to be on the notice board

Aus·hän·ge·schild *nt* ❶ (*Reklametafel*) sign [board] ❷ (*Renommierstück*) showpiece

aus|har·ren *vi* to wait [patiently]; **auf seinem Posten ~** to stand by one's post

aus|hau·chen *vt* (*geh*) ❶ (*Luft schwach ausstoßen*) to exhale ❷ (*sterben*) **sein Leben ~** to breathe one's last

aus|he·ben *vt irreg* ❶ (*ausgraben*) to excavate; *Graben, Grab* to dig ❷ (*hochgehen lassen*) to bust *sep*

aus|he·cken *vt* (*fam*) to hatch; **[neue] Streiche ~** to think up new tricks

aus|hel·fen *vi irreg* to help out *sep* (**mit** with)

aus|heu·len (*fam*) **I.** *vi* to have finished crying **II.** *vr* to have a good cry; ■ **sich bei jdm ~** to have a good cry on sb's shoulder

Aus·hil·fe *f* ❶ (*vorübergehende Hilfe*) temporary help; **[bei jdm] zur ~ arbeiten** to temp [for sb] *fam* ❷ (*vorübergehende Hilfskraft*) temporary worker

aus·hilfs·wei·se *adv* on a temporary basis

aus|höh·len *vt* ❶ (*unterspülen*) to erode; (*Inneres herausmachen*) to hollow out *sep* ❷ (*untergraben*) to undermine; (*erschöpfen*) to weaken

aus|ho·len *vi* ❶ (*Schwung nehmen*) ■ **[mit etw** *dat*] **~** to swing back [sth] *sep*; **[mit der Hand] ~** to take a swing; **weit ~** to take a big swing; **zum Schlag ~** to draw back *sep* one's arm/fist etc. for a blow; **mit dem Schläger ~** to swing one's club/racket etc. ❷ (*ausschweifen*) to beat about the bush

aus|hor·chen *vt* (*fam*) ■ **jdn ~** to sound out *sep* sb (**über** about)

aus|keh·ren I. *vt* to sweep away *sep*; **das Haus ~** to sweep [out *sep*] the house **II.** *vi* to do the sweeping

aus|ken·nen *vr irreg* ❶ (*sich gut zurechtfinden*) ■ **sich ~** to know one's way around ❷ ([*gute*] *Kenntnisse besitzen*) ■ **sich [in etw** *dat*] **~** to know a lot [about sth]

aus|kip·pen *vt* (*fam*) to empty [out *sep*] (**auf/über** on[to])

aus|klam·mern *vt* to ignore

Aus·klang <-> *m kein pl* conclusion; **zum ~ des Abends** to conclude the evening

aus·klapp·bar *adj* folding; (*mit Scharnieren*) hinged

aus|klap·pen *vt* to open out

aus|klei·den *vt* ❶ (*beziehen*) to line (**mit** with) ❷ (*geh: entkleiden*) to undress; ■ **sich ~** to get undressed

aus|klin·gen *vi irreg sein* (*geh*) to conclude (**mit** with); *Abend, Feier a.* to finish off

aus|klop·fen *vt* to beat the dust out of; *Teppich* to beat; *Pfeife* to knock out *sep*

aus|klü·geln *vt* (*fam*) to work out *sep* to perfection; ■ **ausgeklügelt** cleverly thought-out

aus|knip·sen *vt* (*fam*) to switch off

aus|kno·beln *vt* to work out *sep*

aus|ko·chen *vt* ❶ KOCHK to boil [down *sep*] ❷ (*in kochendem Wasser legen*) to boil [clean]; *Instrumente, Spritzen* to sterilize ❸ (*fam: sich ausdenken*) to cook up *sep fam*

aus|kom·men *vi irreg sein* ❶ (*ausreichend haben*) ■ **mit etw** *dat* **~** to get by on sth; ■ **ohne jdn/etw ~** to manage without sb/sth; (*nicht benötigen*) to go without sb/sth ❷ (*sich mit jdm vertragen*) ■ **mit jdm [gut] ~** to get on well with sb ❸ ÖSTERR (*entkommen*) to escape

Aus·kom·men <-s> *nt kein pl* livelihood; **sein ~ haben** to get by

aus|kos·ten *vt* ❶ (*genießen*) to make the most of sth; **das Leben ~** to enjoy life to the full; **den Moment/seine Rache ~** to savour the moment/one's revenge ❷ (*fam: mitmachen, probieren*) to have one's fill of sth

aus|kot·zen (*derb*) **I.** *vt, vi* to puke [up *sep*] **II.** *vr* ■ **sich ~** to throw up

aus|kra·men *vt* (*hervorholen*) to unearth; (*fig: alte Geschichten*) to bring up *sep*

aus|krat·zen *vt* to scrape out *sep*

aus|krie·gen *vt* (*fam*) ❶ (*ausziehen können*) to get off *sep* ❷ (*beenden*) to finish [off]

aus|ku·geln *vt* to dislocate

aus|kund·schaf·ten *vt* ❶ (*herausfinden*) to find out ❷ (*ausfindig machen*) to find; MIL to reconnoitre

Aus·kunft <-, Auskünfte> ['aʊskʊnft, *pl* -kʏnftə] *f* ❶ (*Information*) information *no pl, no indef art* (**über** about); ■ **eine ~** a bit of information; **nähere ~** more information; **Auskünfte** [über jdn/etw] [bei jdm] einholen to make [some] enquiries [to sb] [about sb/sth]; [jdm] eine ~ geben to give sb some information ❷ (*~ sschalter*) information office/desk; (*am Bahnhof a.*) enquiry office/desk; (*Fernsprech~*) directory enquiries *pl, no art* BRIT, the operator AM

aus|kup·peln *vi* AUTO to declutch

aus|ku·rie·ren* (*fam*) I. *vt* to cure [completely] II. *vr* ■ **sich ~** to get better

aus|la·chen *vt* to laugh at; (*höhnisch*) to jeer at

aus|la·den *irreg* I. *vt* ❶ (*entladen*) to unload; NAUT *a.* to discharge ❷ (*fam: Einladung widerrufen*) ■ **jdn ~** to tell sb not to come; (*förmlich*) to cancel sb's invitation II. *vi* to spread; *Dach, Balkon* to protrude

Aus·la·ge <-, -n> *f* ❶ *pl* (*im Schaufenster ausgestellte Ware*) display ❷ (*Schaufenster*) shop window; (*Schaukasten*) showcase ❸ *pl* (*zu erstattender Geldbetrag*) disbursement ❹ *pl* (*Ausgaben, Unkosten*) expenses *npl*

Aus·land <-[e]s> ['aʊslant] *nt kein pl* ■ [**das**] **~** foreign countries *pl*; ■ **aus dem ~** from abroad; ■ **ins/im ~** abroad

Aus·län·der(in) <-s, -> ['aʊslɛndɐ] *m(f)* foreigner; JUR alien

Aus·län·der·be·auf·trag·te(r) *f(m) dekl wie adj* official assigned to the integration of foreign immigrants **aus·län·der·feind·lich** I. *adj* racist II. *adv* **sich ~ ausdrücken** to use racist expressions **Aus·län·der·feind·lich·keit** *f* racism

Aus·län·de·rin <-, -nen> *f fem form von* **Ausländer**

Aus·län·der·po·li·tik *f* policy on foreigners **Aus·län·der·wahl·recht** *nt* voting rights for foreigners *pl* **Aus·län·der·wohn·heim** *nt* home for immigrants

aus·län·disch ['aʊslɛndɪʃ] *adj* ❶ *attr* foreign; BOT exotic ❷ (*fremdländisch*) exotic

Aus·lands·auf·ent·halt *m* stay abroad **Aus·lands·be·zie·hun·gen** *f pl* POL foreign relations **Aus·lands·ein·satz** *m* MIL foreign [military] deployment **Aus·lands·ge·spräch** *nt* TELEK international call **Aus·lands·kor·res·pon·dent(in)** *m(f)* foreign correspondent **Aus·lands·kran·ken·schein** *m* ≈ E107 BRIT (*health insurance document for overseas travel*) **Aus·lands·rei·se** *f* journey [*or* trip] abroad

aus|las·sen *irreg* I. *vt* ❶ (*weglassen*) to omit; (*überspringen*) to skip; (*verpassen*) to miss ❷ (*abreagieren*) ■ **etw an jdm ~** to vent sth on sb ❸ KOCHK *Butter* to melt; *Speck* to render down *sep* ❹ (*fam: ausgeschaltet lassen*) to keep switched off ❺ ÖSTERR (*loslassen*) to let go of; (*aus einem Käfig etc. freilassen*) to let out *sep* II. *vr* (*pej*) ■ **sich über jdn/etw ~** to go on about sb/sth *pej* III. *vi* ÖSTERR to let go

Aus·las·sung <-, -en> ['aʊslasʊŋ] *f kein pl* omission

Aus·las·sungs·punk·te *pl* ellipsis *spec,* suspension points

aus|las·ten *vt* ❶ (*voll beanspruchen*) to use to capacity; ■ [**voll**] **ausgelastet** [**sein**] [to be] running to capacity *pred;* **teilweise ausgelastet** running at partial capacity *pred;* **ausgelastete Kapazitäten** capacity working ❷ (*voll fordern*) to occupy fully

Aus·lauf <-[e]s> *m* ❶ *kein pl* (*Bewegungsfreiheit*) exercise; (*für Tiere*) space to move about in; (*für Kinder*) room to run about ❷ (*Ausfluss*) outlet

aus|lau·fen *irreg vi sein* ❶ (*herauslaufen*) to run out (**aus** of); (*wegen Undichtheit*) to leak out; (*Inhalt austreten lassen*) to leak ❷ (*Hafen verlassen*) to [set] sail (**nach** for); ❸ (*nicht fortgeführt werden*) to be discontinued ❹ (*enden*) to end; *Vertrag* to expire ❺ (*zum Stillstand kommen*) to come to a stop; *Läufer a.* to ease off

Aus·läu·fer *m* ❶ METEO *Hochdruckgebiet* ridge; *Tiefdruckgebiet* trough ❷ *meist pl* (*Vorberge*) foothills *npl* ❸ BOT runner

Aus·lauf·mo·dell *nt* discontinued model **aus|lau·gen** *vt* to exhaust

Aus·laut *m* LING final position

aus|le·ben I. *vr* ■ **sich ~** to live it up II. *vt* (*geh*) ■ **etw ~** to realize sth

aus|lee·ren *vt* (*ausgießen*) to empty [out *sep*]; (*ausladen*) to dump; ■ **etw über jdm/etw ~** to pour sth over sb/sth

aus|le·gen *vt* ❶ (*ausbreiten*) to lay out *sep;* (*verlegen*) to put down ❷ (*bedecken*) to cover (**mit** with); (*auskleiden*) to line (**mit** with); *Teppich* to lay down *sep* ❸ (*deuten*) to interpret ❹ (*leihen*) ■ **jdm etw ~** to lend sb sth; **sie hat das Geld für**

das **Paket ausgelegt** she paid [the money] for the package ⑤ (*konzipieren, vorsehen*) to design (**für** for)
Aus·le·ger <-s, -> *m* ❶ TECH jib, boom ❷ (*Kufe gegen Kentern*) outrigger
Aus·le·gung <-, -en> *f* (*Deutung*) interpretation; (*Erklärung*) explanation **Aus·le·gungs·sa·che** *f* matter of interpretation
aus∥lei·ern I. *vt haben* (*fam*) to wear out *sep* **II.** *vi sein* to wear out; ▪**ausgeleiert** [**sein**] [to be] worn [out]
Aus·lei·he <-, -n> *f* ❶ (*das Ausleihen*) lending ❷ (*Schalter*) issuing desk
aus∥lei·hen *irreg* **I.** *vt* ▪**etw ~** to lend sth **II.** *vr* ▪**sich** *dat* **etw ~** to borrow sth
aus∥ler·nen *vi* to finish one's studies; ▪**ausgelernt** qualified ▶ **man lernt** [**eben**] **nie aus** (*prov*) [you] live and learn *prov*
Aus·le·se <-, -n> *f* ❶ (*die Elite*) the chosen few + *pl vb* ❷ (*Wein*) superior wine (*made from selected grapes*) ❸ *kein pl* (*Auswahl*) ▪**eine ~ von etw** *dat* a selection of sth; **die natürliche ~** natural selection
aus∥le·sen *irreg vt, vi* to finish reading
aus∥lie·fern *vt* ❶ (*liefern*) to deliver (**an** to) ❷ (*überstellen*) to hand over *sep* (**an** to) ❸ (*preisgeben*) ▪**jdm/etw ausgeliefert sein** to be at sb's mercy
Aus·lie·fe·rung *f* ❶ *von Waren* delivery ❷ *von Menschen* handing over; *an ein anderes Land* extradition
aus∥lie·gen *vi irreg* ❶ (*zum Verkauf liegen*) to be displayed ❷ (*bereitliegen*) to be [made] available (**für** to/for); *Zeitungen a.* to be laid out; *Schlinge* to be down
aus∥lo·ben *vt* to offer as a reward (**für** for)
aus∥löf·feln *vt* to spoon up *sep;* (*aufessen*) *Teller* to empty ▪**etw ~ müssen** (*fig fam*) to take the consequences
aus∥log·gen *vr* INFORM to log off
aus∥lö·schen *vt* ❶ (*löschen*) to extinguish ❷ (*beseitigen*) to obliterate ❸ (*geh: tilgen*) to blot out *sep*
aus∥lo·sen I. *vt* ▪**jdn/etw ~** to draw sb/sth **II.** *vi* to draw lots
aus∥lö·sen *vt* ❶ (*in Gang setzen*) to set off *sep; Bombe* to trigger off ❷ (*bewirken*) *Aufstand* to unleash; *Begeisterung* to arouse; *Beifall* to elicit; *Erleichterung, allergische Reaktion* to cause ❸ (*einlösen*) to redeem; *Gefangene* to release; (*durch Lösegeld*) to ransom
Aus·lö·ser <-s, -> *m* ❶ FOTO [shutter] release ❷ PSYCH trigger mechanism ❸ (*fam: Anlass*) trigger

Aus·lo·sung *f* draw
aus∥lo·ten *vt* ❶ NAUT ▪**etw ~** to plumb the depth of sth ❷ (*geh: ergründen*) ▪**jdn/etw ~** to fathom out sb/sth *sep*
aus∥ma·chen *vt* ❶ (*löschen*) to extinguish; (*ausschalten*) to turn off *sep; Motor* to switch off *sep* ❷ (*ermitteln*) to determine; (*entdecken*) to make out *sep* ❸ (*vereinbaren*) to agree [up]on; ▪**ausgemacht** agreed ❹ (*betragen*) to amount to ❺ (*bewirken*) ▪**kaum etwas ~** to hardly make any difference; ▪**nichts ~** to not make any difference; ▪**viel ~** to make a big difference; **was macht es schon aus?** what difference does it make? ❻ (*bedeuten*) ▪**es macht jdm nichts/viel aus, etw zu tun** sb doesn't mind doing sth/it matters a great deal to sb to do sth; **macht es Ihnen etwas aus, wenn …?** do you mind if …?; **ja, es macht mir viel aus** yes, I do mind very much
aus∥ma·len *vr* ▪**sich** *dat* **etw ~** to imagine sth
Aus·maß *nt* ❶ (*Fläche*) area; **das ~ von etw** *dat* **haben** to cover the area of sth; **von geringem ~ sein** to be small in area; (*Größe*) size; ▪**die ~e** the dimensions ❷ (*Umfang*) extent *no pl;* **Besorgnis erregende/größere ~e annehmen** to assume alarming/greater proportions
aus∥mer·zen [-mɛrtsn̩] *vt* to exterminate; *Unkraut* to eradicate
aus∥mes·sen *vt irreg* to measure [out]
aus∥mis·ten I. *vt* ❶ (*vom Mist befreien*) to muck out *sep* ❷ (*fam: von Überflüssigem befreien*) to tidy out *sep; alte Bücher* to throw out *sep; Zimmer* to clean out *sep* **II.** *vi* ❶ (*den Mist hinausschaffen*) to muck out ❷ (*fam: Überflüssiges hinausschaffen*) to have a clean-out BRIT, to clean up AM
aus∥mus·tern *vt* ❶ (*aussortieren*) to take out *sep* of service; *Möbel* to discard ❷ MIL (*entlassen*) to discharge
Aus·nah·me <-, -n> ['aʊsnaːmə] *f* exception ▶ **~n bestätigen die Regel** (*prov*) the exception proves the rule *prov*
Aus·nah·me·fall *m* exception[al case]
Aus·nah·me·ge·neh·mi·gung *f* special licence **Aus·nah·me·si·tu·a·ti·on** *f* special situation; POL state of emergency **Aus·nah·me·zu·stand** *m* POL state of emergency; **den ~ verhängen** to declare a state of emergency (**über** in)
aus·nahms·los *adv* without exception
aus·nahms·wei·se *adv* as a special exception; **darf ich das machen? — A~!** may I do that? — Just this once!; **heute ging er**

~ eine Stunde früher today he left an hour earlier [for a change]

aus|neh·men *irreg* I. *vt* ❶ (*ausweiden*) to gut; *Geflügel* to draw ❷ (*ausschließen*) to exempt (**von** from) ❸ (*fam: viel Geld abnehmen*) ▪**jdn ~** to fleece sb *fam;* (*beim Glücksspiel*) to clean out sb *sep fam* ❹ ÖS-TERR (*erkennen*) ▪**jdn/etw ~** to make out *sep* sb/sth II. *vr* (*geh*) **sich gut/ schlecht ~** to look good/bad

aus·neh·mend I. *adj* (*geh*) exceptional II. *adv* exceptionally; **das gefällt mir ~ gut** I like it very much indeed

aus|nüch·tern *vi, vr vi: sein, vr: haben* ▪[**sich** *akk*] **~** to sober up

Aus·nüch·te·rungs·zel·le *f* drying-out cell

aus|nut·zen *vt* ❶ (*ausbeuten*) to exploit ❷ (*sich zunutze machen*) to make the most of; **jds Leichtgläubigkeit ~** to take advantage of sb's gullibility

Aus·nut·zung <-> *f kein pl* ❶ (*Ausbeutung*) exploitation ❷ (*das Wahrnehmen*) ▪**die ~ von etw** *dat*/**einer S.** *gen* making the most of sth; **bei rechtzeitiger ~ dieser einmaligen Gelegenheit hätten Sie ...** if you had made the most of this unique opportunity, you would have ...

aus|pa·cken I. *vt* to unpack; *Geschenk* to unwrap II. *vi* ❶ (*Koffer, Kisten ~*) to unpack ❷ (*fam: gestehen*) to talk

aus|peit·schen *vt* to whip

aus|pfei·fen *vt irreg* to boo off the stage/to boo at

aus|plau·dern *vt* to let out

aus|plün·dern *vt* ❶ (*ausrauben*) to plunder; *Laden* to loot ❷ (*hum: leer räumen*) to raid

aus|po·sau·nen* *vt* (*fam*) to broadcast

aus|pres·sen *vt* ❶ (*her~*) to squeeze out *sep;* **frisch ausgepresst** freshly pressed ❷ (*ausbeuten*) to squeeze dry [*or* BRIT *hum also* until the pips squeak] ❸ (*brutal ausfragen*) to press

aus|pro·bie·ren* I. *vt* to try [out *sep*] II. *vi* ▪**~, ob/wie ...** to see whether/how ...

Aus·puff <-[e]s, -e> *m* exhaust [pipe], AM *also* tailpipe

Aus·puff·rohr *nt* exhaust [pipe], AM *also* tailpipe

aus|pum·pen *vt* ❶ (*leer pumpen*) to pump out *sep* ❷ (*fam: völlig erschöpfen*) to drain; ▪**ausgepumpt sein** to be completely drained

aus|quar·tie·ren* *vt* to move out *sep* (**in** into)

aus|quet·schen *vt* ❶ (*auspressen*) to squeeze out *sep;* **Orangen ~** to press oranges ❷ (*fam: forciert ausfragen*) ▪**jdn ~** to pump sb [for information]; *Polizei* to grill sb

aus|ra·die·ren* *vt* ❶ (*mit Radiergummi entfernen*) to rub out *sep* ❷ (*vernichten*) to wipe out *sep*

aus|ran·gie·ren* *vt* to throw out *sep*

aus|ras·ten *vi sein* ❶ (*herausspringen*) to come out ❷ (*hum fam: wild werden*) to go ape-shit, to throw a wobbly BRIT, to have a spaz AM

aus|rau·ben *vt* to rob

aus|räu·chern *vt* ▪**jdn/etw ~** to smoke out sb/sth *sep*

aus|rau·fen *vt Haare* to tear out *sep*

aus|räu·men *vt* ❶ (*her~*) to move out *sep;* (*leer räumen*) to clear out *sep* ❷ (*beseitigen*) to clear up *sep; Zweifel* to dispel

aus|rech·nen *vt* to calculate

Aus·re·de *f* excuse; **eine faule ~** a feeble excuse

aus|re·den I. *vi* to finish speaking II. *vt* ▪**jdm etw ~** to talk sb out of sth III. *vr bes* ÖSTERR ▪**sich ~** to have a heart-to-heart [talk]

aus|rei·chen *vi* to be sufficient (**für** for); **es muss für uns alle ~** it will have to do for us all

aus·rei·chend I. *adj* sufficient; *Kenntnisse, Leistungen* adequate; ▪**nicht ~** insufficient/inadequate; SCH satisfactory II. *adv* sufficiently

aus|rei·fen *vi sein* ❶ (*liter*) to ripen; *Wein* to mature; **Wein ~ lassen** to allow wine to mature ❷ (*fig*) ▪**ausgereift sein** to be perfected; **die Technik ist noch nicht ausgereift** the technology is still in the develop[al] stages

Aus·rei·se *f* departure [from a/the country]; **jdm die ~ verweigern** to prohibit sb from leaving the country

Aus·rei·se·er·laub·nis, Aus·rei·se·ge·neh·mi·gung *f* exit permit

aus|rei·sen *vi sein* to leave the country; (*endgültig*) to emigrate; **nach Israel ~** to go/emigrate to Israel

Aus·rei·se·vi·sum [-vi:-] *nt* exit visa

aus|rei·ßen *irreg* I. *vt haben* to pull out *sep; Haare* to pull off *sep; Blätter* to pull off *sep* II. *vi sein* ❶ (*fam: davonlaufen*) to run away ❷ (*einreißen*) to split

Aus·rei·ßer(in) <-s, -> *m(f)* (*fam*) runaway

aus|rei·ten *irreg* I. *vi sein* to ride out II. *vt haben* ▪**ein Pferd ~** to take out a horse *sep*

aus|ren·ken *vt* to dislocate

aus|rich·ten I. vt ❶ (*übermitteln*) ■ jdm etw ~ to tell sb sth; **jdm eine Nachricht ~** to pass on sep the news to sb; **kann ich etwas ~?** can I give him/her a message?; **richten Sie ihr einen Gruß [von mir] aus** give her my regards ❷ (*veranstalten*) to organize; *Fest* to arrange ❸ (*erreichen*) ■ **bei jdm etwas/nichts ~** to achieve something/nothing with sb ❹ (*einstellen*) to align (**auf** with); (*abstellen*) to gear (**auf** to) ❺ ÖSTERR (*schlechtmachen*) ■ **jdn ~** to run down sep [or AM also badmouth] sb ❻ SCHWEIZ (*zahlen*) ■ **jdm etw ~** to pay sb sth **II.** vr (*sich nach etw richten*) ■ **sich an etw** *dat* **~** to orientate oneself to sth

Aus·rich·tung <-> f kein pl ❶ (*Orientierung*) orientation (**an** to) ❷ (*Einstellung*) orientating (**auf** to) ❸ (*Organisieren*) organization; *einer Hochzeit* arrangements pl (+gen for)

Aus·ritt m ride [out]; (*das Ausreiten*) riding out

aus|rol·len I. vt haben ❶ (*entrollen*) to roll out sep; *Kabel* to run out sep ❷ (*flach walzen*) to roll out sep **II.** vi sein *Flugzeug* to taxi to a standstill; *Fahrzeug* to coast to a stop

aus|rot·ten vt to exterminate; *Termiten* to destroy; *Unkraut* to wipe out sep; *Ideen, Religion* to eradicate

Aus·rot·tung <-, -en> f extermination

aus|rü·cken vi sein ❶ *Truppen, Polizei* to turn out; *Feuerwehr* to go out on a call ❷ (*fam: ausreißen*) to make off

Aus·ruf m cry; **ein ~ des Entsetzens** a cry of horror; **etw durch ~ bekannt machen** to proclaim sth

aus|ru·fen vt irreg ❶ (*rufend nennen*) to call out sep; *Haltestelle, Streik* to call; *Krieg* to declare; ■ **jdn ~** to put out a call for sb ❷ (*ernennen*) **jdn zum König ~** to proclaim sb king

Aus·ru·fe·zei·chen nt, **Aus·ru·fungs·zei·chen** nt, **Aus·ruf·zei·chen** nt ÖSTERR, SCHWEIZ LING exclamation mark [or AM point]

aus|ru·hen vi, vr to [take a] rest; ■ **ausgeruht [sein]** [to be] well rested

aus|rup·fen vt ■ **etw ~** to pluck out sth sep

aus|rüs·ten vt to equip; *Fahrzeug, Schiff* to fit out sep

Aus·rüs·tung <-> f kein pl ❶ (*das Ausrüsten*) equipping; *Fahrzeug, Schiff* fitting out ❷ (*Ausrüstungsgegenstände*) equipment no pl; *Expedition* a. tackle; (*Kleidung*) outfit no pl

aus|rut·schen vi sein ❶ (*ausgleiten*) to slip (**auf** on); **sie ist ausgerutscht** she slipped ❷ (*entgleiten*) ■ **jdm ~** to slip [out of sb's hand]; **mir ist die Hand ausgerutscht** my hand slipped

Aus·rut·scher <-s, -> m (*fam*) slip-up

Aus·saat f ❶ kein pl (*das Säen*) sowing ❷ (*Saat*) seed no pl

aus|sä·en vt to sow

Aus·sa·ge f ❶ a. JUR (*Darstellung*) statement; (*Zeugen~*) evidence no pl; **die ~ verweigern** *Angeklagter* to refuse to make a statement; *Zeuge* to refuse to testify; **eine ~ machen** to make a statement; **~ steht gegen ~** it's one person's word against another's ❷ (*Tenor*) message

aus·sa·ge·kräf·tig adj convincing

aus|sa·gen I. vt ■ **etw [über jdn/etw] ~** ❶ (*darstellen*) to say sth [about sb/sth] ❷ JUR to give sth in evidence about sb/sth **II.** vi JUR *Zeuge* to testify (**vor** before); *Angeklagter, Beschuldigter* to make a statement; ■ **für/gegen jdn ~** to give evidence in sb's favour/against sb

Aus·satz <-es> m kein pl MED (*veraltet*) leprosy no art

Aus·sät·zi·ge(r) f(m) dekl wie adj (*veraltet o fig*) leper

aus|sau·gen vt ❶ (*leer saugen*) ■ **etw ~** to suck sth [dry] ❷ (*ausbeuten*) ■ **jdn ~** to drain sb dry

aus|schal·ten vt ❶ (*abstellen*) to turn off sep ❷ (*eliminieren*) to eliminate

Aus·schank <-[e]s, -schänke> m ❶ (*Schankraum*) taproom; (*Schanktisch*) bar ❷ kein pl (*Getränkeausgabe*) serving of drinks

Aus·schau f ■ **~ halten** to keep an eye out (**nach** for)

aus|schau·en vi ❶ (*Ausschau halten*) ■ **nach jdm/etw ~** to look for sb/sth ❷ DIAL, SÜDD, ÖSTERR s. **aussehen** ❸ (*fam*) ■ **wie schaut's aus?** how's things?; **wie schaut's aus, kommst du mit?** so what do you say, are you coming along?

aus|schei·den irreg **I.** vi sein ❶ (*nicht weitermachen*) to retire (**aus** from); *aus Verein* to leave ❷ SPORT to drop out (**aus** of) ❸ (*nicht in Betracht kommen*) to be ruled out **II.** vt haben ❶ (*aussondern*) to take out sep ❷ (*absondern*) to excrete; *Organ* to secrete

Aus·schei·dung <-, -en> f ❶ kein pl (*das Absondern*) excretion; *eines Organs* secretion ❷ pl (*Exkremente*) excrement no pl, no indef art ❸ SPORT (*Vorkampf*) qualifying contest; FBALL qualifying round

ausIschen·ken I. vt ❶ (*eingießen*) ■ **jdm etw ~** to pour sb sth ❷ (*servieren*) to serve (**an** to) II. vi to serve the drinks

ausIsche·ren vi sein to pull out; (*ausschwenken*) to swing out

ausIschil·dern vt ■ **etw ~** to signpost sth; ■ **ausgeschildert sein** to be signposted

ausIschimp·fen vt ■ **jdn ~** to tell sb off, AM *also* to give sb hell

ausIschlach·ten vt ❶ (*Verwertbares ausbauen*) to cannibalize ❷ (*fam: ausnutzen*) to exploit

ausIschla·fen *irreg* I. vt ■ **etw ~** to sleep off sth *sep* II. vi, vr ■ [**sich**] **~** to have a good [night's] sleep

Aus·schlag m ❶ MED rash ❷ (*einer Nadel*) deflection; [**bei etw** dat] **den ~ geben** (*fig*) to be the decisive factor [for/in sth]

ausIschla·gen *irreg* I. vt *haben* ❶ (*ablehnen*) to turn down *sep*; (*höflicher*) to decline; *Erbschaft* to disclaim; ■ **jdm etw ~** to refuse sb sth ❷ (*auskleiden*) to line (**mit** with) ❸ (*her~*) to knock out *sep* II. vi ❶ *haben* (*los-, zuschlagen*) to strike out (**mit** with); [**mit den Hufen**] **~** to kick ❷ *sein o haben* to deflect; *Wünschelrute* to dip ❸ *sein o haben* (*sprießen*) to come out; *Bäume a.* to come into leaf

aus·schlag·ge·bend adj decisive; [**für jdn**] **von ~er Bedeutung sein** to be of prime importance [for sb]

ausIschlie·ßen vt *irreg* ❶ (*entfernen*) to exclude (**aus** from); (*als Strafe a.*) to bar; **die Öffentlichkeit** [**von etw** dat] **~** JUR to hold sth in camera; (*spec*) to exclude the public [from sth]; *Mitglied* to expel; (*vorübergehend*) to suspend; *Spieler* to disqualify ❷ (*für unmöglich halten*) to rule out *sep* ❸ (*aussperren*) ■ **jdn/sich ~** to lock out *sep* sb/lock oneself out

aus·schließ·lich ['aʊsʃliːslɪç] I. adj *attr* exclusive II. adv exclusively; **darüber habe ~ ich zu bestimmen** I'm the one to decide on this matter III. präp excluding; (*geschrieben a.*) excl[.]

ausIschlüp·fen vi sein to hatch out (**aus** of)

Aus·schluss^RR <-es, Ausschlüsse> m, **Aus·schluß**^ALT <-sses, Ausschlüsse> m exclusion; *von Mitglied* expulsion; (*vorübergehend*) suspension; *von Spieler* disqualification; **unter ~ der Öffentlichkeit stattfinden** JUR to be closed to the public

ausIschmü·cken vt ❶ (*dekorieren*) to decorate (**mit** with) ❷ (*ausgestalten*) to embellish (**mit** with)

ausIschnei·den vt *irreg* to cut out *sep* (**aus** of)

Aus·schnitt m ❶ (*Zeitungs~*) clipping ❷ MATH sector ❸ (*ausgeschnittener Teil*) neckline; **ein tiefer ~** a low neckline; **jdm in den ~ schauen** to look down sb's dress ❹ (*Teil*) part (**aus** of); *aus einem Gemälde, Foto* detail; *aus einem Roman* excerpt; *aus einem Film* clip

ausIschöp·fen vt ❶ (*leeren*) to empty; *Boot* to bale out *sep*; *Suppe* to ladle out *sep*; *Wasser* to scoop out *sep* ❷ (*vollen Gebrauch machen*) ■ **etw** [**voll**] **~** to make full use of one's sth; *Möglichkeiten, Reserven* to exhaust; **ein Thema ~** to go into a subject thoroughly

ausIschrei·ben vt *irreg* ❶ (*ungekürzt schreiben*) to write out *sep* ❷ (*bekannt machen*) to announce; (*um Angebote zu erhalten*) to invite tenders for; *Stelle* to advertise; **Wahlen ~** to call an election, BRIT *also* to go to the country

Aus·schrei·bung <-, -en> f announcement; (*für Angebote*) invitation to tender; *einer Stelle* advertisement (**von** for); *von Neuwahlen* the calling of a new election

Aus·schrei·tung <-, -en> f meist pl riot[s pl]

Aus·schuss^1RR <-es, Ausschüsse> m, **Aus·schuß**^ALT <-sses, Ausschüsse> m (*Gremium*) committee

Aus·schuss^2RR <-es> m, **Aus·schuß**^ALT <-sses, Ausschüsse> m *kein pl* (*fam*) rejects pl

ausIschüt·teln vt to shake out

ausIschüt·ten I. vt ❶ (*ausleeren*) to empty ❷ (*verschütten*) to spill ❸ FIN (*auszahlen*) to distribute II. vr (*fam*) ■ **sich vor Lachen ~** to split one's sides laughing *fig*

Aus·schüt·tung <-, -en> f FIN distribution; (*das Ausschütten*) distribution of dividends

aus·schwei·fend adj *Leben* hedonistic; *Fantasie* wild

Aus·schwei·fung <-, -en> f meist pl excess

ausIschwei·gen vr *irreg* ■ **sich ~** to remain silent; **sich eisern ~** to maintain a stony silence

ausIschwen·ken I. vt *haben* ❶ (*ausspülen*) to rinse out *sep* ❷ (*zur Seite schwenken*) to swing out II. vi sein to wheel

ausIschwit·zen vt to sweat out *sep*

ausIseh·en vi *irreg* to look; ■ **~ wie ...** to look like ...; **es sieht gut/schlecht aus** things are looking good/not looking too good; **nach Schnee/Regen ~** to look as if it is going to snow/rain; **nach etwas/**

nichts aussehen to look good/not look anything special; **seh ich so aus?** what do you take me for?; **wie sieht's aus?** (*fam*) how's things [*or* BRIT *also* tricks]?

Aus·se·hen <-s> *nt kein pl* appearance; ■ **dem ~ nach** judging by appearances

au·ßen ['aʊsn̩] *adv* on the outside; **er spielt links/rechts ~** he is playing on the outside left/right; ■ **nach ~** outwards; ■ **von ~** from the outside; **~ vor sein** to be left out; **jdn/etw ~ vorlassen** to leave sb/sth out; **nach ~ hin** outwardly

Au·ßen·be·leuch·tung *f* exterior lighting **Au·ßen·be·zirk** *m* outer district **Au·ßen·bord·mo·tor** *m* outboard [motor]

aus|sen·den *vt irreg* (*geh*) ❶ (*ausschicken*) to send out ❷ (*ausstrahlen*) to broadcast

Au·ßen·dienst *m* employment as a sales representative; **im ~ sein** to work as a sales representative; **~ machen** to work outside the office **Au·ßen·han·del** *m* foreign trade **Au·ßen·mi·nis·ter(in)** *m(f)* foreign minister, foreign secretary BRIT, Secretary of State AM **Au·ßen·mi·nis·te·ri·um** *nt* foreign ministry, Foreign Office BRIT, State Department AM **Au·ßen·po·li·tik** ['aʊsn̩politiːk] *f* foreign policy **au·ßen·po·li·tisch** ['aʊsn̩poliːtɪʃ] I. *adj* foreign policy *attr*; **~er Sprecher** foreign policy spokesman II. *adv* as regards foreign policy **Au·ßen·sei·te** *f* outside; *Gebäude* exterior

Au·ßen·sei·ter(in) <-s, -> *m(f)* (*a. fig*) outsider

Au·ßen·spie·gel *m* AUTO [out]side mirror **Au·ßen·stän·de** *pl* ÖKON debts outstanding **Au·ßen·ste·hen·de(r)** *f(m) dekl wie adj* outsider **Au·ßen·stel·le** *f* branch **Au·ßen·stür·mer(in)** *m(f)* FBALL wing **Au·ßen·tem·pe·ra·tur** *f* outside temperature **Au·ßen·welt** *f* outside world **Au·ßen·wirt·schaft** *f* ÖKON foreign trade

au·ßer ['aʊsɐ] I. *präp +dat o gen* ❶ (*abgesehen von*) apart from ❷ (*zusätzlich zu*) in addition to ❸ (*nicht in*) out of; **~ Betrieb/Sicht/Gefahr sein** to be out of order/sight/danger ▶ [**über jdn/etw**] **~ sich** *dat* **sein** to be beside oneself [about sb/sth] II. *konj* ■ **~ dass** except that; ■ **~** [**wenn**] except [when]

au·ßer·be·trieb·lich *adj* ÖKON external; **~e Weiterbildung** external advanced training

au·ßer·dem ['aʊsɐdeːm] *adv* besides

äu·ße·re(r, s) ['ɔysərə, -rɐ, -rəs] *adj* ❶ (*außerhalb gelegen*) outer; *Verletzung* external ❷ (*von außen wahrnehmbar*) exterior ❸ (*außenpolitisch*) external

Äu·ße·re(s) ['ɔysərə, -rəs] *nt dekl wie adj* outward appearance

au·ßer·ehe·lich I. *adj* extramarital; *Kind* illegitimate II. *adv* illegitimately **au·ßer·eu·ro·pä·isch** *adj attr* non-European **au·ßer·ge·richt·lich** *adj, adv* out of court *attr* **au·ßer·ge·wöhn·lich** ['aʊsɐgəˈvøːnlɪç] I. *adj* unusual; *Leistung* extraordinary; *Mensch* remarkable II. *adv* extremely

au·ßer·halb ['aʊsɐhalp] I. *adv* outside; **~ stehen** to be on the outside; **von ~** from out of town II. *präp* outside; **~ der Sprechstunde** outside [of] surgery/visiting, etc. hours

au·ßer·ir·disch *adj* extraterrestrial; ■ **A~e** extraterrestrials

äu·ßer·lich ['ɔysɐlɪç] *adj* ❶ (*außen befindlich*) external ❷ (*oberflächlich*) superficial **Äu·ßer·lich·keit** <-, -en> *f* ❶ (*Oberflächlichkeit*) superficiality; (*Formalität*) formality ❷ *pl* (*oberflächliche Details*) trivialities *pl*

äu·ßern ['ɔysɐn] I. *vr* ❶ (*Stellung nehmen*) ■ **sich** [**zu etw** *dat*] **~** to say something [about sth]; **sich über jdn/etw abfällig ~** to make disparaging comments about sb/sth ❷ (*sich manifestieren*) ■ **sich ~** to manifest itself II. *vt* (*sagen*) to say; (*zum Ausdruck bringen*) to utter; *Kritik* to voice; *Wunsch* to express

au·ßer·or·dent·lich ['aʊsɐˈʔɔrdn̩tlɪç] I. *adj* extraordinary II. *adv* extraordinarily

au·ßer·orts *adv* SCHWEIZ, ÖSTERR out of town **au·ßer·plan·mä·ßig** ['aʊsɐplaːnmɛːsɪç] *adj* unscheduled; *Ausgaben, Kosten* non-budgetary

äu·ßerst ['ɔysɛst] *adv* extremely

au·ßer·stan·de [aʊseˈʃtandə] *adj* ■ **~, etw zu tun** unable to do sth

äu·ßers·te(r, s) *adj* ❶ (*entfernteste*) outermost; **am ~n Ende der Welt** at the farthest point of the globe; **der ~ Norden/Süden** the extreme north/south ❷ (*späteste*) latest possible ❸ (*höchste*) utmost; **von ~r Wichtigkeit** of supreme importance; **der ~ Preis** the last price

Äu·ßers·te(s) *nt dekl wie adj* **auf das ~ gefasst sein** to be prepared for the worst; **bis zum ~n gehen** to go to any extreme

äu·ßers·ten·falls ['ɔysɛstn̩fals] *adv* at the most

au·ßer·ta·rif·lich *adj* non-union

Äu·ße·rung <-, -en> *f* ❶ (*Bemerkung*) comment ❷ (*Zeichen*) expression

aus·set·zen I. vt ① (*im Stich lassen*) to abandon ② *Pflanzen* to plant out; *Wild, Fische* to release ③ (*preisgeben*) ■**jdn/etw einer S.** *dat* – to expose sb/sth to sth ④ (*unterbrechen*) to interrupt ⑤ (*bemängeln*) **an etw** *dat* **etwas auszusetzen haben** to find fault with sth; **was hast du an ihr auszusetzen?** what don't you like about her?; **daran ist nichts auszusetzen** there's nothing wrong with that II. vi ① (*aufhören*) to take a break (**bei** from); (*bei Spiel*) to sit [sth] out; **eine Runde aussetzen** to miss a turn ② (*versagen*) to stop; *Motor* to fail ③ (*unterbrechen*) ■**mit etw** *dat* ~ to interrupt sth; **ohne auszusetzen** non-stop III. *vi impers* (*fam: ausrasten*) **auf einmal setzte es bei ihm aus** all of a sudden he snapped

Aus·set·zer <-s, -> *m* TECH (*fam*) abrupt failure of a machine or one of its functions during operation

Aus·sicht *f* ① (*Blick*) view; ■**die ~ auf etw** *akk* the view overlooking sth ② (*Chance*) prospect; ■**die ~ auf etw** *akk* the chance of sth; **keine ~en [auf etw** *akk***] haben** to have no chance [of sth]; **etw in ~ haben** to have good prospects of sth; **jdm etw in ~ stellen** to promise sb sth; **das sind ja schöne ~en!** (*iron fam*) what a prospect!

aus·sichts·los *adj* hopeless

Aus·sichts·lo·sig·keit <-> *f kein pl* hopelessness

Aus·sichts·platt·form *f* viewing platform

Aus·sichts·punkt *m* viewpoint **aus·sichts·reich** *adj* promising **Aus·sichts·turm** *m* lookout tower

aus|sie·ben vt ① (*mit Sieb entfernen*) to strain (**aus** out of) ② (*aussondern*) to sift (**aus** out of)

aus|sie·deln vt to evacuate

Aus·sied·ler(in) *m(f)* emigrant; (*Evakuierter*) evacuee

aus|sit·zen vt irreg (*fam*) ■**etw ~** to sit sth out

aus|söh·nen ['aʊszøːnən] I. vt ■**jdn mit jdm/etw ~** to reconcile sb with sb/to sth II. vr ■**sich mit jdm/etw ~** to become reconciled with sb/to sth; ■**sich ~** to make up

Aus·söh·nung <-, -en> *f* reconciliation (**mit** with)

aus|son·dern vt to select

aus|sor·gen vi ■**ausgesorgt haben** to be set up for life *fam*

aus|sor·tie·ren* vt to sort out

aus|span·nen I. vi to relax II. vt ① *Pferd* to unharness (**aus** from); *Ochse* to unyoke ② (*ausbreiten*) to spread out; *Seil, Leine* to put up ③ (*herausdrehen*) to take out (**aus** of) ④ (*fam*) **jdm die Freundin/den Freund ~** to pinch sb's girlfriend/boyfriend

aus|sper·ren vt ■**jdn ~** to lock sb out; ■**sich ~** to lock oneself out

Aus·sper·rung <-, -en> *f* ÖKON lockout

aus|spie·len I. vt ① KARTEN to play ② (*als Preis aussetzen*) *Lotterie* to pay out ③ (*aufwiegeln*) ■**jdn gegen jdn ~** to play sb off against sb II. vi ① KARTEN (*das Spiel eröffnen*) to lead; (*Karte ablegen*) to play a card; **einen Trumpf ~** to play a trump [card] ② (*verspielen*) ■**[bei jdm] ausgespielt haben** to have had it [with sb] *fam*

aus|spi·o·nie·ren* vt to spy out

Aus·spra·che *f* ① (*Akzent*) pronunciation; (*Art des Artikulierens*) articulation; **eine feuchte ~ haben** to splutter when one speaks ② (*Unterredung*) talk

aus|spre·chen *irreg* I. vt ① (*artikulieren*) to pronounce ② (*äußern*) to express; **ein Lob ~** to give a word of praise; *Warnung* to issue ③ (*ausdrücken*) ■**jdm etw ~** to express sth to sb II. vr ■**sich ~** ① (*sein Herz ausschütten*) to talk things over ② (*Stellung nehmen*) ■**sich für/gegen jdn/etw ~** to voice one's support for/opposition against sb/sth ③ LING to be pronounced III. vi to finish [speaking]

Aus·spruch *m* remark; (*geflügeltes Wort*) saying

aus|spu·cken I. vt ① (*ausspeien*) to spit out ② (*fam: auswerfen*) to spew out; (*herausgeben*) to cough up *sep* ③ (*fam: gestehen*) to spit out II. vi to spit

aus|spü·len vt to wash out

aus|staf·fie·ren* vt (*fam*) ① (*ausstatten*) to fit out (**mit** with) ② (*einkleiden*) to rig [*or esp* BRIT kit] out (**mit** in)

Aus·stand *m* ① (*Streik*) **im ~ sein** to be on strike; **in den ~ treten** to go on strike, BRIT *also* to take industrial action ② SCHWEIZ, ÖSTERR, SÜDD (*Ausscheiden aus Stelle o Schule*) going away *no pl*, leaving BRIT *no pl;* **seinen ~ geben** to hold a going-away [*or* BRIT leaving] party

aus|stan·zen vt ■**etw ~** *dat* to punch sth out; **ein Loch ~** to punch a hole; **Münzen ~** to mint coins

aus|stat·ten ['aʊsʃtatn̩] vt ① (*versorgen*) to provide (**mit** with) ② (*einrichten*) to furnish (**mit** with) ③ (*versehen*) to equip (**mit** with)

Aus·stat·tung <-, -en> *f* ① *kein pl* (*Aus-*

rüstung) equipment; (*das Ausrüsten*) equipping *no pl* ❷ (*Einrichtung*) furnishings *pl* ❸ (*Aufmachung*) features *pl*

aus|ste·chen *vt irreg* ❶ (*entfernen, herausnehmen*) *Auge* to poke out; *Plätzchen* to cut out; *Unkraut* to dig out ❷ (*fam: übertreffen und verdrängen*) ▪ **jdn ~** to outdo sb

aus|ste·hen *irreg* **I.** *vt* ❶ (*ertragen*) to endure; **jdn/etw nicht ~ können** to not be able to stand sb/sth ❷ (*durchmachen*) to go through; **ausgestanden sein** (*vorbei sein*) to be all over [and done with] **II.** *vi* (*noch nicht da sein*) to be due; **die Antwort steht seit 5 Wochen aus** the reply has been due for 5 weeks

aus|stei·gen *vi irreg sein* ❶ (*aus einem Fahrzeug*) to get off; **aus einem Auto ~** to get out of a car; **du kannst mich dort ~ lassen** you can let me out over there; **„Endstation, alles ~!"** "Last stop, all change!" ❷ (*aufgeben*) to drop out (**aus** of); SPORT to retire (**aus** from); (*sich zurückziehen*) to withdraw (**aus** from)

Aus·stei·ger(in) <-s, -> *m(f)* (*aus Gesellschaft, Beruf, Studium*) dropout *esp pej;* (*für begrenzte Zeit*) sb on a career break, gapper *fam;* (*aus Terroristenkreisen*) deserter

aus|stel·len I. *vt* ❶ (*zur Schau stellen*) to display; (*auf Messe, in Museum*) to exhibit ❷ (*ausschreiben*) **[jdm] eine Rechnung ~** to issue [sb] an invoice; **sie ließ sich die Bescheinigung ~** she had the certificate made out in her name ❸ (*ausschalten*) to switch off *sep* **II.** *vi* (*sich an einer Ausstellung beteiligen*) to exhibit

Aus·stel·ler(in) <-s, -> *m(f)* ❶ (*auf Messe*) exhibitor ❷ FIN *Scheck* drawer; ADMIN (*ausstellende Behörde o. Stelle*) issuer

Aus·stel·lung *f* ❶ (*Kunst~, Messe*) exhibition ❷ *kein pl* (*das Ausschreiben*) *Scheck* making out; *Rezept, Rechnung* writing out; (*Ausfertigung*) issue

Aus·stel·lungs·da·tum *nt* date of issue **Aus·stel·lungs·ge·län·de** *nt* exhibition site **Aus·stel·lungs·hal·le** *f* exhibition hall **Aus·stel·lungs·stück** *nt* display model; (*in Ausstellung*) exhibit

aus|ster·ben *vi irreg sein* to die out; *Geschlecht, Spezies* to become extinct

Aus·steu·er <-, -n> *f* dowry

Aus·stieg <-[e]s, -e> *m* ❶ (*Öffnung zum Aussteigen*) exit ❷ (*das Aufgeben*) ▪ **der ~ aus etw** *dat* abandoning sth; **der ~ aus der Kernenergie** abandoning [of] nuclear energy

aus|stop·fen *vt* to stuff

Aus·stoß *m* ❶ (*Produktion*) output, production ❷ (*Ausschluss*) expulsion ❸ (*Emission*) emission

aus|sto·ßen *vt irreg* ❶ (*hervorbringen*) to eject (**in** into); *Gase* to emit ❷ (*von sich geben*) *Seufzer* to utter; *Schrei* to give [out]; *Laute* to make ❸ (*herausstoßen, ausschließen*) to expel (**aus** from) ❹ (*produzieren*) to turn out

aus|strah·len I. *vt haben* ❶ (*abstrahlen, verbreiten*) to radiate; *Licht, Wärme* to give off; *Radioaktivität* to emit ❷ RADIO, TV (*senden*) to transmit **II.** *vi sein* ❶ (*abstrahlen*) to radiate; *bes Licht, Wärme* to be given off; *Radioaktivität* to be emitted ❷ (*sich ausdehnen*) ▪ **in etw** *akk* **~** *Schmerz* to extend to sth ❸ (*übergehen*) ▪ **auf jdn/etw ~** to spread out to sb/sth

Aus·strah·lung *f* ❶ (*besondere Wirkung*) radiance; **eine besondere ~ haben** to have a special charisma ❷ RADIO, TV broadcast[ing]

aus|stre·cken I. *vt* to extend (**nach** to); **seine Fühler ~** to put out one's antennae; (*fig*) to make enquiries; *Hände, Beine* to stretch out **II.** *vr* (*sich räkeln*) ▪ **sich ~** to stretch oneself out

aus|strei·chen *vt irreg* ❶ (*durch Streichen ungültig machen*) to cross out *sep* ❷ (*glätten*) to smooth out *sep* ❸ (*ausschmieren*) to smooth over (**mit** with)

aus|streu·en *vt* to scatter

aus|strö·men I. *vi sein* ❶ (*herausfließen*) to stream (**aus** out of); (*entweichen*) *Dampf, Gas* to escape (**aus** from) ❷ (*ausgehen*) ▪ **von etw** *dat* **~** to be given off from sth ❸ (*ausstrahlen*) to radiate (**von** from) **II.** *vt haben* ❶ (*austreten lassen*) to give off ❷ (*verbreiten*) to radiate

aus|su·chen *vt* to choose (**für** for); ▪ **[sich** *dat***] etw ~** to choose sth; ▪ **[sich** *dat***] jdn ~** to pick sb

Aus·tausch *m* exchange; **im ~ gegen etw** *akk* in exchange for sth

aus·tausch·bar *adj* interchangeable; *defekte Teile, Mensch* replaceable

aus|tau·schen I. *vt* ❶ (*ersetzen*) to replace (**gegen** with) ❷ (*miteinander wechseln*) to exchange **II.** *vr* (*über jdn/etw sprechen*) ▪ **sich ~** to exchange stories (**über** about)

Aus·tausch·schü·ler(in) *m(f)* exchange pupil **Aus·tausch·stu·dent(in)** *m(f)* exchange student

aus|tei·len *vt* to distribute (**an** to); *Befehle* to issue; *Essen* to serve; *Karten* to deal [out]

Aus·ter <-, -n> ['aʊstɐ] f oyster
Aus·tern·bank f oyster bank [or bed]
Aus·tern·pilz m Chinese mushroom
aus|to·ben vr ■ sich ~ (sich abregen) to let off steam; (sich müde toben) to romp around; (ein wildes Leben führen) to sow one's wild oats fam!; (seine Neigungen ausleben) to let one's hair down
aus|tra·gen vt irreg ❶ (zu Fuß zustellen) to deliver ❷ (stattfinden lassen) to hold; **einen Streit mit jdm ~** to have it out with sb ❸ (bis zur Geburt behalten) to carry to [the full] term
Aus·tra·li·en <-s> [aʊsˈtraːliən] nt Australia; s. a. **Deutschland**
Aus·tra·li·er(in) <-s, -> [aʊsˈtraːliɐ] m(f) Australian; s. a. **Deutsche(r)**
aus·tra·lisch [aʊsˈtraːlɪʃ] adj Australian; s. a. **deutsch**
aus|trei·ben irreg I. vt ❶ REL (vertreiben) to exorcise ❷ (rücksichtslos abgewöhnen) ■ **jdm etw ~** to knock sth out of sb fam II. vi BOT to sprout
Aus·trei·bung <-, -en> f REL exorcism
aus|tre·ten irreg I. vi sein ❶ (herausdringen) to come out (**aus** of); Blut, Eiter etc. a. to issue (**aus** from); Öl to leak (**aus** from); Gas to escape (**aus** from) ❷ (fam: zur Toilette gehen) to go to the loo BRIT fam [or AM bathroom] ❸ (ausscheiden) to leave II. vt haben ❶ (auslöschen) to stamp out ❷ Schuhe to wear out
aus|trick·sen vt (fam) to trick
aus|trin·ken irreg I. vt ■ **etw ~** to finish sth II. vi to drink up
Aus·tritt m ❶ kein pl (das Herauskommen) issue; Flüssigkeit leakage; Gas, Radioaktivität escape; Geschoß exit ❷ (das Ausscheiden) departure (**aus** from)
aus|trock·nen I. vi sein to dry out; Brot, Fluss, Käse, Kuchen to dry up; Haut to dehydrate; Kehle to become parched II. vt ❶ haben (trockenlegen) to dry out ❷ (trocken machen) to dehydrate; Kehle to parch
aus|tüf·teln vt (fam: geschickt ausarbeiten) to work out; (sich ausdenken) to think up
aus|ü·ben vt ❶ Beruf to practise; Amt to hold; Aufgabe, Funktion to perform; Macht, Recht to exercise ❷ Druck, Einfluss to exert (**auf** on); Wirkung to have (**auf** on)
Aus·ü·bung f kein pl ❶ (das Praktizieren) practising no pl; (das Innehaben) Amt holding no pl; Aufgabe, Funktion performing no pl; **in ~ eines Amtes** (geh) in the line of duty ❷ (die Entfaltung einer Wirkung) exertion ❸ (das Verwalten) exercise
aus|u·fern ['aʊsʔuːfɐn] vi sein to escalate (**zu** into)
Aus·ver·kauf m ❶ ÖKON (Räumung des Lagers) clearance sale ❷ (pej: Verrat) sell-out
aus·ver·kauft adj sold out
Aus·wahl f ❶ (Warenangebot) selection (**an** of); **die ~ haben** to have the choice; **zur ~ stehen** to choose from; **eine ~ [unter** dat ...] **treffen** to make one's choice [from ...] ❷ SPORT representative team
aus|wäh·len vt, vi to choose (**unter** from)
Aus·wahl·me·nü nt INFORM menu bar
Aus·wahl·ver·fah·ren nt selection process
Aus·wan·de·rer, -wan·de·rin m, f emigrant
aus|wan·dern vi sein to emigrate (**nach** to)
Aus·wan·de·rung f emigration
aus·wär·tig ['aʊsvɛrtɪç] adj attr ❶ (nicht vom Ort) from out of town ❷ POL foreign; **Minister des A~en** (geh) Foreign Minister
aus·wärts ['aʊsvɛrts] adv ❶ (außerhalb des Ortes) out of town; SPORT away; **das Spiel fand ~ statt** it was an away game; **~ essen** to eat out ❷ (nach außen) outwards
Aus·wärts·spiel nt SPORT away game
aus|wa·schen vt irreg ❶ (durch Waschen entfernen) to wash out (**aus** from) ❷ (durch Spülen säubern) to rinse ❸ GEOL (herausspülen) to flush out
aus·wech·sel·bar adj (untereinander ~) interchangeable; (ersetzbar) replaceable
aus|wech·seln [-ks-] vt to replace (**gegen** with); Spieler to substitute (**gegen** for) ▶ **wie ausgewechselt [sein]** [to be] a different person
Aus·wech·sel·spie·ler(in) m(f) SPORT substitute
Aus·wech·se·lung <-, -en>, **Aus·wechs·lung** <-, -en> f replacement; SPORT substitution
Aus·weg m way out (**aus** of); **der letzte ~** the last resort
aus·weg·los adj hopeless
aus|wei·chen vi irreg sein ❶ (vermeiden) ■ **[etw** dat] **~** to get out of the way [of sth] ❷ (zu entgehen versuchen) to evade; **~ -d** evasive ❸ (als Alternative beschreiten) ■ **auf etw** akk **~** to fall back on sth [as an alternative]
Aus·weich·ma·nö·ver nt ❶ AUTO, LUFT

evasive manoeuvre ❷ (*Ausflucht*) evasion
Aus·weich·mög·lich·keit *f* means of getting out of the way; (*Alternative*) alternative
aus|wei·nen *vr* ▪ **sich** ~ to have a good cry
Aus·weis <-es, -e> [ˈaʊsvaɪs] *m* (*Personal-/Firmen~*) identity card, I.D.; (*Berechtigungs~*) pass; (*Mitglieds-/Leser-/Studenten~*) card, I.D.; (*Blinden-/Behinderten~*) identification card
aus|wei·sen *irreg* I. *vt* (*abschieben*) to deport II. *vr* ❶ (*sich identifizieren*) ▪ **sich** ~ to identify oneself; **können Sie sich ~?** do you have any means of identification? ❷ SCHWEIZ (*nachweisen*) ▪ **sich über etw** *akk* ~ to have proof of sth
Aus·weis·kon·trol·le *f* identity check
Aus·weis·pa·pie·re *pl* identity papers *pl*
Aus·wei·sung *f* ADMIN deportation
aus|wei·ten I. *vt* ❶ (*weiter machen*) to stretch ❷ (*umfangreicher machen*) to expand II. *vr* ❶ (*weiter werden*) ▪ **sich** ~ to stretch [out] ❷ (*sich ausdehnen*) to extend ❸ (*eskalieren*) ▪ **sich** ~ to escalate
Aus·wei·tung <-, -en> *f* ❶ (*Ausdehnung*) stretching *no pl* ❷ (*das Auswachsen*) escalation
aus·wen·dig *adv* [off] by heart; **etw ~ können** to know sth [off] by heart
aus|wer·fen *vt irreg* ❶ *Asche, Lava* to eject ❷ *Netz, Leine* to cast out
aus|wer·ten *vt* ❶ (*nutzbar machen*) to utilize ❷ (*evaluieren*) to evaluate; *Statistiken, Daten* to analyze
Aus·wer·tung *f* ❶ (*Nutzbarmachung*) utilization ❷ (*Evaluierung*) evaluation; (*von Statistiken*) analysis
aus|wi·ckeln *vt* to unwrap (**aus** from)
aus|wir·ken *vr* ▪ **sich** ~ to have an effect (**auf** on)
Aus·wir·kung *f* (*Wirkung*) effect; (*Folge*) consequence; **negative ~en haben** to have negative repercussions
aus|wi·schen *vt* ❶ (*durch Wischen löschen*) to wipe ❷ (*sauber wischen*) to wipe clean *sep* ▸ **jdm eins auswischen** (*fam*) to get one's own back on sb
aus|wrin·gen *vt irreg* to wring out *sep*
Aus·wuchs *m* ❶ MED growth ❷ (*Missstand*) excess
aus|wuch·ten *vt* AUTO **ein Rad ~** to balance a wheel
Aus·wurf *m kein pl* ❶ MED phlegm ❷ GEOL (*das Auswerfen*) ejection, eruption
aus|zah·len I. *vt* ❶ (*Betrag aushändigen*) to pay out ❷ (*abfinden*) to pay off *sep*; *Kompagnon, Miterben* to buy out *sep* II. *vr*

(*sich lohnen*) ▪ **sich** [**für jdn**] ~ to pay [off] [for sb]
aus|zäh·len *vt* to count
Aus·zah·lung *f* ❶ (*Aushändigung als Zahlung*) paying out ❷ (*Abfindung*) paying off; *eines Kompagnons, Miterbens* buying out
Aus·zäh·lung *f* counting
aus|zeich·nen I. *vt* ❶ (*mit Preisschild versehen*) to price ❷ (*ehren*) to honour; **jdn durch einen Preis ~** to give sb an award; **jdn durch einen Orden ~** to decorate sb with a medal ❸ (*positiv hervorheben*) ▪ **jdn ~** to distinguish sb [from all others] II. *vr* ▪ **sich** ~ to stand out
Aus·zeich·nung *f* ❶ *kein pl* (*das Auszeichnen von Ware*) labelling ❷ *kein pl* (*das Ehren*) honouring *no pl;* (*mit Orden, Würde*) decoration; (*mit Preis*) awarding *no pl* ❸ (*Preisetikett an Ware*) price tag ❹ (*Ehrung*) honour; (*Orden*) decoration; (*Preis*) award; [**etw**] **mit ~ bestehen** to pass [sth] with distinction
Aus·zeit *f* SPORT time out
aus·zieh·bar *adj* extendable [*or* BRIT also -ible]; **~e Antenne** telescopic aerial; **~er Tisch** pull-out table
aus|zie·hen *irreg* I. *vt haben* ❶ (*ablegen*) ▪ [**sich** *dat*] **etw ~** to take off *sep* sth ❷ (*entkleiden*) to undress ❸ (*herausziehen*) to pull out *sep* ❹ (*verlängern*) to extend II. *vi sein* ❶ (*Wohnung aufgeben*) to move out (**aus** of) ❷ (*ausrücken*) to set out
Aus·zieh·tisch *m* pull-out table
Aus·zu·bil·den·de(r) *f(m) dekl wie adj* trainee
Aus·zug *m* ❶ (*das Umziehen*) move; **der ~ aus Ägypten** REL the Exodus from Egypt ❷ (*das Hinausschreiten*) procession ❸ (*Ausschnitt, Exzerpt*) excerpt; *Buch a.* extract ❹ (*Konto~*) statement ❺ PHARM extract (**aus** of)
aus·zugs·wei·se *adv, adj* in excerpts [*or* extracts]
aus|zup·fen *vt* ❶ (*entfernen*) ▪ [**sich** *dat*] **etw ~** *Augenbrauen* to pluck sth ❷ (*Unkraut jäten*) ▪ **etw ~** to pull sth
au·tark [aʊˈtark] *adj* ÖKON self-sufficient
Au·tar·kie <-, -n> [aʊtarˈkiː, *pl* -kiːən] *f* ÖKON autarky
au·then·tisch [aʊˈtɛntɪʃ] *adj* authentic
Au·then·ti·zi·tät <-> [aʊtɛntitsiˈtɛːt] *f kein pl* authenticity
au·tis·tisch *adj* MED autistic
Au·to <-s, -s> [ˈaʊto] *nt* car; **~ fahren** to drive [a car]; (*als Mitfahrer*) to drive [by car]; **mit dem ~ fahren** to go by car
Au·to·at·las *m* road atlas **Au·to·bahn** *f*

motorway BRIT, freeway AM; (*in Deutschland a.*) autobahn

Au·to·bahn·auf·fahrt *f* motorway slip-road BRIT, freeway on ramp AM **Au·to·bahn·aus·fahrt** *f* motorway exit BRIT, freeway exit AM **Au·to·bahn·(be·nut·zungs·)ge·bühr** *f* [motorway] toll **Au·to·bahn·drei·eck** *nt* motorway junction **Au·to·bahn·kreuz** *nt* motorway intersection **Au·to·bahn·rast·stät·te** *f* motorway services *pl* BRIT, services *pl* AM

Au·to·bat·te·rie *f* car battery

Au·to·bio·gra·fie^RR, **Au·to·bio·gra·phie** [autobiogra'fi:] *f* autobiography **au·to·bio·gra·fisch**^RR *adj* autobiographical

Au·to·bom·be *f* car bomb **Au·to·bus** *m* (*veraltet*) bus **Au·to·car** *m* SCHWEIZ bus

Au·to·di·dakt(in) <-en, -en> [autodi'dakt] *m(f)* self-educated person **au·to·di·dak·tisch** I. *adj* self-taught II. *adv* autodidactically

Au·to·fäh·re *f* car ferry **Au·to·fah·rer(in)** *m(f)* [car] driver **Au·to·fahrt** *f* car journey **Au·to·fried·hof** *m* (*fam*) car dump

au·to·gen [auto'ge:n] *adj* PSYCH ~es **Training** relaxation through self-hypnosis

Au·to·gramm <-s, -e> [auto'gram] *nt* autograph

Au·to·händ·ler(in) *m(f)* car dealer[ship] **Au·to·kar·te** *f* road map **Auto·kenn·zei·chen** *nt* number plate BRIT, license plate AM; (*Länderkennzeichen*) international number [*or* AM license] plate code **Au·to·ki·no** ['autoki:no] *nt* drive-in cinema

Au·to·krat(in) <-en, -en> [auto'kra:t] *m(f)* autocrat

Au·to·kra·tie <-, -n> [autokra'ti:, *pl* -'ti:ən] *f* autocracy

Au·to·kra·tin <-, -nen> *f fem form von* **Autokrat**

au·to·kra·tisch *adj* autocratic

Au·to·mat <-en, -en> [auto'ma:t] *m* ① (*Geld*~) cash dispenser; (*Musik*~) jukebox; (*Spiel*~) slot-machine; (*Verkaufs*~) vending machine ② ELEK [automatic] cut-out

Au·to·ma·tik¹ <-> [auto'ma:tɪk] *f* ① (*Steuerungs*~) automatic system ② (*Automatikgetriebe in Fahrzeugen*) automatic transmission

Au·to·ma·tik² <-s, -s> [auto'ma:tɪk] *m* (*Wagen mit Automatikgetriebe*) automatic

au·to·ma·tisch [auto'ma:tɪʃ] *adj* automatic

au·to·ma·ti·sie·ren* [automati'zi:rən] *vt* to automate

Au·to·ma·ti·sie·rung <-, -en> *f* automation

Au·to·me·cha·ni·ker(in) *m(f)* car mechanic

Au·to·mo·bil <-s, -e> [automo'bi:l] *nt* (*veraltet geh*) automobile

Au·to·mo·bil·her·stel·ler *m* car manufacturer **Au·to·mo·bil·in·dus·trie** *f* car industry

au·to·nom [auto'no:m] *adj* POL autonomous

Au·to·no·me(r) *f(m) dekl wie adj* POL independent

Au·to·no·mie <-, -n> [autono'mi:, *pl* -'mi:ən] *f* POL autonomy

Au·to·no·mie·ver·hand·lun·gen *pl* negotiations on autonomy *pl*

Au·to·num·mer *f* car [registration] number **Au·to·pi·lot** ['autopilo:t] *m* LUFT autopilot

Au·top·sie <-, -n> [autɔ'psi:, *pl* -'psi:ən] *f* MED autopsy

Au·tor, Au·to·rin <-s, -toren> ['auto:ɐ̯, -'to:rɪn, *pl* -'to:rən] *m, f* author

Au·to·ra·dio *nt* car radio; (*mit Kassettenspieler*) car stereo **Au·to·rei·fen** *m* car tyre **Au·to·ren·nen** *nt* motor race; (*Rennsport*) motor racing

Au·to·rin <-, -nen> [au'to:rɪn] *f fem form von* **Autor**

au·to·ri·sie·ren* [autori'zi:rən] *vt* to authorize; **ich habe ihn dazu autorisiert** I gave him authorization for it; ■**autorisiert** authorized

au·to·ri·tär [autori'tɛ:ɐ̯] *adj* authoritarian

Au·to·ri·ta·ris·mus <-> *m kein pl* POL, SOZIOL authoritarianism

Au·to·ri·tät <-, -en> [autori'tɛ:t] *f* authority

Au·to·schlan·ge *f* queue [*or* AM line] of cars **Au·to·schlos·ser(in)** *m(f)* auto mechanic **Au·to·schlüs·sel** *f* car key **Au·to·skoo·ter** <-s, -> [-sku:tɐ] *m* bumper car **Au·to·stopp** *m* hitch-hiking

Au·to·sug·ges·ti·on [autozʊgɛstioːn] *f* PSYCH autosuggestion

Au·to·te·le·fon *nt* car phone **Au·to·un·fall** *m* car accident **Au·to·ver·leih** *m*, **Au·to·ver·mie·tung** *f* car rental firm **Au·to·werk·statt** *f* garage, car repair shop **Au·to·wrack** *nt* car wreck, wrecked car

autsch [autʃ] *interj* (*fam*) ouch

avan·cie·ren* [avã'siːrən] *vi sein* (*geh*) to advance (**zu** to)

Avant·gar·de <-, -n> [avã'gardə] *f* (*geh*) avant-garde

avant·gar·dis·tisch *adj* avant-garde

Ava·tar <-s, -e *o* -s> [ava'taːɐ̯] *m* INET avatar

Aver·si·on <-, -en> [avɛr'zi̯oːn] *f* aversion (**gegen** to)

Avo·ca·do <-, -s> [avo'kaːdo] *f* avocado

axi·al [a'ksi̯aːl] *adj* TECH axial

Axi·om <-s, -e> [a'ksi̯oːm] *nt* axiom

Axt <-, Äxte> [akst, *pl* 'ɛkstə] *f* axe ▶ **die ~ im Haus erspart den Zimmermann** (*prov*) self-help is the best help

Aza·lee <-, -n> [atsa'leːə] *f*, **Aza·lie** <-, -n> [a'tsaːli̯ə] *f* BOT azalea

Azo·ren [a'tsoːrən] *pl* GEOG ■ **die ~** the Azores *npl*

Az·te·ke, Az·te·kin <-n, -n> [atsˈteːkə, -ˈteːkɪn] *m*, *f* HIST Aztec

Azu·bi [a'tsuːbi, 'a(ː)tsubi] *m* <-s, -s>, *f* <-, -s> *kurz für* **Auszubildende(r)** trainee

azur·blau [a'tsuːɐ̯] *adj* (*geh*) azure[-blue]

Bb

B, b <-, - *o fam* -s, -s> [beː] *nt* ❶ (*Buchstabe*) B [*or* b]; *s. a.* **A 1** ❷ MUS B flat; ■ **b** (*Erniedrigungszeichen*) flat; *s. a.* **A 2**

bab·beln ['babl̩n] *vi, vt* (*fam*) to babble; (*viel reden a.*) to chatter

Ba·by <-s, -s> ['beːbi] *nt* baby

Ba·by·klap·pe ['beːbi-] *f hatch or container in which unwanted babies can be left anonymously* **Ba·by·pau·se** ['beːbi-] *f* (*fam*) parental leave *no pl* **ba·by·sit·ten** ['beːbɪzɪtn̩] *vi meist infin* to babysit **Ba·by·sit·ter(in)** <-s, -> ['beːbɪzɪtɐ] *m(f)* babysitter **Ba·by·speck** *m* (*hum fam*) puppy fat BRIT, baby fat AM **Ba·by·strich** *m* (*fam*) child prostitution **Ba·by·tra·ge·ta·sche** *f* carrycot, baby carrier AM **Ba·by·wä·sche** *f* baby clothes *npl* **Ba·by·zel·le** *f* mini[ature] cell [battery]

Bach <-[e]s, Bäche> [bax, *pl* 'bɛçə] *m* brook, creek AM; (*kleiner a.*) stream ▶ **den ~ runtergehen** (*fam*) to go down the drain

Ba·che·lor <-[s], -s> ['bɛtʃəlɐ] *m* Bachelor's [degree] (**in** +*dat* in); **den ~ machen** to do a Bachelor's degree; **das Studium mit dem ~ abschließen** to graduate with a Bachelor's degree

Ba·che·lor·stu·di·en·gang ['bɛtʃəlɐ-] *m* Bachelor's [degree] course

Bach·stel·ze <-, -n> *f* wagtail

Back·blech *nt* baking tray

Back·bord <-[e]s> ['bakbɔrt] *nt kein pl* NAUT port [side]

back·bord(s) *adv* NAUT on the port side

Ba·cke <-, -n> ['bakə] *f* ❶ (*Wange*) cheek ❷ (*fam: Po~*) buttock ❸ KOCHK (*pork*) cheek ❹ (*von Schraubstock*) jaw; (*Brems~*) shoe; (*am Fahrrad*) block ▶ **au ~!** (*veraltet fam*) oh dear!

ba·cken <backt *o* bäckt, backte *o veraltet* buk, gebacken> ['bakn̩] *vt, vi* (*im Ofen*) to bake; (*in Fett*) to fry (**in** with)

Ba·cken·kno·chen *m* ANAT cheekbone

Ba·cken·zahn *m* back tooth

Bä·cker(in) <-s, -> ['bɛkɐ] *m(f)* ❶ (*Mensch*) baker ❷ (*Bäckerei*) bakery; **beim ~** at the baker's [shop]

Bä·cke·rei <-, -en> [bɛkə'raɪ] *f* ❶ (*Bäckerladen*) baker's [shop]; (*Backstube*) bakery ❷ ÖSTERR (*Gebäck*) small pastries and biscuits

Bä·cke·rin <-, -nen> *f fem form von* **Bäcker**

Bä·cker·meis·ter(in) *m(f)* master baker

Back·fisch ['bakfɪʃ] *m* ❶ (*gebackener Fisch*) fried fish in batter ❷ (*veraltet: Teenager*) teenage girl **Back·form** *f* baking tin; (*Kuchenform a.*) cake tin

Back·ground <-s, -s> [-graʊnt] *m* background; (*Musik*) background music

Back·mi·schung *f* cake mixture **Back·ofen** ['bak'oːfn̩] *m* oven; **heiß wie in einem ~** like an oven **Back·pfei·fe** *f* DIAL slap in the face **Back·pul·ver** *nt* baking powder **Back·rohr** *nt* ÖSTERR, **Back·röh·re** *f* oven

Back·slash <-, -s> ['bɛkslɛʃ] *m* INFORM backslash

Back·stein *m* BAU [red]brick **Back·stu·be** *f* bakery

Back·up <-s, -s> ['bɛkʔap] *nt o m* INFORM backup [copy]

Back·wa·ren *pl* bakery produce

Bad <-[e]s, Bäder> [baːt, *pl* 'bɛːdɐ] *nt* ❶ (*eingelassenes Badewasser*) bath; **jdm/sich ein ~ einlassen** to run sb/oneself a bath ❷ (*das Baden*) bathing; **ein ~ nehmen** to take a bath ❸ (*Badezimmer*) bathroom ❹ (*Schwimm~*) swimming pool [*or*

BRIT bath[s]) (*Badeort: Heil~*) spa; (*See~*) seaside resort ▶ **ein ~ in der Menge** a walkabout

Ba·de·an·stalt *f* swimming pool **Ba·de·an·zug** *m* swimming costume **Ba·de·hand·tuch, Ba·de·tuch** *nt* bath towel **Ba·de·ho·se** *f* swimming trunks *npl* **Ba·de·kap·pe** *f* swimming cap **Ba·de·lat·schen** *m* (*fam*) flip-flops *pl* **Ba·de·man·tel** *m* bathrobe **Ba·de·meis·ter(in)** *m(f)* [pool] attendant; (*am Strand*) lifeguard

ba·den ['ba:dn̩] I. *vi* ❶ (*ein Wannenbad nehmen*) to have a bath ❷ (*schwimmen*) to swim (**in** +*dat* in); **~ gehen** to go for a swim ▶ [**bei/mit etw** *dat*] **~ gehen** (*fam*) to come a cropper [doing/with sth] II. *vt* ❶ (*ein Bad geben*) ■ **jdn ~** to bath sb; ■ **sich ~** to have a bath ❷ MED to bathe (**in** +*dat* in)

Ba·den-Würt·tem·berg <-s> ['ba:dn̩-ˈvʏrtəmbɛrk] *nt* Baden-Württemberg

Ba·de·ort *m* seaside resort; (*Kurort*) spa resort **Ba·de·schuh** *m* flip flop **Ba·de·tuch** *nt* bath towel **Ba·de·wan·ne** *f* bath [tub] **Ba·de·was·ser** *nt* bath water **Ba·de·zim·mer** *nt* bathroom

Bad·min·ton <-> ['bɛtmɪntən] *nt* badminton

baff [baf] *adj präd* (*fam*) ■ **~ sein** to be flabbergasted

BAFöG <-> *nt*, **Ba·fög** <-> ['ba:fœk] *nt kein pl*, *Akr von* **Bundesausbildungsförderungsgesetz** [student] grant; **~ bekommen** to receive a grant

Ba·ga·tell·de·likt *nt* JUR minor [*or* petty] offence

Ba·ga·tel·le <-, -n> [baɡaˈtɛlə] *f* trifle, bagatelle *dated*

ba·ga·tel·li·sie·ren* [baɡatɛliˈziːrən] *vt, vi* to trivialize

Ba·ga·tell·scha·den *m* minor damage

Bag·dad <-s> ['bakdat] *nt* Bag[h]dad

Ba·gel <-s, -s> ['beɪɡəl] *m* KOCHK bagel

Bag·ger <-s, -> ['baɡɐ] *m* BAU excavator

bag·gern ['baɡɐn] *vi* ❶ BAU to dig ❷ (*Volleyball*) to dig ❸ (*sl*) to flirt

Bag·ger·see *m* artificial lake formed in gravel pit

Ba·guette <-s, -s> [baˈɡɛt] *nt* baguette

Ba·ha·mas [baˈhaːmas] *pl* ■ **die ~** the Bahamas *pl*

Bahn <-, -en> [baːn] *f* ❶ (*Eisen~*) train; (*Straßen~*) tram; (*Verkehrsnetz, Verwaltung*) railway[s]; **mit der ~** by train ❷ SPORT track; *Schwimmbecken* lane ❸ ASTRON orbit, path ❹ (*Stoff~, Tapeten~*) strip ❺ (*Weg, Lauf*) course; TRANSP (*Fahr~*) lane ▶ **freie ~** [**für etw**] **haben** to have the go-ahead [for sth]; **in geregelten ~en verlaufen** to take an orderly course; **etw in die richtigen ~en lenken** to lead sth in the right channels; **auf die schiefe ~ kommen** to get off the straight and narrow; **sich** *dat* **eine ~ brechen** to force one's way, to make headway; **einer S.** *dat* ~ **brechen** to blaze the trail for sth; **jdn aus der ~ werfen** to get sb off course

Bahn·be·am·te(r) *m dekl wie adj*, **-be·am·tin** *f* railway official **bahn·bre·chend** *adj* ground-breaking **Bahn·bus** *m* TRANSP rail coach **Bahn·damm** *m* railway embankment

bah·nen *vt* to pave a way; *Flussbett* to carve; **sich** *dat* **einen Weg durch etw** *akk* **~** to fight one's way through sth

Bahn·fahrt *f* train journey **Bahn·gleis** *nt* railway line

Bahn·hof *m* [railway] station ▶ **nur** [**noch**] **~ verstehen** (*hum fam*) to not have the foggiest [idea]; **jdm einen großen ~ bereiten** to give sb [the] red carpet treatment

Bahn·hofs·hal·le *f* station concourse **Bahn·hofs·vor·stand** *m* ÖSTERR, SCHWEIZ, **Bahn·hofs·vor·ste·her(in)** *m(f)* stationmaster

Bahn·li·nie *f* railway line **Bahn·po·li·zei** *f* railway police **Bahn·schran·ke** *f*, **Bahn·schran·ken** *m* ÖSTERR level crossing barrier **Bahn·steig** <-[e]s, -e> *m* [station] platform **Bahn·steig·kan·te** *f* platform edge **Bahn·stre·cke** *f* railway line, track [section] **Bahn·über·gang** *m* level crossing **Bahn·un·ter·füh·rung** *f* [railway [*or* AM railroad]] underpass **Bahn·ver·bin·dung** *f* [rail] connection **Bahn·wär·ter(in)** *m(f)* level crossing attendant

Bah·re <-, -n> ['baːrə] *f* stretcher; (*Toten~*) bier

Bai <-, -en> ['baj] *f* GEOG bay

Bai·ser <-s, -s> [bɛˈzeː] *nt* meringue

Baisse <-, -n> ['bɛːsə] *f* BÖRSE slump

Ba·jo·nett <-[e]s, -e> [bajoˈnɛt] *nt* MIL bayonet

Bak·te·rie <-, -n> [bakˈteːriə] *f meist pl* bacterium

bak·te·ri·ell [baktеˈrjɛl] *adj* MED bacterial, bacteria *attr*

Bak·te·ri·o·lo·ge, Bak·te·ri·o·lo·gin <-n, -n> [bakterjoˈloːɡə, -ˈloːɡɪn] *m, f* bacteriologist

Bak·te·ri·o·lo·gie <-> [bakterjoloˈɡiː] *f kein pl* bacteriology *no pl*

bak·te·ri·o·lo·gisch [bakterjoˈloːɡɪʃ] *adj* bacteriological

Ba·lan·ce <-, -n> [ba'lã:sə] f balance
ba·lan·cie·ren* [balã'si:rən] vi, vt to balance (**auf** on, **über** across)
bald [balt] **I.** adv soon; **komm ~ wieder!** come back soon!; **wird's ~?** (fam) move it!; **so ~ wie möglich** as soon as possible; **bis ~!** see you later!; **~ darauf** soon after[wards]; **nicht so ~** not as soon **II.** konj (geh) ■ **~ ..., ~ ...** one moment ..., the next ...; **~ hier, ~ da** now here, now there
Bal·da·chin <-s, -e> ['baldaxi:n] m canopy
Bäl·de ['bɛldə] f **in ~** in the near future
bal·dig ['baldıç] adj attr speedy; **wir hoffen auf Ihr ~es Kommen!** we hope to see you soon!
bal·digst adv (geh) as soon as possible
bald·mög·lichst adv as soon as possible
Bal·dri·an <-s, -e> ['baldria:n] m BOT valerian
Ba·le·a·ren [bale'a:rən] pl ■ **die ~** the Balearic Islands pl
Balg[1] <-[e]s, Bälge> [balk, pl 'bɛlgə] m ① (Blase~) bellows npl ② (Tierhaut) pelt
Balg[2] <-[e]s, Bälger> [balk, pl 'bɛlgɐ] m o nt (pej fam) brat
bal·gen ['balgn̩] vr ■ **sich [um etw** akk**] ~** to scrap [over sth]
Bal·ge·rei <-, -en> [balgə'raj] f scrap
Bal·kan <-s> ['balka:n] m ① (Halbinsel, Länder) ■ **der ~** the Balkans pl; **auf dem ~** on the Balkans ② (Balkangebirge) Balkan Mountains pl
Bal·kan·län·der pl Balkan States
Bal·ken <-s, -> ['balkn̩] m ① (Holz~) beam ② (Stahl~) girder ③ (Stütz~) beam ④ MUS bar ⑤ SPORT beam ▶ **lügen, dass sich die ~ biegen** (fam) to lie through one's teeth
Bal·ken·de·cke f wood-beam ceiling **Bal·ken·waa·ge** f beam balance
Bal·kon <-s, -s o -e> [bal'kɔŋ, bal'kõ:] m ① ARCHIT balcony ② THEAT dress circle
Bal·kon·pflan·ze f balcony plant **Bal·kon·tür** f French window[s]
Ball[1] <-[e]s, Bälle> [bal, pl 'bɛlə] m (zum Spielen) ball; **am ~ sein** to have the ball; **jdm den ~ zuspielen** to feed sb the ball ▶ **am ~ bleiben** to stay on the ball fig; **bei jdm am ~ bleiben** to keep in with sb fig; **am ~ sein** to be on the ball fig; **jdm den ~ zuspielen** to feed sb lines fig
Ball[2] <-[e]s, Bälle> [bal, pl 'bɛlə] m (Tanzfest) ball; (mit Mahl a.) dinner-dance BRIT
Bal·la·de <-, -n> [ba'la:də] f ballad
Bal·last <-[e]s, selten -e> ['balast, ba'last] m NAUT, LUFT ballast; (fig) burden

Bal·last·stof·fe pl roughage sing
bal·len ['balən] **I.** vt to press together [into a ball]; Papier to crumple [into a ball]; Faust to clench **II.** vr ■ **sich ~** to crowd [together]; Wolken to gather
Bal·len <-s, -> ['balən] m ① (rundlicher Packen) bale ② (an Hand o Fuß) ball; (bei Tieren) pad
Bal·le·ri·na[1] <-, Ballerinen> [balə'ri:na, pl -'ri:nən] f ballerina
Bal·le·ri·na[2] <-s, Ballerinas> [balə'ri:na] m (Schuh) court shoe BRIT, pump AM
bal·lern ['balɐn] **I.** vi (fam) ① (schießen) to shoot; **zu Silvester wird viel geballert** there are lots of fireworks on New Year's Eve ② (knallen, poltern) to bang; **gegen die Tür ~** to bang on the door **II.** vt (sl: zuschlagen) **jdm eine ~** to sock sb one
Bal·lett <-[e]s, -e> [ba'lɛt] nt ① (Tanz) ballet ② (Tanzgruppe) ballet [company]; **zum ~ gehen** to become a ballet dancer; **beim ~ sein** to be with the ballet
Bal·lett·tän·zer(in)[RR] m(f) ballet dancer
bal·lis·tisch [ba'lıstıʃ] adj ballistic
Ball·jun·ge m TENNIS ball boy
Ball·kleid nt ball dress
Ball·mäd·chen nt TENNIS fem form von **Balljunge** ball girl
Bal·lon <-s, -s o -e> [ba'lɔŋ, ba'lõ:] m ① (Luft~) balloon ② (bauchiger Glasbehälter) carboy ③ (sl: Kopf) nut BRIT, bean AM
Bal·lon·fahrt f ■ **auf ~ gehen** to go up in a [hot air] balloon
Ball·saal m ballroom
Ball·spiel nt ball game **Ball·spie·len** <-s> nt kein pl playing ball
Bal·lung <-, -en> f ① (Ansammlung) concentration ② (Verdichtung) accumulation
Bal·lungs·ge·biet nt, **Bal·lungs·raum** m conurbation **Bal·lungs·zen·trum** nt centre of population; **industrielles ~** centre of industry
Ball·wech·sel m rally
Bal·sam <-s, -e> ['balza:m] m ① (Salbe) balsam ② (fig) balm; **~ für die Seele sein** to be like balm for the soul
bal·sa·mie·ren [balza'mi:rən] vt ① (vor Verwesung schützen) to embalm ② (geh: einölen) to anoint
Bal·te <-en, -en> ['baltə] m Balt, person from the Baltic; s. a. **Deutsche(r)**
Bal·ti·kum <-s> ['baltikʊm] nt ■ **das ~** the Baltic states
bal·tisch ['baltıʃ] adj Baltic
Ba·lus·tra·de <-, -n> [balʊs'tra:də] f balustrade

bal·zen ['baltsn̩] *vi* to perform a courtship display

Bam·bus <-ses *o* -, -se> ['bambʊs] *m* bamboo

Bam·bus·rohr *nt* bamboo cane **Bam·bus·spros·sen** *pl* bamboo shoots *pl*

Bam·mel <-s> ['baml] *m* (*fam*) ▪ **~ vor jdm/etw haben** to be scared of sb/sth

ba·nal [ba'naːl] *adj* banal; *Angelegenheit, Ausrede* trivial; *Bemerkung* trite; *Thema* commonplace

ba·na·li·sie·ren* [banali'ziːrən] *vt* (*geh*) to trivialize

Ba·na·li·tät <-, -en> [banali'tɛːt] *f* ❶ *kein pl* (*banale Beschaffenheit*) banality; *eines Themas, einer Angelegenheit* triviality ❷ *meist pl* (*banale Äußerung*) platitude

Ba·na·ne <-, -n> [ba'naːnə] *f* banana

Ba·na·nen·re·pu·blik *f* (*pej*) banana republic **Ba·na·nen·scha·le** *f* banana skin **Ba·na·nen·stau·de** *f* banana [plant]

Ba·nau·se <-n, -n> [ba'naʊzə] *m* (*pej*) philistine

band [bant] *imp von* **binden**

Band¹ <-[e]s, Bänder> [bant, *pl* 'bɛndɐ] *nt* ❶ (*Streifen Gewebe*) ribbon *also fig*; (*Hut~*) hatband; (*Schürzen~*) apron string ❷ (*Mess~*) measuring tape ❸ (*Metall~*) metal band ❹ (*Verpackungs~*) packaging tape ❺ (*Ton~*) [recording] tape; **etw auf ~ aufnehmen** to tape [record] sth ❻ (*Fließ~*) conveyor belt; **am ~ arbeiten** to work on an assembly line; **am laufenden ~** (*fam*) non-stop ❼ *meist pl* ANAT ligament; **sich** *dat* **die Bänder zerren** to strain ligaments ❽ BAU (*Baubeschlag*) hinge ❾ (*gegenseitige Beziehung*) bond; **zarte ~e knüpfen** to start a romance

Band² <-[e]s, Bände> [bant, *pl* 'bɛndə] *m* volume; **Bände füllen** to fill volumes ▶ **Bände sprechen** (*fam*) to speak volumes

Band³ <-, -s> [bɛnt] *f* MUS band

Ban·da·ge <-, -n> [ban'daːʒə] *f* bandage ▶ **mit harten ~n kämpfen** (*fam*) to fight with no holds barred

ban·da·gie·ren* [banda'ʒiːrən] *vt* to bandage

Band·auf·nah·me *f* tape-recording **Band·brei·te** *f* ❶ (*geh*) range; **eine ~ von ... bis ... haben** to range from ... to ... ❷ RADIO, INET bandwidth

Ban·de¹ <-, -n> ['bandə] *f* (*Gruppe*) gang

Ban·de² <-, -n> ['bandə] *f* SPORT barrier; *eines Billardtisches* cushion; *einer Reitbahn* boards

Ban·de·ro·le <-, -n> [bandə'roːlə] *f* revenue stamp

Bän·der·riss^RR ['bɛndɐ-] *m* MED torn ligament

bän·di·gen ['bɛndɪɡn̩] *vt* ❶ (*zähmen*) to tame ❷ (*niederhalten, zügeln*) to bring under control; *Haare* to control; *Naturgewalten* to harness

Ban·dit(in) <-en, -en> [ban'diːt] *m(f)* bandit; **einarmiger ~** one-armed bandit

Band·maß *nt* tape measure **Band·nu·del** *f* tagliatelle *no pl* **Band·schei·be** *f* ANAT [intervertebral] disc; **es an den ~n haben** to have a slipped disc **Band·wurm** *m* tapeworm

bang <-er *o* bänger, -ste *o* bängste> [baŋ] *adj* (*geh*) scared; *Schweigen* uneasy; **es ist/wird jdm ~** [**zumute**] to be/become uneasy

Ban·ge <-> ['baŋə] *f* **jdm ~ machen** to scare sb; [**nur**] **keine ~!** (*fam*) don't be afraid!; (*keine Sorge*) don't worry!

ban·gen ['baŋən] *vi* (*geh*) ❶ (*sich ängstigen*) ▪ **um jdn/etw ~** to worry about sb/sth; **um jds Leben ~** to fear for sb's life ❷ (*Angst haben*) to be scared

Bang·la·desch <-[s]> [baŋla'dɛʃ] *nt* Bangladesh; *s. a.* **Deutschland**

Bank¹ <-, Bänke> [baŋk, *pl* 'bɛŋkə] *f* ❶ (*Sitzmöbel*) bench; (*Garten~*) [garden] seat; (*Anklage~*) dock; **auf der Anklage~** in the dock; (*Schul~*) desk; **in der ersten ~** in the front row ❷ (*bankförmige Anhäufung*) bank; (*Austern~*) bed; (*Korallen~*) reef; (*Sand~*) sandbank, sandbar; (*Wolken~*) bank of clouds ▶ **etw auf die lange ~ schieben** (*fam*) to put sth off; [**alle**] **durch die ~** (*fam*) every single one [of them]

Bank² <-, -en> [baŋk] *f* ❶ FIN bank; **auf der ~** in the bank; **ein Konto bei einer ~ haben** to have an account with a bank ❷ (*Kasse*) bank; **die ~ sprengen** to break the bank ▶ **eine sichere ~ sein** *Mensch, Projekt* to be a safe bank [*or* bet]

Bank·an·ge·stell·te(r) *f(m) dekl wie adj* bank employee **Bank·au·to·mat** *m* [automated] cash dispenser, automated teller machine, ATM **Bank·di·rek·tor, -di·rek·to·rin** *m, f* bank manager

Ban·ker(in) <-s, -> ['bɛŋkɐ] *m(f)* (*fam*) banker

Ban·kett <-[e]s, -e> [baŋ'kɛt] *nt* banquet

Bank·ge·heim·nis *nt* [the bank's duty to maintain] confidentiality **Bank·ge·schäf·te** *pl* banking transactions *pl* **Bank·hal·ter(in)** *m(f)* bank, banker

Ban·kier <-s, -s> [baŋ'ki̯eː] *m* banker
Bank·kauf·mann, -frau *m, f* [qualified] bank clerk **Bank·kon·to** *nt* bank account **Bank·kre·dit** *m* bank loan **Bank·leit·zahl** *f* bank sorting code [number] **Bank·no·te** *f* banknote **Bank·raub** *m* bank robbery **Bank·räu·ber(in)** *m(f)* bank robber
bank·rott [baŋk'rɔt] *adj* bankrupt
Bank·rott <-[e]s, -e> [baŋk'rɔt] *m* bankruptcy; ~ **machen** to go bankrupt
bank·rott|ge·hen^RR *vi irreg sein* to go bankrupt
Bank·schließ·fach *nt* safe-deposit box **Bank·über·fall** *m* bank raid **Bank·über·wei·sung** *f* bank transfer **Bank·ver·bin·dung** *f* banking arrangements; **wie ist Ihre ~?** what are the particulars of your bank account? **Bank·we·sen** *nt kein pl* banking
Bann <-[e]s> [ban] *m* ❶ (*geh*) spell; **in jds ~** *akk*/**in den ~ einer S.** *gen* **geraten** to come under sb's/sth's spell; **jdn in ~ halten** (*geh*) to hold sb in one's spell; **jdn in seinen ~ ziehen** to cast a spell over sb; **im ~ einer S.** *gen* **stehen** to be under the spell of sth ❷ HIST excommunication; **den ~ über jdn aussprechen** to excommunicate sb
ban·nen ['banən] *vt* ❶ (*geh: faszinieren*) to entrance; [**wie**] **gebannt** [as though] entranced ❷ (*vertreiben*) to exorcize; *Gefahr* to avert
Ban·ner <-s, -> ['banɐ] *nt* banner
Bap·tist(in) <-en, -en> [bap'tɪst] *m(f)* Baptist
bar [baːɐ̯] *adj* ❶ (*in Banknoten oder Münzen*) cash; [**in**] **~ bezahlen** to pay [in] cash; **gegen ~** for cash ❷ *attr* (*rein*) pure; *Unsinn* utter ❸ *präd* (*geh: ohne*) ■ **~ einer S.** *gen* devoid of sth
bar, Bar <-s, -s> [baːɐ̯] *nt als Maßeinheit* bar
Bär(in) <-en, -en> [bɛːɐ̯] *m(f)* bear; **stark wie ein ~** (*fam*) strong as an ox; **wie ein ~ schlafen** to sleep like a log; **der Große/Kleine ~** the Great/Little Bear ▶ **jdm einen ~en aufbinden** (*fam*) to have [*or* Am put] sb on
Ba·ra·cke <-, -n> [ba'rakə] *f* shack
Bar·bar(in) <-en, -en> [bar'baːɐ̯] *m(f)* ❶ (*pej*) barbarian ❷ HIST Barbarian
Bar·ba·rei <-, -en> [barba'raɪ̯] *f* (*pej*) ❶ (*Unmenschlichkeit*) barbarity ❷ *kein pl* (*Kulturlosigkeit*) barbarism
Bar·ba·rin <-, -nen> *f fem form von* **Barbar**

bar·ba·risch [bar'baːrɪʃ] **I.** *adj* ❶ (*pej: unmenschlich*) barbarous; *Folter* brutal ❷ (*fam: grässlich*) barbaric ❸ (*fam: unerhört*) dreadful ❹ HIST barbarian **II.** *adv* ❶ (*grausam*) brutally ❷ (*fam: entsetzlich*) dreadfully
bär·bei·ßig ['bɛɐ̯baɪ̯sɪç] *adj* (*fam*) grumpy
Bar·bier <-s, -e> [bar'biːɐ̯] *m* (*veraltet*) barber
Bar·bi·tu·rat <-[e]s, -e> [barbitu'raːt] *nt* barbiturate
Bar·code <-s, -s> ['baːkoːt] *m* INFORM bar code
Bar·da·me *f* barmaid
Bar·de <-n, -n> ['bardə] *m* bard
Bä·ren·dienst *m* ▶ **jdm einen ~ erweisen** to do sb a bad turn **Bä·ren·hunger** *m* a massive appetite; **einen ~ haben** (*fam*) to be famished **Bä·ren·kräf·te** *pl* strength of an ox **bä·ren·stark** *adj* ❶ (*fam: äußerst stark*) as strong as an ox *präd* ❷ (*sl: toll*) cool
Ba·rett <-[e]s, -e *o* -s> [ba'rɛt] *nt* beret; (*von Geistlichem*) biretta; (*von Richter*) cap; (*von Professor*) mortarboard
bar·fuß ['baːɐ̯fuːs] *adj präd* barefoot[ed]
barg [bark] *imp von* **bergen**
Bar·geld *nt* cash
bar·geld·los **I.** *adj* cashless **II.** *adv* without using cash
Bar·geld·um·stel·lung *f* circulation of a new currency; (*auf Euro*) introduction of the Euro in cash form
Bar·ho·cker *m* bar stool
Bä·rin <-, -nen> *f fem form von* **Bär**
Ba·ris·ta <-[s], -s> [ba'rɪsta] *m* barista
Ba·ri·ton <-s, -e> ['ba(ː)ritɔn] *m* baritone
Ba·ri·um <-s> ['baːri̯ʊm] *nt kein pl* barium *no pl*
Bar·kas·se <-, -n> [bar'kasə] *f* launch
Bar·kauf *m* cash purchase
Bar·ke <-, -n> ['barkə] *f* skiff
Bar·kee·per(in) <-s, -> ['baːɐ̯kiːpɐ] *m(f)*, **Bar·mann, -frau** *m, f* bartender *masc*, barmaid *fem*
barm·her·zig [barm'hɛrtsɪç] *adj* compassionate; ■ **~ sein** to show compassion; **eine ~e Tat** an act of compassion
Barm·her·zig·keit <-> *f kein pl* mercy *no pl*; **~ üben** (*geh*) to show mercy
Bar·mi·xer(in) <-s, -> *m(f)* barman
ba·rock [ba'rɔk] *adj* ❶ KUNST, ARCHIT baroque ❷ (*üppig*) baroque; *Figur* ample; *Sprache* florid ❸ (*pompös*) extravagant
Ba·rock <-[s]> [ba'rɔk] *nt o m kein pl* baroque *no pl*
Ba·ro·me·ter <-s, -> [baro'meːtɐ] *nt* ba-

rometer; **das ~ fällt/steigt** the barometer is falling/rising

Ba·ron(in) <-s, -e> [baˈroːn] *m(f)* baron

Bar·rel <-s, -s *o als Maßeinheit* -> [ˈbɛrəl] *nt* barrel

Bar·ren¹ <-s, -> [ˈbarən] *m* SPORT parallel bars *pl*

Bar·ren² <-s, -> [ˈbarən] *m* bar, ingot

Bar·ri·e·re <-, -n> [baˈriɛːrə] *f (a. fig)* barrier

Bar·ri·ka·de <-, -n> [bariˈkaːdə] *f* barricade ▶ [**für etw** *akk*] **auf die ~n gehen** to man the barricades [for sth]

barsch [barʃ] I. *adj* curt II. *adv* curtly

Barsch <-[e]s, -e> [barʃ] *m* perch

Bar·scheck *m* FIN open cheque BRIT, cashable check AM

barst [barst] *imp von* **bersten**

Bart <-[e]s, Bärte> [baːɐ̯t, *pl* ˈbɛːɐ̯tə] *m* ❶ (*Voll~*) beard; **sich** *dat* **etw in den ~ brummeln** (*fam*) to mumble sth [into one's beard]; **sich** *dat* **einen ~ wachsen lassen** to grow a beard ❷ (*Schnurr~*) moustache ❸ ZOOL whiskers ❹ (*Schlüssel~*) bit ▶ **beim ~e des Propheten** cross my heart; **jdm um den ~ gehen** (*fam*) to butter sb up; **einen ~ haben** (*fam*) to be as old as the hills

bär·tig [ˈbɛːɐ̯tɪç] *adj* bearded

bart·los *adj* beardless

Bart·stop·peln *pl* stubble *sing* **Bart·wuchs** *m* growth of beard; (*Frau*) facial hair

Bar·ver·mö·gen *nt* cash assets **Bar·zah·lung** *f* payment in cash

Ba·sar <-s, -e> [baˈzaːɐ̯] *m* bazaar

Ba·se¹ <-, -n> [ˈbaːzə] *f* CHEM base

Ba·se² <-, -n> [ˈbaːzə] *f* ❶ (*veraltet*) *s.* **Cousine** ❷ SCHWEIZ *s.* **Tante**

Base·ball <-s> [ˈbeːɪsbɔːl] *m kein pl* baseball

Ba·sel <-s> [ˈbaːzl̩] *nt* Basle

Ba·sen *pl von* **Basis, Base**

ba·sie·ren* [baˈziːrən] *vi, vt* to be based (**auf** on)

Ba·si·li·ka <-, Basiliken> [baˈziːlika, *pl* baˈziːlikən] *f* basilica

Ba·si·li·kum <-s> [baˈziːlikʊm] *nt* basil

Ba·sis <-, Basen> [ˈbaːzɪs, *pl* ˈbaːzn̩] *f* ❶ (*Grundlage*) basis ❷ POL (*die Parteimitglieder/die Bürger*) ■ **die ~** the grass roots ❸ ARCHIT base ❹ MIL base

ba·sisch [ˈbaːzɪʃ] I. *adj* CHEM basic II. *adv* CHEM as a base

Ba·sis·wis·sen *nt kein pl* basic knowledge

Bas·ke, Bas·kin <-n, -n> [ˈbaskə, ˈbaskɪn] *m, f* Basque; *s. a.* **Deutsche(r)**

Bas·ken·land *nt* ■ **das ~** the Basque Country **Bas·ken·müt·ze** *f* beret

Bas·ket·ball <-s> [ˈbɑː(ː)skətbal] *m kein pl* basketball

Bas·kin <-, -nen> *f fem form von* **Baske**

bas·kisch [ˈbaskɪʃ] *adj* Basque; *s. a.* **deutsch**

Bassᴿᴿ <-es, Bässe> *m*, **Baß**ᴬᴸᵀ <-sses, Bässe> [bas, *pl* ˈbɛsə] *m* ❶ MUS bass [voice]; (*Sänger*) bass ❷ MUS bass [notes *pl*]

Bas·sin <-s, -s> [baˈsɛ̃ː] *nt* ❶ (*Schwimmbecken*) pool ❷ (*Garten~*) pond

Bas·sist(in) <-en, -en> [baˈsɪst] *m(f)* ❶ (*Sänger*) bass [singer] ❷ (*Spieler eines Bassinstrumentes*) [double] bass player

Bass·schlüs·selᴿᴿ *m* bass clef

bas·ta [ˈbasta] *interj* [**und damit**] **~!** [and that's] enough!

Bas·tard <-[e]s, -e> [ˈbastart] *m* ❶ (*fam: mieser Kerl*) bastard ❷ (*uneheliches Kind*) bastard ❸ (*Hybride*) hybrid

bas·teln [ˈbastl̩n] I. *vi* ❶ (*als Hobby*) to do handicrafts ❷ (*sich zu schaffen machen*) ■ **an etw** *dat* **~** to work on sth; **er bastelt an seinem Computer** he's fiddling around with his computer II. *vt* (*handwerklich fertigen*) to make; *Gerät* to build; ■ **sich** *dat* **etw ~** to make oneself sth

Bas·ti·on <-, -en> [basˈtioːn] *f* bastion

Bast·ler(in) <-s, -> *m(f)* handicraft enthusiast; **ein guter ~ sein** to be good with one's hands

bat [baːt] *imp von* **bitten**

Ba·tail·lon <-s, -e> [batalˈjoːn] *nt* battalion

Ba·tik <-, -en> [ˈbaːtɪk] *f* batik

Ba·tist <-[e]s, -e> [baˈtɪst] *m* batiste

Bat·te·rie <-, -n> [batəˈriː, *pl* -ˈriːən] *f* ❶ ELEK battery ❷ TECH (*Misch~*) regulator ❸ (*fam: Ansammlung*) row ❹ MIL battery **Bat·te·rie·be·trieb** *m* battery operation; **auf ~ laufen** to run on batteries **bat·te·rie·be·trie·ben** *adj* battery-powered **Bat·te·rie·hal·tung** <-> *f kein pl* battery farming

Bat·zen <-s, -> [ˈbatsn̩] *m* (*Klumpen*) lump; *Erde* clod; **ein schöner ~** [**Geld**] (*fam*) a pile [of money]

Bau¹ <-[e]s, -ten> [baʊ̯, *pl* ˈbaʊ̯tn̩] *m* ❶ *kein pl* (*das Bauen*) building *no pl*; **im ~ sein** to be under construction ❷ *kein pl* (*Körper~*) build ❸ (*Gebäude*) building; (*~werk*) construction ❹ *kein pl* (*fam: Baustelle*) building site; **auf dem ~ arbeiten** to work on a building site ❺ *kein pl* MIL (*sl: Arrest*) guardhouse, BRIT *also* glasshouse

Bau² <-[e]s, -e> [baʊ̯] *m* (*Erdhöhle*) bur-

row; (*Biber~*) [beaver] lodge; (*Dachs~*) sett; (*Fuchs~*) earth; (*Wolfs~*) lair
Bau·ab·schnitt *m* stage [of construction]
Bau·amt *nt* building control department
Bau·ar·bei·ten *pl* building work *sing;* **wegen ~ gesperrt** closed for repair work
Bau·ar·bei·ter(in) *m(f)* building [*or* AM construction] worker
Bauch <-[e]s, Bäuche> [baux, *pl* 'bɔyçə] *m* ❶ (*Unterleib*) stomach, tummy *childspeak fam,* belly *fam;* (*Fett~*) paunch; **einen dicken ~ bekommen** to develop a paunch; **sich** *dat* **den ~ vollschlagen** (*fam*) to stuff oneself ❷ (*bauchiger Teil*) belly; **im ~ eines Schiffes** in the bowels of a boat ▶ **aus dem hohlen ~** [heraus] (*fam*) off the top of one's head; **aus dem ~** (*fam*) from the heart; **voller ~ studiert nicht gern** (*prov*) you can't study on a full stomach
Bauch·fleisch *nt* belly **Bauch·ge·fühl** *nt kein pl* (*fam*) gut feeling *fam* **Bauch·höh·le** *f* abdominal cavity
bau·chig ['bauxɪç] *adj* bulbous
Bauch·klat·scher <-s, -> *m* (*fam*) bellyflop **Bauch·la·den** *m* vendor's tray **Bauch·lan·dung** *f* (*fam*) belly-landing ▶ **eine ~ mit etw** *dat* **machen** to make a flop of sth **Bauch·na·bel** *m* navel, belly button *fam* **Bauch·red·ner(in)** *m(f)* ventriloquist **Bauch·schmer·zen** *pl* stomach ache; (*fig fam*) **~ kriegen** to get butterflies in one's tummy **Bauch·speck** *m* ❶ (*Fleischstück*) streaky bacon ❷ (*Fettansatz*) spare tyre **Bauch·spei·chel·drü·se** *f* ANAT pancreas **Bauch·tanz** *m* bellydance **Bauch·tän·ze·rin** *f* belly-dancer **Bauch·weh** *nt s.* Bauchschmerzen
Bau·denk·mal *nt* architectural monument
bau·en ['bauən] I. *vt* ❶ (*errichten, herstellen*) to build ❷ (*zusammen~*) to construct; *Auto, Flugzeug* to build; *Violine* to make ❸ (*fam: verursachen*) **Mist ~** to mess things up; **einen Unfall ~** to cause an accident II. *vi* ❶ (*ein Haus errichten lassen*) to build a house ❷ (*vertrauen*) ■ **auf jdn/etw ~** to rely on sb/sth
Bau·er, Bäu·e·rin[1] <-n *o selten* -s, -n> ['bauɐ, 'bɔyərɪn] *m, f* ❶ (*Landwirt*) farmer ❷ HIST (*Vertreter einer Klasse*) peasant ❸ (*pej: ungehobelter Mensch*) yokel ❹ (*Schachspiel*) pawn ▶ **die dümmsten ~n ernten die größten Kartoffeln** (*prov fam*) fortune favours fools; **was der ~ nicht kennt, [das] frisst er nicht** (*prov fam*) people don't change their lifelong eating habits

Bau·er[2] <-s, -> ['bauɐ] *nt o selten m* (*Vogelkäfig*) [bird] cage
Bäu·er·chen <-s, -> *nt* (*Kindersprache*) burp
Bäu·e·rin <-, -nen> ['bɔyərɪn] *f* ❶ *fem form von* **Bauer** ❷ (*Frau des Bauern*) farmer's wife
bäu·er·lich I. *adj* ❶ (*ländlich*) rural; **~e Betriebe** farms; **~e Sitten** rustic customs ❷ (*rustikal*) country II. *adv* ❶ (*agrarisch*) rural ❷ (*rustikal*) **~ eingerichtet** decorated with rustic charm
Bau·ern·fän·ger *m* (*pej fam*) con-man **Bau·ern·haus** *nt* farmhouse **Bau·ern·hof** *m* farm **Bau·ern·re·gel** *f* country saying **bau·ern·schlau** *adj* crafty **Bau·ern·schläue** *f* native cunning **Bau·ern·ver·band** *m* farmer's association
bau·fäl·lig *adj* dilapidated
Bau·fir·ma *f* building firm **Bau·ge·län·de** *nt* construction site **Bau·ge·neh·mi·gung** *f* planning consent **Bau·ge·rüst** *nt* scaffolding **Bau·ge·sell·schaft** *f* construction company **Bau·ge·wer·be** *nt kein pl* building trade **Bau·gru·be** *f* foundation ditch **Bau·grund·stück** *nt* plot of land **Bau·herr, -her·rin** *m, f* client for whom a building is being built **Bau·holz** *nt* timber BRIT, lumber AM **Bau·in·ge·ni·eur(in)** *m(f)* civil engineer **Bau·jahr** *nt* ❶ (*Jahr der Errichtung*) year of construction ❷ (*Produktionsjahr*) year of manufacture **Bau·kas·ten** *m* construction set; (*für Kleinkinder*) box of building blocks **Bau·klotz** *m* building block ▶ **Bauklötze staunen** (*fam*) to be flabbergasted **Bau·kon·zern** *m* building [*or* construction] company **Bau·land** ['baulant] *nt* building land **Bau·lärm** *m kein pl* construction noise **Bau·lei·ter(in)** *m(f)* [building] site manager, BRIT *also* clerk of [the] works
bau·lich I. *adj* structural; **sich in einem guten/schlechten ~en Zustand befinden** to be structurally sound/unsound; **wegen ~er Maßnahmen bleibt das Gebäude geschlossen** the building is closed due to renovations II. *adv* structurally
Baum <-[e]s, Bäume> [baum, *pl* 'bɔymə] *m* ❶ (*Pflanze*) tree; **der ~ der Erkenntnis** the Tree of Knowledge; **Bäume ausreißen können** (*fig fam*) to be full of energy ❷ INFORM (*Such~*) tree [structure] ▶ **einen alten ~ soll man nicht verpflanzen** (*prov*) old people should be left in familiar surroundings
Bau·markt *m* ❶ (*Geschäft für Baubedarf*)

DIY superstore, building supplies store AM ❷ (*Baugewerbe*) construction market

Bau·ma·te·ri·al *nt* building material

Baum·be·stand *m* [stock of] trees

Bau·meis·ter(in) *m(f)* ❶ (*Techniker im Bauwesen*) master builder ❷ (*geh: Erbauer*) builder, architect

bau·meln ['baʊml̩n] *vi* ❶ (*hin und her schaukeln*) to dangle (**an** from) ❷ (*sl: erhängt werden*) to swing

Baum·gren·ze *f* tree line **Baum·grup·pe** *f* group [*or* clump] [*or* cluster] of trees, coppice **Baum·kro·ne** *f* treetop **Baum·rin·de** *f* [tree] bark **Baum·schu·le** *f* tree nursery **Baum·stamm** *m* tree-trunk **Baum·ster·ben** *nt* dying[-off] of trees **Baum·struk·tur** *f* INFORM tree structure **Baum·stumpf** *m* tree stump **Baum·wip·fel** *m* treetop **Baum·wol·le** *f* cotton **Baum·zucht** *f* arboriculture *spec*

Bau·ord·nung *f* building regulations *pl*

Bau·plan *m* building plans *pl*; **genetischer ~** genetic structure **Bau·pla·nung** *f* [construction] project planning

Bau·platz *m* site **Bau·ru·i·ne** *f* (*fam*) unfinished building which has been abandoned **Bau·satz** *m* construction kit

Bausch <-es, Bäusche *o* -e> [baʊʃ, *pl* 'bɔyʃə] *m* ❶ *Watte* ball ❷ (*von Stoff*) puff; (*von Vorhang*) pleat ▶**in ~ und Bogen** lock, stock and barrel

bau·schig *adj* full; *Hose* baggy

Bau·schutt *m* building rubble **bau·spa·ren** *vi nur infin* to save with a building society [*or* AM savings and loan association] **Bau·spar·kas·se** *f* building society BRIT, savings and loan association AM **Bau·spar·ver·trag** *m* savings contract with a building society [*or* AM savings and loan association] **Bau·stein** *m* ❶ (*Material zum Bauen*) building stone ❷ (*Bestandteil*) element ❸ INFORM chip **Bau·stel·le** *f* building site; (*auf Straßen*) roadworks BRIT *npl*, [road] construction site AM; „**Betreten der ~ verboten**" "No entry to unauthorized persons" **Bau·stil** *m* architectural style **Bau·stoff** *m* building material **Bau·sub·stanz** *f* fabric; **historische ~** historic building stock **Bau·teil** *nt* part of a building; (*von Maschine*) component; **fertiges ~** prefabricated element

Bau·ten *pl von* **Bau**[1]

Bau·un·ter·neh·men *nt* builder, building contractor **Bau·un·ter·neh·mer(in)** *m(f)* builder **Bau·vor·ha·ben** *nt* construction project **Bau·wei·se** *f* ❶ (*Art des Bauens*) method of building ❷ (*Baustil*) style **Bau·werk** *nt* building; (*von Brücke usw.*) construction

Bau·xit <-s, -e> [baʊˈksiːt] *m* bauxite

Bau·zaun *m* site fence [*or* hoarding]

Bay·er(in) <-n, -n> ['baɪɐ] *m(f)* Bavarian; *s. a.* **Deutsche(r)**

bay·e·risch ['baɪərɪʃ] *adj* Bavarian; *s. a.* **deutsch**

Bay·ern <-s> ['baɪɐn] *nt* Bavaria; *s. a.* **Deutschland**

bay·risch ['baɪrɪʃ] *adj s.* **bayerisch**

Ba·zil·lus <-, Bazillen> [baˈtsɪlʊs, *pl* baˈtsɪlən] *m* MED bacillus; **der ~ der Freiheit** (*fig*) the cancer of corruption

Bd. *Abk von* **Band** vol.

be·ab·sich·ti·gen* [bəˈʔapzɪçtɪgn̩] *vt* ❶ (*intendieren*) to intend; **das hatte ich nicht beabsichtigt!** I didn't mean to do that! ❷ (*geh: planen*) to plan

be·ach·ten* [bəˈʔaxtn̩] *vt* ❶ (*befolgen*) to observe; *Anweisung, Rat* to follow; *die Vorfahrt ~* to yield [right of way], BRIT *also* to give way ❷ (*darauf achten*) to notice ❸ (*berücksichtigen*) **bitte ~ Sie, dass …** please note that …

be·ach·tens·wert *adj* remarkable; ■ **~ sein, dass/wie** to be worth noting that/how

be·acht·lich I. *adj* considerable; *Erfolg, Leistung* notable; *Verbesserung* marked; **B~es leisten** to achieve a considerable amount II. *adv* ❶ (*deutlich*) considerably ❷ (*bemerkenswert*) remarkably

Be·ach·tung *f* observance; **die strikte ~ der Vorschriften** compliance with [the] regulations; **~ finden** to receive attention; **keine ~ finden** to be ignored; **jdm ~ schenken** to pay attention to sb; **einer S.** *dat* **keine ~ schenken** to pay no attention to sth

Be·am·te(r) [bəˈʔamtə, bəˈʔamtɐ] *m dekl wie adj*, **Be·am·tin** <-, -nen> [bəˈʔamtɪn] *f* public official; (*bei der Polizei*) police officer; (*bei der Post*) post-office official; (*beim Zoll*) customs officer; (*im Staatsdienst*) civil servant; **~r auf Lebenszeit** civil servant

Be·am·ten·be·lei·di·gung *f* insulting an official **Be·am·ten·lauf·bahn** *f* civil service career

Be·am·ten·tum <-[e]s> *nt kein pl* civil service

Be·am·ten·ver·hält·nis *nt* status as a civil servant

be·am·tet [bəˈʔamtət] *adj* appointed on a permanent basis

Be·am·tin <-, -nen> *f fem form von* **Beamte(r)**

be·ängs·ti·gen* vt (geh) to alarm
be·ängs·ti·gend I. adj alarming; **etwas B~es haben** to be a cause for alarm II. adv alarmingly
be·an·spru·chen* [bə'ʔanʃprʊxn̩] vt ① (fordern) to claim ② (brauchen) to require; Zeit, Platz to take up ③ (Anforderungen an jdn stellen) ■**jdn ~** to make demands on sb; **ich will Sie nicht länger ~** I don't want to take up any more of your time; ■**etw ~** to demand sth; **jds Gastfreundschaft/Zeit ~** to make demands on sb's hospitality/time; **jds Geduld ~** to try sb's patience ④ (belasten) to put under stress
Be·an·spru·chung <-, -en> f ① (das Fordern) claim (+gen to) ② (Inanspruchnahme) demands pl (+gen on) ③ (Belastung) use; **berufliche/physische/psychologische ~** job-related/physical/psychological stress; **übermäßige ~ einer Maschine** subjecting a machine to excessive load
be·an·stan·den* [bə'ʔanʃtandn̩] vt ■**etw ~** to complain about sth; **er findet an allem was zu ~** he always finds sth to complain about; **das ist beanstandet worden** there have been complaints about that; **beanstandete Waren** goods about which there have been complaints
Be·an·stan·dung <-, -en> f complaint
be·an·tra·gen* vt ① (durch Antrag erbitten) to apply for ② POL to propose
be·ant·wor·ten* vt to answer; **schwer zu ~** difficult to answer; ■**etw mit etw** dat **~** to respond to sth with sth
Be·ant·wor·tung <-, -en> f answer
be·ar·bei·ten* vt ① (behandeln) ■**etw ~** to work on sth; **Holz ~** to work wood; **etw mit einer Chemikalie ~** to treat sth with a chemical ② (sich befassen mit) to deal with; Bestellung to process; Fall to work on ③ (redigieren) to revise ④ (fam: auf jdn einwirken) ■**jdn ~** to work on sb; **wir haben ihn so lange bearbeitet, bis er zusagte** we worked on him until he agreed ⑤ Feld to cultivate ⑥ (adaptieren) to arrange (**für** for)
Be·ar·bei·ter(in) m(f) ① (Sach~) person [responsible for] dealing with sth ② (bearbeitender Autor) editor ③ MUS (adaptierender Komponist) arranger
Be·ar·bei·tung <-, -en> f ① (das Behandeln) working [on] ② (das Bearbeiten) handling; **die ~ eines Falles** to handle a case; **die ~ eines Antrags** to deal with an application ③ (das Redigieren) editing; **das ist eine neue ~ des Buchs** that's a new edition of the book ④ (adaptierte Fassung) adaptation
Be·ar·bei·tungs·ge·bühr f administrative charge
be·arg·wöh·nen* vt to regard with suspicion
Beat <-[s]> [bi:t] m kein pl beat [music]
be·at·men* vt ① (jdm Sauerstoff zuführen) to give artificial respiration to; (während einer Operation) to ventilate ② ÖKOL (mit Sauerstoff anreichern) Gewässer to oxygenate
be·auf·sich·ti·gen* [bə'ʔaʊfzɪçtɪgn̩] vt to supervise; Kinder to mind [or Am look after]; Prüfung to invigilate [or Am proctor]
be·auf·tra·gen* vt ■**jdn mit etw** dat **~** to give sb the task of doing sth; Architekt, Künstler to commission; Firma to hire [or BRIT also engage]; ■**jdn ~, etw zu tun** to ask sb to do sth
Be·auf·trag·te(r) f(m) dekl wie adj representative
be·äu·gen* vt (fam) to eye up
be·bau·en* vt ① (mit einem Gebäude versehen) ■**etw ~** to build on sth; **dicht bebaut sein** to be heavily built-up ② (bestellen) to cultivate sth (**mit** with)
Be·bau·ung <-, -en> f ① (das Bebauen) development; **der Konzern plant die ~ des Grundstücks** the firm plans to develop this site ② (Bauten) buildings ③ (das Bestellen) cultivation
be·ben ['be:bn̩] vi ① (zittern) to tremble ② (erbeben) to quiver (**vor** with); Lippen to tremble; Knie to shake
Be·ben <-s, -> ['be:bn̩] nt ① (Erd~) earthquake ② (Zittern) trembling ③ (leichtes Zittern) quivering
be·bil·dern* [bə'bɪldɐn] vt to illustrate (**mit** with)
Be·cher <-s, -> ['bɛçɐ] m ① (Trinkgefäß) glass; (aus Plastik) beaker; (für Wein) goblet; (für Tee/Kaffee) mug ② (becherförmige Verpackung) carton; **ein ~ Eis** a carton of ice-cream ③ SCHWEIZ (Bierglas) mug
be·chern ['bɛçɐn] vi (hum fam) to booze [away]
be·cir·cen* [bə'tsɪrtsn̩] vt s. bezirzen
Be·cken <-s, -> ['bɛkn̩] nt ① (Bassin) basin; (Spül~) sink; (von Toilette) bowl, BRIT also pan; (Schwimm~) pool ② ANAT pelvis ③ GEOL basin ④ MUS cymbals pl
be·dacht [bə'daxt] I. adj ① (überlegt) cautious ② (Wert auf etw legen) ■**auf etw** akk **~ sein** to be concerned about sth II. adv carefully

Be·dacht <-s> [bəˈdaxt] *m* **mit ~** (*geh*) carefully; (*vorsichtig*) in a carefully considered way; (*absichtlich*) deliberately

be·däch·tig [bəˈdɛçtɪç] **I.** *adj* ❶ (*ohne Hast*) deliberate ❷ (*besonnen*) thoughtful **II.** *adv* ❶ (*ohne Hast*) deliberately; **~ sprechen** to speak in measured tones ❷ (*besonnen*) carefully

be·dan·ken* *vr* to express thanks; ■**sich bei jdm ~** to thank sb (**für** for); **ich bedanke mich!** thank you!

Be·darf <-[e]s> [bəˈdarf] *m kein pl* need (**an** for); **der tägliche ~ an Vitaminen** daily requirement of vitamins; **Dinge des täglichen ~s** everyday necessities; **jds ~ ist gedeckt** sb's requirements are covered; **kein ~!** (*fam*) no thanks!; **keinen ~ an etw** *dat* **haben** to have no need for sth; **bei ~** if required; **[je] nach ~** as required

Be·darfs·fall *m* **im ~** (*geh*) if necessary

be·dau·er·lich *adj* regrettable; **sehr ~!** how unfortunate!; ■**~ sein, dass ...** to be unfortunate that ...

be·dau·er·li·cher·wei·se *adv* unfortunately

be·dau·ern* *vt* ❶ (*schade finden*) to regret; **wir bedauern, Ihnen mitteilen zu müssen, ...** we regret to have to inform you ... ❷ (*bemitleiden*) to feel sorry [for]; **er ist zu ~** he is to be pitied

Be·dau·ern <-s> *nt kein pl* regret; **zu jds größtem ~** to sb's [great] regret

be·dau·ernd **I.** *adj* sympathetic **II.** *adv* sympathetically

be·dau·erns·wert *adj*, **be·dau·erns·wür·dig** *adj* (*geh*) pitiful; **ein ~er Zwischenfall** an unfortunate incident

be·de·cken* **I.** *vt* (*zudecken*) to cover **II.** *vr* (*bewölken*) ■**sich ~** to cloud over

be·deckt *adj präd* (*bewölkt*) overcast ▶**sich [in etw** *dat*] **~ halten** to keep a low profile

Be·de·ckung *f* ❶ (*das Bedecken*) covering ❷ MIL (*Schutz*) escort ❸ (*das Bedeckende*) covering

be·den·ken* *irreg* **I.** *vt* ❶ (*in Betracht ziehen*) to consider; **[jdm] etw zu ~ geben** (*geh*) to ask [sb] to consider sth; **[jdm] zu ~ geben, dass ...** to ask [sb] to keep in mind that ...; **wenn man es recht bedenkt, ...** if you think about it properly...; **das mit viel wohl bedacht sein** (*geh*) that calls for careful consideration ❷ (*geh: zukommen lassen*) **alle wurden großzügig bedacht** everyone was generously catered for ❸ (*geh*) ■**jdn mit etw** *dat* **~** to meet sb with sth; **sie wurde mit viel Lob bedacht** they heaped praise on her **II.** *vr* (*geh: sich besinnen*) to reflect

Be·den·ken <-s, -> *nt* ❶ *meist pl* (*Zweifel*) doubt; **moralische ~** moral scruples; **jdm kommen ~** sb has second thoughts; **ohne ~** without hesitation ❷ *kein pl* (*das Überlegen*) consideration

be·den·ken·los **I.** *adv* ❶ (*ohne Überlegung*) without hesitation ❷ (*skrupellos*) unscrupulously **II.** *adj* unhesitating

be·den·kens·wert *adj* worthy of consideration

be·denk·lich *adj* ❶ (*fragwürdig*) questionable ❷ (*Besorgnis erregend*) disturbing; *Gesundheitszustand* serious ❸ (*besorgt*) apprehensive

Be·denk·zeit *f* time to think about sth

be·deu·ten* *vt* ❶ (*auf bestimmte Weise definiert sein*) to signify ❷ (*besagen*) to mean; **was bedeutet dieses Symbol?** what does this symbol signify?; **das hat nichts zu ~** that doesn't mean anything ❸ (*versinnbildlichen*) to symbolize ❹ (*wichtig sein*) **[jdm] etw ~** to mean sth [to sb]; **du bedeutest mir sehr viel** you mean a lot to me ❺ (*geh: zu verstehen geben*) to indicate to

be·deu·tend **I.** *adj* ❶ (*wichtig*) important; *Person* eminent; *Politiker* leading; **eine ~e Rolle spielen** to play a significant role ❷ (*beachtlich*) considerable **II.** *adv* considerably

be·deut·sam **I.** *adj* ❶ (*wichtig*) important; *Entscheidung, Verbesserung* significant ❷ (*viel sagend*) meaningful **II.** *adv* meaningfully

Be·deu·tung <-, -en> *f* ❶ (*Sinn*) meaning; **in wörtlicher/übertragener ~** in the literal/figurative sense ❷ (*Wichtigkeit*) significance; **[für jdn/etw] von ~ sein** to be of importance [for sb/sth]; **einer S.** *dat* **~ beimessen** to attach importance to sth; **nichts von ~** nothing important ❸ (*Geltung*) importance

be·deu·tungs·los *adj* ❶ (*ohne große Wirkung*) insignificant ❷ (*nichts besagend*) meaningless

Be·deu·tungs·lo·sig·keit <-> *f kein pl* insignificance *no pl* **be·deu·tungs·voll** *adj s.* **bedeutsam Be·deu·tungs·wan·del** *m* change in meaning

be·die·nen* **I.** *vt* ❶ *Kunde, Gast* to serve; **werden Sie schon bedient?** are you being served?; (*sich alles bringen lassen*) **sich [von jdm] ~ lassen** to be waited on [by sb] ❷ *Maschine* to operate ❸ FIN (*die Zinsen von etw zahlen*) **einen Kredit ~** to service [*or* AM pay interest on] a loan ❹ KARTEN to play; **eine Farbe ~** to follow suit ❺ (*pej fam: fördern*) *Klischee, Vorurteil, Ressentiment* to encourage ▶**bedient sein** (*fam*) to have had enough; **mit etw** *dat* **gut/schlecht bedient sein** to be well-/ill-served by sth **II.** *vi* ❶ (*sich um den Gast kümmern*) to serve; **wird hier nicht bedient?** is there no-one serving here? ❷ (*Kartenspiel*) to follow suit **III.** *vr* ❶ (*sich Essen nehmen*) ■**sich ~** to help oneself to; **sich mit einem Stück Kuchen ~** to help oneself to a piece of cake; **bedienen Sie sich!** help yourself! ❷ (*geh: gebrauchen*) ■**sich einer S.** *gen* **~** to make use of sth

be·die·ner·freund·lich *adj* user-friendly

Be·diens·te·te(r) *f(m) dekl wie adj* ❶ (*Angestellte(r) im öffentlichen Dienst*) employee ❷ *meist pl* (*veraltet: Dienstboten*) servant

Be·die·nung <-, -en> *f* ❶ (*Kellner*) waiter/waitress ❷ *kein pl* (*Handhabung*) operation ❸ *kein pl* (*das Bedienen*) service; **~ inbegriffen** service included ❹ FIN servicing BRIT, interest payments AM; *eines Kredites* debt service

Be·die·nungs·an·lei·tung *f* operating instructions *pl* **Be·die·nungs·feh·ler** *m* operator['s] error

be·din·gen* [bəˈdɪŋən] *vt* ❶ (*verursachen*) to cause; ■**durch etw** *akk* **bedingt sein** to be a result of sth ❷ (*verlangen*) to require

be·dingt I. *adj* ❶ (*eingeschränkt*) qualified ❷ JUR conditional ❸ MED *Reaktion, Reiz* conditioned **II.** *adv* ❶ (*eingeschränkt*) to some extent; **~ gültig** of limited validity ❷ JUR SCHWEIZ, ÖSTERR (*mit Bewährungsfrist*) conditionally

Be·din·gung <-, -en> *f* ❶ (*Voraussetzung*) condition; [**es**] **zur ~ machen, dass ...** to make it a condition that ...; [**jdm**] **eine ~ stellen** to set a condition [on sb]; **unter der ~, dass ...** on condition that ...; [**nur**] **unter einer ~** [only] on one condition; **unter welcher ~?** on what condition?; **zu günstigen/ungünstigen ~en** on favourable/unfavourable terms; **unter gewissen ~en** in certain conditions ❷ *pl* ÖKON terms ❸ *pl* (*Umstände*) conditions

be·din·gungs·los I. *adj* unconditional; *Gehorsam, Treue* unquestioning **II.** *adv* unconditionally; **jdn ~ gehorchen** to obey sb unquestioningly; **jdm ~ vertrauen** to trust sb blindly

be·drän·gen* *vt* ❶ (*bestürmen*) to pester (**mit** with); ■**jdn ~, etw zu tun** to pressure sb into doing sth ❷ ([*seelisch*] *belasten*) to burden sb

Be·dräng·nis <-ses, -se> [bəˈdrɛŋnɪs] *f* (*geh*) difficulties *pl*; **in finanzieller ~ sein** to be in financial difficulties; **jdn in ~ bringen** to get sb into trouble; **in ~ sein/geraten** to be/get into difficulties

be·dro·hen* *vt* ❶ (*mit etw drohen*) to threaten (**mit** with) ❷ (*gefährden*) to endanger; ■[**durch etw** *akk*] **bedroht sein** to be threatened [by sth]

be·droh·lich I. *adj* threatening **II.** *adv* alarmingly

Be·dro·hung *f* ❶ (*Drohung*) threat (+*gen* to) ❷ (*das Bedrohen*) threat (+*gen* of)

be·dru·cken* *vt* ■**etw ~** to print on sth

be·drü·cken* *vt* ■**jdn ~** to depress sb; **was bedrückt dich?** what's troubling you?

be·drü·ckend *adj* depressing; *Stimmung* oppressive

be·drückt *adj* depressed; **~es Schweigen** oppressive silence

Be·du·i·ne, Be·du·i·nin <-n, -n> [beduˈiːnə, -ˈiːnɪn] *m, f* Bed[o]uin

be·dür·fen <bedurfte, bedurft> *vi* (*geh*) ■**einer S.** *gen* **~** to require sth; **es bedarf keiner weiteren Erklärung** no further explanation is necessary

Be·dürf·nis <-ses, -se> [bəˈdʏrfnɪs] *nt* ❶ (*Bedarf*) need; **die ~se des täglichen Lebens** everyday needs; **das ~ haben, etw zu tun** to feel the need to do sth; **es ist jdm ein ~, etw zu tun** (*geh*) it is sb's need to do sth ❷ *kein pl* (*Verlangen*) desire ▶**ein dringendes ~** (*euph*) a call of nature *usu hum*

Be·dürf·nis·an·stalt *f* **öffentliche ~** (*geh o veraltend*) public convenience *esp* BRIT *form* [*or* AM restroom]

be·dürf·tig *adj* needy *attr*, in need *pred*; ■**die B~en** the needy + *pl vb*

Be·dürf·tig·keit <-> *f kein pl* (*geh*) need, neediness *no pl*

Beef·steak <-s, -s> [ˈbiːfsteːk, -ʃteːk] *nt bes* NORDD steak; **deutsches ~** beefburger

be·eh·ren* *vt* (*geh*) to honour (**mit** with)

be·ei·den* [bəˈʔaɪdn̩] *vt*, **be·ei·di·gen** [bəˈʔaɪdɪgn̩] *vt* ■**etw ~** to swear to sth

be·ei·len* *vr* ■**sich ~** to hurry [up]; ■**sich ~, etw zu tun** to hurry to do sth

be·ein·dru·cken* [bəˈʔaɪndrʊkn̩] *vt* to impress (**mit** with); **sich** [**von etw** *dat*] **nicht ~ lassen** to not be impressed [by sth]

be·ein·dru·ckend *adj* impressive

be·ein·fluss·bar^{RR}, **be·ein·fluß·bar**^{ALT} *adj* easily influenced *pred*

be·ein·flus·sen* [bəˈʔaɪnflʊsn̩] *vt* to influence; ■ **durch etw** *akk* **beeinflusst sein** to be influenced by sth

Be·ein·flus·sung <-, -en> *f* influence

be·ein·träch·ti·gen* [bəˈʔaɪntrɛçtɪɡn̩] *vt* to disturb; *Reaktionsvermögen, Leistungsfähigkeit* to impair; *persönliche Entfaltung* to interfere with; *Kreativität* to curb; *Verhältnis* to damage; *Genuss* to detract from; **jdn in seiner Freiheit ~** to restrict sb's freedom; **ein Verhältnis ~** to damage a relationship; ■ **~ d** adverse

Be·ein·träch·ti·gung <-, -en> *f der Freiheit* restriction; *des Genusses* detracting (+*gen* from); *der Kreativität* curbing; *der Qualität* reduction (+*gen* in); *des Reaktionsvermögens* impairing; *eines Verhältnisses* damaging

be·en·den* *vt* to end

Be·en·di·gung <-> *f kein pl* ending; (*Schluss*) conclusion

Be·en·dung <-, -en> *f* completion

be·en·gen* *vt* to restrict; (*fig*) to stifle; **etw als ~d empfinden** to find sth confining; **kleine Zimmer ~ mich irgendwie** small rooms somehow make me feel confined; **~de Kleidung** tight clothing; ■ **jdn ~** to make sb feel confined

be·engt I. *adj* cramped, confined **II.** *adv* in cramped conditions; **sich [von jdm/etw] ~ fühlen** (*fig*) to feel stifled [by sb/sth]

be·er·ben* *vt* to be heir to

be·er·di·gen* [bəˈʔeːɐdɪɡn̩] *vt* to bury

Be·er·di·gung <-, -en> *f* funeral

Be·er·di·gungs·fei·er *f* funeral service

Be·er·di·gungs·in·sti·tut *nt* funeral parlour, undertaker's

Bee·re <-, -n> [ˈbeːrə] *f* berry

Bee·ren·aus·le·se *f* rich wine made from selected overripe grapes

Beet <-[e]s, -e> [beːt] *nt* bed; (*Blumen~*) flowerbed; (*Gemüse~*) vegetable patch

Bee·te <-, -n> [ˈbeːtə] *f s.* **Bete**

be·fä·hi·gen* [bəˈfɛːɪɡn̩] *vt* ■ **jdn dazu ~, etw zu tun** to enable sb to do sth

be·fä·higt [bəˈfɛːɪçt] *adj* qualified; ■ **für etw** *akk* **~ sein** to be competent at sth

Be·fä·hi·gung <-> *f kein pl* qualification[s]

be·fahl [bəˈfaːl] *imp von* **befehlen**

be·fahr·bar *adj* passable; NAUT navigable; **nicht ~** impassable; NAUT unnavigable

be·fah·ren* **I.** *vt irreg Straße, Weg* to drive along; **diese Straße darf nur in einer Richtung ~ werden** this road is only open in one direction; **eine Strecke ~** to use a route; **alle sieben Meere ~** to sail the seven seas **II.** *adj* used; **kaum/stark ~ sein** to be little/much used; **eine viel ~e Kreuzung** a busy junction

Be·fall <-[e]s> *m kein pl* HORT infestation

be·fal·len* *vt irreg* ❶ MED to infect; **von etw** *dat* **~ werden** to be infected by sth ❷ HORT to infest ❸ (*geh*) ■ **jdn ~** to overcome sb; **von Müdigkeit ~ werden** to feel tired

be·fan·gen [bəˈfaŋən] *adj* ❶ (*gehemmt*) inhibited ❷ JUR (*voreingenommen*) biased [*or* BRIT *also* biassed]; **jdn als ~ ablehnen** to challenge [*or* AM *also* disqualify] sb on grounds of bias

Be·fan·gen·heit <-> *f kein pl* ❶ (*Gehemmtheit*) inhibition ❷ JUR (*Voreingenommenheit*) bias

be·fas·sen* *vr* ■ **sich mit etw** *dat* **~** to concern oneself with sth; *mit einer Angelegenheit* to look into; *mit einem Problem* to tackle; ■ **sich mit jdm ~** to spend time with sb

Be·fehl <-[e]s, -e> [bəˈfeːl] *m* ❶ (*Anweisung*) order; **einen ~ ausführen** to carry out an order; **~ ausgeführt!** MIL mission accomplished!; **einen ~ befolgen** to obey an order; **einen ~ erlassen** to issue [*or* AM *also* hand down] an order; **jdm einen ~ geben, etw zu tun** to order sb to do sth; **Sie haben mir überhaupt keine ~e zu geben!** I won't take orders from you!; **den ~ [über etw** *akk*] **haben** to have command [of sth]; **auf ~ handeln** to act under orders; **einen ~ verweigern** to disobey an order; **auf ~** under orders; **~ von oben** orders from above; **zu ~** (*veraltend*) yes, sir ❷ INFORM, MED command

be·feh·len <befahl, befohlen> [bəˈfeːlən] **I.** *vt* ❶ (*den Befehl geben*) to order; **von dir lasse ich mir nichts ~!** I won't take orders from you! ❷ (*beordern*) ■ **jdn zu jdm/etw ~** to summon sb to sb/sth; **Sie sind zum General befohlen worden!** you've been summoned to the General! **II.** *vi* ❶ MIL ■ **über jdn/etw ~** to be in command of sb/sth ❷ (*Anordnungen erteilen*) ■ **~, dass ...** to order that ...

be·feh·li·gen* [bəˈfeːlɪɡn̩] *vt* MIL to command

Be·fehls·emp·fän·ger(in) *m(f)* one who takes an order **Be·fehls·form** *f* LING imperative **be·fehls·ge·mäß** *adj, adv* as ordered *pred* **Be·fehls·ge·walt** *f* MIL command; **jds ~ unterstehen** to be under sb's command **Be·fehls·ha·ber(in)** <-s, -> [bəˈfeːlshaːbɐ] *m(f)* MIL commander **Be·fehls·ver·wei·ge·rung** *f* MIL refusal to

obey orders **Be·feh̲ls·zei·le** f INFORM command line
be·fein·den* [bəˈfaɪndn̩] vt (geh) to attack; Land to be hostile towards
be·fes̲·ti·gen* vt ❶ (anbringen) to fasten (**an** to); Boot to tie up ❷ BAU Fahrbahn, Straße to make up [or pave]; Böschung to stabilize; Damm, Deich to reinforce ❸ MIL to fortify; Grenze to strengthen
Be·fes̲·ti·gung <-, selten -en> f ❶ (das Anbringen) fixing ❷ BAU stabilizing, making up BRIT, paving ❸ (zu Verteidigungszwecken) reinforcement ❹ MIL fortification
be·feuch̲·ten* vt to moisten (**mit** with); Bügelwäsche to dampen
be·fiehlt [bəˈfiːlt] 3. pers sing pres von **befehlen**
be·fin̲·den* irreg I. vr ❶ (sich aufhalten) ■ **sich irgendwo ~** to be somewhere; **unter den Geiseln ~ sich zwei Deutsche** there are two Germans amongst the hostages ❷ (in einem bestimmten Zustand sein) **sich in bester/schlechter Laune ~** to be in an excellent/a bad mood; **sich in guten Händen ~** to be in good hands ❸ (geh: sich fühlen) ■ **sich ... ~** to feel ... II. vi (geh) ■ **über jdn/etw ~** to decide [on] sb/sth III. vt (geh: halten) ■ **etw für etw** akk **~** to consider sth [to be] sth; **jdn [für] schuldig/unschuldig ~** to find sb guilty/not guilty
Be·fin̲·den <-s> nt kein pl [state of] health; eines Kranken condition; **er hat sich nach deinem ~ erkundigt** he asked how you were
be·find̲·lich [bəˈfɪntlɪç] adj meist attr (geh) ❶ (sich an einer Stelle befindend) situated ❷ (sich in einem Zustand befindend) **das im Umlauf ~e Geld** the money in circulation; **die im Bau ~en Häuser** those houses currently being built
Be·find̲·lich·keit <-, -en> f mental state
be·fin̲·gern* vt (fam) to finger
be·flag̲·gen* vt to [be]deck with flags; Schiff to dress
be·fle̲·cken* vt to stain (**mit** with); **etw mit Farbe ~** to get paint [stains] on sth; **jds Ehre ~** to slur sb's honour
be·flei̲·ßi·gen* [bəˈflaɪsɪɡn̩] vr (geh) ■ **sich einer S.** gen **~** to strive for sth
be·flis̲·sen [bəˈflɪsn̩] I. adj (geh) keen II. adv keenly
Be·flis̲·sen·heit <-> f kein pl keenness no pl
be·flü̲·geln* vt (geh) ❶ (anregen) to inspire; **die Fantasie ~** to fire the imagination ❷ (schneller werden lassen) ■ **etw beflügelt jdn** sth spurs sb on
be·foh̲·len [bəˈfoːlən] pp von **befehlen**
be·fol̲·gen* vt Rat to follow; Vorschrift to obey
be·fö̲r·dern* vt ❶ (transportieren) to transport; **sie wurden mit dem Bus zum Tagungsort befördert** they were taken by bus to the conference venue ❷ (jds Dienststellung anheben) to promote (**zu** to) ❸ (iron fam) **jdn nach draußen ~** to escort sb outside
Be·fö̲r·de·rung f ❶ (Transport) transport[ation] ❷ (dienstliches Aufrücken) promotion (**zu** to)
Be·fö̲r·de·rungs·mit·tel nt means of transport
be·frach̲·ten* vt ❶ (beladen) to load (**mit** with) ❷ (fig geh) to overload (**mit** with)
be·fra̲·gen* vt ❶ (Fragen stellen) to question (**zu** about) ❷ (konsultieren) to consult (**in** about); **jdn nach seiner Meinung ~** to ask sb for his/her opinion
Be·frag̲·te(r) f(m) dekl wie adj person questioned; **die ~n** those questioned
Be·fra̲·gung <-, -en> f ❶ (das Befragen) questioning; JUR examination ❷ (Konsultierung) consultation ❸ (Umfrage) survey, [opinion] poll
be·frei̲·en* I. vt ❶ (freilassen) to free (**aus** from) ❷ (unabhängig machen) to liberate (**von** from) ❸ (von etw Störendem frei machen) to clear (**von** of); **seine Schuhe vom Dreck ~** to remove the dirt from one's shoes ❹ ■ **jdn von etw** dat **~** (erlösen) to free sb from sth; (freistellen) to excuse sb from sth; (jdm etw abnehmen) to relieve sb of sth; **jdn vom Wehrdienst ~** to exempt sb from military service II. vr ❶ (freikommen) ■ **sich ~** to escape (**aus** from) ❷ (etw abschütteln) ■ **sich ~** to free oneself (**von** from), to rid oneself [of sth]
Be·frei̲·er(in) <-s, -> m(f) liberator
be·freit̲ I. adj (erleichtert) relieved II. adv with relief; **~ aufatmen** to heave a sigh of relief
Be·frei̲·ung <-, selten -en> f ❶ (Freilassen) release ❷ (Befreien aus der Unterdrückung) liberation ❸ (Freistellung) exemption (**von** from) ❹ (Erlösung) release ❺ (Erleichterung) relief
Be·frei̲·ungs·be·we·gung f liberation movement **Be·frei̲·ungs·front** f liberation front **Be·frei̲·ungs·kampf** m struggle for freedom **Be·frei̲·ungs·or·ga·ni·sa·ti·on** f liberation organization
be·frem̲·den* I. vt ■ **jdn ~** to disconcert sb; **ich war von ihrem Verhalten etwas**

befremdet I was somewhat disconcerted by her behaviour II. *vi* to be disconcerting
Be·frem·den <-s> *nt kein pl* disconcertment; **zu jds** *dat* ~ to sb's disconcertment
be·frem·dend *adj*, **be·fremd·lich** [bəˈfrɛmtlɪç] *adj* (*geh*) disconcerting
be·freun·den* [bəˈfrɔyndn̩] *vr* ■ **sich mit jdm** ~ to make friends with sb
be·freun·det *adj* ❶ (*freundlich gesinnt*) friendly; **das** ~ **e Ausland** friendly [foreign] countries *pl* ❷ (*Freund sein*) **mit jdm** ~ **sein** to be friends with sb
be·frie·den* [bəˈfriːdn̩] *vt* POL (*geh*) **ein Land** ~ to bring peace to a country
be·frie·di·gen* [bəˈfriːdɪɡn̩] I. *vt* (*zufrieden stellen*) to satisfy; *Ansprüche, Wünsche* to fulfil; **leicht/schwer zu** ~ **sein** to be easily/not easily satisfied II. *vi* (*zufrieden stellend sein*) to be satisfactory; **diese Lösung befriedigt nicht** this is an unsatisfactory solution III. *vr* (*sexuell*) ■ **sich [selbst]** ~ to masturbate
be·frie·di·gend *adj* satisfactory; ■ ~ **sein** to be satisfying
Be·frie·di·gung <-> *f kein pl* satisfaction; **zur** ~ **deiner Neugier** to satisfy your curiosity; **zu jds** ~ **sein** to be to sb's satisfaction
be·fris·ten* *vt* to limit (**auf** to)
be·fris·tet *adj* restricted; ÖKON, JUR *a.* fixed-term; *Stelle, Tätigkeit* fixed-term; *Vertrag* of limited duration; *Visum* temporary; **eine** ~ **e Aufenthaltsgenehmigung** *a residence permit valid for a restricted period of time*; ■ **auf etw** *akk* ~ **sein** to be valid for sth; ÖKON, JUR to be limited [to sth]
Be·fris·tung <-, -en> *f* restriction; (*Zeitbegrenzung*) time limit
be·fruch·ten* *vt* ❶ (*Befruchtung erzielen*) to fertilize; *Frau* to impregnate; *Blüte* to pollinate; **künstlich** ~ to inseminate artificially ❷ (*fig: fördernd anregen*) to stimulate
Be·fruch·tung <-, -en> *f* fertilization; *Blüte* pollination; **künstliche** ~ *Mensch* in vitro fertilization, IVF; *Tier* artificial insemination, AI
Be·fruch·tungs·kli·nik *f* MED fertility clinic
Be·fug·nis <-ses, -se> [bəˈfuːknɪs] *f* (*geh*) authorization *no pl*; **zu etw** *dat* **keine** ~ **haben** to not be authorized to do sth
be·fugt [bəˈfuːkt] *adj* (*geh*) authorized; ■ **zu etw** *dat* ~ **sein** to be authorized to do sth
be·füh·len* *vt* to feel

Be·fund <-[e]s, -e> *m* MED result[s *pl*]; **ohne** ~ negative
be·fürch·ten* *vt* to fear; ■ ~ , **dass ...** to be afraid that ...; **nichts zu** ~ **haben** to have nothing to fear; **wie befürchtet** as feared
Be·fürch·tung <-, -en> *f meist pl* fear; **seine** ~ **en waren unbegründet** his fears were unfounded; **ich hatte die schlimmsten** ~ **en** I feared the worst; **die** ~ **haben, dass ...** to fear that ...
be·für·wor·ten* [bəˈfyːɐ̯vɔrtn̩] *vt* to be in favour of
Be·für·wor·ter(in) <-s, -> *m(f)* supporter
be·gabt [bəˈɡaːpt] *adj* gifted; ■ **für etw** *akk* ~ /**nicht** ~ **sein** to have/not have a gift for sth; **sie ist künstlerisch/musikalisch sehr** ~ she's very artistic/musical; **er ist vielseitig** ~ he's an all-round talent
Be·ga·bung <-, -en> *f* gift; **eine [besondere]** ~ **für etw** *akk* **haben** to have a [special] gift for sth
be·gann [bəˈɡan] *imp von* **beginnen**
be·gat·ten* I. *vt* ZOOL ■ **ein Weibchen** ~ to mate with a female II. *vr* ■ **sich** ~ to mate
be·ge·ben* *vr irreg* (*geh*) ❶ (*gehen*) ■ **sich irgendwohin** ~ to proceed somewhere; **sich zur Ruhe** ~ to retire; **sich nach Hause** ~ to set off home ❷ (*beginnen*) ■ **sich an etw** *akk* ~ to commence sth ❸ (*sich einer S. aussetzen*) ■ **sich in etw** *akk* ~ to expose oneself to sth; **sich in ärztliche Behandlung** ~ to undergo medical treatment
Be·ge·ben·heit <-, -en> *f* (*geh*) event
be·geg·nen* [bəˈɡeːɡnən] *vi sein* ❶ (*treffen*) ■ **jdm** ~ to meet sb; ■ **sich** *dat* ~ to meet ❷ (*antreffen*) ■ **einer S.** *dat* ~ to encounter sth ❸ (*geh: entgegentreten*) *Person* to treat; *Sache* to face; *Vorschlag a.* to respond to
Be·geg·nung <-, -en> *f* ❶ (*Zusammenkunft*) meeting ❷ SPORT encounter ❸ (*das Kennenlernen*) encounter (**mit** with)
Be·geg·nungs·stät·te *f* meeting place
be·geh·bar *adj* passable on foot; ~ **er Kleiderschrank** walk-in wardrobe
be·ge·hen* *vt irreg* ❶ (*verüben*) to commit; *Fehler* to make; **eine Dummheit** ~ to do sth foolish ❷ (*betreten*) to walk across/along/into ❸ (*geh: feiern*) to celebrate; **ein Fest** ~ to hold a celebration
be·geh·ren* [bəˈɡeːɐ̯n] *vt* (*geh*) ❶ (*nach jdm verlangen*) ■ **jdn** ~ to desire sb ❷ (*zu besitzen wünschen*) to covet; **alles, was das Herz begehrt** everything the heart could wish for

Be·geh·ren <-s, *selten* -> [bəˈgeːʁən] *nt* ❶ (*geh: Verlangen*) desire ❷ (*veraltet: Wunsch*) wish
be·geh·rens·wert *adj* desirable
be·gehr·lich *adj* (*geh*) longing
be·gehrt *adj* ❶ (*sehr umworben*) [much] sought-after; *Frau, Mann* desirable; *Junggeselle* eligible; *Preis* [much-]coveted ❷ (*beliebt, gefragt*) popular
be·geis·tern* I. *vt* to fill sb with enthusiasm (**für** for); **das Stück hat die Zuschauer begeistert** the audience were enthralled by the play; **er konnte alle für seinen Plan ~** he managed to win everybody [over] to his plan; **sie ist für nichts zu ~** you can't interest her in anything II. *vr* ■**sich für jdn/etw ~** to be enthusiastic about sb/sth
be·geis·tert I. *adj* enthusiastic; **sie ist eine ~e Opernliebhaberin** she is an ardent opera fan; ■**[von etw** *dat*] **~ sein** to be thrilled [by sth] II. *adv* enthusiastically
Be·geis·te·rung <-> *f kein pl* enthusiasm (**für** for); **es herrschte helle ~** everyone was wildly enthusiastic; **~ auslösen** to arouse enthusiasm; **jdn in ~ versetzen** to arouse sb's enthusiasm; **mit ~** enthusiastically; **er hat das Buch mit ~ gelesen** he really enjoyed the book
be·geis·te·rungs·fä·hig *adj* able to get enthusiastic *pred; Publikum* appreciative
Be·geis·te·rungs·sturm *m* storm of enthusiasm
Be·gier·de <-, -n> [bəˈgiːɐ̯də] *f* (*geh*) desire (**nach** for)
be·gie·rig I. *adj* ❶ (*gespannt*) eager (**auf** for) ❷ (*verlangend*) longing ❸ (*sexuell verlangend*) lascivious II. *adv* ❶ (*gespannt*) eagerly ❷ (*verlangend*) longingly ❸ (*sexuell verlangend*) lasciviously
be·gie·ßen* *vt irreg* ❶ (*überschütten*) ■**etw [mit etw** *dat*] **~** to pour [sth] over sth ❷ (*fam: feiern*) to celebrate [with a drink]; **das muss begossen werden!** that calls for a drink!
Be·ginn <-[e]s> [bəˈgɪn] *m kein pl* beginning, start; **zu ~** at the beginning
be·gin·nen <begann, begonnen> [bəˈgɪnən] *vi, vt* ❶ (*anfangen*) to begin (**mit** with) ❷ (*eine Arbeit aufnehmen*) ■**als etw ~** to start out as sth
be·gin·nend *adj attr* ❶ (*sich ankündigend*) incipient ❷ (*einsetzend*) beginning
be·glau·bi·gen* [bəˈglaʊ̯bɪgn̩] *vt* to authenticate; **etw notariell ~** to attest sth by a notary, AM *also* to notarize sth; **eine beglaubigte Kopie** a certified [*or* AM *also* an exemplified] copy
Be·glau·bi·gung <-, -en> *f* ❶ JUR certification ❷ POL *von Botschaftern* accreditation
be·glei·chen* *vt irreg* (*geh*) *Schulden* to pay; *Rechnung* to settle
Be·glei·chung <-, -en> *f pl selten* (*geh*) payment, settlement
Be·gleit·brief *m* covering [*or* AM cover] letter
be·glei·ten* *vt* ❶ **jdn ~** (*a. fig*) to accompany sb; **jdn zur Tür ~** to take sb to the door; ■**etw ~** to escort sth; **unsere guten Wünsche ~ dich!** our best wishes go with you!; **jdn auf dem Klavier begleiten** to accompany sb on the piano
Be·glei·ter(in) <-s, -> *m(f)* ❶ (*begleitender Mensch*) companion ❷ MUS accompanist
Be·gleit·er·schei·nung *f* ❶ (*gemeinsam auftretendes Phänomen*) concomitant *form* ❷ MED [accompanying] symptom
Be·gleit·mu·sik *f* ❶ (*Hintergrundmusik*) [musical] accompaniment, background music; (*im Film*) incidental music ❷ (*sl: begleitende Aktionen*) incidentals *pl*
Be·gleit·per·son *f* escort
Be·gleit·schrei·ben *nt* covering [*or* AM cover] letter
Be·gleit·um·stän·de *pl* attendant circumstances *pl*
Be·glei·tung <-, -en> *f* ❶ (*das Begleiten*) company; (*für eine Frau*) escort; **kommst du allein oder in ~?** are you coming on your own or with someone?; **in** [**jds**] **~** *dat* accompanied by sb; **ohne ~** unaccompanied ❷ (*Begleiter[in]*) companion ❸ (*Gefolge*) entourage ❹ MUS accompaniment; **er bat sie um ~ auf dem Klavier** he asked her to accompany him on the piano; **ohne ~ spielen** to play unaccompanied
be·glü·cken* *vt* (*geh*) ❶ (*glücklich stimmen*) to make happy ❷ (*hum: sexuell befriedigen*) to bestow favours on sb *hum fam*
be·glückt I. *adj* happy II. *adv* happily
be·glück·wün·schen* *vt* to congratulate (**zu** on); **lass dich ~!** congratulations!
be·gna·det [bəˈgnaːdət] *adj* (*geh*) gifted
be·gna·di·gen* [bəˈgnaːdɪgn̩] *vt* to pardon; (*bei Todesurteil*) to reprieve
Be·gna·di·gung <-, -en> *f* reprieve; **um ~ bitten** to petition for a pardon
Be·gna·di·gungs·ge·such *nt* JUR plea for [a] reprieve
be·gnü·gen [bəˈgnyːgn̩] *vr* ❶ (*sich mit etw zufriedengeben*) ■**sich mit etw** *dat* **~** to be content with sth ❷ (*sich beschrän-*

ken) ■**sich damit ~, etw zu tun** to be content to do sth; **er begnügte sich mit ein paar kurzen Worten** he restricted himself to a few short words

Be·go·nie <-, -n> [be'go:niə] *f* begonia

be·gon·nen [bə'gɔnən] *pp von* **beginnen**

be·gra·ben* *vt irreg* ❶ (*beerdigen*) to bury ❷ *Hoffnung, Plan* to abandon ❸ (*beenden*) **einen Streit ~** to bury the hatchet; **die Sache ist ~ und vergessen** the matter is dead and buried

Be·gräb·nis <-ses, -se> [bə'grɛpnɪs] *nt* burial

be·gra·di·gen* [bə'gra:dɪgn̩] *vt* BAU to straighten [out]

be·greif·bar *adj* comprehensible; **leicht/schwer ~** easy/difficult to understand

be·grei·fen* *irreg* **I.** *vt* ❶ (*verstehen*) to understand; (*erfassen*) to comprehend; ■**~, dass ...** to realize that ...; **kaum zu ~ sein** to be incomprehensible; **ich begreife nicht ganz, was du damit meinst** I don't quite get what you're driving at; **begreife das, wer will!** that's beyond me! ❷ (*für etw halten*) to regard (**als** as) **II.** *vi* (*verstehen*) to understand; **langsam/schnell ~** to be slow/quick on the uptake **III.** *vr* ■**sich als ... ~** to consider oneself to be ...

be·greif·lich *adj* understandable; **jdm etw ~ machen** to make sth clear to sb

be·greif·li·cher·wei·se *adv* understandably

be·gren·zen* *vt* ❶ a. BAU to mark the border of sth ❷ (*beschränken*) to limit (**auf** to); **die Geschwindigkeit auf ... km/h ~** to impose a speed limit of ... km/h

be·grenzt **I.** *adj* limited; **in einem zeitlich ~en Rahmen** in a limited time frame; **mein Aufenthalt hier ist zeitlich nicht ~** there is no time limit on my stay **II.** *adv* with limits; **nur ~ möglich sein** to be only partially possible

Be·grenzt·heit <-> *f kein pl* limitedness *no pl* (+*gen* of)

Be·gren·zung <-, -en> *f* a. BAU (*Begrenzen*) limiting; (*Grenze*) boundary ❷ (*fig: das Beschränken*) restriction ❸ BAU (*Grenze*) boundary

Be·griff <-[e]s, -e> *m* ❶ (*Terminus*) term; **ein ~ aus der Philosophie** a philosophical term ❷ (*Vorstellung, Auffassung*) idea; **keinen ~ von etw** *dat* **haben** to have no idea about sth; **sich** *dat* **einen ~ von etw** *dat* **machen** to have an idea of sth; **jdm ein/kein ~ sein** to mean sth/nothing to sb; **Harald Maier? Ist mir kein ~** Harald Maier? I've never heard of him; **für jds** *akk* **~e** in sb's opinion ❸ (*Inbegriff*) epitome *no pl;* **dieser Markenname ist zu einem ~ für Qualität geworden** this brand name has become a byword for quality ❹ (*Verständnis*) **schnell/schwer von ~ sein** (*fam*) to be quick/slow on the uptake ▶ **im ~ sein, etw zu tun** to be on the point of doing sth

be·grif·fen *adj* (*geh*) ■**in etw** *dat* **~ sein** to be in the process of [doing] sth

be·griff·lich *adj attr* conceptual

be·griffs·stut·zig *adj* slow on the uptake

Be·griffs·stut·zig·keit <-> *f kein pl* slow-wittedness *no pl*

be·grün·den* *vt* ❶ (*Gründe angeben*) ■**etw ~** to give reasons for sth; *Ablehnung, Forderung* to justify; *Behauptung, Klage, Verdacht* to substantiate ❷ (*gründen*) *Firma* to found

Be·grün·der(in) *m(f)* founder

be·grün·det *adj* well-founded; **eine ~e Aussicht auf Erfolg** a reasonable chance of success; **in etw** *dat* **~ liegen** to be the result of sth

Be·grün·dung <-, -en> *f* ❶ (*Angabe von Gründen*) reason; ■**als ~ einer S.** *gen* as the reason for sth ❷ JUR grounds ❸ (*geh: das Gründen*) foundation

be·grü·nen* *vt* to cover with greenery

be·grü·ßen* *vt* ❶ (*willkommen heißen*) to greet; **ich begrüße Sie!** welcome!; ■**jdn als etw** *akk* **~** to greet sb as sth; **jdn bei sich** *dat* **zu Hause ~ dürfen** (*geh*) to have the pleasure of welcoming sb into one's home; **wir würden uns freuen, Sie bald wieder an Bord ~ zu dürfen** we look forward to welcoming you on board again soon ❷ (*gutheißen*) to welcome; **es ist zu ~, dass ...** it is to be welcomed that ... ❸ SCHWEIZ (*ansprechen*) ■**jdn/etw ~** *dat* to approach sb/sth

be·grü·ßens·wert *adj* welcome; ■**es ist ~ dass ...** it is to be welcomed that ...; ■**es wäre ~ wenn ...** it would be desirable if ...

Be·grü·ßung <-, -en> *f* greeting; **offizielle ~** official welcome; **zur ~ erhielt jeder Gast ein Glas Sekt** each guest was welcomed with a glass of sparkling wine; **jdm zur ~ die Hand schütteln** to greet sb with a handshake

Be·grü·ßungs·an·spra·che *f* speech of welcome

be·gu·cken* *vt* (*fam*) to [have a] look at

be·güns·ti·gen* [bə'gʏnstɪgn̩] *vt* to favour; *Export, Wachstum* to boost; **von etw** *dat* **begünstigt werden** to be helped by sth

Be·güns·ti·gung <-, -en> f ❶ (*Förderung*) *von Plänen, Projekten* favouring *no pl*; (*positive Beeinflussung*) encouragement ❷ (*das Bevorzugen*) preferential treatment

be·gut·ach·ten* vt ❶ (*fachlich prüfen*) to examine (**auf** for); **etw ~ lassen** to get sth examined ❷ (*fam*) ■ **jdn/etw ~** to have a look at sb/sth

Be·gut·ach·tung <-, -en> f assessment; *eines Gebäudes* survey

be·gü·tert [bəˈgyːtɐt] *adj* (*geh*) affluent

be·haart [bəˈhaːɐ̯t] *adj* hairy; **stark/ schwach ~ sein** to be thickly/thinly covered with hair

Be·haa·rung <-, -en> f hair

be·hä·big [bəˈhɛːbɪç] *adj* ❶ (*gemütlich, geruhsam*) placid; (*langsam, schwerfällig*) ponderous ❷ (*dicklich*) portly ❸ SCHWEIZ (*stattlich*) imposing

be·haf·tet *adj* ■ **mit etw** *dat* **~ sein** to be marked with sth; (*mit Makel*) to be flawed with sth; **mit Problemen ~ sein** to be fraught with problems

be·ha·gen* [bəˈhaːɡn̩] *vi* ■ **etw behagt jdm** sth pleases sb; **es behagt ihm nicht, so früh aufzustehen** he doesn't like getting up so early

Be·ha·gen <-s> [bəˈhaːɡn̩] *nt kein pl* contentment *no pl*

be·hag·lich [bəˈhaːklɪç] **I.** *adj* ❶ (*gemütlich*) cosy; **es sich** *dat* **~ machen** to make oneself comfortable ❷ (*genussvoll*) contented **II.** *adv* ❶ (*gemütlich*) cosily ❷ (*genussvoll*) contentedly

Be·hag·lich·keit <-> f kein pl cosiness *no pl*

be·hal·ten* vt irreg ❶ (*in seinem Besitz lassen*) to keep; **wozu willst du das alles ~!** why hang on to all this! ❷ (*nicht preisgeben*) **etw für sich ~** to keep sth to oneself ❸ (*bewahren*) to maintain; **die Nerven ~** to keep one's nerve ❹ (*im Gedächtnis bewahren*) to remember; **ich habe leider seinen Namen nicht ~** sorry, I cannot remember his name; **etw im Kopf ~** to keep sth in one's head ❺ (*dort belassen, wo es ist*) **den Hut auf dem Kopf ~** to keep one's hat on ❻ (*zurückbehalten*) ■ **etw ~** to be left with sth (**von** from)

Be·häl·ter <-s, -> m container

be·häm·mert *adj* (*sl*) *s.* **bescheuert**

be·händ^{RR} [bəˈhɛnd], **be·hän·de**^{RR} [bəˈhɛndə] **I.** *adj* (*geh*) nimble **II.** *adv* nimbly

be·han·deln* vt ❶ (*damit umgehen*) to treat (**mit** with); **jdn gut/schlecht ~** to treat sb well/badly; **jdn mit Nachsicht ~** to be lenient with sb; **jdn wie ein kleines Kind ~** to treat sb like a child; **etw vorsichtig ~** to handle sth with care ❷ (*bearbeiten*) to treat (**mit** with); **chemisch behandelt** chemically treated ❸ (*abhandeln*) *Antrag, Punkt* to deal with

be·hän·di·gen *vt* SCHWEIZ to get hold of

Be·hand·lung <-, -en> f treatment

Be·hand·lungs·kos·ten *pl* cost of treatment **Be·hand·lungs·me·tho·de** f method of treatment **Be·hand·lungs·raum** m, **Be·hand·lungs·zim·mer** nt treatment room

be·hän·gen* vt ❶ (*aufhängen*) to hang (**mit** with); *Weihnachtsbaum* to decorate; **Wände mit Bildern ~** to hang walls with pictures ❷ (*pej fam*) ■ **sich ~ mit Schmuck** to festoon oneself

be·har·ren* vi to insist (**auf** on); **auf seiner Meinung ~** to persist with one's opinion

be·harr·lich I. *adj* insistent; (*ausdauernd*) persistent **II.** *adv* persistently; **~ schweigen** to persist in remaining silent

Be·harr·lich·keit <-> f kein pl insistence

be·hau·en vt Holz to hew, to axe; Stein to cut; (*mit einem Meißel*) to chisel

be·haup·ten* [bəˈhau̯ptn̩] **I.** vt ❶ (*äußern*) to claim; **wer das behauptet, lügt!** whoever is saying that is lying!; ■ **von jdm ~, dass ...** to say of sb that ...; ■ **es wird behauptet, dass ...** it is said that ... ❷ (*aufrechterhalten*) to maintain; **seinen Vorsprung gegen jdn ~** to maintain one's lead over sb **II.** *vr* ■ **sich ~** to assert oneself (**gegen** over); **sich gegen die Konkurrenz ~ können** to be able to survive against one's competitors; **Nadal konnte sich gegen Murray ~** Nadal held his own against Murray

Be·haup·tung <-, -en> f ❶ (*Äußerung*) assertion; **eine ~ aufstellen** to make an assertion ❷ (*Durchsetzen*) maintaining *no pl*

Be·hau·sung <-, -en> f (*hum geh*) accommodation

be·he·ben* vt irreg ❶ (*beseitigen*) to remove; *Fehler, Mangel* to rectify; *Missstände* to remedy; *Schaden, Funktionsstörung* to repair ❷ FIN ÖSTERR **Geld ~** to withdraw money

Be·he·bung <-, -en> f ❶ (*Beseitigung*) removal; *eines Fehlers, Mangels* rectification; *eines Schadens, einer Störung* repair ❷ FIN ÖSTERR *von Geld* withdrawal

be·hei·ma·tet [bəˈhai̯maːtət] *adj* ❶ (*ansäs-*

sig) ▪ ~ **sein** to be resident ❷ BOT, ZOOL native; **in Kalifornien ~ sein** to be native to California

be·hei·zen* *vt* to heat (**mit** with)

Be·helf <-[e]s, -e> [bəˈhɛlf] *m* [temporary] replacement

be·hel·fen* *vr irreg* **sich** *dat* **mit etw** *dat* **~** [**müssen**] to [have to] make do with sth; ▪ **sich** *dat* **~** [**können**] to manage

be·helfs·mä·ßig I. *adj* temporary II. *adv* temporarily

be·hel·li·gen* [bəˈhɛlɪɡn̩] *vt* ▪ **jdn** [**mit etw** *dat*] **~** to bother sb [with sth]

be·hend[ALT] [bəˈhɛnt], **be·hen·de**[ALT] [bəˈhɛndə] *adj, adv s.* **behänd**[**e**]

be·her·ber·gen* *vt* to accommodate

be·herr·schen* I. *vt* ❶ (*gut können*) to have mastered; **sein Handwerk ~** to be good at one's trade; **ein Instrument ~** to play an instrument well; **eine Sprache ~** to have good command of a language; **alle Tricks ~** to know all the tricks; **etw aus dem Effeff ~** (*fam*) to know sth inside out ❷ (*als Herrscher regieren*) to rule ❸ (*im Griff haben*) to control; **ein Fahrzeug ~** to have control over a vehicle ❹ (*prägen, dominieren*) to dominate ❺ (*unter Einfluss von etw stehen*) ▪ **von etw** *dat* **beherrscht werden** to be ruled by sth II. *vr* ▪ **sich ~** to control oneself

be·herrscht I. *adj* [self-]controlled II. *adv* with self-control

Be·herr·schung <-> *f kein pl* ❶ (*das Gutkönnen*) mastery ❷ (*Selbst~*) self-control; **die ~ verlieren** to lose one's self-control ❸ (*das Kontrollieren*) control

be·her·zi·gen* [bəˈhɛrtsɪɡn̩] *vt* to take to heart; **Rat** to heed

be·herzt *adj* (*geh*) intrepid

be·hilf·lich [bəˈhɪlflɪç] *adj* ▪ **jdm ~ sein** to help sb

be·hin·dern* *vt* ❶ (*hinderlich sein*) ▪ **jdn ~** to obstruct [*or* hinder] sb; ▪ **etw ~** to hinder sth ❷ (*hemmen*) to hamper

be·hin·dert *adj* disabled; **geistig/körperlich ~** mentally/physically disabled [*or dated* handicapped]

Be·hin·der·te(r) *f(m) dekl wie adj* disabled [*or dated* handicapped] person; ▪ **die B~n** the disabled [*or dated* handicapped]; **geistig/körperlich ~** mentally/physically disabled person

be·hin·der·ten·ge·recht *adj* suitable for the disabled **Be·hin·der·ten·park·platz** *m* parking place for the disabled

Be·hin·de·rung <-, -en> *f* ❶ (*das Behindern*) obstruction; **es muss mit ~en gerechnet werden** delays are to be expected ❷ (*körperliche Einschränkung*) disability, handicap *dated*; **geistige/körperliche ~** mental/physical disability

Be·hör·de <-, -n> [bəˈhøːɐ̯də] *f* ❶ (*Dienststelle*) department ❷ (*fam*) town council ❸ (*Amtsgebäude*) [local] council offices

be·hörd·lich [bəˈhøːɐ̯tlɪç] I. *adj* official II. *adv* officially; **~ genehmigt** authorized by the authorities

be·hü·ten* *vt* ❶ (*schützend bewachen*) to watch over ❷ (*bewahren*) to protect (**vor** from); **jdn vor einem Fehler ~** to save sb from a mistake

be·hut·sam [bəˈhuːtzaːm] I. *adj* (*geh*) gentle II. *adv* (*geh*) gently; **jdm etw ~ beibringen** to break sth to sb gently

Be·hut·sam·keit <-> *f kein pl* (*geh*) care

bei [baɪ] *präp + dat* ❶ (*räumlich*) ▪ **~ jdm** (*in jds Wohn-/Lebensbereich*) with sb; (*in jds Unternehmensbereich*) in; (*in einem Geschäft*) at; (*in jds Werk*) in; **am Wochenende sind sie ~ ihm** at the weekend they will be at his place; **~ uns zu Hause** at our house; **ich war ~ meinen Eltern** I was at my parents' [house]; **~ wem nimmst du Klavierstunden?** who do you have your piano lessons with?; **seit wann bist du eigentlich ~ dieser Firma?** how long have you been working for this company?; **~ Familie Schmidt** (*Briefanschrift*) c/o Schmidt; **beim Bäcker/Friseur** at the baker's/hairdresser's ❷ (*räumlich*) **etw ~ sich** *dat* **haben** to have sth with one; **ich habe gerade kein Geld ~ mir** I haven't any money on me at the moment ❸ (*räumlich*) ▪ **~ etw** *dat* (*in der Nähe von*) near sth; (*Berührung*) by; (*dazwischen, darunter*) among; **Böblingen ist eine Stadt ~ Stuttgart** Böblingen is a town near Stuttgart; **~ dem Zugunglück starben viele Menschen** many people died in the train crash; **die Unterlagen sind ~ den Akten** the papers are amongst the files ❹ (*Zeitspanne: während*) during; (*Zeitspanne: Zeitpunkt betreffend*) at ❺ (*während einer Tätigkeit*) while; **störe mich bitte nicht ~ der Arbeit!** please stop disturbing me when I'm working! ❻ (*Begleitumstände*) by; **wir aßen ~ Kerzenlicht** we had dinner by candlelight; **~ dieser Hitze/Kälte** in such a heat/cold; **~ Wind und Wetter** come rain or shine ❼ (*im Falle von etw*) in case of; „**bei Feuer Scheibe einschlagen**" "in case of fire break glass" ❽ (*trotz*) ▪ **~ all/aller ...**

in spite of all; ~ **alledem** ... for all that ... ▶ **nicht [ganz]** ~ **sich** *dat* **sein** (*fam*) to be not [quite] oneself

bei·be·hal·ten* *vt irreg* ① (*weiterhin behalten*) to maintain; *Tradition, Brauch* to uphold; *Meinung* to stick to ② (*fortsetzen*) *Diät* to keep to; *Geschwindigkeit* to maintain; *Therapie* to continue

Bei·be·hal·tung <-> *f kein pl* ① (*das Beibehalten*) *einer Gewohnheit, Methode* maintenance ② (*das Fortsetzen*) *der Richtung* keeping to

Bei·boot *nt* tender (*vessel attendant on others*)

bei·brin·gen *vt irreg* ① (*fam: eine schlechte Nachricht übermitteln*) **jdm etw [schonend]** ~ to break sth [gently] to sb ② (*fam: lehren*) to teach ③ (*zufügen*) ■ **jdm etw** ~ to inflict sth on sb; **jdm eine Niederlage** ~ to inflict a defeat on sb ④ (*beschaffen*) to produce

Beich·te <-, -n> ['baiçtə] *f* confession; **die** ~ **ablegen** to make one's confession; **jdm die** ~ **abnehmen** to hear sb's confession

beich·ten ['baiçtn̩] I. *vt* ■ **[jdm] etw** ~ to confess sth [to sb] II. *vi* to confess; ~ **gehen** to go to confession

Beicht·ge·heim·nis *nt* seal of confession **Beicht·stuhl** *m* confessional **Beicht·va·ter** *m* (*veraltend*) father confessor *also fig*

bei·de ['baidə] *pron* ① (*alle zwei*) both; **sie hat** ~ **Kinder gleich lieb** she loves both children equally; ~ **Mal[e]** both times; ■ **ihr** ~ the two of you; **ihr** ~ **solltet euch wieder vertragen!** the two of you really should make up again!; ■ **euch** ~**n** both of you ② (*ich und du*) ■ **uns** ~**n** both of us; ■ **wir** ~ the two of us ③ (*die zwei*) ■ **die** ~**n** both [of them]; **die** ~**n vertragen sich sehr gut** they both get on very well; **die ersten/letzten** ~**n** ... the first/last two ...; **einer von** ~**n** one of the two ④ (*sowohl dies als auch jenes*) ■ ~**s** both; ~**s ist möglich** both are possible

bei·de·mal^ALT *adv s.* **beide** 1

bei·der·lei ['baidɐˌlai] *adj attr* both

bei·der·sei·tig ['baidɐzaitɪç] *adj* on both sides; *Abkommen* bilateral; *Vertrauen, Einverständnis, Zufriedenheit* mutual

bei·der·seits ['baidɐˌzaits] *adv* on both sides

beid·hän·dig I. *adj* ① SPORT double-handed, two-handed ② (*beide Hände betreffend*) **eine** ~**e Amputation** an amputation of both hands; **ein** ~**er Griff** a double-handed [*or* two-handed] grip II. *adv* ① SPORT with two [*or* both] hands ② (*beide Hände betreffend*) ~ **amputiert** with both hands amputated

bei·dre·hen *vi* NAUT to heave to

beid·sei·tig ['baitzaitɪç] *adj, adv* on both sides; *Beschichtung* double-sided

bei·ei·nan·der [bai?ai'nandɐ] *adv* together ▶ **gut/schlecht** ~ **sein** (*fam körperlich*) to be in good/bad shape; (*geistig*) to be/not be all there

bei·ei·nan·der|ha·ben *vt irreg* (*fam*) ■ **etw [wieder]** ~ (*fam*) to have [got] sth together [again] **bei·ei·nan·der|lie·gen** *vi irreg* to lie together **bei·ei·nan·der|sit·zen** *vi irreg* to sit together **bei·ei·nan·der|ste·hen** *vi irreg* to stand together

Bei·fah·rer(in) *m(f)* (*Passagier neben dem Fahrer*) front-seat passenger; (*zusätzlicher Fahrer*) co-driver

Bei·fah·rer·air·bag [-ˌɛːebɛk] *m* passenger airbag **Bei·fah·rer·sitz** *m* [front] passenger seat

Bei·fall <-[e]s> *m kein pl* ① (*Applaus*) applause; ~ **klatschen** to applaud ② (*Zustimmung*) approval; ~ **heischend** (*geh*) looking for approval; **[jds** *akk*] ~ **finden** to meet with [sb's] approval

bei·fäl·lig I. *adj* approving II. *adv* approvingly; **er nickte** ~ **mit dem Kopf** he nodded approvingly

Bei·falls·ruf *m* cheer, shout of approval **Bei·falls·sturm** *m* storm of applause

bei·fü·gen *vt* ① (*mitsenden*) to enclose ② (*hinzufügen*) to add

Bei·ga·be <-, -n> *f* ① *sing* (*das Hinzufügen*) addition ② *sing o pl* (*Beilage*) side dish

beige [beːʃ, 'beːʒə] *adj* beige

bei·ge·ben *vt irreg* ① (*mitsenden*) to enclose ② (*hinzufügen*) to add

Bei·ge·schmack *m* ① (*zusätzlicher Geschmack*) [after]taste ② (*fig*) overtone[s]

Bei·heft *nt* (*zusätzlich beigelegtes Heft*) supplement; SCH answer book

Bei·hil·fe *f* ① (*finanzielle Unterstützung*) financial assistance; (*nicht rückzuerstattende Förderung*) grant; (*Subvention*) subsidy ② JUR **jdn wegen** ~ **zum Mord anklagen** to charge sb with acting as an accessory to murder

bei·kom·men *vi irreg sein* ① (*mit jdm fertigwerden*) ■ **jdm/einer S.** *dat* ~ to sort out sb/sth *sep* ② DIAL (*endlich kommen*) to come ③ DIAL (*erreichen können*) ■ **irgendwo** ~ to reach somewhere; **die Öffnung ist so eng, dass man mit der Zange nicht beikommt** the opening is too narrow to reach with the pliers

Beil <-[e]s, -e> [baɪl] *nt* ❶ (*Werkzeug*) [short-handled] axe ❷ HIST (*Fallbeil*) blade [of a guillotine]; (*Richt~*) executioner's axe

beil. *Abk von* **beiliegend**

Bei·la·ge *f* ❶ (*beigelegte Speise*) side dish, *esp* AM side order ❷ (*das Beilegen*) enclosure (**zu** in) ❸ (*Beiheft*) supplement, addition; (*beigelegtes Werbematerial*) insert ❹ ÖSTERR (*Anlage*) enclosure

bei·läu·fig **I.** *adj* passing **II.** *adv* ❶ (*nebenbei*) in passing; **etw ~ erwähnen** to mention sth in passing ❷ ÖSTERR (*ungefähr*) about

bei|**le·gen** *vt* ❶ (*dazulegen*) ▪ **einer S.** *dat* **etw** *akk* **~** to insert sth in sth; **einem Brief einen Rückumschlag ~** to enclose an SAE [*or* AM SASE] in a letter ❷ (*schlichten*) to settle; **lass uns die Sache ~!** let's settle the matter

Bei·le·gung <-, -en> *f* ❶ JUR (*Schlichtung*) settlement ❷ (*selten: Beilage*) enclosure ❸ NAUT mooring

bei·lei·be [baɪˈlaɪbə] *adv* on no account; **~ nicht!** certainly not

Bei·leid *nt kein pl* condolence[s *pl*]; [**mein**] **herzliches ~** [you have] my heartfelt sympathy; **jdm** [**zu etw** *dat*] **sein ~ aussprechen** to offer sb one's condolences [on sth]

Bei·leids·kar·te *f* condolence card

bei|**lie·gen** *vi irreg* ▪ **einer S.** *dat* **~** to be appended to sth; (*einem Brief, Paket*) to be enclosed in sth

bei·lie·gend *adj* enclosed; **~ finden Sie ...** (*geh*) please find enclosed ...

beim [baɪm] = **bei dem** ❶ (*Aufenthalt in jds Geschäftsräumen*) **~ Arzt/Bäcker/Friseur** at the doctor's/baker's/hairdresser's ❷ (*eine Tätigkeit ausführend*) **jdn ~ Arbeiten stören** to disturb sb working

bei|**men·gen** *vt* to add

bei|**mes·sen** *vt irreg* **einer S.** *dat* **Bedeutung/Wert ~** to attach importance/value to sth

bei|**mi·schen** *vt s.* **beimengen**

Bein <-[e]s, -e> [baɪn] *nt* ❶ (*Körperteil*) leg; **die ~e ausstrecken/spreizen/übereinanderschlagen** to stretch [out]/part/cross one's legs; **das ~ heben** *Hund* to lift a leg; **jdm** [**wieder**] **auf die ~e helfen** to help sb back on his feet; **wieder auf die ~e kommen** to get back on one's feet [again]; **unsicher auf den ~en sein** to be unsteady on one's feet; **jdm ein ~ stellen** to trip up sb *sep*; **von einem ~ aufs andere treten** to shift from one foot to the other; **sich** *dat* **die ~e vertreten** to stretch one's legs ❷ (*Hosen~*) leg ❸ (*Knochen*) bone ▶ **die ~e unter den Arm nehmen** (*fam*) to take to one's heels; **sich** *dat* **die ~e in den Bauch stehen** (*fam*) to be standing until one is ready to drop; **mit beiden ~en auf dem Boden stehen** to have both feet on the ground; **mit einem ~ im Grabe stehen** to have one foot in the grave; **die ~e unter jds Tisch strecken** (*fam*) to have one's feet under sb's table; **mit dem linken ~ zuerst aufgestanden sein** to have got out of bed on the wrong side; **sich** *dat* [**bei etw** *dat*] **kein ~ ausreißen** (*fam*) to not bust a gut [*over* sth]; **~e bekommen** (*fam*) to go for a walk on its own; **immer wieder auf die ~e fallen** (*fam*) to always land on one's feet; **alles, was ~e hat, ...** (*fam*) everything on two legs ...; **sich kaum noch auf den ~en halten können** to be hardly able to stand on one's [own two] feet; **jdm** [**wieder**] **auf die ~e helfen** to help sb back on his feet; **wieder auf die ~e kommen** (*wieder gesund werden*) to be up on one's feet again; (*sich wirtschaftlich wieder erholen*) to recover one's economic state; **jdm ~e machen** (*fam*) to give sb a kick in the arse [*or* AM ass]; **sich auf die ~e machen** (*fam*) to get a move on; **auf den ~en sein** (*in Bewegung sein*) to be on one's feet; (*auf sein*) to be up and about; **auf eigenen ~en stehen** to be able to stand on one's own two feet; **etw auf die ~e stellen** to get sth going

bei·nah [ˈbaɪnaː, ˈbaɪˈnaː, baɪˈnaː] *adv,* **bei·na·he** [ˈbaɪnaːə, ˈbaɪˈnaːə, baɪˈnaːə] *adv* almost

Bei·na·he·zu·sam·men·stoß <-es, -stöße> *m* near miss; *Flugzeuge a.* BRIT *also* air miss

Bei·na·me *m* epithet

Bein·ar·beit *f kein pl* footwork

Bein·bruch *m* ❶ (*Bruch eines Beines*) fracture of the leg; **das ist kein ~!** (*fig fam*) it's not as bad as all that! ❷ (*fam: Patient mit einem ~*) broken leg

be·in·hal·ten* [bəˈʔɪnhaltn̩] *vt* (*geh*) to contain

Bein·pro·the·se *f* artificial leg

bei|**ord·nen** *vt* ▪ **jdm jdn ~** to assign sb to sb

Bei·pack·zet·tel *m* instruction leaflet

bei|**pflich·ten** *vi* ▪ **jdm ~** to agree with sb (**in** on)

Bei·rat *m kein pl* advisory board

be·ir·ren* *vt* ▪ **sich** [**nicht**] **~ lassen** to [not] let oneself be put off

bei·sam·men [baɪˈzamən] *adv* ❶ (*zusam-*

men) together; ~ **sein** to be [all] together ② (*fam: geistig rege*) [**nicht**] **gut ~ sein** to [not] be with it

bei·sam·men|sein^{ALT} *vi irreg sein s.* **beisammen**

Bei·sam·men·sein *nt* get-together

Bei·schlaf *m* sexual intercourse (**zwischen** between); **außerehelicher ~** adultery

Bei·sein *nt* ■ **in jds ~** *dat* in sb's presence

bei·sei·te [baɪ̯ˈzaɪ̯tə] *adv* to one side

bei·sei·te|ge·hen *vi irreg sein* to step aside

bei·sei·te|le·gen *vt* ■ **etw ~** (*etw weglegen*) to put sth to one side; (*etw sparen*) to put aside sth *sep*

bei|set·zen *vt* (*geh*) to inter; *Urne* to install

Bei·set·zung <-, -en> *f* (*geh*) interment; *einer Urne* installing [in its resting place]

Bei·sit·zer(in) <-s, -> *m(f)* ① JUR associate judge [*or* BRIT *spec also* puisne] ② (*Kommissionsmitglied*) assessor

Bei·spiel <-[e]s, -e> [ˈbaɪ̯ʃpiːl] *nt* example; **anschauliches ~** illustration; **praktisches ~** demonstration; **mit gutem ~ vorangehen** to set a good example; **sich** *dat* **an jdm ein ~ nehmen** to take a leaf out of sb's book; **zum ~** for example; **wie zum ~** such as

bei·spiel·haft *adj* ① (*vorbildlich*) exemplary ② (*typisch*) typical (**für** of) **bei·spiel·los** *adj* ① (*unerhört*) outrageous ② (*ohne vorheriges Beispiel*) unprecedented (**in** in) **Bei·spiel·satz** *m* example [sentence]

bei·spiels·wei·se *adv* for example

bei·ßen <biss, gebissen> [ˈbaɪ̯sn̩] **I.** *vt* ■ **jdn ~** to bite sb; **etwas/nichts zu ~ haben** (*fam*) to have something/nothing to eat; **er wird dich schon nicht ~!** (*fig*) he won't bite you **II.** *vi* ① (*mit den Zähnen*) ■ **auf/in etw** *akk* **~** to bite into sth; **die Fische wollen heute nicht ~** the fish aren't biting today ② (*brennend sein*) to sting; *Säure* to burn; **in den Augen ~** to make one's eyes sting ▶ **an etw** *dat* **zu ~ haben** to have sth to chew over **III.** *vr* ① (*mit den Zähnen*) ■ **sich** *akk o dat* **auf etw** *akk* **~** to bite one's sth ② (*nicht harmonieren*) ■ **sich** [**mit etw** *dat*] **~** to clash [with sth]

bei·ßend *adj* ① (*scharf*) pungent; *Qualm* acrid ② (*brennend*) burning ③ (*ätzend*) caustic

Beiß·zan·ge *f* DIAL *s.* **Kneifzange**

Bei·stand *m* ① *kein pl* (*Unterstützung*) support; (*Hilfe*) assistance; *von Priester* attendance; **ärztlicher ~** medical aid; **jdm ~ leisten** to give sb one's support ② (*helfender Mensch*) assistant; **seelischer ~** sb who gives emotional support ③ JUR legal adviser

bei|ste·hen *vi irreg* ■ **jdm ~** to stand by sb

bei|steu·ern *vt* to contribute (**zu** to); **seinen Teil ~** to contribute one's share

bei|stim·men *vi s.* **zustimmen**

Bei·strich *m bes* ÖSTERR comma

Bei·trag <-[e]s, -träge> [ˈbaɪ̯traːk, *pl* ˈbaɪ̯trɛːgə] *m* ① (*Mitglieds~*) fee; (*Versicherungs~*) premium ② (*Artikel*) article ③ (*Mitwirkung*) contribution; **einen ~ zu etw** *dat* **leisten** to make a contribution to sth ④ SCHWEIZ (*Subvention*) subsidy

bei|tra·gen I. *vi irreg* ■ **zu etw** *dat* **~** to contribute to sth **II.** *vt* to contribute (**zu** to); **seinen Teil zur Rettung der Hungernden ~** to do one's bit to help the starving

bei·trags·pflich·tig *adj* liable to pay contribution **Bei·trags·satz** *m* membership rate **Bei·trags·zeit** *f* contribution period

bei|tre·ten *vi irreg sein* ① (*Mitglied werden*) to join [as a member] ② POL to enter into

Bei·tritt *m* ① (*das Beitreten*) entry (**zu** into) ② POL (*Anschluss*) accession (**zu** to) **Bei·tritts·er·klä·rung** *f* confirmation of membership

Bei·wa·gen *m* sidecar

Bei·werk *nt* (*geh*) embellishment[s *pl*]

bei|woh·nen *vi* (*geh*) ■ **einer S.** *dat* **~** to be present at sth

Bei·wort <-wörter> *nt* ① (*beschreibendes Wort*) epithet ② (*selten: Adjektiv*) adjective

Bei·ze¹ <-, -n> [ˈbaɪ̯tsə] *f* ① (*Beizmittel*) stain[ing agent] ② (*Marinade*) marinade

Bei·ze² <-, -n> [ˈbaɪ̯tsə] *f* DIAL (*fam: Kneipe*) pub BRIT, bar AM

bei·zei·ten [baɪ̯ˈtsaɪ̯tn̩] *adv* in good time; **das hättest du mir aber ~ sagen müssen!** you should have told me that earlier

bei·zen [ˈbaɪ̯tsn̩] *vt* ① (*mit Beizmittel*) to stain ② (*marinieren*) to marinade

be·ja·hen* [bəˈjaːən] *vt* ① (*mit Ja beantworten*) to answer in the affirmative ② (*gutheißen*) to approve [of]

be·ja·hend I. *adj* affirmative **II.** *adv* affirmatively

be·jahrt [bəˈjaːɐ̯t] *adj* (*geh*) ① (*älter*) elderly, advanced in years *pred* ② (*hum: von Tier: alt*) aged

be·jam·mern* *vt* to lament

be·jam·merns·wert *adj* lamentable

be·ju·beln* *vt* to cheer; ■ **bejubelt werden** to be met with cheering

be·ka·keln* vt DIAL to discuss

be·kämp·fen* vt ■ jdn/etw ~ ① (gegen jdn/etw kämpfen) to fight [against] sb/sth; ■ sich [gegenseitig] ~ to fight one another ② (durch Maßnahmen eindämmen) to combat ③ (auszurotten suchen) to control

Be·kämp·fung <-, selten -en> f ① (das Bekämpfen) fighting (+gen against) ② (versuchte Eindämmung) combating; **zur ~ der Drogenkriminalität** to combat drug-related crime ③ (versuchte Ausrottung) controlling

be·kannt [bəˈkant] adj ① (allgemein gekannt) well-known; **etw ~ geben** to announce sth; (von der Presse) to publish sth.; **jdn ~ machen** (berühmt) to make sb famous; **etw ~ machen** (öffentlich) to make sth known to the public; **für etw** akk **~ sein** to be well-known for sth; **~ werden** to become famous ② (nicht fremd, vertraut) familiar; **ist dir dieser Name ~?** are you familiar with this name?; **allgemein ~ sein** to be common knowledge; **jdn/sich [mit jdm] ~ machen** to introduce sb/oneself [to sb]; **mit jdm ~ sein** to be acquainted with sb; **jdm ~ vorkommen** to seem familiar to sb

Be·kann·te(r) f(m) dekl wie adj acquaintance; **ein guter ~r** a friend

Be·kann·ten·kreis m circle of acquaintances

be·kann·ter·ma·ßen adv (geh) s. **bekanntlich**

Be·kannt·ga·be f announcement; (von der Presse) publication

be·kannt|ge·benᴬᴸᵀ vt irreg to announce; (von der Presse) to publish

Be·kannt·heit <-> f kein pl fame no pl

Be·kannt·heits·grad m degree of fame

be·kannt·lich adv as is [generally] known

be·kannt|ma·chenᴬᴸᵀ vt (öffentlich) to make known to the public

Be·kannt·ma·chung <-, -en> f ① kein pl (das Bekanntmachen) announcement; (der Öffentlichkeit) publicizing; (durch Fernsehen) broadcasting; (von der Presse) publication; **öffentliche ~** public announcement ② (Anschlag etc) notice

Be·kannt·schaft <-, -en> f ① kein pl (das Bekanntsein) acquaintance; **jds ~ machen** to make sb's acquaintance also iron; **mit etw** dat **~ machen** (iron) to get to know sth ② (fam: Bekanntenkreis) acquaintances pl

be·kannt|wer·den vi irreg sein s. **bekannt 1**

be·keh·ren* I. vt ■ jdn [zu etw dat] ~ (fig liter) to convert sb [to sth] II. vr ■ **sich [zu etw** dat] **~** (fig liter) to be[come] converted [to sth]

Be·keh·rung <-, -en> f conversion

be·ken·nen* irreg I. vt ① (eingestehen) to confess ② (öffentlich dafür einstehen) to bear witness to II. vr ■ **sich zu jdm/etw ~** to declare one's support for sb/sth; **sich zu einem Glauben ~** to profess a faith; **sich zu einem Irrtum ~** to admit to a mistake; **sich zu einer Tat ~** to confess to a deed; **sich zu einer Überzeugung ~** to stand up for one's convictions

Be·kęnnt·nis nt ① (Eingeständnis) confession ② (das Eintreten für etw) declared belief (**zu** in) ③ REL (Konfession) [religious] denomination

be·kla·gen* I. vt to lament; **bei dem Unglück waren zehn Tote zu ~** the accident claimed ten lives II. vr **sich ~** to complain (**über** about); **man hat sich bei mir über Sie beklagt** I have received a complaint about you

be·kla·gens·wert adj lamentable; Irrtum, Versehen unfortunate

Be·klag·te(r) f(m) dekl wie adj JUR defendant

be·klau·en* vt (fam) to rob

be·kle·ckern* I. vt (fam) to stain II. vr (fam) **sich [mit Brei/Soße] ~** to spill porridge/sauce all down oneself

be·kleck·sen vt to splatter

be·klei·den* vt (geh) ① (innehaben) to fill ② (geh) ■ **sich ~** to dress oneself

Be·klei·dung f ① (Kleidungsstück) clothing no pl, no indef art ② (geh: das Innehaben) tenure

Be·klei·dungs·stück nt (geh) s. **Kleidungsstück**

be·klem·mend I. adj ① (beengend) claustrophobic ② (beängstigend) oppressive II. adv oppressively

Be·klem·mung <-, -en> f constriction

be·klom·men [bəˈklɔmən] I. adj anxious; (von Mensch a.) uneasy II. adv anxiously

Be·klom·men·heit <-> f kein pl anxiety; (von Mensch a.) uneasiness no pl

be·kloppt [bəˈklɔpt] adj (sl) s. **bescheuert**

Be·klopp·te(r) <-n, -n> f(m) dekl wie adj (fam) idiot

be·knackt [bəˈknakt] adj (sl) s. **bescheuert**

be·knien* vt (fam) ■ **jdn ~ [, etw zu tun]** to beg sb [to do sth]

be·ko·chen* vt to cook for

be·kom·men* irreg I. vt haben ① (erhal-

ten) ■**etw** |**von jdm**| ~ to receive sth [from sb]; *Genehmigung, Mehrheit* to obtain; *Massage, Spritze* to be given; *Ohrfeige* to get; **ich habe das zum Geburtstag ~** I received this for my birthday; **sie bekommt 21 Euro die Stunde** she earns 21 euros an hour; **ich bekomme noch 4000 Euro von dir** you still owe me 4000 euros; **was ~ Sie dafür?** how much is it?; **von der Schokolade kann sie einfach nicht genug ~!** she just can't get enough of that chocolate!; **Ärger/Schwierigkeiten ~** to get into trouble/difficulties; **eine Ermäßigung ~** to qualify for a reduction; **etw in die Hände ~** (*fam*) to get hold of sth ❷ (*erreichen*) **den Bus ~** to catch the bus ❸ (*serviert erhalten*) ■**etw ~** to be served with sth; **ich bekomme ein Bier** I'd like a beer; **wer bekommt das Steak?** who ordered the steak?; **was ~ Sie?** what would you like? ❹ (*entwickeln*) **eine Erkältung ~** to catch a cold; **eine Glatze/graue Haare ~** to go bald/to go grey; **Heimweh ~** to get homesick; **Lust ~, etw zu tun** to feel like doing sth; **Zähne ~** to teethe ❺ *mit Infinitivkonstruktion* **etw zu essen/trinken ~** to get sth to eat/drink; **etw zu hören/sehen ~** to get to hear/see sth; **der wird von mir etwas zu hören ~!** (*fam*) I'll give him a piece of my mind! ❻ *mit pp o adj* **etw gemacht ~** to get sth done; **etw bezahlt ~** to get paid for sth; **etw geschenkt ~** to be given sth [as a present] ❼ (*dazu bringen*) **jdn dazu ~, etw zu tun** to get sb to do sth; **er ist einfach nicht ins Bett zu ~** he just won't go to bed **II.** *vi* **jdm** |**gut**|**/schlecht ~** to do sb good/to not do sb any good; *Essen* to agree/to disagree with sb

be·kömm·lich [bəˈkœmlɪç] *adj* ❶ (*leicht verdaulich*) [easily] digestible ❷ (*wohltuend*) beneficial

be·kös·ti·gen* [bəˈkœstɪɡn̩] *vt* to feed

be·kräf·ti·gen* *vt* ❶ (*bestätigen*) to confirm (**durch/mit** by); **etw noch einmal ~** to reaffirm sth ❷ (*bestärken*) to corroborate; *Vorhaben* to support; ■**jdn in etw** *dat* **~** to strengthen sb's sth

Be·kräf·ti·gung <-, -en> *f* confirmation

be·krän·zen* *vt* ❶ (*mit einem Kranz*) to crown with a wreath ❷ (*mit Girlanden*) to adorn with garlands

be·kreu·zi·gen* *vr* ■**sich** |**vor jdm/etw**| **~** to cross oneself [on seeing sb/sth]

be·krie·gen* *vt* ■**sich** |**gegenseitig**| **~** to be warring [with one another]; ■**jdn/etw ~** to wage war on sb/sth

be·krit·teln *vt* to find fault; *Argument* to pick holes in

be·krit·zeln* *vt* to scribble; (*schmieren*) to scrawl

be·küm·mern* *vi impers* ■**es bekümmert jdn** it worries sb

be·küm·mert *adj* worried (**über** about); (*erschüttert*) distressed (**über** with)

be·kun·den* [bəˈkʊndn̩] *vt* to express; **Interesse** |**an etw** *akk*| **~** to express interest [in sth]; **Sympathie** |**für etw** *akk*| **~** to express interest [in sth]/a liking [for sth]

Be·kun·dung <-, -en> *f* expression, demonstration

be·lä·cheln* *vt* to smile at; ■**belächelt werden** to be a target of ridicule

be·la·chen* *vt* to laugh at

be·la·den*¹ *irreg vt* ❶ (*mit Ladung versehen*) to load [up *sep*] ❷ (*Last aufbürden*) to burden (**mit** with)

be·la·den*² *adj* ❶ (*mit einer Last versehen*) loaded; (*von Menschen a.*) laden (**mit** with) ❷ (*belastet*) burdened (**mit** with)

Be·lag <-[e]s, Beläge> [bəˈlaːk, *pl* bəˈlɛːɡə] *m* ❶ (*aufgelegte Esswaren*) topping; *von Brot* spread ❷ (*Zahn~*) film; (*Zungen~*) fur ❸ (*Schicht*) coating ❹ (*Brems~*) lining ❺ (*Fußboden~*) covering; (*Straßen~*) surface

Be·la·ge·rer <-s, -> *m* besieger

be·la·gern* *vt* to besiege; ■**belagert sein/werden** to be/come under siege

Be·la·ge·rungs·zu·stand *m* state of siege; **den ~ verhängen** to proclaim a state of siege

be·läm·mert^RR [bəˈlɛmɐt] *adj* (*sl*) sheepish

Be·lang <-[e]s, -e> [bəˈlaŋ] *m* ❶ *kein pl* (*Bedeutung, Wichtigkeit*) ■**ohne ~ sein** to be of no importance; ■**von ~ sein** to be of importance; ■**etw/nichts von ~** something/nothing important ❷ *pl* (*Interessen, Angelegenheiten*) interests; **jds ~e vertreten** to represent the interests of sb ❸ *kein pl* (*geh: Hinsicht*) matter

be·lan·gen* *vt* JUR ■**jdn** |**wegen etw** *gen*| **~** to prosecute sb [for sth]

be·lang·los *adj* (*unwichtig*) unimportant; (*nebensächlich*) irrelevant

Be·lang·lo·sig·keit <-, -en> *f* ❶ *kein pl* (*belanglose Beschaffenheit*) unimportance ❷ (*Unwichtigkeit*) triviality

be·las·sen* *vt irreg* ❶ (*es bei etw bewenden lassen*) ■**es bei etw** *dat* **~** to leave it at sth; **~ wir es dabei!** let's leave it at that ❷ (*stehen lassen*) **etw an seinem Platz ~** to leave sth in its place

be·last·bar *adj* ❶ (*zu belasten*) loadable; ■ **bis zu etw** *dat* **~ sein** to have a maximum load of sth ❷ (*fig: beanspruchbar*) **kein Mensch ist unbegrenzt ~** nobody can take work/abuse indefinitely; **unter Stress ist ein Mitarbeiter weniger ~** stress reduces an employee's working capacity; **die Nerven sind nur bis zu einem bestimmten Grad ~** the nerves can only take so much; **Training macht das Herz ~er** training strengthens the heart ❸ (*mit Schadstoffen zu belasten*) able to withstand contamination ❹ FIN (*zu überziehen*) **wie hoch ist mein Konto ~?** what is the limit on my account?

Be·last·bar·keit <-, -en> *f* ❶ (*Fähigkeit, Lasten auszuhalten*) load-bearing capacity ❷ (*Beanspruchbarkeit*) ability to take stress; *von Gedächtnis* capacity; *von Organen, Körper* maximum resilience ❸ FIN (*Besteuerbarkeit*) ability to pay taxes

be·las·ten* *vt* ❶ (*mit Last beschweren*) to load (**mit** with) ❷ (*bedrücken*) ■ **jdn/etw ~** to press sb/sth; **jdn** [**schwer**] **~** to weigh [heavily] on one's mind; ■ **~d** crippling ❸ (*leistungsmäßig beanspruchen*) to strain; **jdn/etw zu sehr belasten** to overstrain sb/sth ❹ JUR ■ **jdn ~** to incriminate sb; **~des Material** incriminating evidence ❺ (*beschweren*) to burden with ❻ (*ökologisch beanspruchen*) to pollute ❼ FIN *Konto* to debit; **etw mit einer Hypothek ~** to mortgage sth

be·läs·ti·gen* [bəˈlɛstɪɡn̩] *vt* ■ **jdn ~** (*jdm lästig werden*) to bother sb; (*zudringlich werden*) to pester sb

Be·läs·ti·gung <-, -en> *f* annoyance *no pl*

Be·las·tung <-, -en> *f* ❶ (*das Belasten*) loading ❷ (*Gewicht*) load; **die maximale ~ des Aufzugs** the maximum load for the lift [*or* AM elevator] ❸ (*Anstrengung*) burden ❹ (*Last*) burden ❺ ÖKOL pollution *no pl, no indef art* ❻ JUR incrimination ❼ (*das Beschweren*) burden ❽ (*leistungsmäßige Beanspruchung*) strain (**für** on) ❾ FIN charge (+*gen* on) ❿ FIN (*Beschwerung mit Hypothek*) mortgage; (*Hypothek*) mortgage ⓫ FIN (*Schulden a.*) encumbrance *form;* (*steuerliche Beanspruchung*) burden

Be·las·tungs·ma·te·ri·al *nt* JUR incriminating evidence **Be·las·tungs·pro·be** *f* ❶ (*Erprobung der Belastbarkeit*) load[ing] test ❷ (*Erprobung der Beanspruchbarkeit*) endurance test ❸ (*Zerreißprobe*) tolerance test; **einer ~ ausgesetzt sein** to be put to the test **Be·las·tungs·zeu·ge, -zeu·gin** *m, f* JUR witness for the prosecution

be·laubt [bəˈlaʊpt] *adj* in leaf *pred*

be·lau·ern* *vt* ❶ (*lauernd beobachten*) *Tier* to observe unseen ❷ (*argwöhnisch beobachten*) to watch secretly

be·lau·fen* *vr irreg* ■ **sich auf etw** *akk* **~** to amount to sth; **der Schaden belief sich auf Millionen** the damage ran into millions

be·lau·schen* *vt* to eavesdrop on

be·le·ben* I. *vt* ❶ (*anregen, ankurbeln*) to stimulate ❷ (*erfrischen*) to make feel better ❸ (*zum Leben erwecken*) to bring [back] to life ❹ (*lebendiger gestalten*) to put life into; *Unterhaltung* to liven up II. *vr* ■ **sich ~** ❶ (*sich mit Leben füllen*) to come to life ❷ (*lebhafter werden*) to light up ❸ (*stimuliert werden*) to become stimulated III. *vi* ❶ (*munter machen*) to pick one up ❷ (*erfrischen*) to make one feel better

be·le·bend *adj* ❶ (*anregend*) invigorating ❷ (*erfrischend*) refreshing

be·lebt [bəˈleːpt] *adj* ❶ (*bevölkert*) busy ❷ (*lebendig*) animate

Be·le·bung <-, -en> *f* stimulation

Be·leg <-[e]s, -e> [bəˈleːk, *pl* bəˈleːɡə] *m* ❶ (*Quittung*) receipt; **kann ich einen ~ haben?** may I have a receipt? ❷ (*Unterlage*) proof *no art, no pl* ❸ (*Quellennachweis*) example

be·le·gen* *vt* ❶ (*mit Belag versehen*) **ein Brot mit etw** *dat* **~** to spread sth on a slice of bread; **belegte Brote** open sandwiches ❷ (*beweisen*) to verify; *Behauptung, Vorwurf* to substantiate; *Zitat* to give a reference for ❸ (*auferlegen*) ■ **jdn mit etw** *dat* **~** to impose sth on sb ❹ SCH to enrol for ❺ (*okkupieren*) to occupy; ■ **belegt sein** to be occupied; **ist der Stuhl hier schon belegt?** is this chair free? ❻ (*innehaben*) **den vierten Platz ~** to take fourth place; **einen höheren Rang ~** to be ranked higher

Be·leg·ex·em·plar *nt* specimen copy

Be·leg·schaft <-, -en> *f* (*Beschäftigte*) staff; (*aus Arbeitern*) workforce

Be·leg·schafts·ak·ti·o·när, -ak·ti·o·nä·rin *m, f* ÖKON, FIN employee stock [*or* BRIT share] owner

be·legt *adj* ❶ (*mit Belag überzogen*) coated ❷ (*rau*) hoarse

Be·le·gung *f* (*Nachweis*) verification

be·leh·ren* *vt* ■ **jdn ~** ❶ (*informieren, aufklären*) to inform sb; **jdn eines besseren ~** to teach sb otherwise ❷ (*von Meinung abbringen*) to convince sb that he/she is wrong; (*von einer falschen Ansicht abbringen*) to disabuse sb *form;* **sich von**

jdm ~ lassen to listen to sb ❸ JUR (*ausführlich informieren*) to advise (**über** of)
be·leh·rend I. *adj* didactic II. *adv* didactically
Be·leh·rung <-, -en> *f* ❶ (*belehrender Rat*) explanation; **deine ~en kannst du dir sparen!** there's no need to lecture me *fam* ❷ (*Verweis*) lesson ❸ JUR caution
be·leibt [bə'laipt] *adj* (*geh*) corpulent
be·lei·di·gen* [bə'laidɪgn] *vt* ❶ (*schmähen*) ▪ **jdn ~** to insult sb ❷ (*empfindlich beeinträchtigen*) to offend
be·lei·di·gend I. *adj* insulting II. *adv* insultingly
be·lei·digt [bə'laidɪçt] I. *adj* offended; **leicht** [*o* **schnell**] **~ sein** to be quick to take offence [*or* AM offense], to be easily offended; **eine ~e Miene machen** to put on a hurt expression; **bist du jetzt ~?** have I offended you? II. *adv* in a huff *fam*; **~ reagieren/schweigen** to get/go into a huff *fam*
Be·lei·di·gung <-, -en> *f* ❶ (*das Beleidigen*) offence (+*gen* to); JUR defamation ❷ (*Schmähung*) insult; **etw als** [**eine**] **~ auffassen** to take sth as an insult ❸ (*Missachtung*) affront (+*gen*/**für** to)
be·lei·hen* *vt irreg* to lend money on
be·lem·mert^ALT *adj* (*sl*) *s.* **belämmert**
be·le·sen [bə'leːzn̩] *adj* well-read
be·leuch·ten* *vt* ❶ (*durch Licht erhellen*) to light ❷ (*anstrahlen*) to light up *sep* ❸ (*geh: betrachten*) to throw light on
Be·leuch·tung <-, *selten* -en> *f* ❶ (*das Beleuchten*) lighting ❷ (*künstliches Licht*) light; (*Lichter*) lights *pl*; **die ~ der Straßen** street lighting ❸ (*geh: das Betrachten*) elucidation
Bel·gi·en <-s> ['bɛlɡiən] *nt* Belgium; *s. a.* **Deutschland**
Bel·gi·er(in) <-s, -> ['bɛlɡiɐ] *m(f)* Belgian; *s. a.* **Deutsche(r)**
bel·gisch ['bɛlɡɪʃ] *adj* Belgian; *s. a.* **deutsch**
Bel·grad <-s> ['bɛlɡraːt] *nt* Belgrade
be·lich·ten* *vt* FOTO to expose
Be·lich·tung *f* FOTO exposure
Be·lich·tungs·mes·ser *m* light meter
Be·lich·tungs·zeit *f* exposure [time]
be·lie·ben* I. *vt* (*iron*) ▪ **~, etw zu tun** to like doing sth II. *vi* (*geh*) **was/wie es jdm beliebt** as sb likes
Be·lie·ben <-s> *nt kein pl* [**ganz**] **nach ~** just as you/they etc. like
be·lie·big [bəˈliːbɪç] I. *adj* any; [**irgend**]**eine/jede ~e Zahl** any number at all; **nicht jede ~e Zahl** not every number; ▪ **etwas B~es** anything at all; ▪ **jeder B~e** anyone at all; ▪ **irgendein B~er** just anybody II. *adv* **~ häufig/lange/spät/viele** as often/long/late/many as you like; **etw ~ verändern** to change sth at will
be·liebt [bəˈliːpt] *adj* popular (**bei** with); **sich** [**bei jdm**] **~ machen** to make oneself popular [with sb]
Be·liebt·heit <-> *f kein pl* popularity *no pl*; **sich großer ~ gen erfreuen** to enjoy great popularity
Be·liebt·heits·ska·la *f* popularity scale
be·lie·fern* *vt* to supply (**mit** with)
Be·lie·fe·rung *f* delivery
bel·len ['bɛlən] *vi* to bark
Bel·le·tris·tik <-> [bɛle'trɪstɪk] *f kein pl* belles lettres *npl*
Be·lo·bi·gung <-, -en> *f* (*geh*) commendation *form*, praise *no indef art*; **jdm eine ~ aussprechen** to commend sb
be·loh·nen* *vt* to reward (**mit** with, **für** for)
Be·loh·nung <-, -en> *f* ❶ (*das Belohnen*) rewarding ❷ (*Lohn*) reward; **eine ~** [**für etw**] **aussetzen** to offer a reward [for sth]
be·lüf·ten* *vt* to ventilate
Be·lüf·tung *f* ❶ *kein pl* (*das Belüften*) ventilating ❷ ELEK ventilation *no indef art*
Be·lüf·tungs·an·la·ge *f* ventilation system **Be·lüf·tungs·schacht** *m* ventilation shaft
be·lü·gen* *irreg vt* ▪ **jdn ~** to lie to sb; ▪ **sich** [**selbst**] **~** to deceive oneself
be·lus·ti·gen* [bəˈlʊstɪɡn̩] *vt* to amuse (**mit** with); **was belustigt dich?** what's amusing you?; ▪ **~d** amusing
be·lus·tigt [bəˈlʊstɪçt] I. *adj* amused II. *adv* in amusement
Be·lus·ti·gung <-, -en> *f* (*geh*) amusement; **zu jds ~** for sb's amusement
be·mäch·ti·gen* [bəˈmɛçtɪɡn̩] *vr* (*geh*) ❶ (*in seine Gewalt bringen*) ▪ **sich jds/einer S. ~** to take hold of sb/sth ❷ (*überkommen*) ▪ **sich jds ~** to come over sb
be·mä·keln* *vt* to find fault with
be·ma·len* *vt* ▪ **etw** [**mit etw** *dat*] **~** to paint [sth on] sth
Be·ma·lung <-, -en> *f* ❶ (*das Bemalen*) painting ❷ (*aufgetragene Farbe*) paint (+*gen* on) ❸ (*Kriegs~*) war paint
be·män·geln* [bəˈmɛŋl̩n] *vt* to find fault with
be·man·nen* *vt* NAUT, RAUM to man; ▪ [**nicht**] **bemannt** [un]manned
be·mannt [bəˈmant] I. *pp von* **bemannen** II. *adj* manned, occupied; **~e Raumfahrt** manned space flight

be·merk·bar *adj* noticeable; **es ist kein Unterschied ~** I can't see any difference; **sich bei jdm [durch etw** *akk*] **~ machen** to attract sb's attention [by doing sth]; **sich ~ machen** to make itself felt (**durch** with)

be·mer·ken* *vt* ❶ (*wahrnehmen*) to notice ❷ (*äußern*) **etwas/nichts [zu etw** *dat*] **~** to have sth/nothing to say [to sth]

be·mer·kens·wert I. *adj* remarkable II. *adv* remarkably

Be·mer·kung <-, -en> *f* remark; **eine ~ [über etw** *akk*] **machen** to remark on sth; **eine ~ fallen lassen** to drop a remark

be·mes·sen *irreg* I. *vt* ▪ **jdm etw ~** to determine sth for sb; **großzügig/knapp sein** to be generous/not very generous II. *vr* (*geh*) ▪ **sich nach etw** *dat* **~** to be proportionate to sth

Be·mes·sung *f* determination

Be·mes·sungs·grund·la·ge *f* FIN assessment basis

be·mit·lei·den* [bəˈmɪtlaɪdn̩] *vt* to pity; ▪ **sich [selbst] ~** to feel sorry for oneself; **sie ist zu ~** she is to be pitied

be·mit·lei·dens·wert *adj* pitiable

be·mü·hen* I. *vr* ❶ (*sich Mühe geben*) ▪ **sich ~** to try hard; **sich vergebens ~** to try in vain; **~ Sie sich nicht** don't bother yourself ❷ (*sich kümmern*) **sich um jdn ~** to court sb ❸ (*zu erlangen suchen*) **sich um eine Stelle ~** to try hard to get a job ❹ (*geh: gehen*) **sich zur Tür ~** to proceed to the door II. *vt* (*geh*) ▪ **jdn ~** to send for sb

Be·mü·hen <-s> *nt kein pl* (*geh*) efforts *pl* (**um** for)

be·müht *adj* keen; ▪ **um etw** *akk* **~ sein** to try hard to do sth

Be·mü·hung <-, -en> *f* effort; **danke für Ihre ~en** thank you for your trouble

be·mü·ßigt [bəˈmyːsɪçt] *adj* **sich ~ fühlen, etw zu tun** (*meist iron geh*) to feel obliged to do sth

be·mut·tern [bəˈmʊtɐn] *vt* to mother

be·nach·bart [bəˈnaxbaːɐ̯t] *adj* ❶ (*in der Nachbarschaft gelegen*) nearby; (*nebenan*) neighbouring *attr*; **das ~e Haus** the house next door ❷ (*angrenzend*) adjoining

be·nach·rich·ti·gen* [bəˈnaːxrɪçtɪɡn̩] *vt* to inform; (*amtlich*) to notify (**von** of)

Be·nach·rich·ti·gung <-, -en> *f* notification (**von** of, **über** about)

be·nach·tei·li·gen* [bəˈnaːxtaɪlɪɡn̩] *vt* ❶ (*zurücksetzen*) to put at a disadvantage; (*wegen Rasse, Geschlecht, Glaube*) to discriminate against ❷ (*zum Nachteil gereichen*) ▪ **jdn ~** to handicap sb

Be·nach·tei·lig·te(r) *f(m) dekl adj* victim; ▪ **der/die ~e sein** to be at a disadvantage

Be·nach·tei·li·gung <-, -en> *f* ❶ (*das Benachteiligen*) ▪ **die ~ einer Person gen/von jdm** discriminating against sb ❷ (*benachteiligter Zustand*) discrimination

be·ne·beln* *vt* (*fam*) to befuddle; *Narkose, Sturz a.* to daze; *Dämpfe, Duft, Rauch a.* to make sb's head reel; ▪ **benebelt** (*fam*) befuddled; (*durch Alkohol a.*) tipsy *fam*; (*durch Schlag*) dazed

be·ne·belt [bəˈneːbl̩t] I. *pp von* **benebeln** II. *adj* (*fam*) dazed; (*im Alkoholrausch*) woozy

Be·ne·fiz·kon·zert *nt* charity concert

be·neh·men* *vr irreg* ▪ **sich ~** to behave [oneself]; **benimm dich!** behave yourself!; **sich gut ~** to behave well; **sich schlecht ~** to behave badly

Be·neh·men <-s> *nt kein pl* manners *npl*; **kein ~ haben** to have no manners

be·nei·den* *vt* ▪ **jdn [um etw** *akk*] **~** to envy sb [sth]

be·nei·dens·wert I. *adj* enviable II. *adv* (*wunderbar*) amazingly

Be·ne·lux·län·der, Be·ne·lux·staa·ten [ˈbeːnelʊks-] *pl* Benelux countries

be·nen·nen* *vt irreg* to name (**nach** after); **Gegenstände ~** to denote objects

Be·nen·nung <-, -en> *f* ❶ (*das Benennen*) naming ❷ (*das Namhaftmachen*) nomination; **von Zeugen** calling ❸ (*Bezeichnung*) name

be·net·zen* *vt* (*geh*) to moisten; **mit Tau, Tränen** to cover

Ben·gel <-s, -[s]> [ˈbɛŋl̩] *m* ❶ (*frecher Junge*) rascal ❷ (*niedlicher Junge*) **ein süßer [kleiner] ~** a dear [*or* AM cute] little boy ▸ **den ~ hoch werfen** SCHWEIZ (*hoch greifen*) to aim high

Be·nimm <-s> [bəˈnɪm] *m kein pl* (*fam*) manners *npl*

Be·nimm·re·gel *f* [rule of] etiquette *no pl*

Be·nin <-s> [beˈniːn] *nt* Benin

be·nom·men [bəˈnɔmən] *adj* dazed; **jdn ~ machen** to befuddle sb

Be·nom·men·heit <-> *f kein pl* daze[d state]; **ein Gefühl von ~** a dazed feeling

be·no·ten* [bəˈnoːtn̩] *vt* ❶ (*mit Zensur versehen*) to mark; **ihr Aufsatz wurde mit „sehr gut" benotet** her essay was given an A ❷ (*durch eine Zensur einstufen*) to assess

be·nö·ti·gen* vt to need; **etw dringend ~** to be in urgent need of sth

Be·no·tung <-, -en> f ❶ (*das Benoten*) ■ **die ~** [**einer S.** *gen*/**von etw** *dat*] marking [sth] ❷ (*Note*) mark[s *pl*]

be·nut·zen*, **be·nüt·zen*** vt DIAL ❶ (*gebrauchen*) ■ **etw** [**als etw**] **~** to use sth [as sth]; ■ **das B~** the use; **nach dem B~** after use; ■ **benutzt** used; **den Aufzug ~** to take the lift; **die benutzte Literatur** the literature consulted ❷ (*verwerten*) *Literatur* to consult ❸ (*wahrnehmen*) to seize ❹ (*für seine Zwecke ausnutzen*) ■ **jdn ~** to take advantage of sb; **sich benutzt fühlen** to feel [that one has been] used

Be·nut·zer(in) <-s, -> m(f), **Be·nüt·zer(in)** <-s, -> m(f) DIAL ❶ (*benutzender Mensch*) borrower; (*mit Leihgebühr*) hirer BRIT, person renting AM; (*einer Bibliothek*) reader ❷ INFORM user

be·nut·zer·de·fi·niert [-'--definiːɐt] *adj* INFORM user-defined **Be·nut·zer·ebe·ne** f INFORM user interface **be·nut·zer·freund·lich** I. *adj* user-friendly II. *adv* in a user-friendly manner **Be·nut·zer·hand·buch** *nt* user manual

Be·nut·ze·rin, **Be·nüt·ze·rin** <-, -nen> f *fem form von* **Benutzer, Benützer**

Be·nut·zer·kon·to *nt* INFORM user account **Be·nut·zer·na·me** *m* INFORM user name **Be·nut·zer·ober·flä·che** *f* INFORM user interface **be·nut·zer·un·freund·lich** *adj* non-user-friendly

Be·nut·zung f, **Be·nüt·zung** f DIAL ❶ (*Gebrauch*) use; **jdm etw zur ~ überlassen** to put sth at sb's disposal; **etw in ~ haben/nehmen** (*geh*) to be/start using sth ❷ (*Verwertung*) consultation

Be·nut·zungs·ge·bühr *f* hire [*or* AM rental] charge

Ben·zin <-s, -e> [bɛnˈtsiːn] *nt* ❶ (*Kraftstoff*) petrol BRIT, gas[oline] AM; **~ sparendes Auto** economical car ❷ (*Lösungsmittel*) benzine

Ben·zin·feu·er·zeug *nt* petrol lighter **Ben·zin·ka·nis·ter** *m* petrol canister **Ben·zin·preis** *m* the price of fuel **Ben·zin·pum·pe** *f* fuel pump **Ben·zin·tank** *m* petrol tank **Ben·zin·uhr** *f* AUTO fuel gauge [*or esp* AM also gage] **Ben·zin·ver·brauch** *m* fuel consumption

Ben·zol <-s, -e> [bɛnˈtsoːl] *nt* benzene; (*im Handel erhältlich*) BRIT usu benzol[e]

be·ob·acht·bar *adj* observable

be·ob·ach·ten* [bəˈʔoːbaxtn̩] *vt* ❶ (*genau betrachten*) to observe; ■ **jdn** [**bei etw** *dat*] **~** to watch sb [doing sth]; **gut beobachtet!** well spotted! ❷ (*observieren*) ■ [**durch jdn**] **beobachtet werden** to be kept under the surveillance [of sb]; **jdn** [**durch jdn**] **~ lassen** to put sb under the surveillance [of sb]; **sich** [**von jdm**] **auf Schritt und Tritt beobachtet fühlen** to feel that one is being dogged by sb ❸ (*bemerken*) ■ **etw an jdm ~** to notice sth in sb

Be·ob·ach·ter(in) <-s, -> m(f) observer; **ein guter ~** a keen observer

Be·ob·ach·tung <-, -en> f ❶ (*das Beobachten*) observation ❷ (*Observierung*) surveillance ❸ *meist pl* (*Ergebnis des Beobachtens*) observations *pl*

Be·ob·ach·tungs·ga·be *f* talent for observation; **eine gute ~ haben** to have a very keen eye **Be·ob·ach·tungs·pos·ten** *m* **auf ~ sein** (*fam*) to be on the lookout

be·or·dern* [bəˈʔɔrdɐn] *vt* ■ **jdn zu jdm ~** to send sb to sb; **jdn zu sich ~** to send for sb; ■ **jdn irgendwohin ~** to order sb to go somewhere

be·pa·cken* *vt* to load up *sep;* ■ **bepackt** loaded

be·pflan·zen* *vt* to plant; ■ **bepflanzt** planted

be·quat·schen* *vt* (*fam*) ❶ (*bereden*) ■ **etw** [**mit jdm**] **~** to talk over sth *sep* [with sb] ❷ (*überreden*) ■ **jdn ~**[, **etw zu tun**] to talk sb into doing sth

be·quem [bəˈkveːm] I. *adj* ❶ (*angenehm*) comfortable; **es sich** *dat* **~ machen** to make oneself comfortable ❷ (*leicht zu bewältigen*) easy ❸ (*leicht zu handhaben*) manageable ❹ (*im Umgang angenehm*) easy-going ❺ (*pej: träge*) idle II. *adv* ❶ (*leicht*) easily ❷ (*angenehm*) comfortably

be·que·men* [bəˈkveːmən] *vr* (*geh*) ❶ (*sich zu etw verstehen*) ■ **sich zu etw** *dat* **~** to bring oneself to do sth; (*herablassend*) to condescend to do sth *also iron* ❷ (*sich begeben*) ■ **sich zu jdm/etw ~** to come/go to sb/sth

Be·quem·lich·keit <-, -en> f ❶ (*Behaglichkeit*) comfort ❷ (*Trägheit*) idleness; **aus** [**reiner**] **~** out of [sheer] laziness

be·rap·pen* [bəˈrapn̩] *vt* (*fam*) to fork out *sep* (**für**) for)

be·ra·ten*¹ *irreg* I. *vt* ❶ (*Rat geben*) ■ **jdn** [**in etw** *dat*] **~** to advise sb [on sth]; **jdn finanziell ~** to give sb financial advice; ■ **sich** [**von jdm**] **~ lassen** to ask sb's advice ❷ (*besprechen*) to discuss; POL to debate **II.** *vi* ■ [**mit** jdm **über** etw *akk*] ~ to discuss sth with sb **III.** *vr* ■ **sich** [**über jdn/etw**] ~ to discuss sb/sth; **das Kabinett wird sich heute** ~ the cabinet will be meeting today for talks

be·ra·ten*² *adj* advised; **gut/schlecht ~ sein, etw zu tun** to be well-/ill-advised to do sth

be·ra·tend I. *adj* advisory **II.** *adv* in an advisory capacity; **jdm ~ zur Seite stehen** to act in an advisory capacity to sb

Be·ra·ter(in) <-s, -> *m(f)* advisor; (*in politischen Fragen a.*) counsellor; (*Fach~*) consultant

be·rat·schla·gen* [bə'ra:tʃla:gn̩] *vt, vi* to discuss

Be·ra·tung <-, -en> *f* ❶ (*das Beraten*) advice ❷ (*Besprechung*) discussion; POL debate ❸ (*beratendes Gespräch*) consultation

Be·ra·tungs·stel·le *f* ❶ (*Betreuungsstelle*) advice centre BRIT, advisory center AM ❷ (*Informationsbüro*) info centre BRIT [*or* AM center]

be·rau·ben* *vt* ❶ (*bestehlen*) to rob ❷ (*geh: gewaltsam entziehen*) ■ **jdn einer S.** *gen* ~ to deprive sb of sth

be·rau·schen* I. *vt* (*geh*) to intoxicate; *Alkohol a.* to inebriate; *Geschwindigkeit* to exhilarate **II.** *vr* ■ **sich an etw** *dat* ~ to become intoxicated by sth

be·rau·schend *adj* intoxicating

be·re·chen·bar [bə'rɛçnba:ɐ̯] *adj* ❶ (*zu berechnen*) calculable; **das ist nicht** ~ that is incalculable ❷ (*einzuschätzen*) predictable

Be·re·chen·bar·keit <-> *f kein pl* ❶ (*berechenbare Beschaffenheit*) calculability ❷ (*Einschätzbarkeit*) predictability

be·rech·nen* *vt* ❶ (*ausrechnen*) to calculate ❷ (*in Rechnung stellen*) to charge; **das hat er mir mit hundert Euro berechnet** he charged me hundred euros for it ❸ (*im Voraus abwägen*) ■ **etw ~ to** calculate the effect of sth

be·rech·nend *adj* (*pej*) scheming

Be·rech·nung *f* ❶ (*Ausrechnung*) calculation; **nach meiner ~** according to my calculations ❷ (*das Berechnen*) charge ❸ (*das Abwägen im Voraus*) calculated effect[s *pl*] ❹ (*pej*) scheming; **aus ~** in cold deliberation

be·rech·ti·gen* [bə'rɛçtɪgn̩] *vt* ■ **jdn zu etw** *dat* ~ ❶ (*bevollmächtigen*) to entitle sb to [do] sth; **sich zu etw** *dat* **berechtigt fühlen** to feel justified in doing sth ❷ (*Anlass geben*) to give sb grounds for sth

be·rech·tigt [bə'rɛçtɪçt] *adj* justifiable; *Frage, Hoffnung, Anspruch* legitimate; *Vorwurf* just

be·rech·tig·ter·wei·se *adv* (*geh*) legitimately

Be·rech·ti·gung <-, *selten* -en> *f* ❶ (*Befugnis*) authority; **die/keine ~ haben, etw zu tun** to have the/no authorization to do sth ❷ (*Rechtmäßigkeit*) justifiability

be·re·den* I. *vt* to discuss **II.** *vr* ■ **sich** [**über etw** *akk*] ~ to discuss sth; **wir ~ uns noch** we are still discussing it

Be·red·sam·keit <-> *f kein pl* (*geh*) eloquence *no pl*

be·redt [bə're:t] *adj* (*geh*) eloquent

Be·reich <-[e]s, -e> *m* ❶ (*Gebiet*) area; **im ~ des Möglichen liegen** to be within the realms of possibility ❷ (*Sach~*) field; **in jds ~** *akk* **fallen** to be within sb's field

be·rei·chern* [bə'raiçɐn] **I.** *vr* **sich** [**an etw** *dat*] ~ to grow rich [on sth] **II.** *vt* ❶ (*erweitern*) to enlarge ❷ (*vertiefen*) to enrich ❸ (*innerlich reicher machen*) ■ **etw bereichert jdn** sb gains a lot from sth

Be·rei·che·rung <-, -en> *f* ❶ (*Erweiterung*) enrichment; *einer Sammlung* enlargement; (*Gewinn*) gain ❷ (*innerer Gewinn*) **das Gespräch mit Ihnen war mir eine ~** I gained a lot from our conversation

be·rei·fen *vt Wagen, Fahrrad* to put [new] tyres on

Be·rei·fung <-, -en> *f* AUTO set of tyres

be·rei·ni·gen* *vt* to resolve; *Meinungsverschiedenheit* to settle

be·rei·sen* *vt* ■ **etw ~** to travel around sth; **die Welt ~** to travel the world

be·reit [bə'rait] *adj meist präd* ❶ (*fertig*) ■ [**für etw** *akk*] ~ **sein** to be ready [for sth]; (*vorbereitet*) to be prepared for sth; **etw ~ haben** to have sth at the ready ❷ (*willens*) ■ **zu etw** *dat* ~ **sein** to be prepared to do sth; **sich ~ erklären, etw zu tun** to agree to do sth; **sich zu etw** *dat* ~ **finden** to be willing to do sth

be·rei·ten* *vt* ❶ (*machen*) ■ **jdm etw ~** to cause sb sth; *Freude, Überraschung* to give; **jdm Kopfschmerzen ~** to give sb a headache ❷ (*geh: zu~*) to prepare; **das Bett ~** to make [up *sep*] the bed

be·reit|hal·ten *irreg* **I.** *vt* ❶ (*griffbereit haben*) to have ready ❷ (*in petto haben*) to have in store **II.** *vr* ■ **sich** [**für den Abmarsch**] ~ to get ready [to march] **be·reit|le·gen** *vt* to lay out *sep* ready **be·reit|lie·gen** *vi irreg* ❶ (*abholbereit liegen*) to be ready ❷ (*griffbereit liegen*) to be within reach **be·reit|ma·chen** *vt* ■ **sich** [**für jdn/etw**] ~ to get ready [for sb/sth]

be·reits [bəˈraɪts] *adv* (*geh*) already; **~ damals** even then

Be·reit·schaft <-, -en> [bəˈraɪtʃaft] *f* ❶ *kein pl* willingness; **seine ~ zu etw** *dat* **erklären** to express one's willingness to do sth ❷ *kein pl* (*Bereitschaftsdienst*) emergency service; **~ haben** *Apotheke* to provide emergency services; *Arzt, Feuerwehr* to be on call; (*im Krankenhaus*) to be on duty; *Beamter* to be on duty; *Polizei, Soldaten* to be on standby ❸ (*Einheit der Bereitschaftspolizei*) squad [of police]

Be·reit·schafts·arzt, -ärz·tin *m, f* doctor on duty **Be·reit·schafts·dienst** *m* emergency service; *von Apothekern* a. after-hours service

be·reit|ste·hen *vi irreg* to be ready; *Truppen* to stand by **be·reit|stel·len** *vt* ❶ (*zur Verfügung stellen*) to provide ❷ (*vorbereitend hinstellen*) to make ready ❸ BAHN **einen zusätzlichen Zug ~** to run an extra train ❹ MIL to put on standby **Be·reit·stel·lung** *f* provision **be·reit·wil·lig** I. *adj* ❶ (*gerne helfend*) willing; *Verkäufer* obliging ❷ (*gerne gemacht*) given willingly II. *adv* readily **Be·reit·wil·lig·keit** <-> *f kein pl* willingness *no pl; von Verkaufspersonal* obligingness *no pl*

be·reu·en* *vt* to regret; **seine Missetaten/Sünden ~** to repent of one's misdeeds/sins; **das wirst du noch ~!** you'll be sorry [for that]!

Berg <-[e]s, -e> [bɛrk] *m* ❶ GEOG mountain; (*kleiner*) hill; **den ~ hinauf/hinunter** uphill/downhill; **am ~ liegen** to be at the foot of the hill; **über ~ und Tal** up hill and down dale *dated* ❷ (*große Menge*) ■ **~e von etw** *dat* piles of sth; **~e von Papier** mountains of paper ▶ **wenn der ~ nicht zum Propheten kommt, muss der Prophet zum ~e kommen** (*prov*) if the mountain won't come to Mahomet, [then] Mahomet must go to the mountain *prov;* **über alle ~e sein** (*fam*) to be miles away; **mit etw** *dat* **hinterm ~ halten** to keep quiet about sth; **am ~ sein** SCHWEIZ to not have a clue; **über den ~ sein** (*fig*) to be out of the woods; **die Patientin ist noch nicht über den ~** the patient's state is still critical

berg·ab [bɛrkˈʔap] *adv* (*a. fig*) downhill; **mit seinem Geschäft geht es ~** (*fig*) his business is going downhill

Berg·ab·hang *m* mountainside

Ber·ga·mot·te <-, -n> [bɛrgaˈmɔtə] *f* BOT bergamot [orange]

Berg·ar·bei·ter(in) *m(f)* miner **berg·auf** [bɛrkˈʔaʊf] *adv* uphill; **es geht wieder ~** (*fig*) things are looking up; **es geht mit dem Geschäft wieder ~** business is looking up **Berg·bahn** *f* mountain railway; (*Seilbahn*) funicular railway **Berg·bau** *m kein pl* ■ **der ~** mining **Berg·be·stei·gung** *f* mountain climb **Berg·be·woh·ner(in)** *m(f)* mountain dweller **Berg·dorf** *nt* mountain village

ber·gen <barg, geborgen> [ˈbɛrgn̩] *vt* ❶ (*retten*) to rescue (**aus** from); *Giftstoffe, Tote* to recover; *Schiff* to salvage ❷ (*in Sicherheit bringen*) to remove ❸ (*geh: enthalten*) to hold ❹ (*mit sich bringen*) to involve ❺ (*geh: verbergen*) to hide sth (**in** in); **sie barg ihren Kopf an seiner Schulter** she buried her face in his shoulder

Berg·füh·rer(in) *m(f)* mountain guide **Berg·gip·fel** *m* mountain top **Berg·hüt·te** *f* mountain hut

ber·gig [ˈbɛrgɪç] *adj* hilly; (*gebirgig*) mountainous

Berg·ket·te *f* mountain range **Berg·land** *nt* hilly country; (*gebirgig*) mountainous country **Berg·mann** <-leute> [ˈbɛrkman, *pl* -lɔytə] *m* miner **Berg·pre·digt** *f kein pl* REL ■ **die ~** the Sermon on the Mount **Berg·rü·cken** *m* mountain ridge **Berg·rutsch** *m* landslide, BRIT *also* landslip **Berg·schuh** *m* climbing boot **Berg·stei·gen** *nt* mountaineering **Berg·stei·ger(in)** *m(f)* mountain climber **Berg·tour** *f* [mountain] climb **Berg-und-Tal-Fahrt** *f* roller coaster ride; **das war die reinste ~** it was like being on a roller coaster

Ber·gung <-, -en> *f* ❶ (*Rettung*) rescuing; *von Schiffen, Schiffsladungen* salvaging ❷ (*das Bergen*) removing; *von Toten* recovering

Ber·gungs·ar·bei·ten *f* rescue work *no pl, no indef art; wegen Schiffen, Schiffsladungen* salvage work *no pl, no indef art* **Ber·gungs·mann·schaft** *f* rescue team; *für Schiffe, Schiffsladungen* salvage team **Berg·wacht** *f* mountain rescue service **Berg·wand** *f* mountain face **Berg·wan·de·rung** *f* mountain hike, BRIT *also* hillwalk **Berg·werk** *nt* mine

Be·richt <-[e]s, -e> [bəˈrɪçt] *m* report; (*Zeitungs~*) article (+*gen* by); [**jdm**] [**über etw** *akk*] **~ erstatten** (*geh*) to report [to sb] on sth

be·rich·ten* I. *vt* ■ [**jdm**] **etw ~** to tell sb [sth]; **falsch/recht berichtet** SCHWEIZ wrong/right; **bin ich falsch/recht berichtet, wenn ich annehme ...?** am

I wrong/right in assuming ...? **II.** *vi* **❶** ■ [**über etw** *akk*] **~** to report on sth; **wie unser Korrespondent berichtet** according to our correspondent; **wie soeben berichtet wird, sind die Verhandlungen abgebrochen worden** we are just receiving reports that negotiations have been broken off **❷** (*Bericht erstatten*) ■ **jdm ~** to tell sb (**über** *about*); **es wird berichtet, dass ...** it's going the rounds that ... **❸** SCHWEIZ (*erzählen*) to talk

Be·rịch·ter·stat·ter(in) <-s, -> *m(f)* reporter; (*Korrespondent*) correspondent

Be·rịch·ter·stat·tung *f* (*Reportage*) ■ **die ~** reporting (**über** *on*); (*Bericht*) report

be·rich·ti·gen* [bəˈrɪçtɪgn̩] *vt, vi* **❶** (*korrigieren*) to correct **❷** JUR to rectify

Be·rịch·ti·gung <-, -en> *f* **❶** (*Korrektur*) correction **❷** JUR rectification **❸** (*schriftliche Korrekturarbeit*) corrections *pl*

be·rie·seln* *vt* **❶** (*rieselnd bewässern*) to spray **❷** (*fig fam*) ■ **von etw** *dat* **berieselt werden** to be exposed to a constant stream of sth

Be·rie·se·lung <-, -en> *f* **❶** (*das Berieseln*) spraying **❷** (*fam*) ■ **die ~ durch etw** *akk* the constant stream of sth

be·rịt·ten *adj* mounted, on horseback *pred;* **~e Polizei** mounted police + *sing/pl vb*

Ber·lịn <-s> [bɛrˈliːn] *nt* Berlin

Ber·lị·ner[1] <-s, -> [bɛrˈliːnɐ] *m* DIAL (*süßes Stückchen*) ■ **~** [**Pfannkuchen**] doughnut BRIT, donut AM

Ber·lị·ner[2] [bɛrˈliːnɐ] *adj attr* (*aus Berlin*) Berlin

Ber·lị·ner(in) <-s, -> [bɛrˈliːnɐ] *m(f)* Berliner

Ber·mu·das[1] [bɛrˈmuːdas] *pl* ■ **die ~** Bermuda *no art,* + *sing vb;* **auf den ~** in Bermuda

Ber·mu·das[2] [bɛrˈmuːdas], **Ber·mu·da·shorts** [bɛrˈmuːdaʃɔːɐ̯ts, -ʃɔrts] *pl* Bermuda[short]s

Bern <-s> [bɛrn] *nt* Bern[e]

Ber·ner [ˈbɛrnɐ] *adj attr* Berne[se]

Ber·ner(in) <-s, -> [ˈbɛrnɐ] *m(f)* Bernese

Bern·har·di·ner <-s, -> [bɛrnharˈdiːnɐ] *m* Saint Bernard [dog]

Bern·stein [ˈbɛrnʃtain] *m kein pl* amber

Ber·sẹr·ker <-s, -> [bɛrˈzɛrkɐ] *m* HIST berserker; (*Irrer*) madman

bẹrs·ten <barst, geborsten> [ˈbɛrstn̩] *vi sein* (*geh*) **❶** (*platzen*) to explode; *Ballon* to burst; *Glas, Eis* to break; *Erde* to burst open; **zum B~ voll** (*fam*) full to bursting[-point] **❷** (*fig*) ■ **vor etw** *dat* **~** to burst with sth

be·rüch·tigt [bəˈrʏçtɪçt] *adj* **❶** (*in schlechtem Ruf stehend*) notorious **❷** (*gefürchtet*) feared

be·rück·sich·ti·gen* [bəˈrʏkzɪçtɪgn̩] *vt* **❶** (*beachten*) to take into consideration **❷** (*rücksichtsvoll anerkennen*) to allow for **❸** (*positiv bedenken*) to consider

Be·rück·sich·ti·gung <-> *f kein pl* consideration; **unter ~ einer S.** *gen* in consideration of sth

Be·ruf <-[e]s, -e> [bəˈruːf] *m* job; **ein akademischer ~** an academic profession; **ein freier ~** a profession; **ein handwerklicher ~** a trade; **ein gewerblicher ~** a commercial trade; **sie ist Ärztin von ~** she's a doctor; **was sind Sie von ~?** what do you do [for a living]?; **einen ~ ergreifen** to take up an occupation; **seinen ~ verfehlt haben** to have missed one's vocation; **von ~s wegen** because of one's job

be·ru·fen[1] *adj* **❶** (*kompetent*) qualified **❷** (*ausersehen*) ■ **zu etw** *dat* **~ sein** to have a vocation for sth; **er ist zu Großem ~** he's meant for greater things; **sich ~ fühlen, etw zu tun** to feel called to do sth

be·ru·fen*[2] *irreg* **I.** *vt* (*ernennen*) ■ **jdn zu etw** *dat* **~** to appoint sb to sth; **jdn auf einen Lehrstuhl ~** to offer sb a chair **II.** *vr* ■ **sich auf jdn/etw ~** to refer to sb/sth **III.** *vi* JUR ÖSTERR (*Berufung einlegen*) to [lodge an] appeal

be·ruf·lich I. *adj* professional; **~e Aussichten** career prospects; **~e Laufbahn** career **II.** *adv* as far as work is concerned; **sich ~ weiterbilden** to undertake further training; **~ unterwegs sein** to be away on business; **~ verhindert sein** to be detained by work; **was macht sie ~?** what does she do for a living?

Be·rufs·ar·mee *f* regular army **Be·rufs·aus·bil·dung** *f* [professional] training; (*zum Handwerker*) apprenticeship **Be·rufs·aus·sich·ten** *pl* career prospects *pl* **be·rufs·be·dingt** *adj* occupational **Be·rufs·be·ra·ter(in)** *m(f)* careers advisor **Be·rufs·be·ra·tung** *f* (*Beratungsstelle*) careers [*or* AM career] advisory service; (*das Beraten*) careers [*or* AM career] advice **Be·rufs·be·zeich·nung** *f* [official] job title **Be·rufs·bild** *nt* job outline (*analysis of an occupation as a career*) **be·rufs·er·fah·ren** *adj* [professionally] experienced **Be·rufs·er·fah·rung** *f* work experience **be·rufs·fremd** *adj* with no experience of [*or* AM in] a field **Be·rufs·ge·heim·nis** *nt* professional confidentiality **Be·rufs·ge·nos·sen·schaft** *f* professional association **Be·rufs·grup·pe** *f* occupational group **Be·rufs·klei·dung** *f* work[ing] clothes *npl* **Be·rufs·krank·heit** *f* occupational disease **Be·rufs·le·ben** *nt* working life **be·rufs·mä·ßig** I. *adj* professional II. *adv* professionally; **etw ~ machen/betreiben** to do sth on a professional basis **Be·rufs·pend·ler, -pend·le·rin** *m*, *f* commuter **Be·rufs·pra·xis** *f kein pl* professional practice **Be·rufs·ri·si·ko** *nt* occupational hazard **Be·rufs·schu·le** *f* vocational school, technical college **Be·rufs·sol·dat(in)** *m(f)* professional soldier **Be·rufs·sport·ler(in)** *m(f)* professional [sportsman/sportswoman] **Be·rufs·stand** *m* professional group; (*akademisch*) profession; (*handwerklich*) trade **be·rufs·tä·tig** *adj* working; ■ **~ sein** to have a job; **sie ist nicht mehr ~** she's left work **Be·rufs·tä·ti·ge(r)** *f(m) dekl wie adj* working person; ■ **die ~n** the working people; **~e Mutter** working mother **be·rufs·un·fä·hig** *adj* disabled; **zu 10 % ~ sein** to have a 10% occupational disability **Be·rufs·un·fä·hig·keit** *f* occupational incapacity **Be·rufs·un·fall** *m* occupational accident **Be·rufs·ver·band** *m* professional organization **Be·rufs·ver·bot** *nt* official debarment from one's occupation; **~ haben** to be banned from one's occupation **Be·rufs·ver·kehr** *m* rush-hour traffic **Be·rufs·wahl** *f kein pl* choice of career **Be·rufs·wech·sel** *m* change of occupation

Be·ru·fung <-, -en> *f* ❶ JUR appeal; **in die ~ gehen** to lodge an appeal ❷ (*Angebot für ein Amt*) appointment; **eine ~ auf einen Lehrstuhl erhalten** to be offered a chair ❸ (*innerer Auftrag*) vocation ❹ (*das Sichbeziehen*) **unter ~ auf jdn/etw** with reference to sb/sth **Be·ru·fungs·ge·richt** *nt* court of appeal **Be·ru·fungs·in·stanz** *f* court of appeal **Be·ru·fungs·kla·ge** *f* appeal

be·ru·hen* *vi* ■ **auf etw** *dat* **~** to be based on sth; **die ganze Angelegenheit beruht auf einem Irrtum** the whole affair is due to a mistake; **etw auf sich** *dat* **~ lassen** to drop sth

be·ru·hi·gen* [bəˈruːɪɡn̩] I. *vt* ❶ (*beschwichtigen*) to reassure; *Gewissen, Gedanken* to ease ❷ (*ruhig machen*) to calm [down]; *Nerven* to soothe; *Schmerzen* to ease; **den Verkehr ~** to introduce traffic calming measures; **dieses Getränk wird deinen Magen ~** this drink will settle your stomach II. *vr* ■ **sich ~** ❶ (*ruhig werden*) to calm down; *politische Lage* to stabilize; *Meer* to grow calm ❷ (*abflauen*) *Unwetter, Nachfrage* to die down; *Krise* to ease off

be·ru·hi·gend I. *adj* ❶ (*ruhig machend*) reassuring; *Musik, Bad, Massage* soothing ❷ MED (*ruhigstellend*) sedative II. *adv* reassuringly; *Spritze, Medikament* with a sedative effect

be·ru·higt [bəˈruːɪçt] I. *adj* relieved; **dann bin ich ~!** that's a relief! II. *adv* with an easy mind

Be·ru·hi·gung <-, -en> *f* ❶ (*das Beschwichtigen*) reassurance ❷ (*das Beruhigen*) soothing; **geben Sie der Patientin etwas zur ~** give the patient something to calm her; **ein Mittel zur ~** a sedative; **zu jds** *dat* **~** to reassure sb; **sehr zu meiner ~** much to my relief ❸ (*das Beruhigtsein*) calming [down]

Be·ru·hi·gungs·mit·tel *nt* sedative **Be·ru·hi·gungs·pil·le** *f* tranquillizer

be·rühmt [bəˈryːmt] *adj* famous (**für** for)

---

jemanden beruhigen

jemanden beruhigen	*calming somebody down*
Nur keine Panik/Aufregung!	*Don't panic/get excited!*
Machen Sie sich keine Sorgen.	*Don't you worry about a thing.*
Keine Angst, das werden wir schon hinkriegen.	*Don't worry, we'll manage (it) all right.*
Abwarten und Tee trinken. *(fam)*	*We'll just have to wait and see (what happens).*
Es wird schon werden.	*It'll be all right.*
Alles halb so schlimm.	*It's not as bad as all that.*
Ganz ruhig bleiben!	*Stay calm!/Keep cool! (fam)*

be·rühmt-be·rüch·tigt *adj* notorious
Be·rühmt·heit <-, -en> *f* ❶ (*Ruf*) fame; **~ erlangen** to rise to fame ❷ (*berühmter Mensch*) celebrity
be·rüh·ren* *vt* ❶ (*Kontakt haben*) to touch; „**Bitte nicht ~!**" "Please, do not touch!" ❷ (*seelisch bewegen*) to move; **das berührt mich überhaupt nicht!** I couldn't care less! ❸ (*kurz erwähnen*) to allude to
Be·rüh·rung <-, -en> *f* ❶ (*Kontakt*) contact, touch; **jdn mit etw** *dat* **in ~ bringen** to bring sb into contact with sth; **mit jdm/etw in ~ kommen** (*physisch*) to brush up against sb/sth; (*in Kontakt kommen*) to come into contact with sb/sth ❷ (*Erwähnung*) allusion
Be·rüh·rungs·angst *f meist pl* fear of contact **Be·rüh·rungs·bild·schirm** *m* touchscreen **Be·rüh·rungs·punkt** *m* ❶ (*Punkt der Übereinstimmung*) point of contact ❷ MATH tangential point
bes. *adv s.* **besonders** esp.
be·sa·gen* *vt* to mean; **das will noch nicht viel ~** that doesn't mean anything
be·sagt [bəˈza:kt] I. *vt pp von* **besagen** II. *adj attr* (*geh*) aforementioned
be·sai·ten* [bəˈzaɪtn̩] *vt Instrument* to string
be·sa·men* [bəˈza:mən] *vt Tier* to inseminate; *Pflanze* to pollinate
be·sänf·ti·gen* [bəˈzɛnftɪɡn̩] I. *vt* to soothe; **sie war nicht zu ~** she was inconsolable II. *vr* ▪sich **~** to calm down; *Sturm, Unwetter* to die down
be·sänf·ti·gend *adj* soothing
Be·sänf·ti·gung <-, -en> *f* soothing
Be·satz <-es, Besätze> [bəˈzats, *pl* bəˈzɛtsə] *m* (*Borte*) trimming
Be·sat·zung <-, -en> *f* ❶ (*Mannschaft*) crew ❷ MIL occupation; (*Besatzungsarmee*) occupying army; (*Verteidigungstruppe*) troops
Be·sat·zungs·ge·biet *nt* occupied territory **Be·sat·zungs·macht** *f* occupying power **Be·sat·zungs·zo·ne** *f* occupation zone
be·sau·fen* *vr irreg* (*sl*) ▪sich **~** to get sloshed [*or* BRIT *also* legless]
Be·säuf·nis <-ses, -se> *nt* booze-up
be·säu·selt *adj* (*fam*) tipsy
be·schä·di·gen* *vt* to damage; ▪[leicht/schwer] **beschädigt** [slightly/badly] damaged
Be·schä·di·gung *f* damage *no pl*
be·schaf·fen*[1] I. *vt* ▪[jdm] **etw ~** to get sth [for sb]; **eine Waffe ist nicht so leicht zu ~** a weapon is not so easy to come by II. *vr* ▪sich *dat* **etw ~** to get sth; **du musst dir Arbeit ~** you've got to find yourself a job
be·schaf·fen[2] *adj* (*geh*) ▪**so ~ sein, dass ...** to be made in such a way that ...; **die Straße ist schlecht/gut ~** the road is in bad/good repair
Be·schaf·fen·heit <-> *f kein pl* composition; *eines Zustands* state; *eines Materials* structure, quality; *eines Körpers* constitution; *der Psyche* make-up; ▪**je nach ~ einer S.** *gen* according to the nature of sth
Be·schaf·fung <-> *f kein pl* obtaining (**von** of)
be·schäf·ti·gen* [bəˈʃɛftɪɡn̩] I. *vr* ❶ (*sich Arbeit verschaffen*) ▪**sich** [**mit etw** *dat*] **~** to occupy oneself [with sth]; **hast du genug, womit du dich ~ kannst?** have you got enough to do? ❷ (*sich befassen*) ▪**sich mit jdm ~** to pay attention to sb; ▪**sich mit etw** *dat* **~** to deal with sth; **er hat sich schon immer mit Briefmarken beschäftigt** he's always been into stamps II. *vt* ❶ (*innerlich in Anspruch nehmen*) ▪**jdn ~** to be on sb's mind; **mit einer Frage/einem Problem beschäftigt sein** to be preoccupied with a question/problem ❷ (*anstellen*) ▪**jdn ~** to employ sb ❸ (*eine Tätigkeit geben*) ▪**jdn** [**mit etw** *dat*] **~** to keep sb busy [with sth]
be·schäf·tigt [bəˈʃɛftɪçt] *adj* ❶ (*befasst*) busy (**mit** with) ❷ (*angestellt*) employed (**als** as); **wo bist du ~?** where do you work?
Be·schäf·tig·te(r) *f(m) dekl wie adj* employee
Be·schäf·ti·gung <-, -en> *f* ❶ (*Anstellung*) employment *no pl*, job ❷ (*Tätigkeit*) occupation ❸ (*Auseinandersetzung*) consideration (**mit** of) ❹ (*das Beschäftigen anderer*) occupation
Be·schäf·ti·gungs·la·ge *f* [situation on the] job market **Be·schäf·ti·gungs·los** *adj* (*arbeitslos*) unemployed **Be·schäf·ti·gungs·maß·nah·me** *f* ÖKON job-creation scheme **Be·schäf·ti·gungs·po·li·tik** *f* employment policy **Be·schäf·ti·gungs·the·ra·pie** *f* occupational therapy
be·schä·men* *vt* ▪**jdn ~** to shame sb; **es beschämt mich, zuzugeben ...** I'm ashamed to admit ...
be·schä·mend *adj* ❶ (*schändlich*) shameful ❷ (*demütigend*) humiliating
be·schämt *adj* ashamed; (*verlegen*) shamefaced; ▪**von etw** *dat* **~ sein** to be embarrassed by sth

be·schat·ten* vt ① (*überwachen*) ▪ jdn ~ to shadow sb ② (*geh: mit Schatten bedecken*) to shade

Be·schat·tung <-, *selten* -en> *f* ① (*Überwachung*) shadowing ② (*das Schattenwerfen*) shade

be·schau·en* vt ① *Fleisch* to inspect ② DIAL (*betrachten*) to look at

be·schau·lich I. *adj* peaceful; **ein ~es Leben führen** to lead a contemplative life **II.** *adv* peacefully

Be·schau·lich·keit <-> *f kein pl* tranquillity *no pl*

Be·scheid <-[e]s, -e> [bəˈʃaɪt] *m* information *no pl, no indef art;* ADMIN answer; **~ erhalten** to be informed; **jdm [über etw** *akk*] **~ geben** to inform sb [about sth]; **jdm ordentlich ~ sagen** (*fam*) to give sb a piece of one's mind; **ich habe noch keinen ~** I still haven't heard anything; **gut ~ wissen** to be well-informed; [**über etw** *akk*] **~ wissen** to know [about sth]; *Geheimnis* to be in the know

be·schei·den¹ [bəˈʃaɪdn̩] **I.** *adj* ① (*genügsam, einfach*) modest; **ein ~es Leben führen** to lead a humble life; **aus ~en Verhältnissen kommen** to have a humble background; **nur eine ~e Frage** just one small question ② (*fam: gering*) meagre ③ (*euph fam: beschissen*) lousy, BRIT *also* bloody-awful; **seine Leistung war eher ~** his performance was rather lousy **II.** *adv* ① (*selbstgenügsam*) modestly ② (*einfach*) plainly

be·schei·den*² [bəˈʃaɪdn̩] *irreg* **I.** *vt* ① (*geh: entscheiden*) to come to a decision about ② (*geh*) ▪ **jdm ist etw beschieden** sth falls to sb's lot **II.** *vr* (*geh*) ▪ **sich ~** to be content (**mit** with)

Be·schei·den·heit <-> *f kein pl* ① (*Genügsamkeit*) modesty; **in aller ~** in all modesty; **bei aller ~** with all due modesty; [**nur] keine falsche ~!** no false modesty [now]! ② (*Einfachheit*) plainness ③ (*Geringfügigkeit*) paucity *form*

be·schei·ni·gen* [bəˈʃaɪnɪɡn̩] *vt* ▪ **jdm etw ~** to certify sth for sb *form;* (*quittieren*) to provide sb with a receipt; ▪ [**jdm**] **~, dass ...** to confirm to sb in writing that ...; ▪ **sich** *dat* **etw ~ lassen** to have sth certified

Be·schei·ni·gung <-, -en> *f* certification

be·schei·ßen* *irreg* **I.** *vt* (*sl*) ▪ **jdn ~** to rip sb off **II.** *vi* (*sl*) ▪ [**bei etw** *dat*] **~** to cheat [at sth]

be·schen·ken* **I.** *vt* ▪ **jdn** [**mit etw** *dat*] **~** to give sb sth [as a present]; **reich beschenkt werden** to be showered with presents **II.** *vr* ▪ **sich** [**gegenseitig**] **~** to give each other presents

be·sche·ren* **I.** *vt* ① (*zu Weihnachten*) to give a Christmas present ② ▪ **jdm etw ~** to give sb sth **II.** *vi* to give each other Christmas presents

Be·sche·rung <-, -en> *f* giving of Christmas presents ▶ [**das ist ja**] **eine schöne ~!** (*iron*) this is a pretty kettle of fish!; **jetzt haben wir die ~!** well, there you are! Haven't I told you!

be·scheu·ert I. *adj* (*fam*) ① (*blöd*) screwy, BRIT *also* daft *fam;* **dieser ~e Kerl** that daft idiot; **der ist etwas ~** he's got a screw loose *fam* ② (*unangenehm*) stupid; **so was B~es!** how stupid! **II.** *adv* (*fam*) stupidly; **du siehst total ~ aus** you look really daft; ▪ **sich ~ anstellen** to act like an idiot

be·schich·ten* *vt* to coat (**mit** with); **mit Kunststoff beschichtet** laminated

Be·schich·tung *f* coating; BAU lining

be·schie·ßen* *vt irreg* ① (*mit Schüssen bedenken*) to shoot at ② PHYS to bombard

be·schil·dern* *vt* (*mit Schildchen versehen*) to label; (*mit Verkehrsschild versehen*) to signpost; **gut/schlecht beschildert** [**sein**] [to be] well/badly signposted

Be·schil·de·rung <-, -en> *f* ① (*das Beschildern*) labelling; ADMIN (*geh*) signposting ② (*geh: Schildchen*) label; (*Verkehrsschild*) signpost

be·schimp·fen* **I.** *vt* to insult (**als** as, **mit** with); **jdn aufs Übelste ~** to abuse sb in the worst possible manner **II.** *vr* ▪ **sich** [**gegenseitig**] **~** to insult each other

Be·schimp·fung <-, -en> *f* ① (*das Beschimpfen*) abuse *no pl;* einer Person abuse (+*gen* of), swearing (+*gen* at) ② (*Schimpfwort*) insult

Be·schiss[RR] <-es> *m kein pl,* **Be·schiß**[ALT] <-sses> *m kein pl* (*sl*) rip-off

be·schis·sen I. *adj* (*sl*) lousy, BRIT *also* bloody-awful **II.** *adv* (*sl*) in a lousy fashion; **es geht ihr wirklich ~** she's having a miserable time of it; **~ behandelt werden/aussehen** to be treated/to look like a piece of shit

Be·schlag <-[e]s, Beschläge> [bəˈʃlaːk, *pl* bəˈʃlɛːɡə] *m* ① *eines Koffers* lock; *eines Buchs* clasp; *einer Tür, eines Fensters, Möbelstücks* fitting ② (*Belag*) film; *auf Metall* tarnish; *auf Glasscheiben* steam ▶ **etw/jdn in ~ nehmen** to monopolize sth/sb; **jd wird in ~ genommen** sb's hands are full [with sth]

be·schla·gen *irreg* **I.** *vt haben* ① (*mit metallenem Zierrat versehen*) **Schuhe ~**

to put metal tips on shoes; **etw mit Ziernägeln ~** to stud sth ❷ *Pferd* to shoe **II.** *vi sein Spiegel, Scheibe* to mist up; *Silber* to tarnish

be·schlag·nah·men* [bəʃlaːknaːmən] *vt* ❶ *(konfiszieren)* to seize; **Ihr Pass ist beschlagnahmt** your passport has been confiscated; *Fahrzeug* to impound ❷ *(fam: mit Beschlag belegen)* to commandeer ❸ *(zeitlich in Anspruch nehmen)* [**von etw** *dat*] **beschlagnahmt sein** to be taken up [with sth]

Be·schlag·nah·mung *f* JUR confiscation

be·schlei·chen* *vt irreg (geh: überkommen)* ■ **jdn ~** to come over sb

be·schleu·ni·gen* [bəʃlɔynɪɡn̩] *vt, vi* to accelerate; *Tempo* to increase; *Schritte* to quicken; *Vorgang, Maschine* to speed up

Be·schleu·ni·gung <-, -en> *f* acceleration *no pl*

be·schlie·ßen* *irreg* **I.** *vt* ❶ *(entscheiden über)* to decide; **ein Gesetz ~** to pass a motion ❷ *(geh: beenden)* to conclude; **ich möchte meine Rede mit einem Zitat ~** I would like to conclude my speech with a quote **II.** *vi (einen Beschluss fassen)* ■ **über etw** *akk* **~** to decide on sth

be·schlos·sen *adj* decided; **das ist ~e Sache** the matter is settled

Be·schluss^RR <-es, Beschlüsse> *m,* **Be·schluß**^ALT <-sses, Beschlüsse> *m* decision; *(Gerichts~)* order of court; **der Stadtrat hat einen ~ gefasst** the town council has passed a resolution; **einen ~ fassen** to reach a decision; **auf jds** *akk* **~** on sb's authority; **auf ~ des Parlaments** by order of parliament

be·schluss·fä·hig^RR *adj* quorate; ■ **~ sein** to have a quorum **be·schluss·un·fä·hig**^RR *adj* inquorate

be·schmie·ren* **I.** *vt* ❶ *(bestreichen)* **ein [Stück] Brot ~** to butter [a slice of] bread; **das Gesicht mit Creme ~** to put cream on one's face ❷ *(besudeln)* **du bist da am Kinn ja ganz beschmiert** you've got something smeared on your chin; **etw mit Gekritzel ~** to scribble [all] over sth **II.** *vr* ■ **sich ~** to get oneself dirty

be·schmut·zen* **I.** *vt* ❶ *(schmutzig machen)* to dirty ❷ *(in den Schmutz ziehen)* to blacken **II.** *vr* ■ **sich ~** to get oneself dirty

be·schnei·den* *vt irreg* ❶ *(zurechtschneiden)* to cut; *(stutzen)* to clip; HORT to prune ❷ MED, REL to circumcise ❸ *(beschränken)* to curtail

Be·schnei·dung <-, -en> *f* ❶ *(das*

Zurechtschneiden) cutting; *(das Stutzen)* clipping; HORT pruning ❷ MED, REL circumcision ❸ *(das Beschränken)* curtailment

be·schnit·ten *adj* circumcised

be·schnüf·feln* **I.** *vt* ❶ *(Schnuppern von Tieren)* to sniff at ❷ *(pej fam: bespitzeln)* to check out **II.** *vr* ■ **sich [gegenseitig] ~** *Tiere* to sniff each other; *(fig) Menschen* to size one another up

be·schnup·pern* *vt* ❶ *Tiere* to sniff ❷ *(fam: prüfend kennen lernen)* to size up

be·schö·ni·gen* [bəˈʃøːnɪɡn̩] *vt* to gloss over

Be·schö·ni·gung <-, -en> *f* gloss-over, cover-up, whitewash; **berichten Sie über den Fall, aber bitte ohne ~en** please tell us about the case but without glossing over any details

be·schrän·ken* **I.** *vt* ❶ *(begrenzen)* to limit (**auf** to) ❷ *(einschränken)* to curtail; **jdn in seinen Rechten ~** to curtail sb's rights **II.** *vr* ■ **sich [auf etw** *akk]* **~** to restrict oneself [to sth]; **sich auf das Wesentliche ~** to keep to the essential points

be·schränkt *adj* ❶ *(eingeschränkt, knapp)* restricted; *Sicht* low; **finanziell/räumlich/zeitlich ~ sein** to have a limited amount of cash/space/time; **Gesellschaft mit ~er Haftung** limited [liability] company BRIT [*or* AM corporation] ❷ *(dumm)* limited; *(engstirnig)* narrow-minded

Be·schrän·kung <-, -en> *f* restriction

be·schrei·ben* *vt irreg* ❶ *(darstellen)* to describe; **nicht zu ~ sein** to be indescribable; **ich kann dir nicht ~, wie erleichtert ich war** I can't tell you how relieved I was ❷ *Bahn, Kreis* to describe

Be·schrei·bung *f* ❶ *(das Darstellen)* description; *(eines Handlungsablaufs* account; **eine kurze ~** sketch; **das spottet jeder ~** it beggars description ❷ *(fam: Beipackzettel)* description; *(Gebrauchsanweisung)* instructions *pl*

be·schrei·ten* *vt irreg (geh)* ❶ *(begehen)* to walk on ❷ *(einschlagen)* **einen Weg ~** to follow a course

be·schrif·ten* [bəˈʃrɪftn̩] *vt (mit Inschrift versehen)* to inscribe; *(mit Aufschrift versehen)* to label; *Etiketten* to write labels; *Bild* to give a caption to; *Karton* to mark

Be·schrif·tung <-, -en> *f* ❶ *(das Beschriften)* labelling; *von Kuverts* addressing; *von Etiketten* writing ❷ *(Aufschrift)* inscription

be·schul·di·gen* [bəˈʃʊldɪɡn̩] *vt* ■ **jdn [einer S.** *gen]* **~** to accuse sb [of sth]

Be·schul·dig·te(r) f(m) dekl wie adj accused
Be·schul·di·gung <-, -en> f accusation
Be·schuss^RR <-es> m kein pl, **Be·schuß**^ALT <-sses> m kein pl fire; (durch Granaten, Raketen) shelling; (durch schwere Geschütze) bombardment; **unter ~ geraten** to come under fire; **jdn/etw unter ~ nehmen** (a. fig) to attack sb/sth; (mit Maschinengewehren) to fire at sb/sth; (mit Granaten, Raketen) to shell sb/sth
be·schüt·zen* vt to protect (**vor** from); (mit dem eigenen Körper) to shield; ■ **~d** protective
Be·schüt·zer(in) <-s, -> m(f) protector
be·schwat·zen* vt (fam) ❶ (überreden) to talk round; (schmeichelnd) to wheedle ❷ (bereden) to chat [or BRIT also have a chinwag] about
Be·schwer·de <-, -n> [bəˈʃveːɐ̯də] f ❶ (Beanstandung, Klage) complaint; **Grund zur ~ haben** to have grounds for complaint ❷ JUR appeal ❸ pl MED complaint form; **~n mit etw** dat **haben** to have problems with sth; **mein Magen macht mir ~n** my stomach is giving me trouble
be·schwer·de·frei adj MED healthy **Be·schwer·de·füh·rer(in)** m(f) (geh) person lodging a complaint; JUR complainant
be·schwe·ren* [bəˈʃveːrən] I. vr ❶ (sich beklagen) ■ **sich ~** to complain (**über** about); **ich kann mich nicht ~** I can't complain ❷ (fig: sich belasten) ■ **sich** [**mit etw** dat] **~** to encumber oneself [with sth] II. vt ❶ (mit Gewicht versehen) to weight [down] ❷ (belasten) ■ **jdn ~** to get sb down
be·schwer·lich adj difficult, exhausting; Reise arduous; **das Laufen ist für ihn sehr ~** walking is hard for him
be·schwich·ti·gen* [bəˈʃvɪçtɪɡn̩] vt to soothe
be·schwich·ti·gend I. adj soothing II. adv soothingly
Be·schwich·ti·gung <-, -en> f soothing
be·schwin·deln* vt (fam) ❶ (belügen) to tell fibs ❷ (betrügen) to con
be·schwin·gen* vt to get going; **die Musik beschwingte uns** the music elated us
be·schwingt I. adj lively; Mensch a. vivacious II. adv chirpily; **sich ~ fühlen** to feel elated
be·schwip·sen vt (fam) ■ **jdn ~** to make sb tipsy
be·schwipst [bəˈʃvɪpst] adj (fam) tipsy

be·schwö·ren* vt irreg ❶ (beeiden) to swear [to]; **~ kann ich das nicht** I wouldn't like to swear to it ❷ (anflehen) to beg ❸ (magisch hervorbringen) to conjure up; Geister, Tote to raise; (bezwingend) to exorcize; Schlange to charm
Be·schwö·rung <-, -en> f ❶ (das Anflehen) appeal, entreaty, supplication form; **unsere ganzen ~en nützten nichts** all our pleading was in vain ❷ (das magische Hervorbringen) conjuring-up, conjuration; (Beschwörungsformel) magic spell; **eine ~ aussprechen** to chant an incantation, to speak the magic words ❸ (das Hervorrufen) conjuring-up; **eine ~ längst vergessener Erinnerungen** a conjuring-up of long-forgotten memories; **eine ~ der Vergangenheit/alter Zeiten** a reminder of the past/old times
be·see·len* [bəˈzeːlən] vt ❶ (durchdringen) to animate ❷ (mit innerem Leben erfüllen) to breathe life into
be·se·hen* irreg vt to look at; **etw näher ~** to inspect sth closely
be·sei·ti·gen* [bəˈzaɪtɪɡn̩] vt ❶ (entfernen) to dispose of; Zweifel to dispel; Missverständnis to clear up; **sich leicht ~ lassen** to be easily removed; Schnee, Hindernis to clear away; Fehler to eliminate; Ungerechtigkeiten to abolish ❷ (euph: umbringen) to eliminate
Be·sei·ti·gung <-> f kein pl ❶ (das Beseitigen) disposal; Farben/Spuren/Regime removal; Zweifel dispelling; Missverständnis clearing-up ❷ (euph: Liquidierung einer Person) elimination
Be·sen <-s, -> [ˈbeːzn̩] m ❶ (Kehr~) broom; (kleiner) brush; Hexe broomstick ❷ KOCHK whisk ❸ (pej sl: kratzbürstige Frau) old bag ❹ SÜDD (fam) Swabian vineyard's own public bar selling its wine, signalled by a broom hanging outside the door ▶ **neue ~ kehren gut** (prov) a new broom sweeps clean prov; **ich fresse einen ~, wenn ...** (fam) I'll eat my hat if ...
Be·sen·stiel m broomstick ▶ **als habe jd einen ~ verschluckt** as stiff as a post
be·ses·sen [bəˈzɛsn̩] adj ❶ REL possessed (**von** by) ❷ (unter einem Zwang stehend) ■ **~ sein** to be obsessed (**von** with); **wie ~** like mad
Be·ses·sen·heit <-> f kein pl ❶ REL possession ❷ (Wahn) obsession
be·set·zen* vt ❶ (belegen) to reserve; Stühle, Plätze to occupy; Leitung to engage BRIT, to keep busy AM; **besetz schon mal**

be·setzt *adj* ❶ (*vergeben*) taken, occupied; **dicht ~** packed [out]; **ein gut/schlecht ~ er Film** a well-cast/miscast movie ❷ (*belegt*) ■ **~ sein** *Telefon, Toilette* to be occupied; *Terminkalender, Termine* to be fully booked-up ❸ MIL occupied; (*bemannt*) manned; **ein ~es Haus** a squat

Be·setzt·zei·chen *nt* engaged [*or* AM busy] tone

Be·set·zung <-, -en> *f* ❶ (*Vergeben einer Stelle*) appointment (**mit** of); FILM, THEAT casting (**mit** of) ❷ (*alle Mitwirkenden*) *eines Films, Stücks* cast; *einer Mannschaft* line-up; **die zweite ~** THEAT understudy; SPORT substitute ❸ (*Okkupierung*) *eines Landes, Gebiets* occupation; *eines Hauses* squatting [in] ❹ (*Innehaben*) *eines Amts, einer Stelle* filling

be·sich·ti·gen* [bəˈzɪçtɪɡn̩] *vt* (*ansehen*) to visit; *Sehenswürdigkeit a.* to have a look at; *Betrieb* to have a tour of; *Haus, Wohnung* to view; *Schule* to inspect; **Truppen** to review

Be·sich·ti·gung <-, -en> *f* visiting; *Wohnung, Haus etc.* viewing; **eine ~ der Sehenswürdigkeiten** a sightseeing tour; **die ~ einer Stadt** a tour of a town

be·sie·deln* *vt* (*bevölkern*) to settle; (*kolonisieren*) to colonize; *mit Tieren* to populate

Be·sie·de·lung, Be·sied·lung <-, -en> *f* settlement; (*Kolonisierung*) colonization; *Ballungsraum, Landstrich, etc* population; **dichte/dünne ~** dense/sparse population

be·sie·geln* *vt* to seal

be·sie·gen* *vt* ❶ (*schlagen*) to beat; *Land* to conquer; **sich [für] besiegt erklären** to admit defeat ❷ (*überwinden*) to overcome

Be·sieg·te(r) *f(m) dekl wie adj* loser; ■ **die ~n** the defeated [*or liter* vanquished]

be·sin·nen* *vr irreg* ❶ (*überlegen*) ■ **sich** to think [for a moment]; **sich anders ~** to change one's mind [about sth]; **nach kurzem B~** after brief consideration ❷ (*an etw denken*) ■ **sich [auf jdn/etw] ~** to think [about sb/sth]; (*auf Vergangenes*) to remember; **wenn ich mich recht besinne** if I remember rightly

be·sinn·lich [bəˈzɪnlɪç] *adj* thoughtful; (*geruhsam*) leisurely; **er verbrachte einige ~e Tage im Kloster** he spent a few days of contemplation in the monastery

Be·sin·nung <-> *f kein pl* ❶ (*Bewusstsein*) consciousness *no pl*; **die ~ verlieren** to faint; [**wieder**] **zur ~ kommen** to come round; **jdn** [**wieder**] **zur ~ bringen** to revive sb; (*fig*) to bring sb round ❷ (*Reflexion*) reflection; **zur ~ kommen** to gather one's thoughts

be·sin·nungs·los *adj* ❶ (*ohnmächtig*) unconscious; ■ **~ werden** to pass out ❷ (*blind*) insensate; *Wut* blind **Be·sin·nungs·lo·sig·keit** <-> *f kein pl* unconsciousness *no pl*

Be·sitz <-es> [bəˈzɪts] *m kein pl* ❶ (*Eigentum*) property; **von Vermögen** possession ❷ AGR land; (*Landsitz, Gut*) estate ❸ (*das Besitzen*) possession; **von etw** *dat* **~ ergreifen** (*geh*) to take possession of sth; **in den ~ einer S.** *gen* **gelangen** to come into possession of sth; **jds ~ sein** to be sb's property; **im ~ von etw** *dat* **sein** (*geh*) to be in possession of sth; **in jds ~** *akk* **übergehen** to pass into sb's possession; **in staatlichem/privatem ~** state-owned/privately-owned

be·sit·zen* *vt irreg* ❶ (*Eigentümer sein*) to own ❷ (*haben, aufweisen*) to have [got]; **die Frechheit ~, etw zu tun** to have the cheek to do sth; **jds** *gen* **Vertrauen ~** to have sb's confidence

Be·sit·zer(in) <-s, -> *m(f)* owner; *eines Geschäfts etc.* proprietor; *einer Eintrittskarte* holder; **der rechtmäßige ~** the rightful owner; **den ~ wechseln** to change hands

be·sitz·er·grei·fendᴬᴸᵀ *adj* possessive

be·sitz·los *adj* poor

Be·sitz·tum <-s, -tümer> *nt* property *no pl*; *Land* estate

be·sof·fen [bəˈzɔfn̩] *adj* (*sl*) sloshed, BRIT *also* pissed; **total ~** dead drunk

Be·sof·fe·ne(r) *f(m) dekl wie adj* (*sl*) drunk

be·soh·len* *vt Schuhe* to sole

be·sol·den* [bəˈzɔldn̩] *vt* ADMIN to pay

Be·sol·dung <-, -en> *f* ADMIN salary

be·son·de·re(r, s) [bəˈzɔndərə, -ərɛ, -ərəs] *adj* ❶ (*ungewöhnlich*) unusual; (*eigentümlich*) peculiar; (*außergewöhnlich*) particular; **ganz ~** very special; **von ~r Schönheit** of exceptional beauty ❷ (*speziell*) special; **ein ~s Interesse an etw** *dat* **haben** to be especially interested in sth; **von ~r Bedeutung** of great significance; [**einen**] **~n Wert auf etw** *akk* **legen** to attach great importance to sth ❸ (*zusätzlich, separat, gesondert*) special [kind of]

Be·son·der·heit <-, -en> *f* (*Merkmal*) feature; (*Außergewöhnlichkeit*) special quality; (*Eigentümlichkeit*) peculiarity
be·son·ders [bəˈzɔndɐs] *adv* ❶ *intensivierend* (*außergewöhnlich*) particularly; ~ **viel** a great deal; **nicht ~ klug/fröhlich** not particularly bright/happy ❷ (*vor allem*) in particular, above all ❸ (*speziell*) specially; **nicht ~ sein** (*fam*) nothing out of the ordinary; **jd fühlt sich nicht ~** (*fam*) sb feels not too good
be·son·nen [bəˈzɔnən] **I.** *adj* sensible **II.** *adv* sensibly
Be·son·nen·heit <-> *f kein pl* calmness *no pl*
be·sor·gen* *vt* ❶ (*beschaffen*) to get; **sich** *dat* **einen Job ~** to find oneself a job ❷ (*kaufen*) to buy ❸ (*erledigen*) to see to; *Angelegenheiten* to look after; **den Haushalt ~** to run the household ▸ **es jdm ~** (*fam: jdn verprügeln*) to give sb a thrashing; (*jdm die Meinung sagen*) to give sb a piece of one's mind; (*derb: jdn sexuell befriedigen*) to give it to sb; **ich habe es ihm richtig besorgt** I really let him have it
Be·sorg·nis <-ses, -se> [bəˈzɔrknɪs] *f* ❶ (*Sorge*) concern; **jds ~ akk erregen** to cause sb's concern; **~ erregend** worrying; **kein Grund zur ~!** no need to worry! ❷ (*Befürchtung*) misgivings *pl,* fears *pl*
be·sorg·nis·er·re·gend *adj* worrying
be·sorgt [bəˈzɔrkt] *adj* ❶ (*voller Sorge*) worried (**wegen/um** about); **ein ~es Gesicht machen** to look troubled ❷ (*fürsorglich*) ▪ **um jdn/etw ~ sein** to be anxious about sb/sth
Be·sor·gung <-, -en> *f* ❶ (*Einkauf*) errand[s]; **~en machen** to do some errands; (*das Kaufen*) purchase *form* ❷ (*das Erledigen*) Geschäfte, Aufgaben management [of affairs]
be·span·nen* *vt* ❶ (*überziehen*) to cover (**mit** with); **einen Schläger neu ~** to restring a racket ❷ (*Zugtiere anspannen*) to harness
be·spa·ßen* *vt* (*fam*) **ein Kind ~** to keep a child amused [*or* entertained]
be·spiel·bar *adj* ❶ *Kassette* capable of being recorded on ❷ SPORT *Platz* fit for playing on
be·spie·len* *vt* ❶ *Kassette, Tonband* to record ❷ SPORT *Platz* to play on
be·spit·zeln* *vt* to spy on
be·spre·chen* *irreg vt* ❶ (*erörtern*) ▪ **etw [mit jdm] ~** to discuss sth [with sb]; **wie besprochen** as agreed ❷ (*rezensieren*) to review ❸ (*aufnehmen*) ▪ **etw ~ to** make a recording on sth (**mit** of)
Be·spre·chung <-, -en> *f* ❶ (*Konferenz*) meeting; (*Unterredung*) discussion ❷ (*Rezension*) review
be·sprit·zen* *vt* to splash (**mit** with)
bes·ser [ˈbɛsɐ] **I.** *adj comp von* **gut** ❶ (*höher*) better; *Qualität* superior; ▪ **etwas B~es** sth better; **nichts B~es** nothing better; **Sie finden nichts B~es!** you won't find anything better!; **nicht ~ als ...** no better than ...; ▪ **etw wird ~** sth is getting better ❷ (*sozial höhergestellt*) better-off ▸ **jdn eines B~en belehren** to put sb right; **ich lasse mich gerne eines B~en belehren** I'm willing to admit I'm wrong; **sich eines B~en besinnen** to think better of sth; **B~es zu tun haben** to have other things to do **II.** *adv comp von* **gut, wohl** ❶ (*nicht mehr schlecht*) better; **es geht jdm ~** MED sb is better; **es geht [einer S. *dat*] ~** sth is doing better ❷ (*fam: lieber*) better; **dem solltest du ~ aus dem Wege gehen!** it would be better if you avoided him! ▸ **~ [gesagt]** (*richtiger*) rather; **es ~ haben** to be better off; **es kommt noch ~** (*iron fam*) you haven't heard the half of it!; **jd täte ~ daran ...** sb would do better to ...; **jd will alles ~ wissen** sb knows better; **um so ~!** (*fam*) all the better!
bes·ser|ge·hen *vi impers, irreg sein* **es geht jdm besser** MED sb is better; **es geht [einer S. *dat*] besser** sth is doing better
Bes·ser·ge·stell·te(r) <-n, -n> *f(m) dekl wie adj* better off person
bes·sern [ˈbɛsɐn] **I.** *vr* ▪ **sich ~** to improve; **sein [Gesundheits]zustand hat sich gebessert** he has recovered **II.** *vt* ▪ **jdn ~** to reform sb; ▪ **etw ~** to improve upon sth
Bes·se·rung <-> *f kein pl* improvement; **gute ~!** get well soon!; **auf dem Weg der ~ sein** to be on one's way to recovery; **hiermit gelobe ich ~** from now on I'm a reformed character
Bes·ser·ver·die·nen·de(r) *f(m) dekl wie adj* high earner **Bes·ser·wis·ser(in)** <-s, -> *m(f)* (*pej*) know-all **Bes·ser·wis·se·rei** <-> *f kein pl* (*pej*) know-all manner; **verschone uns mit deiner ständigen ~!** spare us this little Mr/Miss Know-it-all attitude of yours! **Bes·ser·wis·se·rin** <-, -nen> *f fem form von* **Besserwisser bes·ser·wis·se·risch I.** *adj* (*pej*) know-all **II.** *adv* (*pej*) like a know-all
Bess·rung <-> *f s.* **Besserung**
Be·stand <-[e]s, ände> *m* ❶ (*Fortdauer*) survival; **~ haben** to be long-lasting ❷ (*vor-*

handene Menge) supply (**an** of); *Vieh* [live] stock; *Kapital* assets *pl; Wertpapiere* holdings *pl; Bäume* stand [of trees]; ~ **aufnehmen** (*a. fig*) to take stock

be·stan·den *adj* ❶ (*erfolgreich absolviert*) passed ❷ (*mit Pflanzen bewachsen*) covered with trees *pred*, tree-covered *attr* ❸ SCHWEIZ (*alt, bejahrt*) advanced in years *pred*

be·stän·dig *adj* ❶ *attr* (*ständig*) constant ❷ (*gleich bleibend*) consistent; *Wetter* settled ❸ (*widerstandsfähig*) ■ ~ **sein** to be resistant (**gegen** to); **hitze~** heat-resistant ❹ (*dauerhaft*) long-lasting

Be·stän·dig·keit <-> *f kein pl* ❶ (*das Anhalten*) persistence; *Wetter* continuation ❷ (*gleich bleibende Eigenschaft*) consistency; *Liebende* constancy ❸ (*Widerstandsfähigkeit*) resistance (**gegen** to)

Be·stands·auf·nah·me *f* ❶ ÖKON stocktaking; [eine] ~ **machen** to take stock; (*in Gastronomie oder Haushalt*) to make an inventory ❷ (*fig: Bilanz*) taking stock; [eine] ~ **machen** to weigh up sth

Be·stand·teil *m* part; SCI component; **notwendiger** ~ essential part; **sich in seine** ~**e auflösen** to fall apart; **etw in seine ~e zerlegen** to take sth to pieces

be·stär·ken* *vt* ■ jdn [in etw *dat*] ~ to encourage sb['s sth]; **jdn in seinem Vorhaben** ~ to confirm sb in their intention; **jdn in einem Verdacht** ~ to reinforce sb's suspicion

Be·stär·kung *f* ❶ (*Unterstützung*) support ❷ (*Erhärtung*) confirmation

be·stä·ti·gen* [bəˈʃtɛːtɪɡn̩] *vt* ❶ (*für zutreffend erklären*) to confirm; **ein Alibi** ~ to corroborate an alibi; **die Richtigkeit einer S.** *gen* ~ to verify sth; ■ **jdn** [in etw *dat*] ~ to support sb [in sth]; **ein ~des Kopfnicken** a nod of confirmation ❷ (*quittieren*) to certify; *Empfang* to confirm ❸ ADMIN **jdn im Amt** ~ to confirm sb in office

Be·stä·ti·gung <-, -en> *f* ❶ (*das Bestätigen*) confirmation; *Richtigkeit, Echtheit* verification; *Gesetz, Vertrag* ratification; ~/**keine** ~ **finden** (*geh*) to be validated/to not be validated; **er sucht doch bloß** ~! he's merely trying to boost his ego! ❷ (*bestätigendes Schriftstück*) written confirmation, certification

Be·stä·ti·gungs·schrei·ben *nt* FIN letter of acknowledg[e]ment

be·stat·ten* [bəˈʃtatn̩] *vt* (*geh*) ❶ (*beerdigen*) to bury; **sie wird auf dem alten Friedhof bestattet** she will be laid to rest in the old cemetery ❷ (*verbrennen*) to cremate

Be·stat·tung <-, -en> *f* (*geh*) *s*. **Beerdigung**

Be·stat·tungs·in·sti·tut *nt*, **Be·stat·tungs·un·ter·neh·men** *nt* (*geh*) funeral parlour

be·stäu·ben* *vt* ❶ KOCHK to dust ❷ BOT to pollinate

Be·stäu·bung <-, -en> *f* BOT pollination

be·stau·nen* *vt* to admire

best·be·zahlt *adj attr* highest paid

bes·te(r, s) [ˈbɛstə, ˈbɛstɐ, ˈbɛstəs] I. *adj superl von* **gut** *attr* best; **sich ~r Gesundheit erfreuen** to be in the best of health; **in ~r Laune** the best of spirits; **mit den ~n Wünschen** with all best wishes II. *adv* ❶ (*auf Platz eins*) ■ **am ~n** + *vb* best ❷ (*ratenswerterweise*) ■ **am ~n** it would be best if ...; **es wäre am ~n, wenn Sie jetzt gingen** you had better go now ▶ **das ist am ~n so!** it's all for the best!

be·ste·chen* *irreg* I. *vt Beamte, etc.* to bribe (**mit** with) II. *vi* (*Eindruck machen*) to be impressive; ■ **durch etw** *akk* ~ to win people over with sth; **das Auto besticht durch seine Form** the appeal of the car lies in its shape

be·ste·chend I. *adj* captivating; *Angebot* tempting; *Gedanke* fascinating; *Lächeln* winning; *Schönheit* entrancing; *Geist* brilliant II. *adv* winningly

be·stech·lich [bəˈʃtɛçlɪç] *adj* corrupt

Be·stech·lich·keit <-> *f kein pl* corruptibility

Be·ste·chung <-, -en> *f* bribery; **sich durch ~ von etw** *dat* **freikaufen** to bribe one's way out of sth

Be·ste·chungs·geld *nt meist pl* bribe

Be·ste·chungs·ver·such *m* attempt to bribe

Be·steck <-[e]s, -e> [bəˈʃtɛk] *nt* ❶ (*Ess~*) cutlery *n sing* ❷ (*Instrumentensatz*) set of instruments; *Heroinsüchtige* needles *pl*

be·ste·hen* *irreg* I. *vt* ❶ (*erfolgreich abschließen*) to pass (**mit** with); **sie bestand ihre Prüfung mit Auszeichnung** she passed her exam with distinction; **eine Probe** ~ to stand the test [of sth]; **etw nicht** ~ to fail sth; **die Prüfer ließen ihn nicht** ~ the examiners failed him ❷ (*durchstehen*) to come through [in one piece]; *Kampf* to win ❸ (*andauern*) **etw** ~ **lassen** to retain sth II. *vi* ❶ (*existieren*) to be; **es besteht kein Zweifel** there is no doubt; **es ~ gute Aussichten, dass ...** the prospects of ... are good; **es besteht die Gefahr, dass ...** there is a danger of ...; **besteht noch Hoffnung?** is there still a chance?; **~ bleiben** (*weiterhin existieren*) to last; (*weiterhin gelten*) *Versprechen, Wort* to remain ❷ *mit Zeitangabe* to exist; **das Unternehmen besteht seit 50 Jahren** the company is 50 years old ❸ (*sich zusammensetzen*) to consist (**aus** of); *Material* to be made (**aus** of) ❹ (*beinhalten*) ■**in etw** *dat* **~** to consist in sth; **das Problem besteht darin, dass ...** the problem is that ...; **der Unterschied besteht darin, dass ...** the difference lies in ... ❺ (*standhalten*) to survive ❻ (*durchkommen*) to pass ❼ (*insistieren*) ■**auf etw** *dat* **~** to insist on sth; ■**darauf ~, dass ...** to insist that ...; **wenn Sie darauf ~!** if you insist!; **auf einer Meinung ~** to stick to an opinion

Be·ste·hen <-s> *nt kein pl* ❶ (*Vorhandensein*) existence (+*gen* of) ❷ (*Beharren*) insistence (**auf** on) ❸ (*das Durchkommen*) *Prüfung* passing; *Probezeit* successful completion; *schwierige Situation* surviving; *Gefahr* overcoming

be·ste·hend *adj* (*existierend*) existing; (*geltend*) current

be·steh·len* *vt irreg* to steal from; **man hat mich bestohlen!** I've been robbed!

be·stei·gen* *vt irreg* ❶ (*auf etw klettern*) to climb [up onto]; *Podest* to get up onto; *Thron* to ascend ❷ *Pferd, Fahrrad, Motorrad* to mount ❸ *Bus* to get on; *Taxi, Auto* to get into; *Flugzeug* to board; *Schiff* to go on board ❹ (*begatten*) ZOOL to cover; ■**jdn ~** (*sl*) to mount sb *sl*

Be·stei·gung *f* ■**die ~ einer S.** *gen* the ascent of sth; **die ~ des Berges erwies sich als schwierig** climbing the mountain proved difficult; *Thron* accession [to the throne], ascent

be·stel·len* *vt* ❶ (*in Auftrag geben*) to order (**bei** from); *Zeitung* to subscribe to ❷ (*reservieren*) to reserve ❸ (*ausrichten*) to tell sb; [**jdm**] **Grüße ~** to send [sb] one's regards; **können Sie ihr etwas ~?** may I leave a message for her? ❹ (*kommen lassen*) to ask to come; *Taxi* to call; ■**bestellt sein** to have an appointment ❺ AGR (*bearbeiten*) to cultivate; *Acker* to plant ▶ **wie bestellt und nicht abgeholt** (*hum fam*) standing around, making the place look untidy; **mit etw** *dat* **ist es schlecht bestellt** sth is in a bad way; **um meine Finanzen ist es schlecht bestellt** my finances are in a bad way

Be·stell·num·mer *f* order number **Be·stell·schein** *m* order form

Be·stel·lung <-, -en> *f* ❶ (*das Bestellen, bestellte Ware*) order; **eine ~ aufgeben** to make an order; **auf ~ arbeiten** to work to order; **etw auf ~ machen** to make sth to order ❷ (*Übermittlung*) delivery ❸ AGR cultivation ❹ ADMIN appointment ▶ **wie auf ~** in the nick of time

bes·ten [ˈbɛstn̩] *adv s.* **beste(r, s)**

bes·ten·falls [ˈbɛstn̩ˈfals] *adv* at best

bes·tens [ˈbɛstn̩s] *adv* very well; **~ vorsorgen** to take very careful precautions

be·steu·ern* *vt* to tax

Be·steu·e·rung <-, -en> *f* taxation

Best·form *f bes* SPORT top form

bes·ti·a·lisch [bɛsˈtiaːlɪʃ] **I.** *adj* atrocious; *Gestank* vile; *Schmerz* excruciating **II.** *adv* (*fam*) dreadfully; **~ stinken** to stink to high heaven *fig*

Bes·ti·a·li·tät [bɛstialiˈtɛːt] *f* bestiality

be·sti·cken* *vt* to embroider

Bes·tie <-, -n> [ˈbɛstiə] *f* ❶ (*reißendes Tier*) beast form ❷ (*grässlicher Mensch*) brute

be·stim·men* **I.** *vt* ❶ (*festsetzen*) to decide on; *Preis, Ort, Zeit* to fix; *Grenze* to set ❷ (*prägen*) to set the tone for; **Wälder ~ das Landschaftsbild** forests characterize the scenery ❸ (*beeinflussen*) to influence; **durch etw** *akk* **bestimmt werden** to be determined by sth ❹ (*wissenschaftlich feststellen*) to categorize; *Pflanzen, Tiere* to classify; *Bedeutung, Herkunft* to determine; *Begriff* to define ❺ (*vorsehen*) ■**jdn zu etw** *dat* **~** to make sb sth; **füreinander bestimmt** meant for each other; **etw ist für jdn bestimmt** sth is for sb **II.** *vi* ❶ (*befehlen*) to be in charge ❷ (*verfügen*) ■**über jdn/etw ~** to control sb/sth

be·stim·mend I. *adj* decisive **II.** *adv* decisively

be·stimmt [bəˈʃtɪmt] **I.** *adj* ❶ (*nicht genau genannt*) certain ❷ (*speziell, genau genannt*) particular; **ganz ~e Vorstellungen** very particular ideas; ■**etwas B~es** something [in] particular ❸ (*festgesetzt*) fixed; (*klar, deutlich*) exact; **ein ~er Tag** the appointed day; **ein ~er Artikel** LING a definite article ❹ (*entschieden*) *Auftreten* firm **II.** *adv* ❶ (*sicher*) definitely; **etw ganz ~ wissen** to be positive about sth; **~ nicht** certainly not ❷ (*entschieden*) determinedly

Be·stimmt·heit <-> *f kein pl* determination; *von Angaben, Daten* precision; **etw in aller ~ ablehnen** to categorically refuse sth; **etw mit ~ sagen können** to be able to state sth definitely

Be·stim·mung <-, -en> f ❶ (*Vorschrift*) regulation ❷ *kein pl* (*Zweck*) purpose ❸ (*Schicksal*) destiny ❹ (*das Bestimmen*) determining; *Preis, Grenze, Limit* fixing; *Zeit, Ort* appointing; *Landesgrenze* establishment; *Alter, Herkunft* determination; *Begriff* definition; *Bäume, etc* classification; **adverbiale ~** LING adverbial [phrase]

Be·stim·mungs·ort m destination

Best·leis·tung f best performance; **jds gen persönliche ~** sb's personal best

best·mög·lich ['bɛst'møːklɪç] adj best possible; **das ~e tun** to do one's best

Best.-Nr. f ÖKON *Abk von* **Bestellnummer**

be·stra·fen* vt to punish (**mit** by/with); *mit einer Geldstrafe* to fine; *mit einer Gefängnisstrafe* to sentence; *Spieler* to penalize; **etw wird mit Gefängnis bestraft** sth is punishable by imprisonment

Be·stra·fung <-, -en> f punishment; *Spieler* penalization; (*mit Gefängnis*) sentencing; (*mit Gebühr*) fining; **zur ~** as a punishment

be·strah·len* vt ❶ MED (*mit Strahlen behandeln*) to treat with radiotherapy ❷ (*beleuchten*) to illuminate

Be·strah·lung f MED (*das Bestrahlen*) radiotherapy; (*Sitzung*) radiotherapy session

Be·stre·ben nt endeavour[s]; **das ~ haben, etw zu tun** to make every effort to do sth

be·strebt adj ■ **~ sein, etw zu tun** to be keen to do sth

be·strei·chen* vt irreg ❶ (*beschmieren*) to smear (**mit** with); *mit Öl* to oil; *mit Butter* to butter ❷ (*einpinseln*) to coat (**mit** with); *mit Farbe* to paint

be·strei·ken* vt to take strike action [*or* AM go on strike] against; **dieser Betrieb wird bestreikt** there is a strike in progress at this company

be·streit·bar adj disputable; **nicht ~** indisputable

be·strei·ten* vt irreg ❶ (*leugnen*) to deny; *Behauptung* to reject; **es lässt sich nicht ~, dass ...** it cannot be denied that ... ❷ (*finanzieren*) to finance; *Kosten* to cover; **seinen Unterhalt ~** to earn a living ❸ (*tragen, gestalten*) to run; *Gespräch* to carry

be·streu·en* vt to strew; *mit Puderzucker* to dust; *mit Zucker* to sprinkle; *mit Kies* to gravel

Best·sel·ler <-s, -> ['bɛstzɛlɐ] m bestseller

Best·sel·ler·au·tor(in) m(f) bestselling author **Best·sel·ler·lis·te** f bestseller list

be·stür·men* vt to bombard

be·stür·zen* vt to upset

be·stürzt I. adj dismayed (**über** by); **zutiefst ~** deeply dismayed II. adv in a dismayed [*or* disturbed] manner; **sie riss ~ die Augen auf, als sie entdeckte, dass ihr Geldbeutel gestohlen worden war** her eyes widened in shock as she discovered that her purse had been stolen

Be·stür·zung <-> f *kein pl* consternation *no pl;* **~ auslösen** to arouse [great] consternation

Best·zeit f best time

Be·such <-[e]s, -e> [bəˈzuːx] m ❶ (*das Besuchen*) visit (**bei** to); **jdm einen ~ abstatten** to pay sb a visit; (*kurz*) to call on sb; [**bei jdm**] **auf ~ sein** to be on a visit [to sb]; **ich bin hier nur zu ~** I'm just visiting ❷ (*Besucher*) visitor[s]; (*eingeladen*) guest[s]; **hoher ~** important visitor[s]

be·su·chen* vt ❶ (*als Besuch kommen*) to visit; **besuch mich bald mal wieder!** come again soon! ❷ (*aufsuchen*) to go to ❸ (*teilnehmen*) to attend

Be·su·cher(in) <-s, -> m(f) ❶ visitor, guest; *Kino, Theater* cinema/theatre goer; *Sportveranstaltung* spectator; **ein regelmäßiger ~** a frequenter ❷ (*Teilnehmer*) participant

Be·suchs·zeit f visiting hours pl

be·su·deln* vt (*geh*) ❶ (*beschmieren*) to besmear; ■ **sich ~** to soil oneself; **jetzt habe ich meine Bluse mit Kaffee besudelt** now I've got coffee all over my blouse ❷ (*herabwürdigen*) to besmirch

Be·ta·blo·cker <-s, -> m MED beta blocker

be·tagt [bəˈtaːkt] adj (*geh*) aged, advanced in years *pred*

be·tas·ten* vt to feel; MED to palpate

Be·ta·strah·lung f NUKL beta radiation

be·tä·ti·gen* I. vt (*drücken*) to press; (*umlegen*) to operate; (*einschalten*) to activate; *Bremse* to apply II. vr ■ **sich ~** to busy oneself; **sich politisch ~** to be politically active; **sich sportlich ~** to exercise

Be·tä·ti·gung <-, -en> [bəˈtɛːtɪɡʊŋ] f ❶ (*Aktivität*) activity; (*berufliche Tätigkeit*) work ❷ (*das Drücken*) pressing; *von Bremse* application; *von Knopf* pushing; (*das Umlegen o Ziehen*) operation; (*das Einschalten*) activation

Be·tä·ti·gungs·feld nt field of activity

be·tat·schen* vt (*pej fam*) to paw

be·täu·ben* [bəˈtɔybn̩] vt ❶ (*narkotisieren*) to anaesthetize; **die Entführer betäubten ihr Opfer** the kidnappers drugged their victim; ■ [**wie**] **betäubt** [as if] paralyzed; **er wankte wie betäubt umher** he staggered around [as if] in a daze ②MED (*unempfindlich machen*) to deaden; *Schmerz* to kill ③(*ruhigstellen*) to silence *fig; Emotionen* to suppress; *Gewissen* to ease; **seinen Kummer mit Alkohol ~** to drown one's sorrows in drink

be·täu·bend *adj* ①(*ohrenbetäubend*) deafening ②(*benommen machend*) intoxicating ③(*narkotisierend*) narcotic

Be·täu·bung <-, -en> *f* ①(*das Narkotisieren*) anaesthetization ②(*das Betäuben*) deadening; *von Schmerz* killing ③MED (*Narkose*) anaesthetic; **örtliche ~** local anaesthetic

Be·täu·bungs·mit·tel *nt* drug

Be·ta·ver·si·on *f* INFORM beta version

Be·te <-, *selten* -n> ['be:tə] *f* **rote ~** beetroot

be·tei·li·gen* [bə'taɪlɪgn̩] I. *vt* to give sb a share (**an** in) II. *vr* ■**sich** [**an etw** *dat*] **~** to participate [in sth]; *an einem Unternehmen* to have a stake in

be·tei·ligt [bə'taɪlɪçt] *adj* ■**an etw** *dat* **~ sein** ①(*mit dabei*) to be involved in sth ②FIN, ÖKON to hold a stake in sth

Be·tei·lig·te(r) *f(m) dekl wie adj* person involved

Be·tei·li·gung <-, -en> *f* ①(*Teilnahme*) participation (**an** in) ②(*Anteil*) stake (**an** in); (*das Beteiligen*) share (**an** in)

be·ten ['be:tn̩] I. *vi* to pray (**für** for, **zu** to) II. *vt* to recite

be·teu·ern* [bə'tɔyɐn] *vt* ■**jdm ~, dass ...** to protest to sb that ...; **seine Unschuld ~** to protest one's innocence

Be·teu·e·rung <-, -en> *f* protestation

be·ti·teln* *vt* ①(*anreden*) to address (**als** as); **er möchte gerne [als] Herr Professor betitelt werden** he would like to be addressed as 'Professor' ②(*mit Titel versehen*) to [en]title

Be·ton <-s, *selten* -s> [be'tɔŋ, be'tõː, be'toːn] *m* concrete

be·to·nen* *vt* ①(*hervorheben*) to stress; *Figur* to accentuate ②LING (*akzentuieren*) to stress

be·to·nie·ren* [beto'niːrən] *vt* to concrete; ■**betoniert** concrete

Be·ton·klotz *m* ①(*Klotz aus Beton*) concrete block ②(*pej: grässlicher Betonbau*) concrete monstrosity **Be·ton·mi·scher** <-s, -> *m* concrete-mixer **Be·ton·misch·ma·schi·ne** *f* concrete [*or* cement] mixer

be·tont I. *adj* emphatic; **~e Höflichkeit** studied politeness II. *adv* markedly

Be·to·nung <-, -en> *f* ①*kein pl* (*das Hervorheben*) accentuation ②LING stress ③(*Gewicht*) emphasis

be·tö·ren* [bə'tøːrən] *vt* to bewitch

be·tö·rend *adj* bewitching

betr. *adj, adv Abk von* **betreffend, betreffs** re, ref.

Be·tracht <-[e]s> [bə'traxt] *m kein pl* **in ~ kommen** to be considered; **etw außer ~ lassen** to disregard sth; **jdn/etw in ~ ziehen** to consider sb/sth

be·trach·ten* *vt* ①(*anschauen*) to look at; **bei näherem B~** on closer examination ②(*halten für*) to regard (**als** as); **~ Sie sich als fristlos gekündigt!** consider yourself sacked!

Be·trach·ter(in) <-s, -> *m(f)* observer

be·trächt·lich [bə'trɛçtlɪç] I. *adj* considerable; *Schaden* extensive II. *adv* considerably

Be·trach·tung <-, -en> *f* ①(*das Anschauen*) contemplation; **bei näherer ~** on closer examination ②(*Überlegung, Untersuchung*) consideration; **seine ~en zu diesem Thema sollten Sie unbedingt lesen** you really ought to read his discourse on this matter

Be·trach·tungs·wei·se *f* way of looking at things

Be·trag <-[e]s, Beträge> [bə'traːk, *pl* bə'trɛːɡə] *m* amount

be·tra·gen* *irreg* I. *vi* to be; **die Rechnung beträgt hundert Euro** the bill comes to hundred euros II. *vr* ■**sich irgendwie ~** to behave in a certain manner

Be·tra·gen <-s> *nt kein pl* behaviour; SCH conduct

be·trau·en* *vt* to entrust (**mit** with)

be·trau·ern* *vt* to mourn

Be·treff <-[e]s, -e> [bə'trɛf] *m* (*geh: Bezug*) reference; **Betreff: Ihr Schreiben vom 23.6.** Re: your letter of June 23

be·tref·fen* *vt irreg* ①(*angehen*) ■**jdn ~** to concern sb; ■**etw ~** to affect sth; **was das betrifft, ...** as far as that is concerned; **„Betrifft: ..."** "Re: ..." ②(*geh: widerfahren*) to befall ③(*geh: seelisch treffen*) to affect

be·tref·fend *adj attr* ①(*bewusst*) in question *pred;* **die ~e Person** the person in question ②(*angehend*) concerning

Be·tref·fen·de(r) *f(m) dekl wie adj* person in question

be·treffs [bə'trɛfs] *präp* (*geh*) concerning

be·trei·ben* *vt irreg* ①(*vorantreiben*) to proceed ②(*ausüben*) to carry on; *Laden, Firma* to run ③(*sich beschäftigen mit*) to do ④(*in Gang halten*) to operate ⑤(*an-*

Be·trei·ber(in) <-s, -> *m(f)* (*Ausübender*) person who runs sth; (*Firma, Träger*) operator

be·tre·ten*¹ *vt irreg* ❶ (*hineingehen*) to enter; (*auf etw treten*) to walk on; (*steigen auf*) to step onto; *Spielfeld* to take; *Bühne* to come on; *Podium* to mount ❷ (*das Begehen*) ■ [das] **B~** walking [on sth]; **beim B~ eines Raumes** on entering a room; „**B~** [des Rasens] **verboten!**" "keep off [the grass]!"; „**B~ für Unbefugte verboten**" "no entry to unauthorized persons"

be·tre·ten*² I. *adj* embarrassed II. *adv* embarrassedly

be·treu·en* [bəˈtrɔyən] *vt* ❶ (*sich kümmern um*) to look after ❷ (*verantwortlich sein für*) to be responsible for

Be·treu·er(in) <-s, -> *m(f)* person who looks after sb; JUR custodian of persons of full age

Be·treu·ung <-, -en> *f* ❶ (*das Betreuen*) looking after; *von Patienten* care ❷ (*Betreuer*) nurse

Be·treu·ungs·geld *nt* POL child care subsidy

Be·trieb <-[e]s, -e> [bəˈtriːp] *m* ❶ (*Firma*) company ❷ (*die Belegschaft*) workforce ❸ *kein pl* (*Betriebsamkeit*) activity; **heute war nur wenig/herrschte großer ~** it was very quiet/busy today ❹ (*Tätigkeit*) operation; **die Straßenbahnen nehmen morgens um fünf Uhr ihren ~ auf** the trams start running at five o'clock in the morning; **etw in ~ nehmen** to put sth into operation; **die neue Produktionsstraße soll im Herbst in ~ genommen werden** the new production line is expected to be put into operation in autumn; **eine Maschine in ~ setzen** to start up a machine; **außer ~** out of order; **in ~** in operation ❺ (*Ablauf*) production process

be·trieb·lich [bəˈtriːplɪç] I. *adj attr* (*den Betrieb betreffend*) operational; (*vom Betrieb geleistet*) company; **das ist eine rein ~e Angelegenheit** that is purely an internal matter; **betriebliche Altersversorgung** company pension plan II. *adv* (*durch den Betrieb der Firma*) operationally

be·trieb·sam [bəˈtriːpzaːm] I. *adj* busy II. *adv* busily

Be·trieb·sam·keit <-> *f kein pl* business

Be·triebs·an·ge·hö·ri·ge(r) *f(m) dekl wie adj* employee **Be·triebs·an·lei·tung** *f* operating instructions *pl* **Be·triebs·arzt, -ärz·tin** *m, f* company doctor **Be·triebs·aus·flug** *m* staff [*or* BRIT works] [*or* AM office] outing **be·triebs·be·dingt** *adj* operational; **~e Kündigung** lay-off **be·triebs·be·reit** *adj* ready for operation; **in ~em Zustand** in running order **be·triebs·ei·gen** *adj* company[-owned] **Be·triebs·fe·ri·en** *pl* [annual] works [*or* AM company] holidays *pl* **be·triebs·fer·tig** *adj* ÖKON in working order **Be·triebs·fest** *nt* office party **Be·triebs·ge·heim·nis** *nt* trade secret **Be·triebs·ge·län·de** *nt* company grounds *pl* **Be·triebs·hof** *m* depot **be·triebs·in·tern** *adj s.* betrieblich **Be·triebs·kli·ma** *nt* working atmosphere **Be·triebs·kos·ten** *pl* operating costs; *von Maschine* running costs **Be·triebs·lei·tung** *f* management **Be·triebs·prü·fung** *f* FIN ≈ tax audit (*regular audit of a company and its accounts by the tax authorities*)

Be·triebs·rat *m* POL employee representative committee, BRIT *also* works council **Be·triebs·rat, -rä·tin** *m, f* POL employee representative, BRIT *also* member of a works council **Be·triebs·schlie·ßung** *f* company closure **Be·triebs·schluss**^RR *m* end of business hours; **nach ~** after work **Be·triebs·still·le·gung**^RR *f s.* Betriebsschließung **Be·triebs·stö·rung** *f* interruption of operation **Be·triebs·sys·tem** *nt* INFORM operating system **Be·triebs·un·fall** *m* ≈ industrial accident (*accident at or on the way to or from work*) **Be·triebs·ver·samm·lung** *f* works [*or* AM company] meeting **Be·triebs·wirt(in)** *m(f)* graduate in business management **Be·triebs·wirt·schaft** *f* business management **Be·triebs·wirt·schafts·leh·re** *f kein pl* business management

be·trin·ken* *vr irreg* ■ **sich** [mit etw *dat*] ~ to get drunk [on sth]

be·trof·fen I. *imp von* **betreffen** II. *adj* ❶ (*bestürzt*) shocked; **~es Schweigen** stunned silence ❷ (*angehen*) ■ [von etw *dat*] ~ **sein** to be affected [by sth] III. *adv* with dismay

Be·trof·fe·ne(r) *f(m) dekl wie adj* person affected

Be·trof·fen·heit <-> *f kein pl* shock

be·trü·ben* *vt* to sadden

be·trüb·lich [bəˈtryːplɪç] *adj* distressing

Be·trüb·nis <-, -se> [bəˈtryːpnɪs] *f* (*geh*) sorrow

be·trübt *adj* sad (**über** about)

Be·trug <-[e]s, SCHWEIZ Beträge> [bə-'truːk, pl bə'tryːgə] m fraud
be·trü·gen* irreg I. vt ①(vorsätzlich täuschen) to cheat (**um** out of); ■**betrogen cheated**; **ich fühle mich betrogen!** I feel betrayed! ②(durch Seitensprung) ■**jdn ~** to be unfaithful to sb II. vr (sich etw vormachen) **sich ~** to deceive oneself
Be·trü·ger(in) <-s, -> [bə'tryːgɐ] m(f) con man
Be·trü·ge·rei <-, -en> [bətryːgə'rai] f (pej) ①(ständiges Betrügen) swindling ②(ständige Seitensprünge) cheating
Be·trü·ge·rin <-, -nen> f fem form von **Betrüger**
be·trü·ge·risch [bə'tryːgərɪʃ] adj (pej) deceitful; **in ~er Absicht** JUR with intent to defraud
be·trun·ken [bə'trʊŋkn̩] I. adj drunken attr, drunk pred II. adv drunkenly
Be·trun·ke·ne(r) f(m) dekl wie adj drunk
Be·trun·ken·heit f drunkenness
Bett <-[e]s, -en> [bɛt] nt ①(Schlafstätte) bed; (Lagerstatt a.) resting place; **jdn ins ~ bringen** to put sb to bed; **ins ~ gehen** to go to bed; **jdn aus dem ~ holen** to get sb out of bed; **das ~ hüten müssen** to be confined to [one's] bed; **ins ~ machen** to wet the bed; **jdn ins ~ stecken** (fam) to pack sb off to bed; **an jds** dat **~** at sb's bedside ②(Ober~) duvet ③(Fluss~) [river] bed ▶ **sich ins gemachte ~ legen** to have everything handed to one on a plate
Bett·be·zug m duvet cover **Bett·couch** f sofa bed **Bett·de·cke** f blanket; (Steppdecke) duvet
bet·tel·arm ['bɛtl̩'ʔarm] adj destitute
Bet·te·lei <-, -en> [bɛtə'lai] f (pej) begging
Bet·tel·mönch m mendicant friar
bet·teln ['bɛtl̩n] vi to beg (**um** for)
Bet·tel·stab m **jdn an den ~ bringen** to reduce sb to beggary
bet·ten ['bɛtn̩] I. vt ①(hinlegen) to lay down ②(liter) ■**in etw** akk **gebettet sein** to be nestled in sth II. vr ▶ **wie man sich bettet, so liegt man** (prov) as you make your bed, so you must lie on it
Bett·ge·flüs·ter nt pillow talk **Bett·ge·schich·te** f ①(sexuelles Verhältnis) [love] affair ②MEDIA (sl) ≈ sex scandal (gossip story on the love lives of the rich and famous)
Bett·ge·stell nt bedstead **Bett·hup·ferl** <-s, -> nt ≈ bedtime treat (sweets given to children before they go to bed) **Bett·kan·te** f edge of the bed ▶ **den/die würde ich nicht von der ~ stoßen!** (euph fam) I wouldn't say 'no' to him/her! **bett·lä·ge·rig** adj bedridden, confined to bed pred
Bett·la·ken nt s. **Betttuch** **Bett·lek·tü·re** f bedtime reading
Bett·ler(in) <-s, -> ['bɛtlɐ] m(f) beggar
Bett·näs·ser(in) <-s, -> m(f) bed-wetter
bett·reif adj (fam) ready for bed pred
Bett·ru·he f bed rest **Bett·schwe·re** f ▶ **die nötige ~ haben** (fam) to be ready for bed **Bett·tuch**^RR, **Bettuch**^ALT ['bɛttuːx] nt sheet **Bett·vor·le·ger** m bedside rug **Bett·wä·sche** f bedlinen **Bett·zeug** nt bedding
be·tucht [bə'tuːxt] adj (fam) well off
be·tüd·deln [bə'tyːdl̩n] vt (fam) ■**jdn ~** to [molly]coddle sb
be·tu·lich [bə'tuːlɪç] I. adj ①(übertrieben besorgt) fussing ②(gemächlich) leisurely II. adv in a leisurely manner
be·tup·fen* vt ①(tupfend berühren) ■**etw ~** to dab sth; **eine Wunde ~** to swab a wound ②(mit Tupfen versehen) **einen Stoff ~** to print with spots; **eine bunt betupfte Bluse** a blouse with coloured [or AM -ored] spots
be·tup·pen* vt DIAL (fam) ■**jdn** [**um etw** akk] **~** to con sb [out of sth]
Beu·ge <-, -n> ['bɔygə] f ①ANAT bend; von Arm a. crook of the arm ②SPORT (Rumpfbeuge) bend; **in die ~ gehen** to squat
Beu·ge·haft f JUR coercive detention
beu·gen ['bɔygn̩] I. vt ①(neigen) to bend; Kopf to bow ②LING (konjugieren) to conjugate; (deklinieren) to decline II. vr ①(sich neigen) ■**sich irgendwohin ~** to bend in a certain direction; **sich aus dem Fenster ~** to lean out of the window; **er saß über seine Manuskripte gebeugt** he sat hunched over his manuscripts ②(sich unterwerfen) ■**sich** [jdm/einer S.] **~** to submit [to sb/sth]; **ich werde mich der Mehrheit ~** I will bow to the majority
Beu·gung <-, -en> f ①(das Beugen) bending ②PHYS (Ablenkung) diffraction ③LING von Adjektiv, Substantiv declension; von Verb conjugation
Beu·le <-, -n> ['bɔylə] f ①(Delle) dent ②(Schwellung) bump
Beu·len·pest f MED bubonic plague
be·un·ru·hi·gen* [bə'ʔʊnruːɪgn̩] vt to worry
be·un·ru·hi·gend adj disturbing
be·un·ru·higt [bə'ʔʊnruːɪçt] adj ■ **~** [**über etw** akk/**wegen einer S.** gen] **sein** to be concerned [about sth]
Be·un·ru·hi·gung <-, selten -en> f concern

be·ur·kun·den* [bəˈʔuːɐ̯kʊndn̩] vt to certify

be·ur·lau·ben* [bəˈʔuːɐ̯laʊbn̩] vt ❶ (*Urlaub geben*) to give time off; **können Sie mich für eine Woche ~?** can you give me a week off? ❷ ADMIN (*suspendieren*) to suspend; **Sie sind bis auf weiteres beurlaubt** you are suspended until further notice ❸ SCH ▪**sich ~ lassen** to go on a sabbatical

Be·ur·lau·bung <-, -en> f ❶ (*das Beurlauben*) time off (**von** from) ❷ ADMIN (*Suspendierung*) suspension (**von** from) ❸ SCH (*Entpflichtung*) sabbatical (**von** from) ❹ MIL (*fam: Urlaubsschein*) pass

be·ur·tei·len vt ❶ (*einschätzen*) to judge ❷ (*abschätzen*) to assess; (*kritisch einschätzen*) to review; *Kunst-, Wertgegenstand* to appraise

Be·ur·tei·lung <-, -en> f ❶ (*das Beurteilen*) assessment ❷ (*Kritik*) review; (*Einschätzung*) appraisal ❸ SCH (*schriftliches Urteil*) [school] report; ADMIN [progress] report

Beu·te <-> [ˈbɔytə] f kein pl ❶ (*Jagd~*) prey *fig*; **eine leichte ~** [an] easy prey ❷ (*erbeutete Dinge*) haul; [**fette**] **~ machen** to make a [big] haul

Beu·tel <-s, -> [ˈbɔytl̩] m ❶ (*Tasche*) bag; *Tabak* pouch ❷ (*fam: Geld~*) purse ❸ ZOOL pouch

beu·teln [ˈbɔytl̩n] vt (*fam*) to shake

Beu·tel·tier nt marsupial

be·völ·kern* [bəˈfœlkɐn] I. vt ❶ (*beleben*) to fill ❷ (*besiedeln*) to inhabit II. vr ▪**sich mit ... ~** to fill up with ...

Be·völ·ke·rung <-, -en> f population

Be·völ·ke·rungs·dich·te f population density **Be·völ·ke·rungs·ent·wick·lung** <-> f kein pl population development **Be·völ·ke·rungs·ex·plo·si·on** f population explosion **Be·völ·ke·rungs·grup·pe** f section of the population **Be·völ·ke·rungs·rück·gang** m decrease in population **Be·völ·ke·rungs·schicht** f class [of society] **Be·völ·ke·rungs·zahl** f population **Be·völ·ke·rungs·zu·wachs** m population growth

be·voll·mäch·ti·gen* vt to authorize (**zu** to)

Be·voll·mäch·tig·te(r) f(m) dekl wie adj authorized representative; POL plenipotentiary

Be·voll·mäch·ti·gung <-, *selten* -en> f authorization

be·vor [bəˈfoːɐ̯] konj ❶ (*solange*) until; ▪**nicht ~** not until ❷ (*ehe*) before

be·vor·mun·den* [bəˈfoːɐ̯mʊndn̩] vt to treat like a child; **ich lasse mich nicht mehr ~, ich will selbst entscheiden!** I won't be ordered about any more, I want to make up my own mind!

Be·vor·mun·dung <-, -en> f being treated like a child

be·vor·ste·hen vi irreg ❶ (*zu erwarten haben*) ▪**jdm ~** to await sb; **der schwierigste Teil steht dir erst noch bevor!** the most difficult part is yet to come!; **uns steht ein harter Winter bevor** a hard winter is in store for us ❷ (*in Kürze eintreten*) ▪**etw steht bevor** sth is approaching

be·vor·ste·hend adj approaching; **das ~e Fest/der ~e Geburtstag** the upcoming party/birthday; **~e Gefahr** impending danger; **diese kühlen Tage waren Vorboten des ~en Winters** those cool days heralded the onset of winter

be·vor·zu·gen* [bəˈfoːɐ̯tsuːgn̩] vt ❶ (*begünstigen*) to favour (**vor** over); **keines unserer Kinder wird bevorzugt** none of our children receive preferential treatment; **hier wird niemand bevorzugt!** there's no favouritism around here! ❷ (*den Vorzug geben*) to prefer

be·vor·zugt [bəˈfoːɐ̯tsuːkt] I. adj ❶ (*privilegiert*) privileged ❷ (*beliebteste(r,s)*) favourite II. adv **etw ~ abfertigen** to give sth priority; **jdn ~ behandeln** to give sb preferential treatment

Be·vor·zu·gung <-, -en> f ❶ (*das Bevorzugen*) preference (**vor** over) ❷ (*bevorzugte Behandlung*) preferential treatment

be·wa·chen* vt to guard

be·wach·sen*¹ [bəˈvaksn̩] vt irreg to grow over

be·wach·sen*² [bəˈvaksn̩] adj overgrown

Be·wa·chung <-, -en> f ❶ (*das Bewachen*) guarding; **unter [strenger] ~** under [close] guard ❷ (*Wachmannschaft*) guard

be·waff·nen* vt to arm (**mit** with)

be·waff·net adj armed; ▪**mit etw** dat **~** armed with sth pred; **ausgezeichnet/schlecht/unzureichend ~** well-/badly/insufficiently armed

Be·waff·nung <-, -en> f ❶ kein pl (*das Bewaffnen*) arming ❷ (*Gesamtheit der Waffen*) weapons pl

be·wah·ren* vt ❶ (*schützen*) to save (**vor** from); **vor etw** dat **bewahrt bleiben** to be spared sth; ▪**jdn davor ~, etw zu tun** to save sb from doing sth ❷ (*geh: aufheben*) to keep ❸ (*erhalten, behalten*) ▪[**sich** dat] **etw ~** to keep sth ▶**das Gesicht ~** to save face; **Gott bewahre!** (*fam*) [good] Lord no!

be·wäh·ren* vr ■ sich ~ to prove itself; **unsere Freundschaft hat sich bewährt** our friendship has stood the test of time
be·wahr·hei·ten* [bə'va:ɐ̯haitn̩] vr ■ sich ~ to come true
be·währt adj tried and tested; *Mitarbeiter* reliable
Be·wäh·rung <-, -en> f JUR probation; **eine Strafe zur ~ aussetzen** to suspend a sentence; **~ bekommen** to be put on probation
Be·wah·rung <-, -en> f (*geh*) ❶ (*Erhaltung*) protection; *von Geheimnis* keeping ❷ (*Aufbewahrung*) keeping; **er versprach ihm die sichere ~ der Dokumente** he promised the safekeeping of the documents
Be·wäh·rungs·frist f JUR period of probation **Be·wäh·rungs·hel·fer(in)** m(f) JUR probation officer **Be·wäh·rungs·pro·be** f [acid] test ▸ **eine ~ bestehen** to stand the test; **jdn/etw einer ~ unterziehen** to put sb/sth to the test
be·wäl·ti·gen* [bə'vɛltɪgn̩] vt ❶ (*meistern*) to cope with; *Schwierigkeiten* to overcome; **diese kurze Strecke kann ich zu Fuß ~** I'll be able to manage this short distance on foot ❷ (*verarbeiten*) to digest; (*überwinden*) to get over; *Vergangenheit* to come to terms with
Be·wäl·ti·gung <-, -en> f ❶ (*das Meistern*) coping with; *von Schwierigkeiten* overcoming; *einer Strecke* covering ❷ (*Verarbeitung*) getting over; *der Vergangenheit* coming to terms with; *von Eindrücken* digesting
be·wan·dert [bə'vandɐt] adj well-versed (**in** in)
Be·wandt·nis [bə'vantnɪs] f **mit jdm/ etw hat es eine besondere ~** sth has a particular reason
be·wäs·sern* vt *Feld* to irrigate; *Garten* to water
Be·wäs·se·rung <-, -en> f ❶ AGR irrigation ❷ HORT watering
be·we·gen*¹ [bə've:gn̩] I. vt ❶ (*regen, rühren*) to move ❷ (*beschäftigen*) to concern; (*innerlich aufwühlen*) to move ❸ (*bewirken*) to achieve II. vr ■ sich ~ ❶ (*sich fortbewegen*) to move ❷ (*sich körperlich betätigen*) to [take some] exercise ❸ (*variieren, schwanken*) to range; **der Preis bewegt sich um 3000 Euro** the price is around 3,000 euros ❹ (*sich ändern*) to change
be·we·gen*² <bewog, bewogen> [bə've:gn̩] vt (*veranlassen*) ■ **jdn dazu ~, etw zu tun** to move sb to do sth

be·we·gend adj moving
Be·weg·grund m motive (**+gen** for)
be·weg·lich [bə've:klɪç] adj ❶ (*zu bewegen*) movable; *Glieder* supple; **Ostern und Pfingsten sind ~ e Feiertage** Easter and Whitsun are movable holidays ❷ (*manövrierfähig*) manoeuvrable; (*mobil*) mobile ❸ (*geistig wendig*) agile-minded
Be·weg·lich·keit <-> f *kein pl* ❶ (*geistige Wendigkeit*) mental agility ❷ (*bewegliche Beschaffenheit*) suppleness *no pl* ❸ (*Mobilität*) mobility *no pl*
be·wegt adj ❶ (*sich bewegend*) choppy ❷ (*lebhaft*) eventful ❸ (*innerlich gerührt*) moved; **mit ~ er Stimme** in an emotional voice
Be·we·gung <-, -en> f ❶ (*Hand~*) gesture; (*körperliche Aktion*) movement; **keine [falsche] ~!** no false move!; SCI, TECH motion; *von schwerem Gegenstand* moving; *der Planeten* movements *pl* ❷ (*körperliche Betätigung*) exercise; **jdn in ~ bringen** to get sb moving ❸ (*Ergriffenheit*) emotion ❹ KUNST, POL movement ❺ (*Dynamik, Änderung*) change; **jdn in ~ halten** to keep sb moving; **in ~ sein** *Mensch* to be on the move; **ich war heute den ganzen Tag in ~** I was on the go all day today; **in eine S.** *akk* **kommt ~** progress is being made; **sich in ~ setzen** to start moving; **etw in ~ setzen** to get sth going
Be·we·gungs·ab·lauf m sequence of movements **Be·we·gungs·ar·mut** f MED lack of [voluntary] movement **Be·we·gungs·frei·heit** f freedom to move
be·we·gungs·los adj (*reglos*) motionless; (*unbewegt*) still
Be·we·gungs·man·gel m *kein pl* lack of exercise **Be·we·gungs·mel·der** m motion detector **be·we·gungs·un·fä·hig** I. adj unable to move II. adv paralyzed
be·weih·räu·chern* [bə'vaɪrɔyçɐn] vt ❶ REL to [in]cense ❷ (*pej: in den Himmel heben*) to praise to the skies
be·wei·nen* vt to weep over
Be·weis <-es, -e> [bə'vais] m ❶ JUR (*Nachweis*) proof; **den ~ [für etw** *akk***] erbringen** to provide conclusive proof [of sth] ❷ (*Zeichen*) sign; **als/zum ~** as a sign
Be·weis·auf·nah·me f JUR hearing evidence
be·weis·bar adj provable
be·wei·sen* *irreg* I. vt ❶ (*nachweisen*) to prove; **was zu ~ war** which was to be proved; **was [noch] zu ~ wäre** which remains to be proved ❷ (*erkennen lassen*) to

show; ■ ~, **dass ...** to show that ... II. *vr* (*sich zeigen*) ■ **sich** ~ to show [itself]

Be·weis·füh·rung *f* JUR giving [of] evidence **Be·weis·kraft** *f kein pl* JUR evidential value **be·weis·kräf·tig** *adj* JUR of evidential value *pred* **Be·weis·la·ge** *f* evidence **Be·weis·ma·te·ri·al** *nt* JUR [body of] evidence **Be·weis·stück** *nt* JUR exhibit

be·wen·den *vt impers* ■ **es bei etw** *dat* ~ **lassen** to leave it at sth

be·wer·ben* I. *vr irreg* ■ **sich** ~ to apply (**auf** in response to, **bei** to, **um** for) II. *vt* to advertise

Be·wer·ber(in) <-s, -> *m(f)* applicant

Be·wer·bung *f* ❶ (*Beantragung einer Einstellung*) application ❷ (*Bewerbungsschreiben*) [letter of] application ❸ (*werbliche Maßnahmen*) advertising

Be·wer·bungs·for·mu·lar *nt* application form **Be·wer·bungs·ge·spräch** *nt* [job] interview **Be·wer·bungs·schreiben** *nt* [letter of] application **Be·wer·bungs·un·ter·la·gen** *pl* documents in support of an application **Be·wer·bungs·ver·fah·ren** *nt* application procedure

be·wer·fen* *vt irreg* to throw at; **der Lehrer wurde mit Schneebällen beworfen** the teacher was pelted with snowballs

be·werk·stel·li·gen* [bə'vɛrkʃtɛlɪgn̩] *vt* ❶ (*zuwege bringen*) to manage ❷ (*pej fam: anstellen*) to do

be·wer·ten* *vt* to assess; *Kunstobjekt* to value; **der Aufsatz wurde mit befriedigend bewertet** the essay was given the mark "satisfactory"; ■ **jdn/etw nach etw** *dat* ~ to judge sb/sth according to sth; **etw zu hoch/niedrig** ~ to overvalue/undervalue sth

Be·wer·tung *f* assessment; *von Besitz* valuation; SCH marking

Be·wer·tungs·maß·stab *m* FIN assessment criterion

be·wil·li·gen* [bə'vɪlɪgn̩] *vt* to approve; FIN to grant; *Stipendium* to award

Be·wil·li·gung <-, -en> *f* ❶ (*das Bewilligen*) approval; *von Mitteln, Kredit* granting; *von Stipendium* awarding ❷ (*schriftliche Genehmigung*) approval

be·wir·ken* *vt* ❶ (*verursachen*) to cause ❷ (*erreichen*) ■ **etwas** ~ to achieve sth

be·wir·ten* *vt* to entertain (**mit** with); **mit was darf ich euch denn** ~**?** what can I offer you?; **wir haben 10 Personen zu** ~**!** we've got ten people to cater for

be·wirt·schaf·ten* *vt* ❶ (*betreiben*) to run ❷ AGR (*bestellen*) to work

Be·wirt·schaf·tung <-, -en> *f* ❶ (*das Betreiben*) running ❷ AGR (*die Bestellung*) working; *Felder* cultivation

Be·wir·tung <-, -en> *f* entertaining

be·wog [bə'voːk] *imp von* **bewegen²**

be·wo·gen *pp von* **bewegen²**

be·wohn·bar *adj* habitable

be·woh·nen* *vt* to live in; **das Haus wird schon seit Jahren nicht mehr bewohnt** the house has not been lived in for years; *Gegend, Insel* to inhabit

Be·woh·ner(in) <-s, -> *m(f)* (*Einwohner*) inhabitant; *eines Hauses, Zimmers* occupant

be·wöl·ken* *vr* ■ **sich** ~ to cloud over

be·wölkt *adj* cloudy; **heute wird es leicht** ~ **sein** it will be partly cloudy today

Be·wöl·kung <-, -en> *f* cloud cover

Be·wun·de·rer, Be·wun·de·re·rin <-s, -> [bə'vʊndərɐ, bə'vʊndərərɪn] *m, f* admirer

be·wun·dern* *vt* to admire (**wegen** for); **was ich an dir bewundere ist ...** what I admire about you is ...

be·wun·derns·wert *adj*, **be·wun·derns·wür·dig** *adj* (*geh*) admirable (**an** about)

Be·wun·de·rung <-, *selten* -en> *f* admiration

Be·wund·rer, Be·wund·re·rin <-s, -> [bə'vʊndrɐ, bə'vʊndrərɪn] *m, f s.* **Bewunderer**

be·wusst[RR], **be·wußt**[ALT] [bə'vʊst] I. *adj* ❶ *attr* (*vorsätzlich*) wilful ❷ *attr* (*überlegt*) considered ❸ *attr* (*überzeugt*) committed ❹ (*im Bewusstsein vorhanden*) ■ **sich** *dat* **einer S.** *gen* ~ **sein** to be aware of sth; ■ **jdm** ~ **sein** to be clear to sb ❺ *attr* (*bekannt, besagt*) in question *pred* II. *adv* ❶ (*überlegt*) ~ **leben** to live with great awareness ❷ (*vorsätzlich*) deliberately ❸ (*klar*) **jdm etw** ~ **machen** to make sb realize sth; **sich** *dat* **etw** ~ **machen** to realize sth

be·wusst·los[RR], **be·wußt·los**[ALT] [bə'vʊstloːs] I. *adj* unconscious II. *adv* unconsciously

Be·wusst·lo·sig·keit[RR], **Be·wußt·lo·sig·keit**[ALT] <-> *f kein pl* unconsciousness *no pl* ▶ **bis zur** ~ (*fam*) ad nauseam

Be·wusst·sein[RR] <-s>, **Be·wußt·sein**[ALT] *nt kein pl* ❶ (*bewusster Zustand*) consciousness *no pl*; **bei [vollem]** ~ **sein** to be [fully] conscious; **er wurde bei vollem** ~ **operiert** he was operated on while fully conscious ❷ PHILOS, PSYCH **etw aus dem** ~ **verdrängen** to banish sth from one's mind; **jdm etw ins** ~ **rufen** to re-

mind sb of sth ❸ (*das Wissen um etw*) awareness *no pl*
Be·wụsst·seins·stö·rung^RR *f* disturbance of consciousness **Be·wụsst·seins·ver·än·de·rung**^RR *f* change of awareness
bez.¹ *Abk von* **bezahlt** paid
bez.² *Abk von* **bezüglich** re.
be·zahl·bar *adj* affordable
be·zah·len* I. *vt* to pay; *Rechnung* settle; **ich bezahle den Wein!** I'll pay for the wine! II. *vi* to pay; [**Herr Ober,**] **bitte ~!** waiter, the bill please!
be·zahlt *adj* paid; **~e Schulden** settled debts; **etw ~ bekommen** to be paid for sth; **ein Essen/Getränk/eine Hotelübernachtung ~ bekommen** to have a meal/drink/stay in a hotel paid for ▸ **sich ~ machen** to be worth the trouble
Be·zah·lung *f* ❶ (*das Bezahlen*) payment; *von Schulden a.* settlement; *von Getränken, Speisen* paying for ❷ (*Lohn, Gehalt*) pay; **ohne/gegen ~** without payment/for payment
be·zäh·men* *vt* (*geh*) to keep under control; *Durst, Hunger* to master; *Neugierde* to restrain
be·zau·bern* *vt, vi* to enchant
be·zau·bernd *adj* ❶ (*entzückend*) enchanting; **sie war eine Frau von ~er Schönheit** she was a woman of captivating beauty ❷ (*iron*) **wirklich ~!** that's really great!
be·zeich·nen* I. *vt* ❶ (*benennen*) to call ❷ (*bedeuten*) to denote ❸ (*genau beschreiben*) to describe ❹ (*kennzeichnen*) to mark (**mit** with), LING, MUS to indicate II. *vr* (*sich benennen*) ■**sich als etw ~** to call oneself sth
be·zeich·nend *adj* typical (**für** of)
be·zeich·nen·der·wei·se *adv* typically
Be·zeich·nung *f* ❶ (*Ausdruck*) term ❷ (*Kennzeichnung*) marking; (*Beschreibung*) description
be·zeu·gen* *vt* (*als Zeuge bestätigen*) to testify to; (*bestätigen*) to attest
be·zich·ti·gen* [bəˈtsɪçtɪgn̩] *vt* ■**jdn** [**einer S.** *gen*] **~** to accuse sb [of sth]
be·zie·hen* *irreg* I. *vt* ❶ (*mit Bezug versehen*) to cover; **die Betten neu ~** to change the bed[linen] ❷ (*in etw einziehen*) to move into ❸ (*einnehmen*) to take up; *Standpunkt* adopt ❹ (*sich beschaffen*) to obtain (**von** from); **eine Zeitschrift ~** to subscribe to a magazine ❺ (*erhalten*) to receive (**von** from) ❻ SCHWEIZ (*einziehen*) to collect ❼ (*in Beziehung setzen*) to apply sth (**auf** to). II. *vr* ❶ (*sich bedecken*) ■**sich ~** to cloud over ❷ (*betreffen, sich berufen*) ■**sich auf jdn/etw ~** to refer to sb/sth
Be·zie·her(in) <-s, -> *m(f)* FIN drawer; (*Abonnent*) subscriber
Be·zie·hung <-, -en> [bəˈtsiːʊŋ] *f* ❶ (*Verhältnis*) relationship (**zu** with); **diplomatische ~en** diplomatic relations; (*sexuell*) [sexual] relationship; **menschliche ~en** human relations ❷ (*Verbindung*) **es besteht keine ~ zwischen ihnen** there is no connection between them; **etw zu etw** *dat* **in ~ setzen** to connect sth with sth ❸ *meist pl* (*fördernde Bekanntschaften*) **~en haben** to have connections; **seine ~en spielen lassen** to pull [some] strings ❹ (*Hinsicht*) respect; **in jeder ~** in every respect; **in mancher ~** in many respects ❺ (*Zusammenhang*) connection; **in keiner ~ zueinander stehen** to have no connection with one another
be·zie·hungs·ge·stört *adj* PSYCH (*fam*) dysfunctional **Be·zie·hungs·kis·te** *f* (*sl*) relationship
be·zie·hungs·los *adj* unconnected
Be·zie·hungs·pro·ble·me *pl* relationship problems *pl* **Be·zie·hungs·stö·rung** *f* PSYCH relationship [*or* relational] disorder
be·zie·hungs·wei·se *konj* ❶ (*genauer gesagt*) or rather ❷ (*im anderen Fall*) and ... respectively; **Katja und Robert sind elf ~ zwölf Jahre alt** Katja and Robert are eleven and twelve years old respectively ❸ (*oder*) **wir suchen eine Kellnerin ~ einen Kellner** we are looking for a waitress or waiter
be·zif·fern* [bəˈtsɪfɐn] I. *vt* (*in Zahlen ausdrücken*) to estimate (**auf** at) II. *vr* (*sich belaufen*) ■**sich auf etw** *akk* **~** to come to sth
Be·zirk <-[e]s, -e> [bəˈtsɪrk] *m* ❶ (*Gebiet*) district ❷ ÖKON (*Vertretungsgebiet*) region ❸ ADMIN ÖSTERR, SCHWEIZ (*Verwaltungs~*) [administrative] district
be·zir·zen* [bəˈtsɪrtsn̩] *vt* (*fam*) to bewitch
be·zug^ALT [bəˈtsuːk] *s.* **Bezug 8**
Be·zug <-[e]s, Bezüge> [bəˈtsuːk, *pl* bəˈtsyːgə] *m* ❶ (*Kissen~*) pillowcase; (*Bett~*) duvet cover ❷ (*Bezugsstoff*) covering ❸ (*das Beziehen*) purchasing ❹ (*das Erhalten*) drawing; SCHWEIZ (*das Einziehen*) collection ❺ *pl* (*Einkünfte*) income *sing* ❻ (*Verbindung*) *s.* **Beziehung 2** ❼ SCHWEIZ (*das Beziehen*) moving in[to] ❽ (*geh: Berufung*) reference; **~ auf etw** *akk* **nehmen** to refer to sth ❾ (*Hinsicht*) ■**in ~ auf etw** *akk* with regard to sth

be·züg·lich [bə'tsy:klɪç] **I.** *präp* (*geh*) regarding **II.** *adj* LING relative; **das ~e Fürwort** the relative pronoun
Be·zug·nah·me <-, -n> *f* **unter ~ auf etw** *akk* (*geh*) with reference to sth
be·zugs·fer·tig *adj* ready to move into
Be·zugs·per·son *f* PSYCH, SOZIOL ≈ role model (*a person on whom sb models their thinking and behaviour due to their personal relationship*) **Be·zugs·quel·le** *f* source of supply
be·zu·schus·sen* [bə'tsu:ʃʊsn̩] *vt* to subsidize
be·zwe·cken* [bə'tsvɛkn̩] *vt* to aim to achieve (**mit** with); **was willst du damit ~?** what do you hope to achieve by doing that?
be·zwei·feln* *vt* to question; ■ **~, dass ...** to doubt that ...
be·zwin·gen* *irreg vt* ❶ (*besiegen*) to defeat ❷ (*überwinden*) to capture; *Berg* to conquer ❸ (*bezähmen*) to keep under control; *Durst, Hunger, Schmerz* to master; *Emotionen* to overcome; *Neugierde* to restrain
BGB <-> [be:ge:'be:] *nt kein pl Abk von* **Bürgerliches Gesetzbuch** *the German civil code*
BH <-[s], -[s]> [be:'ha:] *m Abk von* **Büstenhalter** bra
Bhf. *m Abk von* **Bahnhof** stn.
bi [bi:] *adj präd* (*sl*) bi *pred sl*
BI [be:'i:] *f Abk von* **Bürgerinitiative** POL [citizens'] action group
Bi·ath·lon <-s, -s> ['bi:atlɔn] *nt* biathlon
bib·bern ['bɪbɐn] *vi* (*fam*) to tremble (**vor** with); (*vor Kälte*) to shiver; ■ **um etw** *akk* **~** to fear for sth
Bi·bel <-, -n> ['bi:bl̩] *f* Bible
bi·bel·fest *adj* well-versed in the Bible *pred*
Bi·bel·stel·le *f* passage from the Bible
Bi·ber <-s, -> ['bi:bɐ] *m* beaver
Bi·bli·o·gra·fie^RR <-, -n> [bibliogra'fi, *pl* -'fi:ən] *f* bibliography
bi·bli·o·gra·fie·ren*^RR [bibliogra'fi:rən] *vt* ❶ (*bibliografisch verzeichnen*) to record in a bibliography ❷ (*bibliografische Daten feststellen*) to take the bibliographic details
bi·blio·gra·fisch^RR [biblio'gra:fɪʃ] **I.** *adj* VERLAG bibliographic[al] **II.** *adv* bibliographically; **Publikationen ~ erfassen** to record publications in a bibliography
Bi·bli·o·gra·phie <-, -n> [bibliogra'fi:, *pl* -'fi:ən] *f s.* **Bibliografie**
bi·bli·o·gra·phie·ren* [bibliogra'fi:rən] *vt s.* **bibliografieren**

Bi·bli·o·thek <-, -en> [biblio'te:k] *f* library
Bi·bli·o·the·kar(in) <-s, -e> [biblio-te'ka:ɐ̯] *m(f)* librarian
bi·blisch ['bi:blɪʃ] *adj* biblical
Bi·det <-s, -s> [bi'de:] *nt* bidet
bie·der ['bi:dɐ] *adj* ❶ (*pej: einfältig*) conventional ❷ (*brav*) plain; *Geschmack* conservative
Bie·der·mann <-männer> ['bi:dɐman, *pl* -mɛnɐ] *m* (*pej*) upright citizen
bie·gen <bog, gebogen> ['bi:gn̩] **I.** *vt haben* ❶ (*Form verändern*) to bend ❷ LING ÖSTERR (*flektieren*) to inflect ▶ **auf B~ oder Brechen** (*fam*) by hook or by crook **II.** *vi sein* ❶ (*gehen, fahren*) **um die Ecke ~ Person** to turn the corner; *Fahrzeug* to go/come round the corner ❷ (*umbiegen*) to curve; **die Straße biegt scharf nach links** the road curves sharply to the left **III.** *vr haben* ■ **sich ~** ❶ (*sich krümmen*) to bend ❷ (*sich verziehen*) to go out of shape; **die Bäume bogen sich im Wind** the trees swayed in the wind
bieg·sam ['bi:kza:m] *adj* ❶ (*elastisch*) supple ❷ (*flexibel*) flexible ❸ (*leicht zu biegen*) ductile
Bieg·sam·keit <-> *f kein pl* ❶ (*Elastizität*) suppleness *no pl* ❷ (*Flexibilität*) ductility
Bie·gung <-, -en> *f* ❶ (*Kurve*) bend; **eine ~ machen** to turn ❷ LING ÖSTERR (*Flexion*) inflection
Bie·ne <-, -n> ['bi:nə] *f* bee
Bie·nen·honig *m* bees' honey **Bie·nen·kö·ni·gin** *f* queen bee **Bie·nen·schwarm** *m* swarm of bees **Bie·nen·stich** *m* ❶ (*Stich einer Biene*) bee sting ❷ (*Kuchen*) flat cake with an almond and sugar coating and a custard or cream filling **Bie·nen·stock** *m* beehive **Bie·nen·volk** *nt* bee colony **Bie·nen·wa·be** *f* honeycomb **Bie·nen·wachs** *nt* beeswax **Bie·nen·zucht** *f* bee-keeping **Bie·nen·züch·ter(in)** *m(f)* bee-keeper
Bi·en·na·le <-, -n> [biɛ'na:lə] *f* KUNST, FILM biennial arts exhibition or show
Bier <-[e]s, -e> [bi:ɐ̯] *nt* beer; **~ vom Fass** draught beer; **dunkles/helles ~** dark/light beer ▶ **das ist <u>dein</u> ~** (*fam*) that's your business; **das ist nicht <u>mein</u> ~** (*fam*) that's nothing to do with me
Bier·bauch *m* (*fam*) beer belly **Bier·brau·e·rei** *f* brewery **Bier·de·ckel** *m* beer mat **Bier·do·se** *f* beer can **bier·ernst** ['bi:ɐ̯ʔɛrnst] *adj* (*fam*) dead[ly] serious **Bier·fass**^RR *nt* beer barrel **Bier·fla·sche** *f* beer bottle **Bier·gar·ten** *m* beer garden **Bier·glas** *nt* beer glass **Bier·he·**

fe *f kein pl* brewer's yeast **Bier·knei·pe** *f* pub BRIT, bar AM **Bier·krug** *m* (*aus Glas*) tankard; (*aus Steingut*) stein **Bier·lau·ne** *f* (*fam*) ▶**aus einer ~ heraus** in a high-spirited mood [after a few beers] **Bier·lei·che** *f* (*fam*) [sb who is dead] drunk [due to drinking beer] **Bier·schaum** *m* head **Bier·schin·ken** *m* KOCHK ≈ ham sausage (*type of sausage containing large pieces of ham*) **Bier·zelt** *nt* beer tent

Biest <-[e]s, -er> [bi:st] *nt* (*fam*) ❶ (*pej: lästiges Insekt*) [damn] bug; (*bösartiges Tier*) creature ❷ (*pej: bösartiger Mensch*) beast; **sie kann manchmal ein ~ sein** sometimes she can be a [right] bitch

bies·tig I. *adj* (*fam*) beastly II. *adv* nastily

bie·ten <bot, geboten> ['bi:tn̩] I. *vt* ❶ (*anbieten*) to offer ❷ (*geben*) to give; *Gewähr* to provide; *Sicherheit, Schutz* to provide ❸ (*aufweisen*) to have ❹ (*zeigen, darbieten*) ▪[**jdm**] **etw ~** to present [sb] with sth ❺ (*pej: zumuten*) ▪**jdm etw ~** to serve sth up to sb; **so etwas ließe ich mir nicht ~!** I wouldn't stand for it! II. *vi* ❶ KARTEN (*ansagen*) to bid ❷ (*ein Angebot machen*) to [make a] bid III. *vr* ❶ (*sich anbieten*) ▪**sich [jdm] ~** to present itself [to sb] ❷ (*zumuten*) ▪**sich** *dat* **etw nicht ~ lassen** to not stand for sth

Bi·ga·mie <-, -n> [biga'mi:, *pl* -'mi:ən] *f* bigamy

Bi·ga·mist(in) <-en, -en> [biga'mɪst] *m(f)* bigamist

bi·gott [bi'gɔt] *adj* (*frömmelnd*) devout; (*scheinheilig*) hypocritical

bi·ken ['baikn̩] *vi* SPORT (*sl*) ❶ (*Fahrrad fahren*) to go biking ❷ (*Motorrad fahren*) to go biking

Bi·ki·ni <-s, -s> [bi'ki:ni] *m* bikini

Bi·lanz <-, -en> [bi'lants] *f* ❶ ÖKON balance sheet ❷ (*Ergebnis*) end result; [**die**] **~ [aus etw** *dat*] **ziehen** (*fig*) to take stock [of sth]

Bi·lanz·buch·hal·ter(in) *m(f)* ÖKON accountant

bi·lan·zie·ren* [bilan'tsi:rən] *vi, vt* ÖKON to balance

Bi·lanz·prü·fer(in) *m(f)* auditor

bi·la·te·ral ['bi:latera:l] *adj* bilateral

Bild <-[e]s, -er> [bɪlt, *pl* 'bɪldɐ] *nt* ❶ (*Fotografie*) photo[graph]; **ein ~ machen** to take a photo[graph] ❷ KUNST (*Zeichnung*) drawing; (*Gemälde*) painting ❸ TV, FILM picture ❹ (*Anblick, Ansicht*) scene; **es bot sich ein herrliches ~** there was an excellent view; **die hungernden Kinder boten ein ~ des Elends** the starving children were a pathetic sight ❺ (*Metapher*) image ▶**ein ~ für [die] Götter** (*fam*) a sight for sore eyes; **sich** *dat* **von jdm/etw ein ~ machen** to form an opinion about sb/sth; **im ~ sein** to be in the picture

Bild·band <-bände> *m* book of pictures **Bild·da·tei** *f* INFORM photo file

bil·den ['bɪldn̩] I. *vt* ❶ (*hervorbringen*) to form; **ein Insektenstich kann eine Schwellung ~** an insect bite can cause a swelling ❷ (*formen*) to form; *Ausschuss* to set up ❸ (*darstellen*) to make up; *Gefahr, Problem* to constitute ❹ (*mit Bildung versehen*) to educate ❺ KUNST to make (**aus** from) II. *vr* ❶ (*entstehen*) ▪**sich ~** to develop; CHEM to form; BOT to grow ❷ (*sich Bildung verschaffen*) ▪**sich ~** to educate oneself ❸ (*sich formen*) ▪**sich** *dat* **eine Meinung ~** to form an opinion III. *vi* to broaden the mind

Bil·der·bo·gen *m* pictorial broadsheet **Bil·der·buch** *nt* picture book **Bil·der·ga·le·rie** *f* art gallery **Bil·der·ge·schich·te** *f* picture story **Bil·der·rah·men** *m* picture frame **Bil·der·rät·sel** *nt* picture puzzle **Bil·der·schrift** *f* pictographic system of writing **Bil·der·sturm** *m* HIST iconoclasm **Bil·der·stür·mer** [ˈbɪldɐʃtʏrmɐ] *m* HIST iconoclast

Bild·flä·che *f* FILM, FOTO projection surface ▶**auf der ~ erscheinen** (*fam*) to appear on the scene; **von der ~ verschwinden** (*fam*) to disappear from the scene **Bild·funk** *m* facsimile transmission

bild·haft I. *adj* vivid; *Beschreibung* graphic II. *adv* vividly

Bild·hau·er(in) <-s, -> [ˈbɪlthaʊ̯ɐ] *m(f)* sculptor

Bild·hau·e·rei <-> *f kein pl* sculpture *no pl, no art*

Bild·hau·e·rin <-, -nen> *f fem form von* **Bildhauer**

bild·hübsch ['bɪlt'hʏpʃ] *adj* as pretty as a picture

Bild·lauf·leis·te *f* INFORM scroll bar **Bild·lauf·pfeil** *m* INFORM scroll arrow

bild·lich I. *adj* figurative; **ein ~er Ausdruck** a figure of speech II. *adv* figuratively; **~ gesprochen** metaphorically speaking; **sich** *dat* **etw ~ vorstellen** to picture sth

Bild·nis <-ses, -se> [ˈbɪltnɪs, *pl* -nɪsə] *nt* (*geh*) portrait

Bild·qua·li·tät *f* TV, FILM picture quality; FOTO print quality **Bild·re·por·ta·ge** *f* photographic report; TV photographic documentary **Bild·röh·re** *f* TV picture tube **Bild·schär·fe** *f* TV, FOTO definition *no pl, no indef art*

Bild·schirm *m* TV, INFORM screen
Bild·schirm·ar·beit *f* VDU work *no pl, no indef art* **Bild·schirm·ge·rät** *nt* visual display unit **Bild·schirm·scho·ner** *m* screen saver **Bild·schirm·text** *m* TELEK videotext
bild·schön ['bɪlt'ʃøːn] *adj s.* **bildhübsch**
Bild·stel·le *f* picture and film archive **Bild·stö·rung** *f* TV interference *no pl, no indef art* **Bild·te·le·fon** *nt* videophone
Bil·dung <-, -en> *f* ❶ *kein pl* (*Kenntnisse*) education *no pl*; **~/keine ~ haben** to be educated/uneducated ❷ *kein pl* ANAT development *no pl* ❸ BOT forming *no pl* ❹ LING *Satz* forming *no pl* ❺ *kein pl* (*Zusammenstellung*) formation *no pl*; *eines Fonds/Untersuchungsausschusses* setting up *no pl* ❻ *kein pl* (*Erstellung*) forming *no pl*
Bil·dungs·bür·ger(in) *m(f)* member of the educated classes **Bil·dungs·ein·rich·tung** *f* (*geh*) educational establishment **Bil·dungs·fer·ne** *f kein pl* SOZIOL lack of education **Bil·dungs·gut** *nt* facet of general education **Bil·dungs·lü·cke** *f* gap in one's education **Bil·dungs·ni·veau** *nt* level of education **Bil·dungs·po·li·tik** *f* education policy **Bil·dungs·re·form** *f* reform of the education system **Bil·dungs·rei·se** *f* educational trip **Bil·dungs·stand** *m s.* **Bildungsniveau** **Bil·dungs·sys·tem** *nt* education system **Bil·dungs·ur·laub** *m* educational holiday **Bil·dungs·weg** *m* course of education; **auf dem zweiten ~** through evening classes
Bild·ver·ar·bei·tung *f* TYPO, INFORM image processing **Bild·zu·schrift** *f* reply with a photograph enclosed
bi·lin·gu·al [bilɪŋ'gu̯aːl] *adj* bilingual
Bil·lard <-s, -e *o* ÖSTERR -s> ['bɪljart] *nt* billiards + *sing vb*
Bil·lard·ku·gel *f* billiard ball **Bil·lard·stock** *m* billiard cue **Bil·lard·tisch** *m* billiard table
Bil·lett <-[e]s, -s *o* -e> [bɪl'jɛ(t)] *nt* ❶ SCHWEIZ (*Fahrkarte*) ticket ❷ SCHWEIZ (*Eintrittskarte*) admission ticket AM ❸ ÖSTERR (*Glückwunschkarte*) greetings [*or* AM greeting] card
Bil·li·ar·de <-, -n> [bɪl'i̯ardə] *f* thousand trillion
bil·lig ['bɪlɪç] I. *adj* cheap; **es jdm ~er machen** to reduce sth for sb II. *adv* cheaply; **~ abzugeben** going cheap ▶ **~ davonkommen** (*fam*) to get off lightly
Bil·lig·an·bie·ter *m* supplier of cheap products **Bil·lig·ar·bei·ter(in)** *m(f)* cheap labourer
bil·li·gen ['bɪlɪgn̩] *vt* to approve of
Bil·lig·flie·ger *m* (*fam*) no-frills carrier [*or* airline], budget carrier [*or* airline] **Bil·lig·flug** *m* cheap flight **Bil·lig·job** *m* (*fam*) low-pay job **Bil·lig·la·den** *m* (*fam*) cheap [*or fam* cheapo] shop, five-and-dime store AM **Bil·lig·li·nie** *f* (*fam*) low-cost airline **Bil·lig·lö·sung** *f* cheap solution **Bil·lig·pro·dukt** *nt* cheap product
Bil·li·gung <-, *selten* -en> *f* approval
Bil·lig·wa·ren *pl* low-quality merchandise, cheap goods *pl*
Bil·li·on <-, -en> [bɪl'i̯oːn] *f* trillion
Bim·bam ['bɪmbam] *m* ▶ **ach du heiliger ~!** (*fam*) good grief!
bim·meln ['bɪml̩n] *vi* (*fam*) to ring
Bims·stein ['bɪmsʃtaɪn] *m* ❶ GEOL pumice stone ❷ BAU breeze block
bin [bɪn] *1. pers sing pres von* **sein**
bi·när [bi'nɛːɐ̯] *adj* binary
Bin·de <-, -n> ['bɪndə] *f* ❶ MED bandage; (*Schlinge*) sling ❷ (*Monats~*) sanitary towel [*or* AM napkin] ❸ (*Armband*) armband
Bin·de·ge·we·be *nt* ANAT connective tissue **Bin·de·glied** *nt* [connecting] link **Bin·de·haut** *f* ANAT conjunctiva **Bin·de·haut·ent·zün·dung** *f* MED conjunctivitis *no pl, no indef art* **Bin·de·mit·tel** *nt* binder; KOCHK *a.* thickener
bin·den <band, gebunden> ['bɪndn̩] I. *vt* ❶ (*durch Binden zusammenfügen*) to bind; **bindest du mir bitte die Krawatte?** can you do [up] my tie [for me], please? ❷ (*fesseln, befestigen*) to tie [up *sep*] (**an** to); **sie band sich ein Tuch um den Kopf** she tied a shawl round her head ❸ CHEM, KOCHK to bind ▶ **jdm sind die Hände gebunden** sb's hands are tied II. *vr* (*sich verpflichten*) ■ **sich an jdn/etw ~** to commit oneself to sb/sth
bin·dend *adj* binding
Bin·de·strich *m* hyphen **Bin·de·wort** *nt* LING conjunction
Bind·fa·den *m* string
Bin·dung <-, -en> *f* ❶ (*Verbundenheit*) bond (**an** to) ❷ (*Verpflichtung*) commitment; **eine vertragliche ~ eingehen** to enter into a binding contract ❸ SKI binding
bin·nen ['bɪnən] *präp +dat o gen* (*geh*) within; **~ kurzem** shortly
Bin·nen·ge·wäs·ser *nt* inland water *no indef art* **Bin·nen·ha·fen** *m* inland port **Bin·nen·han·del** *m* domestic [*or* home] trade *no pl* **Bin·nen·land** ['bɪnənlant] *nt* landlocked country **Bin·nen·markt** *m*

domestic market; **der** [**Europäische**] ~ the Single [European] Market **Bin·nen·meer** *nt* inland sea **Bin·nen·schiff·fahrt**^RR *f* inland navigation **Bin·nen·see** *m* lake

Bin·se <-, -n> ['bɪnzə] *f* BOT rush ▶**in die ~n gehen** (*fam*) *Vorhaben* to fall through; *Veranstaltung* to be a washout *fam; Unternehmen* to go down the drain *fam; Geld* to go up in smoke

Bin·sen·wahr·heit *f,* **Bin·sen·weisheit** *f* truism

Bio·ab·fall *m* ÖKOL organic waste [matter] **bio·ak·tiv** [bio'ʔakˈtiːf] *adj* biologically active **Bio·brenn·stoff** *m* bio-fuel **Bio·che·mie** [bioçe'miː] *f* biochemistry **Bio·che·mi·ker(in)** [bio'çeːmike] *m(f)* biochemist **bio·che·misch** [bio'çeːmɪʃ] *adj* biochemical **bio·dy·na·misch** [biodyˈnaːmɪʃ] *adj* organic **Bio·e·lek·tri·zi·tät** *f kein pl* bioelectricity *no pl* **Bio·e·ner·gie** *f kein pl* bioenergy *no pl* **Bio·gas** *nt* biogas

Bio·graf(in)^RR <-en, -en> [bio'graːf] *m(f)* biographer

Bio·gra·fie^RR <-, -n> [biogra'fiː, *pl* -'fiːən] *f* ❶(*Buch*) biography ❷(*Lebenslauf*) life [history]

bi·o·gra·fisch^RR [bio'graːfɪʃ] *adj* biographical

Bio·gra·phie <-, -n> [biogra'fiː, *pl* -'fiːən] *f s.* **Biografie**

bi·o·gra·phisch [bio'graːfɪʃ] *adj s.* **biografisch**

Bio·kost *f* organic food **Bio·la·den** *m* health-food shop [*or* AM *usu* store] **Bio·land·bau** *kein pl m* organic farming

Bio·lo·ge, Bio·lo·gin <-n, -n> [bio'loːgə, -'loːgɪn] *m, f* biologist

Bio·lo·gie <-> [biolo'giː] *f kein pl* biology *no pl, no indef art*

Bio·lo·gin <-, -nen> *f fem form von* **Biologe**

bi·o·lo·gisch [bio'loːgɪʃ] **I.** *adj* biological; (*natürlich*) natural **II.** *adv* biologically; **~ abbaubar** biodegradable

Bio·mas·se *f* biomass **Bio·me·cha·nik** *f kein pl* biomechanics + *sing vb*

Bio·me·trie <-> [biome'triː] *f kein pl* biometry

Bio·me·trie-Aus·weis *m* biometric passport

bio·me·trisch *adj Pass* biometric

Bio·müll *m* organic waste **Bio·phy·sik** [biofy'ziːk] *f* biophysics + *sing vb*

Bio·pic <-[s], -s> ['baɪɔpɪk] *nt* TV, CINE biopic

Bi·op·sie <-, -n> [biɔ'psiː, *pl* -'psiːən] *f* MED biopsy; ▪**bei jdm eine ~ machen** to conduct a biopsy on sb

Bio·rhyth·mus *m* biorhythm **Bio·sie·gel** *nt* [certified] organic label **Bio·sphäre** [bio'sfɛːrə] *f* ÖKOL biosphere **Bio·sprit** *m* Green fuel **Bio·su·per·markt** *m* organic supermarket **Bio·tech·nik** [bio'tɛçnɪk] *f* bioengineering *no pl* **Bio·ton·ne** *f* bio-bin

Bio·top <-s, -e> [bio'toːp] *nt* ÖKOL biotope

Bio·treib·stoff *m* biofuel **Bio·waf·fe** *f* biological weapon **Bio·wasch·mit·tel** *nt* biological detergent

BIP *nt* ÖKON *Abk von* **Bruttoinlandsprodukt** GDP

birgt [bɪrkt] *3. pers sing pres von* **bergen**

Bir·ke <-, -n> ['bɪrkə] *f* birch [tree]

Birk·huhn *nt* black grouse

Bir·ma <-s> ['bɪrma] *nt* Burma; *s. a.* **Deutschland**

Birn·baum *m* ❶(*Baumart*) pear tree ❷*kein pl* (*~holz*) pear-wood *no pl, no indef art*

Bir·ne <-, -n> ['bɪrnə] *f* ❶(*Frucht*) pear ❷ELEK (*veraltend*) [light] bulb ❸(*fam: Kopf*) nut; **eine weiche ~ haben** (*sl*) to be soft in the head

bir·nen·för·mig *adj* pear-shaped

bis [bɪs] **I.** *präp* +*akk* ❶ *zeitlich* (*sich an einen genannten Zeitpunkt erstreckend*) till, until; **ich zähle ~ drei** I'll count [up] to three; (*nicht später als*) by; ▪**von ... ~ ...** from ... until...; **~ morgen** see you tomorrow; **~ bald** see you soon; **~ dahin/dann** by then; **~ jetzt** up to now; **~ wann bleibst du?** how long are you staying [for]? ❷ *räumlich* as far as; **er musterte ihn von oben ~ unten** he looked him up and down; **~ dort/dorthin/dahin** to; **~ hierher** up to this point; **~ wo/wohin ...?** where ... to? ❸(*erreichend*) up to; **die Tagestemperaturen steigen ~ [zu] 30°C** daytime temperatures rise to 30°C; **Kinder ~ sechs Jahre** children up to the age of six **II.** *adv* ❶ *zeitlich* till, until; **~ gegen 8 Uhr** until about 8 o' clock; **der Bau dürfte ~ Weihnachten fertig sein** the construction work should be finished by Christmas ❷ *räumlich* into, to; **die Äste reichen ~ ans Haus** the branches reach right up to the house ❸(*mit Ausnahme von*) ▪ **~ auf** [*o* SCHWEIZ **an**] except [for] **III.** *konj* ❶(*beiordnend*) to; **200 ~ 300 Gramm Schinken** 200 to 300 grams of ham ❷ *unterordnend: zeitlich* (*bevor*) by the time, till, until; ~ **es dunkel wird, möchte ich zu Hause sein** I want to be home by the time it gets dark; **ich warte noch, ~ es dunkel wird** I'll wait until it gets dark

Bi·sam <-s, -e *o* -s> ['bi:zam] *m* ❶ MODE musquash *no pl* ❷ *no pl* (*Moschus*) musk *no pl*
Bi·sam·rat·te *f* muskrat
Bis·ca·ya *f* GEOG *s.* **Biskaya**
Bi·schof, Bi·schö·fin <-s, Bischöfe> ['bɪʃɔf, 'bɪʃo:fɪn, *pl* 'bɪʃœfə] *m, f* bishop
bi·schöf·lich ['bɪʃœflɪç, 'bɪʃø:flɪç] *adj* episcopal
Bi·schofs·amt *nt* episcopate **Bi·schofs·sitz** *m* bishop's seat **Bi·schofs·stab** *m* bishop's crook
bi·se·xu·ell [bizɛ'ksu̯ɛl, 'bi:-] *adj* bisexual
bis·her [bɪs'he:ɐ̯] *adv* until now; (*momentan*) currently
Bis·ka·ya <-> [bɪs'ka:ja] *f* ■ **die ~** [the Bay of] Biscay
Bis·kuit <-[e]s, -s *o* -e> [bɪs'kvi:t, bɪs'ku̯i:t] *nt o m* sponge
bis·lang [bɪs'laŋ] *adv s.* **bisher**
Bis·marck·he·ring ['bɪsmark-] *m* Bismarck herring
Bi·son <-s, -e> ['bi:zɔn] *m* bison
biss^RR, **biß**^ALT [bɪs] *imp von* **beißen**
Biss^RR <-es, -e>, **Biß**^ALT <-sses, -sse> [bɪs] *m* ❶ (*das Zubeißen, Bisswunde*) bite ❷ (*sl: engagierter Einsatz*) drive; **~ haben** to have drive
biss·chen^RR, **biß·chen**^ALT ['bɪsçən] *pron indef* ❶ *in der Funktion eines Adjektivs* ■ **ein ~ ...** a bit of ...; ■ **kein ~ ...** not one [little] bit of ...; ■ **das ~ ...** the little bit of ... ❷ *in der Funktion eines Adverbs* ■ **ein ~ ...** a bit; **das war ein ~ dumm von ihr!** that was a little stupid of her!; ■ **kein ~ ...** not the slightest bit ...
Bis·sen <-s, -> ['bɪsn̩] *m* morsel; **kann ich einen ~ von deinem Brötchen haben?** can I have a bite of your roll?; **er brachte keinen ~ herunter** he couldn't eat a thing ▸ **ihm blieb der ~ im Hals stecken** his throat contracted with fear; **sich** *dat* **jeden ~ vom Munde absparen** to scrimp and scrape
bis·sig ['bɪsɪç] *adj* ❶ (*gerne zubeißend*) vicious; „**[Vorsicht,] ~er Hund!**" "beware of [the] dog!" ❷ (*sarkastisch*) caustic; *Kritik* scathing; **sie hat eine sehr ~e Art** she's very sarcastic
Biss·wun·de^RR *f* bite
bist [bɪst] *2. pers sing pres von* **sein**
Bis·tum <-s, -tümer> ['bɪstu:m, *pl* -ty:mɐ] *nt* bishopric
bis·wei·len [bɪs'vailən] *adv* (*geh*) at times

Bit <-[s], -[s]> [bɪt] *nt* INFORM bit
bit·te ['bɪtə] *interj* ❶ ((*höflich*) *auffordernd*) please; **~ nicht!** no, please!; **ja, ~?** (*am Telefon*) hello?; **tun Sie [doch] ~ ...** won't you please ... ❷ (*Dank erwidernd*) **danke für die Auskunft! — B~ [, gern geschehen]!** thanks for the information! — You're [very] welcome!; **danke, dass du mir geholfen hast! — B~ [, gern geschehen]!** thanks for helping me! — Not at all!; **danke schön! — B~ schön, war mir ein Vergnügen!** thank you! — Don't mention it, my pleasure!; **Entschuldigung! — B~! I'm sorry! —** That's all right! ❸ (*anbietend*) **~ schön** here you are ❹ (*um Wiederholung bittend*) **Entschuldigung, könnten Sie die Nummer ~ wiederholen?** sorry, can you repeat the number? ❺ (*drückt Erstaunen aus*) **wie ~?** I beg your pardon? ❻ (*drückt aus, dass etw nicht unerwartet war*) **na ~!** what did I tell you!; **na ~, habe ich schon immer gewusst** there you are, I knew it all along ❼ (*sarkastisch*) **ich brauche dein Geld nicht! — B~, wie du willst!** I don't need your money! — Fair enough, as you wish!
Bit·te <-, -n> ['bɪtə] *f* request (**um** for); **eine ~ äußern** to make a request; **ich hätte eine ~ an Sie** if you could do me one favour; **sich mit einer ~ an jdn wenden** to make a request to sb; **auf jds ~** *akk* at sb's request
bit·ten <bat, gebeten> ['bɪtn̩] **I.** *vt* ❶ (*Wunsch äußern*) ■ **jdn [um etw** *akk*] **~** to ask sb [for sth]; **könnte ich Sie um einen Gefallen ~?** could I ask you a favour?; **die Passagiere werden gebeten sich anzuschnallen** passengers are requested to fasten their seatbelts ❷ (*einladen*) ■ **jdn zu etw** *dat* **~** to ask sb for sth; **darf ich dich auf ein Glas Wein zu mir ~?** may I ask you home for a glass of wine?; **darf ich [euch] zu Tisch ~?** may I ask you to come and sit down at the table? ❸ (*auffordern*) ■ **jdn irgendwohin ~** to ask sb to go somewhere; **ich muss Sie ~ mitzukommen** I must ask you to come with me ▸ **sich nicht [lange] ~ lassen** to not have to be asked twice **II.** *vi* ❶ (*eine Bitte aussprechen*) ■ **um etw** *akk* **~** to ask for sth; **um Hilfe ~** to ask for help; **darf ich einen Augenblick um Aufmerksamkeit ~?** may I have your attention for a moment, please?; **darf ich [um den nächsten Tanz] ~?** may I have the pleasure [of the next dance]?; (*dringend wünschen*) to beg for sth; **um Verzeihung ~** to beg for for-

giveness ❷ (*hereinbitten*) ■ **jd lässt ~ sb will see sb** ▶ **~ und betteln** (*fam*) to beg and plead; **wenn ich ~ darf!** if you wouldn't mind!

bit·ter ['bɪtɐ] I. *adj* ❶ (*herb*) bitter; *Schokolade* plain ❷ (*schmerzlich*) bitter; *Reue* deep; *Verlust, Wahrheit* painful ▶ **bis zum ~en Ende** to the bitter end II. *adv* bitterly; *etw ~ bereuen* to regret sth bitterly

bit·ter·bö·se ['bɪtɐ'bø:zə] *adj* furious **bit·ter·ernst** ['bɪtɐ'ʔɛrnst] *adj* extremely serious; ■ **jdm ist es mit etw** *dat* **~** sb is deadly serious about sth **bit·ter·kalt** ['bɪtɐ'kalt] *adj attr* bitterly cold

Bit·ter·keit <-> *f kein pl* bitterness *no pl*

Bit·ter Le·mon <-[s], -> ['bɪtɐ 'lɛmən] *nt* bitter lemon

bit·ter·lich I. *adj* slightly bitter II. *adv* bitterly

Bit·ter·stoff *m* bitter principle **bit·ter·süß** ['bɪtɐ'zy:s] *adj* bittersweet *also fig*

Bitt·schrift *f* (*veraltend*) plead

Bitt·stel·ler(in) <-s, -> *m(f)* petitioner

Bi·wak <-s, -s *o* -e> ['bi:vak] *nt* bivouac

bi·wa·kie·ren* [biva'ki:rən] *vi* to bivouac

bi·zarr [bi'tsar] *adj* bizarre

Bi·zeps <-es, -e> ['bi:tsɛps] *m* biceps

BKA <-> [be:ka:'ʔa:] *nt kein pl Abk von* **Bundeskriminalamt**

Bla·bla <-s> [bla'bla:] *nt kein pl* (*pej fam*) waffle

Black-out[RR] <-s, -s>, **Black·out** <-s, -s> ['blɛk'ʔaʊ̯t, 'blɛk'ʔaʊ̯t, blɛk'ʔaʊ̯t] *m* ❶ (*Gedächtnislücke*) lapse of memory ❷ (*Bewusstseinsverlust, Stromausfall*) blackout

Blag <-s, -en> *nt* DIAL (*pej*), **Bla·ge** <-, -n> ['bla:g(ə)] *f* DIAL (*pej*) brat *pej*

blä·hen ['blɛ:ən] I. *vt* ❶ (*mit Luft füllen*) to fill [out] ❷ ANAT to distend II. *vr* ■ **sich ~** (*sich mit Luft füllen*) to billow; ANAT to dilate III. *vi* (*blähend wirken*) to cause flatulence

Blä·hung <-, -en> *f meist pl* flatulence *no pl, no indef art*; **~en haben** to have flatulence

bla·ma·bel [bla'ma:bl̩] *adj* (*geh*) shameful; *Situation* embarrassing

Bla·ma·ge <-, -n> [bla'ma:ʒə] *f* (*geh*) disgrace *no pl*

bla·mie·ren* [bla'mi:rən] I. *vt* to disgrace II. *vr* ■ **sich ~** to make a fool of oneself

blan·chie·ren* [blã'ʃi:rən] *vt* KOCHK to blanch

blank [blaŋk] I. *adj* ❶ (*glänzend, sauber*) shining ❷ (*abgescheuert*) shiny ❸ (*rein*) pure; (*total*) utter; **in der Stadt herrschte das ~e Chaos** utter chaos reigned in the town ❹ (*nackt, bloß*) bare; ÖSTERR, SÜDD (*ohne Mantel*) without a coat ❺ *präd* (*fam*) ■ **~ sein** to be broke II. *adv* (*glänzend*) **~ gewetzt** shiny; **~ poliert** brightly polished

Blan·ko·scheck *m* blank cheque **Blan·ko·voll·macht** *f* carte blanche

---

bitten

bitten	requesting
Kannst/Könntest du bitte mal den Müll runterbringen?	Can/Could you please take the rubbish down?
Bitte sei so gut und bring mir meine Jacke.	Be a love and bring me my jacket. (fam)
Wärst du so nett und würdest mir die Zeitung mitbringen?	Would you be good enough to bring me back a paper?
Würden Sie bitte so freundlich sein und Ihr Gepäck etwas zur Seite rücken?	Would you mind moving your luggage slightly to one side?
Darf ich Sie bitten, Ihre Musik etwas leiser zu stellen?	Could I ask you to turn your music down a little?

um Hilfe bitten	asking for help
Kannst du mir einen Gefallen tun?	Could you do me favour?
Darf/Dürfte ich Sie um einen Gefallen bitten?	Can/Could I ask you a favour?
Könntest du mir bitte helfen?	Could you help me please?
Könnten Sie mir bitte behilflich sein?	Could you give me a hand please?
Ich wäre Ihnen dankbar, wenn Sie mir dabei helfen könnten.	I would be grateful if you could help me out with this.

Bla·se <-, -n> ['blɑːzə] *f* ① ANAT bladder; **sich** *dat* **die ~ erkälten** to get a chill on the bladder ② MED blister; **sich** *dat* **~n laufen** to get blisters on one's feet ③ (*Hohlraum*) bubble; **~n werfen** to form bubbles; *Anstrich* to blister; *Tapete, heiße Masse* to bubble ④ (*Sprechblase*) speech bubble

Bla·se·balg <-[e]s, -bälge> *m* bellows *npl*

bla·sen <bläst, blies, geblasen> ['blɑːzn̩] *vi, vt* ① (*Luft ausstoßen*) to blow (**auf** on) ② MUS ■ **auf etw** *dat*/**in etw** *akk* **~** to play sth; **der Jäger blies in sein Horn** the hunter sounded his horn

Bla·sen·ent·zün·dung *f* inflammation of the bladder **Bla·sen·schwä·che** *f* bladder weakness **Bla·sen·tee** *m herbal tea to relieve bladder problems*

Blä·ser(in) <-s, -> ['blɛːzɐ] *m(f)* MUS wind player; ■ **die ~** the wind section

bla·siert [blaˈziːɐ̯t] *adj* (*pej geh*) arrogant

Blas·in·stru·ment *nt* wind instrument **Blas·ka·pel·le** *f* brass band **Blas·mu·sik** *f* brass-band music

Blas·phe·mie <-, -n> [blasfeˈmiː, *pl* -ˈmiːən] *f* (*geh*) blasphemy

blas·phe·misch [blasˈfeːmɪʃ] *adj* (*geh*) blasphemous

Blas·rohr *nt* blowpipe

blass[RR], **blaß**[ALT] [blas] *adj* ① (*bleich*) pale; **~ um die Nase sein** to be green about the gills *hum;* **~ vor Neid werden** to go green with envy ② (*hell, matt*) pale; *Schrift* faint; **er trug ein Hemd in einem ~en Grün** he wore a pale-green shirt ③ (*schwach*) vague; *Erinnerung* dim ④ (*ohne ausgeprägte Züge o Eigenschaften*) **~ wirken** to seem colourless

Bläs·se <-, -n> ['blɛsə] *f* ① (*blasse Beschaffenheit*) paleness *no pl* ② (*Farblosigkeit*) colourlessness *no pl*

bläss·lich[RR], **bläß·lich**[ALT] ['blɛslɪç] *adj* palish

bläst [blɛst] *3. pers sing pres von* **blasen**

Blatt <-[e]s, Blätter> [blat, *pl* 'blɛtɐ] *nt* ① BOT leaf ② (*Papierseite*) sheet; **vom ~ singen/spielen** MUS to sight-read ③ (*Seite*) page; KUNST print ④ (*Zeitung*) paper ⑤ (*von Werkzeugen*) blade ⑥ KARTEN hand; **ein gutes ~** a good hand ▶ **kein ~ vor den Mund nehmen** to not mince one's words; [**noch**] **ein unbeschriebenes ~ sein** (*unerfahren sein*) to be inexperienced; (*unbekannt sein*) to be an unknown quantity; **das ~ hat sich gewendet** things have changed

Blatt·ader *f* leaf vein

Blätt·chen <-s, -> ['blɛtçən] *nt dim von* **Blatt 1, 2**

blät·tern ['blɛtɐn] *vi* ① (*überfliegen*) ■ **in etw** *dat*] **~** *Buch, Zeitschrift* to flick through sth ② (*abbröckeln*) to flake [off]

Blät·ter·teig *m* flaky pastry **Blät·ter·teig·ge·bäck** *nt* puff pastries *pl*

Blatt·fall <-s> *m kein pl* falling *no pl* of leaves **Blatt·gold** *nt* gold leaf *no pl, no indef art* **Blatt·grün** *nt* chlorophyll *no pl, no indef art* **Blatt·laus** *f* aphid **Blatt·pflan·ze** *f* foliate plant **Blatt·sa·lat** *m* lettuce **Blatt·stiel** *m* BOT stalk **Blatt·werk** *nt kein pl* (*geh*) foliage *no pl*

blau [blau] *adj* ① (*Farbe*) blue ② (*blutunterlaufen*) bruised; **ein ~er Fleck** a bruise; **schnell ~e Flecken bekommen** to bruise quickly; **ein ~es Auge** a black eye ③ KOCHK **Forelle ~** blue trout ④ *meist präd* (*fam: betrunken*) plastered

blau·äu·gig *adj* ① (*blaue Augen habend*) blue-eyed ② (*naiv*) naïve **Blau·bee·re** *f s.* **Heidelbeere**

Blaue <-n> *nt kein pl* ■ **das ~** the blue ▶ **jdm das ~ vom Himmel** [**herunter**] **versprechen** (*fam*) to promise sb the earth; **ins ~ hinein** (*fam*) at random; **eine Fahrt ins ~** a mystery tour

Blau·fuchs *m* blue fox **blau·grau** *adj* blue-grey **blau·grün** *adj* blue-green **Blau·helm** *m* (*sl*) blue beret **Blau·kraut** *nt* SÜDD, ÖSTERR red cabbage

bläu·lich *adj* bluish

Blau·licht *nt* flashing blue light **blau·ma·chen** *vi* (*fam: krankfeiern*) to go [*or* AM call in] sick; SCH to play truant [*or* AM hook[e]y] **Blau·mann** <-männer> *m* (*fam*) blue overalls, boiler suit BRIT **Blau·mei·se** *f* blue tit **Blau·pau·se** *f* blueprint **Blau·säu·re** *f* CHEM hydrocyanic acid **Blau·schim·mel·kä·se** *m* blue cheese **blau·schwarz** *adj* blue-black **Blau·wal** *m* blue whale

Bla·zer <-s, -> ['bleːzɐ] *m* blazer

Blech <-[e]s, -e> [blɛç] *nt* ① *kein pl* (*Material*) sheet metal *no pl, no indef art* ② (*Blechstück*) metal plate ③ (*Back~*) [baking] tray

Blech·blas·in·stru·ment *nt* MUS brass instrument **Blech·do·se** *f* tin

ble·chen ['blɛçn̩] *vt, vi* (*fam*) to fork out (**für** for)

ble·chern **I.** *adj* ① *attr* (*aus Blech*) metal ② (*hohl klingend*) tinny; *Stimme* hollow **II.** *adv* tinnily; **~ klingen** to sound tinny

Blech·la·wi·ne *f* (*pej fam*) river of metal **Blech·scha·den** *m* AUTO damage *no pl,*

no indef art to the bodywork **Blech·trom·mel** *f* tin drum
Blei <-[e]s, -e> [blai] *nt* ❶ (*Metall*) lead *no pl, no indef art* ❷ (*Lot*) plumb [bob]
Blei·be <-, -n> ['blaibə] *f* place to stay
blei·ben <blieb, geblieben> ['blaibn̩] *vi sein* ❶ (*verweilen*) to stay; **wo bleibst du so lange?** what has been keeping you all this time?; **wo sie nur so lange bleibt?** wherever has she got to?; **der Kranke muss im Bett ~** the patient must stay in bed; ■ **an etw** *dat* **~** to remain at sth; **unter sich ~ wollen** to wish to be alone; **~ Sie bitte am Apparat!** hold the line, please! ❷ (*nicht ... werden*) **unbeachtet ~** to go unnoticed; **mein Brief ist bis jetzt unbeantwortet geblieben** so far I have received no reply to my letter; (*weiterhin sein*) to remain; **die Lage blieb weiterhin angespannt** the situation remained tense; **wach ~** to stay awake ❸ (*andauern*) to last; **hoffentlich bleibt die Sonne noch eine Weile** I do hope the sunshine lasts for a while yet ❹ *meist Vergangenheit* (*hinkommen*) **wo ist meine Brieftasche geblieben?** where has my wallet got to? ❺ (*verharren*) ■ **bei etw** *dat* **~** to stick to sth; **bleibt es bei unserer Abmachung?** does our arrangement still stand? ❻ (*übrig~*) **eine Möglichkeit bleibt uns noch** we still have one possibility left; **es blieb mir keine andere Wahl** I was left with no other choice ❼ (*ver~*) to remain; **es bleibt abzuwarten, ob sich die Lage bessern wird** it remains to be seen if the situation will improve ▶ **das bleibt unter uns** that's [just] between ourselves; **sieh zu, wo du bleibst!** you're on your own!
blei·bend *adj* lasting
Blei·be·recht *nt kein pl* POL right of residence
bleich [blaiç] *adj* pale; ■ **~ werden** to go pale
blei·chen <bleichte *o veraltet* blich, gebleicht> ['blaiçn̩] *vt* to bleach
Bleich·ge·sicht *nt* ❶ (*fam*) pale face ❷ (*Weiße(r)*) paleface **Bleich·mit·tel** *nt* bleach *no pl*
blei·ern ['blaiən] **I.** *adj* ❶ *attr* (*aus Blei*) lead ❷ (*grau wie Blei*) leaden ❸ (*schwer lastend*) heavy **II.** *adv* heavily
blei·frei *adj* lead-free **blei·hal·tig** *adj* containing lead **Blei·kris·tall** *nt* lead crystal *no pl, no indef art* **blei·schwer** ['blaiʃveːɐ̯] *adj s.* **bleiern 3**
Blei·stift *m* pencil
Blei·stift·spit·zer *m* pencil sharpener
Blei·stift·zeich·nung *f* pencil drawing
Blei·ver·gif·tung *f* lead poisoning *no pl, no indef art*
Blen·de <-, -n> ['blɛndə] *f* ❶ FILM, FOTO (*Öffnung*) aperture; (*Vorrichtung*) diaphragm; (*Einstellungsposition*) f-stop, aperture ❷ (*Lichtschutz*) blind ❸ ARCHIT blind window/arch etc. ❹ MODE trim
blen·den ['blɛndn̩] **I.** *vt* ❶ (*vorübergehend blind machen*) to dazzle ❷ (*hinters Licht führen*) to deceive (**durch** with) **II.** *vi* (*zu grell sein*) to be dazzling; **mach die Vorhänge zu, es blendet!** close the curtains, the light's dazzling!; **~d weiß** dazzling white **III.** *vi impers* to produce a lot of glare
blen·dend **I.** *adj* brilliant; **~er Laune sein** to be in a sparkling mood **II.** *adv* wonderfully; **sich ~ amüsieren** to have great fun
blen·dend·weißᴬᴸᵀ *adj attr s.* **blenden II.**
Blen·der(in) <-s, -> *m(f)* fraud
blend·frei *adj* ❶ (*entspiegelt*) non-reflective ❷ (*nicht blendend* **III.**) non-dazzle
Blen·dung <-, -en> *f* dazzling *no pl*
Bles·se <-, -n> ['blɛsə] *f* (*weißer Fleck*) blaze
Bles·sur <-, -en> [blɛˈsuːɐ̯] *f* (*geh*) wound
Blick <-[e]s, -e> [blɪk] *m* ❶ (*das Blicken*) look; **er warf einen ~ aus dem Fenster** he glanced out of the window; **auf den ersten ~** at first sight; **auf den zweiten ~** on closer inspection; **jds ~ ausweichen** to avoid sb's gaze; **den ~ auf jdn/etw heften** (*geh*) to fix one's eyes on sb/sth; **einen ~ auf jdn/etw werfen** to glance at sb/sth; **~e miteinander wechseln** to exchange glances; **jdn keines ~es würdigen** (*geh*) to not deign to look at sb; **alle ~e auf sich ziehen** *akk* to attract attention; **auf einen ~** at a glance ❷ (*~richtung*) eyes *pl;* **ihr Blick fiel auf die Kirche** the church caught her eye; **den ~ heben** to raise one's eyes; **den ~ senken** to lower one's eyes ❸ (*Augenausdruck*) look in one's eye; **in ihrem ~ lag Ausweglosigkeit** there was a look of hopelessness in her eyes; **er musterte sie mit finsterem ~** he looked at her darkly ❹ (*Aus~*) view; **ein Zimmer mit ~ auf den Strand** a room overlooking the beach ❻ (*Urteilskraft*) eye; **einen ~ für etw** *akk* **haben** to have an eye for sth; **seinen ~ für etw** *akk* **schärfen** to sharpen one's awareness of sth ▶ **einen ~ hinter die Kulissen werfen** to take a look behind the scenes; **wenn ~e töten könnten!** (*fam*) if looks could kill!; **den bösen ~ haben** to have the evil eye; **etw aus dem ~ verlieren** to lose sight of

sth; **etw im ~ haben** to have an eye on sth; **mit ~ auf** with regard to *form*

bli·cken ['blɪkn̩] I. *vi* ❶ (*schauen*) to look (**auf** at), to have a look (**auf** at); **er blickte kurz aus dem Fenster** he glanced [briefly] out of the window ❷ (*sich zeigen*) **sich ~ lassen** to put in an appearance; **sie hat sich hier nicht wieder ~ lassen** she hasn't shown up here again II. *vt* (*sl: verstehen*) to understand

Blick·fang *m* eye-catcher **Blick·feld** *nt* field of view **Blick·kon·takt** *m* visual contact; **~ haben** to have eye contact **Blick·punkt** *m* ❶ (*Standpunkt*) point of view ❷ (*Fokus*) **im ~ [der Öffentlichkeit] stehen** to be the focus of [public] attention **Blick·rich·tung** *f* direction of sight; **in jds ~** in sb's line of sight **Blick·win·kel** *m* ❶ (*Perspektive*) perspective ❷ (*Gesichtspunkt*) point of view

blind [blɪnt] I. *adj* blind; ■ **~ werden** to go blind; **sie ist auf einem Auge ~** she's blind in one eye; ■ **vor etw** *dat* **~ sein** to be blinded by sth; **~er Passagier** stowaway II. *adv* blindly; **er griff ~ ein Buch aus dem Regal heraus** he took a book at random from the shelf

Blind·be·wer·bung *f* speculative application **Blind·darm** *m* appendix **Blind·darm·ent·zün·dung** *f* MED appendicitis **Blind Date** ['blaɪnt 'deːt] *nt* blind date **Blin·de(r)** *f(m) dekl wie adj* blind woman *fem*, blind man *masc*, blind person **Blin·de·kuh** ['blɪndəkuː] *f kein art* blind man's buff *no art* **Blin·den·hund** *m* guide dog **Blin·den·schrift** *f* Braille *no art* **Blind·flug** *m* ❶ LUFT blind flight ❷ (*fig*) process of trial and error **Blind·gän·ger** <-s, -> *m* MIL dud **blind·gläu·big** I. *adj* credulous II. *adv* blindly **Blind·heit** <-> *f kein pl* blindness *no pl* **blind·lings** ['blɪntlɪŋs] *adv* blindly **Blind·schlei·che** <-, -n> ['blɪntʃlaɪçə] *f* slowworm **blind·wü·tig** I. *adj* raging, in a blind fury *pred*; **ein ~er Angriff** a frenzied attack II. *adv* in a blind fury

blin·ken ['blɪŋkn̩] *vi* ❶ (*funkeln*) to gleam ❷ (*Blinkzeichen geben*) to flash; **mit der Lichthupe ~** to flash one's [head]lights; (*zum Abbiegen*) to indicate

Blin·ker <-s, -> ['blɪŋkɐ] *m* ❶ AUTO indicator ❷ (*blinkender Metallköder*) spoon[bait] **Blink·licht** *nt* ❶ TRANSP flashing light ❷ (*fam*) *s.* **Blinker 1** **Blink·zei·chen** *nt* flashing signal; **~ geben** to flash a signal

blin·zeln ['blɪntsl̩n] *vi* ❶ (*unfreiwillig zusammenkneifen*) to blink; (*geblendet*) to squint ❷ (*zwinkern*) to wink

Blitz <-es, -e> [blɪts] *m* ❶ (*Blitzstrahl*) lightning *no pl, no indef art;* (*Blitzeinschlag*) lightning strike; **vom ~ getroffen werden** to be struck by lightning; **der ~ schlägt in etw** *akk* **[ein]** lightning strikes sth ❷ (*das Aufblitzen*) flash ❸ FOTO flash ▶ **wie ein ~ aus heiterem Himmel** like a bolt from the blue; **wie ein geölter ~** (*fam*) like greased lightning; **wie vom ~ getroffen** thunderstruck; **wie ein ~ einschlagen** to come as a bombshell; **wie der ~** (*fam*) like lightning

Blitz·ab·lei·ter <-, -> *m* lightning conductor **Blitz·ak·ti·on** *f* lightning operation **blitz·ar·tig** I. *adj* lightning *attr* II. *adv* like lightning; **er ist ~ verschwunden** he disappeared as quick as a flash **blitz·blank** ['blɪts'blaŋk] *adj* squeaky clean **Blitz·eis** *nt kein pl* flash frost

blit·zen ['blɪtsn̩] I. *vi impers* **es blitzte** there was [a flash of] lightning II. *vi* ❶ (*strahlen*) to sparkle ❷ (*funkeln*) to flash (**vor** with) ❸ FOTO (*fam*) to use [a] flash III. *vt* (*fam: in Radarfalle*) ■ **geblitzt werden** to be zapped

Blit·zes·schnel·le ['blɪtsəs'ʃnɛlə] *f* lightning speed *no pl, no indef art*

Blitz·ge·rät *nt* FOTO flash unit **blitz·ge·scheit** *adj* (*fam*) brilliant **Blitz·licht** *nt* FOTO flash[light] **blitz·sau·ber** ['blɪts'zaʊbɐ] *adj* (*fam*) sparkling clean **Blitz·schlag** *m* lightning strike **blitz·schnell** ['blɪts'ʃnɛl] *adj s.* **blitzartig**

Bliz·zard <-s, -s> ['blɪzɐt] *m* blizzard

Block[1] <-[e]s, Blöcke> [blɔk, *pl* blœkə] *m* (*Form*) block

Block[2] <-[e]s, Blöcke *o* -s> [blɔk, *pl* blœkə] *m* ❶ (*Häuser~*) block; (*großes Mietshaus*) block [of flats] BRIT, apartment building AM ❷ (*Papierstapel*) book; **ein ~ Briefpapier** a pad of writing paper ❸ POL (*politischer Bund*) bloc; (*Fraktion*) faction

Blo·cka·de <-, -n> [blɔ'kaːdə] *f* ❶ (*Wirtschafts~*) blockade; **über etw** *akk* **eine ~ verhängen** to impose a blockade on sth ❷ MED block ❸ (*Denkhemmung*) mental block

blo·cken ['blɔkn̩] *vt* ❶ (*verhindern*) to block [*or* stall] ❷ SÜDD (*bohnern*) to polish **Block·flö·te** *f* recorder **block·frei** *adj* POL non-aligned **Block·frei·heit** *f* POL non alignment **Block·haus** *nt*, **Block·hüt·te** *f* log cabin

blo·ckie·ren* [blɔ'kiːrən] I. *vt* to block;

Stromzufuhr to interrupt; *Verkehr* to stop **II.** *vi Bremse, Räder* to lock

Block·satz *m* TYPO justification **Block·scho·ko·la·de** *f kein pl* cooking chocolate *no pl* **Block·schrift** *f* block capitals *pl*

blöd [bløːt], **blö·de** ['bløːdə] **I.** *adj* (*fam*) ❶ (*veraltend: dumm*) silly; (*schwachsinnig*) feeble-minded ❷ (*unangenehm*) disagreeable; *Situation* awkward; **ein ~es Gefühl** a funny feeling; **zu ~!** how annoying!; (*ekelhaft*) nasty **II.** *adv* (*fam*) idiotically; **was stehst du hier noch so ~ rum?** why are you still standing around here like an idiot?; **frag doch nicht so ~!** don't ask such stupid questions!; **er hat sich wirklich ~ angestellt** he made such a stupid fuss; **glotz doch nicht so ~!** don't gawp at me like an idiot!; **sich ~ anstellen** to act stupid

Blö·de·lei <-, -en> *f* (*fam*) ❶ (*das Blödeln*) messing about *no pl, no indef art*; **lass endlich diese ~!** will you stop messing about! ❷ (*Albernheit*) silly prank

blö·deln ['bløːdl̩n] *vi* (*fam*) to tell silly jokes

blö·der·wei·se *adv* (*fam*) stupidly

Blöd·heit <-, -en> *f* ❶ (*Dummheit*) stupidity *no pl* ❷ (*blödes Verhalten*) foolishness *no pl* ❸ (*alberne Bemerkung*) stupid remark

Blöd·di·an <-[e]s, -e> ['bløːdi̯aːn] *m*, **Blöd·mann** *m* (*fam*) idiot

Blöd·sinn *m kein pl* (*pej fam*) ❶ (*Quatsch*) nonsense *no pl, no indef art*; **machen Sie keinen ~!** don't mess about! ❷ (*Unfug*) silly tricks *pl*

blöd·sin·nig ['bløːtzɪnɪç] *adj* (*pej fam*) idiotic

Blog <-s, -s> [blɔg] *nt o m* INET *kurz für* **Weblog** blog

blog·gen ['blɔgn̩] *vt, vi* INET to blog

Blog·ger(in) <-s, -> ['blɔgɐ] *m(f)* INET blogger

Blo·go·sphä·re *f kein pl* INET blogosphere

blö·ken ['bløːkn̩] *vi* to bleat

blond [blɔnt] *adj* blond[e]; (*hellgelb*) fair-haired

blon·die·ren* [blɔnˈdiːrən] *vt* (*blond färben*) to bleach

Blon·di·ne <-, -n> [blɔnˈdiːnə] *f* blonde

bloß [bloːs] **I.** *adj* ❶ (*unbedeckt*) bare; **mit ~em Oberkörper** stripped to the waist ❷ *attr* (*alleinig*) mere; (*allein schon*) very; **schon der ~e Gedanke machte ihn rasend** the very thought made him furious **II.** *adv* (*nur*) only; **was er ~ hat?** whatever is the matter with him?; **nicht ~ …, sondern auch …** not only …, but also …

III. *part* (*verstärkend*) **lass mich ~ in Ruhe!** just leave me in peace!

Blö·ße <-, -n> ['bløːsə] *f* (*geh*) bareness *no pl*; (*Nacktheit*) nakedness *no pl* ▸ **sich** *dat* **eine/keine ~ geben** to show a/not show any weakness

bloß·le·gen *vt* ❶ (*ausgraben*) to uncover ❷ (*enthüllen*) to bring to light **bloß|stel·len** *vt* ❶ (*verraten*) to expose ❷ (*blamieren*) to show up *sep*

blub·bern ['blʊbɐn] *vi* (*fam*) to bubble

Blue·jeans <-, -> ['bluːdʒiːns] *pl* [blue] jeans

Blues <-, -> [bluːs] *m* MUS blues + *sing vb*

Bluff <-[e]s, -s> [blʊf, blaf, blœf] *m* (*veraltet*) bluff

bluf·fen ['blʊfn̩, 'blafn̩, 'blœfn̩] *vi* (*täuschen*) to bluff

blü·hen ['blyːən] **I.** *vi* ❶ (*Blüten haben*) to bloom ❷ (*florieren*) to flourish ❸ (*fam*) ▪ **jdm ~** to be in store for sb; **dann blüht dir aber was!** then you'll be in for it! **II.** *vi impers* ▪ **es blüht** there are flowers; **im Süden blüht es jetzt schon überall** everything is in blossom in the south

blü·hend *adj* ❶ (*in Blüte sein*) blossoming ❷ (*strahlend*) radiant ❸ (*prosperierend*) flourishing ❹ (*fam*) **eine ~e Fantasie haben** to have a fertile imagination

Blu·me <-, -n> ['bluːmə] *f* ❶ (*blühende Pflanze*) flower; (*Topf~*) pot plant ❷ (*Duftnote*) bouquet ❸ (*Bierschaumkrone*) head ▸ **jdm etw durch die ~ sagen** to say sth in a roundabout way to sb

Blu·men·beet *nt* flowerbed **Blu·men·er·de** *f* potting compost **Blu·men·kasten** *m* flower·box **Blu·men·kohl** *m kein pl* cauliflower **Blu·men·la·den** *m* flower shop **Blu·men·strauß** <-sträuße> *m* bouquet of flowers **Blu·men·topf** *m* ❶ (*Topf*) flowerpot ❷ (*Pflanze*) [flowering] pot plant **Blu·men·va·se** *f* flower vase **Blu·men·zwie·bel** *f* bulb

blu·mig *adj* flowery

Blu·se <-, -n> ['bluːzə] *f* blouse

Blut <-[e]s> [bluːt] *nt kein pl* ❶ (*Körperflüssigkeit*) blood *no pl, no indef art*; **~ reinigend** blood-cleansing; **~ stillend** MED styptic; **jdm ~ abnehmen** to take a blood sample from sb; **es wurde viel ~ vergossen** there was a lot of bloodshed; **es fließt ~** blood is being spilled ❷ (*Geblüt*) blood; (*Erbe a.*) inheritance ▸ **jdm steigt das ~ in den Kopf** the blood rushes to sb's head; **~ und Wasser schwitzen** (*fam*) to sweat blood [and tears]; **blaues ~ haben** to have blue blood; **böses ~ schaffen** to cause bad blood; **frisches** ~ new blood; [nur] **ruhig** ~! [just] calm down!; [einem] ins ~ **gehen** to get into one's blood; ~ **geleckt haben** to have developed a liking for sth; **jdm im ~ liegen** to be in sb's blood

Blut·ab·nah·me f blood taking; **ich gehe heute zur ~** I'm going for a blood test today **Blut·al·ko·hol·spie·gel** m blood alcohol level **blut·arm** ['bluːtʔarm] adj MED anaemic **Blut·ar·mut** f MED anaemia **Blut·bad** nt bloodbath; **ein ~ anrichten** to create carnage **Blut·bahn** f bloodstream **Blut·bank** <-banken-> f blood bank **blut·be·fleckt** adj bloodstained **Blut·bild** nt MED blood count **Blut·bil·dung** f blood formation spec **Blut·bla·se** f blood blister **Blut·di·a·mant** m meist pl blood [or conflict] diamond **Blut·druck** m kein pl blood pressure no pl, no indef art

Blü·te <-, -n-> ['blyːtə] f ❶ (Pflanzenteil) bloom; Baum blossom; **in [voller] ~ stehen** to be in [full] bloom; **~n treiben** to [be in] bloom; Baum to [be in] blossom ❷ (Blütezeit) blooming no pl ❸ (fam: falsche Banknote) dud ❹ (hoher Entwicklungsstand) heyday usu sing; **in jeder Zivilisation gibt es eine Zeit der ~** every civilization has its heyday; **in der ~ seiner Jahre stehen** to be in the prime of life ▶ **merkwürdige ~n treiben** to take on strange forms

Blut·egel m leech
blu·ten ['bluːtn] vi to bleed (**an/aus** from) **Blü·ten·blatt** nt petal **Blü·ten·kelch** m calyx **Blü·ten·staub** m pollen no pl, no indef art
Blut·ent·nah·me f taking of a blood sample **blü·ten·weiß** adj sparkling white
Blu·ter(in) <-s, -> ['bluːtɐ] m(f) MED haemophiliac
Blut·er·guss^RR <-es, -ergüsse> m, **Blut·er·guß**^ALT <-sses, -ergüsse> m bruise
Blu·te·rin <-, -nen> f fem form von **Bluter**
Blu·ter·krank·heit f MED haemophilia no pl, no art
Blü·te·zeit f ❶ (Zeit des Blühens) blossoming no pl ❷ (Zeit hoher Blüte) heyday
Blut·fak·tor m blood factor **Blut·fleck** m bloodstain **Blut·ge·fäß** nt blood vessel **Blut·ge·rinn·sel** nt blood clot **Blut·ge·rin·nung** f clotting of the blood **Blut·grup·pe** f blood group **Blut·hoch·druck** m high blood pressure **Blut·hund** m bloodhound
blu·tig ['bluːtɪç] I. adj ❶ (blutend) bloody; (blutbefleckt) bloodstained ❷ KOCHK underdone; **sehr ~** rare ❸ (mit Blutvergießen verbunden) bloody II. adv bloodily

blut·jung ['bluːtjʊŋ] adj very young **Blut·kon·ser·ve** f unit of stored blood **Blut·kör·per·chen** nt blood corpuscle; **rote/weiße ~** red/white [blood] corpuscles **Blut·krebs** m MED leukaemia **Blut·kreis·lauf** m [blood] circulation no pl, no indef art **Blut·la·che** f pool of blood **blut·leer** adj ❶ (ohne Blut) bloodless, drained of blood pred ❷ MED anaemic **Blut·oran·ge** f blood orange **Blut·plas·ma** nt blood plasma no pl, no indef art **Blut·plätt·chen** <-s, -> nt blood platelet **Blut·pro·be** f ❶ (Entnahme) blood sample ❷ (Untersuchung) blood test **Blut·ra·che** f blood vendetta **blut·rot** adj blood-red **blut·rüns·tig** ['bluːtrʏnstɪç] adj bloodthirsty **Blut·sau·ger** m ZOOL bloodsucker **Bluts·bru·der** m blood brother **Bluts·brü·der·schaft** f blood brotherhood **Blut·schan·de** f incest **Blut·spen·de** f unit of blood [from a donor] **Blut·spen·der(in)** m(f) blood donor **Blut·spur** f trail of blood; **~en** traces of blood **blut·stil·lend** adj MED styptic
Bluts·trop·fen m drop of blood **bluts·ver·wandt** adj related by blood pred **Bluts·ver·wand·te(r)** f(m) dekl wie adj blood relation
Blut·tat f (geh) bloody deed **Blut·test** m blood test **Blut·trans·fu·si·on** f blood transfusion **blut·über·strömt** adj streaming with blood pred
Blu·tung <-, -en> f ❶ (das Bluten) bleeding no pl, no indef art; **innere ~en** internal bleeding ❷ (Menstruation) [monatliche] ~ menstruation
blut·un·ter·lau·fen adj suffused with blood pred; **~e Augen** bloodshot eyes **Blut·un·ter·su·chung** f blood test **Blut·ver·gie·ßen** <-s> nt kein pl (geh) bloodshed no pl, no indef art **Blut·ver·gif·tung** f blood poisoning no indef art **Blut·ver·lust** m loss of blood **Blut·wä·sche** f MED haemodialysis **Blut·wurst** f black pudding BRIT, blood sausage AM **Blut·zu·cker** m MED ❶ (Zuckeranteil) blood sugar ❷ (fam) blood sugar test **Blut·zu·cker·spie·gel** m MED blood sugar level **Blut·zu·cker·wert** m MED blood sugar count **BLZ** <-> [beːʔɛlˈtsɛt] f Abk von **Bankleitzahl**

BMI <-> [beːʔɛmˈʔiː] m kein pl Abk von **Body-Mass-Index** MED BMI
b-Moll <-s, -> [ˈbeːmɔl, beːˈmɔl] nt kein pl MUS B flat minor

Bö <-, -en> [bøː] *f* gust
Boa <-, -s> ['boːa] *f* ZOOL, MODE boa
Bob <-s, -s> [bɔp] *m* bob[sleigh] BRIT, bob[sled] AM
Bock[1] <-[e]s, Böcke> [bɔk, *pl* 'bœkə] *m* ❶ ZOOL buck; (*Schafs~*) ram; (*Ziegen~*) billy-goat ❷ AUTO ramp ❸ SPORT buck ❹ (*Kutsch~*) box ▶ **alter ~** (*fam*) old goat; **sturer ~** (*fam*) stubborn sod; **~** [**auf etw** *akk*] **haben** (*sl*) to fancy [sth]; **einen ~ schießen** (*fam*) to drop a clanger
Bock[2] <-s, -> [bɔk] *nt*, **Bock·bier** *nt* bock beer (*type of strong beer*)
bo·cken ['bɔkn̩] *vi* ❶ (*störrisch sein*) to refuse to move ❷ (*fam: sich ruckartig bewegen*) to lurch along ❸ (*fam: trotzig sein*) to act up
bo·ckig ['bɔkɪç] *adj* (*fam*) stubborn
Bock·mist *m* (*sl*) bullshit
Bocks·horn ['bɔkshɔrn] *nt* ▶ **sich** [**von jdm**] **ins ~ jagen lassen** (*fam*) to be intimidated by sb
Bock·sprin·gen *nt kein pl* SPORT vaulting *no pl, no pl;* **~ spielen** to play leapfrog
Bock·wurst *f* bockwurst (*type of sausage*)
Bo·den <-s, Böden> ['boːdn̩, *pl* bøːdn̩] *m* ❶ (*Erdreich, Acker*) soil; **magerer/fetter ~** barren/fertile soil ❷ (*Erdoberfläche*) ground ❸ *kein pl* (*Territorium*) land; **auf britischem ~** on British soil ❹ (*Fläche, auf der man sich bewegt*) ground; (*Fußboden*) floor; (*Teppichboden*) carpet; **zu ~ gehen** *Boxer* to go down; **jdn zu ~ reißen** to drag sb to the ground; **jdn zu ~ schlagen** to floor sb ❺ (*Dachboden*) loft; **auf dem ~** in the loft ❻ (*Grund*) bottom; *eines Gefäßes a.* base ❼ (*Grundlage*) **auf dem ~ der Tatsachen bleiben** to stick to the facts ▶ **festen ~ unter den Füßen haben** (*nach einer Schiffsreise*) to be back on terra firma; (*sich seiner Sache sicher sein*) to be sure of one's ground; **den ~ unter den Füßen verlieren** (*die Existenzgrundlage verlieren*) to feel the ground fall from beneath one's feet; (*haltlos werden*) to have the bottom drop out of one's world; **an ~ zerstört sein** (*fam*) to be devastated; **an ~ gewinnen** (*einholen*) to gain ground; (*Fortschritte machen*) to make headway; **an ~ verlieren** to lose ground; **etw** [**mit jdm**] **zu ~ reden** (*fam*) to run sep [with sb]; **aus dem ~ schießen** to sprout up; **etw aus dem ~ stampfen** to build sth overnight; **jd wäre am liebsten in den ~ versunken** sb wishes the ground would open up and swallow them; **durch alle Böden** [**hindurch**] SCHWEIZ at all costs

Bo·den·be·lag *m* floor covering **Bo·den·ero·si·on** *f* erosion of the earth's surface **Bo·den·frost** *m* ground frost *no pl* **Bo·den·haf·tung** *f* ❶ AUTO wheel grip ❷ (*fig*) grounding; **die ~ verlieren** to lose one's grounding
bo·den·los I. *adj* ❶ (*fam: unerhört*) outrageous; **das ist eine ~e Frechheit!** that's absolutely outrageous! ❷ (*sehr tief*) bottomless; **ein ~er Abgrund** an abyss **II.** *adv* extremely
Bo·den·ne·bel *m* ground fog **Bo·den·of·fen·si·ve** *f* MIL ground offensive **Bo·den·per·so·nal** *nt* LUFT ground crew **Bo·den·pro·be** *f* soil sample **Bo·den·re·form** *f* agrarian reform **Bo·den·satz** *m* sediment; *von Kaffee* grounds *npl* **Bo·den·schät·ze** *pl* mineral resources *pl* **Bo·den·see** ['boːdn̩zeː] *m* ■ **der ~** Lake Constance
bo·den·stän·dig *adj* ❶ (*lange ansässig*) long-established ❷ (*unkompliziert*) uncomplicated
Bo·den·sta·ti·on *f* RAUM ground station **Bo·den·streit·kräf·te** *pl* MIL ground forces *pl* **Bo·den·tur·nen** *nt kein pl* floor exercises *pl* **Bo·den·wel·le** *f* bump
Bo·dy <-s, -s> ['bɔdi] *m* body BRIT, bodysuit
Bo·dy·buil·ding <-s> [-bɪldɪŋ] *nt kein pl* bodybuilding *no pl* **Bo·dy·guard** <-s, -s> [-gaːɐ̯t] *m* bodyguard **Bo·dy-Mass-In·dex** <-[es]> ['bɔdimɛsʔɪndɛks] *m kein pl* MED body mass index
Böe <-, -n> ['bøːə] *f* gust [of wind]; (*stärker, oft mit Regen*) squall
bog [boːg] *imp von* **biegen**
Bo·gen <-s, - *o* ÖSTERR, SCHWEIZ, SÜDD Bögen> ['boːgn̩, *pl* 'bøːgn̩] *m* ❶ (*gekrümmte Linie*) curve; *eines großen Flusses a.* sweep; MATH arc; **in hohem ~** in a high arc; **einen ~ fahren** to execute a turn; **einen ~ machen** to curve [round] ❷ (*Blatt Papier*) sheet [of paper] ❸ (*Schusswaffe*) bow; **Pfeil und ~** bow and arrow[s *pl*] ❹ MUS bow ❺ ARCHIT arch ▶ **in hohem ~ hinausfliegen** (*fam*) to be turned out; **den ~ heraushaben** (*fam*) to have got the hang of it; **einen** [**großen**] **~ um jdn/etw machen** to steer [well] clear of sb/sth; **den ~ überspannen** to overstep the mark
bo·gen·för·mig *adj* arched **Bo·gen·gang** <-gänges> *m* ARCHIT archway **Bo·gen·lam·pe** *f* arc lamp [*or* light] **Bo·gen·schie·ßen** *nt kein pl* SPORT archery *no pl* **Bo·gen·schüt·ze**, **-schüt·zin** *m*, *f* SPORT archer; HIST *a.* bowman
Böh·men <-s> ['bøːmən] *nt* Bohemia

böh·misch ['bø:mɪʃ] *adj* Bohemian
Boh·ne <-, -n> ['bo:nə] *f* bean; **dicke/ grüne/rote/weiße ~n** broad/French/ kidney/haricot beans; **blaue ~** purple runner bean
Boh·nen·kaf·fee *m* ❶ (*gemahlen*) real coffee ❷ (*ungemahlen*) unground coffee [beans *pl*] **Boh·nen·stan·ge** *f* beanpole *also hum* **Boh·nen·sup·pe** *f* bean soup
boh·nern ['bo:nɐn] *vt, vi* to polish
Boh·ner·wachs [-vaks] *nt* floor polish
boh·ren ['bo:rən] I. *vt* ❶ *Loch* to bore; (*mit Bohrmaschine*) to drill; *Brunnen* to sink ❷ (*hineinstoßen*) to sink (**in** into); **er bohrte ihm das Messer in den Bauch** he plunged the knife into his stomach II. *vi* ❶ (*mit dem Bohrer arbeiten*) to drill ❷ (*stochern*) **in der Nase ~** to pick one's nose; **mit dem Finger im Ohr ~** to poke one's finger in one's ear ❸ (*fam: drängen*) ■ **so lange ~, bis ...** to keep on asking until ...
boh·rend *adj* gnawing; *Blick* piercing; *Fragen* probing
Boh·rer <-s, -> *m* ❶ (*fam: Schlagbohrmaschine*) drill ❷ (*Handbohrer*) gimlet ❸ (*Zahnbohrer*) [dentist's] drill
Bohr·in·sel *f* drilling rig; (*Öl a.*) oil rig **Bohr·loch** *nt* ❶ (*das in das Gestein vorgetriebene Loch*) borehole ❷ (*gebohrtes Loch*) drill hole **Bohr·ma·schi·ne** *f* drill[ing machine] **Bohr·turm** *m* derrick
Boh·rung <-, -en> *f* ❶ (*das Bohren*) drilling (**nach** for) ❷ (*Bohrloch*) bore[hole]
bö·ig ['bø:ɪç] I. *adj* gusty; *Wetter* windy II. *adv* **~ auffrischender Westwind** a freshening westerly
Boi·ler <-s, -> ['bɔylɐ] *m* hot-water tank; **den ~ anstellen** to turn on the water heater
Bo·je <-, -n> ['bo:jə] *f* buoy
Bo·le·ro <-s, -s> [bo'le:ro] *m* ❶ MUS (*a. Tanz*) bolero ❷ (*Kleidungsstück*) bolero
Bo·li·vi·a·ner(in) <-s, -> [boli'vi̯a:nɐ] *m(f)* Bolivian; *s. a.* **Deutsche(r)**
bo·li·vi·a·nisch [boli'vi̯a:nɪʃ] *adj* Bolivian; *s. a.* **deutsch**
Bo·li·vi·en <-s> [bo'li:vi̯ən] *nt* Bolivia; *s. a.* **Deutschland**
Böl·ler <-s, -> ['bœlɐ] *m* ❶ MIL saluting gun ❷ (*fam: Feuerwerkskörper*) firework, banger BRIT, firecracker AM
Boll·werk ['bɔlvɛrk] *nt* (*geh*) bulwark
Bo·lo·gna-Re·form [bo'lɔnja-] *f* ■ **die ~** the Bologna Reform
Bol·sche·wis·mus <-> [bɔlʃe'vɪsmʊs] *m kein pl* ■ **der ~** Bolshevism
bol·sche·wis·tisch *adj* Bolshevist, Bolshevik *attr*

Bol·zen <-s, -> ['bɔltsn̩] *m* TECH pin; (*mit Gewinde*) bolt
Bom·bar·de·ment <-s, -s> [bɔmbardə'mãː] *nt* ❶ MIL bombardment ❷ (*geh*) deluge (**von** of)
bom·bar·die·ren* [bɔmbar'diːrən] *vt* ❶ (*gezielt*) to bomb; (*mit Granaten*) to shell ❷ (*fam: überschütten*) to bombard
Bom·bar·die·rung <-, -en> *f* ❶ MIL bombing; (*mit Granaten*) bombardment ❷ (*fam*) bombardment
bom·bas·tisch *adj* (*pej*) ❶ (*schwülstig*) bombastic ❷ (*pompös*) pompous
Bom·be <-, -n> ['bɔmbə] *f* ❶ (*Sprengkörper*) bomb; **wie eine ~ einschlagen** to come as a bombshell; **eine ~ legen** MIL to plant a bomb ❷ (*Geldbombe*) strongbox ❸ SPORT (*sl: harter Schuss*) cracker ▶ **le·bende ~** human bomb; **die ~ platzen lassen** to drop the bombshell
Bom·ben·an·griff *m,* **Bom·ben·an·schlag** *m* bomb strike **Bom·ben·at·ten·tat** *nt* bomb attack **Bom·ben·dro·hung** *f* bomb scare **Bom·ben·er·folg** *m* (*fam*) smash hit **Bom·ben·ge·schäft** *nt* (*fam*) roaring business **bom·ben·si·cher** ['bɔmbn̩zɪçɐ] I. *adj* ❶ MIL bombproof ❷ (*fam*) sure; **ein ~er Tipp** a dead cert II. *adv* **~ lagern** to place in a bombproof store **Bom·ben·stim·mung** *f kein pl* (*fam*) ■ **in ~ sein** to be in a brilliant mood; **auf der Party herrschte eine ~** the place was jumping
Bom·ber <-s, -> ['bɔmbɐ] *m* (*fam*) bomber
bom·big ['bɔmbɪç] *adj* (*fam*) fantastic
Bon <-s, -s> [bɔŋ, bõː] *m* ❶ (*Kassenzettel*) receipt ❷ (*Gutschein*) voucher
Bon·bon <-s, -s> [bɔŋ'bɔŋ, bõ'bõː] *m o* ÖSTERR *nt* ❶ (*Süßigkeit*) sweet BRIT, candy AM ❷ (*etwas Besonderes*) treat
Bon·go <-, -s> ['bɔŋgo] *f,* **Bon·go·trom·mel** <-, -n> *f* bongo [drum]
Bonn <-s> [bɔn] *nt* Bonn
Bon·ner(in) <-s, -> ['bɔnɐ] *m(f)* inhabitant of Bonn
Bon·sai <-[s], -s> ['bɔnzaj] *m* bonsai
Bo·nus <- *o* -ses, - *o* -se *o* Boni> ['bo:nʊs, *pl* 'bo:ni] *m* ❶ FIN bonus ❷ SCH, SPORT (*Punktvorteil*) bonus points *pl*
Bo·nus·kar·te *f* (*Kundenkarte*) bonus points card **Bo·nus·mei·le** *f* LUFT airmile
Bon·ze <-n, -n> ['bɔntsə] *m* (*pej*) bigwig
Boom <-s, -s> [buːm] *m* ❶ ÖKON boom ❷ (*Hausse*) bull movement; (*starke Nachfrage*) rise

boo·men [ˈbuːmən] *vi* ÖKON to [be on the] boom

Boot <-[e]s, -e> [boːt] *nt* boat; (*Segel~*) yacht; **~ fahren** to go boating

Boots·fahrt *f* boat trip **Boots·flücht·ling** *m* ■ **-e** boat people **Boots·haus** *nt* boathouse **Boots·mann** <-leute> *m* NAUT bo[']sun; MIL petty officer **Boots·ver·leih** *m* boat hire

Bor <-s> [boːɐ̯] *nt kein pl* boron *no pl*

Bord¹ <-[e]s> [bɔrt] *m* **an ~** aboard; **an ~ gehen** to board; **über ~ gehen** to go overboard; **von ~ gehen** *Lotse* to leave the plane/ship; *Passagier a.* to disembark; **Mann über ~!** man overboard!

Bord² <-[e]s, -e> [bɔrt] *nt* shelf

Bord³ <-[e]s, -e> [bɔrt] *nt* SCHWEIZ (*Rand*) ledge; (*Böschung*) embankment

Bord·buch *nt* logbook **Bord·com·pu·ter** *m* RAUM, LUFT onboard computer; AUTO trip computer **Bord·elek·tro·nik** *f kein pl* LUFT on-board electronics

Bor·dell <-s, -e> [bɔrˈdɛl] *nt* brothel

Bord·kar·te *f* boarding card **Bord·per·so·nal** *nt kein pl* crew *no pl* **Bord·stein** *m*, **Bord·stein·kan·te** *f* kerb

Bor·dü·re <-, -n> [bɔrˈdyːrə] *f* border

bor·gen [ˈbɔrɡn̩] *vt* ❶ (*sich leihen*) to borrow ❷ (*verleihen*) to lend

Bor·ke <-, -n> [ˈbɔrkə] *f* BOT bark

Bor·ken·kä·fer *m* bark beetle

bor·niert [bɔrˈniːɐ̯t] *adj* (*pej*) bigoted

Bör·se <-, -n> [ˈbœrzə] *f* ❶ (*Wertpapierhandel*) stock market; (*Gebäude*) stock exchange; **an die ~ gehen** to go public; **an der ~ [gehandelt]** [traded] on the exchange; **an der ~ notiert werden** to be quoted on the stock exchange; **an der ~ spekulieren** to speculate on the stock exchange ❷ (*veraltend: Geldbörse*) purse; (*für Männer*) wallet

Bör·sen·be·richt *m* market report **Bör·sen·gang** *m* stock market flotation *no pl* **Bör·sen·krach** *m* [stock market] crash **Bör·sen·kurs** *m* market price **Bör·sen·mak·ler(in)** *m(f)* stockbroker **bör·sen·no·tiert** *adj* FIN *Firma* listed [on the stock exchange] **Bör·sen·spe·ku·lant(in)** *m(f)* speculator [on the stock market], BRIT *also* stockjobber *fam*

Bör·si·a·ner(in) <-s, -> [bœrˈzi̯aːnɐ] *m(f)* (*fam*) ❶ (*Börsenmakler*) broker ❷ (*Spekulant an der Börse*) speculator

Bors·te <-, -n> [ˈbɔrstə] *f* bristle

bors·tig [ˈbɔrstɪç] *adj* bristly

Bor·te <-, -n> [ˈbɔrtə] *f* border

Bor·was·ser *nt kein pl* boric acid solution

bös·ar·tig *adj* ❶ (*tückisch*) malicious; *Tier* vicious ❷ MED malignant; *Krankheit* pernicious

Bös·ar·tig·keit <-> *f kein pl* ❶ (*Tücke*) maliciousness; *eines Tiers* viciousness ❷ MED malignancy

Bö·schung <-, -en> [ˈbœʃʊŋ] *f* embankment; *eines Flusses, einer Straße a.* bank

bö·se [ˈbøːzə] **I.** *adj* ❶ (*sittlich schlecht*) bad; (*stärker*) evil, wicked; **~ Absicht** malice; **das war keine ~ Absicht!** no harm intended!; **jdm B~s tun** to cause sb harm ❷ *attr* (*unangenehm, übel*) bad; **~s Blut schaffen** to cause bad blood; **ein ~s Ende nehmen** (*geh*) to end in disaster; **~ Folgen haben** to have dire consequences; **eine ~ Geschichte** a nasty affair; **jdm einen ~n Streich spielen** to play a nasty trick on sb; **eine ~ Überraschung erleben** to have an unpleasant surprise; **ein ~r Zufall** a terrible coincidence; **nichts B~s ahnen** to not suspect anything is wrong; **sich zum B~n wenden** to take an unpleasant turn; **mir schwant B~s** I don't like the look of this ❸ (*verärgert*) angry; (*stärker*) furious; **ein ~s Gesicht machen** to scowl ❹ (*fam: unartig*) naughty ❺ (*gefährlich, schlimm*) nasty; *Unfall* terrible; (*schmerzend, entzündet*) sore ▶ **den ~n Blick haben** to have the evil eye; **B~s im Schilde führen** to be up to no good **II.** *adv* ❶ (*übelwollend*) evilly; **~ lächeln** to give an evil smile; **das habe ich nicht ~ gemeint** I meant no harm ❷ (*fam: sehr, schlimm*) badly; **sich ~ irren** to make a serious mistake; **~ ausgehen** to end in disaster; **~ [für jdn] aussehen** to look bad [for sb]

Bö·se·wicht <-[e]s, -er *o* -e> [ˈbøːzəvɪçt] *m* ❶ (*hum fam*) little devil ❷ (*veraltend: Schurke*) villain

bos·haft [ˈboːshaft] **I.** *adj* malicious **II.** *adv* **~ grinsen** to give an evil grin

Bos·heit <-, -en> *f* malice *no pl*; (*Bemerkung*) nasty remark; **aus [lauter] ~** out of [pure] malice

Bos·ni·en <-s> [ˈbɔsni̯ən] *nt* Bosnia; *s. a.* **Deutschland**

Bos·ni·en-Her·ze·go·wi·na <-s> *nt*, **Bos·ni·en und Her·ze·go·wi·na** <-s> *nt* ÖSTERR Bosnia-Herzegovina; *s. a.* **Deutschland**

Bos·ni·er(in) <-s, -> [ˈbɔsni̯ɐ] *m(f)* Bosnian; *s. a.* **Deutsche(r)**

bos·nisch [ˈbɔsnɪʃ] *adj* Bosnian

Bossᴿᴿ <-es, -e> *m*, **Boß**ᴬᴸᵀ <-sses, -sse> [bɔs] *m* boss

bös·wil·lig I. *adj* malevolent; JUR wilful II. *adv* malevolently
Bös·wil·lig·keit <-> *f kein pl* malevolence *no pl*
bot [boːt] *imp von* **bieten**
Bo·ta·nik <-> [boˈtaːnɪk] *f kein pl* botany *no pl*
Bo·ta·ni·ker(in) <-s, -> [boˈtaːnikɐ] *m(f)* botanist
bo·ta·nisch [boˈtaːnɪʃ] *adj* botanical; ~ **er Garten** Botanical Gardens *pl*
Bo·te, Bo·tin <-n, -n> [ˈboːtə, ˈboːtɪn] *m, f* ❶ (*Kurier*) courier; (*mit Nachricht*) messenger; (*Zeitungs~*) paperboy *masc*, papergirl *fem*; (*Laufbursche*) errand boy; *bes* SÜDD (*Post~*) postman ❷ (*geh: Anzeichen*) herald
Bo·ten·gang <-gänge> *m* errand; **einen ~ machen** to run an errand
Bo·tin <-, -nen> *f fem form von* **Bote**
Bo·tox [ˈboːtɔks] *nt* botox
Bot·schaft <-, -en> [ˈboːtʃaft] *f* ❶ (*Nachricht*) news *no pl, no indef art;* **hast du schon die freudige ~ gehört?** have you heard the good news yet?; **eine ~ erhalten** to receive a message; **jdm eine ~ hinterlassen** to leave sb a message, communication; **die Frohe ~** REL the Gospel ❷ (*ideologische Aussage*) message ❸ (*Gesandtschaft*) embassy
Bot·schaf·ter(in) <-s, -> *m(f)* ambassador
Bött·cher(in) <-s, -> [ˈbœtçɐ] *m(f)* cooper
Bot·tich <-[e]s, -e> [ˈbɔtɪç] *m* tub; (*für Wäsche*) washtub
Bouil·lon <-, -s> [bʊlˈjɔŋ, bʊlˈjoː] *f* [beef] bouillon; (*Restaurant*) consommé
Boule·vard <-s, -s> [buləˈvaːɐ̯] *m* boulevard
Boule·vard·pres·se *f* (*fam*) yellow press
Boule·vard·zei·tung *f* tabloid
Bour·geoi·sie <-, -n> [bʊrʒoaˈziː, *pl* ˈziːən] *f* (*veraltend geh*) bourgeoisie
Bou·tique <-, -n> [buˈtiːk] *f* boutique
Bow·le <-, -n> [ˈboːlə] *f* ❶ (*Getränk*) punch *no pl* ❷ (*Schüssel*) punchbowl
Bow·ling <-s, -s> [ˈboːlɪŋ] *nt* [tenpin] bowling *no pl, no art*
Box <-, -en> [bɔks] *f* ❶ (*Behälter*) box ❷ (*fam: Lautsprecher*) loudspeaker ❸ (*abgeteilter Raum*) compartment; (*Stand im Stall*) box [stall] ❹ (*für Rennwagen*) pit
bo·xen [ˈbɔksn̩] I. *vi* to box; ■ **gegen jdn ~** to fight sb II. *vt* (*schlagen*) to punch III. *vr* (*fam*) to have a punch-up BRIT [*or* AM fist fight] with sb
Bo·xen <-s, -s> [ˈbɔksn̩] *nt kein pl* boxing *no art*
Bo·xer(in) <-s, -> [ˈbɔksɐ] *m(f)* boxer
Bo·xer-Shorts, Bo·xershorts [-ʃoːɐ̯ts, -ʃɔrts] *pl* boxer shorts *npl*
Box·hand·schuh *m* boxing glove
Box·kampf *m* ❶ (*Einzelkampf*) bout ❷ (*Boxen*) boxing *no art*
Boy·kott <-[e]s, -e *o* -s> [bɔyˈkɔt] *m* boycott
boy·kot·tie·ren* [bɔykɔˈtiːrən] *vt* to boycott
brab·beln [ˈbrabl̩n] *vt* (*fam*) to mumble; *Säugling* to gurgle
brach¹ [braːx] *imp von* **brechen**
brach² [braːx] *adv* ~ **liegen** *Acker, Feld* to lie fallow
bra·chi·al [braˈxi̯aːl] *adj* ❶ MED brachial ❷ (*geh: roh*) **mit ~er Gewalt vorgehen** to use brute force
Brach·land *nt* fallow [land] **brach·lie·gen** *vi irreg Talent* to be left unexploited
brach·te [ˈbraxtə] *imp von* **bringen**
Brach·vo·gel *m* curlew
Brain·drain^{RR} <-s> [breɪnˈdreɪn] *m kein pl* brain drain *no pl*
Brain·stor·ming <-s> [ˈbreːnstɔːɐ̯mɪŋ] *nt kein pl* brainstorming session
Bran·che <-, -n> [ˈbrãːʃə] *f* ❶ (*Wirtschaftszweig*) line of business ❷ (*Tätigkeitsbereich*) field
Bran·chen·buch *nt* classified directory, ≈ Yellow Pages® **Bran·chen·ver·zeich·nis** *nt* classified directory
Brand <-[e]s, Brände> [brant, *pl* ˈbrɛndə] *m* ❶ (*Feuer*) fire; **in ~ geraten** to catch fire; **etw in ~ stecken** to set sth alight; *Gebäude* to set sth on fire ❷ *von Keramik* firing ❸ (*fam: großer Durst*) raging thirst; **einen ~ haben** (*fam*) to be parched ❹ MED gangrene *no art, no pl* ❺ BOT blight
brand·ak·tu·ell *adj* (*fam*) highly topical; *Buch* hot off the press; *CD, Schallplatte* very recent; *Thema, Frage* red-hot **Brand·an·schlag** *m* arson attack **Brand·bla·se** *f* burn blister **Brand·bom·be** *f* incendiary device **brand·ei·lig** *adj* (*fam*) extremely urgent
bran·den [ˈbrandn̩] *vi* to break (**an/gegen** against)
Bran·den·burg <-s> [ˈbrandn̩bʊrk] *nt* Brandenburg
Bran·den·bur·ger *adj* Brandenburg; ■ **das ~ Tor** [the] Brandenburg Gate
Brand·fleck *m* burn [mark] **Brand·herd** *m* source of the fire **Brand·ka·ta·stro·phe** *f* conflagration **Brand·mal** <-s, -e> *nt* brand **brand·mar·ken** *vt* to

brand (**als** as) **Brand·mau·er** f fire[proof] wall **brand·neu** ['brant'nɔy] adj (fam) brand new **Brand·scha·den** m fire damage no pl **Brand·schutz** m kein pl fire safety no art, no pl, protection against fire **Brand·stif·ter(in)** m(f) arsonist **Brand·stif·tung** f arson no pl
Bran·dung <-, -en> f surf
Brand·ur·sa·che f cause of the fire
Brand·wun·de f burn
Bran·dy <-s, -s> ['brɛndi] m brandy
Brand·zei·chen nt brand
brann·te ['brantə] imp von **brennen**
Brannt·wein ['brantvain] m (geh) spirits pl
Bra·si·li·a·ner(in) <-s, -> [brazi'li̯a:nɐ] m(f) Brazilian; s. a. **Deutsche(r)**
bra·si·li·a·nisch [brazi'li̯a:nɪʃ] adj Brazilian; s. a. **deutsch**
Bra·si·li·en <-s> [bra'zi:li̯ən] nt Brazil; s. a. **Deutschland**
Brat·ap·fel m baked apple
bra·ten <brät, briet, gebraten> ['bra:tn̩] vt, vi (in der Pfanne) to fry; (am Spieß) to roast
Bra·ten <-s, -> ['bra:tn̩] m roast [meat no pl, no art]; **kalter ~** cold meat ▶ **ein fetter ~** (fam) a good catch; **den ~ riechen** (fam) to smell a rat fam
Bra·ten·saft m dripping BRIT, drippings AM
Bra·ten·so·ße f gravy
Brat·hähn·chen nt, **Brat·hendl** <-s, -[n]> nt ÖSTERR, SÜDD grilled chicken **Brat·he·ring** m fried herring **Brat·kar·tof·feln** pl fried potatoes pl **Brat·pfan·ne** f frying pan **Brat·rost** m grill
Brat·sche <-, -n> ['bra:tʃə] f viola
Brat·wurst f ❶ (zum Braten bestimmte Wurst) [frying] sausage ❷ (gebratene Wurst) [fried] sausage
Brauch <-[e]s, Bräuche> [braux, pl 'brɔyçə] m custom; **nach altem ~** according to custom; **[bei jdm so] ~ sein** to be customary [with sb]
brauch·bar adj ❶ (geeignet) suitable; **nicht ~ sein** to be of no use ❷ (ordentlich) useful
brau·chen ['brauxn̩] I. vt ❶ (benötigen) to need; **wozu brauchst du das?** what do you need that for?; **ich brauche bis zum Bahnhof eine Stunde** I need an hour to get to the station ❷ DIAL (fam: gebrauchen) to use; **kannst du diese Dinge ~?** can you find a use for these?; **das könnte ich jetzt gut ~** I could do with that right now ❸ (fam: verbrauchen) to use II. modal vb (müssen) to need; ■ **etw nicht [zu] tun ~** to not need to do sth; **du hättest doch nur etwas [zu] sagen ~** you need only have said something III. vt impers SCHWEIZ, SÜDD ■ **es braucht etw** sth is needed; **es braucht noch ein bisschen Salz** a little more salt is needed
Brauch·tum <-[e]s, selten -tümer> nt customs pl; **ein altes ~** a tradition
Braue <-, -n> ['brauə] f [eye]brow
brau·en ['brauən] vt ❶ Bier to brew ❷ (fam: zubereiten) to make; Zaubertrank to concoct
Brau·er(in) <-s, -> ['brauɐ] m(f) brewer
Brau·e·rei <-, -en> [brauə'rai] f ❶ (Braubetrieb) brewery ❷ kein pl (das Brauen) brewing no pl
Brau·e·rin <-, -nen> f fem form von **Brauer**
Brau·haus nt [privately-owned] brewery
braun [braun] adj ❶ (Farbe) brown; (brünett) brunet[te]; (von der Sonne) [sun-]tanned ❷ (pej: nationalsozialistisch) Nazi attr; ■ **die B~en** pl the Brownshirts pl
Braun·bär m brown bear
Bräu·ne <-> ['brɔynə] f kein pl [sun]tan
bräu·nen ['brɔynən] I. vt ❶ (braun werden lassen) to tan ❷ KOCHK to brown II. vi ❶ (braun werden) to go brown; (von Sonne, UV-Strahlung) to tan ❷ KOCHK to turn brown III. vr **sich ~** (sich sonnen) to get a tan; (braun werden) to go brown
Braun·koh·le f brown coal
bräun·lich ['brɔynlɪç] adj brownish
Brau·se <-, -n> ['brauzə] f ❶ DIAL (veraltend: Dusche) shower ❷ (Aufsatz von Gießkannen) spray [attachment], sprinkler ❸ (Limonade) lemonade; (Brausepulver) sherbet powder
brau·sen ['brauzn̩] vi ❶ haben (tosen) to roar; (von Wind, Sturm) to howl ❷ sein (fam: rasen) to storm; (von Wagen) to race
Brau·se·ta·blet·te f effervescent tablet
Braut <-, Bräute> [braut, pl 'brɔytə] f ❶ (bei Hochzeit) bride ❷ (veraltend: Verlobte) fiancée ❸ (veraltend sl: junge Frau, Freundin) girl, BRIT fam also bird
Braut·füh·rer m bride's male attendant
Bräu·ti·gam <-s, -e> ['brɔytɪgam, 'brɔyti-] m ❶ (bei Hochzeit) [bride]groom ❷ (veraltend: Verlobter) fiancé
Braut·jung·fer f bridesmaid **Braut·kleid** nt wedding dress **Braut·leu·te** pl, **Braut·paar** nt ❶ (bei Hochzeit) bride and groom + pl vb ❷ (veraltend: Verlobte) engaged couple **Braut·schau** f **auf ~ gehen** (hum) to go looking for a wife
brav [bra:f] I. adj ❶ (folgsam) good; **sei**

schön ~! be a good boy/girl ② (*bieder*) plain ③ (*rechtschaffen*) worthy **II.** *adv* ① (*folgsam*) **geh ~ spielen!** be a good boy/girl, and go and play ② (*rechtschaffen*) worthily

bra·vo ['braːvo] *interj* well done

Bra·vour <-> [bra'vuːɐ̯], **Bra·vur**^RR <-> [bra'vuːɐ̯] *f kein pl* (*geh*) ① (*Meisterschaft*) brilliance *no pl;* ■ **mit ~** (*meisterlich*) with style; (*mit Elan*) with spirit ② (*Kühnheit*) gallantry

BRD <-> [beːʔɛrˈdeː] *f Abk von* **Bundesrepublik Deutschland** FRG

Break·dance <-[s]> ['breːkdaːns] *m kein pl* break-dance

Brech·durch·fall *m* vomiting and diarrhoea *no art* **Brech·ei·sen** *nt* crowbar; **etw mit einem ~ aufbrechen** to crowbar sth [open]

bre·chen <bricht, brach, gebrochen> ['brɛçn̩] **I.** *vt haben* ① (*zer~*) to break; *Schiefer, Marmor* to cut; (*im Steinbruch*) to quarry ② *Abmachung, Vertrag* to break; *Eid* to violate; **sein Schweigen ~** to break one's silence ③ *Lichtstrahl* to refract **II.** *vi* ① *sein* (*auseinander~*) to break [apart]; **~ d voll sein** (*fam*) to be jam-packed ② *haben* (*Verbindung beenden*) to break (**mit** with) ③ (*sich übergeben*) to be sick **III.** *vr haben* (*abgelenkt werden*) ■ **sich** [**an etw** *dat*] **~** to break [against sth]; PHYS to be refracted [at sth]; (*von Ruf, Schall*) to rebound [off sth]

Bre·cher <-s, -> ['brɛçɐ] *m* breaker

Brech·mit·tel *nt* emetic [agent] **Brechreiz** *m kein pl* nausea *no pl, no art* **Brechstan·ge** *f* crowbar

Bre·chung <-, -en> *f* (*von Wellen*) breaking; PHYS diffraction; (*von Schall*) rebounding

Brei <-[e]s, -e> [braɪ] *m* ① (*dickflüssiges Nahrungsmittel*) mash *no pl* ② (*zähe Masse*) paste ▶ **um den [heißen] ~ herumreden** to beat about the bush *fam*

brei·ig ['braɪɪç] *adj* pulpy

breit [braɪt] **I.** *adj* ① (*flächig ausgedehnt*) wide; *Nase* flattened; *Schultern* broad; **etw ~ [er] machen** to widen sth; **zehn Zentimeter ~ sein** to be ten centimetres [*or* AM centimeters] wide ② (*ausgedehnt*) wide; **ein ~ es Publikum** a wide audience; **die ~ e Öffentlichkeit** the general public; **~ e Zustimmung** wide[-ranging] approval ③ *Dialekt* broad ④ DIAL (*sl: betrunken*) smashed **II.** *adv* ① (*flach*) flat ② (*umfangreich*) **~ gebaut** strongly built; **sich ~ hinsetzen** to plump down ③ (*gedehnt*) broadly

Breit·band·an·schluss^RR *m* broadband connection

breit·bei·nig *adj* **in ~ er Stellung** with one's legs apart; **ein ~ er Gang** a rolling gait

Brei·te <-, -n> ['braɪtə] *f* ① (*die breite Beschaffenheit*) width; **von x cm ~** x cm in width ② (*Ausgedehntheit*) wide range ③ (*Gedehntheit*) breadth ④ (*von Dialekt, Aussprache*) broadness

Brei·ten·grad *m* [degree of] latitude **Brei·ten·kreis** *m* line of latitude, parallel

breit·flä·chig *adj Phänomen, Problem* large-scale

breit|ma·chen *vr* (*fam*) **sich ~** (*viel Platz beanspruchen*) to spread oneself [out]; (*sich ausbreiten*) to spread; (*sich verbreiten*) to pervade

breit·ran·dig *adj* wide-rimmed; *Hut* broad-brimmed

breit|schla·gen *vt irreg* (*fam*) to talk round; ■ **sich ~ lassen** to let oneself be talked round

breit·schul·te·rig *adj,* **breit·schult·rig** *adj* broad-shouldered *attr*

Breit·sei·te *f* ① NAUT broadside; **eine ~ abgeben** to fire a broadside ② (*kürzere Seite*) short end **breit|tre·ten** *vt irreg* (*fam*), **breit|wal·zen** *vt* (*fam: zu ausgiebig erörtern*) to go on about

Bre·men <-s> ['breːmən] *nt* Bremen

Brems·ba·cke *f* brake shoe **Brems·belag** *m* brake lining; AUTO brake pad

Brem·se¹ <-, -n> ['brɛmzə] *f* (*Bremsvorrichtung*) brake; **die ~ n sprechen gut an** the brakes respond well; **auf die ~ treten** to put on the brakes

Brem·se² <-, -n> ['brɛmzə] *f* (*Stechfliege*) horsefly

brem·sen ['brɛmzn̩] **I.** *vi* ① (*die Bremse betätigen*) to brake ② (*hinauszögern*) to put on the brakes *fam* **II.** *vt* ① AUTO (*ab~*) to brake ② (*verzögern*) to slow down *sep* ③ (*fam: zurückhalten*) to check; **sie ist nicht zu ~** (*fam*) there's no holding her **III.** *vr* **ich kann/werd mich ~!** (*fam*) not likely! *also iron,* not a chance! *also iron*

Brems·flüs·sig·keit *f* brake fluid **Bremsklotz** *m* AUTO brake pad **Brems·licht** *nt* stop light **Brems·pe·dal** *nt* brake pedal **Brems·spur** *f* skid marks *pl*

Brem·sung <-, -en> *f* braking *no art* **Brems·weg** *m* braking distance

brenn·bar *adj* combustible

Brenn·ele·men·te *pl* fuel elements *pl*

bren·nen <brannte, gebrannt> ['brɛnən] **I.** *vi* ① (*in Flammen stehen*) to be on fire; **lichterloh ~** to be ablaze ② (*angezündet* *sein*) to burn; *Streichholz* to strike; *Feuerzeug* to light ❸ ELEK (*fam: an sein*) to be on; *Lampe a.* to be burning; ▪ *etw* ~ **lassen** to leave sth on ❹ (*schmerzen*) to be sore; **auf der Haut** ~ to burn the skin ❺ (*auf etw sinnen*) ▪ **darauf** ~, **etw zu tun** to be dying to do sth **II.** *vi impers* **es brennt!** fire! fire!; **in der Fabrik brennt es** there's a fire in the factory; **wo brennt's denn?** (*fig*) where's the fire? **III.** *vt* ❶ (*rösten*) to roast ❷ (*destillieren*) to distil ❸ (*härten*) to fire ❹ (*auf*~) to burn

bren·nend I. *adj* ❶ (*quälend*) scorching ❷ (*sehr groß*) *Frage* urgent; *Wunsch* fervent **II.** *adv* (*fam: sehr*) incredibly

Bren·ner <-s, -> ['brɛnɐ] *m* TECH burner

Bren·ner(in) <-s, -> ['brɛnɐ] *m(f)* (*Beruf*) distiller

Bren·ne·rei <-, -en> [brɛnəˈraɪ] *f* distillery

Bren·ne·rin <-, -nen> *f fem form von* **Brenner**

Brennes·sel^{ALT} ['brɛnɛsl̩] *f s.* **Brennnessel**

Brenn·glas *nt* burning glass **Brenn·holz** *nt* firewood *no pl* **Brenn·ma·te·ri·al** *nt* [heating] fuel **Brenn·nes·sel**^{RR} ['brɛnnɛsl̩] *f* stinging nettle **Brenn·punkt** *m* ❶ PHYS focal point ❷ MATH focus ❸ (*Zentrum*) focus; **im ~ [des Interesses] stehen** to be the focus [of interest] **Brenn·spi·ri·tus** *m* methylated spirit **Brenn·stab** *m* fuel rod **Brenn·stoff** *m* fuel **Brenn·stoff·zel·le** *f* fuel cell **Brenn·wei·te** *f* PHYS focal length

brenz·lig ['brɛntslɪç] *adj* (*fam*) dicey; **die Situation wird mir zu ~** things are getting too hot for me

Bre·sche <-, -n> ['brɛʃə] *f* breach; [**für jdn**] **in die ~ springen** (*fig*) to step in [for sb]

Bre·ta·gne <-> [breˈtanjə, brəˈtanjə] *f* ▪ **die ~** Brittany

Bre·to·ne, **Bre·to·nin** <-n, -n> [breˈtoːnə, -ˈtoːnɪn] *m, f* Breton; *s. a.* **Deutsche(r)**

bre·to·nisch [breˈtoːnɪʃ] *adj* Breton; *s. a.* **deutsch**

Brett <-[e]s, -er> [brɛt] *nt* ❶ (*Holzplatte*) [wooden] board; (*Planke*) plank; **etw mit ~ern vernageln** to board sth up; (*Sprungbrett*) [diving-]board; (*Regalbrett*) shelf; **schwarzes ~** noticeboard ❷ (*Spielbrett*) [game]board ❸ *pl* (*Skier*) skis *pl* ▶ **ein ~ vorm Kopf haben** (*fam*) to be slow on the uptake

bret·tern ['brɛtɐn] *vi sein* (*fam*) to hammer; **über die Autobahn ~** to race along the motorway [*or* AM freeway]

Bret·ter·zaun *m* wooden fence; (*an Baustellen*) hoarding

Brett·spiel *nt* board game

Bre·zel <-, -n> ['breːtsl̩] *f* pretzel

bricht [brɪçt] *3. pers pres von* **brechen**

Bridge <-> [brɪdʒ] *nt kein pl* bridge *no pl*

Brief <-[e]s, -e> [briːf] *m* ❶ (*Poststück*) letter; **blauer ~** (*Kündigung*) letter of dismissal; SCH school letter notifying parents that their child must repeat the year; **ein offener ~** an open letter ❷ (*in der Bibel*) epistle

Brief·be·schwe·rer <-s, -> *m* paperweight **Brief·block** *m* writing pad **Brief·bo·gen** *m* [sheet of] writing paper **Brief·bom·be** *f* letter bomb **Brief·freund(in)**

Briefe

Anrede in Briefen	*forms of address in letters*
Hallo, …!/Hi, …! *(fam)*	*Hello, …!/Hi, …! (fam)*
Liebe Elke,/Lieber Jürgen,	*Dear Elke,/Dear Jürgen,*
Sehr geehrte Frau …,/Sehr geehrter Herr …, *(form)*	*Dear Mrs …,/Dear Mr …,*
Sehr geehrte Damen und Herren, *(form)*	*Dear Sir or Madam, (form)*

Schlussformeln in Briefen	*ending a letter*
Tschüss! *(fam)***/Ciao!** *(fam)*	*Bye!/Cheerio!*
Alles Gute! *(fam)*	*All the best!*
Herzliche/Liebe Grüße *(fam)*	*Kind regards,/With love from …*
Viele Grüße	*Best wishes,*
Mit (den) besten Grüßen	*Yours,*
Mit freundlichen Grüßen *(form)*	*Yours sincerely,/faithfully, (form)*

m(f) pen pal, BRIT *also* penfriend **Brief·ge·heim·nis** *nt* privacy of correspondence
Brie·fing <-s, -s> ['briːfɪŋ] *nt* briefing
Brief·kas·ten *m* (*Hausbriefkasten*) letter box BRIT, mailbox AM; (*Postbriefkasten*) postbox BRIT, mailbox AM, BRIT *also* pillar box; **elektronischer ~** INFORM electronic mailbox; **ein toter ~** a dead-letter box
Brief·kas·ten·fir·ma *f* letter-box company **Brief·kopf** *m* letterhead
brief·lich *adj* in writing *pred*, by letter *pred*
Brief·mar·ke *f* [postage] stamp **Brief·mar·ken·au·to·mat** *m* stamp[-dispensing] machine **Brief·mar·ken·samm·ler(in)** *m(f)* stamp collector **Brief·mar·ken·samm·lung** *f* stamp collection
Brief·öff·ner *m* letter opener **Brief·pa·pier** *nt* letter paper **Brief·ta·sche** *f* wallet, AM *also* billfold **Brief·tau·be** *f* carrier pigeon **Brief·trä·ger(in)** *m(f)* postman *masc,* postwoman *fem* **Brief·um·schlag** *m* envelope **Brief·waa·ge** *f* letter scales *npl* **Brief·wahl** *f* postal vote BRIT, absent[ee] ballot AM **Brief·wech·sel** *m* correspondence
briet [briːt] *imp von* **braten**
Bri·ga·de <-, -n> [briˈɡaːdə] *f* MIL brigade
Bri·kett <-s, -s *o selten* -e> [briˈkɛt] *nt* briquette
bril·lant [brɪlˈjant] *adj* brilliant
Bril·lant <-en, -en> [brɪlˈjant] *m* brilliant
Bril·lanz <-> [brɪlˈjants] *f kein pl* ❶ (*meisterliche Art*) brilliance ❷ (*von Lautsprecher*) bounce ❸ (*Bildschärfe*) quality
Bril·le <-, -n> [ˈbrɪlə] *f* ❶ (*Sehhilfe*) glasses *npl;* ■ **eine ~** a pair of glasses; [**eine**] **~ tragen** to wear glasses ❷ (*Toilettenbrille*) [toilet] seat
Bril·len·etui *nt* glasses case **Bril·len·ge·stell** *nt* spectacles frame **Bril·len·glas** *nt* lens **Bril·len·schlan·ge** *f* ❶ ZOOL [spectacled] cobra ❷ (*pej fam*) four-eyes **Bril·len·trä·ger(in)** *m(f)* person wearing glasses
Bril·li <-s, -s> [ˈbrɪli] *m* (*hum fam*) [big] diamond
bril·lie·ren* [brɪlˈjiːrən] *vi* (*geh*) to scintillate (**mit** with)
Brim·bo·ri·um <-s> [brɪmˈboːriʊm] *nt kein pl* (*pej fam*) fuss (**um** about)
brin·gen <brachte, gebracht> [ˈbrɪŋən] *vt* ❶ (*tragen*) ■ [**jdm**] **etw ~** to bring [sb] sth; **den Müll nach draußen ~** to take out the rubbish [*or* AM garbage]; **etw hinter sich ~** to get sth over and done with; **etw mit sich ~** to involve sth; **es nicht über sich ~, etw zu tun** not to be able to bring oneself to do sth ❷ (*mitteilen*) ■ **jdm eine Nachricht ~** to bring sb news ❸ (*befördern, begleiten*) **jdn nach Hause ~** to take sb home; **die Kinder ins Bett ~** to put the children to bed ❹ (*senden*) to broadcast; TV to show ❺ (*versetzen*) **jdn in Bedrängnis ~** to get sb into trouble; **jdn ins Gefängnis ~** to put sb in prison; **jdn ins Grab ~** to be the death of sb; **jdn in Schwierigkeiten ~** to put sb into a difficult position; **jdn zur Verzweiflung ~** to make sb desperate ❻ (*rauben*) ■ **jdn um etw** *akk* **~** to rob sb of sth; **jdn um den Verstand ~** to drive sb mad ❼ (*ein~*) to bring in; **das bringt nicht viel Geld** that won't bring [us] in much money; (*er~*) to produce ❽ (*bewegen*) ■ **jdn dazu ~, etw zu tun** to get sb to do sth ❾ *mit substantiviertem vb* (*bewerkstelligen*) **jdn zum Laufen/Singen/Sprechen ~** to make sb run/sing/talk; **jdn zum Schweigen ~** to silence sb; **etw zum Brennen/Laufen ~** to get sth to burn/work ❿ (*sl: machen*) **einen Hammer ~** (*fam*) to drop a bombshell; **das kannst du doch nicht ~!** you can't [go and] do that! ⓫ (*fam: gut sein*) **sie/es bringt's** she's/it's got what it takes; **das bringt er nicht** he's not up to it; **das bringt nichts** it's pointless; **das bringt's nicht** that's useless

bri·sant [briˈzant] *adj* explosive
Bri·sanz <-, -en> [briˈzants] *f* explosive nature
Bri·se <-, -n> [ˈbriːzə] *f* breeze
Bri·tan·ni·en <-s> [briˈtanjən] *nt* HIST Britannia; (*Großbritannien*) Britain; *s. a.* **Deutschland**
Bri·te, Bri·tin <-n, -n> [ˈbriːtə, ˈbrɪtə, ˈbriːtɪn, ˈbrɪtɪn] *m, f* Briton, Brit *fam;* **wir sind ~n** we're British; *s. a.* **Deutsche(r)**
bri·tisch [ˈbrɪtɪʃ, ˈbriːtɪʃ] *adj* British, Brit *attr fam; s. a.* **deutsch**
brö·cke·lig [ˈbrœkəlɪç] *adj* ❶ (*zerbröckelnd*) crumbling *attr* ❷ (*leicht bröckelnd*) crumbly
brö·ckeln [ˈbrœkl̩n] *vi* to crumble
Bro·cken <-s, -> [ˈbrɔkn̩] *m* ❶ (*Bruchstück*) chunk; **ein harter ~ sein** (*fam*) to be a tough nut ❷ *pl* **ein paar ~ Russisch** a smattering of Russian ❸ (*fam: massiger Mensch*) hefty bloke [*or* AM guy]
bro·deln [ˈbroːdl̩n] *vi* (*aufwallen*) to bubble; (*von Lava a.*) to seethe
Bro·kat <-[e]s, -e> [broˈkaːt] *m* brocade
Bro·ker(in) <-s, -> [ˈbroːkɐ] *m(f)* FIN broker
Brok·ko·li [ˈbrɔkoli] *pl* broccoli *no pl, no indef art*

Brom <-s> [bro:m] *nt kein pl* bromine *no pl*
Brom·bee·re ['brɔmbe:rə] *f* ① (*Strauch*) blackberry bush ② (*Frucht*) blackberry
Brom·beer·strauch *m s.* **Brombeere** 1
Bron·chi·al·ka·tarr[RR], **Bron·chi·al·ka·tarrh** *m* bronchial catarrh
Bron·chie <-, -n> ['brɔnçi̯ə, *pl* -çi̯ən] *f meist pl* bronchial tube
Bron·chi·tis <-, Bronchitiden> [brɔn'çi:tɪs, *pl* -çi'ti:dn̩] *f* bronchitis *no art*
Bron·ze <-, -n> ['brõ:sə] *f* bronze
Bron·ze·me·dail·le [-medaljə] *f* bronze medal
bron·zen ['brõ:sn̩, 'brɔŋsn̩] *adj* ① (*aus Bronze*) bronze *attr*; of bronze *pred* ② (*von ~ er Farbe*) bronze[-coloured]
Bron·ze·zeit *f* ■ **die ~** the Bronze Age
Bro·sche <-, -n> ['brɔʃə] *f* brooch
Bro·schü·re <-, -n> [brɔ'ʃy:rə] *f* brochure
Brö·sel <-s, -> ['brø:zl̩] *m* DIAL crumb
Brot <-[e]s, -e> [bro:t] *nt* bread *no pl;* **alt|backen|es ~** stale bread; **das ist unser täglich[es] ~** (*fig*) that's our stock-in-trade; (*Laib*) loaf [of bread]; **ein ~ mit Honig/Käse** a slice of bread and honey/cheese; **belegtes ~** open sandwich; **sich** *dat* **sein ~ verdienen** to earn one's living
Brot·auf·strich *m* [sandwich] spread
Brot·be·lag *m* topping
Bröt·chen <-s, -> ['brø:tçən] *nt* [bread] roll ▶ **sich** *dat* **seine ~ verdienen** (*fam*) to earn one's living
Bröt·chen·ge·ber *m* (*hum fam*) provider
Brot·ein·heit *f* MED carbohydrate unit
Brot·er·werb *m* [way of earning one's] living **Brot·kas·ten** *m* bread bin **Brot·korb** *m* bread basket **Brot·kru·me** *f*, **Brot·krü·mel** *m* breadcrumb **brot·los** *adj* out of work *pred* **Brot·mes·ser** *nt* bread knife **Brot·rin·de** *f* [bread] crust **Brot·schnei·de·ma·schi·ne** *f* bread slicer **Brot·zeit** *f* DIAL ① (*Pause*) tea break ② (*Essen*) snack
Brow·nie <-s, -s> ['braʊni] *m* [chocolate] brownie
brow·sen ['braʊzn̩] *vi* INFORM to browse
Brow·ser <-s, -> ['braʊzɐ] *m* INFORM browser
Bruch <-[e]s, Brüche> [brʊx, *pl* 'bry:çə] *m* ① (*das Brechen*) violation, infringement; *eines Vertrags* infringement; *Vertrauens* breach ② (*von Beziehung, Partnern*) rift; *mit Tradition* break; **in die Brüche gehen** to break up ③ MED (*Knochenbruch*) fracture; **ein komplizierter ~** a compound fracture; (*Eingeweidebruch*) hernia; **sich** *dat* **einen ~ heben** to give oneself a hernia ④ MATH fraction ⑤ (*zerbrochene Ware*) breakage; **zu ~ gehen** to get broken ⑥ (*sl: Einbruch*) break-in; **einen ~ machen** (*sl*) to do a break-in, AM *also* to bust a joint
Bruch·bu·de *f* (*pej fam*) dump **bruch·fest** *adj* unbreakable
brü·chig ['brʏçɪç] *adj* ① (*bröckelig*) friable; *Pergament* brittle; *Leder* cracked ② *Stimme* cracked ③ (*ungefestigt*) fragile
Bruch·lan·dung *f* crash-landing; **eine ~ machen** to crash-land **Bruch·rech·nen** *nt* fractions *pl* **Bruch·stück** *nt* ① (*abgebrochenes Stück*) fragment ② (*von Lied, Rede etc: schriftlich*) fragment; (*mündlich*) snatch
bruch·stück·haft I. *adj* fragmentary II. *adv* in fragments; (*mündlich*) in snatches
Bruch·teil *m* fraction; **im ~ einer Sekunde** in a split second **Bruch·zahl** *f* MATH fraction
Brü·cke <-, -n> ['brʏkə] *f* ① (*Bauwerk*) bridge; **alle ~n hinter sich** *dat* **abbrechen** (*fig*) to burn [all] one's bridges behind one ② NAUT [captain's] bridge ③ (*Zahnbrücke*) [dental] bridge ④ (*Teppich*) rug ⑤ SPORT bridge
Brü·cken·bau <-bauten> *m* bridge-building *no art* **Brü·cken·pfei·ler** *m* [bridge] pier **Brü·cken·schlag** *m kein pl* bridging *no art;* **das war der erste ~** that forged the first link **Brü·cken·tag** *m* extra day off to bridge single working day between a bank holiday and the weekend
Bru·der <-s, Brüder> ['bru:dɐ, *pl* 'bry:dɐ] *m* ① (*Verwandter*) brother; ■ **die Brüder Schmitz/Grimm** the Schmitz brothers/the Brothers Grimm ② (*Mönch*) brother; **~ Cadfael** Brother Cadfael ③ (*pej fam: Kerl*) bloke BRIT, guy AM
Bru·der·krieg *m* war between brothers
brü·der·lich I. *adj* fraternal II. *adv* like brothers; **~ teilen** to share and share alike
Brü·der·lich·keit <-> *f kein pl* fraternity *no pl*
Bru·der·mord *m* fratricide
Bru·der·schaft <-, -en> *f* REL fraternity
Brü·der·schaft <-, -en> *f* intimate friendship; **mit jdm ~ schließen** to make close friends with sb; **mit jdm ~ trinken** to agree to use the familiar "du" [over a drink]
Brü·he <-, -n> ['bry:ə] *f* ① (*Suppe*) [clear] soup ② (*fam: Flüssigkeit*) **schmutzige ~** sludge; (*Schweiß*) sweat ③ (*pej fam: Getränk*) slop

brü·hen ['bry:ən] vt **einen Kaffee/Tee ~** to make coffee/tea

brüh·warm ['bry:'varm] **I.** adj (fam) Neuigkeiten hot **II.** adv (fam) **etw ~ weitererzählen** to immediately start spreading sth around

Brüh·wür·fel m stock cube

brül·len ['brʏlən] **I.** vi ❶ (schreien) to roar (**vor** with); (weinen) to bawl; **brüll doch nicht so!** don't shout like that! ❷ (von Löwe) to roar; (von Stier) to bellow; (von Affe) to howl **II.** vt ▪**jdm etw ins Ohr ~** to shout sth in sb's ear

Brumm·bär ['brʊm-] m (fam) ❶ (Kindersprache: Bär) teddy bear ❷ (brummiger Mann) crosspatch fam

brum·meln ['brʊməln] vi, vt (fam) to mumble

brum·men ['brʊmən] **I.** vi ❶ (von Insekt, Klingel) to buzz; (von Bär) to growl; (von Wagen, Motor) to drone; (von Bass) to rumble; (von Kreisel) to hum ❷ (beim Singen) to drone ❸ (fam: in Haft sein) to be doing time ❹ (murren) to grumble ❺ Geschäft, Wirtschaft to boom **II.** vt to mumble

Brum·mer <-s, -> m (fam) ❶ (Insekt) Fliege bluebottle; Hummel bumble-bee ❷ (Lastwagen) juggernaut

brum·mig ['brʊmɪç] adj (fam) grouchy fam

Brumm·schä·del m (fam) headache; (durch Alkohol a.) hangover; **einen ~ haben** to be hung over

Brunch <-[e]s, -[e]s o -e> [brantʃ] nt brunch

brun·chen [brantʃn] vi to brunch

brü·nett [bry'nɛt] adj brunet[te]

Brunft <-, Brünfte> [brʊnft, pl brʏnftə] f (Brunftzeit) rutting season; **in der ~ sein** to be rutting, to be on [or AM in] heat

Brun·nen <-s, -> ['brʊnən] m ❶ (Wasserbrunnen) well; **einen ~ bohren** to sink a well ❷ (ummauertes Wasserbecken) fountain

Brun·nen·schacht m well shaft

Brunst <-, Brünste> [brʊnst, pl brʏnstə] f (~zeit) rutting season

brüns·tig ['brʏnstɪç] adj ❶ (von männlichem Tier) rutting; (von weiblichem Tier) on [or AM in] heat pred ❷ (hum: sexuell begierig) horny

Brus·chet·ta <-, -s o Bruschette> [brʊs-'kɛta] f bruschetta

brüsk [brʏsk] adj brusque

brüs·kie·ren* [brʏs'ki:rən] vt to snub

Brüs·sel <-s> ['brʏsl̩] nt Brussels

Brüs·se·ler adj Brussels; **~ Spitzen** Brussels lace no pl, no art

Brüs·se·ler(in) <-s, -> m(f) inhabitant of Brussels

Brust <-, Brüste> [brʊst, pl 'brʏstə] f ❶ (Brustkasten) chest; **es auf der ~ haben** (fam) to have chest trouble; **schwach auf der ~ sein** (hum fam: untrainiert sein) to have a weak chest; (an Geldmangel leiden) to be a bit short ❷ (weibliche ~) breast; **einem Kind die ~ geben** to breast-feed a baby ❸ KOCHK breast; (von Rind) brisket ▶ **einen zur ~ nehmen** to have a quick drink; [sich dat] **jdn zur ~ nehmen** (fam) to take sb to task

Brust·bein nt ANAT breastbone **Brust·beutel** m money bag [worn round the neck]

brüs·ten ['brʏstn̩] vr ▪**sich ~** to boast (**mit** about)

Brust·fell nt ANAT pleura **Brust·kasten** m chest **Brust·korb** m ANAT chest **Brust·krebs** m breast cancer **Brust·muskel** m pectoral muscle **Brust·schwim·men** nt breast-stroke **Brust·tasche** f breast pocket **Brust·um·fang** m chest measurement; (von Frau) bust measurement

Brüs·tung <-, -en> ['brʏstʊŋ] f ❶ (Balkonbrüstung etc) parapet ❷ (Fensterbrüstung) breast

Brust·war·ze f nipple

Brut <-, -en> [bru:t] f ❶ kein pl (das Brüten) brooding no pl ❷ (die Jungen) brood; (von Hühnern) clutch; (von Bienen) nest ❸ kein pl (pej: Gesindel) mob

bru·tal [bru'ta:l] **I.** adj ❶ (roh) brutal; **ein ~er Kerl** a brute ❷ (fam: besonders groß, stark) bastard attr sl; **~e Kopfschmerzen haben** (fam) to have a throbbing headache; **eine ~e Niederlage** a crushing defeat **II.** adv ❶ (roh, ohne Rücksicht) brutally ❷ (fam: sehr) **das tut ~ weh** it hurts like hell; **das war ~ knapp!** that was damned close!; **~ viel[e]** a hell of a lot

Bru·ta·li·tät <-, -en> [brutali'tɛ:t] f ❶ kein pl (Rohheit) brutality ❷ kein pl (Schonungslosigkeit) cruelty ❸ (Gewalttat) brutal act

Brut·ap·pa·rat m incubator

brü·ten ['bry:tn̩] vi ❶ (über den Eiern sitzen) to brood; (von Hühnern a.) to sit ❷ (grübeln) to brood (**über** over)

Brü·ter <-s, -> m NUKL [nuclear] breeder; **schneller ~** fast breeder

Brut·kas·ten m MED incubator **Brut·platz** m breeding place; (von Hühnern) hatchery **Brut·stät·te** f ❶ (Nistplatz) breeding ground (+gen for) ❷ (geh: Herd) breeding ground (+gen for)

brut·to ['bruto] *adv* [in the] gross; **sie verdient 3800 Euro ~** she has a gross income of 3800 euros
Brut·to·ein·kom·men *nt* gross income **Brut·to·ge·halt** *nt* gross salary **Brut·to·ge·winn** *m* gross profit **Brut·to·in·lands·pro·dukt** *nt* gross domestic product, GDP **Brut·to·lohn** *m* gross wage **Brut·to·so·zi·al·pro·dukt** *nt* gross national product, GNP
brut·zeln ['brυtsl̩n] **I.** *vi* (*braten*) to sizzle **II.** *vt* to fry
BSE [be:?ɛs'?e:] *f* MED *Abk von* **bovine spongiforme Enzephalopathie** BSE
BSP [be:?ɛs'pe:] *nt Akr von* **Bruttosozialprodukt** GNP
btto *Abk von* **brutto** gr.
Btx [be:te:'?ɪks] *Abk von* **Bildschirmtext** Vtx
Bub <-en, -en> [bu:p, *pl* bu:bn̩] *m* SÜDD, ÖSTERR, SCHWEIZ boy, BRIT *also* cock
Bub·ble·tea <-s, -s> ['bʌblti] *m* bubble tea
Bu·be <-n, -n> ['bu:bə] *m* (*Spielkarte*) jack
Bu·ben·streich *m* childish prank
Buch <-[e]s, Bücher> [bu:x, *pl* 'by:çɐ] *nt* ❶ (*Band*) book; **ein ~ mit sieben Siegeln** (*fig*) a closed book; **du redest wie ein ~** (*fam*) you never stop talking; **ein Gentleman, wie er im ~ e steht** the very model of a gentleman ❷ *meist pl* ÖKON (*Geschäftsbuch*) books *pl;* **die Bücher fälschen** to cook the books *fam;* **[jdm] die Bücher führen** to keep sb's accounts; **über etw** *akk* **~ führen** to keep a record of sth; **über die Bücher gehen** SCHWEIZ to balance the books ❸ REL (*Schrift*) Book
Buch·bin·der(in) <-s, -> *m/f* bookbinder
Buch·bin·de·rei <-, -en> *f* ❶ (*Betrieb*) bookbindery ❷ *kein pl* (*das Buchbinden*) ■ **die ~** bookbinding *no pl*
Buch·bin·de·rin <-, -nen> *f fem form von* **Buchbinder**
Buch·druck *m kein pl* letterpress printing *no art* **Buch·dru·cker(in)** *m/f* [letterpress] printer
Bu·che <-, -n> ['bu:xə] *f* ❶ (*Baum*) beech [tree] ❷ (*Holz*) beech [wood]
Buch·ecker <-, -n> *f* beechnut
bu·chen ['bu:xn̩] *vt* ❶ (*vorbestellen*) to book ❷ ÖKON (*ver~*) to enter (**als** as) ❸ (*registrieren*) to register
Bu·chen·holz *nt* beech[wood]
Bü·cher·bord <-e> *nt*, **Bü·cher·brett** *nt* bookshelf
Bü·che·rei <-, -en> [by:çə'raɪ] *f* [lending] library

Bü·cher·re·gal *nt* bookshelf **Bü·cher·schrank** *m* bookcase **Bü·cher·sendung** *f* ❶ (*Paket mit Büchern*) consignment of books ❷ (*Versendungsart*) book post *no indef art* **Bü·cher·wurm** *m* (*hum*) bookworm
Buch·fink *m* chaffinch
Buch·füh·rung *f* bookkeeping *no pl;* **einfache/doppelte ~** single-/double-entry bookkeeping **Buch·hal·ter(in)** *m/f* bookkeeper **buch·hal·te·risch** *adj* bookkeeping *attr* **Buch·hal·tung** *f* ❶ (*Rechnungsabteilung*) accounts department ❷ *s.* **Buchführung Buch·han·del** *m* book trade; **im ~ erhältlich** available in bookshops **Buch·händ·ler(in)** *m/f* bookseller **Buch·hand·lung** *f* bookshop **Buch·macher(in)** *m/f* bookmaker **Buch·ma·le·rei** *f* ❶ *kein pl* (*Kunsthandwerk*) ■ **die ~** [book] illumination ❷ (*einzelnes Bild*) illumination **Buch·mes·se** *f* book fair **Buch·prü·fer(in)** *m/f* auditor **Buch·prü·fung** *f* audit
Buchs·baum ['buks-] *m* box[-tree]
Buch·se <-, -n> ['bʊksə] *f* ❶ ELEK jack ❷ TECH bushing
Büch·se <-, -n> ['bʏksə] *f* ❶ (*Dose*) tin BRIT, can AM ❷ (*Sammelbüchse*) collecting-box ❸ (*Jagdgewehr*) rifle
Büch·sen·milch *f* evaporated milk *no pl* **Büch·sen·öff·ner** *m* can-opener, BRIT *also* tin-opener
Buch·sta·be <-n[s], -n> ['bu:xʃtabə] *m* (*Druckbuchstabe*) character, letter; **fetter ~** bold character; **in großen ~n** in capitals; **in kleinen ~n** in small letters
buch·sta·ben·ge·treu *adj* literal
buch·sta·bie·ren* [bu:xʃta'bi:rən] *vt* to spell
buch·stäb·lich ['bu:xʃtɛ:blɪç] **I.** *adj* literal **II.** *adv* (*geradezu*) literally
Buch·stüt·ze *f* book-end
Bucht <-, -en> [buxt] *f* bay; **die Deutsche ~** the Heligoland Bight
Bu·chung <-, -en> *f* ❶ (*Reservierung*) booking ❷ FIN (*Verbuchung*) posting
Buch·wei·zen *m* buckwheat
Bu·ckel <-s, -> ['bʊkl̩] *m* ❶ (*fam: Rücken*) back; **einen [krummen] ~ machen** to arch one's back ❷ (*fam: kleine Bergkuppe*) hill ❸ (*fam*) hunchback, humpback ❹ (*kleine Wölbung*) bump ❺ HIST (*eines Schildes*) boss ► **etw auf dem ~ haben** (*fam*) to have been through sth; **das Auto hat schon einige Jahre auf dem ~** the car has been around for a good few years; **rutsch mir [doch] den ~ runter!** (*fam*) get off my back!

bu·cke·lig ['bʊkəlɪç], **buck·lig** ['bʊklɪç] *adj* (*fam*) ❶ (*mit einem Buckel*) hunchbacked, humpbacked ❷ (*fam: uneben*) bumpy

bu·ckeln ['bʊkln] *vi* ❶ (*einen Buckel machen*) to arch one's back ❷ (*pej: sich devot verhalten*) to crawl (**vor** up to)

bü·cken ['bʏkn] *vr* ■**sich** [**nach** *etw dat*] ~ to bend down [to pick sth up]

Bück·ling <-s, -e> ['bʏklɪŋ] *m* ❶ (*Fisch*) smoked herring ❷ (*hum fam: Verbeugung*) bow

Bu·da·pest <-s> ['buːdapɛst] *nt* Budapest

bud·deln ['bʊdln] **I.** *vi* (*fam: graben*) to dig [up] **II.** *vt* DIAL (*ausgraben*) to dig [out]

Bud·dhis·mus <-> [bʊ'dɪsmʊs] *m kein pl* Buddhism *no pl*

Bud·dhist(in) <-en, -en> [bʊ'dɪst] *m(f)* Buddhist

bud·dhis·tisch *adj* Buddhist

Bu·de <-, -n> ['buːdə] *f* ❶ (*Hütte*) [wooden] cabin; (*Baubude*) [builder's] hut BRIT, trailer [on a construction site] AM; (*Kiosk*) kiosk ❷ (*fam: Wohnung*) digs *npl* BRIT, pad AM; **sturmfreie ~ haben** (*fam*) to have the place to oneself ▸ [*jdm*] **die ~ auf den Kopf stellen** (*fam bei einer Feier*) to have a good old rave-up [in sb's house] BRIT *sl*, to trash sb's house AM *sl*; (*beim Durchsuchen*) to turn the house upside-down; **jdm die ~ einrennen** (*fam*) to buy everything in sight in sb's shop BRIT, to clear out sb's store AM

Bud·get <-s, -s> [bʏ'dʒeː] *nt* budget

bud·ge·tie·ren* [bʏdʒe'tiːrən] *vt* to draw up a budget for

Buf·di <-[s], -[s]> ['bʊfdi] *m* (*fam*) ❶ *kein pl Abk von* **Bundesfreiwilligendienst** federal voluntary services ❷ *Abk von* **Bundesfreiwilligendienstleistender** federal services volunteer

Bü·fett <-[e]s, -s *o* -e> [bʏ'feː] *nt*, **Buf·fet** <-s, -s> [bʏ'feː] *nt bes* ÖSTERR, SCHWEIZ ❶ (*Essen*) buffet ❷ (*Anrichte*) sideboard ❸ SCHWEIZ (*Bahnhofsgaststätte*) station restaurant

Büf·fel <-s, -> ['bʏfl] *m* buffalo

büf·feln ['bʏfln] *vt* (*fam: pauken*) to swot up on [*or* AM cram for]

Bug[1] <-[e]s, Büge *o* -e> [buːk, *pl* 'byːgə] *m* ❶ NAUT bow; LUFT nose ❷ KOCHK (*Rind*) shoulder, blade; (*Schwein*) hand of pork

Bug[2] <-s, -s> [bʌg] *m* INFORM bug

Bü·gel <-s, -> ['byːgl] *m* ❶ (*Kleiderbügel*) coat hanger ❷ (*Griff einer Handtasche*) handle ❸ (*Griff einer Säge*) frame ❹ (*Einfassung*) edging ❺ (*Brillenbügel*) leg [of glasses] ❻ (*Steigbügel*) stirrup ❼ (*beim Schlepplift*) grip

Bü·gel·brett *nt* ironing board **Bü·gel·ei·sen** <-s, -> *nt* iron **Bü·gel·fal·te** *f* crease

bü·gel·frei *adj* crease-free

bü·geln ['byːgln] *vt, vi* to iron

Bug·gy <-s, -s> ['bagi] *m* (*faltbarer Kinderwagen*) pushchair BRIT, buggy BRIT, stroller AM

bug·sie·ren* [bʊ'ksiːrən] *vt* ❶ (*fam: mühselig bewegen*) to shift ❷ (*fam: drängen*) to shove ❸ NAUT (*schleppen*) to tow

buh [buː] *interj* boo

bu·hen ['buːən] *vi* (*fam*) to boo

Buh·mann <-männer> *m* (*fam*) scapegoat, AM *also* fall guy

Büh·ne <-, -n> ['byːnə] *f* ❶ (*Spielfläche*) stage; **auf der ~ stehen** to be on the stage; **von der ~ abtreten** to leave the scene; **hinter der ~** behind the scenes ❷ (*Theater*) theatre ❸ (*Tribüne*) stand ❹ (*Hebebühne*) hydraulic lift ❺ DIAL (*Dachboden*) attic ▸ **etw über die ~ bringen** (*fam*) to get sth over with; **über die ~ gehen** (*fam: abgewickelt werden*) to take place

Büh·nen·be·ar·bei·tung *f* stage adaptation **Büh·nen·bild** *nt* scenery **Büh·nen·bild·ner(in)** <-s, -> *m(f)* scene-painter **büh·nen·reif** *adj* ❶ THEAT fit for the stage ❷ (*iron: theatralisch*) dramatic **Büh·nen·stück** *nt* [stage] play **büh·nen·wirk·sam** THEAT **I.** *adj* dramatically effective **II.** *adv* in a dramatically effective manner

Buh·ruf *m* [cry of] boo

Bu·ka·rest <-s> ['buːkarɛst] *nt* Bucharest

Bu·kett <-s, -s *o* -e> [bʊ'kɛt] *nt* bouquet

Bu·let·te <-, -n> [bu'lɛtə] *f* DIAL (*Frikadelle*) meat ball

Bul·ga·re, Bul·ga·rin <-n, -n> [bʊl'gaːrə, -'gaːrɪn] *m, f* Bulgarian; *s. a.* **Deutsche(r)**

Bul·ga·ri·en <-s> [bʊl'gaːriən] *nt* Bulgaria; *s. a.* **Deutschland**

Bul·ga·rin <-, -nen> *f fem form von* **Bulgare**

bul·ga·risch [bʊl'gaːrɪʃ] *adj* Bulgarian; *s. a.* **deutsch**

Bu·li·mie <-> [buli'miː] *f kein pl* bulimia [nervosa] *no pl*

Bull·au·ge ['bʊl-] *nt* porthole

Bull·dog·ge *f* bulldog

Bull·do·zer <-s, -> ['bʊldoːzɐ] *m* bulldozer

Bul·le <-n, -n> ['bʊlə] *m* ❶ (*männliches Tier*) bull ❷ (*sl: Polizist*) cop[per] *fam*; ■**die ~n** *pl* the [Old] Bill + *sing/pl vb* BRIT *sl*, the cops *pl* AM *sl* ❸ (*fam: starker Mann*) hulk

Bul·len·hit·ze *f kein pl* (*fam*) stifling heat *no pl* **bul·len·stark** *adj* beefy, as strong as

an ox *pred;* **das ist ja ~!** (*fam*) that's fantastic!
Bul·le·rei *f* (*pej*) cops *pl sl*
Bul·le·tin <-s, -s> [bʏl'tɛ̃ː] *nt* bulletin
bul·lig ['bʊlɪç] *adj* (*fam*) hulking
Bu·me·rang <-s, -s *o* -e> ['buːməraŋ] *m* ❶ (*Wurfholz*) boomerang ❷ (*Eigentor*) own goal BRIT, goal scored against your own team AM
Bum·mel <-s, -> ['bʊml̩] *m* stroll; **einen ~ machen** to go for a stroll
Bum·me·lei <-> [bʊməˈlaɪ] *f kein pl* (*pej fam*) dilly-dallying
bum·meln ['bʊml̩n] *vi* ❶ *sein* (*spazieren gehen*) to stroll; **~ gehen** to go for a stroll ❷ *haben* (*fam: trödeln*) to dilly-dally
Bum·mel·streik *m* go-slow **Bum·mel·zug** *m* (*fam*) local [passenger] train
bums [bʊms] *interj* bang
bum·sen ['bʊmzn̩] **I.** *vi impers haben* (*fam: dumpf krachen*) ■ **es bumst** there is a bang **II.** *vi* ❶ *sein* (*prallen, stoßen*) to bang (**auf** into, **gegen** against) ❷ *haben* (*derb: koitieren*) ■ **[mit jdm] ~** to screw sb, BRIT *also* to have it off [with sb]
BUND <-s> *m kein pl Akr von* **Bund für Umwelt und Naturschutz Deutschland** *German conservation agency*
Bund[1] <-[e]s, Bünde> [bʊnt, *pl* 'bʏndə] *m* ❶ (*Vereinigung, Gemeinschaft*) association ❷ (*die Bundesrepublik Deutschland*) ■ **der ~** the Federal Republic of Germany; **~ und Länder** the Federation and the [German] States (Länder); SCHWEIZ (*Eidgenossenschaft, Gemeinschaft*) confederation ❸ (*Konföderation*) confederation ❹ (*fam: Bundeswehr*) ■ **der ~** the [German] army; **beim ~ sein** to be doing one's military service ❺ (*Einfassung*) waistband
Bund[2] <-[e]s, -e> [bʊnt, 'bʊndə] *pl nt* bundle; KOCHK bunch
Bünd·chen <-s, -> ['bʏntçən] *nt* (*Abschluss am Ärmel*) cuff; (*Abschluss am Halsausschnitt*) neckband
Bün·del <-s, -> ['bʏndl̩] *nt* bundle
bün·deln *vt* ❶ (*zusammenschnüren*) to tie in[to] bundles; *Karotten* to tie in[to] bunches ❷ ORN (*konzentrieren*) to concentrate
Bun·des·agen·tur für Ar·beit *f* BRD employment office, ≈ job centre BRIT
Bun·des·an·stalt *f* federal institute; **~ für Arbeit** (*hist*) Federal Employment Office **Bun·des·aus·bil·dungs·för·de·rungs·ge·setz** *nt federal law concerning the promotion of education and training*
Bun·des·bahn *f* **die [Deutsche] ~** (*hist*) German Federal Railway **Bun·des·bank** *f kein pl* Federal Bank of Germany **Bun·des·be·hör·de** *f* Federal authority [*or* AM agency] **Bun·des·bür·ger(in)** *m(f)* German citizen **Bun·des·ge·biet** *nt* BRD, ÖSTERR federal territory **Bun·des·ge·nos·se, -ge·nos·sin** *m, f* ally **Bun·des·ge·richt** *nt* SCHWEIZ [Swiss] Federal Court **Bun·des·ge·richts·hof** *m* BRD Federal German supreme court (*highest German court of appeal*) **Bun·des·ge·setz·blatt** *nt* JUR BRD, ÖSTERR Federal Law Gazette, ≈ Statutes of the Realm BRIT, ≈ United States Statutes at large AM **Bun·des·grenz·schutz** *m* BRD German Border Police **Bun·des·haupt·stadt** *f* federal capital **Bun·des·in·nen·mi·nis·ter(in)** *m(f)* German Minister of the Interior **Bun·des·kanz·ler(in)** *m(f)* BRD German Chancellor; ÖSTERR Austrian Chancellor; SCHWEIZ Head of the Federal Chancellery **Bun·des·kanz·ler·amt** *nt* POL Federal Chancellor's Office (*responsible for planning, control and coordination of the Bundeskanzler's functions and duties*) **Bun·des·kanz·le·rin** *f* fem form von **Bundeskanzler** **Bun·des·kar·tell·amt** *nt kein pl* Federal Cartel Office **Bun·des·kri·mi·nal·amt** *nt* Federal Criminal Police Office (*central organization for combatting and investigating crime*) **Bun·des·land** *nt* BRD, ÖSTERR federal state; (*nur BRD*) Land; **die alten/neuen Bundesländer** former West/East Germany **Bun·des·li·ga** *f kein pl* German football [*or* AM soccer] league **Bun·des·mi·nis·ter(in)** *m(f)* BRD, ÖSTERR federal minister [of Germany/Austria] **Bun·des·mi·nis·te·ri·um** *nt* BRD, ÖSTERR federal ministry **Bun·des·post** *f kein pl* Federal Post Office (*German Postal Service*) **Bun·des·prä·si·dent(in)** *m(f)* BRD, ÖSTERR President of the Federal Republic of Germany/Austria; SCHWEIZ President of the Confederation **Bun·des·rat** *m* ❶ BRD, ÖSTERR Bundesrat (*Upper House of Parliament*) ❷ *kein pl* SCHWEIZ Federal Council (*executive body*) **Bun·des·re·gie·rung** *f* federal government **Bun·des·re·pu·blik** *f* federal republic; **die ~ Deutschland** the Federal Republic of Germany **Bun·des·staat** *m* ❶ (*Staatenbund*) confederation ❷ (*Gliedstaat*) federal state; **im ~ Kalifornien** in the state of California **Bun·des·stra·ße** *f* BRD, ÖSTERR ≈ A road BRIT, ≈ interstate [highway] AM **Bun·des·tag** *m kein pl* BRD Bundestag (*Lower House of Parliament*) **Bun·des·tags·ab·ge·ord·ne·te(r)** *f(m) dekl wie adj* Member of the Bundestag **Bun·**

des·tags·wahl f Bundestag election **Bun·des·trai·ner(in)** m(f) BRD [German] national coach **Bun·des·ver·dienst·kreuz** nt BRD Order of Merit of the Federal Republic of Germany, ≈ OBE BRIT **Bun·des·ver·fas·sungs·ge·richt** nt kein pl BRD Federal Constitutional Court (*supreme legal body that settles issues relating to the basic constitution*) **Bun·des·ver·fas·sungs·rich·ter, -rich·te·rin** m, f Judge of the German Federal Constitutional Court **Bun·des·ver·samm·lung** f POL ❶ BRD Federal Assembly ❷ SCHWEIZ Parliament **Bun·des·wehr** f Federal Armed Forces **bun·des·weit** adj, adv throughout Germany pred

Bund·fal·ten·ho·se f trousers [or AM also pants] pl with a pleated front
bün·dig ['bʏndɪç] adj ❶ (*bestimmt*) concise ❷ (*schlüssig*) conclusive ❸ (*in gleicher Ebene*) level
Bünd·nis <-ses, -se> ['bʏntnɪs] nt alliance; ~ **90** Bündnis 90 (*political party comprising members of the citizens' movements of former East Germany*)
Bünd·nis·grü·ne pl Green party alliance
Bun·ga·low <-s, -s> ['bʊŋɡalo:] m bungalow
Bun·gee·jum·ping <-s> ['bandʒidʒampɪŋ] nt kein pl, **Bun·gee·sprin·gen** ['bandʒiʃprɪŋən] nt kein pl bungee jumping no pl
Bun·ker <-s, -> ['bʊŋkɐ] m ❶ (*Schutzraum*) bunker; (*Luftschutzbunker*) air-raid shelter ❷ (*beim Golf*) bunker ❸ (*sl: Gefängnis*) slammer
bun·kern ['bʊŋkɐn] vt to hoard
Bun·sen·bren·ner <-s, -> ['bʊnzn̩] m Bunsen burner
bunt [bʊnt] I. adj ❶ (*farbig*) colourful ❷ (*ungeordnet*) muddled; (*vielfältig*) varied II. adv ❶ (*farbig*) colourfully; ~ **gestreift** with colourful stripes pl; ~ **kariert** with a coloured check [pattern] ❷ (*ungeordnet*) in a muddle; ~ **gemischt** (*abwechslungsreich*) diverse; (*vielfältig*) varied ▶ **es zu ~ treiben** (*fam*) to go too far; **jdm wird es zu ~** (*fam*) sb has had enough
bunt·ge·mischt^ALT adj attr (*abwechslungsreich*) diverse; (*vielfältig*) varied
Bunt·sand·stein m ❶ BAU red sandstone ❷ GEOL Bunter **Bunt·specht** m great spotted woodpecker **Bunt·stift** m coloured pencil **Bunt·wä·sche** f colour wash
Bür·de <-, -n> ['bʏrdə] f (*geh*) ❶ (*Last*) load ❷ (*Beschwernis*) burden
Burg <-, -en> [bʊrk] f castle

Bür·ge, Bür·gin <-n, -n> ['bʏrɡə, 'bʏrɡɪn] m, f guarantor
bür·gen vi ❶ (*einstehen für*) to act as guarantor; ■ **für jdn** ~ to act as sb's guarantor ❷ (*garantieren*) to guarantee
Bür·ger(in) <-s, -> ['bʏrɡɐ] m(f) citizen
Bür·ger·be·geh·ren nt BRD public petition for a referendum **Bür·ger·be·we·gung** f citizens' movement **bür·ger·fern** adj non-citizen-friendly, not in touch with the people pred
Bür·ger·ini·ti·a·ti·ve f citizens' group **Bür·ger·jour·na·lis·mus** m INET citizen journalism **Bür·ger·krieg** m civil war **bür·ger·kriegs·ähn·lich** adj similar to civil war pred **Bür·ger·kriegs·flücht·ling** m civil war refugee
bür·ger·lich ['bʏrɡɐlɪç] adj ❶ attr (*den Staatsbürger betreffend*) civil; ~ **e Pflicht** civic duty ❷ (*dem Bürgerstand angehörend*) bourgeois pej
Bür·ger·meis·ter(in) ['bʏrɡɐmaistɐ] m(f) mayor; **der regierende ~ von Hamburg** the governing Mayor of Hamburg **bür·ger·nah** adj citizen-friendly, in touch with the people pred **Bür·ger·nä·he** f kein pl citizen-friendliness no pl **Bür·ger·pflicht** f civic duty **Bür·ger·recht** nt meist pl civil right **Bür·ger·recht·ler(in)** <-s, -> m(f) civil rights activist **Bür·ger·rechts·be·we·gung** f civil rights pl movement
Bür·ger·schaft <-, -en> f POL ❶ (*die Bürger*) citizenry ❷ (*Bürgervertretung*) ≈ city-state parliament (*in the states of Bremen and Hamburg*)
Bür·ger·steig <-[e]s, -e> m pavement BRIT, sidewalk AM
Bür·ger·tum <-s> nt kein pl bourgeoisie + sing/pl vb
Bür·ger·ver·samm·lung f citizen's meeting
Bür·gin <-, -nen> f fem form von **Bürge**
Burg·ru·i·ne f castle ruin
Bürg·schaft <-, -en> f JUR ❶ (*gegenüber Gläubigern*) guaranty; **die ~ für jdn übernehmen** to act as sb's guarantor ❷ (*Haftungssumme*) security
Bur·gund <-[s]> [bʊr'ɡʊnt] nt Burgundy
bur·gun·disch [bʊr'ɡʊndɪʃ] adj Burgundy
Bur·ka <-, -s> ['bʊrka] f REL burka
bur·lesk [bʊr'lɛsk] adj burlesque
Bur·les·ke <-, -n> [bʊr'lɛskə] f MUS burlesque
Burn-out <-[s], -s> ['bə:nˌʔaut, bə:n'ʔaut] nt MED, PSYCH burn-out
Bü·ro <-s, -s> [by'ro:] nt office

Bü·ro·an·ge·stell·te(r) *f(m) dekl wie adj* office worker **Bü·ro·ar·beit** *f* office work **Bü·ro·be·darf** *m* office supplies *pl* **Bü·ro·ge·bäu·de** *nt* office building **Bü·ro·haus** *nt* office block **Bü·ro·hengst** *m* (*pej fam*) pen pusher *pej* **Bü·ro·kauf·mann, -kauf·frau** *m, f* office administrator [with commercial training] **Bü·ro·klam·mer** *f* paper clip

Bü·ro·krat(in) <-en, -en> [byro'kra:t] *m(f)* (*pej*) bureaucrat

Bü·ro·kra·tie <-, -n> [byrokra'ti:, *pl* -'ti:ən] *f* bureaucracy

Bü·ro·kra·tin <-, -nen> *f fem form von* **Bürokrat**

bü·ro·kra·tisch I. *adj* ❶ *attr* bureaucratic ❷ (*pej*) involving a lot of red tape II. *adv* bureaucratically

Bü·ro·raum *m* office **Bü·ro·stun·den** *pl,* **Bü·ro·zeit** *f* office hours *pl*

Bur·sche <-n, -n> ['bʊrʃə] *m* ❶ (*Halbwüchsiger*) adolescent ❷ (*fam: Kerl*) so-and-so Brit, character Am ❸ (*fam: Exemplar*) specimen

Bur·schen·schaft <-, -en> *f* sch ≈ fraternity (*student's duelling association with colours*)

bur·schi·kos [bʊrʃi'ko:s] I. *adj* (*salopp*) casual; (*Mensch*) laid-back; **~es Mädchen** tomboy II. *adv* casually

Bürs·te <-, -n> ['bʏrstə] *f* brush

bürs·ten ['bʏrstn̩] *vt* to brush

Bür·zel <-s, -> ['bʏrtsl̩] *m* orn tail; kochk parson's nose

Bus <-ses, -se> [bʊs, *pl* 'bʊsə] *m* auto bus; (*Reisebus*) coach, Am *usu* bus

Bus·bahn·hof *m* bus station

Busch <-[e]s, Büsche> [bʊʃ, *pl* 'byʃə] *m* ❶ (*Strauch*) shrub ❷ (*Buschwald*) bush ❸ (*Strauß*) bunch; (*selten: Büschel*) tuft ▶ **mit etw** *dat* **hinter dem ~ halten** (*fam*) to keep sth to oneself; ■ **da ist etw im ~** sth is up; **bei jdm auf den ~ klopfen** (*fam*) to sound sb out

Busch·boh·ne *f* dwarf [*or* Am bush] bean

Bü·schel <-s, -> ['byʃl̩] *nt* tuft

bü·schel·wei·se *adv* in tufts

bu·schig *adj* bushy

Busch·mes·ser *nt* machete

Bu·sen <-s, -> ['bu:zn̩] *m* ❶ (*weibliche Brust*) bust ❷ (*Oberteil eines Kleides*) top ❸ (*geh: Innerstes*) breast *liter*

Bu·sen·freund(in) *m(f)* buddy

Bus·fah·rer(in) *m(f)* bus driver **Bus·hal·te·stel·le** *f* bus stop **Bus·li·nie** *f* bus route

Bus·sard <-s, -e> ['bʊsart, *pl* 'bʊsardə] *m* buzzard

Bu·ße <-, -n> ['bu:sə] *f* ❶ *kein pl* penance *no pl;* **~ tun** to do penance ❷ (*Geldbuße*) fine

Bus·sel <-s, -(n)> ['bʊsəl] *nt s.* **Busserl**

bü·ßen ['by:sn̩] I. *vt* ❶ (*bezahlen*) to pay for; **das wirst du mir ~!** I'll make you pay for that! ❷ schweiz (*mit einer Geldbuße belegen*) to fine II. *vi* (*leiden*) to suffer (**für** because of); **dafür wird er mir ~!** I'll make him suffer for that!

Bü·ßer(in) <-s, -> *m(f)* penitent

Bus·se(r)l <-s, -[n]> ['bʊsəl] *nt* südd, österr (*fam*) kiss

Buß·geld *nt* (*Geldbuße*) fine, Brit *also* penalty (*imposed for traffic and tax offences*)

Buß·geld·be·scheid *m* notice of a fine, Brit *also* penalty notice

Bus·si ['bʊsi] *nt* südd, österr kiss

Buß·tag *m* day of repentance; **Buß- und Bettag** day of prayer and repentance (*on the Wednesday before Advent*)

Büs·te <-, -n> ['bʏstə] *f* bust

Büs·ten·hal·ter *m* bra[ssiere]

Bus·ver·bin·dung *f* bus service

Bu·tan·gas *nt* butane gas

Butt <-[e]s, -e> [bʊt] *m* butt

Büt·te <-, -n> ['bʏtə] *f* dial tub

Büt·ten·re·de *f* dial humorous speech (*made from the barrel-like platform at a carnival*)

But·ter <-> ['bʊtɐ] *f kein pl* butter *no pl* ▶ **weich wie ~** as soft as can be; **alles** [**ist**] **in ~** (*fam*) everything is hunky-dory

But·ter·blu·me *f* buttercup **But·ter·brot** *nt* slice of buttered bread **But·ter·brot·pa·pier** *nt* greaseproof paper **But·ter·do·se** *f* butter-dish **But·ter·milch** *f* buttermilk **But·ter·schmalz** *nt* clarified butter **but·ter·weich** ['bʊtɐ'vaiç] I. *adj* really soft II. *adv* softly

But·ton <-s, -s> ['batn̩] *m* badge

Butzen·schei·be *f* bullion point sheet

b. w. *Abk von* **bitte wenden** PTO

BWL [be:ve:'ʔɛl] *f Abk von* **Betriebswirtschaftslehre**

By·pass <-es, Bypässe> ['baipas] *m* bypass

Byte <-s, -s> [bait] *nt* byte

by·zan·ti·nisch [bytsan'ti:nɪʃ] *adj* Byzantine

By·zanz <-> [by'tsants] *nt* Byzantium

bzw. *adv Abk von* **beziehungsweise**

Cc

C, c <-, - o fam -s, -s> [tse:] nt ❶ (Buchstabe) C, c; s. a. **A 1** ❷ MUS C, c; **das hohe C** top c; s. a. **A 2**

C [tse:] Abk von **Celsius** C

ca. Abk von circa approx., ca.

Ca·brio <-s, -s> ['ka:brio] nt, **Ca·bri·o·let** <-[s], -s> [kabrio'le:] nt s. **Kabriolett**

Cache <-, -s> [kɛʃ] m INFORM cache; **etw im ~ speichern** to cache sth

Cad·die <-s, -s> ['kɛdi] m ❶ (Mensch) caddie, caddy ❷ (Wagen) caddie [or caddy] car

Ca·fé <-s, -s> [ka'fe:] nt café

Ca·fe·te·ria <-, -s> [kafetə'ri:a] f cafeteria

Cal·ci·um <-s> ['kaltsi̯ʊm] nt kein pl s. **Kalzium**

Call·boy ['kɔ:lbɔy] m male version of a call girl **Call·girl** <-s, -s> [-gœrl] nt call girl

Cam·cor·der <-s, -> ['kamkɔrdɐ] m camcorder

Ca·mem·bert <-s, -s> ['kaməmbɛːɐ̯] m Camembert

Ca·mi·on <-s, -s> [ka'mjõ] m SCHWEIZ lorry BRIT, truck AM

Camp <-s, -s> [kɛmp] nt camp

cam·pen ['kɛmpn̩] vi to camp

Cam·per(in) <-s, -> ['kɛmpɐ] m(f) camper

cam·pie·ren* [kam'pi:rən] vi ❶ s. **kampieren** ❷ ÖSTERR, SCHWEIZ to camp

Cam·ping <-s> ['kɛmpɪŋ] nt kein pl camping

Cam·ping·aus·rüs·tung f camping equipment **Cam·ping·bus** m camper **Cam·ping·platz** m campsite

Cam·pus <-, -> ['kampʊs, 'kɛmpəs] m campus

Can·na·bis <-> ['kanabɪs] m kein pl cannabis no pl

Cape <-s, -s> [ke:p] nt cape

Cap·puc·ci·no <-[s], -[s]> [kapʊ'tʃi:no] m cappuccino

Capt·cha <-s, -s> ['kɛptʃa] m o nt INET CAPTCHA

Car <-s, -s> [ka:ɐ̯] m SCHWEIZ kurz für **Autocar** bus

Ca·ra·van <-s, -s> ['ka(:)ravan] m caravan

Car-Sha·ring <-s, ->, **Car·sha·ring** <-s> ['ka:ɐ̯ʃɛ:ɐ̯rɪŋ] nt kein pl car sharing

Car·toon <-s, -s> [kar'tu:n] m cartoon

Ca·sa·no·va <-s, -s> [kaza'no:va] m Casanova

cash [kɛʃ] adv cash

Cash <-s> [kɛʃ] nt kein pl cash no pl

Ca·shew·kern ['kɛʃu-] m cashew nut

Ca·si·no <-s, -s> [ka'zi:no] nt s. **Kasino**

Cas·ting <-s, -s> ['ka:stɪŋ] nt FILM, THEAT casting [session]

Cas·ting·show <-, -s> ['ka:stɪŋ-] f TV [TV] talent show

Ca·yenne·pfef·fer [ka'jɛn-] m cayenne pepper

CB-Funk m CB radio

CD¹ <-, -s> [tseː'de:] f Abk von **Compact Disc** CD

CD² <-s, -s> [tseː'de:] nt Abk von **Corporate Design** CD

CD <-, -s> [tseː'de:] f Abk von **Compact-disc** CD

CD-Bren·ner m CD rewriter **CD-Play·er** <-s, -> [tseː'de:pleːɐ̯] m CD player **CD-ROM** <-, -s> [tseːde:'rɔm] f CD-ROM **CD-Spie·ler** m CD player

CDU <-> [tseːde:'ʔu:] f Abk von **Christlich-Demokratische Union** CDU

Cel·list(in) <-en, -en> [tʃɛ'lɪst] m(f) cellist

Cel·lo <-s, -s o Celli> ['tʃɛlo] nt cello

Cel·lo·phan® <-s> [tsɛlo'fa:n] nt kein pl cellophane no pl

Cel·si·us ['tsɛlzi̯ʊs] no art Celsius

Cem·ba·lo <-s, -s o Cembali> ['tʃɛmbalo, pl 'tʃɛmbali] nt cembalo

Cent <-(s), -(s)> [sɛnt] m cent

Ces, ces <-, -> [tsɛs] nt MUS C flat

Cha·mä·le·on <-s, -s> [ka'mɛ:leɔn] nt chameleon

Cham·pa·gner <-s, -> [ʃam'panjə] m champagne

Cham·pi·gnon <-s, -s> ['ʃampɪnjɔŋ] m mushroom

Cham·pi·on <-s, -s> ['tʃɛmpi̯ən] m champion

Chan·ce <-, -n> ['ʃɑ̃:sə] f chance; **die ~n** pl **stehen gut/schlecht** there's a good chance/there's little chance

Chan·cen·gleich·heit f kein pl equal opportunities pl

chan·cen·los adj no chance; **~ gegen jdn/etw sein** to not stand a chance against sb/sth

Chan·son <-s, -s> [ʃã'sõ:] nt chanson

Cha·os <-> ['ka:ɔs] nt kein pl chaos no pl

Cha·ot(in) <-en, -en> [ka'o:t] m(f) chaotic person

cha·o·tisch [ka'o:tɪʃ] **I.** adj chaotic **II.** adv chaotically

Cha·rak·ter <-s, -tere> [ka'raktɐ] m character; eines Gesprächs nature no

indef art; ~ **haben** to have strength of character
Cha·rak·ter·dar·stel·ler(in) *m(f)* character actor **Cha·rak·ter·ei·gen·schaft** *f* characteristic **Cha·rak·ter·feh·ler** *m* character defect **cha·rak·ter·fest** *adj* with strength of character *pred;* ~ **sein** to have strength of character
cha·rak·te·ri·sie·ren* [karakteri'zi:rən] *vt* to characterize
Cha·rak·te·ri·sie·rung <-, -en> *f* characterization
Cha·rak·te·ris·tik <-, -en> [karakte'rɪstɪk] *f* ❶ (*treffende Schilderung*) characterization ❷ (*typische Eigenschaft*) feature
Cha·rak·te·ris·ti·kum <-s, -ristika> [karakte'rɪstɪkʊm, *pl* -ka] *nt* characteristic
cha·rak·te·ris·tisch [karakte'rɪstɪʃ] *adj* characteristic (**für** of)
cha·rak·ter·lich I. *adj* of sb's character *pred* II. *adv* in character, as far as sb's character is concerned *pred*
cha·rak·ter·los I. *adj* despicable II. *adv* despicably
Cha·rak·ter·schwä·che *f* weakness of character **Cha·rak·ter·schwein** *nt* bad lot **Cha·rak·ter·stär·ke** *f* strength of character **Cha·rak·ter·zug** *m* characteristic
Cha·ris·ma <-s, Charismen *o* Charismata> ['ça:rɪsma] *nt* (*geh*) charisma
char·mant [ʃar'mant] I. *adj* charming II. *adv* charmingly
Charme <-s> [ʃarm] *m kein pl* charm
Char·meur(in) <-s, -e> [ʃar'mø:ɐ̯] *m(f)* charmer
Char·ta <-, -s> ['karta] *f* charter
Char·ter <-s, -> ['tʃartɐ] *m* charter
Char·ter·flug ['tʃartɐ-] *m* charter flight **Char·ter·ma·schi·ne** *f* charter [aeroplane] [*or* AM airplane]
char·tern ['tʃartɐn] *vt* to charter
Charts [tʃa:ts] *pl* charts *pl*
Chas·sis <-, -> [ʃa'si:] *nt* chassis
Chat <-s, -s> [tʃɛt] *m* INET chat
Chat·room <-s, -s> ['tʃɛtru:m] *m* INET chatroom
chat·ten ['tʃɛtn̩] *vi* INET to chat
Chauf·feur(in) <-s, -e> [ʃɔ'fø:ɐ̯] *m(f)* chauffeur
chauf·fie·ren* [ʃɔ'fi:rən] *vt* ▪**jdn** ~ to drive sb
Chaus·see <-, -n> [ʃɔ'se:] *f* Avenue
Chau·vi <-s, -s> ['ʃo:vi] *m* (*sl*) [male] chauvinist [pig] *pej*
Chau·vi·nis·mus <-> [ʃovi'nɪsmʊs] *m kein pl* chauvinism *no pl*

Chau·vi·nist(in) <-en, -en> [ʃovi'nɪst] *m(f)* chauvinist
chau·vi·nis·tisch [ʃovi'nɪstɪʃ] I. *adj* chauvinistic II. *adv* chauvinistically
che·cken ['tʃɛkn̩] *vt* ❶ (*überprüfen*) to check ❷ (*sl: begreifen*) ▪ **etw** ~ to get sth
Check-in <-s, -s> ['tʃɛkʔɪn] *m o nt* check-in
Check·lis·te ['tʃɛk-] *f* checklist
Check-up <-s, -s> ['tʃɛkap] *m* check-up
Chef(in) <-s, -s> [ʃɛf] *m(f)* head; (*einer Firma*) manager, boss *fam*
Chef·arzt, -ärz·tin *m, f* head doctor **Chef·eta·ge** *f* management floor **Chef·koch, -kö·chin** *m, f* chief cook **Chef·re·dak·teur(in)** *m(f)* editor-in-chief **Chef·se·kre·tär(in)** *m(f)* manager's secretary
Che·mie <-> [çe'mi:] *f kein pl* chemistry *no pl*
Che·mie·fa·ser *f* man-made fibre **Che·mie·kon·zern** *nt* chemical manufacturer **Che·mie·müll** *m kein pl* chemical waste
Che·mi·ka·lie <-, -n> [çemi'ka:liə] *f meist pl* chemical
Che·mi·ker(in) <-s, -> ['çe:mikɐ] *m(f)* chemist
che·misch ['çe:mɪʃ] I. *adj* chemical II. *adv* chemically
Che·mo·the·ra·pie *f* chemotherapy
chic [ʃɪk] *adj s.* **schick**
Chi·co·rée <-s> ['ʃikore] *m kein pl* chicory *no pl*
Chif·fre <-, -n> ['ʃɪfrə] *f* ❶ (*Kennziffer*) box number ❷ (*Zeichen*) cipher
chif·frie·ren* [ʃɪ'fri:rən] *vt* to [en]code
Chi·le <-s> ['tʃi:le] *nt* Chile; *s. a.* **Deutschland**
Chi·le·ne, Chi·le·nin <-n, -n> [tʃi'le:nə, -'le:nɪn] *m, f* Chilean; *s. a.* **Deutsche(r)**
chi·le·nisch [tʃi'le:nɪʃ] *adj* Chilean; *s. a.* **deutsch**
Chi·li <-s> ['tʃi:li] *m kein pl* chilli
Chi·li·Sau·ce <-, -n> ['tʃi:lizo:sə] *f* chilli sauce
chil·len ['tʃɪlən] *vi* (*sl*) to chill [out]
Chi·na <-s> ['çi:na] *nt* China; *s. a.* **Deutschland**
Chi·na·kohl *m* Chinese cabbage **Chi·na·res·tau·rant** *nt* Chinese [restaurant]
Chi·ne·se, Chi·ne·sin <-n, -n> [çi'ne:zə, -'ne:zɪn] *m, f* Chinese [person]; *s. a.* **Deutsche(r)**
chi·ne·sisch [çi'ne:zɪʃ] *adj* Chinese ▶ ~ **für jdn sein** (*fam*) to be double Dutch to sb; *s. a.* **deutsch**
Chi·nin <-s> [çi'ni:n] *nt kein pl* quinine *no pl*

Chip <-s, -s> [tʃip] *m* ❶ INFORM [micro]chip ❷ (*Jeton*) chip ❸ *meist pl* KOCHK crisp *usu pl* BRIT, chip *usu pl* AM

Chip·kar·te *f* smart card

Chi·ro·prak·ti·ker(in) [çiro'praktikɐ] *m(f)* chiropractor

Chir·urg(in) <-en, -en> [çi'rʊrk] *m(f)* surgeon

Chir·ur·gie <-, -n> [çirʊr'giː] *f kein pl* surgery *no pl*

chir·ur·gisch [çi'rʊrgɪʃ] I. *adj* surgical II. *adv* surgically

Chlor <-s> [kloːɐ̯] *nt kein pl* chlorine *no pl*

chlo·ren ['kloːrən] *vt* to chlorinate

Chlo·rid <-s, -e> [klo'riːt] *f* CHEM chloride *no pl*

Chlo·ro·form <-s> [kloro'fɔrm] *nt kein pl* chloroform *no pl*

Chlo·ro·phyll <-s> [kloro'fʏl] *nt kein pl* chlorophyll *no pl*

Chlor·was·ser·stoff *m* hydrogen chloride

Choke <-s, -s> [tʃoːk] *m* choke

Cho·le·ra <-> ['koːlera] *f kein pl* cholera *no pl*

Cho·le·ri·ker(in) <-s, -> [ko'leːrikɐ] *m(f)* choleric person

cho·le·risch [ko'leːrɪʃ] *adj* choleric

Cho·les·te·rin <-s> [çolɛste'riːn] *nt kein pl* cholesterol *no pl*

Cho·les·te·rin·spie·gel *m* cholesterol level

Chop·suey^RR <-(s), -s> [tʃɔ'psuːi] *nt* chop suey

Chor <-[e]s, Chöre> [koːɐ̯, *pl* 'køːrə] *m* ❶ (*Gruppe von Sängern*) choir ❷ MUS chorus; **im ~** in chorus

Cho·ral <-s, Choräle> [ko'raːl, *pl* ko'rɛːlə] *m* chorale

Cho·re·o·graf(in)^RR <-en, -en> [koreo'graːf] *m(f)* choreographer

Cho·re·o·gra·fie^RR <-, -n> [koreogra'fiː] *f* choreography

Cho·re·o·gra·fin^RR <-, -nen> *f fem form von* **Choreograf**

cho·re·o·gra·fisch^RR [koreo'graːfɪʃ] *adj* choreographic

Cho·re·o·graph(in) <-en, -en> [koreo'graːf] *m(f) s.* **Choreograf**

Cho·re·o·gra·phie <-, -n> [koreogra'fiː] *f s.* **Choreografie**

Cho·re·o·gra·phin <-, -nen> *f fem form von* **Choreograf**

cho·re·o·gra·phisch [koreo'graːfɪʃ] *adj s.* **choreografisch**

Chor·kna·be *m* choirboy **Chor·lei·ter(in)** *m(f)* choirmaster

Cho·se <-, -n> ['ʃoːzə] *f* (*fam*) ❶ (*Angelegenheit*) thing, affair ❷ (*Zeug*) stuff; ■ **die [ganze] ~** the whole lot

Chr. *Abk von* **Christus, Christi** Christ

Christ(in) <-en, -en> [krɪst] *m(f)* Christian

Christ·baum *m* DIAL Christmas tree

Chris·ten·heit <-> *f kein pl* Christendom *no pl*

Chris·ten·tum <-s> *nt kein pl* Christianity *no pl*

Chris·ti ['krɪsti] *gen von* **Christus**

Chris·tin <-, -nen> *f fem form von* **Christ**

Christ·kind *nt* ❶ (*Jesus*) Christ child ❷ (*weihnachtliche Gestalt*) Christ child, who brings Christmas presents for Children on 24th December; **ans ~ glauben** to believe in Father Christmas

christ·lich I. *adj* Christian; **C~-Demokratische Union** [*o* **CDU**] Christian Democratic Union, CDU; **C~-Soziale Union** [*o* **CSU**] Christian Social Union II. *adv* in a Christian manner

Christ·mes·se *f,* **Christ·met·te** *f* Christmas mass

Chris·tus <Christi, *dat - o geh* Christo, *akk - o geh* Christum> ['krɪstʊs] *m* Christ; **nach ~** AD; **vor ~** BC; **Christi Himmelfahrt** Ascension

Chrom <-s> [kroːm] *nt kein pl* chrome *no pl*

chro·ma·tisch [kro'maːtɪʃ] *adj* MUS, ORN chromatic

Chro·mo·som <-s, -en> [kromo'zoːm] *nt* chromosome

Chro·nik <-, -en> ['kroːnɪk] *f* chronicle

chro·nisch ['kroːnɪʃ] *adj* chronic; ■ **etw ist bei jdm ~** sb has [a] chronic [case of] sth; **ein ~ kranker Mensch** a chronically ill person

Chro·nist(in) <-en, -en> [kro'nɪst] *m(f)* chronicler

Chro·no·lo·gie <-> [kronolo'giː] *f kein pl* ❶ (*zeitliche Abfolge*) sequence ❷ (*Zeitrechnung*) chronology

chro·no·lo·gisch [krono'loːgɪʃ] I. *adj* chronological II. *adv* chronologically, in chronological order

Chro·no·me·ter <-s, -> [krono-] *nt* chronometer

Chry·san·the·me <-, -n> [kryzan'teːmə] *f* chrysanthemum

CI <-, -s> [tseː'ʔiː] *f Abk von* **Corporate Identity** CI

cir·ca ['tsɪrka] *adv s.* **zirka**

Cir·cus <-, -se> ['tsɪrkʊs] *m* circus

Cis, cis <-, -> [tsɪs] *nt* MUS C sharp

Ci·ty <-, -s> ['sɪti] *f* city [centre] BRIT, downtown AM

Ci·ty-Maut, **Ci·ty·maut** ['sɪti-] f TRANSP, ADMIN ≈ congestion charge
cl Abk von **Zentiliter** cl
Clan <-s, -s> [klaːn] m ❶ (Stamm) clan ❷ (Clique) clique
clean [kliːn] adj präd (sl) ■ ~ **sein** to be clean
Cle·men·ti·ne <-, -n> [klemɛnˈtiːnə] f clementine
cle·ver [ˈklɛvɐ] I. adj ❶ (aufgeweckt) smart, bright ❷ (raffiniert) cunning II. adv ❶ (geschickt) artfully ❷ (pej) cunningly
Clinch <-[e]s> [klɪntʃ] m kein pl clinch; [**mit jdm**] **im ~ liegen** (fig) to be in dispute [with sb]
Clip <-s, -s> [klɪp] m ❶ (Klemme) clip ❷ (Ohrschmuck) clip-on [earring] ❸ (Videoclip) video
Cli·que <-, -n> [ˈklɪkə] f ❶ (Freundeskreis) circle of friends ❷ (pej) clique
Clou <-s, -s> [kluː] m ❶ (Glanzpunkt) highlight ❷ (Kernpunkt) crux ❸ (Pointe) punch line
Cloud <-, -s> [klaʊd] f INET cloud
Clown(in) <-s, -s> [klaʊn] m(f) clown ▶ **sich zum ~ machen** to make a fool of oneself; **den ~ spielen** to play the clown
Club <-s, -s> [klʊp] m s. **Klub**
Clutch <-, -[e]s> [klʌtʃ] f, **Clutchbag** <-, -s> [ˈklʌtʃbɛk] f clutch [bag]
cm Abk von **Zentimeter** cm
c-Moll <-s> [ˈtseːmɔl] nt kein pl MUS C flat minor
Coach <-[s], -s> [koːtʃ] m coach
Co·ca [ˈkoːka] nt <-[s], -s 6>, f <-, -s> (fam) Coke®
Co·ca-Co·la® <-, -(s)> [kokaˈkoːla] f Coca-Cola®
Cock·pit <-s, -s> [ˈkɔkpɪt] nt cockpit
Cock·tail <-s, -s> [ˈkɔkteːl] m cocktail
Cock·tail·bar f cocktail bar
Co·coo·ning <-s> [kəˈkuːnɪŋ] nt kein pl cocooning
Code <-s, -s> [koːt] m s. **Kode**
Co·dex <-es o -, -e o **Codices**> [ˈkoːdɛks, pl ˈkoːditseːs] m s. **Kodex**
co·die·ren* [koˈdiːrən] vt to code
Co·die·rung <-, -en> f s. **Kodierung**
Cof·fee·shopʳʳ, **Cof·fee-Shop**ʳʳ <-s, -s> [ˈkɔfiʃɔp] m coffeehouse
Co·gnac® <-s, -s> [ˈkɔnjak] m cognac
Coif·feu·se <-, -n> [koaˈføzə] f SCHWEIZ hairdresser
Co·la [ˈkoːla] nt <-[s], -s>, f <-, -s> (fam) Coke® fam
Col·la·ge <-, -n> [kɔˈlaːʒə] f collage

Col·lege <-[s], -s> [ˈkɔlɪdʒ] nt college
Colt® <-s, -s> [kɔlt] m Colt
Come-backʳʳ, **Come·back** <-[s], -s> [kamˈbɛk] nt comeback; **ein ~ feiern** to enjoy a comeback
Co·mic <-s, -s> [ˈkɔmɪk] m meist pl comic
Co·mic·heft <-(e)s, -e> [ˈkɔmɪk-] nt comic
Co·ming-out <-[s], -s> [kamɪŋˈʔaʊt] nt coming-out
Com·pact·discʳʳ, **Com·pact Disc** <-, -s> [kɔmˈpɛkt-] f compact disc
Com·pi·ler <-s, -> [kɔmˈpajlɐ] m INFORM compiler
Com·pu·ter <-s, -> [kɔmˈpjuːtɐ] m computer; [**etw**] **auf ~ umstellen** to computerize [sth]
Com·pu·ter·freak <-s, -s> m computer freak **com·pu·ter·ge·ne·riert** adj computer-generated **com·pu·ter·ge·steu·ert** I. adj computer-controlled II. adv under computer control **com·pu·ter·ge·stützt** adj computer-aided **Com·pu·ter·gra·fik**ʳʳ f computer graphics npl
com·pu·te·ri·sie·ren* [kɔmpjutəriˈziːrən] vt to computerize
com·pu·ter·les·bar adj machine-readable **Com·pu·ter·lin·gu·ist(in)** m(f) computer linguist **Com·pu·ter·lin·gu·is·tik** f computer linguistics + sing vb
com·pu·tern* [kɔmˈpjuːtɐn] vi (fam) to compute
Com·pu·ter·pro·gramm nt [computer] programme **Com·pu·ter·si·mu·la·ti·on** f computer simulation **Com·pu·ter·spiel** nt computer game **Com·pu·ter·sys·tem** nt computer system **Com·pu·ter·to·mo·gra·phie** f computerized tomography, CT **com·pu·ter·un·ter·stützt** adj computer-aided **Com·pu·ter·vi·rus** m computer virus
Com·tes·se <-, -n> [kõˈtɛs] f countess
Con·fé·ren·cier <-s, -s> [kõferaˈsi̯eː] m compère
Con·sul·ting·fir·ma [kɔnˈzaltɪŋ-] f consulting firm
Con·tai·ner <-s, -> [kɔnˈteːnɐ] m container
Con·tai·ner·schiff nt container ship
Con·tent <-s, -s> [ˈkɔntənt] m INFORM content
Con·t·rol·ler(in) <-s, -> [kɔnˈtroːlɐ] m(f) WIRTSCH cost accountant
Coo·kie <-s, -s> [ˈkʊki] nt INET cookie
cool [kuːl] adj (sl) ❶ (gefasst) calm and collected ❷ (sehr zusagend) cool
Co·pi·lot(in) [ˈkoːpiloːt] m(f) co-pilot

Co·py·right <-s, -s> ['kɔpirajt] *nt* copyright

Cord <-s> [kɔrt] *m kein pl* cord[uroy]

Cord·ho·se *f* cords *npl*, corduroy trousers [*or* pants] *npl*

Cor·don bleu <- -, -s -s> [kɔrdõ'blø] *nt* veal cutlet filled with boiled ham and cheese and covered in breadcrumbs

Cor·ner <-s, -> ['kɔ:ɐ̯ne] *m* ÖSTERR, SCHWEIZ (*Eckball*) corner

Corn·flakes® ['kɔ:ɐ̯nfleːks] *pl* cornflakes *pl*

Cor·ni·chon <-s, -s> [kɔrni'ʃõː] *nt* pickled gherkin

Cor·ti·son <-s> [kɔrti'zoːn] *nt kein pl* cortisone *no pl*

Cos·ta Ri·ca <-s> ['kɔsta 'riːka] *nt* Costa Rica; *s. a.* **Deutschland**

Couch <-, -es *o* -en> [kautʃ] *f o* SÜDD *m* couch

Couch·gar·ni·tur *f* three-piece suite, AM *also* couch set **Couch·tisch** *m* coffee table

Count-downᴿᴿ, **Count·down** <-s, -s> ['kaunt'daun] *m o nt* countdown

Coup <-s, -s> [kuː] *m* coup; **einen ~ landen** to score a coup

Cou·pé <-s, -s> [ku'peː] *nt* ❶ (*Sportlimousine*) coupé ❷ ÖSTERR (*Zugabteil*) compartment

Cou·pon <-s, -s> [ku'põː] *m* coupon

Cou·rage <-> [kuˈraːʒə] *f kein pl* courage *no pl*

cou·ra·giert [kuraˈʒiːɐ̯t] I. *adj* bold II. *adv* boldly

Cou·sin <-s, -s> [kuˈzɛ̃ː] *m*, **Cou·si·ne** <-, -n> [kuˈziːnə] *f* cousin

Cou·vert <-s, -s> [kuˈveːɐ̯] *nt* (*Briefumschlag*) envelope

Co·ver <-s, -s> ['kavɐ] *nt* ❶ (*Titelseite*) [front] cover ❷ (*Plattenhülle*) [record] sleeve

Co·ver·girl [-gøːɐ̯l] *nt* cover girl

co·vern ['kavɐn] *vt* MUS to cover

Co·ver·ver·si·on <-, -en> ['kavɐ-] *f* MUS cover version

Cow·boy <-s, -s> ['kaubɔy] *m* cowboy

CO₂-Fuß·ab·druck [tseːʔoːˈtsvaj-] *m* carbon footprint

Crack¹ <-s, -s> [krɛk] *m* (*ausgezeichneter Spieler*) ace

Crack² <-s> [krɛk] *nt kein pl* (*Rauschgift*) crack *no pl*

Crash·kurs ['krɛʃ-] *m* crash course

Cre·ma <-> ['kreːma] *f kein pl* crema

Creme <-, -s> [kreːm, krɛːm] *f* ❶ (*Salbe*) cream ❷ (*Sahnespeise*) mousse

creme·far·ben *adj* cream **Creme·tor·te** *f* cream cake

cre·mig *adj* creamy

Crêpe <-s, -e *o* -s> [krɛp] *m s.* **Krepp**¹

Creuz·feld-Ja·kob-Krank·heit ['krɔytsfɛlt-] *f* MED Creutzfeldt-Jakob disease

Crew <-, -s> [kruː] *f* crew

Crois·sant <-s, -s> [krɔa'sãː] *nt* croissant

Cross·trai·ner <-s, -> ['krɔstreːnɐ] *m* elliptical [*or* cross] trainer

Crou·pier <-s, -s> [kru'pi̯eː] *m* croupier

crui·sen ['kruːzn̩] *vi* (*fam*) to cruise, to go cruising *fam*

Crunch <-[e]s, -[e]s> [kranʃ, krantʃ] *m* SPORT stomach crunch

C-Schlüs·sel [tseː-] *m* C clef

CSU <-> [tseːˈɛsˈʔuː] *f Abk von* **Christlich-Soziale Union** CSU

Cup <-s, -s> [kap] *m* cup

Cup·cake <-s, -s> ['kapkeːk] *m* cupcake, fairy cake BRIT, muffin AM

Cur·ry <-s, -s> ['kœri] *m o nt* curry

Cur·ry·wurst *f* sliced fried sausage served with ketchup and curry powder

Cur·sor <-s, -> ['kœːɐ̯zɐ] *m* cursor

cut·ten ['katn̩] *vt, vi* ■[etw] ~ to cut [*or* edit] [sth]

Cut·ter(in) <-s, -> ['katɐ] *m(f)* cutter

CVP <-> [tseːfauˈpeː] *f kein pl* SCHWEIZ *Abk von* **Christlichdemokratische Volkspartei** Christian-Democratic People's Party

Cy·ber·ca·fé *nt* cyber [*or* Internet] café

Cy·ber·cash <-s> ['sajbɛkɛʃ] *nt* cyber cash *no pl* **Cy·ber·geld** ['sajbɐ-] *nt* INFORM cybermoney **Cy·ber·sex** <-> *m kein pl* cybersex *no pl* **Cy·ber·space** <-, -s> [-spajs] *m kein pl* cyberspace *no pl*

Dd

D, d <-, - *o fam* -s, -s> [de:] *nt* ① (*Buchstabe*) D, d; *s. a.* **A 1** ② MUS D, d; *s. a.* **A 2**

da ['da:] **I.** *adv* ① (*örtlich: dort*) there; ~ **sein** to be there; ~ **bist du ja!** there you are!; ~ **drüben/hinten/vorne** over there; ~ **draußen/drinnen** out/in there; (*hier*) here; ~ **sein** to be here; **der/die/das ...** ~ this/that ... [over here]; ~**, wo ...** where; **ach, ~ ...!** oh, there ...! ② (*dann*) then ③ (*daraufhin*) and [then]; **von ~ an herrschte endlich Ruhe** after that it was finally quiet ④ (*fam*) in such a case (*usually not translated*); ~ **bin ich ganz deiner Meinung** I completely agree with you **II.** *interj* here!; [**he,**] **Sie ~!** [hey,] you there! **III.** *konj* ① *kausal* (*weil*) as, since ② *temporal* (*geh*) when

da|be·hal·ten* ['da:bəhaltn̩] *vt irreg* ■ **jdn ~** to keep sb here/there

da·bei [da'baj] *adv* ① (*örtlich*) with [it/them]; **die Rechnung war nicht ~** the bill was not enclosed; **direkt/nahe ~** right next/near to it ② (*zeitlich*) at the same time; (*dadurch*) as a result; (*währenddessen*) while doing it; **die ~ entstehenden Kosten sind sehr hoch** the resulting costs are very high ③ (*anwesend, beteiligt*) there; ~ **sein** to be there; (*mitmachen*) to take part; **er war bei dem Treffen ~** he was there at the meeting ④ (*außerdem*) on top of it all, besides AM ⑤ (*damit verbunden*) through it/them; **ich habe mir nichts ~ gedacht** I didn't mean anything by it; **was hast du dir denn ~ gedacht?** what were you thinking of?; **da ist** [**doch**] **nichts ~** (*das ist doch nicht schwierig*) there's nothing to it; (*das ist nicht schlimm*) there's no harm in it; **das Dumme/Schöne ~ ist, ...** the stupid/good thing about it is ...

da·bei|blei·ben *vi irreg sein* ■ **bei jdm ~** to stay with sb; ■ **bei etw** *dat* ~ to carry on with sth **da·bei|ha·ben** *vt irreg, Zusammenschreibung nur bei infin und pp* ■ **etw ~** to have sth on oneself; ■ **jdn ~** to have sb with oneself **da·bei|sein**^{ALT} *vi irreg sein s.* **dabei 1, 3 da·bei|ste·hen** *vi irreg* ■ [**mit**] ~ *dat* to be there; (*untätig a.*) to stand there

da|blei·ben *vi irreg sein* to stay [on]; **halt, bleib da!** wait!

Dach <-[e]s, Dächer> ['dax, *pl* 'dɛçɐ] *nt* (*Gebäudeteil, a. Auto*) roof; [**mit jdm**] unter einem ~ wohnen to live under the same roof [as sb]; **unterm ~ wohnen** to live in an attic room/flat [*or* AM *also* apartment]; [**k**]**ein ~ über dem Kopf haben** (*fam*) to [not] have a roof over one's head ▶[**von jdm**] **eins aufs ~ <u>kriegen</u>** (*fam; geohrfeigt werden*) to get a clout round [*or* AM slap upside] the head [from sb]; (*getadelt werden*) to be given a talking to [by sb]; **jdm aufs ~ steigen** (*fam*) to jump down sb's throat

Dach·bal·ken *m* roof beam **Dach·bo·den** *m* attic **Dach·de·cker(in)** <-s, -> *m(f)* roofer **Dach·fens·ter** *nt* skylight **Dach·first** *m* [roof] ridge **Dach·ge·päck·trä·ger** *m* roof rack **Dach·ge·schoss**^{RR} *nt* attic storey **Dach·kam·mer** *f* attic room **Dach·kon·zern** *m* ÖKON holding company **Dach·la·wi·ne** *f* **sein Auto ist von einer ~ verschüttet worden** his car was buried by snow that fell from the roof **Dach·rin·ne** *f* gutter **Dachs** <-es, -e> ['daks] *m* badger **Dach·scha·den** *m* **einen ~ haben** (*fam*) to have a screw loose **Däch·sin** ['dɛksɪn] *f fem form von* **Dachs** **Dach·stuhl** *m* roof truss **dach·te** ['daxtə] *imp von* **denken** **Dach·ver·band** *m* umbrella organization **Dach·woh·nung** *f* attic flat [*or* AM *also* apartment] **Dach·zie·gel** *m* [roofing] tile **Da·ckel** <-s, -> ['dakl̩] *m* dachshund **Da·da·is·mus** <-> [dada'ɪsmʊs] *m kein pl* Dadaism

da·durch [da'dʊrç] *adv* ① *örtlich* through [it/them]; (*emph*) through there ② *kausal* (*aus diesem Grund*) so; (*auf diese Weise*) in this way ③ (*deswegen*) ■ ~**, dass ...** because ...

da·für [da'fy:ɐ̯] **I.** *adv* ① (*für das*) for it/this/that; **ein Beispiel ~** an example; **warum ist er böse? er hat doch keinen Grund ~** why's he angry? he has no reason to be; **es ist ein Beweis ~, dass ...** it's proof that ...; ~ **bin ich ja da/Lehrer** that's what I'm here for/that's why I'm a teacher; **ich bezahle Sie nicht ~, dass Sie nur rumstehen!** I'm not paying you just to stand around; **ich kann mich nicht ~ begeistern** I can't get enthusiastic about it; **er interessiert sich nicht ~** he is not interested [in it/that]; **ich werde ~ sorgen, dass ...** I'll make sure that ...; **ich**

kann nichts ~! I can't help it! ❷ (*als Gegenleistung*) in return ❸ (*andererseits*) **in Mathematik ist er schlecht, ~ kann er gut Fußball spielen** he's bad at maths, but he makes up for it at football; **er ist zwar nicht kräftig, ~ aber intelligent** he may not be strong, but he's intelligent for all that ❹ (*im Hinblick darauf*) ■**~, dass** ... seeing [that] ... **II.** *adj präd* ■**~ sein** to be for it/that

da·für|kön·nen *vt irreg* **er kann nichts dafür** it's not his fault

da·ge·gen [da'ge:gn̩] **I.** *adv* ❶ (*gegen etw*) against it ❷ (*als Einwand, Ablehnung*) against that/it; **~ müsst ihr was tun** you must do something about it; **etwas/nichts ~ haben** to object/to not object; **haben Sie was ~, wenn ich rauche?** do you mind if I smoke?; **ich habe nichts ~ |einzuwenden|** that's fine by me ❸ (*als Gegenmaßnahme*) **das ist gut/hilft ~** it's good for it; **~ lässt sich nichts machen** nothing can be done about it ❹ (*verglichen damit*) compared with it/that/them **II.** *adv präd* against; ■**~ sein** to be against it **III.** *konj* **er ist mit der Arbeit schon fertig, sie ~ hat erst die Hälfte geschafft** he's already finished the work, whereas she has only just finished half of it

da·ge·gen|hal·ten *vt irreg* **ich habe nichts dagegenzuhalten** I have no objection[s] [to it]

da|ha·ben *vt irreg, Zusammenschreibung nur bei infin und pp* ❶ ■**etw ~** (*vorrätig haben*) to have sth in stock; (*zur Hand haben*) to have sth ❷ (*zu Besuch haben*) ■**jdn ~** to have sb come to visit

da·heim [da'haim] *adv* SÜDD, ÖSTERR, SCHWEIZ (*zu Hause*) at home

da·her ['da:he:ɐ̯] **I.** *adv* ❶ (*von dort*) from there ❷ (*aus diesem Grunde*) ■**|von| ~ ...** that's why ...; **|von| ~ hat er das** that's where he got it from; **|von| ~ weißt du es also!** so that's how you know that; **das/etw kommt ~, dass ...** that is because .../ the cause of sth is that ... ❸ DIAL (*hierher*) here/there **II.** *konj* (*deshalb*) [and] that's why

da·her·ge·lau·fen *adj* **jeder ~e Kerl** (*pej*) any [old] Tom, Dick or Harry **da·her|re·den I.** *vi* to talk away **II.** *vt* ■**etw ~** to say sth without thinking

da·hin [da'hɪn] **I.** *adv* ❶ (*an diesen Ort*) there; **kommst du mit ~?** are you coming too?; **ist es noch weit bis ~?** is there still far to go?; **bis ~ müssen Sie noch eine Stunde zu Fuß gehen** it'll take an hour to walk there ❷ (*in dem Sinne*) **er äußerte sich ~ gehend, dass ...** he said something to the effect that ... ❸ (*soweit*) **du bringst es noch ~, dass ich mich vergesse!** you'll soon make me forget myself!; **es ist ~ gekommen, dass ...** things have got to the stage where ... ❹ (*zeitlich*) ■**bis ~** until then **II.** *adj präd* (*zerbrochen*) ■**~ sein** to be broken

da·hin·ge·stellt [da'hɪŋɡəʃtɛlt] *adj* ■**~ sein/bleiben** to be/remain an open question **da·hin|sa·gen** *vt* ■**etw [nur so] ~** to say sth without [really] thinking **da·hin|schlep·pen** *vr* ■**sich ~** ❶ (*sich vorwärtsschleppen*) to drag oneself along ❷ (*schleppend vorangehen*) to drag on **da·hin|schwin·den** *vi irreg sein* (*geh*) ❶ (*weniger werden*) *Geld, Kräfte, Vorräte* to dwindle [away]; *Gefühle* to dwindle; *Interesse a.* to fade ❷ (*vergehen*) to pass by **da·hin·ten** [da'hɪntn̩] *adv* over there **da·hin·ter** [da'hɪntɐ] *adv* ❶ (*hinter dem/der*) behind it/that/them etc. ❷ (*anschließend*) beyond ❸ (*fig*) **es ist nichts ~** there's nothing to it; **es ist da was ~** there's more to it/him/her etc. than meets the eye **da·hin·ter|klem·men** *vr* (*fam*) **sich ~** to buckle down **da·hin·ter|kom·men** *vi irreg sein* (*fam*) **~[, was/wie/warum ...]** to find out [what/how/why ...]; (*begreifen*) to figure out what/how/why ...

da·hin|ve·ge·tie·ren* [-ve-] *vi sein* to vegetate

Dah·lie <-, -n> ['da:liə] *f* dahlia

dal·las·sen *vt irreg* ❶ (*verweilen lassen*) ■**jdn ~** to leave sb here/there ❷ (*überlassen*) ■**jdm etw ~** to leave sb sth

dal·li ['dali] *adv* (*fam*) **..., aber ~!** ..., and be quick about it!; **hau ab, aber ~!** get lost, go on, quick!

da·ma·lig ['da:ma:lɪç] *adj attr* at that time *pred*

da·mals ['da:ma:ls] *adv* then, at that time; ■**seit ~** since then

Da·mast <-[e]s, -e> [da'mast] *m* damask **Da·me** <-, -n> ['da:mə, *pl* 'da:mən] *f* ❶ (*geh*) lady; **die ~ des Hauses** the lady of the house; **meine ~n und Herren!** ladies and gentlemen! ❷ (*~ spiel*) draughts + *sing vb* BRIT, checkers + *sing vb* AM ❸ (*bei Schach, Karten*) queen

Da·me·brett ['da:məbrɛt] *nt* draught[s]board

Da·men·be·glei·tung *f* female company **Da·men·be·kannt·schaft** *f* lady friend **Da·men·be·such** *m* lady visitor[s] **Da·men·bin·de** *f* sanitary towel [*or* AM napkin] **Da·men·fahr·rad** *nt* lady's bicycle **Da·men·fri·seur** *m* ladies' hairdresser **da·men·haft** I. *adj* ladylike *also pej* II. *adv* like a lady **Da·men·mann·schaft** *f* ladies' team **Da·men·mo·de** *f* ladies' fashion[s] **Da·men·o·ber·be·klei·dung** *f kein pl* ladies' wear **Da·men·sat·tel** *m* side-saddle **Da·men·sitz** *m* **im ~ [reiten]** [to ride] side-saddle **Da·men·toi·let·te** *f* ladies **Da·men·wahl** *f* ladies' choice **Da·me·spiel** *nt* ■[**das**] **~** [a game of] draughts BRIT + *sing vb* **Dame·stein** *m* king

Dam·hirsch ['damhɪrʃ] *m* fallow deer; (*männliches Tier*) fallow buck

da·misch ['da:mɪʃ] *adj* SÜDD, ÖSTERR (*fam*) ❶ (*dämlich*) stupid ❷ *präd* (*schwindelig*) dizzy

da·mit [da'mɪt] I. *adv* ❶ (*mit diesem Gegenstand*) with it/that; **was soll ich ~?** what am I supposed to do with that? ❷ (*mit dieser Angelegenheit*) **meint er mich ~?** does he mean me?; **weißt du, was sie ~ meint?** do you know what she means by that?; **~ sieht es heute schlecht aus** today is a bad day for it; **er konnte mir nicht sagen, was es ~ auf sich hat** he couldn't tell me what it was all about; **ist Ihre Frage ~ beantwortet?** has that answered your question?; **musst du immer wieder ~ ankommen?** must you keep on about it?; **ich habe nichts ~ zu tun** I have nothing to do with it; **hör auf ~!** pack it in!; **~ hat es noch Zeit** there's no hurry for that ❸ *bei Verben* **sind Sie ~ einverstanden?** do you agree to that?; **~ hatte ich nicht gerechnet** I hadn't reckoned on that; **sie fangen schon ~ an, das Haus abzureißen** they're already starting to pull down the house; **~ fing alles an** everything started with that ❹ (*bei Befehlen*) with it; **her ~!** give it to me!; **genug ~!** that's enough [of that]! II. *konj* so that

däm·lich ['dɛːmlɪç] I. *adj* (*pej fam*) ❶ (*dumm*) stupid ❷ (*ungeschickt*) annoying II. *adv* (*pej fam*) **sich ~ anstellen** to be awkward

Däm·lich·keit <-, -en> *f* (*pej fam*) ❶ *kein pl* (*dummes Verhalten*) stupidity ❷ (*dumme Bemerkung*) stupid [*or* AM *also* dumb] remark

Damm <-[e]s, Dämme> ['dam, *pl* 'dɛmə] *m* ❶ (*Stau~*) dam; (*Deich*) dyke ❷ (*fig*) barrier (**gegen** against/to) ▸ **wieder auf dem ~ sein** to be up on one's legs again

däm·men ['dɛmən] *vt* to insulate

däm·m(e)·rig ['dɛm(ə)rɪç] *adj* ❶ (*gering leuchtend*) dim ❷ (*dämmernd*) ■ **~ sein/werden** to be/get dark

Däm·mer·licht *nt* gloom

däm·mern ['dɛmɐn] I. *vi* ❶ *Tag, Morgen* to dawn; *Abend* to approach ❷ (*begreifen*) ■ **jdm ~** to [gradually] dawn on sb II. *vi impers* ■ **es dämmert** (*morgens*) dawn is breaking; (*abends*) dusk is falling

Däm·me·rung <-, -en> *f* twilight; (*Abend~*) dusk; (*Morgen~*) dawn

dämm·rig ['dɛmrɪç] *adj s.* **dämmerig**

Dä·mon <-s, Dämonen> ['dɛːmɔn, *pl* dɛ'moːnən] *m* demon

dä·mo·nisch [dɛ'moːnɪʃ] *adj* demonic

Dampf <-[e]s, Dämpfe> ['dampf, *pl* 'dɛmpfə] *m* steam *no pl;* **unter ~ stehen** to be under steam; **~ ablassen** (*a. fig*) to let off steam

Dampf·bad *nt* steam bath **Dampf·bü·gel·ei·sen** *nt* steam iron **Dampf·druck** *m* steam pressure

damp·fen ['dampfn̩] *vi* ❶ *haben* (*Dampf abgeben*) to steam; *Kochtopf a.* to give off steam; *Bad, Essen* steaming-hot ❷ *sein* (*sich unter Dampf fortbewegen*) to steam; *Zug a.* to puff

dämp·fen ['dɛmpfn̩] *vt* ■ **etw ~** ❶ (*mit Dampf kochen*) to steam ❷ (*mit Dampf glätten*) to press sth with a steam iron ❸ (*akustisch abschwächen*) to muffle sth; **seine Stimme ~** to lower one's voice ❹ (*mäßigen*) to dampen sth

Dampf·er <-s, -> ['dampfɐ] *m* steamship ▸ **auf dem falschen ~ sein** (*fig fam*) to be barking up the wrong tree

Dämp·fer <-s, -> ['dɛmpfɐ] *m* MUS, TECH damper ▸ **jdm einen ~ versetzen** to dampen sb's spirits

Dampf·koch·topf *m* pressure cooker **Dampf·kraft·werk** *nt* steam[-driven] power station **Dampf·lo·k(o·mo·ti·ve)** *f* steam engine **Dampf·ma·schi·ne** *f* steam engine **Dampf·plau·de·rer, -plau·de·rin** <-s, -> *m, f* (*hum fam*) windbag **Dampf·rei·ni·ger** *m*, **Dampf·sau·ger** *m* steam cleaner **Dampf·schiff** *nt* steamship **Dampf·tur·bi·ne** *f* steam turbine **Dampf·wal·ze** *f* steamroller

Dam·wild ['damvɪlt] *nt* fallow deer

da·nach [da'naːx] *adv* ❶ *zeitlich* after it/that; (*nachher a.*) afterwards; **ein paar Minuten ~ war er schon wieder da** a few minutes later he was back ❷ *örtlich* behind [her/him/it/them etc.]; **als Erster**

ging der Engländer durchs Ziel und gleich ~ der Russe the Englishman finished first, immediately followed by the Russian ❸ (*in bestimmte Richtung*) towards it/them; **~ greifen** to [make a] grab at it ❹ (*dementsprechend*) accordingly; (*laut dem*) according to that ❺ (*zumute*) ▪**jdm ist ~/nicht ~** sb feels/doesn't feel like it ❻ (*nach dieser Sache*) **sie sehnte sich ~** she longed for it/that

Dä·ne, Dä·nin <-n, -n> ['dɛːnə, 'dɛːnɪn] *m, f* Dane

da·ne·ben [da'neːbn̩] *adv* ❶ (*neben jdm/etw*) next to her/him/it/that etc.; **links/rechts ~** (*neben Gegenstand*) to the left/right of it/them; (*neben Mensch*) to her/his left/right; **wir wohnen [im Haus] ~** we live [in the house] next door; **~!** missed! ❷ (*verglichen damit*) compared with her/him/it/that etc. ❸ (*außerdem*) in addition [to that] ❹ (*unangemessen*) ▪**~ sein** to be inappropriate

da·ne·ben|be·neh·men* *vr irreg* (*fam*) ▪**sich ~** to make an exhibition of oneself

da·ne·ben|ge·hen *vi irreg sein* ❶ (*das Ziel verfehlen*) to miss; *Pfeil, Schuss a.* to miss its/their mark ❷ (*scheitern*) to go wrong **da·ne·ben|lie·gen** *vi irreg* (*fam*) ▪**jd liegt daneben** sb is wide of the mark; **er liegt mit seiner Vermutung total daneben** his suspicion is way off mark **da·ne·ben|schie·ßen** *vi irreg* ❶ (*das Ziel verfehlen*) to miss [the target [*or* mark]] ❷ (*absichtlich vorbeischießen*) to shoot to miss

Dä·ne·mark <-s> ['dɛːnəmark] *nt* Denmark

Dä·nin ['dɛːnɪn] *f s.* **Däne**

dä·nisch ['dɛːnɪʃ] *adj* Danish

dank ['daŋk] *präp* (*a. iron*) thanks to

Dank <-[e]s> ['daŋk] *m kein pl* ❶ (*Anerkennung für Geleistetes*) ▪**jds ~** sign of sb's gratitude ❷ (*Dankbarkeit*) gratitude; **besten/herzlichen/schönen/tausend/vielen ~** thank you very much; **jdm ~ schulden** to owe sb a debt of gratitude; **als ~ für etw** *akk* in grateful recognition of sth; **[das ist] der [ganze] ~ dafür!** that is/was all the thanks one gets/got!

dank·bar ['daŋkbaːɐ̯] *adj* ❶ (*dankend*) grateful; ▪**jdm ~ sein** to be grateful to sb ❷ (*anspruchslos*) *Stoff* hard-wearing

---

sich bedanken

sich bedanken	thanking
Danke!	Thank you!/Thanks!
Danke sehr!/Danke schön!/Vielen Dank!	Thank you very much!/Many thanks!
Tausend Dank!	Thanks a million!
Danke, das ist sehr lieb von dir!	Thank you, that's very kind of you!
Vielen (herzlichen) Dank!	Thank you very much!
Ich bedanke mich (recht herzlich)!	Thank you very much (indeed)!

auf Dank reagieren	reacting to being thanked
Bitte!	You're welcome!
Bitte schön!/Gern geschehen!/Keine Ursache!	You're welcome!/My pleasure./Don't mention it.
Bitte, bitte!/Aber bitte bitte, das ist doch nicht der Rede wert!	Not at all!/Please don't mention it!
(Aber) das hab ich doch gern getan!/Das war doch selbstverständlich!	(Not at all,) it was a pleasure!/The pleasure was mine!/I was happy to do it!

dankend anerkennen	acknowledging gratefully
Vielen Dank, du hast mir sehr geholfen.	Many thanks, you've been a great help.
Wo wären wir ohne dich!	What would we do without you!
Ohne deine Hilfe hätten wir es nicht geschafft.	We would not have managed it without your help.
Sie waren uns eine große Hilfe.	You were a great help to us.
Ich weiß Ihr Engagement sehr zu schätzen.	I very much appreciate your commitment.

Dank·bar·keit <-> *f kein pl* gratitude
dan·ke *interj* thank you, thanks *fam;* (*nicht nötig*) no thank you
dan·ken ['daŋkn̩] I. *vi* ▪ [jdm] ~ to express one's thanks [to sb]; **nichts zu ~** you're welcome II. *vt* ▪ jdm etw ~ to repay sb for sth; **wie kann ich Ihnen das jemals ~?** how can I ever thank you?
dan·kens·wert ['daŋkn̩sveːɐ̯t] *adj* commendable
Dan·ke·schön <-s> *nt kein pl* thank you; [jdm] **ein herzliches ~ sagen** to express heartfelt thanks to sb
Dank·sa·gung *f* note of thanks
dann ['dan] *adv* ❶ (*danach*) then; **noch eine Woche, ~ ist Weihnachten** another week till Christmas; ▪ ~ **und wann** now and then ❷ (*zu dem Zeitpunkt*) ▪ **immer ~, wenn ...** always when ...; ❸ (*unter diesen Umständen*) then; ▪ **wenn ..., ~ ...** if ..., [then] ...; **etw nur ~ tun, wenn ...** to do sth only when ...; **ich habe keine Lust mehr! — D~ hör doch auf!** I'm not in the mood any more! — Well stop then!; **also ~ bis morgen** see you tomorrow then; **~ erst recht nicht!** in that case no way!; ▪ **selbst ~** even then ❹ (*außerdem*) ▪ **... und ~ auch noch ...** on top of that
da·ran [da'ran] *adv* ❶ (*räumlich*) **halt deine Hand ~!** put your hand against it; **etw ~ kleben/befestigen** to stick/fasten sth to it; **~ riechen** to smell it; **~ vorbei** past it ❷ (*zeitlich*) **im Anschluss ~** following that/this ❸ (*an dieser Sache*) **kein Interesse ~** no interest in it/that; **ein Mangel ~** a lack of it; **kein Wort ist wahr ~!** not a word of it is true; **es ändert sich nichts ~** it won't change; **~ arbeiten/ersticken** to work/choke on it/that; **sich ~ beteiligen/~ interessiert sein** to take part/be interested in it/that; **denk ~!** bear it/that in mind; **sich ~ erinnern/~ zweifeln** to remember/doubt it/that; **~ sterben** to die of it; **das Dumme/Gute/Schöne ~ ist, dass ...** the stupid/good/nice thing about it is that ...
da·ran|ge·hen *vi irreg sein* to set about it
da·ran|ma·chen *vr* (*fam*) ▪ **sich ~** to set about it **da·ran|set·zen** [da'ranzɛtsn̩] I. *vt* **alles ~, etw zu tun** to spare no effort to do sth II. *vr* ▪ **sich ~** to set about it
da·rauf [da'rauf] *adv* ❶ (*räumlich*) on it/that/them etc.; **~ folgend** following; **~ schlagen** to hit it ❷ (*zeitlich*) after that; **bald ~** shortly afterwards; **am Abend ~** the next evening; **im Jahr ~** [in] the following year ❸ (*infolgedessen*) consequently ❹ (*auf das*) **~ antworten/reagieren** to reply/react to it; **etw ~ sagen** to say sth to it/this/that; **ein Recht ~** a right to it; **wir müssen ~ Rücksicht nehmen** we must take that into consideration; **~ bestehen** to insist [on it]; **sich ~ freuen** to look forward to it; **~ reinfallen** to fall for it; **stolz ~ sein** to be proud of it; **sich ~ verlassen** to rely on it; **sich ~ vorbereiten** to prepare for it
da·rauf·fol·gend^ALT *adj attr s.* **darauf 1**
da·rauf·hin ['da:raufhɪn] *adv* ❶ (*infolgedessen*) as a result [of this/that] ❷ (*nachher*) after that
da·rauf|le·gen *vt* to lay on top
da·raus [da'raus] *adv* ❶ (*aus Gefäß o Raum*) out of it/that/them; **etw ~ entfernen** to remove sth from it ❷ (*aus diesem Material*) out of it/that/them ❸ (*aus dieser Tatsache*) **~ ergibt sich/folgt, dass ...** the result of which is that ...
dar|bie·ten ['daːɐ̯biːtn̩] *irreg* I. *vt* (*geh*) ▪ [jdm] **etw ~** to perform sth [before sb] II. *vr* ▪ **sich jdm ~** *Gelegenheit, Möglichkeit* to offer itself to sb
Dar·bie·tung <-, -en> ['daːɐ̯biːtʊŋ] *f* performance
da·rin [da'rɪn] *adv* ❶ (*in dem/der*) in there; (*in vorher Erwähntem*) in it/them; **was steht ~ [geschrieben]?** what does it say? ❷ (*in dem Punkt*) in that respect
dar|le·gen ['daːɐ̯leːgn̩] *vt* ▪ [jdm] **etw ~** to explain sth [to sb]
Dar·le·gung <-, -en> *f* explanation
Dar·le·h(e)n <-s, -> ['daːɐ̯leːən] *nt* loan
Darm <-[e]s, Därme> ['darm, *pl* 'dɛrmə] *m* intestine
Darm·grip·pe *f* gastric flu **Darm·spie·ge·lung** *f* MED enteroscopy **Darm·ver·schluss**^RR *m* intestinal obstruction
dar|stel·len ['daːɐ̯ʃtɛlən] I. *vt* ❶ (*wiedergeben*) *a.* THEAT ▪ **jdn/etw ~** to portray sb/sth ❷ (*beschreiben*) to describe ❸ (*bedeuten*) to represent II. *vr* ❶ (*zeigen*) ▪ **sich [jdm] ~** to appear [to sb] ❷ (*ausgeben als*) ▪ **sich als jd/etw ~** to show oneself to be sth
Dar·stel·ler(in) <-s, -> ['daːɐ̯ʃtɛlɐ] *m(f)* actor; ▪ ~ **in** actress
Dar·stel·lung <-, -en> *f* ❶ *kein pl* (*das Wiedergeben im Bild*) portrayal ❷ *kein pl* THEAT performance ❸ (*das Schildern*) representation *no pl*
Darts <-> [da:ɐ̯ts] *nt kein pl* darts + *sing vb*
da·rü·ber [da'ryːbɐ] *adv* ❶ (*räumlich*) over it/that/them; (*direkt auf etw*) on top [of it/that]; (*oberhalb von etw*) above [it/

that/them]; (*über etw hinweg*) over [it/that/them] ❷ (*hinsichtlich einer Sache*) about it/that/them; **sich ~ wundern, was ...** to be surprised at what ... ❸ (*währenddessen*) in the meantime; (*dabei und deswegen*) in the process ❹ (*über diese Grenze hinaus*) above [that]

da·rü·ber|ste·hen *vi irreg* (*fig*) to be above it [all]

da·rum [da'rʊm] *adv* ❶ (*deshalb*) that's why; **~?** because of that?; **~!** (*fam*) [just] because! ❷ (*um das*) **~ bitten** to ask for it/that; **es geht nicht ~, wer zuerst kommt** it's not a question of who comes first; **~ geht es ja gerade!** that's just it!; **~ herumreden** to beat around the bush; **sich ~ streiten** to argue over it/that ❸ (*räumlich*) ■ **~ [herum]** around it

da·run·ter [da'rʊntɐ] *adv* ❶ (*räumlich*) under it/that; (*unterhalb von etw*) below [it/that]; **~ hervorgucken/-springen/-sprudeln** to look/jump/gush out [from underneath] ❷ (*unterhalb*) lower; **Schulkinder im Alter von 12 Jahren und ~** schoolchildren of 12 years and younger ❸ (*dazwischen*) among[st] them ❹ (*unter dieser Angelegenheit*) **~ leiden** to suffer under it/that; **was verstehst du ~?** what do you understand by it/that?; **~ kann ich mir nichts vorstellen** it doesn't mean anything to me

das ['das] *def, sing nt* **I.** *art* (*allgemein*) the; **~ Buch/Haus/Schiff** the book/house/ship **II.** *pron dem, sing nt* ❶ *attr, betont* **~ Kind war es!** it was that child! ❷ (*hinweisend*) **was ist denn ~?** (*fam*) what on earth is that/this?; **~ da** that one [there]; **~ hier** this one [here] **III.** *pron rel, sing nt* that; (*Person a.*) who/whom *form*; (*Gegenstand, Tier a.*) which; **ich hörte/sah ein Auto, ~ um die Ecke fuhr** I heard/saw a car driving around the corner; **das Mädchen, ~ gut singen kann, ...** the girl who can sing well ...; *s. a.* **der**

da|sein^ALT ['da:zain] *vi irreg sein s.* **da 1**

Da·sein <-s> ['da:zain] *nt kein pl* ❶ (*Leben, Existenz*) existence ❷ (*Anwesenheit*) presence

Da·seins·be·rech·ti·gung *f* right to exist *no pl*

da|sit·zen ['da:zɪtsn̩] *vi irreg* to sit there

das·je·ni·ge ['dasjeːnɪɡə] *pron dem s.* **derjenige**

dass^RR**, daß**^ALT ['das] *konj* ❶ *mit Subjektsatz* that ❷ *mit Objektsatz* **ich habe gehört, ~ du Vater geworden bist** I've heard [that] you've become a father; **nicht verstehen, ~ ...** to not understand how ... ❸ *mit Attributivsatz* **vorausgesetzt, ~ ...** providing [that] ...; **die Tatsache, ~ ...** the fact that ... ❹ *mit Kausalsatz* that; **dadurch, ~ ...** because ... ❺ *mit Konsekutivsatz* that ❻ (*in Warnungen*) **sieh/seht zu, ~ ...!** see that ...; (*nachdrücklicher:*) see to it [that] ...

das·sel·be [das'zɛlbə] *pron dem s.* **derselbe**

da|ste·hen ['daːʃteːən] *vi irreg* ❶ (*untätig herumstehen*) to stand there; **dumm ~** to stand there stupidly ❷ (*erscheinen*) **besser/anders/gut/schlecht ~** to be in a better/different/good/bad position

Date <-s, -s> [deːt] *nt* date; **ein ~ ausmachen** to agree to meet; **mit jdm ein ~ haben** to be meeting sb

Da·tei [da'tai] *f* [data] file

Da·tei·na·me *m* filename

Da·ten^1 ['daːtn̩] *pl von* **Datum**

Da·ten^2 ['daːtn̩] *pl* data

Da·ten·ab·ruf *m* data retrieval **Da·ten·auf·be·rei·tung** *f* data editing **Da·ten·au·to·bahn** *f* information highway **Da·ten·bank** <-banken> *f* database **Da·ten·be·stand** *m* data stock **Da·ten·ein·ga·be** *f* data entry **Da·ten·er·fas·sung** *f* data collection **Da·ten·fern·über·tra·gung** *f* remote data transmission **Da·ten·flut** *f* flood of data **Da·ten·for·mat** *nt* data format **Da·ten·hand·schuh** *m* dataglove **Da·ten·klau** <-s> *m kein pl* (*fam*) data theft **Da·ten·miss·brauch**^RR *m* data misuse **Da·ten·netz** *nt* data network **Da·ten·pfle·ge** *f* data administration **Da·ten·satz** *nt* record **Da·ten·schutz** *m* data [privacy] protection **Da·ten·schutz·be·auf·trag·te(r)** *f(m)* controller for data protection **Da·ten·schüt·zer(in)** *m(f)* (*fam*) data watchdog **Da·ten·si·cher·heit** *f kein pl* data protection **Da·ten·si·che·rung** *f* [data] backup **Da·ten·trä·ger** *m* data medium **Da·ten·über·tra·gung** *f* data transmission **Da·ten·ver·ar·bei·tung** *f* data processing *no pl, no art*

da·tie·ren* [da'tiːrən] **I.** *vt* to date **II.** *vi* to date from

Da·tiv <-s, -e> ['daːtiːf, *pl* 'daːtiːvə] *m* dative [case]

Da·tiv·ob·jekt *nt* dative object

da·to ['daːto] *adv* (*geh*) **bis ~** to date

Dat·tel <-, -n> ['datl̩, *pl* 'datl̩n] *f* date

Dat·tel·pal·me *f* date [palm]

Da·tum <-s, Daten> ['daːtʊm, *pl* 'daːtn̩] *nt* date; **~ des Poststempels** date as postmark; **ein Wagen älteren ~s** an older model of a car; **was für ein/welches ~ haben wir heute?** what's the date today?; **ein Brief ohne ~** an undated letter; **der Brief trägt das ~ vom 7. Mai** the letter is dated 7 May

Da·tums·stem·pel *m* ❶ (*Gerät*) dater ❷ (*Datum*) date stamp

Dau·er <-> ['daʊɐ] *f kein pl* duration (+*gen* of); *von Aufenthalt* length; **von kurzer ~ sein** to be short-lived; **auf die ~** in the long run; **diesen Lärm kann auf die ~ keiner ertragen** nobody can stand this noise for any length of time

Dau·er·ar·beits·lo·sig·keit *f kein pl* long-term unemployment **Dau·er·auf·trag** *m* standing order **Dau·er·be·schäf·ti·gung** *f* permanent employment *no pl* **Dau·er·be·trieb** *m kein pl* continuous operation **Dau·er·bren·ner** *m* (*fam*) ❶ (*Ofen*) slow-burning stove ❷ *Theater*/ *Musikstück* long runner **Dau·er·er·folg** *f* continuous success **Dau·er·frost** *m* long period of frost

dau·er·haft I. *adj* ❶ (*haltbar*) durable ❷ (*beständig*) lasting II. *adv* permanently **Dau·er·haf·tig·keit** <-> *f kein pl* ❶ (*Haltbarkeit, Strapazierfähigkeit*) durability ❷ (*Beständigkeit*) permanence; *von Wetter* constancy; **der Versailler Frieden war nicht von großer ~** the Treaties of Versailles did not last

Dau·er·kar·te *f* season ticket **Dau·er·lauf** *m* jog

dau·ern ['daʊɐn] *vi* ❶ (*anhalten*) to last; **dieser Krach dauert jetzt schon den ganzen Tag** this racket has been going on all day now; **der Film dauert drei Stunden** the film is three hours long ❷ (*Zeit erfordern*) to take; **das dauert wieder, bis er endlich fertig ist!** he always takes such a long time to get ready; **vier Stunden? Das dauert mir zu lange** four hours? That's too long for me; **das dauert und dauert!** (*fam*) it's taking ages [and ages]

dau·ernd ['daʊɐnt] I. *adj* (*ständig*) constant; *Freundschaft* lasting II. *adv* ❶ (*ständig*) constantly ❷ (*immer wieder*) **etw ~ tun** to keep [on] doing sth

Dau·er·scha·den *m* long-term damage **Dau·er·stel·lung** *f* permanent post **Dau·er·stress**[RR] *m* continuous stress **Dau·er·the·ma** *nt* permanent topic **Dau·er·wel·le** *f* perm **Dau·er·wir·kung** *f* long-lasting effect **Dau·er·zu·stand** *m* permanent state of affairs

Däum·chen <-s, -> ['dɔymçən] *nt dim von* **Daumen** (*Kindersprache*) [little] thumb ▸ **~ drehen** (*fam*) to twiddle one's thumbs

Dau·men <-s, -> ['daʊmən] *m* thumb; **am ~ lutschen** to suck one's thumb ▸ **jdm die ~ drücken** to keep one's fingers crossed [for sb]

Dau·ne <-, -n> ['daʊnə] *f* down *no pl* **Dau·nen·de·cke** *f* duvet

Da·vis·cup[RR], **Da·vis-Cup** <-[s]> ['de:vɪskap] *m*, **Da·vis·po·kal**[RR], **Da·vis-Pokal** *m* (*Tennispokal*) ■ **der ~** the Davis Cup

da·von [da'fɔn] *adv* ❶ (*von diesem Ort/ dieser Person*) **etw ~ lösen/trennen** to loosen/separate sth from it/that; **~ loskommen** to come off it/that; **jdn ~ heilen** to heal sb of it/that; **links/rechts ~** to the left/right of it/that/them ❷ (*von dieser Sache*) **~ ausgehen, dass ...** to presume that ...; **etwas/nichts ~ haben** to have sth/nothing of it; **das Gegenteil ~** the opposite of it/that; **das kommt ~!** you've/he's etc. only got yourself/himself etc. to blame!; **es hängt ~ ab, ob/dass ...** it depends on whether ...; **~ stirbst du nicht!** it won't kill you! ❸ (*von dieser Sache/Menge*) **sich ~ ernähren** to subsist on it/that; **~ essen/trinken** to eat/ drink [some] of it/that; **die Hälfte/ein Teil/ein Pfund ~** half/a part/a pound of it/that/them ❹ (*von dieser Angelegenheit*) **~ hören/sprechen/wissen** to hear/speak/know of it/that/them; **was hältst du ~?** what do you think of it/that/ them?; **~ weiß ich nichts** I don't know anything about that; **genug ~!** enough [of this/that]!

da·von|flie·gen *vi irreg sein* (*geh*) to fly away; *Vögel a.* to fly off **da·von|ge·hen** *vi irreg sein* to go [away] **da·von|ja·gen** I. *vt haben* (*verscheuchen*) ■ **jdn ~** to drive sb away; *Kinder, Tiere* to chase sb away II. *vi sein* (*schnell wegfahren*) to roar off **da·von|kom·men** *vi irreg sein* **mit dem Leben ~** to escape with one's life; **mit einem blauen Auge/einem Schock ~** to come away with no more than a black eye/ a shock **da·von|lau·fen** *vi irreg sein* ■ **jdm ~** ❶ (*weglaufen*) to run away from sb ❷ (*jdn abhängen*) to run ahead of sb ❸ (*überraschend verlassen*) to run out on sb **da·von|ma·chen** *vr* ■ **sich ~** to slip away **da·von|schlei·chen** *irreg* I. *vi sein* (*leise weggehen*) to slink away II. *vr haben* ■ **sich ~** to steal away **da·von|steh·len** *vr irreg* (*geh*) *s.* **davonschleichen da·von|tra·gen** *vt irreg* ❶ (*weg-/fortbringen*) ■ **jdn/etw ~** to take sb/sth away

❷ *(geh) Preis* to carry off; *Ruhm* to achieve; *Sieg* to score ❸ *(geh)* **Prellungen/Verletzungen/Knochenbrüche** ~ to suffer bruising/injury/broken bones

da·vor [da'fo:ɐ̯, 'da:fo:ɐ̯] *adv*, **da·vor** ['da:fo:ɐ̯] *adv* ❶ *(vor einer Sache)* in front [of it/that/them]; ~ **musst du links abbiegen** you have to make a left turn before it ❷ *(zeitlich vorher)* before [it/that/them/etc.] ❸ *mit vb (in Hinblick auf)* **ich ekele mich** ~ I'm disgusted by it; **er hat Angst** ~ he's afraid of it/that; **er hatte mich** ~ **gewarnt** he warned me about that

da·zu [da'tsu:, 'da:tsu:] *adv*, **da·zu** ['da:tsu:] *adv* ❶ *(zu dem gehörend)* with it ❷ *(außerdem)* at the same time ❸ *(zu diesem Ergebnis)* **wie konnte es nur** ~ **kommen?** how could that happen?; ~ **reicht das Geld nicht** we/I haven't enough money for that; **im Gegensatz** ~ contrary to this; **im Vergleich** ~ in comparison to that ❹ *(zu dieser Sache)* **ich würde dir** ~ **raten** I would advise you to do that; **ich bin noch nicht** ~ **gekommen** I haven't got round to it yet; **es gehört viel Mut** ~ that takes a lot of courage ❺ *(dafür)* **ich bin** ~ **nicht bereit** I'm not prepared to do that; ~ **ist es da** that's what it's there for; ~ **habe ich keine Lust** I don't feel like it; **kein Recht** ~ **haben, etw zu tun** to have no right to do sth ❻ *(darüber)* **er hat sich noch nicht** ~ **geäußert** he hasn't commented on it yet; **was meinst du** ~? what do you think about it?

da·zu|ge·ben *vt irreg* to add **da·zu|ge·hö·ren*** *vi* ❶ *(zu der Sache gehören)* to belong [to it/etc.] ❷ *(nicht wegzudenken sein)* be a part of it **da·zu·ge·hö·rig** [da'tsu:gəhøːrɪç] *adj attr* to go with it/them *pred*, which goes/go with it/them *pred* **da·zu|ge·sel·len*** *vr* ■**sich** ~ to join them/her/him/you/us/etc. **da·zu|kom·men** *vi irreg sein* ❶ *(hinzukommen)* to arrive; *(zufällig)* to happen to arrive ❷ *(hinzugefügt werden)* to be added **da·zu|ler·nen** *vt* **einiges** ~ to learn a few [new] things **da·zu|rech·nen** *vt* to add on **da·zu|set·zen** **I.** *vt* ❶ *(zu jdm setzen)* **kann ich mich** ~? do you mind if I join you? ❷ *(dazuschreiben)* to add **II.** *vr* ■**sich** [**zu jdm**] ~ to sit down [at sb's table] **da·zu|tun** *vt irreg (fam)* to add

Da·zu·tun <-> *nt kein pl* ■**ohne jds** ~ *akk* without sb's intervention

da·zwi·schen [da'tsvɪʃn] *adv* ❶ *(zwischen zwei Dingen)* [in] between; *(darunter)* among[st] them ❷ *(zeitlich)* in between

da·zwi·schen|fah·ren [da'tsvɪʃnfa:rən] *vi irreg sein* ❶ *(eingreifen)* to intervene ❷ *(unterbrechen)* to interrupt **da·zwi·schen|fun·ken** *vi (fam)* ■**[jdm]** ~ to mess sth up [for sb] *sep* **da·zwi·schen|kom·men** *vi irreg sein* **wenn nichts dazwischenkommt!** if all goes to plan!; **leider ist** [**mir**] **etwas dazwischengekommen** I'm afraid something has come up **da·zwi·schen|re·den** *vi* ■**[jdm]** ~ to interrupt [sb] **da·zwi·schen|tre·ten** *vi irreg sein* to intervene

DB <-> *f Abk von* **Deutsche Bahn** German Railways

DDR <-> [de:de:'ʔɛr] *f (hist) Abk von* **Deutsche Demokratische Republik:** ■**die** ~ the GDR

Deal <-s, -s> [di:l] *m* deal

dea·len ['di:lən] *vi (sl)* ■**[mit etw** *dat*] ~ to deal [sth]

Dea·ler(in) <-s, -> ['di:lɐ] *m(f)* dealer

De·ba·kel <-s, -> [de'ba:kl̩] *nt (geh)* debacle, shutout AM

De·bat·te <-, -n> [de'batə] *f* debate; *(schwächer)* discussion; **zur** ~ **stehen** to be under discussion; **das steht hier nicht zur** ~ that's beside the point

de·bat·tie·ren* [deba'ti:rən] *vt* to debate; *(schwächer)* to discuss

De·bet <-s, -s> [de'bɛt] *nt* FIN debit column [*or* side]; **mit 10.000 Euro im** ~ **stehen** to have run up debts of 10,000 euros

De·bug·ger <-s, -> [di'bʌɡɐ] *m* INFORM debugger

De·büt <-s, -s> [de'by:] *nt* debut

de·bü·tie·ren* [deby'ti:rən] *vi* ❶ *(erstmals auftreten)* ■**als jd** ~ to [make one's] debut as sb ❷ *(geh: erstmals in Erscheinung treten)* ■**mit etw** *dat* ~ to [make one's] debut with sth

de·chif·frie·ren* [deʃɪ'fri:rən] *vt* to decode

Deck <-[e]s, -s> ['dɛk] *nt* deck

Deck·blatt *nt* ❶ BOT bract *spec* ❷ *(Titelblatt)* title page

Deck·chen <-s, -> *nt dim von* **Decke** ❶ *(kleines Stoffstück)* small cloth ❷ *(Tischdeckchen)* small tablecloth; *(aus Spitze)* doily

De·cke <-, -n> ['dɛkə] *f* ❶ *(Zimmerdecke)* ceiling ❷ *(Tischdecke)* tablecloth ❸ *(Wolldecke)* blanket; *(Bettdecke)* cover ▸ *(Belag)* surface ▸ **jdm fällt die** ~ **auf den Kopf** sb feels really cooped in; **an die** ~ **gehen** to hit the roof

De·ckel <-s, -> ['dɛkl̩] *m* ❶ *(Verschluss)* lid; *von Glas, Schachtel a.* top ❷ *(Buchdeckel)* cover ▸ **jdm eins auf den** ~

geben to give sb a clip round the earhole
de·cken ['dɛkn̩] **I.** vt ❶ (*bedecken*) to cover ❷ *Dach* to tile ❸ *Tisch* to set ❹ (*verheimlichen*) ■**jdn** ~ to cover up for sb; ■**etw** ~ to cover up sth *sep* ❺ *Nachfrage* to meet; *Kosten* to cover ❻ *Tier* to cover; *Stute* to serve **II.** vi (*überdecken*) **diese Farbe deckt besser** this paint gives a better cover **III.** vr ■**sich** ~ *Aussagen* to correspond

De·cken·be·leuch·tung f ceiling lights pl

Deck·man·tel m (*fig*) ■**unter dem ~ einer S.** *gen* under the guise of sth

Deck·na·me m code name

De·ckung <-, -en> f ❶ (*Schutz*) cover; **volle ~!** take cover!; **jdm ~ geben** to give sb cover ❷ (*Protektion*) backing *no pl* ❸ ÖKON *von Kosten* defrayment *form; der Nachfrage* meeting; *von Darlehen* security

de·ckungs·gleich adj concurrent

De·co·der <-s, -> [de'ko:dɐ] m decoder

De·es·ka·la·ti·on [deʔɛskala'tsi̯oːn] f de-escalation

de·es·ka·lie·rend adv calmingly

de fac·to [de: 'fakto] adv de facto

De·fä·tis·mus <-> [defɛ'tɪsmʊs] m kein pl (*geh*) ■**[der] ~** defeatism *also pej*

de·fekt [de'fɛkt] adj faulty

De·fekt <-[e]s, -e> [de'fɛkt] m defect

de·fen·siv [defɛn'ziːf] **I.** adj defensive **II.** adv defensively

De·fen·si·ve <-> [defɛn'ziːvə] f kein pl **in die ~ gehen** to go on the defensive

de·fi·nie·ren* [defi'niːrən] vt to define

De·fi·ni·ti·on <-, -en> [defini'tsi̯oːn] f definition

de·fi·ni·tiv [defini'tiːf, de'fi:nitiːf] **I.** adj ❶ (*genau, eindeutig*) definite ❷ (*endgültig*) definite, definitive **II.** adv ❶ (*in genauer oder eindeutiger Weise*) definitely; **~ anders/zu teuer** definitely different/too expensive ❷ (*in endgültiger Weise*) definitely, definitively

De·fi·zit <-s, -e> [de'fiːtsɪt] nt deficit

De·fla·ti·on <-, -en> [defla'tsi̯oːn] f deflation

de·fla·ti·o·när [deflatsi̯oˈnɛːɐ̯] adj deflationary

de·for·mie·ren* [defɔr'miːrən] vt to deform

def·tig ['dɛftɪç] adj *Mahlzeit* substantial; *Witz* coarse

De·gen <-s, -> ['de:gn̩] m ([*Sport-*]*Waffe*) epée; HIST rapier

De·ge·ne·ra·ti·on <-, -en> [degenera'tsi̯oːn] f ❶ (*geh*) degeneration ❷ MED, BIOL degeneration; **~ von Zellen** cellular degeneration

de·ge·ne·rie·ren* [degene'riːrən] vi to degenerate

de·ge·ne·riert adj degenerate

de·gra·die·ren* [degra'diːrən] vt MIL to demote

De·gra·die·rung <-, -en> f ❶ MIL demotion ❷ (*geh*) degradation

dehn·bar adj ❶ (*flexibel*) elastic ❷ (*interpretierbar*) flexible

deh·nen ['deːnən] **I.** vt ❶ (*ausweiten*) to stretch ❷ MED to dilate **II.** vr ■**sich** ~ to stretch

Deh·nung <-, -en> f ❶ (*das Dehnen*) stretching ❷ MED dilation ❸ (*Laut- o Silbendehnung*) lengthening; (*schleppend*) drawling

Deich <-[e]s, -e> ['daɪç] m dyke

Deich·sel <-, -n> ['daɪksl̩] f shaft; (*Doppeldeichsel*) shafts pl

deich·seln ['daɪksl̩n] vt (*fam*) ■**etw** ~ to wangle sth

dein ['daɪn] pron poss ❶ adjektivisch your; **herzliche Grüße, ~e Anita** with best wishes, yours/love Anita ❷ substantivisch (*veraltend*) yours, thine; **behalte, was ~ ist** keep what is yours

dei·ne(r, s) ['daɪnə] pron poss, substantivisch (*der/die/das dir Gehörende*) yours; **du und die ~n** you and yours; **tu du das ~** you do your bit; **kümmere du dich um das ~** you mind your own affairs

dei·ner ['daɪnɐ] pron pers, gen von **du** (*geh*) **wir werden uns ~ erinnern** we will remember you

dei·ner·seits ['daɪnɐzaɪts] adv ❶ (*auf deiner Seite*) for your part ❷ (*von dir aus*) on your part

dei·nes·glei·chen [daɪnəsˈglaɪçn̩] pron (*pej*) the likes of you; ■**du und ~** you and your sort

dei·net·hal·ben ['daɪnəthalbn̩] adv (*veraltend*), **dei·net·we·gen** ['daɪnətveːgn̩] adv (*wegen dir*) because of you; (*dir zuliebe*) for your sake **dei·net·wil·len** ['daɪnətvɪlən] adv ■**um ~** for your sake

dei·ni·ge ['daɪnɪgə] pron poss, substantivisch (*veraltend geh*) ❶ (*der/die/das dir Gehörende*) yours ❷ (*deine Angehörigen*) ■**die ~n** your family + sing/pl vb ❸ (*das in deiner Macht stehende*) **tu du das ~** you do your bit

deins ['daɪns] pron poss yours

Dé·jà-vu-Er·leb·nis [deʒa'vyː-] nt déjà vu

De·ka·de <-, -n> [de'kaːdə] f decade

de·ka·dent [deka'dɛnt] adj decadent

De·ka·denz <-> [deka'dɛnts] f kein pl decadence

De·kan(in) <-s, -e> [de'kaːn] *m(f)* dean
De·ka·nat <-[e]s, -e> [deka'naːt] *nt* (*Amtssitz*) office of a/the dean; REL deanery
De·ka·nin <-, -nen> [de'kaːnɪn] *f fem form von* **Dekan**
de·kla·mie·ren* [dekla'miːrən] *vt, vi* (*geh*) to recite
de·kla·rie·ren* [dekla'riːrən] *vt* to declare
De·kli·na·ti·on <-, -en> [deklina'tsi̯oːn] *f* LING declension
de·kli·nie·ren* [dekli'niːrən] *vt* to decline
de·ko·die·ren* [deko'diːrən] *vt* to decode
De·kol·le·té <-s, -s> [dekɔl'teː], **De·kol·le·tee**^{RR} [dekɔl'teː] *nt* ❶ (*Körperpartie*) cleavage ❷ MODE low-cut neckline
De·kor <-s, -s *o* -e> [de'koːɐ̯] *m o nt* pattern
De·ko·ra·teur(in) <-s, -e> [dekora'tøːɐ̯] *m(f)* (*Schaufenster~*) window dresser
De·ko·ra·ti·on <-, -en> [dekora'tsi̯oːn] *f* decoration
de·ko·ra·tiv [dekora'tiːf] I. *adj* decorative II. *adv* decoratively
de·ko·rie·ren* [deko'riːrən] *vt* to decorate (**mit** with)
De·kret <-[e]s, -e> [de'kreːt] *nt* decree *form*
De·le·ga·ti·on <-, -en> [delega'tsi̯oːn] *f* delegation
de·le·gie·ren* [dele'giːrən] *vt* to delegate (**an** to)
De·le·gier·te(r) *f(m)* delegate
Del·fin^{RR} <-s, -e> [dɛl'fiːn] *m s.* **Delphin**
de·li·kat [deli'kaːt] *adj* ❶ (*wohlschmeckend*) delicious ❷ (*heikel*) sensitive ❸ (*empfindlich*) delicate
De·li·ka·tes·se <-, -n> [delika'tɛsə] *f* delicacy
De·li·ka·tes·sen·ge·schäft *nt* delicatessen
De·likt <-[e]s, -e> [de'lɪkt] *nt* JUR ❶ (*Vergehen*) offence ❷ (*Straftat*) crime
De·lin·quent(in) <-en, -en> [delɪŋ'kvɛnt] *m(f)* (*geh*) offender
De·li·ri·um <-s, -rien> [de'liːri̯ʊm, *pl* de'liːri̯ən] *nt* delirium
Del·le <-, -n> ['dɛlə] *f* dent
Del·phin <-s, -e> [dɛl'fiːn] *m* dolphin
Del·ta <-s, -s *o* Delten> ['dɛlta, *pl* 'dɛltn̩] *nt* delta
dem ['deːm] I. *pron dem, dat von* **der, das** ❶ *attr* (*diesem*) to that ❷ *mit prep* **hinter ~ Baum** behind that tree ❸ *substantivisch* (*jenem Mann*) him; (*unter mehreren*) that one II. *pron rel, dat von* **der, das**: ■ **der, ~ ...** the one/man/etc. that/[to etc.] which/who/[to etc.] whom ...

De·ma·go·ge, De·ma·go·gin <-n, -n> [dema'goːgə, -'goːgɪn] *m, f* demagogue
De·ma·go·gie <-, -n> [demago'giː, *pl* demago'giːən] *f* demagoguism
De·ma·go·gin <-, -nen> [dema'goːgɪn] *f fem form von* **Demagoge**
de·ma·go·gisch [dema'goːgɪʃ] *adj* demagogic
De·mar·ka·ti·ons·li·nie *f* POL, MIL demarcation line, line of demarcation
de·mas·kie·ren* [demas'kiːrən] *vt* (*geh*) to expose (**als** as)
De·men·ti <-s, -s> [de'mɛnti] *nt* [official] denial
de·men·tie·ren* [demɛn'tiːrən] *vt* to deny
dem·ent·spre·chend ['deːmʔɛnt'ʃprɛçnt] I. *adj* appropriate II. *adv* correspondingly; (*demnach*) accordingly; **sich ~ äußern** to utter words to that effect; **~ bezahlt werden** to be paid commensurately *form*
dem·ge·gen·über ['deːmgeːgn̩ʔyːbɐ] *adv* in contrast
De·mis·si·on <-, -en> [demɪ'si̯oːn] *f* resignation
dem·nach ['deːmnaːx] *adv* therefore
dem·nächst [deːm'nɛːçst] *adv* soon
De·mo <-, -s> ['deːmo] *f* (*fam*) demo
de·mo·bi·li·sie·ren* ['deːmobili'ziːrən] *vt* ■ **jdn/etw ~** to demobilize [*or fam* demob] sb/sth
De·mo·krat(in) <-en, -en> [demo'kraːt] *m(f)* democrat
De·mo·kra·tie <-, -n> [demokra'tiː, *pl* demokra'tiːən] *f* democracy
De·mo·kra·tin <-, -nen> [demo'kraːtɪn] *f fem form von* **Demokrat**
de·mo·kra·tisch [demo'kraːtɪʃ] I. *adj* democratic II. *adv* democratically
de·mo·kra·ti·sie·ren* [demokrati'ziː-rən] *vt* to democratize
De·mo·kra·ti·sie·rung <-, -en> *f* democratization
de·mo·lie·ren* [demo'liːrən] *vt* to wreck
De·mons·trant(in) <-en, -en> [demɔn-'strant] *m(f)* demonstrator
De·mons·tra·ti·on <-, -en> [demɔns-tra'tsi̯oːn] *f* demonstration (**für** in support of, **gegen** against)
de·mons·tra·tiv [demɔnstra'tiːf] I. *adj* demonstrative II. *adv* demonstratively
De·mons·tra·tiv·pro·no·men *nt* demonstrative pronoun
de·mons·trie·ren* [demɔn'striːrən] *vi, vt* to demonstrate (**für** in support of, **gegen** against)
de·mon·tie·ren* [demɔn'tiːrən] *vt* to dismantle; *Reifen* to take off *sep*

de·mo·ra·li·sie·ren* [demoraliˈziːrən] *vt* to demoralize

de·mo·ti·viert [ˈdeːmotiviːrt] *adj* demotivated

dem·sel·ben *pron, dat von* **derselbe, dasselbe** the same [one]; (*Person*) the same [person]

De·mut <-> [ˈdeːmuːt] *f kein pl* humility *no pl* (**gegenüber** before)

de·mü·tig [ˈdeːmyːtɪç] **I.** *adj* humble **II.** *adv* humbly

de·mü·ti·gen [ˈdeːmyːtɪgn̩] *vt* to humiliate

De·mü·ti·gung <-, -en> *f* humiliation *no pl, no indef art*

dem·zu·fol·ge [ˈdeːmtsuˈfɔlgə] **I.** *konj* (*laut dem*) according to which; (*aufgrund dessen*) owing to which **II.** *adv* therefore

den [ˈdeːn] **I.** *pron* ❶ *akk von* **der** the ❷ *dat pl von* **der, die, das** the **II.** *pron dem, akk von* **der** *attr* (*jenen Gegenstand/Mensch*) ~ **da** [**drüben**] that one [over] there; (*Mann a.*) him [over] there **III.** *pron rel akk von* **der** that

de·nen [ˈdeːnən] **I.** *pron dem, dat pl von* **der, die, das** to them; **mit** *prep* them **II.** *pron rel, dat pl von* **der, die, das** to whom; (*von Sachen*) to which

Den Haag <-s> [den ˈhaːk] *m* The Hague

Denk·an·stoß *m* **jdm einen** ~ **geben** to give sb food for thought

Denk·auf·ga·be *f* (brain-)teaser

denk·bar **I.** *adj* conceivable **II.** *adv* **das** ~ **beste/schlechteste Wetter** the best/worst possible weather

den·ken <dachte, gedacht> [ˈdɛŋkn̩] **I.** *vi* ❶ (*überlegen*) to think (**an** of); **langsam/schnell** ~ to be a slow/quick thinker; **jdm zu** ~ **geben** to give sb food for thought; **das gab mir zu** ~ that made me think ❷ (*meinen*) to think, to reckon *fam;* **was denkst du?** what do you say?; **ich denke nicht** I don't think so; **ich denke schon** I think so; **an wie viel hatten Sie denn gedacht?** how much were you thinking of?; ❸ (*urteilen*) to think (**über** about); **wie** ~ **Sie darüber?** what's your view [of it]?; **ich denke genauso darüber** that's exactly what I think; **kleinlich/liberal** ~ to be petty-/liberal-minded ❹ (*sich erinnern*) **solange ich** ~ **kann** [for] as long as I can remember; **die wird noch an mich** ~**!** she won't forget me in a hurry! **II.** *vt* ❶ (*überlegen*) ■ **etw** ~ to think of sth; **was denkst du jetzt?** what are you thinking [of]?; **es ist kaum zu** ~ it's hard to imagine ❷ (*glauben*) **wer hätte das** [**von ihr**] **gedacht!** who'd have thought it [of her]?; **was sollen bloß die Leute** ~**!** what will people think!; **ich habe das ja gleich gedacht!** I [just] knew it! ❸ (*bestimmen*) ■ **für jdn/etw gedacht sein** to be meant for sb/sth ❹ (*sich vorstellen*) to imagine; **das habe ich mir gleich gedacht!** I thought as much [from the start]! ❺ (*beabsichtigen*) **ich habe mir nichts Böses dabei gedacht**[**, als ...**] I meant no harm [when ...]; **sie denkt sich nichts dabei** she doesn't think anything of it

Den·ken <-s> [ˈdɛŋkn̩] *nt kein pl* ❶ (*das Überlegen*) thinking *no pl* ❷ (*Denkweise*) [way of] thinking; **positives** ~ positive thinking; **zu klarem** ~ **kommen** to start thinking clearly

Den·ker(in) <-s, -> *m(f)* thinker

denk·faul *adj* [mentally] lazy

Denk·feh·ler *m* error in one's/the logic

Denk·mal <-s, Denkmäler> [ˈdɛŋkmaːl, *pl* ˈdɛŋkmɛːlə] *nt* monument (**für** to); **jdm ein** ~ **setzen** to erect a memorial/statue to sb

Denk·mal·schutz *m* protection of historical monuments; **unter** ~ **stehen** to be listed

Denk·pau·se *f* pause for thought **Denk·pro·zess**^RR *m* thought process **Denk·wei·se** *f* way of thinking **denk·wür·dig** *adj* memorable **Denk·zettel** *m* (*fam*) **jdm einen** ~ **verpassen** to give sb a warning [he/she/etc. won't forget in a hurry]

denn [ˈdɛn] **I.** *konj* ❶ (*weil*) because; ~ **sonst** otherwise ❷ (*jedoch*) ■ **es sei** ~**,** [**dass**] ... unless ... ❸ (*als*) **kräftiger/schöner/etc.** ~ **je** stronger/more beautiful/etc. than ever **II.** *adv* NORDD (*fam: dann*) then **III.** *part* gewöhnlich nicht übersetzt (*eigentlich*) **hast du** ~ **immer noch nicht genug?** have you still not had enough?; **wie geht's** ~ **so?** how's it going [then]?; **wo bleibt sie** ~**?** where's she got to?; **was soll das** ~**?** what's all this [then]?; **wieso** ~**?** why?

den·noch [ˈdɛnɔx] *adv* still, nonetheless *form*

De·no·mi·na·ti·on <-, -en> [denomina'tsi̯oːn] *f* (*Konfession*) [religious] denomination; (*einer Banknote*) denomination of a bank note

De·no·mi·nie·rung *f s.* **Denomination**

den·sel·ben **I.** *pron akk von* **derselbe** the same [one]; **auf männliche Personen bezogen a.** the same man/boy/etc. **II.** *pron dat von* **dieselben** the same [ones] + *pl vb; auf männliche Personen bezogen a.* the same men/boys/etc. **III.** *pron dem, akk von*

derselbe the same ... IV. *pron dem, dat von* **dieselben** the same ...

De·nun·zi·ant(in) <-en, -en> [denʊn'tsi̯ant] *m(f)* informer

De·nun·zi·a·ti·on <-, -en> [denʊntsi̯a'tsi̯oːn] *f (pej)* ❶ *(das Anschwärzen)* informing *no pl also pej* ❷ *(denunzierende Anzeige)* denunciation

de·nun·zie·ren* [denʊn'tsiːrən] *vt* to denounce (**als** as)

Deo <-s, -s> ['deːo] *nt (fam)* deodorant

De·o·do·rant <-s, -s *o* -e> [deʔodo'rant] *nt* deodorant

Deo·rol·ler *m* roll-on [deodorant]

Deo·spray *nt o m* deodorant spray

De·par·te·ment <-s, -s> [departə'mãː] *nt (in Frankreich)* département *spec; (in der Schweiz)* department

De·pe·sche <-, -n> [de'pɛʃə] *f (veraltet)* telegram BRIT, wire AM

de·pla·ciert [depla'siːɐ̯t] *adj,* **de·plat·ziert**ᴿᴿ [depla'tsiːɐ̯t] *adj,* **de·pla·ziert**ᴬᴸᵀ [depla'tsiːɐ̯t] *adj* misplaced

De·po·nie <-, -n> [depo'niː, *pl* depo'niːən] *f* disposal site

de·po·nie·ren* [depo'niːrən] *vt* to deposit

De·por·ta·ti·on <-, -en> [depɔrta'tsi̯oːn] *f* deportation

de·por·tie·ren* [depɔr'tiːrən] *vt* to deport

De·pot <-s, -s> [de'poː] *nt* ❶ *(Lager)* depot ❷ *(Stahlkammer)* [bank's] strongroom ❸ *(für Straßenbahnen, Busse)* [bus/tram] depot ❹ SCHWEIZ *(Flaschenpfand)* deposit

Depp <-en *o* -s, -e[n]> ['dɛp] *m* SÜDD, ÖSTERR, SCHWEIZ *(fam)* twit

De·pres·si·on <-, -en> [deprɛ'si̯oːn] *f* PSYCH, ÖKON depression

de·pres·siv [deprɛ'siːf] I. *adj* depressive; *(deprimiert)* depressed II. *adv* **~ gestimmt/veranlagt sein** to be depressed/be prone to depression

de·pri·mie·ren* [depri'miːrən] *vt* ■ **jdn ~** to depress sb

De·pu·tier·te(r) *f(m)* deputy

der¹ ['deːɐ̯] I. *art def, sing* ❶ *(auf eine männliche Person/Tier/Sache bezogen)* the; **~ Nachbar/Hengst** the neighbour/stallion; **~ Käse/Salat** the cheese/salad ❷ *(fam: mit Eigennamen)* **~ Papa hat's mir erzählt** dad told me; **~ Andreas lässt dich grüßen** Andreas sends his love II. *art def, gen sing von* **die**¹, I. *(auf eine weibliche Person/Tier/Sache bezogen)* **die Hände ~ Frau** the woman's hands; **die Augen ~ Maus** the eyes of the mouse; **die Augen ~ Katze** the cat's eyes; **die Form ~ Tasse** the cup's shape; **die Form ~ Schüssel** the shape of the bowl III. *art def, dat sing von* **die**¹, I. ❶ *(allgemein)* **an ~ Tür klopfen** to knock at the door; **an ~ Decke hängen** to hang from the ceiling; **er gab ~ Großmutter den Brief** he gave his grandmother the letter ❷ *(fam: in Verbindung mit Eigennamen)* **ich werde es ~ Anette sagen** I'll tell Anette IV. *art def, gen pl von* **die**¹, II.: **die Wohnung ~ Eltern** my/his/her etc parents' flat; **das Ende ~ Ferien** the end of the holidays

der² ['deːɐ̯] I. *pron dem, m sing (auf eine männliche Person/Tier/Sache bezogen)* that; **~ Mann/Hengst [da]** that man/stallion [there]; **~ Angeber!** that show-off!; **~ mit den roten Haaren** the one with the red hair; **~ und joggen?** him, jogging?; **~ hier/da** this/that one; **~, den ich meine** the one I mean; **beißt ~?** does he bite? II. *pron rel, m sing* who, that III. *pron dem, gen sing von* **die**², I. *(auf eine weibliche Person/Tier/Sache bezogen)* that IV. *pron dem, dat sing von* **die**², I.: **das Fahrrad gehört ~ Frau [da]** the bike belongs to that woman [over] there V. *pron dem, gen pl von* **die**¹, II.: **die Farbe ~ Blüten [da]** the colour of those flowers [over] there VI. *pron dem o rel, m sing* **~ dafür verantwortlich ist** the man who is responsible for that VII. *pron rel, dat sing von* **die**², III.: **die Freundin, mit ~ ich mich gut verstehe** the friend with whom I get on so well; **die Katze, ~ er zu fressen gibt** the cat which he feeds; **die Hitze, unter ~ sie leiden** the heat they're suffering from

der·art ['deːɐ̯ʔaːɐ̯t] *adv* ❶ *vor vb* **sich ~ benehmen, dass ...** to behave so badly that ... ❷ *vor adj* **~ ekelhaft/heiß/etc. sein, dass ...** to be so disgusting/hot/etc. that ...; **sie ist eine ~ unzuverlässige Frau, dass ...** she is such an unreliable woman that ...

der·ar·tig ['deːɐ̯ʔaːɐ̯tɪç] I. *adj* such; [etwas] **D~es habe ich noch nie gesehen** I've never seen anything like it II. *adv* such

derb ['dɛrp] I. *adj* ❶ *(grob)* coarse; *Manieren* rough; *Ausdrucksweise, Witz* crude ❷ *(fest)* strong II. *adv* ❶ *(heftig)* roughly ❷ *(grob)* crudely

Der·by <-s, -s> ['dɛrbi] *nt* derby *(horse race for three-year-olds)*

de·re·gu·lie·ren* [dereɡu'liːrən] *vt Markt, Arbeitsverhältnisse* to deregulate

De·re·gu·lie·rung *f* deregulation

de·ren ['deːrən] I. *pron dem, gen pl von* **der, die, das** their II. *pron rel* ❶ *gen sing* *von* **die** whose; *auf Gegenstand bezogen a.* of which ❷ *gen pl von rel pron* **der, die, das** *auf Personen bezogen* whose; *auf Sachen bezogen a.* of which

de·rent·hal·ben [deːrənt'halbn̩] *adv* (*veraltet*), **de·rent·we·gen** [deːrənt'veːgn̩] *adv* on whose account; *auf Sachen bezogen* because of which

de·rent·wil·len ['deːrəntˌvɪlən] *adv* ▪**um** ~ *auf Personen bezogen* for whose sake; *auf Sachen bezogen* for the sake of which

de·rer ['deːrɐ] *pron, gen pl von pron* **der, die, das**; ▪~ **, die ...** of those who ...

der·ge·stalt ['deːɐ̯gəʃtalt] *adv* (*geh*) thus; ▪**etw** ~ **tun, dass ...** to do sth to such an extent that ...

der·glei·chen [deːɐ̯'glaɪçn̩] *pron dem* ❶ *adjektivisch* such, like that *pred*, of that kind *pred* ❷ *substantivisch* that sort of thing; **nichts** ~ nothing like it; **ich will nichts** ~ **hören!** I don't want to hear any of it

De·ri·vat <-[e]s, -e> [deri'vaːt] *nt* CHEM, LING derivative

der·je·ni·ge ['deːɐ̯jeːnɪgə], **die·je·ni·ge** ['diːjeːnɪgə], **das·je·ni·ge** ['dasjeːnɪgə] <*gen* desjenigen, derjenigen, desjenigen, *pl* derjenigen; *dat* demjenigen, derjenigen, demjenigen, *pl* denjenigen; *akk* denjenigen, diejenige, dasjenige, *pl* diejenigen> *pron dem* ❶ *substantivisch* ▪~ **, der/den .../diejenige, die ...** *auf Personen bezogen* the one who ...; *auf Sachen bezogen* the one that...; ▪**diejenigen/denjenigen, die ...** *auf Personen bezogen* the ones who...; *auf Gegenstände bezogen* the ones which... ❷ *adjektivisch* (*geh*) that; **derjenige Mann, der ...** that man who ...

der·lei ['deːɐ̯laɪ] *pron* such, like that *pred*

der·ma·ßen ['deːɐ̯maːsn̩] *adv* **eine** ~ **lächerliche Frage** such a ridiculous question; **jdn** ~ **unter Druck setzen, dass ...** to put sb under so much pressure that ...

Der·ma·to·lo·ge, Der·ma·to·lo·gin <-n, -n> [dɛrmatoˈloːgə, -ˈloːgɪn] *m, f* dermatologist

Der·ma·to·lo·gie <-> [dɛrmatoloˈgiː] *f kein pl* ▪**die** ~ dermatology

der·sel·be [deːɐ̯ˈzɛlbə], **die·sel·be** [diːˈzɛlbə], **das·sel·be** [dasˈzɛlbə] <*gen* desselben, derselben, desselben, *pl* derselben; *dat* demselben, derselben, demselben, *pl* denselben; *akk* denselben, dieselbe, dasselbe, *pl* dieselben> *pron dem* ❶ (*ebender, ebendie, ebendas*) ▪~ + *substantiv* the same + *noun* ❷ *substantivisch* (*fam*) the same; **ein und** ~ one and the same; **nicht schon wieder dasselbe!** not this [stuff *fam*] again!

der·wei·l(en) [deːɐ̯ˈvaɪl(ən)] **I.** *adv* meanwhile **II.** *konj* (*veraltend*) whilst

der·zeit ['deːɐ̯ˌtsaɪt] *adv* SÜDD, ÖSTERR at present

der·zei·tig ['deːɐ̯ˌtsaɪtɪç] *adj attr* present; (*aktuell a.*) current

des¹ ['dɛs] *pron def, gen von* **der, das**: **das Aussehen** ~ **Kindes/Mannes** the child's/man's appearance; **ein Zeichen** ~ **Unbehagens** a sign of uneasiness

des² <-> *nt*, **Des** <-> ['dɛs] *nt kein pl* MUS D flat

De·sas·ter <-s, -> [deˈzastɐ] *nt* disaster

de·sen·si·bi·li·sie·ren* [dezɛnzibiliˈziː-rən] *vt* MED ▪**jdn** [**gegen etw** *akk*] ~ to desensitize sb [against sth]

De·ser·teur(in) <-s, -e> [dezɛrˈtøːɐ̯] *m(f)* deserter

de·ser·tie·ren* [dezɛrˈtiːrən] *vi sein o selten haben* ▪**[von etw]** ~ to desert [sth]

des·glei·chen [dɛsˈglaɪçn̩] *adv* likewise

des·halb ['dɛsˌhalp] *adv* ❶ (*daher*) therefore ❷ (*aus dem Grunde*) because of it; ~ **frage ich ja** that's why I'm asking; **also** ~**!** so that's why!

De·sign <-s, -s> [diˈzaɪn] *nt* design

De·sig·ner(in) <-s, -> [diˈzaɪnɐ] *m(f)* designer

De·sig·ner·dro·ge *f* designer drug

De·sig·ne·rin <-, -nen> [deˈzaɪnərɪn] *f fem form von* **Designer**

De·sig·ner·mo·de *f kein pl* designer fashion

de·si·gniert [dezɪˈgniːɐ̯t] *adj attr* designated

des·il·lu·si·o·nie·ren* [dɛsʔɪluzioˈniːrən, dezɪlu-] *vt* ▪**jdn** ~ to disillusion sb

Des·in·fek·ti·on <-, -en> [dɛsʔɪnfɛkˈtsi̯oːn, dezɪnfɛkˈtsi̯oːn] *f* disinfection

Des·in·fek·ti·ons·mit·tel *nt* disinfectant; (*für Wunden a.*) antiseptic

des·in·fi·zie·ren* [dɛsʔɪnfiˈtsiːrən, dezɪn-fiˈtsiːrən] *vt* to disinfect

Des·in·ter·es·se ['dɛsʔɪntərɛsə, 'dezɪntər-ɛsə] *nt* indifference (**an** towards)

des·in·ter·es·siert ['dɛsʔɪntərɛsiːɐ̯t, dez-ɪntərɛsiːɐ̯t] *adj* indifferent (**an** to)

Desk·top <-s, -s> ['dɛsktɔp] *m* INFORM ❶ (*Mikrocomputer*) desktop [computer] ❷ (*Bildschirmdarstellung*) desktop

des·o·ri·en·tiert [dɛsʔɔri̯ɛnˈtiːɐ̯t, dezɔ-] *adj* disorientated

Des·o·ri·en·tie·rung [dɛsʔɔ-, dezɔ-] *f* disorientation

Des·pot(in) <-en, -en> [dɛsˈpoːt] *m(f)* despot

des·po·tisch [dɛsˈpoːtɪʃ] **I.** *adj* despotic **II.** *adv* despotically

des·sel·ben [dɛsˈzɛlbn̩] *pron gen von* **derselbe, dasselbe** the same [one]; (*Person*) the same [person]

des·sen [ˈdɛsn̩] **I.** *pron dem gen von* **der²**, **das** his/its; **~ ungeachtet** (*geh*) notwithstanding this **II.** *pron rel gen von* **der²**, **das** whose; (*von Sachen a.*) of which

Des·sert <-s, -s> [dɛˈseːɐ, dɛˈsɛːɐ] *nt* dessert

Des·sous <-, -> [dɛˈsuː, *pl* dɛˈsuːs] *nt meist pl* undergarment

de·sta·bi·li·sie·ren [destabiliˈziːrən] *vt* to destabilize

De·sta·bi·li·sie·rung <-, -en> *f* (*geh*) destabilization

De·stil·lat <-[e]s, -e> [dɛstɪˈlaːt] *nt* distillation

De·stil·la·ti·on <-, -en> [dɛstɪlaˈtsi̯oːn] *f* ❶ (*Brennen*) distillation ❷ CHEM distillation

de·stil·lie·ren* [dɛstɪˈliːrən] *vt* to distil

des·to [ˈdɛsto] *konj* **~ besser** all the better; **~ eher** the earlier; **~ schlimmer!** so much the worse!

de·struk·tiv [dɛstrʊkˈtiːf] *adj* destructive

des·we·gen [dɛsˈveːgn̩] *adv s.* **deshalb**

De·tail <-s, -s> [deˈtaj, deˈtaːj] *nt* detail; **im ~** in detail; **ins ~ gehen** to go into detail[s]; (*sich daranmachen*) to get down to details

de·tail·liert [detaˈjiːɐt] **I.** *adj* detailed **II.** *adv* in detail

De·tek·tei <-, -en> [detɛkˈtaj] *f* [private] detective agency

De·tek·tiv(in) <-s, -e> [detɛkˈtiːf, *pl* detɛkˈtiːvə] *m(f)* ❶ (*Privat~*) private investigator ❷ (*Zivilfahnder*) plain-clothes policeman

de·tek·ti·visch [detɛkˈtiːvɪʃ] **I.** *adj* **~e Kleinarbeit** detailed detection work **II.** *adv* like a detective

De·tek·tiv·ro·man *m* detective novel

De·to·na·ti·on <-, -en> [detonaˈtsi̯oːn] *f* explosion; (*nur hörbar vernommen a.*) blast

de·to·nie·ren* [detoˈniːrən] *vi sein* to detonate

Deut [dɔyt] *m meist in Verbindung mit Verneinung* **keinen ~ wert sein** to be not worth tuppence; **um keinen ~ [besser]** not one bit [better]

deu·ten [ˈdɔytn̩] **I.** *vt* ■ [jdm] etw ~ to interpret sth [for sb]; **die Zukunft ~** to read the future; **etw falsch ~** to misinterpret sth **II.** *vi* ❶ (*zeigen*) ■ **auf jdn/etw ~** to point at sb/sth; **mit dem [Zeige]finger auf jdn/etw ~** to point [one's finger] at sb/sth ❷ (*hinweisen*) to point (**auf** to)

deut·lich [ˈdɔytlɪç] **I.** *adj* ❶ (*klar*) clear; *Umrisse* distinct ❷ (*eindeutig*) clear; **das war ~!** that was clear enough! **II.** *adv* ❶ (*klar*) clearly; **etw ~ fühlen** to distinctly feel sth ❷ (*eindeutig*) clearly; **sich ~ ausdrücken** to make oneself clear; **~ fühlen, dass ...** to have the distinct feeling that ...

Deut·lich·keit <-, -en> *f* ❶ *kein pl* (*Klarheit*) clarity ❷ (*Eindeutigkeit*) plainness; **[jdm] etw in aller ~ sagen** to make sth perfectly clear [to sb]

deutsch [dɔytʃ] *adj* ❶ (*Deutschland betreffend*) German; **~er Abstammung sein** to be of German origin; **~e Gründlichkeit** German [*or* Teutonic] thoroughness [*or* efficiency]; **die ~e Sprache** German, the German language; **die ~e Staatsbürgerschaft besitzen** [*o* **haben**] to have German citizenship, to be a German citizen; **das ~e Volk** the Germans, the German people[s *pl*]; **die ~e Wiedervereinigung** German Reunification, the reunification of Germany; **~ denken** to have a [very] German way of thinking; **typisch ~ sein** to be typically German ❷ LING German; **die ~e Schweiz** German-speaking Switzerland; **~ sprechen** to speak [in] German; **~ sprechen können** to [be able to] speak German; **etw ~ aussprechen** to pronounce sth with a German accent, to give sth a German pronunciation ▶ **mit jdm ~ reden** [*o* **sprechen**] (*fam*) to be blunt with sb, to speak bluntly with sb

Deutsch [dɔytʃ] *nt dekl wie adj* ❶ LING German; **können Sie ~?** do you speak/understand German?; **~ lernen/sprechen** to learn/speak German; **er spricht akzentfrei ~** he speaks German without an accent; **sie spricht fließend ~** she speaks German fluently, her German is fluent; **er spricht ein sehr gepflegtes ~** his German is very refined; **~ verstehen/kein ~ verstehen** to understand/not understand [a word of [*or* any]] German; **~ sprechend** German-speaking, who speak/speaks German; **auf ~** in German; **sich auf ~ unterhalten** to speak [*or* converse] in German; **etw auf ~ sagen/aussprechen** to say/pronounce sth in German; **in ~ abgefasst sein** (*geh*) to be written in German; **etw in ~ schreiben** to write sth in German; **zu ~** in German ❷ (*Fach*) German; **~ unterrichten**

[*o* geben] to teach German ▶ **auf gut ~ [gesagt]** (*fam*) in plain English; **kein ~ mehr verstehen** (*fam*) to not understand plain English

Deut·sche(r) *f(m) dekl wie adj* German; **er hat eine ~ geheiratet** he married a German [woman]; ■**die ~n** the Germans; **~(r) sein** to be [a] German, to be from Germany; [**schon**] **ein halber ~r sein** to be German by formation

deutsch-fran·zö·sisch *adj* ① POL Franco-German ② LING German-French

Deutsch·land <-s> ['dɔytʃlant] *nt* Germany; **aus ~ kommen** to come from Germany; **in ~ leben** to live in Germany

deutsch·land·weit *adv* throughout Germany

deutsch·spra·chig ['dɔytʃʃpraːxɪç] *adj* ① (*Deutsch sprechend*) German-speaking *attr* ② (*in deutscher Sprache*) German[-language] *attr* **deutsch·sprach·lich** ['dɔytʃʃpraːxlɪç] *adj* German *attr* **deutsch·stäm·mig** *adj* of German origin *pred*

Deu·tung <-, -en> ['dɔytʊŋ] *f* interpretation

De·vi·se <-, -n> [de'viːzə] *f* motto

De·vi·sen·han·del *m* foreign currency exchange

De·zem·ber <-s, -> [de'tsɛmbɐ] *m* December; *s. a.* **Februar**

de·zent [de'tsɛnt] **I.** *adj* discreet; *Farbe* subdued **II.** *adv* discreetly

de·zen·tral [detsɛn'traːl] **I.** *adj* decentralized **II.** *adv* **etw ~ entsorgen** to send sth to a decentralized disposal system

de·zen·tra·li·sie·ren* [detsɛntrali'ziːrən] *vt* to decentralize

De·zen·tra·li·sie·rung <-, -en> *f* decentralization; ■**die ~ einer S.** *gen* the decentralization of sth

De·zer·nat <-[e]s, -e> [detsɛr'naːt] *nt* department

De·zer·nent(in) <-en, -en> [detsɛr'nɛnt] *m(f)* department head

De·zi·bel <-s, -> [detsi'bɛl] *nt* PHYS decibel

De·zi·li·ter [detsi'liːtɐ] *m o nt* decilitre *spec*

de·zi·mal [detsi'maːl] *adj* decimal

De·zi·mal·stel·le *f* decimal place **De·zi·mal·sys·tem** *nt* decimal system **De·zi·mal·zahl** *f* decimal number; (*zwischen 0 und 1 a.*) decimal fraction

De·zi·me·ter ['deːtsimeːtɐ] *m o nt* decimetre

de·zi·mie·ren* [detsi'miːrən] *vt* to decimate

DFÜ <-> [deːɛfˈyː] *f kein pl Abk von* **Datenfernübertragung**

DGB <-s> [deːgeːˈbeː] *m Abk von* **Deutscher Gewerkschaftsbund**: ■**der ~** the Federation of German Trade Unions

d. h. *Abk von* **das heißt** i.e.

Dia <-s, -s> ['diːa] *nt* slide

Di·a·be·tes <-> [diaˈbeːtɛs] *m kein pl* diabetes

Di·a·be·ti·ker(in) <-s, -> [diaˈbeːtikɐ] *m(f)* diabetic

di·a·bo·lisch [diaˈboːlɪʃ] (*geh*) **I.** *adj* diabolical **II.** *adv* fiendishly

Di·a·dem <-s, -e> [diaˈdeːm] *nt* diadem

Di·a·gno·se <-, -n> [diaˈknoːzə] *f* diagnosis

di·a·gnos·ti·zie·ren* [diagnɔstiˈtsiːrən] *vt* ■**etw ~** to diagnose sth

di·a·go·nal [diagoˈnaːl] *adj* diagonal

Di·a·go·na·le <-, -n> [diagoˈnaːlə] *f* diagonal [line]

Di·a·gramm <-s, -e> [diaˈgram] *nt* diagram

Di·a·kon(in) <-s *o* -en, -e[n]> [diaˈkoːn] *m(f)* deacon

Di·a·ko·nie <-> [diakoˈniː] *f kein pl* **die ~** social welfare work

Di·a·ko·nin <-, -nen> [diaˈkoːnɪn] *f fem form von* **Diakon**

Di·a·ko·nis·se <-, -n> [diakoˈnɪsə] *f*, **Di·a·ko·nis·sin** <-, -nen> [diakoˈnɪsɪn] *f* deaconess

Di·a·lekt <-[e]s, -e> [diaˈlɛkt] *m* dialect

di·a·lek·tal [dialɛkˈtaːl] *adj* dialectal

Di·a·lek·tik <-> [diaˈlɛktɪk] *f kein pl* dialectics + *sing vb*

Di·a·log <-[e]s, -e> [diaˈloːk, *pl* diaˈloːɡə] *m* dialogue

Di·a·log·be·reit·schaft *f kein pl* openness to dialogue **Di·a·log·fens·ter** *nt* INFORM pop-up window

Dia·ly·se <-, -n> [diaˈlyːzə] *f* dialysis

Di·a·mant <-en, -en> [diaˈmant] *f* diamond

Di·a·mant·ring *m* diamond ring

dia·me·tral [diameˈtraːl] **I.** *adj* (*geh*) diametrical **II.** *adv* (*geh*) diametrically; **~ entgegengesetzt sein** to be diametrically opposed [*or* opposite]

Dia·pro·jek·tor *m* slide projector

Di·ät <-, -en> [diˈɛːt] *f* diet; **~ halten** to keep to a diet; **auf ~ sein** (*fam*) to be on a diet; **jdn auf ~ setzen** (*fam*) to put sb on a diet

Di·ät·as·sis·tent(in) *m(f)* sb trained to advise in and oversee the setting-up of diet programmes in hospitals and clinics

di·ä·te·tisch [diɛˈteːtɪʃ] *adj* dietetic

Di·ät·kur *f* dietary cure

Di·a·vor·trag *nt* slide show
dich ['dɪç] I. *pron pers, akk von* **du** you II. *pron refl* yourself
dicht ['dɪçt] I. *adj* ❶ (*eng beieinander*) dense; *Haar* thick ❷ (*undurchdringlich*) dense; *Verkehr* heavy ❸ (*wasser~*) watertight; **die Fenster sind wieder ~** the windows are sealed again now; **nicht mehr ~ sein** to leak ▶ **nicht ganz ~ sein** (*pej fam*) to be off one's head *pej fam* II. *adv* ❶ (*örtlich*) closely; **~ auffahren** to tailgate; **~ gedrängt** squeezed together; **~ übersät** thickly strewn; **~ vor jdm** just in front of sb; **~ beieinander/hintereinander** close together ❷ (*zeitlich*) **~ bevorstehen** to be coming up soon ❸ (*sehr stark*) densely; **~ mit Efeu bewachsen** covered with ivy
Dich·te <-, -n> ['dɪçtə] *f* density
dich·ten¹ ['dɪçtn] *vt, vi* to write poetry
dich·ten² ['dɪçtn] *vt* (*dicht machen*) to seal
Dich·ter(in) <-s, -> ['dɪçtɐ] *m(f)* poet
dich·te·risch ['dɪçtərɪʃ] I. *adj* poetic[al] II. *adv* poetically
dicht·ge·drängtᴬᴸᵀ *adj attr s.* **dicht** II. 1
dicht|hal·ten ['dɪçthaltn] *vi irreg* (*sl*) to keep one's mouth shut **dicht|ma·chen** *vt, vi* (*fam*) to close
Dich·tung <-, -en> ['dɪçtʊŋ] *f* ❶ *kein pl* (*Dichtkunst*) poetry ❷ TECH seal[ing]
dick ['dɪk] I. *adj* ❶ (*von großem Umfang*) fat; *Backen* chubby; *Stamm, Buch* thick; *Limousine* big ❷ (*fam: beträchtlich*) big fat ❸ *nach Maßangaben* **zwei Meter ~** two metres thick ❹ (*fam: schwer*) big; **ein ~ es Lob [für etw] bekommen** to be praised highly [for sth] ❺ (*geschwollen*) swollen; *Beule* big ❻ (*zähflüssig*) thick ❼ (*fam*) *Freunde* close ▶ **mit jdm durch ~ und dünn gehen** to go through thick and thin with sb II. *adv* ❶ (*warm*) warmly ❷ (*fett*) heavily ❸ (*reichlich*) thickly; **etw zu ~ auftragen** to lay sth on with a trowel ❹ (*fam*) **mit jdm ~[e] befreundet sein** to be as thick as thieves with sb ▶ **jdn/etw ~[e] haben** (*fam*) to be sick of sb/sth; **~ auftragen** (*pej fam*) to lay it on with a trowel
dick·bäu·chig *adj* pot-bellied **Dick·darm** *m* colon
Di·cke <-, -n> ['dɪkə] *f* thickness
Di·cke(r) ['dɪkə] *f(m) dekl wie adj* (*fam*) fatso *pej*
dick·fel·lig *adj* (*pej fam*) thick-skinned
dick·flüs·sig *adj* thick
Dick·häu·ter <-s, -> *m* (*hum fam*) ❶ (*Tier*) pachyderm ❷ (*fig*) **ein ~ sein** to have a thick skin
Di·ckicht <-[e]s, -e> ['dɪkɪçt] *nt* thicket

Dick·kopf *m* (*fam*) **ein ~ sein/einen ~ haben** to be stubborn
dick·köp·fig *adj* obstinate
dick·lich *adj* ❶ (*etwas dick*) chubby ❷ (*dickflüssig*) thick
Dick·schä·del *m* (*fam*) *s.* **Dickkopf**
dick·scha·lig *adj* with a thick skin; ■**~ sein** to have a thick skin **Dick·wanst** *m* (*pej fam*) fatso, butterball AM
Di·dak·tik <-, -en> [di'daktɪk] *f* didactics + *sing vb*
di·dak·tisch [di'daktɪʃ] I. *adj* didactic II. *adv* didactically
die¹ ['diː] I. *art def, sing fem* ❶ (*allgemein*) the; **~ Mutter/Pflanze/Theorie** the mother/plant/theory ❷ (*bei Eigennamen*) **~ Donau** the Danube; **~ Schweiz/Türkei** Switzerland/Turkey ❸ (*fam: vor Personennamen*) **ich bin ~ Susi** I'm Susi II. *pron dem, sing fem* ❶ *attr, betont* **~ Frau war es!** it was that woman! ❷ (*fam: ersetzt Pronomen*) **wo ist deine Schwester? — D~ kommt gleich** where's your sister? — She'll be here soon III. *pron rel, sing fem* that; (*Person a.*) who/whom *form*; (*Gegenstand, Tier a.*) which; **eine Geschichte, ~ Millionen gelesen haben** a story [that has been] read by millions; **die Königin, ~ vierzig Jahre herrschte, ...** the queen who reigned for forty years ...; *s. a.* **der**
die² I. *art def, pl* **~ Männer/Mütter/Pferde** the men/mothers/horses II. *pron dem, pl* ❶ (*hinweisend*) **~ waren es!** it was them!; **welche Bücher? D~ da? Oder ~ hier?** which books? Those [ones] [there]? Or these [ones] [here]? ❷ (*wiederholend*) **die Schmidts? D~ sind nicht da** the Schmidts? They're not there ❸ (*fam: ersetzt Pronomen*) **gute Fragen! aber wie können wir ~ beantworten?** good questions! but how can we answer them? III. *pron rel, pl* that; (*Person a.*) who/whom *form*; (*Gegenstand, Tier a.*) which; **ich sah zwei Autos, ~ um die Ecke fuhren** I saw two cars driving around the corner; **die Abgeordneten, ~ dagegen stimmten, ...** the MPs who voted against ...
Dieb(in) <-[e]s, -e> ['diːp, *pl* 'diːbə] *m(f)* thief
Die·bes·gut *nt kein pl* stolen goods *npl*
die·bisch ['diːbɪʃ] I. *adj* ❶ (*stehlend*) thieving ❷ (*fam*) **mit ~ er Freude** with fiendish joy II. *adv* **sich ~ [über etw** *akk*] **freuen** to take a mischievous pleasure in sth
Dieb·stahl <-[e]s, -stähle> ['diːpʃtaːl, *pl* -ʃtɛːlə] *m* theft

Dieb·stahl·si·che·rung f anti-theft device
die·je·ni·ge ['diːjeːnɪgə] pron dem s. **derjenige**
Die·le <-, -n> ['diːlə] f ❶ (Vorraum) hall ❷ NORDD central living room ❸ (Fußbodenbrett) floorboard
die·nen ['diːnən] vi ❶ (nützlich sein) ■ **einer S.** dat ~ to be [important] for sth; **jds Interessen** ~ to serve sb's interests; **einem guten Zweck** ~ to be for a good cause ❷ (behilflich sein) **womit kann ich Ihnen** ~? how can I help you?; **jdm ist mit etw** dat **nicht/kaum gedient** sth is of no/little use to sb ❸ (verwendet werden) ■ **[jdm] als etw** ~ to serve [sb] as sth; **einem Zweck** ~ to serve a purpose
Die·ner <-s, -> ['diːnɐ] m (fam: Verbeugung) bow
Die·ner(in) <-s, -> ['diːnɐ] m(f) servant
Die·ner·schaft <-, -en> f [domestic] servants pl
dien·lich adj useful
Dienst <-[e]s, -e> ['diːnst] m ❶ kein pl (berufliche Tätigkeit) work; ~ **haben** to be at work; **im** ~ at work ❷ kein pl (Arbeitszeit) **während/nach dem** ~ during/outside working hours ❸ kein pl (Amt) **diplomatischer** ~ diplomatic service; **öffentlicher** ~ civil service ❹ kein pl (Bereitschafts~) ~ **haben** to be on call; **der** ~ **habende Arzt** the doctor on duty ❺ (unterstützende Tätigkeit) services npl; **jdm einen [guten]** ~ **erweisen** to do sb a good turn; **sich in den** ~ **einer S.** gen **stellen** to embrace a cause; **im** ~[e] **einer S.** gen **stehen** to be at the service of sth; **seinen** ~ **versagen** to fail
Diens·tag ['diːnstaːk] m Tuesday; **wir haben heute** ~ it's Tuesday today; **treffen wir uns** ~? shall we get together on Tuesday?; **in der Nacht [von Montag] auf** [o **zu**] ~ on Monday night, in the early hours of Tuesday morning; ~ **in acht Tagen** a week on Tuesday, Tuesday week BRIT; ~ **vor acht Tagen** a week last [or BRIT also [ago] on] Tuesday, Tuesday before last; **diesen** [o **an diesem**] ~ this Tuesday; **eines** ~**s** one Tuesday; **den ganzen** ~ **über** all day Tuesday; **jeden** ~ every Tuesday; **letzten** [o **vorigen**] ~ last Tuesday; **seit letzten** [o **letztem**] ~ since last Tuesday; **[am] nächsten** ~ next Tuesday; **ab nächsten** [o **nächstem**] ~ from next Tuesday [on]; **am** ~ on Tuesday; **[am]** ~ **früh** early Tuesday [morning]; **an** ~**en** on Tuesdays; **an einem** ~ one [or on a] Tuesday; **am** ~, **den 4. März** (Datumsangabe: geschrieben) on Tuesday 4th March [or AM March 4]; (gesprochen) on Tuesday the 4th of March [or AM March 4th]
diens·tag·a·bends[RR] adv [on] Tuesday evenings
diens·tags ['diːnstaːks] adv [on] Tuesdays; ~ **abends/nachmittags/vormittags** [on] Tuesday evenings/afternoons/mornings
Dienst·an·wei·sung f [civil] service regulations pl **Dienst·aus·weis** m official identity card **Dienst·bo·te, -bo·tin** m, f (veraltend) [domestic] servant **Dienst·ei·fer** m assiduousness **dienst·frei** adj ~ **er Tag** day off **Dienst·ge·heim·nis** nt official secret **Dienst·grad** m (Rangstufe) grade; MIL rank **dienst·ha·bend**[ALT] adj attr s. **Dienst 1 Dienst·jahr** nt meist pl year of service
Dienst·leis·tung f meist pl services npl
Dienst·leis·tungs·abend m (hist) late night shopping (formerly Thursday nights when stores were open until 8.30 p.m.)
Dienst·leis·tungs·be·ruf m job in the service industries **Dienst·leis·tungs·ge·sell·schaft** f ÖKON service economy **Dienst·leis·tungs·ge·wer·be** nt, **Dienst·leis·tungs·in·dus·trie** f service industries sector
dienst·lich I. adj official II. adv ~ **unterwegs sein** to be away on business
Dienst·mäd·chen nt (veraltend) maid **Dienst·per·so·nal** nt kein pl service personnel **Dienst·plan** m [work] schedule **Dienst·rei·se** f business trip **Dienst·schluss**[RR] m closing time **Dienst·stel·le** f department **Dienst·vor·schrift** f service regulations pl **Dienst·wa·gen** m company car **Dienst·zeit** f ❶ ADMIN length of service ❷ (Arbeitszeit) working hours pl
dies ['diːs] pron dem ❶ (das hier) ❷ (das da) that [one]; ~ **es Benehmen gefällt mir ganz und gar nicht!** I don't like that kind of behaviour at all!; ~ **und das** this and that ❸ pl (diese hier) these ❹ pl (diese da) those
dies·be·züg·lich ['diːsbətsyːklɪç] I. adj (geh) relating to this II. adv with respect to this
die·se(r, s) ['diːzə] pron dem ❶ substantivisch (der/die/das hier) this one ❷ substantivisch (der/die/das hier) that one ❸ substantivisch, pl (die hier) these [ones] ❹ substantivisch, pl (die dort) those [ones] ❺ attr, sing (der/die/das hier) this; [**nur**] ~ **s eine Mal** [just] this once ❻ attr, pl (die hier) these ❼ attr, sing (der/die/das dort) that; ~ **s und jenes** this and that ❽ attr, pl (die dort) those

Die·sel¹ <-s> ['di:zl] *nt kein pl* (*fam*) diesel
Die·sel² <-s, -> ['di:zl] *m* ❶ (*Auto*) diesel ❷ (*Motor*) *s.* **Dieselmotor**
die·sel·be [di:'zɛlbə] *pron dem s.* **derselbe**
Die·sel·mo·tor *m* diesel engine **Die·sel·öl** *nt* diesel
die·ser ['di:zɐ] *pron,* **die·ses** ['di:zəs] *pron dem s.* **diese(r, s)**
die·sig ['di:zɪç] *adj* misty
dies·jäh·rig ['di:sjɛːrɪç] *adj attr* this year's
dies·mal ['di:smaːl] *adv* this time
dies·seits ['di:szaits] *präp* ■ **~ einer S.** *gen* this side of sth
Dies·seits <-> ['di:szaits] *nt kein pl* earthly existence
Diet·rich <-s, -e> ['di:trɪç] *m* picklock
dif·fa·mie·ren* [dɪfa'miːrən] *vt* ■ *jdn/etw ~* to blacken sb's/sth's name
dif·fa·mie·rend *adj* injurious, defamatory; (*mündlich a.*) slanderous; (*schriftlich a.*) libellous, libelous AM
Dif·fa·mie·rung <-, -en> *f* ❶ (*das Diffamieren*) defamation, vilification ❷ (*Verleumdung*) aspersion, slur, lies *pl,* calumny *form;* (*mündliche a.*) slander; (*schriftliche a.*) libel
Dif·fe·ren·ti·al <-s, -e> [dɪfərɛn'tsi̯aːl] *nt s.* **Differenzial**
Dif·fe·renz <-, -en> [dɪfə'rɛnts] *f* ❶ (*Unterschied*) difference ❷ *meist pl* (*Meinungsverschiedenheit*) difference of opinion
Dif·fe·ren·zi·alᴿᴿ <-s, -e> *nt* differential **Dif·fe·ren·zi·al·ge·trie·be**ᴿᴿ *nt* differential [gear] **Dif·fe·ren·zi·al·rech·nung**ᴿᴿ *f* differential calculus
dif·fe·ren·zie·ren* [dɪfərɛn'tsiːrən] **I.** *vt* (*geh: modifizieren*) to adjust **II.** *vi* (*geh: Unterschiede machen*) ■ [**bei** *etw*] *~* to discriminate [in doing sth]
dif·fe·ren·ziert I. *adj* (*geh: fein unterscheidend*) discriminating **II.** *adv* (*geh*) **etw ~ beurteilen** to differentiate in making judgements
dif·fus [dɪ'fuːs] **I.** *adj* ❶ (*zerstreut*) diffuse[d] ❷ (*verschwommen*) diffuse, vague **II.** *adv* (*unklar*) diffusely; **sich ~ ausdrücken** to express oneself vaguely
Di·gi·knip·se <-, -n> ['di:giknɪpsə] *f* (*fam*) digicam®
di·gi·tal [digi'taːl] **I.** *adj* digital **II.** *adv* digitally
Di·gi·tal·fern·se·hen *nt* digital television [*or* tv]
di·gi·ta·li·sie·ren* [digitali'ziːrən] *vt* to digitize
Di·gi·tal·ka·me·ra *f* digital camera

Di·gi·tal Na·tive <-s, -s> [dɪdʒɪtl'neɪtɪv] *m meist pl* INFORM digital native
Di·gi·tal·uhr *f* (*Wanduhr*) digital clock; (*Armbanduhr*) digital watch
Dik·tat <-[e]s, -e> [dɪk'taːt] *nt* ❶ (*in der Schule*) dictation; **ein ~ schreiben** to do a dictation ❷ (*geh: Gebot*) dictate[s]
Dik·ta·tor, Dik·ta·to·rin <-s, -toren> [dɪk'taːtoːɐ̯, -'toːrɪn, *pl* -'toːrən] *m, f* despot
dik·ta·to·risch [dɪkta'toːrɪʃ] **I.** *adj* dictatorial **II.** *adv* like a dictator
Dik·ta·tur <-, -en> [dɪkta'tuːɐ̯] *f* dictatorship
dik·tie·ren* [dɪk'tiːrən] *vt* to dictate
Dik·tier·ge·rät *nt* Dictaphone®
Di·lem·ma <-s, -s *o* -ta> [di'lɛma, *pl* di'lɛmata] *nt* (*geh*) dilemma
Di·let·tant(in) <-en, -en> [dilɛ'tant] *m(f)* dilettante
di·let·tan·tisch [dilɛ'tantɪʃ] **I.** *adj* amateurish **II.** *adv* (*pej*) amateurishly
Dill <-s, -e> ['dɪl] *m* dill
Di·men·si·on <-, -en> [dimɛn'zi̯oːn] *f* dimension
Dim·mer <-s, -> ['dɪmɐ] *m* dimmer [switch]
DIN® <-> [di:n] *f kein pl Akr von* **Deutsche Industrie-Normen** DIN®
Di·nar <-s, -e> [di'naːɐ̯] *m* dinar
Ding <-[e]s, -e *o fam* -er> ['dɪŋ] *nt* ❶ (*Gegenstand*) thing ❷ (*Mädchen*) **ein junges ~/junge ~er** (*fam*) a young thing/young things ❸ (*fam: Zeug*) stuff; **krumme ~er drehen** to do sth dodgy ❹ (*Angelegenheit*) matters *pl;* **es geht nicht mit rechten ~en zu** there's sth fishy about sth; **unverrichteter ~e** without carrying out one's intention; **das ist [ja] ein ~!** (*fam*) that's a bit much! Bʀɪᴛ; **so wie die ~e liegen** as things stand [at the moment]; **über den ~en stehen** to be above it all; **das ist nicht so ganz mein ~** that's not really my thing
ding·fest *adj* **jdn ~ machen** to put sb behind bars
Dings¹ <-> ['dɪŋs] *nt kein pl* (*fam: Sache*) whatsit Bʀɪᴛ
Dings² <-> ['dɪŋs] *m o f kein pl* (*fam: Person*) **Herr ~** Mr What's-his-name; **Frau ~** Mrs What's-her-name
Dings·bums <-> ['dɪŋsbʊms] *nt kein pl* (*fam*) *s.* **Dings¹**
Dings·da¹ <-> ['dɪŋsdaː] *nt kein pl s.* **Dings¹**
Dings·da² <-> ['dɪŋsdaː] *m o f kein pl s.* **Dings²**
Dink <-s, -s> ['dɪŋk] *m meist pl* SOZIOL *Akr von* **double income, no kids** dinky

Di·no·sau·ri·er [dinoˈzaʊ̯riɐ̯] *m* dinosaur
Di·o·de <-, -n> [diˈʔoːdə] *f* diode
Di·op·trie <-, -n> [diɔpˈtriː, *pl* -ˈtriːən] *f* dioptre
Di·oxin <-s, -e> [diɔˈksiːn] *nt* dioxin
Di·ö·ze·se <-, -n> [diøˈtseːzə] *f* diocese
Diph·the·rie <-, -n> [dɪfteˈriː, *pl* -ˈriːən] *f* diphtheria
Diph·thong <-s, -e> [dɪfˈtɔŋ] *m* LING diphthong
Dipl. [ˈdɪpl̩] *Abk von* **Diplom**
Dipl.-Ing. [ˈdɪpl̩ ɪŋ] *Abk von* **Diplomingenieur**
Di·plom <-s, -e> [diˈploːm] *nt* (*Hochschulzeugnis*) degree; (*Zeugnis, Urkunde*) diploma; **ein ~ [in etw** *dat*] **machen** (*Hochstudium*) to get a degree [in sth]; (*Ausbildung*) to get a diploma [in sth]
Di·plom·ar·beit *f* thesis [for a degree]
Di·plo·mat(in) <-en, -en> [diploˈmaːt] *m(f)* diplomat
Di·plo·ma·tie <-> [diplomaˈtiː] *f kein pl* diplomacy
di·plo·ma·tisch [diploˈmaːtɪʃ] I. *adj* diplomatic II. *adv* diplomatically
Di·plom·in·ge·ni·eur(in) [-ɪnʒeniˈøːɐ̯] *m(f)* qualified engineer **Di·plom·prü·fung** *f* final exam[ination]s *pl*
dir [ˈdiːɐ̯] *pron* ❶ *pers, dat von* **du** you; *nach prep;* **hinter/neben/über/unter/vor ~** behind/next to/above/under/in front of you ❷ *refl, dat von* **sich** you
di·rekt [diˈrɛkt] I. *adj* direct; *Übertragung* live II. *adv* ❶ (*geradezu*) almost; **das war ja ~ lustig** that was actually funny for a change ❷ (*ausgesprochen*) exactly; **etw nicht ~ verneinen** to not really deny sth; **etw ~ zugeben** to admit sth outright; **das war ja ~ genial!** that was just amazing! ❸ (*unverblümt*) directly; **bitte sei etwas ~ er!** don't beat about the bush! ❹ (*mit Ortsangabe*) direct[ly]; **diese Straße geht ~ zum Bahnhof** this road goes straight to the station ❺ (*unverzüglich*) immediately
Di·rekt·bank *f* telephone and internet based commercial bank **Di·rekt·flug** *m* direct flight
Di·rek·ti·on <-, -en> [dirɛkˈtsi̯oːn] *f* ❶ (*Leitung*) management; (*Vorstand*) board of directors ❷ SCHWEIZ (*Ressort*) department
Di·rek·tor, Di·rek·to·rin <-s, -toren> [diˈrɛktoːɐ̯, -ˈtoːrɪn, *pl* -ˈtoːrən] *m, f* ❶ SCH head BRIT ❷ (*eines Unternehmens*) manager ❸ (*einer öffentl. Einrichtung*) director
Di·rek·to·ri·um <-s, -rien> [dirɛkˈtoːri̯ʊm, *pl* dirɛkˈtoːri̯ən] *nt* board of directors

Di·rek·tri·ce <-, -n> [dirɛkˈtriːsə] *f* manager in the clothing industry who is a qualified tailor and who designs clothes
Di·rekt·saft *m* KOCHK pressé juice BRIT, juice not from concentrate AM **Di·rekt·über·tra·gung** *f* live broadcast **Di·rekt·ver·bin·dung** *f* direct train [*or* flight] **Di·rekt·zu·griff** *m kein pl* direct memory access
Di·ri·gent(in) <-en, -en> [diriˈgɛnt] *m(f)* conductor
di·ri·gie·ren* [diriˈgiːrən] *vt, vi* MUS to conduct
Dirndl <-s, -> [ˈdɪrndl̩] *nt* ❶ (*kleid*) dirndl ❷ SÜDD, ÖSTERR (*Mädchen*) lass BRIT, gal AM
Dir·ne <-, -n> [ˈdɪrnə] *f* (*geh*) prostitute
dis <-, -> *nt,* **Dis** <-, -> [ˈdɪs] *nt* D sharp
Disc·jo·ckey [ˈdɪskdʒɔke, -dʒɔki] *m* disc jockey
Dis·clai·mer <-s, -> [dɪsˈkleɪmɐ] *m* INET disclaimer
Dis·co <-, -s> [ˈdɪsko] *f* (*fam*) *s.* **Disko**
Dis·har·mo·nie [dɪshɑrmoˈniː] *f* disharmony, discord; **~ in einer Familie** domestic strife
dis·har·mo·nisch [dɪshɑrˈmoːnɪʃ] *adj* dissonant, discordant
Dis·ket·te <-, -n> [dɪsˈkɛtə] *f* disk
Dis·ket·ten·lauf·werk *nt* disk drive
Disk·jo·ckey [ˈdɪskdʒɔke, -dʒɔki] *m* disc jockey
Dis·ko <-, -s> [ˈdɪsko] *f* (*fam*) disco
Dis·kont <-s, -e> [dɪsˈkɔnt] *m* ❶ (*Rabatt*) discount ❷ *s.* **Diskontsatz**
Dis·kont·satz *m* bank rate
Dis·ko·thek <-, -en> [dɪskoˈteːk] *f* discotheque BRIT
Dis·kre·panz <-, -en> [dɪskreˈpants] *f* (*geh*) discrepancy
dis·kret [dɪsˈkreːt] I. *adj* ❶ (*vertraulich*) confidential ❷ (*unauffällig*) discreet II. *adv* **~ behandeln** to treat confidentially; **sich ~ verhalten** to behave discreetly
Dis·kre·ti·on <-> [dɪskreˈtsi̯oːn] *f kein pl* (*geh*) discretion
dis·kri·mi·nie·ren* [dɪskrimiˈniːrən] *vt* ▪ **jdn ~** to discriminate against sb
dis·kri·mi·nie·rend *adj* discriminatory
Dis·kri·mi·nie·rung <-, -en> *f* discrimination
Dis·kri·mi·nie·rungs·ver·bot *nt* JUR principle of non-discrimination
Dis·kus <-, -se *o* Disken> [ˈdɪskʊs, *pl* ˈdɪskʊsə, ˈdɪskən] *m* discus
Dis·kus·si·on <-, -en> [dɪskʊˈsi̯oːn] *f* discussion
Dis·kus·si·ons·grund·la·ge *f* basis for discussions

Dis·kus·wer·fen <-s> *nt kein pl* discus throwing

dis·ku·tie·ren* [dɪsku'tiːrən] *vt, vi* to discuss

Dis·play <-s, -s> [dɪs'pleː] *nt* display

Dis·po·kre·dit ['dɪspo-] *m* (*fam*) *s.* **Dispositionskredit**

dis·po·nie·ren* [dɪspo'niːrən] *vi* (*geh*) ■ [frei] **über etw** *akk* ~ to dispose [at will] of sth

Dis·po·si·ti·on <-, -en> [dɪspozi'tsi̯oːn] *f* disposal; **jdn/etw zu seiner ~ haben** to have sb/sth at one's disposal; **zur ~ stehen** to be available

Dis·po·si·ti·ons·kre·dit *m* overdraft facility

Dis·put <-[e]s, -e> [dɪs'puːt] *m* (*geh*) dispute

Dis·qua·li·fi·ka·ti·on <-, -en> [dɪskvalifika'tsi̯oːn] *f* disqualification

dis·qua·li·fi·zie·ren* [dɪskvalifi'tsiːrən] *vt* to disqualify (**wegen** for, **für** for)

Dis·ser·ta·ti·on <-, -en> [dɪsɛrta'tsi̯oːn] *f* dissertation

Dis·si·dent(in) <-en, -en> [dɪsi'dɛnt] *m(f)* dissident

Dis·so·nanz <-, -en> [dɪso'nants] *f* disharmony

dis·so·zi·al [dɪsotsi̯aːl] *adj* PSYCH *Verhalten, Störung* dissocial, extremely antisocial

Dis·tanz <-, -en> [dɪs'tants] *f* distance; **~ wahren** (*geh*) to keep one's distance

dis·tan·zie·ren* [dɪstan'tsiːrən] *vr* ■ **sich ~** to distance oneself (**von** from)

dis·tan·ziert I. *adj* (*geh: zurückhaltend*) distant II. *adv* distantly; **sich ~ verhalten** to be aloof

Dis·tel <-, -n> ['dɪstl̩] *f* thistle

Di·strikt <-[e]s, -e> [dɪs'trɪkt] *m* district

Dis·zi·plin <-, -en> [dɪstsi'pliːn] *f* discipline

dis·zi·pli·na·risch [dɪstsɪpliˈnaːrɪʃ] I. *adj* disciplinary II. *adv* **gegen jdn ~ vorgehen** to take disciplinary action against sb

Dis·zi·pli·nar·ver·fah·ren *nt* disciplinary hearing

dis·zi·pli·niert [dɪstsɪpli'niːɐ̯t] (*geh*) I. *adj* disciplined II. *adv* (*geh*) in a disciplined way

dis·zi·plin·los I. *adj* undisciplined II. *adv* in an undisciplined way

Dis·zi·plin·lo·sig·keit <-, -en> *f* ❶ (*Verhalten, Art*) disorderliness, unruliness BRIT ❷ (*Handlung*) indiscipline, lack of discipline, disorderly conduct

di·to ['diːto] *adv* ditto *fam;* **ich soll dir von Sandra schöne Grüße bestellen! — Ihr ~!** Sandra asked me to give you her love! — Please give her mine back!; **danke für das Gespräch! — D~!** thanks for the call! — Thank you too!

Di·va <-, -s *o* Diven> ['diːva, *pl* 'diːvən] *f* ≈ prima donna (*actress or singer whose theatrical airs and graces make her a subject of discussion*)

Di·ver·genz <-, -en> [dɪvɛr'gɛnts] *f* divergence

di·ver·gie·ren* [dɪvɛr'giːrən] *vi* to diverge (**von** from)

di·vers [di'vɛrs] *adj attr* diverse

Di·ver·si·fi·ka·ti·on <-, -en> [dɪvɛrzifika'tsi̯oːn] *f* diversification

Di·ver·si·fi·zie·rung *f* ÖKON diversification

Di·vi·den·de <-, -n> [divi'dɛndə] *f* dividend

di·vi·die·ren* [divi'diːrən] *vt, vi* **etw ~** to divide sth (**durch** by)

Di·vi·si·on <-, -en> [divi'zi̯oːn] *f* division

Di·wan <-s, -e> ['diːvaːn] *m* (*veraltend*) divan

DKP <-> [deːkaːˈpeː] *f Abk von* **Deutsche Kommunistische Partei** *German communist party*

d. M. *Abk von* **dieses Monats** of this month

DM <-, -> [deːˈɛm] *kein art* (*hist*) *Abk von* **Deutsche Mark** Deutschmark

d-Moll <-s> ['deːmɔl] *nt kein pl* MUS D flat minor

DNA <-> [deːʔɛnˈʔaː] *f kein pl Abk von* **Deoxyribonucleic Acid** BIOCHEM DNA

DNA-Ana·ly·se *f* DNA test

D-Netz [deː-] *nt* network for mobile telephones throughout Europe

DNS <-> [deːʔɛnˈɛs] *f Abk von* **Desoxyribonukleinsäure** BIOCHEM DNA

doch [dɔx] I. *konj* (*jedoch*) but, however II. *adv* (*emph*) ❶ (*dennoch*) even so; **zum Glück ist aber ~ nichts passiert** fortunately, nothing happened ❷ (*einräumend*) **du hattest ~ Recht** you were right after all ❸ (*Widerspruch ausdrückend*) **du gehst jetzt ins Bett! — Nein! — D~!** go to bed now! — No! — Yes! ❹ (*ja*) yes; **hat es dir nicht gefallen? — D~ [, ~]!** didn't you enjoy it? — Yes, I did! III. *part* ❶ (*Nachdruck verleihend*) **es war ~ nicht so, wie du dachtest** it turned out not to be the way you thought it was; **du weißt ja ~ immer alles besser!** you always know better!; **das war ~ gar nicht schlimm, oder?** it wasn't so bad, was it?; **jetzt komm ~ endlich!** come on!; **seid ~ endlich still!** for goodness' sake, be quiet!; **sei ~ nicht immer so geizig** don't be so stingy; **sie will dir kündigen! — Soll sie ~, das macht mir auch nichts aus** she's going to sack you! — Let her, I don't care; **du weißt ~, wie es ist** you know how it is ❷ (*Unmut ausdrückend*) **das ist ~ gar nicht wahr** that's not true!; **das ist ~ wirklich eine Frechheit!** what a cheek!; **du hast ihr ~ nicht etwa von unserem Geheimnis erzählt?** you haven't gone and told her our secret? *fam* ❸ (*noch*) **wie war ~ [gleich] Ihr Name?** sorry, what did you say your name was?; **das ist Ihnen aber ~ bekannt gewesen, oder?** but you knew that, didn't you?

Docht <-[e]s, -e> ['dɔxt] *m* wick

Dock <-s, -s *o* -e> ['dɔk] *nt* dock

Dog·ge <-, -n> ['dɔɡə] *f* mastiff

Dog·ma <-s, -men> ['dɔɡma, *pl* 'dɔɡmən] *nt* dogma

dog·ma·tisch [dɔˈɡmaːtɪʃ] *adj* (*geh*) dogmatic

Doh·le <-, -n> ['doːlə] *f* jackdaw

Dok·tor, Dok·to·rin <-s, -toren> ['dɔktoːɐ̯, -'toːrɪn, *pl* -'toːrən] *m*, *f* a. MED doctor; **er ist ~ der Physik** he's got a PhD in physics; **den ~ machen** to do one's doctorate

Dok·to·rand(in) <-en, -en> [dɔktoˈrant, *pl* dɔktoˈrandn̩] *m(f)* doctoral candidate

Dok·tor·ar·beit *f* doctoral dissertation

Dok·to·rin <-, -nen> [dɔkˈtoːrɪn] *f fem form von* **Doktor**

Dok·tor·ti·tel *m* doctorate

Dok·trin <-, -en> [dɔkˈtriːn] *f* doctrine

dok·tri·när [dɔktriˈnɛːɐ̯] *adj* (*pej geh*) doctrinaire *pej form;* **~e Ansichten vertreten** to apply doctrinaire principles

Do·ku·ment <-[e]s, -e> [dokuˈmɛnt] *nt* document

Do·ku·men·tar·film *m* documentary film

do·ku·men·ta·risch [dokumɛnˈtaːrɪʃ] I. *adj* documentary II. *adv* **etw ~ beweisen** to prove sth by providing documentary evidence

Do·ku·men·ta·ti·on <-, -en> [dokumɛntaˈtsi̯oːn] *f* documentation

do·ku·men·tie·ren* [dokumɛnˈtiːrən] *vt* to document

Do·ku-Soap <-, -s> [dokuˈzoːp] *f* docusoap, fly-on-the-wall documentary

Dolch <-[e]s, -e> ['dɔlç] *m* dagger

doll ['dɔl] I. *adj* (*fam*) ❶ (*schlimm*) dreadful *fam* ❷ (*großartig*) fantastic *fam* ❸ (*unerhört*) outrageous; **das wird ja immer ~er!** it gets better and better!; **das D~ste kommt erst noch!** the best is [yet] to come! *iron* II. *adv* DIAL (*sl*) like hell [*or* BRIT mad] *fam;* **sich ~ stoßen/wehtun** to knock/hurt oneself badly; **es stürmt immer ~er** the storm's getting worse and worse

Dol·lar <-[s], -s> ['dɔlar] *m* dollar

Dol·lar·kurs *m* dollar rate

dol·met·schen ['dɔlmɛtʃn̩] *vi, vt* to interpret

Dol·met·scher(in) <-s, -> ['dɔlmɛtʃɐ] *m(f)* interpreter

Do·lo·mi·ten [doloˈmiːtn̩] *pl* ■ **die ~** the Dolomites

Dom <-[e]s, -e> ['doːm] *m* ❶ (*große Kirche*) cathedral ❷ ARCHIT dome

Do·main <-, -s> [doˈmeɪn] *f* INET domain

Do·mä·ne <-, -n> [doˈmɛːnə] *f* domain

do·mi·nant [domiˈnant] *adj* dominant; *Mensch* domineering

Do·mi·nan·te <-, -n> [domiˈnantə] *f* dominant

Do·mi·nanz <-, -en> [domiˈnants] *f* dominance

do·mi·nie·ren* [domiˈniːrən] *vi, vt* to dominate (**in** in)

do·mi·nie·rend *adj* dominating *usu pej,* predominating, prevailing, dominant

Do·mi·ni·ka·ner(in) <-s, -> [dominiˈkaːnɐ] *m(f)* ❶ REL member of the Dominican order ❷ GEOG, POL Dominican

Do·mi·ni·ka·ni·sche Re·pu·blik *f* Dominican Republic

Do·mi·no <-s, -s> ['doːmino] *nt* dominoes + *sing vb*

Do·mi·no·stein *m* ❶ (*Spiel*) domino ❷ (*Weihnachtsgebäck*) cube-shaped sweet made of Lebkuchen, filled with marzipan and jam and covered with chocolate

Do·mi·zil <-s, -e> [domiˈtsiːl] *nt* (*geh*) residence

Dom·pfaff <-en *o* -s, -en> ['doːmpfaf] *m* bullfinch

Domp·teur(in) <-s, -e> [dɔmpˈtøːɐ̯] *m(f),* **Domp·teu·se** <-, -n> [dɔmpˈtøːzə] *f* animal trainer

Do·nau <-> ['doːnaʊ̯] *f* ■ **die ~** the Danube

Don·ner <-s, *selten* -> ['dɔnɐ] *m* thunder

don·nern ['dɔnɐn] I. *vi impers* **haben** to thunder; **hörst du, wie es donnert?** can you hear the thunder? II. *vi* ❶ **haben** (*poltern*) to bang ❷ **sein** (*krachend prallen*) to crash (**gegen/in** into) ❸ **sein** (*sich polternd bewegen*) **ein schwerer Laster donnerte über die Brücke** a heavy lorry came thundering across the bridge

Don·ner·schlag *m* ❶ METEO clap of thunder ❷ (*Ausdruck des Erstaunens*) ■ **~!** (*veraltend fam*) I'll be blowed! *dated* ▶ **jdn wie ein ~ treffen** to hit sb out of the blue

Don·ners·tag ['dɔnɐstaːk] *m* Thursday; *s. a.* **Dienstag**

don·ners·tag·abends^{RR} *adv* [o*n*] Thursday evenings

don·ners·tags *adv* [o*n*] Thursdays

Don·ner·wet·ter ['dɔnɐvɛtɐ] *nt* (*fam*) ❶ (*Schelte*) unholy row Brit, an awful bawling out Am ❷ (*alle Achtung!*) I'll be damned! ❸ (*in Ausrufen*) [zum] ~ ! damn it!

doof <doofer *o* döfer, doofste *o* döfste> ['do:f] *adj* (*fam*) ❶ (*blöd*) stupid ❷ (*verflixt*) damn; **das Ganze wird mir langsam zu ~** I'm beginning to find the whole business ridiculous

Doof·heit <-, -en> *f* (*fam*) stupidity

Doof·kopp <-s, -köppe> [-kɔp, *pl* -køpə] *m*, **Doof·mann** <-s, -männer> *m* (*sl*) twit

Dope <-s, -s> [do:p] *nt* (*sl*) pot

do·pen ['do:pn̩, 'dɔpn̩] *vt* to dope

Do·ping <-s, -s> ['do:pɪŋ] *nt illicit use of drugs before sporting events*

Do·ping·kon·trol·le ['do:pɪŋ-] *f*, **Do·ping·test** ['do:pɪŋ-] *m* drugs test

Do·ping·mit·tel ['do:pɪŋ-] *nt* [performance-enhancing] drug

Dop·pel <-s, -> ['dɔpl̩] *nt* ❶ (*Duplikat*) duplicate ❷ sport doubles; **gemischtes ~** mixed doubles

Dop·pel·be·las·tung *f* double burden

Dop·pel·bett *nt* double bed **Dop·pel·bür·ger(in)** *m(f)* pol *bes* schweiz citizen with dual nationality

Dop·pel·de·cker <-s, -> *m* ❶ (*Flugzeug*) biplane ❷ (*fam: Omnibus*) double-decker [bus]

dop·pel·deu·tig ['dɔpl̩dɔytɪç] *adj* ambiguous

Dop·pel·fens·ter *nt* double glazing

Dop·pel·gän·ger(in) <-s, -> [-gɛŋɐ] *m(f)* look-alike

Dop·pel·glas·fens·ter *nt* window with double glazing **Dop·pel·haus** *nt* two semi-detached houses *pl* Brit, duplex house Am **Dop·pel·kinn** *nt* double chin **dop·pel·kli·cken** *vi* to double-click **Dop·pel·le·ben** *nt* double life **Dop·pel·mo·ral** *f* double standards *pl* **Dop·pel·mord** *m* double murder **Dop·pel·na·me** *m* (*Nachname*) double-barrelled [*or* Am hyphenated] [sur]name **Dop·pel·punkt** *m* colon

dop·pel·sei·tig *adj* ❶ (*beide Hälften betreffend*) double; **~e Lähmung** diplegia ❷ (*beide Seiten betreffend*) double-paged; (*in der Zeitschriftenmitte*) centrefold Brit, centerfold Am

Dop·pel·spiel *nt* (*pej*) double-dealing *pej*; **mit jdm ein ~ treiben** to double-cross sb; (*jdn sexuell betrügen*) to two-time sb **Dop·pel·ste·cker** *m* twin socket

dop·pelt ['dɔpl̩t] I. *adj* ❶ (*zweite*) second; *Staatsangehörigkeit* dual ❷ (*zweifach*) double; **aus ~em Grunde** for two reasons; **einem ~en Zweck dienen** to serve a dual purpose; **~ so viel** twice as much/many ❸ (*verdoppelt*) doubled; **mit ~em Einsatz arbeiten** to double one's efforts II. *adv* ❶ *direkt vor adj* (*zweimal*) twice ❷ (*zweifach*) twice; **~ sehen** to see double; **~ und dreifach** doubly [and more] ❸ (*umso mehr*) doubly ▸ **~ genäht hält besser!** (*fam*) better [to be] safe than sorry!

Dop·pel·tür *f* double door[s] **Dop·pel·ver·die·ner(in)** *m(f)* ❶ (*Person mit zwei Einkünften*) double wage earner ❷ *pl* (*Paar mit zwei Gehältern*) double-income couple **Dop·pel·wäh·rungs·pha·se** *f* EU dual currency phase **Dop·pel·zent·ner** *m* ≈ two hundredweights Brit (*100 kilos*) **Dop·pel·zim·mer** *nt* double [room]

Dorf <-[e]s, Dörfer> ['dɔrf, *pl* 'dœrfə] *nt* village Brit, Am *usu* [small] town; **das Olympische ~** the Olympic village; **auf dem ~** in the country; **vom ~** from the country

Dorf·be·woh·ner(in) *m(f)* villager **Dorf·schaft** <-, -en> *f* schweiz village Brit, [small] town Am **Dorf·trot·tel** *m* (*fam*) village idiot

Dorn¹ <-[e]s, -en> ['dɔrn] *m* thorn ▸ **jdm ein ~ im Auge sein** to be a thorn in sb's side

Dorn² <-[e], -e> ['dɔrn] *m* ❶ (*Metallstift*) [hinged] spike ❷ (*Werkzeug*) awl

Dorn·busch *m* thorn bush

Dor·nen·kro·ne *f* crown of thorns

dor·nig ['dɔrnɪç] *adj* thorny

Dorn·rös·chen <-> [-'rø:sçən] *nt kein pl* Sleeping Beauty

dör·ren ['dœrən] I. *vt haben* ▪ etw ~ to dry [out] sth *sep* II. *vi sein* to wither

Dörr·obst *nt* dried fruit

Dorsch <-[e]s, -e> ['dɔrʃ] *m* cod

dort ['dɔrt] *adv hinweisend* there; **schau mal ~!** look at that!; **~ drüben** over there; **von ~** from there; **von ~ aus** from there

dort·her ['dɔrt'he:ɐ̯] *adv* from there

dort·hin ['dɔrt'hɪn] *adv* there; **bis ~** up to there; **wie weit ist es bis ~ ?** how far is it to there?

dort·hin·aus ['dɔrthɪ'naʊ̯s] *adv* (*dahinaus*) there ▸ **bis ~** (*fam*) awfully; **das ärgert mich bis ~!** that drives me up the wall!

dort·hin·ein *adv* over there
dor·tig ['dɔrtɪç] *adj attr* local
Dose <-, -n> ['doːzə] *f* ❶ (*Büchse*) box; (*Blech~*) tin BRIT, can AM ❷ (*Steck~*) socket
Do·sen *pl von* **Dosis**
dö·sen ['døːzn̩] *vi* (*fam*) to doze
Do·sen·bier *nt kein pl* canned beer **Do·sen·milch** *f* condensed milk **Do·sen·mu·sik** *f* (*hum fam*) canned music **Do·sen·öff·ner** *m* tin opener **Do·sen·pfand** *nt kein pl* [beverage] can deposit **Do·sen·sup·pe** *f* canned soup
do·sie·ren* [doˈziːrən] *vt* to measure out *sep*
Do·sier·kap·sel *f* capsule
Do·sie·rung <-, -en> *f* dosage
Do·sis <-, Dosen> ['doːzɪs, *pl* 'doːzn̩] *f* dose
Dös·kopp <-s, -köppe> [-kɔp] *m* NORDD (*fam*) dope
Dos·sier <-s, -s> [dɔˈsieː] *nt* dossier
Dot·com-Un·ter·neh·men ['dɔtkɔm-] *nt* dotcom [business]
do·tie·ren* [doˈtiːrən] *vt* ❶ (*honorieren*) **eine Stelle** [**mit etw**] ~ to remunerate a position [with sth] ❷ (*ausstatten*) **mit 10000 Euro dotiert sein** to be worth 10,000 Euro
Dot·ter <-s, -> ['dɔtɐ] *m o nt* yolk
Dot·ter·blu·me *f* marsh marigold
dou·beln ['duːbln̩] I. *vt* ▪**jdn** ~ to double for sb II. *vi* to work as a double
Dou·ble <-s, -s> ['duːbl̩] *nt* double
Down <-s, -s> [daʊn] *nt* NUKL (*Elementarladung*) down
down [daʊn] *adj pred* (*sl*) down, miserable; ~ **sein** to feel low
Down·link ['daʊnlɪŋk] *nt* TELEK downlink
Down·load <-s, -s> ['daʊnloːt] *m* download **down·loa·den** ['daʊnloːdn̩] *vt* INET ▪**etw** ~ to download sth (**von**) from)
Down·syn·drom *nt* MED Down's syndrome
Do·zent(in) <-en, -en> [doˈtsɛnt] *m(f)* lecturer
do·zie·ren* [doˈtsiːrən] *vi* to lecture
Dr. *Abk von* **Doktor** Dr
Dra·che <-n, -n> ['draxə] *m* dragon
Dra·chen <-s, -> ['draxn̩] *m* ❶ (*Spielzeug*) kite; **einen ~ steigen lassen** to fly a kite ❷ (*Fluggerät*) hang-glider ❸ (*fam: zänkisches Weib*) dragon
Dra·chen·flie·gen *nt* hang-gliding **Dra·chen·flie·ger(in)** *m(f)* hang-glider
Drach·me <-, -n> ['draxmə] *f* drachma
Dra·gee, Dra·gée <-s, -s> [draˈʒeː] *nt* ❶ PHARM sugar-coated pill ❷ KOCHK sugar-coated sweet BRIT

Draht <-[e]s, Drähte> ['draːt, *pl* 'drɛːtə] *m* wire ▶ **zu jdm einen guten ~ haben** to be on good terms with sb
Draht·bürs·te *f* wire brush **Draht·esel** *nt* (*fam*) bike **Draht·git·ter** *nt* wire grating
drah·tig *adj* wiry
draht·los *adj* wireless; ~ **es Telefon** mobile [tele]phone BRIT, cellular [tele]phone AM
Draht·seil *nt* wire cable **Draht·seil·bahn** *f* cable railway, gondola AM **Draht·zaun** *m* wire fence **Draht·zie·her(in)** <-s, -> *m(f)* sb pulling the strings
dra·ko·nisch [draˈkoːnɪʃ] I. *adj* (*unbarmherzig hart*) Draconian II. *adv* harshly
drall ['dral] *adj* well-rounded; *Mädchen* shapely
Dra·ma <-s, -men> ['draːma, *pl* 'draːmən] *nt* drama
Dra·ma·tik <-> [draˈmaːtɪk] *f kein pl* ❶ (*fig: große Spannung*) drama; **die letzten Minuten des Spiels waren von großer ~** the final minutes of the match were full of drama ❷ LIT drama
Dra·ma·ti·ker(in) <-s, -> [draˈmaːtikɐ] *m(f)* dramatist
dra·ma·tisch [draˈmaːtɪʃ] I. *adj* dramatic II. *adv* dramatically
dra·ma·ti·sie·ren* [dramatiˈziːrən] *vt* ❶ LIT to dramatize ❷ (*fig: übertreiben*) to express sth in a dramatic way
Dra·ma·ti·sie·rung <-, -en> *f* dramatization; **das ist doch wirklich kein Anlass zur ~!** there is really no call for dramatization!
Dra·ma·turg(in) <-en, -en> [dramaˈtʊrk, *pl* dramaˈtʊrgn̩] *m(f)* dramaturg[e]
Dra·ma·tur·gie <-, -en> [dramatʊrˈgiː, *pl* dramatʊrˈgiːən] *f* ❶ (*Lehre des Dramas*) dramaturgy ❷ (*Bearbeitung eines Dramas*) dramatization
Dra·ma·tur·gin <-, -nen> [dramaˈtʊrgɪn] *f fem form von* **Dramaturg**
dran ['dran] *adv* (*fam*) ❶ (*daran*) [**zu**] **früh/spät ~ sein** to be [too] early/late; **sie ist besser ~ als er** she's better off than he is; **schlecht ~ sein** (*gesundheitlich*) to be off colour; (*schlechte Möglichkeiten haben*) to have a hard time [of it] ❷ (*an der Reihe sein*) **jetzt bist du ~!** now it's your turn!; **wer ist als Nächster ~?** who's next? ❸ (*zutreffen*) ▪**etw ~ sein an etw** *dat* to be sth in it; **nichts ~ sein an etw** *dat* to be nothing in sth

dranlblei·ben *vi irreg sein* (*fam*) ❶ (*dicht an jdm bleiben*) ■ **an jdm ~** to keep close to sb ❷ (*am Telefon bleiben*) to hold the line Brit, to hold Am
drang ['draŋ] *imp von* **dringen**
Drang <-[e]s, Dränge> ['draŋ, *pl* 'drɛŋə] *m* longing; **ein starker ~** a strong desire; **einen ~ haben[, etw zu tun]** to feel an urge [to do sth]
dranlge·hen *vi irreg sein* (*fam*) ■ [**an etw** *akk*] **~** to touch [sth]
Drän·ge·lei <-, -en> [drɛŋə'laı] *f* (*pej fam*) ❶ (*lästiges Drängeln*) jostling ❷ (*lästiges Drängen*) nagging
drän·geln ['drɛŋln] I. *vi* (*fam*) to push II. *vt, vi* (*fam*) ■ [**jdn**] **~** to pester [sb]
drän·gen ['drɛŋən] I. *vi* ❶ (*schiebend drücken*) to push; **durch die Menge ~** to force one's way through the crowd ❷ (*fordern*) ■ **auf etw** *akk* **~** to insist on sth; **warum drängst du so zur Eile?** why are you in such a hurry? ❸ (*pressieren*) **die Zeit drängt** time is running out; **es drängt nicht** there's no hurry II. *vt* ❶ (*schiebend drücken*) to push ❷ (*auffordern*) ■ **jdn ~, etw zu tun** to pressurize sb into doing sth ❸ (*treiben*) ■ **jdn [zu etw** *dat*] **~** to force sb [to sth]; ■ **jdn ~, etw zu tun** to compel sb to do sth; **sich [von jdm] gedrängt fühlen** to feel pressurized [*or* Am pressured] by sb III. *vr* **sich ~** to crowd; **vor dem Kino drängten sich die Leute** there was a throng of people in front of the cinema; **sich nach vorne ~** to press forwards
drang·sa·lie·ren* [draŋza'li:rən] *vt* ■ **jdn ~** to plague sb (**mit** with)
dranlhal·ten *irreg* I. *vt* (*fam: an etw halten*) ■ **etw [an etw** *akk*] **~** hold sth up [to sth] II. *vr* (*fam: sich ranhalten*) ■ **sich ~** to keep at it **dranlhän·gen** I. *vt* (*fam*) ❶ (*an etw hängen*) ■ **etw [an etw** *akk*] **~** to hang sth [on sth] ❷ (*mehr aufwenden*) ■ **etw ~** to add on sth II. *vi irreg* (*fam: an etw hängen*) ■ [**an etw** *dat*] **~** to hang [on sth] III. *vr* (*fam: verfolgen*) ■ **sich [an jdn] ~** to stick close [to sb] **dranlkom·men** *vi irreg sein* (*fam*) ❶ (*an die Reihe kommen*) **Sie kommen noch nicht dran** it's not your turn yet; **warte bis du drankommst** wait your turn ❷ (*aufgerufen werden*) **bei der Lehrerin komme ich nie dran** this teacher never asks me anything ❸ dial (*erreichen können*) ■ [**an etw** *akk*] **~** to reach [sth] **dranlkrie·gen** *vt* (*fam*) ■ **jdn ~** ❶ (*zu etw veranlassen*) to get sb to do sth ❷ (*reinlegen*) to take sb in **dranllas·sen** *vt irreg* (*fam*) ❶ (*an etw belassen*) ■ **etw [an etw** *dat*] **~** to leave sth [on sth] ❷ *s.* **ranlassen dranlneh·men** *vt irreg* (*fam*) ■ **jdn ~** ❶ (*zur Mitarbeit auffordern*) to ask sb ❷ (*zur Behandlung nehmen*) to take sb **dranlset·zen** I. *vt* (*fam*) ❶ (*anfügen*) to add (**an** to) ❷ (*einsetzen*) **wir müssen alles ~!** we must make every effort! ❸ (*beschäftigen*) ■ **jdn ~** (*fam: sich nahe an etw setzen*) ■ **sich an jdn ~** to sit [down] next to sb
dra·pie·ren* [dra'pi:rən] *vt* to drape (**um** around, **mit** with)
dras·tisch ['drastɪʃ] I. *adj* drastic II. *adv* drastically
drauf ['drauf] *adv* (*fam*) on it [*or* them] ▶ **~ und dran sein, etw zu tun** to be on the verge of doing sth; **gut/komisch/schlecht ~ sein** (*fam*) to feel good/strange/bad
draufbe·kom·men* *vt irreg* (*fam*) ■ **etw [auf etw** *akk*] **~** to fit sth on [to sth] ▶ **eins ~** to get a smack Brit, to get it Am
Drauf·gän·ger(in) <-s, -> ['draufgɛŋɐ] *m(f)* go-getter *fam*
drauf·gän·ge·risch ['draufgɛŋərɪʃ] *adj* go-getting *fam*
draufge·hen ['draufge:ən] *vi irreg sein* (*sl*) ❶ (*sterben*) to kick the bucket ❷ (*verbraucht werden*) to be spent ❸ (*kaputtgehen*) **ein paar Gläser gehen bei solchen Veranstaltungen immer drauf** a few glasses always get broken at functions like these **draufha·ben** *vt irreg* (*fam*) ■ **etwas/nichts/viel ~** to know sth/nothing/a lot; **das hat sie drauf** she's well up on it **draufhau·en** *vi irreg* (*fam*) **jdm eins ~** to hit sb **draufkom·men** *vi irreg sein* (*fam*) ❶ (*herausbekommen*) to figure it out ❷ (*sich erinnern*) to remember **draufkrie·gen** *vt* (*fam*) *s.* **draufbekommen draufllas·sen** *vt irreg* (*fam*) ■ **etw [auf etw** *dat*] **~** to leave sth on [sth] **drauflle·gen** *vt* (*fam*) ❶ (*zusätzlich geben*) **wenn Sie noch 500 ~, können Sie das Auto haben!** for another 500 the car is yours! ❷ (*auf etw legen*) ■ **etw [auf etw** *akk*] **~** to put sth on [sth]
drauf·los *adv* [**nur**] **immer feste ~!** (*drauf*) keep it up!; (*voran*) [just] keep at it!
drauf·loslar·bei·ten *vi* (*fam*) to get straight down to work **drauf·loslge·hen** *vi irreg sein* (*fam: ohne Ziel*) to set off **drauf·loslre·den** *vi* (*fam*) to start talking **drauf·loslschla·gen** *vi irreg* (*fam*) ■ **auf jdn ~** to hit out at sb
draufma·chen *vt* (*fam*) ■ **etw [auf etw** *akk*] **~** to put sth on [sth] ▶ **einen ~** (*fam*)

to paint the town red **drauf|sein**^ALT *vi irreg sein* (*fam*) *s.* drauf **Drauf|sicht** *f* top view **drauf|ste·hen** *vi irreg* (*fam*) ❶ (*auf etw stehen*) to stand (**auf** on) ❷ (*gedruckt/geschrieben stehen*) **ich kann nicht lesen, was da auf dem Etikett draufsteht** I can't read what it says on the label **drauf|sto·ßen** *irreg* **I.** *vi sein* (*fam*) to come to it **II.** *vt haben* (*fam*) ▪ **jdn ~ to** point it out to sb **drauf|zah·len** *vi* (*fam*) (*drauflegen*) ▪ etw [auf etw *akk*] ~ to add sth [to sth] ▶ **~ müssen** (*eine Einbuße erleiden*) to make a loss

draus [ˈdraʊs] *adv* (*fam*) *s.* daraus

drau·ßen [ˈdraʊsn̩] *adv* ❶ (*im Freien*) outside; **nach ~** outside; **von ~** from outside ❷ (*weit entfernt*) out there

drech·seln [ˈdrɛksl̩n] *vt, vi* to turn

Drechs·ler(in) <-s, -> [ˈdrɛkslɐ] *m(f)* turner

Dreck <-[e]s> [ˈdrɛk] *m kein pl* ❶ (*Erde*) dirt; (*Schlamm*) mud ❷ (*Schund*) rubbish Brit, trash Am ▶ **~ am Stecken haben** to have a skeleton in the cupboard [*or* Am *usu* closet]; **jdn wie den letzten ~ behandeln** to treat sb like dirt; **sich einen ~ um jdn/etw kümmern** to not give a damn about sb/sth; **jdn/etw durch den ~ ziehen** to drag sb's name/sth through the mud; **einen ~ wert sein/wissen** to not be worth/know a damn thing

Dreck·ar·beit *f* (*fam*) menial work **Dreck·fin·ger** *pl* (*fam*) dirty fingers [*or esp* Am hands] *pl* **Dreck·fink** *m* ❶ (*fam: Kind*) mucky pup Brit, grubby urchin Am ❷ (*fam: unmoralischer Mensch*) dirty [*or* filthy] beggar

dre·ckig I. *adj* ❶ (*schmutzig*) dirty ❷ (*fam: gemein, abstoßend*) dirty; *Verräter* lowdown **II.** *adv* (*fam*) nastily ▶ **jdm geht es ~** sb feels terrible; (*in finanzieller Hinsicht*) sb is badly off; (*muss schlimme Folgen tragen*) sb is [in] for it

Dreck·loch *nt* (*fam*) dump **Dreck·nest** *nt* (*fam*) hole **Dreck·pfo·ten** *pl* (*fam*) grubby paws *pl* **Dreck·sack** *m* (*sl*) bastard

Drecks·ar·beit *f* (*fam*) *s.* Dreckarbeit **Dreck·sau** *m* (*sl*) filthy swine **Dreck·schwein** *m* (*fam*) *s.* Drecksau

Drecks·kerl *m* (*fam*) *s.* Drecksack

Dreck·spatz *m* (*fam*) mucky pup

Dreh <-s, -s *o* -e> [ˈdreː] *m* (*fam*) trick ▶ **den [richtigen] ~ heraushaben** (*fam*) to get the hang of it

Dreh·ar·beit *f meist pl* shooting *no pl* **Dreh·bank** <-bänke> *f* lathe

dreh·bar *adj, adv* revolving; **~er Sessel/Stuhl** swivel chair

Dreh·blei·stift *m* propelling [*or* Am mechanical] pencil **Dreh·buch** *nt* screenplay **Dreh·buch·au·tor(in)** *m(f)* screenplay writer

dre·hen [ˈdreːən] **I.** *vt* ❶ (*herumdrehen*) to turn ❷ *Zigarette* to roll ❸ Film to shoot ❹ (*stellen*) **das Radio lauter/leiser ~** to turn the radio up/down ❺ (*sl: hinkriegen*) to manage ▶ **wie man es auch dreht und wendet** no matter how you look at it **II.** *vi* ❶ Film to shoot ❷ (*stellen*) ▪ **an etw** *dat* **~** to turn sth ❸ (*wenden*) to turn round ❹ *Wind* to change **III.** *vr* ❶ (*rotieren*) ▪ **sich ~** to turn ❷ (*wenden*) **sich zur Seite/auf den Bauch/nach rechts ~** to turn to the side/on to one's stomach/to the right ❸ (*betreffen*) ▪ **sich um jdn/etw ~** to be about sb/sth; **das Gespräch dreht sich um Sport** the conversation revolves around sport; ▪ **es dreht sich darum, dass ...** the point is that ... ▶ **jdm dreht sich alles** sb's head is spinning

Dre·her(in) <-s, -> [ˈdreːɐ] *m(f)* lathe operator

Dreh·kreuz *nt* turnstile **Dreh·or·gel** *f* barrel organ **Dreh·ort** *m* location **Dreh·schei·be** *f* ❶ (*sich drehende Vorrichtung*) revolving disc ❷ (*Töpferscheibe*) potter's wheel **Dreh·stuhl** *m* swivel chair **Dreh·tür** *f* revolving door

Dre·hung <-, -en> *f* revolution; **eine ~ machen** to turn

Dreh·wurm *m* ▶ **einen ~ haben** (*fam*) to feel giddy **Dreh·zahl** *f* [number of] revolutions *pl*

drei [ˈdraɪ] *adj* three; **~ viertel** three quarters; **es ist ~ viertel vier** it's quarter to four; *s. a.* acht¹ ▶ **aussehen, als könne man nicht bis ~ zählen** to look pretty empty-headed

Drei <-, -en> [ˈdraɪ] *f* ❶ (*Zahl*) three ❷ (*Zeugnisnote*) C

3-D-Dru·cker, 3D-Drucker [ˌdraɪdeː-] *m* Inform 3D printer **3-D-Film, 3D-Film** *m* 3D film Brit, 3D movie Am

drei·di·men·si·o·nal *adj* three-dimensional

Drei·eck [ˈdraɪʔɛk] *nt* triangle

drei·eckig, 3-eckig^RR [ˈdraɪʔɛkɪç] *adj* triangular **Drei·ecks·ver·hält·nis** *nt* love triangle

drei·ein·halb [ˌdraɪʔaɪnˈhalp] *adj* three and a half

Drei·ei·nig·keit <-> [draɪʔˈaɪnɪçkaɪt] *f kein pl s.* Dreifaltigkeit

drei·er·lei [ˈdraɪɐlaɪ] *adj attr* three [different]; *s. a.* achterlei

drei·fach, 3·fach ['draıfax] **I.** *adj* threefold; **die ~e Menge** three times the amount; *s. a.* **achtfach II.** *adv* threefold, three times over; *s. a.* **achtfach**

Drei·fal·tig·keit <-> [draı'faltıçkaıt] *f kein pl* Trinity

drei·hun·dert ['draı'hʊndɐt] *adj* three hundred

drei·jäh·rig, 3-jäh·rig[RR] *adj* ❶ (*Alter*) three-year-old *attr;* three years old *pred; s. a.* **achtjährig 1** ❷ (*Zeitspanne*) three-year *attr; s. a.* **achtjährig 2**

Drei·kampf *m* three-event [athletics] competition (*100-metre sprint, long jump and shot put*) **Drei·kä·se·hoch** <-s, -s> [draı'kɛːzəhoːx] *m* (*hum fam*) little fellow [*or* AM guy] **Drei·kö·ni·ge** [draı'køːnıgə] *pl* Epiphany *no pl* **Drei·län·der·eck** *nt* region where three countries meet **Drei·li·ter·au·to, 3-Li·ter·Au·to** *nt* three-litre car BRIT, three-liter car AM (*94 mpg car*)

drei·mal, 3-mal[RR] ['draıma:l] *adv* three times ▶ **~ darfst du raten!** (*fam*) I'll give you three guesses

drein ['draın] *adv* (*fam: hinein*) in there

drein|bli·cken ['draınblıkn̩] *vi* look

drein|re·den *vi* DIAL ■ **jdm** [**bei etw** *dat*] **~** ❶ (*dazwischenreden*) to interrupt sb [during/in sth] ❷ (*sich einmischen*) to interfere in sb else's business

drein|schau·en *vi s.* **dreinblicken**

Drei·rad *nt* tricycle **Drei·satz** *m kein pl* rule of three

drei·ßig ['draısıç] *adj* thirty; *s. a.* **achtzig 1, 2**

Drei·ßig <-, -en> ['draısıç] *f* thirty

drei·ßig·jäh·rig, 30-jäh·rig[RR] ['draısıçjɛːrıç] *adj attr* ❶ (*Alter*) thirty-year-old *attr;* thirty years old *pred* ❷ (*Zeitspanne*) thirty-year *attr*

drei·ßigs·te(r, s) *adj* thirtieth; *s. a.* **achte(r, s)**

dreist [draıst] *adj* (*pej*) brazen

drei·stel·lig, 3-stel·lig[RR] *adj* three-figure *attr*

Dreis·tig·keit <-, -en> *f* brazenness

Drei·ta·ge·bart *m* designer stubble

drei·tau·send ['draı'tauznt] *adj* three thousand **drei·tei·lig, 3-tei·lig**[RR] *adj* three-part; *Besteck* three-piece **drei·vier·tel**[ALT] *adj, adv s.* **drei, viertel drei·vier·tel·lang** [draı'fiːrtl̩laŋ] *adj* three-quarter [length] **Drei·vier·tel·stun·de** ['draı·fıɐ̯rtl̩'ʃtʊndə] *f* three-quarters of an hour, AM *usu* 45 minutes **Drei·vier·tel·takt** [draı'fıːrtl̩takt] *m* three-four [*or* AM three-quarter] time

Drei·zack <-s, -e> *m* trident

drei·zehn ['draıtseːn] *adj* thirteen; **~ Uhr** 1pm; *s. a.* **acht**[1] ▶ **jetzt schlägt's aber ~** (*fam*) enough is enough

drei·zehn·te(r, s) *adj* thirteenth; *s. a.* **achte(r, s)**

Drei·zim·mer·woh·nung [draı'tsımɐvoːnʊŋ] *f* three-room flat [*or* AM apartment]

Dres. *pl Abk von* **doctores** Drs *pl* (*PhDs*)

Dre·sche <-> ['drɛʃə] *f kein pl* (*fam*) thrashing, AM licking; **~ kriegen** to get a thrashing

dre·schen <drischt, drosch, gedroschen> ['drɛʃn̩] **I.** *vt* ❶ AGR to thresh ❷ (*fam: prügeln*) to thrash **II.** *vi* ❶ AGR to thresh ❷ (*fam: schlagen*) to hit out

Dresch·fle·gel *m* AGR flail

Dresch·ma·schi·ne *f* threshing machine

Dres·den <-s> ['drɛːsdn̩] *nt* Dresden

dres·sie·ren* [drɛ'siːrən] *vt* ■ **ein Tier** [**darauf**] **~, etw** *akk* **zu tun** to train an animal to do sth

Dres·sing <-s, -s> ['drɛsıŋ] *nt* dressing

Dress·man <-s, -men> ['drɛsmən] *m* male model

Dres·sur <-, -en> [drɛ'suːɐ̯] *f* training

drib·beln ['drıbln̩] *vi* to dribble

Dribb·ling <-s, -s> ['drıblıŋ] *nt* SPORT dribbling, dribble; **zu einem ~ ansetzen** to start dribbling

drif·ten ['drıftn̩] *vi sein* (*a. fig*) to drift

Drill <-[e]s> ['drıl] *m kein pl* drill

Drill·boh·rer *m* drill

dril·len ['drılən] *vt* to drill

Dril·ling <-s, -e> ['drılıŋ] *m* triplet

drin ['drın] *adv* (*fam*) ❶ (*darin*) in it ❷ (*drinnen*) inside; **ich bin hier ~** I'm in here ▶ **bei jdm ist alles ~** anything is possible with sb; **für jdn ist noch alles ~** anything is still possible for sb

drin·gen <drang, gedrungen> ['drıŋən] *vi* ❶ *sein* (*stoßen*) ■ **durch/in etw** *akk* **~** to penetrate sth; **durch die Bewölkung/den Nebel ~** to pierce the clouds/fog ❷ *sein* (*vor~*) ■ **an etw** *akk*/**zu jdm ~** to get through to sth/sb; **an die Öffentlichkeit ~** to leak to the public ❸ *haben* (*auf etw bestehen*) ■ **auf etw** *akk* **~** to insist on sth ❹ *sein* (*bestürmen*) ■ [**mit etw** *dat*] **in jdn ~** to press sb [with sth]

drin·gend ['drıŋənt] **I.** *adj* (*schnell erforderlich*) urgent, pressing; **etw ~ machen** (*fam*) to make sth a priority **II.** *adv* ❶ (*schnellstens*) urgently ❷ (*nachdrücklich*) strongly ❸ (*unbedingt*) absolutely; **ich muss dich ~ sehen** I really need to see you

dring·lich ['drɪŋlɪç] *adj s.* **dringend 1**
Dring·lich·keit <-> *f kein pl* urgency
drin·hän·gen *vi irreg* (*fam*) *s.* **drinstecken 3**
Drink <-s, -s> ['drɪŋk] *m* drink
drin·nen ['drɪnən] *adv* (*in einem Raum*) inside; **dort/hier ~** in there/here; (*im Haus*) indoors
drin|seinALT *vi irreg* (*fam*) *s.* **drin**
drin|ste·cken *vi* (*fam*) ■**in etw** *dat* **~** ❶ (*sich in etw befinden*) to be in sth ❷ (*investiert sein*) to go into sth ❸ (*verwickelt sein*) to be mixed up in sth **drin|ste·hen** *vi* ❶ (*in etw stehen*) to be in it ❷ (*verzeichnet sein*) ■**in etw** *dat* **~** to be in sth
dritt ['drɪt] *adv* **wir waren zu ~** there were three of us
drit·te(r, s) ['drɪtə] *adj* third; **die ~ Klasse** primary three BRIT, third grade AM; *s. a.* **achte(r, s)**
drit·tel ['drɪtl] *adj* third
Drit·tel <-s, -> ['drɪtl] *nt* third
drit·tens ['drɪtns] *adv* thirdly
Drit·te-Welt-La·den *m* Third World import store (*shop which sells products from the Third World countries to support them*) **Drit·te-Welt-Land** *nt* Third World country
dritt·klas·sig *adj* (*pej*) third-rate
Dritt·land *nt meist pl* third [*or* non-member] country
DRK <-> [deːˈɛrkaː] *nt Abk von* **Deutsches Rotes Kreuz** German Red Cross
dro·ben ['droːbn̩] *adv* (*geh*) up there
Dro·ge <-, -n> ['droːɡə] *f a.* PHARM drug; **~n nehmen** to take drugs
dro·gen·ab·hän·gig *adj* addicted to drugs *pred;* ■**~ sein** to be a drug addict **Dro·gen·ab·hän·gi·ge(r)** *f(m)* drug addict **Dro·gen·ab·hän·gig·keit** *f* drug addiction **Dro·gen·be·kämp·fung** *f kein pl* war on drugs **Dro·gen·han·del** *m* drug trade **Dro·gen·kon·sum** *m* drug-taking **Dro·gen·kon·su·ment(in)** *m(f)* drug consumer [*or* AM user] **Dro·gen·miss·brauch**RR *f kein pl* drug abuse **Dro·gen·sucht** *f s.* **Drogenabhängigkeit dro·gen·süch·tig** *adj s.* **drogenabhängig Dro·gen·süch·ti·ge(r)** *f(m) s.* **Drogenabhängige(r) Dro·gen·sze·ne** *f* drug scene **Dro·gen·to·te(r)** *f(m) sb who died of drug abuse*
Dro·ge·rie <-, -n> [droɡəˈriː, *pl* droɡəˈriːən] *f* chemist's [shop] BRIT, drugstore AM
Dro·gist(in) <-en, -en> [droˈɡɪst] *m(f)* chemist
Droh·brief *m* threatening letter

dro·hen ['droːən] **I.** *vi* ❶ (*be~*) to threaten (**mit** with) ❷ (*unangenehmerweise bevorstehen*) to threaten; **es droht ein Gewitter** a storm is threatening; **ein neuer Krieg droht** there is the threat of renewed war; **dir droht der Tod/die Gefahr** you're in danger/mortal danger **II.** *vb aux* ■**~, etw zu tun** to be in danger of doing sth
dro·hend *adj* ❶ (*einschüchternd*) threatening ❷ (*bevorstehend*) impending **II.** *adv* threateningly
Droh·ne <-, -n> ['droːnə] *f* drone
dröh·nen ['drøːnən] *vi* ❶ (*dumpf klingen*) to roar; *Donner* to rumble; *Lautsprecher, Musik, Stimme* to boom ❷ (*dumpf widerhallen*) **jdm dröhnt der Kopf/dröhnen die Ohren** sb's head is/ears are ringing ❸ (*dumpf vibrieren*) to reverberate
dröh·nend *adj* reverberating; *Applaus* resounding; *Lärm* droning; *Gelächter* raucous laughter; *Stimme* booming
Dro·hung <-, -en> ['droːʊŋ] *f* threat
drol·lig ['drɔlɪç] *adj* ❶ (*belustigend*) amusing ❷ (*niedlich*) sweet *esp* BRIT, cute *esp* AM
Dro·me·dar <-s, -e> [droməˈdaːɐ̯] *nt* dromedary
Drop-down-Me·nü [drɔpˈdaʊn-] *nt* INFORM drop-down menu
Drops <-, *o* -e> ['drɔps] *m o nt* fruit drop
drosch ['drɔʃ] *imp von* **dreschen**
Drosch·ke <-, -n> ['drɔʃkə] *f* (*veraltend*) hackney cab
Dros·sel <-, -n> ['drɔsl̩] *f* thrush
dros·seln ['drɔsl̩n] *vt* ❶ (*kleiner stellen*) to decrease; *Heizung* to turn down ❷ (*verringern*) ■**etw ~** *Einfuhr, Produktion, Tempo* to reduce sth
drü·ben ['dryːbn̩] *adv* over there
drü·ber ['dryːbɐ] *adv* (*fam*) across [there]
Druck¹ <-[e]s, Drücke> ['drʊk, *pl* 'drʏkə] *m* ❶ *a.* PHYS pressure; **unter ~ stehen** to be under pressure; **jdn unter ~ setzen** to put pressure on sb ❷ (*das Drücken*) pressure; **die Raketen werden durch einen ~ auf jenen Knopf dort gestartet** the missiles are released by pressing this button ❸ (*sl: Rauschgiftspritze*) fix
Druck² <-[e]s, -e> ['drʊk] *m* ❶ TYPO printing ❷ (*bedruckter Stoff*) print
Druck·ab·fall *m* PHYS fall in pressure **Druck·blei·stift** *m* propelling [*or* AM mechanical] pencil **Druck·buch·sta·be** *m* **in ~n** in block capitals
Drü·cke·ber·ger <-s, -> *m* (*pej fam*) shirker
dru·cken ['drʊkn̩] *vt, vi* to print

drü·cken ['drʏkn̩], **dru·cken** ['drʊkn̩] DIAL **I.** vt ❶ (*pressen*) to press; *Knopf* to push; ■ etw aus etw *dat* ~ to squeeze sth from sth ❷ (*umarmen*) to hug ❸ (*schieben*) **er drückte den Hut in die Stirn** he pulled his hat down over his forehead ❹ (*ein Druckgefühl auslösen*) ■ jdn ~ to be too tight for sb; **die Schuhe ~ mich** the shoes are pinching my feet ❺ (*herabsetzen*) to lower ❻ (*be~*) ■ jdn ~ to weigh heavily on sb **II.** vi ❶ (*Druck hervorrufen*) to pinch ❷ (*pressen*) ■ auf etw *akk* ~ to press [sth] ❸ METEO to be oppressive ❹ (*bedrückend sein*) to weigh heavily ❺ (*negativ beeinträchtigen*) ■ auf etw *akk* ~ to dampen sth **III.** vr ❶ (*sich quetschen*) **sich an die Wand ~** to squeeze up against the wall; **sich in einen Hausgang ~** to huddle in a doorway ❷ (*fam*) ■ sich [vor etw *dat*] ~ to dodge [sth]

drü·ckend *adj* heavy; *Armut* grinding [*or esp* AM extreme]; *Sorgen* serious; *Stimmung, Hitze* oppressive

Dru·cker <-s, -> *m* INFORM printer

Dru·cker(in) <-s, -> *m(f)* printer

Drü·cker <-s, -> *m* ❶ ELEK (push-)button ❷ (*Abzug*) trigger ❸ TECH (*Klinke*) handle; (*am Türschloss*) latch ▸ **auf den letzten ~** at the last minute; **am ~ sein** to be in charge

Dru·cke·rei <-, -en> [drʊkəˈraɪ] *f* printer's

Dru·cke·rin <-, -nen> *f fem form von* **Drucker**

Druck·er·laub·nis *f* imprimatur

Dru·cker·schwär·ze *f* printer's ink **Dru·cker·trei·ber** *m* printer driver

Druck·er·zeug·nis *nt* printed work (*any piece of printed material*)

Druck·feh·ler *m* typographical error

druck·fer·tig *adj* TYPO ready to print *pred*

druck·frisch *adj* hot off the press *pred*

Druck·ge·schwür *nt* MED bedsore

Druck·ka·bi·ne *f* pressurized cabin

Druck·knopf *m* press-stud BRIT, stud fastener AM **Druck·kos·ten** *pl* printing costs *pl* **Druck·luft** *f kein pl* compressed air **Druck·luft·brem·se** *f* AUTO air brake **Druck·ma·schi·ne** *f* printing press **Druck·mes·ser** *m* pressure gauge **Druck·mit·tel** *nt* jdn/etw als ~ benutzen to use sb/sth as a means of exerting pressure **druck·reif** *adj* ready for publication *pred* **Druck·sa·che** *f* printed matter

Druck·schrift *f* **in ~ schreiben** to print

druck·sen ['drʊksn̩] *vi* (*fam*) to be indecisive

Druck·stel·le *f* mark [where pressure has been applied] **Druck·tas·te** *f* INFORM print-screen key **Druck·ver·band** *m* pressure bandage **Druck·wel·le** *f* shock wave

Dru·i·de <-n, -n> [druˈiːdə] *m* REL, HIST druid

drum ['drʊm] *adv* (*fam*) ... **~ frage ich ja!** ... that's why I'm asking! ▸ **das D~ und Dran** the whole works

Drum·her·um <-s> ['drʊmhɛˈrʊm] *nt kein pl* (*fam*) ■ **das [ganze] ~** all the trappings

drun·ten ['drʊntn̩] *adv* DIAL (*da unten*) down there

drun·ter ['drʊntɐ] *adv* (*fam*) ❶ (*unter einem Gegenstand*) underneath ❷ (*unter diesem Begriff*) **da kann ich mir nichts ~ vorstellen** that means nothing to me ▸ **alles geht ~ und drüber** everything is at sixes and sevens

Drü·se <-, -n> ['dryːzə] *f* gland

Dschi·ha·dis·mus <-> [dʒɪhaˈdɪsmʊs] *m kein pl* (*militanter Islamismus*) jihadism

Dschun·gel <-s, -> ['dʒʊŋl̩] *m* jungle

Dschun·ke <-, -n> ['dʒʊŋkə] *f* junk

DSL <-> [deːʔɛsˈʔɛl] *nt kein pl Abk von* **Digital Subscriber Line** INFORM DSL

dt(sch). *adj Abk von* **deutsch** G

du <*gen* deiner, *dat* dir, *akk* dich> ['duː] *pron pers* ❶ *2. pers sing* you; **bist ~ das, Peter?** is it you Peter?; ■ **... und ~?** what about you? ❷ (*man*) you; **ob ~ willst oder nicht, ...** whether you like it or not, ...

Du <-[s], -[s]> ['duː] *nt* you (*familiar form of address*); **jdm das ~ anbieten** to suggest that sb use the familiar form of address

Du·al·sys·tem *nt* binary system

Dü·bel <-s, -> ['dyːbl̩] *m* plug

du·bi·os [duˈbi̯oːs] *adj* (*geh*) dubious

du·cken ['dʊkn̩] **I.** vr ❶ (*sich rasch bücken*) **den Kopf ~** to duck one's head ❷ (*pej: sich unterwürfig zeigen*) ■ sich ~ to humble oneself **II.** vt ❶ (*einziehen*) to duck ❷ (*unterdrücken*) ■ jdn ~ to oppress sb

Duck·mäu·ser(in) <-s, -> ['dʊkmɔyzɐ] *m(f)* (*pej*) yes-man

du·deln ['duːdl̩n] **I.** vi (*pej fam*) to drone [on]; *Lautsprecher* to blare **II.** vt (*pej fam*) ■ etw ~ to drone [sth] on and on

Du·del·sack ['duːdl̩zak] *m* MUS bagpipes *pl*

Du·ell <-s, -e> [duˈɛl] *nt* duel

du·el·lie·ren* [duɛˈliːrən] *vr* ■ sich ~ to [fight a] duel

Du·ett <-[e]s, -e> [duˈɛt] *nt* duet

Duft <-[e]s, Düfte> ['dʊft, *pl* 'dʏftə] *m* [pleasant] smell; *einer Blume, eines Parfüms* scent; *von Essen, Kaffee, Gewürzen* aroma

duf·te ['dʊftə] *adj* DIAL (*fam*) great
duf·ten ['dʊftn̩] *vi* ▪[**nach etw** *dat*] **duften** to smell [of sth]
duf·tend *adj attr* fragrant
Duft·stoff *m* aromatic substance; BIOL scent
Duft·wol·ke *f* cloud of perfume
dul·den ['dʊldn̩] **I.** *vi* (*geh*) to suffer **II.** *vt* to tolerate
duld·sam ['dʊltza:m] *adj* tolerant (**gegenüber** towards/of)
Dul·dung <-, *selten* -en> *f* toleration
dumm <dümmer, dümmste> ['dʊm] **I.** *adj* ❶ (*geistig beschränkt*) stupid ❷ (*unklug*) foolish ❸ (*albern*) silly; ▪jdm zu ~ sein/ werden to be/become too much for sb ❹ (*ärgerlich*) *Gefühl* nasty; *Geschichte, Sache* unpleasant; **es ist zu ~, dass er nicht kommen kann** (*fam*) [it's] too bad that he can't come; **zu ~, jetzt habe ich mein Geld vergessen!** [oh] how stupid [of me], I've forgotten my money **II.** *adv* stupidly; **frag nicht so ~** don't ask such stupid questions ▶ **~ dastehen** to look stupid; **sich ~ stellen** to act stupid; **jdn für ~ verkaufen** (*fam*) to take sb for a ride
dumm·dreist ['dʊmdraɪst] *adj* impudent
Dum·me(r) *f(m)* (*fam*) idiot ▶ **einen ~n finden** to find some idiot; **der ~ sein** to be left holding the baby
Dum·me·jun·gen·streich [dʊmə'jʊŋənʃtraɪç] *m* (*fam*) silly prank
dum·mer·wei·se *adv* ❶ (*leider*) unfortunately ❷ (*unklugerweise*) stupidly
Dumm·heit <-, -en> *f* ❶ *kein pl* (*geringe Intelligenz*) stupidity ❷ *kein pl* (*unkluges Verhalten*) foolishness *no pl* ❸ (*unkluge Handlung*) foolish action
Dumm·kopf *m* (*pej fam*) idiot
Dum·my <-, -s> ['dami] *m* AUTO [crashtest] dummy
dumpf [dʊmpf] **I.** *adj* ❶ (*hohl klingend*) dull; *Geräusch, Ton* muffled ❷ (*unbestimmt*) vague; *Gefühl* sneaking; *Schmerz* dull ❸ (*feucht-muffig*) musty; *Atmosphäre, Luft* oppressive **II.** *adv* **die Lautsprecher klingen ~** the loudspeakers sound muffled
Dumpf·ba·cke *f* (*pej fam*) bonehead
Dum·ping·preis ['dampɪŋ-] *m* dumping price
Dü·ne <-, -n> ['dy:nə] *f* dune
Dung <-[e]s> ['dʊŋ] *m kein pl* dung *no pl*
Dün·ge·mit·tel *nt* fertilizer
dün·gen ['dʏŋən] *vt*, *vi* to fertilize (**mit** with)
Dün·ger <-s, -> *m* fertilizer
dun·kel ['dʊŋkl̩] **I.** *adj* ❶ (*düster*) dark ❷ (*tief*) deep ❸ (*unklar*) vague ❹ (*pej: zwielichtig*) shady; **ein dunkles Kapitel der Geschichte** a dark chapter in history ▶ **noch im D~n liegen** to remain to be seen; **im D~n tappen** to be groping around in the dark **II.** *adv* darkly
Dun·kel <-s> ['dʊŋkl̩] *nt kein pl* (*geh*) darkness
dun·kel·blau ['dʊŋkl̩blaʊ] *adj* dark blue
dun·kel·blond *adj* light brown **dun·kel·grün** *adj* dark green **dun·kel·haa·rig** *adj* dark-haired
dun·kel·häu·tig *adj* dark-skinned
Dun·kel·heit <-> *f kein pl* darkness *no pl*; **bei einbrechender ~** at nightfall
Dun·kel·kam·mer *f* darkroom **Dun·kel·res·tau·rant** *nt* dark restaurant **dun·kel·rot** *adj* dark red **Dun·kel·zif·fer** *f* number of unreported cases
dünn ['dʏn] **I.** *adj* ❶ (*von geringer Stärke*) thin; ▪**es Buch** slim volume ❷ (*nicht konzentriert*) weak; *Suppe* watery ❸ MODE light; *Schleier, Strümpfe* fine ❹ (*spärlich*) thin **II.** *adv* sparsely
Dünn·darm *m* small intestine
dünn·flüs·sig *adj* runny
dünn|ma·chen *vr* (*fam*) ▪**sich ~** to make oneself scarce
Dünn·pfiff *m kein pl* (*fam*) ▪**der ~** the runs *npl*
Dünn·schiss[RR] *m kein pl* (*sl*) ▪**der ~** the shits *npl*
Dunst <-[e]s, Dünste> ['dʊnst, *pl* 'dʏnstə] *m* ❶ (*leichter Nebel*) haze; (*durch Abgase*) fumes *npl* ❷ (*Dampf*) steam ❸ (*Geruch*) smell; (*Ausdünstung*) odour
Dunst·ab·zugs·hau·be *f* extractor hood
düns·ten ['dʏnstn̩] *vt* to steam; *Fleisch* to braise
Dunst·glo·cke *f* pall [*or* AM blanket] of smog
duns·tig ['dʊnstɪç] *adj* ❶ METEO hazy ❷ *Kneipe* stuffy
Dunst·kreis *m* (*geh*) entourage **Dunst·schlei·er** *m* [thin] layer of haze **Dunst·wol·ke** *f* cloud of smog
Duo <-s, -s> ['du:o] *nt* ❶ (*Paar*) duo ❷ MUS duet
Du·pli·kat <-[e]s, -e> [dupli'ka:t] *nt* duplicate
Dur <-, -> ['du:ɐ] *nt* MUS major; **in ~** in a major key
durch ['dʊrç] **I.** *präp* ❶ (*räumlich hindurch*) through; **~ den Fluss waten** to wade across the river; **mitten ~ etw** through the middle of sth ❷ (*per*) by; **jdm etw ~ die Post schicken** to send sth to sb by post ❸ (*vermittels*) by [means of];

~ [einen] Zufall by chance ❹ (*zeitlich hindurch*) throughout; damit kommen wir nicht ~ den Winter we won't last the winter with that ❺ MATH 27 ~ 3 macht 9 27 divided by 3 is 9 II. *adv* ❶ (*fam*) es ist schon 12 Uhr ~ it's already past 12 [o'clock]; der Zug ist vor zwei Minuten ~ the train went two minutes ago ❷ (*fertig*) ~ sein to be done ❸ (*kaputt*) ~ sein (*durchgescheuert*) to be worn out; (*durchgetrennt*) to be through ▸ jdm ~ und ~ **gehen** to go right through sb; jdn/etw ~ und ~ **kennen** to know sb/sth like the back of one's hand

durch|a·ckern ['dʊrçʔakɐn] I. *vt* (*fam*) ■ etw ~ to plough through sth II. *vr* (*fam*) ■ sich [durch etw *akk*] ~ to plough one's way [through sth] **durch|ar·bei·ten** ['dʊrçʔarbaitn̩] I. *vt* ■ etw ~ (*sich mit etw beschäftigen*) to go through sth II. *vi* to work through III. *vr* ■ sich durch etw *akk* ~ ❶ (*durch Erledigung bearbeiten*) to work one's way through sth ❷ (*durchschlagen*) to fight one's way through sth **durch|at·men** ['dʊrçʔa:tmən] *vi* to breathe deeply

durch·aus ['dʊrçʔaʊ̯s, dʊrçʔaʊ̯s] *adv* ❶ (*unbedingt*) definitely ❷ (*wirklich*) quite ❸ (*völlig*) thoroughly; ~ **gelungen** highly successful ❹ (*keineswegs*) ■ ~ **nicht** by no means; wenn er das ~ nicht tun will ... if he absolutely refuses to do it ... ❺ (*sicherlich*) ■ ~ kein ... by no means; ~ kein schlechtes Angebot not a bad offer [at all]

durch|bei·ßen ['dʊrçbai̯sn̩] *irreg* I. *vt* ■ etw ~ to bite through sth II. *vr* (*fam*) ■ sich [durch etw *akk*] ~ to struggle one's way through [sth] **durch|be·kom·men*** ['dʊrçbəkɔmən] *vt irreg* (*fam*) ❶ (*durchtrennen*) ■ etw ~ to cut through sth ❷ *s.* **durchbringen durch|bie·gen** ['dʊrçbi:gn̩] *irreg* I. *vt* to bend II. *vr* ■ sich ~ to sag **durch|blät·tern** ['dʊrçblɛtɐn], **durch·blät·tern*** [dʊrçblɛtɐn] *vt* ■ etw ~ to leaf through sth **Durch·blick** ['dʊrçblɪk] *m* (*fam*) overall view; den ~ [bei etw *dat*] haben to know what's going on [in sth] **durch|bli·cken** ['dʊrçblɪkn̩] *vi* ❶ (*hindurchsehen*) ■ [durch etw *akk*] ~ to look through [sth] ❷ (*geh: zum Vorschein kommen*) to show ❸ (*fam: den Überblick haben*) to know what's going on ❹ (*andeuten*) etw ~ lassen to hint at sth **durch|blu·ten** ['dʊrçblu:tn̩] *vt* ANAT ■ etw ~ to supply sth with blood; mangelhaft/ungenügend durchblutet with poor circulation **Durch·blu·tung** ['dʊrç'blu:tʊŋ] *f* circulation **Durch·blu·tungs·stö·rung** *f* circulatory problem **durch·boh·ren*¹** [dʊrç'bo:rən] *vt* ■ etw [mit etw *dat*] ~ to pierce sth [with sth] **durch|boh·ren²** ['dʊrçbo:rən] I. *vt* ■ etw durch etw *akk* ~ to drill sth through sth II. *vr* ■ sich durch etw *akk* ~ to go through sth **durch|bo·xen** ['dʊrçbɔksn̩] I. *vt* (*fam*) ■ etw ~ to push sth through II. *vr* (*fam*) sich nach oben ~ to fight one's way up **durch|bra·ten** ['dʊrçbra:tn̩] *irreg vt haben* ■ etw ~ to cook sth until it is well done **durch|bre·chen¹** ['dʊrçbrɛçn̩] *irreg* I. *vt haben* ■ etw ~ to break sth in two II. *vi sein* ❶ (*entzweibrechen*) unter dem Gewicht ~ to break in two under the weight [of sth] ❷ (*einbrechen*) ■ [bei etw *dat*] ~ to fall through [while doing sth] ❸ (*hervorkommen*) ■ [durch etw *akk*] ~ to appear [through sth]; Zähne to come through; Sonne to break through [the clouds] ❹ (*sich zeigen*) to reveal itself ❺ MED to burst **durch·bre·chen*²** [dʊrç'brɛçn̩] *vt irreg* ■ etw ~ ❶ (*gewaltsam durch etw dringen*) to crash through sth ❷ (*überwinden*) to break through sth **durch|bren·nen** ['dʊrçbrɛnən] *vi irreg* ❶ ELEK to burn out; Sicherung to blow ❷ (*fam*) ■ [jdm] ~ to run away [from sb] **durch|brin·gen** ['dʊrçbrɪŋən] *vt irreg* ❶ (*für Unterhalt sorgen*) to support; ■ sich ~ to get by ❷ (*ausgeben*) to get through sth **durch·bro·chen** [dʊrç'brɔçn̩] *adj* MODE open-work *attr* **Durch·bruch** ['dʊrçbrʊx] *m* ❶ *a.* MIL breakthrough ❷ (*das Hindurchkommen*) appearance; Zahn coming through *no pl* ❸ MED rupture ❹ (*durchgebrochene Öffnung*) opening **durch|che·cken** ['dʊrçtʃɛkn̩] *vt* ❶ (*fam*) sich ~ lassen to have a check-up ❷ LUFT ■ etw ~ to check sth in **durch·dacht** *adj* thought-out

durch|den·ken ['dʊrçdɛŋkn̩], **durch·den·ken*** [dʊrç'dɛŋkn̩] *vt irreg* ■ etw ~ *irreg* to think sth through **durch|dis·ku·tie·ren*** ['dʊrçdɪskuti:rən] *vt* to discuss sth thoroughly **durch|drän·geln** ['dʊrçdrɛŋln̩] *vr* (*fam*), **durch|drän·gen** ['dʊrçdrɛŋən] *vr* ■ sich [durch etw *akk*] ~ to push one's way through [sth] **durch|dre·hen** ['dʊrçdre:ən] I. *vi* ❶ AUTO to spin ❷ (*fam*) to crack up II. *vt* KOCHK to mince **durch|drin·gen¹** ['dʊrçdrɪŋən] *vi irreg sein* ❶ (*durch etw dringen*) to come through ❷ (*erreichen*) ■ zu jdm ~ to get as far as sb

durch·drin·gen*2 [dʊrç'drɪŋən] *vt irreg* ❶ *Kälte* to penetrate ❷ (*geh*) ■ **jdn ~** to pervade sb

durch·drin·gend *adj* piercing; *Geruch* pungent; *Gestank* penetrating; *Kälte, Wind* biting; *Schmerz* excruciating

durch|drü·cken ['dʊrçdrʏkn̩] *vt* ❶ (*erzwingen*) ■ **etw ~** to push sth through ❷ (*straffen*) to straighten sth

durch·drun·gen [dʊrç'drʊŋən] *adj präd* ■ **von etw** *dat* **~ sein** to be imbued with sth

durch|dür·fen ['dʊrçdʏrfn̩] *vi irreg* (*fam*) to be allowed through

durch·ein·an·der [dʊrç?aɪ'nandɐ] *adj präd* (*fam*) ■ **~ sein** ❶ (*nicht ordentlich*) to be in a mess ❷ (*fam: verwirrt*) to be confused

Durch·ein·an·der <-s> [dʊrç?aɪ'nandɐ] *nt kein pl* ❶ (*Unordnung*) mess ❷ (*Wirrwarr*) confusion

durch·ein·an·der|brin·gen *vt irreg* ■ **etw ~** to get sth in a mess; (*verwechseln*) to mix up sth *sep* **durch·ein·an·der|ge·ra·ten*** *vi irreg sein* to get mixed up

durch·ein·an·der|re·den *vi* to all talk at once

durch|fah·ren¹ ['dʊrçfaːrən] *vi irreg sein* ❶ (*fahrend durchbrechen*) ■ **durch etw** *akk* **~** to crash through sth ❷ (*nicht anhalten*) **bei Rot ~** to drive straight through the red light; **die Nacht ~** to drive through the night ❸ (*unterqueren*) ■ **unter etw** *dat* **~** to travel under sth

durch·fah·ren*2 [dʊrç'faːrən] *vt irreg* ■ **jdn ~** ❶ (*plötzlich bewusst werden*) to flash through sb's mind ❷ (*von Empfindung ergriffen werden*) to go through sb

Durch·fahrt ['dʊrçfaːɐ̯t] *f* ❶ (*Öffnung zum Durchfahren*) entrance; **~ bitte freihalten** please do not obstruct ❷ (*das Durchfahren*) **~ verboten** no thoroughfare; ❸ (*Durchreise*) **auf der ~ sein** to be passing through

Durch·fahrts·stra·ße *f* through road

Durch·fall ['dʊrçfal] *m* diarrhoea

durch|fal·len ['dʊrçfalən] *vi irreg sein* ❶ (*durch etw stürzen*) ■ [**durch etw** *akk*] **~** to fall through [sth] ❷ (*fam*) **bei einer Prüfung ~** to fail an exam

durch|fei·ern¹ ['dʊrçfaɪɐn] *vi* (*fam*) to celebrate non-stop **durch·fei·ern***2 [dʊrç'faɪɐn] *vt* ■ **etw ~** to celebrate sth without a break **durch|fin·den** ['dʊrçfɪndn̩] *vi, vr irreg* ■ [**durch etw** *akk*] **~** to find one's way [through sth]; **bei diesem Durcheinander finde ich langsam nicht mehr durch** I'm finding it increasingly hard to keep track in this chaos

durch|flie·gen¹ ['dʊrçfliːgn̩] *vi irreg sein* ❶ LUFT to fly non-stop ❷ (*fam: nicht schaffen*) ■ **durch etw** *akk* **~ Prüfung** to fail sth

durch·flie·gen*2 [dʊrç'fliːgn̩] *vt irreg* ■ **etw ~** to fly through sth **durch|flie·ßen**¹ ['dʊrçfliːsn̩] *vi irreg sein* to flow through **durch·flie·ßen***2 [dʊrç'fliːsn̩] *vt irreg* ■ **etw ~** to flow through sth **durch·for·schen*** [dʊrç'fɔrʃn̩] *vt* ❶ (*durchstreifen*) to explore ❷ (*durchsuchen*) ■ **etw ~** to search through sth (**nach** for) **durch·fors·ten*** [dʊrç'fɔrstn̩] *vt* (*fam*) ■ **etw ~** to sift through sth (**nach** for) **durch|fra·gen** ['dʊrçfraːgn̩] *vr* ■ **sich ~** to find one's way by asking **durch|fres·sen** ['dʊrçfrɛsn̩] *irreg* **I.** *vr* ❶ (*korrodieren*) ■ **sich [durch etw** *akk*] **~** to corrode [sth] ❷ *Tier* **sich [durch etw** *akk*] **~** to eat [its way] through [sth] ❸ (*pej*) ■ **sich [bei jdm** *dat*] **~** to live on sb's hospitality **II.** *vt* ■ **etw frisst durch etw** *akk* **durch** sth eats through sth; *Rost, Säure, etc.* sth corrodes through sth

durch·führ·bar *adj* feasible

durch|füh·ren ['dʊrçfyːrən] **I.** *vt* ❶ (*verwirklichen*) ■ **etw ~** to carry out sth ❷ (*hindurchführen*) ■ **jdn [durch etw** *akk*] **~** to guide sb round [sth] **II.** *vi* ■ **durch etw** *akk* **~** to run through sth

Durch·füh·rung *f* carrying out *no pl*

durch|füt·tern ['dʊrçfʏtɐn] *vt* (*fam*) to support

Durch·gang ['dʊrçgaŋ] *m* ❶ (*Passage*) path[way] ❷ (*das Durchgehen*) entry; **kein ~!** no thoroughfare!; (*an Türen*) no entry!

durch·gän·gig ['dʊrçgɛŋɪç] **I.** *adj* universal **II.** *adv* universally

Durch·gangs·la·ger *nt* transit camp
Durch·gangs·stra·ße *f* through road
Durch·gangs·ver·kehr *m* through traffic

durch|ge·ben ['dʊrçgeːbn̩] *vt irreg* **die Lottozahlen ~** to read the lottery numbers; **eine Meldung ~** to make an announcement

durch·ge·fro·ren *adj* frozen stiff *pred*

durch|ge·hen ['dʊrçgeːən] *irreg* **I.** *vi sein* ❶ (*gehen*) ■ [**durch etw** *akk*] **~** to go through [sth] ❷ (*fam: ohne Unterbrechung andauern*) to last ❸ (*durchdringen*) ■ **durch jdn/etw ~** to penetrate sth ❹ (*angenommen werden*) to go through; *Antrag* to be carried; *Gesetz* to be passed ❺ (*fam: weglaufen*) to bolt ❻ (*gehalten werden*)

■ für etw akk **~** to be taken [or AM pass] for sth ▶ **[jdm] etw ~ lassen** to let sb get away with sth **II.** vt sein o haben **■ etw [mit jdm] ~** to go through sth [with sb] **durch·ge·hend** ['dʊrçɡeːənt] **I.** adj ❶ (nicht unterbrochen) continuous ❷ BAHN direct **II.** adv **~ geöffnet** open right through **durch·ge·knallt** adj (sl) **■ ~ sein** to have gone crazy **durch|grei·fen** ['dʊrçɡraɪfn̩] vi irreg ❶ (wirksam vorgehen) to take drastic action ❷ (hindurchfassen) to reach through **durch·grei·fend I.** adj drastic **II.** adv radically **durch|gu·cken** ['dʊrçɡʊkn̩] vi (fam) s. **durchblicken 1, 2 durch|ha·ben** ['dʊrçhaːbn̩] vt irreg (fam) **■ etw ~** ❶ (durchgelesen haben) to be through [reading] sth ❷ (durchgearbeitet haben) to have finished sth ❸ (durchtrennt haben) to have got through sth **durch|hal·ten** ['dʊrçhaltn̩] irreg **I.** vt **■ etw ~** ❶ (ertragen) to stand sth ❷ (beibehalten) to keep up sth sep; **das Tempo ~** to be able to stand the pace ❸ (aushalten) to [with]stand sth **II.** vi to hold out
Durch·hal·te·ver·mö·gen nt stamina
durch|hän·gen ['dʊrçhɛŋən] vi irreg sein o haben ❶ (nach unten hängen) to sag ❷ (fam: erschlafft sein) to be drained ❸ (fam: deprimiert sein) to be down
Durch·hän·ger <-s, -> m **einen [totalen] ~ haben** (fam) to be on a [real] downer
durch|hau·en ['dʊrçhaʊən] irreg **I.** vt ❶ (spalten) to split sth [in two] ❷ (fam) **■ jdn ~** to give sb a good hiding **II.** vr **■ sich ~** to get by **durch|hel·fen** ['dʊrçhɛlfn̩] irreg vi **■ jdm [durch etw** akk**] ~** to help sb through [sth] **durch|hö·ren** vt ❶ (heraushören) to detect ❷ (durch etw hören) to hear
durch|käm·men¹ ['dʊrçkɛmən] vt **■ etw ~** Haar to comb through sth sep
durch·käm·men*² ['dʊrçkɛmən] vt **■ etw [nach jdm] ~** to comb sth [for sb] **durch|kämp·fen** ['dʊrçkɛmpfn̩] **I.** vt **■ etw ~** to force through sth sep **II.** vr ❶ (mühselig durchackern) **■ sich ~** to battle one's way through ❷ (sich durchringen) **■ sich zu etw** dat **~** to bring oneself to do sth **durch|kau·en** ['dʊrçkaʊən] vt ❶ (gründlich kauen) **■ etw ~** to chew sth thoroughly ❷ (fam) **■ etw ~** to discuss sth thoroughly **durch|kom·men** ['dʊrçkɔmən] vi irreg sein ❶ (durchfahren) **■ [durch etw** akk**] ~** to come through [sth] ❷ Regen, Sonne to come through ❸ Charakterzug to become noticeable ❹ (Erfolg haben) **■ mit etw** dat **~** to get away with sth ❺ (gelangen) to get through [sep sth]; **ich komme mit meiner Hand nicht durch das Loch durch** I can't get my hand through the hole ❻ (Prüfung bestehen) to pass ❼ (überleben) to pull through **durch|kön·nen** ['dʊrçkœnən] vi irreg (fam) to be able to get through **durch·kreu·zen*¹** [dʊrçˈkrɔytsn̩] vt ❶ (vereiteln) to foil ❷ (durchqueren) to cross **durch|kreu·zen²** ['dʊrçkrɔytsn̩] vt **■ etw ~** to cross out sth sep **durch|krie·chen** ['dʊrçkriːçn̩] vi irreg sein to crawl through **durch|krie·gen** vt (fam) s. **durchbekommen**

Durch·lassᴿᴿ <-es, Durchlässe>, **Durch·laß**ᴬᴸᵀ <-sses, Durchlässe> ['dʊrçlas, pl 'dʊrçlɛsə] m ❶ (Durchgang) passage[way]; (Eingang) access no pl, no art; **jdm/sich ~ verschaffen** to gain admittance for sb/oneself; **sich** dat **mit Gewalt ~ verschaffen** to force one's way in
durch|las·sen ['dʊrçlasn̩] vt irreg ❶ (vorbei lassen) **■ jdn/etw ~** to let sb/sth through ❷ (durchdringen lassen) **■ etw ~** to let through sth sep ❸ (fam: durchgehen lassen) **■ jdm etw ~** to let sb get away with sth
durch·läs·sig ['dʊrçlɛsɪç] adj porous (**für** to)
durch|lau·fen¹ ['dʊrçlaʊfn̩] irreg **I.** vi sein ❶ (durcheilen) **■ [durch etw** akk**] ~** to run through [sth] ❷ (durchrinnen) **■ [durch etw** akk**] ~** to run through [sth] ❸ (im Lauf passieren) **■ durch etw** akk **~** to run through sth **II.** vt haben **■ etw ~** to wear through sth sep **durch·lau·fen*²** [dʊrçˈlaʊfn̩] vt irreg ❶ (im Lauf durchqueren) to run through ❷ (zurücklegen) to cover **durch·le·ben*** [dɛçˈleːbn̩] vt **schwere Zeiten ~** to go through hard times **durch·lei·den*** [dʊrçˈlaɪdn̩] vt irreg to endure **durch|le·sen** ['dʊrçleːzn̩] vt irreg to read through sep **durch|leuch·ten*¹** [dʊrçˈlɔyçtn̩] vt ❶ (röntgen) **■ jdn ~** to X-ray sb ❷ (fam: kritisch betrachten) to investigate **durch|leuch·ten²** ['dʊrçlɔyçtn̩] vi **■ [durch etw** akk**] ~** to shine through [sth] **durch|lüf·ten** ['dʊrçlʏftn̩] **I.** vt **■ etw ~** to air sth thoroughly; **einen Raum ~** to air out a room **II.** vi to air thoroughly **durch|ma·chen** ['dʊrçmaxn̩] **I.** vt **■ etw ~** ❶ (erleiden) to go through sth ❷ (durchlaufen) **eine Ausbildung ~** to go through training **II.** vi (fam) ❶ (durchfeiern) **die ganze Nacht ~** to

make a night of it ❷(*durcharbeiten*) to work right through **Durch·marsch** ['dʊrçmarʃ] *m* **auf dem ~ sein** to be marching through **durch|mar·schie·ren*** ['dʊrçmarʃiːrən] *vi sein* to march through

Durch·mes·ser <-s, -> ['dʊrçmɛsɐ] *m* diameter

durch|mo·geln (*fam*) **I.** *vr* ▪**sich ~** to wangle one's way through; **sich an der Grenze ~** to smuggle oneself across the border **II.** *vt* ▪**jdn/etw ~** to smuggle through sb/sth *sep* **durch|müs·sen** ['dʊrçmʏsn̩] *vi irreg* (*fam*) ❶(*durchgehen müssen*) ▪[**durch etw** *akk*] **~** to have to go through [sth] ❷(*durchmachen müssen*) ▪**durch etw** *akk* **~** to have to go through sth **durch·näs·sen*** [dʊrç'nɛsn̩] *vt* to drench **durch|neh·men** ['dʊrçneːmən] *vt irreg* to do **durch|pau·sen** ['dʊrçpaʊzn̩] *vt* to trace **durch|pro·bie·ren*** *vt* ▪**etw ~** to try sth in turn **durch·que·ren*** [dʊrç'kveːrən] *vt* to cross **durch|ras·seln** *vi sein*(*sl*) *s.* **durchfallen 2 durch|rech·nen** ['dʊrçrɛçnən] *vt* to calculate; (*überprüfen*) to check thoroughly **durch|reg·nen** ['dʊrçreːgnən] *vi impers* ❶(*Regen durchlassen*) ▪[**durch etw** *akk*] **~** to rain through [sth] ❷(*ununterbrochen regnen*) to rain continuously

Durch·rei·che <-, -n> *f* [serving] hatch, pass-through AM **Durch·rei·se** ['dʊrçraɪzə] *f* journey through; **auf der ~ sein** to be passing through **durch|rei·sen¹** ['dʊrçraɪzn̩] *vi sein* ▪[**durch etw** *akk*] **~** to pass through [sth] **durch·rei·sen*²** [dʊrç'raɪzn̩] *vt* **die ganze Welt ~** to travel all over the world **durch|rei·ßen** ['dʊrçraɪsn̩] *irreg* **I.** *vt haben* ▪**etw [in der Mitte] ~** to tear sth in two **II.** *vi sein* ▪[**in der Mitte**] **~** to tear [in half] **durch|rin·gen** ['dʊrçrɪŋən] *vr irreg* ▪**sich zu etw** *dat* **~** to finally manage to do sth; **sich zu einer Entscheidung ~** to force oneself to [make] a decision **durch|ros·ten** ['dʊrçrɔstn̩] *vi sein* to rust through **durch|ru·fen** *vi irreg* (*fam*) to give sb a ring [*or* AM *usu* call] **durch|rüh·ren** ['dʊrçryːrən] *vt* ▪**etw ~** to stir sth well **durch|rüt·teln** ['dʊrçrʏtln̩] *vt* ▪**jdn ~** ❶(*gründlich rütteln*) to shake sb violently ❷(*hin und her schaukeln*) to shake sb about

durchs ['dʊrçs] (*fam*) = **durch das** *s.* **durch**

Durch·sa·ge ['dʊrçzaːgə] *f* message; (*Radioansage*) announcement

durch|sa·gen ['dʊrçzaːgn̩] *vt* ❶(*übermitteln*) to announce ❷(*mündlich weitergeben*) ▪**etw ~** to pass on *sep* sth

durch|sä·gen *vt* ▪**etw ~** to saw through sth *sep*

durch·schau·bar [dʊrç'ʃaʊbaːɐ̯] *adj* obvious; **leicht ~** easy to see through; **schwer ~** enigmatic

durch·schau·en*¹ [dʊrç'ʃaʊən] *vt* ▪**jdn ~** to see through sb

durch|schau·en² ['dʊrçʃaʊən] *vt s.* **durchsehen durch|schei·nen** ['dʊrçʃaɪnən] *vi irreg* ❶ *Licht, Sonne* to shine through ❷ *Farbe, Muster* to show [through] **durch·schei·nend** *adj* ▪**es Papier** translucent paper **durch|schie·ben** *vt irreg* to push through *sep* **durch|schla·fen** ['dʊrçʃlaːfn̩] *vi irreg* to sleep through [it]; (*ausschlafen*) to get a good night's sleep

Durch·schlag ['dʊrçʃlaːk] *m* ❶(*Kopie*) copy ❷(*Sieb*) colander

durch|schla·gen¹ ['dʊrçʃlaːgn̩] *irreg* **I.** *vt haben* ❶(*durchbrechen*) to split [in two]; **eine Wand ~** to knock a hole through a wall ❷(*durchtreiben*) *Nagel* to knock through **II.** *vi* ❶ *sein* (*durchdringen*) ▪[**durch etw** *akk*] **~** to come through [sth]; *Geschoss a.* to pierce sth ❷ *sein* (*sich auswirken*) ▪[**auf etw** *akk*] **~** to have an effect [on sth] **III.** *vr haben* ▪**sich ~** ❶(*Dasein fristen*) to struggle along ❷(*ans Ziel gelangen*) to make one's way through

durch·schla·gen*² [dʊrç'ʃlaːgn̩] *vt irreg* ▪**etw ~** to chop through sth

durch·schla·gend [dʊrç'ʃlaːgn̩t] *adj* ❶(*überwältigend*) sweeping; *Erfolg* huge; **eine ~e Wirkung haben** to be extremely effective ❷(*überzeugend*) convincing; *Beweis* conclusive

Durch·schlag·pa·pier *nt* carbon paper **Durch·schlags·kraft** *f* ❶(*Wucht*) penetration ❷(*fig*) effectiveness

durch|schlän·geln *vr* ▪**sich ~** *Mensch* to thread one's way through; **sich durch ein Tal ~** *Fluss* to meander through a valley **durch|schleu·sen** ['dʊrçʃlɔʏzn̩] *vt* (*fam*) to smuggle through *sep* **durch|schnei·den¹** ['dʊrçʃnaɪdn̩] *vt irreg* ▪**etw ~** to cut sth through **durch·schnei·den*²** [dʊrç'ʃnaɪdn̩] *vt irreg* ▪**etw ~** ❶(*entzweischneiden*) to cut sth in two ❷(*geh: laut durchdringen*) to pierce sth

Durch·schnitt [dʊrçʃnɪt] *m* average; **im ~** on average; **über/unter dem ~ liegen** to be above/below average

durch·schnitt·lich ['dʊrçʃnɪtlɪç] **I.** *adj*

❶ (*Mittelwert betreffend*) average *attr* ❷ (*mittelmäßig*) ordinary **II.** *adv* ❶ (*im Schnitt*) on average ❷ (*mäßig*) moderately; ~ **intelligent** of average intelligence
Durch·schnitts·al·ter *nt* average age **Durch·schnitts·ein·kom·men** *nt* average income **Durch·schnitts·ge·schwin·dig·keit** *f* average speed **Durch·schnitts·mensch** *m* average person **Durch·schnitts·tem·pe·ra·tur** *f* average temperature

Durch·schrift *f* [carbon] copy

Durch·schuss[RR] ['dʊrçʊs] *m* ❶ (*durchgehender Schuss*) **es war ein glatter ~** the shot had passed clean through ❷ TYPO (*Zwischenraum*) leading *spec*

durch|schüt·teln ['dʊrçʃʏtl̩n] *vt* ❶ (*anhaltend schütteln*) ▪ **etw ~** to shake sth thoroughly ❷ (*kräftig rütteln*) ▪ **jdn ~** to give sb a good shaking **durch|schwit·zen*** [dʊrç'ʃvɪtsn̩], **durch|schwit·zen** ['dʊrçʃvɪtsn̩] *vt* ▪ **etw ~** to soak sth in sweat **durch|se·hen** ['dʊrçze:ən] *irreg* **I.** *vt* to go over **II.** *vi* to look through **durch|sein**[ALT] *vi irreg sein* (*fam*) *s.* **durch II. 1, 2, 3**

durch|set·zen[1] ['dʊrçtsɛtsn̩] **I.** *vt* ❶ (*erzwingen*) *Maßnahmen* to impose; *Reformen* to carry out; *Ziel* to achieve; **seinen Willen** [**gegen jdn**] **~** to get one's own way [with sb] ❷ (*bewilligt bekommen*) ▪ **etw** [**bei jdm**] **~** to get sb to agree to sth; **etw bei der Mehrzahl ~** to get sth past the majority **II.** *vr* ❶ (*sich Geltung verschaffen*) ▪ **sich ~** to assert oneself; ▪ **sich mit etw** *dat* **~** to be successful with sth ❷ (*Gültigkeit erreichen*) ▪ **sich ~** to gain acceptance; *Trend* to catch on

durch·set·zen*[2] [dʊrç'zɛtsn̩] *vt* ▪ **etw mit etw** *dat* **~** to infiltrate sth with sth

Durch·set·zungs·ver·mö·gen <-s> *nt kein pl* assertiveness

Durch·sicht ['dʊrçzɪçt] *f* inspection; **zur ~** for inspection

durch·sich·tig ['dʊrçzɪçtɪç] *adj* ❶ (*transparent*) transparent ❷ (*offensichtlich*) obvious

durch|si·ckern ['dʊrçzɪkɐn] *vi sein* ❶ (*Flüssigkeit*) ▪ [**durch etw** *akk*] **~** to seep through [sth] ❷ (*allmählich bekannt werden*) **Informationen ~ lassen** to leak information **durch|spie·len** *vt* ❶ *Musik-/Theaterstück* to play/act through *sep* ❷ (*durchdenken*) to go through

durch|spre·chen [dʊrç'ʃprɛçn̩] *vt irreg* ▪ **etw ~** to discuss sth thoroughly

durch·ste·hen* [dʊrç'ʃte:ən] *vt irreg* to pierce **durch|ste·hen** ['dʊrçʃte:ən] *vt irreg* ❶ (*ertragen*) to get through; *Qualen* to endure; *Schwierigkeiten* to cope ❷ (*standhalten*) to [with]stand

durch|stei·gen ['dʊrçʃtaign] *vi irreg sein* ❶ (*durch etw steigen*) ▪ [**durch etw** *akk*] **~** to climb through [sth] ❷ (*fam: verstehen*) ▪ **bei etw** *dat* **~** to get sth; **da soll mal einer ~!** just let someone try and understand that lot! **durch|stel·len I.** *vt* **ein Gespräch ~** to put a call through **II.** *vi* **soll ich ~?** shall I put the call through? **durch·stö·bern*** [dʊrç'ʃtø:bɐn], **durch|stö·bern** ['dʊrçʃtø:bɐn] *vt* ▪ **etw ~** to rummage through sth (**nach** for) **durch·sto·ßen***[1] [dʊrç'ʃto:sn̩] *vt irreg* ❶ (*durchbohren*) to go through; (*Pfahl a.*) to impale ❷ (*durchbrechen*) **die feindlichen Linien ~** to break the enemy lines **durch|sto·ßen**[2] ['dʊrçʃto:sn̩] *irreg* **I.** *vi sein* ▪ [**bis zu etw** *dat*] **~** to penetrate [as far as sth] **II.** *vt haben* **einen Pfahl durch etw** *akk* **~** to drive a stake through sth **durch|strei·chen** ['dʊrçʃtraiçn̩] *vt irreg* ❶ *Fehler* to cross out ❷ (*geh*) *s.* **durchstreifen durch·strei·fen*** [dʊrç'ʃtraifn̩] *vt* (*geh*) ▪ **etw ~** to roam through sth **durch|strö·men**[1] ['dʊrçʃtrø:mən] *vi sein* to stream through **durch·strö·men***[2] [dʊrç'ʃtrø:mən] *vt* (*geh*) ❶ (*durchfließen*) to flow through ❷ (*durchdringen*) ▪ **jdn ~** to flow through sb **durch·su·chen*** [dʊrçzu:xn̩] *vt* ▪ **jdn ~** to search sb (**nach** for)

Durch·su·chung <-, -en> [dʊrç'zu:xʊŋ] *f* search **durch·trai·niert** *adj* thoroughly fit **durch|tre·ten** ['dʊrçtre:tn̩] *irreg* **I.** *vt haben* ❶ (*fest betätigen*) **die Bremse ~** to step on the brakes ❷ (*abnutzen*) to wear through *sep* **II.** *vi sein* ▪ [**durch etw** *akk*] **~** to seep through [sth] **durch·trie·ben** [dʊrç'tri:bn̩] *adj* crafty **durch·wach·sen** [dʊrç'vaksn̩] *adj* ❶ *Speck* streaky ❷ *präd* (*mittelmäßig*) so-so

Durch·wahl *f* ❶ (*fam: ~ nummer*) extension number ❷ (*das Durchwählen*) direct dialling *no pl, no art*

durch|wäh·len ['dʊrçvɛ:lən] **I.** *vi* to dial direct **II.** *vt* ▪ **etw ~** to dial sth direct

durch·weg ['dʊrçvɛk] *adv*, **durchwegs** ['dʊrçve:ks] *adv* ÖSTERR without exception

durch|wüh·len[1] ['dʊrçvy:lən] **I.** *vt* **ein Haus ~** to ransack a house **II.** *vr* ▪ **sich** [**durch etw** *akk*] **~** ❶ (*sich durcharbeiten*) to plough through [sth] ❷ (*durch Wühlen gelangen*) to burrow through [sth]

durch·wüh·len*[2] [dʊrç'vy:lən] *vt*

❶ (*durchstöbern*) to comb sth (**nach** for) ❷ (*aufwühlen*) to dig up sth *sep* **durch|wurschteln, durch|wursteln** *vr* (*sl*) ■ **sich ~** to muddle through BRIT
durch|zäh·len ['dʊrçtsɛːlən] *vt, vi* to count out *sep* **durch·zie·hen*** [dʊrç-'tsiːən] *irreg* I. *vt haben* (*fam: vollenden*) ■ **etw ~** to see sth through II. *vi sein* ■ [**durch etw** *akk*] **~** to come through [sth]; *Truppe a.* to march through [sth] III. *vr haben* ■ **sich durch etw** *akk* **~** to occur throughout sth **durch·zu·cken*** [dʊrç-'tsʊkn̩] *vt* ❶ (*geh*) ■ **etw ~** to flash across sth ❷ (*plötzlich ins Bewusstsein kommen*) ■ **jdn ~** to flash through sb's mind
Durch·zug ['dʊrçtsuːk] *m* ❶ *kein pl* (*Luftzug*) draught ❷ *von Truppen* march through
dür·fen ['dʏrfn̩] I. *modal vb* <darf, durfte, dürfen> ❶ (*Erlaubnis haben*) ■ **etw** [**nicht**] **tun ~** to [not] be allowed to do sth ❷ *verneint* **wir ~ den Zug nicht verpassen** we mustn't miss the train; **du darfst ihm das nicht übelnehmen** you mustn't hold that against him ❸ *im Konjunktiv* (*sollen*) ■ **das/es dürfte ...** that/it should ...; **es dürfte wohl das Beste sein, wenn ...** it would probably be best when ... II. *vi* <darf, durfte, gedurft> **darf ich nach draußen?** may I go outside?; **sie hat nicht gedurft** she wasn't allowed to III. *vt* <darf, durfte, gedurft> ■ **etw ~** to be allowed to do sth; **darfst du das?** are you allowed to?
dürf·tig ['dʏrftɪç] I. *adj* ❶ (*kärglich*) paltry; *Unterkunft* poor ❷ (*pej: schwach*) poor; *Ausrede* feeble; *Kenntnisse* scanty ❸ (*spärlich*) sparse II. *adv* scantily
Dürf·tig·keit <-> *f kein pl* meagreness *no pl* BRIT, meagerness *no pl* AM
dürr [dʏr] *adj* ❶ (*trocken*) dry; **~ es Laub** withered leaves ❷ (*mager*) [painfully] thin
Dür·re <-, -n> ['dʏrə] *f* drought *no pl*
Dür·re·ka·ta·stro·phe *f* catastrophic drought
Durst <-[e]s> ['dʊrst] *m kein pl* thirst *no pl*; ■ **~ haben** to be thirsty; **seinen ~** [**mit etw** *dat*] **löschen** to quench one's thirst [with sth]
durs·ten ['dʊrstn̩] *vi* (*geh*) to be thirsty
dürs·ten ['dʏrstn̩] (*geh*) I. *vt impers* ❶ (*Durst haben*) ■ **jdn dürstet** [**es**] sb is thirsty ❷ (*inständig verlangen*) ■ **es dürstet jdn nach etw** *dat* sb thirsts for sth II. *vi* ■ **nach etw** *dat* **~** to be thirsty for sth
durs·tig ['dʊrstɪç] *adj* thirsty

durst·lö·schend *adj* thirst-quenching
durst·stil·lend *adj* thirst-quenching
Durst·stre·cke *f* lean period
Du·sche <-, -n> ['duːʃə] *f* shower; **unter die ~ gehen** to have a shower
du·schen ['duːʃn̩] I. *vi* to shower II. *vr* ■ **sich ~** to have a shower III. *vt* ■ **jdn ~** to give sb a shower
Dusch·gel *nt* shower gel
Dusch·ka·bi·ne *f* shower cubicle
Dü·se <-, -n> ['dyːzə] *f* ❶ TECH nozzle ❷ LUFT jet
Du·sel <-s> ['duːzl̩] *m kein pl* (*fam*) ❶ (*unverdientes Glück*) **~ haben** to be lucky ❷ SCHWEIZ, SÜDD ■ **im ~** (*benommen*) in a daze; (*angetrunken*) tipsy
dü·sen ['dyːzn̩] *vi sein* (*fam: fahren*) to race; (*schnell gehen*) to dash
Dü·sen·an·trieb *m* jet propulsion *no pl, no art* **Dü·sen·flug·zeug** *nt* jet [aircraft] **Dü·sen·jä·ger** *m* jet fighter **Dü·sen·trieb·werk** *nt* jet engine
dus·se·lig ['dʊsəlɪç], **duss·lig**^RR ['dʊslɪç], **duß·lig**^ALT ['dʊslɪç] (*fam*) I. *adj* daft II. *adv* ❶ (*dämlich*) **sich ~ anstellen** to act stupidly ❷ (*enorm viel*) **sich ~ arbeiten** to work oneself silly
düs·ter ['dyːstɐ] *adj* ❶ (*finster*) gloomy ❷ (*bedrückend*) melancholy ❸ (*schwermütig*) black
Dut·zend <-s, -e> ['dʊtsn̩t, *pl* 'dʊtsn̩də] *nt* dozen
dut·zend·mal *adv* dozens of times
dut·zend·fach I. *adj* dozens of II. *adv* dozens of times
dut·zend·wei·se ['dʊtsn̩tvaɪ̯zə] *adv* by the dozen
du·zen ['duːtsn̩] *vt* ■ **jdn ~** to address sb as "Du"; ■ **sich** [**von jdm**] **~ lassen** to allow sb to be on familiar terms with oneself
DV <-> [deːˈfaʊ̯] *f Abk von* **Datenverarbeitung** DP
DVD <-, -s> [deːfaʊ̯ˈdeː] *f Abk von* **Digital Versatile Disc** DVD
DVD-Play·er <-s, -> [-pleːɐ] *m* DVD player
Dy·na·mik <-> [dyˈnaːmɪk] *f kein pl* PHYS dynamics + *sing vb*
dy·na·misch [dyˈnaːmɪʃ] I. *adj* dynamic II. *adv* dynamically
Dy·na·mit <-s> [dynaˈmiːt] *nt kein pl* dynamite
Dy·na·mo <-s, -s> [dyˈnaːmo] *m* dynamo
Dy·nas·tie <-, -n> [dynasˈtiː, *pl* dynasˈtiːən] *f* dynasty
D-Zug ['deːtsuːk] *m* (*veraltend*) express

Ee

E, e <-, - *o fam* -s, -s> [eː] *nt* ❶ (*Buchstabe*) E, e; *s. a.* **A 1** ❷ MUS E, e; *s. a.* **A 2**
Eau de Co·lo·gne <-> ['oːdəkoˈlɔnjə] *nt kein pl* eau de Cologne *no pl* BRIT, Cologne AM
E-Au·to ['eːˌaʊto] *nt Abk von* **Elektroauto** electric car
Eb·be <-, -n> ['ɛbə] *f* ebb tide; (*Wasserstand*) low water; **~ und Flut** the tides *pl*; **bei ~** at low tide
eben[1] ['eːbn̩] **I.** *adj* ❶ (*flach*) flat ❷ (*glatt*) level **II.** *adv* evenly
eben[2] ['eːbn̩] **I.** *adv* ❶ *zeitlich* just ❷ (*nun einmal*) just; **das ist ~ so** that's [just] the way it is ❸ (*gerade noch*) just [about] ❹ (*kurz*) **mal ~** for a minute **II.** *part* ❶ (*genau das*) precisely ❷ (*Abschwächung der Verneinung*) **das ist nicht ~ billig** it's not exactly cheap
Eben·bild *nt* image
eben·bür·tig ['eːbn̩bʏrtɪç] *adj* equal (**an** in); **einander ~ sein** to be evenly matched
eben·da ['eːbn̩daː] *adv* ❶ (*genau dort*) exactly there ❷ (*bei Zitat*) ibidem; (*geschrieben a.*) ibid[.] **eben·da·rum** [eːbn̩ˈdaːrʊm] *adv* for that very reason **eben·der** [eːbn̩ˈdeːɐ̯] *pron*, **eben·die** [eːbn̩ˈdiː] *pron*, **eben·das** [eːbn̩ˈdas] *pron* he/she/it **eben·des·halb** [eːbn̩ˈdɛsˌhalp] *adv*, **eben·des·we·gen** [eːbn̩ˌdɛsˈveːgn̩] *adv s.* **ebendarum eben·die·se(r, s)** [eːbn̩ˈdiːzə] *pron* (*geh*) he/she/it
Ebe·ne <-, -n> ['eːbənə] *f* ❶ (*Tief~*) plain; (*Hoch~*) plateau ❷ MATH, PHYS plane ❸ (*fig*) **auf regionaler ~** at the regional level
eben·falls ['eːbn̩fals] *adv* as well; **danke, ~!** thanks, [and] the same to you
Eben·holz ['eːbn̩hɔlts] *nt* ebony; **schwarz wie ~** as black as ebony
Eben·maß *nt kein pl* (*geh*) regularity
eben·mä·ßig I. *adj* evenly proportioned **II.** *adv* symmetrically
eben·so ['eːbn̩zoː] *adv* ❶ (*genauso*) just as; **~ gern [wie]** just as well/much [as]; **~ gut** [just] as well; **~ lang[e]** just as long; **~ oft** just as often; **~ sehr** just as much; **~ viel** just as much; **~ wenig** just as little ❷ (*auch*) as well
eben·so·gernALT *adv s.* **ebenso 1 eben·so·gut**ALT *adv s.* **ebenso 1 eben·so·lang(e)**ALT *adv s.* **ebenso 1 eben·so·oft**ALT *adv s.* **ebenso 1 eben·so·sehr**ALT *adv s.* **ebenso 1 eben·so·viel**ALT *adv*

s. **ebenso 1 eben·so·we·nig**ALT *adv s.* **ebenso 1**
Eber <-s, -> ['eːbɐ] *m* boar
E-Bike <-s, -s> ['iːbaɪk] *nt Abk von* **electric bike** e-bike
eb·nen ['eːbnən] *vt* (*eben machen*) to level [off] ▶ **jdm/etw den Weg ~** to pave the way for sb/sth
E-Book <-s, -s> ['iːbʊk] *nt Abk von* **electronic book** INFORM e-book **E-Book-Rea·der** <-s, -> ['iːbʊkriːdɐ] *m* INFORM e-book reader **E-Busi·ness** <-> ['iːˈbɪznɪs] *f kein pl* INET e-business
EC <-s, -s> [eːˈtseː] *m* ❶ *Abk von* **Eurocity** Eurocity train ❷ FIN *Abk von* **Electronic Cash** electronic cash ❸ HIST *Abk von* **Euroscheck** Eurocheque
Echo <-s, -s> ['ɛço] *nt* ❶ (*Effekt*) echo ❷ (*Reaktion*) response (**auf** to); **ein [großes] ~ finden** to meet with a [big] response
Echo·lot *nt* sonar
Ech·se <-, -n> ['ɛksə] *f* saurian *spec*
echt [ɛçt] **I.** *adj* ❶ (*nicht künstlich*) real; (*nicht gefälscht*) genuine; *Haarfarbe* natural; *Silber, Gold* pure ❷ *Freundschaft, Schmerz* sincere ❸ (*typisch*) typical ❹ *Farben* fast ❺ (*wirklich*) real **II.** *adv* ❶ (*typisch*) typically ❷ (*fam: wirklich*) really
Echt·heit <-> *f kein pl* ❶ (*das Echtsein*) *von Dokumenten, Kunstwerken* authenticity; *von Stoffen, Produkten* genuineness ❷ (*Aufrichtigkeit*) sincerity
Echt·zeit <-> *f kein pl* real time; ▪ **in ~** in real time
Eck <-[e]s, -e> [ɛk] *nt* ❶ ÖSTERR, SÜDD (*Ecke*) corner ❷ SPORT corner [of the goal] ▶ **über ~** diagonally
EC-Kar·te *f* ❶ HIST Eurocheque card ❷ (*Debitkarte*) cash card, cash-point card
Eck·ball *m* SPORT corner
Ecke <-, -n> ['ɛkə] *f* ❶ (*spitze Kante*) corner; (*Tisch~*) edge ❷ (*Straßen~*) corner; **gleich um die ~** just round [*or* AM around] the corner ❸ (*Zimmer~*) corner ❹ (*fam: Gegend*) area ❺ SPORT corner ▶ **jdn um die ~ bringen** (*fam*) to do sb in; **jdn in die ~ drängen** to push sb aside; **an allen ~n und Enden** (*fam*) everywhere
eckig ['ɛkɪç] *adj* ❶ (*nicht rund*) square; *Gesicht* angular ❷ (*ungelenk*) jerky
Eck·pfei·ler *m* ❶ (*liter*) corner pillar ❷ (*fig*) cornerstone **Eck·stein** ['ɛkʃtaɪn] *m* cornerstone
Eck·zahn *m* canine [tooth]

E-Com·merce <-> ['i:kɔmə:s] *m kein pl* INET e-commerce

Ecu <-[s], -[s]> [e'ky:] *m*, **ECU** <-, -> [e'ky:] *m* (*hist*) Akr von **European Currency Unit** ECU

Ecu·a·dor [ekua'do:ɐ̯], **Eku·a·dor** <-s> [ekua'do:ɐ̯] *nt* Ecuador; *s. a.* **Deutschland**

Ecu·a·do·ri·a·ner(in) <-s, -> [ekuado-'ri̯a:nɐ] *m(f)* Ecuadorean; *s. a.* **Deutsche(r)**

ecu·a·do·ri·a·nisch [ekuado'ri̯a:nɪʃ] *adj* Ecuadorean; *s. a.* **deutsch**

edel ['e:dl̩] **I.** *adj* ❶ (*großherzig*) generous ❷ (*hochwertig*) fine ❸ (*aristokratisch*) noble **II.** *adv* nobly

Edel·gas *nt* inert gas **Edel·kas·ta·nie** *f* sweet chestnut **Edel·mann** <-leute> *m* nobleman **Edel·me·tall** *nt* precious metal **Edel·mut** *m kein pl* (*geh*) magnanimity *no pl*

edel·mü·tig ['e:dl̩my:tɪç] **I.** *adj* (*geh*) magnanimous **II.** *adv* magnanimously

Edel·stahl *m* stainless steel **Edel·stein** *m* precious stone **Edel·tan·ne** *f* silver fir **Edel·weiß** <-[es], -e> ['e:dl̩vaɪs] *nt* BOT edelweiss

Edikt <-[e]s, -e> [e'dɪkt] *nt* edict

edi·tie·ren* [edi'ti:rən] *vt* INFORM to edit

Edi·ti·on <-, -en> [edi'tsi̯o:n] *f* (*die Ausgabe*) edition

Edu·tain·ment <-s> [ɛdju'te:nmənt] *nt kein pl* edutainment

EDV <-> [e:de:'faʊ] *f* INFORM Abk von **elektronische Datenverarbeitung** EDP

EDV-ge·stützt [e:de:'faʊ-] *adj* EDP-assisted

EEG[1] <-s, -s> [e:ʔe:'ge:] *nt Abk von* **Elektroenzephalogramm** MED EEG

EEG[2] <-s> [e:ʔe:'ge:] *nt kein pl Abk von* **Erneuerbare-Energien-Gesetz** *Renewable Energy Sources Act*

Efeu <-s> ['e:fɔy] *m kein pl* ivy *no pl, no indef art*

Eff·eff <-> ['ɛf'?ɛf] *nt kein pl* **etw aus dem ~ beherrschen** to know sth backwards

Ef·fekt <-[e]s, -e> [ɛ'fɛkt] *m* ❶ (*Wirkung*) effect ❷ FILM ■ **~e** special effects

Ef·fek·ten [ɛ'fɛktn̩] *pl* securities *pl*

ef·fek·tiv [ɛfɛk'ti:f] **I.** *adj* ❶ (*wirksam*) effective ❷ *attr* (*tatsächlich*) actual *attr* **II.** *adv* ❶ (*wirksam*) effectively ❷ (*tatsächlich*) actually

Ef·fek·ti·vi·tät <-> [ɛfɛktivi'tɛ:t] *f kein pl* effectiveness *no pl*

ef·fekt·voll *adj* effective

ef·fi·zi·ent [ɛfi'tsi̯ɛnt] (*geh*) **I.** *adj* efficient **II.** *adv* efficiently

Ef·fi·zi·enz <-, -en> [ɛfi'tsi̯ɛnts] *f* (*geh*) efficiency

EG <-> [e:'ge:] *f* ❶ (*hist*) Abk von **Europäische Gemeinschaft** EC ❷ ÖKON Abk von **eingetragene Genossenschaft** registered cooperative society

egal [e'ga:l] (*fam*) **I.** *adj* ■ **jdm ~ sein** to be all the same to sb; **das ist mir ~** I don't mind; (*unhöflicher*) I couldn't care less ▶ **~, was/wie/wo/warum ...** no matter what/how/where/why ... **II.** *adv* ❶ DIAL (*gleich*) identically; **~ groß/lang** identical in size/length ❷ DIAL (*ständig*) constantly

Eg·ge <-, -n> ['ɛɡə] *f* harrow

Ego <-s, -s> ['e:go] *nt* (*pej*) ego *also pej*

Ego·is·mus <-, -ismen> [ego'ɪsmʊs] *m* ego[t]ism

Ego·ist(in) <-en, -en> [ego'ɪst] *m(f)* ego[t]ist

ego·is·tisch [ego'ɪstɪʃ] **I.** *adj* ego[t]istical **II.** *adv* ego[t]istically

Ego-Shooter <-s, -> ['e:goʃu:tɐ] *m* INFORM first-person shooter **Ego·trip** <-s, -s> ['e:gotrɪp] *m* **auf dem ~ sein** (*fam*) to be on an ego trip

Ego·zen·tri·ker(in) <-s, -> [ego'tsɛntrikɐ] *m(f)* (*geh*) egocentric

ego·zen·trisch [ego'tsɛntrɪʃ] *adj* (*geh*) egocentric

eh[1] ['e:] *interj* (*sl*) ❶ (*Anrede*) hey ❷ (*was?*) eh?

eh[2] [e:] **I.** *adv bes* ÖSTERR, SÜDD (*sowieso*) anyway ▶ **seit ~ und je** since time immemorial; **wie ~ und je** as always **II.** *konj s.* **ehe**

ehe ['e:ə] *konj* before; **~ das Wetter nicht besser wird ...** until the weather changes for the better ...

Ehe <-, -n> ['e:ə] *f* marriage

ehe·ähn·lich *adj* **in einer ~en Gemeinschaft leben** to cohabit **Ehe·bett** *nt* double bed **Ehe·bre·cher(in)** <-s, -> *m(f)* adulterer *masc*, adulteress *fem*

ehe·bre·che·risch *adj* adulterous

Ehe·bruch *m* adultery; **~ begehen** to commit adultery **Ehe·frau** *f* wife **Ehe·gat·te** *m* (*geh*) ❶ (*Ehemann*) spouse *form* ❷ *pl* (*Ehepartner*) **die ~n** the [married] partners **Ehe·gat·ten·split·ting** [-splɪtɪŋ, -ʃplɪtɪŋ] *nt* joint taxation for man and wife **Ehe·gat·tin** *f* (*geh*) spouse *form* **Ehe·krach** *m* (*fam*) marital row [*or* AM fight] **Ehe·le·ben** *nt kein pl* married life **Ehe·leu·te** *pl* (*geh*) married couple + *sing/pl vb*

ehe·lich ['e:əlɪç] **I.** *adj* marital; *Kind* legitimate **II.** *adv* legitimately

ehe·los *adv* unmarried

ehe·ma·lig ['e:əma:lɪç] *adj attr* former

ehe·mals ['e:əma:ls] *adv* (*geh*) formerly

Ehe·mann <-männer> *m* husband **Ehe-**

paar *nt* [married] couple + *sing/pl vb*
Ehe·part·ner(in) *m(f)* husband *masc*, wife *fem*, spouse *form*
eher ['eːɐ] *adv* ❶ (*früher*) sooner ❷ (*wahrscheinlicher*) more likely ❸ (*mehr*) more ❹ (*lieber*) rather; **soll ich ~ am Abend hingehen?** would it be better if I went in the evening?
Ehe·ring *m* wedding ring **Ehe·scheidung** *f* divorce **Ehe·schlie·ßung** *f* (*geh*) marriage ceremony
ehest ['eːəst] *adv* ÖSTERR (*baldigst*) as soon as possible
ehes·te(r, s) I. *adj attr* earliest II. *adv* ■ **am ~n** ❶ (*am wahrscheinlichsten*) [the] most likely ❷ (*zuerst*) the first
ehes·tens ['eːəstn̩s] *adv* ❶ (*frühestens*) at the earliest ❷ ÖSTERR (*baldigst*) *s.* **ehest**
Ehe·ver·mitt·lung *f kein pl* arrangement of marriages **Ehe·ver·spre·chen** *nt* promise of marriage **Ehe·ver·trag** *m* marriage contract
ehr·bar ['eːɐbaːɐ̯] *adj* respectable
Ehr·be·griff *m kein pl* sense of honour
Eh·re <-, -n> ['eːrə] *f* honour; **ihm zu ~n** in his honour; **eine große ~** a great honour; **jdm eine ~ sein** to be an honour for sb; **jdm die letzte ~ erweisen** (*geh*) to pay sb one's last respects; **sich** *dat* **die ~ geben, etw zu tun** (*geh*) to have the honour of doing sth; **etw in ~n halten** to cherish sth; **was verschafft mir die ~?** (*geh o iron*) to what do I owe the honour?; **jdm wird die ~ zuteil, etw zu tun** sb is given the honour of doing sth ▶ **auf ~ und Gewissen** on my/his etc. honour; **habe die ~!** ÖSTERR, SÜDD (*ich grüße Sie!*) [I'm] pleased to meet you!
eh·ren ['eːrən] *vt* to honour (**mit/durch** with); **dieser Besuch ehrt uns sehr** we are very much honoured by this visit
Eh·ren·amt *nt* honorary post **eh·ren·amt·lich** I. *adj* **~e Tätigkeiten** voluntary work II. *adv* on a voluntary basis **Eh·ren·bür·ger(in)** *m(f)* honorary citizen **Eh·ren·dok·tor, -dok·to·rin** *m*, *f* honorary doctor **Eh·ren·gast** *m* guest of honour
eh·ren·haft ['eːrənhaft] I. *adj* honourable II. *adv* honourably
Eh·ren·ko·dex *m* SOZIOL code of honour **Eh·ren·mal** *nt* [war] memorial **Eh·ren·mann** *m* man of honour **Eh·ren·mord** *m* JUR honour [*or* AM honor] killing **Eh·ren·platz** *m* place of honour **Eh·ren·ret·tung** *f* retrieval of one's honour; **zu jds ~** in sb's defence **Eh·ren·run·de** *f* ❶ SPORT lap of honour ❷ SCH (*fam: Wiederholung einer Klasse*) repeating a year **Eh·ren·sache** *f* matter of honour **Eh·ren·tag** *m* special day **Eh·ren·ur·kun·de** *f* certificate of honour
eh·ren·voll *adj* honourable
eh·ren·wert *adj s.* **ehrbar Eh·ren·wort** <-worte> *nt* word of honour
ehr·er·bie·tig (*geh*) I. *adj* deferential II. *adv* deferentially
Ehr·furcht *f kein pl* respect; (*fromme Scheu*) reverence; **vor jdm/etw ~ haben** to have [great] respect for sb/sth
ehr·fürch·tig ['eːɐfʏrçtɪç], **ehr·furchts·voll** I. *adj* reverent II. *adv* reverentially
Ehr·ge·fühl *nt kein pl* sense of honour
Ehr·geiz ['eːɐɡaɪ̯ts] *m kein pl* ambition
ehr·gei·zig ['eːɐɡaɪ̯tsɪç] *adj* ambitious
ehr·lich ['eːɐlɪç] I. *adj* honest; **~e Besorgnis/Zuneigung** genuine concern/affection; **es ~ mit jdm meinen** to have good intentions towards sb II. *adv* ❶ (*legal, vorschriftsmäßig*) **~ spielen** to play fair; **~ verdientes Geld** honestly earned money ❷ (*fam: wirklich*) honestly ▶ **~ gesagt ...** to be [quite] honest ...
Ehr·lich·keit *f kein pl* ❶ (*Aufrichtigkeit*) sincerity ❷ (*Zuverlässigkeit*) honesty
ehr·los I. *adj* dishonourable II. *adv* dishonourably
Ehr·lo·sig·keit <-> *f kein pl* dishonourableness
Eh·rung <-, -en> *f* honour
Ehr·wür·den <*bei Voranstellung* -[s] *o bei Nachstellung* -> ['eːɐvʏrdn̩] *m kein pl*, *ohne art* REL Reverend
ehr·wür·dig ['eːɐvʏrdɪç] *adj* venerable
Ei <-[e]s, -er> [aɪ̯] *nt* ❶ (*Vogel~, Schlangen~*) egg; **faules ~** rotten egg; **ein hartes/hart gekochtes ~** a hard-boiled egg; **ein weiches/weich gekochtes Ei** a soft-boiled egg; **aus dem ~ kriechen** to hatch [out]; **ein ~ legen** to lay an egg ❷ (*Eizelle*) ovum ❸ *pl* (*sl: Hoden*) balls *pl* ❹ *pl* (*sl: Geld*) ≈ quid *no pl* BRIT *fam*, ≈ bucks *pl* AM *fam* ▶ **jdn wie ein rohes ~ behandeln** to handle sb with kid gloves; **sich gleichen wie ein ~ dem anderen** to be as [a]like as two peas in a pod; **wie aus dem ~ gepellt** (*fam*) [to be] dressed up to the nines
Ei·be <-, -n> ['aɪ̯bə] *f* BOT yew [tree]
Ei·che <-, -n> ['aɪ̯çə] *f* (*a. Holz*) oak
Ei·chel <-, -n> ['aɪ̯çl̩] *f* ❶ BOT acorn ❷ ANAT glans
Ei·chel·hä·her ['aɪ̯çl̩hɛːɐ] *m* ORN jay
ei·chen ['aɪ̯çn̩] *vt* to gauge; *Instrument, Messgerät* to calibrate
Eich·hörn·chen ['aɪ̯çhœrnçən] *nt*, **Eich·kätz·chen** ['aɪ̯çkɛtsçən] *nt* DIAL squirrel

Eid <-[e]s, -e> ['ajt, pl 'ajdə] m oath; **an ~es statt erklären** to declare solemnly; **einen ~ ablegen** to swear an oath; **unter ~ [stehen]** [to be] under oath

eid·brü·chig adj oath-breaking; ■**~ werden** to break one's oath

Ei·dech·se ['ajdɛksə] f lizard

ei·des·statt·lich I. adj JUR in lieu of [an] oath; **~e Erklärung** affirmation in lieu of [an] oath II. adv JUR **etw ~ erklären** to declare sth under oath

Eid·ge·nos·se, -ge·nos·sin ['ajtgənɔsə, -gənɔsɪn] m, f Swiss [citizen]

Eid·ge·nos·sen·schaft f **Schweizerische ~** the Swiss Confederation

eid·ge·nös·sisch ['ajtgənœsɪʃ] adj Swiss

eid·lich ['ajtlɪç] I. adj [made] under oath II. adv under oath

Ei·dot·ter m o nt egg yolk

Ei·er·be·cher m egg cup **Ei·er·kuchen** m pancake **Ei·er·li·kör** m egg liqueur

ei·ern ['ajɐn] vi (fam) to wobble

Ei·er·scha·le f eggshell **Ei·er·stock** m ANAT ovary **Ei·er·tanz** m (fam) treading carefully fig; **[um etw akk] einen [regelrechten] ~ aufführen** to tread [very] carefully [in sth] **Ei·er·uhr** f egg timer

Ei·fer <-s> ['ajfɐ] m kein pl enthusiasm ▶**im ~ des Gefechts** (fam) in the heat of the moment

ei·fern ['ajfɐn] vi (geh: wettern) ■**gegen etw** akk ~ to rail against sth

Ei·fer·sucht ['ajfɐzʊxt] f kein pl jealousy; **aus ~** out of jealousy

ei·fer·süch·tig ['ajfɐzʏçtɪç] adj jealous

Ei·fer·suchts·sze·ne f **jdm eine ~ machen** to make a scene [in a fit of jealousy]

Eif·fel·turm ['ajfltʊrm] m kein pl ■**der ~** the Eiffel Tower

eif·rig ['ajfrɪç] I. adj keen; Leser, Sammler avid II. adv eagerly; **~ lernen/üben** to learn/practise assiduously

Ei·gelb <-s, -e o bei Zahlenangabe -> nt egg yolk

ei·gen ['ajgn̩] adj ❶ (jdm gehörig) own; **seine ~e Meinung/Wohnung haben** to have one's own opinion/flat; **etw sein E~ nennen** (geh) to own sth ❷ (separat) **mit ~em Eingang** with a separate entrance ❸ (typisch) **mit dem ihr ~en Optimismus ...** with her characteristic optimism ... ❹ (eigenartig) peculiar

Ei·gen·art ['ajgn̩ʔaːɐ̯t] f ❶ (besonderer Wesenszug) characteristic ❷ (Flair) individuality

ei·gen·ar·tig ['ajgn̩ʔaːɐ̯tɪç] I. adj strange II. adv strangely; **~ aussehen** to look strange

Ei·gen·be·darf m ❶ (der eigene Bedarf) **zum ~** for one's [own] personal use ❷ JUR **~ geltend machen** to declare that one needs a house for oneself

Ei·gen·bröt·ler(in) <-s, -> ['ajgn̩brø:tlɐ] m(f) loner

ei·gen·bröt·le·risch ['ajgn̩brø:tləriʃ] adj reclusive

Ei·gen·dy·na·mik f momentum of its/their own **ei·gen·hän·dig** ['ajgn̩hɛndɪç] I. adj personal; Brief handwritten; Testament holographic II. adv personally **Ei·gen·heim** nt home of one's own

Ei·gen·heit <-, -en> f s. **Eigenart**

Ei·gen·in·i·ti·a·ti·ve f **in ~** on one's own initiative **Ei·gen·ka·pi·tal** nt (einer Firma) equity capital **Ei·gen·lie·be** f self-love **ei·gen·mäch·tig** ['ajgn̩mɛçtɪç] I. adj high-handed II. adv high-handedly **Ei·gen·na·me** m LING proper noun **Ei·gen·nutz** <-es> m kein pl self-interest **ei·gen·nüt·zig** ['ajgn̩nʏtsɪç] I. adj selfish II. adv selfishly **Ei·gen·pro·duk·ti·on** f **aus ~** home-produced; (Obst, Gemüse) home-grown

ei·gens ['ajgn̩s] adv [e]specially

Ei·gen·schaft <-, -en> ['ajgn̩ʃaft] f ❶ (Charakteristik) quality ❷ (Funktion) capacity

Ei·gen·schafts·wort <-wörter> nt LING adjective **Ei·gen·sinn** m kein pl stubbornness, obstinacy; **aus ~** out of obstinacy

ei·gen·sin·nig ['ajgn̩zɪnɪç] I. adj stubborn II. adv stubbornly

ei·gen·stän·dig ['ajgn̩ʃtɛndɪç] I. adj independent II. adv independently

ei·gent·lich ['ajgn̩tlɪç] I. adj ❶ (wirklich) real; Wesen true ❷ (ursprünglich) original II. adv ❶ (normalerweise) really; **da hast du ~ Recht** you may be right there ❷ (wirklich) actually III. part (überhaupt) **was fällt dir ~ ein!** what [on earth] do you think you're doing!; **was wollen Sie ~ hier?** what do you [actually] want here?; **was ist ~ mit dir los?** what [on earth] is wrong with you?; **wie alt bist du ~?** [exactly] how old are you?

Ei·gen·tor nt own goal

Ei·gen·tum <-s> ['ajgn̩tuːm] nt kein pl property; **jds geistiges ~** sb's intellectual property

Ei·gen·tü·mer(in) <-s, -> ['ajgn̩tyːmɐ] m(f) owner

ei·gen·tüm·lich ['ajgn̩tyːmlɪç] I. adj ❶ (merkwürdig) strange ❷ (geh: typisch)

■ **jdm/einer S. gen** ~ characteristic of sb/sth II. *adv* strangely; ~ **aussehen** to look odd

Ei·gen·tüm·lich·keit <-, -en> *f* ❶ (*Besonderheit*) characteristic ❷ (*Eigenheit*) peculiarity

Ei·gen·tums·recht *nt* JUR property right, right of ownership **Ei·gen·tums·wohnung** *f* owner-occupied flat, condominium AM

ei·gen·ver·ant·wort·lich I. *adj* with sole responsibility *pred* II. *adv* on one's own authority

Ei·gen·ver·ant·wor·tung *f* personal responsibility

ei·gen·wil·lig ['aignvılıç] *adj* ❶ (*eigensinnig*) stubborn ❷ (*unkonventionell*) unconventional

eig·nen ['aignən] *vr* ■ **sich für etw** *akk* ~ to be suited to sth; ■ **etw eignet sich zu etw** *dat* sth can be used as sth

Eig·nung <-, -en> ['aignʊŋ] *f* suitability

Eig·nungs·prü·fung *f*, **Eig·nungs·test** *m* aptitude test

Eil·be·schluss^RR *m* JUR quick decision **Eil·bo·te, -bo·tin** *m, f* express messenger; **per ~ n** by express delivery **Eil·brief** *m* express letter

Ei·le <-> ['ailə] *f kein pl* haste; **etw hat** ~ sth is urgent; **in ~ sein** to be in a hurry; **in der ~** in the hurry; **nur keine ~!** there's no rush!

Ei·lei·ter <-s, -> *m* ANAT Fallopian tube

ei·len ['ailən] I. *vi* ❶ *sein* (*schnell gehen*) ■ **irgendwohin** ~ to hurry somewhere ❷ *haben* (*dringlich sein*) ■ **etw eilt** sth is urgent; **eilt!** urgent! II. *vi impers haben* ■ **es eilt** it's urgent

Eil·gut *nt kein pl* express freight *no pl*

ei·lig ['ailıç] I. *adj* ❶ (*schnell*) hurried ❷ (*dringend*) urgent; **es ~ haben** to be in a hurry II. *adv* quickly

Eil·tem·po *nt* **im ~** (*fam*) as quickly as possible **Eil·zug** *m* BAHN ≈ fast stopping train

Ei·mer <-s, -> ['aimɐ] *m* bucket ▶ **etw ist im ~** sth is bust [*or* AM kaput]

ei·mer·wei·se *adv* by the bucketful, in bucketfuls

ein¹ ['ain] *adv* (*eingeschaltet*) on; **E~/Aus** on/off

ein² ['ain], **ei·ne** ['ainə], **ein** ['ain] I. *adj* one; **mir fehlt noch ~ Cent** I need another cent ▶ **~ für alle Mal** once and for all; **jds E~ und Alles sein** to mean everything to sb; **~ und derselbe/dieselbe/dasselbe** one and the same II. *art indef* ❶ (*einzeln*) a/an; **~e Hitze ist das hier!** it's very hot [in] here!; **was für ~ Lärm!** what a noise! ❷ (*jeder*) a/an

Ein·ak·ter <-s, -> ['ain?aktɐ] *m* THEAT one-act play

ein·an·der [ai'nandə] *pron* each other; **die Aussagen widersprechen ~** [**nicht**] the statements are [not] mutually contradictory

ein|ar·bei·ten I. *vr* ■ **sich** [**in etw** *akk*] ~ to get used to [sth] II. *vt* ❶ (*praktisch vertraut machen*) ■ **jdn** [**in etw** *akk*] ~ to train sb [for sth] ❷ (*einfügen*) ■ **etw** [**in etw** *akk*] ~ to add sth in[to sth] ❸ ÖSTERR (*nachholen*) *Zeitverlust* to make up [for] sth

Ein·ar·bei·tungs·zeit *f* training period

ein·ar·mig ['ain?armıç] *adj* one-armed

ein|ä·schern ['ain?ɛʃɐn] *vt Leiche* to cremate

Ein·äsche·rung <-, -en> *f* cremation

ein|at·men *vt, vi* to breathe in *sep*

ein·äu·gig ['ain?ɔygıç] *adj* one-eyed

Ein·bahn·stra·ße *f* one-way street

ein|bal·sa·mie·ren* *vt Leiche* to embalm **Ein·band** <-s, -bände> ['ainbant, *pl* -bɛndə] *m* [book] cover

ein·bän·dig ['ainbɛndıç] *adj* VERLAG one-volume *attr*

Ein·bau <-bauten> *m* ❶ *kein pl* (*das Einbauen*) fitting *no pl*; *einer Batterie, eines Motors* installation *no pl* ❷ *meist pl* (*eingebautes Teil*) fitting *usu pl*

ein|bau·en *vt* ❶ (*installieren*) ■ **etw** [**in etw** *akk*] ~ to build sth in[to sth]; *Batterie, Motor* to install sth in[to sth]; ■ **eingebaut** built-in ❷ (*fam: einfügen*) ■ **etw** [**in etw** *akk*] ~ to incorporate sth [into sth]

Ein·bau·kü·che *f* fitted kitchen **Ein·bau·schrank** *m* fitted cupboard; (*im Schlafzimmer*) built-in wardrobe

ein|be·hal·ten* *vt irreg Abgaben, Steuern* to withhold

ein·bei·nig *adj* one-legged

ein|be·ru·fen* *vt irreg* ❶ (*zusammentreten lassen*) to convene ❷ MIL to conscript

Ein·be·ru·fung *f* ❶ (*das Einberufen*) convention ❷ MIL call-up papers *pl* BRIT, draft card AM

Ein·be·ru·fungs·be·fehl *m* MIL call-up papers BRIT *pl*, draft card AM

ein|bet·ten *vt* to embed (**in** in)

Ein·bett·zim·mer *nt* single room

ein|beu·len I. *vt* ■ [**jdm**] **etw** ~ to dent sth [of sb's]; **ein eingebeulter Hut** a battered hat II. *vr* ■ **sich** ~ to become dented

ein|be·zie·hen* *vt irreg* to include (**in** in)

ein|bie·gen *vi irreg sein* to turn (**in** into); **er bog** [**nach links**] **in eine Fußgänger-**

passage ein he turned [left] into a pedestrian precinct

ein|bil·den *vr* ❶ *(fälschlicherweise glauben)* ■ **sich** *dat* **etw ~** to imagine sth; ■ **sich** *dat* **~, dass ...** to think that ... ❷ *(stolz sein)* ■ **sich** *dat* **etwas auf etw** *akk* **~** to be proud of sth; **darauf brauchst du dir nichts einzubilden** that's nothing to write home about ▶ **was bildest du dir eigentlich ein?** *(fam)* what's got into your head?

Ein·bil·dung *f* ❶ *kein pl (Fantasie)* imagination ❷ *kein pl (Arroganz)* conceitedness

Ein·bil·dungs·kraft *f kein pl* [powers of] imagination

ein|bin·den *vt irreg* ❶ VERLAG ■ **etw ~** to bind sth (**in** in) ❷ *(einbeziehen)* ■ **jdm/ etw ~** to integrate sb/sth (**in** into)

ein|blen·den I. *vt* to insert; *Geräusche, Musik* to dub in II. *vr* TV, RADIO ■ **sich ~** *(sich einschalten)* to interrupt; *(sich dazuschalten)* to link up

Ein·blick *m* insight; **jdm ~ in etw** *akk* **gewähren** to allow sb to look at sth; *(fig)* to allow sb to gain an insight into sth; **~ in etw** *akk* **gewinnen** to gain an insight into sth; **~ in etw** *akk* **haben** to be able to see into sth; *(informiert sein)* to have an insight into sth

ein|bre·chen *irreg* I. *vi* ❶ *sein o haben (Einbruch verüben)* to break in ❷ *sein Dämmerung, Nacht* to fall ❸ *sein (nach unten durchbrechen)* to fall through ❹ *sein (einstürzen)* to cave in II. *vt haben* to break down *sep*

Ein·bre·cher(in) <-s, -> *m(f)* burglar

ein|brin·gen *irreg* I. *vt* ❶ *(eintragen)* to bring; **Zinsen ~** to earn interest ❷ *(einfließen lassen)* **Kapital in ein Unternehmen ~** to contribute capital to a company; **seine Erfahrung ~** to bring one's experience to bear in sth ❸ *Ernte* to bring in ❹ *(vorschlagen)* **einen Antrag ~** to table a motion II. *vr* ■ **sich ~** to contribute

ein|bro·cken *vt (fam)* ■ **jdm etw ~** to land sb in it

Ein·bruch ['aɪnbrʊx, *pl* aɪnbrʏçə] *m* ❶ JUR break-in ❷ *(das Eindringen)* penetration ❸ *Mauer* collapse ❹ *(plötzlicher Beginn)* onset; **bei ~ der Dunkelheit** [at] nightfall

ein|buch·ten ['aɪnbʊxtn̩] *vt (fam)* ■ **jdm ~** to lock [*or* BRIT *sl* bang] sb up

ein|bud·deln *vt (fam)* to bury; ■ **sich ~** to dig oneself in

ein|bür·gern ['aɪnbʏrɡɐn] I. *vt* ❶ ADMIN ■ **jdn ~** to naturalize sb ❷ *(heimisch werden)* ■ **eingebürgert werden** to become established II. *vr (übernommen werden)* ■ **sich ~** to become established

Ein·bür·ge·rung <-, -en> *f* ADMIN naturalization

Ein·bür·ge·rungs·an·trag *m* application for naturalization

Ein·bu·ße *f* loss; [**mit etw** *dat*] **~n erleiden** to suffer losses [on sth]

ein|bü·ßen I. *vt* to lose II. *vi* ■ **an etw** *dat* **~** to lose sth

ein|che·cken [-tʃɛkn̩] I. *vi* to check in; ■ **in etw** *dat* **~** to check into sth II. *vt* ■ **etw/ jdn ~** to check in sth/sb *sep*

ein|cre·men ['aɪnkreːmən] *vt* ■ **sich** *dat* **etw ~** to put cream on sth; ■ **sich** [**mit etw** *dat*] **~** to put cream on [oneself]

ein|däm·men *vt* to dam; **die Ausbreitung einer Krankheit ~** to check the spread of a disease

ein|de·cken I. *vr* ■ **sich** [**mit etw** *dat*] **~** to stock up [on sth] II. *vt (fam: überhäufen)* ■ **jdn mit etw** *dat* **~** to swamp sb with sth

ein·deu·tig ['aɪndɔʏtɪç] I. *adj* ❶ *(unmissverständlich)* unambiguous ❷ *(unzweifelhaft)* clear II. *adv* ❶ *(unmissverständlich)* unambiguously ❷ *(klar)* clearly

Ein·deu·tig·keit <-> *f kein pl* ❶ *(Unmissverständlichkeit)* unambiguity, unequivocalness ❷ *(Unzweifelhaftigkeit)* clarity; **die ~ der Beweise** the clarity of the proof

ein|deut·schen ['aɪndɔʏtʃn̩] *vt* to Germanize

ein|di·cken ['aɪndɪkn̩] I. *vt haben* KOCHK to thicken II. *vi sein* to thicken

ein·di·men·si·o·nal *adj* one-dimensional

ein|dö·sen *vi sein (fam)* to doze off

ein|drän·gen *vi sein* ❶ *(bedrängen)* ■ **auf jdn ~** to crowd around sb *fig* ❷ *(sich aufdrängen)* to crowd in on sb *fig*

ein|drin·gen *vi irreg sein* ❶ *(einbrechen)* ■ **in etw** *akk* **~** to force one's way into sth ❷ *(vordringen)* ■ **in etw** *akk* **~** to force one's way into sth; MIL to penetrate [into] sth ❸ *(hineindringen)* ■ **in etw** *akk* **~** to penetrate [into] sth ❹ *(bestürmen)* ■ **auf jdn ~** to besiege sb

ein·dring·lich I. *adj (nachdrücklich)* powerful II. *adv* strongly

Ein·dring·ling <-s, -e> ['aɪndrɪŋlɪŋ] *m* intruder

Ein·druck <-drücke> ['aɪndrʊk, *pl* -drʏkə] *m* ❶ *(Vorstellung)* impression; **den ~ erwecken, dass ...** to give the impression that ...; **einen ~ gewinnen** to gain an impression; **den ~ haben, dass ...** to have the impression that ...; **einen großen ~ auf jdn machen** to make a big impression eindrücken → einfließen 1248

on sb ❷ (selten: eingedrückte Spur) imprint
ein|drü·cken I. vt (nach innen drücken) to push in sep; Kotflügel to dent; Fenster to break II. vr (einen Abdruck hinterlassen) ■ sich in etw akk ~ to make an imprint in sth
ein·drück·lich ['aɪndrʏklɪç] adj SCHWEIZ (eindrucksvoll) impressive
ein·drucks·voll I. adj impressive II. adv impressively
ei·ne(r, s) ['aɪnə] pron indef ❶ (jemand) someone, somebody; ~s von den Kindern one of the children; die ~n sagen so und die anderen so one lot says one thing, the other lot says exactly the opposite ❷ (fam: man) one; und das soll noch ~r glauben? and I'm expected to swallow that? ❸ (ein Punkt) ■ ~s one thing; ~s muss klar sein let's make one thing clear; ~s sag ich dir I'll tell you one thing
ein|eb·nen vt to level
ein·ei·ig ['aɪnʔaɪɪç] adj BIOL identical
ein·ein·halb ['aɪnʔaɪn'halp] adj one and a half
ein|en·gen ['aɪnɛŋən] vt ❶ (beschränken) ■ jdn in etw dat ~ to restrict sb in sth ❷ (drücken) ■ jdn ~ to restrict sb's movement[s] ❸ (begrenzen) ■ etw ~ to restrict sth
ei·ner ['aɪnɐ] pron s. eine(r, s)
ei·ner·lei ['aɪnɐ'laɪ] adj präd (egal) das ist mir ganz ~ it's all the same to me
ei·ner·seits ['aɪnɐzaɪts] adv ~ ... andererseits ... on the one hand ..., on the other hand ...
Ein-Eu·ro-Job, 1-Euro-Job, Ein·eu·ro·job [aɪn'ʔɔʏro-] m (pej) one-euro job (offered as part of German working opportunities with additional cost compensation)
ein·fach ['aɪnfax] I. adj ❶ (leicht) easy, simple; es sich dat [mit etw dat] zu ~ machen to make it too easy for oneself [with sth] ❷ (gewöhnlich) simple; ein ~es Hemd a plain shirt ❸ (nur einmal gemacht) single; eine ~e Fahrkarte a one-way [or BRIT single] ticket II. adv (leicht) easily; es ist nicht ~ zu verstehen it's not easy to understand III. part ❶ (ohne weiteres) simply, just ❷ mit Verneinung (zur Verstärkung) simply, just; he, du kannst doch nicht ~ weggehen! hey, you can't just leave [like that]!
Ein·fach·heit <-> f kein pl ❶ (Unkompliziertheit) straightforwardness ❷ (Schlichtheit) plainness ▸ der ~ halber for the sake of simplicity

ein|fä·deln ['aɪnfɛːdln] I. vt ❶ (Faden) to thread; eine Nadel ~ to thread a needle ❷ (fam: anbahnen) to engineer fig II. vi SKI to become entangled in a gate III. vr ■ sich ~ to filter in
ein|fah·ren irreg I. vi sein (hineinfahren) auf einem Gleis ~ to arrive at a platform II. vt haben ❶ (kaputtfahren) to [drive into and] knock down sth sep ❷ Antenne, Objektiv to retract ❸ Gewinne to make ❹ Heu, Korn to bring in
Ein·fahrt f kein pl ❶ (das Einfahren) entry; eines Zuges arrival ❷ (Zufahrt) entrance; ~ freihalten! [please] keep [entrance] clear!
Ein·fall ['aɪnfal] m ❶ (Idee) idea ❷ MIL (das Eindringen) ■ ~ in etw akk invasion of sth ❸ (das Eindringen) incidence
ein|fal·len vi irreg sein ❶ (in den Sinn kommen) ■ etw fällt jdm ein sb thinks of sth; sich dat etw ~ lassen to think of sth; was fällt Ihnen ein! what do you think you're doing! ❷ (in Erinnerung kommen) ■ etw fällt jdm ein sb remembers sth ❸ (einstürzen) to collapse ❹ (eindringen) in ein Land ~ to invade a country ❺ (einsetzen) ■ [in etw akk] ~ Chor, Instrument to join in [sth]; (dazwischenreden) to interrupt [sth] ❻ (Wangen) to become hollow
ein·falls·los I. adj unimaginative II. adv unimaginatively **ein·falls·reich** I. adj imaginative II. adv imaginatively **Ein·falls·reich·tum** m kein pl imaginativeness
Ein·falt <-> ['aɪnfalt] f kein pl naivety
ein·fäl·tig ['aɪnfɛltɪç] I. adj naive II. adv naively
Ein·falts·pin·sel m (pej fam) simpleton
Ein·fa·mi·li·en·haus nt single family house
ein|fan·gen irreg I. vt ■ jdn/ein Tier [wieder] ~ to [re]capture sb/an animal II. vr (fam) ■ sich dat etw ~ to catch sth
ein·far·big adj in one colour
ein|fas·sen vt ■ etw ~ ❶ (umgeben) to border sth; Garten to enclose sth ❷ (umsäumen) to hem sth ❸ Diamant to set sth
ein|fet·ten vt to grease
ein|fin·den vr irreg (geh) ■ sich [irgendwo] ~ to arrive [somewhere]
ein|flie·gen irreg I. vt haben ❶ (mit Flugzeug, Hubschrauber) ■ jdn/etw ~ to fly sb/sth in; Munition/Nachschub ~ to airlift munitions/reinforcements ❷ (erwirtschaften) ■ etw ~ to make sth; einen Gewinn/Verlust ~ to make a profit/loss II. vi sein to fly in
ein|flie·ßen vi irreg sein ❶ (als Zuschuss gewährt werden) ■ [in etw akk] ~ to pour

in[to sth] ❷ (*anmerken*) ~ **lassen, dass ...** to let slip that ... ❸ METEO ■**in etw** *akk*~ to move into sth

ein|flö·ßen *vt* ❶ (*langsam eingeben*) ■**jdm etw ~** to give sb sth ❷ (*erwecken*) **jdm Angst/Vertrauen ~** to instil fear/confidence in sb

Ein·flug·schnei·se *f* approach path

Ein·fluss^RR <-es, Einflüsse> *m*, **Ein·fluß**^ALT <-sses, Einflüsse> *m* ❶ (*Einwirkung*) influence; **auf etw** *akk*/**jdn ~ haben** to have an influence on sth/sb; **unter jds ~ geraten** to fall under sb's influence; **unter dem ~ von jdm/etw stehen** to be under sb's influence [*or* the influence of sb/sth] ❷ (*Beziehungen*) influence; **seinen ~ geltend machen** to use one's influence

Ein·fluss·be·reich^RR *m* ❶ POL sphere of influence ❷ METEO **Frankreich liegt im ~ eines atlantischen Tiefs** an Atlantic depression is affecting the weather over France

ein·fluss·reich^RR *adj* influential

ein|for·dern *vt* (*geh*) ■**etw** [**von jdm**] **~** to demand payment of sth [from sb]; **von jdm ein Versprechen ~, etw zu tun** to keep sb to their promise to do sth

ein·för·mig ['ainfœrmɪç] I. *adj* monotonous; *Landschaft* uniform II. *adv* monotonously

ein|frie·den ['ainfri:dn̩] *vt* (*geh*) to enclose (**mit** with)

Ein·frie·dung <-, -en> *f* (*geh*) ❶ (*das Einfrieden*) enclosure, enclosing ❷ (*die Umzäunung*) means of enclosure

ein|frie·ren *irreg* I. *vi sein* ❶ (*zufrieren*) to freeze up ❷ (*von Eis eingeschlossen werden*) ■**in etw** *dat* **~** to freeze into sth II. *vt haben* ❶ (*konservieren*) to [deep-]freeze ❷ (*suspendieren*) to suspend; *Projekt* to shelve ❸ ÖKON to freeze

ein|fü·gen I. *vt* ■**etw** [**in etw** *akk*] **~** ❶ (*einpassen*) to fit sth in[to sth] ❷ (*einfließen lassen*) to add sth [to sth] II. *vr* ■**sich** [**in etw** *akk*] **~** ❶ (*sich anpassen*) to adapt [oneself] [to sth] ❷ (*hineinpassen*) to fit in [with sth]

ein|füh·len *vr* ■**sich in jdn ~** to empathize with sb; ■**sich in etw** *akk* **~** to get into the spirit of sth

ein·fühl·sam I. *adj* sensitive; *Worte* understanding; *Mensch* empathetic II. *adv* sensitively

Ein·füh·lungs·ver·mö·gen *nt* empathy

Ein·fuhr <-, -en> ['ainfu:ɐ̯] *f* importation

Ein·fuhr·be·stim·mun·gen *pl* import regulations *pl*

ein|füh·ren I. *vt* ❶ (*importieren*) to import ❷ (*bekannt machen*) ■**etw ~** to introduce sth; *Artikel, Firma* to establish ❸ (*vertraut machen*) ■**jdn ~** to introduce sb (**in** to) ❹ (*hineinschieben*) ■**etw ~** to insert sth (**in** into) II. *vi* ■**in etw** *akk* **~** to serve as an introduction into sth; **~de Worte** introductory words

Ein·füh·rung *f* introduction

Ein·füh·rungs·preis *m* introductory price

Ein·fuhr·zoll *m* import duty

Ein·ga·be <-, -en> *f* ❶ (*Petition*) petition (**an** to) ❷ *kein pl Arznei* administration ❸ *kein pl Daten, Informationen* entry

Ein·ga·be·da·ten *pl* INFORM input data *usu* + *sing vb* **Ein·ga·be·tas·te** *f* INFORM enter-key, return-key

Ein·gang <-gänge> ['aingaŋ, *pl* -gɛŋə] *m* ❶ (*Tür, Tor, Zugang*) entrance; *eines Waldes* opening; **„kein ~!"** "no entry!" ❷ *pl* (*eingetroffene Sendungen*) incoming mail ❸ *kein pl* (*Erhalt*) receipt; **beim ~** on receipt ❹ *kein pl* (*Beginn*) start

ein·gän·gig I. *adj* ❶ (*einprägsam*) catchy ❷ (*verständlich*) comprehensible II. *adv* clearly

ein·gangs ['aingaŋs] I. *adv* at the start II. *präp* at the start of

Ein·gangs·hal·le *f* entrance hall

ein|ge·ben *irreg vt* ❶ (*verabreichen*) ■**jdm etw ~** to give sb sth ❷ INFORM ■**etw ~** to input sth (**in** into) ❸ (*geh: inspirieren*) ■**jdm etw ~** to put sth into sb's head

ein·ge·bil·det *adj* ❶ (*pej: hochmütig*) conceited (**auf** about) ❷ (*imaginär*) imaginary

ein·ge·bo·ren ['aingəbo:rən] *adj* native

Ein·ge·bo·re·ne(r) *f(m)* native

Ein·ge·bung <-, -en> *f* (*Inspiration*) inspiration; **einer plötzlichen ~ folgend** acting on a sudden impulse

ein·ge·fah·ren *adj* well-worn

ein·ge·fal·len *adj* hollow; *Gesicht* gaunt

ein·ge·fleischt ['aingəflaiʃt] *adj attr* confirmed; **ein ~er Kommunist** a dyed-in-the-wool communist BRIT

ein|ge·hen *irreg* I. *vi sein* ❶ (*Aufnahme finden*) **in die Geschichte ~** to go down in history ❷ (*ankommen*) to be received [*or* arrive [somewhere]]; **soeben geht bei mir eine wichtige Meldung ein** I am just receiving an important report ❸ (*[ab]sterben*) to die (**an** of); *Laden* to go bust *fam* ❹ (*aufgenommen werden*) ■**jdm ~** to be grasped by sb; **ihm will es nicht ~** he can't grasp it; **es will mir einfach nicht ~, wieso** I just can't see why ❺ (*einlau-*

fen) to shrink ⓺(*sich beschäftigen mit*) ■ **auf etw** *akk*/**jdn ~** to deal with sth/to pay some attention to sb ⓻(*zustimmen*) ■ **auf etw** *akk* **~** to agree to sth; (*sich einlassen*) to accept sth II.*vt sein* ■ **etw ~** to enter into sth; **ein Risiko ~** to take a risk; **ich gehe jede Wette ein, dass er wieder zu spät kommt** I'll bet [you] anything that he'll arrive late again; **eine Ehe mit jdm ~** to be joined in marriage with sb

ein·ge·hend ['aɪngəːənt] I.*adj* detailed; *Prüfung* extensive; **~e Untersuchungen** comprehensive surveys II.*adv* in detail

Ein·ge·mach·te(s) *nt dekl wie adj* KOCHK preserved fruit ▶ **es geht ans ~** (*fam*) the crunch has come

ein·ge·schnappt *adj* (*fam*) ■ **~ sein** to be miffed

ein·ge·schrie·ben I.*adj* registered II.*adv* **~ schicken** to send as registered post [*or* AM mail]

ein·ge·spannt *adj präd* ■ [**sehr**] **~ sein** to be [very] busy

ein·ge·spielt *adj* working well together; **eine ~e Mannschaft** a team that plays well together; ■ **aufeinander ~ sein** to be used to one another

Ein·ge·ständ·nis ['aɪngəʃtɛntnɪs] *nt* admission

ein|ge·ste·hen* *irreg* I.*vt* ■ [**jdm**] **etw ~** to admit sth [to sb] II.*vr* ■ **sich** *dat* **~, dass ...** to admit to oneself that ...; **sich** *dat* **etw nicht ~ wollen** to be unable to accept sth; **sich** *dat* **nicht ~ wollen, dass ...** to refuse to accept that ...

ein·ge·stellt *adj* ⓵(*gesinnt*) **fortschrittlich/ökologisch ~** progressively/environmentally minded; ■ **jd ist gegen jdn ~** sb is set against sb ⓶(*vorbereitet*) ■ **auf etw** *akk* **~ sein** to be prepared for sth; **ich war nur auf drei Personen ~** I was only expecting three people

ein·ge·tra·gen *adj* Mitglied, Verein, Warenzeichen registered

Ein·ge·wei·de <-s, -> ['aɪngəvaɪdə] *nt meist pl* entrails *npl*

Ein·ge·weih·te(r) *f(m)* initiate

ein|ge·wöh·nen* *vr* ■ **sich ~** to settle in

Ein·ge·wöh·nung *f* settling in

ein|gie·ßen *irreg* ■ [**jdm**] **etw ~** to pour [sb] sth (**in** into)

ein·glei·sig ['aɪnglaɪzɪç] *adj* single-track

ein|glie·dern I.*vt* ⓵(*integrieren*) ■ **jdn~** to integrate sb (**in** into) ⓶ADMIN, POL (*einbeziehen*) ■ **etw ~** to incorporate sth (**in** into) II.*vr* ■ **sich ~** to integrate oneself (**in** into)

Ein·glie·de·rung *f* ⓵(*Integration*) integration ⓶ADMIN, POL incorporation

ein|gra·ben *irreg* I.*vt* ■ **etw ~** to bury sth II.*vr* ⓵(*sich verschanzen*) ■ **sich ~** to dig [oneself] in ⓶(*sich einprägen*) **sich in jds Gedächtnis ~** to engrave itself on sb's memory ⓷(*eindringen*) ■ **sich in etw** *akk* **~** to dig into sth

ein|gra·vie·ren* ['aɪngravi:rn̩] *vt* to engrave (**in** on)

ein|grei·fen *vi irreg* ⓵(*einschreiten*) to intervene (**in** in) ⓶TECH (*sich hineinschieben*) ■ **in etw** *akk* **~** to mesh with sth

Ein·greif·trup·pe *f* intervention force

ein|gren·zen *vt* ■ **etw ~** to limit sth (**auf** to)

Ein·griff *m* ⓵(*Einschreiten*) intervention (**in** in) ⓶MED operation

ein|ha·ken I.*vt* ■ **etw** [**in etw** *akk*] **~** to hook sth in[to sth] II.*vi* (*fam*) ■ [**bei etw** *dat*] **~** to butt in [on sth] III.*vr* ■ **sich** [**bei jdm**] **~** to link arms [with sb]

Ein·halt ['aɪnhalt] *m kein pl* **jdm/einer S.** *dat* **~ gebieten** (*geh*) to put a stop to sb/sth

ein|hal·ten *irreg* I.*vt* ■ **etw ~** to keep to sth; **eine Diät/einen Vertrag ~** to keep to a diet/treaty; **die Spielregeln/Vorschriften ~** to obey the rules; **Verpflichtungen ~** to meet commitments II.*vi* (*geh*) ■ [**mit etw** *dat*] **~** to stop [doing sth]

Ein·hal·tung <-, -en> *f* keeping; *von Spielregeln, Vorschriften* obeying; **die ~ von Verpflichtungen** meeting commitments

ein|han·deln I.*vt* ■ **etw gegen etw** *akk* **~** to barter sth for sth II.*vr* (*fam*) **sich eine Krankheit ~** to catch a disease

ein·hän·dig ['aɪnhɛndɪç] I.*adj* one-handed II.*adv* with one hand

ein|hän·gen I.*vt* ⓵(*einsetzen*) ■ **etw ~** to hang sth; *Fenster* to fit ⓶ *Hörer* to hang up II.*vr* ■ **sich** [**bei jdm**] **~** to link arms [with sb]

ein|hef·ten *vt* ■ **etw ~** ⓵(*einordnen*) to file sth ⓶(*einnähen*) to tack in sth *sep*

ein·hei·misch ['aɪnhaɪmɪʃ] *adj* ⓵(*ortsansässig*) local ⓶BOT, ZOOL indigenous

Ein·hei·mi·sche(r) *f(m)* (*Ortsansässige*[*r*]) local; (*Inländer*) native [citizen]

ein|hei·ra·ten *vi* ■ **in etw** *akk* **~** to marry into sth

Ein·heit <-, -en> ['aɪnhaɪt] *f* unity

ein·heit·lich ['aɪnhaɪtlɪç] I.*adj* ⓵(*gleich*) uniform ⓶(*in sich geschlossen*) integrated; *Front* united II.*adv* **~ gekleidet** dressed the same; **~ handeln** to act in a similar way

Ein·heit·lich·keit <-> *f kein pl* ① (*Gleichheit*) uniformity ② (*Geschlossenheit*) unity; *von Design, Gestaltung* standardization, homogeneity; **~ der Erfindung** FIN unity of invention

Ein·heits·preis *m* standard price **Ein·heits·wäh·rung** *f* single currency; **die Europäische ~** the single European currency

ein|hei·zen *vi* ① (*gründlich heizen*) to turn the heater on ② (*fam: die Meinung sagen*) ▪**jdm ~** to haul [*or* AM rake] sb over the coals

ein·hel·lig [ˈainhɛlɪç] I. *adj* unanimous II. *adv* unanimously

ein|ho·len I. *vt* ① (*einziehen*) to pull in *sep; Fahne, Segel* to lower ② *Genehmigung* to ask for ③ (*erreichen, nachholen*) ▪**jdn/etw ~** to catch up with sb/sth ④ (*wettmachen*) ▪**etw ~** to make up for II. *vt, vi* DIAL (*einkaufen*) to go shopping

Ein·horn [ˈainhɔrn] *nt* unicorn

ein|hül·len *vt* (*geh*) ▪**jdn/etw ~** to wrap [up] sb/sth (**in** in)

ein·hun·dert [ain'hʊndɐt] *adj* (*geh*) one hundred

ei·nig [ˈainɪç] *adj* ① (*geeint*) united ② *präd* (*einer Meinung*) ▪**sich** *dat* [**über etw** *akk*] **~ sein** to be in agreement [on sth]; ▪**sich** *dat* [**darüber**] **~ sein, dass ...** to be in agreement that ...

ei·ni·ge(r, s) [ˈainɪɡə] *pron indef* ① *sing, adjektivisch* (*ziemlich*) some; **aus ~ r Entfernung** [from] some distance away; **nach ~ r Zeit** after some time; **das wird ~ s Geld kosten** that will cost quite a bit of money; (*etwas*) a little ② *sing, substantivisch* (*viel*) ▪**~ s** quite a lot; **ich könnte dir ~ s über ihn erzählen** I could tell you a thing or two about him; **das wird aber ~ s kosten!** that will cost a pretty penny! ③ *pl, adjektivisch* (*mehrere*) several; **mit Ausnahme ~ r weniger** with a few exceptions; **an ~ n Stellen** in some places; **vor ~ n Tagen** a few days ago ④ *pl, substantivisch* (*Menschen*) some; **~ von euch** some of you; (*Dinge*) some; **~ wenige** a few

ei·ni·gen [ˈainɪɡn̩] I. *vt* (*einen*) to unite II. *vr* (*sich einig werden*) ▪**sich ~** to agree (**auf** on)

ei·ni·ger·ma·ßen [ˈainɪɡɐˈmaːsn̩] *adv* ① (*ziemlich*) fairly ② (*leidlich*) all right

Ei·nig·keit <-> [ˈainɪçkait] *f kein pl* ① (*Eintracht*) unity ② (*Übereinstimmung*) agreement; **es herrscht ~ darüber, dass ...** there is agreement that ...

Ei·ni·gung <-, -en> *f* ① POL unification ② (*Übereinstimmung*) agreement (**über** on)

ein|imp·fen *vt* ▪**jdm etw ~** to drum sth into sb

ein|ja·gen *vt* **jdm Angst/Furcht/Schrecken ~** to scare/frighten/terrify sb

ein·jäh·rig, 1-jäh·rig^{RR} [ˈainjɛːrɪç] *adj* ① (*Alter*) one-year-old *attr,* one year old *pred; s. a.* **achtjährig 1** ② BOT annual ③ (*Zeitspanne*) one-year *attr,* [of] one year *pred; s. a.* **achtjährig 2**

ein|kal·ku·lie·ren* *vt* ▪**etw** [**mit**] **~** to take sth into account

ein|kas·sie·ren* *vt* ▪**etw ~** ① (*kassieren*) to collect sth ② (*fam: wegnehmen*) to confiscate sth

Ein·kauf *m* ① (*das Einkaufen*) shopping (**von** of); **Einkäufe machen** to do one's shopping ② (*eingekaufter Artikel*) purchase

ein|kau·fen I. *vt* (*käuflich erwerben*) to buy II. *vi* to shop; **~ gehen** to go shopping III. *vr* (*einen Anteil erwerben*) ▪**sich in etw** *akk* **~** to buy [one's way] into sth

Ein·käu·fer(in) *m(f)* buyer

Ein·kaufs·bum·mel *m* shopping trip **Ein·kaufs·pa·last** *m* (*iron*) retail palace **Ein·kaufs·pas·sa·ge** [-pasaˈʒə] *f* shopping arcade BRIT **Ein·kaufs·preis** *m* purchase price **Ein·kaufs·ta·sche** *f* shopping bag **Ein·kaufs·wa·gen** *m* [shopping] trolley [*or* AM cart] **Ein·kaufs·zei·le** *f* row of shops [*or* AM stores]; (*Haupteinkaufsstraße*) high [*or* AM main] street **Ein·kaufs·zen·trum** *nt* [out-of-town] shopping centre **Ein·kaufs·zet·tel** *m* shopping list

ein|keh·ren *vi sein* ① (*veraltend: besuchen*) ▪**[in etw** *dat*] **~** to stop off [at sth] ② (*geh: kommen*) to set in; **der Herbst kehrt [wieder] ein** autumn is setting in [again]

ein|ker·ben *vt* ▪**etw** [**in etw** *akk*] **~** to cut sth in [to sth]

ein|kes·seln [ˈainkɛsl̩n] *vt* MIL ▪**jd kesselt jdn/etw ein** sb surrounds [*or* encircles] sb/sth

ein|kla·gen *vt* JUR ▪**etw ~** to sue for sth

ein|klam·mern *vt* ▪**etw ~** to put sth in brackets

Ein·klang *m* (*geh*) harmony; **in ~ mit etw** *dat* **stehen** to be in accord with sth

ein|kle·ben *vt* ▪**etw ~** to stick sth in

ein|klei·den *vt* ▪**sich [neu] ~** to fit out oneself with a [new] set of clothes

ein|klem·men *vt* ① (*quetschen*) catch,

trap; **die Fahrerin war hinter dem Steuer eingeklemmt** the driver was pinned behind the [steering] wheel ❷(*festdrücken*) ■*etw* ~ to clamp sth

ein|ko·chen KOCHK **I.** *vt haben* to preserve **II.** *vi sein* to thicken

Ein·kom·men <-s, -> *nt* income *no pl*

ein·kom·mens·schwach *adj* low-income *attr* **ein·kom·mens·stark** *adj* high-income *attr*

Ein·kom·men·steu·er *f* income tax

ein|krei·sen *vt* ❶(*einkringeln*) to circle ❷(*umschließen*) ■*jdn/ein Tier* ~ to surround sb/an animal

ein|krie·gen *vr* (*fam*) **sich nicht [mehr]** ~ to not contain oneself [any more]; **sich wieder** ~ to get a grip on oneself

Ein·künf·te ['aɪnkʏnftə] *pl* income *no pl*

ein|kup·peln *vi* to engage the clutch

ein|la·den ['aɪnlaːdn̩] *irreg vt* ❶(*Gäste*) to invite (**zu** to); **darf ich Sie zu einem Wein** ~**?** can I get you a glass of wine? ❷(*Gegenstände*) to load (**in** in[to])

ein·la·dend I. *adj* ❶(*auffordernd*) inviting *attr* ❷(*appetitlich*) appetizing **II.** *adv* invitingly

Ein·la·dung *f* invitation

Ein·la·ge <-, -n> *f* ❶(*eingezahltes Geld*) deposit ❷FIN investment ❸(*Schuh~*) insole ❹THEAT interlude ❺(*Beilage*) enclosure; (*in Zeitung*) supplement ❻(*provisorische Zahnfüllung*) temporary filling

ein|la·gern *vt* to store

Ein·lass^RR <-es, Einlässe> *m*, **Ein·laß**^ALT <-sses, Einlässe> ['aɪnlas, *pl* 'aɪnlɛsə] *m* admission; **sich** *dat* ~ **[in etw** *akk*] **verschaffen** to gain admission [to sth]; (*mit Gewalt*) to force one's way in[to sth]

ein|las·sen *irreg* **I.** *vt* ❶(*eintreten lassen*) ■*jdn* ~ to let sb in ❷(*einlaufen lassen*) **jdm ein Bad** ~ to run sb a bath ❸(*einfügen*) ■*etw* ~ to set sth (**in** in) **II.** *vr* ❶(*auf etw eingehen*) ■**sich auf etw** *akk* ~ to get involved in sth; *Abenteuer* to embark on sth; *Kompromiss* to accept sth ❷(*bes pej: Kontakt aufnehmen*) ■**sich mit jdm** ~ to get involved with sb

Ein·lauf *m* ❶MED enema ❷*kein pl* SPORT finish

ein|lau·fen *irreg* **I.** *vi sein* ❶(*schrumpfen*) to shrink ❷(*Badewasser*) to run ❸SPORT **in die Zielgerade** ~ to enter the finishing straight; **als Erster** ~ to come in first ❹(*einfahren*) ■[**in etw** *akk*] ~ to arrive; **das Schiff läuft in den Hafen ein** the ship is sailing into harbour **II.** *vt haben* **Schuhe** ~ to wear shoes in

ein|le·ben *vr* ■**sich** ~ to settle in

ein|le·gen *vt* ❶(*hineintun*) ■**etw [in etw** *akk*] ~ to put sth in [sth]; **eine CD** ~ to put on a CD ❷AUTO **den zweiten Gang** ~ to change into second [gear] ❸KOCHK ■*etw* [**in etw** *dat o akk*] ~ to pickle sth [in sth] ❹(*zwischendurch machen*) **eine Pause** ~ to take a break ❺(*einreichen*) **ein Veto** ~ to exercise a veto; **einen Protest** ~ to lodge a protest; **Berufung** ~ JUR to [lodge an] appeal ❻*Geld* to deposit ❼(*intarsieren*) to inlay

Ein·le·ge·soh·le *f* inner sole, insole

ein|lei·ten *vt* ❶(*in die Wege leiten*) **Schritte [gegen jdn]** ~ to take steps [against sb]; JUR **einen Prozess** ~ to start proceedings ❷MED to induce ❸(*eröffnen*) ■*etw* ~ to open [*or* commence] sth ❹(*hineinfließen lassen*) ■*etw* **in etw** *akk* ~ to empty sth into sth

ein·lei·tend I. *adj* introductory **II.** *adv* as an introduction

Ein·lei·tung *f* (*a. Vorwort*) introduction; *eines Verfahrens* institution; *einer Untersuchung* opening

---

einladen

einladen	inviting
Besuch mich doch, ich würde mich sehr freuen.	Do come and visit (me), I'd be delighted.
Nächsten Samstag lasse ich eine Party steigen. Kommst du auch? *(fam)*	I'm having a party next Saturday. Will you come?
Darf ich Sie zu einem Arbeitsessen einladen?	May I take you out for a working lunch/dinner?
Ich würde Sie gern zum Abendessen zu mir nach Hause einladen.	I'd like to invite you round (to my place) for dinner.
Ich würde Sie gern zum Abendessen in ein Restaurant einladen.	I'd like to invite you out (to a restaurant) for dinner.

ein|len·ken vi ❶ (nachgeben) to give way (**in** in), to make concessions (**in** in) ❷ (einbiegen) Straße to turn (**in** into)

ein|leuch·ten vi ■ [**jdm**] ~ to make sense [to sb]; **das leuchtet mir ein** I can see that

ein·leuch·tend I. adj evident; Argument convincing; Erklärung plausible II. adv clearly

ein|lie·fern vt ❶ (stationär aufnehmen lassen) ■ **jdn** ~ to admit sb ❷ (aufgeben) ■ **etw** ~ to hand sth in

Ein·lie·fe·rung f ❶ MED admission ❷ Brief, Paket handing-in

ein|lo·chen vt ❶ (fam: inhaftieren) ■ **jdn** ~ to lock sb up ❷ (Golf) to hole [out] BRIT

ein|log·gen ['a̱ınlɔgn̩] vi ■ [**sich**] ~ to log in

ein|lö·sen vt ❶ Scheck to honour [or AM cash] ❷ Pfand to redeem (**bei** from) ❸ Versprechen to honour

ein|lul·len ['a̱ınlʊlən] vt ■ **jdn** ~ ❶ (schläfrig machen) to lull sb to sleep ❷ (willfährig machen) to lull sb into a false sense of security

ein|ma·chen I. vt to preserve; **etw in Essig** ~ to pickle sth II. vi to preserve [sth]

Ein·mach·glas nt [preserving] jar

ein·mal¹, 1-mal^{RR} ['a̱ınma:l] adv ❶ (ein Mal) once ❷ (ein einziges Mal) once; ~ **am Tag/in der Woche/im Monat** once a day/week/month; **auf** ~ all of a sudden; (an einem Stück) all at once; ~ **mehr** once again; **wieder** ~ [once] again ❸ (mal) first; ~ **sagst du dies und dann wieder das** first you say one thing and then another ❹ (früher) once; **es war** ~ once upon a time; **das war** ~**!** that's over! ❺ (später) sometime; **ich will** ~ **Pilot werden** I want to be a pilot [some day] ▶ ~ **ist** keinmal (prov) just once doesn't count

ein·mal² ['a̱ınma:l] part ❶ (eben) **so liegen die Dinge nun** ~ that's the way things are; **alle** ~ **herhören!** listen, everyone!; **sag** ~**, ist das wahr?** tell me, is it true? ❷ (einschränkend) **nicht** ~ not even; **er hat sich nicht** ~ **bedankt** he didn't even say thank you

Ein·mal·eins <-> [a̱ınma:l'ʔa̱ıns] nt kein pl ■ **das** ~ [multiplication] tables pl **Ein·mal·hand·tuch** nt disposable towel

ein·ma·lig ['a̱ınma:lɪç] I. adj ❶ (nicht wiederkehrend) unique ❷ (fam: ausgezeichnet) outstanding II. adv (besonders) really; ~ **gut** exceptional

Ein·mal·sprit·ze f disposable syringe

Ein·mann·be·trieb m ❶ (Einzelunternehmen) one-man business ❷ TRANSP one-man operation

Ein·marsch m ❶ (das Einmarschieren) invasion (**in** of) ❷ (Einzug) entrance (**into** into)

ein|mar·schie·ren* vi sein ■ **in etw** akk ~ ❶ (in etw marschieren) to invade sth ❷ (einziehen) to march into sth

ein|mi·schen vr ■ **sich** ~ to interfere (**bei/in** in)

Ein·mi·schung f interference

ein·mo·to·rig adj Flugzeug single-engined

ein|mot·ten ['a̱ınmɔtn̩] vt ■ **etw** ~ to mothball sth ❷ (einlagern) ■ **etw** ~ to put sth in mothballs

ein|mün·den vi sein ■ **in etw** akk ~ ❶ (auf etw führen) to lead into sth ❷ (in etw münden) to flow into sth

Ein·mün·dung f eines Flusses confluence

ein·mü·tig ['a̱ınmy:tɪç] I. adj unanimous II. adv unanimously

Ein·nah·me <-, -n> ['a̱ınna:mə] f ❶ FIN earnings; **bei einem Geschäft** takings npl BRIT ❷ kein pl Arzneimittel, Mahlzeiten taking ❸ (Eroberung) capture

Ein·nah·me·quel·le f source of income

ein|neh·men vt irreg ❶ Geld to take; Steuern to collect ❷ (zu sich nehmen) to take; Mahlzeit to have ❸ (geh) Platz to take ❹ Standpunkt to hold ❺ SPORT to hold ❻ (erobern) to take ❼ (beeinflussen) **jdn für sich** ~ to win favour with sb; **jdn gegen sich/jdn/etw** ~ to turn sb against oneself/sb/sth ❽ Raum to take up

ein·neh·mend ['a̱ınne:mənt] adj engaging; ■ **etwas E~es** something charming

ein|ni·cken vi sein (fam) to doze off

ein|nis·ten vr ❶ (sich niederlassen) ■ **sich bei jdm** ~ to ensconce oneself [with sb] ❷ Ungeziefer ■ **sich** ~ to nest

Ein·ö·de ['a̱ın?ø:də] f wasteland

ein|ö·len vt ■ **etw** ~ to oil [or lubricate] sth

ein|ord·nen I. vt ❶ (einsortieren) ■ **etw** ~ to organize sth ❷ (klassifizieren) ■ **jdn/etw** ~ to classify sb/sth II. vr ❶ (sich einfügen) ■ **sich** ~ to integrate (**in** into) ❷ (Fahrspur wechseln) ■ **sich links/rechts** ~ to get into the left-/right-hand lane

ein|pa·cken I. vt ❶ (verpacken) ■ **etw** ~ to wrap sth; (um zu verschicken) to pack sth ❷ (einstecken) ■ [**jdm**] **etw** ~ to pack sth [for sb] ❸ (fam: einmummeln) ■ **jdn** ~ to wrap sb up II. vi (Koffer etc. füllen) to pack [one's things] [up] ▶ ~ **können** (fam) to pack up and go home

ein|par·ken vi, vt to park

Ein·park·hil·fe f parking sensor system

ein|pas·sen I. vt ■ **etw** ~ to fit sth (**in** into) II. vr ■ **sich** ~ to integrate (**in** into)

ein|pen·deln *vr* ■sich ~ *Währung, Preise* to level off

ein|pen·nen *vi sein* (*fam*) to drop [*or* doze] off

Ein·per·so·nen·haus·halt *m* (*geh*) one-person household

ein|pfer·chen *vt* to cram in; *Tiere* to pen (**in** in)

ein|pflan·zen *vt* ❶ (*Pflanze*) to plant (**in** in) ❷ MED ■[jdm] etw ~ to implant sth [in sb]

ein|pla·nen *vt* to plan; ■etw [mit] ~ to take sth into consideration

ein|prä·gen I. *vr* ❶ (*sich etw einschärfen*) ■sich *dat* etw ~ to fix sth in one's memory ❷ (*im Gedächtnis haften*) ■sich jdm ~ *Bilder, Eindrücke, Worte* to be imprinted on sb's memory II. *vt* ■jdm etw ~ to drum sth into sb's head

ein·präg·sam ['ainprɛːkzaːm] *adj* easy to remember *pred*; *Melodie* catchy

ein|prü·geln I. *vt* (*fam*) ■jdm etw ~ to knock sth into sb II. *vi* (*fam: immer wieder prügeln*) ■auf jdn ~ to beat up sb *sep*

ein|quar·tie·ren* ['ainkvartiːrən] I. *vt* ❶ (*unterbringen*) ■jdn ~ to put sb up ❷ MIL ■jdn irgendwo ~ to billet sb somewhere II. *vr* ■sich bei jdm ~ to move in with sb

ein|rah·men *vt* to frame

ein|ras·ten *vi sein* to click home

ein|räu·men *vt* ❶ (*in etw räumen*) to put sth away (**in** in); **Bücher ins Regal ~** to put books on the shelf ❷ (*mit Möbeln füllen*) *Zimmer* to arrange ❸ (*zugestehen*) ■[jdm gegenüber] etw ~ to concede sth [to sb] ❹ (*gewähren*) ■jdm etw ~ *Frist, Kredit* to give sb sth

ein|rech·nen *vt* ❶ (*mit einbeziehen*) ■jdn [mit] ~ to include sb; ■etw [mit] ~ to allow for sth ❷ (*als inklusiv rechnen*) ■etw [mit] ~ to include sth

ein|re·den I. *vt* ■jdm etw ~ to talk sb into thinking sth II. *vi* (*bedrängen*) ■auf jdn ~ to keep on at sb *fam* III. *vr* ■sich *dat* etw ~ to talk oneself into thinking sth

ein|rei·ben *vt irreg* jdn mit Sonnenöl ~ to put suntan oil on sb; **sich mit Salbe ~** to rub cream in[to oneself]

ein|rei·chen *vt a.* JUR ■etw [bei jdm] ~ to submit sth [to sb]; **etw schriftlich ~** to submit sth in writing; **seine Kündigung ~** to hand in one's resignation

ein|rei·hen I. *vt* (*zuordnen*) ■jdn/etw unter etw *akk* ~ to classify sb/sth under sth II. *vr* (*sich einfügen*) ■sich in etw *akk* ~ to join sth

Ein·rei·se *f* entry [into a country]

Ein·rei·se·ge·neh·mi·gung *f* entry permit

ein|rei·sen *vi sein* (*geh*) to enter; **in ein Land ~** to enter a country

Ein·rei·se·ver·bot *nt* refusal of entry **Ein·rei·se·vi·sum** *nt* [entry] visa

ein|rei·ßen *irreg* I. *vi sein* ❶ (*einen Riss bekommen*) to tear; *Haut* to crack ❷ (*fam: zur Gewohnheit werden*) to become a habit; **etw ~ lassen** to let sth become a habit II. *vt haben* ❶ (*niederreißen*) to tear down *sep* ❷ (*mit Riss versehen*) to tear

ein|ren·ken ['ainrɛŋkn̩] I. *vt* ❶ MED ■[jdm] etw ~ to set sth [for sb] ❷ (*fam: bereinigen*) ■etw [wieder] ~ to straighten sth out [again] II. *vr* (*fam: ins Lot kommen*) ■sich wieder ~ to sort itself out

ein|ren·nen *irreg* I. *vr* (*fam: sich anstoßen*) ■sich *dat* **den Kopf an der Wand ~** to bang one's head against the wall II. *vt* (*fam: einstoßen*) ■etw ~ to break down sth *sep*

ein|rich·ten I. *vt* ❶ (*möblieren*) to furnish; *Praxis* to fit out ❷ (*gründen*) to set up *sep*; **einen Lehrstuhl ~** to establish a chair ❸ *Konto* to open ❹ (*arrangieren*) ■es ~, dass ... arrange it so that ...; **es lässt sich ~** that can be arranged ❺ MED **einen gebrochenen Arm ~** to set a broken arm ❻ (*vorbereitet sein*) ■auf etw *akk* **eingerichtet sein** to be prepared for sth II. *vr* ❶ (*sich möblieren*) **ich richte mich weiß ein** I'm furnishing my flat in white; **ich richte mich völlig neu ein** I'm completely refurnishing my home ❷ (*sich einbauen*) ■sich *dat* etw ~ to install sth ❸ (*sich der Lage anpassen*) ■sich ~ to adapt [to a situation] ❹ (*sich einstellen*) ■sich auf etw *akk* ~ to be prepared for sth

Ein·rich·tung <-, -en> *f* ❶ (*Wohnungs~*) [fittings and] furnishings *npl*; (*Ausstattung*) fittings *npl* ❷ (*das Möblieren*) furnishing; (*das Ausstatten*) fitting-out ❸ (*das Installieren*) installation ❹ (*Eröffnung*) opening; *eines Lehrstuhles* establishment ❺ FIN opening ❻ TRANSP establishment ❼ (*Institution*) organization

Ein·rich·tungs·ge·gen·stand *m einer Wohnung* furnishings *npl*, fittings *npl*; *eines Labors, einer Apotheke, Praxis* piece of equipment

ein|rol·len I. *vr haben* ■sich ~ to curl up II. *vi sein* (*einfahren*) to pull in

ein|ros·ten *vi sein* ❶ (*rostig werden*) to rust; ■eingerostet rusty ❷ (*ungelenkig werden*) to get stiff; ■eingerostet stiff

ein|rü·cken I. *vi sein* ❶ MIL ■[in etw

akk] ~ **to march** [into sth]; ▪**etw ~ lassen** *Truppen* to send sth ❷ MIL (*eingezogen werden*) ▪[**zu etw** *dat*] ~ to join up [to sth] II. *vt* **haben** to indent

eins ['aɪns] I. *adj* one; *s. a.* **acht**¹ ▶ ~ **A** (*fam*) first class; **es kommt ~ zum anderen** it's [just] one thing after another II. *adj präd* ❶ (*eine Ganzheit*) [all] one ❷ (*egal*) ▪**etw ist jdm ~** sth is all one to sb ❸ (*einig*) ▪~ **mit jdm/sich/etw** *dat* **sein** to be [at] one with sb/oneself/sth ▶ **das ist alles ~** (*fam*) it's all the same [thing]

Eins <-, -en> ['aɪns] *f* one

ein·sam ['aɪnza:m] I. *adj* ❶ (*verlassen*) lonely, lonesome AM ❷ (*vereinzelt*) solitary ❸ (*abgelegen*) isolated ❹ (*menschenleer*) deserted; **eine ~e Insel** a desert island ❺ (*fam: absolut*) absolute; **es war ~e Spitze!** it was absolutely fantastic! II. *adv* (*abgelegen*) ~ **leben** to live a solitary life; ~ **liegen** to be situated in a remote place

Ein·sam·keit <-, *selten* -en> *f* ❶ (*Verlassenheit*) loneliness ❷ (*Abgeschiedenheit*) remoteness

ein|sam·meln *vt* ▪**etw ~** ❶ (*sich aushändigen lassen*) to collect [in *sep*] sth ❷ (*aufsammeln*) to pick up sth *sep*

Ein·satz <-es, Einsätze> *m* ❶ (*eingesetzte Leistung*) effort; **unter ~ aller seiner Kräfte** with a superhuman effort; **unter ~ ihres Lebens** by putting her own life at risk ❷ *beim Glücksspiel* bet ❸ FIN deposit ❹ (*Verwendung*) use; *von Truppen* deployment; **zum ~ kommen** to be deployed ❺ (*Aktion*) assignment; **im ~ sein** to be on duty; (*Aktion militärischer Art*) campaign; **im ~ sein** to be in action ❻ MUS entry; **den ~ geben** to cue sth in ❼ (*eingesetztes Teil*) inset ❽ (*eingelassenes Stück*) insert

ein·satz·be·reit *adj* ready for use *pred*; *Menschen* ready for action; MIL ready for combat *pred* **Ein·satz·be·reit·schaft** *f* readiness for action; *von Maschinen* readiness for use; **in ~ sein** to be on standby **Ein·satz·freu·de** *f* enthusiasm **Ein·satz·wa·gen** *m* (*Polizeifahrzeug*) squad car

ein|sau·gen *vt* to suck; *Luft* to inhale

ein|scan·nen [-skɛnən] *vt* INFORM to scan

ein|schal·ten I. *vt* ❶ (*in Betrieb setzen*) to switch on *sep* ❷ (*hinzuziehen*) ▪**jdn ~** to call in sb *sep* II. *vr* **sich** [**in etw** *akk*] **~** ❶ RADIO, TV to tune in[to sth] ❷ (*sich einmischen*) to intervene [in sth]

Ein·schalt·quo·te *f* [audience] ratings *npl*

ein|schär·fen I. *vt* (*zu etw ermahnen*) ▪**jdm etw ~** to impress on sb the importance of sth; ▪**jdm ~, etw zu tun** to tell sb to do sth II. *vr* ▪**sich** *dat* **etw ~** to remember sth

ein|schät·zen *vt* to assess, to judge; **Sie haben ihn richtig eingeschätzt** your opinion of him was right; **du solltest sie nicht falsch ~** don't misjudge her; **du kannst sie/etw zu hoch ~** to overrate sb/sth; **jdn/etw zu niedrig ~** to underrate sb/sth

Ein·schät·zung *f* assessment; *einer Person* opinion

ein|schen·ken *vt* ▪**jdm etw ~** to pour sb sth

ein|sche·ren *vi* to merge

ein|schi·cken *vt* ▪**etw ~** to send sth in (**an** to)

ein|schie·ben *vt irreg* ❶ (*in etw schieben*) ▪**etw ~** to insert sth (**in** into) ❷ (*zwischendurch einfügen*) ▪**etw ~** to fit sth in; **einen Termin ~** to squeeze in an appointment

ein|schif·fen I. *vt* ▪**jdn/etw ~** to take sb/sth on board II. *vr* (*an Bord gehen*) ▪**sich ~** to embark

einschl. *Abk von* **einschließlich** inc[l].

ein|schla·fen *vi irreg sein* ❶ (*in Schlaf fallen*) ▪[**bei etw** *dat*] ~ to fall asleep [during sth]; **schlaf nicht ein!** (*fam*) wake up! ❷ (*taub werden*) to go to sleep ❸ (*nachlassen*) to peter out

ein|schlä·fern ['aɪnʃlɛːfɐn] *vt* ❶ (*jds Schlaf herbeiführen*) ▪**jdn ~** to lull sb to sleep ❷ (*schläfrig machen*) ▪**jdn ~** to send sb to sleep ❸ MED ▪**jdn ~** to put sb to sleep ❹ ([*schmerzlos*] *töten*) ▪**ein Tier ~** to put an animal to sleep

ein·schlä·fernd ['aɪnʃlɛːfɐnt] *adj* ❶ MED **ein ~es Mittel** a sleep-inducing drug ❷ (*langweilig*) ▪~ **sein** to have a soporific effect

Ein·schlag *m* ❶ METEO *eines Blitzes* striking ❷ MIL shot; *einer Granate* burst of shellfire; *einer Kugel* bullet hole ❸ (*Anteil*) strain

ein|schla·gen *irreg* I. *vt* **haben** ❶ (*in etw schlagen*) ▪**etw ~** to hammer in sth *sep* ❷ (*durch Schläge öffnen*) **eine Tür ~** to break down *sep* a door; ▪**eingeschlagen** smashed-in ❸ (*zerschmettern*) **jdm die Nase ~** to smash sb's nose; **jdm die Zähne ~** to knock sb's teeth out ❹ (*einwickeln*) ▪**etw ~** to wrap sth ❺ *Laufbahn, Weg* to choose; **eine bestimmte Richtung ~** to go in a particular direction ❻ AUTO to turn ❼ MODE to take in II. *vi* ❶ *sein o haben* ▪[**in etw** *akk*] ~ *Blitz* to

einschlägig → einseitig

strike [sth] ❷ sein Granaten to fall ❸ sein o haben (durchschlagende Wirkung) to have an impact; **die Nachricht hat eingeschlagen wie eine Bombe!** the news has caused a sensation! ❹ haben (einprügeln) ■**auf jdn ~** to hit sb; ■**auf etw** akk **~** to pound [on] sth [with one's fists] ❺ haben (Anklang finden) to catch on

ein·schlä·gig ['ainʃlɛːgɪç] I. adj (entsprechend) relevant II. adv JUR in this connection; **~ vorbestraft** previously convicted

ein|schlei·chen vr irreg ■**sich** [in etw akk] **~** ❶ (in etw schleichen) to sneak in[to sth] ❷ (unbemerkt auftreten) to creep in[to sth]

ein|schlep·pen vt ■**etw ~** NAUT to tow sth in; Krankheiten, Ungeziefer to bring sth in

ein|schleu·sen vt ❶ (heimlich hineinbringen) ■**jdn** [in etw akk/nach ...] **~** Agenten, Spione to smuggle sb in[to sth], to infiltrate sb into sth ❷ (illegal hineinbringen) ■**jdn/etw** [in etw akk/nach ...] **~** Falschgeld, Personen to smuggle sb/sth in[to sth]

ein|schlie·ßen vt irreg ❶ (in einen Raum schließen) ■**jdn ~** to lock sb up; ■**sich ~** to lock oneself in ❷ (wegschließen) ■**etw ~** to lock sth away ❸ (einbegreifen) ■**jdn ~** to include sb ❹ (einkesseln) ■**jdn/etw ~** to surround sb/sth

ein·schließ·lich ['ainʃliːslɪç] I. präp (inklusive) ■**~ einer S.** gen including sth II. adv (inbegriffen) inclusive

ein|schmei·cheln vr ■**sich** [bei jdm] **~** to ingratiate oneself [with sb]

ein·schmei·chelnd adj fawning

ein|schmel·zen vt irreg (wieder schmelzen) ■**etw** [zu etw dat] **~** Metall to melt sth down [into sth]; ■**eingeschmolzen** melted down

ein|schmie·ren vt ❶ (einölen) to lubricate ❷ (einreiben) **etw mit Salbe ~** to rub cream into sth ❸ (beschmutzen) **sich mit Dreck ~** to cover oneself with dirt

ein|schnap·pen vi sein ❶ (ins Schloss fallen) to click shut ❷ (fam: beleidigt sein) to get in a huff; ■**eingeschnappt** in a huff pred

ein|schnei·den irreg I. vt ■**etw ~** Papier, Stoff to make a cut in sth II. vi (schmerzhaft eindringen) ■[**in etw** akk] **~** to cut in[to sth]

ein·schnei·dend ['ainʃnaidnt] adj **eine ~e Veränderung** a drastic change; **eine ~e Wirkung** a far-reaching effect

Ein·schnitt m ❶ MED incision ❷ (eingeschnittene Stelle) cut ❸ (Zäsur) turning-point

ein|schrän·ken ['ainʃrɛŋkn̩] I. vt ■**etw ~** ❶ (reduzieren) to cut [back on] sth ❷ (beschränken) to curb sth II. vr ■**sich ~** to cut back (**in** on)

ein·schrän·kend I. adj (einen Vorbehalt ausdrückend) restrictive; **ein ~er Satz** a qualifying sentence II. adv **ich muss aber ~ bemerken/sagen, dass ...** I have to qualify that and say that ... [or by saying that ...]

Ein·schrän·kung <-, -en> f ❶ (Beschränkung) restriction ❷ (Vorbehalt) reservation ❸ (das Reduzieren) reduction

ein|schrei·ben irreg I. vt to register II. vr ❶ (sich eintragen) ■**sich ~** to put one's name down, to enroll AM; **sich in eine Liste ~** to put one's name on a list ❷ SCH ■**sich ~** to register; **sich an einer Universität ~** to register at a university

Ein·schrei·ben nt registered post [or AM letter]; **etw per ~ schicken** to send sth by registered post

Ein·schrei·bung f registration, enrolment

ein|schrei·ten vi irreg sein to take action (**gegen** against)

Ein·schub m insertion

ein|schüch·tern ['ainʃʏçtɐn] vt ■**jdn ~** to intimidate sb

Ein·schüch·te·rung <-, -en> f intimidation, browbeating

Ein·schüch·te·rungs·ver·such m attempt to intimidate

ein|schu·len vt to enrol at [primary] school

Ein·schuss^RR <-es, Einschüsse> m (Schussloch) bullet hole; (Einschussstelle) entry point of a bullet

Ein·schuss·loch^RR nt bullet hole

ein|schwei·ßen vt ❶ (versiegeln) Nahrungsmittel, Bücher to seal, to shrink-wrap ❷ TECH (durch Schweißen einfügen) to weld

ein·seh·bar adj Gelände, Raum visible

ein|se·hen vt irreg ❶ (begreifen) to see ❷ (geh: prüfen) to examine ❸ (in etw hineinsehen) ■**etw ~** to look into sth [from outside]

ein|sei·fen vt to soap; **jdn** [**mit Schnee**] **~** to rub snow into sb's face

ein·sei·tig ['ainzaitɪç] I. adj ❶ (eine Person betreffend) one-sided; ■**etwas E~es** something one-sided; JUR, POL unilateral ❷ MED one-sided; **eine ~e Lähmung** paralysis of one side of the body ❸ (beschränkt) one-sided; **eine ~e Ernährung** an unbalanced diet ❹ (voreingenommen) bias[s]ed II. adv ❶ (auf einer Seite) on one side ❷ (beschränkt) in a one-sided way

❸ (*parteiisch*) from a one-sided point of view

Ein·sei·tig·keit <-, *selten* -en> *f* **❶** (*Voreingenommenheit*) bias **❷** (*Beschränktheit*) one-sidedness; *Ernährung* imbalance

ein|sen·den *vt irreg* ■ **etw ~** to send sth (**an** to)

Ein·sen·der(in) *m(f)* sender

Ein·sen·de·schluss^{RR} *m* closing date [for entries]

Ein·ser·schü·ler(in) *m(f)* SCH (*fam*) straight-A student [*or* BRIT *also* pupil]

ein·setz·bar *adj* applicable; **universell ~** all-purpose

ein|set·zen I. *vt* **❶** (*einfügen*) to insert **❷** (*einnähen*) ■ **etw [in etw** *akk*] **~** to sew sth in[to sth]; **einen Ärmel ~** to set in a sleeve **❸** *Kommission* to set up **❹** (*ernennen*) ■ **jdn [als etw** *akk*] **~** to appoint [*or* AM instal] sb [as sth] **❺** (*zum Einsatz bringen*) ■ **jdn/etw [gegen jdn] ~** to use sb/sth [against sb]; SPORT to bring on *sep* **❻** (*aufbieten*) to use; **das Leben [für etw** *akk*] **~** to put one's life at risk [for sth] **❼** (*wetten*) to bet, to wager **II.** *vi* **❶** (*anheben*) to start [up] **❷** MUS to begin to play **III.** *vr* **❶** (*sich engagieren*) ■ **sich ~** to make an effort; **sich voll ~** to make every effort **❷** (*sich verwenden für*) ■ **sich für jdn/etw ~** to support sb/sth; ■ **sich dafür ~, dass ...** to speak out in favour of sth

Ein·sicht *f* **❶** (*Vernunft*) sense; (*Erkenntnis*) insight; **jdn zur ~ bringen** to make sb see sense **❷** (*prüfende Durchsicht*) **~ in etw** *akk* **nehmen** to have access to sth

ein·sich·tig ['aɪnzɪçtɪç] *adj* **❶** (*verständlich*) understandable; **ein ~er Grund** a valid reason **❷** (*vernünftig*) reasonable

Ein·sicht·nah·me <-, -n> *f* (*geh: Einsicht 2.*) *von Akten* inspection (**in** of)

ein|si·ckern *vi* (*Flüssigkeit*) to seep in

Ein·sied·ler(in) ['aɪnziːdlɐ] *m(f)* hermit

ein·sil·big ['aɪnzɪlbɪç] *adj a.* LING monosyllabic

ein|sin·ken *vi irreg sein Morast, Schnee etc.* to sink in; *Boden* to cave in

ein|sor·tie·ren* *vt* to sort [out]; *Dokumente* to file away

ein|span·nen *vt* **❶** (*heranziehen*) ■ **jdn [für etw** *akk*] **~** to rope sb in [for sth] **❷** (*in etw spannen*) to insert; (*in einen Schraubstock*) to clamp **❸** *Tiere* to harness **❹** (*viel zu tun haben*) ■ **sehr eingespannt sein** to be very busy

ein|spa·ren *vt* **❶** (*ersparen*) to save **❷** (*kürzen*) ■ **etw ~** to save on sth

Ein·spa·rung <-, -en> *f* **❶** (*das Einsparen*) saving **❷** (*Kürzung*) cutting down

ein|sper·ren *vt* **❶** (*in etw sperren*) ■ **jdn/ein Tier ~** to lock sb/an animal up **❷** (*inhaftieren*) ■ **jdn ~** to lock sb up

ein|spie·len I. *vr* **❶** (*einstellen*) ■ **sich ~** *Methode, Regelung* to get going [properly] **❷** (*sich aneinander gewöhnen*) ■ **sich aufeinander ~** to get used to each other **❸** SPORT ■ **sich ~** to warm up **II.** *vt* **❶** FILM ■ **etw ~** to bring in sth; *Produktionskosten* to cover sth **❷** RADIO, TV *Wetter, Interview* to start

ein·spra·chig *adj* monolingual

ein|sprin·gen *vi irreg sein* (*fam*) **❶** (*vertreten*) ■ **[für jdn] ~** to stand in [for sb] **❷** (*aushelfen*) ■ **[mit etw** *dat*] **~** to help out [with sth]

ein|sprit·zen *vt* **❶** MED ■ **jdm etw ~** to inject sb with sth; ■ **sich** *dat* **etw ~** to inject oneself with sth **❷** AUTO ■ **etw ~** to inject sth

Ein·spruch *m* (*Protest*) *a.* JUR objection; **~ abgelehnt!** objection overruled!; **dem ~ wird stattgegeben!** objection sustained!; **[gegen etw** *akk*] **~ erheben** to lodge an objection [against sth]; **~ einlegen** *gegen Entscheidung, Urteil* to appeal (**gegen** against)

ein·spu·rig ['aɪnʃpuːrɪç] **I.** *adj* **❶** TRANSP one-lane **❷** (*pej*) **~es Denken** one-track mind **II.** *adv* **❶** TRANSP **die Straße ist nur ~ befahrbar** only one lane of the road is open **❷** (*pej*) **er denkt so ~** he's so blinkered

einst ['aɪnst] *adv* **❶** (*früher*) once **❷** (*geh: in Zukunft*) one day

ein|stamp·fen *vt* MEDIA ■ **etw ~** to pulp sth

Ein·stand *m* **❶** *bes* SÜDD, ÖSTERR (*Arbeitsanfang*) start of a new job; **seinen ~ geben** to celebrate starting a new job **❷** TENNIS deuce

ein|ste·cken *vt* **❶** (*in die Tasche stecken*) **er hat das Geld einfach eingesteckt!** he's just pocketed the money!; **stecken Sie ihren Revolver mal wieder ein!** put your revolver away! **❷** *Brief* to post **❸** (*fam: hinnehmen*) ■ **etw ~** to put up with sth **❹** (*verkraften*) ■ **etw ~** to take sth **❺** ELEK ■ **etw ~** to plug in sth *sep*

ein|ste·hen *vi irreg sein* **❶** (*sich verbürgen*) ■ **für jdn/etw ~** to vouch for sb/sth **❷** (*aufkommen*) ■ **für etw** *akk* **~** to take responsibility for sth

ein|stei·gen *vi irreg sein* ■ **[in etw** *akk*] **~ ❶** (*besteigen*) to get on [sth]; **in ein Auto/Taxi ~** to get in[to] a car/taxi **❷** (*fam: hineinklettern*) to climb in[to sth] **❸** ÖKON

einstellbar → Einteiler

to buy into sth ❹(*sich engagieren*) to go into sth; **in eine Bewegung ~** to get involved in a movement

ein·stell·bar *adj* adjustable

ein|stel·len I. *vt* ❶(*anstellen*) to employ ❷(*beenden*) to stop; *Suche* to call off; *Projekt* to shelve ❸ MIL to stop; **das Feuer ~** to cease fire ❹ JUR to abandon ❺ FOTO to adjust; **etw auf eine Entfernung ~** to focus ❻ ELEK to set ❼ TV, RADIO to tune ❽ TECH to adjust; **etw in der Höhe ~** to adjust the height of sth ❾(*hineinstellen*) **das Auto in die Garage ~** to put the car into the garage ❿ SPORT **den Rekord ~** to equal the record II. *vr* ❶(*auftreten*) ■ **sich ~** *Bedenken* to begin; MED *Fieber, Symptome* to develop ❷(*sich anpassen*) ■ **sich auf jdn/etw ~** to adapt to sb/sth; ■ **sich auf etw** *akk* **~** to adjust to sth ❸(*sich vorbereiten*) ■ **sich auf etw** *akk* **~** to prepare oneself for sth ❹(*geh: sich einfinden*) ■ **sich ~** to arrive III. *vi* (*beschäftigen*) to take on people

ein·stel·lig *adj* single-digit *attr*

Ein·stel·lung *f* ❶(*Anstellung*) taking on ❷(*Beendigung*) stopping; **~ einer Suche** abandoning of a search ❸ FOTO adjustment ❹ ELEK setting ❺ TV, RADIO tuning ❻ FILM take ❼(*Gesinnung*) attitude; **eine ganz andere ~ haben** to think differently; **politische/religiöse ~en** political/religious opinions

Ein·stich *m* ❶(*das Einstechen*) insertion ❷(*Einstichstelle*) puncture

Ein·stieg <-[e]s, -e> ['aɪnʃtiːk, *pl* 'aɪnʃtiːgə] *m* ❶ *kein pl* (*das Einsteigen*) getting in; „**~ nur vorn!**" "entry only at the front!" ❷(*Tür zum Einsteigen*) *Bahn* door; *Bus a.* entrance; *Panzer* hatch ❸(*Aufnahme*) start; **der ~ in die Kernenergie** to adopt a nuclear energy programme

Ein·stiegs·dro·ge *f* soft drug (*which can supposedly lead on to harder drugs*)

eins·tig ['aɪnstɪç] *adj attr* former *attr*

ein|stim·men I. *vi* ■ [**in etw** *akk*] **~** to join in [sth] II. *vt* (*innerlich einstellen*) ■ **jdn auf etw** *akk* **~** to get sb in the right frame of mind for sth

ein·stim·mig[1] ['aɪnʃtɪmɪç] I. *adj* MUS **ein ~es Lied** a song for one voice II. *adv* MUS in unison

ein·stim·mig[2] ['aɪnʃtɪmɪç] I. *adj* unanimous II. *adv* unanimously

ein·stö·ckig ['aɪnʃtœkɪç] *adj* single-storey *attr*

ein|stöp·seln *vt* ELEK (*fam*) ■ **etw ~** to plug sth in; **wo kann ich den Stecker hier ~?** where's the socket?

Ein·strah·lung <-, -en> *f* METEO irradiation

ein|strei·chen *vt irreg* ❶(*fam: einheimsen*) ■ **etw ~** to pocket sth *fam;* **in dem Geschäft streicht er Unsummen ein** in that business he's raking it in ❷(*bestreichen*) ■ **etw ~** *dat* to paint [*or* coat] sth; **Brot mit Butter ~** to butter a piece of bread

ein|streu·en *vt* ■ **etw ~** ❶(*einflechten*) to work sth in; **geschickt eingestreute Bemerkungen** shrewdly placed remarks ❷(*ganz bestreuen*) to scatter sth

ein|stu·die·ren* *vt* to rehearse

ein|stu·fen ['aɪnʃtuːfn̩] *vt* ❶(*eingruppieren*) ■ **jdn in etw** *akk* **~** to put sb in sth ❷(*zuordnen*) ■ **etw in etw** *akk* **~** to categorize sth as sth

Ein·stu·fung <-, -en> *f* categorization, classification

ein·stün·dig, 1-stün·dig^RR *adj* one-hour *attr;* lasting one hour *pred*

Ein·sturz *m* collapse; *Decke a.* caving-in; *Mauer* falling-down; **etw zum ~ bringen** to cause sth to collapse

ein|stür·zen *vi sein* ❶(*zusammenbrechen*) to collapse; *Decke a.* to cave in ❷(*heftig eindringen*) ■ **auf jdn ~** to overwhelm sb

Ein·sturz·ge·fahr *f kein pl* danger of collapse

einst·wei·len ['aɪnst'vaɪlən] *adv* ❶(*vorläufig*) for the time being ❷(*in der Zwischenzeit*) in the meantime

einst·wei·lig ['aɪnst'vaɪlɪç] *adj attr* temporary

ein·tä·gig, 1-tä·gig^RR *adj* one-day *attr,* lasting one day *pred*

Ein·tags·flie·ge *f* ❶ ZOOL mayfly ❷(*von kurzer Dauer*) nine days' wonder

ein|tau·chen I. *vt haben* ■ **jdn ~** to immerse sb (**in** in); ■ **etw ~** to dip sth in II. *vi sein* ■ [**in etw** *akk*] **~** to plunge in[to sth]

ein|tau·schen *vt* ■ **etw ~** ❶(*tauschen*) to exchange sth (**gegen** for) ❷(*umtauschen*) to [ex]change sth (**gegen** for)

ein·tau·send ['aɪn'tauznt] *adj* one thousand

ein|tei·len I. *vt* ❶(*unterteilen*) ■ **etw in etw ~** to divide sth up into sth ❷(*sinnvoll aufteilen*) ■ **etw ~** to plan sth [out]; ■ [**sich** *dat*] **etw ~** *Geld, Vorräte, Zeit* to be careful with sth ❸(*für etw verpflichten*) ■ **jdn zu etw** *dat* **~** to assign sb to sth II. *vi* (*fam: haushalten*) to budget

Ein·tei·ler <-s, -> *m* (*Badeanzug*) one-piece [swimsuit]

Ein·tei·lung f ① (*Aufteilung*) management ② (*Verpflichtung*) ▪ **jds ~ zu etw** *dat* sb's assignment to sth

ein|**tip·pen** *vt* ▪ **etw ~** to key sth in

ein·tö·nig ['aɪntøːnɪç] I. *adj* monotonous II. *adv* monotonously; **~ klingen** to sound monotonous

Ein·tö·nig·keit <-> *f kein pl* monotony

Ein·topf *m*, **Ein·topf·ge·richt** *nt* stew

Ein·tracht <-> ['aɪntraxt] *f kein pl* harmony

ein·träch·tig ['aɪntrɛçtɪç] I. *adj* harmonious II. *adv* harmoniously

Ein·trag <-[e]s, Einträge> ['aɪntraːk, *pl* 'aɪntrɛːɡə] *m* ① *kein pl* (*Vermerk*) note; **~ ins Logbuch** entry in the logbook ② (*im Nachschlagewerk*) entry ③ ADMIN record

ein|**tra·gen** *vt irreg* ① (*einschreiben*) ▪ **jdn ~** to enter sb (**in** in); ▪ **sich ~** to write one's name (**in** in) ② (*amtlich registrieren*) to register ③ (*einzeichnen*) ▪ **etw ~** to note sth ④ (*geh: einbringen*) ▪ **jdm etw ~** to earn sb sth

ein·träg·lich ['aɪntrɛːklɪç] *adj* lucrative

Ein·tra·gung <-, -en> *f* JUR (*form*) entry, registration

ein|**tref·fen** *vi irreg sein* ① (*ankommen*) to arrive ② (*in Erfüllung gehen*) to come true; **die Katastrophe traf doch nicht ein** the catastrophe didn't happen after all

ein|**trei·ben** *vt irreg* ▪ **etw** [**von jdm**] **~** to collect sth [from sb]

ein|**tre·ten** *irreg* I. *vi* ① *sein* (*betreten*) to enter ② *sein* (*beitreten*) *Partei, Verein* to join [sth] ③ *sein* (*sich ereignen*) to occur; **sollte der Fall ~, dass ...** if it should happen that ... ④ *sein* (*sich einsetzen*) ▪ **für jdn/etw ~** to stand up for sb/sth ⑤ *haben* (*wiederholt treten*) ▪ **auf jdn/ein Tier ~** to kick sb/an animal [repeatedly] II. *vt haben* ▪ **etw ~** to kick sth in

ein|**trich·tern** ['aɪntrɪçtɐn] *vt* (*fam*) ▪ **jdm etw ~** to drum sth into sb

Ein·tritt *m* ① (*geh: das Betreten*) ▪ **jds ~ in etw** *akk* sb's entrance into sth; **~ verboten** no admission ② (*Beitritt*) ▪ **jds ~ in etw** *akk* sb's joining sth ③ (*Eintrittsgeld*) admission; **~ frei** admission free ④ (*Beginn*) onset; **bei/vor ~ der Dunkelheit** when/before darkness falls; **nach ~ der Dunkelheit** after dark; **der ~ des Todes** (*geh*) death

Ein·tritts·kar·te *f* [admission] ticket **Ein·tritts·preis** *m* admission charge

ein|**tru·deln** *vi sein* (*fam*) to show up

ein|**tun·ken** *vt* DIAL (*eintauchen*) to dip, to dunk

ein|**ü·ben** *vt* to practise; *Rolle, Stück* to rehearse

ein|**ver·lei·ben*** ['aɪnfɛɐ̯laɪbn̩] I. *vt* ▪ **etw einer S.** *dat* **~** *Gebiet, Land* to incorporate sth into sth II. *vr* ▪ **sich** *dat* **etw ~** ① ÖKON to incorporate sth ② (*hum fam: verzehren*) to put sth away

Ein·ver·neh·men <-s> *nt kein pl* agreement; **in gegenseitigem ~** by mutual agreement; **im ~ mit jdm** in agreement with sb

ein·ver·nehm·lich I. *adj* (*geh*) mutual, joint; **zu einer ~en Regelung gelangen** to come to an agreed ruling II. *adv* (*geh*) by mutual agreement

ein·ver·stan·den ['aɪnfɛɐ̯ʃtandn̩] *adj präd* ▪ **~ sein** to agree (**mit** with); **~!** OK! *fam*

Ein·ver·ständ·nis ['aɪnfɛɐ̯ʃtɛntnɪs] *nt* ① (*Zustimmung*) consent ② (*Übereinstimmung*) agreement; **in gegenseitigem ~** by mutual agreement

Ein·wahl·kno·ten *m* INFORM, TELEK point of presence **Ein·wahl·num·mer** *f* INET dial-up number

Ein·wand <-[e]s, Einwände> ['aɪnvant, *pl* 'aɪnvɛndə] *m* objection (**gegen** to)

Ein·wan·de·rer, **Ein·wan·de·rin** *m, f* immigrant

ein|**wan·dern** *vi sein* to immigrate

Ein·wan·de·rung *f* immigration (**nach** to, **in** into); **kontrollierte ~** controlled [*or* selective] immigration

Ein·wan·de·rungs·ge·setz *nt* immigration laws *usu pl* **Ein·wan·de·rungs·po·li·tik** *f kein pl* immigration policy

ein·wand·frei ['aɪnvantfraɪ] *adj* ① (*tadellos*) flawless; *Obst* perfect; *Qualität* excellent; *Benehmen* impeccable ② (*unzweifelhaft*) irrefutable

ein·wärts ['aɪnvɛrts] *adv* inwards

ein|**wech·seln** ['aɪnvɛksl̩n] *vt* ① *Währung* to change (**in** into) ② SPORT ▪ **jdn** [**für jdn**] **~** to bring on sb [for sb] *sep*

Ein·weg·fla·sche *f* non-returnable bottle **Ein·weg·ka·me·ra** *f* disposable camera

ein|**wei·chen** *vt* ▪ **etw** [**in etw** *dat*] **~** to soak sth [in sth]

ein|**wei·hen** *vt* ① (*offiziell eröffnen*) ▪ **etw ~** to open sth [officially] ② (*vertraut machen*) ▪ **jdn ~** to initiate sb (**in** into); **jdn in ein Geheimnis ~** to let sb in on a secret

Ein·wei·hung <-, -en> *f* ① (*das Eröffnen*) inauguration ② (*das Vertrautmachen*) initiation

Ein·wei·hungs·fei·er *f* inauguration

ein|**wei·sen** *vt irreg* ① (*unterweisen*)

■ **jdn ~** to brief sb (**in** about) ❷ MED to refer; **jdn ins Krankenhaus ~** to send sb to hospital
ein|wen·den *vt irreg* ■ **etw** [**gegen etw** *akk*] **~** to object [to sth]; **etwas** [**gegen etw**] **einzuwenden haben** to have an objection [to sth]; **dagegen lässt sich nichts ~** there can be no objection to that
ein|wer·fen *irreg* **I.** *vt* ■ **etw ~** ❶ *Brief* to post [*or* Am mail] sth ❷ (*durch Wurf zerschlagen*) to break sth; **eine Fensterscheibe ~** to smash a window ❸ SPORT to throw sth in ❹ (*etw zwischendurch bemerken*) to throw sth in; **sie warf ein, dass ...** she pointed out that ... **II.** *vi* ❶ SPORT to throw in ❷ (*zwischendurch bemerken*) ■ **~, dass ...** to throw in that ...
ein|wi·ckeln *vt* ❶ (*in etw wickeln*) ■ **etw ~** to wrap [up] sth ❷ (*fam: überlisten*) ■ **jdn ~** to take sb in
ein|wil·li·gen ['aınvılıgn] *vi* ■ [**in etw** *akk*] **~** to consent [to sth]
Ein·wil·li·gung <-, -en> *f* consent
ein|wir·ken *vi* ❶ (*beeinflussen*) ■ **auf jdn/etw ~** to have an effect on sb/sth; **etw auf sich ~ lassen** to let sth soak in ❷ PHYS, CHEM (*Wirkung entfalten*) ■ **auf etw** *akk* **~** to react to sth; **etw ~ lassen** to let sth work in
Ein·wir·kung *f* ❶ (*Beeinflussung*) influence (**auf** on) ❷ PHYS, CHEM **nach ~ der Salbe** when the ointment has worked in
Ein·woh·ner(in) <-s, -> ['aınvo:nɐ] *m(f)* inhabitant
Ein·woh·ner·mel·de·amt *nt* residents' registration office **Ein·woh·ner·zahl** *f* population
Ein·wurf *m* ❶ (*geh: das Hineinstecken*) *Münzen* insertion; **~ 2 Euro** insert 2 euros [into the slot]; *Briefe, Pakete* posting ❷ SPORT throw-in ❸ (*Zwischenbemerkung*) interjection ❹ (*schlitzartige Öffnung*) slit
Ein·zahl ['aıntsa:l] *f* LING singular
ein|zah·len *vt* to pay [in]; ■ **etw auf ein Konto ~** to pay sth into an account
Ein·zah·lung *f* FIN deposit

ein|zäu·nen ['aıntsɔynən] *vt* ■ **etw ~** to fence sth in
Ein·zäu·nung <-, -en> *f* ❶ (*Zaun*) fence ❷ (*das Einzäunen*) fencing
ein|zeich·nen *vt* ■ **etw ~** to draw sth in (**auf** on); **ist die Straße in der Karte eingezeichnet?** is the road marked on the map?
Ein·zel <-s, -> ['aıntsl] *nt* TENNIS singles + *sing vb;* **im ~** at singles
Ein·zel·fahr·schein *m* single ticket BRIT, one-way ticket AM **Ein·zel·fall** *m* individual case; **im ~** in each case **Ein·zel·fra·ge** *f meist pl* detailed question **Ein·zel·gän·ger(in)** <-s, -> *m(f)* (*Mensch, Tier*) loner **Ein·zel·haft** *f* solitary confinement **Ein·zel·han·del** *m* retail trade **Ein·zel·händ·ler(in)** *m(f)* retailer
Ein·zel·heit <-, -en> *f* detail
Ein·zel·kind *nt* only child
ein·zeln ['aıntsln] **I.** *adj* ❶ (*für sich allein*) individual ❷ (*Detail*) **an E~es erinnere ich mich noch gut** I can remember some things very well; ■ **im E~en** in detail ❸ (*individuell*) ■ **der/die E~e** the individual; **als E~er** as an individual; **was kann ein E~er schon dagegen ausrichten?** what can one person do on his own?; **jede(r, s) E~e** each individual ❹ (*allein stehend*) single; **im Feld stand eine ~e Eiche** a solitary oak tree stood in the field ❺ *pl* (*einige wenige*) a few ❻ *pl* METEO **~e Schauer** scattered showers **II.** *adv* (*separat*) separately
Ein·zel·per·son *f* (*geh*) single person **Ein·zel·stück** *nt* unique object **Ein·zel·teil** *nt* (*einzelnes Teil*) separate part; (*Ersatzteil*) spare part; **etw in seine ~e zerlegen** to take sth to pieces **Ein·zel·zim·mer** *nt* single room
ein|zie·hen *irreg* **I.** *vt haben* ❶ *Beiträge, Gelder* to collect ❷ (*aus dem Verkehr ziehen*) to withdraw ❸ (*beschlagnahmen*) ■ **etw ~** to take sth away ❹ MIL **jdn** [**zum Militär**] **~** to conscript [*or* AM draft] sb [into the army] ❺ (*nach innen ziehen*) ■ **etw ~** to take sth in ❻ ZOOL ■ **etw ~** to retract sth

---

einwilligen

einwilligen	*consenting*
Einverstanden!/Okay!/Abgemacht!	*Agreed!/Okay!/It's a deal!*
Kein Problem!	*No problem!*
Geht in Ordnung!	*That's all right!*
Wird gemacht!/Mach ich!	*Will do!/I'll do that!*

❼ *(entgegengesetzt bewegen)* ■ **etw** ~ to draw in sth; **den Kopf** ~ to duck one's head; **der Hund zog den Schwanz ein** the dog put its tail between its legs ❽ *Antenne, Periskop* to retract ❾ *(beziehen)* ■ **etw** ~ to thread sth ❿ BAU **eine Wand** ~ to put in a wall ⓫ *(einsaugen)* ■ **etw** ~ to draw in sth; **Luft** ~ to breathe in II. *vi sein* ❶ *(in etw ziehen)* ■ **bei jdm** ~ to move in with sb ❷ SPORT, MIL *(einmarschieren)* ■ **in etw** *akk* ~ to march into sth ❸ *(Flüssigkeit)* ■ **[in etw** *akk*] ~ to soak [into sth]

ein·zig ['aintsɪç] I. *adj* ❶ *attr only* ❷ *(alleinige)* ■ **der/die E~e** the only one; ■ **das E~e** the only thing; **kein ~er Gast blieb nach dem Essen** not one solitary guest stayed behind after the meal ❸ *(fam: unglaublich)* **ein ~er/eine ~e/ein ~es ...** a complete...; **seine Wohnung ist ein ~er Saustall** his flat is an absolute disgrace II. *adv (ausschließlich)* only; **es liegt ~ und allein an Ihnen** it is entirely up to you

ein·zig·ar·tig ['aintsɪç?a:ɐtɪç] I. *adj* unique II. *adv* astoundingly

Ein·zig·ar·tig·keit <-> *f kein pl* uniqueness

Ein·zug *m* ❶ *(das Einziehen)* move (in into) ❷ POL **bei dieser Wahl gelang der Partei der ~ ins Parlament** at this election the party won seats in Parliament ❸ *(Einmarsch)* entry ❹ FIN collection

Ein·zugs·ge·biet *nt eines Flusses* drainage basin

ein|zwän·gen I. *vt* ■ **jdn** ~ to constrain sb II. *vr* **sich** [**in etw** *dat*] **eingezwängt fühlen** to feel constricted [in sth]

Eis <-es> ['ais] *nt kein pl* ❶ *(gefrorenes Wasser)* ice ❷ *(Eisdecke)* ice ❸ *(Eiswürfel)* ice [cube]; **eine Cola mit ~, bitte!** a coke with ice, please; **einen Whisky mit ~, bitte!** a whisky on the rocks, please; *(Nachtisch)* ice [cream]; **~ am Stiel** ice[d] lolly BRIT, Popsicle® AM ▶ **das ~ brechen** to break the ice; **etw auf ~ legen** *(fam)* to put something on hold

Eis·bahn *f* SPORT ice rink **Eis·bär** *m* polar bear **Eis·be·cher** *m* ❶ *(Pappbecher)* [ice-cream] tub; *(Metallschale)* sundae dish ❷ *(Eiscreme)* sundae **Eis·bein** *nt* KOCHK knuckle of pork **Eis·berg** *m* iceberg **Eis·beu·tel** *m* ice pack **Eis·blu·me** *f meist pl* frost pattern **Eis·bre·cher** *m* NAUT icebreaker

Ei·schnee *m* beaten egg white

Eis·creme [-kre:m], **Eis·krem** [-kre:m] *f* ice cream **Eis·die·le** *f* ice cream parlour

Ei·sen <-s, -> ['aizn] *nt kein pl* iron ▶ **mehrere ~ im Feuer haben** *(fam)* to have more than one iron in the fire; **zum alten ~ gehören** *(fam)* to be on the scrap heap; **ein heißes ~** a hot potato; **ein heißes ~ anfassen** to take the bull by the horns; **man muss das ~ schmieden, solange es heiß ist** *(prov)* one must strike while the iron is hot

Ei·sen·bahn ['aiznba:n] *f* train **Ei·sen·bahn·brü·cke** *f* railway [*or* AM railroad] bridge **Ei·sen·bah·ner(in)** <-s, -> *m(f) (fam)* railway employee, railroader AM **Ei·sen·bahn·fäh·re** *f* train ferry **Ei·sen·bahn·netz** *nt* rail[way] network, railroad network AM **Ei·sen·bahn·tun·nel** *m* railway tunnel **Ei·sen·bahn·über·füh·rung** *f für Kfz* railway [*or* AM railroad] overpass; *für Fußgänger* footbridge **Ei·sen·bahn·un·ter·füh·rung** *f* railway [underpass, [railroad] underpass AM **Ei·sen·bahn·wa·gen** *m (Personen~)* railway carriage BRIT, passenger car AM; *(Güter~)* goods wagon BRIT, freight car AM

Ei·sen·erz ['aizn?ɛts] *nt* BERGB iron ore **ei·sen·hal·tig** ['aiznhaltɪç] *adj*, **ei·sen·häl·tig** ['aiznhɛltɪç] *adj* ÖSTERR iron bearing; ■ ~ **sein** to contain iron

Ei·sen·in·dus·trie *f* iron industry **Ei·sen·man·gel** *m* MED iron deficiency **Ei·sen·stan·ge** *f* iron bar **Ei·sen·trä·ger** *m* iron girder **Ei·sen·wa·ren** *pl* hardware *no pl, no art* **Ei·sen·wa·ren·hand·lung** *f* ironmonger's [shop] BRIT, hardware store AM **Ei·sen·zeit** *f kein pl* HIST Iron Age

ei·sern ['aizɐn] I. *adj* ❶ *attr* CHEM iron ❷ *(unnachgiebig)* iron ❸ *attr (für Notfälle)* iron; **jds ~e Reserve** sb's nest egg II. *adv* resolutely

Ei·ses·käl·te *f* icy cold

Eis·fach *nt* freezer compartment **Eis·flä·che** *f* [surface of the] ice **eis·ge·kühlt** *adj* ice-cold **Eis·glät·te** *f* black ice **Eis·hei·li·gen** ['aishailɪgn] *pl* ■ **die** [**drei**] ~**n** *3 saints' days, about 12th-14th May, which are often cold and after which further frost is rare* **Eis·ho·ckey** *nt* ice hockey

ei·sig ['aizɪç] I. *adj* ❶ *(bitterkalt)* icy ❷ *(abweisend)* icy; *Schweigen* frosty ❸ *(jäh)* chilling; **ein ~er Schreck durchfuhr sie** a cold shiver ran through her II. *adv* coolly

Eis·kaf·fee *m* ❶ *(selten)* iced coffee ❷ *(Kaffee mit Vanilleeis und Schlagsahne)* chilled coffee with vanilla ice cream and whipped cream **eis·kalt** ['aiskalt] I. *adj* ❶ *(bitter kalt)* ice-cold ❷ *(kalt und berechnend)* cold-blooded ❸ *(dreist)* cool; **eine ~e Abfuhr bekommen** to be snubbed by

Eiskratzer → Elektrizität 1262

sb II. adv (*kalt und berechnend*) coolly; **sie macht das ~** she does it without turning a hair **Eis·krat·zer** m ice scratch **Eis·kunst·lauf** m figure-skating **Eis·kunst·läu·fer(in)** m(f) SPORT figure-skater **eis**‖**lau·fen** vi to ice-skate **Eis·lau·fen** <-s> nt kein pl ice skating **Eis·läu·fer(in)** m(f) ice-skater **Eis·meer** ['aɪsmeːɐ̯] nt polar sea; **Nördliches/Südliches ~** Arctic/Antarctic Ocean **Eis·pi·ckel** m ice pick
Ei·sprung m ovulation
Eis·re·gen m sleet **Eis·schnell·lauf**^{RR} m speed skating **Eis·schol·le** f ice floe **Eis·schrank** m (*veraltend*) s. **Kühlschrank Eis·vo·gel** m ORN kingfisher; ZOOL (*Schmetterling*) white admiral **Eis·wür·fel** m ice cube **Eis·zap·fen** m icicle **Eis·zeit** f Ice Age
ei·tel ['aɪtl̩] adj vain; (*eingebildet*) conceited
Ei·tel·keit <-, -en> ['aɪtl̩kaɪt] f vanity
Ei·ter <-s> ['aɪtɐ] m kein pl pus no pl, no indef art
ei·te·rig ['aɪtərɪç] adj *Ausfluss* purulent; *Geschwür, Pickel, Wunde* festering; ■ **~ sein** to fester
ei·tern ['aɪtɐn] vi to fester
ei·trig ['aɪtrɪç] adj s. **eiterig**
Ei·weiß ['aɪvaɪs] nt ❶ CHEM protein ❷ KOCHK (*egg*) white
Ei·zel·le f ovum
Eja·ku·la·ti·on <-, -en> [ejakulaˈtsi̯oːn] f ejaculation
eja·ku·lie·ren* [ejakuˈliːrən] vi to ejaculate
Ekel¹ <-s> ['eːkl̩] m kein pl disgust; **~ erregend** revolting; **vor ~** in disgust
Ekel² <-s, -> ['eːkl̩] nt (*fam*) revolting person
ekel·er·re·gend^{ALT} adj revolting
ekel·haft I. adj ❶ (*widerlich*) disgusting ❷ (*fam: fies*) nasty II. adv ❶ (*widerlich*) disgusting ❷ (*fam: fies*) horribly
eke·lig <-er, -ste> ['eːkəlɪç] adj s. **ekelhaft**
ekeln ['eːkl̩n] I. vt ■ **jdn ~** to disgust sb II. vt impers **es ekelt mich vor diesem Geruch** this smell is disgusting III. vr ■ **sich vor etw** dat **~** to find sth disgusting
EKG <-s, -s> [eːkaːˈgeː] nt MED *Abk von* **Elektrokardiogramm** ECG
Eklat <-s, -s> [eˈklaː] m (*geh*) sensation; **es kam zu einem ~** a dispute broke out
ekla·tant <-er, -este> [eklaˈtant] adj (*geh*) *Beispiel* striking; *Fall* spectacular; *Fehler* glaring
Ek·lip·se <-, -n> [eˈklɪpsə] f ASTRON eclipse

Ek·sta·se <-, -n> [ɛkˈstaːzə] f ecstasy
ek·sta·tisch [ɛkˈstaːtɪʃ] adj (*geh*) ecstatic
Ek·zem <-s, -e> [ɛkˈtseːm] nt eczema
Elan <-s> [eˈlaːn] m kein pl vigour
elas·tisch [eˈlastɪʃ] I. adj ❶ (*flexibel*) flexible; *Federkern* springy; *Stoff, Binde* stretchy ❷ (*voller Spannkraft*) *Gelenk, Muskel, Mensch* supple; *Gang* springy II. adv supply
Elas·ti·zi·tät <-, -en> [elastitsiˈtɛːt] meist sing f ❶ (*elastische Beschaffenheit*) elasticity ❷ *eines Muskels* suppleness
El·be <-> ['ɛlbə] f river Elbe
Elb·Flo·renz, Elb·flo·renz^{RR} nt (*hum fam*) Florence on the Elbe (*nickname for Dresden*)
Elch <-[e]s, -e> ['ɛlç] m elk
E-Lear·ning <-s> ['iːləːnɪŋ] nt kein pl s. **electronic learning** e-learning
Elec·tro·nic Ban·king <-> [ɛlɛkˈtrɔnɪkˈbɛŋkɪŋ] nt kein pl electronic banking **Elec·tro·nic Cash** [ɪlɛkˈtrɔnɪk ˈkɛʃ] nt kein pl electronic cash **Elec·tro·nic Pu·bli·shing** [ɪlɛkˈtrɔnɪk ˈpablɪʃɪŋ] nt kein pl electronic publishing
Ele·fant <-en, -en> [eleˈfant] m elephant
Ele·fan·ten·run·de f MEDIA, POL clash of the titans, meeting of [political] giants [*or* heavyweights] (*election-night discussion involving top-level politicians, broadcast simultaneously on the two main TV networks*)
ele·gant [eleˈgant] I. adj elegant II. adv ❶ MODE elegantly ❷ (*geschickt*) nimbly; **er zog sich ~ aus der Affäre** he deftly extricated himself from the incident
Ele·ganz <-> [eleˈgants] f kein pl ❶ (*geschmackvolle Beschaffenheit*) elegance ❷ (*Gewandtheit*) deftness
Ele·gie <-, -ien> [eleˈgiː, pl eleˈgiːən] f LIT elegy
elek·tri·fi·zie·ren* [elɛktrifiˈtsiːrən] vt BAHN ■ **etw ~** to electrify sth
Elek·trik <-, -en> [eˈlɛktrɪk] f electrical system
Elek·tri·ker(in) <-s, -> [eˈlɛktrikɐ] m(f) electrician
elek·trisch [eˈlɛktrɪʃ] adj electric; **~e Geräte** electrical appliances
elek·tri·sie·ren* [elɛktriˈziːrən] I. vt ❶ (*fig*) to electrify ❷ (*aufladen*) to charge with electricity II. vr (*einen elektrischen Schlag bekommen*) ■ **sich ~** to give oneself an electric shock; **wie elektrisiert** [as if he had been] electrified
Elek·tri·zi·tät <-> [elɛktritsiˈtɛːt] f kein pl electricity

Elek·tri·zi·täts·werk *nt* (*Anlage*) [electric] power station
Elek·tro·au·to *nt* electric car
Elek·tro·de <-, -n> [elɛk'troːdə] *f* electrode
Elek·tro·fahr·rad *nt* electric bicycle, e-bike **Elek·tro·ge·rät** *nt* electrical appliance **Elek·tro·ge·schäft** *nt* electrical shop [*or* AM store] **Elek·tro·herd** *m* electric cooker **Elek·tro·in·gen·ieur(in)** *m(f)* electrical engineer **Elek·tro·in·stal·la·teur(in)** *m(f)* electrician **Elek·tro·kar·di·o·gramm** [elɛktrokardi̯o'gram] *nt* MED electrocardiogram, ECG **Elek·tro·lok** *f* electric locomotive
Elek·tro·ly·se <-, -n> [elɛktro'lyːzə] *f* electrolysis **Elek·t·ro·lyt** <-s, -e> [elɛk·tro'lyːt] *m meist pl.* CHEM, MED electrolyte
Elek·tro·ma·gnet [e'lɛktromagneːt] *m* electromagnet **elek·tro·ma·gne·tisch** I. *adj* electromagnetic II. *adv* electromagnetically **Elek·tro·mo·tor** [e'lɛktro‑ˌmoːtoːɐ̯] *m* electric motor
Elek·tron <-s, -tronen> ['eːlɛktrɔn, e'lɛktrɔn, elɛk'troːn] *nt* electron
Elek·tro·nen·mi·kro·skop *nt* electron microscope **Elek·tro·nen·rech·ner** *m* electronic computer
Elek·tro·nik <-> [elɛk'troːnɪk] *f kein pl* electronics + *sing vb*
elek·tro·nisch [elɛk'troːnɪʃ] I. *adj* electronic II. *adv* electronically
Elek·tro·ra·sie·rer *m* electric razor **Elek·tro·schock** [e'lɛktroʃɔk] *m* electroshock **Elek·tro·schrott** *m* electronic waste, e-waste **Elek·tro·smog** [-smɔk] *m* electrosmog **Elek·tro·tech·nik** [elɛktro‑'tɛçnɪk] *f* electrical engineering **Elek·tro·tech·ni·ker(in)** *m(f)* ❶ (*mit Hochschulabschluss*) electrical engineer ❷ (*Elektriker*) electrician **Elek·tro·zaun** [e'lɛktro‑tsaʊn] *m* electric fence
Ele·ment <-[e]s, -e> [ele'mɛnt] *nt* element
ele·men·tar [elemɛn'taːɐ̯] *adj* ❶ (*wesentlich*) elementary ❷ (*urwüchsig*) elemental
elend ['eːlɛnt] I. *adj* ❶ (*beklagenswert*) miserable ❷ (*krank*) wretched; **~ aussehen** to look awful; **mir wird ganz ~, wenn ich daran denke** just thinking about it makes me feel sick ❸ (*erbärmlich*) dreadful ❹ (*gemein*) miserable II. *adv* (*fam*) awfully
Elend <-[e]s> ['eːlɛnt] *nt kein pl* misery
Elends·vier·tel *nt* slums *pl*
elf [ɛlf] *adj* eleven; *s. a.* **acht**[1]

Elf[1] <-, -en> [ɛlf] *f* ❶ (*Zahl*) eleven ❷ FBALL team [*or* eleven]
Elf[2] <-en, -en> [ɛlf] *m*, **El·fe** <-, -n> ['ɛlfə] *f* elf
El·fen·bein ['ɛlfn̩baɪ̯n] *nt* ivory **el·fen·bein·far·ben** *adj* ivory-coloured **El·fen·bein·küs·te** ['ɛlfn̩baɪ̯nkʏstə] *f* Ivory Coast
Elf·me·ter [ɛlf'meːtɐ] *m* penalty [kick]; **einen ~ schießen** to take a penalty; **einen ~ verschießen** to miss a penalty; **einen ~ verwandeln** to score from a penalty
Elf·me·ter·schie·ßen *nt* penalty
elf·te(r, s) ['ɛlftə] *adj* ❶ (*Zahl*) eleventh; *s. a.* **achte(r, s) 1** ❷ (*bei Datumsangabe*) eleventh, 11th; *s. a.* **achte(r, s) 2**
eli·mi·nie·ren* [elimi'niːrən] *vt* to eliminate
eli·tär [eli'tɛːɐ̯] *adj* elitist
Eli·te <-, -n> [e'liːtə] *f* elite
Eli·te·ein·heit *f*, **Eli·te·trup·pe** *f* MIL elite troops *pl* **Eli·te·uni·ver·si·tät** *f* elite university
Eli·xier <-s, -e> [elɪ'ksiːɐ̯] *nt* elixir
El Kai·da <-> [ɛl'kaɪ̯da] *f kein pl* ■ **die ~** al-Qaeda, al-Qaida
Ell·bo·gen·ge·sell·schaft *f* dog-eat-dog society
El·len·bo·gen <-bogen> ['ɛlənboːgn̩] *m* elbow
El·len·bo·gen·mensch *m* ruthless person
el·len·lang *adj* (*fam*) incredibly long; **ein ~er Kerl** an incredibly tall bloke
El·lip·se <-, -n> [ɛ'lɪpsə] *f* MATH ellipse; LING ellipsis
el·lip·tisch [ɛ'lɪptɪʃ] *adj* ❶ MATH elliptic[al]; **~e Funktion** elliptic function; **~e Galaxie** ASTRON elliptical galaxy ❷ LING (*unvollständig*) *Satz* elliptic[al]
E-Lok <-, -s> ['eːlɔk] *f* electric locomotive
El Sal·va·dor <-s> [ɛl zalva'doːɐ̯] *nt* El Salvador; *s. a.* **Deutschland**
El·sass[RR] <- *o* -es> *nt*, **El·saß**[ALT] <- *o* -sses> ['ɛlzas] *nt* ■ **das ~** Alsace
El·säs·ser(in) <-s, -> ['ɛlzɛsɐ] *m(f)* inhabitant of Alsace
el·säs·sisch ['ɛlzɛsɪʃ] *adj* ❶ GEOG Alsatian ❷ LING Alsatian
El·sass-Loth·rin·gen[RR] *nt* Alsace-Lorraine
Els·ter <-, -n> ['ɛlstɐ] *f* ORN magpie
el·ter·lich *adj* parental
El·tern ['ɛltɐn] *pl* parents *pl*
El·tern·haus *nt* ❶ (*Familie*) family ❷ (*Haus*) [parental] home
el·tern·los I. *adj* orphaned, parentless II. *adv* as an orphan
El·tern·schaft <-> *f kein pl* (*geh*) parentage **El·tern·teil** *m* parent

Email <-s, -s> [eˈmaj, eˈmaːj] *nt* enamel
E-Mail <-, -s> [ˈiːmeːl] *f* e-mail, email
E-Mail-Adres·se [ˈiːmeːl-] *f* e-mail address
Email·le <-, -n> [eˈmaljə, eˈmaj, eˈmaːj] *f s.* **Email**
E-Mail-Pro·gramm [ˈiːmeːl-] *nt* e-mail program
Eman·ze <-, -n> [eˈmantsə] *f (fam)* women's libber
Eman·zi·pa·ti·on <-, -en> [emantsipaˈtsi̯oːn] *f* ❶ *(Gleichstellung der Frau)* emancipation ❷ *(Befreiung aus Abhängigkeit)* liberation
eman·zi·pa·to·risch [emantsipaˈtoːrɪʃ] *adj (geh)* emancipatory
eman·zi·pie·ren* [emantsiˈpiːrən] *vr* ■ **sich ~** to emancipate oneself
eman·zi·piert *adj* emancipated
Em·bar·go <-s, -s> [ɛmˈbargo] *nt* embargo
Em·blem <-[e]s, -e> [ɛmˈbleːm, ãˈbleːm] *nt* ❶ *(Zeichen)* emblem ❷ *(Sinnbild)* symbol
Em·bo·lie <-, -n> [ɛmboˈliː, *pl* ɛmboˈliːən] *f* embolism
Em·bryo <-s, -s *o* -bryonen> [ˈɛmbryo, *pl* ɛmbryˈoːnən] *m o* ÖSTERR *nt* embryo
em·bry·o·nal [ɛmbryoˈnaːl] *adj* ❶ MED, BIOL embryonic ❷ *(in Ansätzen)* embryonic
Em·bry·o·nen·schutz [ɛmbryˈoːnən-] *m* embryo protection
Emi·grant(in) <-en, -en> [emiˈgrant] *m(f)* ❶ *(Auswanderer)* emigrant ❷ *(politischer Flüchtling)* emigré
Emi·gra·ti·on <-, -en> [emigraˈtsi̯oːn] *f* emigration
emi·grie·ren* [emiˈgriːrən] *vi sein* to emigrate
Emi·rat <-[e]s, -e> [emiˈraːt] *nt* emirate; **die Vereinigten Arabischen ~e** the United Arab Emirates, U.A.E.
Emis·si·on <-, -en> [emɪˈsi̯oːn] *f* emission
emit·tie·ren [emɪˈtiːrən] *vt* ❶ FIN *(Wertpapiere ausgeben)* to issue ❷ ÖKOL, PHYS *(ausstoßen)* to emit
Em·men·ta·ler <-s, -> [ˈɛməntaːlɐ] *m* Emment[h]al[er] [cheese]
e-Moll <-s> [ˈeːmɔl] *nt kein pl* MUS E flat minor
Emo·ti·con <-s, -s> [eˈmoːtikɔn] *nt* emoticon
Emo·ti·on <-, -en> [emoˈtsi̯oːn] *f* emotion
emo·ti·o·nal I. *adj* emotional II. *adv* emotionally
emo·ti·o·nell *adj s.* **emotional**

emo·ti·ons·ge·la·den *adj* emotionally charged
emo·ti·ons·los *adj* emotionless, unemotional
em·pa·thisch [ɛmˈpaːtɪʃ] *adj* PSYCH *(geh)* empathic
emp·fahl [ɛmˈpfaːl] *imp von* **empfehlen**
emp·fand [ɛmˈpfant] *imp von* **empfinden**
Emp·fang <-[e]s, Empfänge> [ɛmˈpfaŋ, *pl* ɛmˈpfɛŋə] *m* ❶ TV, RADIO reception ❷ *(das Entgegennehmen)* receipt; **etw in ~ nehmen** to take receipt of sth ❸ *(Hotelrezeption)* reception [desk] ❹ *(Begrüßung)* reception; **jdn in ~ nehmen** to greet sb; **einen ~ geben** to give a reception
emp·fan·gen <empfing, empfangen> [ɛmˈpfaŋən] *vt* ❶ RADIO, TV to receive ❷ *(begrüßen)* ■ **jdn mit etw** *dat* **~** to receive sb with sth; **sie empfingen den Sprecher mit lauten Buhrufen** they greeted the speaker with loud boos
Emp·fän·ger(in) <-s, -> [ɛmˈpfɛŋɐ] *m(f)* ❶ *(Adressat)* addressee; **~ unbekannt** not known at this address ❷ FIN payee
Emp·fän·ger <-s, -> [ɛmˈpfɛŋɐ] *m* RADIO, TV *(geh)* receiver
emp·fäng·lich [ɛmˈpfɛŋlɪç] *adj* ■ **für etw** *akk* **~ sein** ❶ *(zugänglich)* to be receptive to sth ❷ *(beeinflussbar, anfällig)* to be susceptible to sth
Emp·fäng·nis <-> [ɛmˈpfɛŋnɪs] *f pl selten* conception
emp·fäng·nis·ver·hü·tend I. *adj* contraceptive II. *adv* **~ wirken** to have a contraceptive effect, to act as a contraceptive **Emp·fäng·nis·ver·hü·tung** *f* contraception
Emp·fangs·be·schei·ni·gung *f*, **Emp·fangs·be·stä·ti·gung** *f* [confirmation of] receipt **Emp·fangs·chef(in)** *m(f)* head receptionist **Emp·fangs·da·me** *f* receptionist
emp·feh·len <empfahl, empfohlen> [ɛmˈpfeːlən] I. *vt* ■ **[jdm] etw ~** to recommend sth to sb; **dieses Hotel ist zu ~** this hotel is [to be] recommended II. *vr impers* ■ **es empfiehlt sich, etw zu tun** it is advisable to do sth III. *vr (geh)* ■ **sich ~** to take one's leave
emp·feh·lens·wert *adj* ❶ *(wert, empfohlen zu werden)* recommendable ❷ *(ratsam)* ■ **es ist ~, etw zu tun** it is advisable to do sth
Emp·feh·lung <-, -en> *f* ❶ *(Vorschlag)* recommendation ❷ *(Referenz)* reference; **auf ~ von jdm** on the recommendation of sb ❸ *(geh)* **mit den besten ~en** with best regards

Emp·feh·lungs·schrei·ben *nt* letter of recommendation
emp·fiehl [ɛmˈpfiːl] *imp sing von* **empfehlen**
emp·fin·den <empfand, empfunden> [ɛmˈpfɪndn̩] *vt* ❶ (*fühlen*) to feel; **Abscheu/Furcht vor etw** *dat* ~ to loathe/fear sth ❷ (*auffassen*) ■ **jdn/etw als etw** *akk* ~ to feel sb/sth to be sth
emp·find·lich [ɛmˈpfɪntlɪç] **I.** *adj* ❶ (*auf Reize leicht reagierend*) sensitive (**gegen** to) ❷ (*leicht verletzbar*) sensitive; (*reizbar*) touchy ❸ (*anfällig*) *Gesundheit* delicate; ~ **gegen Kälte** sensitive to cold **II.** *adv* ❶ (*sensibel*) **auf etw** *akk* ~ **reagieren** to be very sensitive to sth ❷ (*spürbar*) severely; **es ist ~ kalt** it's bitterly cold
Emp·find·lich·keit <-> *f kein pl* ❶ (*Feinfühligkeit*) sensitiveness ❷ (*Verletzbarkeit*) sensitivity; (*Reizbarkeit*) touchiness ❸ (*Anfälligkeit*) delicateness
emp·find·sam [ɛmˈpfɪntzaːm] *adj* ❶ (*von feinem Empfinden*) sensitive; (*einfühlsam*) empathetic ❷ (*sentimental*) *Geschichte* sentimental
Emp·find·sam·keit <-> *f kein pl* (*Feinfühligkeit*) sensitivity
Emp·fin·dung <-, -en> *f* ❶ (*Wahrnehmung*) perception ❷ (*Gefühl*) emotion
emp·fing [ɛmˈpfɪŋ] *imp von* **empfangen**
emp·foh·len [ɛmˈpfoːlən] **I.** *pp von* **empfehlen II.** *adj* **sehr ~** highly recommended
emp·fun·den [ɛmˈpfʊndn̩] *pp von* **empfinden**
em·por [ɛmˈpoːɐ̯] *adv* (*geh*) upwards
em·por|ar·bei·ten *vr* (*geh*) ■ **sich ~** to work one's way up (**zu** to)
Em·po·re <-, -n> [ɛmˈpoːrə] *f* gallery
em·pö·ren* [ɛmˈpøːrən] **I.** *vt* ■ **jdn ~** to fill sb with indignation **II.** *vr* ■ **sich ~** to be outraged; **sie empörte sich über sein Benehmen** his behaviour outraged her
em·pö·rend *adj* outrageous
Em·por·kömm·ling <-s, -e> [-kœmlɪŋ] *m* (*pej*) upstart
em·por|ra·gen *vi sein o haben* (*geh*) ■ [**über etw** *akk*] ~ to tower above sth
em·por|stei·gen *irreg* **I.** *vi sein* (*geh*) to rise; *Rauch* to rise [up]; **Zweifel stiegen in ihm empor** doubts rose in his mind **II.** *vt sein* (*geh*) ■ **etw ~** to climb [up] sth
em·pört I. *adj* scandalized (**über** by) **II.** *adv* indignantly
Em·pö·rung <-, -en> *f kein pl* ■ **~ über jdn/etw** *akk* indignation about sb/sth
em·sig [ˈɛmzɪç] **I.** *adj* busy; **~e Ameisen** hard-working ants **II.** *adv* industriously; **überall wird ~ gebaut** they are busy building everywhere
Emu <-s, -s> [ˈeːmu] *m* ORN emu
Emul·ga·tor <-s, -en> [emʊlˈɡaːtoːɐ̯, *pl* emʊlɡaˈtoːrən] *m* CHEM emulsifier, emulsifying agent
Emul·si·on <-, -en> [emʊlˈzi̯oːn] *f* CHEM emulsion
End·ab·rech·nung *f* final account **End·be·trag** *m* final amount
En·de <-s, -n> [ˈɛndə] *nt* ❶ (*Schluss*) end; ~ **August/des Monats/~ 2014** the end of August/the month/2014; **sie ist ~ 1948 geboren** she was born at the end of 1948; ~ **20 sein** to be in one's late 20s; **ein böses ~ nehmen** to come to a bad end; **bei etw** *dat* **kein ~ finden** (*fam*) to not stop doing sth; **dem ~ zu gehen** to draw to a close; **damit muss es jetzt ein ~ haben** this must stop now; **einer S.** *dat* **ein ~ machen** to put an end to sth; **ein ~ nehmen** (*fam*) to come to an end; **das nimmt gar kein ~** there's no end to it; **am ~** (*fam*) finally; **am ~ sein** (*fam*) to be at the end of one's tether; **mit etw** *dat* **am ~ sein** to run out of sth; **Fehler ohne ~** any number of mistakes; **Qualen ohne ~** endless suffering; **etw zu ~ bringen** to complete sth; **etw zu ~ lesen** to finish reading sth; **zu ~ sein** to be finished; **etw geht zu ~** is nearly finished; **alles geht mal zu ~** nothing lasts forever ❷ FILM, LIT ending ❸ (*räumliches* ~) end; **ans ~** at the end ▶ **am ~ der Welt** (*fam*) at the back of beyond; **das dicke ~** (*fam*) the worst; ~ **gut, alles gut** (*prov*) all's well that ends well; **letzten ~es** when all is said and done
End·ef·fekt [ˈɛntʔɛfɛkt] *m* **im ~** (*fam*) in the end
en·de·misch [ɛnˈdeːmɪʃ] *adj* MED, BIOL endemic
en·den [ˈɛndn̩] *vi* ❶ *haben* (*nicht mehr weiterführen*) end; **nicht ~ wollend** endless ❷ *haben* (*auslaufen*) expire ❸ *haben* LING ■ **auf etw** *akk* ~ to end with sth ❹ *sein* (*fam: landen*) end [up] ❺ *haben* (*zu etw führen*) **das wird böse ~!** that will end in tears!; **jd wird schlimm ~** sb will come to a bad end
End·er·geb·nis *nt* final result **end·gül·tig I.** *adj* final; *Antwort* definitive **II.** *adv* finally; ~ **entscheiden** to decide for all; **sich ~ trennen** to separate for good
End·gül·tig·keit <-> *f kein pl* finality
End·hal·te·stel·le *f* final stop
En·di·vie <-, -n> [ɛnˈdiːvi̯ə] *f* endive
En·di·vi·en·sa·lat *m* endive

End·kampf *m* SPORT final **End·la·ger** *nt* ÖKOL permanent disposal site **end·la·gern** *vt* ÖKOL ■ **etw** [irgendwo] ~ to permanently store sth [somewhere] **End·la·ge·rung** *f* permanent disposal

end·lich ['ɛntlɪç] I. *adv* ❶(*nunmehr*) at last; **lass mich ~ in Ruhe!** can't you leave me in peace!; **hör ~ auf!** will you stop that!; **komm doch ~!** get a move on! ❷(*schließlich*) finally; **na ~!** (*fam*) at [long] last! II. *adj* ASTRON, MATH finite

end·los I. *adj* endless II. *adv* interminably

End·lo·sig·keit *f kein pl* infinity

End·los·pa·pier *nt* INFORM continuous paper

End·pha·se *f* final stage **End·pro·dukt** *nt* end product **End·run·de** *f* SPORT final round; *einer Fußballmeisterschaft* finals *pl; eines Autorennens* final lap **End·sil·be** *f* final syllable **End·spiel** *nt* SPORT final **End·spurt** *m* final spurt **End·sta·di·um** *nt* final stage; MED terminal stage **End·sta·ti·on** *f* terminus **End·sum·me** *f* [sum] total

En·dung <-, -en> *f* ending

End·ver·brau·cher(in) *m(f)* end-user **End·zif·fer** *f* final number **End·zu·stand** *m* final state

Ener·gie <-, -n> [enɛrˈgiː, *pl* -ˈgiːən] *f* ❶PHYS energy; **~ sparend** energy-saving; **grüne ~** Green [*or* renewable] energy ❷(*Tatkraft*) energy; **viel ~ haben** to be full of energy; **wenig ~ haben** to lack energy **Ener·gie·aus·weis** *m* Energy Performance Certificate, EPC **Ener·gie·be·darf** *m* energy requirement[s] **ener·gie·ef·fi·zi·ent** *adj* energy-efficient **Ener·gie·ge·win·nung** *f kein pl* generation of energy **Ener·gie·gip·fel** *m* POL energy summit **Ener·gie·kri·se** *f* energy crisis **Ener·gie·pass**^RR *m s.* Energieausweis **Ener·gie·quel·le** *f* source of energy **Ener·gie·spa·ren** *nt* energy saving **ener·gie·spa·rend** *adj* energy-saving **Ener·gie·spar·lam·pe** *f* energy-saving [electric] bulb **Ener·gie·spar·maß·nah·me** *f* energy-saving measure **Ener·gie·trä·ger** *m* energy source [*or* carrier *spec*] **Ener·gie·ver·brauch** *m* energy consumption **Ener·gie·ver·schwen·dung** *f kein pl* energy waste **Ener·gie·ver·sor·gung** *f* energy supply **Ener·gie·vor·kom·men** *nt* energy source **Ener·gie·vor·rä·te** *pl* energy supplies *pl* **Ener·gie·wen·de** *f* energy transition **ener·gisch** [eˈnɛrgɪʃ] I. *adj* ❶(*Tatkraft ausdrückend*) energetic ❷(*entschlossen*) firm II. *adv* vigorously

Ener·gy-Drink ['enədʒidrɪŋk] *m* energy drink

eng ['ɛŋ] I. *adj* ❶(*schmal*) narrow ❷(*knapp sitzend*) tight ❸(*beengt*) cramped ❹(*wenig Zwischenraum habend*) close together *pred* ❺(*intim*) close ❻(*eingeschränkt*) limited; **im ~eren Sinn** in the stricter sense; **in die ~ere Wahl kommen** to be short-listed; **die Hochzeit fand in ~em Familienkreis statt** the wedding was attended by close relatives only II. *adv* ❶(*knapp*) **ein ~ anliegendes Kleid** a close-fitting dress; **eine ~ anliegende Hose** very tight trousers; [jdm] **etw ~er machen** *Kleidungsstück* to take sth in [for sb] ❷(*dicht*) densely; **~ nebeneinanderstehen** to stand close to each other ❸(*intim*) closely; **~ befreundet sein** to be close friends ❹(*akribisch*) **etwas zu ~ sehen** to take too narrow a view of sth; **du siehst das zu ~** there's more to it than that

En·ga·ge·ment <-s, -s> [ãgaʒəˈmãː] *nt* ❶(*Eintreten*) commitment (**für** to) ❷THEAT engagement

en·ga·gie·ren* [ãgaˈʒiːrən] I. *vt* ■ **jdn ~** to engage sb; **wir engagierten ihn als Leibwächter** we took him on as a bodyguard II. *vr* ■ **sich** [**für jdn/etw**] **~** to be committed [to sb/sth]; ■ **sich dafür ~, dass ...** to support the idea that ...

en·ga·giert [ãgaˈʒiːɐt] *adj* (*geh*) **politisch/sozial ~** politically/socially committed; **ökologisch ~ sein** to be involved in ecological matters

eng·an·lie·gend^ALT *adj attr Kleid* close-fitting; *Hose* very tight **eng·be·freun·det**^ALT *adj attr* **~ sein** to be close friends

En·ge <-, -n> ['ɛŋə] *f* ❶*kein pl* (*schmale Beschaffenheit*) narrowness ❷*kein pl* (*Beschränktheit*) confinement

En·gel <-s, -> ['ɛŋl] *m* angel

En·gel(s)·ge·duld *f* **eine** [**wahre**] **~ haben** to have the patience of a saint **En·gel(s)·zun·gen** *pl* [**wie**] **mit ~ reden** to use all one's powers of persuasion

eng·her·zig *adj* ■ [**in etw** *dat*] **~ sein** to be petty [about sth]

Eng·land <-s> ['ɛŋlant] *nt* England; *s. a.* **Deutschland**

Eng·län·der(in) <-s, -> ['ɛŋlɛndɐ] *m(f)* Englishman *masc,* Englishwoman *fem;* ■ **die ~** the English

eng·lisch ['ɛŋlɪʃ] *adj* English; *s. a.* **deutsch**

Eng·lisch ['ɛŋlɪʃ] *nt dekl wie adj* English; **auf ~** in English; *s. a.* **Deutsch**

eng·lisch·spra·chig *adj* English-speaking **eng·ma·schig** ['ɛŋmaʃɪç] *adj* close-meshed

Eng·pass^{RR} <-es, Engpässe>, **Eng·paß**^{ALT} <-sses, Engpässe> m ① GEOG [narrow] pass ② (*Fahrbahnverengung*) bottleneck ③ (*Verknappung*) bottleneck
eng·stir·nig ['ɛnʃtɪrnɪç] I. *adj* narrow-minded II. *adv* narrow-mindedly; **~ denken/handeln** to think/act in a narrow-minded way
Eng·stir·nig·keit <-> *f kein pl* narrow-mindedness
En·kel <-s, -> ['ɛŋkl̩] *m* DIAL (*Fußknöchel*) ankle
En·kel(in) <-s, -> ['ɛŋkl̩] *m(f)* grandchild
En·kel·kind *nt* grandchild **En·kel·sohn** *m* (*geh*) grandson **En·kel·toch·ter** *f* (*geh*) *fem form von* **Enkelsohn** granddaughter
enorm [e'nɔrm] I. *adj* enormous; *Summe* vast II. *adv* (*fam*) tremendously; **~ viel/viele** an enormous amount/number
en pas·sant [ãpa'sã:] *adv* en passant
En·sem·ble <-s, -s> [ã'sãbl̩] *nt* ensemble
ent·ar·ten* [ɛnt'aːɐ̯tn̩] *vi sein* ■ **zu etw** *dat*] **~** to degenerate [into sth]
ent·beh·ren* [ɛnt'beːrən] I. *vt* ① (*ohne auskommen*) ■ **jdn/etw ~ können** to be able to do without sb/sth ② (*geh: vermissen*) ■ **jdn/etw ~** to miss sb/sth II. *vi* (*geh*) to go without
ent·behr·lich *adj* dispensable
Ent·beh·rung <-, -en> *f meist pl* privation
ent·bin·den* *irreg* I. *vt* ① MED to deliver; ■ **[von einem Kind] entbunden werden** to give birth to a baby ② (*dispensieren, befreien*) ■ **jdn von etw** *dat* ~ to release sb from sth II. *vi* to give birth
Ent·bin·dung *f* delivery
Ent·bin·dungs·kli·nik *f* maternity clinic
Ent·bin·dungs·sta·ti·on *f* maternity ward
ent·blö·ßen* [ɛnt'blø:sn̩] *vt* (*geh*) ■ **etw ~** to expose sth; ■ **sich ~** to take one's clothes off
ent·bren·nen* *vi irreg sein* (*geh: ausbrechen*) to break out
ent·de·cken* *vt* ① (*zum ersten Mal finden*) to discover ② (*ausfindig machen*) ■ **jdn/etw ~** to find sb/sth; *Fehler* to spot
Ent·de·cker(in) <-s, -> [ɛnt'dɛkɐ] *m(f)* discoverer
Ent·de·ckung *f* discovery
Ent·de·ckungs·rei·se *f* voyage of discovery
En·te <-, -n> ['ɛntə] *f* ① ORN duck ② (*fam: Zeitungs~*) canard ③ AUTO (*fam: Citroen 2 CV*) "deux-chevaux" ▸ **lahme ~** (*fam*) slowcoach
ent·eh·ren* *vt* ■ **jdn/etw ~** to dishonour sb/sth

ent·eig·nen* *vt* JUR ■ **jdn ~** to dispossess sb
Ent·eig·nung <-, -en> *f* JUR dispossession
ent·ei·sen* [ɛnt'ʔaizn̩] *vt* ■ **etw ~** to de-ice sth; **eine Gefriertruhe ~** to defrost a freezer
En·ten·kü·ken *nt* duckling
ent·er·ben* *vt* ■ **jdn ~** to disinherit sb
En·te·rich <-s, -e> ['ɛntərɪç] *m* ORN drake
en·tern ['ɛntɐn] *vt haben* to board; **ein Schiff ~** to board a ship [with violence]
En·ter·tai·ner(in) <-s, -> [ɛntɐ'teːnɐ] *m(f)* entertainer
ent·fa·chen* [ɛnt'faxn̩] *vt* (*geh*) ① (*zum Brennen bringen*) to kindle; *Brand* to start ② (*entfesseln*) to provoke; *Leidenschaft* to arouse
ent·fah·ren* *vi irreg sein* ■ **etw entfährt jdm** sth escapes sb's lips
ent·fal·len* *vi irreg sein* ① (*dem Gedächtnis entschwinden*) ■ **jdm ~** to slip sb's mind ② (*wegfallen*) to be dropped ③ (*als Anteil zustehen*) ■ **auf jdn ~** to be allotted to sb ④ (*geh: herunterfallen*) ■ **jdm ~** to slip from sb's hand[s]
ent·fal·ten* I. *vt* ① (*auseinanderfalten*) *Landkarte, Brief* to unfold ② (*beginnen, entwickeln*) *Fähigkeiten, Kräfte* to develop ③ (*darlegen*) ■ **etw ~** to set sth forth ④ (*zur Geltung bringen*) to display II. *vr* ① (*sich öffnen*) ■ **sich [zu etw** *dat*] ~ **Blüte, Fallschirm** to open [into sth] ② (*sich voll entwickeln*) ■ **sich ~** to develop to the full
Ent·fal·tung <-, -en> *f* ① (*das Entfalten*) unfolding ② (*Entwicklung*) development; **zur ~ kommen** to develop
ent·fär·ben* I. *vt* ■ **etw ~** to remove the colour from sth II. *vr* ■ **sich ~** to lose its colour
ent·fer·nen* [ɛnt'fɛrnən] I. *vt* ① (*beseitigen*) ■ **etw ~** to remove sth (**aus/von** from) ② MED **jdm den Blinddarm ~** to take out sb's appendix ③ (*weit abbringen*) ■ **jdn von etw** *dat* ~ to take sb away from sth II. *vr* ① (*weggehen*) ■ **sich ~** to go away (**von/aus** from); **sich vom Weg ~** to go off the path ② (*nicht bei etw bleiben*) ■ **sich von etw** *dat* ~ to depart from sth
ent·fernt I. *adj* ① (*weitläufig*) distant ② (*gering*) *Ähnlichkeit* slight; *Ahnung* vague ③ (*abgelegen*) remote; **7 Kilometer von hier ~** 7 kilometres [away] from here; **zu weit ~** too far [away] II. *adv* vaguely; **weit davon ~ sein, etw zu tun** to not have the slightest intention of doing sth
Ent·fer·nung <-, -en> *f* ① (*Distanz*) distance ② ADMIN (*geh: Ausschluss*) **~ aus dem Amt** removal from office

Ent·fer·nungs·mes·ser <-s, -> m rangefinder

ent·fes·seln* vt (auslösen) to unleash

Ent·feuch·ter <-s, -> m dehumidifier

ent·flamm·bar adj ❶(leicht zu entflammen) inflammable ❷(fig fam) easily roused

ent·flam·men* [ɛnt'flamən] I.vt haben ❶(anzünden) to light ❷ Leidenschaft to [a]rouse II.vr haben ❶(sich entzünden) ■ sich ~ to ignite; das Gasgemisch hat sich entflammt the gas mixture burst into flames ❷(sich begeistern) sie entflammte sich für seine Idee she was filled with enthusiasm for his idea III.vi sein (geh: plötzlich entstehen) ein Kampf um die Macht ist entflammt a struggle for power has broken out

ent·flie·gen* vi irreg sein (geh) ein entflogener Papagei an escaped parrot

ent·flie·hen* vi irreg sein (geh) ■[aus etw dat] ~ to escape from sth

ent·frem·den* [ɛnt'frɛmdn̩] I.vt to estrange; ■ etw seinem Zweck ~ to use sth for a different purpose; (falscher Zweck) to use sth for the wrong purpose II.vr ■ sich jdm ~ to become estranged from sb

Ent·frem·dung <-, -en> f estrangement

ent·füh·ren* vt ■ jdn ~ to abduct sb; Fahrzeug, Flugzeug to hijack

Ent·füh·rer(in) m(f) kidnapper; eines Fahrzeugs/Flugzeugs hijacker

Ent·füh·rung f kidnapping; eines Fahrzeugs/Flugzeugs hijacking

ent·ge·gen [ɛnt'ge:gn̩] I.adv (geh) towards II.präp against; ~ meiner Bitte contrary to my request

ent·ge·gen|brin·gen vt irreg (bezeigen) ■ jdm etw ~ to display sth towards sb; einer Idee Interesse ~ to show interest in an idea

ent·ge·gen|fah·ren vi irreg sein ■ jdm ~ to go to meet sb

ent·ge·gen|fie·bern* vi ■ einer S. dat ~ to feverishly look forward to sth

ent·ge·gen|ge·hen vi irreg sein ■ jdm ~ to go to meet sb; dem Ende/seiner Vollendung ~ to near an end/completion; dem sicheren Tod ~ to face certain death

ent·ge·gen·ge·setzt [ɛnt'ge:gn̩gəzɛtst] I.adj ❶(gegenüberliegend) opposite ❷(einander widersprechend) opposing; Auffassungen conflicting II.adv ~ denken/handeln to think/do the exact opposite

ent·ge·gen|hal·ten vt irreg ❶(in eine bestimmte Richtung halten) ■ jdm etw ~ to hold out sth towards sb ❷(einwenden) jdm einen Einwand ~ to express an objection to sb; einem Vorschlag einen anderen ~ to counter one suggestion with another

ent·ge·gen|kom·men [ɛnt'ge:gn̩kɔmən] vi irreg sein ❶(in jds Richtung kommen) ■ jdm ~ to come to meet sb ❷(Zugeständnisse machen) ■ jdm/einer S. dat ~ to accommodate sb/sth ❸(entsprechen) ■ jdm/einer S. dat ~ to fit in with sb/sth

Ent·ge·gen·kom·men <-s, -> [ɛnt'ge:gn̩kɔmən] nt ❶(gefällige Haltung) cooperation ❷(Zugeständnis) concession

ent·ge·gen·kom·mend adj obliging

ent·ge·gen|lau·fen vi irreg sein ❶(in jds Richtung laufen) ■ jdm ~ to run to meet sb ❷(im Gegensatz stehen) ■ einer S. dat ~ to run counter to sth

ent·ge·gen|neh·men vt irreg ■ etw ~ Lieferung to receive sth; nehmen Sie meinen Dank entgegen (form) please accept my gratitude

ent·ge·gen|schla·gen vi irreg sein ■ jdm ~ to meet sb

ent·ge·gen|se·hen vi irreg ❶(geh: erwarten) ■ einer S. dat ~ to await sth ❷(in jds Richtung sehen) ■ jdm/etw ~ to watch sb/sth

ent·ge·gen|set·zen I.vt ■ einer S. dat etw ~ to oppose sth with sth; einer Forderung etw ~ to counter a claim; einer S. dat Alternativen ~ to put forward alternatives to sth II.vr ■ sich einer S. dat ~ to resist sth

ent·ge·gen|ste·hen vi irreg ■ einer S. dat ~ to stand in the way of sth

ent·ge·gen|stel·len vr ■ sich jdm/einer S. dat ~ to resist sb/sth

ent·ge·gen|steu·ern vi to act against; Entwicklung, Trend to counter; dem Altern ~ to counteract the ageing process

ent·ge·gen|tre·ten vi irreg sein ❶(in den Weg treten) ■ jdm ~ to walk up to sb ❷(sich zur Wehr setzen) ■ einer S. dat ~ to counter sth

ent·ge·gen|wir·ken vi ■ einer S. dat ~ to oppose sth

ent·geg·nen* [ɛnt'ge:gnən] vt to reply

Ent·geg·nung <-, -en> f reply

ent·ge·hen* vi irreg sein ❶(entkommen) ■ jdm/einer S. dat ~ to escape sb/sth ❷(nicht bemerkt werden) ■ etw entgeht jdm sth escapes sb['s notice] ❸(versäumen) ■ sich dat etw ~ lassen to miss sth

ent·geis·tert [ɛnt'gaistɐt] I.adj dumbfounded II.adv in amazement

Ent·gelt <-[e]s, -e> [ɛnt'gɛlt] nt ❶(Bezahlung) payment; (Entschädigung) compensation ❷(Gebühr) **gegen ~** for a fee; **ohne ~** for nothing

ent·gif·ten* [ɛnt'gɪftn̩] vt ❶ ÖKOL to decontaminate ❷ MED to detoxify; Blut to purify

Ent·gif·tung <-, -en> f ❶ ÖKOL (das Entgif-

ten) decontamination ❷ MED detoxification, detox *fam*

ent·glei·sen* [ɛnt'ɡlaɪzn̩] *vi sein* ❶ (*aus den Gleisen springen*) to be derailed; **etw zum E~ bringen** to derail sth ❷ (*geh: ausfallend werden*) to make a gaffe

Ent·glei·sung <-, -en> *f* ❶ (*das Entgleisen*) derailment ❷ (*Taktlosigkeit*) gaffe

ent·glei·ten* *vi irreg sein* ❶ (*geh: aus den Händen gleiten*) ■ **etw entgleitet jdm** sb loses his/her grip on sth ❷ (*verloren gehen*) ■ **jdm ~** to slip away from sb

ent·grä·ten* [ɛnt'ɡrɛːtn̩] *vt* to bone

ent·haa·ren* *vt* to depilate

Ent·haa·rung <-, -en> *f* depilation

Ent·haa·rungs·creme *f* depilatory cream

ent·hal·ten* *irreg* **I.** *vt* ❶ (*in sich haben*) to contain ❷ (*umfassen*) to include (**in** in) **II.** *vr* (*verzichten*) to refrain; **sich des Alkohols/Rauchens ~** to abstain from alcohol/smoking

ent·halt·sam [ɛnt'haltzaːm] **I.** *adj* [self-]restrained; (*genügsam*) abstinent; (*keusch*) chaste **II.** *adv* **völlig ~ leben** to live a completely abstinent life

Ent·halt·sam·keit <-> *f kein pl* abstinence; (*sexuelle Abstinenz*) chastity

Ent·hal·tung *f* POL abstention

ent·här·ten* *vt* to soften

ent·haup·ten* [ɛnt'haʊptn̩] *vt* ■ **jdn ~** (*durch Scharfrichter*) to behead sb; (*durch Unfall*) to decapitate sb

ent·he·ben* *vt irreg* ■ **jdn einer S.** *gen* **~** ❶ (*suspendieren*) to relieve sb of sth ❷ (*geh: entbinden*) to release sb from sth

ent·hem·men* **I.** *vt* (*von Hemmungen befreien*) ■ **jdn ~** to make sb lose their inhibitions **II.** *vi* (*enthemmend wirken*) to have a disinhibiting effect

ent·hemmt I. *adj* disinhibited **II.** *adv* uninhibitedly

ent·hül·len* *vt* ■ [**jdm**] **etw ~** ❶ (*aufdecken*) to reveal sth [to sb] ❷ (*von einer Bedeckung befreien*) to unveil sth [to sb]

Ent·hül·lung <-, -en> *f* ❶ (*die Aufdeckung*) disclosure; *von Skandal, Lüge* exposure *no pl, no indef art* ❷ (*das Enthüllen*) *von Denkmal, Gesicht* unveiling

Ent·hül·lungs·jour·na·lis·mus <-> *f kein pl* investigative journalism

En·thu·si·as·mus <-> [ɛntuˈzi̯asmʊs] *m kein pl* enthusiasm

En·thu·si·ast(in) <-en, -en> [ɛntuˈzi̯ast] *m(f)* enthusiast

en·thu·si·as·tisch **I.** *adj* enthusiastic **II.** *adv* enthusiastically

ent·jung·fern* [ɛntˈjʊŋfɐn] *vt* to deflower

ent·kal·ken* *vt* to decalcify

ent·ker·nen* [ɛntˈkɛrnən] *vt* ■ **etw ~** ❶ (*von Kernen befreien*) to stone sth; *Apfel* to core sth ❷ ARCHIT to remove the core of sth

ent·kno·ten* *vt* to untie

ent·kof·fe·i·niert [ɛntkɔfeiˈniːɐ̯t] *adj* decaffeinated

ent·kom·men* *vi irreg sein* to escape

Ent·kom·men <-> *nt kein pl* escape; **es gibt [für jdn] kein ~ aus etw** *dat* there is no escape [for sb] from sth

ent·kor·ken* [ɛntˈkɔrkn̩] *vt* to uncork

ent·kräf·ten* [ɛntˈkrɛftn̩] *vt* ❶ (*kraftlos machen*) ■ **jdn ~** (*durch Anstrengung*) to weaken sb; (*durch Krankheit*) to debilitate sb form ❷ (*widerlegen*) ■ **etw ~** to refute sth

Ent·kri·mi·na·li·sie·rung [ɛntkriminaliˈziːrʊŋ] *f* JUR decriminalization

ent·la·den* *irreg* **I.** *vt* ❶ (*Ladung herausnehmen*) to unload ❷ ELEK to drain **II.** *vr* ❶ (*zum Ausbruch kommen*) *Gewitter, Sturm* ■ **sich ~** to break ❷ ELEK ■ **sich ~** *Akku, Batterie* to run down ❸ (*fig: plötzlich ausbrechen*) ■ **sich ~** *Begeisterung, Zorn etc.* to be vented

ent·lang [ɛntˈlaŋ] **I.** *präp* (*längs*) along; **den Fluss ~** along the river **II.** *adv* ■ **an etw** *dat* **~** along sth; **hier ~** this/that way

ent·lang|fah·ren *vt irreg sein* ❶ *Straße* to drive along ❷ (*eine Linie nachziehen*) to trace **ent·lang|ge·hen** *irreg* **I.** *vt sein* (*zu Fuß folgen*) ■ **etw ~** to go along sth **II.** *vi sein* ■ **an etw** *dat* **~** ❶ (*parallel zu etw gehen*) to go along the side of sth ❷ (*parallel zu etw verlaufen*) to run alongside sth

ent·lar·ven* [ɛntˈlarfn̩] *vt* ■ **jdn/etw** [**als etw** *akk*] **~** *Dieb, Spion* to expose sb/sth [as sth]; **sie entlarvte sich als Lügnerin** she showed herself to be a liar

ent·las·sen* *vt irreg* ❶ (*kündigen*) ■ **jdn ~** (*Stellen abbauen*) to make sb redundant; (*gehen lassen*) to dismiss sb ❷ MED, MIL to discharge sb; **die Schüler wurden ins Berufsleben ~** the pupils left school to start working life ❸ (*geh: entbinden*) ■ **jdn aus etw** *dat* **~** to release sb from sth

Ent·las·sung <-, -en> *f* (*Kündigung*) redundancy [notice] BRIT, pink slip AM

Ent·las·sungs·grund *m* grounds *pl* for dismissal

ent·las·ten* *vt* ❶ JUR ■ **jdn** [**von etw** *dat*] **~** to clear sb [of sth] ❷ (*von einer Belastung befreien*) ■ **jdn ~** to relieve sb

Ent·las·tung <-, -en> *f* ❶ JUR exoneration; **zu jds ~** in sb's defence ❷ (*das Entlasten*) relief; **zu jds ~** in order to lighten sb's load

ent·lau·fen*¹ *vi irreg sein* ■**jdm ~** to run away from sb

ent·lau·fen² *adj* (*entflohen*) escaped; (*weggelaufen*) on the run

ent·le·di·gen* [ɛnt'leːdɪgn̩] *vr* ■**sich einer S. gen** ~ ❶ (*geh: ablegen*) to put sth down; *Kleidungsstück* to remove sth ❷ (*loswerden*) to get rid of sth

ent·lee·ren* *vt* to empty

ent·le·gen [ɛnt'leːgn̩] *adj* remote

ent·leh·nen* *vt* ❶ LING ■**etw aus etw** *dat* ~ to borrow sth from sth ❷ SCHWEIZ (*entleihen*) ■**etw [von jdm/aus etw** *dat*] ~ to borrow sth [from sb/sth]

ent·lei·hen* *vt irreg* ■**etw ~** to borrow sth (**von/aus** from)

Ent·lei·her(in) <-s, -> *m(f)* (*geh*) borrower

ent·lo·cken* *vt* ■**jdm etw ~** to elicit sth from sb

ent·loh·nen* *vt* ■**jdn [für etw** *akk*] ~ ❶ (*bezahlen*) to pay sb [for sth] ❷ (*entgelten*) to reward sb [for sth]

Ent·loh·nung <-, -en> *f* payment

ent·lüf·ten* *vt* ❶ (*verbrauchte Luft herauslassen*) ■**etw ~** to ventilate sth ❷ (*Luftblasen entfernen*) ■**etw ~** to bleed sth

ent·mach·ten* [ɛnt'maxtn̩] *vt* ■**jdn/etw ~** to disempower sb/sth

ent·mi·li·ta·ri·sie·ren* [ɛntmilitari'ziːrən] *vt* to demilitarize

ent·mün·di·gen* [ɛnt'mʏndɪgn̩] *vt* ■**jdn ~ lassen** to have sb declared legally incapable

Ent·mün·di·gung <-, -en> *f* JUR legal incapacitation

ent·mu·ti·gen* [ɛnt'muːtɪgn̩] *vt* ■**jdn ~** to discourage sb; ■**sich ~ lassen** to be discouraged

Ent·mu·ti·gung <-, -en> *f* discouragement

Ent·nah·me <-, -n> [ɛnt'naːmə] *f* removal; *von Blut* extraction

ent·neh·men* *vt irreg* ❶ (*herausnehmen*) ■**etw ~** to take sth (+*dat* from) ❷ MED ■**jdm etw ~** to extract sth from sb ❸ (*fig: aus etw schließen*) ■**etw aus etw** *dat* ~ to infer sth from sth *form*; ■**aus etw** *dat* ~, **dass ...** to gather from sth that ...

ent·nervt I. *adj* (*der Nerven beraubt*) nerve-[w]racked; (*der Kraft beraubt*) enervated II. *adv* out of nervous exhaustion

ent·pup·pen* [ɛnt'pʊpn̩] *vr* (*fig: sich enthüllen*) ■**sich [als etw** *akk*] ~ to turn out to be sth

ent·rah·men* *vt* to skim

ent·rei·ßen* *vt irreg* ❶ (*wegreißen*) ■**jdm etw ~** to snatch sth [away] from sb ❷ (*geh: retten*) ■**jdn einer S.** *dat* ~ to rescue sb from sth

ent·rich·ten* *vt* (*geh*) *Gebühren, Steuern* to pay

Ent·rin·nen *nt* **es gab kein ~ mehr** there was no escape

ent·rin·nen* *vi irreg sein* (*geh: entkommen*) ■**jdm/etw ~** to escape from sb/sth

ent·rückt *adj* (*geh*) enraptured

ent·rüm·peln* [ɛnt'rʏmpl̩n] *vt* ■**etw ~** ❶ (*von Gerümpel befreien*) to clear sth out *sep* ❷ (*fig: von Unnützem befreien*) to tidy sth up *sep*

ent·rüs·ten* I. *vt* (*empören*) ■**jdn ~** to make sb indignant; (*stärker*) to outrage sb II. *vr* (*sich empören*) ■**sich über jdn/ etw ~** to be indignant about sb/sth; (*stärker*) to be outraged by sb/sth

ent·rüs·tet I. *adj* indignant (**über** about/at) II. *adv* indignantly

Ent·rüs·tung *f* indignation (**über** about)

ent·sa·gen* *vi* (*geh*) ■**einer S.** *dat* ~ to renounce sth

ent·sal·zen* *vt* ■**etw ~** to desalinate sth

ent·schä·di·gen* *vt* ■**jdn [für etw** *akk*] ~ ❶ (*Schadensersatz leisten*) to compensate sb [for sth] ❷ (*ein lohnender Ausgleich sein*) to make up to sb [for sth]

Ent·schä·di·gung *f* compensation

ent·schär·fen* *vt* (*a. fig*) ■**etw ~** to defuse sth

ent·schei·den* *irreg* I. *vt* ❶ (*beschließen*) to decide; (*gerichtlich*) to rule ❷ (*endgültig klären*) to settle II. *vi* (*beschließen*) to decide (**über** on); **hier entscheide ich!** I make the decisions here!; ■**für/gegen jdn/etw ~** to decide in favour of/against sb/ sth; (*gerichtlich*) to rule in favour/against sb/sth III. *vr* ❶ (*eine Entscheidung treffen*) ■**sich [dazu] ~** to decide ❷ (*sich herausstellen*) **es hat sich noch nicht entschieden, wer die Stelle bekommen wird** it hasn't been decided who will get the job

ent·schei·dend [ɛnt'ʃaidn̩t] I. *adj* ❶ (*ausschlaggebend*) decisive ❷ (*gewichtig*) crucial II. *adv* (*in entschiedenem Maße*) decisively

Ent·schei·dung *f* ❶ (*Beschluss*) decision; **die ~ liegt bei jdm** it is for sb to decide; **vor einer ~ stehen** to be confronted with a decision; **jdn vor eine ~ stellen** to leave a decision to sb; **eine ~ treffen** to make a decision ❷ JUR ruling

ent·schei·dungs·freu·dig *adj* willing to

make a decision **Ent·schei·dungs·spiel** *nt* decider BRIT, deciding match
ent·schei·den [ɛntˈʃiːdn̩] I. *pp von* **entscheiden** II. *adj* ❶(*entschlossen*) resolute ❷(*eindeutig*) definite III. *adv* ❶(*entschlossen*) **den Vorschlag lehne ich ganz ~ ab** I categorically reject the proposal ❷(*eindeutig*) **diesmal bist du ~ zu weit gegangen** this time you've definitely gone too far
Ent·schei·den·heit <-, -en> *f* determination; **etw mit |aller| ~ ablehnen** to refuse sth flatly; **mit ~ dementieren** to deny categorically
ent·schla·cken* [ɛntˈʃlakn̩] I. *vt* (*von Schlacken befreien*) to purify II. *vi* (*entschlackend wirken*) to have a purifying effect
ent·schlafen* *vi irreg sein* (*euph geh: sterben*) to pass away [*or* on]
ent·schlie·ßen* *vr irreg* (*sich entscheiden*) ■**sich ~** to decide (**für/zu** on); **sich zu nichts ~ können** to be unable to make up one's mind
Ent·schlie·ßung *f* (*geh: Entschluss*) decision
ent·schlos·sen [əntˈʃlɔsn̩] I. *pp von* **entschließen** II. *adj* (*zielbewusst*) determined; **fest ~** absolutely determined; **etw kurz ~ tun** [to decide] to do sth straight away; **zu allem ~** determined to do anything III. *adv* resolutely
Ent·schlos·sen·heit <-> *f kein pl* determination
ent·schlüp·fen* *vi sein* ❶(*entkommen*) ■|jdm| **~** to escape [from sb] ❷(*fig: entfahren*) ■**etw entschlüpft jdm** *Bemerkung, Worte* sb lets sth slip
Ent·schluss[RR] <-es, Entschlüsse> *m*, **Ent·schluß**[ALT] <-sses, Entschlüsse> [ɛntˈʃlʊs] *m* decision; **aus eigenem ~ handeln** to act on one's own initiative; **jds fester ~ sein, etw |nicht| zu tun** to be sb's firm intention [not] to do sth; **seinen ~ ändern** to change one's mind; **einen ~ fassen** to make a decision; **zu einem ~ kommen** to reach a decision; **zu keinem ~ kommen** to be unable to come to a decision
ent·schlüs·seln* [ɛntˈʃlʏsl̩n] *vt* to decode
ent·schluss·freu·dig[RR] *adj* decisive
ent·schuld·bar [ɛntˈʃʊltbaːɐ̯] *adj* excusable
ent·schul·di·gen* [ɛntˈʃʊldɪɡn̩] I. *vi* (*als*

---

sich entscheiden

nach Entschlossenheit fragen	*asking about strength of opinion*
Sind Sie sicher, dass Sie das wollen?	*Are you sure you want it/that?*
Haben Sie sich das gut überlegt?	*Have you considered it carefully?*
Wollen Sie nicht lieber dieses Modell?	*Wouldn't you rather have this model?*

Entschlossenheit ausdrücken	*expressing determination*
Ich habe mich entschieden: Ich werde an der Feier nicht teilnehmen.	*I have decided to give the celebration a miss.*
Ich habe mich dazu durchgerungen, ihr alles zu sagen.	*I have made up my mind to tell her everything.*
Wir sind (fest) entschlossen, nach Australien auszuwandern.	*We are (absolutely) determined to emigrate to Australia.*
Ich lasse mich von nichts/niemandem davon abbringen, es zu tun.	*Nothing/Nobody is going to stop me doing it.*
Ich werde auf keinen Fall kündigen.	*On no account shall I hand in my notice.*

Unentschlossenheit ausdrücken	*expressing indecision*
Ich weiß noch nicht, was ich tun soll.	*I don't know what I should do.*
Wir sind uns noch im Unklaren darüber, was wir tun werden.	*We are still unsure about what we are going to do.*
Ich bin mir noch unschlüssig, ob ich die Wohnung mieten soll oder nicht.	*I can't decide whether or not to take the flat.*
Ich habe mich noch nicht entschieden.	*I haven't decided yet.*
Ich bin noch zu keinem Entschluss darüber gekommen.	*I haven't reached a decision about it yet.*

Höflichkeitsformel) ~ **Sie** excuse me **II.** *vr* ❶ (*um Verzeihung bitten*) ■**sich** ~ to apologize ❷ (*eine Abwesenheit begründen*) ■**sich** ~ to ask to be excused **III.** *vt* ❶ (*als verzeihlich begründen*) ■**etw mit etw** *dat* ~ to use sth as an excuse for sth ❷ (*eine Abwesenheit begründen*) ■**jdn bei jdm** ~ to ask sb to excuse sb ❸ (*als verständlich erscheinen lassen*) ■**etw** ~ to excuse sth

ent·schul·di·gend *adj* apologetic

Ent·schul·di·gung <-, -en> *f* ❶ (*Bitte um Verzeihung*) apology; [jdn] [wegen etw *dat*] **um** ~ **bitten** to apologize [to sb] [for sth] ❷ (*Begründung, Rechtfertigung*) **als** ~ **für etw** *akk* as an excuse for sth; **was haben Sie zu Ihrer** ~ **zu sagen?** what have you got to say in your defence? ❸ (*als Höflichkeitsformel*) ~**!** sorry! ❹ SCH note

ent·schwin·den* *vi irreg sein* (*geh*) ❶ (*verschwinden*) to vanish ❷ (*rasch vergehen*) to pass quickly

ent·sen·den* *vt irreg o reg* ■**jdn** ~ to send sb; *Boten* to dispatch sb

Ent·sen·dung *f* (*von Abgeordneten*) dispatch

ent·set·zen* **I.** *vt* (*in Grauen versetzen*) ■**jdn** ~ to horrify sb **II.** *vr* (*die Fassung verlieren*) ■**sich** ~ to be horrified (**über** at)

Ent·set·zen <-s> *nt kein pl* (*Erschrecken*) horror; **voller** ~ filled with horror; **mit** ~ horrified

ent·setz·lich [ɛntˈzɛtslɪç] **I.** *adj* ❶ (*schrecklich*) dreadful ❷ (*fam: sehr stark*) terrible **II.** *adv* ❶ (*in furchtbarer Weise*) terribly; ~ **aussehen** to look awful ❷ *intensivierend* (*fam*) awfully

ent·setzt I. *adj* horrified; ■~ **sein** to be horrified (**über** by) **II.** *adv* (*großes Entsetzen zeigend*) **sie schrie** ~ **auf** she let out a horrified scream

ent·seu·chen* [ɛntˈzɔyçn̩] *vt* ÖKOL ■**etw** ~ to decontaminate [*or* disinfect] sth

ent·si·chern* *vt* ■**etw** ~ to release the safety catch on sth

ent·sin·nen* *vr irreg* (*geh*) to remember; **wenn ich mich recht entsinne** if I remember correctly

ent·sor·gen* *vt* ÖKOL ❶ (*wegschaffen*) ■**etw** ~ to dispose of sth ❷ (*von Abfallstoffen befreien*) ■**eine Stadt** ~ to dispose of a town's waste

---

sich entschuldigen

zugeben, eingestehen	admitting, confessing
Es ist meine Schuld.	It's my fault.
Ja, es war mein Fehler.	Yes, it was my mistake.
Da habe ich Mist gebaut. *(sl)*	I've really messed that/things up. *(fam)*
Ich gebe es ja zu: Ich habe vorschnell gehandelt.	I admit I acted too hastily.
Sie haben Recht, ich hätte mir die Sache gründlicher überlegen sollen.	You are right, I should have given the matter more consideration.

sich entschuldigen	apologizing
(Oh,) das hab ich nicht gewollt!	(Oh,) I didn't mean to do that!
Das tut mir leid!	I'm sorry!
Entschuldigung!/Verzeihung!/Pardon!	Excuse me!/Sorry!/I beg your pardon!
Entschuldigen Sie bitte!	Please excuse me!/I'm sorry!
Das war nicht meine Absicht.	That wasn't my intention.
Ich muss mich dafür wirklich entschuldigen.	I really must apologize.

auf Entschuldigungen reagieren	accepting apologies
Schon okay! *(fam)*/Das macht doch nichts!	That's okay!/It doesn't matter at all!
Keine Ursache!/Macht nichts!	That's all right!/Never mind!
Machen Sie sich darüber keine Gedanken.	Don't worry about it.
Lass' dir da mal keine grauen Haare wachsen. *(fam)*	Don't lose any sleep over it. *(fam)*

Ent·sor·gung <-, -en> *f* waste disposal
ent·span·nen* I. *vr* ■**sich ~** ❶ (*relaxen*) to unwind ❷ (*sich glätten*) to relax ❸ POL *a.* (*sich beruhigen*) to ease II. *vt* ■**etw ~** ❶ (*lockern*) to relax sth ❷ (*Spannung beseitigen*) to ease sth
Ent·span·nung *f* ❶ (*innerliche Ruhe*) relaxation; **zur ~** for relaxation ❷ POL easing of tension
Ent·span·nungs·übung *f meist pl* relaxation exercise
ent·spre·chen* *vi irreg* ■**einer S.** *dat* **~** ❶ (*übereinstimmen*) to correspond to sth ❷ (*genügen*) to fulfil sth ❸ (*geh: nachkommen*) to comply with sth
ent·spre·chend [ɛntˈʃprɛçnt] I. *adj* ❶ (*angemessen*) appropriate ❷ (*zuständig*) relevant II. *präp* in accordance with
Ent·spre·chung <-, -en> *f* equivalence
ent·sprin·gen* *vi irreg sein* ■**einer S.** *dat* **~** ❶ GEOG to rise from sth ❷ (*seinen Ursprung haben*) to spring from sth
ent·stam·men* *vi sein* ■**einer S.** *dat* **~** ❶ (*aus etw stammen*) to come from sth ❷ (*aus einer bestimmten Zeit stammen*) to originate from sth; (*abgeleitet sein*) to be derived from sth
ent·ste·hen* *vi irreg sein* ■ [**aus etw** *dat/* **durch etw** *akk*] **~** ❶ (*zu existieren beginnen*) to come into being [from sth] ❷ (*verursacht werden*) to arise [from sth] ❸ CHEM (*sich bilden*) to be produced [from/through sth] ❹ (*sich ergeben*) to arise [from sth]
Ent·ste·hung <-, -en> *f* ❶ (*das Werden*) creation; *des Lebens* origin; *eines Gebäudes* construction ❷ CHEM formation
ent·stei·gen* *vi irreg sein* (*geh*) ■**einer S.** *dat* **~** ❶ (*aussteigen*) to alight from sth form ❷ (*aufsteigen*) *Dampf, Rauch* to rise from sth
ent·stel·len* *vt* ❶ (*verunstalten*) to disfigure ❷ (*verzerren*) **der Schmerz entstellte ihre Züge** her features were contorted with pain ❸ (*verzerrt wiedergeben*) **etw entstellt wiedergeben** to distort sth
Ent·stel·lung *f* ❶ (*entstellende Narbe*) disfigurement ❷ (*Verzerrung*) *der Tatsachen, Wahrheit* distortion
ent·stö·ren* *vt* ■**etw ~** ❶ TELEK (*von Störungen befreien*) to eliminate interference in sth ❷ ELEK (*von Interferenzen befreien*) to fit a suppressor to sth
ent·strö·men* *vi sein* (*geh*) ■**einer S.** *dat* **~** to pour out of sth; *Gas, Luft* to escape from sth
ent·täu·schen* I. *vt* ❶ (*Erwartungen nicht erfüllen*) ■**jdn ~** to disappoint sb ❷ (*nicht entsprechen*) **jds Hoffnungen ~** to dash sb's hopes; **jds Vertrauen ~** to betray sb's trust II. *vi* (*enttäuschend sein*) to be disappointing
ent·täu·schend *adj* disappointing
ent·täuscht I. *adj* disappointed (**über** about, **von** by) II. *adv* disappointedly
Ent·täu·schung *f* disappointment; **jdm eine ~ bereiten** to disappoint sb
ent·thro·nen* *vt* (*geh*) ■**jdn ~** to dethrone sb
ent·waff·nen* [ɛntˈvafnən] *vt* (*a. fig*) ■**jdn ~** to disarm sb
ent·waff·nend I. *adj* disarming II. *adv* disarmingly
Ent·war·nung *f* all-clear
ent·wäs·sern* *vt* ❶ AGR, BAU to drain ❷ MED to dehydrate
Ent·wäs·se·rung <-, -en>, **Ent·wäss·rung** <-, -en> *f* ❶ (*von Moor, Gelände*) drainage ❷ (*Kanalisation*) drainage [system] ❸ CHEM dehydration
ent·we·der [ɛntˈveːdɐ] *konj* **~ ... oder ...** either...or...; **~ oder!** yes or no!
ent·wei·chen* *vi irreg sein* ■ [**aus etw** *dat*] **~** ❶ (*sich verflüchtigen*) to leak [from sth] ❷ (*geh: fliehen*) to escape [from sth]
ent·wei·hen* *vt* ■**etw ~** to desecrate sth
ent·wen·den* *vt* (*geh o hum*) ■ [**jdm**] **etw ~** to purloin sth [from sb]
ent·wer·fen* *vt irreg* ❶ (*zeichnerisch gestalten*) to sketch ❷ (*designen*) to design ❸ (*im Entwurf erstellen*) to draft
ent·wer·ten* *vt* ❶ (*ungültig machen*) to invalidate; *Banknoten* to demonetize ❷ (*weniger wert machen*) *Preise* to devalue
Ent·wer·tung *f* invalidation; (*Wertminderung*) devaluation
ent·wi·ckeln* I. *vt* ❶ (*erfinden, entwerfen*) *a.* FOTO to develop ❷ CHEM (*entstehen lassen*) to produce II. *vr* ❶ (*zur Entfaltung kommen*) ■**sich** [**zu etw** *dat*] **~** to develop [into sth] ❷ (*vorankommen*) **na, wie entwickelt sich euer Projekt?** well, how is your project coming along? ❸ CHEM (*entstehen*) ■**sich ~** to be produced
Ent·wick·ler <-s, -> *m* FOTO developer
Ent·wick·lung <-, -en> *f* ❶ (*das Entwickeln, das Entwerfen*) *a.* FOTO development; [**noch**] **in der ~ sein** to be [still] in the development stage ❷ (*das Vorankommen*) progression ❸ CHEM (*Entstehung*) generation ❹ ÖKON, POL trend
Ent·wick·lungs·hel·fer(in) *m(f)* development aid worker **Ent·wick·lungs·hil·fe** *f*

❶(*Unterstützung unterentwickelter Länder*) development aid ❷(*finanzielle Zuwendungen an Staaten*) foreign aid **Ent·wick·lungs·land** *nt* developing country **Ent·wick·lungs·stu·fe** *f* stage of development

ent·wir·ren* [ɛntˈvɪrən] *vt* ■**etw ~** ❶(*auflösen*) to disentangle sth ❷(*klar machen*) to sort sth out *sep*

ent·wi·schen* *vi sein* to escape

ent·wöh·nen* [ɛntˈvøːnən] *vt* ❶(*der Mutterbrust*) **einen Säugling ~** to wean an infant ❷(*nicht mehr gewöhnt sein*) **er war jeglicher Ordnung völlig entwöhnt** he had grown unaccustomed to any kind of order

ent·wür·di·gen* *vt* ■**jdn ~** to degrade sb
ent·wür·di·gend I. *adj* degrading II. *adv* degradingly

Ent·wurf *m* ❶(*Skizze*) sketch ❷(*Design*) design ❸(*schriftliche Planung*) draft; **im ~ sein** to be in the planning stage

ent·wur·zeln* *vt* ❶(*aus dem Boden reißen*) ■**etw ~** to uproot sth ❷(*heimatlos machen*) ■**jdn ~** to uproot sb

ent·zie·hen* *irreg* I. *vt* ❶ADMIN (*aberkennen*) ■**jdm etw ~** to withdraw sth from sb; **jdm den Führerschein ~** to revoke sb's driving licence [*or* AM driver's license] ❷(*nicht länger geben*) ■**jdm etw ~** to withdraw sth from sb II. *vr* ❶(*sich losmachen*) to evade; **sie wollte ihn streicheln, doch er entzog sich ihr** she wanted to caress him, but he resisted her ❷(*nicht berühren*) **das entzieht sich meiner Kenntnis** that's beyond my knowledge

Ent·zie·hungs·kur *f* cure for an addiction
ent·zif·fern* [ɛntˈtsɪfɐn] *vt* to decipher
ent·zü·cken* *vt* (*begeistern*) ■**jdn ~** to delight sb; [**von etw** *dat*] **wenig entzückt sein** (*iron*) not to be very pleased [about sth]

Ent·zü·cken <-s> *nt kein pl* delight; [**über etw** *akk*] **in ~ geraten** to go into raptures [over sth]

ent·zü·ckend [ɛntˈtsʏknt] *adj* delightful

Ent·zug <-[e]s> *m kein pl* ❶ADMIN revocation ❷MED withdrawal; (*Entziehungskur*) withdrawal treatment

Ent·zugs·er·schei·nung *f* withdrawal symptom *usu pl* **Ent·zugs·kli·nik** *f* detoxification clinic

ent·zünd·bar *adj* inflammable; **leicht ~** highly inflammable

ent·zün·den* I. *vt* (*geh: anzünden*) to light II. *vr* ❶MED ■**sich ~** to become inflamed ❷(*in Brand geraten*) ■**sich ~** to catch fire ❸(*fig: aufflackern*) ■**sich an etw** *dat* **~** to be sparked off by sth; *Begeisterung* to be kindled by sth

ent·zün·det *adj* MED inflamed

ent·zünd·lich [ɛntˈtsʏntlɪç] *adj* ❶(*infektiös*) inflammatory ❷(*entzündbar*) inflammable

Ent·zün·dung *f* MED inflammation

ent·zwei [ɛntˈtsvai̯] *adj präd* in two [pieces]; (*zersprungen*) broken

ent·zwei|bre·chen *irreg* I. *vi sein* (*zerbrechen*) to break into pieces II. *vt haben* (*zerbrechen*) ■**etw ~** to break sth in two

ent·zwei·en* [ɛntˈtsvai̯ən] I. *vt* to cause people to fall out II. *vr* (*sich überwerfen*) ■**sich mit jdm ~** to fall out with sb

ent·zwei|ge·hen *vi irreg sein* to break [in two]

En·zy·klo·pä·die <-, -n> [ɛntsyklopɛˈdiː, *pl* -ˈdiːən] *f* encyclopaedia, encyclopedia *esp* AM

en·zy·klo·pä·disch [ɛntsykloˈpɛːdɪʃ] I. *adj* encyclopaedic, encyclopedic *esp* AM II. *adv* encyclopaedically, encyclopedically *esp* AM

En·zym <-s, -e> [ɛnˈtsyːm] *nt* enzyme
Epen [ˈeːpən] *pl von* **Epos**
Epi·de·mie <-, -n> [epideˈmiː, *pl* -ˈmiːən] *f* MED epidemic

Epi·gramm <-gramme> [epiˈɡram] *nt* ❶LIT epigram ❷KOCHK (*Bruststück vom Lamm*) [lamb] epigram

Epik <-> [ˈeːpɪk] *f kein pl* epic poetry
Epi·lep·sie <-, -n> [epilɛˈpsiː, *pl* -ˈpsiːən] *f* epilepsy

Epi·lep·ti·ker(in) <-s, -> [epiˈlɛptikɐ] *m(f)* epileptic

epi·lep·tisch [epiˈlɛptɪʃ] I. *adj* epileptic II. *adv* to have a tendency towards epileptic fits

Epi·log <-s, -e> [epiˈloːk, *pl* epiˈloːɡə] *m* epilogue

episch [ˈeːpɪʃ] *adj* epic
Epi·so·de <-, -n> [epiˈzoːdə] *f* episode
Epi·stel <-, -n> [eˈpɪstl] *f* REL Epistle; **apostolische ~n** apostolic Epistles

Epi·zen·trum [epiˈtsɛntrʊm] *nt* epicentre
Epo·che <-, -n> [eˈpɔxə] *f* epoch
Epos <-, Epen> [ˈeːpɔs, *pl* ˈeːpən] *nt* epic

er <*gen* seiner, *dat* ihm, *akk* ihn> [ˈeːɐ̯] *pron pers* he; **sie ist ein Jahr jünger als ~** she is a year younger than him; **nicht möglich, ~ ist es wirklich!** unbelievable, it really is him!; **wenn ich ~ wäre,...** if I were him...

er·ach·ten* [ɛɐ̯ˈʔaxtn̩] *vt* (*geh*) **es als Pflicht ~** to consider it to be one's duty
Er·ach·ten <-s> [ɛɐ̯ˈʔaxtn̩] *nt kein pl* **meines ~s** in my opinion
er·ah·nen* *vt* (*geh*) to guess; ▪**etw ~ lassen** to give an idea of sth
er·ar·bei·ten* *vt* ❶ (*durch Arbeit erwerben*) ▪|*sich dat*| **etw ~** *Vermögen* to work for sth ❷ (*erstellen*) ▪**etw ~** *Entwurf* to work out sth
Erb·an·la·ge *f meist pl* hereditary factor
er·bar·men* [ɛɐ̯ˈbarmən] I. *vt* (*leidtun*) ▪**jdn ~** to arouse sb's pity II. *vr* ▪**sich jds/einer S.** *gen* **~** to take pity on sb/sth
Er·bar·men <-s> [ɛɐ̯ˈbarmən] *nt kein pl* pity; ▪**~ mit jdm** [**haben**] to [have] pity for sb; **ohne ~** merciless[ly]
er·bärm·lich [ɛɐ̯ˈbɛrmlɪç] I. *adj* (*pej*) ❶ (*fam: gemein*) miserable ❷ (*furchtbar*) terrible; **~e Angst haben** to be terribly afraid ❸ (*jämmerlich*) *Zustand* wretched; |**in etw** *dat*| **~ aussehen** (*fam*) to look terrible [in sth] II. *adv* (*pej*) ❶ (*gemein*) abominably ❷ (*furchtbar*) terribly
er·bar·mungs·los [ɛɐ̯ˈbarmʊŋsloːs] I. *adj* merciless II. *adv* mercilessly
er·bau·en* I. *vt* ❶ (*errichten*) to build ❷ (*seelisch bereichern*) ▪**jdn ~** to uplift sb ❸ (*fam: begeistert sein*) ▪**|von etw** *dat*| **erbaut sein** to be enthusiastic [about sth]; **sie ist von meiner Idee nicht besonders erbaut** she isn't exactly thrilled with my idea II. *vr* (*sich innerlich erfreuen*) ▪**sich an etw** *dat* **~** to be upliftend by sth
Er·bau·er(in) <-s, -> *m(f)* architect
er·bau·lich *adj* (*geh*) edifying
Er·bau·ung <-, -en> *f* ❶ (*Errichtung*) building ❷ (*seelische Bereicherung*) edification
Er·be <-s> [ˈɛrbə] *nt kein pl* ❶ (*Erbschaft*) inheritance *no pl* ❷ (*fig: Hinterlassenschaft*) legacy
Er·be, Er·bin <-n, -n> [ˈɛrbə, ˈɛrbɪn, *pl* ˈɛrbn̩] *m*, JUR heir *masc*, heiress *fem*
er·be·ben* *vi sein* (*geh*) ❶ (*beben*) to tremble ❷ (*zittern*) ▪**|vor etw** *dat*| **~** to shake [with sth]
er·ben [ˈɛrbn̩] I. *vt* ▪**etw |von jdm| ~** to inherit sth [from sb] II. *vi* (*Erbe sein*) to receive an inheritance
er·beu·ten* [ɛɐ̯ˈbɔy̆tn̩] *vt* ▪**etw ~** ❶ (*als Beute erhalten*) to get away with sth ❷ (*als Kriegsbeute bekommen*) to capture sth ❸ (*als Beute fangen*) to carry off sth *sep*
Erb·fak·tor *m* hereditary factor **Erb·feh·ler** *m* BIOL hereditary defect **Erb·fol·ge** *f* [line of] succession **Erb·gut** *nt kein pl* genetic make-up

er·bit·tert I. *adj* bitter II. *adv* bitterly
Er·bit·te·rung <-> *f kein pl* bitterness
Erb·krank·heit *f* hereditary disease
er·blas·sen* [ɛɐ̯ˈblasn̩] *vi sein* (*erbleichen*) ▪|**vor etw** *dat*| **~** to go pale [with sth]; ▪**jdn ~ lassen** to make sb go pale
Erb·las·ser(in) <-s, -> [ˈɛrplasɐ] *m(f)* JUR testator
er·blei·chen* *vi sein* (*geh*) ▪|**vor etw** *dat*| **~** to go pale [with sth]
erb·lich [ˈɛrplɪç] I. *adj* hereditary II. *adv* by inheritance; **Krampfadern sind ~ bedingt** varicose veins are inherited
er·bli·cken* *vt* (*geh*) ▪**jdn/etw ~** to catch sight of sb/sth
er·blin·den* [ɛɐ̯ˈblɪndn̩] *vi sein* ▪|**durch etw** *akk*| **~** to go blind [as a result of sth]
Er·blin·dung <-, -en> *f* loss of sight
er·blü·hen* *vi sein* (*geh*) to bloom
Erb·mas·se *f* genetic make-up **Erb·on·kel** *m* (*hum fam*) rich uncle
er·bost [ɛɐ̯ˈboːst] *adj* (*geh*) ▪**~ sein über jdn/etw** *akk* to be furious about sth/sb
er·bre·chen* *irreg* I. *vt* (*ausspucken*) ▪**etw ~** to bring up sth *sep;* **etw bis zum E~ tun** (*pej fam*) to do sth ad nauseam II. *vi* (*den Mageninhalt erbrechen*) to throw up *sl* III. *vr* (*sich übergeben*) ▪**sich ~** to be sick
Erb·recht *nt* law of inheritance
er·brin·gen* *vt irreg* ❶ (*aufbringen*) *a.* FIN to raise; **eine hohe Leistung ~** to perform well ❷ (*als Resultat zeitigen*) to produce ❸ JUR to produce
Erb·schaft <-, -en> [ˈɛrpʃaft] *f* inheritance; **eine ~ machen** to come into an inheritance
Erb·schlei·cher(in) <-s, -> *m(f)* legacy-hunter
Erb·se <-, -n> [ˈɛrpsə] *f* pea
Erb·sen·sup·pe *f* pea soup **Erb·sen·zäh·ler(in)** *m(f)* (*pej sl*) pedant
Erb·stück *nt* heirloom **Erb·sün·de** *f* original sin **Erb·tan·te** *f* (*hum fam*) rich aunt
Erd·ach·se [ˈeːɐ̯daksə] *f* earth's axis
er·dacht [ɛɐ̯ˈdaxt] *adj* invented
Erd·an·zie·hung *f kein pl* gravitational pull of the earth **Erd·ap·fel** *m* SÜDD, ÖSTERR (*Kartoffel*) potato **Erd·at·mo·sphä·re** *f* earth's atmosphere **Erd·ball** *m* (*geh*) *s.* **Erdkugel Erd·be·ben** *nt* earthquake **Erd·bee·re** [ˈeːɐ̯tbeːrə] *f* strawberry **Erd·be·völ·ke·rung** *f* population of the earth **Erd·bo·den** *m* ground; **etw dem ~ gleichmachen** to raze sth to the ground;

als hätte ihn/sie der ~ verschluckt as if the earth had swallowed him/her up
Er·de <-, -n> ['eːɐ̯də] f ❶ *kein pl (Welt)* earth; **auf der ganzen ~** in the whole world ❷ *(Erdreich)* earth; **fruchtbare ~** fertile soil ❸ *(Boden)* ground; **auf der ~** on the ground; **zu ebener ~** at street level ❹ ELEK *(Erdung)* earth ▸**jdn unter die ~ bringen** to be the death of sb
er·den ['eːɐ̯dn̩] vt ELEK to earth
er·den·ken* vt irreg to devise
er·denk·lich adj attr conceivable; **alles E~e tun** to do everything conceivable
erd·far·ben adj earth-coloured
Erd·gas nt natural gas **Erd·ge·schoss**^RR nt ground [or AM first] floor; **im ~** on the ground [or AM first] floor
er·dich·ten* vt *(geh)* to fabricate
er·dig ['eːɐ̯dɪç] I. adj ❶ *(nach Erde riechend/schmeckend)* earthy ❷ *(mit Erde beschmutzt)* muddy II. adv **~ schmecken** to have an earthy taste
Erd·ku·gel f globe **Erd·kun·de** f geography **Erd·nuss**^RR f *(Pflanze und Frucht)* peanut **Erd·ober·flä·che** f surface of the earth **Erd·öl** nt oil **Erd·öl·vor·kom·men** nt oil deposit **Erd·reich** nt earth
er·dreis·ten* [ɛɐ̯'draɪ̯stn̩] vr ■**sich ~** to take liberties; ■**sich ~, etw zu tun** to have the audacity to do sth
er·dröh·nen* vi sein ■**[von etw** dat**] ~** to resound [with sth]
er·dros·seln* vt ■**jdn ~** to strangle sb
er·drü·cken* vt ❶ *(zu Tode drücken)* ■**jdn/ein Tier ~** to crush sb/an animal to death ❷ *(fam: Eigenständigkeit nehmen)* ■**jdn [mit etw** dat**] ~** to stifle sb [with sth] ❸ *(sehr stark belasten)* ■**jdn ~** to overwhelm sb
er·drü·ckend adj overwhelming; **~e Beweise** overwhelming evidence
Erd·rutsch m *(fig a.: überwältigender Wahlsieg)* landslide **Erd·stoß** m seismic shock **Erd·teil** m continent
er·dul·den* vt ■**etw ~** Kränkungen, Leid to endure sth
Erd·um·dre·hung f rotation of the earth **Erd·um·krei·sung** f orbit around the earth **Erd·um·lauf·bahn** f [earth] orbit **Erd·um·se·ge·lung** f circumnavigation of the earth
Er·dung <-, -en> f ELEK ❶ *(das Erden)* earthing ❷ *(leitende Verbindung)* earth
Erd·wär·me f geothermal energy
E-Rea·der <-s, -> ['iːriːdɐ] m e-reader
er·ei·fern* vr ■**sich [über etw** akk**] ~** to get worked up [about sth]

er·eig·nen* [ɛɐ̯'ʔaɪ̯gnən] vr ■**sich ~** to occur
Er·eig·nis <-ses, -se> [ɛɐ̯'ʔaɪ̯gnɪs, pl -nɪsə] nt event; *(etw Besonderes)* occasion; **bedeutendes/historisches ~** important/historical incident
er·eig·nis·los I. adj uneventful II. adv uneventfully
er·eig·nis·reich adj eventful
er·ei·len* vt *(geh)* ■**jdn ereilt etw** sth overtakes sb
Erek·ti·on <-, -en> [erɛkˈtsi̯oːn] f erection
Ere·mit(in) <-en, -en> [ereˈmiːt] m(f) hermit
er·fah·ren^1 [ɛɐ̯'faːrən] irreg I. vt ❶ *(zu hören bekommen)* ■**etw [über jdn/ etw] ~** to hear sth [about sb/sth]; ■**etw ~** to learn of sth ❷ *(geh: erleben)* to experience II. vi *(Kenntnis erhalten)* ■**von etw** dat**/über etw** akk **~** to learn of sth
er·fah·ren^2 [ɛɐ̯'faːrən] adj *(versiert)* experienced; ■**~ sein** to be experienced (**in** in)
Er·fah·rung <-, -en> f ❶ *(prägendes Erlebnis)* experience (**mit** of); **die ~ machen, dass ...** to find that ...; **nach meiner ~** in my experience ❷ *(Übung)* experience; **jahrelange ~** years of experience ❸ *(Kenntnis)* **etw in ~ bringen** to find out sth *sep*
Er·fah·rungs·aus·tausch m exchange of experiences **er·fah·rungs·ge·mäß** adv in sb's experience; **~ ist ...** experience shows ... **Er·fah·rungs·wert** m *meist pl* empirical value *spec*
er·fas·sen* vt ❶ *(mitreißen)* ■**etw/jdn ~** Auto, Strömung to catch sth/sb ❷ *(befallen)* ■**jdn ~** to seize sb; **sie wurde von Furcht erfasst** she was seized by fear ❸ *(begreifen)* to understand; **genau, du hast's erfasst!** exactly, you've got it! ❹ *(registrieren)* to record ❺ *(eingeben)* **Daten, Text** to enter
Er·fas·sung f ❶ *(Registrierung)* recording ❷ *Daten, Text* entering
er·fin·den* vt irreg to invent
Er·fin·der(in) [ɛɐ̯'fɪndɐ] m(f) inventor
er·fin·de·risch [ɛɐ̯'fɪndərɪʃ] adj inventive
Er·fin·dung <-, -en> f invention; **eine ~ machen** to invent sth
Er·fin·dungs·ga·be f inventiveness
Er·folg <-[e]s, -e> [ɛɐ̯'fɔlk, pl -fɔlɡə] m ❶ *(positives Ergebnis)* success; **~ versprechend** promising; **wenig ~ versprechend sein** to promise little; **etw ist ein voller ~** sth is a complete success; **~ [mit etw** dat**] haben** to be successful [with sth]; **viel ~!** good luck! ❷ *(Folge)* result, out-

come; **mit dem ~, dass ...** with the result that ...
er·fol·gen* vi sein (geh) to occur; **bisher ist auf meine Anfrage keine Antwort erfolgt** so far there has been no reply to my enquiry
er·folg·los [ˈɛɐ̯fɔlkloːs] adj ❶ (ohne Erfolg) unsuccessful ❷ (vergeblich) futile
Er·folg·lo·sig·keit <-> f kein pl ❶ (mangelnder Erfolg) lack of success; [etw ist] **zur ~ verdammt** [sth is] condemned to failure ❷ (Vergeblichkeit) futility
er·folg·reich adj successful
Er·folgs·aus·sich·ten pl prospects pl of success **Er·folgs·au·tor(in)** m(f) best-selling author **Er·folgs·bi·lanz** f success record **Er·folgs·den·ken** <-s> nt kein pl positive thinking **Er·folgs·druck** m kein pl performance pressure **Er·folgs·er·leb·nis** nt sense of achievement **Er·folgs·mensch** m successful person **Er·folgs·re·zept** nt (fam) recipe for success
er·folg·ver·spre·chend^ALT adj s. Erfolg 1
er·for·der·lich [ɛɐ̯ˈfɔrdɐlɪç] adj necessary; **alles E~e veranlassen** to do everything necessary
er·for·dern* vt to require
Er·for·der·nis <-ses, -se> [ɛɐ̯ˈfɔrdɐnɪs] nt requirement (**für** for)
er·for·schen* vt ❶ (durchstreifen und untersuchen) to explore ❷ (prüfen) to investigate; Gewissen to examine
Er·for·schung f ❶ (das Erforschen) exploration ❷ (das Prüfen) investigation
er·fra·gen* vt ■ **etw** [**von jdm**] **~** to ask [sb] about sth; Einzelheiten to obtain
er·freu·en* I. vt (freudig stimmen) ■ **jdn ~** to please sb II. vr ❶ (Freude haben) ■ **sich an etw** dat **~** to take pleasure in sth ❷ (geh: genießen) ■ **sich einer S.** gen **~** to enjoy sth
er·freu·lich [ɛɐ̯ˈfrɔylɪç] I. adj Anblick pleasant; Nachricht welcome; **etw ist alles andere als ~** sth is not welcome news by any means II. adv happily
er·freu·li·cher·wei·se adv happily
er·freut I. adj delighted (**über** +akk about); **ein ~er Blick** a pleased look; **sehr ~!** (geh) pleased to meet you! II. adv delightedly
er·frie·ren* vi irreg sein ❶ (durch Frost eingehen) to be killed by frost ❷ Gliedmassen to get frostbitten; ■ **erfroren** frozen ❸ (an Kälte sterben) to freeze to death
Er·frie·rung <-, -en> f meist pl frostbite
er·fri·schen* [ɛɐ̯ˈfrɪʃən] I. vt ■ **jdn ~** to refresh sb II. vi (abkühlen) to be refreshing

III. vr (sich abkühlen) ■ **sich ~** to refresh oneself
er·fri·schend adj refreshing
Er·fri·schung <-, -en> f ❶ (Abkühlung, Belebung) refreshment no pl ❷ (erfrischendes Getränk) refreshment; **zur ~** as refreshments
Er·fri·schungs·ge·tränk nt refreshment
Er·fri·schungs·tuch nt tissue wipe
er·fül·len* I. vt ❶ (ausführen) to fulfil; **mein altes Auto erfüllt seinen Zweck** my old car serves its purpose ❷ (durchdringen) **von Ekel erfüllt wandte sie sich ab** filled with disgust she turned away ❸ (anfüllen) to fill II. vr (sich bewahrheiten) ■ **sich ~** to come true
Er·fül·lung f ❶ (die Ausführung) realization; von Traum, Verpflichtung fulfilment; von Amtspflichten execution; **in ~ einer S.** gen (geh) in the performance of sth ❷ (innere Befriedigung) fulfilment; **etw geht in ~** sth comes true
er·gän·zen* [ɛɐ̯ˈgɛntsn̩] vt ■ **etw ~** to supplement sth; Vorräte to replenish sth; (vollenden) to complete sth; ■ **sie ~ sich** they complement each other
er·gän·zend I. adj additional; **eine ~e Bemerkung** a further comment II. adv additionally
Er·gän·zung <-, -en> f ❶ (das Auffüllen) replenishment; einer Sammlung completion; **zur ~ einer S.** gen for the completion of of sth ❷ (das Hinzufügen) supplementing ❸ (Zusatz) addition
Er·gän·zungs·fut·ter nt AGR feed supplement
er·gat·tern* [ɛɐ̯ˈgatɐn] vt (fam) ■ **etw ~** to get hold of sth
er·gau·nern* [ɛɐ̯ˈgaʊnɐn] vt (fam) ■ [**sich** dat] **etw ~** to obtain sth by underhand means
er·ge·ben*¹ irreg I. vt ❶ MATH ■ **etw ~** to amount to sth ❷ (als Resultat haben) ■ **etw ergibt etw** sth produces sth; ■ **~, dass ...** to reveal that ... II. vr ❶ (kapitulieren) ■ **sich** [**jdm**] **~** to surrender [to sb] ❷ (sich fügen) ■ **sich in etw** akk **~** to submit to sth; **sich in sein Schicksal ~** to resign oneself to one's fate ❸ (sich hingeben) **sich dem Glücksspiel ~** to take to gambling; **einer S.** dat **~ sein** to be addicted to sth ❹ (daraus folgen) ■ **sich aus etw** dat **~** to result from sth III. vr impers (sich herausstellen) ■ **es ergibt sich, dass ...** it transpires that ...
er·ge·ben² adj ❶ (demütig) humble ❷ (treu) devoted

Er·ge·ben·heit <-> *f kein pl* ❶ (*Demut*) humility ❷ (*Treue*) devotion

Er·geb·nis <-ses, -se> [ɛɐ̯'geːpnɪs, *pl* -nɪsə] *nt a.* SPORT result; **zu dem ~ führen, dass ...** to result in...; **zu einem/keinem ~ kommen** to reach/fail to reach a conclusion; **im ~** ultimately

er·geb·nis·los *adj* without result

er·ge·hen* *irreg* I. *vi sein* ❶ (*geh: abgesandt werden*) ■ [an jdn] **~** to be sent [to sb] ❷ (*offiziell erlassen*) ■ etw **~ lassen** to issue sth ❸ (*geduldig hinnehmen*) **etw über sich ~ lassen** to endure sth II. *vi impers sein* (*widerfahren*) ■ es ergeht jdm in einer bestimmten Weise sb gets on in a certain way III. *vr haben* **er erging sich in Schmähungen** he poured forth a tirade of abuse

er·gie·big [ɛɐ̯'giːbɪç] *adj* ❶ (*sparsam im Verbrauch*) economical ❷ (*nützlich*) productive

er·gie·ßen *irreg* I. *vt* (*verströmen*) to pour over; (*geh*) to pour forth *liter* II. *vr* (*in großer Menge fließen*) to pour [out]; **der Nil ergießt sich ins Mittelmeer** the Nile flows into the Mediterranean

Er·go·no·mie <-> [ɛrgono'miː] *f kein pl* ergonomics + *sing vb*

er·go·no·misch I. *adj* ergonomic II. *adv* ergonomically

er·göt·zen* [ɛɐ̯'gœtsn̩] I. *vt* (*geh: vergnügen*) ■ jdn **~** to amuse sb II. *vr* (*sich vergnügen*) ■ sich [an etw *dat*] **~** to derive pleasure [from sth]

er·grau·en* *vi sein* to turn grey

er·grei·fen* *vt irreg* ❶ (*fassen*) to seize ❷ (*dingfest machen*) ■ jdn **~** to apprehend sb ❸ (*übergreifen*) *Feuer* to engulf ❹ (*fig: wahrnehmen*) ■ etw **~** to seize sth ❺ (*in die Wege leiten*) *Maßnahmen* to take ❻ (*gefühlsmäßig bewegen*) ■ jdn **~** to seize sb; (*Angst*) to grip sb

er·grei·fend *adj* moving

Er·grei·fung <-, -en> *f* ❶ (*Festnahme*) capture ❷ (*Übernahme*) seizure

er·grif·fen [ɛɐ̯'grɪfn̩] *adj* moved

er·grün·den* *vt* to discover

Er·guss^{RR} <-es, Ergüsse> *m*, **Er·guß**^{ALT} <-sses, Ergüsse> *m* ❶ (*Ejakulation*) ejaculation ❷ MED bruise

er·ha·ben [ɛɐ̯'haːbn̩] *adj* ❶ (*feierlich stimmend*) *Gedanken* lofty; *Anblick* awe-inspiring; *Augenblick* solemn; *Schönheit* sublime ❷ (*über etw stehend*) ■ **über etw** *akk* **~ sein** to be above sth; **über jede Kritik/jeden Vorwurf ~ sein** to be above criticism/reproach

Er·ha·ben·heit <-> *f kein pl* grandeur; *eines Augenblicks* solemnity; *von Schönheit* sublimity

Er·halt <-[e]s> *m kein pl* (*geh*) ❶ (*das Bekommen*) receipt; **den ~ von etw** *dat* **bestätigen** (*geh*) to confirm receipt of sth ❷ (*das Aufrechterhalten*) maintenance

er·hal·ten* *vt* ❶ (*bekommen*) to receive; *Befehl* to be issued with; **den Auftrag ~, etw zu tun** to be given the task of doing sth ❷ (*erteilt bekommen*) ■ etw **~** to receive sth; **ein Lob/eine Strafe [für etw** *akk***] ~** to be praised/punished [for sth] ❸ (*eine Vorstellung gewinnen*) **einen Eindruck [von jdm/etw] ~** to gain an impression [of sb/sth] ❹ (*bewahren*) to maintain; [**durch etw** *akk*] **~ bleiben** to be preserved [by sth] ❺ BAU to preserve II. *vr* ❶ (*sich halten*) **sich gesund ~** to keep [oneself] healthy ❷ (*bewahrt bleiben*) ■ sich **~** to remain preserved

er·hält·lich [ɛɐ̯'hɛltlɪç] *adj* obtainable

Er·hal·tung *f kein pl* ❶ (*das Erhalten*) preservation ❷ (*Aufrecht~*) maintenance

er·hän·gen* I. *vt* ■ jdn **~** to hang sb II. *vr* ■ sich **~** to hang oneself

er·här·ten* I. *vt* ■ etw **~** to support sth II. *vr* ■ sich **~** to be reinforced

er·ha·schen* *vt* (*geh*) ❶ (*ergreifen*) to grab ❷ (*wahrnehmen*) to catch

er·he·ben* *irreg* I. *vt* ❶ (*hochheben*) to raise ❷ (*einfordern*) ■ etw **~** to levy sth ❸ *Daten, Informationen* to gather ❹ (*zum Ausdruck bringen*) **ein Geschrei/Gejammer ~** to kick up a fuss/to start whing[e]ing; *Protest* to voice; *Einspruch* to raise II. *vr* ■ sich **~** ❶ (*aufstehen*) to get up (**von** from) ❷ (*sich auflehnen*) to rise up [*or* revolt] (**gegen** against) ❸ (*aufragen*) to rise up (**über** above) ❹ (*entstehen, aufkommen*) to start; *Brise* to come up; *Wind* to pick up; *Sturm* to blow up

er·he·bend *adj* (*geh*) uplifting

er·heb·lich [ɛɐ̯'heːplɪç] I. *adj* ❶ (*beträchtlich*) considerable; *Nachteil, Vorteil* great; *Störung, Verspätung* major; *Verletzung* serious ❷ (*relevant*) relevant II. *adv* considerably

Er·he·bung *f* ❶ (*Aufstand*) uprising ❷ *von Abgaben, Steuern* levying ❸ (*amtliche Ermittlung*) gathering; **eine ~ [über etw** *akk***] machen** to carry out a survey [on sth]

er·hei·tern* [ɛɐ̯'haɪtɐn] I. *vt* (*belustigen*) ■ jdn **~** to amuse sb II. *vr* (*heiter werden*) ■ sich **~** to light up; (*Wetter*) to brighten up

Er·hei·te·rung <-, *selten* -en> *f* amusement

er·hel·len* [ɛɐ̯'hɛlən] I.vt ■etw ~ ❶(hell machen) to light up sth ❷(klären) to throw light on sth II.vr ■sich ~ to clear
er·hit·zen* [ɛɐ̯'hɪtsn̩] I.vt ❶(heiß machen) ■etw ~ to heat sth ❷(zum Schwitzen bringen) ■jdn ~ to make sb sweat II.vr (sich erregen) ■sich ~ to get excited (an about)
er·hof·fen* vt ■[sich dat] etw ~ to hope for sth
er·hö·hen* [ɛɐ̯'hø:ən] I.vt ■etw ~ ❶(höher machen) to raise sth (um by) ❷(anheben) to increase sth (auf to, um by) ❸(verstärken) to heighten sth ❹MUS to sharpen sth II.vr ■sich ~ ❶(steigen) to increase (auf to, um by) ❷(sich verstärken) to increase
er·höht adj ❶(verstärkt) high; Herzschlag, Puls rapid ❷(gesteigert) increased
Er·hö·hung <-, -en> f ❶(Steigerung) increase ❷(Anhebung) raising ❸(Verstärkung) heightening
er·ho·len* vr ■sich ~ ❶(wieder zu Kräften kommen) to recover (von from) ❷(ausspannen) to take a break (von from) ❸BÖRSE to rally
er·hol·sam [ɛɐ̯'ho:lza:m] adj relaxing
Er·ho·lung <-> f kein pl relaxation; zur ~ irgendwo hinfahren to go somewhere to relax
Er·ho·lungs·ge·biet nt recreation area **Er·ho·lungs·ort** m [holiday [or AM vacation]] resort **Er·ho·lungs·wert** m kein pl recreational value
er·hö·ren* vt (geh) Bitte to grant; Flehen, Gebete to answer
eri·gie·ren* [eri'gi:rən] vi to become erect
er·in·nern* [ɛɐ̯'ʔɪnɐn] I.vt ❶(zu denken veranlassen) ■jdn an etw akk ~ to remind sb about sth ❷(denken lassen) ■jdn an jdn/etw ~ to remind sb of sb/sth II.vr (sich entsinnen) ■sich an jdn/etw ~ to remember sb/sth; wenn ich mich recht erinnere, ... if I remember correctly...; soweit ich mich ~ kann as far as I can remember III.vi ❶(in Erinnerung bringen) ■an jdn/etw ~ to be reminiscent of sb/sth form ❷(ins Gedächtnis rufen) ■daran ~, dass ... to point out that ...
Er·in·ne·rung <-, -en> f ❶(Gedächtnis) memory; zur ~ an etw akk in memory of sth ❷pl (Eindrücke von Erlebnissen) memories pl; ~en austauschen to talk about old times ❸(geh: Mahnung) reminder
er·käl·ten* [ɛɐ̯'kɛltn̩] vr ■sich ~ to catch a cold

er·käl·tet I.adj ~ sein to have a cold pred II.adv du hörst dich ~ an you sound as if you've got a cold
Er·käl·tung <-, -en> f cold; eine ~ bekommen to catch a cold
Er·käl·tungs·krank·heit f cold
er·kämp·fen* vt ■[sich dat] etw ~ to obtain sth [with some effort]; es war ein hart erkämpfter zweiter Platz it was a hard-won second place
er·kau·fen* vt ❶(durch Bezahlung erhalten) to buy ❷(durch Opfer erlangen) etw teuer ~ to pay dearly for sth
er·kenn·bar adj ❶(sichtbar) discernible ❷(wahrnehmbar) ■für jdn/etw ~ sein to be perceptible to sb/sth (an from)
er·ken·nen* irreg I.vt ❶(wahrnehmen) ■jdn/etw ~ to discern sb/sth ❷(identifizieren) ■jdn/etw ~ to recognize sb/sth (an by); sich [jdm] [als jd] zu ~ geben to reveal one's identity [to sb]; ■sich [selbst] ~ to understand oneself ❸(einsehen) ■etw ~ to recognize sth; einen Irrtum ~ to realize one's mistake ❹(feststellen) to detect II.vi ❶(wahrnehmen) ■~ ob/um was/wen ... to see whether/what/who ... ❷(einsehen) ■~, dass/wie ... to realize that/how ...; ~ lassen, dass ... to show that ... ❸JUR ■auf etw akk ~ to pronounce sth
er·kennt·lich [ɛɐ̯'kɛntlɪç] adj grateful; ■sich ~ zeigen to show one's appreciation (für for)
Er·kennt·nis [ɛɐ̯'kɛntnɪs] f ❶(Einsicht) insight; zu der ~ kommen, dass ... to realize that ... ❷PHILOS, PSYCH (das Erkennen) understanding
Er·ken·nungs·zei·chen nt identification mark
Er·ker <-s, -> ['ɛrkɐ] m oriel
Er·ker·fens·ter nt oriel window, bay window
er·klär·bar adj explicable
er·klä·ren* I.vt ❶(erläutern) ■[jdm] etw ~ to explain sth [to sb] ❷(interpretieren) ■[jdm] etw ~ to interpret sth [to sb] ❸(bekannt geben) to announce ❹(offiziell bezeichnen) ■jdn für etw akk ~ to pronounce sb sth; jdn für vermisst ~ to declare sb missing II.vr ❶(sich deuten) ■sich dat etw ~ to understand sth; wie ~ Sie sich, dass ... how do you explain that ... ❷(sich aufklären) ■sich ~ to become clear ❸(sich bezeichnen) ■sich irgendwie ~ to declare oneself sth

er·klä·rend I. *adj* explanatory II. *adv* as an explanation
er·klär·lich *adj* explainable
er·klärt *adj attr* declared
Er·klä·rung *f* ❶ (*Darlegung*) explanation ❷ (*Mitteilung*) statement; **eine ~ [zu etw** *dat*] **abgeben** (*geh*) to make a statement [about sth]
er·klin·gen* *vi irreg sein* (*geh*) to sound
er·kran·ken* *vi* ■[**an etw** *dat*] ~ to be taken ill [with sth]
Er·kran·kung <-, -en> *f* illness
er·kun·den* [ɛɐ̯ˈkʊndn̩] *vt* ■**etw ~** ❶ (*auskundschaften*) to scout out sth *sep* ❷ (*in Erfahrung bringen*) to discover sth
er·kun·di·gen* [ɛɐ̯ˈkʊndɪɡn̩] *vr* ■**sich** [**nach jdm/etw**] **~** to ask [about sb/sth]; **du musst dich vorher ~** you have to find out beforehand
Er·kun·di·gung <-, -en> *f* enquiry BRIT, inquiry AM; **~en [über jdn/etw] einholen** (*geh*) to make enquiries [*or* AM inquiries] [about sb/sth]
Er·kun·dung <-, -en> *f* ❶ MIL reconnaissance ❷ (*Aufspüren*) **von Rohstoffen** exploration, prospecting
er·lah·men* *vi sein* ❶ (*kraftlos werden*) to tire; *Kräfte* ebb [away] ❷ (*nachlassen*) to wane
er·lan·gen* [ɛɐ̯ˈlaŋən] *vt* (*geh*) to obtain
Er·lass^RR <-es, -e *o* ÖSTERR Erlässe> *m*, **Er·laß**^ALT <-sses, -sse *o* ÖSTERR Erlässe> [ɛɐ̯ˈlas, *pl* ɛɐ̯ˈlɛsə] *m* ❶ (*Verfügung*) decree ❷ (*das Erlassen*) remission
er·las·sen* *vt irreg* ❶ (*verfügen*) to issue ❷ (*von etw befreien*) ■**jdm etw ~** to remit sb's sth
er·lau·ben* [ɛɐ̯ˈlaubn̩] I. *vt* ❶ (*gestatten*) ■**jdm etw ~** to allow sb to do sth ❷ (*geh: zulassen*) **ich komme, soweit es meine Zeit erlaubt** if I have enough time, I'll come ▶**~ Sie mal!** what do you think you're doing? II. *vr*❶ (*sich gönnen*) ■**sich** *dat* **etw ~** to allow oneself sth ❷ (*geh: wagen*) **wenn ich mir die folgende Bemerkung ~ darf** if I might venture to make the following comment ❸ (*sich herausnehmen*) ■**sich** *dat* **~, etw zu tun** to take the liberty of doing sth
Er·laub·nis <-, *selten* -se> *f* ❶ (*Genehmigung*) permission; [**jdn**] **um ~ bitten** to ask [sb's] permission; **jdm die ~ geben [etw zu tun]** to give sb permission [to do sth] ❷ (*genehmigendes Schriftstück*) permit
er·laucht [ɛɐ̯ˈlauxt] *adj* illustrious
er·läu·tern* *vt* ■[**jdm**] **etw ~** to explain sth [to sb]
er·läu·ternd I. *adj* explanatory II. *adv* as an explanation
Er·läu·te·rung <-, -en> *f* explanation
Er·le <-, -n> [ˈɛrlə] *f* alder
er·le·ben* *vt* ❶ (*im Leben mitmachen*) ■**etw ~** to live to see sth ❷ (*erfahren*) to experience; **was hast du denn alles in Dänemark erlebt?** what did you do/see in Denmark? ❸ (*durchmachen*) ■**etw ~** to go through sth; **eine [große] Enttäuschung ~** to be [bitterly] disappointed; **einen Misserfolg ~** to experience failure; **eine Niederlage ~** to suffer defeat ❹ (*mit ansehen*) ■**es ~, dass/wie ...** to see that/how ... ❺ (*kennen lernen*) **so wütend habe ich ihn noch nie erlebt** I've never seen him so furious
Er·leb·nis <-ses, -se> [ɛɐ̯ˈleːpnɪs, *pl* -nɪsə] *nt* experience

---

Erlaubnis

um Erlaubnis bitten	asking for permission
Darf ich Sie kurz stören/unterbrechen?	*May I interrupt for a moment?*
Haben/Hätten Sie was dagegen, wenn ich das Fenster aufmache?	*Would you mind if I opened the window?*
Sind Sie damit einverstanden, wenn ich im Juli Urlaub nehme?	*Is it all right with you if I take my holidays in July?*

erlauben	permitting
Wenn du mit deinen Hausaufgaben fertig bist, darfst du raus spielen.	*You can go out to play when you have finished your homework.*
Sie dürfen gern hereinkommen.	*You are welcome to come in.*
In diesem Bereich dürfen Sie rauchen.	*You may smoke in this area.*
Wenn Sie möchten, können Sie hier parken.	*You can park here, if you like.*

er·le·di·gen* [ɛɐ̯ˈleːdɪɡn̩] I. vt ❶ (ausführen) to carry out sth; **zu ~** to be done ❷ (fam: erschöpfen) ■**jdn ~** to wear sb out ❸ (sl: umbringen) ■**jdn ~** to bump sb off II. vr ■**etw erledigt sich [von selbst]** sth sorts itself out [on its own]

er·le·digt [ɛɐ̯ˈleːdɪçt] adj präd ❶ (fam: erschöpft) shattered ❷ (fam: am Ende) ■**erledigt sein** to have had it ❸ (abgehakt) ■**etw ist [für jdn] erledigt** something is over and done with [as far as sb is concerned]; (schon vergessen) sth is forgotten [as far as sb is concerned]; **für mich ist er ~** he's history as far as I'm concerned

Er·le·di·gung <-, -en> f ❶ (Ausführung) dealing with ❷ (Besorgung) purchase; **ich habe noch ein paar ~en zu machen** I still have to buy a few things

er·le·gen* vt ❶ (zur Strecke bringen) ■**ein Tier ~** to bag an animal spec ❷ ÖSTERR (bezahlen) to pay

er·leich·tern* [ɛɐ̯ˈlaɪçtɐn] vt ❶ (ertragbarer machen) ■**etw ~** to make sth easier ❷ (innerlich beruhigen) ■**jdn ~** to be of relief to sb ❸ (fam: beklauen) ■**jdn um etw** akk **~** to relieve sb of sth

Er·leich·te·rung <-, -en> f ❶ (Linderung) relief; **jdm ~ verschaffen** to bring/give sb relief ❷ kein pl (Beruhigung) relief; **zu jds ~** to sb's relief ❸ (Vereinfachung) simplification

er·lei·den* vt irreg ■**etw ~** to suffer sth
er·ler·nen* vt ■**etw ~** to learn sth
er·le·sen adj exquisite
er·leuch·ten* vt ■**etw ~** to light [up] sth
Er·leuch·tung <-, -en> f ❶ (Inspiration) inspiration

er·lie·gen* vi irreg sein ■**einer S.** dat **~** ❶ (verfallen) to fall prey to sth ❷ (geh: zum Opfer fallen) to fall victim to sth ▶ **zum E~ kommen** to come to a standstill

er·lischt [ɛɐ̯ˈlɪʃt] 3. pers pres von **erlöschen**

Er·lös <-es, -e> [ɛɐ̯ˈløːs] m proceeds npl

er·lö·schen <erlischt, erlosch, erloschen> vi sein ❶ (zu brennen aufhören) to stop burning ❷ (vergehen) to fizzle out ❸ (seine Gültigkeit verlieren) to expire; Ansprüche become invalid

er·lö·sen* vt ■**jdn ~** ❶ (befreien) to release sb (**aus/von** from) ❷ REL to redeem sb (**aus/von** from)

er·lö·send I. adj relieving II. adv in a relieving manner pred

Er·lö·sung f ❶ (Erleichterung) relief ❷ REL redemption

er·mäch·ti·gen* [ɛɐ̯ˈmɛçtɪɡn̩] vt ■**jdn [zu etw** dat] **~** to authorize sb [to do sth]

Er·mäch·ti·gung <-, -en> f authorization

er·mah·nen* vt ❶ (warnend mahnen) ■**jdn ~** to warn sb; ■**jdn ~, etw zu tun** to tell sb to do sth ❷ (anhalten) ■**jdn zu etw** dat **~** to admonish sb to do sth

Er·mah·nung f warning

Er·man·g(e)·lung <-> f kein pl **in ~ einer S.** gen (geh) in the absence of sth

er·mä·ßi·gen* vt to reduce
Er·mä·ßi·gung <-, -en> f reduction

er·mat·ten* [ɛɐ̯ˈmatn̩] I. vt haben (geh) ■**jdn ~** to exhaust sb; ■**[von etw** dat] **ermattet sein** to be exhausted [by sth] II. vi sein (geh) to tire

er·mat·tet adj (geh) exhausted

er·mes·sen* vt irreg ■**etw ~** to comprehend sth

Er·mes·sen <-s> nt kein pl discretion; **nach jds ~** in sb's estimation; **nach menschlichem ~** as far as one can tell; **in jds ~ liegen** to be at sb's discretion

Er·mes·sens·fra·ge f matter of discretion

er·mit·teln* I. vt ■**etw ~** ❶ (herausfinden) to find out sth sep; ■**jdn ~** to establish sb's identity ❷ (errechnen) to determine sth; ■**jdn ~** Gewinner to decide [on] II. vi (eine Untersuchung durchführen) ■**[gegen jdn] ~** to investigate [sb]

Er·mitt·ler(in) <-s, -> m(f) investigator; **verdeckter ~** undercover investigator

---

Erleichterung ausdrücken

Erleichterung ausdrücken
Bin ich froh, dass es so gekommen ist!
Mir fällt ein Stein vom Herzen!
Ein Glück, dass du gekommen bist!
Gott sei Dank!
Geschafft!
Endlich!

expressing relief
I'm so glad it turned out like this!
That's a weight off my mind!
It's lucky you came!
Thank God!
Done it!
At last!

Er·mịtt·lung <-, -en> f ❶ kein pl (das Ausfindigmachen) determining ❷ (Untersuchung) investigation

Er·mịtt·lungs·ver·fah·ren nt preliminary proceedings

er·mög·li·chen* [ɛɐ̯'møːklɪçn̩] vt ■ **jdm etw ~** to enable sb to do sth; ■ **es ~, etw zu tun** (geh) to make it possible for sth to be done

er·mọr·den* vt ■ **jdn ~** to murder sb

Er·mọr·dung <-, -en> f murder

er·mü·den* [ɛɐ̯'myːdn̩] I. vt haben ■ **jdn ~** to tire sb [out] II. vi sein ❶ (müde werden) to become tired ❷ TECH to wear

er·mü·dend adj tiring

Er·mü·dung <-, selten -en> f ❶ (das Ermüden) tiredness ❷ TECH wearing

Er·mü·dungs·er·schei·nung f sign of tiredness

er·mụn·tern* [ɛɐ̯'mʊntɐn] vt ❶ (ermutigen) ■ **jdn** [**zu etw** dat] **~** to encourage sb [to do sth] ❷ (beleben) ■ **jdn ~** to perk sb up

Er·mụn·te·rung <-, -en> f encouragement

er·mu·ti·gen* [ɛɐ̯'muːtɪɡn̩] vt ■ **jdn** [**zu etw** dat] **~** to encourage sb [to do sth]

er·mụ·ti·gend I. adj encouraging II. adv encouragingly

Er·mu·ti·gung <-, -en> f encouragement

er·näh·ren* I. vt ❶ (mit Nahrung versorgen) ■ **jdn/ein Tier ~** to feed sb/an animal ❷ (unterhalten) ■ **jdn ~** to support sb II. vr ❶ (sich speisen) ■ **sich von etw** dat **~** to live on sth; **du musst dich vitaminreicher ~!** you need more vitamins in your diet! ❷ (sich unterhalten) ■ **sich** [**von etw** dat] **~** to support oneself [by doing sth]

Er·näh·rer(in) <-s, -> [ɛɐ̯'nɛːrɐ] m(f) breadwinner

Er·näh·rung <-> f kein pl ❶ (das Ernähren) feeding ❷ (Nahrung) diet ❸ (Unterhalt) support

Er·näh·rungs·be·ra·ter(in) m(f) nutritionist **Er·näh·rungs·ge·wohn·hei·ten** pl eating habits npl **Er·näh·rungs·wis·sen·schaft** f nutritional science **Er·näh·rungs·wis·sen·schaft·ler(in)** m(f) nutritionist

er·nẹn·nen* vt irreg ■ **jdn** [**zu etw** dat] **~** to appoint sb [as sth]

Er·nẹn·nung f appointment (**zu** as); **~ eines Stellvertreters** nomination of a deputy

er·neu·er·bar adj renewable

Er·neu·er·ba·re-Ener·gi·en-Ge·setz nt Renewable Energy Sources Act

er·neu·ern* [ɛɐ̯'nɔyɐn] vt ❶ (auswechseln) to replace ❷ (renovieren) to renovate; Fenster, Leitungen to repair ❸ (verlängern) to renew ❹ (restaurieren) to restore

Er·neu·e·rung f ❶ (das Auswechseln) changing ❷ (Renovierung) renovation; **~ der Heizung/Leitungen** repair to the heating system/pipes ❸ (Verlängerung) renewal ❹ (Restaurierung) restoration

er·neut [ɛɐ̯'nɔyt] I. adj attr repeated II. adv again

er·nied·ri·gen* [ɛɐ̯'niːdrɪɡn̩] vt ■ **jdn/sich ~** to demean sb/oneself

Er·nied·ri·gung <-, -en> f humiliation

ernst ['ɛrnst] adj ❶ (gravierend) serious; **diesmal ist es etwas E~es** it's serious this time; **~ bleiben** to keep a straight face ❷ (aufrichtig) genuine; **ich bin der ~en Ansicht dass ...** I genuinely believe that ...; **~ gemeint** serious; **es ~ meinen** [**mit jdm/etw**] to be serious [about sb/sth]; **jdn/etw ~ nehmen** to take sb/sth seriously ❸ Anlass solemn

Ernst·fall m emergency; **im ~** in an emergency

ernst·ge·meintᴬᴸᵀ adj attr serious

ernst·haft I. adj ❶ (gravierend) serious ❷ (aufrichtig) sincere II. adv seriously

Ernst·haf·tig·keit <-> f kein pl seriousness

ernst·lich I. adj attr serious II. adv seriously

Ern·te <-, -n> ['ɛrntə] f harvest

Ern·te·(dank·)fest nt harvest festival AM also, Thanksgiving

ern·ten ['ɛrntn̩] vt ❶ (einbringen) to harvest ❷ (erzielen) Lob, Spott to earn; Anerkennung to gain; Applaus to win

er·nüch·tern* [ɛɐ̯'nʏçtɐn] vt ■ **jdn ~** ❶ (wieder nüchtern machen) to sober up sb sep ❷ (in die Realität zurückholen) to bring sb back to reality

Er·nüch·te·rung <-, -en> f disillusionment

Er·o·be·rer, Er·o·b(r)e·rin <-s, -> m, f conqueror

er·o·bern* [ɛɐ̯'ʔoːbɐn] vt ❶ (mit Waffengewalt besetzen) to conquer ❷ (durch Bemühung erlangen) ■ **etw ~** to win sth [with some effort]

Er·o·be·rung <-, -en> f ❶ (das Erobern) conquest ❷ (erobertes Gebiet) conquered territory

er·öff·nen* I. vt ❶ (zugänglich machen) to open ❷ (beginnen) to open; **etw für eröffnet erklären** (geh) to declare sth open ❸ (hum: mitteilen) ■ **jdm etw ~** to reveal sth to sb ④ (*beginnen*) to commence; **das Feuer [auf jdn] eröffnen** to open fire [on sb] **II.** *vr* (*sich bieten*) ■**sich jdm ~** to open up [*or* one's heart] to sb

Er·öff·nung *f* ① (*das Eröffnen*) opening ② (*das Einleiten*) opening ③ (*Beginn*) commencing ④ (*geh: Mitteilung*) revelation

ero·gen [ero'geːn] *adj* erogenous

er·ör·tern* [ɛɐ̯'œrtən] *vt* ■**etw ~** to discuss sth [in detail]

Er·ör·te·rung <-, -en> *f* discussion

Ero·si·on <-, -en> [ero'zi̯oːn] *f* erosion

Ero·tik <-> [e'roːtɪk] *f kein pl* eroticism

ero·tisch [e'roːtɪʃ] *adj* erotic

Er·pel <-s, -> ['ɛrpl̩] *m* drake

er·picht [ɛɐ̯'pɪçt] *adj* ■**auf etw** *akk* **~ sein** to be after sth; ■**[nicht] darauf ~ sein, etw zu tun** to [not] be interested in doing sth

er·press·bar[RR] *adj* subject to blackmail

er·pres·sen* *vt* ① (*durch Drohung nötigen*) ■**jdn ~** to blackmail sb ② (*abpressen*) ■**etw [von jdm] ~** to extort sth [from sb]

Er·pres·ser(in) <-s, -> *m(f)* blackmailer

er·pres·se·risch [ɛɐ̯'prɛsərɪʃ] **I.** *adj* extortive **II.** *adv* in an extortive manner

Er·pres·sung <-, -en> *f* blackmail

Er·pres·sungs·ver·such *m* attempted blackmail *no pl*

er·pro·ben* *vt* to test

er·probt *adj* ① (*erfahren*) experienced ② (*zuverlässig*) reliable

Er·pro·bung <-, -en> *f* trial

er·quick·lich *adj* (*iron geh*) joyous *iron liter*

er·ra·ten* *vt irreg* to guess

er·rech·nen* *vt* to calculate

er·reg·bar *adj* ① (*leicht aufzuregen*) excitable ② (*sexuell zu erregen*) easily aroused

er·re·gen* **I.** *vt* ① (*aufregen*) ■**jdn ~** to irritate sb ② (*sexuell anregen*) ■**jdn ~** to arouse sb ③ (*hervorrufen*) ■**etw ~** to engender *form* **II.** *vr* ■**sich über jdn/etw ~** to get annoyed about sb/sth

Er·re·ger <-s, -> *m* pathogen

Er·re·gung *f* ① (*erregter Zustand*) irritation ② (*sexuell erregter Zustand*) arousal

er·reich·bar *adj* ① (*telefonisch zu erreichen*) ■**[für jdn] ~ sein** to be able to be reached [by sb] ② (*zu erreichen*) **die Hütte ist zu Fuß nicht ~** the hut cannot be reached on foot

er·rei·chen* *vt* ① (*rechtzeitig hinkommen*) to catch ② (*antreffen*) ■**jdn ~** to reach sb ③ (*eintreffen*) ■**etw ~** to reach sth ④ (*erzielen*) to reach; **ich weiß immer noch nicht, was du ~ willst** I still don't know what you want to achieve ⑤ (*einholen*) ■**jdn ~** to catch up with sb ⑥ (*bewirken*) ■**etw [bei jdm] ~** to get somewhere [with sb] ⑦ (*an etw reichen*) ■**etw ~** to reach sth

er·rich·ten* *vt* ■**etw ~** ① (*aufstellen*) to erect sth *form* ② (*erbauen*) to erect sth *form* ③ (*begründen*) to found sth

Er·rich·tung *f* ① (*Aufstellung*) Barrikade, Gerüst, Podium erection *form,* putting up ② (*Erbauung*) Denkmal, Gebäude erection *form,* construction ③ (*Begründung*) Gesellschaft, Stiftung foundation, setting up

er·rin·gen* *vt irreg* ■**etw ~** to win sth [with a struggle]

er·rö·ten* *vi sein* to blush

Er·run·gen·schaft <-, -en> [ɛɐ̯'rʊŋənʃaft] *f* achievement

Er·satz <-es> [ɛɐ̯'zats] *m kein pl* ① (*ersetzender Mensch*) substitute; (*ersetzender Gegenstand*) replacement ② (*Entschädigung*) compensation

Er·satz·bank *f* SPORT bench **Er·satz·be·frie·di·gung** *f* vicarious satisfaction **Er·satz·dienst** *m* non-military service for conscientious objectors **Er·satz·dro·ge** *f* substitute drug **Er·satz·lö·sung** *f* alternative solution **Er·satz·mann** <-männer *o* -leute> *m* substitute **Er·satz·mit·tel** *nt* substitute **Er·satz·rei·fen** *m* spare wheel **Er·satz·schlüs·sel** *m* spare key **Er·satz·spie·ler(in)** *m(f)* substitute **Er·satz·teil** *nt* spare part **er·satz·wei·se** *adv* as an alternative

er·sau·fen* *vi sein* (*sl*) to drown

er·schaf·fen *vt irreg* (*geh*) ■**jdn/etw ~** to create sb/sth

Er·schaf·fung *f* creation

er·schal·len *vi sein* (*geh*) to sound; **aus dem Saal erschallten fröhliche Stimmen/erschallte fröhliches Lachen** joyful voices/laughter could be heard coming from the hall

er·schau·dern* *vi sein* (*geh*) to shudder

er·schei·nen* *vi irreg sein* ① (*auftreten*) to appear ② (*sichtbar werden*) to be able to be seen ③ (*veröffentlicht werden*) to come out ④ (*sich verkörpern*) ■**jdm ~** *Geist* to appear to sb ⑤ (*scheinen*) **das erscheint mir recht weit hergeholt** this seems quite far-fetched to me

Er·schei·nen <-s> *nt kein pl* ① (*das Auftreten*) appearance ② (*die Verkörperung*) appearance ③ (*die Veröffentlichung*) publication

Er·schei·nung <-, -en> f ❶ (*Phänomen*) phenomenon ❷ (*Persönlichkeit*) ■**eine bestimmte ~** a certain figure ❸ (*Vision*) vision ▶ **in ~ treten** to appear

Er·schei·nungs·bild nt appearance

er·schie·ßen* irreg vt ■**jdn ~** to shoot sb dead

Er·schie·ßung <-, -en> f shooting

er·schlaf·fen [ɛɐ̯'ʃlafn̩] vi sein ❶ (*schlaff werden*) to become limp ❷ (*die Straffheit verlieren*) to become loose ❸ (*welk werden*) to wither

er·schla·gen*¹ vt ■**jdn ~** irreg ❶ (*totschlagen*) to beat sb to death ❷ (*durch Darauffallen töten*) to fall [down] and kill sb [in the process] ❸ (*überwältigen*) to overwhelm sb

er·schla·gen² adj (*fam*) ■**~ sein** to be knackered Brit

er·schlei·chen* vr irreg ■**sich** dat **etw ~** to fiddle sth

er·schlie·ßen* irreg vt ❶ Land to develop ❷ (*nutzbar machen*) ■**[jdm] etw ~** to exploit sth [for sb]

Er·schlie·ßung f ❶ (*das Zugänglichmachen*) development ❷ (*das Nutzbarmachen*) tapping

er·schöp·fen* I. vt ❶ (*ermüden*) ■**jdn ~** to exhaust sb ❷ (*aufbrauchen*) ■**etw ~** to exhaust sth II. vr ❶ (*zu Ende gehen*) ■**sich ~** to run out ❷ (*etw umfassen*) ■**sich in etw** dat **~** to consist only of sth

er·schöp·fend I. adj ❶ (*zur Erschöpfung führend*) exhausting ❷ (*ausführlich*) exhaustive II. adv exhaustively

Er·schöp·fung <-, selten -en> f exhaustion

er·schos·sen [ɛɐ̯'ʃɔsn̩] adj (*fam*) knackered Brit

er·schrak [ɛɐ̯'ʃraːk] imp von **erschrecken** II.

er·schre·cken I. vt <erschreckte, erschreckt> haben ❶ (*in Schrecken versetzen*) ■**jdn ~** to give sb a fright ❷ (*bestürzen*) ■**jdn ~** to shock sb II. vi <erschrickt, erschreckte o erschrak, erschreckt o erschrocken> sein ■**[vor jdm/etw] ~** to get a fright [from sb/sth] III. vr <erschrickt, erschreckte, erschreckt o erschrocken> haben (*fam*) ■**sich [über etw** akk**] ~** to be shocked [by sth]

er·schre·ckend I. adj alarming II. adv ❶ (*schrecklich*) terrible ❷ (*fam: unglaublich*) incredibly

er·schrickt 3. pers pres von **erschrecken**

er·schro·cken I. pp von **erschrecken** II., III. II. adj alarmed III. adv with a start pred

er·schüt·tern* [ɛɐ̯'ʃʏtɐn] vt ❶ (*zum Beben bringen*) to shake ❷ (*in Frage stellen*) to shake; *Ansehen* to damage; *Glaubwürdigkeit* to undermine ❸ (*tief bewegen*) ■**jdn ~** to shake sb

er·schüt·ternd adj distressing

er·schüt·tert adj shaken (**über** by)

Er·schüt·te·rung <-, -en> f ❶ (*erschütternde Bewegung*) shake ❷ (*das Erschüttern*) *Vertrauen* shaking ❸ (*seelische Ergriffenheit*) distress

er·schwe·ren* [ɛɐ̯'ʃveːrən] vt ■**[jdm] etw ~** to make sth more difficult [for sb]

er·schwe·rend I. adj complicating II. adv **~ kommt noch hinzu ...** to make matters worse...

er·schwin·deln* vt to obtain by fraud; ■**etw von jdm ~** to con sth out of sb

er·schwing·lich [ɛɐ̯'ʃvɪŋlɪç] adj affordable

er·se·hen* vt irreg (*geh*) ■**etw aus etw** dat **~** to see sth from sth

er·seh·nen* vt (*geh*) ■**etw ~** to long for sth; ■**ersehnt** longed for

er·setz·bar [ɛɐ̯'zɛtsbaːɐ̯] adj replaceable

er·set·zen* vt ❶ (*austauschen*) ■**etw [durch etw** akk**] ~** to replace sth [with sth] ❷ (*vertreten*) ■**jdn/etw ~** to replace sb/sth ❸ (*erstatten*) ■**jdm etw ~** to reimburse sb for sth

er·sicht·lich adj apparent; ■**aus etw** dat **~ sein, dass ...** to be apparent from sth that ...

er·spa·ren* vt ❶ (*von Ärger verschonen*) ■**jdm etw ~** to spare sb sth; **jdm bleibt etw/nichts erspart** sb is spared sth/not spared anything ❷ (*durch Sparen erwerben*) ■**[sich** dat**] etw ~** to save up [to buy] sth

Er·spar·nis <-, -se> [ɛɐ̯'ʃpaːɐ̯nɪs, pl -nɪsə] f ❶ kein pl (*Einsparung*) ■**eine ~ an etw** dat a saving in sth ❷ meist pl (*erspartes Geld*) savings npl

Er·spar·te(s) nt savings npl

erst ['eːɐ̯st] I. adv ❶ (*zuerst*) [at] first ❷ (*nicht früher als*) only; **wecken Sie mich bitte ~ um 8 Uhr!** please don't wake me until 8 o'clock!; **~ als ...** only when ...; **~ wenn** only if ❸ (*bloß*) only II. part (*verstärkend*) **an deiner Stelle würde ich ~ gar nicht anfangen** if I was in your shoes I wouldn't even start ▶ **~ recht** all the more

er·star·ren* vi sein ❶ (*fest werden*) to solidify ❷ (*starr werden*) to freeze

er·stat·ten* [ɛɐ̯'ʃtatn̩] vt ❶ (*ersetzen*) ■**[jdm] etw ~** to reimburse [sb] for sth ❷ (*geh: mitteilen*) **Anzeige ~** to report a crime; **Anzeige gegen jdn ~** to report sb

Er·stat·tung <-, -en> f *von Auslagen, Unkosten* reimbursement

Erst·auf·füh·rung f première

er·stau·nen* vt haben ■ **jdn ~** to amaze sb; **dieses Angebot erstaunt mich** this offer amazes me

Er·stau·nen nt amazement; **jdn in ~ versetzen** to amaze sb

er·staun·lich [ɛɐ̯'ʃtaʊ̯nlɪç] I. adj amazing pl II. adv amazingly

er·staun·li·cher·wei·se adv amazingly

er·staunt I. adj amazed; ■ **[über jdn/etw] ~ sein** to be amazed [by sb/sth] II. adv in amazement

erst·bes·te(r, s) adj attr first; ■ **der/die/das E~** the next best

ers·te(r, s) ['eːɐ̯stə] adj ① *(an erster Stelle kommend)* first; **das E~, was ...** the first thing that ...; **die ~ Klasse** primary one BRIT, first grade AM; *s. a.* **achte(r, s) 1** ② *(Datum)* first, 1st; *s. a.* **achte(r, s) 2** ③ *(führend)* leading ► **fürs E~** to begin with

Ers·te(r) ['ɛrstə] f(m) ① *(an erster Stelle kommend)* first; *s. a.* **Achte(r) 1** ② *(bei Datumsangabe)* ■ **der ~** [o **geschrieben der 1.**] the first *spoken,* the 1st *written; s. a.* **Achte(r) 2** ③ *(Namenszusatz)* **Ludwig der ~** *geschrieben* Louis the First; **Ludwig I.** *geschrieben* Louis I; *s. a.* **Achte(r) 3** ④ *(beste)* the best

er·ste·chen* vt irreg ■ **jdn ~** to stab sb to death

er·ste·hen* [ɛɐ̯'ʃteːən] irreg I. vt haben *(fam)* ■ **etw ~** to pick up sth sep II. vi sein *(geh: neu entstehen)* to be rebuilt

Ers·te-Hil·fe-Kas·ten [eːɐ̯stə'hɪlfəkastn̩] m first-aid box

er·stei·gern vt to buy [at an auction]

er·stel·len* vt ① *(geh: errichten)* to build ② *Liste, Plan* to draw up

ers·tens ['eːɐ̯stn̩s] adv firstly

ers·te·re(r, s) adj ■ **der/die/das E~** the former

erst·ge·bo·ren adj attr first-born; ■ **der/die E~e** the first-born [child]

er·sti·cken* I. vt haben ① *(durch Erstickung töten)* ■ **jdn ~** to suffocate sb ② *(erlöschen lassen)* to extinguish ③ *(dämpfen)* to deaden ④ *(unterdrücken)* to crush II. vi sein ① *(durch Erstickung sterben)* ■ **an etw** dat **~** to choke to death on sth ② *(erlöschen)* to go out ③ *(übermäßig viel haben)* ■ **in etw** dat **~** to drown in sth

Er·sti·ckung <-> f *kein pl* suffocation

erst·klas·sig ['eːɐ̯stklasɪç] adj first-class

Erst·kon·takt m ÖKON initial approach

erst·ma·lig ['eːɐ̯stmaːlɪç] I. adj first II. adv *(geh) s.* **erstmals**

erst·mals ['eːɐ̯stmaːls] adv for the first time

erst·ran·gig ['eːɐ̯stranɪç] adj ① *(sehr wichtig)* major ② *(erstklassig)* first-class

er·stre·ben* vt *(geh)* ■ **etw ~** to strive for sth

er·stre·bens·wert [ɛɐ̯'ʃtreːbn̩sveːɐ̯t] adj worth striving for *pred*

er·stre·cken* I. vr ① *(sich ausdehnen)* ■ **sich [über etw** akk**] ~** to extend [over sth] ② *(betreffen)* ■ **sich auf etw** akk **~** to include sth II. vt SCHWEIZ *(verlängern)* ■ **etw ~** to extend sth

Erst·schlag m first strike

er·stun·ken [ɛɐ̯'ʃtʊŋkn̩] adj ► **das ist ~ und erlogen** *(fam)* that's a pack of lies

er·su·chen* vt *(geh)* ■ **jdn um etw** akk **~** to request sth from sb

er·tap·pen* I. vt ■ **jdn [bei etw** dat**] ~** to catch sb [doing sth] II. vr ■ **sich bei etw** dat **~** to catch oneself doing sth

er·tei·len* vt *(geh)* ■ **[jdm] etw ~** to give [sb] sth

er·tö·nen* vi sein *(geh)* ① *(zu hören sein)* to sound ② *(widerhallen)* ■ **von etw** dat **~** to resound with sth

Er·trag <-[e]s, Erträge> [ɛɐ̯'traːk, pl ɛɐ̯'trɛːgə] m ① *(Ernte)* yield; **~ bringen** to bring yields ② *meist pl (Einnahmen)* revenue; **~ bringen** to bring in revenue

er·tra·gen* vt irreg to bear; **nicht zu ~ sein** to be unbearable

er·träg·lich [ɛɐ̯'trɛːklɪç] adj bearable; **schwer ~ sein** to be difficult to cope with

er·trag·reich adv productive; *Land* fertile

er·trän·ken* vt ■ **jdn/ein Tier ~** to drown sb/an animal

er·träu·men* vt ■ **[sich** dat**] etw ~** to dream about sth

er·trin·ken* vi irreg sein to drown

er·trot·zen* vt *(geh)* ■ **[sich** dat**] etw ~** to obtain by forceful means

er·üb·ri·gen* [ɛɐ̯'ʔyːbrɪgn̩] I. vr ■ **sich ~** to be superfluous; ■ **es erübrigt sich, etw zu tun** it is not necessary to do sth II. vt *(aufbringen)* **etw ~ können** *Geld, Zeit* to spare sth

eru·ie·ren* [eruˈiːrən] vt *(geh)* ① *(in Erfahrung bringen)* ■ **etw ~** to find out sth sep ② ÖSTERR, SCHWEIZ *(ausfindig machen)* ■ **jdn ~** to find sb

Erup·ti·on <-, -en> [ɛrʊpˈtsi̯oːn] f eruption

er·wa·chen* vi sein (geh) to wake up; **aus einer Ohnmacht ~** to come to; ■**von etw** dat **~** to be woken by sth ▶ **ein böses E~** a rude awakening
er·wach·sen*¹ [ɛɐ̯'vaksn̩] vi irreg sein (geh) **jdm ~ Kosten** [**aus etw** dat] sb incurs costs [as a result of sth]
er·wach·sen² [ɛɐ̯'vaksn̩] adj adult
Er·wach·se·ne(r) f(m) adult
Er·wach·se·nen·bil·dung [ɛɐ̯'vaksenən-] f adult education **Er·wach·se·nen·straf·recht** nt kein pl JUR adult criminal law
er·wä·gen* vt irreg to consider
Er·wä·gung <-, -en> f consideration; **etw in ~ ziehen** to consider sth
er·wäh·nen* vt to mention; ■[**jdm gegenüber**] **~, dass ...** to mention [to sb] that ...
er·wäh·nens·wert adj worth mentioning pred
Er·wäh·nung <-, -en> f mentioning
er·wär·men* I. vt to warm [up] II. vr ❶ (warm werden) ■**sich ~** to warm up ❷ (sich begeistern) ■**sich für jdn/etw ~** to work up enthusiasm for sb/sth
Er·wär·mung <-, -en> f warming [up]; **globale ~** global warming
er·war·ten* I. vt ❶ (entgegensehen) to expect ❷ (auf etw warten) ■**etw ~** to wait for sth; **sie konnte es kaum ~** she could hardly wait [for it]; ❸ (voraussetzen) ■**etw von jdm ~** to expect sth from sb; ■**von jdm ~, dass ...** to expect sb to do sth ❹ (mit etw rechnen) ■**etw erwartet einen** sth awaits one; **etw war zu ~** sth was to be expected; **wider E~** contrary to [all] expectation[s] II. vr (sich versprechen) ■**sich** dat **etw von jdm/etw ~** to expect sth from [or of] sb/sth
Er·war·tung <-, -en> f ❶ kein pl (Ungeduld) anticipation ❷ pl (Hoffnung) expectations pl; **jds ~en gerecht werden** to live up to sb's expectations; **voller ~** full of expectation; **den ~en entsprechen** to fulfil the expectations
Er·war·tungs·druck <-[e]s> m kein pl **unter ~ stehen** to be under pressure to perform **er·war·tungs·ge·mäß** adv as expected **Er·war·tungs·hal·tung** f expectation **Er·war·tungs·ho·ri·zont** m level of expectations **er·war·tungs·voll** I. adj expectant, full of expectation pred II. adv expectantly
er·we·cken* vt ❶ (hervorrufen) ■**etw ~** to arouse sth; **den Eindruck ~, ...** to give the impression ...; **Zweifel ~** to raise doubts ❷ (geh: aufwecken) ■**jdn ~** to wake sb
er·wei·chen* vt ■**jdn ~** to make sb change their mind; **sich ~ lassen** to let oneself be persuaded
er·wei·sen* irreg I. vt ❶ (nachweisen) to prove ❷ (zeigen) ■**etw wird ~, dass/ob ...** sth will show that/whether ... ❸ (geh: entgegenbringen) **jdm einen Dienst/Gefallen ~** to do somebody a service/favour II. vr ❶ (sich herausstellen) **dieser Mitarbeiter hat sich als zuverlässig erwiesen** this employee has proved himself reliable ❷ (sich zeigen) **sie sollte sich dankbar** [**ihm gegenüber**] **~** she should be grateful [to him]
er·wei·tern* [ɛɐ̯'vaɪtɐn] I. vt ■**etw ~** ❶ Straße, Kleidung to widen sth (**um** by) ❷ (vergrößern) to expand sth (**um** by) ❸ (umfangreicher machen) to increase sth (**um** by) II. vr ❶ (sich verbreitern) ■**sich ~** to widen (**um** by) ❷ MED, ANAT ■**sich ~** to dilate
Er·wei·te·rung <-, -en> f ❶ (Verbreiterung) Anlagen, Fahrbahn widening ❷ (Vergrößerung) expansion ❸ (Ausweitung) increase ❹ MED, ANAT dilation
Er·werb <-[e]s, -e> [ɛɐ̯'vɛrp, pl ɛɐ̯'vɛrbə] m ❶ kein pl (geh: Kauf) purchase ❷ (berufliche Tätigkeit) occupation
er·wer·ben* vt irreg ❶ (kaufen) ■**etw ~** to purchase sth ❷ (an sich bringen) ■**etw** [**durch etw** akk] **~** to acquire sth [through sth] ❸ (gewinnen) ■[**sich** dat] **etw ~** to earn sth; **jds Vertrauen ~** to win sb's trust
er·werbs·fä·hig adj (geh) fit for gainful employment pred
er·werbs·los adj (geh) unemployed
er·werbs·tä·tig adj working **Er·werbs·tä·tig·keit** <-> f kein pl employment **er·werbs·un·fä·hig** adj (geh) unfit for gainful employment
er·wi·dern* [ɛɐ̯'viːdɐn] vt ❶ (antworten) ■[**jdm**] **etw** [**auf etw** akk] **~** to give [sb] a reply [to sth]; **auf meine Frage erwiderte sie ...** she replied to my question by saying ... ❷ (zurückgeben) ■**etw ~** to return sth
Er·wi·de·rung <-, -en> f ❶ (Antwort) reply ❷ (das Erwidern) returning
er·wie·se·ner·ma·ßen [ɛɐ̯viːzənə'maːsn̩] adv as has been proved
er·wirt·schaf·ten* vt to make
er·wi·schen* [ɛɐ̯'vɪʃn̩] vt (fam) ❶ (ertappen) ■**jdn** [**bei etw** dat] **~** to catch sb [doing sth] ❷ (ergreifen, erreichen) ■**jdn/ etw ~** to catch sb/sth

er·wor·ben *adj* acquired
er·wünscht [ɛɐ̯'vʏnʃt] *adj* ❶ *(gewünscht)* desired ❷ *(willkommen)* welcome; *Anwesenheit* desirable
er·wür·gen* *vt* to strangle
Erz <-es, -e> ['eːɐ̯ts] *nt* ore
er·zäh·len* **I.** *vt* ❶ *(anschaulich berichten)* to explain ❷ *(sagen)* to tell; [**jdm**] **seine Erlebnisse ~** to tell [sb] about one's experiences; **was erzählst du da?** what are you saying?; **es wird erzählt, dass ...** there is a rumour that ▸ **das kannst du sonst wem ~** *(fam)* tell me another! BRIT; **dem/der werd ich was ~!** *(fam)* I'll give him/her a piece of my mind! **II.** *vi* to tell a story/stories
Er·zäh·ler(in) [ɛɐ̯'tseːlɐ] *m(f)* storyteller; *(Schriftsteller)* author; *(Romanperson)* narrator
Er·zäh·lung *f* ❶ *(Geschichte)* story ❷ *kein pl (das Erzählen)* telling
Erz·bi·schof, Erz·bi·schö·fin ['ɛrtsbɪʃɔf, 'ɛrtsbɪʃœfɪn] *m, f* archbishop
Erz·en·gel ['ɛrts?ɛŋl] *m* archangel
er·zeu·gen* *vt* ❶ *bes* ÖSTERR *(produzieren)* to produce ❷ ELEK, SCI to generate ❸ *(hervorrufen)* to create
Er·zeu·ger(in) <-s, -> *m(f)* ❶ *bes* ÖSTERR *(geh: Produzent)* producer ❷ *(hum fam: Vater)* father
Er·zeug·nis <-ses, -se> [ɛɐ̯'tsɔyknɪs] *nt* product
Er·zeu·gung <-, -en> *f* ❶ *kein pl* ELEK, SCI generation ❷ *(Produktion)* production
Erz·feind(in) *m(f)* arch-enemy
Erz·ge·bir·ge ['ɛrtsɡəbɪrɡə] *nt* Erzgebirge *(mountain range on the border between Germany and the Czech Republic)*
Erz·her·zog(in) ['ɛrtshɛrtsoːk, 'ɛrtshɛrtsoːɡɪn] *m(f)* archduke *masc,* archduchess *fem*
er·zieh·bar *adj* educable; **schwer ~ sein** to have behavioural problems
er·zie·hen* *vt irreg* ❶ *(aufziehen)* to bring up sb ❷ *(anleiten)* ■ **jdn zu etw** *dat* **~** to teach sb to be sth
Er·zie·her(in) <-s, -> [ɛɐ̯'tsiːɐ] *m(f)* teacher
er·zie·he·risch *adj* educative
Er·zie·hung *f kein pl* ❶ *(das Erziehen)* education *no pl* ❷ *(Aufzucht)* upbringing
er·zie·hungs·be·rech·tigt *adj* acting as legal guardian *pred* **Er·zie·hungs·be·rech·tig·te(r)** *f(m)* legal guardian **Er·zie·hungs·camp** [-kɛmp] *nt* reform [*or* boot] camp [for young delinquents] **Er·zie·hungs·geld** *nt* child benefit *(paid for at least 6 months after the child's birth to compensate the parent who takes time off work to look after the child)* **Er·zie·hungs·jahr** *nt* year taken off work after the birth of a child to look after the child **Er·zie·hungs·me·tho·de** *f* method of education **Er·zie·hungs·ur·laub** *m* maternity [*or* paternity] leave *(a period of up to three years taken by either the father or mother after the birth)* **Er·zie·hungs·wis·sen·schaft** *f kein pl* educational studies *npl* **Er·zie·hungs·wis·sen·schaft·ler(in)** *m(f)* educationalist BRIT, educational theorist AM
er·zie·len* *vt* ❶ *(erreichen)* to achieve; *Einigung* to reach ❷ SPORT ■ **etw ~** to score sth (**gegen** against); **eine Bestzeit/einen Rekord ~** to establish a personal best/record
erz·kon·ser·va·tiv *adj* ultra-conservative
er·zür·nen* *vt (geh)* ■ **jdn ~** to anger sb
er·zwin·gen* *vt irreg* ■ **etw [von jdm] ~** to force sth from sb; **eine Entscheidung ~** to force an issue; **ein Geständnis [von jdm] ~** to make sb confess; **[von jdm] ein Zugeständnis ~** to wring a concession [from sb]

es <*gen* seiner, *dat* ihm, *akk* es> [ɛs] *pron pers, unbestimmt* ❶ *(das, diese: auf Dinge bezogen)* it; **wer ist da? — ich bin ~** who's there? — it's me ❷ *auf vorangehenden Satzinhalt bezogen* it; **kommt er auch? — ich hoffe ~** is he coming too? — I hope so ❸ *rein formales Subjekt* **jdm gefällt ~, etw zu tun** sb likes doing sth; **~ gefällt mir** I like it; **~ friert mich** I am cold; **~ freut mich, dass ...** I am pleased that ... ❹ *rein formales Objekt* **er hat ~ gut** he's got it made ❺ *Subjekt bei unpersönlichen Ausdrücken* **~ klopft** there's a knock at the door; **hat ~ geklingelt?** did somebody ring?; **~ regnet** it's raining ❻ *Einleitewort mit folgendem Subjekt* **~ geschieht manchmal ein Wunder** a miracle happens sometimes; **~ waren Tausende** there were thousands
Esche <-, -n> ['ɛʃə] *f* ash
Esel(in) <-s, -> ['eːzl̩] *m(f)* ❶ *(Tier)* donkey ❷ *nur m (fam: Dummkopf)* idiot
Esels·brü·cke *f (fam)* aide-memoire **Esels·ohr** *nt* dog-ear
Es·ka·la·ti·on <-, -en> [ɛskalaˈtsi̯oːn] *f* escalation
es·ka·lie·ren* [ɛskaˈliːrən] *vi, vt* to escalate (**zu** into)
Es·ka·pa·de <-, -n> [ɛskaˈpaːdə] *f* escapade
Es·ki·mo, -frau <-s, -s> ['ɛskimo] *m, f* Eskimo

Es·kor·te <-, -n> [ɛsˈkɔrtə] f escort
es·kor·tie·ren* [ɛskɔrˈtiːrən] vt ■ **jdn/etw ~** to escort sb/sth
Eso·te·rik <-> [ezoˈteːrɪk] f kein pl ■ **die ~** esotericism
eso·te·risch [ezoˈteːrɪʃ] adj esoteric
Es·pe <-, -n> [ˈɛspə] f aspen
Es·pen·laub nt aspen leaves pl; **zittern wie ~** to be shaking like a leaf
Es·pe·ran·to <-s> [ɛspeˈranto] nt kein pl Esperanto
Es·pres·so <-[s], -s o Espressi> [ɛsˈprɛso, pl ɛsˈprɛsi] m espresso
Es·pres·so·ma·schi·ne f espresso machine
Es·prit <-s> [ɛsˈpriː] m kein pl (geh) wit
Es·say <-s, -s> [ˈɛse, ɛˈseː] m o nt essay
ess·bar^RR, **eß·bar**^ALT adj edible; **nicht ~** inedible
es·sen <isst, aß, gegessen> [ˈɛsn̩] I. vt (Nahrung zu sich nehmen) to eat; **~ Sie gern Äpfel?** do you like apples?; **etw zum Nachtisch ~** to have sth for dessert ▶ **gegessen sein** (fam) to be dead and buried II. vi to eat; **italienisch ~** to have a an Italian meal; **kalt/warm ~** to have a cold/hot meal; **~ gehen** (zum E~ gehen) to go to eat; (im Lokal speisen) to eat out; **in diesem Restaurant kann man gut ~** this restaurant does good food
Es·sen <-s, -> [ˈɛsn̩] nt ❶ (Mahlzeit) meal; **zum ~ bleiben** to stay for lunch/dinner ❷ (Nahrung) food no pl, no indef art
Es·sen(s)·mar·ke f meal voucher [or AM ticket] **Es·sens·zeit** f mealtime
es·sen·ti·ell [ɛsɛnˈtsi̯ɛl] adj, adv s. **essenziell**
Es·senz <-, -en> [ɛˈsɛnts] f essence
es·sen·zi·ell^RR [ɛsɛnˈtsi̯ɛl] I. adj essential II. adv essentially
Es·ser(in) <-s, -> [ˈɛsɐ] m(f) mouth to feed; **auf einen ~ mehr kommt es auch nicht an** one more person won't make any difference
Ess·ge·wohn·hei·ten^RR pl eating habits pl
Es·sig <-s, -e> [ˈɛsɪç, pl ˈɛsɪgə] m vinegar
Es·sig·gur·ke f [pickled] gherkin **Es·sig·säu·re** f acetic acid
Ess·kas·ta·nie^RR [-kastaːni̯ə] f sweet chestnut **Ess·löf·fel**^RR m ❶ (Essbesteck) soup spoon ❷ (Maßeinheit beim Kochen) tablespoon **Ess·stö·rung**^RR f meist pl eating disorder **Ess·sucht**^RR f kein pl compulsive eating **Ess·wa·ren**^RR pl food no pl, no indef art, provisions **Ess·zim·mer**^RR nt dining room
Es·te, Es·tin <-n, -n> [ˈɛstə, ˈeːstɪn] m, f Estonian; s. a. **Deutsche(r)**

Est·land <-s> [ˈeːstlant] nt Estonia; s. a. **Deutschland**
est·nisch [ˈeːstnɪʃ] adj Estonian; s. a. **deutsch**
Es·tra·gon <-s> [ˈɛstragɔn] m kein pl tarragon
Es·trich <-s, -e> [ˈɛstrɪç] m ❶ (Fußbodenbelag) concrete floor ❷ SCHWEIZ (Dachboden) attic, loft
ES-Zel·le [eːˈɛstsɛlə] f Abk von **embryonale Stammzelle** BIOL, MED embryonic stem cell
eta·blie·ren* [etaˈbliːrən] (geh) I. vt to establish II. vr ■ **sich ~** to establish oneself
eta·bliert adj (geh) established
Eta·blis·se·ment <-s, -s> [etablɪsəˈmãː] nt (geh) establishment
Eta·ge <-, -n> [eˈtaːʒə] f floor; **auf der 5. ~** on the 5th floor BRIT, on the 6th floor AM
Eta·gen·bett [eˈtaːʒən-] nt bunk bed **Eta·gen·woh·nung** [eˈtaːʒən-] f flat BRIT, apartment AM (occupying a whole floor)
Etap·pe <-, -n> [eˈtapə] f ❶ (Abschnitt) **in ~n arbeiten** to work in stages ❷ (Teilstrecke) leg ❸ MIL communications zone
Etat <-s, -s> [eˈtaː] m budget
etc. [ɛtˈtseːtera] Abk von **et cetera** etc.
ete·pe·te·te [ˈeːtəpeˈteːtə] adj präd (fam) finicky
Ethik <-> [ˈeːtɪk] f kein pl ❶ (Wissenschaft) ethics + sing vb ❷ (moralische Haltung) ethics npl ❸ (bestimmte Werte) ethic; **christliche ~** Christian ethic
ethisch [ˈeːtɪʃ] adj ethical
eth·nisch [ˈɛtnɪʃ] adj ethnic
Eth·no·lo·ge, Eth·no·lo·gin [ɛtnoˈloːgə, ɛtnoˈloːgɪn] m, f ethnologist
Eth·no·lo·gie <-, -n> [ɛtnoloˈgiː, pl -ˈgiːən] f kein pl ethnology no pl
Eth·no·lo·gin [ɛtnoˈloːgɪn] f fem form von **Ethnologe**
Ethos <-> [ˈeːtɔs] nt kein pl (geh) ethos; **berufliches ~** professional ethics npl
Eti·kett <-[e]s, -e> [etiˈkɛt] nt ❶ (Preisschild) price tag ❷ (Aufnäher) label
Eti·ket·te <-, -n> [etiˈkɛtə] f (geh) etiquette
eti·ket·tie·ren* [etikɛˈtiːrən] vt ■ **etw ~** to label sth; **Preis** to price tag sth
et·li·che(r, s) [ˈɛtlɪçə] pron indef ❶ adjektivisch, sing o pl quite a lot of; **~ Mal** (geh) several times ❷ substantivisch, pl quite a few ❸ substantivisch, sing ■ **~s** quite a lot; **um ~s älter/größer als jdn** quite a lot older/bigger than sb
Etui <-s, -s> [ɛtˈviː, eˈty̆iː] nt case; (verziert a.) etui

et·wa ['ɛtva] **I.** *adv* ❶ *(ungefähr, annähernd)* about; **in ~** more or less; **so ~** roughly like this ❷ *(zum Beispiel)* **wie ~ mein Bruder** like my brother for instance **II.** *part* ❶ *(womöglich)* **ist das ~ alles, was Sie haben?** are you trying to tell me that's all you've got?; **soll das ~ heißen, dass ...?** is that supposed to mean [that] ...?; **willst du ~ schon gehen?** [surely] you don't want to go already! ❷ *(Verstärkung der Verneinung)* **ist das ~ nicht wahr?** do you mean to say it's not true?

et·wa·ig [ɛt'va:ɪç] *adj attr* any

et·was ['ɛtvas] *pron indef* ❶ *substantivisch (eine unbestimmte Sache)* something; *(bei Fragen)* anything; **hast du ~?** are you feeling all right?; **merken Sie ~?** do you notice anything?; **das will ~ heißen** that's saying something ❷ *adjektivisch (nicht näher bestimmt)* something; *(bei Fragen)* anything; **~ anderes** something else; **~ Dummes/Neues** something stupid/new; [**noch**] **~ Geld/Kaffee** some [more] money/coffee ❸ *adverbial (ein wenig)* a little; **du könntest dich ruhig ~ anstrengen** you might make a bit of an effort

Et·was <-> ['ɛtvas] *nt kein pl* **ein hartes/spitzes/... ~** something hard/sharp/...; **das gewisse ~** that certain something; **ein winziges ~** a tiny little thing

Ety·mo·lo·gie <-, -n> [etymolo'gi:, *pl* -'gi:ən] *f* etymology *no pl*

ety·mo·lo·gisch [etymo'lo:gɪʃ] *adj* etymological

EU [e:'u:] *f Abk von* **Europäische Union** EU

EU-Bei·tritt *m* joining of the EU **EU-Bür·ger(in)** *m(f)* EU citizen, citizen of the EU

euch ['ɔyç] **I.** *pron pers akk o dat von* **ihr** you; **ein Freund/eine Freundin von ~** a friend of yours **II.** *pron refl* **beeilt ~!** hurry [up]!; **macht ~ fertig!** get [*fam* yourselves] ready!; **wascht ~!** get [*fam* yourselves] washed!; **putzt ~ die Zähne!** brush your teeth!

eu·er ['ɔyɐ] *pron poss* your; **es ist ~/eu[e]re/~[e]s** it's yours; **viele Grüße, ~ Martin!** best wishes, [yours,] Martin

eue·re(r, s) ['ɔyərə] *pron poss s.* **eure(r, s)**

EU-Gip·fel *m*, **EU-Gip·fel·tref·fen** *nt* EU summit

Eu·ka·lyp·tus <-, -lypten> [ɔyka'lyptʊs] *m* ❶ *(Baum)* eucalyptus [tree] ❷ *(Öl)* eucalyptus [oil]

EU-Kom·mis·si·on *f* EU Commission
EU-Land *nt* EU country

Eu·le <-, -n> ['ɔylə] *f* owl
EU-Mi·nis·ter(in) *m(f)* EU minister **EU-Mit·glieds·land** *nt* EU member-state
Eu·nuch <-en, -en> [ɔy'nu:x] *m* eunuch
Eu·phe·mis·mus <-, -mismen> [ɔyfe'mɪsmʊs] *m* euphemism
Eu·pho·rie <-, -n> [ɔyfo'ri:, *pl* -'ri:ən] *f* euphoria
eu·pho·risch [ɔy'fo:rɪʃ] *adj* euphoric
Eu·ra·tom <-> [ɔyra'to:m] *f Akr von* **Europäische Atomgemeinschaft** Euratom
eu·re(r, s) ['ɔyrə] *pron poss* your; ■ **[der/die/das] E~** yours; **Grüße von ~r Kathrin** Best regards, Yours, Kathrin; **tut ihr das E~** you do your bit
eu·rer·seits ['ɔyrɐ'zaɪts] *adv (soweit es euch angeht)* for your part; *(von eurer Seite aus)* on your part
eu·res·glei·chen ['ɔyrəs'glaɪçn̩] *pron (pej)* your like
eu·ret·we·gen ['ɔyrət've:gn̩] *adv (wegen euch)* because of you; *(euch zuliebe)* for your sake[s]
eu·ret·wil·len ['ɔyrətvɪlən] *adv* **um ~** for your sake
eu·ri·ge(r, s) ['ɔyrɪgə, -gə, -gəs] *pron (geh)* **geh für eu(e)re(r, s): der/die/das ~** yours; **die ~n** those near and dear to you
Eu·ro ['ɔyro] *m (Währungseinheit)* euro; **hundert ~ spenden** to donate hundred euros
Eu·ro·bank·no·te *f* euro (bank)note **Eu·ro·bond** <-s, -s> [-bɔnt] *m* FIN eurobond **Eu·ro·cent** *m* cent **Eu·ro·cheque** [-ʃɛk] *m* HIST *s.* **Eurocheck Eu·ro·ci·ty** ['ɔyrosɪti], **Eu·ro·ci·ty·zug**^RR ['ɔyrosɪti-] *m* Eurocity train *(connecting major European cities)*
Eu·ro-Ein·füh·rungs·ge·setz *nt* law concerning the introduction of the euro
Eu·ro·geld *nt* eurocurrency
Eu·ro·krat(in) <-en, -en> [ɔyro'kra:t] *m(f)* Eurocrat
Eu·ro·kra·tie *f* POL eurocracy
Eu·ro·kri·se *f* Eurozone [*or* Euro] crisis
Eu·ro·mün·ze *f* euro coin
Eu·ro·pa <-s> [ɔy'ro:pa] *nt* Europe
Eu·ro·pa·ab·ge·ord·ne·te(r) *f(m)* Member of the European Parliament, MEP
Eu·ro·pä·er(in) <-s, -> [ɔyro'pɛ:ɐ] *m(f)* European
Eu·ro·pa·fra·ge *f* POL European question
eu·ro·pä·isch [ɔyro'pɛ:ɪʃ] *adj* European; **die ~en Staaten** the European states; **E~e Einheitswährung** single European currency, euro; **E~e Gemeinschaft** [*o* **EG**] European Community, EC; **E~er Gerichtshof** European Court of Justice;

E~es **Parlament** European Parliament; E~er **Rat** European Council; E~e **Union** European Union, EU; E~es **Währungssystem** [*o* **EWS**] European Monetary System, EMS; E~e **Währungsunion** [*o* **EWU**] European Monetary Union, EMU; E~e **Wirtschaftsgemeinschaft** [*o* **EWG**] European Economic Community, EEC, [European] Common Market; E~er **Wirtschaftsraum** [*o* **EWR**] European Economic Area, EEA; E~e **Zentralbank** [*o* **EZB**] European Central Bank, ECB

Eu·ro·pä·i·sie·rung *f kein pl* POL Europeanization

eu·ro·pa·kri·tisch *adj* eurosceptical **Eu·ro·pa·meis·ter(in)** *m(f)* (*als Einzelner*) European champion; (*als Team, Land*) European champions *pl* **Eu·ro·pa·meis·ter·schaft** *f* European championship **Eu·ro·pa·par·la·ment** *nt* ■ **das** ~ the European Parliament **Eu·ro·pa·po·kal** *m* European cup **Eu·ro·pa·rat** *m kein pl* ■ **der** ~ the Council of Europe **Eu·ro·pa·wah·len** *pl* European elections *pl*

Eu·ro·pol ['ɔyropoːl] *f* Europol

Eu·ro·raum *m kein pl* euro area, eurozone

Eu·ro-Ret·tungs·schirm, Eu·ro·ret·tungs·schirm *m kein pl* FIN European Financial Stability Facility, EFSF, euro stabilization package **Eu·ro·scheck** *m* HIST Eurocheque **Eu·ro·skep·ti·ker(in)** *m(f)* Eurosceptic **Eu·ro·tun·nel** *m* Channel tunnel **Eu·ro·vi·si·on** [ɔyroviˈzi̯oːn] *f* Eurovision **Eu·ro·zo·ne** <-> *f kein pl* Euro-zone

Eu·ter <-s, -> ['ɔytɐ] *nt o m* udder

Eu·tha·na·sie <-> [ɔytanaˈziː] *f kein pl* euthanasia *no pl, no art*, mercy killing *fam*

EU-Ver·ord·nung *f* EU decree **EU-Vertrag** *m* JUR Treaty of Rome

ev. *adj Abk von* **evangelisch**

e.V., E.V. [eːˈfaʊ] *m Abk von* **eingetragener Verein** registered association

eva·ku·ie·ren* [evakuˈiːrən] *vt* ❶ (*an sicheren Ort bringen*) ■ **jdn/etw** ~ to evacuate sb/remove sth (**aus** from, **in/auf** to) ❷ (*auslagern*) to remove (**in** to)

Eva·ku·ie·rung <-, -en> [-va-] *f* evacuation

Evan·ge·le <-n, -n> [evaŋˈgeːlə] *m o f* (*oft pej fam*) evangelical

evan·ge·lisch [evaŋˈgeːlɪʃ] *adj* Protestant; ■ ~ **sein** to be a Protestant

Evan·ge·li·um <-s, -lien> [evaŋˈgeːli̯ʊm, *pl* -li̯ən] *nt* Gospel; (*fig*) gospel

Even·tu·a·li·tät <-, -en> [evɛntu̯aliˈtɛːt] *f* eventuality

even·tu·ell [evɛnˈtu̯ɛl] **I.** *adj attr* possible; **bei** ~**en Rückfragen wenden Sie sich bitte an die Direktion** if you have any queries please contact the management **II.** *adv* possibly

Evo·lu·ti·on <-, -en> [evoluˈtsi̯oːn] *f* evolution

evtl. *adj, adv Abk von* **eventuell**

E-Werk ['eːvɛrk] *nt s.* **Elektrizitätswerk**

ewig ['eːvɪç] **I.** *adj* ❶ (*immer während*) eternal ❷ (*pej fam: ständig*) ~**es Gejammer** never-ending moaning and groaning **II.** *adv* ❶ (*dauernd*) eternally; (*seit jeher*) always; ~ **bestehen** to have always existed; (*für immer*) forever ❷ (*fam: ständig*) always ❸ (*fam: lange Zeitspanne*) for ages; **das dauert [ja]** ~**!** it's taking ages [and ages]! *fam*

Ewig·ges·tri·ge(r) *f(m)* stick-in-the-mud **Ewig·keit** <-, -en> ['eːvɪçkaɪ̯t] *f* eternity; **eine [halbe]** ~ **dauern** (*hum fam*) to last an age; **bis in alle** ~ (*für alle Zeit*) for ever; (*wer weiß wie lange*) **soll ich vielleicht bis in alle** ~ **warten?** am I supposed to wait for ever?; **seit** ~**en** (*fam*) for ages

EWS <-> [eːveːˈɛs] *nt kein pl Abk von* **Europäisches Währungssystem** EMS

EWU <-> [eːveːˈuː] *f Abk von* **Europäische Währungsunion** EMU

EWWU [eːveːveːˈʔuː] *f kein pl* POL *Abk von* **Europäische Wirtschafts- und Währungsunion** EEMU **EWWU-Teil·neh·mer·land** *nt*, **EWWU-Teil·neh·mer·staat** *m* EEMU member state

ex ['ɛks] *adv* **etw [auf]** ~ **trinken** to down sth in one ▶ ~ **und hopp** (*fam*) here today, gone tomorrow

ex·akt [ɛˈksakt] **I.** *adj* exact; **das ist** ~, **was ich gemeint habe** that's precisely what I meant **II.** *adv* exactly; ~ **arbeiten** to be accurate in one's work

Ex·a·men <-s, - *o* Examina> [ɛˈksaːmən, *pl* ɛˈksaːmina] *nt* **mündliches** ~ oral exam[ination]; **schriftliches** ~ [written] exam[ination]; **das** ~ **bestehen** to pass one's finals; **durch das** ~ **fallen** to fail [in] one's finals; ~ **machen** to do one's finals

exe·ku·tie·ren* [ɛksekuˈtiːrən] *vt* (*geh*) ■ **jdn** ~ to execute sb

Exe·ku·ti·on <-, -en> [ɛksekuˈtsi̯oːn] *f* (*geh*) execution

Exe·ku·ti·ve <-n, -n> [ɛksekuˈtiːvə] *f* JUR executive authority

Ex·em·pel <-s, -> [ɛˈksɛmpl̩] *nt* (*geh*) [warning] example; **an jdm/mit etw** *akk* **ein** ~ **statuieren** to make an example of sb/use sth as a warning

Ex·em·plar <-s, -e> [ɛksɛmˈplaːɐ̯] *nt*

specimen; (*Ausgabe*) Buch, Heft copy; *Zeitung* issue
ex·em·pla·risch [ɛksɛmˈplaːrɪʃ] **I.** *adj* exemplary **II.** *adv* as an example
ex·er·zie·ren* [ɛksɛrˈtsiːrən] **I.** *vi* MIL to drill **II.** *vt* (*geh*) ■ **etw ~** to practise sth
Ex·hi·bi·ti·o·nis·mus <-> [ɛkshibitsi̯oˈnɪsmʊs] *m kein pl* exhibitionism *no pl*
Ex·hi·bi·ti·o·nist(in) <-en, -en> [ɛkshibitsi̯oˈnɪst] *m(f)* exhibitionist
ex·hu·mie·ren* [ɛkshuˈmiːrən] *vt* (*geh*) to exhume
Exil <-s, -e> [ɛˈksiːl] *nt* exile; **ins ~ gehen** to go into exile
Exis·ten·ti·a·lis·mus <-> [ɛksɪstɛntsi̯aˈlɪsmʊs] *m kein pl s.* **Existenzialismus**
exis·ten·ti·ell [ɛksɪstɛntsi̯ɛl] *adj* (*geh*) *s.* **existenziell**
Exis·tenz <-, -en> [ɛksɪsˈtɛnts] *f* ❶ *kein pl* (*das Vorhandensein*) existence *no pl* ❷ (*Lebensgrundlage, Auskommen*) livelihood; **eine gesicherte ~** a secure livelihood ❸ (*Dasein, Leben*) life; **eine gescheiterte ~** a failure [in life]; **sich eine neue ~ aufbauen** to create a new life for oneself
Exis·tenz·angst *f* (*geh*) fear of being unable to make ends meet **Exis·tenz·be·rech·ti·gung** *f kein pl* right to exist **Exis·tenz·grün·der(in)** *m(f)* founder of a new business **Exis·tenz·grund·la·ge** *f* basis of one's livelihood
Exis·ten·zi·a·lis·mus[RR] <-> [ɛksɪstɛntsi̯aˈlɪsmʊs] *m kein pl* existentialism *no pl*
exis·ten·zi·ell[RR] [ɛksɪstɛntsi̯ɛl] *adj* (*geh*) existential
Exis·tenz·kampf *m* struggle for survival **Exis·tenz·mi·ni·mum** *nt* subsistence level **Exis·tenz·recht** *nt kein pl* right to existence **Exis·tenz·si·che·rung** *f kein pl* securing a basic living; **das Einkommen reicht gerade für unsere ~ aus** we just about manage to get by on this income
exis·tie·ren* [ɛksɪsˈtiːrən] *vi* ❶ (*vorhanden sein*) to exist ❷ (*sein Auskommen haben*) ■ **[von etw** *dat*] **~** to live [on sth]
ex·klu·siv [ɛkskluˈziːf] *adj* exclusive
Ex·klu·siv·be·richt *m* exclusive [report [*or* story]]
Ex·kom·mu·ni·ka·ti·on [ɛkskɔmunikaˈtsi̯oːn] *f* REL excommunication
ex·kom·mu·ni·zie·ren* [ɛkskɔmuniˈtsiːrən] *vt* to excommunicate
Ex·kre·ment <-[e]s, -e> [ɛkskreˈmɛnt] *nt meist pl* (*geh*) excrement *no pl*
Ex·kurs [ɛksˈkʊrs] *m* digression

Ex·kur·si·on <-, -en> [ɛkskʊrˈzi̯oːn] *f* (*geh*) study trip BRIT; SCH field trip
Ex·ma·tri·ku·la·ti·on <-, -en> [ɛksmatrikulaˈtsi̯oːn] *f* removal of sb's name from the university register
ex·ma·tri·ku·lie·ren* [ɛksmatrikuliˈiːrən] **I.** *vt* ■ **jdn ~** to take sb off the university register **II.** *vr* ■ **sich ~** to have one's name taken off the university register
Exot(in) <-en, -en> [ɛˈksoːt] *m(f)* ❶ (*aus fernem Land: Mensch*) exotic foreigner; (*Pflanze oder Tier*) exotic [plant/animal] ❷ (*fam: Rarität, ausgefallenes Exemplar*) rarity; (*Person*) eccentric
exo·tisch [ɛˈksoːtɪʃ] *adj* ❶ (*aus fernem Land*) exotic ❷ (*fam: ausgefallen*) unusual
ex·pan·die·ren* [ɛkspanˈdiːrən] *vi* to expand
Ex·pan·si·on <-, -en> [ɛkspanˈzi̯oːn] *f* expansion
Ex·pan·si·ons·po·li·tik *f kein pl* expansionism, expansionist policies *pl*
Ex·pe·di·ti·on <-, -en> [ɛkspediˈtsi̯oːn] *f* expedition
Ex·pe·ri·ment <-[e]s, -e> [ɛksperiˈmɛnt] *nt* experiment; **ein ~/~e machen** to carry out an experiment/experiments
ex·pe·ri·men·tell [ɛkspɛrimɛnˈtɛl] **I.** *adj* experimental **II.** *adv* by [way of] experiment
ex·pe·ri·men·tie·ren* [ɛkspɛrimɛnˈtiːrən] *vi* ■ **[an/mit etw** *dat*] **~** to experiment [on/with sth]
Ex·per·te, Ex·per·tin <-n, -n> [ɛksˈpɛrtə, ɛksˈpɛrtɪn] *m, f* expert
Ex·per·ten·aus·schuss[RR] *m*, **Ex·per·ten·grup·pe** *f* panel of experts **Ex·per·ten·be·richt** *m* experts' report **Ex·per·ten·ein·schät·zung** *f* expert opinion
Ex·per·ti·se <-, -n> [ɛkspɛrˈtiːzə] *f* expert's report
ex·pli·zit [ɛkspliˈtsiːt] *adj* (*geh*) explicit
ex·plo·die·ren* [ɛksploˈdiːrən] *vi sein* to explode *also fig;* **die Kosten/Preise ~** (*fig*) costs/prices are rocketing
Ex·plo·si·on <-, -en> [ɛksploˈzi̯oːn] *f* explosion *also fig;* **etw zur ~ bringen** to detonate sth
ex·plo·si·ons·ar·tig *adv* explosively **Ex·plo·si·ons·ge·fahr** *f* danger of explosion
ex·plo·siv [ɛksploˈziːf] *adj* explosive
Ex·po·nat <-[e]s, -e> [ɛkspoˈnaːt] *nt* exhibit
Ex·po·nent <-en, -en> [ɛkspoˈnɛnt] *m* MATH exponent
Ex·po·nent(in) <-en, -en> [ɛkspoˈnɛnt] *m(f)* exponent, advocate

Ex·port <-[e]s, -e> [ɛksˈpɔrt] *m kein pl* export

Ex·port·ar·ti·kel *m* exported article; *pl* exports

Ex·por·teur(in) <-s, -e> [ɛkspɔrˈtøːɐ] *m(f)* exporter

Ex·port·fir·ma *f* export firm **Ex·port·ge·schäft** *nt* export business **Ex·port·han·del** *m* export trade [*or* business]

ex·por·tie·ren* [ɛkspɔrˈtiːrən] *vt* to export

Ex·port·schla·ger *m* (*fam*) export hit

Ex·press^{RR} <-es> *m kein pl*, **Ex·preß**^{ALT} <-sses> [ɛksˈprɛs] *m kein pl* ❶ (*Eilzug*) express [train] ❷ (*schnell*) etw per ~ senden to send sth [by] express [delivery]

Ex·pres·si·o·nis·mus <-> [ɛksprɛsi̯oˈnɪsmʊs] *m kein pl* expressionism *no pl, no indef art*

Ex·pres·si·o·nist(in) <-en, -en> [ɛksprɛsi̯oˈnɪst] *m(f)* expressionist

ex·pres·si·o·nis·tisch *adj* expressionist[ic]

Ex·press·stra·ße *f* SCHWEIZ expressway

ex·qui·sit [ɛkskviˈziːt] (*geh*) I. *adj* exquisite II. *adv* exquisitely

Ex·ten·si·on <-, -en> [ɛkstɛnˈzi̯oːn] *f* (*geh*) extension

ex·ten·siv [ɛkstɛnˈziːf] *adj* (*geh*) extensive

ex·tern [ɛksˈtɛrn] *adj* external

ex·tra [ˈɛkstra] *adv* ❶ (*besonders*) extra ❷ (*zusätzlich*) extra; **ich gebe Ihnen noch ein Exemplar ~** I'll give you an extra copy ❸ (*eigens*) just; **du brauchst mich nicht ~ anzurufen, wenn du ankommst** you don't need to call me just to say you've arrived ❹ (*fam: absichtlich*) on purpose; **etw ~ machen** to do sth on purpose ❺ (*gesondert*) separately; **etw ~ berechnen** to charge sth separately

Ex·tra·blatt *nt* special supplement

Ex·trakt <-[e]s, -e> [ɛksˈtrakt] *m o nt* extract

ex·tra·va·gant [ɛkstravaˈgant, ˈɛkstravagant] I. *adj* extravagant II. *adv* extravagantly; **~ angezogen** flamboyantly dressed

Ex·tra·va·ganz <-, -en> [ɛkstravaˈgants] *f* extravagance; **von Kleidung a.** flamboyance

ex·tra·ver·tiert [ɛkstravɛrˈtiːɐ̯t] *adj* extrovert[ed]

Ex·tra·wurst *f* ❶ (*fam: Sonderwunsch*) **jdm eine ~ braten** to make an exception for sb ❷ ÖSTERR (*Lyoner*) pork [*or* veal] sausage

ex·trem [ɛksˈtreːm] I. *adj* extreme; **~e Anforderungen** excessive demands; **eine ~e Belastung für jdn darstellen** to be an excessive burden on sb II. *adv* (*sehr*) extremely; **~ links/rechts** POL ultra-left/right

Ex·trem·fall *m* extreme [case]; **im ~** in the extreme case

Ex·tre·mis·mus <-, *selten* -men> [ɛkstreˈmɪsmʊs] *m* extremism *no pl, no indef art*

Ex·tre·mist(in) <-en, -en> [ɛkstreˈmɪst] *m(f)* extremist

ex·tre·mis·tisch *adj* extremist

Ex·tre·mi·tä·ten [ɛkstremiˈtɛːtn̩] *pl* extremities *npl*

Ex·trem·sport *m* extreme sport

Ex·trem·sport·art *f* adventure sport

ex·tro·ver·tiert [ɛkstrovɛrˈtiːɐ̯t] *adj s.* **extravertiert**

Ex·tro·ver·tiert·heit [ɛkstrovɛrˈtiːɐ̯thaɪ̯t] *f kein pl* PSYCH extrovertedness

ex·zel·lent [ɛkstsɛˈlɛnt] (*geh*) I. *adj* excellent II. *adv* excellently; **sich ~ fühlen** to feel on top form; **~ schmecken** to taste delicious

Ex·zel·lenz <-, -en> [ɛkstsɛˈlɛnts] *f* Excellency; **Seine/Euer ~** His/Your Excellency

ex·zen·trisch [ɛksˈtsɛntrɪʃ] *adj* (*geh*) eccentric

Ex·zess^{RR} <-es, -e> *m meist pl*, **Ex·zeß**^{ALT} <-sses, -sse> [ɛksˈtsɛs] *m meist pl* excess; **etw bis zum ~ treiben** to take sth to extremes

ex·zes·siv [ɛkstsɛˈsiːf] *adj* (*geh*) excessive

Eye·li·ner <-s, -> [ˈaɪ̯laɪ̯nɐ] *m* eyeliner

EZB <-> [eːtsɛtˈbeː] *f kein pl* FIN *Abk von* **Europäische Zentralbank** ECB

EZU <-> [eːtsɛtˈʔuː] *f kein pl Abk von* **Europäische Zahlungsunion** EPU

E-Zug [ˈeːtsuːk] *m kurz für* **Eilzug** express train

Ff

F, f <-, - *o fam* -s, -s> [ɛf] *nt* ❶ (*Buchstabe*) F, f; *s. a.* **A 1** ❷ MUS F, f; *s. a.* **A 2**

f. ❶ *Abk von* **folgende** [**Seite**] [the] following [page] ❷ *Abk von* **für**

Fa. *Abk von* **Firma** Co.

Fa·bel <-, -n> ['fa:bl̩] *f* LIT fable

fa·bel·haft ['fa:bl̩haft] **I.** *adj* marvellous **II.** *adv* marvellously

Fa·bel·tier *nt*, **Fa·bel·we·sen** *nt* mythical creature

Fa·brik <-, -en> [fa'bri:k] *f* factory

Fa·bri·kant(in) <-en, -en> [fabri'kant] *m(f)* ❶ (*Fabrikbesitzer*) industrialist ❷ (*Hersteller*) manufacturer

Fa·brik·ar·bei·ter(in) *m(f)* industrial worker

Fa·bri·kat <-[e]s, -e> [fabri'ka:t] *nt* ❶ (*Marke*) make ❷ (*Produkt*) product; (*Modell*) model

Fa·bri·ka·ti·on <-, -en> [fabrika'tsi̯oːn] *f* production

Fa·bri·ka·ti·ons·feh·ler *m* manufacturing defect

Fa·brik·ge·län·de *nt* factory site **Fa·brik·hal·le** *f* factory building **fa·brik·neu** *adj* brand-new

fa·bri·zie·ren* [fabri'tsiːrən] *vt* to manufacture

Face·lif·ting <-s, -s> ['feːslɪftɪŋ] *nt* (*fig*) facelift

Fa·cet·te <-, -n> [fa'sɛtə] *f* facet

Fach <-[e]s, Fächer> [fax, *pl* fɛçɐ] *nt* ❶ *Tasche* pocket; *Schrank* shelf; (*Ablegefach*) pigeonhole; *Automat* drawer ❷ (*Sachgebiet*) subject; **vom ~ sein** to be a specialist; **ich bin nicht vom ~** that's not my line

Fach·ar·bei·ter(in) *m(f)* skilled worker **Fach·arzt, -ärz·tin** *m, f* specialist (**für** in) **Fach·aus·druck** *m* technical term; **juristischer ~** legal term

fä·cheln ['fɛçl̩n] *vt, vi* (*geh*) to fan

Fä·cher <-s, -> ['fɛçɐ] *m* fan

Fa·ch·frau *f fem form von* **Fachmann**

fach·fremd *adj Aufgabe* outside one's field; *Mitarbeiter* untrained **Fach·ge·biet** *nt* [specialist] field **Fach·ge·schäft** *nt* specialist shop **Fach·han·del** *m* specialist [*or* retail] trade **Fach·händ·ler(in)** *m(f)* specialist supplier **Fach·hoch·schu·le** *f* ≈ technical college of higher education **Fach·idi·ot(in)** *m(f)* (*pej sl*) blinkered specialist BRIT (*a specialist who is not interested in anything outside his/her field*) **Fach·kennt·nis** *f meist pl* specialized knowledge **Fach·kraft** *f* qualified employee **fach·kun·dig** **I.** *adj* informed; ■ **~ sein** to be an expert **II.** *adv* **jdn ~ beraten** to give sb informed advice **Fach·leu·te** *pl* experts *pl*

fach·lich **I.** *adj* ❶ (*fachbezogen*) specialist ❷ (*kompetent*) informed **II.** *adv* professionally; **sich ~ qualifizieren** to gain qualifications in one's field

Fach·li·te·ra·tur *f* specialist literature **Fach·mann, -frau** <-leute *o selten* -männer> *m, f* expert, specialist **fach·män·nisch** **I.** *adj* expert **II.** *adv* professionally; **jdn ~ beraten** to give sb expert advice **Fach·pres·se** *f* specialist publications *pl* **Fach·rich·tung** *f* subject area

Fach·schaft <-, -en> *f* students *pl* of a/the department

Fach·schu·le *f* technical college

fach·sim·peln [faxzɪmpl̩n] *vi* (*fam*) to talk shop

Fach·spra·che *f* technical jargon **fach·über·grei·fend** *adj* interdisciplinary

Fachwerk *nt kein pl* half-timbering

Fach·werk·haus *nt* half-timbered house **Fach·wis·sen** *nt* specialized knowledge **Fach·wort** *nt* technical word **Fach·wör·ter·buch** *nt* specialist [*or* AM technical] dictionary; **ein medizinisches ~** a dictionary of medical terms **Fach·zeit·schrift** *f* specialist journal; (*für bestimmte Berufe*) trade journal

Fa·ckel <-, -n> ['fakl̩] *f* torch

fa·ckeln ['fakl̩n] *vi* (*fam*) to dither [about]

fa·de ['faːdə], **fad** [faːt] *adj* SÜDD, ÖSTERR ❶ *Essen* bland; *Geschmack* insipid ❷ (*langweilig*) dull

Fa·den <-s, Fäden> ['faːdn̩, *pl* fɛdn̩] *m* ❶ (*Woll~, Zwirn~*) thread; **dünner/dicker ~** fine/coarse thread ❷ MED stitch; **die Fäden ziehen** to remove the stitches ▶ **der rote ~** the central theme; **den ~ verlieren** to lose the thread

fa·den·schei·nig ['faːdn̩ʃaɪ̯nɪç] *adj* ❶ (*pej: nicht glaubhaft*) poor ❷ (*abgetragen*) threadbare

Fad·heit <-> ['faːthaɪ̯t] *f kein pl* (*pej: Fadesein*) insipidness; (*fig*) banality

Fa·gott <-[e]s, -e> [fa'gɔt] *nt* bassoon

fä·hig ['fɛːɪç] *adj* able, competent; (*imstande*) capable; ■ **zu etw** *dat* [**nicht**]

~ sein to be [in]capable of sth; **zu allem ~ sein** to be capable of anything
Fä·hig·keit <-, -en> f ability *no pl*
fahl [faːl] *adj* (*geh*) pale
fahn·den ['faːndn̩] *vi* to search (**nach** for)
Fahn·dung <-, -en> f search (**nach** for); **eine ~ nach jdm einleiten** to conduct a search for sb, to put out an APB on sb AM
Fahn·dungs·fo·to *nt* photo of a wanted person, mug-shot *sl* **Fahn·dungs·lis·te** f wanted [persons] list
Fah·ne <-, -n> ['faːnə] f ❶ (*Banner*) flag ❷ (*fig fam: Alkoholgeruch*) smell of alcohol *no indef art*; **eine ~ haben** to smell of alcohol ▶ **mit fliegenden ~n zu jdm [über]wechseln** to go over to sb quite openly
Fahn·en·eid *m* MIL oath of allegiance **Fah·nen·flucht** f *kein pl* MIL desertion; **~ bege·hen** to desert **fah·nen·flüch·tig** *adj* MIL **~ sein** to be a deserter **Fah·nen·mast** *m* flagpole
Fahr·aus·weis *m* ❶ (*Fahrkarte*) ticket ❷ SCHWEIZ (*Führerschein*) driving licence
Fahr·bahn f road; **von der ~ abkom·men** to leave the road
fahr·bar *adj* mobile; **ein ~er Büro·schrank** an office cabinet on castors
Fäh·re <-, -n> ['fɛːrə] f ferry
fah·ren <fährt, fuhr, gefahren> ['faːrən] I. *vi* ❶ *sein* (*sich fortbewegen: als Fahr·gast*) to go; **mit dem Bus/Zug ~** to go by bus/train; (*als Fahrer*) to drive; **mit dem Auto ~** to drive, to go by car; **links/rechts ~** to drive on the left/right; **gegen etw** *akk* **~** to drive into sth; **wie lange fährt man von hier nach Basel?** how long does it take to get to Basel from here?; **dieser Wagen fährt sehr schnell** this car can go very fast; **mein Auto fährt nicht** my car won't go ❷ *sein* (*losfahren*) to go, to leave; **wir ~ in 5 Minuten** we'll be going in 5 minutes ❸ *sein* (*verkehren*) to run; **die Bahn fährt alle 20 Minuten** the train runs every 20 minutes ❹ *sein* (*reisen*) to go; **in Urlaub ~** to go on holiday ❺ *sein* (*blitzschnell bewegen*) **aus dem Bett ~** to leap out of bed; **was ist denn in dich gefahren?** what's got into you? ❻ *sein o haben* (*streichen*) **sich** *dat* **mit der Hand über die Stirn ~** to pass one's hand over one's brow II. *vt* ❶ *haben* (*lenken*) to drive; *Fahrrad, Motorrad* to ride ❷ *sein* **Fahrrad/Motorrad ~** to ride a bicycle/motorbike; **Schlittschuh ~** to skate ❸ *haben* (*verwenden*) **Sommerreifen ~** to use normal tyres ❹ *haben* (*befördern*) to take; **ich fahr dich nach Hause** I'll take you home ❺ *sein* (*eine bestimmte Geschwin·digkeit haben*) **90 km/h ~** to be doing 55 m.p.h. III. *vr haben* **der Wagen fährt sich gut** it's nice to drive this car
fah·rend *adj* itinerant, wandering, peripatetic *form*; **ein ~es Volk** a wandering people + *pl vb*
Fah·rer(in) <-s, -> ['faːrɐ] *m(f)* ❶ (*Auto~*) driver; (*Motorrad~*) motorbike rider, biker *fam* ❷ (*Chauffeur*) driver
Fah·rer·flucht f hit-and-run offence
Fah·rer·laub·nis f (*geh*) driving licence BRIT, driver's license AM
Fah·rer·sitz *m* driver's seat
Fahr·gast *m* passenger **Fahr·geld** *nt* fare **Fahr·ge·le·gen·heit** f lift **Fahr·ge·mein·schaft** f **eine ~ bilden** to share a car to work, to car pool AM **Fahr·ge·stell** *nt s.* **Fahrwerk**
fah·rig ['faːrɪç] *adj* jumpy; *Bewegung* nervous; (*unkonzentriert*) distracted
Fahr·kar·te f ticket (**nach** to)
Fahr·kar·ten·au·to·mat *m* ticket machine **Fahr·kar·ten·schal·ter** *m* ticket office
fahr·läs·sig ['faːɐ̯lɛsɪç] I. *adj* negligent; **grob ~** reckless II. *adv* negligently; **~ han·deln** to act with negligence
Fahr·läs·sig·keit <-, -en> f negligence *no pl;* **grobe ~** recklessness
Fahr·leh·rer(in) *m(f)* driving instructor **Fahr·leis·tung** f ❶ *eines Autos* road performance *no pl* ❷ *von Kraftstoff* economy
Fähr·mann <-männer *o* -leute> *m* ferryman
Fahr·plan *m* ❶ (*Tabelle*) timetable, schedule AM ❷ (*fam: Programm*) plans *pl* **fahr·plan·mä·ßig** I. *adj* scheduled II. *adv* as scheduled; (*rechtzeitig a.*) on time **Fahr·pra·xis** f *kein pl* driving experience *no pl* **Fahr·preis** *m* fare **Fahr·preis·er·mä·ßi·gung** f fare reduction **Fahr·prü·fung** f driving test
Fahr·rad ['faːɐ̯raːt] *nt* [bi]cycle, bike *fam;* **~ fahren** to ride a bicycle, to cycle; **elek·trisches ~** electric bicycle
Fahr·rad·fah·rer(in) *m(f)* cyclist **Fahr·rad·ket·te** f bicycle chain **Fahr·rad·ku·rier(in)** *m(f)* bicycle courier **Fahr·rad·stän·der** *m* [bi]cycle stand, kick stand AM **Fahr·rad·weg** *m* [bi]cycle path, cycleway
Fahr·schein *m* ticket
Fahr·schein·au·to·mat *m* ticket machine
Fähr·schiff *nt s.* **Fähre Fahr·schu·le** f ❶ (*Firma*) driving school; **in die ~ gehen** to take driving lessons ❷ (*Unterricht*) driving lessons *pl* **Fahr·schü·ler(in)** *m(f)*

learner [*or* AM student] driver **Fahr·spur** *f* [traffic] lane **Fahr·stil** *m* style of driving **Fahr·stuhl** *m* lift BRIT, elevator AM **Fahr·stuhl·mu·sik** *f* MUS (*pej*) elevator [*or* hotel lobby] music **Fahr·stun·de** *f* driving lesson

Fahrt <-, -en> [faːɐ̯t] *f* ❶ (*das Fahren*) journey; **freie ~** AUTO clear run; (*fig*) green light ❷ (*Fahrgeschwindigkeit*) speed; NAUT **volle/halbe ~ voraus!** full/half speed ahead!; AUTO, BAHN **mit voller ~** at full speed ❸ (*Reise*) journey; **gute ~!** [have a] safe journey!; **eine einfache ~** a single [*or* AM one-way] [ticket]; **eine ~ ins Blaue** a mystery tour ▶ **in ~ kommen/sein** (*fam: wütend werden/sein*) to get/be riled [up] *fam*; (*in Schwung kommen*) to get/have got going

fährt [fɛːɐ̯t] *3. pers pres von* **fahren**
fahr·taug·lich *adj* fit to drive *pred*
Fähr·te <-, -n> [ˈfɛːɐ̯tə] *f* trail, tracks *pl*; **jdn auf die richtige ~ bringen** (*fig*) to put sb on the right track; **jdn auf eine falsche ~ locken** (*fig*) to throw sb off the scent; **auf der falschen/richtigen ~ sein** (*fig*) to be on the wrong/right track

Fahr·ten·buch *nt* driver's log; (*Tagebuch*) diary of a trip **Fahr·ten·schrei·ber** *m* tachometer, *esp* BRIT tachograph
Fahrt·kos·ten *pl* travelling expenses *npl* **Fahrt·rich·tung** *f* direction of travel; **entgegen der/in ~ sitzen** *Bus* to sit facing backwards/the front; *Zug* to sit with one's back to the engine/facing the engine **Fahrt·rich·tungs·an·zei·ger** *m* AUTO (*Blinker*) [direction] indicator, turn [signal] light AM
fahr·tüch·tig *adj Fahrzeug* roadworthy; *Mensch* fit to drive *pred*
Fahr(t)·wind *m* headwind
fahr·un·tüch·tig *adj Mensch* unfit to drive *pred; Fahrzeug* unroadworthy **Fahr·ver·bot** *nt* driving ban **Fahr·ver·hal·ten** *nt kein pl Fahrer* behaviour behind the wheel; *Fahrzeug* vehicle dynamics *pl* **Fahr·werk** *nt* ❶ LUFT landing gear *no pl* ❷ AUTO chassis **Fahr·zeit** *f* journey time
Fahr·zeug <-s, -e> *nt* vehicle **Fahr·zeug·brief** *m* registration document **Fahr·zeug·hal·ter(in)** *m(f)* vehicle owner **Fahr·zeug·pa·pie·re** *pl* registration papers *npl* **Fahr·zeug·schein** *m* motor vehicle registration certificate

Fai·ble <-s, -s> [ˈfɛːbl̩] *nt* (*geh*) liking; **ein ~ für etw *akk* haben** to be partial to sth
fair [fɛːɐ̯] *adj* fair; ▪[**jdm gegenüber**] **~ sein** to be fair [to sb]; **das ist nicht ~!** that's not fair!

Fair·ness^{RR}, **Fair·neß**^{ALT} <-> [ˈfɛːɐ̯nɛs] *f kein pl* fairness *no pl*
Fair·play <-> [ˈfɛːɐ̯ˈpleː] *nt kein pl* fairness; *a.* SPORT fair play
Fä·ka·li·en [fɛˈkaːli̯ən] *pl* faeces BRIT, feces AM
Fake·fur <-s> [ˈfeːkfɜːr] *nt kein pl* MODE fake fur
Fa·kir <-s, -e> [ˈfaːkiːɐ̯] *m* fakir
Fak·si·mi·le <-s, -s> [fakˈziːmile] *nt* facsimile
Fak·ten [ˈfaktn̩] *pl* facts *pl*
Fak·ten·hu·ber(in) [ˈfaktn̩huːbɐ] *m(f)* (*pej o iron sl*) anorak BRIT, wonk AM
fak·tisch [ˈfaktɪʃ] I. *adj attr* real II. *adv* basically
Fak·tor <-s, -toren> [ˈfaktoːɐ̯, *pl* fakˈtoːrən] *m* factor
Fak·tum <-s, Fakten> [ˈfaktʊm, *pl* ˈfaktn̩] *nt* (*geh*) [proven] fact; **harte Fakten** hard facts
Fa·kul·tät <-, -en> [fakʊlˈtɛːt] *f* faculty
fa·kul·ta·tiv [fakʊltaˈtiːf] *adj* (*geh*) optional
Fal·ke <-n, -n> [ˈfalkə] *m* falcon, hawk
Fall <-[e]s, Fälle> [fal, *pl* ˈfɛlə] *m* ❶ *kein pl* (*Sturz*) fall; **der freie ~** free fall; **jdn zu ~ bringen** (*geh*) to make sb fall ❷ (*Untergang*) downfall; *Festung* fall; **eine Regierung zu ~ bringen** to bring down a government ❸ (*Umstand, Angelegenheit*) case, circumstance; **ein hoffnungsloser ~ sein** to be a hopeless case; **klarer ~!** (*fam*) you bet!; [**nicht**] **der ~ sein** [not] to be the case; **auf alle Fälle** in any case; (*unbedingt*) at all events; **auf keinen ~** never, under no circumstances; **für alle Fälle** just in case; **gesetzt den ~, dass ...** assuming [that]...; **im günstigsten/schlimmsten ~[e]** at best/worst; **in diesem ~** in this case; **von ~ zu ~** from case to case ❹ JUR, MED case ▶ [**nicht**] **jds ~ sein** (*fam*) [not] to be sb's cup of tea

Fall·beil *nt* guillotine
Fal·le <-, -n> [ˈfalə] *f* trap; **~n stellen** to set traps; **jdm in die ~ gehen** to fall into sb's trap; **jdn in eine ~ locken** to lure sb into a trap; **in der ~ sitzen** to be trapped
fal·len <fällt, fiel, gefallen> [ˈfalən] *vi sein* ❶ (*herunterfallen*) *Person* to fall; *Gegenstand* to drop; **etw ~ lassen** to drop sth; **sich aufs Bett ~ lassen** to flop onto the bed ❷ *Beil* to fall; *Klappe, Vorhang* to drop; *Hammer* to come down ❸ (*stolpern*) ▪ **über etw *akk* ~** to trip over sth ❹ (*fam: nicht bestehen*) ▪ **durch etw *akk* ~** to fail [*or* AM *fam* flunk] sth; **jdn durch eine**

Prüfung ~ **lassen** to fail sb in an exam ❺ *Preise* to fall; *Temperatur* to drop; *Fieber, Wasserstand* to go down ❻ (*im Krieg*) to be killed ❼ (*stattfinden*) ■ **auf etw** *akk* ~ to fall on sth; **der 1. April fällt auf einen Montag** April 1st falls on a Monday ❽ (*ergehen*) to be reached ❾ SPORT *Tor* to be scored ❿ *Schuss* to be fired ⓫ (*verlauten*) to be spoken; **sein Name fiel mehrere Male** his name was mentioned several times; **eine Bemerkung ~ lassen** to drop a remark ⓬ (*aufgeben*) **jdn/etw ~ lassen** to abandon sb/sth

fäl·len ['fɛlən] *vt* ❶ (*umhauen*) to fell ❷ (*entscheiden*) to reach; **ein Urteil ~** to reach a verdict

fal·len|las·sen* ᴬᴸᵀ *vt irreg* **jdn/etw ~** to abandon sb/sth

Fall·ge·schwin·dig·keit *f* PHYS speed of fall **Fall·gru·be** *f* pit[fall]

fäl·lig ['fɛlɪç] *adj* ❶ (*anstehend*) due *usu pred* ❷ (*fam: dran sein*) ■ **~ sein** to be [in] for it

Fäl·lig·keit <-, -en> *f* FIN settlement date

Fall·obst *nt kein pl* windfall

falls [fals] *konj* if

Fall·schirm *m* parachute; **mit dem ~ abspringen** to parachute

Fall·schirm·jä·ger(in) *m(f)* paratrooper; ■ **die ~** the paratroop[er]s **Fall·schirm·sprin·gen** *nt* parachuting **Fall·schirm·sprin·ger(in)** *m(f)* parachutist

Fall·stu·die *f* case study

fällt [fɛlt] *3. pers pres von* **fallen**

Fall·tür *f* trapdoor

falsch [falʃ] I. *adj* ❶ (*verkehrt*) wrong; **~e Vorstellung** wrong idea; **bei jdm an den F~en/die F~e geraten** to pick the wrong person in sb; **Sie sind hier falsch** (*Ort*) you are in the wrong place; (*am Telefon*) you have the wrong number ❷ (*unzutreffend*) false ❸ (*unecht*) fake; **~es Geld** counterfeit money ❹ (*pej: hinterhältig*) two-faced ❺ (*unaufrichtig*) false II. *adv* wrongly; **etw ~ aussprechen** to mispronounce sth; **jdn ~ informieren** to misinform sb; **alles ~ machen** to do everything wrong

Falsch·aus·sa·ge *f* JUR false testimony

fäl·schen ['fɛlʃn̩] *vt* to forge; ÖKON to falsify; *Geld* to counterfeit

Fäl·scher(in) <-s, -> *m(f)* forger; *Geld* counterfeiter

Falsch·fah·rer(in) *m(f)* person driving on the wrong side of the road **Falsch·geld** *nt kein pl* counterfeit money *no pl*

Falsch·heit <-> *f kein pl* falseness

fälsch·lich I. *adj* ❶ (*irrtümlich*) mistaken ❷ (*unzutreffend*) false II. *adv s.* **fälschlicherweise**

fälsch·li·cher·wei·se *adv* ❶ (*irrtümlicherweise*) mistakenly ❷ (*zu Unrecht*) wrongly

falsch|lie·gen *vi irreg* to be wrong **Falsch·mel·dung** *f* false report **Falsch·mün·zer(in)** <-s, -> *m(f)* counterfeiter **Falsch·par·ker(in)** *m(f)* parking offender **falsch|spie·len** *vi* to cheat **Falsch·spie·ler(in)** *m(f)* cheat; (*professioneller ~*) [card]sharp[er] BRIT, card shark AM

Fäl·schung <-, -en> *f* forgery

fäl·schungs·si·cher *adj* forgery-proof

Falt·blatt *nt* leaflet

Fal·te <-, -n> ['faltə] *f* ❶ (*in Kleidung*) crease; **~n bekommen** to get creased; **etw in ~n legen** to pleat sth ❷ (*in Stoff*) fold; **~n werfen** to fall in folds ❸ (*Haut~*) wrinkle; **die Stirn in ~n legen** to furrow one's brows

fal·ten ['faltn̩] *vt* to fold; **die Stirn ~** to furrow one's brow

fal·ten·frei *adj* (*Stoffart*) skintight; (*Gesicht*) smooth **Fal·ten·rock** *m* pleated skirt **Fal·ten·wurf** *m* MODE fall of the folds

Fal·ter <-s, -> ['faltɐ] *m* (*Tag~*) butterfly; (*Nacht~*) moth

fal·tig ['faltɪç] *adj* ❶ *Kleidung* creased ❷ *Haut* wrinkled

falz·en ['faltsn̩] *vt* to fold

fa·mi·li·är [fami'liɛɐ] *adj* ❶ (*die Familie betreffend*) family *attr;* **aus ~en Gründen** for family reasons ❷ (*zwanglos*) familiar; **in ~er Atmosphäre** in an informal atmosphere

Fa·mi·lie <-, -n> [fa'miːliə] *f* family; **aus guter ~ sein** to come from a good family; **eine vierköpfige ~** a family of four; **in der ~ bleiben** to stay in the family; **zur ~ gehören** to be one of the family; **eine ~ gründen** (*geh*) to start a family; **~ haben** (*fam*) to have a family; **das liegt in der ~** it runs in the family; **„~ Lang"** "The Lang Family"

Fa·mi·li·en·an·ge·hö·ri·ge(r) *f(m) dekl wie adj* relative **Fa·mi·li·en·an·schluss**ᴿᴿ *m kein pl* **eine Unterkunft mit ~** accommodation with a family where one is treated as a member of the family **Fa·mi·li·en·fei·er** *f* family party **Fa·mi·li·en·kreis** *m* family circle **Fa·mi·li·en·le·ben** *nt kein pl* family life *no pl* **Fa·mi·li·en·mit·glied** *nt* member of the family **Fa·mi·li·en·na·me** *m* surname, last name **Fa·mi·li·en·ober·haupt** *nt* head of the family **Fa·mi·li·en·pla·**

nung *f* family planning *no art* **Fa·mi·li·en·stand** *m* marital status **Fa·mi·li·en·va·ter** *m* father **Fa·mi·li·en·zu·sam·men·füh·rung** *f* organized family reunion **Fa·mi·li·en·zu·wachs** *m* addition to the family
fa·mos [fa'moːs] *adj* (*veraltend fam*) capital
Fan <-s, -s> [fɛn] *m* fan; (*Fußball~ a.*) supporter
Fa·na·ti·ker(in) <-s, -> [fa'naːtike] *m(f)* fanatic; **ein politischer ~** an extremist; **ein religiöser ~** a religious fanatic
fa·na·tisch [fa'naːtɪʃ] I. *adj* fanatical II. *adv* fanatically
Fa·na·tis·mus <-> [fana'tɪsmʊs] *m kein pl* fanaticism
Fan·club ['fɛnklʊb] *m s.* **Fanklub**
fand ['fant] *imp von* **finden**
Fan·fa·re <-, -n> [fan'faːrə] *f* fanfare
Fang <-[e]s, Fänge> [faŋ, *pl* 'fɛŋə] *m* ❶ *kein pl* (*das Fangen*) catching ❷ *kein pl* (*Beute*) catch; *Fisch* haul ▸ **einen guten ~ machen** to make a good catch
Fang·arm *m* tentacle
Fän·ge ['fɛŋə] *pl von* **Fang**
fan·gen <fängt, fing, gefangen> ['faŋən] I. *vt* to catch II. *vi* **F~ spielen** to play catch III. *vr* (*das Gleichgewicht wiedererlangen*) ■**sich ~** to catch oneself; (*seelisch*) to pull oneself together [again]
Fang·flot·te *f* fishing fleet **Fang·fra·ge** *f* trick question **Fang·schal·tung** *f* interception circuit
fängt [fɛŋt] *3. pers pres von* **fangen**
Fang·zahn *m* fang
Fan·klub ['fɛnklʊp] *m* fan club
Fan·mei·le ['fɛn-] *f* (*fam*) SPORT, FBALL fan mile
Fan·ta·sie <-, -n> [fanta'ziː, *pl* -'ziːən] *f* ❶ *kein pl* (*Einbildungsvermögen*) imagination *no pl* ❷ *meist pl* (*Fantasterei*) fantasy
Fan·ta·sie·ge·bil·de[RR] *nt* fantastic form
fan·ta·sie·los[RR] *adj* unimaginative
Fan·ta·sie·lo·sig·keit[RR] <-> *f kein pl* lack of imagination *no pl*
fan·ta·sie·ren[RR*] [fanta'ziːrən] I. *vi* to fantasize (**von** about) II. *vt* to imagine
fan·ta·sie·voll[RR] *adj* [highly] imaginative
Fan·tast(in)[RR] <-en, -en> *m(f)* dreamer
Fan·tas·te·rei[RR] <-, -en> *f* (*geh*) fantasy
Fan·tas·til·li·ar·de[RR] <-, -n> [fan'tastɪljardə] *f* (*hum fam*) gazillion
Fan·tas·tin[RR] <-, -nen> *f fem form von* **Fantast**
fan·tas·tisch[RR] I. *adj* ❶ (*fam: toll*) fantastic ❷ *attr* (*unglaublich*) incredible ❸ (*geh:* unreal II. *adv* ❶ (*fam: toll*) fantastically ❷ (*unglaublich*) incredibly
FAQ [ɛfʔeɪ'ʔkjuː] *pl* INFORM *Abk von* **Frequently Asked Questions** FAQ
Farb·ab·zug *m* FOTO colour print **Farb·band** <-bänder> *nt* typewriter ribbon **Farb·bild·schirm** *m* colour screen **Farb·druck** *m* (*Druckverfahren*) colour printing; (*Bild*) colour print
Far·be <-, -n> ['farbə] *f* ❶ (*Farbton*) colour; **sanfte ~n** soft hues ❷ (*Anstreichmittel*) paint; (*Färbemittel*) dye ❸ KARTEN suit; **~ bedienen** to follow suit ▸ **~ bekennen** to come clean; **~ bekommen** to get a [sun]tan
farb·echt *adj* colourfast
Fär·be·mit·tel *nt* dye
fär·ben ['fɛrbn̩] I. *vt* ❶ (*andersfarbig machen*) to dye ❷ (*etw eine bestimmte Note geben*) ■**rassistisch gefärbt sein** to have racist overtones II. *vi* (*ab~*) to run III. *vr* ■**sich ~** to change colour; **die Blätter ~ sich gelb** the leaves are turning yellow
far·ben·blind *adj* colour blind **Far·ben·pracht** *f* (*geh*) blaze of colour **Far·ben·spiel** *nt* play of colours
Fär·ber(in) <-s, -> ['fɛrbɐ] *m(f)* dyer
Fär·be·rei <-, -en> [fɛrbə'raɪ] *f* dye-works
Farb·fern·se·hen *nt*, **Farb·fern·se·her** *m* colour television [set] **Farb·film** *m* colour film **Farb·fo·to** *nt* colour photograph
far·big ['farbɪç] I. *adj* ❶ (*bunt*) coloured; **eine ~e Postkarte** a colour postcard ❷ (*anschaulich*) colourful ❸ *attr* (*Hautfarbe betreffend*) coloured II. *adv* ❶ (*bunt*) in colour ❷ (*anschaulich*) colourfully
Far·bi·ge(r) *f(m) dekl wie adj* coloured person
Farb·kas·ten *m* paint box **Farb·ko·pie·rer** *m* colour copier
farb·lich ['farplɪç] I. *adj* colour II. *adv* in colour
farb·los ['farploːs] *adj* ❶ (*ohne Farbe*) colourless; *Lippenstift* clear ❷ (*langweilig*) dull
Farb·mo·ni·tor *m* colour monitor **Farb·scan·ner** *m* colour scanner **Farb·ska·la** *f* colour range **Farb·stift** *m* coloured pen **Farb·stoff** *m* ❶ (*Färbemittel*) dye; (*in Nahrungsmitteln*) artificial colouring ❷ (*Pigment*) pigment **Farb·ton** *m* shade
Fär·bung <-, -en> *f* ❶ *kein pl* (*das Färben*) colouring ❷ (*Tönung*) shade; (*von Blättern*) hue ❸ (*Einschlag*) bias
Far·ce <-, -n> ['farsə] *f* farce

Farm <-, -en> [farm] *f* farm
Far·mer(in) <-s, -> ['farmɐ] *m(f)* farmer
Farn <-[e]s, -e> [farn] *m*, **Farn·kraut** *nt* fern
Fär·se <-, -n> ['fɛrzə] *f* heifer
Fa·san <-s, -e[n]> [faˈzaːn] *m* pheasant
Fa·sching <-s, -e *o* -s> ['faʃɪŋ] *m* SÜDD, ÖSTERR (*Fastnacht*) carnival
Fa·schings·diens·tag *m* Shrove Tuesday
Fa·schis·mus <-> [faˈʃɪsmʊs] *m kein pl* fascism
Fa·schist(in) <-en, -en> [faˈʃɪst] *m(f)* fascist
fa·schis·tisch [faˈʃɪstɪʃ] *adj* fascist
Fa·se·lei <-, -en> [faːzəˈlaɪ̯] *f* (*pej fam*) drivel
fa·seln ['faːz|n] I. *vi* (*pej fam*) to babble; **hör auf zu ~!** stop babbling on! II. *vt* (*pej fam*) ■ **etw ~** to spout on about sth
Fa·ser <-, -n> ['faːzɐ] *f* fibre
fa·se·rig ['faːzərɪç] *adj* fibrous
Fa·ser·stift *m* felt-tip [pen]
fas·rig ['faːzrɪç] *adj s.* **faserig**
Fass[RR] <-es, Fässer> , **Faß**[ALT] <-sses, Fässer> [fas, *pl* fɛsɐ] *nt* barrel; **vom ~** on draught; **Bier vom ~** draught beer; **Wein vom ~** wine from the wood ▶ **ein ~ ohne Boden** a bottomless pit; **das ~ zum Überlaufen bringen** to be the final straw
Fas·sa·de <-, -n> [faˈsaːdə] *f* façade, front; **nur ~ sein** (*fig*) to be just [a] show
fass·bar[RR], **faß·bar**[ALT] *adj* ❶ (*konkret*) tangible ❷ (*verständlich*) comprehensible
Fass·bier[RR] *nt* draught beer
fas·sen ['fasn̩] I. *vt* ❶ (*ergreifen*) to grasp; **jdn am Arm ~** to seize sb's arm; **jdn bei der Hand ~** to take sb by the hand ❷ *Täter* to apprehend ❸ (*zu etw gelangen*) to take; *Entschluss, Vorsatz* to make; **keinen klaren Gedanken ~ können** not able to think clearly ❹ (*begreifen*) to comprehend; **er konnte sein Glück kaum fassen** he could scarcely believe his luck; [**das ist**] **nicht zu ~!** it's incredible ❺ (*etw enthalten*) to contain ❻ (*ein~*) to mount (in in) II. *vi* ❶ (*greifen*) to grip; *Zahnrad, Schraube* to bite ❷ (*berühren*) to touch; **sie fasste in das Loch** she felt inside the hole ❸ *von Hund* **fass!** get [him/her]!; III. *vr* **sich ~** ❶ to pull oneself together; **sich kaum mehr ~ können** to scarcely be able to contain oneself
Fas·set·te[RR] <-, -n> [faˈsɛtə] *f s.* **Facette**
Fas·son <-, -s> [faˈsõː] *f* shape
Fas·sung <-, -en> *f* ❶ (*Rahmen*) mounting ❷ (*Brillengestell*) frame ❸ ELEK socket ❹ (*Bearbeitung*) version ❺ *kein pl* (*Selbst-*

beherrschung) composure; **die ~ bewahren** to maintain one's composure; **jdn aus der ~ bringen** to unsettle sb; **etw mit ~ tragen** to bear sth calmly; **trag es mit ~** don't let it get to you; **die ~ verlieren** to lose one's self-control
fas·sungs·los I. *adj* staggered II. *adv* in bewilderment; **~ zusehen, wie ...** to watch in shocked amazement as ...
Fas·sungs·lo·sig·keit <-> *f kein pl* complete bewilderment
Fas·sungs·ver·mö·gen *nt* capacity
fast [fast] *adv* almost, nearly; **~ nie** hardly ever
fas·ten ['fastn̩] *vi* to fast
Fas·ten·kur *f* diet **Fas·ten·mo·nat** *m* REL month of fasting **Fas·ten·zeit** *f* REL Lent, period of fasting
Fast Food[RR], **Fast-food**[RR], **Fast food**[ALT] <-> ['faːstfuːt] *nt kein pl* fast food
Fast·nacht ['fastnaxt] *f kein pl* DIAL carnival
Fast·nachts·diens·tag *m* Shrove Tuesday
Fas·zi·na·ti·on <-> [fastsinaˈtsi̯oːn] *f kein pl* fascination
fas·zi·nie·ren* [fastsiˈniːrən] *vt, vi* to fascinate; **was fasziniert dich so an ihm?** why do you find him so fascinating?
fas·zi·nie·rend *adj* fascinating
fa·tal [faˈtaːl] *adj* (*geh*) ❶ (*verhängnisvoll*) fatal; **~e Folgen haben** to have fatal repercussions ❷ (*peinlich*) awkward; **in eine ~e Lage geraten** to be in an awkward position
Fa·ta·lis·mus <-> [fataˈlɪsmʊs] *m kein pl* (*geh*) fatalism
Fa·ta·list(in) <-en, -en> [fataˈlɪst] *m(f)* fatalist
fa·ta·lis·tisch *adj* (*geh*) fatalistic
Fa·ta Mor·ga·na <- -, - Morganen *o* -s> ['faːta mɔrˈɡaːna, *pl* -ˈɡaːnən] *f* ❶ (*Luftspiegelung*) mirage ❷ (*Wahnvorstellung*) fata morgana
Fat·wa <-, -s> ['fatva] *f* REL fatwa
Fatz·ke <-n *o* -s, -n> ['fatskə] *m* (*pej fam*) pompous twit
fau·chen ['fau̯xn̩] *vi* ❶ (*Tierlaut*) to hiss ❷ (*wütend zischen*) to spit
faul [fau̯l] *adj* ❶ (*nicht fleißig*) lazy ❷ (*verfault*) rotten ❸ (*pej fam: nicht einwandfrei*) feeble; *Kompromiss* shabby; ■ **an etw** *dat* **ist etw ~** something is fishy about sth
Fäu·le <-> ['fɔy̯lə] *f kein pl* (*geh: Fäulnis*) rot; (*Zahn~*) [tooth] decay
fau·len ['fau̯lən] *vi sein o haben* to rot; *Wasser* to stagnate

fau·len·zen [ˈfaʊlɛntsn̩] *vi* to laze about; ■ **das F~** lazing about

Fau·len·zer(in) <-s, -> [ˈfaʊlɛntsɐ] *m(f)* (*pej*) layabout

Fau·len·ze·rei <-, *selten* -en> [faʊlɛntsəˈraɪ] *f* (*pej*) idleness

Faul·heit <-> *f kein pl* laziness

fau·lig [ˈfaʊlɪç] *adj* rotten; *Geruch, Geschmack* foul; *Wasser* stagnant

Fäul·nis <-> [ˈfɔʏlnɪs] *f kein pl* decay, rot

Faul·pelz *m* (*pej fam*) lazybones **Faul·tier** *nt* ❶ (*Tier*) sloth ❷ (*fam*) *s.* Faulpelz

Fau·na <-, Faunen> [ˈfaʊna, *pl* ˈfaʊnən] *f* fauna

Faust <-, Fäuste> [faʊst, *pl* fɔʏstə] *f* fist; **die ~ ballen** to clench one's fist ▶ **wie die ~ aufs Auge passen** (*nicht passen*) to clash horribly; (*perfekt passen*) to be a perfect match; **auf eigene ~** off one's own bat

Fäust·chen <-s, -> [ˈfɔʏstçən] *nt dim von* **Faust** little fist ▶ **sich** *dat* **ins ~ lachen** (*fam*) to laugh up one's sleeve

faust·dick [ˈfaʊstˈdɪk] *adj* (*fam*) (*unerhört*) whopping; **das ist eine ~ e Lüge!** that's a real whopper! ▶ **es ~ hinter den Ohren haben** to be a sly dog **Faust·hand·schuh** *m* mitten **Faust·re·gel** *f* rule of thumb **Faust·schlag** *m* blow

Faux·pas <-, -> [foˈpa] *m* (*geh*) faux pas

fa·vo·ri·sie·ren* [favoriˈziːrən] *vt* (*geh*) to favour

Fa·vo·rit(in) <-en, -en> [favoˈriːt, *pl* -ˈriːtn̩] *m(f)* favourite

Fax <-, -e> [faks] *nt* ❶ (*Schriftstück*) fax ❷ (*Gerät*) fax [machine]

fa·xen [ˈfaksn̩] *vi, vt* to fax

Fa·xen [ˈfaksn̩] *pl* ❶ (*Albereien*) clowning around; **lass die ~!** stop clowning around!; (*sl: Schwierigkeiten machen*) to give sb trouble ❷ (*fam: Grimassen*) grimaces *pl*; **~ machen** to make faces ▶ **die ~ dick|e| haben** (*fam*) to have had it up to here

Fax·ge·rät *nt* fax machine

Fax·mo·dem *nt* fax modem

Fa·zit <-s, -s *o* -e> [ˈfaːtsɪt] *nt* result; **das ~ aus etw** *dat* **ziehen** to sum up sth *sep*; (*Bilanz ziehen*) to take stock of sth

FCKW <-s, -s> [ɛftseːkaːˈveː] *m Abk von* **Fluorchlorkohlenwasserstoff** CFC

FCKW-frei *adj* CFC-free

FDP <-> [ɛfdeːˈpeː] *f Abk von* **Freie Demokratische Partei** FDP

Fe·ber <-s, -> [ˈfeːbɐ] *m* ÖSTERR (*Februar*) February

Feb·ru·ar <-[s], *selten* -e> [ˈfeːbruaːɐ̯] *m* February; **Anfang/Ende ~** at the beginning/end of February; **Mitte ~** in the middle of February, mid-February; **~ sein** to be February; **~ haben** to be February; **jetzt haben wir schon ~ und ich habe noch immer nichts geschafft** it's February already and I still haven't achieved anything; **im ~** in February; **im Laufe des ~s** [*o* **des Monats ~**] during the course of February, in February; **im Monat ~** in [the month of] February; **in den ~ fallen/legen** to be in February/to schedule for February; **diesen ~** this February; **jeden ~** every February; **bis in den ~ [hinein]** until [well] into February; **den ganzen ~ über** for the whole of February; **am 14. ~** (*Datumsangabe: geschrieben*) on [the] 14th February [*or* February 14th] BRIT, on February 14 AM; (*gesprochen*) on the 14th of February [*or* AM February the 14th]; **am Freitag, dem** [*o* **den**] **14. Februar** on Friday, February [the] 14th; **Christian hat am 12. ~ Geburtstag** Christian's birthday is on February 12th; **auf den 10. ~ fallen/legen** to fall on/to schedule for February 10th; **Hamburg, den 10. ~ 2014** Hamburg, 10th February 2014 BRIT, Hamburg, February 10, 2014 *esp* AM

fech·ten <ficht, focht, gefochten> [ˈfɛçtn̩] *vi* to fence (**mit** with, **gegen** against)

Fech·ten <-s> [ˈfɛçtn̩] *nt kein pl* fencing

Fech·ter(in) <-s, -> [ˈfɛçtɐ] *m(f)* fencer

Fecht·meis·ter(in) *m(f)* fencing master

Fe·der <-, -n> [ˈfeːdɐ] *f* ❶ (*Teil des Gefieders*) feather ❷ (*Schreib~*) nib; **zur ~ greifen** to put pen to paper; **aus jds ~ stammen** to come from sb's pen ❸ (*elastisches Metallteil*) spring ❹ (*Bett*) **noch in den ~n liegen** (*fam*) to still be in bed; **raus aus den ~n!** (*fam*) rise and shine! ▶ **sich mit fremden ~n schmücken** to take the credit for sb else's efforts

Fe·der·ball *m* ❶ *kein pl* (*Spiel*) badminton ❷ (*Ball*) shuttlecock **Fe·der·bett** *nt* duvet BRIT, comforter AM **Fe·der·busch** *m* ❶ (*auf Vogelkopf*) crest ❷ (*auf Kopfbedeckung*) plume **fe·der·füh·rend** *adj* in charge **Fe·der·ge·wicht** *nt kein pl* SPORT featherweight **Fe·der·hal·ter** *m* fountain pen **fe·der·leicht** [ˈfeːdɐˈlaɪçt] *adj* as light as a feather *pred* **Fe·der·le·sen** *nt* **ohne langes ~** without further ado; **ohne viel ~s** without much ceremony

fe·dern [ˈfeːdɐn] I. *vi* ❶ (*nachgeben*) to be springy ❷ SPORT to flex II. *vt* **etw ~** to fit sth with suspension

fe·dernd *adj* springy

Fe·de·rung <-, -en> f springing; (für Auto a.) suspension

Fe·der·vieh nt (fam) poultry **Fe·der·zeich·nung** f pen-and-ink drawing

Fee <-, -n> [fe:, pl 'fe:ən] f fairy

Feed-back^{RR}, **Feed·back** <-s, -s> ['fi:tbɛk] nt feedback no indef art, no pl

Fee·ling <-s> ['fi:lɪŋ] nt kein pl ① (Gefühl) feeling ② (Gefühl für etw) feel; **ein ~ für etw** akk **haben** to have a feel for sth

Fe·ge·feuer ['fe:gə-] nt purgatory

fe·gen ['fe:gn̩] I. vt haben ① (kehren) to sweep II. vi ① haben (ausfegen) to sweep up ② sein (fam: schnell fahren) to tear; **er kam um die Ecke gefegt** he came tearing round the corner

Feh·de <-, -n> ['fe:də] f feud; **mit jdm in ~ liegen** (geh) to be feuding with sb

fehl [fe:l] adj **~ am Platz** out of place

Fehl·alarm m false alarm **Fehl·an·zei·ge** f (fam) dead loss

fehl·bar adj fallible **fehl·be·setzt** adj Rolle, Schauspieler miscast **Fehl·be·trag** m ① FIN (fehlender Betrag) shortfall ② ÖKON (Defizit) deficit **Fehl·bil·dung** f abnormality; MED deformity **Fehl·di·a·gno·se** f wrong diagnosis **Fehl·ein·schät·zung** f misjudgement

feh·len ['fe:lən] I. vi ① (nicht vorhanden sein) ▪ **etw fehlt** sth is missing ② (abhandengekommen sein) ▪ **jdm fehlt etw** sb is missing sth ③ (abwesend sein) to be absent without an excuse ④ (schmerzlich vermissen) ▪ **jd fehlt jdm** sb misses sb ⑤ (an etw leiden) **nein, mir fehlt wirklich nichts** no, there is nothing the matter with me; **fehlt Ihnen etwas?** is there anything wrong with you? II. vi impers ① (abhandengekommen sein) to be missing ② (mangeln) ▪ **jdm fehlt es an etw** dat sb is lacking sth; **jdm fehlt an nichts** (geh) sb wants for nothing ▶ **es fehlte nicht viel, und ... ...** almost ...; **weit gefehlt!** way off the mark!; **wo fehlt 's?** what's the matter?

Fehl·ent·schei·dung f wrong decision

Feh·ler <-s, -> ['fe:lɐ] m ① (Irrtum) error, mistake; **einen ~ machen** [o **begehen**] to make a mistake; **jds ~ sein** to be sb's fault ② (Mangel) defect ③ (schlechte Eigenschaft) fault; **jeder hat [seine] ~** everyone has [their] faults

feh·ler·frei adj s. **fehlerlos**

feh·ler·haft adj ① (mangelhaft) poor; (bei Waren) defective ② (falsch) incorrect

feh·ler·los adj faultless, perfect

Feh·ler·mel·dung f INFORM error message **Feh·ler·quel·le** f source of error **Feh·ler·su·che** f INFORM troubleshooting

Fehl·funk·ti·on f defective function

Fehl·ge·burt f miscarriage **Fehl·griff** m mistake; **einen ~ tun** to make a mistake **Fehl·in·for·ma·ti·on** f incorrect information no indef art, no pl **Fehl·in·ves·ti·ti·on** f bad investment **Fehl·kon·struk·ti·on** f (pej) flawed product; **eine totale ~ sein** to be extremely badly designed **Fehl·pla·nung** f bad planning **Fehl·schlag** m failure **fehl**|**schla·gen** vi irreg sein to fail **Fehl·schluss**^{RR} m **den ~ ziehen** to draw the wrong conclusion **Fehl·start** m ① LUFT faulty launch ② SPORT false start **Fehl·tritt** m (geh) ① (Fauxpas) lapse ② (Ehebruch) indiscretion **Fehl·ur·teil** nt ① JUR miscarriage of justice ② (falsche Beurteilung) misjudgement; **ein ~ fällen** to form an incorrect judgement **Fehl·ver·hal·ten** nt inappropriate behaviour **Fehl·zün·dung** f misfiring; **~ haben** to misfire

Fei·er <-, -n> ['faɪ̯ɐ] f celebration; **zur ~ des Tages** in honour of the occasion

Fei·er·abend ['faɪ̯ɐʔaːbn̩t] m ① (Arbeitsschluss) end of work; **hoffentlich ist bald ~** I hope it's time to go home soon; **für mich ist jetzt ~** I'll call it a day!; ▪ **~ !** that's it for today!; **~ machen** to finish work for the day; **nach ~** after work ② (Zeit nach Arbeitsschluss) evening; **schönen Feierabend!** have a nice evening!

fei·er·lich ['faɪ̯ɐlɪç] I. adj ① (erhebend) ceremonial; Anlass formal ② (nachdrücklich) solemn ▶ **nicht mehr ~ sein** (fam) to go beyond a joke II. adv ① (würdig) formally ② (nachdrücklich) solemnly

Fei·er·lich·keit <-, -en> f ① kein pl (würdevolle Beschaffenheit) solemnity ② meist pl (Feier) celebrations

fei·ern ['faɪ̯ɐn] vt, vi ① (festlich begehen) to celebrate; **eine Party ~** to have a party ② (umjubeln) to acclaim

Fei·er·tag ['faɪ̯ɐtaːk] m holiday

fei·er·tags ['faɪ̯ɐtaːks] adv on holidays

fei·ge ['faɪ̯gə] adj cowardly; **los, sei nicht ~ !** come on, don't be a coward!

Fei·ge <-, -n> ['faɪ̯gə] f fig

Fei·gen·baum m fig tree **Fei·gen·blatt** nt fig leaf

Feig·heit <-, -en> f kein pl cowardice

Feig·ling <-s, -e> ['faɪ̯klɪŋ] m (pej) coward

Fei·le <-, -n> ['faɪlə] *f* file
fei·len ['faɪlən] **I.** *vt* to file **II.** *vi* ■ **an etw** *dat* ~ ❶ *(mit einer Feile bearbeiten)* to file sth ❷ *(verbessern)* to polish sth
feil·schen ['faɪlʃn̩] *vi (pej)* to haggle (**um** over)
Feil·spä·ne *m* TECH filings *pl*
fein ['faɪn] **I.** *adj* ❶ *(nicht grob)* fine; *(zart)* delicate ❷ *(vornehm)* distinguished; **sich** *dat* **für etw** *akk* **zu ~ sein** sth is beneath one; **sich ~ machen** to get dressed up ❸ *(von hoher Qualität)* exquisite; **das F~ste vom F~en** the best [of the best]; **vom F~sten** of the highest quality; *(rein)* pure; **aus ~em Gold** made out of pure gold ❹ *(fam: anständig)* decent; *(iron)* fine; **du bist mir ja ein ~er Freund!** you're a fine friend! ❺ *(~sinnig)* keen; **eine ~e Nase haben** to have a very keen sense of smell ❻ *Humor* delicate; *Ironie* subtle ❼ *(fam: erfreulich)* fine, great ▶ **~ raus sein** to be in a nice position **II.** *adv* ❶ *(genau)* precise; **~ säuberlich** accurate ❷ *(zart, klein)* finely; **~ gemahlen** fine-ground ❸ *(elegant)* **sich ~ machen** to dress up
Feind(in) <-[e]s, -e> ['faɪnt, *pl* 'faɪndə] *m(f)* ❶ *(Gegner)* enemy; **sich** *dat* **jdn zum ~ machen** to make an enemy of sb ❷ *(Opponent)* opponent; ■ **ein ~ einer S.** *gen* an opponent of sth
Feind·bild *nt* concept of an/the enemy
feind·lich *adj* ❶ *(gegnerisch)* enemy *attr* ❷ *(feindselig)* hostile; ■ **jdm ~ gegenüberstehen** to be hostile to sb
Feind·schaft <-, -en> *f kein pl* animosity, hostility
feind·se·lig ['faɪntzəːlɪç] **I.** *adj* hostile **II.** *adv* hostilely; **sich ~ verhalten** to behave in a hostile manner
Feind·se·lig·keit <-, -en> *f* ❶ *kein pl (feindselige Haltung)* hostility ❷ *pl (Kampfhandlungen)* hostilities *npl*
fein·füh·lend *adj* sensitive, delicate **fein·füh·lig** ['faɪnfyːlɪç] *adj* sensitive **Fein·ge·fühl** *nt kein pl* sensitivity; **etw verlangt viel ~** sth requires a great deal of tact **fein·glie·de·rig** ['faɪngliːdərɪç], **fein·glied·rig** ['faɪngliːdrɪç] *adj* delicate
Fein·heit <-, -en> *f* ❶ *(Feinkörnigkeit)* fineness ❷ *(Zartheit)* delicacy ❸ *(Scharfsinnigkeit)* acuteness ❹ *(Dezentheit)* subtle ❺ *pl (Nuancen)* subtleties
fein·kör·nig *adj* ❶ *(aus kleinen Teilen)* fine-grained ❷ FOTO fine-grain **Fein·kost·ge·schäft** *nt* delicatessen **Fein·me·cha·nik** *f* precision engineering

Fein·schme·cker(in) <-s, -> *m(f)* gourmet
Fein·schme·cker·re·stau·rant [-rɛstoˈrãː] *nt* GASTR gourmet restaurant
fein·sin·nig *adj* sensitive **Fein·wä·sche** *f* delicates *npl* **Fein·wasch·mit·tel** *nt* mild detergent
feist [faɪst] *adj* fat
fei·xen ['faɪksn̩] *vi (fam)* to smirk
Feld <-[e]s, -er> [fɛlt, *pl* 'fɛldə] *nt* ❶ *(offenes Gelände, Acker)* field; **auf freiem ~** in the open country ❷ *(abgeteilte Fläche)* section, plot; *(auf Spielbrett)* square ❸ *kein pl (Schlacht~)* [battle]field; **im ~** in battle ❹ *(Bereich)* area; **ein weites ~ sein** to be a broad subject ▶ **das ~ räumen** to quit the field; **jdm das ~ überlassen** to leave the field open to sb; **gegen etw** *akk* **zu ~e ziehen** *(geh)* to campaign against sth
Feld·ar·beit *f* work in the fields **Feld·bett** *nt* camp bed **Feld·fla·sche** *f* canteen **Feld·for·schung** *f* field research **Feld·frucht** <-, -früchte> *f meist pl* arable crop **Feld·herr(in)** *m(f)* MIL, HIST general, strategist **Feld·kü·che** *f* MIL field kitchen **Feld·la·ger** *nt (Heerlager)* encampment **Feld·la·za·rett** *nt* MIL field hospital **Feld·mar·schall(in)** ['fɛltmarʃal] *m(f)* field marshal **Feld·maus** *f* field mouse **Feld·post** *f* MIL forces' postal service **Feld·sa·lat** *m* lamb's lettuce **Feld·ste·cher** <-s, -> *m* binoculars *npl* **Feld·we·bel(in)** <-s, -> ['fɛltveːbl̩] *m(f)* sergeant-major **Feld·weg** *m* field path **Feld·zug** *m* campaign
Fel·ge <-, -n> ['fɛlgə] *f* rim
Fell <-[e]s, -e> [fɛl] *nt (Tierhaut)* fur; **einem Tier das ~ abziehen** to skin an animal ▶ **jdm das ~ über die Ohren ziehen** *(fam)* to take sb to the cleaners; **ein dickes ~ haben** *(fam)* to be thick-skinned
Fel·la·tio <-> [fɛˈlaːtsi̯o] *f kein pl* fellatio *no pl*
Fels <-en, -en> [fɛls] *m* ❶ *(geh)* cliff ❷ *(Gestein)* rock
Fels·block <-blöcke> *m* boulder
Fel·sen <-s, -> ['fɛlzn̩] *m* cliff
fel·sen·fest ['fɛlzn̩fɛst] **I.** *adj* rock solid, steadfast **II.** *adv* steadfastly; **~ von etw** *dat* **überzeugt sein** to be firmly convinced of sth
Fels·ge·stein *nt* rock
fel·sig ['fɛlzɪç] *adj* rocky
Fels·spal·te *f* cleft in the rock **Fels·vor·sprung** *m* ledge **Fels·wand** *f* rock face
fe·mi·nin [femiˈniːn] *adj* feminine

Fe·mi·ni·num <-s, Feminina> ['fe:mi‍ni:nʊm] *nt* LING feminine noun
Fe·mi·nis·mus <-> [femiˈnɪsmʊs] *m kein pl* feminism *no pl*
Fe·mi·nist(in) <-en, -en> [femiˈnɪst] *m(f)* feminist
fe·mi·nis·tisch *adj* feminist
Fen·chel <-s> [ˈfɛnçl̩] *m kein pl* BOT fennel *no pl*
Fens·ter <-s, -> [ˈfɛnstɐ] *nt* window ▶ **weg vom ~ sein** (*fam*) to be out of the running
Fens·ter·bank <-bänke> *f* window-sill **Fens·ter·brett** *nt* window-sill **Fens·ter·brief·um·schlag** *m* window envelope **Fens·ter·flü·gel** *m* casement **Fens·ter·glas** *nt* window glass **Fens·ter·he·ber** <-s, -> *m* window regulator **Fens·ter·la·den** *m* [window] shutter **Fens·ter·le·der** *nt* shammy (leather)
fens·terln [ˈfɛnstɐln] *vi* SÜDD, ÖSTERR to climb in one's lover's window
Fens·ter·platz *m* window seat **Fens·ter·put·zer(in)** <-s, -> *m(f)* window cleaner **Fens·ter·rah·men** *m* window frame **Fens·ter·schei·be** *f* window pane
Fe·ri·en [ˈfeːri̯ən] *pl* ❶ (*Schulferien*) [school] holidays *pl* BRIT, [school] summer vacation AM; **die großen ~** the summer holidays *pl* BRIT; **~ haben** to be on holiday [*or* AM vacation] ❷ (*Urlaub*) holidays *pl*, vacation AM; **in die ~ fahren** to go on holiday [*or* AM vacation]
Fe·ri·en·gast *m* holiday-maker **Fe·ri·en·haus** *nt* holiday home **Fe·ri·en·kurs** *m* vacation course BRIT, summer school AM **Fe·ri·en·la·ger** *nt* holiday camp **Fe·ri·en·ort** *m* holiday resort **Fe·ri·en·park** *m* TOURIST holiday park BRIT, tourist resort AM **Fe·ri·en·tag** *m* holiday **Fe·ri·en·woh·nung** *f* holiday flat BRIT, vacation apartment AM **Fe·ri·en·zeit** *f* holiday period
Fer·kel <-s, -> [ˈfɛrkl̩] *nt* ❶ (*junges Schwein*) piglet ❷ (*pej fam: unsauberer Mensch*) pig ❸ (*pej fam: obszöner Mensch*) filthy pig
Fer·ke·lei <-, -en> *f* (*pej fam: Unsauberkeit*) mess
fer·keln [ˈfɛrkl̩n] *vi* ❶ (*Ferkel werfen*) to litter ❷ (*Dreck machen*) to make a mess
Fer·ment <-s, -e> [fɛrˈmɛnt] *nt* enzyme
fern [fɛrn] I. *adj* ❶ (*räumlich entfernt*) faraway, far off; *Länder* distant; **von ~ beobachten** to observe from afar; **von ~ betrachten** viewed from a distance ❷ (*zeitlich entfernt*) distant; **in nicht allzu ~er Zeit** in the not too distant future II. *präp* +*dat* far [away] from

Fern·be·die·nung *f* remote control **Fern·be·zie·hung** *f* long-distance relationship, LDR *fam* **fern|blei·ben** *vi irreg sein* (*geh*) to stay away **Fern·blick** *m* vista, distant view
Fer·ne <-, selten -n> [ˈfɛrnə] *f* ❶ (*Entfernung*) distance; **aus der ~** from a distance; **in der ~** in the distance ❷ (*geh: ferne Länder*) distant lands; **in der ~** abroad ❸ (*längst vergangen*) [schon] **in weiter ~ liegen** it already happened such a long time ago ❹ (*in ferner Zukunft*) [noch] **in weiter ~ liegen** there is still a long way to go
fer·ner [ˈfɛrnɐ] I. *adj* ❶ *comp von* **fern** more distant ❷ (*künftig, weiter*) in [the] future; **in der ~en Zukunft** in the distant future ▶ **unter ~ liefen** (*fam*) to be a runner-up II. *konj* furthermore
Fern·fah·rer(in) *m(f)* long-distance lorry [*or* AM truck] driver **Fern·flug** *m* long-distance flight **Fern·ge·spräch** *nt* long-distance call **fern·ge·steu·ert** *adj* remote-controlled **Fern·glas** *nt* [pair of] binoculars **fern|gu·cken** *vi* (*fam: fernsehen*) to watch TV **fern|hal·ten** *irreg vt, vr* ■ **sich von jdm/etw ~** to keep away from sb/sth **Fern·hei·zung** *f* district heating **Fern·ko·pie** *f s.* **Telefax Fern·kurs** *m* correspondence course **Fern·lei·tung** *f* TELEK long-distance line **fern|len·ken** *vt* to operate by remote control **Fern·len·kung** *f* remote control **Fern·licht** *nt* full beam BRIT, high beams AM; **mit ~ fahren** to drive on full beam BRIT, to drive with your high beams on AM; **~ an haben** to be on full beam BRIT, to have your high beams on AM **fern|lie·gen** *vi irreg* (*außer Frage*) **etw liegt jdm fern** sth is far from sb's mind; **jdm liegt es fern, etw zu tun** it is far from sb's thoughts to do sth; **jdm nicht ~** to not be far from one's thoughts
Fern·mel·de·amt *nt* telephone exchange **Fern·mel·de·dienst** *m* telecommunications service **Fern·mel·de·tech·nik** *f kein pl* telecommunications engineering *no pl* **Fern·mel·de·we·sen** *nt kein pl* telecommunications + *sing vb*
fern·münd·lich *adj* (*geh*) by telephone
Fern·ost [ˈfɛrnˈʔɔst] *kein art* **aus/in/nach ~** from/in/to the Far East
fern·öst·lich [ˈfɛrnˈʔœstlɪç] *adj* Far Eastern
Fern·rohr *nt* telescope **Fern·schrei·ben** *nt* telex [message] **Fern·schrei·ber** *m* telex [machine] **fern·schrift·lich** *adj* by telex **Fern·seh·an·sa·ger(in)** *m(f)* television announcer **Fern·seh·an·**

stalt f broadcasting company **Fern·seh·an·ten·ne** f television aerial **Fern·seh·ap·pa·rat** m (geh) s. **Fernseher**
Fern·se·hen <-s> ['fɛrnze:ən] nt kein pl television no pl; **das ~ bringt nur Wiederholungen** they're only showing repeats on the TV; **beim ~ arbeiten** to work in television; **im ~ kommen** to be on television
fern|se·hen ['fɛrnze:ən] vi irreg to watch television
Fern·se·her <-s, -> m television [set]
Fern·seh·film m television movie **Fern·seh·ge·bühr** f meist pl television licence fee **Fern·seh·ge·rät** nt (geh) television set **Fern·seh·in·ter·view** nt televised interview **Fern·seh·jour·na·list(in)** m(f) television reporter **Fern·seh·ka·me·ra** f television camera **Fern·seh·koch, -köchin** m, f MEDIA, TV TV chef **Fern·seh·nach·rich·ten** pl television news + sing vb **Fern·seh·pre·di·ger(in)** m(f) televangelist AM **Fern·seh·pro·gramm** nt ❶(Programm im Fernsehen) television programme ❷(Kanal) [television] channel **Fern·seh·sen·der** m television station **Fern·seh·sen·dung** f television programme **Fern·seh·spiel** nt television play **Fern·seh·turm** m television tower **Fern·seh·über·tra·gung** f television broadcast **Fern·seh·zeit·schrift** f television guide
Fern·sicht f view; **bei guter ~** by good visibility
Fern·sprech·amt nt (form) telephone exchange **Fern·sprech·an·la·ge** f (geh) telephone **Fern·sprech·an·sa·ge·dienst** m telephone information service **Fern·spre·cher** ['fɛrnʃprɛçɐ] m telephone **Fern·sprech·ge·bühr** f (geh) telephone charges pl **Fern·sprech·teil·neh·mer(in)** m(f) (form: Besitzer eines Telefons) telephone owner **fern|steu·ern** vt to operate by remote control **Fern·steu·e·rung** f remote control **Fern·stra·ße** f highway, motorway BRIT, freeway AM, interstate AM **Fern·stu·di·um** nt correspondence course **Fern·uni·ver·si·tät** f Open University **Fern·ver·kehr** m long-distance traffic **Fern·wär·me** f kein pl district heating spec **Fern·weh** <-[e]s> nt kein pl (geh) wanderlust no pl **Fern·ziel** nt long-term objective
Fer·se <-, -n> ['fɛrzə] f (Teil des Fußes) heel ▸ **sich jdm an die ~n hängen** to stick close to sb; **jdm [dicht] auf den ~n sein** to be [hot] on sb's tail

fer·tig ['fɛrtɪç] I. adj ❶(abgeschlossen) finished; **etw ~ haben** to have finished sth; **mit etw** dat **~ sein** to be finished with sth; **mit etw** dat **~ werden** to finish sth ❷(bereit) ready; **ich bin schon lange ~!** I've been ready for ages! ❸(fam: erschöpft) exhausted, knackered BRIT sl ❹(fam: Beziehung beendet) **mit jdm ~ sein** to be through with sb II. adv ❶(zu Ende) **etw ~ bekommen** to complete sth; **etw ~ machen** to finish sth; **etw ~ stellen** to finish [or complete] sth ❷(bereit) **sich ~ machen** to get ready [for sth] ▸ **auf die Plätze, ~, los!** on your marks, get set, go!, ready, steady, go!
Fer·tig·bau <-bauten> m ❶ kein pl (Bauweise) prefabricated construction no pl ❷(Gebäude) prefab **Fer·tig·bau·wei·se** f kein pl prefabricated building no pl **fer·tig|brin·gen** vt irreg (fig) **der bringt es ~ und verlangt auch noch Geld!** and he even has the cheek to ask for money
fer·ti·gen ['fɛrtɪɡn̩] vt (geh) to manufacture
Fer·tig·ge·richt nt instant meal **Fer·tig·haus** nt prefabricated house
Fer·tig·keit <-, -en> f ❶ kein pl (Geschicklichkeit) skill ❷ pl (Fähigkeiten) competence
fer·tig|ma·chen vt (fig) ■ **etw macht jdn fertig** (zermürben) sth wears out sb sep; ■ **jdn ~** (schikanieren) to wear sb down sep; (sl: zusammenschlagen) to beat up sb sep **Fer·tig·nah·rung** f convenience food **Fer·tig·pro·dukt** nt finished product **Fer·tig·stel·lung** f completion **Fer·tig·teil** nt prefabricated component
Fer·ti·gung <-, -en> f manufacture
Fes <-, -> [fe:s] nt MUS F flat
fesch [fɛʃ] adj SÜDD, ÖSTERR (fam: flott) smart
Fes·sel <-, -n> ['fɛsl̩] f ❶(Schnur) bond; (Kette) shackles npl; **jdm ~n anlegen** to tie sb up; **seine ~n sprengen** to throw off one's chains fig ❷ ANAT (von Mensch) ankle; (von Huftier) pastern
fes·seln ['fɛsl̩n] vt ❶(Fesseln anlegen) to bind, to tie [up] (**an** to) ❷(faszinieren) to captivate
fes·selnd adj captivating
fest [fɛst] I. adj ❶(hart, stabil) strong, tough; Schuhe sturdy ❷(nicht flüssig) solid; (erstarrt) solidified ❸(sicher, entschlossen) firm; Zusage definite ❹(kräftig) firm; Händedruck sturdy ❺(nicht locker) tight ❻(konstant) permanent; (~ gesetzt) fixed; (dauerhaft) lasting; Freund, Freundin

steady **II.** *adv* ❶ (*kräftig*) firmly; **jdn ~ an sich drücken** to give someone a big hug ❷ (*nicht locker*) tightly; **~ anziehen** to screw in tightly; **~ treten** to tread down *sep*; **~ ziehen** to tighten ❸ (*mit Nachdruck*) definitely; **jdm etw ~ versprechen** to make sb a firm promise ❹ (*dauernd*) permanently; **Geld ~ anlegen** to invest in a fixed term deposit; **~ angestellt sein** to have a permanent job

Fest <-[e]s, -e> [fɛst] *nt* ❶ (*Feier*) celebration; **ein ~ geben** to have a party ❷ (*Feiertag*) feast; **frohes ~!** Happy Christmas/ Happy Easter, etc. ▶ **man soll die ~e feiern, wie sie fallen** (*prov*) one should make hay while the sun shines

Fest·akt *m* ceremony **fest·an·ge·stellt**ᴬᴸᵀ *adj* ■**~ sein** to have a permanent job **Fest·an·ge·stell·te(r)** *f(m) dekl wie adj* permanent employee **Fest·an·stel·lung** *f* steady employment **fest|bei·ßen** *vr irreg* ■**sich ~** ❶ (*sich verbeißen*) to get a firm grip with one's teeth ❷ (*nicht weiterkommen*) to get stuck (**an** on) **Fest·be·leuch·tung** *f* ❶ (*festliche Beleuchtung*) festive lighting [*or* lights] ❷ (*hum fam: zu helle Beleuchtung*) bright lights **fest|bin·den** *vt irreg* to tie (**an** to) **fes·te** ['fɛstə] *adv* (*fam*) like mad **Fest·es·sen** *nt* banquet **fest|fah·ren** *vr irreg* ■**sich ~** to get stuck **fest|frie·ren** *vi irreg sein* to freeze [solid] (**an** to) **Fest·geld** *nt* FIN fixed-term deposit **Fest·geld·kon·to** *nt* FIN term account **fest|ha·ken** **I.** *vt* (*mit einem Haken befestigen*) to hook (**an** to) **II.** *vr* (*hängen bleiben*) ■**sich an/in etw** *dat* **~** to get caught on/in sth **fest|hal·ten** *irreg* **I.** *vt* ❶ (*fest ergreifen*) to grab (**an** by) ❷ (*gefangen halten*) to detain ❸ (*konstatieren*) to record **II.** *vi* **~ an etw** *dat* **~** to adhere to sth **III.** *vr* ■**sich ~** to hold on (**an** to)

fes·ti·gen ['fɛstɪɡn̩] **I.** *vt* to strengthen; *Freundschaft* to establish; *Stellung* secure **II.** *vr* ■**sich ~** to become more firmly established

Fes·ti·ger <-s, -> *m* setting lotion **Fes·tig·keit** <-> ['fɛstɪçkaɪt] *f kein pl* ❶ (*Stabilität*) strength *no pl* ❷ (*Entschlossenheit*) resoluteness ❸ (*Standhaftigkeit*) firmness

Fes·ti·gung <-, -en> *f* consolidation **Fes·ti·val** <-s, -s> ['fɛstɪvl̩] *nt* festival **fest|klam·mern** **I.** *vt* (*mit Klammern befestigen*) to clip (**an** to) **II.** *vr* ■**sich ~** (*nicht mehr loslassen*) to cling (**an** to) **fest|kle·ben** **I.** *vt* haben (*durch Kleben befestigen*) to stick [on]; **festgeklebt sein** to be stuck on **II.** *vi sein* (*klebend haften*) to stick (**an** to) **Fest·land** ['fɛstlant] *nt kein pl* ❶ (*Kontinent etc.*) continent ❷ (*feste Erdoberfläche*) dry land **fest|le·gen** **I.** *vt* ❶ (*bestimmen*) to determine; ■**~, dass ...** to stipulate that ... ❷ (*bindend verpflichten*) to tie down (**auf** to); **er will sich nicht ~ lassen** he does not want to commit himself to anything **II.** *vr* (*sich verpflichten*) ■**sich ~** to commit oneself (**auf** to) **Fest·le·gung** <-, -en> *f* determining, establishing, fixing, laying down; **er war zuständig für die ~ der Tagesordnung** he was responsible for defining the agenda

fest·lich **I.** *adj* festive **II.** *adv* festively; **~ gekleidet sein** to be dressed up **Fest·lich·keit** <-, -en> *f* festivity **fest|lie·gen** *vi irreg* ❶ (*festgesetzt sein*) to be determined; **die Termine liegen jetzt fest** the schedules have now been fixed ❷ (*nicht weiterkönnen*) to be stranded **fest|ma·chen** **I.** *vt* ❶ (*befestigen*) to fasten (**an** to) ❷ (*vereinbaren*) to arrange ❸ (*ableiten*) to link (**an** to) **II.** *vi* NAUT to tie up **Fest·mahl** *nt* (*geh*) feast **fest|na·geln** *vt* ❶ (*mit Nägeln befestigen*) to nail (**an** to) ❷ (*fam: festlegen*) ■**jdn ~** to nail sb down (**auf** to) **Fest·nah·me** <-, -n> ['fɛstnaːmə] *f* arrest **fest|neh·men** *vt irreg* to take into custody; **Sie sind festgenommen** I'm arresting you **Fest·netz** *nt* TELEK landline; **jdn vom** [*o* **aus dem**] **~ anrufen** to call sb on the landline **Fest·plat·te** *f* INFORM hard disk **Fest·plat·ten·lauf·werk** *nt* INFORM hard disk drive

Fest·re·de *f* official speech; **die ~ halten** to give a formal address **Fest·saal** *m* banquet hall

fest|schnal·len **I.** *vt* to strap in *sep* **II.** *vr* ■**sich ~** to fasten one's seat belt, Aᴍ *also* to buckle up **fest|schrau·ben** *vt* to screw on *sep*

Fest·schrift *f* commemorative publication **fest|set·zen** **I.** *vt* (*bestimmen*) to determine **II.** *vr* (*fest anhaften*) ■**sich ~** to collect **Fest·set·zung** <-, -en> *f* determination, fixing **fest|sit·zen** *vi irreg* to be stuck **Fest·spei·cher** *m* INFORM read only memory, ROM

Fest·spie·le *pl* festival **Fest·spiel·haus** *nt* festival theatre

fest|ste·hen *vi irreg* ❶ (*festgelegt sein*) to be certain; **steht das Datum schon fest?** has the date been fixed already? ❷ (*sicher* *sein*) to be firm; ■ **~, dass ...** to be certain that ...

fest·stell·bar *adj* ① (*herauszufinden*) ■ **~ sein** to be ascertainable ② (*arretierbar*) lockable

Fest·stell·brem·se *f* AUTO parking brake

fest|stel·len *vt* ① (*ermitteln*) to identify; **den Täter ~** to identify the guilty party ② (*bemerken*) to detect ③ (*diagnostizieren*) ■ **[bei jdm] etw ~** to diagnose sb with sth; **zu meinem Erstaunen muss ich ~, dass ...** I am astounded to see that ... ④ (*arretieren*) to lock

Fest·stel·lung *f* ① (*Bemerkung*) remark ② (*Ermittlung*) ascertainment ③ (*Beobachtung*) observation; **die ~ machen, dass ...** to see that ... ④ (*Ergebnis*) **zu der ~ kommen, dass ...** to come to the conclusion that ...

Fest·tag *m* ① (*Ehrentag*) special day ② (*Feiertag*) holiday

Fes·tung <-, -en> ['fɛstʊŋ] *f* fortress

fest·ver·zins·lich *adj* fixed-interest

Fest·zelt *nt* marquee

fest|zie·hen *vt irreg s*. fest II. 2 **Fest·zins** *m* fixed interest

Fest·zug *m* procession, parade

Fe·te <-, -n> ['feːtə] *f* party; **eine ~ machen** to have a party

Fe·tisch <-[e]s, -e> ['feːtɪʃ] *m* fetish

Fe·ti·schis·mus <-> [fetɪ'ʃɪsmʊs] *m kein pl* fetishism *no def art*

Fe·ti·schist(in) <-en, -en> [fetɪ'ʃɪst] *m(f)* fetishist

fett [fɛt] *adj* ① (*~haltig*) fatty ② (*pej: dick*) fat ③ TYPO bold; **~ gedruckt** in bold [type] pred ④ (*üppig*) Ackerboden fertile; (*fam*) *Beute* rich

Fett <-[e]s, -e> [fɛt] *nt* ① (*~gewebe*) fat; **~ ansetzen** Mensch to gain weight; *Tier* to put on fat ② (*zum Schmieren*) grease; **pflanzliches/tierisches ~** vegetable/animal fat ▶ **sein ~ abbekommen** (*fam*) to get one's come-uppance

fett·arm *adj* low-fat **Fett·au·ge** *nt* fatty globule **Fett·druck** *m* bold [type]

fet·ten ['fɛtn̩] I. *vt* (*ein~*) to grease II. *vi* (*Fett absondern*) to become greasy

Fett·fleck, Fett·fle·cken *m* grease mark

fett·ge·druckt *adj attr* in bold [type] pred

Fett·ge·halt *m* fat content **fett·hal·tig** *adj* fatty

fet·tig ['fɛtɪç] *adj* greasy

Fett·kloß *m* (*pej*) fatso

fett·lei·big ['fɛtlaɪbɪç] *adj* (*geh*) corpulent

Fett·lei·big·keit *f kein pl* obesity **fett·lös·lich** *adj* fat-soluble **Fett·näpfchen** *nt* ▶ **ins ~ treten** to put one's foot in it **Fett·pols·ter** *nt* (*fam*) cushion of fat **Fett·sack** *m* (*sl*) fatso **Fett·säu·re** *f* fatty acid **Fett·schicht** *f* layer of fat **Fett·sucht** *f kein pl* obesity **fett·süch·tig** *adj* MED [chronically] obese **Fett·wanst** *m* (*pej*) fatso

Fe·tus <-[ses], Feten *o* -se *o* Föten> ['feːtʊs, *pl* 'feːtən, 'føːtən] *m* foetus, fetus AM

fet·zen ['fɛtsn̩] *vt haben* ① (*reißen*) to rip ② (*fam: prügeln*) ■ **sich ~** to tear each other apart

Fet·zen <-s, -> ['fɛtsn̩] *m* ① (*Stück*) scrap; *der Haut* patch; **etw in ~ reißen** to tear sth to pieces ② (*Ausschnitt*) snatches *pl* BRIT, fragments AM ③ (*sl: billiges Kleid*) rag ▶ **... dass die ~ fliegen** (*fam*) ... like mad

fet·zig ['fɛtsɪç] *adj* (*sl: mitreißend*) fantastic; *Musik* hot; (*schick, flott*) trendy; *Typ* cool

feucht [fɔyçt] *adj* ① (*leicht nass*) damp; *Hände, Stirn* clammy; *Augen* misty ② *Klima, Luft* humid

feucht·fröh·lich ['fɔyçt'frøːlɪç] I. *adj* (*hum fam*) merry II. *adv* (*hum fam*) merrily

Feuch·tig·keit <-> ['fɔyçtɪçkaɪt] *f kein pl* ① (*leichte Nässe*) dampness *no pl* ② (*Wassergehalt*) moisture *no pl*; *Luft* humidity *no pl*

Feuch·tig·keits·cre·me [-kreːmə] *f* moisturizing cream **Feuch·tig·keits·ge·halt** *m* moisture content; **der ~ der Luft** the humidity in the air **Feuch·tig·keits·lo·ti·on** *f* moisturizing lotion

feucht·kalt *adj* damp and cold **feucht·warm** *adj* warm and humid **Feucht·wie·se** *f* marshland

feu·dal [fɔy'daːl] *adj* ① HIST feudal ② (*fam*) magnificent; *Essen* sumptuous

Feu·dal·herr *m* feudal lord **Feu·dal·herr·schaft** *f*, **Feu·da·lis·mus** <-> [fɔyda'lɪsmʊs] *m kein pl* feudalism

Feu·er <-s, -> ['fɔyɐ] *nt* ① (*Flamme*) fire; **das ~ olympische ~** the Olympic flame; **~ speien** to spit fire; *Vulkan* to spew out fire; *Drachen* to breathe fire; **~ machen** to make a fire; **am ~** by the fire ② (*für Zigarette*) **jdm ~ geben** to give sb a light; **~ haben** to have a light ③ (*Kochstelle*) **etw vom ~ nehmen** to take sth off the heat ④ (*Brand*) fire; **~ fangen** to catch [on] fire ⑤ MIL (*Beschuss*) fire; **~ frei!** open fire!; **das ~ einstellen** to cease fire; **das ~ eröffnen** to open fire ▶ **~ und Flamme [für etw] sein** (*fam*) to be enthusiastic [about sth]; **jdm ~ unter dem Hintern machen** to put a rocket under sb; **wie ~**

brennen to sting like mad; **für jdn durchs ~ gehen** to go through hell and high water for sb; **mit dem ~ spielen** to play with fire **Feu·er·alarm** *m* fire alarm **Feu·er·be·fehl** *m* MIL order to fire **feu·er·be·stän·dig** *adj* fireproof **Feu·er·be·stat·tung** *f* cremation **Feu·er·ei·fer** *m* zeal[ousness] **feu·er·fest** *adj* fireproof; *Geschirr* ovenproof **Feu·er·ge·fahr** *f* fire hazard **feu·er·ge·fähr·lich** *adj* [in]flammable **Feu·er·ge·fecht** *nt* MIL gun fight **Feu·er·lei·ter** *f* ❶ (*Fluchtweg*) fire escape ❷ (*auf einem Feuerwehrauto*) [fire engine's] ladder **Feu·er·lö·scher** *m* fire extinguisher **Feu·er·mel·der** <-s, -> *m* fire alarm **feu·ern** I. *vi* to fire (**auf** at) II. *vt* (*fam*) ❶ (*werfen*) to fling ❷ (*fam: entlassen*) to sack; ■**gefeuert werden** to get the sack **Feu·er·pau·se** *f* MIL cease-fire **Feu·er·pro·be** *f* acid test **feu·er·rot** ['fɔyɐˈroːt] *adj* ❶ (*Farbe*) fiery red; *Haar* flaming [red] ❷ (*sich schämen*) ■**~ werden** to turn crimson **Feu·er·schlu·cker(in)** <-s, -> *m(f)* fire-eater **feu·er·si·cher** ['fɔyɐˌzɪçɐ] *adj* ❶ (*widerstandsfähig gegen Feuer*) fireproof ❷ (*geschützt vor Feuer*) safe from fire *pred* **feu·er·spei·end**^ALT *adj attr* Vulkan spewing fire; *Drachen* fire-breathing **Feu·er·stein** *m* flint **Feu·er·stel·le** *f* fireplace; (*draußen*) campfire site **Feu·er·tau·fe** *f* baptism of fire **Feu·e·rung** <-, -en> *f* ❶ *kein pl* (*Brennstoff*) fuel ❷ (*Heizung*) heating system, heater AM **Feu·er·ver·si·che·rung** *f* fire insurance **Feu·er·wa·che** *f* fire station **Feu·er·waf·fe** *f* firearm **Feu·er·was·ser** *nt* (*fam*) firewater **Feu·er·wehr** <-, -en> *f* fire brigade + *sing/pl vb* **Feu·er·wehr·au·to** *nt* fire engine **Feu·er·wehr·lei·ter** *f* fire ladder **Feu·er·wehr·mann, -frau** <-leute *o* -männer> *m, f* firefighter **Feu·er·werk** *nt* fireworks *npl* **Feu·er·werks·kör·per** *m* firework **Feu·er·zeug** *nt* lighter **Feuil·le·ton** <-s, -s> [fœjəˈtõː] *nt* (*Zeitungsteil*) culture section **feu·rig** ['fɔyrɪç] *adj* fiery **ff.** [ɛfˈʔɛf] *Abk von* **folgende Seiten:** [**auf**] **Seite 200 ~** pages [*or* pp[.]] 200 ff[.] **FH** [ɛfˈhaː] *f Akr von* **Fachhochschule** **Fi·as·ko** <-s, -s> [ˈfi̯asko] *nt* (*fam*) fiasco **Fi·bel** <-, -n> [ˈfiːbl̩] *f* ❶ (*Lesebuch*) primer ❷ ARCHÄOL fibula **ficht** [fɪçt] *3. pers pres von* **fechten**

Fich·te <-, -n> [ˈfɪçtə] *f* spruce **Fick** <-s, -s> [fɪk] *m* (*vulg*) fuck **fi·cken** [ˈfɪkn̩] (*vulg*) I. *vt* to fuck; ■**das F~** fucking II. *vt* ■**jdn ~** to fuck sb; ■**gefickt werden** to get fucked **fick·rig, fi·cke·rig** DIAL I. *adj* fidgety II. *adv* in a fluster **fi·del** [fiˈdeːl] *adj* (*fam*) jolly **Fi·dschi** <-s> [ˈfɪdʒi] *nt* Fiji **Fi·dschi·in·seln** *pl* Fiji Islands *pl* **Fie·ber** <-s, -> [ˈfiːbɐ] *nt* fever; **~ haben** to have a temperature; [**jdm**] **das ~ mes·sen** to measure sb's temperature **Fie·ber·an·fall** *m* bout of fever **fie·ber·frei** *adj* free of fever *pred* **fie·ber·haft** I. *adj* feverish II. *adv* feverishly **Fie·ber·kur·ve** *f* temperature curve **fie·bern** [ˈfiːbɐn] *vi* ❶ (*Fieber haben*) to have a temperature ❷ (*aufgeregt sein*) to be in a fever **fie·ber·sen·kend** *adj* fever-reducing **Fie·ber·ther·mo·me·ter** *nt* [clinical] thermometer **fie·brig** [ˈfiːbrɪç] *adj* feverish **Fie·del** <-, -n> [ˈfiːdl̩] *f* (*veraltet*) fiddle **fie·deln** [ˈfiːdl̩n] *vt, vi* to fiddle **fiel** [fiːl] *imp von* **fallen** **fies** [fiːs] *adj* (*pej fam*) ❶ (*abstoßend*) horrible; (*gemein*) mean ❷ (*ekelhaft*) disgusting **Fies·ling** <-s, -e> *m* (*fam*) [mean] bastard **fif·ty-fif·ty** [ˈfɪftɪˈfɪftɪ] *adv* (*fam*) fifty-fifty; **~** [**mit jdm**] **machen** to go fifty-fifty [with sb] **Fi·gur** <-, -en> [fiˈɡuːɐ̯] *f* ❶ (*Gestalt*) figure; **auf seine ~ achten** to watch one's figure ❷ FILM, LIT character ▶ **eine gute/jäm·merliche ~ machen** to cut a good/sorry figure **fi·gu·ra·tiv** [fiɡuraˈtiːf] I. *adj* figurative II. *adv* figuratively **Fi·gür·chen** <-s, -> [fiˈɡyːɐ̯çən] *nt dim von* **Figur** figure; **ein reizendes ~** a nice little figure **Fi·gu·ri·ne** <-, -n> [fiɡuˈriːnə] *f* KUNST figurine **Fi·gur·pro·ble·me** *pl* weight problems *pl* **Fik·ti·on** <-, -en> [fɪkˈtsi̯oːn] *f* (*geh*) fiction **fik·tiv** [fɪkˈtiːf] *adj* (*geh*) fictitious **Fi·let** <-s, -s> [fiˈleː] *nt* fillet **Fi·let·steak** [fiˈleːsteːk] *nt* fillet steak **Fi·li·a·le** <-, -n> [fiˈli̯aːlə] *f* branch **Fi·li·al·lei·ter(in)** *m(f)* branch manager **Film** <-[e]s, -e> [fɪlm] *m* ❶ (*Spiel~*) film, movie AM ❷ FOTO film ❸ (*~ branche*) film industry; **beim ~ arbeiten** to work in the film industry ❹ (*dünne Schicht*) film

Film·ar·chiv *nt* film archives *pl* **Film·ate·lier** *nt* film studio
Fil·me·ma·cher(in) *m(f)* film-maker
fil·men ['fɪlmən] *vt, vi* to film
Film·fest·spie·le *nt pl* film festival *nsing*
Film·ge·schäft *nt kein pl* movie business *no pl*
fil·misch ['fɪlmɪʃ] I. *adj* cinematic II. *adv* from a cinematic point of view
Film·ka·me·ra *f* film [*or* AM movie] camera
Film·mu·sik *f* soundtrack **Film·pro·du·zent(in)** *m(f)* film [*or* AM movie] producer
Film·pro·jek·tor *m* film projector **Film·re·gis·seur(in)** *m(f)* film [*or* AM movie] director **film·reif** *adv* with movie-star elegance **Film·riss**^RR *m* (*sl*) mental blackout; ■**einen ~ haben** to have a mental blackout **Film·schau·spie·ler(in)** *m(f)* film [*or* AM movie] actor *masc* [*or fem* actress] **Film·star** *m* film [*or* AM movie] star **Film·the·a·ter** *nt* (*geh*) cinema, movie theater AM **Film·ver·leih** *m* film distributors *pl* **Film·vor·füh·rer(in)** *m(f)* projectionist **Film·vor·füh·rung** *f* film showing **Film·vor·schau** *f* [film] preview
Fil·ter <-s, -> ['fɪltɐ] *nt o m* filter
Fil·ter·an·la·ge *f* filter **Fil·ter·kaf·fee** *m* filter [*or* AM drip] coffee **Fil·ter·mund·stück** *nt* filter tip
fil·tern ['fɪltɐn] *vt* to filter
Fil·ter·pa·pier *nt* filter paper **Fil·ter·tü·te** *f* filter bag **Fil·ter·zi·ga·ret·te** *f* filter cigarette
fil·trie·ren* [fɪltriːrən] *vt* to filter
Filz <-es, -e> [fɪlts] *m* ❶ (*Stoff*) felt ❷ POL (*pej*) spoils system
fil·zen ['fɪltsn̩] I. *vi* to felt II. *vt* (*fam: durchsuchen*) to frisk
Fil·zer <-s, -> ['fɪltsɐ] *m* (*fam*) felt-tip [pen]
Filz·hut *m* trilby **Filz·stift** *m* felt-tip [pen]
Fim·mel <-s, -> ['fɪml̩] *m* (*fam*) mania; **den ~ haben, etw zu tun** to have a thing about doing sth
Fi·na·le <-s, -s *o* -> [fi'naːlə] *nt* final
Fi·nanz·amt *nt* tax [and revenue] office; ■**das ~** the Inland Revenue BRIT, Internal Revenue Service AM **Fi·nanz·aus·gleich** *m* ≈ revenue sharing AM (*redistribution of revenue between government, federal states* (*Länder*) *and local authorities*) **Fi·nanz·be·am·te(r)** *m dekl wie adj*, **-be·am·tin** *f* tax official **Fi·nanz·be·ra·ter(in)** *m(f) s.* **Steuerberater**
Fi·nan·zen [fi'nantsn̩] *pl* ❶ (*Einkünfte*) finances *npl* ❷ (*Geldmittel*) means *npl;* **jds ~ übersteigen** to be beyond sb's means
Fi·nanz·ge·richt *nt* tax court

fi·nan·zi·ell [finan'tsi̯ɛl] I. *adj* financial II. *adv* financially
Fi·nan·zier <-s, -s> [finan'tsi̯eː] *m* (*geh*) financier
Fi·nan·zier·bar *adj* able to be financed
fi·nan·zie·ren* [finan'tsiːrən] *vt* (*bezahlen*) to finance; (*sich leisten können*) to be able to afford
Fi·nan·zie·rung <-, -en> *f* financing
Fi·nan·zie·rungs·plan *m* financing plan
Fi·nanz·kauf *m* FIN instalment purchase **fi·nanz·kräf·tig** *adj* financially strong **Fi·nanz·markt** *m* financial market **Fi·nanz·mi·nis·ter(in)** *m(f)* finance minister, chancellor of the exchequer BRIT, secretary of the treasury AM **Fi·nanz·mi·nis·te·ri·um** *nt* tax and finance ministry, treasury BRIT, Department of the Treasury AM **Fi·nanz·pla·nung** *f* fiscal planning **Fi·nanz·po·li·tik** *f kein pl* financial policy/policies **fi·nanz·schwach** *adj* financially weak **Fi·nanz·sprit·ze** *f* cash infusion **Fi·nanz·ver·wal·tung** *f* financial administration **Fi·nanz·wirt·schaft** *f kein pl* public finance

fin·den <fand, gefunden> ['fɪndn̩] I. *vt* ❶ (*entdecken*) to find; **es muss doch irgendwo zu ~ sein!** it has to be found somewhere!; **einen Vorwand** [**für etw** *akk*] **~** to find an excuse [for sth]; ■**etw an jdm ~** to see sth in sb ❷ (*erhalten*) to find; [**reißenden**] **Absatz ~** to sell [like hot cakes]; **Berücksichtigung ~** to be taken into consideration; **Unterstützung ~** to receive support; **Zustimmung** [**bei jdm**] **~** to meet with approval [from sb] ❸ (*empfinden*) **wie findest du das?** what do you think [of that]?; **ich finde, die Ferien sind zu kurz** I find that the holidays are too short; **jdn blöd/nett ~** to think [that] sb is stupid/nice; **es kalt/warm ~** to find it cold/warm ▶ **nichts an etw** *dat* **~** to not think much of sth; **nichts dabei ~, etw zu tun** to think nothing of doing sth II. *vi* ❶ (*den Weg ~*) ■**zu jdm/etw ~** to find one's way to sb/sth; **zu sich** *dat* **selbst ~** to find oneself ❷ (*meinen*) to think; **~ Sie?** [do] you think so? III. *vr* **sich ~** ❶ (*wiederauftauchen*) to turn up ❷ (*zu verzeichnen sein*) to be found; **es fand sich niemand, der es tun wollte** there was nobody to be found who wanted to do it ❸ (*in Ordnung kommen*) to sort itself out
Fin·der(in) <-s, -> *m(f)* finder; **der ehrliche ~** the honest finder
Fin·der·lohn *m* reward for the finder
fin·dig ['fɪndɪç] *adj* resourceful

fing [fɪŋ] *imp von* **fangen**
Fin·ger <-s, -> ['fɪŋɐ] *m* finger; **der kleine ~** the little finger, the pinkie AM *fam*; **~ weg!** hands off!; **jdm mit dem ~ drohen** to wag one's finger at sb; **den ~ heben** to lift one's finger; **jdm auf die ~ klopfen** (*fig fam*) to give sb a rap across the knuckles; **mit den ~n schnippen** (*fam*) to snap one's fingers; **mit dem ~ auf jdn/etw zeigen** to point [one's finger] at sb/sth ▶ **etw in die ~ bekommen** (*fam*) to get one's fingers on sth; **überall seine ~ im Spiel haben** (*fam*) to have a finger in every pie; **wenn man ihm den kleinen ~ gibt, [dann] nimmt er [gleich] die ganze Hand** (*prov*) give him an inch and he'll take a mile; **jdn juckt es in den ~n[, etw zu tun]** (*fam*) sb is itching to do sth; **keinen ~ krummmachen** (*fam*) to not lift a finger; **lange ~ machen** (*hum fam*) to be light-fingered; **die ~ von jdm/etw lassen** (*fam*) to keep away from sb/sth; **sich** *dat* **etw aus den ~n saugen** (*fam*) to conjure up sth *sep;* **sich** *dat* **nicht die ~ schmutzig machen** to not get one's hands dirty; **jdm auf die ~ sehen** (*fam*) to keep a watchful eye on sb; **jdn um den [kleinen] ~ wickeln** (*fam*) to wrap sb [a]round one's little finger
Fin·ger·ab·druck *m* fingerprint **Fin·ger·breit** <-, -> *m* finger|'s |breadth ▶ **keinen ~** not an inch **fin·ger·dick I.** *adj* as thick as a finger *pred* **II.** *adv* fingerthick **Fin·ger·far·be** *f* finger paint **fin·ger·fer·tig** *adj* nimble-fingered **Fin·ger·fer·tig·keit** *f* dexterity **Fin·ger·hut** *m* ❶ (*fürs Nähen*) thimble ❷ BOT foxglove **Fin·ger·kup·pe** *f* fingertip
fin·gern ['fɪŋɐn] **I.** *vi* to fiddle (**mit/an** with) **II.** *vt* ■ **etw aus etw** *dat* **~** to fish sth out of sth
Fin·ger·na·gel *m* fingernail; **an den Fingernägeln kauen** to bite one's nails
Fin·ger·spit·ze *f* fingertip **Fin·ger·spit·zen·ge·fühl** *nt kein pl* fine feeling *no pl;* **~/kein ~ haben** to be tactful/tactless
Fin·ger·zeig <-s, -e> *m* hint
fin·gie·ren* [fɪŋ'giːrən] *vt* to fake; ■ **fingiert** bogus
Fi·nish <-s, -s> ['fɪnɪʃ] *nt* ❶ (*Politur*) finish ❷ SPORT finish
Fink <-en, -en> [fɪŋk] *m* finch
Fin·ne <-, -n> ['fɪnə] *f* (*Flosse*) fin
Fin·ne, Fin·nin <-n, -n> ['fɪnə, 'fɪnɪn] *m, f* Finn, Finnish man/woman/boy/girl; ■ **~ sein** to be Finnish
fin·nisch ['fɪnɪʃ] *adj* Finnish

Finn·land <-s> ['fɪnlant] *nt* Finland
fins·ter ['fɪnstɐ] *adj* ❶ (*düster*) dark; **das ~e Mittelalter** the Dark Ages *npl* ❷ (*mürrisch*) grim ❸ (*unheimlich*) sinister
Fins·ter·nis <-, -se> ['fɪnstɐnɪs] *f* darkness *no pl*
Fin·te <-, -n> ['fɪntə] *f* subterfuge
Fir·le·fanz <-es> ['fɪrləfants] *m kein pl* (*fam*) ❶ (*Krempel*) trumpery ❷ (*Quatsch*) nonsense *no art, no pl*
firm [fɪrm] *adj präd* ■ **in etw** *dat* **~ sein** to have a sound knowledge of sth
Fir·ma <-, Firmen> ['fɪrma, *pl* 'fɪrmən] *f* company
Fir·ma·ment <-s> [fɪrma'mɛnt] *nt kein pl* ■ **das ~** the firmament
fir·men ['fɪrmən] *vt* to confirm
Fir·men ['fɪrmən] *pl von* **Firma**
fir·men·ei·gen *adj* company *attr;* ■ **~ sein** to belong to the company **Fir·men·grün·dung** *f* formation of a business **Fir·men·in·ha·ber(in)** *m(f)* owner of a company **Fir·men·lei·tung** *f* company management **Fir·men·wa·gen** *m* company car **Fir·men·zei·chen** *nt* company logo, trademark
Firm·ling <-s, -e> ['fɪrmlɪŋ] *m* candidate for confirmation
Fir·mung <-, -en> *f* confirmation
Firn <-[e]s, -e> [fɪrn] *m* firn
Fir·nis <-ses, -se> ['fɪrnɪs] *m* [oil-]varnish
First <-[e]s, -e> [fɪrst] *m* roof ridge
Fis <-, -> [fɪs] *nt* MUS F sharp
Fisch <-[e]s, -e> [fɪʃ] *m* ❶ (*Tier*) fish ❷ *kein pl* ASTROL Pisces *no art, no pl* ▶ **weder ~ noch Fleisch sein** to be neither fish nor fowl; **ein großer ~** a big fish; **ein kleiner ~** one of the small fry
Fisch·au·ge *nt* fish eye **Fisch·damp·fer** *m* trawler
fi·schen ['fɪʃn] *vi* to fish; ■ **das F~** fishing *no art, no pl*
Fi·scher(in) <-s, -> ['fɪʃɐ] *m(f)* fisher, fisherman *masc*, fisherwoman *fem*
Fi·scher·boot *nt* fishing boat **Fi·scher·dorf** *nt* fishing village
Fi·sche·rei <-> [fɪʃəˈraɪ] *f kein pl* fishing *no art, no pl*
Fi·scher·netz *nt* fishing net
Fisch·fang *m kein pl* fishing *no art, no pl*
Fisch·fang·ge·biet *nt* fishing grounds *npl* **Fisch·fi·let** [-file:] *nt* fillet of fish **Fisch·grün·de** *pl* fisheries *npl* **Fisch·händ·ler(in)** *m(f)* ÖKON fishmonger BRIT, fish dealer AM **Fisch·kon·ser·ve** *f* canned [*or* BRIT *also* tinned] fish **Fisch·kut·ter** *m* fishing cutter **Fisch·mehl** *nt*

fish meal **Fisch·mes·ser** *nt* fish knife **Fisch·ot·ter** *m* otter **fisch·reich** *adj* ~es Gewässer rich fishing grounds **Fisch·stäb·chen** *nt* fish-finger BRIT, fish stick AM **Fisch·ster·ben** *nt* dying of fish; (*als Statistik*) fish mortality *no indef art, no pl* **Fisch·sup·pe** *f* fish soup **Fisch·teich** *m* fish pond **Fisch·zucht** *f* fish-farming

fis·ka·lisch [fɪsˈkaːlɪʃ] *adj* fiscal

Fis·kal·pakt *m* POL, FIN fiscal compact

Fis·kus <-, -se *o* Fisken> [ˈfɪskʊs, *pl* ˈsɪskən] *m* ■ **der** ~ the treasury, BRIT exchequer

Fi·so·le <-, -n> [fiˈzoːlə] *f* ÖSTERR green bean

fit [fɪt] *adj präd* fit; **sich ~ halten** to keep fit

Fit·ness^RR, **Fit·neß**^ALT <-> [ˈfɪtnɛs] *f kein pl* fitness *no art, no pl*

Fit·ness·cen·ter^RR [-sɛntɐ] *nt* gym **Fit·ness·ge·rät**^RR [ˈfɪtnɛs-] *nt* SPORT fitness [*or* gym] equipment *no pl* **Fit·ness·stu·dio**^RR *m s.* **Fitnesscenter**

Fit·tich <-[e]s, -e> [ˈfɪtɪç] *m* (*liter*) wing ▶ **jdn unter die ~e nehmen** (*hum*) to take sb under one's wing

fix [fɪks] I. *adj* ❶ (*feststehend*) fixed ❷ (*fam: flink*) quick; **~ gehen** to not take long; **~ machen** to hurry up ▶ **~ und fertig sein** (*erschöpft*) to be exhausted; (*am Ende*) to be at the end of one's tether II. *adv* quickly

Fi·xa [ˈfɪksa] *pl von* **Fixum**

fi·xen [ˈfɪksn̩] *vi* (*sl*) to fix

Fi·xer(in) <-s, -> [ˈfɪksɐ] *m(f)* (*sl*) fixer BRIT, junkie AM

fi·xie·ren* [fɪˈksiːrən] *vt* ❶ (*anstarren*) to fix one's eyes on ❷ PSYCH ■ **auf etw** *akk* **fixiert sein** to be fixated on sth ❸ FOTO to fix ❹ (*geh: festlegen*) to fix ❺ SCHWEIZ (*befestigen*) to fix

Fi·xier·mit·tel *nt* FOTO fixative

Fi·xie·rung <-, -en> *f* ❶ (*Festlegung*) specification ❷ PSYCH (*Ausrichtung*) fixation

Fix·kos·ten *pl* fixed costs *pl*

Fi·xum <-s, Fixa> [ˈfɪksʊm, *pl* ˈfɪksa] *nt* basic salary; (*Zuschuss*) fixed allowance

Fjord <-[e]s, -e> [fjɔrt] *m* fjord

FKK <-> [ɛfkaːˈkaː] *kein art Abk von* **Freikörperkultur**

FKK-Strand *m* nudist beach

flach [flax] *adj* ❶ (*eben*) flat; (*nicht hoch*) low; (*nicht steil*) gentle; **~ abfallen** to slope down gently; **sich ~ hinlegen** to lie [down] flat ❷ (*nicht tief*) shallow; **~ atmen** to take shallow breaths

Flach·bild·fern·se·her *m* TV flat screen TV **Flach·bild·schirm** *m* flat screen **flach·brüs·tig** *adj* flat-chested **Flach·dach** *nt* flat roof **Flach·druck** *m* TYPO ❶ *kein pl* (*Verfahren*) planography *no pl* ❷ (*Produkt*) planograph

Flä·che <-, -n> [ˈflɛçə] *f* ❶ (*flache Außenseite*) surface; (*Würfel~*) face ❷ (*Gebiet*) expanse; (*mit Maßangaben*) area

Flä·chen·aus·deh·nung *f* surface area **flä·chen·de·ckend** *adj* covering the needs *pred* **Flä·chen·in·halt** *m* [surface] area **Flä·chen·maß** *nt* [unit of] square measure **Flä·chen·still·le·gung**^RR *f* AGR laying land fallow **Flä·chen·streik** *m* general strike

flach|fal·len *vi sep irreg sein* (*fam*) to not come off

Flach·heit <-> *f kein pl* flatness *no pl*, planeness *no pl spec*

flä·chig [ˈflɛçɪç] *adj* ❶ (*breit*) flat ❷ (*ausgedehnt*) extensive

Flach·land *nt* lowland **flach|le·gen** (*fam*) I. *vt* to knock out *sep* II. *vr* ■ **sich ~** (*sich hinlegen*) to lie down; (*flach hinfallen*) to fall flat [on one's face] **flach|lie·gen** *vi irreg* (*fam*) to be laid up [in bed]

Flach·mann *m* (*fam*) hipflask

Flachs <-es> [flaks] *m kein pl* ❶ (*Pflanze*) flax *no art, no pl* ❷ (*fam: Witzelei*) kidding *no art, no pl fam;* **ohne ~** joking aside

flachs·blond *adj* flax-coloured

fla·ckern [ˈflakɐn] *vi* to flicker

Fla·den <-s, -> [ˈflaːdn̩] *m* ❶ KOCHK round flat dough-cake ❷ (*fam: breiige Masse*) flat blob; (*Kuh~*) cowpat

Fla·den·brot *nt* round flat loaf [of bread], ≈ Turkish bread, *no art, no pl*

Flag·ge <-, -n> [ˈflagə] *f* flag; **die englische ~ führen** to fly the English flag ▶ **~ zeigen** to nail one's colours to the mast

flag·gen [ˈflagn̩] *vi* to fly a flag

Flagg·schiff *nt* flagship

fla·grant [flaˈgrant] *adj* (*geh*) flagrant

Flair <-s> [flɛːɐ̯] *nt o selten m kein pl* (*geh*) aura

Fla·kon <-s, -s> [flaˈkõː] *nt o m* (*geh*) flacon

fla·mbie·ren* [flamˈbiːrən] *vt* to flambé[e]

Fla·me, Fla·min *o* **Flä·min** <-n, -n> [ˈflaːmə, flaːmɪn, flɛːmɪn] *m, f* Fleming, Flemish man/woman/boy/girl

Fla·min·go <-s, -s> [flaˈmɪŋgo] *m* flamingo

flä·misch [ˈflɛːmɪʃ] *adj* Flemish

Flam·me <-, -n> [ˈflamə] *f* flame; **in ~n aufgehen** to go up in flames; **etw auf großer/kleiner ~ kochen** to cook sth on a high/low heat

flam·mend *adj* (*liter*) flaming
Flam·men·wer·fer <-s, -> *m* flamethrower
Flan·dern <-s> ['flandɐn] *nt* Flanders + *sing vb*
Fla·nell <-s, -e> [fla'nɛl] *m* flannel
fla·nie·ren* [fla'niːrən] *vi sein o haben* to stroll
Fla·nier·mei·le *f* (*fam*) promenade
Flan·ke <-, -n> ['flaŋkə] *f* ① ANAT flank ② FBALL cross
flan·ken ['flaŋkn̩] *vi* FBALL to centre [*or* AM center]
flan·kie·ren* [flaŋ'kiːrən] *vt* to flank
Flansch <-[e]s, -e> [flanʃ] *m* TECH flange
flap·sen ['flapsn̩] *vi* (*fam*) to joke
flap·sig ['flapsɪç] (*fam*) I. *adj* cheeky BRIT; *Bemerkung* offhand II. *adv* cheekily BRIT
Fläsch·chen <-s, -> ['flɛʃçən] *nt dim von* **Flasche** [small] bottle
Fla·sche <-, -n> ['flaʃə] *f* ① (*Behälter*) bottle; *etw in* ~n *füllen* to bottle sth; **einem Kind die** ~ **geben** to bottle-feed a child; **aus der** ~ **trinken** to drink straight from the bottle ② (*fam: Versager*) dead loss; (*einfältiger Mensch*) pillock BRIT, dork AM
Fla·schen·bier *nt* bottled beer **Fla·schen·gä·rung** *f* fermentation in the bottle **Fla·schen·ge·stell** *nt* bottle rack **Fla·schen·hals** *m* bottleneck **Fla·schen·öff·ner** *m* bottle-opener **Fla·schen·pfand** *m* deposit on a bottle **Fla·schen·post** *f* message in a bottle **Fla·schen·zug** *m* TECH block and tackle
Flasch·ner(in) <-s, -> *m(f)* SÜDD, SCHWEIZ (*Klempner*) plumber
Flat·rate <-, -s> ['flɛtreːt] *f* flat rate
flat·ter·haft *adj* (*pej*) fickle
Flat·ter·haf·tig·keit <-> *f kein pl* (*pej*) fickleness *no pl*
Flat·ter·mann <-männer> *m* (*hum fam*) chicken
flat·tern ['flatɐn] *vi* ① *haben* (*mit den Flügeln*) to flap ② *haben* (*vom Wind bewegt*) to flutter; *lange Haare* to stream ③ *sein* (*fam: zugestellt werden*) **heute flatterte eine Rechnung ins Haus** a bill landed on the mat today ④ *haben* AUTO (*hin und her schlagen*) to wobble; to shimmy AM
Flat·ter·satz *m* unjustified text
flau [flau] *adj* ① (*leicht unwohl*) queasy ② (*träge*) *Geschäft* slack
Flaum <-[e]s> [flaum] *m kein pl* down *no art, no pl*
Flausch <-[e]s, -e> ['flauʃ] *m* fleece *no pl*
flau·schig *adj* fleecy
Flau·sen ['flauzən] *pl* (*fam*) nonsense

nsing; ~ **im Kopf haben** to have crazy ideas; **jdm die** ~ **austreiben** to get sb to return to reality
Flau·te <-, -n> ['flautə] *f* ① (*Windstille*) calm *no pl* ② (*mangelnde Nachfrage*) lull
Flech·te <-, -n> ['flɛçtə] *f* BOT, MED lichen
flech·ten <flocht, geflochten> ['flɛçtn̩] *vt* to plait (**zu** into); *Korb, Kranz* to weave
Flecht·werk *nt kein pl* wickerwork *no art, no pl*
Fleck <-[e]s, -e *o* -en> [flɛk] *m* ① (*Schmutz~*) stain; ~ **en machen** to stain ② (*dunkle Stelle*) mark; **ein blauer** ~ a bruise ③ (*Stelle*) spot, place; **sich nicht vom** ~ **rühren** to not move [an inch]
Fleck·chen <-s, -> *nt* ① *dim von* **Fleck** mark ② (*Gegend*) **ein schönes** ~ **Erde** a nice little spot
Fle·cken <-, -> ['flɛkn̩] *m* ① (*veraltet: Markt~*) small town ② *s.* **Fleck 1, 2**
Fle·cken·was·ser *nt* stain remover
fle·ckig ['flɛkɪç] *adj* ① (*befleckt*) marked, stained ② (*voller dunkler Stellen*) blemished; *Haut* blotchy
Fle·der·maus ['fleːdɐmaus] *f* bat
Fleece <-> [fliːs] *nt kein pl* fleece *no pl*
Fle·gel <-s, -> ['fleːgl̩] *m* (*pej: Lümmel*) lout, yob[bo] BRIT
Fle·gel·al·ter *nt* adolescence *no indef art, no pl*
Fle·ge·lei <-, -en> [fleːgə'lai] *f* (*pej*) uncouthness *no art, no pl*
fle·gel·haft *adj* (*pej*) uncouth
fle·hen ['fleːən] *vi* (*geh*) to beg (**um** for)
fle·hent·lich ['fleːəntlɪç] I. *adj* (*geh*) pleading II. *adv* pleadingly
Fleisch <-[e]s> ['flaiʃ] *nt kein pl* ① (*Nahrungsmittel*) meat *no art, no pl*; ~ **fressend** carnivorous ② (*Gewebe*) flesh *no indef art, no pl* ▶ *jds eigen[es]* ~ **und Blut** (*geh*) sb's own flesh and blood; **jdm in** ~ **und Blut übergehen** to become sb's second nature; **sich** *dat o akk* **ins eigene** ~ **schneiden** to cut off one's nose to spite one's face
Fleisch·brü·he *f* ① (*Bouillon*) bouillon ② (*Fond*) meat stock
Flei·scher(in) <-s, -> ['flaiʃɐ] *m(f)* butcher
Flei·sche·rei <-, -en> [flaiʃə'rai] *f* butcher's [shop BRIT]
fleisch·far·ben *adj* flesh-coloured
fleisch·fres·send *adj* carnivorous
Fleisch·fres·ser <-s, -> *m* carnivore, meat-eater
flei·schig ['flaiʃɪç] *adj* fleshy
Fleisch·kä·se *m* meatloaf **Fleisch·klöß·chen** *nt* [small] meatball

fleisch·lich *adj attr* ❶ (*von Fleisch*) consisting of meat *pred* ❷ (*sexuell*) carnal, of the flesh *pred*
Fleisch·pas·te·te *f* meat vol·au·vent [*or* BRIT pasty] **Fleisch·spieß** *m* meat skewer
Fleisch·to·ma·te *f* beef[steak] tomato
Fleisch·wolf *m* mincer BRIT, grinder AM
Fleisch·wun·de *f* flesh wound **Fleisch·wurst** *f* ≈ pork sausage
Fleiß <-[e]s> [flaɪs] *m kein pl* industriousness *no art, no pl* ▶ **mit ~** SÜDD on purpose; **ohne ~ kein Preis** (*prov*) success doesn't come easily
flei·ßig ['flaɪsɪç] **I.** *adj* ❶ (*hart arbeitend*) industrious ❷ (*ausdauernd*) diligent ❸ (*fam: eifrig*) keen **II.** *adv* ❶ (*arbeitsam*) diligently ❷ (*fam: unverdrossen*) assiduously
flen·nen ['flɛnən] *vi* (*pej fam*) to blubber
Flep·pe <-, -n> ['flɛpə] *f* (*sl*) driving licence BRIT, driver's license AM
flet·schen ['flɛtʃn̩] *vt* **die Zähne ~** to bare one's/its teeth
fle·xi·bel [flɛ'ksiːbl̩] *adj* ❶ (*anpassungsfähig*) flexible ❷ (*elastisch*) pliable
fle·xi·bi·li·sie·ren *vt* to adapt; **die Arbeitszeit ~** to introduce flexible working hours
Fle·xi·bi·li·tät <-> [flɛksibili'tɛːt] *f kein pl* ❶ (*Anpassungsfähigkeit*) flexibility *no art, no pl* ❷ (*Elastizität*) pliability *no art, no pl*
Fle·xi·on <-, -en> [flɛ'ksi̯oːn] *f* (*Deklinieren*) inflection; (*Konjugieren*) conjugation
Fle·xi·ta·ri·er(in) <-s, -> [flɛksi'taːri̯ɐ] *m(f)* (*fam*) flexitarian, semi-vegetarian
flicht *imp sing und 3. pers sing pres von* **flechten**
fli·cken ['flɪkn̩] *vt* to mend; *Fahrradschlauch* to patch [up *sep*]
Fli·cken <-s, -> ['flɪkn̩] *m* patch
Flick·schus·ter(in) *m(f)* (*pej fam*) bungler, bungling idiot *pej*
Flick·werk *nt kein pl* (*pej*) **ein ~ sein** to have been carried out piecemeal **Flick·zeug** *nt kein pl* ❶ (*für Fahrräder*) [puncture] repair kit ❷ (*Nähzeug*) sewing kit
Flie·der <-s, -> ['fliːdɐ] *m* lilac
flie·der·far·ben *adj* lilac
Flie·ge <-, -n> ['fliːɡə] *f* ❶ (*Insekt*) fly ❷ MODE bow tie ▶ **zwei ~n mit einer Klappe schlagen** (*fam*) to kill two birds with one stone; **die ~ machen** to leg it
flie·gen <flog, geflogen> ['fliːɡn̩] *vi sein* ❶ (*durch die Luft*) to fly ❷ (*sl: hinausgeworfen werden*) to get kicked out ❸ (*fam: fallen*) to fall
flie·gend *adj attr* mobile
Flie·gen·fän·ger *m* flypaper **Flie·gen·gewicht** *nt kein pl* flyweight *no indef art, no pl* **Flie·gen·git·ter** *nt* flyscreen BRIT, screen AM **Flie·gen·klat·sche** *f* fly swatter **Flie·gen·pilz** *m* fly agaric *no indef art, no pl*
Flie·ger <-s, -> *m* (*fam*) plane
Flie·ger(in) <-s, -> *m(f)* (*Pilot*) pilot, airman *masc*, airwoman *fem*
Flie·ger·alarm *m* air·raid warning **Flie·ger·staf·fel** *f* MIL (*Einheit der Luftwaffe*) air force squadron
flie·hen <floh, geflohen> ['fliːən] *vi sein* to flee; *aus dem Gefängnis* to escape
Flieh·kraft *f kein pl* centrifugal force
Flie·se <-, -n> ['fliːzə] *f* tile
flie·sen ['fliːzn̩] *vt* to tile
Flie·sen·le·ger(in) <-s, -> *m(f)* tiler
Fließ·band <-bänder> *nt* assembly line; (*Förderband*) conveyer [belt]; **am ~ arbeiten** to work on the production line
Fließ·band·ar·beit *f* work on a production line
flie·ßen <floss, geflossen> ['fliːsn̩] *vi sein* to flow
flie·ßend I. *adj* ❶ (*flüssig*) fluent ❷ (*übergangslos*) fluid **II.** *adv* ❶ (*bei Wasser*) **~ warmes und kaltes Wasser** running hot and cold water ❷ (*ohne zu stocken*) fluently; **Französisch sprechen** to speak fluent French
flim·mer·frei *adj* flicker[-]free **Flim·mer·kis·te** *f* (*fam*) box BRIT, boob tube AM
flim·mern ['flɪmɐn] *vi* ❶ (*unruhig leuchten*) to flicker ❷ (*flirren*) to shimmer
flink [flɪŋk] *adj* quick
Flin·te <-, -n> ['flɪntə] *f* shotgun ▶ **die ~ ins Korn werfen** (*fam*) to throw in the towel
Flip·chart <-, -s> ['flɪptʃart] *f* flipchart
Flip·per <-s, -> ['flɪpɐ] *m* pinball machine
flip·pern ['flɪpɐn] *vi* to play pinball
flip·pig *adj* (*fam*) hip
Flirt <-s, -s> [flœːɐ̯t] *m* flirt[ation]
flir·ten ['flœɐ̯tn̩] *vi* to flirt
Flirt·fak·tor ['flœrtfaktoːɐ̯, 'flɪrt-] *m kein pl* (*fam*) flirt factor
Flit·tchen <-s, -> ['flɪtçən] *nt* (*pej fam*) slut
Flit·ter <-s, -> ['flɪtɐ] *m* ❶ (*Pailletten*) sequins *pl* ❷ *kein pl* (*pej: Tand*) trash *no art, no pl*
Flit·ter·wo·chen *pl* honeymoon *nsing*
flit·zen ['flɪtsn̩] *vi sein* to dash
Flit·zer <-s, -> *m* (*fam*) snappy [*or* sharp] little sports car *fam*
floa·ten ['floːtn̩] *vi* ÖKON to float
flocht ['flɔxt] *imp von* **flechten**

Flo·cke <-, -n> ['flɔkə] f ❶ (*Schnee~*) snowflake ❷ (*Staub~*) ball of fluff
flo·ckig ['flɔkɪç] *adj* fluffy
flog ['flo:k] *imp von* **fliegen**
Floh <-[e]s, Flöhe> [flo:, *pl* 'flø:ə] *m* flea ▶ **jdm einen ~ ins Ohr setzen** to put an idea into sb's head
floh ['flo:] *imp von* **fliehen**
Floh·markt *m* flea market
Flop <-s, -s> [flɔp] *m* (*fam*) flop
Flop·py Disc^RR, **Flop·py Disk**^RR ['flɔpidɪsk] f INFORM floppy disk
Flor <-s, -e *o selten* Flöre> [flo:ɐ̯, *pl* 'flørə] *m* ❶ (*dünnes Gewebe*) gauze ❷ (*Teppich-/Samtflor*) pile
Flo·ra <-, Floren> ['flo:ra, *pl* 'flo:rən] f flora *npl*
Flo·renz <-> [flo'rɛnts] *nt kein pl* Florence
Flo·rett <-[e]s, -e> [flo'rɛt] *nt* foil
flo·rie·ren* [flo'ri:rən] *vi* to flourish; ■ **~d** flourishing
Flo·rist(in) <-en, -en> [flo'rɪst] *m(f)* florist
Flos·kel <-, -n> ['flɔskl̩] f set phrase
Floß <-es, Flöße> [flo:s, *pl* 'flø:sə] *nt* raft
floss^RR, **floß**^ALT ['flɔs] *imp von* **fließen**
Flos·se <-, -n> ['flɔsə] f ❶ (*Fisch~*) fin ❷ (*Schwimm~*) flipper
flö·ßen ['flø:sn̩] *vt* ❶ (*auf dem Wasser*) ■ etw ~ to raft sth ❷ (*einflößen*) **jdm die Suppe/Medizin in den Mund ~** to give sb his/her soup/medicine
Flö·te <-, -n> ['flø:tə] f ❶ (*Musikinstrument*) pipe; (*Quer~*) flute; (*Block~*) recorder ❷ (*Kelchglas*) flute [glass]
flö·ten ['flø:tn̩] *vi, vt* ❶ (*Flöte spielen*) to play the flute ❷ (*hum fam: süß sprechen*) to warble ▶ **etw geht jdm ~** (*sl*) sb loses sth
flö·ten|ge·hen^ALT *vi irreg sein* (*sl*) *s.* **flöten** ▶ **Flö·ten·spie·ler(in)** *m(f)* piper; (*Quer~*) flute player; (*Block~*) recorder player **Flö·ten·ton** *m* sound of a flute
Flö·tist(in) <-en, -en> [flø'tɪst] *m(f)* flautist
flott [flɔt] **I.** *adj* ❶ (*zügig*) quick; **ein ~es Tempo** [a] high speed; **aber ein bisschen ~!** (*fam*) make it snappy! ❷ (*schwungvoll*) lively ❸ (*schick*) smart **II.** *adv* ❶ (*zügig*) fast ❷ (*schick*) smartly
Flot·te <-, -n> ['flɔtə] f fleet
Flot·ten·ab·kom·men *nt* naval treaty **Flot·ten·stütz·punkt** *m* naval base
flott|ma·chen *vt* to get back in working order; **ein Auto ~** to get a car back on the road
flott·weg ['flɔt'vɛk] *adv* (*fam*) non-stop
Flöz <-es, -e> [flø:ts] *nt* BERGB seam

Fluch <-[e]s, Flüche> [flu:x, *pl* 'fly:çə] *m* curse, oath *dated*
flu·chen ['flu:xn̩] *vi* to curse (**auf/über** at)
Flucht <-, -en> [flʊxt] f escape (**vor** from); **jdm glückt die ~** sb escapes [successfully]; ■ **die ~ in etw** *akk* refuge in sth; **die ~ ergreifen** (*geh*) to take flight; **auf der ~ sein** to be on the run; **jdn in die ~ schlagen** to put sb to flight ▶ **die ~ nach vorn antreten** to take the bull by the horns
flucht·ar·tig I. *adj* hasty **II.** *adv* hastily, in a hurry
flüch·ten ['flʏçtn̩] **I.** *vi sein* to flee; (*aus der Gefangenschaft, einer Gefahr*) to escape **II.** *vr haben* ❶ (*Schutz suchen*) ■ **sich [vor etw** *dat*] **~** to seek refuge [from sth] ❷ ■ **sich in etw** *akk* **~** to take refuge in sth; **sich in Ausreden ~** to resort to excuses
Flucht·fahr·zeug *nt* getaway car **Flucht·ge·fahr** f **bei jdm besteht ~** sb is always trying to escape **Flucht·hil·fe** f escape aid
flüch·tig ['flʏçtɪç] **I.** *adj* ❶ (*geflüchtet*) fugitive *attr;* ■ **~ sein** to be a fugitive ❷ (*kurz*) fleeting, brief ❸ (*oberflächlich*) cursory; **eine ~e Bekanntschaft** a passing acquaintance **II.** *adv* ❶ (*kurz*) briefly ❷ (*oberflächlich*) cursorily; **jdn ~ kennen** to have met sb briefly
Flüch·tig·keit <-> f *kein pl* ❶ (*Kürze*) briefness *no pl* ❷ (*Oberflächlichkeit*) cursoriness *no pl*
Flüch·tig·keits·feh·ler *m* careless mistake
Flücht·ling <-s, -> ['flʏçtlɪŋ] *m* refugee
Flücht·lings·kri·se f refugee [*or* migrant] crisis **Flücht·lings·la·ger** *nt* refugee camp **Flücht·lings·strom** *m* flood of refugees
Flucht·punkt *m* vanishing point **Flucht·ver·such** *m* attempted escape **Flucht·weg** *m* escape route
Flug <-[e]s, Flüge> [flu:k, *pl* 'fly:gə] *m* flight; **der ~ zum Mond** the journey to the moon ▶ **wie im ~[e]** in a flash
Flug·ab·wehr f air defence **Flug·ab·wehr·ra·ke·te** f anti-aircraft missile **Flug·angst** f fear of flying **Flug·auf·kom·men** *nt kein pl* air traffic *no pl* **Flug·bahn** f flight path; (*Kreisbahn*) orbit; *einer Kugel, Rakete* trajectory **Flug·be·glei·ter(in)** *m(f)* steward *masc*, stewardess *fem* **Flug·blatt** *nt* leaflet, flyer **Flug·da·ten·schrei·ber** *m s.* **Flugschreiber Flug·dau·er** f flying time
Flü·gel <-s, -> ['fly:gl̩] *m* ❶ (*zum Fliegen*) wing; (*Hubschrauber~*) rotor ❷ TECH sail *spec* ❸ (*seitlicher Teil*) wing; *eines Altars* sidepiece; *eines Fensters* casement

❹ (*Konzert~*) grand piano. ▶ **die ~ hängen lassen** (*fam*) to lose heart
Flü·gel·mut·ter <-muttern> *f* butterfly nut **Flü·gel·schrau·be** *f* wing bolt; (*Mutter*) wing nut **Flü·gel·tür** *f* double door
Flug·feld *nt* airfield **Flug·gast** *m* passenger
flüg·ge ['flʏɡə] *adj präd* fledged; ▪ **~ sein** (*fig fam*) to be ready to leave the nest
Flug·ge·schwin·dig·keit *f* (*von Flugzeug*) flying speed; (*von Rakete, Geschoss*) velocity; (*von Vögeln*) speed of flight **Flug·ge·sell·schaft** *f* airline **Flug·ha·fen** *m* airport **Flug·hö·he** *f* altitude **Flug·ka·pi·tän(in)** *m/f* captain **Flug·kör·per** *m* projectile **Flug·leh·rer(in)** *m/f* flying instructor **Flug·lei·tung** *f* air-traffic control **Flug·li·nie** *f* ❶ (*Strecke*) air route ❷ (*Fluggesellschaft*) airline **Flug·lot·se, -lot·sin** *m, f* flight controller **Flug·ob·jekt** *nt* **unbekanntes ~** unidentified flying object, UFO **Flug·per·so·nal** *nt* aircrew **Flug·plan** *m* flight plan **Flug·platz** *m* airfield **Flug·rei·se** *f* flight; **eine ~ machen** to travel by air
flugs [flʊks] *adv* (*veraltend*) at once
Flug·schein *m* ❶ (*Pilotenschein*) pilot's licence ❷ (*Ticket*) [plane] ticket **Flug·schnei·se** *f* flight path **Flug·schrei·ber** *m* flight recorder, black box *fam* **Flug·si·cher·heit** *f kein pl* air safety *no pl* **Flug·si·che·rung** *f* flight control **Flug·si·mu·la·tor** *m* flight simulator **Flug·steig** <-s, -e> *m* gate **Flug·stre·cke** *f* ❶ (*Distanz*) flight route ❷ (*Etappe*) leg ❸ (*Route*) route **flug·taug·lich** *adj* fit to fly *pred* **Flug·ti·cket** *nt* [plane] ticket **Flug·ver·bin·dung** *f* [flight] connection **Flug·ver·bot** *nt* LUFT (*Menschen*) flying ban; (*Flugzeuge*) aircraft grounding **Flug·ver·bots·zo·ne** *f* no-fly zone **Flug·ver·kehr** *m* air traffic **Flug·waf·fe** *f* SCHWEIZ Swiss Air Force **Flug·zeit** *f* flight time
Flug·zeug <-[e]s, -e> *nt* [aero]plane BRIT, [air]plane AM; **mit dem ~** by [aero]plane
Flug·zeug·ab·sturz *m* plane crash **Flug·zeug·bau** *m kein pl* aircraft construction **Flug·zeug·be·sat·zung** *f* flight crew **Flug·zeug·ent·füh·rer(in)** *m/f* [aircraft] hijacker **Flug·zeug·ent·füh·rung** *f* [aircraft] hijacking **Flug·zeug·hal·le** *f* hangar **Flug·zeug·ka·ta·stro·phe** *f* air disaster **Flug·zeug·trä·ger** *m* aircraft carrier **Flug·zeug·un·glück** *nt* plane crash
Fluk·tu·a·ti·on <-, -en> [flʊktua'tsi̯oːn] *f* (*geh*) fluctuation
fluk·tu·ie·ren* [flʊktu'iːrən] *vi* (*geh*) to fluctuate

Flun·der <-, -n> ['flʊndɐ] *f* flounder
Flun·ke·rei <-, -en> [flʊŋkə'raɪ] *f* (*fam*) ❶ *kein pl* (*das Flunkern*) fibbing ❷ (*kleine Lüge*) fib
flun·kern ['flʊŋkɐn] *vi* (*fam*) to fib
Flunsch <-[e]s, -e> [flʊnʃ] *m* (*fam*) **einen ~ ziehen/machen** to pout
Flu·or <-s> ['fluːoːɐ̯] *nt kein pl* fluorine *no pl*
Flu·or·chlor·koh·len·was·ser·stoff *m* chlorofluorocarbon, CFC
Flu·o·res·zenz <-> [fluɔrɛs'tsɛnts] *f kein pl* fluorescence
flu·o·res·zie·ren* [fluɔrɛs'tsiːrən] *vi* to fluoresce
flu·o·res·zie·rend *adj* fluorescent
Flu·o·rid <-[e]s, -e> [fluo'riːt] *nt* fluoride
Flu·or·koh·len·was·ser·stoff *m* fluorocarbon
Flup·pe <-, -n> ['flʊpə] *f* (*sl*) fag BRIT *fam*, ciggie *fam*
Flur[1] <-[e]s, -e> [fluːɐ̯] *m* corridor; (*Hausflur*) entrance hall
Flur[2] <-, -en> [fluːɐ̯] *f* ❶ (*Gebiet*) plot ❷ (*geh: freies Land*) open fields *pl* ▶ **allein auf weiter ~ sein** to be [all] on one's tod BRIT
Flur·be·rei·ni·gung *f* reallocation of agricultural land **Flur·scha·den** *m* damage to [fields and] crops
Flu·se <-, -n> ['fluːzə] *f* piece of fluff
FlussRR <-es, Flüsse> *m*, **Fluß**ALT <-sses, Flüsse> [flʊs, *pl* 'flʏsə] *m* ❶ (*Wasserlauf*) river; **jdn über den ~ setzen** to ferry sb across the river; **am ~** next to the river ❷ (*Verlauf*) flow; **sich im ~ befinden** to be in a state of flux
fluss·abRR [flʊs'ʔap] *adv*, **fluss·ab·wärts**RR [flʊs'ʔapvɛrts] *adv* downriver
Fluss·armRR *m* arm of a river **fluss·auf·wärts**RR [flʊs'ʔaʊfvɛrts] *adv* upriver **Fluss·be·gra·di·gung**RR *f* river straightening **Fluss·bett**RR *nt* riverbed **Fluss·bie·gung**RR *f* bend in a/the river **Fluss·di·a·gramm**RR *nt* flow chart
flüs·sig ['flʏsɪç] **I.** *adj* ❶ (*nicht fest*) liquid; *Glas, Stahl* molten; **etw ~ machen** to melt sth; **~ werden** to melt ❷ (*fließend*) flowing; *Verkehr* moving ❸ FIN (*fam*) liquid; **[nicht] ~ sein** [not] to have a lot of money **II.** *adv* flowingly; **~ lesen** to read effortlessly; **~ sprechen** to speak fluently
Flüs·sig·gas *nt* liquid gas
Flüs·sig·keit <-, -en> *f* ❶ (*flüssiger Stoff*) liquid, fluid ❷ *kein pl* (*fließende Beschaffenheit*) liquidity; *Rede* fluency **Flüs·sig·sei·fe** *f* liquid soap

Fluss·krebs[RR] *m* crayfish **Fluss·lauf**[RR] *m* course of a river **Fluss·mün·dung**[RR] *f* river mouth **Fluss·nie·de·rung**[RR] *f* fluvial plain **Fluss·pferd**[RR] *nt* hippopotamus **Fluss·schiff·fahrt**[RR], **Fluss·schiffahrt**[ALT] *f* river navigation **Fluss·ufer**[RR] *nt* river bank

flüs·tern ['flʏstɐn] *vi, vt* to whisper; **miteinander ~** to whisper to one another; ■ **man flüstert, dass ...** rumour has it that ...

Flüs·ter·ton *m* whisper; **im ~** in whispers

Flut <-, -en> [fluːt] *f* ❶ *(angestiegener Wasserstand)* high tide; **die ~ geht zurück** the tide is going out; **es ist ~** the tide's in; **die ~ kommt** the tide is coming in; **bei ~** at high tide ❷ *meist pl (Wassermassen)* torrent ❸ *(große Menge)* ■ **eine ~ von etw** *dat* a flood of sth

flu·ten ['fluːtn̩] *vi, vt* to flood

Flut·hil·fe *f* flood relief **Flut·ka·ta·stro·phe** *f* flood disaster **Flut·licht** *nt kein pl* floodlight **Flut·op·fer** *nt* flood victim

flut·schen ['flʊtʃn̩] I. *vi sein (fam: rutschen)* to slip II. *vi impers sein o haben (fam: gut verlaufen)* to go smoothly

Flut·wel·le *f* tidal wave

f-Moll <-s, -> ['ɛfmɔl] *nt kein pl* MUS F flat minor

focht [fɔxt] *imp von* **fechten**

Fö·de·ra·lis·mus <-> [fødera'lɪsmʊs] *m kein pl* federalism *no pl*

fö·de·ra·lis·tisch [fødera'lɪstɪʃ] *adj* federalist

Fö·de·ra·ti·on <-, -en> [fødera'tsi̯oːn] *f* federation

foh·len ['foːlən] *vi* to foal

Foh·len <-s, -> ['foːlən] *nt* foal

Föhn <-[e]s, -e> [føːn] *m* ❶ *(Wind)* föhn ❷ *(Haartrockner)* hair-dryer

föh·nen[RR] *vt* to blow-dry

Föhn·wel·le[RR] *f* blow-dried hairstyle

Fo·kus <-, -se> ['foːkʊs] *m* focus

Fol·ge <-, -n> ['fɔlɡə] *f* ❶ *(Auswirkung)* consequence; **etw zur ~ haben** to result in sth; **böse/unangenehme ~n nach sich ziehen** to have nasty/unpleasant consequences; **als ~ von etw** *dat* as a consequence/result of sth ❷ *(Abfolge)* series; *von Bildern, Tönen a.* sequence; **in rascher ~** in quick succession ❸ *(Teil einer TV-Serie)* episode ❹ *(geh: einer Aufforderung nachkommen)* **~ leisten** to comply with

Fol·ge·er·schei·nung *f* consequence

fol·gen ['fɔlɡn̩] *vi* ❶ *sein (nachgehen, als Nächstes kommen)* to follow; **~ Sie mir unauffällig!** follow me quietly; **es folgt die Ziehung der Lottozahlen** the lottery draw will follow; ■ **auf etw** *akk* **~** to come after sth; **wie folgt** as follows ❷ *haben (gehorchen)* to be obedient; *einem Befehl* to follow ❸ *sein (verstehen)* **jdm/einer S. ~ können** to be able to follow sb/sth ❹ *sein (sich richten nach)* **einer Politik ~** to pursue a policy; **einem Vorschlag ~** to act on a suggestion ❺ *sein (hervorgehen)* ■ **aus etw** *dat* **folgt, dass ...** the consequences of sth are that...

fol·gend ['fɔlɡn̩t] *adj* following; ■ **F~es** the following; ■ **im F~en** in the following

fol·gen·der·ma·ßen ['fɔlɡndɐ'maːsn̩] *adv* as follows

fol·gen·los *adj präd* without consequence

fol·gen·schwer *adj* serious; *Entscheidung* momentous

fol·ge·rich·tig *adj* logical

fol·gern ['fɔlɡɐn] I. *vt* to conclude (**aus** from) II. *vi* to draw a conclusion; **vorschnell ~** to jump to conclusions

Fol·ge·rung <-, -en> *f* conclusion; **eine ~ aus etw** *dat* **ziehen** to draw a conclusion from sth

Fol·ge·scha·den *m* consequential loss

Fol·ge·zeit *f* following period

folg·lich ['fɔlklɪç] *adv* therefore

folg·sam ['fɔlkzaːm] *adj* obedient

Fo·lie <-, -n> ['foːli̯ə] *f* ❶ *(Plastik~)* [plastic] film; *(Metall~)* foil ❷ *(Projektor~)* slide

Fol·klo·re <-> [fɔlk'loːrə] *f kein pl* folklore

fol·klo·ris·tisch *adj* folkloristic

Fol·ter <-, -n> ['fɔltɐ] *f* torture ▶ **jdn auf die ~ spannen** to keep sb on tenterhooks

Fol·ter·bank <-bänke> *f* rack **Fol·ter·kam·mer** *f* torture chamber

fol·tern ['fɔltɐn] *vt* to torture

Fol·te·rung <-, -en> *f* torture

Fon ['fɔn] *nt (fam) kurz für* **Telefon** phone

Fön® [føːn], **Föhn**[RR] <-[e]s, -e> [føːn] *m* hair-dryer

Fonds <-, -> [fõː, *pl* fõːs] *m* FIN *(Geldreserve)* fund; *(Kapital)* funds *pl*

Fonds·ma·na·ger(in) ['fõːmɛnɪdʒɐ] *m(f)* BÖRSE fund manager

Fon·due <-s, -s> [fõ'dyː] *nt* fondue

Fo·nem[RR] <-s, -e> *nt* phoneme

fö·nen[ALT] ['føːnən] *vt s.* **föhnen**

Fo·no·ty·pist(in)[RR] <-en, -en> [fono-] *m(f) s.* **Phonotypist**

Font <-s, -s> [fɔnt] *m* INFORM font

Fon·tä·ne <-, -n> [fɔn'tɛːnə] *f* fountain

fop·pen ['fɔpn̩] *vt (fam)* ■ **jdn ~** to pull sb's leg

Fo·ra ['foːra] *pl von* **Forum**

for·cie·ren* [fɔr'siːrən] *vt* (*geh*) to push ahead with; *Export, Produktion* to boost
För·de <-, -n> ['fœːɐ̯də] *f* firth
För·der·band <-bänder> *nt* conveyor belt
För·de·rer, För·de·rin <-s, -> *m, f* sponsor
För·der·gel·der *pl* ADMIN development funds **För·der·korb** *m* hoisting cage
för·der·lich *adj* useful
För·der·mit·tel *nt* winding means
for·dern ['fɔrdən] I. *vt* ❶ (*verlangen*) to demand ❷ (*erfordern*) to require (**von** of/from) ❸ (*kosten*) to claim; **der Flugzeugabsturz forderte 123 Menschenleben** the plane crash claimed 123 lives ❹ (*Leistung abverlangen*) to make demands on ❺ (*herausfordern*) to challenge; **jdn zum Duell/Kampf ~** to challenge sb to a duel/fight II. *vi* (*verlangen*) to make demands; ■ **[von jdm] ~, dass ...** to demand [of sb] that ...
för·dern ['fœrdən] *vt* ❶ (*unterstützen*) to support; *Karriere, Talent* to further; ■ **jdn** ~ *Gönner, Förderer* to sponsor ❷ (*förderlich sein*) to help along; MED to stimulate ❸ (*steigern*) to promote; *Konjunktur, Umsatz* to boost ❹ (*abbauen*) to mine for; *Erdöl* to drill for
for·dernd I. *adj* overbearing II. *adv* in a domineering manner *pred*
För·der·schacht *m* winding shaft **För·der·turm** *m* winding tower
For·de·rung <-, -en> *f* ❶ (*nachdrücklicher Wunsch*) demand; **jds ~ erfüllen** to meet sb's demands; **einer ~ nachkommen** to act as requested; **~en [an jdn] stellen** to make demands [on sb] ❷ ÖKON debt claim ❸ (*Erfordernis*) requirement
För·de·rung <-, -en> *f* ❶ (*Unterstützung*) support ❷ (*das Fördern*) promotion ❸ MED (*Anregung*) stimulation ❹ BERGB mining; **die ~ von Erdöl** drilling for oil
Fo·rel·le <-, -n> [fo'rɛlə] *f* trout
Fo·ren ['foːrən] *pl von* **Forum**
Fo·ren·mas·ter <-s, -> ['foːrənmasteʳ] *m* INET forum moderator
Form <-, -en> [fɔrm] *f* ❶ (*äußere Gestalt*) shape; **etw in ~ bringen** to knock sth into shape; **seine ~ verlieren** to lose shape ❷ (*Kunst~*) form ❸ (*Substanz, Ausmaße*) **~ annehmen** to take shape; **in ~ von etw** *dat* in the form of sth ❹ (*Art und Weise*) form; **in mündlicher/schriftlicher ~** verbally/in writing ❺ (*fixierte Verhaltensweise*) conventions *pl;* **sich in aller ~ entschuldigen** to apologize formally; **die ~ wahren** (*geh*) to remain polite ❻ (*Kondition*) form, shape *fam;* **in ~ bleiben** to stay in form; **nicht in ~ sein** to be out of shape; **in guter/schlechter ~** in good/bad shape ❼ (*Gussform*) mould

for·mal [fɔr'maːl] I. *adj* ❶ (*Gestaltung betreffend*) formal ❷ (*Formsache betreffend*) technical II. *adv* ❶ (*der äußeren Gestaltung nach*) formally ❷ (*nach den Vorschriften*) technically
For·ma·lie <-, -n> [fɔr'maːli̯ə] *f meist pl* formality
For·ma·li·tät <-, -en> [fɔrmali'tɛt] *f* formality
For·mat <-[e]s, -e> [fɔr'maːt] *nt* ❶ (*Größenverhältnis*) format; **im ~ DIN A4** in A4 format ❷ (*Niveau*) quality; **internationales ~** international standing; **[kein] ~ haben** to have [no] class
for·ma·tie·ren* [fɔrma'tiːrən] *vt* to format
For·ma·tie·rung *f* formatting
For·ma·ti·on <-, -en> [fɔrmaˈt͡si̯oːn] *f* formation
form·bar *adj* malleable
form·be·stän·dig *adj* dimensionally stable
For·mel <-, -n> ['fɔrml̩] *f* ❶ (*Kürzel*) formula ❷ (*Wortlaut*) wording ❸ (*kurz gefasster Ausdruck*) set phrase
for·mell [fɔr'mɛl] I. *adj* ❶ (*offiziell*) official ❷ (*förmlich*) formal II. *adv* ❶ (*offiziell*) officially ❷ *s.* **formal 2**
for·men [fɔrmən] *vt* ❶ (*modellieren, prägen*) to mould (**aus** from); **wohl geformt** well formed ❷ (*bilden*) to form
For·men·leh·re *f* ❶ LING morphology ❷ MUS musical form
Form·feh·ler *m* ❶ (*Verstoß gegen Vorschriften*) irregularity ❷ (*Verstoß gegen Etikette*) breach of etiquette
for·mie·ren* [fɔr'miːrən] I. *vr* ■ **sich ~** ❶ (*sich ordnen*) to form up ❷ (*sich bilden*) to form II. *vt* ■ **etw ~** to form sth; **eine Mannschaft ~** to position the players of a team
For·mie·rung <-, -en> *f* formation
förm·lich ['fœrmlɪç] I. *adj* ❶ (*offiziell*) official ❷ (*unpersönlich*) formal II. *adv* ❶ (*unpersönlich*) formally ❷ (*geradezu*) really
Förm·lich·keit <-, -en> *f kein pl* formality
form·los *adj* ❶ (*gestaltlos*) formless; (*die äußere Gestalt betreffend*) shapeless ❷ (*zwanglos*) informal
Form·sa·che *f* formality; **eine [reine] ~ sein** to be a [mere] formality **form·schön** *adj* well-shaped **Form·tief** *nt* low; **ein ~ haben** to experience a low
For·mu·lar <-s, -e> [fɔrmu'laːɐ̯] *nt* form

for·mu·lie·ren* [fɔrmuˈliːrən] *vt* to formulate; **... wenn ich es mal so ~ darf** ... if I might put it like that

For·mu·lie·rung <-, -en> *f* ❶ *kein pl* (*das Formulieren*) wording ❷ (*textlicher Ausdruck*) formulation

form·voll·en·det I. *adj* perfect[ly shaped] II. *adv* perfectly

forsch [fɔrʃ] I. *adj* bold II. *adv* boldly

for·schen [ˈfɔrʃn] *vi* to research; ■ **nach jdm/etw ~** to search for sb/sth

for·schend I. *adj* inquiring II. *adv* inquiringly

For·scher(in) <-s, -> *m(f)* researcher; (*Forschungsreisender*) explorer

For·schung <-, -en> *f* research; **die moderne ~** modern research; **~ und Lehre** research and teaching

For·schungs·ar·beit *f* ❶ (*Tätigkeit*) research [work] ❷ (*Veröffentlichung*) research paper **For·schungs·er·geb·nis** *nt* result of the research **For·schungs·la·bor** *nt* research laboratory **For·schungs·park** *m* research park **For·schungs·rei·se** *f* expedition **For·schungs·zen·trum** *nt* research centre

Forst <-[e]s, -e[n]> [fɔrst] *m* [commercial] forest

Forst·amt *nt* forestry office [*or* AM service]

Förs·ter(in) <-s, -> [ˈfœrste] *m(f)* forester

Forst·haus *nt* forester's house **Forst·wirt(in)** *m(f)* forester **Forst·wirt·schaft** *f kein pl* forestry *no pl*

fort [fɔrt] *adv* ❶ (*weg*) away; **nur ~ von hier!** (*geh*) let's get away! ❷ (*weiter*) **und so ~** and so on; **in einem ~** constantly

Fort <-s, -s> [foːɐ] *nt* fort

fort·an [fɔrtˈʔan] *adv* (*geh*) henceforth

Fort·be·stand *m kein pl* continued existence *no pl* **fort|be·ste·hen*** *vi irreg* to survive **fort|be·we·gen*** *vt, vr* ■ [sich] ~ to move **Fort·be·we·gung** *f kein pl* movement **Fort·be·we·gungs·mit·tel** *nt* means of locomotion **fort|bil·den** *vt* ■ **sich ~** to take [further] education courses; ■ **jdn ~** to provide sb with further education **Fort·bil·dung** *f kein pl* [further] training **Fort·bil·dungs·kurs** *m*, **Fort·bil·dungs·kur·sus** *m* [further] training course **fort|blei·ben** *vi irreg sein* to stay away (**von** from) **fort|brin·gen** [ˈfɔrtbrɪŋən] *vt irreg* ❶ (*wegbringen*) to take away *sep*; *Brief, Packet* to post [*or esp* AM mail] ❷ (*bewegen*) to move **Fort·dau·er** *f* continuation *no pl* **fort|dau·ern** *vi* to continue **fort·dau·ernd** I. *adj* continuous II. *adv* continuously

for·te [ˈfɔrtə] *adv* ❶ MUS forte ❷ PHARM extra

fort|ent·wi·ckeln* *vt, vr* to develop [further] **Fort·ent·wick·lung** *f kein pl* development **fort|fah·ren** *vi* ❶ *sein* (*wegfahren*) to go [away/off] ❷ *sein o haben* (*weiterreden, -machen*) to continue **fort|fal·len** *vi irreg sein* ■ **etw fällt fort** sth does not apply **fort|flie·gen** *vi sein* to fly away **fort|füh·ren** *vt* ❶ (*fortsetzen*) to continue ❷ (*wegführen*) to lead away **Fort·gang** *m kein pl* ❶ (*weiterer Verlauf*) continuation *no pl* ❷ (*Weggang*) departure **fort|ge·hen** *vi sein* to go away **fort·ge·schrit·ten** *adj* advanced; **im ~en Alter** at an advanced age **Fort·ge·schrit·te·ne(r)** *f(m) dekl wie adj* advanced student **Fort·ge·schrit·te·nen·kurs** *m*, **Fort·ge·schrit·te·nen·kur·sus** *m* advanced course **fort·ge·setzt** *adj* constant **fort|ja·gen** *vt haben* to chase away **fort|kom·men** *vi sein* ❶ (*fam: wegkommen*) to get out of/away (**aus/von** from); **mach, dass du fortkommst!** (*fam*) get lost! ❷ (*abhandenkommen*) to go missing **Fort·kom·men** *nt* progress **fort|kön·nen** *vi irreg* to be able to go **fort|las·sen** *vt irreg* ❶ (*weggehen lassen*) to let go ❷ (*weg-/auslassen*) to leave out **fort|lau·fen** *vi irreg sein* to run away; ■ **jdn ~** to go missing; **uns ist unsere Katze fortgelaufen** our cat has gone missing; (*verlassen*) to leave **fort·lau·fend** I. *adj* (*ständig wiederholt*) continual; (*ohne Unterbrechung*) continuous II. *adv* (*ständig*) constantly; (*in Serie*) consecutively **fort|müs·sen** *vi irreg* to have to go **fort|pflan·zen** *vr* ■ **sich ~** to reproduce **Fort·pflan·zung** *f kein pl* reproduction *no pl* **fort·pflan·zungs·fä·hig** *adj* able to reproduce *pred* **Fort·pflan·zungs·kli·nik** *f* MED IVF [*or* fertility] clinic **fort|räu·men** *vt* to clear away *sep* **fort|rei·ßen** *vt irreg* ■ **etw mit sich** *dat* **~** to sweep away sth *sep* **fort|ren·nen** *vi irreg sein* (*fam*) to run away **fort|schaf·fen** *vt* to get rid of *sep* **fort|sche·ren** *vr* ■ **sich ~** to clear off **fort|schi·cken** *vt* to send away **fort|schrei·ten** *vi irreg sein* to progress **fort·schrei·tend** *adj* progressive

Fort·schritt [ˈfɔrtʃrɪt] *m* ❶ (*Schritt nach vorn*) step forward; [**gute**] **~e machen** to make progress *no pl* ❷ (*Verbesserung*) improvement

fort·schritt·lich I. *adj* progressive II. *adv* progressively

Fort·schritt·lich·keit <-> *f kein pl* progressiveness

fort·schritts·feind·lich *adj* anti-progressive

fort|set·zen *vt, vi* to continue

Fort·set·zung <-, -en> ['fɔrtzɛtsʊŋ] *f* ❶ *kein pl* (*das Fortsetzen*) continuation *no pl* ❷ *eines Buches, Films* sequel; *einer Fernsehserie, eines Hörspiels* episode; „~ folgt" "to be continued"

Fort·set·zungs·ro·man *m* serialized novel

fort|steh·len *vr irreg* ■ **sich ~** to steal away *sep* **fort|tra·gen** *vt irreg* to carry away *sep* **fort|trei·ben** *irreg* I. *vt haben* ❶ (*verjagen*) to chase away ❷ (*an einen anderen Ort treiben*) to sweep away II. *vi sein* to drift away **fort·wäh·rend** ['fɔrtvɛːrənt] I. *adj attr* constant II. *adv* constantly **fort|wer·fen** *vt irreg* to throw away *sep* **fort|wol·len** *vi* to want to leave **fort|zie·hen** *irreg* I. *vt haben* to pull away II. *vi sein* to move [away]

Fo·rum <-s, Foren *o* Fora> ['foːrʊm, *pl* 'foːrən, *pl* 'foːra] *nt* ❶ (*Personenkreis*) audience ❷ *pl* (*öffentliche Diskussion*) public discussion ❸ (*Ort für öffentliche Diskussion*) forum ❹ INET [discussion] forum

fos·sil [fɔˈsiːl] *adj attr* fossil

Fos·sil <-s, -ien> [fɔˈsiːl, *pl* -i̯ən] *nt* fossil

Fö·ten ['føːtən] *pl von* **Fötus**

Fo·to <-s, -s> ['foːto] *nt* photograph, photo *fam;* **ein ~ [von jdm/etw] machen** to take a photo [of sb/sth]

Fo·to·al·bum *nt* photo album **Fo·to·ap·pa·rat** *m* camera **Fo·to-CD** *f* photo CD **fo·to·gen** [fotoˈgeːn] *adj* photogenic

Fo·to·graf(in) <-en, -en> [fotoˈgraːf] *m(f)* photographer

Fo·to·gra·fie <-, -n> [fotograˈfiː, *pl* fotograˈfiːən] *f* ❶ *kein pl* (*Verfahren*) photography *no pl* ❷ (*Bild*) photograph

fo·to·gra·fie·ren* [fotograˈfiːrən] I. *vt* ■ **jdn/etw ~** to take a photograph of sb/sth; **sich ~ lassen** to have one's photograph taken II. *vi* to take photographs

fo·to·gra·fisch [fotoˈgraːfɪʃ] I. *adj* photographic II. *adv* photographically

Fo·to·han·dy *nt* cameraphone

Fo·to·ko·pie [fotokoˈpiː] *f* photocopy **fo·to·ko·pie·ren*** [fotokoˈpiːrən] *vt* to photocopy **Fo·to·ko·pie·rer** *m* photocopier **Fo·to·la·bor** *nt* photographic laboratory **Fo·to·mo·dell** ['foːtomodɛl] *nt* photographic model **Fo·to·mon·ta·ge** *f* photo montage **Fo·to·shoo·ting** <-s, -s> [-ˈʃuːtɪŋ] *nt* FOTO [photo] shoot **Fo·to·syn·the·se**^{RR} *f* photosynthesis **Fo·to·zel·le**^{RR} *f* photoelectric cell, photocell

Fö·tus <-[ses], Föten *o* -se> ['føːtʊs, *pl* 'føːtən, *pl* 'føːtʊsə] *m* foetus

Fot·ze <-, -n> ['fɔtsə] *f* (*vulg*) cunt

Foul <-s, -s> [faʊl] *nt* foul

fou·len ['faʊlən] *vt, vi* to foul

Fox·trott <-s, -e *o* -s> ['fɔkstrɔt] *m* foxtrot

Fo·yer <-s, -s> [fo̯aˈjeː] *nt* foyer

Fr. *Abk von* **Frau** Mrs, Ms (*feminist address*)

Fracht <-, -en> [fraxt] *f* ❶ (*Ladung*) cargo ❷ (*Beförderungspreis*) carriage

Fracht·brief *m* consignment note

Frach·ter <-s, -> ['fraxtɐ] *m* cargo boat

Fracht·flug·zeug *nt* cargo plane, air freighter **Fracht·gut** *nt* freight **Fracht·kos·ten** *pl* carriage [costs] **Fracht·raum** *m Schiff* cargo hold; *Flugzeug* cargo compartment **Fracht·schiff** *nt* cargo boat; (*groß*) cargo ship **Fracht·ver·kehr** *m* goods traffic *no pl*

Frack <-[e]s, Fräcke *o* -s> [frak, *pl* 'frɛkə] *m* tails *npl;* **einen ~ tragen** to wear tails; **im ~** in tails

Fra·cking <-s> ['frɛkɪŋ] *nt kein pl* GEOL fracking

Frack·sau·sen <-s> *nt* **~ haben/bekommen** (*fam*) to be/become scared stiff

Fra·ge <-, -n> ['fraːɡə] *f* ❶ (*zu beantwortende Äußerung*) question; **eine ~ zu etw** *dat* **haben** to have a question about sth; **jdm eine ~ stellen** to ask sb a question ❷ (*Problem*) question, problem, issue; **keine ~** no problem; **ohne ~** without doubt; **die großen ~en unserer Zeit** the great issues of our time; **eine strittige ~** a contentious issue; **ungelöste ~en** unsolved issues; **~en aufwerfen** to prompt questions ❸ (*Betracht*) **in ~ kommen** to be worthy of consideration; **für diese Aufgabe kommt nur ein Spezialist in ~** only an expert can be considered for this task; **nicht in ~ kommen** to be out of the question

Fra·ge·bo·gen *m* questionnaire

fra·gen ['fraːɡn̩] I. *vi* to ask; **man wird ja wohl noch ~ dürfen** (*fam*) I was only asking; **ohne [lange] zu ~** without asking [a lot of] questions; ■ **nach jdm ~** to ask for sb; **nach der Uhrzeit ~** to ask the time; **nach dem Weg ~** to ask for directions; **nach jds Gesundheit ~** to enquire about sb's health II. *vr* **sich ~, ob/wann/wie ...** to wonder whether/when/how ...; ■ **es fragt sich, ob ...** it is doubtful whether ... III. *vt* ■ **[jdn] etwas ~** to ask [sb] sth

fra·gend I. *adj Blick* questioning, inquiring II. *adv* **jdn ~ ansehen** to give sb a questioning look

Fra·ge·rei <-, -en> [fraːɡəˈrai̯] *f* (*pej*) questions *pl;* **deine ~ geht mir auf die Nerven!** your stupid questions are getting on my nerves!
Fra·ge·satz *m* LING interrogative clause
Fra·ge·stel·lung *f* ❶ (*Formulierung*) formulation of a question ❷ (*Problem*) problem **Fra·ge·stun·de** *f* question time **Fra·ge·wort** *nt* LING interrogative particle **Fra·ge·zei·chen** *nt* question mark
fra·gil [fraˈɡiːl] *adj* (*geh*) fragile
fra·glich [ˈfraːklɪç] *adj* ❶ (*fragwürdig*) suspect ❷ (*unsicher*) doubtful ❸ *attr* (*betreffend*) in question *pred;* **zur ~en Zeit** at the time in question
frag·los [ˈfraːkloːs] *adv* unquestionably
Frag·ment <-[e]s, -e> [fraˈɡmɛnt] *nt* fragment
frag·men·ta·risch [fraɡmɛnˈtaːrɪʃ] I. *adj* fragmentary II. *adv* in fragments
frag·wür·dig [ˈfraːkvʏrdɪç] *adj* (*pej*) dubious
Frak·ti·on <-, -en> [frakˈtsi̯oːn] *f* ❶ POL parliamentary party, congressional faction AM ❷ (*Sondergruppe*) faction *pej*
Frak·ti·ons·vor·sit·zen·de(r) *f(m) dekl wie adj* chairman of a parliamentary party
Frame <-s, -s> [freːm] *m o nt* INFORM frame
Franc <-, -s *o bei Zahlenangabe* -> [frãː] *m* franc
frank [fraŋk] *adv* frank; **~ und frei antworten** to give a frank answer

Fran·ke, Frän·kin <-n, -n> [ˈfraŋkə, ˈfrɛŋkɪn] *m, f* Franconian; HIST Frank
Fran·ken <-s, -> [ˈfraŋkn̩] *m* ❶ (*Währung*) franc ❷ (*Region*) Franconia
Frank·furt <-s> [ˈfraŋkfʊrt] *nt* Frankfurt
fran·kie·ren* [fraŋˈkiːrən] *vt* to stamp; (*mit Frankiermaschine*) to frank
Fran·kier·ma·schi·ne *f* franking machine
Fran·kie·rung <-, -en> *f* ❶ (*das Frankieren*) franking ❷ (*Porto*) postage
frän·kisch [ˈfrɛŋkɪʃ] *adj* Franconian *hist; s. a.* **deutsch**
fran·ko [ˈfraŋko] *adv* ÖKON prepaid
Frank·reich <-s> [ˈfraŋkrai̯ç] *nt* France; *s. a.* **Deutschland**
Fran·se <-, -n> [ˈfranzə] *f* fringe
fran·sig [ˈfranzɪç] *adj* frayed
Fran·zis·ka·ner(in) <-s, -> [frantsɪsˈkaːnɐ] *m(f)* Franciscan
Fran·zo·se <-n, -n> [franˈtsoːzə] *m* adjustable spanner
Fran·zose, Fran·zö·sin <-n, -n> [franˈtsoːzə, franˈtsøːzɪn] *m, f* Frenchman *masc,* Frenchwoman *fem;* **~ sein** to be French; ■ **die ~n** the French; *s. a.* **Deutsche(r)**
fran·zö·sisch [franˈtsøːzɪʃ] *adj* French; **~es Bett** double bed; *s. a.* **deutsch**
Fran·zö·sisch [franˈtsøːzɪʃ] *nt dekl wie adj* French; **auf ~** in French; *s. a.* **Deutsch**
frap·pie·ren* [fraˈpiːrən] *vt* (*geh: überraschen*) to amaze
frä·sen [ˈfrɛːzn̩] *vt* to mill; *Holz* to sink
Fräs·ma·schi·ne *f* mortising machine

Fragen

Informationen erfragen	*obtaining information*
Wie komme ich am besten zum Bahnhof?	*What's the best way to the station?*
Können Sie mir sagen, wie spät es ist?	*Could you tell me what time it is?*
Gibt es hier in der Nähe ein Café?	*Is there a café anywhere round here?*
Ist die Wohnung noch zu haben?	*Is the apartment still available?*
Kennst/Weißt du einen guten Zahnarzt?	*Can you recommend a good dentist?*
Kennst du dich mit Autos aus?	*Do you know anything about cars?*
Weißt du Näheres über diese Geschichte?	*Do you have any details about this story?*

um Erlaubnis bitten	*asking permission*
Darf ich hereinkommen?	*May I come in?*
Störe ich gerade?	*Am I disturbing you?*

nach Meinungen fragen	*asking someone's opinion*
Was hältst du von dem neuen Gesetz?	*What do you think of the new law?*
Glaubst du, das ist so richtig?	*Do you think that's right?*
Hältst du das für möglich?	*Do you think it's possible?*
Meinst du, sie hat Recht?	*Do you reckon she's right? (fam)*

Fraß <-es, *selten* -e> [fraːs] *m* (*pej fam: schlechtes Essen*) muck
fraß ['fraːs] *imp von* **fressen**
Frat·ze <-, -n> ['fratsə] *f* ❶ (*hässliches Gesicht*) grotesque face ❷ (*Grimasse*) grimace; [jdm] eine ~ schneiden to pull a face [at sb]
frau [frau] *pron* one (*feminist alternative to the German masculine form man*)
Frau <-, -en> [frau] *f* ❶ (*weiblicher Mensch*) woman ❷ (*Ehefrau*) wife ❸ (*Anrede*) Mrs, Ms (*feminist version of Mrs*); ~ Doktor Doctor; gnädige ~ (*geh*) my dear lady
Frau·chen <-s, -> ['frauçən] *nt* (*fam*) *dim von* **Frau** ❶ (*fam: Kosename*) wifie *fam* ❷ (*Haustierbesitzerin*) mistress
Frau·en·arzt, -ärz·tin <-, -nen> *m, f* gynaecologist
Frau·en·be·we·gung *f kein pl* women's movement *no pl* **frau·en·feind·lich** *adj* anti-women **Frau·en·för·de·rung** *f* promotion of women **Frau·en·grup·pe** *f* women's group **Frau·en·haus** *nt* women's refuge **Frau·en·heil·kun·de** *f* gynaecology **Frau·en·held** *m* ladies' man **Frau·en·kli·nik** *f* gynaecological clinic **Frau·en·quo·te** *f* proportion of women (*working in a certain sector*) **Frau·en·recht·ler(in)** <-s, -> *m(f)* women's rights' activist **Frau·en·ta·xi** *nt* women's taxi (*driven by female taxi drivers for women only*) **Frau·en·wahl·recht** *nt* women's suffrage **Frau·en·zim·mer** *nt* (*pej: Frau*) bird
Fräu·lein <-s, *o* -s> ['frɔylain] *nt* (*fam*) ❶ (*veraltend: ledige Frau*) young [unmarried] woman ❷ (*veraltend: Anrede*) Miss
frau·lich ['fraulɪç] *adj* womanly
Freak <-s, -s> [friːk] *m* (*fam*) freak
frea·kig ['friːkɪç] *adj* (*ausgeflippt*) freaky
frech [frɛç] I. *adj* ❶ (*dreist*) cheeky BRIT, fresh AM ❷ (*kess*) daring; *Frisur* peppy II. *adv* ❶ (*dreist*) cheekily BRIT, freshly AM ❷ (*kess*) daringly; ~ angezogen sein to be provocatively dressed
Frech·dachs *m* (*fam*) cheeky [little] monkey
Frech·heit <-, -en> *f* ❶ *kein pl* (*Dreistigkeit*) impudence; (*Unverfrorenheit*) barefacedness; die ~ haben, etw zu tun to have the nerve to do sth ❷ (*freche Äußerung*) cheeky remark BRIT; (*freche Handlung*) insolent behaviour
free-clim·benᴿᴿ, **free-clim·ben**ᴬᴸᵀ ['friːklaimən] *vi* to free-climb
Free·ware <-, -s> ['friːvɛːɐ̯] *f* INFORM freeware

Fre·gat·te <-, -n> [fre'gatə] *f* frigate
frei [frai] I. *adj* ❶ (*nicht gefangen, unabhängig*) free; ~e Meinungsäußerung freedom of speech; ~e(r) Mitarbeiter(in) freelance[r]; aus ~en Stücken of one's own free will; sich von etw *dat* ~ machen to free oneself from sth ❷ (*freie Zeit*) ~ haben to have time off; er hat heute ~ he's off today; eine Woche ~ haben to have a week off; ~ nehmen to take time off ❸ (*verfügbar*) available ❹ (*nicht besetzt*) free; *Stelle, Zimmer* vacant; ist dieser Platz ~? is this seat taken? ❺ (*kostenlos*) free; „Eintritt ~" "admission free"; „Lieferung ~ Haus" free home delivery ❻ (*ohne etw*) ▪ ~ von etw *dat* sein to be free of sth ❼ (*ohne Hilfsmittel*) off-the-cuff; *Rede* impromptu ❽ (*auslassen*) eine Zeile ~ lassen to leave a line free ❾ (*offen*) *Gelände* open ❿ (*ungezwungen*) free and easy; ich bin so ~ (*geh*) if I may ⓫ (*unbekleidet*) bare; sich ~ machen to get undressed ⓬ (*ungefähr*) ~ nach … roughly quoting… II. *adv* ❶ (*unbeeinträchtigt*) freely; er läuft immer noch ~ herum! he is still on the loose!; ~ atmen to breathe easy ❷ (*uneingeschränkt*) casually; sich ~ bewegen können to be able to move in an uninhibited manner ❸ (*nach eigenem Belieben*) ~ erfunden to be completely made up ❹ (*ohne Hilfsmittel*) ~ sprechen to speak off-the-cuff; ~ in der Luft schweben to hover unsupported in the air ❺ (*nicht gefangen*) ~ laufend *Tiere* free-range; ~ lebend living in the wild
Frei·bad *nt* outdoor swimming pool
frei|be·kom·men* *vt irreg* ❶ (*fam: nicht arbeiten müssen*) einen Tag ~ to be given a day off ❷ (*befreien*) ▪ jdn ~ to have sb released **Frei·be·ruf·ler(in)** <-s, -> *m(f)* freelance[r] **frei·be·ruf·lich** *adj* freelance **Frei·be·trag** *m* allowance **Frei·bier** *nt* free beer **Frei·brief** *m* charter ▸ etw als einen ~ für etw *dat* betrachten to see sth as carte blanche to do sth
Frei·e(r) *f(m) dekl wie adj* freeman
Frei·er <-s, -> *m* ❶ (*Kunde einer Hure*) punter BRIT, John AM ❷ (*veraltet: Bewerber*) suitor
Frei·ex·em·plar *nt* free copy **Frei·gän·ger(in)** <-s, -> *m(f)* prisoner on day-release **frei|ge·ben** *irreg vt* ❶ (*nicht mehr zurückhalten*) to unblock; (*zur Verfügung stellen*) to make accessible ❷ (*Urlaub geben*) to give time off
frei·ge·big ['fraigeːbɪç] *adj* generous

Frei·ge·big·keit <-> f kein pl generosity
Frei·ge·päck nt luggage allowance
frei|ha·ben vi irreg to have time off; **ich habe heute frei** I've got the day off today
Frei·ha·fen m free port **frei|hal·ten** vt irreg ❶ (nicht versperren) to keep clear ❷ (reservieren) to save **Frei·han·del** m free trade **Frei·han·dels·zo·ne** f free trade area
frei·hän·dig ['fraɪhɛndɪç] adj ❶ (ohne Hände) with no hands pred ❷ (ohne Hilfsmittel) freehand
Frei·heit <-, -en> ['fraɪhaɪt] f ❶ kein pl (das Nichtgefangensein) freedom no pl; **in ~ sein** to have escaped ❷ ([Vor]recht) liberty; **sich** dat **die ~ nehmen, etw zu tun** to take the liberty of doing sth; **dichterische ~** poetic licence; **alle ~en haben** to be free to do as one pleases
frei·heit·lich adj liberal
Frei·heits·be·rau·bung f unlawful detention **Frei·heits·drang** m urge to be free **Frei·heits·kampf** m struggle for freedom **Frei·heits·sta·tue** f ▪ **die ~** the Statue of Liberty **Frei·heits·stra·fe** f prison sentence
frei·he·raus [fraɪhɛ'raʊs] adv frankly
Frei·herr m baron **Frei·kar·te** f free ticket **frei|kau·fen** vt ❶ (loskaufen) ▪ **jdn ~** to pay for sb's release; ▪ **sich ~** to buy one's freedom ❷ (entledigen) ▪ **sich von etw** dat **~** to buy one's way out of sth **frei|kom·men** vi irreg sein to be freed (**aus** from) **Frei·kör·per·kul·tur** f kein pl nudism no pl **Frei·land** nt open land **Frei·land·ge·mü·se** nt vegetables grown outdoors
frei|las·sen vt irreg to free
Frei·las·sung <-, -en> f release
Frei·lauf m Fahrrad free-wheeling mechanism; Maschinen free-running mechanism **frei|le·gen** vt to uncover **Frei·lei·tung** f overhead line
frei·lich ['fraɪlɪç] adv ❶ (allerdings) though, however ❷ bes SÜDD (natürlich) of course
Frei·licht·büh·ne f open-air theatre
Frei·los nt free draw
frei|ma·chen I. vt (frankieren) to stamp II. vi (fam: nicht arbeiten) to take time off
Frei·mau·rer ['fraɪmaʊrɐ] m Freemason
frei·mü·tig ['fraɪmyːtɪç] adj frank
Frei·mü·tig·keit <-> f kein pl frankness no pl
Frei·raum m freedom **frei·schaf·fend** adj attr freelance **frei|schau·feln** vt to shovel free **frei|schwim·men** vr irreg to get one's swimming certificate **frei|set-**
zen vt to release **Frei·set·zung** <-, -en> f release **frei|spre·chen** vt irreg JUR to acquit **Frei·sprech·mi·kro·fon** nt wireless headset **Frei·spruch** m acquittal; **auf ~ plädieren** to plead for an acquittal **Frei·staat** m free state **frei|ste·hen** vi irreg ▪ **jdm steht es frei, etw zu tun** sb is free to do sth **frei|stel·len** vt ❶ (selbst entscheiden lassen) ▪ **jdm etw ~** to leave sth up to sb ❷ (befreien) to release, to exempt; **jdn vom Wehrdienst ~** to exempt sb from military service ❸ (euph: entlassen) ▪ **jdn ~** to make sb redundant
Frei·stil m kein pl SPORT ❶ (Freistilschwimmen) freestyle ❷ (Freistilringen) freestyle, all-in wrestling
Frei·stoß m free kick
Frei·tag <- [e]s, -e> ['fraɪtaːk, pl -taːgə] m Friday; s. a. **Dienstag**
frei·tags ['fraɪtaːks] adv [on] Fridays
Frei·tod m (euph) suicide **Frei·trep·pe** f flight of stairs **Frei·übung** f SPORT exercise **freiweg** adv (fam) cooly **Frei·wild** nt fair game
frei·wil·lig ['fraɪvɪlɪç] I. adj voluntary II. adv voluntarily; **sich ~ versichern** to take out voluntary insurance
Frei·wil·li·ge(r) ['fraɪvɪlɪgə, 'fraɪvɪlɪgɐ] f(m) dekl wie adj volunteer
Frei·wil·lig·keit <-> f kein pl voluntary nature
Frei·wurf m free throw **Frei·zei·chen** nt ringing tone
Frei·zeit f free time, leisure [time]
Frei·zeit·ak·ti·vi·tä·ten pl leisure time activities pl **Frei·zeit·ein·rich·tung** f leisure facility **Frei·zeit·ge·sell·schaft** f SOZIOL leisure society **Frei·zeit·ge·stal·tung** f free-time activities **Frei·zeit·in·dus·trie** f leisure industry **Frei·zeit·klei·dung** f leisure wear **Frei·zeit·park** m amusement park
frei·zü·gig adj ❶ (großzügig) generous ❷ (moralisch liberal) liberal; (offenherzig) revealing also hum
Frei·zü·gig·keit <-> f kein pl ❶ (Großzügigkeit) generosity ❷ (lockere Einstellung) liberalness ❸ (Freiheit in der Wahl des Wohnortes) freedom of movement
fremd [frɛmt] adj ❶ (anderen gehörig) somebody else's ❷ (fremdländisch) Länder, Sitten foreign; bes ADMIN alien ❸ (unbekannt) strange, unfamiliar; **ich bin hier ~** I'm not from round here
fremd·ar·tig ['frɛmtʔaːɐ̯tɪç] adj (ungewöhnlich) strange; (exotisch) exotic
Fremd·ar·tig·keit <-> f kein pl (Unge-

wöhnlichkeit) strangeness *no pl;* (*exotische Art*) exoticism *no pl*
fremd·be·stimmt *adj* heteronomous **Fremd·be·stim·mung** *f* SOZIOL, POL foreign control
Frem·de <-> ['frɛmdə] *f kein pl* (*geh*) ■ **die ~** foreign parts *npl;* **in der ~ sein** to be abroad
frem·den·feind·lich *adj* hostile to strangers *pred*, xenophobic **Frem·den·feind·lich·keit** *f* hostility to strangers, xenophobia **Frem·den·füh·rer(in)** *m(f)* [tourist] guide **Frem·den·le·gi·on** *f kein pl* [French] Foreign Legion
Fremd·ent·sor·ger *m* (*Entsorgungsfirma*) waste disposal firm
Frem·den·ver·kehr *m* tourism *no indef art, no pl* **Frem·den·ver·kehrs·amt** *nt* tourist office **Frem·den·ver·kehrs·ver·ein** *m* tourist association **Frem·den·zim·mer** *nt s.* **Gästezimmer**
fremd|ge·hen *vi irreg sein* (*fam*) to be unfaithful
Fremd·heit <-, *selten* -en> *f* strangeness
Fremd·herr·schaft *f kein pl* foreign rule
Fremd·kör·per *m* ❶ MED foreign body ❷ (*fig*) alien element
fremd·län·disch ['frɛmtlɛndɪʃ] *adj* foreign, exotic
fremd|schä·men, fremd·schä·men *vr* (*fam*) ■ **sich ~** to feel embarrassed [for sb], to be vicariously embarrassed *spec*
Fremd·spra·che *f* foreign language
Fremd·spra·chen·kor·res·pon·dent(in) *m(f)* bilingual secretary **Fremd·spra·chen·se·kre·tär(in)** *m(f)* multilingual secretary
fremd·spra·chig *adj* foreign-language *attr*
fremd·sprach·lich *adj* foreign-language *attr*
Fremd·ver·schul·den *nt* JUR third-party responsibility **Fremd·wort** *nt* borrowed word **Fremd·wör·ter·buch** *nt* dictionary of borrowed words
fre·quen·tie·ren* [frekvɛnˈtiːrən] *vt* (*geh*) to frequent
Fre·quenz [freˈkvɛnts] *f* frequency
Fres·ko <-s, Fresken> ['frɛsko, *pl* ˈfrɛskən] *nt* fresco
Fres·sa·li·en [frɛˈsaːli̯ən] *pl* (*fam*) grub *no indef art, no pl*
Fress·at·ta·cke^RR *f* PSYCH (*fam*) attack of the munchies
Fres·se <-, -n> ['frɛsə] *f* (*derb*) ❶ (*Mund*) gob ❷ (*Gesicht*) mug ▶ **die ~ halten** to shut one's gob; **jdm die ~ polieren** to smash sb's face in
fres·sen <fraß, gefressen> ['frɛsn̩] I. *vi*
❶ (*von Tieren*) to eat ❷ (*pej derb: von Menschen*) to guzzle ❸ (*fig: langsam zerstören*) to eat away (**an** at) II. *vt* ❶ *Tiere* to eat; (*sich ernähren*) to feed on; **etw leer ~** to lick sth clean ❷ (*fig: verbrauchen*) to gobble up sth *sep* ▶ **jdn zum F~ gernhaben** (*fam*) sb is good enough to eat; **ich werd dich schon nicht gleich ~** (*fam*) I'm not going to eat you
Fres·sen <-s> ['frɛsn̩] *nt kein pl* ❶ (*Tierfutter*) food ❷ (*pej sl: Fraß*) muck; (*Festessen*) blowout ▶ **ein gefundenes ~ für jdn sein** (*fam*) to be handed to sb on a plate
Fres·se·rei <-, -en> [frɛsəˈraɪ] *f* (*pej sl*) guzzling
Fress·korb^RR *m* (*fam*) food hamper [*or* AM basket] **Fress·napf**^RR *m* [feeding] bowl **Fress·sack**^RR *m* (*fam*) greedyguts BRIT
Frett·chen <-s, -> ['frɛtçən] *nt* ferret
Freu·de <-, -n> ['frɔʏdə] *f* pleasure, joy, delight; **was für eine ~, dich wiederzusehen!** what a pleasure to see you again!; **~ an etw** *dat* **haben** to derive pleasure from sth; **jdm eine ~ machen** to make sb happy; **etw macht jdm ~** sb enjoys sth; **vor ~ weinen** to weep for joy; **zu unserer großen ~** to our great delight ▶ **Freud und Leid mit jdm teilen** to share one's joys and sorrows with sb
Freu·den·fest *nt* [joyful] celebration **Freu·den·ge·schrei** *nt* cries of joy **Freu·den·haus** *nt* brothel **Freu·den·mäd·chen** *nt* (*veraltend*) prostitute **Freu·den·sprung** *m* joyful leap; **einen ~ machen** to jump for joy **Freu·den·tanz** *m* dance of joy; **einen ~ aufführen** to dance with joy **Freu·den·tau·mel** *m* ecstasy [of joy], raptures *npl* [*or* euphoria]; **in einen [wahren] ~ verfallen** to become [absolutely] euphoric **Freu·den·trä·nen** *pl* tears of joy
freu·de·strah·lend I. *adj nicht präd* beaming [with delight] II. *adv* joyfully
freu·dig ['frɔʏdɪç] I. *adj* ❶ (*voller Freude*) joyful; **in ~er Erwartung** in joyful expectation ❷ (*erfreulich*) pleasant II. *adv* with joy; **~ überrascht** pleasantly surprised
freud·los ['frɔʏtloːs] *adj* cheerless
freu·en ['frɔʏən] I. *vr* ❶ (*voller Freude sein*) ■ **sich ~** to be pleased (**über** about); ■ **sich für jdn ~** to be pleased for sb; ■ **sich mit jdm ~** to share sb's happiness ❷ (*freudig erwarten*) ■ **sich auf etw** *akk* **~** to look forward to sth ▶ **sich zu früh ~** to get one's hopes up too soon II. *vt impers* ■ **es freut mich, dass …** I'm pleased that …
Freund(in) <-[e]s, -e> ['frɔʏnt, ˈfrɔʏndɪn,

pl 'frɔyndə] *m(f)* ❶ (*Kamerad*) friend ❷ (*intimer Bekannter*) boyfriend; (*intime Bekannte*) girlfriend; **jdn zum ~ haben** to be [going out] with sb ❸ (*fig: Anhänger*) lover; **ein ~ der Natur** a lover of nature; **kein ~ von vielen Worten sein** to not be one for talking much
Freun·des·kreis *m* circle of friends; **im engsten ~** with one's closest friends
freund·lich ['frɔyntlɪç] **I.** *adj* ❶ (*liebenswürdig*) kind; **das ist sehr ~ von Ihnen** that's very kind of you ❷ (*hell, heiter*) pleasant; *Himmel* beckoning; *Ambiente* friendly; *Farben* cheerful; **bitte recht ~!** smile please! ❸ (*wohlwollend*) friendly **II.** *adv* in a friendly way, kindly
freund·li·cher·wei·se *adv* kindly; **er trug uns ~ die Koffer** he was kind enough to carry our cases
Freund·lich·keit <-, -en> *f* ❶ *kein pl* (*Art*) friendliness *no pl, no indef art* ❷ (*Handlung*) kindness ❸ *meist pl* (*Bemerkung*) kind word
Freund·schaft <-, -en> *f kein pl* friendship; **~ schließen** to make friends; **in aller ~** in all friendliness
freund·schaft·lich **I.** *adj* friendly **II.** *adv* **jdm ~ auf die Schulter klopfen** to give sb a friendly slap on the back; **jdm ~ gesinnt sein** to be well-disposed towards sb
Freund·schafts·dienst *m* favour to a friend
Freund·schafts·preis *m* [special] price for a friend

Freund·schafts·spiel *nt* friendly match
Fre·vel <-s, -> ['fre:fl̩] *m* (*geh*) ❶ (*Verstoß*) heinous crime ❷ REL sacrilege
fre·vel·haft *adj* outrageous
Frev·ler(in) <-s, -> ['fre:flɐ] *m(f)* REL (*geh*) sinner
Frie·de <-ns, -n> ['fri:də] *m* peace; **~ seiner Asche** God rest his soul
Frie·den <-s, -> ['fri:dn̩] *m* ❶ (*Gegenteil von Krieg*) peace; **~ schließen** to make peace; **im ~** in peacetime ❷ (*Friedensschluss*) peace treaty ❸ (*Harmonie*) peace, tranquillity; **der häusliche ~** domestic harmony; **~ stiften** to bring about peace ❹ (*Ruhe*) peace [and quiet]; **um des lieben ~s willen** (*fam*) for the sake of peace and quiet; **jdn in ~ lassen** to leave sb in peace; **ich traue dem ~ nicht** (*fam*) there's something fishy going on
Frie·dens·be·mü·hun·gen *pl* efforts to bring about peace *pl* **Frie·dens·be·we·gung** *f* peace movement **Frie·dens·bruch** *m* POL violation of the peace **Frie·dens·ein·satz** *m* MIL peacekeeping troops *pl* **Frie·dens·ge·sprä·che** *pl* peace talks *pl* **Frie·dens·kon·fe·renz** *f* peace conference **Frie·dens·macht** *f* political power which is opposed to war **Frie·dens·marsch** *m* peace march **Frie·dens·no·bel·preis** *m* Nobel peace prize **Frie·dens·pfei·fe** *f* peace pipe **Frie·dens·po·li·tik** *f* policy of peace **Frie·dens·pro·zess**[RR] *m* peace process **Frie·dens·rich·ter(in)** *m(f)* ❶ (*Einzelrichter in USA, Großbritannien*) justice of the peace, JP

Freude/Begeisterung ausdrücken

Freude ausdrücken	expressing pleasure
Wie schön, dass du gekommen bist!	It's great of you to come!
Ich bin sehr froh, dass wir uns wiedersehen.	I'm so glad to see you again.
Sie haben mir damit eine große Freude bereitet.	You have made me very happy (by doing that).
Ich könnte vor lauter Freude in die Luft springen. *(fam)*	I could jump for joy!

Begeisterung ausdrücken	expressing enthusiasm
Fantastisch!	Fantastic!
Toll! *(fam)*/Wahnsinn! *(sl)*/Super! *(sl)*/ Cool! *(sl)*/Krass! *(sl)*	Great!/Amazing! *(fam)*/Super! *(fam)*/ Cool! *(fam)*/Wicked! *(sl)*
Auf diesen Sänger fahre ich voll ab. *(sl)*	I'm really into this singer. *(fam)*
Ich bin ganz hin und weg. *(fam)*	I'm completely bowled over. *(fam)*
Ihre Darbietung hat mich richtig mitgerissen.	I got really carried away by her performance.

②SCHWEIZ (*Laienrichter*) lay justice **Frie·dens·si·che·rung** *f* keeping of the peace **Frie·dens·tau·be** *f* dove of peace **Frie·dens·trup·pen** *pl* peacekeeping force[s *npl*] **Frie·dens·ver·hand·lun·gen** *pl* peace negotiations **Frie·dens·ver·trag** *m* peace treaty **Frie·dens·zeit** *f* period of peace; **in ~ en** in peacetime

fried·fertig *adj* peaceable

Fried·fer·tig·keit *f kein pl* peaceableness *no pl*

Fried·hof *m* graveyard; (*in Städten*) cemetery

fried·lich ['fri:tlɪç] I. *adj* ①(*gewaltlos*) peaceful ②(*friedfertig*) peaceable; *Tier* placid ③(*friedvoll*) peaceful II. *adv* peacefully; **einen Konflikt ~ lösen** to settle a conflict amicably

fried·lie·bend *adj* peace-loving

frie·ren <fror, gefroren> ['fri:rən] I. *vi* ①*haben* (*sich kalt fühlen*) ▪**jd friert** sb is cold ②*sein* (*gefrieren*) to freeze II. *vi impers haben* ▪**es friert** it's freezing

Fries <-es, -e> [fri:s, *pl* 'fri:zə] *m* ARCHIT frieze

Frie·se, Frie·sin <-n, -n> ['fri:zə, 'fri:zɪn] *m, f* Fri[e]sian; *s. a.* **Deutsche(r)**

frie·sisch ['fri:zɪʃ] *adj* Fri[e]sian; *s. a.* **deutsch**

Fries·land ['fri:slant] *nt* Friesland

fri·gid [fri'gi:t], **fri·gi·de** [fri'gi:də] *adj* frigid

Fri·gi·di·tät <-> [frigidi'tɛ:t] *f kein pl* frigidity

Fri·ka·del·le <-, -n> [frika'dɛlə] *f* rissole BRIT, meatball AM

Fri·kas·see <-s, -s> [frika'se:] *nt* fricassee

frisch [frɪʃ] I. *adj* ①(*noch nicht alt*) fresh ②(*neu, rein*) fresh, clean; **sich ~ machen** to freshen up ③*Farbe* wet ④(*gesund*) *Hautfarbe* fresh, healthy; **~ und munter sein** (*fam*) to be [as] fresh as a daisy ⑤(*kühl*) *Wind* fresh, cool II. *adv* (*gerade erst, neu*) freshly; **die Betten ~ beziehen** to change the beds; **~ gebacken** freshly-baked; **~ gestrichen** newly painted

Fri·sche <-> ['frɪʃə] *f kein pl* ①*Backwaren, Obst, etc* freshness ②*von Farbe* wetness ③(*Kühle*) freshness, coolness ④(*Sauberkeit*) freshness, cleanness ⑤(*Fitness*) health; **in alter ~** (*fam*) as always

Frisch·fleisch *nt* fresh meat **frisch·ge·ba·cken** *adj Ehepaar* newly married

Frisch·hal·te·box *f* airtight container

Frisch·hal·te·fo·lie *f* cling film

Frisch·kä·se *m* cream cheese **Frisch·milch** *f* fresh milk

frisch·weg [frɪʃ'vɛk] *adv* straight out

Fri·seur <-s, -e> [fri'zø:ɐ̯] *m*, **Fri·seu·rin** <-, -nen> [fri'zø:rɪn], **Fri·seu·se** <-, -n> [fri'zø:zə] *f* hairdresser; (*Herrenfriseur*) barber; **zum ~ gehen** to go to the hairdresser's/barber's

Fri·seur·sa·lon [fri'zø:ɐ̯zalɔŋ] *m* hairdresser's

fri·sie·ren* [fri'zi:rən] *vt* ①(*formend kämmen*) ▪jdn ~ to do sb's hair; **elegant frisiert sein** to have an elegant hairstyle ②(*fig fam: fälschen*) to fiddle; *Bericht, Beweis* to doctor ③*Auto, Mofa* to soup up *sep*

Fri·sier·kom·mo·de *f* dressing table

Fri·sier·sa·lon *m* hair stylist['s]; (*für Damen*) hairdresser's BRIT; (*für Herren*) barber's [shop]

Fri·sör <-s, -e> [fri'zø:ɐ̯] *m*, **Fri·sö·se** <-, -n> [fri'zø:zə] *f s.* **Friseur**

friss[RR], **friß**[ALT] *imp sing von* **fressen**

Frist <-, -en> [frɪst] *f* ①(*Zeitspanne*) period; **festgesetzte ~** fixed time; **gesetzliche ~** statutory period; **innerhalb einer ~ von zwei Wochen** within [a period of] two weeks ②(*Aufschub*) respite; (*bei Zahlung*) extension

fris·ten ['frɪstn̩] *vt* **sein Dasein ~** to eke out an existence

frist·los I. *adj* instant II. *adv* without notice; **jdn ~ entlassen** to fire sb on the spot

Fri·sur <-, -en> [fri'zu:ɐ̯] *f* hairstyle

Frit·ten ['frɪtn̩] *pl* (*fam*) chips BRIT, fries AM

Frit·teu·se[RR] <-, -n> [frɪ'tø:zə] *f* deep [*or* BRIT *also* deep-fat] fryer

frit·tie·ren[RR]*, **fritieren**[ALT]* [frɪ'ti:rən] *vt* to [deep-]fry

fri·vol [fri'vo:l] *adj* ①(*anzüglich*) suggestive ②(*leichtfertig*) frivolous

Frl. *nt Abk von* **Fräulein** (*veraltend*) Miss

froh [fro:] *adj* ①(*erfreut*) happy; ▪**~ sein** to be pleased (**über** with/about); **~ gelaunt** cheerful ②(*erfreulich*) pleasing ③(*glücklich*) **~ e Feiertage!** Have a pleasant holiday!; **~ e Ostern!** Happy Easter!; **~ e Weihnachten!** Merry Christmas!

fröh·lich ['frø:lɪç] I. *adj* ①(*heiter*) cheerful ②(*glücklich*) *s.* **froh 3** II. *adv* cheerfully

Fröh·lich·keit <-> *f kein pl* cheerfulness *no pl*

froh·lo·cken* [fro'lɔkn̩] *vi* (*geh*) ▪|**über etw** *akk*] **~** ①(*Schadenfreude empfinden*) to gloat [over sth] ②(*jubeln*) to rejoice [at sth] *liter*

Froh·na·tur *f* (*geh*) ①(*Wesensart*) cheerful nature ②(*Mensch*) cheerful soul **Froh·sinn** *m kein pl* cheerfulness

fromm <frömmer *o* -er, frömmste *o* -ste> [frɔm] *adj* ❶ *(gottesfürchtig)* devout ❷ *(religiös)* religious

Fröm·me·lei <-, -en> [frœməˈlai̯] *f (pej)* false piety

föm·meln [ˈfrœml̩n] *vi (pej)* to affect piety

Fröm·mig·keit <-> [ˈfrœmɪçkait] *f kein pl* devoutness *no pl*

Fron <-, -en> [froːn] *f (geh)* drudge[ry]

Fron·ar·beit *f* SCHWEIZ unpaid voluntary work

frö·nen [ˈfrøːnən] *vi (geh)* ■ **einer S.** *dat* ~ to indulge in sth

Fron·leich·nam <-[e]s> [froːnˈlai̯çnaːm] *m kein pl, meist ohne art* [the Feast of] Corpus Christi

Front <-, -en> [frɔnt] *f* ❶ *(Vorderseite)* face, front, frontage ❷ MIL front; **in vorderster** ~ **stehen** to be in the front line ❸ *(Opposition)* ~ **gegen jdn/etw machen** to make a stand against sb/sth ▶ **klare** ~**en schaffen** to clarify one's position

fron·tal [frɔnˈtaːl] I. *adj attr* frontal; *Zusammenstoß* head-on II. *adv* frontally; ~ **zusammenstoßen** to collide head-on

Fron·tal·zu·sam·men·stoß *m* head-on collision

Front·an·trieb *m* front-wheel drive

Front·schei·be *f* AUTO windscreen BRIT, windshield AM **Front·wech·sel** *m (fig)* about-turn

fror [froːɐ̯] *imp von* **frieren**

Frosch <-[e]s, Frösche> [frɔʃ, *pl* ˈfrœʃə] *m* frog ▶ **einen ~ im Hals haben** *(fam)* to have a frog in one's throat

Frosch·kö·nig *m* Frog Prince **Frosch·mann** *m (Taucher)* frogman **Frosch·per·spek·ti·ve** *f* worm's-eye view **Frosch·schen·kel** *m* frog's leg

Frost <-[e]s, Fröste> [frɔst, *pl* ˈfrœstə] *m* frost; ~ **abbekommen** to get frostbitten

Frost·beu·le *f* chilblain **Frost·bo·den** *m* frozen ground; *(ständig)* permafrost

frös·teln [ˈfrœstl̩n] *vi* to shiver

fros·tig [ˈfrɔstɪç] *adj* frosty

Frost·scha·den *m* frost damage **Frost·schutz·mit·tel** *nt* antifreeze

Frot·tee <-s, -s> [frɔˈteː] *nt o m* terry towelling [*or* AM cloth]

frot·tie·ren* [frɔˈtiːrən] *vt* to rub down *sep*

frot·zeln [ˈfrɔtsl̩n] *vi (fam)* to tease

Frucht <-, Früchte> [frʊxt, *pl* ˈfrʏçtə] *f* fruit; **kandierte Früchte** candied fruit *no pl, no indef art;* **Früchte tragen** to bear fruit *no pl*

frucht·bar [ˈfrʊxtbaːɐ̯] *adj* fertile

Frucht·bar·keit <-> *f kein pl* fertility

Frucht·bla·se *f* ANAT amniotic sac

fruch·ten [ˈfrʊxtn̩] *vi meist negiert* ■ **nichts/wenig** ~ to be of no/little use

Frucht·fleisch *nt* [fruit] pulp

fruch·tig *adj* fruity

frucht·los *adj (fig)* fruitless

Frucht·saft *m* fruit juice **Frucht·was·ser** *nt* MED amniotic fluid **Frucht·zu·cker** *m* fructose

fru·gal [fruˈgaːl] I. *adj (geh)* frugal II. *adv* frugally

früh [fryː] I. *adj* early; ~ **am Morgen** early in the morning; **der ~e Goethe** the young Goethe; **ein ~er Picasso** an early Picasso II. *adv* early; **Montag** ~ Monday morning; ~ **genug** in good time; **sich zu ~ freuen** to crow too soon; **von ~ bis spät** from morning till night

Früh·auf·ste·her(in) <-s, -> *m(f)* early riser **Früh·bu·cher·ra·batt** *m* early bird discount, advanced booking discount

Früh·bu·chung *f* TRANSP early booking **Früh·dienst** *m* early duty

Frü·he <-> [ˈfryːə] *f kein pl* **in aller** ~ at the crack of dawn; SÜDD, ÖSTERR **in der** ~ early in the morning

frü·her [ˈfryːɐ] I. *adj* ❶ *(vergangen)* earlier; **in ~en Zeiten** in former times ❷ *(ehemalig)* former; *Adresse* previous; ~**e Freundin** ex[-girlfriend] II. *adv* ❶ *(eher)* earlier; ~ **geht's nicht** it can't be done any earlier; ~ **oder später** sooner or later ❷ *(ehemals)* **ich habe ihn ~** [mal] **gekannt** I used to know him; ~ **war das alles anders** things were different in the old days; **Erinnerungen an** ~ memories of times gone by; **von** ~ from former times

Früh·er·ken·nung *f* early diagnosis

frü·hes·tens *adv* at the earliest

frü·hest·mög·lich *adj attr* earliest possible

Früh·ge·burt *f* ❶ *(zu frühe Geburt)* premature birth ❷ *(zu früh geborenes Kind)* premature baby **Früh·jahr** [ˈfryːjaːɐ̯] *nt* spring **Früh·jahrs·mü·dig·keit** *f* springtime lethargy

früh·kind·lich *adj* ~**e Entwicklung** development in early childhood

Früh·ling <-s, -e> [ˈfryːlɪŋ] *m* spring[time]; **es wird** ~ spring is coming; **der Arabische** ~ POL the Arab Spring

Früh·lings·an·fang *m* first day of spring **Früh·lings·ge·fühl** *nt meist pl* spring feeling ▶ ~**e haben** *(hum fam)* to be frisky

früh·lings·haft *adj* springlike

Früh·lings·rol·le *f* spring [*or* AM egg] roll **Früh·lings·sup·pe** *f* spring vegetable soup

früh·mor·gens [fryː'mɔrgn̩s] *adv* early in the morning

Früh·ne·bel *m* early morning mist **Früh·pen·si·on** *f* early retirement **Früh·pen·si·o·nie·rung** *f* early retirement **früh·reif** *adj* precocious **Früh·rent·ner(in)** *m(f)* person who has retired early **Früh·schicht** *f* morning shift; ~ **haben** to be on the morning shift **Früh·schop·pen** *m* morning pint BRIT, eye-opener AM **Früh·sport** *m* [early] morning workout **Früh·sta·di·um** *nt* early stage **Früh·start** *m* SPORT false start; ~ **machen** to jump the gun

Früh·stück <-s, -e> ['fryːʃtʊk] *nt* breakfast; **zum** ~ for breakfast; **zweites** ~ mid-morning snack

früh·stü·cken ['fryːʃtʊkn̩] I. *vi* to have [one's] breakfast II. *vt* ■ **etw** ~ to have sth for breakfast

Früh·stücks·fern·se·hen *nt* breakfast television **Früh·stücks·pau·se** *f* morning break

Früh·werk *nt kein pl* KUNST early work **Früh·zeit** *f* early days; **die** ~ **einer Kultur** the early period of a culture **früh·zei·tig** ['fryːtsaɪtɪç] I. *adj* early II. *adv* ❶ (*früh genug*) in good time; **möglichst** ~ as soon as possible ❷ (*vorzeitig*) prematurely

Frust <-[e]s> [frʊst] *m kein pl* (*fam*) frustration *no indef art, no pl;* **einen** ~ **haben** to be frustrated

frus·ten *vt* (*fam*) ■ **jdn frustet es** sth is frustrating sb; **das hat mich total gefrustet** I found that very frustrating

Frus·tra·ti·on <-, -en> [frʊstraˈtsi̯oːn] *f* frustration

frus·trie·ren* [frʊsˈtriːrən] *vt* (*fam*) ■ **jdn frustriert etw** sth is frustrating sb

frus·trie·rend *adj* frustrating

F-Schlüs·sel ['ɛf-] *m* MUS F clef

Fuchs, Füch·sin <-es, Füchse> [fʊks, ˈfʏksɪn, *pl* ˈfʏksə] *m, f* ❶ (*Tier*) fox; (*weibliches Tier*) vixen ❷ (*fam: schlauer Mensch*) cunning [old] devil

Fuchs·bau *m* [fox's] earth

fuch·sen ['fʊksn̩] *vt* (*fam*) ■ **jdn fuchst etw** sth is riling sb

Füch·sin ['fʏksɪn] *f fem form von* **Fuchs** vixen

fuchs·rot ['fʊksroːt] *adj* (*Haare*) ginger; (*Pferd*) chestnut **Fuchs·schwanz** *m* ❶ (*Schwanz des Fuchses*) [fox's] tail ❷ (*Säge*) [straight back] handsaw

fuchs·teu·fels·wild ['fʊksˈtɔyfl̩sˈvɪlt] *adj* (*fam*) mad as hell

Fuch·tel <-, -n> ['fʊxtl̩] *f* ÖSTERR, SÜDD (*fam*) shrew; **unter jds** ~ **stehen** to be [well] under sb's control

fuch·teln ['fʊxtl̩n] *vi* (*fam*) ■ **mit etw** *dat* ~ to wave sth about [wildly]; (*drohend*) to brandish sth

fuff·zig ['fʊftsɪç] (*fam*) *s.* **fünfzig**

Fuff·zi·ger <-s, -> ['fʊftsɪgɐ] *m* DIAL fifty-cent piece

Fug [fuːk] *m* **mit** ~ **und Recht** (*geh*) with complete justification

Fu·ge <-, -n> ['fuːgə] *f* join; **aus den** ~**n geraten** (*fig*) to be out of joint

fü·gen ['fyːgn̩] I. *vt* ❶ (*anfügen*) to add; **Wort an Wort** ~ to string words together ❷ (*geh: bewirken*) ■ **etw fügt etw** sth ordains sth II. *vr* ❶ (*sich unterordnen*) ■ **sich** ~ to toe the line; ■ **sich jdm** ~ to bow to sb; **sich den Anordnungen** ~ to obey instructions ❷ (*akzeptieren*) ■ **sich in etw** *akk* ~ to submit to sth ❸ ([*hinein*]*passen*) ■ **sich in etw** *akk* ~ to fit into sth ❹ *impers* (*geh: geschehen*) **es wird sich schon alles** ~ it'll all work out in the end

füg·sam ['fyːkzaːm] *adj* (*geh*) obedient

Fü·gung <-, -en> *f* stroke of fate; **eine** ~ **des Schicksals** an act of fate; **eine göttliche** ~ divine providence *no indef art, no pl;* **eine glückliche** ~ a stroke of luck

fühl·bar *adj* noticeable

füh·len ['fyːlən] I. *vt* to feel (**nach** for) II. *vr* ❶ (*das Empfinden haben*) **wie** ~ **Sie sich?** how are you feeling?; **sich besser** ~ to feel better ❷ (*sich einschätzen*) ■ **sich als jd** ~ to regard oneself as sb

Füh·ler <-s, -> *m* ❶ (*Tastorgan*) antenna; (*von Schnecke*) horn ❷ (*Messfühler*) sensor ▶ **die** ~ [**nach etw** *dat*] **ausstrecken** (*fam*) to put out [one's] feelers [towards sth]

fuhr [fuːɐ̯] *imp von* **fahren**

Fuh·re <-, -n> ['fuːrə] *f* [cart]load

füh·ren ['fyːrən] I. *vt* ❶ (*geleiten*) to take (**zu** to, **durch** through, **über** across); (*vorangehen*) to lead; **jdn durch ein Museum** ~ to show sb round a museum; **was führt Sie zu mir?** (*geh*) what brings you to me? ❷ (*leiten*) *Geschäft* to run; *Armee* to command; *Gruppe* to lead ❸ (*lenken*) ■ **jdn** ~ to lead sb (**auf** to); **jdn auf Abwege** ~ to lead sb astray ❹ (*registriert haben*) **jdn auf einer Liste** ~ to have a record of sb on a list ❺ (*handhaben*) *Bogen, Pinsel* to wield; *Kamera* to guide; **etw zum Mund[e]** ~ to raise sth to one's mouth ❻ (*geh*) *Titel, Namen* to bear ❼ (*geh: haben*) ■ **etw mit sich** ~ to carry sth ❽ (*im Angebot haben*) to stock II. *vi* ❶ (*in Führung liegen*) **mit drei**

Punkten ~ to have a lead of three points ❷ (*verlaufen*) *Weg, etc* to lead; *Kabel* to run ❸ (*als Ergebnis haben*) ■ **zu etw** *dat* ~ to lead to sth; **das führt zu nichts** (*fam*) that will come to nothing

füh·rend *adj* leading *attr;* **der** ~**e Wissenschaftler auf diesem Gebiet** the most prominent scientist in this field

Füh·rer <-s, -> ['fy:rɐ] *m* (*Buch*) guide[book]

Füh·rer(in) <-s, -> ['fy:rɐ] *m(f)* ❶ (*Leiter*) leader; ■ **der** ~ HIST (*Hitler*) the Führer ❷ (*Fremdenführer*) guide ❸ (*geh: Lenker*) driver

Füh·rer·haus *nt* AUTO [driver's] cab

füh·rer·los I. *adj* ❶ (*ohne Führung*) leaderless, without a leader *pred* ❷ (*geh: ohne Lenkenden*) driverless, without a driver *pred;* (*auf Schiff*) with no one at the helm II. *adv* without a driver; (*auf Schiff*) with no one at the helm

Füh·rer·schein *m* driving licence BRIT, driver's license AM; **den** ~ **machen** (*das Fahren lernen*) to learn to drive; (*die Fahrprüfung ablegen*) to take one's driving test

Füh·rer·schein·ent·zug *m* driving ban

Fuhr·park *m* fleet [of vehicles]

Füh·rung <-, -en> *f* ❶ *kein pl* (*Leitung*) leadership; MIL command ❷ *kein pl* (*die Direktion*) management ❸ (*Besichtigung*) guided tour (**durch** of) ❹ *kein pl* (*Vorsprung*) lead; (*in einer Liga o. Tabelle*) leading position; **in** ~ **gehen** to go into the lead; **in** ~ **liegen** to be in the lead ❺ *kein pl* (*Betragen*) conduct; **bei guter** ~ on good conduct ❻ TECH (*Schiene*) guide ❼ *kein pl* (*das fortlaufende Eintragen*) **die** ~ **der Akten** keeping the files

Füh·rungs·ebe·ne *f* top level [management] **Füh·rungs·eli·te** *f* POL leadership elite **Füh·rungs·eta·ge** *f* management level **Füh·rungs·kraft** *f* executive [officer] **Füh·rungs·qua·li·tä·ten** *pl* leadership qualities *pl* **Füh·rungs·spit·ze** *f* higher echelons *pl;* (*von Unternehmen*) top[-level] management **Füh·rungs·stil** *m* style of leadership; (*in einer Firma*) management style **Füh·rungs·zeug·nis** *nt* good-conduct certificate; **polizeiliches** ~ clearance certificate BRIT

Fuhr·un·ter·neh·men [fuːɐ̯-] *nt* haulage business BRIT, trucking company AM

Fuhr·werk [fuːɐ̯-] *nt* wag[g]on; (*mit Pferden*) horse and cart

Fül·le <-> ['fʏlə] *f kein pl* ❶ (*Körperfülle*) portliness ❷ (*Intensität*) richness; (*Volumen*) *Haar* volume ❸ (*Menge*) wealth; ■ **eine** ~ **von etw** *dat* a whole host of sth; **in** [**Hülle und**] ~ in abundance

fül·len ['fʏlən] I. *vt* ❶ (*voll machen*) to fill ❷ KOCHK to stuff ❸ (*einfüllen*) ■ **etw in etw** *akk* ~ to put sth into sth; **etw in Flaschen** ~ to bottle sth II. *vr* **sich** ~ to fill [up]

Fül·ler <-s, -> ['fʏlɐ] *m* fountain pen; (*mit Tintenpatrone*) cartridge pen

Füll·fe·der·hal·ter *m s.* **Füller**

Füll·ge·wicht *nt* ❶ ÖKON net weight ❷ (*Fassungsvermögen*) maximum load

fül·lig ['fʏlɪç] *adj* ❶ (*rundlich*) plump ❷ (*voluminös*) **eine** ~**e Frisur** a bouffant hairstyle

Füll·sel ['fʏlzl̩] *nt* filler *no indef art, no pl*

Fül·lung <-, -en> *f* stuffing

Füll·wort <-wörter> *nt* filler [word]

Fum·mel <-s, -> [fʊml̩] *m* (*sl*) cheap frock

Fum·me·lei <-, -en> *f* (*fam*) fumbling

fum·meln ['fʊml̩n] *vi* (*fam*) ❶ (*hantieren*) to fumble [around] ❷ (*Petting betreiben*) to pet

Fund <-[e]s, -e> [fʊnt, *pl* 'fʊndə] *m* ❶ *kein pl* (*geh: das Entdecken*) discovery ❷ (*das Gefundene*) find; **einen** ~ **machen** (*geh*) to make a find

Fun·da·ment <-[e]s, -e> [fʊndaˈmɛnt] *nt* ❶ foundation[s *npl*]; **das** ~ **für etw** *akk* **sein** to form a basis for sth

fun·da·men·tal [fʊndamɛnˈtaːl] I. *adj* fundamental II. *adv* fundamentally

Fun·da·men·ta·lis·mus <-> [fʊndamɛntaˈlɪsmʊs] *m kein pl* fundamentalism *no indef art, no pl*

Fun·da·men·ta·list(in) <-en, -en> [fʊndamɛntaˈlɪst] *m(f)* fundamentalist

fun·da·men·ta·lis·tisch *adj* fundamentalist

Fund·bü·ro *nt* lost property office BRIT, lost-and-found office AM **Fund·gru·be** *f* treasure trove

fun·die·ren [fʊnˈdiːrən] *vt* ❶ (*finanziell sichern*) to strengthen financially ❷ (*untermauern*) to underpin ❸ (*geh: festigen*) to sustain

fun·diert *adj* sound; **gut** ~ well founded; **schlecht** ~ unsound

fün·dig ['fʏndɪç] *adj* ~ **werden** to discover what one is looking for

Fund·sa·che *f* found object; (*in Fundbüro*) piece of lost property; ■ ~**n** lost property *no pl, no indef art*

fünf [fʏnf] *adj* five; *s. a.* **acht**[1]

Fünf <-, -en> [fʏnf] *f* ❶ (*Zahl*) five; *s. a.* **Acht**[1] ❷ (*Zeugnisnote*) "unsatisfactory", ≈ E BRIT

Fünf·eck *nt* pentagon

Fün·fer <-s, -> ['fʏnfɐ] *m* (*fam: Schulnote mangelhaft*) "unsatisfactory", ≈ "E" BRIT

fün·fer·lei ['fʏnfɐ'laɪ] *adj attr* five [different]; *s. a.* **achterlei**

fünf·fach, 5·fach ['fʏnffax] I. *adj* fivefold; **die ~e Menge** five times the amount; *s. a.* **achtfach** II. *adv* fivefold, five times over; *s. a.* **achtfach**

fünf·hun·dert ['fʏnfˈhʊndɐt] *adj* five hundred

Fünf·kampf *m* pentathlon; **Moderner ~** modern pentathlon

Fünf·ling <-s, -e> *m* quin[tuplet]

fünf·mal, 5·mal[RR] *adv* five times

Fünf·pro·zent·hür·de *f* POL five-percent hurdle **Fünf·ta·ge·wo·che** *f* five-day week **fünf·tau·send** ['fʏnfˈta̲ʊznt] *adj* five thousand

fünf·te(r, s) ['fʏnftə, 'fʏnftɐ, 'fʏnftəs] *adj* fifth, 5th; *s. a.* **achte(r, s)**

fünf·tel ['fʏnftl̩] *adj* fifth

Fünf·tel <-s, -> ['fʏnftl̩] *nt* fifth

fünf·tens ['fʏnftn̩s] *adv* fifth[ly], in [the] fifth place

Fünf·und·drei·ßig·stun·den·wo·che, 35-Stun·den·Wo·che *f* thirty-five-hour week

fünf·zehn ['fʏnftseːn] *adj* fifteen; **~ Uhr** 3pm; *s. a.* **acht**¹

fünf·zehn·te(r, s) *adj* fifteenth; *s. a.* **achte(r, s)**

fünf·zig ['fʏnftsɪç] *adj* fifty; *s. a.* **achtzig 1, 2**

Fünf·zig <-, -en> ['fʏnftsɪç] *f* fifty

fünf·zi·ger *adj*, **50er** ['fʏnftsɪgɐ] *adj* ■ **die ~ Jahre** [*o* **die 50er-Jahre**] the fifties

Fünf·zi·ger <-s, -> ['fʏnftsɪgɐ] *m* ❶ (*fam: Fünfzigcentstück*) fifty-cent piece [*or* coin]; (*Geldschein*) fifty-euros note ❷ (*Wein aus dem Jahrgang -50*) fifties vintage

fünf·zig·ste(r, s) *adj* fiftieth; *s. a.* **achte(r, s)**

fun·gie·ren* [fʊŋˈgiːrən] *vi* ■ **etw fungiert als etw** sth functions as sth

Fun·gi·zid <-s, -e> [fʊŋgiˈtsiːt, *pl* -ˈtsiːdə] *nt* fungicide

Funk <-s> [fʊŋk] *m kein pl* radio; **etw über ~ durchgeben** to announce sth on the radio

Funk·ama·teur(in) *m(f)* radio ham **Funk·aus·stel·lung** *f* radio and television exhibition

Fün·kchen <-s, -> ['fʏŋçən] *nt* ❶ *dim von* **Funke** [tiny] spark ❷ (*geringes Maß*) **es besteht kein ~ Hoffnung** there's not a scrap of hope; **ein/kein ~ Wahrheit** *gen* a grain/not a shred of truth

Fun·ke <-ns, -n> ['fʊŋkə], **Funk·en** <-s, -> ['fʊŋkn̩] *m* ❶ (*glimmendes Teilchen*) spark; **~n sprühen** to emit sparks; **der zündende ~** (*fig*) the vital spark ❷ (*geringes Maß*) scrap; **ein ~** [**von**] **Anstand** a scrap of decency; **ein ~ Hoffnung** a gleam of hope

fun·keln ['fʊŋkln̩] *vi* to sparkle; *Edelsteine, Gold* to glitter

fun·kel·na·gel·neu ['fʊŋkl̩ˈnaːglˈnɔy] *adj* (*fam*) spanking-new

funk·en ['fʊŋkn̩] I. *vt* to radio; **SOS ~** to send out *sep* an SOS II. *vi* ❶ (*senden*) to radio; **um Hilfe ~** to radio for help ❷ (*Funken sprühen*) to spark ❸ (*sich verlieben*) **zwischen den beiden hat's gefunkt** those two have really clicked III. *vi impers* (*fam: verstehen*) to click; **endlich hat es bei ihm gefunkt!** it finally clicked [with him]

Fun·ker(in) <-s, -> *m(f)* radio operator

Funk·ge·rät *nt* ❶ (*Sende- und Empfangsgerät*) RT unit ❷ (*Sprechfunkgerät*) walkie-talkie **Funk·han·dy** *nt* personal mobile radio **Funk·haus** *nt* studios *pl* **Funk·loch** *nt* [signal] shadow **Funk·mast** *m* TECH, TELEK radio [antenna] mast **Funk·sig·nal** *nt* radio signal **Funk·sprech·ge·rät** *nt* walkie-talkie **Funk·spruch** *m* radio message **Funk·sta·ti·on** *f* radio station **Funk·stil·le** *f* radio silence; **bei jdm herrscht ~** (*fig*) sb is [completely] incommunicado **Funk·strei·fe** *f* [police] radio patrol **Funk·ta·xi** *nt* radio taxi **Funk·tech·nik** *f* radio technology **Funk·te·le·fon** *nt* cordless [tele]phone

Funk·ti·on <-, -en> [fʊŋkˈtsi̯oːn] *f* ❶ *kein pl* (*Zweck*) function ❷ (*Stellung*) position; **in jds ~ als etw** in sb's capacity as sth ❸ MATH function ❹ (*Benützbarkeit*) function; **außer/in ~ sein** [not] to be working

funk·ti·o·nal [fʊŋktsi̯oˈnaːl] *adj s.* **funktionell**

Funk·ti·o·när(in) <-s, -e> [fʊŋktsi̯oˈnɛːɐ̯] *m(f)* official; **ein hoher ~** a high-ranking official

funk·ti·o·nell [fʊŋktsi̯oˈnɛl] *adj* ❶ MED functional ❷ (*funktionsgerecht*) practical

funk·ti·o·nie·ren* [fʊŋktsi̯oˈniːrən] *vi* ❶ (*betrieben werden, aufgebaut sein*) to work; *Maschine a.* to operate ❷ (*reibungslos ablaufen, intakt sein*) to work [out]; *Organisation* to run smoothly

funk·ti·ons·fä·hig *adj* in working order *pred*; *Anlage* operative; **voll ~** fully opera-

tive, in full working order **Funk·ti·ons·stö·rung** f MED functional disorder, dysfunction spec **Funk·ti·ons·tas·te** f function key **funk·ti·ons·tüch·tig** adj s. funktionsfähig **Funk·ti·ons·wei·se** f functioning no pl
Funk·turm m radio tower
Funk·ver·bin·dung f radio contact **Funk·ver·kehr** m radio communication no art
Fun·sport·art ['fan-] f extreme sport
für [fyːɐ̯] präp +akk ① (Zweck betreffend) ■ ~ **jdn/etw** for sb/sth; **sind Sie ~ den Gemeinsamen Markt?** do you support the Common Market?; **~ was ist denn dieses Werkzeug?** DIAL what's this tool [used] for?; **~ ganz** SCHWEIZ (für immer) for good; **~ sich bleiben** to remain by oneself ② (als jd) for; **ihr Alter ist sie noch rüstig** she's still sprightly for her age ③ MED (gegen) for; **gut ~ Migräne** good for migraine ④ (zugunsten) for, in favour of; **was Sie da sagen, hat manches ~ sich** there's something in what you're saying ⑤ (in Austausch mit) for; **er hat es ~ 45 Euro bekommen** he got it for 45 euros ⑥ (statt) for, instead of ⑦ (als etw) **ich halte sie ~ intelligent** I think she is intelligent ⑧ mit ‚was' **was ~ ein Blödsinn!** what nonsense!; **was ~ ein Pilz ist das?** what kind of mushroom is that?
Für <-> [fyːɐ̯] nt **das ~ und Wider** the pros and cons
Für·bit·te ['fyːɐ̯bɪtə] f intercession
Fur·che <-, -n> ['fʊrçə] f ① (Ackerfurche) furrow ② (Wagenspur) rut
fur·chen ['fʊrçn̩] vt (geh) to furrow
Furcht <-> ['fʊrçt] f kein pl fear; **~ [vor jdm/etw] haben** to fear sb/sth; **hab keine ~!** don't be afraid!; **~ erregend** terrifying; **aus ~ vor jdm/etw** for fear of sb/sth
furcht·bar I. adj terrible II. adv terribly
fürch·ten ['fʏrçtn̩] I. vt to fear; **jdn das F~ lehren** to teach sb the meaning of fear; ■**zum F~** (furchtbar) frightful; ■**~, dass** ... to fear that ... II. vr ■**sich ~** to be afraid (**vor** of); **sich im Dunkeln ~** to be afraid of the dark
fürch·ter·lich adj s. furchtbar
furcht·er·re·gendᴬᴸᵀ adj terrifying
furcht·los I. adj fearless II. adv fearlessly, without fear
Furcht·lo·sig·keit <-> f kein pl fearlessness no pl
furcht·sam ['fʊrçtzaːm] adj (geh) fearful
Furcht·sam·keit <-, selten -en> f (geh) fearfulness no pl

für·ein·an·der [fyːɐ̯ʔaɪ̯'nandɐ] adv for each other; **~ einspringen** to help each other out
Fu·rie <-, -n> ['fuːriə] f ① (pej: wütende Frau) hellcat ② (mythisches Wesen) fury
Fur·nier <-s, -e> [fʊr'niːɐ̯] nt veneer
fur·nie·ren* [fʊr'niːrən] vt to veneer
Fu·ro·re [fu'roːrə] ▶ **~ machen** to cause a sensation
Für·sor·ge ['fyːɐ̯zɔrgə] f kein pl ① (Betreuung) care ② (fam: Sozialamt) welfare services npl ③ (fam: Sozialhilfe) social security no art, welfare AM; **von der ~ leben** to live on benefits
Für·sor·ge·pflicht f employer's obligation to provide welfare services
für·sorg·lich ['fyːɐ̯zɔrklɪç] I. adj considerate (**zu** towards) II. adv with care
Für·sorg·lich·keit <-> f kein pl care
Für·spra·che ['fyːɐ̯ʃpraːxə] f recommendation
Für·spre·cher(in) ['fyːɐ̯ʃprɛçɐ] m(f) ① (Interessenvertreter) advocate ② JUR SCHWEIZ (Anwalt) barrister BRIT, attorney AM
Fürst(in) <-en, -en> [fʏrst] m(f) ① (Adliger) prince ② (Herrscher) ruler
Fürs·ten·tum nt principality; **das ~ Monaco** the principality of Monaco
Fürs·tin <-, -nen> f fem form von Fürst (Adlige) princess; (Herrscherin) ruler
fürst·lich ['fʏrstlɪç] I. adj ① (den Fürsten betreffend) princely ② (fig: prächtig) lavish II. adv lavishly; **~ speisen** to eat like a lord
Furt <-, -en> ['fʊrt] f ford
Fu·run·kel <-s, -> [fu'rʊŋkl̩] nt o m boil
Furz <-[e]s, Fürze> [fʊrts, pl 'fʏrtsə] m (derb) fart
fur·zen ['fʊrtsn̩] vi (derb) to fart
Fu·sel <-s, -> ['fuːzl̩] m (pej) rotgut, hooch AM
Fu·si·on <-, -en> [fu'zi̯oːn] f ① ÖKON merger ② PHYS fusion
fu·si·o·nie·ren* [fuzi̯o'niːrən] vi ÖKON to merge (**zu** into, **mit** with)
Fu·si·ons·re·ak·tor m PHYS fusion reactor
Fuß <-es, Füße> [fuːs, pl 'fyːsə] m ① (Körperteil) foot; **gut/schlecht zu ~ sein** to be steady/not so steady on one's feet; **etw ist zu ~ zu erreichen** sth is within walking distance; **zu ~ gehen** to walk, to go on foot; **jdm auf die Füße treten** to stand on sb's feet; (fig: jdn beleidigen) to step on sb's toes; **bei ~!** (Befehl für Hunde) heel! ② SÜDD, ÖSTERR (Bein) leg ③ (Sockel) (vom Schrank, Berg) foot ④ kein pl (Längenmaß) foot; **sie ist sechs ~ groß** she's

six feet tall; **ein sechs ~ großer Mann** a six-foot man ▶ **keinen ~ vor die Tür setzen** to not set foot outside; **auf eigenen Füßen stehen** to stand on one's own two feet; **jdn auf dem falschen ~ erwischen** to catch sb unprepared; **sich auf freiem ~ [e] befinden** to be free; *Ausbrecher* to be at large; **auf großem ~ [e] leben** to live the high life; **kalte Füße bekommen** to get cold feet; **auf wackligen Füßen stehen** to rest on shaky foundations; **sich** *dat* **die Füße wund laufen** (*fam*) to run one's legs off; **jdm zu Füßen fallen** to go down on one's knees to sb; [**festen**] **~ fassen** to gain a [firm] foothold; **jdm zu Füßen liegen** to lie at sb's feet; **sich** *dat* **die Füße vertreten** to stretch one's legs

Fuß·ab·druck <-abdrücke> *m* footprint
Fuß·ball ['fuːsbal] *m* ① *kein pl* (*Spiel*) football BRIT, soccer AM ② (*Ball*) football BRIT, soccer ball AM
Fuß·bal·ler(in) <-s, -> ['fuːsbalɐ] *m(f)* (*fam*) footballer
Fuß·ball·fan *m* football fan **Fuß·ball·mann·schaft** *f* football team **Fuß·ball·platz** *m* football pitch BRIT, soccer field AM **Fuß·ball·spiel** *nt* football match **Fuß·ball·spie·ler(in)** *m(f)* football player **Fuß·ball·sta·di·on** *nt* football stadium **Fuß·ball·ver·ein** *m* football club **Fuß·ball·welt·meis·ter·schaft** *f* football world championship[s]
Fuß·bank <-bänke> *f* footrest
Fuß·bo·den *m* floor **Fuß·bo·den·be·lag** *m* floor covering **Fuß·breit** <-> ['fuːsbraɪt] *m kein pl* ① (*Breite des Fußes*) width of a foot ② (*fig: bisschen*) inch; **keinen ~ weichen** to not budge an inch
Fuß·brem·se *f* footbrake
Fus·sel <-s, -> ['fʊsl̩] *m* fluff *no pl;* **ein(e) ~** a bit of fluff
fus·se·lig ['fʊsəlɪç] *adj* fluffy *attr;* full of fluff *pred*
fus·seln ['fʊsl̩n] *vi* to get fuzzy
fu·ßen ['fuːsn̩] *vi* to rest (**auf** on)
Fuß·en·de *nt* foot **Fuß·gän·ger(in)** <-s, -> *m(f)* pedestrian
Fuß·gän·ger·brü·cke *f* footbridge **Fuß·gän·ger·strei·fen** *m* SCHWEIZ, **Fuß·gän·ger·über·weg** *m* pedestrian crossing **Fuß·gän·ger·zo·ne** *f* pedestrian precinct
Fuß·ge·lenk *nt* ankle
fuß·läu·fig *adj* (*zu Fuß*) on foot
fuss·lig[RR] ['fʊslɪç], **fuß·lig**[ALT] ['fʊslɪç] *adj s.* **fusselig**
Füß·ling <-s, -e> ['fyːslɪŋ] *m* liner sock; (*in sports*) trainer sock
Fuß·marsch *m* ① MIL march ② (*anstrengender Marsch*) long hike **Fuß·mat·te** *f* doormat **Fuß·na·gel** *m* toenail **Fuß·no·te** *f* LIT footnote **Fuß·pfle·ge** *f* care of one's feet; (*professionell*) pedicure **Fuß·pilz** *m kein pl* athlete's foot **Fuß·soh·le** *f* sole **Fuß·spit·ze** *f* toes *pl* **Fuß·spur** *f meist pl* footprints *pl* **Fuß·stap·fen** <-s, -> *m* footprint; **in jds ~ treten** (*fig*) to follow in sb's footsteps **Fuß·tritt** *m* kick **Fuß·volk** *nt kein pl* ① MIL (*veraltet*) infantry *pl* ② (*pej: bedeutungslose Masse*) ■ **das ~** the rank and file **Fuß·weg** *m* ① (*Pfad*) footpath ② (*beanspruchte Zeit zu Fuß*) **es sind nur zehn Minuten ~** it's only ten minutes walk **Fuß·zei·le** *f* INFORM footer

futsch [fʊtʃ] *adj präd* bust; **~ sein** to have had it

Fut·ter[1] <-s, -> ['fʊtɐ] *nt* ([*tierische*] *Nahrung*) [animal] feed; **von Pferd, Vieh a.** fodder

Fut·ter[2] <-s-> ['fʊtɐ] *nt kein pl* (*Innenstoff*) lining

Fut·te·ral <-s, -e> [fʊtəˈraːl] *nt* case
füt·tern[1] ['fʏtɐn] *vt* to feed
füt·tern[2] ['fʏtɐn] *vt* (*mit Stofffutter versehen*) to line
fut·tern ['fʊtɐn] **I.** *vi* (*hum fam*) to stuff oneself **II.** *vt* (*hum fam*) ■ **etw ~** to scoff sth

Fut·ter·napf *m* [feeding] bowl **Fut·ter·pflan·ze** *f* fodder crop **Fut·ter·trog** *m* feeding trough
Füt·te·rung <-, -en> *f* feeding
Fut·ter·zu·satz *m* AGR feed supplement
Fu·tur <-s, -e> [fuˈtuːɐ̯] *nt* LING future [tense]
Fu·tu·ris·mus <-> [futuˈrɪsmʊs] *m kein pl* futurism *no pl*
fu·tu·ris·tisch [futuˈrɪstɪʃ] *adj* futurist[ic]

Gg

G, g <-, - o fam -s, -s> [ge:] nt ❶ (*Buchstabe*) G, g; *s. a.* **A 1** ❷ MUS G, g; *s. a.* **A 2**

g *Abk von* **Gramm** g

gab [gaːp] *imp von* **geben**

Ga·be <-, -n> ['gaːbə] *f* ❶ (*geh: Geschenk*) gift; **eine milde ~** alms *pl* ❷ (*Begabung*) gift; **die ~ haben, etw zu tun** to have a [natural] gift of doing sth ❸ SCHWEIZ (*Preis, Gewinn*) prize

Ga·bel <-, -n> ['gaːbl̩] *f* ❶ (*Essens~*) fork ❷ (*Heu~, Mist~*) pitchfork ❸ (*Rad~*) fork ❹ TELEK cradle; **du hast den Hörer nicht richtig auf die ~ gelegt** you haven't replaced the receiver properly

ga·beln ['gaːbl̩n] *vr* ■ **sich ~** to fork

Ga·bel·stap·ler <-s, -> [-ʃtaːplɐ] *m* forklift truck

Ga·be·lung <-, -en> ['gaːbəlʊŋ] *f* fork

Ga·bun <-s> [ga'buːn] *nt* Gabon

Ga·bu·ner(in) <-s, -> [ga'buːnɐ] *m(f)* Gabonese

ga·bu·nisch [ga'buːnɪʃ] *adj* Gabonese

ga·ckern ['gakɐn] *vi* ❶ *Huhn* to cluck ❷ (*fig fam*) to cackle

gaf·fen ['gafn̩] *vi* (*pej fam*) to gape (**nach** at); **was gaffst du so?** what are you gawping at!

Gaf·fer(in) <-s, -> *m(f)* (*pej*) gaper

Gag <-s, -s> [gɛk] *m* (*fam*) gag

Ga·ge <-, -n> ['gaːʒə] *f* fee

gäh·nen ['gɛːnən] *vi* to yawn; **ein ~es Loch** a gaping hole

Ga·la <-, -s> ['gaːla] *f* ❶ *kein pl* formal dress *no pl;* (*fam*) **sich in ~ schmeißen** to get all dressed up [to the nines] ❷ (*Vorstellung*) gala performance

ga·lak·tisch [ga'laktɪʃ] *adj* galactic

ga·lant [ga'lant] *adj* (*veraltend*) chivalrous

Ga·la·xie <-, -n> [gala'ksiː, *pl* gala'ksiːən] *f* galaxy

Ga·lee·re <-, -n> [ga'leːrə] *f* galley

Ga·le·rie <-, -n> [galə'riː, *pl* -'riːən] *f* ❶ ARCHIT gallery ❷ (*Gemälde~*) art gallery; (*Kunsthandlung*) art dealer's ❸ ÖSTERR, SCHWEIZ (*Tunnel mit fensterartigen Öffnungen*) gallery

Ga·le·rist(in) <-en, -en> [galə'rɪst] *m(f)* proprietor of a gallery

Gal·gen <-s, -> ['galgn̩] *m* gallows + *sing vb*

Gal·gen·frist *f* (*fam*) stay of execution

Gal·gen·hu·mor *m* gallows humour

Ga·li·läa <-s> [gali'lɛːa] *nt kein pl* Galilee

Ga·li·ons·fi·gur [ga'li̯oːns-] *f* (*a. fig*) figurehead *also fig*

Gal·le <-, -n> ['galə] *f* ❶ (*~nblase*) gall bladder ❷ (*Gallenflüssigkeit*) bile

Gal·len·bla·se *f* gall bladder **Gal·len·ko·lik** *f* biliary colic **Gal·len·stein** *m* gallstone

gal·lert·ar·tig [ga'lɛrt-] *adj* gelatinous

gal·lisch ['galɪʃ] *adj* Gallic; *s. a.* **deutsch**

Ga·lopp <-s, -s *o* -e> [ga'lɔp] *m* gallop

ga·lop·pie·ren* [galɔ'piːrən] *vi sein o haben* to gallop

galt ['galt] *imp von* **gelten**

gal·va·nisch [gal'vaːnɪʃ] *adj* galvanic

gal·va·ni·sie·ren* [galvani'ziːrən] *vt* to galvanize

Gam·bia <-s> ['gambi̯a] *nt* the Gambia; *s. a.* **Deutschland**

Game·boy® <-s, -s> ['geːmbɔy] *m* Gameboy®

Game·show <-, -s> ['geːmʃoː] *f* game show

Gam·ma <-[s], -s> ['gama] *nt* gamma

Gam·ma·strah·len *pl* gamma rays *pl*

Gam·mel·fleisch *nt* (*fam*) rotten meat

gam·me·lig ['gaməlɪç] *adj* (*pej fam*) ❶ (*ungenießbar*) bad; **ein ~es Stück Käse** a piece of stale cheese ❷ (*unordentlich*) scruffy; **~ herumlaufen** to walk around looking scruffy

gam·meln ['gaml̩n] *vi* ❶ (*ungenießbar werden*) to go off ❷ (*herumhängen*) to laze around

Gäm·se^{RR} <-, -n> ['gɛmzə] *f* chamois

gang [gaŋ] *adj* **~ und gäbe sein** to be the norm

Gang¹ <-[e]s, Gänge> [gaŋ, *pl* 'gɛŋə] *m* ❶ *kein pl* (*~art*) walk; **ich erkenne ihn schon am ~** I recognize him from the way he walks; **sie beschleunigte ihren ~** she quickened her pace; **er verlangsamte seinen ~** he slowed down; **aufrechter ~** upright carriage; **einen schnellen ~ haben** to walk quickly; **einen unsicheren ~ haben** to be unsteady on one's feet ❷ (*Weg*) walk; **sein erster ~ war der zum Frühstückstisch** the first thing he did was to go to the breakfast table; **ich traf sie auf dem ~ zum Arzt** I bumped into her on the way to the doctor's; (*Besorgung*) errand; **einen ~ machen** to go on an errand; **einen schweren ~ tun** to do sth difficult ❸ *kein pl* TECH **den Motor in ~**

halten to keep the engine running; **ihre Uhr hat einen gleichmäßigen ~** her clock operates smoothly; (*a. fig*) **etw in ~ bringen** to get sth going; (*a. fig*) **in ~ kommen** to get off the ground ❹ (*Ablauf*) course; **alles geht wieder seinen gewohnten ~** everything is proceeding as normal again; **im ~ [e] sein** to be underway ❺ (*in einer Speisenfolge*) course ❻ AUTO gear; (*Fahrrad a.*) speed; **einen ~ einlegen** to engage a gear; **hast du den zweiten ~ drin?** (*fam*) are you in second gear?; **in den zweiten ~ schalten** to change into second gear ❼ (*eingefriedeter Weg*) passageway; (*Korridor*) corridor; *Theater, Flugzeug, Laden* aisle

Gang² <-, -s> [gɛŋ] *f* (*Bande*) gang

Gang·art *f* walk; (*bei Pferden*) pace

gang·bar *adj* ❶ (*begehbar*) passable ❷ (*fig*) practicable

gän·geln ['gɛŋln] *vt* (*pej*) ▪ **jdn ~** to treat sb like a child

gän·gig ['gɛŋɪç] *adj* ❶ (*üblich*) common ❷ (*gut verkäuflich*) in demand; **die ~ste Ausführung** the bestselling model ❸ (*im Umlauf befindlich*) current; **die ~e Währung** the local currency

Gang·schal·tung *f* gears *pl*

Gangs·ter <-s, -> ['gɛŋstɐ] *m* (*pej*) gangster

Gang·way <-, -s> ['gɛŋveː] *f* gangway

Ga·no·ve <-n, -n> [ga'noːvə] *m* (*pej fam*) crook

Gans <-, Gänse> ['gans, *pl* 'gɛnzə] *f* goose; **blöde ~** (*pej fam*) silly goose

Gän·se·blüm·chen *nt* daisy **Gän·se· füß·chen** *pl* (*fam*) inverted commas *pl* **Gän·se·haut** *f kein pl* goose-pimples *pl,* goose bumps *esp* AM *pl;* **eine ~ kriegen** (*fam*) to get goose-pimples [*or esp* AM bumps] **Gän·se·le·ber·pas·te·te** *f* pâté de foie gras **Gän·se·marsch** *m kein pl* **im ~** in single file

Gän·se·rich <-s, -e> ['gɛnzərɪç] *m* gander

ganz ['gants] **I.** *adj* ❶ (*vollständig*) all; **die ~e Wahrheit** the whole truth; **die ~e Zeit** the whole time; **es regnet schon den ~en Tag** it's been raining all day; **ist das Ihre ~e Auswahl an CDs?** are those all the CDs you've got?; **diese Verordnung gilt in ~ Bayern** this regulation applies to the whole of Bavaria; **wir fuhren durch ~ Italien** we travelled all over Italy ❷ (*unbestimmtes Zahlwort*) **eine ~e Drehung** a complete turn; **eine ~e Menge** quite a lot; **eine ~e Note** a semibreve; **~e Zahl** whole number ❸ (*fam:*

unbeschädigt) intact; **etw wieder ~ machen** to mend sth; **wieder ~ sein** to be mended ❹ (*fam: nicht mehr als*) no more than **II.** *adv* ❶ (*sehr, wirklich*) really; **das war ~ lieb von dir** that was really kind of you; **etwas ~ Dummes** something really stupid; **das hast du ja ~ toll hinbekommen!** (*iron*) you've made a really good job of that!; **~ besonders** particularly; **ist das auch ~ bestimmt die Wahrheit?** are you sure you're telling the whole truth? ❷ (*ziemlich*) quite ❸ (*vollkommen*) completely; **du bist ~ nass** you're all wet; **~ und gar** completely; **~ und gar nicht** not at all; **etw ~ lesen** to read sth from cover to cover; **~ allein sein** to be all alone; **das ist mir ~ gleich** it's all the same to me; **ich muss diesen Wagen haben, ~ gleich, was er kostet!** I must have this car, no matter what it costs; **~ wie Sie wünschen/meinen** just as you wish/ think best ❹ (*räumliche Position ausdrückend*) **~ hinten/vorne** right at the back/ front

Gan·ze(s) *nt* ❶ (*alles zusammen*) whole; **etw als ~ sehen** to see sth as a whole; **was macht das ~?** how much is that all together?; **im ~n** on the whole ❷ (*die ganze Angelegenheit*) the whole business; **das ~ hängt mir zum Halse heraus** I've had it up to here with everything!; **das ist nichts ~s und nichts Halbes** that's neither one thing nor the other ▶ **aufs ~ gehen** (*fam*) to go for broke; **es geht [für jdn] ums ~** everything is at stake [for sb]

Ganz·heit <-, *selten* -en> *f* (*Einheit*) unity; (*Vollständigkeit*) entirety

ganz·heit·lich I. *adj* integral *attr* **II.** *adv* all in all; **etw ~ betrachten** to look at sth in its entirety

gänz·lich ['gɛntslɪç] **I.** *adj* (*selten*) complete **II.** *adv* completely

ganz·sei·tig *adj* full-page

ganz·tä·gig I. *adj* all-day; **~e Betreuung** round-the-clock supervision; **eine ~e Stelle** a full-time job **II.** *adv* all day

Ganz·tags·be·treu·ung *f* full-time childcare **Ganz·tags·schu·le** *f* full-time day school

ganz·tei·lig ['gantstajlɪç] *adj Badeanzug, Kostüm* one-piece

gar¹ ['gaːɐ] *adj* KOCHK done

gar² ['gaːɐ] *adv* ❶ (*überhaupt*) at all, whatsoever; **~ keine(r)** no one whatsoever; **~ keinen/keine/keines** none whatsoever; **hattest du denn ~ keine Angst?** weren't you frightened at all?; **~ nicht** not

Garage → Gastmannschaft

at all; **er hat sich ~ nicht gefreut** he wasn't at all pleased; **~ nichts** nothing at all [or whatsoever]; **~ niemand** no one at all [or whatsoever] ❷ ÖSTERR, SCHWEIZ, SÜDD (*sehr*) really

Ga·ra·ge <-, -n> [ga'raːʒə] *f* garage

Ga·rant(in) <-en, -en> [ga'rant] *m(f)* guarantor

Ga·ran·tie <-, -n> [garan'tiː, *pl* -'tiːən] *f* guarantee

ga·ran·tie·ren* [garan'tiːrən] *vt, vi* to guarantee

Ga·ran·tie·schein *m* guarantee [certificate]

Gar·aus ['gaːɐ̯ʔaʊ̯s] *m* ▶ **jdm den ~ machen** (*fam*) to bump sb off; **einer S.** *dat* **den ~ machen** to put an end to sth

Gar·be <-, -n> ['garbə] *f* ❶ (*Getreidebündel*) sheaf ❷ MIL **eine ~ abgeben** to fire a short burst

Gar·de <-, -n> ['gardə] *f* guard

Gar·de·ro·be <-, -n> [gardə'roːbə] *f* ❶ (*Kleiderablage*) hall·stand; (*Aufbewahrungsraum*) cloakroom ❷ *kein pl* (*geh: Kleidung*) wardrobe ❸ THEAT (*Ankleideraum*) dressing·room

Gar·de·ro·ben·mar·ke *f* cloakroom disc [*or* number]; **Gar·de·ro·ben·stän·der** *m* hat·stand

Gar·di·ne <-, -n> [gar'diːnə] *f* net curtain ▶ **hinter schwedischen ~n** (*fam*) behind bars

ga·ren ['gaːrən] *vt, vi* to cook

gä·ren ['gɛːrən] *vi* sein *o* haben ❶ (*sich in Gärung befinden*) to ferment ❷ (*fig*) to seethe; **etw gärt in jdm** sth is making sb seethe

Garn <-[e]s, -e> ['garn] *nt* thread

Gar·ne·le <-, -n> [gar'neːlə] *f* prawn

gar·nie·ren* [gar'niːrən] *vt* ■ **etw ~** ❶ KOCHK to garnish sth (**mit** with) ❷ (*fig*) to embellish sth (**mit** with)

Gar·ni·son <-, -en> [garni'zoːn] *f* garrison; **in ~ liegen** to be garrisoned

Gar·ni·tur <-, -en> [garni'tuːɐ̯] *f* set

gars·tig ['garstɪç] *adj* (*veraltend*) ❶ (*ungezogen*) bad; *Kind* naughty ❷ (*abscheulich*) horrible

Gar·ten <-s, Gärten> ['gartn̩, *pl* 'gɛrtn̩] *m* garden; **botanischer/zoologischer ~** botanical/zoological gardens

Gar·ten·ar·beit *f* gardening *no pl* **Gar·ten·ar·chi·tekt(in)** *m(f)* landscape gardener **Gar·ten·bau** *m kein pl* horticulture *no pl* **Gar·ten·fest** *nt* garden party **Gar·ten·haus** *nt* summer house; (*Geräteschuppen*) [garden] shed **Gar·ten·lau·be** *f* (*Pergola*) arbour **Gar·ten·lo·kal** *nt* open-air restaurant **Gar·ten·sche·re** *f* pruning shears *npl* **Gar·ten·zaun** *m* garden fence **Gar·ten·zwerg** *m* garden gnome

Gärt·ner(in) <-s, -> ['gɛrtnɐ] *m(f)* gardener

Gärt·ne·rei <-, -en> [gɛrtnə'raɪ̯] *f* (*für Setzlinge*) nursery; (*für Obst, Gemüse, Schnittblumen*) market garden

Gä·rung <-, -en> ['gɛːrʊŋ] *f* fermentation

Gas <-es, -e> ['gaːs, *pl* 'gaːzə] *nt* ❶ (*luftförmiger Stoff*) gas ❷ (*fam*) **~ geben** to accelerate; **gib ~!** put your foot down!

Gas·an·zün·der *m* gas lighter **Gas·bren·ner** *m* gas burner **Gas·feu·er·zeug** *nt* gas lighter **Gas·flam·me** *f* gas flame **Gas·fla·sche** *f* gas canister **gas·för·mig** *adj* gaseous **Gas·hahn** *m* gas tap **Gas·hei·zung** *f* gas heating **Gas·herd** *m* gas cooker **Gas·kam·mer** *f* HIST gas chamber **Gas·ko·cher** *m* camping stove **Gas·la·ter·ne** *f* gas [street] lamp **Gas·lei·tung** *f* gas main **Gas·mann** *m* (*fam*) gasman **Gas·mas·ke** *f* gas mask **Gas·ofen** *m* gas oven **Gas·pe·dal** *nt* accelerator [pedal] **Gas·pis·to·le** *f* tear gas gun

Gas·se <-, -n> ['gasə] *f* ❶ (*schmale Straße*) alley[way] ❷ ÖSTERR (*Straße*) street; **auf der ~** on the street; **über die ~** to take away

Gast <-es, Gäste> ['gast, *pl* 'gɛstə] *m* ❶ (*eingeladene Person*) guest; **bei jdm zu ~ sein** (*geh*) to be sb's guest[s] ❷ (*Besucher einer fremden Umgebung*) **~ in einer Stadt/einem Land sein** to be a visitor to a city/country ❸ (*Besucher eines Lokals, Hotels*) customer; **wir bitten alle Gäste, ihre Zimmer bis spätestens zwölf Uhr zu räumen** all guests are kindly requested to vacate their rooms by midday

Gast·ar·bei·ter(in) *m(f)* guest worker **Gäs·te·buch** *nt* visitors' book **Gäs·te·zim·mer** *nt* spare room **gast·freund·lich** *adj* hospitable **Gast·freund·schaft** *f* hospitality **Gast·ge·ber(in)** <-s, -> *m(f)* host *masc*, hostess *fem* **Gast·ge·wer·be** *nt* catering industry **Gast·haus**, **Gasthof** *m* inn

gas·tie·ren* [gas'tiːrən] *vi* to make a guest appearance

Gast·land *nt* host country

gast·lich ['gastlɪç] (*geh*) **I.** *adj* hospitable **II.** *adv* hospitably

Gast·mann·schaft *f* visiting team, visitors *pl*

Gas·tri·tis <-, Gastritiden> [gas'triːtɪs, pl gastri'tiːdn̩] f gastritis
Gas·tro·no·mie <-> [gastrono'miː] f kein pl ❶ (geh: Gaststättengewerbe) catering trade ❷ (geh: Kochkunst) gastronomy
gas·tro·no·misch adj gastronomic
Gast·spiel nt guest performance **Gast·stät·te** f restaurant **Gast·wirt(in)** m(f) restaurant manager; einer Kneipe landlord masc, landlady fem **Gast·wirt·schaft** f s. **Gaststätte**
Gas·ver·gif·tung f gas poisoning **Gas·werk** nt gasworks + sing vb **Gas·zäh·ler** m gas meter
Gat·te, Gat·tin <-n, -n> ['gatə, 'gatɪn] m, f (geh) spouse
Gat·ter <-s, -> ['gatɐ] nt (Holzzaun) fence
Gat·tung <-, -en> ['gatʊŋ] f ❶ BIOL genus ❷ KUNST, LIT genre
Gat·tungs·be·griff m generic concept
GAU <-s, -s> ['gaʊ] m Akr von **größter anzunehmender Unfall** MCA
Gau·di <-> ['gaʊdi] f o nt kein pl ÖSTERR, SÜDD (fam: Spaß) fun; **sich** dat **eine ~ aus etw** dat **machen** to get a kick out of doing sth
Gauk·ler(in) <-s, -> ['gaʊklɐ] m(f) (veraltet) travelling performer
Gaul <-[e]s, Gäule> ['gaʊl, pl 'gɔʏlə] m (pej) nag
Gau·men <-s, -> ['gaʊmən] m palate
Gau·men·freu·de f (geh) culinary delight
Gau·ner(in) <-s, -> ['gaʊnɐ] m(f) ❶ (Betrüger) crook ❷ (Schelm) rogue ❸ (fam: gerissener Kerl) crafty customer
Gau·ne·rei <-, -en> [gaʊnə'raɪ] f cheating no pl
Ga·ze <-, -n> ['gaːzə] f gauze
Ga·zel·le <-, -n> [ga'tsɛlə] f gazelle
ge·ar·tet [gə'ʔaːɐ̯tət] adj ❶ (veranlagt) natured ❷ (beschaffen) constituted; **dieser Fall ist anders ~** the nature of this problem is different
Ge·äst <-[e]s> [gə'ʔɛst] nt kein pl branches pl
geb. Abk von **geboren** née
Ge·bäck <-[e]s, -e> [gə'bɛk] nt pl selten (Plätzchen) biscuits pl; (Teilchen) pastries pl; (kleine Kuchen) cakes pl
ge·ba·cken pp von **backen**
Ge·bälk <-[e]s, -e> [gə'bɛlk] nt pl selten timberwork no pl
ge·ballt I. adj ❶ (konzentriert) concentrated ❷ (zur Faust gemacht) **~e Fäuste** clenched fists II. adv in concentration; **solche Probleme treten immer ~ auf** these kinds of problems never occur singly

ge·bannt adj (gespannt) fascinated; **mit ~em Interesse** with fascination; **vor Schreck ~** rigid with fear; **wie ~** as if spellbound
ge·bar [gə'baːɐ̯] imp von **gebären**
Ge·bär·de <-, -n> [gə'bɛːɐ̯də] f gesture
ge·bär·den* [gə'bɛːɐ̯dn̩] vr haben ■ **sich ~** to behave
ge·bä·ren <gebiert, gebar, geboren> [gə'bɛːrən] I. vt ❶ (zur Welt bringen) ■ **geboren werden** to be born; **das Kind wurde einen Monat zu früh geboren** the child was born four weeks premature ❷ (eine natürliche Begabung haben) ■ **zu etw** dat **geboren sein** to be born to sth; **er ist zum Schauspieler geboren** he is a born actor II. vi (ein Kind zur Welt bringen) to give birth
ge·bär·fä·hig adj capable of child-bearing
Ge·bär·mut·ter <-mütter> f womb **Ge·bär·mut·ter·hals** m cervix, neck of the uterus
ge·bauch·pin·selt [gə'baʊxpɪnzl̩t] adj (hum fam) flattered
Ge·bäu·de <-s, -> [gə'bɔʏdə] nt ❶ (Bauwerk) building ❷ (Gefüge) structure; **ein ~ von Lügen** a web of lies
ge·baut adj built; ■ **gut/stark ~ sein** to be well-built
Ge·bein <-[e]s, -e> [gə'baɪn] nt ■ **~e** pl bones pl; eines Heiligen relics pl
Ge·bell(e) <-s> [gə'bɛl(ə)] nt kein pl (pej fam) incessant barking
ge·ben <gibt, gab, gegeben> ['geːbn̩] I. vt ❶ (reichen) ■ **jdm etw ~** to give sb sth, to give sth to sb; **ich würde alles darum ~, ihn noch einmal zu sehen** I would give anything to see him again; (beim Kartenspiel) to deal; **du hast mir 3 Joker gegeben** you've dealt me 3 jokers; **wer gibt jetzt?** whose turn is it to deal? ❷ (schenken) to give [as a present] ❸ (mitteilen) **jdm seine Telefonnummer ~** to give sb one's telephone number; **er ließ sich die Speisekarte ~** he asked for the menu ❹ (verkaufen) ■ **jdm etw ~** to get sb sth; **~ Sie mir bitte fünf Brötchen** I'd like five bread rolls please; (bezahlen) **ich gebe Ihnen 500 Euro für das Bild** I'll give you 500 euros for the picture ❺ (spenden) ■ **etw gibt jdm etw** sth gives [sb] sth; Schutz, Schatten to provide ❻ TELEK ■ **jdm jdn ~** to put sb through to sb; **~ Sie mir bitte Frau Schmidt** can I speak to Mrs Smith, please ❼ (stellen) **eine Aufgabe/ein Problem/ein Thema ~** to set a task/problem/topic ❽ Pressekonferenz to hold

⁹ (*zukommen lassen*) **jdm einen Namen ~** to name a person; **jdm ein Interview ~** to grant sb an interview **⑩** (*feiern*) **ein Fest ~** to give a party **⑪** DIAL (*abgeben*) ■ **etw/jdn irgendwohin ~** to send sth/sb somewhere; **sein Auto in [die] Reparatur ~** to have one's car repaired **⑫** KOCHK **Wein in sie Soße ~** to add wine to the sauce **⑬** (*ergeben*) **sieben mal sieben gibt neunundvierzig** seven times seven equals forty-nine; **keinen Sinn ~** that makes no sense **⑭** (*äußern*) ■ **etw von sich** *dat* **~** to utter sth ▶ **jdm etw zu tun ~** to give sb sth to do; **nichts auf etw** *akk* **~** to think nothing of sth; **ich gebe nicht viel auf die Gerüchte** I don't pay much attention to rumours; **es jdm ~** (*fam*) to let sb have it **II.** *vi* **①** KARTEN to deal **②** SPORT to serve; **du gibst!** it's your serve **III.** *vt impers* **①** (*gereicht werden*) **hoffentlich gibt es bald was zu essen!** I hope there's something to eat soon!; **was gibt es zum Frühstück?** what's for breakfast?; **freitags gibt es bei uns immer Fisch** we always have fish on Fridays **②** (*eintreten*) **heute gibt es noch Regen** it'll rain today; **hat es sonst noch etwas gegeben, als ich weg war?** has anything else happened while I was away; **gleich gibt es was** (*fam*) there's going to be trouble **③** (*existieren, passieren*) **das gibt es nicht!** (*fam*) no way!; **ein Bär mit zwei Köpfen? das gibt es nicht!** a bear with two heads? there's no such thing!; **das gibt es doch nicht!** (*fam*) that's unbelievable; **was gibt es?** (*fam*) what's up **IV.** *vr* **①** (*nachlassen*) ■ **etw gibt sich** sth eases [off]; (*sich erledigen*) to sort itself out; **das gibt sich** it will sort itself out; **das wird sich schon ~** it will all work out [for the best] **②** (*sich benehmen, aufführen*) **sie gab sich sehr überrascht** she acted very surprised; **nach außen gab er sich heiter** outwardly he behaved cheerfully; **sich von der besten Seite ~** to show one's best side

Ge·bet <-[e]s, -e> [gəˈbeːt] *nt* prayer
Ge·bet·buch *nt* prayer book
ge·be·ten [gəˈbeːtn̩] *pp von* **bitten**
Ge·bets·käpp·chen *nt* REL (*fam: jüdisch*) skullcap; (*islamisch*) prayer cap **ge·bets·müh·len·haft** **I.** *adj* (*pej fam*) constant **II.** *adv* (*pej fam*) constantly **Ge·bets·ni·sche** *f* REL mihrab **Ge·bets·ruf** *m* REL call to prayer
ge·biert [gəˈbiːɐ̯t] *3. pers pres von* **gebären**

Ge·biet <-[e]s, -e> [gəˈbiːt] *nt* **①** (*Fläche*) area; (*Region a.*) region; (*Staats~*) territory **②** (*Fach*) field
ge·bie·ten* [gəˈbiːtn̩] *irreg* (*geh*) **I.** *vt* **①** (*befehlen*) ■ **[jdm] etw ~** to command [sb] to do sth; **Einhalt ~** to put an end to sth **②** (*verlangen, erfordern*) ■ **etw ~** to demand sth; **es ist Vorsicht geboten** care must be taken **II.** *vi* **①** (*herrschen*) ■ **über jdn/etw ~** to have control over sb/sth **②** (*verfügen*) ■ **über etw** *akk* **~** to have sth at one's disposal
Ge·bie·ter(in) <-s, -> *m(f)* (*veraltet geh*) lord
ge·bie·te·risch [gəˈbiːtərɪʃ] (*geh*) **I.** *adj* domineering **II.** *adv* domineeringly, in a domineering manner
Ge·bil·de <-s, -> [gəˈbɪldə] *nt* **①** (*Ding*) thing **②** (*Form*) shape; (*Struktur*) structure **③** (*Muster*) pattern **④** (*Schöpfung*) creation
ge·bil·det *adj* educated; **ein ~er Mensch** a cultured person
Ge·bin·de <-s, -> [gəˈbɪndə] *nt* (*geh*) bunch; (*Blumenkranz*) wreath; (*Getreidegebinde*) sheaf; **ein ~ aus Blumen und Zweigen** an arrangement of flowers and twigs
Ge·bir·ge <-s, -> [gəˈbɪrɡə] *nt* mountains *pl*
ge·bir·gig [gəˈbɪrɡɪç] *adj* mountainous
Ge·biss^RR <-es, -e> *nt*, **Ge·biß**^ALT <-sses, -sse> [gəˈbɪs] *nt* **①** (*Zähne*) [set of] teeth **②** (*Zahnprothese*) dentures *npl*
ge·bis·sen [gəˈbɪsn̩] *pp von* **beißen**
Ge·blä·se <-s, -> [gəˈblɛːzə] *nt* blower, fan
ge·bla·sen *pp von* **blasen**
ge·blie·ben [gəˈbliːbn̩] *pp von* **bleiben**
ge·blümt [gəˈblyːmt], **ge·blumt** [gəˈbluːmt] *adj* ÖSTERR **①** (*mit Blumenmuster*) flowered, floral; **eine ~e Tischdecke** a tablecloth with a floral pattern; **~es Kleid** dress with a floral design **②** (*fig: kunstvoll, blumenreich*) flowery; **ein ~er Stil** a flowery style

ge·bo·gen [gəˈboːɡn̩] **I.** *pp von* **biegen** **II.** *adj* bent
ge·bo·ren [gəˈboːrən] **I.** *pp von* **gebären** **II.** *adj* **der ~e Koch sein** to be a born cook
ge·bor·gen [gəˈbɔrɡn̩] **I.** *pp von* **bergen** **II.** *adj* safe
Ge·bor·gen·heit <-> *f kein pl* security
ge·bors·ten [gəˈbɔrstn̩] *pp von* **bersten**
Ge·bot <-[e]s, -e> [gəˈboːt] *nt* **①** (*Gesetz*) law; (*Verordnung*) decree **②** REL **die zehn**

~e the ten commandments ❸ (geh: Erfordernis) requirement; **das ~ der Stunde** the dictates of the moment ❹ ÖKON bid; **gibt es ein höheres ~?** does anyone bid more?
ge·bo·ten [gəˈboːtn̩] I. ❶ pp von **gebieten** ❷ pp von **bieten** II. adj (geh: notwendig) necessary; (angebracht) advisable
Ge·brab·bel <-s> [gəˈbrabl̩] nt kein pl (pej fam) jabbering
ge·bracht [gəˈbraxt] pp von **bringen**
ge·brannt [gəˈbrant] I. pp von **brennen** II. adj burned, burnt; ~e **Mandeln** roasted almonds
ge·bra·ten pp von **braten**
Ge·bräu <-[e]s, -e> [gəˈbrɔy] nt (pej) concoction
Ge·brauch <-[e]s, Gebräuche> [gəˈbraux, pl gəˈbrɔyçə] m ❶ kein pl (Verwendung) use; (Anwendung) application; **zum äußerlichen/innerlichen ~** to be applied externally/to be taken internally; **etw in ~ haben** to use sth; **von etw** dat ~ **machen** to make use of sth; **vor ~ schütteln** shake well before use ❷ usu pl **Sitten und Gebräuche** manners and customs
ge·brau·chen* [gəˈbrauxn̩] vt ❶ (verwenden) to use; **nicht mehr zu ~ sein** to be no longer [of] any use; **das kann ich gut ~** I can really use that; **zu nichts zu ~ sein** to be no use at all ❷ (fam: benötigen) **dein Wagen könnte mal wieder eine Wäsche ~** your car could do with a wash again
ge·bräuch·lich [gəˈbrɔyçlɪç] adj ❶ (allgemein üblich) customary; (in Gebrauch) in use ❷ (herkömmlich) conventional
Ge·brauchs·an·wei·sung f operating instructions **Ge·brauchs·ge·gen·stand** m basic commodity
ge·braucht adj second-hand
Ge·braucht·markt m second-hand market **Ge·braucht·wa·gen** m second-hand car
Ge·bre·chen <-s, -> [gəˈbrɛçn̩] nt (geh) affliction
ge·brech·lich [gəˈbrɛçlɪç] adj frail
Ge·brech·lich·keit <-> f kein pl frailty, infirmity
ge·bro·chen I. pp von **brechen** II. adj (völlig entmutigt) broken III. adv imperfectly; **sie sprach nur ~ Deutsch** she only spoke broken German
Ge·brü·der [gəˈbryːdɐ] pl (veraltet) brothers
Ge·brüll <-[e]s> [gəˈbrʏl] nt kein pl eines Löwe roaring; (pej) eines Kindes bawling; eines Menschen screaming
Ge·bühr <-, -en> [gəˈbyːɐ̯] f charge; (Honorar, Beitrag) fee; ~ **[be]zahlt Empfänger** postage to be paid by addressee; **eine ~ erheben** to levy a charge
ge·büh·ren* [gəˈbyːrən] (geh) I. vi (zukommen) ■**jdm/etw gebührt etw** sb/sth deserves sth; **ihm gebührt unsere Anerkennung** he deserves our recognition II. vr **sich ~** to be fitting; **wie es sich gebührt** as is fitting
ge·büh·rend I. adj (zustehend) due; (angemessen) appropriate II. adv (angemessen) appropriately
Ge·büh·ren·ein·zugs·zen·tra·le f collection centre for radio and television licence fees
ge·büh·ren·frei adj, adv free of charge
ge·büh·ren·pflich·tig I. adj subject to a charge; ~e **Verwarnung** fine; ~e **Straße** toll road II. adv **jdn ~ verwarnen** to fine sb
ge·bun·den [gəˈbʊndn̩] I. pp von **binden** II. adj ~es **Buch** hardcover; ~e **Preise** controlled prices; **durch Verpflichtungen ~ sein** to be tied down by duties; **anderweitig ~ sein** to be otherwise engaged; **vertraglich ~ sein** to be bound by contract
Ge·burt <-, -en> [gəˈbuːɐ̯t] f ❶ (Entbindung) birth; **bei der ~** at the birth; **von ~ an** from birth ❷ (Abstammung) birth; **von ~ Deutscher sein** to be German by birth; **von niedriger/hoher ~ sein** to be of low/noble birth
Ge·bur·ten·kon·trol·le f kein pl birth control **Ge·bur·ten·rück·gang** m decline in the birth rate **ge·bur·ten·schwach** adj **ein ~er Jahrgang** a year in which there is a low birth rate **ge·bur·ten·stark** adj with a high birth rate **Ge·bur·ten·zahl** f birth rate **Ge·bur·ten·zif·fer** f birth rate
ge·bür·tig [gəˈbʏrtɪç] adj by birth; **er ist ~er Londoner** he is a native Londoner
Ge·burts·da·tum nt date of birth **Ge·burts·hel·fer(in)** m(f) obstetrician **Ge·burts·hil·fe** f kein pl obstetrics **Ge·burts·jahr** nt year of birth **Ge·burts·ort** m place of birth **Ge·burts·sta·ti·on** f obstetrics ward
Ge·burts·tag m birthday; (Geburtsdatum) date of birth; **herzlichen Glückwunsch zum ~** happy birthday to you; **[seinen/jds] ~ feiern** to celebrate one's/sb's birthday; **jdm zum/zu jds ~ gratulieren** to

wish sb a happy birthday; **wann hast du ~?** when is your birthday?

Ge·burts·tags·ge·schenk *nt* birthday present **Ge·burts·tags·kind** *nt* (*hum*) birthday boy/girl

Ge·burts·ter·min *m* due date **Ge·burts·ur·kun·de** *f* birth certificate

Ge·büsch <-[e]s, -e> [gəˈbyʃ] *nt* bushes *pl;* (*Unterholz*) undergrowth

ge·dacht [gəˈdaxt] ❶ *pp von* **denken** ❷ *pp von* **gedenken**

Ge·dächt·nis <-ses, -se> [gəˈdɛçtnɪs, *pl* gəˈdɛçtnɪsə] *nt* ❶ (*Informationsspeicherung im Gehirn*) memory; **ein gutes/schlechtes ~ [für etw** *akk***] haben** to have a good/poor memory [for sth]; **sein ~ anstrengen** to make a real effort to remember sth; **etw im ~ behalten** to remember sth; **jds ~ entfallen** to slip one's mind; **sein ~ verlieren** to lose one's memory ❷ (*Gedenken*) memory; **zum ~ der Toten** in remembrance of the dead

Ge·dächt·nis·lü·cke *f* gap in one's memory; **eine ~ haben** to not remember anything; MED localized amnesia **Ge·dächt·nis·schwund** *m* amnesia, loss of memory; **an ~ leiden** (*fam*) to suffer from amnesia **Ge·dächt·nis·stüt·ze** *f* memory aid **Ge·dächt·nis·ver·lust** *m kein pl* loss of memory

ge·dämpft *adj* **~er Schall/~e Stimme** muffled echo/voice; **~es Licht/~e Farbe** muted light/colour; **~er Aufprall** softened impact

Ge·dan·ke <-ns, -n> [gəˈdaŋkə] *m* ❶ (*das Gedachte, Überlegung*) thought; **der bloße ~ an jdn/etw** *akk* the mere thought of sb/sth; **in ~n vertieft** deep in thought; **sich mit einem ~n vertraut machen** to get used to an idea; **jdn auf andere ~n bringen** to take sb's mind off sth; **jdn auf einen ~n bringen** to put an idea into sb's head; **jds ~n lesen** to read sb's thoughts; **sich** *dat* **über etw** *akk* **~n machen** to be worried about sth; **mit seinen ~en woanders sein** to have one's mind on sth else ❷ (*Einfall*) idea; **einen ~n in die Tat umsetzen** to put a plan into action; **jdm kommt ein ~** sb hits upon an idea; **mir kommt da gerade ein ~!** I've just had an idea!; **mit dem ~n spielen, etw zu tun** to toy with the idea of doing sth ❸ (*Begriff*) concept

Ge·dan·ken·aus·tausch *m* exchange of ideas **Ge·dan·ken·frei·heit** *f kein pl* freedom of thought *no pl* **Ge·dan·ken·gang** *m* train of thought

ge·dan·ken·los I. *adj* thoughtless II. *adv* thoughtlessly

Ge·dan·ken·lo·sig·keit <-, -en> *f* ❶ *kein pl* (*Unüberlegtheit*) lack of thought *no pl;* (*Zerstreutheit*) absent-mindedness *no pl* ❷ (*unüberlegte Äußerung*) thoughtlessness *no pl*

Ge·dan·ken·strich *m* dash **Ge·dan·ken·über·tra·gung** *f* telepathy *no indef art* **ge·dan·ken·ver·lo·ren** *adj, adv* lost in thought

ge·dank·lich [gəˈdaŋklɪç] *adj* intellectual; **die ~e Klarheit** the clarity of thought; **in keinem ~en Zusammenhang stehen** to be disjointed

Ge·deck <-[e]s, -e> [gəˈdɛk] *nt* cover; **die ~e abräumen** to clear the table

ge·deckt I. *pp von* **decken** II. *adj* muted

Ge·deih [gəˈdaɪ̯] ▶ **auf ~ und Verderb** for better or [for] worse

ge·dei·hen <gedieh, gediehen> [gəˈdaɪ̯ən] *vi sein* ❶ (*sich gut entwickeln*) to flourish ❷ (*vorankommen*) to make headway

ge·den·ken* [gəˈdɛŋkn̩] *vi irreg* (*geh*) ❶ (*ehrend zurückdenken*) ▪ **jds/einer S.** *gen* **~** to remember sb/sth ❷ (*beabsichtigen*) ▪ **~, etw zu tun** to intend to do sth

Ge·den·ken <-s> [gəˈdɛŋkn̩] *nt kein pl* memory; **zum ~ an jdn/etw** *akk* in memory of sb/sth

Ge·denk·fei·er *f* commemorative ceremony **Ge·denk·mi·nu·te** *f* minute's silence **Ge·denk·stät·te** *f* memorial **Ge·denk·stun·de** *f* hour of commemoration **Ge·denk·ta·fel** *f* commemorative plaque **Ge·denk·tag** *m* day of remembrance

Ge·dicht <-[e]s, -e> [gəˈdɪçt] *nt* poem

ge·die·gen [gəˈdiːgn̩] *adj* ❶ (*rein*) pure ❷ (*solide gearbeitet*) high quality ❸ (*geschmackvoll*) tasteful ❹ (*gründlich*) **~e Kenntnisse haben** to have sound knowledge ❺ (*verlässlich*) **ein ~er Mensch** an upright person

ge·dieh [gəˈdiː] *imp von* **gedeihen**

ge·die·hen [gəˈdiːən] *pp von* **gedeihen**

Ge·döns <-es> [gəˈdøːns] *nt kein pl* NORDD (*fam*) ❶ (*Krempel*) stuff ❷ (*Aufheben*) **viel ~ [um etw** *akk***] machen** to make a lot of fuss [about sth]; **was soll das ganze ~?** what's all the fuss about?

Ge·drän·ge <-s> [gəˈdrɛŋə] *nt kein pl* ❶ (*drängende Menschenmenge*) crowd ❷ (*das Drängen*) jostling

ge·dro·schen [gəˈdrɔʃn̩] *pp von* **dreschen**

ge·drückt *adj* weak, dejected, depressed; **~er Markt** BÖRSE depressed market; **~er Stimmung sein** to be in low spirits

ge·drun·gen [gəˈdrʊŋən] **I.** *pp von* **dringen II.** *adj* stocky

Ge·duld <-> [gəˈdʊlt] *f kein pl* patience; **jds ~ ist erschöpft** sb has lost patience; **hab ~!** be patient!; **mit jdm/etw ~ haben** to be patient with sb/sth; **keine ~ [zu etw** *dat*] **haben** to have no patience [with sth]; **die ~ verlieren** to lose one's patience

ge·dul·den* [gəˈdʊldn̩] *vr* ■ **sich ~** to be patient

ge·dul·dig [gəˈdʊldɪç] *adj* patient

Ge·dulds·fa·den *m* ▶ **jdm reißt der ~** (*fam*) sb is at the end of his/her tether **Ge·dulds·pro·be** *f* test of one's patience **Ge·dulds·spiel** *nt* puzzle

ge·durft [gəˈdʊrft] *pp von* **dürfen**

ge·ehrt *adj* ❶ honoured; **sehr ~e Damen, sehr ~e Herren!** ladies and gentlemen! ❷ (*Anrede in Briefen*) **sehr ~e Damen und Herren!** Dear Sir or Madam

ge·eig·net [gəˈʔaignət] *adj* suitable; **jetzt ist nicht der ~e Augenblick, darüber zu sprechen** it's not the right time to talk about it; ■ **für etw** *akk*/**zu etw** *dat* **~ sein** to be suited to sth

Ge·fahr <-, -en> [gəˈfaːɐ̯] *f* danger; **jdn in ~ bringen** to endanger sb; **eine ~ darstellen** to pose a threat; **außer ~ sein** to be out of danger; **in ~ sein** to be in danger; **auf eigene ~** at one's own risk; **sich in ~ begeben** to put oneself at risk; **~ laufen, etw zu tun** to run the risk of doing sth; **auf die ~ hin, etw zu tun** at the risk of doing sth

ge·fähr·den* [gəˈfɛːɐ̯dn̩] *vt* ■ **sich/jdn/etw ~** to endanger oneself/sb/sth; **den Erfolg einer S.** *gen* **~** to jeopardize the success of sth

Ge·fähr·dung <-, -en> *f* threat

ge·fah·ren *pp von* **fahren**

Ge·fah·ren·herd *m* source of danger **Ge·fah·ren·zo·ne** *f* danger area [*or* zone] **Ge·fah·ren·zu·la·ge** *f* danger money BRIT, hazardous [duty] pay AM

ge·fähr·lich [gəˈfɛːɐ̯lɪç] **I.** *adj* dangerous; (*risikoreich*) risky **II.** *adv* dangerously; **~ aussehen** to look dangerous

ge·fahr·los [gəˈfaːɐ̯loːs] *adj* safe

Ge·fähr·te, Ge·fähr·tin <-n, -n> [gəˈfɛːɐ̯tə, gəˈfɛːɐ̯tɪn] *m, f* (*geh*) companion

Ge·fäl·le <-s, -> [gəˈfɛlə] *nt* ❶ (*Neigungsgrad*) gradient; *von Land* slope; *eines Flusses* drop ❷ (*fig: Unterschied*) difference

ge·fal·len <gefiel, gefallen> [gəˈfalən] **I.** *vi* ■ **jdm ~** to please sb; **gefällt dir mein Kleid?** do you like my dress?; **die Sache gefällt mir nicht** (*fam*) I don't like the look of that **II.** *vr* ■ **sich** *dat* **etw ~ lassen** (*fam*) to put up with sth; (*etw akzeptabel finden*) to be happy with sth

Ge·fal·len[1] <-s, -> [gəˈfalən] *m* favour; **jdn um einen ~ bitten** to ask sb for a favour; **jdm einen ~ tun** to do sb a favour

Ge·fal·len[2] <-s> [gəˈfalən] *nt kein pl* (*geh*) pleasure; **an etw** *dat* **~ finden** to enjoy sth

Ge·fal·le·ne(r) *f(m)* soldier killed in action

ge·fäl·lig [gəˈfɛlɪç] *adj* ❶ (*hilfsbereit*) helpful; **sich jdm ~ zeigen** to show oneself willing to help ❷ (*ansprechend*) pleasant ❸ (*gewünscht*) **Zigarette ~?** would you care for a cigarette? *form*

Ge·fäl·lig·keit <-, -en> *f* ❶ (*Gefallen*) favour; **jdm eine ~ erweisen** to do sb a favour ❷ *kein pl* (*Hilfsbereitschaft*) helpfulness; **aus ~** out of the kindness of one's heart

ge·fäl·ligst [gəˈfɛlɪçst] *adv* (*fam*) kindly; **würden Sie mich ~ ausreden lassen!** would you kindly let me finish [speaking]!

ge·fan·gen [gəˈfaŋən] **I.** *pp von* **fangen II.** *adj* ❶ (*in Gefangenschaft*) **jdn ~ halten** to hold sb captive; **ein Tier ~ halten** to keep an animal in captivity; **jdn ~ nehmen** MIL to take sb prisoner; (*verhaften*) to arrest sb ❷ (*beeindruckt*) **jdn ~ halten** to captivate sb; **ihre Bücher nehmen mich ganz ~** I find her books captivating

Ge·fan·ge·ne(r) *f(m)* captive; (*im Gefängnis*) prisoner; (*im Krieg*) prisoner of war; **~ machen** to take prisoners

ge·fan·gen|hal·tenᴬᴸᵀ *vt irreg s.* **gefangen II. Ge·fan·gen·nah·me** <-, -n> *f* ❶ MIL capture ❷ (*Verhaftung*) arrest **ge·fan·gen|neh·men**ᴬᴸᵀ *vt irreg s.* **gefangen II.**

Ge·fan·gen·schaft <-, *selten* -en> *f* captivity; **in ~ geraten** to be taken prisoner; **in ~ gehalten werden** to be kept in captivity

Ge·fäng·nis <-ses, -se> [gəˈfɛŋnɪs, *pl* gəˈfɛŋnɪsə] *nt* ❶ (*Haftanstalt*) prison, jail; **im ~ sein** to be in prison; **ins ~ kommen** to be sent to prison ❷ *kein pl* (*Haftstrafe*) imprisonment *no pl;* **zwei Jahre ~ bekommen** to get two years imprisonment

Ge·fäng·nis·stra·fe *f* prison sentence **Ge·fäng·nis·wär·ter(in)** *m(f)* prison officer **Ge·fäng·nis·zel·le** *f* prison cell

Ge·fa·sel <-s> [gəˈfaːzl̩] *nt kein pl* (*pej fam*) drivel

Ge·fäß <-es, -e> [gəˈfɛːs] *nt* ❶ (*Behälter*) container ❷ (*Ader*) vessel

ge·fasst[RR], **ge·faßt**[ALT] I. *adj* ❶ (*beherrscht*) composed ❷ (*eingestellt*) ■ **auf etw** *akk* ~ **sein** to be prepared for sth; **sich auf etw** *akk* ~ **machen** to prepare oneself for sth II. *adv* calmly

Ge·fäß·ver·en·gung *f* vascular constriction

Ge·fäß·ver·kal·kung *f* vascular sclerosis

Ge·fecht <-[e]s, -e> [gə'fɛçt] *nt* (*a. fig*) battle

ge·feit [gə'fait] *adj* ■ **gegen etw** *akk* ~ **sein** to be immune to sth

Ge·fie·der <-s, -> [gə'fiːdɐ] *nt* plumage *no indef art, no pl*

ge·fie·dert [gə'fiːdɐt] *adj* (*geh*) feathered

Ge·flecht <-[e]s, -e> [gə'flɛçt] *nt* ❶ (*Flechtwerk*) wickerwork ❷ (*Gewirr*) tangle

ge·fleckt *adj* spotted; *Gefieder* speckled; **eine ~e Haut** blotchy skin

ge·flis·sent·lich [gə'flɪsn̩tlɪç] *adv* (*geh*) deliberately

ge·floch·ten [gə'flɔxtn̩] *pp von* **flechten**

ge·flo·gen [gə'floːɡn̩] *pp von* **fliegen**

ge·flo·hen [gə'floːən] *pp von* **fliehen**

ge·flos·sen [gə'flɔsn̩] *pp von* **fließen**

Ge·flü·gel <-s> [gə'flyːɡl̩] *nt kein pl* poultry *no indef art, no pl*

ge·flü·gelt [gə'flyːɡlt] *adj* winged

Ge·flü·gel·zucht *f* poultry farm[ing]

Ge·flüs·ter <-s> [gə'flʏstɐ] *nt kein pl* whispering

ge·foch·ten [gə'fɔxtn̩] *pp von* **fechten**

Ge·fol·ge <-s, -> [gə'fɔlɡə] *nt* retinue

Ge·folg·schaft <-, -en> *f* ❶ (*Anhängerschaft*) following *no pl* ❷ HIST retinue ❸ *kein pl* (*veraltend: Treue*) allegiance (**gegenüber** to); **jdm ~ leisten** to obey sb

ge·fragt *adj* in demand *pred*

ge·frä·ßig [gə'frɛːsɪç] *adj* ❶ (*fressgierig*) voracious ❷ (*pej: unersättlich*) greedy

Ge·frä·ßig·keit <-> *f kein pl* ❶ (*Fressgier*) voracity, voraciousness ❷ (*pej: Unersättlichkeit*) gluttony

ge·fres·sen [gə'frɛsn̩] *pp von* **fressen**

ge·frie·ren* [gə'friːrən] *vi irreg sein* to freeze

Ge·frier·fach *nt* freezer compartment **ge·frier·ge·trock·net** *adj* freeze-dried **Ge·frier·punkt** *m* freezing point; **über/unter dem ~** above/below freezing **Ge·frier·schrank** *m* upright freezer **Ge·frier·tru·he** *f* chest freezer

ge·fro·ren [gə'froːrən] *pp von* **frieren, gefrieren**

Ge·fü·ge <-s, -> [gə'fyːɡə] *nt* (*geh*) structure

ge·fü·gig [gə'fyːɡɪç] *adj* compliant; [**sich dat**] **jdn ~ machen** to make sb submit to one's will

Ge·fühl <-[e]s, -e> [gə'fyːl] *nt* ❶ (*Sinneswahrnehmung*) feeling ❷ (*seelische Empfindung, Instinkt*) feeling; **das [...] ~ haben, dass/als ob ...** to have the [...] feeling that/as though ...; **ich werde das ~ nicht los, dass ...** I cannot help feeling that ...; **etw im ~ haben** to feel sth instinctively; **mein ~ täuscht mich nie** my instinct is never wrong; **jds ~e erwidern** to return sb's affections ❸ (*Sinn*) sense; **ein ~ für etw** *akk* [**haben**] [to have] a feeling for sth; **ein ~ für Zahlen/Kunst/Musik** a feeling for figures/art/music; **ein ~ für Gerechtigkeit** a sense of justice

ge·fühl·los I. *adj* ❶ (*ohne Sinneswahrnehmung*) numb ❷ (*herzlos*) insensitive II. *adv* insensitively

Ge·fühls·aus·bruch *m* emotional outburst **ge·fühls·be·tont** *adj* emotional **Ge·fühls·du·se·lei** <-, -en> [-duːzə'lai] *f* (*pej fam*) mawkishness **ge·fühls·kalt** *adj* cold **ge·fühls·mä·ßig** *adv* instinctively **Ge·fühls·re·gung** *f* [stirring of] emotion **Ge·fühls·sa·che** *f* matter of instinct

ge·fühlt I. *pp von* **fühlen** II. *adj* (*subjektiv wahrgenommen*) perceived, apparent; **~e Temperatur** perceived [*or* apparent] temperature; (*aufgrund von Windchill*) perceived [*or* apparent] temperature, windchill temperature; **~e Sicherheit** feeling of safety III. *adv* (*schätzungsweise*) **ein Film von ~ vier Stunden Länge** a film of what seemed [*or* felt] like four hours; **ich habe ihr ~ hundert Mal gesagt, dass ...** it feels like I've told her a hundred times that ...

ge·fühl·voll I. *adj* (*empfindsam*) sensitive II. *adv* with feeling

Ge·fum·mel <-s> [gə'fʊml̩] *nt kein pl* (*fam*) ❶ (*lästiges Hantieren*) fiddling ❷ (*sexuelle Berührung*) groping *fam*

ge·fun·den [gə'fʊndn̩] *pp von* **finden**

ge·gan·gen [gə'ɡaŋən] *pp von* **gehen**

ge·ge·ben [gə'ɡeːbn̩] I. *pp von* **geben** II. *adj* ❶ (*geeignet*) right ❷ (*vorhanden*) given; **unter den ~en Umständen** under these circumstances

ge·ge·be·nen·falls [ɡə'ɡeːbənən'fals] *adv* if necessary

Ge·ge·ben·heit <-, -en> *f meist pl* (*die Realitäten*) fact; **die wirtschaftlichen/sozialen ~en** the economic/social conditions

ge·gen ['ɡeːɡn̩] I. *präp* +*akk* ❶ (*wider*) against; **ich brauche etwas ~ meine Erkältung** I need sth for my cold ❷ (*ablehnend*) ■ **~ jdn/etw sein** to be against sb/

sth ❸ (*entgegen*) contrary to; **~ alle Vernunft** against all reason ❹ JUR, SPORT versus ❺ (*an*) against; **~ die Wand stoßen** to run into the wall; **~ die Tür schlagen** to hammer on the door ❻ (*gegenüber*) towards, to ❼ (*für*) for; **~ Kaution/Quittung** against a deposit/receipt ❽ (*verglichen mit*) compared with ❾ (*ungefähr*) **~ Morgen/Mittag/Abend** towards morning/afternoon/evening II. *adv* **er kommt ~ drei Uhr an** he's arriving around three o'clock

Ge·gen·an·griff *m* counterattack **Ge·gen·an·zei·ge** *f* contraindication **Ge·gen·ar·gu·ment** *nt* counterargument **Ge·gen·bei·spiel** *nt* counterexample **Ge·gen·be·weis** *m* counterevidence; [**jdm**] **den ~** [**zu etw** *dat*] **erbringen** to furnish [sb] with evidence to the contrary

Ge·gend <-, -en> ['ge:gn̩t, *pl* 'ge:gn̩dən] *f* ❶ (*Gebiet*) region; **durch die ~ laufen/fahren** (*fam*) to stroll about/drive around ❷ (*Wohngegend*) area, neighbourhood ❸ (*Nähe*) area; **in der Münchner ~** in the Munich area

Ge·gen·dar·stel·lung *f* ❶ MEDIA reply ❷ (*gegenteilige Darstellung*) account [of sth] from an opposing point of view; **~ machen** to dispute [sth] **Ge·gen·de·mon·stra·ti·on** *f* counterdemonstration **ge·gen·ein·an·der** [ge:gn̩ʔaiˈnandɐ] *adv* against each other; **etwas ~ haben** (*fam*) to have sth against each other **ge·gen·ein·an·der|hal·ten** *vt irreg* to hold up side by side **ge·gen·ein·an·der|pral·len** *vi sein* to collide **Ge·gen·fahr·bahn** *f* oncoming lane **Ge·gen·ge·wicht** *nt* counterweight **Ge·gen·gift** *nt* antidote **Ge·gen·kla·ge** *f* JUR countercharge, counterclaim, cross-charge **ge·gen·läu·fig** *adj* ❶ TECH contra-rotating ❷ (*entgegengesetzt*) **eine ~e Entwicklung/Tendenz** a reverse development/trend **Ge·gen·leis·tung** *f* **eine/keine ~ erwarten** to expect something/nothing in return **Ge·gen·lie·be** *f kein pl* [**bei jdm**] **auf keine/wenig ~ stoßen** to meet with no/little approval [from sb] **Ge·gen·maß·nah·me** *f* countermeasure **Ge·gen·mit·tel** *nt* (*gegen Gift*) antidote; (*gegen Krankheit*) remedy (**gegen** for) **Ge·gen·of·fen·si·ve** *f* counterattack **Ge·gen·re·for·ma·ti·on** *f* HIST Counter-Reformation **Ge·gen·rich·tung** *f* opposite direction **Ge·gen·satz** *m* ❶ (*Gegenteil*) opposite; **im scharfen ~ zu etw** *dat* **stehen** to be in sharp conflict with sth; **der** [**genaue**] **~ zu jdm**

sein to be the [exact] opposite of sb; **im ~ zu jdm/etw** *dat* unlike sb/sth ❷ *pl* differences; **unüberbrückbare Gegensätze** irreconcilable differences ▶**Gegensätze ziehen sich an** (*prov*) opposites attract

ge·gen·sätz·lich ['ge:gn̩zɛtslɪç] I. *adj* conflicting; *Menschen, Temperamente* different II. *adv* differently

Ge·gen·sätz·lich·keit <-, -en> *f* difference[s]

Ge·gen·schlag *m* retaliation **Ge·gen·seite** *f* other side

ge·gen·sei·tig ['ge:gn̩zaitɪç] I. *adj* mutual; **in ~er Abhängigkeit stehen** to be mutually dependent II. *adv* mutually; **sich ~ beschuldigen/helfen** to accuse/help each other

Ge·gen·sei·tig·keit <-> *f kein pl* mutuality; **auf ~ beruhen** to be mutual

Ge·gen·spie·ler(in) *m(f)* opposite number **Ge·gen·sprech·an·la·ge** *f* two-way intercom

Ge·gen·stand <-[e]s, Gegenstände> *m* ❶ (*Ding*) object ❷ (*Thema*) subject

ge·gen·ständ·lich ['ge:gn̩ʃtɛntlɪç] KUNST I. *adj* representational II. *adv* representationally

Ge·gen·stands·los *adj* ❶ (*unbegründet*) unfounded ❷ (*hinfällig*) invalid; **bitte betrachten Sie dieses Schreiben als ~, falls ...** please disregard this notice if ...

Ge·gen·stim·me *f* ❶ (*bei einer Abstimmung*) vote against; **der Antrag wurde mit 323 Stimmen bei 142 ~n/ohne ~ angenommen** the motion was carried by 323 votes to 142/unanimously ❷ (*kritische Meinungsäußerung*) dissenting voice **Ge·gen·strö·mung** *f* countercurrent, crosscurrent; (*entgegengesetzte Opposition*) current of opposition **Ge·gen·stück** *nt* companion piece; **jds ~ sein** to be sb's opposite

Ge·gen·teil ['ge:gn̩tail] *nt* opposite; **im ~!** on the contrary!

ge·gen·tei·lig ['ge:gn̩tailɪç] I. *adj* opposite II. *adv* to the contrary

ge·gen·über [ge:gn̩ˈʔy:bɐ] I. *präp* +*dat* ❶ (*örtlich*) ■**jdm/einer S.** *dat* **~** opposite sb/sth ❷ (*in Bezug auf*) ■**jdm/einer S.** *dat* **~** towards sb/sth ❸ (*vor ...*) ■**jdm ~** in front of sb ❹ (*im Vergleich zu*) ■**jdm ~** in comparison with sb II. *adv* opposite; **die Leute von ~** the people [from] opposite

Ge·gen·über <-s, -> [ge:gn̩ˈʔy:bɐ] *nt* ❶ (*Mensch*) person opposite ❷ (*Terrain*) land opposite

ge·gen·über·lie·gend *adj attr* opposite

ge·gen·ü·ber|ste·hen *irreg* I. *vi* ❶ (*zugewandt stehen*) ■**jdm** ~ to stand opposite sb ❷ (*eingestellt sein*) ■**jdm/einer S. dat** [...] ~ to have a [...] attitude towards sb/sth; **jdm feindlich gegenüberstehen** to be ill disposed towards sb II. *vr* ■**sich dat als etw** ~ to face each other as sth **ge·gen·ü·ber|stel·len** *vt* ❶ (*konfrontieren*) ■**jdm jdn** ~ to confront sb with sb ❷ (*vergleichen*) ■**einer S. dat etw** ~ to compare sth with sth **Ge·gen·ü·ber·stel·lung** *f* ❶ (*Konfrontation*) confrontation ❷ (*Vergleich*) comparison

Ge·gen·ver·kehr *m* oncoming traffic

Ge·gen·vor·schlag *m* counterproposal

Ge·gen·wart <-> ['geːɡn̩vart] *f kein pl* ❶ (*jetziger Augenblick*) present ❷ (*heutiges Zeitalter*) present [day]; **die Literatur/ Kunst/Musik der** ~ contemporary literature/art/music ❸ LING present [tense] ❹ (*Anwesenheit*) presence

ge·gen·wär·tig ['geːɡn̩vɛrtɪç] I. *adj* ❶ *attr* (*derzeitig*) present ❷ (*heutig*) present[-day]; **zur ~en Stunde** at the present time; **der ~e Tag** this day ❸ (*geh: erinnerlich*) **die Adresse ist mir im Augenblick nicht** ~ I cannot recall the address at the moment ❹ (*präsent*) ■**irgendwo/in etw dat** ~ **sein** to be ever-present somewhere/in sth II. *adv* currently

Ge·gen·wehr *f* resistance; **[keine]** ~ **leisten** to put up [no] resistance **Ge·gen·wert** *m* equivalent; **im** ~ **von etw dat** to the value of sth **Ge·gen·wind** *m* headwind **ge·gen|zeich·nen** *vt* to countersign **Ge·gen·zug** *m* counter[move]; **im** ~ **[zu etw dat]** as a counter[move] [to sth]

ge·ges·sen [ɡəˈɡɛsn̩] *pp von* **essen**

ge·gli·chen [ɡəˈɡlɪçn̩] *pp von* **gleichen**

ge·glit·ten [ɡəˈɡlɪtn̩] *pp von* **gleiten**

ge·glom·men [ɡəˈɡlɔmən] *pp von* **glimmen**

Geg·ner(in) <-s, -> ['geːɡnɐ] *m(f)* ❶ (*Feind*) enemy ❷ (*Gegenspieler*) *a*. SPORT opponent

geg·ne·risch *adj attr* opposing

Geg·ner·schaft <-, -en> *f* opposition

ge·gol·ten [ɡəˈɡɔltn̩] *pp von* **gelten**

ge·go·ren [ɡəˈɡoːrən] *pp von* **gären**

ge·gos·sen [ɡəˈɡɔsn̩] *pp von* **gießen**

ge·gra·ben *pp von* **graben**

ge·grif·fen [ɡəˈɡrɪfn̩] *pp von* **greifen**

Ge·grö·le <-s> [ɡəˈɡrøːlə] *nt kein pl* (*pej fam*) raucous bawling

Ge·ha·be <-s> [ɡəˈhaːbə] *nt kein pl* (*pej fam: Getue*) fuss; (*Gebaren*) affectation

Ge·hack·te(s) *nt* mince[d meat] BRIT, ground[meat] AM; ~ **s vom Schwein/Rind** minced [*or* AM ground] pork/beef

Ge·halt¹ <-[e]s, Gehälter> [ɡəˈhalt, *pl* ɡəˈhɛltɐ] *nt o* ÖSTERR *m* salary

Ge·halt² <-[e]s, -e> [ɡəˈhalt] *m* (*Anteil*) content; ■**der** ~ **an etw dat** the ... content

ge·hal·ten [ɡəˈhaltn̩] *pp von* **halten**

ge·halt·los *adj* ❶ (*nährstoffarm*) non-nutritious ❷ (*oberflächlich*) insubstantial

Ge·halts·ab·rech·nung *f* salary statement, pay slip **Ge·halts·emp·fän·ger(in)** *m(f)* salaried employee **Ge·halts·er·hö·hung** *f* pay rise **Ge·halts·kon·to** *nt* account into which a salary is paid **Ge·halts·vor·stel·lung** *f* salary expectation

ge·halt·voll *adj* ❶ (*nahrhaft*) nutritious, nourishing ❷ (*gedankliche Tiefe aufweisend*) stimulating

ge·han·di·kapt [ɡəˈhɛndikɛpt] *adj* handicapped (**durch** by)

ge·han·gen [ɡəˈhaŋən] *pp von* **hängen**

ge·häs·sig [ɡəˈhɛsɪç] I. *adj* spiteful II. *adv* spitefully

Ge·häs·sig·keit <-, -en> *f* ❶ *kein pl* (*Boshaftigkeit*) spite[fulness] ❷ (*gehässige Bemerkung*) spiteful remark

ge·hau·en *pp von* **hauen**

ge·häuft I. *adj* ❶ (*hoch gefüllt*) heaped ❷ (*wiederholt*) repeated II. *adv* in large numbers

Ge·häu·se <-s, -> [ɡəˈhɔyzə] *nt* ❶ (*Schale*) casing; (*Kamera a.*) body ❷ (*Schneckengehäuse*) shell ❸ (*Kerngehäuse*) core

geh·be·hin·dert *adj* **leicht/stark** ~ **sein** to have a slight/severe mobility handicap

Ge·he·ge <-s, -> [ɡəˈheːɡə] *nt* enclosure

ge·heim [ɡəˈhaɪm] I. *adj* secret II. *adv* secretly; ~ **abstimmen** to vote by secret ballot; **etw [vor jdm]** ~ **halten** to keep sth secret [from sb]

Ge·heim·agent(in) *m(f)* secret agent **Ge·heim·dienst** *m* secret service BRIT, intelligence service AM **ge·heim|hal·ten**^{ALT} *vt irreg s.* **geheim** II.

Ge·heim·hal·tung *f* secrecy; ~ **von Erfindungen** secrecy of inventions; **zur** ~ **verpflichtet werden** to be sworn to secrecy

Ge·heim·nis <-ses, -se> [ɡəˈhaɪmnɪs, *pl* ɡəˈhaɪmnɪsə] *nt* ❶ (*Wissen*) secret; **vor jdm keine ~se haben** to have no secrets from sb; **aus etw dat ein/kein** ~ **machen** to make a [big]/no secret of sth; **ein offenes** ~ an open secret ❷ (*Rätsel*) ■**das** ~ **einer S. gen** the secret of sth; **das** ~ **des Lebens** the mystery of life

Ge·heim·nis·krä·mer(in) <-s, -> *m(f)* (*fam*) mystery-monger **Ge·heim·nis·krä·me·rei** [gəhaɪmnɪskrɛːməˈraɪ] *f* (*pej fam*) secretiveness **ge·heim·nis·krä·me·risch** [gəˈhaɪmnɪskrɛːmərɪʃ] *adj* (*pej*) secretive

ge·heim·nis·voll I. *adj* mysterious II. *adv* mysteriously

Ge·heim·num·mer *f* ❶ TELEK ex-directory number ❷ (*geheime Kombination*) secret combination **Ge·heim·po·li·zei** *f* secret police **Ge·heim·sa·che** *f* classified information **Ge·heim·schrift** *f* code **Ge·heim·tipp**^RR *m* inside tip **Ge·heim·tür** *f* secret door **Ge·heim·waf·fe** *f* secret weapon **Ge·heim·zahl** *f* FIN PIN number

Ge·heiß <-es> [gəˈhaɪs] *nt kein pl* (*geh*) behest; **auf jds ~** at sb's behest

ge·hei·ßen *pp von* **heißen**

ge·hemmt I. *adj* inhibited II. *adv* **sich ~ benehmen** to act self-consciously; **~ sprechen** to speak with inhibitions

ge·hen <ging, gegangen> [ˈgeːən] I. *vi sein* ❶ (*sich fortbewegen*) to go; (*zu Fuß*) to walk; **geh schon!** go on!; **~ wir!** let's go!; **~ wir oder fahren wir mit dem Auto?** shall we walk or drive?; **gehst du heute in die Stadt/auf die Post?** are you going to town/to the post office today?; **wann geht er nach Paris/ins Ausland?** when is he going to Paris/abroad?; **in Urlaub ~** to go on holiday [*or* AM vacation]; **auf die andere Straßenseite ~** to cross over to the other side of the street; [**im Zimmer**] **auf und ab ~** to pace up and down [the room]; ■**in/an etw** *akk* **~** to go into/to sth; **ans Telefon ~** to answer the telephone; ■**zu jdm/etw ~** to go to sb/sth; **wie weit geht man bis zur Post?** how far is it to the post office? ❷ (*besuchen*) ■**zu jdm ~** to go and visit sb; **ins Theater/in die Kirche/Messe/Schule ~** to go to the theatre/to church/mass/school; **zu einem Vortrag/zu einer Messe/zur Schule ~** to go to a lecture/to a [trade] fair/to school; **an die Uni ~** to go to university; **aufs Gymnasium/auf einen Lehrgang ~** to go to [a] grammar school/on a course; **schwimmen/tanzen/einkaufen/schlafen ~** to go swimming/dancing/shopping/to bed ❸ (*tätig werden*) **in die Industrie/Politik/Computerbranche ~** to go into industry/politics/computers; **in die Gewerkschaft ~** to join the union; **zum Film/Radio/Theater/zur Oper ~** to go into films/radio/on the stage/become an opera singer ❹ (*weggehen*) to go; (*abfahren a.*) to leave; **ich muss jetzt ~** I have to be off; **wann geht der Zug nach Hamburg?** when does the train to Hamburg leave?; **heute geht leider keine Fähre mehr** there are no more ferries today, I'm afraid ❺ (*führen*) **die Brücke geht über den Fluss** the bridge crosses the river; **ist das die Straße, die nach Oberstdorf geht?** is that the road to Oberstdorf?; **wohin geht dieser Weg?** where does this path lead to? ❻ (*ausscheiden*) **gegangen werden** (*hum fam*) to be given the sack ❼ (*funktionieren*) to work; **meine Uhr geht nicht mehr** my watch has stopped ❽ (*sich bewegen*) **ich hörte, wie die Tür ging** I heard the door [go]; **diese Schublade geht schwer** this drawer is stiff ❾ (*gelingen*) **wie ist die Prüfung gegangen?** how did the exam go?; **zurzeit geht alles drunter und drüber** things are a bit chaotic right now; **versuch's einfach, es geht ganz leicht** just try it, it's really easy; **kannst du mir bitte erklären, wie das Spiel geht?** can you please explain the rules of the game to me?; **wie soll das denn bloß ~?** just how is that supposed to work? ❿ ÖKON **das Geschäft geht vor Weihnachten immer gut** business is always good before Christmas; **wie ~ die Geschäfte?** how's business?; (*sich verkaufen*) to sell ⓫ (*hineinpassen*) **es ~ über 450 Besucher in das neue Theater** the new theatre holds over 450 people; **wie viele Leute** [**can**] **~ in deinen Wagen?** how many people [can] fit in[to] your car? ⓬ (*dauern*) **dieser Film geht drei Stunden** this film lasts three hours; **der Film geht schon über eine Stunde** the film started over an hour ago ⓭ (*reichen*) **das Wasser geht einem bis zur Hüfte** the water comes up to one's hips; **der Rock geht ihr bis zum Knie** the skirt goes down to her knee; **in die Tausende ~** to run into [the] thousands ⓮ KOCHK *Teig* to rise ⓯ (*sich kleiden*) ■**in etw** *dat* **~** to wear sth; (*verkleidet sein*) ■**als etw ~** to go as sth; **bei dem Nieselregen würde ich nicht ohne Schirm ~** I wouldn't go out in this drizzle without an umbrella; **sie geht auch im Winter nur mit einer dunklen Brille** she wears dark glasses even in winter ⓰ (*ertönen*) to ring ⓱ (*möglich sein*) **haben Sie am nächsten Mittwoch Zeit? — Nein, das geht** [**bei mir**] **nicht** are you free next Wednesday? — No, that's no good [for me]; **das**

geht doch nicht! that's not on!; **ich muss mal telefonieren – geht das?** I have to make a phone call – would that be alright?; **nichts geht mehr** (*beim Roulette*) no more bets; (*hoffnungslos sein*) there's nothing more to be done ⑱(*lauten*) **wie geht nochmal der Spruch?** what's that saying again?, how does the saying go? ⑲(*anfassen*) **um ihre Schulden zu bezahlen, musste sie an ihr Erspartes ~** she had to raid her savings to pay off her debts; **wer ist dieses Mal an meinen Computer gegangen?** who's been messing around with my computer this time? ⑳(*zufallen*) ■ **an jdn ~** to go to sb ㉑(*beeinträchtigen*) **das geht [mir] ganz schön an die Nerven** that really gets on my nerves; **das geht an die Kraft** that takes it out of you ㉒(*gerichtet sein*) ■ **an jdn ~** to be addressed to sb; **das geht nicht gegen Sie, aber die Vorschriften!** this isn't aimed at you, it's just the rules!; **das geht gegen meine Prinzipien** that is against my principles ㉓(*fam: liiert sein*) ■ **mit jdm ~** to go out with sb ㉔(*urteilen*) ■ **nach etw** *dat* **~** to go by sth ㉕(*überschreiten*) **zu weit ~** to go too far; **das geht zu weit!** that's just too much! ㉖(*übersteigen*) **über jds Geduld ~** to exhaust sb's patience; **das geht einfach über meine finanziellen Möglichkeiten** I just don't have the finances for that ㉗(*fam: akzeptabel sein*) **er geht gerade noch, aber seine Frau ist furchtbar** he's just about OK but his wife is awful; **wie ist das Hotel? — Es geht [so]** how's the hotel? — It's ok ▶ **wo jd geht und steht** (*fam*) wherever sb goes; **jdm über alles ~** to mean more to sb than anything else; **es geht nichts über jdn/etw** *akk* there's nothing like sb/sth; **[ach] geh, ...!** (*fam*) [oh] come on, ...!; ÖSTERR, SÜDD **geh, was du mir sagst!** go on, you're kidding! **II.** *vi impers sein* ❶ + *adv* (*sich befinden*) **wie geht es Ihnen? — Danke, mir geht es gut!** how are you? — Thank you, I am well!; **nach der Spritze ging es ihr gleich wieder besser** she soon felt better again after the injection; **wie geht's denn [so]?** (*fam*) how's it going? ❷ + *adv* (*verlaufen*) **wie war denn die Prüfung? — Ach, es ging ganz gut** how was the exam? — Oh, it went quite well ❸(*sich handeln um*) **um was geht's denn?** what's it about then?; **worum geht es in diesem Film?** what is this film about?; **es geht hier um eine wichtige Entschei-**

dung there is an important decision to be made here ❹(*wichtig sein*) **worum geht es dir eigentlich?** what are you trying to say?; **es geht mir nur um die Wahrheit** I'm only interested in the truth; **es geht mir ums Prinzip** it's a matter of principle ❺(*ergehen*) **mir ist es ähnlich/genauso/nicht anders gegangen** it was the same/just the same/no different with me; **lass es dir/lasst es euch gut ~!** look after yourself! ❻(*sich machen lassen*) **das wird kaum ~, wir sind über Weihnachten verreist** that won't be possible, we're away for Christmas; **ich werde arbeiten, solange es geht** I shall go on working as long as possible; **geht es, oder soll ich dir tragen helfen?** can you manage, or shall I help you carry it/them ❼(*nach jds Kopf ~*) **wenn es nach mir ginge** if it were up to me; **es kann nicht immer alles nach dir ~** you can't always have things your own way ▶ **geht's noch!?** SCHWEIZ (*iron*) are you crazy?! **III.** *vt sein* **ich gehe immer diesen Weg/diese Straße** I always walk this way/take this road **IV.** *vr haben* ❶ *impers* **in diesen Schuhen geht es sich bequem** these shoes are very comfortable for walking ❷(*sich nicht beherrschen*) **sich ~ lassen** to lose one's self-control; (*nachlässig sein*) to let oneself go

ge·hen‖las·sen* *vr irreg* **sich ~** *s.* **gehen IV. 2**

Ge·her(in) <-s, -> ['geːɐ, 'geːərɪn] *m(f)* SPORT walker

ge·hetzt [gə'hɛtst] *adj* harassed

ge·heu·er [gə'hɔyɐ] *adj* **[jdm] nicht [ganz] ~ sein** to seem [a bit] suspicious [to sb]; **jdm ist nicht ganz ~ [bei etw** *dat*] sb feels a little uneasy [about sth]; **irgendwo ist es nicht ~** somewhere is eerie

Geh·hil·fe *f* walking aid

Ge·hil·fe, Ge·hil·fin <-n, -n> [gə'hɪlfə, gə'hɪlfɪn] *m*, *f* assistant

Ge·hirn <-[e]s, -e> [gə'hɪrn] *nt* brain

ge·hirn·am·pu·tiert *adj* (*hum*) ■ **~ sein** to be out of one's mind **Ge·hirn·er·schüt·te·rung** *f* concussion **Ge·hirn·haut·ent·zün·dung** *f* meningitis **Ge·hirn·schlag** *m* stroke **Ge·hirn·tu·mor** *m* brain tumour **Ge·hirn·wä·sche** *f* brainwashing *no indef art, no pl* **Ge·hirn·zel·le** *f* brain cell

ge·ho·ben [gə'hoːbn̩] **I.** *pp von* **heben II.** *adj* ❶ LING **sich ~ ausdrücken** to use elevated language ❷(*höher*) senior ❸ *Stimmung* festive

Ge·höft [gəˈhœft, gəˈhøːft], **Ge·höft** <-[e]s, -e> [gəˈhøːft] *nt* farm[stead]
ge·hol·fen [gəˈhɔlfn̩] *pp von* **helfen**
Ge·hör <-[e]s, *selten* -e> [gəˈhøːɐ̯] *nt* hearing; **das ~ verlieren** to go deaf; **jdm/ einer S.** *dat* **[kein] ~ schenken** [not] to listen to sb/sth; **sich ~ verschaffen** to make oneself heard; **nach dem ~ spielen** to play by ear
ge·hor·chen* [gəˈhɔrçn̩] *vi* ❶ (*gefügig sein*) to obey ❷ (*reagieren*) ■**jdm ~** to respond to sb
ge·hö·ren* [gəˈhøːrən] I. *vi* ❶ (*jds Eigentum sein*) ■**jdm ~** to belong to sb; **ihm ~ mehrere Häuser** he owns several houses ❷ (*jdm zugewandt sein*) ■**jdm/einer S.** *dat* **~** to belong to sb/sth; **ihre ganze Liebe gehört ihrem Sohn** she gives all her love to her son ❸ (*den richtigen Platz haben*) **die Kinder ~ ins Bett** the children should be in bed; **wohin ~ die Hemden?** where do the shirts go? ❹ (*angebracht sein*) **dieser Vorschlag gehört nicht zum Thema/hierher** this suggestion is not to the point/is not relevant here ❺ (*Mitglied sein*) ■**zu jdm/einer S.** *dat* **~** to belong to sb/sth; **zur Familie ~** to be one of the family ❻ (*Teil sein von*) ■**zu etw** *dat* **~** to be part of sth; **gehört zu der Hose denn kein Gürtel?** shouldn't there be a belt with these trousers? ❼ (*Voraussetzung, nötig sein*) **zu dieser Arbeit gehört viel Konzentration** this work requires a lot of concentration; **es gehört viel Mut dazu, ...** it takes a lot of courage to ...; **dazu gehört nicht viel** that doesn't take much; **dazu gehört [schon] etwas** that takes some doing; **dazu gehört [schon etwas] mehr** there's [a bit] more to it than that! ❽ DIAL **er meint, dass sie ganz einfach wieder zurückgeschickt ~** he thinks they ought simply to be sent back again II. *vr* ■**sich ~** to be fitting; **wie es sich gehört** as is right and proper; **sich [einfach/eben] nicht ~** to be [simply/just] not good manners
Ge·hör·gang *m* ANAT auditory canal
ge·hö·rig [gəˈhøːrɪç] I. *adj* ❶ *attr* (*fam: beträchtlich*) good *attr*; **eine ~e Achtung vor jdm haben** to have a healthy respect for sb; **jdm einen ~en Schrecken einjagen** to give sb a good fright; **jdm eine ~e Tracht Prügel verpassen** to give sb a good thrashing ❷ *attr* (*entsprechend*) proper ❸ (*geh: gehörend*) ■**zu etw** *akk* **~** belonging to sth; **nicht zur Sache ~ sein** not to be relevant II. *adv* (*fam*) **jdn ~ ausschimpfen** to tell sb well and truly off; **du hast dich ~ getäuscht** you are very much mistaken
Ge·hör·lo·se(r) *f(m)* (*geh*) deaf person
Ge·hör·nerv *m* auditory nerve
ge·hor·sam [gəˈhoːɐ̯zaːm] I. *adj* obedient II. *adv* obediently
Ge·hor·sam <-s> [gəˈhoːɐ̯zaːm] *m kein pl* obedience
Geh·steig *m s.* **Bürgersteig**
Ge·hu·pe <-s> [gəˈhuːpə] *nt kein pl* (*pej*) honking
Geh·weg *m* ❶ *s.* **Bürgersteig** ❷ (*Fußweg*) walk
Gei·er <-s, -> [ˈɡaɪ̯ɐ] *m* vulture
Gei·ge <-, -n> [ˈɡaɪ̯ɡə] *f* violin, fiddle *fam* ▶ **die erste ~ spielen** to call the tune; **die zweite ~ spielen** to play second fiddle
gei·gen [ˈɡaɪ̯ɡn̩] I. *vi* to play the violin II. *vt* ■**etw ~** to play sth on the violin
Gei·ger(in) <-s, -> [ˈɡaɪ̯ɡɐ] *m(f)* violinist
Gei·ger·zäh·ler *m* Geiger counter
geil [ɡaɪ̯l] I. *adj* ❶ (*lüstern*) lecherous; ■**~ auf jdn sein** to have the hots for sb; **jdn ~ machen** to make sb horny ❷ (*sl: toll*) wicked II. *adv* ❶ (*lüstern*) lecherously ❷ (*sl*) wicked
Geil·heit <-, -en> *f* lecherousness, lechery
Gei·sel <-, -n> [ˈɡaɪ̯zl̩] *f* hostage; **jdn als ~ nehmen** to take sb hostage
Gei·sel·nah·me <-, -n> *f* hostage-taking
Gei·sel·neh·mer(in) <-s, -> *m(f)* hostage-taker
Geiß <-, -en> [ˈɡaɪ̯s] *f* SÜDD, ÖSTERR, SCHWEIZ [nanny-]goat **Geiß·bock** *m* SÜDD, ÖSTERR, SCHWEIZ (*Ziegenbock*) billy goat
Gei·ßel <-, -n> [ˈɡaɪ̯sl̩] *f* scourge
gei·ßeln [ˈɡaɪ̯sl̩n] *vt* ❶ (*mit der Geißel schlagen*) ■**jdn/sich ~** to flagellate sb/ oneself ❷ (*anprangern*) ■**etw ~** to castigate sth
Geist <-[e]s, -er> [ˈɡaɪ̯st] *m* ❶ *kein pl* (*Vernunft*) mind ❷ *kein pl* (*Esprit*) wit; **~ haben** to have esprit ❸ (*Denker*) mind ❹ *kein pl* (*Wesen, Sinn, Gesinnung*) spirit ❺ (*körperloses Wesen*) ghost; **gute/böse ~er** good/evil spirits; **der Heilige ~** the Holy Ghost ▶ **von allen guten ~ern verlassen sein** (*fam*) to have taken leave of one's senses; **jdm auf den ~ gehen** (*fam*) to get on sb's nerves; **den ~ aufgeben** (*fig fam*) to give up the ghost; **etw im ~e vor sich** *dat* **sehen** to picture sth
Geis·ter·bahn *f* ghost train **Geis·ter·fah·rer(in)** *m(f)* (*fam*) sb driving down a road [often a motorway] in the wrong direction
geis·ter·haft I. *adj* ghostly II. *adv* eerily

Geis·ter·hand f ▶ **wie von** ~ as if by magic
geis·tern ['gaɪstɐn] vi sein ❶ (herumgehen) ■ **durch etw** akk ~ to wander through sth like a ghost ❷ (spuken) ■ durch etw akk ~ to haunt sth; **es geistert immer noch durch die Köpfe** it still haunts people's minds
Geis·ter·stadt f ghost town
Geis·ter·stun·de f witching hour
geis·tes·ab·we·send I. adj absent-minded II. adv absent-mindedly **Geis·tes·ab·we·sen·heit** f absent-mindedness **Geis·tes·blitz** m (fam) brainwave, brainstorm **Geis·tes·ge·gen·wart** f presence of mind **geis·tes·ge·gen·wär·tig** I. adj quick-witted II. adv with great presence of mind **geis·tes·ge·stört** adj mentally disturbed **Geis·tes·hal·tung** f attitude [of mind] **geis·tes·krank** adj mentally ill **Geis·tes·krank·heit** f mental illness **geis·tes·ver·wandt** adj ~ **sein** to be kindred spirits **Geis·tes·wis·sen·schaf·ten** pl humanities **Geis·tes·wis·sen·schaft·ler(in)** m(f) ❶ (Wissenschaftler) humanities scholar ❷ (Student) humanities student **Geis·tes·zu·stand** m state of mind
geis·tig ['gaɪstɪç] I. adj ❶ (verstandesmäßig) mental ❷ (spirituell) spiritual II. adv ❶ (verstandesmäßig) mentally; ~ **anspruchslos** intellectually undemanding ❷ MED ~ **behindert/zurückgeblieben** mentally handicapped/retarded
geist·lich ['gaɪstlɪç] I. adj ❶ (religiös) religious ❷ (kirchlich) ecclesiastical; Amt religious; ~**er Beistand** spiritual support II. adv spiritually
Geist·li·che(r) f(m) clergyman masc, woman priest fem
geist·los adj ❶ (dumm) witless ❷ (einfallslos) inane
geist·reich adj ❶ (intellektuell anspruchsvoll) intellectually stimulating ❷ Mensch witty
Geiz <-es> [gaɪts] m kein pl miserliness
gei·zen ['gaɪtsn̩] vi ■ **mit etw** dat ~ ❶ (knauserig sein) to be mean with sth ❷ (zurückhaltend sein) to be sparing with sth
Geiz·hals m miser
gei·zig ['gaɪtsɪç] adj stingy, miserly
Geiz·kra·gen m (fam) s. Geizhals
Ge·jam·mer <-s> [gəˈjamɐ] nt kein pl (pej fam) yammering
ge·kannt [gəˈkant] pp von kennen
Ge·ki·cher <-s> [gəˈkɪçɐ] nt kein pl (pej fam) giggling
Ge·kläf·fe <-s> [gəˈklɛfə] nt kein pl (pej) yapping
Ge·klap·per <-s> [gəˈklapɐ] nt kein pl (pej fam) clatter[ing]
ge·klei·det adj (geh) dressed; **eine weiß ~e Dame** a lady dressed in white; ■ ... ~ **sein** to be ... dressed
Ge·klim·per <-s> [gəˈklɪmpɐ] nt kein pl (pej fam) ❶ (auf dem Klavier) plonking ❷ (mit Saiteninstrument) twanging
Ge·klir·r(e) <-[e]s> [gəˈklɪr(ə)] nt kein pl clinking
ge·klom·men [gəˈklɔmən] pp von klimmen
ge·klun·gen [gəˈklʊŋən] pp von klingen
ge·knickt adj (fam) glum
ge·knif·fen [gəˈknɪfn̩] pp von kneifen
ge·kom·men pp von kommen
ge·konnt [gəˈkɔnt] I. pp von können II. adj accomplished
Ge·krit·zel <-s> [gəˈkrɪtsl̩] nt kein pl (pej) ❶ (Gekritzeltes) scrawl ❷ (lästiges Kritzeln) scrawling
ge·kro·chen [gəˈkrɔxn̩] pp von kriechen
ge·küns·telt adj (pej) artificial; ~**es Lächeln** forced smile; Sprache, Benehmen affected
Gel <-s, -e> [geːl] nt gel
Ge·la·ber(e) <-s> [gəˈlaːbɐ] nt kein pl (pej fam) blabbering
Ge·läch·ter <-s, -> [gəˈlɛçtɐ] nt laughter
ge·lack·mei·ert [gəˈlakmaɪɐt] adj (fam) ■ ~ **sein** to be the one who has been conned
ge·la·den I. pp von laden II. adj (fam) ■ ~ **sein** to be furious
Ge·la·ge <-s, -> [gəˈlaːgə] nt binge
ge·lähmt I. pp von lähmen II. adj paralyzed
Ge·län·de <-s, -> [gəˈlɛndə] nt ❶ (Land) terrain ❷ (bestimmtes Stück Land) site
Ge·län·der <-s, -> [gəˈlɛndɐ] nt railing[s]; (Treppengeländer) banister[s]
Ge·län·de·ren·nen nt cross-country race
Ge·län·de·wa·gen m off-road vehicle
ge·lang [gəˈlaŋ] imp von gelingen
ge·lan·gen* [gəˈlaŋən] vi sein ❶ (hinkommen) **ans Ziel/an den Bestimmungsort** ~ to reach one's destination; **in die falschen Hände** ~ to fall into the wrong hands ❷ (erwerben) ■ **zu etw** dat ~ to achieve sth; Ruhm, Reichtum to gain ❸ SCHWEIZ ■ **an jdn** ~ to turn to sb (**mit** about)
ge·lang·weilt adj, adv bored
ge·las·sen [gəˈlasn̩] I. pp von lassen II. adj calm III. adv calmly

Ge·las·sen·heit <-> f kein pl calmness
Ge·la·ti·ne <-> [ʒelaˈtiːnə] f kein pl gelatin[e]
ge·lau·fen pp von **laufen**
ge·läu·fig [gəˈlɔyfɪç] adj familiar
ge·launt [gəˈlaʊnt] adj präd ■ ... ~ **sein** to be in a ... mood
Ge·läut(e) <-[e]s> [gəˈlɔyt(ə)] nt kein pl chiming
gelb [ˈgɛlp] adj yellow
Gelb <-s, - o -s> [ˈgɛlp] nt ❶ (gelbe Farbe) yellow ❷ (bei Verkehrsampel) amber
Gelb·fie·ber nt yellow fever
gelb·lich [ˈgɛlplɪç] adj yellowish
Gelb·sucht f kein pl jaundice
Geld <-[e]s, -er> [ˈgɛlt, pl ˈgɛldə] nt kein pl money; **bares** ~ cash; ~ **wie Heu haben** (fam) to have money to burn; **ins** ~ **gehen** (fam) to cost a pretty penny; **etw zu ~ machen** (fam) to turn sth into money ▶ **das ~ zum Fenster hinauswerfen** to throw money down the drain; **jdm das ~ aus der Tasche ziehen** to squeeze money out of sb; **in ~ schwimmen** to be rolling in money
Geld·an·ge·le·gen·heit f meist pl money matter **Geld·an·la·ge** f [financial] investment **Geld·au·to·mat** m cashpoint, automated teller machine, ATM **Geld·be·trag** m sum **Geld·beu·tel** m SÜDD s. Geldbörse **Geld·bör·se** f (geh: Portmonee) purse **Geld·bu·ße** f fine **Geld·druck·ma·schi·ne** f (fig fam) goldmine **Geld·ent·wer·tung** f currency depreciation
Gel·der pl moneys pl
Geld·ge·ber(in) <-s, -> m(f) [financial] backer **geld·gie·rig** adj avaricious **Geld·in·sti·tut** nt financial institution **Geld·ma·che·rei** <-, -> f kein pl (pej) money-making **Geld·mit·tel** pl funds pl, cash resources pl; **fehlende ~** lack of funds **Geld·quel·le** f financial source **Geld·schein** m banknote, bill AM **Geld·schrank** m safe **Geld·schwie·rig·kei·ten** pl financial difficulties pl **Geld·sor·gen** pl money troubles pl **Geld·spen·de** f [monetary] donation **Geld·spiel·au·to·mat** m slot machine **Geld·stra·fe** f fine **Geld·stück** nt coin **Geld·ver·le·gen·heit** f financial embarrassment no pl; **in ~en sein** to be short of money **Geld·ver·schwen·dung** f waste of money **Geld·wä·sche** f money-laundering **Geld·wech·sel** m foreign exchange **Geld·wert** m ❶ (Kaufkraft) value of a currency ❷ (eines Gegenstandes) cash value

Ge·lee <-s, -s> [ʒeˈleː, ʒəˈleː] m o nt jelly
Ge·le·ge <-s, -> [gəˈleːgə] nt [clutch of] eggs
ge·le·gen [gəˈleːgn̩] I. pp von **liegen** II. adj (passend) convenient; **jdm ~ kommen** to come at the right time for sb
Ge·le·gen·heit <-, -en> [gəˈleːgn̩haɪt] f ❶ (günstiger Moment) opportunity; **bei passender ~** when the opportunity arises; **die ~ haben, etw zu tun** to have the opportunity of doing sth ❷ (Anlass) occasion; **bei dieser ~** on this occasion ▶ **die ~ beim Schopf[e] fassen** to seize the opportunity with both hands
Ge·le·gen·heits·ar·beit f casual work **Ge·le·gen·heits·ar·bei·ter(in)** m(f) casual labourer **Ge·le·gen·heits·kauf** m bargain [purchase]
ge·le·gent·lich [gəˈleːgn̩tlɪç] I. adj attr occasional II. adv ❶ (manchmal) occasionally ❷ (bei Gelegenheit) **wenn Sie ~ in der Nachbarschaft sind ...** if you happen to be around here ...
ge·leh·rig [gəˈleːrɪç] I. adj quick to learn II. adv **sich ~ anstellen** to be quick to learn
ge·lehrt adj ❶ (gebildet) learned ❷ (wissenschaftlich) scholarly
Ge·leit <-[e]s, -e> [gəˈlaɪt] nt **freies ~** safe-conduct; **jdm das ~ geben** (geh) to escort sb; **jdm das letzte ~ geben** (fig geh) to pay one's last respects to sb
ge·lei·ten* [gəˈlaɪtn̩] vt (geh) to escort
Ge·leit·schutz m escort; **jdm/einer S. dat ~ geben** to escort sb/sth **Ge·leit·wort** <-s, -e> nt preface
Ge·lenk <-[e]s, -e> [gəˈlɛŋk] nt ANAT, TECH joint
Ge·lenk·ent·zün·dung f arthritis
ge·len·kig [gəˈlɛŋkɪç] adj supple
ge·lernt adj skilled attr; (qualifiziert) trained attr
ge·le·sen pp von **lesen**
ge·liebt adj dear; **ihr ~er Mann** her dear [or form also beloved] husband
Ge·lieb·te(r) f(m) lover
ge·lie·fert adj (fam) ■ **~ sein** to have had it
ge·lie·hen [gəˈliːən] pp von **leihen**
ge·lie·ren* [ʒeˈliːrən, ʒəˈliːrən] vi to gel
ge·lin·d(e) [gəˈlɪnt, gəˈlɪndə] adj ❶ (geh: mild) mild; Regen, Frost light ❷ (fam: heftig) awful ▶ **~ gesagt** to put it mildly
ge·lin·gen <gelang, gelungen> [gəˈlɪŋən] vi sein ■ **jdm gelingt es, etw zu tun** sb manages to do sth; ■ **jdm gelingt es nicht, etw zu tun** sb fails to do sth

Ge·lin·gen <-s> [gəˈlɪŋən] *nt kein pl* (*geh*) success; **auf gutes ~!** to success!
ge·lit·ten [gəˈlɪtn̩] *pp von* **leiden**
gel·l(e) [ˈgɛl(ə)] *interj* SÜDD, SCHWEIZ right?
gel·len [ˈgɛlən] *vi* ■ [*laut*] ~ to ring [loudly]
gel·lend I. *adj* piercing II. *adv* piercingly; **~ um Hilfe schreien** to scream for help
ge·lo·ben* [gəˈloːbn̩] *vt* (*geh*) ■ [**jdm**] **etw ~** to vow sth [to sb]; **jdm Gefolgschaft ~** to swear [one's] allegiance to sb; **ein einsichtigeres Verhalten ~** to swear to behave more reasonably
Ge·löb·nis <-ses, -se> [gəˈløːpnɪs, *pl* gəˈløːpnɪsə] *nt* (*geh*) vow; **ein ~ ablegen** to take a vow
ge·lo·gen [gəˈloːgn̩] *pp von* **lügen**
ge·löst *adj* relaxed
gel·ten <gilt, galt, gegolten> [ˈgɛltn̩] I. *vi* ❶ (*gültig sein*) ■ [**für jdn**] **~** *Regelung* to be valid [for sb]; *Bestimmungen* to apply [to sb]; *Gesetz* to be in force ❷ (*bestimmt sein für*) ■ **jdm/einer S. *dat* ~** to be meant for sb/sth; *Buhrufe* to be aimed at sb/sth; *Frage* to be directed at sb ❸ (*zutreffen*) ■ **für jdn ~** to go for sb ❹ (*gehalten werden*) ■ **als etw ~** to be regarded as sth ▶ **etw ~ lassen** to accept sth; **für diesmal werde ich es ausnahmsweise ~ lassen** I'll let it go this time II. *vi impers* (*geh*) ■ **es gilt, etw zu tun** it is necessary to do sth; **jetzt gilt es zusammenzuhalten** it is now a matter of sticking together; **es gilt!** you're on!; **das gilt nicht!** that's not allowed!
gel·tend *adj attr* (*gültig*) current; (*vorherrschend*) prevailing; **einen Einwand ~ machen** to raise an objection; **Ansprüche/Forderungen ~ machen** to make claims/demands; **sich ~ machen** to make itself noticeable
Gel·tung <-, -en> *f* ❶ (*Gültigkeit*) validity *no indef art, no pl*; **~ erlangen/haben** to become/be valid ❷ (*Ansehen*) prestige *no indef art, no pl*; **etw zur ~ bringen** to show off *sep* sth to [its] advantage; **sich/einer S. *dat* ~ verschaffen** to establish one's position/to enforce sth
Gel·tungs·be·dürf·nis *nt kein pl* need for admiration **Gel·tungs·drang** *m kein pl* need for recognition
Ge·lüb·de <-s, -> [gəˈlʏpdə] *nt* (*geh*) vow
ge·lun·gen [gəˈlʊŋən] I. *pp von* **gelingen** II. *adj attr* successful
ge·mäch·lich [gəˈmɛːçlɪç] I. *adj* leisurely; *Leben* quiet II. *adv* leisurely; **~ frühstücken** to have a leisurely breakfast

Ge·mahl(in) <-s, -e> [gəˈmaːl] *m(f)* (*geh*) spouse
Ge·mäl·de <-s, -> [gəˈmɛːldə] *nt* painting
Ge·mäl·de·ga·le·rie *f* picture gallery
ge·ma·sert *adj* grained
ge·mäß [gəˈmɛːs] I. *präp +dat* in accordance with; **~ § 198** according to § 198 II. *adj* ■ **jdm/einer S. *dat* ~** appropriate to sb/sth; **einem Anlass ~e Kleidung** clothes suitable for the occasion; **eine seinen Fähigkeiten ~e Beschäftigung** a job suited to one's abilities
ge·mä·ßigt *adj* ❶ METEO temperate ❷ (*moderat*) moderate
Ge·mäu·er <-s> [gəˈmɔyɐ] *nt kein pl* (*geh*) walls *pl*; (*Ruine*) ruins *pl*
Ge·me·cker [gəˈmɛkɐ], **Ge·me·cke·re** <-s> [gəˈmɛkərə], **Ge·meck·re** <-s> [gəˈmɛkrə] *nt kein pl* (*pej*) ❶ (*Tier*) bleating[s *pl*] ❷ (*fam: Nörgelei*) whinging
ge·mein [gəˈmaɪn] I. *adj* ❶ (*niederträchtig*) mean ❷ (*böse*) nasty ❸ *attr, kein comp/superl* BOT, ZOOL common ❹ *präd* (*geh: gemeinsam*) ■ **jdm/einer S. *dat* ~ sein** to be common to sb/sth; **etw mit jdm/etw ~ haben** to have sth in common with sb/sth II. *adv* (*fam*) horribly
Ge·mein·de <-, -n> [gəˈmaɪndə] *f* ❶ (*Kommune*) municipality ❷ (*Pfarr~*) parish; (*Gläubige a.*) parishioners *pl*
Ge·mein·de·haus *nt* REL parish rooms *pl*
Ge·mein·de·mit·glied *nt* REL parishioner
Ge·mein·de·ord·nung *f* by[e-]laws *pl* BRIT, municipal ordinance *no pl* AM **Ge·mein·de·rat**[1] *m* district council **Ge·mein·de·rat, -rä·tin**[2] *m, f* (*~smitglied*) district councillor BRIT, councilman AM **Ge·mein·de·schwes·ter** *f* REL *parish nun operating as visiting nurse to the elderly and sick* **Ge·mein·de·ver·wal·tung** *f* district council **Ge·mein·de·zen·trum** *nt* REL parish rooms *pl*
Ge·mein·ei·gen·tum *nt* common property
ge·mein·ge·fähr·lich *adj* constituting a public danger *pred form*; **ein ~er Krimineller** a dangerous criminal **Ge·mein·gut** *nt kein pl* common property *no pl*
Ge·mein·heit <-, -en> *f* ❶ *kein pl* (*Niedertracht*) meanness *no art, no pl* ❷ (*niederträchtiges Handeln*) meanness *no art, no pl*; **so eine ~!** that was a mean thing to do/say!; (*Bemerkung*) mean remark
ge·mein·hin *adv* generally
ge·mein·nüt·zig [gəˈmaɪnnʏtsɪç] *adj* charitable
Ge·mein·platz *m* commonplace

ge·mein·sam [gəˈmaɪnzaːm] I. *adj* ❶ (*mehreren gehörend*) common; *Konto* joint; *Freund* mutual ❷ (*von mehreren unternommen*) joint *attr;* **etw ~ haben** to have sth in common II. *adv* jointly

Ge·mein·sam·keit <-, -en> *f* common ground *no art, no pl*

Ge·mein·schaft <-, -en> *f* ❶ POL community; **in ~ mit jdm/etw** *dat* together with sb/sth; ■**die Europäische ~** the European Community ❷ *kein pl* (*gegenseitige Verbundenheit*) sense of community *no pl*

ge·mein·schaft·lich *adj s.* **gemeinsam**

Ge·mein·schafts·ar·beit *f* teamwork *no art, no pl* **Ge·mein·schafts·ge·fühl** *nt kein pl* sense of community *no pl* **Ge·mein·schafts·kun·de** *f kein pl* social studies + *sing vb* **Ge·mein·schafts·pra·xis** *f* joint practice **Ge·mein·schafts·pro·duk·ti·on** *f* ❶ *kein pl* joint production ❷ MEDIA, FILM co-production *spec* **Ge·mein·schafts·raum** *m* common room **Ge·mein·schafts·sinn** *m kein pl* SOZIOL community spirit

ge·mein·ver·ständ·lich *adj s.* **allgemeinverständlich** **Ge·mein·wohl** *nt* ■**das ~** the public welfare; **dem ~ dienen** to be in the public interest

Ge·men·ge <-s, -> [gəˈmɛŋə] *nt* ❶ (*Mischung*) mixture (**aus** of) ❷ (*Gewühl*) crowd ❸ (*Durcheinander*) jumble *no pl*

ge·mes·sen [gəˈmɛsn̩] I. *pp von* **messen** II. *adj* (*geh*) proper; (*würdig langsam*) measured

Ge·met·zel <-s, -> [gəˈmɛtsl̩] *nt* bloodbath

ge·mie·den [gəˈmiːdn̩] *pp von* **meiden**

Ge·misch <-[e]s, -e> [gəˈmɪʃ] *nt* mixture (**aus** of)

ge·mischt *adj* mixed

ge·mocht [gəˈmɔxt] *pp von* **mögen**

ge·mol·ken [gəˈmɔlkn̩] *pp von* **melken**

ge·mop·pelt [gəˈmɔpl̩t] *adj* ▶**doppelt ~** (*fam*) the same thing twice over

Ge·mot·ze <-s> [gəˈmɔtsə] *nt kein pl* (*fam*) nagging

Gem·seALT <-, -n> [ˈgɛmzə] *f s.* **Gämse**

Ge·mun·kel <-s> [gəˈmʊŋkl̩] *nt kein pl* rumour

Ge·mur·mel <-s> [gəˈmʊrml̩] *nt kein pl* murmuring; (*unverständlich*) mumbling

Ge·mü·se <-s, *selten* -> [gəˈmyːzə] *nt* vegetables *pl;* ■**ein ~** a vegetable

Ge·mü·se·an·bau *m* vegetable-growing; (*für den Handel*) market gardening BRIT, truck farming AM **Ge·mü·se·bur·ger** <-s, -> [-bøːɐ̯gɐ] *m* veggie-burger **Ge·mü·se·gar·ten** *m* kitchen garden **Ge·mü·se·händ·ler(in)** *m(f)* greengrocer **Ge·mü·se·schä·ler** *m* vegetable peeler

ge·musstRR, **ge·mußt**ALT [gəˈmʊst] *pp von* **müssen**

ge·mus·tert *adj* patterned; **grün und braun ~ sein** to have a green and brown pattern

Ge·müt <-[e]s, -er> [gəˈmyːt] *nt* ❶ (*Seele*) soul ❷ (*Mensch*) soul ❸ (*Emotionen*) feelings *pl;* **sich** *dat* **etw zu ~[e] führen** (*hum: etw einnehmen*) to indulge in sth; (*etw beherzigen*) to take sth to heart; **jdm aufs ~ schlagen** to get to sb *fam;* **etwas fürs ~** (*hum*) something sentimental

ge·müt·lich I. *adj* ❶ (*bequem*) comfortable, comfy *fam;* **es sich/jdm** *dat* **~ machen** to make oneself/sb comfortable ❷ (*gesellig*) pleasant; (*ungezwungen*) informal II. *adv* ❶ (*gemächlich*) leisurely ❷ (*behaglich*) comfortably

Ge·müt·lich·keit <-> *f kein pl* cosiness *no art, no pl;* (*Ungezwungenheit*) informality *no art, no pl;* **in aller ~** at one's leisure

Ge·müts·be·we·gung *f* (signs *pl* of) emotion **Ge·müts·krank** *adj* emotionally disturbed **Ge·müts·mensch** *m* (*fam*) good-natured person **Ge·müts·re·gung** *f s.* **Gemütsbewegung Ge·müts·ru·he** *f* calmness *no pl;* **in aller ~** (*fam*) in one's own time **Ge·müts·ver·fas·sung** *f,* **Ge·müts·zu·stand** *m* mood

Gen <-s, -e> [ˈgeːn] *nt* gene

ge·nannt [gəˈnant] *pp von* **nennen**

ge·nas [gəˈnaːs] *imp von* **genesen**

ge·nau [gəˈnaʊ̯] I. *adj* ❶ (*exakt*) exact; **man weiß noch nichts G~es** nobody knows any details as yet ❷ (*gewissenhaft*) meticulous II. *adv* exactly; **~ in der Mitte** right in the middle; **~ genommen** strictly speaking; **etw ~er betrachten** to take a closer look at sth; **etw [nicht] ~ wissen** to [not] know sth for certain; **sie ist ~ die richtige Frau für diesen Job** she's just the right woman for the job ▶**es [nicht] ~ nehmen** to [not] be very particular; **wenn man es ~ nimmt** strictly speaking

ge·nau·ge·nom·menALT *adv* strictly speaking

Ge·nau·ig·keit <-> [gəˈnaʊ̯ɪçkaɪ̯t] *f kein pl* exactness; *von Daten* accuracy; (*Sorgfalt*) meticulousness

ge·nau·so [gəˈnaʊ̯zoː] *adv* just the same; **mir geht es ganz ~** I feel exactly the same; **~ kalt/klein wie ...** just as cold/small as ...; **~ gut/viel/wenig** just as well/much/little

Gen·bank *f* gene bank

Gen·darm <-en, -en> [ʒanˈdarm, ʒaˈdarm] *m* ÖSTERR (*Polizist*) gendarme

Gen·dar·me·rie <-, -n> [ʒandarməˈriː, ʒadarməˈriː, ˈriːən] *f* ÖSTERR (*Polizeistation*) gendarmerie

Gen·de·fekt *m* BIOL, MED genetic defect

Ge·nea·lo·gie <-> [genealoˈgiː] *f kein pl* genealogy

ge·nea·lo·gisch [geneaˈloːgɪʃ] *adj* genealogical

ge·nehm [gəˈneːm] *adj* (*geh*) acceptable; ▪ **jdm** [**nicht**] ~ **sein** to [not] be agreeable to sb; **wenn es ~ ist** if that is agreeable

ge·neh·mi·gen* [gəˈneːmɪgn̩] I. *vt* ▪ **[jdm] etw ~** to grant [sb] permission for sth; „**genehmigt**" "approved" II. *vr* ▪ **sich** *dat* **etw ~** to indulge in sth

Ge·neh·mi·gung <-, -en> *f* ❶ (*das Genehmigen*) approval *no art, no pl* ❷ (*Berechtigungsschein*) permit

ge·neigt *adj* (*geh*) ▪ ~ **sein, etw zu tun** to be inclined to do sth

Ge·ne·ra [ˈgɛnera] *pl von* **Genus**

Ge·ne·ral(in) <-[e]s, -e *o* Generäle> [geneˈraːl, *pl* geneˈrɛːlə] *m(f)* general

Ge·ne·ral·di·rek·tor(in) *m(f)* director general **Ge·ne·ral·kon·sul(in)** *m(f)* consul general **Ge·ne·ral·kon·su·lat** *nt* consulate general **Ge·ne·ral·pro·be** *f* THEAT dress rehearsal; MUS final rehearsal **Ge·ne·ral·sek·re·tär(in)** *m(f)* general secretary **Ge·ne·ral·stab** *m* general staff + *sing/pl vb* **Ge·ne·ral·streik** *m* general strike **Ge·ne·ral·über·ho·lung** <-> *f kein pl* complete overhaul **Ge·ne·ral·un·ter·su·chung** *f* MED complete check-up **Ge·ne·ral·ver·samm·lung** *f* general meeting

Ge·ne·ra·ti·on <-, -en> [ɡenəraˈtsi̯oːn] *f* generation

Ge·ne·ra·ti·o·nen·ver·trag *m younger generation's commitment to provide for the older generation, i.e. in form of pensions* **Ge·ne·ra·ti·ons·kon·flikt** *m* generation gap **Ge·ne·ra·ti·ons·wech·sel** *m* ❶ SOZIOL change of generation ❷ BIOL alternation of generations

Ge·ne·ra·tor <-s, -toren> [geneˈraːtoːɐ̯, *pl* genəraˈtoːrən] *m* generator

ge·ne·rell [genəˈrɛl] I. *adj* general II. *adv* generally

ge·ne·rie·ren* [genəˈriːrən] *vt* to generate

ge·nervt *adj* (*fam*) irritated

ge·ne·sen <genas, genesen> [gəˈneːzn̩] *vi sein* (*geh*) to recover (**von** from)

Ge·ne·sung <-, *selten* -en> [gəˈneːzʊŋ] *f* (*geh*) convalescence *no pl*

Ge·ne·tik <-> [geˈneːtɪk] *f kein pl* genetics + *sing vb*

ge·ne·tisch [geˈneːtɪʃ] *adj* genetic

Genf <-s> [ˈɡɛnf] *nt* Geneva

Gen·for·scher(in) *m(f)* genetic researcher **Gen·for·schung** *f* genetic research

ge·ni·al [geˈni̯aːl] *adj* ❶ (*überragend*) brilliant; (*erfinderisch*) ingenious ❷ *Idee* inspired

Ge·ni·a·li·tät <-> [geni̯aliˈtɛːt] *f kein pl* ❶ (*überragende Art*) genius *no pl* ❷ (*Erfindungsreichtum*) ingenuity *no art, no pl*

Ge·nick <-[e]s, -e> [gəˈnɪk] *nt* neck ▸ **jdm das ~ brechen** (*fig*) to finish sb

Ge·nie <-s, -s> [ʒeˈniː] *nt* genius

ge·nie·ren* [ʒeˈniːrən] *vr* ▪ **sich ~** to be embarrassed; ▪ **sich für etw** *akk* **~** to be embarrassed about sth; ~ **Sie sich nicht!** don't be shy!

ge·nieß·bar *adj* (*essbar*) edible; (*trinkbar*) drinkable

ge·nie·ßen <genoss, genossen> [gəˈniːsn̩] *vt* ❶ (*auskosten*) ▪ **etw ~** to enjoy sth; (*bewusst kosten*) to savour sth ❷ (*essen*) ▪ **etw ~** to eat sth ▸ **nicht zu ~ sein** (*fam*) to be unbearable

Ge·nie·ßer(in) <-s, -> *m(f)* gourmet

ge·nie·ße·risch I. *adj* appreciative II. *adv* with pleasure

Ge·nie·streich [ʒeˈniː] *m* (*iron fam*) a stroke of genius

ge·ni·tal [geniˈtaːl] *adj* genital

Ge·ni·tal·be·reich *m* genital area

Ge·ni·ta·li·en [geniˈtaːli̯ən] *pl* genitals *npl*

Ge·ni·tiv <-s, -e> [ˈgeːnitiːf, *pl* ˈgeːnitiːvə] *m* genitive [case]

Gen·mais *m* genetically modified maize [*or* corn], frankencorn *pej fam*

Gen·ma·ni·pu·la·ti·on *f* genetic manipulation

ge·nom·men [gəˈnɔmən] *pp von* **nehmen**

ge·normt *adj* standardized

ge·noss[RR], **ge·noß**[ALT] [gəˈnɔs] *imp von* **genießen**

Ge·nos·se, Ge·nos·sin <-n, -n> [gəˈnɔsə, gəˈnɔsɪn] *m, f* comrade

ge·nos·sen [gəˈnɔsn̩] *pp von* **genießen**

Ge·nos·sen·schaft <-, -en> [gəˈnɔsn̩ʃaft] *f* cooperative

ge·nos·sen·schaft·lich I. *adj* cooperative II. *adv* ~ **organisiert** organized as a cooperative

Ge·nos·sin [gəˈnɔsɪn] *f fem form von* **Genosse**

ge·nö·tigt *adj* forced; ▪ ~ **sein, etw zu tun** to be forced to do sth; **sich ~ sehen, etw zu tun** to feel obliged to do sth

ge·no·zi·dal [genotsiˈdaːl] *adj* (*geh*) genocidal

Gen·re <-s, -s> [ˈʒãːrə] *nt* genre

Gen·so·ja *nt kein pl* genetically engineered soya beans

Gent <-s> [ˈɡɛnt] *nt* Ghent

Gen·tech·nik *f* genetic engineering *no art, no pl*

Gen·tech·ni·ker(in) *m(f)* genetic engineer

gen·tech·nik·frei *adj* BIOL GM-free BRIT, not genetically engineered AM

gen·tech·nisch I. *adj* ~e **Methoden** methods in genetic engineering II. *adv* **etw** ~ **manipulieren** to genetically manipulate sth

Gen·tech·no·lo·gie *f* genetic engineering *no art, no pl*

Gen·the·ra·pie *f* MED gene [*or* genetic] therapy

ge·nug [ɡəˈnuːk] *adv* enough; |**von etw** *dat*] ~ **haben** to have had enough [of sth]; **jetzt ist|'s] aber ~!** that's enough!

Ge·nü·ge <-> [ɡəˈnyːɡə] *f kein pl* **zur ~** [quite] enough; (*oft genug*) often enough

ge·nü·gen* [ɡəˈnyːɡn̩] *vi* ① (*ausreichen*) ▪ |**jdm**] ~ to be enough [for sb]; ▪ **für jdn** ~ to be enough for sb ② (*gerecht werden*) ▪ **einer S.** *dat* ~ to fulfil sth

ge·nü·gend [ɡəˈnyːɡn̩t] *adv* enough

ge·nüg·sam [ɡəˈnyːkzaːm] I. *adj* (*bescheiden*) modest; (*pflegeleicht*) undemanding II. *adv* modestly

Ge·nug·tu·ung <-, *selten* -en> [ɡəˈnuːktuːʊŋ] *f* satisfaction

ge·nu·in [ɡenuˈiːn] (*geh*) I. *adj* genuine II. *adv* genuinely

Ge·nus <-, Genera> [ˈɡɛnʊs, *pl* ˈɡɛnera] *nt* gender

Ge·nuss^RR <-es, Genüsse> *m*, **Ge·nuß**^ALT <-sses, Genüsse> [ɡəˈnʊs, *pl* ɡəˈnʏsə] *m* ① (*Köstlichkeit*) [culinary] delight ② *kein pl* (*geh: das Zusichnehmen*) consumption *no art, no pl* ③ (*das Genießen*) enjoyment; **in den ~ einer S.** *gen* **kommen** to enjoy sth; (*aus etw Nutzen ziehen a.*) to benefit from sth; **etw mit ~ tun** to do sth with relish

ge·nüss·lich^RR, **ge·nüß·lich**^ALT I. *adj* pleasurable II. *adv* with relish

Ge·nuss·mit·tel^RR *nt* luxury foods, alcohol and tobacco **ge·nuss·süch·tig**^RR *adj* (*pej*) hedonistic

ge·nuss·voll^RR, **ge·nuß·voll**^ALT I. *adv* **essen, trinken** with relish II. *adj* (*genüsslich*) appreciative; (*erfreulich*) highly enjoyable

Geo·ca·ching <-s> [ˈɡeːokɛʃɪŋ] *nt kein pl* geocaching

Ge·o·graf(in)^RR <-en, -en> [ɡeoˈɡraːf] *m(f) s.* **Geograph**

Ge·o·gra·fie^RR <-> [ɡeoɡraˈfiː] *f kein pl s.* **Geographie**

geografisch^RR [ɡeoˈɡraːfɪʃ] *adj s.* **geographisch**

Ge·o·graph(in) <-en, -en> [ɡeoˈɡraːf] *m(f)* geographer

Ge·o·gra·phie <-> [ɡeoɡraˈfiː] *f kein pl* geography *no art, no pl*

Ge·o·gra·phisch [ɡeoˈɡraːfɪʃ] *adj* geographic[al]

Ge·o·lo·ge, Ge·o·lo·gin <-n, -n> [ɡeoˈloːɡə, ɡeoˈloːɡɪn] *m, f* geologist

Ge·o·lo·gie <-> [ɡeoloˈɡiː] *f kein pl* geology *no art, no pl*

ge·o·lo·gisch [ɡeoˈloːɡɪʃ] *adj* geological

Ge·o·me·trie <-> [ɡeomeˈtriː] *f kein pl* geometry *no art, no pl*

ge·o·me·trisch [ɡeoˈmeːtrɪʃ] *adj* geometric

Geo·öko·lo·gie [ɡeoʔøkoloˈɡiː] *f* geoecology

Geo·phy·sik [ɡeofyˈziːk] *f* geophysics *no art, + sing vb*

Ge·or·gi·en <-s> [ɡeˈɔrɡi̯ən] *nt* Georgia; *s. a.* **Deutschland**

Ge·or·gi·er(in) <-s, -> [ɡeˈɔrɡi̯ɐ] *m(f)* Georgian; *s. a.* **Deutsche(r)**

ge·or·gisch [ɡeˈɔrɡɪʃ] *adj* Georgian; *s. a.* **deutsch**

Geo·ther·mik [ɡeoˈtɛrmɪk] *f* geothermal studies *pl*

geo·ther·misch [ɡeoˈtɛrmɪʃ] *adj* geothermal

Ge·päck <-[e]s> [ɡəˈpɛk] *nt kein pl* luggage *no pl*, baggage *no pl esp* AM

Ge·päck·ab·fer·ti·gung *f* luggage [*or esp* AM baggage] check-in *no pl* **Ge·päck·ab·la·ge** *f* luggage rack **Ge·päck·an·nah·me** *f* ① *kein pl* (*Vorgang*) checking-in of luggage [*or esp* AM baggage] *no pl* ② (*Schalter*) luggage [*or esp* AM baggage] check-in **Ge·päck·auf·be·wah·rung** *f* left-luggage office BRIT, baggage room AM **Ge·päck·aus·ga·be** *f* luggage reclaim BRIT, baggage pickup AM **Ge·päck·kon·trol·le** *f* luggage [*or* AM *esp* baggage] check **Ge·päck·netz** *nt* luggage rack **Ge·päck·stück** *nt* piece of luggage [*or* AM *esp* baggage] **Ge·päck·trä·ger** *m* (*am Fahrrad*) carrier **Ge·päck·trä·ger(in)** *m(f)* baggage handler **Ge·päck·wa·gen** *m* luggage van BRIT, baggage car AM

Ge·pard <-s, -e> [ˈɡeːpart] *m* cheetah

ge·pfef·fert *adj* (*fam*) ① (*überaus hoch*) steep ② (*schwierig*) tough

ge·pfif·fen [ɡəˈpfɪfn̩] *pp von* **pfeifen**

ge·pflegt I. *adj* ❶ (*nicht vernachlässigt*) well looked after; *Aussehen* well-groomed; *Garten* well-tended; *Park* well-kept ❷ (*fam: kultiviert*) civilized; *Ausdrucksweise* cultured ❸ (*erstklassig*) first-rate II. *adv* ❶ (*kultiviert*) sich ~ **ausdrücken** to have a cultured way of speaking ❷ (*erstklassig*) ~ **essen gehen** to go to a first-rate restaurant

Ge·pflo·gen·heit <-, -en> [gəˈpfloːgn̩haɪt] *f* (*geh*) habit

ge·pierct [-piːɐ̯st] *adj* pierced

Ge·plän·kel <-s> [gəˈplɛŋkl̩] *nt kein pl* squabble *fam*

Ge·plap·per <-s> [gəˈplapɐ] *nt kein pl* chatter[ing] *no pl*

Ge·plärr <-[e]s> [gəˈplɛr] *nt*, **Ge·plär·re** <-s> [gəˈplɛrə] *nt kein pl* (*pej fam*) bawling *no def art, no pl*

Ge·plät·scher <-s> [gəˈplɛtʃɐ] *nt kein pl* splashing *no def art, no pl*

Ge·plau·der <-s> [gəˈplaʊ̯dɐ] *nt kein pl* chatt[er]ing

ge·prie·sen [gəˈpriːzn̩] *pp von* **preisen**

ge·punk·tet *adj* ❶ (*aus Punkten bestehend*) dotted ❷ (*mit Punkten versehen*) spotted

ge·quält I. *adj* forced II. *adv* ~ **lachen/seufzen** to give a forced smile/sigh

Ge·quas·sel <-s> [gəˈkvasl̩] *nt kein pl* (*pej fam*) yacking

Ge·quat·sche <-s> [gəˈkvatʃə] *nt kein pl* (*pej sl*) gabbing *no pl*

ge·quol·len [gəˈkvɔlən] *pp von* **quellen**

ge·ra·de [gəˈraːdə] I. *adj* ❶ (*nicht krumm*) straight; (*aufrecht*) upright; **etw ~ biegen** to straighten out sth *sep;* **etw ~ halten** to hold sth straight; ~ **sitzen** to sit up straight; ~ **stehen** to stand up straight ❷ (*opp: ungerade*) even II. *adv* (*fam*) ❶ (*im Augenblick, soeben*) just; **haben Sie ~ einen Moment Zeit?** do you have time just now?; **da du ~ da bist, ...** just while you're here, ...; **ich wollte mich ~ ins Bad begeben, da ...** I was just about to get into the bath when ...; **der Bus ist uns ~ vor der Nase weggefahren!** we've just missed the bus!; **da wir ~ von Geld sprechen, ...** talking of money, ... ❷ (*knapp*) just; **sie verdient ~ so viel, dass sie davon leben kann** she earns just enough for her to live on; **sie hat die Prüfung ~ so bestanden** she only just passed the exam; **ich kam ~ [noch] rechtzeitig** I came just in time ❸ (*genau*) just; ~ **heute hab ich an dich gedacht** I was thinking of you only today III. *part* (*ausgerechnet*) **warum ~ er/ich?** why him/me of all people?; ~ **heute/morgen** today/tomorrow of all days; **warum ~ jetzt?** why now of all times?; ~ **du solltest dafür Verständnis haben** you of all people should understand that; ~ **deswegen** that's precisely why ▸ **das hat ~ noch gefehlt!** (*iron*) that's all I need!; **nicht ~ billig etc.** not exactly cheap etc.; ~**, weil ...** especially because ...

Ge·ra·de <-n, -n> [gəˈraːdə] *f* ❶ MATH straight line ❷ SPORT straight

ge·ra·de·aus [gəraːdəˈʔaʊ̯s] *adv* straight ahead; ~ **fahren** to drive straight on; **immer ~ gehen** to carry straight on

ge·ra·de·bie·gen *vt irreg* ■ **etw ~** ❶ (*in gerade Form biegen*) *s.* **gerade** I. 1 ❷ (*fam: in Ordnung bringen*) to straighten out sth *sep* **ge·ra·de·her·aus** [gəraːdəhɛˈraʊ̯s] I. *adj präd* (*fam*) straightforward II. *adv* (*fam*) frankly

ge·ra·de·ste·hen *vi irreg* ❶ (*aufrecht stehen*) *s.* **gerade** I. 1 ❷ (*einstehen*) ■ **für jdn/etw ~** to answer for sb/sth **ge·ra·de·wegs** [gəˈraːdəveːks] *adv* straight; ~ **nach Hause** straight home

ge·ra·de·zu [gəˈraːdətsuː] *adv* really

Ge·rad·heit <-> *f kein pl* sincerity

ge·rad·li·nig *adj, adv* straight

ge·ram·melt *adv* ~ **voll** (*fam*) jam-packed

Ge·ran·gel <-s> [gəˈraŋl̩] *nt kein pl* ❶ (*Balgerei*) scrapping *no art, no pl;* (*Geschubse*) tussle ❷ (*Auseinandersetzung*) quarrelling *no art*

Ge·ra·nie <-, -n> [geˈraːni̯ə] *f* geranium

ge·rann [gəˈran] *imp von* **gerinnen**

ge·rannt [gəˈrant] *pp von* **rennen**

Ge·rät <-[e]s, -e> [gəˈrɛːt] *nt* ❶ (*Vorrichtung*) device, gadget; (*Garten~*) tool ❷ ELEK, TECH appliance ❸ SPORT (*Turn~*) [piece of] apparatus ❹ *kein pl* (*Ausrüstung*) equipment *no pl;* (*Werkzeug*) tools *pl*

ge·ra·ten¹ <gerät, geriet, geraten> [gəˈraːtn̩] *vi sein* ❶ (*zufällig gelangen*) **in schlechte Gesellschaft/eine Schlägerei/einen Stau ~** to get into bad company/a fight/a traffic jam ❷ (*unbeabsichtigt kommen*) **unter einen Lastwagen ~** to fall under a lorry [*or* AM truck]; **in einen Sturm ~** to get caught in a storm ❸ (*sich konfrontiert sehen mit*) ■ **in etw** *akk* ~ to get into sth; **in Armut ~** to end up in poverty; **in eine Falle ~** to fall into a trap; **in Gefangenschaft ~** to be taken prisoner; **in Schulden/Schwierigkeiten/eine Situation ~** to get into debt[s]/difficulties/a situation ❹(*erfüllt werden von*) **in Furcht/Verlegenheit/Wut ~** to get scared/embarrassed/angry; **in Panik ~** to start to panic ❺(*beginnen, etw zu tun*) **in Bewegung ~** to begin to move; **in Brand ~** to catch fire; **ins Schleudern ~** to get into a skid; **ins Schwärmen/Träumen ~** to fall into a rapture/dream; **ins Stocken ~** to come to a halt; **in Vergessenheit ~** to fall into oblivion ❻(*ausfallen*) **der Pulli ist mir zu groß ~** my jumper turned out too big; **das Essay ist zu kurz ~** the essay turned out too short ❼(*gelingen*) **das Soufflé ist mir ~/mir nicht ~** my soufflé turned out/didn't turn out well; **alle meine Kinder sind gut ~** all my children turned out well ❽(*fam: kennen lernen*) ■**an jdn ~** to come across sb ❾(*arten*) ■**nach jdm ~** to take after sb

ge·ra·ten² [gəˈraːtn̩] **I.** *pp von* **raten II.** *adj* (*geh*) advisable

Ge·ra·te·wohl [gəraːtəˈvoːl, gəˈraːtəvoːl] *nt* ▸ **aufs ~** (*fam: auf gut Glück*) on the off-chance; (*willkürlich*) randomly

ge·raum [gəˈraʊ̯m] *adj attr* (*geh*) some *attr;* **vor ~er Zeit** some time ago; **seit ~er Zeit** for some time

ge·räu·mig [gəˈrɔʏ̯mɪç] *adj* spacious

Ge·räusch <-[e]s, -e> [gəˈrɔʏ̯ʃ] *nt* sound; (*unerwartet, unangenehm a.*) noise

ge·räusch·arm *adj* low-noise *spec* **ge·räusch·emp·find·lich** *adj* sensitive to noise *pred* **Ge·räusch·ku·lis·se** *f* background noise *no pl*

ge·räusch·los I. *adj* silent **II.** *adv* silently

ge·räusch·voll I. *adj* loud **II.** *adv* loudly

ger·ben [ˈgɛrbn̩] *vt* to tan

Ger·ber(in) <-s, -> [ˈgɛrbɐ] *m(f)* tanner

Ger·be·rei <-, -en> [gɛrbəˈraɪ̯] *f* tannery

ge·recht [gəˈrɛçt] **I.** *adj* ❶(*rechtgemäß*) just; ■**~ sein** to be fair [*or* just] ❷(*verdient*) just; **einen ~en Lohn** (*Geld*) a fair wage; (*Anerkennung*) a just reward ❸(*berechtigt*) **eine ~e Sache** a just cause ❹(*angemessen beurteilen*) ■**jdm/einer S.** *dat* **~ werden** to do justice to sb/sth ❺(*eine Aufgabe erfüllen*) ■**einer S.** *dat* **~ werden** to fulfil sth; **Erwartungen ~ werden** to meet expectations **II.** *adv* justly

ge·recht·fer·tigt *adj* justified

Ge·rech·tig·keit <-> [gəˈrɛçtɪçkaɪ̯t] *f kein pl* ❶(*das Gerechtsein*) justice *no art, no pl* ❷(*Unparteilichkeit*) fairness *no art, no pl* ▸ **ausgleichende ~** poetic justice

Ge·rech·tig·keits·ge·fühl *nt,* **Ge·rech·tig·keits·sinn** *m kein pl* sense of justice

Ge·re·de <-s> [gəˈreːdə] *nt kein pl* gossip *no indef art, no pl;* (*Geschwätz*) talk *no indef art, no pl;* **kümmere dich nicht um das ~ der Leute** don't worry about what [other] people say

ge·re·gelt *adj* regular

ge·reizt I. *adj* (*verärgert*) irritated; (*nervös*) edgy **II.** *adv* touchily

Ge·richt¹ <-[e]s, -e> [gəˈrɪçt] *nt* (*Speise*) dish

Ge·richt² <-[e]s, -e> [gəˈrɪçt] *nt* ❶ JUR court [of justice]; (*Gebäude*) law courts *pl;* **jdn/einen Fall vor ~ bringen** to take sb/ a case to court ❷(*die Richter*) court ▸ **das Jüngste ~** REL Judg[e]ment Day; **mit jdm ins ~ gehen** to sharply criticize sb

ge·richt·lich I. *adj attr* judicial **II.** *adv* legally; **~ gegen jdn vorgehen** to take sb to court

Ge·richts·ak·ten *pl* court records *pl*

Ge·richts·bar·keit <-, -en> *f* jurisdiction

Ge·richts·be·schlussᴿᴿ *m* court decision **Ge·richts·die·ner** *m* (*veraltet*) court usher **Ge·richts·hof** *m* law court, court of law *esp* Aᴍ; **der Europäische ~** the European Court of Justice **Ge·richts·kos·ten** *pl* court fees **Ge·richts·me·di·zin** *f* forensic medicine *no art, no pl* **Ge·richts·me·di·zi·ner(in)** *m(f)* forensic scientist, medical examiner Aᴍ **Ge·richts·saal** *m* courtroom **Ge·richts·stand** *m* court of jurisdiction **Ge·richts·ver·fah·ren** *nt* legal proceedings *pl;* **ein ~ gegen jdn einleiten** to take legal proceedings against sb **Ge·richts·ver·hand·lung** *f* trial; (*zivil*) hearing **Ge·richts·voll·zie·her(in)** <-s, -> *m(f)* bailiff Bʀɪᴛ, U.S Marshal Aᴍ

ge·rie·ben [gəˈriːbn̩] *pp von* **reiben**

ge·riet [gəˈriːt] *imp von* **geraten¹**

ge·ring [gəˈrɪŋ] **I.** *adj* ❶(*niedrig*) low; *Anzahl, Menge* small; **von ~em Wert** of little value; **nicht das G~ste** nothing at all; **das stört mich nicht im G~sten** it doesn't disturb me in the slightest [bit] ❷(*unerheblich*) slight; *Bedeutung* minor; *Chance* slim **II.** *adv* **jdn/etw ~ schätzen** to have a low opinion of sb/sth

ge·ring·fü·gig [gəˈrɪŋfyːgɪç] **I.** *adj* insignificant; *Betrag, Einkommen* small; *Unterschied* slight; *Vergehen, Verletzung* minor **II.** *adv* slightly

Ge·ring·fü·gig·keit <-, -en> *f* insignificance *no indef art, no pl*

ge·ring|schät·zenᴬᴸᵀ *vt* **jdn/etw ~ schätzen** to have a low opinion of sb/sth

ge·ring·schät·zig [gəˈrɪŋʃɛtsɪç] **I.** *adj* contemptuous **II.** *adv* disparagingly

Ge·ring·schät·zung *f kein pl* contempt[uousness] *no indef art, no pl*
ge·rin·nen <gerann, geronnen> [gəˈrɪnən] *vi sein* to coagulate; *Blut a.* to clot; *Milch a.* to curdle
Ge·rinn·sel <-s, -> [gəˈrɪnzl̩] *nt* [blood] clot
Ge·rin·nung <-, *selten* -en> *f* coagulation *no pl; von Blut a.* clotting *no art, no pl; von Milch a.* curdling *no art, no pl*
Ge·rip·pe <-s, -> [gəˈrɪpə] *nt* skeleton
ge·ris·sen [gəˈrɪsn̩] **I.** *pp von* **reißen II.** *adj (fam)* crafty; *Plan* cunning
Ge·ris·sen·heit <-> *f kein pl (fam)* cunning *no art, no pl*
ge·rit·ten [gəˈrɪtn̩] *pp von* **reiten**
Ger·ma·ne, Ger·ma·nin <-n, -n> [gɛrˈmaːnə, gɛrˈmaːnɪn] *m, f* Teuton
ger·ma·nisch [gɛrˈmaːnɪʃ] *adj* ❶ HIST Teutonic ❷ LING Germanic
Ger·ma·nis·tik <-> [gɛrmaˈnɪstɪk] *f kein pl* German [studies *npl*]
ger·n(e) <lieber, am liebsten> [ˈgɛrn(ə)] *adv* ❶ *(freudig)* with pleasure; **ich mag ihn sehr ~** I like him a lot; **etw ~ tun** to like doing/to do sth; **seine Arbeit ~ machen** to enjoy one's work; **etw ~ essen** to like [eating] sth; **ich hätte ~ gewusst, ...** I would like to know ... ❷ *(ohne weiteres)* **das kannst du ~ haben** you're welcome to [have] it; **das glaube ich ~!** I can quite believe that! ▶ **~ geschehen!** don't mention it!
ge·ro·chen [gəˈrɔxn̩] *pp von* **riechen**
Ge·röll <-[e]s, -e> [gəˈrœl] *nt* scree *no pl spec,* talus; *(größer)* boulders *pl*
ge·ron·nen [gəˈrɔnən] *pp von* **rinnen, gerinnen**
Gers·te <-, -n> [ˈgɛrstə] *f* barley *no art, no pl*
Gers·ten·korn *nt* ❶ BOT barleycorn ❷ MED sty[e]

Ger·te <-, -n> [ˈgɛrtə] *f* switch
Ge·ruch <-[e]s, Gerüche> [gəˈrʊx, *pl* gəˈrʏçə] *m* smell; *einer Blume, eines Parfüms* scent; *(Gestank)* stench
ge·ruch·los *adj* odourless
Ge·ruchs·be·läs·ti·gung *f* **das ist eine ~** the smell is a real nuisance **Ge·ruchs·sinn** *m kein pl* sense of smell
Ge·rücht <-[e]s, -e> [gəˈrʏçt] *nt* rumour; **etw für ein ~ halten** *(fam)* to have [one's] doubts about sth; **ein ~ in die Welt setzen** to start a rumour
Ge·rüch·te·kü·che *f* rumour-mongers *pl*
ge·ru·fen *pp von* **rufen**
ge·ruh·sam **I.** *adj* peaceful **II.** *adv* leisurely
Ge·rüm·pel <-s> [gəˈrʏmpl̩] *nt kein pl* junk *no indef art, no pl*
Ge·run·di·um <-s, -ien> [geˈrʊndiʊm, *pl* geˈrʊndiən] *nt* gerund *spec*
ge·run·gen [gəˈrʊŋən] *pp von* **ringen**
Ge·rüst <-[e]s, -e> [gəˈrʏst] *nt* ❶ BAU scaffold[ing *no pl*] ❷ *(Grundplan)* framework
ges, Ges <-, -> [ˈgɛs] *nt* MUS G flat
ge·sal·zen [gəˈzaltsn̩] **I.** *pp von* **salzen II.** *adj (fam: übertreuert)* steep
ge·samt [gəˈzamt] *adj attr* whole, entire; *Kosten* total
Ge·samt·an·sicht *f* general view **Ge·samt·aus·ga·be** *f* complete edition **Ge·samt·be·trag** *m* total [amount] **Ge·samt·bild** *nt* overall picture **ge·samt·deutsch** [gəˈzamtdɔytʃ] *adj* all-German **Ge·samt·ein·druck** *m* overall impression **Ge·samt·er·geb·nis** *nt* total outcome **Ge·samt·ge·wicht** *nt* AUTO laden weight
Ge·samt·heit <-> *f kein pl* totality; **in seiner ~** in its entirety
Ge·samt·kos·ten *pl* total costs **Ge·samt·schu·le** *f* ≈ comprehensive school **Ge·samt·sum·me** *f* total [amount] **Ge·samt·über·sicht** *f* general survey **Ge·**

Geringschätzung ausdrücken

Geringschätzung/Missfallen ausdrücken	expressing disdain/displeasure
Ich halte nicht viel von dieser Theorie.	I don't think much of this theory.
Davon halte ich gar/überhaupt nichts.	I don't think much of that at all./I'm not in the least impressed by that.
Komm mir bloß nicht mit Psychologie! *(fam)*	Don't give me any of that psychology nonsense!
(Es tut mir leid, aber) ich habe für diese Typen nichts übrig. *(fam)*	(I'm sorry but) I've got no time for people like that.
Ich kann mit moderner Kunst nichts anfangen. *(fam)*	Modern art doesn't do a thing for me / is not my cup of tea. *(fam)*

samt·ver·brauch *m kein pl* total consumption **Ge·sạmt·werk** *nt* complete works *pl* **Ge·sạmt·wert** *m* total value **Ge·sạmt·zu·sam·men·hang** *m* general context

ge·sandt [gəˈzant] *pp von* **senden**²

Ge·sand·te(r) [gəˈzantə] *f(m) dekl wie adj* envoy

Ge·sandt·schaft <-, -en> [gəˈzantʃaft] *f* embassy

Ge·sang <-[e]s, Gesänge> [gəˈzaŋ, *pl* gəˈzɛŋə] *m* ❶ *kein pl* (*das Singen*) singing no art, no pl ❷ (*Lied*) song; **ein Gregorianischer ~** a Gregorian chant

Ge·sang·buch *nt* hymn book
Ge·sangs·ein·la·ge *f* MUS musical insert
Ge·sang·ver·ein *m* choral society
Ge·säß <-es, -e> [gəˈzɛːs] *nt* bottom
Ge·säß·ta·sche *f* back pocket
ge·schaf·fen *pp von* **schaffen**²

Ge·schäft <-[e]s, -e> [gəˈʃɛft] *nt* ❶ (*Laden*) shop, AM *usu* store ❷ (*Gewerbe, Handel*) business; [mit jdm] **~e machen** to do business [with sb]; **mit jdm ins ~ kommen** (*eine einmalige Transaktion*) to do a deal with sb; (*dauerhaftes Geschäft*) to do business with sb; **wie gehen die ~e?** how's business? ❸ (*Geschäftsabschluss*) deal; **ein ~ machen** to do [*or esp* AM make] a deal; **ein gutes ~ machen** to get a good bargain ❹ DIAL (*Firma*) work; **ich gehe um acht Uhr ins ~** I go to work at eight o'clock ❺ DIAL (*große, mühsame Arbeit*) job *fam* ❻ (*Angelegenheit*) business ▸**kleines/großes ~** (*fam*) number one/number two

ge·schäf·tig [gəˈʃɛftɪç] I. *adj* busy II. *adv* busily

ge·schäft·lich [gəˈʃɛftlɪç] I. *adj* business *attr* II. *adv* on business; **~ verreist** away on business

Ge·schäfts·ab·schlussᴿᴿ *m* conclusion of a deal **Ge·schäfts·be·din·gun·gen** *pl* terms and conditions of trade *pl* **Ge·schäfts·be·richt** *m* company report **Ge·schäfts·be·zie·hung** *f* business connection; **gute ~en** good business relations **Ge·schäfts·brief** *m* business letter **Ge·schäfts·buch** *nt* accounts *pl* **Ge·schäfts·es·sen** *nt* business lunch/dinner **ge·schäfts·fä·hig** *adj* legally competent **Ge·schäfts·frau** *f fem form von* **Geschäftsmann** businesswoman *fem* **Ge·schäfts·freund(in)** *m(f)* business associate **ge·schäfts·füh·rend** *adj attr* acting **Ge·schäfts·füh·rer(in)** *m(f)* ❶ ADMIN manager ❷ (*in einem Verein*) secretary **Ge·schäfts·füh·rung** *f s.* **Geschäftsleitung** **Ge·schäfts·ge·ba·ren** *nt* business practice; **betrügerisches ~** JUR fraudulent trading; **unlauteres ~** JUR unfair trade practices **Ge·schäfts·jahr** *nt* financial year **Ge·schäfts·kos·ten** *pl* expenses *pl;* **auf ~** on expenses **Ge·schäfts·le·ben** *nt* business life **Ge·schäfts·lei·tung** *f* management **Ge·schäfts·mann** *m* businessman **ge·schäfts·mä·ßig** *adj* businesslike; (*Geschäft betreffend*) business *attr* **Ge·schäfts·mo·dell** *nt* business model [*or* concept] **Ge·schäfts·ord·nung** *f* procedural rules **Ge·schäfts·part·ner(in)** *m(f)* business partner **Ge·schäfts·rei·se** *f* business trip **Ge·schäfts·rei·sen·de(r)** *f(m)* business traveller **ge·schäfts·schä·di·gend** I. *adj* damaging to [the interests of] a/the company II. *adv* in a way that may be bad for business **Ge·schäfts·schluss**ᴿᴿ *m* ❶ (*Ladenschluss*) closing time ❷ (*Büroschluss*) **nach ~** after work **Ge·schäfts·sinn** *m* business sense **Ge·schäfts·stel·le** *f* (*Büro*) office; *einer Bank, Firma* branch **Ge·schäfts·stra·ße** *f* shopping street **Ge·schäfts·stun·den** *pl* business hours; *eines Büros* office hours; *eines Ladens* opening hours **ge·schäfts·tüch·tig** *adj* business-minded **Ge·schäfts·ver·bin·dung** *f s.* **Geschäftsbeziehung** **Ge·schäfts·vier·tel** *nt* business district **Ge·schäfts·wa·gen** *m* company car **Ge·schäfts·zeit** *f* opening hours **Ge·schäfts·zim·mer** *nt* office

ge·schah [gəˈʃaː] *imp von* **geschehen**

ge·scheckt [gəˈʃɛkt] *adj* skewbald; **schwarz-weiß ~** black and white spotted; **ein schwarz-weiß ~es Pferd** a piebald horse

ge·sche·hen <geschah, geschehen> [gəˈʃeːən] *vi sein* ❶ (*stattfinden*) to happen; **es muss etwas ~** something's got to be done ❷ (*ausgeführt werden*) to be carried out ❸ (*widerfahren*) ▪**jdm geschieht etw** sth happens to sb; **das geschieht dir recht!** it serves you right! ❹ (*verfahren werden*) **als sie ihn sah, war es um sie ~** she was lost the moment she set eyes on him; **es ist um etw** *akk* **~** sth is shattered; **nicht wissen, wie einem geschieht** to not know what is happening [to one]

Ge·sche·hen <-s, -> [gəˈʃeːən] *nt* events *pl*

ge·scheit [gəˈʃaɪt] *adj* clever; **du bist wohl nicht [recht] ~?** (*fam*) are you off your head?; **sei ~!** be sensible!; **aus etw** *dat* **nicht ~ werden** to be unable to make head or tail of sth

Ge·schenk <-[e]s, -e> [gəˈʃɛŋk] nt present; **jdm ein ~ machen** to give sb a present ▶ **ein ~ des Himmels sein** to be heaven sent; (*eine Rettung sein*) to be a godsend

Ge·schenk·gut·schein m gift voucher **Ge·schenk·pa·pier** nt, **Ge·schenks·pa·pier** nt ÖSTERR gift wrap

Ge·schich·te <-, -n> [gəˈʃɪçtə] f ① kein pl (*Historie*) history; **Alte/Mittlere/Neue ~** ancient/medieval/modern history; **~ machen** to make history ②(*Erzählung*) story ③(*fam: Angelegenheit, Sache*) business; **die ganze ~** the whole lot; **schöne ~n!** (*iron*) that's a fine state of affairs!

ge·schicht·lich [gəˈʃɪçtlɪç] I. adj ①(*die Geschichte betreffend*) historical ②(*bedeutend*) historic II. adv historically; **~ bedeutsam** of historic importance

Ge·schichts·buch nt history book
Ge·schichts·schrei·bung f historiography

Ge·schick[1] <-[e]s> [gəˈʃɪk] nt kein pl skill
Ge·schick[2] <-[e]s, -e> [gəˈʃɪk] nt (*Schicksal*) fate

Ge·schick·lich·keit <-> f kein pl skill
ge·schickt I. adj skilful; *Verhalten* diplomatic; ■ **mit den Händen ~ sein** to be clever with one's hands II. adv skilfully

ge·schie·den [gəˈʃiːdn̩] I. pp von **scheiden** II. adj divorced

ge·schie·nen [gəˈʃiːnən] pp von **scheinen**

Ge·schirr <-[e]s, -e> [gəˈʃɪr] nt ① kein pl (*Haushaltsgefäße*) dishes pl ②(*Service*) [tea/dinner] service ③(*Riemenzeug*) harness

Ge·schirr·schrank m china cupboard
Ge·schirr·spül·ma·schi·ne f dishwasher **Ge·schirr·spül·mit·tel** nt washing-up liquid BRIT, dish soap AM **Ge·schirr·tuch** nt tea towel BRIT, dish cloth AM

ge·schis·sen [gəˈʃɪsn̩] pp von **scheißen**
ge·schla·fen pp von **schlafen**
ge·schla·gen pp von **schlagen**

Ge·schlecht <-[e]s, -er> [gəˈʃlɛçt] nt ① kein pl BIOL gender; **das andere ~** the opposite sex; **beiderlei ~s** of both sexes; **männlichen/weiblichen ~s** (*geh*) male/female; **das schwache/starke ~** (*hum*) the weaker/stronger sex ②(*Sippe*) family ③ LING gender

ge·schlecht·lich [gəˈʃlɛçtlɪç] I. adj sexual II. adv sexually

Ge·schlechts·akt m sexual intercourse no pl **Ge·schlechts·hor·mon** nt sex hormone **Ge·schlechts·krank·heit** f sexually transmitted disease **Ge·schlechts·le·ben** nt kein pl sexual habits **Ge·schlechts·or·gan** nt sexual organ **Ge·schlechts·rei·fe** f sexual maturity **Ge·schlechts·teil** nt genitals npl **Ge·schlechts·trieb** m sex drive **Ge·schlechts·um·wand·lung** f sex change **Ge·schlechts·ver·kehr** m sexual intercourse

ge·schli·chen [gəˈʃlɪçn̩] pp von **schleichen**

ge·schlif·fen [gəˈʃlɪfn̩] I. pp von **schleifen**[2] II. adj polished

ge·schlos·sen [gəˈʃlɔsn̩] I. pp von **schließen** II. adj ①(*gemeinsam*) united; *Ablehnung* unanimous ②(*nicht geöffnet*) closed III. adv (*einheitlich*) unanimously

ge·schlun·gen [gəˈʃlʊŋən] pp von **schlingen**

Ge·schmack <-[e]s, Geschmäcke> [gəˈʃmak, pl gəˈʃmɛkə, pl gəˈʃmɛkə] m ① kein pl (*Aroma*) taste ② kein pl (*Geschmackssinn*) sense of taste ③(*ästhetisches Empfinden*) taste; **einen guten/keinen guten ~ haben** to have good/bad taste; **etw ist nicht mein/nach meinem ~** sth is not to my taste; **auf den ~ kommen** to acquire a taste for sth; **für meinen ~** for my taste ▶ **über ~ lässt sich [nicht] streiten** (*prov*) there's no accounting for taste

ge·schmack·lich adj, adv in terms of taste
ge·schmack·los adj ① KOCHK bland ②(*taktlos*) tasteless

Ge·schmack·lo·sig·keit <-, -en> f ① kein pl (*Taktlosigkeit*) a. KOCHK tastelessness ②(*taktlose Bemerkung*) tasteless remark

Ge·schmacks·rich·tung f flavour [or AM -or]; **jds ~ sein** (*fam*) to be just the thing [for sb] *fam*; **genau meine ~!** just my cup of tea! **Ge·schmacks·sa·che** f **~ sein** to be a matter of taste **Ge·schmacks·ver·ir·rung** f (*pej*) bad taste

ge·schmack·voll I. adj tasteful II. adv tastefully

ge·schmei·dig [gəˈʃmaɪdɪç] I. adj ①(*schmiegsam*) sleek; *Haar, Fell* silky; *Haut* soft; **~es Leder** supple leather; *Masse, Teig* smooth ②(*biegsam*) supple II. adv (*biegsam*) supply

ge·schmis·sen [gəˈʃmɪsn̩] pp von **schmeißen**

ge·schmol·zen [gəˈʃmɔltsn̩] pp von **schmelzen**

Ge·schnat·ter <-s> [gəˈʃnatɐ] nt kein pl (*pej fam: lästiges Schnattern*) cackle no pl,

cackling *no pl;* **~ der Menschen** chatter of people
Ge·schnet·zel·te(s) *nt thin strips of meat*
ge·schnie·gelt [gəˈʃniːɡl̩t] *adj* **~ und gebügelt** (*fam*) dressed to the nines *pred*
ge·schnit·ten [gəˈʃnɪtn̩] *pp von* **schneiden**
ge·scho·ben [gəˈʃoːbn̩] *pp von* **schieben**
ge·schol·ten [gəˈʃɔltn̩] *pp von* **schelten**
Ge·schöpf <-[e]s, -e> [gəˈʃœpf] *nt* ❶ (*Lebewesen*) creature ❷ (*Fantasiefigur*) creation
ge·scho·ren [gəˈʃoːrən] *pp von* **scheren**¹
Ge·schoss^RR <-es, -e> *nt,* **Ge·schoß**^ALT <-sses, -sse> [gəˈʃɔs] *nt* ❶ (*Stockwerk*) floor, storey ❷ MIL projectile ❸ (*Wurfgeschoss*) missile
ge·schos·sen [gəˈʃɔsn̩] *pp von* **schießen**
ge·schraubt I. *adj* (*pej*) affected II. *adv* affectedly
Ge·schrei <-s> [gəˈʃraɪ] *nt kein pl* ❶ (*Schreien*) shouting; (*schrill*) shrieking ❷ (*fam: Lamentieren*) fuss *no pl*
ge·schrie·ben [gəˈʃriːbn̩] *pp von* **schreiben**
ge·schrie(·e)n [gəˈʃriː(ə)n] *pp von* **schreien**
ge·schrit·ten [gəˈʃrɪtn̩] *pp von* **schreiten**
ge·schun·den [gəˈʃʊndn̩] *pp von* **schinden**
Ge·schütz <-es, -e> [gəˈʃʏts] *nt* gun; **schweres ~ auffahren** (*a. fig*) to bring up the big guns
Ge·schütz·feu·er *nt* gunfire, artillery [*or* shell] fire
Ge·schwa·fel <-s> [gəˈʃvaːfl̩] *nt kein pl* (*pej fam*) waffle *no pl* BRIT
Ge·schwätz <-es> [gəˈʃvɛts] *nt kein pl* (*pej fam*) ❶ (*dummes Gerede*) waffle *no pl* BRIT ❷ (*Klatsch*) gossip *no pl*
ge·schwät·zig [gəˈʃvɛtsɪç] *adj* (*pej*) talkative
Ge·schwät·zig·keit <-> *f kein pl* (*pej*) talkativeness
ge·schwei·ge [gəˈʃvaɪɡə] *konj* ■ **~ [denn]** never mind, let alone
ge·schwie·gen [gəˈʃviːɡn̩] *pp von* **schweigen**
ge·schwind [gəˈʃvɪnt] I. *adj* SÜDD (*rasch*) swift II. *adv* quickly
Ge·schwin·dig·keit <-, -en> [gəˈʃvɪndɪçkaɪt] *f* speed
Ge·schwin·dig·keits·be·gren·zung *f,* **Ge·schwin·dig·keits·be·schrän·kung** *f* speed limit **Ge·schwin·dig·keits·über·schrei·tung** *f* exceeding the speed limit

Ge·schwis·ter [gəˈʃvɪstɐ] *pl* brothers and sisters *pl*
ge·schwol·len [gəˈʃvɔlən] I. *pp von* **schwellen** II. *adj* (*pej*) pompous III. *adv* in a pompous way
ge·schwom·men [gəˈʃvɔmən] *pp von* **schwimmen**
ge·schwo·ren [gəˈʃvoːrən] I. *pp von* **schwören** II. *adj attr* sworn *attr*
Ge·schwo·re·ne(**r**) *f(m)* juror; **die ~n** the jury
Ge·schwulst <-, Geschwülste> [gəˈʃvʊlst, *pl* gəˈʃvʏlstə] *f* tumour
ge·schwun·den [gəˈʃvʊndn̩] *pp von* **schwinden**
ge·schwun·gen [gəˈʃvʊŋən] I. *pp von* **schwingen** II. *adj* curved
Ge·schwür <-s, -e> [gəˈʃvyːɐ̯] *nt* abscess; **Magen~** stomach ulcer
ge·segnet *adj* (*geh*) blessed; ■ **~e(s)** ...! happy [*or* blessed] ...! *form;* **~es Neues Jahr!** Happy New Year!
ge·se·hen *pp von* **sehen**
Ge·sel·le, Ge·sel·lin <-n, -n> [gəˈzɛlə, gəˈzɛlɪn] *m, f* ❶ (*Handwerksgeselle*) journeyman ❷ (*Kerl*) chap BRIT, guy AM
ge·sel·len* [gəˈzɛlən] *vr* (*geh*) ❶ (*sich anschließen*) ■ **sich zu jdm ~** to join sb ❷ (*hinzukommen*) ■ **sich zu etw** *dat* **~** to add to sth
Ge·sel·len·prü·fung *f* examination at the end of an apprenticeship
ge·sel·lig [gəˈzɛlɪç] I. *adj* sociable; *Abend* convivial; **ein ~es Beisammensein** a friendly get-together II. *adv* **~ zusammensitzen** to sit together and chat
Ge·sel·lig·keit <-, -en> *f* gregariousness
Ge·sel·lin <-, -nen> [gəˈzɛlɪn] *f fem form von* **Geselle**
Ge·sell·schaft <-, -en> [gəˈzɛlʃaft] *f* ❶ (*Gemeinschaft*) society ❷ ÖKON company BRIT, corporation AM ❸ (*Fest*) party ❹ (*Kreis von Menschen*) group of people; **sich [mit etw** *dat***] in guter ~ befinden** to be in good company [with sth]; **in schlechte ~ geraten** to get in with the wrong crowd; **jdm ~ leisten** to join sb ❺ (*Umgang*) company
Ge·sell·schaf·ter(**in**) <-s, -> *m(f)* (*Teilhaber*) shareholder
ge·sell·schaft·lich *adj* social
ge·sell·schafts·fä·hig *adj* socially acceptable **Ge·sell·schafts·schicht** *f* social class **Ge·sell·schafts·spiel** *nt* party game **Ge·sell·schafts·ver·trag** *m* ÖKON partnership agreement
ge·ses·sen [gəˈzɛsn̩] *pp von* **sitzen**

Ge·setz <-es, -e> [gəˈzɛts] *nt* law
Ge·setz·buch *nt* statute book; **Bürgerliches ~** Civil Code **Ge·setz·ent·wurf** *m* draft legislation
Ge·set·zes·bre·cher(in) <-s, -> *m(f)* law-breaker
Ge·set·zes·lü·cke *f* judicial loophole **ge·set·zes·treu** *adj* law-abiding **Ge·set·zes·vor·la·ge** *f s.* **Gesetzentwurf**
ge·set·zes·wid·rig I. *adj* illegal, unlawful II. *adv* illegally, unlawfully
ge·setz·ge·bend *adj attr* legislative
Ge·setz·ge·ber <-s, -> *m* legislature
Ge·setz·ge·bung <-, -en> *f* legislation
ge·setz·lich [gəˈzɛtslɪç] I. *adj* legal; *Verpflichtung* statutory II. *adv* legally
ge·setz·los *adj* lawless
ge·setz·mä·ßig I. *adj* ❶ *(gesetzlich)* lawful ❷ *(regelmäßig)* regular II. *adv* *(einem Naturgesetz folgend)* according to the law of nature; *(rechtmäßig)* lawfully
Ge·setz·mä·ßig·keit <-, -en> *f* ❶ *(Gesetzlichkeit)* legality ❷ *(Rechtmäßigkeit)* legitimacy ❸ *(Regelmäßigkeit)* regularity
ge·setzt I. *adj* dignified II. *konj (angenommen, ...)* ■ **~, ...** assuming that ...; *(vorausgesetzt, dass ...)* providing that ...
ge·si·chert I. *pp von* **sichern** II. *adj* secure[d]; *Erkenntnisse* solid; *Fakten* indisputable; **~es Einkommen** fixed income; **~e Existenz** secure livelihood
Ge·sicht¹ <-[e]s, -er> [gəˈzɪçt] *nt (Antlitz)* face; **jdn/etw zu ~ bekommen** to set eyes on sb/sth; **jdm etw vom ~ ablesen** to see sth from sb's expression; **ein böses/trauriges/enttäuschtes ~ machen** to look angry/sad/disappointed; **jdm etw [direkt] ins ~ sagen** to say sth [straight] to sb's face ▶ **sein wahres ~ zeigen** to show one's true colours; **jdm wie aus dem ~ geschnitten sein** to be the spitting image of sb; **jdm im ~ geschrieben stehen** to be written on sb's face; **das ~ verlieren** to lose face; **das ~ wahren** to save face
Ge·sicht² <-[e]s, -e> [gəˈzɪçt] *nt (Anblick)* sight
Ge·sichts·aus·druck <-ausdrücke> *m* expression [on sb's face] **Ge·sichts·far·be** *f* complexion **Ge·sichts·mas·ke** *f* face mask; SPORT *(Schutz für das Gesicht)* face guard **Ge·sichts·punkt** *m* point of view **Ge·sichts·was·ser** *nt* toner **Ge·sichts·zug** *m meist pl* facial feature
Ge·sims <-es, -e> [gəˈzɪms, *pl* gəˈzɪmzə] *nt* ledge

Ge·sin·del <-s> [gəˈzɪndl̩] *nt kein pl (pej)* riff-raff *no pl*
ge·sinnt [gəˈzɪnt] *adj meist präd* minded; **jdm gut/übel ~ sein** to be well-disposed/ ill-disposed towards sb
Ge·sin·nung <-, -en> *f* conviction
Ge·sin·nungs·wan·del *m* change of attitude
ge·sit·tet [gəˈzɪtət] I. *adj* well-brought up II. *adv* **sich ~ aufführen** to be well-behaved
Ge·socks <-[es]> [gəˈzɔks] *nt kein pl bes* SÜDD *(pej sl)* riff-raff
Ge·söff <-[e]s, -e> [gəˈzœf] *nt (pej sl)* pigswill, muck *no pl*
ge·sof·fen [gəˈzɔfn̩] *pp von* **saufen**
ge·so·gen [gəˈzoːɡn̩] *pp von* **saugen**
ge·son·dert [gəˈzɔndɐt] I. *adj* separate; *(für sich)* individual II. *adv* separately; *(für sich)* individually
ge·son·nen [gəˈzɔnən] I. *pp von* **sinnen** II. *adj (geh)* ■ **~ sein, etw zu tun** to feel inclined to do sth
ge·spal·ten I. *pp von* **spalten** II. *adj* TECH fissured
Ge·spann <-[e]s, -e> [gəˈʃpan] *nt* ❶ *(Wagen und Zugtier)* horse and cart ❷ *(fam: Paar)* pair
ge·spannt *adj* ❶ *(sehr erwartungsvoll)* expectant; **mit ~er Aufmerksamkeit** with rapt attention; ■ **~ sein, ob/was/wie ...** to be anxious to see whether/what/ how ...; **ich bin auf seine Reaktion ~** I wonder what his reaction will be *also iron* ❷ *(konfliktträchtig)* tense
Ge·spenst <-[e]s, -er> [gəˈʃpɛnst] *nt* ghost
ge·spens·tisch [gəˈʃpɛnstɪʃ] *adj* eerie
ge·spie(·e)n [gəˈʃpiː(ə)n] *pp von* **speien**
ge·spielt *adj* feigned
ge·spon·nen [gəˈʃpɔnən] *pp von* **spinnen**
Ge·spött <-[e]s> [gəˈʃpœt] *nt kein pl* mockery; **jdn/sich zum ~ [der Leute] machen** to make sb/oneself a laughing stock
Ge·spräch <-[e]s, -e> [gəˈʃprɛːç] *nt* ❶ *(Unterredung)* conversation; **ein ~ mit jdm führen** to have a conversation with sb; **mit jdm ins ~ kommen** to get into conversation with sb; **im ~ sein** to be under consideration ❷ *(Anruf)* [telephone/ phone] call
ge·sprä·chig [gəˈʃprɛːçɪç] *adj* talkative
ge·sprächs·be·reit *adj* ready to talk; *(bereit zu verhandeln)* ready to begin talks **Ge·sprächs·part·ner(in)** *m(f)* **ein angenehmer ~** a pleasant person to talk to **Ge·sprächs·stoff** *m* topics of conversa-

tion **Ge·sprächs·the·ma** *nt* conversation topic

ge·spren·kelt *adj* mottled

ge·spro·chen [gəˈʃprɔxn̩] *pp von* **sprechen**

ge·spros·sen [gəˈʃprɔsn̩] *pp von* **sprießen**

ge·sprun·gen [gəˈʃprʊŋən] *pp von* **springen**

Ge·spür <-s> [gəˈʃpyːɐ̯] *nt kein pl* instinct; **ein gutes ~ für Farben** a good feel for colours

Ge·stalt <-, -en> [gəˈʃtalt] *f* ❶ (*Mensch*) figure; **eine verdächtige ~** a suspicious character ❷ (*Wuchs*) build ❸ (*Person, Persönlichkeit*) character; **in ~ von jdm** in the form of sb ▶ [**feste**] **~ annehmen** to take [definite] shape

ge·stal·ten* [gəˈʃtaltn̩] **I.** *vt* ■ **etw irgendwie ~** ❶ (*einrichten*) to design; *Garten* to lay out; *Schaufenster* to dress; **etw neu/anders ~** to redesign sth ❷ (*organisieren*) to organize ❸ ARCHIT to build **II.** *vr* (*geh*) ■ **sich irgendwie ~** to turn out to be somehow

ge·stal·te·risch [gəˈʃtaltərɪʃ] **I.** *adj* (*Design betreffend*) **eine ~e Frage/ein ~es Problem** a question/problem of design; *Talent* creative **II.** *adv* **~ gelungen** well-designed; (*schöpferisch*) creatively

Ge·stal·tung <-, -en> *f* ❶ (*das Einrichten*) design; *eines Gartens* laying-out; *eines Schaufensters* window dressing ❷ (*das Organisieren*) organization ❸ ARCHIT building ❹ (*Design*) design

Ge·stam·mel <-s> [gəˈʃtaml̩] *nt kein pl* stammering and stuttering

ge·stand *imp von* **gestehen**

ge·stan·den I. *pp von* **stehen, gestehen II.** *adj attr* experienced

ge·stän·dig [gəˈʃtɛndɪç] *adj* ■ **~ sein** to have confessed

Ge·ständ·nis <-ses, -se> [gəˈʃtɛntnɪs, *pl* gəˈʃtɛntnɪsə] *nt* admission; *eines Verbrechens* confession

Ge·stank <-[e]s> [gəˈʃtaŋk] *m kein pl* stench

ge·stat·ten* [gəˈʃtatn̩] (*geh*) **I.** *vt* ❶ (*erlauben*) to permit ❷ (*als Höflichkeitsformel*) **~ Sie mir den Hinweis, dass das Rauchen hier verboten ist** may I point out that smoking is not allowed here; ■ **jdm ~, etw zu tun** to allow sb to do sth **II.** *vi* **wenn Sie ~, das war mein Platz!** if you don't mind, that was my seat! **III.** *vr* (*sich erlauben*) ■ **sich** *dat* **etw ~** to allow oneself sth

Ges·te <-, -n> [ˈɡeːstə, ˈɡɛstə] *f* gesture

ge·ste·hen <gestand, gestanden> [gəˈʃteːən] *vi, vt* to confess

Ge·stein <-[e]s, -e> [gəˈʃtain] *nt* rock

Ge·stell <-[e]s, -e> [gəˈʃtɛl] *nt* ❶ (*Bretterregal*) shelves *pl* ❷ (*Brillen~*) frame ❸ (*Fahr~*) chassis

ge·stellt *adj* arranged

ges·tern [ɡɛstɐn] *adv* (*der Tag vor heute*) yesterday; **~ vor einer Woche** a week ago yesterday; **~ Abend/Morgen/Mittag** yesterday evening/morning/lunchtime ❷ (*von früher*) **nicht von ~ sein** (*fig fam*) to be not born yesterday

ge·stie·gen [gəˈʃtiːɡn̩] *pp von* **steigen**

Ges·tik <-> [ˈɡeːstɪk, ˈɡɛstɪk] *f kein pl* gestures *pl*

ges·ti·ku·lie·ren* [ɡɛstikuˈliːrən] *vi* to gesticulate

Ge·stirn <-[e]s, -e> [gəˈʃtɪrn] *nt* (*geh: Stern*) star

ge·sto·ben [gəˈʃtoːbn̩] *pp von* **stieben**

ge·sto·chen [gəˈʃtɔxn̩] **I.** *pp von* **stechen II.** *adj* (*sehr exakt*) exact **III.** *adv* **~ scharf** crystal clear; **wie ~ schreiben** to write [extremely] neatly

ge·stoh·len [gəˈʃtoːlən] *pp von* **stehlen**

ge·stor·ben [gəˈʃtɔrbn̩] *pp von* **sterben**

ge·stört *adj* PSYCH ❶ (*beeinträchtigt*) disturbed ❷ (*fam: verrückt*) insane

ge·sto·ßen [gəˈʃtoːsn̩] *pp von* **stoßen**

Ge·stot·ter <-s> [gəˈʃtɔtɐ] *nt kein pl* stammering

ge·streift I. *pp von* **streifen II.** *adj* striped

ge·stresst^{RR}, **ge·streßt**^{ALT} *adj* stressed

ge·stri·chen [gəˈʃtrɪçn̩] **I.** *pp von* **streichen II.** *adj* level **III.** *adv* **~ voll** full to the brim ▶ **die Nase ~ voll haben** to be fed up to the back teeth

ges·trig [ˈɡɛstrɪç] *adj attr* yesterday's *attr*; [of] yesterday *pred*

ge·strit·ten [gəˈʃtrɪtn̩] *pp von* **streiten**

Ge·strüpp <-[e]s, -e> [gəˈʃtrʏp] *nt* undergrowth

ge·stun·ken [gəˈʃtʊŋkn̩] *pp von* **stinken**

Ge·stüt <-[e]s, -e> [gəˈʃtyːt] *nt* stud farm

Ge·such <-[e]s, -e> [gəˈzuːx] *nt* (*veraltend*) request; (*Antrag*) application

ge·sucht *adj* (*gefragt*) in demand *pred*, much sought-after

Ge·sül·ze <-s> [gəˈzʏltsə] *nt kein pl* (*sl*) drivel

ge·sund <gesünder, gesündeste> [ɡəˈzʊnt] *adj* healthy; **geistig und körperlich ~** sound in mind and body; **~ und munter** in good shape; **Rauchen ist**

gesunden → Gewalt

nicht ~ smoking is unhealthy; **wieder ~ werden** to get well again

ge·sun·den* [gəˈzʊndn̩] *vi sein* (*geh*) to recover

Ge·sund·heit <-> *f kein pl* health; **auf Ihre ~!** your health!; **~!** bless you!

ge·sund·heit·lich I. *adj* **ein ~es Problem** a health problem; **aus ~en Gründen** for health reasons **II.** *adv* (*hinsichtlich der Gesundheit*) as regards health; **wie geht es Ihnen ~?** how are you?

Ge·sund·heits·amt *nt* local public health department **ge·sund·heits·be·wusst**^RR *adj* health conscious **ge·sund·heits·schäd·lich** *adj* detrimental to one's health; **Rauchen ist ~** smoking damages your health **Ge·sund·heits·tou·rist(in)** [gəˈzʊndhaɪtstʊrɪst] *m(f)* health tourist **Ge·sund·heits·ver·sor·gung** *f kein pl* healthcare **Ge·sund·heits·zeug·nis** *nt* certificate of health, health certificate **Ge·sund·heits·zu·stand** *m kein pl* state of health

ge·sund|schrei·ben^RR *irreg vt* to certify [as being] fit

ge·sun·gen [gəˈzʊŋən] *pp von* **singen**

ge·sun·ken [gəˈzʊŋkn̩] *pp von* **sinken**

ge·tan [gəˈtaːn] *pp von* **tun**

Ge·tö·se <-s> [gəˈtøːzə] *nt kein pl* din; (*anhaltender Lärm*) racket

ge·tra·gen [gəˈtraːgn̩] **I.** *pp von* **tragen** **II.** *adj* ❶ (*feierlich*) solemn ❷ (*gebraucht*) second-hand

Ge·tränk <-[e]s, -e> [gəˈtrɛŋk] *nt* drink

Ge·trän·ke·au·to·mat *m* drinks dispenser **Ge·trän·ke·do·se** *f* drinks can

Ge·tratsch[e] <-[e]s> [gəˈtraːtʃə] *nt kein pl* (*pej*) gossip[ing]

ge·trau·en* [gəˈtraʊən] *vr* (*wagen*) ▪**sich ~, etw zu tun** to dare to do sth

Ge·trei·de <-s, -> [gəˈtraɪdə] *nt* cereal; (*geerntet*) grain

Ge·trei·de·müh·le *f* mill [for grinding grain]

ge·trennt I. *adj* separate **II.** *adv* separately

ge·tre·ten *pp von* **treten**

ge·treu¹ [gəˈtrɔy] *adj* ❶ (*genau*) exact; *Wiedergabe* faithful ❷ (*geh: treu*) loyal

ge·treu² [gəˈtrɔy] *präp +dat* (*gemäß*) ▪**~ einer S.** *dat* in accordance with sth

Ge·trie·be <-s, -> [gəˈtriːbə] *nt* TECH gear[s] *pl*

ge·trie·ben [gəˈtriːbn̩] *pp von* **treiben**

ge·trof·fen [gəˈtrɔfn̩] *pp von* **treffen, triefen**

ge·tro·gen [gəˈtroːgn̩] *pp von* **trügen**

ge·trost [gəˈtroːst] *adv* (*ohne weiteres*) safely; **du kannst dich ~ auf ihn verlassen** take my word for it, you can rely on him

ge·trübt *adj* troubled

ge·trun·ken [gəˈtrʊŋkn̩] *pp von* **trinken**

Get·to <-s, -s> [ˈgɛto] *nt* ghetto

Get·to·blas·ter <-s, -> *m s.* **Ghettoblaster**

get·to·i·sie·ren [gɛtoiˈziːrən] *vt* to ghettoize

Ge·tue <-s> [gəˈtuːə] *nt kein pl* (*pej*) fuss; **ein ~ machen** to make a fuss

ge·tunt [gəˈtjuːnt] *adj* AUTO (*fam*) tuned-up

ge·tüp·felt [gəˈtʏpfəlt] *adj* spotted; *Ei, Fell* speckled; *Sommersprossen* freckled

Ge·tu·schel <-s> [gəˈtʊʃl̩] *nt kein pl* whispering

ge·übt *adj* experienced; *Auge, Ohr, Griff* trained

Ge·wächs <-es, -e> [gəˈvɛks] *nt* ❶ (*Pflanze*) plant ❷ (*Geschwulst*) growth

ge·wach·sen [gəˈvaksn̩] **I.** *pp von* **wachsen**¹ **II.** *adj* (*ebenbürtig*) equal; ▪**jdm ~ sein** to be sb's equal; **einem Gegner ~ sein** to be a match for an opponent; ▪**einer S.** *dat* **~ sein** to be up to sth

Ge·wächs·haus *nt* greenhouse

ge·wagt *adj* ❶ (*kühn*) audacious; (*gefährlich*) ❷ (*freizügig*) risqué

ge·wählt I. *adj* refined **II.** *adv* in an elegant way

Ge·währ <-> [gəˈvɛːɐ̯] *f kein pl* guarantee; **[jdm] die ~ [dafür] bieten, dass ...** to guarantee [sb] that ...; **ohne ~** subject to change

ge·wäh·ren* [gəˈvɛːrən] *vt* ❶ (*einräumen*) ▪**[jdm] etw ~** to grant [sb] sth; **jdm einen Rabatt ~** to give sb a discount; **jdn ~ lassen** (*geh*) to give sb free rein ❷ *Trost* to afford; *Sicherheit* to provide

ge·währ·leis·ten* [gəˈvɛːɐ̯laɪstn̩] *vt* to guarantee

Ge·währ·leis·tung *f* guarantee

Ge·wahr·sam <-s> [gəˈvaːɐ̯zaːm] *m kein pl* ❶ (*Verwahrung*) place; **etw in ~ nehmen** to take sth into safekeeping ❷ (*Haft*) custody; **jdn in ~ nehmen** to take sb into custody

Ge·wäh·rung <-, *selten* -en> *f* granting

Ge·walt <-, -en> [gəˈvalt] *f* ❶ (*Machtbefugnis, Macht*) power; **etw mit aller ~ erreichen** to do everything in ones power to get sth to happen; **elterliche ~** parental authority; **höhere ~** force majeure; **ein Land/ein Gebiet in seine ~ bringen** to bring a country/a region under one's control; **jdn in seiner ~ haben** to have sb in one's power; ~ **über jdn haben** to exercise [complete] power over sb; **sich in der ~ haben** to have oneself under control; **in jds ~ sein** to be in sb's hands ❷ *kein pl* (*gewaltsames Vorgehen*) force; (*Gewalttätigkeit*) violence; **nackte ~** brute force; **sich** *dat* **~ antun** to force oneself; **~ anwenden** to use force; **mit ~** with force; (*fam: unbedingt*) desperately ❸ *kein pl* (*Heftigkeit*) force

Ge·walt·aus·bruch *m* violent outbreak [*or* outburst], outbreak of violence **ge·walt·be·reit** *adj* ready for forceful intervention, prone to violence **Ge·walt·be·reit·schaft** *f* willingness to use violence **Ge·wal·ten·tei·lung** *f* separation of executive, legislative and judicial powers **ge·walt·frei** *adj* violence-free *attr*, free of violence *pred* **Ge·walt·herr·schaft** *f kein pl* tyranny

ge·wal·tig [gəˈvaltɪç] **I.** *adj* ❶ (*heftig*) enormous ❷ (*wuchtig*) powerful; *Last* heavy; (*riesig*) huge ❸ (*fam: sehr groß*) tremendous **II.** *adv* (*fam: sehr*) considerably; **sich ~ irren** to be very much mistaken

ge·walt·los I. *adj* non-violent, without violence *pred* **II.** *adv* without violence **Ge·walt·lo·sig·keit** <-> *f kein pl* non-violence

Ge·walt·marsch *m* route [*o* forced] march **ge·walt·sam** [gəˈvaltzaːm] **I.** *adj* violent; **~es Aufbrechen** forced opening **II.** *adv* by force

Ge·walt·tat *f* act of violence **Ge·walt·tä·ter(in)** *m(f)* violent criminal **ge·walt·tä·tig** *adj* violent **Ge·walt·tä·tig·keit** *f* violence **Ge·walt·ver·bre·chen** *nt* violent crime **Ge·walt·ver·bre·cher(in)** *m(f)* violent criminal

ge·walt·ver·herr·li·chend [gəˈvaltfɛɐhɛrlɪçənd] *adj* glorifying violence **Ge·walt·ver·herr·li·chung** *f* glorification of violence

Ge·walt·ver·zicht *m* non-aggression **Ge·wand** <-[e]s, Gewänder> [gəˈvant, pl gəˈvɛndə] *nt* (*geh*) robe

ge·wandt [gəˈvant] **I.** *pp von* **wenden II.** *adj* skilful; *Auftreten* confident; *Bewegung* deft; *Redner* good **III.** *adv* skilfully **Ge·wandt·heit** <-> *f kein pl* skilfulness; **die ~ eines Redners** the skill of a speaker; **die ~ einer Bewegung** the agility of a movement

ge·wann [gəˈvan] *imp von* **gewinnen Ge·wäsch** <-[e]s> [gəˈvɛʃ] *nt kein pl* (*pej fam*) drivel

ge·wa·schen *pp von* **waschen**

Ge·wäs·ser <-s, -> [gəˈvɛsɐ] *nt* stretch of water

Ge·wäs·ser·schutz *m* prevention of water pollution *no pl*

Ge·we·be <-s, -> [gəˈveːbə] *nt* ❶ (*Stoff*) fabric ❷ ANAT, BIOL tissue

Ge·wehr <-[e]s, -e> [gəˈveːɐ] *nt* rifle; (*Schrotflinte*) shotgun

Ge·wehr·lauf *m* barrel of a rifle [*or* shotgun] **Ge·weih** <-[e]s, -e> [gəˈvaj] *nt* antlers *pl* **Ge·wer·be** <-s, -> [gəˈvɛrbə] *nt* ❶ (*Betrieb*) [commercial] business ❷ (*Handwerk, Handel*) trade

Ge·wer·be·auf·sichts·amt *nt* ≈ health and safety executive (*office with responsibility for enforcing laws regarding working conditions and health and safety at work*) **Ge·wer·be·ge·biet** *nt* industrial estate **Ge·wer·be·ord·nung** *f* laws regulating commercial and industrial business **Ge·wer·be·schein** *m* trade licence **Ge·wer·be·steu·er** *f* trade tax **Ge·wer·be·trei·ben·de(r)** *f(m)* business person; (*Handwerker*) tradesperson

ge·werb·lich I. *adj* (*handwerkliches Gewerbe*) trade; (*kaufmännisches Gewerbe*) commercial; (*industrielles Gewerbe*) industrial **II.** *adv* **Wohnräume dürfen nicht ~ genutzt werden** residential rooms are not to be used for commercial/trade/industrial purposes

Ge·werk·schaft <-, -en> [gəˈvɛrkʃaft] *f* [trade] union

Ge·werk·schaft(·l)er(in) <-s, -> [gəˈvɛrkʃaft(l)ɐ] *m(f)* trade unionist

ge·werk·schaft·lich I. *adj* [trade] union **II.** *adv* **~ organisiert sein** to be a member of a [trade] union

Ge·werk·schafts·bund *m* federation of trade unions **Ge·werk·schafts·füh·rer(in)** *m(f)* trade union leader **Ge·werk·schafts·mit·glied** *nt* [trade] union member

ge·we·sen [gəˈveːzn̩] **I.** *pp von* **sein**[1] **II.** *adj attr* (*ehemalig*) former *attr*

ge·wi·chen [gəˈvɪçn̩] *pp von* **weichen Ge·wicht** <-[e]s, -e> [gəˈvɪçt] *nt* ❶ *kein pl* (*Schwere eines Körpers*) weight *no indef art, no pl, + sing vb*; **spezifisches ~** PHYS specific weight; **ein großes ~ haben** to be very heavy; **ein geringes ~ haben** to weigh little; **sein ~ halten** to stay the same weight ❷ *kein pl* (*fig: Wichtigkeit*) weight; **ins ~ fallen** to count; **auf etw** *akk* **[großes] ~ legen** to attach [great] significance to sth; (*hervorheben*) to lay stress on sth ❸ (*Metallstück zum Beschweren*) weight

ge·wich·ten* [gəˈvɪçtn̩] *vt* to weight
Ge·wicht·he·ben <-s> *nt kein pl* SPORT weightlifting *no pl*
ge·wich·tig [gəˈvɪçtɪç] *adj* significant
Ge·wichts·ver·lust *m* weight loss **Ge·wichts·zu·nah·me** *f* increase in weight
ge·wieft [gəˈviːft] (*fam*) **I.** *adj* crafty **II.** *adv* with cunning
ge·wie·sen [gəˈviːzn̩] *pp von* **weisen**
ge·willt [gəˈvɪlt] *adj* ■ **~ sein, etw zu tun** to be inclined to do sth
Ge·wim·mel <-s> [gəˈvɪml̩] *nt kein pl* (*Insekten*) swarm[ing mass]; (*Menschen*) throng
Ge·win·de <-s, -> [gəˈvɪndə] *nt* TECH [screw *spec*] thread
Ge·winn <-[e]s, -e> [gəˈvɪn] *m* ❶ ÖKON profit; **~ bringen** to make a profit ❷ (*Preis*) prize; (*beim Lotto, Wetten*) winnings *npl* ❸ *kein pl* ([*innere*] *Bereicherung*) gain
Ge·winn·be·tei·li·gung *f* share of the profits **ge·winn·brin·gend** *adj* profitable **Ge·winn·chan·ce** [-ˈʃãːsə, -ˈʃãːs, -ʃɑ̃s(ə)] *f* chance of winning
ge·win·nen <gewann, gewonnen> [gəˈvɪnən] **I.** *vt* ❶ (*als Gewinn erhalten*) to win ❷ (*überzeugen*) ■ **jdn ~** to win sb over; **jdn als Freund ~** to win sb as a friend; **jdn als Kunden ~** to win sb's custom ❸ (*erzeugen*) to obtain; *Kohle, Metall* to extract (**aus** from) ❹ *Einfluss, Selbstsicherheit* to gain **II.** *vi* ❶ (*Gewinner sein*) to win (**bei/in** at) ❷ (*profitieren*) to profit (**bei** from)
ge·win·nend *adj* charming, winning *attr*
Ge·win·ner(in) <-s, -> *m(f)* winner; MIL *a.* victor
Ge·winn·los *nt* winning ticket
Ge·winn·mar·ge <-, -n> [-ˈmarʒə] *f* ÖKON profit margin **Ge·winn·num·mer**[RR] *f* winning number **Ge·winn·span·ne** *f* profit margin **ge·winn·süch·tig** *adj* profit-seeking *attr*, greedy for profit *pred* **Ge·winn·num·mer**[ALT] *f s.* **Gewinnnummer**
Ge·win·nung <-> *f kein pl* GEOL, CHEM extraction
Ge·winn·zahl *f* winning number
Ge·win·sel <-s> [gəˈvɪnzl̩] *nt kein pl* (*pej*) [constant] whining
Ge·wirr <-[e]s> [gəˈvɪr] *nt kein pl* (*Drähte, Fäden*) tangle; (*Gedanken*) confusion; *Stimmen* babble; *Straßen* maze
ge·wiss[RR], **ge·wiß**[ALT] [gəˈvɪs] **I.** *adj* ❶ *attr* (*nicht näher bezeichnet*) certain; **eine ~e Frau Schmidt** a [certain] Ms Schmidt ❷ (*sicher*) ■ **sich** *dat* **einer S. gen ~ sein** (*geh*) to be certain of sth **II.** *adv* (*geh*) certainly; **aber ~!** but of course!, *esp* AM sure!

Ge·wis·sen <-s> [gəˈvɪsn̩] *nt kein pl* conscience; **ein schlechtes ~ haben** to have a bad conscience; **jdn/etw auf dem ~ haben** to have sb/sth on one's conscience; **jdm ins ~ reden** to appeal to sb's conscience
ge·wis·sen·haft *adj* conscientious
Ge·wis·sen·haf·tig·keit <-> *f kein pl* conscientiousness
ge·wis·sen·los **I.** *adj* unscrupulous *pl* **II.** *adv* without scruple[s *pl*]
Ge·wis·sen·lo·sig·keit <-, -en> *f* unscrupulousness
Ge·wis·sens·bis·se *pl* pangs of conscience **Ge·wis·sens·ent·schei·dung** *f* question of conscience **Ge·wis·sens·fra·ge** *f s.* **Gewissensentscheidung Ge·wis·sens·frei·heit** *f* freedom of conscience **Ge·wis·sens·grün·de** *pl* conscientious reasons **Ge·wis·sens·kon·flikt** *m* moral conflict
ge·wis·ser·ma·ßen *adv* so to speak
Ge·wiss·heit[RR], **Ge·wiß·heit**[ALT] <-, -en> *f selten pl* certainty; **~ haben** to be certain; **sich** *dat* **~ [über etw** *akk*] **verschaffen** to find out for certain [about sth]
Ge·wit·ter <-s, -> [gəˈvɪtɐ] *nt* thunderstorm
ge·wit·te·rig [gəˈvɪtərɪç] **I.** *adj* thundery **II.** *adv* **~ drückend** [thundery and] oppressive
ge·wit·tern* [gəˈvɪtɐn] *vi impers* ■ **es gewittert** it's thundering
Ge·wit·ter·re·gen *m*, **Ge·wit·ter·schau·er** *m* thunder[y] shower **Ge·wit·ter·stim·mung** *f* **es herrscht ~** there is thunder in the air *fig* **Ge·wit·ter·wol·ke** *f* thundercloud
ge·witzt [gəˈvɪtst] *adj* wily
ge·wo·ben [gəˈvoːbn̩] *pp von* **weben**
ge·wo·gen [gəˈvoːgn̩] **I.** *pp von* **wägen, wiegen**[1] **II.** *adj* (*geh*) well-disposed; ■ **jdm/einer S.** *dat* **~ sein** to be well-disposed toward[s] sb/sth
ge·wöh·nen* [gəˈvøːnən] **I.** *vt* ■ **jdn an etw** *akk* **~** to make sb used to sth; **ein Tier an sich/etw** *akk* **~** to make an animal get used to one/sth **II.** *vr* ■ **sich an jdn/etw ~** to get used to sb/sth; ■ **sich daran ~, etw zu tun** to get used to doing sth
Ge·wohn·heit <-, -en> *f* habit; **aus [lauter] ~** from [sheer] force of habit
ge·wohn·heits·mä·ßig **I.** *adj* habitual **II.** *adv* habitually, out of habit

Ge·wohn·heits·mensch *m* creature of habit **Ge·wohn·heits·recht** *nt* (*als Rechtssystem*) common law *no art* **Ge·wohn·heits·tä·ter, -tä·te·rin** *m, f* JUR, PSYCH habitual offender **Ge·wohn·heits·tier** *nt* creature of habit **Ge·wohn·heits·trin·ker(in)** *m(f)* habitual drinker **Ge·wohn·heits·ver·bre·cher(in)** *m(f)* habitual offender

ge·wöhn·lich [gə'vøːnlɪç] **I.** *adj* ❶ *attr* (*üblich*) usual ❷ (*normal*) normal ❸ (*pej: ordinär*) common **II.** *adv* ❶ (*üblicherweise*) usually; **für ~** normally; **wie ~** as [per *fam*] usual ❷ (*pej*) **sich ~ ausdrücken** to use common language

ge·wohnt [gə'voːnt] *adj* usual; *Umgebung* familiar; ▪ **etw ~ sein** to be used to sth; ▪ **es ~ sein, etw zu tun** to be used to doing sth; ▪ **es ~ sein, dass jd etw tut** to be used to sb['s] doing sth

Ge·wöh·nung <-> *f kein pl* habituation *form;* **das ist [alles] ~** it's [all] a question of habit

ge·wöh·nungs·be·dürf·tig *adj* requiring getting used to **Ge·wöh·nungs·sa·che** *f* matter of getting used to [it]

Ge·wöl·be <-s, -> [gə'vœlbə] *nt* vault
ge·wölbt *adj Dach, Decke* vaulted; *Stirn* domed; *Rücken* rounded
ge·won·nen [gə'vɔnən] *pp von* **gewinnen**
ge·wor·ben [gə'vɔrbn̩] *pp von* **werben**
ge·wor·den [gə'vɔrdn̩] *pp von* **werden**
ge·wor·fen [gə'vɔrfn̩] *pp von* **werfen**
gewrungen *pp von* **wringen**
Ge·wühl <-[e]s> [gə'vyːl] *nt kein pl* ❶ (*Gedränge*) throng ❷ (*pej: andauerndes Kramen*) rummaging around

ge·wun·den [gə'vʊndn̩] **I.** *pp von* **winden**[1] **II.** *adj* ❶ (*in Windungen verlaufend*) winding ❷ (*umständlich*) tortuous
ge·wun·ken [gə'vʊŋkn̩] DIAL *pp von* **winken**
Ge·würz <-es, -e> [gə'vʏrts] *nt* spice
Ge·würz·gur·ke *f* pickled gherkin **Ge·würz·nel·ke** *f* [mother *form*] clove **Ge·würz·pflan·ze** *f* spice plant; (*Kräutersorte*) herb
Ge·wu·sel <-s> [gə'vuːzl̩] *nt kein pl* DIAL crush
ge·wusst^RR, **ge·wußt**^ALT [gə'vʊst] *pp von* **wissen**
Gey·sir <-s, -e> ['gajzɪr] *m* geyser
GEZ <-> [geːʔɛ'tsɛt] *f kein pl Abk von* **Gebühreneinzugszentrale:** ▪ **die ~** the collection centre for radio and television licence fees
gez. *Abk von* **gezeichnet** sgd

ge·zackt *adj* jagged; *Hahnenkamm* toothed; *Blatt* serrated
Ge·zänk [gə'tsɛŋk], **Ge·zan·ke** <-s> [gə'tsaŋkə] *nt kein pl* (*pej fam*) squabbling
ge·zeich·net *adj* marked
Ge·zei·ten [gə'tsajtn̩] *pl* tide[s *pl*]
Ge·zei·ten·strom *m* tidal current **Ge·zei·ten·wech·sel** *m* turn of the tide; **beim ~** at the turn of the tide
Ge·ze·ter <-s> [gə'tseːtɐ] *nt kein pl* (*pej fam*) racket; **in ~ ausbrechen** to start a commotion
ge·zielt **I.** *adj* well-directed; *Fragen* specific **II.** *adv* specifically; **~ fragen** to ask questions with a specific aim in mind
ge·zie·men* [gə'tsiːmən] *vr impers* (*veraltend*) ▪ **es geziemt sich** it is proper; **wie es sich geziemt** as is proper; **wie es sich für ein artiges Kind geziemt** as befits a well-behaved child *form*
ge·ziert (*pej*) **I.** *adj* affected **II.** *adv* affectedly
ge·zo·gen [gə'tsoːgn̩] *pp von* **ziehen**
Ge·zwit·scher <-s> [gə'tsvɪtʃɐ] *nt kein pl* twittering
ge·zwun·gen [gə'tsvʊŋən] **I.** *pp von* **zwingen** **II.** *adj* (*gekünstelt*) forced; *Benehmen* stiff **III.** *adv* (*gekünstelt*) stiffly; **~ lachen** to give a forced laugh
ge·zwun·ge·ner·ma·ßen *adv* of necessity
ggf. *adv Abk von* **gegebenenfalls**
Gha·na <-s> ['gaːna] *nt* Ghana; *s. a.* **Deutschland**
Gha·na·er(in) <-s, -> ['gaːnaɐ] *m(f)* Ghanaian; *s. a.* **Deutsche(r)**
gha·na·isch ['gaːnaɪʃ] *adj* Ghanaian; *s. a.* **deutsch**
Ghet·to <-s, -s> ['gɛto] *nt s.* **Getto**
G(h)et·to·blas·ter <-s, -> ['gɛtobla:stɐ] *m* (*sl*) ghetto blaster BRIT, boombox
ghet·to·i·sie·ren* [gɛtoi'ziːrən] *vt s.* **gettoisieren**
Gi·bral·tar [gi'braltar] *nt* Gibraltar
Gicht <-> ['gɪçt] *f kein pl* gout
Gie·bel <-s, -> ['giːbl̩] *m* gable [end]
Gie·bel·dach *nt* gable[d] roof
Gier <-> ['giːɐ] *f kein pl* greed *no pl* (**nach** for); (*nach Reichtum a.*) avarice *no pl* (**nach** for); (*nach etw Ungewöhnlichem*) craving (**nach** for)
gie·ren ['giːrən] *vi* ▪ **nach etw** *dat* **~** to crave [for] sth
gie·rig ['giːrɪç] **I.** *adj* greedy; **~ nach Macht sein** to crave [for] power **II.** *adv* greedily; **etw ~ trinken** to gulp down sth *sep*
gie·ßen <goss, gegossen> ['giːsn̩] **I.** *vt* ❶ (*bewässern*) to water ❷ (*schütten*) to

pour (**auf** on, **über** over); **ein Glas [nicht] voll** ~ to [not] fill [up *sep*] a glass; **etw daneben** ~ to spill sth ❸ TECH etw [in Barren/Bronze/Wachs] ~ to cast sth [into bars/in bronze/in wax] II. *vi impers* (*stark regnen*) **es gießt in Strömen** it's pouring [down] [with rain]

Gie·ße·rei <-, -en> [giːsəˈraɪ] *f* foundry

Gieß·kan·ne *f* watering can

Gift <-[e]s, -e> ['gɪft] *nt* ❶ (*giftige Substanz*) poison; (*Schlangengift*) venom; **jdm** ~ **geben** to poison sb; **darauf kannst du** ~ **nehmen** (*fig fam*) you can bet your life [or Am *also* bottom dollar] on that ❷ (*fig: Bosheit*) venom; ~ **und Galle spucken** (*fam*) to vent one's spleen; **sein** ~ **verspritzen** to be venomous

Gift·gas *nt* poison gas **Gift·gas·ka·ta·stro·phe** *f* [poison] gas disaster **gift·grün** *adj* garish green

gif·tig ['gɪftɪç] I. *adj* ❶ (*Gift enthaltend*) poisonous ❷ (*boshaft*) venomous ❸ (*grell*) garish II. *adv* (*pej*) ~ **antworten** to give a catty reply

Gift·müll *m* toxic waste **Gift·müll·ex·port** *m* toxic waste export **Gift·müll·ver·bren·nungs·an·la·ge** *f* toxic waste incineration plant **Gift·nu·del** *f* (*pej fam*) spiteful old devil **Gift·pilz** *m* poisonous fungus **Gift·schlan·ge** *f* poisonous snake **Gift·sprit·ze** *f* (*fam*) spiteful old devil **Gift·stoff** *m* toxic substance **Gift·wol·ke** *f* cloud of toxins **Gift·zwerg(in)** *m(f)* (*pej fam*) poison[ed] dwarf

Gi·ga·byte <-[s], -[s]> ['giːgabaɪt] *nt*, **Gbyte** *nt* INFORM gigabyte, Gb

Gi·gant(in) <-en, -en> [giˈgant] *m(f)* giant; (*fig a.*) colossus

gi·gan·tisch [giˈgantɪʃ] *adj* gigantic

Gil·de <-, -n> ['gɪldə] *f* guild

gilt ['gɪlt] *3. pers pres von* **gelten**

Gin <-s, -s> [dʒɪn] *m* gin; ~ **Tonic** gin and tonic

ging ['gɪŋ] *imp von* **gehen**

Gins·ter <-s, -> ['gɪnstɐ] *m* broom

Gip·fel <-s, -> ['gɪpfl̩] *m* ❶ (*Bergspitze*) peak; (*höchster Punkt*) summit; DIAL (*Wipfel*) treetop ❷ (*fig: Zenit*) peak; (*Höhepunkt*) height ❸ POL summit [conference]

Gip·fel·kon·fe·renz *f* summit conference

gip·feln ['gɪpfl̩n] *vi* ■**in etw** *dat* ~ to culminate in sth

Gip·fel·punkt *m* high point **Gip·fel·tref·fen** *nt* summit [meeting]

Gips <-es, -e> ['gɪps] *m* ❶ (*Baumaterial*) plaster; (*in Mineralform*) gypsum; (*zum Modellieren*) plaster of Paris ❷ (*Kurzform für Gipsverband*) [plaster] cast; **den Arm/Fuß in** ~ **haben** to have one's arm/foot in a [plaster] cast

Gips·ab·druck <-abdrücke> *m*, **Gips·ab·guss**^{RR} <-abgüsse> *m* plaster cast

Gips·arm *m* (*fam*) arm in plaster **Gips·bein** *nt* (*fam*) leg in plaster

gip·sen ['gɪpsn̩] *vt* ■**etw** ~ ❶ (*mit Gips reparieren*) to plaster sth ❷ MED to put sth in plaster

Gip·ser(in) <-s, -> *m(f)* plasterer

Gips·ver·band *m* plaster cast

Gi·raf·fe <-, -n> [giˈrafə] *f* giraffe

Gir·lan·de <-, -n> [gɪrˈlandə] *f* garland (**aus** of)

Gi·ro <-s, -s *o* Giri> ['ʒiːro, *pl* 'ʒiːri] *nt* FIN ÖSTERR [bank] assignment

Giro·kon·to ['ʒiːro-] *nt* current [*or* Am checking] account

Gis <-, -> ['gɪs] *nt* MUS G sharp

Gischt <-[e]s, -e> ['gɪʃt] *m pl selten* [sea] spray

Gi·tar·re <-, -n> [giˈtarə] *f* guitar

Gi·tar·rist(in) <-en, -en> [gitaˈrɪst] *m(f)* guitarist

Git·ter <-s, -> ['gɪtɐ] *nt* ❶ (*Absperrung*) fencing *no pl, no indef art*; (*vor Türen, Fenstern: engmaschig*) grille; (*grobmaschig*) grating; (*parallel laufende Stäbe*) bars *pl*; (*für Gewächse*) trellis ❷ (*fig fam*) **jdn hinter** ~ **bringen** to put sb behind bars; **hinter** ~ **kommen** to be put behind bars ❸ MATH grid

Git·ter·fens·ter *nt* barred window **Git·ter·rost** *m* grating

Glace <-, -n> ['glasə] *f* SCHWEIZ ice cream

Gla·cee·hand·schuh^{RR}, **Gla·cé·hand·schuh** [glaˈseː-] *m* kid glove

Gla·di·a·tor <-s, -toren> [glaˈdiaːtoːɐ̯, *pl* gladiaˈtoːrən] *m* gladiator

gla·mou·rös [glamuˈrøːs] *adj* glamorous

Glanz <-es> ['glants] *m kein pl* ❶ (*das Glänzen*) shine; *Augen* sparkle; *Lack* gloss; *Perlen, Seide* sheen; **blendender** ~ dazzle ❷ (*herrliche Pracht*) splendour

glän·zen ['glɛntsn̩] *vi* ❶ (*widerscheinen*) to shine; (*von polierter Oberfläche*) to gleam; *Augen* to sparkle; *Nase* to be shiny; *Wasseroberfläche* to glisten; *Sterne* to twinkle ❷ (*sich hervortun*) to shine

glän·zend ['glɛntsn̩t] I. *adj* ❶ (*widerscheinend*) shining; *Oberfläche* gleaming; *Augen* sparkling; *Haar* shiny; *Papier* glossy ❷ (*hervorragend*) brilliant II. *adv* (*hervorragenderweise*) splendidly; **sich** ~ **amü·sieren** to have a great time [of it]

Glanz·leis·tung *f* brilliant achievement

glanz·los *adj* dull, lacklustre [*or* AM -er]; **~es Haar** lustreless [*or* AM lusterless] hair
glanz·voll *adj* brilliant **Glanz·zeit** *f* prime
Glas <-es, Gläser> ['glaːs, *pl* 'glɛːzə] *nt* ❶ (*Werkstoff*) glass *no indef art,* + *sing vb;* „Vorsicht ~!" "glass — handle with care" ❷ (*Trinkgefäß*) glass; **zwei ~ Wein** two glasses of wine; **zu tief ins ~ schauen** (*fam*) to have one too many ❸ (*Brillenglas*) lens; (*Fernglas*) binoculars *npl*
Glas·au·ge *nt* glass eye **Glas·blä·ser(in)** *m(f)* glassblower **Glas·con·tai·ner** [-kɔnteːnɐ] *m* bottle bank BRIT
Gla·ser(in) <-s, -> ['glaːzɐ] *m(f)* glazier
Gla·se·rei [glaːzəˈrai] *f* glazier's workshop
Gla·se·rin <-, -nen> ['glaːzərɪn] *f fem form von* **Glaser**
glä·sern ['glɛːzɐn] *adj* ❶ (*aus Glas*) glass *attr,* [made] of glass *pred* ❷ (*fig*) ~e Augen/~er Blick glassy eyes/gaze
Glas·fa·ser *f meist pl* glass fibre **Glas·fa·ser·ka·bel** *nt* fibre optic cable **Glashaus** *nt* greenhouse; (*in botanischen Gärten*) glass house **Glas·hüt·te** ['glaːshʏtə] *f* glassworks + *sing/pl vb*
gla·sie·ren* [glaˈziːrən] *vt* to glaze
gla·sig ['glaːzɪç] *adj* ❶ (*ausdruckslos*) glassy ❷ KOCHK transparent
Glas·kas·ten *m* glass case; (*fam: mit Glas abgeteilter Raum*) glass box **glas·klar** I. *adj* ❶ (*durchsichtig*) transparent, [as] clear as glass *pred* ❷ (*fig: klar und deutlich*) crystal-clear II. *adv* (*klar und deutlich*) in no uncertain terms **Glas·ma·le·rei** *f* glass painting
Glas·nost <-> ['glasnɔst] *f kein pl* POL, HIST glasnost
Glas·per·le *f* glass bead **Glas·schei·be** *f* ❶ (*dünne Glasplatte*) sheet of glass ❷ (*Fensterscheibe*) pane of glass **Glas·scher·be** *f* shard of glass **Glas·tür** *f* glass door
Gla·sur [glaˈzuːɐ̯] *f* ❶ (*Keramik~*) glaze ❷ KOCHK icing, *esp* AM frosting
Glas·wa·ren *pl* glassware *no pl* **Glas·wol·le** *f* glass wool
glatt <-er *o fam* glätter, -este *o fam* glätteste> ['glat] I. *adj* ❶ *Fläche, Haut* smooth; *Gesicht* unlined; *Haar* straight; ~ **rasiert** clean-shaven; **etw ~ hobeln/schmirgeln** to plane down/sand down sth; **etw ~ streichen** to smooth out sth *sep* ❷ *Straße* slippery ❸ (*problemlos*) smooth ❹ *attr* (*fam: eindeutig*) outright; *Lüge* downright ❺ (*pej: aalglatt*) slick II. *adv* (*fam: rundweg*) plainly; (*ohne Umschweife*) straight out; *leugnen* flatly; **etw ~ ablehnen** to turn sth down flat
Glät·te <-> ['glɛtə] *f kein pl* ❶ (*Ebenheit*) smoothness; *von Haar* sleekness ❷ (*Rutschigkeit*) slipperiness ❸ (*fig: aalglatte Art*) slickness
Glatt·eis *nt* [thin sheet of] ice; „**Vorsicht ~!**" "danger, black ice" ▶ **sich auf ~ begeben** to skate on thin ice; **jdn aufs ~ führen** to trip up sb *sep* **Glatt·eis·ge·fahr** <-> *f kein pl* danger of black ice
glät·ten ['glɛtn̩] I. *vt* ❶ (*glatt streichen*) to smooth out *sep;* **sich die Haare ~** to smooth down one's hair *sep* ❷ (*besänftigen*) **jds Zorn ~** to calm sb's anger II. *vr* ■ **sich ~** ❶ *Meer, Wellen* to subside ❷ (*fig*) *Wut, Erregung* to die down
glatt·ra·siertᴬᴸᵀ *adj s.* **glatt** I 1 **glatt·strei·chen**ᴬᴸᵀ *vt irreg s.* **glatt** I 1
glatt·weg ['glatvɛk] *adv* (*fam*) just like that; **etw ~ ablehnen** to turn sth down flat [*or* AM *also* flat out]; **etw ~ abstreiten** to flatly deny sth
Glat·ze <-, -n> ['glatsə] *f* bald head; **eine ~ bekommen/haben** to go/be bald **Glatz·kopf** *m* (*fam*) ❶ (*kahler Kopf*) bald head ❷ (*Mann mit Glatze*) baldie **glatz·köp·fig** ['glatskœpfɪç] *adj* bald[-headed]
Glau·be <-ns> ['glaubə] *m kein pl* ❶ (*Überzeugung*) belief (**an** in); (*gefühlsmäßige Gewissheit*) faith (**an** in); **den festen ~n haben, dass ...** to be of the firm belief that ...; **in gutem ~n** in good faith; **jdn von seinem ~n abbringen** to dissuade sb; **jdn bei dem ~n [be]lassen, dass ...** to leave sb in the belief that ...; **jdm/einer S.** *dat* **[keinen] ~n schenken** to [not] believe sb/sth; **den ~n an jdn/etw verlieren** to lose faith in sb/sth ❷ REL [religious] faith; **der christliche/jüdische/muslimische etc. ~** the Christian/Jewish/Muslim etc. faith
glau·ben ['glaubn̩] I. *vt* ❶ (*für wahr halten*) ■ **etw ~** to believe sth; **das glaubst du doch selbst nicht!** you don't really believe that, do you!; **kaum zu ~** incredible ❷ (*wähnen*) **sich allein/unbeobachtet ~** to think [that] one is alone/nobody is watching one II. *vi* ❶ (*vertrauen*) ■ **jdm ~** to believe sb; **jdm aufs Wort ~** to take sb's word for it; ■ **an jdn/etw ~** to believe in sb/sth ❷ (*für wirklich halten*) ■ **an etw** *akk* **~** to believe in sth ▶ **dran ~ müssen** (*sl: sterben müssen*) to kick the bucket; (*weggeworfen werden müssen*) to get chucked out; (*etw tun müssen*) to be stuck with it

Glau·ben <-s> ['glaʊbn̩] *m kein pl s.* **Glaube**

Glau·bens·be·kennt·nis *nt* (*Religionszugehörigkeit*) profession [of faith] **Glau·bens·fa·na·ti·ker(in)** *m(f)* (*pej*) religious fanatic *pej* **Glau·bens·frei·heit** *f* religious freedom **Glau·bens·ge·mein·schaft** *f* denomination

glaub·haft I. *adj* believable II. *adv* convincingly

Glaub·haf·tig·keit <-> *f kein pl* credibility

gläu·big ['glɔybɪç] *adj* ❶ (*religiös*) religious ❷ (*vertrauensvoll*) trusting

Gläu·bi·ge(r) *f(m)* believer

Gläu·bi·ger(in) <-s, -> ['glɔybɪgɐ] *m(f)* ÖKON creditor

glaub·wür·dig *adj* credible

Glaub·wür·dig·keit *f kein pl* credibility

gleich ['glaɪç] I. *adj* ❶ (*übereinstimmend*) same; **zwei mal zwei** [ist] ~ **vier** two times two is four; ~**e Rechte/Pflichten** equal rights/responsibilities; ~ **alt** the same age; ~ **groß/lang** equal in size/length; ~ **schwer** equally heavy; ~ **bezahlt werden** to be paid the same; ~ **gesinnt** like-minded ❷ (*unverändert*) **es ist immer das** [ewig] **G~e** it's always the same [old thing]; ~ **bleibend gut** consistent[ly] good; **aufs G~e hinauslaufen** it comes down to the same thing ❸ (*gleichgültig*) ◼**jdm** ~ **sein** to be all the same to sb; ◼**ganz** ~ **wer/was** [...] no matter who/what [...] ▶**G~ und G~ gesellt sich gern** (*prov*) birds of a feather flock together II. *adv* ❶ (*sofort, bald*) straightaway; **bis** ~**!** see you then!; (*sofort*) see you in a minute!; **ich komme** ~**!** I'll be right there!; **habe ich es nicht** ~ **gesagt!** what did I tell you?; ~ **darauf** soon afterward[s]; (*sofort*) right away; ~ **heute/morgen** [first thing] today/tomorrow; ~ **nach dem Frühstück** right after breakfast ❷ (*unmittelbar daneben/danach*) immediately; ◼~ **als ...** as soon as ...; ~ **daneben** right beside it ❸ (*zugleich*) at once III. *part* ❶ *in Aussagesätzen* (*emph*) just as well; **du brauchst deswegen nicht** ~ **zu weinen** there's no need to start crying because of that ❷ *in Fragesätzen* (*noch*) again; **wie war doch** ~ **Ihr Name?** what was your name again? IV. *präp +dat* (*geh: wie*) like

gleich·al·t(e)·rig ['glaɪç?alt(ə)rɪç] *adj* [of] the same age *pred*

gleich·ar·tig *adj* of the same kind *pred;* (*ähnlich*) similar

Gleich·be·hand·lung *f* equal treatment

gleich·be·rech·tigt *adj* ◼~ **sein** to have equal rights

Gleich·be·rech·ti·gung *f kein pl* equal rights + *sing/pl vb*

---

glauben

Glauben ausdrücken	expressing belief
Ich glaube, dass sie die Prüfung bestehen wird.	I think she will pass the exam.
Ich glaube an den Sieg unserer Mannschaft.	I'm sure our team will win.
Ich halte diese Geschichte für wahr.	I believe this story to be true. (form)

Vermutungen ausdrücken	expressing assumption
Ich vermute, sie wird nicht kommen.	I don't think she will come.
Ich nehme an, dass er mit seiner neuen Arbeit zufrieden ist.	I assume/suppose he's happy in his new job.
Ich halte einen Börsenkrach in der nächsten Zeit für (durchaus) denkbar.	I consider it to be a distinct possibility that the stockmarket will crash in the near future.
Ich habe da so eine Ahnung.	I've got a feeling about it.
Es kommt mir so vor, als würde er uns irgendetwas verheimlichen.	I get the feeling he's keeping something from us.
Ich habe da so den Verdacht, dass sie bei der Abrechnung einen Fehler gemacht hat.	I suspect she may have made a mistake with the final bill.
Ich habe das Gefühl, dass sie das nicht mehr lange mitmacht.	I have an inkling she won't put up with it much longer.

gleich·blei·bendALT *adj* consistent
glei·chen <glich, geglichen> ['glaiçn̩] *vt* ■ jdm/einer S. *dat* ~ to be [just] like sb/sth; ■ sich *dat* ~ to be alike
glei·cher·ma·ßen, glei·cher·wei·se *adv* equally
gleich·falls *adv* likewise; **danke** ~**!** [and] the same to you *also iron*
gleich·för·mig I. *adj* uniform II. *adv* uniformly
gleich·ge·schlecht·lich *adj* (*homosexuell*) homosexual; ~**e Ehe** same-sex marriage
gleich·ge·sinntALT *adj* like-minded
Gleich·ge·wicht *nt kein pl* balance; **im** ~ **sein** to be balanced; **aus dem** ~ **kommen** to lose one's balance
Gleich·ge·wichts·stö·rung *f* impaired balance *no pl*
gleich·gül·tig I. *adj* ❶ (*uninteressiert*) indifferent (**gegenüber** to[wards]); (*apathisch*) apathetic (**gegenüber** towards); **ein** ~**es Gesicht machen** to look impassive; ~**e Stimme** expressionless voice ❷ (*unwichtig*) immaterial; ■ **etw ist jdm** ~ sb couldn't care [less] about sth II. *adv* (*uninteressiert*) with indifference; (*apathisch*) with apathy
Gleich·gül·tig·keit ['glaiçgʏltɪçkait] *f kein pl* (*Desinteresse*) indifference; (*Apathie*) apathy
Gleich·heit <-, -en> *f* ❶ (*Übereinstimmung*) similarity ❷ *kein pl* (*gleiche Stellung*) equality
Gleich·heits·zei·chen *nt* equals sign
gleich|kom·men *vi irreg sein* ❶ (*Gleiches erreichen*) ■ jdm/einer S. *dat* ~ to equal sb/sth (**an** in) ❷ (*gleichbedeutend sein*) ■ einer S. *dat* ~ to be tantamount to sth
gleich|ma·chen *vt* ■ etw/alles ~ to make sth/everything the same
gleich·mä·ßig I. *adj* even; *Bewegungen* regular; *Puls, Tempo* steady II. *adv* ❶ (*in gleicher Stärke/Menge*) equally; **Farbe** ~ **auftragen** to apply an even coat of paint; ~ **schlagen** *Herz, Puls* to beat steadily; ~ **atmen** to breathe regularly ❷ (*ohne Veränderungen*) consistently
Gleich·mä·ßig·keit ['glaiçmɛːsɪçkait] *f* regularity; *von Puls, Tempo a.* steadiness
Gleich·mut *m* composure, serenity, equanimity *form*
gleich·mü·tig ['glaiçmyːtɪç] *adj* composed, serene
Gleich·nis <-ses, -se> ['glaiçnɪs, *pl* 'glaiçnɪsə] *nt* allegory; (*aus der Bibel*) parable

gleich·ran·gig *adj* equal in rank *pred*, at the same level *pred*
gleich·sam ['glaiçzaːm] *adv* (*geh*) so to speak
gleich·schen·ke·lig ['glaiçʃɛŋkəlɪç] *adj* MATH ~**es Dreieck** isosceles triangle
Gleich·schritt *m kein pl* marching *no pl* in step; **im** ~ **marschieren** to march in step
gleich·sei·tig ['glaiçzaitɪç] *adj* equilateral
gleich|set·zen *vt* to equate (**mit** with)
Gleich·stand *m kein pl* SPORT tie
gleich|stel·len *vt* ■ jdn *dat* ~ to give sb the same rights as sb **Gleich·stel·lung** *f kein pl* equality (+*gen* of/for) **Gleich·strom** *m* direct current **gleich|tun** *vt impers, irreg* ❶ (*imitieren*) ■ es jdm ~ to follow sb['s example] ❷ (*gleichkommen*) ■ es jdm ~ to match sb (**in** in)
Glei·chung <-, -en> ['glaiçʊŋ] *f* MATH equation
gleich·wer·tig *adj* equal; ■ ~ **sein** to be equally matched
gleich·wohl ['glaiçvoːl] *adv* (*geh: dennoch*) nonetheless
gleich·zei·tig I. *adj* simultaneous II. *adv* ❶ (*zur gleichen Zeit*) simultaneously ❷ (*ebenso, zugleich*) at the same time
gleich|zie·hen *vi irreg* (*fam*) ■ [mit jdm] ~ to draw level [with sb]
Gleis <-es, -e> ['glais, *pl* 'glaizə] *nt* track, rails *pl*; (*einzelne Schiene*) rail; (*Bahnsteig*) platform; ~ **2 ...** platform 2 ..., AM *also* track 2 ... ▶ [**völlig**] **aus dem** ~ **geraten** to go off the rails; **wieder ins** [**rechte**] ~ **kommen** (*ins Lot kommen*) to sort oneself out again; (*auf die richtige Bahn kommen*) to get back on the right track
glei·ten <glitt, geglitten> ['glaitn̩] *vi* ❶ *sein* (*schweben*) to glide; *Wolke* to sail ❷ *sein* (*streichen, huschen*) ■ **über etw** *akk* ~ *Augen* to wander over sth; *Blick* to pass over sth; *Finger* to explore sth; *Hand* to slide over sth ❸ *sein* (*rutschen*) to slide; **zu Boden** ~ to slip to the floor/ground; **ins Wasser** ~ to slip into the water
Gleit·flug·zeug *nt* glider **Gleit·mit·tel** *nt* lubricant **Gleit·schirm·flie·gen** *nt* hang-gliding **Gleit·sicht·bril·le** *f* MED varifocal glasses **Gleit·zeit** *f* (*fam*) flexitime
Glet·scher <-s, -> ['glɛtʃɐ] *m* glacier
Glet·scher·spal·te *f* crevasse
glich ['glɪç] *imp von* **gleichen**
Glied <-[e]s, -er> ['gliːt, *pl* 'gliːdɐ] *nt* ❶ (*Körperteil*) limb; (*Finger~, Zehen~*) joint; (*Fingerspitze*) fingertip; **an allen** ~**ern zittern** to be shivering all over

❷ (*Penis*) [male] member *form* ❸ (*Ketten~*) link *also fig* ❹ (*Teil*) part
glie·dern ['gliːdɐn] **I.** *vt* ■**etw ~** (*unterteilen*) to [sub]divide sth (**in** into); (*ordnen*) to organize sth (**in** into); (*einordnen*) to classify sth (**in** under); ■**gegliedert sein** to be divided (**in** into) **II.** *vr* ■**sich in etw** *akk* **~** to be [sub]divided into sth
Glie·der·pup·pe *f* jointed doll; (*Marionette*) [string] puppet
Glie·der·schmerz *m meist pl* rheumatic pains *pl*
Glie·de·rung <-, -en> *f* ❶ *kein pl* (*das Gliedern*) structuring *no pl* (**in** into); (*das Unterteilen*) subdivision (**in** into); (*nach Eigenschaften a.*) classification ❷ (*Aufbau*) structure
Glied·ma·ßen *pl* limbs
glim·men <glomm *o selten* glimmte, geglommen *o selten* geglimmt> ['glɪmən] *vi* to glow; *Feuer, Asche a.* to smoulder
Glimm·stän·gel^RR, **Glimm·sten·gel**^ALT *m* (*hum fam*) ciggy
glimpf·lich ['glɪmpflɪç] **I.** *adj* ❶ (*ohne schlimmere Folgen*) without serious consequences *pred* ❷ (*mild*) mild **II.** *adv* ❶ (*ohne schlimmere Folgen*) **~ davonkommen** to get off lightly; **~ abgehen** to pass [off] without serious consequences ❷ (*mild*) **mit jdm ~ umgehen** to treat sb leniently
glit·schig ['glɪtʃɪç] *adj* (*fam*) slippery; *Fisch* slithery
glitt ['glɪt] *imp von* **gleiten**
glit·ze·rig ['glɪtsərɪç] *adj* (*fam*) sparkly
glit·zern ['glɪtsɐn] *vi* to glitter; *Stern* to twinkle
glo·bal [glo'baːl] **I.** *adj* ❶ (*weltweit*) global ❷ (*umfassend*) general **II.** *adv* ❶ (*weltweit*) globally ❷ (*ungefähr*) generally
Glo·ba·li·sie·rung <-> *f* globalization
Glo·ba·li·sie·rungs·geg·ner(in) *m(f)* opponent of globalization **Glo·ba·li·sie·rungs·kri·ti·ker(in)** *m(f)* POL critic of globalization **glo·ba·li·sie·rungs·kri·tisch** *adj* POL critical of globalization *pred*
Glo·be·trot·ter(in) <-s, -> ['gloːbətrɔtɐ, 'gloːptrɔtə] *m(f)* globetrotter
Glo·bus <- *o* -ses, Globen *o* -se> ['gloːbʊs, *pl* 'gloːbn̩, 'gloːbʊsə] *m* globe
Glöck·chen <-s, -> ['glœkçən] *nt dim von s.* **Glocke** [little] bell
Glo·cke <-, -n> ['glɔkə] *f* ❶ (*Läutewerk*) bell ❷ (*glockenförmiger Deckel*) [glass] cover ▸ **etw an die große ~ hängen** (*fam*) to shout this from the rooftops; **etw nicht an die große ~ hängen** (*fam*) to keep mum about sth

Glo·cken·blu·me *f* bellflower **glo·cken·för·mig** *adj* bell-shaped **Glo·cken·ge·läu·t(e)** *nt kein pl* peal of bells **Glo·cken·schlag** *m* stroke [of a/the bell] **Glo·cken·spiel** *nt* ❶ (*in Kirch- oder Stadttürmen*) carillon ❷ (*Musikinstrument*) glockenspiel **Glo·cken·turm** *m* belfry
glomm ['glɔm] *imp von* **glimmen**
Glo·rie <-> ['gloːriə] *f kein pl* (*geh*) glory
glo·ri·fi·zie·ren* [glorifi'tsiːrən] *vt* to glorify (**als** as)
glo·ri·os [glo'rioːs] *adj s.* **glorreich 1**
glor·reich *adj* ❶ (*meist iron*) magnificent ❷ (*großartig*) glorious
Glos·sar <-s, -e> [glɔ'saːɐ] *nt* glossary
Glos·se <-, -n> ['glɔsə] *f* commentary; (*polemisch*) ironic comment[ary]
Glotz·au·ge *nt meist pl* (*fam*) goggle eye
Glot·ze <-, -n> ['glɔtsə] *f* (*fam*) telly BRIT, boob tube AM
glot·zen ['glɔtsn̩] *vi* (*pej fam*) to gape (**auf** at); **in etw** *akk* [**hinein**] **~** to stick one's nose into sth
Glück <-[e]s> ['glʏk] *nt kein pl* ❶ (*günstige Fügung*) luck; (*Fortuna*) fortune; **ein ~, dass ...** it is/was lucky that ...; **jdm zum Geburtstag ~ wünschen** to wish sb [a] happy birthday; **mehr ~ als Verstand haben** (*fam*) to have more luck than brains; **großes/seltenes ~** a great/rare stroke of luck; **jdm ~ bringen** to bring sb luck; **viel ~ [bei etw** *dat*]! good luck [with sth]!; **~/kein ~ haben** to be lucky/unlucky; **sein ~ [bei jdm] versuchen** to try one's luck [with sb]; **auf sein ~ vertrauen** to trust to one's luck; **zum ~** luckily ❷ (*Freude*) happiness ▸ **jeder ist seines ~es Schmied** (*prov*) everyone is the architect of his own fortune; **~ im Unglück haben** it could have been much worse [for sb]; **etw auf gut ~ tun** to do sth on the off-chance
Glu·cke <-, -n> ['glʊkə] *f* sitting hen
glü·cken ['glʏkn̩] *vi sein* ❶ (*gelingen*) to be successful; ■**jdm glückt etw** sb succeeds in sth ❷ (*vorteilhaft werden*) to turn out well
glu·ckern ['glʊkɐn] *vi* to glug
glück·lich ['glʏklɪç] **I.** *adj* ❶ (*vom Glück begünstigt*) lucky ❷ (*vorteilhaft, erfreulich*) happy; **~er Ausgang** a happy ending; **eine ~e Nachricht** [some] good news + *sing vb; Umstand* fortunate; **ein ~er Zufall** a stroke of luck ❸ (*froh*) happy (**mit** with, **über** about) **II.** *adv* ❶ (*vorteilhaft, erfreulich*) happily ❷ (*froh und zufrieden*) **~ [mit jdm] verheiratet sein** to be happily

married [to sb] ❸ (*fam: zu guter Letzt*) after all

glück·li·cher·wei·se *adv* luckily

glück·los *adj* hapless, luckless

Glücks·brin·ger <-s, -> *m* lucky charm

glück·se·lig [glʏkˈzeːlɪç] *adj* blissful[ly happy]; ~ **es Lächeln** rapturous smile

Glück·se·lig·keit <-, -en> *f* ❶ *kein pl* (*überglücklicher Zustand*) bliss; **in** ~ **schwelgen** to float in bliss ❷ (*beglückendes Ereignis*) blissful occasion

gluck·sen [ˈglʊksn̩] *vi s.* **gluckern**

Glücks·fall *m* stroke of luck **Glücks·griff** *m* stroke of luck **Glücks·kind** *nt* (*fam*) a lucky person **Glücks·pilz** *m* (*fam*) lucky devil **Glücks·rad** *nt* wheel of fortune **Glücks·sa·che** *f* ▪ **etw ist [reine]** ~ sth's a matter of [sheer] luck **Glücks·spiel** *nt* game of chance **Glücks·sträh·ne** *f* lucky streak **Glücks·tag** *m* lucky day **Glücks·tref·fer** *m* stroke of luck; (*beim Schießen*) lucky shot **Glücks·zahl** *f* lucky number

Glück·wunsch *m* congratulations *npl* (**zu** on) **Glück·wunsch·kar·te** *f* greetings [*or* AM greeting] card

Glüh·bir·ne *f* [electric] light bulb

glü·hen [ˈglyːən] *vi* ❶ (*vor Hitze*) to glow ❷ (*geh*) ▪ **vor etw** *dat* ~ to burn with sth; **vor Scham** ~ to be flushed with shame

glü·hend I. *adj* ❶ (*rot vor Hitze*) glowing; *Metall* [red-]hot ❷ (*brennend, sehr heiß*) burning; *Hitze* blazing II. *adv* ~ **heiß** scorching [hot]

Glüh·fa·den *m* filament **Glüh·lam·pe** *f* (*geh*) [electric] light bulb **Glüh·wein** *m* [hot] mulled wine **Glüh·würm·chen** <-s, -> *nt* glow-worm; (*fliegend*) firefly

Glupsch·au·ge [ˈglʊpʃ-] *nt* NORDD (*fam*) ~**n machen** to stare goggle-eyed

Glut <-, -en> [gluːt] *f* embers *npl*; (*Tabak*) burning ash

Glu·ten <-s> [gluˈteːn] *nt kein pl* gluten

glu·ten·frei *adj* gluten-free

glut·rot *adj* fiery red

Gly·ze·rin <-s> [glytseˈriːn] *nt kein pl* glycerin[e]

GmbH <-, -s> [geːʔɛmbeːˈhaː] *f Abk von* **Gesellschaft mit beschränkter Haftung** ≈ Ltd BRIT

g-Moll <-s, -> [ˈgeːmɔl] *nt kein pl* MUS G flat minor

Gna·de <-, -n> [ˈgnaːdə] *f* ❶ (*Gunst*) favour ❷ (*Nachsicht*) mercy; ~ **vor Recht ergehen lassen** to temper justice with mercy; **um** ~ **bitten** to ask for mercy; ~! mercy!

Gna·den·frist *f* [temporary] reprieve

gna·den·los I. *adj* merciless II. *adv* mercilessly

Gna·den·schuss^{RR} *m*, **Gna·den·stoß** *m* coup de grâce

gnä·dig [ˈgnɛːdɪç] I. *adj* ❶ (*herablassend*) gracious *also iron* ❷ (*Nachsicht zeigend*) merciful ❸ (*veraltend: verehrt*) ~**e Frau** madam; ~**es Fräulein** madam; (*jünger*) miss; ~**er Herr** sir II. *adv* ❶ (*herablassend*) graciously ❷ (*milde*) leniently; ~ **davonkommen** to get off lightly

Gnom <-en, -en> [gnoːm] *m* (*pej*) gnome

Gnu <-s, -s> [gnuː] *nt* gnu

Goal <-s, -s> [goːl] *nt* FBALL ÖSTERR, SCHWEIZ goal

Go·ckel <-s, -> [ˈgɔkl] *m bes* SÜDD cock

Go·kart^{RR}, **Go·Kart**^{ALT} <-[s], -s> [ˈgoː-kart] *m* go-cart

Gold <-[e]s> [gɔlt] *nt kein pl* gold *no pl;* **nicht mit** ~ **zu bezahlen sein** to be worth one's/its weight in gold; **aus** ~ gold ▶ **es ist nicht alles** ~, **was glänzt** (*prov*) all that glitters is not gold; **nicht für alles** ~ **der Welt** not for all the money in the world

Gold·ader *f* vein of gold **Gold·bar·ren** *m* gold ingot **Gold·du·blee** [-dubleː] *nt* gold-plated metal

gol·den [ˈgɔldn̩] I. *adj attr* gold[en *liter*] II. *adv* like gold

gold·far·ben, **gold·far·big** *adj* golden **Gold·fisch** *m* gold fish **Gold·ge·halt** *m* gold content **gold·gelb** *adj* golden yellow; KOCHK golden brown **Gold·grä·ber(in)** <-s, -> *m(f)* gold-digger **Gold·gru·be** *f* (*fig*) goldmine **Gold·hams·ter** *m* [golden] hamster

gol·dig [ˈgɔldɪç] *adj* ❶ (*fam: allerliebst*) cute ❷ *präd* DIAL (*fam: rührend nett*) frightfully nice *also iron* ❸ DIAL (*iron fam*) **du bist aber** ~! you're a right one [, you are]!, you're funny! AM

Gold·klum·pen *m* gold nugget **Gold·me·dail·le** [-medaljə] *f* gold [medal] **Gold·mi·ne** *f* gold mine **Gold·mün·ze** *f* gold coin **Gold·re·gen** *m* ❶ BOT laburnum ❷ (*Feuerwerkskörper*) Roman candle **gold·rich·tig** *adj* (*fam*) ❶ (*völlig richtig*) dead right ❷ *präd* (*in Ordnung*) all right **Gold·schatz** *m* ❶ (*Schatz*) golden treasure ❷ (*Kosewort*) treasure **Gold·schmied(in)** *m(f)* goldsmith **Gold·schmie·de·kunst** *f kein pl* goldsmith's art **Gold·schmie·din** <-, -nen> *f fem form von* **Goldschmied Gold·schnitt** *m kein pl* gilt edging **Gold·stück** *nt* piece of gold; (*Kosewort*) treasure *fam* **Gold·waa·ge** *f* gold balance; **bei ihm muss man jedes Wort auf die ~ legen** one really has to weigh one's words with him **Gold·wäh·rung** *f* ÖKON *currency tied to the gold standard*

Golf[1] <-[e]s, -e> ['gɔlf] *m* gulf; **der ~ von Mexiko** the Gulf of Mexico

Golf[2] <-s> ['gɔlf] *nt kein pl* SPORT *golf no pl*

Golf·krieg *m* ■ **der ~** the Gulf War

Golf·platz *m* golf course + *sing/pl vb*

Golf·schlä·ger *m* golf club **Golf·spie·ler(in)** *m(f)* golfer

Golf·staat *m* ■ **die ~en** the Gulf States

Golf·strom *m* ■ **der ~** the Gulf Stream

Gon·del <-, -n> ['gɔndl] *f* ① (*Boot in Venedig*) gondola ② (*Seilbahn~*) [cable-]car ③ (*Ballon~*) basket

Gon·do·li·e·re <-, Gondolieri> [gɔndo-'li̯eːrə, *pl* gɔndo'li̯eːri] *m* gondolier

Gong <-s, -s> ['gɔŋ] *m* gong; SPORT bell

gön·nen ['gœnən] I. *vt* ① (*gern zugestehen*) ■ **jdm etw ~** not to begrudge sb sth; **ich gönne ihm diesen Erfolg von ganzem Herzen!** I'm absolutely delighted that he has succeeded ② (*iron: es gern sehen*) ■ **es jdm ~, dass ...** to be pleased [to see] that sb ... II. *vr* ■ **sich** *dat* **etw ~** to allow oneself sth; **sich ein Glas Wein ~** to treat oneself to a glass of wine

Gön·ner(in) <-s, -> ['gœnɐ] *m(f)* patron

gön·ner·haft I. *adj* (*pej*) patronizing II. *adv* patronizingly

Gön·ne·rin <-, -nen> ['gœnərɪn] *f fem form von* **Gönner**

Gön·ner·mie·ne *f* (*pej*) patronizing expression

goo·geln ['guːgl̩n] INET I. *vt* ■ **jdn/etw ~** to google sb/sth II. *vi* to google (**nach** + *dat* for)

gor ['goːɐ̯] *imp von* **gären**

Gö·re <-, -n> ['gøːrə] *f* (*fam*) brat

Go·ril·la <-s, -s> [go'rɪla] *m* gorilla

Gos·pel <-s, -s> ['gɔspl̩] *nt o m* gospel

goss[RR]**, goß**[ALT] ['gɔs] *imp von* **gießen**

Gos·se <-, -n> ['gɔsə] *f* (*veraltend: Rinnstein*) gutter ▶ **in der ~ enden** to end up in the gutter

Go·tik <-> ['goːtɪk] *f kein pl* Gothic period

go·tisch ['goːtɪʃ] *adj* Gothic

Gott, Göt·tin <-es, Götter> ['gɔt, 'gœtɪn, *pl* 'gœtɐ] *m*, *f* ① (*ein ~*) god *masc*, goddess *fem* ② *no pl* (*das höchste Wesen*) God; **~ sei Dank!** (*a. fig fam*) thank God!; **bei ~ schwören** to swear by Almighty God ▶ **wie ~ in Frankreich leben** (*fam*) to live in the lap of luxury; **in ~es Namen!** (*fam*) in the name of God; **über ~ und die Welt reden** to talk about everything under the sun; **ach du lieber ~!** oh heavens!; **~ bewahre!** God forbid!; **grüß ~!** *bes* SÜDD, ÖSTERR hello!; **~ weiß was/wie viel/wann ...** (*fam*) God knows what/how much/when ...; **das ist weiß ~ nicht zu teuer** that is certainly not too expensive; **das wissen die Götter** (*fam*) Heaven only knows; **ach ~** (*resignierend*) oh God!; (*tröstend*) oh dear; **um ~es willen!** (*emph: o je!*) [oh] my God!; (*bitte*) for God's sake!

Göt·ter·spei·se *f* jelly

Got·tes·dienst *m* [church] service

Got·tes·fürch·tig ['gɔtəsfʏrçtɪç] *adj* (*veraltend*) God-fearing

Got·tes·haus *nt* place of worship **Got·tes·läs·te·rer, -läs·te·rin** *m, f* blasphemer **Got·tes·läs·te·rung** *f* blasphemy

gott·ge·ge·ben *adj* God-given

Gott·heit <-, -en> *f* deity

Göt·tin <-, -nen> ['gœtɪn] *f fem form von* **Gott** goddess

gött·lich ['gœtlɪç] *adj* divine

gott·lob [gɔt'loːp] *adv* (*veraltend*) thank God

gott·los *adj* godless

gotts·er·bärm·lich ['gɔtsʔɛɐ̯'bɛrmlɪç] I. *adj* (*emph fam*) dreadful II. *adv* terribly

gott·ver·dammt *adj attr* (*emph sl*) damn[ed], goddamn[ed] *esp* AM **gott·ver·las·sen** *adj* (*emph fam*) god-forsaken *pej* **Gott·ver·trau·en** *nt kein pl* trust in God *no pl*

Göt·ze <-n, -n> ['gœtsə] *m* (*pej*) ① (*heidnischer Gott*) false god ② *s.* **Götzenbild**

Göt·zen·bild *nt* (*pej*) idol, graven image **Göt·zen·die·ner(in)** *m(f)* (*pej*) idolater **Göt·zen·dienst** *m kein pl* idolatry *no art*

Gou·ver·nan·te <-, -n> [guvɛr'nantə] *f* (*veraltet*) governess *dated*

Gou·ver·neur(in) <-s, -e> [guvɛr'nøːɐ̯] *m(f)* governor

GPS <-> [dʒiːpiː'ʔɛs, geːpeː'ʔɛs] *nt kein pl Abk von* **Global Positioning System** GPS

Grab <-[e]s, Gräber> ['graːp, 'grɛːbɐ] *nt* grave ▶ **ein Geheimnis mit ins ~ nehmen** to carry a secret [with one] to the grave; **sich** *dat* **sein eigenes ~ schaufeln** to dig one's own grave; **schweigen können wie ein ~** to be [as] silent as the grave; **jdn zu ~e tragen** (*geh*) to carry sb to the grave; **jd würde sich im ~[e] umdrehen, wenn ...** (*fam*) sb would turn in their grave if ...

gra·ben <grub, gegraben> ['graːbn̩] I. *vi*

to dig (**nach** for) II. *vt Loch* to dig III. *vr* ■ **sich in etw** *akk* ~ to sink into sth
Gra·ben <-s, Gräben> ['graːbn̩, *pl* 'grɛːbn̩] *m* ❶ (*Vertiefung in der Erde*) ditch ❷ MIL trench ❸ (*Festungsgraben*) moat
Grab·in·schrift *f* epitaph, inscription on a/the gravestone **Grab·kam·mer** *f* burial chamber **Grab·mal** <-s, -mäler *o geh* -e> *nt* ❶ (*Grabstätte*) mausoleum ❷ (*Gedenkstätte*) memorial **Grab·re·de** *f* funeral oration **Grab·schän·dung** *f* desecration of a grave/[the] graves **Grab·stein** *m* gravestone
Grad <-[e]s, -e> ['graːt, *pl* 'graːdə] *m* ❶ SCI, MATH degree; **2 ~ unter Null** 2 degrees below [zero]; **3 ~ über Null** 3 degrees above zero ❷ (*Maß, Stufe*) level; **im höchsten/in hohem ~ [e]** extremely/to a great extent ▶ **um [ein]hundertachtzig ~** (*fam*) complete[ly]
gra·de ['graːdə] *adj, adv* (*fam*) *s.* **gerade**
Grad·ein·tei·lung *f* MATH, SCI calibration, graduation
Grad·mes·ser <-s, -> *m* yardstick
Graf, Grä·fin[1] <-en, -en> ['graːf, 'grɛːfɪn] *pl m, f* count, earl BRIT *masc*, countess *fem*
Graf[RR2] <-en, -en> ['graːf] *m sci s.* **Graph**
Graf·fi·to <-[s], Graffiti> [gra'fiːto, *pl* gra'fiːti] *m o nt* ■ **Graffiti** graffiti
Gra·fik ['graːfɪk] *f* ❶ *kein pl* (*grafische Technik*) graphic arts *pl* ❷ (*grafische Darstellung*) graphic ❸ (*Schaubild*) diagram
Gra·fi·ker(in) <-s, -> ['graːfɪkɐ] *m(f)* graphic artist
Gra·fik·kar·te *f* INFORM graphics card
Grä·fin <-, -nen> ['grɛːfɪn] *f fem form von* **Graf** countess *fem*
gra·fisch ['graːfɪʃ] *adj, adv s.* **graphisch**
Gra·fit[RR] <-s, -e> [gra'fiːt] *m s.* **Graphit**
Graf·schaft <-, -en> *f* ❶ HIST count's land, earldom BRIT ❷ (*Verwaltungsbezirk in Großbritannien*) county
Gram <-[e]s> ['graːm] *m kein pl* (*geh*) grief
grä·men ['grɛːmən] *vr* (*geh*) ■ **sich ~** to grieve (**über** over)
Gramm <-s, -e *o bei Zahlenangaben* -> ['gram] *nt* gram, BRIT *also* gramme
Gram·ma·tik <-, -en> [gra'matɪk] *f* grammar
gram·ma·ti·ka·lisch [gramati'kaːlɪʃ] *adj s.* **grammatisch**
gram·ma·tisch [gra'matɪʃ] *adj* grammatical
Gram·mo·fon[RR] <-s, -e> [gramo'foːn], **Gram·mo·phon**® <-s, -e> [gramo'foːn] *nt* gramophone

Gra·nat <-[e]s, -e *o* ÖSTERR -en> [gra'naːt] *m* garnet
Gra·nat·ap·fel *m* pomegranate
Gra·na·te <-, -n> [gra'naːtə] *f* shell
Gra·nat·feu·er *nt* MIL shellfire
Grand·hotel ['grãːhotɛl] *nt* luxury hotel
gran·di·os [gran'di̯oːs] *adj* magnificent
Grand Prix, Grand·prix[RR] <-, -> [grã'priː] *m* Grand Prix
Gra·nit <-s, -e> [gra'niːt] *m* granite
gran·teln ['grantl̩n] *vi* SÜDD (*fam*) to grumble
gran·tig ['grantɪç] *adj* (*fam*) grumpy
Gra·nu·lat <-[e]s, -e> [granu'laːt] *nt* granules *pl;* **als ~** in granulated form
Grape·fruit <-, -s> ['greːpfruːt] *f* grapefruit
Graph <-en, -en> ['graːf] *m* SCI graph
Gra·phik <-, -en> ['graːfɪk] *f s.* **Grafik**
gra·phisch ['graːfɪʃ] I. *adj* ❶ KUNST graphic ❷ (*schematisch*) diagrammatic II. *adv* diagrammatically
Gra·phit <-s, -e> [gra'fiːt] *m* graphite
grap·schen ['grapʃn̩] I. *vr* (*fam*) ❶ (*an sich raffen*) ■ **sich** *dat* **etw ~** to grab sth [for oneself] ❷ (*packen*) ■ **sich** *dat* **jdn ~** to grab hold of sb II. *vi* (*fam*) ■ **nach etw** *dat* ~ to make a grab for sth
Gras <-es, Gräser> ['graːs, *pl* 'grɛːzə] *nt* BOT grass ▶ **ins ~ beißen** (*sl*) to bite the dust; **das ~ wachsen hören** (*jdm entgeht nicht das Geringste*) to have a sixth sense; (*zu viel in etwas hineindeuten*) to read too much into things; **über etw** *akk* **wächst ~** (*fam*) [the] dust settles on sth
gra·sen ['graːzn̩] *vi* to graze
gras·grün *adj* grass-green **Gras·halm** *m* blade of grass **Gras·hüp·fer** <-s, -> *m* (*fam*) grasshopper
gras·sie·ren* [gra'siːrən] *vi* ❶ (*sich verbreiten*) to be rampant ❷ (*um sich greifen*) to be rife
gräss·lich[RR], **gräß·lich**[ALT] ['grɛslɪç] I. *adj* ❶ (*furchtbar*) horrible; **~e Kopfschmerzen haben** to have a splitting headache ❷ (*fam: widerlich*) horrible; **was für ein ~es Wetter!** what foul weather!; **einen ~en Geschmack haben** to have awful taste II. *adv* (*fam*) terribly
Grat <-[e]s, -e> ['graːt] *m* ❶ (*oberste Kante*) ridge ❷ ARCHIT hip
Grä·te <-, -n> ['grɛːtə] *f* [fish]bone
gra·ti·nie·ren* [grati'niːrən] *vt* ■ **etw ~** to brown [the top of] sth
gra·tis ['graːtɪs] *adv* free [of charge]
Gra·tis·pro·be *f* free sample
Gra·tu·lant(in) <-en, -en> [gratu'lant] *m(f)* well-wisher

Gra·tu·la·ti·on <-, -en> [gratula'tsi̯oːn] f ❶ (das Gratulieren) congratulating ❷ (Glückwunsch) congratulations

gra·tu·lie·ren* [gratu'liːrən] vi ■ **jdm**] ~ to congratulate [sb] (**zu** on); **jdm zum Geburtstag** ~ to wish sb many happy returns; [**ich**] **gratuliere!** [my] congratulations!

grau ['grau̯] adj ❶ (Farbe) grey; ~ **meliert** (leicht ergraut) greying; MODE flecked with grey pred ❷ (trostlos) drab; **der ~e Alltag** the dullness of everyday life

grau-äu·gig [ˈgrau̯ʔɔy̯gɪç] adj grey-eyed
grau·braun adj greyish-brown **Graubrot** nt DIAL (Mischbrot) bread made from rye and wheat flour

Grau·bün·den <-s> [grau̯'byndn̩] nt GEOG the Grisons

Gräu·el^RR <-s, -> [ˈgrɔy̯əl] m (geh: ~tat) atrocity ▶ **jdm ist es ein ~, etw zu tun** sb detests doing sth

Gräu·el·tat^RR f atrocity

grau·en¹ [ˈgrau̯ən] vi (geh: dämmern) to dawn; **der Morgen/Tag graut** morning/day is breaking

grau·en² [ˈgrau̯ən] vi impers ■ **es graut jdm vor jdm/etw** sb is terrified of sb/sth

Grau·en <-s> [ˈgrau̯ən] nt kein pl horror; ~ **erregend** terrible

grau·en·er·re·gend^ALT adj terrible

grau·en·haft, grau·en·voll adj ❶ (furchtbar) terrible ❷ (fam: schlimm) dreadful

grau·haa·rig adj grey-haired
gräu·lich¹ [ˈgrɔy̯lɪç] adj greyish
gräu·lich^RR2 adj s. grässlich
grau·me·liert adj attr s. grau 1

Grau·pel <-, -n> [ˈgrau̯pl̩] f meist pl soft hail

Grau·pel·schau·er m sleet shower

grau·sam [ˈgrau̯zaːm] I. adj ❶ (brutal) cruel ❷ (furchtbar) terrible II. adv cruelly

Grau·sam·keit <-, -en> f ❶ kein pl (Brutalität) cruelty ❷ (grausame Tat) act of cruelty

grau·sen [ˈgrau̯zn̩] vi impers s. **grauen**²
Grau·sen <-s> [ˈgrau̯zn̩] nt kein pl horror
grau·sig [ˈgrau̯zɪç] adj s. **grauenhaft**
Grau·zo·ne f grey area

Gra·veur(in) <-s, -e> [graˈvøːɐ] m(f) engraver

gra·vie·ren* [graˈviːrən] vt to engrave (**in** on)

gra·vie·rend [graˈviːrənt] adj serious; Unterschiede considerable

Gra·vie·rung <-, -en> f engraving

Gra·vi·ta·ti·on <-> [gravitaˈtsi̯oːn] f kein pl gravitation[al pull]

Gra·vur <-, -en> [graˈvuːɐ] f engraving
Gra·zie <-, -n> [ˈgraːtsi̯ə] f (hum veraltet: schöne junge Frau) lovely

gra·zil [graˈtsiːl] adj (geh) delicate
gra·zi·ös [graˈtsi̯øːs] adj (geh) graceful

Green·peace-Ak·ti·vist(in) [ˈgriːnpiːs-] m(f) Greenpeace activist

gre·go·ri·a·nisch [gregoˈri̯aːnɪʃ] adj Gregorian

greif·bar adj ❶ präd (verfügbar) **etw ~ haben/halten** to have/keep sth to hand ❷ (konkret) tangible

grei·fen <griff, gegriffen> [ˈgraɪ̯fn̩] I. vt ■ [**sich** dat] **etw ~** to take hold of sth II. vi ❶ (fassen) ■ **vor/hinter/über/unter/neben etw/sich** akk ~ to reach in front of/behind/above/under/beside sth/one; ■ **in etw** akk ~ to reach into sth; **sie griff mich bei der Hand** she took my hand; ■ **nach etw** dat ~ to reach for sth ❷ (geh) **in den Ferien greift sie gerne mal zum Buch** during the holidays she occasionally enjoys reading a book ❸ (einsetzen) **zu etw** dat ~ to resort to sth ❹ (festen Griff haben) ■ **etw greift** sth grips ❺ (wirksam werden) to take effect ▶ **um sich ~** to spread

Grei·fer <-s, -> m TECH grab[-bucket]

Greis(in) <-es, -e> [ˈgraɪ̯s, pl ˈgraɪ̯zə] m(f) very old man/woman

grell [ˈgrɛl] I. adj ❶ (sehr hell) glaring ❷ (schrill klingend) piercing ❸ (sehr intensiv) bright ❹ (Aufsehen erregend) loud II. adv ❶ (sehr hell) dazzlingly ❷ (schrill) ~ **klingen** to sound shrill

Gre·mi·um <-s, -ien> [ˈgreːmi̯ʊm, pl ˈgreːmi̯ən] nt committee

Grenz·be·reich m ❶ kein pl (Umkreis der Grenze) border [or frontier] area [or zone] ❷ (äußerste Grenze) fringe range, limit[s]

Gren·ze <-, -n> [ˈgrɛntsə] f ❶ (Landes~) border, frontier; **an der ~** on the border; **über die ~ gehen/fahren** to cross the border ❷ (Trennlinie) boundary ❸ (äußerstes Maß) limit; **die oberste/unterste ~** the upper/lower limit; **alles hat seine ~n** there is a limit to everything; **seine ~n kennen** to know one's limitations ▶ **grüne ~** unguarded border area; **sich in ~n halten** to keep within limits

gren·zen [ˈgrɛntsn̩] vi ■ **an etw** akk ~ to border on sth

gren·zen·los I. adj ❶ (unbegrenzt) endless ❷ (maßlos) extreme; Vertrauen blind II. adv extremely

Grenz·fall m borderline case **Grenz·gän·ger(in)** <-s, -> m(f) regular cross-border commuter; **illegaler ~** illegal border crosser **Grenz·ge·biet** nt POL border area **Grenz·kon·flikt** m border conflict **Grenz·kon·trol·le** f border control **Grenz·li·nie** f SPORT line [marking the edge of the playing area] **Grenz·pfahl** m boundary post **Grenz·pos·ten** m border [or frontier] guard **Grenz·schutz** m border protection **Grenz·si·tu·a·ti·on** f (fig) borderline situation **Grenz·stein** m boundary stone **Grenz·strei·tig·keit** f meist pl border dispute **Grenz·über·gang** m (Stelle) border crossing·point **grenz·über·schrei·tend** adj attr JUR, ÖKON **~er Handel** international trade; **~er Verkehr** cross-border traffic **Grenz·über·tritt** m crossing of the border **Grenz·wert** m limiting value **grenz·wer·tig** adj (fam: fast unerträglich) borderline; (schlüpfrig) borderline, near the knuckle BRIT pred fam

Greu·el^{ALT} <-s, -> ['grɔyəl] m s. **Gräuel**
greu·lich^{ALT} ['grɔylɪç] adj s. **gräulich²**
Grie·be <-, -n> ['griːbə] f meist pl [bacon] crackling
Grie·che, Grie·chin <-n, -n> ['griːçə, 'griːçɪn] m, f Greek; s. a. **Deutsche(r)**
Grie·chen·land <-s> ['griːçn̩lant] nt Greece; s. a. **Deutschland**
grie·chisch ['griːçɪʃ] adj Greek; s. a. **deutsch**
Gries·gram <-[e]s, -e> ['griːsgraːm] m (pej) grouch
gries·grä·mig ['griːsgrɛːmɪç] adj grumpy
Grieß <-es, -e> ['griːs] m semolina no pl
Grieß·brei m semolina no pl
griff ['grɪf] imp von **greifen**
Griff <-[e]s, -e> ['grɪf] m ❶ (das Zugreifen) grip; **ein flinker ~ [nach etw dat]** a quick grab [at sth] ❷ (Handbewegung) movement; **mit einem ~** in a flash ❸ SPORT hold ❹ (Vorrichtung, Knauf) einer Tür, eines Revolvers handle; eines Messers hilt; eines Gewehrs butt ▶ **etw in den ~ bekommen** (fam) to get the hang of sth; **jdn/etw im ~ haben** to have sb/sth under control
griff·be·reit adj etw **~ haben** to have sth ready to hand; **~ liegen** to be ready to hand
Grif·fel <-s, -> ['grɪfl̩] m ❶ (Schreibstift für Schiefertafeln) slate-pencil ❷ BOT style ❸ meist pl (sl: Finger) mitt
grif·fig ['grɪfɪç] adj ❶ (festen Griff ermöglichend) easy to grip pred ❷ (Widerstand bietend) non-slip; Fußboden, Profil antiskid ❸ (eingängig) **ein ~er Slogan** a catchy slogan

Grill <-s, -s> ['grɪl] m ❶ (Gerät) grill ❷ (~ rost) barbecue; **vom ~** grilled
Gril·le <-, -n> ['grɪlə] f cricket
gril·len ['grɪlən] I. vi to have a barbecue II. vt to grill
Grill·par·ty <-, -parties> m barbecue, cookout AM fam
Gri·mas·se <-, -n> [gri'masə] f grimace; **~n schneiden** to make faces
grim·mig ['grɪmɪç] I. adj ❶ (zornig) furious; Gesicht angry; **ein ~es Lachen** grim laughter ❷ (sehr groß, heftig) severe; Hunger ravenous II. adv angrily; **~ lächeln** to smile grimly
grin·sen ['grɪnzn̩] vi to grin; **frech ~** to smirk; **höhnisch ~** to sneer; **schadenfroh ~** to gloat
Grin·sen <-s> ['grɪnzn̩] nt kein pl grin; **freches ~** smirk; **höhnisches ~** sneer
grip·pal [grɪ'paːl] adj influenzal
Grip·pe <-, -n> ['grɪpə] f influenza, flu fam; **[die/eine] ~ haben** to have [the] flu
Grip·pe·mit·tel nt flu remedy fam
Grip·pe·vi·rus nt o m influenza virus **Grip·pe·wel·le** f wave of influenza [or fam flu]
Grips <-es, -e> ['grɪps] m (fam) brains pl; **~ haben** to have plenty up top; **seinen ~ anstrengen** to use one's grey matter
grob <gröber, gröbste> ['groːp] I. adj ❶ (nicht fein) coarse ❷ (ungefähr) rough; **in ~en Umrissen** roughly ❸ (unhöflich) rude; ■**~ werden** to become rude ❹ (unsanft, unsensibel) rough; **ein ~er Mensch** a rough person ▶ **aus dem Gröbsten heraus sein** to be able to see the light at the end of the tunnel II. adv ❶ (nicht fein) coarsely; **~ gemahlen** coarsely ground pred, coarse-ground ❷ (in etwa) roughly; **~ geschätzt** at a rough estimate; **etw ~ erklären** to give a rough explanation of sth; **etw ~ skizzieren** to make a rough outline of sth; **etw ~ wiedergeben** to give a rough account of sth ❸ (unhöflich) rudely ❹ (unsanft, unsensibel) roughly ❺ (schlimm) **sich ~ täuschen** to be badly mistaken
grob·ge·mah·len adj attr s. **grob** II. 1
Grob·heit <-, -en> f ❶ kein pl (gefühllose Art) rudeness no pl ❷ (grobe Äußerung) rude remark ❸ (unsanfte Art, Behandlung) roughness
Gro·bi·an <-[e]s, -e> ['groːbi̯aːn] m (pej) boor
grob·kör·nig adj coarse-grained
gröb·lich ['grøːplɪç] (geh, form) I. adj gross II. adv (in grober Weise, heftig) grossly; **etw ~ missachten** to willfully disregard sth

Grog <-s, -s> ['grɔk] *m* grog
grog·gy ['grɔgi] *adj* präd ❶ (*schwer angeschlagen*) groggy ❷ (*fam: erschöpft*) exhausted
grö·len ['grø:lən] **I.** *vi* (*pej fam*) to shout [loudly] **II.** *vt* (*pej fam*) to bawl
Groll <-[e]s> ['grɔl] *m kein pl* (*geh*) resentment; [einen] ~ gegen jdn hegen to harbour a grudge against sb
grol·len ['grɔlən] *vi* (*geh*) ❶ (*zürnen*) ■ [jdm] ~ to be resentful [of sb] (**wegen** because of) ❷ (*dumpf hallen*) to rumble
Grön·land ['grø:nlant] *nt* Greenland; *s. a.* **Deutschland**
Grön·län·der(in) <-s, -> ['grø:nlɛndɐ] *m(f)* Greenlander; *s. a.* **Deutsche(r)**
grön·län·disch ['grø:nlɛndɪʃ] *adj* Greenlandic; *s. a.* **deutsch**
Gros <-, -> [gro:] *nt* ■ **das** ~ the majority
Gro·schen <-s, -> ['grɔʃn] *m* ÖSTERR groschen ▶ **der** ~ **fällt** (*hum fam*) the penny has dropped BRIT, the big light went on AM
groß <größer, größte> ['gro:s] **I.** *adj* ❶ (*flächenmäßig*) large, big ❷ (*lang*) long; **ein ~er Mast/Turm/Kirchturm** a high pylon/tower/church steeple ❸ (*das Maß oder Ausmaß betreffend*) great; **in ~en/größeren Formaten/Größen** in large/larger formats/sizes; **mit ~er Geschwindigkeit** at high speed ❹ (*hoch gewachsen*) tall; **du bist ~ geworden** you've grown; **er ist 1,78 m ~** he is 5 foot 10 [*or* 1.78m] [tall] ❺ (*älter*) big, elder ❻ (*zeitlich ausgedehnt*) lengthy; **auf große[r] Fahrt** on a long journey ❼ (*bevölkerungsreich*) large; **die ~e Masse** the majority of the people ❽ (*erheblich*) great; *Aufstieg* meteoric; *Durchbruch, Reinfall* major; *Misserfolg* abject ❾ (*hoch*) large ❿ (*beträchtlich*) great; **~e Angst haben** to be terribly afraid; **eine ~e Dummheit** sheer stupidity; *Nachfrage* big; *Schrecken* nasty; *Schwierigkeiten* serious; **~er Zorn** deep anger ⓫ (*bedeutend*) great; *Unternehmen, Supermarkt* leading ⓬ (*in Eigennamen*) **Friedrich der G~e** Frederick the Great ⓭ (*besonders* [*gut*]) **im Meckern ist sie ganz ~** she's quite good at moaning; **ich bin kein ~er Redner** I'm no great speaker ▶ **im G~en und Ganzen** [gesehen] on the whole **II.** *adv* ❶ (*fam: besonders*) **was ist da jetzt schon ~ dabei!** big deal!; **er hat sich aber nicht gerade ~ für uns eingesetzt!** he didn't exactly do very much for us!; **was soll man da schon ~ sagen?** you can't really say very much; **ich habe mich nie ~ für Politik interessiert** I've never been particularly interested in politics; [mit etw *dat*] [ganz] ~ rauskommen to have a real success with sth ❷ MODE **etw größer machen** to let out sth sep ❸ (*von weitem Ausmaß*) ~ **angelegt** large-scale ❹ (*nicht klein*) ~ **kariert** large-checked *attr* ▶ **etw wird** [bei jdm] ~ **geschrieben** (*fam*) to be high on the[/sb's] list of priorities
Groß·alarm *m* red alert **Groß·an·griff** *m* large-scale attack
groß·ar·tig ['gro:sʔaːɐ̯tɪç] **I.** *adj* ❶ (*prächtig*) magnificent ❷ (*hervorragend*) brilliant ❸ (*wundervoll*) wonderful **II.** *adv* magnificently
Groß·auf·nah·me *f* close-up **Groß·be·trieb** *m* large business; AGR large farm **Groß·bild·schirm** *m* big screen
Groß·bri·tan·ni·en <-s> [gro:sbri'taniən] *nt* Great Britain; *s. a.* **Deutschland**
Groß·buch·sta·be *m* capital [letter] **Groß·bür·ger·tum** *nt kein pl* upper classes *pl*
Grö·ße <-, -n> ['grø:sə] *f* ❶ (*räumliche Ausdehnung*) *a.* ÖKON, MODE size ❷ (*Höhe, Länge*) height ❸ MATH, PHYS quantity ❹ *kein pl* (*Erheblichkeit*) magnitude; *eines Problems* seriousness *no pl*; *eines Erfolgs* extent *no pl* ❺ *kein pl* (*Bedeutsamkeit*) significance *no pl*
Groß·ein·kauf *m* bulk purchase **Groß·ein·satz** *m* large-scale operation **Groß·el·tern** *pl* grandparents *pl* **Groß·en·kel(in)** *m(f)* great-grandchild, great-grandson *masc,* great-granddaughter *fem*
Grö·ßen·ord·nung *f* order of magnitude
gro·ßen·teils *adv* largely
Grö·ßen·wahn(·sinn) *m* megalomania **grö·ßen·wahn·sin·nig** *adj* megalomaniac[al]
grö·ßer ['grø:sɐ] *adj comp von* **groß**
Groß·fahn·dung *f* large-scale search **Groß·fa·mi·lie** *f* extended family **Groß·grund·be·sit·zer(in)** *m(f)* big landowner **Groß·han·del** *m* wholesale trade; **etw im ~ kaufen** to buy sth wholesale **Groß·händ·ler(in)** *m(f)* wholesaler
groß·her·zig *adj* (*geh*) magnanimous **Groß·her·zig·keit** <-> *f kein pl* (*geh*) magnanimity
Groß·her·zog(in) ['gro:shɛrtso:k] *m(f)* grand duke *masc,* grand duchess *fem* **Groß·her·zog·tum** *nt* grand duchy **Groß·hirn** *nt* cerebrum **Groß·hirn·rin·de** *f* cerebral cortex **Groß·kind** *nt* SCHWEIZ (*Enkelkind*) grandchild

groß·kot·zig adj (pej sl) swanky **Groß·macht** f Great Power **Groß·markt** m central market **Groß·maul** nt (pej fam) bigmouth **groß·mäu·lig** ['gro:smɔylɪç] adj (pej fam) big-mouthed **Groß·mut** f s. **Großherzigkeit groß·mü·tig** ['gro:smy:tɪç] adj s. **großherzig Groß·mut·ter** f grandmother, grandma fam, granny fam **Groß·nef·fe** m great-nephew **Groß·nich·te** f great-niece **Groß·on·kel** m great-uncle

Groß·raum m conurbation; **im ~ Berlin** in the Berlin conurbation

Groß·raum·ab·teil nt BAHN open[-plan] carriage BRIT, open[-plan] car AM **Groß·raum·bü·ro** nt open-plan office **Groß·raum·flug·zeug** nt wide-bodied [or large-capacity] aircraft

groß·räu·mig adj ❶ (geräumig) spacious ❷ (große Flächen betreffend) extensive

Groß·raum·wa·gen m open-plan carriage **Groß·rech·ner** m mainframe [computer] **Groß·rei·ne·ma·chen** <-s> [gro:s'rainəmaxn] nt kein pl (fam) spring clean **Groß·schnau·ze** f (pej fam) bigmouth **groß·schrei·ben** vt irreg ▪etw ~ to write sth with a[n initial] capital letter **Groß·schrei·bung** f capitalization **Groß·se·gel** nt NAUT mainsail **groß·spu·rig** adj (pej) boastful **Groß·stadt** ['gro:sʃtat] f city **groß·städ·tisch** ['gro:sʃtɛ:tɪʃ] adj big-city attr **Groß·tan·te** f great-aunt

grö·ßte(r, s) ['grø:stə] adj superl von **groß**

Groß·teil m ❶ (ein großer Teil) ▪ein ~ a large part ❷ (der überwiegende Teil) ▪der ~ the majority; **zum ~** for the most part

größ·ten·teils adv for the most part **größt·mög·lich** ['grø:st'mø:klɪç] adj attr greatest possible

Groß·tu·e·rei [gro:stu:əˈrai] f kein pl (pej) boasting

groß|tun irreg I. vi (pej) to boast II. vr ▪sich mit etw dat ~ to boast about sth **Groß·un·ter·neh·men** nt s. **Großbetrieb Groß·un·ter·neh·mer(in)** m(f) entrepreneur **Groß·va·ter** m grandfather, grandpa fam **Groß·ver·an·stal·tung** f big event **Groß·ver·die·ner(in)** m(f) big earner **Groß·wild** nt big game **groß|zie·hen** ['gro:stsi:ən] vt irreg ▪ein Kind ~ to raise a child; ▪ein Tier ~ to rear an animal

groß·zü·gig I. adj ❶ (generös) generous ❷ (nachsichtig) lenient ❸ (in großem Stil) grand; **ein ~er Plan** a large-scale plan II. adv ❶ (generös) generously ❷ (nachsichtig) leniently ❸ (weiträumig) spaciously

Groß·zü·gig·keit <-> f kein pl ❶ (Generosität) generosity ❷ (Toleranz) leniency ❸ (Weiträumigkeit) spaciousness no pl

gro·tesk [gro'tɛsk] adj grotesque

Grot·te <-, -n> ['grɔtə] f grotto

grot·ten·schlecht adj (sl) abysmal; **~ sein** to be the pits sl

Grou·pie <-s, -s> ['gru:pi] nt (sl) groupie **grub** ['gru:p] imp von **graben**

Grüb·chen <-s, -> ['gry:pçən] nt dimple **Gru·be** <-, -n> ['gru:bə] f ❶ (größeres Erdloch) [large] hole ❷ (Bergwerk) pit ▶**wer andern eine ~ gräbt, fällt selbst hinein** (prov) you can easily fall into your own trap

Grü·be·lei <-, -en> [gry:bə'lai] f brooding **grü·beln** ['gry:bl̩n] vi to brood (**über** over) **Gru·ben·ar·bei·ter** m miner **Gru·ben·un·glück** nt pit disaster

grüb·le·risch ['gry:blərɪʃ] adj broody **grü·e·zi** ['gry:ɛtsi] interj SCHWEIZ (fam) hi **Gruft** <-, Grüfte> ['grʊft, pl 'gryftə] f (Grabgewölbe) vault; (Kirche) crypt **Gruf·tie** ['grʊfti] m SOZIOL, MUS goth **grum·meln** ['grʊml̩n] vi (fam) ❶ (brummeln) to mumble ❷ (leise rollen) to rumble

grün ['gry:n] adj (Farbe) a. POL green ▶**jdn ~ und blau schlagen** (fam) to beat sb black and blue; **sich ~ und blau ärgern** to be furious

Grün <-s, -o fam -s> ['gry:n] nt ❶ (Farbe) green; **die Ampel zeigt ~** the [traffic] lights are [at] green ❷ (~flächen) green spaces; **ein ~ am Golfplatz** a green on a/the golf course ❸ (grüne Pflanzen) greenery; **das erste ~ nach dem Winter** the first green shoots of spring ▶**das ist dasselbe in ~** (fam) it's one and the same [thing]

grün-al·ter·na·tiv adj POL green alternative **Grün·an·la·ge** f green space **grün·blau** adj greenish blue

Grund <-[e]s, Gründe> ['grʊnt, pl 'grʏndə] m ❶ (Ursache, Veranlassung) reason; **jede Naturkatastrophe hat einen ~** every natural disaster has a cause; **keinen/nicht den geringsten ~** no/not the slightest reason; **eigentlich besteht kein ~ zur Klage** there is no [real] cause for complaint; **jdm ~ [zu etw dat] geben** to give sb reason [to do sth]; ▪**ein/kein ~ zu etw** dat [no] reason for sth ❷ (Motiv) grounds pl; **~ zu der Annahme haben, dass ...** to have reason to believe that ...; **Gründe und Gegengründe** pros and cons; **aus finanziellen Gründen** for financial reasons; **aus gesundheitlichen Gründen** for reasons of health; **aus gutem ~** with good reason; **aus unerfindlichen Gründen** for some obscure reason; **aus diesem ~** [e] for this reason; **aus welchem ~** [e] for what reason ❸ *kein pl* (*Erdboden*) ground; **etw bis auf den ~ abtragen** to raze sth to the ground ❹ DIAL (*Land, Acker*) land; **~ und Boden** land ❺ (*Boden eines Gewässers*) bed; **am ~e des Meeres** at the bottom of the sea ❻ *kein pl* (*Unter-*) background ▶ **jdn in ~ und Boden reden** to shoot sb's arguments to pieces; **im ~e jds Herzens** (*geh*) in one's heart of hearts; **einer S.** *dat* **auf den ~ gehen** to get to the bottom of sth; **den ~ zu etw** *dat* **legen** to lay the foundations *pl* for sth; **auf ~ von etw** *dat* on the basis of sth; **im ~e** [**genommen**] basically; **von ~ auf** [*o* **aus**] completely; (*von Anfang an*) from scratch

grund·an·stän·dig *adj* thoroughly decent
Grund·aus·bil·dung *f* basic training
Grund·be·deu·tung *f* fundamental meaning; LING original meaning
Grund·be·din·gung *f* basic condition
Grund·be·griff *m meist pl* ❶ (*elementarer Begriff*) basic notion ❷ SCH rudiments *npl*
Grund·be·sitz *m* landed property
Grund·be·sit·zer(in) *m(f)* landowner
Grund·buch *nt* land register
grund·ehr·lich ['grʊnt'ʔeːɐ̯lɪç] *adj* (*emph*) thoroughly honest
grün·den ['grʏndn̩] I. *vt* ❶ (*neu schaffen*) to found; *Firma* to set up; *Partei* to form ❷ (*fußen lassen*) ■ **etw auf etw** *akk* **~** to base sth on sth II. *vr* ■ **sich auf etw** *akk* **~** to be based on sth
Grün·der(in) <-s, -> *m(f)* founder
grund·falsch ['grʊnt'falʃ] *adj* (*emph*) completely wrong
Grund·far·be *f* ❶ (*Primärfarbe*) primary colour ❷ (*als Untergrund aufgetragene Farbe*) ground colour
Grund·fes·ten *pl* **etw bis in die ~ erschüttern** to shake sth to its [very] foundations; **an den ~ von etw** *dat* **rütteln** to shake the [very] foundations of sth
Grund·flä·che *f* area
Grund·form *f* basic form
Grund·ge·bühr *f* basic charge
Grund·ge·dan·ke *m* basic idea
Grund·ge·halt *nt* basic salary
Grund·ge·setz *nt* (*Verfassung Deutschlands*) constitution
Grund·hal·tung *f* basic attitude
grun·die·ren* ['grʊn'diːrən] *vt* to prime
Grun·die·rung <-, -en> *f* primary coat

Grund·kennt·nis *f meist pl* basic knowledge
Grund·kon·sens *m* fundamental consensus
Grund·kurs *m* SCH basic course; (*Einführungskurs*) foundation course
Grund·la·ge *f* basis
grund·le·gend I. *adj* fundamental II. *adv* fundamentally
gründ·lich ['grʏntlɪç] I. *adj* thorough; **eine ~e Bildung** a broad education II. *adv* ❶ (*fam: total*) completely ❷ (*gewissenhaft*) thoroughly
Gründ·lich·keit <-> *f kein pl* thoroughness
Grund·li·nie *f* ❶ MATH ground-line ❷ SPORT baseline
Grund·lohn *m* basic pay
grund·los I. *adj* ❶ (*unbegründet*) unfounded ❷ (*ohne festen Boden*) bottomless II. *adv* groundlessly; **~ lachen** to laugh for no reason [at all]
Grund·mau·er *f* foundation wall
Grund·nah·rungs·mit·tel *nt* basic food[stuff]
Grün·don·ners·tag [ɡryːn'dɔnɐstaːk] *m* Maundy Thursday
Grund·pfei·ler *m* ❶ (*tragender Pfeiler*) supporting pillar; *Brücke* supporting pier ❷ (*fig: wesentliches Element*) cornerstone
Grund·prin·zip *nt* fundamental [*or* basic] principle
Grund·re·chen·art *f* fundamental rule of arithmetic
Grund·recht *nt* basic right
Grund·re·gel *f* basic rule
Grund·riss^RR *m* ❶ BAU ground-plan ❷ (*Abriss*) outline
Grund·satz ['grʊntzats] *m* principle; **es sich** *dat* **zum ~ machen, etw zu tun** to make it a matter of principle to do sth
grund·sätz·lich ['grʊntzɛtslɪç] I. *adj* ❶ (*grundlegend*) fundamental; *Bedenken, Zweifel* serious ❷ (*prinzipiell*) in principle *pred* II. *adv* ❶ (*völlig*) completely ❷ (*prinzipiell*) in principle ❸ (*kategorisch*) absolutely
Grund·schu·le *f* primary [*or* AM elementary] school
Grund·schul·leh·rer(in) *m(f)* primary[-school] teacher BRIT
Grund·stein *m* foundation-stone; **den ~ zu etw** *dat* **legen** to lay the foundations for sth
Grund·steu·er *f* [local] property tax
Grund·stoff *m* ❶ (*Rohstoff*) raw material ❷ CHEM element
Grund·stück *nt* plot [of land]
Grund·stücks·mak·ler(in) *m(f)* estate agent
Grund·ton *m* ❶ (*eines Akkords*) root; (*einer Tonleiter*) keynote ❷ (*Grundfarbe*) ground colour
Grund·übel *nt* basic evil
Grün·dung <-, -en> *f* ❶ (*das Gründen*) foundation; *eines Betriebs* establishment ❷ BAU foundation[s]

grund·ver·schie·den ['gruntfɛɐ̯ˌʃiːdn̩] *adj* (*emph*) completely different

Grund·was·ser *nt* ground water **Grund·was·ser·spie·gel** *m* ground-water level

Grund·wert *m meist pl* PHILOS basic value

Grund·wort·schatz *m* basic vocabulary

Grund·zug *m* essential feature

Grü·ne(r) ['gryːnə] *f(m)* POL [member of the] Green [Party]; **die ~n** the Green Party

Grü·ne(s) ['gryːnə(s)] *nt* ❶ (*Schmuckreisig*) ■ **~s** greenery *sing* ❷ (*Gemüse*) ■ **~s** greens ▸ **ins ~ fahren** (*fam*) to drive into the country

grü·nen ['gryːnən] *vi* (*geh*) to become green

Grün·fink *m* greenfinch **Grün·flä·che** *f* green space **Grün·fut·ter** *nt* green fodder *no pl, no indef art*

Grunge [grantʃ] *m* MUS grunge

Grün·gür·tel *m* green belt **Grün·kern** *m* dried unripe spelt grain *no indef art* **Grün·kohl** *m* [curly] kale *no pl, no indef art*

grün·lich ['gryːnlɪç] *adj* greenish

Grün·schna·bel *m* (*fam*) greenhorn **Grün·span** ['gryːnʃpaːn] *m kein pl* verdigris *no pl* **Grün·strei·fen** *m* central reservation, median strip AM; (*am Straßenrand*) grass verge

grun·zen ['grʊntsn̩] *vi, vt* to grunt

Grün·zeug *nt* (*fam*) ❶ (*Kräuter*) herbs *pl* ❷ (*Salat*) green salad; (*Gemüse*) greens *pl* ❸ (*hum: Jugendliche*) whippersnappers *pl*

Grup·pe <-, -n> ['grʊpə] *f* group

Grup·pen·ar·beit *f kein pl* teamwork *no pl, no indef art* **Grup·pen·auf·nah·me, Grup·pen·bild** *nt* group photograph **Grup·pen·druck** *m kein pl* SOZIOL peer pressure **Grup·pen·dy·na·mik** *f* group dynamics = *sing/pl vb, no art* **Grup·pen·lei·ter(in)** *m(f)* team leader **Grup·pen·rei·se** *f* group travel *no pl, no art* **Grup·pen·sex** *m* group sex *no pl, no art* **Grup·pen·the·ra·pie** *f* group treatment *no pl, no indef art* **Grup·pen·ver·ge·wal·ti·gung** *f* JUR gang rape

grup·pen·wei·se *adv* in groups

grup·pie·ren* [grʊˈpiːrən] I. *vt* ■ **etw ~** to group sth II. *vr* ■ **sich ~** to be grouped

Grup·pie·rung <-, -en> *f* ❶ (*Gruppe*) group ❷ *kein pl* (*Aufstellung*) grouping

Gru·sel·film *m* horror film **Gru·sel·ge·schich·te** *f* horror story

gru·s(e)·lig ['gruːz(ə)lɪç] *adj* gruesome; **jdm wird ~ zumute** sb has a creepy feeling

gru·seln ['gruːzl̩n] I. *vt, vi impers* ■ **jdn gruselt es** sb gets the creeps; **nachts in einem unheimlichen Schloss kann man das G~ lernen** one learns what fear is in an eerie castle at night II. *vr* ■ **sich [vor jdm] ~** to shudder [at the sight of sb]

Gruß <-es, Grüße> ['gruːs, *pl* 'gryːsə] *m* ❶ (*Begrüßung*) greeting; MIL salute; **einen [schönen] ~ an Ihre Gattin** [please] give my [best] regards to your wife; **liebe Grüße auch an die Kinder** give my love to the children, too ❷ (*am Briefschluss*) regards; **mit freundlichen Grüßen** Yours sincerely; **herzliche Grüße** best wishes

grü·ßen ['gryːsn̩] I. *vt* ❶ (*be~*) ■ **jdn ~** to greet sb; MIL to salute sb; **grüß dich!** (*fam*) hello there! ❷ (*Grüße übermitteln*) ■ **jdn von jdm ~** to send sb sb's regards; **jdn ~ lassen** to say hello to sb II. *vi* to say hello III. *vr* ■ **sich ~** to say hello to one another

Gruß·wort <-worte> *nt* welcoming speech

Grüt·ze <-, -n> ['grʏtsə] *f* groats *npl*, grits *npl* AM; **rote ~** red fruit slightly stewed and thickened

Gu·a·te·ma·la <-s> [ɡu̯ateˈmaːla] *nt* Guatemala; *s. a.* **Deutschland**

Gu·a·te·mal·te·ke, Gu·a·te·mal·te·kin <-n, -n> [ɡu̯atemalˈteːkə, ɡu̯atemalˈteːkɪn] *m, f* Guatemalan; *s. a.* **Deutsche(r)**

gu·a·te·mal·te·kisch [ɡu̯atemalˈteːkɪʃ] *adj* Guatemalan; *s. a.* **deutsch**

gu·cken ['ɡʊkn̩] *vi* ❶ (*sehen*) to look; (*heimlich*) to peep; **was guckst du so dumm!** take that silly look off your face! ❷ (*ragen*) ■ **aus etw** *dat* **~** to stick out of sth

Guck·loch *nt* peephole

Gue·ril·la¹ <-, -s> [ɡeˈrɪlja] *f* guerrilla war

Gue·ril·la² <-[s], -s> [ɡeˈrɪlja] *m* guerrilla

Gue·ril·la·kämp·fer(in) [ɡeˈrɪlja-] *m(f)* guerrilla **Gue·ril·la·krieg** [ɡeˈrɪlja-] *m* guerrilla war

Guil·lo·ti·ne <-, -n> [ɡɪljoˈtiːnə, ɡijoˈtiːnə] *f* guillotine

Gui·nea <-s> [ɡiˈneːa] *nt* Guinea; *s. a.* **Deutschland**

Gui·ne·er(in) <-s, -> [ɡiˈneːɐ] *m(f)* Guinean; *s. a.* **Deutsche(r)**

gui·ne·isch [ɡiˈneːɪʃ] *adj* Guinean; *s. a.* **deutsch**

Gu·lasch <-[e]s, -e *o* -s> ['ɡʊlaʃ] *nt o m* goulash

Gu·lasch·sup·pe *f* goulash soup

Gul·den <-s, -> ['ɡʊldn̩] *m* guilder

Gul·ly <-s, -s> ['ɡʊli] *m o nt* drain

gül·tig ['ɡʏltɪç] *adj* ❶ (*Geltung besitzend*) valid; **der Sommerfahrplan ist ab dem 1.4. ~** the summer timetable comes into ef-

Gültigkeit → gut

fect from 1.4. ❷ (*allgemein anerkannt*) universal

Gül·tig·keit <-> *f kein pl* ❶ (*Geltung*) validity *no pl;* **der Ausweis besitzt nur noch ein Jahr ~** the identity card is only valid for one more year ❷ (*gesetzliche Wirksamkeit*) legal force

Gum·mi <-s, -s> ['gʊmi] *nt o m* ❶ (*Material*) rubber *no pl, no indef art* ❷ (*fam: Radiergummi*) rubber ❸ (*fam: ~ band*) rubber band ❹ (*~ zug*) elastic *no pl, no indef art* ❺ (*fam: Kondom*) rubber *sl*

Gum·mi·band <-bänder> *nt* rubber band **Gum·mi·baum** *m* ❶ (*Kautschukbaum*) rubber tree ❷ (*Zimmerpflanze*) rubber plant **Gum·mi·hand·schuh** *m* rubber glove **Gum·mi·knüp·pel** *m* rubber truncheon **Gum·mi·rei·fen** *m* rubber tyre **Gum·mi·soh·le** *f* rubber sole **Gum·mi·stie·fel** *m* rubber boot **Gum·mi·zel·le** *f* padded cell **Gum·mi·zug** *m* elastic *no pl, no indef art*

Gunst <-> ['gʊnst] *f kein pl* ❶ (*Wohlwollen*) goodwill *no pl, no indef art;* **in jds ~ stehen** to be in sb's favour ❷ (*Vergünstigung*) **zu jds ~en** in sb's favour ❸ (*günstige Konstellation*) **er nutzte die ~ des Augenblicks aus** he took advantage of the favourable moment

güns·tig ['gʏnstɪç] **I.** *adj* ❶ (*zeitlich gut gelegen*) convenient ❷ (*begünstigend*) favourable ❸ (*preis~*) reasonable **II.** *adv* ❶ (*preis~*) reasonably ❷ (*passend, geeignet*) favourably; **es trifft sich ~, dass ...** it's a stroke of luck that ...

güns·tigs·ten·falls *adv* at best

Günst·ling <-s, -e> ['gʏnstlɪŋ] *m* (*pej*) favourite

Günst·lings·wirt·schaft *f kein pl* (*pej*) favouritism *no pl*

Gur·gel <-, -n> ['gʊrgl̩] *f* throat; **jdm an die ~ springen** (*fam*) to go for sb's throat

gur·geln ['gʊrgl̩n] *vi* ❶ (*den Rachen spülen*) to gargle ❷ (*von ablaufender Flüssigkeit*) to gurgle

Gur·ke <-, -n> ['gʊrkə] *f* cucumber; (*Essig~*) gherkin; **saure ~n** pickled gherkins

gur·ren ['gʊrən] *vi* Tauben to coo; (*fam*) *Mensch* to purr

Gurt <-[e]s, -e> ['gʊrt] *m* ❶ (*Riemen*) strap ❷ (*Sicherheitsgurt*) seat belt ❸ (*breiter Gürtel*) belt

Gür·tel <-s, -> ['gʏrtl̩] *m* belt ▶ **den ~ enger schnallen** (*fam*) to tighten one's belt

Gür·tel·li·nie [li:niə] *f* waist[line] ▶ **unter die ~ zielen** to aim below the belt **Gür·tel·rei·fen** *m* radial[-ply] tyre [*or* AM tire] **Gür·tel·ro·se** *f* shingles *no art, + sing/pl vb* **Gür·tel·schnal·le** *f* belt buckle **Gür·tel·ta·sche** *f* bum bag BRIT, fanny pack AM **Gür·tel·tier** *nt* armadillo

Gurt·pflicht *f* compulsory wearing of seat belts

Gu·ru <-s, -s> ['gu:ru] *m* guru

Guss^RR <-es, Güsse> *m*, **Guß**^ALT <-sses, Güsse> ['gʊs, *pl* 'gʏsə] *m* ❶ (*fam: Regenguss*) downpour ❷ (*Zuckerguss*) icing ❸ *kein pl* TECH (*das Gießen*) casting ❹ MED **kalte Güsse** cold affusions ▶ [**wie**] **aus einem ~** forming a uniform and integrated whole

Guss·ei·sen^RR *nt* cast iron **Guss·form**^RR *f* mould

gut <besser, beste> ['guːt] **I.** *adj* ❶ (*ausgezeichnet, hervorragend*) good; **jdn/etw ~ finden** to think sb/sth is good; **jdm geht es ~/nicht ~** sb is well/not well ❷ (*fachlich qualifiziert*) good; **den Rechtsanwalt kann ich dir empfehlen, der ist ~** I can recommend this lawyer to you, he's good ❸ *attr* (*lieb*) good; (*intim*) close ❹ *meist attr* (*untadelig*) good ❺ (*nicht übel, vorteilhaft*) good; **das kann nicht ~ gehen!** that just won't work! ❻ (*reichlich*) good ❼ (*in Wünschen*) good; **~e Fahrt/Reise** have a good trip; **~e Erholung/Besserung** get well soon; **~en Appetit** enjoy your meal; **ein ~es neues Jahr** happy New Year!; **~e Unterhaltung** enjoy the programme; **auf ~e Zusammenarbeit!** here's to our successful co-operation! ▶ **~ beieinander sein** SÜDD to be a bit tubby; **~ und schön** (*fam*) well and good; **du bist ~!** (*iron fam*) you're a fine one!; **jdm wieder ~ sein** to be friends again with sb; **~ draufsein** (*fam*) to be in good spirits; **sich für etw zu ~ sein** to be too good for sth; **~ gegen etw** *akk* **sein** (*fam*) to be good for sth; **~ in etw** *dat* **sein** to be good at sth; **es ist ganz ~, dass ...** it's good that ...; **noch/nicht mehr ~ sein** to still be/no longer be any good; **lass mal ~ sein!** (*fam*) let's drop the subject!; **wer weiß, wozu es ~ ist** perhaps it's for the best; **~ werden** to turn out all right; **wieder ~ werden** to be all right; **also ~!** well, all right then!; **schon ~!** (*fam*) all right!; **~ so sein** to be just as well; **~ so!** that's it!; **und das ist auch ~ so** and a good thing too; **sei so ~ und ...** would you be kind enough to ...; [**aber**] **sonst geht's dir ~?** (*iron*) you must be mad [*or* AM crazy]!; **wozu ist das ~?** (*fam*) what's the use of that?; [**wie**] **~, dass ...** it's a good job that ...; **~!** (*in Ordnung!*) OK!; **~, ~!** yes, all right! **II.** *adv* ❶ (*nicht schlecht*) well; **~ aussehend** *attr* good-looking; **~ bezahlt** *attr* well-paid; **~ gehend** *attr* flourishing; **~ gelaunt** in a good mood; **~ gemeint** *attr* well-meant; **~ situiert** *attr* well-to-do; **~ unterrichtet** *attr* well-informed; **du sprichst aber ~ Englisch!** you really can speak good English; **~ verdienend** *attr* high-income *attr* ❷ (*geschickt*) well ❸ (*reichlich*) **es dauert noch ~ eine Stunde, bis Sie an der Reihe sind** it'll be a good hour before it's your turn ❹ (*einfach, recht*) **ich kann ihn jetzt nicht ~ im Stich lassen** I can't very well leave him in the lurch now ❺ (*leicht, mühelos*) **hast du die Prüfung ~ hinter dich gebracht?** did you get through the exam all right?; **~ leserlich** very legible ❻ (*angenehm*) **hm, wonach riecht das denn so ~ in der Küche?** hm, what's making the kitchen smell so lovely?; **schmeckt es dir auch ~?** do you like it too? ❼ (*wohltuend sein*) ■ **es tut jdm ~, etw zu tun** it does sb good to do sth ▸ **~ und gern** easily; **so ~ es geht** as best one can; [**das hast du**] **~ gemacht!** well done!; **es ~ haben** to be lucky; **das kann ~ sein** that's quite possible; **du kannst ~ reden!** (*fam*) it's easy for you to talk!; **mach's ~!** (*fam*) bye!; **pass ~ auf!** be very careful!; **sich ~ mit jdm stellen** to get into sb's good books

Gut <-[e]s, Güter> ['guːt, *pl* 'gyːtɐ] *nt* ❶ (*Landgut*) estate ❷ (*Ware*) commodity ❸ *kein pl* (*das Gute*) good *no pl, no indef art*; **~ und Böse** good and evil

Gut·ach·ten <-s, -> ['guːtʔaxtn̩] *nt* [expert's] report

Gut·ach·ter(in) <-s, -> *m(f)* expert

gut·ar·tig *adj* ❶ MED benign ❷ (*nicht widerspenstig*) good-natured

gut·bür·ger·lich ['guːt'bʏrgɐlɪç] *adj* middle-class; KOCHK home-made; **~e Küche** home-style cooking; **~ essen** [**gehen**] to have some good home cooking

Gut·dün·ken <-s> *nt kein pl* discretion *no pl, no indef art*; **nach** [**eigenem**] **~** at one's own discretion

Gu·te(s) *nt* ❶ (*Positives*) ■ **~s** good; **man hört viel ~s über ihn** you hear a lot of good things about him; ■ **etwas ~s** something good; **ich habe im Schrank etwas ~s für dich** I've got something nice for you in the cupboard; **er tat in seinem Leben viel ~s** he did a lot of good in his life; [**auch**] **sein ~ haben** to have its good points [too]; **ein ~s hat die Sache** there is one good thing about it; **jdm schwant nichts ~s** sb has a nasty feeling about sth; **nichts ~s versprechen** to not sound very promising; **jdm ~s tun** to be good to sb; **was kann ich dir denn ~s tun?** how can I spoil you?; **sich zum ~n wenden** to take a turn for the better; **alles ~!** all the best!; **alles ~ und viele Grüße an deine Frau!** all the best and give my regards to your wife; **das ~ daran** the good thing about it ❷ (*friedlich*) **im ~n** amicably; **lass dir's im ~n gesagt sein, dass ich das nicht dulde** take a bit of friendly advice, I won't put up with it!; **sich im ~n trennen** to part on friendly terms ❸ (*gute Charakterzüge*) **das ~ im Menschen** the good in man; **~s tun** to do good ▸ **~s mit Bösem/~m vergelten** (*geh*) to return evil/good for good; **des ~n zu viel sein** to be too much [of a good thing]; **das ist wirklich des ~n zu viel!** that's really overdoing things!; **alles hat sein ~s** (*prov*) every cloud has a silver lining *prov*; **im ~n wie im Bösen** (*mit Güte wie mit Strenge*) every way possible; (*in guten und schlechten Zeiten*) through good [times] and bad; **ich habe es im ~n wie im Bösen versucht, aber sie will einfach keine Vernunft annehmen** I've tried to do everything I can, but she simply won't see sense

Gü·te <-> ['gyːtə] *f kein pl* ❶ (*milde Einstellung*) kindness; **die ~ haben, zu ...** to be so kind as to ... ❷ (*Qualität*) [good] quality ▸ **erster ~** (*fam*) of the first order; **ach du liebe ~!** (*fam*) oh my goodness! *fam*; **in ~** amicably

Gu·te·nacht·ge·schich·te *f* bedtime story **Gu·te·nacht·kuss** [guːtəˈnaxtkʊs] *m* goodnight kiss

Gü·ter·bahn·hof *m* goods depot **Gü·ter·ge·mein·schaft** *f* JUR community of property; **in ~ leben** to have community of property **Gü·ter·tren·nung** *f* JUR separation of property; **in ~ leben** to have separation of property

Gü·ter·ver·kehr *m* goods traffic *no pl, no indef art*, transportation of freight **Gü·ter·wa·gen** *m* goods truck, freight car **Gü·ter·zug** *m* goods [*or esp* AM freight] train

Gü·te·sie·gel *nt,* **Gü·te·zei·chen** *nt* mark of quality, kite mark BRIT

gut·gläu·big *adj* trusting, gullible **Gut·gläu·big·keit** *f* gullibility *no pl*

gut|ha·ben *vt irreg* ■ **etw bei jdm ~** to be

owed sth by sb; **du hast ja noch hundert Euro/einen Gefallen bei mir gut** I still owe you hundred Euros/a favour

Gut·ha·ben <-s, -> nt credit balance

gut|hei·ßen vt irreg ■ etw ~ to approve of sth

gut·her·zig adj (geh) kind-hearted

gü·tig ['gy:tɪç] adj kind; **würden Sie so ~ sein, zu ...** (geh) would you be so kind as to ...; [**danke,**] **zu ~!** (iron) [thank you,] you're too kind!

güt·lich ['gy:tlɪç] I. adj amicable II. adv amicably ▶ **sich an etw** dat **~ tun** to help oneself freely to sth

gut|ma·chen vt ❶ (in Ordnung bringen) ■ etw ~ to put sth right; **etw an jdm gutzumachen haben** to have sth to make up to sb for ❷ (entgelten) ■ etw ~ to repay sth; **wie kann ich das nur je wieder ~?** how can I ever repay you? ❸ (wettmachen) ■ etw mit etw dat ~ to make sth up again with sth; ■ etw bei etw dat ~ to make sth from sth

Gut·mensch m (iron) do-gooder, goody two shoes pej

gut·mü·tig ['gu:tmy:tɪç] adj good-natured

Gut·mü·tig·keit <-> f kein pl good nature no pl

Guts·be·sit·zer(in) m(f) landowner

Gut·schein m coupon **gut|schrei·ben** vt irreg ■ jdm etw ~ to credit sb with sth

Gut·schrift f ❶ kein pl (Vorgang) crediting no pl ❷ (Bescheinigung) credit note ❸ (Anlage) credit slip ❹ (im Haben gebuchter Betrag) credit entry

Guts·herr(in) m(f) lord/lady of the manor **Guts·hof** m estate, manor **Guts·ver·wal·ter(in)** m(f) estate manager, steward, bailiff Brit

gut·tu·ral [gʊtu'ra:l] adj guttural

gut·wil·lig I. adj (entgegenkommend) willing, obliging II. adv (freiwillig) voluntarily

Gu·ya·na <-s> [gu'ja:na] nt Guyana

Gym·na·si·al·leh·rer(in) m(f), **Gym·na·si·al·pro·fes·sor(in)** m(f) ÖSTERR ≈ grammar-school [or Am ≈ high-school] teacher

Gym·na·si·ast(in) <-en, -en> [ɡʏmna'ziast] m(f) ≈ grammar-school pupil [or Am ≈ high-school student]

Gym·na·si·um <-s, -ien> [ɡʏm'na:ziʊm, pl ɡʏm'na:ziən] nt ≈ grammar school Brit, ≈ high school Am; **humanistisches/mathematisch-naturwissenschaftliches ~** ≈ grammar school specializing in humanities/mathematics and natural science

Gym·nas·tik <-> [ɡʏm'nastɪk] f gymnastics + sing vb

Gy·nä·ko·lo·ge, Gy·nä·ko·lo·gin <-n, -n> [ɡʏnɛko'lo:ɡə, ɡʏnɛko'lo:ɡɪn] m, f gynaecologist

Gy·nä·ko·lo·gie <-> [ɡʏnɛkolo'gi:] f kein pl gynaecology no pl, no art

Gy·nä·ko·lo·gin <-, -nen> [ɡʏnɛko'lo:ɡɪn] f fem form von **Gynäkologe**

gy·nä·ko·lo·gisch [ɡʏnɛko'lo:ɡɪʃ] adj gynaecological

H, h <-, -> *o fam* -s, -s> [ha:] *nt* ❶ (*Buchstabe*) H, h; *s. a.* **A 1** ❷ MUS B; *s. a.* **A 2**
h *Abk von* **hora(e)** hr ❶ *gesprochen: Uhr* (*Stunde der Uhrzeit*) hrs; **Abfahrt des Zuges: 9 h 17** train departure: 9.17 a.m. ❷ *gesprochen: Stunde* (*Stunde*) h.; **130 km/h ist auf deutschen Autobahnen empfohlene Richtgeschwindigkeit** 130 k.p.h. is the recommended speed on German motorways
ha [ha] *Abk von* **Hektar** ha
Haar <-[e]s, -e> [haːɐ̯] *nt* ❶ (*einzelnes Haar*) hair ❷ *sing o pl* (*gesamtes Kopfhaar*) hair *no pl, no indef art;* **graue ~e bekommen** to go grey; **sich** *dat* **die ~e schneiden lassen** to get one's hair cut ▶**jdm stehen die ~e zu Berge** (*fam*) sb's hair stands on end; **jdm die ~e vom Kopf fressen** (*fam*) to eat sb out of house and home; **~e auf den Zähnen haben** (*fam*) to be a tough customer; **um kein ~ besser** not a bit better; **an jdm/etw kein gutes ~ lassen** to pick sb/sth to pieces; **sich** *dat* **in die ~e geraten** to quarrel; **jdm kein ~ krümmen** not to touch a hair on sb's head; **sich** *dat* **die ~e raufen** to tear one's hair; **etw an den ~en herbeiziehen** to be far-fetched; **um ein ~** within a hair's breadth
Haar·an·satz *m* hairline **Haar·aus·fall** *m* hair loss *no pl* **Haar·band** *nt* hairband **Haar·bürs·te** *f* hairbrush **Haar·bü·schel** *nt* tuft of hair
haa·ren [ˈhaːrən] *vi* to moult
Haa·res·brei·te *f* ▶**um ~** by a hair's breadth
Haar·far·be *f* colour of one's hair **Haar·fes·ti·ger** <-s, -> *m* setting lotion **haar·ge·nau** *adj* exact
haa·rig [ˈhaːrɪç] *adj* ❶ (*behaart*) hairy ❷ (*fam: heikel, vertrackt*) tricky ❸ (*riskant, gefährlich*) hairy ❹ (*fam: extrem*) tough
Haar·klam·mer *f* hair clip **haar·klein** [ˈhaːɐ̯ˈklaɪ̯n] *adv* in minute detail **Haar·lack** *m* hairspray **Haar·na·del** *f* hairpin **Haar·na·del·kur·ve** *f* hairpin bend **Haar·netz** *nt* hairnet **Haar·pfle·ge** *f* hair care; **zur ~** for the care of one's hair **Haar·reif** *m* Alice band **haar·scharf** *adv* ❶ (*ganz knapp*) by a hair's breadth ❷ (*sehr exakt*) exactly **Haar·schnitt** *m* haircut, hairstyle **Haar·spal·te·rei** <-, -en> [haːɐ̯ʃpaltəˈraɪ̯] *f* (*pej*) splitting hairs *no pl,* *no art* **Haar·span·ge** *f* hair slide **Haar·spray** *nt o m* hairspray **Haar·sträh·ne** *f* strand of hair **haar·sträu·bend** [ˈhaːɐ̯ʃtrɔʏ̯bn̩t] *adj* hair-raising **Haar·teil** *nt* hairpiece **Haar·trock·ner** *m* hair dryer **Haar·wasch·mit·tel** *nt* shampoo **Haar·was·ser** *nt* hair lotion **Haar·wuchs** *m* growth of hair **Haar·wuchs·mit·tel** *nt* hair restorer **Haar·wur·zel** *f* root of a/the hair
Hab [haːp] *nt* **~ und Gut** (*geh*) belongings *npl,* possessions *pl*
Ha·be <-> [ˈhaːbə] *f kein pl* (*geh*) belongings *npl,* possessions *pl*
ha·ben <hatte, gehabt> [ˈhaːbn̩] I. *vt* ❶ (*besitzen, aufweisen*) to have; **wir ~ zwei Autos** we've got two cars; **der Wagen hat eine Beule** the car has a dent; **sie hatte gestern Geburtstag** it was her birthday yesterday ❷ (*erhalten*) **könnte ich mal das Salz ~?** could I have the salt please?; **ich hätte gern ein Bier** I'd like a beer, please; **woher hast du das?** where did you get that? ❸ *in Maßangaben* **ein Meter hat hundert Zentimeter** there are hundred centimetres in a metre ❹ (*von etw erfüllt sein*) **Durst/Hunger ~** to be thirsty/hungry; **gute/schlechte Laune ~** to be in a good/bad mood; **Angst/Sorgen ~** be afraid/worried; **hast du Lust, mit ins Theater zu kommen?** do you feel like coming to the theatre with us?; **hast du was?** is something the matter?; **ich hab nichts!** nothing's the matter! ❺ (*herrschen*) **wir ~ heute den 13.** it's the 13th today; **in Australien ~ sie jetzt Winter** it's winter now in Australia ❻ (*tun müssen*) ▪**etw zu tun ~** to have to do sth; **Sie ~ hier keine Fragen zu stellen!** it's not for you to ask questions here!; **ich habe noch zu arbeiten** I've still got work to do ❼ *mit prep* ▪**etw an sich** *dat* **~** to have sth about one; **jetzt weiß ich, was ich an ihr habe** now I know how lucky I am to have her; **es an etw** *dat* **~** (*fam: leiden*) to have trouble with sth; **für etw** *akk* **zu haben/nicht zu ~ sein** to be/not to be keen on sth; **er ist immer für einen Spaß zu ~** he's always up for a laugh; **es in sich ~** (*fam*) to be tough; **etwas mit jdm ~** (*euph*) to have something going with sb; ▪**etw von jdm ~** to have sth from sb; **die Kinder ~ bisher wenig von ihrem Vater**

gehabt the children have seen little of their father so far; ▪**etw von etw** *dat* ~ to get sth out of sth; **nichts davon** ~ not to gain anything from it; **das hast du jetzt davon!** now see where it's got you!; **wissen Sie überhaupt, wen Sie vor sich haben?** have you any idea whom you are dealing with? ▸ **noch/nicht mehr zu** ~ **sein** (*fam*) to be still/no longer available; **da hast du's/**~ **wir's!** (*fam*) there you are!; **ich hab's!** (*fam*) I've got it!; **wie gehabt** as usual II. *vb aux* ▪**etw getan** ~ to have done sth; **also, ich hätte das nicht gemacht** well, I wouldn't have done that

Ha·ben <-s> ['ha:bn̩] *nt kein pl* credit; **mit etw** *dat* **im** ~ **sein** to be in credit by sth

Ha·be·nichts <-[es], -e> ['ha:bənɪçts] *m* (*fam*) have-not *usu pl*, pauper

Ha·ben·sei·te *f* credit side

Hab·gier ['ha:pgi:ɐ̯] *f* (*pej*) greed *no pl*, avarice *no pl*

hab·gie·rig ['ha:pgi:rɪç] *adj* (*pej*) greedy, avaricious

hab·haft *adj* (*geh*) ▪**einer S.** *gen* ~ **werden** get hold of sth

Ha·bicht <-s, -e> ['ha:bɪçt] *m* hawk

Ha·bi·tat <-s, -e> [habi'ta:t] *nt* habitat

Habs·bur·ger(in) <-s, -> ['ha:psbʊrgɐ] *m(f)* Hapsburg

Hab·se·lig·kei·ten ['ha:pze:lɪçkaitn̩] *pl* [meagre] belongings *npl*

Hab·sucht *f s.* **Habgier**

hab·süch·tig ['ha:pzʏçtɪç] *adj s.* **habgierig**

Hach·se <-, -n> ['haksə] *f* KOCHK DIAL (*Haxe*) knuckle [of lamb]

Hack·beil *nt* chopper, cleaver

Hack·bra·ten *m* meat loaf

Ha·cke <-, -n> ['hakə] *f* ❶ (*Gartengerät*) hoe ❷ ÖSTERR (*Axt*) axe ❸ DIAL (*Ferse*) heel; **die** ~**n zusammenschlagen** to click one's heels ▸ **sich** *dat* **die** ~**n** [**nach etw** *dat*] **ablaufen** (*fam*) to run one's legs off looking for something

ha·cken ['hakn̩] I. *vt* ❶ *Gemüse, Nüsse* to chop [up *sep*] ❷ *Boden* to hoe ❸ *Stücke* to hack (**in** in) II. *vi* ❶ (*mit dem Schnabel*) to peck ❷ (*mit der Hacke*) to hoe ❸ INFORM (*sl*) **auf etw** *dat* ~ to sit at sth hacking away; ▪**das H**~ hacking

Ha·cker(in) <-s, -> ['hakɐ] *m(f)* (*sl: Computerpirat*) hacker

Hack·fleisch *nt* mince, minced [*or* AM ground] meat ▸ ~ **aus jdm machen** (*sl*) to make mincemeat of sb

Hack·ord·nung *f* (*fig a.*) pecking order

Häck·sel <-s> ['hɛksl̩] *nt o m kein pl* chaff *no pl, no indef art*

ha·dern ['ha:dɐn] *vi* (*geh*) to quarrel (**mit** with); **mit seinem Schicksal** ~ to rail against one's fate

Ha·fen¹ <-s, Häfen> ['ha:fn̩, *pl* 'hɛ:fn̩] *m* ❶ (*Ankerplatz*) harbour, port ❷ (*geh: Zufluchtsort*) [safe] haven

Ha·fen² <-s, Häfen *o* -> ['ha:fn̩, *pl* 'hɛ:fn̩] *m o nt* DIAL, BES ÖSTERR ❶ (*größerer Topf*) pot ❷ (*Nachttopf*) chamber pot

Ha·fen·ar·bei·ter(in) *m(f)* docker **Ha·fen·be·hör·de** *f* harbour authority **Ha·fen·ein·fahrt** *f* harbour entrance **Ha·fen·ge·bühr** <-, -en> *f* port dues *pl* **Ha·fen·rund·fahrt** *f* boat trip round the harbour **Ha·fen·stadt** *f* port

Ha·fer <-s, -> ['ha:fɐ] *m* oats *pl*

Ha·fer·brei *m* porridge *no pl, no indef art* **Ha·fer·flo·cken** *pl* oat flakes *pl* **Ha·fer·schleim** *m* gruel *no pl*, porridge

Haft <-> [haft] *f kein pl* (~ *strafe*) imprisonment *no pl;* (~ *zeit*) prison sentence; **in** ~ **sein** to be in custody; **aus der** ~ **entlassen werden** to be released from custody

Haft·an·stalt *f* detention centre, prison

haft·bar ['haftba:ɐ̯] *adj* ▪**für etw** *akk* ~ **sein** to be liable for sth; **jdn für etw** *akk* ~ **machen** to hold sb responsible for sth

Haft·be·fehl *m* [arrest] warrant

haf·ten¹ ['haftn̩] *vi* ❶ ÖKON to be liable (**mit** with); **sie haftet mit ihrem Vermögen** she is liable with her property ❷ (*die Haftung übernehmen*) to be responsible (**für** for)

haf·ten² ['haftn̩] *vi* ❶ (*festkleben*) to adhere (**auf** to) ❷ (*sich festsetzen*) to cling (**an** to) ❸ (*hängen bleiben*) to stick (**auf** to) ❹ (*verinnerlicht werden*) ▪**bei jdm** ~ to stick in sb's mind

Haft·ent·las·sung *f* release from custody

Häft·ling <-s, -e> ['hɛftlɪŋ] *m* prisoner

Haft·no·tiz *f* self-adhesive note

Haft·pflicht *f* ❶ (*Schadenersatzpflicht*) liability ❷ (*fam: Haftpflichtversicherung*) personal [*or* AM public] liability insurance *no pl, no art;* AUTO third-party insurance *no pl, no art*

haft·pflich·tig *adj* liable

Haft·pflicht·ver·si·che·rung *f* personal [*or* AM public] liability insurance *no pl, no art;* AUTO third-party insurance *no pl, no art*

Haft·rich·ter(in) *m(f)* magistrate

Haft·scha·le *f meist pl* contact lens

Haft·stra·fe *f* (*veraltend*) *s.* **Freiheitsstrafe**

Haf·tung¹ <-, -en> ['haftʊŋ] *f* JUR liability

Haf·tung² <-> ['haftʊŋ] *f kein pl* AUTO roadholding *no pl, no indef art*

Haft·ur·laub *m* parole *no pl, no art*
Ha·ge·but·te <-, -n> ['ha:gəbutə] *f* rose hip
Ha·gel <-s> ['ha:gl̩] *m kein pl* ① METEO hail *no pl, no indef art* ② (*Kanonade*) torrent
Ha·gel·korn <-körner> *nt* hailstone
ha·geln ['ha:gl̩n] I. *vi impers* to hail II. *vt impers* (*fam*) ■ **es hagelt etw** there is a hail of sth
ha·ger ['ha:gɐ] *adj* gaunt
ha·ha [ha'ha:] *interj,* **ha·ha·ha** [haha'ha:] *interj* haha; ha, ha, ha
Hahn¹ <-[e]s, Hähne> [ha:n, *pl* 'hɛnə] *m* ① (*männliches Huhn*) cock, rooster AM; (*jünger*) cockerel ② (*Wetter~*) weathercock ▶ **der ~ im Korbe sein** to be cock of the walk; **nach etw** *dat* **kräht kein ~ mehr** (*fam*) no one cares two hoots about sth anymore
Hahn² <-[e]s, Hähne *o* -en> [ha:n, *pl* 'hɛnə] *m* ① (*Wasser~*) tap, faucet AM ② (*Abzug an Schusswaffen*) hammer ▶ **[jdm] den ~ zudrehen** to stop sb's money supply
Hähn·chen <-s, -> ['hɛnçən] *nt* chicken
Hah·nen·fuß *m* BOT buttercup **Hah·nen·kampf** *m* cockfight
Hai <-[e]s, -e> ['hai] *m* shark
Hai·fisch ['haifɪʃ] *m s.* **Hai**
Haifisch·be·cken *nt* (*fig fam*) shark infested waters, shark pond, jungle; **das ~ des Profifußballs** the dog-eats-dog world of professional football; **das Immobiliengeschäft ist ein großes ~** the property business is a jungle
Ha·i·ti <-s> [ha'i:ti] *nt* Haiti; *s. a.* **Deutschland**
Ha·i·ti·a·ner(in) <-s, -> [haj'tia:nɐ] *m(f)* Haitian; *s.* **Deutsche(r)**
ha·i·ti·a·nisch [haj'tia:nɪʃ] *adj* Haitian; *s. a.* **deutsch**
Hä·kel·ar·beit [hɛkəl-] *f* ① (*Handarbeit*) crochet[ing] ② (*gehäkelter Gegenstand*) [piece of] crochet [work]
hä·keln ['hɛkl̩n] *vi, vt* to crochet
Hä·kel·na·del *f* crochet hook
Ha·ken <-s, -> ['ha:kn̩] *m* ① (*gebogene Halterung*) hook ② (*beim Boxen*) hook ③ (*hakenförmiges Zeichen*) tick ④ (*fam: hindernde Schwierigkeit*) catch; **einen ~ haben** (*fam*) to have a catch ▶ **~ schlagen** to change tactics
ha·ken·för·mig *adj* hooked, hook-shaped
Ha·ken·kreuz *nt* swastika **Ha·ken·na·se** *f* hooked nose, hooknose
halb [halp] I. *adj* ① (*die Hälfte von*) half; **die ~e Flasche ist leer** the bottle is half empty ② (*halbe Stunde der Uhrzeit*) **es ist genau ~ sieben** it is exactly half past six; ■ **... nach/vor ~ ...** after/before half past; **es ist erst fünf nach/vor ~** it's only twenty-five to/past ③ *kein art* (*ein Großteil*) **~ Deutschland verfolgt die Fußballweltmeisterschaft** half of Germany is following the World Cup ④ (*~ herzig*) half-hearted ▶ **nichts H~es und nichts Ganzes** neither one thing nor the other II. *adv* ① *vor vb* (*zur Hälfte*) half; ■ **nur ~** only half; **etw nur ~ machen** to only half-do sth; **~ so ... sein** to be half as ...; **er ist nicht ~ so schlau wie sein Vorgänger** he's not nearly as crafty as his predecessor; **~ ..., ~ ...** half ..., half ... ② *vor adj, adv* (*~ wegs*) half; **~ nackt** half-naked; **~ offen** half-open; **~ voll** half-filled ▶ **das ist ~ so schlimm** it's not as bad as all that; **~ und ~** sort of
halb·amt·lich *adj* semi-official **halb·au·to·ma·tisch** *adj* semi-automatic **Halb·blut** *nt kein pl* ① (*Mensch*) half-caste ② (*Tier*) crossbreed **Halb·bru·der** *m* half-brother **Halb·dun·kel** ['halpdʊŋkl̩] *nt* semi-darkness *no pl* **Halb·edel·stein** *m* semi-precious stone
hal·be-hal·be (*fam*) **mit jdm ~ machen** to go halves with sb;
hal·ber ['halbɐ] *präp* +*gen nachgestellt* (*geh*) ■ **der ... ~** for the sake of ...
halb·fer·tig *adj attr* half-finished **Halb·fi·na·le** *nt* semi-final **Halb·ge·schwis·ter** *pl* half-brother[s] and -sister[s] **Halb·gott, -göt·tin** *m, f* demigod *masc,* demigoddess *fem* ▶ **~ in Weiß** MED (*iron fam*) God in a white coat **halb·her·zig** *adj* half-hearted
hal·bie·ren* [hal'bi:rən] *vt* ① (*teilen*) to divide in half ② (*um die Hälfte vermindern*) to halve
Halb·in·sel ['halp?ɪnzl̩] *f* peninsula **Halb·jahr** *nt* half-year **halb·jäh·rig** ['halpjɛːrɪç] *adj attr* ① (*ein halbes Jahr dauernd*) six-month *attr* ② (*ein halbes Jahr alt*) six-month-old *attr* **halb·jähr·lich** ['halpjɛːɐ̯lɪç] I. *adj* half-yearly, six-monthly II. *adv* every six months, twice a year **Halb·kan·ton** *m* SCHWEIZ demicanton **Halb·kreis** *m* semicircle; **im ~** in a semicircle **Halb·ku·gel** *f* hemisphere **halb·lang** *adj* MODE mid-calf length; **Haar** medium-length ▶ **[nun] mach mal ~!** (*fam*) cut it out! **halb·laut** I. *adj* quiet II. *adv* quietly **Halb·lei·ter** *m* ELEK semiconductor **halb·mast** ['halpmast] *adv* at half mast **Halb·mes·ser** *m s.* **Radius Halb·me·tall** *nt* CHEM semimetal **Halb·mond** *m* ① ASTRON half-moon ② (*Figur*) crescent

Halb·pen·si·on f half-board no pl, no art **halb·rund** adj semicircular **Halb·schatten** m half shade no pl, no indef art **Halb·schlaf** m light sleep no pl; **im ~ sein** to be half-asleep **Halb·schuh** m shoe **Halb·schwes·ter** f half-sister **Halb·star·ke(r)** f(m) dekl wie adj (veraltend fam) [young] hooligan **halb·stün·dig** ['halpʃtʏndɪç] adj attr half-hour attr, lasting half an hour **halb·stünd·lich** ['halpʃtʏntlɪç] I. adj half-hourly II. adv every half-hour

halb·tags adv on a part-time basis; **sie arbeitet wieder ~ im Büro** she's working half-day at the office again

Halb·tags·be·schäf·ti·gung f half-day job, part-time employment **Halb·tags·kraft** f part-time worker **Halb·tags·stel·le** f part-time job (usually five days a week in either the mornings or afternoons), half-day job

Halb·ton m MUS semitone **Halb·wai·se** f child without a father/mother; **~ sein** to be fatherless/motherless

halb·wegs ['halp'veːks] adv ① (einigermaßen) partly ② (nahezu) almost ③ (veraltend: auf halbem Wege) halfway

Halb·welt f kein pl demimonde **Halb·wert(s)·zeit** f PHYS half-life **Halb·wüch·si·ge(r)** f(m) dekl wie adj adolescent

Halb·zeit f half-time

Hal·de <-, -n> ['haldə] f ① (Müll~) landfill, rubbish tip BRIT ② (Kohle~) coal tip; (Abraum~) slagheap ③ (unverkaufte Ware) stockpile; **etw auf ~ legen** to stockpile sth ④ SÜDD (Hang) slope

half ['half] imp von **helfen**

Hälf·te <-, -n> ['hɛlftə] f half; **die erste/zweite ~ einer S.** gen the first/second half of sth; **die kleinere/größere ~** the smaller/larger half; **um die ~** by half ▶ **jds bessere ~** (hum fam) sb's better half

Half·ter¹ <-s, -> ['halftɐ] m o nt (Zaum) halter

Half·ter² <-s, - o -, -n> ['halftɐ] nt o f (Tasche für Pistolen) holster

Hall <-[e]s, -e> [hal] m ① (dumpfer Schall) reverberation ② (Wider~) echo

Hal·le <-, -n> ['halə] f ① (großer Raum) hall ② (Werks~) workshop ③ (Sport~) sports hall; **in der ~** indoors ④ (Hangar) hangar

hal·len ['halən] vi to echo

Hal·len·bad nt indoor swimming pool

Hal·len·sport m kein pl indoor sport

Hal·li·gal·li <-s> ['haligali] nt kein pl (meist pej fam) hubbub

hal·lo [ha'loː] interj hello

Hal·lo <-s, -s> [ha'loː] nt hello

Hal·lu·zi·na·ti·on <-, -en> [halutsinaˈtsi̯oːn] f hallucination

hal·lu·zi·no·gen [halutsinoˈgeːn] adj hallucinogenic

Hal·lu·zi·no·gen <-s, -e> [halutsinoˈgeːn] nt hallucinogen

Halm <-[e]s, -e> [halm] m ① (Stängel) stalk ② (Trink~) straw

Ha·lo·gen·bir·ne f halogen bulb

Hals <-es, Hälse> [hals, pl 'hɛlzə] m ① ANAT neck; **sich dat den ~ brechen** (fam) to break one's neck; **den ~ recken** to crane one's neck; **einem Tier den ~ umdrehen** to wring an animal's neck; **jdm um den ~ fallen** to fling one's arms around sb's neck ② (Kehle) throat; **jdm im ~ stecken bleiben** to become stuck in sb's throat; **es im ~ haben** (fam) to have a sore throat ③ (Flaschen~) neck ▶ **~ über Kopf** in a hurry; **etw in den falschen ~ bekommen** (fam) to take sth the wrong way; **aus vollem ~ [e]** at the top of one's voice; **jdm mit etw** dat **vom ~ [e] bleiben** (fam) not to bother sb with sth; **jdn auf dem ~ haben** (fam) to be saddled with sb; **jdm jdn auf den ~ hetzen** (fam) to get sb onto sb; **jdn den ~ kosten** to finish sb; **sich jdn vom ~ schaffen** (fam) to get sb off one's back; **den ~ nicht vollkriegen können** (fam) not to be able to get enough of sth; **sich jdm an den ~ werfen** (pej fam) to throw oneself at sb

Hals·ab·schnei·der(in) m(f) (pej fam) shark **Hals·band** nt ① (für Haustiere) collar ② (Samtband) choker **hals·bre·che·risch** ['halsbrɛçərɪʃ] adj breakneck attr **Hals·ent·zün·dung** f sore throat **Hals·ket·te** f necklace **Hals-Na·sen-Oh·ren-Arzt, -Ärz·tin** m, f ear, nose and throat specialist **Hals·schlag·ader** f carotid [artery] **Hals·schmer·zen** pl sore throat **hals·star·rig** ['halsʃtarɪç] adj (pej) obstinate, stubborn **Hals·tuch** nt scarf, neckerchief **Hals·wir·bel** m ANAT cervical vertebra

halt¹ [halt] interj halt!

halt² [halt] adv DIAL (eben) just; **du musst es ~ noch mal machen** you'll just have to do it again

Halt <-[e]s, -e> [halt] m ① (Stütze) hold; **~ geben** to support; **den ~ verlieren** to lose one's hold ② (inneres Gleichgewicht) stability ③ (Stopp) stop; **~ machen** to stop; **vor nichts ~ machen** to stop at nothing; **vor niemandem ~ machen** to spare nobody

halt·bar [ˈhaltbaːɐ̯] *adj* ① (*nicht leicht verderblich*) non-perishable; ■ ~ **sein** to keep; ~ **machen** to preserve ② (*widerstandsfähig*) durable ③ (*aufrechtzuerhalten*) tenable

Halt·bar·keit <-> *f kein pl* ① (*Lagerfähigkeit*) shelf life ② (*Widerstandsfähigkeit*) durability

Halt·bar·keits·da·tum *nt* sell-by date

Halt·bar·keits·dau·er *f kein pl* shelf life

hal·ten <hielt, gehalten> [ˈhaltn̩] **I.** *vt* ① (*fest~, stützen*) to hold ② (*zum Bleiben veranlassen*) to stop, to keep ③ (*in Position bringen*) to put; **er hielt den Arm in die Höhe** he put his hand up ④ (*besitzen*) to keep ⑤ (*weiter innehaben*) to hold on to ⑥ (*in einem Zustand er~*) to keep; **die Fußböden hält sie immer sauber** she always keeps the floors clean ⑦ (*ab~*) to give; **er hielt eine kurze Rede** he made a short speech ⑧ (*erfüllen*) **der Film hält nicht, was der Titel verspricht** the film doesn't live up to its title ▶ **das kannst du ~, wie du willst** that's completely up to you; **nichts/viel davon ~, etw zu tun** to think nothing/a lot of doing sth; **jdn/etw für jdn/etw ~** to take sb/sth for sb/sth; **etw von jdm/etw ~** to think sth of sb/sth; **wofür ~ Sie mich?** who do you take me for! **II.** *vi* ① (*fest~*) to hold ② (*haltbar sein*) to keep ③ (*anhalten*) to stop; **etw zum H~ bringen** to bring sth to a stop ▶ **an sich ~** to control oneself; **zu jdm ~** to stand by sb **III.** *vr* ① (*sich festhalten*) ■ **sich an etw** *dat* **~** to hold on to sth ② METEO (*konstant bleiben*) ■ **sich ~** to last ③ (*eine Richtung beibehalten*) ■ **sich irgendwohin/nach ... ~** to keep to somewhere/heading towards ... ④ (*sich richten nach*) ■ **sich an etw** *akk* **~** to stick to sth ⑤ (*eine bestimmte Haltung haben*) ■ **sich irgendwie ~** to carry oneself in a certain manner; **das Gleichgewicht ~** to keep one's balance ▶ **sich gut gehalten haben** (*fam*) to have worn well; **sich für jdn/etw ~** to think one is sb/sth

Hal·ter <-s, -> *m* holder

Hal·te·rung <-, -en> *f* mounting, support

Hal·te·stel·le *f* stop **Hal·te·ver·bot** *nt kein pl* no stopping; **hier ist ~** this is a no stopping area; **eingeschränktes ~** limited waiting

halt·los *adj* ① (*labil*) weak; *Mensch* unsteady ② (*unbegründet*) groundless, unfounded

Hal·tung¹ <-, -en> [ˈhaltʊŋ] *f* ① (*Körper~*) posture; (*typische Stellung*) stance ② (*Einstellung*) attitude ③ *kein pl* (*Verhalten*) manner ▶ ~ **bewahren** to keep one's composure; ~ **annehmen** MIL to stand to attention

Hal·tung² <-> [ˈhaltʊŋ] *f kein pl von Tieren* keeping

Hal·tungs·feh·ler *m* bad posture

Ha·lun·ke <-n, -n> [haˈlʊŋkə] *m* ① (*pej: Gauner*) scoundrel ② (*hum: Schlingel*) rascal

Ha·mam <-[s], -s> [haˈmaːm] *m* Turkish bath, hamam

Ham·burg <-s> [ˈhambʊrk] *nt* Hamburg

Ham·bur·ger¹ <-s, -> [ˈhambʊrɡɐ] *m* hamburger

Ham·bur·ger² [ˈhambʊrɡɐ] *adj attr* Hamburg

Ham·bur·ger(in) <-s, -> [ˈhambʊrɡɐ] *m(f)* native of Hamburg

hä·misch [ˈhɛːmɪʃ] **I.** *adj* malicious **II.** *adv* maliciously

Ham·mel <-s, - *o selten* Hämmel> [ˈhaml̩, *pl* ˈhɛml̩] *m* ① (*Tier*) wether ② *kein pl* (*~fleisch*) mutton ③ (*pej: Dummkopf*) idiot

Ham·mel·fleisch *nt* mutton

Ham·mer <-s, Hämmer> [ˈhamɐ, *pl* ˈhɛmɐ] *m* ① (*Werkzeug*) hammer ② SPORT (*Wurfgerät*) hammer ③ (*sl: schwerer Fehler*) howler ④ (*Unverschämtheit*) outrageous thing

häm·mern [ˈhɛmɐn] *vi, vt* ① (*mit dem Hammer arbeiten*) to hammer ② (*wie Hammerschläge ertönen*) to make a hammering noise ③ (*fam: auf dem Klavier spielen*) to hammer away at the piano ④ (*rasch pulsieren*) to pound ▶ **jdm etw ins Bewusstsein ~** to hammer sth into sb's head

Ham·mer·wer·fen <-s> *nt kein pl* hammer-throwing

Hä·mor·rho·i·de [hɛmɔroˈiːdə], **Hä·mor·ri·de** <-, -n> [hɛmɔˈriːdə] *f meist pl* haemorrhoids *pl*

Ham·pel·mann <-männer> [ˈhampl̩man, *pl* -mɛnɐ] *m* ① (*Spielzeug*) jumping jack ② (*pej fam: labiler Mensch*) puppet

ham·peln [ˈhampl̩n] *vi* (*fam*) to fidget

Hams·ter <-s, -> [ˈhamstɐ] *m* hamster

Hams·ter·ba·cken *pl* (*fam*) chubby cheeks **Hams·ter·kauf** *m* panic-buying

hams·tern [ˈhamstɐn] *vt, vi* to hoard

Hand <-, Hände> [hant, *pl* ˈhɛndə] *f* ① ANAT hand; **Hände hoch!** hands up!; **eine hohle ~ machen** to cup one's hands; **linker/rechter ~** on the left/right; **eine ruhige ~** a steady hand; **jdm etw in die ~**

drücken to press sth into sb's hand; **jdm die ~ geben** to shake sb's hand; **jdn an der ~ nehmen** to take hold of sb's hand; **etw aus der ~ essen** to eat sth out of one's hand; **etw in die ~ nehmen** to pick up sth sep; **lass mich die Sache mal in die ~ nehmen** let me take care of the matter; **jdm etw aus der ~ nehmen** to take sth from sb; **sich** dat **die Hände reiben** to rub one's hands [together]; **Hände weg!** hands off! ❷ (Besitz) hands; **der Besitz gelangte in fremde Hände** the property passed into foreign hands ▸ **für jdn seine ~ ins Feuer legen** (fam) to vouch for sb; **~ und Fuß haben** to be purposeful; **weder ~ noch Fuß haben** to have no rhyme or reason; **~ aufs Herz!** (fam) cross your heart; **von der ~ in den Mund leben** to live from hand to mouth; [bei etw dat] **die Hände im Spiel haben** to have a hand in sth; **bei jdm in besten Händen sein** to be in safe hands with sb; **mit der bloßen ~** with one's bare hands; **aus erster/zweiter ~** first-hand/second-hand; **in festen Händen sein** (fam) to be spoken for; **freie ~ haben** to have a free hand; **bei etw** dat **eine glückliche ~ haben** to have the Midas touch with sth; **mit leeren Händen** empty-handed; **jds rechte ~ sein** to be sb's right-hand man; **alle Hände voll zu tun haben** to have one's hands full; **jdm aus der ~ fressen** (fam) to eat out of sb's hand; **jdm sind die Hände gebunden** sb's hands are tied; **jdm zur ~ gehen** to lend sb a [helping] hand; **etw aus der ~ geben** to let sth out of one's hands; **etw in der ~ haben** to have sth in one's hands; **in jds ~ liegen** to be in sb's hands; **etw selber in die ~ nehmen** to take sth into one's own hands; **zur ~ sein** to be at hand; **in die Hände spucken** to roll up one's sleeves sep; **eine ~ wäscht die andere** you scratch my back I'll scratch yours; **etw unter der ~ erfahren** to hear sth through the grapevine; **zu Händen von jdm** for the attention of sb, attn: sb

Hand·ar·beit f ❶ (Gegenstand) handicraft; **~ sein** to be handmade; **in ~** by hand ❷ kein pl (körperliche Arbeit) manual labour ❸ (Nähen, Stricken etc) sewing and knitting; SCH needlework; (Gegenstand) needlework **Hand·ball** m o fam nt SPORT handball **Hand·be·we·gung** f movement of the hand, gesture; **eine ~ machen** to move one's hand **Hand·breit** <-, -> ['hantbrajt] f a few centimetres **Hand·brem·se** f handbrake **Hand·buch** nt manual

Händ·chen <-s, -> ['hɛntçən] nt dim von **Hand** little hand; **für etw** akk **ein ~ haben** (fam) to have a knack for sth; **~ halten** (fam) to hold hands

Hand·creme [-kreːm] f hand cream

Hän·de·druck m kein pl handshake ▸ **goldener ~** golden handshake

Han·del <-s> ['handl, pl 'hɛndl] m kein pl ❶ (Wirtschaftszweig der Händler) commerce ❷ (Warenverkehr) trade ❸ (fam: Abmachung, Geschäft) deal ❹ (das Handeln) dealing, trading (**mit** in); **der ~ mit Drogen ist illegal** drug trafficking is illegal; [**mit etw** dat] **~ treiben** to trade [in sth] ❺ (Laden) business; **etw in den ~ bringen** to put sth on the market; **im ~ sein** to be on the market; **etw aus dem ~ ziehen** to take sth off the market

han·deln ['handln] I. vi ❶ (kaufen und verkaufen) to trade (**mit** with/in); **er soll mit Drogen gehandelt haben** he is suspected to have been trafficking drugs; **im Orient soll immer noch mit Frauen gehandelt werden** the Orient is still supposed to trade in women ❷ (feilschen) to haggle (**um** over); **mit sich ~ lassen** to be prepared to negotiate [sth]; **über den Preis lasse ich nicht mit mir ~** the price is not open to negotiation ❸ (agieren) to act; **die Frau handelte aus purer Eifersucht** the woman acted out of pure jealousy ❹ (befassen) ■**von etw** dat **~** to be about sth, to deal with sth II. vr impers ■**sich um jdn/etw ~** to be a matter of sth, to concern sb/sth; **bei den Tätern soll es sich um Angehörige einer Terrorgruppe ~** the culprits are said to be members of a terrorist group; **worum handelt es sich, bitte?** what's it about, please? III. vt ❶ (angeboten und verkauft werden) ■[**für etw** akk] **gehandelt werden** to be traded [at sth]; **an den Börsen werden Aktien gehandelt** shares are traded on the stock exchanges ❷ (im Gespräch sein) ■**als jd/für etw** akk **gehandelt werden** to be touted as sb/for sth

Han·dels·ab·kom·men nt trade agreement **Han·dels·ar·ti·kel** m s. **Handelsware Han·dels·bank** f merchant bank **Han·dels·be·zie·hun·gen** pl trade relations **Han·dels·bi·lanz** f balance of trade; **aktive ~** balance of trade surplus; **passive ~** balance of trade deficit **Han·dels·de·fi·zit** nt trade deficit **han·dels·ei·nig** ['handls|ʔajnɪɡ], **han·dels·eins**

['handls?a̱ins] adj präd ■ ~ **sein/werden** to agree terms **Ha̱n·dels·flot·te** f merchant fleet **Ha̱n·dels·frei·heit** f kein pl freedom of trade **Ha̱n·dels·ge·sell·schaft** f commercial company **Ha̱n·dels·kam·mer** f chamber of commerce **Ha̱n·dels·mar·ke** f trademark, brand **Ha̱n·dels·recht** nt commercial law **Ha̱n·dels·re·gis·ter** nt Register of Companies **Ha̱n·dels·schiff** nt trading vessel **Ha̱n·dels·schu·le** f business school **ha̱n·dels·üb·lich** adj in accordance with standard commercial practice; **250 Gramm ist für Konservendosen eine ~e Größe** 250 grammes is a standard size for tinned food **Ha̱n·dels·ver·trag** m JUR trade agreement **Ha̱n·dels·ver·tre·ter(in)** m(f) commercial agent **Ha̱n·dels·wa·re** f commodity **Ha̱n·dels·zen·trum** nt business centre **Ha̱n·del·trei·ben·de(r)** f(m) dekl wie adj trader

hä̱n·de·rin·gend I. adj wringing one's hands II. adv (fam: dringend) desperately **Hä̱n·de·trock·ner** m hand drier **Ha̱nd·fe·ger** <-s, -> m hand brush **Ha̱nd·fer·tig·keit** f dexterity **ha̱nd·fest** adj ❶ (deftig) substantial ❷ (robust) sturdy ❸ (ordentlich) proper; **die Affäre wuchs sich zu einem ~en Skandal aus** the affair turned into a full-blown scandal ❹ (hieb- und stichfest) well-founded; **~e Beweise** solid proof **Ha̱nd·feu·er·waf·fe** f hand-gun **Ha̱nd·flä·che** f palm of one's hand **ha̱nd·ge·ar·bei·tet** adj handmade **Ha̱nd·ge·lenk** nt wrist ▶ **etw aus dem ~ schütteln** (fam) to do sth straight off; **aus dem ~** (fam) off the cuff **Ha̱nd·ge·men·ge** nt scuffle **Ha̱nd·ge·päck** nt hand luggage **ha̱nd·ge·schrie·ben** adj handwritten **Ha̱nd·gra·na·te** f hand grenade **ha̱nd·greif·lich** ['hantgraiflɪç] adj violent; ■ ~ **werden** to become violent (**gegen** towards) **Ha̱nd·greif·lich·keit** <-, -en> f meist pl (Tätlichkeit) fight no pl; **bei dem Streit kam es zu ~en** the argument became violent

Ha̱nd·griff m ❶ (Griff) handle ❷ (Aktion) movement ▶ **mit einem ~** with a flick of the wrist; **mit ein paar ~en** in no time **Ha̱nd·ha·be** f tangible evidence **ha̱nd·ha·ben** ['hantha:bn] vt ❶ (bedienen) to handle; Maschine a. to operate ❷ (anwenden) to apply; **die Vorschriften müssen strenger gehandhabt werden** the regulations must be applied more strictly ❸ (verfahren) to manage; **so wurde es hier schon immer gehandhabt** we've always dealt with it here in this way **Ha̱nd·ha·bung** <-> f kein pl ❶ (Bedienung) operation ❷ (Anwendung) application

Han·di·cap, Han·di·kap <-s, -s> ['hɛndikɛp] nt handicap **Ha̱nd·kof·fer** m small suitcase **Ha̱nd·kuss**[RR] m kiss on the hand **Ha̱nd·lan·ger(in)** <-s, -> ['hantlaŋɐ] m(f) ❶ (Helfer) labourer ❷ (pej: Erfüllungsgehilfe) stooge **Ha̱nd·lan·ger·dienst** m dirty work **Hä̱nd·ler(in)** <-s, -> ['hɛndlɐ] m(f) dealer ▶ **fliegender ~** street trader **ha̱nd·lich** ['hantlɪç] adj ❶ (bequem zu handhaben) easy to handle, manageable ❷ (leicht lenkbar) manoeuvrable **Ha̱nd·lung** <-, -en> ['handlʊŋ] f ❶ (Tat, Akt) act; **kriegerische ~** act of war; **strafbare ~** criminal offence ❷ (Geschehen) action, plot, story

Ha̱nd·lungs·be·darf m need for action; **es besteht ~/kein ~** there is a need/no need for action **Ha̱nd·lungs·be·voll·mäch·tig·te(r)** f(m) authorized agent **ha̱nd·lungs·fä·hig** adj capable of acting; **eine ~e Mehrheit** a working majority **Ha̱nd·lungs·frei·heit** f kein pl freedom of action **Ha̱nd·lungs·spiel·raum** m room for manoeuvre **ha̱nd·lungs·un·fä·hig** adj incapable of acting **Ha̱nd·lungs·wei·se** f conduct

Ha̱nd·pup·pe f glove [or hand] puppet **Ha̱nd·rü·cken** m back of the hand **Ha̱nd·schel·le** f meist pl handcuffs pl; **jdm ~n anlegen** to handcuff sb; **jdn in ~n abführen** to take sb away in handcuffs **Ha̱nd·schlag** m handshake **Ha̱nd·schrift** ['hantʃrɪft] f ❶ (Schrift) handwriting ❷ (Text) manuscript ▶ **jds ~ tragen** to bear sb's [trade]mark **ha̱nd·schrift·lich** I. adj ❶ (von Hand geschrieben) handwritten ❷ (als Handschrift überliefert) in manuscript form II. adv (von Hand) by hand **Ha̱nd·schuh** m glove **Ha̱nd·schuh·fach** nt, **Ha̱nd·schuh·kas·ten** m glove compartment **Ha̱nd·spiel** nt kein pl handball **Ha̱nd·stand** m handstand; **einen ~ machen** to do a handstand **Ha̱nd·ta·sche** f handbag, purse AM **Ha̱nd·tel·ler** m palm **Ha̱nd·tuch** <-tücher> nt towel ▶ **das ~ werfen** to throw in the towel **Ha̱nd·um·dre·hen** ['hant?ʊmdre:ən] nt ▶ **im ~** in a jiffy **ha̱nd·ver·le·sen** adj ❶ (mit der Hand gepflückt) hand-picked ❷(*sorgfältig überprüft*) hand-picked; **nur ~e Gäste waren zugelassen** only specially invited guests were admitted **Hand·voll** <-, -> *f* handful **Hand·wä·sche** *f* ❶(*Vorgang*) hand-wash ❷*kein pl* (*Wäschestücke*) item for hand-washing **Hand·werk** *nt* trade ▶ **jdm das ~ legen** to put an end to sb's game; **jdm ins ~ pfuschen** to encroach on sb's activities; **sein ~ verstehen** to know one's job

Hand·wer·ker(in) <-s, -> *m(f)* tradesman
hand·werk·lich I. *adj* relating to a trade; **eine ~e Ausbildung machen** to undergo training for a skilled trade; **~es Können** craftsmanship II. *adv* concerning craftsmanship

Hand·werks·be·trieb *m* workshop **Hand·werks·kam·mer** *f* Chamber of Handicrafts **Hand·werks·zeug** *nt kein pl* tools of the trade, equipment

Hand·wur·zel *f* carpus

Han·dy <-s, -s> ['hɛndi] *nt* mobile [phone] Brit, cell phone Am

Han·dy·hül·le ['hɛndi-] *f* (*feste Hülle*) mobile [phone] cover Brit, cell phone cover Am; (*weiche Tasche*) mobile [phone] pouch Brit, cell phone pouch Am; (*Verstärkung der Rückseite*) mobile [phone] case Brit, cell phone case Am

Hand·zei·chen *nt* gesture, sign; **durch ~** by gesturing **Hand·zet·tel** *m* leaflet

ha·ne·bü·chen *adj* (*pej*) outrageous

Hanf <-[e]s> [hanf] *m kein pl* ❶(*Faser, Pflanze*) hemp ❷(*Samen*) hempseed

Hang <-[e]s, Hänge> [haŋ, *pl* 'hɛŋə] *m* ❶(*Abhang*) slope ❷*kein pl* (*Neigung*) tendency; **sie hat einen ~ zu Übertreibungen** she has a tendency to exaggerate; **den ~ haben, etw zu tun** to be inclined to do sth

Han·gar <-s, -s> ['haŋaːɐ̯] *m* hangar

Hän·ge·brü·cke *f* suspension bridge **Hän·ge·lam·pe** *f* hanging lamp **Hän·ge·mat·te** *f* hammock

hän·gen ['hɛŋən] I. *vi* <hing, gehangen> ❶(*mit dem oberen Teil angebracht sein*) to hang (**an** on, **über** over, **von** from); **das Bild hängt nicht gerade** the picture's not hanging straight; **der Baum hängt voller Früchte** the tree is laden with fruit; [**an etw** *dat*] **~ bleiben** (*befestigt bleiben*) to stay on [sth]; (*kleben bleiben*) to stick to sth ❷(*sich neigen*) to lean ❸(*befestigt sein*) to be attached (**an** to) ❹(*fam: angeschlossen sein*) to be connected (**an** to) ❺(*fam: emotional verbunden sein*) to be attached (**an** to) ❻(*festhängen*) [**mit etw** *dat*] **an etw** *dat* **~ bleiben** to get caught on sth [by sth]; **du bist mit dem Pullover an einem Nagel ~ geblieben** you've got your sweater caught on a nail ❼(*fam: sich aufhalten*) **~ bleiben** to be kept down; **musst du stundenlang am Telefon ~!** must you spend hours on the phone!; **er hängt den ganzen Tag vorm Fernseher** he spends all day in front of the television ❽(*fam: zu erledigen sein*) **an jdm ~ bleiben** to be down to sb ❾(*fam: in der Erinnerung bleiben*) ▪ [**bei jdm**] **~ bleiben** to stick [in sb's mind] ▶ **mit H~ und Würgen** (*fam*) by the skin of one's teeth; **etw ~ lassen** to dangle sth; **sie ließ die Beine ins Wasser ~** she dangled her legs in the water; **er war müde und ließ den Kopf etwas ~** he was tired and let his head droop a little II. *vt* <hängte *o* dial hing, gehängt *o* dial gehangen> ❶(*anbringen*) ▪ **etw an/auf etw** *akk* **~** to hang sth on sth; **wir müssen noch die Bilder an die Wand ~** we still have to hang the pictures on the wall ❷(*henken*) to hang ❸(*anschließen*) ▪ **etw an etw** *akk* **~** to attach sth to sth ❹(*im Stich lassen*) ▪ **jdn ~ lassen** to let sb down III. *vr* <hängte *o* dial hing, gehängt *o* dial gehangen> ❶(*sich festhalten*) ▪ **sich an jdn/etw ~** to hang on to sb/sth ❷(*verfolgen*) ▪ **sich an jdn/etw ~** to follow sb/sth ❸(*sich gehen lassen*) ▪ **sich ~ lassen** to let oneself go

Hän·ger·kleid *nt* loose-fitting dress

Han·no·ver <-s> [ha'noːfɐ] *nt* Hanover

Hans·dampf <-[e]s, -e> [hans'dampf] *m* Jack-of-all-trades ▶ **ein ~ in allen Gassen sein** to be a Jack-of-all-trades

han·se·a·tisch *adj* Hanseatic

Hän·se·lei <-, -en> *f* [relentless] teasing

hän·seln ['hɛnzl̩n] *vt* to tease (**wegen** about)

Han·se·stadt *f* ❶(*Beiname von Bremen, Greifswald, Hamburg, Lübeck, Rostock, Stralsund und Wismar*) Hanseatic city ❷hist city of the Hanseatic League

Hans·wurst <-[e]s, -e *o* -würste> [hans'vʊrst] *m* (*hum fam*) buffoon

Han·tel <-, -n> ['hantl̩] *f* sport dumb-bell

han·tie·ren* [han'tiːrən] *vi* ❶(*sich beschäftigen*) to be busy (**mit** with); **ich hörte ihn im Keller mit Werkzeug ~** I heard him using tools in the cellar ❷(*herum~*) to work (**an** on)

ha·pern ['haːpɐn] *vi impers* (*fam*) ❶(*fehlen*) ▪ **an etw** *dat* **~** to be lacking sth ❷(*schlecht bestellt sein*) ▪ **es hapert** [**bei jdm**] **mit etw** *dat* sb has a problem with sth; **bei uns hapert es mit der Ersatz-**

teil·ver·sor·gung we have a problem with the supply of spare parts; **in Mathe hapert es bei ihr noch etwas** she's still a bit weak in maths

Häpp·chen <-s, -> ['hɛpçən] *nt dim von* **Happen** morsel, titbit B*RIT* *fam*, tidbit A*M*

häpp·chen·wei·se *adv* (*fam*) in small mouthfuls; (*nach und nach*) bit by bit

Hap·pen <-s, -> ['hapn̩] *m* (*fam: kleine Mahlzeit*) snack

Hap·pe·ning <-s, -s> ['hɛpənɪŋ] *nt* happening; **ein ~ veranstalten** to stage a happening

hap·pig ['hapɪç] *adj* ❶ (*fam: hoch*) *Preis* steep ❷ (*schwierig*) tough

hap·py ['hɛpi] *adj* (*fam*) happy

Happy-End^ALT, **Hap·py·end**^RR <-s, -s> ['hɛpi'ʔɛnt] *nt* happy ending **Hap·py Hour** <-, -s> ['hɛpi'au̯ɐ] *f* happy hour

Hap·tik <-> ['haptɪk] *f* (*Lehre vom Tastsinn*) haptics

Hard·disk^RR, **Hard Disk**^RR <-, -s> ['haːɐ̯tdɪsk] *f* I*NFORM* hard disk **Hard·li·ner(in)** <-s, -> ['haːɐ̯tlaɪ̯nɐ] *m(f)* hardliner

Hard·rock^RR, **Hard Rock**^ALT <-[s]> ['haːɐ̯tʀɔk] *m kein pl* hard rock **Hard·ware** <-, -s> ['haːɐ̯tvɛɐ̯] *f* I*NFORM* hardware

Ha·rem <-s, -s> ['haːrɛm] *m* harem

Har·fe <-, -n> ['harfə] *f* harp

Har·ke <-, -n> ['harkə] *f bes* N*ORDD* (*Gartenwerkzeug*) rake ▸ **jdm zeigen, was eine ~ ist** (*fam*) to show sb what's what

har·ken ['harkn̩] *vt bes* N*ORDD* ■ **etw ~** *Beet* to rake sth; *Laub* to rake sth [together]; ■ **geharkt** raked

Har·le·kin <-s, -e> ['harlekiːn] *m* Harlequin

harm·los I. *adj* ❶ (*ungefährlich*) harmless ❷ (*arglos*) innocent II. *adv* ❶ (*ungefährlich*) harmlessly ❷ (*arglos*) innocently

Har·mo·nie <-, -n> [harmo'niː, *pl* -'niːən] *f* harmony

har·mo·nie·ren* [harmo'niːrən] *vi* ❶ (*zusammenklingen*) to harmonize ❷ (*zueinanderpassen*) to go with ❸ (*gut zusammenpassen*) to get on well [with each other]

Har·mo·ni·ka <-, -s *o* Harmoniken> [har'moːnika] *pl f* accordion

har·mon·isch [har'moːnɪʃ] I. *adj* harmonious II. *adv* harmoniously

har·mo·ni·sie·ren* [harmoni'ziːrən] *vt* to harmonize

Har·mo·ni·sie·rung <-, -en> *f* J*UR* harmonization; **~ der Rechtsvorschriften** harmonization of legal stipulations

Har·mo·ni·um <-s, -ien> [har'moːni̯ʊm, *pl* -ni̯ən] *nt* harmonium

Harn <-[e]s, -e> [harn] *m* urine

Harn·bla·se *f* bladder **Harn·lei·ter** *m* ureter **Harn·röh·re** *f* urethra **Harn·säu·re** *f* uric acid **harn·trei·bend** I. *adj* diuretic II. *adv* having a diuretic effect

Har·pu·ne <-, -n> [har'puːnə] *f* harpoon

har·pu·nie·ren* [harpu'niːrən] *vt* to harpoon

har·ren ['harən] *vi* (*geh*) ■ **einer S.** *gen* **~** to await sth

hart <härter, härteste> [hart] I. *adj* ❶ (*nicht weich*) hard; (*straff*) firm ❷ (*heftig*) *Aufprall, Ruck, Winter* severe ❸ *Akzent* harsh ❹ *Schnaps* strong; *Drogen* hard; *Pornografie* hard-core ❺ (*brutal*) *Film, Konflikt* violent ❻ (*abgehärtet*) *Kerl* tough ❼ (*streng, unerbittlich*) *Mensch* hard; *Regime* harsh; *Strafe* severe; *Gesetze* harsh; *Worte* harsh; ■ **~ mit jdm sein** to be hard on sb ❽ (*schwer zu ertragen*) cruel; *Zeiten* hard; *Realität* harsh; *Wahrheit* harsh; **der Tod ihres Mannes war für sie ein ~er Schlag** the death of her husband was a cruel blow for her; ■ **~ für jdn sein, dass ...** to be hard on sb that ... ❾ (*mühevoll*) hard, tough; **20 Jahre ~er Arbeit** 20 years of hard work ▸ [**in etw** *dat*] **~ bleiben** to remain firm [about sth]; **~ auf ~ kommen** to come to the crunch; **~ im Nehmen sein** (*beim Boxen*) to be able to take a lot of punishment; (*mit etw gut fertigwerden*) to be resilient II. *adv* ❶ (*nicht weich*) hard; **~ gefroren** frozen hard *pred*; **~ gekocht** hard-boiled; **~ gesotten** hard-bitten ❷ (*heftig*) **bei dem Sturz ist er ~ gefallen** he had a severe fall; **sie prallte ~ auf die Windschutzscheibe auf** she hit the windscreen with tremendous force ❸ (*streng*) severely ❹ (*mühevoll*) hard; **wir werden noch härter arbeiten müssen** we'll have to work even harder ❺ (*unmittelbar*) close; ■ **~ an etw** *dat* close to sth ▸ **jdn ~ anfassen** to treat sb severely; **~ durchgreifen** to take tough action; **jdn ~ treffen** to hit sb hard; **jdm ~ zusetzen** to press sb hard; **~ gesotten** hardened

Här·te <-, -n> ['hɛrtə] *f* ❶ (*~grad*) hardness ❷ *kein pl* (*Wucht*) force ❸ *kein pl* (*Robustheit*) robustness ❹ *kein pl* (*Stabilität*) stability ❺ *kein pl* (*Strenge*) severity; (*Unerbittlichkeit*) relentlessness ❻ (*schwere Erträglichkeit*) cruelty

Här·te·fall *m* case of hardship

här·ten ['hɛrtn̩] *vt, vi* to harden

Här·te·test *m* endurance test; **jdn/etw einem ~ unterziehen** to subject sb/sth to an endurance test

Hart·geld *nt* coins *pl*
hart·ge·sot·ten ['hartgəzɔtn̩] *adj* ❶ (*unsensibel*) [hard]ened ❷ (*verstockt*) **ein ~er Sünder** an unrepentant sinner
hart·her·zig *adj* hard-hearted
Hart·holz *nt* hardwood
hart·nä·ckig I. *adj* ❶ (*beharrlich*) persistent ❷ (*langwierig*) stubborn II. *adv* (*beharrlich*) persistently
Hart·nä·ckig·keit <-> *f kein pl* ❶ (*Beharrlichkeit*) persistence ❷ (*Langwierigkeit*) stubbornness
Hart·platz *m* TENNIS hard court
Hartz IV [haːɐ̯tsˈfiːɐ̯] Hartz IV (*German labour market reform of 2005 that regulates and brings together unemployment and social security benefits*)
Harz¹ <-es, -e> [haːɐ̯ts] *nt* resin
Harz² <-es> [haːɐ̯ts] *m* ▪ **der ~** the Harz Mountains
har·zig ['haːɐ̯tsɪç] *adj* resinous
Hasch <-[s]> [haʃ] *nt kein pl* (*fam*) hash
Ha·schee <-s, -s> [haˈʃeː] *nt* hash
Hä·schen <-s, -> ['hɛːsçən] *nt dim von* **Hase** young hare, bunny; (*fam: Kosename*) sweetheart
ha·schen¹ ['haʃn̩] *vi* (*veraltend geh*) ▪ **nach etw** *dat* ~ ❶ (*greifen*) to make a grab for sth ❷ (*streben*) to angle for sth
ha·schen² ['haʃn̩] *vi* (*fam*) to smoke hash
Ha·schisch <-[s]> ['haʃɪʃ] *nt o m kein pl* hashish
Ha·se <-n, -n> ['haːzə] *m* ❶ (*wild lebendes Nagetier*) hare ❷ (*~ nbraten*) roast hare ❸ (*Kaninchen*) rabbit ▶ **ein alter ~ sein** (*fam*) to be an old hand; **wissen, wie der ~ läuft** (*fam*) to know which way the wind blows
Ha·sel·nuss^{RR} ['haːzlnʊs] *f* ❶ (*Nuss*) hazelnut ❷ (*Hasel*) hazel
Ha·sen·fü·Big·keit *f* (*fam: Feigheit*) lilyliveredness **Ha·sen·pfef·fer** *m* jugged hare BRIT, Hasenpfeffer AM **Ha·sen·schar·te** *f* MED harelip
Hä·sin *f* doe, female hare
Hass^{RR} <-es> *m*, **Haß**^{ALT} <-sses> [has] *m kein pl* hate, hatred, loathing; **einen ~ auf jdn haben** to be angry with sb; **aus ~** out of hatred
has·sen ['hasn̩] *vt* to hate; ▪ **es ~, etw zu tun** to hate doing sth
has·sens·wert *adj* hateful, odious **hass·er·füllt**^{RR} *adj, adv* full of hate
häss·lich^{RR}, **häß·lich**^{ALT} ['hɛslɪç] I. *adj* ❶ (*unschön*) ugly, hideous ❷ (*gemein*) nasty ❸ (*unerfreulich*) unpleasant II. *adv* (*gemein*) nastily

Häss·lich·keit^{RR}, **Häß·lich·keit**^{ALT} <-, -en> *f* ugliness, nastiness
Hass·lie·be^{RR} *f* love-hate relationship
Hass·pre·digt^{RR} *f* (*pej*) hate sermon
hass·ver·zerrt^{RR} *adj* twisted with hatred
Hast <-> [hast] *f kein pl* haste
has·ten ['hastn̩] *vi sein* (*geh*) to hurry
has·tig ['hastɪç] I. *adj* hurried, rushed; **nicht so ~!** not so fast! II. *adv* hastily, hurriedly
hat [hat] *3. pers sing pres von* **haben**
hät·scheln ['hɛːtʃl̩n] *vt* ❶ (*liebkosen*) to cuddle ❷ (*gut behandeln*) to pamper ❸ (*gerne pflegen*) to cherish
hat·schi [haˈtʃiː] *interj* atishoo
hat·te ['hatə] *imp von* **haben**
Hat·trick <-s, -s> ['hɛttrɪk] *m* ❶ SPORT (*Dreifachtreffer*) hat-trick; (*dreifacher Gewinn*) hat-trick ❷ (*Dreifacherfolg*) third success
Hau·be <-, -n> ['haʊ̯bə] *f* ❶ (*weibliche Kopfbedeckung*) bonnet ❷ (*Trocken~*) hair dryer ❸ (*Motor~*) bonnet ❹ ÖSTERR, SÜDD (*Mütze*) cap ❺ ÖSTERR (*Auszeichnung von Restaurants*) star ❻ (*Büschel von Kopffedern*) crest ❼ (*Aufsatz*) covering ▶ **jdn unter die ~ bringen** (*hum fam*) to marry sb off
Hauch <-[e]s, -e> [haʊ̯x] *m* (*geh, poet*) ❶ (*Atem~*) breath ❷ (*Luftzug*) breath of air ❸ (*leichter Duft*) whiff, waft ❹ (*Flair*) aura ❺ (*Andeutung, Anflug*) hint, trace, touch
hauch·dünn ['haʊ̯xdʏn] I. *adj* ❶ (*äußerst dünn*) wafer-thin ❷ (*äußerst knapp*) extremely narrow II. *adv* extremely thin
hau·chen ['haʊ̯xn̩] I. *vi* (*sanft blasen*) to breathe II. *vt* (*flüstern*) to whisper
Haue <-, -n> ['haʊ̯ə] *f* ❶ SÜDD, SCHWEIZ, ÖSTERR (*Hacke*) hoe ❷ *kein pl* (*fam: Prügel*) thrashing; **~ kriegen** (*fam*) to get a thrashing
hau·en <haute, gehauen *o* DIAL gehaut> ['haʊ̯ən,] I. *vt* ❶ <haute *o selten a.* hieb, gehauen> (*fam: schlagen*) to hit; **ich habe mir das Knie an die Tischkante ge~!** I've hit my knee on the edge of the table ❷ <haute *o selten a.* hieb, gehauen> (*fam: verprügeln*) to hit; ▪ **sie ~ sich** they are fighting each other ❸ <haute, gehauen> (*meißeln*) ▪ **etw in etw** *akk* ~ to carve sth in sth; **der Künstler hat diese Statue in Marmor ge~** the artist carved this statue in marble II. *vr* (*fam: sich setzen, legen*) ▪ **sich auf/in etw** *akk* ~ to throw oneself onto/into sth; **hau dich**

nicht so aufs Sofa! don't throw yourself onto the sofa like that!
Hau·er <-s, -> ['haue] *m* ❶ *(Eckzahn)* tusk ❷ *(hum: großer Zahn)* fang
Häuf·chen <-s, -> ['hɔyfçən] *nt dim von* **Haufen** small pile ▶ **ein ~ Elend** *(fam)* a picture of misery
Hau·fen <-s, -> ['haufn̩] *m* ❶ *(Anhäufung)* heap, pile ❷ *(fam: große Menge)* load; **du erzählst da einen ~ Quatsch!** what a load of rubbish! ❸ *(Schar)* crowd ❹ *(Gruppe, Gemeinschaft)* bunch ▶ **jdn über den ~ rennen/fahren** *(fam)* to run over sb *sep;* **etw über den ~ werfen** *(fam)* to mess up sth *sep;* **auf einem ~** *(fam)* in one place
häu·fen [hɔyfn̩] I. *vt (auf~)* to pile on II. *vr* ◼ **sich ~** ❶ *(zahlreicher werden)* to become more frequent, to multiply ❷ *(türmen)* to pile up; ◼ **sich** *dat* **etw auf etw** *akk ~* to pile sth on sth
hau·fen·wei·se *adv* ❶ *(in Haufen)* in heaps ❷ *(fam)* in great quantities; **sie besitzt ~ Antiquitäten** she owns loads of antiques
häu·fig ['hɔyfɪç] I. *adj* frequent II. *adv* frequently, often
Häu·fig·keit <-, -en> *f* frequency
Haupt <-[e]s, Häupter> [haupt, *pl* 'hɔyptɐ] *nt (geh)* head ▶ **gesenkten/erhobenen ~es** with one's head bowed/raised
Haupt·al·tar *m* high altar **haupt·amt·lich** I. *adj* full-time II. *adv* on a full-time basis **Haupt·as·pekt** *m eines Experiments* central focus; *eines Romans* main theme **Haupt·auf·ga·be** *f* main duty **Haupt·au·gen·merk** *f kein pl* **sein ~ auf etw** *akk* **richten** to pay particular attention to sth **Haupt·aus·gang** *m* main exit **Haupt·bahn·hof** *m* central station **Haupt·be·las·tungs·zeu·ge, -zeu·gin** *m, f* JUR chief witness for the prosecution **haupt·be·ruf·lich** I. *adj* full-time II. *adv* on a full-time basis **Haupt·dar·stel·ler(in)** *m(f)* leading man [*or* actor] **Haupt·ein·gang** *m* main entrance **Haupt·fach** *nt* SCH ❶ *(Studienfach)* main subject, major AM; **etw im ~ studieren** to study sth as one's main subject, to major in sth AM ❷ *(wichtigstes Schulfach)* major subject **Haupt·fi·gur** *f* LIT main character **Haupt·film** *m* main film **Haupt·gang** *m* ❶ *(Hauptgericht)* main course ❷ *(zentraler Gang)* main corridor ❸ *(Waschgang)* main wash **Haupt·ge·bäu·de** *nt* main building **Haupt·ge·richt** *nt* main course **Haupt·ge·schäfts·zeit** *f* peak shopping hours, main business hours **Haupt·ge·wicht** *nt* main emphasis **Haupt·ge·winn** *m* first prize **Haupt·hahn** *m* main cock [*or esp* AM tap] **Haupt·leu·te** *pl von* **Hauptmann**
Häupt·ling <-s, -e> ['hɔyptlɪŋ] *m* chief
Haupt·mahl·zeit *f* main meal **Haupt·mann** <-leute> ['hauptman] *m* captain **Haupt·me·nü** *nt* INFORM main menu **Haupt·merk·mal** *nt* main feature **Haupt·per·son** *f* ❶ *(wichtigste Person)* central figure, most important person ❷ *(die tonangebende Person)* centre of attention, main person; **er ist eindeutig die ~ bei diesem Projekt** he's the main person on this project **Haupt·post** *f,* **Haupt·post·amt** *nt* main post office **Haupt·pro·blem** *nt* main problem **Haupt·quar·tier** *nt* headquarters **Haupt·rei·se·zeit** *f* peak travel period **Haupt·rol·le** *f* leading role ▶ [**bei etw** *dat*] **die ~ spielen** to play a leading part [in sth] **Haupt·sa·che** ['hauptzaxə] *f* main thing; **in der ~** in the main; **~, du bist glücklich!** the main thing is that you're happy!
haupt·säch·lich ['hauptszɛçlɪç] I. *adv* mainly, especially, above all II. *adj* main, chief
Haupt·sai·son *f* peak season; **~ haben** to be one's peak season **Haupt·satz** *m* LING main clause **Haupt·schal·ter** *m* main [*or* master] switch **Haupt·schlag·ader** *f* aorta **Haupt·schlüs·sel** *m* master key, passkey **Haupt·schul·ab·gän·ger(in)** *m(f)* SCH graduate from a Hauptschule **Haupt·schul·di·ge(r)** *f(m)* person mainly to blame, major offender **Haupt·schu·le** *f* ≈ secondary modern school BRIT, ≈ junior high school AM *(covering years 5 to 9 or the last 5 years of the compulsory nine years at school in Germany or years 5 to 8 in Austria)* **Haupt·schü·ler(in)** *m(f)* ≈ secondary modern school pupil BRIT, ≈ junior-high student AM **Haupt·schwie·rig·keit** *f* main problem **Haupt·sitz** *m* headquarters *npl,* head office **Haupt·spei·se** *f* main course **Haupt·stadt** *f* capital [city] **Haupt·stra·ße** *f* main street **Haupt·teil** *m* main [*or* major] part **Haupt·tref·fer** *m* jackpot; **den ~ erzielen** to hit the jackpot **Haupt·ur·sa·che** *f* main cause **Haupt·ver·hand·lung** *f* main hearing **Haupt·ver·kehrs·stra·ße** *f* main road, arterial road **Haupt·ver·kehrs·zeit** *f* rush hour **Haupt·ver·samm·lung** *f* ge-

neral meeting **Haupt·ver·wal·tung** *f* ADMIN head office, headquarters *npl* **Haupt·wasch·gang** *m* main wash **Haupt·wohn·sitz** *m* main place of residence **Haupt·wort** *nt* noun

Haus <-es, Häuser> [haus, *pl* 'hɔyzə] *nt* ❶ (*Gebäude*) house; **das ~ Gottes** the house of God; **~ und Hof** (*geh*) house and home; **das Weiße ~** the White House; **für jdn ein offenes ~ haben** to keep open house for sb; **jdn nach ~e bringen** to take sb home; **sich wie zu ~e fühlen** to feel at home; **fühlen Sie sich wie zu ~e!** make yourself at home; **aus dem ~ gehen** to leave the house; **das ~ hüten müssen** to have to stay at home; **außer ~ essen** to eat out; **aus dem ~ sein** to have left home; **irgendwo zu ~[e] sein** to live somewhere; **eine Katze kommt mir nicht ins ~!** I'm not having a cat in the house!; [etw] **ins ~ liefern** to deliver [sth] to the door; **frei ~ liefern** to deliver free of charge; **jdn nach ~e schicken** to send sb home; **jdm das ~ verbieten** to not allow sb in the house; **meine Klavierlehrerin kommt immer ins ~** my piano teacher always comes to our house; **nach ~e**, ÖSTERR, SCHWEIZ *a.* **nachhause**^RR home; **es ist nicht mehr weit bis nach ~e!** we're not far from home now!; **zu ~e**, ÖSTERR, SCHWEIZ *a.* **zuhause**^RR at home; **seid unbedingt vor Mitternacht wieder zu ~e!** make sure you're back home before midnight!; **bei jdm zu ~e**, ÖSTERR, SCHWEIZ *a.* **zuhause** in sb's home ❷ (*Familie*) household; **er ist ein alter Freund des ~es** he's an old friend of the family; **die Dame/der Herr des ~es** the lady/master of the house; **aus gutem ~e** from a good family; **von ~e aus** by birth ❸ (*geh: Unternehmen*) company; **das erste ~ am Platze** the best firm in the area; **im ~e sein** to be in ❹ POL (*Kammer*) House ▶ [du] **altes ~!** (*fam*) old chap *dated;* **das europäische ~** the family of Europe; **jdm ins ~ schneien** (*fam*) to descend on sb; [jdm] **ins ~ stehen** to be in store [for sb]; **von ~e aus** originally

Haus·an·ge·stell·te(r) *f(m)* domestic servant **Haus·apo·the·ke** *f* medicine cabinet **Haus·ar·beit** *f* ❶ (*Arbeit im Haushalt*) housework ❷ SCH (*Schulaufgaben*) homework; (*wissenschaftliche Arbeit*) [academic] assignment **Haus·ar·rest** *m* ❶ (*Verbot*) confinement to the house; **~ haben** to be grounded ❷ (*Strafe*) house arrest **Haus·arzt, -ärz·tin** *m, f* family doctor, GP **Haus·auf·ga·be** *f* piece of homework; ■**~n machen** (*a. fig*) to do one's homework **haus·ba·cken** ['hausbakn̩] *adj* plain **Haus·bar** *f* ❶ (*eine Bar zu Hause*) home bar ❷ (*Inhalt*) range of drinks at home **Haus·be·set·zer(in)** <-s, -> *m(f)* squatter **Haus·be·set·zung** *f* squatting **Haus·be·sit·zer(in)** *m(f)* homeowner; (*Vermieter*) landlord **Haus·be·such** *m* home visit **Haus·be·woh·ner(in)** *m(f)* tenant **Haus·boot** *nt* houseboat

Häus·chen <-s, -> ['hɔysçən] *nt* ❶ *dim von* **Haus** little house ❷ SCHWEIZ (*Kästchen auf kariertem Papier*) square ▶ **ganz aus dem ~ sein** (*fam*) to be beside oneself

Haus·durch·su·chung *f* JUR house search **haus·ei·gen** *adj* belonging to the establishment; **die Hotelgäste können den ~en Tennisplatz benutzen** the guests can use the hotel's own tennis court; **~e Produktion** ÖKON company-owned production **Haus·ei·gen·tü·mer(in)** *m(f)* (*geh*) *s.* **Hausbesitzer** **Haus·ein·gang** *m* entrance

hau·sen ['hauzn̩] *vi* ❶ (*pej fam: erbärmlich wohnen*) to live [in poor conditions] ❷ (*wüten*) to wreak havoc

Häu·ser·block *m* block [of houses] **Haus·flur** *m* entrance hall **Haus·frau** *f* ❶ (*nicht berufstätige Frau*) housewife ❷ ÖSTERR, SÜDD (*Zimmerwirtin*) landlady **Haus·freund(in)** *m(f)* ❶ (*Freund der Familie*) friend of the family ❷ *nur m* (*euph fam: Liebhaber der Ehefrau*) manfriend **Haus·frie·dens·bruch** *m* trespassing **Haus·ge·brauch** *m* **für den ~** for domestic use; (*für durchschnittliche Ansprüche*) for average requirements **haus·ge·macht** *adj* ❶ (*im eigenen Haushalt hergestellt*) home-made ❷ (*intern begründet*) created by domestic factors; **Experten bezeichnen die Inflation als zum Teil ~** experts ascribe inflation partially to domestic factors

Haus·halt <-[e]s, -e> *m* ❶ (*Hausgemeinschaft*) household ❷ (*~sführung*) housekeeping; [jdm] **den ~ führen** to keep house [for sb] ❸ MED, BIOL (*Kreislauf*) balance ❹ ÖKON (*Etat*) budget

haus·hal·ten *vi irreg* to be economical (**mit** with)

Haus·häl·ter(in) <-s, -> *m(f)* housekeeper **Haus·halts·ab·fall** *m* domestic waste **Haus·halts·de·bat·te** *f* budget debate **Haus·halts·geld** *nt* housekeeping money **Haus·halts·ge·rät** *nt* household appliance **Haus·halts·hil·fe** *f* home help

Haus·halts·plan *m* budget **Haus·halts·wa·ren** *pl* household goods *npl*
Haus·herr(in) <-en, -en> *m(f)* head of the household; (*Gastgeber*) host
haus·hoch ['haʊshoːx] **I.** *adj* ❶ (*euph: sehr hoch*) as high as a house; *Flammen* gigantic; *Wellen* mountainous ❷ SPORT (*eindeutig*) clear; *Niederlage* crushing; *Sieg* overwhelming; *Favorit* hot **II.** *adv* (*eindeutig*) clearly
hau·sie·ren* [haʊˈziːrən] *vi* to hawk; **H~ verboten!** no hawkers!; **mit etw** *dat* **~ gehen** to peddle sth around
Hau·sie·rer(in) <-s, -> *m(f)* hawker, peddler
Haus·kat·ze *f* domestic cat **Haus·leh·rer(in)** *m(f)* private tutor
häus·lich ['hɔʏlɪç] **I.** *adj* ❶ (*die Hausgemeinschaft betreffend*) domestic ❷ (*das Zuhause liebend*) homely **II.** *adv* **sich ~ einrichten** to make oneself at home; **sich ~ niederlassen** to settle down
Häus·lich·keit <-> *f kein pl* domesticity *no pl*
Haus·mäd·chen *nt* maid **Haus·mann** ['haʊsman] *m* house husband **Haus·manns·kost** *f kein pl* ❶ KOCHK home cooking ❷ (*fam: durchschnittliche Leistung*) average performance **Haus·mar·ke** *f* ❶ (*Sekt eines Gastronomiebetriebes*) sparkling house wine ❷ (*bevorzugte Marke*) favourite brand **Haus·meis·ter(in)** *m(f)* janitor, caretaker **Haus·mit·tel** *nt* household remedy **Haus·müll** *m* domestic waste [*or* refuse] *no pl, no indef art* **Haus·num·mer** *f* house number **Haus·ord·nung** *f* house rules *pl* **Haus·rat** *m kein pl* household contents *pl* **Haus·rat·ver·si·che·rung** *f* household contents insurance *no pl* BRIT, home owner's insurance AM **Haus·schlüs·sel** *m* front-door key **Haus·schuh** *m* slipper
Hausse <-, -n> ['hoːsə] *f* BÖRSE bull market
Haus·se·gen *m* house blessing ▶ **der ~ hängt schief** (*hum fam*) there is a strained atmosphere
haus·sie·ren* [(h)oˈsiːrən] *vi* FIN (*Markt, Börse*) to boom
Haus·su·chung <-, -en> *f s.* **Hausdurchsuchung Haus·tier** *nt* pet **Haus·tür** *f* front door; **direkt vor der ~** (*fam*) right on one's doorstep **Haus·ver·bot** *nt* **jdm ~ erteilen** to ban sb from entering one's premises **Haus·ver·wal·ter(in)** *m(f)* manager of a tenement block **Haus·wirt(in)** *m(f)* landlord *masc,* landlady *fem* **Haus·wirt·schaft** *f kein pl* home economics + *sing vb* **Haus·wirt·schaf·ter(in)** <-s, -> *m(f)* housekeeper
Haut <-, Häute> [haʊt, *pl* 'hɔʏtə] *f* skin; **nass bis auf die ~** soaked to the skin ▶ **mit ~ und Haar[en]** (*fam*) completely; **nur ~ und Knochen sein** (*fam*) to be nothing but skin and bone; **eine ehrliche ~ sein** (*fam*) to be an honest sort; **auf der faulen ~ liegen** (*fam*) to laze around; **mit heiler ~ davonkommen** (*fam*) to escape unscathed; **sich nicht wohl in seiner ~ fühlen** (*fam*) not to feel too good; **aus der ~ fahren** (*fam*) to hit the roof; **etw geht [jdm] unter die ~** (*fam*) sth gets under one's skin; **jd kann nicht aus seiner ~ heraus** (*fam*) a leopard cannot change its spots *prov;* **jd möchte nicht in jds ~ stecken** sb would not like to be in sb's shoes
Haut·ab·schür·fung *f* graze **Haut·arzt, -ärz·tin** *m, f* dermatologist **Haut·aus·schlag** *m* [skin] rash **Haut·creme** *f* skin cream
häu·ten ['hɔʏtn̩] **I.** *vt* to skin **II.** *vr* (*die Haut abstreifen*) ■ **sich ~** to shed one's skin
haut·eng *adj, adv* skintight **Haut·far·be** *f* skin colour **Haut·krank·heit** *f* skin disease **haut·nah** **I.** *adj* ❶ (*sehr eng*) very close ❷ (*fam: wirklichkeitsnah*) vivid **II.** *adv* ❶ (*sehr eng*) very closely ❷ (*fam: wirklichkeitsnah*) vividly **Haut·pfle·ge** *f* skin care *no pl* **Haut·rei·zung** *f* skin [*or* cutaneous] irritation
Häu·tung <-, -en> *f* ❶ (*das Häuten*) skinning ❷ (*das Sichhäuten*) shedding of the skin *no pl*
Ha·va·rie <-, -n> [havaˈriː, *pl* -ˈriːən] *f* ❶ (*Schiffsunglück*) accident ❷ ÖSTERR (*Autounfall*) [car] accident
Ha·xe <-, -n> ['haksə] *f* ❶ KOCHK SÜDD (*Beinteil von Kalb/Schwein*) leg ❷ (*fam: Fuß*) foot
Hbf. *Abk von* **Hauptbahnhof**
h.c. [haːˈʦeː] *Abk von* **honoris causa** h.c.
HD-Dis·ket·te [haːˈdeːdɪskɛtə] *f* INFORM HD diskette
HDTV <-[s]> [haːdeːteːˈfaʊ] *nt kein pl Abk von* **High Definition Television** HDTV
he [heː] *interj* (*ärgerlicher Ausruf*) oi! BRIT, hey! AM; (*erstaunter Ausruf*) cor!; (*Aufmerksamkeit erregend*) hey!
Head·hun·ter(in) <-s, -> ['hɛthantɐ] *m(f)* ÖKON headhunter
hea·vy ['hɛvi] *adj präd* (*sl*) unbelievable
Hea·vy Me·tal <-, -> ['hɛviˈmɛtl̩] *nt kein pl* heavy metal *no pl, no indef art*
Heb·am·me <-, -n> ['heːpʔamə] *f* midwife

He·be·büh·ne f hydraulic lift
He·bel <-s, -> ['he:bl̩] m lever ▶ **alle ~ in Bewegung setzen** (fam) to move heaven and earth; **am längeren ~ sitzen** (fam) to hold the whip hand
he·ben <hob, gehoben> ['he:bn̩] I. vt ❶ (nach oben bewegen) to lift; **den Kopf ~** to raise one's head; **hebt eure Füße!** pick your feet up! ❷ (ans Tageslicht befördern) to dig up; Wrack to raise ❸ (verbessern) Stimmung, Niveau to improve ❹ SÜDD (halten) to hold ❺ (Alkohol trinken) **gern einen ~** (fam) to like to have a drink II. vr (sich nach oben bewegen) ■**sich ~** to rise III. vi ❶ (Lasten hochhieven) to lift loads ❷ SÜDD (haltbar sein) to keep
He·brä·er(in) <-s, -> [he'brɛ:ɐ] m(f) Hebrew
he·brä·isch [he'brɛ:ɪʃ] adj Hebrew; **auf ~** in Hebrew
He·bung <-, -en> f ❶ (das Hinaufbefördern) raising no pl ❷ GEOL elevation no pl ❸ (Verbesserung) improvement ❹ LIT (betonte Silbe im Vers) accented syllable
he·cheln ['hɛçl̩n] vi to pant
Hecht <-[e]s, -e> [hɛçt] m pike ▶ **ein toller ~** (fam) an incredible bloke [or AM guy]
hech·ten ['hɛçtn̩] vi sein ■**von etw** dat/**in etw** akk **~** to dive off/into sth; ■**über etw** akk **~** to do a forward dive over sth; ■**irgendwohin ~** to dive full length somewhere
Hecht·sprung m forward dive
Heck <-[e]s, -e o -s> [hɛk] nt AUTO rear, back; NAUT stern; LUFT tail
He·cke <-, -n> ['hɛkə] f hedge
He·cken·ro·se f dog rose **He·cken·sche·re** f hedge clippers npl **He·cken·schüt·ze, -schüt·zin** m, f sniper
Heck·klap·pe f AUTO tailgate **Heck·mo·tor** m AUTO rear engine **Heck·schei·be** f AUTO rear window
Heer <-[e]s, -e> [he:ɐ̯] nt ❶ (Armee) armed forces npl ❷ (große Anzahl) army; **ein ~ von Touristen** an army of tourists
Heer·schar f meist pl ❶ (veraltet: Truppe) troop[s]; (fam) horde ❷ REL **die himmlischen ~en** the heavenly host
He·fe <-, -n> ['he:fə] f yeast
He·fe·teig m yeast dough
Heft <-[e]s, -e> [hɛft] nt ❶ (Schreib~) exercise book ❷ (Zeitschrift) magazine; (Ausgabe) issue ❸ (geheftetes Büchlein) booklet
hef·ten ['hɛftn̩] I. vt ❶ (befestigen) to pin (**an** to) ❷ (nähen) to tack [up sep] ❸ (klammern) to staple II. vr ■**sich an jdn ~** to stay on sb's tail
Hef·ter <-s, -> m ❶ (Mappe) [loose-leaf] file ❷ (Heftmaschine) stapler
hef·tig ['hɛftɪç] I. adj ❶ (stark, gewaltig) violent; Kopfschmerzen splitting; Schneefälle heavy ❷ (intensiv) intense ❸ (scharf) vehement; ■**~ werden** to fly into a rage II. adv violently; **es schneite ~** it snowed heavily; **die Vorwürfe wurden ~ dementiert** the accusations were vehemently denied
Hef·tig·keit <-> f kein pl ❶ (Stärke) violence no pl ❷ (Intensität) intensity; Diskussion ferocity; Widerstand severity ❸ (Schärfe) vehemence
Heft·klam·mer f staple **Heft·pflas·ter** nt [sticking] plaster **Heft·zwe·cke** f drawing pin
He·ge·mo·ni·al·macht [hegemo'nia:lmaxt] f hegemonic power
He·ge·mo·nie <-, -n> [hegemo'ni:, pl -'ni:ən] f hegemony no pl
he·gen ['he:gn̩] vt ❶ JAGD (sorgsam schützen) **Wild ~** to preserve wildlife ❷ HORT (pflegen) to tend ❸ (sorgsam bewahren) to look after; **jdn ~ und pflegen** to lavish care and attention on sb ❹ (geh: empfinden, haben) **Zweifel/Bedenken** [an etw dat] **~** to have doubts/misgivings [about sth]
Hehl [he:l] nt o m ▶ **kein[en] ~ aus etw** dat **machen** to make no secret of sth
Heh·ler(in) <-s, -> m(f) receiver [of stolen goods]
Heh·le·rei <-, -en> [he:lə'raɪ] f receiving no pl stolen goods
Hei·de <-, -n> ['haɪdə] f ❶ (~land) heath, moor ❷ (~kraut) heather
Hei·de, Hei·din <-n, -n> ['haɪdə, 'haɪdɪn] m, f heathen, pagan
Hei·de·kraut nt heather **Hei·de·land** nt heathland, moorland
Hei·del·bee·re ['haɪdl̩be:rə] f bilberry
Hei·den·angst f mortal fear no pl; ■**eine ~ vor etw** dat **haben** to be scared stiff of sth **Hei·den·geld** nt kein pl (fam) **ein ~** hell of a lot of money **Hei·den·lärm** m awful racket **Hei·den·spaß** m (fam) terrific fun no pl; **einen ~ haben** to have terrific fun
Hei·den·tum nt kein pl ■**das ~** paganism no pl; (die Heiden) pagans pl
Hei·din <-, -nen> f fem form von **Heide**
heid·nisch ['haɪdnɪʃ] I. adj pagan II. adv in a pagan manner

hei·kel ['haɪkl̩] *adj* **①** (*schwierig, gefährlich*) delicate; *Frage, Situation a.* tricky **②** DIAL ■ **in etw** *dat* **~ sein** to be particular about sth

heil [haɪl] *adj, adv* **①** (*unverletzt*) uninjured **②** (*unbeschädigt*) intact; *Tasse* unbroken

Heil [haɪl] I. *nt* <-s> *kein pl* well-being; **sein ~ in etw** *dat* **suchen** to seek one's salvation in sth II. *interj* **~ dem Kaiser!** hail to the emperor!

Hei·land <-[e]s, -e> ['haɪlant] *m* Saviour

Heil·an·stalt *f* (*veraltet: Irrenanstalt*) mental hospital **Heil·bad** *nt* health spa

heil·bar *adj* curable

Heil·butt <-s, -e> ['haɪlbʊt] *m* halibut

hei·len ['haɪlən] I. *vi* sein (*gesund werden*) to heal [up] II. *vt* **①** (*gesund machen*) to cure (**von** of) **②** (*kurieren*) ■ **von jdm/etw geheilt sein** to have got over sb/sth

Heil·fas·ten *nt kein pl* therapeutic fasting *no pl*

heil·froh [haɪl'fro:] *adj präd* (*fam*) really glad

hei·lig ['haɪlɪç] *adj* **①** (*geweiht*) holy; **die ~e Kommunion** Holy Communion; ■ **jdm ist etw ~** sth is sacred to sb **②** (*bei Namen von Heiligen*) **der ~e Matthäus/die ~e Katharina** Saint Matthew/Saint Catherine; **die H~e Jungfrau** the Blessed Virgin

Hei·lig·abend [haɪlɪç'ʔa:bn̩t] *m* Christmas Eve

Hei·li·ge(r) ['haɪlɪɡə, -ɡə] *f(m) dekl wie adj* saint

hei·li·gen ['haɪlɪɡn̩] *vt* **①** (*weihen*) to hallow; ■ **geheiligt** hallowed **②** (*heilighalten*) to keep holy

Hei·li·gen·schein *m* halo

Hei·lig·keit <-> *f kein pl* holiness *no pl*; **Eure/Seine ~** Your/His Holiness

hei·lig·spre·chen *vt irreg* ■ **jdn ~** to canonize sb **Hei·lig·spre·chung** <-, -en> *f* canonization

Hei·lig·tum <-[e]s, -tümer> ['haɪlɪçtu:m, *pl* -ty:mə] *nt* shrine; **jds ~ sein** (*fam*) to be sb's sanctuary

Heil·kraft *f* healing power **Heil·kraut** *nt meist pl* medicinal herb **Heil·kun·de** *f kein pl* medicine *no pl*

heil·los ['haɪlo:s] I. *adj* terrible II. *adv* hopelessly

Heil·mit·tel *nt* remedy (**gegen** for); (*Präparat*) medicine **Heil·pflan·ze** *f* medicinal plant **Heil·prak·ti·ker(in)** *m(f)* non-medical practitioner **Heil·quel·le** *f* medicinal spring

heil·sam ['haɪlza:m] *adj* salutary

Heils·brin·ger(in) ['haɪlsbrɪŋɐ] *m(f)* REL healer

Hei·lung <-, -en> ['haɪlʊŋ] *f* **①** (*das Kurieren*) curing *no pl* **②** (*Genesung*) recovery *no pl* **③** (*das Abheilen*) healing *no pl*

heim [haɪm] *adv* DIAL home; **~ geht's!** let's head home!

Heim <-[e]s, -e> [haɪm] *nt* **①** (*Zuhause*) home **②** (*Senioren~, Jugendanstalt*) home **③** (*Stätte eines Clubs*) club[house] **④** (*Erholungs~*) convalescent home

Heim·ar·beit *f kein indef art* work at home, outwork BRIT; **in ~ angefertigt** manufactured by homeworkers **Heim·ar·bei·ter(in)** *m(f)* homeworker

Hei·mat <-, -en> ['haɪma:t] *f* **①** (*Gegend, Ort*) native country, home town; (*~land*) home; **fern der ~** far from home **②** BOT, ZOOL (*Herkunftsland*) natural habitat **③** (*Zugehörigkeit*) home

Hei·mat·film *m sentimental film in a regional setting* **Hei·mat·land** *nt* native country

hei·mat·lich *adj* native; *Brauchtum, Lieder* local

hei·mat·los *adj* homeless; POL stateless

Hei·mat·lo·se(r) *f(m) dekl wie adj* stateless person; (*durch den Krieg*) displaced person

Hei·mat·ort *m* home town [*or* village] **Hei·mat·stadt** *f* home town

heim|brin·gen *vt irreg* DIAL to take home

Heim·chen <-s, -> ['haɪmçən] *nt* ZOOL cricket

Heim·com·pu·ter *f* home computer

hei·me·lig ['haɪməlɪç] *adj* cosy

heim|fah·ren *irreg* DIAL I. *vi* sein to drive home II. *vt* haben ■ **jdn ~** to drive sb home **Heim·fahrt** *f* journey home **heim|ge·hen** *vi irreg* sein DIAL to go home **Heim·in·dust·rie** *f* cottage industry

hei·misch ['haɪmɪʃ] *adj* **①** (*ein~*) indigenous, native; **sich ~ fühlen** to feel at home **②** (*bewandert*) ■ **in etw** *dat* **~ sein** to be at home with sth

Heim·kehr <-> *f kein pl* return home *no pl,* homecoming *no pl*

heim|keh·ren ['haɪmke:rən] *vi* sein (*geh*) to return home (**aus/von** from)

Heim·kind *nt* child raised in a home **heim|kom·men** *vi irreg* sein DIAL to come home

heim·lich ['haɪmlɪç] I. *adj* **①** (*geheim*) secret; [**mit etw** *dat*] **~ tun** (*pej*) to be secretive [about sth] **②** (*verstohlen*) furtive **③** (*inoffiziell*) unofficial II. *adv* **①** (*unbemerkt*) secretly **②** (*verstohlen*) furtively; **~, still und leise** (*fam*) on the quiet

Heim·lich·keit <-, -en> f ❶ kein pl (heimliche Art) secrecy no pl ❷ (Geheimnis) secret; **~en vor jdm haben** to keep something from sb
Heim·lich·tu·e·rei <-, -en> [haɪmlɪçtuːəˈraɪ] f (pej) secrecy no pl, secretiveness no pl
heim|müs·sen vi irreg DIAL to have to go home **Heim·rei·se** f journey home **heim|schi·cken** vt DIAL to send home **Heim·spiel** nt SPORT home game **heim|su·chen** [ˈhaɪmzuːxn̩] vt ❶ (überfallen) to strike; **von Armut-/Dürre heimgesucht** poverty-/drought-stricken ❷ (pej fam: besuchen) to descend on ❸ (bedrängen) to haunt **Heim·trai·ner** [trɛːnɐ] m home exercise kit **heim|trau·en** vr DIAL **sich** ~ to dare to go home
Heim·tü·cke [ˈhaɪmtʏkə] f kein pl ❶ (heimtückische Art) malice no pl, treachery ❷ (verborgene Gefährlichkeit) insidiousness no pl
heim·tü·ckisch [ˈhaɪmtʏkɪʃ] I. adj ❶ (tückisch) Aktion malicious; Person insidious ❷ (gefährlich) insidious II. adv maliciously
Heim·vor·teil m kein pl SPORT home advantage no pl
heim·wärts [ˈhaɪmvɛrts] adv (geh) homeward[s]
Heim·weg m way home; **sich auf den ~ machen** to set out for home **Heim·weh** <-[e]s> nt kein pl homesickness; no art, no pl; **~ haben** to be homesick (**nach** for) **Heim·wer·ker**(in) m(f) DIY enthusiast BRIT, handyman esp AM **heim|wol·len** vi DIAL to want to go home **heim|zah·len** vt ▪ **jdm etw ~** to pay sb back for sth; **das werd ich dir noch ~!** I'm going to get you for that!
Hei·rat <-, -en> [ˈhaɪraːt] f marriage
hei·ra·ten [ˈhaɪratn̩] I. vt to marry II. vi to get married; **wir wollen nächsten Monat ~** we want to get married next month; **sie hat reich geheiratet** she married into money
Hei·rats·an·trag m [marriage] proposal; **jdm einen ~ machen** to propose to sb **Hei·rats·an·zei·ge** f ❶ (Briefkarte) announcement of a forthcoming marriage ❷ (Annonce für Partnersuche) lonely-hearts advertisement **hei·rats·fä·hig** adj (veraltet) of marriageable age **Hei·rats·schwind·ler**(in) m(f) person who proposes marriage for fraudulent reasons **Hei·rats·ur·kun·de** f marriage certificate [or AM license] **Hei·rats·ver·mitt·lung** f marriage bureau

hei·ser [ˈhaɪzɐ] I. adj ❶ (von rauer Stimme) hoarse ❷ (dunkel klingend) husky II. adv hoarsely, in a hoarse voice
Hei·ser·keit <-, selten -en> f hoarseness no pl
heiß [haɪs] I. adj ❶ (sehr warm) hot; **etw ~ machen** to heat up sth sep; ▪ **jdm ist/wird es ~** sb is/gets hot; **~!** (fam: beim Erraten) you're getting warm ❷ Debatte heated; Kampf fierce ❸ Liebe burning; Wunsch fervent ❹ (fam: aufreizend) hot; Kleid sexy ❺ (fam: gestohlen) hot ❻ Thema explosive ❼ (fam: konfliktreich) hot ❽ attr (fam: aussichtsreich) **die Polizei ist auf einer ~en Fährte** the police are on a hot trail ❾ (sl: großartig) fantastic; (rasant) fast ❿ (fam: brünstig) on [or AM in] heat ⓫ (fam: neugierig) ▪ **auf etw** akk ~ **sein** to be dying to know about sth ▶ **was ich nicht weiß, macht mich nicht ~** (prov) what the eye does not see, the heart does not grieve over prov II. adv ❶ (sehr warm) hot; ~ **laufen** (fam: Maschinenteil) to overheat; (Debatte, Gespräch) to become heated ❷ (innig) ardently, fervently; ~ **ersehnt** much longed for; ~ **geliebt** dearly beloved ❸ (erbittert) fiercely; ~ **umkämpft** fiercely contested; ~ **umstritten** hotly disputed ▶ **es geht ~ her** (fam) things are getting heated; **es wird nichts so ~ gegessen, wie es gekocht wird** (prov) things are not as bad as they first seem
heiß·blü·tig [ˈhaɪsblyːtɪç] adj ❶ (impulsiv) hot-tempered ❷ (leidenschaftlich) passionate
hei·ßen <hieß, geheißen> [ˈhaɪsn̩] I. vi ❶ (den Namen haben) to be called; **wie ~ Sie?** what's your name?; **ich heiße Schmitz** my name is Schmitz; **wie soll das Baby denn ~?** what shall we call the baby?; **so heißt der Ort, in dem ich geboren wurde** that's the name of the place where I was born; ▪ **nach jdm ~** to be named after sb ❷ (bedeuten) to mean; **„ja" heißt auf Japanisch „hai"** "hai" is Japanese for "yes"; **was heißt eigentlich „Liebe" auf Russisch?** tell me, what's the Russian for "love"?; **heißt das, Sie wollen mehr Geld?** does that mean you want more money?; **was soll das [denn] ~?** what's that supposed to mean?; **das heißt, ...** that is to say ...; (vorausgesetzt) that is, ...; (sich verbessernd) or should I say, ...; **ich weiß, was es heißt, allein zu sein** I know what it means to be alone

❸ (*lauten*) **du irrst dich, das Sprichwort heißt anders** you're wrong, the proverb goes something else **II.** *vi impers* ❶ (*zu lesen sein*) ■ **irgendwo heißt es ...** it says somewhere ...; **Auge um Auge, wie es im Alten Testament heißt** an eye for an eye, as it says in the Old Testament; **hier hast du die 100 Euro, es soll nicht ~, dass ich geizig bin** here's 100 euros for you, never let it be said that I'm tight-fisted ❷ (*als Gerücht kursieren*) ■ **es heißt, dass ...** there is a rumour that ... ❸ (*geh: nötig sein*) **nun heißt es handeln** now is the time for action **III.** *vt* (*geh*) ❶ (*nennen*) ■ **jdn irgendwie ~** to call sb sth ❷ (*auffordern*) ■ **jdn etw tun ~** to tell sb to do sth

Heiß·hun·ger *m* ravenous hunger *no pl;* **mit ~** ravenously **Heiß·luft** *f kein pl* hot air *no pl* **Heiß·luft·bal·lon** *m* hot-air balloon **Heiß·luft·herd** *m* fan-assisted [*or esp* AM convection] oven **heiß|ma·chen** *vt* ■ **jdn ~** to get sb really interested **Heiß·sporn** *m* hothead **Heiß·was·ser·spei·cher** *m* hot water tank

hei·ter ['haɪtɐ] *adj* ❶ (*fröhlich*) cheerful ❷ (*fröhlich stimmend*) amusing ❸ METEO bright ▶ **das kann ja ~ werden!** (*iron*) that'll be a hoot!

Hei·ter·keit <-> *f kein pl* ❶ (*heitere Stimmung*) cheerfulness *no pl* ❷ (*Belustigung*) amusement *no pl*

Heiz·an·la·ge *f* heating system, heater *esp* AM **Heiz·de·cke** *f* electric blanket

hei·zen ['haɪtsn̩] **I.** *vi* ❶ (*die Heizung betreiben*) **Womit heizt ihr zu Hause? — Wir ~ mit Gas!** How is your house heated? — It's gas-heated! ❷ (*Wärme abgeben*) to give off heat **II.** *vt* ❶ (*be~*) to heat ❷ (*an~*) to stoke

Heiz·kes·sel *m* boiler **Heiz·kis·sen** *nt* heating pad **Heiz·kör·per** *m* radiator **Heiz·kos·ten** *pl* heating costs *pl* **Heiz·lüf·ter** *m* fan heater **Heiz·ma·te·ri·al** *nt* fuel [for heating] **Heiz·ofen** *m* heater **Heiz·öl** *nt* fuel oil **Heiz·pilz** *m* patio [*or* mushroom] heater **Heiz·strah·ler** *m* radiant heater

Hei·zung <-, -en> *f* ❶ (*Zentral~*) heating *no pl* ❷ (*Heizkörper*) radiator

Hei·zungs·kel·ler *m* boiler room **Hei·zungs·mon·teur(in)** *m(f)* heating engineer **Hei·zungs·rohr** *nt* heating pipe

Hekt·ar <-s, -e *o bei Maßangaben* -> [hɛktˈaːɐ̯] *nt o m* hectare

Hekt·a·re <-, -n> ['hɛktaːrə] *f* SCHWEIZ hectare

Hek·tik <-> ['hɛktɪk] *f kein pl* hectic pace *no pl;* **nur keine ~!** take it easy!

hek·tisch ['hɛktɪʃ] **I.** *adj* hectic **II.** *adv* frantically

Hek·to·li·ter [hɛktoˈliːtɐ] *m o nt* hectolitre

Held(in) <-en, -en> [hɛlt] *m(f)* hero *masc,* heroine *fem;* **den ~en spielen** (*fam*) to play the hero; **der ~/die ~in des Tages sein** to be the hero/heroine of the hour

hel·den·haft *adj* heroic

Hel·den·mut *m* heroic courage *no pl* **Hel·den·sa·ge** *f* heroic saga **Hel·den·tat** *f* heroic deed **Hel·den·tod** *m* (*euph geh*) death in battle; **den ~ sterben** to die in battle

Hel·den·tum <-s> *nt kein pl* heroism *no indef art, no pl*

Hel·din <-, -nen> *f fem form von* **Held** heroine

hel·fen <half, geholfen> ['hɛlfn̩] *vi* ❶ (*unterstützen*) to help (**bei** with); **warte mal, ich helfe dir** wait, I'll help you; **darf ich Ihnen in den Mantel ~?** may I help you into your coat?; **ihr ist nicht [mehr] zu ~** she is beyond help; (*ein hoffnungsloser Fall*) sb is a hopeless case ❷ (*dienen, nützen*) ■ **jdm ist mit etw** *dat* **geholfen/nicht geholfen** sth is of help/no help to sb; **da hilft alles nichts, ...** there's nothing for it, ...; **Knoblauch soll gegen Arteriosklerose ~** garlic is supposed to be good for arteriosclerosis ▶ **ich kann mir nicht ~, [aber] ...** I'm sorry, but ...; **man muss sich** *dat* **nur zu ~ wissen** you just have to be resourceful

Hel·fer(in) <-s, -> ['hɛlfɐ] *m(f)* ❶ (*unterstützende Person*) helper; (*Komplize*) accomplice ❷ (*fam: nützliches Gerät*) aid

Hel·fers·hel·fer(in) *m(f)* accomplice

Hel·fer·syn·drom *nt* helpers' syndrome *no pl*

Hel·go·land ['hɛlɡolant] *nt* Heligoland *no pl*

He·li·kop·ter <-s, -> [heliˈkɔptɐ] *m* helicopter

He·li·um <-s> ['heːli̯ʊm] *nt kein pl* helium *no pl*

hell [hɛl] **I.** *adj* ❶ (*nicht dunkel*) light; **~ bleiben** to stay light; **es wird ~** it's getting light ❷ (*kräftig leuchtend*) bright ❸ (*gering gefärbt*) light-coloured; *Haar, Haut* fair ❹ *Stimme, Ton* clear ❺ (*fam: aufgeweckt*) bright; **du bist ein ~es Köpfchen** you've got brains ❻ *attr* (*rein, pur*) *Freude* sheer, pure **II.** *adv* ❶ (*licht*) brightly ❷ (*hoch*) high and clear

hell·auf ['hɛlˈʔaʊ̯f] *adv* extremely

hell·blau *adj* light-blue **hell·blond** *adj, adv* blonde

Hel·le <-> ['hɛlə] *f kein pl* (*geh*) *s*. **Helligkeit**

Hel·le(s) ['hɛlə(s)] *nt dekl wie adj* ≈ lager; **ein kleines ~s** half a lager

hell·häu·tig *adj* fair-skinned **hell·hö·rig** ['hɛlhø:rɪç] *adj* badly soundproofed ▶**~ werden** to prick up one's ears

hellicht^ALT *adj attr s*. **helllicht**

Hel·lig·keit <-, -en> *f* ❶ *kein pl* (*Lichtfülle*) lightness *no pl*; (*helles Licht*) [bright] light ❷ (*Lichtstärke*) brightness *no pl* ❸ ASTRON (*Leuchtkraft*) luminosity *no pl*

hell·licht^RR ['hɛllɪçt] *adj* **am ~en Tag** in broad daylight

hell·se·hen *vi nur infin* **~ können** to be clairvoyant, to have second sight **Hell·se·her(in)** ['hɛlze:ɐ] *m(f)* clairvoyant **hell·wach** ['hɛl'vax] *adj* wide-awake

Helm <-[e]s, -e> ['hɛlm] *m* helmet

Helm·pflicht *f* compulsory wearing of a helmet *no pl*

Hel·ve·ti·en <-s> [hɛl've:tsi̯ən] *nt* GEOG Helvetia

Hemd <-[e]s, -en> [hɛmt, *pl* 'hɛmdən] *nt* shirt; (*Unter~*) vest ▶**mach dir nicht [gleich] ins ~!** don't make such a fuss!

hemds·är·me·lig ['hɛmts?ɛrməlɪç] *adj* (*fam*) casual

He·mis·phä·re <-, -n> [hemi'sfɛ:rə] *f* hemisphere

hem·men ['hɛmən] *vt* ❶ (*ein Hemmnis sein*) to hinder ❷ (*bremsen*) to stop ❸ PSYCH to inhibit

Hemm·nis <-ses, -se> ['hɛmnɪs] *nt* obstacle

Hemm·schwel·le *f* inhibition level; **seine ~ überschreiten** to overcome one's inhibitions

Hem·mung <-, -en> *f* ❶ *kein pl* (*das Hemmen*) obstruction ❷ *pl* PSYCH inhibitions *pl* ❸ (*Bedenken, Skrupel*) **~en haben** to have scruples; **nur keine ~en!** don't hold back!

hem·mungs·los I. *adj* ❶ (*zügellos*) unrestrained, uncontrolled ❷ (*skrupellos*) unscrupulous **II.** *adv* ❶ (*zügellos*) unrestrainedly, without restraint ❷ (*skrupellos*) unscrupulously

Hengst <-[e]s, -e> [hɛŋst] *m* stallion; (*Esel, Kamel*) male

Hen·kel <-s, -> ['hɛŋkl̩] *m* handle

Hen·ker <-s, -> *m* executioner ▶**was zum ~ ...** (*fam*) what the devil ...

Hen·kers·mahl *nt*, **Hen·kers·mahl·zeit** *f* ❶ (*vor der Hinrichtung*) last meal [before one's/sb's execution] ❷ (*hum fam: vor einem großen Ereignis*) final square meal

Hen·na <- *o* -[s]> ['hɛna] *f o nt kein pl* henna *no pl*

Hen·ne <-, -n> ['hɛnə] *f* hen

He·pa·ti·tis <-, Hepatitiden> [hepa'ti:tɪs, *pl* hepati'ti:dn̩] *f* hepatitis *no pl*

her [he:ɐ] *adv* ❶ (*raus*) here, to me; **~ damit!** (*fam*) give it here!; **immer ~ damit!** (*fam*) keep it/them coming! ❷ (*herum*) ■**um jdn ~** all around sb ❸ (*von einem Punkt aus*) ■**von etw** *dat* **~** *räumlich* from sth; **von weit ~** from a long way away; **wo kommst du so plötzlich ~?** where have you come from so suddenly?; ■**irgendwo ~ sein** to come from somewhere; ■**von ... ~** *zeitlich* from; **ich kenne ihn von meiner Studienzeit ~** I know him from my time at university; **lang ~ sein, dass ...** to be long ago since ...; **nicht [so] lange ~ sein, dass ...** to be not such a long time [ago] since ...; ■**von etw** *dat* **~** *kausal* as far as sth is concerned; **von der Technik ~ ist dieser Wagen Spitzenklasse** as far as the technology is concerned this car is top class ❹ (*verfolgen*) ■**hinter etw** *dat* **~ sein** to be after sth

he·rab [hɛ'rap] *adv* (*geh*) down

he·rab|bli·cken *vi* (*geh*) *s*. **herabsehen**

he·rab|fal·len *vi irreg* (*geh*) to fall down (**von** from) **he·rab|hän·gen** [hɛ'raphɛŋən] *vi irreg* ■**von etw** *dat* **~** to hang down [from sth] **he·rab|las·sen** *irreg* **I.** *vt* (*geh: herunterlassen*) to let down [*or* lower] **II.** *vr* ■**sich [zu etw** *dat*] **~** to lower oneself [to sth]; ■**sich [dazu] ~, etw zu tun** to condescend to do sth **he·rab|las·send I.** *adj* condescending, patronizing **II.** *adv* condescendingly, patronizingly **he·rab|se·hen** *vi irreg* to look down (**auf** on) **he·rab|set·zen** *vt* ❶ (*reduzieren*) to reduce ❷ (*herabmindern*) to belittle **he·rab|wür·di·gen** *vt* to belittle

he·ran [hɛ'ran] *adv verstärkend* close up, near; **wir müssen ganz dicht an die Mauer ~** we must go right up to the wall

he·ran|brin·gen *vt irreg* ❶ (*räumlich*) to bring [up] to ❷ (*vertraut machen*) to introduce to **he·ran|fah·ren** *vi irreg sein* to drive up (**an** to) **he·ran|füh·ren I.** *vt* ❶ (*hinbringen*) ■**jdn [an etw** *akk*] **~** to bring sb [up to sth] ❷ (*einweihen in*) ■**jdn ~** to introduce sb (**an** to) **II.** *vi* ■**an etw** *akk* **~** to lead to sth **he·ran|ge·hen** *vi irreg sein* ❶ (*zu etw hingehen*) to go up to ❷ (*in Angriff nehmen*) to tackle; **wir müs-**

sen anders an die Sache ~ we'll have to tackle the matter differently
He·ran·ge·hens·wei·se *f* approach
he·ran|kom·men *vi irreg sein* ❶ (*herbeikommen*) to approach; (*bis an etw kommen*) to get to ❷ (*herangelangen können*) to reach ❸ (*sich beschaffen können*) to get hold of ❹ (*in persönlichen Kontakt kommen*) ■ **an jdn** ~ to get hold of sb ❺ (*gleichwertig sein*) to be up to the standard of ▸ **nichts an sich** ~ **lassen** (*fam*) not to let anything get to one **he·ran|ma·chen** *vr* (*fam*) ■ **sich an jdn** ~ to approach sb **he·ran|rei·chen** *vi* ❶ (*gleichkommen*) to measure up to [the standard of] ❷ (*bis an etw reichen*) to reach [as far as] **he·ran|rei·fen** *vi sein* (*geh*) ❶ (*allmählich reifen*) to ripen ❷ (*durch Wachstum werden*) ■ [**zu jdm**] ~ to mature [into sb] ❸ (*sich langsam konkretisieren*) ■ [**zu etw** *dat*] ~ to mature [into sth] **he·ran|tas·ten** *vr* ■ **sich an jdn/etw** ~ ❶ (*sich tastend nähern*) to feel one's way towards sb/sth ❷ (*sich vorsichtig heranarbeiten*) to approach sb/sth cautiously **he·ran|tre·ten** *vi irreg sein* ❶ (*in die Nähe treten*) ■ **an jdn/etw** ~ to come [*or* go] up to sb/sth ❷ (*konfrontieren*) ■ **an jdn** ~ to confront sb ❸ (*geh: sich wenden an*) ■ [**mit etw** *dat*] **an jdn** ~ to approach sb [with sth]; **sie ist schon mit dieser Bitte an uns herangetreten** she has already approached us with this request **he·ran|wach·sen** *vi irreg sein* (*geh*) to grow up (**zu** into) **He·ran·wach·sen·de** *pl* adolescents *pl* **he·ran|wa·gen** *vr* ■ **sich an etw** *akk* ~ ❶ (*heranzukommen wagen*) to dare to go near sth ❷ (*sich zu beschäftigen wagen*) to dare to attempt sth **he·ran|zie·hen** *irreg* **I.** *vt* ❶ (*näher holen*) to pull (**an** to) ❷ (*einsetzen*) ■ **jdn** [**zu etw** *dat*] ~ to use sb [for sth]; **sie wurde in der Firma zu allen möglichen niedrigen Jobs herangezogen** the company made her do all kinds of menial jobs ❸ (*anführen*) to consult (**für/zu** for) ❹ (*aufziehen*) **ein Tier** [**zu etw** *dat*] ~ to rear an animal [to be sth]; **den Baum habe ich mir aus einem kleinen Sämling herangezogen** I grew the tree from a seedling **II.** *vi sein* MIL (*näher ziehen*) to advance
he·rauf [hɛˈraʊf] **I.** *adv* ■ **von … ~**: **was, von da unten soll ich den Sack bis oben ~ schleppen?** what, I'm supposed to drag this sack from down here all the way up there? **II.** *präp* +*akk* up; **sie ging die Treppe ~** she went up the stairs
he·rauf|be·schwö·ren* *vt irreg* ❶ (*wachrufen*) to evoke ❷ (*herbeiführen*) to cause
he·rauf|kom·men *vi irreg sein* ❶ (*von unten kommen*) to come up (**zu** to) ❷ (*geh: aufziehen*) to approach; *Nebel* to form **he·r·auf|la·den** *vt, vi* INET to upload **he·rauf|set·zen** *vt* ■ **etw** ~ to put up *sep* [*or* increase] sth **he·rauf|zie·hen** *irreg* **I.** *vt haben* to pull up *sep* **II.** *vi sein* (*aufziehen*) to approach, to gather
he·raus [hɛˈraʊs] *adv* ❶ (*nach draußen*) out; ■ **aus etw** *dat* ~ out of sth; ~ **damit!** (*fam: mit einer Antwort*) out with it!; (*mit Geld*) give it here! ❷ (*entfernt sein*) ■ ~ **sein** to have been taken out ❸ MEDIA (*veröffentlicht sein*) ■ ~ **sein** to be out ❹ (*entschieden sein*) ■ ~ **sein** to have been decided ❺ (*hinter sich haben*) ■ **aus etw** *dat* ~ **sein** to leave behind sth *sep;* **aus dem Alter bin ich schon** ~ that's all behind me ❻ (*gesagt worden sein*) ■ ~ **sein** to have been said; **die Wahrheit ist** ~ the truth has come out
he·raus|be·kom·men* *vt irreg* ❶ (*entfernen*) to get out (**aus** of) ❷ (*herausfinden*) to find out *sep* ❸ (*ausgezahlt bekommen*) to get back **he·raus|bil·den** *vr* ■ **sich** [**aus etw** *dat*] ~ to develop [out of sth] **he·raus|brin·gen** *vt irreg* ❶ (*nach draußen bringen*) to bring sth out ❷ (*auf den Markt bringen*) to launch ❸ (*der Öffentlichkeit vorstellen*) to publish ❹ (*hervorbringen*) to utter; **sie brachte keinen Ton heraus** she didn't utter a sound ❺ (*fam: ermitteln*) to find out *sep* **he·raus|fah·ren** *irreg* **I.** *vi sein* ■ [**aus etw** *dat*] ~ to drive out [of sth] **II.** *vt haben* ■ **etw** [**aus etw** *dat*] ~ to drive sth out [of sth] **he·raus|fal·len** *vi irreg* ■ **aus etw** *dat* ~ to fall [*or fig* drop] out of sth; **aus dem üblichen Rahmen** ~ (*fig*) to fall outside the usual parameters **he·raus|fin·den** *irreg* **I.** *vt* ❶ (*dahinter kommen*) to find out, to discover ❷ (*herauslesen*) to find (**aus** from amongst) **II.** *vi* (*den Weg finden*) to find one's way out (**aus** of)
He·raus·for·de·rer, -for·d(r)e·rin <-s, -> *m, f* challenger
he·raus|for·dern I. *vt* ❶ (*auffordern*) to challenge (**zu** to) ❷ (*provozieren*) to provoke ❸ (*heraufbeschwören*) to invite; *Gefahr* to court; **das Schicksal** ~ to tempt fate **II.** *vi* ■ **zu etw** *dat* ~ to invite sth
he·raus|for·dernd I. *adj* provocative, challenging, inviting **II.** *adv* provocatively
He·raus·for·de·rung *f* ❶ (*Aufforderung*) challenge ❷ (*Provokation*) provocation ❸ (*Bewährungsprobe*) **sich einer** ~ *dat*

stellen to take up a challenge; **die ~ annehmen** to accept the challenge

He·raus·ga·be <-, -n> *f* ① MEDIA *(Veröffentlichung)* publication ② *(Rückgabe)* return ③ ADMIN issue

he·raus|ge·ben *irreg* **I.** *vt* ① *(veröffentlichen)* to publish ② *(zurückgeben)* to return; **Sie haben mir nur 12 statt 22 Euro herausgegeben!** you've only given me [back] 12 euros instead of 22 ③ *(herausreichen)* to pass **II.** *vi* to give change; **können Sie mir auf 100 Euro ~?** can you give me change out of 100 euros?

He·raus·ge·ber(in) <-s, -> *m(f)* *(Verleger)* publisher; *(editierender Lektor)* editor

he·raus|ge·hen *vi irreg sein* ① *(herauskommen)* to go out (**aus/von** of) ② *(entfernt werden können)* to come out (**aus** of) ③ *(lebhaft werden)* ■ **aus sich ~** to come out of one's shell **he·raus|grei·fen** *vt irreg* to pick out *sep* (**aus** from) **he·raus|ha·ben** *vt irreg* *(fam)* ① *(entfernt haben)* ■ **etw [aus etw** *dat*] **~** to have got sth out [of sth] ② *(begriffen haben)* to get the knack of ③ *(herausgefunden haben)* to have solved; *Geheimnis, Namen, Ursache* to have found out **he·raus|hal·ten** *irreg* **I.** *vt* ① *(nach draußen halten)* to hold out (**aus** of) ② *(nicht verwickeln)* to keep out (**aus** of) **II.** *vr* ■ **sich [aus etw** *dat*] **~** to keep out [of sth] **he·raus|hän·gen I.** *vi* ① to hang out (**aus** of) **II.** *vt* ① *(nach außen hängen)* to hang out ② *(herauskehren, zeigen)* to show off **he·raus|he·ben** *vr irreg* ■ **sich aus etw** *dat* **~** *Masse, Hintergrund* to stand out from sth **he·raus|ho·len** *vt* to get out (**aus** of); **eine Information aus jdm ~** to extract a piece of information from sb; **ein gutes Ergebnis ~** to achieve a good result **he·raus|hö·ren** *vt* ■ **etw [aus etw** *dat*] **~** ① *(durch Hinhören wahrnehmen)* to hear sth [in sth] ② *(abwägend erkennen)* to detect sth [in sth] **he·raus|kom·men** [hɛrˈaʊskɔmən] *vi irreg sein* ① *(nach draußen kommen)* to come out (**aus** of) ② *(etw ablegen können)* ■ **aus etw** *dat* **kaum/nicht ~** to hardly/not have sth off ③ *(etw verlassen können)* ■ **aus etw** *dat* **~** to get out of sth ④ *(aufhören können)* ■ **aus etw** *dat* **kaum/nicht ~** to hardly/not be able to stop doing sth ⑤ *(fam: überwinden können)* **aus den Schulden ~** to get out of debt; **aus Schwierigkeiten/Sorgen ~** to get over one's difficulties/worries ⑥ *(auf den Markt kommen)* to be launched; *(erscheinen)* to come out ⑦ *(veröffentlicht werden)* to be published; *Gesetz, Verordnung* to be enacted ⑧ *(bekannt werden)* ■ **es kam heraus, dass ...** it came out that ... ⑨ *(zur Sprache bringen)* ■ **mit etw** *dat* **~** to come out with sth ⑩ *(als Resultat haben)* ■ **bei etw** *dat* **~** to come out of sth; **und was soll dabei ~?** and what good will that do?; **auf dasselbe ~** to amount to the same thing ⑪ KARTEN *(die erste Karte ausspielen)* to lead ⑫ *(fam: aus der Übung kommen)* to get out of practice, to get rusty ⑬ *(zur Geltung kommen)* **bei Tageslicht kommt das Muster viel besser heraus** you can see the pattern much better in the daylight ▶ **groß ~** *(fam)* to be a great success **he·raus|le·sen** *vt irreg* ① *(durch Lesen deuten)* to read (**aus** into) ② *(aussondern)* to pick out (**aus** from) **he·raus|neh·men** *irreg* **I.** *vt* ① *(entnehmen)* to take out (**aus** of) ② *(aus einer Umgebung entfernen)* to take away (**aus** from), to remove **II.** *vr* ① *(pej: frech für sich reklamieren)* ■ **sich** *dat* **etw ~** to take liberties; **sich** *dat* **zuviel ~** to go too far ② *(sich erlauben)* ■ **sich** *dat* **~, etw zu tun** to have the nerve to do sth **he·raus|plat·zen** *vi sein* *(fam)* ① *(lachen)* to burst out laughing ② *(spontan sagen)* ■ **mit etw** *dat* **~** to blurt out sth *sep* **he·raus|put·zen** *vt* ■ **jdn ~** to smarten up sb *sep;* ■ **etw ~** to deck out sth *sep;* ■ **sich ~** to dress oneself up **he·raus|ra·gen** *vi s.* **hervorragen he·raus|re·den** *vr* ■ **sich [mit etw** *dat*] **~** to talk one's way out of it [by using sth as an excuse] **he·raus|rei·ßen** *vt irreg* ① *(aus etw reißen)* to tear out (**aus** of); *Seite a.* to rip out; *Baum, Wurzel* to pull out ② *(ablenken)* ■ **jdn aus etw** *dat* **~** to tear sb away from sth; **jdn aus seiner Arbeit ~** to interrupt sb in their work; **jdn aus seiner Meditation/seinen Träumen ~** to startle sb out of their meditation/dreaming ③ *(fam: wettmachen)* to save **he·raus|rü·cken I.** *vt haben* *(fam)* to hand over *sep* **II.** *vi sein* *(fam)* ■ **mit etw** *dat* **~** to come out with sth **he·raus|rut·schen** *vi sein* ① *(aus etw rutschen)* ■ **jdm rutscht etw heraus** sth slips out, sb lets sth slip out ② *(fam: ungewollt entschlüpfen)* ■ **jdm ~** to let slip out; **entschuldige, das ist mir nur so herausgerutscht!** sorry, it just slipped out! **he·raus|schau·en** *vi* DIAL ① *(zu sehen sein)* to be showing ② *(nach draußen schauen)* to look out ③ *(fam: als Gewinn zu erwarten sein)* **dabei schaut wenig/nichts heraus** there's not much/nothing in it **he·raus|schnei·den** *vt* *irreg* to cut out *sep* (**aus** of) **he·raus|schrei·en** *vt irreg* to vent

he·rau·ßen *adv* SÜDD, ÖSTERR (*hier draußen*) out here

he·raus|sprin·gen *vi irreg sein* ❶ (*aus etw springen*) to jump out (**aus** of) ❷ (*abbrechen*) to chip off ❸ ELEK (*den Kontakt unterbrechen*) to blow ❹ (*fam*) *s.* **herausschauen 3 he·raus|sprit·zen** *vi* to squirt out **he·raus|stel·len I.** *vt* ❶ (*nach draußen stellen*) to put outside ❷ (*hervorheben*) to emphasize **II.** *vr* ■ **sich ~** to come to light; ■ **sich als etw** *akk* **~** to be shown to be sth; ■ **es stellte sich heraus, dass ...** it turned out that ... **he·raus|strei·chen** *vt irreg* ❶ (*aus etw tilgen*) to cross out *sep* ❷ (*betonen*) to stress **he·raus|stür·zen** *vi sein* ■ [**aus etw** *dat*] **~** to rush out [of sth] **he·raus|su·chen** *vt* to pick out *sep* (**aus** from) **he·raus|tre·ten** *vi irreg sein* ❶ (*nach außen treten*) to step out (**aus** of) ❷ (*anschwellen*) to stand out **he·raus|wa·gen** *vr* ■ **sich ~** to venture out **he·raus|wer·fen** *vt irreg* ❶ (*räumlich*) to throw out *sep* ❷ (*fam: kündigen*) to kick out *sep* **he·raus|win·den** *vr irreg* ■ **sich** [**aus etw** *dat*] **~** to wriggle [*or* AM wiggle] out [of sth] **her·aus|zie·hen I.** *vt irreg haben* ❶ *Schublade* to pull out; *Stecker* to unplug ❷ *Truppen* to pull out (**aus** of) ❸ (*extrahieren*) to extract (**aus** from) **II.** *vi irreg sein* (*wegziehen*) to move away

herb [hɛrp] **I.** *adj* ❶ (*bitter-würzig*) sharp, astringent; *Duft, Parfüm* tangy; *Wein* dry ❷ (*schmerzlich*) bitter; *Erkenntnis* sobering ❸ (*etwas streng*) severe; *Schönheit* austere ❹ (*scharf*) harsh **II.** *adv* **~ schmecken** to taste sharp; **~ duften/riechen** to smell tangy

her·bei [hɛɐˈbaɪ̯] *adv* (*geh*) **~ zu mir!** come [over] here [*or old* hither]!

her·bei|brin·gen *vt irreg* (*geh*) ■ **jdn/etw ~** to bring over sb/sth *sep* **her·bei|ei·len** *vi sein* to rush over **her·bei|füh·ren** [hɛɐˈbaɪ̯fy:rən] *vt* ❶ (*bewirken*) to bring about *sep* ❷ MED (*verursachen*) to cause, to lead to **her·bei|ru·fen** *vt irreg* (*geh*) ■ **jdn ~** to call sb [over]; ■ **etw ~** to call for sth **her·bei|seh·nen** *vt* (*geh*) to long for **her·bei|strö·men** *vi sein* to come flocking

her|be·kom·men* *vt irreg* (*fam*) to get hold of

Her·ber·ge <-, -n> [ˈhɛrbɛrɡə] *f* ❶ (*Jugend~*) hostel ❷ *kein pl* (*veraltend: Unterkunft*) lodging ❸ (*veraltet: einfaches Gasthaus*) inn

her|be·stel·len* *vt* to ask to come, to summon

her|brin·gen *vt irreg* to bring [here]

Herbst <-[e]s, -e> [hɛrpst] *m* autumn, fall AM

herbst·lich [ˈhɛrpstlɪç] *adj* autumn *attr*, autumnal

Herbst·meis·ter *m* FBALL *soccer team at the top of the league rankings at the end of the autumn season* **Herbst·zeit·lo·se** <-n, -n> *f* BOT meadow saffron

Herd <-[e]s, -e> [he:ɐ̯t, *pl* ˈhe:ɐ̯də] *m* ❶ (*Küchen~*) cooker, stove, range AM ❷ (*Krankheits~*) focus ❸ GEOL (*Zentrum*) focus, epicentre ▶ **eigener ~ ist Goldes wert** (*prov*) there's no place like home

Her·de <-, -n> [ˈhe:ɐ̯də] *f* herd; *Schafe* flock

Her·den·tier *nt* ❶ (*Tier*) gregarious animal ❷ (*pej: unselbstständiger Mensch*) sheep **Her·den·trieb** *m* (*pej*) herd instinct

Herd·plat·te *f* hotplate, [electric] ring, burner

he·rein [hɛˈraɪ̯n] *adv* in [here]; **nur ~!** come on in!; **~!** come in!

he·rein|be·kom·men* *vt irreg* to get in *sep* **he·rein|bit·ten** *vt irreg* to ask [to come] in[to one's office], to invite in[to one's office] **he·rein|bre·chen** [hɛˈraɪ̯nbrɛçn̩] *vi irreg sein* ❶ (*zusammenstürzen*) to collapse (**über** over) ❷ (*hart treffen*) *Katastrophe, Unglück* to befall; ■ **über jdn/etw ~** to befall sb/sth ❸ (*geh: anbrechen*) to fall; *Winter* to set in **he·rein|brin·gen** *vt irreg* ❶ (*nach drinnen bringen*) to bring in *sep* ❷ (*wettmachen*) *Verluste* to recoup **he·rein|dür·fen** *vi irreg* (*fam*) to be allowed [to come] in **he·rein|fal·len** *vi irreg sein* ❶ (*nach innen fallen*) ■ [**in etw** *akk*] **~** to fall in[to sth] ❷ (*fam: betrogen werden*) to be taken in (**auf** by) **he·rein|ho·len** *vt* to bring in *sep* **he·rein|kom·men** *vi irreg sein* to come in; **wie bist du hier hereingekommen?** how did you get in here? **he·rein|las·sen** *vt irreg* to let in **he·rein|le·gen** *vt* ❶ (*fam: betrügen*) to cheat, to take sb for a ride (**mit** with) ❷ (*nach drinnen legen*) to put in **he·rein|plat·zen** *vi sein* (*fam*) ■ [**bei jdm**] **~** to burst in [on sb]; ■ **bei etw** *dat* **~** to burst into sth **he·rein|ru·fen** *vt irreg* (*nach drinnen holen*) ■ **jdn** [**zu sich** *dat*] **~** to call sb in; **ich rufe mal die Kinder zum Essen herein** I'll call the children in for dinner **he·rein|spa·zie·ren*** *vi sein* (*fam*) to walk in; ■ **hereinspaziert!** come right in! **he·rein|strö·men** *vi* *sein* ▪ [**in etw** *akk*] **~** ❶ (*geströmt kommen*) to pour [*or* flood] in[to sth] ❷ (*in etw gedrängt kommen*) to pour in[to sth/through sth]

her|fah·ren *irreg vi sein* ❶ (*gefahren kommen*) to drive here; **wir sind gestern erst hergefahren** we only just drove here yesterday ❷ (*fahrend verfolgen*) ▪ **hinter jdm/etw ~** to drive behind sb/sth ❸ (*entlangfahren*) ▪ **vor jdm/etw ~** to drive [along] in front of sb/sth

Her·fahrt *f* journey here; **auf der ~** on the way here

her|fal·len *vi irreg sein* ▪ **über jdn/etw ~** ❶ (*überfallen*) to attack sb ❷ (*bestürmen*) to besiege sb ❸ (*sich hermachen*) to attack sb/sth ❹ (*sich stürzen*) to fall upon sth

her|fin·den *vi irreg* to find one's way here

Her·gang <-[e]s> *m kein pl* course of events

her|ge·ben *irreg* I. *vt* ❶ (*weggeben*) to give away *sep* ❷ (*aushändigen*) to hand over [to] *sep* ❸ (*fam: erbringen*) to say; **der Artikel gibt eine Fülle an Information her** the article contains a lot of information ❹ (*leihen*) **seinen guten Namen für etw** *akk* **~** to stake one's name on sth II. *vr* ▪ **sich für etw** *akk* **~** to have something to do with sth

her·ge·bracht *adj s.* **althergebracht**

her|ge·hen *irreg* I. *vi sein* ❶ (*entlanggehen*) to walk [along] ❷ (*sich erdreisten*) ▪ **~ und ...** to just go and ... ❸ SÜDD, ÖSTERR (*herkommen*) to come [here] II. *vi impers sein* (*fam: zugehen*) **bei der Diskussion ging es heiß her** it was a heated discussion; **bei ihren Feten geht es immer lustig her** her parties are always great fun

her|ha·ben *vt irreg* (*fam*) ▪ **etw irgendwo ~** to get sth [from] somewhere; **wo haben Sie das her?** where did you get that [from]?

her|hal·ten *irreg* I. *vt* to hold out II. *vi* ▪ **als etw ~ müssen** to be used as sth

her|ho·len *vt* (*fam*) to fetch

her|hö·ren *vi* (*fam*) to listen, to pay attention; **alle mal ~!** listen everybody!

He·ring <-s, -e> ['heːrɪŋ] *m* ❶ (*Fisch*) herring ❷ (*Zeltpflock*) [tent] peg

he·rin·nen [hɛˈrɪnən] *adv* SÜDD, ÖSTERR (*drinnen*) in here

her|kom·men *vi irreg sein* ❶ (*herbeikommen*) to come here; **kannst du mal ~?** can you come here a minute?; **von wo kommst du denn so spät noch her?** where have you come from at this late hour? ❷ (*herstammen*) to come from

her·kömm·lich *adj* traditional, conventional

Her·ku·les <-, -se> ['hɛrkulɛs] *m* Hercules; **ein wahrer ~** a regular Hercules

Her·kunft <-, *selten* -künfte> ['heːɐ̯kʊnft, *pl* 'heːrkʏnftə] *f* ❶ (*Abstammung*) origins *pl*, descent ❷ (*Ursprung*) origin; **von ... ~ sein** to have a/an ... origin

Her·kunfts·land *nt* country of origin; **sicheres ~** POL safe country of origin

her|lau·fen *vi irreg sein* ❶ (*entlanglaufen*) to run along ❷ (*gelaufen kommen*) to run over here (**zu** to) ❸ (*im Laufe begleiten*) ▪ **hinter/neben/vor jdm ~** to run [along] behind/beside/in front of sb

her|lei·ten I. *vt* ▪ **etw aus etw** *dat* **~** ❶ (*ableiten*) to derive sth from sth ❷ (*folgern*) to deduce sth from sth II. *vr* ▪ **sich von etw** *dat* **~** to derive from sth

her|ma·chen I. *vr* (*fam*) ▪ **sich über etw/jdn** *akk* **~** ❶ (*beschäftigen*) to get stuck into sth ❷ (*Besitz ergreifen*) to fall upon sth; **er machte sich über die Kekse her** he fell upon the cookies ❸ (*herfallen*) to attack sth II. *vt* (*fam*) to be impressive; **das macht doch nicht viel her!** that's not very impressive!

Her·me·lin <-s, -e> [hɛrməˈliːn] *nt* ZOOL (*braun*) stoat; (*weiß*) ermine

her·me·tisch [hɛrˈmeːtɪʃ] I. *adj* hermetic II. *adv* hermetically, airtight; **~ verschlossen** hermetically sealed

her|neh·men *vt irreg* ❶ (*beschaffen*) ▪ **etw irgendwo ~** to get sth somewhere ❷ DIAL (*fam: stark fordern*) to overwork

He·ro·in <-s> [heroˈiːn] *nt kein pl* heroin

he·ro·isch [heˈroːɪʃ] I. *adj* (*geh*) heroic II. *adv* (*geh*) heroically

Her·pes <-> ['hɛrpɛs] *m kein pl* herpes

Herr(in) <-n, -en> [hɛr] *m(f)* ❶ *nur m* (*männliche Anrede*) Mr; **die ~en Schmidt und Müller** Messrs Schmidt and Müller; **sehr geehrter ~ ...** Dear Mr ...; **sehr geehrte ~en!** Dear Sirs; **der ~ wünscht?** what can I do for you, sir? ❷ *nur m* (*Tanzpartner, Begleiter*) [gentleman] companion, partner ❸ *nur m* (*geh: Mann*) gentleman ❹ (*Herrscher*) ruler; ▪ **~/in über jdn/etw sein** to be ruler of sb/sth; (*Gebieter*) master *masc*, mistress *fem*; **der ~ des Hauses** the master of the house; **~ der Lage sein** to be master of the situation; **sein eigener ~ sein** to be one's own boss ❺ REL (*Gott*) Lord ▸ **mein ~ und Gebieter** (*hum*) my lord and master; **aus aller ~en Länder[n]** from all over the world; **die ~en der Schöpfung** (*hum*)

their lordships; **jds alte ~** (*hum fam*) sb's old man
Herr·chen <-s, -> *nt* (*fam*) [young] master
Her·ren·aus·stat·ter <-s, -> *m* [gentle]men's outfitters **Her·ren·be·glei·tung** *f* (*geh*) **in ~** in the company of a gentleman **Her·ren·be·kannt·schaft** *f* gentleman acquaintance **Her·ren·be·klei·dung** *f* menswear **Her·ren·be·such** *m* ① (*Besucher*) gentleman visitor ② (*Besuch durch einen Herrn*) visit from a gentleman **Her·ren·(fahr·)rad** *nt* men's bicycle **Her·ren·fri·seur, -fri·seu·se** *m, f* barber, men's hairdresser **Her·ren·haus** *nt* manor house **her·ren·los** *adj* abandoned; *Hund, Katze* stray **Her·ren·mo·de** *f* men's fashion **Her·ren·to·i·let·te** *f* men's toilet[s] [*or* Am restroom], gents Brit
Herr·gott ['hɛrgɔt] *m* südd, österr (*fam*) ■**der/unser ~** God, the Lord [God]; **~!** (*fam*) for God's sake!
her|rich·ten I. *vt* ① (*vorbereiten*) to prepare, to arrange; **den Tisch ~** to set the table ② (*in Stand setzen, ausbessern*) to repair, to fix II. *vr* DIAL (*sich zurechtmachen*) ■**sich ~** to get [oneself] ready
Her·rin <-, -nen> *f fem form von* **Herr** mistress, lady
her·risch ['hɛrɪʃ] I. *adj* domineering, overbearing; *Ton* commanding, peremptory II. *adv* imperiously, peremptorily
herr·je(h) [hɛrˈjeː], **herr·je·mi·ne** [hɛrˈjeːminə] *interj* goodness gracious!
herr·lich I. *adj* ① (*prächtig*) marvellous; *Aussicht* magnificent; *Sonnenschein* glorious; *Urlaub* delightful; **das Wetter ist ~ heute!** we're having gorgeous weather today! ② (*köstlich*) delicious, exquisite ③ (*iron*) wonderful II. *adv* ① (*prächtig*) **sich ~ amüsieren** to have a marvellous time, to have great fun ② (*köstlich*) **~ schmecken** to taste delicious
Herr·lich·keit <-, -en> *f* ① *kein pl* (*Schönheit, Pracht*) magnificence; **die ~ Gottes** REL the glory of God ② *meist pl* (*prächtiger Gegenstand*) treasure ③ (*Köstlichkeit*) delicacy
Herr·schaft <-, -en> ['hɛrʃaft] *f* ① *kein pl* (*Macht, Kontrolle*) rule, reign; **eine totalitäre ~** totalitarian rule; **unter der ~ der/des ...** under the rule of the ... ② *pl* (*Damen und Herren*) ■**die ~en** ladies and gentlemen; **darf ich den ~en sonst noch etwas bringen?** can I bring sir and madam anything else? ▸ **jds alte ~en** (*hum fam*) sb's old man and old woman *sl*, sb's folks *esp* Am

herr·schaft·lich *adj* grand
Herr·schafts·in·stru·ment *nt* soziol instrument of power
herr·schen ['hɛrʃn̩] I. *vi* ① (*regieren*) to rule (**über** over) ② (*walten, in Kraft sein*) to hold sway ③ (*vorhanden sein*) to prevail, to be prevalent; *Ruhe, Stille* to reign; *Hunger, Krankheit, Not* to be rampant; **was herrscht hier wieder für eine Unordnung!** what a mess this place is in again! II. *vi impers* **es herrscht Zweifel, ob ...** there is doubt whether ...; **es herrscht Stille** silence reigns
herr·schend *adj* ① (*regierend*) ruling, dominant ② (*Machthaber*) ■**die H~en** the rulers, those in power ③ (*in Kraft befindlich*) prevailing
Herr·scher(in) <-s, -> *m(f)* ruler, sovereign, monarch; ■**~ über jdn/etw** *akk* ruler of sb/sth
Herr·scher·ge·schlecht *nt,* **Herr·scher·haus** *nt* [ruling] dynasty
Herr·sche·rin <-, -nen> *f fem form von* **Herrscher**
Herrsch·sucht *f* thirst for power; PSYCH domineering nature
herrsch·süch·tig *adj* domineering
her|ru·fen *vt irreg* ① (*zu jdm rufen*) to call [over *sep*] ② (*nachrufen*) ■**etw hinter jdm ~** to call sth after sb
her|rüh·ren *vi* (*geh*) ■**von etw** *dat* **~** to come from sth
her|schi·cken *vt* ① (*zu jdm schicken*) to send [here] ② (*nachschicken*) ■**etw hinter jdm ~** to send sth after sb
her|schie·ben *irreg* I. *vt* (*schieben*) to pull towards oneself II. *vr* ■**etw vor sich** *dat* **~** ① (*schieben*) to push sth ② (*fig: verschieben*) to put off
her|stam·men *vi* to come from
her|stel·len *vt* ① (*erzeugen*) to produce, to manufacture ② (*zustande bringen*) to establish, to make ③ (*irgendwohin stellen*) to put here
Her·stel·ler(in) <-s, -> *m(f)* ① (*Produzent*) manufacturer, producer ② (*Mitarbeiter der Herstellung*) production department employee
Her·stel·lung *f kein pl* ① (*Produktion*) production, manufacturing, making ② (*Aufbau*) establishment; **die ~ von Kontakten** establishing contacts ③ (*Produktionsabteilung*) production department
Her·stel·lungs·land *nt s.* **Herkunftsland**
her|trau·en *vr* ■**sich ~** to dare to come [here]; **er traut sich nicht mehr her** he doesn't dare come here any more

Hertz <-, -> [hɛrts] *nt* hertz

he·rü·ben *adv* SÜDD, ÖSTERR (*auf dieser Seite*) over here

he·rü·ber [hɛˈryːbɐ] *adv* over here

he·rü·ber|kom·men [hɛˈryːbɐkɔmən] *vi irreg sein* ❶ (*hierher kommen*) to come over ❷ (*hierher gelangen*) to get over [*or* across]

he·rum [hɛˈrʊm] *adv* ❶ (*um etw im Kreis*) ■ **um etw** *akk* ~ [a]round sth ❷ (*überall in jds Nähe*) ■ **um jdn** ~ [all] around sb ❸ (*gegen*) ■ **um ...** ~ around ... ❹ (*vorüber sein*) ■ ~ **sein** to be over

he·rum|al·bern *vi* (*fam*) to fool around **he·rum|är·gern** *vr* (*fam*) ■ **sich mit jdm/etw** ~ to keep getting worked up about sb/sth, to have constant trouble with sb/sth **he·rum|be·kom·men*** *vt irreg* ■ **jdn [zu etw** *dat*] ~ to talk sb round [to sth] **he·rum|brül·len** *vi* (*fam*) to shout one's head off **he·rum|bum·meln** *vi* (*fam*) ❶ *haben* (*trödeln*) to dawdle ❷ *sein* (*herumspazieren*) to stroll [a]round **he·rum|dok·tern** *vi* (*fam*) ■ **an jdm/etw** ~ ❶ (*zu kurieren versuchen*) to try treating sb ❷ (*zu reparieren versuchen*) to tinker about with sth **he·rum|dre·hen** I. *vt* ❶ (*um die Achse drehen*) to turn ❷ (*wenden*) to turn over II. *vr* ■ **sich** ~ to turn [a]round **he·rum|druck·sen** *vi* (*fam*) to hum and haw BRIT, to hem and haw AM **he·rum|er·zäh·len*** *vt* (*fam*) to spread [a]round **he·rum|fa·ckeln** *vi* ▸ **nicht lange** ~ to not beat around the bush **he·rum|fah·ren** *irreg vi, vt* ❶ *sein* (*umherfahren*) to drive [a]round ❷ *sein* (*im Kreis darum fahren*) ■ **um jdn/etw** ~ to drive [a]round sb/sth ❸ *sein* (*sich rasch umdrehen*) to spin [a]round quickly ❹ *sein o haben* (*ziellos streichen, wischen*) to wipe **he·rum|fuch·teln** *vi* (*fam*) ■ [**mit etw** *dat*] ~ to wave sth around, to fidget with sth **he·rum|füh·ren** I. *vt* ❶ (*durch die Gegend führen*) to show [a]round ❷ *meist passiv* (*darum herum bauen*) to build [a]round II. *vi* ■ **um etw** *akk* ~ to go [a]round sth **he·rum|fuhr·wer·ken** *vi* (*fam*) to fiddle about (**mit** with) **he·rum|fum·meln** *vi* (*fam*) ❶ (*hantieren, anfassen*) to fiddle about (**an** with) ❷ (*mit sexueller Absicht anfassen*) to touch up, to grope **he·rum|ge·ben** *vt irreg* to pass [a]round, to circulate **he·rum|ge·hen** *vi irreg sein* ❶ (*einen Kreis gehen*) to go [a]round ❷ (*ziellos umhergehen*) to wander around ❸ (*herumgereicht werden*) to be passed [a]round; ■ **etw** ~ **lassen** to circulate sth ❹ (*weitererzählt werden*) to go [a]round ❺ (*vorübergehen*) to go by, to pass **he·rum|geis·tern** *vi sein* (*fam*) to wander [a]round **he·rum|ha·cken** *vi* (*fam*) ■ **auf jdm** ~ to pick on sb, to get [on] at sb **he·rum|hän·gen** *vi irreg sein* (*sl*) ❶ (*ständig zu finden sein*) to hang [a]round ❷ (*untätig sein*) to lounge [a]round, to bum [a]round **he·rum|ir·ren** *vi sein* to wander [a]round **he·rum|kom·man·die·ren*** I. *vt* (*fam*) to boss about II. *vi* (*fam*) to give orders **he·rum|kom·men** *vi irreg sein* (*fam*) ❶ (*herumfahren können*) to get [a]round ❷ (*vermeiden können*) to get out of ❸ (*reisen*) to get around; **viel** ~ to do a lot of travelling, to see a great deal **he·rum|kreb·sen** *vi* (*fam*) to struggle [on] **he·rum|krie·gen** *vt* (*fam*) *s.* **herumbekommen he·rum|kut·schie·ren*** *vt* (*fam*) to drive [a]round **he·rum|lau·fen** *vi irreg sein* ❶ (*um etw laufen*) to run [a]round ❷ (*fam: umherlaufen*) to go [a]round; **um Gottes Willen, wie läufst du denn herum?** for heaven's sake, what do you look like!; [**noch**] **frei** ~ to be [still] at large **he·rum|lie·gen** *vi irreg* (*fam*) to lie about; ■ **etw** ~ **lassen** to leave sth lying about **he·rum|lun·gern** *vi* (*fam*) to loaf [*or* loiter] [*or* hang] about **he·rum|ma·chen** I. *vi* (*fam*) ❶ (*herumtasten*) to fiddle [about], to monkey (**an** with) ❷ (*herumnörgeln*) to find fault (**an** with), to nag II. *vt* (*fam*) ■ **etw um etw** *akk* ~ to put sth [a]round sth **he·rum|me·ckern** *vi* (*fam*) to grumble **he·rum|nör·geln** *vi* (*pej fam*) ■ [**an jdm**] ~ to nag [at sb]; ■ **an etw** *dat* ~ to find fault with sth **he·rum|quä·len** *vr* (*fam*) ❶ (*sich befassen*) ■ **sich mit jdm/etw** ~ to struggle with sb/sth ❷ (*leiden*) ■ **sich [mit etw** *dat*] ~ to be plagued [by sth] **he·rum|re·den** *vi* (*fam*) ❶ (*ausweichend reden*) ■ **um etw** *akk* ~ to talk round [*or* AM around] sth, to dodge the issue, to beat about [*or* AM around] the bush ❷ (*belangloses Zeug reden*) to waffle on **he·rum|rei·chen** *vt* ❶ (*geh*) *s.* **herumgeben** ❷ (*fam: allen möglichen Leuten vorstellen*) to introduce to everybody **he·rum|rei·ten** *vi irreg sein* ❶ (*umherreiten*) to ride around ❷ (*reitend umgehen*) to ride [a]round ❸ (*fam: herumhacken*) ■ **auf jdm** ~ to get at sb; ■ **auf etw** *dat* ~ (*pej*) to harp on about sth, to keep going on about sth **he·rum|schla·gen** *irreg* I. *vt* (*geh*) ■ **etw** ~ to wrap sth [a]round II. *vr* (*fam*) ■ **sich mit jdm/etw** ~ to struggle with sb/sth **he·**

rum|schnüf·feln *vi* ❶ *(anhaltend schnüffeln)* to sniff [a]round ❷ *(pej fam: spionieren)* to snoop around (**in** in) **he·rum|schrei·en** *vi irreg (fam)* to scream and shout **he·rum|sit·zen** *vi irreg sein* ❶ *(fam: untätig dasitzen)* to sit [a]round ❷ *(sitzend gruppiert sein)* ■ **um jdn/etw ~** to sit [a]round sb/sth **he·rum|spie·len** *vi* to play around **he·rum|spre·chen** *vr irreg* ■ **sich ~** to get [a]round, to reach sb; ■ **es hat sich herumgesprochen, dass ...** it has got [a]round that ... **he·rum|ste·hen** *vi irreg sein* ❶ *(fam: in der Gegend stehen)* to stand [a]round ❷ *(stehend gruppiert sein)* ■ **um jdn/etw ~** to stand [a]round sb/sth **he·rum|stö·bern** *vi (fam: wahllos stöbern)* ■ [**in etw** *dat*] **~** to rummage around [*or* about] [in sth] **he·rum|su·chen** *vi* ■ **nach etw** *dat* **~** to rummage around for sth **he·rum|to·ben** *vi (fam)* ❶ *sein o haben (ausgelassen umherlaufen)* to romp around ❷ *haben (wüst schimpfen)* to rant and rave **he·rum|tram·peln** *vi sein* ❶ *(fam: umhertrampeln)* to trample around [*or* about] ❷ *(mit Füßen treten)* ■ **auf jdm/etw ~** to trample on sb/sth; ■ **auf jdm ~** *(fig)* to walk all over sb *fig;* **auf jds Gefühlen ~** to trample on sb's feelings **he·rum|trei·ben** *vr irreg* ■ **sich irgendwo ~** to hang [a]round somewhere; **wo er sich nur wieder herumtreibt?** where's he got to now? **He·rum·trei·ber(in)** <-s, -> *m(f) (pej)* ❶ *(Mensch ohne feste Arbeit, Wohnsitz)* down-and-out, tramp, loafer ❷ *(fam: Streuner)* layabout, good-for-nothing **he·rum|trö·deln** *vi (fam)* to dawdle around [*or* about] **he·rum|wer·fen** *irreg vt* ❶ *(achtlos umherstreuen)* to throw [a]round ❷ *(herumreißen)* to pull round hard **he·rum|zie·hen** *irreg vi sein* ❶ *(von Ort zu Ort ziehen)* to move about ❷ *(um etw ziehen)* ■ **um etw** *akk* **~** to go [a]round sth

he·run·ten [hɛˈrʊntn̩] *adv* SÜDD, ÖSTERR *(hier unten)* down here

he·run·ter [hɛˈrʊntɐ] **I.** *adv* down; **~ vom Sofa!** [get] off the sofa!; **~ mit der Mütze!** take off that cap! **II.** *präp nachgestellt* **den Berg ~ geht es leichter als hinauf** it's easier to go down the hill than up it

he·run·ter|bren·nen *vi irreg sein* to burn down; *Feuer* to burn out **he·run·ter|brin·gen** *vt irreg* ❶ *(nach unten bringen)* to bring down *sep* ❷ *(fam)* to get sth off **he·run·ter|fah·ren** *irreg* **I.** *vi sein* to drive down; **wir sind zu meinen Eltern in den Schwarzwald heruntergefahren** we drove down to see my parents in the Black Forest **II.** *vt haben* ❶ *(transportieren)* ■ **jdn/etw ~** to bring [*or* drive] down sb/sth; **die Seilbahn hat uns heruntergefahren** we came down on the cable car ❷ INFORM ■ **etw ~** *PC* to power down [*or* switch off] sth **he·run·ter|fal·len** *vi irreg sein* to fall off; **mir ist der Hammer heruntergefallen** I've dropped the hammer **he·run·ter|ge·hen** *vi irreg sein* ❶ *(nach unten gehen)* to go down ❷ *(aufstehen und weggehen)* ■ **von etw** *dat* **~** to get off sth ❸ *(sinken)* to drop, to fall, to go down ❹ *(Flughöhe verringern)* to descend; **auf 5000 m ~** to descend to 5000 m ❺ *(fam: abrücken)* ■ **von etw** *dat* **~** to soften sth ❻ *(reduzieren)* to reduce, to lower **he·run·ter·ge·kom·men** *adj (pej)* ❶ *(abgewohnt)* run-down, dilapidated ❷ *(verwahrlost)* down-at-[the-]heel BRIT, down-and-out **he·run·ter|han·deln** *vt (fam)* to knock down *sep* **he·run·ter|hän·gen** *vi irreg* to hang down **(von** from, **auf** over) **he·run·ter|hau·en** *vt irreg (fam)* ■ **jdm eine ~** to slap sb **he·run·ter|kip·pen** *vt (fam)* ■ **etw ~** *Schnaps, Bier* to down sth in one BRIT, to chug[-a-lug] sth AM **he·run·ter|klap·pen** *vt* to put down *sep; Kragen* to turn down; *Deckel* to close **he·run·ter|kom·men** *vi irreg sein* ❶ *(nach unten kommen)* to come down ❷ *(fam: verfallen)* to become run-down ❸ *(fam: verwahrlosen)* to become down-and-out **he·run·ter|la·den** *vt* INFORM to download **he·run·ter|las·sen** *vt irreg* ■ **etw ~** to lower sth **he·run·ter|ma·chen** *vt (fam)* ❶ *(schlechtmachen)* to run down ❷ *(zurechtweisen)* to tell off **he·run·ter|neh·men** *vt irreg* ■ **etw ~** to take sth off, to remove sth **he·run·ter|pur·zeln** *vt Treppe* to tumble down; *(vom Baum)* to fall out of **he·run·ter|rei·ßen** *vt irreg* ❶ *(abreißen)* to pull off *sep;* **(von der Wand)** to tear down ❷ *(sl: absitzen)* to get through **he·run·ter|schlu·cken** *vt (fam) s.* **hinunterschlucken he·run·ter|spie·len** *vt* ■ **etw ~** *(verharmlosen)* to play down sth *sep* **he·run·ter|sprin·gen** *vi irreg* to jump down **he·run·ter|wer·fen** *vt irreg* to throw down *sep* **he·run·ter|wirt·schaf·ten** *vt (pej fam)* to ruin

her·vor [hɛɐ̯ˈfoːɐ̯] *interj* ■ **~ mit dir/euch!** *(geh)* out you come!

her·vor|brin·gen *vt irreg* to produce **her·vor|ge·hen** *vi irreg sein* ❶ *(geh: entstam-*

men) ◾ **aus** *etw dat* ~ to come from sth ❷ (*sich ergeben*) **aus** *etw dat* **geht hervor ...** it follows from sth ..., sth proves that ... **her·vor|gu·cken** *vi* (*fam*) to peep out (**unter** from under) **her·vor|he·ben** *vt irreg* ❶ (*betonen*) to emphasize, to stress ❷ (*besonders kennzeichnen*) to make stand out **her·vor|ho·len** *vt* to take out *sep* (**aus** from) **her·vor|kom·men** *vi irreg sein* to come out (**aus** of, **hinter** from behind), to emerge (**aus** from) **her·vor|lo·cken** *vt* to entice out *sep* **her·vor|ra·gen** [hɛɐ̯ˈfoːɡraːɡn̩] *vi* ❶ (*sich auszeichnen*) to stand out ❷ (*weit vorragen*) to jut out (**aus** from) **her·vor·ra·gend** I. *adj* excellent, outstanding, first-rate II. *adv* excellently **her·vor|ru·fen** *vt irreg* to evoke; [**bei** *jdm*] **Bestürzung** ~ to cause consternation [in sb] **her·vor|tre·ten** *vi irreg sein* ❶ (*heraustreten*) to step out (**hinter** from behind) ❷ (*erhaben werden*) to stand out; *Wangenknochen, Kinn* to protrude ❸ (*erkennbar werden*) to become evident ❹ (*in Erscheinung treten*) to distinguish oneself **her·vor|tun** *vr irreg* (*fam*) ◾ **sich** ~ ❶ (*sich auszeichnen*) to distinguish oneself (**mit** with) ❷ (*sich wichtigtun*) to show off **her·vor|wa·gen** *vr* ◾ **sich** ~ to dare to come out, to venture forth

her|wa·gen *vr* ◾ **sich** ~ to dare to come here

Herz <-ens, -en> [hɛrts] *nt* ❶ ANAT heart; *ihr* ~ **pochte** her heart was pounding; **am offenen** ~ open-heart; *Chirurgie* [*o* **eine Operation**] **am offenen** ~ open-heart surgery ❷ (*Gemüt, Gefühl*) heart; **mit ganzem** ~**en** wholeheartedly; **von ganzem** ~**en** sincerely; **an/mit gebrochenem** ~**en** of/with a broken heart; *jdn* **von** ~**en gernhaben** to love sb dearly; *etw* **von** ~**en gern tun** to love doing sth; **im Grunde seines** ~**ens** in his heart of hearts; **leichten** ~**ens** light-heartedly; *jdm* **wird leicht ums** ~ sb has a load lifted from one's mind; **schweren** ~**ens** with a heavy heart; **ein weiches** ~ **haben** to have a soft heart; *jds* ~ **erweichen** to soften up sb *sep* ❸ (*Zentrum*) heart ❹ (*Schatz, Liebling*) dear, love ❺ KARTEN hearts *pl* ▶ *jdm* **sein** ~ **ausschütten** to pour out one's heart to sb *sep;* **alles, was das** ~ **begehrt** (*geh*) everything one's heart desires; *jdm* **das** ~ **brechen** to break sb's heart; *etw* **nicht übers** ~ **bringen** to not have the heart to do sth; **das** ~ **auf dem rechten Fleck haben** to have one's heart in the right place; **ein** ~ **aus Gold haben** to have a heart of gold; *jdm* **schlägt das** ~ **bis zum Hals** sb's heart is in one's mouth; *jdm* **rutscht das** ~ **in die Hose** (*fam*) sb's heart sank into his/her boots BRIT; *etw* **auf dem** ~**en haben** to have sth on one's mind; *jds* ~ **höherschlagen lassen** to make sb's heart beat faster; *jdm* **etw ans** ~ **legen** to entrust sb with sth; *jdm* **liegt** *etw* **am** ~**en** sth concerns sb; **sich** *dat etw* **zu** ~**en nehmen** to take sth to heart; *jdn/etw* **auf** ~ **und Nieren prüfen** (*fam*) to examine sb/sth thoroughly; **ein** ~ **und eine Seele sein** to be the best of friends **Herz·an·fall** *m* heart attack **Herz·be·schwer·den** *pl* heart trouble **herz·be·we·gend** *adj s.* **herzerweichend** **Herz·da·me** *f* KARTEN queen of hearts

her|zei·gen *vt* to show; **zeig mal her!** let me see!

her·zen [ˈhɛrtsn̩] *vt* (*geh*) to cuddle, to embrace

Her·zens·an·ge·le·gen·heit *f* ❶ (*wichtiges Anliegen*) matter close to one's heart ❷ (*Liebe betreffende Angelegenheit*) affair of the heart **Her·zens·be·dürf·nis** *nt jdm* **ein** ~ **sein** to be a matter very close to sb's heart **Her·zens·bre·cher(in)** *m(f)* heartbreaker, ladykiller *dated* **her·zens·gut** *adj* good-hearted, kind-hearted **Her·zens·lust** *f kein pl* **nach** ~ to one's heart's content **Her·zens·wunsch** *m* dearest wish, heart's desire

herz·er·grei·fend *adj* heart-rending **herz·er·wei·chend** I. *adj* heart-rending II. *adv* heart-rendingly **Herz·feh·ler** *m* heart defect **Herz·ge·räu·sche** *nt pl* heart [*or* cardiac] murmurs *pl*

herz·haft I. *adj* ❶ (*würzig-kräftig*) tasty, savoury; *Essen, Eintopf* hearty ❷ (*kräftig*) hearty, substantial II. *adv* ❶ (*würzig-kräftig*) ~ **schmecken** to be tasty ❷ (*kräftig*) heartily; ~ **gähnen** to yawn loudly

her|zie·hen *irreg* I. *vt* ❶ (*heranziehen*) to pull closer ❷ (*mitschleppen*) ◾ *etw* **hinter/neben sich** *dat* ~ to pull sth [along] behind/beside one II. *vi* ❶ *sein* (*hierhin ziehen*) to move here ❷ *haben* (*fam: sich auslassen*) ◾ **über** *jdn/etw* ~ to pull sb/sth to pieces, to run sb/sth down

her·zig [ˈhɛrtsɪç] *adj* sweet, cute AM

Herz·in·farkt *m* heart attack **Herz·kam·mer** *f* ANAT ventricle **Herz·kas·per** *m* MED (*sl*) heart attack **Herz·klap·pe** *f* heart valve **Herz·klap·pen·feh·ler** *m* valvular [heart] defect **Herz·klop·fen** *nt kein pl* pounding of the heart, palpitations *pl* **herz·krank** *adj* suffering from a heart condition *pred;* ■~ **sein** to have a heart condition **Herz·Kreis·lauf-Er·kran·kung** *f* MED cardiovascular disease **Herz·lei·den** *nt* heart disease

herz·lich I. *adj* ❶ *(warmherzig)* warm; *Begrüßung* warm, friendly, cordial; *Lachen* hearty ❷ *(in Grußformeln: aufrichtig)* kind II. *adv* ❶ *(aufrichtig)* warmly, with pleasure; **sich bei jdm ~ bedanken** to thank sb sincerely; **jdn ~ gratulieren** to congratulate sb heartily ❷ *(recht)* thoroughly, really; **~ wenig** precious little

Herz·lich·keit <-> *f kein pl* ❶ *(herzliches Wesen)* warmth ❷ *(Aufrichtigkeit)* sincerity, cordiality

herz·los *adj* heartless

Herz·lo·sig·keit <-, -en> *f* heartlessness *no pl*

Herz·mus·kel *m* heart muscle

Her·zog(in) <-s, Herzöge *o selten* -e> ['hɛrtso:k, *pl* -tsø:gə] *m(f)* duke *masc*, duchess *fem*

Her·zog·tum <-s, -tümer> *nt* duchy, dukedom

Herz·schlag *m* ❶ *(Kontraktion des Herzmuskels)* heartbeat ❷ *(Herzstillstand)* heart failure, cardiac arrest **Herz·schritt·ma·cher** *m* pacemaker **Herz·still·stand** *m* cardiac arrest **Herz·stück** *nt* heart, core **Herz·tod** *m* MED cardiac death, death by heart failure **Herz·ton** *m meist pl* heart sound *usu pl* **Herz·trans·plan·ta·ti·on** *f* heart transplant **Herz·ver·sa·gen** *nt kein pl* heart failure *no pl* **herz·zer·rei·ßend** *adj s.* **herzerweichend**

Hes·se <-, -n> ['hɛsə] *f* KOCHK [beef] shin

Hes·se, Hes·sin <-n, -n> ['hɛsə, 'hɛsɪn] *m, f* Hessian

Hes·sen <-s> ['hɛsn̩] *nt* Hesse

Hes·sin <-, -nen> *f fem form von* **Hesse**

hes·sisch ['hɛsɪʃ] *adj* Hessian

He·te <-, -n> ['he:tə] *f (sl: Heterosexuelle(r))* het[ero] *sl*

he·te·ro·gen [hetero'ge:n] *adj (geh)* heterogeneous

He·te·ro·se·xu·a·li·tät <-> [heterozɛksu̯ali'tɛ:t] *f kein pl* heterosexuality *no pl*

he·te·ro·se·xu·ell [heterazɛ'ksu̯ɛl] *adj* heterosexual

Het·ze <-, -n> ['hɛtsə] *f* ❶ *kein pl (übertriebene Hast)* mad rush ❷ *pl selten (pej: Aufhetzung)* smear campaign; *(gegen Minderheiten)* hate campaign

het·zen ['hɛtsn̩] I. *vi* ❶ *haben (sich abhetzen)* to rush about ❷ *sein (eilen)* to rush ❸ *haben (pej: Hass schüren)* to stir up hatred (**gegen** against) II. *vt haben* ❶ *(jagen)* to hunt ❷ *(losgehen lassen)* ■**jdn/einen Hund auf jdn ~** to set sb/a dog [up]on sb ❸ *(fam: antreiben)* to rush ❹ *(vertreiben)* to chase (**von** off)

Het·ze·rei <-, -en> *f* ❶ *kein pl (ständige Hetze)* mad rush, rushing around ❷ *(ständiges Hetzen)* malicious agitation, [continual] stirring up of hatred

het·ze·risch *adj* inflammatory, virulent

Hetz·jagd *f* ❶ *(Wildjagd)* hunt ❷ *(pej: Hetze)* smear campaign ❸ *(auf Minderheiten)* hate campaign ❹ *(übertriebene Hast)* mad rush **Hetz·kam·pa·gne** *f (pej)* smear campaign **Hetz·pa·ro·le** *f meist pl (pej)* inflammatory slogan

Heu <-[e]s> [hɔy] *nt kein pl* hay; **~ machen** to hay ▶ **Geld wie ~ haben** to have heaps of money

Heu·bo·den *m* hayloft

Heu·che·lei <-, -en> [hɔyçə'laj] *f (pej)* ❶ *(Heucheln)* hypocrisy ❷ *(heuchlerische Äußerung)* hypocritical remark

heu·cheln ['hɔyçln̩] I. *vi* to be hypocritical II. *vt* ■**etw ~** to feign sth

Heu·chler(in) <-s, -> ['hɔyçlɐ] *m(f) (pej)* hypocrite

heuch·le·risch I. *adj (pej)* ❶ *(unaufrichtig)* insincere ❷ *(geheuchelt)* hypocritical II. *adv (pej)* hypocritically

heu·er ['hɔyɐ] *adv* SÜDD, ÖSTERR, SCHWEIZ *(in diesem Jahr)* this year

Heu·ga·bel *f* AGR hay fork, pitchfork **Heu·hau·fen** *m* haystack ▶ **eine Stecknadel im ~ suchen** to look for a needle in a haystack

heu·len ['hɔylən] *vi* ❶ *(fam: weinen)* to cry; **es ist zum H~** *(fam)* it's enough to make you cry ❷ *Wolf* to howl; *Motor* to wail; *Motorrad, Flugzeug* to roar; *Sturm* to rage

Heul·su·se <-, -n> *f (pej fam)* crybaby

Heu·schnup·fen *m* hay fever **Heu·schre·cke** <-, -n> *f* ❶ *(Insekt)* grasshopper; *(Wander~)* locust ❷ *(fam o pej: skrupelloser Investor)* corporate raider, locust *(usu with reference to German capitalism)*

heu·te ['hɔytə] *adv* ❶ *(an diesem Tag)* today; **~ Abend** this evening, tonight; **~ Morgen/Nachmittag** this morning/afternoon; **~ Mittag** [at] midday today; **~ Nacht** tonight; **~ früh** [early] this morning; **ab ~** from today; **~ in/vor acht Tagen** a week [from] today/ago today; **können wir das von ~ auf morgen verschieben?** could we not postpone this until tomorrow?; **von ~ an** from today; **die Zeitung von ~** today's newspaper ❷ *(der Gegenwart)* today; **das Deutschland von ~** Germany [of] today;

lieber ~ als morgen (*fam*) sooner today than tomorrow; **von ~ auf morgen** all of a sudden, overnight ❸ (*heutzutage*) nowadays, today ▶ **was du ~ kannst besorgen, das verschiebe nicht auf morgen** (*prov*) never put off till tomorrow what you can do today *prov*

heu·tig ['hɔytɪç] *adj attr* ❶ (*heute stattfindend*) today's; **die ~e Veranstaltung** today's event ❷ (*von heute*) *Zeitung, Nachrichten* today's; **der ~e Anlass** this occasion; **bis zum ~en Tag** to this very day ❸ (*gegenwärtig*) **die ~e Zeit** nowadays; **der ~e Stand der Technik** today's state of the art

heut·zu·ta·ge ['hɔyttsuːtaːgə] *adv* nowadays, these days

He·xe <-, -n> ['hɛksə] *f* ❶ (*böses Fabelwesen*) witch ❷ (*pej fam: zeternde Frau*) virago, shrew; **eine alte ~** an old crone

he·xen ['hɛksn̩] *vi* to cast spells, to perform magic; **ich kann doch nicht ~** (*fig fam*) I can't work miracles

He·xen·schuss^RR *m kein pl* (*fam*) lumbago *no pl* **He·xen·ver·bren·nung** *f* burning [at the stake] of a witch/witches

He·xer <-s, -> *m* sorcerer

He·xe·rei <-, -en> [hɛksəˈraɪ] *f* magic, sorcery *pej*, witchcraft *pej*

hg. *Abk von* **herausgegeben** ed.

Hick·hack <-s, -s> ['hɪkhak] *m o nt* (*fam*) bickering, squabbling

hieb ['hiːp] *imp von* **hauen**

Hieb <-[e]s, -e> [hiːp, *pl* 'hiːbə] *m* ❶ (*Schlag*) blow; (*Peitschen~*) lash ❷ *pl* (*Prügel*) beating *sing*, hiding *sing*; **sein Vater drohte ihm ~e an** his father threatened him with a beating

hieb- und stich·fest *adj* conclusive, irrefutable; *Alibi* cast-iron

hielt ['hiːlt] *imp von* **halten**

hier [hiːɐ̯] *adv* ❶ here; **wo sind wir denn ~?** where have we landed?; **er müsste doch schon längst wieder ~ sein!** he should have been back ages ago!; **~ draußen/drinnen** out/in here; **~ entlang** this way; **~ oben/unten** up/down here; **~ vorn/hinten** here at the front/at the back; **jdn/etw ~ behalten** to keep sb/sth here; ■ **~ geblieben!** you stay here!; **~ ist/spricht Dr. Beck** [this is] Dr Beck, Dr Beck speaking; **von ~ ab** from here on; **von ~ aus** from here; **von ~ sein** to be from here ❷ (*in diesem Moment*) at this point; **von ~ an** from now on ▶ **~ und da** (*stellenweise*) here and there; (*gelegentlich*) now and then

hier·an ['hiːˈran] *adv* on here; **Sie können das Gerät ~ anschließen** you can connect the machine here; **~ kann es keinen Zweifel geben** there can be no doubt of that; **sich ~ erinnern** to remember this

Hie·rar·chie <-, -n> [hiɛrarˈçiː, *pl* -ˈçiːən] *f* hierarchy

hie·rar·chisch [hieˈrarçɪʃ] **I.** *adj* hierarchical **II.** *adv* hierarchically

hie·rauf ['hiːˈrauf] *adv* ❶ (*obendrauf*) [on] here; **setz dich doch einfach ~** just sit yourself down on this ❷ (*daraufhin*) as a result of this/that, thereupon **hie·raus** ['hiːˈraus] *adv* ❶ (*aus diesem Gegenstand*) from [*or* out of] here ❷ (*aus diesem Material*) out of this ❸ (*aus dem Genannten*) from this; **~ folgt/geht hervor ...** it follows from this ... ❹ (*aus diesem Werk*) from this

hier·bei ['hiːɐ̯ˈbaɪ] *adv* ❶ (*währenddessen*) while doing this ❷ (*nahe bei etw*) in the same place ❸ (*dabei*) here

hier·durch ['hiːɐ̯ˈdʊrç] *adv* ❶ (*hier hindurch*) through here ❷ (*dadurch*) in this way **hier·für** ['hiːɐ̯ˈfyːɐ̯] *adv* for this **hier·her** ['hiːɐ̯ˈheːɐ̯] *adv* here; **~ kommen** to come [over] here; **bis ~** up to here; (*soweit*) so far; **bis ~ und nicht weiter** this far and no further **hier·he·rum** ['hiːɐ̯ɦɛˈrʊm] *adv* ❶ (*in diese Richtung*) round this way ❷ (*fam: in dieser Gegend*) around here **hier·hin** ['hiːɐ̯ˈhɪn] *adv* here; **~ und dorthin** here and there; **bis ~** up to here **hie·rin** ['hiːˈrɪn] *adv* ❶ (*in diesem Raum*) in here ❷ (*was das angeht*) in this **hier·mit** ['hiːɐ̯ˈmɪt] *adv* (*geh*) with this; **~ erkläre ich, dass ...** I hereby declare that ...; **~ wird bescheinigt, dass ...** this is to certify that ...; **~ ist die Angelegenheit erledigt** that is the end of the matter

Hie·ro·gly·phe <-, -n> [hieroˈglyːfə] *f* ❶ ARCHÄOL hieroglyph ❷ *pl* (*hum: schwer entzifferbare Schrift*) hieroglyphics *pl*

hie·rü·ber ['hiːˈryːbɐ] *adv* ❶ (*hier über diese Stelle*) over here ❷ (*genau über dieser Stelle*) above here ❸ (*geh: über diese Angelegenheit*) about this

hie·run·ter ['hiːˈrʊntɐ] *adv* ❶ (*unter diesem Gegenstand*) under here ❷ (*in dieser Gruppe*) among it/them; **~ fallen** to fall into this category

hier·von ['hiːɐ̯ˈfɔn] *adv* ❶ (*von diesem Gegenstand*) of this/these; **~ habe ich noch reichlich** I've still got a lot [of it] ❷ (*davon*) among them **hier·zu** ['hiːɐ̯ˈtsuː] *adv* ❶ (*dazu*) with it ❷ (*zu die-*

ser Kategorie) ~ **gehört ...** this includes ... ③ (*zu diesem Punkt*) to this; **sich äußern** to say something about this **hie·zu·lan·de, hier zu Lan·de** ['hi:ɐ̯tsu'landə] *adv* [here] in this country, here in these parts

hie·sig ['hi:zɪç] *adj attr* local

hieß ['hi:s] *imp von* **heißen**

hie·ven ['hi:fn̩] *vt* ① (*hochwinden*) ■ **etw ~** to hoist sth; **den Anker ~** to weigh anchor ② (*hum fam: heben*) ■ **jdn irgendwohin ~** to heave sb somewhere *fam*

Hi-Fi-An·la·ge ['haɪfi-] *f* stereo system, hi-fi

high [haɪ] *adj präd (sl)* ① (*von Drogen berauscht*) high, loaded *fam,* stoned *fig sl* ② (*euphorisch*) euphoric, ecstatic

High So·cie·ty[RR], **High-So·cie·ty**[ALT] <-> ['haɪzo'saɪɪti] *f kein pl* high society **High·tech**[RR], **High-Tech**[ALT] <-[s]> ['haɪ'tɛk] *nt kein pl* high-tech

hi·hi [hi'hi:] *interj* hee hee

Hil·fe <-, -n> ['hɪlfə] *f* ① *kein pl* (*Beistand, Unterstützung*) help *no pl,* assistance *no pl;* **lauf und hole ~!** go and get help!; **jdm seine ~ anbieten** to offer sb one's help; **auf jds ~ angewiesen sein** to be dependent on sb's help; **jdn um ~ bitten** to ask sb for help; **jdm eine ~ sein** to be a help to sb; **jdm zu ~ kommen** to come to sb's assistance; **etw zu ~ nehmen** to use sth; **um ~ rufen** to call for help; **jdn zu ~ rufen** to call sb [to help]; **sich ~ suchend umsehen** to look round for help; **sich ~ suchend an jdn wenden** to turn to sb for help; **ein ~ suchender Blick** a pleading look; **jdm seine ~ verweigern** to refuse to help sb; [**zu**] **~!** help!; **ohne fremde ~** without outside help; **erste ~** first aid; **jdm erste ~ leisten** to give sb first aid ② (*Zuschuss*) **finanzielle ~** financial assistance; **wirtschaftliche ~** economic aid ③ (*Hilfsmittel*) aid ④ (*Haushalts~*) help

Hil·fe·leis·tung *f* (*geh*) help, assistance; **unterlassene ~** failure to render assistance in an emergency **Hil·fe·me·nü** *nt* INFORM help menu **Hil·fe·ruf** *m,* **Hil·fe·schrei** *m* cry for help **Hil·fe·stel·lung** *f* **jdm ~ geben** to give sb a hand

hilf·los ['hɪlflo:s] **I.** *adj* ① (*auf Hilfe angewiesen*) helpless ② (*ratlos*) at a loss *pred* **II.** *adv* ① (*schutzlos*) helplessly; **jdm/etw ~ ausgeliefert sein** to be at the mercy of sb/sth ② (*ratlos*) at a loss

Hilf·lo·sig·keit <-> *f kein pl* ① (*Hilfsbedürftigkeit*) helplessness ② (*Ratlosigkeit*) bafflement, perplexity

hilf·reich *adj* ① (*hilfsbereit*) helpful ② (*nützlich*) helpful, useful

Hilfs·ak·ti·on *f* aid programme **Hilfs·ar·bei·ter**(**in**) *m(f)* (*veraltend*) labourer; (*in einer Fabrik*) unskilled worker **hilfs·bedürf·tig** *adj* ① (*auf Hilfe angewiesen*) in need of help *pred* ② FIN (*bedürftig*) needy, in need *pred* **hilfs·be·reit** *adj* helpful **Hilfs·be·reit·schaft** *f* helpfulness, willingness to help **Hilfs·kraft** *f* help *no pl;* **~ im Haus** domestic help; **wissenschaftliche ~** assistant [lecturer] **Hilfs·mit·tel** *nt* ① MED [health] aid ② *pl* (*Geldmittel*) [financial] aid **Hilfs·or·ga·ni·sa·ti·on** *f* aid [*or* relief] organization **Hilfs·pro·gramm** *nt* POL, SOZIOL relief programme **Hilfs·verb** *nt* auxiliary verb **Hilfs·werk** *nt* SOZIOL relief organization

Him·bee·re ['hɪmbe:rə] *f* raspberry

Him·beer·geist *m kein pl* schnapps made out of raspberries **Him·beer·saft** *m* raspberry juice

Him·mel <-s, *poet* -> ['hɪml̩] *m* ① (*Firmament*) sky; **unter freiem ~** under the open sky; **am ~ stehen** to be [up] in the sky ② (*Himmelreich*) heaven; **in den ~ kommen** to go to heaven; **im ~** in heaven ③ (*Baldachin*) canopy ④ AUTO [interior] roof ▶ **~ und Hölle in Bewegung setzen** (*fam*) to move heaven and earth; **aus heiterem ~** out of the blue; **im sieb**[**en**]**ten ~ sein** to be in seventh heaven; **jdn/etw in den ~ heben** to praise sb/sth [up] to the skies; **nicht** [**einfach**] **vom ~ fallen** to not fall out of the sky; **zum ~ schreien** to be scandalous; **um ~s willen** (*fam*) for heaven's sake

him·mel·angst ['hɪml̩'ʔaŋst] *adj präd* ■ **jdm wird ~** sb is scared to death **Him·mel·bett** *nt* four-poster [bed] **him·mel·blau** ['hɪml̩'blaʊ̯] *adj* sky-blue, azure [blue] **Him·mel·fahrt** *f* ① (*Feiertag*) [**Christi**] **~** Ascension Day ② (*Auffahrt*) ascension into heaven **Him·mel·reich** *nt kein pl* REL heaven, kingdom of God **him·mel·schrei·end** *adj* ① (*unerhört*) downright *attr* ② (*skandalös*) scandalous

Him·mels·kör·per *m* heavenly body **Him·mels·rich·tung** *f* direction; **die vier ~en** the four points of the compass

him·mel·weit **I.** *adj* (*fam*) enormous; *Unterschied* considerable **II.** *adv* **sich ~ unterscheiden** to be completely different; **~ voneinander entfernt** far apart from one another

himm·lisch ['hɪmlɪʃ] **I.** *adj attr* heavenly, divine **II.** *adv* divinely, wonderfully

hin [hɪn] *adv* ❶ *räumlich* (*dahin*) there; **wo der ist er plötzlich ~ ist?** where's he gone all of a sudden?; **bis/nach ... ~ to ...;** **~ und her laufen** to run to and fro; **bis zu dieser Stelle ~** up to here; **der Balkon liegt zur Straße ~** the balcony faces the street; **~ und zurück** there and back ❷ *zeitlich* (*sich hinziehend*) **über die Jahre ~** over the years ❸ (*fig*) **auf jds Bitte/Vorschlag ~** at sb's request/suggestion; **auf jds Rat ~** on sb's advice; **auf die Gefahr ~, dass ich mich wiederhole** at the risk of repeating myself; **etw auf etw** *akk* **~ prüfen** to test sth for sth ❹ (*fam: kaputt*) ■**~ sein** to have had it; (*mechanische Geräte*) to be a write-off ❺ (*verloren sein*) ■**~ sein** to be gone ▸ **das H~ und Her** (*Kommen und Gehen*) to-ing and fro-ing; (*der ständige Wechsel*) backwards and forwards; **nach langem H~ und Her** after a lot of discussion; **still vor sich ~** quietly to oneself; **nach außen ~** outwardly; **~ oder her** (*fam*) more or less; **nichts wie ~** (*fam*) let's go!; **~ und wieder** from time to time

hi·nab [hɪˈnap] *adv* (*geh*) *s.* **hinunter**

hin|ar·bei·ten *vi* ■**auf etw** *akk* **~** to work [one's way] towards sth

hi·nauf [hɪˈnaʊf] *adv* up; [**die Treppe**] **~gehen** to go up[stairs]; **den Fluss ~** up the river; **bis ~ zu etw** *dat* up to sth

hi·nauf|fah·ren *irreg vi sein* to go up

hi·nauf|füh·ren *vt* to lead up (**auf** to)

hi·nauf|ge·hen *vi irreg sein* ❶ (*nach oben gehen*) to go up (**auf** to); **die Treppe ~** to go up the stairs ❷ (*steigen*) to go up, to increase, to rise ❸ (*hochgehen*) **mit dem Preis ~** to put the price up **hi·nauf|rei·chen I.** *vi* ■[**bis zu etw** *dat*] **~** to reach [up] [to sth] **II.** *vt* (*geh: nach oben angeben*) ■**jdm etw ~** to hand sb up sth

hi·nauf|stei·gen *vi irreg sein* to climb up (**auf** onto)

hi·naus [hɪˈnaʊs] **I.** *interj* (*nach draußen*) get out! **II.** *adv* ❶ (*von hier nach draußen*) out; **hier/da/dort ~ bitte!** this/that way out, please!; ■**~ sein** to have gone outside; ■**aus etw** *dat* **~** out of sth; ■**durch etw** *dat* **~** out of sth; **nach hinten/vorne ~ liegen** to be [situated] at the back/front [of a house] ❷ (*fig*) ■**über etw** *akk* **~ sein** to be past sth; **über etw** *akk* **~ reichen** to include sth; (*sich über etw erstreckend*) extending beyond sth ❸ (*zeitlich*) **auf Jahre ~** for years to come; ■**über etw** *akk* **~** more than sth, well over sth

hi·naus|be·för·dern* *vt* (*fam*) to throw out **hi·naus|be·glei·ten** *vt* ■**jdn ~** to see sb out **hi·naus|brin·gen** *vt irreg* ❶ (*nach draußen begleiten*) ■**jdn ~** to see sb out ❷ (*nach draußen bringen*) to take out **hi·naus|dür·fen** *vi irreg* to be allowed to go outside **hi·naus|e·keln** *vt* (*fam*) to drive out (**aus** of) **hi·naus|fah·ren** *irreg* **I.** *vi sein* to drive out; ■**beim H~** when driving out; (*überfahren*) ■**über etw** *akk* **~** to drive over sth **II.** *vt haben* (*nach draußen fahren*) ■**etw ~** to drive sth out **hi·naus|fin·den** *vi irreg* to find one's way out (**aus** of); **finden Sie alleine hinaus?** can you find your own way out? **hi·naus|flie·gen** *vi irreg sein* ❶ (*nach draußen fliegen*) to fly out ❷ (*fam: hinausfallen*) to fall out ❸ (*fam: hinausgeworfen werden*) to be kicked out **hi·naus|ge·hen** [hɪˈnaʊsgeːən] *irreg* **I.** *vi sein* ❶ (*nach draußen gehen*) to go out (**aus** of); **auf die Straße ~** to go out to the road ❷ (*führen*) ■**zu etw** *dat* **~** to lead [out] to sth ❸ (*abgeschickt werden*) to be sent off ❹ (*gerichtet sein*) ■**auf etw** *akk* **~** to look out on/onto sth; **nach Osten ~** to face east ❺ (*überschreiten*) ■[**weit**] **über etw** *akk* **~** to go [far] beyond sth **II.** *vi impers sein* **es geht dort hinaus!** that's the way out! **hi·naus|ja·gen I.** *vt haben* ■**jdn/ein Tier ~** to chase [*or* drive] sb/an animal out; ■**jdn ~ lassen** to have sb removed **II.** *vi sein* to rush out **hi·naus|kom·men** *vi irreg sein* ❶ (*nach draußen kommen*) to get out/outside ❷ (*gelangen*) ■**über etw** *akk* **~** to get beyond sth ❸ (*gleichbedeutend mit etw sein*) **das kommt auf dasselbe hinaus** it's all the same **hi·naus|las·sen** *vt irreg* to let out (**aus** of) **hi·naus|lau·fen** *vi irreg sein* ❶ (*nach draußen laufen*) to run out ❷ (*gleichbedeutend mit etw sein*) ■**auf etw** *akk* **~** to be [*or* mean] the same as sth; **auf was soll das ~?** what's that supposed to mean?; **auf dasselbe ~** to be the same, to come to the same thing **hi·naus|leh·nen** *vr* ■**sich ~** to lean out **hi·naus|po·sau·nen*** *vt* (*fam*) *s.* **ausposaunen hi·naus|ra·gen** *vi sein* ❶ (*nach oben ragen*) to rise; ■**über etw** *akk* **~** to tower over sth ❷ (*nach außen ragen*) ■[**auf etw** *akk*] **~** to jut out [onto sth] **hi·naus|schi·cken** *vt* to send out **hi·naus|schie·ben** *vt irreg* ❶ (*nach draußen schieben*) to push out ❷ (*auf später verschieben*) to put off, to postpone (**bis** until) **hi·naus|schmei·ßen** *vt irreg* (*fam*) to throw out (**aus** of) **hi·naus|stür·**

men *vi sein* to rush out **hi·naus|tra·gen** *vt irreg* ① (*nach draußen tragen*) to carry out (**aus** of) ② (*geh: nach außen verbreiten*) to broadcast **hi·naus|wach·sen** *vi irreg sein* ① (*durch Leistung übertreffen*) ■**über jdn** ~ to surpass sb ② (*überwinden*) ■**über etw** *akk* ~ to rise above sth **hi·naus|wer·fen** *vt irreg* ① (*nach draußen werfen*) to throw out (**aus** of) ② (*fam: entlassen*) to sack **hi·naus|wol·len** *vi* ① (*nach draußen wollen*) **auf den Hof/in den Garten** ~ to want to go out into the yard/garden; **auf die Straße** ~ to want to go out onto the street/road ② (*etw anstreben*) ■**auf etw** *akk* ~ to get at sth; **worauf wollen Sie hinaus?** what are you getting at?, what is your point? **hi·naus|zö·gern** I. *vt* to put off *sep,* to delay II. *vr* ■**sich** ~ to be delayed

hin|be·kom·men* *vt irreg s.* **hinkriegen**
hin|bie·gen *vt irreg* (*fam*) ① (*bereinigen*) to sort out *sep; Problem a.* to iron out ② (*pej: drehen*) ■**es so** ~**, dass ...** to manage it so that ... ③ (*beeinflussen*) ■**jdn** ~ to lick sb into shape **Hin·blick** *m* **im** ~ **auf etw** *akk* (*angesichts*) in view of sth; (*in Bezug auf*) with regard to sth **hin|brin·gen** *vt irreg* ① (*bringen*) to bring ② (*begleiten*) to take **hin|den·ken** *vi irreg* **wo denkst du hin!** what an idea!
hin·der·lich ['hɪndɐlɪç] *adj* (*geh*) ① (*behindernd*) ■~ **sein** to be a hindrance, to get in the way ② (*ein Hindernis darstellend*) ■**jdm/für etw** *akk* ~ **sein** to be an obstacle for sb/sth
hin·dern ['hɪndɐn] *vt* ① (*von etw abhalten*) to stop (**an** from); **ich kann Sie nicht** ~ I can't stop you ② (*stören*) to hamper
Hin·der·nis <-ses, -se> ['hɪndɐnɪs] *nt* obstacle; (*in der Leichtathletik*) hurdle; **jdm** ~**se in den Weg legen** to put obstacles in sb's way
Hin·der·nis·lauf *m* hurdle race
Hin·de·rungs·grund *m* reason [why sth cannot happen]
hin|deu·ten *vi* ■**auf etw** *akk* ~ to suggest sth
Hin·di <-> ['hɪndi] *nt kein pl* LING Hindi; **auf** ~ in Hindi
hin|dre·hen I. *vt* (*fam: ausbügeln*) to sort out *sep;* **wie hat sie das bloß hingedreht?** how on earth did she manage that? II. *vr* ■**sich** [**zu jdm/etw**] ~ to turn [to sb/sth]
Hin·du <-[s], -[s]> ['hɪndu] *m* Hindu
Hin·du·is·mus <-> [hɪndu'ɪsmʊs] *m kein pl* Hinduism *no art*

hin·du·is·tisch [hɪndu'ɪstɪʃ] *adj, adv* Hindu
hin·durch [hɪn'dʊrç] *adv* ① *räumlich* through ② *zeitlich* through, throughout; **das ganze Jahr** ~ throughout the year; **die ganze Nacht** ~ the whole night; **die ganze Zeit** ~ all the time
hi·nein [hɪ'naɪn] *adv* in; ~ **mit dir!** (*fam*) in with you!
hi·nein|brin·gen *vt irreg* (*hineintragen*) ■**etw** ~ to bring/take sth in *sep* **hi·nein|den·ken** *vr irreg* ■**sich in jdn** ~ to put oneself in sb's position; ■**sich in etw** *akk* ~ to think one's way into sth **hi·nein|fres·sen** *vt irreg* ■**etw in sich** ~ *akk* ① (*fam: verschlingen*) to gobble sth [up], to devour sth, to wolf sth down ② (*unterdrücken*) to bottle up sth, to suppress sth **hi·nein|ge·hen** *vi irreg sein* ① (*betreten*) to go in[to], to enter ② (*fam: hineinpassen*) ■**in etw** *akk* ~ to fit into sth **hi·nein|ge·ra·ten*** *vi irreg sein* to be drawn in; **in eine Demonstration/Schlägerei/Unannehmlichkeit** ~ to get into a demonstration/a fight/difficulties **hi·nein|las·sen** *vt irreg* to let in[to] **hi·nein|le·gen** I. *vt* ① (*in etw legen*) to put in[to] ② (*hineindeuten*) to read into II. *vr* ■**sich** [**in etw** *akk*] ~ to lie down [in sth] **hi·nein|pas·sen** *vi* to fit in[to] **hi·nein|pfu·schen** *vi* (*fam*) ■**jdm in seine Arbeit** ~ to meddle with sb's work **hi·nein|re·den** *vi* (*dreinreden*) ■**jdm in seine Angelegenheiten** ~ to meddle in sb's affairs **hi·nein|schlin·gen** *vt irreg* to scoff sth down **hi·nein|spa·zie·ren*** *vi sein* (*fam*) to walk in[to] **hi·nein|ste·cken** *vt* ① (*in etw stecken*) to put in[to]; *Nadel* to stick in[to] ② (*investieren*) to put in[to] **hi·nein|stei·gern** *vr* ■**sich in etw** *akk* ~ to get into sth **hi·nein|ver·set·zen*** *vr* ■**sich in jdn** ~ to put oneself in sb's place; ■**sich in etw** *akk* ~ to acquaint oneself with sth; **sich in etw** *akk* **hineinversetzt fühlen** to feel as though one is in sth **hi·nein|wach·sen** *vi irreg sein* ① (*sich durch Wachstum in etw ausdehnen*) to grow in[to] ② (*langsam mit etw vertraut werden*) to get used to **hi·nein|zie·hen** *irreg* I. *vt haben* ■[**in etw** *akk*] ~ to involve sb [in sth] II. *vi sein* (*in etw dringen*) ■[**in etw** *akk*] ~ to drift in[to] sth]

hin|fah·ren *irreg* I. *vi sein* ■**irgendwo** ~ to go [*or* drive] somewhere II. *vt haben* ■**jdn** ~ to drive sb; **jdn zum Flughafen** ~ to drive sb to the airport

Hin·fahrt *f* drive, trip; (*lange ~*) journey; **auf der ~** on the way
hin|fal·len *vi irreg sein* to fall [over]
hin|fäl·lig *adj* ❶ (*gebrechlich*) frail ❷ (*ungültig*) invalid
hin|fin·den *vi irreg* (*fam*) to find one's way; **finden Sie alleine hin?** can you find your own way?
Hin·flug *m* flight; **guten ~!** have a good flight!
hin|füh·ren I. *vt* (*irgendwohin geleiten*) ■ **jdn [irgendwo] ~** to take sb [somewhere] **II.** *vi* (*in Richtung auf etw verlaufen*) to lead [to] ▶ **wo soll das ~?** where will it [all] end?
hing ['hɪŋ] *imp von* **hängen**
Hin·ga·be *f kein pl* (*rückhaltlose Widmung*) dedication; (*Widmung zu einem Mensch*) devotion
hin|ge·ben *irreg* **I.** *vt* (*geh*) to give **II.** *vr* ■ **sich einer S.** *dat* ~ to abandon oneself to sth
Hin·ge·bung <-> *f kein pl s.* **Hingabe**
hin·ge·bungs·voll I. *adj* dedicated; *Blick, Pflege* devoted **II.** *adv* with dedication; **jdn ~ pflegen** to care for sb devotedly
hin·ge·gen [hɪn'geːgn̩] *konj* (*geh*) but, however; **er raucht, seine Frau ~ nicht** he smokes but his wife doesn't
hin|ge·hen *vi irreg sein* ❶ (*dorthin gehen*) to go ❷ (*geh: vergehen*) to pass, to go by
hin|ge·hö·ren* *vi* (*fam*) to belong
hin|ge·ra·ten* *vi irreg sein* ■ **irgendwo ~** to land somewhere; **wo ist meine Tasche ~?** where has my bag got to?; **wo bin ich denn hier ~?** what am I doing here?
hin·ge·ris·sen I. *adj* spellbound **II.** *adv* raptly, with rapt attention
hin|gu·cken *vi* (*fam*) to look
hin|hal·ten *vt irreg* ❶ (*entgegenhalten*) ■ **jdm etw ~** to hold sth out to sb ❷ (*aufhalten*) to keep waiting; ■ **sich von jdm ~ lassen** to be fobbed off by sb
Hin·hal·te·tak·tik *f* delaying tactics
hin|hau·en *irreg* **I.** *vi* (*fam*) ❶ (*gut gehen*) to work ❷ (*ausreichen*) to be enough ❸ (*zuschlagen*) to lash out **II.** *vr* (*sl*) ■ **sich ~** ❶ (*schlafen*) to turn in ❷ (*sich hinflegeln*) to plonk down **III.** *vt* (*fam: schlampig erledigen*) to rush through; (*ein Schriftstück schlampig erledigen*) to dash off
hin|hö·ren *vi* to listen; **genau ~** to listen carefully
hin·ken ['hɪŋkn̩] *vi* ❶ *haben* (*das Bein nachziehen*) to limp; **mit einem Bein ~** to have a gammy leg ❷ *haben* (*nicht ganz zutreffen*) **der Vergleich hinkt** the comparison doesn't work
hin|kni·en *vi, vr vi: sein* to kneel down
hin|kom·men *vi irreg sein* ❶ (*irgendwohin gelangen*) ■ **irgendwo ~** to get somewhere; **ich weiß nicht, wo die Brille hingekommen ist** I don't know where the glasses have got to ❷ (*an bestimmten Platz gehören*) ■ **irgendwo ~** to belong somewhere ❸ (*fam: auskommen*) to manage (**mit** with) ❹ (*fam: stimmen*) to be [about] right
hin|krie·gen *vt* (*fam*) ❶ (*richten*) to mend ❷ (*fertig bringen*) to manage; **etw gut ~** to make a good job of sth
hin·läng·lich I. *adj* sufficient, adequate **II.** *adv* sufficiently, adequately
hin|las·sen *vt irreg* ■ **jdn ~** to let sb go; (*in die Nähe*) to let sb near
hin|lau·fen *vi irreg sein* ■ **[irgendwo] ~** ❶ (*an eine bestimmte Stelle eilen*) to run [somewhere] ❷ DIAL (*fam: zu Fuß gehen*) to walk somewhere, to go somewhere on foot
hin|le·gen I. *vt* ❶ (*niederlegen*) to put down ❷ (*flach lagern*) to lay down ❸ (*ins Bett bringen*) to put to bed ❹ (*fam: bezahlen*) to pay ❺ (*fam: eindrucksvoll darbieten*) to do; **eine brillante Rede ~** to do a brilliant speech **II.** *vr* ■ **sich ~** ❶ (*schlafen gehen*) to have a lie-down ❷ (*fam: hinfallen*) to fall [over]
hin|neh·men *vt irreg* ❶ (*ertragen*) to accept, to put up with; **etw als selbstverständlich ~** to take sth for granted; **etw ~ müssen** to have to accept sth ❷ (*einstecken*) *Niederlage, Verlust* to suffer
hin·rei·chend I. *adj* sufficient; *Gehalt, Einkommen* adequate **II.** *adv* ❶ (*genügend*) **~ lange/oft** long/often enough ❷ (*zur Genüge*) sufficiently, adequately
Hin·rei·se *f* trip [somewhere]; (*mit dem Auto*) drive; (*mit dem Schiff*) voyage; **auf der ~** on the way [there]; **Hin- und Rückreise** both ways
hin|rei·ßen *vt irreg* ❶ (*begeistern*) to enchant; ■ **[von jdm] hingerissen sein** to be enchanted [by sb]; (*verliebt sein*) to be smitten with sb ❷ (*spontan verleiten*) **sich zu etw** *dat* **~ lassen** to allow oneself to be driven to sth; **sich ~ lassen** to allow oneself to be carried away, to let oneself be carried away
hin·rei·ßend I. *adj* enchanting, captivating; *Schönheit* striking **II.** *adv* enchantingly; **~ aussehen** to look enchanting
hin|ren·nen *vi irreg sein s.* **hinlaufen 1**
hin|rich·ten *vt* to execute

Hin·rich·tung f execution
Hin·rich·tungs·kom·man·do nt execution squad
hin|schau·en vi DIAL to look
hin|schei·den vi irreg (geh) to pass away
hin|schi·cken vt to send [to]
hin|schmei·ßen vt irreg (fam) s. **hinwerfen**
hin|se·hen vi irreg to look; **vom bloßen H~** just the sight [of sth]; **bei genauerem H~** on closer inspection
hin|set·zen I. vr ■ sich ~ ❶ (sich niederlassen) to sit down ❷ (fam: sich bemühen) to get down to it II. vt to put down
Hin·sicht f kein pl **in beruflicher ~** with regard to a career, career-wise fam; **in gewisser ~** in certain respects; **in jeder ~** in every respect; **in mancher ~** in some respects
hin·sicht·lich präp +gen (geh) with regard to
hin|stel·len I. vt ❶ (an einen Platz stellen) to put ❷ (fam: bauen) to put up ❸ (abstellen) to park ❹ (charakterisieren) ■ jdn als etw akk ~ to make sb out to be sth; **jdn als Beispiel ~** to hold sb up as an example II. vr ❶ (sich aufrichten) ■ sich ~ to stand up straight ❷ (sich an eine bestimmte Stelle stellen) ■ sich vor jdn ~ to plant oneself in front of sb
hin·ten ['hɪntn̩] adv ❶ (entfernt) at the end; **~ im Buch** at the back of the book; **ein Buch von vorn[e] bis ~ lesen** to read a book from cover to cover; **im Garten** at the bottom of the garden; **sich ~ anstellen** to join the back [of a queue [or AM line]]; **weit ~ liegen** to be tailed off BRIT; **das wird weiter ~ erklärt** that's explained further towards the end ❷ (auf der abgewandten Seite) at the back; **ein Zimmer nach ~** a room at the back; **nach ~ durchgehen** to go to the back; **von ~ kommen** to come from behind ▶ **~ und vorn[e]** (fam) left, right and centre; **jdn ~ und vorn[e] bedienen** to wait on sb hand and foot; **~ und vorn[e] nicht** (fam) no way; **nicht mehr wissen, wo ~ und vorn[e] ist** to not know if one's on one's head or one's heels; **jdn am liebsten von ~ sehen** (fam) to be glad to see the back of sb
hin·ten·dran ['hɪntn̩'dran] adv (fam) on the back **hin·ten·drauf** ['hɪntn̩'draʊf] adv (fam) ❶ (hinten auf der Ladefläche) at the back **hintendran hin·ten·he·rum** ['hɪntn̩hɛ'rʊm] adv ❶ (von der hinteren Seite) round the back ❷ (fam: auf Umwegen) indirectly, in a roundabout way; **ich habe es ~ erfahren** a little bird told me prov ❸ (fam: illegal) through the back door
hin·ten·rum ['hɪntn̩rʊm] adv (fam) s. **hintenherum**
hin·ter ['hɪntɐ] I. präp +dat ❶ (da~) at the back of, behind ❷ (jenseits von etw) behind; **~ diesem Berg/Hügel** on the other side of this mountain/hill; **~ der Grenze** on the other side of the border ❸ (am Schluss von) after ❹ (nach) after; **~ jdm an die Reihe kommen** to come after sb; **etw ~ sich bringen** to get sth over with ❺ (fig) **~ etw kommen** to find out about sth; **sich ~ jdn stellen** to back sb up II. präp +akk räumlich (auf die Rückseite von etw) behind; **etw fällt ~ ein Sofa** sth falls behind a sofa; **20 km ~ sich haben** to have covered 20 km III. part (fam) s. **dahinter**
Hin·ter·ach·se f back [or rear] axle **Hin·ter·aus·gang** m back exit; (zu einem privaten Haus) back door **Hin·ter·ba·cke** f meist pl (fam) buttock; ■ **~n** buttocks, backside **Hin·ter·bänk·ler(in)** <-s, -> ['hɪntɐbɛŋklɐ] m(f) POL (pej) ≈ backbencher (insignificant member of parliament)
Hin·ter·bein nt hind leg
Hin·ter·blie·be·ne(r) [hɪntɐ'bliːbənə, -nə] f(m) dekl wie adj bereaved [family]; **seine Tochter war die einzige ~** his daughter was his only surviving relative; ■ **die ~n** the surviving dependants
hin·te·re(r, s) ['hɪntərə, -rə, -rəs] adj ■ **der/die/das ~ ...** the rear ...
hin·ter·ein·an·der [hɪntɐʔaɪn'andɐ] adv ❶ räumlich (einer hinter dem anderen) one behind the other ❷ zeitlich (aufeinanderfolgend) one after the other; **mehrere Tage ~** several days running, on several consecutive days
Hin·ter·ein·gang m the rear entrance; (zu einem privaten Haus) back door
hin·ter·fot·zig ['hɪntɐfɔtsɪç] adj DIAL (derb) underhand, devious
hin·ter|fra·gen* [hɪntɐ'fraːgn̩] vt (geh) to question, to analyse **Hin·ter·ge·dan·ke** m ulterior motive **hin·ter|ge·hen*** ['hɪntɐgeːən] vt irreg ❶ (betrügen) to deceive, to go behind sb's back; (betrügen um Profit zu machen) to cheat, to double-cross ❷ (sexuell betrügen) to be unfaithful, to two-time
Hin·ter·grund m ❶ (hinterer Teil des Blickfeldes) background; (eines Raums) the back of a room ❷ (Umstände) ■ **der ~ einer S.** gen the background to

sth; **der ~ einer Geschichte** the setting to a story *liter* ③ *pl* (*Zusammenhänge*) ■ **die Hintergründe einer S.** *gen* the [true] facts about sth ▸ **vor dem ~ einer S.** *gen* in/against the setting of sth

hin·ter·grün·dig I. *adj* enigmatic, mysterious II. *adv* enigmatically, mysteriously

Hin·ter·halt *m* (*pej*) ambush; **in einen ~ geraten** to be ambushed; **aus dem ~ angreifen** to attack without warning

hin·ter·häl·tig ['hɪntɛhɛltɪç] I. *adj* (*pej*) underhand, devious, shifty II. *adv* (*pej*) in an underhand manner

Hin·ter·häl·tig·keit <-, -en> *f* (*pej*) ① *kein pl* (*Heimtücke*) underhandedness, deviousness, shiftiness ② (*heimtückische Tat*) underhand act

Hin·ter·hand *f* ZOOL hindquarters *npl* ▸ **etw in der ~ haben** to have sth up one's sleeve [*or* in reserve]

hin·ter·her [hɪntɐ'heːɐ̯] *adv* ① räumlich behind; ■ **jdm ~ sein** to be after sb ② zeitlich after that, afterwards

hin·ter·her|fah·ren *vi irreg sein* to follow, to drive behind **hin·ter·her|he·cheln** *vi* (*pej fam*) to try to catch up with **hin·ter·her|lau·fen** [hɪntɐ'heːɐ̯laʊfn̩] *vi irreg sein* to run after

Hin·ter·hof *m* courtyard, back yard; (*Garten*) back garden

Hin·ter·kopf *m* back of the head ▸ **etw im ~ behalten** to keep sth in mind **Hin·ter·land** *nt kein pl* hinterland

hin·ter·las·sen* [hɪntɐ'lasn̩] *vt irreg* to leave; **etw in Unordnung ~** to leave sth in a mess; **bei jdm einen Eindruck ~** to make an impression on sb

Hin·ter·las·sen·schaft <-, -en> *f* ① (*literarisches Vermächtnis*) posthumous works ② (*fam: übrig gelassene Dinge*) leftovers *pl*

hin·ter·le·gen* [hɪntɐ'leːɡn̩] *vt* ■ **etw [bei jdm] ~** to leave sth [with sb]; *Sicherheitsleistung, Betrag* to supply [sb with] sth

Hin·ter·list *f kein pl* ① (*Heimtücke*) deceit *no pl, no art,* deception *no pl, no art,* duplicity *no pl, no art* ② (*Trick, List*) trick, ploy, ruse

hin·ter·lis·tig I. *adj* deceitful, deceptive, shifty II. *adv* deceitfully, deceptively, shiftily

hin·term ['hɪntɐm] = **hinter dem** *s.* **hinter**

Hin·ter·mann <-männer> *m* ① (*räumlich*) the person behind ② *pl* (*pej fam: Drahtzieher*) person pulling the strings, brains [behind the operation]

hin·tern ['hɪntɐn] = **hinter den** *s.* **hinter**

Hin·tern <-s, -> ['hɪntɐn] *m* (*fam*) (*Gesäß*) bottom, behind, backside; **jdm den ~ versohlen** to tan sb's bottom ▸ **ich könnte mich in den ~ beißen!** (*sl*) I could kick myself!; **sich auf den ~ setzen** (*fam: stürzen*) to fall on one's bottom; (*eifrig lernen oder arbeiten*) to knuckle down to sth, to get one's finger out BRIT

Hin·ter·rad *nt* rear wheel

Hin·ter·rad·an·trieb *m* rear-wheel drive

hin·ter·rücks ['hɪntɐryks] *adv* ① (*von hinten*) from behind ② (*im Verborgenen*) behind sb's back

hin·ters ['hɪntɐs] = **hinter das** *s.* **hinter**

hin·ter·sin·nig *adj* with a deeper meaning; *Bemerkung a.* subtle, profound

Hin·ter·sitz *m* (*Rücksitz*) back seat

hin·ters·te(r, s) ['hɪntɐstɐ, -tɐ, -təs] *adj superl von* **hintere(r, s)** (*entlegenste*) farthest, deepest *hum*

Hin·ter·teil *nt* (*fam*) *s.* **Hintern Hin·ter·tref·fen** *nt kein pl* [gegenüber jdm] **ins ~ geraten** to fall behind [sb]; **im ~ sein** to be at a disadvantage **Hin·ter·trep·pe** *f* back stairs **Hin·ter·tür** *f,* **Hin·ter·türl** <-s, -[n]> *nt* ÖSTERR ① (*hintere Eingangstür*) back entrance; (*zu einem privaten Haus*) back door ② (*fam: Ausweg*) back door, loophole ▸ **sich** *dat* **eine Hintertür offen halten** to leave a back door open; **durch die Hintertür** by the back door

Hin·ter·wäld·ler(in) <-s, -> ['hɪntɐvɛltlɐ] *m(f)* (*pej fam*) country bumpkin, yokel

hin·ter·wäld·le·risch *adj* (*pej fam*) country bumpkin, provincial BRIT

hin·ter|zie·hen* [hɪntɐ'tsiːən] *vt irreg* to evade

Hin·ter·zim·mer *nt* ① (*nach hinten liegendes Zimmer*) back room, room at the back ② ÖKON back office

hin|tun *vt irreg* (*fam: hinlegen*) ■ **etw irgendwohin ~** to put sth somewhere

hi·nü·ber [hɪ'nyːbɐ] *adv* ① (*nach drüben*) across, over ② (*fam: verdorben*) off, bad ③ (*fam: defekt*) ▸ **~ sein** to have had it; (*ruiniert sein*) to be done for ④ (*fam: ganz hingerissen*) bowled over

hi·nü·ber|fah·ren *irreg* I. *vt haben* ■ **jdn/etw ~** to drive [*or* take] sb/sth (**auf** + *akk* to) II. *vi sein* ■ **[nach ...] ~** to drive across [to ...] **hi·nü·ber|ge·hen** *vi irreg sein* (*nach drüben gehen*) ■ **[nach...] ~** to go over [to ...]; **man darf erst bei Grün auf die andere Straßenseite ~** you have to wait for the green light before you cross the road **hi·nü·ber|rei·chen** I. *vt* (*geh*) ■ **[jdm] etw ~** to pass sth across [to sb] II. *vi*

■ [über etw *akk*] ~ to reach over [sth]; **der Ast reicht drei Meter in Nachbars Garten hinüber!** the branch reaches three metres over the neighbour's garden
Hin·und·her·ge·re·de, Hin-und-Her-Ge·re·de *nt* (*fam*) aimless chatter; (*Streit*) argy-bargy Brit
hi·nun·ter [hɪˈnʊntɐ] *adv* down
hi·nun·ter|fah·ren *irreg* **I.** *vi sein* to go down **II.** *vt* to drive down **hi·nun·ter|fal·len** *irreg sein* **I.** *vi* to fall down/off; **aus dem 8. Stock/von der Fensterbank ~** to fall from the 8th floor/off the window sill **II.** *vt* ■ **etw ~** to fall down sth **hi·nun·ter|ge·hen** [hɪˈnʊntɐgeːən] *irreg sein* **I.** *vi* ❶ (*nach unten gehen*) to go down ❷ (*die Flughöhe verringern*) to descend (**auf** to) **II.** *vt* ■ **etw ~** to go down sth **hi·nun·ter|rei·chen I.** *vt* ■ **jdm etw ~** to hand down sth to sb *sep* **II.** *vi* ■ [**jdm**] **bis zu etw** *dat* **~** to reach down to sb's sth; **das Kleid reicht mir bis zu den Knöcheln hinunter** the dress reaches down to my ankles **hi·nun·ter|schlu·cken** *vt* ❶ (*schlucken*) to swallow [down *sep*] ❷ (*fam: sich verkneifen*) to suppress; *Erwiderung* to stifle [*or* to bite back] **hi·nun·ter|spü·len** *vt* ❶ (*nach unten wegspülen*) to flush down *sep* ❷ (*mit einem Getränk hinunterschlucken*) to wash down *sep* (**mit** with) ❸ (*fam: verdrängen*) to ease (**mit** with) **hi·nun·ter|stür·zen I.** *vi sein* ❶ (*heftig hinunterfallen*) to fall [down] ❷ (*eilends hinunterlaufen*) to dash [*or* rush] down; **sie stürzte hinunter, um die Tür aufzumachen** she rushed down[stairs] to answer the door **II.** *vt* ❶ *sein* (*schnell hinunterlaufen*) ■ **etw ~** to dash [*or* rush] down sth; **die Treppe ~** to rush [*or* dash] down[the]stairs ❷ *haben* (*nach unten stürzen*) ■ **jdn ~** to throw down sb *sep* ❸ *haben* (*fam*) ■ **etw ~** to gulp down sth *sep;* **einen Schnaps ~** to knock back a schnapps *sep fam* **III.** *vr* ■ **sich ~** to throw oneself down/off; **sich eine Brücke/die Treppe ~** to throw oneself off a bridge/down the stairs **hi·nun·ter|wer·fen** *vt irreg* to throw down **hi·nun·ter|wür·gen** *vt* to choke down *sep*
hin|wa·gen *vr* ■ **sich ~** to dare [to] approach
hin·weg [hɪnˈvɛk] *adv* (*veraltend geh*) ■ **~!** begone!; ■ **~ mit jdm/etw** *dat* away with sb/sth; **über jdn/etw ~ sein** to have got over sb/sth; **über lange Jahre ~** for [many long] years

Hin·weg [ˈhɪnveːk] *m* way there; **auf dem ~** on the way there
hin·weg|ge·hen [hɪnˈvɛkgeːən] *vi irreg sein* ■ **über etw** *akk* **~** to disregard sth
hin·weg|hel·fen *vi irreg* ■ **jdm über etw** *akk* **~** to help sb [to] get over sth **hin·weg|kom·men** *vi irreg sein* ■ **über etw** *akk* **~** to get over sth **hin·weg|se·hen** *vi irreg* ■ **über jdn/etw ~** ❶ (*unbeachtet lassen*) to overlook sb/sth ❷ (*ignorieren*) to ignore sb/sth ❸ (*darüber sehen*) to see over sb['s head]/sth **hin·weg|set·zen** *vr* ■ **sich über etw** *akk* **~** to disregard sth
Hin·weis <-es, -e> [ˈhɪnvaɪs, *pl* -vaɪzə] *m* ❶ (*Rat*) advice *no pl, no art,* tip ❷ (*Anhaltspunkt*) clue, indication
hin|wei·sen *irreg* **I.** *vt* ■ **jdn darauf ~, dass ...** to point out [to sb] that ... **II.** *vi* ■ **auf jdn/etw ~** to point to sb/sth
Hin·weis·schild *nt* sign
hin|wer·fen *irreg vt* ❶ (*zuwerfen*) to throw to ❷ (*irgendwohin werfen*) to throw down *sep;* (*fallen lassen*) to drop ❸ (*fam: aufgeben*) to give up *sep,* to chuck [in *sep*] ❹ (*flüchtig erwähnen*) to drop ❺ (*flüchtig zu Papier bringen*) to dash off **hin|wol·len** *vi* (*fam*) to want to go **hin|zie·hen** *irreg* **I.** *vt haben* (*zu sich ziehen*) ■ **jdn/etw zu sich** *dat* **~** to pull sb/sth towards one ❷ (*anziehen*) ■ **es zieht jdn zu etw** *dat* **hin** sb is attracted to sth ❸ (*hinauszögern*) to delay **II.** *vi sein* (*sich hinbewegen*) to move **III.** *vr* ■ **sich ~** ❶ (*sich verzögern*) to drag on ❷ (*sich erstrecken*) to extend along
hin|zie·len *vi* ■ **auf etw** *akk* **~** ❶ (*zum Ziel haben*) to aim at sth; ❷ (*auf etw gerichtet sein*) to be aimed at sth, to refer to sth
hin·zu [hɪnˈtsuː] *adv* in addition, besides
hin·zu|fü·gen *vt* ❶ (*beilegen*) to enclose ❷ (*zusätzlich bemerken*) to add; **das ist meine Meinung, dem habe ich nichts mehr hinzuzufügen!** that is my opinion, I have nothing further to add to it ❸ (*nachträglich hineingeben*) to add **hin·zu|kom·men** [hɪnˈtsuːkɔmən] *vi irreg sein* ❶ (*zusätzlich eintreffen*) to arrive; (*aufkreuzen*) to appear [on the scene] ❷ (*sich noch ereignen*) ■ **es kommt [noch] hinzu, dass ...** there is also the fact that ... ❸ (*dazukommen*) **kommt sonst noch etwas hinzu?** will there be anything else? **hin·zu|zäh·len** *vt* ❶ (*als dazugehörig ansehen*) to include ❷ (*hinzurechnen*) ■ **etw [mit] ~** to add on sth **hin·zu|zie·hen** *vt irreg* to consult
Hi·obs·bot·schaft [ˈhiːɔps-] *f* bad news *no pl, no indef art*

Hip-Hop <-s> ['hɪphɔp] *m kein pl* MUS, MODE hip-hop *no pl, no art*
Hip·pie <-s, -s> ['hɪpi] *m* hippie
Hirn <-[e]s, -e> [hɪrn] *nt* ❶ (*Ge~*) brain ❷ (*~ masse*) brains *pl*
Hirn·ge·spinst *nt* fantasy; ■ **~e** figments of the imagination **Hirn·haut** *f* meninx *spec* **Hirn·haut·ent·zün·dung** *f* meningitis
hirn·ris·sig *adj* (*pej fam*) hare-brained **Hirn·schlag** *m* MED stroke **Hirn·strom** *m meist pl* BIOL, MED brain wave activity **Hirn·tod** *m* brain death *no pl, no art* **hirn·ver·brannt** *adj* (*fam*) *s.* **hirnrissig**
Hirsch <-es, -e> [hɪrʃ] *m* ❶ (*Rot~*) deer ❷ (*~fleisch*) venison *no art, no pl*
Hirsch·ge·weih *nt* antlers *pl* **Hirsch·kä·fer** *m* stag beetle **Hirsch·kuh** *f* hind
Hir·se <-, -n> ['hɪrzə] *f* millet *no pl, no art*
Hir·te, Hir·tin <-n, -n> ['hɪrtə] *m, f* ❶ herdsman *masc;* (*Schaf~*) shepherd *masc*/shepherdess *fem* ❷ REL pastor ▶ **der Gute ~** the Good Shepherd
Hir·ten·brief *m* REL pastoral letter
his, His <-, -> [hɪs] *nt* MUS B sharp
His·pa·nis·tik <-> [hɪspaˈnɪstɪk] *f kein pl* SCH Spanish [language and literature] *no pl*
his·sen ['hɪsn̩] *vt* to hoist
His·ta·min <-s> [hɪstaˈmiːn] *nt kein pl* histamine *no pl, no art*
His·to·ri·ker(in) <-s, -> [hɪsˈtoːrikɐ] *m(f)* historian
his·to·risch [hɪsˈtoːrɪʃ] I. *adj* ❶ (*die Geschichte betreffend*) historical ❷ (*geschichtlich bedeutsam*) historic II. *adv* historically; **~ belegt sein** to be historically proven
Hit <-s, -s> [hɪt] *m* (*fam*) ❶ (*erfolgreicher Schlager*) hit ❷ (*Umsatzrenner*) roaring success
Hit·lis·te *f* charts *npl* **Hit·pa·ra·de** *f* ❶ (*Musiksendung*) chart show, top of the pops *no indef art* BRIT ❷ *s.* **Hitliste**
Hit·ze <-, -n> ['hɪtsə] *f* heat *no pl, no indef art;* **bei mittlerer ~ backen** to bake in a medium oven
hit·ze·be·stän·dig *adj* heat-resistant **Hit·ze·wal·lung** *f meist pl* hot flush **Hit·ze·wel·le** *f* heat wave
hit·zig ['hɪtsɪç] I. *adj* ❶ (*leicht aufbrausend*) hot-headed, quick-tempered; *Reaktion* heated; *Temperament* fiery ❷ (*leidenschaftlich*) passionate; *Debatte* heated II. *adv* passionately
Hitz·kopf *m* (*fam*) hothead
hitz·köp·fig *adj* (*fam*) hot-headed
Hitz·schlag *m* heatstroke; (*von der Sonne a.*) sunstroke

HIV <-[s]> [haːʔiːˈfaʊ] *nt Abk von* **Human Immunodeficiency Virus** HIV *no pl, no art*
HIV-in·fi·ziert [haːʔiːˈfaʊ-] *adj* HIV-positive
HIV-ne·ga·tiv [haːʔiːˈfaʊˈ-] *adj* HIV-negative **HIV-po·si·tiv** [haːʔiːˈfaʊˈ-] *adj* HIV-positive **HIV-Test** [haːʔiːˈfaʊ-] *m* HIV test
Hi·wi <-s, -s> ['hiːvi] *m* (*sl*) assistant
Hl. *Abk von* **Heilige(r)** St
hm *interj* ❶ (*anerkennendes Brummen*) hm ❷ (*fragendes Brummen*) er[m]
H-Milch ['haː] *f* long-life milk
h-Moll ['haːˈmɔl] *nt* MUS B minor
HNO-Arzt, -Ärz·tin [haːʔɛnˈʔoː-] *m, f* ENT specialist
hob ['hoːp] *imp von* **heben**
Hob·by <-s, -s> ['hɔbi] *nt* hobby
Hob·by·raum *m* hobby room, workroom
Ho·bel <-s, -> ['hoːbl̩] *m* ❶ (*Werkzeug*) plane ❷ (*Küchengerät*) slicer
Ho·bel·bank <-bänke> *f* carpenter's bench
ho·beln ['hoːbl̩n] *vt, vi* ❶ (*mit dem Hobel glätten*) to plane ❷ (*mit dem Hobel schneiden*) to slice
hoch [hoːx] I. *adj* <*attr* hohe(r, s), höher, *attr* höchste(r, s)> ❶ (*räumlich*) high, tall; *Baum* tall; **eine hohe Schneedecke** a high ceiling; **eine hohe Schneedecke** deep snow; **20 Meter ~ sein** to be 20 metres tall/high ❷ (*beträchtlich, groß*) high, large; *Betrag* large; *Kosten* high; **ein hoher Lotteriegewinn** a big lottery win; *Temperatur, Geschwindigkeit, Lebensstandard, Druck* high; *Verlust* severe; *Sachschaden* extensive; **du hast aber hohe Ansprüche!** you're very demanding! ❸ (*bedeutend*) great, high; **hohes Ansehen** great respect; **ein hoher Feiertag** an important public holiday; **hohe Offiziere** high-ranking officers ❹ (*sehr*) highly; **~ begabt** highly gifted; **~ besteuert** highly taxed; **~ favorisiert sein** to be the strong favourite; **~ gelobt** highly praised; **~ konzentriert arbeiten** to be completely focused on one's work; **~ qualifiziert** highly qualified; **~ versichert** heavily insured; **~ verschuldet** deep in debt *pred;* **jdm etw ~ anrechnen** to give sb a great credit for sth; **jdn/etw zu ~ einschätzen** to overestimate sb/sth ❺ *präd* **jdm zu ~ sein** (*fam*) to be above sb's head II. *adv* <höher, am höchsten> ❶ (*nach oben*) **wie ~ kannst du den Ball werfen?** how high can you throw the ball?; **etw ~ halten** to hold up sth *sep;* **~ gewachsen** tall; **einen Gang ~ schalten** AUTO to shift [up] gears ❷ (*in einiger*

Höhe) **die Sterne stehen ~ am Himmel** the stars are high up in the sky; **~ gelegen** high-lying *attr;* **~ oben** high up; **im Keller steht das Wasser 3 cm ~** the water's 3 cm deep in the cellar ❸ (*äußerst*) extremely, highly ❹ (*eine hohe Summe umfassend*) highly; **~ gewinnen** to win a large amount; **~ wetten** to bet heavily ❺ MATH (*Bezeichnung der Potenz*) **2 ÷ 4** 2 to the power of 4 ▶ **zu ~ gegriffen sein** to be an exaggeration; **~ und heilig schwören, dass ...** to swear blind that ...; **etw ~ und heilig versprechen** to promise sth faithfully; **~ hergehen** (*fam*) to be lively; **~ hinauswollen** (*fam*) to aim high; **wenn es ~ kommt** (*fam*) at the most; **|bei etw *dat*| ~ pokern** (*fam*) to take a big chance [with sth]

Hoch[1] <-s, -s> [ho:x] *nt* cheer; **ein dreifaches ~ dem glücklichen Brautpaar** three cheers for the happy couple

Hoch[2] <-s, -s> [ho:x] *nt* METEO high

Hoch·ach·tung *f* deep respect; **meine ~!** my compliments! **hoch·ach·tungs·voll** *adv* (*geh*) your obedient servant *dated form* **hoch·ak·tu·ell** *adj* ❶ (*äußerst aktuell*) highly topical ❷ MODE highly fashionable, all the rage *pred* **Hoch·al·tar** *m* high altar **Hoch·amt** *nt* ■ **das ~** High Mass **hoch·an·stän·dig** *adj* very decent **hoch|ar·bei·ten** *vr* ■ **sich ~** to work one's way up **Hoch·bahn** *f* elevated railway **Hoch·bau** *m kein pl* structural engineering *no pl, no art* **hoch|be·kom·men*** *vt irreg* to [manage to] lift up **hoch·be·rühmt** *adj* very famous **hoch·be·tagt** *adj* (*geh*) aged **Hoch·be·trieb** *m* intense activity *no pl;* **~ haben** to be very busy **Hoch·burg** *f* stronghold **hoch·deutsch** ['ho:xdɔytʃ] *adj* High [*or* standard] German **Hoch·druck** *m kein pl* PHYS, METEO high pressure **Hoch·druck·ge·biet** *nt* METEO area of high pressure, high-pressure area **Hoch·druck·rei·ni·ger** *m* pressure washer, high-pressure cleaner **Hoch·ebe·ne** *f* plateau **hoch·er·freut** *adj* overjoyed, delighted **hoch|fah·ren** *irreg* I. *vi sein* ❶ (*nach oben fahren*) to go up ❷ (*sich plötzlich aufrichten*) **aus dem Schlaf ~** to start up from one's sleep, to wake up with a start ❸ (*aufbrausen*) to flare up II. *vt haben* ❶ (*nach oben fahren*) **können Sie uns nach Hamburg ~?** can you drive us up to Hamburg? ❷ (*auf volle Leistung bringen*) *Produktion* to raise; *Computer* to boot **Hoch·form** *f* top form **Hoch·for·mat** *nt* portrait [*or* vertical] format **Hoch·fre·quenz** *f* high frequency **Hoch·ga·ra·ge** *f* multi-storey car park **Hoch·ge·bir·ge** *nt* high mountains *pl* **Hoch·ge·fühl** *nt* elation **hoch|ge·hen** *irreg sein* I. *vi* ❶ (*hinaufgehen*) to go up ❷ (*fam: detonieren*) to go off; ■ **etw ~ lassen** to blow up sth *sep* ❸ (*fam: wütend werden*) to blow one's top ❹ (*fam*) *Preise* to go up ❺ (*fam: enttarnt werden*) to get caught; ■ **jdn/etw ~ lassen** to bust sb/sth II. *vt* ■ **etw ~** to go up sth **Hoch·ge·nuss**[RR] *m* real delight **Hoch·ge·schwin·dig·keits·zug** *m* high-speed train **hoch·ge·sto·chen** I. *adj* (*pej fam*) ❶ (*geschraubt*) highbrow ❷ (*eingebildet*) conceited, stuck-up II. *adv* in a highbrow way **Hoch·glanz** *m* FOTO high gloss; **etw auf ~ bringen** to polish sth till it shines **Hoch·glanz·ma·ga·zin** *nt* glossy [magazine]

hoch·gra·dig I. *adj* extreme II. *adv* extremely

hoch·ha·ckig *adj* high-heeled

hoch|hal·ten *vt irreg* ❶ (*in die Höhe halten*) to hold up *sep* ❷ (*ehren*) to uphold **Hoch·haus** *nt* high-rise [*or* AM multi-story] building **hoch|he·ben** *vt irreg* ❶ (*in die Höhe heben*) to lift up *sep* ❷ (*emporstrecken*) to put up *sep* **hoch·in·tel·li·gent** *adj* highly intelligent **hoch·in·te·res·sant** *adj* most interesting **hoch|ju·beln** *vt* to hype

hoch·kant ['ho:xkant] *adv* on end; **etw ~ stellen** to stand sth on end

hoch·kan·tig ['ho:xkantɪç] *adv* on end

hoch|klet·tern *sein* I. *vi* ■ **[an etw *dat*] ~** to climb up sth II. *vt* ■ **etw ~** to climb up sth **hoch|kom·men** *irreg sein* I. *vi* ❶ (*nach oben kommen*) to come up; **kommen Sie doch zu mir ins Büro hoch** come up to my office ❷ (*an die Oberfläche kommen*) ■ **|wieder| ~** to come up [again]; *Taucher a.* to [re]surface ❸ (*fam: aufstehen können*) to get up ❹ (*fam*) ■ **es kommt jdm hoch** it makes sb sick; **wenn ich nur daran denke, kommt es mir schon hoch!** it makes me sick just thinking about it! ❺ (*in Erscheinung treten*) ■ **|in jdm| ~** to well up [in sb]; *Betrug* to come to light II. *vt* ■ **etw ~** to come up sth **Hoch·kon·junk·tur** *f* [economic] boom **hoch|krem·peln** *vt* to roll up *sep;* **die Hemdsärmel ~** to roll up one's shirt-sleeves **hoch|krie·gen** *vt* (*fam*) *s.* hochbekommen **Hoch·kul·tur** *f* [very] advanced civilization **hoch|la·den** *vt irreg* INET to upload **Hoch·land** ['ho:xlant] *nt* highland *usu pl;* **das schottische ~** the Scottish Highlands *npl* **Hoch·leis·tung** *f* top-class performance **Hoch·leis·tungs·sport** *m* top-level sport **hoch·mo·dern I.** *adj* ultra-modern; ■ **~ sein** to be the latest fashion **II.** *adv* in the latest fashion[s] **Hoch·moor** *nt* [upland] moor

Hoch·mut ['hoːxmuːt] *m (pej)* arrogance ▶ **~ kommt vor dem Fall** *(prov)* pride goes before a fall *prov*

hoch·mü·tig ['hoːxmyːtɪç] *adj* arrogant

hoch·nä·sig ['hoːxnɛːzɪç] **I.** *adj (pej fam)* conceited, snooty **II.** *adv (pej fam)* conceitedly, snootily

Hoch·ne·bel *m* METEO [low] stratus *spec*

hoch|neh·men *vt irreg* ❶ *(nach oben heben)* to lift up *sep* ❷ *(fam: auf den Arm nehmen)* ■ **jdn ~** to have sb on

hoch·not·pein·lich *adj* cringeworthy

Hoch·ofen *m* blast furnace **hoch·pro·zen·tig** *adj* ❶ *(Alkohol enthaltend)* high-proof ❷ *(konzentriert)* highly concentrated **hoch·ran·gig** <höherrangig, höchstrangig> *adj attr* high-ranking **hoch|rech·nen** *vt* to project **Hoch·rech·nung** *f* projection **hoch·rot** ['hoːxˈroːt] *adj* bright red **Hoch·sai·son** *f* ❶ *(Zeit stärksten Betriebes)* the busiest time ❷ *(Hauptsaison)* high season **hoch|schla·gen** *irreg* **I.** *vt haben* ■ **etw ~** to turn up sth *sep*; **mit hochgeschlagenem Kragen** with one's collar turned up **II.** *vi sein* to surge; *Flammen* to leap up; ■ **~d** surging/leaping **hoch|schnel·len** *vi sein* ■ [**von etw** *dat*] **~** to leap up [from/out of sth]; *Sprungfeder* to pop up [out of sth]

Hoch·schul·ab·schluss^RR *m* degree

Hoch·schul·ab·sol·vent(in) <-en, -en> *m(f)* college [*or* university] graduate **Hoch·schul·bil·dung** *f* university/college education; **mit/ohne ~** with/without a university/college education

Hoch·schu·le ['hoːxʃuːlə] *f* ❶ *(Universität)* university ❷ *(Fach~)* college; **pädagogische ~** teacher training college

Hoch·schü·ler(in) *m(f)* student

Hoch·schul·leh·rer(in) *m(f)* university/ college lecturer **Hoch·schul·rei·fe** *f* entrance requirement for higher education **Hoch·schul·stu·di·um** *nt* university/ college education

hoch·schwan·ger *adj* in an advanced stage of pregnancy *pred*

Hoch·see *f kein pl* high sea[s *npl*]; **auf der ~** on the high seas

Hoch·see·fi·sche·rei *f* deep-sea fishing *no pl, no art*

hoch·sen·si·bel <höchstsensibel> *superl adj* highly sensitive

Hoch·sitz *m* JAGD [raised] hide **Hoch·som·mer** *m* midsummer *no pl, no art*, high summer *no pl, no art;* **im ~** in midsummer **Hoch·span·nung** *f* ❶ ELEK high voltage ❷ *kein pl (Belastung)* enormous tension **Hoch·span·nungs·lei·tung** *f* high-voltage line **Hoch·span·nungs·mast** *m* pylon **hoch|spie·len** *vt* ■ **etw ~** to blow up [the importance of] sth; **etw künstlich ~** to blow up sth *sep* out of all proportion **Hoch·spra·che** *f* standard language **Hoch·sprung** *m* high jump

höchst [høːçst] **I.** *adj s.* **höchste(r, s) II.** *adv* most, extremely; **~ erfreut** extremely delighted

Höchst·al·ter *nt* maximum age

Hoch·sta·pe·lei <-, -en> [hoːxʃtaːpəˈlai̯] *f (pej)* fraud *no pl, no art* **Hoch·stap·ler(in)** <-s, -> ['hoːxʃtaːplɐ] *m(f) (pej)* con man

Höchst·be·trag *m* maximum amount

höchs·te(r, s) *attr* **I.** *adj superl von* **hoch** ❶ *(räumlich)* highest, tallest; *Baum* tallest; *Berg* highest ❷ *(bedeutendste)* highest; *Profit* biggest; **aufs H~** extremely, most; **das H~, was ...** the most [that] ...; **zu meiner ~Bestürzung** to my great consternation; **der ~ Feiertag** the most important public holiday; **der ~ Offizier** the highest-ranking officer; **die ~n Ansprüche** the most stringent demands; **von ~r Bedeutung sein** to be of the utmost importance **II.** *adv* ❶ *(räumlich)* the highest; **mittags steht die Sonne am ~n** the sun is highest at midday ❷ *(in größtem Ausmaß)* the most, most of all; **er war am ~n qualifiziert** he was the most qualified ❸ *(die größte Summe umfassend)* the most; **die am ~n versicherten Firmen** the most heavily insured firms

hoch|stei·gen *vi irreg Wut, Angst, Freude* to well up

höchs·tens ['høːçstn̩s] *adv* ❶ *(bestenfalls)* at the most, at best; **er besucht uns selten, ~ zweimal im Jahr** he seldom visits us, twice a year at the most ❷ *(außer)* except

Höchst·fall *m* **im ~** at the most, at best **Höchst·form** *f* top form **Höchst·ge·bot** *nt* highest bid **Höchst·ge·schwin·dig·keit** *f* ❶ *(mögliche Geschwindigkeit)* maximum speed ❷ *(zulässige Geschwindigkeit)* speed limit **Höchst·gren·ze** *f* upper limit

Hoch·stim·mung *f kein pl* **in ~** in high spirits

Höchst·leis·tung *f* maximum performance *no pl* **Höchst·maß** *nt* maximum amount **höchst·per·sön·lich** *adv* in person, personally; **es war die Königin ~** it was the Queen in person **Höchst·preis** *m* maximum price **Höchst·stand** *m* highest level **Höchst·stra·fe** *f* maximum penalty **höchst·wahr·schein·lich** ['hø:çstva:ɐ̯ʃaɪnlɪç] *adv* most likely **höchst·zu·läs·sig** *adj attr* maximum [permissible]

Hoch·tech·no·lo·gie *f* high technology **Hoch·tour** *f* ❶ SPORT (*Hochgebirgstour*) mountain climbing in a high mountain range [*or* area] ❷ *pl* TECH (*größte Leistungsfähigkeit*) **auf ~en laufen** to operate [*or* work] at full speed; (*unter Aufbringen aller Kraftreserven vonstattengehen*) to be in full swing ▸ **jdn auf ~ bringen** (*fam*) to get sb working flat out; **etw auf ~ bringen** (*fam*) to increase sth to full capacity **hoch·tra·bend** (*pej*) I. *adj* pompous II. *adv* pompously **hoch|trei·ben** *vt irreg* to drive up *sep; Kosten, Löhne, Preise a.* to force up **hoch·ver·ehrt** *adj attr* highly respected; **meine ~en Damen und Herren!** ladies and gentlemen! **Hoch·ver·rat** *m* high treason *no pl, no art* **Hoch·was·ser** *nt* ❶ (*Flut*) high tide ❷ (*überhoher Wasserstand*) high [level of] water; **~ führen** to be in flood ❸ (*Überschwemmung*) flood **hoch·wer·tig** ['ho:xve:ɐ̯tɪç] *adj* ❶ (*von hoher Qualität*) [of *pred*] high quality ❷ (*von hohem Nährwert*) highly nutritious

Hoch·zeit <-, -en> ['ho:xtsaɪt] *f* wedding **Hoch·zeits·fei·er** *f* wedding reception **Hoch·zeits·kleid** *nt* wedding dress **Hoch·zeits·nacht** *f* wedding night **Hoch·zeits·rei·se** *f* honeymoon *no pl* **Hoch·zeits·tag** *m* ❶ (*Tag der Hochzeit*) wedding day ❷ (*Jahrestag*) wedding anniversary

hoch|zie·hen *irreg vt* ❶ (*nach oben ziehen*) to pull up *sep;* ■ **sich [an etw *dat*] ~** to pull oneself up [on sth] ❷ (*fam: rasch bauen*) to build [rapidly]

Ho·cke <-, -n> ['hɔkə] *f* ❶ (*Körperhaltung*) crouching position; **in die ~ gehen** to crouch down; **in der ~ sitzen** to crouch, to squat ❷ (*Turnübung*) squat vault

ho·cken ['hɔkn̩] I. *vi* ❶ *haben* (*kauern*) to crouch, to squat ❷ *haben* (*fam: sitzen*) to sit ❸ *sein* SPORT (*in der Hocke springen*) to squat-vault (**über** over) II. *vr* DIAL (*fam: sich setzen*) ■ **sich [zu jdm] ~** to sit down [next to sb]

Ho·cker <-s, -> *m* stool; (*in einer Kneipe a.*) bar stool

Hö·cker <-s, -> ['hœkɐ] *m* ❶ (*Wulst*) hump ❷ (*kleine Wölbung*) bump

Ho·ckey <-s> ['hɔki] *nt kein pl* hockey *no pl, no art,* field hockey AM *no pl, no art*

Ho·ckey·schlä·ger *m* hockey stick

Ho·den <-s, -> ['ho:dn̩] *m* testicle

Ho·den·sack *m* scrotum

Hof <-[e]s, Höfe> [ho:f, *pl* 'hø:fə] *m* ❶ (*Innenhof*) courtyard; (*Schulhof*) playground ❷ (*Bauernhof*) farm ❸ HIST (*Fürstensitz*) court; **bei** [*o* **am**] **~e** at court ❹ (*Halo*) halo ▸ **jdm den ~ machen** (*veraltend*) to woo sb

Hof·da·me *f* lady of the court; (*der Königin*) lady-in-waiting

hof·fen ['hɔfn̩] I. *vi* to hope (**auf** for); ■ **auf jdn ~** to put one's trust in sb II. *vt* ■ **etw ~** to hope for sth; **es bleibt zu ~, dass ...** the hope remains that ...; **das will ich ~** I hope so

hof·fent·lich ['hɔfn̩tlɪç] *adv* hopefully; ■ **~ nicht** I/we hope not

Hoff·nung <-, -en> ['hɔfnʊŋ] *f* hope (**auf** for/of); **es besteht noch ~** there is still hope; **jds letzte ~ sein** to be sb's last hope; **sich an eine falsche ~ klammern** to cling to a false hope; **~ auf etw** *akk* **haben** to have hopes of sth; **sich bestimmten ~en hingeben** to cherish certain hopes; **in der ~, [dass]** ... (*geh*) in the hope [that] ...; **sich** *dat* **~en machen** to have hopes; **sich** *dat* **keine ~en machen** to not hold out any hopes; **jdm ~ machen** to hold out hope to sb; **neue ~ schöpfen** to find fresh hope; **die ~ aufgeben** to give up hope; **guter ~ sein** (*euph*) to be expecting

hoff·nungs·los I. *adj* hopeless II. *adv* ❶ (*ohne Hoffnung*) without hope ❷ (*völlig, ausweglos*) hopelessly

Hoff·nungs·lo·sig·keit <-> *f kein pl* hopelessness *no pl, no art;* (*Verzweiflung*) despair *no pl, no art*

Hoff·nungs·schim·mer *m* (*geh*) glimmer of hope **Hoff·nungs·trä·ger(in)** *m(f)* sb's hope; **sie ist unsere ~in** she's our hope, we've pinned our hopes on her **hoff·nungs·voll** I. *adj* hopeful; *Karriere* promising II. *adv* full of hope

ho·fie·ren* [ho'fi:rən] *vt* ■ **jdn ~** to pay court to sb

hö·fisch ['hø:fɪʃ] *adj* courtly

höf·lich ['hø:flɪç] I. *adj* polite, courteous II. *adv* politely, courteously

Höf·lich·keit <-, -en> *f* ❶ *kein pl* (*höfliche Art*) courtesy *no pl, no art,* politeness *no pl, no art;* **ich sage das nicht nur aus ~** I'm not just saying that to be polite ❷ (*höfliche Bemerkung*) compliment

Höf·lich·keits·flos·kel *f* polite phrase
Höf·ling <-s, -e> ['høːflɪŋ] *m* ❶ HIST courtier ❷ (*pej: Schmeichler*) sycophant *pej form*
Hof·narr *m* HIST court jester
ho·he(r, s) ['hoːə, -ɐ, -əs] *adj s.* **hoch**
Hö·he <-, -n> ['høːə] *f* ❶ (*Ausdehnung nach oben*) height; **die Wand hat eine ~ von 3 Metern** the wall is 3 metres high; **aus der ~** from above; **auf halber ~** halfway up; **in einer ~ von** at a height of; **in die ~** into the air; **in schwindelnder ~** at a dizzy[ing] height; **in die ~ wachsen** to grow tall ❷ (*Tiefe*) depth; **diese Schicht hat eine ~ von 80 Zentimetern** this layer is 80 centimetres deep ❸ (*Gipfel*) summit, top ❹ (*Ausmaß*) amount, level; **die ~ des Schadens** the extent of the damage; **in die ~ gehen** *Preise* to rise; **in unbegrenzter ~** of an unlimited amount ❺ (*Ton~*) treble ❻ (*Breitenlage*) latitude; **auf der gleichen ~ liegen** to be located in the same latitude ▸ **nicht ganz auf der ~ sein** to be a bit under the weather; **das ist doch die ~!** (*fam*) that's the limit!; **auf der ~ sein** to be in fine form; **die ~n und Tiefen des Lebens** the ups and downs in life
Ho·heit <-, -en> ['hoːhait] *f* ❶ (*Mitglied einer fürstlichen Familie*) member of the royal family; **Ihre Königliche ~** Your Royal Highness ❷ *kein pl* (*oberste Staatsgewalt*) sovereignty *no pl, no art*
Ho·heits·ge·biet *nt* sovereign territory **Ho·heits·ge·wäs·ser** *pl* territorial waters *npl* **Ho·heits·recht** *nt meist pl* POL sovereign right **ho·heits·voll** *adj* (*geh*) majestic
Hö·hen·angst *f* fear of heights *no pl*
Hö·hen·mes·ser *m* LUFT altimeter **Hö·hen·son·ne** *f* ❶ (*im Gebirge*) mountain sun ❷ (*UV-Strahler*) sun lamp **Hö·hen·un·ter·schied** *m* difference in altitude **hö·hen·ver·stell·bar** *adj* height-adjustable
Hö·he·punkt *m* ❶ (*bedeutendster Teil*) high point; *einer Veranstaltung* highlight ❷ (*Gipfel*) height, peak; **auf dem ~ seiner Karriere** at the height of one's career; **die Krise hatte ihren ~ erreicht** the crisis had reached its climax ❸ (*Zenith*) zenith ❹ (*Orgasmus*) climax
hö·her ['høːɐ] I. *adj comp von* **hoch** ❶ (*räumlich*) higher, taller ❷ (*bedeutender, größer*) *Forderungen, Druck, Verlust* greater; *Gewinn, Preis, Temperatur* higher; *Strafe* severer; **ein ~er Offizier** a higher-ranking officer ▸ **sich zu H~em berufen fühlen** to feel destined for higher things II. *adv comp von* **hoch** ❶ (*weiter nach oben*) higher/taller ❷ (*mit gesteigertem Wert*) higher
hö·her|ge·stellt *adj* more senior
hö·her|stu·fen *vt* to upgrade
hohl [hoːl] *adj, adv* ❶ (*leer*) hollow; **mit der ~en Hand** with cupped hands; **~e Wangen** sunken cheeks ❷ (*pej: nichts sagend*) empty
Höh·le <-, -n> ['høːlə] *f* ❶ (*Fels~*) cave ❷ (*Tierbehausung*) cave, lair ❸ (*Höhlung*) hollow ❹ (*Augen~*) socket ▸ **sich in die ~ des Löwen begeben** to venture into the lion's den
Höh·len·ma·le·rei *f* cave painting **Höh·len·mensch** *m* cave dweller, caveman *masc*, cavewoman *fem*, troglodyte *spec*
Hohl·kopf *m* (*pej fam*) blockhead, airhead AM **Hohl·kör·per** *m* hollow body **Hohl·kreuz** *nt* hollow back **Hohl·maß** *nt* ❶ (*Maßeinheit*) measure of capacity, cubic measure *spec* ❷ (*Messgefäß*) dry measure **Hohl·raum** *m* cavity, hollow space **Hohl·spie·gel** *m* concave mirror **Hohl·weg** *m* narrow pass [*or* liter defile]
Hohn <-[e]s> [hoːn] *m kein pl* scorn *no pl, no art*, mockery *no pl, no art;* **das ist blanker ~!** this is utterly absurd
höh·nen *vi* to sneer
höh·nisch ['høːnɪʃ] I. *adj* scornful, mocking, sneering II. *adv* scornfully, mockingly, sneeringly
hoi [hɔy] *interj* SCHWEIZ hello, hi
Hokkaido <-s, -s> [hɔˈkaido] *m* BOT, KOCHK hokkaido
Ho·kus·po·kus <-> [hoːkʊsˈpoːkʊs] *m kein pl* ❶ (*Zauberformel*) abracadabra; (*vor dem Schluss*) hey presto BRIT *fam* ❷ (*fam: fauler Zauber*) hocus-pocus ❸ (*fam: Brimborium*) fuss; **einen ~ veranstalten** to make a fuss
Hol·ding <-, -s> ['hoːldɪŋ] *f*, **Hol·ding·ge·sell·schaft** *f* holding company
ho·len ['hoːlən] I. *vt* ❶ (*hervor~*) to get (**aus** out of, **von** from) ❷ (*her~*) ▪ *jdn* [*irgendwohin*] **~** to send sb [somewhere]; **Sie können den Patienten jetzt ~** you can send for the patient now; ▪ *jdn* **~ lassen** to fetch sb; **Hilfe ~** to get help II. *vr* (*fam*) ▪ *sich dat* **etw ~** ❶ (*sich nehmen*) to get oneself sth (**aus** out of, **von** from) ❷ (*sich zuziehen*) to catch sth (**an** from, **bei** in); **bei dem kalten Wetter holst du dir eine Erkältung** you'll catch a cold in this chilly weather ❸ (*sich einhandeln*) *Abfuhr, Rüge* to get

Hol·land <-s> ['hɔlant] nt ❶ (Niederlande) the Netherlands npl, Holland; s. a. **Deutschland** ❷ (Provinz der Niederlande) Holland
Hol·län·der <-s> ['hɔlɛndɐ] m kein pl Dutch cheese no pl
Hol·län·der(in) <-s, -> ['hɔlɛndɐ] m(f) Dutchman, Dutchwoman fem; ■ **die ~** the Dutch + pl vb; **~ sein** to be Dutch [or a Dutchman/Dutchwoman]; **der Fliegende ~** the Flying Dutchman; s. a. **Deutsche(r)**
hol·län·disch ['hɔlɛndɪʃ] adj Dutch; s. a. **deutsch**
Höl·le <-, -n> ['hœlə] f pl selten hell no pl, no art; **in die ~ kommen** to go to hell; **in der ~** in hell ▶ **die ~ auf Erden** hell on earth; **jdm die ~ heißmachen** (fam) to give sb hell; **die ~ ist los** (fam) all hell has broken loose
Höl·len·angst ['hœlən'ʔaŋst] f (fam) awful fear; **jdm eine ~ einjagen** to frighten sb to death **Höl·len·lärm** ['hœlən'lɛrm] m hell of a noise no pl, no def art **Höl·len·qual** f (fam) agony no pl, no art
höl·lisch ['hœlɪʃ] I. adj ❶ attr infernal ❷ (fam: fürchterlich) terrible, dreadful, hell pred; **eine ~e Angst haben** to be scared stiff; **ein ~er Lärm** a terrible racket II. adv (fam) dreadfully, terribly; **~ brennen** to burn like hell
Hol·ly·wood·schau·kel ['hɔlivʊt-] f garden swing
Holm <-[e]s, -e> [hɔlm] m ❶ SPORT bar ❷ (Rahmen) side piece; einer Leiter upright ❸ (Handlauf) rail ❹ (Bauteil) AUTO cross member; LUFT spar ❺ (Stiel) shaft
Ho·lo·caust <-s> ['ho:lokaʊst] m kein pl holocaust
Ho·lo·caust·mahn·mal ['ho:lokaʊst-] nt ■ **das ~** the Holocaust Memorial
Ho·lo·gramm <-e> [holo'gram] nt hologram
hol·pe·rig ['hɔlpərɪç] adj ❶ Straße bumpy, uneven ❷ Sprache, Stil clumsy
hol·pern ['hɔlpɐn] vi ❶ haben (holperig sein) to bump, to jolt ❷ sein (sich rüttelnd fortbewegen) to jolt
holp·rig ['hɔlprɪç] adj s. **holperig**
Ho·lun·der <-s, -> [ho'lʊndɐ] m elder
Holz <-es, Hölzer> [hɔlts, pl 'hœltsɐ] nt ❶ kein pl (Material) wood no pl, no art; **~ verarbeitend** wood-processing attr; **~ fällen** to cut down trees sep; **tropische Hölzer** tropical wood; **aus ~** wooden; **massives ~** solid wood ❷ pl (Bauhölzer) timber ❸ SPORT Golf wood ▶ **aus dem gleichen ~ geschnitzt sein** to be cast in the same mould
Holz·bein nt wooden leg, peg leg dated fam **Holz·blas·in·stru·ment** nt woodwind instrument
höl·zern ['hœltsɐn] I. adj wooden II. adv woodenly
Holz·fäl·ler(in) <-s, -> m(f) woodcutter, lumberjack AM
holz·ge·tä·felt ['hɔltsgətɛ:flt] adj Raum, Wand wood-panelled
Holz·ham·mer m mallet **Holz·ham·mer·me·tho·de** f (fam) sledgehammer approach **Holz·han·del** m timber [or AM lumber] trade
hol·zig ['hɔltsɪç] adj KOCHK stringy
Holz·klotz m wooden block **Holz·koh·le** f charcoal no pl, no art **Holz·schnitt** m ❶ kein pl (grafisches Verfahren) wood engraving no pl, no art ❷ (Abzug) woodcut **Holz·schnit·zer(in)** m(f) wood carver **Holz·schuh** m clog, wooden shoe **Holz·schutz·mit·tel** nt wood preservative **Holz·stich** m woodcut **Holz·weg** m ▶ **auf dem ~ sein** (fam) to be barking up the wrong tree, to be on the wrong track **Holz·wurm** m woodworm
Home·ban·king <-[s], -s> ['ho:mbɛŋkɪŋ] nt FIN, INFORM home banking **Home·com·pu·ter** ['ho:mkɔmpju:tɐ] m home computer **Home·of·fice, Home-Of·fice** <-, -s> ['ho:m?ɔfɪs, pl -?ɔfɪsɪs] nt **im ~ arbeiten** to work at home; **ich arbeite zwei Tage pro Woche im ~** I work at home two days a week **Home·page** <-, -s> ['ho:mpeɪdʒ] f INFORM home page
Ho·mo <-s, -s> ['ho:mo] m (veraltend fam) homo
Ho·mo-Ehe f (fam) gay marriage
ho·mo·gen [homo'ge:n] adj (geh) homogen[e]ous
ho·mo·ge·ni·sie·ren* [homogeni'zi:rən] vt to homogenize
Ho·mö·o·path(in) <-en, -en> [homøo'pa:t] m(f) hom[o]eopath
Ho·mö·o·pa·thie <-> [homøopa'ti:] f kein pl hom[o]eopathy no pl, no art
ho·mö·o·pa·thisch [homøo'pa:tɪʃ] adj hom[o]eopathic
Ho·mo·se·xu·a·li·tät [homozɛksuali'tɛ:t] f homosexuality no pl, no art
ho·mo·se·xu·ell [homozɛk'suɛl] adj homosexual
Ho·mo·se·xu·el·le(r) f(m) dekl wie adj homosexual
Hon·du·ra·ner(in) <-s, -> [hɔndu'ra:nɐ] m(f) Honduran; s. a. **Deutsche(r)**

hon·du·ra·nisch [hɔnduˈraːnɪʃ] *adj* Honduran; *s. a.* **deutsch**

Hon·du·ras <-> [hɔnˈduːras] *nt* Honduras; *s. a.* **Deutschland**

Ho·nig <-s, -e> [ˈhoːnɪç] *m* honey *no pl, no art;* **türkischer ~** halva[h] *no pl, no art* ▸ **jdm ~ ums Maul schmieren** (*fam*) to butter up sb *sep*

Ho·nig·bie·ne *f* honeybee **Ho·nig·ku·chen** *m* honey cake **Ho·nig·ku·chen·pferd** *nt* simpleton ▸ **wie ein ~ grinsen** (*hum fam*) to grin like a Cheshire cat

Ho·nig·le·cken *nt* ▸ **kein ~ sein** (*fam*) to be no picnic, to not be a piece of cake

Ho·nig·me·lo·ne *f* honeydew melon **ho·nig·süß** (*pej*) I. *adj* honeyed II. *adv* as sweet as honey [*or* AM pie] **Ho·nig·wa·be** *f* honeycomb

Ho·no·rar <-s, -e> [honoˈraːɐ̯] *nt* fee; *eines Autors* royalties *npl;* **gegen ~** on payment of a fee

ho·no·rie·ren* [honoˈriːrən] *vt* ❶ (*würdigen*) to appreciate ❷ (*bezahlen*) to pay ❸ ÖKON (*akzeptieren*) to honour

Hoo·li·gan <-s, -s> [ˈhuːlɪgn̩] *m* hooligan

Hop·fen <-s, -> [ˈhɔpfn̩] *m* hop ▸ **bei jdm ist ~ und Malz verloren** (*fam*) sb is a hopeless case

hopp [hɔp] (*fam*) I. *interj* jump to it! II. *adv* ▸ **~, ~!** look lively!

hop·peln [ˈhɔpl̩n] *vi sein* to lollop

hopp·la [ˈhɔpla] *interj* ❶ (*o je!*) [wh]oops! ❷ (*Moment!*) hang on!; **~, wer kommt denn da?** hello, who's this coming?

hop·sen [ˈhɔpsn̩] *vi sein* (*fam*) to skip; (*auf einem Bein*) to hop

hops|ge·hen *vi irreg sein* (*sl*) ❶ (*umkommen*) to kick the bucket, to snuff it BRIT ❷ (*verloren gehen*) to go missing

hör·bar *adj* audible

Hör·buch *nt* audiobook

hor·chen [ˈhɔrçn̩] *vi* ❶ (*lauschen*) to listen (**an** at); (*heimlich a.*) to eavesdrop ❷ (*hinhören*) ■ **horch!** listen!; ■ **auf etw** *akk* **~** to listen [out] for sth

Hor·de <-, -n> [ˈhɔrdə] *f* ❶ (*wilde Schar*) horde ❷ HORT rack

hö·ren [ˈhøːrən] I. *vt* ❶ (*mit dem Gehör vernehmen*) to hear; **sich gern reden ~** to like the sound of one's own voice; **etw zu ~ bekommen** to [get to] hear about sth; **etwas nicht gehört haben wollen** to ignore sth; **nie gehört!** (*fam*) never heard of him/her/it etc.!; **ich will nichts davon ~!** I don't want to hear anything about it; **..., wie ich höre** I hear ...; **wie man hört, ...** word has it ... ❷ (*an~*) to listen ▸ **etwas [von jdm] zu ~ bekommen** to get a rollicking [from sb] BRIT; **ich kann das nicht mehr ~!** I'm fed up with it!; **etwas/nichts von sich ~ lassen** to get/to not get in touch II. *vi* ❶ (*zu~*) to listen; **hör mal!, ~ Sie mal!** listen! ❷ (*vernehmen*) ■ **~, was/wie ...** to hear what/how ...; **gut/schlecht ~** to have good/poor hearing ❸ (*erfahren*) ■ **~, dass ...** to hear [that] ...; ■ **von jdm/etw ~** to hear of [*or* about] sb/sth ❹ (*gehorchen*) to listen (**auf** to); **auf dich hört er!** he listens to you! ▸ **na hör/~ Sie mal!** (*euph*) now look here!; **wer nicht ~ will, muss fühlen** (*prov*) if he/she/you etc. won't listen, he/she/you must suffer the consequences; **lass von dir/lassen Sie von sich ~!** keep in touch!; **man höre und staune!** would you believe it!; **Sie werden [noch] von mir ~!** you'll be hearing from me!

Hö·ren·sa·gen [ˈhøːrənzaːgn̩] *nt* **vom ~** from hearsay

Hö·rer <-s, -> *m* (*Telefon~*) receiver; **den ~ auflegen** to replace the receiver; **den ~ auf die Gabel knallen** to slam down the phone *sep*

Hö·rer(in) <-s, -> *m(f)* (*Zu~*) listener

Hö·rer·schaft <-, -en> *f meist sing* audience; (*Radio~*) listeners *pl*

Hör·feh·ler *m* hearing defect **Hör·funk** *m* radio **Hör·ge·rät** *nt* hearing aid

hö·rig [ˈhøːrɪç] *adj* ❶ (*sexuell abhängig*) sexually dependent ❷ HIST (*an die Scholle gebunden*) in serfdom *pred*

Ho·ri·zont <-[e]s, -e> [horiˈtsɔnt] *m* horizon; **am ~** on the horizon; **einen begrenzten ~ haben** to have a limited horizon; **über jds ~ gehen** to be beyond sb

ho·ri·zon·tal [horitsɔnˈtaːl] *adj* horizontal

Ho·ri·zon·ta·le [horitsɔnˈtaːlə] *f dekl wie adj* horizontal [line]

Hor·mon <-s, -e> [hɔrˈmoːn] *nt* hormone

hor·mo·nal [hɔrmoˈnaːl], **hor·mo·nell** [hɔrmoˈnɛl] I. *adj* hormone *attr,* hormonal II. *adv* hormonally; **~ gesteuert** controlled by hormones

Hör·mu·schel *f* TELEK earpiece

Horn <-[e]s, Hörner> [hɔrn, *pl* ˈhœrnɐ] *nt* ❶ (*Auswuchs*) horn; **das ~ von Afrika** the Horn of Africa; **das Goldene ~** the Golden Horn ❷ (*Material*) horn ❸ MUS horn ❹ AUTO (*Hupe*) hooter BRIT, horn; (*Martins~*) siren ▸ **sich** *dat* **die Hörner abstoßen** (*fam*) to sow one's wild oats; **jdm Hörner aufsetzen** (*fam*) to cuckold sb

Horn·bril·le *f* horn-rimmed glasses *npl*

Hörn·chen <-s, -> [ˈhœrnçən] *nt* ❶ *dim*

von **Horn 1** small horn ② KOCHK (*Blätterteiggebäck*) croissant; (*Hefegebäck*) horn-shaped bread roll of yeast pastry
Horn·ge·stell *nt* spectacle frames of horn
Horn·haut *f* ① (*des Auges*) cornea ② (*der Haut*) hard skin *no pl, no art,* callus
Hor·nis·se <-, -n> [hɔrˈnɪsə] *f* hornet
Hor·nist(in) <-en, -en> [hɔrˈnɪst] *m(f)* horn player
Horn·ochs(e) *m* (*fam*) stupid idiot
Ho·ro·skop <-s, -e> [horoˈskoːp] *nt* horoscope
hor·rend [hɔˈrɛnt] *adj* horrendous
Hor·ror <-s> [ˈhɔroːɐ̯] *m kein pl* horror; **einen ~ vor etw dat haben** to have a horror of sth
Hor·ror·film *m* horror film [*or* AM movie]
Hor·ror·sze·na·rio *nt* horror scenario
Hor·ror·trip *m* ① (*grässliches Erlebnis*) nightmare ② (*negativer Drogenrausch*) bad trip
Hör·saal *m* ① (*Räumlichkeit*) lecture hall [*or* BRIT theatre] ② *kein pl* (*Zuhörerschaft*) audience **Hör·spiel** *nt* ① *kein pl* (*Gattung*) radio drama ② (*Stück*) radio play
Horst <-[e]s, -e> [hɔrst] *m* ① (*Nest*) nest, eyrie ② MIL (*Flieger~*) military airbase ③ BOT thicket, shrubbery; (*Gras~, Bambus~*) tuft
Hör·sturz *m* sudden deafness
Hort <-[e]s, -e> [hɔrt] *m* ① (*Kinder~*) crèche BRIT, after-school care center AM (*place for school children to stay after school if parents are at work*) ② (*geh: Zufluchtsort*) refuge, shelter ③ (*Goldschatz*) hoard, treasure
hor·ten [ˈhɔrtn̩] *vt* to hoard; *Rohstoffe* to stockpile
Hor·ten·sie <-, -n> [hɔrˈtɛnziə] *f* hortensia
Hör·wei·te *f* hearing range, earshot; **in/ außer ~** within/out of earshot
Ho·se <-, -n> [ˈhoːzə] *f* trousers *npl,* pants *npl* AM; **kurze ~[n] voll haben** (*fam*) to have pooed [*or* AM *also* pooped] one's pants ▶ **jdm ist das Herz in die ~ gerutscht** (*fam*) sb's heart was in their mouth; **die ~n [gestrichen] voll haben** (*sl*) to be scared shitless; **tote ~** (*sl*) dead boring; **die ~n anhaben** (*fam*) to wear the trousers; **in die ~ gehen** (*fam*) to be a failure; **[sich** *dat*] **in die ~[n] machen** to wet oneself
Ho·sen·an·zug *m* trouser suit **Ho·sen·bein** *nt* trouser leg **Ho·sen·bo·den** *m* (*Gesäßteil der Hose*) seat [of trousers] ▶ **sich auf den ~ setzen** (*fam*) to buckle down; **jdm den ~ strammziehen** (*fam*) to

give sb a [good] hiding **Ho·sen·rock** *m* culottes *npl* **Ho·sen·schei·ßer** *m* (*sl*) ① (*hum: kleines Kind*) ankle-biter ② (*pej: Feigling*) chicken, scaredy[-cat] **Ho·sen·schlitz** *m* flies *npl*; **dein ~ ist offen!** your flies are down! **Ho·sen·stall** *m* (*hum fam*) *s.* Hosenschlitz **Ho·sen·ta·sche** *f* trouser [*or* AM pants] pocket **Ho·sen·trä·ger** *pl* [a pair of] braces *npl* BRIT, suspenders *npl* AM
Hos·pi·tal <-s, -e *o* Hospitäler> [hɔspiˈtaːl, *pl* hɔspiˈtɛːlɐ] *nt* ① DIAL hospital ② (*veraltet: Pflegeheim*) old people's home
Hos·piz <-es, -e> [hɔsˈpiːts] *nt* ① (*Sterbeheim*) hospice ② (*christlich geführtes Hotel*) hotel run by a religious organization ③ (*Pilgerunterkunft in einem Kloster*) hospice, guests' hostel
Hos·tess <-, -en> [ˈhɔstɛs] *f* ① (*im Flugzeug*) stewardess, flight attendant; (*auf dem Flughafen*) airline representative ② (*auf Reisen, Messen o.ä.*) [female] tour guide ③ (*euph: Prostituierte*) hostess
Hos·tie <-, -n> [ˈhɔstiə] *f* REL host
Hot·dog[RR] <-s, -s>, **Hot Dog**[RR] <-s, -s>, **Hot dog**[ALT] <-s, -s> [ˈhɔtdɔk] *nt o m* hot dog
Ho·tel <-s, -s> [hˈtɛl] *nt* hotel
Ho·tel·boy *f* page[boy], bellboy AM **Ho·tel·fach·schu·le** *f* school of hotel management **Ho·tel·ge·wer·be** *nt* hotel trade
Ho·te·lier <-s, -s> [hotəˈli̯eː] *m* hotelier
Ho·tel·le·rie <-> [hotələˈriː] *f kein pl* hospitality
Ho·tel·zim·mer *nt* hotel room
Hot·line <-, -s> [ˈhɔtlai̯n] *f* hotline
Hr. *Abk von* **Herr**
Hrsg. *Abk von* **Herausgeber** ed.
HTML <-, -> [haːteːʔɛmˈʔɛl] *nt o f kein pl* INFORM *Abk von* **hypertext markup language** HTML
HTTP <-, -> [haːteːteːˈpeː] *nt* INFORM *Abk von* **Hypertext Transport Protokoll** HTTP
Hub <-[e]s, Hübe> [huːp, *pl* ˈhyːbə] *m* ① (*das Heben*) lifting capacity ② (*Kolben~*) [piston] stroke
Hub·bel <-s, -> [ˈhʊbl̩] *m* DIAL (*fam*) bump
Hub·raum *m* cubic capacity
hübsch [hʏpʃ] *adj* ① (*Aussehen*) pretty; *Gegend* lovely; **na, ihr zwei H~en?** (*fam*) well, my two lovelies?; **sich ~ machen** to get all dressed up ② (*fam: beträchtlich*) real, pretty; **ein ~es Sümmchen** a pretty penny ③ (*fam: sehr angenehm*) nice and ...; **fahr ~ langsam** drive nice and slow[ly]; **das wirst du ~ bleiben lassen** you'll do no such thing
Hub·schrau·ber <-s, -> *m* helicopter

Hub·schrau·ber·lan·de·platz *m* heliport, helipad

huch [hʊx] *interj* (*Ausruf der Überraschung*) oh!; (*Ausruf bei unangenehmen Empfindungen*) ugh!

Hu·cke <-, -n> ['hʊkə] *f* ▶ **jdm die ~ voll hauen** to beat sb up *sep;* **sich** *dat* **die ~ voll saufen** to get hammered

hu·cke·pack ['hʊkəpak] *adv* piggy back, pickaback BRIT; **jdn ~ nehmen** to give sb a piggy back [ride]

Huf <-[e]s, -e> [hu:f] *m* hoof

Huf·ei·sen *nt* horseshoe **huf·ei·sen·för·mig** *adj* horseshoe[-shaped] **Huf·na·gel** *m* horseshoe nail **Huf·schmied(in)** *m(f)* blacksmith, farrier

Hüft·bein *nt* hip bone

Hüf·te <-, -n> ['hʏftə] *f* ❶ (*Körperpartie*) hip; **die Arme in die ~n stemmen** to put one's hands on one's hips ❷ *kein pl* KOCHK (*Fleischstück*) topside; (*vom Rind*) top rump

Hüft·ge·lenk *nt* hip joint **Hüft·hal·ter** *m* girdle **Hüft·kno·chen** *m s.* **Hüftbein Hüft·steak** *nt* top rump

Hü·gel <-s, -> ['hy:gl̩] *m* hill; (*kleiner a.*) hillock; (*Erdhaufen*) mound

hü·ge·lig ['hy:gəlɪç] *adj,* **hüg·lig** ['hy:glɪç] *adj* hilly; **eine ~e Landschaft** rolling countryside

Huhn <-[e]s, Hühner> [hu:n, *pl* 'hy:nɐ] *nt* ❶ (*Haus~*) hen, chicken; **frei laufende Hühner** free-range chickens ❷ (*Hühnerfleisch*) chicken ❸ (*Person*) **dummes ~!** (*pej fam*) silly idiot!; **ein verrücktes ~** a nutcase, a queer fish BRIT ▶ **ein blindes ~ findet auch einmal ein Korn** (*prov*) every dog has its day *prov;* **da lachen ja die Hühner** (*fam*) pull the other one, you must be joking

Hühn·chen <-s, -> ['hy:çən] *nt dim von* **Huhn** spring chicken ▶ **mit jdm ein ~ zu rupfen haben** (*fam*) to have a bone to pick with sb

Hüh·ner·au·ge *nt* corn **Hüh·ner·brü·he** *f* chicken broth **Hüh·ner·brust** *f* chicken breast **Hüh·ner·ei** *nt* chicken egg **Hüh·ner·farm** *f* chicken farm **Hüh·ner·stall** *m* hen coop **Hüh·ner·stan·ge** *f* chicken roost

hul·di·gen ['hʊldɪgn̩] *vi* (*geh*) ❶ (*anhängen*) ■ **einer S.** *dat* **~** to subscribe to sth ❷ (*veraltend: seine Reverenz erweisen*) ■ **jdm ~** to pay homage to sb

Hul·di·gung <-, -en> *f* (*veraltet*) homage, tribute

Hül·le <-, -n> ['hʏlə] *f* (*Umhüllung*) cover; *Ausweis* wallet; (*Platten~ a.*) sleeve ▶ **die ~n fallen lassen** (*fam*) to strip off one's clothes; **in ~ und Fülle** (*geh*) in abundance

hül·len ['hʏlən] *vt* (*geh*) to wrap (**in** in); **in Dunkelheit gehüllt** shrouded in darkness; **sich in Schweigen ~** to maintain one's silence, to keep mum

hül·len·los *adj* ❶ (*nackt*) naked ❷ (*unverhüllt, offen*) plain, clear

Hül·se <-, -n> ['hʏlzə] *f* ❶ BOT pod ❷ (*röhrenförmige Hülle*) capsule; (*Patronenhülle*) case; (*Film~, Zigarrenhülle*) container

Hül·sen·frucht ['hʏlzn̩-] *f meist pl* pulse

hu·man [hu'ma:n] *adj* ❶ (*menschenwürdig*) humane; *Strafe* lenient ❷ (*nachsichtig*) considerate ❸ (*Menschen betreffend*) human

Hu·ma·nis·mus <-> [huma'nɪsmʊs] *m kein pl* humanism *no pl*

hu·ma·nis·tisch *adj* ❶ (*im Sinne des Humanismus*) humanistic; **der ~e Geist** the spirit of humanism ❷ HIST (*dem Humanismus angehörend*) humanist ❸ (*altsprachlich*) humanistic, classical; **eine ~e Bildung** a classical education

hu·ma·ni·tär [humani'tɛ:ɐ̯] *adj* humanitarian

Hu·ma·ni·tät [humani'tɛ:t] *f kein pl* (*geh*) humanity

Hum·bug <-s> ['hʊmbʊk] *m kein pl* (*pej fam*) ❶ (*Unfug*) rubbish *no pl* BRIT, trash *no pl* AM ❷ (*Schwindel*) humbug *no pl*

Hum·mel <-, -n> ['hʊml̩] *f* bumblebee ▶ **~n im Hintern haben** (*fam*) to have ants in one's pants

Hum·mer <-s, -> ['hʊmɐ] *m* lobster

Hu·mor <-s, *selten* -e> [hu'mo:ɐ̯] *m* ❶ (*Laune*) good humour, cheerfulness ❷ (*Witz, Wesensart*) [sense of] humour; **etw mit ~ nehmen** to take sth good-humouredly; **[einen Sinn für] ~ haben** to have a sense of humour; **schwarzer ~** black humour

Hu·mo·rist(in) <-en, -en> [humo'rɪst] *m(f)* ❶ (*Komiker*) comedian ❷ (*humoristischer Autor/Künstler*) humorist

hu·mo·ris·tisch *adj* ❶ (*humorvoll*) humorous, amusing ❷ (*witzig*) comic

hu·mor·los *adj* humourless; **ein ~er Mensch** a cantankerous person, BRIT a crosspatch

hu·mor·voll *adj* humorous

hum·peln ['hʊmpl̩n] *vi sein o haben* to limp, to hobble

Hu·mus ['hu:mʊs] *m kein pl* humus

Hund <-[e]s, -e> [hʊnt, pl 'hʊndə] m ❶ (*Tier*) dog; (*Jagd~*) hound; „**[Vorsicht,] bissiger** ~!" "beware of the dog!" ❷ (*Mensch*) swine; **ein armer ~ sein** (*fam*) to be a poor soul; **[du] gemeiner ~** [you] dirty dog ▶ **den Letzten beißen die ~e** the last one [out] has to carry the can Brit; **bekannt sein wie ein bunter ~** (*fam*) to be known far and wide; **das ist ja ein dicker ~** (*sl*) that is absolutely outrageous; **schlafende ~e wecken** (*fam*) to wake sleeping dogs; **da liegt der ~ begraben** (*fam*) that's the crux of the matter; **~e, die bellen, beißen nicht** (*prov*) sb's bark is worse than their bite; **vor die ~e gehen** (*sl*) to go to the dogs; **auf den ~ kommen** (*fam*) to go to the dogs

hun·de·elend ['hʊndə'ʔeːlɛnt] *adj* (*fam*) **jd fühlt sich ~** sb feels awful

Hun·de·fut·ter *nt* dog food **Hun·de·hüt·te** *f* [dog] kennel **Hun·de·ku·chen** *m* dog biscuit **Hun·de·le·ben** *nt* (*pej fam*) dog's life **Hun·de·lei·ne** *f* dog lead **hun·de·mü·de** ['hʊndə'myːdə] *adj präd* (*fam*) dog-tired **Hun·de·ras·se** *f* breed of dog

hun·dert ['hʊndɐt] *adj* ❶ (*Zahl*) [a [*or* one]] hundred ❷ (*fam: sehr viele*) a hundred, hundreds; **sie macht ~ Dinge gleichzeitig** she does a hundred things all at the same time ❸ *pl, auch großgeschrieben* (*viele hundert*) hundreds *pl*

Hun·dert¹ <-s, -e> ['hʊndɐt] *nt* ❶ (*Einheit von 100*) hundred; **mehrere ~** several hundred ❷ *pl, auch großgeschrieben* (*viele hundert*) hundreds *pl;* **einige/viele ~e ...** a few/several hundred ...; **~e von ...** hundreds of ...; **in die ~e gehen** (*fam*) *Kosten, Schaden* to run into the hundreds; **zu ~en** in [their] hundreds; **~e und aber ~e** hundreds upon hundreds

Hun·dert² <-, -en> ['hʊndɐt] *f* [one [*or* a]] hundred

Hun·der·ter <-s, -> ['hʊndɐtɐ] *m* ❶ (*fam: Banknote zu 100 Euro*) hundred euro note; **es hat mich einen ~ gekostet** it cost me a hundred euros ❷ (*100 als Zahlenbestandteil*) hundred

Hun·dert·eu·ro·schein, 100-Eu·ro-Schein *m* hundred-euro note [*or* Am *usu* bill]

hun·dert·fach, 100fach ['hʊndɐtfax] I. *adj* [a] hundredfold, a hundred times; *s. a.* **achtfach** II. *adv* hundredfold, a hundred times over

Hun·dert·jahr·fei·er [hʊndɐt'jaːɐ̯faiɐ] *f* centenary [celebrations *pl*]

hun·dert·jäh·rig, 100-jährig^{RR} ['hʊndɐtjɛːrɪç] *adj* ❶ (*Alter*) hundred-year-old *attr,* one hundred years old *pred; s. a.* **acht·jährig 1** ❷ (*Zeitspanne*) hundred-year *attr; s. a.* **achtjährig 2**

Hun·dert·jäh·ri·ge(r), 100-Jährige(r)^{RR} *f(m) dekl wie adj* hundred-year-old [person], centenarian

hun·dert·mal, 100-mal^{RR} ['hʊndɐtmaːl] *adv* a hundred times

hun·dert·pro·zen·tig ['hʊndɐtprotsɛntɪç] I. *adj* ❶ (*100 % umfassend*) one hundred percent; (*Alkohol*) pure ❷ (*fam: typisch*) through and through; **er ist ein ~er Bayer** he's a Bavarian through and through; (*völlig*) absolute, complete; **du hast ~ Recht** you're absolutely right; **sich** *dat* ~ **sicher sein** to be absolutely sure II. *adv* (*fam*) absolutely, completely; **das weiß ich ~** I know that for certain

Hun·derts·tel <-s, -> ['hʊndɐtstl̩] *nt o* schweiz *m* hundredth

Hun·derts·tel·se·kun·de *f* hundredth of a second

hun·dert·tau·send ['hʊndɐt'tauznt] *adj* ❶ (*Zahl*) a [*or* one] hundred thousand ❷ *auch großgeschrieben* (*ungezählte Mengen*) hundreds of thousands

Hun·de·schei·ße *f* (*derb*) dog shit **Hun·de·schlit·ten** *m* dog sleigh **Hun·de·sohn** *m* (*pej fam*) son of a bitch **Hun·de·wet·ter** *nt* (*fam*) *s.* **Sauwetter**

Hün·din ['hʏndɪn] *f* bitch

hunds·ge·mein ['hʊntsgə'main] *adj* (*fam*) low-down, rotten *fam; Lüge* malicious; **er kann ~ sein** he can be really nasty **hunds·mi·se·ra·bel** ['hʊntsmizə'raːbl̩] *adj* (*fam*) ❶ (*niederträchtig*) low-down ❷ (*äußerst schlecht*) awful; **sich ~ fühlen** to feel really lousy **Hunds·ta·ge** *pl* dog days *pl*

Hü·ne <-n, -n> ['hyːnə] *m* giant

hü·nen·haft *adj* gigantic, colossal

Hun·ger <-s> ['hʊŋɐ] *m kein pl* ❶ (*~gefühl*) hunger; ~ **bekommen/haben** to get/be hungry; ~ **auf etw** *akk* **haben** to feel like [eating] sth; ~ **leiden** (*geh*) to starve, to go hungry; **seinen ~ stillen** to satisfy one's hunger; ~ **wie ein Bär haben** to be ravenous[ly hungry]; **vor ~ sterben** to die of hunger ❷ (*Hungersnot*) famine ❸ (*geh: großes Verlangen*) ■**jds ~ nach etw** *dat* sb's thirst for sth ▶ ~ **ist der beste Koch** (*prov*) hunger is the best sauce *prov*

Hun·ger·ge·biet *nt* famine region **Hun·ger·hil·fe** *f kein pl* famine relief **Hun·ger·kur** *f* starvation diet **Hun·ger·lohn** *m*

(*pej*) starvation wage; **für einen ~ arbeiten** to work for a pittance
hun·gern *vi* ❶ (*Hunger leiden*) to go hungry, to starve; **jdn ~ lassen** to let sb starve; (*fam: fasten*) to fast ❷ (*geh: verlangen*) to thirst, to hunger (**nach** after/for)
Hun·gers·not *f* famine **Hun·ger·streik** *m* hunger strike; **in den ~ treten** to go on hunger strike **Hun·ger·tuch** *nt* ▶ **am ~ nagen** (*hum fam*) to be starving [*or* on the breadline]
hun·grig ['hʊŋrɪç] *adj* hungry; **~ machen** to work up an appetite
Hun·ne, Hun·nin <-n, -n> ['hʊnə, 'hʊnɪn] *m, f* Hun
Hu·pe <-, -n> ['hu:pə] *f* horn; **auf die ~ drücken** to beep the horn
hu·pen ['hu:pn̩] *vi* to beep the horn; ■ **das H~** horn-beeping
hüp·fen ['hʏpfn̩] *vi sein* to hop; *Lamm, Zicklein* to frisk; *Ball* to bounce; **vor Freude ~** to jump for joy
Hür·de <-, -n> ['hʏrdə] *f* ❶ SPORT hurdle; **110 Meter ~n laufen** to run the 110 metres hurdles ❷ (*tragbare Einzäunung für Tiere*) fold, pen ▶ **eine ~ nehmen** to overcome an obstacle
Hür·den·lauf *m* hurdling, hurdles *npl*
Hu·re <-, -n> ['hu:rə] *f* whore
Hu·ren·bock *m* (*pej vulg*) randy bugger BRIT, horny bastard AM **Hu·ren·sohn** *m* (*pej vulg*) son of a bitch
hur·ra [hʊ'ra:] *interj* hurray
Hur·ri·kan <-s, -e> [hʊrɪkan, 'harikn̩] *m* hurricane
hu·schen ['hʊʃn̩] *vi sein* to dart, to flit; *Maus* to scurry; *Licht* to flash; **ein Lächeln huschte über ihr Gesicht** a smile flitted across her face
hüs·teln ['hy:stl̩n] *vi* to cough [slightly]; **nervös ~** to clear one's throat
hus·ten ['hu:stn̩] I. *vi* to cough II. *vt* (*auswerfen*) **Schleim/Blut ~** to cough up mucus/blood
Hus·ten <-s> ['hu:stn̩] *m kein pl* cough; **~ stillend** cough-relieving
Hus·ten·an·fall *m* coughing fit **Hus·ten·bon·bon** *m o nt* cough drop [*or* BRIT sweet] **Hus·ten·mit·tel** *nt* cough medicine **Hus·ten·reiz** *m* tickly throat **Hus·ten·saft** *m* cough syrup
Hut¹ <-[e]s, Hüte> [hu:t, *pl* 'hy:tə] *m* ❶ (*Kopfbedeckung*) hat; **den ~ aufsetzen/abnehmen** to put on/take off one's hat ❷ (*oberer Teil bei Hutpilzen*) cap ▶ **ein alter ~ sein** (*fam*) to be old hat; **vor jdm/etw den ~ ziehen** to take one's hat off to sb/sth; **~ ab** [**vor jdm**]! (*fam*) hats off to sb!; **etw unter einen ~ bringen** to reconcile sth; (*Termine*) to fit in sth; **mit etw dat nichts am ~ haben** (*fam*) to not go in for sth; **den ~ nehmen müssen** (*fam*) to have to pack one's bags; **etw an den ~ stecken können** (*fam*) to stick sth
Hut² <-> [hu:t] *f* (*geh*) protection; **auf der ~** [**vor etw** *dat*] **sein** to be on one's guard [against sth]
hü·ten ['hy:tn̩] I. *vt* ❶ (*beaufsichtigen*) to look after; *Schafe* to mind ❷ (*geh: bewahren*) to keep II. *vr* (*sich in Acht nehmen*) ■ **sich vor etw** *dat* **~** to be on one's guard against sth; ■ **sich ~, etw zu tun** to take care not to do sth
Hü·ter(in) <-s, -> *m(f)* (*geh*) guardian; **ein ~ des Gesetzes** (*hum*) a custodian of the law
Hut·ge·schäft *nt* hat shop; (*für Herren*) hatter's; (*für Damen*) milliner's **Hut·krem·pe** *f* brim **Hut·ma·cher(in)** *m(f)* hatter; *für Damen* milliner
Hüt·te <-, -n> ['hʏtə] *f* ❶ (*kleines Haus*) hut; (*ärmliches Häuschen*) shack ❷ (*Berg~*) [mountain] hut; (*Holz~*) cabin; (*Hunde~*) kennel; (*Jagd~*) hunting lodge
Hüt·ten·in·dust·rie *f* iron and steel industry **Hüt·ten·kä·se** *m* cottage cheese
H-Voll·milch ['ha:-] *f* long-life whole milk
Hy·ä·ne <-, -n> [hyɛ:nə] *f* hy[a]ena
Hy·a·zin·the <-, -n> [hya'tsɪntə] *f* hyacinth
Hy·brid·an·trieb [hy'bri:t-] *m* hybrid drive; **Fahrzeug mit ~** hybrid [electric] vehicle **Hy·brid·au·to** *nt* hybrid car **Hy·brid·fahr·zeug** *nt* hybrid electric vehicle, HEV
Hy·drant <-en, -en> [hy'drant] *m* hydrant
Hy·drau·lik <-> [hy'draʊlɪk] *f kein pl* hydraulics *npl*
hy·drau·lisch [hy'draʊlɪʃ] *adj* hydraulic
Hy·dro·dy·na·mik <-> [hydrody'na:mɪk] *f* hydrodynamics + *sing vb, no art* **Hy·dro·kul·tur** *f* hydroponics + *sing vb spec* **Hy·dro·the·ra·pie** [hydrotɛra'pi:] *f* hydrotherapy
Hy·gi·e·ne <-> [hy'gie:nə] *f kein pl* hygiene *no pl*
hy·gi·e·nisch [hy'gie:nɪʃ] *adj* hygienic
Hym·ne <-, -n> ['hʏmnə] *f* ❶ (*Loblied*) hymn ❷ (*Gedicht*) literary hymn ❸ (*kurz für Nationalhymne*) national anthem
hy·per·ak·tiv *adj* hyperactive
Hy·per·ak·ti·vi·tät [hypɛaktivi'tɛt] *f* hyperactivity
Hy·per·bel <-, -n> [hy'pɛrbl̩] *f* ❶ MATH hyperbola ❷ LING hyperbole
Hy·per·in·fla·ti·on *f* ÖKON hyperinflation

hy·per·kor·rekt ['hypɐkɔrɛkt] *adj* hypercorrect **Hy·per·link** <-s, -s> ['haipɐlɪŋk] *m* INET hyperlink **Hy·per·me·dia** [haipɐ'me:dia] *nt* INFORM hypermedia **hy·per·mo·dern** [hypɐ-] *adj* (*fam*) ultra-modern **hy·per·sen·si·bel** [hypɐ-] *adj* hypersensitive **Hy·per·text** ['haipɐtɛkst] *m* INFORM hypertext

Hyp·no·se <-, -n> [hʏp'no:zə] *f* hypnosis; **jdn in ~ versetzen** to put sb under hypnosis

hyp·no·tisch [hʏp'no:tɪʃ] *adj* hypnotic

Hyp·no·ti·seur(in) <-s, -e> [hʏpnoti'zø:ɐ̯] *m(f)* hypnotist

hyp·no·ti·sie·ren* [hʏpnoti'zi:rən] *vt* to hypnotize; **wie htdypnotisiert** as if hypnotized

Hy·po·chon·der <-s, -> [hypo'xɔndɐ] *m* hypochondriac

Hy·po·phy·se <-, -n> [hypo'fy:zə] *f* ANAT pituitary gland

Hy·po·te·nu·se <-, -n> [hypote'nu:zə] *f* hypotenuse

Hy·po·thek <-, -en> [hypo'te:k] *f* mortgage; **eine ~ [auf etw** *akk***] aufnehmen** to take out a mortgage [on sth]

Hy·po·the·ken·bank <-s,-banken> *f* bank dealing primarily with mortgage business **Hy·po·the·ken·brief** *m* mortgage certificate

Hy·po·the·se <-, -n> [hypo'te:zə] *f* hypothesis; **eine ~ aufstellen/widerlegen** to advance/refute a hypothesis

hy·po·the·tisch [hypo'te:tɪʃ] *adj* hypothetical

Hys·te·rie <-, -n> [hʏste'ri:] *f* hysteria

hys·te·risch [hʏs'te:rɪʃ] *adj* hysterical

Hz *Abk von* **Hertz** herts

I i

I, i <-, - *o fam* -s, -s> [i:] *nt* I, i; *s. a.* **A 1**

i [i:] *interj* ❶ (*fam: Ausdruck von Ablehnung, Ekel*) ugh; **~, wie ekelig** ugh, that's horrible ❷ (*abwertend*) **~ wo!** no way! *fam*

i.A. *Abk von* **im Auftrag** pp

i.Allg.^{RR} *Abk von* **im Allgemeinen** in general

ibe·risch [i'be:rɪʃ] *adj* Iberian

IC <-s, -s> [i:'tse:] *m Abk von* **Intercity**

ICE <-s, -s> [i:tse:'ʔe:] *m Abk von* **Intercity Express** high speed train

ich <*gen* meiner, *dat* mir, *akk* mich> [ɪç] *pron pers* I, me; **~ bin/war es** it's/it was me; **~ nicht!** not me!; **~ selbst** I myself

Ich <-[s], -s> [ɪç] *nt* ❶ (*das Selbst*) self ❷ PSYCH (*Ego*) ego; **jds anderes ~** sb's alter ego; **jds besseres ~** sb's better self

Ich-AG <-, -s> *f kurz für* **Ich-Arbeitgeber** Me plc (*business start-up grant to promote self-employment among the unemployed*)

Ich·er·zäh·ler(in)^{RR}, **Ich-Er·zäh·ler(in)**^{ALT} *m(f)* LIT first-person narrator

Ich·er·zäh·lung *f* first-person narrative

Ich·form *f* first person form; **in der ~** in the first person

Icon <-s, -s> ['aikən] *nt* INFORM icon

ide·al [ide'a:l] **I.** *adj* ideal **II.** *adv* ideally

Ide·al <-s, -e> [ide'a:l] *nt* ideal

Ide·al·fall *m* ideal case **Ide·al·ge·wicht** *nt* ideal weight

ide·a·li·sie·ren* [ideali'zi:rən] *vt* to idealize

Ide·a·lis·mus <-> [idea'lɪsmʊs] *m kein pl* idealism

Ide·a·list(in) <-en, -en> [idea'lɪst] *m(f)* idealist

ide·a·lis·tisch *adj* idealistic

Ide·al·lö·sung *f* ideal solution **Ide·al·vor·stel·lung** *f* ideal

Idee <-, -n> [i'de:, *pl* i'de:ən] *f* ❶ (*Einfall, Vorstellung*) idea; **eine fixe ~** an obsession; **keine ~ haben** to have no idea; **jdn auf eine ~ bringen** to give sb an idea; **jdn auf andere ~n bringen** to take sb's mind off of sth/it; **auf eine ~ kommen** to hit [up]on an idea; **mir kommt da gerade eine ~** I've just had an idea ❷ (*Leitbild*) ideal ❸ (*fam: ein wenig*) **keine ~ besser sein** to be not one bit better; **eine ~ ...** a tad ...

ide·ell [ide'ɛl] *adj* spiritual

ide·en·los *adj* unimaginative

ide·en·reich *adj* imaginative **Ide·en·reich·tum** <-s, *kein pl*> *m kein pl* inventiveness *no pl*

Iden·ti·fi·ka·ti·on <-, -en> [idɛntifika'tsi̯o:n] *f* ❶ PSYCH identification ❷ *s.* **Identifizierung Iden·ti·fi·ka·ti·ons·fi·gur** *f* role model

iden·ti·fi·zie·ren* [idɛntifi'tsi:rən] **I.** *vt* to identify (**als** as, **mit** with) **II.** *vr* ■ **sich mit jdm/etw ~** to identify with sb/sth

Iden·ti·fi·zie·rung <-, -en> *f* identification

iden·tisch [i'dɛntɪʃ] *adj* identical (**mit** to)

Iden·ti·tät <-> [idɛnti'tɛ:t] *f kein pl* ❶ (*Echtheit*) identity ❷ (*Übereinstimmung*) identicalness

Iden·ti·täts·kar·te *f bes* SCHWEIZ (*Personalausweis*) identity card **Iden·ti·täts·kri·se** *f* identity crisis

Ide·o·lo·ge, Ide·o·lo·gin <-n, -n> [ideo'lo:gə, ideo'lo:gɪn] *m, f* ideologue

Ide·o·lo·gie <-, -n> [ideolo'gi:, *pl* ideolo'gi:ən] *f* ideology

Ide·o·lo·gin <-, -nen> *f fem form von* **Ideologe**

ide·o·lo·gisch [ideo'lo:gɪʃ] I. *adj* ideologic[al] II. *adv* ideologically

ide·o·lo·gi·sie·ren* [ideologi'zi:rən] *vt* SOZIOL ▪ **jdn ~** to indoctrinate sb

Idi·om <-s, -e> [i'dio:m] *nt* ❶ (*geh: eigentümlicher Sprachgebrauch einer Gruppe*) idiom; **ein schwer verständliches ~** an almost incomprehensible idiom ❷ (*Redewendung*) idiom, saying

idi·o·ma·tisch [idi̯o'ma:tɪʃ] I. *adj* idiomatic II. *adv* idiomatically

Idi·ot(in) <-en, -en> [i'dio:t] *m(f)* (*pej fam*) idiot

idi·o·ten·si·cher I. *adj* (*hum fam*) foolproof II. *adv* (*fam*) effortlessly

Idi·o·tie <-, -n> [idi̯o'ti:] *f* (*pej fam*) idiocy

Idi·o·tin <-, -nen> *f fem form von* **Idiot**

idi·o·tisch [i'dio:tɪʃ] *adj* (*fam*) idiotic

Idol <-s, -e> [i'do:l] *nt* idol

Idyll <-s, -e> [i'dyl] *nt* idyll; **ein ländliches ~** a rural [*or* pastoral] idyll

Idyl·le <-, -n> [i'dylə] *f* idyll

idyl·lisch [i'dylɪʃ] I. *adj* idyllic II. *adv* idyllically

Igel <-s, -> ['i:gl] *m* hedgehog

igitt·(i·gitt) [i'gɪt(igɪt)] *interj* ugh, yuk

Ig·lu <-s, -s> ['i:glu] *m o nt* igloo

Ig·no·rant(in) <-en, -en> [ɪgno'rant] *m(f)* (*pej geh*) ignoramus *hum form*

Ig·no·ranz <-> [ɪgno'rants] *f kein pl* (*pej geh*) ignorance *no pl*

ig·no·rie·ren* [ɪgno'ri:rən] *vt* to ignore

Igu·a·na <-, -s> [i'gu̯a:na] *f* iguana

IHK <-, -s> [i:ha:'ka:] *f Abk von* **Industrie- und Handelskammer** Chamber of Industry and Commerce

ihm [i:m] *pron pers dat von* **er, es¹** ❶ (*dem Genannten*) him; **es geht ~ nicht gut** he doesn't feel very well ❷ *nach prep* him; **ich war gestern bei ~** I was at his place yesterday; **das ist ein Freund von ~** he's a friend of his ❸ (*dem genannten Tier oder Ding*) it; (*bei Haustieren*) him

ihn [i:n] *pron pers akk von* **er** ❶ (*den Genannten*) him ❷ (*das genannte Tier oder Ding*) it; (*bei Haustieren*) him

ih·nen ['i:nən] *pron pers dat pl von* **sie** them; *nach prep* them; **ich war die ganze Zeit bei ~** I was at their place the whole time

Ih·nen ['i:nən] *pron pers dat sing o pl von* **Sie** you; *nach prep* you

ihr¹ <*gen* euer, *dat* euch, *akk* euch> [i:ɐ̯] *pron pers 2. pers pl nomin von* **sie** you

ihr² [i:ɐ̯] *pron pers dat sing von* **sie** ❶ (*weibl. Person*) [to] her ❷ (*Tier o Sache*) [to] it

ihr³ [i:ɐ̯] *pron poss, adjektivisch* ❶ (*sing, weibl. Person*) her; (*Tier o Sache*) its ❷ *pl* their

Ihr [i:ɐ̯] *pron poss, adjektivisch* ❶ *sing* your ❷ *pl* your

ih·re(r, s) *pron poss, substantivisch* ❶ *sing* (*dieser weiblichen Person*) her; **das ist nicht seine Aufgabe, sondern ~** that isn't his task, it's hers; ▪ **der/die/das I~** hers ❷ *pl* theirs

Ih·re(r, s)¹ *pron poss, substantivisch, auf Sie bezüglich* ❶ *sing* your, yours; ▪ **der/die/das ~** yours ❷ *sing und pl* (*Angehörige*) ▪ **die ~n** your loved ones ❸ *sing und pl* (*Eigentum*) ▪ **das ~** yours; **Sie haben alle das ~ getan** you have all done your bit

Ih·re(r, s)² *pron poss, substantivisch, auf sie sing bezüglich* ❶ (*Angehörige*) ▪ **der/[die] ~[n]** her loved one[s] ❷ (*Eigentum*) ▪ **das ~** hers ❸ (*Aufgabe*) **das ~ besteht darin, sich um die Korrespondenz zu kümmern** its her job to deal with the correspondence

Ih·re(r, s)³ *pron poss, substantivisch, auf sie pl bezüglich* ❶ (*Angehörige*) ▪ **der/[die] ~[n]** their loved ones ❷ (*Eigentum*) ▪ **das ~** their things ❸ (*Aufgabe*) **nun müssen die Mitarbeiter das ~ tun** now the workers have to do their bit

ih·rer *pron pers gen von* **sie** *sing* (*geh*) her

Ih·rer *pron pers* (*geh*) *gen von* **Sie** ❶ *sing* [of] you ❷ *pl* you

ih·rer·seits ['i:rɐ'zaits] *adv* ❶ *sing* for her [*or* its] part ❷ *pl* for their part

Ih·rer·seits ['i:rɐ'zaits] *adv sing o pl* (*von Ihrer Seite aus*) for your part

ih·res·glei·chen ['i:rəs'glaiçn̩] *pron* ❶ *sing* (*Leute wie sie* [*sing f*]) her [own] kind ❷ *pl* (*Leute wie sie* [*pl*]) their [own] kind

Ih·res·glei·chen ['iːrəs'glaiçn̩] *pron* ① *sing (Leute wie Sie)* people like you; **Sie umgeben sich nur mit ~** you are only surrounded by your own sort ② *pl (pej: Leute wie Sie)* your [own] kind ③ *(solches Pack wie Sie)* the likes of you; **ich kenne [Sie und] ~** I know your kind!

ih·ret·we·gen ['iːrət'veːgn̩] *adv* ① *fem sing (wegen ihr)* as far as she is/was concerned; **~ brauchen wir uns keine Sorgen zu machen** we don't need to worry about her ② *pl (wegen ihnen)* as far as they are/were concerned; **ich mache mir ~ schon Sorgen** I'm starting to worry about them

Ih·ret·we·gen ['iːrət've:gn̩] *adv sing o pl* because of you, for you

ih·ret·wil·len ['iːrət'vɪlən] *adv* ■ **etw um ~ tun** *(ihr zuliebe)* to do sth for her [sake]; *(ihnen zuliebe)* to do sth for their sake

Ih·ret·wil·len ['iːrət'vɪlən] *adv sing und pl* ■ **etw um ~ tun** to do sth for your sake

ih·ri·ge(r, s) <-n, -n> ['iːrɪɡə, 'iːrɪɡɐ, 'iːrɪɡəs] *pron poss (veraltend geh)* s. **ihre(r, s)**

Ih·ri·ge(r, s) <-n, -n> ['iːrɪɡə, 'iːrɪɡɐ, 'iːrɪɡəs] *pron poss (veraltend geh)* s. **Ihre(r, s)**

Iko·ne <-, -n> [i'koːnə] *f* icon

il·le·gal ['ɪleɡaːl] *adj* illegal

Il·le·ga·le(r) <-n, [-n]> ['ɪleɡaːlə, 'ɪleɡaːlɐ] *f(m)* illegal immigrant

Il·le·ga·li·tät <-, -en> ['ɪleɡalitɛːt, ɪleɡali'tɛːt] *f* ① *kein pl (Gesetzwidrigkeit)* illegality ② *(illegale Tätigkeit)* something illegal

il·le·gi·tim ['ɪleɡitiːm, ɪleɡi'tiːm] *adj* ① *(unrechtmäßig)* unlawful ② *(unehelich)* illegitimate ③ *(nicht berechtigt)* wrongful

il·lo·yal ['ɪloajaːl, ɪloa'jaːl] **I.** *adj (geh)* disloyal *(gegenüber towards)* **II.** *adv* disloyally

il·lu·mi·nie·ren* [ɪlumi'niːrən] *vt (geh)* to illuminate

Il·lu·si·on <-, -en> [ɪluˈzjoːn] *f* illusion; **sich der ~ hingeben, [dass ...]** to be under the illusion [that ...]; **sich** *dat* **[über etw** *akk*] **~en machen** to harbour illusions [about sth]; **sich** *dat* **keine ~en machen** to not have any illusions

il·lu·si·o·när [ɪluzjoˈnɛːɐ̯] *adj (geh)* ① *(auf Illusionen beruhend)* illusory ② KUNST illusionary

il·lu·so·risch [ɪluˈzoːrɪʃ] *adj* ① *(trügerisch)* illusory ② *(zwecklos)* futile

Il·lus·tra·ti·on <-, -en> [ɪlʊstraˈtsjoːn] *f* illustration

Il·lus·tra·tor(in) <-s, -toren> [ɪlʊsˈtraːtoɐ̯, *pl* ɪlʊstraˈtoːrən] *m(f)* illustrator

il·lus·trie·ren* [ɪlʊsˈtriːrən] *vt* to illustrate

Il·lus·trier·te <-n, -n> *f* magazine

Il·tis <-ses, -se> ['ɪltɪs] *m* ZOOL polecat

im [ɪm] = **in dem** ① *(sich dabei befindend)* in the; **~ Bett** in bed; **~ Haus** at the house; **~ Januar** in January; **~ Begriff sein, etw zu tun** to be about to do sth; **~ Prinzip** in principle; **~ Bau sein** to be under construction ② *(dabei seiend, etw zu tun)* while; **etw ist ~ Kommen** sth is coming; **er ist noch ~ Wachsen** he is still growing

Image <-[s], -s> ['ɪmɪtʃ] *nt* image

I·mage·pfle·ge *f kein pl* image-making *no pl* **Image·scha·den** ['ɪmɪtʃ-] *m* damage to sb's [public] image **I·mage·ver·lust** *m* blow to one's image

ima·gi·när [imagiˈnɛːɐ̯] *adj (geh)* imaginary

Im·biss[RR] <-es, -e> ['ɪmbɪs] *m*, **Im·biß**[ALT] <-sses, -sse> ['ɪmbɪs] ① *(kleine Mahlzeit)* snack ② *(fam: Imbissstand)* fast food stall; *(Imbissstube)* snack bar

Im·biss·bu·de[RR] *f*, **Im·biss·stand**[RR] *m* fast food stall

Imi·tat <-[e]s, -e> [imiˈtaːt] *nt* imitation, fake

Imi·ta·ti·on <-, -en> [imitaˈtsjoːn] *f* imitation

Imi·ta·tor(in) <-s, -toren> [imiˈtaːtoɐ̯, *pl* imiˈtaːtoːrən] *m(f)* imitator; *(von Personen)* impressionist

imi·tie·ren* [imiˈtiːrən] *vt* to imitate; *(im Kabarett)* to impersonate

Im·ker(in) <-s, -> ['ɪmkɐ] *m(f)* bee-keeper

im·ma·nent [ɪmaˈnɛnt] *adj (geh)* immanent

im·ma·te·ri·ell ['ɪmaterjɛl, ɪmaterˈjɛl] *adj (geh)* immaterial; JUR intangible

Im·ma·tri·ku·la·ti·on <-, -en> [ɪmatrikulaˈtsjoːn] *f* matriculation; *(an der Universität)* registration

im·ma·tri·ku·lie·ren* [ɪmatrikuˈliːrən] **I.** *vt* ① *(einschreiben)* to matriculate [*or* register] ② SCHWEIZ *(zulassen) Fahrzeug* to register **II.** *vr (sich einschreiben)* ■ **sich ~** to matriculate, to register

im·mens [ɪˈmɛns] *adj (geh)* immense

im·mer ['ɪmɐ] **I.** *adv* ① *(ständig, jedes Mal)* always, all the time; **für ~** forever; **~ und ewig** for ever and ever; **wie ~** as usual; **~ weiter** just [you] carry on; **~ mit der Ruhe** take it easy; **~, wenn** every time; **~ wieder** again and again; **etw ~ wieder tun** to keep on doing sth ② *(zunehmend)* increasingly; **~ häufiger** more and more frequently; **~ mehr** more and more ③ *(fam: jeweils)* each; **~ am vierten Tag**

every fourth day **II.** *part* |**nur**| ~ **her damit!** (*fam*) hand it/them over!; ~ **mal** (*fam*) now and again; ~ **noch** still; ~ **noch nicht** still not; **wann/was/wer/wie/wo** |**auch**| ~ whenever/whatever/whoever/however/wherever

im·mer·fort ['ɪmɐ'fɔrt] *adv* constantly **im·mer·grün** ['ɪmɐgryːn] *adj attr* evergreen

im·mer·hin ['ɪmɐ'hɪn] *adv* ❶ (*wenigstens*) at least ❷ (*schließlich*) after all ❸ (*allerdings, trotz allem*) all the same

im·mer·wäh·rend *adj attr* continuous; *Kampf* perpetual

im·mer·zu ['ɪmɐ'tsuː] *adv s.* **immerfort**

Im·mi·grant(in) <-en, -en> [ɪmi'grant] *m(f)* immigrant

Im·mi·gra·ti·on <-, -en> [ɪmigra'tsi̯oːn] *f* immigration

im·mi·grie·ren* [ɪmi'griːrən] *vi sein* to immigrate

Im·mis·si·on <-, -en> [ɪmɪ'si̯oːn] *f* release of pollutants

Im·mo·bi·lie <-, -n> [ɪmo'biːli̯ə] *f meist pl* real estate *no pl;* ■ ~ **n** property *no pl*

Im·mo·bi·li·en·mak·ler(in) *m(f)* estate agent **Im·mo·bi·li·en·markt** *m* property market

im·mun [ɪ'muːn] *adj* (*a. fig*) immune (**gegen** to)

im·mu·ni·sie·ren* [ɪmuni'ziːrən] *vt* to immunize (**gegen** against)

Im·mu·ni·tät <-, *selten* -en> [ɪmuni'tɛːt] *f* immunity (**gegen** to)

Im·mu·no·lo·ge, Im·mu·no·lo·gin <-n, -n> [ɪmuno'loːɡə, ɪmuno'loːɡɪn] *m, f* immunologist

Im·mun·schwä·che *f* immunodeficiency *spec* **Im·mun·schwä·che·krank·heit** *f* immune deficiency syndrome **Im·mun·sys·tem** *nt* immune system

Im·pe·ra·tiv <-s, -e> ['ɪmperatiːf, *pl* -tiːvə] *m* LING imperative [form] *spec*

Im·pe·ra·tor <-s, -en> [ɪmpe'raːtoːɐ̯, *pl* ɪmpera'toːrən] *m* HIST emperor; MIL general

Im·per·fekt <-s, -e> ['ɪmpɛrfɛkt] *nt* imperfect [tense] *spec*

Im·pe·ri·a·lis·mus <-, *selten* -lismen> [ɪmperi̯a'lɪsmʊs] *m* imperialism

Im·pe·ri·a·list(in) <-en, -en> [ɪmperi̯a'lɪst] *m(f)* (*pej*) imperialist

im·pe·ri·a·lis·tisch [ɪmperi̯a'lɪstɪʃ] *adj* (*pej*) imperialist[ic]

Im·pe·ri·um <-s, -rien> [ɪm'peːri̯ʊm] *nt* ❶ HIST (*Weltreich, Kaiserreich*) empire ❷ (*geh: Machtbereich*) imperium *fig*

im·per·ti·nent [ɪmpɛrti'nɛnt] *adj* (*geh*) impertinent

Im·per·ti·nenz <-, -en> [ɪmpɛrti'nɛnts] *f* (*geh*) ❶ *kein pl* (*Unverschämtheit*) impertinence ❷ (*selten: unverschämte Äußerung*) impertinent remark

imp·fen ['ɪmpfn̩] *vt* to inoculate (**gegen** against)

Impf·pass^RR *m* vaccination card **Impf·stoff** *m* vaccine

Imp·fung <-, -en> *f* vaccination

Im·plan·tat <-[e]s, -e> [ɪmplan'taːt] *nt* implant

im·plan·tie·ren [ɪmplan'tiːrən] *vt* ■ |**jdm**| **etw** ~ to implant sth [into sb]

im·pli·zie·ren* [ɪmpli'tsiːrən] *vt* (*geh*) to imply

im·pli·zit [ɪmpli'tsiːt] *adj* (*geh*) implicit

im·plo·die·ren* [ɪmplo'diːrən] *vi sein* (*fachspr*) to implode *spec*

Im·plo·si·on <-, -en> [ɪmplo'zi̯oːn] *f* (*fachspr*) implosion *spec*

im·po·nie·ren* [ɪmpo'niːrən] *vi* to impress

im·po·nie·rend *adj* impressive

Im·port <-[e]s, -e> [ɪm'pɔrt] *m* import

Im·por·teur(in) <-s, -e> [ɪmpɔr'tøːɐ̯] *m(f)* importer

im·por·tie·ren* [ɪmpɔr'tiːrən] *vt* to import

im·po·sant [ɪmpo'zant] *adj* impressive; *Stimme* imposing; *Figur* imposing

im·po·tent ['ɪmpotɛnt] *adj* impotent

Im·po·tenz <-> ['ɪmpotɛnts] *f kein pl* impotence

im·präg·nie·ren* [ɪmprɛɡ'niːrən] *vt* ❶ (*wasserabweisend machen*) to waterproof ❷ (*behandeln*) to impregnate

Im·pres·si·o·nis·mus <-> [ɪmprɛsi̯o'nɪsmʊs] *m* Impressionism

Im·pres·si·o·nist(in) <-en, -en> [ɪmprɛsi̯o'nɪst] *m(f)* Impressionist

im·pres·si·o·nis·tisch *adj* Impressionist

Im·pres·sum <-s, Impressen> [ɪm'prɛsʊm] *nt* imprint

Im·pro·vi·sa·ti·on <-, -en> [ɪmproviza'tsi̯oːn] *f* improvisation

im·pro·vi·sie·ren* [ɪmprovi'ziːrən] *vi, vt* to improvise

Im·puls <-es, -e> [ɪm'pʊls] *m* ❶ (*Anstoß, Auftrieb*) impetus; **etw aus einem** ~ **heraus tun** to do sth on impulse ❷ ELEK pulse ❸ PHYS impulse

im·pul·siv [ɪmpʊl'ziːf] *adj* impulsive

im·stan·de *adj* präd, **im Stan·de** [ɪm'ʃtandə] *adj* präd ■ **zu etw** *dat* ~ **sein** to be capable of doing sth; ~ **sein, etw zu tun** to be able to do sth; **zu allem** ~ **sein** (*fam*) to be capable of anything; **zu nichts mehr** ~ **sein** (*fam*) to be shattered

in¹ [ɪn] *präp* ❶ +*dat* (*darin befindlich*) in; **bist du schon mal in New York gewesen?** have you ever been to New York?; **ich arbeite seit einem Jahr ~ dieser Firma** I've been working for this company for a year ❷ +*akk* (*hin zu einem Ziel*) into; **er warf die Reste ~ den Mülleimer** he threw the leftovers in the bin; **~ die Kirche/Schule gehen** to go to church/school ❸ +*dat* (*innerhalb von*) in; **~ diesem Sommer** this summer; **~ diesem Augenblick** at the moment; **~ diesem Jahr/Monat** this year/month; **~ einem Jahr bin ich 18** in a year I'll be 18 ❹ +*akk* (*bis zu einer Zeit*) until ❺ +*dat o akk* (*Verweis auf ein Objekt*) at; **sich ~ jdm täuschen** to be wrong about sb; **er ist Fachmann ~ seinem Beruf** he is an expert in his field ❻ +*dat* (*auf eine Art und Weise*) in; **~ Wirklichkeit** in reality

in² [ɪn] *adj* (*fam*) in; ▪ **~ sein** to be in

in·a·dä·quat [ˈɪnʔadɛkvaːt] *adj* (*geh*) inadequate

in·ak·tiv [ˈɪnʔaktiːf] *adj* inactive

in·ak·zep·ta·bel [ˈɪnʔaktsɛptaːbl̩] *adj* (*geh*) unacceptable

In·an·spruch·nah·me <-> *f kein pl* (*geh*) ❶ (*Nutzung*) utilization ❷ (*Belastung, Beanspruchung*) demand

In·be·griff [ˈɪnbəɡrɪf] *m kein pl* epitome (+*gen* of)

in·be·grif·fen [ˈɪnbəɡrɪfn̩] *adj präd* inclusive; ▪ **in etw** *dat* **~ sein** to be included in sth

In·be·trieb·nah·me <-, -n> *f* (*geh*) ❶ (*erstmalige Nutzung*) opening ❷ (*Einschaltung*) operation

In·brunst <-> *f kein pl* (*geh*) ardour

in·brüns·tig [ˈɪnbrʏnstɪç] *adj* (*geh*) ardent

in·dem [ɪnˈdeːm] *konj* ❶ (*dadurch, dass*) by; **ich halte mich gesund, ~ ich viel Sport treibe** I stay healthy by doing lots of sport ❷ (*während*) while

In·der(in) <-s, -> [ˈɪndɐ] *m(f)* Indian; *s. a.* **Deutsche(r)**

in·des [ɪnˈdɛs], **in·des·sen** [ɪnˈdɛsn̩] **I.** *adv* ❶ (*inzwischen*) in the meantime, meanwhile ❷ (*jedoch*) however **II.** *konj* (*geh*) while

In·dex <-[es], -e *o* Indizes> [ˈɪndɛks, *pl* ˈɪnditseːs] *m* index

In·di·a·ner(in) <-s, -> [ɪnˈdi̯aːnɐ] *m(f)* Indian *esp pej*, Native American

in·di·a·nisch [ɪnˈdi̯aːnɪʃ] *adj* Native American, Indian *esp pej*

In·di·en <-s> [ˈɪndi̯ən] *nt* India; *s. a.* **Deutschland**

in·di·go·blau *adj* indigo [blue]

In·di·ka·tiv <-s, -e> [ˈɪndikatiːf] *m* indicative [mood] *spec*

In·di·ka·tor <-s, -toren> [ɪndiˈkaːtoːɐ̯, *pl* ɪndikaˈtoːrən] *m* (*geh*) a. TECH, CHEM indicator

In·dio <-s, -s> [ˈɪndi̯o] *m* Indian (*from Central or Latin America*)

in·di·rekt [ˈɪndirɛkt, ɪndiˈrɛkt] *adj* indirect

in·disch [ˈɪndɪʃ] *adj* Indian; *s. a.* **deutsch**

in·dis·kret [ˈɪndɪskreːt, ɪndɪsˈkreːt] *adj* indiscreet

In·dis·kre·ti·on <-, -en> [ɪndɪskreˈtsi̯oːn, ˈɪndɪskretsi̯oːn] *f* ❶ (*Mangel an Verschwiegenheit*) indiscretion ❷ (*Taktlosigkeit*) tactlessness

in·dis·ku·ta·bel [ˈɪndɪskutaːbl̩] *adj* (*geh*) unworthy of discussion; *Forderung* absurd

In·di·vi·du·a·li·sie·rung [ɪndividu̯ali̯ziːrʊŋ] *f kein pl* SOZIOL individualization

In·di·vi·du·a·lis·mus <-> [ɪndividu̯aˈlɪsmʊs] *m kein pl* individualism *no pl*

In·di·vi·du·a·list(in) <-en, -en> [ɪndividu̯aˈlɪst] *m(f)* (*geh*) individualist

in·di·vi·du·a·lis·tisch *adj* (*geh*) individualistic

In·di·vi·du·a·li·tät <-, -en> [ɪndividu̯aliˈtɛːt] *f* ❶ (*Besonderheit eines Menschen*) individuality *no pl* ❷ (*Persönlichkeit*) personality

in·di·vi·du·ell [ɪndiviˈdu̯ɛl] *adj* individual

In·di·vi·du·um <-s, Individuen> [ɪnˈdiːvi:duʊm, *pl* ɪndiˈvidu̯ən] *nt* (*a. pej geh*) individual

In·diz <-es, -ien> [ɪnˈdiːts, *pl* ɪnˈdiːtsi̯ən] *nt* ❶ JUR piece of circumstantial evidence ❷ (*Anzeichen*) ▪ **ein ~ für etw** *akk* **sein** to be a sign of sth

In·di·zes [ˈɪndiːtseːs] *pl von* **Index**

In·di·zi·en·be·weis *m* circumstantial evidence *no pl*

In·do·chi·na [ɪndoˈçiːna] *nt* Indo-China

in·do·ger·ma·nisch [ɪndoɡɛrˈmaːnɪʃ] *adj* Indo-European

in·dok·tri·nie·ren* [ɪndɔktriˈniːrən] *vt haben* (*pej*) ▪ **jdn ~** to indoctrinate sb

In·do·ne·si·en <-s> [ɪndoˈneːzi̯ən] *nt* Indonesia; *s. a.* **Deutschland**

In·do·ne·si·er(in) <-s, -> [ɪndoˈneːzi̯ɐ] *m(f)* Indonesian; *s. a.* **Deutsche(r)**

in·do·ne·sisch [ɪndoˈneːzɪʃ] *adj* Indonesian; *s. a.* **deutsch**

In·dos·sa·ment <-[e]s, -e> [ɪndɔsaˈmɛnt] *nt* JUR, FIN endorsement, indorsement; **mit einem ~ versehen** endorsed; **gefälschtes/unbefugtes ~** forged/unauthorized endorsement

In·duk·ti·on <-, -en> [ɪndʊkts̩ˈioːn] *f* induction

In·duk·ti·ons·herd *m* induction cooker [*or* stove]

in·dus·tri·a·li·sie·ren* [ɪndʊstriˈaliziː-rən] *vt* to industrialize

In·dus·tri·a·li·sie·rung <-, -en> *f* industrialization

In·dus·trie <-, -n> [ɪndʊsˈtriː] *f* industry *no art*

In·dus·trie·ab·was·ser *nt* industrial effluents *pl* **In·dus·trie·be·trieb** *m* industrial plant **In·dus·trie·ge·biet** *nt* industrial area **In·dus·trie·ge·sell·schaft** *f* SOZIOL, ÖKON industrial society **In·dus·trie·kauf·mann, -kauf·frau** *m, f* industrial clerk **In·dus·trie·kon·zern** *m* industrial concern [*or* combine] **In·dus·trie·land** *nt* POL, ÖKON industrial country

in·dus·tri·ell [ɪndʊstriˈɛl] *adj* industrial

In·dus·tri·el·le(r) [ɪndʊstriˈɛlə, ɪndʊstriˈɛlɐ] *f(m)* industrialist

In·dus·trie·müll *m* industrial waste **In·dus·trie·stand·ort** *m* industrial site **In·dus·trie- und Han·dels·kam·mer** *f* Chamber of Commerce **In·dus·trie·zweig** *m* branch of industry

in·ef·fek·tiv [ˈɪnʔɛfɛktiːf] *adj* ineffective

in·ef·fi·zi·ent [ˈɪnʔɛfitsi̯ɛnt] *adj* (*geh*) inefficient

in·ein·an·der [ɪnʔaiˈnandɐ] *adv* in each other; **~ verliebt sein** to be in love with one another; **~ übergehen** to merge

in·ein·an·der|grei·fen *vi irreg* to mesh **in·ein·an·der|schie·ben** *vt irreg* **etw ~** to telescope up *sep* sth BRIT, to telescope sth AM; **sich ~ lassen** to be telescopic

in·fam [ɪnˈfaːm] *adj* (*pej*) ❶ (*geh: bösartig*) vicious ❷ (*fam*) **Schmerzen** dreadful

In·fan·te·rie <-, -n> [ɪnfantəˈriː] *f* infantry

In·fan·te·rist(in) <-en, -en> [ɪnfantəˈrɪst] *m(f)* infantryman

in·fan·til [ɪnfanˈtiːl] *adj* (*pej*) infantile

In·farkt <-[e]s, -e> [ɪnˈfarkt] *m* ❶ MED infarction *spec* ❷ (*Herzinfarkt*) coronary

In·fekt <-[e]s, -e> [ɪnˈfɛkt] *m* infection; **grippaler ~** influenza

In·fek·ti·on <-, -en> [ɪnfɛkˈts̩ioːn] *f* ❶ (*Ansteckung*) infection ❷ (*fam: Entzündung*) inflammation

In·fek·ti·ons·krank·heit *f* infectious disease

In·fer·no <-s> [ɪnˈfɛrno] *nt kein pl* (*geh*) ❶ (*entsetzliches Geschehen*) calamity ❷ (*entsetzlicher Zustand*) predicament

in·fil·trie·ren* [ɪnfɪlˈtriːrən] *vt* (*geh*) to infiltrate

In·fi·ni·tiv <-s, -e> [ˈɪnfinitiːf] *m* infinitive *spec*

in·fi·zie·ren* [ɪnfiˈtsiːrən] **I.** *vt* to infect **II.** *vr* ■ **sich ~** to catch an infection; **er hat sich im Urlaub mit Malaria infiziert** he caught malaria on holiday

in fla·gran·ti [ɪn flaˈɡranti] *adv* (*geh*) in flagrante

In·fla·ti·on <-, -en> [ɪnflaˈts̩ioːn] *f* ❶ ÖKON inflation ❷ (*übermäßig häufiges Auftreten*) proliferation

in·fla·ti·o·när [ɪnflats̩ioˈnɛːɐ] *adj* ❶ *Geldpolitik, Preisentwicklung* inflationary ❷ (*übertrieben häufig*) excessive

In·fo <-s, -s> [ˈɪnfo] *f* (*fam*) *kurz für* **Information** info *no pl*

in·fol·ge [ɪnˈfɔlɡə] **I.** *präp* +*gen* owing to **II.** *adv* ■ **~ von etw** *dat* as a result of sth

in·fol·ge·des·sen [ɪnfɔlɡəˈdɛsn̩] *adv* consequently

In·for·mant(in) <-en, -en> [ɪnfɔrˈmant] *m(f)* informant

In·for·ma·tik <-> [ɪnfɔrˈmaːtɪk] *f kein pl* computing science

In·for·ma·ti·ker(in) <-s, -> [ɪnfɔrˈmaːtikɐ] *m(f)* computer specialist

In·for·ma·ti·on <-, -en> [ɪnfɔrmaˈts̩ioːn] *f* ❶ (*Mitteilung, Hinweis*) [a piece of] information *no pl*; **~en liefern/sammeln** to give/collect information ❷ (*das Informieren*) informing; **zu Ihrer ~** for your information ❸ (*Informationsstand*) information desk

In·for·ma·ti·ons·aus·tausch *m* exchange of information **In·for·ma·ti·ons·blatt** *nt* MEDIA information sheet **In·for·ma·ti·ons·fluss**^RR <-es> *m kein pl* flow of information *no pl* **In·for·ma·ti·ons·flut** *f* flood of information **In·for·ma·ti·ons·ge·sell·schaft** *f* information society **In·for·ma·ti·ons·ma·te·ri·al** *nt* informative material *no pl*

in·for·ma·tiv [ɪnfɔrmaˈtiːf] (*geh*) **I.** *adj* informative **II.** *adv* in an informative manner *pred*

in·for·mell [ˈɪnfɔrmɛl] *adj* informal

in·for·mie·ren* [ɪnfɔrˈmiːrən] **I.** *vt* to inform (**über** about); **jd ist gut informiert** sb is well-informed **II.** *vr* ■ **sich** [**über etw** *akk*] **~** to find out [about sth]

In·fo·tain·ment <-s> [ɪnfoˈteːnmənt] *nt kein pl* infotainment *no pl*

in·fra·ge^RR [ɪnˈfraːɡə] **~ kommen** to be possible; **nicht ~ kommen** to be out of the question

in·fra·rot [ˈɪnfraroːt] *adj* infrared

In·fra·rot·licht *nt kein pl* infra-red light

no pl **In·fra·rot·strahl** <-s, -en> *m* infrared ray
In·fra·struk·tur ['ɪnfraʃtrʊktuːɐ̯] *f* infrastructure
In·fu·si·on <-, -en> [ɪnfu'ziˑoːn] *f* infusion; **eine ~ bekommen** to receive a transfusion
Ing. *Abk von* **Ingenieur**
In·ge·ni·eur(in) <-s, -e> [ɪnʒe'niˑøːɐ̯] *m(f)* engineer
Ing·wer <-s> ['ɪŋvɐ] *m kein pl* ginger
Inh. *Abk von* **Inhaber**
In·ha·ber(in) <-s, -> ['ɪnhaːbɐ] *m(f)* ❶(*Besitzer*) owner ❷(*Halter*) holder; *Scheck* bearer
in·haf·tie·ren* [ɪnhaf'tiːrən] *vt* ▪ **jdn ~** to take sb into custody
in·ha·lie·ren* [ɪnha'liːrən] *vt, vi* to inhale
In·halt <-[e]s, -e> ['ɪnhalt] *m* ❶(*enthaltene Gegenstände*) contents *pl* ❷(*Sinngehalt*) content ❸(*wesentliche Bedeutung*) meaning ❹ MATH (*Flächeninhalt*) area; (*Volumen*) volume
in·halt·lich I. *adj* in terms of content II. *adv* with regard to content
In·halts·an·ga·be *f* summary; *Buch, Film, Theaterstück* synopsis **in·halts·los** *adj* (*geh*) lacking in content; *Leben, Satz* meaningless **in·halts·reich** *adj Leben, Gespräch* full; *Bericht, Ausstellung* comprehensive **In·halts·stoff** *m* ingredient **In·halts·ver·zeich·nis** *nt* list of contents
in·hu·man ['ɪnhumaːn] *adj* inhumane
In·i·ti·a·le <-, -n> [ini'tsi̯aːlə] *f* (*geh*) initial [letter]
in·i·ti·a·li·sie·ren [initsi̯ali'ziːrən] *vt* to initialize
In·i·ti·a·ti·on <-, -en> [initsi̯a'tsi̯oːn] *f* initiation
In·i·ti·a·ti·ve <-, -n> [initsi̯a'tiːvə] *f* ❶ (*erster Anstoß*) initiative; **aus eigener ~** on one's own initiative; [**in etw** *dat*] **die ~ ergreifen** to take the initiative [in sth]; **auf jds ~ hin** on sb's initiative ❷ *kein pl* (*Unternehmungsgeist*) drive ❸ (*Bürgerinitiative*) pressure group ❹ SCHWEIZ (*Volksbegehren*) demand for a referendum
In·i·ti·a·tor(in) <-s, -toren> [ini'tsi̯aːtoːɐ̯, *pl* initsi̯a'toːrən] *m(f)* (*geh*) initiator
in·i·ti·ie·ren* [initsi'iːrən] *vt* (*geh*) to initiate
In·jek·ti·on <-, -en> [ɪnjɛk'tsi̯oːn] *f* injection
in·ji·zie·ren* [ɪnji'tsiːrən] *vt* (*geh*) ▪ [**jdm**] **etw ~** to inject [sb with] sth
In·ka <-[s], -s> ['ɪŋka] *m* Inca
In·kar·na·ti·on <-, -en> [ɪnkarna'tsi̯oːn] *f* incarnation

In·kas·so <-s, -s *o* ÖSTERR Inkassi> [ɪn'kaso] *nt* FIN collection
inkl. *präp Abk von* **inklusive** incl.
In·klu·si·on <-, -en> [ɪnklu'zi̯oːn] *f* POL, SOZIOL inclusion, integration
in·klu·si·ve [ɪnklu'ziːvə] I. *präp* +*gen* inclusive [of] II. *adv* including; **bis ~** up to and including; **vom 25. bis zum 28. ~** from 25th to 28th inclusive
In·kog·ni·to <-s, -s> [ɪn'kɔgnito] *nt* (*geh*) incognito
in·kog·ni·to [ɪn'kɔgnito] *adv* (*geh*) incognito
in·kom·pa·ti·bel ['ɪnkɔmpatiːbl̩] *adj* incompatible
in·kom·pe·tent ['ɪnkɔmpetɛnt] *adj* (*geh*) incompetent (**in** in/at)
In·kom·pe·tenz ['ɪnkɔmpetɛnts, ɪnkɔmpe'tɛnts] *f* (*geh*) incompetence
in·kon·se·quent ['ɪnkɔnzekvɛnt, ɪnkɔnze'kvɛnt] *adj* (*geh*) inconsistent
In·kon·se·quenz ['ɪnkɔnzekvɛnts, ɪnkɔnze'kvɛnts] *f* (*geh*) inconsistency
in·kor·rekt ['ɪnkɔrɛkt, ɪnkɔ'rɛkt] *adj* (*geh*) incorrect
In-Kraft-Tre·ten^{RR} <-s> *nt kein pl,* **In-kraft·tre·ten** <-s> *nt kein pl* coming into effect; **das ~ der neuen Vorschrift wurde für den 1.1. beschlossen** 1st Jan[uary] has been decided as the date on which the new regulation comes into force
In·ku·ba·ti·ons·zeit *f* incubation period
In·land ['ɪnlant] *nt kein pl* ❶ (*das eigene Land*) home ❷ (*Binnenland*) inland
In·land·flug *m* domestic flight
in·län·disch ['ɪnlɛndɪʃ] *adj* domestic; *Industrie, Produkte* home
In·lands·markt *m* home market
in·li·nen ['ɪnlaɪnən] *vi* to go inlining
In·li·ner <-s, -> ['ɪnlaɪnɐ] *m* in-line skate *usu pl*
in·mit·ten [ɪn'mɪtn̩] I. *präp* +*gen* (*geh*) in the middle of II. *adv* (*geh*) in the midst of
in·ne|ha·ben ['ɪnə-] *vt irreg* (*geh*) to hold
in·ne|hal·ten ['ɪnə-] *vi irreg* (*geh*) ▪ [**in etw** *dat*] **~** to pause; **er hielt in seinem Vortrag inne** he paused in the middle of his lecture
in·nen ['ɪnən] *adv* ❶ (*im Inneren*) on the inside; **das Haus ist ~ ganz mit Holz verkleidet** the interior of the house has wood panelling throughout; **~ und außen** on the inside and outside; **nach ~** inside; **die Tür geht nach ~ auf** the door opens inwards; **von ~** from the inside ❷ (*auf der Innenseite*) on the inside ❸ *bes* ÖSTERR (*drinnen*) inside

In·nen·an·sicht f interior view **In·nen·ar·chi·tekt(in)** m(f) interior designer **In·nen·ar·chi·tek·tur** f interior design **In·nen·bahn** f SPORT inside lane **In·nen·be·leuch·tung** f interior lighting **In·nen·dienst** m office work **In·nen·ein·rich·tung** f ❶ (das Einrichten) interior furnishing no pl ❷ (die Einrichtung) interior fittings pl **In·nen·hof** m inner courtyard **In·nen·le·ben** nt kein pl ❶ (fam: Seelenleben) inner feelings pl ❷ (fam: innere Struktur) inner workings pl **In·nen·mi·nis·ter(in)** m(f) Minister [or AM Secretary] of the Interior, BRIT also Home Secretary **In·nen·mi·nis·te·ri·um** nt Ministry [or AM Department] of the Interior, BRIT also Home Office **In·nen·po·li·tik** f home affairs pl BRIT, domestic policy AM **in·nen·po·li·tisch** ['ɪnənpolitɪʃ] I. adj concerning home affairs [or AM domestic policy] II. adv with regard to home affairs [or AM domestic policy] **In·nen·raum** m a. AUTO interior **In·nen·sei·te** f inside **In·nen·spie·gel** m AUTO rear-view mirror **In·nen·stadt** f city/town centre **In·nen·ta·sche** f inside pocket **In·nen·tem·pe·ra·tur** f inside temperature **In·nen·ver·tei·di·ger(in)** m(f) FBALL central defender

in·ner·be·trieb·lich I. adj in-house; Angelegenheit, Konflikt internal II. adv internally

in·ne·re(r, s) ['ɪnərə, 'ɪnərə, 'nərəs] adj ❶ räumlich inner ❷ (innewohnend) a. MED, ANAT internal ❸ PSYCH inner

In·ne·re(s) ['ɪnərə, 'ɪnərəs] nt ❶ (innerer Teil) inside ❷ GEOL centre ❸ PSYCH heart; **in jds ~n** in sb's soul; **tief in seinem ~n war ihm klar, dass ...** deep down he knew that ...

In·ne·rei·en [ɪnərˈaɪ̯ən] pl KOCHK innards npl

in·ner·halb ['ɪnɛhalp] I. präp +gen ❶ (in einem begrenzten Bereich) inside ❷ (binnen eines gewissen Zeitraums) within II. adv ■ ~ **von etw** dat within sth

in·ner·lich ['ɪnɛlɪç] I. adj ❶ MED internal ❷ PSYCH inner II. adv ❶ (im Inneren des Körpers) internally ❷ PSYCH inwardly; **~ war er sehr aufgewühlt** he was in inner turmoil

In·ner·lich·keit <-> f kein pl (geh) inwardness

in·ner·orts adv SCHWEIZ in a built-up area

in·ners·te(r, s) ['ɪnɛstə, 'ɪnɛstə, 'ɪnɛstəs] adj superl von **innere(r, s)** innermost

In·ners·te(s) ['ɪnɛstə, 'ɪnɛstəs] nt core being; **tief in ihrem ~n wusste sie, dass er Recht hatte** deep down inside she knew he was right

in·ne|woh·nen vi ■ **jdm/einer S.** dat ~ to be inherent in sb/a thing

in·nig ['ɪnɪç] I. adj ❶ (tief empfunden) deep; Dank heartfelt ❷ Beziehung intimate II. adv deeply

In·nig·keit <-> f kein pl sincerity, warmth

In·no·va·ti·on <-, -en> [ɪnovaˈtsi̯oːn] f innovation

in·no·va·tiv [ɪnovaˈtiːf] I. adj innovative II. adv innovatively

In·nung <-, -en> ['ɪnʊŋ] f guild

in·of·fi·zi·ell adj unofficial

in·o·pe·ra·bel ['ɪnʔopera:bl̩, ɪnʔopeˈraːbl̩] adj MED inoperable

in pet·to [ɪn 'pɛto] adv **etw [gegen jdn] ~ haben** (fam) to have sth up one's sleeve [for sb]

in punc·to [ɪn 'pʊŋkto] adv (fam) concerning

In·put <-s, -s> ['ɪnpʊt] m ❶ INFORM input ❷ (Anregung) stimulus; (Einsatz) commitment

In·qui·si·ti·on <-> [ɪnkviziˈtsi̯oːn] f kein pl Inquisition no pl

ins [ɪns] = **in das** s. **in**

In·sas·se, In·sas·sin <-n, -n> ['ɪnzasə, 'ɪnzasɪn] m, f ❶ (Fahrgast) passenger ❷ (Heimbewohner) resident ❸ (Bewohner einer Heilanstalt) patient ❹ (Gefängnis- o Lager~) inmate

ins·be·son·de·re [ɪnsbəˈzɔndərə] adv especially

In·schrift ['ɪnʃrɪft] f inscription

In·sekt <-[e]s, -en> [ɪnˈzɛkt] nt insect

In·sek·ten·kun·de f entomology **In·sek·ten·stich** m insect sting **In·sek·ten·ver·nich·tungs·mit·tel** f insecticide

In·sek·ti·zid <-s, -e> [ɪnzɛktiˈtsiːt] nt insecticide

In·sel <-, -n> ['ɪnzl̩] f island

In·sel·grup·pe f archipelago

In·se·rat <-[e]s, -e> [ɪnzeˈraːt] nt advertisement

In·se·rent(in) <-en, -en> [ɪnzeˈrɛnt] m(f) advertiser

in·se·rie·ren* [ɪnzeˈriːrən] vi, vt to advertise

ins·ge·heim [ɪnsgəˈhaɪ̯m] adv secretly

ins·ge·samt [ɪnsgəˈzamt] adv ❶ (alles zusammen) altogether ❷ (im Großen und Ganzen) on the whole

In·si·der(in) <-s, -> ['ɪnzaɪ̯dɐ] m(f) insider

In·si·der·wis·sen <-s,> ['ɪnsaɪ̯də-] nt kein pl inside knowledge

in·sis·tie·ren* [ɪnzɪsˈtiːrən] vi (geh) to insist (**auf** on); ■**darauf ~, dass** ... to insist that ...

ins·künf·tig ['ɪnskʏnftɪç] *adv* SCHWEIZ *s.* **zukünftig**

in·so·fern [ɪnzo'fɛrn, ɪn'zo:fɛrn] I. *adv* in this respect; **~ ... als** in that II. *konj* ÖSTERR (*vorausgesetzt, dass*) if; **~ als** in so far as

in·so·weit [ɪnzo'vaɪt, 'ɪnzovaɪt, ɪn'zovaɪt] I. *adv* in this respect II. *konj bes* ÖSTERR **~ als** if

in spe [ɪn 'spe:] *adj* (*fam*) future

In·spek·ti·on <-, -en> [ɪnspɛk'tsi̯o:n] *f* ❶ (*technische Wartung*) service ❷ (*Überprüfung*) inspection

In·spek·tor, In·spek·to·rin <-s, -toren> [ɪn'spɛkto:ɐ̯, *pl* ɪnspɛk'to:rən] *m, f* ❶ ADMIN executive officer; (*Kriminalpolizei*) inspector ❷ (*Prüfer*) supervisor

In·spi·ra·ti·on <-, -en> [ɪnspira'tsi̯o:n] *f* (*geh*) inspiration

In·spi·ra·ti·ons·quel·le *f pl selten* (*geh*) source of inspiration

in·spi·rie·ren* [ɪnspi'ri:rən] *vt* ■**jdn** [**zu etw** *dat*] **~** to inspire sb [to do sth]; ■**sich von etw** *dat* **~ lassen** to get one's inspiration from sth

in·spi·zie·ren* [ɪnspi'tsi:rən] *vt* (*geh*) to inspect

in·sta·bil ['ɪnstabi:l] *adj* (*geh*) unstable

In·sta·bi·li·tät <-, -en> ['ɪnstabilitɛ:t, ɪnstabili'tɛ:t] *f pl selten* (*geh*) instability

In·stal·la·teur(in) <-s, -e> [ɪnstala'tø:ɐ̯] *m(f)* (*Elektroinstallateur*) electrician; (*Klempner*) plumber

In·stal·la·ti·on <-, -en> [ɪnstala'tsi̯o:n] *f* ❶ *kein pl* (*das Installieren*) installation ❷ (*Anlage; installierte Leitungen*) installations *pl* ❸ SCHWEIZ (*Amtseinsetzung*) installation

in·stal·lie·ren* [ɪnsta'li:rən] *vt* ❶ TECH (*einbauen*) ■[**jdm**] **etw ~** to install sth [for sb]; ■**sich** *dat* **etw ~ lassen** to have sth installed ❷ INFORM (*einprogrammieren*) ■**etw** [**auf etw** *akk*] **~** to load sth [onto sth]

in·stand *adj*, **in Stand** [ɪn'ʃtant] *adj* in working order; **etw ~ halten** to keep sth in good condition; **etw ~ setzen** to repair sth

In·stand·hal·tung *f* (*geh*) maintenance

in·stän·dig ['ɪnʃtɛndɪç] I. *adj* Bitte, *etc* urgent II. *adv* urgently; **~ um etw** *akk* **bitten** to beg for sth

In·stanz <-, -en> [ɪn'stants] *f* ❶ ADMIN authority ❷ JUR (*Stufe eines Verfahrens*) instance; **erste/zweite ~** trial/appellate court; **oberste/letzte ~** supreme court of appeal; court of last instance

In·stinkt <-[e]s, -e> [ɪn'stɪŋkt] *m* instinct

in·stink·tiv [ɪnstɪŋk'ti:f] *adj* instinctive

In·sti·tut <-[e]s, -e> [ɪnsti'tu:t] *nt* institute

In·sti·tu·ti·on <-, -en> [ɪnstitu'tsi̯o:n] *f* institution

in·sti·tu·ti·o·nell [ɪnstitutsi̯o:'nɛl] *adj* (*geh*) institutional

in·stru·ie·ren* [ɪnstru'i:rən] *vt* ❶ (*in Kenntnis setzen*) to advise (**über** about) ❷ (*Anweisungen geben*) to instruct

In·struk·ti·on <-, -en> [ɪnstrʊk'tsi̯o:n] *f* (*Anweisung*) instruction; (*Anleitung*) instruction[s] *usu pl*; **laut ~** according to instructions

in·struk·tiv <-er, -ste> [ɪnstrʊkti:f] *adj* instructive

In·stru·ment <-[e]s, -e> [ɪnstru'mɛnt] *nt* ❶ MUS instrument; (*Gerät für wissenschaftliche Zwecke*) instrument ❷ (*a. fig geh: Werkzeug*) tool

in·stru·men·tal [ɪnstrumɛn'ta:l] I. *adj* instrumental II. *adv* instrumentally

in·stru·men·ta·li·sie·ren* [ɪnstrumɛntali'zi:rən] *vt* (*geh*) to instrumentalize

In·stru·men·ta·ri·um <-, -rien> [ɪnstrumɛn'ta:ri̯ʊm, *pl* ɪnstrumɛn'ta:ri̯ən] *nt* (*geh*) ❶ (*Gesamtheit der Ausrüstung*) instruments *pl*; (*medizinische Instrumente*) equipment ❷ MUS range of instruments

In·su·la·ner(in) <-s, -> [ɪnzu'la:nɐ] *m(f)* islander

In·su·lin <-s> [ɪnzu'li:n] *nt kein pl* insulin *no pl*

in·sze·nie·ren* [ɪnstse'ni:rən] *vt* ❶ (*dramaturgisch gestalten*) to stage ❷ (*pej*) to stage-manage

In·sze·nie·rung <-, -en> *f* ❶ FILM, THEAT production ❷ (*pej: Bewerkstelligung*) engineering

in·takt [ɪn'takt] *adj* ❶ (*unversehrt*) intact ❷ (*voll funktionsfähig*) in working order

in·te·ger [ɪn'te:gɐ] I. *adj* (*geh*) of integrity; ■**~ sein** to have integrity II. *adv* (*geh*) with integrity

in·te·gral [ɪnte'gra:l] *adj attr* MATH integral

In·te·gral <-s, -e> [ɪnte'gra:l] *nt* MATH integral

In·te·gra·ti·on <-, -en> [ɪntegra'tsi̯o:n] *f* integration

in·te·grie·ren* [ɪnte'gri:rən] I. *vt* (*eingliedern*) to integrate (**in** into) II. *vr* (*sich einfügen*) ■**sich ~** to become integrated (**in** into)

In·te·gri·tät <-> [ɪntegri'tɛ:t] *f kein pl* (*geh*) integrity

In·tel·lekt <-[e]s> [ɪntɛ'lɛkt] *m kein pl* intellect

in·tel·lek·tu·ell [ɪntɛlɛk'tu̯ɛl] *adj* intellectual

In·tel·lek·tu·el·le(r) *f(m)* intellectual

in·tel·li·gent [ɪntɛli'gɛnt] *adj* (*mit Verstand begabt*) a. INFORM intelligent; (*strategisch klug*) clever

In·tel·li·genz <-, -en> [ɪntɛli'gɛnts] *f* ① *kein pl* (*Verstand*) intelligence *no pl* ② *kein pl* (*Gesamtheit der Intellektuellen*) intelligentsia *no pl* ③ (*vernunftbegabtes Lebewesen*) intelligence ④ INFORM **künstliche ~** artificial intelligence

In·tel·li·genz·bes·tie *f* (*fam*) brainbox

In·tel·li·genz·quo·ti·ent *m* intelligence quotient

In·ten·dant(in) <-en, -en> [ɪntɛn'dant] *m(f)* THEAT artistic director; RADIO, TV director-general

In·ten·danz <-, -en> [ɪntɛn'dants] *f* ① THEAT directorship; RADIO, TV director-generalship ② (*Büro des Intendanten*) THEAT director's office; RADIO, TV director-general's office

In·ten·si·tät <-, *selten* -en> [ɪntɛnzi'tɛːt] *f* intensity

in·ten·siv [ɪntɛn'ziːf] **I.** *adj* ① (*gründlich*) intensive ② (*eindringlich, durchdringend*) intense; *Duft, Schmerz* strong **II.** *adv* ① (*gründlich*) intensively; **~ bemüht sein, etw zu tun** to make intense efforts to do sth ② (*eindringlich, durchdringend*) strongly

in·ten·si·vie·ren* [ɪntɛnzi'viːrən] *vt* to intensify

In·ten·si·vie·rung <-, *selten* -en> *f* intensification

In·ten·siv·kurs *m* intensive course **In·ten·siv·sta·ti·on** *f* intensive care unit

In·ten·ti·on <-, -en> [ɪntɛn'tsi̯oːn] *f* (*geh*) intention

in·ter·agie·ren* [ɪntɛʔa'giːrən] *vi* PSYCH, SOZIOL ▪ **mit jdm/etw ~** to interact with sb/sth **In·ter·ak·ti·on** <-, -en> [ɪntɛak'tsi̯oːn] *f* PSYCH, SOZIOL interaction

in·ter·ak·tiv [ɪntɛʔak'tiːf] *adj* interactive

In·ter·ci·ty <-, -s> [ɪntɐ'sɪti] *m,* **In·ter·ci·ty·zug**^RR *m* inter-city [train]

In·ter·ci·ty·ex·press^RR *m,* **Intercity-Express**^ALT *m* inter-city express

in·ter·es·sant [ɪntərɛ'sant] **I.** *adj* ① (*Interesse erweckend*) interesting; **sich [bei jdm] ~ machen** to attract [sb's] attention; **wie ~!** how interesting! ② *Angebot, Gehalt* attractive **II.** *adv* interestingly; **der Vorschlag hört sich ~ an** the proposal sounds interesting

in·ter·es·san·ter·wei·se *adv* interestingly enough

In·ter·es·se <-s, -n> [ɪntə'rɛsə] *nt* ① *kein pl* (*Aufmerksamkeit*) interest; **~ [an jdm/etw] haben** to have an interest [in sb/sth]; **wir haben ~ an Ihrem Angebot** we are interested in your offer; **hätten Sie ~ daran, für uns tätig zu werden?** would you be interested in working for us? ② *pl* (*Neigungen*) interests *pl;* **aus ~** out of interest ③ *pl* (*Belange*) interests *pl* ④ (*Nutzen*) interest; [**für jdn**] **von ~ sein** to be of interest [to sb]; **in jds ~ liegen** to be in sb's interest

in·ter·es·se·hal·ber *adv* out of interest

in·ter·es·se·los *adj* indifferent

In·ter·es·sen·ge·mein·schaft *f* community of interests **In·ter·es·sen·kon·flikt** *m,* **In·ter·es·sen·kol·li·si·on** *f* conflict [*or* clash] of interests **In·ter·es·sens·kon·flikt** *m* conflict of interests

In·ter·es·sent(in) <-en, -en> [ɪntərɛ'sɛnt] *m(f)* ① (*an einer Teilnahme Interessierter*) interested party ② (*an einem Kauf Interessierter*) potential buyer

in·ter·es·sie·ren* [ɪntərɛ'siːrən] **I.** *vt* ① (*jds Interesse hervorrufen*) to interest ② (*jds Interesse auf etw lenken*) ▪ **jdn für etw** *akk* **~** to interest sb in sth **II.** *vr* (*mit Interesse verfolgen*) ▪ **sich für jdn/etw ~** to be interested in sb/sth

in·ter·es·siert I. *adj* ① (*Interesse zeigend*) interested; **sie ist politisch ~** she is interested in politics ② (*mit ernsthaften Absichten*) ▪ **an jdm/etw ~ sein** to be interested in sb/sth; ▪ **daran ~ sein, etw zu tun** to be interested in doing sth **II.** *adv* with interest

In·ter·face <-, -s> ['ɪntɐfeːs] *nt* INFORM interface

In·ter·fe·renz <-, -en> [ɪntɐfe'rɛnts] *f* interference *no pl*

In·te·ri·eur <-s, -s *o* -e> [ɛ̃te'rjøːɐ] *nt* (*geh*) interior

In·te·rims·lö·sung *f* (*geh*) interim solution **In·te·rims·re·ge·lung** *f* (*geh*) interim regulation **In·te·rims·re·gie·rung** *f* (*geh*) interim government

In·ter·jek·ti·on <-, -en> [ɪntɐjɛk'tsi̯oːn] *f* interjection

in·ter·kon·ti·nen·tal [ɪntɐkɔntinɛn'taːl] *adj* intercontinental **in·ter·kul·tu·rell** [ɪntɐkʊltu'rɛl] *adj* intercultural **In·ter·mez·zo** <-s, -s *o* -mezzi> [ɪntɐ'mɛtso] *nt* ① MUS intermezzo ② (*geh*) incident

in·tern [ɪn'tɛrn] **I.** *adj* internal **II.** *adv* internally

In·ter·na [ɪn'tɛrna] *pl* (*geh*) internal matters *pl*

In·ter·nat <-[e]s, -e> [ɪntɛɐˈnaːt] *nt* boarding-school

in·ter·na·ti·o·nal [ɪntɐnatsi̯oˈnaːl] **I.** *adj* international **II.** *adv* internationally

in·ter·na·ti·o·na·li·sie·ren* [ɪntɐnatsi̯onaliˈziːrən] *vt* (*geh*) to internationalize

In·ter·nats·schü·ler(in) <-s, -> *m(f)* boarder, boarding school pupil [*or* AM student]

In·ter·net <-s> [ˈɪntɐnɛt] *nt* Internet; **im ~ surfen** to surf the Internet

In·ter·net·adres·se *f* uniform resource locator, URL **In·ter·net·auk·ti·ons·haus** [ˈɪntɐnɛtʔaʊksi̯oːnshaʊs] *nt* Internet auction site **In·ter·net·brow·ser** *m* INFORM Internet explorer **In·ter·net·ca·fé** *nt* Internet café **In·ter·net·fo·rum** *nt* Internet [*or* web] forum **In·ter·net·jar·gon** *m* netspeak **In·ter·net·por·tal** *nt* INET web [*or* internet] portal **In·ter·net·pro·vi·der** [-provaɪdɐ] *m* Internet provider **In·ter·net·ser·ver** *m* INFORM Internet server **In·ter·net·sur·fer** *m* Internet surfer **In·ter·net·ter·mi·nal** [-tøːɐ̯mɪnl̩] *nt* Internet terminal **In·ter·net·zu·gang** *m* INFORM Internet access

in·ter·nie·ren* [ɪntɐˈniːrən] *vt* ❶ (*in staatlichen Gewahrsam nehmen*) to intern ❷ MED to isolate

In·ter·nie·rung <-, -en> *f* ❶ (*Einsperrung*) internment ❷ MED isolation

In·ter·nie·rungs·la·ger *nt* internment camp

In·ter·nist(in) <-en, -en> [ɪntɐˈnɪst] *m(f)* internist

In·ter·pol <-> [ˈɪntɐpoːl] *f* Interpol

In·ter·pret(in) <-en, -en> [ɪntɐˈpreːt] *m(f)* (*geh*) interpreter

In·ter·pre·ta·ti·on <-, -en> [ɪntɐpretaˈtsi̯oːn] *f* interpretation

in·ter·pre·ta·to·risch [ɪntɐpretaˈtoːrɪʃ] *adj* interpretative

in·ter·pre·tie·ren* [ɪntɐpreˈtiːrən] *vt* to interpret

In·ter·punk·ti·on <-, -en> [ɪntɐpʊŋkˈtsi̯oːn] *f* punctuation

In·ter·punk·ti·ons·zei·chen *nt* punctuation mark

In·ter·re·gio <-s, -s> [ɪntɐˈreːgi̯o] *m* regional city stopper (*train that travels between regional centres*)

In·ter·vall <-s, -e> [ɪntɐˈval] *nt* (*geh*) interval

in·ter·ve·nie·ren* [ɪntɐveˈniːrən] *vi* (*geh*) a. POL to intervene

In·ter·ven·ti·on <-, -en> [ɪntɐvɛnˈtsi̯oːn] *f* (*geh*) a. POL intervention

In·ter·view <-s, -s> [ˈɪntɐvjuː, ɪntɐˈvjuː] *nt* interview

in·ter·view·en* [ɪntɐˈvjuːən, ˈɪntɐvjuːən] *vt* ❶ (*durch ein Interview befragen*) ■ jdn ~ to interview sb (**zu** about); ■ **sich** [**von jdm**] **~ lassen** to give [sb] an interview ❷ (*hum fam: befragen*) ■ jdn ~ to consult sb

In·ter·view·er(in) <-s, -> [ˈɪntɐvjuːɐ, ˈɪntɐvjuːɐ] *m(f)* interviewer

in·tim [ɪnˈtiːm] *adj* ❶ (*innig, persönlich*) intimate; *Freund, Bekannter* close ❷ (*sexuell liiert*) ■ **mit jdm ~ sein/werden** to be/become intimate with sb

In·tim·be·reich *m* ❶ (*euph: Bereich der Geschlechtsorgane*) private parts *pl* ❷ *s.* **Intimsphäre**

In·ti·mi·tät <-, -en> [ɪntimiˈtɛːt] *f* (*geh*) ❶ *kein pl* (*Vertrautheit*) intimacy *no pl* ❷ *pl* (*private Angelegenheit*) intimate affairs *pl* ❸ *usu pl* (*sexuelle Handlung o Äußerung*) intimacy ❹ *kein pl einer Kneipe* intimacy

In·tim·le·ben *nt* [private] sex life **In·tim·sphä·re** *f* (*geh*) private life **In·tim·ver·kehr** *m kein pl* (*euph*) intimate relations *pl*

in·to·le·rant [ˈɪntolerant, ɪntoleˈrant] **I.** *adj* (*geh*) intolerant **II.** *adv* intolerantly

In·to·le·ranz [ˈɪntolerants, ɪntoleˈrants] *f* (*geh*) intolerance

In·to·na·ti·on <-, -en> [ɪntonaˈtsi̯oːn] *f* intonation

in·to·nie·ren* [ɪntoˈniːrən] *vt* ■ **etw ~** MUS to begin singing sth

In·tra·net <-s, -s> [ˈɪntranɛt] *nt* INFORM intranet

in·tran·si·tiv [ˈɪntranzitiːf] *adj* intransitive

in·tra·ve·nös [ɪntraveˈnøːs] *adj* intravenous

in·tri·gant [ɪntriˈgant] *adj* (*pej geh*) scheming

In·tri·gant(in) <-en, -en> [ɪntriˈgant] *m(f)* (*pej geh*) schemer

In·tri·ge <-, -n> [ɪnˈtriːgə] *f* (*pej geh*) conspiracy

in·tri·gie·ren* [ɪntriˈgiːrən] *vi* (*pej geh*) to scheme (**gegen** against)

in·tro·ver·tiert [ɪntrovɛrˈtiːɐ̯t] *adj* introverted

In·tro·ver·tiert·heit [ɪntrovɛrˈtiːɐ̯thaɪt] *f kein pl* PSYCH introvertedness

In·tu·i·ti·on <-, -en> [ɪntui̯ˈtsi̯oːn] *f* intuition

in·tu·i·tiv [ɪntui̯ˈtiːf] *adj* intuitive

in·tus [ˈɪntʊs] *adj* ❶ **etw ~ haben** (*fam*) *Alkohol, Essen* to have had sth ❷ (*verstanden haben*) to have got sth into one's head

in·va·lid [ɪnvaˈliːt] *adj,* **in·va·li·de** [ɪnvaˈliːdə] *adj* invalid
In·va·li·de, In·va·li·din <-n, -n> [ɪnvaˈliːdə, ɪnvaˈliːdɪn] *m, f* invalid
In·va·li·den·ren·te *f* disability pension
In·va·li·di·tät <-> [ɪnvalidiˈtɛːt] *f kein pl* disability
in·va·ri·a·bel [ˈɪnvarjaːbl̩, ɪnvaˈrjaːbl̩] *adj* invariable
In·va·si·on <-, -en> [ɪnvaˈzjoːn] *f* invasion
In·ven·tar <-s, -e> [ɪnvɛnˈtaːɐ̯] *nt* inventory
In·ven·tur <-, -en> [ɪnvɛnˈtuːɐ̯] *f* stocktaking; ~ **machen** to stocktake
In·ver·si·on <-, -en> [ɪnvɛrˈzjoːn] *f* inversion
in·ves·tie·ren* [ɪnvɛsˈtiːrən] *vt* to invest
In·ves·ti·ti·on <-, -en> [ɪnvɛstiˈtsjoːn] *f* investment
In·ves·ti·ti·ons·gü·ter *pl* capital equipment *no pl*
In·vest·ment <-s, -s> [ɪnˈvɛstmənt] *nt* (*Geldanlage*) investment; (*Geldanlage in Investmentfonds*) investing in investment funds
In·vest·ment·fonds *m* investment fund
In·ves·tor(in) <-s, -en> [ɪnˈvɛstoːɐ̯, *pl* ɪnvɛsˈtoːrən] *m(f)* investor
in·vol·vie·ren* [ɪnvɔlˈviːrən] *vt* (*geh*) to involve
in·wen·dig [ˈɪnvɛndɪç] I. *adv* inside II. *adj* (*selten*) inside
in·wie·fern [ɪnviˈfɛrn] *adv interrog* in what way
in·wie·weit [ɪnviˈvaɪt] *adv* how far
In·zah·lung·nah·me <-, -n> *f* HANDEL trade-in; ▪ **die** ~ **einer S.** *gen* the acceptance of a thing in part exchange [*or* payment]
In·zest <-[e]s, -e> [ɪnˈtsɛst] *m* (*geh*) incest *no pl*
in·zes·tu·ös [ɪntsɛsˈtuøːs] *adj* Beziehung, Verhältnis incestuous
In·zucht [ˈɪntsʊxt] *f* inbreeding
in·zwi·schen [ɪnˈtsvɪʃn̩] *adv* in the meantime
Ion <-s, -en> [ˈjoːn] *nt* ion
io·nisch [ˈjoːnɪʃ] *adj* ❶ ARCHIT, KUNST ionic ❷ MUS Ionian
io·ni·sie·ren* [joniˈziːrən] *vt* PHYS, MATH to ionize
I-Punkt^RR [ˈiː-] *m* (*I-Tüpfelchen*) dot on the "i" ▶ **bis auf den** ~ down to the last detail
IQ <-[s], -[s]> [iːˈkuː] *m Abk von* **Intelligenzquotient** IQ

Irak <-s> [iˈraːk] *m* ▪ **der** ~ Iraq; *s. a.* **Deutschland**
Ira·ker(in) <-s, -> [iˈraːkɐ] *m(f),* **Ira·ki** <-s, -s> [iˈraːkiː] *m fem form gleich* Iraqi; *s. a.* **Deutsche(r)**
ira·kisch [iˈraːkɪʃ] *adj* Iraqi; *s. a.* **deutsch**
Irak·krieg *m* ▪ **der** ~ the Iraq War
Iran <-s> [iˈraːn] *m* ▪ **der** ~ Iran; *s. a.* **Deutschland**
Ira·ner(in) <-s, -> [iˈraːnɐ] *m(f)* Iranian; *s. a.* **Deutsche(r)**
ira·nisch [iˈraːnɪʃ] *adj* Iranian; *s. a.* **deutsch**
ir·den [ˈɪrdn̩] *adj* (*veraltend: aus Ton*) earthenware
ir·disch [ˈɪrdɪʃ] *adj* earthly
Ire, Irin <-n, -n> [ˈiːrə, ˈiːrɪn] *m, f* Irishman *masc,* Irishwoman *fem;* ▪ **die** ~**n** the Irish; [ein] ~ **sein** to be Irish
ir·gend [ˈɪrɡn̩t] *adv* at all; **wenn** ~ **möglich** if at all possible; **wenn ich** ~ **kann, werde ich Sie am Bahnhof abholen** if I possibly can, I'll pick you up at the station; ~ **so ein/e …** some … or other
ir·gend·ein [ˈɪrɡn̩tʔaɪn], **ir·gend·ei·ne(r, s)** [ˈɪrɡn̩tʔaɪnə, -aɪne, -aɪnəs], **ir·gend·eins** [ˈɪrɡn̩tʔaɪns] *pron indef* ❶ *adjektivisch* (*was auch immer für ein*) some; **haben Sie noch irgendeinen Wunsch?** would you like anything else?; **nicht irgendein/e …** *adjektivisch* not any [old] … ❷ *substantivisch* (*ein Beliebiger*) any [old] one; *substantivisch;* **ich werde doch nicht irgendeinen einstellen** I'm not going to appoint just anybody
ir·gend·et·was^RR *pron indef s.* **irgendwas ir·gend·je·mand**^RR *pron indef pron* someone, somebody; (*fragend, verneinend*) anyone, anybody **ir·gend·wann** [ˈɪrɡn̩tvan] *adv* some time or other **ir·gend·was** [ˈɪrɡn̩tvas] *pron indef* (*fam*) something; *bei Fragen* anything **ir·gend·wel·che(r, s)** [ˈɪrɡn̩tvɛlçə, -vɛlçɐ, -vɛlçəs] *pron indef* ❶ (*welche auch immer*) some; *bei Fragen* any ❷ (*irgendein, beliebig*) some; *substantivisch* anything **ir·gend·wer** [ˈɪrɡn̩tveːɐ̯] *pron indef* (*fam*) somebody; **hallo! aufmachen! hört mich denn nicht** ~**?** hallo! open up! can no one hear me?; **nicht [einfach]** ~ not just anybody **ir·gend·wie** [ˈɪrɡn̩tviː] *adv* somehow [*or* other]; **Sie kommen mir** ~ **bekannt vor, haben wir uns früher schon mal getroffen?** I seem to know you somehow, have we met before? **ir·gend·wo** [ˈɪrɡn̩tvoː] *adv* ❶ (*wo auch immer*) somewhere [*or* other] ❷ (*in irgendeiner*

Weise) somehow [or other]; **~ versteh ich das nicht** somehow I don't understand [that] **ir·gend·wo·her** ['ɪrɡn̩tvoˈheːɐ̯] *adv* from somewhere [or other]; **von ~** from somewhere [or other] **ir·gend·wo·hin** ['ɪrɡn̩tvoˈhɪn] *adv* somewhere [or other]

Irin <-, -nen> ['iːrɪn] *f fem form von* **Ire** Irishwoman

Iris[1] <-, -> ['iːrɪs] *f* BOT iris

Iris[2] <-, - *o* Iriden> ['iːrɪs, *pl* iˈriːdən] *f* ANAT iris

irisch ['iːrɪʃ] *adj* Irish; *s. a.* **deutsch**

Ir·land ['ɪrlant] *nt* Ireland, Eire; *s. a.* **Deutschland**

Iro·nie <-> [iroˈniː] *f kein pl* irony

iro·nisch [iˈroːnɪʃ] I. *adj* ironic[al] II. *adv* ironically; **~ lächeln** to give an ironic smile

irr [ɪr] *adj s.* **irre**

ir·ra·ti·o·nal ['ɪratsi̯onaːl, ɪratsi̯oˈnaːl] *adj* (*geh*) irrational

Ir·re <-> ['ɪrə] *f* **jdn in die ~ führen** to mislead sb

ir·re [ɪrə] I. *adj* ❶ (*verrückt*) crazy; **jdn für ~[e] halten** (*fam*) to think sb is mad ❷ (*verstört*) crazy; **so ein Blödsinn! Du redest ~s Zeug!** what nonsense! This is just crazy talk!; **jdn [noch] ganz ~ machen** (*fam*) to drive sb crazy *fam* ❸ (*sl: toll*) fantastic II. *adv* ❶ (*verrückt, verstört*) insanely; **was fällt dir ein, mitten in der Nacht so ~ rumzubrüllen!** all this crazy yelling in the middle of the night, what [the hell] do you think you're doing!; **wie ~** (*fam*) like mad ❷ (*sl: ausgeflippt*) wacky; (*toll*) fantastically *fam* ❸ (*sl: äußerst*) incredibly

Ir·re(r) ['ɪrə, -re] *f(m)* lunatic

ir·re·al ['ɪreaːl] *adj* (*geh*) unreal

ir·re|füh·ren *vt* to mislead; ■**sich von jdm/etw ~ lassen** to be misled by sb/sth

ir·re·füh·rend *adj* misleading **Ir·re·füh·rung** *f* deception

ir·re·gu·lär ['ɪreɡulɛːɐ̯] *adj* (*geh*) irregular

ir·re·le·vant ['ɪrelevant, ɪreleˈvant] *adj* (*geh*) irrelevant

ir·re|ma·chen *vt* to confuse; ■**sich nicht ~ lassen** not to be put off (**durch** by)

ir·ren[1] ['ɪrən] *vi sein* ■**durch/über etw** *akk* **~** to wander through/across sth

ir·ren[2] ['ɪrən] I. *vi* (*geh*) (*sich täuschen*) to be wrong ▶**I~ ist menschlich** (*prov*) to err is human II. *vr* (*sich täuschen*) ■**sich ~** to be wrong (**in** about); **da irrst du dich** you're wrong there; **ich irre mich bestimmt nicht** I'm definitely not wrong; **wenn ich mich nicht irre, ...** if I am not mistaken ...

Ir·ren·an·stalt *f* (*pej veraltend*) lunatic asylum **Ir·ren·haus** *nt* (*veraltet o pej*) lunatic asylum; **wie im ~** (*fam*) like a madhouse

ir·re·pa·ra·bel ['ɪreparaːbl̩, ɪrepaˈraːbl̩] I. *adj* (*geh*) irreparable II. *adv* (*geh*) irreparably

ir·re·ver·si·bel ['ɪrevɛrziːbl̩, ɪrevɛrˈziːbl̩] *adj* (*fachspr*) irreversible

Irr·fahrt *f* odyssey **Irr·gar·ten** *m* maze **Irr·glau·be(n)** *m* ❶ (*irrige Ansicht*) mistaken belief ❷ (*veraltend: falscher religiöser Glaube*) heretical belief

ir·rig ['ɪrɪç] *adj* (*geh*) wrong

Ir·ri·ta·ti·on <-, -en> [ɪritaˈtsi̯oːn] *f* (*geh*) *a.* MED irritation

ir·ri·tie·ren* [ɪriˈtiːrən] *vt* ❶ (*verwirren*) to confuse ❷ (*stören*) to annoy

Irr·läu·fer *m* misdirected item **Irr·leh·re** *f* false doctrine **Irr·licht** ['ɪrlɪçt] *nt* jack-o'-lantern **Irr·sinn** ['ɪrzɪn] *m kein pl* ❶ (*veraltet: psychische Krankheit*) insanity ❷ (*fam: Unsinn*) madness *no pl* **irr·sin·nig** ['ɪrzɪnɪç] I. *adj* ❶ (*veraltet: psychisch krank*) insane ❷ (*fam: völlig wirr, absurd*) crazy, mad ❸ (*fam: stark, intensiv*) tremendous; *Hitze, Kälte, Verkehr* incredible; *Kopfschmerzen* terrible II. *adv* (*fam: äußerst*) terribly; **das schmerzt wie ~!** it's hurting like mad!

Irr·tum <-[e]s, -tümer> ['ɪrtuːm, *pl* ˈɪrtyːmɐ] *m* ❶ (*irrige Annahme*) error; [**schwer**] **im ~ sein** to be [badly] mistaken ❷ (*fehlerhafte Handlung*) mistake; **einen ~ begehen** to make a mistake

irr·tüm·lich ['ɪrtyːmlɪç] I. *adj attr* mistaken II. *adv* mistakenly

irr·tüm·li·cher·wei·se *adv* by mistake

Irr·weg *m* wrong track

Is·chi·as <-> ['ɪʃi̯as] *m o nt kein pl* sciatica *no pl*

ISDN <-s> [iːʔɛsdeːˈʔɛn] *nt kein pl Abk von* **Integrated Services Digital Network** ISDN

ISDN-An·schluss[RR] *m* ISDN connection

Is·lam <-s> [ɪsˈlaːm, ˈɪslam] *m kein pl* Islam; ■**der ~** Islam *no pl*

Is·lam·feind·lich·keit *f* Islamophobia

is·la·misch [ɪsˈlaːmɪʃ] *adj* Islamic

Is·la·mist(in) <-en, -en> [ɪslaˈmɪst] *m(f)* Islamist

is·la·mis·tisch [ɪslaˈmɪstɪʃ] *adj* Islamist *attr*

Is·la·mo·pho·bie <-> *f kein pl* SOZIOL islamophobia

Is·land ['iːslant] *nt* Iceland; *s. a.* **Deutschland**

Is·län·der(in) <-s, -> ['iːslɛndɐ] *m(f)* Icelander; **~ sein** to be an Icelander; *s. a.* **Deutsche(r)**

is·län·disch ['i:slɛndɪʃ] *adj* Icelandic; *s. a.* **deutsch**

Iso·la·ti·on <-, -en> [izola'tsi̯o:n] *f* ❶ (*das Abdichten*) insulation ❷ (*das Isolieren*) *von Patienten, Häftlingen, etc.* isolation ❸ (*Abgeschlossenheit*) isolation (**von** from)

Iso·la·ti·o·nis·mus <-> [izolatsi̯o'nɪsmʊs] *m kein pl* POL isolationism

Iso·la·ti·ons·haft *f* solitary confinement

Iso·lier·band <-bänder> [izo'li:ɐ̯-] *nt* insulating tape

iso·lie·ren* [izo'li:rən] **I.** *vt* ❶ TECH to insulate (**gegen** against) ❷ JUR, MED to isolate (**von** from) **II.** *vr* (*sich absondern*) ■ **sich ~** to isolate oneself (**von** from)

Iso·lier·kan·ne *f* thermos flask **Iso·lier·ma·te·ri·al** *nt* insulating material **Iso·lier·sta·ti·on** *f* isolation ward

iso·liert I. *adj* (*aus dem Zusammenhang gegriffen*) isolated **II.** *adv* ❶ (*abgeschlossen, abgesondert*) isolated ❷ (*aus dem Zusammenhang gegriffen*) in an isolated way

Iso·lie·rung <-, -en> *f s.* **Isolation**

Iso·top <-s, -e> [izo'to:p] *nt* PHYS isotope

Is·ra·el <-s> ['ɪsraeːl, 'ɪsraɛl] *nt* Israel; *s. a.* **Deutschland**

Is·ra·e·li <-[s], -[s]> [ɪsra'e:li] *m*, **Is·ra·e·li** <-s, -[s]> *f* Israeli; *s. a.* **Deutsche(r)**

is·ra·e·lisch [ɪsra'e:lɪʃ] *adj* Israeli; *s. a.* **deutsch**

Is·ra·e·lit(in) <-en, -en> [israe'li:t, israe'li:t] *m(f)* Israelite

is·ra·e·li·tisch *adj* Israelite; *s. a.* **deutsch**

isst^{RR} [ɪst], **ißt**^{ALT} [ɪst] *3. pers sing pres von* **essen**

ist [ɪst] *3. pers sing pres von* **sein**¹

Isth·mus <-, Isthmen> ['ɪstmʊs] *m* GEOL (*Landenge*) isthmus

Ist-Zu·stand, Ist·zu·stand^{RR} *m* actual state

Ita·li·en <-s> [i'ta:li̯ən] *nt* Italy; *s. a.* **Deutschland**

Ita·li·e·ner(in) <-s, -> [ita'li̯e:nɐ] *m(f)* Italian; **~ sein** to be [an] Italian; *s. a.* **Deutsche(r)**

ita·li·e·nisch [ita'li̯e:nɪʃ] *adj* Italian; *s. a.* **deutsch**

Ita·li·e·nisch [ita'li̯e:nɪʃ] *nt dekl wie adj* Italian; **auf ~** in Italian; *s. a.* **Deutsch**

Ita·lo·wes·tern ['i:talo-] *m* spaghetti western

i-Tüp·fel·chen <-s, -> ['i:-] *nt* finishing touch

i.V. *Abk von* **in Vertretung** p.p.

IWF <-> [i:veː'ʔɛf] *m kein pl Abk von* **Internationaler Währungsfonds** IMF

J

J, j <-, - *o fam* -s, -s> [jɔt] *nt* J, j; *s. a.* **A 1**
ja [jaː] *part* ① (*bestätigend: so ist es*) yes; ~, **bitte?** yes, hello?; **das sag ich ~!** (*fam*) that's exactly what I say!; **aber ~!** yes, of course! ② (*fragend: so? tatsächlich?*) really?; **ach ~?** really? ③ (*warnend: bloß*) make sure; **sei ~ vorsichtig mit dem Messer!** do be careful with the knife!; **geh ~ nicht dahin!** don't go there whatever you do! ④ (*abschwächend, einschränkend: schließlich*) after all; **ich kann es ~ mal versuchen** I can try it of course; **das ist ~ richtig, doch sollten wir trotzdem vorsichtiger sein** that's certainly true, but we should be more careful anyhow ⑤ (*revidierend, steigernd: und zwar*) in fact ⑥ (*anerkennend, triumphierend: doch*) **du bist ~ ein richtiges Schlitzohr!** you really are a crafty devil!; **siehst du, ich habe es ~ immer gesagt!** what did I tell you? I've always said that, you know; **es musste ~ mal so kommen!** it just had to turn out like that!; **auf Sie haben wir ~ die ganze Zeit gewartet** we've been waiting for you the whole time, you know; **wo steckt nur der verfluchte Schlüssel? Ach, da ist er ~!** where's the damned key? Oh, that's where it's got to! ⑦ (*bekräftigend: allerdings*) **so war das doch damals, erinnerst du dich? — Ach ~!** that's how it was in those days, do you remember? — Oh yes!; **was Sie mir da berichten, ist ~ kaum zu glauben!** what you're telling me certainly is scarcely believable!; **Ihr Mann ist bei einem Flugzeugabsturz ums Leben gekommen? Das ist ~ entsetzlich!** your husband died in a plane crash? Why, that's just terrible!; **ich verstehe das ~, aber trotzdem finde ich's nicht gut** I understand that admittedly, even so, I don't think it's good; **das ist ~ die Höhe!** that's the absolute limit!; **es ist ~ immer dasselbe** it's always the same, you know ⑧ (*na*) well ⑨ (*als Satzabschluss: nicht wahr?*) isn't it?; **es bleibt doch bei unserer Abmachung, ~?** our agreement does stand though, doesn't it? ⑩ (*ratlos: nur*) **ich weiß ~ nicht, wie ich es ihm beibringen soll** I'm sure I don't know how I'm going to get him to understand that ⑪ (*beschwichtigend*) **he, wo bleibst du denn nur so lange? — Ich komm ~ schon!** hey, where have you been all this time? — All right, all right! I'm coming! ▸ **~ und amen zu etw** *dat* **sagen** (*fam*) to give sth one's blessing; **wenn ~** if so

Ja <-s, -[s]> [jaː] *nt* yes; POL O DIAL aye
Jacht <-, -en> [jaxt] *f* yacht
Ja·cke <-, -n> ['jakə] *f* (*Stoffjacke*) jacket; (*Strickjacke*) cardigan
Ja·cken·ta·sche *f* jacket pocket
Ja·ckett <-s, -s> [ʒa'kɛt] *nt* jacket
Jack·pot <-s, -s> ['dʒɛkpɔt] *m* ① KARTEN stake [money] ② (*Lottogewinn*) jackpot
Ja·de <-> ['jaːdə] *m o f kein pl* jade
Jagd <-, -en> ['jaːkt] *f* ① (*das Jagen*) hunting; **auf der ~ sein** to be [out] hunting; **~ auf jdn/etw machen** (*pej*) to hunt for sb/sth ② (*Revier*) *s.* **Jagdrevier** ③ (*Verfolgung*) hunt (**auf** for) ④ (*pej: wildes Streben*) pursuit (**nach** of)
Jagd·beu·te *f* kill **Jagd·bom·ber** *m* fighter-bomber **Jagd·flug·zeug** *nt* fighter plane **Jagd·ge·wehr** *nt* hunting rifle **Jagd·haus** *nt* hunting lodge **Jagd·hund** *m* hound **Jagd·re·vier** [-reviːɐ] *nt* preserve **Jagd·schein** *m* hunting licence
ja·gen ['jaːgn̩] **I.** *vt* haben ① (*auf der Jagd verfolgen*) to hunt ② (*hetzen*) to pursue ③ (*fam: antreiben, vertreiben*) ■**jdn aus etw** *dat*/**in etw** *akk* **~** to chase sb out of/into sth; **eine Sache jagt die andere** one thing comes after another ④ (*fam*) **jeden Tag kriegte ich eine Spritze in den Hintern gejagt** I got a syringe stuck in my backside everyday ▸**jdn mit etw** *dat* **~ können** (*fam*) to not be able to stand sth **II.** *vi* ① haben (*auf die Jagd gehen*) to hunt ② sein (*rasen*) to race; **er kam plötzlich aus dem Haus gejagt** he suddenly came racing out of the house
Jä·ger(in) <-s, -, -nen> ['jɛːgɐ] *m(f)* hunter
Jä·ger·schnit·zel *nt* KOCHK escalope chasseur (*with mushroom sauce*)
Ja·gu·ar <-s, -e> ['jaːguaːɐ] *m* jaguar
jäh ['jɛː] **I.** *adj* (*geh*) ① (*abrupt, unvorhergesehen*) abrupt; *Bewegung* sudden ② (*steil*) steep **II.** *adv* (*geh*) ① (*abrupt, unvorhergesehen*) abruptly ② (*steil*) steeply
Jahr <-[e]s, -e> ['jaːɐ] *nt* ① (*Zeitraum von zwölf Monaten*) year; **die 20er-/30er-~e etc.** the twenties/thirties etc. + *sing/pl vb*; **anderthalb ~e** a year and a half; **ein drei-**

viertel ~ nine months; **ein halbes** ~ six months; **ein viertel** ~ three months; **das ganze** ~ über throughout the whole year; **das neue** ~ the new year; ~ **für** ~ year after year; **im** ~**e** ... in [the year] ...; **ich gehe zweimal im** ~ **zum Arzt** I go to the doctor's twice a year; **letztes/nächstes** ~ last/next year; **in diesem/im nächsten** ~ this/next year; **vor einem** ~ a year ago; **alle hundert** ~**e ändert sich das Klima** the climate changes every hundred years; **alle** ~**e wieder** every year; **dieser Bestseller wurde zum Buch des** ~**es gekürt** this bestseller was chosen as book of the year; **auf** ~**e hinaus** for years to come ❷ (*Lebensjahre*) **er ist 10** ~**e alt** he's 10 years old ▶ **in den besten** ~**en** [sein] [to be] in one's prime; **in die** ~**e kommen** (*euph fam*) to be getting on [in years]

jahr·aus [jaːɐ̯ˈʔaʊ̯s] *adv* **jahrein,** ~ year in, year out

Jahr·buch *nt* yearbook

jah·re·lang [ˈjaːrəlaŋ] **I.** *adj attr* lasting for years; **das Ergebnis war die Frucht** ~**er Forschungen** the result was the fruit of years of research **II.** *adv* for years; **ich hoffe, es dauert nicht** ~, **bis ich an die Reihe komme** I hope it won't take years before it's my turn

jäh·ren [ˈjɛːrən] *vr* (*geh*) ■ **sich** ~ to be the anniversary of

Jah·res·an·fang *m,* **Jah·res·be·ginn** *m* beginning of the year; **bei/nach/vor** ~ at/after/before the beginning of the year **Jah·res·bei·trag** *m* annual subscription **Jah·res·durch·schnitt** *m* annual average **Jah·res·ein·kom·men** *nt* annual income **Jah·res·en·de** *nt* end of the year; **bis zum/vor** ~ by/before the end of the year **Jah·res·etat** *m* annual budget **Jah·res·frist** *f* **nach** ~ after a period of one year; **vor** ~ within a period of one year **Jah·res·ge·halt** *nt* annual salary **Jah·res·ring** *m* annual ring **Jah·res·tag** *m* anniversary **Jah·res·ur·laub** *m* annual holiday **Jah·res·wech·sel** *m* turn of the year; **zum** ~ at the turn of the year **Jah·res·wen·de** *f* turn of the year **Jah·res·zahl** *f* year **Jah·res·zeit** *f* season **jah·res·zeit·lich** *adj* seasonal

Jahr·gang <-gänge> *m* ❶ (*Personen eines Geburtsjahrs*) age-group; (*Gesamtheit der Schüler eines Schuljahres*) [school] year ❷ (*Erntejahr*) vintage; (*Herstellungsjahr*) year

Jahr·hun·dert <-s, -e> [jaːɐ̯ˈhʊndət] *nt* century

jahr·hun·der·te·lang I. *adj* [lasting] for centuries *pred;* **es hat einer** ~**en Entwicklung bedurft** centuries of development were required **II.** *adv* for centuries

Jahr·hun·dert·wen·de *f* turn of the century

jähr·lich [ˈjɛːɐ̯lɪç] *adj* annual

Jahr·markt *m* [fun]fair

Jahr·tau·send <-s, -e> [jaːɐ̯ˈtaʊ̯znt] *nt* millennium

Jahr·tau·send·wen·de *f* turn of the millennium

Jahr·zehnt <-[e]s, -e> [jaːɐ̯ˈtseːnt] *nt* decade

jahr·zehn·te·lang I. *adj* decades of *attr;* **durch diesen Vertrag wurde der Konflikt nach** ~**er Dauer beendet** decades of conflict were ended by this treaty **II.** *adv* for decades

Jäh·zorn [ˈjɛːtsɔrn] *m* outburst of temper
jäh·zor·nig *adj* violent-tempered

Ja·lou·sie <-, -n> [ʒaluˈziː, *pl* -ˈziːən] *f* venetian blind

Ja·mai·ka <-s> [jaˈmaɪ̯ka] *nt* Jamaica

Ja·mai·ka·ner(in) <-s, -> [jamaɪ̯ˈkaːnɐ] *m(f)* Jamaican

ja·mai·ka·nisch *adj* Jamaican

Jam·mer <-s> [ˈjamɐ] *m kein pl* ❶ (*Kummer*) sorrow; (*fig fam*) **es ist ein** ~, **dass/wie ...** it is a terrible shame that/how ...; **es ist ein** ~, **wie wenig Zeit wir haben** it's deplorable how little time we have ❷ (*das Wehklagen*) wailing

Jam·mer·lap·pen *m* (*pej fam*) scaredy-cat
jäm·mer·lich [ˈjɛmɐlɪç] **I.** *adj attr* ❶ (*beklagenswert*) wretched ❷ (*kummervoll*) sorrowful ❸ (*fam*) *Ausrede* pathetic ❹ (*pej fam: verächtlich*) miserable **II.** *adv* ❶ (*elend*) miserably ❷ (*fam: erbärmlich*) awfully

jam·mern [ˈjamɐn] *vi* ❶ (*a. pej: lamentieren*) to whine (**über/wegen** about); **lass das J**~ stop moaning ❷ (*wimmernd verlangen*) to beg (**nach** for)

jam·mer·scha·de [ˈjamɐˈʃaːdə] *adj* (*fam*) ■ ~ [sein], **dass/wenn/wie ...** to be a terrible pity that/if/how ...

Jän·ner <-s, -> [ˈjɛnɐ] *m* ÖSTERR January
Ja·nu·ar <-[s], -e> [ˈjanu̯aːɐ̯] *m* January; *s. a.* **Februar**

Ja·pan <-s> [ˈjaːpan] *nt* Japan; *s. a.* **Deutschland**

Ja·pa·ner(in) <-s, -> [jaˈpaːnɐ] *m(f)* Japanese; ■ **die** ~ the Japanese; *s. a.* **Deutsche(r)**

ja·pa·nisch [jaˈpaːnɪʃ] *adj* Japanese; *s. a.* **deutsch**

Jar·gon <-s, -s> [ʒarˈgoː] *m* ❶ (*Sondersprache von Gruppen*) jargon ❷ (*saloppe Sprache*) slang

Ja·sa·ger(in) <-s, -> *m(f)* (*pej*) yes-man

Jas·min <-s, -e> [jasˈmiːn] *m* jasmine

Ja·stim·me *f* yes-vote

jä·ten [ˈjɛːtn̩] **I.** *vt* ❶ (*aushacken*) to hoe ❷ (*von Unkraut befreien*) to weed **II.** *vi* to weed

Jau·che <-, -n> [ˈjaʊxə] *f* liquid manure

jauch·zen [ˈjaʊxtsn̩] *vi* (*geh*) to shout with glee

jau·len [ˈjaʊlən] *vi* to howl

ja·wohl [jaˈvoːl] *adv* yes

Ja·wort *nt* **jdm das ~ geben** to consent to marry sb; (*bei Trauung*) to say I do

Jazz <-> [dʒɛs, jats] *m kein pl* jazz *no pl*

Jazz·gym·nas·tik [ˈdʒɛsgʏmnastɪk] *f* ≈ jazz dance *no pl*

je [jeː] **I.** *adv* ❶ (*jemals*) ever ❷ (*jeweils*) each **II.** *präp* +*akk* (*pro*) per **III.** *konj* **~ öfter du übst, desto besser kannst du dann spielen** the more you practice the better you will be able to play; **~ nachdem!** it [all] depends!; **~ nachdem, wann/wie/ob ...** depending on when/how/whether ...

Jeans <-, -> [dʒiːnz] *f meist pl* jeans *npl*

Jeans·ho·se [ˈdʒiːnz-] *f* pair of jeans

Jeans·ja·cke [ˈdʒiːnz-] *f* denim jacket

je·de(r, s) [ˈjeːdə, ˈjeːdɐ, ˈjeːdəs] *pron indef* ❶ *attr* (*alle einzelnen*) each; **~s Mal** every time ❷ *attr* (*jegliche*) any ❸ *attr* (*in einem/einer beliebigen*) any ❹ *substantivisch* everyone; **von mir aus kannst du ~n fragen, du wirst immer das Gleiche hören** as far as I'm concerned you can ask anyone, you'll get the same answer; **ich kann doch nicht ~n meiner Angestellten rund um die Uhr kontrollieren!** I can't supervise each one of my employees round the clock!; **das weiß doch ~r!** everybody knows that!; ❺ DIAL (*jeweils der/die einzelne*) each [one]; **~e(r, s) zweite/dritte/...** one in two/three ...

je·den·falls [ˈjeːdn̩ˌfals] *adv* ❶ (*immerhin*) anyhow, in any case ❷ (*auf jeden Fall*) definitely

je·der·mann [ˈjeːdɐman] *pron indef, substantivisch* everyone; (*jeder* [*beliebige*]) anyone

je·der·zeit [ˈjeːdɐˈtsait] *adv* ❶ (*zu jeder beliebigen Zeit*) at any time ❷ (*jeden Augenblick*) at any moment

je·des·mal^ALT *adv s*. **jede(r, s) 1**

je·doch [jeˈdɔx] *konj, adv* however

Jeep® <-s, -s> [dʒiːp] *m* jeep®

jeg·li·che(r, s) [ˈjeːklɪçə, ˈjeːklɪçɐ, ˈjeːklɪçəs] *pron indef* any

je·her [ˈjeːˈhɛr] *adv* **seit ~** (*geh*) always

je·mals [ˈjeːmaːls] *adv* ever

je·mand [ˈjeːmant] *pron indef* somebody, someone; (*bei Fragen, Negation, etc.*) anybody, anyone

Je·men <-s> [ˈjeːmən] *m* Yemen; *s. a.* **Deutschland**

je·ne(r, s) [ˈjeːnə, ˈjeːnɐ, ˈjeːnəs] *pron dem* (*geh*) ❶ (*der/die/das Bewusste*) that *sing*, those *pl* ❷ (*der/die/das dort*) that *sing*, those *pl*

jen·seits [ˈjeːnzaits] **I.** *präp* +*gen* ■ **~ einer S.** *gen* on the other side of sth; **~ der Alpen beginnt Norditalien** Northern Italy begins on the other side of the Alps **II.** *adv* (*über ... hinaus*) ■ **~ von etw dat** beyond sth

Jen·seits <-> [ˈjeːnzaits] *nt kein pl* hereafter

Jer·sey <-[s], -s> [ˈdʒøːezi, ˈdʒœrzi] *m* MODE jersey

Je·ru·sa·lem <-s> [jeˈruːzalɛm] *nt* Jerusalem

Je·su·it <-en, -en> [jezuˈiːt] *m* Jesuit

Je·sus <*dat o gen* Jesu, *akk* Jesum> [ˈjeːzʊs] *m* Jesus; **~ Christus** Jesus Christ

Jet <-[s], -s> [dʒɛt] *m* (*fam*) jet

Jet·lag^RR, **Jet-lag**^ALT <-s, -s> [ˈdʒɛtlɛg] *m* jet lag

Jet·set^RR, **Jet-set**^ALT <-s, *pl* -s> [ˈdʒɛtsɛt] *m* (*fam*) jet-set

jet·ten [ˈdʒɛtn̩] *vi sein* (*fam*) ■ **irgendwohin ~** to jet off somewhere

jet·zig [ˈjɛtsɪç] *adj attr* current

jetzt [jɛtst] *adv* ❶ (*zurzeit*) now; **~ gleich** right now; **~ oder nie!** [it's] now or never!; **~ noch?** now?; **~ schon?** already?; **bis ~** so far; **für ~ wollen wir erst mal Schluss machen!** let's call it a day for now! ❷ (*verstärkend: nun*) now; **habe ich ~ den Brief eingeworfen oder nicht?** now, have I posted the letter or not?; **wer ist das ~ schon wieder?** who on earth is that now? ❸ (*heute*) now[adays]

je·wei·lig [ˈjeːvailɪç] *adj attr* prevailing

je·weils [ˈjeːvails] *adv* ❶ (*jedes Mal*) each time; **die Miete ist ~ monatlich im Voraus fällig** the rent is due each month in advance; **die ~ Betroffenen können gegen die Bescheide Einspruch einlegen** each of the persons concerned can lodge an objection to the decisions taken ❷ (*immer zusammengenommen*) each; **~ drei Pfadfinder mussten sich einen**

Teller Eintopf teilen in each instance three scouts had to share one plate of stew ❸ (*zur entsprechenden Zeit*) at the time

Jh. *Abk von* **Jahrhundert** century

JH *Abk von* **Jugendherberge** YH

Job <-s, -s> [dʒɔp] *m* (*fam*) job

job·ben ['dʒɔbn̩] *vi* (*fam*) to do casual work

Job·cen·ter, Job-Cen·ter ['dʒɔpsɛntɐ] *nt* job centre BRIT [*or* center AM]

Job·hop·per(in)^RR, **Job-hop·per(in)**^ALT <-s, -> ['dʒɔphɔpɐ] *m(f)* SOZIOL (*fam*) job hopper **Job·sha·ring**^RR <-s> ['dʒɔpʃɛːrɪŋ] *nt kein pl,* **Job·sha·ring**^ALT <-[s]> ['dʒɔpʃɛːrɪŋ] *nt kein pl* job-sharing *no pl, no art* **Job·su·che** ['dʒɔp-] *f kein pl* (*fam*) job-hunting *no pl, no art*

Joch <-[e]s, -e> [jɔx] *nt* (*a. fig*) yoke

Jo·ckei *m,* **Jo·ckey** <-s, -s> ['dʒɔke, 'dʒɔki] *m* jockey

Jod <-s> ['joːt] *nt kein pl* iodine

jo·deln ['joːdl̩n] *vi* to yodel

Jod·ler <-s, -> ['joːdlɐ] *m* yodel

Jod·ler(in) <-s, -> ['joːdlɐ] *m(f)* yodeller

Jod·salz *nt kein pl* iodate; KOCHK iodized salt

Jo·ga <-[s]> ['joːga] *m o nt kein pl* yoga *no pl*

jog·gen ['dʒɔgn̩] *vi* ❶ *haben* (*als Jogger laufen*) to jog ❷ *sein* ▪ **irgendwohin** ~ to jog somewhere

Jog·ger(in) <-s, -> ['dʒɔgɐ] *m(f)* jogger

Jog·ging <-s> ['dʒɔgɪŋ] *nt kein pl* jogging *no pl*

Jog·ging·an·zug ['dʒɔgɪŋ-] *m* tracksuit

Jo·ghurt <-[s], -[s]> ['joːgʊrt] *m o nt,* **Jo·gurt**^RR <-[s], -[s]> ['joːgʊrt] *m o nt* yog[h]urt

Jo·han·nis·bee·re [joˈhanɪs-] *f* currant; **rote/schwarze** ~ redcurrant/blackcurrant

joh·len ['joːlən] *vi* to yell

Joint <-s, -s> [dʒɔynt] *m* (*sl*) joint

Jo-Jo <-s, -s> [joˈjoː] *nt* yo-yo

Jo·ker <-s, -> ['joːke, 'dʒoːke] *m* joker

Jon·gleur(in) <-s, -e> [ʒɔŋˈløːɐ] *m(f)* juggler

jon·glie·ren* [ʒɔŋˈliːrən] *vi* to juggle

Jor·dan <-s> ['jɔrdan] *m* Jordan

Jor·da·ni·en <-s> [jɔrˈdaːniən] *nt* Jordan; *s. a.* **Deutschland**

Jor·da·ni·er(in) <-s, -> [jɔrˈdaːniɐ] *m(f)* Jordanian; *s. a.* **Deutsche(r)**

jor·da·nisch [jɔrˈdaːnɪʃ] *adj* Jordanian; *s. a.* **deutsch**

Joule <-[s], -> [ʒuːl] *nt* joule

Jour·nal <-s, -e> [ʒʊrˈnaːl] *nt* journal

Jour·na·lis·mus <-> [ʒʊrnaˈlɪsmʊs] *m kein pl* ❶ (*Pressewesen*) press ❷ (*journalistische Berichterstattung*) journalism *no pl*

Jour·na·list(in) <-en, -en> [ʒʊrnaˈlɪst] *m(f)* journalist

jour·na·lis·tisch [ʒʊrnaˈlɪstɪʃ] **I.** *adj* journalistic **II.** *adv* journalistically

jo·vi·al [joviˈaːl] *adj* (*geh*) jovial

Joy·stick <-s, -s> ['dʒɔystɪk] *m* joy-stick

jr. *adj Abk von* **junior** j[n]r.

Ju·bel <-s> ['juːbl̩] *m kein pl* cheering *no pl*

Ju·bel·ge·schrei *nt* shouting and cheering

ju·beln ['juːbl̩n] *vi* ▪ **über etw** *akk*) ~ to celebrate [sth]; **eine** ~ **de Menge** a cheering crowd

Ju·bel·ruf *m* cheer

Ju·bi·lar(in) <-s, -e> [jubiˈlaːɐ] *m(f)* person celebrating an anniversary

Ju·bi·lä·um <-s, Jubiläen> [jubiˈlɛːʊm, *pl* jubiˈlɛːən] *nt* anniversary

ju·bi·lie·ren* [jubiˈliːrən] *vi* (*geh*) ▪ **über etw** *akk*) ~ ❶ (*jubeln*) to celebrate [sth] ❷ (*frohlocken*) to rejoice *liter*

juch·zen ['jʊxtsn̩] *vi* (*fam*) to shout with joy

ju·cken ['jʊkn̩] **I.** *vi* (*Juckreiz erzeugen*) to itch **II.** *vi impers* to itch; **zeig mir mal genau, wo es juckt!** show me where it's itching!; **mich juckt's am Rücken** my back's itching ❷ (*fam: reizen*) ▪ **jdn juckt es, etw zu tun** sb's itching to do sth **III.** *vt impers* ❶ (*zum Kratzen reizen*) ▪ **es juckt jdn** [**irgendwo**] sb has an itch [somewhere]; **mich juckt's am Rücken** my back's itching ❷ (*fam: reizen*) ▪ **jdn juckt es, etw zu tun** sb's itching to do sth **IV.** *vt* ❶ (*kratzen*) **das Unterhemd juckt mich** the vest makes me itch ❷ (*reuen*) ▪ **jdn juckt es, etw getan zu haben** sb regrets having done sth ❸ *meist verneint* (*fam: kümmern*) ▪ **jdn juckt etw** [**nicht**] sth is of [no] concern to sb; **das juckt mich doch nicht** I couldn't care less **V.** *vr* (*fam: sich kratzen*) ▪ **sich** ~ to scratch

Juck·reiz *m* itch[ing *no pl*]

Ju·de, Jü·din <-n, -n> ['juːdə, 'jyːdɪn] *m, f* Jew *masc,* Jewess *fem;* ~ **sein** to be a Jew/Jewess, to be Jewish

Ju·den·tum <-s> *nt kein pl* (*Gesamtheit der Juden*) Jewry *no pl,* Jews *pl*

Ju·den·ver·fol·gung *f* persecution of [the] Jews **Ju·den·ver·nich·tung** *f kein pl* extermination of the Jews; (*im 3. Reich*) Holocaust *no pl*

Jü·din <-, -nen> ['jyːdɪn] *f fem form von* **Jude** Jewess

jü·disch ['jyːdɪʃ] *adj* Jewish

Ju·do <-s> ['juːdo] *nt kein pl* judo *no pl*

Ju·gend <-> ['juːgn̩t] f kein pl ❶ (*Jugendzeit*) youth no pl; **frühe/früheste ~** early/earliest youth; **in jds ~** in sb's youth; **in meiner ~ kostete ein Brötchen sechs Pfennige** when I was young a roll cost six Pfennigs; **von ~ an** from one's youth ❷ (*Jungsein*) youthfulness ❸ (*junge Menschen*) ■ **die ~** young people pl; **die europäische ~** the youth of Europe; **die heutige ~** young people today

Ju·gend·amt nt government office for youth welfare **Ju·gend·ar·beit** f youth [welfare] work **Ju·gend·ar·beits·lo·sig·keit** f kein pl youth unemployment no pl **Ju·gend·buch** nt book for young readers **ju·gend·frei** adj (*veraltend*) Film U-cert[ificate] BRIT, [rated] G AM **Ju·gend·freund(in)** m(f) childhood friend **ju·gend·ge·fähr·dend** adj morally damaging to juveniles **Ju·gend·grup·pe** f youth group **ju·gend·haft** f kein pl JUR juvenile detention **Ju·gend·her·ber·ge** f youth hostel **Ju·gend·kri·mi·na·li·tät** f kein pl juvenile delinquency no pl

ju·gend·lich ['juːgn̩tlɪç] I. adj ❶ (*jung*) young ❷ (*durch jds Jugend bedingt*) youthful ❸ (*jung wirkend*) youthful II. adv youthfully

Ju·gend·li·che(r) f(m) young person

Ju·gend·lie·be f childhood sweetheart **Ju·gend·schutz** m kein pl protection of children and young persons **Ju·gend·stil** m Art Nouveau **Ju·gend·straf·an·stalt** f JUR (*geh*) youth detention centre [or AM -er] **Ju·gend·stra·fe** f sentence for young offenders **Ju·gend·sün·de** f youthful misdeed **Ju·gend·traum** m childhood dream **Ju·gend·zeit** f kein pl youth no pl **Ju·gend·zen·trum** nt youth centre

Ju·go·sla·we, Ju·go·sla·win <-n, -n> [jugoˈslaːvə, jugoˈslaːvɪn] m, f (*hist*) Yugoslav; s. a. **Deutsche(r)**

Ju·go·sla·wi·en <-s> [jugoˈslaːviən] nt (*hist*) Yugoslavia; s. a. **Deutschland**

Ju·go·sla·win <-, -nen> [jugoˈslaːvɪn] f (*hist*) fem form von **Jugoslawe**

ju·go·sla·wisch [jugoˈslaːvɪʃ] adj (*hist*) Yugoslav[ian]; s. a. **deutsch**

Ju·li <-[s], -s> ['juːli] m July; s. a. **Februar**

jun. adj Abk von **junior**

jung <jünger, jüngste> [jʊŋ] I. adj ❶ (*noch nicht älter*) young; **er ist jünger als seine Freundin** he is younger than his girlfriend; **~ und alt** young and old alike ❷ (*jung wirkend*) youthful; **das hält ~!** it keeps you young! ❸ (*später geboren*) young; ■ **der/die Jüngere** the younger; **der/die Jüngste** the youngest ❹ (*erst kurz existierend*) new II. adv (*in jungen Jahren*) young; **~ heiraten/sterben** to marry/die young; **von ~ auf** from an early age

Jun·ge <-n, -n> ['jʊŋə] m ❶ (*männliches Kind*) boy ❷ (*fam*) ■ **Jungs** pl (*veraltend fam: Leute*) chaps pl BRIT, guys pl AM ▶ **alter ~** (*fam*) old chap [or AM fellow]; **dummer ~** wet behind the ears; **wie ein dummer ~** like a child; **ein schwerer ~** (*fam*) big-time crook; **mein ~!** (*fam*) my dear boy!; **~, ~!** (*fam*) boy oh boy!

Jun·ge(s) ['jʊŋə(s)] nt ORN, ZOOL young

jun·gen·haft adj boyish

jün·ger ['jʏŋɐ] adj ❶ comp von **jung** younger ❷ (*noch nicht allzu alt*) youngish ❸ (*wenig zurückliegend*) recent

Jün·ger(in) <-s, -> ['jʏŋɐ] m(f) ❶ (*Schüler Jesu*) disciple ❷ (*Anhänger*) disciple

Jung·fer <-, -n> ['jʊŋfɐ] f (*veraltet*) mistress hist; **eine alte ~** (*pej*) an old maid pej

Jung·fern·fahrt f maiden voyage **Jung·fern·häut·chen** nt hymen

Jung·frau ['jʊŋfraʊ] f ❶ (*Frau vor ihrem ersten Koitus*) virgin; **die ~ Maria** the Virgin Mary; **die ~ von Orléans** Joan of Arc ❷ ASTROL (*Tierkreiszeichen*) Virgo; ■ **~ sein** to be a Virgo

jung·fräu·lich ['jʊŋfrɔʏlɪç] adj (*geh*) ❶ (*Zustand*) virgin ❷ (*noch unberührt*) virgin; **~er Schnee** virgin snow

Jung·fräu·lich·keit <-> f kein pl (*geh*) virginity no pl

Jung·ge·sel·le, -ge·sel·lin ['jʊŋgəzɛlə, -gəzɛlɪn] m, f bachelor

Jüng·ling <-s, -e> ['jʏŋlɪŋ] m (*geh*) (*junger Mann*) youth ▶ **[auch] kein ~ mehr sein** to be no spring chicken anymore

Jung·spund <-s, -e> m (*pej fam*) young buck

jüngst ['jʏŋst] adv (*geh*) recently

jüngs·te(r, s) adj ❶ superl von **jung** youngest; **[auch] nicht mehr der/die Jüngste sein** (*hum*) to be no spring chicken anymore [either] ❷ (*nicht lange zurückliegend*) [most] recent ❸ (*neueste*) latest

Jung·tier nt young animal **jung·ver·hei·ra·tet** adj newly-wed

Ju·ni <-[s], -s> ['juːni] m June; s. a. **Februar**

ju·ni·or ['juːniˌoːɐ] adj (*geh*) junior

Ju·ni·or, Ju·ni·o·rin <-s, -en> ['juːniˌoːɐ, juˈnjoːrɪn, pl juˈnjoːrən] m, f ❶ (*~chef*) son masc/daughter fem of the boss

➋ *(fam: Sohn)* junior ➌ *pl* SPORT *(junge Sportler zwischen 18 und 23)* juniors *npl*
Ju̱·ni·or·chef, -che·fin *m, f* boss' [*or* owner's|] son *masc*/daughter *fem*
Ju·ni·o·rin <-, -nen> [juˈni̯oːrɪn] *f fem form von* **Junior**
Junk·food <-s> *nt kein pl,* **Junk-food** <-s> [ˈdʒaŋkfuːd] *nt kein pl* junk food *no pl*
Jun·kie <-s, -s> [ˈdʒaŋki] *m (sl)* junkie
Jun·ta <-, Junten> [ˈxʊnta, ˈjʊnta, *pl* ˈxʊntn̩, ˈjʊntn̩] *f* POL junta
Ju·pi·ter <-s> [ˈjuːpitɐ] *m* Jupiter
Ju·ra[1] [ˈjuːra] *kein art* SCH law
Ju·ra[2] <-s> [ˈjuːra] *m* GEOL Jurassic [period/system]
Ju·ra[3] <-s> [ˈjuːra] *nt kein pl* GEOG ➊ *(Gebirge in der Ostschweiz)* Jura Mountains *pl* ➋ *(Schweizer Kanton)* Jura
Ju·ris·pru·denz <-> [jʊrɪspruˈdɛnts] *f kein pl (geh)* jurisprudence *no pl*
Ju·rist(in) <-en, -nen> [juˈɐɪst] *m(f)* ➊ *(Akademiker)* jurist ➋ *(fam: Jurastudent)* law student
Ju·ris·te·rei <-> [jʊrɪstəˈraɪ̯] *f kein pl* law *no pl*
Ju·ris·tin <-, -nen> [juˈrɪstɪn] *f fem form von* **Jurist**
ju·ris·tisch [juˈrɪstɪʃ] **I.** *adj* ➊ *(Jura betreffend)* legal; **~es Studium** law studies; **die ~e Fakultät** Faculty of Law ➋ *(die Rechtsprechung betreffend)* law *attr;* **ein ~es Problem** a juridical problem **II.** *adv* **~ argumentiert/betrachtet** argued/seen from a legal point of view
Ju·ror, Ju·ro·rin <-s, Juroren> [ˈjuːroːɐ̯, juˈroːrɪn, *pl* juˈroːrən] *m, f meist pl* juror
Ju·ry <-, -s> [ʒyˈriː, ˈʒyːri, ˈdʒuːri] *f* jury
just [ˈjʊst] *adv* ➊ *(veraltet: eben gerade)* just; **da fällt mir ~ ein** I've just remembered ➋ *(liter: genau)* exactly; **~ in dem Moment** at that very moment
jus·tie·ren* [jʊsˈtiːrən] *vt* to adjust
Jus·tiz <-> [jʊsˈtiːts] *f kein pl* JUR ➊ *(Gerichtsbarkeit)* justice *no pl* ➋ *(~ behörden)* legal authorities *pl*
Jus·tiz·be·am·te(r) *m dekl wie adj,* **-be·am·tin** *f* judicial officer **Jus·tiz·be·hör·de** *f* legal authority **Jus·tiz·ge·bäu·de** *nt* court-house **Jus·tiz·irr·tum** *m* miscarriage of justice **Jus·tiz·mi·nis·ter, -mi·nis·te·rin** *m, f* Minister of Justice BRIT, Attorney General AM **Jus·tiz·mi·nis·te·ri·um** *nt* Ministry of Justice BRIT, Department of Justice AM **Jus·tiz·voll·zugs·an·stalt** [jʊsˈtiːtsfɔltsuks-] *f (geh)* place of detention
Ju·te <-> [ˈjuːtə] *f kein pl* jute
Ju·wel[1] <-s, -en> [juˈveːl] *m o nt* ➊ *(Schmuckstein)* gem[stone], jewel ➋ *pl (Schmuck)* jewel[le]ry *no pl*
Ju·wel[2] <-s, -e> [juˈveːl] *nt* ➊ *(geschätzte Person oder Sache)* gem; **ein ~ von einer Köchin sein** to be a gem of a cook ➋ *(prachtvoller Ort)* gem, jewel; **der Schwarzwald ist ein ~ unter den deutschen Landschaften** the Black Forest is one of the jewels of the German countryside ➌ *(kostbares Exemplar)* gem, jewel; **das ~ der Sammlung** the jewel of the collection
Ju·we·lier(in) <-s, -e> [juveˈliːɐ̯] *m(f)* ➊ *(Besitzer eines ~geschäftes)* jeweller ➋ *(Juweliergeschäft)* jeweller's
Jux <-es, -e> [ˈjʊks] *m (fam: Scherz)* joke; **aus [lauter] ~ und Tollerei** *(fam)* out of sheer fun; **sich** *dat* **einen ~ aus etw** *dat* **machen** to make a joke out of sth; **aus ~** as a joke
JVA <-, -s> [jɔtfaʊ̯ˈaː] *f Abk von* **Justizvollzugsanstalt** JUR prison

K, k <-, - *o fam* -s, -s> [kaː] *nt* K, k; *s. a.* **A 1**

Ka·ba·rett <-s, -e *o* -s> [kabaˈrɛt] *nt* cabaret

Ka·ba·ret·tist(in) <-en, -en> [kabarɛˈtɪst] *m(f)* cabaret artist

kab·beln [ˈkabl̩n] *vr (fam)* to squabble

Ka·bel <-s, -> [ˈkaːbl̩] *nt* ❶ ELEK wire ❷ TELEK, TV cable

Ka·bel·an·schlussᴿᴿ *m* cable connection **Ka·bel·fern·se·hen** *nt* cable TV

Ka·bel·jau <-s, -e *o* -s> [ˈkaːbl̩jau̯] *m* cod

Ka·bel·ka·nal *m* TV, RADIO cable channel **Ka·bel·netz** *nt* TV cable network

Ka·bi·ne <-, -n> [kaˈbiːnə] *f* ❶ (*Umkleidekabine*) changing room ❷ NAUT cabin ❸ (*Gondel*) cable-car

Ka·bi·nett <-s, -e> [kabiˈnɛt] *nt* POL cabinet

Kab·rio <-[s], -s> [ˈkaːbrio] *nt* convertible

Ka·bri·o·lett <-s, -s> [kabrioˈlɛt] *nt* ÖSTERR, SÜDD (*geh: Kabrio*) convertible

Ka·chel <-, -n> [ˈkaxl̩] *f* tile

ka·cheln [ˈkaxl̩n] *vt* to tile

Ka·chel·ofen [ˈkaxl̩ʔoːfn̩] *m* tiled stove

Ka·cke <-> [ˈkakə] *f kein pl (derb)* shit

ka·cken [ˈkakn̩] *vi (vulg)* to shit

Ka·da·ver <-s, -> [kaˈdaːve] *m* carcass

Ka·denz <-, -en> [kaˈdɛnts] *f* MUS cadenza

Ka·der <-s, -> [ˈkaːdɐ] *m* ❶ MIL cadre ❷ SPORT squad

Ka·dett <-en, -en> [kaˈdɛt] *m* MIL cadet

Kad·mi·um <-s> [ˈkatmiʊm] *nt kein pl* cadmium

Kä·fer <-s, -> [ˈkɛfɐ] *m* ❶ ZOOL beetle ❷ (*fam: Volkswagen*) beetle

Kaff <-s, -s *o* -e> [ˈkaf] *nt (pej fam)* hole

Kaf·fee <-s, -s> [ˈkafe] *m* coffee; **~ mit Milch** white coffee; **schwarzer ~** black coffee; **~ trinken** to have [a] coffee

Kaf·fee·au·to·mat *m* coffee machine **Kaf·fee·bar** *f* coffeehouse **Kaf·fee·boh·ne** *f* coffee bean **Kaf·fee·braun** *adj* coffee-coloured **Kaf·fee·fil·ter** *m* ❶ (*Vorrichtung*) coffee filter ❷ (*fam: Filterpapier*) filter paper **Kaf·fee·haus** *nt* ÖSTERR coffee-house **Kaf·fee·kan·ne** *f* coffee pot **Kaf·fee·kap·sel** *f* coffee capsule **Kaf·fee·klatsch** *m kein pl (fam)* coffee morning BRIT, kaffeeklatsch AM **Kaf·fee·löf·fel** *m* coffee spoon **Kaf·fee·ma·schi·ne** *f* coffee machine **Kaf·fee·müh·le** *f* coffee grinder **Kaf·fee·pad** <-s, -s> [-pɛd] *nt* coffee pod **Kaf·fee·pau·se** *f* coffee break **Kaf·fee·satz** *m* coffee grounds *npl* **Kaf·fee·tas·se** *f* coffee cup

Kä·fig <-s, -e> [ˈkɛːfɪç] *m* cage

kahl [kaːl] I. *adj* ❶ (*ohne Kopfhaar*) bald; **~ geschoren** shaven ❷ *Wand, Baum* bare ❸ (*ohne Bewuchs*) barren II. *adv* **etw ~ fressen** to strip sth bare; **jdn ~ scheren** to shave sb's head

Kahl·heit <-> *f kein pl* ❶ (*Kahlköpfigkeit*) baldness *no pl* ❷ (*Blattlosigkeit*) bareness *no pl* ❸ (*kahle Beschaffenheit*) bleakness *no pl,* barrenness *no pl* **Kahl·kopf** *m* bald head **kahl·köp·fig** *adj* bald-headed **Kahl·schlag** *m* ❶ (*abgeholzte Fläche*) clearing ❷ *kein pl (das Abholzen)* deforestation ❸ (*fam: völliger Abriss*) demolition

Kahn <-[e]s, Kähne> [kaːn, *pl* ˈkɛːnə] *m* (*flaches Boot*) small boat; (*Schleppkahn*) barge

Kai <-s, -e *o* -s> [kai̯] *m* quay

Kai·man <-s, -e> [ˈkai̯man] *m* cayman

Kai·ro <-s> [ˈkai̯ro] *nt* Cairo

Kai·ser(in) <-s, -> [ˈkai̯zɐ] *m(f)* emperor *masc*, empress *fem*

kai·ser·lich [ˈkai̯zɐlɪç] *adj* imperial

Kai·ser·reich *nt* empire **Kai·ser·schmar·ren, Kai·ser·schmarrn** *m* KOCHK ÖSTERR, SÜDD shredded pancake-style mixture combined with sugar and dried fruit **Kai·ser·schnitt** *m* Caesarean [section]

Ka·jak <-s, -s> [ˈkaːjak] *m o nt* kayak

Ka·jal <-[s]> [kaˈjaːl] *nt kein pl* kohl

Ka·jü·te <-, -n> [kaˈjyːtə] *f* cabin

Ka·kadu <-s, -s> *m* cockatoo

Ka·kao <-s, -s> [kaˈkau̯] *m* cocoa; (*heiss*) hot chocolate; (*Pulver*) cocoa [powder]

Ka·kao·boh·ne *f* cocoa bean **Ka·kao·but·ter** *f kein pl* cocoa butter *no pl* **Ka·kao·pul·ver** *nt* cocoa powder

Ka·ker·la·ke <-, -n> [ˈkaːkɐlak] *f* cockroach

Kak·tee <-, -n> [kakˈteːə] *f,* **Kak·tus** <-, Kakteen *o fam* -se> [kakˈteːə, ˈkaktʊs, *pl* kakˈteːən, -ʊsə] *m* cactus

Kalb <-[e]s, Kälber> [kalp, *pl* ˈkɛlbɐ] *nt* calf

kal·ben [ˈkalbn̩] *vi* to calve

Kalb·fleisch *nt* veal

Kalbs·bra·ten *m* roast veal **Kalbs·ko·te·lett** *nt* veal cutlet **Kalbs·schnit·zel** *nt* veal cutlet

Kal·dau·ne <-, -n> [kalˈdau̯nə] *f meist pl* DIAL entrails *npl*

Ka·lei·dos·kop <-s, -e> [kalaido-'sko:p] *nt* kaleidoscope
Ka·len·der <-s, -> ['kalɛndɐ] *m* calendar
Ka·len·der·jahr *nt* calendar year
Ka·li <-s, -s> ['ka:li] *nt* potash *no pl*
Ka·li·ber <-s, -> [ka'li:bɐ] *nt* calibre
Ka·lif <-en, -en> [ka'li:f] *m* caliph
Ka·li·for·ni·en <-s> [kali'fɔrni̯ən] *nt* California
Ka·li·um <-s> ['ka:li̯ʊm] *nt kein pl* potassium *no pl*
Kalk <-[e]s, -e> [kalk] *m* ❶ BAU whitewash *no pl;* **gebrannter ~** quicklime *no pl* ❷ *(Kalziumkarbonat)* lime *no pl* ❸ *(Kalzium)* calcium *no pl*
Kalk·bo·den *m* lime soil
kal·ken ['kalkn̩] *vt* ❶ *(tünchen)* to whitewash ❷ *(düngen)* to lime
kalk·hal·tig *adj* chalky; *(Wasser)* hard
Kalk·stein *m* limestone
Kal·ku·la·ti·on <-, -en> [kalkula'tsi̯o:n] *f* calculation
kal·ku·lier·bar *adj* calculable
kal·ku·lie·ren* [klaku'li:rən] *vi, vt* to calculate (**mit**) with
Ka·lo·rie <-, -n> [kalo'ri:, *pl* kalo'ri:ən] *f* calorie
ka·lo·ri·en·arm *adj, adv* low-calorie **Ka·lo·rien·bom·be** *f (fam)* **eine echte ~** *a food or drink packed with calories* **Ka·lo·rien·ge·halt** *m* calorie content **ka·lo·ri·en·reich** I. *adj* high-calorie II. *adv* **~ essen** to eat foods high in calories
kalt <kälter, kälteste> [kalt] I. *adj* cold; **mir ist ~** I'm cold II. *adv* ❶ *(nicht warm)* **~ duschen** to have a cold shower; **sich ~ waschen** to wash in cold water; **etw ~ essen** to eat sth cold; **etw ~ stellen** to chill sth ❷ *(emotionslos)* **~ lächelnd** *(pej)* cool and calculating ▶ **jdn überläuft es ~** cold shivers run down sb's back
kalt·blü·tig [kaltbly:tɪç] I. *adj* ❶ *(emotionslos)* cold ❷ *(skrupellos)* cold-blooded II. *adv* ❶ *(ungerührt)* coolly ❷ *(skrupellos)* unscrupulously
Kalt·blü·tig·keit <-> *f kein pl* ❶ *(Emotionslosigkeit)* coolness *no pl* ❷ *(Skrupellosigkeit)* unscrupulousness *no pl;* *(Mörder)* cold-bloodedness *no pl*
Käl·te <-> ['kɛltə] *f kein pl* cold *no pl;* **vor ~** with cold; **zehn Grad ~** ten below [zero]
käl·te·be·stän·dig *adj* ❶ *(unempfindlich gegen Kälteeinwirkung)* cold-resistant ❷ *(nicht gefrierend)* non-freezing **Käl·te·ein·bruch** *m* cold spell **käl·te·emp·find·lich** *adj* sensitive to cold *pred* **Käl·te·grad** *m* ❶ *(Grad der Kälte)* degree of coldness ❷ *(fam: Minusgrad)* degrees *pl* below zero **Käl·te·pe·ri·o·de** *f* spell of cold weather **Käl·te·schutz·mit·tel** *nt* antifreeze **Käl·te·wel·le** *f* cold spell
Kalt·front *f* METEO cold front
kalt·ge·presst *adj Öl* cold pressed
kalt·her·zig *adj* cold-hearted
kalt|las·sen *vt irreg* ■ **jdn ~** to leave sb cold **Kalt·luft** *f* cold air **Kalt·mie·te** *f* rent exclusive of heating costs
kalt·schnäu·zig I. *adj* *(fam)* callous II. *adv* *(fam)* callously
Kalt·start *m* cold start
Kal·vi·nis·mus <-> [kalvi'nɪsmʊs] *m kein pl* REL Calvinism *no pl*
kal·vi·nis·tisch *adj* REL Calvinist[ic]
Kal·zi·um <-s> ['kaltsi̯ʊm] *nt kein pl* calcium *no pl*
kam [ka:m] *imp von* **kommen**
Kam·bod·scha <-s> [kam'bɔdʒa] *nt* Cambodia; *s. a.* **Deutschland**
Ka·mel <-[e]s, -e> [ka'me:l] *nt* camel
Ka·mel·haar *nt kein pl* camel hair
Ka·me·lie <-, -n> [ka'me:li̯ə] *f* camellia
Ka·mel·len [ka'mɛlən] *pl* carnival sweets ▶ **das sind alte ~** *(fam)* that's old hat
Ka·mel·trei·ber(in) <-s, -> *m(f)* ❶ *(Kamelbesitzer)* camel-driver ❷ *(pej fam: Araber)* Arab
Ka·me·ra <-, -s> ['kaməra] *f* camera; **vor der ~** on television
Ka·me·rad(in) <-en, -en> [kamə'ra:t, *pl* -a:dn̩] *m(f)* comrade; *(Vereinskamerad)* friend
Ka·me·rad·schaft <-, -en> [kamə'ra:tʃaft] *f* camaraderie *no pl*
ka·me·rad·schaft·lich I. *adj* friendly II. *adv* on a friendly basis
Ka·me·rad·schafts·geist *m kein pl* spirit of comradeship *no pl*
Ka·me·ra·mann, -frau *m, f* cameraman
Ka·me·run <-s> [kamə'ru:n, 'kamərʊn, 'ka:mərʊn] *nt* Cameroon; *s. a.* **Deutschland**
Ka·me·ru·ner(in) <-s, -> [kamə'ru:nɐ, 'kaməru:nɐ, 'ka:məru:nɐ] *m(f)* Cameroonian; *s. a.* **Deutsche(r)**
ka·me·ru·nisch *adj* Cameroonian; *s. a.* **deutsch**
Ka·mil·le <-, -n> [ka'mɪlə] *f* camomile
Ka·mil·len·tee *m* camomile tea
Ka·min <-s, -e> [ka'mi:n] *m o* DIAL *nt* ❶ *(offene Feuerstelle)* fireplace ❷ *(Schornstein)* chimney ❸ *(Felsspalt)* chimney
Ka·min·fe·ger(in) <-s, -> *m(f)* DIAL, **Ka·min·keh·rer(in)** <-s, -> *m(f)* DIAL *(Schornsteinfeger)* chimney sweep
Kamm <-[e]s, Kämme> [kam, *pl* 'kɛmə] *m*

❶ (*Frisier~*) a. ORN, ZOOL comb ❷ KOCHK neck; (*von Schweinefleisch*) spare rib ❸ (*Bergrücken*) ridge ❹ (*Wellenkamm*) crest

käm·men [kɛmən] *vt* to comb

Kam·mer <-, -n> ['kamɐ] *f* ❶ (*kleiner Raum*) small room ❷ POL, JUR chamber ❸ (*Berufsvertretung*) professional association

Kam·mer·die·ner *m* valet **Kam·mer·jä·ger(in)** *m(f)* pest controller **Kam·mer·mu·sik** *f* chamber music **Kam·mer·ton** *m kein pl* concert pitch *no pl* **Kam·mer·zo·fe** *f* chambermaid

Kam·pa·gne <-, -n> [kam'panjə] *f* campaign

Kampf <-[e]s, Kämpfe> [kampf, *pl* 'kɛmpfə] *m* ❶ MIL battle; **im ~ fallen** to be killed in action; **in den ~ [gegen jdn/etwn** *akk*] **ziehen** to take up arms [against sb/sth]; (*eine Herausforderung annehmen*) to accept a challenge ❷ SPORT fight ❸ (*Auseinandersetzung*) fight; (*innere Auseinandersetzung*) struggle ❹ (*das Ringen*) **der ~ ums Dasein** the struggle for existence ▶ **jdm/einer S.** *dat* **den ~ ansagen** to declare war on sb/sth

Kampf·an·sa·ge *f* declaration of war

kämp·fen ['kɛmpfn̩] I. *vi* ❶ (*sich angestrengt einsetzen*) *a.* MIL, SPORT to fight ❷ (*ringen*) ■ **mit sich/etw** *dat* **~** to struggle with oneself/sth II. *vr* ■ **sich durch etw** *akk* **~** to struggle through sth

Kampf·fer <-s> *m kein pl* camphor *no pl* **Kämp·fer(in)** <-s, -> ['kɛmpfɐ] *m(f)* ❶ (*engagierter Streiter*) *a.* MIL fighter ❷ SPORT contender

kämp·fe·risch I. *adj* ❶ SPORT attacking ❷ (*Kampfgeist aufweisend*) aggressive ❸ MIL fighting II. *adv* aggressively

Kämp·fer·na·tur *f* fighter

kampf·er·probt *adj* combat-tested **Kampf·flug·zeug** *nt* combat aircraft **Kampf·gas** *nt* poison gas **Kampf·geist** *m kein pl* fighting spirit *no pl* **Kampf·hand·lung** *f meist pl* MIL hostilities *pl* **Kampf·hund** *m* fighting dog **kampf·los** I. *adj* peaceful II. *adv* peacefully **kampf·lus·tig** *adj* belligerent **Kampf·platz** *m* SPORT arena **Kampf·rich·ter(in)** *m(f)* referee **Kampf·sport** *m kein pl* martial arts *pl* **Kampf·trin·ken** *nt kein pl* (*fam*) [competitive] binge drinking **kampf·un·fä·hig** *adj* unable to fight; MIL unfit for battle

kam·pie·ren* [kam'pi:rən] *vi* to camp [out]

Ka·na·da <-s> ['kanada] *nt* Canada; *s. a.* **Deutschland**

Ka·na·di·er(in) <-s, -> [ka'na:dɪ̯ɐ] *m(f)* Canadian; *s. a.* **Deutsche(r)**

ka·na·disch [ka'na:dɪʃ] *adj* Canadian; *s. a.* **deutsch**

Ka·nail·le <-, -n> [ka'naljə] *f* (*pej*) scoundrel

Ka·na·ke <-n, -n> [ka'na:kə] *m* ❶ (*Südseeinsulaner*) Kanaka ❷ (*pej sl: exotischer Asylant*) dago ❸ (*pej sl: türkischer Arbeitnehmer*) Turkish immigrant worker

Ka·nal <-s, Kanäle> [ka'na:l, *pl* ka'nɛlə] *m* ❶ NAUT, TRANSP canal ❷ (*Abwasserkanal*) sewer ❸ *kein pl* (*Ärmelkanal*) ■ **der ~** the [English] Channel ❹ RADIO, TV channel ❺ *pl* (*Wege*) **dunkle Kanäle** dubious channels **Ka·nal·de·ckel** *m* drain cover **Ka·nal·in·seln** *pl* ■ **die ~** the Channel Islands *pl*

Ka·na·li·sa·ti·on <-, -en> [kanaliza'tsi̯o:n] *f* ❶ (*Abwassernetz*) sewerage system ❷ *kein pl* (*geh: das Kanalisieren*) canalization *no pl, no indef art*

ka·na·li·sie·ren* [kanali'zi:rən] *vt* ❶ (*schiffbar machen*) to canalize ❷ (*mit einer Kanalisation versehen*) to install a sewerage system ❸ (*geh: in Bahnen lenken*) to channel

Ka·nal·tun·nel *m* ■ **der ~** the Channel Tunnel

Ka·na·ri·en·vo·gel [ka'na:ri̯ənfo:gl̩] *m* canary

Ka·na·ri·er(in) <-s, -> [ka'na:ri̯ɐ] *m(f)* Canary Islander; *s. a.* **Deutsche(r)**

ka·na·risch [ka'na:rɪʃ] *adj* Canary; **die K~en Inseln** the Canary Islands

Ka·na·ri·sche In·seln *pl* Canary Islands *pl*

Kan·da·re <-, -n> [kan'da:rə] *f* (*Gebissstange*) bit ▶ **jdn an die ~ nehmen** to keep a tight rein on sb

Kan·di·dat(in) <-en, -en> [kandi'da:t] *m(f)* candidate; **jdn als ~en [für etw** *akk*] **aufstellen** POL to nominate sb [for sth]

Kan·di·da·tur <-, -en> [kandida'tu:ɐ̯] *f* application

kan·di·die·ren* [kandi'di:rən] *vi* POL ■ **[für etw** *akk*] **~** to stand [for sth]

kan·diert *adj* candied

Kan·dis <-> *m*, **Kan·dis·zu·cker** ['kandɪs] *m kein pl* rock candy *no pl*

Kän·gu·ru^{RR} <-s, -s> *nt*, **Kän·gu·ruh**^{ALT} <-s, -s> ['kɛŋguru] *nt* kangaroo

Ka·nin·chen <-s, -> [ka'ni:nçən] *nt* rabbit **Ka·nin·chen·stall** *m* rabbit hutch

Ka·nis·ter <-s, -> [ka'nɪstɐ] *m* canister

Känn·chen <-s, -> ['kɛnçən] *nt dim von*

Kanne ❶ (*kleine Kanne*) jug ❷ (*im Café*) pot
Kan·ne <-, -n> ['kanə] *f* ❶ (*Behälter mit Tülle*) pot ❷ (*Gießkanne*) watering can
Kan·ni·ba·le <-n, -n> [kani'ba:lə] *m* cannibal
Kan·ni·ba·lis·mus <-> [kaniba'lɪsmʊs] *m kein pl* cannibalism *no pl*
kann·te ['kantə] *imp von* **kennen**
Ka·non <-s, -s> ['ka:nɔn] *m* canon
Ka·no·ne <-, -n> [ka'no:nə] *f* ❶ (*Geschütz*) cannon ❷ (*sl: Pistole*) rod ▶ **unter aller ~ sein** (*fam*) to be lousy
Ka·no·nen·boot *nt* gunboat **Ka·no·nen·fut·ter** *nt* (*sl*) cannon fodder **Ka·no·nen·ku·gel** *f* cannonball **Ka·no·nen·rohr** *nt* gun barrel
Kan·ta·te <-, -n> [kan'ta:tə] *f* MUS cantata
Kan·te <-, -n> ['kantə] *f* (*Rand*) edge ▶ **etw auf die** <u>**hohe**</u> **~ legen** (*fam*) to put sth away [for a rainy day]
kan·tig ['kantɪç] *adj* ❶ (*Kanten besitzend*) squared ❷ (*markant*) angular

Kan·ti·ne <-, -n> [kan'ti:nə] *f* canteen
Kan·ton <-s, -e> [kan'to:n] *m* canton
kan·to·nal [kanto'na:l] *adj* cantonal
Ka·nu <-s, -s> ['ka:nu] *nt* canoe
Ka·nü·le <-, -n> [ka'ny:lə] *f* cannula
Kan·zel <-, -n> ['kantsl̩] *f* ❶ REL pulpit ❷ (*veraltend: Cockpit*) cockpit
Kanz·lei <-, -en> [kants'laj] *f* ❶ (*Büro*) office ❷ HIST (*Behörde*) chancellery
Kanz·ler(in) <-s, -> ['kantslɐ] *m(f)* ❶ POL chancellor ❷ SCH vice-chancellor
Kanz·ler·amt *nt* POL ❶ (*Büro*) chancellor's office ❷ (*Amt*) chancellorship
Kanz·le·rin <-, -nen> *f fem form von* **Kanzler**
Kanz·ler·kan·di·dat(in) *m(f)* POL candidate for the position of chancellor **Kanz·ler·mehr·heit** *f* POL parliamentary majority supporting the Chancellor in the German Bundestag
Kap <-s, -s> [kap] *nt* cape; **~ der Guten Hoffnung** Cape of Good Hope
Kap. *Abk von* **Kapitel** chapter
Ka·pa·zi·tät <-, -en> [kapatsi'tɛt] *f* ❶ *kein pl* (*Fassungsvermögen*) *a.* ÖKON, INFORM capacity ❷ (*kompetente Person*) expert
Ka·pel·le¹ <-, -n> [ka'pɛlə] *f* chapel
Ka·pel·le² <-, -n> [ka'pɛlə] *f* MUS orchestra
Ka·pell·meis·ter(in) *m(f)* MUS ❶ (*Orchesterdirigent*) conductor ❷ (*Leiter einer Kapelle 2*) director of music; (*Tanzkapelle*) band leader
Ka·per <-, -n> ['ka:pɐ] *f* caper
ka·pern ['ka:pɐn] *vt* HIST to seize

ka·pie·ren* [ka'pi:rən] (*fam*) **I.** *vi* to get; ■ **~, dass/was/wie/wo …** to understand that/what/how/where … **II.** *vt* ■ **etw ~** to get sth
Ka·pi·tal <-s, -e *o* -ien> [kapi'ta:l, *pl* -li̯ən] *nt* FIN, ÖKON capital; **~ aufnehmen** to take up credit; **~ aus etw** *dat* **schlagen** (*pej*) to cash in on sth
Ka·pi·tal·ab·wan·de·rung *f kein pl* exodus of capital **Ka·pi·tal·an·la·ge** *f* capital investment **Ka·pi·tal·auf·wand** *m* FIN capital expenditure **Ka·pi·tal·er·trag** *m* FIN yield on capital [*or* return] **Ka·pi·tal·flucht** *f* flight of capital **Ka·pi·tal·ge·sell·schaft** *f* joint-stock company
ka·pi·ta·li·sie·ren* [kapitali'zi:rən] *vt* ■ **etw ~** to make capital out of sth; **Profit ~** to realize profits
Ka·pi·ta·lis·mus <-> [kapita'lɪsmʊs] *m kein pl* capitalism
Ka·pi·ta·list(in) <-en, -en> [kapita'lɪst] *m(f)* capitalist
ka·pi·ta·lis·tisch *adj* capitalist
ka·pi·tal·kräf·tig *adj* financially strong **Ka·pi·tal·ver·bre·chen** *nt* capital offence
Ka·pi·tän(in) <-s, -e> [kapi'tɛ:n] *m(f)* captain
Ka·pi·tel <-s, -> [ka'pɪtl̩] *nt* ❶ (*Abschnitt*) chapter ❷ (*Angelegenheit*) story
Ka·pi·tell <-s, -e> [kapi'tɛl] *nt* capital
Ka·pi·tu·la·ti·on <-, -en> [kapitula'tsi̯o:n] *f* capitulation
ka·pi·tu·lie·ren* [kapitu'li:rən] *vi* ❶ (*sich ergeben*) to capitulate (**vor** to) ❷ (*fam: aufgeben*) ■ **vor etw** *dat* **~** to give up in the face of sth
Ka·plan <-s, Kapläne> [ka'pla:n, *pl* ka'plɛ:nə] *m* chaplain
Ka·po <-s, -s> ['kapo] *m* SÜDD (*fam: Vorarbeiter*) gaffer
Kap·pe <-, -n> ['kapə] *f* ❶ (*Mütze*) cap ❷ (*Verschluss*) top ❸ (*Schuhaufsatz: vorne*) toecap; (*hinten*) heel
kap·pen ['kapən] *vt* ❶ (*durchtrennen*) to cut ❷ (*fam: beschneiden*) to cut back
Kap·pes <-> ['kapəs] *m kein pl* DIAL ❶ (*Weißkohl*) cabbage ❷ (*sl: Unsinn*) rubbish BRIT, nonsense AM
Käp·pi <-s, -s> ['kɛpi] *nt* cap
Ka·pri·o·le <-, -n> [kapri'o:lə] *f* caper
ka·pri·zi·ös [kapri'tsi̯ø:s] *adj* (*geh*) capricious
Kap·sel <-, -n> ['kapsl̩] *f* ❶ PHARM, RAUM capsule ❷ (*kleiner Behälter*) small container
ka·putt [ka'pʊt] *adj* (*fam*) ❶ (*defekt*) bro-

ken ❷ (*beschädigt*) damaged; (*Kleidung: zerrissen*) torn ❸ (*erschöpft*) shattered ❹ (*ruiniert*) ruined

ka·putt|ge·hen *vi irreg sein* (*fam*) ❶ (*defekt werden*) to break down; **pass auf! das geht [davon] kaputt!** careful! it'll break! ❷ (*beschädigt werden*) to become damaged ❸ (*ruiniert werden*) ■ **|an etw** *dat*] ~ to be ruined [because of sth]; (*Ehe, Partnerschaft*) to break up [because of sth] ❹ *Blume, Pflanze* to die [off] ❺ (*sl*) **bei dieser Schufterei geht man ja kaputt!** this work does you in! **ka·putt|la·chen** *vr* (*fam*) ■ **sich** ~ to die laughing **ka·putt|ma·chen** I. *vt* (*fam*) ❶ (*zerstören*) *Gerät, Auto* to break; *Kleidungsstück, Möbelstück* to ruin; *Geschirr* to smash ❷ (*ruinieren*) to ruin ❸ (*erschöpfen*) ■ **jdn** ~ to wear sb out II. *vr* (*fam: sich verschleißen*) ■ **sich** ~ to wear oneself out

Ka·pu·ze <-, -n> [ka'puːtsə] *f* hood; (*Kutte*) cowl

Ka·pu·zen·pul·li *m*, **Ka·pu·zen·shirt** <-s, -s> [-ʃøːɐ̯t] *nt* MODE hoody *fam*, hoodie *jam*

Ka·pu·zi·ner <-s, -> [kapu'tsiːnɐ] *m* ❶ (*Mönch*) Capuchin [monk] ❷ ÖSTERR (*Milchkaffee*) milk coffee

Ka·ra·bi·ner <-s, -> [kara'biːnɐ] *m* ❶ (*Gewehr*) carbine ❷ (*~ haken*) karabiner

Ka·ra·bi·ner·ha·ken *m* (*beim Bergsteigen*) karabiner

Ka·ra·cho <-s> [ka'raxo] *nt kein pl* **mit** ~ (*fam*) full tilt; **sie fuhr mit** ~ **gegen die Hauswand** she drove smack into the wall

Ka·raf·fe <-, -n> [ka'rafə] *f* decanter

Ka·ram·bo·la·ge <-, -n> [karambo'laːʒə] *f* (*fam*) pile-up

Ka·ra·melᴬᴸᵀ <-s>, **Ka·ra·mell**ᴿᴿ <-s> [kara'mɛl] *m kein pl* caramel

Ka·rao·ke <-[s]> [kara'oːkə] *nt kein pl* karaoke *no pl*

Ka·rat <-[e]s, -e *o* -> [ka'raːt] *nt* carat

Ka·ra·te <-[s]> [ka'raːtə] *nt kein pl* karate *no pl*

Ka·ra·wa·ne <-, -n> [kara'vaːnə] *f* caravan

Kar·da·mom <-s> [karda'moːm] *m o nt kein pl* cardamom *no pl*

Kar·dan·wel·le *f* propeller shaft

Kar·di·nal <-s, Kardinäle> [kardi'naːl, *pl* -nɛːlə] *m* REL, ORN cardinal

Kar·di·nal·feh·ler *m* cardinal error **Kar·di·nal·fra·ge** *f* (*geh*) essential question **Kar·di·nal·zahl** *f* cardinal number

Kar·di·o·gramm <-s, -gramme> [kardio'gram] *nt* cardiogram

Kar·di·o·lo·ge, -lo·gin <-n, -n> [kardio'loːgə, -'loːgɪn] *m, f* MED cardiologist

Kar·di·o·lo·gie <-> [kardio'loːgiː] *f kein pl* cardiology *no pl*

Kar·di·o·lo·gin <-, -nen> *f* MED *fem form von* **Kardiologe**

kar·dio·vas·ku·lär [kardiovasku'lɛːɐ̯] *adj* MED cardiovascular

Ka·renz·tag *m* day of unpaid sick leave **Ka·renz·zeit** *f* ❶ (*Wartezeit*) waiting period ❷ ÖSTERR (*Mutterschaftsurlaub*) maternity leave

Kar·fi·ol <-s> [kar'fioːl] *m kein pl* SÜDD, ÖSTERR (*Blumenkohl*) cauliflower

Kar·frei·tag [kaːɐ̯'fraitaːk] *m* Good Friday

karg [kark] I. *adj* ❶ (*unfruchtbar*) barren ❷ (*dürftig*) sparse; (*Einkommen, Mahl*) meagre II. *adv* ❶ (*dürftig*) sparsely ❷ (*knapp*) **die Portionen sind ~ bemessen** they're stingy with the helpings

Karg·heit <-> *f kein pl* ❶ (*Unfruchtbarkeit*) barrenness *no pl* ❷ (*Dürftigkeit*) sparseness *no pl; Essen, Mahl* meagreness [*or* AM -erness] *no pl*

kärg·lich ['kɛrklɪç] *adj* ❶ (*ärmlich*) shabby; **ein ~ es Leben führen** to live a life of poverty ❷ (*sehr dürftig*) meagre; *Mahlzeit* frugal; **der ~ e Rest** the last [pathetic] scrap; **ein ~ er Lohn** a pittance

Ka·ri·bik <-> [ka'riːbɪk] *f* ■ **die** ~ the Caribbean

ka·ri·bisch [ka'riːbɪʃ] *adj* Caribbean

ka·riert [ka'riːrt] *adj* ❶ (*mit Karos gemustert*) checked ❷ (*quadratisch eingeteilt*) squared

Ka·ri·es <-> [kaːriɛs] *f kein pl* tooth decay *no pl*

Ka·ri·ka·tur <-, -en> [karika'tuːɐ̯] *f* (*a. pej*) caricature

Ka·ri·ka·tu·rist(in) <-en, -en> [karikatu'rɪst] *m(f)* cartoonist

ka·ri·kie·ren* [kari'kiːrən] *vt* to caricature

ka·ri·ös [ka'riøːs] *adj* decayed

ka·ri·ta·tiv [karita'tiːf] I. *adj* charitable II. *adv* charitably

kar·me·sin·rot, kar·min·rot *adj* crimson

Kar·ne·val <-s, -e *o* -s> ['karnəval] *m* carnival

Kar·ni·ckel <-s, -> [kar'nɪkl̩] *nt* (*fam*) bunny [rabbit]

Kärn·ten <-s> ['kɛrntn̩] *nt* Carinthia

Ka·ro <-s, -s> ['kaːro] *nt* ❶ (*Raute*) check ❷ *kein pl* KARTEN diamonds *pl*

Ka·ro·assᴿᴿ <-es, -e> *nt* KARTEN ace of diamonds

Ka·ro·lin·ger(in) <-s, -> ['kaːrolɪŋɐ] *m(f)* Carolingian

Ka·ro·mus·ter *nt* checked pattern
Ka·ros·se <-, -n> [ka'rɔsə] *f* ❶ (*Prunkkutsche*) state coach ❷ *s.* **Karosserie**
Ka·ros·se·rie <-, -n> [karɔsə'riː, *pl* -'riːən] *f* bodywork
Ka·rot·te <-, -n> [ka'rɔtə] *f* carrot
Karp·fen <-s, -> ['karpfn̩] *m* ZOOL, KOCHK carp
Kar·re <-, -n> ['karə] *f* ❶ (*fam: Auto*) old banger [*or* AM clunker] ❷ *s.* **Karren**
Kar·ree <-s, -s> [ka'reː] *nt* ❶ (*Geviert*) square ❷ (*Häuserblock*) block; **ums ~** (*fam*) around the block ❸ ÖSTERR (*Rippenstück*) loin
Kar·ren <-s, -> ['karən] *m* ❶ (*Schubkarre*) wheelbarrow ❷ (*offener Pferdewagen*) cart ▸ **den ~ [für jdn] aus dem Dreck ziehen** to get [sb] out of a mess
Kar·rie·re <-, -n> [ka'ri̯eːrə] *f* career
Kar·rie·re·frau *f* career woman **Kar·rie·re·lei·ter** *f kein pl* (*fam*) career ladder; **die ~ emporklettern** to climb the career ladder [*or hum* slippery pole] **Kar·ri·e·re·sprung** *m* career jump
Kärr·ner·ar·beit ['kɛrnɐarbai̯t] *f* (*pej*) donkey [*or* AM grunt] work *fam*
Kar·sams·tag [ka:ɐ̯'zamsta:k] *m* Easter Saturday
Karst <-[e]s, -e> [karst] *m* karst
Kart·bahn *f* kart[ing] track
Kar·te <-, -n> ['kartə] *f* ❶ (*Ansichts~*) [post]card; (*Eintritts~*) ticket; (*Fahr~*) ticket; (*Kartei~*) index card; (*Telefon~*) phonecard; (*Visiten~*) [business] card; INFORM (*Grafik~, Sound~*) card; FBALL **die gelbe/rote ~** the yellow/red card ❷ (*Auto-/Landkarte*) map; **nach der ~** according to the map ❸ (*Speisekarte*) menu ❹ (*Spielkarte*) card; **die ~n mischen** to shuffle the cards; **jdm die ~n legen** to tell sb's fortune from the cards ▸ **sich** *dat* **nicht in die ~n sehen lassen** (*fam*) to play with one's cards close to one's chest; **alles auf eine ~ setzen** to stake everything on one chance
Kar·tei <-, -en> [kar'tai̯] *f* card index
Kar·tei·kar·te *f* index card **Kar·tei·kas·ten** *m* card index box
Kar·tell <-s, -e> [kar'tɛl] *nt* cartel
Kar·tell·amt *nt* monopolies [*or* AM antitrust] commission
Kar·ten·haus *nt* ❶ (*Figur aus Spielkarten*) house of cards ❷ NAUT (*Raum für Seekarten*) chart room **Kar·ten·le·gen** <-s, -> *nt* fortune telling using cards **Kar·ten·le·ger(in)** <-s, -> *m(f)* fortune-teller [who uses cards] **Kar·ten·le·se·ge·rät** *nt* card reader **Kar·ten·spiel** *nt* ❶ (*ein Spiel mit Karten*) game of cards ❷ (*Satz Karten*) pack of cards **Kar·ten·spie·ler(in)** <-s, -> *m(f)* card player **Kar·ten·te·le·fon** *nt* cardphone **Kar·ten·vor·ver·kauf** *m* advance ticket sale **Kar·ten·vor·ver·kaufs·stel·le** *f* [advance] ticket office

kar·tie·ren* [kar'tiːrən] *vt* ■ **etw ~** ❶ GEOG to map sth ❷ (*in Kartei einordnen*) to file sth

Kar·tof·fel <-, -n> [kar'tɔfl̩] *f* potato ▸ **jdn/etw wie eine heiße ~ fallen lassen** (*fam*) to drop sb/sth like a hot potato
Kar·tof·fel·brei *m kein pl* mashed potatoes *pl* **Kar·tof·fel·chips** *pl* [potato] crisps [*or* AM chips] *pl* **Kar·tof·fel·kä·fer** *m* Colorado beetle **Kar·tof·fel·klö·ße** *f pl* potato dumplings **Kar·tof·fel·puf·fer** <-s, -> *m* potato fritter **Kar·tof·fel·pü·ree** *nt s.* **Kartoffelbrei Kar·tof·fel·sa·lat** *m* potato salad **Kar·tof·fel·schä·ler** *m* potato peeler

Kar·ton <-s, -s> [kar'tɔŋ] *m* ❶ (*Schachtel*) cardboard box ❷ (*Pappe*) cardboard
kar·to·niert *adj* paperback
Kar·tu·sche <-, -n> [kar'tʊʃə] *f* ❶ TECH (*Behälter*) cartouche ❷ (*Tonerpatrone*) cartridge ❸ (*Zierornament*) cartouche ❹ (*Geschosshülse*) cartridge
Ka·rus·sell <-s, -s *o* -e> [karʊ'sɛl] *nt* merry-go-round
Kar·wo·che ['ka:ɐ̯vɔxə] *f* Holy Week
Kar·zi·no·gen <-s, -e> [kartsino'ge:n] *nt* MED carcinogen
Kar·zi·nom <-s, -e> [kartsi'no:m] *nt* malignant growth
Ka·sach·stan <-s> ['kazaxsta:n] *nt* Kazakhstan; *s. a.* **Deutschland**
Ka·schem·me <-, -n> [ka'ʃɛmə] *f* (*pej fam*) dive
ka·schie·ren* [ka'ʃiːrən] *vt* to conceal
Kasch·mir¹ <-s> ['kaʃmiːɐ̯] *nt* GEOG Kashmir
Kasch·mir² <-s, -e> ['kaʃmiːɐ̯] *m* cashmere
Kä·se <-s, -> ['kɛːzə] *m* ❶ (*Lebensmittel*) cheese; **weißer ~** DIAL quark (*low-fat curd cheese*) ❷ (*pej fam: Quatsch*) rubbish BRIT, nonsense AM
Kä·se·blatt *nt* (*pej fam*) local rag **Kä·se·glo·cke** *f* cheese cover **Kä·se·ku·chen** *m* cheesecake
Kä·se·rei <-, -en> *f* cheese dairy
Ka·ser·ne <-, -n> [ka'zɛrnə] *f* barracks *pl*
kä·se·weiß *adj*, **kä·sig** ['kɛːzɪç] *adj* (*fam*) pasty
Ka·si·no <-s, -s> [ka'zi:no] *nt* ❶ (*Spielka-*

sino) casino ❷ (*Speiseraum: für Offiziere*) [officers'] mess; (*in einem Betrieb*) cafeteria

Kas·ka·de <-, -n> [kas'ka:də] *f* (*a. fig*) cascade

Kas·ko·ver·si·che·rung *f* fully comprehensive insurance

Kas·per <-s, -> ['kaspɐ] *m*, **Kas·perl** <-s, -[n]> ['kaspəl] *m o nt* ÖSTERR, SÜDD, **Kas·per·le** <-s, -> ['kaspələ] *m o nt* SÜDD Punch

Kas·per·le·the·a·ter *nt* Punch and Judy show

kas·pern ['kaspɐn] *vi haben* (*fam*) to fool around

Kas·sa <-, Kassen> ['kasa, *pl* 'kasən] *f bes* ÖSTERR (*Kasse 1*) till

Kas·san·dra·ruf [ka'sandra-] *m* (*geh*) prophecy of doom

Kas·se <-, -n> ['kasə] *f* ❶ (*Zahlstelle*) till; (*Supermarkt*) check-out ❷ (*Kartenverkauf*) ticket office ❸ (*Registrierkasse*) cash register; **jdn zur ~ bitten** to ask sb to pay; **~ machen** to cash up BRIT, to close out a register AM; (*fig*) to earn a packet ❹ (*fam*) **gut/schlecht bei ~ sein** to be well/badly off; **gemeinsame/getrennte ~ machen** to have joint/separate housekeeping

Kas·se·ler <-s, -> ['kasəlɐ] *nt* smoked pork loin

Kas·sen·arzt, -ärz·tin *m, f* National Health doctor (*who treats non-privately insured patients*) **Kas·sen·au·to·mat** *m* automatic cash register **Kas·sen·be·stand** *m* cash balance **Kas·sen·bon** *m* [sales] receipt **Kas·sen·buch** *nt* cashbook **Kas·sen·pa·ti·ent(in)** *m/f)* National Health [*or* AM Medicaid] patient **kas·sen·pflich·tig** *adj Medikament, Therapie* covered by statutory health insurance **Kas·sen·schla·ger** *m* (*fam*) ❶ (*erfolgreicher Film*) box-office hit ❷ (*Verkaufsschlager*) best-seller **Kas·sen·stun·den** *pl* cash desk opening hours BRIT, business hours AM **Kas·sen·sturz** *m* cashing-up BRIT, closing out a [cash] register/the [cash] registers AM **Kas·sen·zet·tel** *m s.* **Kassenbon**

Kas·set·te <-, -n> [ka'sɛtə] *f* ❶ (*Videokassette*) video tape; (*Musikkassette*) [cassette] tape ❷ (*Kästchen*) case ❸ (*Schutzkarton*) box

Kas·set·ten·deck *nt* cassette deck **Kas·set·ten·re·cor·der** *m*, **Kas·set·ten·re·kor·der** *m* cassette recorder

kas·sie·ren* [ka'si:rən] I. *vt* ❶ FIN ■**etw [bei jdm] ~** to collect sth [from sb] ❷ (*fam:* *einstreichen*) ■**etw ~** to pick up sth; **sie kassierte den ersten Preis** she picked up first prize ❸ (*fam: einbehalten*) to confiscate ❹ (*fam: einstecken müssen*) ■**etw ~ müssen** to have to take sth II. *vi* (*abrechnen*) to settle the bill; **darf ich schon [bei Ihnen] ~?** would you mind settling the bill now?

Kas·sie·rer(in) <-s, -> [ka'si:rɐ] *m(f)* ❶ (*in Geschäft*) cashier; (*Bankkassierer*) clerk ❷ (*Kassenwart*) treasurer

Kass·ler^RR <-s, -> *nt*, **Kaß·ler**^ALT <-s, -> ['kaslɐ] *nt* KOCHK gammon steak (*lightly smoked loin of pork*)

Kas·ta·gnet·te <-, -n> [kastan'jɛtə] *f* castanet

Kas·ta·nie <-, -n> [kas'ta:niə] *f* (*Rosskastanie*) [horse]chestnut; (*Esskastanie*) chestnut ▶ **[für jdn] die ~n aus dem Feuer holen** (*fam*) to pull sb's chestnuts out of the fire

kas·ta·ni·en·braun *adj* maroon

Käst·chen <-s, -> ['kɛstçən] *nt dim von* **Kasten** ❶ (*kleiner Kasten*) case ❷ (*Karo*) square

Kas·te <-, -n> ['kastə] *f* caste

kas·tei·en* [kas'tajən] *vr* (*veraltend: büßen*) ■**sich ~** to castigate oneself

Kas·tell <-s, -e> [kas'tɛl] *nt* (*Burg*) castle

Kas·ten <-s, Kästen> ['kastn̩, *pl* 'kɛstn̩] *m* ❶ (*kantiger Behälter*) box ❷ (*offene Kiste*) crate ❸ ÖSTERR, SCHWEIZ (*Schrank*) cupboard ❹ (*fam: Briefkasten*) letterbox BRIT, mailbox AM ❺ SPORT vaulting horse ❻ (*Schaukasten*) showcase ▶ **etwas/viel/nichts auf dem ~ haben** (*fam*) to be/not be on the ball

Kas·ti·li·en <-s> [kas'ti:liən] *nt* Castile

Kas·ti·li·er(in) <-s, -> [kas'ti:liɐ] *m(f)* Castilian

kas·ti·lisch [kas'ti:lɪʃ] *adj* Castilian

kas·trie·ren* [kas'tri:rən] *vt* to castrate

Ka·sus <-, -> ['ka:zʊs] *m* LING case

Kat <-s, -s> [kat] *m kurz für* **Katalysator** cat

Ka·ta·kom·be <-, -n> [kata'kɔmbə] *f* catacomb

Ka·ta·log <-[e]s, -e> [kata'lo:k, *pl* -lo:gə] *m* catalogue

ka·ta·lo·gi·sie·ren* [katalogi'zi:rən] *vt* to catalogue

Ka·ta·ly·sa·tor <-s, -toren> [kataly'za:toːɐ̯, *pl* -'to:rən] *m* ❶ AUTO catalytic converter; **geregelter ~** regulated catalytic converter ❷ CHEM catalyst

Ka·ta·ly·se <-, -n> [kata'ly:zə] *f* CHEM catalysis

ka·ta·ly·tisch [kata'ly:tɪʃ] *adj* CHEM catalytic

Ka·ta·ma·ran <-s, -e> [katama'ra:n] *m* NAUT catamaran

Ka·ta·pult <-[e]s, -e> [kata'pʊlt] *nt o m* catapult

ka·ta·pul·tie·ren* [katapʊl'ti:rən] I. *vt* (*a. fam*) to catapult II. *vr* ■ **sich irgendwohin ~** ① (*sich schleudern*) **sich aus einem Flugzeug ~** to eject from an aircraft ② (*fam: sich rasch versetzen*) to catapult oneself somewhere

Ka·tarrh <-s, -e>, **Ka·tarr**^RR <-s, -e> [ka'tar] *m* catarrh

ka·ta·stro·phal [katastro'fa:l] I. *adj* (*pej*) ① (*verheerend*) catastrophic ② (*fam: furchtbar*) awful II. *adv* (*pej*) ① (*verheerend*) catastrophically ② (*furchtbar*) awfully

Ka·ta·stro·phe <-, -n> [kata'stro:fə] *f* catastrophe

Ka·ta·stro·phen·alarm *m* emergency alert **Ka·ta·stro·phen·ge·biet** *nt* disaster area **Ka·ta·stro·phen·hil·fe** *f kein pl* aid for disaster victims **Ka·ta·stro·phen·op·fer** *nt* disaster victim **Ka·ta·stro·phen·schutz** *m* disaster control **Ka·ta·stro·phen·stim·mung** *f* hysteria *no pl*

Ka·te·chis·mus <-, Katechismen> [katɛ'çɪsmʊs] *m* catechism

Ka·te·go·rie <-, -n> [katego'ri:, *pl* -riːən] *f* ① (*Gattung*) category ② (*Gruppe*) sort

ka·te·go·risch [kate'go:rɪʃ] (*emph*) I. *adj* categorical II. *adv* categorically

Ka·ter[1] <-s, -> ['ka:tɐ] *m* tomcat; **der Gestiefelte ~** LIT Puss-in-Boots

Ka·ter[2] <-s, -> ['ka:tɐ] *m* (*fam*) hangover; **einen ~ haben** to have a hangover

Ka·ter·früh·stück <-[e]s> *nt kein pl* breakfast [which is supposed] to cure a hangover

kath. *adj Abk von* **katholisch**

Ka·the·dra·le <-, -n> [kate'dra:lə] *f* cathedral

Ka·the·ter <-s, -> [ka'te:tɐ] *m* MED catheter

Ka·tho·de <-, -n> [ka'to:də] *f* cathode

Ka·tho·lik(in) <-en, -en> [kato'li:k] *m(f)* [Roman] Catholic

ka·tho·lisch [ka'to:lɪʃ] I. *adj* Roman Catholic II. *adv* Catholic

Ka·tho·li·zis·mus <-> [katoloˈtsɪsmʊs] *m kein pl* Catholicism *no pl*

Katz <-> [kats] *f kein pl* SÜDD (*Katze*) cat ▶ **~ und Maus mit jdm spielen** (*fam*) to play cat and mouse with sb

katz·bu·ckeln ['katsbʊkl̩n] *vi* (*pej fam*) ■ **[vor jdm] ~** to grovel [before sb]

Kätz·chen[1] <-s, -> ['kɛtsçən] *nt dim von* **Katze** kitten

Kätz·chen[2] <-s, -> ['kɛtsçən] *nt* BOT (*Blütenstand*) catkin

Kat·ze <-, -n> ['katsə] *f* cat ▶ **wie die ~ um den heißen Brei herumschleichen** to beat about [*or* AM *also* around] the bush; **die ~ aus dem Sack lassen** (*fam*) to let the cat out of the bag; **die ~ im Sack kaufen** to buy a pig in a poke

Kat·zen·au·ge *nt* ① (*veraltend: Rückstrahler*) reflector ② (*Halbedelstein*) cat's-eye ③ (*Auge einer Katze*) a cat's eye

kat·zen·haft *adj* cat-like

Kat·zen·jam·mer *m* (*fam*) the blues + *sing vb* **Kat·zen·sprung** *m* (*fam*) [*nur*] **einen ~ entfernt sein** to be [only] a stone's throw away **Kat·zen·streu** *f* cat litter **Kat·zen·wä·sche** *f* (*hum fam*) cat's lick

Kau·der·welsch <-[s]> ['kaʊdɐvɛlʃ] *nt kein pl* (*pej*) ① (*Sprachgemisch*) a hotchpotch (*of different languages*) ② (*Fachsprache*) jargon

kau·en ['kaʊən] *vt, vi* to chew (**an** on)

kau·ern ['kaʊɐn] I. *vi sein* to be huddled [up]; **sie kauerten rund um das Feuer** they were huddled around the fire II. *vr* **haben ~ sich in/hinter etw** *akk* **~** to crouch in/behind sth

Kauf <-[e]s, Käufe> [kaʊf, *pl* 'kɔyfə] *m* ① (*das Kaufen*) buying *no pl*; **etw zum ~ anbieten** to offer sth for sale ② (*Ware*) buy ▶ **etw in ~ nehmen** to put up with sth

kau·fen ['kaʊfn̩] I. *vt* (*ein~*) to buy ▶ **dafür kann ich mir nichts ~!** (*iron*) a lot of use that is to me!; **den/die kaufe ich mir!** I'll tell him/her what's what! II. *vi* to shop

Käu·fer(in) <-s, -> ['kɔyfɐ] *m(f)* buyer

Kauf·frau *f fem form von* **Kaufmann** businesswoman

Kauf·haus *nt* department store **Kaufhaus·de·tek·tiv(in)** *m(f)* store detective **Kauf·kraft** *f* ① (*Wert*) purchasing power ② (*Finanzkraft*) spending power **Kauf·la·den** *m* (*Spielzeug*) [child's] toy shop [*or* AM *usu* store] **Kauf·leu·te** *pl s.* **Kaufmann**

käuf·lich I. *adj* ① (*zu kaufen*) for sale *pred* ② (*pej: bestechlich*) bribable II. *adv* (*geh*) **~ erwerben** to purchase

Kauf·mann, -frau <-leute> ['kaʊfman, -fraʊ] *m, f* ① (*Geschäftsmann/-frau*) businessman *masc*, businesswoman *fem* ② (*veraltend: Einzelhandelskaufmann*) grocer

kauf·män·nisch I. *adj* commercial II. *adv* commercially

Kauf·preis *m* purchase price **Kauf·rausch** *m kein pl* spending spree **Kauf·ver·trag** *m* contract of sale **Kauf·zwang** *m* **ohne ~** without obligation [to buy]

Kau·gu·mmi *m* chewing gum

Kau·ka·sus <-> ['kaukazʊs] *m* Caucasus

Kaul·quap·pe <-, -n> ['kaulkvapə] *f* tadpole

kaum [kaum] **I.** *adv* hardly; [**wohl**] **~!** I don't think so!, hardly; **~ jemals** hardly ever; **wir haben ~ noch Zeit** we've hardly got any time left; **~ eine[r]** hardly anyone; **~ eine Rolle spielen** to be scarcely of any importance **II.** *konj* ■ **~ dass ...** no sooner ... than ...; **~ dass sie sich kennen gelernt hatten, heirateten sie auch schon** no sooner had they met than they were married

kau·sal [kau'za:l] **I.** *adj* causal **II.** *adv* (*geh*) causally

Kau·sa·li·tät [kauzali'tɛt] *f* JUR causality; **hypothetische ~** hypothetical causation; **überholende ~** overtaking causation

Kau·sal·ket·te *f* MATH, PHILOS chain of cause and effect **Kau·sal·satz** *m* LING causal clause **Kau·sal·zu·sam·men·hang** *m* (*geh*) causal connection

Kau·ta·bak *m* chewing tobacco

Kau·ti·on <-, -en> [kau'tsio̯:n] *f* ❶ JUR bail ❷ (*Mietkaution*) deposit

Kau·tschuk <-s, -e> ['kautʃʊk] *m* caoutchouc

Kauz <-es, Käuze> [kauts, *pl* 'kɔytsə] *m* ❶ (*Eulenvogel*) [tawny] owl ❷ (*Sonderling*) [odd] character

kau·zig ['kautsɪç] *adj* odd

Ka·va·lier <-s, -e> [kava'liːɐ̯] *m* gentleman

Ka·va·liers·de·likt *nt* petty offence **Ka·va·lier(s)·start** *m* racing start

Ka·val·le·rie <-, -n> ['kavaləriː, *pl* -'riːən] *f* HIST, MIL cavalry

Ka·val·le·rist <-en, -en> ['kavalərɪst] *m* cavalryman

Ka·vi·ar <-s, -e> ['kaːviɐ̯] *m* caviar[e]

KB ['kaːˌbeː] *nt Abk von* **Kilobyte** kbyte

Ke·bab <-[s], -[s]> [ke'bap] *m* kebab

keck [kɛk] *adj* cheeky

Ke·gel <-s, -> ['keːgl̩] *m* ❶ (*Spielfigur*) skittle ❷ MATH, GEOG cone ❸ (*Strahl*) beam [of light]

Ke·gel·bahn *f* ❶ (*Anlage*) [ninepin/tenpin] bowling alley ❷ (*einzelne Bahn*) [bowling] lane **ke·gel·för·mig** *adj* conical

ke·geln ['keːgl̩n] *vi* to go [ninepin/tenpin] bowling

Ke·gel·schnitt *m* MATH conic section

Keh·le <-, -n> ['keːlə] *f* throat ▶ **sich** *dat* **die ~ aus dem Hals schreien** (*fam*) to scream one's head off; **jdm an die ~ springen können** (*fam*) to want to leap at sb's throat

keh·lig ['keːlɪç] *adj Lachen, Stimme* guttural, throaty

Kehl·kopf *m* larynx **Kehl·kopf·ent·zün·dung** *f* MED laryngitis *no pl, no indef art* **Kehl·laut** *m* guttural sound; LING glottal sound

Kehr·be·sen *m* SÜDD broom **Kehr·blech** *nt* SÜDD (*Handschaufel*) small shovel

keh·ren¹ ['keːrən] **I.** *vt* ❶ (*wenden*) to turn; **kehre die Innenseite nach außen** turn it inside out; **er ist ein stiller, in sich gekehrter Mensch** he is a quiet, introverted person ❷ (*veraltend: kümmern*) ■ **jdn ~** to matter to sb **II.** *vr* ❶ (*sich wenden*) ■ **sich gegen jdn ~** (*geh*) to turn against sb; **du wirst sehen, es wird sich alles zum Guten ~** you'll see, everything will turn out for the best ❷ (*sich kümmern*) ■ **sich an etw** *dat* **~** to care about sth

keh·ren² ['keːrən] *vt, vi bes* SÜDD (*fegen*) to sweep

Keh·richt <-s> ['keːrɪçt] *m o nt kein pl* ❶ (*geh: zusammengefegter Dreck*) sweepings *npl* ❷ SCHWEIZ (*Müll*) refuse, AM *usu* garbage ▶ **jdn einen feuchten ~ angehen** (*sl*) not to be any of sb's [damned] business

Kehr·ma·schi·ne *f* road-sweeper

Kehr·reim *m* LIT refrain

Kehr·schau·fel *f* dustpan

Kehr·sei·te *f* ❶ (*veraltend: Rückseite*) back ❷ (*Schattenseite*) downside ❸ (*hum: Rücken, Gesäß*) back ▶ **die ~ der Medaille** the other side of the coin

kehrt|ma·chen *vi* ❶ (*den Rückweg antreten*) to turn [round and go] back ❷ MIL (*eine Kehrtwendung machen*) to about-turn [*or* AM -face] **Kehrt·wen·dung** *f* ❶ MIL about-turn [*or* AM -face] ❷ (*scharfer Positionswechsel*) about-turn [*or* AM -face] *also fig*, U-turn *also fig fam*

Kehr·wo·che *f* SÜDD ≈ cleaning week (*a week in which it is a resident's turn to clean the communal areas in and around a block of flats*); **die ~ machen** to carry out cleaning duties for a week

kei·fen ['kaifn̩] *vi* (*pej*) to nag

Keil <-[e]s, -e> [kail] *m* ❶ AUTO chock ❷ TECH, FORST wedge ❸ (*Zwickel*) gusset

kei·len ['kajlən] **I.** *vt* FORST ■**etw ~** to split sth with a wedge **II.** *vr* DIAL (*fam: sich prügeln*) ■**sie ~ sich** they are scrapping *sl* **III.** *vi* to kick

Kei·ler <-s, -> ['kajlɐ] *m* wild boar

Kei·le·rei <-, -en> [kajlə'raj] *f* (*fam*) scrap *sl*

keil·för·mig *adj* wedge-shaped; **~e Schriftzeichen** cuneiform characters

Keil·rie·men *m* AUTO V-belt

Keim <-[e]s, -e> [kajm] *m* ① BOT shoot ② (*befruchtete Eizelle*) embryo ③ (*Erreger*) germ ▶ **etw im ~[e] ersticken** to nip sth in the bud

Keim·drü·se *f* gonad

kei·men ['kajmən] *vi* ① BOT to germinate ② (*geh: zu entstehen beginnen*) to stir

keim·frei *adj* sterile; **etw ~ machen** to sterilize sth

Keim·ling <-s, -e> *m* ① BOT shoot ② (*Embryo*) embryo

keim·tö·tend *adj* germicidal **Keim·zel·le** *f* ① BIOL germ cell ② (*geh: Ausgangspunkt*) nucleus

kein [kajn] **I.** *pron indef, attr* ① (*nicht [irgend]ein, niemand*) no; **er sagte ~ Wort** he didn't say a word; **~ anderer/~e andere als ...** none other than ... ② (*nichts davon, nichts an*) not ... any; **ich habe heute einfach ~e Lust, ins Kino zu gehen** I just don't fancy going to the cinema today ③ ([*kehrt das zugehörige Adj ins Gegenteil*]) not; **das ist ~ dummer Gedanke** that's not a bad idea ④ (*fam: [vor Zahlwörtern] nicht ganz, [noch] nicht einmal*) not, less than; **die Reparatur dauert ~e 5 Minuten** it won't take 5 minutes to repair **II.** *pron indef, substantivisch* ① (*niemand: von Personen*) nobody, no one; (*von Gegenständen*) none; **~[r, s] von beiden** neither [of them] ② ([*überhaupt*] *nicht*) any; **ich gehe zu der Verabredung, aber Lust hab ich ~e** I'm going to keep the appointment, but I don't feel like going; **Lust habe ich schon, aber Zeit habe ich ~e** I'd like to, it's just that I don't have the time

kei·ner·lei ['kajnɐ'laj] *adj attr* no ... at all [*or* what[so]ever]

kei·nes·falls ['kajnəs'fals] *adv* under no circumstances

kei·nes·wegs ['kajnəs've:ks] *adv* not at all, by no means

kein·mal ['kajnma:l] *adv* not once

Keks <-es, -e> [ke:ks] *m o nt* (*selten*) biscuit BRIT, cookie AM ▶ **jdm auf den ~ gehen** (*sl*) to get on someone's wick

Kelch <-[e]s, -e> [kɛlç] *m* ① (*Sektkelch*) [champagne] glass ② REL chalice

Kel·le <-, -n> ['kɛlə] *f* ① (*Schöpflöffel*) ladle ② (*Maurer~*) trowel ③ (*Signalstab*) signalling disc

Kel·ler <-s, -> ['kɛlɐ] *m* cellar

Kel·ler·as·sel *f* woodlouse

Kel·le·rei <-, -en> [kɛlə'raj] *f* winery

Kel·ler·fens·ter *nt* cellar window **Kel·ler·ge·schoss**^RR *nt* basement

Kell·ner(in) <-s, -> ['kɛlnɐ] *m(f)* waiter *masc*, waitress *fem*

kell·nern ['kɛlnɐn] *vi* (*fam*) to work as a waiter [*or* waitress]

Kel·te, Kel·tin <-n, -n> ['kɛltə, 'kɛltɪn] *m, f* Celt

Kel·te·rei <-, -en> [kɛltə'raj] *f* fruit pressing plant

kel·tern ['kɛltɐn] *vt* to press

Kel·tin <-, -nen> *f fem form von* **Kelte**

kel·tisch ['kɛltɪʃ] *adj* Celtic

Ke·nia <-s> ['ke:nia] *nt* Kenya; *s. a.* **Deutschland**

Ke·ni·a·ner(in) <-s, -> [ke'nia:nɐ] *m(f)* Kenyan; *s. a.* **Deutsche(r)**

ken·i·a·nisch [ke'nia:nɪʃ] *adj* Kenyan; *s. a.* **deutsch**

ken·nen <kannte, gekannt> ['kɛnən] *vt* ① (*jdm bekannt sein*) to know; **kennst du das Buch/diesen Film?** have you read this book/seen this film?; **ich kannte ihn nicht als Liedermacher** I didn't know he was a songwriter; **das ~ wir [schon]** (*iron*) we've heard all that before; **du kennst dich doch!** you know what you're like!; **kennst du mich noch?** do you remember me?; **jdn ~ lernen** to meet sb; **sich ~ lernen** to meet; **wie ich ihn/sie kenne ...** if I know him/her ...; **so kenne ich dich gar nicht** I've never seen you like this ② (*vertraut sein*) ■**etw ~** to be familiar with sth; **jdn/etw ~ lernen** to get to know sb/sth; **sich ~ lernen** (*miteinander vertraut werden*) to get to know one another ③ (*gut verstehen*) to know ④ (*wissen*) to know ▶ **jdn noch ~ lernen** (*fam*) to have sb to reckon with

Ken·ner(in) <-s, -> ['kɛnɐ] *m(f)* expert, authority

Ken·ner·blick *m* expert eye

kennt·lich ['kɛntlɪç] *adj* ■**~ sein** to be recognizable (**an** by); **etw [als etw** *akk*] **~ machen** to identify sth [as sth]

Kennt·nis <-ses, -se> ['kɛntnɪs] *f* ① *kein pl* (*Vertrautheit*) knowledge; **etw zur ~ nehmen** to take note of sth; **zur ~ nehmen, dass ...** to note that ...; **jdn von etw**

dat **in ~ setzen** (*geh*) to inform sb of sth ❷ *pl* (*Wissen*) knowledge *no pl*

Kennt·nis·nah·me <-> *f kein pl* (*geh*) **zur ~** for sb's attention

Ken·nung <-, -en> ['kɛnʊŋ] *f* ❶ TELEC identity, identification ❷ NAUT characteristic ❸ LUFT identification signal, characteristic ❹ INFORM user identifier, UID

Kenn·wort <-wörter> *nt* ❶ (*Codewort*) code name ❷ (*Losungswort*) password

Kenn·zahl *f* ❶ TELEC (*Ortsnetzkennzahl*) dialling [*or* AM area] code ❷ (*charakteristischer Zahlenwert*) index **Kenn·zeichen** *nt* ❶ (*Autokennzeichen*) number plate BRIT, license plate AM ❷ (*Merkmal*) mark **kenn·zeich·nen** ['kɛntsaɪçnən] I. *vt* ❶ (*markieren*) to mark ❷ (*charakterisieren*) to characterize II. *vr* ■ **sich durch etw** *akk* **~** to be characterized by sth **kenn·zeich·nend** *adj* typical, characteristic **Kenn·zif·fer** *f* box number

ken·tern ['kɛntɐn] *vi sein* to capsize

Ke·ra·mik <-, -en> [ke'raːmɪk] *f* ❶ *kein pl* (*Töpferwaren*) pottery *no indef art* ❷ (*Kunstgegenstand*) piece of pottery ❸ *kein pl* (*gebrannter Ton*) fired clay

ke·ra·misch [ke'raːmɪʃ] *adj* ceramic, pottery *attr*

Ker·be <-, -n> ['kɛrbə] *f* notch ▶ **in die gleiche ~ hauen** (*fam*) to take the same line

Ker·bel <-s> ['kɛrbl̩] *m kein pl* chervil

Kerb·holz *nt* ▶ **etw auf dem ~ haben** (*fam*) to have blotted one's copybook

Ker·ker <-s, -> ['kɛrkɐ] *m* ❶ HIST (*Verlies*) dungeon ❷ ÖSTERR (*Zuchthaus*) prison

Kerl <-s, -e *o* -s> [kɛrl] *m* (*fam*) ❶ (*Bursche*) bloke ❷ (*Mensch*) person

Kern <-[e]s, -e> [kɛrn] *m* ❶ BOT, HORT *von Kernobst* stone; **in ihr steckt ein guter ~** (*fig*) she's good at heart; **einen wahren ~ haben** (*fig*) to contain a core of truth ❷ (*Nuss~*) kernel ❸ (*Atom~, Zell~*) nucleus ❹ (*der zentrale Punkt*) heart ❺ (*zentraler Teil*) centre; (*wichtigster Teil*) core

Kern·ar·beits·zeit *f* core working hours **Kern·ener·gie** *f* nuclear energy **Kern·ener·gie·aus·stieg** *m* POL policy for reducing dependency on nuclear power and decommissioning nuclear power stations **Kern·ex·plo·si·on** *f* nuclear explosion **Kern·for·schung** *f* nuclear research **Kern·for·schungs·zent·rum** *nt* nuclear research centre **Kern·fra·ge** *f* central issue **Kern·fu·si·on** *f* nuclear fusion **Kern·ge·dan·ke** *m* central idea **Kern·ge·häu·se** *nt* BOT, HORT core **kern·ge·sund** *adj* fit as a fiddle *pred*

ker·nig ['kɛrnɪç] *adj* ❶ (*markig*) robust ❷ (*urwüchsig*) earthy ❸ (*voller Obstkerne*) full of pips *pred*

Kern·kraft *f* nuclear power

Kern·kraft·be·für·wor·ter(in) *m(f)* supporter of nuclear power **Kern·kraft·geg·ner(in)** *m(f)* opponent of nuclear power **Kern·kraft·werk** *nt* nuclear power plant **Kern·obst** *nt* pomaceous fruit **Kern·phy·sik** *f* nuclear physics + *sing vb, no art* **Kern·pro·blem** *nt* central problem **Kern·punkt** *m s.* **Kern 5 Kern·re·ak·ti·on** *f* nuclear reaction **Kern·re·ak·tor** *m* nuclear reactor **Kern·sei·fe** *f* washing soap **Kern·spal·tung** *f* nuclear fission *no pl, no indef art* **Kern·stück** *nt* crucial part **Kern·tech·nik** *f* nuclear engineering **Kern·tei·lung** *f* BIOL nuclear division **Kern·ver·schmel·zung** *f* ❶ PHYS nuclear fusion ❷ BIOL cell union **Kern·waf·fe** *f meist pl* nuclear weapon **Kern·waf·fen·ver·such** *m* nuclear weapons test **Kern·zeit** *f kein pl* core time

Ke·ro·sin <-s, -e> [keroˈziːn] *nt* kerosene

Ker·ze <-, -n> ['kɛrtsə] *f* ❶ (*Wachs~*) candle ❷ AUTO spark plug ❸ SPORT shoulder stand

ker·zen·ge·ra·de I. *adj* erect II. *adv* as straight as a die **Ker·zen·leuch·ter** *m* candlestick **Ker·zen·licht** *nt kein pl* candlelight **Ker·zen·stän·der** *m* candlestick

Ke·scher <-s, -> ['kɛʃɐ] *m* fishing-net

kess[RR], **keß**[ALT] [kɛs] I. *adj* ❶ (*frech und pfiffig*) cheeky ❷ (*flott*) jaunty; *Hose* natty II. *adv* cheekily

Kes·sel <-s, -> ['kɛsəl] *m* ❶ (*Wasser~*) kettle ❷ (*großer Kochtopf*) pot ❸ (*Mulde*) basin ❹ MIL encircled area

Ket·chup, Ket·schup[RR] <-[s], -s> ['kɛtʃap] *m o nt* ketchup

Ket·te <-, -n> ['kɛtə] *f* ❶ (*Glieder~*) chain; (*Fahrrad~*) [bicycle] chain; (*Schmuck~*) necklace; **einen Hund an die ~ legen** to put a dog on a chain; **jdn in ~n legen** to put sb in chains; **jdn an die ~ legen** (*fig*) to keep sb on a tight leash ❷ (*ununterbrochene Reihe*) line; **eine ~ von Ereignissen** a chain of events; **eine ~ von Unglücksfällen** a series of accidents ❸ ÖKON chain

ket·ten ['kɛtn̩] *vt* ❶ (*mit einer Kette befestigen*) ■ **jdn/ein Tier an etw** *akk* **~** to chain sb/an animal to sth ❷ (*fig: fest binden*) ■ **jdn an sich ~** to bind sb to oneself

Ket·ten·brief *m* chain letter **Ket·ten·fahr·zeug** *nt* tracked vehicle **Ket·ten·**

glied *nt* link **Ket·ten·rau·cher(in)** *m(f)* chain-smoker **Ket·ten·re·ak·ti·on** *f* chain reaction

Ket·zer(in) <-s, -> ['kɛtsɐ] *m(f)* heretic

Ket·ze·rei <-, -en> [kɛtsəˈraɪ] *f* heresy

ket·ze·risch *adj* heretical

keu·chen ['kɔyçn̩] *vi* to pant

Keuch·hus·ten *m* whooping cough *no art*

Keu·le <-, -n> ['kɔylə] *f* ❶ (*Waffe*) club ❷ SPORT Indian club ❸ KOCHK leg

keusch [kɔyʃ] *adj* chaste

Keusch·heit <-> *f kein pl* chastity

Key·board <-s, -s> ['kiːbɔːd] *nt* keyboard

Kfz <-[s], -[s]> [kaːɛfˈtsɛt] *nt Abk von* **Kraftfahrzeug**

Kfz-Werk·statt *f* motor vehicle workshop

kg *Abk von* **Kilogramm** kg

KG <-, -s> [kaːˈgeː] *f Abk von* **Kommanditgesellschaft**

kha·ki·far·ben *adj* khaki[-coloured], khaki[-colored] AM

kHz *Abk von* **Kilohertz** kHz

KI [kaːˈiː] *f* INFORM *Abk von* **Künstliche Intelligenz** AI

Kib·buz <-, Kibbuzim *o* -e> [kɪˈbuːts, *pl* kɪbuˈtsiːm] *m* GEOG kibbutz

Ki·cher·erb·se ['kɪçɐʔɛrpsə] *f* chick-pea

ki·chern ['kɪçɐn] *vi* to giggle

Kick·board <-s, -s> ['kɪkbɔːd] *nt* kickboard (*type of kick scooter*)

ki·cken ['kɪkn̩] FBALL I. *vi* (*fam*) to play football [*or* AM soccer] II. *vt* (*fam*) to kick

Ki·cker(in) ['kɪkɐ] *m(f)* FBALL (*fam*) football [*or* AM soccer] player

Ki·cker <-s, -> ['kɪkɐ] *m* (*fam*), **Ki·cker·tisch** *m* (*spiel*) table football [table] BRIT, foosball table AM

Kick·star·ter <-s, -> [kɪt] *nt* kick-start[er]

Kid <-s, -s> [kɪt] *nt* (*sl*) kid *fam*

kid·nap·pen ['kɪtnɛpn̩] *vt* to kidnap

Kid·nap·per(in) <-s, -> ['kɪtnɛpɐ] *m(f)* kidnapper

Kid·nap·ping <-s, -s> ['kɪtnɛpɪŋ] *nt* kidnapping

kie·big ['kiːbɪç] *adj* DIAL ❶ (*frech*) cheeky ❷ (*aufgebracht*) ■ **~ sein/werden** to be/get annoyed

Kie·bitz <-es, -e> ['kiːbɪts] *m* lapwing

kie·bit·zen ['kiːbɪtsn̩] *vi haben* ❶ (*fam: neugierig beobachten*) to look on curiously ❷ KARTEN, SCHACH to kibitz (*to look on and offer unwelcome advice*)

Kie·fer¹ <-, -n> ['kiːfɐ] *f* ❶ (*Baum*) pine [tree] ❷ *kein pl* (*Holz*) pine[wood]

Kie·fer² <-s, -> ['kiːfɐ] *m* ANAT jaw[-bone]

Kie·fern·na·del *f* pine needle **Kie·fern·wald** *m* pine wood **Kie·fern·zap·fen** *m* pine cone

Kie·fer·or·tho·pä·de, -or·tho·pä·din <-n, -n> *m, f* orthodontist

kie·ken ['kiːkn̩] *vi* NORDD (*gucken*) to look

Kiel <-[e]s, -e> [kiːl] *m* ❶ (*Schiffskiel*) keel ❷ (*Federkiel*) quill

Kiel·raum *m* bilge **Kiel·was·ser** *nt* wake; **in jds ~ segeln** (*fig*) to follow in sb's wake

Kie·me <-, -n> ['kiːmə] *f* gill

Kies <-es, -e> [kiːs] *m* ❶ (*kleines Geröll*) gravel *no pl* ❷ *kein pl* (*sl: Geld*) dough *no indef art*

Kie·sel·er·de *f* silica **Kie·sel·stein** *m* pebble

Kies·gru·be *f* gravel pit **Kies·weg** *m* gravel path

Kiew <-s> ['kiːɛf] *nt* Kiev

kif·fen ['kɪfn̩] *vi* (*sl*) to smoke grass

Kif·fer(in) <-s, -> *m(f)* (*sl*) dope-head

ki·ke·ri·ki [kikəriˈkiː] *interj* cock-a-doodle-doo

kil·len ['kɪlən] *vt* (*sl*) ■ **jdn ~** to bump off *sep sb*

Kil·ler(in) <-s, -> ['kɪlɐ] *m(f)* (*sl*) hit man

Kil·ler·spiel *nt* (*pej fam*) shoot 'em up [computer] game

Ki·lo <-s, -[s]> ['kiːlo] *nt* (*fam*) *s.* **Kilogramm** kilo

Ki·lo·byte ['kiːlobajt] *nt* kilobyte **Ki·lo·gramm** *nt* kilogramme **Ki·lo·hertz** *nt* kilohertz **Ki·lo·joule** ['kiːlodʒaʊl, -dʒuːl] *nt* kilojoule **Ki·lo·ka·lo·rie** ['kiːlokaloriː] *f* kilocalorie **Ki·lo·me·ter** [kiloˈmeːtɐ] *m* ❶ (*1000 Meter*) kilometre ❷ (*fam: Stundenkilometer*) **auf dieser Strecke herrscht eine Geschwindigkeitsbeschränkung von 70 ~n** there's a speed limit of 70 [kilometres per hour] on this stretch [of road] **Ki·lo·me·ter·geld** *nt* mil[e]age [allowance] **ki·lo·me·ter·lang** I. *adj* stretching for miles *pred* II. *adv* for miles on end **Ki·lo·me·ter·stand** *m* mil[e]age [reading] **Ki·lo·me·ter·stein** *m* milestone **ki·lo·me·ter·weit** *adj, adv* for miles [and miles] **Ki·lo·me·ter·zäh·ler** *m* mil[e]age counter **Ki·lo·volt** [kiloˈvɔlt, ˈkilo-] *nt* kilovolt **Ki·lo·watt** [kiloˈvat, ˈkilo-] *nt* kilowatt **Ki·lo·watt·stun·de** [kiloˈvat-, ˈkilo-] *f* kilowatt-hour

Kind <-[e]s, -er> [kɪnt, *pl* ˈkɪndɐ] *nt* child; **ihre ~er sind drei und vier Jahre alt** her children are three and four years old; **ein ~ [von jdm] bekommen** to be expecting a baby [by sb]; **von ~ auf** from an early age; **ein großes ~ sein** to be a big baby; **noch ein halbes ~ sein** to be still almost a child

▶ **das ~ mit dem Bade ausschütten** to throw out the baby with the bathwater; **mit ~ und Kegel** (*hum fam*) with the whole family; **kein ~ von Traurigkeit sein** (*hum*) to be sb who enjoys life; [**ein**] **gebranntes ~ scheut das Feuer** (*prov*) once bitten, twice shy; **wir werden das ~ schon schaukeln** (*fam*) we'll manage to sort it out

Kin·der·ar·beit *f* child labour **Kin·der·ar·mut** *f* child poverty **Kin·der·arzt, -ärz·tin** *m, f* paediatrician BRIT, pediatrician AM **Kin·der·bett** *nt* cot **Kin·der·buch** *nt* children's book **Kin·der·dorf** *nt* children's village

Kin·de·rei <-, -en> [kındə'raj] *f* childishness *no pl, no indef art*

Kin·der·er·zie·hung *f* bringing up children **kin·der·feind·lich** I. *adj* anti-children; **eine ~e Architektur/Planung** architecture/planning which does not cater for children II. *adv* with little regard for children **kin·der·freund·lich** I. *adj* child-friendly; **~e Architektur** architecture which caters for children II. *adv* with children in mind **Kin·der·gar·ten** *m* nursery school, kindergarten AM **Kin·der·gärt·ner(in)** *m(f)* nursery-school [*or* AM kindergarten] teacher **Kin·der·ge·burts·tag** *m* child's birthday **Kin·der·geld** *nt* child benefit **Kin·der·heim** *nt* children's home **Kin·der·hort** *m* day-nursery **Kin·der·kli·nik** *f* children's clinic **Kin·der·krank·heit** *f* ❶ (*Krankheit*) childhood disease ❷ *meist pl* (*fig: Anfangsprobleme*) teething troubles *pl* **Kin·der·krie·gen** <-s> *nt kein pl* (*fam*) giving birth *no art* **Kin·der·krip·pe** *f* day-nursery **Kin·der·läh·mung** *f* polio **kin·der·leicht** ['kındɐ'lajçt] (*fam*) I. *adj* dead easy; ▪ **~ sein** to be child's play II. *adv* very easily; **etw ist ~ zu bedienen** sth is dead easy to operate **kin·der·lieb** ['kındɐli:p] *adj* fond of children *pred* **Kin·der·lied** *nt* nursery rhyme **kin·der·los** *adj* childless **Kin·der·mäd·chen** *f* nanny **Kin·der·mär·chen** *nt* (*fam*) fairy-tale **Kin·der·por·no·gra·phie, Kin·der·por·no·gra·fie**^{RR} *f* child pornography **Kin·der·pro·gramm** *nt* children's programme **kin·der·reich** *adj* with many children *pred*; **eine ~e Familie** a large family **Kin·der·schän·der(in)** <-s, -> *m(f)* child molester **Kin·der·schar** *f* crowd of children **Kin·der·schreck** *m kein pl* bog[e]yman **Kin·der·schuh** *m* child's shoe **Kin·der·si·che·rung** *f* child[proof] safety catch **Kin·der·sitz** *m* ❶ AUTO child safety seat ❷ (*Fahrradaufsatz*) child-carrier seat **Kin·der·spiel** *nt* children's game; [**für jdn**] **ein ~ sein** (*fig*) to be child's play [to sb] **Kin·der·spiel·platz** *m* [children's] playground **Kin·der·spiel·zeug** *nt* [children's] toy, [child's] toy **Kin·der·sterb·lich·keit** *f* infant mortality **Kin·der·stu·be** *f* DIAL (*Kinderzimmer*) nursery ▶ **eine/keine gute ~ gehabt haben** to have been well/badly brought up **Kin·der·ta·ges·stät·te** *f s.* **Kinderhort Kin·der·tel·ler** *m* child portion **Kin·der·wa·gen** *m* pram BRIT, baby carriage AM **Kin·der·wunsch·zen·trum** *nt* MED fertility clinic **Kin·der·zim·mer** *nt* children's room

Kin·des·al·ter *nt* **seit frühestem ~** from a very early age; **im ~ sein** to be a child **Kin·des·bei·ne** *pl* **von ~n an** from childhood **Kin·des·ent·füh·rung** *f* child abduction **Kin·des·miss·brauch**^{RR} *m* child abuse *no pl* **Kin·des·miss·hand·lung**^{RR} *f* child abuse **Kin·des·tö·tung** *f* infanticide **kind·ge·mäß** I. *adj* suitable for children *pred* II. *adv* suitably for children **kind·ge·recht** *adj* appropriate for children **Kind·heit** <-> *f kein pl* childhood; **von ~ an** from childhood

Kind·heits·er·in·ne·rung *f* childhood memory *usu pl* **Kind·heits·er·leb·nis** *nt* childhood experience **Kind·heits·traum** *m* childhood dream

kin·disch ['kındıʃ] *adj* childish

kind·lich ['kıntlıç] I. *adj* childlike II. *adv* **~ scheinen/wirken** to appear/seem childlike; **sich ~ verhalten** to behave in a childlike way

Kinds·kopf ['kıntskɔpf] *m* (*fam*) big kid **Kind(s)·tau·fe** *f* christening

ki·ne·tisch [ki'ne:tıʃ] *adj* kinetic

King <-s> [kıŋ] *m* **der ~ sein** (*sl*) to be [the] top dog *fam*

Kin·ker·litz·chen ['kıŋkɐlıtsçən] *pl* (*fam*) trifles *pl*

Kinn <-[e]s, -e> [kın] *nt* chin

Kinn·ha·ken *m* hook to the chin **Kinn·la·de** *f* jaw[-bone]

Ki·no <-s, -s> ['ki:no] *nt* cinema, AM *usu* [movie] theater; **im ~ kommen** to be on at the cinema, to be playing at the [movie] theater AM

Ki·no·be·su·cher(in) *m(f)* cinema-goer **Ki·no·film** *m* cinema film BRIT, movie AM **Ki·no·gän·ger(in)** <-s, -> *m(f)* cinema-goer **Ki·no·pro·gramm** *nt* cinema guide **Ki·no·vor·stel·lung** *f* showing [of a film]

Ki·osk <-[e]s, -e> [ˈkiːɔsk] *m* kiosk
Kip·pe <-, -n> [ˈkɪpə] *f* (*fam*) ❶ (*Deponie*) tip BRIT, dump AM ❷ (*Zigarettenstummel*) cigarette end; (*Zigarette*) fag BRIT *sl*, cigarette AM ▶ **auf der ~ stehen** to hang in the balance; **auf der ~ stehen, ob ...** it's touch and go whether ...
kip·pen [ˈkɪpn̩] I. *vt haben* ❶ (*schütten*) to tip ❷ (*schräg stellen*) to tilt ❸ (*scheitern lassen*) ■ **jdn/etw ~** to topple sb/to halt sth; *Artikel, Reportage* to pull; *Gesetzesvorlage* to vote down *sep*; *Urteil* to overturn ▶ **[gerne] einen/ein paar ~** (*fam*) to like a drink [or two] II. *vi sein* ❶ (*aus dem Schrägstand umfallen*) to topple over; ■ **[von etw** *dat*] **~** to fall [off sth] ❷ (*zurückgehen*) to go down ❸ *Ökosystem* to collapse ▶ **aus den Latschen ~** to fall through the floor
Kipp·fens·ter *nt* laterally pivoted window
Kir·che <-, -n> [ˈkɪrçə] *f* ❶ (*Gebäude, Gottesdienst*) church ❷ (*bestimmte Glaubensgemeinschaft*) Church, religion ❸ (*Institution*) Church

Kir·chen·asyl *nt* religious asylum *no pl*
Kir·chen·bann *m* excommunication **Kir·chen·be·such** *m* attendance at church **Kir·chen·buch** *nt* parish register **Kir·chen·chor** *m* church choir **Kir·chen·fens·ter** *nt* church window **Kir·chen·fest** *nt* religious festival **Kir·chen·ge·mein·de** *f* parish **Kir·chen·glo·cke** *f* church bell **Kir·chen·jahr** *nt* ecclesiastical year **Kir·chen·lied** *nt* hymn **Kir·chen·maus** *f* ▶ **arm wie eine ~ sein** (*fam*) to be as poor as a church mouse **Kir·chen·schiff** *nt* ARCHIT (*Längsschiff*) nave; (*Querschiff*) transept **Kir·chen·staat** *m* HIST Papal States *pl* **Kir·chen·steu·er** *f* church tax **Kir·chen·volk** *nt kein pl* church members *pl* **Kirch·gän·ger(in)** <-s, -> *m(f)* church-goer
kirch·lich [ˈkɪrçlɪç] I. *adj* church *attr*, ecclesiastical; **ein ~er Feiertag** a religious holiday II. *adv* **bestattet werden** to have a church funeral; **sich ~ trauen lassen** to get married in church
Kirch·platz *m* church square **Kirch·turm** *m* [church] steeple **Kirch·turm·po·li·tik** *f* (*pej*) parish-pump politics + *sing vb*
Kir·mes <-, -sen> [ˈkɪrmɛs] *f* DIAL (*Kirchweih*) fair (*held on the anniversary of the consecration of a church*)
kir·re [ˈkɪrə] *adj präd* (*fam*) **jdn ~ machen** to bring sb to heel; **~ werden** to get confused
Kirsch·baum [ˈkɪrʃbaʊm] *m* ❶ (*Baum*) cherry tree ❷ *kein pl* (*Holz*) cherry[-wood] *no pl* **Kirsch·blü·te** *f* ❶ (*Blüte*) cherry blossom ❷ (*Zeitraum*) **während der ~** during cherry blossom time
Kir·sche <-, -n> [ˈkɪrʃə] *f* ❶ (*Frucht*) cherry ❷ *kein pl* (*Holz*) cherry[-wood] *no pl*
Kirsch·kern *m* cherry stone **Kirsch·was·ser** *nt* kirsch
Kis·sen <-s, -> [ˈkɪsn̩] *nt* (*Kopfkissen*) pillow; (*Zierkissen*) cushion
Kis·sen·be·zug *m* (*Kopf~*) pillowcase; (*Zier~*) cushion cover
Kis·te <-, -n> [ˈkɪstə] *f* ❶ (*hölzerner Behälter*) box, crate ❷ (*fam: Auto*) [old] banger [*or* AM clunker] ❸ (*fam: Fernseher*) the box ❹ (*fam: Bett*) sack; **ab in die ~!** hit the sack!
Kitsch <-es> [kɪtʃ] *m kein pl* kitsch
kit·schig [ˈkɪtʃɪç] *adj* kitschy
Kitt <-[e]s, -e> [kɪt] *m* putty
Kitt·chen <-s, -> [ˈkɪtçən] *nt* (*fam*) nick
Kit·tel <-s, -> [ˈkɪtl̩] *m* ❶ (*Arbeits~*) overall; *eines Arztes/Laboranten* white coat ❷ SÜDD (*Jacke*) jacket
kit·ten [ˈkɪtn̩] *vt* ■ **etw ~** ❶ (*ver~*) to fill sth ❷ (*mit Kitt kleben*) to stick sth together with cement ❸ (*fig: in Ordnung bringen*) to patch up *sep* sth
Kitz <-es, -e> [kɪts] *nt* kid
Kit·zel <-s, -> [ˈkɪtsl̩] *m* ❶ (*Juckreiz*) tickling feeling ❷ (*Lust auf Verbotenes*) thrill
kit·ze·lig [ˈkɪtsəlɪç] *adj* ❶ (*gegen Kitzeln empfindlich*) ticklish ❷ (*heikel*) ticklish; *Angelegenheit* delicate
kit·zeln [ˈkɪtsl̩n] I. *vt* ❶ (*einen Juckreiz hervorrufen*) to tickle ❷ (*reizen*) to titillate ❸ (*die Sinne reizen*) to arouse II. *vi* to tickle; **hör auf, das kitzelt!** stop it, it tickles! III. *vt impers* ❶ (*jucken*) **es kitzelt mich** it's tickling me ❷ (*reizen*) **es kitzelt mich sehr, da mitzumachen** I'm really itching to join in
Kitz·ler <-s, -> *m* ANAT clitoris
kitz·lig [ˈkɪtslɪç] *adj s.* **kitzelig**
Ki·wi <-, -s> [ˈkiːvi] *f* kiwi [fruit]
kJ *Abk von* **Kilojoule** *nt*
KKW <-s, -s> [kaːkaːˈveː] *nt Abk von* **Kernkraftwerk**
Klacks <-es, -e> [klaks] *m* (*fam*) blob ▶ **[für jdn] ein ~ sein** (*einfach*) to be a piece of cake [for sb]; (*wenig*) to be nothing [to sb]
klaf·fen [ˈklafn̩] *vi* to yawn; *Schnitt, Wunde* to gape
kläf·fen [ˈklɛfn̩] *vi* (*pej fam*) to yap
klaf·fend *adj* ❶ (*gähnend*) yawning, gaping ❷ (*auseinanderklaffend*) gaping
Kläf·fer <-s, -> *m* (*pej fam*) yapper

Kla·ge <-, -n> ['kla:gə] *f* ① (*geh: Ausdruck von Trauer*) lament[ation] ② (*Beschwerde*) complaint ③ JUR [legal] action; **eine ~ [gegen jdn] einreichen** to take legal action [against sb]; **eine ~ abweisen** to dismiss a suit; **eine ~ auf Schadenersatz** a claim for compensation

Kla·ge·ge·schrei *nt* wailing **Kla·ge·laut** *m* plaintive cry **Kla·ge·lied** *nt* **ein ~ [über jdn/etw] anstimmen/singen** to start to moan [about sb/sth]

kla·gen ['kla:gn̩] I. *vi* ① (*jammern*) to moan (**über** about); **sie klagt regelmäßig über Kopfschmerzen** she regularly complains of having headaches ② (*geh: trauern*) to mourn (**um** for) ③ (*sich beklagen*) to complain (**bei** to); **ich kann nicht ~** I can't complain; **ohne zu ~** without complaining ④ JUR (*prozessieren*) ■ [**gegen jdn**] **~** to take legal action [against sb]; ■ **auf etw** *akk* **~** to sue for sth II. *vt* ① (*Bedrückendes erzählen*) ■ **jdm etw ~** to pour out one's sth to sb ② ÖSTERR ■ **jdn ~** (*verklagen*) to take legal action against sb

kla·gend *adj* ① (*jammernd*) moaning ② JUR **die ~e Partei** the plaintiff

Klä·ger(in) <-s, -> *m(f)* JUR plaintiff

Kla·ge·schrift *f* JUR statement of claim

kläg·lich ['klɛ:klɪç] I. *adj* ① (*Mitleid erregend*) pathetic; *Anblick* pitiful ② (*miserabel*) *Darbietung* wretched; *Verhalten* despicable ③ (*dürftig*) pathetic II. *adv* pitifully; **~ durchfallen/scheitern** to fail miserably

klag·los ['kla:klo:s] *adv* uncomplainingly

Kla·mauk <-s, -> [kla'maʊk] *m kein pl* (*pej fam*) ① (*Getöse*) din ② (*übertriebene Komik*) slapstick

klamm [klam] *adj* ① (*steif vor Kälte*) numb ② (*nass und kalt*) dank ③ (*sl: knapp bei Kasse*) ■ **~ sein** to be hard up

Klam·mer <-, -n> ['klamɐ] *f* ① (*Wäsche~*) [clothes-]peg; (*Heft~*) staple; (*Haar~*) [hair-]grip; MED clip ② (*Zahn~*) brace ③ (*einschließendes Textsymbol*) brackets; **eckige/runde/spitze ~n** square/round/pointed brackets; **geschweifte ~n** braces; **~ auf/zu** open/close brackets; **in ~n** in brackets

Klam·mer·af·fe *m* ① ZOOL spider monkey ② INFORM at sign

klam·mern ['klamɐn] I. *vt* ■ **etw ~** ① (*zusammenheften*) to staple sth (**an** to) ② MED to close sth with clips II. *vr* (*a. fig*) to cling (**an** to) III. *vi* SPORT to clinch

klamm·heim·lich ['klam'haɪmlɪç] (*fam*) I. *adj* on the quiet *pred* II. *adv* on the quiet; **sich ~ fortstehlen** to slip away [unseen]

Kla·mot·te <-, -n> [kla'mɔtə] *f meist pl* ① (*fam: Kleidung*) clothes *npl* ② (*alte Sachen*) stuff

Klan <-s, -s> [kla:n] *m* clan

klang [klaŋ] *imp von* **klingen**

Klang <-[e]s, Klänge> [klaŋ, *pl* 'klɛŋə] *m* ① (*Ton*) sound ② *pl* (*harmonische Klangfolgen*) sounds

Klang·far·be *f* MUS timbre **klang·los** *adj* toneless **klang·voll** *adj* ① (*volltönend*) sonorous; *Melodie* tuneful; *Stimme* melodious ② (*wohltönend*) fine-sounding

Klapp·bett *nt* folding bed

Klap·pe <-, -n> ['klapə] *f* ① (*klappbarer Deckel*) flap ② (*sl: Mund*) trap; **halt die ~!** shut your trap!; **eine große ~ haben** to have a big mouth ③ MUS key; *einer Trompete* valve

klap·pen ['klapn̩] I. *vt haben* to fold; **etw nach oben/unten ~** to lift up/lower sth II. *vi haben* (*fam: funktionieren*) to work out; **alles hat geklappt** everything went as planned

Klap·pen·text *m* TYPO blurb

Klap·per <-, -n> ['klapɐ] *f* rattle

klap·per·dürr ['klapɐdʏr] *adj* (*fam*) [as] thin as a rake *pred* **Klap·per·ge·stell** *nt* (*hum fam: dünner Mensch*) bag of bones; (*klappriges Fahrzeug*) boneshaker

klap·pe·rig ['klapərɪç] *adj* ① (*gebrechlich*) frail ② (*instabil und wacklig*) rickety

Klap·per·kas·ten *m* (*fam*) ① *s.* **Klapperkiste** ② (*Klavier*) key basher ③ (*altes Gerät*) old pile of junk **Klap·per·kis·te** *f* (*fam: Auto*) boneshaker

klap·pern ['klapɐn] *vi* to rattle

Klap·per·schlan·ge *f* rattlesnake **Klap·per·storch** *m* (*Kindersprache*) stork

Klapp·fahr·rad *nt* folding bicycle **Klapp·mes·ser** *nt* flick-knife **Klapp·rad** *nt* folding bicycle

klapp·rig ['klaprɪç] *adj s.* **klapperig**

Klapp·sitz *m* folding seat **Klapp·stuhl** *m* folding chair **Klapp·tisch** *m* folding table

Klaps <-es, -e> [klaps] *m* smack ▸ **einen ~ haben** (*fam*) to have a screw loose

Klap·se <-, -n> ['klapsə] *f* (*sl*) funny farm *hum*

Klaps·müh·le *f* (*sl*) loony-bin

klar [klaːɐ̯] I. *adj* ① (*ungetrübt*) clear ② (*unmissverständlich*) clear; *Antwort* straight; *Frage* direct ③ (*eindeutig*) clear; *Ergebnis* clear-cut; **~er Fall** (*fam*) sure thing; **~ wie Kloßbrühe** (*fam*) as plain as the nose on your face ④ (*bewusst*) ■ **jdm ~ sein** to be clear to sb; ■ **sich** *dat* **über**

etw *akk* ~ **werden** to get sth clear in one's mind; **alles ~?** (*fam*) is everything clear? ❺ (*selbstverständlich*) of course; **na ~!** (*fam*) of course! ❻ (*bereit*) ready **II.** *adv* ❶ (*deutlich*) clearly; **~ im Nachteil/Vorteil sein** to be at a clear disadvantage/advantage; **jdm etw ~ sagen/zu verstehen geben** to make sth clear to sb; **~ und deutlich** clearly and unambiguously ❷ (*eindeutig*) **jdn ~ besiegen** to defeat sb soundly; **etw ~ erkennen** to see sth clearly ❸ (*ungetrübt*) **~ denkend** clear-thinking; **~** [*o* **deutlich**] **sehen** to see clearly

Klär·an·la·ge *f* sewage-works

Kla·re(r) *m* (*fam*) colourless spirit

klä·ren ['klɛːrən] **I.** *vt* ❶ (*auf~*) to clear up *sep*; *Frage* to settle; *Problem* to resolve ❷ (*reinigen*) *Abwässer, Luft* to treat **II.** *vr* ❶ (*sich auf~*) ■ **sich ~** to be cleared up ❷ (*sauber werden*) ■ **sich ~** to become clear

klar|ge·hen *vi irreg sein* (*fam*) to go OK

Klar·heit <-, -en> *f* ❶ (*Deutlichkeit*) clarity; **sich** *dat* **~** [**über etw** *akk*] **verschaffen** to find out the facts [about sth]; **jdm etw in aller ~ sagen** to make sth perfectly clear to sb ❷ (*Reinheit*) clearness

Kla·ri·net·te <-, -n> [klariˈnɛtə] *f* clarinet

klar|kom·men *vi irreg sein* (*fam*) ❶ (*bewältigen*) ■ [**mit etw** *dat*] **~** to manage [sth] ❷ (*zurechtkommen*) ■ **mit jdm ~** to cope with sb **klar|ma·chen** *vt* ■ **jdm etw ~** to make sth clear to sb; ■ **sich** *dat* **~, dass/wie/wo ...** to realize that/how/where ...

Klär·schlamm *m* sludge

klar|se·hen *vt irreg* ■ **in etw** *dat* **~** to have understood sth

Klar·sicht·fo·lie *f* cling film **Klar·sicht·hül·le** *f* transparent folder **Klar·sicht·tü·te** *f* LUFT clear plastic [re-sealable] bag (*as required by EU policy for the carriage of liquids in cabin luggage*)

klar|stel·len *vt* to clear up *sep*; ■ **~, dass ...** to make [it] clear that ...

Klar·stel·lung *f* clarification

Klar·text *m* plain text; **mit jdm ~ reden** (*fam*) to give sb a piece of one's mind

Klä·rung <-, -en> *f* ❶ (*Aufklärung*) clarification; *Frage* settling; *Problem* resolving; *Tatbestand* determining ❷ (*Reinigung*) treatment

klas·se ['klasə] *adj* (*fam*) great

Klas·se <-, -n> ['klasə] *f* ❶ (*Schulklasse*) class; **eine ~ wiederholen/überspringen** to repeat/skip a year; (*Klassenraum*) classroom ❷ (*Gesellschaftsgruppe*) class ❸ (*Güte~*) class; **wir fahren immer erster ~** we always travel first-class ❹ BIOL category ▸ **große ~!** (*fam*) great!

Klas·sen·ar·beit *f* [written] class test
Klas·sen·ka·me·rad(in) *m(f)* classmate
Klas·sen·kampf *m* POL class struggle
Klas·sen·leh·rer(in) *m(f)* class teacher
klas·sen·los *adj* SOZIOL classless
Klas·sen·spre·cher(in) *m(f)* form captain
Klas·sen·tref·fen *nt* SCH class reunion
Klas·sen·zim·mer *nt* classroom

Klas·si·fi·ka·ti·on <-, -en> [klasifikaˈtsi̯oːn] *f s.* **Klassifizierung**

klas·si·fi·zie·ren* [klasifiˈtsiːrən] *vt* to classify (**als** as)

Klas·si·fi·zie·rung <-, -en> *f* classification

Klas·sik <-> ['klasɪk] *f kein pl* ❶ (*kulturelle Epoche*) classical age ❷ (*die antike ~*) Classical Antiquity ❸ (*fam: klassische Musik*) classical music

Klas·si·ker(in) <-s, -> ['klasikɐ] *m(f)* ❶ (*klassischer Schriftsteller*) classical writer ❷ (*klassischer Komponist*) classical composer ❸ (*maßgebliche Autorität*) leading authority ❹ (*zeitloses Werk*) classic

klas·sisch ['klasɪʃ] *adj* ❶ KUNST, LIT, MUS classical ❷ (*ideal*) classic

Klas·si·zis·mus <-, -smen> [klasiˈtsɪsmʊs] *m* ARCHIT classicism

klas·si·zis·tisch [klasiˈtsɪstɪʃ] *adj* ARCHIT, KUNST classical

Klatsch <-[e]s, -e> [klatʃ] *m kein pl* (*pej fam: Gerede*) tittle-tattle; **~ und Tratsch** gossip ❷ (*klatschender Aufprall*) smack

Klatsch·ba·se *f* (*pej fam*) gossip[-monger]
Klatsch·blatt *nt* (*Boulevardzeitschrift*) scandal sheet

klat·schen ['klatʃn̩] **I.** *vi* ❶ *haben* (*applaudieren*) to clap ❷ *sein* (*mit einem Platsch auftreffen*) ■ **auf/in etw** *akk* **~** to land with a splat on/in sth; ■ **gegen etw** *akk* **~** to smack into sth; **die Regentropfen klatschten ihr ins Gesicht** the raindrops beat against her face ❸ *haben* (*pej fam: tratschen*) to gossip (**über** about); (*petzen*) to tell tales **II.** *vt haben* ■ **etw ~** to beat out *sep* sth

Klatsch·maul *nt* (*pej fam*) gossip[-monger]; (*bösartig a.*) scandalmonger *pej* **Klatsch·mohn** *m* [corn] poppy **klatsch·nass**[RR] *adj* (*fam*) soaking wet; ■ **~ sein/werden** to be/get soaked

Klatsch·spal·te *f* (*pej fam*) gossip column[s *pl*] **Klatsch·tan·te** *f*, **Klatsch·weib** *nt s.* **Klatschbase**

klau·ben ['klaʊbn̩] *vt* SÜDD, ÖSTERR,

SCHWEIZ ❶ (*pflücken*) to pick ❷ (*sammeln*) ■**etw ~** to collect sth; *Holz, Pilze* to gather; *Kartoffeln* to dig ❸ (*auslesen*) ■**etw aus/von etw** *dat* ~ to pick sth out of/from sth; **etw vom Boden ~** to pick up *sep* sth [off the floor]

Klaue <-, -n> ['klauə] *f* ❶ (*Krallen*) claw; (*Vogel~ a.*) talon ❷ (*pej sl: Hand*) mitt *fam!* ❸ (*pej sl: Handschrift*) scrawl

klau·en ['klauən] (*fam*) **I.** *vt* ■[**jdm**] **etw ~** to pinch sth [from sb] **II.** *vi* to pinch things

Klau·sel <-, -n> ['klauzl̩] *f* (*eines Vertrags*) clause

Klaus·tro·pho·bie <-, -n> [klaustrofo'biː, *pl* -iːən] *f* claustrophobia *no indef art, no pl spec*

Klau·sur <-, -en> [klau'zuːɐ̯] *f* ❶ SCH [written] exam ❷ REL **in ~ gehen** to retreat [from the world]

Kla·vi·a·tur <-, -en> [klavia'tuːɐ̯] *f* ❶ MUS keyboard ❷ (*geh: Sortiment*) range; **die ganze ~ der Tricks** the whole gamut of tricks

Kla·vier <-s, -e> [kla'viːɐ̯] *nt* piano

Kla·vier·kon·zert *nt* ❶ (*Musikstück*) piano concerto ❷ (*Veranstaltung*) piano recital **Kla·vier·leh·rer(in)** *m(f)* piano teacher **Kla·vier·spie·ler(in)** *m(f)* pianist

Kle·be·band <-bänder> ['kleːbə-] *nt* adhesive tape

kle·ben ['kleːbn̩] **I.** *vi* ❶ (*klebrig sein*) to be sticky ❷ (*festhaften*) to stick (**an** to); [**an jdm/etw**] **~ bleiben** to stick [to sb/sth] ❸ (*festhalten*) **an alten Überlieferungen und Bräuchen ~** to cling to old traditions and customs ❹ (*fam: hängen bleiben*) **die ganze Hausarbeit bleibt immer an mir ~** I am always lumbered with all the housework BRIT **II.** *vt* ❶ (*mit Klebstoff reparieren*) to glue ❷ (*mit Klebstreifen zusammenfügen*) to stick together *sep* ❸ (*ankleben, festkleben*) to stick ▶**jdm eine ~** (*fam*) to clock sb one

Kle·ber <-s, -> ['kleːbɐ] *m* ❶ (*fam*) glue *no indef art, no pl* ❷ SCHWEIZ (*Auf~*) sticker **Kle·be·stift** *m* Prittstick® BRIT, UHU® AM **Kle·be·strei·fen** *m s.* **Klebstreifen**

kleb·rig ['kleːbrɪç] *adj* sticky

Kleb·stoff *m* adhesive; (*Leim*) glue *no indef art, no pl* **Kleb·strei·fen** *m* adhesive tape

Klę·cker·be·trag *m* (*fam*) peanuts *pl*

kle·ckern ['klɛkɐn] **I.** *vt* to spill **II.** *vi* ❶ *haben* (*tropfen lassen*) **kannst du das K~ nicht lassen?** can't you stop making a mess? ❷ *haben* (*tropfen*) to drip; *volles Gefäß* to spill ❸ *sein* (*tropfen*) ■[**jdm**] **irgendwohin ~** to spill somewhere ❹ *sein* (*in geringen Mengen kommen*) to come in dribs and drabs

klę·cker·wei·se *adv* in dribs and drabs

Klecks <-es, -e> [klɛks] *m* ❶ (*großer Fleck*) stain ❷ (*kleine Menge*) blob; **ein ~ Senf** a dab of mustard

kleck·sen ['klɛksn̩] **I.** *vi* ❶ *haben* (*Kleckse verursachen*) ■[**mit etw** *dat*] **~** to make a mess [with sth] ❷ *haben* (*tropfen*) to blot; *Farbe* to drip ❸ *sein* (*tropfen*) ■**irgendwohin ~** to spill somewhere **II.** *vt haben* ■**etw auf etw** *akk* **~** to splatter sth on sth

Klee <-s> [kleː] *m kein pl* clover *no indef art, no pl*

Klee·blatt *nt* cloverleaf; **vierblättriges ~** four-leaf clover

Klei·ber <-s, -> ['klaibɐ] *m* ORN nuthatch

Kleid <-[e]s, -er> [klait, *pl* 'klaidə] *nt* ❶ (*Damen~*) dress ❷ *pl* (*Bekleidungsstücke*) clothes *npl* ▶**~er machen Leute** (*prov*) fine feathers make fine birds

klei·den ['klaidn̩] *vt* ❶ (*anziehen*) **sich gut/schlecht ~** to dress well/badly; ■[**in etw** *akk*] **gekleidet sein** to be dressed [in sth] ❷ (*jdm stehen*) ■**jdn ~** to suit sb ❸ (*geh: durch etw zum Ausdruck bringen*) **etw in schöne Worte ~** to couch sth in fancy words

Klei·der·bü·gel *m* coat-hanger **Klei·der·bürs·te** *f* clothes brush **Klei·der·ha·ken** *m* coat-hook **Klei·der·schrank** *m* wardrobe **Klei·der·zwang** *m* [strict] dress code

kleid·sam *adj* (*geh*) flattering

Klei·dung <-, *selten* -en> *f* clothing *no indef art, no pl*

Klei·dungs·stück *nt* garment

Kleie <-, -n> ['klaiə] *f* bran *no indef art, no pl*

klein [klain] **I.** *adj* ❶ (*von geringer Größe*) little, small; **im ~en Format** in a small format; **ein ~[es] bisschen** a little bit; **etw ~ hacken** to chop up sth *sep*; **~ gehackte Zwiebeln** finely chopped onions; **haben Sie es nicht ~er?** haven't you got anything smaller?; **bis ins K~ste** in minute detail ❷ (*Kleidung*) small; **haben Sie das gleiche Modell auch in ~er?** do you have the same style but in a size smaller? ❸ (*jung*) small; (*~ wüchsig a.*) short; **von ~ auf** from childhood ❹ (*kurz*) short ❺ (*kurz dauernd*) short ❻ (*gering*) small ❼ (*geringfügig*) small; **die ~ste Bewegung** the slightest movement; **eine ~e Übelkeit** a slight feeling of nausea; **ein ~er Verstoß** a

minor violation ⑧ (*pej: unbedeutend*) minor; (*ungeachtet*) lowly; **die ~en Leute** ordinary people II. *adv* ❶ (*in ~ er Schrift*) **~ gedruckt** *attr* in small print *pred;* **etw ~ schreiben** to write sth with small initial letters ❷ (*auf ~ e Stufe*) on a low heat; **etw ~/~ er drehen/stellen** to turn down *sep* sth/to turn sth lower ❸ (*wechseln*) [**jdm**] **etw ~ machen** to change sth [for sb] ❹ (*erniedrigen*) **jdn ~ machen** to make sb look small ▶**~ anfangen** (*fam: seine Karriere ganz unten beginnen*) to start at the bottom; (*mit ganz wenig beginnen*) to start off in a small way; **~ beigeben** to give in [quietly]
Klein·ak·ti·o·när(in) *m(f)* small shareholder **Klein·an·zei·ge** *f* classified advertisement, small ad *fam* **Klein·ar·beit** *f kein pl* detailed work; **in mühevoller ~** with painstaking attention to detail **Klein·asi·en** <-s> [klaɪn'ʔaːziən] *nt* Asia Minor **Klein·bau·er, -bäu·e·rin** *m, f* smallholder **Klein·bild·ka·me·ra** *f* 35 mm camera **Klein·buch·sta·be** *m* lower-case [letter] **klein·bür·ger·lich** *adj* ❶ (*pej: spießbürgerlich*) petit bourgeois ❷ (*den unteren Mittelstand betreffend*) lower middle-class **Klein·bür·ger·tum** *nt kein pl* lower middle class **Klein·fa·mi·lie** *f* nuclear family **Klein·for·mat** *nt* small format; **im ~** small-format **Klein·ge·druck·te(s)** *nt* small print *no indef art, no pl* **klein·geis·tig** *adj* (*pej*) small-minded **Klein·geld** *nt* [loose] change *no indef art, no pl* **klein·gläu·big** *adj* (*pej*) ■**~ sein** to lack conviction ❷ REL *of* little faith **Klein·hirn** *nt* cerebellum *spec* **Klein·holz** *nt kein pl* chopped wood *no indef art, no pl;* **aus etw** *dat* **~ machen** (*hum fam*) to make matchwood of sth ▶**~ aus jdm machen** (*fam*) to make mincemeat [out] of sb

Klei·nig·keit <-, -en> ['klaɪnɪçkaɪt] *f* ❶ (*Bagatelle*) small matter; **es ist nur eine ~, ein Kratzer, nicht mehr** it's only a trifle, no more than a scratch; |**für jdn**| **eine/keine ~ sein** to be a/no simple matter [for sb]; **wegen jeder ~** at every opportunity ❷ (*Einzelheit*) minor detail; **muss ich mich um jede ~ kümmern?** do I have to do every little thing myself? ❸ (*ein wenig*) **eine ~ zu hoch/tief** a little too high/low; **eine ~ essen** to have a bite to eat; **etw um eine ~ verschieben** to move sth a little bit ❹ (*kleiner Artikel*) little something *no def art, no pl* ▶ |**jdn**| **eine ~ kosten** (*iron*) to cost [sb] a pretty penny

klein·ka·riert I. *adj* ❶ (*mit kleinen Karos*) finely checked ❷ (*fam: engstirnig*) narrow-minded II. *adv* in a narrow-minded way; **~ denken** to have narrow-minded opinions **Klein·kind** *nt* toddler, rug rat AM *fam* **Klein·kram** *m* (*fam*) ❶ (*Zeug*) odds and ends ❷ (*Trivialitäten*) trivialities *pl* **Klein·krä·me·rei** <-> [klaɪnkrɛːməˈraɪ] *f kein pl* (*pej*) tinkering around the edges **Klein·krieg** *m* running battle **klein|krie·gen** *vt* (*fam*) ❶ (*zerkleinern*) to chop up *sep* ❷ (*kaputtmachen*) to smash ❸ (*gefügig machen*) ■**jdn ~** to bring sb into line **Klein·kri·mi·nel·le(r)** *f(m)* petty criminal **klein·laut** I. *adj* sheepish; (*gefügig*) subdued II. *adv* sheepishly; **~ fragen** to ask meekly; **etw ~ gestehen** to admit sth shamefacedly

klein·lich ['klaɪnlɪç] *adj* (*pej*) ❶ (*knauserig*) mean ❷ (*engstirnig*) petty **Klein·lich·keit** <-, -en> *f* (*pej*) ❶ *kein pl* (*Knauserigkeit*) meanness *no indef art, no pl* ❷ (*Engstirnigkeit*) pettiness *no indef art, no pl*

klein|schrei·ben^{RR} *vt irreg* ❶ **ein Wort ~** to write a word in lower-case ❷ (*fam: als unwichtig erachten*) **bei denen wird Respekt kleingeschrieben** for them respect coounts [very] little **Klein·schrei·bung** *f* use of small initial letters **Klein·stadt** *f* small town **klein·städ·tisch** *adj* ❶ (*einer Kleinstadt entsprechend*) small-town *attr* ❷ (*pej: provinziell*) provincial **Klein·wa·gen** *m* small car **klein·wüch·sig** *adj* (*geh*) small, of small stature *pred*

Kleis·ter <-s, -> ['klaɪstɐ] *m* paste
Klemm·brett *nt* clipboard
Klem·me <-, -n> ['klɛmə] *f* ❶ (*Haarklammer*) [hair] clip ❷ (*fam: schwierige Lage*) fix; **in der ~ sitzen** to be in a fix
klem·men ['klɛmən] I. *vt* ■**etw irgendwohin ~** to stick sth somewhere II. *vr* ❶ (*sich quetschen*) **sich den Finger in der Tür ~** to get one's finger caught in the door ❷ (*fam: etw zu erreichen suchen*) ■**sich hinter etw ~** to get on to sth ❸ (*fam: Druck machen*) **ich werde mich mal hinter die Sache ~** I'll get onto it III. *vi* ❶ (*blockieren*) to jam ❷ (*angeheftet sein*) ■**irgendwo ~** to be stuck somewhere
Klemp·ner(in) <-s, -> ['klɛmpnɐ] *m(f)* plumber
Klemp·ne·rei <-, -en> [klɛmpnəˈraɪ] *f* ❶ (*Handwerk*) plumbing ❷ (*Werkstatt*) plumber's workshop

Klep·to·ma·ne, Klep·to·ma·nin <-n, -n> [klɛptoˈmaːnə, klɛptoˈmaːnɪn] *m, f* kleptomaniac

Klep·to·ma·nie <-> [klɛptomaˈniː] *f kein pl* kleptomania *no indef art, no pl*

Kle·ri·ker <-s, -> [ˈkleːrɪkɐ] *m* cleric

Kle·rus <-> [ˈkleːrʊs] *m kein pl* clergy *no indef art, no pl*

Klet·te <-, -n> [ˈklɛtə] *f* ❶ (*Pflanze*) burdock; **an jdm wie eine ~ hängen** (*fam*) to cling to sb like a limpet ❷ (*pej fam: zu anhänglicher Mensch*) nuisance

Klet·te·rer, Klet·te·rin <-s, -> *m, f* climber

Klet·ter·ge·rüst *nt* climbing frame

klet·tern [ˈklɛtɐn] *vi* ❶ *sein* (*klimmen*) to climb; (*mühsam*) to clamber; **auf einen Baum ~** to climb a tree ❷ *sein o haben* SPORT to climb; **~ gehen** to go climbing ❸ *sein* (*fam*) ■ **aus einem/in ein Auto ~** to climb out of/into a car

Klet·ter·pflan·ze *f* climbing plant

Klett·ver·schluss[RR] *m* Velcro® fastener

kli·cken [ˈklɪkn̩] *vi* to click

Kli·ent(in) <-en, -en> [kliˈɛnt] *m(f)* client

Kli·en·tel <-, -en> [kliɛnˈteːl] *f* clientele + *sing/pl vb*

Kli·en·tin <-, -nen> *f fem form von* **Klient**

Kli·ma <-s, -s *o* Klimata> [ˈkliːma] *nt* climate

Kli·ma·an·la·ge *f* air-conditioning *no indef art, no pl* **kli·ma·freund·lich** *adj* Energieträger, Technologie climate-friendly **Kli·ma·ka·ta·stro·phe** *f kein pl* climatic disaster **kli·ma·neu·tral** *adj* Energie, Technologie climate neutral **Kli·ma·schutz** *m* climate protection

kli·ma·tisch [kliˈmaːtɪʃ] I. *adj attr* climatic II. *adv* climatically

kli·ma·ti·siert *adj* air-conditioned

Kli·ma·ti·sie·rung *f* air-conditioning

Kli·ma·to·lo·gie <-> [klimatoloˈgiː] *f kein pl* climatology *no art, no pl*

Kli·ma·ver·än·de·rung *f*, **Kli·ma·wech·sel** *m* change of/in climate **kli·ma·ver·träg·lich** *adj* ÖKOL Energie, Autos climate-friendly, sustainable **Kli·ma·zo·ne** *f* climatic zone

klim·men <klomm *o* klimmte, geklommen *o* geklimmt> [ˈklɪmən] *vi sein* (*geh*) ■ **irgendwohin ~** to clamber up somewhere

Klimm·zug *m* pull-up; **Klimmzüge machen** to do pull-ups

klim·pern [ˈklɪmpɐn] *vi* ❶ (*Töne erzeugen*) ■ **auf etw** *dat* **~** to plonk away on sth *fam* ❷ (*klirren*) Münzen to chink; Schlüssel to jangle ❸ (*erklingen lassen*) to jingle (**mit** with)

Klin·ge <-, -n> [ˈklɪŋə] *f* (*Schneide*) blade; (*Rasier~*) [razor] blade ▶ **jdn über die ~ springen lassen** (*veraltend: jdn töten*) to dispatch sb *hum form;* (*jdn zugrunde richten*) to ruin sb

Klin·gel <-, -n> [ˈklɪŋl̩] *f* bell

Klin·gel·knopf *m* bell-button

klin·geln [ˈklɪŋl̩n] I. *vi* to ring; **an der Tür ~** to ring the doorbell; ■ **[nach] jdm ~** to ring for sb II. *vi impers* **hör mal, hat es da nicht eben geklingelt?** listen, wasn't that the phone/doorbell just then? ▶ **hat es jetzt endlich geklingelt?** has the penny finally dropped? BRIT

Klin·gel·ton *m* TELEK ringtone **Klin·gel·zei·chen** *nt* ring

klin·gen <klang, geklungen> [ˈklɪŋən] *vi* ❶ (*er~*) *Glas* to clink; *Glocke* to ring; **dumpf/hell ~** to have a dull/clear ring ❷ (*tönen*) to sound; **die Wand klang hohl** the wall sounded hollow ❸ (*sich anhören*) **das klingt gut/interessant/vielversprechend** that sounds good/interesting/promising

Kli·nik <-, -en> [ˈkliːnɪk] *f* clinic

kli·nisch [ˈkliːnɪʃ] I. *adj* clinical II. *adv* clinically

Klin·ke <-, -n> [ˈklɪŋkə] *f* [door-]handle

Klin·ker·stein *m* clinker [brick]

klipp [klɪp] *adv* ▶ **~ und klar** quite clearly

Klip·pe <-, -n> [ˈklɪpə] *f* ❶ (*Fels~*) cliff; (*im Meer*) [coastal] rock ❷ (*Hindernis*) obstacle

klir·ren [ˈklɪrən] *vi* ❶ *Gläser* to tinkle; *Fensterscheiben* to rattle ❷ *Lautsprecher, Mikrophon* to crackle ❸ *Ketten, Sporen* to jangle; *Waffen* to clash

klir·rend I. *adj* ❶ *Frost* severe; *Kälte* biting, piercing II. *adv* bitterly; **~ kalt** bitterly cold

Kli·schee <-s, -s> [kliˈʃeː] *nt* stereotype

kli·schee·haft *adj* (*pej geh*) stereotypical; *Vortrag, Artikel* cliché-ridden

Kli·to·ris <-, - *o* Klitorides> [ˈkliːtorɪs, *pl* kliˈtoːridɛs] *f* clitoris

klitsch·nass[RR] [ˈklɪtʃˈnas] *adj* (*fam*) *s.* **klatschnass**

klit·ze·klein [ˈklɪtsəˈklaɪ̯n] *adj* (*fam*) teen[s]y ween[s]y, AM *also* itty-bitty

Klo <-s, -s> [kloː] *nt* (*fam*) loo BRIT, john AM

Klo·a·ke <-, -n> [kloˈaːkə] *f* (*pej*) cesspool *also fig*

klo·big [ˈkloːbɪç] *adj* bulky; *Hände* massive

Klo·bril·le *f* (*fam*) toilet seat **Klo·bürs·te** *f* (*fam*) toilet brush **Klo·de·ckel** *m* (*fam*) toilet lid

klomm [klɔm] *imp von* **klimmen**
Klon <-s, -e> [kloːn] *m* clone
klo·nen [ˈkloːnən] *vt* to clone
klö·nen [ˈkløːnən] *vi* (*fam*) ■ [mit jdm] ~ to chat [to sb]
Klo·pa·pier *nt* (*fam*) toilet paper
klop·fen [ˈklɔpfn̩] I. *vi* ❶ (*pochen*) to knock (**auf** on, **gegen** against); *Specht* to hammer ❷ (*mit der flachen Hand*) ■ **jdm auf etw** *akk* ~ to pat sb on sth; (*mit dem Finger*) to tap sb on sth II. *vi impers* **es klopft!** there's somebody knocking at the door! III. *vt Teppich, Fleisch* to beat
Klopf·zei·chen *nt* knock
Klop·pe [ˈklɔpə] *f* ▶ [**von jdm**] ~ **kriegen** NORDD to get a walloping [from sb]
Klöp·pel <-s, -> [ˈklœpl̩] *m* ❶ (*Glocken~*) clapper ❷ (*Spitzen~*) bobbin ❸ (*Taktstock*) [drum]stick
klöp·peln [ˈklœpl̩n] *vt* ■ **etw** ~ to make sth in pillow lace
klop·pen [ˈklɔpn̩] I. *vt* NORDD (*fam*) to hit; *Steine* to break; *Teppich* to beat II. *vr* NORDD (*fam*) ■ **sich** [**mit jdm**] ~ to fight [with sb]

Klop·pe·rei <-, -en> [klɔpəˈrai̯] *f* NORDD (*fam*) fight; (*mit mehreren Personen a.*) brawl
Klops <-es, -e> [klɔps] *m* ❶ (*Fleischkloß*) meatball ❷ (*fam: Schnitzer*) howler
Klo·sett <-s, -e *o* -s> [kloˈzɛt] *nt* (*veraltend*) *s.* **Toilette** privy *old*
Kloß <-es, Klöße> [kloːs, *pl* ˈkløːsə] *m* dumpling ▶ **einen ~ im Hals haben** (*fam*) to have a lump in one's throat
Klos·ter <-s, Klöster> [ˈkloːstɐ, *pl* ˈkløːstɐ] *nt* (*Mönchs~*) monastery; (*Nonnen~*) convent; **ins ~ gehen** to enter a monastery/convent
klös·ter·lich [ˈkløːstɐlɪç] *adj* monastic/conventual; **~e Einsamkeit** cloistered seclusion
Klö·ten [ˈkløːtn̩] *pl* NORDD (*sl*) balls *npl fam!*
Klotz <-es, Klötze> [klɔts, *pl* ˈklœtsə] *m* ❶ (*Holz~*) block [of wood] ❷ (*pej fam: großes hässliches Gebäude*) monstrosity ▶ [jdm] **ein ~ am Bein sein** (*fam*) to be a millstone round sb's neck
klot·zen [ˈklɔtsən] *vi* (*fam*) ❶ (*hart arbeiten*) to slog [away]; (*schnell arbeiten*) to work like hell ❷ (*Mittel massiv einsetzen*) ■ [**bei etw** *dat*] ~ to splurge [out] on sth
klot·zig [ˈklɔtsɪç] (*sl*) I. *adj* ❶ (*ungefüge*) large and ugly; ■ ~ **sein** to be bulky ❷ (*aufwändig*) extravagant II. *adv* ❶ (*überreichlich*) extremely ❷ (*aufwändig*) lavishly
Klub <-s, -s> [klʊp] *m* club

Klub·mit·glied *nt* club member
Kluft¹ <-, Klüfte> [klʊft, *pl* ˈklʏftə] *f* ❶ GEOG cleft ❷ (*scharfer Gegensatz*) gulf; **tiefe ~** deep rift
Kluft² <-, -en> [klʊft] *f* DIAL (*hum*) uniform
klug <klüger, klügste> [kluːk] I. *adj* ❶ (*vernünftig*) wise; (*intelligent*) intelligent; (*schlau*) clever; (*scharfsinnig*) shrewd; *Entscheidung* prudent; *Rat* sound; **es wäre klüger, ...** it would be more sensible ...; **da soll einer draus ~ werden** I can't make head [n]or tail of it; **ich werde einfach nicht aus ihm/daraus ~** I simply don't know what to make of him/it ❷ (*iron: dumm*) bright *iron;* **genauso ~ wie zuvor sein** to be none the wiser ▶ **der Klügere gibt nach** (*prov*) discretion is the better part of valour II. *adv* (*a. iron*) cleverly
klu·ger·wei·se *adv* [very] cleverly
Klug·heit <-, -en> [ˈkluːkhai̯t] *f kein pl* cleverness; (*Intelligenz*) intelligence; (*Vernunft*) wisdom; (*Scharfsinn*) shrewdness; (*Überlegtheit*) prudence
Klug·schei·ßer(in) <-s, -> *m(f)* (*sl*) smart-ass
Klumpatsch <-s> *m kein pl* (*fam*) junk *no indef art, no pl*
Klümp·chen <-s, -> [ˈklʏmpçən] *nt dim von* **Klumpen** ❶ (*kleiner Klumpen*) little lump ❷ NORDD (*Bonbon*) sweetie BRIT *fam*
klum·pen [ˈklʊmpn̩] *vi* to go lumpy; *Salz* to cake
Klum·pen <-s, -> [ˈklʊmpn̩] *m* lump; **~ bilden** to go lumpy
Klump·fuß *m* club foot
klum·pig [ˈklʊmpɪç] *adj* lumpy
Klün·gel <-s, -> [ˈklʏŋl̩] *m* NORDD (*pej fam*) old boys' network BRIT; (*zwischen Verwandten*) nepotistic web
Klün·ge·lei <-, -en> [klʏŋəˈlai̯] *f* (*pej*) ❶ (*Vetternwirtschaft*) cronyism ❷ DIAL (*Trödelei*) dawdling *no pl, no indef art*
Klun·ker <-s, -> [ˈklʊŋkɐ] *m* (*sl: Edelstein*) rock
Klü·ver <-, -> [ˈklyːvɐ] *m* NAUT jib
km [kaːˈɛm] *m Abk von* **Kilometer** km
km/h [kaːɛmˈhaː] *m Abk von* **Kilometer pro Stunde** kmph
knab·bern [ˈknabɐn] I. *vi* ■ **an etw** *dat* ~ ❶ (*essend verzehren*) to nibble [at] sth ❷ (*etw geistig/emotional verarbeiten*) to chew on sth II. *vt* to nibble; **etwas zum K~** something to nibble
Kna·be <-n, -n> [ˈknaːbə] *m* (*veraltend geh*) boy; **na, alter ~!** (*fam*) well, old boy!
Knä·cke·brot *nt* crispbread *no indef art, no pl*

kna·cken [knakn̩] **I.** *vt* to crack (**mit** with) **II.** *vi* ❶ (*Knacklaut von sich geben*) to crack; *Diele, Knie* to creak; *Zweige* to snap; **es knackt hier immer im Gebälk** the beams are always creaking here; **mit den Fingern ~** to crack one's fingers ❷ (*fam: schlafen*) **eine Runde ~** to have forty winks **III.** *vi impers* ■ **es knackt** there's a crackling noise

Kna·cker <-s, -> *m* DIAL (*fam*) guy; **ein alter ~** an old codger

Kna·cki <-s, -s> ['knaki] *m* (*sl*) ex-con

kna·ckig ['knakɪç] **I.** *adj* ❶ (*knusprig*) crunchy ❷ (*fam: drall*) well-formed ❸ (*fam: zünftig*) real; *Typ* natural **II.** *adv* (*fam*) really; **sie kam ~ braun aus dem Urlaub wieder** she came back from holiday really brown; **~ rangehen** to get really stuck in

Knack·punkt *m* (*fam*) crucial point

Knacks <-es, -e> [knaks] *m* ❶ (*knackender Laut*) crack ❷ (*Sprung*) crack; **einen ~ haben** (*fam*) to have a problem; *Ehe* to be in difficulties; *Freundschaft* to be suffering; **etw einen ~ geben** to damage sth ❸ (*fam: seelischer Schaden*) psychological problem; **einen ~ bekommen** (*fam*) to suffer a minor breakdown; **einen ~ haben** (*fam*) to have a screw loose *hum*

Knack·wurst *f* knockwurst *spec* (*sausage which is heated in water and whose tight skin makes a cracking noise when bitten*)

Knall <-[e]s, -e> [knal] *m* ❶ (*Laut*) bang; *Korken* pop; *Tür* bang ❷ (*fam: Krach*) trouble *no indef art, no pl* ▶ **~ auf Fall** all of a sudden; **einen ~ haben** to be off one's rocker

knal·len ['knalən] **I.** *vi* ❶ *haben* (*ertönen*) to bang; *Auspuff* to backfire; *Feuerwerkskörper* to [go] bang; *Korken* to [go] pop; *Schuss* to ring out; (*laut zuschlagen*) to slam; **mit der Peitsche ~** to crack the whip; **mit der Tür ~** to slam the door [shut]; ■ **etw ~ lassen** to bang sth ❷ *sein* (*fam: stoßen*) ■ **auf/gegen/vor etw** *akk* **~** to bang on/against sth ▶ **die Korken ~ lassen** to pop the corks **II.** *vi impers haben* ■ **es knallt** there's a bang; **..., sonst knallt's!** (*fam: oder/und es gibt eine Ohrfeige!*) ... or/and you'll get a good clout!; (*oder/und ich schieße!*) ... or/and I'll shoot! **III.** *vt* ❶ (*zuschlagen*) to bang ❷ (*werfen*) ■ **etw irgendwohin ~** to slam sth somewhere ❸ (*fam: schlagen*) ■ **jdm eine ~** to give sb a clout

knall·eng *adj* (*fam*) skin-tight

Knal·ler <-s, -> *m* (*fam*) ❶ (*Knallkörper*) firecracker, BRIT *also* banger ❷ (*Sensation*) sensation, smash *fam*

Knall·erb·se *f* cap bomb, toy torpedo AM

Knall·frosch *m* jumping jack **Knall·gas** *nt* oxyhydrogen *no indef art, no pl spec* **knall·hart** ['knal'hart] (*fam*) **I.** *adj* ❶ (*rücksichtslos*) really tough, [as] hard as nails *pred* ❷ *Schuss* fierce; *Schlag* crashing **II.** *adv* quite brutally; **etw ~ sagen** to say sth straight out; **~ verhandeln** to drive a hard bargain

knal·lig ['knalɪç] *adj* (*fam*) gaudy

Knall·kopf *m*, **Knall·kopp** *m* (*fam*) idiot **Knall·kör·per** *m* firecracker **knall·rot** ['knal'ro:t] *adj* bright red

knapp [knap] **I.** *adj* ❶ (*gering*) meagre; *Stellenangebote* scarce; *Geld* tight; ■ **[mit] etw** *dat*] **~ sein** to be short [of sth] ❷ (*eng* [*sitzend*]) tight[-fitting] ❸ (*noch genügend*) just enough; *Mehrheit, Sieg* narrow; *Ergebnis* close ❹ (*nicht ganz*) almost; **in einer ~en Stunde** in just under an hour; ■ **[jdm] zu ~ sein** to be too tight [for sb] ❺ (*gerafft*) succinct; **in wenigen ~en Worten** in a few brief words; **er gab ihr nur eine ~e Antwort** he replied tersely **II.** *adv* ❶ (*mäßig*) sparingly; **~ bemessen sein** to be not very generous; **seine Zeit ist ~ bemessen** he only has a limited amount of time ❷ (*nicht ganz*) almost; **~ eine Stunde** just under an hour ❸ (*haarscharf*) narrowly; **die Wahl ist denkbar ~ ausgefallen** the election turned out to be extremely close

Knap·pe <-n, -n> ['knapə] *m* ❶ BERGB [qualified] miner ❷ HIST squire

knapp|halten *vt irreg* ■ **jdn [mit etw** *dat*] **~** to keep sb short [of sth]

Knapp·heit <-> *f kein pl* shortage *no pl*

Knar·re <-, -n> ['knarə] *f* (*sl*) gun, rod AM

knar·ren ['knarən] *vi* to creak

Knast <-[e]s, Knäste> [knast, *pl* 'knɛstə] *m* (*sl*) prison; ■ **im ~** in the slammer [*or* AM *fam* can]; **im ~ sitzen** to do time

Knatsch <-es> [knaːtʃ] *m kein pl* (*fam*) trouble; **ständiger ~ mit seinen Eltern** constant trouble with one's parents

knat·schig ['knaːtʃɪç] *adj* (*fam: quengelig*) whingey BRIT *pej*; (*brummig*) crotchety

knat·tern ['knatɐn] *vi* to clatter; *Motorrad* to roar; *Maschinengewehr* to rattle; *Schüsse* to rattle out

Knäu·el <-s, -> ['knɔyəl] *m o nt* ball; *von Menschen* knot

Knauf <-[e]s, Knäufe> [knauf, *pl*

knauserig → knobeln

ˈknɔyfə] m (Messer-/Schwert~) pommel; (Tür~) knob; Spazierstock knob

knau·se·rig [ˈknaʊzərɪç] adj (pej fam) stingy

knau·sern [ˈknaʊzən] vi (pej fam) ■ [mit etw] ~ to be stingy [with sth]

knaut·schen [ˈknaʊtʃn̩] I. vi to crease II. vt to crumple

Knautsch·zo·ne f crumple zone

Kne·bel <-s, -> [ˈkneːbl̩] m gag

kne·beln [ˈkneːbl̩n] vt (a. fig) to gag

Knecht <-[e]s, -e> [knɛçt] m ❶ (veraltend: Landarbeiter) farmhand ❷ (pej: Untergebener) minion

Knecht·schaft <-, selten -en> f (pej) slavery

knei·fen <kniff, gekniffen> [ˈknaɪfn̩] I. vt to pinch; ■ jdn in etw akk ~ to pinch sb's sth II. vi ❶ (zwicken) to pinch ❷ (fam: zurückscheuen) ■ [vor etw dat] ~ to chicken out [of sth]; ■ vor jdm ~ to shy away from sb III. vi impers ■ es kneift it pinches

Kneif·zan·ge f pincers npl

Knei·pe <-, -n> [ˈknaɪpə] f (fam) pub BRIT, bar AM usu

Knei·pen·bum·mel m, **Knei·pen·tour** f pub crawl BRIT, bar hop AM **Knei·pen·wirt**(**in**) m(f)/ [pub] landlord masc/landlady fem BRIT

Kne·te <-> [ˈkneːtə] f kein pl ❶ (sl: Geld) dosh BRIT ❷ (fam) s. Knetgummi

kne·ten [ˈkneːtn̩] I. vt ❶ (durchwalken) to knead ❷ (durch K~ formen) to model (aus out of) II. vi to play with Plasticine® [or AM Play-Doh®]

Knet·gum·mi m o nt, **Knet·mas·se** f Plasticine®, Play-Doh® AM

Knick <-[e]s, -e o -s> [knɪk] m ❶ (abknickende Stelle) [sharp] bend; (im Schlauch/Draht) kink; **einen ~ machen** to bend [sharply] ❷ (Kniff) crease

kni·cken [ˈknɪkn̩] I. vt haben ❶ (falten) to fold; „[Bitte] nicht ~!" "[Please] do not bend!" ❷ (ein~) to snap ▸ **das kannst du/könnt ihr ~!** (fam) nothing doing! fam II. vi sein to snap

Kni·cker·bo·cker pl knickerbockers npl, AM also knickers npl

kni·cke·rig [ˈknɪkərɪç] adj, **knick·rig** [ˈknɪkrɪç] adj DIAL (knauserig) mean

Knicks <-es, -e> [knɪks] m curts[e]y

knick·sen [ˈknɪksn̩] vi to curts[e]y

Knie <-s, -> [kniː, pl ˈkniːə] nt knee; **[vor jdm] auf die ~ fallen** (geh) to fall on one's knees [before sb]; **jdn übers ~ legen** (fam) to put sb across one's knee; **in die ~ sacken** to sag at the knees; **jdm zittern die ~** sb's knees are shaking; (aus Angst) sb's knees are knocking; **jdn in die ~ zwingen** (geh) to force sb to his/her knees ▸ **weiche ~ bekommen** (fam) to go weak at the knees; **etw übers ~ brechen** (fam) to rush into sth; **in die ~ gehen** (niedersinken) to sink to one's knees; (schwach werden, aufgeben) to give in; **sich dat [selbst] ins ~ schießen** (fam) to shoot oneself in the foot

Knie·beu·ge f knee-bend **Knie·bund·ho·se** f [knee] breeches [or AM britches] npl **Knie·ge·lenk** nt knee joint **Knie·keh·le** f back of the knee

knien [kniːn] I. vi to kneel II. vr ❶ (auf die Knie gehen) ■ **sich auf etw** akk ~ to kneel [down] on sth ❷ (fam: sich intensiv beschäftigen) ■ **sich in etw** akk ~ to get down to sth

Knies <-> [kniːs] m kein pl DIAL (Knatsch) quarrel; (schwächer) tiff fam

Knie·schei·be f kneecap **Knie·schüt·zer** m SPORT kneeguard **Knie·strumpf** m knee-length sock

kniff [knɪf] imp von **kneifen**

Kniff <-[e]s, -e> [knɪf] m ❶ (Kunstgriff) trick ❷ (Falte) fold; (unabsichtlich a.) crease ❸ (Zwicken) pinch

knif·fe·lig [ˈknɪfəlɪç] adj, **kniff·lig** [ˈknɪflɪç] adj (fam) fiddly

Knilch <-s, -e> [knɪlç] m (pej sl: Scheißkerl) bastard fam!; (Niete) plonker BRIT fam

knip·sen [ˈknɪpsn̩] I. vt ❶ (fam: fotografieren) ■ **jdn/etw ~** to take a photo of sb/sth ❷ (entwerten) to punch II. vi (fam) ❶ to take photos; (willkürlich) to snap away

Knirps¹ <-es, -e> [knɪrps] m (fam: kleiner Junge) little fellow **Knirps®²** <-es, -e> m (Faltschirm) folding umbrella

knir·schen [ˈknɪrʃn̩] vi to crunch; Getriebe to grind

knis·tern [ˈknɪstɐn] I. vi ❶ (rascheln) Feuer to crackle; Papier to rustle ❷ (~ de Geräusche verursachen) ■ **mit etw** dat ~ to rustle sth II. vi impers ❶ (Geräusch verursachen) ■ **es knistert irgendwo** there is a crackling/rustling somewhere ❷ (kriseln) ■ **es knistert** there is trouble brewing ❸ (Spannung aufweisen) ■ **es knistert [zwischen Menschen]** there is a feeling of tension [between people]

Knit·ter·fal·te f crumple

knit·ter·frei adj non-crease

knit·tern [ˈknɪtɐn] vi, vt to crease

knitz [knɪts] adj SÜDD (fam) slyly humorous

kno·beln [ˈknoːbl̩n] vi ❶ (würfeln) to play dice ❷ (nachgrübeln) ■ **[an etw** dat] ~ to puzzle [over sth]

Knob·lauch <-[e]s> *m kein pl* garlic *no indef art, no pl*
Knob·lauch·pres·se *f* garlic press **Knob·lauch·ze·he** *f* clove of garlic
Knö·chel <-s, -> ['knœçl] *m* ❶ (*Fuß~*) ankle ❷ (*Finger~*) knuckle
Kno·chen <-s, -> ['knɔxn̩] *m* bone; **sich** *dat* [**bei etw**] **den ~ brechen** to break a bone [doing sth] ▶ **bis auf die ~ <u>abgemagert</u> sein** to be all skin and bone[s]; **bis auf die ~ <u>nass</u> werden** to get soaked to the skin; **jdm <u>steckt</u> der Schrecken in den ~** (*fam*) sb is scared stiff
Kno·chen·ar·beit *f* (*fam*) backbreaking work *no indef art, no pl* **Kno·chen·bruch** *m* fracture **Kno·chen·ge·rüst** *nt* skeleton **Kno·chen·job** [-dʒɔp] *m* (*pej fam*) tough job **Kno·chen·mark** *nt* bone marrow *no indef art, no pl* **Kno·chen·mark·trans·plan·ta·ti·on** *f* MED bone marrow transplant **Kno·chen·schwund** *m* atrophy of the bone[s] **kno·chen·tro·cken** ['knɔxn̩'trɔkn̩] *adj* (*fam*) ❶ (*völlig trocken*) bone dry ❷ (*Humor, Bemerkung*) very dry
kno·chig ['knɔxɪç] *adj* bony
knock-out, knock·out [nɔk'ʔaʊt] *adj* KO *fam;* ■ **~ sein** to be knocked out
Knö·del <-s, -> ['knø:dl̩] *m* SÜDD, ÖSTERR dumpling
Knöll·chen <-s, -> ['knœlçən] *nt* (*fam*) [parking] ticket
Knol·le <-, -n> ['knɔlə] *f* ❶ BOT nodule; (*Kartoffel*) tuber; (*Krokus*) corm *spec* ❷ (*fam: rundliche Verdickung*) large round lump
Knol·len·blät·ter·pilz *m* amanita *no indef art, no pl spec* **Knol·len·ge·mü·se** *nt kein pl spec* tuber vegetables
Knopf <-[e]s, Knöpfe> [knɔpf, *pl* 'knœpfə] *m* ❶ (*an Kleidungsstück etc*) button ❷ (*Drucktaste*) [push]button ❸ SCHWEIZ, SÜDD (*Knoten*) knot
knöp·fen ['knœpfn̩] *vt* to button
Knopf·loch *nt* buttonhole
Knor·pel <-s, -> ['knɔrpl̩] *m* cartilage *no indef art, no pl;* KOCHK gristle *no indef art, no pl*
knor·pe·lig ['knɔrpəlɪç] *adj* ANAT cartilaginous *spec;* KOCHK gristly
knor·rig ['knɔrɪç] *adj* gnarled
Knos·pe <-, -n> ['knɔspə] *f* bud; **~n trei·ben** to bud
knos·pen *vi* to bud
Knöt·chen <-s, -> ['knø:tçən] *nt dim von* **Knoten** ❶ KOCHK little lump ❷ MED nodule, small lump
kno·ten ['kno:tn̩] *vt* to knot

Kno·ten <-s, -> ['kno:tn̩] *m* ❶ (*Verschlingung*) knot; ■ **einen ~ in etw** *akk* **machen** to tie a knot in sth ❷ MED lump ❸ (*Haar~*) bun
Kno·ten·punkt *m* AUTO, BAHN junction
kno·tig ['kno:tɪç] *adj* ❶ (*Knoten aufweisend*) knotty; ■ **~ sein** to be full of knots ❷ (*knorrig*) gnarled ❸ MED nodular
Know-how <-s> [noː'haʊ] *nt kein pl* know-how *no indef art, no pl*
Knub·bel <-s, -> ['knʊbl̩] *m* DIAL lump
knud·deln ['knʊdl̩n] *vt* ❶ (*fam: umarmen, drücken, küssen*) **jdn ~** to hug and kiss sb ❷ DIAL (*zerknüllen*) to crumple up *sep*
knül·le ['knʏlə] *adj* NORDD (*fam*) ■ **~ sein** to be pie-eyed
knül·len ['knʏlən] I. *vt* to crumple [up *sep*] II. *vi* to crumple
Knül·ler <-s, -> ['knʏlɐ] *m* (*fam*) sensation; (*Nachricht*) scoop
knüp·fen ['knʏpfn̩] I. *vt* ❶ (*verknoten*) to tie; *Netz* to mesh; *Teppich* to knot ❷ (*gedanklich verbinden*) **eine Bedingung an etw** *akk* **~** to attach a condition to sth; **Hoffnungen an etw** *akk* **~** to pin hopes on sth II. *vr* ■ **sich an etw** *akk* **~** to be linked with sth
Knüp·pel <-s, -> ['knʏpl̩] *m* cudgel, club; (*Polizei~*) truncheon BRIT, nightstick AM ▶ **jdm [einen] ~ zwischen die <u>Beine</u> werfen** to put a spoke in sb's wheel, to throw a monkey wrench in sth AM
knüp·pel·dick ['knʏpl̩'dɪk] *adv* (*fam*) excessively; **~ auftragen** to lay it on thick; **wenn's mal losgeht, dann kommt's auch gleich ~** it never rains but it pours *prov*
knur·ren ['knʊrən] *vi, vt* to growl; (*wütend*) to snarl
knur·rig ['knʊrɪç] *adj* grumpy
knus·pe·rig ['knʊspərɪç] *adj*, **knus·p·rig** ['knʊsprɪç] *adj* ❶ (*mit einer Kruste*) crisp[y] ❷ (*kross*) crusty; *Gebäck* crunchy
knut·schen ['knuːtʃn̩] (*fam*) I. *vt* to kiss II. *vi* ■ [**mit jdm**] to smooch [with sb]
Knutsch·fleck *m* (*fam*) love bite
Ko·a·la <-s, -s> [ko'aːla] *m*, **Ko·a·la·bär** [ko'aːlaː-] *m* koala [bear]
ko·a·lie·ren* [koʔa'liːrən] *vi* ■ [**mit jdm**] **~** to form a coalition [with sb]
Ko·a·li·ti·on <-, -en> [koʔaliˈtsi̯oːn] *f* coalition
Ko·a·li·ti·ons·part·ner *m* coalition partner **Ko·a·li·ti·ons·re·gie·rung** *f* coalition government
Ko·balt <-s> ['koːbalt] *nt kein pl* cobalt *no art, no pl*

Kob·lenz <-> ['ko:blɛnts] *nt* Koblenz, Coblenz
Ko·bold <-[e]s, -e> ['ko:bɔlt, *pl* -ldə] *m* imp, goblin
Kob·ra <-, -s> ['ko:bra] *f* cobra
Koch, Kö·chin <-s, Köche> [kɔx, 'kœçɪn, *pl* 'kœçə] *m*, *f* cook; (*Küchenchef*) chef
Koch·buch *nt* cook[ery]book
ko·chen ['kɔxn̩] **I.** *vi* ❶ (*Speisen zubereiten*) to cook ❷ (*brodeln*) to boil; **etw zum K~ bringen** to bring sth to the boil; **~d heiß** boiling hot; **eine ~d heiße Suppe** a piping hot soup ❸ (*in Aufruhr befinden*) to seethe; **vor Wut ~** to seethe with rage **II.** *vt* ❶ (*heiß zubereiten*) to cook; **Suppe/Kaffee ~** to make [some] soup/coffee ❷ **Wäsche** to boil
Ko·cher <-s, -> ['kɔxɐ] *m* cooker
Kö·cher <-s, -> ['kœçɐ] *m* ❶ (*Pfeilköcher*) quiver ❷ (*für Fernglas*) case
Koch·feld *nt* ceramic hob
koch·fest *adj* suitable for washing at 90° *pred*

Kö·chin <-, -nen> ['kœçɪn] *f fem form von* **Koch**
Koch·kunst *f kein pl* art of cooking *no pl*
Koch·löf·fel *m* wooden spoon **Koch·ni·sche** *f* kitchenette **Koch·plat·te** *f* ❶ (*Herdplatte*) hotplate ❷ (*transportable Herdplatte*) small [electric] stove **Koch·re·zept** *nt* recipe **Koch·salz** *nt kein pl* common salt *no indef art, no pl* **Koch·sen·dung** *f,* **Koch·show** [-ʃo:] *f* cooking show **Koch·topf** *m* [cooking] pot; (*mit Stiel*) saucepan **Koch·wä·sche** *f* washing that can be boiled
kod·de·rig ['kɔdərɪç] *adj,* **kodd·rig** ['kɔdrɪç] *adj* NORDD (*fam*) ❶ (*unverschämt*) impertinent ❷ (*unwohl*) ▪ **jdm ist ~** [*zumute*] sb feels queasy
Kode <-s, -s> [ko:t] *m* code
Kö·der <-s, -> ['kø:dɐ] *m* bait
kö·dern ['kø:dɐn] *vt* to lure; **jdn** [**mit etw** *dat*] **zu ~ versuchen** to woo sb [with sth]; **sich von jdm/etw ~ lassen** to be tempted by sb/sth
Ko·dex <- *o* -es, -e *o* Kodizes> ['ko:dɛks, *pl* 'ko:ditse:s] *m* ❶ *kein pl* (*Verhaltens~*) [moral] code ❷ HIST (*Handschrift*) codex
ko·die·ren* [ko'di:rən] *vt* to [en]code
Ko·die·rung <-, -en> *f* INFORM, LING coding
Ko·edu·ka·tion <-, -en> ['ko:ʔedukatsi̯o:n] *f* co-education *no indef art, no pl*
Ko·ef·fi·zi·ent <-en, -en> [koʔɛfi'tsi̯ɛnt] *m* MATH, PHYS coefficient
Ko·e·xis·tenz <-> [ko:ʔɛksɪstɛnts] *f kein pl* co-existence *no indef art, no pl*

ko·e·xis·tie·ren* ['ko:ʔɛksɪsti:rən, koʔɛksɪs'ti:rən], **ko·e·xis·tie·ren** ['ko:ʔɛksɪsti:rən] *vi haben* (*geh*) to coexist
Kof·fe·in <-s> [kɔfe'i:n] *nt kein pl* caffeine *no indef art, no pl*
kof·fe·in·frei *adj* decaffeinated
kof·fe·in·hal·tig *adj* containing caffeine *pred*
Kof·fer <-s, -> ['kɔfɐ] *m* [suit]case; ▪ **die ~** *pl* the luggage [*or esp* AM baggage] + *sing vb;* **den/die ~ packen** to pack [one's bags]
Kof·fer·ra·dio *nt* portable radio **Kof·fer·raum** *m* boot BRIT, trunk AM
Ko·gnak <-s, -s *o* -e> ['kɔnjak] *m* brandy
ko·hä·rent [kohɛ'rɛnt] *adj* coherent
Ko·hä·renz <-> [kohɛ'rɛnts] *f kein pl* coherence *no pl*
Kohl <-[e]s, -e> [ko:l] *m* (*Gemüse*) cabbage ▸ **das macht den ~ auch nicht fett** that's not much help
Kohl·dampf *m* ▸ **~ haben** (*fam*) to be starving
Koh·le <-, -n> ['ko:lə] *f* ❶ (*Brennstoff*) coal *no indef art, no pl* ❷ (*sl: Geld*) dosh BRIT *fam* ▸ **wie auf** [**glühenden**] **~n sitzen** to be on tenterhooks
koh·le·hal·tig *adj* carboniferous **Koh·le·hy·drat** <-[e]s, -e> *nt s.* **Kohlenhydrat**
Koh·le·kraft·werk *nt* coal-fired power station
Koh·len·berg·bau *m* coal-mining *no indef art, no pl*
Koh·len·berg·werk *nt* coal mine **Koh·len·di·o·xid** *nt kein pl* carbon dioxide *no indef art, no pl* **Koh·len·gru·be** *f* coal mine **Koh·len·hy·drat** <-[e]s, -e> *nt* carbohydrate **Koh·len·kel·ler** *m* coal cellar **Koh·len·mo·no·xid** *nt kein pl* carbon monoxide *no indef art, no pl* **Koh·len·ofen** *m* [coal-burning] stove **Koh·len·pott** *m* (*fam*) ▪ **der ~** the Ruhr [area] **Koh·len·säu·re** *f* carbonic acid *no indef art, no pl;* **mit ~** fizzy; **ohne ~** still *attr* **koh·len·säu·re·hal·tig** *adj* carbonated **Koh·len·stoff** *m* carbon *no indef art, no pl* **Koh·len·was·ser·stoff** *m* hydrocarbon
Koh·le·ofen *m* [coal-burning] stove
Koh·le·pa·pier *nt* carbon paper **Koh·le·stift** *m* charcoal stick **Koh·le·ta·blet·te** *f* charcoal tablet **Koh·le·zeich·nung** *f* charcoal drawing
Kohl·kopf *m* [head of] cabbage
Kohl·mei·se *f* great titmouse
kohl·ra·ben·schwarz ['ko:l'ra:bn̩'ʃvarts] *adj* jet-black; **~es Haar** jet-black [*or liter* raven] hair

Kohl·ra·bi <-[s], -[s]> [koːlˈraːbi] *m* kohlrabi *no indef art, no pl*
Kohl·rou·la·de [-ruːlaːdə] *f* stuffed cabbage
Kohl·weiß·ling <-s, -e> *m* (*Schmetterlingsart*) cabbage white [butterfly]
Ko·in·zi·denz <-, -en> [koɪntsiˈdɛnts] *f* (*geh*) coincidence
ko·i·tie·ren* [koiˈtiːrən] *vi* (*geh*) to engage in sexual intercourse (**mit** with)
Ko·i·tus <-, - *o* -se> [ˈkoːɪtʊs] *m* (*geh*) coitus *no art, no pl*
Ko·je <-, -n> [ˈkoːjə] *f* ❶ NAUT bunk ❷ (*fam: Bett*) bed; **sich in die ~ hauen** to hit the sack
Ko·jo·te <-n, -n> [koˈjoːtə] *m* coyote
Ko·ka·in <-s> [kokaˈiːn] *nt kein pl* cocaine *no indef art, no pl*
ko·ka·in·süch·tig *adj* addicted to cocaine *pred*
ko·keln [ˈkoːkl̩n] *vi* (*fam*) to play with fire
ko·kett [koˈkɛt] *adj* flirtatious
Ko·ket·te·rie <-, -n> [kokɛtəˈriː, *pl* -riːən] *f* coquetry *no indef art, no pl*
ko·ket·tie·ren* [kokɛˈtiːrən] *vi* ❶ (*flirten*) to flirt ❷ (*geh: liebäugeln*) **mit dem Gedanken/einem Plan ~** to toy with the idea/a plan
Ko·ko·lo·res <-> [kokoˈloːrɛs] *m kein pl* (*fam*) ❶ (*Quatsch*) nonsense *no indef art, no pl* ❷ (*Umstände*) fuss *no pl*
Ko·kon <-s, -s> [koˈkõː] *m* cocoon
Ko·kos·fett *nt* coconut butter *no indef art, no pl* **Ko·kos·flo·cken** *pl* desiccated coconut **Ko·kos·milch** *f* coconut milk *no indef art, no pl* **Ko·kos·nuss**[RR] *f* coconut **Ko·kos·öl** *nt* coconut oil *no indef art, no pl* **Ko·kos·pal·me** *f* coconut palm
Koks[1] <-es, -e> [koːks] *m* ❶ (*Brennstoff*) coke *no indef art, no pl* ❷ *kein pl* (*sl: Geld*) dosh Brit *fam*
Koks[2] <-es> [koːks] *m o nt kein pl* (*sl: Kokain*) coke *fam*
kok·sen [koːksn̩] *vi* (*sl*) to snort [*or* take] coke
Ko·la <-, -> [ˈkoːla] *f* (*fam*) cola
Kol·ben <-s, -> [ˈkɔlbn̩] *m* ❶ AUTO piston ❷ (*Gewehr~*) butt ❸ CHEM retort ❹ (*Mais~*) cob ❺ (*sl: Nase*) conk Brit *hum fam*
Kol·ben·mo·tor *m* piston engine **Kol·ben·stan·ge** *f* piston rod
Kol·cho·se <-, -n> [kɔlçoːzə] *f* HIST kolk[h]oz (*Soviet collective farm*)
Ko·li·bak·te·ri·en [ˈkoːlibakteːri̯ən] *pl* coli[form bacteria] *pl spec*
Ko·li·bri <-s, -s> [ˈkoːlibri] *m* hummingbird

Ko·lik <-, -en> [ˈkoːlɪk] *f* colic *no pl;* **eine ~ haben** to have colic
kol·la·bie·ren* [kɔlaˈbiːrən] *vi sein* to collapse
Kol·la·bo·ra·teur(in) <-s, -e> [kɔlaboraˈtøːɐ] *m(f)* (*pej*) collaborator
Kol·la·bo·ra·ti·on <-, -en> [kɔlaboraˈtsi̯oːn] *f* POL (*pej*) collaboration *no indef art, no pl* (**mit** +*dat* with)
kol·la·bo·rie·ren* [kɔlaboˈriːrən] *vi* (*pej*) to collaborate
Kol·laps <-es, -e> [ˈkɔlaps] *m* collapse
Kol·leg <-s, -s *o* -ien> [kɔˈleːk, *pl* -gi̯ən] *nt* college
Kol·le·ge, Kol·le·gin <-n, -n> [kɔˈleːgə, kɔˈleːgɪn] *m, f* colleague
kol·le·gi·al [kɔleˈgi̯aːl] **I.** *adj* considerate and friendly (*towards one's colleagues*) **II.** *adv* in a considerate and friendly way
Kol·le·gi·a·li·tät <-> [kɔlegi̯aliˈtɛːt] *f kein pl* friendly cooperation *no pl*
Kol·le·gin <-, -nen> *f fem form von* **Kollege**
Kol·le·gi·um <-s, -gien> [kɔˈleːgi̯ʊm, *pl* -gi̯ən] *nt* group [of colleagues]; (*Lehrkörper*) [teaching] staff + *sing/pl vb*
Kol·lek·te <-, -n> [kɔˈlɛktə] *f* collection
Kol·lek·ti·on <-, -en> [kɔlɛkˈtsi̯oːn] *f* collection
Kol·lek·tiv <-s, -e *o* -s, -s> [kɔlɛkˈtiːf, *pl* -iːvə] *nt* collective
Kol·ler <-s, -> [ˈkɔlɐ] *m* (*fam*) rage; **einen ~ bekommen** to fly into a rage/one of one's rages
kol·li·die·ren* [kɔliˈdiːrən] *vi* (*geh*) ❶ *sein* (*zusammenstoßen*) to collide ❷ *sein o haben* (*unvereinbar sein*) to clash
Kol·lier <-s, -s> [kɔˈli̯eː] *nt* necklace
Kol·li·si·on <-, -en> [kɔliˈzi̯oːn] *f* (*geh*) collision
Kol·lo·qui·um <-s, -ien> [kɔˈloːkvi̯ʊm, *pl* -kvi̯ən] *nt* ❶ (*wissenschaftliches Gespräch*) colloquium *form* ❷ ÖSTERR (*kleinere Prüfung*) test
Köln [kœln] *nt* Cologne
Köl·nisch·was·ser *nt*, **Köl·nisch Was·ser** [ˈkœlnɪʃvasɐ] *nt* [eau de] cologne *no indef art, no pl*
ko·lo·ni·al [koloˈni̯aːl] *adj* colonial
Ko·lo·ni·al·herr *m* HIST colonial master **Ko·lo·ni·al·herr·schaft** *f* colonial rule *no art, no pl*
Ko·lo·ni·a·lis·mus <-> [koloni̯aˈlɪsmʊs] *m kein pl* colonialism *no indef art, no pl*
Ko·lo·ni·al·macht *f* colonial power
Ko·lo·nie <-, -n> [koloˈniː, *pl* -ˈniːən] *f* colony

Ko·lo·ni·sa·ti·on <-, -en> [koloniza'tsi̯oːn] *f* colonization
ko·lo·ni·sie·ren* [koloni'ziːrən] *vt* ❶ (*zur Kolonie machen*) to colonize ❷ (*bevölkern*) ■ **etw** ~ to settle in sth
Ko·lo·nist(in) <-en, -en> [kolo'nɪst] *m(f)* ❶ (*Siedler*) settler, colonist ❷ BOT colonizer
Ko·lon·ne <-, -n> [ko'lɔnə] *f* ❶ AUTO queue [of traffic]; (*von Polizei*) convoy ❷ (*lange Reihe von Menschen*) column ❸ (*eingeteilte Arbeitsgruppe*) gang ❹ (*senkrechte Zahlenreihe*) column
ko·lo·rie·ren* [kolo'riːrən] *vt* to colour
Ko·lo·rit <-[e]s, -e> [kolo'riːt] *nt* ❶ KUNST colouring *no pl* ❷ MUS [tone] colour
Ko·loss[RR] <-es, -e> *m*, **Ko·loß**[ALT] <-sses, -sse> [ko'lɔs] *m* ❶ (*fam: riesiger Mensch*) colossus ❷ (*gewaltiges Gebilde*) colossal thing
ko·los·sal [kolɔ'saːl] I. *adj* colossal II. *adv* (*fam: gewaltig*) tremendously; **sich ~ verschätzen** to make a huge miscalculation
Kölsch <-, -> [kœlʃ] *nt* Kölsch (*top-fermented pale beer brewed in Cologne*) *no art, no pl*
Ko·lum·bi·a·ner(in) <-s, -> [kolʊm'bi̯aːne] *m(f)* Colombian; *s. a.* **Deutsche(r)**
ko·lum·bi·a·nisch [kolʊm'bi̯aːnɪʃ] *adj* Colombian; *s. a.* **deutsch**
Ko·lum·bi·en <-s> [ko'lʊmbi̯ən] *nt* Colombia *no art, no pl; s. a.* **Deutschland**
Ko·lum·bus <-> [ko'lʊmbʊs] *m* HIST Columbus
Ko·lum·ne <-, -n> [ko'lʊmnə] *f* column
Ko·lum·nist(in) <-en, -en> [kolʊm'nɪst] *m(f)* columnist
Ko·ma <-s, -s *o* -ta> [koːma] *nt* coma; **im ~ liegen** to lie in a coma
Ko·ma·sau·fen <-s> *nt kein pl* (*sl*), **Komatrinken** <-s> *nt kein pl* (*fam*) binge drinking
Kom·bi <-s, -s> ['kɔmbi] *m* (*fam*) estate [car] BRIT, station wagon AM
Kom·bi·na·ti·on <-, -en> [kɔmbina'tsi̯oːn] *f* ❶ (*Zusammenstellung, Zahlen~*) combination ❷ (*Schlussfolgerung*) deduction ❸ MODE combination[s *pl*]; (*Overall*) jumpsuit
Kom·bi·na·ti·ons·ga·be *f kein pl* powers *pl* of deduction
kom·bi·nie·ren* [kɔmbi'niːrən] I. *vt* to combine II. *vi* to deduce; **gut ~ können** to be good at deducing; **falsch/richtig ~** to come to the wrong/right conclusion
Kom·bi·wa·gen *m s.* **Kombi**
Kom·bü·se <-, -n> [kɔm'byːzə] *f* galley
Ko·met <-en, -en> [ko'meːt] *m* comet

ko·me·ten·haft *adj* meteoric
Kom·fort <-s> [kɔm'foːɐ̯] *m kein pl* comfort *no indef art, no pl*
kom·for·ta·bel [kɔmfɔr'taːbl̩] *adj* ❶ (*luxuriös*) luxurious ❷ (*bequem*) comfortable
Ko·mik <-> ['koːmɪk] *f kein pl* comic
Ko·mi·ker(in) <-s, -> ['koːmɪkɐ] *m(f)* comic
ko·misch ['koːmɪʃ] I. *adj* ❶ (*zum Lachen reizend*) funny ❷ (*sonderbar*) strange II. *adv* (*eigenartig*) strangely; **dein Parfüm riecht aber ~** your perfume smells funny; **sich ~ fühlen** to feel funny; **jdm ~ vorkommen** (*eigenartig*) to seem funny/strange to sb; (*suspekt*) to seem fishy/funny
ko·mi·scher·wei·se *adv* (*fam*) funnily enough
Ko·mi·tee <-s, -s> [komi'teː] *nt* committee
Kom·ma <-s, -s *o* -ta> ['kɔma, *pl* -ta] *nt* ❶ (*Satzzeichen*) comma ❷ MATH [decimal] point
Kom·man·dant(in) <-en, -en> [kɔman'dant] *m(f)* MIL commanding officer; (*Marine*) captain
kom·man·die·ren* [kɔman'diːrən] I. *vt* ❶ (*befehligen*) ■ **etw ~** to command sth ❷ (*befehlen*) ■ **jdn wohin ~** to order sb somewhere II. *vi* ❶ (*befehlen*) to be in command ❷ (*fam: Anweisungen erteilen*) ■ **[gern] ~** [to like] to give [the] orders
Kom·man·dit·ge·sell·schaft [kɔman'diːtɡəzɛlʃaft] *f* limited partnership
Kom·man·do <-s, -s> [kɔ'mando] *nt* ❶ (*Befehl[sgewalt]*) command; **auf ~** on command; **das ~ [über jdn/etw] haben** to be in command [of sb/sth] ❷ (*abkommandierte Gruppe*) commando ❸ (*Militärdienststelle*) command
Kom·man·do·brü·cke *f* bridge **Kom·man·do·ton** *m kein pl* commanding tone
kom·men <kam, gekommen> ['kɔmən] I. *vi sein* ❶ (*eintreffen*) to come; **ich komme schon!** I'm coming!; **der Zug kommt aus Paris** the train is coming from Paris; **da kommt Anne/der Bus** there's Anne/the bus; **der Wind kommt von Osten/von der See** the wind is coming from the East/off the sea; **wann soll das Baby ~?** when's the baby due?; **als Erster/Letzter ~** to be the first/last to arrive; **mit dem Auto/Fahrrad ~** to come by car/bike; **zu Fuß ~** to come on foot ❷ (*gelangen*) ■ **irgendwohin ~** to get somewhere; **wie komme ich von hier zum Bahnhof?** how do I get to the station from

here?; **zu Fuß kommt man am schnellsten dahin** the quickest way [to get] there is to walk; **ans Ziel ~** to reach the finishing [*or* AM finish] line ❸ (*sich begeben*) to come; **kommst du mit uns ins Kino?** are you coming to the cinema with us? ❹ (*passieren*) ■ **durch etw** *akk* **~** to pass through sth/a place ❺ (*teilnehmen*) ■ **zu etw** *dat* **~ Kongress, Party, Training** to come to sth ❻ (*besuchen*) ■ **zu jdm ~** to visit sb ❼ (*herstammen*) ■ **irgendwoher ~** to come from somewhere ❽ (*folgen, an der Reihe sein*) to come; **wer kommt [jetzt]?** whose turn is it?; **das Schlimmste kommt noch** the worst is yet to come ❾ (*untergebracht werden*) **ins Gefängnis/Krankenhaus ~** to go to prison/into hospital; **vor Gericht ~** *Fall* to come to court; *Mensch* to come before the court; **in die Schule/Lehre ~** to start school/an apprenticeship ❿ (*erlangen*) **zu der Erkenntnis ~, dass ...** to realize that ...; **zu Geld ~** to come into money; **zu Kräften ~** to gain strength; **zu sich ~** to regain consciousness ⓫ (*verlieren*) ■ **um etw** *akk* **~** to lose sth ⓬ (*gebracht werden*) to come; **kam Post für mich?** was there any post for me? ⓭ (*veranlassen, dass jd kommt*) **den Arzt/Klempner/ein Taxi ~ lassen** to send for the doctor/plumber/a taxi ⓮ (*hingehören*) to belong ⓯ (*herannahen*) to approach; (*eintreten, geschehen*) to come about; **der Termin kommt etwas ungelegen** the meeting comes at a somewhat inconvenient time; **das kam doch anders als erwartet** it/that turned out differently than expected; **es kam eins zum anderen** one thing led to another; **und so kam es, dass ...** and that's how it came about that ...; **wie kommt es, dass ...?** how come ...?; **es musste ja so ~** it/that was bound to happen; **es hätte viel schlimmer ~ können** it could have been much worse; **so weit ~, dass ...** to get to the stage where ...; **was auch immer ~ mag** whatever happens ⓰ (*jdn erfassen*) ■ **über jdn ~** *Gefühl* to come over sb; **jdm ~ die Tränen** sb starts to cry; **jdm ~ Zweifel, ob ...** sb doubts whether ... ⓱ (*in einen Zustand geraten*) **wir kamen plötzlich ins Schleudern** we suddenly started to skid; **in Gefahr/Not ~** to get into danger/difficulty; **in Verlegenheit ~** to get embarrassed ⓲ (*fam: jdn belästigen*) **komm mir nicht schon wieder damit!** don't give me that again! ⓳ (*seinen Grund haben*) **das kommt davon, dass/weil ...** that's because ...; **das kommt davon, wenn ...** that's what happens when ... ⓴ (*sich an etw erinnern*) ■ **auf etw** *akk* **~** to remember sth ㉑ (*einfallen*) **jdm kommt der Gedanke, dass ...** it occurs to sb that ... ㉒ (*etw herausfinden*) ■ **hinter etw** *akk* **~ Pläne** to find out *sep* sth; **hinter ein Geheimnis ~** to uncover a secret; **wie kommst du darauf?** what makes you think that? ㉓ RADIO, TV (*gesendet werden*) to be on ㉔ (*Zeit für etw finden*) ■ **zu etw** *dat* **~** to get around to doing sth ㉕ (*fam: ähnlich sein*) ■ **nach jdm ~** to take after sb ㉖ (*fam: kosten*) to cost; ■ **auf etw** *akk* **~** to come to sth ㉗ (*ansprechen*) **auf etw** *akk* **zu sprechen ~** to get [a]round to [talking about] sth; **ich werde gleich darauf ~** I'll come to that in a moment; **auf einen Punkt/eine Angelegenheit ~** to broach a point/matter ㉘ (*fam: eine Aufforderung verstärkend*) **komm, sei nicht so enttäuscht** come on, don't be so disappointed **II.** *vi impers sein* ❶ (*sich einfinden*) ■ **es kommt jd** sb is coming ❷ (*beginnen*) ■ **es kommt etw** sth is coming ❸ (*sl: Orgasmus haben*) to come **III.** *vt sein* (*fam: kosten*) **die Reparatur kam mich sehr teuer** the repairs cost a lot [of money]

kom·mend *adj* ❶ (*nächste*) coming, next ❷ (*künftig*) future; **in den ~en Jahren** in years to come ❸ (*sich demnächst durchsetzend*) of the future *pred*

Kom·men·tar <-s, -e> [kɔmɛn'taːɐ̯] *m* ❶ (*Stellungnahme*) statement; (*Meinung*) opinion; **einen ~ [zu etw** *dat*] **abgeben** to comment [on] sth; **kein ~!** no comment! ❷ (*kommentierendes Werk*) commentary

kom·men·tar·los I. *adj* without comment *pred* **II.** *adv* **etw ~ zur Kenntnis nehmen** to note sth without comment

Kom·men·ta·tor(in) <-s, -toren> [kɔmɛn'taːtoːɐ̯, kɔmɛnta'toːrɪn, *pl* -'toːrən] *m(f)* commentator

kom·men·tie·ren* [kɔmɛn'tiːrən] *vt* ❶ (*Stellung nehmen*) ■ **etw ~** to comment on sth ❷ (*erläutern*) to annotate

kom·mer·zi·a·li·sie·ren [kɔmɛrtsi̯ali'ziːrən] *vt* to commercialize

kom·mer·zi·ell [kɔmɛr'tsi̯ɛl] **I.** *adj* commercial **II.** *adv* commercially

Kom·mi·li·to·ne, Kom·mi·li·to·nin <-n, -n> [kɔmili'toːnə, kɔmili'toːnɪn] *m*, *f* fellow student

Kom·mis·sar(in) <-s, -e> [kɔmɪ'saːɐ̯] *m(f)* ❶ (*Polizeikommissar*) inspector

Kommissär → Kompliment

② *kein pl* (*Dienstgrad*) superintendent ③ (*bevollmächtigter Beamter*) commissioner ④ (*EU-Kommissar*) Commissioner
Kom·mis·sär(in) <-s, -e> [kɔmɪˈsɛːɐ̯] *m(f)* ÖSTERR, SCHWEIZ *s.* **Kommissar 1**
Kom·mis·sa·ri·at <-[e]s, -e> [kɔmɪsaˈrjaːt] *nt* ① (*Amtszimmer des Kommissars*) commissioner's office ② ÖSTERR (*Polizeidienststelle*) police station
Kom·mis·sa·rin <-, -nen> *f fem form von* **Kommissar**
Kom·mis·sä·rin <-, -nen> *f fem form von* **Kommissar**
kom·mis·sa·risch [kɔmɪˈsaːrɪʃ] I. *adj* temporary II. *adv* temporarily
Kom·mis·si·on <-, -en> [kɔmɪˈsi̯oːn] *f* ① (*Gremium, Ausschuss*) committee ② (*EU-Kommission*) Commission ③ (*Auftrag*) commission; **etw in ~ geben** to commission sb to sell sth
Kom·mo·de <-, -n> [kɔˈmoːdə] *f* chest of drawers

kom·mu·nal [kɔmuˈnaːl] *adj* municipal
Kom·mu·nal·po·li·tik *f* ① (*Politik der Kommunalbehörde*) municipal policy ② (*politisches Handeln*) local [government] politics *pl* **Kom·mu·nal·ver·wal·tung** *f* local government **Kom·mu·nal·wahl** *f* local [government] elections *pl*
Kom·mu·ne <-, -n> [kɔˈmuːnə] *f* ① (*Gemeinde*) local authority ② (*Wohngemeinschaft*) commune
Kom·mu·ni·ka·ti·on <-, -en> [kɔmunikaˈtsi̯oːn] *f* communication
Kom·mu·ni·ka·ti·ons·mit·tel *nt* means of communication + *sing vb* **Kom·mu·ni·ka·ti·ons·sys·tem** *nt* communication system **Kom·mu·ni·ka·ti·ons·weg** *m* channel of communication
Kom·mu·ni·kee [kɔmyniˈkeː], **Kom·mu·ni·qué** <-s, -s> [kɔmyniˈkeː] *nt* communiqué
Kom·mu·ni·on <-, -en> [kɔmuˈni̯oːn] *f* (*Sakrament der katholischen Kirche*) Holy Communion; (*Erstkommunion*) first Communion
Kom·mu·nis·mus <-> [kɔmuˈnɪsmʊs] *m kein pl* communism
Kom·mu·nist(in) <-en, -en> [kɔmuˈnɪst] *m(f)* communist
kom·mu·nis·tisch [kɔmuˈnɪstɪʃ] *adj* communist
kom·mu·ni·zie·ren* [kɔmuniˈtsiːrən] *vi* ① (*geh: sich verständigen*) to communicate ② REL (*geh: zur Kommunion gehen*) to receive/take Holy Communion
Kom·ö·di·ant(in) <-en, -en> [kømøˈdi̯ant] *m(f)* ① (*pej: jd, der sich verstellt*) play-actor ② (*veraltend: Schauspieler*) actor
Ko·mö·die <-, -n> [koˈmøːdi̯ə] *f* ① (*Bühnenstück*) comedy ② (*pej: Verstellung*) play-acting
Kom·pag·non <-s, -s> [ˈkɔmpanjɔŋ] *m* partner
kom·pakt [kɔmˈpakt] *adj* ① (*klein, solide*) compact ② (*Mensch*) stocky
Kom·pa·nie <-, -n> [kɔmpaˈniː, *pl* -ˈniːən] *f* company
Kom·pa·ra·tiv <-s, -e> [ˈkɔmparatiːf] *m* comparative
Kom·par·se, Kom·par·sin <-n, -n> [kɔmˈparzə, kɔmˈparzɪn] *m, f* extra
Kom·pass[RR] <-es, -e> *m*, **Kom·paß**[ALT] <-sses, -sse> [ˈkɔmpas] *m* compass
kom·pa·ti·bel [kɔmpaˈtiːbl̩] *adj* compatible
Kom·pa·ti·bi·li·tät <-, -en> [kɔmpatibiliˈtɛːt] *f* compatibility *no pl*
Kom·pen·sa·ti·on <-, -en> [kɔmpɛnzaˈtsi̯oːn] *f* compensation *no pl*
kom·pen·sie·ren* [kɔmpɛnˈziːrən] *vt* to compensate
kom·pe·tent [kɔmpeˈtɛnt] I. *adj* ① (*sachverständig*) competent ② (*zuständig*) responsible II. *adv* competently
Kom·pe·tenz <-, -en> [kɔmpeˈtɛnts] *f* ① (*Befähigung*) competence ② (*Befugnis*) responsibility
Kom·pe·tenz·strei·tig·kei·ten *pl* dispute over responsibilities **Kom·pe·tenz·über·schrei·tung** *f* exceeding of one's area of responsibility
kom·pi·lie·ren* [kɔmpiˈliːrən] *vt* (*geh*) ■ **etw ~** to compile sth
Kom·ple·men·tär·far·be *f* complementary colour
kom·plett [kɔmˈplɛt] I. *adj* complete II. *adv* ① (*vollständig*) fully ② (*insgesamt*) completely ③ (*fam: völlig*) completely, totally
kom·plet·tie·ren* [kɔmplɛˈtiːrən] *vt* (*geh*) to complete
kom·plex [kɔmˈplɛks] I. *adj* complex II. *adv* complexly, in a complicated manner *pred;* **~ aufgebaut sein** to have a complex structure
Kom·plex <-es, -e> [kɔmˈplɛks] *m* complex
Kom·ple·xi·tät <-> [kɔmplɛksiˈtɛt] *f kein pl* (*geh*) complexity
Kom·pli·ka·ti·on <-, -en> [kɔmplikaˈtsi̯oːn] *f* complication
Kom·pli·ment <-[e]s, -e> [kɔm-

pli'mɛnt] *nt* compliment; **jdm ein ~ machen** to pay sb a compliment

Kom·pli·ze, Kom·pli·zin <-n, -n> [kɔm'pli:tsə, kɔm'pli:tsɪn] *m, f* accomplice

kom·pli·zie·ren* [kɔmpli'tsi:rən] **I.** *vt* (*geh*) to complicate **II.** *vr* ■ **sich ~** to become complicated

kom·pli·ziert I. *adj* complicated **II.** *adv* in a complicated manner *pred*

Kom·pli·ziert·heit <-> *f kein pl* complexity, complicated nature

Kom·pli·zin <-, -nen> *f fem form von* **Komplize**

Kom·plott <-[e]s, -e> [kɔm'plɔt] *nt* plot; **ein ~ schmieden** to hatch a plot

Kom·po·nen·te <-, -n> [kɔmpo'nɛntə] *f* ❶ (*Bestandteil*) component ❷ (*Gesichtspunkt*) aspect

kom·po·nie·ren* [kɔmpo'ni:rən] *vt, vi* to compose

Kom·po·nist(in) <-en, -en> [kɔmpo'nɪst] *m(f)* composer

Kom·po·si·ta [kɔm'po:zita] *pl von* **Kompositum**

Kom·po·si·ti·on <-, -en> [kɔmpozi'tsi̯o:n] *f* composition

Kom·po·si·tum <-s, Komposita> [kɔm'po:zitʊm, *pl* kɔm'po:zita] *nt* compound

Kom·post <-[e]s, -e> [kɔm'pɔst] *m* compost *no pl*

Kom·post·hau·fen *m* compost heap

Kom·po·stier·an·la·ge *f* compost[ing] plant

kom·pos·tie·ren* [kɔmpɔs'ti:rən] *vt* to compost

Kom·pos·tie·rung <-> *f kein pl* composting *no pl*

Kom·pott <-[e]s, -e> [kɔm'pɔt] *nt* compote

Kom·pres·se <-, -n> [kɔmprɛsə] *f* compress

Kom·pres·si·on <-, -en> [kɔm'prɛ'si̯o:n] *f* compression

Kom·pres·sor <-s, -pressoren> [kɔm'prɛso:ɐ̯, *pl* 'so:rən] *m* compressor

kom·pri·mie·ren* [kɔmpri'mi:rən] *vt* to compress

Kom·pro·miss^RR <-es, -e> *m,* **Kom·pro·miß**^ALT <-sses, -sse> [kɔmpro'mɪs] *m* compromise; **fauler ~** false compromise; [**mit jdm**] **einen ~ schließen** to come to a compromise [with sb]

kom·pro·miss·be·reit^RR *adj* willing to compromise *pred;* **eine ~e Haltung** a willingness to compromise **Kom·pro·miss·be·reit·schaft**^RR *f* willingness to compromise **kom·pro·miss·los**^RR *adj* ❶ (*zu keinem Kompromiss bereit*) uncompromising ❷ (*uneingeschränkt*) unqualified

Kom·pro·miss·lö·sung^RR *f* compromise **Kom·pro·miss·vor·schlag**^RR *m* compromise proposal [*or* suggestion]

kom·pro·mit·tie·ren* [kɔmprɔmɪ'ti:rən] *vt* ■ **jdn ~** to compromise sb; ■ **sich ~** to compromise oneself

Kon·den·sa·ti·on <-, -en> [kɔndɛnza'tsi̯o:n] *f* condensation *no pl*

Kon·den·sa·tor <-s, -toren> [kɔndɛn'za:to:ɐ̯, *pl* -'to:rən] *m* condenser; ELEK a. capacitor

kon·den·sie·ren* [kɔndɛn'zi:rən] *vi, vt sein o haben* to condense

Kon·dens·milch *f* condensed milk **Kon·dens·strei·fen** *m* condensation trail **Kon·dens·was·ser** *nt kein pl* condensation

Kon·di·ti·on <-, -en> [kɔndi'tsi̯o:n] *f* ❶ (*Leistungsfähigkeit*) [physical] fitness; [**keine**] ~ **haben** to [not] be fit ❷ *pl* (*Bedingungen*) conditions

Kon·di·ti·o·nal·satz [kɔnditsi̯o'na:l-] *m* conditional clause

Kon·di·ti·ons·trai·ning *nt* fitness training *no pl*

Kon·di·tor(in) <-s, -toren> [kɔn'di:to:ɐ̯, kɔndi'to:rɪn, *pl* -'to:rən] *m(f)* confectioner

Kon·di·to·rei <-, -en> [kɔndito'raɪ] *f* confectioner's

Kon·di·to·rin <-, -nen> *f fem form von* **Konditor**

Kon·do·lenz <-, -en> [kɔndo'lɛnts] *f* condolence

Kon·do·lenz·schrei·ben *nt* letter of condolence

kon·do·lie·ren* [kɔndo'li:rən] *vi* (*geh*) ■ [**jdm**] ~ to pay one's condolences [to sb]

Kon·dom <-s, -e> [kɔn'do:m] *m o nt* condom

Kon·dor <-s, -e> ['kɔndo:ɐ̯] *m* condor

Kon·fekt <-[e]s, -e> [kɔn'fɛkt] *nt* confectionery

Kon·fek·ti·on <-, *selten* -en> [kɔnfɛk'tsi̯o:n] *f* ready-made clothing *no pl*

Kon·fek·ti·ons·grö·ße *f* size

Kon·fe·renz <-, -en> [kɔnfe'rɛnts] *f* ❶ (*Besprechung*) conference; **eine ~ anberaumen** to arrange a meeting ❷ (*Komitee*) committee

Kon·fe·renz·saal *m* conference hall **Kon·fe·renz·schal·tung** *f* conference circuit **kon·fe·rie·ren*** [kɔnfe'ri:rən] *vi* (*geh*) ■ **mit jdm ~** to confer with sb (**über** about)

Kon·fes·si·on <-, -en> [kɔnfɛˈsi̯oːn] f denomination

kon·fes·si·o·nell [kɔnfɛsi̯oˈnɛl] **I.** adj denominational **II.** adv denominationally

kon·fes·si·ons·los adj ■ ~ **sein** not belonging to any denomination

Kon·fet·ti <-s> [kɔnˈfɛti] nt kein pl confetti

Kon·fi·gu·ra·ti·on [kɔnfiguraˈtsi̯oːn] f INFORM configuration

kon·fi·gu·rie·ren [kɔnfiguˈriːrən] vt INFORM to configure

Kon·fir·mand(in) <-en, -en> [kɔnfɪrˈmant, pl -mandn̩] m(f) confirmand

Kon·fir·ma·ti·on <-, -en> [kɔnfɪrmaˈtsi̯oːn] f confirmation

kon·fir·mie·ren* [kɔnfɪrˈmiːrən] vt to confirm

kon·fis·zie·ren* [kɔnfɪsˈtsiːrən] vt to confiscate

Kon·fi·tü·re <-, -n> [kɔnfiˈtyːrə] f preserve

Kon·flikt <-s, -e> [kɔnˈflɪkt] m conflict; **mit dem Gesetz in ~ geraten** to clash with the law

Kon·flikt·herd m area of conflict **Kon·flikt·lö·sung** f POL solution to a/the conflict **Kon·flikt·stoff** m cause of conflict

Kon·fö·de·ra·ti·on <-, -en> [kɔnfødəraˈtsi̯oːn] f confederation

kon·form [kɔnˈfɔrm] adj concurrent; **mit jdm [in etw** dat] **~ gehen** to agree with sb [on sth]

Kon·for·mis·mus <-> [kɔnfɔrˈmɪsmʊs] m kein pl (pej geh) conformity

kon·for·mis·tisch adj (pej geh) conformist

Kon·fron·ta·ti·on <-, -en> [kɔnfrɔntaˈtsi̯oːn] f confrontation

Kon·fron·ta·ti·ons·kurs m confrontational course; **auf ~ [mit jdm] gehen** to adopt a confrontational course [towards sb]

kon·fron·ta·tiv [kɔnfrɔntaˈtiːf] adj confrontational

kon·fron·tie·ren* [kɔnfrɔnˈtiːrən] vt to confront

kon·fus [kɔnˈfuːs] **I.** adj confused **II.** adv confusedly; **~ klingen** to sound confused

Kon·fu·si·on <-, -en> [kɔnfuˈzi̯oːn] f ❶ (geh: Verwirrung) confusion ❷ JUR confusion of rights

Kon·glo·me·rat <-[e]s, -e> [kɔnglomeˈraːt] nt conglomeration; ■ **ein ~ aus** dat **etw** a conglomeration of sth

Kon·gress^{RR} <-es, -e> m, **Kon·greß**^{ALT} <-sses, -sse> [kɔnˈɡrɛs] m ❶ (Fachtagung) congress ❷ (Parlament der USA) ■ **der ~** Congress no art

Kon·gress·hal·le^{RR} f conference hall

kon·gru·ent [kɔnɡruˈɛnt] adj congruent

Kon·gru·enz <-en> [kɔnɡruˈɛnts] f ❶ (geh) identity, concurrence ❷ MATH congruence ❸ LING agreement ❹ JUR concordance; **~ des EU-Rechts mit deutschem Recht** concordance of EU law with German law

Kö·nig(in) <-s, -e> [ˈkøːnɪç] m(f) king masc/queen fem

kö·nig·lich [ˈkøːnɪklɪç] **I.** adj ❶ (dem König gehörend) royal ❷ (großzügig) handsome **II.** adv ❶ (fam: köstlich) ■ **sich ~ amüsieren** to have a whale of a time ❷ (großzügig) handsomely

Kö·nig·reich [ˈkøːnɪkrai̯ç] nt kingdom; **das Vereinigte ~** the United Kingdom

kö·nigs·treu adj loyal to the king pred

Kö·nig·tum <-, -tümer> [ˈkøːnɪçtuːm] nt ❶ kein pl (Monarchie) monarchy ❷ (veraltend) s. **Königreich**

ko·nisch [ˈkoːnɪʃ] **I.** adj conical **II.** adv conically

Kon·ju·ga·ti·on <-, -en> [kɔnjuɡaˈtsi̯oːn] f conjugation

kon·ju·gie·ren* [kɔnjuˈɡiːrən] vt to conjugate

Kon·junk·ti·on <-, -en> [kɔnjʊŋkˈtsi̯oːn] f conjunction

Kon·junk·tiv <-s, -e> [ˈkɔnjʊŋktiːf] m subjunctive

Kon·junk·tur <-, -en> [kɔnjʊŋkˈtuːɐ̯] f state of the economy; **steigende/rückläufige ~** [economic] boom/slump

Kon·junk·tur·be·le·bung f kein pl economic upturn **Kon·junk·tur·ein·bruch** m [economic] slump

kon·junk·tu·rell [kɔnjʊŋktuˈrɛl] adj economic

Kon·junk·tur·in·dex m economic index **Kon·junk·tur·la·ge** f state of the economy **Kon·junk·tur·po·li·tik** f economic policy **Kon·junk·tur·sprit·ze** f ❶ ÖKON pump priming ❷ (fam) boost to the economy **Kon·junk·tur·tief** nt trough

kon·kav [kɔnˈkaːf] **I.** adj concave **II.** adv concavely

Kon·kor·danz <-, -en> [kɔnkɔrˈdants] f concordance

kon·kret [kɔnˈkreːt] **I.** adj concrete **II.** adv specifically; **das kann ich Ihnen noch nicht ~ sagen** I can't tell you for definite yet

kon·kre·ti·sie·ren* [kɔnkretiˈziːrən] vt (geh) ■ **etw ~** to clearly define sth

Kon·ku·bi·ne <-, -n> [kɔnkuˈbiːnə] f (geh) concubine

Kon·kur·rent(in) <-en, -en> [kɔnkʊˈrɛnt] *m(f)* competitor
Kon·kur·renz <-, -en> [kɔnkʊˈrɛnts] *f* ❶ (*~unternehmen*) competitor; **mit jdm in ~ stehen** to be in competition with sb ❷ *kein pl* (*Konkurrenten*) competition; **keine ~ [für jdn] sein** to be no competition [for sb] ❸ *kein pl* (*Wettbewerb*) competition; **außer ~** unofficially
Kon·kur·renz·druck *m* pressure of competition **kon·kur·renz·fä·hig** *adj* competitive **Kon·kur·renz·kampf** *m* competition; (*zwischen Menschen*) rivalry **kon·kur·renz·los** I. *adj* ■ **~ sein** to have no competition II. *adv* incomparably; **mit unseren Preisen sind wir ~ billig** nobody can match our cheap prices
kon·kur·rie·ren* [kɔnkʊˈriːrən] *vi* to compete
Kon·kurs <-es, -e> [kɔnˈkʊrs] *m* ❶ (*Zahlungsunfähigkeit*) bankruptcy; **~ machen** (*fam*) to go bankrupt ❷ (*Verfahren*) bankruptcy proceedings *pl*; **~ anmelden** to declare oneself bankrupt
Kon·kurs·mas·se *f* bankrupt's estate **Kon·kurs·ver·fah·ren** *nt* bankruptcy proceedings *pl*
kön·nen [ˈkœnən] I. *vt* <konnte, gekonnt> ❶ (*beherrschen*) ■ **etw ~** to know sth; **eine Sprache ~** to speak a language ❷ (*verantwortlich sein*) **etwas für etw** *akk* **~** to be able do something about sth/it; **nichts für etw** *akk* **~** to be unable to do anything about sth/it ▶ **du kannst mich [mal]** (*euph sl*) get lost! *fam,* kiss my ass! AM II. *vi* <konnte, gekonnt> to be able; **nicht mehr ~** (*erschöpft sein*) to not be able to go on; (*überfordert sein*) to have had enough; (*satt sein*) to be full [up]; **noch ~** (*weitermachen ~*) to be able to carry on; (*weiteressen ~*) to be able to eat more; **wie konntest du nur!** how could you?! III. *modal vb* <konnte, können> ❶ (*vermögen*) ■ **etw tun ~** to be able to do sth ❷ (*dürfen*) **kann ich das Foto sehen?** can/may I see the photo? ❸ (*möglicherweise sein*) **solche Dinge können eben manchmal passieren** these things [can] happen sometimes; **[ja,] kann sein** [yes,] that's possible; **könnte es nicht sein, dass ...?** could it not be that ...?
Kön·nen <-s> [ˈkœnən] *nt kein pl* ability
Kön·ner(in) <-s, -> *m(f)* skilled person; **ein ~ sein** to be skilled
konn·te [ˈkɔntə] *imp von* **können**
Kon·se·ku·tiv·dol·met·schen *nt kein pl* consecutive interpreting *no pl* **Kon·se·ku·tiv·satz** *m* consecutive clause
Kon·sens <-es, -e> [kɔnˈzɛns] *m* (*geh*) consensus *no pl*; **einen ~ [in etw** *dat*] **erreichen** to reach a consensus [on sth]
Kon·sens·ge·spräch *nt* discussion leading to a consensus
kon·se·quent [kɔnzeˈkvɛnt] I. *adj* ❶ (*folgerichtig*) consistent; ■ **~ sein** to be consistent (**bei/in** in) ❷ (*unbeirrbar*) resolute II. *adv* ❶ (*folgerichtig*) consistently ❷ (*entschlossen*) resolutely
Kon·se·quenz <-, -en> [kɔnzeˈkvɛnts] *f* ❶ (*Folge*) consequence; **~en [für jdn] haben** to have consequences [for sb]; **die ~en tragen** to take the consequences; [**aus etw** *dat*] **die ~en ziehen** to take the necessary action [as a result of sth] ❷ *kein pl* (*Folgerichtigkeit*) consistency ❸ *kein pl* (*Unbeirrbarkeit*) resoluteness
kon·ser·va·tiv [ˈkɔnzɛrvatiːf] I. *adj* conservative II. *adv* **~ wählen** to vote Conservative; **~ eingestellt sein** to have a conservative attitude
Kon·ser·va·to·ri·um <-s, -rien> [kɔnˈzɛrvaˈtoːriʊm, *pl* -riən] *nt* conservatoire, conservatorium
Kon·ser·ve <-, -n> [kɔnˈzɛrvə] *f* preserved food *no pl*
Kon·ser·ven·büch·se [kɔnˈzɛrvən-] *f,* **Kon·ser·ven·do·se** *f* tin BRIT, can AM
kon·ser·vie·ren* [kɔnzɛrˈviːrən] *vt* to preserve
Kon·ser·vie·rung <-, -en> [kɔnzɛrˈviːrʊŋ] *f* ❶ (*das Konservieren*) preserving *no pl* ❷ (*die Erhaltung*) preservation *no pl*
Kon·ser·vie·rungs·mit·tel *nt* preservative **Kon·ser·vie·rungs·stoff** *m* CHEM preservative
Kon·sis·tenz <-> [kɔnzɪsˈtɛnts] *f kein pl* (*geh*) consistency
Kon·so·le <-, -n> [kɔnˈzoːlə] *f* ❶ (*Bord*) shelf ❷ (*Vorsprung, Bediener~*) console
Kon·so·nant <-en, -en> [kɔnzoˈnant] *m* consonant
Kon·sor·te <-, -n> [kɔnˈzɔrtə] *f* (*pej fam*) **... und ~n** ... and co.
Kon·sor·ti·um <-s, -ien> [kɔnˈzɔrtsiʊm, *pl* -tsiən] *nt* consortium
kon·spi·ra·tiv [kɔnspiraˈtiːf] *adj* (*geh*) conspiratorial
kon·stant [kɔnˈstant] I. *adj* constant II. *adv* constantly
Kon·stan·te <-[n], -n> [kɔnˈstantə] *f* constant
kon·sta·tie·ren* [kɔnstaˈtiːrən] *vt* (*geh*) to establish

Kon·stel·la·ti·on <-, -en> [kɔnstɛla'tsi̯oːn] *f* constellation

kon·ster·nie·ren* [kɔnstɛr'niːrən] *vt* (*geh*) to consternate

kon·sti·tu·ie·ren* [kɔnstitu'iːrən] **I.** *vt* (*geh: gründen*) to constitute **II.** *vr* (*geh*) ■ **sich ~** to be set up; ■ **sich als etw** *akk* **~** to form sth

Kon·sti·tu·ti·on <-, -en> [kɔnstitu'tsi̯oːn] *f* constitution

kon·sti·tu·ti·o·nell [kɔnstitutsi̯o'nɛl] *adj* constitutional; **~e Monarchie** constitutional monarchy

kon·stru·ie·ren* [kɔnstru'iːrən] *vt* ❶ (*aufbauen*) to construct ❷ (*planerisch erstellen*) to design ❸ (*zeichnen*) to draw ❹ (*pej geh: gezwungener Gedankenaufbau*) to fabricate

Kon·struk·teur(in) <-s, -e> [kɔnstrʊk'tøːɐ̯] *m(f)* designer

Kon·struk·ti·on <-, -en> [kɔnstrʊk'tsi̯oːn] *f* ❶ (*planerische Erstellung*) design ❷ (*Aufbau*) construction

Kon·struk·ti·ons·feh·ler *m* ❶ (*Fehler im Entwurf*) design fault ❷ (*herstellungsbedingter Fehler*) construction fault

kon·struk·tiv [kɔnstrʊk'tiːf] **I.** *adj* ❶ (*geh: förderlich*) constructive ❷ (*entwurfsbedingt*) design **II.** *adv* constructively

Kon·sul, Kon·su·lin <-s, -n> ['kɔnzʊl, kɔn'zuːlɪn] *m, f* consul

Kon·su·lat <-[e]s, -e> [kɔnzu'laːt] *nt* ❶ (*Amt des Konsuls*) consulate ❷ (*Amtszeit eines Konsuls*) consulship

Kon·su·lin <-, -nen> *f fem form von* **Konsul**

Kon·sul·ta·ti·on <-, -en> [kɔnzʊlta'tsi̯oːn] *f* (*geh*) consultation

kon·sul·tie·ren* [kɔnzʊl'tiːrən] *vt* (*geh*) ❶ (*um Rat fragen*) ■ **jdn ~** to consult sb (**wegen** about) ❷ (*hinzuziehen*) ■ **etw ~** to consult sth

Kon·sum <-s> [kɔn'zuːm] *m kein pl* consumption

Kon·su·ment(in) <-en, -en> [kɔnzu'mɛnt] *m(f)* consumer

Kon·su·men·ten·schüt·zer(in) *m(f)* ÖSTERR, SCHWEIZ consumer advocate [*or* watchdog]

kon·sum·geil *adj* (*sl: dem Kaufrausch verfallen*) in shopping fever *pred* **Kon·sum·ge·sell·schaft** *f* consumer society **Kon·sum·gü·ter** *pl* consumer goods

kon·su·mie·ren* [kɔnzu'miːrən] *vt* to consume

Kon·su·mis·mus <-> [kɔnzu'mɪsmʊs] *m kein pl* SOZIOL consumerism

kon·sum·ori·en·tiert *adj* consumerist **Kon·sum·ver·hal·ten** *nt* consumer behaviour *no pl, no indef art*

Kon·takt <-[e]s, -e> [kɔn'takt] *m* ❶ (*Verbindung*) contact; **sexuelle ~e** sexual contact; [**mit jdm**] **in ~ bleiben** to stay in contact with sb; **keinen ~ mehr** [**zu jdm**] **haben** to have lost contact [with sb]; **mit jdm in ~ kommen** to come into contact with sb; **mit jdm ~ aufnehmen** to get in contact with sb; **den ~** [**zu jdm**] **herstellen** to establish contact [with sb]; [**mit jdm**] **in ~ stehen** to be in contact [with sb]; **den ~ mit jdm suchen** to attempt to establish contact with sb ❷ (*Berührung*) *a.* ELEK contact

Kon·takt·ad·res·se *f* contact address **Kon·takt·an·zei·ge** *f* lonely hearts advertisement BRIT, personal [ad] AM **Kon·takt·arm** *adj* ■ **~ sein** to have little contact with other people **Kon·takt·auf·nah·me** *f* establishing contact **Kon·takt·bild·schirm** *m* touch screen **kon·takt·freu·dig** *adj* ■ **~ sein** to be sociable **Kon·takt·lin·se** *f* contact lens **Kon·takt·mann** *m* contact [person] **Kon·takt·per·son** *f* contact [person]

Kon·ta·mi·na·ti·on <-, -en> [kɔntamina'tsi̯oːn] *f* contamination *no pl*

kon·ta·mi·nie·ren* [kɔntami'niːrən] *vt* to contaminate

kon·tem·pla·tiv [kɔntɛmpla'tiːf] *adj* (*geh*) contemplative

Kon·ten ['kɔntn̩] *pl von* **Konto**

Kon·ter <-s, -> ['kɔntɐ] *m* SPORT counter[attack]

Kon·ter·fei <-s, -s *o* -e> ['kɔntɐˈfaj] *nt* (*hum*) picture

kon·tern ['kɔntɐn] *vt, vi* to counter

Kon·ter·re·vo·lu·ti·on [kɔntɐrevolu'tsi̯oːn] *f* counter-revolution

Kon·text <-[e]s, -e> ['kɔntɛkst] *m* context

Kon·ti·nent <-[e]s, -e> ['kɔntinɛnt] *m* continent

kon·ti·nen·tal [kɔntinɛn'taːl] *adj* continental

Kon·tin·gent <-[e]s, -e> [kɔntɪŋ'gɛnt] *nt* ❶ (*Truppen~*) contingent ❷ (*Teil einer Menge*) quota

kon·ti·nu·ier·lich [kɔntinu'iːɐ̯lɪç] **I.** *adj* (*geh*) continuous **II.** *adv* (*geh*) continuously

Kon·ti·nu·i·tät <-> [kɔntinui'tɛt] *f kein pl* (*geh*) continuity *no pl*

Kon·to <-s, Konten *o* Konti> ['kɔnto, *pl* 'kɔntn̩, 'kɔnti] *nt* account; **auf jds ~ gehen** (*fam: etw zu verantworten haben*) to be sb's fault; *(für etw aufkommen)* to be on sb; **auf jds ~** into sb's account

Kon·to·aus·zug *m* bank statement **Kon·to·füh·rung** *f* account management *no pl* **Kon·to·in·ha·ber(in)** *m(f)* account holder **Kon·to·num·mer** *f* account number **Kon·to·stand** *m* account balance

kon·tra ['kɔntra] *adv* against

Kon·tra·bass^RR *m* double bass

Kon·tra·hent(in) <-en, -en> [kɔntra'hɛnt] *m(f) (geh)* adversary

kon·tra·hie·ren* [kɔntra'hiːrən] *vi, vr* ■ [sich] ~ to contract

Kon·trak·ti·on <-, -en> [kɔntrak'tsi̯oːn] *f* contraction

kon·tra·pro·duk·tiv ['kɔntraprodʊktiːf] *adj (geh)* counterproductive

Kon·tra·punkt ['kɔntrapʊŋkt] *m* counterpoint

kon·trär [kɔn'trɛːɐ̯] *adj (geh)* contrary

Kon·trast <-[e]s, -e> [kɔn'trast] *m* contrast; **im ~ zu etw** *dat* **stehen** to contrast with sth

kon·tras·tie·ren* [kɔntrsˈtiːrən] *vi (geh)* to contrast

Kon·trast·pro·gramm *nt* alternative programme **kon·trast·reich** *adj* rich in contrast

Kon·troll·ab·schnitt *m* stub **Kon·troll·lam·pe**^ALT *f s.* **Kontrolllampe**

Kon·trol·le <-, -n> [kɔn'trɔlə] *f* ❶ *(Überprüfung)* check; **eine ~ durchführen** to conduct an inspection ❷ *(passive Überwachung)* monitoring ❸ *(aktive Überwachung)* supervision; **etw unter ~ bringen** to bring sth under control; **jdn/etw unter ~ haben** *(Gewalt über jdn/etw haben)* to have sb/sth under control; *(jdn/etw überwachen)* to have sb/sth monitored; **die ~ über etw** *akk* **verlieren** to lose control of sth; **die ~ über sich verlieren** to lose control of oneself ❹ *(Kontrollstelle)* checkpoint

Kon·trol·leur(in) <-s, -e> [kɔntrɔ'løːɐ̯] *m(f)* inspector

Kon·troll·funk·ti·on *f* supervisory function

kon·trol·lier·bar *adj* ❶ *(beherrschbar)* controllable ❷ *(überprüfbar)* verifiable

kon·trol·lie·ren* [kɔntrɔ'liːrən] *vt* ❶ *(überprüfen)* to check; ■ **etw auf etw** *akk* **~** to check sth for sth; **haben Sie Ihre Wertsachen auf Vollständigkeit kontrolliert?** have you checked your valuables to make sure they're all there? ❷ *(überwachen)* to monitor; ■ **jdn/etw ~** to check sb/sth ❸ *(beherrschen)* to control

Kon·troll·lam·pe^RR *f* indicator light **Kon·troll·punkt** *m* checkpoint **Kon·troll·turm** *m* control tower

kon·tro·vers [kɔntro'vɛrs] **I.** *adj (geh)* ❶ *(gegensätzlich)* conflicting ❷ *(umstritten)* controversial **II.** *adv (geh)* in an argumentative manner *pred*

Kon·tro·ver·se <-, -n> [kɔntro'vɛrzə] *f (geh)* conflict

Kon·tur <-, -en> [kɔn'tuːɐ̯] *f meist pl* contour; **~ gewinnen** to take shape; **an ~ verlieren** to become less clear

Kon·ven·ti·on <-, -en> [kɔnvɛn'tsi̯oːn] *f* convention

Kon·ven·ti·o·nal·stra·fe *f* fixed penalty

kon·ven·tio·nell [kɔnvɛntsi̯o'nɛl] **I.** *adj* conventional **II.** *adv* conventionally

Kon·ver·genz <-, -en> [kɔnvɛr'gɛnts] *f* convergence

Kon·ver·genz·kri·te·ri·um *nt* convergence criterion **Kon·ver·genz·pha·se** *f* POL phase of convergence **Kon·ver·genz·po·li·tik** *f kein pl* POL convergence policy **Kon·ver·genz·pro·gramm** *nt* POL convergence programme

Kon·ver·sa·ti·on <-, -en> [kɔnvɛrza'tsi̯oːn] *f* conversation; **~ machen** to make conversation

Kon·ver·si·on <-, -en> [kɔnvɛr'zi̯oːn] *f* conversion

Kon·ver·si·ons·kur·se *pl* FIN conversion rates *pl*

kon·ver·tie·ren* [kɔnvɛr'tiːrən] *vi sein o haben* to convert (**zu** to)

Kon·ver·tit(in) <-en, -en> [kɔnvɛr'tiːt] *m(f)* convert

kon·vex [kɔn'vɛks] **I.** *adj* convex **II.** *adv* convexly

Kon·voi <-s, -s> ['kɔnvɔy̯] *m* convoy; **im ~ fahren** to travel in convoy

Kon·zen·trat <-[e]s, -e> [kɔntsɛn'traːt] *nt* concentrate

Kon·zen·tra·ti·on <-, -en> [kɔntsɛntra'tsi̯oːn] *f* concentration (**auf** on)

Kon·zen·tra·ti·ons·fä·hig·keit *f kein pl* ability to concentrate **Kon·zen·tra·ti·ons·la·ger** *nt* concentration camp **Kon·zen·tra·ti·ons·schwä·che** *f* loss of concentration *no pl* **Kon·zen·tra·ti·ons·stö·rung** *f* weak concentration

kon·zen·trie·ren* [kɔntsɛn'triːrən] **I.** *vr* ■ **sich ~** to concentrate (**auf** on) **II.** *vt (bündeln)* to concentrate

kon·zen·triert **I.** *adj* concentrated **II.** *adv* in a concentrated manner

kon·zent·risch [kɔn'tsɛntrɪʃ] **I.** *adj* concentric **II.** *adv* concentrically

Kon·zept <-[e]s, -e> [kɔn'tsɛpt] *nt* ❶ (*Entwurf*) draft; **als ~ in draft** [form] ❷ (*Plan*) plan; **jdn aus dem ~ bringen** to put sb off; **aus dem ~ geraten** to lose one's train of thought; **jdm nicht ins ~ passen** to not fit in with sb's plans; **jdm das ~ verderben** (*fam*) to foil sb's plan

Kon·zep·ti·on <-, -en> [kɔntsɛp'tsi̯oːn] *f* (*geh*) concept

Kon·zept·pa·pier *nt* draft paper

Kon·zern <-s, -e> [kɔn'tsɛrn] *m* group

Kon·zert <-[e]s, -e> [kɔn'tsɛrt] *nt* MUS ❶ (*Komposition*) concerto ❷ (*musikalische Aufführung*) concert

Kon·zert·flü·gel *m* concert grand **Kon·zert·meis·ter(in)** *m(f)* concert master **Kon·zert·saal** *m* concert hall

Kon·zes·si·on <-, -en> [kɔntsɛ'si̯oːn] *f* concession (**an** to)

Kon·zes·siv·satz [kɔntsɛ'siːf-] *m* concessive clause

Kon·zil <-s, -e *o* -ien> [kɔn'tsiːl, *pl* -li̯ən] *nt* ❶ (*Versammlung höherer Kleriker*) [ecclesiastical] council ❷ (*Hochschulgremium*) council

kon·zi·pie·ren* [kɔntsi'piːrən] *vt* ■ etw ~ to plan sth

Ko·o·pe·ra·ti·on <-, -en> [koʔopera'tsi̯oːn] *f* cooperation *no indef art, no pl*

ko·o·pe·ra·tiv [koʔopera'tiːf] *adj* co-operative

ko·o·pe·rie·ren* [koʔope'riːrən] *vi* to cooperate

Ko·or·di·na·te <-, -en> [koʔɔrdi'naːtə] *f* coordinate

Ko·or·di·na·ti·on <-, -en> [koʔɔrdina'tsi̯oːn] *f* coordination

Ko·or·di·na·tor(in) <-s, -toren> [koʔɔrdi'naːtoɐ̯, koʔɔrdina'toːrɪn, *pl*] *m(f)* coordinator

ko·or·di·nie·ren* [koʔɔrdi'niːrən] *vt* to coordinate

Ko·pen·ha·gen <-s> [koːpn̩'haːgn̩] *nt* Copenhagen

Kopf <-[e]s, Köpfe> [kɔpf, *pl* 'kœpfə] *m* ❶ (*Haupt*) head; **von ~ bis Fuß** from head to toe; **einen roten ~ bekommen** to go red in the face; **~ runter!** duck!; [**mit dem**] **~ voraus** headfirst, headlong AM, AUS; **jdm brummt der ~** (*fam*) sb's head is thumping; **den ~ einziehen** to lower one's head ❷ (*oberer Teil*) head; (*Briefkopf*) letterhead; **~ oder Zahl?** (*bei Münzen*) heads or tails? ❸ (*Gedanken*) head; **etw will jdm nicht aus dem ~** sb can't get sth out of his/her head; **sich** *dat* **etw durch den ~ gehen lassen** to mull sth over; **nichts als Fußball/Arbeit im ~ haben** to think of nothing but football/work; **will das dir denn nicht in den ~?** can't you get that into your head?; **ich habe den ~ voll genug!** I've got enough on my mind; **sich** *dat* [**über etw** *akk*] **den ~ zerbrechen** (*fam*) to rack one's brains [over sth] ❹ (*Verstand, Intellekt*) mind; **nicht ganz richtig im ~ sein** (*fam*) to be not quite right in the head ❺ (*Wille*) mind; **seinen eigenen ~ haben** (*fam*) to have a mind of one's own; **seinen ~ durchsetzen** to get one's way; **sich** *dat* **etw aus dem ~ schlagen** to get sth out of one's head; **sich** *dat* **in den ~ setzen, etw zu tun** to get it into one's head to do sth ❻ (*Person*) head; ■ **der ~ einer S.** *gen* the person behind sth; **pro ~** per head ▶ [**bei etw**] **~ und Kragen riskieren** (*fam*) to risk life and limb [doing sth]; **den ~ in den Sand stecken** to bury one's head in the sand; **mit dem ~ durch die Wand** [**rennen**] **wollen** (*fam*) to be determined to get one's way; **~ hoch!** [keep your] chin up!; **jdn einen ~ kürzer machen** (*sl*) to chop sb's head off; **nicht auf den ~ gefallen sein** (*fam*) to not have been born yesterday; **etw auf den ~ hauen** (*fam*) to spend all of sth; **etw auf den ~ stellen** (*etw gründlich durchsuchen*) to turn sth upside down; (*etw ins Gegenteil verkehren*) to turn sth on its head; **jdn vor den ~ stoßen** to offend sb

Kopf-an-Kopf-Ren·nen *nt* (*a. fig*) neck-and-neck race **Kopf·ar·beit** *f* brain-work **Kopf·bahn·hof** *m* BAHN *station where trains cannot pass through but must enter and exit via the same direction* **Kopf·ball** *m* header **Kopf·be·de·ckung** *f* headgear *no indef art, no pl* **Kopf·be·we·gung** *f* movement of the head

Köpf·chen <-s, -> ['kœpfçən] *nt dim von* **Kopf** (*kleiner Kopf*) [little] head ▶ **~ haben** (*fam*) to have brains

köp·fen ['kœpfn̩] **I.** *vt* ❶ (*fam: enthaupten*) to behead ❷ (*die Triebe beschneiden*) to prune **II.** *vi* SPORT to head the ball

Kopf·en·de *nt* head **Kopf·ge·burt** *f* (*pej fam*) unrealistic proposal **Kopf·geld** *nt* head money *no pl*, bounty **Kopf·geld·jä·ger(in)** *m(f)* bounty hunter **kopf·ge·steu·ert** *adj* (*pej sl*) ruled by one's head [not one's heart] **Kopf·haar** *nt* hair **Kopf·haut** *f* scalp **Kopf·hö·rer** *m* headphones *pl* **Kopf·kis·sen** *nt* pillow **Kopf·kis·sen·be·zug** *m* pillowcase **Kopf·laus** *f* head louse

kopf·los I. *adj* ❶ *(ganz verwirrt)* confused ❷ *(enthauptet)* headless **II.** *adv* in a bewildered manner
Kopf·mensch *m (fam)* cerebral person
Kopf·ni·cken *nt kein pl* nod [of the head]
Kopf·no·te *f* SCH school grade awarded for good conduct **Kopf·nuss**^{RR} *f* ❶ *(leichter Schlag)* Kopfnüsse verteilen to dish out noogies *(to rap sb lightly on the head with ones knuckles)* ❷ *(Denkaufgabe)* brain teaser **Kopf·rech·nen** *nt* mental arithmetic *no pl* **Kopf·sa·lat** *m* lettuce **kopf·scheu** *adj* ▶ jdn ~ **machen** *(fam)* to confuse sb; ~ **werden** *(fam)* to get confused **Kopf·schmerz** *m meist pl* headache; **jdm** ~**en machen** *(fam)* to give sb a headache; ~**en haben** to have a headache **Kopf·schmerz·ta·blet·te** *f* headache tablet **Kopf·schup·pen** *pl* MED dandruff *no pl, no indef art* **Kopf·schüt·teln** *nt kein pl* shake of the head **kopf·schüt·telnd I.** *adj* shaking his/her, etc. head *pred* **II.** *adv* with a shake of the head **Kopf·schutz** *m* protective headgear **Kopf·sprung** *m* header; **einen** ~ **machen** to take a header **Kopf·stand** *m* headstand; **einen** ~ **machen** to do a headstand **Kopf·stein·pflas·ter** *nt* cobblestones *pl* **Kopf·stim·me** *f* head-voice **Kopf·stüt·ze** *f* headrest **Kopf·tuch** *nt* headscarf **kopf·über** [kɔpfʔyːbɐ] *adv* head first **Kopf·weh** *nt s.* Kopfschmerz **Kopf·zei·le** *f* header **Kopf·zer·bre·chen** *nt* ▶ jdm ~ **bereiten** to cause sb quite a headache; **sich** *dat* **über jdn/etw** ~ **machen** to worry about sb/sth
Ko·pie <-, -n> [koˈpiː, *pl* koˈpiːən] *f* ❶ *(Nachbildung, Durchschrift)* copy ❷ *(Fotokopie)* photocopy
ko·pie·ren* [koˈpiːrən] *vt* ❶ *(foto~)* to photocopy; *(pausen)* to trace ❷ FOTO, FILM *(Abzüge machen)* to print ❸ *(Doppel herstellen)* to copy ❹ *(nachahmen)* to imitate [*or* copy]
Ko·pie·rer <-s, -> *m (fam)* copier
Ko·pier·ge·rät *nt* [photo]copier **Ko·pier·schutz** *m* copy protection *no pl* **Ko·pier·sper·re** *f* anti-copy device
Ko·pi·lot(in) [ˈkoːpiloːt] *m(f)* co-pilot
Kop·pel¹ <-s, - *o* ÖSTERR -, -n> [ˈkɔpl̩] *nt o* ÖSTERR *f* belt
Kop·pel² <-, -n> [ˈkɔpl̩] *f* pasture
kop·peln [ˈkɔpl̩n] *vt* ■ **etw an etw** *akk* ~ ❶ *(anschließen)* to connect sth to sth ❷ *(miteinander verbinden)* to couple sth onto sth ❸ *(mit etw verknüpfen)* to make sth dependent on sth

Kop·pe·lung, Kopp·lung <-, -en> *f* connection
Ko·pro·duk·ti·on [ˈkoːprodʊktsi̯oːn] *f* co-production
Ko·pu·la·ti·on <-, -en> [kopulaˈtsi̯oːn] *f* copulation
ko·pu·lie·ren* [kopuˈliːrən] *vi* to copulate
Ko·ral·le <-, -n> [koˈralə] *f* coral
Ko·ral·len·riff *nt* coral reef
Ko·ran <-s> [koˈraːn] *m kein pl* Koran
Ko·ran·vers *m* REL Koranic verse, sura
Korb <-[e]s, Körbe> [kɔrp, *pl* ˈkœrbə] *m* ❶ *(Behälter aus Geflecht)* a. SPORT basket; **einen** ~ **erzielen** to score a goal ❷ *kein pl (Weidengeflecht)* wicker ❸ *(fam: Abfuhr)* rejection; [**von jdm**] **einen** ~ **bekommen** *(fam)* to be rejected [by sb]; **jdm einen** ~ **geben** *(fam)* to turn sb down
Korb·ball *m kein pl* korfball
Körb·chen¹ <-s, -> [ˈkœrpçən] *nt dim von* **Korb 1** small basket
Körb·chen² <-s, -> [ˈkœrpçən] *nt (bei Büstenhaltern)* cup
Körb·chen·grö·ße *f* MODE cup size
Korb·fla·sche *f* demijohn **Korb·mö·bel** *nt* piece of wickerwork furniture
Kord <-[e]s, -e> [kɔrt] *m s.* **Cord**
Kor·del <-, -n> [ˈkɔrdl̩] *f* cord
Kord·ho·se *f* cord trousers *pl* BRIT, corduroy pants *pl* AM
Ko·rea [koˈreːa] *nt* Korea; *s. a.* **Deutschland**
Ko·re·a·ner(in) [koreˈaːnɐ] *m(f)* Korean; *s. a.* **Deutsche(r)**
ko·re·a·nisch [koreˈaːnɪʃ] *adj* Korean; *s. a.* **deutsch**
Ko·ri·an·der <-s, -> [koˈri̯andɐ] *m* coriander *no pl*
Ko·rin·the <-, -n> [koˈrɪntə] *f* currant
Ko·rin·then·ka·cker(in) <-s, -> *m(f) (pej fam)* nitpicker
Kork <-[e]s, -e> [kɔrk] *m* cork
Kork·ei·che *f* cork-oak
Kor·ken <-s, -> [ˈkɔrkn̩] *m* cork
Kor·ken·zie·her <-s, -> *m* corkscrew
Korn¹ <-[e]s, Körner *o* -e> [kɔrn, *pl* ˈkœrnɐ] *nt* ❶ *(Samen~)* grain ❷ *(hartes Teilchen)* grain ❸ *(Getreide)* corn *no pl,* grain *no pl* ❹ *kein pl* FOTO *(Feinstruktur)* grain
Korn² <-[e]s, - *o* -s> [kɔrn] *m (Kornbranntwein)* schnapps
Korn³ <-[e]s, -e> [kɔrn] *nt* etw aufs ~ **nehmen** to hit out at sth; **jdn aufs** ~ **nehmen** to have it in for sb
Korn·blu·me *f* cornflower

Körn·chen <-s, -> ['kœrnçən] *nt dim von* **Korn**¹ grain; **ein ~ Wahrheit** a grain of truth

Korn·feld ['kɔrnfɛlt] *nt* cornfield

kör·nig ['kœrnɪç] *adj* ❶ (*aus Körnchen bestehend*) granular ❷ (*nicht weich*) grainy ❸ (*eine raue Oberfläche habend*) granular

Korn·kam·mer *f* (*geh*) granary **Korn·kreis** *m* crop circle

Kör·per <-s, -> ['kœrpɐ] *m* body; **am ganzen ~** all over

Kör·per·bau *m kein pl* physique **Kör·per·be·herr·schung** *f kein pl* body control **kör·per·be·hin·dert** *adj* physically disabled [*or* handicapped] **Kör·per·be·hin·der·te(r)** *f(m) dekl wie adj* physically disabled person **kör·per·be·tont** *adj* clinging **kör·per·ei·gen** *adj attr* endogenous **Kör·per·fül·le** *f* corpulence **Kör·per·ge·ruch** *m* body odour **Kör·per·ge·wicht** *nt* weight **Kör·per·grö·ße** *f* size **Kör·per·hal·tung** *f* posture **Kör·per·kon·takt** *m* body contact

kör·per·lich **I.** *adj* ❶ (*den Leib betreffend*) physical ❷ (*geh: stofflich*) material **II.** *adv* physically; **~ arbeiten** to do physical work

Kör·per·lo·ti·on *f* body lotion **Kör·per·pfle·ge** *f* personal hygiene

Kör·per·schaft <-, -en> *f* corporation

Kör·per·schafts·steu·er *f* corporation tax

Kör·per·spra·che *f* body language **Kör·per·teil** *m* part of the body **Kör·per·ver·let·zung** *f* bodily harm *no indef art, no pl*; **fahrlässige ~** bodily injury caused by negligence; **schwere ~** grievous bodily harm **Kör·per·wär·me** *f* body heat [*or* warmth] *no pl*

Korps <-, -> [koːɐ] *nt* corps

kor·pu·lent [kɔrpu'lɛnt] *adj* (*geh*) corpulent

Kor·pu·lenz <-> [kɔrpu'lɛnts] *f kein pl* (*geh*) corpulence

Kor·pus¹ <-, -se> ['kɔrpʊs] *m* ❶ *kein pl* (*tragende Basis*) base ❷ (*hum fam: Körper*) body ❸ *kein pl* (*der Gekreuzigte*) crucifix

Kor·pus² <-, Korpora> ['kɔrpʊs, *pl* 'kɔrpora] *nt* ❶ (*Sammlung von Textmaterialien*) corpus ❷ *kein pl* (*Klangkörper*) body

kor·rekt [kɔ'rɛkt] **I.** *adj* correct **II.** *adv* correctly

kor·rek·ter·wei·se *adv* properly speaking **Kor·rekt·heit** <-> *f kein pl* correctness

Kor·rek·tor, Kor·rek·to·rin <-s, -toren> [kɔ'rɛktoːɐ, -'toːrɪn, *pl* -'toːrən] *m, f* ❶ TYPO proof-reader ❷ (*korrigierender Prüfer*) marker

Kor·rek·tur <-, -en> [kɔrɛk'tuːɐ] *f* ❶ (*das Korrigieren*) correction; **[etw] ~ lesen** to proof-read [sth] ❷ (*Veränderung*) adjustment

Kor·rek·tur·flüs·sig·keit *f* correction fluid **Kor·rek·tur·tas·te** *f* correction key **Kor·rek·tur·zei·chen** *nt* proof-readers' mark

Kor·res·pon·dent(in) <-en, -en> [kɔrɛspɔn'dɛnt] *m(f)* correspondent

Kor·res·pon·denz <-, -en> [kɔrɛspɔn'dɛnts] *f* correspondence *no pl*

kor·res·pon·die·ren* *vi* ❶ (*in Briefwechsel stehen*) to correspond (**mit** with) ❷ (*geh: entsprechen*) ■ **mit etw** *dat* **~** to correspond to sth

Kor·ri·dor <-s, -e> ['kɔridoːɐ] *m* corridor

kor·ri·gier·bar *adj* correctable

kor·ri·gie·ren* [kɔri'giːrən] *vt* ❶ (*berichtigen*) to correct; *Klassenarbeit, Aufsatz* to mark; *Manuskript* to proofread ❷ (*verändern*) to alter

Kor·ro·si·on <-, -en> [kɔro'zi̯oːn] *f* ❶ (*das Korrodieren*) corrosion ❷ GEOL (*Zersetzung*) corrosion

kor·rum·pie·ren* [kɔrʊm'piːrən] *vt* (*pej geh*) ■ **jdn ~** to corrupt sb

kor·rupt [kɔ'rʊpt] *adj* corrupt

Kor·rup·ti·on <-, -en> [kɔrʊp'tsi̯oːn] *f* corruption

Kor·se, Kor·sin <-n, -n> ['kɔrzə, 'kɔrzɪn] *m, f* Corsican; *s. a.* **Deutsche(r)**

Kor·sett <-s, -s *o* -e> [kɔr'zɛt] *nt* corset

Kor·si·ka <-s> ['kɔrzika] *nt kein pl* Corsica

Kor·sin <-, -nen> *f fem form von* **Korse**

kor·sisch ['kɔrzɪʃ] *adj* Corsican; *s. a.* **deutsch**

Kor·vet·te <-, -n> [kɔr'vɛtə] *f* corvette

Ko·ry·phäe <-, -n> [kory'fɛːə] *f* (*geh*) leading authority

Ko·sak(in) <-en, -en> [ko'zak] *m(f)* Cossack

ko·scher ['koːʃɐ] **I.** *adj* kosher ▸ **nicht [ganz] ~ sein** to be not [quite] on the level **II.** *adv* according to kosher requirements

Ko·se·na·me *m* pet name **Ko·se·wort** *nt* term of endearment

Ko·si·nus <-, -u *o* -se> ['koːzinʊs] *m* cosine

Kos·me·tik <-> [kɔs'meːtɪk] *f kein pl* cosmetics *pl*

Kos·me·ti·ker(in) <-s, -> [kɔs'meːtikɐ] *m(f)* beautician

kos·me·tisch [kɔs'meːtɪʃ] **I.** *adj* cosmetic **II.** *adv* cosmetically

kos·misch ['kɔsmɪʃ] *adj* cosmic
Kos·mo·naut(in) <-en, -en> [kɔsmo'naʊt] *m(f)* cosmonaut
kos·mo·po·lit(in) <-en, -en> [kɔsmopo'liːt] *m(f)* (*geh*) cosmopolitan
kos·mo·po·li·tisch *adj* (*geh*) cosmopolitan
Kos·mos <-> ['kɔsmɔs] *m kein pl* ■ **der ~** the cosmos
Ko·so·vo <-s> ['kɔsɔvɔ] *m* ■ **[der] ~** Kosovo
Kost <-> [kɔst] *f kein pl* food; **[freie] ~ und Logis** [free] board and lodging; **geistige ~** intellectual fare
kost·bar ['kɔstbaːɐ̯] *adj* ❶ (*wertvoll*) valuable ❷ (*unentbehrlich*) precious
Kost·bar·keit <-, -en> *f* ❶ (*wertvoller Gegenstand*) precious object ❷ (*Erlesenheit*) preciousness
kos·ten¹ ['kɔstn̩] **I.** *vt* ❶ (*als Preis haben*) to cost ❷ (*als Preis erfordern*) **sich** *dat* **etw ~ lassen** (*fam*) to be prepared to spend a lot on sth ❸ (*erfordern*) **jdn etw ~** to take [up] sb's sth; **das kann uns viel Zeit ~** it could take us a [good] while ❹ (*rauben*) ■ **jdn etw ~** to cost sb sth ▶ **koste es, was es wolle** whatever the cost **II.** *vi* to cost
kos·ten² ['kɔstn̩] **I.** *vt* (*geh: probieren*) to taste **II.** *vi* (*geh*) ■ **[von etw] ~** to have a taste [of sth]
Kos·ten ['kɔstn̩] *pl* costs *pl*, expenses *pl*; **~ sparend** *adjektivisch* economical; *adverbial* economically; **auf seine ~ kommen** to get one's money's worth; **die ~ tragen** to bear the costs; **auf ~ von jdm/etw** *dat* at the expense of sb/sth
Kos·ten·be·tei·li·gung *f* cost sharing *no pl* **kos·ten·de·ckend I.** *adj* cost-effective **II.** *adv* cost-effectively **Kos·ten·er·spar·nis** *f* FIN, ÖKON cost saving **Kos·ten·er·stat·tung** *f* reimbursement of expenses **Kos·ten·fra·ge** *f* question of cost **kos·ten·güns·tig** *adj* economical **kos·ten·in·ten·siv** *adj* cost-intensive **kos·ten·los I.** *adj* ■ **~ sein** to be free [of charge] **II.** *adv* free [of charge] **Kos·ten·vor·an·schlag** *m* quotation; **sich** *dat* **einen ~ machen lassen** to get an estimate
Kost·geld *nt* board
köst·lich ['kœstlɪç] **I.** *adj* ❶ (*herrlich*) delicious ❷ (*fam: amüsant*) priceless **II.** *adv* ❶ (*herrlich*) delicious ❷ (*in amüsanter Weise*) **sich ~ amüsieren** to have a wonderful time
Kost·pro·be *f* ❶ (*etwas zum Probieren*) taste ❷ (*Vorgeschmack, Beispiel*) sample;

eine ~ seines Könnens a sample of his skill
kost·spie·lig *adj* expensive
Kos·tüm <-s, -e> [kɔs'tyːm] *nt* ❶ MODE suit ❷ HIST, THEAT costume
Kos·tüm·ball *m* fancy-dress ball
kos·tü·mie·ren* [kɔsty'miːrən] *vt* ■ **sich** [**als etw**] *akk*] **~** to dress up [as sth]
Kot <-[e]s> [koːt] *m kein pl* (*geh*) excrement
Ko·tan·gens ['koːtaŋɡɛns] *m* MATH cotangent
Ko·te·lett <-s, -s *o selten* -e> [kɔt'lɛt] *nt* chop
Ko·te·let·ten [kɔtə'lɛtn̩] *pl* sideburns *npl*
Kö·ter <-s, -> ['køːtɐ] *m* (*pej*) mutt
Kot·flü·gel *m* wing
Kotz·bro·cken *m* (*pej sl*) slimy git BRIT, slimeball AM
Kot·ze <-> ['kɔtsə] *f kein pl* (*vulg*) puke *sl*
kot·zen ['kɔtsn̩] *vi* (*vulg*) to puke; **das ist zum K~** (*sl*) it makes you sick
kotz·übel ['kɔts'ʔyːbl̩] *adj* (*fam*) ■ **jdm ~ ist/wird** sb feels like they're going to puke *sl*
KP <-, -s> [kaː'peː] *f Abk von* **Kommunistische Partei** Communist Party
Krab·be <-, -n> ['krabə] *f* ❶ ZOOL (*Taschenkrebs*) crab ❷ KOCHK (*Garnele*) prawn
krab·beln ['krabl̩n] *vi, vt sein* to crawl
Krach <-[e]s, Kräche *o* -s> [krax, *pl* 'krɛçə] *m* ❶ *kein pl* (*Lärm*) noise ❷ (*lauter Schlag*) bang ❸ (*Streit*) quarrel; **~ [mit jdm] haben** (*fam*) to have a row [with sb] ▶ **~ schlagen** (*fam*) to make a fuss
kra·chen ['kraxn̩] **I.** *vi* ❶ *haben* (*laut hallen*) to crash; *Ast* to creak; *Schuss* to ring out ❷ *sein* (*fam: prallen*) to crash **II.** *vi impers haben* ❶ (*ein Krachen verursachen*) ■ **es kracht** there is a crashing noise ❷ (*fam: Unfall verursachen*) **auf der Kreuzung hat es gekracht** there's been a crash on the intersection ▶ **dass es nur so kracht** with a vengeance; **sonst kracht's!** or/and there'll be trouble **III.** *vr* (*fam*) to have a row [*or* AM an argument]
Kra·cher <-s, -> ['kraxɐ] *m* banger BRIT, firecracker AM; **alter ~** old codger
kräch·zen ['krɛçtsn̩] *vi, vt* ❶ ORN to caw ❷ (*fam: heiser sprechen*) to croak
Krä·cker <-s, -> *m* cracker
kraft [kraft] *präp* +*gen* (*geh*) ■ **~ einer S.** *gen* by virtue of sth
Kraft <-, Kräfte> [kraft, *pl* 'krɛftə] *f* ❶ ([*körperliche*] *Stärke*) strength; **wieder zu Kräften kommen** to regain one's

strength; **über jds Kräfte gehen** to be more than sb can cope with; **seine Kräfte sammeln** to gather one's strength; **die ~ aufbringen, etw zu tun** to find the strength to do sth ❷ (*Geltung*) power; **außer ~ sein** to be no longer in force; **in ~ sein** to be in force; **etw außer ~ setzen** to cancel sth; **in ~ treten** to come into force ❸ (*Potenzial*) strength; **mit aller ~** with all one's strength; **mit letzter ~** with one's last ounce of strength; **die treibende ~** the driving force; **mit vereinten Kräften** with combined efforts; **in jds Kräften stehen** to be within sb's powers ❹ PHYS (*Energie*) power; **aus eigener ~** by oneself; **mit frischer ~** with renewed energy ❺ *meist pl* (*Einfluss ausübende Gruppe*) force

Kraft·akt *m* act of strength **Kraft·an·stren·gung** *f* exertion **Kraft·auf·wand** *m* effort **Kraft·aus·druck** *m* swear word **Kraft·brü·he** *f* beef stock **Kräf·te·ver·schieß** *m* loss of energy **Kraft·fah·rer(in)** *m(f)* (*geh*) driver **Kraft·fahr·zeug** *nt* (*geh*) motor vehicle **Kraft·fahr·zeug·brief** *m s.* **Fahrzeugbrief Kraft·fahr·zeug·me·cha·ni·ker(in)** *m(f)* vehicle mechanic **Kraft·fahr·zeug·pa·pie·re** *pl* (*geh*) vehicle registration papers **Kraft·fahr·zeug·schein** *m s.* **Fahrzeugschein Kraft·fahr·zeug·steu·er** *f* vehicle tax **Kraft·fahr·zeug·ver·si·che·rung** *f* car insurance **Kraft·feld** *nt* force field **Kraft·fut·ter** *nt* concentrated feed stuff

kräf·tig ['krɛftɪç] **I.** *adj* ❶ (*physisch stark*) strong ❷ (*wuchtig*) powerful ❸ (*intensiv*) strong ❹ KOCHK (*nahrhaft*) nourishing ❺ (*ausgeprägt*) strong; *Haarwuchs* healthy **II.** *adv* ❶ (*angestrengt*) vigorously; **etw ~ rühren** to give sth a good stir; **~ niesen** to sneeze violently ❷ METEO (*stark*) heavily ❸ (*deutlich*) substantially ❹ (*sehr*) very; **jdm ~ die Meinung sagen** to strongly express one's opinion

kräf·ti·gen ['krɛftɪgn̩] *vt* (*geh*) ❶ (*die Gesundheit festigen*) ■ **jdn/etw ~** to build up sb's/sth's strength; ■ **gekräftigt** invigorated ❷ (*stärken*) to strengthen

kraft·los I. *adj* weak **II.** *adv* feebly **Kraft·lo·sig·keit** <-> *f kein pl* weakness **Kraft·pro·be** *f* test of strength **Kraft·protz** <-es, -e> *m* (*fam*) muscle man **Kraft·rad** *nt* (*geh*) motorcycle **Kraft·re·ser·ven** *pl* reserves *pl* of strength **Kraft·stoff** *m* (*geh*) fuel **Kraft·trai·ning** *nt* strength training **Kraft·über·tra·gung** *f* power transmission **kraft·voll I.** *adj* ❶ (*stark*) strong ❷ (*sonor*) powerful **II.** *adv* forcefully; **~ zubeißen** to take a hearty bite **Kraft·wa·gen** *m* (*geh*) motor vehicle **Kraft·werk** *nt* power station

Kra·gen <-s, - *o* Krägen> ['kra:gən, *pl* 'krɛ:gn̩] *m* MODE collar; **jdn am ~ packen** (*fam*) to take sb by the scruff of his neck ▶ **jdm geht es an den ~** sb is in for it; **etw kostet jdn den ~** sth is sb's downfall; **jdm platzt der ~** sb blows their top

Kra·gen·wei·te *f* MODE collar size ▶ [**ge·nau**] **jds ~ sein** (*fam*) to be [just] sb's cup of tea

Krä·he <-, -n> ['krɛ:ə] *f* crow
krä·hen ['krɛ:ən] *vi* ❶ ORN to crow ❷ (*fam*) to squeal

Krä·hen·fü·ße *pl* crow's feet
Kra·kau·er <-, -> *f* polish garlic sausage
Kra·ke <-n, -n> ['kra:kə] *m* octopus
kra·kee·len* [kra'ke:lən] *vi* (*pej fam*) to make a racket

Kra·ke·lei <-, -en> *f* (*pej fam*) scribble
kra·ke·lig ['kra:kəlɪç] **I.** *adj* scrawly **II.** *adv* scrawly

Kral·le <-, -n> ['kralə] *f* ORN, ZOOL claw ▶ **jdn in seine ~n bekommen** to get one's claws into sb; [**jdm**] **die ~n zeigen** to show [sb] one's claws

kral·len [ˈkralən] **I.** *vr* ❶ (*sich fest~*) ■ **sich an jdn/etw ~** to cling onto sb/sth ❷ (*fest zupacken*) ■ **sich in/um etw** *akk* **~** to cling onto/around sth **II.** *vt* ❶ (*fest bohren*) ■ **etw in etw** *akk* **~** to dig sth into sth ❷ (*sl: klauen*) ■ [**sich** *dat*] **etw ~** to pinch sth *fam*

Kram <-[e]s> [kra:m] *m kein pl* (*fam*) ❶ (*Krempel*) junk ❷ (*Angelegenheit*) affairs *pl;* **den ganzen ~ hinschmeißen** to pack the whole thing in; **jdm in den ~ passen** to suit sb fine; **jdm nicht in den ~ passen** to be a real nuisance to sb

kra·men ['kra:mən] **I.** *vi* ❶ (*fam*) ■ [**in etw** *dat*] **~** to rummage around [in sth] (**nach** for) ❷ SCHWEIZ (*Kleinhandel betreiben*) to hawk **II.** *vt* ■ **etw aus etw** *dat* **~** to fish sth out of sth

Krampf <-[e]s, Krämpfe> [krampf, *pl* 'krɛmpfə] *m* cramp; **einen ~ bekommen** to get a cramp; **sich in Krämpfen winden** to double up in cramps

Krampf·ader *f* varicose vein
kramp·fen ['krampfn̩] **I.** *vt* ❶ (*geh*) ■ **etw um etw** *akk* **~** to clench sth around sth ❷ DIAL ■ **etw ~** to get one's hands on **II.** *vr* (*geh*) ■ **sich um etw** *akk* **~** to clench sth

krampf·haft I. *adj* ❶ (*angestrengt*) desperate ❷ MED convulsive **II.** *adv* desperately

krampf·lin·dernd, krampf·lö·send *adj* antispasmodic

Kran <-[e]s, Kräne *o* -e> [kraːn, *pl* ˈkrɛːnə] *m* ① TECH crane ② DIAL (*Wasserhahn*) tap

Kran·füh·rer(in) *m(f)* crane operator

Kra·nich <-s, -e> [ˈkraːnɪç] *m* crane

krank <kränker, kränkste> [kraŋk] *adj* ① (*nicht gesund*) ill, sick ② (*leidend*) ■ **~ vor etw** *dat* **sein** to be sick with sth ③ FORST, HORT ■ **~ sein** to be diseased ▶ **du bist wohl ~!** (*iron*) are you out of your mind?; **jdn [mit etw] ~ machen** to get on sb's nerves [with sth]

Kran·ke(r) *f(m)* sick person

krän·keln [ˈkrɛŋkln̩] *vi* ① (*nicht ganz gesund sein*) to be unwell ② ÖKON to be ailing

kran·ken [ˈkraŋkn̩] *vi* (*pej*) ■ **an etw** *dat* **~** to suffer from sth

krän·ken [ˈkrɛŋkn̩] *vt* ■ **jdn ~** to hurt sb's feelings; ■ **gekränkt sein** to feel hurt; ■ **es kränkt jdn, dass ...** it hurts sb['s feelings], that ...; ■ **~d** hurtful

Kran·ken·be·such *m* [patient] visit **Kran·ken·bett** *nt* hospital bed **Kran·ken·geld** *nt* sick pay **Kran·ken·gym·nast(in)** <-en, -en> *m(f)* physiotherapist **Kran·ken·gym·nas·tik** *f* physiotherapy **Kran·ken·haus** *nt* hospital, clinic; **ins ~ kommen/müssen** to go/have to go into hospital; **[mit etw] im ~ liegen** to be in hospital [with sth] **Kran·ken·haus·auf·ent·halt** *m* hospital stay **kran·ken·haus·reif** *adj* ■ **~ sein** to require hospital treatment; **jdn ~ schlagen** to put sb into hospital **Kran·ken·kas·se** *f* health insurance company **Kran·ken·kost** *f kein pl* [special] diet **Kran·ken·pfle·ge** *f* nursing **Kran·ken·pfle·ger(in)** *m(f)* [male] nurse **Kran·ken·schein** *m* health insurance voucher **Kran·ken·schwes·ter** *f* nurse **Kran·ken·ver·si·cher·ten·kar·te** *f* health insurance card **Kran·ken·ver·si·che·rung** *f* health insurance **Kran·ken·wa·gen** *m* ambulance **Kran·ken·zim·mer** *nt* ① (*Krankenhauszimmer*) hospital room ② (*Zimmer für erkrankte Insassen*) sickbay ③ (*geh: Zimmer mit einem Kranken*) sickroom

krank|fei·ern *vi* (*fam*) to skive off work BRIT, to call in sick

krank·haft I. *adj* morbid **II.** *adv* morbidly

Krank·heit <-, -en> *f* ① MED illness; **wegen ~** due to illness ② FORST, HORT disease

Krank·heits·bild *nt* symptoms *pl* **krank·heits·er·re·gend** *adj* pathogenic **Krank·heits·er·re·ger** *m* pathogen

krank|la·chen *vr* (*fam*) ■ **sich ~** to almost die laughing (**über** about)

kränk·lich [ˈkrɛŋklɪç] *adj* sickly

krank|ma·chen *vi* (*fam*) *s.* **krankfeiern**

krank|mel·den^{RR} *vr* ■ **sich ~** to report sick **Krank·mel·dung** *f* notification of sickness **krank|schrei·ben**^{RR} *vt* ■ **jdn ~** to give sb a sick note (*excusing them from work*)

Krän·kung <-, -en> *f* insult

Kran·wa·gen *m* crane truck

Kranz <-es, Kränze> [krants, *pl* ˈkrɛntsə] *m* ① (*Ring aus Pflanzen*) wreath ② DIAL (*Hefe~*) ring (*of white sweet bread*)

Kranz·nie·der·le·gung *f* wreath laying

Krap·fen <-s, -> [ˈkrapfn̩] *m* ① KOCHK fritter ② DIAL (*frittiertes Hefegebäck*) ≈ doughnut

krass^{RR}, **kraß**^{ALT} [kras] **I.** *adj* ① (*auffallend*) glaring; *Gegensatz* stark; *Fall* extreme ② (*unerhört*) blatant ③ (*extrem*) complete **II.** *adv* crassly

Kra·ter <-s, -> [ˈkraːtɐ] *m* crater

Kratz·bürs·te *f* (*pej fam*) prickly person **kratz·bürs·tig** [ˈkratsbʏrstɪç] *adj* (*pej fam*) prickly

Krät·ze <-> [ˈkrɛtsə] *f kein pl* scabies

krat·zen [ˈkratsn̩] **I.** *vt* ① (*mit den Nägeln ritzen*) to scratch; ■ **etw von etw** *dat* **~** to scratch sth off sth ② (*fam: kümmern*) **das kratzt mich nicht** I couldn't care less about that **II.** *vi* ① (*jucken*) to scratch; **das Unterhemd kratzt** the vest is scratchy ② (*scharren, mit den Nägeln ritzen*) to scratch ③ (*beeinträchtigen*) ■ **an etw** *dat* **~** to scratch away at sth; **an jds Ehre ~** to impugn sb's honour; **an jds Stellung ~** to undermine sb's position **III.** *vt impers* **es kratzt mich im Hals** my throat feels rough

Krat·zer <-s, -> [ˈkratsɐ] *m* scratch

krau·len¹ [ˈkraʊlən] *vi sein o haben* (*schwimmen*) to do the crawl

krau·len² [ˈkraʊlən] *vt* to scratch [*or* rub] lightly; **einen Hund zwischen den Ohren ~** to tickle a dog between its ears

kraus [kraʊs] *adj* ① (*stark gelockt*) frizzy ② (*zerknittert*) crumpled ③ (*pej: verworren*) muddled

Krau·se <-, -n> [ˈkraʊzə] *f* ① MODE (*gefältelter Saum*) ruffle; (*gekräuselter Kragen*) ruffled collar ② (*fam: künstliche Wellung*) frizzy perm

kräu·seln [ˈkrɔyzl̩n] **I.** *vt* ① (*mit künstlichen Locken versehen*) to crimp; ■ **ge-**

kräuselt frizzy ❷ (*leicht wellig machen*) to ruffle **II.** *vr* ■ **sich ~** ❶ (*leicht kraus werden*) to frizz ❷ (*leichte Wellen schlagen*) to ruffle

Kraus·kopf *m* (*fam*) ❶ (*Frisur*) frizzy hairstyle ❷ (*Mensch*) frizzy head

Kraut <-[e]s, Kräuter> [kraʊt, *pl* krɔytɐ] *nt* ❶ BOT herb ❷ *kein pl* (*grüne Teile von Pflanzen*) foliage ❸ *kein pl* DIAL (*Kohl*) cabbage; (*Sauerkraut*) pickled cabbage ❹ *kein pl* DIAL (*Sirup*) syrup ▶ **wie ~ und Rüben durcheinanderliegen** (*fam*) to lie about all over the place

Kräu·ter·mi·schung *f* herb mixture **Kräu·ter·tee** *m* herbal tea **Kräu·ter·the·ra·pie** *f* herbal therapy

Kraut·kopf *m* SÜDD, ÖSTERR (*Kohlkopf*) head of cabbage

Kraut·sa·lat *m* coleslaw (*without carrot*)

Kra·wall <-s, -e> [kra'val] *m* ❶ (*Tumult*) riot; **~ schlagen** to kick up a row [*or* AM an argument] ❷ *kein pl* (*fam: Lärm*) racket; **~ machen** (*pej fam*) to make a racket

kra·wal·lig *adj* loutish, rowdy, yobbish

Kra·wall·ma·cher(in) *m(f)* (*pej fam*) hooligan

Kra·wat·te <-, -n> [kra'vatə] *f* tie

Kra·wat·ten·na·del *f* tiepin

Kre·a·ti·on <-, -en> [krea'tsi̯oːn] *f* creation

kre·a·tiv [krea'tiːf] **I.** *adj* creative **II.** *adv* creatively

Kre·a·tiv·di·rek·tor(in) *m(f)* creative director

Kre·a·ti·vi·tät <-> [kreativi'tɛt] *f kein pl* creativity

Kre·a·tur <-, -en> [krea'tuːɐ̯] *f* creature

Krebs[1] <-es, -e> [kreːps] *m* ❶ ZOOL crayfish ❷ *kein pl* KOCHK (*Krebsfleisch*) crab ❸ *kein pl* ASTROL Cancer

Krebs[2] <-es, -e> [kreːps] *m* MED cancer; **~ erregend** carcinogenic

krebs·er·re·gend *adj* **~ wirken** to be carcinogenic **Krebs·er·re·ger** *m* carcinogen **Krebs·for·schung** *f kein pl* cancer research *no pl* **Krebs·früh·er·ken·nung** *f kein pl* early cancer diagnosis **Krebs·ge·schwulst** *f* cancerous tumour [*or* AM *-or*] **Krebs·ge·schwür** *nt* cancerous ulcer **krebs·krank** *adj* ■ **~ sein** to suffer from cancer **Krebs·kran·ke(r)** *f(m)* cancer victim **Krebs·ope·ra·ti·on** *f* operation conducted on cancer patient **krebs·rot** ['kreːpsroːt] *adj* red as a lobster **Krebs·vor·sor·ge** *f kein pl* precautions *pl* against cancer **Krebs·vor·sor·ge·un·ter·su·chung** *f* cancer check-up **Krebs·zel·le** *f* cancer cell

Kre·dit[1] <-[e]s, -e> [kre'diːt, -'dɪt] *m* credit; (*Darlehen*) loan; **bei jdm** **~ haben** to be given credit by sb; **[für etw** *akk*] **einen ~ [bei jdm] aufnehmen** to take out a loan [for sth] [with sb]; **auf ~** on credit

Kre·dit[2] <-s, -s> [kre'diːt] *nt* credit

Kre·dit·brief *m* FIN letter of credit **Kre·dit·ge·ber(in)** *m(f)* creditor **Kre·dit·hai** *m* (*fam*) loanshark

kre·di·tie·ren* [kredi'tiːrən] *vt* FIN ❶ (*Kredit gewähren*) to grant credit ❷ (*gutschreiben*) ■ **jdm etw ~** to credit sb with sth

Kre·dit·in·sti·tut *nt* bank **Kre·dit·kar·te** *f* credit card; **mit ~ bezahlen** to pay by credit card **Kre·dit·kri·se** *f* credit crisis **Kre·dit·neh·mer(in)** <-s, -> *m(f)* borrower **kre·dit·wür·dig** *adj* creditworthy

Krei·de <-, -n> ['kraɪdə] *f* chalk ▶ **bei jdm [tief] in der ~ stehen** (*fam*) to owe sb [a lot of] money

krei·de·bleich *adj* as white as a sheet **Krei·de·fel·sen** *m* chalk cliff **krei·de·weiß** *adj s.* **kreidebleich** **Krei·de·zeich·nung** *f* chalk drawing **Krei·de·zeit** *f kein pl* GEOL Cretaceous [period]

krei·ie·ren* [kre'iːrən] *vt* to create

Kreis <-es, -e> [kraɪs, *pl* 'kraɪzə] *m* ❶ MATH circle; **einen ~ um jdn bilden** to form a circle around sb; **sich im ~[e] drehen** to turn round in a circle; **im ~ gehen** to go round in circles; **im ~** in a circle ❷ (*Gruppe*) circle ❸ *pl* (*gesellschaftliche Gruppierung*) circles *pl*; **die Hochzeit fand im engsten ~e statt** only close friends and family were invited to the wedding; **im ~e seiner Familie** in the bosom of his family ❹ (*umgrenzter Bereich*) scope ❺ ADMIN district ▶ **weite ~e** wide sections; **jdm dreht sich alles im ~e** sb's head is spinning

Kreis·bahn *f* orbit **Kreis·be·we·gung** *f* circular movement **Kreis·bo·gen** *m* arc

krei·schen ['kraɪʃn̩] *vi* ❶ ORN to squawk ❷ (*hysterisch schreien*) to shriek ❸ (*quietschen*) to screech

Krei·sel <-s, -> ['kraɪzl̩] *m* ❶ (*Spielzeug*) spinning top ❷ TRANSP (*fam*) roundabout

krei·sen ['kraɪzn̩] *vi* ❶ *sein o haben* ASTRON, RAUM ■ **um etw** *akk* **~** to orbit sth ❷ *sein o haben* LUFT, ORN ■ **[über etw** *dat*] **~** to circle [over sth] ❸ *sein o haben* (*in einem Kreislauf befindlich sein*) ■ **[in etw** *dat*] **~** to circulate [through sth] ❹ *sein o haben* (*sich ständig drehen*) ■ **um jdn/etw ~** to revolve around sb/sth ❺ *haben* (*herumgereicht werden*) to go around

Kreis·flä·che *f* area of a circle **kreis·för·mig** I. *adj* circular II. *adv* in a circle **Kreis·in·sel** *f* TRANSP central traffic-free area on roundabout
Kreis·lauf *m* ❶ MED circulation ❷ (*Zirkulation*) cycle
Kreis·lauf·stö·run·gen *pl* circulatory disorder
kreis·rund *adj* ▪ ~ **sein** to be perfectly circular **Kreis·sä·ge** *f* circular saw
Kreiß·saal *m* delivery room
Kreis·stadt *f* district principal town
Kreis·um·fang *m* circumference **Kreis·ver·kehr** *m* roundabout
Kre·ma·to·ri·um <-s, -rien> [krema'to:rĭʊm, *pl* -riən] *nt* crematorium
kre·mig ['kre:mɪç] I. *adj* creamy II. *adv* **etw** ~ **schlagen/rühren** to whip/stir sth until creamy
Kreml <-s> ['kre:ml̩] *m* ▪ **der** ~ the Kremlin
Krem·pe <-, -n> ['krɛmpə] *f* brim
Krem·pel <-s> ['krɛmpl̩] *m kein pl* (*pej fam*) ❶ (*ungeordnete Sachen*) stuff ❷ (*Ramsch*) junk ▶ **den ganzen** ~ **hin·werfen** to chuck it all in
Kren <-s> [kre:n] *m kein pl* ÖSTERR (*Meerrettich*) horseradish
kre·pie·ren* [krɛ'pi:rən] *vi sein* ❶ (*sl: zugrunde gehen*) to croak; ▪ **jdm** ~ to die on sb *fam* ❷ MIL to explode
Krepp¹ <-s, -e *o* -s> [krɛp] *m* crêpe
Krepp²ᴿᴿ <-s, -e *o* -s> [krɛp] *m* KOCHK crêpe
Kres·se <-, -en> ['krɛsə] *f* cress
Kre·ta ['kre:ta] *nt* Crete
Kre·ter(in) <-s, -> ['kre:tɐ] *m(f)* Cretan; *s. a.* **Deutsche(r)**
kre·tisch ['kre:tɪʃ] *adj* Cretan; *s. a.* **deutsch**
kreuz [krɔy̑ts] ▶ ~ **und quer** all over the place *fam,* all over
Kreuz <-es, -e> [krɔy̑ts] *nt* ❶ REL cross; **jdn ans** ~ **schlagen** to crucify sb ❷ (*Symbol*) crucifix; **das Rote** ~ the Red Cross ❸ (*Zeichen in Form eines Kreuzes*) cross; **über[s]** ~ crosswise ❹ ANAT (*Teil des Rückens*) lower back; **es im** ~ **haben** (*fam*) to have back trouble ❺ TRANSP (*fam*) intersection ❻ *kein pl* KARTEN clubs *pl* ❼ MUS sharp ▶ **zu ~e kriechen** to eat humble pie *fam;* **jdn aufs** ~ **legen** (*fam*) to fool sb; **drei ~e machen** (*fam*) to be so relieved; **sein** ~ **auf sich nehmen** (*geh*) to take up one's cross; **ein** ~ **mit jdm/etw sein** (*fam*) to be a constant bother with sb/sth
kreu·zen ['krɔy̑tsn̩] I. *vt haben a.* BIOL to cross II. *vr haben* ▪ **sich** ~ ❶ (*sich entgegenstehen*) to oppose ❷ (*sich begegnen*) to cross ❸ (*sich überschneiden*) to cross III. *vi sein o haben* ❶ NAUT (*Zickzackkurs steuern*) to tack ❷ (*sich hin- und herbewegen*) to cruise
Kreu·zer <-s, -> ['krɔy̑tsɐ] *m* NAUT cruiser
Kreuz·fahrt *f* cruise; **eine** ~ **machen** to go on a cruise **Kreuz·feu·er** *nt* crossfire ▶ **[von allen Seiten] ins** ~ **[der Kritik] geraten** to come under fire [from all sides] **Kreuz·gang** *m* cloister **Kreuz·ge·wöl·be** *nt* cross vault
kreu·zi·gen ['krɔy̑tsɪɡn̩] *vt* to crucify
Kreu·zi·gung <-, -en> *f* crucifixion
Kreuz·ot·ter *f* adder **Kreuz·schlüs·sel** *m* wheel brace **Kreuz·spin·ne** *f* cross spider
Kreu·zung <-, -en> *f* ❶ (*Straßen~*) crossroad *usu pl* ❷ *kein pl* BIOL (*das Kreuzen*) cross-breeding ❸ ZOOL, BIOL mongrel
Kreuz·ver·hör *nt* cross-examination; **jdn ins** ~ **nehmen** to cross-examine sb **Kreuz·weg** ['krɔy̑tsve:k] *m* ❶ (*Wegkreuzung*) crossroad ❷ KUNST, REL (*Darstellung der Passion*) way of the Cross ▶ **am** ~ **stehen** to be at the crossroads **kreuz·wei·se** *adv* crosswise ▶ **du kannst mich/leck mich** ~**!** (*derb*) fuck off! *fam!* **Kreuz·wort·rät·sel** *nt* crossword [puzzle] **Kreuz·zei·chen** *nt* the sign of the cross **Kreuz·zug** *m* crusade
krib·be·lig ['krɪbəlɪç] *adj* ❶ (*unruhig*) edgy ❷ (*prickelnd*) tingly
krib·beln ['krɪbl̩n] I. *vi* ❶ *haben* (*jucken*) **mir kribbelt es am Rücken** my back is itching ❷ *haben* (*prickeln*) **das kribbelt so schön auf der Haut** it's so nice and tingly on the skin ❸ *sein* (*krabbeln*) ▪ **und krabbeln** to swarm around II. *vi impers haben* ▪ **[von etw *dat*]** ~ to be swarming [with sth]
kribb·lig ['krɪblɪç] *adj s.* **kribbelig**
Kri·cket <-s, -s> ['krɪkət] *nt* cricket
krie·chen <kroch, gekrochen> ['kri:çn̩] *vi* ❶ *sein* (*sich auf dem Bauch bewegen*) to crawl ❷ *sein* (*langsam vergehen*) to creep by ❸ *sein* AUTO (*langsam fahren*) to creep [along] ❹ *sein o haben* (*pej: unterwürfig sein*) ▪ **[vor jdm]** ~ to grovel [before sb]
Krie·cher(in) <-s, -> *m(f)* (*pej fam*) bootlicker
krie·che·risch *adj* (*pej fam*) grovelling
Kriech·spur *f* TRANSP crawler [*or* AM slow] lane **Kriech·tier** *nt* reptile
Krieg <-[e]s, -e> [kri:k, *pl* 'kri:ɡə] *m* war;

jdm/einem Land den ~ erklären to declare war on sb/a country; **~ [gegen jdn/mit jdm] führen** to wage war [on sb]; **in den ~ ziehen** to go to war

krie·gen¹ ['kri:gn̩] **I.** vt (fam) ❶ (bekommen) ■ etw ~ to get sth; **ich kriege noch zehn Euro von dir** you still owe me ten euros; **das Buch ist nirgends zu ~** you can't get that book anywhere; **hast du die Arbeit auch bezahlt gekriegt?** did you get paid for the work?; **den Schrank in den Aufzug ~** to get the cupboard into the lift; **etw zu sehen ~** to get to see sth; **eine Krankheit ~** to get an illness; **eine Spritze/ein Präparat ~** to get an injection/medication; **ein Kind ~** to have a baby; **Prügel ~** to get a hiding ❷ (erwischen) ■ jdn ~ to catch sb; **den Zug ~** to catch the train ❸ (es schaffen) ■ jdn dazu ~, etw zu tun to get sb to do sth; **ich kriege das schon geregelt** I'll get it sorted; **den Satz kriegt er bestimmt nicht übersetzt** he won't manage to translate that sentence ▶ **es mit jdm zu tun ~** to be in trouble with sb; **es nicht über sich ~, etw zu tun** to not be able to bring oneself to do sth **II.** vr (fam) ■ sie ~ sich they get it together

krie·gen² ['kri:gn̩] vi (Krieg führen) to make war

Krie·ger(in) <-s, -> ['kri:gɐ] m(f) warrior

krie·ge·risch **I.** adj ❶ (kämpferisch) warlike ❷ (militärisch) military **II.** adv belligerently

Krieg·füh·rung f s. **Kriegsführung**

Kriegs·aus·bruch m outbreak of war **Kriegs·be·ginn** m start of the war **Kriegs·beil** nt tomahawk ▶ **das ~ begraben** to bury the hatchet **Kriegs·be·ma·lung** f war paint ▶ **in [voller] ~** (hum fam: sehr stark geschminkt) in [full] war paint; (mit Orden behangen) decorated like a Christmas tree **Kriegs·be·richt·er·stat·ter(in)** m(f) war correspondent **Kriegs·be·schä·dig·te(r)** f(m) war-disabled person **Kriegs·dienst·ver·wei·ge·rer** <-s, -> m conscientious objector **Kriegs·en·de** nt end of the war **Kriegs·er·klä·rung** f declaration of war **Kriegs·fall** m event of war **Kriegs·film** m war film **Kriegs·flücht·ling** m war refugee **Kriegs·füh·rung** f warfare; (Art) conduct of war **Kriegs·fuß** m ▶ **mit jdm auf ~ stehen** (fam) to be at loggerheads with sb; **mit etw** dat **auf ~ stehen** to be no good with sth **Kriegs·ge·fahr** f danger of war **Kriegs·ge·fan·ge·ne(r)** f(m) prisoner of war **Kriegs·ge·fan·gen·schaft** f captivity; **in ~ geraten** to become a prisoner of war **Kriegs·geg·ner(in)** m(f) ❶ (Pazifist) pacifist ❷ (Feind) enemy **Kriegs·ge·richt** nt court martial **Kriegs·in·dust·rie** f armaments industry **kriegs·mü·de** adj SOZIOL war-weary **Kriegs·op·fer** nt victim of war **Kriegs·schau·platz** m theatre of war **Kriegs·schiff** nt war ship **Kriegs·spiel·zeug** nt war toy **Kriegs·tanz** m war dance **Kriegs·ver·bre·chen** nt war crime **Kriegs·ver·bre·cher(in)** m(f) war criminal **Kriegs·ver·let·zung** f war wound **Kriegs·zu·stand** m state of war

Krimi <-s, -s> ['krɪmi] m (fam) ❶ (Kriminalroman) detective novel ❷ TV thriller

Kri·mi·nal·be·am·te(r) m dekl wie adj, **-be·am·tin** f detective **Kri·mi·nal·film** m thriller

Kri·mi·na·lis·tik <-> [kriminaˈlɪstɪk] f kein pl criminology

kri·mi·na·lis·tisch **I.** adj criminological **II.** adv **~ begabt sein** to be a good detective

Kri·mi·na·li·tät <-> [kriminaliˈtɛt] f kein pl ❶ (Straffälligkeit) criminality ❷ (Rate der Straffälligkeit) crime rate

Kri·mi·nal·kom·mis·sar(in) m(f) detective superintendent BRIT **Kri·mi·nal·po·li·zei** f ❶ (Abteilung für Verbrechensbekämpfung) Criminal Investigation Department BRIT, plainclothes police AM ❷ (Beamte der ~) CID officers pl BRIT, plainclothes police officers pl AM **Kri·mi·nal·ro·man** m detective novel

kri·mi·nell [krimiˈnɛl] adj criminal

Kri·mi·nel·le(r) [krimiˈnɛlə, -lə] f(m) criminal

Krims·krams <-es> ['krɪmskrams] m kein pl (fam) junk

Krin·gel <-s, -> ['krɪŋl̩] m ❶ KOCHK ring-shaped biscuit [or AM cookie] ❷ (Schnörkel) squiggle

krin·geln ['krɪŋln̩] vr ❶ (sich umbiegen) ■ sich ~ to curl [up] ❷ (fam) ■ sich [vor Lachen] ~ to kill oneself [laughing]

Kri·po <-, -s> ['kri:po] f (fam) kurz für **Kriminalpolizei** ❶ (Institution) ■ die ~ ≈ the CID, ≈ the plainclothes police AM ❷ (Beamte der Kriminalpolizei) CID [or AM plainclothes police] officers

Krip·pe <-, -n> ['krɪpə] f ❶ (Futterkrippe) a. REL manger ❷ (Kinderkrippe) crèche BRIT, day nursery AM

Krip·pen·spiel nt REL nativity play

Kri·se <-, -n> ['kri:zə] f crisis

kri·seln ['kri:zļn] *vi impers (fam)* **es kriselt** there's a crisis looming
kri·sen·an·fäl·lig *adj* crisis-prone **kri·sen·fest** *adj* crisis-proof **Kri·sen·ge·biet** *nt* crisis zone **Kri·sen·herd** *m* trouble spot **Kri·sen·ma·na·ge·ment** *nt* crisis management **Kri·sen·pro·vinz** *f* crisis region **Kri·sen·stab** *m kein pl* action committee **Kri·sen·zeit** *f* period of crisis
Kris·tall[1] <-s, -e> [krɪs'tal] *m* crystal
Kris·tall[2] <-s> [krɪs'tal] *nt kein pl* (~ *glas*) crystal
Kris·tall·glas *nt* crystal glass
kris·tal·lin [krɪsta'li:n] *adj* crystalline
Kris·tal·li·sa·ti·on <-, -en> *f* crystallization
kris·tal·li·sie·ren* *vi, vt* to crystallize (**zu** into)
kris·tall·klar *adj* crystal-clear **Kris·tall·nacht** *f kein pl* HIST ■ **die ~** "Crystal night"
Kris·tall·zu·cker *m* refined sugar
Kri·te·ri·um <-s, -rien> [kri'te:riʊm, *pl* -riən] *nt (geh)* criterion; [**bei et** *dat*] **bestimmte Kriterien anlegen** to apply certain criteria [to sth]
Kri·tik <-, -en> [kri'ti:k] *f* ❶ *kein pl (Tadel)* criticism; **an jdm/etw ~ üben** to criticize sb/sth; **ohne jede ~** uncritically ❷ *(Beurteilung)* critique; **gute/schlechte ~en bekommen** to receive good/bad reviews ❸ MEDIA *(Rezension)* review ▶ **unter aller ~ sein** *(pej fam)* to be beneath contempt
Kri·ti·ker(in) <-s, -> ['kri:tɪkɐ] *m(f)* critic
kri·tik·los I. *adj* uncritical II. *adv* uncritically
kri·tisch ['kri:tɪʃ] I. *adj* critical II. *adv* critically
kri·ti·sie·ren* [kriti'zi:rən] *vt, vi* to criticize
Krit·ze·lei <-, -en> [krɪtsə'laɪ] *f (pej fam)* ❶ *kein pl (das Kritzeln)* scribbling ❷ *(Gekritzel)* scribble
krit·zeln ['krɪtsļn] *vi, vt* to scribble
Kro·a·te, Kro·a·tin <-n, -n> [kro'a:tə, kro'a:tɪn] *m, f* Croat; *s. a.* **Deutsche(r)**
Kro·a·ti·en <-s> [kro'a:tsiən] *nt* Croatia; *s. a.* **Deutschland**
kro·a·tisch [kro'a:tɪʃ] *adj* Croatian; *s. a.* **deutsch**
kroch [krɔx] *imp von* **kriechen**
Kro·kant <-s> [kro'kant] *m kein pl* KOCHK ❶ *(Masse)* chopped and caramelized nuts ❷ *(gefüllte Praline)* [praline filled with] cracknel
Kro·ket·te <-, -n> [kro'kɛtə] *f* croquette
Kro·ko·dil <-s, -e> [kroko'di:l] *nt* crocodile
Kro·ko·dil·le·der *nt* crocodile leather
Kro·ko·dils·trä·nen *pl (fam)* crocodile tears *pl*
Kro·kus <-, - *o* -se> ['kro:kʊs, *pl* -ʊsə] *m* crocus
Kro·ne <-, -n> ['kro:nə] *f* ❶ *(Kopfschmuck, Zahnkrone)* crown ❷ *(Baumkrone)* top ❸ *(Währungseinheit: in Skandinavien)* krone; *(in der Tschechei)* crown ▶ **einen in der ~ haben** *(fam)* to have had one too many; **die ~ sein** *(fam)* to beat everything; **einer S.** *dat* **die ~ aufsetzen** *(fam)* to crown sth
krö·nen ['krø:nən] *vt* to crown
Kro·nen·kor·ken *m* crown cap
Kron·leuch·ter *m* chandelier **Kronprinz, -prin·zes·sin** *m, f* ❶ *(Thronfolger)* crown prince *masc*, crown princess *fem* ❷ *(fig)* heir apparent
Krö·nung <-, -en> *f* ❶ *(Höhepunkt)* high point ❷ *(das Krönen)* coronation
Kron·zeu·ge, -zeu·gin *m, f* **~ sein** to give King's/Queen's evidence

---

Kritik äußern

kritisieren, negativ bewerten	criticizing, evaluating negatively
Das gefällt mir gar nicht.	*I don't like this at all.*
Das sieht aber nicht gut aus.	*This doesn't look good.*
Das hätte man aber besser machen können.	*That could have been done better.*
Dagegen lässt sich einiges sagen.	*Several things can be said about that.*
Da habe ich so meine Bedenken.	*I have my doubts about that.*

missbilligen	disapproving
Das kann ich nicht gutheißen.	*I don't approve of that.*
Das finde ich gar nicht gut von dir.	*That wasn't very nice of you (at all).*
Ich bin absolut dagegen.	*I'm completely opposed to it.*

Kropf <-[e]s, Kröpfe> [krɔpf, pl 'krœpfə] m ① (*Schilddrüsenvergrößerung*) goitre ② ORN crop ▶ **so unnötig wie ein ~ sein** (*fam*) to be totally unnecessary

kross^RR, **kroß**^ALT [krɔs] I. *adj* crusty II. *adv* crustily

Krö·sus <-, -se> ['krø:zʊs] m (*reicher Mensch*) Croesus ▶ **doch kein ~ sein** (*fam*) to not be made of money

Krö·te <-, -n> ['krø:tə] f ① ZOOL toad ② pl (*sl: Geld*) pennies pl ③ (*pej: Kind*) brat

Krü·cke <-, -n> ['krʏkə] f ① (*Stock*) crutch; **an ~n gehen** to walk on crutches ② (*sl: Nichtskönner*) washout

Krück·stock m walking stick

Krug¹ <-[e]s, Krüge> [kru:k, pl 'kry:gə] m ① (*Gefäß*) jug ② (*Trinkgefäß aus Glas*) tankard; (*Stein~*) stein ▶ **der ~ geht so lange zum Brunnen, bis er bricht** (*prov*) what goes around comes around

Krug² <-es, Krüge> [kru:k, pl 'kry:gə] m NORDD (*Gasthaus*) inn

Kru·me <-, -n> ['kru:mə] f (*geh: Krümel*) crumb

Krü·mel <-s, -> ['kry:ml̩] m ① (*Brösel*) crumb ② DIAL (*fam: kleines Kind*) tiny tot

krü·me·lig ['kry:məlɪç] *adj* crumbly

krü·meln ['kry:ml̩n] vi ① (*Krümel machen*) to make crumbs ② (*leicht zerbröseln*) to crumble; ■ **~d** crumbly

krumm [krʊm] I. *adj* ① (*verbogen*) crooked; **~ und schief** askew ② (*gebogen*) *Nase* hooked; *Rücken* hunched; *Beine* bandy ③ (*pej fam: unehrlich*) crooked; **ein ~es Ding drehen** to pull off sth crooked; **es auf die ~e Tour versuchen** to try to fiddle sth ④ (*nicht rund*) odd II. *adv* **etw ~ biegen** to bend sth; **~ gehen** to walk with a stoop; **~ sitzen/stehen** to slouch

krüm·men ['krʏmən] I. vt ① (*biegen*) to bend; **den Rücken ~** to arch one's back; **die Schultern ~** to slouch one's shoulders ② MATH, PHYS ■ **gekrümmt** curved II. vr ① (*eine Biegung machen*) ■ **sich ~** *Fluss* to wind; *Straße* to bend ② (*sich beugen*) ■ **sich ~** to bend; **sich vor Schmerzen ~** to writhe in pain; ■ **sich [vor Lachen] ~** to double up [with laughter]

krumm|la·chen vr (*fam*) ■ **sich ~** to laugh one's head off (**über** at); ■ **sich krumm- und schieflachen** to split one's sides laughing **krumm|neh·men** vt (*fam*) ■ **[jdm] etw ~** to take offence at sth [sb said or did]

Krüm·mung <-, -en> f ① (*Biegung*) bend; (*Weg*) turn ② MED, SCI curvature

Krüp·pel <-s, -> ['krʏpl̩] m cripple; **jdn zum ~ schlagen/schießen** to cripple sb

Krus·te <-, -n> ['krʊstə] f crust; (*Bratenkruste*) crackling

Krus·ten·tier nt crustacean

Kru·zi·fix <-es, -e> ['kru:tsifɪks] nt crucifix

Kru·zi·tür·ken [krutsi'tʏrkn̩] *interj* (*sl*) bloody hell! BRIT, damn it! AM

Kryp·ta <-, Krypten> ['krʏpta, pl -tən] f crypt

KSZE <-> [ka:?ɛstsɛt'ʔe:] f kein pl Abk von **Konferenz über Sicherheit und Zusammenarbeit in Europa** CSCE

Kto. Abk von **Konto** acc. BRIT, acct. AM, a/c AM

Ku·ba <-s> ['ku:ba] nt Cuba

Ku·ba·ner(in) <-s, -> [ku'ba:nɐ] m(f) Cuban; s. a. **Deutsche(r)**

ku·ba·nisch [ku'ba:nɪʃ] *adj* Cuban; s. a. **deutsch**

Kü·bel <-s, -> ['ky:bl̩] m ① (*großer Eimer*) bucket ② (*Pflanz~*) container ▶ **[wie] aus/in/mit ~n regnen** to rain [in] buckets

Ku·ben ['ku:bən] pl von **Kubus**

Ku·bik·me·ter [ku'bi:k-] m o nt cubic metre **Ku·bik·wur·zel** f cube root **Ku·bik·zahl** f cube number **Ku·bik·zen·ti·me·ter** m cubic centimetre

ku·bisch ['ku:bɪʃ] *adj* cubic

Ku·bis·mus <-> [ku'bɪsmʊs] m kein pl cubism

ku·bis·tisch *adj* cubist

Ku·bus <-, Kuben o -> ['ku:bʊs, pl ku:bən] m (*geh*) cube

Kü·che <-, -n> ['kʏçə] f kitchen

Ku·chen <-s, -> ['ku:xn̩] m cake

Ku·chen·blech nt baking sheet

Kü·chen·chef(in) m(f) chef

Ku·chen·di·a·gramm nt pie chart **Ku·chen·form** f baking tin **Ku·chen·ga·bel** f pastry fork

Kü·chen·herd m cooker BRIT, stove AM **Kü·chen·ma·schi·ne** f food processor **Kü·chen·mes·ser** nt kitchen knife **Kü·chen·rol·le** f kitchen roll **Kü·chen·scha·be** f cockroach

Ku·chen·teig m cake mixture

Kü·cken <-s, -> ['kʏkn̩] nt ÖSTERR (*Küken*) chick

ku·cken ['kʊkn̩] vi NORDD (*fam*) s. **gucken**

ku·ckuck ['kʊkʊk] *interj* cuckoo

Ku·ckuck <-s, -e> ['kʊkʊk] m ORN cuckoo ▶ **[das] weiß der ~!** (*fam*) God only knows!; **zum ~ [noch mal]!** (*fam*) damn it!

Ku·ckucks·ei nt ① ORN cuckoo's egg ② (*fam*) unpleasant surprise **Ku·ckucks·uhr** f cuckoo clock

Kud·del·mud·del <-s> m o nt kein pl

(*fam*) muddle; (*Unordnung*) mess; (*Verwirrung*) confusion

Ku·fe <-, -n> ['kuːfə] *f* *eines Schlittens* runner; *eines Schlittschuhs* blade

Ku·gel <-, -n> ['kuːgl̩] *f* ❶ MATH sphere ❷ SPORT ball; (*Kegelkugel*) bowl ❸ (*Geschoss*) bullet ▶ **eine ruhige ~ schieben** (*fam*) to have a cushy time *sl*

ku·gel·för·mig *adj* spherical **Ku·gel·ge·lenk** *nt* ball-and-socket joint **Ku·gel·la·ger** *nt* ball bearing

ku·geln ['kuːgl̩n] *vi sein* ■ *irgendwohin ~* to roll somewhere ▶ **zum K~ sein** (*fam*) to be hilarious

ku·gel·rund ['kuːgl̩'rʊnt] *adj* ❶ (*kugelförmig*) ■ *~ sein* to be round as a ball ❷ (*fam: feist und rundlich*) tubby **Ku·gel·schreiber** *m* ballpoint, Biro® BRIT, Bic® AM **ku·gel·si·cher** *adj* bullet-proof **Ku·gel·sto·ßen** <-s> *nt kein pl* shot put

Kuh <-, Kühe> [kuː, *pl* 'kyːə] *f* ❶ ZOOL cow ❷ (*pej fam: Frau*) bitch; **blöde ~** stupid cow BRIT

Kuh·dorf *nt* (*pej fam*) one-horse town **Kuh·fla·den** *m* cow-pat BRIT, cow patty AM **Kuh·han·del** *m* (*pej fam*) horse trade **Kuh·haut** *f* cowhide ▶ **das geht auf keine ~** (*sl*) that's going too far *fam* **Kuh·hir·te, -hir·tin** *m, f* cowherd, cowboy *masc* AM, cowgirl *fem* AM

kühl [kyːl] I. *adj* ❶ (*recht kalt*) cool; **draußen wird es ~** it's getting chilly outside ❷ (*reserviert*) cool II. *adv* ❶ (*recht kalt*) *etw ~ lagern* to store sth in a cool place ❷ (*reserviert*) coolly

Kühl·an·la·ge *f* cold-storage plant **Kühl·box** *f* cooler

Küh·le <-> ['kyːlə] *f kein pl* (*geh*) ❶ (*kühle Beschaffenheit*) cool ❷ (*Reserviertheit*) coolness

Kuh·le <-, -n> ['kuːlə] *f* hollow

küh·len ['kyːlən] I. *vt* to chill II. *vi* to cool

Küh·ler <-s, -> ['kyːlɐ] *m* bonnet

Küh·ler·hau·be *f* bonnet BRIT, hood AM **Kühl·flüs·sig·keit** *f* coolant **Kühl·haus** *nt* refrigerated storage building **Kühl·raum** *m* refrigerated storage room **Kühl·schrank** *m* refrigerator, fridge *fam* **Kühl·ta·sche** *f* cool bag **Kühl·tru·he** *f* freezer chest **Kühl·turm** *m* cooling tower

Küh·lung <-, -en> ['kyːlʊŋ] *f* cooling; **zur ~** to cool down

Kühl·wa·gen *m* ❶ BAHN refrigerator wagon ❷ (*Lkw mit Kühlaggregat*) refrigerator truck **Kühl·was·ser** *nt kein pl* coolant

Kuh·milch *f* cow's milk **Kuh·mist** *m* cow dung

kühn [kyːn] I. *adj* ❶ (*wagemutig*) brave ❷ (*gewagt*) bold II. *adv* **eine geschwungene Nase** an aquiline nose

Kühn·heit <-, -en> *f* ❶ *kein pl* (*Wagemut*) bravery ❷ *kein pl* (*Gewagtheit*) boldness ❸ (*Dreistigkeit*) audacity

Kuh·stall *m* cowshed

Kü·ken <-s, -> ['kyːkn̩] *nt* chick

ku·lant [ku'lant] *adj* obliging

Ku·lanz <-> [ku'lants] *f kein pl* willingness to oblige

Ku·li¹ <-s, -s> ['kuːli] *m* (*fam*) Biro® BRIT, Bic® AM

Ku·li² <-s, -s> ['kuːli] *m* (*fam: Knecht*) slave, BRIT *also* dogsbody

ku·li·na·risch [kuli'naːrɪʃ] *adj* culinary

Ku·lis·se <-, -n> [ku'lɪsə] *f* ❶ THEAT scenery ❷ (*Hintergrund*) backdrop ▶ **hinter die ~n blicken** to look behind the scenes; **nur ~ sein** (*pej fam*) to be merely a facade

Kul·ler·au·gen *pl* (*fam*) big wide eyes *pl*

kul·lern ['kʊlɐn] *vi sein* (*fam*) to roll

Kult <-[e]s, -e> [kʊlt] *m* cult

Kult·fi·gur *f* MEDIA cult figure **Kult·film** *m* cult film

kul·tisch *adj* ritual

kul·ti·vie·ren* [kʊlti'viːrən] *vt* to cultivate

kul·ti·viert [kʊlti'viːɐ̯t] I. *adj* ❶ (*gepflegt*) refined ❷ (*von feiner Bildung*) ■ *~ sein* to be cultured II. *adv* ❶ (*gepflegt*) sophisticatedly ❷ (*zivilisiert*) in a refined manner

Kul·ti·vie·rung <-, -en> [kʊlti'viːrʊŋ] *f* cultivation

Kult·se·rie *f* TV cult series

Kult·stät·te *f* place of ritual worship

Kul·tur <-, -en> [kʊl'tuːɐ̯] *f* ❶ (*Zivilisation*) civilization ❷ *kein pl* (*Zivilisationsniveau*) culture ❸ FORST, HORT (*angebauter Bestand*) plantation ❹ BIOL (*gezüchtete Mikroorganismen*) culture ❺ *kein pl* BIOL (*das Kultivieren*) cultivation

Kul·tur·aus·tausch *m* cultural exchange **Kul·tur·ba·nau·se** *m* (*pej fam*) philistine **Kul·tur·beu·tel** *m* toilet [*or* AM toiletries] bag **Kul·tur·denk·mal** *nt* cultural monument

kul·tu·rell [kʊltuˈrɛl] I. *adj* cultural II. *adv* culturally

Kul·tur·ge·schich·te *f kein pl* cultural history **Kul·tur·gut** *nt* cultural asset **Kul·tur·haupt·stadt** *f* cultural capital **Kul·tur·kreis** *m* cultural environment **Kul·tur·land·schaft** *f* ❶ (*vom Menschen veränderte Naturlandschaft*) artificial landscape ❷ (*fig*) cultural scene **Kul·tur·po·li·tik** *f kein pl* cultural and educational policy **Kul·tur·re·vo·lu·ti·on** *f* POL cultural revo-

lution **Kul·tur·schock** *m* culture shock **Kul·tur·stu·fe** *f* level of civilization **Kul·tur·volk** *nt* civilized nation **Kul·tur·zen·trum** *nt* ❶ (*Ort des kulturellen Lebens*) cultural centre ❷ (*Anlage mit kulturellen Einrichtungen*) arts centre
Kul·tus·mi·nis·ter(in) *m(f)* Minister of Education and the Arts BRIT, Secretary of Education and Cultural Affairs AM
Kul·tus·mi·nis·te·ri·um *nt* Ministry of Education and the Arts BRIT, Department of Education and Cultural Affairs AM
Küm·mel <-s, -> ['kʏml] *m* caraway
Kum·mer <-s> ['kʊmɐ] *m kein pl* ❶ (*Betrübtheit*) grief ❷ (*Unannehmlichkeiten*) problem; ~ **haben** to have worries; **jdm ~ machen** to cause sb trouble
küm·mer·lich ['kʏmɐlɪç] I. *adj* ❶ (*pej: armselig*) miserable; *Mahlzeit* paltry ❷ (*miserabel*) pitiful ❸ (*unterentwickelt*) puny II. *adv* (*notdürftig*) in a miserable way
küm·mern ['kʏmɐn] I. *vt* ■ *etw/jd* **kümmert jdn** sth/sb concerns sb; **was kümmert mich das?** what concern is that of mine? II. *vi* (*schlecht gedeihen*) to become stunted III. *vr* ❶ (*sich jds annehmen*) ■ **sich um jdn ~** to look after sb ❷ (*etw besorgen*) ■ **sich um etw** *akk* **~** to take care of sth; ■ **sich darum ~, dass ...** to see to it that ...; **kümmere dich um deine eigenen Angelegenheiten** mind your own business

Kum·mer·speck *m* (*hum fam*) excess weight due to emotional problems **kum·mer·voll** *adj* (*geh*) sorrowful
Kum·pan(in) <-s, -e> [kʊmˈpaːn] *m(f)* (*pej fam*) pal
Kum·pel <-s, -> *m* ❶ (*Bergmann*) miner ❷ (*fam: Kamerad*) mate BRIT, buddy AM
kum·pel·haft I. *adj* matey *fam*, chummy *fam* II. *adv* matily *fam*, chummily *fam*
künd·bar ['kʏntbaːɐ̯] *adj* terminable; *Arbeitsvertrag* subject to termination
Kun·de[1] <-, *selten* -en> ['kʊndə] *f* (*veraltend geh*) tidings *npl*
Kun·de, Kun·din[2] <-n, -n> ['kʊndə, 'kʊndɪn] *m, f* customer
Kun·den·be·fra·gung *f* ÖKON customer survey [*or* enquiry] **Kun·den·be·ra·tung** *f* customer advisory service **Kun·den·be·treu·er(in)** *m(f)* (*bei Hotlines, in Callcentern*) customer service officer; (*in Banken*) account manager **Kun·den·dienst** *m* ❶ *kein pl* (*Service*) after-sales service ❷ (*Stelle für Service*) customer support office **Kun·den·kar·te** *f* store card **Kun·den·num·mer** *f* customer account number **Kun·den·stamm** *m* regular clientele
kund|ge·ben *vt irreg* (*geh*) ■ **|jdm| etw ~** to make sth known [to sb]
Kund·ge·bung <-, -en> *f* rally
kun·dig ['kʊndɪç] *adj* ❶ (*geh: sach~*) knowledgeable ❷ (*veraltend geh: etw beherrschen*) ■ **einer S.** *gen* **~ sein** to be an adept at sth
kün·di·gen ['kʏndɪɡn̩] I. *vt* ❶ (*Arbeitsverhältnis beenden*) ■ **etw ~** to hand in one's notice ❷ (*die Aufhebung von etw anzeigen*) to terminate; **ich habe meine Wohnung gekündigt** I've given the landlady notice that I'm vacating [the flat] ❸ (*die Entlassung ankündigen*) ■ **jdn ~** to dismiss sb; **jdn fristlos ~** to dismiss sb instantly II. *vi* ❶ (*das Ausscheiden ankündigen*) ■ **[bei einer Firma]** ~ to hand in one's notice [in a company] ❷ (*die Entlassung ankündigen*) ■ **jdm ~** to give sb his/her notice ❸ JUR ■ **jdm ~** to give sb notice to quit
Kün·di·gung <-, -en> *f* ❶ (*das Kündigen*) cancelling ❷ JUR cancellation ❸ (*Beendigung des Arbeitsverhältnisses durch den Arbeitnehmer*) handing in one's notice; (*durch den Arbeitgeber*) dismissal
Kün·di·gungs·frist *f* period of notice **Kün·di·gungs·grund** *m* grounds for giving notice
Kun·din <-, -nen> *f fem form von* **Kunde**
Kund·schaft <-, -en> ['kʊntʃaft] *f* customers *pl*; (*bei Dienstleistungen*) clientele
Kund·schaf·ter(in) <-s, -> *m(f)* MIL (*veraltend*) scout
kund|tun *vt irreg* (*veraltend geh*) ■ **|jdm| etw ~** to make sth known [to sb]
künf·tig ['kʏnftɪç] I. *adj* future II. *adv* in future
Kunst <-, Künste> [kʊnst, *pl* 'kʏnstə] *f* art ▶ **das ist die ganze ~** that's all there is to it; **keine ~ sein** (*fam*) to be easy
Kunst·aka·de·mie *f* art college **Kunst·aus·stel·lung** *f* art exhibit[ion] **Kunst·denk·mal** *nt* artistic historical monument **Kunst·dün·ger** *m* artificial fertilizer **Kunst·fa·ser** *f* synthetic fibre **Kunst·feh·ler** *m* professional error **kunst·fer·tig** I. *adj* skilful II. *adv* skilfully **Kunst·fer·tig·keit** *f* skill, skilfulness **Kunst·flug** *m* aerobatics + *sing vb* **Kunst·gat·tung** *f* genre **Kunst·ge·gen·stand** *m* objet d'art **Kunst·ge·schich·te** *f* ❶ *kein pl* (*Geschichte der Kunst*) art history ❷ (*Werk über ~*) work on the history of art **Kunst·ge·wer·be** *nt kein pl* ❶ (*Wirtschaftszweig*) arts and crafts ❷ (*kunstgewerbliche*

Gegenstände) crafts **Kunst·griff** *m* trick
Kunst·han·del *m* art trade **Kunst·händ·ler(in)** *m(f)* art dealer **Kunst·hand·werk** *nt kein pl* craft[work] *no pl*
Kunst·his·to·ri·ker(in) *m(f)* art historian
Kunst·le·der *nt* imitation leather
Künst·ler(in) <-s, -> ['kʏnstlɐ] *m(f)* [visual] artist
künst·le·risch ['kʏnstlərɪʃ] *adj* artistic
Künst·ler·na·me *m* pseudonym; *eines Schauspielers* stage name **Künst·ler·pech** *nt kein pl* (*hum fam*) hard luck *no pl*
künst·lich ['kʏnstlɪç] **I.** *adj* artificial **II.** *adv* ❶ (*fam: beabsichtigt*) affectedly; **rege dich doch nicht ~ auf, so schlimm ist es nicht!** stop making out you're upset, it's not that bad! ❷ (*industriell*) artificially ❸ (*mit Hilfe von Apparaten*) artificially
kunst·los <-er, -este> *adj* purely functional
Kunst·ma·ler(in) *m(f)* (*geh*) artist, painter
Kunst·pau·se *f* deliberate pause **Kunst·rich·tung** *f* trend in art **Kunst·samm·lung** *f* art collection **Kunst·sei·de** *f* imitation silk **Kunst·stoff** *m* synthetic material **Kunst·stück** *nt* ❶ (*artistische Leistung*) trick ❷ (*schwierige Leistung*) feat; **das ist doch kein ~!** there's nothing to it! **Kunst·tur·nen** *nt* gymnastics + *sing vb* **kunst·ver·stän·dig** *adj* appreciative of art **kunst·voll I.** *adj* elaborate **II.** *adv* ornately **Kunst·werk** *nt* work of art
kun·ter·bunt ['kʊntɐbʊnt] **I.** *adj* ❶ (*vielfältig*) varied ❷ (*sehr bunt*) multi-coloured ❸ (*wahllos gemischt*) motley; **ein ~es Durcheinander** a jumble **II.** *adv* (*ungeordnet*) ~ **durcheinander** completely jumbled up
Kup·fer <-s, -> ['kʊpfɐ] *nt* copper *no pl*
Kup·fer·berg·werk *nt* copper mine **Kup·fer·draht** *m* copper wire
kup·fer·hal·tig *adj* containing copper *pred*
kup·fern ['kʊpfɐn] *adj* copper
Kup·fer·schmied(in) *m(f)* coppersmith **Kup·fer·schmie·de** *f* coppersmith **Kup·fer·stich** *m* copperplate engraving
Ku·pon <-s, -s> [ku'põː] *m* s. **Coupon**
Kup·pe <-, -n> ['kʊpə] *f* ❶ (*Berg~*) [rounded] hilltop ❷ (*Finger~*) tip
Kup·pel <-, -n> ['kʊpl̩] *f* dome
Kup·pe·lei <-, -en> [kʊpə'lai̯] *f* procuration
kup·peln ['kʊpl̩n] **I.** *vi* AUTO to operate the clutch **II.** *vt* (*koppeln*) ■ **etw an etw** *akk* ~ to couple sth to sth
Kupp·ler(in) <-s, -> ['kʊplɐ] *m(f)* (*pej*) matchmaker

Kupp·lung <-, -en> ['kʊplʊŋ] *f* ❶ AUTO clutch ❷ (*Anhängevorrichtung*) coupling
Kur <-, -en> [kuːɐ̯] *f* course of treatment; **in ~ fahren** to go to a health resort
Kür <-, -en> [kyːɐ̯] *f* free style
Ku·ra·to·ri·um <-s, -rien> [kura'toːri̯ʊm, *pl* -riən] *nt* board of trustees
Kur·auf·ent·halt *m* stay at a health resort
Kur·bel <-, -n> ['kʊrbl̩] *f* crank
kur·beln ['kʊrbl̩n] *vi, vt* to wind
Kur·bel·wel·le *f* crankshaft
Kür·bis <-ses, -se> ['kʏrbɪs] *m* pumpkin
Kür·bis·kern *m* pumpkin seed
Kur·de, Kur·din <-n, -n> ['kʊrdə, 'kʊrdɪn] *m, f* Kurd; *s. a.* **Deutsche(r)**
kur·disch ['kʊrdɪʃ] *adj* Kurdish; *s. a.* **deutsch**
Kur·dis·tan <-s> ['kʊrdɪstaːn] *nt* Kurdistan; *s. a.* **Deutschland**
kü·ren <kürte *o selten* kor, gekürt> ['kyːrən] *vt* (*geh*) ■ **jdn ~** to elect sb; **sie wurde von der Jury zur besten Eisläuferin gekürt** she was chosen by the judges as the best ice-skater
Kur·fürst *m* elector
Kur·gast *m* visitor to a health resort **Kur·haus** *nt* assembly rooms [at a health resort]
Ku·rier <-s, -e> [ku'riːɐ̯] *m* courier
Ku·rier·dienst *m* (*Dienstleistung*) courier service; (*Firma*) courier firm
ku·rie·ren* [ku'riːrən] *vt* to cure (**von** of)
ku·ri·os [ku'ri̯oːs] **I.** *adj* (*geh*) curious **II.** *adv* (*geh*) curiously
Ku·ri·o·si·tät <-, -en> [kuri̯ozi'tɛt] *f* (*geh*) ❶ (*Merkwürdigkeit*) oddity ❷ (*merkwürdiger Gegenstand*) curiosity
Kur·ort *m* health resort
Kur·pfalz <-> [kuːɐ̯'pfalts] *f* HIST ■ **die ~** the Electoral Palatinate
Kur·pfu·scher(in) *m(f)* (*pej fam*) quack
Kur·pfu·sche·rei [kuːɐ̯pfʊʃə'rai̯] *f kein pl* (*pej fam*) quackery
Kurs[1] <-es, -e> [kʊrs, *pl* 'kʊrzə] *m* ❶ (*Richtung*) course; **vom ~ abkommen** to deviate from one's/its course; **den/seinen ~ beibehalten** to maintain [one's] course; **den ~ wechseln** to change course ❷ (*Zielsetzung*) course; (*politische Linie*) policy; **jdn auf ~ bringen** to bring sb into line; **einen bestimmten ~ einschlagen** to take a certain course ❸ (*Wechselkurs*) exchange rate ❹ BÖRSE price; **hoch im ~ [bei jdm] stehen** (*a. fig*) to be very popular [with sb]; **im ~ fallen** to fall in price
Kurs[2] <-es, -e> [kʊrs, *pl* 'kʊrzə] *m* (*Lehrgang*) course

Kụrs·buch *nt* [railway] timetable
Kụr·se ['kʊrzə] *pl von* **Kursus**
Kụrs·ein·bruch *f* slump in prices **Kụrs·ge·winn** *m* ÖKON gain
kur·sie·ren* [kʊr'ziːrən] *vi* ❶ (*umgehen*) to circulate ❷ (*umlaufen*) to be in circulation
kur·siv [kʊr'ziːf] I. *adj* italic II. *adv* in italics
Kur·si·ve <-, -n> [kʊr'ziːvə] *f*, **Kur·siv·schrift** [kʊr'ziːf-] *f* italics
Kụrs·no·tie·rung *f* quoted price
kur·so·risch [kʊr'zoːrɪʃ] (*geh*) I. *adj* cursory II. *adv* cursorily
Kụrs·schwan·kun·gen *pl* BÖRSE price fluctuations **Kụrs·teil·neh·mer(in)** *m(f)* participant in a course
Kụr·sus <-, Kurse> ['kʊrzʊs, *pl* 'kʊrzə] *m* (*geh*) *s.* **Kurs²**
Kụrs·ver·lust *m* price loss **Kụrs·wech·sel** *m* change of course
Kur·ti·sa·ne <-, -n> [kʊrti'zaːnə] *f* courtesan
Kụr·ve <-, -n> ['kʊrvə] *f* ❶ TRANSP bend; **aus der ~ fliegen** (*fam*) to leave the road on the bend; **sich in die ~ legen** to lean into the bend; **eine ~ machen** to bend ❷ (*gekrümmte Linie*) curve ❸ *pl* (*fam: Körperrundung*) curves *pl* ▸ **die ~ kratzen** (*fam*) to clear off

kụr·ven ['kʊrvn̩] *vi sein* (*fam*) ❶ (*sich in einer gekrümmten Linie bewegen*) to turn ❷ (*ziellos fahren*) ▪ **durch etw** *akk* ~ to drive around sth
kụr·ven·reich *adj*, **kur·vig** ['kʊrvɪç] *adj* curvy
kurz <kürzer, kürzeste> [kʊrts] I. *adj* ❶ (*räumlich*) short ❷ (*zeitlich*) brief, short ❸ (*knapp*) brief ▸ **den Kürzeren ziehen** (*fam*) to come off worst II. *adv* ❶ (*räumlich*) short; [jdm] **etw kürzer machen** MODE to shorten sth [for sb] ❷ (*zeitlich*) for a short time; **etw ~ braten** to flash-fry sth; **jdn ~ sprechen** to have a quick word with sb; **bis vor ~em** up until a short while ago; **vor ~em** a short while ago; **~ bevor** just before; **~ gesagt** in a word; **~ nachdem** shortly after; **über ~ oder lang** sooner or later ▸ **~ angebunden sein** (*fam*) to be abrupt; **~ entschlossen** without a moment's hesitation; **~ und gut** in a word; **~ und schmerzlos** (*fam*) quick and painlessly; [**bei etw** *dat*] **zu ~ kommen** to lose out [with sth]
Kụrz·ar·beit *f kein pl* short-time work
kụrz|ar·bei·ten *vi* to work short-time
kụrz·är·me·lig *adj*, **kụrz·ärm·lig** *adj* short-sleeved **kụrz·at·mig** *adj* short-winded

Kụ̈r·ze <-, *selten* -n> ['kʏrtsə] *f* shortness; **in aller ~** very briefly
Kụ̈r·zel <-s, -> ['kʏrtsl̩] *nt* ❶ (*stenografisches ~*) shorthand symbol ❷ (*Kurzwort*) abbreviation
kụ̈r·zen ['kʏrtsn̩] *vt* ❶ (*Länge/Umfang verringern*) to shorten; **können Sie mir die Hose um einen Zentimeter ~?** can you shorten these trousers for me by a centimetre?; **die gekürzte Fassung eines Buches** the abridged edition of a book ❷ (*verringern*) to cut, to reduce ❸ MATH **einen Bruch ~** to reduce a fraction
kụr·zer·hand ['kʊrtsɐ'hant] *adv* there and then
Kụrz·fas·sung *f* abridged version **Kụrz·film** *m* short film **Kụrz·form** *f* shortened form
kụrz·fris·tig ['kʊrtsfrɪstɪç] I. *adj* ❶ (*innerhalb kurzer Zeit erfolgend*) at short notice ❷ (*für kurze Zeit geltend*) short-term II. *adv* ❶ (*innerhalb kurzer Zeit*) within a short [period of] time ❷ (*für kurze Zeit*) briefly
Kụrz·ge·schich·te *f* short story **kụrz·haa·rig** *adj* short-haired **kụrz·le·big** ['kʊrtsleːbɪç] *adj* ❶ (*nicht lange lebend*) *a.* MODE short-lived ❷ (*nicht lange haltend*) non-durable
kụ̈rz·lich ['kʏrtslɪç] *adv* not long ago
Kụrz·mel·dung *f* newsflash **Kụrz·nach·rich·ten** *pl* news in brief + *sing vb* **Kụrz·rei·se** *f* short trip
kụrz|schlie·ßen *irreg* I. *vt* to short-circuit II. *vr* ▪ **sich mit jdm ~** to get in touch with sb
Kụrz·schlussᴿᴿ <-es, Kurzschlüsse> *m*, **Kụrz·schluß**ᴬᴸᵀ <-sses, Kurzschlüsse> *m* ❶ ELEK short-circuit ❷ (*Affekthandlung*) moment of madness **Kụrz·schluss·hand·lung**ᴿᴿ *f*, **Kụrz·schluss·re·ak·ti·on**ᴿᴿ *f* knee-jerk reaction **Kụrz·schrift** *f* shorthand **kụrz·sich·tig** I. *adj* ❶ (*an Kurzsichtigkeit leidend*) short [*or esp* AM near]-sighted ❷ (*einen begrenzten Horizont habend*) short-sighted II. *adv* (*beschränkt*) in a short-sighted manner **Kụrz·sich·tig·keit** <-, -en> *f* short-sightedness **Kụrz·stre·cken·flug** *m* short-haul flight
kụrz·um [kʊrts'ʔʊm] *adv* in short
Kụ̈r·zung <-, -en> *f* ❶ (*das Kürzen*) abridgement ❷ FIN cut
Kụrz·ur·laub *m* short holiday **Kụrz·wa·ren** *pl* haberdashery BRIT, dry goods AM **Kụrz·wa·ren·ge·schäft** *nt* haberdashery [shop] BRIT, dry goods store AM **Kụrz·wel·le** *f* short wave

Kurz·zeit·ge·dächt·nis *m* short-term memory

kurz·zei·tig I. *adj* short-term, brief II. *adv* brief, briefly, for a short time

ku·sche·lig [ˈkuʃəlɪç] *adj* cosy

ku·scheln [ˈkʊʃln̩] I. *vr* ▪ **sich an jdn ~** to cuddle up to sb; ▪ **sich in etw** *akk* **~** to snuggle up in sth II. *vi* ▪ **[mit jdm] ~** to cuddle up to [sb]

Ku·schel·rock <-s, -> *m kein pl* MUS soft rock **Ku·schel·tier** *nt* cuddly toy

ku·schen [ˈkʊʃn̩] *vi* ▪ **[vor jdm] ~** to obey [sb]

Ku·si·ne <-, -n> [kuˈziːnə] *f fem form von* **Cousin** cousin

Kuss^RR <-es, Küsse> *m*, **Kuß**^ALT <-sses, Küsse> [kʊs, *pl* ˈkʏsə] *m* kiss

Küss·chen^RR, **Küß·chen**^ALT <-s, -> [ˈkʏsçən] *nt* brief kiss, peck; **gib ~!** give us a kiss!

kuss·echt^RR *adj* kiss-proof

küs·sen [ˈkʏsn̩] *vt, vi* to kiss

Küs·te <-, -n> [ˈkʏstə] *f* coast

Küs·ten·be·woh·ner(in) *m(f)* coastal inhabitant **Küs·ten·ge·biet** *nt* coastal area **Küs·ten·ge·wäs·ser** *pl* coastal waters *pl* **Küs·ten·schif·fahrt**^ALT, **Küs·ten·schiff·fahrt**^RR *f kein pl* coastal shipping *no pl* **Küs·ten·schutz** *m* coastal protection

Küs·ter(in) <-s, -> [ˈkʏstɐ] *m(f)* sexton

Kus·to·de, **Kus·to·din** <-n, -n> [kʊsˈtoːdə, kʊsˈtoːdɪn] *m, f*, **Kus·tos** <-, Kustoden> [ˈkʊstɔs, *pl* kʊsˈtoːdən] *m* curator

Kut·sche <-, -n> [ˈkʊtʃə] *f* carriage

Kut·scher(in) <-s, -> [ˈkʊtʃɐ] *m(f)* coachman

kut·schie·ren* [kʊtˈʃiːrən] I. *vi sein (fam)* ▪ **irgendwohin ~** to go for a drive somewhere II. *vt haben (fam)* ▪ **jdn irgendwohin ~** to give sb a lift somewhere

Kut·te <-, -n> [ˈkʊtə] *f* habit

Kut·tel <-, -n> [ˈkʊtl̩] *f meist pl* tripe *sing*

Kut·ter <-s, -> [ˈkʊtɐ] *m* cutter

Ku·vert <-s, -s *o* -[e]s, -e> [kuˈveːɐ̯] *nt* envelope

Ku·wait <-s> [kuːˈvaɪ̯t] *nt* Kuwait; *s. a.* **Deutschland**

Ku·wai·ter(in) *m(f)* Kuwaiti; *s. a.* **Deutsche(r)**

ku·wai·tisch [kuˈvaɪ̯tɪʃ] *adj* Kuwaiti; *s. a.* **deutsch**

kV [kaːˈfaʊ̯] *Abk von* **Kilovolt** kV

kW <-, -> [kaːˈveː] *nt Abk von* **Kilowatt** kW

KW <-, -s> [kaːˈveː] *f Abk von* **Kalenderwoche** week no.

kWh <-, -> [kaːveːˈhaː] *f Abk von* **Kilowattstunde** kWh

Ky·ber·ne·tik <-> [kybɛrˈneːtɪk] *f kein pl* cybernetics + *sing vb*

KZ <-s, -s> [kaːˈtsɛt] *nt Abk von* **Konzentrationslager**

L

L, l <-, - o fam -s, -s> [ɛl] nt L, l; s. a. **A 1**
l [ɛl] Abk von **Liter** l
lab·be·rig ['labərɪç] adj, **labb·rig** ['labrɪç] adj DIAL (fam) ❶ (fade) watery ❷ (schlaff) sloppy
la·ben ['la:bn̩] vr (geh) ■sich [an etw dat] ~ to feast [on sth]
la·bern ['la:bɐn] I. vi (pej fam) to prattle on (**über** about) II. vt (pej fam) to talk
la·bil [la'bi:l] adj ❶ MED Gesundheit, Kreislauf etc. poor ❷ (geh: instabil) a. PSYCH unstable
La·bi·li·tät <-, selten -en> [labili'tɛ:t] f ❶ MED frailty ❷ (geh: Instabilität) a. PSYCH instability
La·bor <-s, -s o -e> [la'bo:ɐ̯] nt laboratory
La·bo·rant(in) <-en, -en> [labo'rant] m(f) laboratory technician
La·bo·ra·to·ri·um <-s, -rien> [labora'to:riʊm, pl -riən] nt (geh) s. **Labor**
La·by·rinth <-[e]s, -e> [laby'rɪnt] nt maze
La·che¹ <-, -n> ['la(:)xə] f puddle
La·che² <-, -n> ['laxə] f (pej fam) laugh
lä·cheln ['lɛçl̩n] vi ❶ (freundlich lächeln) to smile ❷ (sich lustig machen) to smirk (**über** at)
Lä·cheln <-s> ['lɛçl̩n] nt kein pl smile
la·chen ['laxn̩] vi ❶ (auf-) to laugh (**über** at) ❷ (aus-) to laugh (**über** at) ▶**gut ~ haben** to be all right for sb to laugh; **wer zuletzt lacht, lacht am besten** (prov) he who laughs last, laughs longest
La·chen <-s> ['laxn̩] nt kein pl ❶ (Gelächter) laughter no pl ❷ (Lache) laugh
La·cher(in) <-s, -> ['laxɐ] m(f) **die ~ auf seiner Seite haben** to score by getting the laughs
Lach·er·folg m **ein ~ sein** to make everyone laugh
lä·cher·lich ['lɛçɐlɪç] I. adj ❶ (albern) ridiculous; **jdn/sich ~ machen** to make a fool of sb/oneself ❷ (geringfügig) trivial II. adv (sehr) ridiculously
Lä·cher·lich·keit <-, -en> f ❶ kein pl (Albernheit) ridiculousness no pl ❷ (Geringfügigkeit) triviality
Lach·gas nt laughing gas
lach·haft adj laughable
Lach·krampf m (fig) **einen ~ bekommen** to go into fits of laughter
Lachs <-es, -e> [laks] m salmon
lachs·far·ben adj, **lachs·far·big** adj salmon pink **Lachs·fo·rel·le** f sea trout
Lack <-[e]s, -e> [lak] m ❶ (Lackierung) paint[work] ❷ (Lackfarbe) gloss paint; (transparent) varnish
Lack·af·fe m (pej fam) dandy
la·ckie·ren* [la'ki:rən] vt a. Fingernägel to paint; Holz to varnish
La·ckie·rung <-, -en> f ❶ (das Lackieren) painting ❷ (aufgetragener Lack) paintwork
Lack·le·der <-s> nt patent leather no pl, no indef art
Lack·mus·pa·pier nt litmus paper
Lack·scha·den m damage to the paintwork **Lack·schuh** m patent leather shoe
La·de·flä·che f AUTO loading space **La·de·ge·rät** nt battery charger **La·de·hem·mung** f Feuerwaffe jam, stoppage; **~ ha·ben** to be jammed **La·de·hem·mung** f einer Feuerwaffe jam, stoppage; **~ haben** to be jammed **La·de·ka·bel** nt (für Handy- und Computerakkus) charging cable; (für Autobatterien) [battery] charger lead
la·den <lädt, lud, geladen> ['la:dn̩] I. vt ❶ (packen) a. INFORM to load (**auf** on[to], **in** in[to]), to unload (**aus** from) ❷ (sich aufbürden) ■**etw auf sich ~** to saddle oneself with sth ❸ (mit Munition versehen) to load (**mit** with) ❹ ELEK to charge (**mit** with) ❺ (geh: ein~) to invite (**zu** to); JUR (geh) to summon II. vi ❶ (mit Munition versehen) to load ❷ ELEK to charge ▶**geladen sein** (fam) to be hopping mad
La·den¹ <-s, Läden> ['la:dn̩, pl 'lɛ:dn̩] m ❶ (Geschäft) shop, AM usu store ❷ (fam: Betrieb) business ▶**den ~ schmeißen** (sl) to run the [whole] show
La·den² <-s, Läden o -> ['la:dn̩, pl 'lɛ:dn̩] m (Fenster~, Roll~) shutter
La·den·be·sit·zer(in) m(f) shopkeeper **La·den·dieb(in)** m(f) shoplifter **La·den·dieb·stahl** m shoplifting **La·den·hü·ter** m (pej) shelf warmer **La·den·ket·te** f chain of shops **La·den·preis** m retail price **La·den·schluss**ʳʳ m kein pl closing time **La·den·schluss·ge·setz**ʳʳ nt Hours of Trading Act **La·den·tisch** m shop [or AM usu store] counter
La·de·ram·pe f loading ramp **La·de·raum** m LUFT, NAUT cargo space
lä·die·ren* [lɛ'di:rən] vt to damage; **lä·diert sein** (hum) to be the worse for wear
La·dung¹ <-, -en> f ❶ (Fracht) load; eines Schiffes, Flugzeugs cargo ❷ (fam: größere Menge) load ❸ (Munition o Sprengstoff) a. ELEK, NUKL charge

La·dung² <-, -en> f JUR summons + *sing vb*
Laf·fe <-n, -n> ['lafə] m (*veraltend*) s. **Lackaffe**
lag [la:k] *imp von* **liegen**
La·ge <-, -n> ['la:gə] f ❶ (*landschaftliche Position*) location ❷ (*Liegeposition*) position ❸ (*Situation*) situation; **die ~ peilen** (*fam*) to see how the land lies; **zu etw** *dat* **in der ~ sein** to be in a position to do sth; **sich in jds ~ versetzen** to put oneself in sb's position ❹ (*Schicht*) layer
La·ge·be·richt m status report **La·ge·be·spre·chung** f discussion regarding the situation
La·ger <-s, -> ['la:gɐ] nt ❶ (*Waren~*) warehouse; **etw auf ~ haben** to have sth in stock; (*fig fam*) to have sth at the ready ❷ (*vorübergehende Unterkunft*) camp ❸ (*euph: Konzentrations~*) concentration camp ❹ (*ideologische Gruppierung*) camp ❺ TECH bearing
La·ger·be·stand m HANDEL stock [on hand] **La·ger·feu·er** nt campfire **La·ger·hal·le** f warehouse **La·ger·hal·tung** f storekeeping **La·ger·haus** nt warehouse
La·ge·rist(in) <-en, -en> [la:gə'rɪst] m(f) (*geh*) store supervisor
la·gern ['la:gɐn] I. *vt* ❶ (*aufbewahren*) to store ❷ MED to lay; **die Beine hoch ~** to lie with one's legs up II. *vi* ❶ (*aufbewahrt werden*) **dunkel/kühl ~** to be stored in the dark/a cold place ❷ (*liegen*) to lie (**auf** on) ❸ (*sich niederlassen*) to camp
La·ger·raum m ❶ (*Raum*) storeroom ❷ (*Fläche*) storage space **La·ger·stät·te** f ❶ (*geh: Schlafstätte*) bed ❷ GEOL deposit
La·ge·rung <-, -en> f ❶ (*das Lagern*) warehousing ❷ TECH (*Lager 5*) bearing
La·gu·ne <-, -n> [la'gu:nə] f lagoon
lahm [la:m] *adj* ❶ (*gelähmt*) Arm, Bein lame ❷ (*fam: steif*) stiff ❸ (*fam: ohne Schwung arbeitend*) sluggish ❹ (*fam: schwach*) lame; Erklärung feeble
Lahm·arsch m (*derb*) slowcoach BRIT, slowpoke AM **lahm·ar·schig** *adj* (*sl*) bloody idle BRIT, extremely slow AM
lah·men ['la:mən] *vi* to be lame (**auf** in)
läh·men ['lɛ:mən] *vt* to paralyse
lahm·le·gen *vt* ■ **etw ~** to bring sth to a standstill
Läh·mung <-, -en> f paralysis
Laib <-[e]s, -e> [laip, *pl* 'laibə] m *bes* SÜDD loaf; (*Käse*) block
Laich <-[e]s, -e> [laiç] m spawn
lai·chen ['laiçn] *vi* to spawn
Laie, Lai·in <-n, -n> ['laiə, 'laiin] m, f ❶ (*kein Experte*) layman ❷ REL lay person

Lai·en·dar·stel·ler(in) m(f) amateur actor [*or fem* actress]
lai·en·haft *adj* amateurish
Lai·en·spiel nt amateur play
Lai·in <-, -nen> f *fem form von* **Laie**
La·kai <-en, -en> [la'kai] m (a. *pej*) lackey
La·ke <-, -n> ['la:kə] f brine
La·ken <-s, -> ['la:kn] nt sheet
la·ko·nisch [la'ko:nɪʃ] *adj* laconic
La·krit·ze <-, -n> [la'krɪtsə] f, **La·kritz** <-es, -e> [la'krɪts] m DIAL liquorice
Lak·to·se <-> [lak'to:zə] f kein pl BIO, CHEM lactose
lak·to·se·frei I. *adj* lactose-free II. *adv* **sich** *akk* **~ ernähren** to be on a lactose-free diet; **~ kochen** to cook lactose-free
lal·len ['lalən] *vi*, *vt* to slur
La·ma¹ <-s, -s> ['la:ma] nt ZOOL llama
La·ma² <-[s], -s> ['la:ma] m REL lama
La·mäng <-> [la'mɛŋ] f kein pl ■ **aus der ~** (*hum fam*) off the top of one's head
La·mel·le <-, -n> [la'mɛlə] f ❶ (*dünne Platte*) slat ❷ (*Segment*) rib ❸ BOT lamella
la·men·tie·ren* [lamɛn'ti:rən] *vi* (*geh*) to complain (**wegen/über** about)
La·men·to <-s, -s> [la'mɛnto] nt (*geh*) lament
La·met·ta <-s> [la'mɛta] nt kein pl tinsel
Lamm <-[e]s, Lämmer> [lam, *pl* 'lɛmɐ] nt (a. *Fleisch*) lamb
Lamm·fell nt lambskin **Lamm·fleisch** nt lamb **lamm·fromm** *adj* as meek as a lamb **Lamm·ko·te·lett** nt KOCHK lamb chop
Lam·pe <-, -n> ['lampə] f lamp
Lam·pen·fie·ber nt stage fright **Lam·pen·schirm** m lampshade
Lam·pi·on <-s, -s> [lam'pjɔŋ, 'lampjɔŋ] m Chinese lantern
LAN <-[s], -[s]> [la:n] nt Abk von **Local Area Network** INFORM LAN
lan·cie·ren* [lã'si:rən] *vt* (*geh*) ❶ (*publik werden lassen*) Nachricht to leak ❷ (*auf den Markt bringen*) to launch ❸ (*Person*) to place
Land <-[e]s, Länder> [lant, *pl* 'lɛndɐ] nt ❶ (*Staat*) country, state, nation; **andere Länder, andere Sitten** every country has its own customs ❷ (*Bundes~*) federal state ❸ NAUT land; **~ in Sicht!** land ahoy!; **an ~ gehen** to go ashore; **jdn/etw an ~ ziehen** to pull sb/sth ashore; (*fig fam*) to land sth ❹ *kein pl* (*Gelände*) land ❺ *kein pl* (*ländliche Gegend*) country *no pl;* **auf dem ~ [e]** in the country
Land·adel m [landed] gentry **Land·ar·beit** f *kein pl* agricultural work *no pl*, no indef art
Land·ar·bei·ter(in) m(f) farm hand

land·auf [lant'?auf] *adv* (*geh*) ~, **landab** the length and breadth of the country
Land·be·sitz *m* landed property
Land·be·völ·ke·rung *f* rural population
Lan·de·bahn *f* runway
Lan·de·er·laub·nis *f* permission to land
land·ein·wärts [lant'?ainvɛrts] *adv* inland
Lan·de·klap·pe *f* [landing] flap
lan·den ['landn̩] **I.** *vi sein* ❶ (*niedergehen*) *Flugzeug, Raumschiff, Vogel* to land (**auf** on) ❷ NAUT to land ❸ (*fam: hingelangen o enden*) to end up ❹ (*fam: verbunden werden*) to get through (**bei** to) ❺ (*fam: Eindruck machen*) **mit deinen Schmeicheleien kannst du bei mir nicht** ~ your flattery won't get you very far with me **II.** *vt haben* LUFT, MIL to land
Lan·de·platz *m* ❶ (*kleiner Flugplatz*) airstrip ❷ (*Landungsplatz*) landing place ❸ NAUT quay
Län·de·rei·en [lɛndə'raiən] *pl* estates *pl*
Län·der·spiel *nt* international [match]
Lan·des·ebe·ne *f* regional state level (**auf** at)
Lan·des·far·ben *pl* ❶ (*eines Staates*) national colours ❷ (*eines Bundeslandes*) regional state colours
Lan·des·gren·ze *f* ❶ (*Staatsgrenze*) frontier ❷ (*Grenze eines Bundeslandes*) federal state boundary
Lan·des·haupt·mann *m* ÖSTERR head of a provincial government
Lan·des·hauptstadt *f* state capital
Lan·des·in·ne·re(s) *nt* interior
Lan·des·kun·de *f kein pl* regional studies *pl*
Lan·des·meis·ter(in) *m(f)* national champion
Lan·des·rat, -rä·tin *m, f* ÖSTERR member of the government of a province
Lan·des·re·gie·rung *f* state government
Lan·des·spra·che *f* national language
Lan·des·teil *m* region
Lan·des·tracht *f* national costume
lan·des·üb·lich *adj* customary
Lan·des·ver·rat *m* treason
Lan·des·wäh·rung *f* domestic currency
Lan·de·ver·bot *nt* ~ **haben** to be refused permission to land
Land·flucht *f* rural exodus
Land·frie·dens·bruch *m* breach of the public peace
Land·gang <-gänge> *m* NAUT shore leave
Land·ge·richt *nt* district court
Land·gut *nt* estate
Land·haus *nt* country house
Lan·ding·page, Lan·ding·Page <-, -s> ['lɛndɪŋpeɪtʃ] *f* INET landing page, lander
Land·kar·te *f* map
Land·kreis *m* administrative district
land·läu·fig *adj* generally accepted; *Ansicht* popular
Land·le·ben *nt* country life
länd·lich ['lɛntlɪç] *adj* rural; *Idylle* pastoral
Land·luft *f* country air
Land·pla·ge *f* (*pej*) plague
Land·rat, -rä·tin *m, f* ❶ BRD administrative head of a district (*Landkreis*) ❷ SCHWEIZ parliament of a canton
Land·rats·amt *nt* district administration
Land·rat·te *f* (*hum fam*) landlubber *dated*
Land·schaft <-, -en> ['lantʃaft] *f* ❶ (*Gegend*) scenery ❷ (*Gemälde einer* ~) landscape
land·schaft·lich **I.** *adj* scenic **II.** *adv* scenically
Land·schafts·gärt·ner(in) *m(f)* landscape gardener
Land·schafts·schutz *m* ÖKOL protection of the countryside
Land·schafts·schutz·ge·biet *nt* conservation area
Land·sitz *m* country estate
Lands·mann, Lands·män·nin <-leute> *m, f* compatriot
Land·stra·ße ['lantʃtra:sə] *f* secondary road
Land·strei·cher(in) <-s, -> *m(f)* tramp
Land·streit·kräf·te *pl* land [*or* ground] forces *pl*
Land·strich *m* area
Land·tag *m* federal state parliament
Lan·dung <-, -en> *f a.* MIL landing
Lan·dungs·brü·cke *f* pier
Land·ur·laub *m* shore leave
Land·ver·mes·sung *f* [land] surveying
Land·weg *m* overland route (**auf** by)
Land·wein *m* ordinary wine from the locality
Land·wirt(in) *m(f)* farmer
Land·wirt·schaft *f* ❶ *kein pl* (*bäuerliche Tätigkeit*) agriculture *no pl* ❷ (*landwirtschaftlicher Betrieb*) farm
land·wirt·schaft·lich **I.** *adj* agricultural; ~ **er Betrieb** farm **II.** *adv* agriculturally
Land·zun·ge *f* headland
lang <länger, längste> [laŋ] **I.** *adj* ❶ (*räumlich ausgedehnt*) long ❷ (*zeitlich ausgedehnt*) long; **bleibst du noch** ~ **in Stuttgart?** are you staying in Stuttgart for long?; **ich weiß das schon** ~ I've known that for a long time ❸ (*fam: groß gewachsen*) tall **II.** *adv* ❶ (*eine lange Dauer*) long; **die Verhandlungen ziehen sich schon** ~ **e hin** negotiations have been dragging on for a long time; **wir können hier nicht länger bleiben** we can't stay here any longer; **es nicht mehr** ~ [e] **machen** (*sl*) to not last much longer; **wo bist du denn so** ~ **e geblieben?** where have you been all this time?; **da kannst du** ~ [e] **warten!** (*iron*) you can whistle for it! ❷ (*für die Dauer von etw*) **sie hielt einen Moment** ~ **inne** she paused for a moment ❸ (*der Länge nach*) ~ **gestreckt** long; ~ **gezogen** prolonged

lang·är·me·lig *adj*, **lang·ärm·lig** *adj* long-sleeved **lang·at·mig** *adj* (*pej*) long-winded **lang·bei·nig** *adj* long-legged
lan·ge ['laŋə] *adv s.* **lang II. 1**
Län·ge <-, -n> ['lɛŋə] *f* ❶ (*räumliche Ausdehnung*) length; **in die ~ wachsen** to shoot up; **die Frau fiel der ~ nach hin** the woman fell flat on her face; **ich benötige Pfähle von drei Metern ~** I need posts three metres in length ❷ (*zeitliche Ausdehnung*) length, duration; **in voller ~** in its entirety; **sich in die ~ ziehen** to drag on ❸ (*fam: Größe*) height ❹ SPORT length ❺ LIT, MEDIA (*langatmige Stelle*) long-drawn-out passage; FILM long-drawn-out scene ❻ (*Abstand vom Nullmeridian*) longitude; **die Insel liegt 38° östlicher ~** the longitudinal position of the island is 38° east
lan·gen ['laŋən] **I.** *vi* (*fam*) ❶ ([*aus*]*reichen*) ■ **[jdm] ~** to be enough [for sb] ❷ (*sich erstrecken*) **der Vorhang langt bis ganz zum Boden** the curtain reaches right down to the floor ❸ (*fassen*) **lange bloß nicht mit der Hand an die Herdplatte** make sure you don't touch the hotplate with your hand; **ich kann mit der Hand bis ganz unter den Schrank ~** I can reach right under the cupboard with my hand ❹ DIAL (*auskommen*) **mit dem Brot ~ wir bis morgen** the bread will last us until tomorrow ❺ *impers* (*fam*) **jetzt langt's aber!** I've just about had enough! **II.** *vt* (*fam*) (*reichen*) ■ **jdm etw ~** to hand sb sth ▶ **jdm eine ~** (*fam*) to give sb a clip round the ear [*or* AM on the ears]
Län·gen·ein·heit *f* linear measure **Län·gen·grad** *m* degree of longitude **Län·gen·maß** *nt* linear measure
län·ger ['lɛŋɐ] *adj, adv s.* **lang, lange**
län·ger·fris·tig I. *adj* fairly long-term **II.** *adv* on a fairly long-term basis
Lan·ge·wei·le <*gen* - *o* Langerweile, *dat* Langenweile> ['laŋəvaɪlə] *f kein pl* boredom *no pl*; **~ haben** to be bored
Lang·fin·ger ['laŋfɪŋɐ] *m* (*hum*) pickpocket **lang·fris·tig I.** *adj* long-term **II.** *adv* on a long-term basis **lang|ge·hen** ['laŋəgeːən] *vi irreg sein* (*fam*) ■ **irgendwo ~** to go along somewhere **lang·haa·rig** *adj* long-haired **lang·jäh·rig** *adj* of many years' standing; *Freundschaft* long-standing **Lang·lauf** *m kein pl* cross-country skiing *no pl*
lang·le·big *adj* ❶ (*lange lebend*) long-lived ❷ (*lange Zeit zu gebrauchen*) long-lasting ❸ (*hartnäckig*) persistent
Lang·le·big·keit <-> *f kein pl* ❶ (*Anlage für langes Leben*) longevity ❷ (*lange Gebrauchsfähigkeit*) durability ❸ (*Hartnäckigkeit*) persistence
lang|le·gen *vr* (*fam*) ■ **sich ~** ❶ (*hinfallen*) to fall flat on one's face ❷ (*sich niederlegen*) to lie down
läng·lich ['lɛŋlɪç] *adj* longish
Lang·mut <-> *f kein pl* (*geh*) forbearance *no pl*
lang·mü·tig I. *adj* (*geh*) forbearing, patient **II.** *adv* patiently
längs [lɛŋs] **I.** *präp +gen* ■ **~ einer S.** *gen* along sth, alongside [*of*] sth **II.** *adv* (*der Länge nach*) lengthways; **~ gestreift** with vertical stripes
lang·sam ['laŋzaːm] **I.** *adj* ❶ (*nicht schnell*) slow ❷ (*allmählich*) gradual **II.** *adv* ❶ (*nicht schnell*) slowly ❷ (*fam: allmählich*) gradually; **es ist ~ an der Zeit, dass wir uns auf den Weg machen** it's about time we were thinking of going ▶ **~, aber sicher** slowly but surely
Lang·sam·keit <-> *f kein pl* slowness *no pl*
Lang·schlä·fer(in) *m(f)* late riser **Lang·spiel·plat·te** *f* long-playing record, LP
Längs·schnitt *m* longitudinal section
längst [lɛŋst] *adv* ❶ (*lange*) long since, for a long time ❷ (*bei weitem*) **das ist ~ nicht alles** that's not everything by a long shot
längs·te(r, s) *adj, adv superl von* **lang**
längs·tens ['lɛŋstn̩s] *adv* ❶ (*höchstens*) at the most ❷ (*spätestens*) at the latest
Lang·stre·cken·flug *m* long-haul flight **Lang·stre·cken·lauf** *m* long-distance race
Lan·gus·te <-, -n> [laŋˈgʊstə] *f* crayfish
lang·wei·len ['laŋvaɪlən] **I.** *vt* to bore **II.** *vi* to be boring **III.** *vr* ■ **sich ~** to be bored
Lang·wei·ler(in) <-s, -> *m(f)* (*pej fam*) ❶ (*jd, der langweilt*) bore ❷ (*langsamer Mensch*) slowcoach BRIT, slowpoke AM
lang·wei·lig ['laŋvaɪlɪç] **I.** *adj* boring **II.** *adv* boringly
Lang·wel·le *f* long wave
lang·wie·rig ['laŋviːrɪç] *adj* long-drawn-out
Lang·zeit·ar·beits·lo·se(r) *f(m) dekl wie adj* long-term unemployed person **Lang·zeit·ar·beits·lo·sig·keit** *f* long-term unemployment **Lang·zeit·ge·dächt·nis** *nt* long-term memory **Lang·zeit·stu·dent(in)** *m(f)* long-term student, eternal student *fam* **Lang·zeit·stu·die** *f* long-term study
La·no·lin <-s> [lanoˈliːn] *nt kein pl* CHEM lanolin
LAN-Par·ty *f* INFORM LAN party
Lan·ze <-, -n> ['lantsə] *f* lance

la·pi·dar [lapi'daːɐ̯] *adj* (*geh*) terse
Lap·pa·lie <-, -n> [la'paːliə] *f* trifle
Lap·pe, Lap·pin <-n, -n> ['lapə, 'lapɪn] *m, f* Laplander; *s. a.* **Deutsche(r)**
Lap·pen <-s, -> ['lapn̩] *m* ① (*Stück Stoff*) rag ② (*Putzlappen*) [cleaning] cloth ③ (*sl: Banknote*) note; *pl* (*Moneten*) dough *no pl, no indef art* ▶ **jdm durch die ~ gehen** (*fam*) to slip through sb's fingers
läp·pern ['lɛpɐn] *vr impers* (*fam*) ■ **sich ~** to add up
lap·pig ['lapɪç] *adj* ① (*fam: schlaff*) limp ② (*dünn*) flimsy
läp·pisch ['lɛpɪʃ] **I.** *adj* ① (*fam: lächerlich*) ridiculous ② (*pej: albern*) silly **II.** *adv* (*pej*) in a silly manner
lap·pisch ['lapɪʃ] *adj* Lapp; *s. a.* **deutsch**
Lapp·land <-[e]s> ['laplant] *nt* Lapland; *s. a.* **Deutschland**
Lap·sus <-, -> ['lapsʊs] *m* (*geh*) mistake
Lap·top <-s, -s> ['lɛptɔp] *m* laptop
Lär·che <-, -n> ['lɛrçə] *f* larch
La·ri·fa·ri <-s> [lari'faːri] *nt kein pl* (*pej fam*) nonsense *no pl*
Lärm <-[e]s> [lɛrm] *m kein pl* noise; **~ machen** to make a noise ▶ **viel ~ um nichts [machen]** [to make] a lot of fuss about nothing
Lärm·be·kämp·fung *f* noise abatement
Lärm·be·läs·ti·gung *f* noise pollution
lärm·emp·find·lich *adj* sensitive to noise
lär·men ['lɛrmən] *vi* to make noise
lär·mend I. *adj* noisy; *Menge* raucous **II.** *adv* noisily
Lärm·ku·lis·se *f* background noise **Lärm·pe·gel** *m* noise level **Lärm·schutz** *m* protection against noise
Lar·ve <-, -n> ['larfə] *f* (*Insektenlarve*) larva, grub
las [laːs] *imp von* **lesen**
La·sa·gne <-, -> [la'zanjə] *f* lasagne
lasch [laʃ] **I.** *adj* (*fam*) ① (*schlaff*) feeble; *Händedruck* limp ② (*nachsichtig*) lax ③ KOCHK insipid **II.** *adv* (*fam: schlaff*) limply
La·sche <-, -n> ['laʃə] *f* flap; (*Kleidung*) loop
La·ser <-s, -> ['leːzɐ, 'leɪzə] *m* laser
La·ser·dru·cker *m* laser printer **La·ser·strahl** *m* laser beam
las·sen <lässt, ließ, gelassen> ['lasn̩] **I.** *vt* ① (*unter~*) to stop; **wirst du das wohl ~!** will you stop that!; **lass das, ich mag das nicht!** stop it, I don't like it!; **wenn du keine Lust dazu hast, dann ~ wir es eben** if you don't feel like it we won't bother; **wenn du keine Lust dazu hast, dann lass es doch** if you don't feel like it, then don't do it; **es nicht ~ können** not to be able to stop it ② (*zurück~*) ■ **jdn/etw irgendwo ~** to leave sb/sth somewhere; **etw hinter sich** *dat* **~** to leave sth behind one ③ (*über~, behalten ~*) ■ **jdm etw ~** to let sb have sth ④ (*gehen ~*) **lass den Hund nicht nach draußen** don't let the dog go outside; **mit 13 lasse ich meine Tochter nicht in die Disko** I wouldn't let my daughter go to a disco at 13 ⑤ (*in einem Zustand ~*) **jdn ohne Aufsicht ~** to leave sb unsupervised; **~ wir's dabei** let's leave it at that; **etw ~, wie es ist** to leave sth as it is ⑥ (*fam: los~*) ■ **jdn/etw ~** to let sb/sth go ⑦ (*in Ruhe ~*) ■ **jdn ~** to leave sb alone ⑧ (*gewähren ~*) **Mama, ich möchte so gerne auf die Party gehen, lässt du mich?** Mum, I really want to go to the party, will you let me? ⑨ (*hinein~*) **kannst du mir das Wasser schon mal in die Wanne ~?** can you run a bath for me?; **frische Luft ins Zimmer ~** to let a bit of fresh air into the room ⑩ (*hinaus~*) **sie haben mir die Luft aus den Reifen gelassen!** they've let my tyres down! ⑪ (*zugestehen*) **eines muss man ihm ~, er versteht sein Handwerk** you've got to give him one thing, he knows his job ▶ **ei·nen ~** (*fam*) to let one rip **II.** *vb aux* <lässt, ließ, lassen> ① (*veran~*) ■ **jdn etw tun ~** to have sb do sth; **sie wollen alle ihre Kinder studieren ~** they want all of their children to study; **wir sollten den Arzt kommen ~** we ought to send for the doctor; **~ Sie Herrn Braun hereinkommen** send Mr. Braun in; **der Chef hat es nicht gerne, wenn man ihn warten lässt** the boss doesn't like to be kept waiting; **die beiden werden sich wohl scheiden ~** the two will probably get a divorce; **ich muss mir einen Zahn ziehen ~** I must have a tooth pulled; **ich lasse mir die Haare schneiden** I'm having my hair cut; **jdn kommen ~** to send for sb; ■ **etw machen ~** to have sth done; **etw reparieren ~** to have sth repaired ② (*zu~*) ■ **jdn etw tun ~** to let sb do sth; **lass sie gehen!** let her go!; **lass mich doch bitte ausreden!** let me finish speaking, please!; **ich lasse mich nicht länger von dir belügen!** I won't be lied to by you any longer!; **er lässt sich nicht so leicht betrügen** he won't be taken in so easily; **du solltest dich nicht so behandeln ~** you shouldn't allow yourself to be treated like that; **das lasse ich nicht mit mir machen** I won't

stand for it!; **viel mit sich machen ~** to put up with a lot ❸(*be~*) **das Wasser sollte man eine Minute kochen ~** the water should be allowed to boil for a minute; **man sollte die Maschine nicht zu lange laufen ~** the machine shouldn't be allowed to run too long; **er lässt sich zurzeit einen Bart wachsen** he's growing a beard at the moment ❹(*Möglichkeit ausdrückend*) **das lässt sich machen!** that can be done!; **dieser Witz lässt sich nicht ins Deutsche übersetzen** this joke cannot be translated into German; **dass sie daran beteiligt war, wird sich nicht leicht beweisen ~** it will not be easy to prove that she was involved ❺ *als Imperativ* **lass uns jetzt lieber gehen** let's go now; **lasset uns beten** let us pray; **lass dich hier nie wieder blicken!** don't ever show your face around here again!; **~ Sie sich das gesagt sein, so etwas dulde ich nicht** let me tell you that I won't tolerate anything like that; **lass dich bloß nicht von ihm ärgern** just don't let him annoy you; **lass dir darüber keine grauen Haare wachsen** don't get any grey hairs over it **III.** *vi* <lässt, ließ, gelassen> (*ablassen*) **sie ist so verliebt, sie kann einfach nicht von ihm ~** she is so in love, she simply can't part from him; **~ Sie mal!** that's all right!; **vom Alkohol ~** to give up alcohol

läs·sig ['lɛsɪç] **I.** *adj* ❶(*ungezwungen*) casual ❷(*fam: leicht*) **die Fragen waren total ~!** the questions were dead easy! **II.** *adv* ❶(*ungezwungen*) casually; **du musst das ~er sehen** you must take a more casual view ❷(*fam: mit Leichtigkeit*) no problem; **das schaffen wir ~!** we'll manage that easily!

Läs·sig·keit <-> *f kein pl* casualness *no pl*

Las·so <-s, -s> ['laso] *m o nt* lasso

Last <-, -en> [last] *f* ❶(*zu tragender Gegenstand*) load ❷(*schweres Gewicht*) weight ❸(*Bürde*) burden ❹ *pl* (*finanzielle Belastung*) burden; **zu jds ~en gehen** to be charged to sb ▶ **jdm zur ~ fallen** to become a burden on sb; **jdm etw zur ~ legen** to accuse sb of sth

las·ten ['lastn̩] *vi* ❶(*als Last liegen auf*) ■**auf etw** *dat* **~** to rest on sth ❷(*eine Bürde sein*) ■**auf jdm ~** to rest with sb ❸(*stark belasten*) ■**auf etw** *dat* **~** to weigh heavily on sth

Las·ten·auf·zug *m* goods lift BRIT, freight elevator AM

las·tend *adj* (*geh*) oppressive

Las·ter¹ <-s, -> ['laste] *m* (*fam: Lastwagen*) lorry BRIT, truck AM

Las·ter² <-s, -> ['laste] *nt* (*schlechte Gewohnheit*) vice

Läs·te·rer, Läs·te·rin <-s, -> ['lɛstəre, 'lɛstərɪn] *m, f* detractor *form,* knocker *sl*

las·ter·haft *adj* (*geh*) depraved

Las·ter·höh·le *f* (*pej fam*) den of vice

Läs·te·rin <-, -nen> *f fem form von* **Lästerer**

Läs·ter·maul *nt* (*pej fam*) *s.* **Lästerer**

läs·tern ['lɛstɐn] *vi* to make disparaging remarks (**über** about)

läs·tig ['lɛstɪç] *adj* ❶(*unangenehm*) *Husten, Kopfschmerzen etc.* irritating ❷(*störend*) annoying; **wird dir der Gipsverband nicht ~?** don't you find the plaster cast a nuisance? ❸(*nervend, aufdringlich*) *Mensch* annoying; **du wirst mir allmählich ~!** you're beginning to become a nuisance!; **jdm ~ sein/fallen** (*geh*) to annoy sb

Last·kahn *m* barge

Last·kraft·wa·gen *m* (*geh*) *s.* **Lastwagen**

Last-Mi·nu·te-Flug [laːstˈmɪnɪt-] *m* last-minute flight

Last·tier *nt* pack animal **Last·wa·gen** *m* lorry BRIT, truck AM **Last·zug** *m* lorry with trailer

La·sur <-, -en> [laˈzuːɐ̯] *f* [clear] varnish

las·ziv [lasˈtsiːf] **I.** *adj* (*geh*) ❶(*sexuell herausfordernd*) lascivious ❷(*anstößig*) rude **II.** *adv* (*geh*) lasciviously

La·tein <-s> [laˈtaɪn] *nt* Latin ▶ **mit seinem ~ am Ende sein** to be at one's wits' end

La·tein·ame·ri·ka *nt* Latin America; *s. a.* **Deutschland La·tein·ame·ri·ka·ner(in)** <-s, -> *m(f)* Latin American; *s. a.* **Deutsche(r) la·tein·ame·ri·ka·nisch** *adj* Latin American; *s. a.* **deutsch**

la·tei·nisch *adj* Latin; **auf L~** in Latin

la·tent [laˈtɛnt] **I.** *adj* latent **II.** *adv* (*geh*) latently

La·ter·ne <-, -n> [laˈtɛrnə] *f* ❶(*Straßen~*) streetlamp ❷(*Lichtquelle mit Schutzgehäuse*) lantern ❸(*Lampion*) Chinese lantern

La·ter·nen·pfahl *m* lamppost

La·tex <-, Latizes> ['laːtɛks, *pl* 'laːtitseːs] *m* latex

La·tri·ne <-, -n> [laˈtriːnə] *f* latrine

Lat·sche <-, -n> ['latʃə] *f s.* **Latschenkiefer**

lat·schen ['laːtʃn̩] *vi sein* (*fam*) ❶(*schwerfällig gehen*) to trudge; (*lässig gehen*) to wander; (*unbedacht gehen*) to clump

②DIAL (*eine Ohrfeige geben*) ■**jdm eine ~** to give sb a smack round the head BRIT, to slap sb in the face AM

Lat·schen <-s, -> ['laːtʃn̩] *m* (*fam*) ❶ (*ausgetretener Hausschuh*) worn-out slipper ❷ (*pej: ausgetretener Schuh*) worn-out shoe ▸ **aus den ~ kippen** (*fam*) to keel over; (*sehr überrascht sein*) to be bowled over

Lat·schen·kie·fer *f* mountain pine

Lat·te <-, -n> ['latə] *f* ❶ (*kantiges Brett*) slat ❷ SPORT bar ❸ (*Tor~*) crossbar ❹ (*sl: erigierter Penis*) stiffy BRIT, woody AM ▸ **eine ganze ~ von etw** *dat* a load of sth; **eine lange ~** beanpole

Lat·ten·rost *m* slatted frame; (*auf dem Boden*) duckboards *pl* **Lat·ten·zaun** *m* picket fence

Lat·tich <-s, -e> ['latɪç] *m* lettuce

Latz <-es, Lätze *o* ÖSTERR -e> [lats, *pl* 'lɛtsə] *m* ❶ (*Hosen~*) flap ❷ (*Tuch zum Vorbinden*) bib

Lätz·chen <-s, -> ['lɛtsçən] *nt* dim von **Latz** bib

Latz·ho·se *f* dungarees *npl*

lau [laʊ] *adj* ❶ (*mild*) mild ❷ (*lauwarm*) lukewarm; (*mäßig*) moderate ❸ (*halbherzig*) half-hearted

Laub <-[e]s> [laʊp] *nt* kein *pl* foliage *no pl, no indef art*

Laub·baum *m* deciduous tree

Lau·be <-, -n> ['laʊbə] *f* (*Häuschen*) arbour

Laub·frosch *m* tree frog **Laub·sä·ge** *f* fretsaw **Laub·wald** *m* deciduous forest

Lauch <-[e]s, -e> [laʊx] *m* leek

Lau·er <-> ['laʊɐ] *f* **auf der ~ liegen** to lie in wait

lau·ern ['laʊən] *vi* ❶ (*in einem Versteck warten*) to lie in wait (**auf** for); **die Löwen umkreisten ~d die Herde** the lions lurked around the herd ❷ (*fam*) **die anderen lauerten nur darauf, dass sie einen Fehler machte** the others were just waiting for her to make a mistake

Lauf <-[e]s, Läufe> [laʊf, *pl* 'lɔyfə] *m* ❶ kein *pl* (*das Laufen*) run ❷ SPORT (*Durchgang*) round; (*Rennen*) heat ❸ kein *pl* (*Maschine*) **der Motor hat einen unruhigen ~** the engine is not running smoothly ❹ kein *pl* *eines Flusses* course; *eines Sterns* path ❺ (*Ver~, Entwicklung*) course; **das ist der ~ der Dinge** that's the way things go; **seinen ~ nehmen** to take its course; **im ~e einer Sache** *gen* in the course of sth; **im ~e der Jahrhunderte** over the centuries ❻ (*Gewehr~*) barrel

▸ **einer S.** *dat* **freien ~ lassen** to give free rein to sth; **lasst eurer Fantasie freien ~** let your imagination run wild; **man sollte den Dingen ihren ~ lassen** one should let things take their course

Lauf·bahn *f* career **Lauf·bur·sche** *m* ❶ (*veraltend: Bote*) errand boy ❷ (*pej: Lakai*) flunk[e]y

lau·fen <läuft, lief, gelaufen> ['laʊfn̩] **I.** *vi sein* ❶ (*rennen*) to run ❷ (*fam: gehen*) to go; **seit dem Unfall läuft er mit Krücken** since the accident he gets around on crutches; **mir sind Kühe vors Auto gelaufen** cows ran in front of my car ❸ (*zu Fuß gehen*) to walk ❹ (*gehend an etw stoßen*) **ich bin gegen einen Pfosten gelaufen** I walked into a post ❺ (*fließen*) to run; **lass bitte schon einmal Wasser in die Badewanne ~** start filling the bath please; **jdm läuft es eiskalt über den Rücken** (*fig*) a chill runs up sb's spine ❻ SPORT to run ❼ (*funktionieren*) to work; *Getriebe, Maschine, Motor* to run; (*eingeschaltet sein*) to be on ❽ FILM, THEAT (*gezeigt werden*) to be on ❾ (*gültig sein*) to run ❿ (*seinen Gang gehen*) to go; **was macht das Geschäft? — Es könnte besser ~!** how's business? — Could be better; **wie läuft es?** how's it going?; **läuft etwas zwischen euch?** is there anything going on between you? ⓫ (*geführt werden*) **diese Einnahmen ~ unter „Diverses"** this income comes under the category of "miscellaneous"; **auf jds Namen ~** to be issued in sb's name ⓬ (*gut verkäuflich sein*) **das neue Produkt läuft gut/nicht so gut** the new product is selling well/not selling well ▸ **die Sache ist gelaufen** it's too late now; **das läuft bei mir nicht!** I'm not having that! **II.** *vt sein o haben* ❶ SPORT to run; **einen Rekord** to set ❷ (*zurücklegen*) **er will den Marathon in drei Stunden ~** he wants to run the marathon in three hours **III.** *vr impers haben* **mit diesen Schuhen wird es sich besser ~** walking will be easier in these shoes; **auf dem Teppichboden läuft es sich weicher als auf den Fliesen** a carpet is softer to walk on than tiles

lau·fend I. *adj attr* ❶ (*geh: derzeitig*) current ❷ (*ständig*) constant ▸ **jdn [über etw** *akk*] **auf dem L~en halten** to keep sb up-to-date [about sth]; **mit etw** *dat* **auf dem L~en sein** to be up-to-date with sth **II.** *adv* (*fam*) constantly

Läu·fer <-s, -> ['lɔyfɐ] *m* ❶ SCHACH bishop ❷ (*Teppich*) runner

Läu·fer(in) <-s, -, -nen> ['lɔyfɐ] *m(f)* runner

Lauf·feu·er *nt* ▶ **sich wie ein ~ verbreiten** to spread like wildfire

läu·fig ['lɔyfɪç] *adj* on heat

Lauf·kund·schaft *f kein pl* passing trade *no pl* **Lauf·ma·sche** *f* ladder **Lauf·pass**^RR, **Lauf·paß**^ALT *m kein pl* ▶ **jdm den ~ geben** (*fam*) to give sb their marching orders **Lauf·schritt** *m* **im ~** at a run; MIL at the double **Lauf·stall** *m* playpen **Lauf·steg** *m* catwalk **Lauf·werk** *nt einer Maschine* drive mechanism; *einer Uhr* clockwork; *eines Computers* disc drive **Lauf·zeit** *f* term

Lau·ge <-, -n> ['laʊgə] *f* ❶ (*Seifen~*) soapy water ❷ (*wässrige Lösung einer Base*) lye

Lau·ne <-, -n> ['laʊnə] *f* ❶ (*Stimmung*) mood; **schlechte/gute ~ haben** to be in a bad/good mood; **seine ~n an jdm auslassen** to take one's temper out on sb ❷ (*abwegige Idee*) whim; **aus einer ~ heraus** on a whim

lau·nen·haft *adj* ❶ (*kapriziös*) moody ❷ *Wetter* unsettled

lau·nig <-er, -ste> ['laʊnɪç] *adj* (*veraltend*) witty

lau·nisch ['laʊnɪʃ] *adj* s. **launenhaft**

Laus <-, Läuse> [laʊs, *pl* 'lɔyzə] *f* ❶ (*Blut saugendes Insekt*) louse ❷ (*Blatt~*) aphid ▶ **jdm ist eine ~ über die Leber gelaufen** (*fam*) sb got out of the wrong side of bed

Laus·bub *m* SÜDD (*fam*) rascal

lau·schen ['laʊʃn] *vi* ❶ (*heimlich zuhören*) to eavesdrop ❷ (*geh: zuhören*) to listen

Lau·scher <-s, -> ['laʊʃɐ] *m* JAGD ear; **sperr deine ~ auf!** (*fig fam*) listen up! *fam*

Lau·scher(in) <-s, -> ['laʊʃɐ] *m(f)* eavesdropper

lau·schig ['laʊʃɪç] *adj* (*veraltend: gemütlich*) snug

Lau·se·ben·gel *m* (*veraltend fam*) s. **Lausbub**

lau·sen ['laʊzn] *vt* to delouse

lau·sig ['laʊzɪç] I. *adj* (*pej fam*) ❶ (*entsetzlich*) *Arbeit, Zeiten etc.* awful ❷ (*geringfügig*) measly II. *adv* (*pej fam*) ❶ (*entsetzlich*) terribly ❷ (*lumpig*) lousily

laut¹ [laʊt] I. *adj* ❶ (*weithin hörbar*) loud; *Farben* loud; **musst du immer gleich ~ werden?** do you always have to blow your top right away?; **etw ~er stellen** to turn up *sep* sth ❷ (*voller Lärm*) noisy ▶ **etw ~ werden lassen** to make sth known II. *adv* (*weithin hörbar*) loudly; **kannst du das ~er sagen?** can you speak up?; **~ denken** to think out loud; **sag das nicht ~!** don't let anyone hear you say that!

laut² [laʊt] *präp* +*gen o dat* **~ Zeitungsberichten ...** according to newspaper reports ...

Laut <-[e]s, -e> [laʊt] *m* noise; **keinen ~ von sich geben** to not make a sound

Lau·te <-, -n> ['laʊtə] *f* lute

lau·ten ['laʊtn̩] *vi* ❶ (*zum Inhalt haben*) to read; **wie lautet der letzte Absatz?** how does the final paragraph go?; **die Anklage lautete auf Erpressung** the charge is blackmail ❷ (*ausgestellt sein*) ■ **auf jdn/jds Namen ~** to be in sb's name

läu·ten ['lɔytn̩] I. *vi Klingel, Telefon* to ring; *Glocke a.* to chime; (*feierlich*) to toll; ■ **nach jdm ~** to ring for sb ▶ **ich habe davon ~ gehört, dass ...** I have heard rumours that ... II. *vi impers* ■ **es läutet** ❶ DIAL (*Glocken ertönen*) the bell is/bells are ringing ❷ (*die Türklingel/Schulglocke ertönt*) the bell is ringing; **es hat geläutet** there was a ring at the door; **es läutet sechs Uhr** the clock's striking six

lau·ter¹ ['laʊtɐ] *adj* just; **das sind ~ Lügen** that's nothing but lies; **vor ~ ...** because of ...

lau·ter² [laʊtɐ] *adj* (*geh: aufrichtig*) sincere

läu·tern ['lɔytɐn] *vt* (*geh*) to reform

Läu·te·rung <-, -en> *f* (*geh*) reformation

laut·hals ['laʊthals] *adv* at the top of one's voice *pred*

Laut·leh·re *f kein pl* phonetics + *sing vb*

laut·lich ['laʊtlɪç] I. *adj* phonetic II. *adv* phonetically

laut·los ['laʊtloːs] I. *adj* noiseless II. *adv* noiselessly

Laut·schrift *f* phonetic alphabet **Laut·spre·cher** *m* loudspeaker (**über** by) **Laut·spre·cher·box** *f* speaker **laut·stark** I. *adj* loud; *Protest* strong II. *adv* loudly, strongly **Laut·stär·ke** *f* volume; **bei voller ~** at full volume; **etw auf volle ~ stellen** to turn sth up to full volume **Laut·stär·ke·reg·ler** *m* volume control

lau·warm ['laʊvarm] *adj* lukewarm

La·va <-, Laven> ['laːva, *pl* 'laːvən] *f* lava

La·ven·del <-s, -> [la'vɛndl̩] *m* lavender

la·vie·ren* [la'viːrən] *vi* (*geh*) to manoeuvre

La·wi·ne <-, -n> [la'viːnə] *f* (*a. fig*) avalanche; **eine ~ ins Rollen bringen** to start an avalanche

La·wi·nen·ge·fahr *f kein pl* risk of avalanches

lax [laks] *adj* lax

Lax·heit <-> *f kein pl* laxity, laxness
Lay-out^RR, **Lay·out** <-s, -s> [le:'ʔaʊt] *nt* layout
lay·ou·ten* [le:'ʔaʊtn̩] *vt* TYPO, INFORM to layout
Lay·ou·ter(in) <-s, -> ['le:ʔaʊtɐ, le:'ʔaʊtə] *m(f)* layout man *masc*, layout woman *fem*
La·za·rett <-[e]s, -e> [latsa'rɛt] *nt* military hospital
LCD <-s, -s> [ɛltse:'de:] *nt Abk von* **Liquid Crystal Display** LCD; **Taschenrechner mit ~** LCD calculator
LCD-Fern·seh·ge·rät *nt* LCD television
lea·sen ['li:zn̩] *vt* to lease
Lea·sing <-s, -s> ['li:zɪŋ] *nt* leasing
Le·be·da·me *f (pej) fem form von* **Lebemann** courtesan **Le·be·mann** *m (pej)* playboy
le·ben ['le:bn̩] **I.** *vi* ❶ *(lebendig sein)* to live; **Gott sei Dank, er lebt [noch]** thank God, he's [still] alive; **lang lebe der/die/das …!** long live the …! ❷ *(ein bestimmtes Leben führen)* to live; **getrennt ~** to live apart; **vegetarisch ~** to be vegetarian ❸ *(seinen Lebensunterhalt bestreiten)* **wovon lebt der überhaupt?** whatever does he do for a living?; **vom Schreiben ~** to make a living as a writer ❹ *(wohnen)* to live ❺ *(da sein)* ■ **[für jdn/etw]** **~** to live [for sb/sth]; **mit etw** *dat* **~ können/müssen** to be able to/have to live with sth ▶ **leb[e] wohl!** farewell! **II.** *vt* ❶ *(verbringen)* ■ **etw ~** to live sth; **ich lebe doch nicht das Leben anderer Leute!** I have my own life to lead! ❷ *(verwirklichen)* to live; **seine Ideale/seinen Glauben ~** to live according to one's ideals/beliefs **III.** *vi impers* **wie lebt es sich denn als Millionär** what's life as a millionaire like?; **lebt es sich hier besser als dort?** is life better here than there?
Le·ben <-s, -> ['le:bn̩] *nt* ❶ *(Lebendigsein)* life; **jdn [künstlich] am ~ erhalten** to keep sb alive [artificially]; **etw mit dem ~ bezahlen** *(geh)* to pay for sth with one's life; **jdn ums ~ bringen** *(geh)* to take sb's life; **am ~ sein** to be alive; **mit dem ~ davonkommen** to escape with one's life; **[bei etw/während einer S.] ums ~ kommen** to die [in sth/during sth]; **jdn am ~ lassen** to let sb live; **um sein ~ laufen** to run for one's life; **sich** *dat* **das ~ nehmen** *(euph)* to take one's life; **jdm das ~ retten** to save sb's life ❷ *(Existieren)* life; **das tägliche ~** everyday life; **am ~ hängen** to love life; **jdm/sich das ~ schwermachen** to make life difficult for sb/oneself; **so ist das ~ [eben]** that's life; **sich [mit etw** *dat*] **durchs ~ schlagen** to struggle to make a living [doing sth]; **nie im ~** never ❸ *(Geschehen, Aktivität)* life; **etw ins ~ rufen** to establish sth; **das öffentliche ~** public life ❹ *(Lebensinhalt)* life ▶ **[bei etw** *dat*] **sein ~ aufs Spiel setzen** to risk one's life [doing sth]; **es geht um ~ und Tod** it's a matter of life and death
le·bend I. *adj* living **II.** *adv* alive; **~ gebärend** ZOOL bearing live young
le·ben·dig [le'bɛndɪç] **I.** *adj* ❶ *(lebend)* living; ■ **~ sein** to be alive ❷ *(anschaulich, lebhaft)* vivid; *Kind* lively **II.** *adv* ❶ *(lebend)* alive ❷ *(lebhaft)* **etw ~ gestalten/schildern** to organize sth in a lively way/give a lively description of sth
Le·ben·dig·keit <-> *f kein pl* vividness *no pl*
Le·bens·abend *m (geh)* twilight years *pl*
Le·bens·ab·schnitt *m* chapter in one's life **Le·bens·al·ter** *nt* age **Le·bens·auf·ga·be** *f* lifelong task; **sich** *dat* **etw zur ~ machen** to make sth one's life's work **Le·bens·be·din·gun·gen** *pl* living conditions **le·bens·be·dro·hend** *adj* life-threatening **le·bens·be·ja·hend** *adj* **eine ~e Einstellung** a positive take on life **Le·bens·dau·er** *f* ❶ *(Dauer des Lebens)* lifespan ❷ *(Dauer der Funktionsfähigkeit)* [working] life **Le·bens·eli·xier** *nt* elixir of life **Le·bens·en·de** *nt kein pl* death; **bis ans/an jds ~** until one's/sb's death **Le·bens·er·fah·rung** *f* experience of life **Le·bens·er·in·ne·run·gen** *pl* memoirs **Le·bens·er·war·tung** *f* life expectancy **le·bens·fä·hig** *adj* ❶ MED *(fähig, zu überleben)* capable of surviving; **[nicht] ~ sein** *(fig)* [not] to be viable ❷ BIOL *(in der Lage zu existieren)* viable, capable of living *pred*
Le·bens·form *f* ❶ *(Lebensweise)* way of life ❷ *(Organisation von biol. Leben)* lifeform **Le·bens·freu·de** *f kein pl* love of life *no pl* **le·bens·froh** *adj* full of the joys of life *pred* **Le·bens·ge·fahr** *f* **es besteht ~** there is a risk of death; **jd ist in ~** sb's life is in danger; **jd ist außer ~** sb's life is no longer in danger **le·bens·ge·fähr·lich I.** *adj* extremely dangerous; *(Krankheiten)* life-threatening **II.** *adv* ❶ *(in das Leben bedrohender Weise)* critically ❷ *(fam: sehr gefährlich)* dangerously **Le·bens·ge·fähr·te, -ge·fähr·tin** *m, f (geh)* partner **Le·bens·ge·fühl** *nt kein pl* awareness of life *no pl* **Le·bens·geis·ter** *pl* **jds ~ erwecken** to liven sb up **Le·bens·ge·mein·schaft** *f (das dauernde Zusammen-*

leben) long-term relationship **Le·bens·ge·schich·te** *f* life story **Le·bens·ge·wohn·hei·ten** *pl* habits **le·bens·groß** *adj* life-size[d] **Le·bens·hal·tungs·kos·ten** *pl* cost of living *no pl, no indef art* **Le·bens·jahr** *nt* year [of one's life]; **nach/vor dem vollendeten 21. ~** (*geh*) after/before sb's 21st birthday; **bereits im 14. ~ verlor sie ihre Eltern** she lost her parents when she was only thirteen **Le·bens·künst·ler(in)** *m(f)* **ein richtiger ~** a person who knows how to make the best of life **Le·bens·la·ge** *f* situation [in life]; **in allen ~n** in any situation

le·bens·lang ['le:bnslaŋ] **I.** *adj* ❶ (*das ganze Leben dauernd*) lifelong ❷ JUR (*lebenslänglich*) life *attr, for life pred* **II.** *adv* (*das ganze Leben*) all one's life

le·bens·läng·lich ['le:bnslɛŋlɪç] **I.** *adj* JUR life *attr,* for life *pred;* „**~**" **bekommen** (*fam*) to get "life" **II.** *adv* all one's life

Le·bens·lauf *m* curriculum vitae BRIT, résumé AM **Le·bens·lust** *f s.* **Lebensfreude le·bens·lus·tig** *adj s.* **lebensfroh Le·bens·mit·tel** *nt meist pl* food **Le·bens·mit·tel·al·ler·gie** *f* food allergy **Le·bens·mit·tel·ge·schäft** *nt* grocer's **Le·bens·mit·tel·händ·ler(in)** *m(f)* ÖKON grocer **Le·bens·mit·tel·ver·gif·tung** *f* food poisoning **le·bens·mü·de** *adj* weary of life *pred;* **bist du ~?** (*hum fam*) are you tired of living? **Le·bens·mut** *m kein pl* courage to face life *no pl* **le·bens·nah** *adj* true-to-life **Le·bens·nerv** *m* vital lifeline **le·bens·not·wen·dig** *adj s.* **lebenswichtig Le·bens·part·ner(in)** *m(f) s.* **Lebensgefährte Le·bens·part·ner·schaft** *f* domestic partnership; **eingetragene ~** registered partnership **Le·bens·qua·li·tät** *f kein pl* quality of life **Le·bens·raum** *m* ❶ *kein pl* (*Entfaltungsmöglichkeiten*) living space ❷ (*Biotop*) habitat **Le·bens·ret·ter(in)** *m(f)* life-saver **Le·bens·stan·dard** *m kein pl* standard of living **Le·bens·stil** *m* lifestyle **Le·bens·un·ter·halt** *m kein pl* subsistence; **das deckt noch nicht einmal meinen ~** that doesn't even cover my basic needs; **mit .../als ... seinen ~ verdienen** to earn one's keep by .../as ... **Le·bens·ver·län·ge·rung** *f* ❶ (*längere Lebensdauer*) life extension ❷ MED (*Hinauszögern des Sterbens*) life-extending treatment **Le·bens·ver·si·che·rung** *f* life insurance **Le·bens·wan·del** *m kein pl* way of life; **einen einwandfreien/lockeren ~ füh·ren** to lead an irreproachable/a dissolute life **Le·bens·weg** *m* (*geh*) journey through life **Le·bens·wei·se** *f* lifestyle **Le·bens·weis·heit** *f* ❶ (*weise Lebenserfahrung*) worldly wisdom ❷ (*weise Lebensbeobachtung*) maxim **Le·bens·werk** *nt* life['s] work **le·bens·wert** *adj* worth living *pred;* **jdm ist das Leben nicht mehr ~** life is not worth living for sb anymore **le·bens·wich·tig** *adj* vital, essential **Le·bens·wil·le** *m kein pl* will to live **Le·bens·zei·chen** *nt* (*a. fig*) sign of life **Le·bens·zeit** *f* lifetime; **auf ~** for life **Le·bens·ziel** *nt* goal in life

Le·ber <-, -n> ['le:bɐ] *f* (*Organ*) a. косн. liver ▶ **frei von der ~ weg reden** to speak frankly

Le·ber·fleck *m* liver spot **Le·ber·käs** *m,* **Le·ber·kä·se** *m kein pl* meatloaf made out of finely-ground liver and other meat **Le·ber·knö·del** *m* liver dumpling **Le·ber·pas·te·te** *f* liver pâté **Le·ber·tran** *m* cod-liver oil **Le·ber·wert** *m meist pl* liver function reading **Le·ber·wurst** *f* liver sausage ▶ **die beleidigte ~ spielen** (*fam*) to get all in a huff

Le·be·we·sen *nt* living thing; **menschliches ~** human being

Le·be·wohl <-[e]s, -s *o geh* -e> [le:bə'vo:l] *nt* (*geh*) farewell

leb·haft ['le:phaft] **I.** *adj* ❶ (*temperamentvoll*) lively ❷ (*angeregt*) lively; **Beifall** thunderous; **eine ~e Fantasie** an active imagination ❸ (*belebt*) lively; **Verkehr** brisk ❹ (*anschaulich*) vivid **II.** *adv* ❶ (*anschaulich*) vividly ❷ (*sehr stark*) intensely

Leb·haf·tig·keit <-> *f kein pl* ❶ (*temperamentvolle Art*) liveliness ❷ (*Anschaulichkeit*) vividness

Leb·ku·chen ['le:pku:xn̩] *m* gingerbread **leb·los** ['le:plo:s] *adj* (*geh*) lifeless

Leb·tag ['le:pta:k] *m* (*fam*) **jds ~ [lang]** for the rest of sb's days; **das hätte ich mein ~ nicht gedacht** never in all my life would I have thought that **Leb·zei·ten** *pl* **zu jds ~** (*Zeit*) in sb's day; (*Leben*) in sb's lifetime

lech·zen ['lɛçtsn̩] *vi* (*geh*) ■ **nach etw** *dat* **~** ❶ (*vor Durst verlangen*) to long for sth ❷ (*dringend verlangen*) to crave sth

leck [lɛk] *adj* leaky

Leck <-[e]s, -s> [lɛk] *nt* leak

le·cken¹ ['lɛkn̩] *vi* to leak

le·cken² ['lɛkn̩] **I.** *vi* to lick; **willst du mal [an meinem Eis] ~?** do you want a lick [of my ice cream]?; ■ **an jdm/etw ~** to lick sb/sth **II.** *vt* to lick; ■ **etw aus etw** *dat***/von etw** *dat* **~** to lick sth [out of/off sth];

die Hündin leckte ihre Jungen the bitch licked her young
le·cker ['lɛkɐ] **I.** *adj* delicious **II.** *adv* deliciously; **den Braten hast du wirklich ~ zubereitet** your roast is really delicious
Le·cker·bis·sen *m* delicacy
Le·cke·rei <-, -en> [lɛkəˈraɪ] *f* ❶ KOCHK *s.* **Leckerbissen** ❷ *kein pl* (*pej fam: das Lecken*) licking
Le·cker·maul *nt* (*fam*) ■ **ein ~ sein** to have a sweet tooth
LED <-, -s> [ɛlʔeːˈdeː] *f Abk von* **Light Emitting Diode** LED
Le·der <-s, -> ['leːdɐ] *nt* ❶ (*gegerbte Tierhaut*) leather; (*fam*) **zäh wie ~** tough as old boots ❷ (*fam: Fußball*) leather
Le·der·ho·se *f* ❶ (*Trachtenhose*) lederhosen *npl* ❷ (*Hose aus Leder*) leather trousers *npl* **Le·der·ja·cke** *f* leather jacket
le·dern ['leːdɐn] *adj* ❶ (*aus Leder gefertigt*) leather ❷ (*zäh*) leathery
Le·der·rie·men *m* leather strap **Le·der·wa·ren** *pl* leather goods *npl*
le·dig ['leːdɪç] *adj* ❶ (*unverheiratet*) single ❷ (*frei [von etw]*) ■ **einer S.** *gen* **~ sein** to be free of sth
le·dig·lich ['leːdɪklɪç] *adv* (*geh*) merely
Lee <-> [leː] *f kein pl* lee; **nach ~** leeward
leer [leːɐ] **I.** *adj* ❶ (*ohne Inhalt*) empty; **etw ~ machen** to empty sth ❷ (*menschenleer*) empty; **das Haus steht schon lange ~** the house has been empty for a long time ❸ (*nicht bedruckt*) blank ❹ (*ausdruckslos*) vacant; **seine Augen waren ~** he had a vacant look in his eyes; **sich ~ fühlen** to feel empty inside; *Versprechungen, Worte* empty **II.** *adv* **den Teller ~ essen** to finish one's meal; **das Glas/die Tasse ~ trinken** to finish one's drink; **wie ~ gefegt sein** to be deserted ▶ **[bei etw** *dat*] **~ ausgehen** to go away empty-handed
Lee·re <-> ['leːrə] *f kein pl* emptiness *no pl*; **gähnende ~** a gaping void; (*leerer Raum*) an utterly deserted place
lee·ren ['leːrən] **I.** *vt* ❶ (*entleeren*) to empty; **sie leerte ihre Tasse nur halb** she only drank half a cup ❷ DIAL, ÖSTERR (*aus~*) to empty (**in** into) **II.** *vr* ■ **sich ~** to empty
Leer·ge·wicht *nt* empty weight; **das ~ eines Fahrzeugs** the kerb [*or* AM curb] weight of a vehicle **Leer·gut** *nt kein pl* empties *pl fam* **Leer·lauf** *m* ❶ (*Gangeinstellung*) neutral gear; **im ~** in neutral ❷ (*unproduktive Phase*) unproductiveness *no pl* **Leer·lauf·dreh·zahl** *f* AUTO idle speed **Leer·stel·le** *f* ❶ TYPO space, blank ❷ PHYS vacancy **Leer·tas·te** *f* space-bar

Lee·rung <-, -en> *f* emptying *no pl; Post* collection
le·gal [leˈɡaːl] **I.** *adj* legal **II.** *adv* legally
le·ga·li·sie·ren* [leɡaliˈziːrən] *vt* to legalize
Le·ga·li·tät <-> [leɡaliˈtɛːt] *f kein pl* legality *no pl;* **[etwas] außerhalb der ~** (*euph*) [slightly] outside the law
Le·gas·the·nie <-, -n> [leɡasteˈniː, *pl* -ˈniːən] *f* dyslexia *no pl, no art*
Le·gas·the·ni·ker(in) <-s, -> [leɡasˈteːnikɐ] *m(f)* dyslexic
le·gas·the·nisch *adj* dyslexic
Le·gat¹ <-[e]s, -e> [leˈɡaːt] *nt* JUR legacy, bequest
Le·gat² <-en, -en> [leˈɡaːt] *m* REL legate
le·gen ['leːɡn̩] **I.** *vt* ❶ (*hin~*) ■ **jdn/etw irgendwohin ~** to put sb/sth somewhere; **sich** *dat* **einen Schal um den Hals ~** to wrap a scarf around one's neck; **seinen Arm um jdn ~** to put one's arm around sb; **legst du die Kleine schlafen?** will you put the little one to bed? ❷ (*in Form bringen*) **die Stirn in Falten ~** to frown; **sich** *dat* **die Haare ~ lassen** to have one's hair set ❸ *Eier* to lay ❹ (*lagern*) **etw in den Kühlschrank ~** to put sth in the fridge ❺ (*ver~*) **einen Teppich/Rohre/Kabel ~** to lay a carpet/pipes/cables **II.** *vr* ❶ (*hin~*) ■ **sich ~** to lie down; **sich ins Bett/in die Sonne/auf den Rücken ~** to go to bed/lay down in the sun/lie on one's back; **der Motorradfahrer legte sich in die Kurve** the motorcyclist leaned into the bend ❷ (*sich niederlassen*) ■ **sich auf etw** *akk* **~** to settle on sth; **dichter Bodennebel legte sich auf die Straße** thick fog formed in the street ❸ (*schädigen*) **sich auf die Nieren/Bronchien/Schleimhäute ~** to settle in one's kidneys/bronchial tubes/mucous membrane ❹ (*nachlassen*) ■ **sich ~** *Aufregung, Empörung, Sturm, Begeisterung* to subside; *Nebel* to lift
le·gen·där [leɡɛnˈdɛːɐ] *adj* legendary
Le·gen·de <-, -n> [leˈɡɛndə] *f* ❶ (*fromme Sage*) legend ❷ (*Lügenmärchen*) myth
le·ger [leˈʒeːɐ, leˈʒɛːɐ] **I.** *adj* ❶ (*bequem*) loose-fitting ❷ (*ungezwungen*) casual **II.** *adv* casually
Leg·gings ['lɛɡɪŋs] *pl* leggings
Le·gie·rung <-, -en> *f* (*Mischung von Metallen*) alloy
Le·gi·on <-, -en> [leˈɡi̯oːn] *f* legion
Le·gi·o·när <-s, -e> [leɡi̯oˈnɛːɐ] *m* legionary
Le·gis·la·ti·ve <-n, -n> [leɡɪslaˈtiːvə] *f* legislative power

Le·gis·la·tur·pe·ri·o·de [leɡɪslaˈtuːʀ̯-] f legislative period
le·gi·tim [leɡiˈtiːm] adj (geh) legitimate
Le·gi·ti·ma·ti·on <-, -en> [leɡitimaˈtsi̯oːn] f (geh) ❶ (abstrakte Berechtigung) authorization ❷ (Ausweis) permit
le·gi·ti·mie·ren* [leɡitiˈmiːrən] I. vt (geh) ❶ (berechtigen) ■ jdn [zu etw dat] ~ to authorize sb [to do sth]; **zu Kontrollen legitimiert sein** to be authorized to carry out checks ❷ (für gesetzmäßig erklären) ■ etw ~ to legitimize sth II. vr (geh) ■ sich ~ to identify oneself
Le·gi·ti·mi·tät <-> [leɡitimiˈtɛːt] f kein pl (geh) legitimacy no pl
Le·gu·an <-s, -e> [leˈɡu̯aːn, ˈleːɡu̯aːn] m iguana
Lehm <-[e]s, -e> [leːm] m clay
leh·mig [ˈleːmɪç] adj ❶ (aus Lehm) clay ❷ (voller Lehm) clayey; Weg muddy
Leh·ne <-, -n> [ˈleːnə] f ❶ (Arm~) armrest ❷ (Rücken~) back
leh·nen [ˈleːnən] I. vt (an~) to lean (an/gegen against) II. vi (schräg angelehnt sein) ■ an etw dat ~ to lean against sth III. vr (sich beugen) ■ sich an jdn/etw ~ to lean on sb/sth; ■ sich über etw akk ~ to lean over sth; ■ sich gegen etw akk ~ to lean against sth; **sich aus dem Fenster** ~ to lean out of the window
Lehn·stuhl m armchair
Lehn·wort <-wörter> nt loan word
Lehr·amt [ˈleːʀ̯-] nt (Lehrerstelle) post of teacher; (Studiengang) teacher-training course
Lehr·an·stalt f educational establishment
Lehr·be·auf·trag·te(r) f(m) temporary lecturer **Lehr·be·ruf** m teaching profession **Lehr·buch** nt textbook
Leh·re¹ <-, -n> [ˈleːrə] f ❶ ([handwerkliche] Ausbildung) apprenticeship; [**bei jdm**] **in die** ~ **gehen** to serve one's apprenticeship [with sb]; **eine** ~ [**als etw**] **machen** to serve an apprenticeship [as a/an sth] ❷ (Erfahrung, aus der man lernt) lesson; **das soll dir eine** ~ **sein!** let that be a lesson to you!; **jdm eine** ~ **erteilen** to teach sb a lesson; **sich** dat **etw eine** ~ **sein lassen** to learn from sth ❸ (ideologisches System) doctrine ❹ (Theorie) theory
Leh·re² <-, -n> [ˈleːrə] f TECH ga[u]ge
leh·ren [ˈleːrən] vt ❶ (unterrichten) ■ etw ~ to teach sth; (an der Uni) to lecture in sth ❷ (beispielhaft zeigen) ■ jdn [etw akk] ~ to teach sb [sth] ❸ (zeigen) **die Erfahrung hat uns gelehrt, dass ...** experience has taught us that ...

Leh·rer(in) <-s, -> [ˈleːrɐ] m(f) teacher
Lehr·fach nt subject **Lehr·gang** <-gänge> m course; **auf einem** ~ **sein** to be on a course **Lehr·geld** nt [**für etw** akk] ~ **zahlen** [**müssen**] to [have to] learn the hard way
lehr·haft <-er, -este> adj ❶ (belehrend) didactic ❷ (pej: lehrerhaft) patronizing
Lehr·jahr nt year as an apprentice **Lehr·kör·per** m teaching staff + sing/pl vb **Lehr·kraft** f (geh) teacher
Lehr·ling <-s, -e> [ˈleːɐ̯lɪŋ] m (veraltend) s. **Auszubildende(r)**
Lehr·mit·tel nt (fachspr) teaching aid **Lehr·plan** m syllabus **lehr·reich** adj instructive **Lehr·satz** m theorem **Lehr·stel·le** f apprenticeship **Lehr·stoff** m (fachspr) syllabus [content] **Lehr·stuhl** m (geh) chair **Lehr·ver·trag** m indentures pl **Lehr·zeit** f (veraltend) s. **Lehre**¹ 1
Leib <-[e]s, -er> [laɪp] m ❶ (Körper) body; **etw am eigenen** ~ **erfahren** to experience sth first hand; **am ganzen** ~**e zittern** (geh) to shake all over; **bei lebendigem** ~**e** alive; **jdm** [**mit etw** dat] **vom** ~**e bleiben** (fam) not to bother sb [with sth]; **sich** dat **jdn vom** ~**e halten/schaffen** to keep sb at arm's length/get sb off one's back; **sich** dat **etw vom** ~**e halten** (fig) to avoid sth ❷ (geh) stomach ▸ **mit** ~ **und Seele** whole-heartedly; **jdm wie auf den** ~ [**zu**]**geschnitten sein** to suit sb down to the ground; **jdm wie auf den** ~ **geschrieben sein** to be tailor-made for sb; **einer S.** dat **zu** ~**e rücken** (fam) to tackle sth
Leib·arzt, -ärz·tin m, f personal physician form
lei·ben [ˈlaɪbn̩] vi **wie jd leibt und lebt** through and through
Lei·bes·kraft f **aus Leibeskräften** with all one's might **Lei·bes·übun·gen** pl (veraltend) physical education no pl **Lei·bes·vi·si·ta·ti·on** f (geh) body search **Leib·gar·de** f bodyguard **Leib·ge·richt** nt favourite meal
leib·haf·tig [laɪpˈhaftɪç] I. adj ❶ (echt) real ❷ (verkörpert) **sie ist die** ~**e Sanftmut** she is gentleness personified ▸ **der L~e** (euph) the devil incarnate II. adv in person pred
leib·lich [ˈlaɪplɪç] adj ❶ (körperlich) physical ❷ (blutsverwandt) natural; **jds** ~**e Verwandten** sb's blood relations
Leib·ren·te f FIN life annuity **Leib·spei·se** f s. Leibgericht **Leib·wa·che** f bodyguard no pl **Leib·wäch·ter(in)** m(f) bodyguard
Lei·che <-, -n> [ˈlaɪçə] f (toter Körper)

corpse ▶ **über ~n gehen** (*pej fam*) to stop at nothing
Lei·chen·be·gräb·nis *nt* funeral **Lei·chen·be·schau·er(in)** <-s, -> *m(f)* doctor who carries out post-mortems **Lei·chen·bit·ter·mie·ne** *f kein pl* (*iron*) doleful expression **lei·chen·blass^RR** ['laıçn'blas] *adj* deathly pale **Lei·chen·hal·le** *f* mortuary **Lei·chen·schän·dung** *f* ❶ (*grober Unfug mit einer Leiche*) desecration of a corpse *no pl* ❷ (*sexuelle Handlungen an Leichen*) necrophilia **Lei·chen·schau·haus** *nt* mortuary, *esp* AM morgue **Lei·chen·schmaus** *m* wake **Lei·chen·star·re** *f* rigor mortis **Lei·chen·ver·bren·nung** *f* cremation **Lei·chen·wa·gen** *m* ❶ (*Wagen, der Särge befördert*) hearse ❷ (*Kutsche, die Särge befördert*) funeral carriage **Lei·chen·zug** *m* (*geh*) funeral procession
Leich·nam <-s, -e> ['laıçna:m] *m* (*geh*) corpse
leicht [laıçt] I. *adj* ❶ (*geringes Gewicht habend*) light ❷ (*eine dünne Konsistenz habend*) light ❸ (*einfach*) easy, simple; **er hat ein ~es Leben** he has an easy time of it; **nichts ~er als das!** no problem ❹ METEO (*schwach*) light; *Brandung* low; *Donner* distant; *Strömung* weak ❺ (*sacht*) light; *Akzent* slight; *Schlag* gentle ❻ *Eingriff, Verbrennung* minor ❼ (*nicht belastend*) light; *Zigarette* mild ❽ (*einfach verständlich*) easy; **~e Lektüre** light reading ❾ (*unbeschwert*) ■ **jdm ist ~er** sb is relieved ❿ (*nicht massiv*) lightweight; **~ gebaut** having a lightweight construction II. *adv* ❶ (*aus dünnem Material*) **~ bekleidet** dressed in light clothing ❷ (*einfach*) easily; **das ist ~er gesagt als getan** that's easier said than done; **es [im Leben] ~ haben** to have it easy [in life]; **etw geht [ganz] ~** sth is [quite] easy; **es jdm ~ machen** to make it easy for sb; **es sich** *dat* **~ machen** to make it easy for oneself ❸ METEO (*schwach*) lightly ❹ (*nur wenig, etwas*) lightly; **~ humpeln** to have a slight limp; **~ verärgert sein** to be slightly annoyed ❺ (*schnell*) easily; **das sagst du so ~!** that's easy for you to say!; **etw ~ glauben** to believe sth readily; **der Inhalt ist ~ zerbrechlich** the contents are easy to break ❻ (*problemlos*) easily; **etw ~ schaffen/begreifen** to manage/grasp sth easily
Leicht·ath·let(in) *m(f)* athlete BRIT, track and field athlete AM **Leicht·ath·le·tik** *f* athletics BRIT + *sing vb, no art,* track and field AM + *sing vb, no art* **Leicht·ath·le·tin** *f fem form von* **Leichtathlet**
leicht|fal·len *vi irreg* **jdm ~** to be easy for sb; **es fällt jdm leicht, etw zu tun** it's easy for sb to do sth **leicht·fer·tig** I. *adj* thoughtless II. *adv* thoughtlessly **Leicht·fer·tig·keit** *f kein pl* thoughtlessness *no pl, no indef art* **Leicht·ge·wicht** *nt* ❶ *kein pl* (*Gewichtsklasse*) lightweight category ❷ (*Sportler*) lightweight *also fig* **leicht·gläu·big** *adj* gullible **Leicht·gläu·big·keit** *f kein pl* gullibility *no pl, no indef art*
leicht·hin ['laıçt'hın] *adv* ❶ (*ohne langes Nachdenken*) lightly ❷ (*so nebenbei*) easily
Leich·tig·keit <-> *f* ❶ *kein pl* (*Einfachheit*) simplicity *no pl, no indef art;* **mit ~** effortlessly ❷ (*Leichtheit*) lightness *no pl, no indef art*
leicht·le·big *adj* happy-go-lucky **Leicht·ma·tro·se** *m* ordinary seaman **Leicht·me·tall** *nt* light metal **leicht|neh·men** *vt irreg* ■ **etw ~** (*fig*) to take sth lightly **Leicht·sinn** ['laıçtzın] *m kein pl* carelessness *no pl, no indef art* **leicht·sin·nig** ['laıçtzınıç] I. *adj* careless II. *adv* carelessly **Leicht·sin·nig·keit** <-> *f kein pl s.* **Leichtsinn**
leid [laıt] *adj präd* (*überdrüssig*) **es ~ sein, etw tun zu müssen** to have had enough of having to do sth; **ich bin es ~** I'm tired of it
Leid <-[e]s> [laıt] *nt kein pl* ❶ (*Unglück*) sorrow; **jdm sein ~ klagen** to tell sb one's troubles ❷ (*Schaden*) harm
lei·den <litt, gelitten> ['laıdn] I. *vi* ❶ (*Schmerzen ertragen*) to suffer ❷ (*an einem Leiden erkrankt sein*) ■ **an etw** *dat* **~** to suffer from sth ❸ (*seelischen Schmerz empfinden*) to suffer; ■ **unter jdm ~** to suffer because of sb; ■ **unter etw** *dat* **~** to suffer from sth; ■ **darunter ~, dass ....** to suffer as a result of ... ❹ (*in Mitleidenschaft gezogen werden*) *Beziehung, Gesundheit* to suffer; *Möbelstück, Stoff* to get damaged; *Farbe* to fade II. *vt* (*erdulden*) ■ **etw ~** to suffer sth ▶ **jdn/etw [gut]/nicht [gut] ~ können** to like/not like sb/sth
Lei·den <-s, -> ['laıdn] *nt* ❶ (*chronische Krankheit*) ailment ❷ *pl* (*leidvolle Erlebnisse*) suffering *no pl, no indef art*
lei·dend *adj* ❶ (*geplagt*) mournful ❷ (*geh: chronisch krank*) ■ **~ sein** to be ill
Lei·den·schaft <-, -en> ['laıdnʃaft] *f* ❶ (*Emotion*) emotion ❷ (*intensive Vorliebe*) passion; **jd ist etw aus ~** sb is passionate about being sth; **mit [großer/wah-**

rer| ~ passionately ③ *kein pl* **sie spürte seine ~** she felt his passion
lei·den·schaft·lich I. *adj* passionate II. *adv* passionately; ■**etw ~ gern tun** to be passionate about sth; **ich esse ~ gern Himbeereis** I adore raspberry ice-cream
lei·den·schafts·los I. *adj* dispassionate II. *adv* dispassionately
Lei·dens·ge·fähr·te, -ge·fähr·tin *m, f,* **Lei·dens·ge·nos·se, -ge·nos·sin** *m, f* fellow-sufferer **Lei·dens·mie·ne** *f* dejected expression; **mit ~** with a dejected expression
lei·der ['laidɐ] *adv* unfortunately; **ich habe das ~ vergessen** I'm sorry, I forgot about it; **das ist ~ so** that's just the way it is
lei·dig ['laidɪç] *adj attr* (*pej*) tedious; **immer das ~e Geld!** it always comes down to money!
Leid·tra·gen·de(r) *f(m),* **Leid Tra·gen·de(r)**^RR *f(m)* ■**der/die ~** the one to suffer
leid|tun^RR *vi irreg* **tut mir leid!** [I'm] sorry!; **jdm tut etw leid** sb is sorry about sth; **es tut jdm leid, dass ...** sb is sorry that ...
leid·voll *adj* (*geh*) sorrowful *liter* **Leid·we·sen** *nt kein pl* ■**zu jds ~** much to sb's regret
Lei·er <-, -n> ['laiɐ] *f* MUS lyre ▶ [**es ist**] **immer die alte ~** (*pej fam*) [it's] always the same old story
Lei·er·kas·ten *m* (*fam*) barrel organ
lei·ern ['laiɐn] I. *vt* ① (*fam: lustlos aufsagen*) to drone [out] *sep* ② (*fam: kurbeln*) to wind II. *vi* (*Drehorgel spielen*) to play a barrel-organ
Leih·bi·bli·o·thek *f,* **Leih·bü·che·rei** *f* lending library
lei·hen <lieh, geliehen> ['laiən] *vt* ① (*ausleihen*) to lend; ■**geliehen** borrowed ② (*borgen*) ■**sich** *dat* **etw ~** to borrow sth
Leih·frist *f* lending period **Leih·ga·be** *f* loan **Leih·ge·bühr** *f* hire charge BRIT, rental fee AM; (*Buch*) lending fee **Leih·haus** *nt* pawn shop **Leih·mut·ter** *f* surrogate mother **Leih·wa·gen** *m* hire [*or* AM rental] car **leih·wei·se** *adv* on loan; ■**jdm etw ~ überlassen** (*geh*) to give sb sth on loan
Leim <-[e]s, -e> [laim] *m* (*zäher Klebstoff*) glue ▶ **jdm auf den ~ gehen** to fall for sb's tricks; **aus dem ~ gehen** to fall apart
lei·men ['laimən] *vt* ① (*mit Leim zusammenfügen*) ■**etw ~** to glue sth together ② (*fam: hereinlegen*) ■**jdn ~** to take sb for a ride

Lei·ne <-, -n> ['lainə] *f* ① (*dünnes Seil*) rope ② (*Wäsche~*) [washing [*or* AM laundry]] line ③ (*Hunde~*) lead, leash ④ (*sl*) **zieh ~!** (*sl*) piss off!
lei·nen ['lainən] *adj* linen
Lei·nen <-s, -> ['lainən] *nt* linen; **aus ~** made of linen
Lein·öl *nt* linseed oil **Lein·sa·men** *m* linseed **Lein·tuch** <-tücher> *nt* SÜDD, ÖSTERR, SCHWEIZ (*Laken*) sheet **Lein·wand** *f* ① (*Projektionswand*) screen ② *kein pl* (*Gewebe aus Flachsfasern*) a. KUNST canvas **Lein·wand·held(in)** *m(f)* (*Kinostar*) hero/heroine of the silver screen
Leip·zig <-s> ['laiptsɪç] *nt* Leipzig
lei·se ['laizə] I. *adj* ① (*nicht laut*) quiet; **etw ~ stellen** to turn down *sep* sth ② (*gering*) slight; *Ahnung, Verdacht* vague; **es fiel ~r Regen** it was raining gently; **nicht im L~sten** not at all II. *adv* ① (*nicht laut*) quietly ② (*kaum merklich*) slightly; **der Regen fiel ~** it was raining gently
Leis·te <-, -n> ['laistə] *f* ① (*schmale Latte*) strip ② (*Übergang zum Oberschenkel*) groin
leis·ten ['laistn̩] I. *vt* ① (*an Arbeitsleistung erbringen*) **ganze Arbeit ~** to do a good job; **viel/nicht viel ~** to get/not get a lot done; **etwas Besonderes/Erstaunliches ~** to accomplish sth special/amazing ② TECH, PHYS to generate ③ *Funktionsverb* **Hilfe ~** to render assistance *form;* **eine Anzahlung ~** to make a down payment; **gute Dienste ~** to serve sb well; **Gehorsam/Widerstand ~** to obey/offer resistance; **Zivildienst/Wehrdienst ~** to do one's community/military service; **einen Eid ~** to swear an oath; **eine Unterschrift ~** to sign sth II. *vr* ① (*sich gönnen*) ■**sich** *dat* **etw ~** to treat oneself to sth ② (*sich herausnehmen*) ■**sich** *dat* **etw ~** to permit oneself sth; **da hast du dir ja was geleistet!** you've really outdone yourself [this time]!; (*tragen können*) **tolles Kleid! — Sie kann es sich ~, bei der Figur!** great dress! — She can certainly carry it off with a figure like that! ③ (*finanziell in der Lage sein*) **es sich** *dat* **~ können, etw zu tun** to be able to be afford to do sth
Leis·ten·bruch *m* hernia
Leis·tung <-, -en> *f* ① *kein pl* (*das Leisten 1*) performance ② (*geleistetes Ergebnis*) accomplishment; **eine hervorragende/sportliche ~** an outstanding piece of work/athletic achievement; **schulische ~en** results at school; **ihre ~en lassen zu wünschen übrig** her work leaves a lot to

be desired ③ TECH, PHYS power; *einer Fabrik* output ④ FIN (*Entrichtung*) payment
Leis·tungs·druck *m kein pl* pressure to perform **leis·tungs·fä·hig** *adj* ① (*zu hoher Arbeitsleistung fähig*) efficient ② (*zu hoher Produktionsleistung fähig*) productive ③ (*zur Abgabe großer Energie fähig*) powerful ④ FIN competitive **Leis·tungs·fä·hig·keit** *f kein pl* ① (*Arbeitsleistung*) *eines Menschen, einer Maschine* efficiency; *eines Computernetzes* performance ② (*Produktionsleistung*) productivity; **wirtschaftliche ~ eines Landes** economic capacity of a country ③ (*Abgabe von Energie*) power ④ FIN competitiveness **Leis·tungs·ge·sell·schaft** *f* meritocracy **Leis·tungs·kurs** *m* SCH advanced course (*course which seeks to impart additional knowledge to a basic course using a style similar to university teaching*) **Leis·tungs·nach·weis** *m* SCH evidence of academic achievement **leis·tungs·schwach** *adj* weak; *Maschine, Motor* low-performance **Leis·tungs·sport** *m* competitive sport *no art* **leis·tungs·stark** *adj* ① (*große Produktionskapazität besitzend*) [highly-]efficient ② TECH [very] powerful; *Motor* high-performance **Leis·tungs·trä·ger(in)** *m(f)* SPORT, ÖKON go-to guy *fam* **Leis·tungs·ver·mö·gen** *nt kein pl* capability *usu pl*
Leit·ar·ti·kel *m* leader **Leit·bild** *nt* [role] model
lei·ten ['laɪtn] I. *vt* ① (*verantwortlich sein*) to run; **eine Abteilung/Schule ~** to be head of a department/school ② (*den Vorsitz führen*) to lead; *Sitzung* to chair ③ TECH to conduct; *Erdöl* to pipe ④ TRANSP **der Zug wurde auf ein Nebengleis geleitet** the train was diverted to a siding ⑤ (*führen*) ■ **jdn [wohin] ~** to lead sb [somewhere]; ■ **sich durch etw** *akk* **~ lassen** to [let oneself] be guided by sth; ■ **sich von etw** *dat* **~ lassen** to [let oneself be] governed by sth II. *vi* PHYS to conduct; **gut/schlecht ~** to be a good/bad conductor
lei·tend I. *adj* ① (*führend*) leading ② (*in hoher Position*) managerial; **~er Angestellter** executive; **~er Redakteur** editor-in-chief ③ PHYS conductive II. *adv* **~ tätig sein** to hold a managerial position
Lei·ter¹ <-, -n> ['laɪtɐ] *f* ① (*Sprossen~*) ladder ② (*Steh~*) step-ladder
Lei·ter² <-s, -> ['laɪtɐ] *m* PHYS conductor
Lei·ter(in) <-s, -> ['laɪtɐ] *m(f)* ① (*leitend Tätiger*) head; *einer Firma, eines Geschäfts* manager; *einer Schule*

head[master] ② (*Sprecher*) leader; *einer Delegation* head; **~ einer Diskussion/Gesprächsrunde** person chairing a discussion/round of talks
Leit·fa·den *m* MEDIA compendium
leit·fä·hig *adj* PHYS conductive **Leit·fä·hig·keit** *f* PHYS conductivity **Leit·ge·dan·ke** *m* central idea **Leit·ham·mel** *m* (*fig fam*) bellwether **Leit·li·nie** *f* ① (*Grundsatz*) guideline ② (*Fahrbahnmarkierung*) broken line **Leit·mo·tiv** *nt* ① (*Grundgedanke*) central theme ② MUS, LIT leitmotiv **Leit·plan·ke** *f* crash barrier **Leit·satz** *m* guiding principle **Leit·spruch** *m* motto **Leit·stel·le** *f* headquarters + *sing/pl vb*
Lei·tung <-, -en> *f* ① *kein pl* (*Führung*) management; ■ **die ~ übernehmen** to take over the leadership of sth; **die ~ einer Sitzung/Diskussion haben** to chair a meeting/discussion; ■ **unter der ~ von jdm** MUS conducted by sb ② (*leitendes Gremium*) management ③ (*Rohr*) pipe ④ (*Kabel*) cable ⑤ TELEK line; **die ~ ist gestört** it's a bad line ▶ **eine lange ~ haben** (*hum fam*) to be slow on the uptake **Lei·tungs·ka·bel** *nt* ① (*allgemein*) wire ② ELEK line cable ③ AUTO (*Zündkabel*) lead **Lei·tungs·rohr** *nt* pipe **Lei·tungs·was·ser** *nt* tap water
Leit·wäh·rung *f* leading currency **Leit·wolf** *m* (*fig*) leader **Leit·zins** *m* prime rate
Lek·ti·on <-, -en> [lɛk'tsi̯oːn] *f* ① SCH (*Kapitel*) chapter; (*Stunde*) lesson ② (*geh: Lehre*) lesson; **jdm eine ~ erteilen** to teach sb a lesson
Lek·tor, Lek·to·rin <-s, -toren> ['lɛktoːɐ̯, lɛk'toːrɪn, *pl* -'toːrən] *m, f* ① (*in einem Verlag*) editor ② (*an der Universität*) foreign language assistant
Lek·to·rat <-[e]s, -e> [lɛkto'raːt] *nt* ① (*Verlagsabteilung*) editorial office ② (*Lehrauftrag*) post as [a] foreign language assistant
Lek·tü·re <-, -n> [lɛk'tyːrə] *f* ① *kein pl* (*das Lesen*) reading *no pl, no indef art* ② (*Lesestoff*) reading matter *no pl, no indef art*
Lem·ming <-s, -e> ['lɛmɪŋ] *m* ZOOL lemming; **wie die ~e** like lemmings
Len·de <-, -n> ['lɛndə] *f* ANAT, KOCHK loin **Len·den·schurz** *m* loincloth **Len·den·stück** *nt* KOCHK tenderloin
lenk·bar ['lɛŋkbaːɐ̯] *adj* steerable; **gut ~ sein** to be easy to steer
len·ken ['lɛŋkn̩] I. *vt* ① (*steuern*) to steer ② (*dirigieren*) to direct ③ (*beeinflussen*) to control ④ (*geh*) **seinen Blick auf jdn/etw ~** to turn one's gaze on sb/sth ⑤ (*rich-*

ten) **jds Aufmerksamkeit auf etw ~** to draw sb's attention to sth; **geschickt lenkte sie das Gespräch auf ein weniger heikles Thema** she cleverly steered the conversation round to a less controversial subject **II.** *vi* to drive

Len·ker <-s, -> *m* handlebars *pl*

Len·ker(in) <-s, -> *m(f)* (*geh*) driver

Lenk·rad *nt* steering-wheel **Lenk·stange** *f* (*geh*) handlebars *pl*

Len·kung <-, -en> *f* ❶ AUTO steering *no pl, no indef art* ❷ *kein pl* (*Beeinflussung*) controlling *no pl, no indef art*

Le·o·pard <-en, -en> [leo'part] *m* leopard

Le·pra <-> ['le:pra] *f kein pl* leprosy *no pl, no art*

Le·pra·kran·ke(r) *f(m) dekl wie adj* leper

le·pros [le'pro:s], **le·prös** [le'prø:s] *adj* leprous

Ler·che <-, -n> ['lɛrçə] *f* ORN lark

lern·be·gie·rig *adj* eager to learn *pred*

lern·be·hin·dert *adj* with learning difficulties *pred*; ■ **~ sein** to have learning difficulties **Lern·ei·fer** *m* eagerness to learn

ler·nen ['lɛrnən] **I.** *vt* ❶ (*sich als Kenntnis aneignen*) to learn; **von ihr können wir alle noch etwas ~** she could teach us all a thing or two; **jd lernt's nie** sb'll never learn ❷ (*im Gedächtnis speichern*) to learn [by heart] ❸ (*fam: eine Ausbildung machen*) to train as ▸ **gelernt ist** [**eben**] **gelernt** once learned, never forgotten; **etw will gelernt sein** sth takes [a lot of] practice **II.** *vi* ❶ (*Kenntnisse erwerben*) to study ❷ (*beim Lernen unterstützen*) ■ **mit jdm ~** to help sb with their [school]work ❸ (*eine Ausbildung machen*) ■ **[bei jdm] ~** to be apprenticed to sb; **er hat bei verschiedenen Firmen gelernt** he's been an apprentice with several companies; **sie lernt noch** she's still an apprentice

lern·fä·hig *adj* ■ **~ sein** to be capable of learning **Lern·fä·hig·keit** *f kein pl* learning ability **Lern·pen·sum** *nt* work quota, study quota **Lern·pro·gramm** *nt* INFORM learning program **Lern·pro·zess**^RR *m* learning process **Lern·soft·ware** *f* educational software **Lern·ziel** *nt* [educational] goal

Les·art *f* version

les·bar ['le:sbaːɐ̯] *adj* ❶ *Handschrift* legible ❷ (*verständlich*) clear

Les·be <-, -n> ['lɛsbə] *f* (*fam*), **Les·bi·e·rin** <-, -nen> ['lɛsbiərɪn] *f* lesbian

les·bisch ['lɛsbɪʃ] *adj* lesbian; ■ **~ sein** to be a lesbian

Le·se <-, -n> ['le:zə] *f* AGR harvest

Le·se·bril·le *f* reading-glasses *npl* **Le·se·buch** *nt* reader **Le·se·ge·rät** *nt* INFORM reader **Le·se·lam·pe** *f* reading lamp

le·sen¹ <liest, las, gelesen> ['le:zn̩] **I.** *vt* ❶ (*durch~*) to read ❷ (*entnehmen*) to see (**aus** in) **II.** *vi* ❶ (*als Lektüre*) to read; ■ **an etw** *dat* **~** to read sth ❷ UNIV to lecture (**über** on) **III.** *vr* **der Roman liest sich leicht/nicht leicht** the novel is easy/quite difficult to read

le·sen² <liest, las, gelesen> ['le:zn̩] *vt* ❶ (*sammeln*) to pick ❷ (*auf~*) **etw vom Boden ~** to pick sth up *sep* off the floor

le·sens·wert *adj* worth reading *pred*

Le·ser(in) <-s, -> ['le:zɐ] *m(f)* reader

Le·se·rat·te *f* (*hum fam*) bookworm

Le·ser·brief *m* reader's letter

Le·ser·kreis *m* readership

le·ser·lich *adj* legible; **gut/kaum/schwer ~ sein** to be easy/almost impossible/difficult to read

Le·ser·schaft <-, *selten* -en> *f* (*geh*) readership

Le·se·saal *m* reading room **Le·se·stoff** *m* reading matter *no pl, no indef art* **Le·se·zei·chen** *nt* bookmark[er] **Le·se·zir·kel** *m* magazine subscription service (*company which loans magazines to readers*)

Le·sung <-, -en> *f* ❶ (*Dichter~*) *a.* POL reading ❷ REL lesson

Le·thar·gie <-> [letar'giː] *f kein pl* lethargy *no pl, no indef art*

le·thar·gisch [le'targɪʃ] *adj* lethargic

Let·te, Let·tin <-n, -n> ['lɛtə, 'lɛtɪn] *m, f* Latvian; *s. a.* **Deutsche(r)**

Let·ter <-, -n> ['lɛtɐ] *f* ❶ (*Druckbuchstabe*) letter ❷ TYPO character

Let·tin <-, -nen> *f fem form von* **Lette**

let·tisch ['lɛtɪʃ] *adj* Latvian; *s. a.* **deutsch**

Lett·land ['lɛtlant] *nt* Latvia; *s. a.* **Deutschland**

Letzt [lɛtst] *f* ▸ **zu guter ~** finally

letz·te(r, s) *adj* ❶ (*den Schluss bezeichnend*) last; **in der Klasse saß sie in der ~n Reihe** she sat in the back row in class; **der L~ des Monats** the last [day] of the month; **als L~(r) kommen/gehen/fertig sein** to arrive/leave/finish last ❷ (*das zuletzt Mögliche bezeichnend*) last; *Versuch* final; **diese Klatschbase wäre die L~, der ich mich anvertrauen würde** that old gossip is the last person I would confide in; ■ **etw ist das L~, was ...** sth is the last thing that ... ❸ SPORT **sie ging als ~ Läuferin durchs Ziel** she was the last runner to finish [the race]; ■ **L~(r) werden** to finish [in] last [place]

④ TRANSP (*späteste*) last ⑤ (*restlich*) last ⑥ (*vorige*) last; **es ist das ~ Mal, dass ...** this is the last time that ...; **beim ~n Mal** last time; **zum ~n Mal** the last time; **im ~n Jahr** last year ⑦ (*an ~r Stelle erwähnt*) last ⑧ (*neueste*) latest ⑨ (*fam: schlechteste*) **das ist doch der ~ Kerl!** what an absolute sleazeball!

Letz·te(s) *nt* (*letzte Bemerkung*) ▪ **ein ~s** one last thing ▶ **sein ~s [her]geben** to give one's all; **das ist ja wohl das ~!** (*fam*) that really is the limit!

letzt·end·lich ['lɛtst?ɛntlɪç] *adv* at the end of the day

letz·tens ['lɛtstn̩s] *adv* recently; **erst ~** just the other day; **... und ~** ... and lastly; **drittens und ~** thirdly and lastly

letzt·lich ['lɛtstlɪç] *adv* in the end

letzt·ma·lig [-maːlɪç] *adj attr* final

Leucht·bo·je *f* light-buoy **Leucht·di·o·de** *f* light-emitting diode

Leuch·te <-, -n> ['lɔʏçtə] *f* (*Stehlampe*) standard lamp ▶ **nicht gerade eine ~ sein** (*fam*) to not be all that bright

leuch·ten ['lɔʏçtn̩] *vi* ① (*Licht ausstrahlen*) to shine; *Abendsonne* to glow ② (*Licht reflektieren*) to glow ③ (*auf~*) **die Kinder hatten vor Freude ~de Augen** the children's eyes were sparkling with joy ④ (*strahlen*) shine; **leuchte mit der Lampe mal hier in die Ecke** can you shine the light here in the corner

leuch·tend *adj* ① (*strahlend*) bright ② (*herrlich*) shining *fig; Farben* glowing

Leuch·ter <-s, -> *m* candlestick; (*mehrarmig*) candelabra

Leucht·far·be *f* fluorescent paint **Leucht·feu·er** *nt* beacon; (*auf der Landebahn*) runway lights **Leucht·kä·fer** *m* glow-worm **Leucht·kraft** *f kein pl* luminosity *no pl* **Leucht·ra·ke·te** *f* [rocket] flare **Leucht·re·kla·me** *f* neon sign **Leucht·schrift** *f* neon letters *pl* **Leucht·sig·nal** *nt* flare signal **Leucht·turm** *m* lighthouse **Leucht·zif·fer·blatt** *nt* luminous dial

leug·nen ['lɔʏgnən] I. *vt* to deny; **es ist nicht zu ~, dass ...** there is no denying the fact that ... II. *vi* to deny it

Leug·nung <-, -en> *f* denial

Leu·kä·mie <-, -n> [lɔʏkɛˈmiː, *pl* lɔʏkɛˈmiːən] *f* leukaemia

Leu·mund ['lɔʏmʊnt] *m kein pl* reputation

Leu·te ['lɔʏtə] *pl* ① (*Menschen*) people *npl*; **alle/keine/kaum ~** everybody/nobody/hardly anybody; **unter ~ gehen** to get out and about [a bit] ② (*fam: Kameraden, Kollegen*) folks *npl* ③ (*Mitarbeiter*) workers *pl* ④ MIL, NAUT men *pl* ▶ **die kleinen ~** (*einfache Menschen*) [the] ordinary people; **etw unter die ~ bringen** (*fam*) to spread sth around

Leu·te·schin·der(in) <-s, -> *m(f)* (*pej fam*) slave-driver *fig*

Leut·nant <-s, -s *o* -e> ['lɔʏtnant] *m* second lieutenant; **~ zur See** sub-lieutenant BRIT, ensign AM

leut·se·lig *adj* affable

Le·vel <-s, -s> ['lɛvl̩] *m* (*geh*) level

Le·vi·ten [leˈviːtən] *pl* ▶ **jdm die ~ lesen** (*fam*) to read sb the Riot Act

le·xi·ka·lisch [lɛksiˈkaːlɪʃ] *adj* LING lexical

Le·xi·ko·graf(in)[RR] <-en, -en> [lɛksikoˈgraːf] *m(f)* LING lexicographer

Le·xi·ko·gra·fie[RR] <-> [lɛksikograˈfiː] *f kein pl* lexicography

Le·xi·ko·graph(in) <-en, -en> [lɛksikoˈgraːf] *m(f) s.* **Lexikograf**

Le·xi·ko·gra·phie <-> [lɛksikograˈfiː] *f kein pl s.* **Lexikografie**

Le·xi·kon <-s, Lexika> ['lɛksikɔn, *pl* ˈlɛksika] *nt* ① (*Nachschlagewerk*) encyclopaedia ② LING lexicon

lfd. *Abk von* **laufend** regular; (*jetzig*) current

Li·ai·son <-, -s> [liɛˈzõː] *f* (*geh*) liaison

Li·a·ne <-, -n> [ˈli̯aːnə] *f* liana

Li·ba·ne·se, Li·ba·ne·sin <-n, -n> [libaˈneːzə, libaˈneːzɪn] *m, f* Lebanese; *s. a.* **Deutsche(r)**

li·ba·ne·sisch [libaˈneːzɪʃ] *adj* Lebanese; *s. a.* **deutsch**

Li·ba·non <-[s]> [ˈliːbanɔn] *m* ① (*Land*) ▪ **der ~** the Lebanon; *s. a.* **Deutschland** ② (*Gebirge*) the Lebanon Mountains *pl*

Li·bel·le <-, -n> *f* ① ZOOL dragonfly ② TECH (*Teil eines Messinstruments*) bubble tube; (*bei einer Wasserwaage*) spirit level

li·be·ral [libeˈraːl] I. *adj a.* POL liberal II. *adv* liberally; **~ eingestellt/gestaltet sein** to be liberally minded/have a liberal structure

li·be·ra·li·sie·ren* [liberaliˈziːrən] *vt* to liberalize

Li·be·ra·li·sie·rung <-, -en> *f* liberalization

Li·be·ra·lis·mus <-> [liberaˈlɪsmʊs] *m kein pl* liberalism *no pl*

Li·be·ria <-s> [liˈbeːri̯a] *nt* Liberia; *s. a.* **Deutschland**

Li·be·ria·ner(in) <-s, -> [libeˈri̯aːnɐ] *m(f)* Liberian; *s. a.* **Deutsche(r)**

li·be·ria·nisch [libeˈri̯aːnɪʃ] *adj* Liberian; *s. a.* **deutsch**

Li·be·ro <-s, -s> [ˈliːbero] *m* sweeper

Li·bi·do <-> ['li:bido, li'bi:do] *f kein pl* libido

Li·bret·to <-s, -s *o* Libretti> [li'brɛto, *pl* li'brɛti] *nt* MUS libretto

Li·by·en <-s> ['li:byən] *nt* Libya; *s. a.* **Deutschland**

Li·by·er(in) <-s, -> ['li:byɐ] *m(f)* Libyan; *s. a.* **Deutsche(r)**

li·bysch ['li:byʃ] *adj* Libyan; *s. a.* **deutsch**

licht [lɪçt] *adj* ❶ (*hell*) light ❷ (*spärlich*) sparse, thin; **an der Stirn ist sein Haar schon ~** he already has a receding hairline ❸ ARCHIT, BAU **~e Höhe/Weite** headroom/clear width

Licht <-[e]s, -er> [lɪçt] *nt* ❶ *kein pl* (*Helligkeit*) light *no pl* ❷ ELEK light; **das ~ brennt** the light is on; **das ~ brennen lassen** to leave the light[s] on; **das ~ ausschalten** (*fam*) to turn out the light; **etw gegen das ~ halten** to hold sth up to the light ▶ **das ~ [der Öffentlichkeit] scheuen** to shun publicity; **sein ~ unter den Scheffel stellen** to hide one's light under a bushel; **das ~ der Welt erblicken** (*geh*) to [first] see the light of day; **etw erscheint in einem anderen ~** sth appears in a different light; **kein großes ~ sein** (*fam*) to be no great genius; **grünes ~ [für etw** *akk*] **geben** to give the go-ahead [for sth]; **in einem günstigeren ~** in a [more] favourable light; **etw ins rechte ~ rücken** to show sth in its correct light; **~ in etw** *akk* **bringen** to shed [some] light on sth; **etw ans ~ bringen** to bring sth to light; **jdn hinters ~ führen** to take sb in

Licht·an·la·ge *f* lights *pl*, lighting equipment **Licht·bild** *nt* (*veraltend*) ❶ (*geh: Passbild*) passport photograph ❷ (*Dia*) slide **Licht·blick** *m* ray of hope **licht·durch·läs·sig** *adj* translucent **Licht·ef·fekt** *m* lighting effect **Licht·ein·wir·kung** *f* effects *pl* of the light **licht·emp·find·lich** *adj* sensitive to light *pred;* FOTO photosensitive

lich·ten ['lɪçtn̩] **I.** *vt* FORST, HORT to thin out *sep* **II.** *vr* ■ **sich ~** ❶ (*dünner werden*) to [grow] thin ❷ (*spärlicher werden*) to go down ❸ (*klarer werden*) to be cleared up

Lich·ter·ket·te *f* chain of lights

lich·ter·loh ['lɪçtɐ'lo:] *adv* **~ brennen** to be ablaze

Lich·ter·meer *nt* (*geh*) sea of lights

Licht·ge·schwin·dig·keit *f kein pl* **mit ~** at the speed of light **Licht·grif·fel** *m*, **Licht·stift** *m* INFORM electronic pen **Licht·hu·pe** *f* flash of the headlights **Licht·jahr** *nt* ❶ ASTRON light year ❷ *pl* (*fam: sehr weit/lange*) light years *pl* **Licht·ke·gel** *m* cone [*or* beam] of light **Licht·ma·schi·ne** *f* generator **Licht·mast** *m* lamppost **Licht·mess**^RR *f*, **Licht·meß**^ALT *f* REL **Mariä ~** Candlemas **Licht·or·gel** *f* colour organ **Licht·quel·le** *f* source of light **Licht·re·kla·me** *f s.* **Leuchtreklame Licht·schacht** *m* lightwell **Licht·schal·ter** *m* light switch **licht·scheu** *adj* ❶ BOT, ZOOL *Pflanze* shade-loving; **ein ~es Tier** an animal that shuns the light ❷ (*fig*) **~es Gesindel** shady characters *pl* **Licht·schran·ke** *f* light barrier **Licht·schutz** <-es> *m kein pl* sun protection **Licht·schutz·fak·tor** *m* [sun] protection factor **Licht·stär·ke** *f* ❶ PHYS light intensity ❷ FOTO *Objektiv* speed **Licht·strahl** *m* beam of light **licht·un·durch·läs·sig** *adj* opaque

Lich·tung <-, -en> *f* clearing

Licht·ver·hält·nis·se *pl* lighting conditions *pl*

Lid <-[e]s, -er> [li:t] *nt* [eye]lid

Lid·schat·ten *m* eye shadow **Lid·strich** *m* eyeliner

lieb [li:p] *adj* ❶ (*liebenswürdig*) kind, nice; **sei/seien Sie so ~ und ...** would you be so good as to ... ❷ (*artig*) good; **sei jetzt ~/sei ein ~es Kind!** be a good boy/girl! ❸ (*niedlich*) cute ❹ (*geschätzt*) dear; **L~er Karl, ~e Amelie!** (*als Anrede in Briefen,*) Dear Karl and Amelie,; [**mein**] **L~es** [my] love; [**ach**] **du ~er Gott/~e Güte** (*fam*) good heavens!; **jdn/ein Tier ~ haben** to love sb/an animal; **jdn/etw ~ gewinnen** to grow fond of sb/sth; **man muss ihn einfach ~ haben** it's impossible not to like him ❺ (*angenehm*) welcome; **das wäre mir gar nicht/weniger ~** I'd [much] rather you didn't [do it]; **ich mag Vollmilchschokolade am ~sten** my favourite is milk chocolate; **am ~sten hätte ich ja abgelehnt** I would have liked to have said no

lieb·äu·geln ['li:pʔɔygl̩n] *vi* ■ **mit etw** *dat* **~** to have one's eye on sth; ■ **damit ~, etw zu tun** to toy with the idea of doing sth

Lie·be <-, -n> ['li:bə] *f* ❶ (*Gefühl starker Zuneigung*) love; **aus ~ zu jdm** out of love for sb ❷ *kein pl* (*Leidenschaft*) **aus ~ zu etw** *dat* for the love of sth ❸ (*Mensch*) love; **die ~ meines Lebens** the love of my life ❹ (*Sex*) making love; **käufliche ~** (*geh*) prostitution; **~ [mit jdm] machen** (*fam*) to make love [to sb] ▶ **~ auf den ersten Blick** love at first sight; **~ macht blind**

(*prov*) love is blind; **in** ~, **dein(e)** ... [with] all my love, ...

Lie·be·lei <-, -en> [liːbəˈlai̯] *f* (*fam*) flirtation

lie·ben [ˈliːbn̩] I. *vt* ❶ (*Liebe entgegenbringen*) ▪ **jdn** ~ to love sb; ▪ **sich** ~ to love each other ❷ (*gerne mögen*) ▪ **etw** ~ to love sth; **es nicht** ~, **wenn jd etw tut** to not like it when sb does sth ❸ (*euph: Geschlechtsverkehr miteinander haben*) ▪ **jdn** ~ to make love to sb; ▪ **sich** ~ to make love ▶ **was sich liebt, das neckt sich** (*prov*) lovers like to tease each other II. *vi* to be in love

lie·bend I. *adj* loving II. *adv* ~ **gern** with great pleasure; **ich würde ja** ~ **gerne bleiben, aber ich muss gehen** I'd love to stay [here], but I've got to go; „**willst du mich nicht begleiten?**" — „**aber** ~ **gern**" "would you like to come with me?" — "I'd love to"

Lie·ben·de(r) *f(m)* lover

lie·bens·wert *adj* lovable

lie·bens·wür·dig *adj* kind

lie·bens·wür·di·ger·wei·se *adv* kindly

Lie·bens·wür·dig·keit <-, -en> *f* kindness; **würden Sie die** ~ **haben, ...?** (*geh*) would you be so kind as to ...?; **die** ~ **in Person** kindness personified

lie·ber [ˈliːbɐ] I. *adj comp von* **lieb**: **mir wäre es** ~, **wenn Sie nichts darüber verlauten ließen** I would prefer it if you didn't tell anybody about this; **was ist Ihnen** ~, **das Theater oder das Kino?** would you prefer to go to the theatre or the cinema? II. *adv* ❶ *comp von* **gern** rather; **ich würde** ~ **in der Karibik als an der Ostsee Urlaub machen** I would rather take a holiday in the Caribbean than on the Baltic; **etw** ~ **mögen** to prefer sth ❷ (*besser*) better; **darüber schweige ich** ~ I think it best to remain silent; **wir sollten** ~ **gehen** we'd better be going; **das hätten Sie** ~ **nicht gesagt** you shouldn't have said that; **das möchte ich dir** ~ **nicht sagen** I'd rather not tell you that; **nichts** ~ **als das** I'd love to

Lie·bes·aben·teu·er *nt* romance **Lie·bes·af·fä·re** *f* love affair **Lie·bes·be·zie·hung** *f* loving relationship **Lie·bes·brief** *m* love letter **Lie·bes·er·klä·rung** *f* declaration of love; **jdm eine** ~ **machen** to declare one's love to sb **Lie·bes·film** *m* romantic film **Lie·bes·ge·schich·te** *f* ❶ LIT love story ❷ (*fam: Liebesaffäre*) love affair **Lie·bes·kum·mer** *m* lovesickness *no pl*; ~ **haben** to be lovesick **Lie·bes·le·ben** *nt* love life **Lie·bes·lied** *nt* love song **Lie·bes·müh**, **Lie·bes·mü·he** *f* ▶ **vergebliche** ~ **sein** to be a waste of time **Lie·bes·paar** *nt* lovers *pl* **Lie·bes·ro·man** *m* romantic novel **lie·bes·toll** *adj* love-crazed

lie·be·voll I. *adj* loving; *Kuss* affectionate II. *adv* ❶ (*zärtlich*) affectionately ❷ (*mit besonderer Sorgfalt*) lovingly

Lieb·ha·ber(in) <-s, -> [ˈliːphaːbɐ] *m(f)* ❶ (*Partner*) lover ❷ (*Freund*) enthusiast

Lieb·ha·be·rei <-, -en> [liːphaːbəˈrai̯] *f* hobby

Lieb·ha·be·rin <-, -nen> *f fem form von* **Liebhaber**

Lieb·ha·ber·wert *m kein pl* collector's value *no pl*

lieb·ko·sen* [liːpˈkoːzn̩] *vt* (*geh*) to caress

Lieb·ko·sung <-, -en> *f* (*geh*) caress

lieb·lich [ˈliːplɪç] I. *adj* ❶ (*angenehm süß*) sweet; *Wein* medium sweet ❷ (*erhebend*) lovely; *Töne* melodious II. *adv* ~ **duften/schmecken** to smell/taste sweet

Lieb·ling <-s, -e> [ˈliːplɪŋ] *m* ❶ (*Geliebte(r)*) darling ❷ (*Favorit*) favourite

Lieb·lings·be·schäf·ti·gung *f* favourite hobby

lieb·los [ˈliːploːs] I. *adj* ❶ (*keine liebevolle Zuwendung gebend*) unloving ❷ (*Nachlässigkeit zeigend*) unfeeling II. *adv* any old how *fam*

Lieb·lo·sig·keit <-, -en> *f* ❶ *kein pl* (*Mangel an liebevoller Zuwendung*) lack of feeling *no pl* ❷ (*Verhalten*) unkind act

Lieb·schaft <-, -en> *f* (*veraltend*) *s.* **Liebesaffäre**

liebs·te(r, s) [ˈliːpstɐ, ˈliːpstə, ˈliːpstəs] *adj superl von* **lieb** dearest; **das mag ich am** ~**n** I like that [the] best; **am** ~**n möchte ich schlafen** I'd just really like to sleep

Liebs·te(r) [ˈliːpstɐ, ˈliːpstə] *f(m)* ▪ **jds** ~ sb's sweetheart

Lieb·stö·ckel <-s, -> [ˈliːpʃtœkl̩] *m o nt* BOT, KOCHK lovage

Liech·ten·stein <-s> [ˈlɪçtn̩ʃtain] *nt* Liechtenstein; *s. a.* **Deutschland**

Liech·ten·stei·ner(in) <-s, -> [ˈlɪçtn̩ʃtainɐ] *m(f)* Liechtensteiner; *s. a.* **Deutsche(r)**

Lied <-[e]s, -er> [liːt] *nt* song ▶ **es ist immer das alte** ~ (*fam*) it's always the same old story; **ein** ~ **von etw** *dat* **singen können** to be able to tell sb a thing or two about sth

Lie·der·buch *nt* songbook

lie·der·lich [ˈliːdɐlɪç] *adj* (*veraltend o pej*) slovenly

Lie·der·ma·cher(in) *m(f)* singer-songwriter (*about topical subjects*)
lief [liːf] *imp von* **laufen**
Lie·fe·rant(in) <-en, -en> [lifəˈrant] *m(f)* ❶ (*Firma*) supplier ❷ (*Auslieferer*) deliveryman *masc,* deliverywoman *fem*
lie·fer·bar *adj* ❶ (*erhältlich*) available, in stock ❷ (*zustellbar*) **Ihre Bestellung ist leider erst später ~** we won't be able to meet your order until a later date
Lie·fer·be·din·gun·gen *pl* terms of delivery **Lie·fer·frist** *f* delivery deadline
lie·fern [ˈliːfən] **I.** *vt* ❶ (*aus-*) to deliver [*or* supply] ❷ *Beweis* to provide ❸ (*erzeugen*) to yield; **viele Rohstoffe werden aus dem Ausland geliefert** many raw materials are imported from abroad ❹ SPORT **die Boxer lieferten dem Publikum einen spannenden Kampf** the boxers put on an exciting bout for the crowd **II.** *vi* to deliver
Lie·fer·schein *m* delivery note BRIT, packing slip AM **Lie·fer·stopp** *m* suspension of deliveries **Lie·fer·ter·min** *m* delivery date
Lie·fe·rung <-, -en> *f* ❶ (*das Liefern*) delivery ❷ (*gelieferte Ware*) consignment
Lie·fer·wa·gen *m* delivery van; (*offen*) pickup truck **Lie·fer·zeit** *f s.* **Lieferfrist**
Lie·ge <-, -n> [ˈliːɡə] *f* ❶ (*Bett ohne Fuß-/Kopfteil*) daybed ❷ (*Liegestuhl*) [sun-]lounger
lie·gen <lag, gelegen> [ˈliːɡn̩] *vi* haben *o* SÜDD sein ❶ (*sich in horizontaler Lage befinden*) to lie; **ich liege noch im Bett** I'm still [lying] in bed; **deine Brille müsste eigentlich auf dem Schreibtisch ~** your glasses should be [lying] on the desk; **in diesem Liegestuhl liegt man am bequemsten** this is the most comfortable lounger to lie in; **~ bleiben** (*nicht aufstehen*) to stay in bed; (*nicht mehr aufstehen*) to remain lying [down]; **etw ~ lassen** to leave sth [there] ❷ (*sich abgesetzt haben*) **hier in den Bergen liegt oft bis Mitte April noch Schnee** here in the mountains the snow often lies on the ground until mid-April; **über allen Möbeln lag eine dicke Staubschicht** there was a thick layer of dust over all the furniture ❸ (*lagern*) **Hände weg, das Buch bleibt [da] ~!** hands off, that book's going nowhere!; **~ bleiben** (*nicht verkauft werden*) to remain unsold ❹ (*vergessen*) **irgendwo ~ bleiben** to be left behind somewhere ❺ (*geografisch gelegen sein*) ▪**irgendwo ~** to be somewhere ❻ (*eine bestimmte Lage haben*) **ihr Haus liegt an einem romantischen See** their house is situated by a romantic lake; **diese Wohnung ~ nach vorn zur Straße [hinaus]** this flat faces [out onto] the street ❼ (*begraben sein*) ▪**irgendwo ~** to be buried somewhere ❽ NAUT ▪**irgendwo ~** to be [moored] somewhere ❾ AUTO **~ bleiben** to break down ❿ SPORT **wie ~ unsere Schwimmer eigentlich im Wettbewerb?** how are our swimmers doing in the competition?; **die Mannschaft liegt jetzt auf dem zweiten Tabellenplatz** the team is now second in the division ⓫ (*angesiedelt sein*) **der Preis dürfte [irgendwo] bei 4.500 Euro ~** the price is likely to be [around] 4,500 euros ⓬ (*verursacht sein*) ▪**an jdm/etw ~** to be caused by sb/sth; **woran mag es nur ~, dass mir immer alles misslingt?** why is it that everything I do goes wrong? ⓭ (*wichtig sein*) **du weißt doch, wie sehr mir daran liegt** you know how important it is to me; ▪**jdm ist nichts/viel an jdm/etw gelegen** sb/sth means nothing/a lot to sb ⓮ *meist verneint* (*zusagen*) **körperliche Arbeit liegt ihr nicht** she's not really cut out for physical work ⓯ (*lasten*) ▪**auf jdm ~** to weigh down [up]on sb ⓰ (*abhängig sein*) ▪**bei jdm ~** to be up to sb ⓱ (*nicht ausgeführt werden*) **~ bleiben** to be left undone ▸**an mir/uns soll es nicht ~!** don't let me/us stop you!
Lie·gen·schaft <-, -en> *f meist pl* real estate
Lie·ge·platz *m* NAUT berth, moorings *pl;* (*für Hochseeschiffe*) deep-water berth **Lie·ge·sitz** *m* reclining seat **Lie·ge·stuhl** *m* (*Liege*) [sun-]lounger; (*Stuhl*) deckchair **Lie·ge·stütz** <-es, -e> *m* press- [*or* AM push-] up **Lie·ge·wa·gen** *m* couchette car **Lie·ge·wie·se** *f* lawn for sunbathing
lieh [liː] *imp von* **leihen**
ließ [liːs] *imp von* **lassen**
liest *3. pers pres von* **lesen**
Lift <-[e]s, -e *o* -s> [lɪft] *m* lift BRIT, elevator AM
Lift·boy <-s, -s> [ˈlɪftbɔy] *m* liftboy BRIT, elevator boy AM
lif·ten [ˈlɪftn̩] *vt* MED to lift; **sich** *dat* **das Gesicht ~ lassen** to have a facelift
Li·ga <-, Ligen> [ˈliːɡa, *pl* ˈliːɡn̩] *f* league
light [lait] *adj* GASTR low-calorie
Light·pro·dukt [ˈlait-] *nt* low-fat product
li·ie·ren* [liˈiːrən] *vr* (*geh*) ▪**sich ~** to become close friends with each other *euph;* ▪**[mit jdm] liiert sein** to have a relationship [with sb]

Li·kör <-s, -e> [li'køːɐ̯] *m* liqueur
li·la ['liːla] *adj* purple
Li·lie <-, -n> ['liːli̯ə] *f* lily
Li·li·pu·ta·ner(in) <-s, -> [lilipu'taːnɐ] *m(f)* dwarf
Li·mit <-s, -s *o* -e> ['lɪmɪt] *nt* limit
li·mi·tie·ren* [limi'tiːrən] *vt* to limit
Li·mo <-, -s> ['lɪmo, 'liːmo] *f* (*fam*) lemonade
Li·mo·na·de <-, -n> [limo'naːdə] *f* lemonade
Li·mou·si·ne <-, -n> [limu'ziːnə] *f* saloon [car] BRIT, sedan AM; (*größerer Luxuswagen*) limousine
Lin·de <-, -n> ['lɪndə] *f* lime [tree]
Lin·den·blü·ten·tee *m* lime blossom tea
lin·dern ['lɪndɐn] *vt a.* MED to alleviate; *Husten, Sonnenbrand* to soothe
Lin·de·rung <-> *f kein pl a.* MED relief *no pl*
Li·ne·al <-s, -e> [line'aːl] *nt* ruler
li·ne·ar [line'aːɐ̯] *adj* linear
Lin·gu·ist(in) <-en, -en> [lɪŋ'gʊɪst] *m(f)* linguist
Lin·gu·is·tik <-> [lɪŋ'gʊɪstɪk] *f kein pl* linguistics + *sing vb, no art*
lin·gu·is·tisch *adj* linguistic
Li·nie <-, -n> ['liːni̯ə] *f* ❶ (*längerer Strich*) line; **eine geschlängelte/gestrichelte ~** a wavy/broken line; **eine ~ ziehen** to draw a line ❷ (*Verkehrsverbindung*) line; **nehmen Sie am besten die ~ 19** you'd best take the number 19 ❸ POL *a.* (*allgemeine Richtung*) line; **auf der gleichen ~ liegen** to follow the same line ▶ **die schlanke ~** (*fam*) one's figure; **in vorderster ~ stehen** to be in the front line
Li·ni·en·bus *m* regular [service] bus **Li·ni·en·flug** *m* scheduled flight **Li·ni·en·rich·ter** *m* (*beim Fußball*) referee's assistant; (*beim Tennis*) line-judge; (*beim Rugby*) touch-judge
li·nie·ren* [li'niːrən], **li·ni·ie·ren*** [linii'iːrən] *vt* ▪ **etw ~** to rule [lines on] sth
li·niert *adj* lined
link [lɪŋk] *adj* (*fam*) shady
Link <-s, -s> [lɪŋk] *nt* INFORM link
Lin·ke <-n, -n> ['lɪŋkə] *f* ❶ (*linke Hand*) left [hand]; **zu jds ~n** (*geh*) to sb's left ❷ POL ▪ **die ~** the left [*or* Left]
lin·ke(r, s) *adj attr* ❶ (*auf der Seite des Herzens*) left; *Fahrbahn, Spur* left-hand ❷ POL left-wing
Lin·ke(r) ['lɪŋkɐ] *f(m)* POL left-winger
lin·ken ['lɪŋkn̩] *vt* (*sl*) ▪ **jdn ~** to take sb for a ride *fam*
lin·kisch ['lɪŋkɪʃ] *adj* clumsy

links [lɪŋks] I. *adv* ❶ (*auf der linken Seite*) on the left; **sich ~ halten** to keep to the left; ▪ **~ hinter/neben/von/vor ...** to the left behind/directly to the left of/to the left of/to the left in front of ...; **~ oben/unten** in the top/bottom left-hand corner; **nach ~** [to the] left; **nach ~/rechts gehen** to turn left/right; **von ~** from the left ❷ TRANSP ▪ **abbiegen** to turn [off to the] left; **sich ~ einordnen** to move into the left-hand lane; **sich ~ halten** to keep to the left ❸ MODE **~ stricken** to purl; **eine [Masche] ~, drei [Maschen] rechts** purl one, knit three ❹ POL **~ eingestellt sein** to have left-wing tendencies; **~ stehen** to be left-wing ❺ MIL **~ um!** left about turn! ▶ **jdn ~ liegen lassen** to ignore sb; **mit ~** easily II. *präp +gen* ▪ **~ einer S.** to the left of sth
Links·au·ßen <-, -> [lɪŋks'ʔaʊsn̩] *m* ❶ FBALL left wing ❷ POL (*fam*) extreme left-winger **links·bün·dig** *adj* TYPO left-justified *attr*, left justified *pred* **links·ex·trem** *adj* extreme left-wing *attr* **Links·ex·tre·mis·mus** *m* left-wing extremism **Links·ex·tre·mist(in)** *m(f)* left-wing extremist **links·ex·tre·mis·tisch** *adj* left-wing extremist **links·ge·rich·tet** *adj* POL left-wing orientated **Links·hän·der(in)** <-s, -> ['lɪŋkshɛndɐ] *m(f)* left-hander **links·hän·dig** ['lɪŋkshɛndɪç] I. *adj* left-handed II. *adv* with one's left hand **links·her·um** ['lɪŋkshɛrʊm] *adv* ❶ (*nach links*) to the left ❷ (*mit linker Drehrichtung*) anticlockwise BRIT, counter-clockwise AM **Links·kur·ve** *f* left-hand bend **links·ra·di·kal** I. *adj* radical left-wing *attr* II. *adv* radically left-wing **links·rum** *adv* (*fam*) *s.* **linksherum** **links·sei·tig** *adj* on the left side *pred* **Links·ver·kehr** *m* driving on the left *no pl, no art*
Li·no·le·um <-s> [li'noːleʊm, lino'leː-ʊm] *nt kein pl* linoleum *no pl*
Li·nol·schnitt [li'noːlʃnɪt] *m* linocut
Lin·se <-, -n> ['lɪnzə] *f* ❶ *meist pl* BOT, KOCHK lentil ❷ ANAT, PHYS lens
Lip·gloss[RR] <-, -> *nt*, **Lipgloß**[ALT] <-, -> ['lɪpglɔs] *nt* lip gloss
Lip·pe <-, -n> ['lɪpə] *f* ANAT lip; **jdm etw von den ~n ablesen** to read sth from sb's lips ▶ **etw nicht über die ~n bringen** to not be able to bring oneself to say sth; **an jds ~n hängen** to hang on sb's every word
Lip·pen·be·kennt·nis *nt* lip-service **Lip·pen·kon·tu·ren·stift** *m* lipliner **Lip·pen·stift** *m* lipstick

li·quid [liˈkviːt] *adj*, **li·qui·de** [liˈkviːdə] *adj* FIN ❶ (*geh: solvent*) solvent ❷ (*verfügbar*) ~es **Vermögen** liquid assets *pl*

li·qui·die·ren* [likviˈdiːrən] *vt* ÖKON (*a. euph*) to liquidate

Li·qui·di·tät <-> [likvidiˈtɛːt] *f kein pl* ÖKON [financial] solvency

lis·peln [ˈlɪspl̩n] I. *vi* to lisp II. *vt* to whisper

Lis·sa·bon <-s> [ˈlɪsabɔn, lɪsaˈbɔn] *nt* Lisbon

List <-, -en> [lɪst] *f* (*Täuschung*) trick; **eine ~ anwenden** to use a little cunning ▶ **mit ~ und Tücke** (*fam*) with cunning and trickery

Lis·te <-, -n> [ˈlɪstə] *f* list ▶ **auf der schwarzen ~ stehen** to be on the blacklist

lis·tig [ˈlɪstɪç] *adj* cunning

Li·ta·nei <-, -en> [litaˈnai̯] *f* (*a. pej*) litany

Li·tau·en <-s> [ˈliːtau̯ən] *nt* Lithuania; *s. a.* **Deutschland**

Li·tau·er(in) <-s, -> [ˈliːtau̯ɐ] *m(f)* Lithuanian; *s. a.* **Deutsche(r)**

li·tau·isch [ˈliːtau̯ɪʃ, ˈlɪtau̯ɪʃ] *adj* Lithuanian; *s. a.* **deutsch**

Li·ter <-s, -> [ˈliːtɐ] *m o nt* litre

li·te·ra·risch [lɪtəˈraːrɪʃ] *adj* literary

Li·te·rat(in) <-en, -en> [lɪtəˈraːt] *m(f)* (*geh*) writer

Li·te·ra·tur <-, -en> [lɪtəraˈtuːɐ̯] *f* literature *no pl, no indef art*

Li·te·ra·tur·an·ga·be *f* bibliographical reference **Li·te·ra·tur·kri·tik** *f* literary criticism **Li·te·ra·tur·preis** *m* literary prize **Li·te·ra·tur·wis·sen·schaft** *f* literary studies *pl* **Li·te·ra·tur·wis·sen·schaft·ler(in)** *m(f)* literary specialist

li·ter·wei·se *adv* by the litre

Lit·faß·säu·le [ˈlɪtfasz̥ɔylə] *f* advertising pillar

Li·tho·gra·phie <-, -n> *f*, **Li·tho·gra·fie**^RR <-, -n> [litograˈfiː, *pl* -graˈfiːən] *f* ❶ *kein pl* (*Technik*) lithography *no pl, no art* ❷ (*Druck*) lithograph

Lit·schi <-, -s> [ˈlɪtʃi] *f* BOT litchi

litt [lɪt] *imp von* **leiden**

Li·tur·gie <-, -n> [lɪtʊrˈgiː, *pl* -ˈgiːən] *f* liturgy

li·tur·gisch [liˈtʊrgɪʃ] *adj* liturgical

Lit·ze <-, -n> [ˈlɪtsə] *f* ❶ MODE braid ❷ ELEK litz [*or* Litz] wire

live [lai̯f] *adj präd* live

Live·sen·dung^RR [ˈlai̯f-] *f*, **Live-Sendung** [ˈlai̯f-] *f* live broadcast **Live·stream** <-s, -s> [ˈlai̯fstriːm] *m* INET live stream

Live·über·tra·gung^RR [ˈlai̯f-] *f*, **Live-Über·tra·gung** [ˈlai̯f-] *f* live broadcast

Li·vree <-, -n> [liˈvreː, *pl* -eːən] *f* MODE livery

Li·zenz <-, -en> [liˈtsɛnts] *f* licence

Li·zenz·aus·ga·be *f* licensed edition **Li·zenz·ge·bühr** *f* licence fee; VERLAG royalty

Lkw, LKW <-[s], -[s]> [ˈɛlkaːveː] *m Abk von* **Lastkraftwagen** HGV BRIT

Lkw-Maut [ɛlkaˈveː-] *f* truck toll

Lob <-[e]s, *selten* -e> [loːp] *nt* praise *no pl, no indef art*; ~ **für etw** *akk* **bekommen** to be praised for sth; **des ~es voll [über jdn/etw] sein** to be full of praise [for sb/sth]

Lob·by <-, -s> [ˈlɔbi] *f* lobby

Lob·by·ist(in) <-en, -en> [lɔbiˈɪst] *m(f)* lobbyist

lo·ben [ˈloːbn̩] I. *vt* ❶ (*anerkennend beurteilen*) to praise ❷ (*sehr gefallen*) **solches Engagement lob ich mir** that's the sort of commitment I like [to see] II. *vi* to praise

lo·bend I. *adj* laudatory; **~e Worte** words of praise, laudatory words II. *adv* **sich über jdn/etw ~ äußern** to praise [*or* commend] sb/sth

lobens·wert *adj* commendable

löb·lich [ˈløːplɪç] *adj* (*geh*) laudable

Lob·lied *nt* ▶ **ein ~ auf jdn/etw singen** to sing sb's praises/the praises of sth **Lob·re·de** *f* eulogy; **eine ~ auf jdn halten** to eulogize sb

Loch <-[e]s, Löcher> [lɔx, *pl* ˈlœçɐ] *nt* ❶ (*offene Stelle*) hole; **ein ~ im Reifen** a puncture; **schwarzes ~** ASTRON black hole ❷ (*fam: elende Wohnung*) hole ▶ **jdm ein ~ in den Bauch fragen** to drive sb up the wall with [one's] questions; **Löcher in die Luft starren** to stare into space; **auf dem letzten ~ pfeifen** (*finanziell am Ende sein*) to be broke; (*völlig erschöpft sein*) to be on one's/its last legs; **saufen wie ein ~** to drink like a fish

lo·chen [ˈlɔxn̩] *vt* ❶ (*mit dem Locher stanzen*) to punch holes in ❷ (*veraltend: mit der Lochzange entwerten*) to punch

Lo·cher <-s, -> [ˈlɔxɐ] *m* [hole] punch[er]

lö·che·rig [ˈlϗœçərɪç] *adj* full of holes *pred*, holey

lö·chern [ˈlϗœçɐn] *vt* (*fam*) to pester

Loch·kar·te *f* punch card

Lock·an·ge·bot *nt* ÖKON customer incentive; (*günstiges Angebot*) bargain [offer]; (*Lockartikel*) loss leader

Lo·cke <-, -n> [ˈlɔkə] *f* curl; **~n haben** to have curly hair

lo·cken¹ [ˈlɔkn̩] I. *vt* to curl; **sich** *dat* **das Haar ~ lassen** to have one's hair set II. *vr* ■ **sich ~** to curl

lo·cken² [ˈlɔkn̩] *vt* ❶ (*an~*) to lure ❷ (*ver~*)

to tempt; **Ihr Vorschlag könnte mich schon ~** I'm [very] tempted by your offer ❸ (*ziehen*) **mich lockt es jedes Jahr in die Karibik** every year I feel the lure of the Caribbean
lo·ckend *adj* tempting
Lo·cken·stab *m* curling tongs *npl* [*or* AM iron] **Lo·cken·wick·ler** <-s, -> *m* roller
lo·cker ['lɔkɐ] I. *adj* ❶ (*nicht stramm*) loose ❷ (*nicht fest*) loose, loose-packed *attr*, loosely packed *pred* ❸ KOCHK light ❹ (*nicht gespannt*) slack; **~e Muskeln** relaxed muscles; **ein ~es Mundwerk haben** (*fig fam*) to have a big mouth ❺ (*leger, unverkrampft*) relaxed, laid-back *attr fam*, laid back *pred fam* ❻ (*oberflächlich*) casual II. *adv* ❶ (*nicht stramm*) loosely; **~ sitzen** to be loose ❷ (*oberflächlich*) casually ❸ (*sl: ohne Schwierigkeiten*) just like that *fam*
lo·cker-flo·ckig I. *adj* (*sl*) laid-back *attr fam*, laid back *pred fam* II. *adv* (*sl: unbekümmert*) laid back *fam;* (*spielend leicht*) no sweat *fam*
Lo·cker·heit <-> *f kein pl* ❶ (*lockere Beschaffenheit*) looseness *no pl* ❷ (*bei einem Seil*) slackness *no pl* ❸ KOCHK lightness *no pl*
lo·cker|las·sen *vi irreg* (*fam*) ■ **nicht ~** to not give up **lo·cker|ma·chen** *vt* (*fam*) to shell out; **könntest du bei Mutter noch zehn Euro Taschengeld für mich ~?** do you think you could get Mum to up my pocket money by another ten euros?
lo·ckern ['lɔkɐn] I. *vt* ❶ (*locker machen*) to loosen ❷ (*entspannen*) to loosen up *sep* ❸ (*weniger streng gestalten*) to relax II. *vr* ■ **sich ~** ❶ (*locker werden*) *Backstein, Schraube, Zahn* to work loose; *Bremsen* to become loose; *Bewölkung, Nebel* to lift ❷ SPORT (*die Muskulatur entspannen*) to loosen up ❸ (*sich entkrampfen*) **die Verkrampfung lockerte sich zusehends** the tension eased visibly
lo·ckig ['lɔkɪç] *adj* ❶ (*gelockt*) curly ❷ (*lockiges Haar besitzend*) curly-headed
Lock·mit·tel *nt* lure
Lo·ckung <-, -en> *f* temptation
Lock·vo·gel *m* (*a. pej*) decoy
lo·dern ['lo:dɐn] *vi* ❶ *haben* (*emporschlagen*) to blaze ❷ *sein* (*schlagen*) **die Flammen sind zum Himmel gelodert** the flames reached up [in]to the sky
Löf·fel <-s, -> ['lœfl̩] *m* ❶ (*als Besteck*) spoon ❷ KOCHK (*Maßeinheit*) a spoonful [of] ▶ **den ~ abgeben** (*sl*) to kick the bucket; **sich** *dat* **etw hinter die ~ schreiben** to get sth into one's head
löf·feln ['lœfl̩n] *vt* ❶ (*essen*) to eat with a spoon ❷ (*schöpfen*) to spoon
löf·fel·wei·se *adv* by the spoonful
log[1] [lɔk] *m Abk von* **Logarithmus** log

Lob

loben, positiv bewerten	giving praise
Ausgezeichnet!/Hervorragend!	Excellent!/Outstanding!
Das hast du gut gemacht.	You did (that) very well.
Das hast du prima hingekriegt. *(fam)*	You've made a great job of that.
Das lässt sich (aber) sehen! *(fam)*	That's (really) something to be proud of!
Daran kann man sich ein Beispiel nehmen.	That's an example worth following.
Das hätte ich nicht besser machen können.	I couldn't have done better myself.

Wertschätzung ausdrücken	expressing regard
Ich finde es super, wie er sich um die Kinder kümmert.	I think it's great how he looks after the children.
Ich schätze Ihren Einsatz (sehr).	I (really) appreciate your dedication.
Ich weiß Ihre Arbeit sehr zu schätzen.	I very much appreciate your work.
Ich möchte Ihren guten Rat nicht missen.	I wouldn't like to be without your good advice.
Ich finde die Vorlesungen dieses Professors sehr gut.	I think this professor's lectures are very good.
Ich wüsste nicht, was wir ohne Ihre Hilfe tun sollten.	I don't know what we would do without your help.

log² [loːk] *imp von* **lügen**
Lo·ga·rith·mus <-, -rithmen> [logaˈrɪtmʊs, *pl* -rɪtmən] *m* logarithm
Log·buch [ˈlɔkbuːx] *nt* log[book]
Lo·ge <-, -n> [ˈloːʒə] *f* ❶ FILM, THEAT box ❷ (*Pförtner~*) lodge ❸ (*Geheimgesellschaft von Freimaurern*) lodge
lo·gie·ren* [loˈʒiːrən] *vi* to stay
Lo·gik <-> [ˈloːgɪk] *f kein pl* logic *no pl, no indef art*
Lo·gis <-> [loˈʒiː] *nt kein pl* lodgings *pl;* **Kost und ~** board and lodging
lo·gisch [ˈloːgɪʃ] *adj* ❶ (*in sich stimmig*) logical ❷ (*fam: selbstverständlich*) **na, ~!** of course!
lo·gi·scher·wei·se *adv* naturally [enough]
Lo·gis·tik <-> [loˈgɪstɪk] *f kein pl* logistics *npl*
lo·gis·tisch [loˈgɪstɪʃ] *adj attr* logistic[al]
Lo·go [ˈloːgo] *interj* (*sl*) you bet *fam*
Lo·go <-s, -s> [ˈloːgo] *nt* logo
Lo·go·pä·de, Lo·go·pä·din <-n, -n> [logoˈpɛːdə, logoˈpɛːdɪn] *m, f* speech therapist
Lohn <-[e]s, Löhne> [loːn, *pl* ˈløːnə] *m* ❶ (*Arbeitsentgelt*) wage[s *pl*], pay *no pl, no indef art* ❷ *kein pl* (*Belohnung*) reward; **jds gerechter ~** sb's just deserts
Lohn·ab·bau *m* reduction of earnings *pl*
Lohn·ab·rech·nung *f* payroll accounting **Lohn·aus·fall** *m* loss of earnings
Lohn·aus·gleich *m* pay compensation
Lohn·dum·ping [-dampɪŋ] *nt* ÖKON wage dumping **Lohn·emp·fän·ger(in)** *m(f)* (*geh*) wage-earner
loh·nen [ˈloːnən] **I.** *vr* ❶ (*sich bezahlt machen*) ▪**sich ~** to be worthwhile; **unsere Mühe hat sich gelohnt** our efforts were worth it ❷ (*es wert sein*) ▪**sich ~, etw zu tun** to be worth doing sth **II.** *vt* ❶ (*rechtfertigen*) to be worth ❷ (*be~*) **sie hat mir meine Hilfe mit Undank gelohnt** she repaid my help with ingratitude **III.** *vi impers* to be worth it; ▪**~, etw akk zu tun** to be worth[while] doing sth
löh·nen [ˈløːnən] (*fam*) **I.** *vi* to pay up **II.** *vt* ▪**etw [für etw** *akk***] ~** to fork out sth [for sth]
loh·nend *adj* (*einträglich*) lucrative; (*nutzbringend*) worthwhile; (*sehens-/hörenswert*) worth seeing/hearing
loh·nens·wert *adj* worthwhile
Lohn·er·hö·hung *f* pay rise **Lohn·for·de·rung** *f* wage demand **Lohn·fort·zah·lung** *f* continued payment of wages **Lohn·grup·pe** *f* wage group [*or* bracket] **Lohn·kos·ten** *pl* wage costs *pl* **Lohn-**

kür·zung *f* wage cut **Lohn·steu·er** *f* income tax [on wages and salaries] **Lohn·steu·er·jah·res·aus·gleich** *m* annual adjustment of income tax **Lohn·steu·er·kar·te** *f* card showing income tax and social security contributions paid by an employee in any one year **Lohn·stopp** *m* wage freeze, pay restraint; **Lohn- und Preisstopp** freeze on wages and prices
Lohn·un·ter·gren·ze *f* minimum wage
Loi·pe <-, -n> [ˈlɔypə] *f* SKI cross-country course, loipe
Lok <-, -s> [lɔk] *f* (*fam*) *kurz für* **Lokomotive**
lo·kal [loˈkaːl] *adj* local
Lo·kal <-s, -e> [loˈkaːl] *nt* ❶ (*Gaststätte*) pub BRIT, bar AM; (*Restaurant*) restaurant ❷ (*Vereins~*) [club] meeting place
Lo·kal·blatt *nt* local paper
lo·ka·li·sie·ren* [lokaliˈziːrən] *vt* ❶ (*örtlich bestimmen*) to locate ❷ (*eingrenzen*) to localize; **den Konflikt ~** to contain the conflict
Lo·ka·li·tät <-, -en> [lokaliˈtɛːt] *f* locality
Lo·kal·ko·lo·rit *nt* local colour **Lo·kal·nach·rich·ten** *pl* local news + *sing vb, no indef art* **Lo·kal·pa·tri·o·tis·mus** *m* local patriotism *no pl, no indef art* **Lo·kal·sei·te** *f* local page **Lo·kal·ter·min** *m* visit to the scene of the crime **Lo·kal·ver·bot** *nt* **~ bekommen/haben** to get/be banned from a pub [*or* AM bar]
Lok·füh·rer(in) *m(f)* (*fam*) train driver BRIT, engineer AM
Lo·ko·mo·ti·ve <-, -n> [lokomoˈtiːvə, -fə] *f* locomotive
Lo·ko·mo·tiv·füh·rer(in) *m(f)* train driver BRIT, engineer AM
Lo·kus <-, - *o* -ses, -se> [ˈloːkʊs, *pl* ˈloːkʊsə] *m* (*fam*) loo BRIT, john AM
lol [lɔl] INET (*sl*) *Abk von* **laughing out loud** lol, haha
Lol·li <-s, -s> [ˈlɔli] *m* (*fam*) lollipop, BRIT *also* lolly
Lon·don <-s> [ˈlɔndɔn] *nt* London
Lon·do·ner [ˈlɔndənɐ] *adj attr* London; **im ~ Hyde-Park** in London's Hyde Park
Lon·do·ner(in) <-s, -> [ˈlɔndənɐ] *m(f)* Londoner
Long·drink [ˈlɔŋdrɪŋk] *m* long drink
Look <-s, -s> [lʊk] *m* MODE look
Loo·ping <-s, -s> [ˈluːpɪŋ] *m o nt* LUFT loop; **einen ~ machen** to loop the loop
Lor·beer <-s, -en> [ˈlɔrbeːɐ̯] *m* ❶ (*Baum*) laurel[tree] ❷ (*Gewürz*) bay leaf ▶ **sich auf seinen ~en ausruhen** (*fam*) to rest on one's laurels

Lor·beer·blatt *nt* bay leaf **Lor·beer·kranz** *m* laurel wreath
Lord <-s, -s> [lɔrt] *m* ❶ (*Adelstitel*) Lord ❷ (*Titelträger*) lord
los [loːs] **I.** *adj präd* ❶ (*von etwas getrennt*) ▪ **~ sein** to have come off ❷ (*fam: losgeworden*) ▪ **jdn/etw ~ sein** to be shot of sb/sth; **er ist sein ganzes Geld ~** he's lost all his money ▶ **hier ist etwas/viel/nichts ~** something/a lot/nothing is going on here; **da ist immer viel ~** that's where the action always is; **mit jdm ist etwas ~** sth's up with sb; **mit jdm ist nichts ~** (*jd fühlt sich nicht gut*) sb isn't up to much; (*jd ist langweilig*) sb is a dead loss; **was ist ~?** what's up?; **was ist denn hier/da ~?** what's going on here/there? **II.** *adv* ❶ (*fortgegangen*) **Ihre Frau ist schon vor fünf Minuten ~** your wife left five minutes ago ❷ (*gelöst*) ▪ **etw ist ~** sth is loose; **noch ein paar Umdrehungen, dann ist die Schraube ~!** a couple more turns and the screw will be off! ❸ (*mach!*) come on!; (*voran!*) get moving!
Los <-es, -e> [loːs] *nt* ❶ (*Lotterie~*) [lottery] ticket; (*Kirmes~*) [tombola [*or* Am raffle]] ticket ❷ (*für Zufallsentscheidung*) lot; **das ~ entscheidet** to be decided by drawing lots; **das ~ fällt auf jdn** it falls to sb ❸ *kein pl* (*geh: Schicksal*) lot *no pl* ▶ **jd hat mit jdm/etw das große ~ gezogen** sb has hit the jackpot with sb/sth
lös·bar [løːs-] *adj* ❶ *Problem* solvable ❷ (*löslich*) soluble
los|bin·den *vt irreg* to untie (**von** from)
los|bre·chen *irreg* **I.** *vt haben* to break off **II.** *vi sein* ❶ (*abbrechen*) to break off ❷ (*plötzlich beginnen*) to break out; *Gewitter, Unwetter* to break
Lösch·blatt *nt* sheet of blotting-paper
lö·schen[1] ['lœʃn̩] **I.** *vt* ❶ (*auslöschen*) *Feuer, Flammen* to extinguish; *Licht* to switch off ❷ (*tilgen*) a. INFORM to delete ❸ (*eine Aufzeichnung entfernen*) to erase **II.** *vi* to extinguish a/the fire
lö·schen[2] ['lœʃn̩] *vt, vi* NAUT to unload
Lösch·fahr·zeug *nt* fire engine **Lösch·mann·schaft** *f* firefighting team **Lösch·pa·pier** *nt* blotting paper **Lösch·tas·te** *f* INFORM delete key
Lö·schung[1] <-, -en> *f* cancellation; *von Eintragungen* deletion; *von Computerdaten* erasing; *von Bankkonto* closing
Lö·schung[2] <-, -en> *f* NAUT (*das Ausladen*) unloading *no pl*
lo·se ['loːzə] **I.** *adj* ❶ (*locker, einzeln*) loose ❷ (*hum: frech*) **ein ~s Mundwerk haben** to have a big mouth **II.** *adv* (*oberflächlich*) **ich kenne ihn nur ~** I only know him in passing
Lö·se·geld ['løːsə-] *nt* ransom **Lö·se·geld·for·de·rung** *f* ransom demand
los|ei·sen I. *vt* (*fam*) ❶ (*mit Mühe freimachen*) to tear away; **die Kinder vom Fernseher ~** to tear the children away from the TV ❷ (*etw beschaffen*) ▪ **bei jdm etw ~** to wangle sth [out of sb] **II.** *vr* (*fam*) ▪ **sich ~** to tear oneself away (**von** from)
Lö·se·mit·tel *nt s.* **Lösungsmittel**
lo·sen ['loːzn̩] *vi* to draw lots (**um** for)
lö·sen ['løːzn̩] **I.** *vt* ❶ (*ab~*) to remove (**von** from) ❷ (*aufbinden*) to untie; *Fesseln, Knoten* to undo ❸ *Bremse* to release ❹ *Schraube, Verband* to loosen ❺ (*klären*) to solve; *Konflikt, Schwierigkeit* to resolve ❻ (*aufheben, annullieren*) to break off; *Bund der Ehe* to dissolve; *Verbindung* to sever; *Vertrag* to cancel ❼ (*zergehen lassen*) to dissolve ❽ (*geh: den Abzug betätigen*) to press the trigger; *Schuss* to fire ❾ (*ein Ticket kaufen*) to buy (**an** at) **II.** *vr* ❶ (*sich ab~*) to come off; **die Tapete löst sich von der Wand** the wallpaper is peeling off the wall ❷ (*sich freimachen, trennen*) ▪ **sich von jdm/etw ~** to free oneself of sb/sth ❸ (*sich aufklären*) ▪ **sich ~** to be solved ❹ (*sich auf~*) ▪ **sich [in etw** *dat*] **~** to dissolve [in sth] ❺ (*sich lockern*) to loosen; **langsam löste sich die Spannung** (*fig*) the tension faded away
los|fah·ren *vi irreg sein* ❶ (*abfahren*) ▪ [**von etw** *dat*] **~** to leave [somewhere] ❷ (*auf etw zufahren*) ▪ **auf jdn/etw ~** to drive towards sb/sth **los|ge·hen** *irreg* **I.** *vi sein* ❶ (*weggehen*) ▪ [**von etw** *dat*] **~** to leave sth ❷ (*auf ein Ziel losgehen*) ▪ **auf etw** *akk* **~** to set off for [*or* towards] sth ❸ (*fam: beginnen*) **das Konzert geht erst in einer Stunde los** the concert will only start in an hour ❹ (*angreifen*) ▪ **auf jdn ~** to lay into sb ❺ *Schusswaffen* to go off **II.** *vi impers sein* (*fam: beginnen*) to start; **jetzt geht's los** (*fam*) here we go **los|heu·len** *vi* (*fam*) *Menschen* to burst into tears; *Tiere* to howl **los|kau·fen** *vt* to ransom **los|kom·men** *vi irreg sein* (*fam*) ❶ (*wegkommen*) to get away; **wann bist du denn zu Hause losgekommen?** so when did you [manage to] leave home ❷ (*sich befreien*) ▪ **von jdm ~** to free oneself of sb; **von einem Gedanken ~** to get sth out of one's head; **von einer Sucht ~** to overcome an addiction **los|krie·gen** *vt* (*fam*) ❶ (*lösen können*) to get sth off (**von** of)

❷(*loswerden*) ■**jdn/etw ~** to get rid of sb/sth ❸(*verkaufen können*) to flog
los|la·chen *vi* to burst into laughter
los|las·sen *vt irreg* ❶(*nicht mehr festhalten*) ■**jdn/etw ~** to let sb/sth go ❷(*beschäftigt halten*) **der Gedanke lässt mich nicht mehr los** I can't get the thought out of my mind ❸(*fam: auf den Hals hetzen*) ■**etw/jdn auf etw/jdn ~** to let sth/sb loose on sth/sb ❹(*fam: von sich geben*) **einen Fluch ~** to curse; **einen Witz ~** to come out with a joke **los|lau·fen** *vi irreg sein* to start running **los|le·gen** *vi* (*fam*) ■[**mit etw** *dat*] **~** to start [doing sth]; **leg los!** go ahead
lös·lich ['lø:slɪç] *adj* soluble
los|lö·sen I. *vt* (*ablösen*) to remove (**von** from) II. *vr* ❶(*sich ablösen*) ■**sich ~** to come off ❷(*sich freimachen*) ■**sich von jdm ~** to free oneself of sb **los|ma·chen** I. *vt* (*losbinden*) to untie (**von** from) II. *vi* NAUT ■[**von etw** *dat*] **~** to cast off
los|müs·sen *vi irreg* (*fam*) to have to leave **los|rei·ßen** *irreg haben* I. *vt* to tear off; **der Sturm hat das Dach losgerissen** the storm tore the roof off; **die Augen von etw/jdm nicht ~ können** to not be able to take one's eyes off sth/sb II. *vr* ■**sich ~** to tear oneself away; **der Hund hat sich von der Leine losgerissen** the dog snapped its lead **los|ren·nen** *vi irreg sein* (*fam*) *s.* **loslaufen**
Löss[RR] <-es, -e> [lœs] *m*, **Löß** <Lösses, Lösse> [lø:s] *m* loess *no pl*
los|sa·gen *vr* (*geh*) ■**sich von jdm/etw ~** to renounce sb/sth **los|schi·cken** *vt* to send (**zu** to)
Lo·sung <-, -en> ['lo:zʊŋ] *f* ❶(*Wahlspruch*) slogan ❷(*Kennwort*) password
Lö·sung <-, -en> ['lø:zʊŋ] *f* ❶(*das Lösen*) *a.* CHEM solution ❷(*Aufhebung*) cancellation; *einer Beziehung/Verlobung* breaking off; *einer Ehe* dissolution ❸(*das Sichlösen*) breaking away (**von** from)
Lö·sungs·mit·tel *nt* solvent
los|wer·den *vt irreg sein* ❶(*sich entledigen*) to get rid of ❷(*aussprechen*) to tell ❸(*fam: ausgeben*) to shell out ❹(*fam: verkaufen*) to flog **los|wol·len** *vi irreg haben* (*fam*) to want to be off **los|zie·hen** *vi irreg sein* (*fam*) ❶(*losgehen, starten*) to set off ❷(*pej: herziehen*) **über jdn ~** to pull sb to pieces
Lot <-[e]s, -e> [lo:t] *nt* ❶(*Senkblei*) plumb line; (*mit Senkblei gemessene Senkrechte*) perpendicular; **etw ins [rechte] ~ bringen** to put sth right; **aus dem/nicht im ~**

sein (*fig*) to be out of sorts; **im ~ sein** (*fig*) to be alright ❷ NAUT sounding line ❸ MATH perpendicular; **das ~ auf eine Gerade fällen** to drop a perpendicular
lo·ten ['lo:tn̩] *vt* ❶(*senkrechte Lage bestimmen*) to plumb ❷ NAUT to take soundings
lö·ten ['lø:tn̩] *vt* to solder (**an** to)
Loth·rin·gen <-s> ['lo:trɪŋən] *nt* Lorraine; *s. a.* **Deutschland**
Loth·rin·ger(in) <-s, -> ['lo:trɪŋɐ] *m(f)* Lorrainer; HIST Lothargian; *s. a.* **Deutsche(r)**
loth·rin·gisch ['lo:trɪŋɪʃ] *adj* Lothargian; *s. a.* **deutsch**
Lo·ti·on <-, -en> [lo'tsi̯o:n] *f* lotion
Löt·kol·ben ['lø:t-] *m* soldering iron
Lo·tos <-, -> ['lo:tɔs] *m* lotus
Lo·tos·blu·me *f* lotus
Lot·se, **Lot·sin** <-n, -n> ['lo:tsə, 'lo:tsɪn] *m, f* pilot
lot·sen ['lo:tsn̩] *vt* ❶(*als Lotse dirigieren*) to pilot ❷(*fam: führen*) ■**jdn irgendwohin ~** to take sb somewhere
Lot·sin <-, -nen> *f fem form von* **Lotse**
Löt·stel·le *f* soldered joint
Lot·te·rie <-, -n> [lɔtə'ri:, *pl* -'ri:ən] *f* lottery; **in der ~ spielen** to play the lottery
Lot·te·rie·los *nt* lottery ticket
Lot·ter·le·ben *nt kein pl* (*pej fam*) slovenly lifestyle
Lot·to <-s, -s> ['lɔto] *nt* ❶(*Zahlen~*) [national] lottery; **~ spielen** to play the [national] lottery ❷(*Spiel*) lotto
Lot·to·schein *m* lottery ticket **Lot·to·zah·len** *pl* winning lottery numbers
Lo·tus <-, -> ['lo:tʊs] *m* lotus
Lö·we ['lø:və] *m* ❶(*Raubtierart*) lion ❷ ASTROL Leo
Lö·wen·an·teil *m* (*fam*) lion's share *no pl, no indef art* **Lö·wen·zahn** *m kein pl* dandelion
Lö·win *f* lioness
lo·yal [lo̯a'ja:l] *adj* (*geh*) loyal
Lo·ya·li·tät <-, *selten* -en> [lo̯ajali'tɛ:t] *f* loyalty (**gegenüber** to)
LP <-, -s> [ɛl'pe:, ɛl'pi:] *f Abk von* **Langspielplatte** LP
lt. *präp kurz für* **laut**[2] according to
Luchs <-es, -e> [lʊks] *m* lynx
Lü·cke <-, -n> ['lʏkə] *f* ❶(*Zwischenraum*) gap; (*Zahn~*) a gap between two teeth ❷(*Unvollständigkeit*) gap; (*Gesetzes~*) loophole
Lü·cken·bü·ßer(in) <-s, -> *m(f)* (*fam*) stopgap
lü·cken·haft I. *adj* ❶(*leere Stellen aufwei-*

send) full of gaps ❷ (*unvollständig*) fragmentary; *Wissen, Sammlung* incomplete; *Bericht, Erinnerung* sketchy II. *adv* (*unvollständig*) fragmentarily; **einen Fragebogen ~ ausfüllen** to fill in a questionnaire leaving gaps

lü·cken·los *adj* ❶ (*ohne Lücke*) comprehensive ❷ (*vollständig*) complete; *Alibi* solid; *Kenntnisse* thorough; **etw ~ beweisen/nachweisen** to prove sth conclusively

lud [luːt] *imp von* **laden**

Lu·der <-s, -> ['luːdɐ] *nt* (*pej fam: durchtriebene Frau*) crafty bitch

Luft <-, *liter* Lüfte> [luft, *pl* 'lʏftə] *f* ❶ *kein pl* (*Atem~*) air *no pl*; **die ~ anhalten** to hold one's breath; **keine ~ mehr bekommen** to not be able to breathe; **an die [frische] ~ gehen** (*fam*) to get some fresh air; **[tief] ~ holen** to take a deep breath; **nach ~ schnappen** to gasp for breath; ▪ **irgendwo ist dicke ~** (*fam*) there is a tense atmosphere somewhere; **die ~ ist rein** (*fam*) the coast is clear; **sich in ~ auflösen** to vanish into thin air; **jdm bleibt [vor Erstaunen] die ~ weg** sb is flabbergasted ❷ *pl geh* (*Raum über dem Erdboden*) air; **in die ~ gehen** (*fam o fig*) to explode; **etw ist aus der ~ gegriffen** (*fig*) sth is completely made up; **es liegt etwas in der ~** there's sth in the air ❸ *kein pl* (*Platz, Spielraum*) space *no pl* ▸ **jdn/etw in der ~ zerreißen** (*sehr wütend auf jdn sein*) to [want to] make mincemeat of sb/sth; (*jdn scharf kritisieren*) to tear sb to pieces

Luft·ab·wehr *f* air defence **Luft·an·griff** *m* air raid (**auf** on) **Luft·bal·lon** *m* balloon **Luft·be·feuch·ter** *m* TECH humidifier **Luft·bild** *nt* aerial photo **Luft·bla·se** *f* bubble **Luft·brü·cke** *f* air bridge **luft·dicht** *adj* airtight **Luft·druck** *m kein pl* air pressure *no pl*

lüf·ten ['lʏftn̩] I. *vt* ❶ (*mit Frischluft versorgen*) to air ❷ (*geh*) *Hut* to raise ❸ (*preisgeben*) *Geheimnis* to disclose II. *vi* (*Luft hereinlassen*) to let some air in

Luft·ent·feuch·ter *m* dehumidifier **Luft·fahrt** *f kein pl* (*geh*) aviation **Luft·fahr·zeug** *nt* (*geh*) aircraft **Luft·feuch·tig·keit** *f* humidity *no pl, no indef art* **Luft·fil·ter** *nt o m* air filter **Luft·fracht** *f* ❶ (*Frachtgut*) air freight ❷ (*Frachtgebühr*) air freight charge **Luft·ge·wehr** *nt* airgun **Luft·gi·tar·re** *f* (*hum fam*) air guitar

luf·tig ['luftɪç] *adj* ❶ (*gut belüftet*) well ventilated ❷ (*dünn und luftdurchlässig*) airy; *Kleid* light ❸ (*hoch gelegen*) dizzy

Luf·ti·kus <-[ses], -se> ['luftikʊs] *m* (*pej veraltend fam: sprunghafter Mensch*) happy-go-lucky character

Luft·kis·sen *nt* air cushion **Luft·kis·sen·boot** *nt,* **Luft·kis·sen·fahr·zeug** *nt* hovercraft **Luft·kor·ri·dor** *m* air corridor **Luft·küh·lung** *f* air-cooling **Luft·kur·ort** *m* health resort with particularly good air **luft·leer** *adj präd* vacuous **Luft·li·nie** *f* as the crow flies **Luft·loch** *nt* ❶ (*Loch zur Belüftung*) air hole ❷ (*fam: Veränderung der Luftströmung*) air pocket **Luft·ma·trat·ze** *f* inflatable mattress **Luft·pi·rat(in)** *m(f)* [aircraft] hijacker **Luft·post** *f* **per Luftpost** by airmail **Luft·pum·pe** *f* pump; *Fahrrad* bicycle pump **Luft·raum** *m* airspace **Luft·röh·re** *f* windpipe **Luft·schicht** *f* air layer **Luft·schiff** *nt* airship **Luft·schlan·ge** *f* [paper] streamer **Luft·schloss**[RR] *nt meist pl* castle in the air ▸ **Luftschlösser bauen** to build castles in the air **Luft·schutz·bun·ker** *m* air raid bunker **Luft·sprung** *m* jump; **einen ~/Luftsprünge machen** to jump in the air **Luft·strom** *m* stream of air **Luft·stütz·punkt** *m* airbase **Luft·tem·pe·ra·tur** *f* air temperature **Luft·trans·port** *m* air transport **Luft- und Raum·fahrt·in·dus·trie** *f* aerospace industry

Lüf·tung <-, -en> *f* ❶ (*das Lüften*) ventilation ❷ (*Ventilationsanlage*) ventilation system

Lüf·tungs·schacht *m* ventilation shaft

Luft·ver·än·de·rung *f* change of climate **Luft·ver·kehr** *m* air traffic *no pl, no indef art* **Luft·ver·schmut·zung** *f* air pollution *no pl, no indef art* **Luft·waf·fe** *f* air force + *sing vb* **Luft·weg** *m* ❶ *kein pl* (*Flugweg*) airway ❷ *pl* (*Atemwege*) respiratory tract *no pl, no indef art* **Luft·wi·der·stand** *m kein pl* drag, air resistance **Luft·zu·fuhr** *f kein pl* air supply **Luft·zug** *m* breeze; (*durch das Fenster*) draught

Lü·ge <-, -n> ['lyːɡə] *f* lie; **jdm ~n aufti·schen** (*fam*) to tell sb lies ▸ **~n haben kurze Beine** (*prov*) the truth will out; **jdn ~n strafen** (*geh*) to give the lie to sb

lü·gen <log, gelogen> ['lyːɡn̩] *vi* to lie; **etw ist gelogen** sth is a lie; **das ist alles gelogen** that's a total lie ▸ **~ wie gedruckt** to lie one's head off

Lü·gen·bold <-[e]s, -e> *m* (*hum fam*) incorrigible liar **Lü·gen·de·tek·tor** *m* lie detector **Lü·gen·ge·schich·te** *f* made-up story

lü·gen·haft adj (pej) ❶ (erlogen) mendacious ❷ (selten: zum Lügen neigend) disreputable
Lü·gen·mär·chen nt s. **Lügengeschichte**
Lüg·ner(in) <-s, -> ['ly:gnɐ] m(f) (pej) liar
lüg·ne·risch ['ly:gnərɪʃ] adj (pej: voller Lügen) mendacious
Lu·ke <-, -n> ['lu:kə] f ❶ bes NAUT (verschließbarer Einstieg) hatch ❷ (Dach~) skylight; (Keller~) trapdoor
lu·kra·tiv [lukra'ti:f] adj (geh) lucrative
Lu·latsch <-[e]s, -e> ['lu:la(:)tʃ] m **langer ~** (hum fam) beanpole
Lüm·mel <-s, -> ['lʏml̩] m (pej: Flegel) lout fam
Lump <-en, -en> [lʊmp] m (pej) rat
lum·pen ['lʊmpn̩] vt haben ▸ **sich nicht ~ lassen** (fam) to splash out BRIT, to splurge AM
Lum·pen <-s, -> ['lʊmpn̩] m ❶ pl (pej: zerschlissene Kleidung, Stofffetzen) rags pl ❷ DIAL (Putzlappen) rag
Lum·pen·ge·sin·del nt (pej) riffraff **Lum·pen·händ·ler(in)** m(f) (veraltend) s. **Altwarenhändler Lum·pen·pack** nt (veraltend o pej) riff-raff no pl, no indef art
lum·pig ['lʊmpɪç] adj (pej) ❶ attr (pej fam: kümmerlich) miserable ❷ (pej: gemein) mean ❸ (selten: zerlumpt) shabby
Lunch <-[e]s o -, -[e]s o -e> [lanʃ] m lunch
lun·chen ['lanʃn̩, 'lantʃn̩] vi to [have] lunch
Lun·ge <-, -n> ['lʊŋə] f ❶ (Atemorgan) lungs pl ❷ KOCHK lights pl ▸ **sich** dat **die ~ aus dem Leib schreien** (fam) to shout oneself hoarse
Lun·gen·bläs·chen nt pulmonary alveolus **Lun·gen·ent·zün·dung** f pneumonia no pl, no art **Lun·gen·flü·gel** m lung **lun·gen·krank** adj suffering from a lung complaint pred **Lun·gen·zug** m **einen ~ machen** to inhale
Lun·te <-, -n> ['lʊntə] f (Zündschnur) fuse ▸ **~ riechen** (fam) to smell a rat
Lu·pe <-, -n> ['lu:pə] f magnifying glass ▸ **jdn/etw unter die ~ nehmen** (fam) to examine sb/sth with a fine-tooth comb
lu·pen·rein adj ❶ (bei Edelsteinen) flawless ❷ (mustergültig) exemplary; **ein ~er Gentleman** a perfect gentleman
Lu·pi·ne <-, -n> [lu'pi:nə] f lupin[e]
Lurch <-[e]s, -e> [lʊrç] m amphibian
Lust <-, Lüste> [lʊst, pl 'lʏstə] f ❶ kein pl (freudiger Drang) desire; **~ zu etw** dat **haben** to feel like doing sth; **das kannst du machen, wie du ~ hast!** (fam) do it however you want!; **da vergeht einem jegliche ~** it's enough to make one lose interest in sth; **jdm die ~ an etw** dat **nehmen** to put sb off sth; **~ an etw** dat **empfinden** to enjoy doing sth; **die ~ an etw** dat **verlieren** to lose interest in sth ❷ (Freude) joy ❸ (sexuelle Begierde) desire
lüs·tern ['lʏstɐn] adj (geh: sexuell begierig) lustful
Lüs·tern·heit <-> f kein pl (geh) lustfulness, lust, lasciviousness
Lust·ge·fühl nt feeling of pleasure no pl
lus·tig ['lʊstɪç] I. adj (fröhlich) cheerful; Abend fun; **sich über jdn/etw ~ machen** to make fun of sb/sth; **er kam und ging wie er ~ war** he came and went as he pleased II. adv (fam: unbekümmert) happily
Lüst·ling <-, -e> ['lʏstlɪŋ] m (pej veraltend) debauchee
lust·los adj ❶ (antriebslos) listless ❷ BÖRSE (ohne Kauflust) sluggish **Lust·molch** m (meist hum fam) s. **Lüstling Lust·mord** m sexually motivated murder **Lust·schloss**[RR] nt summer residence **Lust·spiel** nt comedy **lust·voll** adj (geh: mit Lust) full of relish; Schrei passionate
lut·schen ['lʊtʃn̩] vt, vi to suck
Lut·scher <-s, -> m lollipop
Lu·xem·burg <-s> ['lʊksmbʊrk] nt Luxembourg; s. a. **Deutschland**
Lu·xem·bur·ger(in) <-s, -> ['lʊksmbʊrgɐ] m(f) Luxembourger; s. a. **Deutsche(r)**
lu·xem·bur·gisch ['lʊksmbʊrgɪʃ] adj Luxembourgian; s. a. **deutsch**
lu·xu·ri·ös [lʊksu'ri̯ø:s] adj luxurious
Lu·xus <-> ['lʊksʊs] m kein pl luxury no pl
Lu·xus·ar·ti·kel m luxury item **Lu·xus·aus·füh·rung** f de luxe model **Lu·xus·ho·tel** nt luxury hotel
Lu·zern <-s> [lu'tsɛrn] nt Lucerne
Lu·zer·ne <-, -n> [lu'tsɛrnə] f BOT lucerne
Lu·zi·fer <-s> ['lu:tsifɐ] m Lucifer
LW Abk von **Langwelle** LW
Lym·phe <-, -n> ['lʏmfə] f lymph
Lymph·kno·ten m lymph node
lyn·chen ['lʏnçn̩] vt (a hum) to lynch
Lynch·jus·tiz f lynch law
Ly·o·ner <-, -> ['li̯o:nɐ] f, **Ly·o·ner Wurst** <-, -> f [pork] sausage from Lyon
Ly·rik <-> ['ly:rɪk] f kein pl lyric [poetry]
Ly·ri·ker(in) <-s, -> ['ly:rikɐ] m(f) poet
ly·risch ['ly:rɪʃ] adj ❶ (zur Lyrik gehörend) lyric ❷ (dichterisch, stimmungsvoll) poetic

Mm

M, m <-, - o fam -s, -s> [ɛm] nt M, m; s. a. A 1

m m kurz für **Meter** m

M.A. [ɛm'aː] m Abk von **Master of Arts** MA

Maas·tricht <-(e)s, -> ['maːstrɪçt] nt Maastricht; **~er Vertrag** Maastricht Treaty

Mach·art f style

mach·bar adj feasible

Ma·che <-> ['maxə] f ▶ **etw/jdn in der ~ haben** (sl) to be working on sth/sb

ma·chen ['maxn̩] I. vt ❶ (tun, unternehmen) to do; **mit mir kann man es ja ~** the things I put up with; **mach's gut** take care; **wie man's macht, ist es verkehrt** you [just] can't win; **was macht denn deine Frau?** how's your wife?; **mach nur!** go ahead! ❷ (erzeugen, verursachen) to make; **einen Fleck in etw** akk **machen** to stain sth; **das macht überhaupt keine Mühe** that's no trouble at all; **jdm Angst ~** to frighten sb; **sich** dat **Sorgen ~** to worry; **jdm Hoffnung/Mut/Kopfschmerzen ~** to give sb hope/courage/a headache; **sich** dat **Mühe/Umstände ~** to go to a lot of trouble ❸ (durchführen) to do; **eine Reise/einen Spaziergang ~** to go on a journey/for a walk; **einen Besuch ~** to [pay sb a] visit; **das ist zu ~** that's possible; **nichts zu ~!** nothing doing!; **wird gemacht!** no problem ❹ (herstellen) to make; **Fotos** to take; **sich** dat **die Haare ~ lassen** to have one's hair done ❺ (erlangen, verdienen) **Punkte** to score ❻ (absolvieren) to take; **einen Kurs ~** to take a course; **eine Ausbildung ~** to train to be sth ❼ MATH **drei mal drei macht neun** three times three makes nine; (kosten) **das macht zehn Euro** that's ten euros [please]; **was macht das zusammen?** what does that come to? ❽ (ausmachen) **macht nichts!** no problem!; **macht das was?** does it matter?; **das macht [doch] nichts!** never mind!; **es macht ihr nichts aus** she doesn't mind II. vi ❶ (werden lassen) **Liebe macht blind** love makes you blind ❷ (aussehen lassen) **Querstreifen ~ dick** horizontal stripes make you look fat ❸ (fam: sich beeilen) **mach [schon]!** get a move on! ❹ (gewähren) **jdn [mal/nur] ~ lassen** to leave sb to it III. vr ❶ (viel leisten) **die neue Sekretärin macht sich gut** the new secretary is doing well ❷ (passen) **das Bild macht sich gut an der Wand** the picture looks good on the wall ❸ (sich begeben) ■ **sich an etw** akk **~** to get on with sth; **sich an die Arbeit ~** to get down to work ❹ (gewinnen) **sich** dat **Feinde ~** to make enemies ❺ mit adj (werden) **sich verständlich ~** to make oneself understood ❻ (gelegen sein) **sich** dat **etwas/viel/wenig aus jdm/etw ~** to care/care a lot/not care much for sb/sth ❼ (sich ärgern) **mach dir nichts d[a]raus!** don't worry about it!

Ma·chen·schaft <-, -en> pl (pej) machinations npl

Ma·cher(in) <-s, -> m(f) (fam) doer

Ma·che·te <-, -n> [ma'xeːtə] f machete

Ma·cho <-s, -s> ['matʃo] m (fam) macho

Macht <-, Mächte> ['maxt, pl 'mɛçtə] f ❶ kein pl (Befugnis) power; **etw liegt in jds ~** sth is within sb's power ❷ kein pl (Herrschaft) rule; **an die ~ kommen** to gain power

Macht·er·grei·fung f seizure of power no pl **Macht·fra·ge** f question of power **Macht·ha·ber(in)** <-s, -> [-haːbɐ] m(f) ruler

mäch·tig adj ❶ (einflussreich) powerful ❷ (gewaltig, beeindruckend) mighty ❸ (fam: sehr stark, enorm) extreme; **sich ~ beeilen** to hurry like mad; **einen ~en Schlag bekommen** to receive a powerful blow

Macht·kampf m power struggle **macht·los** adj (ohnmächtig, hilflos) powerless; **jdm/etw ~ gegenüberstehen** to be powerless against sb/sth **Macht·lo·sig·keit** <-> f kein pl powerlessness no pl **Macht·miss·brauch**^{RR} m abuse of power **Macht·po·li·tik** f power politics npl **macht·po·li·tisch** adj power-political; **das war eine reine ~e Entscheidung** that decision had everything to do with power politics **Macht·pro·be** f trial of strength **Macht·stel·lung** f position of power **Macht·über·nah·me** f s. Machtergreifung **macht·voll** adj (mächtig) powerful, mighty **Macht·wech·sel** m change of government **Macht·wort** nt **ein ~ sprechen** to exercise one's authority

Mach·werk nt (pej) **ein übles ~** a poor piece of workmanship

Ma·cke <-, -n> ['makə] f (fam) ❶ (Schadstelle) defect ❷ (fam: Tick, Eigenart) foi-

ble; **eine ~ haben** to have a screw loose
Ma·cker <-s, -> ['makɐ] *m* (*sl*) ❶ (*Typ*) guy, bloke BRIT ❷ NORDD (*Arbeitskollege*) colleague
Ma·da·gas·kar <-s> [madaˈgaskar] *nt* Madagascar; *s. a.* **Deutschland**
Ma·da·gas·se, Ma·da·gas·sin <-n, -n> [madaˈgasə, madaˈgasɪn] *m, f* Malagasy; *s. a.* **Deutsche(r)**
ma·da·gas·sisch [madaˈgasɪʃ] *adj* Malagasy, Madagascan; *s. a.* **deutsch**
Mäd·chen <-s, -> [ˈmɛːtçən] *nt* ❶ (*weibliches Wesen*) girl; **ein ~ bekommen** to have a [baby] girl ❷ (*fig*) **~ für alles** girl/man Friday, BRIT *also* dogsbody
mäd·chen·haft *adj* girlish
Mäd·chen·na·me *m* ❶ (*Geburtsname einer Ehefrau*) maiden name ❷ (*Vorname*) girl's name
Ma·de <-, -n> [ˈmaːdə] *f* maggot ▸ **wie die ~[n] im Speck leben** to live the life of Riley
Ma·dei·ra[1] [maˈdeːra] *nt* Madeira
Ma·dei·ra[2] <-s, -s> [maˈdeːra] *m*, **Ma·dei·ra·wein** [maˈdeːra-] *m* Madeira
Mä·del <-s, -[s]> [ˈmɛːdl] *nt*, **Ma·d(e)l** <-s, -n> [ˈmaːdl] *nt* SÜDD, ÖSTERR girl
ma·dig [ˈmaːdɪç] *adj* worm-eaten
ma·dig|ma·chen *vt* ▸ **jdm etw ~** (*fam*) to spoil sth [for sb]
Ma·don·na <-, Madonnen> [maˈdɔna, *pl* maˈdɔnən] *f* Madonna
Ma·drid <-s> [maˈdrɪt] *nt* Madrid
Ma·dri·der(in) [maˈdrɪtɐ] **I.** *m(f)* native of Madrid **II.** *adj attr* Madrid
Ma·fia <-, -s> [ˈmafi̯a] *f* ▸ **die ~** the Mafia
Ma·ga·zin[1] <-s, -e> [magaˈtsiːn] *nt* (*Patronenbehälter*) magazine; (*Behälter für Dias*) feeder
Ma·ga·zin[2] <-s, -e> [magaˈtsiːn] *nt* (*Zeitschrift*) magazine
Magd <-, Mägde> [ˈmaːkt, *pl* ˈmɛːkdə] *f* maid
Mag·de·burg [ˈmakdəbʊrk] *nt* Magdeburg
Ma·gen <-s, Mägen *o* -> [ˈmaːɡn̩, *pl* ˈmɛːɡn̩] *m* stomach; **auf nüchternen ~** on an empty stomach; **sich** *dat* [**mit etw** *dat*] **den ~ verderben** to give oneself an upset stomach [by eating/drinking sth] ▸ **jdm dreht sich der ~ um** sb's stomach turns; **etw schlägt jdm auf den ~** (*fam*) sth gets to sb
Ma·gen·bit·ter <-s, -> *m* bitters *npl*
Ma·gen·ge·schwür *nt* stomach ulcer
Ma·gen·gru·be *f* pit of the stomach
Ma·gen·knur·ren *nt* stomach rumble
Ma·gen·krampf *m meist pl* gastric disorder
Ma·gen·lei·den *nt* stomach trouble
Ma·gen·mit·tel *nt* medicine for the stomach
Ma·gen·säu·re *f* hydrochloric acid
Ma·gen·schleim·haut *f* stomach lining *no pl*, gastric mucous membrane *no pl spec*
Ma·gen·schmer·zen *pl* stomach ache
Ma·gen·ver·stim·mung *f* stomach upset
ma·ger [ˈmaːɡɐ] *adj* ❶ (*dünn*) thin ❷ (*fettarm*) low-fat; **~es Fleisch** lean meat ❸ (*wenig ertragreich*) **eine ~e Ernte** a poor harvest; (*dürftig*) feeble
Ma·ger·milch *f kein pl* skimmed milk *no pl*
Ma·ger·sucht *f kein pl* anorexia *no pl*
ma·ger·süch·tig *adj* MED anorexic
Mag·gi·kraut [ˈmagi-] *nt kein pl* BOT, KOCHK lovage
Ma·gie <-> [maˈgiː] *f* magic
Ma·gier(in) <-s, -> [ˈmaːɡi̯ɐ] *m(f)* magician
ma·gisch [ˈmaːɡɪʃ] *adj* magic; **eine ~e Anziehungskraft haben** to have magical powers of attraction
Ma·gis·ter, Ma·gis·tra <-s, -> [maˈgɪstɐ, maˈgɪstra] *m, f* ❶ *kein pl* (*Universitätsgrad* [*~ Artium*]) Master's degree ❷ ÖSTERR (*Apotheker*) pharmacist
Ma·gis·trat[1] <-[e]s, -e> [magɪsˈtraːt] *m* (*Stadtverwaltung*) municipal administration
Ma·gis·trat[2] <-en, -en> [magɪsˈtraːt] *m* SCHWEIZ federal councillor
Mag·ma <-s, Magmen> [ˈmagma, *pl* ˈmagmən] *nt* magma
Ma·gne·si·um <-s, *kein Pl*> [maˈgeː-zi̯ʊm] *nt* magnesium
Ma·gnet <-[e]s *o* -en, -e[n]> [maˈgneːt] *m* magnet
Ma·gnet·band *nt* magnetic tape
Ma·gnet·feld *nt* magnetic field
ma·gne·tisch [maˈgneːtɪʃ] *adj* magnetic
ma·gne·ti·sie·ren* [magnetiˈziːrən] *vt* (*magnetisch machen*) to magnetize
Ma·gne·tis·mus <-> [magneˈtɪsmʊs] *m kein pl* magnetism
Ma·gnet·na·del *f* magnetic needle
Ma·gnet·schwe·be·bahn *f* magnetic railway
Ma·gnet·strei·fen *m* magnetic strip
Ma·gno·lie <-, -n> [maˈgnoːli̯ə] *f* magnolia
Ma·ha·go·ni <-s> [mahaˈgoːni] *nt kein pl* mahogany
Mäh·dre·scher <-s, -> *m* combine harvester
mä·hen [ˈmɛːən] *vt Gras* to mow; *Feld* to harvest
Mahl <-[e]s, -e *o* Mähler> [ˈmaːl, *pl* ˈmɛːlɐ] *nt pl selten* (*geh*) meal

mah·len <mahlte, gemahlen> ['ma:lən] vt to grind; **gemahlener Kaffee** ground coffee

Mahl·zeit ['ma:ltsait] f meal; ~! DIAL (fam) ≈ [good] afternoon!, greeting used during the lunch break in some parts of Germany

Mäh·ma·schi·ne f (für Gras) mower; (für Getreide) harvester, reaper

Mäh·ne <-, -n> ['mɛ:nə] f mane

mah·nen ['ma:nən] vt ❶ (nachdrücklich erinnern) to warn ❷ (an eine Rechnung erinnern) to remind

Mahn·ge·bühr f dunning charge

Mahn·mal <-[e]s, -e o selten -mäler> ['ma:nma:l, pl -mɛ:lɐ] nt memorial

Mah·nung <-, -en> f ❶ (mahnende Äußerung) warning ❷ (Mahnbrief) reminder

Mahn·wa·che f vigil

Mai <-[e]s o - o poet -en, -e> ['mai] m May; s. a. **Februar**

Mai·glöck·chen nt lily of the valley **Mai·kä·fer** m cockchafer

Mai·land <-s> ['mailant] nt Milan

Mail·box <-, -en> ['me:lbɔks] f INFORM mailbox

mai·len ['me:lən] vt, vi INET (fam) to [e-]mail

Main <-, -[e]s> ['main] m the River Main

Mainz <-> ['maints] nt Mainz

Mais <-es, -e> ['mais, pl 'maizə] m ❶ (Anbaupflanze) maize no pl BRIT, corn no pl AM ❷ (Maisfrucht) sweet corn

Mais·kol·ben m corncob

Ma·jes·tät <-, -en> [majɛs'tɛ:t] f Majesty; **Seine/Ihre/Eure** ~ His/Her/Your Majesty

ma·jes·tä·tisch [majɛs'tɛ:tɪʃ] I. adj majestic II. adv majestically

Ma·jo·nä·se <-, -n> [majo'nɛ:zə] f mayonnaise

Ma·jor(in) <-s, -e> [ma'jo:ɐ] m(f) major

Ma·jo·ran <-s, -e> ['ma:joran] m marjoram

ma·ka·ber [ma'ka:bɐ] adj macabre

Ma·ke·do·ni·en <-s> [make'do:niən] nt s. **Mazedonien**

Ma·kel <-s, -> ['ma:kl̩] m flaw

Mä·ke·lei <-, -en> [mɛ:kə'lai] f kein pl (Nörgelei) whinge[e]ing no pl BRIT fam, whining no pl AM

ma·kel·los adj ❶ (untadelig) untarnished ❷ (fehlerlos) perfect

mä·keln ['mɛ:kl̩n] vi to whinge [about sth]

Make-up <-s, -s> [me:k'ʔap] nt make-up no pl

Mak·ka·ro·ni [maka'ro:ni] pl macaroni

Mak·ler(in) <-s, -> ['ma:klɐ] m(f) broker; (Immobilien~) estate agent BRIT, realtor AM

Mak·ler·ge·bühr f brok[er]age no pl

Ma·kre·le <-, -n> [ma'kre:lə] f mackerel

Ma·kro <-s, -s> ['ma:kro] m o nt INFORM kurz für **Makrobefehl** macro

Ma·kro·ne <-, -n> [ma'kro:nə] f macaroon

mal¹ ['ma:l] adv ❶ MATH multiplied by; **drei ~ drei sind** [o **ergibt**] **neun** three times three is nine ❷ (eben so) **gerade ~** (fam) only

mal² [ma:l] adv (fam) kurz für **einmal**

Mal¹ <-[e]s, -e o nach Zahlwörtern -> [ma:l] nt (Zeitpunkt) time; **einige ~e** sometimes; **etliche ~e** very often; **ein/kein einziges ~** once/not once; **zum ersten/letzten ~** for the first/last time; **bis zum nächsten ~!** see you [around]!; **das x-te ~** (fam) the millionth time ▸ **ein für alle ~** once and for all; **das eine oder andere ~** now and again; **mit einem ~[e]** all of a sudden; **er wird von ~ zu ~ besser** he gets better every time

Mal² <-[e]s, -e o Mäler> ['ma:l, pl 'mɛ:lɐ] nt mark; (Mutter~) birthmark

ma·la·d(e) [ma'la:t, ma'la:də] adj (selten fam) unwell

Ma·lai·se [ma'lɛzə] f (geh) malaise

Ma·la·ria <-> [ma'la:ria] f kein pl malaria no pl

Ma·lay·sia <-s> [ma'laizia] nt Malaysia; s. a. **Deutschland**

Ma·lay·si·er(in) <-s, -> [ma'laiziɐ] m(f) Malaysian; s. a. **Deutsche(r)**

ma·lay·sisch [ma'laizɪʃ] adj Malayan; s. a. **deutsch**

Mal·buch nt colouring book

ma·len ['ma:lən] vt, vi ❶ (ein Bild herstellen) to paint; ■ **sich ~ lassen** to have one's portrait painted ❷ DIAL (anstreichen) to paint

Ma·ler(in) <-s, -> ['ma:lɐ] m(f) painter

Ma·le·rei <-, -en> [malə'rai] f ❶ kein pl (das Malen als Gattung) painting no pl ❷ meist pl (gemaltes Werk) picture

ma·le·risch adj picturesque

Mal·heur <-s, -s o -e> [ma'lø:ɐ] nt mishap

Ma·li <-s> ['ma:li] nt Mali

Mal·kas·ten m paint box

Mal·lor·ca [ma'jɔrka] nt Mallorca

mal|neh·men ['ma:lne:mən] vt irreg (fam) to multiply (**mit** by)

Ma·lo·che <-> [ma'lo:xə] f kein pl (sl) [hard] work no pl

ma·lo·chen* [ma'lo:xn̩] vi (sl) to slog away

Mal·stift m crayon

Mal·ta ['malta] *nt* Malta
Mal·te·ser(in) <-s, -> [mal'te:zɐ] *m(f)* Maltese + *sing/pl vb*
mal·te·sisch [mal'te:zɪʃ] *adj* Maltese
mal·trä·tie·ren* [maltrɛ'ti:rən] *vt* (*geh*) to maltreat
Mal·ve <-, -n> ['malvə] *f* BOT mallow, malva
Malz <-es> ['malts] *nt kein pl* malt *no pl*
Malz·bier *nt* malt beer **Malz·kaf·fee** *m* malted coffee substitute
Ma·ma <-, -s> [ma'ma:] *f*, **Ma·mi** <-, -s> ['mami] *f* (*fam*) mummy
Mam·mon <-s> ['mamɔn] *m kein pl* (*pej o hum*) mammon; **der schnöde ~** filthy lucre
Mam·mut <-s, -s *o* -e> ['mamʊt, 'mamu:t] *nt* mammoth
Mam·mut·ver·an·stal·tung *f* mammoth event
mamp·fen ['mampfn̩] *vt, vi* (*sl*) to munch
man¹ <*dat* einem, *akk* einen> ['man] *pron indef* ❶ (*irgendjemand*) one *form,* you; **das hat ~ mir gesagt** that's what I was told ❷ (*die Leute*) people; **so etwas tut ~ nicht** that just isn't done ❸ (*ich*) **~ versteht sein eigenes Wort nicht** I can't hear myself think
man² ['man] *adv* NORDD (*fam: nur [als Bekräftigung]*) just; **lass ~ gut sein** just leave it alone
Ma·nage·ment <-s, -s> ['mɛnɪtʃmənt] *nt* management + *sing/pl vb*
ma·na·gen ['mɛnɪdʒn̩] *vt* to manage
Ma·na·ger(in) <-s, -> ['mɛnɪdʒɐ] *m(f)* manager
manch [manç] *pron indef* many [a]; **~ eine(r)** many
man·che(r, s) *pron indef* ❶ *adjektivisch, mit pl* (*einige*) some ❷ *adjektivisch* a lot of, many a; **~es Gute** much good
man·cher·lei ['mançɐlaɪ] *adjektivisch* (*dieses und jenes*) various
manch·mal ['mançma:l] *adv* ❶ (*gelegentlich*) sometimes ❷ SCHWEIZ (*oft*) often
Man·dant(in) <-en, -en> [man'dant] *m(f)* client
Man·da·ri·ne <-, -n> [manda'ri:nə] *f* mandarin
Man·dat <-[e]s, -e> [man'da:t] *nt* ❶ (*Abgeordnetensitz*) seat ❷ (*Auftrag eines Juristen*) mandate
Man·del¹ <-, -n> ['mandl̩] *f* almond; **gebrannte ~n** sugared almonds
Man·del² <-, -n> ['mandl̩] *f meist pl* ANAT tonsils *pl*
Man·del·baum *m* almond tree **Man·del·ent·zün·dung** *f* tonsillitis *no art, no pl*
man·del·för·mig *adj* almond-shaped
Man·do·li·ne <-, -n> [mando'li:nə] *f* mandolin[e]
Ma·ne·ge <-, -n> [ma'ne:ʒə] *f* ring
Man·gan <-s> [maŋ'ga:n] *nt kein pl* manganese *no pl*
Man·gel¹ <-s, Mängel> ['maŋl̩, pl 'mɛŋl̩] *m* ❶ (*Fehler*) flaw ❷ *kein pl* (*Knappheit*) lack (**an** of); **ein ~ an Vitamin C** vitamin C deficiency; **einen ~ an Zuversicht haben** to have little confidence; **wegen ~s an Beweisen** due to a lack of evidence
Man·gel² <-, -n> ['maŋl̩] *f* mangle ▸ **jdn in die ~ nehmen** (*fam*) to grill sb
Man·gel·er·schei·nung *f* deficiency symptom
man·gel·haft *adj* ❶ (*unzureichend*) inadequate ❷ (*Mängel aufweisend*) faulty
man·geln¹ ['maŋln̩] *vi* ■ **es mangelt an etw** *dat* there is a shortage of sth; **es mangelt jdm an Ernst** sb is not serious enough
man·geln² ['maŋln̩] *vt* (*mit der Mangel² glätten*) to press
man·gelnd *adj* inadequate; **~es Selbstvertrauen** lack of self-confidence
man·gels ['maŋl̩s] *präp mit gen* (*geh*) due to the lack of sth
Man·gel·wa·re *f* scarce commodity
Man·go <-, -gonen *o* -s> ['maŋgo, *pl* -'go:nən] *f* mango
Man·gold <-[e]s, -e> ['maŋgɔlt, *pl* 'maŋgɔldə] *m* Swiss chard
Ma·nie <-, -n> [ma'ni:, *pl* ma'ni:ən] *f* (*geh*) obsession
Ma·nier <-, -en> [ma'ni:ɐ] *f* ❶ *kein pl* (*geh: Art und Weise*) manner; **nach bewährter ~** following a tried and tested method ❷ *pl* (*Umgangsformen*) manners
Ma·nie·ris·mus <-> [mani'rɪsmʊs] *m kein pl* mannerism *no art*
ma·nier·lich [ma'ni:ɐlɪç] *adj* (*veraltend*) **~ essen** to eat properly
Ma·ni·fest <-[e]s, -e> [mani'fɛst] *nt* manifesto
ma·ni·fes·tie·ren* [manifɛs'ti:rən] *vr* (*geh*) ■ **sich in etw** *dat* **~** to manifest itself in sth
Ma·ni·kü·re <-> [mani'ky:rə] *f kein pl* manicure
ma·ni·kü·ren* [mani'ky:rən] *vt* ■ **jdn ~** to give sb a manicure
Ma·ni·ok <-s, -s> [ma'niɔk] *m* BOT, AGR manioc, cassava
Ma·ni·pu·la·ti·on <-, -en> [manipula'tsi̯o:n] *f* manipulation

ma·ni·pu·lier·bar *adj* manipulable; **leicht/schwer ~ sein** to be easily manipulated/difficult to manipulate

ma·ni·pu·lie·ren* [manipuˈliːrən] **I.** *vt* to manipulate **II.** *vi* ■ **an etw** *dat* ~ to tamper with sth

ma·nisch [ˈmaːnɪʃ] *adj* manic

ma·nisch-de·pres·siv *adj* MED, PSYCH manic-depressive

Man·ko <-s, -s> [ˈmaŋko] *nt* ❶ (*Nachteil*) shortcoming ❷ FIN (*Fehlbetrag*) deficit

Mann <-[e]s, Männer *o* Leute> [ˈman, *pl* ˈmɛnɐ] *m* ❶ (*männlicher Mensch*) man; ■ **Männer** men; (*im Gegensatz zu den Frauen a.*) males; **der ~ auf der Straße** the man in the street, Joe Bloggs BRIT, John Doe AM; **ein ganzer ~** a real man; **jd ist ein gemachter ~** sb has got it made; **ein ~, ein Wort** an honest man's word is as good as his bond ❷ (*Ehemann*) husband; **sie hat Peter zum Mann** Peter is her husband ❸ (*Person*) man; **seinen/ihren ~ stehen** to hold one's own; **für ~** every single one; **pro ~** per head; **selbst ist der ~!** there's nothing like doing things yourself; NAUT (*Besatzungsmitglied a.*) hand; **~ über Bord!** man overboard!; **alle ~ an Bord!** all aboard! ❹ (*fam: in Ausrufen*) [**mein**] **lieber ~!** (*herrje!*) my God!; **~, o ~!** oh boy!; **~!** (*bewundernd*) wow! ▶ **etw an den ~ bringen** (*fam*) to get rid of sth

Männ·chen <-s, -> [ˈmɛnçən] *nt* ❶ *dim von* **Mann** little man; **~ machen** *Hund, dressiertes Tier* to stand up on its/their hind legs ❷ (*männliches Tier*) male

Man·ne·quin <-s, -s> [ˈmanəkɛ̃, manəˈkɛ̃ː] *nt* [fashion] model

Män·ner [ˈmɛnɐ] *pl von* **Mann**

Män·ner·be·kannt·schaft *f meist pl* male friend **Män·ner·chor** *m* male-voice [*or* men's] choir **män·ner·do·mi·niert** *adj* male-dominated **Män·ner·sa·che** *f* man's affair; (*Arbeit*) man's job

Man·nes·al·ter *nt* manhood *no art*; **im besten ~ sein** to be in one's prime

man·nig·fach [ˈmanɪçfax] *adj attr* (*geh*) multifarious

man·nig·fal·tig [ˈmanɪçfaltɪç] *adj* (*geh*) diverse

männ·lich [ˈmɛnlɪç] *adj a. Tier, Pflanze* male

Männ·lich·keit <-> *f kein pl* masculinity *no pl*

Männ·lich·keits·ri·tu·al *nt* SOZIOL manhood ritual

Manns·bild *nt* SÜDD, ÖSTERR (*fam*) he-man

Mann·schaft <-, -en> *f* ❶ SPORT team ❷ (*Schiffs- o Flugzeugbesatzung*) crew ❸ (*Gruppe von Mitarbeitern*) staff + *sing/pl vb*

manns·hoch *adj* [as] tall as a man *pred* **manns·toll** *adj* (*pej*) man-crazy

Mann·weib *nt* (*pej*) mannish woman

Ma·no·me·ter¹ <-s, -> [manoˈmeːtɐ] *nt* TECH pressure gauge

Ma·no·me·ter² [manoˈmeːtɐ] *interj* (*fam*) boy oh boy!

Ma·nö·ver <-s, -> [maˈnøːvɐ] *nt* ❶ MIL manoeuvre ❷ (*das Manövrieren eines Fahrzeugs*) manoeuvre; **das war vielleicht ein ~** that took some manoeuvring! ❸ (*pej: Winkelzug*) trick

Ma·nö·ver·kri·tik [maˈnøːvɐkriˌtiːk] *f* ❶ MIL critique of a manoeuvre [*or* AM maneuver] ❷ (*abschließende Besprechung*) inquest, post-mortem *fig fam*

ma·nö·vrie·ren* [manøˈvriːrən] **I.** *vi* ❶ (*hin und her lenken*) ■ [**mit etw** *dat*] **~** to manoeuvre [sth] ❷ (*meist pej: lavieren*) [**geschickt**] **~** to manoeuvre cleverly **II.** *vt* to manoeuvre

Man·sar·de <-, -n> [manˈzardə] *f* (*Dachzimmer*) mansard

Man·schet·te <-, -n> [manˈʃɛtə] *f* (*Ärmelaufschlag*) [shirt] cuff

Man·schet·ten·knopf *m* cuff link

Man·tel <-s, Mäntel> [ˈmantl̩, *pl* ˈmɛntl̩] *m* (*Kleidungsstück*) coat; (*Wintermantel*) overcoat

ma·nu·ell [maˈnʊɛl] **I.** *adj* manual **II.** *adv* manually

Ma·nu·fak·tur <-, -en> [manufakˈtuːɐ̯] *f* (*hist*) manufactory

Ma·nu·skript <-[e]s, -e> [manuˈskrɪpt] *nt* manuscript; (*geschrieben a.*) MS

Map·pe <-, -n> [ˈmapə] *f* ❶ (*Schnellhefter*) folder ❷ (*Aktenmappe*) briefcase

Mär <-, -en> [ˈmɛːɐ̯] *f* (*hum*) fairytale

Ma·ra·cu·ja <-, -s> [maraˈkuːja] *f* passion fruit

Ma·ra·thon <-s, -s> [ˈmaːratɔn] *m* SPORT (*a. fig*) marathon

Ma·ra·thon·lauf *m* marathon **Ma·ra·thon·läu·fer(in)** *m(f)* marathon runner

Mär·chen <-s, -> [ˈmɛːɐ̯çən] *nt* fairytale **Mär·chen·buch** *nt* book of fairytales **mär·chen·haft** **I.** *adj* fabulously **II.** *adv* fabulously

Mär·chen·land *nt kein pl* ■ **das ~** fairyland **Mär·chen·prinz, -prin·zes·sin** *m, f* fairy prince *masc*, fairy princess *fem*

Mar·der <-s, -> [ˈmardɐ] *m* marten

Mar·ga·ri·ne <-, -en> [margaˈriːnə] *f* margarine, BRIT *also* marge *fam*

Mar·ge·ri·te <-, -n> [margəˈriːtə] f BOT marguerite

mar·gi·na·li·sie·ren* [marginaliˈziːrən] vt SOZIOL (geh) to marginalize

Ma·ri·en·kä·fer m ZOOL ladybird BRIT, ladybug AM

Ma·ri·hu·a·na <-s> [mariˈhu̯aːna] nt kein pl marihuana no pl

Ma·ril·le <-, -n> [maˈrɪlə] f ÖSTERR apricot

Ma·ri·na·de <-, -n> [mariˈnaːdə] f marinade

Ma·ri·ne <-, -n> [maˈriːnə] f NAUT, MIL navy; ▪ **bei der ~** in the navy

ma·ri·ne·blau adj navy blue

ma·ri·nie·ren* [mariˈniːrən] vt to marinate

Ma·ri·o·net·te <-, -n> [mari̯oˈnɛtə] f puppet also fig

Ma·ri·o·net·ten·re·gie·rung f (pej) puppet government pej **Ma·ri·o·net·ten·the·a·ter** nt puppet theatre

Mark¹ <-, - o hum Märker> [ˈmark, pl ˈmɛrkə] f (hist) mark; **Deutsche ~** German mark

Mark² <-[e]s> [ˈmark] nt kein pl marrow; **etw geht jdm durch ~ und Bein** (hum fam) sth sets sb's teeth on edge

mar·kant [marˈkant] adj ❶ (ausgeprägt) bold ❷ (auffallend) striking

mark·durch·drin·gend adj (geh) bloodcurdling

Mar·ke <-, -n> [ˈmarkə, pl ˈmarkn̩] f ❶ (fam) stamp; **eine ~ zu 55 Cent** a 55-cent stamp ❷ (Warensorte) brand; **das ist ~ Eigenbau** (hum fam) I made it myself ❸ SPORT mark; **die ~ von 7 Meter** the 7-metre mark

Mar·ken·ar·ti·kel m branded article **Mar·ken·iden·ti·tät** f ÖKON brand identity **Mar·ken·na·me** m brand name **Mar·ken·zei·chen** nt trademark also fig

Mar·ker [ˈmaːrkɐ] m (Stift) marker [pen]

mark·er·schüt·ternd adj heart-rending

Mar·ke·ting <-s> [ˈmaːrkətɪŋ] nt kein pl marketing no pl, no indef art

Mar·ke·ting·ak·ti·on f ÖKON advertising campaign

mar·kie·ren* [marˈkiːrən] vt ❶ (kennzeichnen) to mark ❷ (fam) to play; **den Dummen ~** to play the idiot

Mar·kie·rung <-, -en> f ❶ kein pl (das Kennzeichnen) marking ❷ (Kennzeichnung) marking[s pl]

Mar·ki·se <-, -n> [marˈkiːzə] f awning

Mark·kno·chen m marrow bone

Mark·stein m milestone

Mark·stück nt (hist) mark, [one-]mark piece

Markt <-[e]s, Märkte> [ˈmarkt, pl ˈmɛrktə] m ❶ (Wochenmarkt) market; **auf den/zum ~ gehen** to go to [the] market ❷ (Marktplatz) marketplace ❸ ÖKON, FIN market; **auf dem ~** on the market; **der schwarze ~** the black market; **etw auf den ~ bringen** to put sth on the market

Markt·ana·ly·se f market analysis **Markt·an·teil** m market share **Markt·bu·de** f market stall **Markt·durch·drin·gung** f kein pl ÖKON market penetration **Markt·for·schung** f kein pl market research no pl **Markt·frau** f [woman] stallholder **Markt·füh·rer** m market leader **Markt·hal·le** f indoor market **Markt·la·ge** f state of the market **Markt·lü·cke** f gap in the market; **in eine ~ stoßen** to fill a gap in the market (mit with) **Markt·platz** m marketplace; ▪ **auf dem ~** in the marketplace **Markt·preis** m ÖKON market price

markt·schrei·e·risch I. adj (pej) vociferous; Propaganda blatant II. adv vociferously

Markt·stand m [market] stall **Markt·stel·lung** f kein pl market position **Markt·wert** m market value **Markt·wirt·schaft** f kein pl **die soziale ~** social market economy

Mar·me·la·de <-, -n> [marməˈlaːdə] f jam; (aus Zitrusfrüchten) marmalade

Mar·mor <-s, -e> [ˈmarmoːɐ̯] m marble

mar·mo·rie·ren* [marmoˈriːrən] vt to marble

mar·mo·riert adj marbled

Mar·mor·ku·chen m marble cake

mar·morn [ˈmarmɔrn] adj (aus Marmor) marble

Ma·rok·ka·ner(in) <-s, -> [marɔˈkaːnɐ] m(f) Moroccan; s. a. **Deutsche(r)**

ma·rok·ka·nisch [marɔˈkaːnɪʃ] adj Moroccan; s. a. **deutsch**

Ma·rok·ko <-s> [maˈrɔko] nt Morocco; s. a. **Deutschland**

Ma·ro·ne <-, -n> [maˈroːnə], **Ma·ro·ni** <-, -> [maˈroːni] f SÜDD, ÖSTERR [edible] chestnut

Ma·rot·te <-, -n> [maˈrɔtə] f quirk

Mars <-> [ˈmars] m kein pl **der ~** Mars

marsch [marʃ] interj (fam) be off with you!

Marsch <-[e]s, Märsche> [ˈmarʃ, pl ˈmɛrʃə] m ❶ (Fußmarsch) march; **sich in ~ setzen** to move off ❷ (Marschmusik) march

Mar·schall <-s, Marschälle> [ˈmarʃal, pl ˈmarʃɛlə] m [field] marshal

Marsch·be·fehl m marching orders pl

Marsch·flug·kör·per *m* cruise missile
mar·schie·ren* [marˈʃiːrən] *vi sein* ❶ MIL to march ❷ (*zu Fuß gehen*) to go at a brisk pace
Marsch·mu·sik *f* marching music
Marsch·rich·tung *f* direction of march
Mars·lan·dung *f* Mars landing **Mars·mensch** *m* Martian **Mars·ro·ver** <-s, -> [-roːvɐ] *m* RAUM Mars rover
Mar·ter <-, -n> [ˈmartɐ] *f* (*geh*) torture *no pl*
mar·tern [ˈmartɐn] *vt* (*geh*) to torture
Mar·ter·pfahl *m* HIST stake
Mär·ty·rer(in) <-s, -> [ˈmɛrtyrɐ, ˈmɛrtyrərɪn] *m(f)* (*a. fig*) martyr
Mar·ty·ri·um <-, -rien> [marˈtyːri̯ʊm, *pl* -ri̯ən] *nt* martyrdom
Mar·xis·mus <-> [marˈksɪsmʊs] *m kein pl*
■ **der ~** Marxism *no pl*
Mar·xist(in) <-en, -en> [marˈksɪst] *m(f)* Marxist
mar·xis·tisch [marˈksɪstɪʃ] *adj* Marxist
März <-[es] *o* liter -en, -e> [ˈmɛrts] *m* March; *s. a.* **Februar**
Mar·zi·pan <-s, -e> [martsiˈpaːn] *nt o m* marzipan
Ma·sche <-, -n> [ˈmaʃə] *f* ❶ (*Strickmasche*) stitch; **eine linke und eine rechte ~ stricken** to knit one [plain], purl one ❷ SÜDD, ÖSTERR, SCHWEIZ (*Schleife*) bow
▶ **durch die ~n des Gesetzes schlüpfen** to slip through a loophole in the law
Ma·schen·draht *m* wire netting
Ma·schi·ne <-, -n> [maˈʃiːnə] *f* ❶ (*Automat*) machine; ■**~n** *pl* machinery *nsing* ❷ (*Motorrad*) bike ❸ (*Schreibmaschine*) typewriter; **~ schreiben** to type
ma·schi·nell [maʃiˈnɛl] **I.** *adj* machine *attr* **II.** *adv* by machine
Ma·schi·nen·bau *m kein pl* ❶ (*Konstruktion von Maschinen*) machine construction ❷ SCH mechanical engineering
Ma·schi·nen·ge·wehr *nt* machine gun, MG *spec*; **im Feuer der ~e** in machine-gun fire **ma·schi·nen·les·bar** *adj* machine-readable **Ma·schi·nen·öl** *nt* machine[ry] oil **Ma·schi·nen·pis·to·le** *f* submachine gun **Ma·schi·nen·raum** *m a.* NAUT engine room **Ma·schi·nen·schlos·ser(in)** *m(f)* [machine] fitter **Ma·schi·nen·schrift** *f* in type[script] **Ma·schi·nen·stür·mer(in)** *m(f)* (*pej hist*) Luddite *hist*
Ma·schi·ne·rie <-, -n> [maʃinəˈriː, *pl* maʃinəˈriːən] *f* piece of machinery
Ma·schi·nist(in) <-en, -en> [maʃiˈnɪst] *m(f)* machinist

Ma·schin·schrift *f* ÖSTERR *s.* **Maschinenschrift**
Ma·sern [ˈmaːzɐn] *pl* ■ **die ~** the measles
Ma·se·rung <-, -en> *f* grain
Mas·ke <-, -n> [ˈmaskə] *f* ❶ (*a. fig*) mask ❷ (*Reinigungsmaske*) [face] mask
Mas·ken·ball *m* masked ball **Mas·ken·bild·ner(in)** *m(f)* make-up artist
mas·ken·haft *adj* mask-like
Mas·ke·ra·de <-, -n> [maskəˈraːdə] *f* ❶ (*Verkleidung*) [fancy-dress] costume ❷ (*pej geh*) pretence
mas·kie·ren* [masˈkiːrən] *vt* ❶ (*unkenntlich machen*) to disguise ❷ (*verkleiden*) ■ **sich ~** to dress up ❸ (*verdecken*) ■ **etw ~** to mask [*or* disguise] sth
Mas·kott·chen <-s, -> [masˈkɔtçən] *nt* [lucky] mascot
mas·ku·lin [maskuˈliːn] *adj* masculine
Ma·so·chis·mus <-> [mazɔˈxɪsmʊs] *m kein pl* masochism *no pl*
Ma·so·chist(in) <-en, -en> [mazɔˈxɪst] *m(f)* masochist
ma·so·chis·tisch *adj* masochistic
maß [maːs] *imp von* **messen**
Maß[1] <-es, -e> [ˈmaːs] *nt* ❶ (*Maßeinheit*) measure; **mit zweierlei ~ messen** (*a. fig*) to operate a double standard ❷ *pl* (*gemessene Größe*) measurements; (*Raum*) dimensions; **jds ~e nehmen** to measure sb ❸ (*Ausmaß*) extent; **in besonderem ~[e]** especially; **in großem ~[e]** to a great extent; **in zunehmendem ~e** increasingly; **in ~en** in moderation; **weder ~ noch Ziel kennen** to know no bounds ▶ **das ~ aller Dinge** the measure of all things; **das ~ ist voll** enough is enough
Maß[2] <-, -> [ˈmaːs] *f* SÜDD litre [tankard] of beer; **eine ~ Bier** a litre of beer
Mas·sa·ge <-, -n> [maˈsaːʒə] *f* massage
Mas·sa·ge·sa·lon *m* (*veraltend: Massageinstitut*) massage parlour [*or* AM -or]; (*euph: Bordell*) massage parlour [*or* AM -or]
Mas·sa·ker <-s, -> [maˈsaːkɐ] *nt* massacre
mas·sa·krie·ren* [masaˈkriːrən] *vt* to massacre
Maß·an·ga·be *f* measurement **Maß·an·zug** *m* made-to-measure suit **Maß·ar·beit** *f* ■ **etw in ~** sth made to measure
Maß·band *nt* tape measure
Mas·se <-, -n> [ˈmasə] *f* ❶ (*breiiges Material*) *a.* PHYS mass; **eine [ganze] ~ [etw]** a lot [of sth] ❷ (*Menschen~*) crowd; **in ~n** in droves
Maß·ein·heit *f* unit of measurement
Mas·sen·an·drang *m* crush [of people]
Mas·sen·ar·beits·lo·sig·keit *f* mass

unemployment *no art* **Mas·sen·ar·ti·kel** *m* mass-produced article **Mas·sen·be·we·gung** *f* SOZIOL mass movement **Mas·sen·ent·las·sung** *f meist pl* mass redundancies *pl* **Mas·sen·flucht** *f* mass exodus **Mas·sen·grab** *nt* mass grave **mas·sen·haft I.** *adj* on a huge scale **II.** *adv* (*fam*) in droves **Mas·sen·hys·te·rie** [-hʏsteriː] *f* mass hysteria **Mas·sen·ka·ram·bo·la·ge** [-karambolaːʒə] *f* pile-up **mas·sen·kom·pa·ti·bel** *adj* suitable for the masses *pred,* in line with popular taste *pred* **Mas·sen·kund·ge·bung** *f* mass rally **Mas·sen·me·di·en** *pl* mass media + *sing/pl vb* **Mas·sen·mord** *m* mass murder **Mas·sen·mör·der(in)** *m(f)* mass murderer **Mas·sen·pro·duk·ti·on** *f* mass production **Mas·sen·tier·hal·tung** *f* intensive livestock farming **Mas·sen·tou·ris·mus** *m kein pl* mass tourism *no pl* **Mas·sen·ver·an·stal·tung** *f* mass event **Mas·sen·ver·nich·tungs·waf·fe** *meist pl f* weapon of mass destruction *usu pl* **mas·sen·wei·se** *adj s.* **massenhaft**
Mas·seur(in) <-s, -e> [maˈsøːɐ̯] *m(f)* masseur *masc,* masseuse *fem*
Mas·seu·se <-, -n> [maˈsøːzə] *f* ❶ (*euph: Prostituierte*) masseuse ❷ (*veraltend*) fem form von **Masseur**
Maß·ga·be <-, -n> *f* (*geh*) ■ **mit der ~, dass ...** on [the] condition that ... **maß·ge·bend, maß·geb·lich** [ˈmaːsɡeːplɪç] *adj* ❶ (*ausschlaggebend*) decisive ❷ (*bedeutend*) significant **maß·ge·schnei·dert** *adj* made-to-measure
mas·sie·ren* [maˈsiːrən] **I.** *vt* to massage **II.** *vi* to give a massage
mas·sig [ˈmasɪç] **I.** *adj* massive **II.** *adv* (*fam*) stacks
mä·ßig [ˈmɛːsɪç] **I.** *adj* ❶ (*maßvoll, gering*) moderate ❷ (*leidlich*) indifferent **II.** *adv* ❶ (*in Maßen*) with moderation ❷ (*leidlich*) indifferently
mä·ßi·gen [ˈmɛːsɪɡn̩] **I.** *vt* to curb **II.** *vr* ■ **sich ~** to restrain oneself
Mä·ßi·gung <-> *f kein pl* restraint
Mas·siv <-s, -e> [maˈsiːf, *pl* maˈsiːvə] *nt* massif
mas·siv [maˈsiːf] *adj* ❶ (*solide*) solid *attr* ❷ (*wuchtig*) solid, massive ❸ (*drastisch, heftig*) serious; **~e Kritik** heavy criticism
Maß·klei·dung *f kein pl* tailored clothing *no pl* **Maß·krug** *m* beer mug **maß·los I.** *adj* extreme; ■ **~ sein** to be immoderate **II.** *adv* ❶ (*äußerst*) extremely ❷ (*unerhört*) hugely **Maß·lo·sig·keit** <-> *f kein pl*

■ **~ in etw** *dat* lack of moderation in sth
Maß·nah·me <-, -n> [ˈmaːsnaːmə] *f* measure
Maß·re·gel *f meist pl* rule **maß·re·geln** *vt* to reprimand
Maß·stab [ˈmaːsʃtaːp] *m* ❶ (*Größenverhältnis*) scale; **im ~ 1:1000** on a scale of 1:1000 ❷ (*Kriterium*) criterion; **einen hohen/strengen ~ anlegen** to apply a high/strict standard (**an** to); **Maßstäbe setzen** to set standards **maß·stab(s)·ge·recht, maß·stab(s)·ge·treu** *adj* true to scale
maß·voll I. *adj* moderate; **~es Verhalten** moderation **II.** *adv* moderately
Mast¹ <-[e]s, -en *o* -e> [ˈmast] *m* ❶ NAUT mast ❷ (*Stange*) pole ❸ ELEK pylon; TELEK pole
Mast² <-, -en> [ˈmast] *f kein pl* (*das Mästen*) fattening
Mast·darm *m* rectum
mäs·ten [ˈmɛstn̩] *vt* to fatten
Mas·ter·stu·di·en·gang *m* Master's [degree] course
Mas·tur·ba·ti·on <-, -en> [masturbaˈtsi̯oːn] *f* (*geh*) masturbation
mas·tur·bie·ren* [masturˈbiːrən] *vi, vt* (*geh*) to masturbate
Mast·vieh *nt* fattened livestock + *pl vb*
Ma·ta·dor <-s, -e> [mataˈdoːɐ̯] *m* matador
Match <-(e)s, -s> [mɛtʃ] *nt o* SCHWEIZ *m* SPORT match
Match·ball [ˈmɛtʃ-] *m* TENNIS match point
Ma·te <-> [ˈmaːtə] *m kein pl* maté
Ma·te·ri·al <-s, -ien> [mateˈri̯aːl, *pl* -li̯ən] *nt* material
Ma·te·ri·al·feh·ler *m* material defect
Ma·te·ri·a·lis·mus <-> [materi̯aˈlɪsmʊs] *m kein pl* ■ [**der**] **~** materialism *no pl*
Ma·te·ri·a·list(in) <-en, -en> [materi̯aˈlɪst] *m(f)* materialist
ma·te·ri·a·lis·tisch [materi̯aˈlɪstɪʃ] *adj* materialist[ic]
Ma·te·ri·al·kos·ten *pl* material costs *pl*
Ma·te·rie <-, -n> [maˈteːri̯ə] *f* ❶ *kein pl* PHYS, CHEM matter *no pl* ❷ (*Thema*) subject
ma·te·ri·ell [mateˈri̯ɛl] **I.** *adj* FIN financial; (*Güter betreffend*) material; **~ abgesichert** [**sein**] [to be] financially secure **II.** *adv* (*pej*) materialistically; **~ eingestellt sein** to be materialistic
Ma·the <-> [ˈmatə] *f kein pl* (*fam*) maths + *sing vb* BRIT *fam,* math AM *fam*
Ma·the·ma·tik <-> [matemaˈtiːk] *f kein pl* ■ [**die**] **~** mathematics + *sing vb,* maths + *sing vb* BRIT *fam,* math AM *fam*
Ma·the·ma·ti·ker(in) <-s, -> [mateˈmaːtikɐ] *m(f)* mathematician

ma·the·ma·tisch [mateˈmaːtɪʃ] *adj* mathematical

Ma·ti·nee <-, -n> [matiˈneː, *pl* matiˈneːən] *f* morning performance; (*Konzert a.*) morning concert

Mat·jes <-, -> [ˈmatjəs], **Mat·jes·he·ring** [ˈmatjəs-] *m* young herring

Ma·trat·ze <-, -n> [maˈtratsə] *f* mattress

Mä·tres·se <-, -n> [mɛˈtrɛsə] *f* mistress

ma·tri·ar·cha·lisch [matriarˈçaːlɪʃ] *adj* matriarchal

Ma·tri·ar·chat <-[e]s, -e> [matriarˈçaːt] *nt* matriarchy

Ma·tri·kel <-, -n> [maˈtriːkl̩] *f* ① SCH matriculation register ② ADMIN ÖSTERR register

Ma·trix <-, Matrizen *o* Matrizes> [ˈmaːtrɪks, *pl* maˈtriːtsən, maˈtriːtseːs] *f* BIOL, MATH matrix

Ma·trix·dru·cker *m* INFORM dot-matrix [printer]

Ma·tri·ze <-, -n> [maˈtriːtsə] *f* stencil

Ma·tro·ne <-, -n> [maˈtroːnə] *f* matron

Ma·tro·se <-n, -n> [maˈtroːzə] *m* sailor

Matsch <-[e]s> [ˈmatʃ] *m* kein *pl* ① (*schlammige Erde*) mud; (*Schneematsch*) slush ② (*breiige Masse*) mush

mat·schig [ˈmatʃɪç] *adj* (*fam*) ① (*schlammig*) muddy; **~er Schnee** slush[y] snow ② (*breiig*) mushy

matt [ˈmat] **I.** *adj* ① (*nicht kräftig*) weak; *Händedruck* limp; *Lächeln, Stimme* faint ② (*glanzlos*) matt[e] BRIT; *Augen* dull ③ (*trübe*) *Licht* dim ④ (*schwach*) *Farben* pale ⑤ (*schachmatt*) [check]mate **II.** *adv* ① (*schwach*) dimly ② (*ohne Nachdruck*) feebly

Mat·te¹ <-, -n> [ˈmatə] *f* mat

Mat·te² <-, -n> [ˈmatə] *f* SCHWEIZ, ÖSTERR (*Bergwiese*) alpine meadow

Mat·tig·keit <-> [ˈmatɪçkait] *f* kein *pl* weariness, tiredness

Matt·schei·be *f* (*fam: Bildschirm*) screen; (*Fernseher*) telly BRIT, tube AM ▶ ~ **haben** to have a mental blank

Ma·tu·ra <-> [maˈtuːra] *f* kein *pl* SCHWEIZ, ÖSTERR (*Abitur*) ≈ A levels *pl* BRIT, high-school diploma AM

Mätz·chen <-s, -> [ˈmɛtsçən] *nt meist pl* (*fam*) ① (*Tricks*) trick ② (*Albernheiten*) antics

Mau·er <-, -n> [ˈmauɐ] *f* (*a. fig*) wall

Mau·er·blüm·chen *nt* wallflower

mau·ern [ˈmauɐn] **I.** *vi* ① (*bauen*) ■ [an etw *dat*] ~ to build [sth] ② (*fam*) to stall, to play for time **II.** *vt* to build

Mau·er·öff·nung *f* POL opening of the [Berlin] Wall **Mau·er·seg·ler** *m* ORN swift

Mau·er·werk *nt kein pl* walls *pl*

Maul <-[e]s, Mäuler> [ˈmaul, *pl* ˈmɔylɐ] *nt* ① (*bei Tieren*) mouth; *Raubtier* jaws *pl* ② (*derb: Mund*) trap, BRIT *also* gob ③ (*derb: Mundwerk*) **jdm übers ~ fahren** to cut sb short; **halt's ~!** shut your face!; **jdm das ~ stopfen** to shut sb up ▶ **sich** *dat* **das ~** [**über jdn/etw**] **zerreißen** (*fam*) to bad-mouth sb/sth *sl*

Maul·bee·re [ˈmaulbeːrə] *f* mulberry

mau·len [ˈmaulən] *vi* (*fam*) to moan

Maul·esel [ˈmauliːezl̩] *m* mule **maul·faul** *adj* (*fam*) uncommunicative **Maul·held(in)** *m(f)* big-mouth **Maul·korb** *m* muzzle **Maul·ta·schen** *pl* KOCHK SÜDD large pasta squares filled with meat or cheese **Maul·tier** [ˈmaultiːɐ] *nt* mule

Maul·wurf <-[e]s, -würfe> [ˈmaulvurf, *pl* -vyrfə] *m* (*a. fig*) mole

Maul·wurfs·hü·gel *m* molehill

Mau·rer(in) <-s, -> [ˈmaurɐ] *m(f)* bricklayer

Mau·rer·kel·le *f* [bricklayer's] trowel

Mau·re·ta·ni·en <-s> [mauretaˈniːən] *nt* Mauritania; *s. a.* **Deutschland**

Mau·re·ta·ni·er(in) <-s, -> [mauretaˈniːɐ] *m(f)* Mauritanian; *s. a.* **Deutsche(r)**

mau·re·ta·nisch [mauretaˈniːʃ] *adj* Mauritanian; *s. a.* **deutsch**

mau·risch [ˈmauriʃ] *adj* Moorish

Maus <-, Mäuse> [ˈmaus, *pl* ˈmɔyzə] *f* ① (*Tier*) *a.* INFORM mouse ② *pl* (*sl: Geld*) dough *sing*, dosh *sing* BRIT ▶ **weiße Mäuse sehen** (*fam*) to see pink elephants

Mau·sche·lei <-, -en> [mauʃəˈlai] *f* (*pej fam*) fiddle, bent deal

mau·scheln [ˈmauʃl̩n] *vi* (*pej fam*) to fiddle

Mäus·chen <-s, -> [ˈmɔysçən] *nt dim von* **Maus** 1 little mouse

Mäu·se·bus·sard *m* [common] buzzard

Mau·se·fal·le *f* mousetrap **Mau·se·loch** *nt* mouse hole

mau·sen [ˈmauzn̩] **I.** *vt* (*hum: heimlich wegnehmen*) to pinch *fam* **II.** *vi* (*veraltend*) to catch mice ▶ **die Katze lässt das M~ nicht** (*prov*) a leopard cannot change its spots *prov*

Mau·ser <-> [ˈmauzɐ] *f* kein *pl* ZOOL moult; **in der ~ sein** to be moulting

mau·sern [ˈmauzɐn] *vr* ① ORN ■ **sich** ~ to moult ② (*fig*) ■ **sich** ~ to blossom out (**zu** to)

mau·se·tot [ˈmauzəˈtoːt] *adj* (*fam*) stone-dead

Maus·klick [-klɪk] *m* INFORM click of the/a mouse

Mau·so·le·um <-s, Mausoleen> [mauzoˈleːʊm, pl mauzoˈleːən] nt mausoleum
Maus·pad <-s, -s> [-pɛt] m INFORM mouse pad **Maus·steu·e·rung** f INFORM mouse control no art
Maut <-, -en> [maut] f, **Maut·ge·bühr** f toll [charge]
Maut·stel·le f tollgate
Ma·xi·ma [ˈmaksima] pl von **Maximum**
ma·xi·mal [maksiˈmaːl] I. adj maximum attr; (höchste a.) highest attr II. adv at maximum; **das ~ zulässige Gesamtgewicht** the maximum permissible weight; **~ 25.000 Euro** 25,000 euros at most
Ma·xi·me <-, -n> [maˈksiːmə] f (geh) maxim
ma·xi·mie·ren* [maksiˈmiːrən] vt to maximize
Ma·xi·mum <-s, Maxima> [ˈmaksimʊm, pl ˈmaksima] nt maximum
Ma·yon·nai·se <-, -n> [majɔˈnɛːzə] f s. **Majonäse**
Ma·ze·do·ni·en <-s> [matseˈdoːniən] nt Macedonia; s. a. **Deutschland**
ma·ze·do·nisch [matseˈdoːnɪʃ] adj Macedonian
Ma·ze·do·nisch [matseˈdoːnɪʃ] nt dekl wie adj Macedonian
Mä·zen <-s, -e> [mɛˈtseːn] m patron
MB [ɛmˈbeː] nt INFORM Abk von **Megabyte** MB
m.E. Abk von **meines Erachtens** in my opinion
Me·cha·nik <-, -en> [meˈçaːnɪk] f mechanics + sing vb
Me·cha·ni·ker(in) <-s, -> [meˈçaːnɪkɐ] m(f) mechanic
me·cha·nisch [meˈçaːnɪʃ] I. adj (a. fig) mechanical II. adv mechanically
Me·cha·ni·sie·rung <-, -en> f mechanization
Me·cha·nis·mus <-, -nismen> [meçaˈnɪsmʊs, pl -mən] m mechanism
Me·cha·tro·nik <-> [meçaˈtroːnɪk] f kein pl mechatronics + sing vb
Me·cha·tro·ni·ker(in) <-s, -> m(f) mechatronics engineer
Me·cke·rei <-, -en> f (pej fam: dauerndes Nörgeln) moaning
Me·cker·frit·ze, Me·cker·lie·se <-n, -n> [-frɪtsə, -liːzə] m, f (pej fam) bellyacher, moaning minnie BRIT
me·ckern [ˈmɛkɐn] vi ❶ (der Ziege) to bleat ❷ (fig fam) to gripe [or fam bellyache] (**über** about)
Meck·len·burg <-s> [ˈmɛklənbʊrk] nt Mecklenburg

meck·len·bur·gisch [ˈmɛklənbʊrgɪʃ] adj Mecklenburg attr
Meck·len·burg-Vor·pom·mern <-s> [ˈmɛklənbʊrkˀfoːɐ̯pɔmɐn] nt Mecklenburg-West Pomerania
Me·dail·le <-, -n> [meˈdaljə] f medal
Me·dail·len·ge·win·ner(in) [meˈdaljən-] m(f) SPORT medallist BRIT, medalist AM, medal winner
Me·dail·lon <-s, -s> [medalˈjõː] nt locket
Me·dia·thek <-, -en> [medi̯aˈteːk] f multimedia section
Me·di·en [ˈmeːdi̯ən] pl ❶ pl von **Medium** ❷ (Informationsträger, Massenmedien) ■ **die ~** the media + sing/pl vb; **die digitalen ~** digital media
Me·di·en·er·eig·nis nt media event **Me·di·en·for·schung** f media research no pl **me·di·en·ge·recht** adj suitable for the media **Me·di·en·ge·sell·schaft** f ❶ SOZIOL media [dominated] society ❷ (im Bereich der Medien tätig) media group **Me·di·en·land·schaft** f media landscape **Me·di·en·mo·gul** [ˈmeːdi̯ənmoguːl] m media mogul **Me·di·en·rie·se** m media giant **Me·di·en·rum·mel** m (fam) media excitement **Me·di·en·spek·ta·kel** nt media spectacle **me·di·en·wirk·sam** adj well-covered by the media **Me·di·en·zar** m MEDIA (fam) media mogul [or tycoon]
Me·di·ka·ment <-[e]s, -e> [medikaˈmɛnt] nt medicine
Me·di·ka·men·ten·miss·brauchRR m drug abuse **Me·di·ka·men·ten·sucht** f drug addiction
me·di·ka·men·tös [medikamɛnˈtøːs] I. adj medicinal II. adv **jdn ~ behandeln** to give sb medication
Me·di·ta·ti·on <-, -en> [meditaˈtsi̯oːn] f meditation (**über** on)
me·di·ter·ran [meditɛˈraːn] adj Mediterranean
me·di·tie·ren* [mediˈtiːrən] vi to meditate
Me·di·um <-s, -dien> [ˈmeːdi̯ʊm, pl ˈmeːdi̯ən] nt medium
Me·di·zin <-, -en> [mediˈtsiːn] f (Heilkunde, fam: Medikament) medicine
Me·di·zi·ner(in) <-s, -> [mediˈtsiːnɐ] m(f) doctor
me·di·zi·nisch [mediˈtsiːnɪʃ] I. adj ❶ (ärztlich) medical ❷ (heilend) medicinal II. adv medically; **jdn ~ behandeln** to give sb medical treatment
Me·di·zin·mann <-männer> [-man, pl -mɛnɐ] m (indianisch) medicine man; (afrikanisch) witchdoctor **Me·di·zin·stu·dent(in)** <-en, -en> m(f) medical student

Meer <-[e]s, -e> ['meːɐ̯] *nt* (*Ozean*) sea; (*Weltmeer*) ocean; **das Schwarze/Tote ~** the Black/Dead Sea; **auf dem [weiten] ~** on the high seas; **ans ~ fahren** to go to the seaside; **am ~** by the sea
Meer·bu·sen *m* (*veraltend*) bay **Meer·en·ge** *f* strait[s *pl*]
Mee·res·al·ge *f* seaweed *no pl*, + *sing vb* **Mee·res·arm** *m* arm of the sea **Mee·res·for·schung** *f* oceanography **Mee·res·frü·chte** *pl* seafood *no pl*, + *sing vb* **Mee·res·grund** *m kein pl* seabed **Mee·res·spie·gel** *m* sea level; **[zehn Meter] über/unter dem ~** [ten metres] above/below sea level
Meer·kat·ze *f* ZOOL meerkat **Meer·ret·tich** *m* BOT, KOCHK horseradish **Meer·schwein·chen** *nt* ZOOL guinea pig **Meer·was·ser** *nt* sea water
Mee·ting <-s, -s> ['miːtɪŋ] *nt* meeting
Me·ga·byte [mega'bait, 'meːgabait] *nt* INFORM megabyte
Me·ga·fon^{RR} [mega'foːn], **Me·ga·phon** <-s, -e> [mega'foːn] *nt* megaphone
Me·ga·hertz ['mɛgahɛrts] *nt* PHYS megahertz **Me·ga·watt** *nt* megawatt
Mehl <-[e]s, -e> ['meːl] *nt* flour
meh·lig ['meːlɪç] *adj Kartoffeln* floury
Mehl·schwit·ze *f* KOCHK roux **Mehl·tau** ['meːltau] *m kein pl* BOT mildew **Mehl·wurm** *m* mealworm
mehr ['meːɐ̯] I. *pron indef comp von* **viel** more; **immer ~** more and more II. *adv* ❶ (*eher*) more; **~ wie etw aussehen** to look rather like sth ❷ (*in höherem Maße*) **~ oder weniger** more or less; **mit ~ oder weniger Erfolg** with modest success; **~ Glück als Verstand** more luck than brains ❸ (*ab jetzt*) **nicht ~** not any longer; **nie ~** never again; **niemand ~** nobody else ▶ **unser Großvater ist nicht ~** our grandfather is no longer with us
Mehr <-[s]> ['meːɐ̯] *nt kein pl* ❶ (*zusätzlicher Aufwand*) **mit einem [kleinen] ~ an Mühe** with a [little] bit more effort ❷ POL SCHWEIZ majority
Mehr·auf·wand *m* additional expenditure **Mehr·aus·ga·be** *f* ❶ ÖKON additional expense ❷ BÖRSE overissue **mehr·bän·dig** *adj* multi[-]volume *attr form*, in several volumes *pred* **Mehr·be·las·tung** *f* (*fig*) additional burden **Mehr·be·trag** *m* ❶ (*zusätzliche Kosten*) additional amount ❷ (*Überschuss*) surplus **mehr·deu·tig** *adj* ambiguous **Mehr·deu·tig·keit** <-> *f kein pl* ambiguity **mehr·di·men·si·o·nal** *adj* multidimensional

meh·ren ['meːrən] (*geh*) I. *vt* to increase II. *vr* ■ **sich ~** to multiply
meh·re·re ['meːrərə] *pron indef* ❶ *adjektivisch* (*einige*) several *attr*; (*mehr als eine*) various ❷ *substantivisch* (*einige*) several; **~ davon** several [of them]; **von ~n** by/from several persons
mehr·fach ['meːɐ̯fax] I. *adj* numerous, multiple; **eine ~e Medaillengewinnerin** a winner of numerous medals; **ein ~er Meister im Hochsprung** several-times champion in the pole vault II. *adv* several times
Mehr·fach·steck·do·se *f* multiple socket **Mehr·fach·ste·cker** *f* multiple plug **Mehr·fach·tä·ter(in)** *m(f)* JUR serial offender
Mehr·fa·mi·li·en·haus [-liən-] *nt* multiple[-family] dwelling
mehr·far·big *adj* multicoloured
Mehr·heit <-, -en> *f* a. POL majority; **in der ~ sein** to be in the majority; **die schweigende ~** the silent majority
mehr·heit·lich *adv* **~ entscheiden** to reach a majority decision
Mehr·heits·be·schluss^{RR} *m* POL majority decision **Mehr·heits·wahl·recht** *nt kein pl* majority vote [*or* BRIT *also* first past the post] system
mehr·jäh·rig *adj attr* several years *of attr*, of several years *pred* **Mehr·kos·ten** *pl* additional costs *pl* **mehr·ma·lig** ['meːɐ̯maːlɪç] *adj attr* repeated
mehr·mals ['meːɐ̯maːls] *adv* repeatedly
Mehr·par·tei·en·sys·tem *nt* multiparty system **mehr·sil·big** *adj* polysyllabic *spec* **mehr·spra·chig** *adj* multilingual **mehr·stim·mig** MUS I. *adj* polyphonic II. *adv* **~ singen** to sing in harmony **mehr·stö·ckig** *adj* multi-storey **mehr·stün·dig** *adj* of several hours *pred* **mehr·tä·gig** *adj* lasting several days *pred* **Mehr·ver·brauch** *m kein pl* additional consumption
Mehr·weg·fla·sche *f* returnable bottle **Mehr·weg·ver·pa·ckung** *f* re-usable packaging
Mehr·wert *m kein pl* FIN added value *no pl* **Mehr·wert·steu·er** *f* value-added tax, VAT **mehr·wö·chig** *adj* lasting several weeks *pred* **Mehr·zahl** *f kein pl* ❶ (*Mehrheit*) majority; **die ~ aller Leute** most people ❷ LING plural [form]
Mehr·zweck·hal·le *f* [multipurpose] hall
mei·den <mied, gemieden> ['maidn̩] *vt* to avoid
Mei·le <-, -n> ['mailə] *f* mile ▶ **etw drei ~n gegen den Wind riechen können** to be able to smell sth a mile off

Mei·len·stein *m* (*a. fig*) milestone **mei·len·weit** ['maɪlənvaɪt] *adv* for miles
Mei·ler <-s, -> ['maɪlə] *m* (*Atomreaktor*) [nuclear] reactor
mein [maɪn] *pron poss, adjektivisch* my; **~e Damen und Herren!** Ladies and Gentlemen!
mei·ne(r, s) ['maɪnə] *pron poss, substantivisch* (*geh*) ❶ (*mir Gehörendes*) ■ [*geh* **der/die/das**] **M~** mine ❷ (*das mir Zukommende*) ■ **das M~** my share ❸ (*das mir Gehörige*) what is mine
Mein·eid ['maɪnʔaɪt] *m* JUR perjury *no art, no pl*
mein·ei·dig ['maɪnʔaɪdɪç] *adj* perjured
mei·nen ['maɪnən] I. *vi* ❶ (*denken, annehmen*) to think; **ich würde/man möchte ~, ...** I/one would think ...; **~ Sie?** [do] you think so? ❷ (*sagen*) to say; **ich meinte nur so** (*fam*) it was just a thought; ■ **zu jdm ~,** [**dass**] ... to tell sb that ...; **wenn Sie ~!** if you wish; **wie ~ Sie?** [I] beg your pardon?; [**ganz**] **wie Sie ~!** [just] as you wish; (*drohend a.*) have it your way II. *vt* ❶ (*der Ansicht sein*) ■ **~,** [**dass**] ... to think [that] ... ❷ (*über etw denken*) **und was ~ Sie dazu?** and what do you say? ❸ (*sagen wollen*) **was ~ Sie** [**damit**]**?** what do you mean [by that]?; **das will ich** [**doch**] **~!** I should think so too! ❹ (*ansprechen*) **damit bist du gemeint** that means you ❺ (*beabsichtigen*) to mean, to intend; **ich meine es ernst** I'm serious [about it]; **es gut ~** to mean well; **es gut mit jdm ~** to do one's best for sb; **es nicht böse ~** to mean no harm; **so war das nicht gemeint** I didn't mean it like that; **es ~, wie man es sagt** to mean what one says
mei·ner ['maɪnə] *pron pers, gen von* **ich** (*geh*) of me
mei·ner·seits ['maɪnɐ'zaɪts] *adv* as far as I'm concerned; **ganz ~** the pleasure was [all] mine
mei·nes·glei·chen ['maɪnəs'glaɪçn̩] *pron* ❶ (*Leute meines Standes*) my own kind ❷ (*jd wie ich*) people like me
mei·net·hal·ben ['maɪnət'halbn̩] *adv* (*geh*), **mei·net·we·gen** ['maɪnət've:gn̩] *adv* ❶ (*wegen mir*) because of me; (*mir zuliebe*) for my sake ❷ (*von mir aus*) as far as I'm concerned **mei·net·wil·len** ['maɪnət'vɪlən] *um* ~ for my sake
mei·ni·ge ['maɪnɪgə] *pron poss* (*veraltend geh*) *s.* **meine(r, s)**
Mei·nung <-, -en> ['maɪnʊŋ] *f* opinion; (*Anschauung a.*) view; **geteilter ~ sein** to have differing opinions; **ähnlicher/anderer ~ sein** to be of a similar/different opinion; **eine eigene ~ haben** to have an opinion of one's own; **die öffentliche ~** public opinion; **nach meiner ~** in my opinion; **seine ~ ändern** to change one's mind; **bei seiner ~ bleiben** to stick to one's opinion; **jdm die ~ sagen** to give sb a piece of one's mind; **genau meine ~!** exactly what I think!
Mei·nungs·äu·ße·rung *f* expression of an opinion **Mei·nungs·aus·tausch** *m* exchange of views (**zu** on) **Mei·nungs·for·schung** *f kein pl* opinion polling *no pl* **Mei·nungs·frei·heit** *f kein pl* freedom of speech, free speech **Mei·nungs·um·fra·ge** *f* opinion poll **Mei·nungs·ver·schie·den·heit** *f* ❶ (*unterschiedliche Ansichten*) difference of opinion ❷ (*Auseinandersetzung*) argument
Mei·se <-, -n> ['maɪzə] *f* ORN tit ▶ **eine ~ haben** (*fam*) to have a screw loose
Mei·ßel <-s, -> ['maɪsl̩] *m* chisel
mei·ßeln ['maɪsl̩n] *vi, vt* to chisel (**in** into); ■ **an etw** *dat* **~** to chisel at sth
meist [maɪst] *adv* ❶ *s.* **meistens** ❷ *superl von* **viel**
meist·bie·tend *adj attr* ÖKON highest-bidding *attr*
meis·te(r, s) *pron indef superl von* **viel** ❶ *adjektivisch, + n sing* most; **das ~ Geld** the most money; (*als Anteil*) most of the money; **die ~ Zeit** [the] most time; (*adverbial*) most of the time ❷ *substantivisch* ■ **die ~n** most people; **die ~n von uns** most of us; ■ **das ~** (*nicht zählbares*) most of it; (*als Anteil*) the most; ■ **das ~ von dem, was ...** most of what ... ❸ (*adverbial: vor allem*) ■ **am ~n** [the] most
meis·tens ['maɪstn̩s] *adv* mostly, more often than not; (*zum größten Teil*) for the most part
meis·ten·teils *adv* (*geh*) *s.* **meistens**
Meis·ter(in) <-s, -> ['maɪstɐ] *m(f)* ❶ (*Handwerksmeister*) master [craftsman]; **seinen ~ machen** to take one's master craftsman's diploma ❷ SPORT champion ▶ **es ist noch kein ~ vom Himmel gefallen** (*prov*) practice makes perfect
Meis·ter·brief *m* master craftsman's diploma
meis·ter·haft I. *adj* masterly; (*geschickt*) masterful II. *adv* in a masterly manner; (*geschickt*) masterfully
Meis·te·rin <-, -nen> *f fem form von* **Meister**
Meis·ter·leis·tung *f* (*hervorragende Leis-*

tung) masterly performance; **nicht gerade eine** ~ nothing to write home about
meis·ter·lich *adj* (*geh*) *s.* **meisterhaft**
meis·tern ['maɪstən] *vt* to master; **Schwierigkeiten** ~ to overcome difficulties
Meis·ter·prü·fung *f* examination for the master['s craftsman]'s diploma
Meis·ter·schaft <-, -en> *f* ① (*Wettkampf*) championship; (*Veranstaltung*) championships *pl* ② *kein pl* (*Können*) mastery
Meis·ter·stück *nt* ① (*Werkstück*) work done to qualify as a master craftsman ② (*Meisterwerk*) masterpiece **Meis·ter·werk** *nt* masterpiece
Mek·ka <-s> ['mɛka] *nt* (*a. fig*) Mecca
Me·lan·cho·lie <-, -n> [melaŋko'liː, *pl* melaŋko'liːən] *f* melancholy
me·lan·cho·lisch [melaŋ'koːlɪʃ] *adj* melancholy
Mel·de·amt *nt* (*fam*) registration office
Mel·de·frist *f* registration period
mel·den ['mɛldn̩] **I.** *vt* ① (*anzeigen*) to report; **eine Geburt** ~ to register a birth; **etw schriftlich** ~ to notify sth in writing ② RADIO, TV to report; **für morgen ist Schneefall gemeldet** snow is forecast for tomorrow; **das Wahlergebnis wurde soeben gemeldet** the results of the election have just been announced ③ (*an*~) ~ **Sie mich bitte bei Ihrem Chef!** please tell your boss [that] I'm here! ▶ **nichts zu ~ haben** (*fam*) to have no say **II.** *vr* ① SCH ■ **sich** ~ to put one's hand up ② (*sich zur Verfügung stellen*) **sich zur Arbeit** ~ to report for work; **sich zu etw** *dat* **freiwillig** ~ to volunteer for sth ③ TELEK **sich am Telefon** ~ to answer the telephone; **es meldet sich keiner** there's no reply ④ (*in Kontakt bleiben*) ■ **sich [bei jdm]** ~ to get in touch [with sb]
Mel·de·pflicht *f* obligation to report sth; **polizeiliche** ~ compulsory registration [with the police] **mel·de·pflich·tig** *adj* notifiable
Mel·dung <-, -en> *f* ① (*Nachricht*) piece of news; **kurze ~en vom Tage** the day's news headlines ② (*offizielle Mitteilung*) report ③ *kein pl* (*das Denunzieren*) report

---

Meinungen äußern

Meinungen/Ansichten ausdrücken	*expressing opinions/views*
Ich finde/meine/denke, sie sollte sich für Ihr Verhalten entschuldigen.	*I think she should apologize for her behaviour.*
Er war meiner Meinung nach ein begnadeter Künstler.	*In my opinion he was a highly gifted artist.*
Ich bin der Meinung/Ansicht, dass jeder ein Mindesteinkommen erhalten sollte.	*I believe/am of the opinion/take the view that everyone should receive a minimum income.*
Die Anschaffung weiterer Maschinen ist meines Erachtens nicht sinnvoll.	*The purchase of more machinery is, in my opinion, not a sensible option.*

Meinungen erfragen, um Beurteilung bitten	*asking for opinions and assessments*
Was ist Ihre Meinung?	*What's your opinion?*
Was meinen Sie dazu?	*What do you think (about it)?*
Wie sollten wir Ihrer Meinung nach vorgehen?	*How do you think we should proceed?*
Was hältst du von der neuen Regierung?	*What do you think of the new government?*
Findest du das Spiel langweilig?	*Do you find this game boring?*
Denkst du, so kann ich gehen?	*Do you think I can go like this?*
Was sagst du zu ihrem neuen Freund?	*What do you think of her new boyfriend?*
Wie gefällt dir meine neue Haarfarbe?	*How do you like my new hair colour?*
Kannst du mit dieser Theorie etwas anfangen?	*Does this theory mean anything to you?*
Wie lautet Ihr Urteil über unser neues Produkt?	*What's your opinion of our new product?*
Wie urteilen Sie darüber?	*What's your opinion of it?*

me·liert [meˈliːɐ̯t] *adj* ❶ (*Haar*) greying ❷ (*Gewebe*) flecked, mottled

Me·lis·se <-, -n> [meˈlɪsə] *f* BOT [lemon] balm

mel·ken <melkte *o veraltend* molk, gemolken *o selten* gemelkt> [ˈmɛlkn̩] *vt, vi* ❶ AGR to milk ❷ (*fam: finanziell ausnutzen*) ▪ jdn ~ to fleece sb

Melk·ma·schi·ne *f* milking machine

Me·lo·die <-, -n> [meloˈdiː, *pl* meloˈdiːən] *f* melody, tune

me·lo·di·ös [meloˈdi̯øːs] *adj* (*geh*) *s.* **melodisch**

me·lo·disch [meˈloːdɪʃ] I. *adj* melodic II. *adv* melodically

Me·lo·dram <-s, -en> [meloˈdraːm], **Me·lo·dra·ma** [meloˈdraːma] *nt* melodrama

me·lo·dra·ma·tisch [melodraˈmaːtɪʃ] I. *adj* melodramatic II. *adv* melodramatically

Me·lo·ne <-, -n> [meˈloːnə] *f* ❶ (*Frucht*) melon ❷ (*fam: Hut*) bowler [hat], AM *also* derby

Mem·bran <-, -e *o* -en> [mɛmˈbraːn] *f*, **Mem·bra·ne** <-, - *o* -n> [mɛmˈbraːnə] *f* ❶ TECH, PHYS diaphragm ❷ ANAT membrane

Me·mo <-s, -s> [ˈmeːmo] *nt* (*fam*) memo

Me·moi·ren [meˈmo̯aːrən] *pl* memoirs

Me·mo·ran·dum <-s, Memoranden *o* Memoranda> [memoˈrandʊm, *pl* memoˈrandən, memoˈranda] *nt* memorandum

Men·ge <-, -n> [ˈmɛŋə] *f* ❶ (*bestimmtes Maß*) **eine große ~ Kies** a large amount of gravel; **in ausreichender ~** in sufficient quantities ❷ (*viel*) **eine ~ Geld** a lot of money; **eine ~ zu sehen** a lot to see; **in rauen ~n** in vast quantities; **jede ~ Arbeit** loads of work ❸ (*Menschen~*) crowd ❹ MATH set

men·gen [ˈmɛŋən] I. *vt* (*geh*) to mix II. *vr* (*geh*) ▪ sich unter die Leute ~ to mingle

men·gen·mä·ßig *adv* quantitatively

Men·gen·ra·batt *m* bulk discount

Me·nis·kus <-, Menisken> [meˈnɪskʊs, *pl* meˈnɪskən] *m* ANAT meniscus

Men·sa <-, Mensen> [ˈmɛnza, *pl* ˈmɛnzn̩] *f* SCH canteen

Mensch <-en, -en> [ˈmɛnʃ] *m* ❶ (*menschliches Lebewesen*) man *no pl, no art;* ▪ **die ~en** man *sing, no art,* human beings *pl;* **auch nur ein ~ sein** to be only human ❷ (*Persönlichkeit*) person; ▪ **~en** people; **ein anderer ~ werden** to become a different person; **kein ~** no one; **sie sollte mehr unter ~en gehen** she should get out more ▶ **wie der erste ~** very clumsily; **~!** for goodness' sake!; **~, das habe ich ganz vergessen!** blast, I completely forgot!; **~, war das anstrengend!** boy, was that exhausting!

Men·schen·af·fe *m* [anthropoid] ape

Men·schen·al·ter *nt* generation

Men·schen·an·samm·lung *f* gathering [of people]

Men·schen·auf·lauf *m* crowd [of people]

Men·schen·feind(in) *m(f)* misanthropist

men·schen·feind·lich *adj* ❶ (*misanthropisch*) misanthropic ❷ GEOG hostile [to man], inhospitable

Men·schen·fres·ser(in) <-s, -> *m(f)* cannibal

Men·schen·freund(in) *m(f)* philanthropist

Men·schen·ge·den·ken [ˈmɛnʃŋ̍ɡədɛŋkn̩] *nt kein pl* **seit ~** as long as anyone can remember

Men·schen·han·del *m kein pl* trade in human beings

Men·schen·ken·ner(in) *m(f)* judge of character

Men·schen·kennt·nis *f kein pl* ability to judge character

Men·schen·ket·te *f* human chain

Men·schen·le·ben *nt* ❶ (*Todesopfer*) life ❷ (*Lebenszeit*) lifetime

men·schen·leer *adj* ❶ (*unbesiedelt*) uninhabited ❷ (*unbelebt*) deserted

Men·schen·lie·be *f* **aus reiner ~** out of the sheer goodness of one's heart

Men·schen·mas·se *f* (*pej*), **Men·schen·men·ge** *f* crowd [of people]

men·schen·mög·lich [ˈmɛnʃn̩møːklɪç] *adj* humanly possible; **ich werde alles M~e tun** (*fam*) I'll do all that is humanly possible

Men·schen·recht *nt meist pl* JUR human right *usu pl*

Men·schen·rechts·grup·pe *f* human rights organization

Men·schen·rechts·ver·let·zung *f* violation of human rights

men·schen·scheu *adj* afraid of people

Men·schen·schlag *m kein pl* breed [of people]

Men·schen·see·le [ˈmɛnʃn̩zeːlə] *f* human soul; **keine ~** not a [living] soul

Men·schens·kind [ˈmɛnʃn̩skɪnt] *interj* (*fam*) good grief

men·schen·un·mög·lich *adj* not humanly possible; ▪ **das M~e** the impossible

men·schen·un·wür·dig I. *adj* inhumane; (*Behausung*) unfit for human habitation II. *adv* in an inhumane way, inhumanely

men·schen·ver·ach·tend *adj* inhuman

Men·schen·ver·ach·tung *f kein pl* contempt for other people

Men·schen·ver·stand *m* **gesunder ~** common sense

Men·schen·wür·de *f kein pl* human dignity *no pl, no art*

men·schen·wür·dig I. *adj* humane II. *adv* humanely; **~ leben/wohnen** to live in conditions fit for human beings

Mensch·heit <-> *f kein pl* ■ **die ~** mankind *no pl, no def art,* humanity *no pl, no art*
mensch·lich ['mɛnʃlɪç] **I.** *adj* ❶ (*des Menschen*) human ❷ (*human*) humane; *Vorgesetzter* ❸ sympathetic **II.** *adv* ❶ (*human*) humanely ❷ (*fam*) **wieder ~ aussehen** to look presentable again
Mensch·lich·keit <-> *f kein pl* humanity *no pl, no art*
Men·sen *pl von* **Mensa**
Mens·tru·a·ti·on <-, -en> [mɛnstrua'tsi̯oːn] *f* menstruation *no pl, no art*
mens·tru·ie·ren* [mɛnstru'iːrən] *vi* to menstruate
men·tal [mɛn'taːl] **I.** *adj* mental **II.** *adv* mentally
Men·ta·li·tät <-, -en> [mɛntali'tɛːt] *f* mentality
Men·thol <-s, -e> [mɛn'toːl] *nt* menthol
Me·nu <-s, -s> *nt* (*geh*), **Me·nü** <-s, -s> [me'nyː] *nt a.* INFORM menu
me·nü·ge·steu·ert *adj* INFORM menu-driven **Me·nü·leis·te** *f,* **Me·nü·zei·le** *f* INFORM menu bar
Me·ri·di·an <-s, -e> [meri'di̯aːn] *m* meridian
Merk·blatt *nt* leaflet
mer·ken ['mɛrkn̩] **I.** *vt, vi* ❶ (*spüren*) to feel; **es war kaum zu ~** it was scarcely noticeable ❷ (*wahrnehmen*) **ich habe nichts davon gemerkt** I didn't notice a thing; **das merkt keiner!** no one will notice!; **das ist zu ~** you can tell; **du merkst auch alles!** (*iron*) nothing escapes you, does it?; **jdn etw ~ lassen** to let sb feel sth ❸ (*behalten*) ■ **leicht zu ~ sein** to be easy to remember **II.** *vr* ❶ (*im Gedächtnis behalten*) ■ **sich** *dat* **etw ~** to remember sth; **das werde ich mir ~!** (*fam*) I'll remember that!; **merk dir das!** [just] remember that! ❷ (*im Auge behalten*) ■ **sich** *dat* **jdn/etw ~** make a mental note of sb/sth
merk·lich ['mɛrklɪç] **I.** *adj* noticeable **II.** *adv* noticeably
Merk·mal <-s, -e> ['mɛrkmaːl] *nt* feature
Merk·satz *m* mnemonic sentence
Mer·kur <-s> [mɛr'kuːɐ̯] *m* ASTRON ■ **der ~** Mercury
merk·wür·dig I. *adj* strange; **zu ~!** how strange! **II.** *adv* strangely; **hier riecht es so ~** there's a very strange smell here
merk·wür·di·ger·wei·se *adv* strangely enough
me·schug·ge [meˈʃʊɡə] *adj* (*veraltend fam*) ■ **~ sein** to be nuts

Mes·ner <-s, -> ['mɛsnɐ] *m* DIAL (*Küster*) sexton
mess·bar^{RR} *adj,* **meß·bar**^{ALT} *adj* measurable; ■ **gut/schwer ~ sein** to be easy/difficult to measure
Mess·be·cher^{RR} *m* measuring jug **Mess·die·ner(in)**^{RR} *m(f)* REL server
Mes·se¹ <-, -n> ['mɛsə] *f* ❶ (*Gottesdienst*) mass *no pl;* **in die ~ gehen** to go to mass; **schwarze ~** Black Mass; **die ~ lesen** to say mass ❷ MUS mass
Mes·se² <-, -n> ['mɛsə] *f* (*Ausstellung*) [trade] fair; **auf der ~** at the fair
Mes·se·ge·län·de *nt* exhibition centre
Mes·se·hal·le *f* exhibition hall
mes·sen <misst, maß, gemessen> [',ɛsn̩] **I.** *vt* ❶ (*Ausmaß oder Größe ermitteln*) to measure ❷ (*beurteilen nach*) to judge (**an** by); ■ **gemessen an etw** *dat* judging by sth **II.** *vr* (*geh*) **sich mit jdm ~ können** to be able to compete with sb
Mes·ser <-s, -> ['mɛsɐ] *nt* knife ▶ **unters ~ kommen** MED (*fam*) to go under the knife; **[jdm] ins [offene] ~ laufen** to play right into sb's hands; **jdn ans ~ liefern** to shop sb; **bis aufs ~** to the bitter end
mes·ser·scharf ['mɛsɐ'ʃarf] **I.** *adj* razor-sharp *also fig* **II.** *adv* very astutely
Mes·ser·spit·ze *f* knife point; **eine ~ Muskat** a pinch of nutmeg **Mes·ser·ste·che·rei** <-, -en> *f* knife fight **Mes·ser·stich** *m* knife thrust; (*Wunde*) stab wound
Mes·se·stand *m* exhibition stand
Mess·ge·rät^{RR} *nt* measuring instrument, gauge, AM *also* gage
Mes·si·as <-> [mɛ'siːas] *m* REL ■ **der ~** the Messiah
Mes·sing <-s> ['mɛsɪŋ] *nt kein pl* brass *no pl*
Mess·in·stru·ment^{RR} *nt* measuring instrument **Mess·lat·te**^{RR} *f* surveyor's wooden rod **Mess·tech·nik**^{RR} *f* measurement technology
Mes·sung <-, -en> *f* (*das Messen*) measuring *no pl*
Mess·wert^{RR} *m* reading
MESZ <-> *f kein pl Abk von* **mitteleuropäische Sommerzeit** CEST
Me·tall <-s, -e> [me'tal] *nt* metal
Me·tall·ar·bei·ter(in) *m(f)* metalworker
me·tal·lic [me'talɪk] *adj* metallic
me·tal·lisch [me'talɪʃ] **I.** *adj* ❶ (*aus Metall bestehend*) metallic ❷ (*metallartig*) metallic **II.** *adv* like metal
Me·tall·ur·gie <-> [metalʊr'giː] *f kein pl* metallurgy *no pl, no art*

Me·tall·ver·ar·bei·tung <-> f kein pl metalworking no pl
Me·ta·mor·pho·se <-, -n> [metamɔrˈfoːzə] f (geh) metamorphosis
Me·ta·pher <-, -n> [meˈtafɐ] f metaphor
me·ta·pho·risch [metaˈfoːrɪʃ] adj metaphoric[al]
Me·ta·phy·sik [metafyˈziːk] f metaphysics no art, + sing vb
me·ta·phy·sisch [metaˈfyːzɪʃ] adj metaphysical
Me·ta·sta·se <-, -n> [metaˈstaːzə] f MED metastasis
Me·te·or <-s, -e> [meteˈoːɐ̯, pl meteˈoːrə] m meteor
Me·te·o·rit <-en, -en> [meteoˈriːt] m meteorite
Me·te·o·ro·lo·ge, -lo·gin <-n, -n> [meteoroˈloːgə, -ˈloːgɪn] m, f meteorologist; (im Fernsehen) weather forecaster
Me·te·o·ro·lo·gie <-> [meteoroloˈgiː] f kein pl meteorology no pl
Me·te·o·ro·lo·gin <-, -nen> [meteoroˈloːgɪn] f fem form von **Meteorologe**
me·te·o·ro·lo·gisch [meteoroˈloːgɪʃ] adj meteorological
Me·ter <-s, -> [ˈmeːtɐ] m o nt metre; **in ~n verkauft werden** to be sold by the metre; **etw nach ~n messen** to measure sth in metres; **der laufende ~** per metre
Me·ter·maß nt ① (Bandmaß) tape measure ② (Zollstock) metre rule
me·ter·wei·se adv by the metre
Me·tha·don <-s> [metaˈdoːn] nt kein pl methadone no pl
Me·tho·de <-, -n> [meˈtoːdə] f method
Me·tho·dik <-, -en> [meˈtoːdɪk] f methodology no pl
me·tho·disch [meˈtoːdɪʃ] I. adj methodical II. adv methodically
Me·tier <-s, -s> [meˈti̯eː] nt métier; **sein ~ beherrschen** to know one's job
Me·trik <-, -en> [ˈmeːtrɪk] f ① LIT metrics + sing vb ② kein pl MUS study of rhythm and tempo
me·trisch [ˈmeːtrɪʃ] adj ① (auf dem Meter aufbauend) metric ② LIT metrical
Me·tro <-, -s> [ˈmeːtro] f metro no pl, underground BRIT no pl, subway AM no pl
Me·tro·nom <-s, -e> [metroˈnoːm] nt metronome
Me·tro·po·le <-, -n> [metroˈpoːlə] f metropolis
me·tro·se·xu·ell adj SOZIOL Mann metrosexual
Mett <-[e]s> [mɛt] nt kein pl KOCHK DIAL (Schweinegehacktes) minced pork no pl
Mett·wurst f smoked beef/pork sausage
Met·ze·lei <-, -en> [mɛtsəˈlai̯] f slaughter no pl
Metz·ger(in) <-s, -> [ˈmɛtsgɐ] m(f) DIAL (Fleischer) butcher; **beim ~** at the butcher's; **vom ~** from the butcher['s]
Metz·ge·rei <-, -en> [mɛtsgəˈrai̯] f DIAL (Fleischerei) butcher's [shop] BRIT, butcher shop AM; **aus der ~** from the butcher's
Metz·ge·rin <-, -nen> [ˈmɛtsgərɪn] f fem form von **Metzger**
Meu·chel·mord m insidious murder
Meu·chel·mör·der(in) m(f) insidious murderer
Meu·te <-, -n> [ˈmɔytə] f ① (pej: Gruppe) mob ② JAGD pack [of hounds]
Meu·te·rei <-, -en> [mɔytəˈrai̯] f mutiny
Meu·te·rer <-s, -> m mutineer
meu·tern [ˈmɔytɐn] vi ① (sich auflehnen) to mutiny; ■ ~**d** mutinous ② (fam: meckern) to moan
Me·xi·ka·ner(in) <-s, -> [mɛksiˈkaːnɐ] m(f) Mexican; s. a. **Deutsche(r)**
me·xi·ka·nisch [mɛksiˈkaːnɪʃ] adj Mexican; s. a. **deutsch**
Me·xi·ko <-s> [ˈmɛksiko] nt Mexico
MEZ Abk von **mitteleuropäische Zeit** CET
mg Abk von **Milligramm** mg
MHz Abk von **Megahertz** MHz
mi·au·en* [miˈau̯ən] vi to meow, to miaou
mich [mɪç] I. pron pers akk von **ich** me II. pron refl myself; **ich will ~ da ganz raushalten** I want to keep right out of it; **ich fühle ~ nicht so gut** I don't feel very well
mi·ck(e)·rig [ˈmɪk(ə)rɪç] adj ① (sehr gering) measly, paltry ② (schwächlich) puny ③ (zurückgeblieben) stunted
Mid·life·cri·sis[RR], **Mid·life-Cri·sis**[RR], **Mid·life-Cri·sis**[ALT] <-> [ˈmɪtlai̯fkrai̯sɪs] f kein pl midlife crisis
mied [miːt] imp von **meiden**
Mie·der <-s, -> [ˈmiːdɐ] nt ① (eines Trachtenkleides) bodice ② (Korsage) girdle
Mie·der·hös·chen [-høːsçən] nt panty girdle **Mie·der·wa·ren** pl corsetry sing
Mief <-s> [miːf] m kein pl (fam) fug no pl
mie·fen [ˈmiːfn̩] vi (fam) to pong BRIT, to stink; **was mieft denn hier so?** what's that awful pong?
Mie·ne <-, -n> [ˈmiːnə] f expression; **mit freundlicher ~ begrüßte sie ihre Gäste** she welcomed her guests with a friendly smile ▸ **gute ~ zum bösen Spiel machen** to grin and bear it; **ohne eine ~ zu verziehen** without turning a hair

Mie·nen·spiel *nt kein pl* facial expressions *pl*

mies ['miːs] *adj* (*fam*) lousy, rotten; ~ **zehn Euro** a miserable ten euros; ~**e Laune haben** to be in a foul mood

Mie·se ['miːzə] *pl* (*fam*) **in den ~en sein** to be in the red

Mie·se·pe·ter <-s, -> ['miːzəpeːtɐ] *m* (*fam*) misery[-guts] BRIT, sourpuss AM

mie·se·pe·t(e)·rig ['miːzəpeːt(ə)rɪç] *adj* (*fam*) grumpy

mies·ma·chen *vt* ■ **etw/jdn ~** to run down sth/sb *sep*

Mies·ma·cher *m* (*pej fam*) killjoy

Mies·mu·schel ['miːsmʊʃl] *f* [common] mussel

Miet·au·to *nt* hire car BRIT, rental car AM

Mie·te <-, -n> ['miːtə] *f* rent; **zur ~ woh·nen** to live in rented accommodation [*or* AM accommodations]

mie·ten ['miːtn] *vt* to rent; *Boot, Wagen* BRIT *also* to hire; *Haus, Wohnung, Büro* to lease

Mie·ter(in) <-s, -> *m(f)* tenant

Mie·te·rin <-, -nen> *f fem form von* **Mieter**

Mie·ter·schutz *m kein pl* tenant protection *no pl*

miet·frei I. *adj* rent-free II. *adv* rent-free

Miet·rück·stand *m* rent arrears *pl*

Miets·haus *nt* tenement, block of rented flats BRIT, apartment house AM

Miet·spie·gel *m* rent table **Miet·ver·trag** *m* tenancy agreement, lease; (*Wagen etc*) rental agreement **Miet·wa·gen** *m* hire[d] [*or* AM rental] car **Miet·woh·nung** *f* rented flat [*or* AM *also* apartment]

Mie·ze·kat·ze *f* (*Kindersprache*) pussy-cat

Mi·grä·ne <-, -n> [miˈgrɛːnə] *f* migraine; **ich habe ~** I've got a migraine

Mi·gra·ti·on <-, -en> [migraˈtsi̯oːn] *f* migration

Mi·gra·ti·ons·hin·ter·grund *m* POL migrant background

Mi·kro <-s, -s> ['miːkro] *nt* (*fam*) *kurz für* **Mikrofon** mike

Mi·kro·be <-, -n> [miˈkroːbə] *f* microbe

Mi·kro·bio·lo·gie [mikrobioloˈgiː] *f kein pl* microbiology *no pl* **Mi·kro·chip** <-s, -s> [-tʃɪp] *m* microchip **Mi·kro·com·pu·ter** [-kɔmpjuːtɐ] *m* microcomputer **Mi·kro·elek·tro·nik** *f* microelectronics *no art*, + *sing vb* **Mi·kro·fa·ser** *f* microfibre **Mi·kro·fiche** <-s, -s> [-fiʃ] *m o nt* microfiche **Mi·kro·film** [-fɪlm] *m* microfilm

Mi·kro·fon <-s, -e> [mikroˈfoːn] *nt* microphone

Mi·kro·kos·mos [-kɔsmɔs] *m* microcosm **Mi·kro·or·ga·nis·mus** ['miːkroʔɔrganɪsmʊs] *m* micro-organism

Mi·kro·phon <-s, -e> [mikroˈfoːn] *nt s.* **Mikrofon**

Mi·kro·pro·zes·sor ['miːkroprotsɛsoːɐ̯] *m* microprocessor

Mi·kro·skop <-s, -e> [mikroˈskoːp] *nt* microscope

mi·kro·sko·pisch I. *adj* microscopic; **von ~er Kleinheit sein** to be microscopically small II. *adv* microscopically; **etw ~ unter·suchen** to examine sth under the microscope

Mi·kro·wel·le ['miːkrovɛlə] *f* microwave **Mi·kro·wel·len·herd** *m* microwave oven

Mi·lan <-s, -e> ['miːlan, miˈlaːn] *m* ORN kite

Mil·be <-, -n> ['mɪlbə] *f* ZOOL mite

Milch <-> ['mɪlç] *f kein pl* milk *no pl*

Milch·bar *f* milk bar **Milch·fla·sche** *f* milk bottle; (*für Babys*) baby's bottle **Milch·glas** *nt* milk glass

mil·chig ['mɪlçɪç] *adj* milky

Milch·kaf·fee *m* milky coffee **Milch·kan·ne** *f* [milk] churn; (*kleiner*) milk can **Milch·kuh** *f* dairy cow **Milch·mäd·chen·rech·nung** *f* naive miscalculation **Milch·mann, -frau** *m, f* (*fam*) milkman *masc*, milkwoman *fem* **Milch·pro·dukt** *nt* dairy product **Milch·pul·ver** *nt* powdered milk *no pl* **Milch·reis** *m* ❶ (*Gericht*) rice pudding ❷ (*Reis*) pudding rice **Milch·säu·re** *f* CHEM lactic acid **Milch·scho·ko·la·de** *f* milk chocolate **Milch·shake** <-s, -s> [-ʃeːk] *m* milk shake **Milch·stra·ße** *f* ■ **die ~** the Milky Way **Milch·tü·te** *f* milk carton **Milch·zahn** *m* milk tooth

mild ['mɪlt] I. *adj* ❶ *a.* METEO, KOCHK mild ❷ (*nachsichtig*) lenient II. *adv* leniently; **das Urteil fiel ~e aus** the sentence was lenient; **jdn ~er stimmen** to encourage sb to be more lenient; **~e ausgedrückt** to put it mildly

Mil·de <-> ['mɪldə] *f kein pl* ❶ (*Nachsichtigkeit*) leniency *no pl* ❷ KOCHK, METEO mildness *no pl*

mil·dern ['mɪldɐn] I. *vt* ❶ (*abschwächen*) to moderate; **das Strafmaß ~** to reduce the sentence; **~de Umstände** mitigating circumstances ❷ (*weniger schlimm machen*) to alleviate II. *vr* METEO ■ **sich ~** to become milder

Mil·de·rung <-> ['mɪldərʊŋ] *f kein pl* alleviation *no pl*; **eine ~ des Strafmaßes** a reduction in sentence

Mil·de·rungs·grund *m* mitigating circumstance

mild·tä·tig *adj* (*geh*) charitable

Mild·tä·tig·keit *f kein pl* (*geh*) charity *no pl, no indef art*

Mi·li·eu <-s, -s> [mi'liø:] *nt* environment

mi·li·eu·ge·schä·digt [mi'liø:-] *adj* PSYCH maladjusted

mi·li·tant [mili'tant] *adj* militant

Mi·li·tär <-s> [mili'tɛ:ɐ̯] *nt kein pl* ❶ (*Armeeangehörige*) soldiers *pl* ❷ (*Armee*) armed forces *pl*, military *no pl, no indef art*; **beim ~ sein** to be in the forces *pl*

Mi·li·tär·dienst *m kein pl* military service *no pl* **Mi·li·tär·dik·ta·tur** *f* military dictatorship **Mi·li·tär·ge·richt** *nt* court martial

mi·li·tä·risch [mili'tɛ:rɪʃ] *adj* military

Mi·li·ta·ris·mus <-> [milita'rɪsmʊs] *m kein pl* (*pej*) militarism *no pl*

Mi·li·ta·rist <-en, -en> [milita'rɪst] *m* (*pej*) militarist

mi·li·ta·ris·tisch *adj* (*pej*) militaristic

Mi·li·tär·po·li·zei *f* military police **Mi·li·tär·putsch** *m* military coup **Mi·li·tär·re·gie·rung** *f* military government **Mi·li·tär·zeit** *f* army days *pl*

Mi·liz <-, -en> [mi'li:ts] *f* ❶ (*Bürgerwehr*) militia ❷ (*in sozialistischen Staaten: Polizei*) police

Mil·le <-, -> ['mɪlə] *f* (*sl*) grand

Mill·en·ni·um <-s, -ien> [mɪ'lɛniʊm, *pl* -niən] *nt* (*geh*) millennium

Mil·li·ar·där(in) <-s, -e> [mɪlia'dɛ:ɐ̯] *m(f)* billionaire

Mil·li·ar·de <-, -n> [mɪ'liardə] *f* billion

Mil·li·ar·den·be·trag *m* amount of a billion **mil·li·ar·den·schwer** *adj* (*Unternehmen, Vermögen*) worth billions

Mil·li·bar ['mɪliba:ɐ̯] *nt* METEO millibar **Mil·li·gramm** [mɪli'gram] *nt* milligram **Mil·li·li·ter** ['mɪlili:tɐ, 'mɪlilitɐ, mɪli'li:tɐ] *m o nt* millilitre **Mil·li·me·ter** <-s, -> [mɪli'me:tɐ] *m o nt* millimetre **Mil·li·me·ter·pa·pier** *nt* graph paper

Mil·li·on <-, -en> [mɪ'lio:n] *f* million; **drei ~en Einwohner** three million inhabitants

Mil·li·o·när(in) <-s, -e> [mɪlio'nɛ:ɐ̯] *m(f)* millionaire *masc*, millionairess *fem*

Mil·li·o·nen·ge·schäft *nt* deal worth millions **Mil·li·o·nen·ge·winn** *m* prize of a million **Mil·li·o·nen·grab** *nt* (*pej fam*) bottomless pit, black hole **mil·li·o·nen·schwer** *adj* (*fam*) worth millions *pred* **Mil·li·o·nen·stadt** *f* town with over a million inhabitants

Milz <-, -en> ['mɪlts] *f* spleen

Milz·brand *m kein pl* anthrax *no pl*

mi·men ['mi:mən] I. *vt* to fake; **mime hier nicht den Ahnungslosen!** don't act the innocent! II. *vi* to pretend

Mi·mik <-> ['mi:mɪk] *f kein pl* [gestures and] facial expression

mi·misch ['mi:mɪʃ] I. *adj* mimic II. *adv* by means of [gestures and] facial expressions

Mi·mo·se <-, -n> [mi'mo:zə] *f* ❶ BOT mimosa ❷ (*fig: sehr empfindlicher Mensch*) sensitive plant

min., Min. *f Abk von* **Minute(n)** min.

Mi·na·rett <-s, -e *o* -s> [mina'rɛt] *nt* minaret

min·der ['mɪndɐ] *adv* less; **nicht ~** no less **min·der·be·gabt** *adj* less gifted **min·der·be·mit·telt** *adj* (*geh*) less well-off; **geistig ~** (*pej*) mentally deficient

min·de·re(r, s) *adj attr* lesser; **von ~r Qualität sein** to be of inferior quality

Min·der·heit <-, -en> *f* minority; **in der ~ sein** to be in the/a minority

Min·der·hei·ten·schutz *m* protection of minorities

min·der·jäh·rig ['mɪndɐjɛ:rɪç] *adj* underage **Min·der·jäh·ri·ge(r)** *f(m) dekl wie adj* minor

min·dern ['mɪndɐn] *vt* (*geh*) to reduce (**um** by)

Min·de·rung <-, -en> *f* FIN (*geh*) reduction

min·der·wer·tig *adj* inferior **Min·der·wer·tig·keit** <-> *f kein pl* inferiority *no pl* **Min·der·wer·tig·keits·ge·fühl** *nt* feeling of inferiority **Min·der·wer·tig·keits·kom·plex** *m* inferiority complex

Min·der·zahl *f kein pl* minority; **in der ~ sein** to be in the minority

Min·dest·ab·stand *m* minimum distance **Min·dest·al·ter** *nt* minimum age **Min·dest·an·for·de·rung** *f* minimum requirement

min·des·te(r, s) *adj attr* ■ **der/die/das ~** the slightest; **das wäre das M~ gewesen** that's the least he/she/you etc could have done; **zum M~n** at least; **nicht das M~an Geduld** not the slightest trace of patience; **nicht im M~n** not in the least

Min·dest·ein·kom·men *nt* minimum income

min·des·tens ['mɪndəstns] *adv* at least

Min·dest·ge·bot *nt* reserve price **Min·dest·ge·schwin·dig·keit** *f* minimum speed *no pl* **Min·dest·halt·bar·keits·da·tum** *nt* best-before date **Min·dest·lohn** *m* ÖKON minimum wage; **gesetzlicher ~** legal minimum wage **Min·dest·maß** *nt* minimum **Min·dest·re·ser·ve·sys·tem** *nt* FIN minimum reserve system

Min·dest·stra·fe *f* minimum sentence
Mi·ne <-, -n> ['miːnə] *f* ① (*Bleistift*) lead *no pl*; (*Filz-, Kugelschreiber*) refill ② (*Sprengkörper*) mine; **auf eine ~ laufen** to hit a mine ③ (*Bergwerk*) mine
Mi·nen·feld *nt* MIL, NAUT minefield **Mi·nen·wer·fer** <-s, -> *m* MIL, HIST trench mortar
Mi·ne·ral <-s, -e *o* -ien> [mineˈraːl, *pl* -li̯ən] *nt* mineral
Mi·ne·ral·bad *nt* spa
mi·ne·ra·lisch [mineˈraːlɪʃ] *adj* mineral
Mi·ne·ra·lo·gie <-> [mineraloˈgiː] *f kein pl* mineralogy *no pl, no art*
Mi·ne·ral·öl *nt* mineral oil **Mi·ne·ral·öl·steu·er** *f* tax on oil **Mi·ne·ral·stoff** *m meist pl* mineral salt **Mi·ne·ral·was·ser** *nt* mineral water
Mi·ni <-s, -s> ['miːni] *m* MODE (*fam*) mini[skirt]
Mi·ni·a·tur <-, -en> [minia̯ˈtuːɐ̯] *f* miniature
Mi·ni·bar *f* minibar **Mi·ni·golf** *nt kein pl* minigolf *no pl* **Mi·ni·job** [-dʒɔp] *m* ① (*geringfügige Beschäftigung*) mini-job (*part-time job that is paid less than 450 euros per month*) ② (*Tätigkeit zum Billiglohn*) McJob *sl* **Mi·ni·job·ber(in)** <-s, -> [-dʒɔbɐ] *m(f)* ① (*geringfügig beschäftigte Person*) person who does a part-time job that is paid less than 450 euros per month ② (*zum Billiglohn beschäftigte Person*) McJobber *sl* **Mi·ni·kleid** *nt* minidress
Mi·ni·ma ['miːnima] *pl von* **Minimum**
mi·ni·mal [miniˈmaːl] I. *adj* minimal II. *adv* minimally
mi·ni·mie·ren* [miniˈmiːrən] *vt* (*geh*) to minimize
Mi·ni·mum <-s, Minima> ['miːnimʊm, *pl* 'miːnima] *nt* minimum (**an** of); **ein ~ an Respekt** a modicum of respect
Mi·ni·pil·le *f* mini-pill **Mi·ni·rock** *m* miniskirt
Mi·nis·ter(in) <-s, -> [miˈnɪstɐ] *m(f)* POL minister, BRIT *also* Secretary of State
mi·nis·te·ri·ell [mɪnɪsteˈri̯ɛl] *adj attr* ministerial
Mi·nis·te·ri·um <-s, -rien> [mɪnɪsˈteːri̯ʊm, *pl* -ri̯ən] *nt* POL ministry, department
Mi·nis·ter·kon·fe·renz *f* ministerial conference **Mi·nis·ter·prä·si·dent(in)** *m(f)* minister-president (*leader of a German state*) **Mi·nis·ter·rat** *m kein pl* ■ **der ~** the [EU] Council of Ministers
Mi·nis·trant(in) <-en, -en> [mɪnɪsˈtrant] *m(f)* REL server
Min·ne·sän·ger ['mɪnəzɛŋɐ] *m* LIT, HIST Minnesinger

Mi·no·ri·tät <-, -en> [minoriˈtɛːt] *f* (*geh*) *s.* **Minderheit**
mi·nus ['miːnʊs] I. *präp* **2.000 € ~ 5 % Rabatt** €2,000 less 5% discount II. *konj* MATH minus III. *adv* ① METEO minus, below zero; **~ 15° C** minus 15° C; **15° C ~** 15° C below zero ② ELEK negative
Mi·nus <-, -> ['miːnʊs] *nt* ① (*Fehlbetrag*) deficit; **~ machen** to make a loss ② (*Manko*) bad point
Mi·nus·pol *m* ① ELEK negative terminal ② PHYS negative pole **Mi·nus·punkt** *m* minus point **Mi·nus·zei·chen** *nt* minus sign
Mi·nu·te <-, -n> [miˈnuːtə] *f* minute; **in letzter ~** at the last minute; **auf die ~** on the dot ▶ **es ist fünf ~n vor zwölf** we've reached crisis point
mi·nu·ten·lang I. *adj attr* lasting [for] several minutes *pred* II. *adv* for several minutes
Mi·nu·ten·zei·ger *m* minute hand
mi·nu·ti·ös, mi·nu·zi·ös [minuˈtsi̯øːs] I. *adj* (*geh*) meticulously exact II. *adv* (*geh*) meticulously
Min·ze <-, -n> ['mɪntsə] *f* BOT mint *no pl*
mir ['miːɐ̯] *pron pers dat von* **ich** ① [to] me; **gib es ~ zurück!** give it back [to me]!; **und das ~!** why me [of all people]! ② *nach prep* me; **eine alte Bekannte von ~** an old acquaintance of mine; **komm mit ~ zu ~** come back to my place!; **von ~ aus!** (*fam*) I don't mind! ▶ **~ nichts, dir nichts** (*fam*) just like that
Mi·ra·bel·le <-, -n> [miraˈbɛlə] *f* ① (*Baum*) mirabelle [tree] ② (*Frucht*) mirabelle
Misch·brot *nt* bread made from rye and wheat flour **Misch·ehe** *f* mixed marriage
mi·schen ['mɪʃn̩] I. *vt* ① to mix; **den Pferden Hafer unter's Futter ~** to mix oats in with the feed for the horses; **einen Cocktail aus Saft und Rum ~** to mix a cocktail from juice and rum ② KARTEN to shuffle II. *vr* ① (*sich mengen*) **sich unter Leute ~** to mingle ② (*sich ein~*) ■ **sich in etw** *akk* **~** to interfere in sth; **sich in ein Gespräch ~** to butt into a conversation III. *vi* KARTEN to shuffle
Misch·form *f* mixture (**aus** of) **Misch·ge·we·be** *nt* mixed fibres *pl* **Misch·haut** *f kein pl* combination skin
Misch·ling <-s, -e> ['mɪʃlɪŋ] *m* ① (*Mensch*) half caste ② ZOOL half-breed; (*Hund*) mongrel
Misch·lings·kind *nt* half-caste child
Misch·masch <-[e]s, -e> ['mɪʃmaʃ] *m* (*fam*) mishmash *no pl*
Misch·ma·schi·ne *f* [cement] mixer

Misch·pult *nt* FILM, RADIO, TV mixing desk
Mi·schung <-, -en> *f* mixture; (*Kaffee, Tee, Tabak*) blend
Mi·schungs·ver·hält·nis *nt* ratio
Misch·wald *m* mixed forest
mi·se·ra·bel [mizəˈraːbl̩] **I.** *adj* (*pej*) dreadful **II.** *adv* (*pej*) dreadfully; **sich ~ aufführen** to behave abominably; **~ schlafen** to sleep really badly; **das Bier schmeckt ~** the beer tastes awful
Mi·se·re <-, -n> [miˈzeːrə] *f* (*geh*) dreadful state
miss·ach·ten[RR]*, **miß·ach·ten**[ALT]* [mɪsˈʔaxtn̩] *vt* ❶ (*ignorieren*) to disregard; **eine Vorschrift ~** to flout a regulation ❷ (*geringschätzen*) ■ **jdn ~** to disparage sb; ■ **etw ~** to disdain sth
Miss·ach·tung[RR], **Miß·ach·tung**[ALT] [ˈmɪsʔaxtʊŋ] *f* ❶ (*Ignorierung*) disregard *no pl*; **bei ~ dieser Vorschriften** if these regulations are flouted ❷ (*Geringschätzung*) disdain *no pl*
miss·be·ha·gen[RR]*, **miß·be·ha·gen**[ALT]* [ˈmɪsbəhaːɡn̩] *vi* (*geh*) ■ **jdm ~** to displease sb
Miss·be·ha·gen[RR] <-s> *nt kein pl* (*geh*) ❶ (*Unbehagen*) uneasiness *no pl* ❷ (*Missfallen*) displeasure *no pl*
Miss·bil·dung[RR] <-, -en> *f*, **Miß·bil·dung**[ALT] <-, -en> [ˈmɪsbɪldʊŋ] *f* deformity
miss·bil·li·gen[RR] *vt*, **miß·bil·li·gen**[ALT]* [mɪsˈbɪlɪɡn̩] *vt* ■ **etw ~** to disapprove of sth
miss·bil·li·gend[RR], **miß·bil·li·gend**[ALT] [mɪsˈbɪlɪɡn̩t] **I.** *adj* disapproving **II.** *adv* disapprovingly
Miss·bil·li·gung[RR] <-, -en> *f*, **Miß·bil·li·gung**[ALT] <-, -en> *f* disapproval *no pl*
Miss·brauch[RR] *m*, **Miß·brauch**[ALT] [ˈmɪsbraux] *m* abuse; **~ mit etw** *dat* **treiben** (*geh*) to abuse sth
miss·brau·chen[RR]*, **miß·brau·chen**[ALT]* [mɪsˈbrauxn̩] *vt* to abuse; **jds Vertrauen ~** to abuse sb's trust; **jdn sexuell ~** to sexually abuse sb
miss·bräuch·lich[RR] *adj*, **miß·bräuch·lich**[ALT] [ˈmɪsbrɔyçlɪç] *adj* (*geh*) improper
miss·deu·ten[RR]* *vt*, **miß·deu·ten**[ALT]* [mɪsˈdɔytn̩] *vt* to misinterpret
Miss·deu·tung[RR], **Miß·deu·tung**[ALT] [ˈmɪsdɔytʊŋ] *f* misinterpretation
mis·sen [ˈmɪsn̩] *vt* **mein Telefon möchte ich nicht ~** I wouldn't want to have to do without my phone
Miss·er·folg[RR] *m*, **Miß·er·folg**[ALT] [ˈmɪsʔɛɐ̯fɔlk] *m* failure
Miss·ern·te[RR] *f*, **Miß·ern·te**[ALT] [ˈmɪsʔɛrntə] *f* crop failure
Mis·se·tat [ˈmɪsətaːt] *f* (*hum*) prank
Mis·se·tä·ter(in) [ˈmɪsətɛːtɐ] *m(f)* (*hum*) culprit
miss·fal·len[RR]* *vi*, **miß·fal·len**[ALT]* [mɪsˈfalən] *vi irreg* **jdm missfällt etw [an jdm]** sb dislikes sth [about sb]
Miss·fal·len[RR] <-s> *nt*, **Miß·fal·len**[ALT] [ˈmɪsfalən] *nt kein pl* displeasure *no pl*
miss·ge·bil·det[RR], **miß·ge·bil·det**[ALT] [ˈmɪsɡəbɪldət] **I.** *adj* malformed **II.** *adv* deformed
Miss·ge·burt[RR] *f*, **Miß·ge·burt**[ALT] [ˈmɪsɡəbuːɐ̯t] *f* (*pej*) monster
miss·ge·launt[RR] *adj*, **miß·ge·launt**[ALT] [ˈmɪsɡəlaunt] *adj* (*geh*) ill-humoured
Miss·ge·schick[RR] *nt*, **Miß·ge·schick**[ALT] [ˈmɪsɡəʃɪk] *nt* mishap
miss·ge·stal·tet[RR] *adj*, **miß·ge·stal·tet**[ALT] [ˈmɪsɡəʃtaltət] *adj* (*geh*) misshapen; *Person* deformed
miss·ge·stimmt[RR] *adj*, **miß·ge·stimmt**[ALT] [ˈmɪsɡəʃtɪmt] *adj* (*geh*) ill-humoured
miss·glü·cken[RR]* *vi*, **miß·glü·cken**[ALT]* [mɪsˈɡlʏkn̩] *vi sein* ■ **etw missglückt** sth fails
miss·gön·nen[RR]* *vt*, **miß·gön·nen**[ALT]* [mɪsˈɡœnən] *vt* **jdm seinen Erfolg ~** to resent sb's success
Miss·griff[RR] *m*, **Miß·griff**[ALT] [ˈmɪsɡrɪf] *m* mistake
Miss·gunst[RR] *f kein pl*, **Miß·gunst**[ALT] [ˈmɪsɡʊnst] *f kein pl* envy *no pl*
miss·güns·tig[RR], **miß·güns·tig**[ALT] [ˈmɪsɡʏnstɪç] **I.** *adj* envious **II.** *adv* enviously
miss·han·deln[RR]* *vt*, **miß·han·deln**[ALT]* [mɪsˈhandl̩n] *vt* ■ **jdn/ein Tier ~** to mistreat sb/an animal
Miss·hand·lung[RR], **Miß·hand·lung**[ALT] [mɪsˈhandlʊŋ] *f* mistreatment *no indef art, no pl*
miss·in·ter·pre·tie·ren[RR]* *vt*, **miß·in·ter·pre·tie·ren**[ALT]* [ˈmɪsʔɪntɐpretiː-rən] *vt* to misinterpret
Mis·si·on <-, -en> [mɪˈsi̯oːn] *f* ❶ (*geh: Sendung*) mission; **in geheimer ~** on a secret mission ❷ *kein pl* REL mission; **in die ~ gehen** to become a missionary
Mis·si·o·nar(in) <-s, -e> [mɪsi̯oˈnaːɐ̯] *m(f)*, **Mis·si·o·när(in)** <-s, -e> [mɪsi̯oˈnɛːɐ̯] *m(f)* ÖSTERR missionary
mis·si·o·na·risch [mɪsi̯oˈnaːrɪʃ] **I.** *adj* (*geh*) missionary **II.** *adv* as a missionary
mis·si·o·nie·ren* [mɪsi̯oˈniːrən] **I.** *vi* to

do missionary work **II.** *vt Menschen, Völker* to convert

Miss·klang^RR *m*, **Miß·klang**^ALT ['mɪsklaŋ] *m* MUS dissonance *no indef art, no pl*

Miss·kre·dit^RR *m kein pl*, **Miß·kre·dit**^ALT ['mɪskredi:t] *m kein pl* **jdn/etw [bei jdm] in ~ bringen** to bring sb/sth into discredit [with sb]; **in ~ geraten** to become discredited

miss·lang^RR [mɪs'laŋ] *imp von* **misslingen**

miss·lich^RR *adj*, **miß·lich**^ALT ['mɪslɪç] *adj* (*geh*) awkward

miss·lie·big^RR *adj*, **miß·lie·big**^ALT ['mɪsli:bɪç] *adj* unpopular

miss·lin·gen^RR <misslang, misslungen> *vi*, **miß·lin·gen**^ALT <mißlang, mißlungen> [mɪs'lɪŋən] *vi sein* to fail

Miss·lin·gen^RR <-s> *nt*, **Miß·lin·gen**^ALT <-s> [mɪs'lɪŋən] *nt kein pl* failure

miss·lun·gen^RR, **miß·lun·gen**^ALT [mɪs'lʊŋən] **I.** *pp von* **misslingen II.** *adj* **ein ~er Versuch** a failed [*or* unsuccessful] attempt

Miss·mut^RR *m kein pl*, **Miß·mut**^ALT ['mɪsmu:t] *m kein pl* moroseness *no pl*

miss·mu·tig^RR *adj*, **miß·mu·tig**^ALT ['mɪsmu:tɪç] *adj* morose, sullen

miss·ra·ten^RR* *vi*, **miß·ra·ten**^ALT* [mɪs'ra:tn̩] *vi irreg sein* (*geh*) ❶ (*schlecht erzogen sein*) to turn out badly ❷ (*nicht gelingen*) to go wrong

Miss·stand^RR *m*, **Miß·stand**^ALT ['mɪsʃtant] *m* deplorable state of affairs *no pl;* **soziale Missstände** social evils

Miss·stim·mung^RR *f kein pl*, **Miß·stim·mung**^ALT ['mɪsʃtɪmʊŋ] *f kein pl* ill humour *no indef art, no pl*

misst^RR ['mɪst] *3. pers pres von* **messen**

miss·trau·en^RR* *vi*, **miß·trau·en**^ALT* [mɪs'trauən] *vi* to mistrust

Miss·trau·en^RR <-s>, **Miß·trau·en**^ALT <-s> ['mɪstrauən] *nt kein pl* mistrust *no pl;* **jdm ~ entgegenbringen** to mistrust sb

Miss·trau·ens·an·trag^RR *m* POL motion of no confidence **Miss·trau·ens·vo·tum**^RR *nt* vote of no confidence

miss·trau·isch^RR, **miß·trau·isch**^ALT ['mɪstrauɪʃ] **I.** *adj* mistrustful; (*argwöhnisch*) suspicious **II.** *adv* mistrustfully; (*argwöhnisch*) suspiciously

Miss·ver·hält·nis^RR *nt*, **Miß·ver·hält·nis**^ALT ['mɪsfɛɐ̯hɛltnɪs] *nt* disproportion *no pl;* **im ~ zu etw** *dat* **stehen** to be disproportionate to sth

miss·ver·ständ·lich^RR, **miß·ver·ständ·lich**^ALT ['mɪsfɛɐ̯ʃtɛntlɪç] **I.** *adj* unclear; ▪ [**zu**] **~ sein** to be [too] liable to be misunderstood **II.** *adv* unclearly

Miss·ver·ständ·nis^RR <-ses, -se> *nt*, **Miß·ver·ständ·nis**^ALT <-ses, -se> ['mɪsfɛɐ̯ʃtɛntnɪs] *nt* misunderstanding *no pl*

miss·ver·ste·hen^RR*, **miß·ver·ste·hen**^ALT* ['mɪsfɛɐ̯ʃte:ən] *vt irreg* to misunderstand

Miss·wahl^RR, **Miß·wahl**^ALT *f* beauty pageant

Miss·wirt·schaft^RR *f*, **Miß·wirt·schaft**^ALT ['mɪsvɪrtʃaft] *f* mismanagement *no pl*

Mist <-es> ['mɪst] *m kein pl* ❶ (*Stalldünger*) dung *no pl* ❷ (*fam: Quatsch*) nonsense *no pl*, BRIT *also* rubbish *no pl* ❸ (*fam: Schund*) junk *no pl* ▶ **~ bauen** (*fam*) to screw up; **so ein ~!** (*fam*) damn!, BRIT *also* blast!

Mis·tel <-, -n> ['mɪstl̩] *f* mistletoe *no pl*

Mist·ga·bel *f* pitchfork **Mist·hau·fen** *m* dung heap **Mist·kä·fer** *m* dung beetle **Mist·kerl** *m* (*fam*) bastard *fam!* **Mist·stück** *nt* (*fam*) bastard *masc fam!*, bitch *fam!* **Mist·vieh** *nt* (*fam*) damned [*or* BRIT *also* bloody] animal **Mist·wet·ter** *nt kein pl* (*fam*) lousy weather *no pl, no indef art*

mit ['mɪt] **I.** *präp* ❶ (*in Begleitung von*) with; **Kaffee ~ Milch** coffee with milk ❷ (*mittels*) with; **~ bequemen Schuhen läuft man besser** it's easier to walk in comfortable shoes; **~ Kugelschreiber geschrieben** written in biro ❸ (*per*) by; **~ der Bahn/dem Fahrrad/der Post** by train/bicycle/post ❹ (*unter Aufwendung von*) with; **~ etwas mehr Mühe** with a little more effort ❺ *zeitlich* at; **~ 18 [Jahren]** at [the age of] 18 ❻ (*bei Maß-, Mengenangaben*) with; **~ einem Kilometerstand von 24.567 km** with 24,567 km on the clock; **das Spiel endete ~ 1:1 unentschieden** the game ended in a 1-1 draw ❼ (*was jdn/etw angeht*) with; **~ meiner Gesundheit steht es nicht zum Besten** I am not in the best of health; **~ jdm/etw rechnen** to reckon on sb/sth **II.** *adv* too, as well; **~ dabei sein** to be there too; **sie gehört ~ zu den Besten** she is one of the best

Mit·an·ge·klag·te(r) *f(m) dekl wie adj* co-defendant **Mit·ar·beit** *f* ❶ (*Arbeit an etw*) collaboration; **unter ~ von jdm** in collaboration with sb ❷ SCH participation *no pl* **mit|ar·bei·ten** ['mɪtʔarbaitn̩] *vi* ❶ (*als Mitarbeiter tätig sein*) ▪ **an etw** *dat* **~** to collaborate on sth ❷ SCH to participate (**in** in) **Mit·ar·bei·ter(in)** *m(f)* ❶ (*Mitglied* *der Belegschaft*) employee; **neue ~ einstellen** to take on new staff; **freier ~** freelance ❷ (*Kollege*) colleague **mit|be·kom·men*** *vt irreg* ❶ (*mitgegeben bekommen*) ■ **etw [von jdm] ~** to be given sth [by sb] ❷ (*wahrnehmen*) ■ **etw ~** to be aware of sth; **hast du etwas davon ~?** did you catch any of it? ❸ (*fam: vererbt bekommen*) ■ **etw von jdm ~** to get sth from sb **mit|be·nut·zen***, **mit|be·nüt·zen*** *vt* SÜDD to share **mit|be·stim·men* I.** *vi* to have a say (**bei** in) **II.** *vt* to have an influence on **Mit·be·stim·mung** *f* ❶ (*das Mitbestimmen*) participation; **das Recht zur ~ bei ...** the right to participate in ... ❷ (*Mitentscheidung*) **betriebliche ~** worker participation **Mit·be·stim·mungs·recht** *nt* right of co-determination **Mit·be·wer·ber(in)** *m(f)* ❶ (*ein weiterer Bewerber*) fellow applicant ❷ (*Konkurrent*) competitor **Mit·be·woh·ner(in)** *m(f)* flatmate BRIT, housemate AM; (*in einem Zimmer*) roommate **mit|brin·gen** ['mɪtbrɪŋən] *vt irreg* ❶ *Gegenstand* to bring ❷ *Begleitung* **hast du denn niemanden mitgebracht?** didn't you bring anyone with you? ❸ *Voraussetzungen* to meet

Mitbring·sel <-s, -> ['mɪtbrɪŋzl̩] *nt* small present

Mit·bür·ger(in) *m(f)* fellow citizen **mit|den·ken** *vi irreg* ■ **bei etw** *dat* **~** to follow sth; (*bemerken*) to pick up on sth **mit|dür·fen** *vi irreg* **darf ich auch mit dir mit?** can I come with you [too]? **Mit·ei·gen·tü·mer(in)** *m(f)* joint owner **mit·ein·an·der** [mɪtʔai'nandɐ] *adv* ❶ (*jeder mit dem anderen*) with each other; **~ reden** to talk to each other; **~ verfeindet sein** to be enemies ❷ (*zusammen*) together; **alle ~** all together

Mit·ein·an·der <-s> [mɪtʔai'nandɐ] *nt kein pl* cooperation *no pl*

Mit·er·be, -er·bin ['mɪtʔɛrbə, -ɛrbɪn] *m, f* joint heir **mit|er·le·ben*** *vt Ereignisse* to live through; *eine Zeit* to witness; *im Fernsehen* to follow **mit|es·sen** *irreg* **I.** *vt* **setz dich doch, iss einen Teller Suppe mit!** sit down and have a bowl of soup with us! **II.** *vi irreg* ■ **[bei jdm] ~** to have a meal [with sb] **Mit·es·ser** <-s, -> *m* blackhead **mit|fah·ren** *vi irreg sein* ■ **jdn ~ lassen** to give sb a lift; **darf ich [bei Ihnen] ~?** can you give me a lift? **Mit·fah·rer(in)** *m(f)* fellow passenger

Mit·fahr·ge·le·gen·heit *f* lift **Mit·fahr·zen·tra·le** *f* lift-arranging [*or* AM ride-sharing] agency

mit|füh·len I. *vt* **ich kann lebhaft ~, wie dir zumute sein muss** I can well imagine how you must feel **II.** *vi* ■ **[mit jdm] ~** to sympathize [with sb] **mit·füh·lend** *adj* sympathetic **mit|füh·ren** *vt* ■ **etw ~** ❶ (*geh: bei sich haben*) to carry sth ❷ (*transportieren*) to carry sth along **mit|ge·ben** *vt irreg* ■ **jdm etw ~** to give sb sth; **ich gebe dir einen Apfel für Chris mit** I'll give you an apple to take for Chris **Mit·ge·fan·ge·ne(r)** *f(m) dekl wie adj* fellow prisoner **Mit·ge·fühl** *nt kein pl* sympathy *no pl;* [**mit jdm**] **~ empfinden** to have sympathy [for sb] **mit|ge·hen** *vi irreg sein* ❶ (*begleiten*) ■ **mit jdm ~** to go with sb ❷ (*sich mitreißen lassen*) ■ **[bei etw** *dat*] **~** to respond [to sth] ❸ (*stehlen*) **etw ~ lassen** to walk off with sth **mit·ge·nom·men I.** *pp von* **mitnehmen II.** *adj* (*fam*) worn-out

Mit·gift <-, -en> *f* dowry

Mit·glied ['mɪtgliːt] *nt* member; **~ einer S.** *gen* **sein** to be a member of sth; **Zutritt nur für ~er** members only; **ordentliches ~** full member; **passives ~** non-active member

Mit·glie·der·ver·samm·lung *f* general meeting

Mit·glieds·aus·weis *m* membership card **Mit·glieds·bei·trag** *m* membership fee **Mit·glied·schaft** <-, -en> *f* membership; **die ~ in einer Partei beantragen** to apply for membership of [*or* AM in] a party

Mit·glieds·land *nt* POL member country **Mit·glieds·staat** *m* member state **mit|ha·ben** *vt irreg* ■ **etw ~** to have got sth [with one] **mit|hal·ten** *vi irreg* (*fam*) to keep up (**bei** with); **bei einer Auktion ~** to stay in the bidding **mit|hel·fen** *vi irreg* to help (**bei** with) **Mit·hil·fe** ['mɪthɪlfə] *f kein pl* assistance *no pl;* **unter jds ~** with sb's help; **unter ~ von jdm** with the aid of sb **mit|hö·ren** *vt, vi* to listen in; **ein Gespräch ~** to listen in on a conversation; (*zufällig*) to overhear a conversation **Mit·in·ha·ber(in)** *m(f)* joint owner **mit|klin·gen** *vi irreg* to sound; **in deinen Worten klingt Enttäuschung mit** there is a note of disappointment in your words **mit|kom·men** *vi irreg sein* ❶ (*begleiten*) to come ❷ (*Schritt halten können*) to keep up ❸ (*mithalten können*) **in der Schule gut ~** to get on well at school ❹ (*fam: verstehen*) **da komme ich nicht mit** it's beyond me **mit|kön·nen** *vi irreg* (*fam*) ❶ (*begleiten dürfen*) **sie kann ruhig mit**

she is welcome to come too ② (*fam: verstehen*) ■ **bei etw** *dat* **nicht mehr ~** to no longer be able to follow sth **mit|krie·gen** *vt* (*fam*) *s.* **mitbekommen mit|lau·fen** *vi irreg sein* ① (*zusammen mit anderen laufen*) to run (**bei** in); **beim Marathonlauf sind über 500 Leute mitgelaufen** over 500 people took part in the marathon ② *Band, Stoppuhr* to run **Mit·läu·fer(in)** *m(f)* POL (*pej*) fellow traveller **Mit·laut** ['mɪtlaʊt] *m* consonant **Mit·leid** ['mɪtlaɪt] *nt kein pl* sympathy *no pl*, pity; **~** [**mit jdm/einem Tier**] **haben** to have sympathy [for sb/an animal]; **~ erregender Anblick** pitiful sight; **aus ~** out of pity **Mit·lei·den·schaft** *f kein pl* **jdn in ~ ziehen** to affect sb; **etw in ~ ziehen** to have a detrimental effect on sth **mit·leid·er·re·gend** *adj Anblick* pitiful

mit·lei·dig ['mɪtlaɪdɪç] I. *adj* ① (*mitfühlend*) sympathetic ② (*verächtlich*) pitying II. *adv* ① (*voller Mitgefühl*) sympathetically ② (*verächtlich*) pityingly **mit·leid(s)·los** I. *adj* pitiless II. *adv* pitilessly, without pity **mit·leid(s)·voll** *adj* (*geh*) *s.* **mitleidig 1**

mit|ma·chen I. *vi* ① (*teilnehmen*) to take part (**bei** in); **bei einem Ausflug/Kurs ~** to go on a trip/do a course ② (*fam: gut funktionieren*) **wenn das Wetter mitmacht** if the weather cooperates; **solange meine Beine ~** as long as my legs hold out II. *vt* ① (*fam: etw hinnehmen*) to go along with ② (*sich beteiligen*) to join in ③ (*erleiden*) **viel ~** to go through a lot **Mit·mensch** *m* fellow man **mit·mensch·lich** *adj attr Beziehungen, Kontakte* interpersonal **mit|mi·schen** *vi* (*fam*) to be involved (**bei/in** in) **mit|müs·sen** *vi irreg* to have to come too

Mit·nah·me·markt *m* cash and carry **mit|neh·men** *vt irreg* ① (*mit sich nehmen*) to take with one; **zum M—** free ② (*transportieren*) take with one; (*im Auto*) **könnten Sie mich ~?** could you give me a lift? ③ (*erschöpfen*) to take it out of one; **du siehst mitgenommen aus** you look worn out

mit·nich·ten [mɪt'nɪçtn̩] *adv* (*geh*) by no means

mit|rech·nen I. *vt* to include [in a calculation] II. *vi* to count too

mit|re·den *vi* ① (*mitbestimmen*) to have a say (**bei** in) ② (*sich beteiligen*) **bei einer Diskussion ~ können** to be able to join in a discussion; **da kann ich nicht ~** I wouldn't know anything about that

Mit·rei·sen·de(r) *f(m)* fellow passenger **mit|rei·ßen** *vt irreg* ① (*mit sich reißen*) to sweep away ② (*begeistern*) to get going **mit·rei·ßend** *adj* rousing; *Spiel* thrilling, exciting

mit·samt [mɪt'zamt] *präp* ■ **~ einer S.** *dat* complete with sth

mit|schi·cken *vt* (*im Brief*) to enclose **mit|schlei·fen** *vt* to drag along **mit|schlep·pen** *vt* (*fam*) to lug [with one] **mit|schrei·ben** *irreg* I. *vt* to take down II. *vi* to take notes **Mit·schuld** *f* **die ~ eingestehen** to admit one's share of the blame (**an** for); **eine ~ tragen** to be partly to blame (**an** for) **mit·schul·dig** *adj* ■ **an etw** *dat* **~ sein** to be partly to blame for sth **Mit·schul·di·ge(r)** *f(m)* JUR accomplice **Mit·schü·ler(in)** *m(f)* SCH classmate **mit|sin·gen** *irreg* I. *vt* to sing along; **in einem Chor ~** to sing in a choir **mit|spie·len** *vi* ① SPORT to play (**bei** in); **in einer Mannschaft ~** to play for a team ② FILM, THEAT to act (**bei/in** in) ③ (*bei Kinderspielen*) to play ④ (*fam: mitmachen*) to go along with it; **das Wetter spielte nicht mit** the weather wasn't kind to us ⑤ (*beteiligt sein*) ■ [**bei etw** *dat*] **~** to play a part [in sth] ⑥ (*umgehen*) **jdm übel ~** to play sb a nasty trick **Mit·spie·ler(in)** *m(f)* ① SPORT team-mate ② THEAT member of the cast **Mit·spra·che** *f* say *no def art;* **ein Recht auf ~ haben** to be entitled to have a say **Mit·spra·che·recht** *nt kein pl* right to have a say; **ein ~ bei etw** *dat* **haben** to have a say in sth; **jdm ein ~** [**bei etw** *dat*] **einräumen** to grant sb a say [in sth] **mit|spre·chen** *irreg* I. *vt* **das Tischgebet ~** to join in saying grace II. *vi* to have a say (**bei/in** in) **Mit·strei·ter(in)** <-s, -> *m(f)* comrade-in-arms

Mit·tag <-[e]s, -e> ['mɪtaːk, *pl* 'mɪtaːɡə] *m* (*zwölf Uhr*) midday, noon; (*Essenszeit*) lunchtime; ■ **gegen ~** around midday; **zu ~ essen** to have lunch; **etw zu ~ essen** to have sth for lunch; **~ haben/machen** to be on one's lunch break

Mit·tag·es·sen *nt* lunch

mit·täg·lich ['mɪtɛːklɪç] *adj attr* midday, lunchtime

mit·tags ['mɪtaːks] *adv* at midday [*or* lunchtime]

Mit·tags·pau·se *f* lunch break **Mit·tags·ru·he** *f kein pl* ≈ siesta; **~ halten** to rest after lunch **Mit·tags·schlaf** *m* after-lunch nap; **einen ~ machen** to take an after-lunch nap **Mit·tags·stun·de** *f* (*geh*) midday; ■ **in der ~** at midday; ■ **um die ~**

around midday **Mit·tags·tisch** *m* lunch table **Mit·tags·zeit** *f kein pl* lunchtime; ■**in der ~** at lunchtime; ■**um die ~** around lunchtime

Mit·tä·ter(in) *m(f)* accomplice

Mit·tä·ter·schaft <-> *f kein pl* complicity *no pl* (**an** in)

Mit·te <-, -n> ['mɪtə] *f* ❶ (*einer Strecke*) midpoint ❷ (*Mittelpunkt*) centre; ■**in der ~ einer S.** *gen* in the middle of sth; **in der ~ zwischen ...** halfway between ...; **aus unserer ~** from our midst ❸ POL **die linke/rechte ~** the centre-left/centre-right ❹ (*zur Hälfte*) **~ Januar** mid-January; **~ des Jahres** in the middle of the year; **sie ist ~ dreißig** she's in her mid-thirties ▸ **die goldene ~** the golden mean; **ab durch die ~!** (*fam*) come on, let's get out of here!

mit·tei·len ['mɪttaɪlən] **I.** *vt* ■**jdm etw ~** to tell sb sth; ■**jdm ~, dass ...** to tell sb that ... **II.** *vr* (*sich erklären*) ■**sich [jdm] ~** to communicate [with sb]

mit·teil·sam *adj* talkative

Mit·tei·lung *f* notification; **eine amtliche ~** an official communication; **die ~ bekommen, dass ...** to be notified that ...

Mit·tei·lungs·blatt *nt* newsletter

Mit·tel <-s, -> ['mɪtl̩] *nt* ❶ PHARM (*Präparat*) drug; **ein ~ gegen etw** *akk* a remedy for sth ❷ (*Methode*) means *sing*; **es gibt ein ~, das herauszufinden** there are ways of finding that out; **~ und Wege finden** to find ways and means; **ein ~ zum Zweck** a means to an end; **als letztes ~** as a last resort; **jdm ist jedes ~ recht** sb will go to any length[s]; **mit allen ~n** by every means ❸ *pl* (*Geld~*) funds ❹ (*Mittelwert*) average; **im ~** on average

Mit·tel·al·ter ['mɪtl̩ʔaltɐ] *nt kein pl* HIST ■**das ~** the Middle Ages *npl* **mit·tel·al·ter·lich** ['mɪtl̩ʔaltɐlɪç] *adj* HIST medieval

Mit·tel·ame·ri·ka ['mɪtl̩ʔaˈmeːrɪka] *nt* Central America **mit·tel·ame·ri·ka·nisch** *adj* Central American

mit·tel·bar ['mɪtl̩baːɐ̯] **I.** *adj* indirect; **~er Schaden** consequential damage **II.** *adv* indirectly

Mit·tel·ding *nt* (*fam*) ■**ein ~** something in between; **ein ~ zwischen ... und ...** something between ... and ... **Mit·tel·eu·ro·pa** ['mɪtl̩ʔɔyˈroːpa] *nt* Central Europe **Mit·tel·eu·ro·pä·er(in)** *m(f)* Central European **mit·tel·eu·ro·pä·isch** ['mɪtl̩ʔɔyroˈpɛːɪʃ] *adj* Central European **Mit·tel·feld** *nt kein pl* SPORT midfield **Mit·tel·feld·spie·ler(in)** *m(f)* midfielder, midfield player **Mit·tel·fin·ger** *m* middle finger **mit·tel·fris·tig** **I.** *adj* medium-term *attr* **II.** *adv* **~ planen** to plan for the medium term **Mit·tel·ge·bir·ge** *nt* low mountain range **Mit·tel·ge·wicht** *nt kein pl* SPORT middleweight **mit·tel·groß** ['mɪtl̩groːs] *adj* of medium height *pred* **Mit·tel·klas·se** *f* middle range; **ein Wagen der ~** a mid-range car **Mit·tel·klas·se·wa·gen** *m* AUTO mid-range car **Mit·tel·li·nie** *f* ❶ (*Straße*) centre line ❷ (*Spielfeld*) halfway line

mit·tel·los *adj* destitute

Mit·tel·lo·sig·keit <-> *f kein pl* poverty *no pl*

Mit·tel·maß *nt kein pl* average **mit·tel·mä·ßig** **I.** *adj* average; (*pej*) mediocre **II.** *adv* **er spielte nur ~** his performance was mediocre **Mit·tel·mä·ßig·keit** <-> *f kein pl* mediocrity **Mit·tel·meer** ['mɪtl̩meːɐ̯] *nt* ■**das ~** the Mediterranean [Sea] **Mit·tel·meer·raum** *m* **der ~** the Mediterranean [region] **mit·tel·präch·tig** **I.** *adj* (*iron fam*) great **II.** *adv* (*fam*) not particularly good **Mit·tel·punkt** *m* ❶ MATH midpoint; (*Zentrum*) centre ❷ (*zentrale Figur*) **im ~ sein** [*o* **stehen**] to be the centre of attention

mit·tels ['mɪtl̩s] *präp* (*geh*) by means of **Mit·tel·schicht** *f* SOZIOL middle class **Mit·tel·schiff** *nt* ARCHIT nave

Mit·tels·mann <-männer *o* -leute> *m* middleman **Mit·tels·per·son** *f* (*form*) intermediary

Mit·tel·stand *m* ❶ SOZIOL middle class ❷ (*Unternehmen*) small and medium-sized businesses *pl*

mit·tel·stän·disch *adj* medium-sized

Mit·tel·stre·cken·ra·ke·te *f* MIL medium-range missile **Mit·tel·strei·fen** *m* TRANSP central reservation **Mit·tel·stu·fe** *f* SCH ≈ middle school **Mit·tel·stür·mer(in)** *m(f)* SPORT centre-forward, striker **Mit·tel·weg** *m* middle course; **der goldene ~** the golden mean **Mit·tel·wel·le** *f* RADIO medium wave **Mit·tel·wert** *m* mean [value]

mit·ten ['mɪtn̩] *adv* ❶ (*direkt*) ■**~ aus etw** *dat* from the midst of sth; **~ auf der Straße** in the middle of the street ❷ (*fam: gerade*) **ich war ~ beim Kochen, als ...** I was [right] in the middle of cooking, when ... ❸ (*geradewegs*) ■**~ durch etw** *akk* right through [the middle of] sth ❹ (*inmitten von*) ■**~ unter Menschen** in the midst of people; **~ unter Dingen** [right] in the middle of things

mit·ten·drin [mɪtn̩ˈdrɪn] *adv* right in the middle (**im** of) **mit·ten·durch** [mɪtn̩ˈdʊrç] *adv* right through the middle

Mit·ter·nacht ['mɪtɐnaxt] *f kein pl* midnight *no art*

mit·ter·nächt·lich *adj attr* midnight *attr*

mitt·le·re(r, s) ['mɪtlərə] *adj attr* ❶ *(in der Mitte von zweien)* ■ **der/die/das ~** the middle one ❷ *(durchschnittlich)* average *attr or pred* ❸ *Größe* medium-sized ❹ *(in einer Hierarchie)* middle; **eine ~e Position** a middle-ranking position

mitt·ler·wei·le ['mɪtlɐ'vajlə] *adv (unterdessen)* in the mean time; *(seit dem)* since then; *(bis zu diesem Zeitpunkt)* by now

Mitt·woch <-s, -e> ['mɪtvɔx] *m* Wednesday; *s. a.* **Dienstag**

mitt·wochs ['mɪtvɔxs] *adv* [on] Wednesdays

mit·un·ter [mɪt'ʔʊntɐ] *adv* now and then

mit·ver·ant·wort·lich *adj* jointly responsible *pred* **mit|ver·die·nen*** *vi* to go out to work as well **Mit·ver·fas·ser(in)** *m(f)* co-author **mit|ver·si·chern*** *vt* ■ **jdn ~** to co-insure sb; ■ **etw ~** to include sth in one's insurance **mit|wir·ken** *vi* ❶ *(beteiligt sein)* to collaborate **(bei/an** on) ❷ *FILM, THEAT* **in einem Theaterstück ~** to appear in a play ❸ *(eine Rolle spielen)* to play a part **Mit·wir·ken·de(r)** *f(m)* ❶ *(mitwirkender Mensch)* participant ❷ *FILM, THEAT* actor; **die ~n** the cast + *sing/pl vb* **Mit·wir·kung** *f kein pl* collaboration; **unter ~ von** in collaboration with **Mit·wis·sen** *nt kein pl* JUR knowledge of a matter **Mit·wis·ser(in)** <-s, -> *m(f)* ~ [einer S. *gen*] **sein** to be in the know [about sth]; **jdn zum ~** [einer S. *gen*] **machen** to let sb in [on sth] **mit|wol·len** ['mɪtvɔlən] *vi* to want to come too; **wir gehen jetzt einkaufen, willst du nicht auch mit?** we're going shopping, do you want to come as well? **mit|zäh·len I.** *vi* to count **II.** *vt* ■ **jdn/etw ~** to include sb/sth **mit|zie·hen** *vi irreg* ❶ *sein (in einer Menge mitgehen)* to tag along **(in** with) ❷ *haben (fam: mitmachen)* ■ **bei etw** *dat* **~** to go along with sth

Mix <-, -e> ['mɪks] *m* mix

mi·xen ['mɪksn̩] *vt* to mix

Mi·xer <-s, -> ['mɪksɐ] *m* ELEK blender, mixer

Mi·xer(in) <-s, -> ['mɪksɐ] *m(f)* cocktail waiter, barman

Mix·ge·tränk *nt* mixed drink

Mix·tur <-, -en> [mɪks'tu:ɐ] *f* PHARM mixture

mm *m o nt Abk von* **Millimeter** mm

MMS <-, -> [ɛm'ɛmɛs] *f* MEDIA, TELEK *Abk von* **Multimedia Messaging Service** MMS

Mob <-s> ['mɔp] *m kein pl (pej)* mob

Mob·bing <-s> ['mɔbɪŋ] *nt kein pl* PSYCH bullying in the workplace *no pl*

Mö·bel <-s, -> ['mø:bl̩] *nt* ❶ *sing* piece of furniture ❷ *pl* furniture *no pl*

Mö·bel·pa·cker(in) *m(f)* removal man BRIT, mover AM **Mö·bel·po·li·tur** *f* furniture polish **Mö·bel·spe·di·ti·on** *f* [furniture] removal firm BRIT, moving company AM **Mö·bel·stück** *nt* piece [or item] of furniture **Mö·bel·wa·gen** *m* removal [or AM moving] van

mo·bil [mo'bi:l] *adj* ❶ *(beweglich)* mobile; **~er Besitz** movable possessions; **~es Vermögen** movables; **jdn/etw ~ machen** to mobilize sb/sth ❷ *(fam: munter)* lively

Mo·bi·le <-s, -s> ['mo:bilə] *nt* mobile

Mo·bil·funk *m* TELEK mobile communications *pl* **Mo·bil·funk·an·bie·ter** *m* mobile service provider **Mo·bil·funk·ge·rät** *nt* mobile [or AM cellular] [tele]phone

Mo·bi·li·ar <-s> [mobi'liːaːɐ̯] *nt kein pl* furnishings *npl*

mo·bi·li·sie·ren* [mobili'ziːrən] *vt* ❶ *a.* MIL *(aktivieren)* to mobilize ❷ *(verfügbar machen)* to make available; *Kraft* to summon up

Mo·bi·li·sie·rung <-, -en> *f* mobilization; *Kapital* making liquid, freeing-up

Mo·bi·li·tät <-> [mobili'tɛːt] *f kein pl* mobility *no pl* **Mo·bi·li·täts·zu·schuss**^RR *m* ❶ *(bei Studienaustauschprogrammen)* cost of living allowance ❷ *(für Behinderte)* mobility allowance

Mo·bil·ma·chung <-s, -en> *f* MIL mobilization

Mo·bil·te·le·fon *nt* mobile [tele]phone

mö·blie·ren* [mø'bliːrən] *vt* to furnish

mocht·e *imp von* **mögen**

Mo·da·li·tät <-, -en> [modali'tɛːt] *f* LING modality *no pl* **Mo·dal·verb** *nt* LING modal verb

Mo·de <-, -n> ['moːdə] *f* fashion; **große ~ sein** to be very fashionable; **mit der ~ gehen** to follow fashion; **aus der ~ kommen** to go out of fashion; **in ~ kommen** to come into fashion

mo·de·be·wusst^RR *adj* fashion-conscious **Mo·de·de·si·gner(in)** <-s, -> [-dizajnɐ] *m(f)* fashion designer **Mo·de·ge·schäft** *nt* fashion store **Mo·de·krank·heit** *f* fashionable complaint

Mo·del <-s, -s> ['mɔdl̩] *nt* model

Mo·dell <-s, -e> [mo'dɛl] *nt* ❶ ARCHIT, MODE model ❷ KUNST *(Akt~)* nude model; **[jdm] ~ stehen** to sit for sb ❸ *(geh: Vorbild)* model

mo·del·lie·ren* [modɛ'liːrən] vt to model
Mo·dell·ver·such m (geh) pilot scheme [or AM experiment]; TECH model test
mo·deln ['mɔdln] vi MODE to [work as a] model
Mo·dem <-s, -s> ['moːdɛm] nt o m INFORM modem
Mo·den·schau f fashion show
Mo·de·püpp·chen nt, **Mo·de·pup·pe** f (pej fam) fashion victim
Mo·der <-s> ['moːdɐ] m kein pl (geh) mould no pl
mo·de·rat <-er, -este> [mode'raːt] adj (geh) moderate
Mo·de·ra·ti·on <-, -en> [modera'tsi̯oːn] f RADIO, TV presentation
Mo·de·ra·tor, **Mo·de·ra·to·rin** <-s, -toren> [mode'raːtoɐ̯, modera'toːrɪn, pl -'toːrən] m, f RADIO, TV presenter
mo·de·rie·ren* [mode'riːrən] vt RADIO, TV to present
mo·de·rig ['moːdərɪç] adj musty
mo·dern¹ ['moːdɐn] vi sein o haben to decay, to go mouldy
mo·dern² [mo'dɛrn] I. adj ❶ (zeitgemäß) modern; ~ste Technik state-of-the-art technology ❷ (modisch) fashionable II. adv (fortschrittlich) progressively; ~ eingestellte Eltern/Lehrer parents/teachers with progressive ideas
Mo·der·ne <-> [mo'dɛrnə] f kein pl ■ die ~ the modern age
mo·der·ni·sie·ren* [modɛrni'ziːrən] vt to modernize
Mo·der·ni·sie·rung <-, -en> f modernization no pl
Mo·de·schmuck m costume jewellery
Mo·de·schöp·fer(in) m(f) fashion designer **Mo·de·wort** nt buzzword **Mo·de·zeit·schrift** f fashion magazine
Mo·di ['mɔdi] pl von **Modus**
mo·di·fi·zie·ren* [modifi'tsiːrən] vt (geh) to modify
mo·disch ['moːdɪʃ] I. adj fashionable, trendy II. adv fashionably, trendily
mod·rig ['moːdrɪç] adj s. **moderig**
Mo·dul <-s, -e> [mo'duːl] nt module
Mo·du·la·ti·on <-, -en> [modula'tsi̯oːn] f modulation
mo·du·lie·ren* [modu'liːrən] vt ■ etw ~ to modulate sth
Mo·dus <-, Modi> ['moːdʊs, pl 'mɔdi] m INFORM mode
Mo·fa <-s, -s> ['moːfa] nt moped
mo·geln ['moːgln] vi (fam) to cheat (**bei** at)
Mo·gel·pa·ckung f ÖKON deceptive packaging

mö·gen ['møːgn̩] I. modal vb <mochte, hat ... mögen> + infin ❶ (wollen) **etw tun** ~ to want to do sth; **ich möchte jetzt einfach Urlaub machen können** I wish I could just take off on holiday now; ~ **Sie noch ein Glas Bier trinken?** would you like another beer? ❷ (den Wunsch haben) **ich möchte gerne kommen** I'd like to come; **man möchte meinen, ...** you'd think that ... ❸ (Vermutung) **sie mag sogar Recht haben** she may be right; **hm, das mag schon stimmen** hmm, that might [well] be true; **was mag das wohl bedeuten?** what's that supposed to mean?; **wie dem auch sein mag** be that as it may ❹ (sollen) ■ jd möge etw tun sb should do sth; **bestellen Sie ihm bitte, er möchte mich morgen anrufen** please tell him to ring me tomorrow; **Sie möchten gleich mal zur Chefin kommen** you're to go and see the boss right away II. vt <mochte, gemocht> ❶ (gernhaben) to like; (lieben) to love ❷ (eine Vorliebe haben) **am liebsten mag ich Eintopf** stew is my favourite [meal] ❸ (haben wollen) to want; **ich möchte ein Stück Kuchen** I'd like a slice of cake; **was möchten Sie bitte?** what can I get for you?; **ich möchte gern, dass er mir öfters schreibt** I wish he would write [to me] more often III. vi ❶ (wollen) to want [or like] to; **nicht so recht** ~ to not [really] feel like it ❷ (fam: gehen/fahren wollen) **ich mag nach Hause** I want to go home
Mog·ler(in) <-s, -> ['moːglɐ] m(f) (fam) cheat
mög·lich ['møːklɪç] adj ❶ attr (denkbar) possible; **es für ~ halten, dass ...** to think it possible that ...; **sein M~stes tun** to do everything in one's power; **alle ~en ...** all kinds of ...; **schon ~** (fam) maybe ❷ präd (durchführbar) possible; **ist denn so was ~?** is this really possible?; **falls [irgend]** ~ if [at all] possible; **[das ist doch] nicht ~!** [that's] impossible!
mög·li·cher·wei·se adv possibly
Mög·lich·keit <-, -en> f ❶ (Gelegenheit) opportunity ❷ (Möglichsein) possibility; **nach** ~ if possible
mög·lichst adv ~ **bald** as soon as possible
Mo·hair <-s, -e> [mo'hɛːɐ̯] m mohair
Mohn <-[e]s, -e> ['moːn] m ❶ (Pflanze) poppy ❷ (~samen) poppy seed
Mohn·ku·chen m poppy-seed cake
Mohr(in) <-en, -en> ['moːɐ̯] m(f) (pej, veraltet: dunkelhäutiger Mensch) negro pej
Möh·re <-, -n> ['møːrə] f carrot

Mohr·rü·be *f* BOT NORDD (*Möhre*) carrot
mo·kie·ren* [moˈkiːrən] *vr* (*geh*) ■ **sich über jdn/etw** ~ to mock sb/sth
Mok·ka <-s, -s> [ˈmɔka] *m* mocha
Molch <-[e]s, -e> [ˈmɔlç] *m* newt
Mole <-, -n> [ˈmoːlə] *f* NAUT mole
Mo·le·kül <-s, -e> [moləˈkyːl] *nt* molecule
Mol·ke <-> [ˈmɔlkə] *f kein pl* whey *no pl*
Mol·ke·rei <-, -en> [mɔlkəˈraj] *f* dairy
Moll <-, -> [ˈmɔl] *nt* MUS minor [key]; **f-~** F minor
mol·lig [ˈmɔlɪç] *adj* (*fam*) ❶ (*rundlich*) plump ❷ (*behaglich*) cosy ❸ (*angenehm warm*) snug
Mo·lo·tow·cock·tail [ˈmoːlɔtɔfkɔkteːl] *m* Molotov cocktail
Mo·ment <-[e]s, -e> [moˈmɛnt] *m* moment; ■ **im** ~ at the moment; **im ersten** ~ at first; **im falschen/letzten** ~ at the wrong/last moment; **einen [kleinen]** ~! just a minute!; **jeden** ~ [at] any moment; ~ **mal!** hang on a minute!; **einen** ~ **zögern** to hesitate for a second
mo·men·tan [momɛnˈtaːn] **I.** *adj* ❶ (*derzeitig*) present *attr*, current *attr* ❷ (*vorübergehend*) momentary **II.** *adv* ❶ (*derzeit*) at present ❷ (*vorübergehend*) momentarily
Mo·ment·auf·nah·me *f* snapshot
Mo·na·co <-s> [ˈmonako] *nt* Monaco; *s. a.* **Deutschland**
Mon·arch(in) <-en, -en> [moˈnarç] *m(f)* monarch
Mon·ar·chie <-, -n> [monarˈçiː, *pl* monarˈçiːən] *f* monarchy
Mon·ar·chin <-, -nen> [moˈnarçɪn] *f fem form von* **Monarch**
Mon·ar·chist(in) <-en, -en> [monarˈçɪst] *m(f)* monarchist
mon·ar·chis·tisch *adj* monarchist
Mo·nat <-[e]s, -e> [ˈmoːnat] *m* month; [**im**] **kommenden/vorigen** ~ next/last month; **im vierten** ~ **sein** to be four months pregnant; **im** ~ a month; **von** ~ **zu** ~ from month to month
mo·na·te·lang [ˈmoːnətəlaŋ] **I.** *adj attr* lasting for months *pred;* **nach ~er Abwesenheit** after being absent for several months **II.** *adv* for months
mo·nat·lich [ˈmoːnatlɪç] **I.** *adj* monthly **II.** *adv* monthly
Mo·nats·an·fang *m* beginning of the month; **am/zum** ~ at the beginning of the month **Mo·nats·bin·de** *f* sanitary towel [*or* AM napkin] **Mo·nats·blu·tung** *f* ANAT *s.* **Menstruation Mo·nats·ein·kom·men** *nt* monthly income **Mo·nats·en·de** *nt* end of the month; **am/zum** ~ at the end of the month **Mo·nats·ers·te(r)** *m* first of the month **Mo·nats·ge·halt** *nt* monthly salary **Mo·nats·kar·te** *f* ❶ (*Fahrkarte*) monthly travel card ❷ (*Berechtigungskarte*) monthly pass **Mo·nats·ra·te** *f* monthly instalment
Mönch <-[e]s, -e> [ˈmœnç] *m* monk
Mönchs·klos·ter *nt* monastery
Mond <-[e]s, -e> [ˈmoːnt, *pl* ˈmoːndə] *m* moon; **der ~ nimmt ab/zu** the moon is waning/waxing ▶ **hinter dem ~ leben** to be out of touch; **jd möchte jdn auf den ~ schießen** sb would gladly be shot [*or* AM rid] of sb
Mond·bahn *f* lunar orbit **Mond·fins·ter·nis** *f* eclipse of the moon **Mond·ge·sicht** *nt* (*fam*) moon-face **mond·hell** *adj* (*geh*) moonlit **Mond·land·schaft** *f* lunar landscape **Mond·lan·dung** *f* moon landing **Mond·licht** *nt* moonlight **Mond·pha·se** *f* ASTRON phase of the moon **Mond·ra·ke·te** *f* lunar rocket **Mond·schein** *m* moonlight *no pl* **Mond·schein·ta·rif** *m* TELEK ≈ cheap rate **Mond·si·chel** *f* (*geh*) crescent moon **Mond·son·de** *f* RAUM lunar probe **mond·süch·tig** *adj* MED sleep-walking *attr*; ■ ~ **sein** to be a sleepwalker
Mo·ne·gas·se, Mo·ne·gas·sin <-n, -n> [moneˈgasə, moneˈgasɪn] *m, f* Monégasque; *s. a.* **Deutsche(r)**
Mo·ne·ten [moˈneːtn̩] *pl* (*sl*) dough *no pl, no indef art*, dosh BRIT *no pl, no indef art*
Mon·go·le, Mon·go·lin <-n, -n> [mɔŋˈgoːlə, mɔŋˈgoːlɪn] *m, f* ❶ (*Bewohner der Mongolei*) Mongol, Mongolian; *s. a.* **Deutsche(r)** ❷ HIST ■ **die ~n** the Mongols
Mon·go·lei <-> [mɔŋgoˈlaj] *f* ■ **die** ~ Mongolia; *s. a.* **Deutschland**
Mon·go·lin <-, -nen> [mɔŋˈgoːlɪn] *f fem form von* **Mongole**
mon·go·lisch [mɔŋˈgoːlɪʃ] *adj* Mongolian; *s. a.* **deutsch**
Mon·go·lis·mus <-> [mɔŋgoˈlɪsmʊs] *m kein pl* MED mongolism
mon·go·lo·id [mɔŋgoloˈiːt] *adj* MED mongoloid
mo·nie·ren* [moˈniːrən] *vt* ■ **etw** ~ to find fault with sth
Mo·ni·tor <-s, -toren *o* -e> [ˈmoːnitoːɐ̯, *pl* -ˈtoːrən] *m* monitor
mo·no [ˈmoːno] *adj* RADIO, TECH *kurz für* **monophon** mono
mo·no·chrom [monoˈkroːm] *adj* monochrome
mo·no·gam [monoˈgaːm] *adj* monogamous

Mo·no·ga·mie <-> [monoga'mi:] *f kein pl* monogamy *no pl*

Mo·no·gra·fie^{RR} [monogra'fi:, *pl* monogra'fi:ən], **Mo·no·gra·phie** <-, -n> [monogra'fi:, *pl* monogra'fi:ən] *f* monograph

Mo·no·gramm <-s, -e> [mono'gram] *nt* monogram

Mo·no·kel <-s, -> [mo'nɔkl] *nt* monocle

Mo·no·kul·tur ['monokʊltuɐ̯] *f* AGR, FORST monoculture

Mo·no·log <-[e]s, -e> [mono'lo:k, *pl* mono'lo:gə] *m* monologue; **einen ~ halten** to hold a monologue

Mo·no·pol <-s, -e> [mono'po:l] *nt* monopoly; **ein ~ auf etw** *akk* **haben** to have a monopoly on sth

mo·no·po·li·sie·ren* [monopoli'zi:rən] *vt* ÖKON ■ **etw ~** to monopolize sth

Mo·no·pol·stel·lung *f* ÖKON monopoly

mo·no·the·is·tisch *adj* REL (*geh*) monotheistic

mo·no·ton [mono'to:n] **I.** *adj* monotonous **II.** *adv* monotonously; **~ klingen** to sound monotonous

Mo·no·to·nie <-, -n> [monoto'ni:, *pl* monoto'ni:ən] *f* monotony

Mon·o·xid <-[e]s, -e> ['mɔnɔksi:t] *nt* CHEM monoxide

Mons·ter <-s, -> ['mɔnstɐ] *nt* monster

Mons·tren ['mɔnstrən] *pl von* **Monstrum**

mons·trös [mɔn'strø:s] *adj* (*geh*) monstrous

Mons·trum <-s, Monstren> ['mɔnstrʊm, *pl* 'mɔnstrən] *nt* monster

Mon·sun <-s, -e> [mɔn'zu:n] *m* METEO monsoon

Mon·tag <-s, -e> ['mo:nta:k, *pl* 'mo:nta:gə] *m* Monday; *s. a.* **Dienstag**

mon·tag·a·bends^{RR} *adv* [on] Monday evenings

mon·tags ['mo:nta:ks] *adv* [on] Mondays; **~ abends/nachmittags** [on] Monday evenings/afternoons

Mon·teur(in) <-s, -e> [mɔn'tø:ɐ] *m(f)* mechanic, fitter

mon·tie·ren* [mɔn'ti:rən] *vt* ❶ (*zusammenbauen*) to assemble ❷ (*installieren*) to install, to fit (**an/auf** to)

Mon·tur <-, -en> [mɔn'tu:ɐ̯] *f* work clothes *npl*

Mo·nu·ment <-[e]s, -e> [monu'mɛnt] *nt* monument

mo·nu·men·tal [monumɛn'ta:l] *adj* monumental

Moor <-[e]s, -e> ['mo:ɐ̯] *nt* swamp

moo·rig ['mo:rɪç] *adj* swampy

Moos¹ <-es, -e> ['mo:s, *pl* 'mo:zə] *nt* moss

Moos² <-es> ['mo:s] *nt kein pl* (*sl*) dough, dosh BRIT

moo·sig ['mo:zɪç] *adj* moss-covered

Mop^{ALT} <-s, -s> ['mɔp] *m s.* **Mopp**

Mo·ped <-s, -s> ['mo:pɛt] *nt* moped

Mopp^{RR} <-s, -s> ['mɔp] *m* mop

mop·pe·lig, mopplig ['mɔp(ə)lɪç] *adj* (*hum fam: pummelig*) podgy, pudgy AM

Mops <-es, Möpse> ['mɔps, *pl* 'mœpsə] *m* ❶ ZOOL pug[-dog] ❷ (*fam: Dickerchen*) podge BRIT, pudge AM

mop·sen ['mɔpsn̩] *vt* DIAL (*fam: klauen*) to pinch [*or* BRIT *also* nick]

Mo·ral <-> [mo'ra:l] *f kein pl* ❶ (*ethische Grundsätze*) morals *pl*; **eine doppelte ~ haben** to have double standards ❷ (*einer Geschichte*) moral

Mo·ral·apos·tel *m s.* **Moralprediger**

mo·ra·lisch [mo'ra:lɪʃ] **I.** *adj* moral **II.** *adv* morally; **~ verpflichtet sein** to be dutybound

mo·ra·li·sie·ren* [morali'zi:rən] *vi* to moralize

Mo·ral·pre·di·ger(in) *m(f)* (*pej*) moralizer **Mo·ral·pre·digt** *f* homily; **jdm eine ~ halten** to deliver a homily to sb **Mo·ral·vor·stel·lung** *f* ideas on morality

Mo·rä·ne <-, -n> [mo'rɛ:nə] *f* GEOL moraine

Mo·rast <-[e]s, -e *o* Moräste> [mo'rast, *pl* mo'rɛstə] *m kein pl* mud

mo·ras·tig *adj* marshy, muddy

mor·bid [mɔr'bi:t] *adj* (*geh*) degenerate; **einen ~en Charme haben** to have a [certain] morbid charm

Mor·chel <-, -n> ['mɔrçl̩] *f* BOT morel

Mord <-[e]s, -e> ['mɔrt, *pl* 'mɔrdə] *m* murder; **jdn wegen ~es anklagen** to charge sb with murder; **einen ~ begehen** to commit a murder ▶ **dann gibt es ~ und Totschlag** there'll be hell to pay

Mord·an·schlag *m* attempt on sb's life; POL *a.* assassination attempt **Mord·dro·hung** *f* death threat

mor·den ['mɔrdn̩] *vi* to murder, to kill

Mör·der(in) <-s, -> ['mœrdɐ] *m(f)* murderer

mör·de·risch ['mœrdərɪʃ] **I.** *adj* ❶ (*fam: schrecklich*) murderous ❷ (*fam*) *Hitze* terrible **II.** *adv* (*fam: furchtbar*) dreadfully; **~ weh tun** to hurt like hell

Mord·fall *m* murder case **Mord·kom·mis·si·on** *f* murder squad

Mords·glück *nt* incredibly good luck; **ein ~ haben** to be incredibly lucky **Mords·hun·ger** *m* ravenous hunger; **einen ~ haben** to be incredibly hungry **Mords·kerl** ['mɔrts'kɛrl] *m (fam)* great guy [*or* BRIT *also* bloke] **Mords·krach** *m (Lärm)* terrible din; *(Streit)* big argument **Mords·lärm** ['mɔrtslɛrm] *m* a hell of a noise **mords·mä·ßig** ['mɔrtsmɛːsɪç] **I.** *adj (fam)* terrible; **ich habe einen ~en Hunger** I'm terribly hungry **II.** *adv (fam)* terribly **Mords·schre·cken** *m* one hell of a fright **Mords·spaß** *m* **einen ~ haben** to have a whale of a time **Mords·wut** *f (fam)* terrible rage

Mord·ver·dacht *m* suspicion of murder; **unter ~ stehen** to be suspected of murder **Mord·ver·such** *m* attempted murder **Mord·waf·fe** *f* murder weapon

mor·gen ['mɔrgn̩] *adv* tomorrow; **~ früh** tomorrow morning; **bis ~!** see you tomorrow!; **~ ist auch [noch] ein Tag!** tomorrow is another day

Mor·gen <-s, -> ['mɔrgn̩] *m* morning; **den ganzen ~ [über]** all morning; **guten ~!** good morning!; **der ~ dämmert** dawn is breaking; **zu ~ essen** SCHWEIZ *(frühstücken)* to have breakfast; **am ~** in the morning; **bis in den [frühen] ~ hinein** into the early hours; **eines ~s** one morning

Mor·gen·aus·ga·be *f* MEDIA morning edition **Mor·gen·däm·me·rung** *f s.* **Morgengrauen**

mor·gend·lich ['mɔrgn̩tlɪç] *adj* ❶ *(morgens üblich)* morning *attr* ❷ *(morgens stattfindend)* in the morning *pred*

Mor·gen·es·sen *nt* SCHWEIZ *(Frühstück)* breakfast **Mor·gen·grau·en** <-s, -> *nt* daybreak **Mor·gen·man·tel** *m s.* **Morgenrock Mor·gen·muf·fel** <-s, -> *m (fam)* **ein [großer] ~ sein** to be [very] grumpy in the mornings **Mor·gen·rock** *m* dressing gown **Mor·gen·rot** *nt kein pl* red sky [in the morning]

mor·gens ['mɔrgn̩s] *adv* in the morning; **von ~ bis abends** from morning till night; **~ und abends** all day long

mor·gig ['mɔrgɪç] *adj attr* tomorrow's; **der ~e Termin** the appointment tomorrow

Mor·mo·ne, Mor·mo·nin <-n, -n> [mɔr'moːnə, mɔr'moːnɪn] *m, f* REL Mormon

Mor·phi·um <-s> ['mɔrfiʊm] *nt kein pl* CHEM morphine

Mor·pho·lo·gie <-> [mɔrfolo'giː] *f kein pl* LING morphology

morsch ['mɔrʃ] *adj* rotten; **~es Holz** rotting wood

Mor·se·al·pha·bet *nt* Morse [code] **mor·sen** ['mɔrzn̩] **I.** *vi* to signal in Morse [code] **II.** *vt* ■ **etw morsen** to send sth in Morse [code]

Mör·ser <-s, -> ['mœrzə] *m* mortar **Mor·se·zei·chen** *nt* Morse signal **Mör·tel** <-s, -> ['mœrtl] *m* mortar

Mo·sa·ik <-s, -e[n]> [moza'iːk] *nt* mosaic **Mo·sam·bik** <-s> [mozam'biːk] *nt* Mozambique; *s. a.* **Deutschland**

Mo·sam·bi·ka·ner(in) <-s, -> *m(f)* Mozambican; *s. a.* **Deutsche(r)**

mo·sam·bi·ka·nisch *adj* Mozambican; *s. a.* **deutsch**

Mo·schee <-, -n> [mo'ʃeː, *pl* mo'ʃeːən] *f* mosque

Mo·schus <-> ['mɔʃʊs] *m kein pl* musk *no pl*

Mö·se <-, -n> ['møːzə] *f (vulg)* cunt **Mo·sel** <-> ['moːzl] *f* GEOG ■ **die ~** the Moselle

Mo·sel·wein *m* Moselle [wine]

mo·sern ['moːzɐn] *vi* DIAL *(fam: nörgeln)* to gripe

Mos·kau <-s> ['mɔskau] *nt* Moscow **Mos·kau·er(in)** <-s, -> ['mɔskauɐ] *m(f)* Muscovite

Mos·ki·to <-s, -s> [mɔs'kiːto] *m* mosquito **Mos·ki·to·netz** *nt* mosquito net

Mos·lem, Mos·le·min <-s, -s> ['mɔslɛm, mɔs'leːmɪn] *m, f* Muslim

mos·le·misch [mɔs'leːmɪʃ] *adj attr* Muslim

Most <-[e]s> ['mɔst] *m kein pl* ❶ *(naturtrüber Fruchtsaft)* fruit juice ❷ SÜDD, SCHWEIZ, ÖSTERR *(Obstwein)* cider

Mo·tel <-s, -s> [mo'tɛl] *nt* motel

Mo·tiv <-s, -e> [mo'tiːf, *pl* mo'tiːvə] *nt* motive

Mo·ti·va·ti·on <-, -en> [motivaˈtsi̯oːn] *f (geh)* motivation

mo·ti·vie·ren* [moti'viːrən] *vt* ■ **jdn ~** to motivate sb

Mo·ti·vie·rung <-, -en> [-'viː-] *f (geh)* motivation

Mo·tor <-s, -toren> ['moːtoːɐ̯, *pl* -'toːrən] *m (Verbrennungs~)* engine; *(Elektro~)* motor

Mo·tor·boot *nt* motor boat **Mo·tor·hau·be** *f* bonnet BRIT, hood AM

mo·to·risch [mo'toːrɪʃ] *adj* ANAT motor *attr*

mo·to·ri·sie·ren* [motori'ziːrən] *vt* to motorize

mo·to·ri·siert *adj* ■ **~ sein** to have wheels *fam;* **eine ~e Gesellschaft** a car-oriented society

Mo·tor·öl nt motor oil **Mo·tor·pum·pe** f motor-powered pump **Mo·tor·rad** ['motorat, mo'to:rat] nt motorbike fam **Mo·tor·rad·fah·rer(in)** m(f) motorcyclist **Mo·tor·rol·ler** m [motor] scooter **Mo·tor·sä·ge** f power saw **Mo·tor·scha·den** m engine breakdown **Mo·tor·sport** m motor sport no art

Mot·te <-, -n> ['mɔtə] f moth

Mot·ten·ku·gel f mothball

Mot·to <-s, -s> ['mɔto] nt motto

mot·zen ['mɔtsn̩] vi (fam) to moan

Moun·tain·bike <-s, -s> ['maʊntn̩baɪk] nt mountain bike

Mouse·pad ['maʊspɛd] nt INFORM mouse mat

Mö·we <-, -n> ['mø:və] f [sea]gull

MP3-Play·er [ɛmpeːˈdraɪpleːɐ] m MP3 player

MS [ɛmˈɛs] f Abk von **Multiple Sklerose** MS

mtl. Abk von **monatlich** monthly

Mü·cke <-, -n> [mʏkə] f mosquito ▸ **aus einer ~ einen Elefanten machen** to make a mountain out of a molehill

mu·cken ['mʊkn̩] I. vi (fam) to complain; **ohne zu ~** without complaining II. vr DIAL (sich regen) ■ **sich ~** to stir

Mu·cken ['mʊkn̩] pl (fam) [seine] **~ ha·ben** to be acting [or BRIT also playing] up; **jdm die ~ austreiben** to sort sb out BRIT

Mü·cken·stich m mosquito bite

Mucks <-es, -e> ['mʊks] m (fam) **keinen ~ sagen** to not say a word; **ohne einen ~** without a murmur

mucks·mäus·chen·still ['mʊksmɔysçənˌʃtɪl] adj (fam) completely quiet; **~ sein** to not make a sound

mü·de ['myːdə] adj ❶ (schlafbedürftig) tired; Arme, Beine weary ❷ (überdrüssig) ■ **einer S. gen ~ sein/werden** to be/grow tired of sth; ■ **nicht ~ werden, etw zu tun** to never tire of doing sth

Mü·dig·keit <-> ['myːdɪçkaɪt] f kein pl tiredness no pl; **mir fallen schon vor ~ die Augen zu** I'm so tired I can hardly keep my eyes open

Muff[1] <-s> ['mʊf] m kein pl musty smell

Muff[2] <-[e]s, -e> ['mʊf] m MODE muff

Muf·fe <-, -n> ['mʊfə] f TECH sleeve ▸ **jdm geht die ~** (sl) sb is scared stiff

Muf·fel <-s, -> ['mʊfl̩] m (fam) grouch

muf·f(e)·lig ['mʊf(ə)lɪç] adj (fam) grouchy

Muf·fen·sau·sen <-> nt kein pl ▸ **~ haben/kriegen** (fam) to be/get scared stiff

muf·fig ['mʊfɪç] I. adj ❶ (dumpf) musty ❷ (schlecht gelaunt) grumpy II. adv ❶ (dumpf) musty; **~ riechen** to smell musty ❷ (lustlos) listlessly

muff·lig ['mʊflɪç] adj s. **muffelig**

muh ['muː] interj moo

Mü·he <-, -n> ['myːə] f trouble; **der ~ wert sein** to be worth the trouble; **sich** dat [große] ~ **geben** [, etw zu tun] to take [great] pains [to do sth]; **sich** dat **keine ~ geben** [, etw zu tun] to make no effort [to do sth]; **~ haben, etw zu tun** to have trouble doing sth; [jdn] ~ **kosten** to be hard work [for sb]; **die ~ lohnt sich** it is worth the trouble; [jdm] ~ **machen** to give [sb] trouble; **machen Sie sich keine ~!** [please] don't go to any trouble!; **mit ~ und Not** only just

mü·he·los I. adj easy II. adv effortlessly

mu·hen ['muːən] vi to moo

mü·hen ['myːən] vr (geh) ❶ (sich be~) ■ **sich ~, etw zu tun** to strive to do sth ❷ (sich ab~) ■ **sich mit jdm/etw ~** to struggle with sb/sth

mü·he·voll adj (geh) s. **mühsam**

Müh·le <-, -n> ['myːlə] f ❶ (Wasser-, Getreide~) mill ❷ (~ spiel) ≈ nine men's morris no pl

Mühl·rad <-s, -räder> nt mill-wheel

Mühl·stein m millstone

Müh·sal <-, -e> ['myːzaːl] f (geh) tribulation

müh·sam ['myːzaːm] I. adj arduous II. adv laboriously; **~ verdientes Geld** hard-earned money

müh·se·lig ['myːzeːlɪç] adj (geh) s. **mühsam**

Mul·de <-, -n> ['mʊldə] f ❶ (Bodenvertiefung) hollow ❷ NORDD (großer Trog) skip

Mu·li <-s, -[s]> ['muːli] nt o m ZOOL mule

Mull <-[e]s, -e> ['mʊl] m MED gauze

Müll <-[e]s> ['mʏl] m kein pl rubbish, garbage esp AM; **etw in den ~ werfen** to throw sth in the [dust]bin [or AM garbage [can]]

Müll·ab·fuhr <-, -en> f ■ **die ~** the dustcart BRIT, the garbage truck AM **Müll·auf·be·rei·tung** f waste treatment no pl

Müll·auf·be·rei·tungs·an·la·ge f waste processing plant **Müll·berg** m mountain of rubbish [or esp AM garbage] **Müll·be·sei·ti·gung** f kein pl waste [or esp AM garbage] collection **Müll·beu·tel** m garbage sack esp AM, bin liner BRIT also

Mull·bin·de f MED gauze bandage

Müll·con·tai·ner [-kɔnteːnɐ] m rubbish [or esp AM garbage] container **Müll·de·po·nie** f waste disposal site, garbage dump

esp AM **Müll·ei·mer** *m* dustbin BRIT, garbage can AM
Mül·ler(in) <-s, -> ['mʏlɐ] *m(f)* miller
Müll·hal·de *f* waste [*or* esp AM garbage] disposal site **Müll·kip·pe** *f* garbage dump *esp* AM, rubbish tip *esp* BRIT **Müll·kom·pos·tie·rung** *f* refuse *form* [*or esp* AM garbage] composting **Müll·mann** *m* (*fam*) dustman BRIT, garbage man AM **Müll·schlu·cker** <-s, -> *m* refuse [*or* rubbish] [*or esp* AM garbage] chute **Müll·sor·tier·an·la·ge** *f* refuse separation plant **Müll·ton·ne** *f* dustbin BRIT, garbage can AM **Müll·tren·nungs·sys·tem** *nt* waste sorting system **Müll·ver·bren·nung** *f* refuse *form* [*or esp* AM garbage] incineration **Müll·ver·bren·nungs·an·la·ge** *f* refuse [*or esp* AM garbage] incineration plant **Müll·ver·wer·tung** *f* refuse recycling **Müll·wa·gen** *m* refuse [*or esp* AM garbage] collection vehicle
mul·mig ['mʊlmɪç] *adj* (*fam*) ❶ (*unbehaglich*) uneasy; **jdm ist ~ zumute** sb has an uneasy feeling ❷ (*brenzlig*) precarious; **es wird ~** it's getting dicey *fam*
Mul·ti <-s, -s> ['mʊlti] *m* (*fam*) multinational [company]
mul·ti·eth·nisch *adj* SOZIOL *Gesellschaft, Schulklasse* multi-ethnic **Mul·ti·eth·ni·zi·tät** <-> [-ɛtnitsiˈtɛːt] *f kein pl* SOZIOL (*geh*) multiethnicity **mul·ti·funk·ti·o·nal** *adj* multifunctional, multi-functional
mul·ti·kul·ti ['mʊltiˈkʊlti] *adj* (*fam*) multicultural, multiculti
mul·ti·kul·tu·rell *adj* multicultural
Mul·ti·me·dia <-[s]> [mʊltiˈmeːdi̯a] *nt kein pl* INFORM, MEDIA multimedia *no pl*
Mul·ti·me·dia·an·wen·dung *f* INFORM multimedia application **Mul·ti·me·dia·be·reich** *m* INFORM multimedia sector **mul·ti·me·dia·fä·hig** *adj* INFORM mediagenic
mul·ti·me·di·al [ˈmʊltimedi̯aːl] *adj* multi-media *attr*
Mul·ti·me·dia-PC *m* multimedia PC **Mul·ti·me·dia·sys·tem** *nt* multimedia system **Mul·ti·mil·li·o·när(in)** [mʊltimɪli̯oˈnɛːɐ̯] *m(f)* multimillionaire **mul·ti·na·ti·o·nal** [mʊltinatsi̯oˈnaːl] *adj* multinational
Mul·ti·ple Skle·ro·se <-n, -> [mʊlˈtiːplə skleˈroːzə] *f kein pl* MED multiple sclerosis
Mul·ti·plex·ki·no ['mʊltiplɛks-] *nt* multiplex [cinema]
Mul·ti·pli·ka·ti·on <-, -en> [mʊltiplikaˈtsi̯oːn] *f* MATH multiplication
Mul·ti·pli·ka·tor <-s, -en> [mʊltipliˈkaːtoːɐ̯, *pl* -ˈtoːrən] *m* ❶ MATH multiplier ❷ (*geh*) disseminator *form*

mul·ti·pli·zie·ren* [mʊltipliˈtsiːrən] *vt* to multiply (**mit** by)
Mul·ti·ta·lent *nt* all-round talent **Mul·ti·tas·king** <-[s]> [mʊltiˈtaːskɪŋ] *nt kein pl* INFORM multitasking [system]
Mu·mie <-, -n> ['muːmi̯ə] *f* mummy
mu·mi·fi·zie·ren* [mumifiˈtsiːrən] *vt* to mummify
Mumm <-s> ['mʊm] *m kein pl* guts *npl*, bottle BRIT *sl*
Mum·pitz <-es> ['mʊmpɪts] *m kein pl* (*veraltend fam*) claptrap
Mumps <-> ['mʊmps] *m kein pl* MED [the] mumps + *sing/pl vb*
Mün·chen <-s> ['mʏnçn̩] *nt* Munich
Mün·che·ner ['mʏnçənɐ], **Münch·ner** ['mʏnçnɐ] *adj attr* Munich *attr,* of Munich *after n;* **die ~ Altstadt** Munich's old town
Mün·che·ner(in) <-s, -> ['mʏnçənɐ] *m(f),* **Münch·ner(in)** <-s, -> ['mʏnçnɐ] *m(f)* inhabitant of Munich
Mund <-[e]s, Münder> ['mʊnt, *pl* 'mʏndɐ] *m* mouth; **etw in den ~ nehmen** to put sth in one's mouth; **mit vollem ~e** with one's mouth full ▶ **den ~ [zu] voll nehmen** to talk [too] big; **jdm über den ~ fahren** to cut sb short; **[jd ist] nicht auf den ~ gefallen** (*fam*) [sb is] never at a loss for words; **halt den ~!** shut up!; **jdm etw in den ~ legen** to put [the] words into sb's mouth; **jdm nach dem ~[e] reden** to say what sb wants to hear; **etw ist in aller ~e** sth is the talk of the town; **wie aus einem ~e** with one voice
Mund·art ['mʊntʔaːɐ̯t] *f* LING dialect
Mund·du·sche *f* water jet
Mün·del <-s, -> ['mʏndl̩] *nt o m* JUR ward
mun·den ['mʊndn̩] *vi* (*geh*) ▪ **sich** *dat* **etw ~ lassen** to enjoy [eating] sth
mün·den ['mʏndn̩] *vi sein o haben* ❶ (*hineinfließen*) ▪ **in etw** *akk* **~** to flow into sth ❷ (*auf etw hinlaufen*) ▪ **auf/in etw** *akk* **~** to lead into sth
mund·faul *adj* (*fam*) uncommunicative; **sei doch nicht so ~!** come on, speak up!
mund·ge·recht I. *adj* bite-sized *attr* II. *adv* **~ zuschneiden** to cut into bite-sized pieces **Mund·ge·ruch** *m* bad breath *no indef art* **Mund·har·mo·ni·ka** *f* mouth organ **Mund·höh·le** *f* ANAT oral cavity **Mund·hy·gi·e·ne** *f kein pl* oral hygiene *no pl, no indef art*
mün·dig ['mʏndɪç] *adj* ▪ **~ sein/werden** to be/come of age; **jdn für ~ erklären** JUR to declare sb of age
münd·lich ['mʏntlɪç] I. *adj* oral II. *adv* oral-

ly; **etw ~ abmachen** to agree sth [or AM to sth] verbally

Mund·pro·pa·gan·da f word of mouth; **durch ~** by word of mouth **Mund·raub** m petty theft [of food] **Mund·schutz** m MED [surgical] mask **Mund·stück** nt a. MUS mouthpiece **mund·tot** adj **jdn ~ machen** (fam) to silence sb

Mün·dung <-, -en> ['mʏndʊŋ] f ① GEOG mouth ② (vordere Öffnung) muzzle

Mund·was·ser nt mouthwash **Mund·werk** nt **ein freches/loses/unverschämtes ~ haben** to be cheeky/have a loose tongue/be foul-mouthed **Mund·win·kel** m corner of one's mouth **Mund-zu-Mund-Be·at·mung** f mouth-to-mouth resuscitation

Mu·ni·ti·on <-> [muni'tsi̯oːn] f kein pl ammunition no pl

mun·keln ['mʊŋkl̩n] vt to rumour; **man gemunkelt, dass ...** there is a rumour that ...

Müns·ter <-s, -> ['mʏnstɐ] nt cathedral, minster esp BRIT

mun·ter ['mʊntɐ] adj ① (aufgeweckt) bright ② (heiter) lively ③ (wach) ■ **~ sein/werden** to be awake/wake up

Mun·ter·ma·cher <-s, -> m stimulant; (Getränk bes.) pick-me-up

Münz·au·to·mat m vending-machine

Mün·ze <-, -n> ['mʏntsə] f coin ▶ **etw für bare ~ nehmen** to take sth at face value; **jdm etw mit gleicher ~ heimzahlen** to pay sb back in their own coin for sth

Münz·ein·wurf m [coin] slot

mün·zen ['mʏntsn̩] vt ■ **auf jdn/etw gemünzt sein** to be aimed at sb/sth

Münz·fern·spre·cher m (geh) pay phone

Mu·rä·ne <-, -n> [mu'rɛːnə] f moray [eel]

mür·b(e) ['mʏrp, 'mʏrbə] adj ① (zart) tender; (Gebäck bes.) short ② (brüchig) worn-out ▶ **jdn ~ machen** to wear sb down

Mür·be·teig m short[-crust] pastry

Murks <-es> ['mʊrks] m kein pl (fam) botch-up; **~ machen** to do a botched job

murk·sen ['mʊrksn̩] vi (fam) to do a botched job

Mur·mel <-, -n> ['mʊrml̩] f marble

mur·meln ['mʊrml̩n] I. vi to murmur II. vt to mutter

Mur·mel·tier ['mʊrml̩tiːɐ̯] nt marmot ▶ **wie ein ~ schlafen** to sleep like a log

mur·ren ['mʊrən] vi to grumble

mür·risch ['mʏrɪʃ] I. adj grumpy II. adv grumpily

Mus <-es, -e> ['muːs, pl 'muːzə] nt o m KOCHK purée

Mu·schel <-, -n> ['mʊʃl̩] f ① a. KOCHK mussel ② (~ schale) [sea] shell

Mu·schi <-, -s> ['mʊʃi] f (sl) pussy vulg

Mu·se <-, -n> ['muːzə] f Muse

Mu·se·um <-s, Museen> [mu'zeːʊm] nt museum

Mu·se·ums·füh·rer(in) <-s, -> m(f) museum guide **mu·se·ums·reif** adj (hum) ancient fam; ■ **~ sein** to be a museum piece

Mu·si·cal <-s, -s> ['mjuːzɪkl̩] nt musical

Mu·sik <-, -en> [mu'ziːk] f music no art, no pl; **~ hören** to listen to music

Mu·sik·aka·de·mie <-, -n> f academy of music

mu·si·ka·lisch [muzi'kaːlɪʃ] I. adj musical II. adv musically; **~ begabt sein** to be musically gifted

Mu·si·kant(in) <-en, -en> [muzi'kant] m(f) musician

Mu·sik·be·glei·tung f musical accompaniment **Mu·sik·box** f jukebox

Mu·si·ker(in) <-s, -> ['muːzɪkɐ] m(f) musician

Mu·sik·gar·ten m music kindergarden (early music education) **Mu·sik·hoch·schu·le** f college of music **Mu·sik·in·stru·ment** nt [musical] instrument **Mu·sik·ka·pel·le** f band **Mu·sik·kas·set·te** f tape **Mu·sik·leh·rer(in)** m(f) music teacher **Mu·sik·stück** nt piece of music **Mu·sik·un·ter·richt** m music lessons pl; SCH music no art, no pl **Mu·sik·wis·sen·schaft** f kein pl musicology no pl

mu·sisch ['muːzɪʃ] I. adj ① (künstlerisch begabt) artistic ② (die Künste betreffend) in/of the [fine] arts pred II. adv artistically; **~ begabt** talented in the arts

mu·si·zie·ren* [muzi'tsiːrən] vi to play a musical instrument

Mus·kat <-[e]s, -e> [mʊs'kaːt] m nutmeg no art, no pl

Mus·kel <-s, -n> ['mʊskl̩] m muscle

Mus·kel·ka·ter m kein pl muscle ache

Mus·kel·kraft f muscular strength no art, no pl **Mus·kel·protz** <-es, -e> m (fam) muscleman **Mus·kel·zer·rung** f pulled muscle

Mus·ke·tier <-s, -e> [mʊskə'tiːɐ̯] m MIL musketeer

Mus·ku·la·tur <-, -en> [mʊskula'tuːɐ̯] f musculature no indef art, no pl

mus·ku·lös [mʊsku'løːs] I. adj muscular II. adv **~ gebaut sein** to have muscular build

Müs·li <-[s], -s> ['myːsli] nt muesli

Mus·lim, Mus·li·min <-, -e> ['mʊslɪm, mʊs'liːmɪn] m, f Muslim

Muss[RR] <-> nt kein pl, **Muß**[ALT] <-> ['mʊs] nt kein pl must fam

Mu·ße <-> ['muːsə] f kein pl leisure no art, no pl

müs·sen ['mʏsn̩] **I.** modal vb <musste, müssen> ❶ (gezwungen sein) ■ etw tun ~ to have to do sth ❷ (notwendig sein) ■ etw [nicht] tun ~ to [not] need to do sth; **warum muss es heute regnen?** why does it have to rain today?; **muss das [denn] sein?** is that really necessary?; **wenn es [denn/unbedingt] sein muss** if it's really necessary; **das muss nicht unbedingt stimmen** that needn't be true ❸ verneinend (brauchen) **du musst das nicht tun** you don't have to do that ❹ (eigentlich sollen) ought to; ■ jd/etw müsste etw tun sb/sth should do sth; **ich hätte es ahnen ~!** I should have known! ❺ (eine Wahrscheinlichkeit ausdrückend) **es müsste jetzt acht Uhr sein** it must be eight o'clock now; **es müsste bald ein Gewitter geben** there should be a thunderstorm soon; **das muss wohl stimmen** that must be true **II.** vi <musste, gemusst> ❶ (gehen ~) to have to go ❷ (gebracht werden ~) ■ **irgendwohin ~** to have to get somewhere; **dieser Brief muss heute noch zur Post** this letter has to be posted today ❸ (euph fam) **[mal] ~** to have to go to the loo [or AM to the john]

Mu·ße·stun·de f hour of leisure

mü·ßig ['myːsɪç] (geh) **I.** adj futile, pointless **II.** adv ❶ (untätig) idly ❷ (gemächlich) with leisure

Mü·ßig·gang ['myːsɪçɡaŋ] m kein pl (geh) idleness no art, no pl

muss·te[RR], **muß·te**[ALT] ['mʊstə] imp von müssen

Mus·ter <-s, -> ['mʊstɐ] nt ❶ (Waren~) sample ❷ MODE pattern ❸ (Vorlage) pattern ❹ (Vorbild) ■ **ein ~ an etw** dat **sein** to be a paragon of sth; **ein ~ an Vollkommenheit sein** to be the pink of perfection

Mus·ter·bei·spiel nt prime example **Mus·ter·brief** m sample letter **Mus·ter·ex·em·plar** nt ❶ (vorbildlich) fine specimen ❷ (Warenmuster) sample **mus·ter·gül·tig** adj (geh), **mus·ter·haft I.** adj exemplary; **ein ~es Beispiel** a perfect example **II.** adv exemplary **Mus·ter·kna·be** m (iron) paragon of virtue

mus·tern ['mʊstɐn] vt ❶ (eingehend betrachten) to scrutinize ❷ MIL **jdn ~** to give sb his/her medical

Mus·ter·schü·ler(in) m(f) model pupil

Mus·te·rung <-, -en> f ❶ MIL von Truppen inspection; von Wehrdienstpflichtigen medical [examination] [for military service] ❷ (das eingehende Betrachten) scrutiny no art, no pl

Mus·te·rungs·be·scheid f MIL, ADMIN summons to attend one's medical examination

Mut <-[e]s> ['muːt] m kein pl ❶ (Courage) courage no art, no pl ❷ (Zuversicht) heart no art, no pl; **jdm den ~ nehmen** to discourage sb; **nur ~!** take heart!; **~ fassen** to take heart; **jdm [wieder] ~ machen** to encourage sb

Mu·ta·ti·on <-, -en> [muta'tsi̯oːn] f ❶ (Missbildung) mutation ❷ SCHWEIZ (Änderungen im Personal) change of personnel

mu·tie·ren* [mu'tiːrən] vi (fam) ■ **zu etw/jdm ~** to mutate into sth/sb

mu·tig ['muːtɪç] **I.** adj brave **II.** adv bravely

mut·los adj discouraged; **jdn ~ machen** to discourage sb

Mut·lo·sig·keit <-> f kein pl discouragement no art, no pl

mut·ma·ßen ['muːtmaːsn̩] **I.** vi to conjecture **II.** vt to suspect

mut·maß·lich I. adj attr presumed, suspected **II.** adv presumably

Mut·ma·ßung <-, -en> f conjecture

Mut·pro·be f test of courage

Mut·ter[1] <-, Mütter> ['mʊtɐ, pl 'mʏtɐ] f mother; **~ werden** to be having a baby

Mut·ter[2] <-, -n> ['mʊtɐ] f TECH nut

Müt·ter·be·ra·tungs·stel·le f advisory centre for pregnant or nursing women

Mut·ter·ge·sell·schaft f ÖKON parent company **Mut·ter·got·tes** <-> [mʊtɐ'gɔtəs] f kein pl Mother of God no indef art, no pl **Mut·ter·in·stinkt** m maternal instinct **Mut·ter-Kind-Pass**[RR] m ÖSTERR document held by pregnant women with details of the pregnancy **Mut·ter·ku·chen** m ANAT placenta **Mut·ter·land** nt mother country **Mut·ter·leib** m womb

müt·ter·lich ['mʏtɐlɪç] adj ❶ (von der Mutter) maternal ❷ (umsorgend) motherly; **ein ~er Typ sein** to be the maternal type

müt·ter·li·cher·seits adv on one's mother's side; **meine Oma ~** my maternal grandmother

Mut·ter·lie·be f motherly love no art, no pl **Mut·ter·mal** nt birthmark; (kleiner) mole **Mut·ter·milch** f mother's milk **Mut·ter·mund** m ANAT cervix

Mut·ter·schaft <-> f kein pl (geh) motherhood

Mut·ter·schafts·ur·laub *m* maternity leave
Mut·ter·schiff *nt* NAUT mother ship; LUFT parent ship **Mut·ter·schutz** *m* JUR legal protection of working mothers
mut·ter·see·len·al·lein ['mʊtɐ'zeːlənʔa'laɪn] **I.** *adj präd* all alone *pred* **II.** *adv* all on one's own
Mut·ter·söhn·chen <-s, -> *nt* (*pej fam*) mummy's [*or* AM mama's] boy *fam* **Mut·ter·spra·che** *f* mother tongue **Mut·ter·sprach·ler(in)** <-s, -> [-ʃpraːxlɐ] *m(f)* native speaker **Mut·ter·tag** *m* Mother's Day
Mut·ti <-, -s> ['mʊti] *f* (*fam*) mummy BRIT, mommy AM
Mut·wil·le <-ns> *m kein pl* (*Übermut*) mischief; (*Bösartigkeit*) malice
mut·wil·lig I. *adj* mischievous; (*böswillig*) malicious **II.** *adv* deliberately
Müt·ze <-, -n> ['mʏtsə] *f* cap ▶ **von jdm** **was auf die ~ kriegen** (*fam*) to get smacked [by sb]

MwSt., MWST. *f Abk von* **Mehrwertsteuer** VAT, Vat
My·ri·a·de <-, -n> [my'ri̯aːdə] *f meist pl* myriad *no def art*
Myr·reᴿᴿ <-, -n> ['mʏrə], **Myr·rhe** <-, -n> ['mʏrə] *f* myrrh *no art, no pl*
Myr·te <-, -n> ['mʏrtə] *f* myrtle
mys·te·ri·ös [mʏste'ri̯øːs] *adj* mysterious
Mys·te·ri·um <-s, -ien> [mʏs'teːri̯ʊm, *pl* -ri̯ən] *nt* (*geh*) mystery
Mys·ti·fi·zie·rung <-, -en> *f* mystification
Mys·tik <-> ['mʏstɪk] *f kein pl* mysticism *no pl*
mys·tisch ['mʏstɪʃ] *adj* ① (*geh*) mysterious ② REL mystic[al]
my·thisch ['myːtɪʃ] *adj* (*geh*) mythical
My·tho·lo·gie <-> [mytolo'giː] *f kein pl* mythology *no pl*
my·tho·lo·gisch [myto'loːgɪʃ] *adj* mythological
My·thos ['myːtɔs], **My·thus** <-, Mythen> ['myːtʊs] *m* myth

Nn

N, n <-, - *o fam* -s, -s> [ɛn] *nt* N, n; *s. a.* **A** 1
N *Abk von* **Norden**
na [na] *interj* (*fam*) ① (*zweifelnder Ausruf*) well; **~ gut** all right; **~ ja** well ② (*Ausruf der Entrüstung*) well; **~, ~!** now, now! ③ (*Ausruf der Anerkennung*) well; **~ also!** [well,] there you go [then]; **~ so was!** well I never [did]! ▶ **~, du?** how's it going?; **~ und ob!** you bet! *fam;* **~ und?** so what?
Na·be <-, -n> ['naːbə] *f* TECH hub
Na·bel <-s, -> ['naːbl] *m* navel
Na·bel·schnur *f* (*a. fig*) umbilical cord
nach [naːx] **I.** *präp* +*dat* ① (*räumlich: bis hin zu*) to sth; **~ etw** to sth; **der Weg führt direkt ~ ...** this is the way to ... ② (*räumlich: hinter*) behind; **du stehst ~ mir auf der Liste** you're after me on the list ③ (*zeitlich: im Anschluss an*) after; **~ wie vor** still ④ (*gemäß*) ■ **~ etw** *dat* according to sth; **~ Artikel 23/den geltenden Vorschriften** under article 23/present regulations; **~ allem, was ich gehört habe** from what I've heard; **~ dem, was wir jetzt wissen** as far as we know ⑤ (*in Anlehnung an*) after; **diese Wandlampe ist ~ einer Fackel geformt** this lamp was shaped after a torch **II.** *adv* **ihm ~!** after him!; **los, mir ~!** let's go, follow me! ▶ **~ und ~** little by little
nach|äf·fen *vt* (*pej: zur Belustigung*) to mimic; (*dilettantisch*) to ape
nach|ah·men *vt* ① (*imitieren*) to imitate ② (*kopieren*) to copy
nach·ah·mens·wert *adj* exemplary
Nach·ah·mer(in) <-s, -> *m(f)* ① (*Imitator*) imitator ② (*Kopist*) copyist
Nach·ah·mer·pro·dukt *nt* PHARM copycat product
Nach·ah·mung <-, -en> *f* ① *kein pl* (*Imitation*) imitation ② (*Kopie*) copy
nach|ar·bei·ten *vt* ① (*aufholen*) to make up *sep* for ② (*nachträglich bearbeiten*) to touch up *sep*
Nach·bar(in) <-n *o* -s, -n> ['naxbaːɐ̯] *m(f)* ① (*jd, der in jds Nähe wohnt*) neighbour; (*in einer Nachbarwohnung a.*) next-door neighbour ② (*nebenan Sitzender*) **sie wandte sich ihrer ~in [am Tisch] zu** she turned to the woman [sitting] next to her [at the table] ③ (*benachbartes Land*) neighbour

Nach·bar·haus *nt* house next door
Nach·bar·land *nt* neighbouring country
nach·bar·lich *adj* ❶ *(benachbart)* neighbouring *attr* ❷ *(unter Nachbarn üblich)* neighbourly
Nach·bar·schaft <-, -en> *f* ❶ *(nähere Umgebung)* neighbourhood ❷ *(die Nachbarn)* neighbours
Nach·bau <-[e]s, -ten> *m* replica **Nach·be·ben** *nt* aftershock **Nach·be·hand·lung** *f* follow-up treatment *no pl* **nach|be·rei·ten*** *vt* to go through again **nach|bes·sern** I. *vt* to retouch; **ein Produkt ~** to make improvements to a product; *Vertrag* to amend II. *vi* to make improvements **nach|be·stel·len*** *vt* to reorder [*or* order some more of] **Nach·be·stel·lung** *f (weitere Bestellung)* repeat order; *(nachträgliche Bestellung)* late order **nach|be·zah·len*** *vt* to pay later **nach|bil·den** *vt* to reproduce; **etw aus dem Gedächtnis ~** to copy sth from memory **Nach·bil·dung** *f* reproduction; *(exakt)* copy **nach|da·tie·ren*** *vt* to backdate
nach·dem [na:x'de:m] *konj* ❶ *temporal* after ❷ *kausal (da)* since
nach|den·ken *vi irreg* to think (**über** about); **denk doch mal nach!** think about it!; *(mahnend)* use your head [, will you!]; **laut ~** to think out loud
nach·denk·lich ['na:xdɛŋklɪç] *adj* pensive; **jdn ~ machen** to make sb think
Nach·denk·lich·keit <-> *f kein pl* pensiveness *no art, no pl*
Nach·druck[1] *m kein pl* emphasis *no pl*; [besonderen] **~ auf etw** *akk* **legen** to place [special] emphasis on sth; **mit** [allem] **~ ... vigour; etw mit ~ sagen** to say sth emphatically
Nach·druck[2] <-[e]s, -e> *m* VERLAG ❶ *(nachgedrucktes Werk)* reprint ❷ *kein pl (das Nachdrucken)* reprinting *no art, no pl* **nach|dru·cken** *vt* VERLAG ❶ *(abermals drucken)* to reprint ❷ *(abdrucken)* to reproduce **nach·drück·lich** ['na:xdrʏklɪç] I. *adj* insistent; *Warnung* firm II. *adv* firmly
Nach·durst *m (nach übermäßigem Alkoholgenuss)* dehydration **nach|ei·fern** *vi (geh)* ▪**jdm ~** to emulate sb **nach|ei·len** *vi sein* ▪**jdm ~** to hurry after sb **nach·ein·an·der** [na:x'ʔaɪ'nandɐ] *adv* one after another; **kurz/schnell ~** in quick/rapid succession **nach|emp·fin·den*** *vt irreg* ▪**etw ~ können** to be able to sympathize with sth; ▪**jdm ~ können, dass/wie er/ sie ...** to be able to understand that/how

sb ... **nach|er·zäh·len*** *vt* to retell **Nach·er·zäh·lung** *f* SCH account; *(geschrieben a.)* written account *(of something heard/read)*
Nach·fahr(in) <-en *o* -s, -en> ['na:xfa:ɐ̯] *m(f) (geh)* s. **Nachkomme**
nach|fah·ren *vi irreg sein* ❶ *(hinterherfahren)* ▪**jdm ~** to follow sb ❷ *(im Nachhinein folgen)* ▪**jdm** [irgendwohin] **~** to follow sb on [somewhere] **nach|fei·ern** *vt* to celebrate later **Nach·fol·ge** *f kein pl* succession (**in** in); **jds ~ antreten** to succeed sb **nach·fol·gend** *adj (geh)* following
Nach·fol·ger(in) <-s, -> *m(f)* successor **nach|for·schen** *vi* to make [further] inquiries (**in** about); ▪**~, ob/wann/wie/ wo ...** to find out whether/when/how/ where ... **Nach·for·schung** *f* inquiry; *(polizeilich)* investigation; [**in etw** *dat*] **~en anstellen** to make inquiries/carry out investigations [into sth] **Nach·fra·ge** *f* ❶ ÖKON demand (**nach** for); **die ~ steigt/ sinkt** demand is increasing/falling ❷ *(Erkundigung)* inquiry; **danke der ~!** nice of you to ask! **nach|fra·gen** *vi* to inquire
nach|füh·len *vt* ▪[jdm] **etw ~** to sympathize with sb; **ich kann dir das ~** I know how you must feel; ▪**jdm ~ können, dass/wie er/sie ...** to be able to understand that/how sb ... **nach·füll·bar** *adj* refillable **nach|fül·len** I. *vt* ❶ *(noch einmal füllen)* to refill ❷ s. **nachgießen** II. *vi* ▪[jdm] **~** to top up [*or* AM off] sb *sep fam*
Nach·füll·pack <-s, -s> *m*, **Nach·füll·pa·ckung** *f* refill pack
nach|ge·ben *irreg* I. *vi* ❶ *(einlenken)* ▪[jdm/etw] **~** to give way [to sb/sth] ❷ *(zurückweichen)* to give way ❸ BÖRSE *Aktien* to fall II. *vt* ▪**jdm etw ~** to give sb some more of sth **Nach·ge·bühr** *f* excess postage *no pl* **Nach·ge·burt** *f* ❶ *(ausgestoßene Plazenta)* afterbirth *no pl* ❷ *kein pl (Vorgang der Ausstoßung)* expulsion of the afterbirth **nach|ge·hen** *vi irreg sein* ❶ *(hinterhergehen)* ▪**jdm ~** to follow sb ❷ *(zu langsam gehen) Uhr* to be slow ❸ *(zu ergründen suchen)* ▪**etw** *dat* **~** to look into sth ❹ *(form: ausüben)* to practise; *Interessen* to pursue **nach·ge·macht** *adj* imitation; ▪**es Geld** counterfeit money **Nach·ge·schmack** *m* aftertaste; [**bei jdm**] **einen bitteren ~ hinterlassen** to leave a nasty taste [in sb's mouth]
nach·ge·wie·se·ner·ma·ßen *adv* as has been proved
nach·gie·big ['na:xgi:bɪç] *adj* ❶ *(leicht nachgebend)* compliant, accommodating;

■ **jdm gegenüber** ~ **sein** to be soft [on sb] ❷ (*auf Druck nachgebend*) pliable, yielding *attr*
Nach·gie·big·keit <-> *f kein pl* softness *no art, no pl*
nach|gie·ßen *irreg* **I.** *vt* ■ [**jdm**] **etw** ~ to give sb some more of sth **II.** *vi* ■ [**jdm**] ~ to top up [*or* AM off] sb *sep fam;* **darf ich** ~ **?** would you like some more? **nach|grü·beln** *vi* to think (**über** about) **nach|gu·cken** *vi* (*fam*) to [take a] look (**in** in) **nach|ha·ken** *vi* (*fam*) to dig deeper (**mit** with) **Nach·hall** *m* echo **nach|hal·len** *vi* in *Schlussakkord* to reverberate
nach·hal·tig ['naːxhaltɪç] **I.** *adj* ❶ (*dauerhaft*) lasting ❷ ÖKOL sustainable **II.** *adv* **jdn** ~ **beeindrucken/beeinflussen** to leave a lasting impression/have a lasting influence on sb
Nach·hal·tig·keit <-> *f kein pl* ÖKOL sustainability
nach|hän·gen *vi irreg* ■ **etw** *dat* ~ to lose oneself in sth
Nach·hau·se·weg [naːxˈhaʊzəveːk] *m* way home
nach|hel·fen *vi irreg* ❶ (*zusätzlich beeinflussen*) to help along *sep;* ■ **mit etw** *dat* ~ to help things along with sth ❷ (*auf die Sprünge helfen*) ■ **jdm/etw** ~ to give sb/ sth a helping hand
nach·her [naːxˈheːɐ, ˈnaːxheːɐ] *adv* ❶ (*danach*) afterwards ❷ (*irgendwann später*) later; **bis** ~ **!** see you later! ❸ (*fam: womöglich*) ~ **behauptet er noch, dass** ... he might just claim [that] ...
Nach·hil·fe *f* private tuition [*or* AM *usu* tutoring] **Nach·hil·fe·stun·de** *f* private lesson
Nach·hin·ein ▸ **im** ~ looking back; (*nachträglich*) in retrospect
Nach·hol·be·darf *m* additional requirements *pl;* **einen** [**großen**] ~ **haben** to have a lot to catch up on
nach|ho·len *vt* ❶ (*aufholen*) to make up for ❷ (*nachkommen lassen*) ■ **jdn** ~ to let sb join one later
Nach·hut <-, -en> *f* MIL rearguard BRIT
nach|ja·gen *vi sein* ❶ (*zu erreichen trachten*) to pursue ❷ (*eilends hinterherlaufen*) to chase after **nach|kau·fen** *vt* to buy later
Nach·kom·me <-n, -n> [ˈnaːxkɔmə] *m* descendant
nach|kom·men *vi irreg sein* ❶ (*danach folgen*) to follow on; ■ **jdn** ~ **lassen** to let sb join one later; **sein Gepäck** ~ **lassen** to have one's luggage sent on ❷ (*Schritt halten*) to keep up (**mit** with) ❸ (*erfüllen*) to fulfil; *Anordnung, Pflicht* to carry out *sep;* *Forderung* to meet ❹ (*als Konsequenz folgen*) to follow as a consequence ❺ SCHWEIZ (*verstehen*) to follow
Nach·kom·men·schaft <-, -en> *f* (*geh*) descendants *pl*
Nach·kömm·ling <-s, -e> [ˈnaːxkœmlɪŋ] *m* (*Nachzügler*) latecomer; (*Kind*) afterthought *hum;* (*Nachkomme*) descendant
nach|kon·trol·lie·ren* *vt* to check over *sep* (**auf** for); ■ ~ **, ob/wann/wie ...** to check whether/when/how ... **Nach·kriegs·zeit** *f* post-war period
Nach·lass^RR <-es, -e *o* -lässe>, **Nach·laß**^ALT <-lasses, -lasse *o* -lässe> [ˈnaːxlas, *pl* ˈnaːxlɛsə] *m* ❶ (*hinterlassene Werke*) unpublished works *npl* ❷ (*hinterlassener Besitz*) estate ❸ (*Preis*~) discount (**auf** on)
nach|las·sen *irreg* **I.** *vi* ❶ (*schwächer werden*) to diminish; *Druck, Schmerz* to ease off; *Gehör, Sehkraft* to deteriorate; *Interesse* to wane; *Nachfrage* to drop [off]; *Sturm* to die down ❷ *in der Leistung schlechter werden* to deteriorate in one's performance ❸ (*aufhören*) to stop; **nicht** ~ **!** keep it up! **II.** *vt* [**jdm**] **10 % vom Preis** ~ to give [sb] a 10% discount
nach·läs·sig [ˈnaːxlɛsɪç] **I.** *adj* careless; *Arbeit* slipshod *pej* **II.** *adv* carelessly
Nach·läs·sig·keit <-, -en> *f* ❶ *kein pl* (*nachlässige Art*) carelessness *no art, no pl* ❷ (*nachlässige Handlung*) negligence *no art, no pl*
nach|lau·fen *vi irreg sein* (*a. fig*) ■ **jdm** ~ to run after sb **nach|le·sen** *vt irreg* to read up on **nach|lie·fern** *vt* ❶ (*später liefern*) to deliver at a later date ❷ (*später abgeben*) to hand in *sep* at a later date **nach|lö·sen I.** *vt* ■ **eine Fahrkarte/einen Zuschlag** ~ to buy a ticket/a supplement on the train **II.** *vi* to pay on the train **nach|ma·chen** *vt* ❶ (*imitieren*) to imitate ❷ (*nachahmen*) ■ **jdm etw** ~ to copy sth from sb ❸ (*fälschen*) to forge ❹ (*fam: nachträglich anfertigen*) to make up *sep* **nach|mes·sen** *irreg* **I.** *vt* to measure again **II.** *vi* to check; ■ **das N**~ checking; **der Fehler ist mir erst beim N**~ **aufgefallen** I only noticed the mistake whilst checking through **Nach·mie·ter(in)** *m(f)* next tenant *no indef art*
nach·mit·tag^ALT *adv s.* **Nachmittag**
Nach·mit·tag [ˈnaːxmɪtaːk] *m* afternoon; **am/bis zum** [**frühen/späten**] ~ in the/ until the [early/late] afternoon; **im Laufe des** ~ **s** during [the course of] the afternoon

nach·mit·tags *adv* ❶ (*am Nachmittag*) in the afternoon ❷ (*jeden Nachmittag*) in the afternoons

Nach·mit·tags·vor·stel·lung *f* matinee [performance]

Nach·nah·me <-, -n> ['naːxnaːmə] *f* cash [*or* AM *also* collect] on delivery *no art, no pl;* **etw per ~ schicken** to send sth COD

Nach·na·me *m* surname, family name; **wie hießen Sie mit ~n?** what's your surname?

nach|plap·pern *vt* (*fam*) to parrot *pej*

nach·prüf·bar *adj* verifiable **nach|prü·fen** I. *vt* ❶ (*etw überprüfen*) to verify, to check ❷ SCH (*nachträglich prüfen*) ■ **jdn ~** to examine sb at a later date; (*nochmals prüfen*) to re-examine sb II. *vi* to verify; ■ **~, ob/wann/wie ...** to verify whether/when/how ... **nach|rech·nen** I. *vi* to check again II. *vt* to check **Nach·re·de** *f* JUR **üble ~** defamation [of character] *form*, slander **nach|re·den** *vt* ❶ (*wiederholen*) to repeat ❷ (*nachsagen*) **jdm übel ~** to speak ill of sb **nach|rei·chen** *vt* ■ **[jdm] etw ~** to hand sth [to sb] later

Nach·richt <-, -en> ['naːxrɪçt] *f* ❶ MEDIA news *no indef art, + sing vb;* ■ **eine ~** a news item; ■ **die ~en** the news *+ sing vb* ❷ (*Mitteilung*) news *no indef art, + sing vb;* ■ **eine ~** a piece of news; **jdm ~ geben** to let sb know

Nach·rich·ten·agen·tur *f* news agency **Nach·rich·ten·dienst** *m* ❶ (*Geheimdienst*) intelligence *no art, no pl* [service] ❷ *s.* Nachrichtenagentur **Nach·rich·ten·ma·ga·zin** *nt* news magazine **Nach·rich·ten·sen·dung** *f* news broadcast **Nach·rich·ten·sper·re** *f* news embargo **Nach·rich·ten·spre·cher(in)** *m(f)* newscaster, BRIT *also* newsreader

Nach·ruf *m* obituary

Nach·ruhm *m* posthumous fame *no art, no pl form* **nach|rüs·ten** I. *vt* to update; *Computer* to upgrade II. *vi* MIL to deploy new arms **Nach·rüs·tung** *f kein pl* ❶ TECH modernization ❷ MIL deployment of new arms **nach|sa·gen** *vt* ❶ (*von jdm behaupten*) ■ **jdm etw ~** to say sth of sb; **es wird ihr nachgesagt, dass sie eine bösartige Intrigantin sei** they say that she is a nasty schemer; **ich lasse mir von dieser Frau nicht ~, dass ich lüge** I'm not having that woman say I'm a liar ❷ (*nachsprechen*) ■ **[jdm] etw ~** to repeat sth [sb said] **Nach·sai·son** [-zɛˌzõː, -zɛˌzɔŋ] *f* off-season **nach|schau·en** I. *vt* to look up *sep* II. *vi* ❶ (*nachschlagen*) ■ **~, ob/wie ...** to [have a] look whether/how ... ❷ (*nachsehen*) ■ **~ [, ob ...]** to [have a] look [and see] [whether ...] **nach|schen·ken** (*geh*) I. *vt* ■ **[jdm] etw ~** to top up [*or* AM off] sb's glass *sep* II. *vi* ■ **[jdm] ~** to top up [*or* AM off] sb *sep fam;* **darf ich ~?** may I top you up? *fam* **nach|schi·cken** *vt* ❶ (*nachsenden*) ■ **[jdm] etw ~** to forward sth [to sb] ❷ (*hinterdrein schicken*) ■ **jdm jdn ~** to send sb after sb **nach|schie·ßen** *vt irreg* FIN (*fam*) ■ **etw ~** to give sth additionally; *Geld* to pump additional cash into sth **Nach·schlag** *m von Essen* second helping **nach|schla·gen** *irreg* I. *vt* to look up *sep* (**in** in) II. *vi* ❶ *haben* (*nachlesen*) ■ **[in etw** *dat*] **~** to consult sth ❷ *sein* (*geh: jdm ähneln*) ■ **jdm ~** to take after sb **Nach·schla·ge·werk** *nt* reference book **Nach·schlüs·sel** *m* duplicate key **Nach·schub** <-[e]s, Nachschübe> ['naːxʃuːp, *pl* 'naːxʃyːbə] *m pl selten* ❶ MIL [new] supplies *npl* ❷ (*fam: zusätzlich erbetene Verpflegung*) second helpings *pl* **nach|se·hen** *irreg* I. *vi* ❶ (*mit den Blicken folgen*) ■ **jdm/etw ~** to follow sb/sth with one's eyes; (*mit Bewunderung/Sehnsucht a.*) to gaze after sb/sth ❷ (*nachschlagen*) to look it up ❸ (*prüfen*) ■ **~, ob/wo ...** to [have a] look whether/where ... II. *vt* ❶ (*nachschlagen*) to look up *sep* ❷ (*kontrollieren*) to check; **etw auf Fehler hin ~** to check sth for defects/errors ❸ (*geh: verzeihen*) ■ **jdm etw ~** to forgive sb for sth

Nach·se·hen <-s> *nt kein pl* ▶ **[bei/in etw** *dat*] **das ~ haben** to be left standing [in sth]; (*leer ausgehen*) to be left empty-handed [in sth]; (*keine Chance haben*) to not get a look-in

Nach·sen·de·an·trag *f* application to have one's mail forwarded

nach|sen·den *vt irreg* ■ **jdm etw ~** to forward sth to sb; ■ **sich** *dat* **etw ~ lassen** to have sth forwarded to one['s new address]

Nach·sicht <-> *f kein pl* leniency *no art, no pl;* [**mehr**] (*geh*) to be [more] lenient; **ohne ~** without mercy

nach·sich·tig I. *adj* lenient; (*verzeihend*) merciful II. *adv* leniently

Nach·sil·be *f* suffix **nach|sin·nen** *vi irreg* to ponder (**über** over) **nach|sit·zen** *vi irreg* SCH ■ **~ müssen** to have detention; ■ **jdn ~ lassen** to give sb detention

Nach·spann <-s, -e> *m* FILM, TV credits *npl*

Nach·spei·se *f* dessert; ■ **als ~** for dessert **Nach·spiel** *nt* ❶ THEAT epilogue; MUS closing section ❷ (*unangenehme Folgen*) consequences *pl;* **ein ~ haben** to have consequences **nach|spi·o·nie·ren*** *vi* (*fam*) to spy on **nach|spre·chen** *irreg* **I.** *vt* ■ [jdm] **etw ~** to repeat sth [after sb] **II.** *vi* ■ **jdm ~** to repeat after sb

nächst ['nɛːçst] *präp* +*dat* (*geh*) ■ **~ jdm** (*örtlich am nächsten*) beside [*or* next to] sb; (*außer*) apart [*or esp* Am aside] from sb

nächst·bes·te(r, s) ['nɛːçstˌbɛstə] *adj attr* ■ **der/die/das ~ ...** the first ... one/sb sees; **die ~ Gelegenheit** the first occasion that comes along

nächs·te(r, s) ['nɛːçstə] *adj superl von* **nah(e)** ❶ *räumlich* (*zuerst folgend*) next; (*nächstgelegen*) nearest; **im ~n Haus** next door; **beim ~n Halt** at the next stop ❷ *Angehörige* close ❸ *temporal* (*darauf folgend*) next; **beim ~n Aufenthalt** on the next visit; **bis zum ~n Mal!** till the next time!; **am ~n Tag** the next day; **in den ~n Tagen** in the next few days; **in der ~n Woche** next week; **als N~s** next; **der N~, bitte!** next please!

Nächs·te(r) *f(m)* neighbour

nach|ste·hen *vi irreg* **jdm an Intelligenz/Kraft nicht ~** to be every bit as intelligent/strong as sb; ■ **jdm in nichts ~** to be sb's equal in every way **nach|stel·len I.** *vt* ❶ LING to put after; **im Französischen wird das Adjektiv [dem Substantiv] nachgestellt** in French the adjective is placed after the noun ❷ TECH (*neu einstellen*) to adjust; (*wieder einstellen*) to readjust; (*korrigieren*) to correct, to put back *sep* (**um** by) ❸ (*nachspielen*) to reconstruct **II.** *vi* ■ **jdm ~** ❶ (*geh: verfolgen*) to follow sb ❷ (*umwerben*) to pester sb

Nächs·ten·lie·be *f* compassion *no art, no pl*

nächs·tens ['nɛːçstn̩s] *adv* ❶ (*bald*) [some time] soon ❷ (*das nächste Mal*) [the] next time ❸ (*fam: womöglich*) next

nächst·ge·le·gen *adj attr* nearest **nächst·lie·gend** *adj attr* most plausible **nächst·mög·lich** ['nɛːçstˈmøːklɪç] *adj attr* ❶ *zeitlich* next possible *attr*; *Termin a.* earliest possible; *Gelegenheit* next (**bei** at) ❷ *räumlich* next possible *attr*

nach|su·chen *vi* ❶ (*durch Suchen nachsehen*) to look (**in** in) ❷ (*form: beantragen*) ■ [**bei jdm**] **um etw** *akk* **~** to request sth [of sb]

Nacht <-, Nächte> ['naxt, *pl* 'nɛçtə] *f* night; ■ **es wird ~** it's getting dark; ■ **es ist ~** it's dark; **bis weit in die ~** far into the night; **bei ~** at night; **in der ~** at night; **über ~** overnight; **über ~ bleiben** to stay the night; **diese/letzte ~** tonight/last night ▶ **bei ~ und Nebel** (*fam*) at dead of night; **die ~ zum Tage machen** to stay up all night; **gute ~!** good night!; **jdm gute ~ sagen** to say good night to sb; **zu ~ essen** SÜDD to have supper [*or* dinner]

nacht·ak·tiv *adj Tier* nocturnal *spec* **nacht·blind** *adj* suffering from night blindness *pred* **Nacht·blind·heit** <-> *f kein pl* night blindness *no pl* **Nacht·dienst** *m* night shift

Nach·teil <-[e]s, -e> ['naːxtail] *m* disadvantage; **es soll nicht Ihr ~ sein** you won't lose [anything] by it; **jdm ~e bringen** to be disadvantageous to sb; **durch etw** *akk* **~e haben** to lose out by sth; [**jdm gegenüber**] **im ~ sein** to be at a disadvantage [with sb]; **sich zu seinem ~ verändern** to change for the worse

nach·tei·lig ['naːxtailɪç] **I.** *adj* disadvantageous (**für** for) **II.** *adv* unfavourably

näch·te·lang ['nɛçtəlaŋ] *adv* for nights on end

Nacht·es·sen *nt* SÜDD, ÖSTERR, SCHWEIZ (*Abendessen*) supper **Nacht·fal·ter** *m* moth **Nacht·frost** *m* night frost **Nacht·hemd** *nt* nightdress, AM *also* nightgown

Nach·ti·gall <-, -en> ['naxtɪɡal] *f* nightingale

näch·ti·gen ['nɛçtɪɡn̩] *vi* (*geh*) to stay the night (**bei** with)

Nach·tisch *m* dessert

Nacht·klub *m s.* **Nachtlokal Nacht·la·ger** *nt* (*geh*) place to sleep [for the night] **Nacht·le·ben** *nt* nightlife *no indef art, no pl*

nächt·lich ['nɛçtlɪç] *adj attr* nightly

Nacht·licht *nt* glowlight, pluglight **Nacht·lo·kal** *nt* nightclub **Nacht·mensch** *m* night person **Nacht·por·tier** [-pɔrtieː] *m* night porter **Nacht·quar·tier** *nt* s. **Nachtlager**

Nach·trag <-[e]s, -träge> ['naːxtraːk, *pl* -trɛːɡə] *m* ❶ (*im Brief*) postscript ❷ *pl* (*Ergänzung*) supplement

nach|tra·gen *vt irreg* ❶ (*nachträglich ergänzen*) to add (**zu** to) ❷ (*nicht verzeihen können*) ■ **jdm etw [nicht] ~** to [not] hold sth against sb; ■ **jdm ..., dass ...** to hold it against sb that ... ❸ (*hinterhertragen*) ■ **jdm etw ~** to carry sth after sb

nach·tra·gend ['naːxtraːɡn̩t] *adj* unforgiving

nach·träg·lich ['naːxtrɛːklɪç] **I.** *adj* later; (*verspätet*) belated **II.** *adv* later, belatedly

nach|trau·ern *vi* ■ **jdm/etw ~** to mourn after sb/sth
Nacht·ru·he *f* night's rest *no pl*
nachts ['naxts] *adv* at night; **montags ~** [on] Monday nights
Nacht·schat·ten·ge·wächs *nt* solanum *spec* **Nacht·schicht** *f* night shift; **~ haben** to be on night shift **Nacht·schwär·mer** *m* ZOOL moth **Nacht·schwär·mer(in)** *m(f)* (*veraltend*) night owl *fam* **Nacht·schwes·ter** *f* night nurse
nachts·über ['naxts?y:bɐ] *adv* at night
Nacht·ta·rif *m* off-peak rate; *von Verkehrsmittel* night fares *pl* **Nacht·tisch** *m* bedside table **Nacht·tisch·lam·pe** *f* bedside lamp **Nacht·topf** *m* chamber pot **Nacht·tre·sor** *m* night safe **Nacht-und-Ne·bel-Ak·ti·on** *f* cloak-and-dagger operation **Nacht·wa·che** *f* night duty *no art, no pl* **Nacht·wäch·ter(in)** *m(f)* ❶ (*Aufsicht*) night guard ❷ HIST (*städtischer Wächter*) [night] watch
Nach·un·ter·su·chung *f* follow-up examination
nach·voll·zieh·bar *adj* comprehensible; **es ist für mich nicht ganz ~, wie ...** I don't quite understand how ...
nach·voll·zie·hen* *vt irreg* to understand
nach|wach·sen *vi irreg sein* ❶ (*erneut wachsen*) to grow back ❷ (*neu aufwachsen*) to grow in place **Nach·wahl** *f* POL by-election **Nach·we·hen** *pl* ❶ (*nach der Entbindung*) afterpains *npl* ❷ (*geh: üble Folgen*) painful aftermath **nach|wei·nen** *vi* ■ **jdm/etw ~** to mourn after sb/sth
Nach·weis <-es, -e> ['na:xvaɪ̯s, *pl* -vaɪ̯zə] *m* ❶ (*Beweis des Behaupteten*) proof *no art, no pl;* **zum ~ einer S.** *gen* as proof of sth ❷ (*Beweis*) proof *no art, no pl,* evidence *no art, no pl* ❸ ÖKOL evidence *no art, no pl*
nach·weis·bar I. *adj* ❶ (*beweisbar*) provable; ■ **es ist ~, dass/warum/wie ...** it can be proved that/why/how ... ❷ ÖKOL evident II. *adv* provably
nach|wei·sen *vt irreg* ❶ (*den Nachweis erbringen*) to establish proof of sth; ■ **jdm ~, dass ...** to give sb proof that ... ❷ (*beweisen*) ■ **jdm etw ~** to prove that sb has done sth ❸ ÖKOL to detect (**in** in)
nach·weis·lich ['na:xvaɪ̯slɪç] I. *adj* provable II. *adv* provably
Nach·welt *f kein pl* ■ **die ~** posterity
nach|wer·fen *vt irreg* ❶ (*hinterherwerfen*) ■ **jdm etw ~** to throw sth after sb ❷ (*zusätzlich einwerfen*) ■ **etw ~** to throw in *sep* more of/another sth **nach|wir·ken**
vi ❶ (*verlängert wirken*) to continue to have an effect ❷ (*als Eindruck anhalten*) ■ [**in jdm**] **~** to continue to have an effect [on sb] **Nach·wir·kung** *f* after-effect; (*fig*) consequence **Nach·wort** <-worte> *nt* epilogue
Nach·wuchs *m kein pl* ❶ (*fam: Kinder*) offspring *hum* ❷ (*junge Fachkräfte*) young professionals *pl*
nach|zah·len I. *vt* ❶ (*etw nachträglich entrichten*) to pay extra *sep* ❷ (*etw nachträglich bezahlen*) ■ **jdm etw ~** to pay sb sth at a later date II. *vi* to pay extra **nach|zäh·len** *vt, vi* to check **Nach·zah·lung** *f* ❶ (*nachträglich*) back payment ❷ (*zusätzlich*) additional payment
nach|zeich·nen *vt* to copy **nach|zie·hen** *irreg* I. *vt* ❶ (*nachträglich anziehen*) to tighten up *sep* ❷ (*hinter sich herziehen*) to drag behind one ❸ (*noch einmal zeichnen*) to go over; **sich** *dat* **die Augenbrauen ~** to pencil in *sep* one's eyebrows; **sich** *dat* **die Lippen ~** to paint over *sep* one's lips II. *vi sein* to follow (**mit** with)
Nach·züg·ler(in) <-s, -> ['na:xtsy:klɐ] *m(f)* late arrival
Na·cke·dei <-[e]s, -e *o* -s> ['nakədaɪ̯] *m* (*hum fam*) little bare monkey
Na·cken <-s, -> ['nakn̩] *m* ANAT neck ▶ **jdm im ~ sitzen** to breathe down sb's neck
na·ckend ['naknt] *adj* (*fam*) *s*. **nackt**
Na·cken·haar *nt meist pl* hair[s *pl*] on the back of one's neck **Na·cken·schmerz** *m* neck pain [*or* ache] **Na·cken·stüt·ze** *f* ❶ (*Stütze für den Nacken*) headrest ❷ MED surgical collar
na·ckig ['nakɪç] *adj* (*fam*) *s*. **nackt**
nackt ['nakt] I. *adj* ❶ (*unbekleidet*) naked, nude ❷ (*bloß, kahl*) bare ❸ (*unverblümt*) naked; *Tatsachen* bare; *Wahrheit* plain II. *adv* naked
Nackt·ba·de·strand *m* nudist beach
Nackt·heit <-> *f kein pl* nudity *no art, no pl*
Na·del <-, -n> ['na:dl̩] *f* ❶ (*Näh~*) needle; **eine ~ einfädeln** to thread a needle ❷ (*Zeiger*) needle ❸ BOT needle ▶ **an der ~ hängen** (*sl*) to be hooked on heroin
Na·del·baum *m* conifer **Na·del·dru·cker** *m* dot-matrix printer *spec* **Na·del·kis·sen** *nt* pincushion **Na·del·öhr** *nt* ❶ (*Teil einer Nadel*) eye of a/the needle ❷ (*fig*) narrow passage **Na·del·stich** *m* ❶ (*Nähen*) stitch ❷ (*Piksen*) prick **Na·del·strei·fen·an·zug** *m* pinstripe [suit] **Na·del·wald** *m* coniferous forest

Na·gel[1] <-s, Nägel> ['naːgl, pl 'nɛːgl] m (*Metallstift*) nail ▶ **den ~ auf den Kopf treffen** to hit the nail on the head; **Nägel mit Köpfen machen** to do the thing properly; **etw an den ~ hängen** to chuck [in *sep*] sth

Na·gel[2] <-s, Nägel> ['naːgl, pl 'nɛːgl] m (*Finger~*) nail ▶ **jdm brennt es unter den Nägeln[, etw zu tun]** (*fam*) sb is dying to [do sth]; **sich** *dat* **etw unter den ~ reißen** (*sl*) to snaffle sth

Na·gel·bürs·te f nailbrush **Na·gel·fei·le** f nail file **Na·gel·haut** f cuticle **Na·gel·lack** m nail polish **Na·gel·lack·ent·fer·ner** m nail polish remover

na·geln ['naːgln] I. vt to nail (**an** to, **auf** [on]to) II. vi to hammer nails

na·gel·neu ['naːgl'nɔy] adj (*fam*) brand-new **Na·gel·sche·re** f nail scissors npl

na·gen ['naːgn] I. vi ① (*mit den Nagezähnen beißen*) to gnaw (**an** at) ② (*schmerzlich wühlen*) ■ **an jdm ~** to nag [at] sb II. vt to gnaw (**durch** through, **von** off)

na·gend ['naːgnt] adj nagging; *Hunger* gnawing

Na·ger <-s, -> m, **Na·ge·tier** nt rodent

nah ['naː] adj **von ~ und fern** from near and far

Nah·auf·nah·me f close-up (**von** of)

na·he <näher, nächste> ['naːə] I. adj ① *räumlich* nearby, close [by] *pred*; **von ~m** from close up ② *zeitlich* near, approaching ③ (*eng*) close; ■ **jdm ~ sein** to be close to sb II. adv ① *räumlich* nearby, close [by]; ■ **~ an/bei etw** *dat* close to sth; **~ beieinander** close together ② *zeitlich* close ③ (*fast*) ■ **~ an etw** *dat* almost sth ④ (*eng*) closely; **~ mit jdm verwandt sein** to be a close relative of sb ▶ **daran sein, etw zu tun** to be close to doing sth; **jdm zu ~ treten** to offend sb III. *präp* +*dat* ■ **~ etw** *dat* near to sth

Nä·he <-> ['nɛːə] f kein pl ① (*geringe Entfernung*) proximity *no pl form*; **aus der ~** from close up, near ② (*Anwesenheit*) ■ **jds** ~ sb's closeness; **jds ~ brauchen** to need sb [to be] close [to one]; **in jds ~** close to sb ③ (*naher Zeitpunkt*) closeness *no pl*

na·he·bei ['naːə'bai] adv nearby **na·he|ge·hen** vt irreg sein ▶ **jdm ~** to upset sb **na·he|kom·men** irreg sein I. vt **jdm/etw zu ~** to get too close to sb/sth II. vr sich *dat*/einander **~** to become close **na·he|le·gen** vt ▶ **jdm ~, etw zu tun** to advise sb to do sth **na·he|lie·gend** adj natural; **~ sein** to seem to suggest itself, to be obvious; **aus ~en Gründen** for obvious reasons; **das N~e** the obvious thing to do

na·hen ['naːən] (*geh*) I. vi sein to approach II. vr (*veraltend*) ■ **sich [jdm] ~** to approach sb (**mit** with)

nä·hen ['nɛːən] I. vt ① (*zusammen~*) to sew (**auf** onto) ② MED to stitch II. vi ■ **[an etw** *dat*] **~** to sew [sth]; **das N~ lernte sie von ihrer Großmutter** she learned to sew from her grandmother

nä·her ['nɛːɐ] I. adj comp von **nahe** ① (*in geringerer Entfernung*) nearer, closer ② (*kürzer bevorstehend*) closer, sooner *pred*; *Zukunft* near ③ (*detaillierter*) further attr; **die ~en Umstände sind leider nicht bekannt** the precise circumstances are not known ④ (*enger*) closer; *Verwandte* immediate II. adv comp von **nahe** ① (*in geringerem Abstand*) closer, nearer, **kommen Sie ~!** come closer! ② (*eingehender*) in more detail; **etw ~ untersuchen** to examine sth more closely; **etw ~ ansehen** to have a closer look at sth; **sich ~ mit etw** *dat* **befassen** to go into sth in greater detail ③ (*enger*) closer; **jdn/etw ~ kennen** to know sb/sth well; **jdn/etw ~ kennen lernen** to get to know sb/sth better; **mit etw** *dat* **~ vertraut sein** to know more about sth

Nä·her(in) <-s, -> m(f) sewer *masc*, seamstress *fem*

nä·her|brin·gen vt irreg ■ **jdm etw ~** to bring sth home to sb

Nah·er·ho·lungs·ge·biet nt local holiday spot

nä·her|kom·men vi irreg ① (*vertrauter werden*) ■ **jdm ~** to get on closer terms with sb ② (*genauer entsprechen*) ■ **einer Sache** *dat* [**schon**] **~** to be nearer the mark **nä·her|lie·gen** vi irreg (*sich eher anbieten*) *Lösung, Vorgehen* to make more sense

nä·hern ['nɛːɐn] vr ① (*näher herankommen*) ■ **sich [jdm/etw] ~** to approach [sb/sth] ② (*geh: einen Zeitpunkt erreichen*) ■ **sich etw** *dat* **~** to get close to sth; **unser Urlaub nähert sich seinem Ende** our holiday is drawing to an end

na·he|ste·hen vr irreg ▶ **sich** *dat* **~** to be close

na·he·zu ['naːə'tsuː] adv almost, virtually **Näh·garn** nt cotton

Nah·kampf m close combat

Näh·käst·chen <-s, -> nt sewing box ▶ **aus dem ~ plaudern** (*fam*) to give out private gossip **Näh·kas·ten** m sewing box

nahm [naːm] *imp von* **nehmen**

Näh·ma·schi·ne f sewing machine **Näh·na·del** f [sewing] needle

Nah·ost [naːˈʔɔst] m kein pl the Middle East

Nähr·bo·den m ① BIOL culture medium ② (Boden) breeding ground

näh·ren [ˈnɛːən] I. vt ① (füttern) to feed ② Befürchtungen, Erwartungen, Hoffnungen to nourish II. vi to be nourishing

nahr·haft adj nutritious

Nähr·stoff m nutrient

Nah·rung <-> [ˈnaːrʊŋ] f kein pl food; **flüssige/feste ~** liquids/solids pl

Nah·rungs·ket·te f food chain **Nah·rungs·mit·tel** nt food **Nah·rungs·mit·tel·al·ler·gie** f food allergy **Nah·rungs·mit·tel·in·dus·trie** f kein pl food industry **Nah·rungs·mit·tel·in·to·le·ranz** f MED food intolerance **Nah·rungs·mit·tel·ver·gif·tung** f food poisoning

Nähr·wert m nutritional value

Näh·sei·de f sewing silk BRIT, silk thread AM

Naht <-, Nähte> [ˈnaːt, pl ˈnɛːtə] f ① (bei Kleidung) seam ② MED suture spec ③ TECH weld

naht·los I. adj ① (lückenlos) smooth ② MODE seamless II. adv smoothly

Nah·ver·kehr m local traffic; **der öffentliche ~** local public transport **Nah·ver·kehrs·mit·tel** pl means pl of local public transport **Nah·ver·kehrs·zug** m local train

Näh·zeug nt sewing kit

na·iv [naˈiːf] adj naive

Na·i·vi·tät <-> [najviˈtɛːt] f kein pl naivety no pl

Na·me <-ns, -n> [ˈnaːmə] m ① (Personenname) name; **auf jds ~n** in sb's name; **in jds ~n** on behalf of sb; **im ~n des Gesetzes** in the name of the law; **im ~n des Volkes** in the name of the people; **er ist mir nur mit ~n bekannt** I only know him by name ② (Benennung) name ③ (Ruf) name; **sich dat einen ~n als etw machen** to make a name for oneself as sth

na·men·los I. adj ① (anonym) nameless; Helfer, Spender anonymous ② (geh: unbeschreiblich) unspeakable ③ Artikel, Produkt no-name attr II. adv (geh) terribly

na·mens [ˈnaːməns] I. adv by the name of II. präp +gen (form) in the name of

Na·mens·ge·dächt·nis nt kein pl memory for names **Na·mens·schild** nt nameplate; (an Kleidung) name badge **Na·mens·tag** m Saint's day **Na·mens·vet·ter** m namesake

na·ment·lich [ˈnaːməntlɪç] I. adj by name; **~e Abstimmung** roll call vote II. adv ① (mit Namen) by name ② (insbesondere) in particular

nam·haft adj ① (beträchtlich) substantial ② (berühmt) famous

näm·lich [ˈnɛːmlɪç] adv ① (und zwar) namely ② (denn) because; **entschuldigen Sie mich bitte, ich erwarte ~ noch einen anderen Anruf** please excuse me, [but] you see, I'm expecting another call

nann·te [ˈnantə] imp von nennen

Na·no·tech·nik <-, -en> [ˈnaːnotɛçnɪk] f nanotechnology, nanotech

na·nu [naˈnuː] interj what's this?

Napf <-[e]s, Näpfe> [ˈnapf, pl ˈnɛpfə] m bowl

Napf·ku·chen m pound cake

Nar·be <-, -n> [ˈnarbə] f scar

nar·big [ˈnarbɪç] adj scarred

Nar·ko·se <-, -n> [narˈkoːzə] f MED anaesthesia BRIT

Nar·ko·se·mit·tel nt anaesthetic BRIT

Nar·ko·ti·kum <-s, -kotika> [narˈkoːtikʊm, pl narˈkoːtika] nt MED narcotic

nar·ko·ti·sie·ren* [narkotiˈziːrən] vt to drug

Narr, När·rin <-en, -en> [ˈnar, ˈnɛrɪn] m, f ① (Dummkopf) fool ② HIST (Hof~) court jester ▸ **jdn zum ~en halten** to make a fool of sb; **sich zum ~en machen** to make a fool of oneself

nar·ren [ˈnarən] vt (veraltend geh) ① (zum Narren halten) ■ jdn ~ to make a fool of sb ② (täuschen) ■ jdn ~ to fool sb

Nar·ren·frei·heit f ▸ **~ haben** to have the freedom to do whatever one wants **Nar·ren·haus** nt madhouse **Nar·ren·kap·pe** f ① (Karnevalsmütze) cap worn by carnival office-bearers ② HIST fool's cap **nar·ren·si·cher** adj foolproof

När·rin <-, -nen> [ˈnɛrɪn] f fem form von Narr

när·risch [ˈnɛrɪʃ] adj ① (veraltend: verrückt) ■ **wie ~** (geh) like mad ② (fam: versessen) ■ [ganz] **~ auf jdn/etw sein** to be mad about sb/sth

Nar·zis·se <-, -n> [narˈtsɪsə] f narcissus

Nar·ziss·mus^{RR} <->, **Nar·ziß·mus**^{ALT} <-> [narˈtsɪsmʊs] m kein pl narcissism

nar·ziss·tisch^{RR} adj, **nar·ziß·tisch**^{ALT} adj narcissistic

na·sal [naˈzaːl] adj nasal

Na·sal <-s, -e> [naˈzaːl] m, **Na·sal·laut** m nasal [sound]

na·schen [ˈnaʃn] I. vi (Süßigkeiten essen) to eat sweats; **habe ich dich wieder beim N~ erwischt?** did I catch you eating

sweets again?; **etwas zum N~** something sweet **II.** vt (verspeisen) to nibble
nasch·haft adj fond of sweet things
Nasch·kat·ze f (fam) person with a sweet tooth
Na·se <-, -n> ['naːzə] f ANAT nose; **jds ~ läuft** sb has a runny nose; **sich** dat **die ~ putzen** to blow one's nose ▸ **jdm etw auf die ~ binden** (fam) to tell sb sth; **sich an seine eigene ~ fassen** (fam) to blame oneself; **auf die ~ fliegen** (fam) to fall flat on one's face; **jdm eins auf die ~ geben** (fam) to punch sb on the nose; **sich eine goldene ~ verdienen** to earn a fortune; **die ~ vorn haben** to be one step ahead; **jdn [mit etw** dat**] an der ~ herumführen** (fam) to lead sb on; **jdm auf der ~ herumtanzen** (fam) to walk all over sb; **seine ~ in alles stecken** (fam) to stick one's nose into everything; [**immer**] **der ~ nach** (fam) follow your nose; **pro ~** (hum fam) per head; **jdm etw unter die ~ reiben** (fam) to rub sb's nose in it; **die ~ von jdm/etw voll haben** (fam) to be fed up with sb/sth; **jdm etw vor der ~ wegschnappen** (fam) to take sth from right under sb's nose; **jdm etw aus der ~ ziehen** (fam) to get sth out of sb
nä·seln ['nɛːzl̩n] vi to talk through one's nose
Na·sen·bein nt nasal bone **Na·sen·bluten** <-s> nt kein pl nosebleed; **~ haben** to have a nosebleed **Na·sen·flü·gel** m side of the nose **Na·sen·kor·rek·tur** f rhinoplasty, nose job fam **Na·sen·län·ge** f ▸ **mit einer ~** by a nose; **jdm eine ~ voraus sein** to be a hair's breadth in front of sb **Na·sen·loch** nt nostril **Na·sen·rücken** m bridge of the nose **Na·sen·schleim·haut** f mucous membrane of the nose **Na·sen·spit·ze** f ANAT tip of the nose ▸ **jdm etw an der ~ ansehen** to be able to tell sth from sb's face **Na·sen·spray** m o nt nasal spray **Na·sen·tropfen** pl nose drops **Na·sen·wur·zel** f bridge [of the nose]
na·se·weis ['naːzəvaɪs] adj (fragend) nosey fam; Kind bes precocious
Na·se·weis <-es, -e> ['naːzəvaɪs] m cheeky monkey BRIT fam; (Besserwisser) know-all esp BRIT fam, wise guy AM fam
Nas·horn nt rhino[ceros]
nass^{RR} <-er o nässer, -este o nässeste> ['nas] adj, **naß**^{ALT} <nasser o nässer, nasseste o nässeste> ['nas] adj wet; **sich ~ machen** (fam) to get oneself wet; **~ geschwitzt** soaked with sweat pred

Nas·sau·er(in) <-s, -> ['nasaʊɐ] m(f) (pej fam) scrounger
Näs·se <-> ['nɛsə] f kein pl wetness; **vor ~ triefen** to be dripping wet
näs·sen ['nɛsn̩] **I.** vi to weep **II.** vt to wet
nass·kalt^{RR} adj cold and damp **Nass·ra·sur**^{RR} f ■ **eine ~** a wet shave
Na·ti·on <-, -en> [naˈtsi̯oːn] f nation; **die Vereinten ~en** the United Nations
na·ti·o·nal [natsi̯oˈnaːl] adj ❶ (die Nation betreffend) national ❷ (patriotisch) nationalist ❸ (nationalistisch) nationalistic
Na·ti·o·nal·fei·er·tag m national holiday **Na·ti·o·nal·hym·ne** f national anthem
Na·ti·o·na·lis·mus <-> [natsi̯onaˈlɪsmʊs] m kein pl nationalism no pl
Na·ti·o·na·list(in) <-en, -en> [natsi̯onaˈlɪst] m(f) nationalist
na·ti·o·na·lis·tisch I. adj nationalist[ic] **II.** adv nationalistically
Na·ti·o·na·li·tät <-, -en> [natsi̯onaliˈtɛːt] f ❶ (Staatsangehörigkeit) nationality ❷ (Volkszugehörigkeit) ethnic origin
Na·ti·o·nal·mann·schaft f national team **Na·ti·o·nal·park** m national park **Na·ti·o·nal·rat** m kein pl SCHWEIZ National Council; ÖSTERR National Assembly **Na·ti·o·nal·so·zi·a·lis·mus** m HIST National Socialism **na·ti·o·nal·so·zi·a·lis·tisch** adj HIST Nazi, National Socialist **Na·ti·o·nal·spie·ler(in)** m(f) national player **Na·ti·o·nal·ver·samm·lung** f National Assembly
NATO, Na·to <-> ['naːto] f kein pl Akr von **North Atlantic Treaty Organization**: ■ **die ~** NATO
Na·tri·um <-s> ['naːtri̯ʊm] nt kein pl sodium no pl
Na·tron <-s> ['naːtrɔn] nt kein pl sodium bicarbonate no pl
Nat·ter <-, -n> ['natɐ] f adder
Na·tur <-, -en> [naˈtuːɐ̯, pl naˈtuːrən] f ❶ kein pl BIOL nature no pl ❷ kein pl (Landschaft) countryside no pl; **die freie ~** the open countryside ❸ (geh: Art) nature; **in der ~ von etw** dat **liegen** to be in the nature of sth ❹ (Wesensart) nature; **sie hat eine empfindsame ~** she has a sensitive nature; **von ~ aus** by nature
Na·tu·ra·li·en [-li̯ən] pl natural produce; **in ~** in kind
Na·tu·ra·lis·mus <-> [naturaˈlɪsmʊs] m kein pl naturalism no pl
Na·tu·ra·list(in) <-en, -en> [naturaˈlɪst, pl -lɪsdn̩] m(f) KUNST naturalist
na·tu·ra·lis·tisch adj ❶ (geh: wirklichkeitsgetreu) naturalistic ❷ KUNST naturalist
Na·tur·denk·mal nt natural monument

Na·tu·rell <-s, -e> [natu'rɛl] *nt* (*geh*) temperament

Na·tur·er·eig·nis *nt* natural phenomenon **na·tur·far·ben** *adj* natural-coloured **Na·tur·fa·ser** *f* natural fibre **Na·tur·for·scher(in)** *m(f)* natural scientist **Na·tur·freund(in)** *m(f)* nature lover **na·tur·ge·mäß** I. *adj* natural II. *adv* ① (*natürlich*) naturally ② (*der Natur entsprechend*) in accordance with nature **Na·tur·ge·setz** *nt* law of nature **na·tur·ge·treu** *adj* true to life **Na·tur·heil·kun·de** *f* natural healing **Na·tur·heil·mit·tel** *nt* natural medicine **Na·tur·ka·ta·stro·phe** *f* natural disaster **Na·tur·kost** *f kein pl* natural food *no pl* **Na·tur·kost·la·den** *m* natural food[stuffs *npl*] shop **Na·tur·kreis·lauf** *m* natural cycle **Na·tur·kun·de** *f* SCH (*veraltet*) natural history

na·tür·lich [na'ty:ɐ̯lɪç] I. *adj* natural II. *adv* ① (*selbstverständlich*) naturally, of course; ~! of course! ② (*in der Natur*) naturally

Na·tür·lich·keit <-> *f kein pl* naturalness *no pl*

Na·tur·park *m* national park **Na·tur·pro·dukt** *nt* natural product **Na·tur·schutz** *m* [nature] conservation; **unter** ~ **stehen** to be under conservation **Na·tur·schutz·ge·biet** *nt* nature reserve **Na·tur·ta·lent** *nt* natural talent **na·tur·ver·bun·den** *adj* nature-loving **na·tur·ver·träg·lich** *adj* ecofriendly **Na·tur·volk** *nt* primitive people **Na·tur·wis·sen·schaft** *f* ① (*Wissenschaft*) natural sciences *pl* ② (*Fach der* ~) natural science **Na·tur·wis·sen·schaft·ler(in)** *m(f)* natural scientist **na·tur·wüch·sig** [na'tu:ɐ̯vy:ksɪç] *adj* natural

Nau·tik <-> ['naʊtɪk] *f kein pl* ① (*Schifffahrtskunde*) nautical science ② (*Navigation*) navigation *no pl*

nau·tisch ['naʊtɪʃ] *adj* nautical

Na·vi <-s, -s> ['navi, 'na:vi] *nt* (*fam*) *Abk von* **Navigationsgerät** satnav *fam*, sat nav *fam*

Na·vi·ga·ti·on <-> [naviga:'tsi̯o:n] *f kein pl* navigation *no pl*

Na·vi·ga·ti·ons·ge·rät *nt*, **Na·vi·ga·ti·ons·sys·tem** *nt* navigation system; (*tragbares Gerät*) portable GPS

Na·vi·ga·tor, -to·rin <-s, -en> [navi'ga:to:ɐ̯, -'to:rɪn, *pl* -'to:rən] *m*, *f* navigator, navigation officer

na·vi·gie·ren* [navi'gi:rən] I. *vi* to navigate (**nach** +*dat* according to) II. *vt* ■**etw** ~ to navigate sth

Na·zi <-s, -s> ['na:tsi] *m* Nazi

Na·zis·mus <-> [na'tsɪsmʊs] *m kein pl* HIST Nazism

NC <-[s], -s> [ɛn'tse:] *m Abk von* **Numerus clausus** numerus clausus

n. Chr. *Abk von* **nach Christus** AD

ne ['ne:] *adv* (*fam*) no

'ne ['nə] *art indef*(*fam*) *kurz für* **eine** a

Ne·an·der·ta·ler <-s, -> [ne'andəta:lɐ] *m* Neanderthal man

Ne·a·pel <-s> [ne'a:pl̩] *nt* Naples

Ne·bel <-s, -> ['ne:bl̩] *m* ① METEO fog; **bei** ~ in foggy conditions ② ASTRON nebula

ne·be·lig ['ne:bəlɪç] *adj* foggy

Ne·bel·schein·wer·fer *m* fog-light **Ne·bel·schwa·den** *pl* wafts of mist *pl*

ne·ben ['ne:bn̩] *präp* ① +*akk, dat* (*an der Seite*) beside, next to ② +*dat* (*außer*) apart from ③ +*dat* (*verglichen mit*) ■~ **jdm/etw** compared with [*or* to]

ne·ben·an [ne:bn̩'ʔan] *adv* (*unmittelbar daneben*) next-door

Ne·ben·an·schluss^{RR} *m* TELEK extension **Ne·ben·be·deu·tung** *f* secondary meaning

ne·ben·bei [ne:bn̩'bai̯] *adv* ① (*neben der Arbeit*) on the side ② (*beiläufig*) incidentally; ~ **[bemerkt]** by the way

Ne·ben·be·mer·kung *f* incidental remark **Ne·ben·be·ruf** *m* second job **ne·ben·be·ruf·lich** I. *adj* **eine** ~**e Tätigkeit** a second job II. *adv* as a second job **Ne·ben·be·schäf·ti·gung** *f* sideline **Ne·ben·buh·ler(in)** <-s, -> *m(f)* rival

ne·ben·ein·an·der [ne:bn̩ʔai̯'nandɐ] *adv* ① (*Seite an Seite*) side by side ② (*zugleich*) simultaneously, at the same time

ne·ben·ein·an·der|set·zen *vt* ■**sich** ~ to sit [down] next to each other

Ne·ben·ein·gang *m* side entrance **Ne·ben·er·schei·nung** *f* side effect **Ne·ben·fach** *nt* subsidiary [subject] **Ne·ben·fluss**^{RR} *m* tributary **Ne·ben·ge·bäu·de** *nt* ① (*untergeordnet*) outbuilding ② (*benachbart*) neighbouring building **Ne·ben·ge·räusch** *nt* [background] noise **Ne·ben·hand·lung** *f* sub-plot

ne·ben·her [ne:bn̩'he:ɐ̯] *adv* in addition **Ne·ben·ho·den** *m meist pl* epididymis **Ne·ben·höh·le** *f* ANAT sinus **Ne·ben·job** [-dʒɔp] *m* (*fam*) *s*. **Nebenbeschäftigung** **Ne·ben·kla·ge** *f* ancillary suit **Ne·ben·klä·ger(in)** *m(f)* joint plaintiff **Ne·ben·kos·ten** *pl* ① (*zusätzliche Kosten*) additional costs *pl* ② (*Betriebskosten*) running costs *pl* **Ne·ben·mann** <-es, -männer *o* -leute> *m* neighbour **Ne·ben·pro·dukt** *nt* CHEM by-product **Ne·ben·**

raum *m* ❶ (*Raum nebenan*) next room ❷ (*kleiner, nicht als Wohnraum genutzter Raum*) storage room **Ne·ben·rol·le** *f* FILM, THEAT supporting role **Ne·ben·sa·che** *f* trivial matter; ~ **sein** to be irrelevant

ne·ben·säch·lich *adj* irrelevant

Ne·ben·säch·lich·keit <-, -en> *f* triviality

Ne·ben·sai·son *f* off-season **Ne·ben·satz** *m* LING subordinate clause ▶ **im** ~ in passing **Ne·ben·stra·ße** *f* side street **Ne·ben·ver·dienst** *m* additional income **Ne·ben·wir·kung** *f* side effect **Ne·ben·zim·mer** *nt* next room

ne·blig ['neːblɪç] *adj s.* **neb(e)lig**

nebst ['neːpst] *präp* +*dat* (*veraltend*) together with

ne·bu·lös [nebuˈløːs] I. *adj* (*geh*) nebulous II. *adv* vaguely

Ne·ces·saire <-s, -s> [nɛsɛˈsɛːɐ̯] *nt* ❶ (*Kulturbeutel*) vanity bag ❷ (*Nagel~*) manicure set

ne·cken ['nɛkn̩] *vt* to tease

ne·ckisch *adj* ❶ (*schelmisch*) mischievous ❷ (*fam: kess*) saucy

nee ['neː] *adv* (*fam*) no

Nef·fe <-n, -n> ['nɛfə] *m* nephew

ne·ga·tiv ['neːgatiːf] I. *adj* negative II. *adv* negatively

Ne·ga·tiv <-s, -e> ['neːgatiːf, *pl* 'neːgatiːvə] *nt* negative

Ne·ger(in) <-s, -> ['neːgɐ] *m(f)* (*pej*) nigger *pej*

Ne·ger·kuss^{RR} *m* (*veraltend, pej*) chocolate marshmallow

ne·gie·ren* [neˈgiːrən] *vt* ❶ (*geh: leugnen*) to deny ❷ LING to negate

ne·gro·id [negroˈiːt] *adj* negroid

neh·men <nahm, genommen> ['neːmən] *vt* ❶ (*ergreifen*) to take ❷ (*wegnehmen*) ■ [**jdm**] **etw** ~ to take sth [away] [from sb] ❸ (*verwenden*) *Milch, Zucker* to take; *Pfeffer, Salz* to use; **davon braucht man nur ganz wenig zu** ~ you only need to use a small amount ❹ (*annehmen*) to accept ❺ (*verlangen*) to ask (**für** for); **was nimmst du dafür?** what do you want for it? ❻ (*wählen*) to take ❼ TRANSP to take; **heute** ~ **ich lieber den Bus** I'll take the bus today ❽ (*einnehmen*) to take; **etw zu sich** *dat* ~ (*geh*) to partake of sth ❾ (*vergehen lassen*) **jdm die Furcht/die Bedenken/die Hoffnung/den Spaß** ~ to take away sb's fear/doubts/hope/fun ❿ (*überwinden*) to overcome ▶ **etw auf sich** ~ to take sth upon oneself; **jdn** ~, **wie er ist** to take sb as he is; **etw nehmen, wie es kommt** to take sth as it comes; **sich** *dat* **etw nicht** ~ **lassen** to not be robbed of sth; **es sich** *dat* **nicht** ~ **lassen, etw zu tun** to insist on doing sth; **woher** ~ **und nicht stehlen?** (*fam*) where on earth is one going to get that from?; **jdn zu** ~ **wissen** to know how to take sb

Neid <-[e]s> ['naɪt] *m kein pl* jealousy, envy (**auf** of); [**jds**] ~ **erregen** to make sb jealous; **grün vor** ~ green with envy; **vor** ~ **platzen können** to go green with envy ▶ **das muss jdm der** ~ **lassen** (*fam*) you've got to hand it to sb

nei·den ['naɪdn̩] *vt* ■ **jdm etw** ~ to envy sb [for] sth

Nei·der(in) <-s, -> *m(f)* jealous person

neid·er·füllt ['naɪdɐfʏlt] I. *adj* (*geh*) filled with envy II. *adv* enviously

Neid·ham·mel *m* (*fam*) **du alter** ~! you're just jealous!

nei·disch ['naɪdɪʃ], **nei·dig** ['naɪdɪç] SÜDD, ÖSTERR I. *adj* jealous, envious II. *adv* jealously, enviously

neid·los I. *adj* unbegrudging II. *adv* unbegrudgingly

Nei·ge <-, -n> ['naɪgə] *f* (*Flüssigkeitsrest*) remains; **etw bis zur** ~ **leeren** to drain sth to the dregs ▶ **zur** ~ **gehen** (*geh*) to draw to an end

nei·gen ['naɪgn̩] I. *vr* ❶ (*sich beugen*) ■ **sich zu jdm** ~ to lean over to sb; **sich nach hinten/vorne/rechts/zur Seite** ~ to lean backwards/forwards/to the right/to the side ❷ (*schräg abfallen*) ■ **etw neigt sich ich** slopes ❸ (*geh: sich niederbeugen*) to bow down ❹ (*kippen*) ■ **sich** ~ to tilt II. *vt* ❶ (*beugen*) to bend ❷ (*geh: kippen*) to tilt III. *vi* ❶ (*anfällig sein*) ■ **zu etw** *dat* ~ to be prone to sth ❷ (*tendieren*) ■ **zu etw** *dat* ~ to tend to sth; **du neigst zu Übertreibungen** you tend to exaggerate

Nei·gung <-, -en> *f* ❶ (*Vorliebe*) inclination ❷ (*Zuneigung*) affection ❸ (*Tendenz*) tendency; **du hast eine** ~ **zur Ungeduld** you have a tendency to be impatient ❹ (*Gefälle*) slope ❺ BAU pitch

Nei·gungs·win·kel *m* angle of inclination

nein ['naɪn] *adv* ❶ (*Negation*) no; **o** ~! certainly not! ❷ (*sogar*) no ❸ **fragend du wirst dem Kerl doch nicht helfen,** ~? you won't help this guy, will you? ❹ (*ach*) well; ~, **wen haben wir denn da?** well, who have we got here then? ▶ ~, **so was!** oh no!

Nein <-s> ['naɪn] *nt kein pl* no

Nein·sa·ger(in) <-s, -> [-zaːgɐ] *m(f)* person who always says no **Nein·stim·me** *f* no[-vote]

Nek·tar <-s, -e> ['nɛktar] *m* nectar

Nek·ta·ri·ne <-, -n> [nɛkta'riːnə] *f* nectarine

Nel·ke <-, -n> ['nɛlkə] *f* ① BOT carnation ② KOCHK clove

'nen ['nən] *art indef(fam) kurz für* **einen** a

nen·nen <nannte, genannt> ['nɛnən] **I.** *vt* ① (*benennen, anreden*) to call ② (*bezeichnen*) to call; **wie nennt man das?** what do you call that? [*or* is that called?] ③ (*mitteilen*) **ich nenne Ihnen einige Namen** I'll give you a few names; **können Sie mir einen guten Anwalt ~?** can you give me the name of a good lawyer?; **das genannte Restaurant ...** the restaurant mentioned ... ▶ **das nenne ich ...** I call that ... **II.** *vr* (*heißen*) ■ **sich ~** to call oneself ▶ **und so was nennt sich ...!** (*fam*) and they call that a ...!; **du bist gemein! Und so was nennt sich Freundin!** you're mean! And you call yourself a friend!

nen·nens·wert *adj* considerable; ■ **etwas/nichts N~es** sth/nothing worth mentioning

Nen·ner <-s, -> *m* MATH denominator; **der kleinste gemeinsame ~** the lowest common denominator

Nen·nung <-, -en> *f* naming

Nenn·wert *m* ① BÖRSE nominal value ② FIN (*von Währung*) denomination

Neo·fa·schis·mus <-> ['neːofaʃɪsmʊs] *m kein pl* neo-fascism *no pl*

Neo·lo·gis·mus <-, -gismen> [neolo'gɪsmʊs, *pl* -'gɪsmən] *m* neologism

Ne·on <-s> ['neːɔn] *nt kein pl* neon *no pl*

Neo·na·zi <-s, -s> ['neːonaˌtsi] *m kurz für* **Neonazist** neo-Nazi

Ne·on·licht *nt* neon light **Ne·on·re·kla·me** *f* neon sign **Ne·on·röh·re** *f* strip light

Ne·pal <-s> ['neːpal, ne'paːl] *nt* Nepal; *s. a.* **Deutschland**

Ne·pa·le·se, **Ne·pa·le·sin** <-n, -n> [nepa'leːzə, nepa'leːzɪn] *m, f*, **Nepaler(in)** <-s, -> [ne'paːlɐ] *m(f)* Nepalese; *s. a.* **Deutsche(r)**

ne·pa·le·sisch [nepa'leːzɪʃ] *adj* Nepalese; *s. a.* **deutsch**

Nepp <-s> ['nɛp] *m kein pl* (*fam*) rip-off

nep·pen ['nɛpn̩] *vt* (*fam*) ■ **jdn ~** to rip sb off

Nep·tun <-s> [nɛp'tuːn] *m* Neptune; ■ **der ~** Neptune

Nerv <-s *o* -en, -en> ['nɛrf, *pl* 'nɛrfn̩] *m* ANAT nerve ▶ **~en wie Drahtseile haben** (*fam*) to have nerves of steel; **die ~en behalten** to keep calm; **jdm auf die ~en gehen** (*fam*) to get on sb's nerves; **gute/schlechte ~en haben** to have strong/bad nerves; **du hast vielleicht ~en!** you've got a nerve!

ner·ven ['nɛrfn̩] *vt, vi (fam)* to irritate

Ner·ven·arzt, **-ärz·tin** *m, f* neurologist **ner·ven·auf·rei·bend** *adj* nerve-racking **Ner·ven·be·las·tung** *f* nervous strain **Ner·ven·bün·del** *nt* (*fam*) bundle of nerves **Ner·ven·gas** *nt* nerve gas **Ner·ven·heil·an·stalt** *f* (*veraltend*) mental hospital **Ner·ven·kit·zel** <-s, -> *m* (*fam*) thrill **Ner·ven·kos·tüm** *nt* (*fam*) nerves *pl* **Ner·ven·krank·heit** *f* (*physisch*) disease of the nervous system; (*psychisch*) mental illness **Ner·ven·krieg** *m* war of nerves **Ner·ven·nah·rung** *f* food for the nerves **Ner·ven·pro·be** *f* trial of nerves **Ner·ven·sa·che** *f* [eine/reine] **~ sein** (*fam*) to be all a question of nerves **Ner·ven·sä·ge** *f* (*fam*) pain in the neck **Ner·ven·sys·tem** *nt* nervous system **Ner·ven·zel·le** *f* nerve cell **Ner·ven·zen·trum** *nt* nerve centre **Ner·ven·zu·sam·men·bruch** *m* nervous breakdown

ner·vig ['nɛrfɪç] *adj* ① (*sl: nervenaufreibend*) irritating ② (*veraltend geh*) wiry

nerv·lich I. *adj* nervous *attr* **II.** *adv* ① (*psychisch*) **jd ist ~ erschöpft/belastet** sb's nerves are at a breaking point/strained ② (*in der psychischen Verfassung*) **~ bedingt** nervous

ner·vös [nɛr'vøːs] *adj* nervous; ■ **~ sein/werden** to be/become nervous

Ner·vo·si·tät <-> [nɛrvozi'tɛːt] *f kein pl* nervousness

nerv·tö·tend ['nɛrftøːtənt] *adj* (*fam*) nerve-racking

Nerz <-es, -e> ['nɛrts] *m* mink

Nes·sel¹ <-, -n> ['nɛsl̩] *f* BOT nettle ▶ **sich in die ~n setzen** (*fam*) to put one's foot in it

Nes·sel² <-s, -> ['nɛsl̩] *m* MODE untreated cotton

Nes·ses·sär^RR <-s, -s> [nɛsɛ'sɛːɐ̯] *nt* ① (*Kulturbeutel*) vanity bag ② (*Nagel~*) manicure set

Nest <-[e]s, -er> ['nɛst] *nt* ① (*Brutstätte*) *a.* ORN nest ② (*fam: Kaff*) hole ▶ **das eigene ~ beschmutzen** to foul one's own nest; **sich ins gemachte ~ setzen** (*fam*) to have got it made

Nest·be·schmut·zung *f* fouling one's own nest **Nest·häk·chen** <-s, -> *nt* (*fam*) baby of the family **Nest·wär·me** *f* warmth and security

Ne·ti·quet·te <-, -n> [nɛti'kɛtə] *f* INET netiquette

nett ['nɛt] *adj* ① (*liebenswert*) nice; **sei so**

~ **und** ... would you mind ...; **er war so ~ und hat mich nach Hause gebracht** he was so kind as to take me home ❷ (*angenehm*) nice ❸ (*beträchtlich*) nice; **ein ~es Sümmchen** a tidy sum [of money] ❹ (*iron fam: unerfreulich*) nice; **das sind ja ~e Aussichten!** what a nice prospect!
net·ter·wei·se [nɛtɐˈvaizə] *adv* kindly
Net·tig·keit <-, -en> [ˈnɛtɪçkait] *f* ❶ *kein pl* (*Liebenswürdigkeit*) kindness ❷ (*liebenswürdige Bemerkung*) kind words *pl* ❸ *pl* (*iron: boshafte Bemerkung*) insult
net·to [ˈnɛto] *adv* net
Net·to·ein·kom·men *nt* net income **Net·to·ge·wicht** *nt* net weight
Netz <-es, -e> [nɛts] *nt* ❶ (*Fischer~*) net ❷ (*Einkaufs~*) string bag ❸ (*Gepäck~*) [luggage] rack ❹ (*Haar~*) hair net ❺ SPORT net; **ins ~ gehen** to go into the net; *Tennisball* to hit the net ❻ (*Spinnen~*) web ❼ ELEK, TELEK (*Leitungs~*) network; (*landesweites Stromversorgungssystem*) [national] grid BRIT, [national] power supply system AM ❽ (*Funkverbindung, -signal*) **ein ~ haben** to be getting a signal; **kein ~ haben** to be not getting a signal ❾ *kein pl* INFORM, INET network; ■ **das ~** the Net ❿ TRANSP system ▸ **jdm ins ~ gehen** to fall into sb's trap; **das soziale ~** the social net
Netz·an·schluss^RR *m* ❶ (*Anschluss an das Stromnetz*) mains *npl* [*or* AM *power*] supply ❷ (*Anschluss an ein Kommunikationsnetz*) telephone line connection
netz·ar·tig *adj* netlike
Netz·au·ge *nt* compound eye **Netz·ge·rät** *nt* mains receiver BRIT, power supply unit AM **Netz·haut** *f* retina **Netz·hemd** *nt* string vest **Netz·ste·cker** *m* mains *npl* [*or* AM *power*] plug **Netz·strumpf** *m* fish-net stocking **Netz·werk** *nt a.* INFORM network; **soziales ~** social network **netz·wer·ken** *vi* (*fam*) to network **Netz·wer·ker(in)** *m(f)* SOZIOL (*fam*) networker
neu [nɔy] I. *adj* ❶ (*gerade produziert/erworben/vorhanden*) new; **das ist die ~e/~este Mode!** it's the new/latest fashion!; ■ **etwas/nichts Neues** something/nothing new; ■ **der/die Neue** the newcomer; **ein ~eres System** a more up to date system; ■ **das N~este** the latest [thing]; ■ **jdm ~ sein** to be news to sb; **was gibt's Neues?** (*fam*) what's new?; **seit ~[e]stem** [since] recently; **von ~em** all over again ❷ (*frisch*) fresh ❸ (*abermalig*) new; **einen ~en Anfang machen** to make a fresh start; **einen ~en Anlauf nehmen** to have another go; **einen ~en Versuch machen** to have another try ▸ **auf ein N~es!** here's to a fresh start!; (*Neujahr*) here's to the New Year! II. *adv* ❶ (*von vorn*) **~ bearbeitet** MEDIA revised; **~ anfangen** to start all over again; **etw ~ gestalten** to redesign ❷ (*zusätzlich*) anew; **die Firma will 33 Mitarbeiter ~ einstellen** the firm wants to employ 33 new employees ❸ (*erneut*) again ❹ (*seit kurzem da*) **~ entwickelt** newly-developed; **~ eröffnet** newly opened; (*erneut eröffnet*) re-opened
Neu·an·kömm·ling <s, -e> *m* newcomer **Neu·an·schaf·fung** *f* ❶ (*Anschaffung von etw Neuem*) new acquisition ❷ (*neu Angeschafftes*) recent acquisition
neu·ar·tig *adj* ❶ (*von neuer Art*) new ❷ (*nach neuer Methode*) new type of **Neu·ar·tig·keit** <-> *f kein pl* novelty
Neu·auf·la·ge *f* ❶ *kein pl* (*Neuausgabe*) new edition ❷ (*Nachdruck*) reprint **Neu·bau** <-bauten> [ˈnɔybau, *pl* -bautn] *m* ❶ *kein pl* (*die neue Errichtung*) [new] building ❷ (*neu erbautes Gebäude*) new building **Neu·bau·ge·biet** *nt* development area; (*schon bebaut*) area of new housing **Neu·bau·woh·nung** *f* newly-built flat [*or* AM *also* apartment] **Neu·be·ar·bei·tung** *f* ❶ MEDIA (*erneutes Bearbeiten*) revision ❷ MEDIA (*revidierte Fassung*) revised edition ❸ MUS, THEAT new version **Neu·be·ginn** *m* new beginning **Neu·be·wer·tung** *f* re-assessment; ÖKON revaluation **Neu·bil·dung** *f* ❶ (*Umbildung*) reshuffle ❷ LING neologism ❸ MED neoplasm **Neu-De·lhi** <-s> [nɔyˈdeːli] *nt* New Delhi **Neu·ein·stel·lung** *f* ❶ *eines Videorekorders, Computers etc.* resetting, retuning ❷ *eines Arbeitnehmers* new appointment, hiring **Neu·ent·wick·lung** *f* new development
neu·er·dings [ˈnɔyɐdɪŋs] *adv* recently
neu·er·lich [ˈnɔyɐlɪç] I. *adj* further II. *adv* (*selten*) again
Neu·er·öff·nung *f* ❶ (*neue Eröffnung*) new opening ❷ (*Wiedereröffnung*) re-opening **Neu·er·schei·nung** *f* new publication **Neu·e·rung** <-, -en> [ˈnɔyərʊŋ] *f* reform **Neu·fas·sung** *f* ❶ *kein pl* (*Vorgang*) revising; *eines Films* remaking ❷ (*neue Version*) new version; *eines Films* remake
Neu·fund·land [nɔyˈfʊntlant] *nt* Newfoundland
neu·ge·bo·ren *adj* newly born; **wie ~** like a new man/woman **Neu·ge·bo·re·ne(s)** *nt* newborn

Neu·gier(**·de**) <-> ['nɔygiːɐ̯(də)] *f kein pl* curiosity

neu·gie·rig I. *adj* ❶ *(auf Informationen erpicht)* curious; **sei nicht so ~!** don't be so nosey! ❷ *(gespannt)* ■**~ sein, ob/ wie ...** to be curious to know, whether/ how ... II. *adv* curiously

Neu·gui·nea <-s> [-gi'neːa] *nt* New Guinea

Neu·hei·de, -hei·din *m, f* REL Druid

Neu·heit <-, -en> ['nɔyhait] *f* ❶ *(Neusein)* novelty ❷ ÖKON innovation

Neu·ig·keit <-, -en> ['nɔyɪçkait] *f* news

Neu·ins·ze·nie·rung *f* new production

Neu·jahr *nt kein pl (der erste Januar)* New Year ▶**prost ~!** here's to the New Year! **Neu·jahrs·tag** *m* New Year's Day

Neu·ka·le·do·ni·en <-s> [nɔyka-le'doːni̯ən] *nt* New Caledonia

Neu·land *nt kein pl* AGR uncultivated land ▶**~ betreten** to enter unknown territory

neu·lich ['nɔylɪç] *adv* the other day

Neu·ling <-s, -e> ['nɔylɪŋ] *m* beginner

neu·mo·disch I. *adj* ❶ *(sehr modern)* fashionable ❷ *(pej: unverständlich neu)* new-fangled II. *adv* fashionably

Neu·mond *m kein pl* new moon

neun ['nɔyn] *adj* nine; *s. a.* **acht**[1]

Neun <-, -en> ['nɔyn] *f* nine

Neun·au·ge ['nɔynʔaugə] *nt* ZOOL lamprey

neu·ner·lei ['nɔynɐˈlai̯] *adj attr* nine [different]; *s. a.* **achterlei**

neun·fach, 9·fach ['nɔynfax] I. *adj* ninefold; **die ~e Menge** nine times the amount; *s. a.* **achtfach** II. *adv* ninefold, nine times over; *s. a.* **achtfach neun·hun·dert** ['nɔyn'hʊndɐt] *adj* nine hundred

neun·mal ['nɔynmaːl] *adv* nine times

neun·mal·klug ['nɔynmaːlkluːk] *adj (iron fam)* smart-aleck *attr* **neun·tau·send** ['nɔyn'tau̯znt] *adj* ❶ *(Zahl)* nine thousand ❷ *(fam: Geldsumme)* nine grand *no pl*

neun·te(**r, s**) ['nɔyntə(ɐ, s)] *adj* ❶ *(nach dem achten kommend)* ninth; **die ~ Klasse** fourth year [*or* AM grade] *(secondary school)*; *s. a.* **achte**(**r, s**) **1** ❷ *(Datum)* ninth, 9th; *s. a.* **achte**(**r, s**) **2**

neun·tel ['nɔntl] *nt* ninth

Neun·tel <-s, -> ['nɔyntl] *nt* ninth

neun·tens ['nɔyntəns] *adv* ninthly

neun·zehn ['nɔyntseːn] *adj* nineteen; *s. a.* **acht**[1]

neunzehnte(**r, s**) *adj* nineteenth; *s. a.* **achte**(**r, s**)

neun·zig ['nɔyntsɪç] *adj* ninety; *s. a.* **achtzig 1, 2**

neun·zig·ste(**r, s**) ['nɔyntsɪgstə] *adj* ninetieth; *s. a.* **achte**(**r, s**)

Neu·ord·nung *f* reform **Neu·ori·en·tie·rung** *f (geh)* reorientation

Neu·ral·gie <-, -n> [nɔyral'giː, *pl* nɔyral'giːən] *f* neuralgia

neur·al·gisch [nɔy'ralgɪʃ] *adj* ❶ MED neuralgic ❷ *(geh: störungsanfällig)* **ein ~er Punkt** a trouble spot

Neu·re·ge·lung *f,* **Neu·reg·lung** *f* revision; *Verkehr, Ampelphasen* new scheme **neu·reich** *adj* nouveau riche **Neu·rei·che**(**r**) *f(m)* nouveau riche **Neu·ro·chir·urg**(**in**) *m(f)* neurosurgeon

Neu·ro·chir·ur·gie ['nɔyroçirʊrgiː] *f* neurosurgery

Neu·ro·der·mi·tis <-, dermitiden> [nɔyrodɛr'miːtɪs] *f* neurodermatitis

Neu·ro·lo·ge, -lo·gin <-en, -en> [nɔyro'loːgə, -'loːgɪn] *m, f* neurologist

neu·ro·lo·gisch [nɔyro'loːgɪʃ] *adj* neurological

Neu·ron <-s, -ronen> ['nɔyrɔn, *pl* nɔy'roːnən] *nt* neuron

Neu·ro·se <-, -n> [nɔy'roːzə] *f* neurosis

Neu·ro·ti·ker(**in**) <-s, -> [nɔy'roːtikɐ] *m(f)* neurotic

neu·ro·tisch [nɔy'roːtɪʃ] *adj* neurotic

Neu·schnee *m* fresh snow

Neu·see·land [nɔy'zeːlant] *nt* New Zealand; *s. a.* **Deutschland**

Neu·see·län·der(**in**) <-s, -> [nɔy'zeːlɛndɐ] *m(f)* New Zealander; *s. a.* **Deutsche**(**r**)

neu·see·län·disch [nɔy'zeːlɛndɪʃ] *adj* New Zealand *attr,* from New Zealand *pred*

Neu·start *m* new start

Neu·tra ['nɔytra] *pl von* **Neutrum**

neu·tral [nɔy'traːl] *adj, adv* neutral

neu·tra·li·sie·ren* [nɔytrali'ziːrən] *vt* to neutralize

Neu·tra·li·sie·rung <-, -en> *f* POL, CHEM neutralization

Neu·tra·li·tät <-> [nɔytraliˈtɛːt] *f kein pl* neutrality *no pl*

Neu·tren ['nɔytrən] *pl von* **Neutrum**

Neu·tron <-s, -tronen> ['nɔytrɔn, *pl* nɔy'troːnən] *nt* neutron

Neu·tro·nen·bom·be *f* neutron bomb

Neu·trum <-s, Neutra *o* Neutren> ['nɔytrʊm, *pl* 'nɔytra, 'nɔytrən] *nt* LING neuter

Neu·ver·schul·dung *f* new borrowing

Neu·wahl *f* re-election **neu·wer·tig** *adj* as new **Neu·zeit** *f kein pl* ■ **die ~** modern times *pl* **neu·zeit·lich** I. *adj* ❶ *(der Neuzeit zugehörig)* of modern times, of the modern age [*or* era] *pred* ❷ *(modern)* modern II. *adv (modern)* modern

News·group <-, -s> ['nju:zgru:p] f newsgroup
NGO <-, -s> [ɛndʒi'ʔoː] f s. **Non-Governmental Organization** POL NGO
Ni·ca·ra·gua <-s> [nika'ra:gu̯a] nt Nicaragua; s. a. **Deutschland**
Ni·ca·ra·gu·a·ner(in) <-s, -> [nikara'gu̯a:nɐ] m(f) Nicaraguan; s. a. **Deutsche(r)**
ni·ca·ra·gu·a·nisch [nikara'gu̯a:nɪʃ] adj Nicaraguan; s. a. **deutsch**
nicht [nɪçt] I. adv ❶ (Verneinung) not; **ich weiß ~** I don't know; **ich bin es ~ gewesen** it wasn't me; **nein, danke, ich rauche ~** no thank you, I don't smoke; **~ öffentlich** attr not open to the public pred; **~ rostend** non-rusting; **~ [ein]mal** not even; **~ mehr** not any longer; **~ mehr als** no more than; **jedes andere Hemd, aber das bitte ~** any other shirt, just not that one; **bitte ~!** please don't!; **~ doch!** stop it!; **~ eine[r]** not one; **~!** don't! ❷ (verneinende Aufforderung) do not, don't II. part ❶ in Fragen (stimmt's?) isn't that right; **sie schuldet dir doch noch Geld, ~?** she still owes you money, doesn't she? ❷ in Fragen (wohl) not; **kannst du mir ~ 1.000 Euro leihen?** could you not lend me 1,000 euros?
Nicht·ach·tung f disregard; **~ des Gerichts** JUR contempt of court **Nicht·an·er·ken·nung** f ❶ POL non-recognition no pl ❷ JUR repudiation **Nicht·an·griffs·pakt** [nɪçt'ʔangrɪfs,pakt] m non-aggression pact **Nicht·be·ach·tung** f, **Nicht·be·fol·gung** f JUR non-compliance
Nich·te <-, -n> ['nɪçtə] f niece
nicht·ehe·lich adj JUR illegitimate **Nicht·ein·hal·tung** f kein pl JUR non-compliance no pl **Nicht·er·schei·nen** <-s> nt kein pl failure to appear **Nicht·eu·ro·pä·er(in)** m(f) non-European
nich·tig ['nɪçtɪç] adj ❶ JUR (ungültig) invalid ❷ (geh: belanglos) trivial
Nich·tig·keit <-, -en> f ❶ kein pl JUR (Ungültigkeit) invalidity ❷ meist pl (geh) triviality
Nicht·lei·ter m non-conductor **Nicht·mit·glied** nt non-member **Nicht·rau·cher(in)** m(f) non-smoker **Nicht·rau·cher·ab·teil** nt BAHN non-smoking area [or compartment] **Nicht·re·gie·rungs·or·ga·ni·sa·ti·on** f non-governmental organization
nicht·ros·tend [-rɔstn̩d] adj attr (fachspr) **Stahl** stainless
nichts [nɪçts] pron indef ❶ (nicht etwas) not anything; **es ist ~** it's nothing; **~ als ...** (nur) nothing but; **~ mehr** nothing more; **~ wie raus!** let's get out!; **~ sagend** meaningless; **damit will ich ~ zu tun haben** I don't want anything to do with it; **das geht Sie ~ an!** that's none of your business! ❷ vor substantiviertem adj nothing; **~ anderes [als ...]** nothing other than ...; **hoffentlich ist es ~ Ernstes** I hope it's nothing serious ▸ **~ da!** (fam) no chance!; **für ~** for nothing; **für ~ und wieder ~** (fam) for nothing [at all]
Nichts <-, -e> ['nɪçts] nt ❶ kein pl (Nichtsein) ■ das/ein ~ nothingness no pl ❷ (leerer Raum) void ❸ (Nullmenge) nothing; **aus dem ~** out of nothing; **aus dem ~ auftauchen** to show up from out of nowhere ❹ (unbedeutender Mensch) ■ ein ~ a nonentity ▸ **vor dem ~ stehen** to be left with nothing
Nicht·schwim·mer(in) m(f) non-swimmer
nichts·des·to·trotz [nɪçtsdɛsto'trɔts] adv nonetheless ▸ **aber ~, ...** but nevertheless, ...
nichts·des·to·we·ni·ger [nɪçtsdɛsto've:nɪgɐ] adv nevertheless
Nichts·nutz <-es, -e> ['nɪçtsnʊts] m (pej) good-for-nothing
nichts·nut·zig adj (pej) useless
Nichts·tun nt ❶ (das Faulenzen) idleness no pl ❷ (Untätigkeit) inactivity no pl
nichts·wür·dig <-er, -ste> adj (geh) despicable; Tat a. base
Nicht·wäh·ler(in) m(f) non-voter **Nicht·zah·lung** f non-payment
Ni·ckel <-s> ['nɪkl̩] nt kein pl nickel no pl
ni·cken ['nɪkn̩] vi ❶ (mit dem Kopf nicken) to nod; **zustimmend ~** to nod in agreement ❷ (fam: schlafen) to nod [off]
Ni·cker·chen <-s> ['nɪkɐçən] nt kein pl (fam) nap; **ein ~ machen** to take a nap
Nick·name <-s, -s> ['nɪkneːm] m INET nickname, nick
nie ['niː] adv ❶ (zu keinem Zeitpunkt) never; **~ mehr** never again; **einmal und ~ wieder** once and never again; **das hätte ich ~ im Leben gedacht** I never would have thought so; **~ und nimmer** never ever ❷ (bestimmt nicht) never
nie·der ['niːdɐ] adv down
nie·der|beu·gen vr ■ sich [zu jdm/etw] ~ to bend down [to sb/sth] **nie·der|bren·nen** irreg I. vi sein to burn down II. vt haben ■ etw ~ to burn down sth sep **nie·der·deutsch** ['niːdədɔytʃ] adj Low German **nie·der|drü·cken** vt (geh) ❶ (herunterdrücken) ■ etw ~ to press [or push] down sth sep ❷ (deprimie-

ren) ■**jdn ~** to depress sb, to make sb feel down; ■**~d** depressing **Nie·der·fre·quenz** *f* low frequency **Nie·der·gang** <-[e]s> *m kein pl* decline **nie·der·ge·drückt** *adj s.* **niedergeschlagen nie·der·ge·las·sen** [-gəlasn̩] *adj* SCHWEIZ resident **nie·der·ge·schla·gen** [-gəʃlaːgn̩] *adj* downcast **Nie·der·ge·schla·gen·heit** <-> *f kein pl* despondency *no pl* **nie·der·kni·en I.** *vi sein* to kneel [down] **II.** *vr haben* ■**sich ~** to kneel [down] (**vor** before) **nie·der·kom·men** *vi irreg sein* (*veraltend geh*) ■**mit jdm ~** to be delivered of sb

Nie·der·la·ge *f* defeat

Nie·der·lan·de ['niːdɐlandə] *pl* ■**die ~** the Netherlands; *s. a.* **Deutschland**

Nie·der·län·der(in) <-s, -> ['niːdɐlɛndɐ] *m(f)* Dutchman *masc*, Dutchwoman *fem*; *s. a.* **Deutsche(r)**

nie·der·län·disch ['niːdɐlɛndɪʃ] *adj* ❶ (*zu den Niederlanden gehörend*) Dutch ❷ (*die niederländische Sprache*) Dutch; *s. a.* **deutsch**

nie·der|las·sen I. *vr irreg* ❶ (*ansiedeln*) ■**sich irgendwo ~** to settle down somewhere ❷ (*beruflich etablieren*) ■**sich irgendwo ~** to establish oneself somewhere; **niedergelassener Arzt** registered doctor with his/her own practice ❸ (*geh: hinsetzen*) ■**sich ~** to sit down; *Vogel* to settle **II.** *vt* (*veraltend*) to lower

Nie·der·las·sung <-, -en> *f* ❶ *kein pl* (*berufliche Etablierung*) establishment *no pl* ❷ (*Zweigstelle*) branch

nie·der|le·gen I. *vt* ❶ (*hinlegen*) to put down *sep* ❷ (*aufgeben*) to give up; *Amt, Mandat* to resign; *Arbeit* to stop ❸ (*geh: schlafen legen*) **ein Kind ~** to put a child to bed ❹ (*geh: schriftlich fixieren*) ■**etw irgendwo ~** to put sth down [in writing] somewhere **II.** *vr* (*sich hinlegen*) ■**sich ~** to lie down ▶ **da legst di nieder!** SÜDD (*fam*) I'll be blowed! [*or* AM damned!]

Nie·der·le·gung <-, -en> *f* ❶ (*das Hinlegen*) laying ❷ *einer Aufgabe* resignation (+*gen* from) ❸ (*schriftliche Fixierung*) writing down ❹ (*Deponierung*) submission

nie·der|ma·chen *vt* (*fam*) ❶ (*kaltblütig töten*) to butcher ❷ (*heruntermachen*) ■**jdn/etw ~** to run sb/sth down *fam* **nie·der|met·zeln** *vt* ■**jdn ~** to massacre sb

Nie·der·ös·ter·reich ['niːdɐʔøːstəraɪç] *nt* Lower Austria **nie·der|pras·seln** *vi* to pelt [*or* rain] down **nie·der|rei·ßen** *vt irreg* to pull down *sep*

Nie·der·sach·sen <-s> ['niːdɐzaksn̩] *nt* Lower Saxony **nie·der|schie·ßen** *irreg* **I.** *vt haben* to shoot down *sep* **II.** *vi sein* (*niederstoßen*) **der Vogel schoss auf die Beute nieder** the bird swooped down on its prey **Nie·der·schlag** *m* ❶ METEO (*Regen*) rainfall *no pl*; (*Schnee*) snowfall *no pl*; (*Hagel*) hail *no pl* ❷ CHEM sediment ❸ (*schriftlich fixierter Ausdruck*) **seinen ~ in etw** *dat* **finden** (*geh*) to find expression in sth **nie·der|schla·gen** *irreg* **I.** *vt* ❶ (*zu Boden schlagen*) to floor ❷ (*unterdrücken*) to crush; *Streik* to break up; *Unruhen* to suppress ❸ (*geh*) *Augen* to lower ❹ JUR **das Verfahren ~** to quash the proceedings **II.** *vr* ■**sich ~** ❶ (*kondensieren*) to condense (**an** on) ❷ CHEM (*ausfällen*) to sediment ❸ (*zum Ausdruck kommen*) to find expression (**in** in) **nie·der|schmet·tern** *vt* ■**jdn ~** ❶ (*niederschlagen*) to send sb crashing to the ground ❷ (*fig: erschüttern*) to devastate **nie·der·schmet·ternd** ['niːdɐʃmɛtɐnt] *adj* deeply distressing; *Nachricht* devastating; **ein ~es Wahlergebnis** a crushing electoral defeat **nie·der|schrei·ben** *vt irreg* to write down *sep* **Nie·der·schrift** *f* ❶ (*Protokoll*) record ❷ *kein pl* (*das Niederschreiben*) writing down **Nie·der·span·nung** *f* low voltage **nie·der|sto·ßen** *irreg* **I.** *vt haben* to knock down **II.** *vi sein* **der Vogel stieß auf die Beute nieder** the bird swooped down on its prey

Nie·der·tracht <-> *f kein pl* ❶ (*Gesinnung*) malice ❷ (*Tat*) despicable act **nie·der·träch·tig I.** *adj* (*pej*) ❶ (*übelwollend*) contemptible; *Einstellung, Lüge, Person a.* despicable ❷ (*fam: stark*) *Kälte* extreme; *Schmerz a.* excruciating **II.** *adv* dreadfully

Nie·der·träch·tig·keit <-, -en> *f* ❶ (*niederträchtige Tat*) despicable act ❷ *kein pl s.* **Niedertracht**

Nie·de·rung <-, -en> ['niːdərʊŋ] *f* (*Senke*) lowland; (*Mündungsgebiet*) flats *pl*

nie·der|wer·fen *irreg* **I.** *vr* ■**sich** [**vor jdm**] **~** to throw oneself down [before/in front of sb] **II.** *vt* (*geh*) ❶ (*niederschlagen*) to crush ❷ (*besiegen*) to overcome ❸ (*erschüttern*) to shatter *fam*

nied·lich ['niːtlɪç] **I.** *adj* cute, sweet **II.** *adv* sweetly

nied·rig ['niːdrɪç] **I.** *adj* ❶ (*nicht hoch*) low ❷ (*gering*) low; *Betrag* small ❸ (*gemein*) base; *Herkunft* humble ❹ JUR base **II.** *adv* low

Nied·rig·ener·gie·haus *nt* low-energy house

Nied·rig·keit <-> f kein pl ❶(von Einkommen, Löhnen) low level ❷(geringe Höhe) lowness; **die ~ der Decken wirkte bedrückend** the lowness of the ceilings was oppressive ❸(fig) vileness
Nied·rig·lohn·be·reich m, **Nied·rig·lohn·sek·tor** m POL, ÖKON low-wage sector **Nied·rig·was·ser** nt kein pl METEO ❶(Ebbe) low tide [or water] ❷(niedriger Wasserstand von Flüssen) low level; **nach drei Monaten ohne Regen führen die Flüsse ~** after three months without any rain the level of the rivers is low
nie·mals ['niːmaːls] adv (emph) never
nie·mand ['niːmant] pron indef (keiner) nobody, no one; **ist denn da ~?** isn't there anyone there?; **ich will ~ en sehen** I don't want to see anybody
Nie·mands·land ['niːmantslant] nt kein pl no man's land
Nie·re <-, -n> ['niːrə] f kidney ▶ **jdm an die ~ n gehen** (fam) to get to sb
Nie·ren·be·cken nt renal pelvis **nie·ren·för·mig** adj kidney-shaped **Nie·ren·gurt** m kidney belt **Nie·ren·lei·den** nt kidney disease **Nie·ren·stein** m kidney stone **Nie·ren·ver·sa·gen** nt kein pl kidney failure no pl
nie·seln ['niːzl̩n] vi impers ■ **es nieselt** it's drizzling
Nie·sel·re·gen ['niːzl̩-] m drizzle no pl
nie·sen ['niːzn̩] vi to sneeze
Nieß·brauch ['niːsbrau̯x] m kein pl JUR [right of] usufruct **Nieß·nut·zer(in)** <-s, -> m(f) JUR usufructuary
Nie·te¹ <-, -n> ['niːtə] f ❶(Fehllos) blank ❷(fam: Versager) loser
Nie·te² <-, -n> ['niːtə] f TECH rivet
nie·ten ['niːtn̩] vt to rivet
niet- und na·gel·fest ['niːtʔʊntˈnaːɡl̩fɛst] adj ▶ **alles, was nicht ~ ist** (fam) everything that's not nailed down
Ni·ger <-s> ['niːɡɐ] nt Niger
Ni·ge·ria <-s> [niˈɡeːri̯a] nt Nigeria; s. a. **Deutschland**
Ni·ge·ri·a·ner(in) <-s, -> [niɡeˈri̯aːnɐ] m(f) Nigerian; s. a. **Deutsche(r)**
ni·ge·ri·a·nisch [niɡeˈri̯aːnɪʃ] adj Nigerian; s. a. **deutsch**
Ni·hi·lis·mus <-> [nihiˈlɪsmʊs] m kein pl nihilism no pl
Ni·hi·list(in) <-en, -en> [nihiˈlɪst] m(f) nihilist
ni·hi·lis·tisch adj nihilistic
Ni·ko·laus <-, -e o -läuse> ['nɪkolau̯s, pl -lɔy̯zə] m ❶(verkleidete Gestalt) St. Nicholas (figure who brings children presents on 6th December) ❷kein pl (Nikolaustag) St. Nicholas' Day
Ni·ko·tin <-s> [nikoˈtiːn] nt kein pl nicotine
ni·ko·tin·frei adj nicotine-free **Ni·ko·tin·ver·gif·tung** f nicotine poisoning
Nil <-s> ['niːl] m ■ **der ~** the Nile
Nil·pferd nt hippopotamus
Nim·bus <-, -se> ['nɪmbʊs, pl 'nɪmbʊsə] m ❶kein pl (geh: Aura) aura ❷(Heiligenschein) nimbus, aura
nim·mer ['nɪmɐ] adv ❶(veraltend geh: niemals) never ❷SÜDD, ÖSTERR (nicht mehr) no longer
Nim·mer·satt <-[e]s, -e> ['nɪmɐzat] m ❶(fam) glutton ❷ORN wood ibis **Nim·mer·wie·der·se·hen** [nɪmɐviːdɐˈzeːən] nt **auf ~** (fam) never to be seen again; **auf ~!** (fam) good riddance!
nimmt ['nɪmt] 3. pers pres von **nehmen**
nip·pen ['nɪpn̩] vi to sip (**an** from, **von** at)
Nip·pes ['nɪpəs, 'nɪps, 'nɪp] pl [k]nick[k]nacks pl
nir·gends ['nɪrɡn̩ts] adv, **nir·gend·wo** ['nɪrɡn̩tˈvoː] adv nowhere; **ich konnte ihn ~ finden** I couldn't find him anywhere
nir·gend·wo·hin ['nɪrɡn̩tvoˈhɪn] adv nowhere
Nir·wa·na <-[s]> [nɪrˈvaːna] nt kein pl nirvana
Ni·sche <-, -n> ['niːʃə] f niche
Ni·schen·da·sein nt BIOL, SOZIOL marginal existence
Nis·se <-, -n> ['nɪsə] f nit
nis·ten ['nɪstn̩] vi to nest
Nist·kas·ten m nesting box
Ni·trat <-[e]s, -e> [niˈtraːt] nt nitrate
Ni·tro·gly·ze·rin [nitroɡlytseˈriːn] nt kein pl nitroglycerine
Ni·veau <-s, -s> [niˈvoː] nt ❶(Anspruch) calibre; **~ haben** to have class; **kein ~ haben** to be lowbrow; **etw ist unter jds ~** dat sth is beneath sb fig; **er blieb mit diesem Buch unter seinem [üblichen] ~** this book wasn't up to his usual standard ❷(Höhe einer Fläche) level
ni·veau·los [niˈvoː-] adj primitive
ni·veau·voll adj intellectually stimulating
ni·vel·lie·ren* [nivɛˈliːrən] vt ❶(geh: einander angleichen) to even out sep ❷(planieren) to level [off/out]
Ni·vel·lie·rung <-, -en> f (geh) evening out
nix ['nɪks] pron indef (fam) s. **nichts**
Ni·xe <-, -n> ['nɪksə] f mermaid
Niz·za <-s> ['nɪtsa] nt Nice
no·bel ['noːbl̩] I. adj ❶(edel) noble ❷(lu-

xuriös) luxurious ❸ (*großzügig*) generous **II.** *adv* ❶ (*edel*) honourably ❷ (*großzügig*) generously

No·bel·ka·ros·se ['noːblkarɔsə] *f* AUTO (*pej fam*) posh [*or* AM fancy] car

No·bel·preis [noˈbɛlpraɪs] *m* Nobel prize

No·bel·preis·trä·ger(in) *m(f)* Nobel prize winner

No·bles·se <-> [noˈblɛs(ə)] *f* (*geh*) noble-mindedness

No·bo·dy <-s, -s> ['noːbodi] *m* nobody

noch [nɔx] **I.** *adv* ❶ (*bis jetzt*) still; **ein ~ ungelöstes Problem** an as yet unsolved problem; **ich rauche kaum ~** I hardly smoke any more; ■~ **nicht** not yet; ■~ **nichts** nothing yet; ■~ **nie** never; **die Sonne schien, und die Luft war klar wie ~ nie** the sun was shining and the sky was clearer than ever before; **bisher ist ~ niemand gekommen** nobody has arrived yet ❷ (*irgendwann*) some time ❸ (*nicht später als*) by the end of; **~ gestern habe ich davon nicht das Geringste gewusst** even yesterday I didn't have the slightest idea of it; **~ heute** today ❹ (*bevor etw anderes geschieht*) **bleib ~ ein wenig** stay a bit longer ❺ (*womöglich sogar*) **wir kommen ~ zu spät** we're going to end up being late ❻ (*obendrein*) in addition; **bist du satt oder möchtest du ~ etwas essen?** are you full or would you like something more to eat?; **mein Geld ist alle, hast du ~ etwas?** I don't have any money left, do you have any?; **möchten Sie ~ eine Tasse Kaffee?** would you like another cup of coffee?; ■~ **eine(r, s)** another ❼ *vor comp* (*mehr als*) even [more] ❽ *in Verbindung mit so* **er kommt damit nicht durch, mag er auch ~ so lügen** he won't get away with it, however much he lies; **du kannst ~ so bitten, ...** you can beg as much as you like ... ❾ *einschränkend* (*so eben*) just about **II.** *konj* ■**weder ... ~** neither ... nor **III.** *part* ❶ (*drückt Erregung aus*) **die wird sich ~ wundern!** she's in for a [bit of a] shock! ❷ (*drückt Empörung, Erstaunen aus*) **sag mal, was soll der Quatsch, bist du ~ normal?** what is this nonsense, are you quite right in the head? ❸ (*doch*) **wie hieß er ~ gleich?** what was his name again?

noch·ma·lig ['nɔxmaːlɪç] *adj attr* further

noch·mals ['nɔxmaːls] *adv* again

No·cken·wel·le ['nɔkn̩-] *f* camshaft

No·ma·de, No·ma·din <-n, -n> [noˈmaːdə, noˈmaːdɪn] *m, f* nomad

No·ma·den·tum <-s> *nt kein pl* nomadism *no pl*

No·men <-s, Nomina> ['noːmən, *pl* 'noːmina] *nt* LING noun

No·men·kla·tur <-, -en> [nomɛnklaˈtuːɐ̯] *f* nomenclature

No·mi·na ['noːmina] *nt pl von* **Nomen**

No·mi·na·tiv <-[e]s, -e> ['noːminatiːf, *pl* 'noːminatiːvə] *m* nominative

no·mi·nell [nomiˈnɛl] **I.** *adj* (*geh: nach außen hin*) nominal **II.** *adv* nominally; **~ ist er noch Präsident** he is still president but in name only

no·mi·nie·ren* [nomiˈniːrən] *vt* to nominate

No·mi·nie·rung <-, -en> *f* (*geh*) nomination

No-Name-Pro·dukt^RR ['noːneːm-], **No-name-Pro·dukt**^ALT ['noːneːm-] *nt* no-name [product]

non·kon·for·mis·tisch *adj* (*geh*) nonconformist

Non·ne <-, -n> ['nɔnə] *f* nun

Non·nen·klos·ter *nt* convent [of nuns]

Non·plus·ul·tra <-> [nɔnplʊsˈʔʊltra] *nt kein pl* (*geh*) ■**das ~** the ultimate

Non-Pro·fit-Un·ter·neh·men [ˌnɔnˈproːfɪt-] *nt* ÖKON not-for-profit organization

Non·sens <-[es]> ['nɔnzɛns] *m kein pl* nonsense *no pl*

non·stop [nɔnˈʃtɔp, nɔnˈstɔp] *adv* non-stop

Nord <-[e]s, -e> ['nɔrt, *pl* 'nɔrdə] *m* ❶ *kein art, kein pl bes* NAUT north; **aus** [*o* **von**] **~** from the north ❷ *pl selten* NAUT (*Nordwind*) north wind

Nord·ame·ri·ka ['nɔrtʔaˈmeːrika] *nt* North America **nord·deutsch** ['nɔrtdɔytʃ] *adj* North German **Nord·deutschland** ['nɔrtdɔytʃlant] *nt* North Germany

Nor·den <-s> ['nɔrdn̩] *m kein pl, kein indef art* ❶ (*Himmelsrichtung*) north; **im ~** in the north; **in Richtung ~** to[wards] the north; **nach ~** to the north ❷ (*nördliche Gegend*) north; **er wohnt im ~ /im ~ der Stadt/im ~ Deutschlands** he lives in the north/in the northern part of town/in North[ern] Germany

Nord·eu·ro·pa <-s> ['nɔrtʔɔyˈroːpa] *nt kein pl* northern Europe *no pl* **Nord·halb·ku·gel** *f* northern hemisphere

Nor·dic Wal·king <-s> ['nɔːdɪk wɔː-kɪŋ] *nt kein pl* SPORT Nordic walking

Nord·ir·land ['nɔrtʔɪrlant] *nt* Northern Ireland

nor·disch ['nɔrdɪʃ] *adj* Nordic

Nord·küs·te ['nɔrtkʏstə] *f* north coast
nörd·lich ['nœrtlɪç] **I.** *adj* ❶ (*Himmelsrichtung*) northern ❷ (*im Norden liegend*) northern; **weiter ~ liegen** to lie further [to the] north ❸ (*von/nach Norden*) northerly; **in ~e Richtung** northwards **II.** *adv* ■ **~ von ...** north of ... **III.** *präp +gen* ■ **~ der Alpen/der Stadt** [to the] north of the Alps/the town
Nord·licht *nt* ❶ (*Polarlicht*) ■ **das ~** the Northern Lights *pl* ❷ (*fam: Mensch aus Norddeutschland*) North German **Nord·os·ten** [nɔrt'ʔɔstn̩] *m kein pl, kein indef art* ❶ (*Himmelsrichtung*) north-east; **nach ~** to[wards] the north-east ❷ (*nordöstliche Gegend*) north-east **nord·öst·lich** [nɔrt'ʔœstlɪç] **I.** *adj* ❶ (*in ~ er Himmelsrichtung befindlich*) north-eastern ❷ (*im Nordosten liegend*) north-eastern ❸ (*von/nach Nordosten*) north-eastwards **II.** *adv* ■ **~ von ...** north-east of ... **III.** *präp +gen* ■ **~ einer S.** *gen* north-east of sth
Nord·pol ['nɔrtpoːl] *m kein pl* ■ **der ~** the North Pole
Nord·rhein-West·fa·len ['nɔrtraɪn-vɛstˈfaːlən] *nt* North Rhine-Westphalia
Nord·see ['nɔrtzeː] *f* ■ **die ~** the North Sea; **an der ~** on the North Sea coast
Nord·sei·te *f* north side **Nord-Süd-Ge·fäl·le** *nt* North-South divide
nord·wärts ['nɔrtvɛrts] *adv* northwards, to the north, in a northerly direction
Nord·wes·ten [nɔrt'vɛstn̩] *m kein pl, kein indef art* ❶ (*Himmelsrichtung*) north-west; **nach ~** to[wards] the north-west ❷ (*nordwestliche Gegend*) north-west **nord·west·lich** [nɔrt'vɛstlɪç] **I.** *adj* ❶ (*in ~ er Himmelsrichtung befindlich*) north-western ❷ (*im Nordwesten liegend*) north-western ❸ (*von/nach Nordwesten*) north-westwards **II.** *adv* ■ **~ von ...** north-west of ... **III.** *präp +gen* ■ **~ einer S.** [to the] north-west of sth **Nord·wind** *m* north wind
Nör·ge·lei <-, -en> *f* ❶ (*nörgelnde Äußerung*) moaning ❷ (*dauerndes Nörgeln*) nagging
nör·geln ['nœrgl̩n] *vi* to moan (**über** about)
Nörg·ler(in) <-s, -> ['nœrglɐ] *m(f)* moaner
Norm <-, -en> ['nɔrm] *f* ❶ (*festgelegte Größe*) standard ❷ (*verbindliche Regel*) norm ❸ (*Durchschnitt*) ■ **die ~** the norm ❹ (*festgesetzte Arbeitsleistung*) quota
nor·mal [nɔrˈmaːl] **I.** *adj* ❶ (*üblich*) normal ❷ (*geistig gesund*) normal ❸ *meist verneint* (*fam: zurechnungsfähig*) right in the head **II.** *adv* normally
Nor·mal·ben·zin *nt* low-octane petrol [*or* Am gas[oline]]
nor·ma·ler·wei·se *adv* normally
Nor·mal·fall *m* normal case **Nor·mal·ge·wicht** *nt* normal weight
nor·ma·li·sie·ren* [nɔrmaliˈziːrən] **I.** *vt* to normalize **II.** *vr* ■ **sich ~** to normalize
Nor·ma·li·sie·rung <-, -en> *f* normalization *no pl*
Nor·ma·li·tät <-> [nɔrmaliˈtɛːt] *f kein pl* normality *no pl*
Nor·mal·ver·brau·cher(in) *m(f)* average consumer; **Otto ~** (*fam*) the man in the street **Nor·mal·zu·stand** *m kein pl* normal state
Nor·man·die <-> [nɔrmanˈdiː] *f* ■ **die ~** Normandy
nor·ma·tiv [nɔrmaˈtiːf] *adj* (*geh*) normative; *Grammatik* normative
nor·men ['nɔrmən] *vt* to standardize
Nor·men·kon·trol·le *f* JUR *judicial review of the constitutionality of an Act*
nor·mie·ren* [nɔrˈmiːrən] *vt* (*geh*) to standardize
Nor·mie·rung <-, -en> *f* (*geh*) standardization *no pl*
Nor·mung <-, -en> *f* standardization *no pl*
Nor·we·gen <-s> ['nɔrveːgn̩] *nt* Norway; *s. a.* **Deutschland**
Nor·we·ger(in) <-s, -> ['nɔrveːgɐ] *m(f)* Norwegian; *s. a.* **Deutsche(r)**
nor·we·gisch ['nɔrveːgɪʃ] *adj* Norwegian; *s. a.* **deutsch**
Nost·al·gie <-> [nɔstalˈgiː] *f kein pl* (*geh*) nostalgia *no pl*
nost·al·gisch [nɔsˈtalgɪʃ] *adj* (*geh*) nostalgic
Not <-, Nöte> ['noːt, *pl* 'nøːtə] *f* ❶ *kein pl* (*Armut*) poverty *no pl* ❷ (*Bedrängnis*) distress; **in ~ geraten** to get into difficulties; **jdm seine ~ klagen** to pour out one's troubles to sb ❸ (*Mühe*) **seine [liebe] ~ haben mit jdm/etw** to have one's work cut out with sb/sth; **mit knapper ~** just ▶ **~ macht erfinderisch** (*prov*) necessity is the mother of invention; **wenn ~ am Mann ist** in times of need; **aus der ~ eine Tugend machen** to make a virtue out of necessity; **zur ~** if need[s] be
No·tar(in) <-s, -e> [noˈtaːɐ̯] *m(f)* notary
No·ta·ri·at <-[e]s, -e> [notaˈri̯aːt] *nt* (*Kanzlei*) notary's office
no·ta·ri·ell [notaˈri̯ɛl] *adj* notarial
No·ta·rin <-, -nen> *f fem form von* **Notar**
Not·arzt, -ärz·tin *m, f* ❶ (*Arzt für Not-*

fälle) casualty [*or* AM emergency] doctor (*who treats patients at the scene of an accident*) ②(*Arzt im Notdienst*) doctor on call **Not·auf·nah·me** *f* MED (*eines Kranken in einem Notfall*) emergency admission; (*Krankenhausstation*) accident and emergency department, emergency room AM **Not·aus·gang** *m* emergency exit **Not·be·helf** *m* stopgap [measure] **Not·brem·se** *f* emergency brake **Not·dienst** *m* duty **Not·durft** ['noːtdʊrft] *f* **seine ~ verrichten** (*geh*) to relieve oneself *dated or hum* **not·dürf·tig** ['noːtdʏrftɪç] I. *adj* makeshift II. *adv* in a makeshift manner *pred*

No·te <-, -n> ['noːtə] *f* ①(*musikalisches Zeichen*) note; **ganze/halbe ~** semibreve/minim ②(*Zensur*) grade ③(*Banknote*) [bank]note ④*kein pl* (*Eigenart*) special character

Note·book <-s, -s> ['noːtbʊk] *nt* INFORM notebook

No·ten·bank *f* issuing bank **No·ten·blatt** *nt* sheet of music **No·ten·durch·schnitt** *m* grade point average, GPO AM **No·ten·schlüs·sel** *m* clef **No·ten·stän·der** *m* music stand

Note·pad <-s, -s> ['noːtpɛd] *nt* INFORM notepad [computer]

Not·fall *m* emergency

not·falls ['noːtfals] *adv* if needs be

not·ge·drun·gen *adv* willy-nilly **Not·gro·schen** *m* savings for a rainy day

no·tie·ren* [noˈtiːrən] I. *vt* ①(*aufschreiben*) to write down ②BÖRSE (*ermitteln*) **nicht notierte Tochtergesellschaft** unquoted subsidiary; **notierte Währung** quoted exchange II. *vi* ①(*schreiben*) to write down ②BÖRSE (*ermitteln*) to be quoted; **die Aktie notiert mit 70 Euro** the share is quoted at 70 euros

No·tie·rung <-, -en> *f* BÖRSE quotation

nö·tig ['nøːtɪç] I. *adj* (*erforderlich*) necessary; ■ **alles N~e** everything necessary; **etw** [**bitter**] **~ haben** to be in [urgent] need of sth; **wir haben es nicht ~, uns so von ihm unter Druck setzen zu lassen** we don't have to put up with him pressurizing us like this; **er hat es nicht ~, sich anzustrengen** he doesn't need to try hard; **der hat es gerade ~, von Treue zu reden ...** he's a one to tell us about faithfulness ... II. *adv* urgently

nö·ti·gen ['nøːtɪɡn̩] *vt* to force

nö·ti·gen·falls ['nøːtɪɡn̩ˈfals] *adv* (*form*) if necessary

Nö·ti·gung <-, -en> *f* (*Zwang*) coercion

No·tiz <-, -en> [noˈtiːts] *f* ①(*Vermerk*) note ②(*kurze Zeitungsmeldung*) short report ▶ **[keine] ~ [von jdm/etw] nehmen** to take [no] notice [of sb/sth]

No·tiz·block <-blöcke> *m* notepad **No·tiz·buch** *nt* notebook **No·tiz·zet·tel** *m* page of a notebook

Not·la·ge *f* desperate situation

not·lan·den <notlandete, notgelandet> ['noːtlandn̩] *vi sein* to make an emergency landing **Not·lan·dung** *f* emergency landing **Not·lö·sung** *f* stopgap [solution] **Not·lü·ge** *f* white lie **not·ope·rie·ren*** *vt* MED to perform emergency surgery

no·to·risch [noˈtoːrɪʃ] I. *adj* (*geh*) notorious; (*allbekannt*) well-known II. *adv* (*geh*) notoriously

Not·ruf *m* ①(*Anruf*) emergency call ②(*Nummer*) emergency number **Not·ruf·num·mer** *f* emergency number **Not·ruf·säu·le** *f* emergency telephone

not·schlach·ten <notschlachtete, notgeschlachtet> *vt* ■ **ein Tier ~** to slaughter an animal out of necessity **Not·si·gnal** *nt* emergency signal **Not·sitz** *m* spare foldaway seat

Not·stand *m* (*Notlage*) desperate situation; JUR [state of] emergency **Not·stands·ge·biet** *nt* disaster area

Not·strom·ag·gre·gat *nt* emergency generator **Not·un·ter·kunft** *f* emergency accommodation **Not·wehr** <-> *f kein pl* [**aus**] **~** [in] self-defence *no pl*

not·wen·dig ['noːtvɛndɪç] I. *adj* necessary II. *adv* necessarily; **etw ~ brauchen** to absolutely need sth

not·wen·di·ger·wei·se ['noːtvɛndɪɡɐ'vaizə] *adv* necessarily

Not·wen·dig·keit <-, -en> ['noːtvɛndɪçkait, noːtvɛndɪçkait] *f* necessity

Not·zucht <-> *f kein pl* JUR rape

Nou·gat <-s, -s> ['nuːɡat] *m o nt s.* **Nugat**

No·vel·le <-, -n> [noˈvɛlə] *f* ①(*Erzählung*) short novel ②(*novelliertes Gesetz*) amendment

No·vem·ber <-s, -> [noˈvɛmbɐ] *m* November; *s. a.* **Februar**

No·vi·ze, No·vi·zin <-n, -n> [noˈviːtsə, noˈviːtsɪn] *m, f* novice

Nr. *Abk von* **Nummer** no.

NS[1] [ɛnˈɛs] *Abk von* **Nachschrift** PS

NS[2] [ɛnˈɛs] *Abk von* **Nationalsozialismus** National Socialism

Nu ['nuː] *m* **im ~** in a flash

Nu·an·ce <-, -n> ['nyã:sə] *f* nuance

nu·an·cen·reich ['nyã:sən-] *adj* highly nuanced

nüch·tern ['nʏçtɐn] *adj* ❶ (*mit leerem Magen*) ■ ~ **sein** with an empty stomach ❷ (*nicht betrunken*) sober ❸ (*realitätsbewusst*) down-to-earth ❹ (*bloß*) plain

Nüch·tern·heit <-> *f kein pl* ❶ (*Realitätsbewusstsein*) rationality *no pl* ❷ (*nicht alkoholisierter Zustand*) sobriety *no pl*

Nu·del <-, -n> ['nu:dl] *f* ❶ *meist pl* pasta + *sing vb, no indef art;* (*in Suppe*) noodle *usu pl* ❷ *meist pl* DIAL (*krapfenähnliches Gebäck*) pastry

Nu·del·holz *nt* rolling pin **Nu·del·sup·pe** *f* noodle soup

Nu·dist(in) <-en, -en> [nu'dɪst] *m(f)* (*geh*) nudist

Nu·gat <-s, -s> ['nu:gat] *m o nt* nougat

nu·kle·ar [nukle'aːɐ̯] I. *adj attr* nuclear II. *adv* with nuclear weapons *pred*

Nu·kle·ar·ab·fall <-s, -abfälle> *m* nuclear waste **Nu·kle·ar·auf·rüs·tung** *f* nuclear armament **Nu·kle·ar·pro·gramm** *nt* nuclear programme [*or* AM program] **Nu·kle·ar·waf·fe** *f* nuclear weapon

null ['nʊl] *adj* ❶ (*Zahl*) zero, nought ❷ SPORT (*kein*) no ▶ **gleich ~ sein** (*so gut wie nicht vorhanden*) to be nil; **in ~ Komma nichts** (*fam*) in a flash; **~ und nichtig sein** to be null and void; **die Stunde ~** zero hour

Null[1] <-, -en> ['nʊl, *pl* 'nʊln] *f* ❶ (*Zahl*) zero, null ❷ (*fam: Versager*) nothing

Null[2] <-[s], -s> ['nʊl, *pl* 'nʊls] *m o nt* KARTEN null[o]

null·acht·fuff·zehn [nʊlʔaxt'fʊftseːn] *adj*, **null·acht·fünf·zehn** [nʊl'ʔaxt'fʏnftseːn] *adv* (*fam*) run-of-the-mill **Null·di·ät** *f* starvation diet **Null·lö·sung**[RR] *f*, **Nullö·sung**[ALT] *f* zero option **Null·punkt** *m kein pl* freezing point ▶ **auf den ~ sinken** to reach rock bottom **Null·run·de** *f* round of wage negotiations where demand for a wage rise is dropped **Null·ta·rif** *m kein pl* ■ **zum ~** for free

Nu·me·ri ['nu:meri] *pl von* **Numerus**

nu·me·rie·ren[ALT]* [numə'riːrən] *s.* **nummerieren**

nu·me·risch [nu'meːrɪʃ] *adj* numeric[al]

Nu·me·rus <-, Numeri> ['nu:merʊs, *pl* 'nu:meri] *m* number

Num·mer <-, -n> ['nʊmɐ] *f* ❶ (*Zahl*) number ❷ (*Telefonnummer*) number ❸ MEDIA issue ❹ (*Größe*) size ❺ (*Autonummer*) registration number ❻ (*derb: Koitus*) fuck; **eine ~ [mit jdm] schieben** (*sl*) to have it off BRIT [*or* AM get it on] [with sb] ▶ **auf ~ sicher gehen** (*fam*) to play it safe

num·me·rie·ren[RR]* [numə'riːrən] *vt* to number

Num·mern·kon·to *nt* numbered account **Num·mern·schild** *nt* number [*or* AM license] plate

nun ['nuːn] I. *adv* ❶ (*jetzt*) now ❷ (*na ja*) well ❸ (*~ mal*) but; **ich will ~ mal nicht im Norden Urlaub machen!** but I just don't want to go on holiday in the north! ❹ (*etwa*) well; **hat sich die Mühe ~ gelohnt?** well, was it worth the trouble? ❺ *in Fragesätzen* (*denn*) then; **ob es ~ auch sein kann ...** could it be then ... ❻ (*gar*) really; **wenn sie sich ~ wirklich etwas angetan hat?** what if she has really done sth to herself? ❼ (*eben*) just; **Mathematik liegt ihr ~ mal nicht** maths just isn't her thing ▶ **~ denn** so; **~ gut** alright; **~ ja, aber ...** well yes, but ...; **es ist ~ [ein]mal so** that's the way it is II. *konj* (*veraltend geh: jetzt da*) now that

nun·mehr ['nuːn'meːɐ̯] *adv* (*geh*) now

nur ['nuːɐ̯] *adv* ❶ (*nicht mehr als*) only, just; **ich habe ~ noch einen Euro** I've only one euro left ❷ (*ausschließlich*) only, just; **~ sie darf das** only she is allowed to do that ❸ (*bloß*) only, just; **wie konnte ich das ~ vergessen!** how on earth could I forget that!; **~ schade, dass ...** it's just a pity that ... ❹ (*ruhig*) just ❺ (*einschränkend*) but, the only thing is ...; **~ kann man nie wissen, ob ...** but you never can tell if ... ▶ **~ her damit!** (*fam: gib/gebt es ruhig!*) give it here!; **warum/was/wer/wie ... ~?** just why/what/who/how ...?; **~ zu!** come on then

Nürn·berg <-s> ['nʏrnbɛrk] *nt* Nuremberg

nu·scheln ['nʊʃln] *vi, vt* (*fam*) to mumble

Nuss[RR] <-, Nüsse> ['nʊs, *pl* 'nʏsə], **Nuß**[ALT] <-, Nüsse> ['nʊs, *pl* 'nʏsə] *f* ❶ (*Haselnuss*) hazelnut; (*Walnuss*) walnut ❷ (*fam: Kopf*) nut ▶ **dumme ~** (*fam*) silly twit; **jdm eine harte ~ zu knacken geben** (*fam*) to give sb a tough nut to crack

Nuss·baum[RR] *m* ❶ (*Walnussbaum*) walnut tree ❷ *kein pl* (*Walnussholz*) walnut *no pl*

nus·sig [nʊsɪç] *adj* KOCHK nutty

Nuss·kna·cker[RR] *m* nutcracker **Nuss·scha·le**[RR] *f* ❶ (*Schale einer Nuss*) [nut]shell ❷ (*winziges Boot*) cockleshell **Nuss·tor·te**[RR] *f* nut gateau BRIT, cream cake with hazelnuts AM

Nüs·ter <-, -n> ['nʏstɐ, 'nyːstɐ] *f* ZOOL nostril

Nut·te <-, -n> ['nʊtə] *f* (*sl*) whore

nutz·bar *adj* usable

Nutz·bar·ma·chung <-> f kein pl utilization; *von Bodenschätzen* exploitation

nutz·brin·gend I. *adj* gainful II. *adv* gainfully

nüt·ze ['nʏtsə] *adj präd*, **nutz** ['nʊts] *adj präd* SÜDD, ÖSTERR ■ **zu etw** *dat* ~ **sein** to be useful; ■ **zu nichts ~ sein** to be good for nothing

nut·zen ['nʊtsn̩], **nüt·zen** ['nʏtsn̩] I. *vi* (*von Nutzen sein*) ■ **[etwas]** ~ to be of use; ■ **[jdm] nichts** ~ to be [of] no use; **ich will Geld sehen, ein Schuldschein nützt mir nichts** I want to see money — an IOU is no good to me II. *vt* ❶ (*in Gebrauch nehmen*) to use ❷ (*ausnutzen*) to exploit, to take advantage of

Nut·zen <-s> ['nʊtsən] *m kein pl* benefit; **welchen ~ versprichst du dir davon?** what do you hope to gain from it?; **[jdm] ~ bringen** to be of advantage [to sb]; **[jdm] von ~ sein** to be of use [to sb]

Nut·zer·füh·rung f INET, INFORM navigation

Nutz·fahr·zeug *nt* utility vehicle

Nutz·flä·che f utilizable space of land

Nutz·last f TRANSP live weight, payload

nütz·lich ['nʏtslɪç] *adj* ❶ (*nutzbringend*) useful ❷ (*hilfreich*) helpful

Nütz·lich·keit <-> f kein pl advantage

nutz·los I. *adj* useless II. *adv* in vain *pred*

Nutz·lo·sig·keit <-> f kein pl uselessness no pl

Nutz·nie·ßer(in) <-s, -> ['nʊtsni:sɐ] *m(f)* JUR usufructuary

Nutz·pflan·ze f [economically] useful plant

Nut·zung <-, -en> f use

Nut·zungs·recht *nt* right of use; JUR usufruct

NW *Abk von* **Nordwesten**

Ny·lon® <-[s]> ['naɪlɔn] *nt kein pl* nylon

Nym·phe <-, -n> ['nʏmfə] f nymph

Nym·pho·ma·nin <-, -nen> f nymphomaniac

Oo

O, o <-, - *o fam* -s, -s> [o:] *nt* O, o; *s. a.* **A 1**

o [o:] *interj* oh

O *Abk von* **Osten**

Oa·se <-, -n> [o'a:zə] f oasis

ob ['ɔp] *konj* ❶ (*indirekte Frage*) whether; **~ er morgen kommt?** I wonder whether he'll come tomorrow? ❷ (*sei es, dass ...*) whether ...; ■ **~ ..., ~ ...** whether ... or ...; **~ reich, ~ arm, jeder muss sterben** rich or poor, everyone must die; **sie muss mitgehen, ~ es ihr passt oder nicht** she has to go whether she likes it or not

OB <-s, -s> [o:'be:] *m Abk von* **Oberbürgermeister**

Ob·dach <-[e]s> ['ɔpdax] *nt kein pl* (*geh*) shelter

ob·dach·los *adj* homeless

Ob·dach·lo·se(r) *f(m)* homeless person

Ob·dach·lo·sen·asyl *nt*, **Ob·dach·lo·sen·heim** *nt* refuge for homeless persons

Ob·duk·ti·on <-, -en> [ɔpdʊk'tsi̯o:n] f post-mortem [examination]

ob·du·zie·ren* [ɔpdu'tsi:rən] *vt* ■ **jdn ~** to perform a post-mortem on sb

O-Bei·ne *pl* bandy legs *pl*

o-bei·nig ['o:baɪnɪç] *adj* bandy-legged, bow-legged

oben ['o:bn̩] *adv* ❶ (*in der Höhe*) top; **ich möchte die Flasche ~ links** I'd like the bottle on the top left; ■ **~ auf etw** *dat o akk* on top of sth; **ganz ~** right at the top; **hier ~** up here; **hoch ~** high; **bis ~ [hin]** up to the top; **nach ~ zu** further up; **nach ~** up; **von ~** (*vom oberen Teil*) from above ❷ (*im oberen Stockwerk*) upstairs; **nach ~** upstairs; **von ~** from upstairs ❸ (*fam: auf höherer Ebene*) **wir haben keine Ahnung von dem, was ~ geschieht** we have no idea what happens among the powers that be; **solche Dinge werden ~ entschieden** these things are decided by the powers that be; **ich gebe Ihren Antrag dann weiter, die ~ sollen sich damit beschäftigen** I'll pass your application on, the powers that be can deal with it ❹ (*vorher*) above; **~ erwähnt** above-mentioned ❺ (*auf der Oberseite*) **der Stoff ist ~ glänzend, unten matt** the upper part of the material is shiny, the lower part matt ▶ **jdn von ~ herab** <u>behandeln</u> to behave in a superior manner toward sb; **jdm steht es bis [hier] ~** sb has it up to here; **nicht mehr <u>wissen</u>, wo ~ und unten ist** to not know whether you are coming or going;

~ **ohne** topless; **von ~ bis unten** from top to bottom
oben·an ['oːbn̩ʔan] *adv* first **oben·auf** ['oːbn̩ʔaʊf] *adv* ❶ DIAL (*obendrauf*) on top ❷ (*fig*) ▪ **~ sein** (*guter Laune*) to be chirpy; (*im Vorteil*) to be in a strong position **oben·drauf** ['oːbn̩'draʊf] *adv* (*fam*) on top; **sie setzte sich auf den Koffer ~** she sat on top of the suitcase **oben·drein** ['oːbn̩'draɪn] *adv* on top **oben·her·um** ['oːbn̩hɛˈrʊm] *adv* (*fam*) ❶ (*um die Brüste herum*) in the boobs ❷ (*im Bereich des Oberteils*) in the bust **oben·hin** ['oːbn̩'hɪn] *adv* in passing **oben·rum** ['oːbn̩'rʊm] *adv s*. **obenherum**

Ober <-s, -> ['oːbɐ] *m* [head] waiter
Ober·arm *m* upper arm **Ober·arzt, -ärz·tin** *m, f* senior consultant **Ober·be·fehl** *m kein pl* supreme command; **den ~ haben** to be in supreme command **Ober·be·fehls·ha·ber, -be·fehls·ha·be·rin** *m, f* commander-in-chief **Ober·be·griff** *m* generic term **Ober·be·klei·dung** *f* outer clothing **Ober·bür·ger·meis·ter, -bür·ger·meis·te·rin** ['oːbɐˈbʏrɡɐmaɪstɐ, -maɪstərɪn] *m, f* mayor, BRIT *also* ≈ Lord Mayor **ober·cool** ['oːbɐkuːl] *adj* (*sl*) totally cool

obe·re(r, s) ['oːbərə, -rɐ, -rəs] *adj attr* ❶ (*oben befindlich*) top ❷ (*rangmäßig höher*) higher ❸ (*vorhergehend*) previous ❹ (*höher gelegen*) upper

ober·faul ['oːbɐfaʊl] *adj* (*fam*) incredibly lazy
Ober·flä·che ['oːbɐflɛçə] *f* surface; **an die ~ kommen** to surface
ober·fläch·lich ['oːbɐflɛçlɪç] I. *adj* superficial II. *adv* ❶ (*allgemein*) superficially ❷ (*flüchtig*) in a slapdash manner *pred*
Ober·fläch·lich·keit <-> *f kein pl* superficiality
Ober·ge·schoss[RR] *nt* top floor **Ober·gren·ze** *f* upper limit **Ober·gu·ru** *m kein pl* (*hum o pej*) big cheese *fam*, big boss *fam*
ober·halb ['oːbɐhalp] I. *präp +gen* above II. *adv* above
Ober·hand ['oːbɐhant] *f kein pl* upper hand; **die ~ gewinnen** to gain the upper hand (**über** over) **Ober·haupt** *nt* head **Ober·haus** *nt* **das britische ~** the House of Lords **Ober·hemd** *nt* shirt
Obe·rin ['oːbərɪn] *f* ❶ (*Oberschwester*) matron ❷ (*Äbtissin*) Mother Superior
ober·ir·disch ['oːbɐʔɪrdɪʃ] I. *adj* overground; *Kabel* overhead II. *adv* overground
Ober·kell·ner, -kell·ne·rin *m, f* head waiter *masc*, head waitress *fem* **Ober·kie·fer** *m* upper jaw **Ober·kom·man·do** ['oːbɐkɔmando] *nt* MIL supreme command (**über** over) **Ober·kör·per** *m* torso; **mit bloßem ~** topless **Ober·lei·tung** *f* ❶ (*Führung*) overall management ❷ (*Fahrdraht*) overhead cable[s *pl*] (*on* trolleybuses *and* trams/streetcars) **Ober·leut·nant** ['oːbɐlɔytnant] *m* ❶ (*im Heer*) lieutenant BRIT, first lieutenant AM ❷ (*bei der Luftwaffe*) flying officer BRIT, first lieutenant AM **Ober·licht** *nt* ❶ (*oberer Fensterteil*) transom ❷ (*Fenster über einer Tür*) fanlight, AM *usu* transom [window] **Ober·lip·pe** *f* upper lip **Ober·ma·te·ri·al** *nt eines Schuhs* upper[s]

Ober·ös·ter·reich ['oːbɐʔøːstəraɪç] *nt* Upper Austria
ober·pein·lich ['oːbɐpaɪnlɪç] *adj* (*sl*) cringeworthy
Obers <-> ['oːbɐs] *nt kein pl* ÖSTERR (*Sahne*) whipping cream
Ober·schen·kel *m* thigh **Ober·schicht** *f* ❶ *der Gesellschaft* upper class ❷ GEOL upper stratum **Ober·schu·le** *f* ❶ (*meist fam*) secondary school ❷ HIST (*in der früheren DDR*) unified comprehensive school **Ober·schwes·ter** *f* matron **Ober·sei·te** *f* top
Oberst <-en *o* -s, -e[n]> ['oːbɐst] *m* MIL ❶ (*im Heer*) colonel ❷ (*in der Luftwaffe*) group captain BRIT, colonel AM
Ober·staats·an·walt, -an·wäl·tin *m, f* senior public prosecutor BRIT, attorney general AM
obers·te(r, s) ['oːbɐstə, -tɐ, -təs] *adj* ❶ (*ganz oben befindlich*) top ❷ (*rangmäßig am höchsten*) highest
Ober·stüb·chen *nt* ▸ **nicht ganz richtig im ~ sein** (*veraltend fam*) to be not quite right in the head **Ober·stu·fe** *f* ≈ sixth form [*or* AM grade] **Ober·teil** *nt o m* ❶ (*Aufsatz*) top part ❷ (*oberes Teil*) top **Ober·trot·tel** *m* (*fam*) prize idiot **Ober·wei·te** *f* bust size
ob·gleich [ɔpˈɡlaɪç] *konj* although
Ob·hut <-> ['ɔphuːt] *f kein pl* (*geh*) care; **unter jds ~ stehen** to be in sb's care
obi·ge(r, s) ['oːbɪɡə] *adj attr* ❶ (*oben genannt*) above-mentioned ❷ (*zuvor abgedruckt*) above
Ob·jekt <-[e]s, -e> [ɔpˈjɛkt] *nt* ❶ (*Gegenstand*) object ❷ (*Immobilie*) [piece of] property ❸ (*Kunstgegenstand*) objet d'art ❹ (*Gegenteil von Subjekt*) object
ob·jek·tiv [ɔpjɛkˈtiːf] I. *adj* objective II. *adv* objectively

Ob·jek·tiv <-s, -e> [ɔpjɛk'tiːf, pl ɔpjɛk'tiːvə] nt lens

Ob·jek·ti·vi·tät <-> [ɔpjɛktivi'tɛːt] f kein pl objectivity

Ob·la·te <-, -n> [o'blaːtə] f wafer

ob·lie·gen* ['ɔpliːgn̩, ɔp'liːgn̩] vi irreg, impers sein o haben (form: verantwortlich sein) ■ **jdm ~** to be sb's responsibility

ob·li·ga·to·risch [obliga'toːrɪʃ] adj (geh) compulsory

Oboe <-, -n> [o'boːə] f oboe

Obo·lus <-, -se> ['oːbolʊs, pl 'oːbolʊsə] m (geh) contribution

Ob·rig·keit <-, -en> ['oːbrɪçkait] f (Verwaltung) ■ **die ~** the authorities

ob·schon [ɔp'ʃoːn] konj (geh) s. **obgleich**

Ob·ser·va·to·ri·um <-, -torien> [ɔpzɛrva'toːriʊm, pl -riən] nt observatory

ob·ser·vie·ren* [ɔpzɛr'viːrən] vt (form) to observe

ob·skur [ɔps'kuːɐ̯] adj (geh) ❶ (unbekannt) obscure ❷ (verdächtig) suspicious

Obst <-[e]s> [oːpst] nt kein pl fruit

Obst·an·bau <-s> m, **Obst·bau** m kein pl fruit growing **Obst·baum** m fruit tree **Obst·gar·ten** m orchard **Obst·hand·lung** f fruiterer's BRIT, fruit store AM

obs·ti·nat [ɔpsti'naːt] adj (geh) obstinate

Obst·ku·chen m fruit flan **Obst·mes·ser** nt fruit knife **Obst·saft** m fruit juice **Obst·sa·lat** m fruit salad

ob·szön [ɔps'tsøːn] adj obscene

Ob·szö·ni·tät <-, -en> [ɔpstsøni'tɛːt] f obscenity

ob·wohl [ɔp'voːl] konj although

Och·se <-n, -n> ['ɔksə] m ❶ (kastriertes Rind) ox ❷ (fam: Dummkopf) idiot

Och·sen·schwanz·sup·pe f oxtail soup

Ocker <-s, -> ['ɔkɐ] m o nt ochre

Ode <-, -n> ['oːdə] f ode

öde ['øːdə] adj ❶ (verlassen) desolate ❷ (fade) dull ❸ (unfruchtbar) bleak

Öde <-, -n> ['øːdə] f (geh) ❶ kein pl (Verlassenheit) desolation ❷ (unwirtliches Land) wasteland ❸ (Leere) dreariness

oder ['oːdɐ] konj ❶ (eines oder anderes) or; **~ aber** or else; **~ auch** or [even]; **~ auch nicht** or [maybe] not ❷ (stimmt's?) **der Film hat dir auch gut gefallen, ~?** you liked the film too, didn't you?; **soviel ich weiß, schuldet er dir noch Geld, ~?** as far as I know he still owes you money, doesn't he?; **du traust mir doch, ~ [etwa] nicht?** you do trust me, don't you?

Ödi·pus·kom·plex ['øːdipʊs-] m Oedipus complex no pl

Öd·land ['øːtlant] nt kein pl wasteland no pl

Odys·see <-, -n> [odyˈseː, pl odyˈseːən] f odyssey

Ofen <-s, Öfen> ['oːfn̩, pl 'øːfn̩] m ❶ (Heiz~) heater; (Kohle-, Kachel-, Öl~) stove ❷ (Back~) oven ❸ TECH furnace; (Brenn~) kiln; (Müllverbrennungs~) incinerator ❹ DIAL (Herd) cooker ❺ (sl: Pkw, Motorrad) wheels fam; **ein heißer ~** (fam: Motorrad) fast bike; (Auto) fast set of wheels ▶ **jetzt ist der ~ aus** (fam) that does it

ofen·frisch adj oven-fresh **Ofen·hei·zung** f stove heating no art, no pl **Ofen·rohr** nt stovepipe

of·fen ['ɔfn̩] I. adj ❶ (nicht geschlossen) open; **mit ~em Fenster** with the window open ❷ (unerledigt) open; **Punkt** moot; **Problem, Rechnung** unsettled ❸ (unentschieden) uncertain; **etw ~ lassen** to leave sth open ❹ (freimütig) frank, candid (**zu** with) ❺ (frei zugänglich) open ❻ (nicht abgepackt) loose; **~er Wein** wine by the glass/carafe (Laden, Geschäft) ■ **~ haben** to be open II. adv openly; **~ gestanden** to be [perfectly] honest

of·fen·bar [ɔfn̩'baːɐ̯] I. adj obvious II. adv obviously

of·fen·ba·ren <pp offenbart o geoffenbart> [ɔfn̩'baːrən] I. vt ❶ (geh: enthüllen) ■ **jdm etw ~** to reveal sth to sb ❷ (mitteilen) ■ **jdm ~, dass ...** to inform sb that ... II. vr ❶ (sich anvertrauen) ■ **sich jdm ~** to confide in sb ❷ (erweisen) ■ **sich als etw ~** to show oneself to be sth ❸ (Liebe erklären) ■ **sich jdm ~** to reveal one's feelings to sb

Of·fen·ba·rung <-, -en> [ɔfn̩'baːrʊŋ] f revelation

Of·fen·ba·rungs·eid m JUR oath of disclosure [or AM also manifestation]; **den ~ leisten** to swear an oath of disclosure

Of·fen·heit <-> f kein pl openness no art, no pl; **in aller ~** quite frankly

of·fen·her·zig adj ❶ (freimütig) open ❷ (hum fam: tief ausgeschnitten) revealing

of·fen·kun·dig ['ɔfn̩kʊndɪç] adj obvious

of·fen·sicht·lich ['ɔfn̩zɪçtlɪç] I. adj obvious; **Irrtum, Lüge** blatant II. adv obviously

of·fen·siv [ɔfɛn'ziːf] I. adj (geh) offensive; **Verhalten, Art** aggressive II. adv (geh) offensively, aggressively

Of·fen·si·ve <-, -n> [ɔfɛn'ziːvə] f offensive; **in die ~ gehen** to go on the offensive

öf·fent·lich ['œfn̩tlɪç] I. adj public II. adv publicly

Öf·fent·lich·keit <-> f kein pl ■ die ~ the [general] public + sing/pl vb; **in aller ~** in public; **etw an die ~ bringen** to make sth public; **die ~ scheuen** to shun publicity

Öf·fent·lich·keits·ar·beit f public relations work no art, no pl **öf·fent·lich·keits·wirk·sam** adj ■ **~ sein** to be good publicity

öf·fent·lich-recht·lich adj attr under public law pred; Anstalt public; **eine ~e Rundfunkanstalt** public service broadcasting

of·fe·rie·ren* [ɔfeˈriːrən] vt (geh) to offer

Of·fer·te <-, -n> [ɔˈfɛrtə] f offer

of·fi·zi·ell [ɔfiˈtsi̯ɛl] I.adj ❶(amtlich) official ❷(förmlich) formal II.adv officially; **jdn ~ einladen** to give sb an official invitation

Of·fi·zier(in) <-s, -e> [ɔfiˈtsiːɐ̯] m(f) officer

off·line^{RR}, **off line**^{ALT} [ˈɔflaɪn] adj INFORM off-line, offline

öff·nen [ˈœfnən] I.vt to open II.vi ■ **|jdm| ~** to open the door [for sb] III.vr ❶(aufgehen) **sich ~** to open ❷(weiter werden) ■ **sich ~** to open out ❸(sich [innerlich] zuwenden) **sich |jdm| ~** to open up [to sb]

Öff·ner <-s, -> m ❶(Dosen~) can [or BRIT also tin] opener; (Flaschen~) bottle opener ❷(Tür~) door opener

Öff·nung <-, -en> f ❶(offene Stelle) opening ❷kein pl (geh: das Öffnen) opening ❸kein pl POL opening up

Öff·nungs·po·li·tik f policy of openness

Öff·nungs·zei·ten pl hours of business pl; einer öffentlichen Anstalt opening times pl

Off·roa·der <-s, -> [ˈɔfroːdɐ] m TECH offroader

Off·set·druck <-drucke> [ˈɔfsɛt-] m offset [printing] no art, no pl

oft <öfter> [ˈɔft] adv often

öf·ter(s) [ˈœftɐ(s)] adv [every] once in a while; **ist dir das schon ~ passiert?** has that happened to you often?

öf·tes·ten [ˈœftəstən] superl von **oft**

oft·mals adv (geh) s. **oft**

oh [ˈoː] interj oh

oh·ne [ˈoːnə] I.präp +akk ❶(nicht versehen mit) without; **~ Geld** without any money; **sei ~ Furcht!** don't be afraid!; **~ Schutz** unprotected ❷(nicht eingerechnet) excluding ❸(nicht mit jdm) without; **~ Kinder/Nachwuchs** childless/without offspring; **~ Erben sterben** to die heirless; **~ mich!** count me out! II.konj ■ **~ etw zu tun** without doing sth; ■ **~ dass etw geschieht** without sth happening; ■ **~ dass jd etw tut** without sb doing sth

oh·ne·dies [oːnəˈdiːs] adv s. **ohnehin** **oh·ne·glei·chen** [oːnəˈglaɪçn̩] adj ❶(unnachahmlich) unparalleled ❷(außergewöhnlich) [quite] exceptional **oh·ne·hin** [oːnəˈhɪn] adv anyhow, anyway|s AM also fam|

Ohn·macht <-, -en> [ˈoːnmaxt] f ❶(Bewusstlosigkeit) faint no pl; **aus der ~ erwachen** to come round; **in ~ fallen** to faint ❷(geh: Machtlosigkeit) powerlessness no art, no pl **ohn·mäch·tig** [ˈoːnmɛçtɪç] I.adj ❶(bewusstlos) unconscious; ■ **~ werden** to faint ❷(geh: machtlos, hilflos) Mensch powerless; Wut helpless; ■**gegenüber einer S.** dat **~ sein** to be powerless in the face of sth, to be powerless to stop sth II.adv helplessly

Ohn·machts·an·fall m fainting fit; **einen ~ bekommen** to have a fainting fit

Ohr <-[e]s, -en> [ˈoːɐ̯] nt ear; **auf einem ~ taub sein** to be deaf in one ear; **die ~en anlegen** Hund, Hase to put its ears back; **sich die ~en zuhalten** to put one's hands over one's ears ▶ **es <u>faustdick</u> hinter den ~en haben** to be a crafty one; **ganz ~ sein** (hum fam) to be all ears; **auf dem ~ <u>taub</u> sein** (fam) to be deaf to that sort of thing; **bis über beide ~en <u>verliebt</u> sein** to be head over heels in love; **jdm eins hinter die ~en <u>geben</u>** (fam) to give sb a clip round the ear; **ins ~ <u>gehen</u>** to be catchy; **viel um die ~en <u>haben</u>** (fam) to have a great deal on one's plate; **jdn übers ~ <u>hauen</u>** (fam) to pull a fast one on sb; **sich aufs ~ <u>legen</u>** (fam) to put one's head down; **jdm [mit etw dat] in den ~en <u>liegen</u>** to badger sb [with sth]; **die ~en <u>spitzen</u>** to prick up one's ears; **seinen ~en nicht <u>trauen</u>** to not believe one's ears

Öhr <-[e]s, -e> [ˈøːɐ̯] nt eye

Oh·ren·arzt, -ärz·tin <-es, -ärzte> m, f ear specialist **oh·ren·be·täu·bend** I.adj deafening II.adv deafeningly **Oh·ren·ent·zün·dung** f ear infection **Oh·ren·müt·ze** f MODE cap with ear flaps **Oh·ren·sau·sen** <-s> nt kein pl buzzing in the ears **Oh·ren·schmalz** nt kein pl earwax no art, no pl **Oh·ren·schmaus** m kein pl (fam) treat for the ear[s] **Oh·ren·schüt·zer** m meist pl earmuff usu pl **Oh·ren·trop·fen** pl eardrops pl **Oh·ren·zeu·ge, -zeu·gin** m, f (veraltend form) witness (to something heard)

Ohr·fei·ge <-, -n> f box on the ears

ohr·fei·gen vt ■ **jdn ~** to box sb's ears

Ohr·läpp·chen <-s, -> nt earlobe **Ohr·mu·schel** f [outer form] ear

Oh·ro·pax® <-, -> ['o:ropaks] nt earplug usu pl

Ohr·ring m earring **Ohr·stöp·sel** m earplug **Ohr·wurm** m ① (fam) catchy tune ② ZOOL earwig

oje, oje·mi·ne [o'je:(mine)] interj (veraltend) oh dear

o.k. [o'ke:] adj Abk von **okay** OK

okay [o'ke:] (fam) **I.** adv okay **II.** adj präd okay; **Ihr Termin geht ~!** there'll be no problem with your appointment!

ok·kult ['ɔkʊlt] adj occult

Ok·kul·tis·mus <-> [ɔkʊl'tɪsmʊs] m kein pl occultism no art, no pl

Ok·ku·pa·ti·on <-, -en> [ɔkupa'tsi̯oːn] f occupation

Öko <-[s], -s> ['ø:ko] m POL, SOZIOL (fam) environmental activist

Öko·bau·er, -bäu·e·rin m, f organic farmer **Öko·la·den** ['ø:kolaːdn̩] m health food shop

Öko·lo·ge, Öko·lo·gin <-n, -n> [øko'loːgə, øko'loːgɪn] m, f ecologist

Öko·lo·gie <-> [økolo'giː] f kein pl ecology no art, no pl

Öko·lo·gie·be·we·gung f environmental movement

öko·lo·gisch [øko'loːgɪʃ] **I.** adj ecological **II.** adv ecologically

Öko·mo·de f eco fashion

Öko·nom(in) <-en, -en> [øko'noːm] m(f) (geh) economist

Öko·no·mie <-, -n> [økono'miː, pl økono'miːən] f ① kein pl (Wirtschaftlichkeit) economy ② (Wirtschaft) economy no indef art, no pl ③ (Wirtschaftswissenschaft) economics + sing vb

öko·no·misch [øko'noːmɪʃ] **I.** adj ① (die Wirtschaft betreffend) economic ② (sparsam) economical **II.** adv economically

Öko·par·tei f ecology party **Öko·steu·er** f environmental tax (tax added to the price of energy sources and substances regarded as harmful to the environment) **Öko·sys·tem** nt ecosystem **Öko·test** m eco-test **Öko·tou·ris·mus** m ■[der] ~ ecotourism

Ok·ta·e·der <-s, -> [ɔkta'ʔeːdɐ] nt octahedron spec

Ok·tan·zahl [ɔk'taːn-] f octane [number [or rating]]; **Benzin mit hoher ~** high-octane petrol

Ok·ta·ve <-, -n> [ɔk'taːvə] f octave

Ok·to·ber <-s, -> [ɔk'toːbɐ] m October; s. a. **Februar**

Oku·lar <-s, -e> [oku'laːɐ̯] nt eyepiece, ocular spec

Öku·me·ne <-> [øku'meːnə] f kein pl ecumenical Christianity no art, no pl form

öku·me·nisch [øku'meːnɪʃ] adj ecumenical form

Ok·zi·dent <-s> [ɔktsidɛnt] m kein pl (geh) ■ **der ~** the Occident form o poet

Öl <-[e]s, -e> ['ø:l] nt ① (fette Flüssigkeit) oil ② (Erd~) oil; (Heiz~) fuel oil; (Schmier~) lubricating oil ③ (Sonnen~) sun oil ④ kein pl (~farben) oil-based paints pl; **in ~ malen** to paint in oils ▶ **~ ins Feuer gießen** to add fuel to the flames

Öl·bild nt s. **Ölgemälde**

Ol·die <-s, -s> ['oːldi] m oldie

Old·ti·mer <-s, -> ['oːltt͡ajmɐ] m (altes wertvolles Auto) vintage car; (historisches Flugzeug) vintage aeroplane [or AM airplane]

Ole·an·der <-s, -> [ole'andɐ] m oleander

ölen ['øːlən] vt to oil

Öl·far·be f ① (ölhaltige Farbe) oil-based paint ② KUNST oil paint; **mit ~n malen** to paint in oils **Öl·fleck** m oil spot **Öl·för·de·rung** f oil production no pl **Öl·ge·mäl·de** nt oil painting **Öl·göt·ze** m (pej sl) **dastehen wie ein ~** to stand there like a [stuffed] dummy **öl·hal·tig** adj containing oil **Öl·hei·zung** f oil-fired [central] heating

ölig ['øːlɪç] adj ① (voller Öl) oily; (fettig) greasy ② (pej) slimy

Olig·ar·chie <-, -n> [oligar'çiː, pl oligar'çiːən] f (geh) oligarchy

Oli·ve <-, -n> [o'liːvə] f olive

Oli·ven·baum m olive tree **Oli·ven·öl** nt olive oil

oliv·grün adj olive-green, olive attr

Öl·ja·cke f oilskin jacket **Öl·känn·chen** nt dim von **Ölkanne** oilcan **Öl·kon·zern** m oil company **Öl·kri·se** f oil crisis **Öl·lei·tung** f oil pipe; (Pipeline) oil pipeline **Öl·pest** f oil pollution no art, no pl **Öl·platt·form** f oilrig **Öl·pum·pe** f oil pump **Öl·quel·le** f oil well **Öl·raf·fi·ne·rie** f oil refinery **Öl·sar·di·ne** f sardine [in oil] ▶ **wie die ~n** (fam) like sardines **Öl·scheich** m (pej) oil sheikh **Öl·schicht** f film of oil **Öl·schin·ken** m KUNST (pej: großes Ölgemälde) large pretentious oil painting **Öl·stand** m kein pl oil level **Öl·stands·mes·ser** m oil pressure gauge **Öl·tan·ker** m oil tanker **Öl·tep·pich** m oil slick

Ölung <-, -en> f oiling no art, no pl; **die Letzte ~** REL extreme unction

Öl·ver·brauch *m* oil consumption *no indef art, no pl* **Öl·vor·kom·men** *nt* oil deposit **Öl·wech·sel** *m* oil change

Olym·pi·a·de <-, -n> [olym'pi̯a:də] *f* Olympic Games *pl*

Olym·pia·sie·ger(in) *m(f)* Olympic champion **Olym·pia·sta·di·on** *nt* Olympic stadium

Olym·pi·o·ni·ke, Olym·pi·o·ni·kin <-n, -n> [olympi̯o'ni:kə, olympi̯o'ni:kɪn] *m*, *f* Olympic athlete

olym·pisch [o'lympɪʃ] *adj* Olympic *attr*

Öl·zeug *nt* oilskins *pl*

Öl·zweig *m* olive branch

Oma <-, -s> ['o:ma] *f* (*fam*) gran[ny]

Om·buds·mann, -frau ['ɔmbʊts-] *m*, *f* ombudsman *masc*, ombudswoman *fem*

Ome·ga-3-Fett·säu·re [o:mega'draɪ-] *f* omega-3 fatty acid

Ome·lett <-[e]s, -e *o* -s> *nt*, **Ome·lette** <-, -n> [ɔm(ə)'lɛt, *pl* ɔm(ə)'lɛtn̩] *f* SÜDD, SCHWEIZ, ÖSTERR omelette

Omen <-s, - *o* Omina> ['o:mən, *pl* 'o:mina] *nt* (*geh*) omen

omi·nös [omi'nø:s] *adj* (*geh*) ominous

Om·ni·bus ['ɔmnibʊs] *m* bus

Om·ni·bus·hal·te·stel·le *f* bus stop

ona·nie·ren* [ona'ni:rən] *vi* to masturbate

On·kel <-s, -> ['ɔŋkl̩] *m* uncle

on·line[RR] ['ɔnlaɪn] *adj* online

On·line-aus·ga·be ['ɔnlaɪn-] *f* einer Zeitung, Zeitschrift online edition **On·line·bank** *f* Internet bank **On·line-ban·king** [-bɛŋkɪŋ] *nt kein pl* online banking **On·line-be·stel·lung** *f* online order **On·line·be·trieb** *m kein pl* online operation *no pl* **On·line-chat** [-tʃɛt] *m* online chat **On·line·dienst** *m* online service **On·line·han·del** *m* e-commerce **On·line·ler·nen** *nt kein pl* cybersteady **On·line·por·tal** *nt* web portal; ■ **im ~ in** [*or* at] the web portal **On·line-shop·ping** [-ʃɔpɪŋ] *nt* online shopping **On·line-ti·cket** *nt* online ticket

Onyx <-[es], -e> ['o:nʏks] *m* onyx *no art, no pl*

OP <-s, -s> [o:'pe:] *m* MED *Abk von* **Operationssaal** OR *no art* AM

Opa <-s, -s> ['o:pa] *m* (*fam*) grand[d]ad

Opal <-s, -e> [o'pa:l] *m* opal

Oper <-, -n> ['o:pɐ] *f* opera

Ope·ra·ti·on <-, -en> [opəra'tsi̯o:n] *f* operation

Ope·ra·ti·ons·saal *m* operating theatre [*or* AM room]

ope·ra·tiv [opəra'ti:f] I. *adj* ① MED operative; **~er Eingriff** surgery ② MIL operational II. *adv* ① MED surgically ② MIL strategically

Ope·ret·te <-, -n> [opə'rɛtə] *f* operetta

ope·rie·ren* [opə'ri:rən] I. *vt* ■ **jdn/etw ~** to operate on sb/sth; ■ **sich** *dat* **etw ~ lassen** to have sth operated on II. *vi* to operate (**an** on)

Opern·glas *nt* opera glasses *npl* **Opern·haus** *nt* opera house **Opern·sän·ger(in)** *m(f)* opera singer

Op·fer <-s, -> ['ɔpfɐ] *nt* ① (*verzichtende Hingabe*) sacrifice; **~ bringen** to make sacrifices ② REL sacrifice ③ (*geschädigte Person*) victim; **jdm/etw zum ~ fallen** to fall victim to sb/sth

Op·fer·be·reit·schaft *f kein pl* readiness to make sacrifices **Op·fer·ga·be** *f* [sacrificial] offering

op·fern ['ɔpfɐn] I. *vt* ① (*als Opfer darbringen*) ■ **jdn ~** to sacrifice sb; ■ **etw ~** to offer up sth ② (*spenden*) to donate ③ (*aufgeben*) to sacrifice II. *vi* (*ein Opfer darbringen*) to [make a] sacrifice ② (*geh: spenden*) to give III. *vr* ■ **sich ~** to sacrifice oneself

Op·fe·rung <-, -en> *f* sacrifice

Opi·at <-[e]s, -e> [o'pi̯a:t] *nt* opiate

Opi·um <-s> ['o:pi̯ʊm] *nt kein pl* opium *no art, no pl*

Opos·sum <-s, -s> [o'pɔsʊm] *nt* ZOOL opossum

Op·po·nent(in) <-en, -en> [ɔpo'nɛnt] *m(f)* (*geh*) opponent

op·po·nie·ren* [ɔpo'ni:rən] *vi* (*geh*) to take the opposite view

op·por·tun [ɔpɔr'tu:n] *adj* (*geh*) opportune

Op·por·tu·nis·mus <-> [ɔpɔrtu'nɪsmʊs] *m kein pl* (*geh*) opportunism *no art, no pl*

Op·por·tu·nist(in) <-en, -en> [ɔpɔrtu'nɪst] *m(f)* opportunist

op·por·tu·nis·tisch I. *adj* opportunist[ic] II. *adv* opportunistically

Op·po·si·ti·on <-, -en> [ɔpozi'tsi̯o:n] *f* ① POL **die ~** the Opposition ② (*geh: Widersetzlichkeit*) contrariness (**aus** out of)

op·po·si·ti·o·nell [ɔpozitsi̯o'nɛl] *adj* ① (*geh: gegnerisch*) opposed, opposing *attr* ② POL opposition *attr*

Op·po·si·ti·ons·füh·rer(in) *m(f)* ■ **der ~/die ~ in** the Leader of the Opposition **Op·po·si·ti·ons·par·tei** *f* opposition party

OP-Schwes·ter *f* theatre nurse BRIT, operating-room nurse AM

op·tie·ren* [ɔp'ti:rən] *vi* (*geh*) to opt (**für** for)

Op·tik <-, -en> ['ɔptɪk] *f* ① PHYS ■ **die ~** optics + *sing vb* ② FOTO lens [system] ③ *kein pl* (*Eindruck*) appearance *no art, no pl*

Op·ti·ker(in) <-s, -> ['ɔptikɐ] *m(f)* [ophthalmic] optician BRIT, *esp* AM optometrist
op·ti·mal [ɔpti'maːl] **I.** *adj* optimal **II.** *adv* in the best possible way
op·ti·mie·ren* [ɔpti'miːrən] *vt* to optimize
Op·ti·mie·rung <-, -en> *f* optimization
Op·ti·mis·mus <-, -> [ɔpti'mɪsmʊs] *m kein pl* optimism *no art, no pl*
Op·ti·mist(in) <-en, -en> [ɔpti'mɪst] *m(f)* optimist
op·ti·mis·tisch **I.** *adj* optimistic **II.** *adv* optimistically
Op·ti·mum <-s, Optima> ['ɔptimʊm, *pl* 'ɔptima] *nt* (*geh*) optimum *no pl*
Op·ti·on <-, -en> [ɔp'tsi̯oːn] *f* ①BÖRSE, FIN option ②(*das Optieren*) ■ **die ~ [von etw** *dat*] opting [for sth] ③(*geh: Möglichkeit*) option
op·tisch ['ɔptɪʃ] **I.** *adj* ①PHYS optical ②(*geh*) visual **II.** *adv* optically, visually
Opus <-, Opera> ['oːpʊs, *pl* 'oːpəra] *nt* ①(*künstlerisches Werk*) work, oeuvre; MUS opus ②(*hum: Erzeugnis*) opus *form or hum*
Ora·kel <-s, -> [o'raːkl̩] *nt* oracle; **das ~ befragen** to consult the oracle
oral [o'raːl] **I.** *adj* oral **II.** *adv* orally
Oral·ver·kehr *m kein pl* oral sex
orange [o'rãːʒə, o'raŋʒə] *adj* (*Farbe*) orange
Orange <-, -n> [o'rãːʒə, o'raŋʒə] *f* (*Frucht*) orange
oran·ge·far·ben *adj*, **oran·ge·far·big** [o'raŋʒ-] *adj* orange[-coloured], orange[-colored] AM
Oran·gen·baum [o'rãːʒn̩-, o'raŋʒn̩-] *m* orange tree **oran·gen·far·ben** [o'rãːʒn̩-], **oran·gen·far·big** [o'rãːʒn̩-] *adj* orange[-coloured] **Oran·gen·haut** [o'rãːʒn̩-] *f kein pl* MED cellulite *no pl* **Oran·gen·mar·me·la·de** [o'rãːʒn̩-] *f* marmalade **Oran·gen·saft** [o'rãːʒn̩-] *m* orange juice **Oran·gen·scha·le** [o'rãː-ʒn̩-] *f* orange peel
Orang-U·tan <-s, -s> ['oːraŋ'ʔuːtan] *m* orang-utan
Ora·to·ri·um <-s, -torien> [ora'toːri̯ʊm, *pl* -toːri̯ən] *nt* oratorio
Or·bit <-s, -s> ['ɔrbɪt] *m* orbit; **im ~** in orbit
Or·ches·ter <-s, -> [ɔr'kɛstɐ, ɔr'çɛstɐ] *nt* orchestra
Or·ches·ter·gra·ben *m* MUS orchestra pit
Or·chi·dee <-, -n> [ɔrçi'deː(ə)] *f* orchid
Or·den <-s, -> ['ɔrdn̩] *m* ①(*Ehrenzeichen*) decoration, medal; **jdm einen ~ [für etw** *akk*] **verleihen** to decorate sb [for sth] ②(*Gemeinschaft*) [holy] order; **einem ~ beitreten** to join a holy order
or·dent·lich ['ɔrdn̩tlɪç] **I.** *adj* ①(*aufgeräumt*) tidy ②(*Ordnung liebend*) orderly; (*Person*) tidy ③(*fam: tüchtig*) proper; *Portion* decent; **eine ~e Tracht Prügel** a [real] good hiding *hum* ④(*ordnungsgemäß*) proper; *Mitglied, Professor* full; **ein ~es Gericht** a court of law **II.** *adv* ①(*säuberlich*) neatly ②(*gesittet*) properly ③(*fam: tüchtig*) properly; **~ essen** to eat well ④(*diszipliniert*) properly; **~ zu arbeiten beginnen** to get down to work
Or·der <-, -s *o* -n> ['ɔrdɐ] *f* order
or·dern ['ɔrdɐn] *vt*, *vi* to order
Or·di·nal·zahl [ɔrdi'naːl-] *f* ordinal [number]
or·di·när [ɔrdi'nɛːɐ] **I.** *adj* ①(*vulgär*) vulgar ②(*alltäglich*) ordinary **II.** *adv* crudely
Or·di·na·ri·us, **Or·di·na·ria** <-, Ordinarien> [ɔrdi'naːri̯ʊs, ɔrdi'naːri̯a, *pl* -ri̯ən] *m, f* professor
ord·nen ['ɔrdnən] **I.** *vt* ■ **etw ~** ①(*sortieren*) to arrange sth; **etw neu ~** to rearrange sth ②(*in Ordnung bringen*) to put sth in order **II.** *vr* ■ **sich ~** to get clearer
Ord·ner <-s, -> *m* file
Ord·ner(in) <-s, -> *m(f)* steward, marshal
Ord·nung <-, -en> ['ɔrdnʊŋ] *f* ①*kein pl* (*das Sortieren*) ■ **die ~ von etw** *dat* ordering sth ②(*Aufgeräumtheit*) order *no art, no pl;* **etw in ~ bringen** to tidy sth up; **~ halten** to keep things tidy; **~ schaffen** to tidy things up ③*kein pl* (*ordentliches Verhalten*) order *no art, no pl;* **die öffentliche ~** public order ④(*Gesetzmäßigkeit*) structure ⑤(*Vorschrift*) rules *pl;* **der ~ halber** as a matter of form ⑥BIOL order; ASTRON magnitude *spec* ▶ **etw in ~ bringen** (*etw reparieren*) to fix sth; **es [ganz] in ~ finden, dass ...** to find it [quite] right that ...; **es nicht in ~ finden, dass ...** to not think it's right that ...; **geht in ~!** (*fam*) that's OK; **etwas ist mit jdm/etw nicht in ~** there's something wrong with sb/sth; [**wieder**] **in ~ kommen** ([*wieder*] *gut gehen*) to turn out all right; (*wieder funktionieren*) to start working [again]; **in ~ sein** (*fam*) to be OK; **nicht in ~ sein** (*nicht funktionieren*) to not be working properly; (*sich nicht gehören*) to be not right; (*nicht stimmen*) to be not right; [**das ist**] **in ~!** [that's] OK!
Ord·nungs·amt *nt* regulatory agency (*municipal authority responsible for registration, licensing, and regulating public events*) **Ord·nungs·geld** *nt* fine **ord·**

nungs·ge·mäß I. *adj* according to the rules *pred* **II.** *adv* in accordance with the regulations **ord·nungs·hal·ber** *adv* as a matter of form **Ord·nungs·hü·ter(in)** *m(f)* (*hum*) custodian of the law **Ord·nungs·lie·be** *f kein pl* love of [good] order **ord·nungs·lie·bend** *adj* tidy-minded **Ord·nungs·sinn** *m kein pl* sense of order **Ord·nungs·stra·fe** *f* fine **ord·nungs·wid·rig I.** *adj* illegal **II.** *adv* illegally **Ord·nungs·wid·rig·keit** *f* infringement [of the regulations/law] **Ord·nungs·zahl** *f s.* **Ordinalzahl**
Ore·ga·no <-s> [oˈreːgano] *m kein pl* oregano
Or·gan <-s, -e> [ɔrˈɡaːn] *nt* ❶ ANAT organ ❷ (*fam: Stimme*) voice ❸ *pl selten* (*form: offizielle Zeitschrift/Einrichtung*) organ
Or·gan·bank *f* organ bank **Or·gan·han·del** <-s> *m kein pl* [illegal] trade in [body] organs
Or·ga·ni·sa·ti·on <-, -en> [ɔrɡanizaˈtsi̯oːn] *f* organization
Or·ga·ni·sa·ti·ons·ta·lent *nt* ❶ *kein pl* (*Eigenschaft*) talent for organization ❷ (*Mensch*) person with a talent for organization
Or·ga·ni·sa·tor, -to·rin <-s, -toren> [ɔrɡaniˈzaːtoːɐ̯, -ˈtoːrɪn, *pl* -ˈtoːrən] *m, f* organizer
or·ga·ni·sa·to·risch [ɔrɡanizaˈtoːrɪʃ] **I.** *adj* organizational **II.** *adv* organizationally
or·ga·nisch [ɔrˈɡaːnɪʃ] **I.** *adj* organic **II.** *adv* organically
or·ga·ni·sie·ren* [ɔrɡaniˈziːrən] **I.** *vt* ■ **etw ~** ❶ (*systematisch vorbereiten*) to organize sth ❷ (*sl: unrechtmäßig beschaffen*) to get hold of sth **II.** *vi* to organize; **er kann ausgezeichnet ~** he's an excellent organizer **III.** *vr* ■ **sich ~** to organize
or·ga·ni·siert *adj* organized; **~es Verbrechen** organized crime; **~e Maßnahmen** coordinated measures
Or·ga·nis·mus <-, -nismen> [ɔrɡaˈnɪsmʊs, *pl* -mən] *m* organism
Or·ga·nist(in) <-en, -en> [ɔrɡaˈnɪst] *m(f)* organist
Or·gan·spen·de *f* organ donation **Or·gan·spen·der(in)** *m(f)* organ donor **Or·gan·trans·plan·ta·ti·on** *f*, **Or·gan·ver·pflan·zung** *f* organ transplant
Or·gas·mus <-, Orgasmen> [ɔrˈɡasmʊs, *pl* ɔrˈɡasmən] *m* orgasm
or·gas·tisch [ɔrˈɡastɪʃ] *adj* orgasmic
Or·gel <-, -n> [ˈɔrɡl̩] *f* organ
Or·gel·pfei·fe *f* organ pipe

or·gi·as·tisch *adj* (*geh*) orgiastic
Or·gie <-, -n> [ˈɔrɡi̯ə] *f* orgy
Ori·ent <-s> [ˈoːri̯ɛnt, oˈri̯ɛnt] *m kein pl* ❶ ■ **der [Vordere] ~** the [Near and] Middle East ❷ (*veraltet: Osten*) Orient
Ori·en·ta·le, Ori·en·ta·lin <-n, -n> [oriɛnˈtaːlə, oriɛnˈtaːlɪn] *m, f* person from the Middle East
ori·en·ta·lisch [oriɛnˈtaːlɪʃ] *adj* oriental
ori·en·tie·ren* [oriɛnˈtiːrən] **I.** *vr* ■ **sich ~** ❶ (*sich informieren*) to inform oneself (**über** about) ❷ (*sich zurechtfinden*) to get one's bearings ❸ (*sich einstellen*) to adapt oneself (**an** to) **II.** *vt* (*geh*) ❶ (*informieren*) ■ **jdn ~** to inform sb (**über** about) ❷ (*ausgerichtet sein*) **ich bin eher links/rechts/liberal orientiert** I tend more to the left/right/I am more liberally orientated
Ori·en·tie·rung <-, -en> [oriɛnˈtiːrʊŋ] *f* ❶ (*das Zurechtfinden*) orientation; **die ~ verlieren** to lose one's bearings ❷ (*geh: Unterrichtung*) information; **zur/zu jds ~** (*geh*) for [sb's] information ❸ (*geh: Ausrichtung*) ■ **die/jds ~ an etw** *dat* the/sb's orientation towards sth
Ori·en·tie·rungs·hil·fe *f* aid to orientation **Ori·en·tie·rungs·punkt** *m* point of reference **Ori·en·tie·rungs·sinn** *m kein pl* sense of direction
ori·gi·nal [oriɡiˈnaːl] **I.** *adj* ❶ (*echt*) genuine ❷ (*ursprünglich*) original **II.** *adv* in the original [condition]
Ori·gi·nal <-s, -e> [oriɡiˈnaːl] *nt* ❶ (*Urversion*) original; **im ~** in the original ❷ (*Mensch*) character
Ori·gi·nal·auf·nah·me *f* ❶ MUS original recording ❷ FOTO original photograph ❸ FILM original print **ori·gi·nal·ge·treu I.** *adj* true to the original *pred* **II.** *adv* in a manner true to the original
Ori·gi·na·li·tät <-> [oriɡinaliˈtɛːt] *f kein pl* ❶ (*Echtheit*) authenticity *no art, no pl* ❷ (*Ursprünglichkeit*) naturalness *no art, no pl* ❸ (*Einfallsreichtum*) originality *no art, no pl*
ori·gi·nell [oriɡiˈnɛl] *adj* original
Or·kan <-[e]s, -e> [ɔrˈkaːn] *m* hurricane
or·kan·ar·tig *adj* hurricane-force *attr*
Or·na·ment <-[e]s, -e> [ɔrnaˈmɛnt] *nt* ornament
or·na·men·tal [ɔrnamɛnˈtaːl] **I.** *adj* ornamental **II.** *adv* ornamentally
Or·nat <-[e]s, -e> [ɔrˈnaːt] *m* regalia + *sing/pl vb*
Or·ni·tho·lo·ge, -lo·gin <-n, -n> [ɔrnitoˈloːɡə, -ˈloːɡɪn] *m, f* ornithologist

Ort <-[e]s, -e> ['ɔrt] *m* ❶ (*Stelle*) place; **der ~ der Handlung** the scene of the action ❷ (*~schaft*) village, [small] town; **am ~** in the place/the village/[the] town; **von ~ zu ~** from place to place ▶ **an ~ und Stelle** on the spot, there and then; **vor ~** on the spot

Ört·chen <-s, -> ['œrtçən] *nt* ▶ **das [stille] ~** (*euph fam*) the smallest room BRIT, the john AM

or·ten ['ɔrtn̩] *vt* ❶ (*ausfindig machen*) to locate ❷ (*ausmachen*) to sight ❸ (*fam: sehen*) to spot

or·tho·dox [ɔrto'dɔks] I. *adj* ❶ REL Orthodox ❷ (*geh: strenggläubig*) orthodox II. *adv* REL according to Orthodox ritual

Or·tho·gra·phie, Or·tho·gra·fieᴿᴿ <-, -n> [ɔrtogra'fiː, *pl* ɔrtogra'fiːən] *f* spelling

or·tho·gra·phisch, or·tho·gra·fischᴿᴿ [ɔrto'graːfɪʃ] I. *adj* orthographic[al] *spec* II. *adv* orthographically *spec*

Or·tho·pä·de, Or·tho·pä·din <-n, -n> [ɔrto'pɛːdə, ɔrto'pɛːdɪn] *m, f* orthopaedist

Or·tho·pä·die <-> [ɔrtopɛ'diː] *f kein pl* orthopaedics + *sing vb*

or·tho·pä·disch [ɔrto'pɛːdɪʃ] *adj* orthopaedic

ört·lich ['œrtlɪç] I. *adj* ❶ (*lokal*) local ❷ METEO localized II. *adv* locally; **~ verschieden sein/variieren** to vary from place to place; **jdn ~ betäuben** to give sb a local anaesthetic

Ört·lich·keit <-, -en> *f* area

Orts·an·ga·be *f* ❶ (*Standortangabe*) [name of] location; (*in Anschrift*) [name of the] town/city ❷ (*Erscheinungsort*) **ohne ~** no place of publication indicated

orts·an·säs·sig *adj* local; ■ **~ sein** to live locally **Orts·aus·gang** *m* end of a village [*or* town] **Orts·be·stim·mung** *f* bearing of position

Ort·schaft <-, -en> *f* village/[small] town; **eine geschlossene ~** a built-up area

Orts·ein·gang *m* start of a village [*or* town] **orts·fremd** *adj* non-local; ■ **~ sein** to be a stranger **Orts·ge·spräch** *nt* local call **Orts·kennt·nis·se** *pl* local knowledge; [**gute**] **~ haben** to know the place [well] **orts·kun·dig** *adj* ■ **~ sein** to know one's way around **Orts·kun·di·ge(r)** *f(m)* person who knows his/her way around **Orts·na·me** *m* place name **Orts·netz** *nt* ❶ TELEK local exchange network ❷ ELEK local grid **Orts·netz·kenn·zahl** *f* (*form*) dialling [*or* AM area] code **Orts·schild** *nt* place name sign **Orts·ta·rif** *m* local [call] rate **Orts·teil** *m* part of a village [*or* town]

Orts·wech·sel *m* change of one's place of residence **Orts·zeit** *f* local time

Or·tung <-, -en> *f kein pl* (*das Orten*) ■ **die ~ [von etw** *dat*] locating [sth] ❷ (*geortetes Objekt*) signal; (*auf Anzeige a.*) reading

O-Saft [oˈzaft] *m* (*fam: Orangensaft*) OJ

Öse <-, -n> ['øːzə] *f* eye[let]

Os·lo <-s> ['ɔslo] *nt* Oslo *no pl, no art*

Os·ma·ne, Os·ma·nin <-n, -n> [ɔsˈmaːnə, ɔsˈmaːnɪn] *m, f* Ottoman *hist*

Os·mo·se <-, -n> [ɔsˈmoːzə] *f* osmosis *no pl, no art spec*

Os·si <-, -s> ['ɔsi] *m o f* (*fam*) East German

Ost <-[e]s, -e> [ɔst] *m kein pl, kein art* east

Os·tal·gi·ker(in) <-s, -> [ɔs'talgikɐ] *m(f)* SOZIOL, POL (*iron*) someone who looks back nostalgically on the former GDR

Ost·a·si·en *nt* East[ern] Asia *no pl, no art* **ost·deutsch** ['ɔstdɔytʃ] *adj* East German **Ost·deutsch·land** ['ɔstdɔytʃlant] *nt* East[ern] Germany *no pl, no art*

Os·ten <-s> ['ɔstn̩] *m kein pl, no indef art* ❶ (*Himmelsrichtung*) east; **die Sonne geht im ~ auf** the sun rises in the east; **der Ferne ~** the Far East; **der Nahe ~** the Middle East ❷ (*östliche Gegend*) east

Os·teo·po·ro·se <-, -n> [ɔsteopoˈroːzə] *f* osteoporosis *no pl, no art*

Os·ter·ei *nt* Easter egg **Os·ter·glo·cke** *f* BOT daffodil **Os·ter·ha·se** *m* Easter bunny **Os·ter·in·sel** *f* ■ **die ~** Easter Island **Os·ter·lamm** *nt* paschal lamb *spec*

ös·ter·lich ['øːstɐlɪç] I. *adj* Easter *attr* II. *adv* like Easter **Os·ter·mon·tag** ['oːste'moːntaːk] *m* Easter Monday

Os·tern <-, -> ['oːstɐn] *nt* Easter; **frohe ~!** Happy Easter!

Ös·ter·reich <-s> ['øːstɐraiç] *nt* Austria; *s. a.* **Deutschland**

Ös·ter·rei·cher(in) <-s, -> ['øːstɐraiçɐ] *m(f)* Austrian; *s. a.* **Deutsche(r)**

ös·ter·rei·chisch ['øːstɐraiçɪʃ] *adj* Austrian; ■ **das Ö~e** Austrian; *s. a.* **deutsch**

Os·ter·sonn·tag ['oːste'zɔntaːk] *m* Easter Sunday

Ost·er·wei·te·rung *f kein pl* eastward expansion; **die ~ der EU** EU eastern enlargement; **die ~ der NATO** NATO enlargement to the East

Os·ter·wo·che *f* Holy Week (*week before Easter*)

Ost·eu·ro·pa [ɔstʔɔyˈroːpa] *nt* East[ern] Europe **Ost·frie·se, -frie·sin** <-n, -n> *m, f* East Frisian **ost·frie·sisch** ['ɔstˈfriːzɪʃ] *adj* East Frisian **Ost·fries·land** ['ɔstˈfriːslant] *nt* East Friesland

öst·lich ['œstlɪç] **I.** *adj* ❶ (*in ~ er Himmelsrichtung befindlich*) eastern ❷ (*im Osten liegend*) eastern ❸ (*von/nach Osten*) eastwards, easterly ❹ (*den osteuropäischen und asiatischen Raum betreffend*) eastern **II.** *adv* ■ **~ von ...** east of ... **III.** *präp +gen* ■ **~ einer S.** *gen* [to the] east of sth

Ost·preu·ßen ['ɔstprɔysn̩] *nt* East Prussia

Ös·tro·gen <-s, -e> [œstro'geːn] *nt* oestrogen *no pl, no art*

Ost·see ['ɔstzeː] *f* ■ **die ~** the Baltic [Sea] **Ost·staa·ten** *pl* (*in den USA*) Eastern states *pl* **Ost·ta·rif** *m pl selten a pay scale applicable in the Länder that formerly belonged to the German Democratic Republic* **Ost·ver·trä·ge** *pl* treaties *pl* with the Eastern bloc countries

ost·wärts ['ɔstvɛrts] *adv* eastwards, to the east

Ost-West-Be·zie·hun·gen ['ɔst'vɛst-] *pl* East-West relations *pl* **Ost·wind** *m* east wind

OSZE [oː?ɛstsɛt'?eː] *f Abk von* **Organisation für Sicherheit und Zusammenarbeit in Europa** OSCE *hist*

os·zil·lie·ren* [ɔstsɪ'liːrən] *vi* PHYS to oscillate

Ot·ter¹ <-, -n> ['ɔtɐ] *f* (*Schlangenart*) adder

Ot·ter² <-s, -> ['ɔtɐ] *m* (*Fisch~*) otter

ÖTV <-> [øːteː'faʊ] *f kein pl Abk von* **Gewerkschaft Öffentliche Dienste, Transport und Verkehr** (*hist*) *union of transport and public-service workers*

out [aʊt] *adj* (*fam*) ■ **~ sein** to be out

Out·fit <-s, -s> ['aʊtfɪt] *nt* (*sl*) outfit

Ou·ting <-s, -s> ['aʊtɪŋ] *nt* (*fam*) coming out

Out·put <-s, -s> ['aʊtpʊt] *m o nt* ÖKON, INFORM output

Out·sour·cing <-> ['aʊtsoːɐsɪŋ] *nt kein pl* outsourcing *no pl*

Ou·ver·tü·re <-, -n> [uvɛr'tyːrə] *f* overture

oval [o'vaːl] *adj* oval

Oval <-s, -e> [o'vaːl] *nt* oval

Ova·ti·on <-, -en> [ova'tsi̯oːn] *f* (*geh*) ovation; **jdm ~ en darbringen** to give sb an ovation

Over·all <-s, -s> ['oːvərɔːl, -roːl] *m* (*für schmutzige Arbeit*) overalls *npl*, BRIT *also* overall; (*bei kaltem Wetter*) jumpsuit

Over·head·pro·jek·tor ['oːvɛhɛt-] *m* overhead projector

Over·kill <-> ['oːvɛkɪl] *m kein pl* overkill *no pl, no art pej*

ÖVP <-> [øːfaʊ'peː] *f Abk von* **Österreichische Volkspartei** *Austrian conservative party*

Ovu·la·ti·on <-, -en> [ovula'tsi̯oːn] *f* ovulation *no pl, no art*

Ovu·la·ti·ons·hem·mer <-s, -> *m* ovulation inhibitor *form*

oxi·die·ren* [ɔksi'diːrən] *vi, vt* sein *o* haben to oxidize

Oxyd <-[e]s, -e> [ɔ'ksyːt, *pl* ɔ'ksyːdə] *nt* oxide

Oxy·da·ti·on <-, -en> [ɔksyda'tsi̯oːn] *f* oxidation

oxy·die·ren* [ɔksyː'diːrən] *vt, vi* to oxidize

Oze·an <-s, -e> ['oːtseaːn] *m* ocean; **der Atlantische/Pazifische ~** the Atlantic/Pacific Ocean

Oze·an·damp·fer *m* ocean liner

Oze·lot <-s, -e> ['oːtsɛlɔt, 'ɔtsɛlɔt] *m* ZOOL ocelot *spec*

Ozon <-s> [o'tsoːn] *nt o m kein pl* ozone *no pl, no art*

Ozon·alarm *m kein pl* ozone warning **Ozon·ge·halt** *m* ozone concentration *no pl* **Ozon·loch** *nt* ■ **das ~** the ozone hole **Ozon·schicht** *f kein pl* ■ **die ~** the ozone layer **Ozon·smog** [-smɔk] *m* ozone smog

P p

P, p <-, -> *fam* -s, -s> [peː] *nt* P, p; *s. a.* **A 1**

paar [paːɐ̯] *adj* ■ein ~ ... a few ...; **ein ~ Mal** a couple of times; **alle ~ Tage/Wochen** every few days/weeks

Paar <-s, -e> [paːɐ̯] *nt* ❶ (*Mann und Frau*) couple ❷ (*zwei zusammengehörende Dinge*) pair; **ein ~ Würstchen** a couple of sausages; **ein ~ neue Socken** a pair of new socks

paa·ren [paːrən] **I.** *vr* ❶ (*kopulieren*) ■sich ~ to mate ❷ (*sich verbinden*) ■sich mit etw *dat* ~ to be coupled with sth **II.** *vt* (*zur Kopulation zusammenbringen*) ■etw ~ to mate sth; SPORT ■jdn ~ to match sb

paa·rig [paːrɪç] **I.** *adj* paired **II.** *adv* in pairs; **~ angeordnet** arranged in pairs

Paar·lauf *m* pair-skating, pairs + *sing vb*

Paa·rung <-, -en> *f* mating

Paa·rungs·zeit *f* mating season

paar·wei·se *adv* in pairs

Pacht <-, -en> [paxt] *f* ❶ (*Entgelt*) rent[al] *no indef art, no pl* ❷ (*Nutzungsvertrag*) lease; **etw in ~ haben** to have sth on lease

pach·ten [ˈpaxtn̩] *vt* to lease (**von** from)

Päch·ter(in) <-s, -> [ˈpɛçtɐ] *m(f)* tenant

Pacht·ver·trag *m* lease

Pack[1] <-[e]s, -e *o* Päcke> [pak, *pl* ˈpɛkə] *m* (*Stapel*) stack; (*zusammengeschnürt*) pack

Pack[2] <-s> [pak] *nt kein pl* (*pej: Pöbel*) riff-raff + *pl vb*

Päck·chen <-s, -> [ˈpɛkçən] *nt* ❶ (*Postversand*) small parcel ❷ (*Packung*) packet ❸ (*kleiner Packen*) pack

Pack·eis *nt* pack ice *no art, no pl*

pa·cken [ˈpakn̩] *vt* ❶ (*ergreifen*) ■jdn/etw ~ to grab [hold of] sb/sth (**bei/an** by); **jdn am Kragen ~** to grab sb by the collar ❷ (*voll ~*) to pack; **ein Paket ~** to make up *sep* a parcel ❸ (*verstauen*) to pack (**in** in[to]); **Gepäck in den Kofferraum ~** to put luggage in the boot ❹ (*überkommen*) to seize; **von Ekel/Abenteuerlust gepackt** seized by revulsion/a thirst for adventure; **mich packt auf einmal ein unwiderstehliches Verlangen, nach Island zu fliegen** I suddenly have an irresistible urge to fly to Iceland ❺ (*sl: bewältigen*) to manage; **Prüfung** to pass ❻ (*erreichen*) **beeilt euch, sonst ~ wir es nicht mehr!** hurry up, otherwise we won't make it! ❼ (*sl: kapieren*) ■etw ~ to get sth *fam*

Pa·cken <-s, -> [ˈpakn̩] *m* stack; (*unordentlich a.*) pile; (*zusammengeschnürt*) bundle

pa·ckend *adj* absorbing; *Buch, Film* thrilling

Pack·esel *m* (*Lasttier*) pack mule; (*fig*) packhorse **Pack·pa·pier** *nt* wrapping paper *no art, no pl* **Pack·sta·ti·on**® *f* automated self-service parcel collecting and dispatching booth

Pa·ckung <-, -en> *f* ❶ (*Schachtel*) pack[et]; **eine ~ Pralinen** a box of chocolates ❷ MED pack

Pad <-s, -s> [pɛt] *nt* ❶ INFORM [mouse] pad ❷ (*Watte~*) cotton [wool] pad ❸ (*Kaffee~*) [coffee] pod

Pä·da·go·ge, Pä·da·go·gin <-n, -n> [pɛdaˈgoːgə, pɛdaˈgoːgɪn] *m, f* ❶ (*Lehrer*) teacher ❷ (*Erziehungswissenschaftler*) education[al]ist

Pä·da·go·gik <-> [pɛdaˈgoːgɪk] *f kein pl* pedagogy *no art, no pl spec*

pä·da·go·gisch [pɛdaˈgoːgɪʃ] **I.** *adj* educational *attr;* **~e Fähigkeiten** teaching ability **II.** *adv* educationally

Pad·del <-s, -> [ˈpadl̩] *nt* paddle

Pad·del·boot *nt* canoe

pad·deln [ˈpadl̩n] *vi sein o haben* to paddle

Pa·el·la <-, -s> [paˈɛlja] *f* KOCHK paella

paf·fen [ˈpafn̩] **I.** *vi* (*fam: rauchen*) to puff away; (*nicht inhalieren*) to puff **II.** *vt* (*fam*) ■etw ~ to puff away at sth

Pa·ge <-n, -n> [ˈpaːʒə] *m* page [boy]

Pa·go·de <-, -n> [paˈgoːdə] *f* pagoda

Pail·let·te <-, -n> [paˈjɛta] *f* sequin

Pa·ket <-[e]s, -e> [paˈkeːt] *nt* ❶ (*Sendung*) parcel ❷ (*umhüllter Packen*) package ❸ (*Packung*) packet ❹ (*Gesamtheit*) package ❺ (*Stapel*) stack

Pa·ket·an·nah·me *f* (*Paketschalter*) parcels counter **Pa·ket·aus·ga·be** *f* parcels counter **Pa·ket·bom·be** *f* parcel bomb **Pa·ket·schal·ter** *m* parcels counter

Pa·kis·tan <-s> [ˈpaːkɪstaːn] *nt* Pakistan; *s. a.* **Deutschland**

Pa·kis·ta·ner(in) <-s, -> [pakɪsˈtaːnɐ] *m(f)*, **Pa·kis·ta·ni** <-[s], -[s] *o fem* -, -> [pakɪsˈtaːni] *m o f* Pakistani; *s. a.* **Deutsche(r)**

pa·kis·ta·nisch [pakɪsˈtaːnɪʃ] *adj* Pakistani; *s. a.* **deutsch**

Pakt <-[e]s, -e> [pakt] *m* pact

pak·tie·ren* [pak'ti:rən] *vi* ■ **mit jdm ~** to make a pact with sb
Pa·lais <-, -> [pa'lɛ:, *pl* -'ɛ:s] *nt* palace
Pa·last <-[e]s, Paläste> [pa'last, *pl* pa'lɛstə] *m* palace
Pa·läs·ti·na <-s> [palɛs'ti:na] *nt* Palestine; *s. a.* **Deutschland**
Pa·läs·ti·nen·ser(in) <-s, -> [palɛsti'nɛnzɐ] *m(f)* Palestinian; *s. a.* **Deutsche(r)**
Pa·läs·ti·nen·ser·or·ga·ni·sa·ti·on *f* Palestinian organization **Pa·läs·ti·nen·ser·tuch** *nt* keffiyeh
pa·läs·ti·nen·sisch [palɛsti'nɛnzɪʃ] *adj* Palestinian; *s. a.* **deutsch**
Pa·la·ver <-s, -> [pa'la:vɐ] *nt* (*fam*) palaver *no pl*
pa·la·vern* [pa'la:vɐn] *vi* (*fam*) to palaver
Pa·let·te <-, -n> [pa'lɛtə] *f* ①(*Stapelplatte*) pallet ②KUNST palette ③(*geh: reiche Vielfalt*) range
pa·let·ti [pa'lɛti] *adv* ▶ **alles ~** (*sl*) everything's OK *fam*
Pa·li·sa·de <-, -n> [pali'za:də] *f* pale, stake, palisade
Palm <-s, -s> [pɑ:m] *m* INFORM palmtop
Pal·me <-, -n> ['palmə] *f* palm [tree] ▶ **jdn** [**mit etw** *dat*] **auf die ~ bringen** (*fam*) to drive sb up the wall [with sth]
Palm·sonn·tag [palm'zɔnta:k] *m* Palm Sunday
Palm·top <-s, -s> ['pɑ:m-] *nt* INFORM palmtop
Palm·we·del *m* palm frond
Pam·pa <-, -s> ['pampa] *f* pampas *pl* ▶ [**mitten**] **in der ~** (*fam*) in the middle of nowhere
Pam·pe <-> ['pampə] *f kein pl* (*pej fam*) mush; (*klebrig a.*) goo
Pam·pel·mu·se <-, -n> ['pamplmu:zə, pampl'mu:zə] *f* grapefruit
Pam·pers® <-, -> ['pɛmpɐs] *f* Pampers®
Pam·phlet <-[e]s, -e> [pam'fle:t] *nt* (*pej geh*) defamatory pamphlet
pam·pig *adj* (*fam*) ①(*frech*) stroppy BRIT, ill-tempered AM ②(*zäh breiig*) mushy; (*klebrig a.*) gooey
Pa·na·de <-, -n> [pa'na:də] *f* breadcrumb coating
Pa·na·ma¹ <-s> ['panama] *nt* Panama; *s. a.* **Deutschland**
Pa·na·ma² <-s, -s> ['panama] *m* (*Hut*) Panama [hat]
Pa·na·ma·er(in) <-s, -> ['panamaɐ] *m(f)* Panamanian; *s. a.* **Deutsche(r)**
pa·na·ma·isch [pana'ma:ɪʃ] *adj* Panamanian; *s. a.* **deutsch**

Pan·da <-s, -s> ['panda] *m* [giant] panda
Pan·flö·te ['pa:n-] *f* panpipes *npl*
pa·nie·ren* [pa'ni:rən] *vt* to bread (*to coat sth in seasoned, whisked egg and breadcrumbs*)
Pa·nier·mehl *nt* breadcrumbs *pl*
Pa·nik <-, -en> ['pa:nɪk] *f* panic *no pl;* **in ~ geraten** to [get in a] panic
pa·nik·ar·tig *adj* panic-stricken
Pa·nik·kauf *m* FIN panic buying **Pa·nik·ma·che** <-> *f kein pl* (*pej fam*) scaremongering *no pl, no art* **Pa·nik·stim·mung** *f* state of panic **Pa·nik·ver·kauf** *m* BÖRSE panic selling
pa·nisch ['pa:nɪʃ] **I.** *adj attr* panic-stricken **II.** *adv* in panic; **sich ~ fürchten** to be terrified
Pan·ne <-, -n> ['panə] *f* ①AUTO, TECH breakdown ②(*Missgeschick*) mishap
Pan·nen·dienst <-es, -e> *m* breakdown [*or* AM towing] service
Pa·no·ra·ma <-s, Panoramen> [pano'ra:ma, *pl* -'ra:mən] *nt* panorama
pan·schen ['panʃn̩] **I.** *vt* ■ **etw ~** to adulterate sth **II.** *vi* ①(*mit Wasser verdünnen*) to adulterate a[n alcoholic] drink ②(*fam: planschen*) to splash about
Pan·ter^RR <-s, -> ['pantɐ], **Pan·ther** <-s, -> ['pantɐ] *m* panther
Pan·tof·fel <-s, -n> [pan'tɔfl̩] *m* [backless] slipper
Pan·tof·fel·held *m* (*fam*) henpecked husband **Pan·tof·fel·tier·chen** *nt* slipper animalcule *spec*
Pan·to·mi·me <-, -n> [panto'mi:mə] *f* mime *no pl, no art*
pan·to·mi·misch [panto'mi:mɪʃ] **I.** *adj* mimed, in mime *pred* **II.** *adv* in mime
Pan·zer¹ <-s, -> ['pantsɐ] *m* MIL tank
Pan·zer² <-s, -> ['pantsɐ] *m* ①(*Schutzhülle*) shell; *einer Schildkröte, eines Krebses a.* carapace *spec; eines Krokodils* bony plate; *eines Nashorns, Sauriers* armour *no pl, no indef art* ②HIST breastplate
Pan·zer·glas *nt* bullet-proof glass *no pl*
pan·zern ['pantsɐn] *vt* ■ **etw ~** to armour-plate sth; ■ **gepanzert** armour-plated
Pan·zer·schrank *m* safe
Pan·ze·rung <-, -en> *f* (*gepanzertes Gehäuse*) armour-plating *no pl, no indef art; eines Reaktors* shield
Pan·zer·wa·gen *m* ①(*Panzer*) tank ②(*Wagen*) armoured vehicle
Pa·pa <-s, -s> [pa'pa:, 'papa] *m* (*fam*) dad[dy *esp childspeak*], *esp* AM pop
Pa·pa·gei <-s, -en> [papa'gaɪ̯] *m* parrot
Pa·pa·raz·zi [papa'ratsi] *pl* paparazzi *npl*

Pa·pa·ya <-, -s> [pa'pa:ja] *f* papaya

Pa·per·back <-s, -s> ['pe:pɐbɛk] *nt* paperback

Pa·pe·te·rie <-, -n> [papɛtə'ri:, *pl* -'ri:ən] *f* SCHWEIZ (*Schreibwarengeschäft*) stationer's

Pa·pi <-s, -s> ['papi] *m* (*fam*) daddy *esp* childspeak

Pa·pier <-s, -e> [pa'pi:ɐ̯] *nt* ❶ *kein pl* (*Material*) paper *no pl, no art;* **etw zu ~ bringen** to put down *sep* sth in writing ❷ (*Schriftstück*) paper, document ❸ (*Ausweise*) ■ **~ e** [identity] papers *pl* ❹ FIN security

Pa·pier·ein·zug *m* paper feed **Pa·pier·fa·brik** *f* paper mill **Pa·pier·for·mat** *nt* TYPO ❶ (*Papiergröße*) paper size ❷ (*Druckbereich*) page orientation **Pa·pier·geld** *nt* paper money *no pl, no art* **Pa·pier·hand·tuch** *nt* paper towel **Pa·pier·korb** *m* [waste]paper basket **Pa·pier·kram** *m* (*fam*) [tiresome] paperwork *no pl, no indef art* **Pa·pier·krieg** *m* (*fam: Schreibtischarbeit*) [tiresome] paperwork *no pl, no indef art;* (*Korrespondenz*) tiresome exchange of letters **Pa·pier·stau** *m* paper jam **Pa·pier·ta·schen·tuch** *nt* paper handkerchief **Pa·pier·tü·te** *f* paper bag **Pa·pier·vor·schub** *m* paper feed[er]

Papp·be·cher *m* paper cup **Papp·de·ckel** *m* cardboard *no pl, no art*

Pap·pe <-, -n> ['papə] *f* cardboard *no art, no pl*

Pap·pel <-, -n> ['papl̩] *f* poplar

pap·pen ['papn̩] *vt, vi* (*fam*) to stick (**an/auf** on[to])

Papp·en·hei·mer ['papn̩haime] *pl* ▶ **seine ~ kennen** (*fam*) to know what to expect from that lot **Papp·en·stiel** *m* (*fam*) ▶ **kein ~ sein** to not be chickenfeed

pap·per·la·papp [papɐla'pap] *interj* (*veraltend fam*) poppycock

pap·pig ['papɪç] *adj* (*fam*) ❶ (*klebrig*) sticky ❷ (*breiig*) mushy

Papp·kar·ton *m* ❶ (*Pappschachtel*) cardboard box ❷ (*Pappe*) cardboard *no pl, no art* **Papp·ma·ché, Papp·ma·schee**ᴿᴿ <-s, -s> ['papmaʃe:] *nt* papier-mâché *no pl, no art* **Papp·schnee** *m* wet snow *no pl, no art* **Papp·tel·ler** *m* paper plate

Pap·ri·ka <-s, -[s]> ['paprika] *m* ❶ *kein pl* (*Strauch*) paprika *no pl* ❷ (*Schote*) pepper ❸ *kein pl* (*Gewürz*) paprika *no pl, no art*

Pap·ri·ka·scho·te *f* pepper; **gelbe/grüne/rote ~** yellow/green/red pepper; **gefüllte ~n** stuffed peppers

Papst <-[e]s, Päpste> [pa:pst, *pl* 'pɛ:pstə] *m* ■ **der ~** the Pope

päpst·lich ['pɛ:pstlɪç] *adj* papal *also pej*

Papst·mo·bil <-s> *nt kein pl* Popemobile

Papst·tum <-[e]s> *nt kein pl* papacy

Pa·py·rus <-, Papyri> [pa'py:rʊs, *pl* -ri] *m* ❶ (*Schreibmaterial*) papyrus *no art, no pl* ❷ (*gerollter ~*) papyrus scroll

Pa·ra·bel <-, -n> [pa'ra:bl̩] *f* ❶ LIT parable ❷ MATH parabolic curve

Pa·ra·bol·an·ten·ne [parabo:l-] *f* satellite dish

Pa·ra·de <-, -n> [pa'ra:də] *f* ❶ MIL parade ❷ SPORT (*beim Ballspiel*) save

Pa·ra·de·bei·spiel *nt* perfect example

Pa·ra·dei·ser <-s, -> [para'daize] *m* ÖSTERR tomato

Pa·ra·de·stück *nt* showpiece

Pa·ra·dies <-es, -e> [para'di:s, *pl* -i:zə] *nt* paradise *no def art* ▶ **das ~ auf Erden** heaven on earth

pa·ra·die·sisch [para'di:zɪʃ] **I.** *adj* heavenly **II.** *adv* ▶ **leer/ruhig sein** to be blissfully empty/quiet; **~ schön sein** to be [like] paradise

Pa·ra·dies·vo·gel *m* bird of paradise; (*fig*) flamboyant personality

Pa·ra·dig·ma <-s, -ta *o* Paradigmen> [para'dɪgma, *pl* -dɪgmən] *nt* paradigm

pa·ra·dox [para'dɔks] **I.** *adj* (*geh*) paradoxical **II.** *adv* (*geh*) paradoxically

pa·ra·do·xer·wei·se *adv* paradoxically

Pa·raf·fin <-s, -e> [para'fi:n] *nt* paraffin

Pa·ra·gli·ding <-s> ['paraglaidɪŋ] *nt kein pl* paragliding

Pa·ra·grafᴿᴿ <-en, -en> [para'gra:f] *m*, **Pa·ra·graph** <-en, -en> [para'gra:f] *m* paragraph

Pa·ra·gra·phen·dschun·gel *m* (*pej*) sea of regulations **Pa·ra·gra·phen·rei·ter(in)** *m(f)* (*pej fam*) pedant

Pa·ra·guay <-s> ['pa:ragvai̯] *nt* Paraguay; *s. a.* **Deutschland**

Pa·ra·gua·yer(in) <-s, -> ['pa:ragvaie] *m(f)* Paraguayan; *s. a.* **Deutsche(r)**

pa·ra·gua·yisch ['pa:ragvai̯ɪʃ] *adj* Paraguayan; *s. a.* **deutsch**

pa·ral·lel [para'le:l] *adj, adv* parallel

Pa·ral·le·le <-, -n> [para'le:lə] *f* ❶ MATH parallel [line] ❷ (*Entsprechung*) parallel; **eine ~ [zu etw** *dat*] **ziehen** to draw a parallel [with sth]

Pa·ral·le·li·tät <-, -en> [paraleli'tɛt] *f kein pl* MATH parallelism

Pa·ral·lel·ge·sell·schaft *f* parallel society **Pa·ral·lel·klas·se** *f* parallel class **Pa·ral·lel·kul·tur** *f* SOZIOL parallel culture

Pa·ral·le·lo·gramm <-s, -e> [paralelo'gram] *nt* parallelogram

Pa·ral·lel·schal·tung *f* parallel connection **Pa·ral·lel·stra·ße** *f* parallel street **Pa·ral·lel·um·lauf** *m* FIN dual circulation **Pa·ral·lel·uni·ver·sum** *nt* ASTRON parallel universe ▶ **das ist wie ein ~!** it's like a completely [*or* whole] new world!

Pa·ra·lym·pics [para'lɪmpɪks] *pl* SPORT Paralympics

Pa·ra·me·ter <-s, -> [pa'ramete] *m* parameter

pa·ra·mi·li·tä·risch ['paːramiliterɪʃ] *adj* paramilitary

Pa·ra·noia <-> [para'nɔya] *f kein pl* paranoia

pa·ra·no·id [paranoˈiːt] *adj* paranoid

pa·ra·no·isch [para'noːɪʃ] *adj* paranoiac

Pa·ra·nuss^{RR} *f* Brazil nut

Pa·ra·phra·se [para'fraːzə] *f* paraphrase

pa·ra·phra·sie·ren* [parafra'ziːrən] *vt a.* MUS to paraphrase

Pa·ra·psy·cho·lo·gie [paːrapsyçoloˈgiː] *f* parapsychology

Pa·ra·sit <-en, -en> [para'ziːt] *m* parasite

pa·ra·si·tär [parazi'tɛɐ̯] **I.** *adj* parasitic **II.** *adv* parasitically

pa·rat [pa'raːt] *adj* (*geh*) ready; **etw ~ haben** to have sth ready

Pär·chen <-s, -> ['pɛːɐ̯çən] *nt* ❶ (*Liebende*) couple ❷ (*zwei verbundene Teile*) pair

Par·don <-s> [par'dõː] *m o nt kein pl* pardon; **kein ~ kennen** (*fam*) to know no mercy

par ex·cel·lence [paːɐ̯ ɛksɛˈlãːs] *adv* (*geh*) par excellence

Par·füm <-s, -e *o* -s> [par'fyːm] *nt* perfume

Par·fü·me·rie <-, -n> [parfyməˈriː, *pl* -ˈriːən] *f* perfumery

par·fü·mie·ren* [parfyˈmiːrən] *vt* to perfume; ■ **sich ~** to put on *sep* perfume

Pa·ria <-s, -s> ['paːri̯a] *m* pariah

pa·rie·ren*¹ [pa'riːrən] *vi* (*geh*) to obey

pa·rie·ren*² [pa'riːrən] *vt* (*geh*) to parry; (*beim Fußball*) to deflect

Pa·ris <-> [pa'riːs] *nt* Paris

Pa·ri·ser¹ [pa'riːzɐ] *adj attr* ❶ (*in Paris befindlich*) in Paris; **~ Flughafen** Paris airport ❷ (*aus Paris stammend*) Parisian

Pa·ri·ser² <-s, -> [pa'riːzɐ] *m* (*sl: Kondom*) French letter *dated fam*

Pa·ri·ser(in) <-s, -> [pa'riːzɐ] *m(f)* Parisian

Pa·ri·tät <-, -en> [pari'tɛt] *f pl selten* ❶ FIN parity, par of exchange ❷ INFORM (*Gleichheit*) parity

pa·ri·tä·tisch [pari'tɛːtɪʃ] **I.** *adj* (*geh*) equal **II.** *adv* (*geh*) equally

Park <-s, -s> [park] *m* park

Par·ka <-[s], -s> ['parka] *m* parka

Park-and-ride-Sys·tem ['paːɐ̯kʔɛnt-'rajt-] *nt* park-and-ride system

Park·bank *f* park bench

Park·bucht *f* lay-by

par·ken ['parkn̩] *vi, vt* to park

Par·kett <-s, -e> [par'kɛt] *nt* ❶ (*Holzfußboden*) parquet [flooring] ❷ (*Tanzfläche*) dance floor

Par·kett(fuß·)bo·den *m* parquet flooring

Park·ge·bühr *f* parking fee **Park·haus** *nt* multi-storey car park [*or* AM parking lot]

par·kin·son·sche Krank·heit^{RR} *f*, **Par·kin·son'·sche Krank·heit**^{RR} *f*, **Par·kin·son·sche Krank·heit**^{ALT} ['parkɪnzɔn-] *f* Parkinson's disease

Park·kral·le *f* wheel clamp **Park·leit·sys·tem** *nt* system guiding parkers to free spaces **Park·lü·cke** *f* parking space **Park·mög·lich·keit** *f* parking facility **Park·platz** *m* ❶ (*Parkbereich*) car park BRIT, parking lot AM ❷ (*Parklücke*) parking space **Park·schei·be** *f* parking disc (*a plastic dial with a clockface that drivers place in the windscreen to show the time from when the car has been parked*) **Park·schein** *m* car park [*or* AM parking lot] ticket **Park·schein·au·to·mat** *m* car park [*or* AM parking lot] ticket machine **Park·strei·fen** *m* lay-by **Park·sün·der(in)** *m(f)* parking offender **Park·uhr** *f* parking meter **Park·ver·bot** *nt* ❶ (*Verbot zu parken*) parking ban ❷ (*Parkverbotszone*) no-parking zone **Park·wäch·ter(in)** *m(f)* car park [*or* AM parking lot] attendant

Par·la·ment <-[e]s, -e> [parla'mɛnt] *nt* parliament; ■ **das Europäische ~** the European Parliament

Par·la·men·ta·ri·er(in) <-s, -> [parlamɛnˈtaːri̯ɐ] *m(f)* parliamentarian

par·la·men·ta·risch [parlamɛnˈtaːrɪʃ] *adj* parliamentary

Par·la·men·ta·ris·mus <-> [parlamɛntaˈrɪsmʊs] *m kein pl* parliamentar[ian]ism *no pl*

Par·la·ments·aus·schuss^{RR} *m* parliamentary committee **Par·la·ments·be·schluss**^{RR} *m* parliamentary decision [*or* vote] **Par·la·ments·ge·bäu·de** *nt* parliament building **Par·la·ments·mit·glied** *nt* member of parliament **Par·la·ments·sit·zung** *f* sitting of parliament **Par·la·ments·wahl** *f* parliamentary election

Par·me·san(·kä·se) <-s> [parme'zaːn-] *m kein pl* Parmesan [cheese]

Pa·ro·die <-, -n> [paro'diː, *pl* -'diːən] *f* parody

pa·ro·die·ren* [paro'diːrən] *vt* to parody
pa·ro·dis·tisch *adj* parodic
Pa·ro·don·to·se <-, -n> [parodɔn'toːzə] *f* receding gums, periodontosis *spec*
Pa·ro·le <-, -n> [pa'roːlə] *f* ❶ MIL password ❷(*Leitspruch*) slogan
Pa·ro·li [pa'roːli] *nt* ▶**jdm/einer S.** *dat* **~ bieten** (*geh*) to defy sb/to counter sth
Par·sing <-> ['parsɪŋ] *nt kein pl* INFORM parsing
Part <-s, -e> [part] *m* ❶(*Anteil*) share ❷ THEAT, MUS part
Par·tei <-, -en> [par'taj] *f* ❶ POL party; **über den ~ en stehen** to be impartial ❷JUR party; **die streitenden/vertragsschließenden ~ en** the contending/contracting parties; **für/gegen jdn ~ ergreifen** to side with/against sb ❸(*Miet~*) tenant
Par·tei·buch *nt* party membership book; **das falsche/richtige ~ haben** (*fam*) to belong to the wrong/right party
Par·tei·en·land·schaft *f kein pl* political constellation **Par·tei·en·wirt·schaft** *f kein pl* (*pej*) political cronyism
Par·tei·freund(in) *m(f)* fellow party member **Par·tei·füh·rung** *f* party leadership *no pl* **Par·tei·ge·nos·se, -ge·nos·sin** <-n, -n> *m, f* party member
par·tei·isch [par'tajɪʃ] I.*adj* biased II.*adv* in a biased way
par·tei·lich [par'tajlɪç] *adj* ❶(*eine Partei betreffend*) party ❷(*selten*) *s.* **parteiisch**
Par·tei·lich·keit <-> *f kein pl* partiality, bias
Par·tei·li·nie *f* party line
par·tei·los *adj* independent
Par·tei·mit·glied *nt* party member **Par·tei·nah·me** <-, -n> *f* partisanship **Par·tei·po·li·tik** *f* party politics + *sing vb* **Par·tei·pro·gramm** *nt* [party] manifesto **Par·tei·spen·de** *f* party donation **Par·tei·spen·den·af·fä·re** *f* party donations scandal **Par·tei·tag** *m* ❶(*Parteikonferenz*) party conference ❷(*Beschlussorgan*) party executive **par·tei·über·grei·fend** *adj* cross-party **Par·tei·vor·sit·zen·de(r)** *f(m)* party chairman *masc*, party chairwoman *fem* **Par·tei·zu·ge·hö·rig·keit** *f* party membership
par·terre [par'tɛr] *adv* on the ground floor **Par·terre·woh·nung** *f* ground-floor flat [*or* AM *also* apartment]
Par·tie <-, -n> [par'tiː, *pl* -'tiːən] *f* ❶(*Körperbereich*) area ❷ SPORT game; **eine ~ Schach** a game of chess ❸(*Posten*) lot ▶**eine gute ~ machen** to marry well; **mit von der ~ sein** to be in on it

par·ti·ell [par'tsjɛl] (*geh*) I.*adj* partial II.*adv* partially
Par·ti·kel <-, -n> [par'tiːkl̩] *f* particle
Par·ti·kel·fil·ter *m* AUTO particulate filter
Par·ti·san(in) <-s *o* -en, -en> [parti'zaːn] *m(f)* partisan
par·ti·tio·nie·ren *vt* INFORM to partition
Par·ti·tur <-, -en> [parti'tuːɐ̯] *f* score
Par·ti·zip <-s, -ien> [parti'tsɪp, *pl* -pjən] *nt* participle
par·ti·zi·pie·ren* [partitsi'piːrən] *vi* (*geh*) to participate (**an** in)
Part·ner(in) <-s, -> ['partnɐ] *m(f)* partner
Part·ner·bör·se *f* INET [online *or* internet] dating service, [online *or* internet] dating site **Part·ner·look** <-s> [-lʊk] *m kein pl* **im ~ gehen** to wear [matching] his-and-hers outfits
Part·ner·schaft <-, -en> *f* ❶partnership; **in einer ~ leben** to live with somebody ❷(*Städte~*) twinning
part·ner·schaft·lich I.*adj* based on a partnership; **~es Zusammenleben/~e Zusammenarbeit** living/working together as partners II.*adv* as partners
Part·ner·stadt *f* twin town **Part·ner·tausch** *m* exchange of partners **Part·ner·ver·mitt·lung** *f* dating agency
par·tout [par'tuː] *adv* (*fam*) **etw ~ tun wollen** to insist on doing sth; **er wollte ~ nicht mitkommen** he really did not want to come at all
Par·ty <-, -s> ['paːɐ̯ti] *f* party; **eine ~ geben** to have a party
Par·ty·mei·le *f* (*fam*) party mecca **Par·ty·ser·vice** [-sœːɐ̯vɪs] *m* party catering service
Par·zel·le <-, -n> [par'tsɛlə] *f* plot [of land]
Pasch <-[e]s, -e *o* Päsche> [paʃ, *pl* 'pɛʃə] *m* (*beim Würfelspiel*) doubles *pl*/triplets *pl*
Pas·pel <-, -n> ['paspl̩] *f* piping *no pl*
Pass¹ᴿᴿ <-es, Pässe>, **Paß**ᴬᴸᵀ <Passes, Pässe> [pas, *pl* 'pɛsə] *m* (*Ausweis*) passport
Pass²ᴿᴿ <-es, Pässe>, **Paß**ᴬᴸᵀ <Passes, Pässe> [pas, *pl* 'pɛsə] *m* GEOG pass
pas·sa·bel [pa'saːbl̩] *adj* (*geh*) reasonable
Pas·sa·ge <-, -n> [pa'saːʒə] *f* ❶(*Textstück*) passage ❷(*Ladenstraße*) arcade ❸ NAUT passage
Pas·sa·gier <-s, -e> [pasa'ʒiːɐ̯] *m* passenger; **ein blinder ~** a stowaway
Pas·sa·gier·flug·zeug *nt* passenger aircraft **Pas·sa·gier·kon·trol·le** *f* LUFT passenger inspection [*or* control] **Pas·sa·gier·lis·te** *f* passenger list
Pas·sant(in) <-en, -en> [pa'sant] *m(f)* passer-by

Pass·bild^RR *nt* passport photo[graph]
pas·sé, pas·see^RR [pa'se:] *adj präd* passé
pas·sen^1 ['pasn̩] *vi* ❶ MODE ▪ [jdm] ~ to fit [sb] ❷ (*harmonieren*) ▪ **zu jdm** ~ to suit sb; ▪ **zu etw** *dat* ~ to go well with sth; **so ein riesiger Tisch passt nicht in diese Ecke** a huge table like that doesn't look right in this corner; **sie passt einfach nicht in unser Team** she simply doesn't fit in with this team; **gut zueinander** ~ to be suited to each other; **das passt zu dir!** that's typical of you! ❸ (*gelegen sein*) ▪ **jdm** ~ to suit sb; **der Termin passt mir zeitlich leider gar nicht** that date isn't at all convenient for me; **würde Ihnen der Dienstag besser** ~? would the Tuesday be better for you?; **passt es Ihnen, wenn wir uns morgen treffen?** would it be ok to meet up tomorrow?; **das könnte dir so** ~! (*iron fam*) you'd like that wouldn't you! ❹ (*unangenehm sein*) ▪ **jdm passt etw nicht** sb doesn't like sth; **ihr passt dieser Ton/seine Art nicht** she doesn't like that tone of voice/his attitude; **es passt ihm nicht, dass wir ab und zu mal lachen** he doesn't like us laughing now and then; ▪ **jdm passt etw nicht an jdm** sb does not like sth about sb; **passt dir an mir was nicht?** is there something bugging you about me?; **er passt mir nicht als neuer Chef** I don't fancy him as my new boss; **die neue Lehrerin passte ihren Kollegen nicht** the new teacher wasn't liked by her colleagues

pas·sen^2 ['pasn̩] *vi* ❶ (*überfragt sein*) ▪ ~ **müssen** to have to pass (**bei** on) ❷ KARTEN to pass

pas·send **I.** *adj* ❶ (*den Maßen entsprechend*) fitting; **ein** ~ **er Anzug/Schlüssel** a suit/key that fits ❷ (*abgestimmt*) matching; **das passt nicht dazu** that doesn't go with it; ▪ **etwas Passendes** sth suitable ❸ (*genehm*) convenient ❹ (*richtig*) suitable; (*angemessen*) appropriate; **Bemerkung** fitting; **die** ~**en Worte finden** to know the right thing to say ❺ (*abgezählt*) exact; **es** ~ **haben** to have the right money **II.** *adv* ❶ MODE (*den Maßen entsprechend*) to fit ❷ (*abgezählt*) exactly; **bitte halten Sie den Fahrpreis beim Einsteigen** ~ **bereit!** please have the exact fare ready!

Pas·se·par·tout <-s, -s> [paspar'tu:] *nt* passe-partout

Pass·fo·to^RR *nt* passport photo
pas·sier·bar *adj* negotiable
pas·sie·ren* [pa'si:rən] **I.** *vi sein* ❶ (*sich ereignen*) to happen; **ist was passiert?** has something happened?; **wie konnte das nur** ~? how could that happen?; **... sonst passiert was!** (*fam*) ... or there'll be trouble!; **so etwas passiert eben** things like that do happen sometimes ❷ (*unterlaufen*) ▪ **jdm** ~ to happen to sb; **das kann doch jedem mal** ~ that can happen to anyone ❸ (*zustoßen*) ▪ **jdm ist etwas/nichts passiert** something/nothing has happened to sb ❹ (*durchgehen*) to pass; ▪ **jdn** ~ **lassen** to let sb pass **II.** *vt haben* ❶ (*überqueren*) to cross ❷ KOCHK ▪ **etw** ~ to strain sth (**durch** through)

Pas·sier·schein *m* permit
Pas·si·on <-, -en> [pa'sjo:n] *f* ❶ (*geh: Leidenschaft*) passion ❷ REL ▪ **die** ~ Passion
pas·si·o·niert [pasjo'ni:ɐ̯t] *adj* (*geh*) passionate
Pas·si·ons·blu·me *f* passion flower **Pas·si·ons·frucht** *f* passion fruit
pas·siv ['pasi:f] **I.** *adj* passive **II.** *adv* passively
Pas·siv <-s, -e> ['pasi:f] *nt* passive
Pas·si·va [pa'si:va] *pl* liabilities *pl*
Pas·si·vi·tät <-> [pasivi'tɛ:t] *f kein pl* (*geh*) passivity
Pas·siv·rau·chen *nt* passive smoking
Pass·kon·trol·le^RR *f* ❶ (*das Kontrollieren*) passport control ❷ (*Kontrollstelle*) passport control point **Pass·stel·le**^RR *f* passport office **Pass·stra·ße**^RR *f* pass
Pas·sus <-, -> ['pasʊs] *m* (*geh*) passage
Pass·wort^RR <-es, -wörter> *nt* password
Pas·te <-, -n> ['pastə] *f* paste
Pas·tell <-s, -e> [pas'tɛl] *nt* KUNST ❶ *kein pl* (*Malen mit Pastellfarbe*) pastel [drawing]; **in** ~ **arbeiten** to work in pastels ❷ (*Pastellgemälde*) pastel [drawing]
Pas·tell·far·be *f* ❶ (*Pastellton*) pastel colour ❷ (*Malfarbe*) pastel **Pas·tell·ton** *m* pastel shade
Pas·te·te <-, -n> [pas'te:tə] *f* pâté
pas·teu·ri·sie·ren* [pastøri'zi:rən] *vt* to pasteurize
Pas·til·le <-, -n> [pas'tɪlə] *f* pastille
Pas·tor(in) <-s, -toren> ['pasto:ɐ̯, pas'to:-rɪn, *pl* -'to:rən] *m(f)* NORDD *s.* **Pfarrer**
Patch·work <-s, -s> ['pɛtʃwøːɐ̯k] *nt* patchwork
Patch·work·fa·mi·lie ['pɛtʃwøːɐ̯k-] *f* stepfamily, blended family; **sie leben in einer** ~ they're a blended family
Pa·te, Pa·tin <-n, -n> ['pa:tə, 'pa:tɪn] *m, f* REL godparent, godfather *masc,* godmother *fem*
Pa·ten·kind *nt* godchild **Pa·ten·on·kel** *m* godfather

Pa·ten·schaft <-, -en> *f* ❶ REL godparenthood ❷ (*Fürsorgepflicht*) sponsorship
Pa·ten·stadt *f s.* **Partnerstadt**
pa·tent [pa'tɛnt] *adj* ❶ (*sehr brauchbar*) ingenious ❷ (*fam: tüchtig*) top-notch
Pa·tent <-[e]s, -e> [pa'tɛnt] *nt* ❶ (*amtlicher Schutz*) patent; **etw zum ~ anmelden** to apply for a patent on sth ❷ (*Ernennungsurkunde*) commission ❸ SCHWEIZ (*staatliche Erlaubnis*) permit
Pa·tent·amt *nt* Patent Office
Pa·ten·tan·te *f* godmother
pa·ten·tie·ren* [patɛn'tiːrən] *vt* ▪ etw ~ to patent sth; ▪ **sich** *dat* **etw ~ lassen** to have sth patented
Pa·tent·in·ha·ber(in) <-s, -> *m(f)* patentee, patent holder **Pa·tent·lö·sung** *f s.* **Patentrezept Pa·tent·recht** *nt* JUR ❶ (*gesetzliche Regelungen*) patent law ❷ (*Recht auf ein Patent*) patent right **Pa·tent·re·zept** *nt* patent remedy **Pa·tent·ver·schluss**^{RR} *m* swing stopper
Pa·ter <-s, -o Patres> ['paːtɐ, *pl* 'paːtreːs] *m* REL Father
pa·the·tisch [pa'teːtɪʃ] **I.** *adj* (*geh*) impassioned **II.** *adv* (*geh*) [melo]dramatically
Pa·tho·lo·ge, Pa·tho·lo·gin <-n, -n> [pato'loːgə, -loːgɪn] *m, f* pathologist
Pa·tho·lo·gie <-, -n> [patolo'giː, *pl* -'giːən] *f* pathology
pa·tho·lo·gisch [pato'loːgɪʃ] **I.** *adj* pathological **II.** *adv* pathologically
Pa·thos <-> ['paːtɔs] *nt kein pl* emotiveness
Pa·ti·ence <-, -n> [pa'si̯ãːs] *f* KARTEN patience; **~n legen** to play patience
Pa·ti·ent(in) <-en, -en> [pa'tsi̯ɛnt] *m(f)* patient; **stationärer ~** in-patient
Pa·ti·en·ten·recht *nt* MED, JUR patients' rights
Pa·tin <-, -nen> ['paːtɪn] *f fem form von* **Pate** godmother
Pa·ti·na <-> ['paːtina] *f kein pl* patina
Pa·tis·se·rie <-, -n> [patɪsəˈriː, *pl* -ri:ən] *f* SCHWEIZ ❶ (*Konditorei*) patisserie ❷ (*Café*) café ❸ (*Gebäck*) pastry
Pa·tri·arch <-en, -en> [patri'arç] *m* patriarch
pa·tri·ar·cha·lisch [patriar'ça:lɪʃ] *adj* patriarchal
Pa·tri·ar·chat <-[e]s, -e> [patriar'ça:t] *nt* patriarchy
Pa·tri·ot(in) <-en, -en> [patri'oːt] *m(f)* patriot
pa·tri·o·tisch [patri'oːtɪʃ] **I.** *adj* patriotic **II.** *adv* patriotically

Pa·tri·o·tis·mus <-> [patrio'tɪsmʊs] *m kein pl* patriotism
Pa·tri·zi·er(in) <-s, -> [pa'triːtsi̯ɐ] *m(f)* patrician
Pa·tron(in) <-s, -e> [pa'troːn] *m(f)* ❶ REL patron saint ❷ (*Schirmherr*) patron ❸ (*pej: Typ*) old devil ❹ SCHWEIZ (*Arbeitgeber*) employer
Pa·tro·ne <-, -n> [pa'troːnə] *f* cartridge
Pa·tro·nen·hül·se *f* cartridge case
Pa·tro·nin <-, -nen> *f fem form von* **Patron**
Pa·trouil·le <-, -n> [pa'trʊljə] *f* patrol; **auf ~ gehen** to patrol
pa·trouil·lie·ren* [patrʊl'jiːrən, patro'liː-rən] *vi* to patrol
Pat·sche <-, -n> ['patʃə] *f* (*fam*) (*Fliegenklatsche*) swat ▶ **jdm aus der ~ helfen** to get sb out of a tight spot; **in der ~ sitzen** to be in a tight spot
patsch·nass^{RR} ['patʃnas] *adj* (*fam*) soaking wet
Patt <-s, -s> [pat] *nt* stalemate
Patt·si·tu·a·ti·on *f* stalemate
Pat·zer <-s, -> *m* ❶ (*fam: Fehler*) slip-up ❷ ÖSTERR (*Klecks*) blob
pat·zig ['patsɪç] *adj* (*fam*) snotty
Pau·ke <-, -n> ['pau̯kə] *f* kettledrum ▶ **mit ~n und Trompeten durchfallen** to fail miserably; **auf die ~ hauen** (*angeben*) to blow one's own trumpet; (*ausgelassen feiern*) to paint the town red
pau·ken ['pau̯kn̩] **I.** *vi* (*fam*) to cram, BRIT *also* to swot up **II.** *vt* (*fam*) ▪ **etw ~** to cram for [*or* BRIT *also* swot up on] sth
Pau·ken·schlag *m* beat of a kettledrum
Pau·ker(in) <-s, -> ['pau̯kɐ] *m(f)* (*fam*) teacher
Paus·ba·cken ['paus-] *pl* chubby cheeks *pl*
paus·bä·ckig ['pau̯sbɛkɪç] *adj* chubby-cheeked
pau·schal [pau̯'ʃaːl] **I.** *adj* ❶ (*undifferenziert*) sweeping ❷ FIN flat-rate *attr*, all-inclusive **II.** *adv* ❶ (*allgemein*) **etw ~ beurteilen** to make a wholesale judgement about sth ❷ FIN at a flat rate; **~ bezahlen** to pay in a lump sum
Pau·schal·be·trag *m* lump sum
Pau·scha·le <-, -n> [pau̯'ʃaːlə] *f* flat rate
pau·scha·li·sie·ren* [pau̯ʃali'ziːrən] *vt* (*verallgemeinern*) to over-simplify; (*zusammenfassen*) to group together
Pau·schal·preis *m* all-inclusive price **Pau·schal·rei·se** *f* package holiday **Pau·schal·ur·laub** *m* package holiday **Pau·schal·ur·teil** *nt* sweeping statement

Pau·se <-, -n> ['pauzə] f ❶ (*Unterbrechung*) break, Am *also* recess; **die große/kleine** ~ SCH long [mid-morning]/short break; [**eine**] ~ **machen** to have a break ❷ (*Sprechpause*) pause ❸ MUS rest
pau·sen ['pauzn̩] vt to trace; FOTO to photostat
Pau·sen·brot nt sandwich (*eaten during break*) **Pau·sen·clown** [-klaun] m (*pej fam*) class clown **Pau·sen·fül·ler** m filler **Pau·sen·hof** m school yard **pau·sen·los** I. *adj attr* continuous II. *adv* continuously **Pau·sen·zei·chen** nt ❶ RADIO, TV call sign ❷ MUS rest
pau·sie·ren* [pau'zi:rən] vi (*geh*) to take a break
Paus·pa·pier nt ❶ (*durchsichtiges Papier*) tracing paper ❷ (*Kohlepapier*) carbon paper
Pa·vi·an <-s, -e> ['pa:vi̯a:n] m baboon
Pa·vil·lon <-s, -s> ['pavɪljõ, 'pavɪljɔŋ] m pavilion
Pay·back-Kar·te, Pay·back·kar·te ['peɪbɛk-] f Payback loyalty card
Pay-TV <-s, -s> ['peːtiːviː] nt Pay-TV
Pa·zi·fik <-s> [pa'tsi:fɪk] m ■ **der** ~ the Pacific
pa·zi·fisch [pa'tsi:fɪʃ] *adj* Pacific; ■ **der P~e Ozean** the Pacific Ocean
Pa·zi·fis·mus <-> [patsi'fɪsmʊs] m *kein pl* ■ **der** ~ pacifism
Pa·zi·fist(in) <-en, -en> [patsi'fɪst] m(f) pacifist
pa·zi·fis·tisch *adj* pacifist
PC <-s, -s> [peː'tseː] m *Abk von* **Personal Computer** PC
PC-Sta·ti·on f PC-workstation
PDS <-> [peːdeː'ɛs] f *kein pl* POL *Abk von* **Partei des Demokratischen Sozialismus** German Socialist Party
Pea·nuts ['piːnʌts] pl (*mickrige Summe*) peanuts pl
Pech <-[e]s, -e> [pɛç] nt ❶ (*unglückliche Fügung*) bad luck; [**bei etw** *dat*] ~ **haben** to be unlucky [in sth]; ~ **gehabt!** tough!; **so ein** ~ **!** just my/our etc luck! ❷ (*Rückstand bei der Destillation von Erdöl*) pitch
pech·schwarz ['pɛçʃvarts] *adj* (*fam*) pitch black; *Haar* jet-black **Pech·sträh·ne** f run of bad luck **Pech·vo·gel** m (*fam*) walking disaster *hum*
Pe·dal <-s, -e> [pe'daːl] nt pedal
Pe·dant(in) <-en, -en> [pe'dant] m(f) pedant
Pe·dan·te·rie <-, -n> [pedantə'riː] f pedantry

pe·dan·tisch [pe'dantɪʃ] I. *adj* pedantic II. *adv* pedantically
Pe·di·kü·re <-, -n> [pedi'kyːrə] f pedicure
pee·len [piːlən] vi to exfoliate
Pee·ling <-s, -s> ['piːlɪŋ] nt exfoliation
Peep·show^RR <-, -s> ['piːpʃoː] f, **Peep·Show**^ALT <-, -s> ['piːpʃoː] f peep show
Pe·gel <-s, -> ['peːgl̩] m ❶ (*Messlatte*) water level gauge ❷ *s.* **Pegelstand**
Pe·gel·stand m water level
pei·len ['paɪlən] I. *vt* NAUT ■ **etw** ~ to get a bearing on sth II. *vi* (*fam*) to peek
Peil·ge·rät nt direction-finder **Peil·sen·der** m DF transmitter *spec*
Pein <-> [paɪn] f *kein pl* (*veraltend geh*) agony
pei·ni·gen ['paɪnɪgn̩] vt ■ **jdn** ~ ❶ (*zermürben*) to torment sb ❷ (*jdm zusetzen*) to torture sb
Pei·ni·ger(in) <-s, -> m(f) (*geh*) tormentor
pein·lich ['paɪnlɪç] I. *adj* ❶ (*unangenehm*) embarrassing; *Frage, Situation, Lage* awkward; **es war ihr sehr** ~ she was very embarrassed about it; ■ **etwas Peinliches** sth awful ❷ (*äußerst*) painstaking; *Genauigkeit* meticulous; *Sauberkeit* scrupulous II. *adv* ❶ (*unangenehm*) **jdn** ~ **berühren** to be awkward for sb; **auf jdn** ~ **wirken** to be embarrassing for sb ❷ (*gewissenhaft*) painstakingly; ~ **befolgen** to follow diligently ❸ (*äußerst*) meticulously
Pein·lich·keit <-, -en> f ❶ *kein pl* (*peinliche Art*) embarrassment ❷ (*Genauigkeit*) meticulousness
Peit·sche <-, -n> ['paɪtʃə] f whip
peit·schen ['paɪtʃn̩] I. *vt haben* to whip II. *vi sein* ■ **gegen etw** *akk* ~ to lash against sth; **Regen peitscht gegen etw** *akk* rain is lashing against sth; **Wellen** ~ **an etw** *akk* the waves are beating against sth
Peit·schen·hieb m lash [of the whip]
pe·jo·ra·tiv [pejora'tiːf] I. *adj* pejorative II. *adv* pejoratively
Pe·ki·ne·se <-n, -n> [peki'neːzə] m Pekinese
Pe·king <-s> ['peːkɪŋ] nt Beijing
Pek·tin <-s, -e> [pɛk'tiːn] nt pectin
Pe·li·kan <-s, -e> ['peːlikaːn] m pelican
Pel·le <-, -n> ['pɛlə] f (*fam:* *Haut*) skin ▶ **jdm auf die** ~ **rücken** (*fam: sich dicht herandrängen*) to crowd sb; (*jdn bedrängen*) to badger sb
pel·len ['pɛlən] (*fam*) I. *vt* (*schälen*) to peel II. *vr* ■ **sich** ~ to peel
Pell·kar·tof·feln pl potatoes boiled in their jackets

Pelz <-es, -e> [pɛlts] *m* fur
pel·zig ['pɛltsɪç] *adj* furry
Pelz·kra·gen *m* fur collar **Pelz·man·tel** *m* fur coat
Pen·dant <-s, -s> [pã'dã:] *nt* (*geh*) counterpart; ■ **das ~ zu etw** *dat* the counterpart to sth
Pen·del <-s, -> ['pɛndl̩] *nt* pendulum
pen·deln ['pɛndl̩n] *vi* ❶ *haben* (*schwingen*) ■ **[hin und her] ~** to swing [to and fro] ❷ *sein* TRANSP to commute
Pen·del·ver·kehr *m* ❶ (*Nahverkehrsdienst*) shuttle service ❷ (*Berufsverkehr*) commuter traffic
Pend·ler(in) <-s, -> ['pɛndlɐ] *m(f)* commuter
Pend·ler·pau·scha·le *f* FIN *tax-deductible commuting expenses for employees*
Pend·ler·vor·stadt *f* commuterville
Pe·nes ['pe:nes] *pl von* **Penis**
pe·ne·trant [pene'trant] **I.** *adj* ❶ (*durchdringend*) penetrating; *Geruch* pungent ❷ (*aufdringlich*) overbearing **II.** *adv* penetratingly
peng [pɛŋ] *interj* (*Schussgeräusch*) bang
pe·ni·bel [pe'ni:bl̩] *adj* (*geh*) *Ordnung* meticulous; *Mensch* fastidious (**in** about)
Pe·ni·cil·lin <-s, -e> [penitsɪ'li:n] *nt s.* **Penizillin**
Pe·nis <-, -se *o* Penes> ['pe:nɪs, *pl* 'pe:nes] *m* penis
Pe·ni·zil·lin <-s, -e> [penitsɪ'li:n] *nt* penicillin
Penn·bru·der *m* (*pej fam*) dosser
Pen·ne <-, -n> ['pɛnə] *f* SCH (*sl*) school
pen·nen ['pɛnən] *vi* (*fam*) ❶ (*schlafen*) to kip BRIT, to sleep AM ❷ (*nicht aufpassen*) to sleep
Pen·ner(in) <-s, -> *m(f)* (*pej fam*) ❶ (*Stadtstreicher*) bum ❷ (*langsamer Mensch*) slowcoach BRIT, slowpoke AM
Pen·sa ['pɛnza], **Pen·sen** [pɛnzən] *pl von* **Pensum**
Pen·si·on <-, -en> [pã'zi̯o:n, pɛn'zi̯o:n] *f* ❶ TOURIST guest house ❷ (*Ruhegehalt*) pension; **in ~ gehen** to go into retirement; **in ~ sein** to be retired ❸ *kein pl* TOURIST (*Verpflegung*) **mit ~** with full board
Pen·si·o·när(in) <-s, -e> [pãzi̯o'nɛ:ɐ, pɛnzi̯o'nɛ:ɐ] *m(f)* ❶ (*Ruhestandsbeamter*) pensioner ❷ SCHWEIZ boarding house guest
pen·si·o·nie·ren* [pãzi̯o'ni:rən, pɛnzi̯o'ni:rən] *vt* ■ **pensioniert werden** to be pensioned off; ■ **sich ~ lassen** to retire
Pen·si·o·nie·rung <-, -en> *f* retirement

Pen·si·ons·al·ter *nt* retirement age **pen·si·ons·be·rech·tigt** *adj* entitled to a pension **Pen·si·ons·gast** *m* hotel [*or* boarding house] guest
Pen·sum <-s, Pensa *o* Pensen> ['pɛnzʊm, *pl* 'pɛnza, 'pɛnzən] *nt* (*geh*) work quota
Pen·ta·gon <-s, -e> [pɛnta'go:n] *nt* ❶ (*Fünfeck*) pentagon ❷ *kein pl* (*US-Verteidigungsministerium*) Pentagon
Pent·haus ['pɛnthaʊs] *nt* penthouse
Pent·house <-, -s> ['pɛnthaʊs] *nt* penthouse
Pep <-[s]> [pɛp] *m kein pl* oomph
Pe·pe·ro·ni [pepe'ro:ni] *pl* ❶ (*scharfe Paprikas*) chillies *pl* ❷ SCHWEIZ (*Gemüsepaprika*) peppers *pl*
pep·pig ['pɛpɪç] *adj* (*fam*) peppy
per [pɛr] *präp* ❶ (*durch*) by; **~ Post/Bahn** by post [*or* AM mail]/train ❷ (*pro*) per ▶ **mit jdm ~ du/Sie sein** (*fam*) to address sb with "du"/"Sie"
per·fekt [pɛr'fɛkt] **I.** *adj* ❶ (*vollkommen*) perfect ❷ *präd* (*abgemacht*) ■ **~ sein** to be settled; **etw ~ machen** to settle sth **II.** *adv* perfectly
Per·fekt <-s, -e> ['pɛrfɛkt] *nt* LING ❶ (*vollendete Zeitform*) perfect [tense] ❷ (*Verbform im ~*) perfect
Per·fek·ti·on <-> [pɛrfɛk'tsi̯o:n] *f kein pl* (*geh*) perfection; ■ **mit ~** to perfection; **in höchster ~** to the highest perfection
per·fek·ti·o·nie·ren* [pɛrfɛktsio'ni:rən] *vt* (*geh*) to perfect
Per·fek·ti·o·nis·mus <-> [pɛrfɛktsi̯o'nɪsmʊs] *m kein pl* (*geh*) perfectionism
Per·fek·ti·o·nist(in) <-en, -en> [pɛrfɛktsi̯o'nɪst] *m(f)* perfectionist
per·fi·de [pɛr'fi:də] **I.** *adj* perfidious **II.** *adv* (*geh*) perfidiously
Per·fo·ra·ti·on <-, -en> [pɛrfora'tsi̯o:n] *f* ❶ (*Lochung*) perforation ❷ (*Trennlinie*) perforated line ❸ MED perforation
per·fo·rie·ren* [pɛrfo'ri:rən] *vt* to perforate
Per·for·mance <-, -s> [pø:ɐ̯'fɔ:ɐ̯məns] *f* performance
Per·ga·ment <-[e]s, -e> [pɛrga'mɛnt] *nt* parchment
Per·ga·ment·pa·pier *nt* greaseproof paper
Per·go·la <-, Pergolen> ['pɛrgola, *pl* -golən] *f* pergola
Pe·ri·o·de <-, -n> [pe'ri̯o:də] *f* period
Pe·ri·o·den·sys·tem *nt* periodic table
pe·ri·o·disch [peri̯'o:dɪʃ] **I.** *adj* periodic[al] **II.** *adv* periodically

pe·ri·pher [peri'fe:ɐ̯] I. *adj* (*geh*) a. ANAT peripheral II. *adv* (*geh*) peripherally, on the periphery

Pe·ri·phe·rie <-, -n> [perife'ri:, *pl* -'ri:ən] *f* a. MATH periphery; INFORM peripheral [device]

Per·le <-, -n> ['pɛrlə] *f* ①(*Schmuckperle*) pearl ②(*Kügelchen, Tropfen*) bead ③(*Haushälterin*) gem ④(*Luftbläschen*) bubble

per·len ['pɛrlən] *vi* ①(*sprudeln*) to fizz ②(*geh: in Tropfen stehen*) ■**auf etw** *dat* ~ to form beads on sth ③(*geh: in Tropfen rinnen*) ■**von etw** *dat* ~ to trickle from sth

Per·len·ket·te *f* pearl necklace

Perl·huhn *nt* guinea fowl

Perl·mutt <-s> ['pɛrlmʊt] *nt*, **Perl·mut·ter** <-> ['pɛrlmʊtɐ] *nt kein pl* mother-of-pearl

Per·lon® <-s> ['pɛrlɔn] *nt kein pl* [type of] nylon

Per·ma·frost·bo·den *m* GEOG permafrost

per·ma·nent [pɛrma'nɛnt] I. *adj* permanent II. *adv* permanently

per·plex [pɛr'plɛks] *adj* dumbfounded

Per·ser(in) <-s, -> ['pɛrzɐ] *m(f)* Persian; *s. a.* **Deutsche(r)**

Per·ser·tep·pich *m* Persian rug

Per·si·en <-s> ['pɛrzi̯ən] *nt* Persia; *s. a.* **Deutschland**

Per·si·fla·ge <-, -n> [pɛrzi'fla:ʒə] *f* (*geh*) satire

per·sisch ['pɛrzɪʃ] *adj* Persian; *s. a.* **deutsch**

Per·son <-, -en> [pɛr'zo:n] *f* ①*meist pl* (*Mensch*) a. LING person; **juristische** ~ JUR legal entity; **jd als** ~ sb as a person; **ich für meine** ~ I myself; **in einer** ~ rolled into one; **zur** ~ JUR concerning a person's identity ②(*pej*) character

Per·so·nal <-s> [pɛrzo'na:l] *nt kein pl* staff

Per·so·nal·ab·bau *m* downsizing *no pl*, staff cuts *pl no indef art*, **Per·so·nal·ab·tei·lung** *f* personnel department **Per·so·nal·ak·te** *f* personal file **Per·so·nal·aus·weis** *m* identity card **Per·so·nal·bü·ro** *nt* personnel office **Per·so·nal·chef(in)** *m(f)* head of personnel

Per·so·nal Com·pu·ter ['pə:sənəl-] *m* personal computer

Per·so·na·li·en [pɛrzo'na:li̯ən] *pl* particulars *npl*

Per·so·nal·kos·ten *pl* personnel costs *npl* **Per·so·nal·pro·no·men** *nt* personal pronoun

Per·so·nal Trai·ner <-s, -> ['pə:sənəl 'trɛinɐ] *m* personal trainer

per·so·nell [pɛrzo'nɛl] I. *adj* personnel *attr*, staff *attr* II. *adv* as regards personnel

Per·so·nen·auf·zug *m* (*form*) passenger lift BRIT, elevator AM **Per·so·nen·be·för·de·rung** *f* carriage of passengers **Per·so·nen·be·schrei·bung** *f* personal description **Per·so·nen·ge·dächt·nis** *nt* memory for faces **Per·so·nen·kraft·wa·gen** *m* (*geh*) motorcar **Per·so·nen·kreis** *m* group of people **Per·so·nen·kult** *m* personality cult **Per·so·nen·nah·ver·kehr** *m* local passenger transport *no pl* **Per·so·nen·scha·den** *m* personal injury **Per·so·nen·schutz** *m* personal security **Per·so·nen·ver·kehr** *m* passenger transport **Per·so·nen·waa·ge** *f* (*form*) scales *npl* (*for weighing persons*) **Per·so·nen·wa·gen** *m* (*form*) private car

Per·so·ni·fi·ka·ti·on <-, -en> [pɛrzonifika'tsi̯o:n] *f* (*geh*) personification

per·so·ni·fi·zie·ren* [pɛrzonifi'tsi:rən] *vt* to personify

per·sön·lich [pɛr'zø:nlɪç] I. *adj* ①(*jdn selbst betreffend*) personal ②(*intim*) **ich möchte ein ~es Wort an Sie richten** I would like to address you directly ③(*anzüglich*) ■ **werden** to get personal II. *adv* ①(*selbst*) personally; ~ **erscheinen/auftreten** to appear/perform in person ②(*privat*) personally; ~ **befreundet sein** to be personal friends

Per·sön·lich·keit <-, -en> *f* ①*kein pl* (*individuelle Eigenart*) personality ②(*markanter Mensch*) character ③(*Prominenter*) celebrity

Per·sön·lich·keits·ent·fal·tung *f kein pl* personality development **Per·sön·lich·keits·stö·rung** *f* personality disorder **Per·sön·lich·keits·test** *m* PSYCH personality test

Per·spek·ti·ve <-, -n> [pɛrspɛk'ti:və] *f* ①(*Blickwinkel*) a. ARCHIT, KUNST perspective ②(*geh: Aussichten*) prospect *usu pl*

per·spek·ti·visch [pɛrspɛk'ti:vɪʃ] I. *adj* perspective *attr* II. *adv* in perspective

per·spek·tiv·los *adj* without prospects

Per·spek·tiv·lo·sig·keit <-> *f kein pl* hopelessness *no pl*

Pe·ru <-s> [pe'ru:] *nt* Peru; *s. a.* **Deutschland**

Pe·ru·a·ner(in) <-s, -> [pe'ru̯a:nɐ] *m(f)* Peruvian; *s. a.* **Deutsche(r)**

pe·ru·a·nisch [pe'ru̯a:nɪʃ] *adj* Peruvian; *s. a.* **deutsch**

Pe·rü·cke <-, -n> [pe'rʏkə] *f* wig

per·vers [pɛr'vɛrs] I. *adj* ①PSYCH perverted ②(*sl: unnormal*) perverse II. *adv* PSYCH

~ **veranlagt sein** to have a perverted disposition
Per·ver·si·on <-, -en> [pɛrvɛrˈzi̯oːn] f perversion
Per·ver·si·tät <-, -en> [pɛrvɛrziˈtɛt] f perversity
per·ver·tie·ren* [pɛrvɛrˈtiːrən] I. vt haben (geh) to warp II. vi sein (geh) ▪ [zu etw dat] ~ to become perverted [into sth]
pe·sen [ˈpeːzn̩] vi sein (fam) to dash
Pes·sar <-s, -e> [pɛˈsaːɐ̯] nt diaphragm
Pes·si·mis·mus <-> [pɛsiˈmɪsmʊs] m kein pl pessimism
Pes·si·mist(in) <-en, -en> [pɛsiˈmɪst] m(f) pessimist
pes·si·mis·tisch [pɛsiˈmɪstɪʃ] I. adj pessimistic II. adv pessimistically
Pest <-> [pɛst] f kein pl MED ▪ **die** ~ the plague ▶ **jdm die** ~ **an den Hals wünschen** to wish sb would drop dead; **wie die** ~ **stinken** to stink to high heaven; **jdn wie die** ~ **fürchten/hassen** to be terribly afraid of sb/to hate sb's guts
Pes·ti·zid <-s, -e> [pɛstiˈtsiːt] nt pesticide
Pes·to <-s, -s> [ˈpɛsto] nt o m pesto
Pe·ter·si·lie <-, -n> [peteˈziːli̯ə] f parsley
Pe·ti·ti·on <-, -en> [petiˈtsi̯oːn] f petition
Pe·tro·le·um <-s> [peˈtroːleʊm] nt kein pl paraffin
Pe·tro·le·um·lam·pe f paraffin lamp
Pet·ting <-s, -s> [ˈpɛtɪŋ] nt petting
pet·to [ˈpɛto] adv ▶ **etw in** ~ **haben** (fam) to have sth up one's sleeve
Pe·tu·nie <-, -n> [peˈtuːni̯ə] f petunia
Pet·ze <-, -n> [ˈpɛtsə] f (pej fam) telltale
pet·zen [ˈpɛtsn̩] (pej fam) I. vt ▪ etw ~ to tell tales about sth II. vi to tell tales
Pf m (hist) Abk von **Pfennig**
Pfad <-[e]s, -e> [pfaːt, pl ˈpfaːdə] m path
Pfad·fin·der(in) <-s, -> m(f) [boy] scout masc, [girl] guide fem
Pfaf·fe <-n, -n> [ˈpfafə] m (pej) cleric
Pfahl <-[e]s, Pfähle> [pfaːl, pl ˈpfɛːlə] m ❶ (Zaun~) post ❷ (angespitzter Rundbalken) stake
Pfahl·bau <-bauten> m structure on stilts
Pfalz <-, -en> [pfalts] f GEOG palatinate; **Rheinland-**~ the Rhineland-Palatinate
Pfäl·zer(in) <-s, -> [ˈpfɛltsɐ] m(f) sb from the Palatinate
pfäl·zisch [ˈpfɛltsɪʃ] adj Palatine
Pfand <-[e]s, Pfänder> [pfant, pl ˈpfɛndə] nt deposit
pfänd·bar adj JUR distrainable form
Pfand·brief m mortgage bond
pfän·den [ˈpfɛndn̩] vt JUR ❶ (beschlagnahmen) ▪ etw ~ to impound sth; ▪ das

P~ seizing of possessions ❷ (Pfandsiegel anbringen) ▪ jdn ~ to seize some of sb's possessions; ▪ jdn ~ lassen to get the bailiffs onto sb
Pfand·fla·sche f returnable bottle **Pfand·geld** nt deposit **Pfand·haus** nt pawnbroker's **Pfand·lei·he** <-, -n> f pawnshop **Pfand·lei·her(in)** <-s, -> m(f) pawnbroker **Pfand·schein** m pawn ticket
Pfän·dung <-, -en> f seizure
Pfan·ne <-, -n> [ˈpfanə] f ❶ KOCHK (frying) pan ❷ SCHWEIZ (Topf) pot ▶ **jdn in die** ~ **hauen** (sl) to do the dirty [or AM play a mean trick] on sb
Pfann·ku·chen m pancake
Pfarr·amt nt vicarage
Pfarr·be·zirk m parish
Pfar·rei <-, -en> [pfaˈrai̯] f ❶ (Gemeinde) parish ❷ s. **Pfarramt**
Pfar·rer(in) <-s, -> [ˈpfarɐ] m(f) (katholisch) priest; (evangelisch) pastor; (anglikanisch) vicar
Pfarr·ge·mein·de f s. **Pfarrei 1 Pfarr·haus** nt (katholisch) presbytery; (anglikanisch) vicarage **Pfarr·kir·che** f parish church
Pfau <-[e]s o -en, -en> [pfau̯] m peacock
Pfau·en·au·ge nt peacock butterfly
Pfef·fer <-s, -> [ˈpfɛfɐ] m pepper ▶ **hingehen, wo der** ~ **wächst** to go to hell
Pfef·fer·korn [ˈpfɛfɐkɔrn] nt peppercorn
Pfef·fer·min·bon·bon nt peppermint
Pfef·fer·min·ze f kein pl peppermint
Pfef·fer·minz·tee m peppermint tea
Pfef·fer·müh·le f pepper mill
pfef·fern [ˈpfɛfɐn] vt ❶ KOCHK to season with pepper ❷ (fam: schleudern) ▪ etw **irgendwohin** ~ to fling sth somewhere ▶ **jdm eine** ~ (fam) to give sb a smack in the face
Pfef·fer·streu·er <-s, -> m pepper pot
Pfei·fe <-, -n> [ˈpfai̯fə] f ❶ (Tabaks~, Musikinstrument) pipe; ~ **rauchen** to smoke a pipe ❷ (Triller~) whistle ❸ (sl: Nichtskönner) loser ▶ **nach jds** ~ **tanzen** to dance to sb's tune
pfei·fen <pfiff, gepfiffen> [ˈpfai̯fn̩] I. vi ❶ (Pfeiftöne erzeugen) to whistle ❷ (fam) ▪ **auf etw** akk ~ not to give a damn about sth II. vt to whistle
Pfei·fen·kopf m bowl [of a pipe] **Pfei·fen·rei·ni·ger** m pipe-cleaner **Pfei·fen·stop·fer** <-s, -> m tamper **Pfei·fen·ta·bak** m pipe tobacco
Pfeif·kon·zert nt chorus of catcalls **Pfeif·ton** m whistle

Pfeil <-s, -e> [pfajl] *m* arrow; **~ und Bogen** bow and arrow
Pfei·ler <-s, -> ['pfajlɐ] *m* ❶ ARCHIT pillar ❷ BAU pylon
pfeil·schnell ['pfajl'ʃnɛl] *adj* like a shot
Pfeil·spit·ze *f* arrowhead
Pfen·nig <-s, -e *o meist nach Zahlenangabe* -> ['pfɛnɪç] *m* (*hist*) pfennig; **keinen ~ [Geld] haben** to be penniless; **keinen ~ wert sein** to be worth nothing ▶ **jeden ~ umdrehen** (*fam*) to think twice about every penny one spends
Pfen·nig·ab·satz *m* (*fam*) stiletto heel
Pfen·nig·fuch·ser(in) <-s, -> [-fʊksɐ] *m(f)* (*fam*) stinge
pfer·chen ['pfɛrçn] *vt* ■ **jdn/Tiere in etw** *akk* **~** to cram sb/animals into sth
Pferd <-[e]s, -e> [pfe:ɐ̯t, *pl* 'pfe:ɐ̯də] *nt* ❶ (*Tier*) horse; **zu ~e** (*geh*) on horseback ❷ SCHACH knight ▶ **das ~ beim Schwanz[e] aufzäumen** to put the cart before the horse; **keine zehn ~e könnten mich je dazu bringen** wild horses couldn't make me do that; **die ~e scheu machen** to put people off; **arbeiten wie ein ~** to work like a horse; **jdm was [*o* einen] vom ~ erzählen** (*fam*) to tell [*or* to give] sb a cock-and-bull story, to tell [*or* to give] sb a whole load of bull *fam;* **mit jdm ~e stehlen können** sb is game for anything; **ich glaub, mich tritt ein ~!** well I'll be blowed! [*or* AM damned!]
Pfer·de·ap·fel *m meist pl* horse droppings *npl* **Pfer·de·fuß** *m* ❶ (*Huf*) cloven hoof ❷ (*Haken*) catch **Pfer·de·renn·bahn** *f* racecourse **Pfer·de·ren·nen** *nt* horse-racing **Pfer·de·renn·sport** *m* horse racing **Pfer·de·schwanz** *m* ❶ (*vom Pferd*) horse's tail ❷ (*Frisur*) ponytail **Pfer·de·stall** *m* stable **Pfer·de·stär·ke** *f* (*veraltend*) horsepower **Pfer·de·wa·gen** *m* [horse-drawn] carriage; *für Güter* cart **Pfer·de·zucht** *f* horse breeding
pfiff [pfɪf] *imp von* **pfeifen**
Pfiff <-s, -e> [pfɪf] *m* ❶ (*Pfeifton*) whistle ❷ (*fam: Reiz*) pizzazz
Pfif·fer·ling <-[e]s, -e> ['pfɪfɐlɪŋ] *m* BOT, KOCHK chanterelle ▶ **keinen ~ wert sein** to not be worth a thing
pfif·fig ['pfɪfɪç] I. *adj* smart II. *adv* smartly
Pfif·fi·kus <-[ses], -se> ['pfɪfikʊs] *m* (*hum fam*) smart lad *masc* [*or fem* lass] BRIT
Pfing·sten <-, -> ['pfɪŋstn] *nt meist ohne art* Whitsun; (*Pfingstwochenende*) Whitsuntide
Pfingst·mon·tag *m* Whit Monday

Pfingst·ro·se *f* peony **Pfingst·sonn·tag** *m* Whit Sunday
Pfir·sich <-s, -e> ['pfɪrzɪç] *m* peach
Pfir·sich·baum *m* peach tree
Pflan·ze <-, -n> ['pflantsə] *f* plant
pflan·zen ['pflantsn] I. *vt* to plant II. *vr* (*fam*) ■ **sich irgendwohin ~** to plonk oneself somewhere
Pflan·zen·fa·ser *f* plant fibre **Pflan·zen·fett** *nt* vegetable fat **Pflan·zen·fres·ser** *m* herbivore **Pflan·zen·kun·de** *f* botany **Pflan·zen·öl** *nt* vegetable oil **Pflan·zen·reich** *nt kein pl* plant kingdom *no pl* **Pflan·zen·schutz** *m* pest control **Pflan·zen·schutz·mit·tel** *nt* pesticide **Pflan·zen·welt** *f* plant life
pflanz·lich I. *adj attr* ❶ (*vegetarisch*) vegetarian ❷ (*aus Pflanzen gewonnen*) plant-based II. *adv* **sich ~ ernähren** to eat a vegetarian diet
Pflan·zung <-, -en> *f* ❶ *kein pl* (*das Pflanzen*) planting ❷ AGR *s.* **Plantage**
Pflas·ter <-s, -> ['pflastɐ] *nt* ❶ MED plaster ❷ BAU road surface ▶ **ein gefährliches ~** (*fam*) a dangerous place
pflas·tern ['pflastɐn] I. *vt* ■ **etw ~** to surface sth; **etw mit Steinplatten ~** to pave sth with flagstones II. *vi* to pave
Pflas·ter·stein ['pflastɐ-] *m* paving stone
Pflau·me <-, -n> ['pflaʊmə] *f* ❶ KOCHK plum ❷ BOT, HORT plum tree ❸ (*fam: Versager*) twat *pej*
Pflau·men·baum *m* plum tree **Pflau·men·mus** *nt* plum jam
Pfle·ge <-> ['pfle:gə] *f kein pl* ❶ (*kosmetische Behandlung*) grooming ❷ MED nursing; **jdn/ein Tier [bei jdm] in ~ geben** to have sb/an animal looked after [by sb]; **jdn/ein Tier in ~ nehmen** to look after sb/an animal ❸ HORT care ❹ (*geh: Kultivierung*) fostering
pfle·ge·be·dürf·tig *adj* ❶ (*der Fürsorge bedürfend*) in need of care *pred* ❷ (*Versorgung erfordernd*) ■ **~ sein** to need looking after **Pfle·ge·dienst** *m* nursing service **Pfle·ge·el·tern** *pl* foster parents *pl* **Pfle·ge·fall** *m* **jd ist ein ~** sb needs constant nursing care **Pfle·ge·heim** *nt* nursing home **Pfle·ge·kind** *nt* foster child **pfle·ge·leicht** *adj* easy-care *attr;* **ein ~es Tier/ ~er Mensch** a low-maintenance animal/person **Pfle·ge·mut·ter** *f* foster mother
pfle·gen ['pfle:gn] I. *vt* ❶ (*umsorgen*) to care for [*or* nurse] ❷ *Garten* to tend ❸ *Möbel, Auto* to look after ❹ (*kosmetisch behandeln*) to treat ❺ (*geh: kultivieren*) *Freundschaft, Kunst* to cultivate; *Beziehun-*

gen, Kooperation to foster; *Hobby* to keep up *sep* ⑥ (*gewöhnlich tun*) ▪ **etw zu tun ~** to usually do sth II. *vr* ▪ **sich ~** ① (*Körperpflege betreiben*) to take care of one's appearance; **ich pflege mich regelmäßig mit Körperlotion** I use body lotion regularly ② (*sich schonen*) to take it easy *fam*

Pfle·ge·per·so·nal *nt* nursing staff + *pl vb*

Pfle·ger(in) <-s, -> *m(f)* [male] nurse *masc*, nurse *fem*

Pfle·ge·satz *m* hospital charges *pl* **Pfle·ge·spü·lung** *f* conditioner **Pfle·ge·va·ter** *m* foster father **Pfle·ge·ver·si·che·rung** *f* private nursing insurance

pfleg·lich ['pfle:klɪç] I. *adj* careful; **ich bitte um ~e Behandlung!** please handle with care II. *adv* carefully, with care

Pfleg·schaft <-, -en> *f* guardianship

Pflicht <-, -en> [pflɪçt] *f* ① (*Verpflichtung*) duty; **die ~ ruft** duty calls; **nur seine ~ tun** to only do one's duty ② SPORT compulsory section

pflicht·be·wusst^RR *adj* conscientious **Pflicht·be·wusst·sein**^RR *nt* sense of duty *no pl* **Pflicht·fach** *nt* compulsory subject **Pflicht·ge·fühl** *nt kein pl s*. Pflichtbewusstsein **pflicht·ge·mäß** I. *adj* dutiful II. *adv* dutifully **Pflicht·übung** *f* compulsory exercise **pflicht·ver·ges·sen** *adj* negligent, neglectful of one's duty; **~ handeln** to act negligently [*or* irresponsibly] **Pflicht·ver·tei·di·ger(in)** *m(f)* JUR court-appointed defence counsel

Pflock <-[e]s, Pflöcke> [pflɔk, *pl* 'pflœkə] *m* stake; (*Zelt~*) peg

pflü·cken ['pflʏkn̩] *vt* to pick

Pflü·cker(in) <-s, -> *m(f)* picker

Pflug <-es, Pflüge> [pflu:k, *pl* 'pfly:gə] *m* plough

pflü·gen *vi*, *vt* to plough

Pflüm·li <-, -s> *nt* SCHWEIZ plum schnapps

Pfor·te <-, -n> ['pfɔrtə] *f* gate

Pfört·ner(in) <-s, -> ['pfœrtnɐ] *m(f)* porter

Pfört·ner·lo·ge [-lo:ʒə] *f* doorkeeper's office

Pfos·ten <-s, -> ['pfɔstn̩] *m* ① (*Pfahl*) *a.* SPORT post ② (*Stützpfosten*) post; (*Tür, Fenster*) jamb

Pfo·te <-, -n> ['pfo:tə] *f* ① (*von Tieren*) paw ② (*fam*) paw; **sich** *dat* **die ~n verbrennen** (*fam*) to burn one's fingers

Pfropf <-[e]s, -e *o* Pröpfe> [pfrɔpf, *pl* 'pfrœpfə] *m* MED clot

pfrop·fen ['pfrɔpfn̩] *vt* ▪ **etw in etw** *akk* ~ ① (*hineindrücken*) to shove sth into sth ② (*hineinzwängen*) to cram sth into sth

Pfrop·fen <-s, -> ['pfrɔpfn̩] *m* stopper

Pfrün·de <-, -n> ['pfrʏndə] *f* sinecure

pfui [pfui] *interj* tut tut; (*Ekel*) yuck

Pfund <-[e]s, -e *o nach Zahlenangabe* -> [pfʊnt, *pl* 'pfʊndə] *nt* ① (*500 Gramm*) pound ② (*Währungseinheit*) pound; **in ~** in pounds

pfun·dig [pfʊndɪç] *adj* (*fam*) great

Pfunds·kerl ['pfʊnts'kɛrl] *m* DIAL (*fam*) great guy

Pfusch <-[e]s> [pfʊʃ] *m kein pl* (*fam*) botch-up

pfu·schen ['pfʊʃn̩] *vi* ① (*mogeln*) to cheat (**bei** at/in) ② (*schlampen*) to be sloppy

Pfu·scher(in) <-s, -> *m(f)* (*fam*) ① SCH cheat ② (*pfuschender Handwerker*) cowboy

Pfu·sche·rei <-, -en> [pfʊʃəˈraɪ] *f* bungling

Pfüt·ze <-, -n> ['pfʏtsə] *f* puddle

phal·lisch ['falɪʃ] *adj* (*geh*) phallic

Phal·lus <-, -se> ['falʊs, *pl* 'fali, 'falən] *m* (*geh*) phallus

Phä·no·men <-s, -e> [fɛnoˈmeːn] *nt* phenomenon

phä·no·me·nal [fɛnomeˈnaːl] *adj* phenomenal

Phan·ta·sie <-, -n> [fantaˈziː, *pl* -ˈziːən] *f s*. Fantasie

Phan·ta·sie·ge·bil·de *nt s*. Fantasiegebilde

Phan·ta·sie·lo·sig·keit <-> *f s*. Fantasielosigkeit

phan·ta·sie·ren* [fantaˈziːrən] *s*. fantasieren

Phan·tast(in) <-en, -en> [fanˈtast] *m(f) s*. Fantast

Phan·tas·te·rei <-, -en> [fantastəˈraɪ] *f s*. Fantasterei

phan·tas·tisch [fanˈtastɪʃ] *adj*, *adv s*. fantastisch

Phan·tom <-s, -e> [fanˈtoːm] *nt* phantom

Phan·tom·bild *nt* identikit® [picture] BRIT, composite sketch AM **Phan·tom·schmerz** *m* phantom [limb] pain

Pha·rao, Pha·rao·nin <-s, Pharaonen> ['faːrao, faraˈoːnɪn, *pl* faraˈoːnən] *m, f* Pharaoh

Pha·ri·sä·er <-s, -> [fariˈzɛːɐ] *m* ① HIST Pharisee ② (*Getränk*) coffee with rum

Phar·ma·in·dust·rie *f* pharmaceutical industry

Phar·ma·ko·lo·ge, -lo·gin <-n, -n> [farmakoˈloːgə, -ˈloːgɪn] *m, f* pharmacologist

Phar·ma·ko·lo·gie <-> [farmakoloˈgiː] *f kein pl* pharmacology *no pl*, *no art*

Phar·ma·ko·lo·gin <-, -nen> *f fem form von* **Pharmakologe**
phar·ma·ko·lo·gisch [farmako'lo:gɪʃ] *adj* pharmacological
Phar·ma·zeut(in) <-en, -en> [farma'tsɔyt] *m(f)* pharmacist
Phar·ma·zeu·tik <-> [farma'tsɔytɪk] *f kein pl* pharmaceutics + *sing vb*
phar·ma·zeu·tisch [farma'tsɔytɪʃ] *adj* pharmaceutical
Phar·ma·zie <-> [farma'tsi:] *f kein pl* pharmacy *no pl, no art*
Pha·se <-, -n> ['fa:zə] *f a.* ELEK phase
Phi·la·te·lie <-> *f kein pl* philately *no pl*
Phi·la·te·list(in) <-en, -en> [filate'lɪst] *m(f)* (*form*) philatelist
Phil·har·mo·nie <-, -n> [fɪlharmo'ni:, *pl* -'ni:ən] *f* ❶ (*Institution*) Philharmonic [*or* orchestra] ❷ (*Gebäude*) Philharmonic hall
Phil·har·mo·ni·ker(in) <-s, -> [fɪlhar'mo:nikɐ] *m(f)* member of a/the philharmonic orchestra
Phi·lip·pi·nen [filɪ'pi:nən] *pl* ■ **die** ~ the Phillipines *pl*
Phi·lip·pi·ner(in) <-s, -> [filɪ'pi:nɐ] *m(f)* Filipino; *s. a.* **Deutsche(r)**
phi·lip·pi·nisch [filɪ'pi:nɪʃ] *adj* Filipino; *s. a.* **deutsch**
Phi·lo·lo·ge, -lo·gin <-n, -n> [filo'lo:gə, -'lo:gɪn] *m, f* philologist
Phi·lo·lo·gie <-, -n> [filolo'gi:, *pl* -'gi:ən] *f* philology *no pl, no art*
Phi·lo·lo·gin <-, -nen> *f fem form von* **Philologe**
phi·lo·lo·gisch [filo'lo:gɪʃ] *adj* philological
Phi·lo·soph(in) <-en, -en> [filo'zo:f] *m(f)* philosopher
Phi·lo·so·phie <-, -n> [filozo'fi:, *pl* -'fi:ən] *f* philosophy
phi·lo·so·phie·ren* [filozo'fi:rən] *vi* to philosophize (**über** about)
Phi·lo·so·phin <-, -nen> *f fem form von* **Philosoph**
phi·lo·so·phisch [filo'zo:fɪʃ] *adj* philosophical
Phi·shing <-s> ['fɪʃɪŋ] *nt kein pl* INET phishing
Phleg·ma <-s> ['flɛgma] *nt kein pl (geh)* apathy *no pl*, torpidity *no pl form*
phleg·ma·tisch [flɛg'ma:tɪʃ] *adj* phlegmatic
Pho·bie <-, -n> [fo'bi:, *pl* -'bi:ən] *f* phobia
Phon <-s, -s *o nach Zahlenangabe* -> [fo:n] *nt* phon
Pho·nem <-s, -e> [fo'ne:m] *nt s.* **Fonem**
Pho·ne·tik <-> [fo'ne:tɪk] *f kein pl* phonetics + *sing vb*

pho·ne·tisch [fo'ne:tɪʃ] *adj* phonetic
Phö·nix <-[es], -e> ['fø:nɪks] *m* phoenix
Phö·ni·zi·er(in) <-s, -> [fø'ni:tsi̯ɐ] *m(f)* Phoenician
Pho·no·ty·pist(in) <-en, -en> [fonoty'pɪst] *m(f)* audio typist
Phos·phat <-[e]s, -e> [fɔs'fa:t] *nt* phosphate
Phos·phor <-s> ['fɔsfo:ɐ̯] *m kein pl* phosphorus *no pl, no indef art*
phos·pho·res·zie·ren* [fɔsfɔrɛs'tsi:rən] *vi* to phosphoresce
Pho·to <-s, -s> ['fo:to] *nt s.* **Foto**
Pho·to·syn·the·se [fotozyn'te:zə] *f s.* **Fotosynthese**
Phra·se <-, -n> ['fra:zə] *f* ❶ (*pej: sinnentleerte Redensart*) empty phrase ❷ (*Ausdruck*) phrase
pH-Wert [pe'ha:-] *m* pH-value
Phy·sik <-> [fy'zi:k] *f kein pl* physics + *sing vb, no art*
phy·si·ka·lisch [fyzi'ka:lɪʃ] *adj* physical
Phy·si·ker(in) <-s, -> ['fyzikɐ] *m(f)* physicist
Phy·si·o·gno·mie <-, -n> [fyzi̯ogno'mi:, *pl* -'mi:ən] *f (geh)* physiognomy
Phy·sio·lo·ge, -lo·gin <-n, -n> [fyzi̯o'lo:gə, -'lo:gɪn] *m, f* physiologist
Phy·si·o·lo·gie <-> [fyzi̯olo'gi:] *f kein pl* physiology
phy·si·o·lo·gisch [fyzi̯o'lo:gɪʃ] *adj* physiological
Phy·sio·the·ra·peut(in) <-en, -en> [fyzi̯otera'pɔyt] *m(f)* physiotherapist **Phy·sio·the·ra·pie** [fyzi̯otera'pi:] *f kein pl* physiotherapy
phy·sisch ['fy:zɪʃ] *adj* physical
Pi <-[s], -s> [pi:] *nt* pi
Pi·a·nist(in) <-en, -en> [pi̯a'nɪst] *m(f)* pianist
Pi·a·no <-s, -s> ['pi̯a:no] *nt (geh)* piano
pi·cheln ['pɪçln] I. *vi* DIAL (*fam*) to booze II. *vt* ▶ **einen** ~ DIAL (*fam*) to knock 'em back
Pi·ckel <-s, -> ['pɪkl̩] *m* ❶ (*Hautunreinheit*) pimple, BRIT *also* spot, AM zit ❷ (*Spitzhacke*) pickaxe; (*Eis~*) ice pick
pi·cke·lig ['pɪkəlɪç] *adj* spotty BRIT, pimply AM
pi·cken ['pɪkn̩] I. *vi* ORN to peck (**nach** at) II. *vt* to pick
pick·lig ['pɪklɪç] *adj s.* **pickelig**
Pick·nick <-s, -s *o* -e> ['pɪknɪk] *nt* picnic
pick·ni·cken ['pɪknɪkn̩] *vi* to [have a] picnic
pi·co·bel·lo [piko'bɛlo] *adv (fam)* spick and span

piek·fein ['piːkˈfai̯n] *adj* (*fam*) posh **piek·sau·ber** *adj* (*fam*) spotless
piep [piːp] *interj* peep
Piep <-s> [piːp] *m* (*fam*) ▶ **keinen ~ sagen** to not make a sound; **keinen ~ mehr sagen** to have had it
pie·pe ['piːpə], **piep·e·gal** ['piːpʔeˈgaːl] *adj präd* (*fam*) **mir ist das ~!** I couldn't care less!
pie·pen ['piːpn̩] *vi* ❶ (*leise Pfeiftöne erzeugen*) to peep; *Maus* to squeak; *Gerät* to bleep ❷ (*fam*) **bei jdm piept es** sb is off their head
Pie·pen ['piːpn̩] *pl* (*fam*) **keine ~ haben** to have no dough
piep·sen ['piːpsn̩] I. *vi* ❶ *s.* piepen ❷ (*mit hoher Stimme sprechen/singen*) to pipe II. *vt* ■ **etw ~** to say/sing sth in a high delicate voice
Piep·ser <-s, -> *m* (*fam*) bleeper
piep·sig ['piːpsɪç] *adj* (*fam*) ❶ (*hoch und leise*) squeaky ❷ (*klein und zart, winzig*) tiny
Pier <-s, -s *o* -e> [piːɐ̯] *m* pier
pier·cen ['piːɐ̯sən] *vt* to pierce; **sich** *dat* **den Bauchnabel ~ lassen** to get one's belly button pierced
Pier·cing <-[s]> ['piːɐ̯sɪŋ] *nt kein pl* piercing *no pl, no art*
pie·sa·cken *vt* (*fam*) to pester
pie·seln ['piːzl̩n] *vi* (*fam*) ❶ (*regnen*) to drizzle ❷ (*urinieren*) to pee
Pi·e·tät <-> [pi̯eˈtɛːt] *f kein pl* (*geh: Ehrfurcht*) reverence *no pl*; (*Frömmigkeit*) piety *no pl*
pi·e·tät·los [pi̯eˈtɛːtloːs] *adj* (*geh*) irreverent
pi·e·tis·tisch [pi̯eˈtɪstɪʃ] *adj* pietistic
Pig·ment <-s, -e> [pɪɡˈmɛnt] *nt* pigment
Pik¹ [piːk] *m* (*Bergspitze*) peak
Pik² <-s, -> [piːk] *nt* KARTEN ❶ (*Farbe*) spades *pl* ❷ (*Karte*) spade
pi·kant [piˈkant] I. *adj* ❶ KOCHK spicy ❷ (*frivol*) racy II. *adv* piquantly
Pi·ke <-, -n> ['piːkə] *f* HIST pike ▶ **von der ~ auf lernen** to start at the bottom
pi·ken ['piːkn̩] I. *vt* (*fam*) to prick (**mit** with) II. *vi* (*fam*) to prickle
pi·kiert [piˈkiːɐ̯t] I. *adj* (*geh*) peeved II. *adv* (*geh*) peevishly
Pik·ko·lo¹ <-s, -s> ['pɪkolo] *m* ❶ (*Kellner*) trainee waiter ❷ (*fam*) mini bottle (*of champagne or sparkling wine*)
Pik·ko·lo² <-s, -s> ['pɪkolo] *nt* MUS piccolo
Pik·ko·lo·flö·te *f* piccolo (*flute*)
pik·sen ['piːksn̩] *vt, vi* (*fam*) to prick
Pik·to·gramm <-s, -e> [pɪkto-] *nt* pictogram, icon, ikon

Pil·ger(in) <-s, -> ['pɪlɡɐ] *m(f)* pilgrim
Pil·ger·fahrt *f* pilgrimage
Pil·ge·rin <-, -nen> *f fem form von* **Pilger**
pil·gern ['pɪlɡɐn] *vi sein* ■ **irgendwohin ~** ❶ (*fam*) to wend one's way somewhere ❷ (*wallfahren*) to make a pilgrimage to somewhere
Pil·le <-, -n> ['pɪlə] *f* pill; ■ **die ~** (*Antibabypille*) the pill; **die ~ nehmen** to be on the pill; **die ~ danach** the morning-after pill ▶ **eine bittere ~ schlucken müssen** (*fam*) to have to swallow a bitter pill
Pil·len·knick *m* decline in the birth rate (*due to the pill*)
Pi·lot(in) <-en, -nen> [piˈloːt] *m(f)* pilot
Pi·lot·film *m* pilot film
Pi·lo·tin <-, -nen> *f fem form von* **Pilot**
Pi·lot·pro·jekt *nt* pilot scheme **Pi·lot·ver·such** *m* pilot project
Pils <-, -> [pɪls], **Pil·se·ner** <-s, ->, **Pils·ner** <-s, -> *nt* pilsner
Pilz <-es, -e> [pɪlts] *m* ❶ BOT fungus; (*Speise~*) mushroom ❷ MED fungal skin infection ▶ **wie ~e aus dem Boden schießen** to mushroom
Pilz·er·kran·kung *f* fungal disease
Pi·ment <-s> [piˈmɛnt] *m kein pl* allspice, pimento
Pim·mel <-, -> ['pɪml̩] *m* willie BRIT, weenie AM
Pimpf <-[e]s, -e> [pɪmpf] *m* (*fam*) squirt
Pin, PIN <-, -s> [pɪn] *f Akr von* **personal identification number** PIN
pin·ge·lig ['pɪŋəlɪç] *adj* (*fam*) fussy
Ping·pong <-s, -s> ['pɪŋpɔŋ] *nt* ping-pong
Pin·gu·in <-s, -e> ['pɪŋɡui̯n] *m* penguin
Pi·nie <-, -n> ['piːnjə] *f* stone pine
pink [pɪŋk] *adj* pink
Pin·kel¹ <-s, -> ['pɪŋkl̩] *m* **ein feiner ~** (*fam*) dandy
Pin·kel² <-, -n> ['pɪŋkl̩] *f* KOCHK NORDD spicy, smoked fatty pork/beef sausage (*eaten with curly kale*)
pin·keln ['pɪŋkl̩n] *vi* (*fam*) to pee
Pinn·wand *f* pinboard
Pin·scher <-s, -> ['pɪnʃɐ] *m* pinscher
Pin·sel <-s, -> ['pɪnzl̩] *m* brush
pin·seln ['pɪnzl̩n] I. *vt* ❶ (*streichen*) a. MED to paint ❷ (*mit dem Pinsel auftragen*) ■ **etw irgendwohin ~** to daub sth somewhere ❸ (*fam: schreiben*) to pen II. *vi* (*fam*) to paint
Pin·te <-, -n> ['pɪntə] *f* (*fam*) pub BRIT, bar AM
Pin·zet·te <-, -n> [pɪnˈtsɛtə] *f* tweezers *npl*

Pi·o·nier(in) <-s, -e> [pi̯o'niːɐ̯] *m(f)* ❶ (*Wegbereiter*) pioneer ❷ MIL sapper
Pi·o·nier·ar·beit *f* pioneering work
Pi·pa·po <-s> [pipa'poː] *nt kein pl* (*fam*) **mit allem ~** with all the frills; **das ganze ~** the whole shebang
Pipe·line <-, -s> ['pai̯plai̯n] *f* pipeline
Pi·pet·te <-, -n> [pi'pɛtə] *f* pipette
Pi·pi <-s, -s> [pi'piː] *nt* (*Kindersprache*) wee BRIT, wee-wee AM; **~ machen** to do a wee[-wee]
Pi·pi·fax <-> ['pipifaks] *nt kein pl* (*fam*) nonsense
Pi·ran·ha <-[s], -s> [pi'ranja] *m* piranha
Pi·rat(in) <-en, -en> [pi'raːt] *m(f)* pirate
Pi·ra·ten·sen·der *m* pirate station
Pi·ra·te·rie <-, -n> [piratə'riː, *pl* -'riːən] *f* piracy *no pl, no art*
Pi·ra·tin <-, -nen> *f fem form von* **Pirat**
Pi·rou·et·te <-n, -n> [pi'rʊɛtə] *f* pirouette
Pirsch <-> [pɪrʃ] *f kein pl* **auf die ~ gehen** to go stalking
PI·SA ['piːza] *Akr von* **Programme for International Student Assessment** PISA
PI·SA-Mus·ter·land *nt* top-performing country in the PISA studies **PI·SA-Schock** *m* shock and dismay felt by Germany on account of its bad PISA results in 2002 **PI·SA-Stu·die**, **Pisastudie** *f* PISA study
Pis·se <-> ['pɪsə] *f kein pl* (*derb*) piss
pis·sen ['pɪsn̩] *vi* ❶ (*derb: urinieren*) to piss ❷ *impers* (*sl: stark regnen*) **es pisst schon wieder** it's pissing down again
Pis·soir <-s, -s *o* -e> [pɪ'sŏaːɐ̯] *nt* urinal
Pis·ta·zie <-, -n> [pɪs'taːtsi̯ə] *f* ❶ (*Baum*) pistachio tree ❷ (*Kern*) pistachio
Pis·te <-, -n> ['pɪstə] *f* ❶ (*Ski~*) piste, ski run ❷ (*Rennstrecke*) track ❸ (*unbefestigter Weg*) track ❹ (*Rollbahn*) runway
Pis·to·le <-, -n> [pɪs'toːlə] *f* pistol ▶ **jdm die ~ auf die Brust setzen** to hold a gun to sb's head; **wie aus der ~ geschossen** (*fam*) like a shot
pit·to·resk [pɪto'rɛsk] *adj* (*geh*) picturesque
Pi·xel <-s, -> ['pɪksl̩] *nt* INFORM *Akr von* **picture element** pixel
Pi·xel·gra·fik *f* INFORM pixel graphics + *sing vb*
Piz·za <-, -s> ['pɪtsa] *f* pizza
Pkw <-s, -s> ['peːkaːveː] *m Abk von* **Personenkraftwagen**
Pla·ce·bo <-s, -s> [pla'tseːbo] *nt* MED, PSYCH placebo
Pla·cke·rei <-, -en> [plakə'rai̯] *f* (*fam*) grind *no pl*
plä·die·ren* [plɛ'diːrən] *vi* ❶ JUR ▪ **auf etw** *akk* **~** to plead sth; **auf schuldig/unschuldig ~** to plead guilty/not guilty ❷ (*geh*) ▪ **für etw** *akk* **~** to plead for sth; ▪ **dafür ~, dass ...** to plead, that ...
Plä·doy·er <-s, -s> [plɛdŏa'jeː] *nt* ❶ JUR [counsel's] summing-up BRIT, summation AM ❷ (*geh*) plea
Pla·ge <-, -n> ['plaːɡə] *f* nuisance
Pla·ge·geist *m* (*pej fam*) nuisance
pla·gen ['plaːɡn̩] I. *vt* ▪ **jdn ~** ❶ (*behelligen*) to pester sb ❷ (*quälen*) to bother sb II. *vr* ▪ **sich [mit etw** *dat*] **~** ❶ (*sich abrackern*) to slave away [over sth] ❷ (*sich herumplagen*) to be bothered [by sth]
Pla·gi·at <-[e]s, -e> [pla'ɡi̯aːt] *nt* plagiarism
Pla·kat <-[e]s, -e> [pla'kaːt] *nt* poster
pla·ka·tie·ren* [plaka'tiːrən] *vt* to placard
pla·ka·tiv [plaka'tiːf] *adj* ❶ (*wie ein Plakat wirkend*) poster-like *attr*, like a poster *pred* ❷ (*grell, bunt*) Farben bold ❸ (*betont auffällig, einprägsam*) pithy
Pla·kat·trä·ger(in) *m(f)* billboard; (*Person*) man/woman carrying a sandwich board **Pla·kat·wand** *f* [advertising] hoarding BRIT, billboard AM
Pla·ket·te <-, -n> [pla'kɛtə] *f* ❶ (*Abzeichen*) badge ❷ (*Aufkleber*) sticker ❸ KUNST plaque
Plan <-[e]s, Pläne> [plaːn, *pl* 'plɛːnə] *m* ❶ (*geplantes Vorgehen*) plan; **nach ~ laufen** to go according to plan ❷ *meist pl* (*Absicht*) **jds Pläne durchkreuzen** to thwart sb's plans; **einen ~ fassen** to [make a] plan; **auf dem ~ stehen** to be planned ❸ GEOG, TRANSP map ❹ (*zeichnerische Darstellung*) plan ▶ **jdn auf den ~ bringen/rufen** to bring sb on to the scene
Pla·ne <-, -n> ['plaːnə] *f* tarpaulin, tarp *esp* AM *fam*
pla·nen ['plaːnən] *vt* to plan; ▪ **~, etw zu tun** to be planning to do sth
Pla·ner(in) <-s, -> *m(f)* planner
Pla·net <-en, -en> [pla'neːt] *m* planet; **der blaue P~** the blue planet
pla·ne·ta·risch *adj* planetary
Pla·ne·ta·ri·um <-s, -tarien> [plane'taːri̯ʊm, *pl* -'taːri̯ən] *nt* planetarium
Pla·ne·ten·sys·tem *nt* planetary system
pla·nie·ren* [pla'niːrən] *vt* ▪ **etw ~** to level sth [off]
Pla·nier·rau·pe *f* bulldozer
Plan·ke <-, -n> ['plaŋkə] *f* plank
Plank·ton <-s> ['plaŋktɔn] *nt kein pl* plankton
plan·los *adj* ❶ (*ziellos*) aimless ❷ (*ohne System*) unsystematic

plan·mä·ßig I. *adj* ①TRANSP scheduled ②(*systematisch*) systematic II. *adv* ①TRANSP as scheduled, according to schedule ②(*systematisch*) systematically
Plan·qua·drat *nt* grid square
Plan·sch·be·cken *nt* paddling [*or* AM kiddie] pool
plan·schen ['planʃn] *vi* to splash about
Plan·stel·le *f* post
Plan·ta·ge <-, -n> [plan'taːʒə] *f* plantation
Pla·nung <-, -en> *f* ①(*das Planen*) planning; **in der ~ befindlich** in/at the planning stage ②(*Plan*) plan
Plan·wa·gen *m* covered wagon
Plan·wirt·schaft *f kein pl* planned economy
Plap·per·maul *nt* (*pej fam*) chatterbox
plap·pern ['plapən] I. *vi* to chatter II. *vt* (*undeutlich reden*) ■**etw ~** to babble sth
plär·ren ['plɛrən] *vi* (*fam*) ①(*heulen*) to bawl ②(*blechern ertönen*) to blare [out]
Plas·ma <-s, Plasmen> ['plasma, *pl* 'plasmən] *nt* plasma *no pl, no indef art*
Plas·ma·bild·schirm *m* plasma display [panel]
Plas·tik[1] <-s> ['plastɪk] *nt kein pl* plastic; **aus ~** plastic
Plas·tik[2] <-, -en> ['plastɪk] *f* (*Kunstwerk*) sculpture
Plas·tik·be·cher *m* plastic cup **Plas·tik·beu·tel** *m* plastic bag **Plas·tik·fo·lie** *f* plastic film **Plas·tik·geld** *nt* (*fam*) plastic money **Plas·tik·tü·te** *f* plastic bag
plas·tisch ['plastɪʃ] I. *adj* ①(*formbar*) malleable ②(*räumlich*) three-dimensional ③(*anschaulich*) vivid ④MED plastic II. *adv* ①(*räumlich*) three-dimensional; **~ hervortreten/wirken** to stand out ②(*anschaulich*) vividly
Pla·ta·ne <-, -n> [pla'taːnə] *f* plane tree
Pla·teau <-s, -s> [pla'toː] *nt* plateau
Pla·tin <-s> ['plaːtiːn] *nt kein pl* platinum *no pl, no indef art*
Pla·ti·ne <-, -n> [pla'tiːnə] *f* ①TECH circuit board ②INFORM card
pla·to·nisch [pla'toːnɪʃ] *adj* (*geh*) platonic
platsch [platʃ] *interj* splash
plat·schen ['platʃn] I. *vi sein* (*fam*) to splash II. *vi impers haben* (*fam*) to pour, BRIT *also* to bucket down *fam*
plät·schern ['plɛtʃən] *vi* ①*haben* (*Geräusch verursachen*) *Brunnen* to splash; *Bach* to burble; *Regen* to patter ②(*planschen*) to splash about ③*sein* (*platschend fließen*) to burble along
platt [plat] I. *adj* ①(*flach*) flat; **einen P~en haben** (*fam*) to have a flat ②(*geistlos*) dull ③(*fam: verblüfft*) ■**~ sein** to be flabbergasted II. *adv* flat; **~ drücken/pressen/rollen/walzen** to flatten
Platt <-[s]> [plat] *nt* (*fam*), **Platt·deutsch** ['platdɔytʃ] *nt* LING Low German
Plat·te <-, -n> ['platə] *f* ①(*Stein~*) slab ②(*Metalltafel*) sheet ③(*Schall~*) record ④(*Servierteller, Gericht*) platter ⑤(*Koch~*) hotplate ⑥(*fam: Glatze*) bald head; **eine ~ haben** to be bald ▶**die ~ schon kennen** (*fam*) to have heard that one before
Plätt·ei·sen *nt* DIAL [smoothing] iron
plät·ten ['plɛtn̩] *vt* DIAL to iron
Plat·ten·co·ver <-s, -> *nt* record sleeve **Plat·ten·fir·ma** *f* record company **Plat·ten·spie·ler** *m* record player **Plat·ten·tel·ler** *m* turntable
Platt·form *f* ①(*begehbare Fläche*) *a.* INFORM platform ②(*geh*) basis
Platt·fuß *m* ①MED flat foot ②(*fam: Reifenpanne*) flat
platt|ma·chen *vt* ■**jdn/etw ~** (*fig sl*) to destroy sb/sth
Platz <-es, Plätze> [plats, *pl* 'plɛtsə] *m* ①ARCHIT square ②(*Sitzplatz*) seat; **~ nehmen** (*geh*) to take a seat ③(*freier Raum*) room; **~ sparend sein** to save space ④(*üblicher Aufbewahrungsort*) place ⑤SPORT (*Rang*) place; **die Mannschaft liegt jetzt auf ~ drei** the team is now in third place; **seinen ~ behaupten** to maintain one's place; (*Sportplatz*) playing field; **jdn vom ~ stellen** to send sb off ⑥(*Möglichkeit an etw teilzunehmen*) *Kurs, Reise* place ⑦(*Ort*) place ▶**[irgendwo] fehl am ~[e] sein** to be out of place [somewhere]; **in etw** *dat* **keinen ~ haben** to have no place for sth; **auf die Plätze, fertig, los!** on your marks, get set, go!; **~!** (*an einen Hund gerichtet*) sit!
Platz·angst *f* ①(*fam*) claustrophobia; **~ bekommen** to get claustrophobic ②(*Agoraphobie*) agoraphobia **Platz·an·wei·ser(in)** <-s, -> *m(f)* usher *masc*, usherette *fem*
Plätz·chen <-s, -> ['plɛtsçən] *nt* ①*dim von* **Platz** spot ②KOCHK biscuit BRIT, cookie AM
plat·zen ['platsn̩] *vi sein* ①(*zer~*) to burst ②(*auf~*) to split ③(*scheitern*) to fall through; **das Fest ist geplatzt** the party is off; **etw ~ lassen** to call sth off ④(*sich nicht mehr halten können*) to be bursting; **vor Ärger/Neid/Wut/Neugier ~** to be bursting with anger/envy/rage/curiosity

Platz·hal·ter *m* ❶ LING functor ❷ INFORM free variable parameter

plat·zie·ren^RR* **I.** *vt a.* MEDIA to place **II.** *vr* ❶ (*geh*) ■ **sich irgendwo ~** to take a seat somewhere ❷ SPORT ■ **sich ~** to be placed; (*Tennis*) to be seeded

Plat·zie·rung^RR <-, -en> *f* place; **eine ~ unter den ersten zehn** a place in the top ten

Platz·kar·te *f* seat reservation **Platz·man·gel** *m* lack of room **Platz·pa·tro·ne** *f* blank [cartridge] **Platz·re·gen** *m* cloudburst **Platz·re·ser·vie·rung** *f* reservation [of a seat] **Platz·ver·weis** *m* SPORT sending-off BRIT, ejection AM **Platz·wun·de** *f* laceration

Plau·de·rei <-, -en> [plaʊdəˈraɪ] *f* chat

plau·dern [ˈplaʊdɐn] *vi* ❶ (*sich gemütlich unterhalten*) to [have a] chat ❷ (*fam: ausplaudern*) to gossip

Plau·der·stünd·chen *nt* [little] chat **Plau·der·ton** *m kein pl* chatty tone

Plausch <-[e]s, -e> [plaʊʃ] *m* (*fam*) chat

plau·schen [ˈplaʊʃn] *vi* (*fam*) to [have a] chat

plau·si·bel [plaʊˈziːbl̩] *adj* plausible; **jdm etw ~ machen** to explain sth to sb

Plau·si·bi·li·tät <-, -> [plaʊzibiliˈtɛːt] *f* plausibility

Play-back^RR, **Play·back** <-, -s> [ˈpleːbɛk] *nt* ❶ (*aufgenommene Musikbegleitung*) backing track ❷ (*komplette Film- o Gesangsaufnahme*) miming track

Play·boy <-s, -s> [ˈpleːbɔy] *m* playboy

Pla·zen·ta <-, -s *o* Plazenten> [plaˈtsɛnta, *pl* -tsɛntən] *f* placenta

pla·zie·ren^ALT* [plaˈtsiːrən] *vt, vr s.* **platzieren**

Pla·zie·rung^ALT <-, -en> *f s.* **Platzierung**

plei·te [ˈplaɪtə] *adj* (*fam*) broke

Plei·te <-, -n> [ˈplaɪtə] *f* (*fam*) ❶ (*Bankrott*) bankruptcy; **~ machen** to go bust ❷ (*Reinfall*) flop; [**mit jdm/etw**] **eine ~ erleben** to suffer a flop [with sb/sth]

plei·te·ge·hen^RR *vi irreg sein* to go bust

plem·plem [plɛmˈplɛm] *adj* (*sl*) ■ **~ sein** to be nuts

Ple·nar·saal *m* chamber **Ple·nar·sit·zung** *f* plenary session **Ple·nar·ver·samm·lung** *f* plenary session

Ple·num <-s, Plena> [ˈpleːnʊm, *pl* pleːna] *nt* plenum

Pleu·el·stan·ge *f* connecting rod

Ple·xi·glas® <-es> [ˈplɛksiɡlaːs] *nt kein pl* Plexiglas®

Plis·see <-s, -s> [plɪˈseː] *nt* pleats *pl*

PLO <-> [peːʔɛlˈʔoː] *f kein pl Abk von* **Palestine Liberation Organization** PLO

Plom·be <-, -n> [ˈplɔmbə] *f* ❶ MED filling ❷ (*Bleisiegel*) lead seal

plom·bie·ren* [plɔmˈbiːrən] *vt* ❶ MED to fill ❷ (*amtlich versiegeln*) to seal

Plot·ter <-s, -> [ˈplɔtɐ] *m* INFORM plotter

plötz·lich [ˈplœtslɪç] **I.** *adj* sudden **II.** *adv* suddenly, all of a sudden; **das kommt alles etwas/so ~** it's all happening rather/so suddenly; **aber etwas ~!** (*fam*) [and] hurry up!

Plug-In <-s, -s> [ˈplaɡʔɪn] *m* INFORM plug-in

plump [plʊmp] **I.** *adj* ❶ (*massig*) plump ❷ (*schwerfällig*) ungainly ❸ (*dummdreist*) obvious; *Lüge* blatant **II.** *adv* ❶ (*schwerfällig*) clumsily ❷ (*dummdreist*) crassly

plumps [plʊmps] *interj* plop; (*ins Wasser*) splash; **~ machen** to make a plop/splash

Plumps <-es, -e> [plʊmps] *m* (*fam*) plop; (*ins Wasser*) splash

plump·sen [ˈplʊmpsn̩] *vi sein* (*fam*) ❶ (*dumpf fallen*) **der Sack plumpste auf den Boden** the sack thudded onto the floor; ■ **etw irgendwohin ~ lassen** to let sth fall somewhere with a thud ❷ (*fallen*) to fall; **aus/von etw** *dat* **~** to fall out of/off sth; ■ **sich irgendwohin ~ lassen** to flop down somewhere

Plumps·klo(·**sett**) *nt* (*fam*) earth closet BRIT, outhouse AM

Plun·der <-s> [ˈplʊndɐ] *m kein pl* junk *no pl, no indef art*

Plün·de·rer, **Plün·de·rin** <-s, -> [ˈplʏndərɐ, ˈplʏndərɪn] *m, f* looter, plunderer

plün·dern [ˈplʏndɐn] **I.** *vt* ❶ (*ausrauben*) to plunder ❷ (*fam: leeren*) to raid **II.** *vi* to plunder

Plün·de·rung <-, -en> *f* looting *no pl, no indef art*

Plu·ral <-s, -e> [ˈpluːraːl] *m* plural

plu·ra·lis·tisch [pluraˈlɪstɪʃ] *adj* (*geh*) pluralistic

plus [plʊs] **I.** *präp* +*gen* plus **II.** *adv* ❶ (*über 0°*) plus; **die Temperaturen liegen bei ~ drei Grad C** temperatures will be around three degrees C ❷ MATH, ELEK plus **III.** *konj* MATH plus; **~/minus X** plus or minus X

Plus <-, -> [plʊs] *nt* ❶ (*~ zeichen, -punkt*) plus ❷ ÖKON surplus; [**mit etw** *dat*] **im ~ sein** to be in the black [with sth]; [**bei etw** *dat*] **ein ~ machen** to make a profit [in sth]

Plüsch <-[e]s, -e> [plʏʃ] *m* plush

plü·schig *adj* ❶ (*weich*) plush ❷ (*pej*) ostentatious

Plüsch·tier *nt* [furry] soft-toy
Plus·pol *m* positive pole **Plus·punkt** *m* ❶ (*Positivum*) bonus ❷ (*Wertungseinheit*) point
Plus·quam·per·fekt <-s, -e> ['pluskvampɛrfɛkt] *nt* past perfect
Plus·zei·chen *nt* plus sign
Plu·to <-s> ['plu:to] *m* Pluto
Plu·to·ni·um <-s> [plu'to:nium] *nt kein pl* plutonium *no pl*
PLZ <-> *f Abk von* **Postleitzahl**
pneu·ma·tisch [pnoy'ma:tɪʃ] *adj* pneumatic
Po <-s, -s> [po:] *m* (*fam*) bottom
Pö·bel <-s> ['pø:bl̩] *m kein pl* (*pej*) rabble
Pö·be·lei <-, -en> [pø:bə'laɪ] *f* (*fam*) ❶ *kein pl* (*das Pöbeln*) loutishness *no pl* ❷ (*ausfallende Bemerkung*) swearing *no pl, no indef art*
pö·bel·haft *adj* loutish
pö·beln ['pø:bl̩n] *vi* (*ausfallend reden*) to swear; (*sich ausfallend benehmen*) to behave yobbishly [*or* AM loutishly]
po·chen ['pɔxn̩] *vi* ❶ (*anklopfen*) to knock (**gegen** against, **auf** on) ❷ *Herz, Blut* to pound ❸ (*bestehen*) to insist (**auf** on)
po·chie·ren* [pɔ'ʃi:rən] *vt* KOCHK to poach
Po·cken *pl* smallpox *no art*
po·cken·nar·big *adj* pockmarked **Po·cken·(schutz·)imp·fung** *f* smallpox vaccination
Po·cket·ka·me·ra ['pɔkət-] *f* pocket camera
Pod·cast <-s, -s> ['pɔtka:st] *m* INET podcast **pod·cas·ten** ['pɔtka:stn̩] *vt, vi* INET to podcast (**über** +*akk* about)
Po·dest <-[e]s, -e> [po'dɛst] *nt o m* rostrum
Po·dex <-[es], -e> ['po:dɛks] *m* (*fam*) backside
Po·di·um <-s, Podien> ['po:dium, *pl* -diən] *nt* rostrum
Po·di·ums·dis·kus·si·on *f*, **Po·di·ums·ge·spräch** *nt* panel discussion
Po·e·sie <-> [poe'zi:] *f kein pl* poetry *no pl*
Po·et(in) <-en, -en> [po'e:t] *m(f)* poet *masc o fem*, poetess *fem*
po·e·tisch [po'e:tɪʃ] *adj* poetic[al]
po·fen ['po:fn̩] *vi* (*fam*) ❶ (*schlafen*) to kip BRIT, to sleep AM ❷ (*unaufmerksam sein*) to doze
Po·grom <-s, -e> [po'gro:m] *nt o m* pogrom
Poin·te <-, -n> ['poɛ̃:tə] *f einer Erzählung* point; *eines Witzes* punch line
poin·tie·ren* [poɛ̃'ti:rən] *vt* (*geh: betonen*) to emphasize

poin·tiert [poɛ̃'ti:ət] *adj* (*geh*) pointed
Po·kal <-s, -e> [po'ka:l] *m* ❶ (*Trinkbecher*) goblet ❷ SPORT cup
Po·kal·sie·ger *m* cup-winners *pl* **Po·kal·spiel** *nt* cup tie [*or* AM game]
Pö·kel·fleisch *nt* salt[ed] meat
pö·keln ['pø:kl̩n] *vt Fleisch* to preserve; *Fisch* to pickle
Po·ker <-s> ['po:kɐ] *nt kein pl* poker
Po·ker·face <-, -s> ['po:kɐfe:s] *nt*, **Po·ker·ge·sicht** *nt*, **Po·ker·mie·ne** *f* poker face
po·kern ['po:kɐn] *vi* ❶ KARTEN to play poker; ▪ [**um etw** *akk*] ~ to gamble [for sth] ❷ (*viel riskieren*) to stake a lot
Pol <-s, -e> [po:l] *m* GEOG, SCI pole ▶ **der ruhende** ~ the calming influence
po·lar [po'la:ɐ̯] *adj* polar
Po·lar·for·scher(in) <-s, -> *m(f)* polar explorer
po·la·ri·sie·ren* [polari'zi:rən] **I.** *vr* (*geh*) ▪ **sich** ~ to polarize, to become polarized BRIT **II.** *vt* PHYS to polarize
Po·la·ri·sie·rung <-, -en> *f* polarization
Po·la·ri·tät <-, -en> [polari'tɛt] *f* polarity
Po·lar·kreis *m* polar circle; **nördlicher/südlicher** ~ Arctic/Antarctic circle **Po·lar·licht** *nt s.* **Nordlicht Po·lar·stern** *m* Pole Star
Po·le, Po·lin <-n, -n> ['po:lə, 'po:lɪn] *m, f* Pole; *s. a.* **Deutsche(r)**
Po·le·mik <-, -en> [po'le:mɪk] *f* (*geh*) ❶ *kein pl* (*polemischer Gehalt*) polemic ❷ (*scharfe Attacke*) polemics + *sing vb*
po·le·misch [po'le:mɪʃ] **I.** *adj* (*geh*) polemical **II.** *adv* (*geh*) **sich** ~ **äußern** to voice a polemic
po·le·mi·sie·ren* [polemi'zi:rən] *vi* (*geh*) to polem[ic]ize; **in dem Artikel wurde scharf polemisiert** the article was of a sharply polemic nature
Po·len <-s> ['po:lən] *nt* Poland; *s. a.* **Deutschland**
Pole·po·si·tion^{RR}, **Pole-Po·si·tion**^{RR}, **Pole-po·si·tion**^{ALT} <-> ['po:lpozɪʃn̩] *f kein pl* SPORT pole position
Po·li·ce <-, -n> [po'li:sə] *f* policy
po·lie·ren* [po'li:rən] *vt* ❶ (*glänzend reiben*) to polish ❷ (*sl: malträtieren*) **jdm die Fresse** ~ (*sl*) to smash sb's face in
Po·li·kli·nik ['po:likli:nɪk] *f* outpatients' clinic
Po·lin <-, -nen> *f fem form von* **Pole**
Po·lit·bü·ro [po'lɪt-] *nt* politburo
Po·li·tes·se <-, -n> [poli'tɛsə] *f* [female] traffic warden BRIT, meter maid AM
Po·lit·ge·ran·gel *nt* POL political wrangling [*or* infighting]

Po·li·ti·cal Cor·rect·ness [pəˈlɪtɪkəl kəˈrektnəs] *f* political correctness

Po·li·tik <-, -en> [poliˈtiːk] *f* ❶ *kein pl* (*die politische Welt*) politics + *sing vb*, *no art*; **in die ~ gehen** to go into politics ❷ (*politischer Standpunkt*) politics + *sing vb*, *no art* ❸ (*Strategie*) policy; **eine bestimmte ~ verfolgen** to pursue a certain policy

Po·li·ti·ka [poˈliːtika] *pl von* **Politikum**

Po·li·ti·ker(in) <-s, -> [poˈliːtikɐ] *m(f)* politician

Po·li·ti·kum <-s, Politika> [poˈliːtikʊm, *pl* -ka] *nt* (*geh: Sache*) political issue; (*Ereignis*) political event

Po·li·tik·ver·dros·sen·heit *f kein pl* political apathy *no pl*

po·li·tisch [poˈliːtɪʃ] I. *adj* ❶ POL political ❷ (*geh*) politic II. *adv* ❶ POL politically ❷ (*klug*) judiciously

po·li·ti·sie·ren* [politiˈziːrən] I. *vi* (*geh*) to talk politics II. *vt* (*geh*) to politicize; ■ **jdn ~** to make sb politically aware III. *vr* ■ **sich ~** to become politicized

Po·li·to·lo·ge, -lo·gin <-n, -n> [politoˈloːgə, -ˈloːgɪn] *m, f* political scientist

Po·li·to·lo·gie <-> [politoloˈgiː] *f kein pl* political science *no pl*, *no art*

Po·li·to·lo·gin <-, -nen> *f fem form von* **Politologe**

Po·li·tur <-, -en> [poliˈtuːɐ̯] *f* polish

Po·li·zei <-, -en> [poliˈtsai̯] *f* ❶ (*Institution*) ■ **die ~** the police + *sing/pl vb*; **zur ~ gehen** to go to the police; **bei der ~ sein** to be in the police [force] ❷ *kein pl* (*Dienstgebäude*) police station ▶ **dümmer, als die ~ erlaubt** (*fam*) as thick as two short planks

Po·li·zei·auf·ge·bot *nt* police presence *no pl* **Po·li·zei·auf·sicht** <-> *f kein pl* police supervision **Po·li·zei·be·am·te(r)** *m dekl wie adj*, **-be·am·tin** *f* police officer **Po·li·zei·dienst·stel·le** *f* police station **Po·li·zei·di·rek·ti·on** *f* police authority **Po·li·zei·funk** *m* police radio **Po·li·zei·hund** *m* police dog

po·li·zei·lich I. *adj attr* police *attr* II. *adv* by the police; **~ gemeldet sein** to be registered with the police

Po·li·zei·prä·si·dent(in) *m(f)* chief constable BRIT, chief of police AM **Po·li·zei·prä·si·di·um** *nt* police headquarters + *sing/pl vb* **Po·li·zei·re·vier, Po·li·zei·pos·ten** *nt* SCHWEIZ ❶ (*Dienststelle*) police station ❷ (*Bezirk*) [police] district [*or* AM precinct] **Po·li·zei·schutz** *m* police protection; **unter ~ stehen** to be under police protection **Po·li·zei·spit·zel** *m* police informer **Po·li·zei·staat** *m* police state **Po·li·zei·strei·fe** *f* police patrol **Po·li·zei·stun·de** *f* closing time **Po·li·zei·wa·che** *f* police station

Po·li·zist(in) <-en, -en> [poliˈtsɪst] *m(f)* policeman *masc*, policewoman *fem*, police officer

Pol·ka <-, -s> [ˈpɔlka] *f* polka

Pol·len <-s, -> [ˈpɔlən] *m* pollen

Pol·len·al·ler·gie *f* pollen allergy **Pol·len·flug** *m kein pl* pollen dispersal *no pl* **Pol·len·flug·vor·her·sa·ge** *f* pollen count forecast

Pol·ler <-s, -> [ˈpɔlɐ] *m* bollard; *Schiffsdeck a.* bitt *spec*

pol·nisch [ˈpɔlnɪʃ] *adj* Polish; *s. a.* **deutsch**

Po·lo <-s, -s> [ˈpoːlo] *nt* polo

Po·lo·hemd *nt* polo shirt

Po·lo·nä·se <-, -n> *f*, **Po·lo·nai·se** <-, -n> [poloˈnɛːzə] *f* polonaise

Pols·ter <-s, -> [ˈpɔlstɐ] *nt o* ÖSTERR *m* ❶ (*Polsterung*) upholstery *no pl*, *no indef art* ❷ MODE pad ❸ FIN cushion ❹ ÖSTERR (*Kissen*) cushion

Pols·ter·gar·ni·tur *f* suite **Pols·ter·mö·bel** *nt meist pl* upholstered furniture *no pl*

pols·tern [ˈpɔlstɐn] *vt* ❶ (*mit Polster versehen*) to upholster ❷ (*fam: genügend Finanzen haben*) **gut gepolstert sein** to be comfortably off [*or* AM well-off]

Pols·te·rung <-, -en> *f* ❶ (*Polster*) upholstery *no pl*, *no indef art* ❷ *kein pl* (*das Polstern*) upholstering *no pl*, *no indef art*

Pol·ter·abend [ˈpɔltɐ-] *m* party at the house of the bride's parents on the eve of a wedding, at which crockery is smashed to bring good luck

pol·tern [ˈpɔltɐn] *vi* ❶ *haben* (*rumpeln*) to bang ❷ *sein* (*krachend fallen*) **der Schrank polterte die Treppe hinunter** the wardrobe went crashing down the stairs ❸ *sein* (*lärmend gehen*) ■ **irgendwohin ~** to stump [*or* AM stomp] somewhere

Po·ly·äthy·len <-s, -e> [pɔlʔɛtyˈleːn] *nt* CHEM, TECH polyethylene, polythene

Po·ly·es·ter <-, -> [polyˈʔɛstɐ] *m* polyester

po·ly·gam [pɔlˈgaːm] *adj* polygamous

Po·ly·ga·mie <-> [polygaˈmiː] *f kein pl* polygamy *no pl*

po·ly·glott [polyˈglɔt] *adj* (*geh*) ❶ (*viele Sprachen sprechend*) polyglot ❷ (*mehrsprachig*) multilingual

Po·ly·mer <-s, -e> [polyˈmeːɐ̯] *nt*, **Po·ly·me·re** <-n, -n> [polyˈmeːrə] *nt meist pl* CHEM polymer

Po·ly·ne·si·en <-s> [poly'neːziən] *nt* Polynesia
Po·lyp <-en, -en> [po'lyːp] *m* polyp
Po·ly·tech·ni·kum <-s, -ka *o* -ken> [poly'tɛçnikʊm, *pl* -ka] *nt* polytechnic
Po·ly·the·is·mus <-> [polyte'ɪsmʊs] *m kein pl* polytheism
Po·ma·de <-, -n> [po'maːdə] *f* pomade
Pom·mern <-s> ['pɔmɐn] *nt* Pomerania
Pom·mes ['pɔməs] *pl* (*fam*), **Pom·mes fri·tes** [pɔm'frɪt] *pl* chips Brit *also pl*, French fries *pl* Am
Pomp <-[e]s> [pɔmp] *m kein pl* pomp *no pl*
pom·pös [pɔm'pøːs] **I.** *adj* grandiose **II.** *adv* grandiosely
Pon·cho <-s, -s> ['pɔntʃo] *m* poncho
Pon·ton <-s, -s> [põ'tõː] *m* naut, mil pontoon
Po·ny[1] <-s, -s> ['pɔni] *nt* (*Pferd*) pony
Po·ny[2] <-s, -s> ['pɔni] *m* fringe Brit, bangs *npl* Am
Po·ny·hof *m* pony riding school ▶ **etw ist kein ~** (*fam*) sth is not going to be a Sunday school picnic
Pool <-s, -s> [puːl] *m* pool
Pool·bil·lard ['puːlbɪljart] *nt* pool
Pop <-s> [pɔp] *m kein pl* pop
Pop-Art[RR], **Pop-art**[ALT] ['pɔpʔaːɐ̯t] *f* pop art
Pop·corn <-s> ['pɔpkɔrn] *nt kein pl* popcorn *no pl, no indef art*
Po·pel <-s, -> ['poːpl̩] *m* (*fam*) bogey Brit, booger Am
po·pe·lig ['poːpəlɪç] *adj* (*fam*) ① (*lausig*) lousy ② (*gewöhnlich*) crummy
Po·pe·lin <-s, -e> *m*, **Po·pe·li·ne** <-, -> [popə'liːn] *m o f* poplin
po·peln ['poːpl̩n] *vi* (*fam*) to pick one's nose
Pop·grup·pe *f* pop group
pop·lig ['poːplɪç] *adj s.* **popelig**
Pop·li·te·ra·tur *f* pop literature **Pop·mu·sik** *f* pop music
Po·po <-s, -s> [po'poː] *m* (*fam*) bottom, Brit *also* bum
pop·pig ['pɔpɪç] *adj* (*fam*) trendy
po·pu·lär [popu'lɛːɐ̯] *adj* popular
po·pu·la·ri·sie·ren* [populari'ziːrən] *vt* to popularize
Po·pu·la·ri·tät <-> [populari'tɛːt] *f kein pl* popularity *no pl*
po·pu·lär·wis·sen·schaft·lich I. *adj* popular scientific **II.** *adv* in popular scientific terms
Po·pu·la·ti·on <-, -en> [popula'tsi̯oːn] *f* population
Po·re <-, -n> ['poːrə] *f* pore
Por·no <-s, -s> ['pɔrno] *m* (*fam*) porn

por·no ['pɔrno] *adj undeklinierbar* (*sl*: *prima, cool*) wicked *sl*, phat *sl*, beltin' *sl*
Por·no·film *m* (*fam*) skin flick
Por·no·gra·phie <-> *f*, **Por·no·gra·fie**[RR] <-> [pɔrnogra'fiː] *f kein pl* pornography *no pl, no indef art*
por·no·gra·phisch *adj*, **por·no·gra·fisch**[RR] *adj* pornographic
po·rös [po'røːs] *adj* porous
Por·ree <-s, -s> ['pɔre] *m* leek
Por·tal <-s, -e> [pɔr'taːl] *nt* portal
Por·te·mon·naie <-s, -s> [pɔrtmɔ'neː] *nt* purse
Port·fo·lio [pɔrt'fɔːli̯o] *nt* portfolio
Por·ti ['pɔrti] *pl von* **Porto**
Por·tier <-s, -s> [pɔr'ti̯eː] *m* porter Brit, doorman Am
Por·ti·on <-, -en> [pɔr'tsi̯oːn] *f* ① kochk portion; (*fam*) helping ② (*fam: Anteil*) amount ▶ **eine halbe ~** (*fam*) a half-pint
Port·mo·nee[RR] <-s, -s> [pɔrtmɔ'neː] *nt* purse
Por·to <-s, -s *o* Porti> ['pɔrto, *pl* pɔrti] *nt* postage *no pl, no indef art*
por·to·frei *adj* postage-prepaid **por·to·pflich·tig** *adj* liable to postage *pred*
Por·trät <-s, -s> [pɔr'trɛː] *nt* portrait
por·trä·tie·ren* [pɔrtrɛ'tiːrən] *vt* to portray
Por·trät·ma·ler(in) [pɔr'trɛː] *m(f)* portrait painter
Por·tu·gal <-s> ['pɔrtugal] *nt* Portugal; *s. a.* **Deutschland**
Por·tu·gie·se, Por·tu·gie·sin <-n, -n> [pɔrtu'giːzə, pɔrtu'giːzɪn] *m, f* Portuguese; *s. a.* **Deutsche(r)**
por·tu·gie·sisch [pɔrtu'giːzɪʃ] *adj* Portuguese; *s. a.* **deutsch**
Port·wein ['pɔrtvain] *m* port
Por·zel·lan <-s, -e> [pɔrtsɛ'laːn] *nt* ① (*Material*) porcelain *no pl, no indef art* ② *kein pl* (*Geschirr*) china *no pl, no indef art*
Por·zel·lan·ge·schirr *nt* china *no pl, no indef art* **Por·zel·lan·la·den** *m* china shop ▶ **wie ein Elefant im ~** (*prov*) like a bull in a china shop
Po·sau·ne <-, -n> [po'zaunə] *f* trombone
Po·sau·nist(in) <-en, -en> [pozau'nɪst] *m(f)* (*form*) trombonist
Po·se <-, -n> ['poːzə] *f* pose; **eine bestimmte ~ einnehmen** to take up a certain pose
po·sie·ren* [po'ziːrən] *vi* (*geh*) to pose
Po·si·ti·on <-, -en> [pozi'tsi̯oːn] *f* position
po·si·ti·o·nie·ren* [pozitsi̯o'niːrən] *vr* (*geh*) to take a stand
Po·si·ti·ons·licht *nt* navigation light

po·si·tiv ['po:ziti:f] **I.** *adj* ❶ *(zustimmend)* positive ❷ *(geh)* definite; **~e Vertragsverletzung** special breach of contract ❸ PHYS, ELEK positive **II.** *adv* positively; **etw ~ beeinflussen** to have a positive influence on sth; **etw ~ bewerten** to judge sth favourably; **sich ~ verändern** to change for the better

Po·si·tiv¹ <-s, -e> ['po:ziti:f] *nt* ❶ FOTO positive ❷ MUS positive [organ]

Po·si·tiv² <-s, -e> ['po:ziti:f] *m* LING positive

Pos·se <-, -n> ['pɔsə] *f* farce

pos·se·nhaft *adj* farcical

Pos·ses·siv·pro·no·men [pɔsɛ'si:f-] *nt*, **Pos·ses·si·vum** <-s, Possessiva> [pɔsɛ'si:vʊm] *nt* possessive pronoun

pos·sier·lich [pɔ'si:ɐ̯lɪç] *adj* sweet BRIT, cute AM

Post <-> [pɔst] *f kein pl* ❶ *(Institution)* Post Office; **etw mit der/durch die/per ~ schicken** to send sth by post [*or* AM mail]; *(Dienststelle)* post office; **auf die/zur ~ gehen** to go to the post office; **etw zur ~ bringen** to take sth to the post office ❷ *(Briefsendungen)* mail *no pl, indef art rare;* **mit gleicher/getrennter ~** by the same post/under separate cover; **heute ist keine ~ für dich da** there's no post for you today; **von jdm viel ~ bekommen** to get a lot of letters from sb; **elektronische ~** electronic mail ▶ **[und] ab geht die ~!** *(fam)* off we go!

pos·ta·lisch [pɔs'ta:lɪʃ] **I.** *adj* postal; **die Ware wird Ihnen auf ~em Weg zugestellt** the goods will be sent by post **II.** *adv* by post [*or* AM mail]

Post·amt *nt* post office **Post·an·wei·sung** *f* ❶ *(Überweisungsträger)* postal [*or* AM money] order ❷ *(angewiesener Betrag)* money paid in at a post office and delivered to the addressee **Post·au·to** *nt* postal van **Post·bank** *f* Post Office Giro Bank BRIT, postal bank AM **Post·be·am·te(r)** *m dekl wie adj*, **-be·am·tin** *f* post office official **Post·bo·te, -bo·tin** *m, f* postman *masc*, postwoman *fem* BRIT, mail carrier AM

pos·ten ['poʊstn̩] *vt* INET to post

Pos·ten <-s, -> ['pɔstn̩] *m* ❶ *(zugewiesene Position)* post ❷ *(Anstellung)* position ❸ *(Wache)* guard; **irgendwo ~ beziehen** to take up position somewhere ❹ ÖKON *(Position)* item; *(Menge)* lot ▶ **auf verlorenem ~ kämpfen** to be fighting a losing battle; **nicht ganz auf dem ~ sein** *(fam)* to be a bit under the weather

Pos·ter <-s, -[s]> ['po:stɐ] *nt* poster

Post·fach *nt* ❶ *(Schließfach)* post office [*or* PO] box ❷ *(offenes Fach)* pigeonhole **Post·ge·heim·nis** *nt* postal secrecy **Post·gi·ro·amt** [-ʒi:ro-] *nt* Girobank **Post·gi·ro·kon·to** *nt* giro [*or* AM postal checking] account

post·hum [pɔst'hu:m] *adj* *(geh)* posthumous

pos·tie·ren* [pɔs'ti:rən] *vt* ■**jdn/sich irgendwo ~** to position sb/oneself somewhere

Post·kar·te *f* postcard **Post·kut·sche** *f* stagecoach **post·la·gernd** *adj* poste restante BRIT, general delivery AM **Post·leit·zahl** *f* postcode BRIT, zip code AM

post·mo·dern ['pɔstmɔdɛrn] *adj* postmodern

Post·mo·der·ne <-> ['pɔstmɔdɛrnə] *f kein pl* postmodernism

Post·sack *m* mailbag, BRIT *also* postbag **Post·scheck** *m* giro cheque

Post·script·file <-s, -s> ['pɔstskrɪptfaɪl] *nt* Postscript file

Post·skript <-[e]s, -e> [pɔst'skrɪpt] *nt*, **Post·skrip·tum** <-s, -ta> [pɔst'skrɪptʊm] *nt* *(geh)* postscript

Post·spar·kas·se *f* Post Office Giro [*or* AM postal savings] bank **Post·stem·pel** *m* ❶ *(Abdruck)* postmark ❷ *(Gerät)* postmark stamp[er]

post·trau·ma·tisch [pɔsttraʊ̯ma:tɪʃ] *adj* PSYCH post-traumatic; **~e Belastungsstörung** post-traumatic stress disorder

Post·über·wei·sung *f* Girobank transfer **Pos·tu·lat** <-[e]s, -e> [pɔstu'la:t] *nt* ❶ *(geh: Forderung)* postulate, demand ❷ PHILOS, SCI postulate ❸ REL postulancy

pos·tu·lie·ren* [pɔstu'li:rən] *vt* *(geh)* to postulate

pos·tum [pɔs'tu:m] *adj attr* posthumous

post·wen·dend *adv* by return [of post] [*or* AM mail] **Post·wert·zei·chen** *nt* *(form)* postage stamp **Post·wurf·sen·dung** *f* mailshot

po·tent [po'tɛnt] *adj* ❶ *(sexuell fähig)* potent ❷ *(zahlungskräftig)* affluent

Po·ten·tat(in) <-en, -en> [potɛn'ta:t] *m(f)* *(geh)* potentate

Po·ten·ti·al <-s, -e> [potɛn'tsi̯a:l] *nt s.* **Potenzial**

po·ten·ti·ell [potɛn'tsi̯ɛl] *adj s.* **potenziell**

Po·tenz <-, -en> [po'tɛnts] *f* ❶ MED potency ❷ *(Leistungsfähigkeit)* strength ❸ MATH **zweite/dritte ~** square/cube; **etw in eine bestimmte ~ erheben** to raise sth to the power of …

Po·ten·zi·al^RR <-s, -e> *nt* potential
po·ten·zi·ell^RR *adj* (*geh*) potential
po·ten·zie·ren* [potɛn'tsiːrən] *vt* ❶ (*geh*) ▪**etw ~** to multiply sth ❷ MATH **6 mit 4 potenziert** 6 to the power [of] 4
Po·tenz·stö·rung *f* MED potency disorder
Pot·pour·ri <-s, -s> ['pɔtpuri] *nt* potpourri
Pots·dam <-s> ['pɔtsdam] *nt* Potsdam
Pott <-[e]s, Pötte> [pɔt, *pl* 'pœtə] *m* (*fam*) ❶ (*Topf*) pot ❷ (*a. pej: Schiff*) tub
Pott·asche ['pɔtʔaʃə] *f* potash *no pl, no indef art*
pott·häss·lich^RR ['pɔt'hɛslɪç] *adj* (*fam*) plug-ugly
Pott·wal ['pɔtvaːl] *m* sperm whale
Po·wer <-> ['paʊɐ] *f kein pl* (*sl*) power *no pl, no indef art*
Pow·er·frau ['paʊɐ-] *f* (*fam*) superwoman
po·wern ['paʊɐn] (*sl*) I. *vi* (*sich voll einsetzen*) to give it all one's got *fam* II. *vt* (*fördern*) to promote heavily
Prä·am·bel <-, -n> [prɛ'ambl̩] *f* preamble
PR-Ab·tei·lung [peː'ɛr-] *f* PR department
Pracht <-> [praxt] *f kein pl* splendour; **eine wahre ~ sein** (*fam*) to be [really] great
Pracht·ex·em·plar *nt* fine specimen
präch·tig ['prɛçtɪç] *adj* ❶ (*prunkvoll*) magnificent ❷ (*großartig*) splendid
Pracht·kerl *m* (*fam*) great guy **Prachtstück** *nt* s. **Prachtexemplar prachtvoll** *adj* (*geh*) s. **prächtig**
prä·des·ti·nie·ren* [prɛdɛsti'niːrən] *vt* (*geh*) to predestine (**zu** to); **für etw** *akk* **[wie] prädestiniert sein** to be made for sth
Prä·di·kat <-[e]s, -e> [prɛdi'kaːt] *nt* ❶ LING predicate ❷ SCH grade ❸ (*Auszeichnung*) rating
prä·di·ka·tiv [prɛdikati'tiːf] *adj* LING predicative
Prä·dis·po·si·ti·on <-, -en> [prɛdɪspozi'tsi̯oːn] *f* MED predisposition (**zu** toward[s])
Prä·fe·renz <-, -en> [prɛfe'rɛnts] *f* (*geh*) preference
Prä·fix <-es, -e> ['prɛfɪks] *nt* prefix
Prag <-s> [praːk] *nt* Prague
prä·gen ['prɛgn̩] *vt* ❶ *Münzen* to mint ❷ *Modewort* to coin ❸ (*mit einer Prägung versehen*) to emboss (**auf** on[to], **in** into), to stamp; **sich** *dat* **etw ins Gedächtnis ~** (*fig*) to engrave sth on one's mind ❹ (*fig: formen*) ▪**jdn ~** to leave its/their mark [on sb]

prag·ma·tisch [prag'maːtɪʃ] I. *adj* pragmatic II. *adv* pragmatically; **~ eingestellt sein** to be pragmatic
präg·nant [prɛ'gnant] I. *adj* (*geh*) succinct; *Sätze* concise II. *adv* **sich ~ ausdrücken** to be succinct; **etw ~ beschreiben/darstellen** to give a succinct description/account of sth
Präg·nanz <-> [prɛ'gnants] *f kein pl* (*geh*) conciseness *no pl*
Prä·gung <-> *f* ❶ (*Einprägen von Münzen*) minting ❷ (*mit Muster versehen*) embossing; *Einband, Leder a.* tooling ❸ LING coinage
prä·his·to·risch [prɛhɪs'toːrɪʃ] *adj* prehistoric
prah·len ['praːlən] *vi* to boast [*or* brag] (**mit** about); ▪**damit ~, dass ...** to boast that ...
Prah·ler(in) <-s, -> *m(f)* boaster
Prah·le·rei <-, -en> [praːlə'raɪ̯] *f* ❶ *kein pl* (*Angeberei*) boasting ❷ (*prahlerische Äußerung*) boast
Prah·le·rin <-, -nen> *f fem form von* **Prahler**
prah·le·risch *adj* boastful
Prahl·hans <-es, -hänse> *m* (*fam*) show-off
Prak·tik <-, -en> ['praktɪk] *f meist pl* practice
Prak·ti·ka ['praktika] *pl von* **Praktikum**
prak·ti·ka·bel [prakti'kaːbl̩] *adj* practicable
Prak·ti·kant(in) <-en, -en> [prakti'kant] *m(f)* person doing work experience, intern AM (*student or trainee working at a trade or occupation to gain work experience*)
Prak·ti·ker(in) <-s, -> ['praktikɐ] *m(f)* practical person; SCI practitioner
Prak·ti·kum <-s, Praktika> ['praktikʊm, *pl* -ka] *nt* work placement, internship AM
prak·tisch ['praktɪʃ] I. *adj* ❶ (*wirklichkeitsbezogen*) practical; **~er Arzt** GP ❷ (*zweckmäßig*) practical; *Beispiel* concrete ❸ (*geschickt im Umgang mit Problemen*) practical[-minded]; **ein ~er Mensch** a practical person; **~ veranlagt sein** to be practical II. *adv* ❶ (*so gut wie, im Grunde*) practically; (*wirklich*) in practice ❷ (*wirklichkeitsbezogen*) **~ arbeiten** to do practical work; **etw ~ umsetzen** to put sth into practice
prak·ti·zie·ren* [prakti'tsiːrən] I. *vt* ❶ (*in die Praxis umsetzen*) ▪**etw ~** to put sth into practice; **seinen Glauben ~** to practise one's religion ❷ (*fam: gelangen lassen*) ▪**etw in etw** *akk* **~** to slip sth into sth

II. *vi* to practise; **~ der Arzt** practising doctor

Pra·li·ne <-, -n> [praˈliːnə] *f*, **Pra·li·né** <-s, -s> [praliˈneː] *nt*, **Pra·li·nee** <-s, -s> [praliˈneː] *nt* ÖSTERR, SCHWEIZ chocolate [cream]

prall [pral] *adj* ❶ (*sehr voll*) *Brüste* well-rounded; **eine ~ gefüllte Brieftasche** a bulging wallet; *Euter* swollen; *Segel* billowing; *Tomaten* firm; *Fußball, Luftballon* hard; *Schenkel, Waden* sturdy; **etw ~ aufblasen** to inflate sth to bursting point; **etw ~ füllen** to fill sth to bursting ❷ (*voll scheinend*) **in der ~en Sonne** in the blazing sun

prall·len [ˈpralən] *vi sein* ❶ (*heftig auftreffen*) to crash; *Ball* to bounce; [**mit dem Wagen**] **gegen etw** *akk* **~** to crash [one's car] into sth; **mit dem Kopf gegen etw** *akk* **~** to bang one's head on sth ❷ *Sonne* to blaze

prall·voll [ˈpralˈfɔl] *adj* (*fam*) bulging; *Kofferraum* tightly packed

Prä·mie <-, -n> [ˈprɛːmiə] *f* ❶ (*zusätzliche Vergütung*) bonus ❷ (*Versicherungsbeitrag*) [insurance] premium ❸ FIN [government] premium ❹ (*zusätzlicher Gewinn im Lotto*) extra dividend

prä·mie·ren* [prɛˈmiːrən] *vt* **jdn/etw mit tausend Euro ~** to award sb/sth a/the prize of thousand euros; **ein prämierter Film/Regisseur** an award-winning film/director

Prä·mis·se <-, -n> [prɛˈmɪsə] *f* (*geh*) condition; **unter der ~, dass ...** on condition that ...

prä·na·tal [prɛnaˈtaːl] *adj* prenatal

pran·gen [ˈpraŋən] *vi* (*geh*) ❶ (*auffällig angebracht sein*) to be emblazoned ❷ (*in voller Schönheit erstrahlen*) to be resplendent

Pran·ger <-s, -> [ˈpraŋɐ] *m* HIST pillory; **jdn/etw an den ~ stellen** (*fig*) to severely criticize sb/sth

Pran·ke <-, -n> [ˈpraŋkə] *f* paw; (*hum a.*) mitt *sl*

Prä·pa·rat <-[e]s, -e> [prɛpaˈraːt] *nt* (*Arzneimittel*) medicament

Prä·pa·ra·tor(in) <-s, -en> [prɛpaˈraːtoːɐ̯, prɛpaːˈtoːrɪn] *m(f)* BIOL, SCI laboratory technician

prä·pa·rie·ren* [prɛpaˈriːrən] **I.** *vt* ❶ BIOL, MED (*konservieren*) to preserve ❷ (*geh: vorbereiten*) to prepare **II.** *vr* (*geh*) ■ **sich ~** to prepare [oneself] (**für** for)

Prä·po·si·ti·on <-, -en> [prɛpoziˈtsi̯oːn] *f* preposition

Prä·rie <-, -n> [prɛˈriː, *pl* -ˈriːən] *f* prairie

Prä·sens <-, Präsentia *o* Präsenzien> [ˈprɛzɛns, *pl* prɛˈzɛntsi̯a, prɛˈzɛntsi̯ən] *nt* ❶ (*Zeitform*) present tense ❷ (*Verb im Präsens 1*) present

prä·sent [prɛˈzɛnt] *adj* (*geh*) present; **etw ~ haben** to remember sth

Prä·sent <-[e]s, -e> [prɛˈzɛnt] *nt* (*geh*) gift

Prä·sen·ta·ti·on <-, -en> [prɛzɛntaˈtsi̯oːn] *f* presentation *no pl*

prä·sen·tie·ren* [prɛzɛnˈtiːrən] **I.** *vt* ■ **etw ~** to present sth; ■ **jdn/sich ~** to present sb/oneself **II.** *vi* MIL to present arms

Prä·sen·tier·tel·ler *m* salver ▸ **auf dem sitzen** (*fam*) to be exposed to all and sundry

Prä·sent·korb *m* gift hamper BRIT, basket of goodies AM

Prä·senz <-> [prɛˈzɛnts] *f kein pl* (*geh*) presence

Prä·senz·bib·li·o·thek *f* reference library

Prä·ser <-s, -> [ˈprɛːzɐ] *m* (*sl*) *kurz für* **Präservativ** johnny BRIT, rubber AM

Prä·ser·va·tiv <-s, -e> [prɛzɛrvaˈtiːf] *nt* condom

Prä·si·dent(in) <-en, -en> [prɛziˈdɛnt] *m(f)* president

Prä·si·dent·schaft <-, -en> *f* presidency

Prä·si·dent·schafts·kan·di·dat(in) *m(f)* presidential candidate

prä·si·die·ren* [prɛziˈdiːrən] **I.** *vi* to preside over **II.** *vt* SCHWEIZ **einen Verein ~** to be president of a society

Prä·si·di·um <-s, Präsidien> [prɛˈziːdi̯ʊm, *pl* -di̯ən] *nt* ❶ (*Vorstand, Vorsitz*) chairmanship; (*Führungsgruppe*) committee ❷ (*Polizeihauptstelle*) [police] headquarters + *sing/pl vb*

pras·seln [ˈprasln] *vi* ❶ *sein o haben Regen* to drum (**gegen** against, **auf** on); (*stärker*) to beat ❷ *haben Feuer* to crackle

pras·sen [ˈprasn̩] *vi* to live it up; (*schlemmen*) to pig out *fam*

Prä·te·ri·tum <-s, -ta> [prɛˈteːritʊm, *pl* -ta] *nt* preterite

Prä·ven·ti·on <-, -en> [prɛvɛnˈtsi̯oːn] *f* prevention

prä·ven·tiv [prɛvɛnˈtiːf] *adj* prevent[at]ive

Pra·xis <-, Praxen> [ˈpraksɪs, *pl* ˈpraksən] *f* ❶ (*Arztpraxis*) surgery BRIT, doctor's office AM; (*Anwaltsbüro*) office ❷ *kein pl* (*praktische Erfahrung*) [practical] experience; **langjährige ~** many years of experience ❸ *kein pl* (*praktische Anwendung*) practice *no art*; **etw in die ~ umsetzen** to put sth into practice

Pra·xis·be·zug *m* practical orientation

pra·xis·fern adj impractical **Pra·xis·ge·bühr** f (hist) practice charge (a quarterly payment that a patient with medical insurance had to make for visits to the doctor)
pra·xis·nah I. adj practical II. adv practically
Prä·ze·denz·fall m judicial precedent; **einen ~ schaffen** to set a precedent
prä·zis [prɛˈtsiːs] adj, **prä·zi·se** [prɛˈtsiːzə] adj (geh) precise; Beschreibung exact
prä·zi·sie·ren* [prɛtsiˈziːrən] vt (geh) ■ **etw ~** to state sth more precisely
Prä·zi·si·on <-> [prɛtsiˈzi̯oːn] f kein pl precision
Prä·zi·si·ons·bom·be [prɛtsiˈzi̯oːnsbɔmbə] f MIL smart bomb
pre·di·gen [ˈpreːdɪɡn̩] I. vt to preach; ■ **jdm| etw ~** to lecture sb on sth II. vi ❶ (eine Predigt halten) to preach (**gegen** against) ❷ (fam: mahnend vorhalten) to tell
Pre·di·ger(in) <-s, -> m(f) preacher masc, [woman] preacher fem
Pre·digt <-, -en> [ˈpreːdɪçt] f (a. fam) sermon; **eine ~ [gegen/über etw** akk] **halten** to deliver a sermon [on/about sth]
Preis <-es, -e> [prais] m ❶ (Kauf~) price (**für** of); **einen hohen ~ für etw** akk **zahlen** (fig) to pay a high price for sth; **zum halben ~** at half-price ❷ (Gewinnprämie) prize; **der erste/zweite ~** [the] first/second prize ▶ **um jeden ~** at all costs
Preis·an·stieg m price increase **Preis·auf·schlag** m supplementary charge **Preis·aus·schrei·ben** nt competition [to win a prize] **Preis·aus·zeich·nung** f pricing **Preis·ein·bruch** m collapse of prices
Prei·sel·bee·re [ˈpraizl̩beːrə] f [mountain spec] cranberry
Preis·emp·feh·lung f recommended price
prei·sen <pries, gepriesen> [ˈpraizn̩] vt (geh) to praise
Preis·er·hö·hung f price increase **Preis·er·mä·ßi·gung** f price reduction **Preis·fra·ge** f ❶ (Quizfrage) [prize] question ❷ (vom Preis abhängende Entscheidung) question of price
Preis·ga·be f kein pl (geh) ❶ (Enthüllung) divulgence ❷ (das Ausliefern, Aussetzen) abandonment ❸ (Aufgabe) relinquishment; (Gebiet) surrender; **zur ~ einer S.** gen **gezwungen werden** to be forced to surrender sth
preis|ge·ben [ˈpraisɡeːbn̩] vt irreg (geh) ❶ (aufgeben) to relinquish; Gebiet to surrender ❷ (verraten) ■ **jdm| etw ~** to betray sth [to sb]; Geheimnis to divulge ❸ (überlassen) **jdn der Lächerlichkeit ~** to expose sb to ridicule; **jdn dem Elend/Hungertod ~** to condemn sb to a life of misery/to starvation
preis·ge·krönt adj award-winning attr
Preis·geld <-[e]s, -er> nt prize money no pl **Preis·ge·richt** nt jury **preis·güns·tig** adj inexpensive, good value attr; Angebot reasonable; **etw ~ bekommen** to obtain sth at a low price **Preis·in·dex** m ÖKON price index **Preis·klas·se** f price range **Preis·la·ge** f price bracket **Preis-Leis·tungs-Ver·hält·nis, Preis-Leis·tungs·ver·hält·nis** nt kein pl cost effectiveness
preis·lich [ˈpraislɪç] adj attr price, in price
Preis·lis·te f price list **Preis·nach·lass**^RR m discount **Preis·rät·sel** nt puzzle competition **Preis·rich·ter(in)** m(f) judge [in a competition] **Preis·rück·gang** m fall in prices **Preis·schild** nt price tag **Preis·schwan·kung** <-, -en> f meist pl price fluctuation usu pl **Preis·sen·kung** f reduction in prices **Preis·stei·ge·rung** f price increase **Preis·trä·ger(in)** m(f) prizewinner; (Auszeichnung) award winner **Preis·trei·be·rei** <-, -en> [praistraibəˈrai] f (pej) forcing up of prices; (Wucher) profiteering pej **Preis·un·ter·schied** m difference in price **Preis·ver·gleich** m price comparison **Preis·ver·lei·hung** f presentation [of awards/prizes]
preis·wert adj s. **preisgünstig**
pre·kär [preˈkɛːɐ̯] adj (geh) precarious
Prell·bock m BAHN buffer, bumping post AM
prel·len [ˈprɛlən] I. vt ❶ (betrügen) ■ **jdn [um etw** akk] **~** to cheat sb [out of sth]; **die Zeche ~** (fam) to avoid paying the bill ❷ SPORT Ball to bounce; Prellball to smash II. vr **sich am Arm ~** to bruise one's arm; **sich** dat **das Knie ~** to bruise one's knee
Prel·lung <-, -en> f bruise, contusion spec
Pre·mie·re <-, -n> [prəˈmi̯eːrə] f première
Pre·mier·mi·nis·ter(in) [prəˈmi̯eː-, prəˈmi̯eː-] m(f) prime minister
Pre·paid-han·dy [ˈpriːpeɪt-] nt TELEK prepaid mobile **Pre·paid-kar·te** f TELEK prepaid card
Pres·se[1] <-> [ˈprɛsə] f kein pl ■ **die ~** the press
Pres·se[2] <-, -n> [ˈprɛsə] f press; (Fruchtpresse) juice extractor
Pres·se·agen·tur f press agency **Pres·se·amt** nt press office **Pres·se·aus·weis** m press card [or AM ID] **Pres·se·**

bü·ro *nt* press office **Pres·se·chef(in)** <-s, -s> *m(f)* chief press officer **Pres·se·dienst** *m* news agency service **Pres·se·er·klä·rung** *f* press release **Pres·se·fo·to·graf(in)** *m(f)* press photographer **Pres·se·frei·heit** *f kein pl* freedom of the press **Pres·se·kon·fe·renz** *f* press conference **Pres·se·mel·dung** *f* press report **Pres·se·mit·tei·lung** *f* press release

pres·sen ['prɛsn̩] I. *vt* ❶ *(durch Druck glätten)* to press ❷ *(drücken)* to press (**an/auf** on); **etw mit gepresster Stimme sagen** *(fig)* to say sth in a strained voice ❸ *(auspressen) Obst* to press; *Saft* to squeeze (**aus** out of) ❹ *(herstellen)* to press; *Plastikteile* to mould ❺ *(zwingen)* ▪ **jdn zu etw** *dat* ~ to force sb to do sth II. *vi (bei der Geburt)* to push; *(bei Verstopfung)* to strain oneself

Pres·se·schau *f* press review **pres·se·scheu** *adj* media-shy **Pres·se·spie·gel** *m* press review **Pres·se·spre·cher(in)** *m(f)* press officer **Pres·se·stel·le** *f* press office **Pres·se·stim·me** *f* press commentary **Pres·se·we·sen** <-s> *nt kein pl* press **Pres·se·zen·sur** *f* censorship of the press

pres·sie·ren* [prɛˈsiːrən] I. *vi* SÜDD, ÖSTERR, SCHWEIZ *(dringlich sein)* to be pressing II. *vi impers* SÜDD, ÖSTERR, SCHWEIZ ▪ **es pressiert** it's urgent; ▪ **es pressiert jdm** sb is in a hurry; **es pressiert nicht** there's no hurry

Press·luft·boh·rer[RR] *m* pneumatic drill, jackhammer AM **Press·luft·ham·mer**[RR] *m* pneumatic hammer **Press·we·hen**[RR], **Preß·we·hen**[ALT] *pl* MED second stage contractions *pl*

Pres·tige <-s> [prɛsˈtiːʒə] *nt kein pl (geh)* prestige

Pres·tige·den·ken [prɛsˈtiːʒ-] *nt kein pl* preoccupation with one's prestige **Pres·tige·ob·jekt** *nt* object of prestige

Preu·ße, Preu·ßin <-n, -n> ['prɔysə, 'prɔysɪn] *m, f* Prussian

Preu·ßen <-s> ['prɔysn̩] *nt kein pl* Prussia

Preu·ßin <-, -nen> *f fem form von* **Preuße**

preu·ßisch ['prɔysɪʃ] *adj* Prussian

pri·ckeln ['prɪkl̩n] *vi* ❶ *(kribbeln)* to tingle; **ein P~ in den Beinen** pins and needles in one's legs ❷ *Champagner* to bubble ❸ *(fam: erregen, reizen)* to thrill

pri·ckelnd *adj Gefühl* tingling; *Humor* piquant; *Champagner* sparkling

Priel <-[e]s, -e> [priːl] *m* narrow channel *(in North Sea shallows)*

pries [priːs] *imp von* **preisen**

Pries·ter(in) <-s, -> ['priːstɐ] *m(f)* priest

Pries·ter·amt *nt* priesthood **Pries·ter·ge·wand** *nt* vestment

Pries·ter·tum <-s> *nt kein pl* priesthood

Pries·ter·wei·he *f* ordination [to the priesthood]

pri·ma ['priːma] *adj (fam)* great; **es läuft alles ~** everything is going really well; **du hast uns ~ geholfen** you have been a great help

Pri·ma·bal·le·ri·na [primabaleˈriːna] *f* prima ballerina **Pri·ma·don·na** <-, -donnen> [primaˈdɔna] *f* prima donna *also pej*

pri·mär [priˈmɛːɐ̯] I. *adj* ❶ *(vorrangig)* primary, prime *attr;* **die Kritik richtet sich ~ gegen die Politiker** criticism is mainly directed at the politicians ❷ *(anfänglich)* initial II. *adv* primarily

Pri·mar·arzt, -ärz·tin *m, f* ÖSTERR head of one or more specialist departments in a hospital **Pri·mar·schu·le** *f* SCHWEIZ *(Grundschule)* primary *[or* AM grammar*]* school

Pri·mas <-, -se *o* Primaten> ['priːmas, *pl* priˈmaːtən] *m* REL ❶ *kein pl (Ehrentitel)* primate ❷ *(Träger des Titels)* Primate ❸ MUS *(in Zigeunerkapelle)* leading fiddle player, first fiddler

Pri·mat[1] <-en, -en> [priˈmaːt] *m* primate

Pri·mat[2] <-[e]s, -e> [priˈmaːt] *m o nt (geh)* primacy (**vor** over)

Pri·mel <-, -n> ['priːml̩] *f* primrose

pri·mi·tiv [primiˈtiːf] *adj* ❶ *(elementar)* basic ❷ *(a. pej: simpel)* primitive ❸ *(pej: geistig tief stehend)* primitive; **ein ~er Kerl** a lout

Pri·mi·ti·vi·tät <-, -en> [primitiviˈtɛt] *f* ❶ *kein pl (Einfachheit, primitive Beschaffenheit)* primitiveness ❷ *(pej: Mangel an Bildung)* primitiveness ❸ *(pej: primitive Bemerkung, Handlung)* crudity

Pri·mi·tiv·ling <-s, -e> *m (pej fam)* peasant

Prim·zahl ['priːm-] *f* prime [number]

Print·me·di·en *pl* [print] media

Print·out <-s, -s> ['prɪntaʊt] *nt* INFORM printout

Prinz, Prin·zes·sin <-en, -en> [prɪnts, prɪnˈtsɛsɪn] *m, f* prince *masc [or* princess*] fem*

Prin·zip <-s, -ien> [prɪnˈtsiːp, *pl* -pi̯ən] *nt* principle; *(in den Wissenschaften a.)* law; **aus ~** on principle; **im ~** in principle

prin·zi·pi·ell [prɪntsiˈpi̯ɛl] I. *adj* Erwägungen, Möglichkeit, Unterschiede fundamental II. *adv (aus Prinzip)* on principle; *(im Prinzip)* in principle

Prin·zi·pi·en·rei·ter(in) *m(f) (pej)* stickler for [one's] principles

Pri·or(in) <-s, Prioren> ['priːoːɐ̯, *pl* priˈoː-

rən] *m(f)* ❶ (*Klostervorsteher bei bestimmten Orden*) prior ❷ (*Stellvertreter des Abtes*) prior, claustral [*or spec* cloistral] prior
Pri·o·ri·tät <-, -en> [priori'tɛt] *f* (*geh*) priority (**vor** over); **~en setzen** to set [one's] priorities
Pri·se <-, -n> ['pri:zə] *f* ❶ (*kleine Menge*) pinch; **eine ~ Salz** a pinch of salt; **eine ~ Sarkasmus** (*fig*) a touch of sarcasm ❷ NAUT prize
Pris·ma <-s, Prismen> ['prɪsma, *pl* -mən] *nt* prism
Prit·sche <-, -n> ['prɪtʃə] *f* ❶ (*primitive Liege*) plank bed ❷ (*offene Ladefläche*) platform
prit·schen ['prɪtʃn] *vt* SPORT to set
pri·vat [pri'va:t] I. *adj* ❶ (*jdm persönlich gehörend*) private ❷ (*persönlich*) personal; *Angelegenheiten* private ❸ (*nicht öffentlich*) private; **eine ~e Schule** a private school; **eine ~e Vorstellung** a private [*or* AM closed] performance II. *adv* ❶ (*nicht geschäftlich*) privately; **jdn ~ sprechen** to speak to sb in private ❷ FIN, MED **~ behandelt werden** to have private treatment; **sich ~ versichern** to take out a private insurance
Pri·vat·an·ge·le·gen·heit *f* private matter **Pri·vat·be·sitz** *m* private property **Pri·vat·de·tek·tiv(in)** *m(f)* private investigator **Pri·vat·ei·gen·tum** *nt* private property **Pri·vat·fern·se·hen** *nt* commercial television *no art* **Pri·vat·ge·spräch** *nt* private conversation; (*am Telefon*) private [*or* AM personal] call **Pri·vat·grund·stück** *nt* private property **Pri·vat·ini·ti·a·ti·ve** *f* private initiative
pri·va·ti·sie·ren* [privati'zi:rən] *vt* to privatize
Pri·va·ti·sie·rung <-, -en> *f* privatization *no pl*
Pri·vat·le·ben *nt kein pl* private life **Pri·vat·leh·rer(in)** *m(f)* private tutor **Pri·vat·mann** <-leute> *m* private citizen **Pri·vat·num·mer** *f* private number **Pri·vat·pa·ti·ent(in)** *m(f)* private patient **Pri·vat·per·son** *f* private person **Pri·vat·sa·che** *f s.* **Privatangelegenheit Pri·vat·schu·le** *f* private [*or* BRIT independent] school **Pri·vat·se·kre·tär(in)** <-s, -e> *m(f)* private secretary **Pri·vat·sphä·re** *f kein pl* **die ~ verletzen** to invade sb's privacy **Pri·vat·un·ter·richt** *m kein pl* private tuition *no pl* **Pri·vat·ver·gnü·gen** *nt* private pleasure **Pri·vat·ver·mö·gen** *nt* private property **Pri·vat·wirt·schaft** *f* ▪ **die ~** the private sector

Pri·vi·leg <-[e]s, -ien> [privi'le:k, *pl* -gi̯ən] *nt* (*geh*) privilege
pri·vi·le·gie·ren* [privile'gi:rən] *vt* (*geh*) ▪ **jdn ~** to grant privileges to sb
pri·vi·le·giert *adj* (*geh*) privileged
pro [pro:] I. *präp* per; **~ Kopf** a head; **~ Person** per person; **~ Stück** each II. *adv* **sind Sie ~ oder kontra?** are you for or against it?
Pro <-> [pro:] *nt kein pl* [das] **~ und** [das] **Kontra** the pros and cons *pl*
pro·bat [pro'ba:t] *adj* (*geh*) proven
Pro·be <-, -n> ['pro:bə] *f* ❶ (*Warenprobe, Testmenge*) sample ❷ MUS, THEAT rehearsal ❸ (*Prüfung*) test; **jdn auf die ~ stellen** to put sb to the test; **jds Geduld auf eine harte ~ stellen** to sorely try sb's patience; **auf ~** on probation; **zur ~** for a trial
Pro·be·ab·zug *m* proof **Pro·be·alarm** *m* practice alarm **Pro·be·ent·nah·me** *f* sampling **Pro·be·fahrt** *f* test drive **Pro·be·lauf** *m* trial run
pro·ben ['pro:bn] *vt, vi* to rehearse
pro·be·wei·se *adv* on a trial basis
Pro·be·zeit *f* probationary period
pro·bie·ren* [pro'bi:rən] I. *vt* ❶ (*kosten*) to try ❷ (*versuchen*) to try; ▪ **~, etw zu tun** to try to do sth; **ein neues Medikament ~** to try out a new medicine; **ich habe es schon mit vielen Diäten probiert** I have already tried many diets ❸ (*anprobieren*) ▪ **etw ~** to try on *sep* sth ❹ THEAT to rehearse II. *vi* ❶ (*kosten*) ▪ **etw ~** to try [*or* taste] sth ❷ (*versuchen*) ▪ **~, ob/was/wie ...** to try and see whether/what/how ...; **ich werde ~, ob ich das alleine schaffe** I'll see if I can do it alone ▶ **P~ geht über Studieren** (*prov*) the proof of the pudding is in the eating III. *vr* (*fam*) **sich als Dozent/Schreiner ~** to work as a lecturer/carpenter for a short time

pro·bio·tisch I. *adj* probiotic II. *adv* **sich** *akk* **~ ernähren** to be on a probiotic diet
Pro·blem <-s, -e> [pro'ble:m] *nt* ❶ (*Schwierigkeit*) problem; **vor einem ~ stehen** to be faced a problem; [**für jdn**] **zum ~ werden** to become a problem [for sb] ❷ (*geh: schwierige Aufgabe*) problem; [**nicht**] **jds ~ sein** to [not] be sb's business; **kein ~!** (*fam*) no problem!
Pro·ble·ma·tik <-> [proble'ma:tɪk] *f kein pl* (*geh*) problematic nature
pro·ble·ma·tisch [proble'ma:tɪʃ] *adj* problematic[al]; *Kind* difficult
Pro·blem·be·reich *m* problem area **Pro·blem·fall** *m* (*geh*) problem; (*Mensch*)

problem case **pro·blem·los** I. *adj* problem-free, unproblematic *attr* II. *adv* without any problems; **etw ~ meistern** to master sth easily; **~ ablaufen** to run smoothly
Pro·ce·de·re <-, -> [proˈtseːdərə] *nt* (*geh*) procedure
Pro·dukt <-[e]s, -e> [proˈdʊkt] *nt a.* MATH product
Pro·dukt·haf·tung *f* product liability
Pro·duk·ti·on <-, -en> [prodʊkˈtsi̯oːn] *f* production
Pro·duk·ti·ons·kos·ten *pl* production costs **Pro·duk·ti·ons·mit·tel** *pl* means of production *no pl* **Pro·duk·ti·ons·rück·gang** *m* fall in output **Pro·duk·ti·ons·stei·ge·rung** *f* rise in production
pro·duk·tiv [prodʊkˈtiːf] *adj* (*geh*) productive; **~ zusammenarbeiten** to work together productively
Pro·duk·ti·vi·tät <-> [prodʊktiviˈtɛːt] *f kein pl* productivity
Pro·dukt·pa·let·te *f* product range **Pro·dukt·pi·ra·te·rie** *f* [copyright] piracy
Pro·du·zent(in) <-en, -en> [produˈtsɛnt] *m(f)* producer
pro·du·zie·ren* [produˈtsiːrən] I. *vt, vi* to produce II. *vr* (*pej fam*) ■ **sich ~** to show off
Prof. [prɔf] *Abk von* **Professor**
pro·fan [proˈfaːn] *adj* (*geh*) ❶ (*alltäglich*) prosaic; *Probleme* mundane ❷ (*weltlich*) profane; *Bauwerke, Kunst* secular
Pro·fes·si·o·na·li·tät <-> *f kein pl* professionalism *no pl*
pro·fes·si·o·nell [prɔfɛsi̯oˈnɛl] *adj* professional
Pro·fes·sor, Pro·fes·so·rin <-s, -soren> [proˈfɛsoːɐ̯, prɔfɛˈsoːrɪn, *pl* -ˈsoːrən] *m, f* ❶ (*Titel*) professor; **Herr ~/Frau ~in** Professor ❷ ÖSTERR (*Gymnasiallehrer*) master *masc*, mistress *fem*
Pro·fes·sur <-, -en> [prɔfɛˈsuːɐ̯] *f* [professor's] chair (**für** in/of)
Pro·fi <-s, -s> [ˈproːfi] *m* (*fam*) pro
Pro·fil <-s, -e> [proˈfiːl] *nt* ❶ *Reifen, Schuhsohlen* tread ❷ (*seitliche Ansicht*) profile; **jdn im ~ fotografieren** to photograph sb in profile ❸ (*geh: Ausstrahlung*) image; **an ~ gewinnen** to improve one's image; **die Polizei konnte ein ziemlich gutes ~ des Täters erstellen** the police were able to give a fairly accurate profile of the criminal
pro·fi·lie·ren* [profiˈliːrən] I. *vt* ■ **etw ~** to put a tread on sth II. *vr* **sich politisch ~** to make one's mark as a politician; **sie hat sich als Künstlerin profiliert** she distinguished herself as an artist

Pro·fil·neu·ro·se *f* PSYCH image complex
Pro·fit <-[e]s, -e> [proˈfɪt, -ˈfiːt] *m* profit; **~ bringende Geschäfte** profitable deals; **wo ist dabei für mich der ~?** what do I get out of it?; **von etw** *dat* **[keinen] ~ haben** [not] to profit from sth; **etw mit ~ verkaufen** to sell sth at a profit
pro·fi·ta·bel [profiˈtaːbl̩] *adj* (*geh*) profitable; (*stärker*) lucrative
Pro·fi·teur(in) <-s, -e> [profiˈtøːɐ̯] *m(f)* (*pej*) profiteer
Pro·fit·gier <-> *f kein pl* (*pej*) money-grubbing *no pl*
pro·fi·tie·ren* [profiˈtiːrən] *vi* to make a profit (**bei/von** from)
Pro·fit·jä·ger(in) <-s, -> *m(f)* (*pej*) profiteer
pro for·ma [proː ˈfɔrma] *adv* (*geh*) pro forma; **etw ~ unterschreiben** to sign sth as a matter of form
Pro·gno·se <-, -n> [proˈgnoːzə] *f a.* MED prognosis (**für** for); (*Wetter*) forecast
pro·gnos·ti·zie·ren* [prɔgnɔstiˈtsiːrən] *vt* (*geh*) to predict
Pro·gramm <-s, -e> [proˈgram] *nt* ❶ (*geplanter Ablauf*) programme; (*Tagesordnung*) agenda; (*Zeitplan*) schedule; **ein volles ~ haben** to have a full day/week etc. ahead of one; **auf dem ~ stehen** to be on the programme/agenda/schedule; **was steht für heute auf dem ~?** what's the programme/agenda/schedule for today? ❷ RADIO, TV channel ❸ (*festgelegte Darbietungen*) bill; **im ~** on the bill ❹ (*Programmheft*) programme ❺ INFORM [computer] program (**für** for)
Pro·gramm·ab·bruch *m* INFORM [program] crash
pro·gramm·ma·tisch [programaˈtɪʃ] *adj* (*geh*) ❶ (*einem Programm gemäß*) programmatic ❷ (*Richtung weisend*) defining
Pro·gramm·feh·ler *m* INFORM program error **pro·gramm·ge·mäß** I. *adj* [as *pred*] planned II. *adv* [according to plan]; **~ ver·laufen** to run according to plan **Pro·gramm·heft** *nt* programme
pro·gram·mie·ren* [prograˈmiːrən] *vt* ❶ INFORM to program ❷ (*von vornherein festgelegt*) ■ **programmiert sein** to be preprogrammed
Pro·gram·mie·rer(in) <-s, -> *m(f)* programmer
Pro·gram·mier·spra·che *f* programming language
Pro·gram·mie·rung <-, -en> *f* INFORM, TECH programming
Pro·gramm·ki·no *nt* arts [*or* AM reper-

tory] cinema **Pro·gramm·lauf** *m* INFORM program run **Pro·gramm·punkt** *m* item on the agenda; (*in einer Show*) act **Pro·gramm·steu·e·rung** *f* INFORM program control **Pro·gramm·vor·schau** *f* trailer **Pro·gramm·zeit·schrift** *f* programme guide; (*von Fernsehen a.*) TV guide
pro·gres·siv [progrɛˈsiːf] *adj* (*geh*) progressive
Pro·jekt <-[e]s, -e> [proˈjɛkt] *nt* project
pro·jek·tie·ren* [projɛkˈtiːrən] *vt* (*geh*) to draw up [the] plans
Pro·jek·til <-s, -e> [projɛkˈtiːl] *nt* projectile
Pro·jek·ti·on <-, -en> [projɛkˈtsi̯oːn] *f* projection
Pro·jek·ti·ons·flä·che *f* FILM, FOTO screen
Pro·jekt·lei·ter(in) <-s, -> *m(f)* project leader [*or* manager] **Pro·jekt·ma·nage·ment** <-s> *nt kein pl* ÖKON project management
Pro·jek·tor <-s, -toren> [proˈjɛktoːɐ̯, *pl* -ˈtoːrən] *m* projector
pro·ji·zie·ren* [projiˈtsiːrən] *vt* to project (**auf** on[to])
pro·kla·mie·ren* [proklaˈmiːrən] *vt* (*geh*) to proclaim
Pro-Kopf-Ein·kom·men *nt* income per capita
Pro·ku·rist(in) <-en, -en> [prokuˈrɪst] *m(f)* authorized signatory (*of a company*)
Pro·let <-en, -en> [proˈleːt] *m* ❶ (*veraltend fam*) proletarian ❷ (*pej*) prole *fam*
Pro·le·ta·ri·at <-[e]s, -e> [proletaˈri̯aːt] *nt* (*veraltend*) ■ **das ~** the proletariat
Pro·le·ta·ri·er(in) <-s, -> [proleˈtaːri̯ɐ] *m(f)* (*veraltend*) proletarian
pro·le·ta·risch [proleˈtaːrɪʃ] *adj* (*veraltend*) proletarian
Proll <-s, -s> [ˈprɔl] *m* (*pej sl*) pleb *no pl*
prol·lig [ˈprɔlɪç] *adj* (*pej sl*) plebby, coarse
Pro·lo <-s, -s> [ˈproːlo] *m* (*pej sl*) pleb
Pro·log <-[e]s, -e> [proˈloːk, *pl* -oːɡə] *m* prologue
Pro·me·na·de <-, -n> [proməˈnaːdə] *f* promenade
Pro·me·na·den·deck *nt* promenade [deck] **Pro·me·na·den·mi·schung** *f* (*hum fam*) mongrel, mutt AM
pro·me·nie·ren* [proməˈniːrən] *vi sein o haben* to promenade
Pro·mi <-s, -s> [ˈprɔmi] *m* (*sl*) *kurz für* **Prominente(r)** VIP
Pro·mil·le <-[s], -> [proˈmɪlə] *nt* ❶ (*Tausendstel*) per mill[e]; **nach ~** in per mill[e] ❷ *pl* (*fam: Alkoholpegel*) alcohol level; **0,5 ~** 50 millilitres alcohol level

Pro·mil·le·gren·ze *f* legal [alcohol] limit
pro·mi·nent *adj* prominent
Pro·mi·nenz <-, -en> [promiˈnɛnts] *f* ❶ *kein pl* (*Gesamtheit der Prominenten*) prominent figures *pl* ❷ (*geh: das Prominentsein*) fame
pro·mo·ten* [proˈmoːtn̩] *vt* to promote
Pro·mo·ti·on¹ <-, -en> [promoˈtsi̯oːn] *f* ❶ (*Verleihung des Doktorgrads*) doctorate, PhD ❷ SCHWEIZ (*Versetzung*) moving up [*into the next class*] ❸ ÖSTERR (*offizielle ~sfeier*) ceremony at which one receives one's doctorate
Pro·mo·tion² <-> [proˈmoːʃn̩] *f* ÖKON promotion
pro·mo·vie·ren* [promoˈviːrən] I. *vt* ■ **jdn ~** to award sb a doctorate II. *vi* ❶ (*eine Dissertation schreiben*) ■ **über etw** *akk*/**jdn ~** to do a doctorate in sth/the works of sb ❷ (*den Doktorgrad erwerben*) ■ [**in etw** *dat*] **~** to obtain a doctorate [in sth]
prompt [prɔmpt] I. *adj* (*unverzüglich*) prompt II. *adv* (*meist iron fam: erwartungsgemäß*) of course; **er ist ~ auf den Trick hereingefallen** naturally he fell for the trick
Pro·no·men <-s, - *o* Pronomina> [proˈnoːmən, *pl* -mina] *nt* pronoun
Pro·pa·gan·da <-> [propaˈɡanda] *f kein pl* ❶ (*a. pej: manipulierende Verbreitung von Ideen*) propaganda ❷ (*Werbung*) publicity
Pro·pa·gan·dist(in) <-en, -en> [propaɡanˈdɪst] *m(f)* ❶ (*pej: jd, der Propaganda betreibt*) propagandist *also pej* ❷ (*Werbefachmann*) demonstrator
pro·pa·gan·dis·tisch *adj* propagandist[ic] *also pej*
pro·pa·gie·ren* [propaˈɡiːrən] *vt* (*geh*) to propagate
Pro·pan <-s> [proˈpaːn] *nt kein pl* propane
Pro·pan·gas *nt kein pl* propane [gas]
Pro·pel·ler <-s, -> [proˈpɛlɐ] *m* propeller
Pro·phet(in) <-en, -en> [proˈfeːt] *m(f)* prophet *masc*, prophetess *fem*
pro·phe·tisch [proˈfeːtɪʃ] *adj* prophetic
pro·phe·zei·en* [profeˈtsai̯ən] *vt* REL to prophesy; (*fig*) to predict
Pro·phe·zei·ung <-, -en> *f* prophecy
pro·phy·lak·tisch [profyˈlaktɪʃ] *adj* ❶ MED *Medikament* prophylactic; **etw ~ anwenden/einnehmen** to apply/take sth as a prophylactic measure ❷ (*geh: zur Sicherheit*) preventative, preventive; **~e Maßnahmen** preventative [*or* preventive]

measures; **etw ~ machen/vornehmen** to do sth as a preventive [*or form* prophylactic] measure

Pro·phy·la·xe <-, -n> [profy'laksə] *f* MED prophylaxis *spec;* **ein Medikament zur ~ nehmen** to take medicine as a prophylactic measure

Pro·por·ti·on <-, -en> [propɔr'tsi̯oːn] *f* proportion

pro·por·ti·o·nal [propɔrtsi̯o'naːl] *adj* (*geh*) proportional (**zu** to)

pro·por·ti·o·niert [propɔrtsi̯o'niːɐt] *adj* proportioned

prop·pen·voll ['prɔpn̩'fɔl] *adj* (*fam*) jam-packed

Pro·sa <-> ['proːza] *f kein pl* prose

pro·sa·isch [pro'zaːɪʃ] *adj* ❶ (*meist fig geh: nüchtern*) prosaic *form;* (*langweilig*) dull ❷ (*aus Prosa bestehend*) prose *attr,* in prose *pred*

pro·sit ['proːzɪt] *interj* (*fam*) *s.* **prost**

Pro·spekt <-[e]s, -e> [pro'spɛkt] *m* ❶ (*Werbebroschüre*) brochure; (*Werbezettel*) leaflet ❷ THEAT backdrop ❸ ÖKON prospectus

prost [proːst] *interj* cheers

Pros·ta·ta <-, Prostatae> ['prɔstata, *pl* -tɛ] *f* prostate gland

pros·ten ['proːstn̩] *vi* ❶ (*prost rufen*) to say cheers ❷ (*ein Prost ausbringen*) ■ **auf jdn/etw ~** to toast sb/sth

pros·ti·tu·ie·ren* [prostitu'iːrən] *vr* ■ **sich ~** to prostitute oneself

Pros·ti·tu·ier·te(r) [prostitu'iːɐtə, -tɐ] *f(m)* (*form*) prostitute

Pros·ti·tu·ti·on <-> [prostitu'tsi̯oːn] *f kein pl* (*form*) prostitution

Pro·ta·go·nist(in) <-en, -en> [prota-go'nɪst] *m(f)* (*geh*) protagonist

Pro·te·gé <-s, -s> [prote'ʒeː] *m* (*form*) protégé

pro·te·gie·ren* [prote'ʒiːrən] *vt* (*geh*) to promote

Pro·te·in <-s, -e> [prote'iːn] *nt* protein

Pro·tek·ti·o·nis·mus <-> [protɛktsi̯o-'nɪsmʊs] *m kein pl* protectionism

Pro·tek·to·rat <-[e]s, -e> [protɛkto'raːt] *nt* ❶ (*Schutzherrschaft über einen Staat*) protectorate; (*Staat unter Schutzherrschaft*) protectorate ❷ (*geh: Schirmherrschaft*) patronage

Pro·test <-[e]s, -e> [pro'tɛst] *m* protest

Pro·tes·tant(in) <-en, -en> [protɛs'tant] *m(f)* Protestant

pro·tes·tan·tisch [protɛs'tantɪʃ] *adj* Protestant

Pro·tes·tan·tis·mus <-> [protɛstan'tɪs-mʊs] *m kein pl* ■ **der ~** Protestantism

Pro·test·be·we·gung *f* protest movement **Pro·test·ge·heul** *nt kein pl* (*pej fam*) outcry

pro·tes·tie·ren* [protɛs'tiːrən] *vi* to protest (**gegen** against)

Pro·test·kund·ge·bung *f* [protest] rally

Pro·test·ler(in) <-s, -> [pro'tɛstlɐ] *m(f)* (*oft pej*) protester

Pro·test·marsch *m* protest march **Pro·test·wäh·ler(in)** *m(f)* protest voter

Pro·the·se <-, -n> [pro'teːzə] *f* prosthesis *spec*

Pro·to·koll <-s, -e> [proto'kɔl] *nt* ❶ (*Niederschrift*) record[s *pl*]; (*bei Gericht a.*) transcript; (*von Sitzung*) minutes *npl;* [**das**] **~ führen** (*bei einer Prüfung*) to write a report; (*bei Gericht*) to keep a record of the proceedings; (*bei einer Sitzung*) to take the minutes; **etw** [**bei jdm**] **zu ~ geben** to have sth put on record; (*bei der Polizei*) to make a statement [in sb's presence]; **etw zu ~ nehmen** to put sth on record; (*von einem Polizisten*) to take down [a statement]; (*bei Gericht*) to enter [an objection/statement] on record ❷ DIAL (*Strafmandat*) ticket ❸ *kein pl* (*diplomatisches Zeremoniell*) **gegen das ~ verstoßen** to break with protocol

pro·to·kol·la·risch [protokɔ'laːrɪʃ] *adj* (*im Protokoll fixiert*) recorded, on record *pred;* (*von Sitzung*) minuted, entered in the minutes *pred;* **etw ~ festhalten** to take sth down in the minutes

Pro·to·koll·füh·rer(in) *m(f)* secretary; (*bei Gericht*) clerk [of the court]

pro·to·kol·lie·ren* [protokɔ'liːrən] **I.** *vt* to record; *Polizist* to take down *sep;* (*bei einer Sitzung*) to enter in the minutes **II.** *vi* to keep the record[s]/the minutes

Pro·ton <-s, Protonen> ['proːtɔn, *pl* pro'toːnən] *nt* proton

Pro·to·typ <-s, -en> ['proːtotyːp] *m* prototype; (*fig*) archetype

prot·zen ['prɔtsn̩] *vi* (*pej*) ■ [**mit etw** *dat*] **~** to flaunt sth

prot·zig ['prɔtsɪç] *adj* (*fam*) swanky; *Auto* fancy

Pro·vi·ant <-s, *selten* -e> [pro'vi̯ant] *m* provisions, MIL supplies

Pro·vi·der <-s, -> [pro'vaɪdɐ] *m* INFORM provider

Pro·vinz <-, -en> [pro'vɪnts] *f* ❶ (*Verwaltungsgebiet*) province ❷ *kein pl* (*kulturell rückständige Gegend*) provinces *pl also pej;* **in der ~ leben** to live [out] in the sticks *fam*

pro·vin·zi·ell [provɪn'tsi̯ɛl] *adj* provincial *also pej*

Pro·vinz·ler(in) <-s, -> [pro'vɪntslɐ] *m(f)* (*pej fam*) provincial

Pro·vinz·stadt *f* provincial town

Pro·vi·si·on <-, -en> [provi'zi̯oːn] *f* commission; **auf ~ arbeiten** to work on a commission basis

pro·vi·so·risch [provi'zoːrɪʃ] I. *adj* (*vorläufig*) provisional; *Unterkunft* temporary II. *adv* temporarily, for the time being; **etw ~ herrichten** to make makeshift repairs

Pro·vi·so·ri·um <-s, -rien> [provi'zoːri̯ʊm, *pl* -ri̯ən] *nt* (*geh*) provisional solution

pro·vo·kant [provo'kant] *adj* (*geh*) provocative

Pro·vo·ka·ti·on <-, -en> [provoka'tsi̯oːn] *f* (*geh*) provocation

pro·vo·ka·tiv [provoka'tiːf] *adj* (*geh*) *s.* **provokant**

pro·vo·zie·ren* [provo'tsiːrən] I. *vt* ❶ (*herausfordern*) to provoke; **ich lasse mich von ihm nicht ~** I won't be provoked by him ❷ (*bewirken*) to provoke; **einen Streit ~** to cause an argument II. *vi* to provoke

pro·vo·zie·rend *adj* (*geh*) *s.* **provokant**

Pro·ze·de·re <-, -> [pro'tseːdərə] *nt* (*geh*) procedure

Pro·ze·dur <-, -en> [protse'duːɐ̯] *f* (*geh*) procedure

Pro·zent <-[e]s, -e> [pro'tsɛnt] *nt* ❶ (*Hundertstel*) per cent *no pl* ❷ (*Alkoholgehalt*) alcohol content ❸ *pl* (*Rabatt*) discount

Pro·zent·punkt *m* percentage, point **Pro·zent·satz** *m* percentage

pro·zen·tu·al [protsɛn'tu̯aːl] *adj* (*geh*) **~er Anteil/~e Beteiligung** percentage (**an** of); **etw ~ ausdrücken** to express sth as a percentage

Pro·zess^{RR} <-es, -e> *m*, **Pro·zeß**^{ALT} <-sses, -sse> [pro'tsɛs] *m* ❶ (*Gerichtsverfahren*) [court] case; (*Strafverfahren*) trial; **einen ~ [gegen jdn] führen** to take sb to court; **[mit jdm/etw] kurzen ~ machen** (*fig fam*) to make short work of sb/sth ❷ (*geh: Vorgang*) process

Pro·zess·geg·ner^{RR} *m* adversary

pro·zes·sie·ren* [protsɛ'siːrən] *vi* to litigate (**gegen** with); ■ **mit jdm ~** to bring a lawsuit against sb

Pro·zes·si·on <-, -en> [protsɛ'si̯oːn] *f* procession

Pro·zess·kos·ten^{RR} *pl* court costs

Pro·zes·sor <-s, -soren> [pro'tsɛsoːɐ̯, *pl* -'soːrən] *m* INFORM processor

Pro·zess·ord·nung^{RR} *f* legal procedure

prü·de ['pryːdə] *adj* (*oft pej*) prudish

Prü·de·rie <-> *f kein pl* prudishness, prudery

prü·fen ['pryːfn̩] I. *vt* ❶ (*examinieren*) to examine (**in** in) ❷ (*überprüfen, untersuchen*) to check (**auf** for); *Material* to test ❸ (*geh: übel mitnehmen*) **jdn [hart/schwer] ~** to [sorely] try sb II. *vi* SCH ■ **[in einem Fach] ~** to examine pupils/students [in a subject] III. *vr* (*geh*) ■ **sich ~** to examine oneself

Prü·fer(in) <-s, -> ['pryːfɐ] *m(f)* ❶ (*Examinator*) examiner ❷ (*Prüfingenieur*) inspector ❸ (*Betriebsprüfer*) auditor

Prüf·ling <-s, -e> *m* [examination] candidate

Prüf·sie·gel *nt* ÖKON emblem **Prüf·stand** *m* test stand **Prüf·stein** *m* (*geh*) touchstone

Prü·fung <-, -en> *f* ❶ (*Examen*) exam[ination]; (*für den Führerschein*) test; **schriftliche/mündliche ~ [in etw** *dat*] written/oral exam[ination] [in sth] ❷ (*Überprüfung*) checking; (*Untersuchung a.*) examination; *Wasserqualität* test ❸ (*geh: Heimsuchung*) trial

Prüf·ungs·angst *f* exam nerves *npl* **Prü·fungs·auf·ga·be** *f* exam[ination] question **Prü·fungs·kom·mis·si·on** *f* board of examiners **Prü·fungs·zeug·nis** *nt* exam[ination] certificate

Prüf·ver·fah·ren *nt* test[ing] procedure

Prü·gel¹ ['pryːgl̩] *pl* (*Schläge*) thrashing *no pl;* **jdm eine Tracht ~ verabreichen** to give sb a [good] hiding

Prü·gel² <-s, -> ['pryːgl̩] *m* DIAL (*Stock*) cudgel

Prü·ge·lei <-, -en> ['pryːgə'laj] *f* (*fam*) punch-up

Prü·gel·kna·be *m* whipping boy

prü·geln ['pryːgl̩n] I. *vt, vi* to beat II. *vr* ■ **sich ~** to fight

Prü·gel·stra·fe *f* ■ **die ~** corporal punishment

Prunk <-s> [prʊŋk] *m kein pl* magnificence; *eines Saals a.* sumptuousness

prunk·voll *adj* splendid; *Kleidung* magnificent

prus·ten ['pruːstn̩] *vi* (*fam*) to snort; (*beim Trinken*) to splutter; **vor Lachen ~** to snort with laughter

PS <-, -> [peː'ʔɛs] *nt* ❶ *Abk von* **Pferdestärke** hp ❷ *Abk von* **Postskript(um)** PS

Psalm <-s, -en> [psalm] *m* psalm

Pseu·do·nym <-s, -e> [psɔ̯ydo'nyːm] *nt* pseudonym

Psy·che <-, -n> ['psy:çə] *f* psyche
psy·che·de·lisch [psyçə'de:lɪʃ] *adj Droge, Musik* psychedelic
Psy·chi·a·ter(in) <-s, -> [psy'çi̯a:tɐ] *m(f)* psychiatrist
Psy·chi·a·trie <-, -n> [psyçi̯a'tri:, *pl* -'tri:ən] *f* ❶ *kein pl* (*medizinisches Fachgebiet*) psychiatry *no art* ❷ (*fam: psychiatrische Abteilung*) psychiatric ward
psy·chi·a·trisch [psy'çi̯a:trɪʃ] *adj* psychiatric
psy·chisch ['psy:çɪʃ] *adj* ❶ (*seelisch*) psychological ❷ (*geistig*) mental
Psy·cho·ana·ly·se [psyço?ana'ly:zə] *f* psychoanalysis *no art* **Psy·cho·ana·ly·ti·ker(in)** [psyço?ana'lytikɐ] *m(f)* psychoanalyst
Psy·cho·lo·ge, -lo·gin <-n, -n> [psyço'lo:gə, -'lo:gɪn] *m, f* psychologist
Psy·cho·lo·gie <-> [psyçolo'gi:] *f kein pl* psychology
Psy·cho·lo·gin <-, -nen> *f fem form von* **Psychologe**
psy·cho·lo·gisch [psyço'lo:gɪʃ] *adj* psychological
Psy·cho·path(in) <-en, -en> [psyço'pa:t] *m(f)* psychopath
psy·cho·pa·thisch *adj* PSYCH psychopathic
Psy·cho·scho·cker ['psy:çoʃɔkɐ] *m* (*fam*) psychothriller
Psy·cho·se <-, -n> [psy'ço:zə] *f* psychosis
psy·cho·so·ma·tisch [psyçozo'ma:tɪʃ] I. *adj* psychosomatic II. *adv* psychosomatically
Psy·cho·ter·ror *m* (*fam*) psychological terror **Psy·cho·the·ra·peut(in)** [psyçotera'pɔyt] *m(f)* psychotherapist **Psy·cho·the·ra·pie** [psyçotera'pi:, *pl* -i:ən] *f* psychotherapy
PTT ['pe:te:te:] *pl* SCHWEIZ *Abk von* **Post-, Telefon- und Telegrafenbetriebe**: ■ **die ~** the P.T.T. (*Swiss postal, telephone, and telegram services*)
pu·ber·tär [pubɛr'tɛ:ɐ̯] *adj* adolescent, of puberty *pred*; *Störungen* pubescent
Pu·ber·tät <-> [pubɛr'tɛt] *f kein pl* puberty *no art*
pu·ber·tie·ren [pubɛr'ti:rən] *vi* (*geh*) to reach puberty
Pu·bli·ci·ty <-> [pa'blɪsiti] *f kein pl* publicity
Pu·blic Re·la·tions ['pablɪkri'le:ʃns] *pl* ÖKON, POL public relations + *sing vb*, PR + *sing vb*
Pub·lic View·ing <-s, -s> ['pablɪk-'vju:ɪŋ] *nt* SPORT public [*or* outdoor] screening *no pl*

pu·blik [pu'bli:k] *adj präd* public; ■ **~ sein/werden** to be/become public knowledge; **etw ~ machen** to publicize sth
Pu·bli·ka·ti·on <-, -en> [publika'tsi̯o:n] *f* publication
Pu·bli·kum <-s> ['pu:blikʊm] *nt kein pl* audience; (*im Theater a.*) house; (*beim Sport*) crowd
Pu·bli·kums·an·drang *m kein pl* rush of spectators **Pu·bli·kums·er·folg** *m* hit; (*Film*) box office hit **Pu·bli·kums·lieb·ling** *m* public's darling **Pu·bli·kums·ma·gnet** *m* crowd-puller BRIT, magnet AM **Pu·bli·kums·ver·kehr** *m kein pl* **das Amt ist nur morgens für den ~ geöffnet** the office is only open to the public in the morning[s] **pu·bli·kums·wirk·sam** *adj* with public appeal
pu·bli·zie·ren* [publi'tsi:rən] *vt, vi* to publish; **ich werde den Aufsatz bald ~** I'm going to have the essay published soon
Pu·bli·zist(in) <-en, -en> [publi'tsɪst] *m(f)* journalist, *commentator* [*on current affairs and politics*]
Pu·bli·zis·tik <-> [publi'tsɪstɪk] *f kein pl* ■ [**die**] **~** the science of the media; (*als Universitätsfach*) media studies *npl*
Pu·bli·zis·tin <-, -nen> *f fem form von* **Publizist**
Pu·bli·zi·tät <-> [publitsi'tɛt] *f kein pl* (*geh*) publicity
Puck <-s, -s> [pʊk] *m* puck
Pud·ding <-s, -s> ['pʊdɪŋ] *m* milk based dessert similar to blancmange
Pu·del <-s, -> ['pu:dl̩] *m* poodle
Pu·del·müt·ze *f* bobble cap **pu·del·nass**ᴿᴿ ['pu:dl̩'nas] *adj* (*fam*) ■ **~ sein/werden** to be/become soaking wet **pu·del·wohl** ['pu:dl̩'vo:l] *adj* (*fam*) **sich ~ fühlen** to feel on top of the world
Pu·der <-s, -> ['pu:dɐ] *m o fam nt* powder
Pu·der·do·se *f* [powder] compact
pu·dern ['pu:dɐn] I. *vt* to powder II. *vr* ■ **sich ~** to powder oneself
Pu·der·quas·te *f* powder puff **Pu·der·zu·cker** *m* icing sugar
Pu·er·to Ri·co ['pʊɐrto 'ri:ko] *nt* Puerto Rico; *s. a.* **Deutschland**
Puff¹ <-[e]s, Püffe> [pʊf, *pl* 'pyfə] *m* (*fam: Stoß*) thump; (*in die Seite*) prod
Puff² <-[e]s, -e *o* -s> [pʊf] *m* ❶ (*Wäschepuff*) linen basket ❷ (*Sitzpolster ohne Beine*) pouffe
Puff³ <-[e]s, -s> [pʊf] *m* (*fam: Bordell*) brothel, whorehouse AM
Puf·fer <-s, -> ['pʊfɐ] *m* ❶ BAHN buffer,

bumper AM ❷ INFORM s. **Pufferspeicher** ❸ DIAL (*Reibekuchen*) potato fritter
puf·fern *vt* TECH to buffer
Puf·fer·spei·cher *m* INFORM buffer memory **Puf·fer·zo·ne** *f* buffer zone
puh [puː] *interj* ❶ (*Ausruf bei Ekel*) ugh ❷ (*Ausruf bei Anstrengung*) phew
pu·len ['puːlən] I. *vt bes* NORDD (*fam*) *Krabben, Nüsse, Erbsen* to shell; ■ **etw aus etw** *dat* **~** to pick sth out of sth; **ein Etikett von einer Flasche ~** to peel a label off a bottle II. *vi* (*fam*) ■ [**an etw** *dat*] **~** to pick at sth; **in der Nase ~** to pick one's nose
Pul·le <-, -n> ['pʊlə] *f* (*sl*) bottle ▶ **volle ~ fahren** (*fig*) to drive flat out
Pul·li <-s, -s> ['pʊli] *m* (*fam*) *kurz für* **Pullover** jumper
Pul·lo·ver <-s, -s> [pʊ'loːvɐ] *m* pullover, jumper
Pul·lun·der <-s, -> [pʊ'lʊndɐ] *m* tank top
Puls <-es, -e> [pʊls] *m* pulse
Puls·ader *f* artery
pul·sie·ren* [pʊl'ziːrən] *vi* to pulsate
Puls·schlag *m* ❶ (*Puls*) pulse ❷ (*einzelnes Pochen*) [pulse-]beat
Pult <-[e]s, -e> [pʊlt] *nt* ❶ (*Redner~*) lectern ❷ (*Schalt~*) control desk
Pul·ver <-s, -> ['pʊlvɐ] *nt* ❶ (*pulverisiertes Material*) powder ❷ (*Schieß~*) [gun]powder ▶ **sein ~ verschossen haben** (*fam*) to have shot one's [last] bolt
Pul·ver·fass^RR *nt* (*a. fig*) powder keg
pul·ve·ri·sie·ren* [pʊlveri'ziːrən] *vt* ■ **etw ~** *Arzneistoffe* to pulverize sth
Pul·ver·kaf·fee *m* instant coffee **Pul·ver·schnee** *m* powder[y] snow
Pu·ma <-s, -s> ['puːma] *m* puma BRIT, mountain lion AM, cougar AM
pum·me·lig ['pʊməlɪç], **pumm·lig** ['pʊmlɪç] *adj* (*fam*) chubby
Pump <-[e]s> [pʊmp] *m kein pl* **auf ~** (*fam*) on tick
Pum·pe <-, -n> ['pʊmpə] *f* ❶ (*Fördergerät*) pump ❷ (*fam: Herz*) heart
pum·pen¹ ['pʊmpn̩] I. *vt* ❶ TECH to pump (**in** into, **aus** out of) ❷ (*fam: investieren*) to plough (**in** into) II. *vi* to pump
pum·pen² ['pʊmpn̩] *vt* (*fam*) ❶ (*verleihen*) to lend; **kannst du mir dein Fahrrad ~?** can you lend me your bike? ❷ (*entleihen*) to borrow; **könntest ich mir bei dir etwas Geld ~?** could I borrow some money from you?
Pum·per·ni·ckel <-s, -> *m* pumpernickel
Pump·ho·se *f* knickerbockers *npl*
Pumps <-, -> [pœmps] *m* court shoe BRIT, pump AM

Punk <-s> [paŋk] *m kein pl* ❶ (*Lebenseinstellung, Protestbewegung*) punk ❷ (*fam*) *s.* **Punkrock** ❸ *s.* **Punker**
Pun·ker(in) <-s, -> ['paŋkɐ] *m(f)* punk [rocker]
Punk·rock <-s> ['paŋkrɔk] *m kein pl* punk [rock]
Punkt <-[e]s, -e> [pʊŋkt] *m* ❶ (*Satzzeichen*) full stop BRIT, period AM; (*auf i, Auslassungszeichen*) dot; **ohne ~ und Komma reden** (*fig*) to talk nineteen to the dozen BRIT; **nun mach aber mal einen ~!** (*fam*) come off it! ❷ (*kreisrunder Fleck*) spot; (*in der Mathematik*) point; **ein dunkler ~** [**in jds Vergangenheit**] a dark chapter [in sb's past] ❸ (*Stelle*) spot; (*genauer*) point; **bis zu einem gewissen ~** up to a [certain] point; **der tote ~** (*fig*) the low[est] point; **bei Verhandlungen** deadlock; **ein wunder ~** (*fig*) a sore point ❹ (*Bewertungseinheit*) point; **einen ~ bekommen/verlieren** to score/lose a point ❺ (*Detailpunkt*) point; (*auf der Tagesordnung*) item; **der springende ~** (*fig*) the crucial point ❻ (*Zeitpunkt*) point; **~ acht [Uhr]** on the stroke of eight
punkt·ge·nau I. *adj* precise, exact II. *adv* precisely, exactly **Punkt·ge·winn** *m* number of points won **punkt·gleich** *adj* SPORT level on points BRIT; **~ ausgehen** to end in a draw
punk·tie·ren* [pʊŋk'tiːrən] *vt* ■ **etw ~** ❶ MED to puncture sth; **das Rückenmark ~** to perform a spinal tap ❷ (*mit Punkten versehen*) to dot sth; **eine Fläche ~** to stipple an area; **ein punktiertes Blatt** a spotted leaf; **eine punktierte Linie** a dotted line
pünkt·lich ['pʏŋktlɪç] I. *adj* punctual II. *adv* punctually
Pünkt·lich·keit <-> *f kein pl* punctuality
Punkt·rich·ter(in) *m(f)* judge **Punkt·sieger(in)** <-s, -> *m(f)* winner on points
punk·tu·ell [pʊŋk'tu̯ɛl] *adj* ❶ (*Punkt für Punkt*) **~ vorgehen** to proceed point by point ❷ (*vereinzelt*) *Kontrollen* spot *attr*
Punkt·zahl *f* SPORT score
Punsch <-es, -e> [pʊnʃ] *m* [hot] punch
Pu·pil·le <-, -n> [pu'pɪlə] *f* pupil
Püpp·chen <-s, -> ['pʏpçən] *nt dim von* **Puppe** [little] doll[y *childspeak*]
Pup·pe <-, -n> ['pʊpə] *f* ❶ (*Spielzeug*) doll ❷ ZOOL pupa ▶ **bis in die ~n** until the small hours of the morning; **bis in die ~n schlafen** to sleep till all hours; **die ~n tanzen lassen** (*hemmungslos feiern*) to have a hell of a party

Pup·pen·haus *nt* doll's house BRIT, dollhouse AM **Pup·pen·spiel** *nt* ❶ (*Form des Theaterspiels mit Puppen*) s. **Puppentheater** ❷ (*Theaterstück mit Puppen*) puppet show **Pup·pen·spie·ler(in)** *m(f)* puppeteer **Pup·pen·the·a·ter** *nt* puppet theatre **Pup·pen·wa·gen** *m* doll's pram [*or* AM carriage]

Pups <-es, -e> [pʊps] *m* (*fam*) fart

pup·sen ['puːpsn̩] *vi* (*fam*) to fart

pur [puːɐ̯] *adj* ❶ (*rein*) pure; *Lüge* blatant; *Wahrheit* naked; *Wahnsinn* absolute; **etw ~ anwenden** to apply sth in its pure form; **etw ~ trinken** to drink sth neat ❷ (*fam: blank, bloß*) sheer

Pü·ree <-s, -s> [pyˈreː] *nt* ❶ (*passiertes Gemüse/Obst*) purée ❷ (*Kartoffelbrei*) mashed potatoes *pl*

pü·rie·ren [pyˈriːrən] *vt* to purée

Pü·rier·stab *m* hand-held blender

Pu·rist(in) <-en, -en> [puˈrɪst] *m(f)* (*geh*) purist

Pu·ri·ta·ner(in) <-s, -> [puriˈtaːnɐ] *m(f)* ❶ HIST Puritan ❷ (*fig*) puritan

pu·ri·ta·nisch [puriˈtaːnɪʃ] *adj* ❶ HIST Puritan ❷ (*oft pej*) puritanical

Pur·pur <-s> ['pʊrpʊr] *m kein pl* ❶ (*Farbe*) purple ❷ (*geh: purpurner Stoff*) purple material (*used for cardinals' robes*)

pur·pur·far·ben, pur·pur·far·big *adj* purple

Pur·zel·baum ['pʊrtsl̩-] *m* (*fam*) somersault; **Purzelbäume machen** to do somersaults

pur·zeln ['pʊrtsl̩n] *vi sein a. Preise* to tumble (**von** off, **in** into)

pus·seln ['pʊsl̩n] *vi* (*fam*) to fiddle

Pus·te <-> ['puːstə] *f kein pl* (*fam*) breath; **außer ~ sein** to be out of puff; **aus der ~ kommen** to get out of breath

Pus·te·blu·me *f* (*Kindersprache*) dandelion **Pus·te·ku·chen** ['puːstəkuːxn̩] *m* |ja| **~!** (*fam*) not a chance!

Pus·tel <-, -n> ['pʊstl̩] *f* pimple

pus·ten ['puːstn̩] I. *vt* (*fam*) to blow; **sich** *dat* **die Haare aus dem Gesicht ~** to blow one's hair out of one's face II. *vi* (*fam*) ❶ (*blasen*) to blow (**auf** on, **in** into); **ich musste bei einer Verkehrskontrolle ~** I had to blow into the little bag when I was stopped by the police ❷ (*keuchen*) **~d kam er die Treppe herauf** he came up the stairs puffing and panting

Pu·te <-, -n> ['puːtə] *f* ❶ (*Truthenne*) turkey [hen] ❷ (*fam: dümmliche Frau*) cow

Pu·ten·fleisch <-[e]s> *nt kein pl* turkey [meat] *no pl*

Pu·ter <-s, -> ['puːtɐ] *m* turkey [cock]

pu·ter·rot ['puːtɐˈroːt] *adj* scarlet

Putsch <-[e]s, -e> [pʊtʃ] *m* coup [d'état]; **ein missglückter ~** an unsuccessful coup

Put·schist(in) <-en, -en> [pʊtˈʃɪst] *m(f)* rebel

Put·te <-, -n> ['pʊtə] *f* KUNST cherub, putto *spec*

Putz <-es> [pʊts] *m kein pl* (*Wandverkleidung*) plaster; (*bei Außenmauern*) rendering; **auf/über ~** ELEK exposed; **unter ~** ELEK concealed; **Leitungen auf/unter ~ verlegen** to lay exposed/concealed cables; **etw mit ~ verkleiden** to plaster sth ▸ **auf den ~ hauen** (*fam: angeben*) to show off; (*übermütig und ausgelassen sein*) to have a wild time [of it]; (*übermütig und ausgelassen feiern a.*) to have a rave-up; **~ machen** (*fam*) to cause aggro; **er kriegt ~ mit seiner Frau** he's in trouble with his wife

put·zen ['pʊtsn̩] I. *vt* ❶ (*säubern*) to clean; (*polieren*) to polish; **seine Schuhe ~** to clean one's shoes; **die Brille ~** to clean one's glasses; **sich** *dat* **die Nase ~** to blow one's nose; **ein Pferd ~** to groom a horse; **die Treppe/Wohnung ~** to clean the steps/flat; **sich** *dat* **die Zähne ~** to clean one's teeth; (*Gemüse vorbereiten*) to prepare; **Spinat ~** to wash and prepare spinach; ▪ **sich ~** to wash itself; **Katzen ~ sich sehr gründlich** cats wash themselves thoroughly; *Vögel* to preen ❷ (*veraltend: schmücken*) to decorate; **den Christbaum ~** to decorate the Christmas tree; **eine Urkunde putzte die Wand** a certificate adorned the wall ❸ (*wischen*) to wipe; [**sich** *dat*] **etw aus den Mundwinkeln ~** to wipe sth out of the corners of one's mouth; **putz dir den Dreck von den Schuhen!** wipe the mud off your shoes! II. *vi* **~ gehen** to work as a cleaner

Putz·fim·mel *m* (*fam o pej*) **einen ~ haben** to be cleaning mad **Putz·frau** *f* cleaner

put·zig ['pʊtsɪç] *adj* (*fam*) ❶ (*niedlich*) sweet; **ein ~es Tier** a cute animal ❷ (*merkwürdig*) odd; **das ist ja ~!** that's really odd

Putz·ko·lon·ne *f* team of cleaners **Putz·lap·pen** *m* [cleaning] cloth **Putz·mit·tel** *nt* cleaning things *pl* **putz·mun·ter** *adj* (*fam*) full of beans *pred;* **trink ein paar Tassen Kaffee, dann bist du bald wieder ~** drink a few cups of coffee, and you'll soon perk up **Putz·teu·fel** *m* (*fam*) housework maniac **Putz·tuch** *nt* ❶ (*Poliertuch*) cloth [for cleaning] ❷ s. **Putzlappen Putz·**

wol·le *f* cotton waste **putz·wü·tig** *adj* (*fam*) in a cleaning frenzy **Putz·zeug** *nt kein pl* (*fam*) cleaning things *pl*
Puz·zle <-s, -s> ['pʊzl̩, 'pazl̩] *nt* jigsaw
PVC <-[s]> [peːfaʊ'tseː] *nt kein pl Abk von* **Polyvinylchlorid** PVC
Pyg·mäe <-n, -n> [pʏg'mɛːə] *m* pygmy
Py·ja·ma <-s, -s> [pyˈdʒaːma] *m* pyjamas *npl*; **im ~** in his/her pyjamas

Py·ra·mi·de <-, -n> [pyraˈmiːdə] *f* pyramid
py·ra·mi·den·för·mig *adj* pyramid-shaped
Py·re·nä·en [pyreˈnɛːən] *pl* ■ **die ~** the Pyrenees *npl*
Py·ro·ma·ne, -ma·nin <-n, -n> [pyroˈmaːnə, -ˈmaːnɪn] *m, f* pyromaniac
Py·thon <-, -s> [ˈpyːtɔn] *m*, **Py·thon·schlan·ge** *f* python

Qq

Q, q <-, - *o fam* -s, -s> [kuː] *nt* Q, q; *s. a.* **A 1**
q [kuː] SCHWEIZ, ÖSTERR *Abk von* **Zentner** 100 kg
QR-Code [kuː'ʔɛr-] *m Abk von* **Quick Response Code** INET QR code
Quack·sal·ber(in) <-s, -> [ˈkvakzalbɐ] *m(f)* (*pej*) quack [doctor]
Qua·der <-s, -> [ˈkvaːdɐ] *m* ❶ ARCHIT, BAU ashlar ❷ MATH cuboid
Qua·drant <-en, -en> [kvaˈdrant] *m* ASTRON, MATH quadrant
Qua·drat <-[e]s, -e> [kvaˈdraːt] *nt* square; **etw ins ~ erheben** (*geh*) to square sth
qua·dra·tisch *adj* square
Qua·drat·ki·lo·me·ter *m* square kilometre **Qua·drat·lat·schen** *pl* (*fam*) ❶ (*riesige Schuhe*) clodhoppers ❷ (*riesige Füße*) great big feet
Qua·drat·me·ter *m* square metre **Qua·drat·schä·del** *m* (*fam*) ❶ (*kantiger Kopf*) great big head ❷ (*Starrkopf*) [obstinate] mule
Qua·dra·tur <-, -en> [kvadraˈtuːɐ̯] *f* quadrature
Qua·drat·wur·zel *f* square root **Qua·drat·zahl** *f* square number **Qua·drat·zen·ti·me·ter** *m* square centimetre
qua·drie·ren* [kvaˈdriːrən] *vt* to square
Qua·dro·pho·nie <-> *f*, **Qua·dro·fo·nie**^RR <-> [kvadrofoˈniː] *f kein pl* quadrophony
Quai <-s, -s> [kɛː, keː] *m o nt* SCHWEIZ (*Kai*) quay
qua·ken [ˈkvaːkn̩] I. *vi* ❶ *Frosch* to croak; *Ente* to quack ❷ (*fam: reden*) to natter II. *vt* (*fam*) to waffle on *sep pej* (**über** about)
Quä·ker(in) <-s, -> [ˈkvɛːkɐ] *m(f)* Quaker
Qual <-, -en> [ˈkvaːl] *f* ❶ (*Quälerei*) struggle ❷ *meist pl* (*Pein*) agony *no pl* ▶ **die ~ der Wahl haben** (*hum*) to be spoilt for choice

quä·len [ˈkvɛːlən] I. *vt* ❶ (*jdm zusetzen*) to pester ❷ (*misshandeln*) ■ **jdn/etw ~** to be cruel to sb/sth ❸ (*peinigen*) to torment *fig* ❹ (*Beschwerden verursachen*) to trouble II. *vr* ❶ (*leiden*) ■ **sich ~** to suffer ❷ (*sich herumquälen*) ■ **sich mit etw** *dat* **~** *Gedanken, Gefühle* to torment oneself with sth; *Hausaufgaben, Arbeit* to struggle [hard] with sth ❸ (*sich mühsam bewegen*) ■ **sich ~** to struggle

quä·lend [ˈkvɛːlənt] *adj attr* agonizing; *Gedanken, Gefühle a.* tormenting; **ein ~er Husten** a hacking cough; **~e Schmerzen** excruciating [*or* agonizing] pain

Quä·le·rei <-, -en> [kvɛːləˈraɪ] *f* ❶ (*physisch*) torture; (*psychisch*) torment ❷ (*ständiges Zusetzen*) pestering *no pl*
Quäl·geist *m* (*fam*) pest *fig*
Qua·li·fi·ka·ti·on <-, -en> [kvalifikaˈtsi̯oːn] *f* ❶ (*berufliche Befähigung*) qualifications *pl* ❷ SPORT qualification *no pl*; (*Wettkampf a.*) qualifier

qua·li·fi·zie·ren* [kvalifiˈtsiːrən] I. *vr* ■ **sich ~** to qualify (**für** for) II. *vt* (*geh*) ❶ (*befähigen*) ■ **jdn für etw** *akk* **~** to qualify sb for sth ❷ (*klassifizieren*) ■ **etw als etw** *akk* **~** to qualify sth as sth

qua·li·fi·ziert *adj* qualified (**für** +*akk* for); **~e Arbeitskraft** skilled worker; **~e Arbeit leisten** to do a professional job; **~e Mehrheit** JUR qualified majority

Qua·li·fi·zie·rung <-, *selten* -en> *f* ❶ (*Erwerben einer Qualifikation*) qualification *no pl* ❷ (*Ausbildung*) training *no pl*

Qua·li·tät <-, -en> [kvaliˈtɛːt] *f* ❶ (*Güte, Beschaffenheit*) quality ❷ *pl* (*gute Eigenschaften*) qualities *pl*

qua·li·ta·tiv [kvalita'ti:f] **I.** *adj* qualitative **II.** *adv* qualitatively
Qua·li·täts·ar·beit *f* high-quality work [*or* workmanship] *no pl* **Qua·li·täts·er·zeug·nis** *nt* [high-]quality product **Qua·li·täts·kon·trol·le** *f* quality control **Qua·li·täts·merk·mal** *nt* sign of quality **Qua·li·täts·si·che·rung** *f* quality assurance **Qua·li·täts·sie·gel** *nt* seal of quality **Qua·li·täts·un·ter·schied** *m* ÖKON difference in quality **Qua·li·täts·wa·re** *f* quality goods *pl*
Qual·le <-, -n> ['kvalə] *f* jellyfish
Qualm <-[e]s> ['kvalm] *m kein pl* [thick] smoke
qual·men ['kvalmən] **I.** *vi* (*a. fam: rauchen*) to smoke **II.** *vt* (*fam*) ▪ **jd qualmt etw ~** sb puffs away at sth
Qual·me·rei <-> *f kein pl* (*fam*) smoking
qual·mig ['kvalmɪç] *adj* smoke-filled
qual·voll I. *adj* agonizing **II.** *adv* **~ sterben** to die in agony
Quant <-s, -en> ['kvant] *nt* quantum
Quänt·chen^{RR} <-s, -> *nt* **ein ~ Glück** a little bit of luck; **ein ~ Hoffnung** a glimmer of hope; **kein ~** not one iota
Quan·ten ['kvantən] *pl* ❶ *pl von* **Quant, Quantum** ❷ (*sl: Füße*) great big feet
Quan·ten·the·o·rie *f* quantum theory
Quan·ti·tät <-, -en> [kvanti'tɛ:t] *f* quantity
quan·ti·ta·tiv ['kvantitati:f, kvantita'ti:f] *adj* quantitative
Quan·tum <-s, Quanten> ['kvantʊm, 'kvantən] *nt* quantum
Qua·ran·tä·ne <-, -n> [karan'tɛ:nə] *f* quarantine *no pl*; **unter ~ stehen** to be in quarantine; **jdn/etw unter ~ stellen** to place sb/sth under quarantine
Quark <-s> [kvark] *m kein pl* ❶ KOCHK fromage frais ❷ (*fam: Quatsch*) rubbish [*or* AM *usu* nonsense]
Quar·tal <-s, -e> [kvar'ta:l] *nt* quarter
Quar·tal(s)·säu·fer(in) *m(f)* (*fam*) periodic heavy drinker
Quar·te <-, -n> ['kvartə] *f* MUS fourth
Quar·tett¹ <-[e]s, -e> [kvar'tɛt] *nt* KARTEN ❶ (*Kartensatz*) set of four matching cards in a game of Quartett ❷ *kein pl* (*Kartenspiel*) ≈ happy families + *sing vb* (*game of cards in which one tries to collect sets of four matching cards*)
Quar·tett² <-[e]s, -e> [kvar'tɛt] *nt a.* MUS quartet
Quar·tier <-s, -e> [kvar'ti:ɐ̯] *nt* ❶ (*Unterkunft*) accommodation *no indef art, no pl*; **~ beziehen** MIL to take up quarters ❷ SCHWEIZ (*Stadtviertel*) district

Quarz <-es, -e> ['kva:ɐ̯ts] *m* quartz
Quarz·uhr *f* quartz clock [*or* watch]
qua·si ['kva:zi] *adv* almost
Quas·se·lei <-, -en> [kvasə'laɪ̯] *f* (*fam*) babbling *no pl*
quas·seln ['kvasln̩] **I.** *vi* (*fam*) to babble **II.** *vt* (*fam*) ▪ **etw ~** to babble on about sth
Quas·sel·strip·pe <-, -n> *f* (*fam*) ❶ (*hum: Telefon*) **an der ~ hängen** to be on the phone ❷ (*pej: jd, der unentwegt redet*) windbag
Quas·te <-, -n> ['kvastə] *f* tassel
Quatsch <-es> ['kvatʃ] *m kein pl* (*fam*) ❶ (*dummes Gerede*) rubbish, AM *usu* nonsense ❷ (*Unfug*) nonsense; **~ machen** to mess around
quat·schen ['kva:tʃn̩] **I.** *vt* (*fam*) to spout (**von** about); **quatsch kein dummes Zeug** don't talk nonsense; **er hat irgendwas von einem Unfall gequatscht, aber ich habe gedacht, er redet Unsinn** he garbled something about an accident, but I thought he was talking rubbish **II.** *vi* (*fam*) ❶ (*sich unterhalten*) to natter; ▪ **von etw** *dat* **~** to talk about sth ❷ (*etw ausplaudern*) to blab
Quatsch·kopf *m* (*pej fam*) babbling idiot
Que·bec <-s> [ke'bɛk] *nt* Quebec
Queck·sil·ber ['kvɛksɪlbɐ] *nt* mercury
Queck·sil·ber·ther·mo·me·ter *nt* mercury thermometer
Quel·le <-, -n> ['kvɛlə] *f* source
quel·len <quoll, gequollen> ['kvɛlən] *vi sein* ❶ (*herausfließen*) ▪ **[aus etw** *dat***] ~** to pour out [of sth] ❷ (*aufquellen*) to swell [up]
Quel·len·an·ga·be *f* reference **Quel·len·for·schung** *f* research into sources **Quel·len·steu·er** *f* tax deducted at source **Quel·len·text** *m* source text
Quell·ge·biet *nt* GEOG head **Quell·was·ser** *nt* spring water
Quen·ge·lei <-, -en> *f* whining *no pl*
queng(e·)lig ['kvɛŋ(ə)lɪç] *adj* whining; **sei nicht so ~** stop [your] whining
quen·geln ['kvɛŋln̩] *vi* (*fam*) ❶ (*weinerlich sein*) to whine ❷ (*nörgeln*) to moan
Quent·chen^{ALT} <-s, -> ['kvɛntçən] *nt s.* **Quäntchen**
quer ['kve:ɐ̯] *adv* diagonally; **~ geht der Schrank nicht durch die Tür, nur längs** the cupboard won't go through the door sideways, only lengthways; **~ gestreift** horizontally striped; **~ durch/über etw** *akk* straight through/across sth
Quer·ach·se *f* transverse axis **Quer·bal·**

ken *m* crossbeam **quer·beet** [kveːɐ̯ˈbeːt] *adv* (*fam*) all over **Quer·den·ker, -den·ke·rin** *m, f* awkward and intransigent thinker **quer·durch** [kveːɐ̯ˈdʊrç] *adv* straight through

Que·re <-> [ˈkveːrə] *f kein pl* ▸ **jdm in die ~ kommen** to get in sb's way

Que·re·le <-, -n> [kvɛˈreːlə] *f* (*geh*) argument

quer·feld·ein [kveːɐ̯fɛltˈʔain] *adv* across country

Quer·flö·te *f* transverse flute **Quer·for·mat** *nt* ① (*Format*) landscape format ② (*Bild*) picture/photo etc. in landscape format **quer|ge·hen** *vt irreg sein* (*fam*) ■ **jdm ~** to go wrong for sb **Quer·kopf** *m* (*fam*) awkward customer **Quer·lat·te** *f* ① (*quer verlegte Holzlatte*) horizontal slat ② SPORT (*waagerechte Latte eines Tores*) crossbar **quer|le·gen** *vr* ■ **sich [bei etw** *dat*] **~** to make difficulties [concerning sth] **Quer·leis·te** *f* crosspiece; (*einer Tür*) rail **Quer·ru·der** *nt* LUFT aileron **quer|schie·ßen** *vr irreg* (*sl*) to throw a spanner in the works, to throw a [monkey] wrench in sth AM **Quer·schiff** *nt* transept **Quer·schlä·ger** *m* ricochet [shot] **Quer·schnitt** *m* cross-section **quer·schnitt(s)·ge·lähmt** *adj* paraplegic **Quer·schnitt(s)·läh·mung** *f* paraplegia *no pl* **Quer·stra·ße** *f* side-street **Quer·strich** *m* horizontal line **Quer·sum·me** *f* sum of the digits [in a number] **Quer·trei·ber, -trei·be·rin** <-s, -> *m, f* (*fam*) obstructive devil

Que·ru·lant(in) <-en, -en> [kveruˈlant] *m(f)* (*geh*) querulous person

Quer·ver·bin·dung *f* ① TRANSP direct connection ② (*gegenseitige Beziehung*) link **Quer·ver·weis** *m* cross-reference

quet·schen [ˈkvɛtʃn̩] I. *vt* to squeeze (**aus** out of), to crush (**an/gegen** against) II. *vr* ① (*durch Quetschung verletzen*) ■ **sich ~** to bruise oneself; **ich habe mir den Fuß gequetscht** I've crushed my foot ② (*fam: sich zwängen*) **sich gegen etw** *akk* **~** to squeeze [oneself] against sth; **ich konnte mich gerade noch in die U-Bahn ~** I was just able to squeeze [myself] into the tube BRIT; **nur mit Mühe quetschte sie sich durch die Menge** she was only able to squeeze [her way] through the crowd with difficulty

Quet·schung <-, -en> *f* MED ① *kein pl* (*Verletzung durch Quetschen*) crushing ② (*verletzte Stelle*) bruise

Queue <-s, -s> [køː] *nt o m* cue

Qui·ckie <-s, -s> [ˈkvɪki] *m* (*sl*) quickie *fam*

quick·le·ben·dig [ˈkvɪkleˈbɛndɪç] *adj* (*fam*) full of beans

quie·ken [ˈkviːkn̩] *vi* ① (*quiek machen*) to squeak ② (*schrille Laute ausstoßen*) to squeal (**vor** with)

quiet·schen [ˈkviːtʃn̩] *vi* ① (*ein schrilles Geräusch verursachen*) to squeak; **mit ~ den Reifen hielt der Wagen vor der roten Ampel an** the car pulled up at the red light with screeching tyres; **unter lautem Q~ kam das Fahrzeug zum Stehen** the vehicle came to a halt with a loud screech ② *s.* **quieken 2**

quietsch·fi·del [ˈkviːtʃfiˈdeːl], **quietsch·ver·gnügt** [ˈkviːtʃfɛɐ̯ˈɡnyːkt] *adj* (*fam*) full of the joys of spring BRIT *pred,* chipper AM *pred*

Quin·te <-, -n> [ˈkvɪntə] *f* MUS (*fünfter Ton*) fifth

Quint·es·senz [ˈkvɪntɛsɛnts] *f* (*geh*) quintessence *no pl*

Quin·tett <-[e]s, -e> [kvɪnˈtɛt] *nt a.* MUS quintet

Quirl <-s, -e> [kvɪrl] *m* KOCHK whisk

quir·len [ˈkvɪrlən] *vt* to whisk (**zu** into)

quir·lig [ˈkvɪrlɪç] *adj* lively

quitt [ˈkvɪt] *adj* ■ [**mit jdm**] **~ sein** (*mit jdm abgerechnet haben*) to be quits [with sb] *fam;* (*sich von jdm getrennt haben*) to be finished [with sb]

Quit·te <-, -n> [ˈkvɪtə] *f* quince

quit·tie·ren* [kvɪˈtiːrən] I. *vt* ① (*durch Unterschrift bestätigen*) ■ [**jdm**] **etw ~** to give [sb] a receipt for sth; **sich** *dat* **etw ~ lassen** to obtain a receipt for sth; (*bestätigen*) ■ **etw ~** to acknowledge [the] receipt of sth ② (*geh: beantworten*) ■ **etw mit etw** *dat* **~** to meet sth with sth II. *vi* **du hast ihm tausend Euro bezahlt und dir [von ihm] nicht ~ lassen?** you paid him a thousand euros and didn't get a receipt [from him]?

Quit·tung <-, -en> [ˈkvɪtʊŋ] *f* ① (*Empfangsbestätigung, Zahlungsbeleg*) receipt; **jdm eine ~** [**für etw** *akk*] **ausstellen** to issue sb with a receipt [for sth]; **gegen ~** on production of a receipt ② (*Folge*) ■ **die ~ für etw** *akk* [the just] deserts for sth

Quiz <-, -> [kvɪs] *nt* quiz

Quiz·mas·ter, -mas·te·rin <-s, -> [ˈkvɪsmaːstɐ, -maːstərɪn] *m, f* quiz master

quoll [kvɔl] *imp von* **quellen**

Quo·rum <-s> [ˈkvoːrʊm] *nt kein pl* quorum

Quo·te <-, -n> [ˈkvoːtə] *f* ① (*Anteil*) proportion ② (*Gewinnanteil*) payout ③ (*Rate*) rate ④ POL (*fam: ~nregelung*) quota system

Quo·ten·frau f (pej) ≈ token woman [appointee] pej (woman who is appointed to a position simply to increase the proportion of women in an organization) **Quo·ten·re·ge·lung** f ≈ quota regulation (requirement for a sufficient number of female appointees in an organization)

Quo·ti·ent <-en, -en> [kvo'tsi̯ɛnt] m quotient

Quo·tie·rung <-, -en> f ❶ BÖRSE quotation ❷ (Verteilung nach Quoten) ≈ quota system (system requiring a certain proportion of a certain number of posts in an organization be reserved for women)

Rr

R, r <-, - o fam -s, -s> [ɛr] nt R, r; **das ~ rollen** to roll the r; s. a. **A 1**

Ra·batt <-[e]s, -e> [ra'bat] m discount; **jdm ~ [auf etw** akk] **geben** to give sb a discount [on sth]

Ra·bat·te <-, -n> [ra'batə] f HORT border

Ra·batz <-es> [ra'bats] m kein pl (sl) racket fam; **~ machen** to kick up a stink

Ra·bau·ke <-n, -n> [ra'bau̯kə] m (fam) lout

Rab·bi <-[s], -s o Rabbinen> ['rabi, pl ra'biːnən] m, **Rab·bi·ner** <-s, -> [ra'biːnɐ] m rabbi

Ra·be <-n, -n> ['raːbə] m raven

Ra·ben·el·tern pl (pej fam) ≈ cruel [or bad] parents pl **Ra·ben·mut·ter** f (pej fam) ≈ cruel [or bad] mother **ra·ben·schwarz** ['raːbn̩ʃvarts] adj jet-black **Ra·ben·va·ter** m (pej fam) ≈ cruel [or bad] father

ra·bi·at [ra'bi̯aːt] **I.** adj ❶ (gewalttätig) aggressive ❷ (rücksichtslos) ruthless **II.** adv ruthlessly

Ra·che <-> ['raxə] f kein pl revenge; **[an jdm] ~ nehmen** to take revenge [on sb] ▶ **~ ist süß** revenge is sweet

Ra·che·akt m act of revenge **Ra·che·feld·zug** m (fig) campaign of revenge

Ra·chen <-s, -> ['raxn̩] m ❶ (Schlund) throat ❷ (Maul) jaws pl ▶ **den ~ nicht vollkriegen** [o **voll genug kriegen**] **können** to not be able to get enough

rä·chen ['rɛçn̩] **I.** vt ❶ (durch Rache vergelten) ■ **etw ~** to take revenge for sth ❷ (jdm Sühne verschaffen) ■ **jdn ~** to avenge sb **II.** vr ❶ (Rache nehmen) ■ **sich ~** to take [or exact] one's revenge (**für** for) ❷ (sich nachteilig auswirken) ■ **sich [an jdm] ~** to come back and haunt sb; **früher oder später rächt sich das viele Rauchen** sooner or later [the] heavy smoking will take its toll

Ra·che·plan m plan of revenge

Rä·cher(in) <-s, -> m(f) (geh) avenger

Ra·chi·tis <-> [ra'xiːtɪs] f kein pl rickets no pl, no art

Rach·sucht f kein pl vindictiveness no pl, no indef art **rach·süch·tig** adj vindictive

Ra·cke·rei <-> [rakə'rai̯] f kein pl (fam) slog no pl

ra·ckern ['rakɐn] vi (fam) to slave away

Rad¹ <-[e]s, Räder> [raːt, pl 'rɛːdɐ] nt ❶ AUTO wheel ❷ (Zahn~) cog ❸ SPORT cartwheel; **ein ~ schlagen** to do a cartwheel ▶ **ein ~ abhaben** (sl) to have a screw loose hum fam

Rad² <-[e]s, Räder> [raːt, pl 'rɛːdɐ] nt (Fahr~) bicycle, bike fam; **~ fahren** to cycle, to ride a bike fam; **mit dem ~** by bicycle [or fam bike]

Rad·ach·se f axle

Ra·dar <-s> [ra'daːɐ̯] m o nt kein pl radar

Ra·dar·fal·le f (fam) speed trap **Ra·dar·ge·rät** nt radar [device] **Ra·dar·kon·trol·le** f [radar] speed check **Ra·dar·schirm** m radar screen

Ra·dau <-s> [ra'dau̯] m kein pl (fam) racket

Ra·dau·bru·der m (pej) thug

Rad·auf·hän·gung f AUTO wheel suspension

Räd·chen ['rɛtçən] nt dim von Rad (kleines Zahnrad) [small] cog ▶ **nur ein ~ im Getriebe sein** to be just a small cog in the works

Rad·damp·fer m paddle steamer

ra·de·bre·chen ['raːdəbrɛçn̩] vi **auf Deutsch/Englisch ~** to speak [in] broken German/English

ra·deln ['raːdl̩n] vi sein (fam) to cycle

Rä·dels·füh·rer(in) ['rɛːdl̩sfyːrɐ] m(f) ringleader

Rad|fah·ren nt ■ **[das] ~** cycling, riding a bicycle [or fam bike] **Rad·fah·rer(in)** m(f) cyclist **Rad·fahr·weg** m (geh) s. Rad-

weg Rad·fel·ge *f* wheel rim **Rad·ga·bel** *f* fork
ra·di·al [ra'dĭa:l] *adj* radial
Ra·di·a·tor <-s, -toren> [ra'dĭa:toːɐ̯, *pl* -'toːrən] *m* radiator
ra·die·ren [ra'diːrən] *vi* ① (*tilgen*) to erase ② KUNST to etch
Ra·die·rer <-s, -> *m* (*fam*), **Ra·dier·gum·mi** <-s, -s> *m* rubber BRIT, eraser AM
Ra·die·rung <-, -en> *f* KUNST etching
Ra·dies·chen <-s, -> [ra'diːsçən] *nt* radish
ra·di·kal [radi'kaːl] **I.** *adj* ① POL radical ② (*völlig*) complete ③ (*tief greifend*) drastic **II.** *adv* ① POL radically ② (*völlig*) completely ③ (*tief greifend*) drastically; ~ **gegen jdn vorgehen** to take drastic action against sb
Ra·di·kal <-s, -e> [radi'kaːl] *nt* BIOCHEM radical; **freie ~e** free radicals
Ra·di·ka·le(r) *f(m)* POL extremist
Ra·di·ka·lis·mus <-> [radika'lɪsmʊs] *m kein pl* POL radicalism, extremism
Ra·di·kal·kur *f* ① MED drastic remedy ② (*tief greifende Maßnahmen*) drastic measures *pl*
Ra·dio <-s, -s> ['raːdĭo] *nt o* SCHWEIZ, SÜDD *m* radio; ~ **hören** to listen to the radio; **im ~** on the radio
ra·dio·ak·tiv [radĭoʔak'tiːf] **I.** *adj* radioactive **II.** *adv* ~ **verseucht/verstrahlt** contaminated by radioactivity
Ra·dio·ak·ti·vi·tät <-> [radĭoʔaktivi'tɛːt] *f kein pl* radioactivity *no pl, no indef art*
Ra·dio·ap·pa·rat *m* radio [set]
Ra·di·o·lo·ge, -lo·gin <-n, -n> [radĭo'loːgə, -'loːgɪn] *m, f* radiologist
Ra·di·o·lo·gie <-> [radĭolo'giː] *f kein pl* radiology *no pl, no art*
Ra·dio·re·cor·der, Ra·dio·re·kor·der <-s, -> ['raːdĭorekɔrdɐ] *m* radio cassette recorder **Ra·dio·sen·der** *m* radio transmitter **Ra·dio·we·cker** *m* radio alarm [clock] **Ra·dio·wel·le** *f* radio wave
Ra·di·um <-s> ['raːdĭʊm] *nt kein pl* radium *no pl, no art*
Ra·di·us <-, Radien> ['raːdĭʊs, *pl* 'raːdĭən] *m* radius
Rad·kap·pe *f* AUTO hub cap **Rad·la·ger** *nt* wheel bearing
Rad·ler(in) <-s, -> ['raːdlɐ] *m(f)* (*fam*) cyclist
Rad·ler·ho·se *f* cycle shorts *npl*
Rad·renn·bahn *f* cycle [racing] track **Rad·renn·nen** *nt* cycle race **Rad·renn·fah·rer(in)** *m(f)* racing cyclist
Ra·dscha <-s, -s> ['ra(ː)dʒa] *m* rajah

Rad·sport *m* cycling *no pl* **Rad·tour** [-tuːɐ̯] *f* bicycle [*or fam* bike] ride **Rad·wan·dern** *nt* cycling tourism **Rad·wan·de·rung** *f s.* Radtour **Rad·wech·sel** *m* AUTO wheel change **Rad·weg** *m* cycle path
RAF <-> [ɛrʔaː'ʔɛf] *f kein pl Abk von* **Rote-Armee-Fraktion** (*hist*) Red Army Faction
raf·fen ['rafn̩] *vt* ~ ■**etw ~** ① (*eilig greifen*) to grab sth ② (*in Falten legen*) to gather sth ③ (*kürzen*) to shorten sth ④ (*sl: begreifen*) to get sth *fam*
Raff·gier *f* greed *no pl* **raff·gie·rig** *adj* greedy
Raf·fi·ne·rie <-, -n> [rafinə'riː, *pl* -riːən] *f* refinery
Raf·fi·nes·se <-, -n> [rafi'nɛsə] *f* ① *kein pl* (*Durchtriebenheit*) cunning ② (*Feinheit*) refinement
raf·fi·nie·ren* [rafi'niːrən] *vt* to refine
raf·fi·niert **I.** *adj* ① (*durchtrieben*) cunning ② (*ausgeklügelt*) clever ③ (*geh: verfeinert*) refined **II.** *adv* ① (*durchtrieben*) cunningly ② (*geh: verfeinert*) ~ **würzen/zusammenstellen** to season/put together with great refinement
Raf·fi·niert·heit <-> *f kein pl s.* **Raffinesse**
Raf·ting <-s> ['raːftɪŋ] *nt kein pl* SPORT rafting *no pl*
Ra·ge <-> ['raːʒə] *f kein pl* rage; **jdn in ~ bringen** to make sb hopping mad; [**über etw** *akk*] **in ~ kommen** to get annoyed [about sth]
ra·gen ['raːɡn̩] *vi* ① (*empor-*) ■**aus etw** *dat* **~** to rise up out of sth ② (*vor-*) ■**irgendwohin ~** to stick out somewhere
Ra·gout <-s, -s> [ra'ɡuː] *nt* ragout
Rahm <-[e]s> [raːm] *m kein pl* SÜDD, SCHWEIZ (*Sahne*) cream; ÖSTERR (*saure Sahne*) sour cream
rah·men ['raːmən] *vt* to frame; *Dia* to mount
Rah·men <-s, -> ['raːmən] *m* ① (*Einfassung*) frame ② (*Fahrradgestell*) frame; AUTO chassis [frame] ③ (*begrenzter Umfang o Bereich*) framework; **im ~ des Möglichen** within the bounds of possibility; **sich im ~ halten** to keep within reasonable bounds; **den ~** [**von etw** *dat*] **sprengen** to go beyond the scope of sth; **in einem größeren/kleineren ~** on a large/small scale; [**mit etw** *dat*] **aus dem ~ fallen** to stand out [because of sth] ④ (*Atmosphäre*) atmosphere
Rah·men·be·din·gung *f meist pl* basic conditions *pl* **Rah·men·hand·lung** *f* framework story

Rahm·so·ße f cream[y] sauce
Rain <-[e]s, -e> [rain] m boundary [strip]
rä·keln ['rɛːkl̩n] vr s. **rekeln**
Ra·ke·te <-, -n> [raˈkeːtə] f (Flugkörper) rocket; MIL missile
Ra·ke·ten·ab·schuss·ram·pe^RR f rocket launching pad **Ra·ke·ten·ab·wehr·sys·tem** nt MIL missile defence system **Ra·ke·ten·flug·zeug** nt rocket aircraft **Ra·ke·ten·stütz·punkt** m missile base
Ral·lye <-, -s> ['rali, 'rɛli] f rally
Ral·lye·fah·rer(in) ['rali-, 'rɛli-] m(f) rally driver
RAM <-, -s> [ram] nt Akr von **random access memory** RAM
Ra·ma·dan <-[s]> [ramaˈdaːn] m kein pl ▪ der ~ Ramadan
Ram·ba·zam·ba <-s> nt kein pl (fam) ~ **machen** to kick up a fuss
Ram·bo <-s, -s> ['rambo] m (sl) Rambo fam
ramm·dö·sig ['ramdøːzɪç] adj DIAL (fam) giddy
ram·meln ['raml̩n] vi ❶ (Tiere) to mate ❷ (vulg) to screw
ram·men ['ramən] vt to ram (**in** into)
Ramm·ler <-s, -> ['ramlɐ] m buck
Ram·pe <-, -n> ['rampə] f ❶ (schräge Auffahrt) ramp; (Laderampe) loading ramp ❷ THEAT apron
Ram·pen·licht nt THEAT footlights pl ▶ **im ~ [der Öffentlichkeit] stehen** to be in the limelight
ram·po·nie·ren* [rampoˈniːrən] vt (fam) to ruin
Ramsch <-[e]s> [ramʃ] m kein pl (fam) junk no pl
Ramsch·la·den m (pej fam) junk shop
RAM-Spei·cher m RAM memory
ran [ran] I. interj (fam) let's go! II. adv (fam) s. **heran**
Rand <-es, Ränder> [rant, pl ˈrɛndɐ] m ❶ (abfallendes Ende einer Fläche) edge ❷ (obere Begrenzungslinie) von Glas, Tasse brim; von Teller edge; von Wanne rim ❸ (äußere Begrenzung/Einfassung) edge; von Hut brim; von Wunde lip ❹ (Grenze) verge ❺ (auf Papier) margin ❻ (Schatten, Spur) mark; [**dunkle/rote**] **Ränder um die Augen haben** to have [dark/red] rings [a]round one's eyes; **ein** [**schmutziger**] **~ in der Badewanne** a tidemark around [the rim of] the bath ▶ **außer ~ und Band geraten** to be beside oneself; [**mit etw**] **zu ~e kommen** to cope [with sth]; **mit jdm zu ~e kommen** to get on with sb; **am ~e** in passing

Ran·da·le <-> [ranˈdaːlə] f (sl) rioting no pl; ~ **machen** to riot
ran·da·lie·ren* [randaˈliːrən] vi to riot
Ran·da·lie·rer(in) <-s, -> m(f) hooligan
Rand·be·mer·kung f ❶ (beiläufige Bemerkung) passing comment ❷ (Notiz auf einer Schriftseite) note in the margin
Rand·er·schei·nung f peripheral phenomenon; (Nebenwirkung) side effect
Rand·fi·gur f minor figure **Rand·ge·biet** nt ❶ GEOG outlying district ❷ (Sachgebiet) fringe area **Rand·grup·pe** f fringe group **rand·los** adj rimless **Rand·phä·no·men** nt marginal [or fringe] phenomenon **Rand·pro·blem** nt secondary problem **Rand·stein** m s. **Bordstein Rand·strei·fen** m verge; einer Autobahn hard shoulder **Rand·zo·ne** f s. **Randgebiet 1**
rang [raŋ] imp von **ringen**
Rang <-[e]s, Ränge> [raŋ, pl ˈrɛŋə] m ❶ kein pl (Stellenwert) status; Entdeckung, Neuerung importance ❷ (gesellschaftliche Position) [social] standing; **alles, was ~ und Namen hat** everybody who is anybody ❸ MIL rank ❹ SPORT place ❺ FILM, THEAT circle
Rang·ab·zei·chen nt MIL insignia npl [of rank]
ran|ge·hen ['ranɡeːən] vi (fam) ▪ [**an etw** akk] ~ ❶ (herangehen) to go up [to sth] ❷ (in Angriff nehmen) to get stuck in[to sth]
Ran·ge·lei <-, -en> [raŋəˈlai] f (fam) scrapping no pl
ran·geln ['raŋl̩n] vi (fam) ▪ [**mit jdm**] ~ to scrap [with sb]
Rang·fol·ge f order of priority
Ran·gier·bahn·hof [raŋˈʒiːɐ̯-] m marshalling yard
ran·gie·ren* [rãˈʒiːrən] I. vi ❶ (eingestuft sein) to rank ❷ (laufen) ▪ **unter etw** dat ~ to come under sth II. vt BAHN ▪ **etw irgendwohin** ~ to shunt sth somewhere
Rang·lis·te f ranking[s] list **Rang·ord·nung** f hierarchy
ran|hal·ten vr irreg (fam) ▪ **sich** ~ to put one's back into it
rank [raŋk] adj (hum) ~ **und schlank** slim and sylphlike
Ran·ke <-, -n> ['raŋkə] f tendril
ran·ken ['raŋkn̩] I. vr haben ❶ HORT ▪ **sich irgendwohin** ~ to climb somewhere ❷ Legenden, Sagen etc ▪ **sich um jdn/etw** ~ to have grown up around sb/developed around sth II. vi sein o haben to put out tendrils
ran|klot·zen vi (sl) to get stuck in [or AM cracking] fam **ran|kom·men** vi irreg sein

(*fam*) ❶ (*drankommen*) ■ [**an etw** *akk*] ~ to [be able to] reach [sth] ❷ (*vordringen*) **man kommt an ihn einfach nicht ran** it's impossible to get at him; **an diese Frau kommt keiner ran** nobody has a chance with her **ran|krie·gen** *vt* (*fam*) ❶ (*zu Arbeit verpflichten*) ■ **jdn** [**zu etw** *dat*] ~ to get sb else to do sth ❷ (*zur Rechenschaft ziehen*) ■ **jdn** ~ to bring sb to account (**wegen** for) **ran|las·sen** *vt irreg* ❶ (*fam: heranlassen*) ■ **jdn** ~ to let sb near ❷ (*fam: versuchen lassen*) ■ **jdn** ~ to let sb have a go ❸ (*sl: den Geschlechtsakt gestatten*) **den lasse ich bestimmt nicht an mich ran** I'm definitely not letting him do it [*or hum* have his evil way] with me **ran|ma·chen** *vr* (*fam*) ■ **sich an jdn** ~ to make a pass at sb

rann [ran] *imp von* **rinnen**

rann·te ['rantə] *imp von* **rennen**

ran|schmei·ßen *vr irreg* (*fam*) ■ **sich an jdn** ~ to throw oneself at sb

Ran·zen <-s, -> ['rantsn̩] *m* ❶ SCH satchel ❷ (*fam: Bauch*) gut

ran·zig ['rantsɪç] *adj* rancid

Rap <-> [rɛp] *m kein pl* MUS rap

ra·pi·de [ra'pi:də] *adj* rapid

Rap·pe <-n, -n> ['rapə] *m* black [horse]

Rap·pel <-s, -> ['rapl̩] *m* **den/seinen ~ kriegen** (*fam*) to go completely mad

rap·pe·lig ['rapəlɪç] *adj* DIAL (*fam*) jumpy

rap·peln ['rapln̩] *vi* (*fam*) to rattle

rap·pel·voll *adj* (*fam*) jam-packed

rap·pen ['rɛpn̩] *vi* MUS to rap

Rap·pen <-s, -> ['rapn̩] *m* [Swiss] centime

rapp·lig ['raplɪç] *adj s.* **rappelig**

Rap·port <-[e]s, -e> [ra'pɔrt] *m* (*geh*) ❶ (*Bericht*) report ❷ (*psychischer Kontakt*) rapport

Raps <-es, -e> [raps] *m* rape[seed]

rar [ra:ɐ̯] *adj* rare; ■ ~ **sein/werden** to be/become hard to find

Ra·ri·tät <-, -en> [rari'tɛ:t] *f* rarity

rar|ma·chen *vr* ■ **sich** ~ (*fam*) to make oneself scarce

ra·sant [ra'zant] **I.** *adj* ❶ (*schnell*) fast; *Beschleunigung* terrific; *Tempo* breakneck ❷ (*stürmisch*) rapid; *Zunahme* sharp **II.** *adv* ❶ (*zügig*) ~ **fahren** to drive at breakneck speed ❷ (*stürmisch*) rapidly; ~ **zunehmen** to increase sharply

rasch [raʃ] **I.** *adj* quick **II.** *adv* quickly

ra·scheln ['raʃln̩] *vi* to rustle

ra·sen ['ra:zn̩] *vi* ❶ *sein* (*sehr schnell fahren*) to speed; ■ **gegen/in etw** *akk* ~ to crash into sth; ■ **über etw** *akk* ~ to shoot across sth ❷ *sein Zeit* to fly [by] ❸ *haben* (*toben*) **sie raste** [**vor Wut**] she was beside herself [with rage]

Ra·sen <-s, -> ['ra:zn̩] *m* ❶ (*grasbewachsene Fläche*) lawn ❷ SPORT (*Rasenplatz*) field

ra·send I. *adj* ❶ (*äußerst schnell*) breakneck ❷ (*wütend*) furious; *Mob* angry; ~ **vor Wut sein** to be beside oneself with rage ❸ (*furchtbar*) terrible; *Durst* raging; *Schmerz* excruciating; *Wut* blind; ~**e Eifersucht** a mad fit of jealousy ❹ *Beifall* thunderous **II.** *adv* (*fam*) very; **ich würde das ~ gern tun** I'd love to do it

Ra·sen·mä·her <-s, -> *m* lawnmower **Ra·sen·spren·ger** <-s, -> *m* [lawn-]sprinkler

Ra·ser(in) <-s, -> ['ra:zɐ] *m(f)* (*fam*) speed merchant

Ra·se·rei <-, -en> [ra:zə'raɪ] *f* ❶ (*fam: schnelles Fahren*) speeding *no pl* ❷ *kein pl* (*Wutanfall*) rage; **jdn zur ~ bringen** to drive sb mad

Ra·se·rin <-, -nen> *f fem form von* **Raser**

Ra·sier·ap·pa·rat *m* ❶ (*Elektrorasierer*) [electric] shaver ❷ (*Nassrasierer*) [safety] razor

ra·sie·ren* [ra'zi:rən] *vt* ❶ (*Bartstoppeln entfernen*) ■ **sich** ~ to [have a] shave; **sich trocken** ~ to use a [*or* an electric] shaver; **sich nass** ~ to [have a] wet shave ❷ (*von Haaren befreien*) **sich** *dat* **die Beine** ~ to shave one's legs

Ra·sie·rer <-s, -> *m* (*fam*) [electric] shaver **Ra·sier·klin·ge** *f* razor blade **Ra·sier·mes·ser** *nt* cut-throat [*or* AM straight] razor **Ra·sier·pin·sel** *m* shaving brush **Ra·sier·schaum** *m* shaving foam **Ra·sier·was·ser** *nt* aftershave

Ras·pel <-, -n> ['raspl̩] *f* rasp; KOCHK grater

ras·peln ['raspln̩] *vt* to grate

Ras·se <-, -n> ['rasə] *f* ❶ (*Menschen~*) race ❷ (*Tier~*) breed

Ras·se·hund *m* pedigree dog

Ras·sel <-, -n> ['rasl̩] *f* rattle

ras·seln ['rasln̩] *vi* ❶ *haben* to rattle; ■ **mit/an etw** *dat* ~ to rattle sth ❷ *sein* (*fam: durchfallen*) ■ **durch etw** *akk* ~ to fail [*or* AM *also* flunk] sth

Ras·sen·dis·kri·mi·nie·rung *f* racial discrimination *no pl* **Ras·sen·tren·nung** *f kein pl* racial segregation

ras·se·rein *adj s.* **reinrassig**

ras·sig ['rasɪç] *adj* vivacious

ras·sisch ['rasɪʃ] *adj* racial

Ras·sis·mus <-> [ra'sɪsmʊs] *m kein pl* racism

Ras·sist(in) <-en, -en> [ra'sɪst] *m(f)* racist

ras·sis·tisch adj racist
Rast <-, -en> [rast] f break; **[irgendwo]** ~ **machen** to stop for a break [somewhere]
ras·ten ['rastn̩] vi to have a break
Ras·ter¹ <-s, -> ['rastɐ] m TYPO ❶ (*Glasplatte, Folie*) screen ❷ (*Rasterung*) screening
Ras·ter² <-s, -> ['rastɐ] nt ❶ TV (*Gesamtheit der Bildpunkte*) raster ❷ (*geh: System von Kategorien*) category
Ras·ter·fahn·dung f ≈ computer search (*search for wanted persons by using computers to assign suspects to certain categories*) **Ras·ter·mi·kro·skop** nt scanning electron microscope
Rast·haus nt roadhouse; (*Autobahn*) motorway [*or* AM freeway] service area **Rast·hof** m [motorway [*or* AM freeway]] service area
rast·los adj ❶ (*unermüdlich*) tireless ❷ (*unruhig*) restless
Rast·platz m picnic area **Rast·stät·te** f s. **Rasthof**
Ra·sur <-, -en> [ra'zuːɐ̯] f ❶ (*das Rasieren*) shaving no pl ❷ (*Resultat des Rasierens*) shave
Rat¹ <-[e]s> [raːt] m kein pl advice; **jdn um ~ fragen** to ask sb for advice; **jdm einen ~ geben** to give sb some advice; **jdm den ~ geben, etw zu tun** to advise sb to do sth; **sich** dat **keinen ~ [mehr] wissen** to be at one's wit's end; **jdn/etw zu ~e ziehen** to consult sb/sth
Rat² <-[e]s, Räte> [raːt, pl 'rɛːtə] m POL council; ■ **der Europäische ~** the European Council; **Großer ~** SCHWEIZ [Swiss] cantonal parliament; **im ~ sitzen** (*fam*) ≈ to be Councillor (*to be a member of a [Swiss] cantonal parliament*)
Rat, Rä·tin <-[e]s, Räte> [raːt, 'rɛːtɪn, pl 'rɛːtə] m, f ❶ (*Stadt~*) councillor ❷ ADMIN (*fam*) senior official
Ra·te <-, -n> ['raːtə] f instalment; **etw in ~n bezahlen** to pay for sth in instalments
ra·ten <rät, riet, geraten> ['raːtn̩] **I.** vi ❶ (*Ratschläge geben*) ■ **[jdm] zu etw** dat **~** to advise [sb to do] sth ❷ (*schätzen*) to guess; **mal ~** to have a guess **II.** vt ❶ (*als Ratschlag geben*) ■ **jdm etw raten** to advise sb to do sth ❷ (*erraten*) to guess
Ra·ten·kauf m hire purchase BRIT, installment plan AM **Ra·ten·zah·lung** f ❶ kein pl (*Zahlung in Raten*) payment in instalments ❷ (*Zahlung einer Rate*) payment of an instalment
Ra·te·spiel nt quiz

Rat·ge·ber <-s, -> m ❶ (*Werk*) manual ❷ (*beratende Person*) advisor
Rat·haus nt town hall
ra·ti·fi·zie·ren* [ratifi'tsiːrən] vt to ratify
Ra·ti·fi·zie·rung <-, -en> f ratification no pl
Ra·ting·agen·tur, Ra·ting-Agen·tur ['rɛːtɪŋ-] f credit rating agency, CRA
Ra·tio <-> ['raːtsio] f kein pl (*geh*) reason no art
Ra·ti·on <-, -en> [ra'tsi̯oːn] f ration
ra·tio·nal [ratsi̯o'naːl] adj (*geh*) rational
ra·tio·na·li·sie·ren* [ratsi̯onali'ziːrən] vt, vi to rationalize [*or* AM usu streamline]
Ra·ti·o·na·li·sie·rung <-, -en> f rationalization no pl, streamlining AM usu no pl
ra·ti·o·nell [ratsi̯o'nɛl] adj efficient
ra·ti·o·nie·ren* [ratsi̯o'niːrən] vt to ration
Ra·ti·o·nie·rung <-, -en> f rationing no pl
rat·los adj helpless; **ich bin völlig ~** I'm completely at a loss
Rat·lo·sig·keit <-> f kein pl helplessness
Rä·to·ro·ma·ne, -ro·ma·nin <-n, -n> [rɛtoroˈmaːnə, -roˈmaːnɪn] m, f Rhaetian; s. a. **Deutsche(r)**
rä·to·ro·ma·nisch [rɛtoroˈmaːnɪʃ] adj Rhaeto-Romanic; s. a. **deutsch**
rat·sam ['raːtzaːm] adj advisable; ■ **es ist ~, etw zu tun** it is advisable to do sth; **es für ~ halten, etw zu tun** to think it wise to do sth
Rat·sche <-, -n> ['raːtʃə] f, **Rät·sche** <-, -n> ['rɛːtʃə] f MUS SÜDD, ÖSTERR rattle
Rat·schlag <-s, Ratschläge> ['raːtʃlaːk, pl -ʃlɛːɡə] m advice; **jdm [in etw** dat**] einen ~ geben** to give sb a piece of advice [on sth]
Rät·sel <-s, -> ['rɛːtsl̩] nt ❶ (*Geheimnis*) mystery; **es ist [jdm] ein ~ warum/wie ...** it is a mystery [to sb] why/how ... ❷ (*Denkaufgabe*) riddle; **des ~s Lösung** the answer to the riddle; **jdm ein ~ aufgeben** to pose a riddle for sb; **vor einem ~ stehen** to be baffled ❸ (*Kreuzwort~*) crossword [puzzle]
rät·sel·haft adj mysterious; ■ **es ist jdm ~, warum/wie ...** it's a mystery to sb why/how ...
rät·seln ['rɛːtsl̩n] vi to rack one's brains
Rät·sel·ra·ten <-s> nt kein pl ❶ (*das Lösen von Rätseln*) [the] solving [of] puzzles ❷ (*das Mutmaßen*) guessing game
Rats·herr m councillor **Rats·sit·zung** f council meeting
Rat·tan <-s, selten -e> ['ratan] nt rattan
Rat·te <-, -n> ['ratə] f (a. fig) rat
Rat·ten·fal·le f rat trap **Rat·ten·gift** nt

rat poison *no pl* **Rat·ten·schwanz** *m* ❶ (*Schwanz einer Ratte*) rat['s]-tail ❷ (*fam: verbundene Serie von Ereignissen*) string

rat·tern ['ratən] *vi* ❶ *haben* (*klappernd vibrieren*) to rattle ❷ *sein* (*sich ratternd fortbewegen*) to rattle along

rat·ze·kahl ['ratsə'kaːl] *adv* (*fam*) completely; **~ aufessen** to polish off the whole lot

rat·zen ['ratsn̩] *vi* (*fam: schlafen*) to kip BRIT

rat·ze·putz *adv* DIAL (*fam*) totally; **den Teller ~ leer essen** to polish off everything on the plate

ratz·fatz ['ratsfats] *adv* (*fam*) lickety-split *fam*, quick as a flash

rau^RR [rau̯] *adj* ❶ (*spröde*) rough; *Lippen* chapped ❷ (*heiser*) sore; *Stimme* husky ❸ (*unwirtlich*) harsh; *Gegend* inhospitable ❹ (*barsch*) harsh; *Benehmen, Sitten* uncouth

Raub <-[e]s, *selten* -e> [rau̯p] *m kein pl* ❶ (*das Rauben*) robbery ❷ (*das Geraubte*) booty

Raub·bau *m kein pl* over-exploitation (**an** of) **Raub·druck** *m* pirate[d] edition

Rau·bein^RR *nt* (*fam*) rough diamond BRIT, diamond in the rough AM

rau·bei·nig^RR *adj* (*fam*) rough-and-ready

rau·ben ['rau̯bn̩] **I.** *vt* ❶ (*stehlen*) to rob; **das hat mir viel Zeit geraubt** this has cost me a lot of time ❷ (*entführen*) to abduct **II.** *vi* to rob

Räu·ber(in) <-s, -> ['rɔy̆bɐ] *m(f)* robber

Räu·ber·ban·de *f* bunch of crooks **Räu·ber·höh·le** *f* (*veraltend*) robbers' den

räu·be·risch *adj* ❶ (*als Räuber lebend*) predatory ❷ (*einen Raub bezweckend*) **ein ~er Überfall/eine ~e Unternehmung** a raid/robbery

Raub·fisch *m* predatory fish **Raub·kat·ze** *f* [predatory] big cat **Raub·ko·pie** *f* pirate[d] copy **Raub·mord** *m* murder with robbery as a motive **Raub·mör·der(in)** *m(f)* murderer and robber **Raub·rit·ter** *m* robber baron **Raub·tier** *nt* predator **Raub·über·fall** *m* robbery; (*auf Geldtransport etc a.*) raid **Raub·vo·gel** *m* bird of prey

Rauch <-[e]s> [rau̯x] *m kein pl* smoke; **sich in ~ auflösen** to go up in smoke *fig* **Rauch·ab·zug** *m* smoke outlet

rau·chen ['rau̯xn̩] *vi, vt* to smoke; **sehr stark ~** to be a very heavy smoker; **darf man hier/bei Ihnen ~?** may I smoke [in] here/do you mind if I smoke?

Rau·cher <-s, -> *m* BAHN (*fam*) smoking compartment [*or* AM car]

Rau·cher(in) <-s, -, -nen> *m(f)* smoker **Rau·cher·ab·teil** *nt* BAHN smoking compartment [*or* AM car] **Rau·cher·bein** *nt* smoker's leg

Räu·cher·fisch *m* smoked fish

Rau·cher·hus·ten *m* smoker's cough

Räu·che·rin <-, -nen> *f fem form von* **Raucher**

Räu·cher·lachs *m* smoked salmon *no pl* **räu·chern** [rɔy̆çɐn] *vt, vi* to smoke

Räu·cher·speck *m* smoked bacon **Räu·cher·stäb·chen** *nt* joss stick

Rau·cher·zo·ne *f* smoking area

Rauch·fang *m* ❶ (*Abzugshaube*) chimney hood ❷ ÖSTERR (*Schornstein*) chimney

Rauch·fleisch *nt* smoked meat

rau·chig ['rau̯xɪç] *adj* smoky

Rauch·mel·der *m* smoke alarm **Rauch·schwa·den** <-s, -> *m meist pl* cloud of smoke **Rauch·sig·nal** *nt* smoke signal **Rauch·ver·bot** *nt* ban on smoking; **hier ist** [*o* **herrscht**] **~** smoking isn't allowed here, there's no smoking here **Rauch·ver·gif·tung** *f* smoke poisoning **Rauch·wol·ke** *f* cloud of smoke

Räu·de <-, -n> ['rɔy̆də] *f* mange *no pl* **räu·dig** ['rɔy̆dɪç] *adj* mangy

rauf [rau̯f] **I.** *interj* (*fam*) up **II.** *adv* (*fam*) **~ mit euch!** up you go!

Rau·fa·ser(·ta·pe·te)^RR *f* woodchip [wallpaper]

Rauf·bold <-[e]s, -e> ['rau̯fbɔlt] *m* thug

rau·fen ['rau̯fn̩] **I.** *vi* to fight (**mit** with) **II.** *vr* ■ **sich ~** to fight (**um** over)

Rau·fe·rei <-, -en> [rau̯fə'rai̯] *f* fight

rauh^ALT [rau̯] *adj s.* **rau**

Rauh·bein^ALT *nt s.* **Raubein**

rauh·bei·nig^ALT *adj s.* **raubeinig**

Rau·heit <-> ['rau̯hai̯t] *f kein pl* ❶ (*Sprödigkeit*) roughness *no pl* ❷ (*Unwirtlichkeit*) harshness; *Gegend* bleakness

Rauh·fa·ser(·ta·pe·te)^ALT *f s.* **Raufasertapete** **Rauh·reif**^ALT *m kein pl s.* **Raureif**

Raum <-[e]s, Räume> [rau̯m, *pl* 'rɔy̆mə] *m* ❶ (*Zimmer*) room ❷ *kein pl* (*Platz*) room *no art,* space *no art;* **auf engstem ~** in a very confined space; **~ [für etw** *akk*] **schaffen** to make room [for sth] ❸ *kein pl* PHYS space *no art;* ASTRON [outer] space *no pl, no art* ❹ GEOG (*Gebiet*) region, area; **im ~ Hamburg** in the Hamburg area ▶ **im ~ [e] stehen** to be unresolved; **etw in den ~ stellen** to raise sth; **eine Hypothese/These in den ~ stellen** to put forward a hypothesis/theory

Raum·an·zug *m* spacesuit

Räum·dienst *m* snow-clearing service
räu·men ['rɔymən] I. *vt* ① (*entfernen*) to remove (**aus/von** from); **räum deine Unterlagen bitte vom Tisch** clear your papers off the table, please ② (*einsortieren*) ■**etw in etw** *akk* ~ to put away *sep* sth in sth ③ *Wohnung* to vacate; *Straße* to clear ④ (*evakuieren*) ■**geräumt werden** to be evacuated II. *vi* DIAL (*umräumen*) to rearrange things
Raum·fäh·re *f* space shuttle **Raum·fah·rer(in)** *m(f)* (*veraltend*) *s.* **Astronaut**
Raum·fahrt *f kein pl* space travel *no art;* (*einzelner Raumflug*) space flight; **bemannte/unbemannte ~** manned/unmanned space travel **Raum·fahrt·be·hör·de** *f* space agency
Räum·fahr·zeug *nt* bulldozer; (*für Schnee*) snowplough
Raum·flug *m* ① (*Flug in den Weltraum*) space flight ② *kein pl* (*Raumfahrt*) space travel **Raum·for·schung** *f kein pl* space research *no pl* **Raum·ge·stal·tung** *f* interior design **Raum·in·halt** *m* MATH volume **Raum·kap·sel** *f* ① (*Kabine einer Raumfähre*) space capsule ② *s.* **Raumsonde**
räum·lich ['rɔymlıç] I. *adj* ① (*den Raum betreffend*) spatial; **in großer ~er Entfernung** a long way away ② (*dreidimensional*) three-dimensional II. *adv* ① (*platzmäßig*) spatially; **~ [sehr] beengt sein** to be [very] cramped for space ② (*dreidimensional*) three-dimensionally
Räum·lich·keit <-, -en> *f* ① *kein pl* (*räumliche Wirkung*) spatiality *no pl* ② *pl* (*geh: zusammengehörende Räume*) premises *pl*
Raum·par·füm [-parfy:m] *nt* room scent **Raum·pfle·ger(in)** *m(f)* cleaner **Raum·schiff** *nt* spaceship **Raum·son·de** *f* space probe **Raum·sta·ti·on** *f* space station
Räu·mung <-, -en> *f* ① (*das Freimachen eines Ortes*) *Kreuzung, Unfallstelle* clearing; *Wohnung* vacation; (*zwangsweise*) eviction ② (*Evakuierung*) evacuation
Räu·mungs·ar·bei·ten *pl* clearance operations *pl* **Räu·mungs·be·fehl** *m* eviction order **Räu·mungs·kla·ge** *f* action of ejectment **Räu·mungs·ver·kauf** *m* clearance sale
rau·nen ['raʊnən] *vi, vt* (*geh*) to murmur
Rau·pe <-, -n> ['raʊpə] *f* ① ZOOL caterpillar ② (*Planier~*) bulldozer
Rau·pen·fahr·zeug *nt* caterpillar® [vehicle]

Rau·reif^{RR} *m kein pl* hoar frost
raus [raʊs] I. *interj* [get] out; **schnell ~ hier!** quick, get out of here! II. *adv* (*fam*) out; **Sie können da nicht ~** you can't get out that way; **aufmachen, ich will hier ~!** let me out of here!
raus|be·kom·men* *vt irreg* (*fam*) *s.* **herausbekommen raus|brin·gen** *vt irreg* (*fam*) ① (*äußern*) **kein Wort ~** to not [be able to] utter a word ② (*nach draußen bringen*) *Müll* to take out *sep*
Rausch <-[e]s, Räusche> [raʊʃ, 'rɔyʃə] *m* ① (*Trunkenheit*) intoxication; **einen ~ haben** to be drunk; **seinen ~ ausschlafen** to sleep it off; **sich** *dat* **einen ~ antrinken** to get drunk ② (*Ekstase*) ecstasy
rausch·arm *adj* TECH low-noise
rau·schen ['raʊʃn] *vi* ① *haben* (*anhaltendes Geräusch erzeugen*) *Wasser, Verkehr* to roar; (*sanft*) to murmur; *Baum, Blätter* to rustle; *Lautsprecher* to hiss; *Rock, Vorhang* to swish ② *sein* (*sich geräuschvoll bewegen*) *Wasser* to rush; *Vogelschwarm* to swoosh ③ *sein* (*fam: zügig gehen*) to sweep (**aus** out of, **in** into)
rau·schend *adj* ① (*prunkvoll*) *Ballnacht, Fest* glittering ② (*stark*) *Beifall* resounding
rausch·frei *adj* TELEK, MEDIA free of background noise; *CDs* hiss-free **Rausch·gift** *nt* drug **Rausch·gift·han·del** *m* drug trafficking **Rausch·gift·händ·ler(in)** <-s, -> *m(f)* drug dealer; (*international*) drug trafficker **Rausch·gift·sucht** *f* drug addiction **rausch·gift·süch·tig** *adj* addicted to drugs *pred* **Rausch·gift·süch·ti·ge(r)** <-n, -n> *f(m)* drug addict
raus|e·keln ['raʊsʔe:kln] *vt* (*fam*) ■**jdn [aus etw** *dat*] **~** to hound sb [out of sth]; (*durch Schweigeterror*) to freeze sb out *sep* [of sth] **raus|flie·gen** *vi irreg sein* (*fam*) ① (*hinausgeworfen werden*) **aus der Schule ~** to be chucked [*or* AM kicked] out of school; **aus einem Betrieb ~** to be given the boot ② (*weggeworfen werden*) to get chucked out **raus|ge·ben** *vt irreg* (*fam*) **Geld ~** to give change **raus|ge·hen** *vi irreg sein* (*fam*) to go out; *Fleck, Korken* to come out **raus|kom·men** *vi irreg* (*fam*) *s.* **herauskommen, hinauskommen raus|krie·gen** *vt* (*fam*) ■**etw ~** to cotton on to sth; ■**~, was/wer/wie/wo ...** to find out what/who/how/where ...; *Rätsel* to figure out *sep* **raus|neh·men** *vt, vr irreg* (*fam*) *s.* **herausnehmen**

räus·pern ['rɔyspɐn] *vr* ■**sich ~** to clear one's throat
raus|rü·cken *vt s.* **herausrücken raus|schmei·ßen** *vt irreg (fam)* to chuck [*or* throw] out **Raus·schmei·ßer** <-s, -> *m (fam)* bouncer **Raus·schmiss**^RR <-es, -e> *m,* **Raus·schmiß**^ALT <-sses, -sse> *m (fam)* booting [*or* AM *usu* throwing] out; **mit dem ~ hat er rechnen müssen** he had to expect the boot
Rau·te <-, -n> ['rautə] *f* rhombus
Ra·ve <-[s], -s> [reːf] *nt* rave
Raz·zia <-, Razzien> ['ratsi̯a, *pl* -tsiən] *f* raid
Re·a·genz·glas *nt* test tube
re·a·gie·ren* [rea'giːrən] *vi a.* CHEM to react (**auf** to, **mit** with)
Re·ak·ti·on <-, -en> [reak'tsi̯oːn] *f* reaction (**auf** to)
re·ak·ti·o·när [reaktsi̯o'nɛːɐ̯] **I.** *adj (pej)* reactionary **II.** *adv* in a reactionary way; **~ eingestellt sein** to be a reactionary
Re·ak·ti·ons·ver·mö·gen *nt kein pl* ability to react *no pl*
Re·ak·ti·ons·zeit *f* reaction time
re·ak·ti·vie·ren* [reakti'viːrən] *vt* to recall
Re·ak·tor <-s, -toren> [re'aktoːɐ̯, *pl* -'toːrən] *m* reactor
Re·ak·tor·kern *m* reactor core **Re·aktor·si·cher·heit** *f* reactor safety **Re·aktor·un·glück** *nt* reactor accident
re·al [re'aːl] **I.** *adj* real **II.** *adv* **ein ~ denkender Mensch** a realistic thinker; ÖKON in real terms
Re·al·ein·kom·men *nt* real income
re·a·li·sier·bar *adj* realizable; **schwer ~e Pläne/Projekte** plans/projects that are hard to accomplish
re·a·li·sie·ren* [reali'ziːrən] *vt* to realize
Re·a·li·sie·rung <-, *selten* -en> *f* realization; *Idee, Plan* implementation
Re·a·lis·mus <-> [rea'lɪsmʊs] *m kein pl* realism *no pl*
Re·a·list(in) <-en, -en> [rea'lɪst] *m(f)* realist
re·a·lis·tisch [rea'lɪstɪʃ] *adj* realistic
Re·a·li·tät <-, -en> [reali'tɛːt] *f* ❶ (*Wirklichkeit*) reality ❷ *pl* (*Gegebenheiten*) facts ❸ *pl* ÖSTERR (*Immobilien*) real estate *no pl*
re·a·li·täts·fern *adj* unrealistic; *Person* out of touch with reality **re·a·li·täts·nah** *adj* realistic; *Person* in touch with reality **Re·a·li·täts·sinn** *m kein pl* sense of reality *no pl*
Re·a·li·ty-TV <-[s]> [ri'ɛliti-] *nt kein pl* reality TV *no pl*

Re·al·lohn *m* real wage
Re·al·schu·le *f* ≈ secondary modern school BRIT *hist*
Re·a·ni·ma·ti·on <-, -en> [reʔanima'tsi̯oːn] *f* resuscitation
re·a·ni·mie·ren* [reʔani'miːrən] *vt* to resuscitate
Re·be <-, -n> ['reːbə] *f* [grape]vine
Re·bell(in) <-en, -en> [re'bɛl] *m(f)* rebel
re·bel·lie·ren* [rebɛ'liːrən] *vi* to rebel (**gegen** against)
Re·bel·lin <-, -nen> *f fem form von* **Rebell**
Re·bel·li·on <-, -en> [rebɛ'li̯oːn] *f* rebellion; *Studenten* revolt
re·bel·lisch [re'bɛlɪʃ] *adj* rebellious
Reb·huhn ['reːphuːn] *nt* partridge **Rebsor·te** *f* type of grape **Reb·stock** *m* vine
re·chen ['rɛçn̩] *vt* to rake
Re·chen <-s, -> ['rɛçn̩] *m* rake
Re·chen·art *f* type of arithmetic[al] calculation **Re·chen·auf·ga·be** *f* arithmetic[al] problem **Re·chen·buch** *nt* SCH (*veraltend*) arithmetic book **Re·chen·feh·ler** *m* arithmetic[al] error **Re·chen·ma·schi·ne** *f* calculator; (*Abakus*) abacus **Re·chen·ope·ra·ti·on** *f* MATH arithmetic operation
Re·chen·schaft <-> *f kein pl* account; **jdm** [**über etw** *akk*] **~ schulden** to be accountable to sb [for sth]; **jdn** [**für etw** *akk*] **zur ~ ziehen** to call sb to account [for sth]
Re·chen·schie·ber *m* slide rule **Re·chen·schritt** *m* INFORM calculation **Re·chen·zen·trum** *nt* computer centre
Re·cher·che <-, -en> [re'ʃɛrʃə] *meist pl f* investigation; **~n** [**über jdn/etw**] **anstellen** to investigate [sb/sth]
re·cher·chie·ren* [reʃɛr'ʃiːrən] *vi, vt* to investigate
rech·nen ['rɛçnən] **I.** *vt* ❶ (*mathematisch lösen*) to calculate ❷ (*zählen, messen*) to work out *sep;* **etw in Euro ~** to calculate sth in Euros ❸ (*veranschlagen*) to reckon; **wir müssen mindestens zehn Stunden ~** we must reckon on at least ten hours; **zu hoch/niedrig gerechnet sein** to be an over-/underestimate ❹ (*einbeziehen, miteinrechnen*) to include ❺ (*berücksichtigen*) to take into account ❻ (*einstufen, gehören*) to count (**zu/unter** among); **ich rechne sie zu meinen besten Freundinnen** I count her amongst my best [girl]friends **II.** *vi* ❶ (*Rechenaufgaben lösen*) to do arithmetic; **ich konnte noch nie gut ~** I was never any good at arithme-

tic; **falsch/richtig ~** to make a mistake [in one's calculations]/to calculate correctly ❷(*sich verlassen*) ■ **auf jdn/etw ~** to count on sb/sth ❸(*einkalkulieren*) ■ **mit etw** *dat* **~** to reckon on sth; **mit allem/ dem Schlimmsten ~** to be prepared for anything/the worst; **für wann ~ Sie mit einer Antwort?** when do you expect an answer? ❹(*fam: haushalten*) to economize; **wir müssen mit jedem Cent ~** we have to watch every penny III. *vr* (*mit Gewinn zu kalkulieren sein*) ■ **sich ~** to be profitable

Rech·ner <-s, -> *m* ❶(*Taschenrechner*) calculator ❷ INFORM computer

rech·ner·ge·steu·ert *adj* INFORM computer-controlled **rech·ner·ge·stützt** *adj meist attr* computer-aided

rech·ne·risch I. *adj* arithmetic[al] II. *adv* ❶(*kalkulatorisch*) arithmetically ❷(*durch Rechnen*) by calculation; **rein ~** purely arithmetically

Rech·ner·si·mu·la·ti·on *f* computer simulation

Rech·nung <-, -en> *f* ❶(*schriftliche Abrechnung*) bill, AM *also* check; **etw auf die ~ setzen** to put sth on the bill; [**jdm**] **etw in ~ stellen** to charge [sb] for sth; **„~ beiliegend"** "invoice enclosed"; **das geht auf meine ~** I'm paying for this ❷(*Berechnung*) calculation; **die ~ stimmt nicht** the sum just doesn't work ▶ **die ~ ohne den Wirt machen** to fail to reckon with sb/sth; **mit jdm eine [alte] ~ zu begleichen haben** to have a[n old] score to settle with sb

Rech·nungs·buch *nt* account[s] book **Rech·nungs·füh·rer(in)** <-s, -> *m(f)* ❶(*Kassenwart*) treasurer ❷(*Buchhalter*) bookkeeper **Rech·nungs·prü·fer(in)** <-s, -> *m(f)* auditor

recht [rɛçt] I. *adj* ❶(*passend*) right ❷(*richtig*) right; **ganz ~!** quite right! ❸(*wirklich*) real ❹(*angenehm*) ■ **jdm etw ~** sth is all right with sb; **das soll mir ~ sein** that's fine by me; **dieser Kompromiss ist mir durchaus nicht ~** I'm not at all happy with this compromise; **ist Ihnen der Kaffee so ~?** is your coffee all right?; **ja, ja, ist schon ~!** (*fam*) yeah, yeah, OK! ❺ SCHWEIZ, SÜDD (*anständig*) decent; (*angemessen*) appropriate ▶ **nicht mehr als ~ und billig sein** to be only right and proper; **irgendwo nach dem Rechten sehen** to see that everything's all right somewhere II. *adv* ❶(*richtig*) correctly; **höre ich ~?** am I hearing things?; **ich sehe doch wohl nicht ~** I must be seeing things; **versteh mich bitte ~** please don't misunderstand me ❷(*genau*) really; **nicht ~ wissen** to not really know ❸(*ziemlich*) rather; (*gehörig*) properly ❹(*fam: gelegen*) **jdm gerade ~ kommen** to come just in time [for sb]; (*iron*) to be all sb needs; **man kann es nicht allen ~ machen** you cannot please everyone; **jdm ~ geschehen** to serve sb right ▶ **jetzt erst ~** now more than ever

Recht <-[e]s, -e> [rɛçt] *nt* ❶ *kein pl* (*Rechtsordnung*) law; **alle ~e vorbehalten** all rights reserved; **das ~ mit Füßen treten** to fly in the face of the law ❷(*juristischer od. moralischer Anspruch*) right; **jds gutes ~ sein**, [**etw zu tun**] to be sb's [legal] right [to do sth]; **jdm ~ geben** to agree with sb; **~ haben** to be [in the] right; **ein ~ auf jdn/etw haben** to have a right to sb/sth; **von ~s wegen** (*fam*) by rights; **kein ~ haben, etw zu tun** to have no right to do sth; **im ~ sein** to be in the right ❸(*Befugnis*) right; **was gibt Ihnen das ~, ...?** what gives you the right ...?; **mit welchem ~?** by what right?; **mit ~** rightly; **und das mit ~!** and rightly so!

rech·te(r, s) *adj attr* ❶(*Gegenteil von linke*) right; **die ~ Seite** the right-hand side; **das ~ Fenster/Haus** the window/ house on the right ❷(*außen befindlich*) the right way round ❸ POL right[-wing] ❹ MATH **ein ~r Winkel** a right angle

Rech·te <-n, -n> ['rɛçtə] *f* ❶(*rechte Hand*) right [hand]; **zu jds ~n** (*geh*) to sb's right ❷ POL ■ **die ~** the right [*or* Right]; **ein Vertreter der radikalen ~n** a representative of the extreme right

Recht·eck <-[e]s, -e> *nt* rectangle **recht·eckig** *adj* rectangular

rech·tens ['rɛçtns] *adv* (*geh*) ■ **~ sein** to be legal

recht·fer·ti·gen I. *vt* to justify (**gegenüber** to) II. *vr* (*sich verantworten*) ■ **sich ~** to justify oneself

Recht·fer·ti·gung *f* justification

recht·gläu·big *adj* orthodox

recht·ha·be·risch *adj* (*pej*) dogmatic

recht·lich I. *adj* legal II. *adv* legally

recht·los *adj* without rights *pred*

recht·mä·ßig *adj* ❶(*legitim*) lawful ❷(*legal*) legal; **nicht ~** illegal

Recht·mä·ßig·keit <-> *f kein pl* ❶(*Legitimität*) legitimacy ❷(*Legalität*) legality

rechts [rɛçts] I. *adv* ❶(*auf der rechten Seite*) on the right; **dein Schlüsselbund liegt ~ neben dir** your keys are just to your right; **etw ~ von etw** *dat* **aufstellen**

to put sth to the right of sth; **~ oben/ unten** at the top/bottom on the right; **nach ~** to the right; **von ~** from the right ❷ TRANSP *(nach rechts)* [to the] right; **~ abbiegen** to turn [off to the] right; **sich ~ einordnen** to get into the right-hand lane; **~ ranfahren** to pull over to the right; **halte dich ganz ~** keep to the right; **~ vor links** right before left ❸ POL right; **~ eingestellt sein** to lean to the right; **~ [von jdm/etw] stehen** to be on the right [of sb/ sth] ❹ *(richtig herum)* the right way round ❺ *(beim Stricken)* **zwei ~, zwei links** knit two, purl two; **~ stricken** to knit plain ▶ **nicht mehr wissen, wo ~ und** <u>links</u> **ist** *(fam)* to not know whether one is coming or going II. *präp* ■ **~ einer S.** *gen* to [or on] the right of sth

Rechts·ab·tei·lung *f* legal department **Rechts·an·spruch** *m* legal right [*or* entitlement] **Rechts·an·walt, -an·wäl·tin** *m, f* lawyer, solicitor BRIT, attorney AM; *(vor Gericht)* barrister BRIT, lawyer AM; **sich** *dat* **einen ~ nehmen** to get a lawyer

Rechts·au·ßen <-, -> [ˌrɛçts'ʔaʊsn̩] *m* ❶ FBALL right wing[er] ❷ POL *(fam)* extreme right-winger

Rechts·be·ra·tung *f* ❶ *(das Beraten)* legal advice *no pl, no indef art* ❷ *(Rechtsberatungsstelle)* legal advice *no pl, no art*

Rechts·bruch *m* breach of the law

rechts·bün·dig TYPO I. *adj* right justified II. *adv* with right justification

recht·schaf·fen [ˈrɛçtʃafn̩] I. *adj* ❶ *(redlich)* upright ❷ *(fam: ziemlich)* really II. *adv* ❶ *(redlich)* honestly ❷ *(fam: ziemlich)* really

Recht·schaf·fen·heit <-> *f kein pl* honesty *no pl*, uprightness *no pl*

Recht·schreib·feh·ler *m* spelling mistake **Recht·schreib·re·form** *f* spelling reform **Recht·schrei·bung** *f* spelling *no pl, no indef art*

Rechts·emp·fin·den *nt* sense of [what is] right and wrong

rechts·ex·trem *adj* extreme right-wing **Rechts·ex·tre·mis·mus** <-> *m kein pl* right-wing extremism *no pl* **Rechts·ex·tre·mist(in)** *m(f)* right-wing extremist

rechts·ex·tre·mis·tisch *adj* right-wing extremist

rechts·fä·hig *adj präd* **~ sein** to have legal capacity

Rechts·fall *m* JUR law [*or* court] case; **schwebender ~** pending case **Rechts·fra·ge** *f* question of law

rechts·ge·rich·tet *adj* right-wing

Rechts·grund·la·ge *f* legal basis **rechts·gül·tig** *adj* legally valid

Rechts·hän·der(in) <-s, -> [ˈrɛçtshɛndɐ] *m(f)* right-hander; **~ sein** to be right-handed

rechts·hän·dig [ˈrɛçtshɛndɪç] I. *adj* right-handed II. *adv* right-handed, with one's right hand

rechts·her·um [ˈrɛçtshɛrʊm] *adv* [round] to the right; **etw ~ drehen** to turn sth clockwise

rechts·kräf·tig I. *adj* legally valid; *Urteil* final II. *adv* with the force of law; **jdn ~ verurteilen** to pass a final sentence on sb

Rechts·kur·ve *f* right-hand bend; **eine ~ machen** to [make a] bend to the right

Rechts·la·ge *f* legal position **Rechts·mit·tel** *nt* means of legal redress **Rechts·mit·tel·be·leh·rung** *f* instruction on rights of redress **Rechts·nach·fol·ge** *m* legal succession **Rechts·ord·nung** *f* system of laws **Rechts·pfle·ge** *f* **Organe der ~** law enforcement officers; **~ ausüben** to administer justice

Recht·spre·chung <-, *selten* -en> *f kein pl* dispensation of justice

rechts·ra·di·kal I. *adj* extreme right-wing II. *adv* with extreme right-wing tendencies; **~ eingestellt sein** to have a tendency to the far-right

rechts·rum [ˈrɛçtsrʊm] *adv (fam) s.* **rechtsherum**

Rechts·schutz *m* legal protection **Rechts·schutz·ver·si·che·rung** *f* legal costs insurance

rechts·sei·tig [ˈrɛçtszaɪtɪç] I. *adj* **~e Armamputation** amputation of the right arm; **~e Blindheit/Lähmung** blindness in the right eye/paralysis of the right side II. *adv* on the right side; **~ gelähmt sein** to be paralysed down the/one's right side

Rechts·si·cher·heit *f* legal security **Rechts·staat** *m* state under the rule of law **rechts·staat·lich** *adj* founded on the rule of law *pred* **Rechts·streit** *m* lawsuit **Rechts·ter·ro·ris·mus** *m* right-wing terrorism **Rechts·ver·dre·her(in)** <-s, -> *m(f)* ❶ *(hum fam: Anwalt)* legal eagle *fam* ❷ *(pej: dubioser Rechtsanwalt)* shyster

Rechts·ver·kehr *m* driving on the right *no pl, no indef art*

Rechts·ver·let·zung *f* infringement of the law **Rechts·ver·ord·nung** *f* statutory instrument **Rechts·weg** *m kein pl* judicial process; **den ~ beschreiten** *(geh)* to take legal action **rechts·wid·rig** *adj*

unlawful **rechts·wirk·sam** *adj* JUR legally effective, valid; **etw ~ machen** to validate sth **Rechts·wis·sen·schaft** *f kein pl* (*geh*) jurisprudence *no pl*

recht·win·ke·lig *adj*, **recht·wink·lig** *adj* right-angled

recht·zei·tig I. *adj* punctual II. *adv* on time; **~ ankommen** to arrive just in time; **Sie hätten mich ~ informieren müssen** you should have told me in good time

Reck <-[e]s, -e> [rɛk] *nt* high bar

re·cken ['rɛkn̩] I. *vt* to stretch; **den Hals/Kopf [nach oben] ~** to crane one's neck [upwards] II. *vr* ■ **sich ~** to [have a] stretch; **reck dich nicht so weit aus dem Fenster** don't lean so far out of the window

Re·cor·der <-s, -> [re'kɔrdɐ] *m* ❶ (*Kassetten~*) cassette recorder ❷ (*Video~*) video [recorder]

re·cy·celn* [ri'sajkl̩n] *vt* to recycle
re·cy·cle·bar [ri'sajklbaːɐ] *adj* recyclable
Re·cy·cling <-s> [ri'sajklɪŋ] *nt kein pl* recycling
Re·cy·cling·pa·pier [ri'sajklɪŋ-] *nt* recycled paper

Re·dak·teur(in) <-s, -e> [redak'tøːɐ] *m(f)* editor

Re·dak·ti·on <-, -en> [redak'tsi̯oːn] *f* ❶ (*redaktionelles Büro*) editorial department ❷ (*Mitglieder eines redaktionellen Büros*) editorial staff ❸ *kein pl* (*das Redigieren*) editing

re·dak·ti·o·nell [redaktsi̯oˈnɛl] I. *adj* editorial; **~e Bearbeitung** editing II. *adv* editorially; **etw ~ bearbeiten** to edit sth

Re·dak·ti·ons·schluss^RR *m* time of going to press

Re·dak·tor(in) <-s, -en> [re'daktoːɐ] *m(f)* SCHWEIZ editor

Re·de <-, -n> ['reːdə] *f* ❶ (*Ansprache*) speech; **eine ~ halten** to make a speech; **direkte/indirekte ~** LING direct/indirect speech ❷ (*das [Miteinander-]Sprechen*) talk; **wovon ist die ~?** what's it [all] about?; **von jdm/etw ist die ~** there is talk of sb/sth; **es war gerade von dir die ~** we/they were just talking about you; **die ~ kam auf jdn/etw** *akk* the conversation turned to sb/sth ❸ *pl* (*Äußerungen*) language *no pl*; **das sind nur ~n** that's just talk ▶ [**jdm**] [**für etw** *akk*] **~ und Antwort stehen** to account [to sb] [for sth]; **jdn [für etw** *akk*] **zur ~ stellen** to take sb to task [for sth]; **der langen ~ kurzer Sinn** (*prov*) the long and the short of it; **langer ~ kurzer Sinn** (*fam*) in short; **nicht der ~ wert sein** to be not worth mentioning; **das ist doch nicht der ~ wert!** don't mention it!; **davon kann keine ~ sein** that's out of the question

re·de·faul *adj* uncommunicative **Re·de·fluss**^RR *m kein pl* flow of words; **ich musste seinen ~ unterbrechen** I had to interrupt him in mid-flow **Re·de·frei·heit** *f kein pl* freedom of speech **re·de·ge·wandt** *adj* eloquent **Re·de·ge·wandt·heit** <-> *f kein pl* eloquence *no pl* **Re·de·kunst** *f kein pl* rhetoric *no pl*

re·den ['reːdn̩] I. *vi* ❶ (*sprechen*) to talk (**mit** to, **über** about); **so nicht mit sich ~ lassen** to not let oneself be talked to in such a way; **du hast gut ~** it's easy for you to talk; **mit jdm zu ~ haben** to need to speak to sb; **schlecht von jdm ~** to speak ill of sb ❷ (*sich unterhalten*) to talk; **über manche Themen wurde zu Hause nie geredet** some topics were never discussed at home; **~ wir nicht mehr davon** let's not talk about it any more ❸ (*eine Rede halten*) to speak (**über** about/on) ❹ (*ausdiskutieren, verhandeln*) to talk, to discuss; **darüber lässt sich ~** that's a possibility; **mit sich [über etw** *akk*] **~ lassen** (*sich umstimmen lassen*) to be willing to discuss [sth]; (*mit sich verhandeln lassen*) to be open to offers; **nicht mit sich [über etw** *akk*] **~ lassen** (*bei seiner Entscheidung bleiben*) to be adamant [about sth] ❺ (*sl: etw verraten, gestehen*) to talk II. *vt* ❶ (*sagen*) to talk; **ich möchte gerne hören, was ihr redet** I'd like to hear what you're saying ❷ (*klatschen*) ■ **etw [über jdn/etw] ~** to say sth [about sb/sth]; **es wird über uns geredet** we're being talked about III. *vr* **sich in Rage/in Wut ~** to talk oneself into a rage/a fury; **sich in Begeisterung ~** to get carried away with what one is saying; **sich heiser ~** to talk oneself hoarse

Re·dens·art *f* expression; **das ist nur so eine ~** it's just a figure of speech; **eine feste ~** a stock phrase *also pej*

Re·de·recht *nt kein pl* right to speak [out] **Re·de·schwall** <-[e]s> *m kein pl* (*pej*) torrent of words **Re·de·ver·bot** *nt* ban on speaking **Re·de·wei·se** *f* manner of speaking **Re·de·wen·dung** *f* idiom

re·di·gie·ren* [redi'giːrən] *vt* to edit

red·lich ['reːtlɪç] I. *adj* ❶ (*aufrichtig*) honest ❷ (*sehr groß*) real II. *adv* really

Red·lich·keit <-> *f kein pl* honesty *no pl* **Red·ner(in)** <-s, -> ['reːdnɐ] *m(f)* speaker **Red·ner·pult** *nt* lectern

red·se·lig ['reːtzeːlɪç] *adj* talkative

Red·se·lig·keit <-> *f kein pl* talkativeness *no pl*

Re·duk·ti·on <-, -en> [redʊk'tsi̯oːn] *f* (*form*) reduction

re·dun·dant [redʊn'dant] *adj* (*geh*) redundant

Re·dun·danz <-, -en> [redʊn'dants] *f* LING redundancy *no pl*

re·du·zier·bar *adj* ■ **auf etw** *akk* **~ sein** to be reducible to sth

re·du·zie·ren* [redu'tsiːrən] *vt* to reduce

Re·du·zie·rung <-, -en> *f* reduction; **eine ~ der Kosten** a reduction in costs

Ree·de·rei <-, -en> [reːdəˈraɪ̯] *f* shipping company

re·ell [re'ɛl] *adj* ❶ (*tatsächlich*) real ❷ (*anständig*) straight; *Angebot, Preis* fair; *Geschäft* sound

Re·fe·rat[1] <-[e]s, -e> [refeˈraːt] *nt* [seminar] paper; (*in der Schule*) project; **ein ~ [über jdn/etw] halten** to present a paper/project [on sb/sth]

Re·fe·rat[2] <-[e]s, -e> [refeˈraːt] *nt* ADMIN department

Re·fe·ren·dar(in) <-s, -e> [refɛrɛn'daːɐ̯] *m(f)* *candidate for a higher post in the civil service who has passed the first set of state examinations and is undergoing practical training*

Re·fe·ren·da·ri·at <-[e]s, -e> [refɛrɛnda'ri̯aːt] *nt* traineeship; SCH teacher training; JUR [time in] articles BRIT

Re·fe·ren·da·rin <-, -nen> *f fem form von* **Referendar**

Re·fe·ren·dum <-s, Referenden *o* Referenda> [refeˈrɛndʊm, *pl* -da] *nt* referendum

Re·fe·rent(in) <-en, -en> [refeˈrɛnt] *m(f)* ❶ (*Berichterstatter*) speaker ❷ ADMIN head of an advisory department ❸ (*Gutachter*) examiner

Re·fe·renz <-, -en> [refeˈrɛnts] *f* ❶ *meist pl* (*Beurteilung*) **gute ~en aufzuweisen haben** to have good references ❷ (*Person*) referee ❸ LING reference

re·fe·rie·ren* [refeˈriːrən] *vi* to present a paper (**über** on), to give a talk (**über** on)

re·flek·tie·ren* [reflɛk'tiːrən] I. *vt* to reflect II. *vi* ❶ (*zurückstrahlen*) to reflect ❷ (*fam: interessiert sein*) ■ **auf etw** *akk* **~** to be interested in sth ❸ (*geh: kritisch erwägen*) to reflect (**über** on/upon)

Re·flek·tor <-s, -toren> [reˈflɛktoːɐ̯, *pl* -ˈtoːrən] *m* reflector

Re·flex <-es, -e> [reˈflɛks] *m* ❶ (*Nerven~*) reflex ❷ (*Licht~*) reflection

Re·flex·be·we·gung *f* reflex movement, reflex **Re·flex·hand·lung** *f* reflex action

Re·fle·xi·on <-, -en> [reflɛ'ksi̯oːn] *f a.* PHYS reflection

re·fle·xiv [reflɛ'ksiːf] *adj* LING reflexive

Re·fle·xiv·pro·no·men *nt* reflexive pronoun **Re·fle·xiv·verb** *nt* reflexive verb

Re·form <-, -en> [reˈfɔrm] *f* reform

Re·for·ma·ti·on <-> [refɔrma'tsi̯oːn] *f kein pl* ■ **die ~** the Reformation *no pl*

re·for·ma·to·risch [refɔrma'toːrɪʃ] *adj* reformatory

re·form·be·dürf·tig *adj* in need of reform *pred*

Re·for·mer(in) <-s, -> [reˈfɔrmɐ] *m(f)* reformer

re·for·me·risch [reˈfɔrmərɪʃ] *adj* reforming

Re·form·haus *nt* health food shop [*or* AM *usu* store]

re·for·mie·ren* [refɔr'miːrən] *vt* to reform

re·for·mis·tisch *adj* POL reformist

Re·form·kost *f* health food **Re·form·pro·zess**[RR] *m* reform process, process of reform

Re·frain <-s, -s> [reˈfrɛː, rə-] *m* refrain

Re·gal <-s, -e> [reˈɡaːl] *nt* shelves *pl*, shelving *no pl, no indef art*, rack; **etw aus dem ~ nehmen** to take sth off the shelf; **etw ins ~ zurückstellen** to put sth back on the shelf; **in/auf dem ~ stehen** to stand on the shelf

Re·gat·ta <-, Regatten> [reˈɡata, *pl* reˈɡatən] *f* regatta

re·ge [ˈreːɡə] I. *adj* ❶ (*lebhaft*) lively; *Anteilnahme, Beteiligung* active ❷ (*wach*) ■ **in jdm ~ werden** to be awakened in sb II. *adv* actively

Re·gel[1] <-, -n> [ˈreːɡl̩] *f* rule; **sich** *dat* **etw zur ~ machen** to make a habit of sth; **in der ~** as a rule ▶ **nach allen ~n der Kunst** with all the tricks of the trade

Re·gel[2] <-> [ˈreːɡl̩] *f kein pl* (*Menstruation*) period

Re·gel·ar·beits·zeit *f* core time **Re·gel·blu·tung** *f* menstruation **Re·gel·fall** *m kein pl* rule; **im ~** as a rule

re·gel·mä·ßig I. *adj* regular II. *adv* ❶ (*in gleichmäßiger Folge*) regularly ❷ (*immer wieder*) always

Re·gel·mä·ßig·keit <-> *f kein pl* regularity

re·geln [ˈreːɡl̩n] I. *vt* ❶ (*in Ordnung bringen*) to settle; *Problem* to resolve ❷ (*festsetzen*) to arrange ❸ (*regulieren*) to regulate II. *vr* ■ **sich [von selbst] ~** to sort itself out

re·gel·recht [ˈreːɡlrɛçt] I. *adj* real; *Frechheit* downright II. *adv* really; **~ betrunken**

sein to be well and truly plastered
Re·gel·schu·le f state school
Re·ge·lung <-, -en> ['reːgəlʊŋ] f ❶ (festgelegte Vereinbarung) arrangement; (Bestimmung) ruling ❷ kein pl (das Regulieren) regulation
Re·gel·werk nt set of rules and regulations
re·gel·wid·rig I. adj against the rules pred II. adv against the rules
Re·gel·wid·rig·keit f breach of the rules [or regulations]
re·gen ['reːgn̩] vr ▪ **sich ~** to stir
Re·gen <-s, -> ['reːgn̩] m rain; **saurer ~** acid rain; **bei/in strömendem ~** in [the] pouring rain ▸ **vom ~ in die Traufe kommen** (prov) to jump out of the frying pan into the fire; **jdn im ~ stehen lassen** (fam) to leave sb in the lurch
Re·gen·bö(e) f rain squall
Re·gen·bo·gen m rainbow **Re·gen·bo·gen·pres·se** f gossip magazines pl
Re·gen·cape [-keːp] nt waterproof poncho
re·ge·ne·rie·ren* [regeneˈriːrən] I. vr ▪ **sich ~** ❶ (geh: sich erneuern) to recuperate ❷ BIOL to regenerate II. vt TECH to reclaim
Re·gen·front f band of rain **Re·gen·man·tel** m raincoat **Re·gen·rin·ne** f s. **Dachrinne Re·gen·schau·er** m shower [of rain] **Re·gen·schirm** m umbrella
Re·gent(in) <-en, -en> [reˈgɛnt] m(f) ruler; (Vertreter des Herrschers) regent
Re·gen·trop·fen m raindrop
Re·gent·schaft <-, -en> f ❶ (Herrschaft) reign ❷ (Amtszeit) regency
Re·gen·wald m rainforest **Re·gen·wet·ter** nt rainy weather **Re·gen·wurm** m earthworm **Re·gen·zeit** f rainy season
Re·gie <-, -n> [reˈʒiː, pl reˈʒiːən] f FILM, THEAT direction; RADIO production; [**bei etw** dat] **die ~ haben** to direct [sth] ▸ **in eigener ~** off one's own bat BRIT, on one's own AM
Re·gie·an·wei·sung [reˈʒiː-] f stage direction **Re·gie·as·sis·tent(in)** m(f) assistant director
re·gie·ren* [reˈgiːrən] vi, vt to rule (**über** over); Monarch a. to reign
Re·gie·rung <-, -en> [reˈgiːrʊŋ] f POL ❶ (Kabinett) government ❷ (Herrschaftsgewalt) rule; **jdn an die ~ bringen** to put sb into power; **an der ~ sein** to be in power; **die ~ antreten** to take power [or office]
Re·gie·rungs·ab·kom·men nt governmental agreement **Re·gie·rungs·be·zirk** m ≈ region BRIT, ≈ county AM (primary administrative division of a Land) **Re·gie·rungs·chef(in)** m(f) head of [a/the] government **Re·gie·rungs·er·klä·rung** f government statement **Re·gie·rungs·form** f form of government; **parlamentarische ~** parliamentary government **Re·gie·rungs·frak·ti·on** f POL party in government (where a coalition of parties form the government) **Re·gie·rungs·ko·a·li·ti·on** f government coalition **Re·gie·rungs·kri·se** f government crisis **re·gie·rungs·nah** adj close to the government pred **Re·gie·rungs·par·tei** f ruling party **Re·gie·rungs·rat** m kein pl SCHWEIZ canton government **Re·gie·rungs·spre·cher(in)** m(f) government spokesperson **Re·gie·rungs·wech·sel** m change of government **Re·gie·rungs·zeit** f term of office
Re·gime <-s, -s> [reˈʒiːm] nt (pej) regime
Re·gime·kri·ti·ker(in) m(f) dissident
Re·gi·ment¹ <-[e]s, -er> [regiˈmɛnt] nt MIL regiment
Re·gi·ment² <-[e]s, -e> [regiˈmɛnt] nt (geh: Herrschaft) rule
re·gime·treu [reˈʒiːm-] adj POL loyal to the regime pred
Re·gi·on <-, -en> [reˈgi̯oːn] f region
re·gi·o·nal [regi̯oˈnaːl] I. adj regional II. adv regionally **Re·gi·o·nal·teil** m MEDIA local news section
Re·gis·seur(in) <-s, -e> [reʒɪˈsøːɐ̯] m(f) FILM, THEAT director; RADIO producer
Re·gis·ter <-s, -> [reˈgɪstɐ] nt ❶ (alphabetischer Index) index ❷ (amtliches Verzeichnis) register ❸ MUS register; (einer Orgel) stop ▸ **alle ~ ziehen** to pull out all the stops
Re·gis·tra·tur <-, -en> [regɪstraˈtuːɐ̯] f ❶ ADMIN records office ❷ (Orgel) stop
re·gis·trie·ren* [regɪsˈtriːrən] I. vt to register II. vi (fam) ▪ **~, dass/wie ...** to register that ...
Re·gis·trier·kas·se f cash register
Re·gle·ment <-s, -s> [regləˈmãː] nt ❶ SPORT rules pl ❷ SCHWEIZ (Vorschriften) regulations pl
re·gle·men·tie·ren* [reglemɛnˈtiːrən] vt (geh) ❶ (genau regeln) to regulate ❷ (gängeln) to regiment
Reg·ler <-s, -> ['reːglɐ] m ELEK regulator; AUTO governor
reg·los ['reːkloːs] adj s. **regungslos**
reg·nen ['reːgnən] I. vi impers to rain; ▪ **es regnet** it's raining II. vt ▪ **etw ~** to rain down sth; **es regnet Beschwerden** complaints are pouring in
reg·ne·risch adj rainy

Re·gress^RR <-es, -e> *m*, **Re·greß**^ALT <-sses, -sse> [rɛˈgrɛs] *m* recourse
Re·gres·si·on <-, -en> [regrɛˈsi̯oːn] *f* regression
re·gres·siv [regrɛˈsiːf] *adj* (*geh*) regressive
re·gress·pflich·tig^RR *adj* liable for compensation
re·gu·lär [reguˈlɛːɐ̯] I. *adj* ❶ (*vorgeschrieben*) regular ❷ (*normal*) normal II. *adv* normally
re·gu·lier·bar *adj* adjustable
re·gu·lie·ren* [reguˈliːrən] I. *vt* ❶ (*einstellen*) to regulate ❷ *Bach, Fluss* to straighten II. *vr* ■ **sich (von) selbst ~** to regulate itself
Re·gu·lie·rung <-, -en> *f* ❶ (*Einstellung*) regulation ❷ (*Begradigung eines Gewässers*) straightening
Re·gu·lie·rungs·be·hör·de *f* regulatory authority
Re·gung <-, -en> *f* ❶ (*Bewegung*) movement ❷ (*Empfindung*) feeling; **menschliche ~** human emotion
re·gungs·los *adj* motionless; *Miene* impassive
Reh <-[e]s, -e> [reː] *nt* roe deer
Re·ha·bi·li·ta·ti·on <-, -en> [rehabilitaˈtsi̯oːn] *f* rehabilitation
Re·ha·bi·li·ta·ti·ons·zen·trum *nt* rehabilitation centre
re·ha·bi·li·tie·ren* [rehabiliˈtiːrən] *vt* to rehabilitate
Reh·bock *m* [roe]buck, stag **Reh·kitz** *nt* roe deer fawn **Reh·kuh** *f* doe (*of the roe deer*) **Reh·rü·cken** *m* KOCHK saddle of venison
Rei·bach <-s> [ˈraɪbax] *m kein pl* (*sl*) hefty profit; **[bei etw** *dat*] **einen ~ machen** to make a killing [at sth]
Rei·be <-, -n> [ˈraɪbə] *f* grater
Rei·be·ku·chen *m* KOCHK DIAL (*Kartoffelpuffer*) ≈ potato fritter BRIT, ≈ latke AM (*grated raw potatoes fried into a pancake*)
rei·ben <rieb, gerieben> [ˈraɪbn̩] I. *vt* ❶ (*über etw hin- und herfahren*) to rub (**auf** onto, **von** off) ❷ (*mit der Reibe zerkleinern*) to grate II. *vr* ❶ (*sich kratzen*) ■ **sich ~** to rub oneself (**an** on/against) ❷ (*über etw hin- und herfahren*) **sich** *dat* **die Augen/Hände ~** to rub one's eyes/hands; **sich** *dat* **die Haut/die Hände wund reiben** to chafe one's skin/hands ❸ (*fig: sich mit jdm auseinandersetzen*) ■ **sich an jdm ~** to rub sb up the wrong way III. *vi* to rub (**an** on)
Rei·be·rei·en [raɪbəˈraɪən] *pl* (*fam*) friction *no pl*

Reib·flä·che *f einer Streichholzschachtel* striking surface; *einer Reibe* scraping surface
Rei·bung <-, -en> *f* ❶ *kein pl* PHYS friction ❷ *pl s.* **Reibereien**
Rei·bungs·flä·che *f* ❶ TECH frictional surface ❷ (*Grund zur Auseinandersetzung*) source of friction
rei·bungs·los I. *adj* smooth II. *adv* smoothly
reich [raɪç] I. *adj* ❶ (*sehr wohlhabend*) rich, wealthy ❷ (*in Fülle habend*) rich (**an** in); **~ an Erfahrung sein** to have a wealth of experience ❸ (*viel materiellen Wert erbringend*) wealthy; (*viel ideellen Wert erbringend*) rich; *Erbschaft* substantial; **eine ~e Heirat** a good catch ❹ (*kostbar*) costly; *Schmuck* expensive ❺ (*ergiebig*) rich; *Ernte* abundant; *Ölquelle* productive; *Mahlzeit* lavish; *Haar* luxuriant ❻ (*vielfältig*) wide; *Möglichkeiten* rich; *Auswahl, Wahl* large; *Bestände* copious; *Leben* varied ❼ (*viel von etw enthalten*) rich II. *adv* ❶ (*reichlich*) richly; **jdn ~ beschenken** to shower sb with presents ❷ (*mit viel Gelderwerb verbunden*) **~ erben/heiraten** to come into/marry into money ❸ (*reichhaltig*) richly
Reich <-[e]s, -e> [raɪç] *nt* ❶ (*Imperium*) empire; **das ~ Gottes** the Kingdom of God; **das „Dritte ~"** HIST the "Third Reich"; **das Großdeutsche ~** HIST the Greater German Reich; **das Römische ~** HIST the Roman Empire ❷ (*Bereich*) realm
Rei·che(r) *f(m)* rich man *masc*, rich woman *fem*
rei·chen [ˈraɪçn̩] I. *vi* ❶ (*aus~*) to be enough; **die Vorräte ~ noch Monate** the stores will last for months still ❷ (*genug sein*) ■ **es reicht** it's enough; **muss es jetzt sein, reicht es nicht, wenn ich es morgen mache?** does it have to be now, won't tomorrow do? ❸ (*überdrüssig sein*) ■ **etw reicht jdm** sth is enough for sb; **mir reicht's!** I've had enough!; **es hat ihm einfach gereicht** he had simply had enough; **langsam reicht es mir, wie du dich immer benimmst!** I'm beginning to get fed up with the way you always behave!; **jetzt reicht's [mir] [aber]!** [right,] that's enough! ❹ (*sich erstrecken*) ■ **bis zu etw** *dat*/**über etw** *akk* **~** to reach to sth/over sth; **meine Ländereien ~ von hier bis zum Horizont** my estates stretch from here to the horizon ❺ (*gelangen*) **wenn ich mich strecke, reiche ich mit der Hand gerade bis oben hin** if I

stretch I can just reach the top; **ich reiche nicht ganz bis an die Wand** I can't quite reach the wall **II.** *vt* (*geh*) ❶ (*geben*) ▪**jdm etw ~** to give [*or* pass] sb sth ❷ (*zur Begrüßung*) ▪**sich** *dat* **die Hand ~** to shake hands ❸ (*anbieten*) ▪**[jdm] etw ~** to serve [sb] sth

reich·hal·tig ['raiçhaltɪç] *adj* ❶ (*vielfältig*) wide; *Programm* varied ❷ *Bibliothek, Sammlung, etc* well-stocked ❸ (*üppig*) rich

reich·lich ['raiçlɪç] **I.** *adj* large; *Belohnung* ample; *Trinkgeld* generous **II.** *adv* ❶ (*überreich*) amply; **~ Geld/Zeit haben** to have plenty of money/time ❷ (*fam: mehr als ungefähr*) over ❸ (*ziemlich*) rather

Reichs·tag *m* ❶ HIST (*vor 1871*) Imperial Diet ❷ HIST (*1871-1945*) Reichstag ❸ (*Gebäude in Berlin*) Reichstag

Reichs·tags·brand *m kein pl* HIST burning of the Reichstag

Reich·tum <-[e]s, Reichtümer> ['raiçtu:m, *pl* -ty:mɐ] *m* ❶ *kein pl* (*große Wohlhabenheit*) wealth; **zu ~ kommen** to get rich ❷ *pl* (*materieller Besitz*) riches *npl* ❸ *kein pl* (*Reichhaltigkeit*) wealth (**an/von** of)

Reich·wei·te *f* range; **außerhalb/innerhalb der ~ einer S.** *gen* outside the range/within range of sth

reif [raif] *adj* ❶ AGR, HORT ripe ❷ (*ausgereift*) a. *Persönlichkeit* mature; **im ~en Alter von ...** at the ripe old age of ... ❸ (*fam: im erforderlichen Zustand*) ▪**~ für etw** *akk* **sein** to be ready for sth

Reif[1] <-[e]s> [raif] *m kein pl* METEO hoar frost

Reif[2] <-[e]s, -e> [raif] *m* (*Arm~*) bracelet; (*Stirn~*) circlet

Rei·fe <-> ['raifə] *f kein pl* ❶ (*das Reifen*) ripening; (*Reifezustand*) ripeness ❷ (*Abschluss der charakterlichen Entwicklung*) maturity; **mittlere ~** SCH ≈ GCSEs BRIT, ≈ GED AM (*school-leaving qualification awarded to pupils leaving the 'Realschule' or year 10 of the 'Gymnasium'*)

rei·fen ['raifn̩] *vi sein* ❶ AGR, HORT to ripen; BIOL to mature ❷ (*sich entwickeln*) to mature (**zu** into)

Rei·fen <-s, -> ['raifn̩] *m* tyre

Rei·fen·druck *m* tyre pressure **Rei·fen·pan·ne** *f* flat **Rei·fen·wech·sel** *m* tyre change

Rei·fe·prü·fung *f* SCH (*geh*) *s.* **Abitur**

reif·lich ['raiflɪç] *adj* (*ausführlich*) thorough; **nach ~er Überlegung** after [very] careful consideration

Rei·gen <-s, -> ['raign̩] *m* (*veraltend*) round dance

Rei·he <-, -n> ['raiə] *f* ❶ (*fortlaufende Folge*) row; **arithmetische/geometrische ~** arithmetic[al]/geometric[al] series; **sich in ~n aufstellen** to form lines; **aus der ~ treten** to step out of the line; **außer der ~** out of [the usual] order; **der ~ nach** in order; **ich war jetzt an der ~!** I was next!; **jeder kommt an die ~** everyone will get a turn; **du bist an der ~** it's your turn ❷ (*Menge*) **eine ~ von zusätzlichen Informationen** a lot of additional information; **eine ganze ~ [von Personen]** a whole lot [of people]; **eine ganze ~ von Beschwerden** a whole string of complaints ❸ *pl* (*Gesamtheit der Mitglieder*) ranks *npl* ❹ (*Linie von Menschen*) line ▸ **[mit etw] an der ~ sein** to be next in line [for sth]; **etw auf die ~ kriegen** (*fam: etw kapieren*) to get sth into one's head; (*in Ordnung bringen*) to get sth together; **aus der ~ tanzen** to step out of line

rei·hen ['raiən] **I.** *vr* ▪**sich an etw** *akk* **~** to follow [after] sth **II.** *vt* to string (**auf** on)

Rei·hen·fol·ge *f* order **Rei·hen·haus** *nt* terraced [*or* AM row] house **rei·hen·wei·se** *adv* ❶ (*in großer Zahl*) by the dozen ❷ (*nach Reihen*) in rows

Rei·her <-s, -> ['raiɐ] *m* heron

rei·hern ['raiɐn] *vi* (*sl*) to puke [up]

reih·um [rai'ʔʊm] *adv* in turn; **etw ~ gehen lassen** to pass sth round [*or* AM around]

Reim <-[e]s, -e> [raim] *m* ❶ (*End~*) rhyme ❷ *pl* (*Verse*) verse[s] ▸ **sich** *dat* **keinen ~ auf etw** *akk* **machen können** to not be able to make head or tail of sth

rei·men ['raimən] **I.** *vr, vt* ▪**sich ~** to rhyme (**auf/mit** with) **II.** *vt* ▪**etw ~** to rhyme sth **III.** *vi* to make up rhymes

re·im·por·tie·ren* *vt* to reimport

rein[1] [rain] *adv* (*fam*) **ich krieg das Paket nicht in die Tüte ~** I can't get the packet into the carrier bag; **„~ mit dir!"** "come on, get in!"

rein[2] [rain] **I.** *adj* ❶ (*absolut*) pure; *Blödsinn* sheer; *Unsinn* utter; *Wahrheit* plain; **das Kinderzimmer ist der ~ste Schweinestall!** the children's room is an absolute pigsty! ❷ (*ausschließlich*) purely ❸ (*unvermischt*) pure ❹ (*völlig sauber*) clean ❺ (*makellos*) clear ❻ MUS pure ▸ **etw [für jdn] ins R~e bringen** to clear up sth *sep* [for sb]; **mit sich** *dat* **[selbst]/etw ins R~e kommen** to get oneself/sth straightened out; **mit jdm/mit sich selbst im**

R~en sein to have got things straightened out with sb/oneself; **ihm ins R~e schreiben** to make a fair copy of sth **II.** *adv* ① (*ausschließlich*) purely ② MUS (*klar*) in a pure manner ③ (*absolut*) absolutely

Rei·ne·ma·che·frau *f* cleaner BRIT, AM *also* cleaning lady; (*in großen Gebäuden*) custodian AM

Rein·er·lös *m s.* **Reingewinn**

Rein·fall ['raɪnfal] *m* (*fam*) disaster; **so ein ~, nichts hat geklappt!** what a washout, nothing went right!; **die neue Mitarbeiterin war ein absoluter ~** the new employee was a complete disaster

rein|fal·len *vi irreg sein* (*fam*) ① (*eine schwere Enttäuschung erleben*) to be taken in (**mit** by) ② (*herein-, hineinfallen*) to fall in; **geh nicht zu nahe an den Brunnen, sonst fällst du womöglich rein!** don't go too close to the fountain, or you might fall in!

Rein·ge·winn *m* net profit **Rein·hal·tung** *f kein pl* keeping clean

rein|hau·en *vi* (*fig fam*) to stuff oneself, to pig out; **hau rein!** tuck in! BRIT, dig in! AM

Rein·heit <-> ['raɪnhaɪt] *f kein pl* ① (*frei von Beimengungen*) purity *no pl* ② (*Sauberkeit*) cleanness *no pl*

rei·ni·gen ['raɪnɪɡn] *vt* to clean

Rei·ni·ger ['raɪnɪɡɐ] *m* cleanser

Rei·ni·gung <-, -en> *f* ① *kein pl* (*das Reinigen*) cleaning *no pl* ② (*Reinigungsbetrieb*) cleaner's; **die chemische ~** the dry cleaner's

Rei·ni·gungs·kraft *f* (*form*) cleaner **Rei·ni·gungs·milch** *f* cleansing milk *no pl* **Rei·ni·gungs·mit·tel** *nt* cleansing agent

Re·in·kar·na·ti·on [reʔɪnkarnaˈtsi̯oːn] *f* reincarnation *no pl*

Rein·kul·tur *f* pure culture; **in ~** unadulterated

rein|le·gen *vt* (*fam*) ① (*hineinlegen*) ■ *etw* ~ to put sth in sth ② (*hintergehen*) ■ *jdn* ~ to take sb for a ride

rein·lich *adj* ① (*sauberkeitsliebend, sauber*) clean ② (*klar*) clear

Rein·ma·che·frau *f s.* **Reinemachefrau**

rein·ras·sig *adj* thoroughbred

Rein·raum *m* TECH cleanroom, clean room

rein|rei·ten *vt irreg* (*fam*) ■ *jdn* ~ to drop sb in it

rein|schnei·en *vi sein o haben* (*fam*) ① (*schneien*) **es schneit rein** the snow's coming in ② (*hineingehen*) ■ [*irgendwo*] ~ to drop in [somewhere]

Rein·schrift *f* fair copy

Re·in·te·gra·ti·on <-, -en> [reʔɪnteɡraˈtsi̯oːn] *f* (*geh*) reintegration

rein|wür·gen *vt* ① (*fam: widerwillig essen*) to force down ② (*fig*) **jdm eine[n] ~** to teach sb a lesson

rein|zie·hen *vr irreg* (*sl*) ■ **sich** *dat etw* ~ ① (*konsumieren, zu sich nehmen*) to have sth ② (*ansehen*) to watch sth

Reis <-es, -e> [raɪs] *m* AGR, BOT rice *no pl*

Rei·se <-, -n> ['raɪzə] *f* journey; **gute ~!** have a good trip!; **auf ~n gehen** to travel; **eine ~ machen** to go on a journey

Rei·se·an·den·ken *nt* souvenir **Rei·se·apo·the·ke** *f* first aid kit **Rei·se·bü·ro** *nt* travel agency **Rei·se·bus** *m* coach **rei·se·fer·tig** *adj* ready to go **Rei·se·fie·ber** *nt kein pl* travel nerves *npl* **Rei·se·füh·rer** *m* travel guide[book] **Rei·se·füh·rer(in)** *m(f)* courier, guide **Rei·se·ge·päck** *nt* luggage **Rei·se·ge·sell·schaft** *f,* **Rei·se·grup·pe** *f* party of tourists **Rei·se·kos·ten** *pl* travelling expenses *pl* **Rei·se·krank·heit** *f kein pl* travel sickness *no pl* **Rei·se·land** *nt* holiday destination **Rei·se·lei·ter(in)** *m(f)* guide

rei·sen ['raɪzn̩] *vi sein* ① (*fahren*) to travel ② (*ab~*) to leave

Rei·sen·de(r) *f(m)* passenger

Rei·se·pass^{RR} *m* passport **Rei·se·pro·spekt** *m* travel brochure **Rei·se·rou·te** *f* itinerary **Rei·se·ruf** *m* SOS call to a motorists' association issued by drivers experiencing problems while on the road **Rei·se·scheck** *m* ① (*bargeldloses Zahlungsmittel*) traveller's cheque BRIT, traveler's check AM ② (*hist: Berechtigung zu einer Ferienreise*) *certificate issued in the GDR, authorizing the travel to a designated place* **Rei·se·ta·sche** *f* holdall **Rei·se·ver·an·stal·ter(in)** *m(f)* tour operator **Rei·se·ver·kehr** *m kein pl* holiday traffic *no pl* **Rei·se·ver·kehrs·kauf·mann, -kauf·frau** *m, f* travel agent **Rei·se·ver·si·che·rung** *f* travel insurance **Rei·se·wel·le** *f* stream of holiday traffic **Rei·se·wet·ter·be·richt** *m* holiday weather forecast **Rei·se·zeit** *f* holiday period **Rei·se·ziel** *nt* destination

Reis·feld *nt* paddy [field]

Rei·sig <-s> ['raɪzɪç] *nt kein pl* brushwood *no pl*

Reiß·aus [raɪsˈʔaʊs] *m* [**vor jdm/etw**] **~ nehmen** to run away [from sb/sth]

Reiß·brett *nt* drawing-board

rei·ßen <riss, gerissen> ['raɪsn̩] **I.** *vi* ① *sein* (*trennen*) *Seil, Faden* to break;

Papier, Stoff to tear; **das Seil riss unter dem Gewicht** the rope broke under the weight ❷ *sein* (*rissig werden*) to crack ❸ *haben* (*zerren*) to tug [*or* pull]; **an seiner Leine ~ Hund** to strain at its lead; **an den Nerven ~** (*fig*) to be nerve-racking ❹ *haben* SPORT (*hochstemmen*) to snatch II. *vt haben* ❶ (*trennen*) *Seil, Faden* to break; *Papier, Stoff* to tear; **etw in Fetzen/Stücke ~** to tear sth to shreds/pieces; **ich hätte mich in Stücke ~ können** (*fig fam*) I could have kicked myself ❷ (*Risse erzeugen*) to crack ❸ (*hervorrufen*) **die Bombe riss einen Trichter in das Feld** the bomb left a crater in the field; **ein Loch in jds Ersparnisse ~** (*fig fam*) to make a hole in sb's savings ❹ (*wegziehen*) ▪ **etw von etw** *dat* ~ *Ast, Bauteil* to break sth off sth; *Papier, Stoff* to tear sth off sth ❺ (*entreißen*) ▪ **etw von jdm ~** to snatch sth from sb; **sich die Kleider vom Leib ~** to tear off *sep* one's clothes ❻ (*stoßen*) **der Wind riss sie zu Boden** the wind threw her to the ground; **sie wurde in den Sog gerissen** she was pulled into the current ❼ (*unterbrechen*) **jdn aus seinen Gedanken ~** to break in on sb's thoughts ❽ (*zerren*) to pull ❾ (*töten*) **ein Tier ~** to kill an animal ❿ (*bemächtigen*) ▪ **etw an sich ~** to seize sth ⓫ (*fam: machen*) **einen Witz ~** to crack a joke ⓬ SPORT (*umwerfen*) **ein Hindernis ~** to knock down *sep* a fence ⓭ SPORT (*hochstemmen*) to snatch III. *vr haben* ❶ (*verletzen*) ▪ **sich ~** to cut oneself ❷ (*befreien*) ▪ **sich von etw** *dat* ~ to tear oneself from sth ❸ (*fam: bemühen*) ▪ **sich um jdn/etw ~** to scramble to get/see sb/sth; **um diese Arbeit reiße ich mich nicht** I am not keen to get this work

rei·ßend *adj* ❶ (*Fluss*) raging ❷ (*Tier*) rapacious ❸ (*fam*) **die neuen Videospiele finden ~en Absatz** the new video games are selling like hot cakes

Rei·ßer <-s, -> *m* (*fam*) ❶ (*Buch/Film*) thriller ❷ (*Verkaufserfolg*) big seller

rei·ße·risch I. *adj* sensational II. *adv* sensationally

reiß·fest *adj* tearproof **Reiß·lei·ne** *f* ripcord **Reiß·ver·schluss**^RR *m* zip BRIT, zipper AM **Reiß·ver·schluss·prin·zip**^RR *nt kein pl* principle of alternation **Reiß·wolf** *m* ❶ (*Gerät zum Zerkleinern*) devil ❷ (*Aktenvernichter*) shredder **Reiß·zwe·cke** <-, -n> *f* drawing pin

Reit·bahn *f* arena

rei·ten <ritt, geritten> ['ʀaitn̩] I. *vi sein* to ride; **bist du schon mal geritten?** have you ever been riding?; **bist du schon mal auf einem Pony geritten?** have you ever ridden a pony?; **im Galopp/Trab ~** to gallop/trot II. *vt haben* to ride; **sie ritten einen leichten Trab** they rode at a gentle trot

Rei·ter(in) <-s, -, -nen> ['ʀaitɐ] *m(f)* rider
Rei·te·rin <-, -nen> *f fem form von* **Reiter**
Rei·ter·stand·bild *nt* equestrian statue
Reit·ger·te *f* riding whip **Reit·ho·se** *f* jodhpurs *pl* **Reit·peit·sche** *f* riding crop **Reit·pferd** *nt* mount **Reit·schu·le** *f* riding school **Reit·stie·fel** *m* riding-boot **Reit·tier** *nt* mount **Reit·weg** *m* bridle-path

Reiz <-es, -e> [ʀaits] *m* ❶ (*Verlockung*) appeal; [**auf jdn**] **einen bestimmten ~ ausüben** to hold a particular attraction [for sb]; [**für jdn**] **den ~ verlieren** to lose its appeal [for sb] ❷ (*Stimulus*) stimulus ❸ *pl* (*sl: nackte Haut*) charms *npl*

reiz·bar *adj* irritable
Reiz·bar·keit <-> *f kein pl* irritability *no pl*
rei·zen ['ʀaitsn̩] I. *vt* ❶ (*verlocken*) to tempt ❷ MED to irritate ❸ (*provozieren*) to provoke (**zu** into) II. *vi* ❶ (*herausfordern*) ▪ **zu etw** *dat* ~ to invite sth; **der Anblick reizte uns zum Lachen** what we saw made us laugh ❷ MED to irritate; **zum Husten ~** to make one cough ❸ KARTEN to bid
rei·zend *adj* ❶ (*attraktiv*) attractive ❷ (*iron*) charming
Reiz·kli·ma *nt* ❶ MED, METEO bracing climate ❷ (*konfliktgeladene Atmosphäre*) tense atmosphere
reiz·los *adj* dull
Reiz·the·ma *nt* emotive subject **Reiz·über·flu·tung** *f* overstimulation *no pl*
Rei·zung <-, -en> *f* irritation
reiz·voll *adj* attractive
Reiz·wä·sche *f kein pl* (*fam*) sexy underwear *no pl* **Reiz·wort** <-wörter> *nt* emotive word

re·ka·pi·tu·lie·ren* [ʀekapituˈliːʀən] *vt* (*geh*) to recapitulate
re·keln ['ʀeːkl̩n] *vr* ▪ **sich ~** to stretch out
Re·kla·ma·ti·on <-, -en> [ʀeklamaˈtsi̯oːn] *f* complaint
Re·kla·me <-, -n> [ʀeˈklaːmə] *f* ❶ (*Werbeprospekt*) advertising brochure ❷ (*veraltend: Werbung*) advertising *no pl*
Re·kla·me·schild *nt* advertising sign **Re·kla·me·ta·fel** *f* advertisement hoarding BRIT, billboard AM
re·kla·mie·ren* [ʀeklaˈmiːʀən] I. *vi* ▪ [**bei jdm**] **~** to make a complaint [to sb] (**wegen** about) II. *vt* ▪ **etw ~** ❶ (*bemängeln*) to

complain about sth ❷ *(geh: beanspruchen)* to claim sth ❸ *(geh: in Anspruch nehmen)* ■ **etw für sich** *akk* ~ to lay claim to sth

re·kon·stru·ie·ren* [rekɔnstruˈiːrən] *vt* ❶ *(a. fig: nachbilden)* to reconstruct (**aus** from) ❷ *Gebäude* to renovate

Re·kon·struk·ti·on [rekɔnstrʊkˈtsi̯oːn] *f* ❶ *kein pl (a. fig: das Nachbilden)* reconstruction *no pl* ❷ *(Modernisierung)* renovation

Re·kon·va·les·zenz <-> [rekɔnvalɛsˈtsɛnts] *f kein pl (geh)* convalescence *no pl*

Re·kord <-s, -e> [reˈkɔrt] *m* record; **die Besucherzahlen stellten alle bisherigen ~e in den Schatten** the number of visitors has beaten all previous records

Re·kor·der <-s, -> [reˈkɔrdɐ] *m* ❶ *(Kassetten~)* cassette recorder ❷ *(Video~)* video [recorder]

Re·kord·hal·ter(in) <-s, -> *m(f)* record-holder **Re·kord·zeit** *f* record time

Re·krut(in) <-en, -en> [reˈkruːt] *m(f)* recruit

re·kru·tie·ren* [rekruˈtiːrən] **I.** *vt* to recruit **II.** *vr* ■ **sich aus etw** *dat* ~ to consist of sth

Re·kru·tie·rung <-, -en> *f* recruitment *no pl*

Re·kru·tin <-, -nen> *f fem form von* **Rekrut**

Rek·tor, Rek·to·rin <-s, -toren> [ˈrɛktoːɐ̯, rɛkˈtoːrɪn, *pl* -ˈtoːrən] *m, f* SCH ❶ *einer Hochschule* vice-chancellor BRIT, president AM ❷ *einer Schule* head teacher BRIT, principle AM

Rek·to·rat <-[e]s, -e> [rɛktoˈraːt] *nt* ❶ *(Amtsräume: Universität)* vice-chancellor's [*or* AM vice-president's] office; *(Schule)* head teacher's study BRIT, principle's office AM ❷ *(Amtszeit: Universität)* vice-chancellor's [*or* AM vice-president's] term of office; *(Schule)* headship BRIT

Rek·to·rin <-, -nen> *f fem form von* **Rektor**

Re·kul·ti·vie·rung <-, -en> *f* recultivation

Re·la·ti·on <-, -en> [relaˈtsi̯oːn] *f (geh)* ❶ *(Verhältnismäßigkeit)* proportion; **in ~ zu etw** *dat* **stehen** to be proportional to sth; **in keiner ~ zu etw** *dat* **stehen** to bear no relation to sth ❷ *(wechselseitige Beziehung)* relationship

re·la·tiv [relaˈtiːf] *adj* relative

re·la·ti·vie·ren* [relatiˈviːrən] *(geh)* **I.** *vt* to qualify **II.** *vi* to think in relative terms

Re·la·ti·vi·tät <-, -en> [relativiˈtɛːt] *meist sing f (geh)* relativity

Re·la·ti·vi·täts·the·o·rie <-> *f kein pl* ■ **die** ~ the theory of relativity

Re·la·tiv·pro·no·men *nt* relative pronoun

Re·la·tiv·satz *m* relative clause

re·laxed [riˈlɛkst] *adv* chilled [out]

re·la·xen* [riˈlɛksn̩] *vi* to relax

Re·le·ga·ti·ons·spiel [relegaˈtsi̯oːns-] *nt* FBALL relegation play-off match

re·le·vant [releˈvant] *adj (geh)* relevant

Re·le·vanz <-> [releˈvants] *f kein pl (geh)* relevance *no pl*

Re·li·ef <-s, -s *o* -e> [reˈli̯ɛf] *nt* ❶ KUNST relief ❷ *(plastische Nachbildung)* plastic relief model

Re·li·gi·on <-, -en> [reliˈgi̯oːn] *f* religion

Re·li·gi·ons·aus·ü·bung *f* religious practise **Re·li·gi·ons·frei·heit** *f* freedom *no pl* of worship **Re·li·gi·ons·ge·meinschaft** *f* religious community **re·li·gi·ons·los** *adj* unreligious **Re·li·gi·ons·zu·ge·hö·rig·keit** <-, -en> *f meist sing* denomination

re·li·gi·ös [reliˈgi̯øːs] **I.** *adj* religious **II.** *adv* ❶ *(im Sinne einer Religion)* in a religious manner ❷ *(mit religiösen Gründen)* for religious reasons

Re·li·gi·o·si·tät <-> [religi̯oziˈtɛːt] *f kein pl* religiousness *no pl*

Re·likt <-[e]s, -e> [reˈlɪkt] *nt (geh)* relic

Re·ling <-, -s *o* -e> [ˈreːlɪŋ] *f* rail

Re·li·quie <-, -n> [reˈliːkvi̯ə] *f* relic

Re·make <-s, -s> [riˈmeːk, ˈriːmeːk] *nt* remake

re·mis [rəˈmiː] *adj* SCHACH drawn

Rem·mi·dem·mi <-s> [ˈrɛmiˈdɛmi] *nt kein pl (veraltend sl)* racket *no pl*

Re·mou·la·de <-, -n> [remuˈlaːdə] *f*, **Re·mou·la·den·so·ße** *f* tartar sauce

rem·peln [ˈrɛmpl̩n] **I.** *vi (fam)* to jostle **II.** *vt* SPORT to push

Re·nais·sance <-, -en> [rənɛˈsãːs] *f* ❶ *kein pl* KUNST, HIST Renaissance *no pl* ❷ *(geh: Wiederbelebung)* renaissance

Ren·dez·vous <-, -> [rãdeˈvuː, ˈrãːdevu] *nt* rendezvous *also hum*

Ren·di·te <-, -n> [rɛnˈdiːtə] *f* return

re·ni·tent [reniˈtɛnt] *adj (geh)* awkward

Renn·bahn *f* racetrack

ren·nen <rannte, gerannt> [ˈrɛnən] **I.** *vi sein* ❶ *(schnell laufen)* to run ❷ *(fam: hingehen)* ■ **zu jdm** ~ to run [off] to sb ❸ *(stoßen)* ■ **an/gegen/vor etw** *akk* ~ to bump into sth; **sie ist mit dem Kopf gegen** [*o* **vor**] **einen Dachbalken gerannt** she banged her head against a roof joist **II.** *vt* ❶ *sein o haben* SPORT to run ❷ *haben (stoßen)* **er rannte mehrere Passanten zu**

Boden he knocked several passers-by over; **er rannte ihm ein Schwert in den Leib** he ran a sword into his body

Ren·nen <-s, -> ['rɛnən] *nt* race; **gut/schlecht im ~ liegen** to be well/badly placed; (*fig*) to be in a good/bad position ▶ **das ~ ist gelaufen** (*fam*) the show is over; [**mit etw** *dat*] **das ~ machen** to make the running [with sth]; **jdn ins ~ schicken** to put forward *sep* sb

Ren·ner <-s, -> ['rɛnɐ] *m* (*fam*) big seller

Renn·fah·rer(in) *m(f)* ❶ (*Autorennen*) racing driver BRIT, racecar driver AM ❷ (*Radrennen*) racing cyclist **Renn·pferd** *nt* racehorse **Renn·rad** *nt* racing bike **Renn·sport** *m* ❶ (*Motorrennen*) motor racing *no pl* ❷ (*Radrennsport*) cycle racing ❸ (*Pferderennsport*) horse racing **Renn·stre·cke** *f* racetrack **Renn·wa·gen** *m* racing [*or* AM race] car

Re·nom·mee <-s, -s> [rɛnɔ'me:] *nt* (*geh*) reputation (**von** of)

re·nom·miert *adj* (*geh*) renowned

re·no·vie·ren* [reno'vi:rən] *vt* to renovate

Re·no·vie·rung <-, -en> *f* renovation

ren·ta·bel [rɛn'ta:bl] **I.** *adj* profitable **II.** *adv* profitably

Ren·ta·bi·li·tät <-> [rɛntabili'tɛ:t] *f kein pl* profitability *no pl*

Ren·te <-, -n> ['rɛntə] *f* ❶ (*Altersruhegeld*) pension; **in ~ gehen** to retire ❷ (*regelmäßige Geldzahlung*) annuity

Ren·ten·al·ter *nt* retirement age **Ren·ten·an·spruch** *m* right to a pension **Ren·ten·bei·trag** *m* pension contribution **Ren·ten·po·li·tik** *f kein pl* pensions policy, pension plans *pl* **Ren·ten·ver·si·che·rung** *f* pension scheme BRIT, retirement insurance AM

Ren·tier [rɛn'ti̯e:ɐ̯] *nt* reindeer

ren·tie·ren* [rɛn'ti:rən] *vr* ▪ **sich ~** to be worthwhile

Rent·ner(in) <-s, -> *m(f)* pensioner

Rep <-s, -s> [rɛp] *m kurz für* **Republikaner** republican (*member of the German right-wing Republican Party*)

re·pa·ra·bel [repa'ra:bl] *adj* repairable

Re·pa·ra·ti·on <-, -en> [repara'tsi̯o:n] *f* reparations *pl*

Re·pa·ra·tur <-, -en> [repara'tu:ɐ̯] *f* repair; **etw in ~ geben** to have sth repaired **re·pa·ra·tur·an·fäl·lig** *adj* prone to breaking down *pred* **re·pa·ra·tur·be·dürf·tig** *adj* in need of repair *pred* **Re·pa·ra·tur·kos·ten** *pl* repair costs *pl* **Re·pa·ra·tur·werk·statt** *f* ❶ (*Werkstatt*) repair workshop ❷ AUTO garage

re·pa·rie·ren* [repa'ri:rən] *vt* to repair

Re·per·toire <-s, -s> [repɛr'toa:ɐ̯] *nt* repertoire

Re·port <-[e]s, -e> [re'pɔrt] *m* report

Re·por·ta·ge <-, -n> [repɔr'ta:ʒə] *f* report; (*live*) live coverage

Re·por·ter(in) <-s, -> [re'pɔrtɐ] *m(f)* reporter

Re·prä·sen·tant(in) <-en, -en> [reprɛzɛn'tant] *m(f)* representative

Re·prä·sen·ta·ti·on <-, -en> [reprɛzɛnta'tsi̯o:n] *f* representation

re·prä·sen·ta·tiv [reprɛzɛnta'ti:f] **I.** *adj* ❶ (*aussagekräftig*) representative ❷ (*etwas Besonderes darstellend*) prestigious **II.** *adv* imposingly

Re·prä·sen·ta·tiv·um·fra·ge *f* representative survey

re·prä·sen·tie·ren* [reprɛzɛn'ti:rən] **I.** *vt* to represent **II.** *vi* to perform official and social functions

Re·pres·sa·lie <-, -n> [reprɛ'sa:li̯ə] *f* (*geh*) reprisal *usu pl*

re·pres·siv [reprɛ'si:f] *adj* (*geh*) repressive

Re·pro·duk·ti·on <-, -en> [reprodʊk'tsi̯o:n] *f* reproduction

re·pro·du·zie·ren* [reprodu'tsi:rən] *vt* to reproduce

Rep·til <-s, -ien> [rɛp'ti:l, *pl* -li̯ən] *nt* reptile

Re·pu·blik <-, -en> [repu'bli:k] *f* republic

Re·pub·li·ka·ner(in) <-s, -> [republi'ka:nɐ] *m(f)* ❶ (*in den USA*) Republican ❷ (*in Deutschland*) member of the German Republican Party

re·pub·li·ka·nisch [republi'ka:nɪʃ] *adj* republican

Re·qui·em <-s, Requien> ['re:kvi̯ɛm, *pl* -vi̯ən] *nt* requiem

Re·qui·sit <-s, -en> [rekvi'zi:t] *nt* ❶ (*geh: Zubehör*) accessory ❷ THEAT prop

Re·qui·si·teur(in) <-s, -e> [rekvizi'tø:ɐ̯] *m(f)* THEAT, FILM props master *masc* [*or fem* mistress]

Re·ser·vat <-[e]s, -e> [rezɛr'va:t] *nt* reservation

Re·ser·ve <-, -n> [re'zɛrvə] *f* ❶ (*Rücklage*) reserve ❷ (*Zurückhaltung*) reserve; **jdn** [**durch/mit etw** *dat*] **aus der ~ locken** to bring sb out of his/her shell [with sth]

Re·ser·ve·ka·nis·ter *m* spare can **Re·ser·ve·rad** *nt* spare wheel **Re·ser·ve·rei·fen** *m* spare tyre **Re·ser·ve·spie·ler(in)** *m(f)* substitute

re·ser·vie·ren* [rezɛr'vi:rən] *vt* to reserve

Re·ser·vie·rung <-, -en> *f* reservation

Re·ser·vist(in) <-en, -en> [rezɛr'vɪst] m(f) reservist

Re·ser·voir <-s, -e> [rezɛr'vo̯aːɐ̯] nt (geh) ❶ (Vorrat) store ❷ (Becken) reservoir

Re·si·denz <-, -en> [rezi'dɛnts] f ❶ (repräsentativer Wohnsitz) residence ❷ HIST royal seat

re·si·die·ren* [rezi'diːrən] vi (geh) to reside

Re·sig·na·ti·on <-, selten -en> [rezɪgna'tsi̯oːn] f (geh) resignation

re·sig·nie·ren* [rezɪ'gniːrən] vi (geh) to give up

re·sis·tent [rezɪs'tɛnt] adj resistant (gegen to)

re·so·lut [rezo'luːt] I. adj resolute II. adv resolutely

Re·so·lu·ti·on <-, -en> [rezolu'tsi̯oːn] f resolution

Re·so·nanz <-, -en> [rezo'nants] f ❶ (geh: Entgegnung) response (auf to) ❷ MUS resonance no pl

re·so·zi·a·li·sie·ren* [rezotsi̯ali'ziːrən] vt ■ jdn ~ to reintegrate sb into society

Re·so·zi·a·li·sie·rung <-, -en> f reintegration no pl into society

Re·spekt <-s> [re'spɛkt, rɛ-] m kein pl respect no pl; voller ~ respectful; vor jdm/etw ~ haben to have respect for sb/sth; sich dat [bei jdm] ~ verschaffen to earn [sb's] respect; bei allem ~! with all due respect!

re·spek·ta·bel [respɛk'taːbl̩, rɛ-] adj ❶ (beachtlich) considerable ❷ (zu respektieren) estimable ❸ (ehrbar) respectable

re·spek·tie·ren* [respɛk'tiːrən, rɛ-] vt to respect

re·spek·ti·ve [respɛk'tiːvə, rɛ-] adv (geh) or rather

re·spekt·los adj disrespectful

Re·spekt·lo·sig·keit <-, -en> f ❶ kein pl (respektlose Art) disrespect no pl ❷ (respektlose Bemerkung) disrespectful comment

Re·spekts·per·son f person commanding respect

re·spekt·voll adj respectful

Res·sen·ti·ment <-s, -s> [rɛsãti'mãː] nt (geh) resentment no pl

Res·sort <-s, -s> [rɛ'soːɐ̯] nt ❶ (Zuständigkeitsbereich) area of responsibility ❷ (Abteilung) department

Res·source <-, -n> [rɛ'sʊrsə] f ❶ (Bestand an Geldmitteln) resources npl ❷ (natürlich vorhandener Bestand) resource; Energie reserves pl

Rest <-[e]s, -e o SCHWEIZ a. -en> [rɛst] m ❶ (Übriggelassenes) rest; Essen leftovers npl; ~e machen NORDD to finish up what's left; der letzte ~ the last bit; Wein the last drop; den Kuchen haben wir bis auf den letzten ~ aufgegessen we ate the whole cake down to the last crumb ❷ (Endstück) remnant ▶ jdm den ~ geben (fam) to be the final straw for sb

Re·stau·rant <-s, -s> [rɛsto'rãː] nt restaurant

Re·stau·ra·ti·on <-, -en> [rɛstaura'tsi̯oːn, rɛ-] f ❶ (geh: Restaurieren) restoration ❷ POL (Wiederherstellung) restoration; die Zeit der ~ HIST the Restoration

Re·stau·ra·tor, -to·rin <-s, -toren> [rɛstau̯'raːtoːɐ̯, -'toːrɪn, pl -'toːrən] m, f restorer

re·stau·rie·ren* [rɛstau̯'riːrən, rɛ-] vt to restore

Rest·be·trag m FIN balance; geschuldeter/unbezahlter ~ balance due/arrearage

rest·lich adj remaining; wo ist das ~e Geld? where is the rest of the money?

rest·los I. adj complete II. adv ❶ (ohne etwas übrig zu lassen) completely ❷ (fam: endgültig) finally

Rest·müll m general [or non-recyclable] rubbish Rest·pos·ten m remaining stock

re·strik·tiv [rɛstrɪk'tiːf, rɛ-] adj (geh) restrictive

Rest·ri·si·ko nt residual risk

Re·sul·tat <-[e]s, -e> [rezʊl'taːt] nt result

re·sul·tie·ren* [rezʊl'tiːrən] vi (geh) to result (aus from, in in)

Re·sü·mee <-s, -s> [rezy'meː] nt (geh) ❶ (Schlussfolgerung) conclusion ❷ (Zusammenfassung) summary

re·sü·mie·ren* [rezy'miːrən] vi, vt (geh) to summarize

Re·tor·te <-, -n> [re'tɔrtə] f retort; aus der ~ (fam) artificially produced

Re·tor·ten·ba·by [-beːbi] nt (fam) test-tube baby

re·tour [re'tuːɐ̯] adv SCHWEIZ, ÖSTERR (geh) back; bitte eine Fahrkarte nach Wien und wieder ~! a return ticket to Vienna, please!

Re·tour·bil·lett ['rətuːɐ̯bɪljɛt] nt SCHWEIZ (Rückfahrkarte) return ticket Re·tour·geld ['rətuːɐ̯-] nt SCHWEIZ (Wechselgeld) change no pl Re·tour·kut·sche f (fam) retort

re·tro·spek·ti·ve <-, -n> [retro-] f (geh) retrospective

ret·ten ['rɛtn̩] I. vt to save (vor from); das ist der ~de Einfall! that's the idea that will save the day! ▶ bist du noch zu ~? (fam) are you out of your mind? II. *vr* ■ **sich ~ to save oneself** (**vor** from); **er konnte sich gerade noch ans Ufer ~** he was just able to reach the safety of the bank; **rette sich, wer kann!** run for your lives!; **sich vor etw** *dat*/**jdm nicht mehr ~ können** to be swamped by sth/mobbed by sb

Ret·ter(in) <-s, -> *m(f)* rescuer, saviour *liter*

Ret·tich <-s, -e> ['rɛtɪç] *m* radish

Ret·tung <-, -en> *f* ❶ (*das Retten*) rescue; **jds [letzte] ~ sein** to be sb's last hope [of being saved]; **für jdn gibt es keine ~ mehr** sb is beyond help ❷ (*das Erhalten*) preservation *no pl*

Ret·tungs·ak·ti·on *f* rescue operation **Ret·tungs·an·ker** *m* sheet-anchor **Ret·tungs·boot** *nt* lifeboat **Ret·tungs·dienst** *m* rescue service **Ret·tungs·hub·schrau·ber** *m* emergency rescue helicopter **ret·tungs·los** *adj* hopeless **Ret·tungs·mann·schaft** *f* rescue party **Ret·tungs·ring** *m* ❶ NAUT lifebelt ❷ (*hum fam: Fettpolster*) spare tyre **Ret·tungs·schirm** *m* FIN, POL rescue package, euro rescue fund **Ret·tungs·schwim·mer(in)** *m(f)* life-guard **Ret·tungs·wa·gen** *m* ambulance **Ret·tungs·wes·te** *f* life jacket

re·tu·schie·ren* [retu'ʃiːrən] *vt* to retouch

Reue <-> ['rɔyə] *f kein pl* remorse *no pl*

reu·ig ['rɔyɪç] *adj* remorseful

reu·mü·tig ['rɔymyːtɪç] I. *adj* remorseful; *Sünder* repentant II. *adv* remorsefully; **~ zu jdm zurückkommen** to come crawling back to sb *fam*

Re·vanche <-, -n> [re'vãːʃə, re'vaŋʃə] *f* ❶ (*~spiel*) return match BRIT, rematch AM ❷ (*Vergeltung*) revenge *no pl*

re·van·chie·ren* [revã'ʃiːrən, revaŋ'ʃiːrən] *vr* ❶ (*sich erkenntlich zeigen*) ■ **sich** [**bei jdm**] **~** to return [sb] a favour ❷ (*sich rächen*) ■ **sich** [**an jdm**] **~** to get one's revenge [on sb]

Re·vers <-, -> [re'vɛrs] *nt o m* MODE lapel

re·vi·die·ren* [revi'diːrən] *vt* (*geh*) ❶ (*rückgängig machen*) to reverse ❷ (*abändern*) to revise

Re·vier <-s, -e> [re'viːɐ̯] *nt* ❶ (*Polizeidienststelle*) police station ❷ (*Jagd~*) shoot ❸ (*Zuständigkeitsbereich*) area of responsibility ❹ *kein pl* (*fam*) ■ **das ~ the Ruhr/Saar mining area**

Re·vi·si·on <-, -en> [revi'zi̯oːn] *f* ❶ FIN, ÖKON audit ❷ JUR appeal ❸ TYPO final proofreading *no pl* ❹ (*geh: Abänderung*) revision

Re·vol·te <-, -n> [re'vɔltə] *f* revolt

re·vol·tie·ren* [revɔl'tiːrən] *vi* (*geh*) to rebel

Re·vo·lu·ti·on <-, -en> [revolu'tsi̯oːn] *f* revolution

re·vo·lu·ti·o·när [revolutsi̯o'nɛːɐ̯] *adj* revolutionary

Re·vo·lu·ti·o·när(in) <-s, -e> [revolutsi̯o'nɛːɐ̯] *m(f)* ❶ POL revolutionary ❷ (*radikaler Neuerer*) revolutionist

re·vo·lu·ti·o·nie·ren* [revolutsi̯o'niːrən] *vt* to revolutionize

Re·vo·luz·zer(in) <-s, -> [revo'lʊtsɐ] *m(f)* (*pej*) would-be revolutionary *pej*

Re·vol·ver <-s, -> [re'vɔlvɐ] *m* revolver

Re·vol·ver·held *m* (*iron*) gunslinger

Re·vue <-, -n> [re'vyː, rə'vyː, *pl* -'vyːən] *f* THEAT revue ▶ **jdn/etw ~ passieren lassen** (*geh*) to recall sb/to review sth

Re·zen·sent(in) <-en, -en> [retsɛn'zɛnt] *m(f)* reviewer

re·zen·sie·ren* [retsɛn'ziːrən] *vt* to review

Re·zen·si·on <-, -en> [retsɛn'zi̯oːn] *f* review

Re·zept <-[e]s, -e> [re'tsɛpt] *nt* ❶ KOCHK recipe ❷ MED prescription ❸ (*fig: Verfahren*) remedy (**gegen** for)

re·zept·frei I. *adj* without prescription *after n*; **~e Medikamente** over-the-counter medicines; ■ **~ sein** to be available without prescription II. *adv* over-the-counter; **~ zu bekommen sein** to be available without prescription

Re·zep·ti·on <-, -en> [retsɛp'tsi̯oːn] *f* reception

re·zept·pflich·tig *adj* requiring a prescription; ■ **~ sein** to be available only on prescription

Re·zes·si·on <-, -en> [retsɛ'si̯oːn] *f* recession

Re·zi·pi·ent(in) <-en, -en> [retsi'pi̯ɛnt] *m(f)* ❶ (*geh*) *eines Textes, Musikstücks u.ä.* percipient ❷ PHYS vacuum jar

re·zi·tie·ren* [retsi'tiːrən] *vt, vi* to recite (**aus** from)

R-Ge·spräch ['ɛr-] *nt* reverse charge [*or* AM collect] call

Rha·bar·ber <-s, -> [ra'barbɐ] *m* rhubarb [plant]

Rhein <-s> [raɪn] *m* ■ **der ~ the Rhine; am ~** on the Rhine

Rhein·land <-[e]s> ['raɪnlant] *nt* Rhineland

Rhein·län·der(in) <-s, -> ['raɪnlɛndɐ] *m(f)* Rhinelander

Rhein·land-Pfalz ['raɪnlant-'pfalts] *no art* Rhineland-Palatinate

Rhe·sus·fak·tor *m* rhesus factor

Rhe·to·rik <-, -en> [re'to:rɪk] *f* rhetoric *no pl*

rhe·to·risch [re'to:rɪʃ] **I.** *adj* rhetorical **II.** *adv* rhetorically; **rein ~** purely rhetorically

Rheu·ma <-s> ['rɔyma] *nt kein pl* (*fam*) rheumatism *no pl*

Rheu·ma·mit·tel *nt* preparation for rheumatism

rheu·ma·tisch [rɔy'ma:tɪʃ] *adj* rheumatic

Rheu·ma·tis·mus <-> [rɔyma'tɪsmʊs] *m kein pl* rheumatism *no pl*

Rhi·no·ze·ros <-[ses], -se> [ri'no:tserɔs] *nt* ❶ (*Nashorn*) rhinoceros ❷ (*Dummkopf*) twit *pej*

Rhom·bus <-, Rhomben> ['rɔmbʊs, *pl* 'rɔmbn̩] *m* rhombus

rhyth·misch ['rʏtmɪʃ] *adj* rhythmic[al]

Rhyth·mus <-, -Rhythmen> ['rʏtmʊs, *pl* 'rʏtmən] *m* rhythm

rich·ten ['rɪçtn̩] **I.** *vr* ❶ (*bestimmt sein*) ■ **sich an jdn ~** to be directed at sb; **dieser Vorwurf richtet sich an dich** this reproach is aimed at you; ■ **sich an jdn/etw ~** to consult sb/sth ❷ (*sich orientieren*) ■ **sich nach jdm/etw ~** to comply with sb/sth; **wir richten uns ganz nach Ihnen** we'll fit in with you ❸ (*abhängen von*) ■ **sich nach etw** *dat* **~** to be dependent on sth; **das richtet sich danach, ob Sie mit uns zusammenarbeiten oder nicht** that depends on whether you co-operate with us or not **II.** *vt* ❶ (*lenken*) to direct (**auf** towards/at); **seinen Blick auf etw** *akk* **~** to [have a] look at sth; **eine Schusswaffe auf jdn ~** to point a gun at sb ❷ (*adressieren*) to address (**an** to) ❸ (*reparieren*) to fix ❹ (*bereiten*) to prepare **III.** *vi* (*veraltend*) to pass judgement (**über** on)

Rich·ter(in) <-s, -> ['rɪçtɐ] *m(f)* judge

rich·ter·lich *adj attr* judicial

Rich·ter·ska·la *f kein pl* Richter scale *no pl*

Richt·fest *nt* topping out [ceremony]

Richt·ge·schwin·dig·keit *f* recommended speed limit

rich·tig ['rɪçtɪç] **I.** *adj* ❶ (*korrekt*) right; *Lösung* correct ❷ (*angebracht*) right; **es war ~, dass du gegangen bist** you were right to leave ❸ (*am richtigen Ort*) ■ **irgendwo/bei jdm ~ sein** to be at the right place/address ❹ (*echt*) real; **ich bin nicht deine ~e Mutter** I'm not your real mother ❺ (*fam: regelrecht*) **du bist ein ~er Idiot!** you're a real idiot! ❻ (*passend*) right ❼ (*ordentlich*) **es ist lange her, dass wir einen ~en Winter mit viel Schnee hatten** it's been ages since we've had a proper winter with lots of snow ❽ (*fam: in Ordnung*) all right **II.** *adv* ❶ (*korrekt*) correctly; **Sie haben irgendwie nicht ~ gerechnet** you've miscalculated somehow; **höre ich ~?** did I hear right?; **ich höre doch wohl nicht ~?** you must be joking!; **sehr ~!** quite right! ❷ (*angebracht*) correctly; (*passend a.*) right ❸ (*fam: regelrecht*) really ❹ (*tatsächlich*) **~, das war die Lösung** right, that was the solution

rich·tig·ge·hend I. *adj attr* (*fam*) real; **eine ~e Erkältung** a very heavy cold **II.** *adv* (*fam*) totally; **~ betrunken sein** to be well and truly plastered

Rich·tig·keit <-> *f kein pl* ❶ (*Korrektheit*) correctness *no pl;* **das wird schon seine ~ haben** I'm sure that'll be right ❷ (*Angebrachtheit*) appropriateness *no pl*

rich·tig|lie·gen *vi irreg* ■ [**mit etw** *dat*] **~** (*fam*) to be right [with sth]; ■ **bei jdm ~** to have come to the right person **rich·tig|stel·len** *vt* ■ **etw ~** to correct sth

Richt·li·nie *f meist pl* guideline *usu pl*

Richt·preis *m* recommended price

Richt·schnur *f* ❶ BAU plumb-line ❷ *kein pl* (*Grundsatz*) guiding principle

Rich·tung <-, -en> ['rɪçtʊŋ] *f* ❶ (*Himmelsrichtung*) direction; **aus welcher ~ kam das Geräusch?** which direction did the noise come from?; **eine ~ einschlagen** to go in a direction ❷ (*Tendenz*) trend; **sie vertritt politisch eine gemäßigte ~** she takes a politically moderate line; **irgendwas in der ~** something along those lines; (*Betrag*) something around that mark

Rich·tungs·än·de·rung *f* change of [*or* in] direction

Richt·wert *m* guideline

rieb [ri:p] *imp von* **reiben**

rie·chen <roch, gerochen> ['ri:çn̩] **I.** *vi* ❶ (*duften*) to smell (**nach** of); (*stinken a.*) to stink *pej;* **das riecht hier ja so angebrannt** there's a real smell of burning here ❷ (*schnuppern*) ■ **an jdm/etw ~** to smell sb/sth; **hier, riech mal an den Blumen!** here, have a sniff of these flowers! **II.** *vt* to smell; **riechst du nichts?** can't you smell anything?; **es riecht hier ja so nach Gas** there's real stink of gas here ▶ **etw ~ können** to know sth; **das konnte ich nicht riechen!** how was I supposed to know that!; **jdn nicht ~ können** not to be able to stand sb **III.** *vi impers* **es riecht ekelhaft** there's a disgusting smell; ■ **es riecht nach etw** *dat* there's a smell of sth;

wonach riecht es hier so köstlich? what's that lovely smell in here?

Rie·cher <-s, -> ['riːçɐ] *m* **einen guten ~ [für etw** *akk*] **haben** to have the right instinct [for sth]

Riech·kol·ben *m* (*hum fam*) conk BRIT, big schnozz AM

Ried <-(e)s, -e> ['riːt, *pl* 'riːdə] *nt* ① (*Schilf*) reeds *pl* ② SÜDD, SCHWEIZ (*Moor*) marsh

Ried·dach [riːt-] *nt* thatched roof

rief [riːf] *imp von* **rufen**

Rie·ge <-, -n> ['riːɡə] *f* ① SPORT team ② (*pej: Gruppe*) clique

Rie·gel <-s, -> ['riːɡḷ] *m* ① (*Verschluss*) bolt; **vergiss nicht, den ~ vorzulegen!** don't forget to bolt the door ② (*Schoko~*) bar ▸ **einer S.** *dat* **einen ~ vorschieben** to put a stop to sth

Rie·men[1] <-s, -> ['riːmən] *m* (*schmaler Streifen*) strap ▸ **den ~ enger schnallen** to tighten one's belt; **sich am ~ reißen** to get a grip on oneself

Rie·men[2] <-s, -> ['riːmən] *m* NAUT, SPORT oar

Rie·se, Rie·sin <-n, -n> ['riːzə, 'riːzɪn] *m, f* giant

rie·seln ['riːzḷn] *vi sein* ① (*rinnen*) to trickle (**auf** onto) ② (*bröckeln*) ▪ **von etw** *dat* ~ to flake off sth

Rie·sen·er·folg *m* (*fam*) huge success **rie·sen·groß** ['riːzn̩ˈɡroːs] *adj* (*fam*) ① (*sehr groß*) enormous ② (*außerordentlich*) colossal **Rie·sen·hun·ger** *m* (*fam*) enormous appetite **Rie·sen·rad** *nt* Ferris wheel **Rie·sen·schritt** *m* giant stride; **der Termin für die Prüfung nähert sich mit ~en** the date of the exam is fast approaching **Rie·sen·sla·lom** *m* giant slalom

rie·sig ['riːzɪç] I. *adj* ① (*ungeheuer groß*) gigantic ② (*gewaltig*) enormous; Anstrengung huge ③ *präd* (*fam: gelungen*) great II. *adv* (*fam*) enormously; **das war ~ nett von Ihnen** that was terribly nice of you

Rie·sin <-, -nen> *f fem form von* **Riese**

Ries·ling <-s, -e> ['riːslɪŋ] *m* Riesling

riet [riːt] *imp von* **raten**

Riff <-[e]s, -e> [rɪf] *nt* reef

ri·go·ros [riɡoˈroːs] *adj* rigorous

Ril·le <-, -n> ['rɪlə] *f* groove

Rind <-[e]s, -er> [rɪnt] *nt* ① (*geh: Kuh*) cow ② (*~fleisch*) beef *no pl*

Rin·de <-, -n> ['rɪndə] *f* ① (*Borke*) bark *no pl* ② *kein pl* KOCHK crust; Käse, Speck rind *no pl* ③ ANAT cortex

Rin·der·bra·ten *m* roast beef *no pl* **Rin·der·fi·let** *nt* fillet of beef *no pl* **Rin·der·wahn·sinn** *m* kein pl mad cow disease *no art, no pl fam*

Rind·fleisch *nt* beef *no art, no pl*

Rinds·le·der *nt* cowhide, leather

Rind·vieh <-viecher> *nt* ① *kein pl* (*Rinder*) cattle *no art,* + *pl vb* ② (*sl: Dummkopf*) ass

Ring <-[e]s, -e> [rɪŋ] *m* ① (*Finger~, Öse*) ring ② (*Kreis*) circle ③ (*Syndikat*) Händler, Dealer ring; Lebensmittelhändler, Versicherungen syndicate ④ (*~straße*) ring road BRIT, AM *usu* beltway ⑤ (*Box~*) ring ⑥ *pl* (*Turngerät*) rings *npl*

Ring·buch *nt* ring binder

Rin·gel·blu·me *f* marigold

rin·geln ['rɪŋḷn] I. *vt* ▪ **etw [um etw** *akk*] ~ to wind sth [around sth] II. *vr* ▪ **sich** ~ to coil up

Rin·gel·nat·ter *f* grass snake **Rin·gel·rei·hen** <-s, -> *m kein pl* ring-a-ring o' roses

rin·gen <rang, gerungen> ['rɪŋən] I. *vi* ① (*im Ringkampf kämpfen*) to wrestle ② (*mit sich kämpfen*) ▪ **mit sich** *dat* ~ to wrestle with oneself ③ (*schnappen*) **nach Atem** ~ to struggle for breath ④ (*sich bemühen*) ▪ **um etw** *akk* ~ to struggle for sth II. *vt* **ich habe ihm die Pistole aus der Hand gerungen** I wrenched the pistol from his hand

Rin·gen <-s> ['rɪŋən] *nt kein pl* wrestling *no art, no pl*

Rin·ger(in) <-s, -> *m(f)* wrestler

Ring·fahn·dung *f* manhunt [over an extensive area] **Ring·fin·ger** *m* ring finger **ring·för·mig** I. *adj* ring-like; Autobahn circular II. *adv* in the shape of a ring; **die Umgehungsstraße führt ~ um die Ortschaft herum** the bypass encircles the town **Ring·kampf** *m* wrestling match **Ring·kämp·fer(in)** *m(f) s.* **Ringer Ring·ord·ner** *m* ring binder **Ring·rich·ter(in)** *m(f)* referee

rings [rɪŋs] *adv* [all] around

rings·he·rum ['rɪŋshɛˈrʊm] *adv s.* **ringsum**

Ring·stra·ße *f* ring road BRIT, AM *usu* beltway

rings·um ['rɪŋsˈʔʊm] *adv* [all] around

rings·um·her ['rɪŋsʔʊmˈheːɐ̯] *adv* (*geh*) *s.* **ringsum**

Rin·ne <-, -n> ['rɪnə] *f* ① (*Rille*) channel; (*Furche*) furrow ② (*Dach~*) gutter

rin·nen <rann, geronnen> ['rɪnən] *vi sein* ① (*fließen*) to run ② (*rieseln*) to trickle

Rinn·sal <-[e]s, -e> ['rɪnzaːl] *nt* ① (*winziger Wasserlauf*) rivulet liter ② (*rinnende Flüssigkeit*) trickle

Rinn·stein m ❶ (*Gosse*) gutter ❷ (*Bordstein*) kerb BRIT, curb AM

Ripp·chen <-s, -> ['rɪpçən] nt smoked rib [of pork]

Rip·pe <-, -n> ['rɪpə] f ❶ ANAT, KOCHK rib ❷ TECH fin

Rip·pen·fell nt [costal] pleura

Rip·pen·fell·ent·zün·dung f pleurisy

Rip·pen·stoß m dig in the ribs

Rippli <-s, -> ['rɪpli] nt KOCHK SCHWEIZ salted rib [of pork]

Ri·si·ko <-s, -s o Risiken o ÖSTERR Risken> ['ri:ziko] nt risk; **bei dieser Unternehmung laufen Sie das ~, sich den Hals zu brechen** you run the risk of breaking your neck with this venture; **auf jds ~** at sb's own risk

Ri·si·ko·ab·wä·gung f risk assessment **ri·si·ko·be·reit** adj prepared to take a risk pred **Ri·si·ko·be·reit·schaft** f willingness to take [high] risks **Ri·si·ko·fak·tor** m risk factor **ri·si·ko·freu·dig** adj prepared to take risks pred **Ri·si·ko·grup·pe** f [high-]risk group **Ri·si·ko·ka·pi·tal** nt FIN venture capital

ris·kant [rɪs'kant] adj risky

ris·kie·ren* [rɪs'ki:rən] vt ❶ (*aufs Spiel setzen*) **den guten Ruf ~** to risk one's good reputation ❷ (*ein Risiko eingehen*) **beim Versuch, dir zu helfen, habe ich viel riskiert** I've risked a lot trying to help you ❸ (*wagen*) **ich riskiere es!** I'll chance it!; ■**es ~, etw zu tun** to risk doing sth

rissᴿᴿ, **riß**ᴬᴸᵀ [rɪs] imp von **reißen**

Rissᴿᴿ <-es, -e> m, **Riß**ᴬᴸᵀ <Risses, Risse> [rɪs] m ❶ (*eingerissene Stelle*) crack; (*in Papier*) tear ❷ (*Knacks*) rift ❸ (*Umrisszeichnung*) [outline] sketch

ris·sig ['rɪsɪç] adj ❶ (*mit Rissen versehen*) cracked ❷ *Hände* chapped ❸ (*brüchig*) brittle

Ri·ten pl von **Ritus**

ritt [rɪt] imp von **reiten**

Ritt <-[e]s, -e> [rɪt] m ride

Rit·ter <-s, -> ['rɪtɐ] m knight

Rit·ter·burg f knight's castle

rit·ter·lich adj ❶ (*höflich zu Damen*) chivalrous ❷ HIST knightly liter

Rit·ter·lich·keit f kein pl chivalrousness

Rit·ter·ro·man m tale of courtly love **Rit·ter·rüs·tung** f knight's armour **Rit·ter·sporn** m BOT delphinium, larkspur

ritt·lings ['rɪtlɪŋs] adv astride

Ri·tu·al <-s, -e o -ien> [ri'tua̯:l, pl -li̯ən] nt ritual

ri·tu·ell [ri'tu̯ɛl] adj ritual

Ri·tus <-, Riten> ['ri:tʊs, pl 'ri:tən] m rite

Ritz <-es, -e> ['rɪts] m ❶ (*Kratzer*) scratch ❷ s. **Ritze**

Rit·ze <-, -n> ['rɪtsə] f crack

rit·zen ['rɪtsn̩] I. vt ❶ (*einkerben*) ■**etw auf/in etw** akk **~** to carve sth on/in sth ❷ (*kratzen*) to scratch ▶ **geritzt sein** (*sl*) to be okay fam II. vr ■**sich ~** to scratch oneself (**an** on)

Ri·va·le, Ri·va·lin <-n, -n> [ri'va:lə, ri'va:lɪn] m, f rival (**um** for)

ri·va·li·sie·ren* [rivali'zi:rən] vi (*geh*) ■**mit jdm ~** to compete with sb; ■**~d** rival attr

Ri·va·li·tät <-, -en> [rivali'tɛ:t] f (*geh*) rivalry

Ri·vi·e·ra <-> [ri'vi̯e:ra] f riviera; ■**die ~** the Riviera

Ri·zi·nus <-, - o -se> ['ri:tsinʊs] m ❶ (*Pflanze*) castor-oil plant ❷ kein pl (*fam: ~öl*) castor oil no art, no pl

Ri·zi·nus·öl nt castor oil no art, no pl

RNS <-> [ɛrʔɛn'ʔɛs] f kein pl Abk von **Ribonukleinsäure** RNA no art, no pl

Roa·ming·ge·bühr ['roʊmɪŋ-] f meist pl TELEC roaming fee

Roast·beef <-s, -s> ['ro:stbi:f] nt roast beef no indef art, no pl

Rob·be <-, -n> ['rɔbə] f seal

rob·ben ['rɔbn̩] vi sein to crawl

Ro·be <-, -n> ['ro:bə] f ❶ (*langes Abendkleid*) evening gown ❷ (*Talar*) robe[s pl]

Ro·bo·ter <-s, -> ['rɔbɔtɐ] m robot

Ro·bo·tik <-> ['rɔbɔtɪk] f kein pl robotics

ro·bust [ro'bʊst] adj robust

Ro·bust·heit <-> f kein pl robustness no art, no pl

roch [rɔx] imp von **riechen**

rö·cheln ['rϾln̩] vi to breathe stertorously form; *Sterbender* to give the death rattle liter

Ro·chen <-s, -> ['rɔxn̩] m ray

Rock[1] <-[e]s, Röcke> [rɔk, pl 'rœkə] m ❶ (*Damen~*) skirt ❷ SCHWEIZ (*Kleid*) dress ❸ SCHWEIZ (*Jackett*) jacket

Rock[2] <-[s], -[s]> [rɔk] m kein pl MUS rock no art, no pl

ro·cken ['rɔkn̩] vi to rock

Ro·cker(in) <-s, -> ['rɔkɐ] m(f) rocker

Rock·grup·pe f rock group

ro·ckig ['rɔkɪç] adj MUS rocking

Ro·del·bahn f toboggan run

ro·deln ['ro:dln̩] vi sein o haben to sledge, to toboggan

ro·den ['ro:dn̩] vt to clear

Ro·dung <-, -en> f ❶ (*gerodete Fläche*) clearing ❷ kein pl (*das Roden*) clearance no art, no pl

Ro·gen <-s, -> ['ro:gn̩] *m* roe *no art, no pl*
Rog·gen <-s> ['rɔgn̩] *m kein pl* rye *no art, no pl*
Rog·gen·brot *nt* rye bread *no pl* **Rog·gen·mehl** *nt* rye flour
roh [ro:] **I.** *adj* ❶ (*nicht zubereitet*) raw ❷ (*unbearbeitet*) crude; *Holzklotz* rough; *Marmorblock* unhewn ❸ (*brutal*) rough ❹ (*rüde*) coarse **II.** *adv* ❶ (*in rohem Zustand*) raw, in a raw state; **er schluckte das Ei ~ hinunter** he swallowed the egg raw ❷ (*ungefüge*) roughly
Roh·bau <-bauten> *m* shell
Ro·heitᴬᴸᵀ <-, -en> ['ro:haɪt] *f s.* **Rohheit**
Roh·ge·wicht *nt* gross weight
Roh·heitᴿᴿ <-, -en> ['ro:haɪt] *f* ❶ *kein pl* (*Brutalität*) brutality *no art, no pl* ❷ *kein pl* (*Rauheit*) coarseness *no art, no pl* ❸ (*brutale Handlung*) brutal act
Roh·kost *f* uncooked vegetarian food *no art, no pl*
Roh·ling <-s, -e> ['ro:lɪŋ] *m* ❶ (*brutaler Kerl*) brute ❷ (*unbearbeitetes Werkstück*) blank
Roh·ma·te·ri·al *nt* raw material **Roh·öl** *nt* crude oil
Rohr¹ <-[e]s, -e> [ro:ɐ̯] *nt* ❶ TECH pipe; (*mit kleinerem Durchmesser, flexibel*) tube ❷ (*Lauf*) barrel ❸ SÜDD, ÖSTERR (*Backofen*) oven
Rohr² <-[e]s, -e> [ro:ɐ̯] *nt* ❶ *kein pl* (*Ried*) reed ❷ *kein pl* (*Röhricht*) reeds *pl*
Rohr·bruch *m* burst pipe
Röh·re <-, -n> ['rø:rə] *f* ❶ (*Hohlkörper*) tube ❷ (*Leuchtstoff~*) neon tube ❸ (*Backofen*) oven ▶ **in die ~ gucken** (*fam*) to be left out
röh·ren ['rø:rən] *vi* ❶ *Hirsch* to bellow ❷ (*fam: heiser grölen*) to bawl ❸ (*laut dröhnen*) to roar
Rohr·lei·tung *f* pipe **Rohr·mat·te** *f* rush mat **Rohr·netz** *nt* network of pipes **Rohr·spatz** *m* ▶ **wie ein ~ schimpfen** (*fam*) to swear like a trooper [*or* Am sailor]
Rohr·stock *m* cane **Rohr·zan·ge** *f* pipe wrench **Rohr·zu·cker** *m* cane sugar *no art, no pl*
Roh·sei·de *f* raw silk *no art, no pl* **Roh·stoff** *m* raw material **Roh·stoff·ver·knap·pung** *f* shortage of raw materials **Roh·zu·cker** *m* cane sugar **Roh·zu·stand** *m* **im ~** in an/the unfinished state
Ro·ko·ko <-[s]> ['rɔkoko, roko'ko] *nt kein pl* ❶ (*Stil*) rococo *no art, no pl* ❷ (*Zeitalter*) Rococo period *no indef art, no pl*
Rolla·denᴬᴸᵀ <-s, Rollläden *o* -> *m s.* **Rollladen**

Rol·la·tor <-s, -en> [rɔ'la:to:ɐ̯, *pl* rɔla'to:-rən] *m* rollator
Roll·bahn *f* LUFT runway **Roll·bra·ten** *m* rolled joint
Rol·le¹ <-, -n> ['rɔlə] *f* ❶ (*aufgewickeltes Material*) **eine ~ Draht/Zitronendrops** a roll of wire/lemon drops ❷ (*Garn~*) reel ❸ (*Laufrad*) roller; (*Möbel~*) caster ❹ (*Spule*) reel; *Flaschenzug, Seilwinde* pulley ❺ (*Turnübung*) roll; **eine ~ machen** to do a roll
Rol·le² <-, -n> ['rɔlə] *f* ❶ FILM, THEAT (*a. fig*) role, part; **eine ~ spielen** to play a part ❷ (*Beteiligung, Part*) role, part; **das spielt doch keine ~!** it's of no importance! ❸ SOZIOL role; **eine Ehe mit streng verteilten ~n** a marriage with strict allocation of roles ▶ **aus der ~ fallen** to behave badly; **sich in jds ~ versetzen** to put oneself in sb's place
rol·len ['rɔlən] **I.** *vi sein* to roll; *Fahrzeug* to roll [along]; *Flugzeug* to taxi; *Lawine* to slide ▶ **etw ins R~ bringen** to set sth in motion **II.** *vt* ❶ (*zusammen~*) ■ **etw ~** to roll [up *sep*] sth ❷ (*~d fortbewegen*) ■ **etw irgendwohin ~** to roll sth somewhere **III.** *vr* (*sich ein~*) ■ **sich in etw** *akk* **~** to curl up in sth
Rol·len·mus·ter *nt* SOZIOL role stereotype, role pattern **Rol·len·spiel** *nt* role play **Rol·len·tausch** *m kein pl* role reversal **Rol·len·ver·hal·ten** *nt kein pl* role[-specific] behaviour
Rol·ler <-s, -> ['rɔlɐ] *m* ❶ (*Kinderfahrzeug*) scooter; (*Motor~*) [motor] scooter ❷ ÖSTERR (*Rollo*) [roller] blind, shade Am
Rol·ler·bla·der(in) ['ro:lɐbleːdɐ] *m(f)* in-line skater
Roll·feld *nt* runway
Rol·li <-s, -s> ['rɔlli] *m* MODE (*fam*) polo neck, turtleneck Am
Roll·kra·gen *m* polo neck **Roll·kra·gen·pul·lo·ver** *m* polo-neck[ed] sweater **Roll·la·den**ᴿᴿ <-s, Rollläden *o* -> *m* shutter *usu pl* **Roll·mops** ['rɔlmɔps] *m* rollmop BRIT
Rol·lo <-s, -s> ['rɔlo, rɔ'lo:] *nt* [roller] blind, shade Am
Roll·schuh *m* roller skate; **~ laufen** to roller-skate **Roll·stuhl** *m* wheelchair **Roll·stuhl·fah·rer(in)** *m(f)* wheelchair user **roll·stuhl·ge·recht** *adj* suitable for wheelchairs **Roll·trep·pe** *f* escalator
Rom <-s> [ro:m] *nt kein pl* Rome *no art, no pl*
ROM <-[s], -[s]> [rɔm] *nt Abk von* **read-only memory** INFORM ROM
Ro·ma [ro:ma] *pl* Roma *pl*

Ro·man <-s, -e> [ro'ma:n] *m* novel
Ro·man·ci·er <-s, -s> [romã'sie:] *m* (*geh*) novelist
Ro·ma·ne, Ro·ma·nin <-n, -n> [ro'ma:nə, ro'ma:nɪn] *m, f* neo-Latin
Ro·man·fi·gur <-, -en> *f* character in a novel
Ro·ma·nik <-> [ro'ma:nɪk] *f kein pl* ■ **die ~** the Romanesque period *spec*
Ro·ma·nin <-, -nen> *f fem form von* **Romane**
ro·ma·nisch [ro'ma:nɪʃ] *adj* ❶ LING, GEOG Romance ❷ HIST Romanesque *spec* ❸ SCHWEIZ (*rätoromanisch*) Rhaeto-Romanic
Ro·ma·nist(in) <-en, -en> [roma'nɪst] *m(f)* scholar/student/teacher of Romance languages and literature
Ro·ma·nis·tik <-> [roma'nɪstɪk] *f kein pl* Romance studies
Ro·ma·nis·tin <-, -nen> *f fem form von* **Romanist**
Ro·man·schrift·stel·ler(in) <-s, -> *m(f)* novelist
Ro·man·tik <-> [ro'mantɪk] *f kein pl* ❶ (*Epoche*) ■ **die ~** the Romantic period ❷ (*gefühlsbetonte Stimmung*) romanticism *no art, no pl;* [**einen**] **Sinn für ~ haben** to have a sense of romance
Ro·man·ti·ker(in) <-s, -> [ro'mantɪkɐ] *m(f)* ❶ (*Künstler der Romantik*) Romantic writer/composer/poet ❷ (*gefühlsbetonter Mensch*) romantic
ro·man·tisch [ro'mantɪʃ] **I.** *adj* ❶ (*zur Romantik gehörend*) Romantic ❷ (*gefühlvoll*) romantic ❸ (*malerisch*) picturesque **II.** *adv* picturesquely
Ro·man·ze <-, -n> [ro'mantsə] *f* LIT romance; (*Liebesbeziehung*) romantic affair
Rö·mer(in) <-s, -> [ˈrøːmɐ] *m(f)* Roman; **die alten ~** the ancient Romans
rö·misch [ˈrøːmɪʃ] *adj* Roman
ROM-Spei·cher *m* ROM [store]
rönt·gen [ˈrœntgn̩] *vt* to x-ray; ■ **sich ~ lassen** to be x-rayed
Rönt·gen <-s> [ˈrœntgn̩] *nt kein pl* x-raying *no art, no pl*
Rönt·gen·auf·nah·me *f* X-ray [photograph] **Rönt·gen·ge·rät** *nt* X-ray apparatus **Rönt·gen·strah·len** *pl* X-rays *pl* **Rönt·gen·un·ter·su·chung** *f* X-ray examination
ro·sa [ˈroːza] *adj* pink **ro·sa·rot** *adj* rose pink
Ro·se <-, -n> [ˈroːzə] *f* ❶ (*Strauch*) rose bush ❷ (*Blüte*) rose
Ro·sé <-s, -s> [ro'ze:] *m* rosé

Ro·sen·kohl *m* [Brussels] sprouts **Ro·sen·kranz** *m* rosary **Ro·sen·mon·tag** *m* Monday before Shrove Tuesday, climax of the German carnival celebrations **Ro·sen·stock** <-[e]s, -stöcke> *m* standard rose
Ro·set·te <-, -n> [ro'zɛtə] *f* ❶ (*Fenster*) rose window ❷ (*Schmuck~*) rosette
ro·sig [ˈroːzɪç] *adj* rosy
Ro·si·ne <-, -n> [ro'zi:nə] *f* raisin
Ros·ma·rin <-s> [ˈroːsmari:n] *m kein pl* rosemary *no art, no pl*
Ross[RR] <-es, -e *o* Rösser> *nt,* **Roß**[ALT] <Rosses, Rosse *o* Rösser> [rɔs, *pl* 'rœsɐ] *nt* ❶ (*liter: Reitpferd*) steed ❷ SÜDD, ÖSTERR, SCHWEIZ (*Pferd*) horse
Ross·haar[RR] *nt kein pl* horsehair *no art, no pl* **Ross·kas·ta·nie**[RR] *f* [horse] chestnut **Ross·kur**[RR] *f* (*hum*) drastic cure
Rost[1] <-[e]s> [rɔst] *m kein pl* TECH, BOT rust *no art, no pl*
Rost[2] <-[e]s, -e> [rɔst] *m* ❶ (*Gitter*) grating; (*Schutz~*) grille ❷ (*Grill~*) grill ❸ (*Bett~*) base
Rost·bra·ten *m* ❶ (*Braten*) roast beef *no art, no pl* ❷ (*Steak*) grilled steak
rost·braun *adj* Haar auburn; Kleidungsstück, Fell russet
ros·ten [ˈrɔstn̩] *vi sein o haben* to rust
rös·ten [ˈrøːstn̩, ˈrœstn̩] *vt* to roast; Brot to toast
rost·frei *adj* stainless
Rös·ti [ˈrøːsti] *pl* SCHWEIZ [sliced] fried potatoes *pl*
ros·tig [ˈrɔstɪç] *adj* rusty
Röst·kar·tof·feln *pl* fried potatoes *pl*
Rost·lau·be *f* (*hum fam*) rust bucket
Rost·schutz·far·be *f* antirust[ing] paint **Rost·schutz·mit·tel** *nt* rust prevention agent
rot <-er *o* röter, -este *o* röteste> [roːt] **I.** *adj* red; ■ **~ werden** to go red; (*aus Scham a.*) to blush; (*Ampel*) ■ **es ist ~** it's red **II.** *adv* red; **etw ~ unterstreichen** to underline sth in red; **vor Scham lief er [im Gesicht] ~ an** his face went red with shame; **~ glühend** red-hot; [**bei etw** *dat*] **~ sehen** (*fig fam*) to see red [as a result of sth]
Ro·ta·ti·on <-, -en> [rota'tsi̯oːn] *f* rotation
Ro·ta·ti·ons·ach·se [-aksə] *f* axis of rotation
Rot·barsch *m* rosefish **rot·blond** *adj* sandy; **eine ~e Frau** a strawberry blonde; **ein ~er Mann** a sandy-haired man **rot·braun** *adj* reddish brown **Rot·bu·che** *f* [common] beech
Rö·te <-> [ˈrøːtə] *f kein pl* (*geh*) red[ness]

Ro·te-Ar·mee-Frak·ti·on *f* (*hist*) ■ die ~ the Red Army Faction **Ro·te-Au·gen-Kor·rek·tur** *f* FOTO red eye correction

Rö·tel <-s, -> ['røːtl] *m* red chalk *no art, no pl*

Rö·teln ['røːtl̩n] *pl* rubella *no art, no pl spec*

rö·ten ['røːtn̩] **I.** *vr* ■ sich ~ to turn red; *Wangen a.* to flush **II.** *vt* to redden

Rot·fuchs *m* (*Pferd*) chestnut **rot·haa·rig** *adj* red-haired; ■ ~ **sein** to have red hair **Rot·haut** *f* (*fam*) redskin *dated or pej*

ro·tie·ren* [roˈtiːrən] *vi sein o haben* ❶ (*sich um die eigene Achse drehen*) *a.* POL to rotate ❷ (*fam: hektisch agieren*) to rush around like mad

Rot·käpp·chen <-s> *nt kein pl* Little Red Ridinghood *no art, no pl* **Rot·kehl·chen** <-s, -> *nt* robin **Rot·kohl** *m,* **Rot·kraut** *nt* SÜDD, ÖSTERR red cabbage *no art, no pl*

röt·lich ['røːtlɪç] *adj* reddish

Rot·licht·mi·li·eu *nt* demi-monde *liter* **Rot·licht·vier·tel** *nt* red-light district

Rot·schopf *m* redhead **rot·se·hen** *vi irreg* (*fam*) to see red **Rot·stift** *m* red pencil/crayon/pen ▶ **[bei etw** *dat*] **den ~ ansetzen** to make cutbacks [in sth]

Rö·tung <-, -en> *f* reddening *no pl*

Rot·wein *m* red wine **Rot·wild** *nt* red deer

Rotz <-es> [rɔts] *m kein pl* snot ▶ ~ **und Wasser heulen** (*fam*) to cry one's eyes out

Rotz·fah·ne *f* (*sl*) snot-rag *pej fam* **rotz·frech** ['rɔts'frɛç] *adj* (*fam*) cocky

rot·zig <-er, -ste> ['rɔtsɪç] *adj* ❶ *Nase, Taschentuch* snotty ❷ (*unverschämt frech*) cheeky

Rotz·jun·ge *m* (*pej fam*) snotty little brat **Rotz·lüm·mel** *m* (*sl*) snotty-nosed brat **Rotz·na·se** *f* (*fam*) ❶ (*schleimige Nase*) snotty nose ❷ (*freches Kind*) snotty-nosed brat *pej*

Rouge <-s, -s> [ruːʒ] *nt* rouge *no art, no pl*

Rou·la·de <-, -n> [ruˈlaːdə] *f* roulade *spec*

Rou·lette <-s, -*o* -s> [ruˈlɛt] *nt* roulette *no art, no pl*

Rou·te <-, -n> ['ruːtə] *f* route

Rou·ter <-s, -> [ˈruːtɐ] *m* INFORM router

Rou·ti·ne <-> [ruˈtiːnə] *f kein pl* (*Erfahrung*) experience *no art, no pl*; (*Gewohnheit*) routine *no pl*

Rou·ti·ne·ar·beit *f* routine work **rou·ti·ne·mä·ßig** **I.** *adj* routine **II.** *adv* as a matter of routine **Rou·ti·ne·un·ter·su·chung** *f* routine examination

Rou·ti·ni·er <-s, -s> [rutiˈnieː] *m* experienced person

rou·ti·niert [rutiˈniːɐt] **I.** *adj* ❶ (*mit Routine erfolgend*) routine ❷ (*erfahren*) experienced **II.** *adv* in a practised manner

Row·dy <-s, -s> ['raʊdi] *m* hooligan

Ro·ya·list(in) <-en, -en> [rɔjaˈlɪst] *m(f)* royalist

rub·beln ['rʊbl̩n] **I.** *vt* **etw ~** to rub sth hard **II.** *vi* to rub hard; ■ sich ~ to give oneself a rub-down

Rü·be <-, -n> ['ryːbə] *f* ❶ KOCHK, BOT turnip; **Gelbe ~** SÜDD, SCHWEIZ carrot; **Rote ~** beetroot ❷ (*fam: Kopf*) nut; [**von jdm**] **eins auf die ~ kriegen** to get a clout round the ear [from sb]

Ru·bel <-s, -> ['ruːbl̩] *m* rouble, Rubel AM

rü·ber ['ryːbɐ] *adv* (*fam*) *s.* **herüber, hinüber**

rü·ber|brin·gen *vt irreg* (*fam*) ■ **[jdm] etw ~** to get across *sep* sth [to sb] **rü·ber|kom·men** *vi irreg sein* (*sl*) ■ **[zu jdm] ~** to come across [to sb] **rü·ber|schie·ben** *vt* (*sl*) **jdm Geld ~** to cough up *sep* [money]

Ru·bin <-s, -e> [ruˈbiːn] *m* ruby

Ru·brik <-, -en> [ruˈbriːk] *f* ❶ (*Kategorie*) category ❷ (*Spalte*) column

ruch·los [ˈruːxloːs] *adj* (*geh*) heinous; (*niederträchtig a.*) dastardly *liter*

Ruck <-[e]s, -e> [rʊk] *m* jolt ▶ **sich** *dat* **einen ~ geben** (*fam*) to pull oneself together

ruck·ar·tig **I.** *adj* jerky, jolting *attr* **II.** *adv* with a jerk

Rück·be·sin·nung *f* recollection (**auf** of) **Rück·bil·dung** *f* ❶ (*Abheilung*) regression *no pl* ❷ (*Verkümmerung*) atrophy *no art, no pl* ❸ BIOL degeneration *no pl* **Rück·blen·de** *f* flashback **Rück·blick** *m* look *no pl* back (**auf** at); **im ~ auf etw** *akk* looking back at sth **rück·bli·ckend** **I.** *adj* retrospective **II.** *adv* in retrospect

ru·ckeln ['rʊkl̩n] *vi* to tug (**an** at)

ru·cken ['rʊkn̩] *vi* to jerk

rü·cken ['rʏkn̩] **I.** *vi sein* ❶ (*weiter~*) ■ **[irgendwohin] ~** to move [somewhere]; **zur Seite ~** to move aside; (*auf einer Bank a.*) to budge up BRIT *fam,* to slide down AM ❷ (*gelangen*) **ein bemannter Raumflug zum Mars ist in den Bereich des Wahrscheinlichen gerückt** a manned space flight to Mars is now within the bounds of probability; **in den Mittelpunkt des Interesses ~** to become the centre of interest **II.** *vt* ❶ (*schieben*) ■ **etw irgendwohin ~** to move sth somewhere ❷ (*zurecht~*) **er**

rückte den Hut in die Stirn he pulled his hat down over his forehead; **seine Krawatte gerade ~** to straighten one's tie
Rü·cken <-s, -> ['rʏkn̩] *m* ❶ ANAT back; **jdm den ~ decken** MIL to cover sb's back; (*fig*) to back up *sep* sb; **jdm den ~ zudrehen** to turn one's back on sb; **~ an ~** back to back; **auf dem ~** on one's back; **hinter jds ~** (*a. fig*) behind sb's back; **mit dem ~ zu jdm/etw** *dat* with one's back to sb/sth ❷ KOCHK saddle ❸ (*Buch~*) spine ▶ **mit dem ~ zur Wand stehen** to have one's back to the wall; **jdm läuft es |eis|kalt über den ~** cold shivers run down sb's spine; **jdm in den ~ fallen** to stab sb in the back; **jdm/sich** *dat* **den ~ freihalten** to keep sb's/one's options open; **jdm den ~ |gegen jdn| stärken** to give sb moral support [against sb]
Rü·cken·de·ckung *f* backing *no art, no pl*; **finanzielle ~** financial backing; MIL **jdm ~ geben** to cover sb's rear **Rü·cken·leh·ne** *f* back rest BRIT, seat back AM **Rü·cken·mark** *nt* spinal cord *no pl* **Rü·cken·schmer·zen** *pl* back pain *n sing*, backache *nsing* **Rü·cken·schwim·men** *nt* backstroke *no pl* **Rü·cken·wind** *m* tail wind **rück·er·stat·ten*** *vt nur infin und pp* ■ **etw ~** to refund sth; **jdm seine Verluste ~** to reimburse sb for his/her losses *form* **Rück·er·stat·tung** *f* refund; **von Verlusten** reimbursement *form*
Rück·fahr·kar·te *f* return ticket
Rück·fahrt *f* return journey **Rück·fall** *m* ❶ MED relapse *form* ❷ JUR subsequent offence ❸ (*geh: erneutes Aufnehmen*) ■ **ein ~ in etw** *akk* a relapse into sth
rück·fäl·lig *adj* JUR recidivist *attr*; *Täter* repeat
Rück·flug *m* return flight **Rück·flug·ti·cket** *nt* return air [*or* AM roundtrip plane] ticket **Rück·fra·ge** *f* query (**zu** regarding) **Rück·ga·be** *f* return
Rück·gang *m* ■ **der/ein ~ einer S.** *gen* the/a drop in sth; **im ~ begriffen sein** (*geh*) to be falling
rück·gän·gig *adj* **etw ~ machen** to cancel sth
Rück·ge·win·nung *f* recovery *no pl* **Rück·grat** <-[e]s, -e> *nt* ❶ (*Wirbelsäule*) spine ❷ *kein pl* (*geh: Stehvermögen*) backbone ▶ **jdm das ~ brechen** to break sb; (*jdn ruinieren*) to ruin sb; **ohne ~** spineless *pej* **Rück·griff** *m* recourse *no indef art, no pl* (**auf** to) **Rück·halt** *m* support *no art, no pl* ▶ **ohne ~** unreservedly **rück·halt·los** I. *adj* ❶ (*bedingungslos*) unreserved ❷ (*schonungslos*) unsparing; *Kritik* ruthless; *Offenheit* complete II. *adv* unreservedly **Rück·hand** *f kein pl* SPORT backhand
Rück·kehr <-> *f kein pl* ❶ (*das Zurückkommen*) return ❷ (*erneutes Auftreten*) comeback
Rück·kop·pe·lung, Rück·kopp·lung *f* feedback *no pl* **Rück·la·ge** *f* ❶ (*Ersparnisse*) savings *npl* ❷ FIN (*Reserve*) reserve fund **Rück·lauf** <-[e]s> *m kein pl* ❶ TECH return pipe; *Maschine* return stroke ❷ (*Gegenströmung*) return flow ❸ (*bei einem Aufnahmegerät*) rewind ❹ (*bei einer*

Rückfrage

rückfragen	enquiring
Meinst du damit, dass ...?	Do you mean that ...?
Soll das heißen, dass ...?	Does that mean that ...?
Habe ich Sie richtig verstanden, dass ...?	Have I understood you correctly that ...?
Wollen Sie damit sagen, dass ...?	Do you mean to say that ...?

kontrollieren, ob Inhalt/Zweck eigener Äußerungen verstanden wurde	ascertaining whether something has been understood
Kapito? *(sl)*	Got it? *(fam)*
Alles klar? *(fam)*/**Ist das klar?**	Everything clear?/Is that clear?
Verstehst du, was ich (damit) meine?	Do you understand what I mean?
Haben Sie verstanden, worauf ich hinausmöchte?	Have you understood what I'm trying to get at?
Ich weiß nicht, ob ich mich verständlich machen konnte.	I don't know if I made myself clear.

Schusswaffe) recoil **rück·läu·fig** [ˈrʏklɔyfɪç] *adj* declining **Rück·licht** *nt* tail light; *eines Fahrrads a.* back light

rück·lings [ˈrʏklɪŋs] *adv* ① (*von hinten*) from behind ② (*verkehrt herum*) the wrong way round ③ (*nach hinten*) backwards ④ (*mit dem Rücken*) ■ **~ an/zu etw** *dat* with one's back against/to sth

Rück·marsch *m* ① (*Rückweg*) march back ② MIL retreat **Rück·mel·de·frist** *f* re-registration period **rück|mel·den** *vr* SCH to re-register BRIT, to register AM (*used of continuing students*)

Rück·nah·me <-, -n> *f* taking back; **wir garantieren die anstandslose ~ der Ware** we promise to take back the goods without objection; JUR **~ der Klage** withdrawal of the action

Rück·por·to *nt* return postage *no indef art, no pl* **Rück·rei·se** *f* return journey **Rück·rei·se·ver·kehr** *m kein pl* homebound traffic **Rück·ruf** *m* ① (*Anruf als Antwort*) return call ② ÖKON (*das Einziehen*) recall **Ruck·sack** [ˈrʊkzak] *m* rucksack, backpack AM *usu* **Ruck·sack·tou·rist(in)** [-tʊrɪst] *m(f)* backpacker **Rück·schau** <-> *f kein pl* ① (*Rückblick*) reflection; **~ auf die letzten Jahre halten** to look back over the last few years ② MEDIA review **Rück·schlag** *m* ① (*Verschlechterung*) setback ② (*Rückstoß*) recoil *no pl* **Rück·schluss**^{RR} *m* conclusion (**aus** from); **einen ~ auf etw** *akk* **erlauben** to allow a conclusion to be drawn about sth; [**aus etw** *dat*] **den ~ ziehen, dass ...** to conclude [from sth] that ... **Rück·schritt** *m* step backwards

rück·schritt·lich *adj* ① (*einen Rückschritt bedeutend*) retrograde ② *s.* **reaktionär**

Rück·sei·te *f* ① (*rückwärtige Seite*) reverse [side] ② (*hintere Seite*) rear; **auf der/die ~** at/to the rear

Rück·sicht <-, -en> [ˈrʏkzɪçt] *f* consideration *no art, no pl;* **ohne ~ auf Verluste** (*fam*) regardless of losses; **keine ~ kennen** to be ruthless; **~ [auf jdn] nehmen** to show consideration [for sb]; **~ auf etw** *akk* **nehmen** to take sth into consideration

Rück·sicht·nah·me <-> *f kein pl* consideration *no art, no pl*

rück·sichts·los I. *adj* ① (*keine Rücksicht kennend*) inconsiderate ② (*schonungslos*) ruthless II. *adv* ① (*ohne Nachsicht*) inconsiderately ② (*schonungslos*) ruthlessly **Rück·sichts·lo·sig·keit** <-, -en> *f* thoughtlessness *no art, no pl*

rück·sichts·voll *adj* considerate (**zu** towards)

Rück·sitz *m* rear seat **Rück·spie·gel** *m* rear [view] mirror **Rück·spiel** *nt* return match BRIT, rematch AM **Rück·spra·che** *f* consultation; **~ [mit jdm] halten** to consult [with sb]

Rück·stand¹ *m* ① (*Zurückbleiben hinter der Norm*) backlog *no pl* ② *pl* FIN outstanding payments *pl* ③ SPORT deficit (**von** of); [**gegenüber jdm**] **mit etw** *dat* **im ~ sein** to be behind [sb] by sth ④ (*Zurückliegen in der Leistung*) inferior position; **seinen ~ aufholen** to make up lost ground

Rück·stand² *m* ① (*Bodensatz*) remains *npl* ② (*Abfallprodukt*) residue *form*

rück·stän·dig¹ [ˈrʏkʃtɛndɪç] *adj* (*überfällig*) overdue

rück·stän·dig² [ˈrʏkʃtɛndɪç] *adj* (*zurückgeblieben*) backward

Rück·stän·dig·keit <-> *f kein pl* backwardness *no art, no pl*

Rück·stoß *m* ① (*bei Gewehren*) recoil *no pl* ② (*Antriebskraft bei Raketen etc.*) thrust *no pl* **Rück·strah·ler** <-s, -> *m* reflector **Rück·tritt** *m* ① (*Amtsniederlegung*) resignation ② JUR withdrawal (**von** from) ③ (*~ bremse*) back-pedal brake **Rück·tritt·brem·se** *f s.* **Rücktritt 3 Rück·tritts·recht** *nt* right of withdrawal [from a contract] **rück|ver·gü·ten*** *vt nur infin und pp* ■ **jdm etw ~** to refund sb's sth **rück|ver·si·chern*** *vr nur infin und pp* ■ **sich ~** to check [up [or back]] **Rück·wand** *f* ① (*rückwärtige Mauer*) back wall ② (*rückwärtige Platte*) back [panel]

rück·wär·tig [ˈrʏkvɛrtɪç] *adj* back *attr,* rear *attr*

rück·wärts [ˈrʏkvɛrts] *adv* ① (*rücklings*) backwards; **~ einparken** to reverse into a parking space ② (*nach hinten*) backward ③ ÖSTERR (*hinten*) at the back; **von ~** SÜDD, ÖSTERR (*von hinten*) from behind

Rück·wärts·gang *m* reverse [gear]; **den ~ einlegen** to engage reverse [gear]

Rück·weg *m* way back; **sich auf den ~ machen** to head back

ruck·wei·se *adv* **sich ~ bewegen** to move jerkily

rück·wir·kend I. *adj* retrospective II. *adv* retrospectively **Rück·wir·kung** *f* repercussion **Rück·zah·lung** *f* repayment **Rück·zie·her** <-s, -> *m* **einen ~ machen** (*fam: eine Zusage zurückziehen*) to back out; (*nachgeben*) to climb down

ruck, zuck [ˈrʊk ˈtsʊk] *interj* (*fam*) in a

jiffy; **etw ~ erledigen** to do sth in no time at all

Rück·zug *m* ❶ MIL retreat *no pl;* **den ~ antreten** to retreat ❷ SCHWEIZ (*Abhebung von einem Konto*) withdrawal **Rück·zugs·ge·biet** *nt* area of retreat

Ru·co·la¹, Ru·ko·la <-s> ['ruːkola] *m nur sg* (*Salat*) rocket BRIT, arugula AM

Ru·co·la², Ru·ko·la <-> ['ruːkola] *f nur sg* (*Pflanze*) [salad] [*or* garden] rocket BRIT, arugula AM

rü·de ['ryːdə] *adj* (*geh*) coarse; *Benehmen* uncouth

Rü·de <-n, -n> ['ryːdə] *m* [male] dog

Ru·del <-s, -> ['ruːdl̩] *nt* herd; *von Wölfen* pack; *von Menschen* swarm

Ru·der <-s, -> ['ruːdɐ] *nt* ❶ (*langes Paddel*) oar ❷ (*Steuer~*) helm; *eines kleineren Bootes a.* rudder

Ru·der·boot *nt* rowing boat, rowboat AM **Ru·de·rer, Ru·de·rin** <-s, -> *m, f* rower

ru·dern ['ruːdɐn] **I.** *vi* ❶ *sein o haben* (*durch Ruder bewegen*) to row ❷ *haben* (*paddeln*) to paddle **II.** *vt* ❶ *haben* (*im Ruderboot befördern*) to row ❷ *sein o haben* (*~ d zurücklegen*) to row

Ru·der·re·gat·ta *f* rowing regatta

ru·di·men·tär [rudimɛnˈtɛːɐ̯] *adj* rudimentary

Ruf <-[e]s, -e> [ruːf] *m* ❶ (*Aus~*) shout; (*an jdn gerichtet*) call ❷ *kein pl* (*Ansehen*) reputation; **einen guten/schlechten ~ haben** to have a good/bad reputation (**als** as); **jdn in schlechten ~ bringen** to get sb a bad reputation ❸ UNIV offer of a chair

ru·fen <rief, gerufen> ['ruːfn̩] **I.** *vi* ❶ (*aus~*) to cry out ❷ (*a. fig: nach jdm/etw verlangen*) ■ [**nach jdm**] **~** to call [for sb] ❸ (*nach Erfüllung drängen*) **die Pflicht ruft** duty calls ❹ (*durch ein Signal auffordern*) ■ **[zu etw** *dat*] **~** to call [to sth] **II.** *vi impers* ■ **es ruft** [jd/etw] sb/sth is calling **III.** *vt* ❶ (*aus~*) to shout ❷ (*herbestellen*) to call; ■ **jdn zu sich** *dat* **~** to summon sb [to one]; ■ **jdn ~ lassen** to send for sb; **[jdm] wie ge~ kommen** to come just at the right moment

Rüf·fel <-s, -> ['rʏfl̩] *m* (*fam*) telling off

Ruf·mord *m* character assassination **Ruf·na·me** *m* [fore]name **Ruf·num·mer** *f* [tele]phone number **Ruf·schä·di·gung** *f* JUR disparagement **Ruf·wei·te** *f* **außer/in ~** out of/[with]in earshot **Ruf·zei·chen** *nt* ❶ TELEK ringing tone ❷ ÖSTERR (*Ausrufungszeichen*) exclamation mark [*or* AM point]

Rug·by <-> ['rakbi] *nt kein pl* rugby *no art, no pl*

Rü·ge <-, -n> ['ryːɡə] *f* (*geh*) reprimand; **jdm eine ~ erteilen** to reprimand sb (**wegen** for)

rü·gen ['ryːɡn̩] *vt* (*geh*) ■ **etw ~** to censure sth; ■ **jdn ~** to reprimand sb

Ru·he <-> ['ruːə] *f kein pl* ❶ (*Stille*) quiet *no art, no pl,* silence *no art, no pl;* **~ !** quiet!; **~ geben** to be quiet ❷ (*Frieden*) peace *no art, no pl;* **jdm keine ~ gönnen** to not give sb a minute's peace; **jdn** [**mit etw** *dat*] **in ~ lassen** to leave sb in peace [with sth] ❸ (*Erholung*) rest; **sich** *dat* **keine ~ gönnen** to not allow oneself any rest; **jdm keine ~ lassen** to not give sb a moment's rest ❹ (*Gelassenheit*) calm[ness] *no pl;* [**die**] **~ bewahren** to keep calm; **sich aus der ~ bringen** to disconcert sb; **sich** [**von jdm/etw**] **nicht aus der ~ bringen lassen** to not let oneself get worked up [by sb/sth]; **die ~ weg haben** (*fam*) to be unflappable; **in** [**aller**] **~** [really] calmly; **immer**

Um Ruhe bitten

zum Schweigen auffordern	asking for silence
Psst! *(fam)*	*Shh!/Shush! (fam)*
Ruhig!	*Quiet!*
Jetzt seien Sie doch mal ruhig!	*Do be quiet a minute!*
Jetzt hör mir mal zu!	*Now just listen to me!*
Jetzt sei mal still!	*Be quiet a minute!*
Halt's Maul! *(sl)***/Schnauze!** *(sl)*	*Shut up! (fam!)/Shut your gob! (sl)*
Ich möchte auch noch etwas sagen!	*I'd like to get a word in too!*
Danke! Ich meine dazu, ...	*Thank you! I think ...*
(an ein Publikum:) **Ich bitte um Ruhe!**	*(to an audience:) Quiet please!*
(an Schüler:) **Wenn ihr jetzt bitte mal ruhig sein könntet!**	*(to pupils:) Quieten down now please!*

mit der ~! (fam) take things easy! ▶ **die ~ vor dem Sturm** the calm before the storm; **jdn zur letzten ~ betten** (geh) to lay sb to rest; **keine ~ geben, bis ...** to not rest until ...; **sich zur ~ setzen** to retire

ru·he·be·dürf·tig adj (geistig) in need of peace; (körperlich) in need of rest

ru·he·los adj restless

Ru·he·lo·sig·keit <-> f kein pl restlessness no art, no pl

ru·hen ['ruːən] vi ① (geh: aus~) to [have a] rest; **nicht eher ~ werden, bis ...** to not rest until ... ② (geh: sich stützen) to rest (**auf** on) ③ Blick to rest (**auf** on) ④ (eingestellt sein) to be suspended; **etw ~ lassen** to let sth rest; **ein Projekt ~ lassen** to drop a project; **die Vergangenheit ~ lassen** to forget the past; **am Samstag ruht in den meisten Betrieben die Arbeit** most firms don't work on a Saturday ⑤ (geh: begraben sein) to lie

Ru·he·pau·se f break **Ru·he·raum** m ① (im Büro) rest room ② (fig: sicherer Ort) haven **Ru·he·stand** m kein pl retirement no art, no pl; **in den ~ gehen** to retire; **im ~** retired **Ru·he·ständ·ler(in)** <-s, -> ['ruːəʃtɛntlɐ] m/f retired person **Ru·he·stät·te** f **letzte ~** (geh) final resting-place **Ru·he·stel·lung** f ① einer Maschine off position ② eines Körpers, Pendels resting position ③ MED **das Bein muss in ~ bleiben** the leg must be kept immobile **Ru·he·stö·rung** f breach of the peace no pl **Ru·he·tag** m (arbeitsfreier Tag) day off; (Feiertag) day of rest

ru·hig ['ruːɪç] I. adj ① (still, geruhsam) quiet ② (keine Bewegung aufweisend) calm ③ (störungsfrei) smooth ④ (gelassen) calm; **ganz ~ sein können** to not have to worry ⑤ Blick steady II. adv ① (untätig) idly; **~ dastehen** to stand idly by ② (gleichmäßig) smoothly ③ (gelassen) calmly ④ (beruhigt) with peace of mind; **jetzt kann ich ~ nach Hause gehen** now I can go home with my mind at rest III. part (fam) really; **geh ~, ich komme schon alleine zurecht** don't worry about going, I can manage on my own

Ruhm <-es> [ruːm] m kein pl fame no art, no pl

rüh·men ['ryːmən] I. vt to praise II. vr ■ **sich einer S. gen ~** to boast about sth

Ruh·mes·blatt nt glorious chapter

rühm·lich adj praiseworthy

ruhm·los <-er, -este> adj inglorious

ruhm·reich adj (geh) glorious

ruhm·voll <-er, -ste> adj glorious

Ruhr¹ <-> [ruːɐ̯] f ■ **die ~** the Ruhr

Ruhr² <-> [ruːɐ̯] f kein pl MED ■ **die ~** dysentery

Rühr·ei ['ryːɐ̯ʔaɪ] nt scrambled eggs pl

rüh·ren ['ryːrən] I. vt ① (um~) to stir ② (erweichen) Gemüt, Herz to touch; ■ **jdn ~** to move sb; **das kann mich nicht ~** that doesn't bother me ③ (veraltend: bewegen) to move II. vi ① (um~) to stir ② (die Rede auf etw bringen) to touch (**an** on) ③ (geh: her~) to stem (**von** from); ■ **daher ~, dass ...** to stem from the fact that ... III. vr ① (sich bewegen) **sich ~** to move; **rührt euch!** MIL at ease! ② (sich bemerkbar machen) ■ **sich ~** to be roused ③ (reagieren) **die Firmenleitung hat sich nicht auf meinen Antrag gerührt** the company management hasn't done anything about my application

rüh·rend I. adj ① (ergreifend) touching, moving ② (reizend) ■ **~ [von jdm] sein** to be sweet [of sb] II. adv touchingly

Ruhr·ge·biet nt kein pl ■ **das ~** the Ruhr [Area]

rüh·rig ['ryːrɪç] adj active

rühr·se·lig adj (pej) tear-jerking fam; **ein ~er Film/ein ~es Buch** a tear jerker fam

Rühr·teig m sponge mixture

Rüh·rung <-> f kein pl emotion no art, no pl

Ru·in <-s> [ruˈiːn] m kein pl ruin no pl

Ru·i·ne <-, -n> [ruˈiːnə] f ruin[s pl]

ru·i·nie·ren* [ruiˈniːrən] vt to ruin

Ru·ko·la [ˈruːkola] f Rucola

rülp·sen ['rʏlpsn̩] vi to belch

Rülp·ser <-s, -> m (fam) burp

Rum <-s, -s> [rʊm] m rum no art, no pl

rum [rʊm] adv (fam) s. **herum** around

Ru·mä·ne, Ru·mä·nin <-n, -n> [ruˈmɛːnə, ruˈmɛːnɪn] m, f Romanian; s. a. **Deutsche(r)**

Ru·mä·ni·en <-s> [ruˈmɛːni̯ən] nt Romania; s. a. **Deutschland**

Ru·mä·nin <-, -nen> f fem form von **Rumäne**

ru·mä·nisch [ruˈmɛːnɪʃ] adj Romanian; s. a. **deutsch**

Rum·ba <-s, -s> ['rʊmba] m rumba

rum·dis·ku·tie·ren vi (fam) to blather [on] **rum|krie·gen** vt (sl) ① (zu etw bewegen) ■ **jdn [zu etw dat] ~** to talk sb into sth; ■ **jdn dazu ~, etw zu tun** to talk sb into doing sth ② (verbringen) **einen Tag irgendwie ~** to get through a day somehow **rum|ma·chen** vi (pej sl) ■ **mit jdm ~** to play around with sb

Rum·mel <-s> ['rʊml̩] m kein pl ① (fam:

Aufhebens) [hustle and] bustle *no art, no pl* ❷ (*Betriebsamkeit*) commotion *no pl* ❸ DIAL (*~ platz*) fair
Rum·mel·platz *m* fairground
ru·mo·ren* [ruˈmoːrən] **I.** *vi* ❶ (*herumhantieren*) to tinker around ❷ (*sich bewegen*) to go around **II.** *vi impers* **in meinem Magen rumort es so** my stomach's rumbling so much
Rum·pel·kam·mer [ˈrʊmpl̩-] *f* junk room
rum·peln [ˈrʊmpl̩n] *vi* ❶ *haben* (*dröhnen*) to rumble; (*klappern*) to clatter ❷ *sein* (*mit Dröhnen fortbewegen*) to rumble; (*klapperd fortbewegen*) to clatter
Rumpf <-[e]s, Rümpfe> [rʊmpf, *pl* ˈrʏmpfə] *m* ❶ (*Torso*) torso ❷ TECH *eines Flugzeugs* fuselage; *eines Schiffes* hull
rümp·fen [ˈrʏmpfən] *vt* **die Nase** [**über etw** *akk*] **~** to turn up *sep* one's nose [at sth]; (*etw verachten*) to sneer [at sth]
Rump·steak [ˈrʊmpsteːk, -ʃteːk] *nt* rump steak
Rum·topf *m* a rum and sugar mixture with fruit
rum|trei·ben *vr irreg* (*fam*) to hang out
Rum·trei·ber(in) <-s, -> *m(f)* layabout BRIT, goof-off AM
Run <-s, -s> [ran] *m* run (**auf** on)
rund [rʊnt] **I.** *adj* ❶ (*kreisförmig*) round ❷ (*rundlich*) plump ❸ (*überschläglich*) **eine ~e Summe** a round sum; **~e fünf Jahre** a good five years *+ sing vb* ❹ *Geschmack* full **II.** *adv* ❶ (*im Kreis*) **wir können ~ um den Block spazieren** we can walk around the block ❷ (*überschläglich*) around ❸ (*kategorisch*) flatly ❹ (*gleichmäßig*) smoothly
Rund·bau <-bauten> *m* rotunda **Rundblick** *m* panorama **Rund·brief** *m* circular
Run·de <-, -n> [ˈrʊndə] *f* ❶ (*Gesellschaft*) company ❷ (*Rundgang*) rounds *pl*; *eines Polizisten* beat *no pl*; *eines Briefträgers* round; **eine ~** [**um etw** *akk*] **drehen** AUTO to drive/ride around [sth]; LUFT to circle [over sth]; **seine ~ machen** to do one's rounds; *Polizist* to be on one's beat ❸ SPORT lap; (*Boxen*) round ❹ *von* [*Tarif*]*gesprächen* round ❺ (*Bestellung*) round; **eine ~ spendieren** to get in a round ▶ [**mit etw** *dat*] **über die ~n kommen** to make ends meet [with sth]
run·den [ˈrʊndn̩] (*geh*) **I.** *vr* ■ **sich ~** ❶ (*rundlich werden*) to become round; (*von Gesicht*) to fill out ❷ (*konkreter werden*) to take shape **II.** *vt* MATH to round up
Rund·er·neu·e·rung *f* AUTO retread

Rund·fahrt *f* [sightseeing] tour **Rundflug** *m* [short] circular [sightseeing] flight
Rund·fra·ge *f* survey (**zu** of)
Rund·funk *m* ❶ (*geh*) radio; **im ~** (*veraltend*) on the wireless BRIT ❷ ■ **der ~** (*die Sendeanstalten*) broadcasting; (*die Organisationen*) the broadcasting corporations
Rund·funk·an·stalt *f* (*geh*) broadcasting corporation **Rund·funk·ge·bühr** *f meist pl* radio licence fee **Rund·funk·ge·rät** *nt* (*geh*) radio [set] **Rund·funk·sen·der** *m* radio station **Rund·funk·sen·dung** *f* radio programme
Rund·gang *m* walk; (*zur Besichtigung*) tour
rund|ge·hen *irreg* **I.** *vi sein* ❶ (*herumgereicht werden*) to be passed around; ■ **etw ~ lassen** to pass around sth *sep* ❷ (*herumerzählt werden*) to do the rounds **II.** *vi impers sein* ❶ (*fam*) **es geht rund im Büro** it's all happening at the office ❷ (*fam: Ärger geben*) **jetzt geht es rund!** now there'll be [all] hell to pay!
rund·her·aus [ˈrʊnthɛˈraʊs] *adv* bluntly
rund·her·um [ˈrʊnthɛˈrʊm] *adv* ❶ (*rings herum*) ■ **~** [**um etw** *akk*] all round [sth] ❷ (*fam*) *s.* **rundum**
rund·lich [ˈrʊntlɪç] *adj* plump; *Hüften* well-rounded; *Wangen* chubby
Rund·rei·se *f* tour (**durch** of) **Rundschrei·ben** *nt* (*geh*) *s.* **Rundbrief**
rund·um [ˈrʊntʔʊm] *adv* ❶ (*ringsum*) all round ❷ (*völlig*) completely
Rund·um·schlag *m* sweeping blow
Run·dung <-, -en> *f* ❶ (*Wölbung*) curve ❷ *pl* (*fam*) curves
Rund·wan·der·weg *m* circular walk
rund·weg [ˈrʊntˈvɛk] *adv* flatly
Run·kel [ˈrʊŋkl̩] *f,* **Run·kel·rü·be** [ˈrʊŋkl̩-] *f* ÖSTERR, SCHWEIZ mangold
run·ter [ˈrʊntɐ] *interj* (*fam: weg*) **~ mit dem Zeug von meinem Schreibtisch!** get that stuff off my desk!; **~ vom Baum/von der Leiter!** get out of that tree/get [down] off that ladder!
run·ter|hau·en *vt* (*fam*) **jdm eine ~** to give sb a clip round the ear BRIT, to slap sb in the kisser AM **run·ter|ho·len** *vt* ❶ (*herunternehmen*) to fetch (**von** from) ❷ (*sl*) ■ **sich** *dat* **einen ~** to [have a] wank BRIT, to choke one's chicken AM **run·ter|kommen** *vi irreg sein* ❶ (*fam: herunterkommen*) to get [*or* come] down ❷ (*sl: clean werden*) ■ **von etw** *dat* **~** to come off sth
Run·zel <-, -n> [ˈrʊntsl̩] *f* wrinkle
run·ze·lig <-er, -ste> [ˈrʊntsəlɪç] *adj* wrinkled

run·zeln ['rʊntsl̩n] I. *vt* to crease; *Brauen* to knit; *Stirn* to wrinkle II. *vr* ■ **sich ~** to become wrinkled

runz·lig <-er, -ste> ['rʊntslɪç] *adj s.* **runzelig**

Rü·pel <-s, -> ['ry:pl̩] *m* lout

rü·pel·haft *adj* loutish; **~er Kerl** lout

rup·fen ['rʊpfn̩] *vt* ❶ (*Huhn*) to pluck ❷ (*zupfen*) to pull up *sep* (**aus** out of)

rup·pig ['rʊpɪç] I. *adj* gruff; *Antwort* abrupt II. *adv* gruffly; **sich ~ verhalten** to be gruff

Rü·sche <-, -n> ['ry:ʃə] *f* frill

Ruß <-es> [ruːs] *m kein pl* soot; *Dieselmotor* particulate; *Kerze* smoke; *Lampe* lampblack

Rus·se, Rus·sin <-n, -n> ['rʊsə, 'rʊsɪn] *m, f* Russian; *s. a.* **Deutsche(r)**

Rüs·sel <-s, -> ['rʏsl̩] *m* ❶ (*Tier~*) snout; *Elefant a.* trunk; *eines Insekts* proboscis *spec* ❷ (*sl: Mund*) trap

ru·ßen ['ruːsn̩] I. *vi* to produce soot; *Fackel, Kerze* to smoke II. *vt* SCHWEIZ, SÜDD (*entrußen*) ■ **etw ~** to clean the soot out of sth; **den Kamin ~** to sweep the chimney

ru·ßig ['ruːsɪç] *adj* blackened [with soot *pred*]; (*verschmutzt a.*) sooty

Rus·sin <-, -nen> *f fem form von* **Russe**

rus·sisch ['rʊsɪʃ] *adj* Russian; *s. a.* **deutsch**

Russ·land[RR] <-s> *nt*, **Ruß·land**[ALT] <-s> ['rʊslant] *nt* Russia; *s. a.* **Deutschland**

Russ·land·deut·sche(r)[RR] *f(m)* ethnic German from Russia; *s. a.* **Deutsche(r)**

Ruß·par·ti·kel·fil·ter *m* AUTO diesel particulate filter

rüs·ten ['rʏstn̩] I. *vi* to arm II. *vr* (*geh*) ■ **sich zu etw** *dat* **~** to prepare for sth III. *vt* SCHWEIZ (*vorbereiten*) ■ **etw ~** to get together *sep* sth

rüs·tig ['rʏstɪç] *adj* sprightly

rus·ti·kal [rʊstiˈkaːl] I. *adj* rustic II. *adv* **sich ~ einrichten** to furnish one's home in a farmhouse style

Rüs·tung <-, -en> ['rʏstʊŋ] *f* ❶ *kein pl* (*das Rüsten*) [re]armament ❷ (*Ritter~*) armour

Rüs·tungs·in·dus·trie *f* armament[s] industry **Rüs·tungs·müll** *m kein pl* arms waste *no pl* **Rüs·tungs·un·ter·neh·men** *nt* armaments concern

Rüst·zeug *nt kein pl* ❶ (*Werkzeug*) equipment *no pl, no indef art* ❷ (*Know-how*) skills *pl*; (*Qualifikationen*) qualifications *pl*

Ru·te <-, -n> ['ruːtə] *f* ❶ (*Gerte*) switch ❷ (*Angel~*) [fishing] rod ❸ (*Wünschel~*) dowsing [rod]

Ru·ten·gän·ger(in) <-s, -> *m(f)* dowser

Rutsch <-es, -e> [rʊtʃ] *m* landslide ▶ **in einem ~** (*fig fam*) in one go; **guten ~!** (*fam*) happy New Year!

Rutsch·bahn *f* ❶ (*Kinder~*) slide ❷ (*Rummelplatz*) helter-skelter

Rut·sche <-, -n> ['rʊtʃə] *f* ❶ TECH chute ❷ (*fam*) Rutschbahn 1

rut·schen ['rʊtʃn̩] *vi sein* ❶ (*aus~*) to slip ❷ (*fam: rücken*) to move; **auf dem Stuhl hin und her ~** to fidget on one's chair; **rutsch mal!** move over! ❸ (*gleiten*) to slide (**auf** on) ❹ (*auf Rutschbahn*) ■ [**auf der Rutschbahn**] **~** to play on the slide ❺ (*von Erde, Kies*) **ins R~ geraten** to start slipping

rutsch·fest *adj* non-slip **Rutsch·ge·fahr** *f kein pl* danger of slipping; (*von Auto*) risk of skidding

rut·schig ['rʊtʃɪç] *adj* slippery

rüt·teln ['rʏtl̩n] I. *vt* to shake (**an** by) II. *vi* ■ **an etw** *dat* **~** to shake sth; **daran ist nicht zu ~** (*kein Zweifel*) there's no doubt about it

Ss

S, s <-, -> [ɛs] *nt* S, s; (*Mehrzahl*) S[']s, s's; *s. a.* **A 1**
s. *Abk von* **siehe**
S *Abk von* **Süden** S[.], So. Am
S. *Abk von* **Seite** p[.]; (*Mehrzahl*) pp[.]
Saal <-[e]s, Säle> [zaːl, *pl* 'zɛːlə] *m* hall
Saar <-> [zaːɐ̯] *f* ▪ **die ~** the Saar
Saat <-, -en> [zaːt] *f* ❶ *kein pl* (*das Säens*) sowing ❷ (*~ gut*) seed[s *pl*]
Saat·gut *nt kein pl* seed[s *pl*] **Saat·korn** *nt* seed corn [*or* Am grain]
Sab·bat <-s, -e> ['zabat] *m* ▪ **der ~** the Sabbath
Sab·ba·ti·cal <-s, -s> [sə'bɛtɪkl] *nt*, **Sab·bat·jahr** ['zabat-] *nt* sabbatical; **ein ~ nehmen** to take [a] sabbatical
sab·bern ['zabɐn] *vi* to slaver, to slobber *pej*
Sä·bel <-s, -> ['zɛːbl̩] *m* sabre
Sa·bo·ta·ge <-, -n> [zabo'taːʒə] *f* sabotage
Sa·bo·teur(in) <-s, -e> [zabo'tøːɐ̯] *m(f)* saboteur
sa·bo·tie·ren* [zabo'tiːrən] I. *vt* to sabotage II. *vi* to practise sabotage
Sa(c)·cha·rin <-s> [zaxa'riːn] *nt kein pl* saccharin
Sac·(c)ha·ro·se <-, -> [zaxa'roːzə] *f kein pl* sucrose
Sach·be·ar·bei·ter(in) *m(f)* specialist; (*in einer Behörde*) official in charge; (*im Sozialamt*) caseworker **Sach·be·schä·di·gung** *f* vandalism **Sach·buch** *nt* non[-]fiction book **sach·dien·lich** *adj* relevant; **~e Hinweise** relevant information
Sa·che <-, -n> ['zaxə] *f* ❶ (*Ding*) thing ❷ (*Angelegenheit*) matter; **eine gute ~** a good cause; ▪ jds **~ sein** to be sb's affair; **nicht jedermanns ~ sein** to be not everyone's cup of tea; ▪ **eine ~ für sich sein** to be a matter apart ❸ *pl* (*Stundenkilometer*) **mit 255 ~n** at 255 [kph [*or* Am klicks]] ❹ (*Aufgabe*) **mit jdm gemeinsame ~ machen** to make common cause with sb; **keine halben ~n machen** to not do things by halves; **er macht seine ~ gut** he's doing well ❺ (*Sachlage*) **sich** *dat* **seiner ~ sicher sein** to be sure of one's ground; **zur ~ kommen** to come to the point; **bei der ~ sein** to give one's full attention; **nichts zur ~ tun** to be irrelevant
Sach·ge·biet *nt* [specialized] field **sach·ge·mäß** I. *adj* proper; **bei ~er Verwendung** when properly used II. *adv* properly
Sach·kennt·nis *f* expert knowledge *no pl* **Sach·kun·de** *f kein pl s.* **Sachkenntnis** **sach·kun·dig** I. *adj* [well-]informed II. *adv* **~ antworten** to give an informed answer **Sach·la·ge** *f kein pl* situation, state of affairs **Sach·leis·tung** *f* FIN payment in kind
sach·lich ['zaxlɪç] I. *adj* ❶ (*objektiv*) objective ❷ (*inhaltlich*) factual ❸ (*schmucklos*) functional II. *adv* ❶ (*objektiv*) objectively ❷ (*inhaltlich*) factually
säch·lich ['zɛçlɪç] *adj* LING neuter
Sach·lich·keit <-> *f kein pl* objectivity
Sach·re·gis·ter *nt* subject index **Sach·scha·den** *m* damage to property
Sach·se, Säch·sin <-n, -n> ['zaksə, 'zɛksɪn] *m, f* Saxon
Sach·sen <-s> ['zaksn̩] *nt* Saxony
Sach·sen-An·halt <-s> [zaksn̩'anhalt] *nt* Saxony-Anhalt
Säch·sin <-, -nen> ['zɛksɪn] *f fem form von* **Sachse**
säch·sisch ['zɛksɪʃ] *adj* Saxon, of Saxony *pred*
sacht [zaxt], **sach·te** ['zaxtə] I. *adj* gentle II. *adv* gently
Sach·ver·halt <-[e]s, -e> *m* facts *pl* [of the case] **sach·ver·stän·dig** *adj* competent; **~er Zeuge** expert witness **Sach·ver·stän·di·ge(r)** *f(m) dekl wie adj* expert **Sach·wert** *m* commodity value
Sack <-[e]s, Säcke> [zak, *pl* 'zɛkə] *m* ❶ (*großer Beutel*) sack ❷ SÜDD, ÖSTERR, SCHWEIZ (*Hosentasche*) [trouser [*or* Am pants]] pocket ❸ (*vulg: Hoden~*) balls *npl* ▶ **in ~ und Asche gehen** to wear sackcloth and ashes; **es ist leichter, einen ~ Flöhe zu hüten** I'd rather climb Mount Everest; **mit ~ und Pack** with bag and baggage
Sack·bahn·hof *m* station where trains cannot pass through but must enter and exit via the same direction
sa·cken ['zakn̩] *vi sein* ❶ (*sich senken*) to subside; (*zur Seite*) to lean ❷ (*sinken*) to sink; *Kopf a.* to droop
Sack·gas·se *f* (*a. fig*) dead end ▶ **in einer ~ stecken** to have come to a dead end
Sack·hüp·fen *nt kein pl* sack race **Sack·mes·ser** <-s, -> *nt* SCHWEIZ pen knife
Sack·tuch *nt* SÜDD, ÖSTERR, SCHWEIZ (*Taschentuch*) handkerchief
Sa·dis·mus <-> [za'dɪsmʊs] *m kein pl* sadism

Sa·dist(in) <-en, -en> [za'dɪst] *m/f* sadist
sa·dis·tisch I. *adj* sadistic II. *adv* sadistically
sä·en ['zɛːən] *vt, vi* to sow ▶ **Wind ~ und Sturm ernten** to sow the wind and reap the whirlwind *dated*
Sa·fa·ri <-, -s> [za'faːri] *f* safari
Safe <-s, -s> [seːf] *m* safe
Saf·ran <-s, -e> ['zafraːn] *m* saffron
Saft <-[e]s, Säfte> [zaft, *pl* 'zɛftə] *m* ❶ (*Frucht~*) [fruit] juice *no pl* ❷ (*Pflanzen~*) sap *no pl* ❸ (*fam: Strom*) juice
saf·tig ['zaftɪç] *adj* ❶ (*viel Saft enthaltend*) juicy, succulent ❷ (*üppig*) lush ❸ *Rechnung* steep
Saft·la·den *m* (*pej fam*) dump **Saft·pres·se** *f* fruit press
Sa·ge <-, -n> ['zaːgə] *f* legend
Sä·ge <-, -n> ['zɛːgə] *f* ❶ (*Werkzeug*) saw ❷ ÖSTERR (*Sägewerk*) sawmill
Sä·ge·blatt *nt* saw blade **Sä·ge·mehl** *nt* sawdust
sa·gen ['zaːgn̩] I. *vt* ❶ (*äußern*) ■ **etw** [**zu jdm**] ~ to say sth [to sb]; **warum haben Sie das nicht gleich gesagt?** why didn't you say that before?; **was ich noch ~ wollte, ...** just one more thing, ...; **gesagt, getan** no sooner said than done; **leichter gesagt als getan** easier said than done ❷ (*mitteilen*) ■ **jdm etw ~** to tell sb sth; **das hätte ich dir gleich ~ können** I could have told you that before; **wem ~ Sie das!/wem sagst du das!** (*fam*) who are you trying to tell that?; **etwas/nichts zu ~ haben** to have the say/to have nothing to say; **das ist nicht gesagt** that is by no means certain ❸ (*meinen*) **was ~ Sie dazu?** what do you say to it?; **das kann man wohl ~** you can say that again ❹ (*bedeuten*) ■ **jdm etwas/nichts/wenig ~** to mean something/to not mean anything/to mean little to sb; **nichts zu ~ haben** to not mean anything II. *vi imperativisch* ■ **sag/~ Sie, ...** tell me, ...; **genauer gesagt** or more precisely; **ich muss schon ~!** I must say!; **unter uns gesagt** between you and me; **sag bloß!** you don't say!; ■ **um nicht zu ~ ...** not to say ...
sä·gen ['zɛːgn̩] *vt, vi* to saw
sa·gen·haft I. *adj* ❶ (*phänomenal*) incredible ❷ (*legendär*) legendary II. *adv* incredibly
Sä·ge·spä·ne *pl* wood shavings *pl* **Sä·ge·werk** *nt* sawmill, lumbermill AM
sah [zaː] *imp von* **sehen**
Sa·ha·ra <-> [zaˈhaːra, ˈzaːhara] *f kein pl* ■ **die ~** the Sahara [Desert]

Sah·ne <-> ['zaːnə] *f kein pl* cream; **saure/süße ~** sour cream/[fresh] cream; (*Schlagsahne*) whipping cream
Sah·ne·tor·te *f* cream gateau
sah·nig ['zaːnɪç] *adj* creamy
Sai·son <-, -s *o* SÜDD, ÖSTERR -en> [zɛˈzõː, zɛˈzɔŋ] *f* season; **außerhalb der ~** in the off-season
Sai·son·ar·beit [zɛˈzõː-, zɛˈzɔŋ-] *f* seasonal work **Sai·son·ar·bei·ter(in)** *m/f* seasonal worker **sai·son·be·dingt** *adj* seasonal **Sai·son·kraft** *f* seasonal worker
Sai·te <-, -n> ['zaɪtə] *f* MUS string ▶ **andere ~n aufziehen** to get tough
Sai·ten·in·stru·ment *nt* string[ed] instrument
Sak·ko <-s, -s> ['zako] *m o nt* sports jacket
sa·kral [zaˈkraːl] *adj* sacred
Sa·kra·ment <-[e]s, -e> [zakraˈmɛnt] *nt* sacrament
Sa·kri·leg <-s, -e> [zakriˈleːk] *nt* sacrilege
Sa·kris·tei <-, -en> [zakrɪsˈtaɪ] *f* sacristy
Sa·la·fist(in) <-en, -en> [zalaˈfɪst] *m/f* REL Salafi
Sa·la·man·der <-s, -> [zalaˈmandɐ] *m* salamander
Sa·la·mi <-, -s> [zaˈlaːmi] *f* salami
Sa·lat <-[e]s, -e> [zaˈlaːt] *m* ❶ (*Pflanze*) lettuce ❷ (*Gericht*) salad ▶ **jetzt haben wir den ~!** now we're in a fine mess!
Sa·lat·be·steck *nt* salad servers *pl* **Sa·lat·gur·ke** *f* cucumber **Sa·lat·schleu·der** *m* salad drainer **Sa·lat·schüs·sel** *f* salad bowl **Sa·lat·so·ße** *f* salad dressing
Sal·be <-, -n> ['zalbə] *f* ointment, salve
Sal·bei <-s> ['zalbaɪ] *m kein pl* sage *no pl*
Sal·bung <-, -en> *f* anointing, unction
sal·bungs·voll I. *adj* (*pej*) unctuous II. *adv* (*pej*) unctuously, with unction
Sal·do <-s, -s *o* Saldi *o* Salden> ['zaldo, *pl* 'zaldi, *pl* 'zaldn̩] *m* FIN balance
Sä·le *pl von* **Saal**
Sa·li·ne <-, -n> [zaˈliːnə] *f* ❶ (*Gradierwerk*) salt collector ❷ (*Salzwerk*) salt works + *sing/pl vb*
Salm <-[e]s, -e> [zalm] *m* (*Lachs*) salmon
Sal·mi·ak <-s> [zalˈmi̯ak, ˈzalmi̯ak] *m o nt kein pl* ammonium chloride
Sal·mi·ak·geist <-s> *m kein pl* [household] [liquid] ammonia
Sal·mo·nel·le <-, -n> [zalmoˈnɛlə] *f meist pl* salmonella
Sal·mo·nel·len·ver·gif·tung *f* salmonella poisoning
sa·lo·mo·nisch [zaloˈmoːnɪʃ] *adj* REL [worthy] of Solomon *pred*
Sa·lon <-s, -s> [zaˈlõː, zaˈlɔŋ] *m* salon

sa·lon·fä·hig [zaˈløː-, zaˈlɔŋ-] *adj* socially acceptable

sa·lopp [zaˈlɔp] **I.** *adj* ❶ (*leger*) casual ❷ (*ungezwungen*) slangy **II.** *adv* ❶ (*leger*) casually ❷ (*ungezwungen*) **sich ~ ausdrücken** to use slang[y] expressions

Sal·pe·ter <-s> [zalˈpeːtɐ] *m kein pl* saltpetre [*or* AM -er] *no pl*, nitre [*or* AM -er] *no pl spec*

Sal·pe·ter·säu·re *f kein pl* nitric acid *no pl*

Sal·to <-s, -s *o* Salti> [ˈzalto, *pl* ˈzalti] *m* somersault; **~ mortale** death-defying leap; **einen ~ machen** to somersault

sa·lü [zaˈlyː, ˈzaly] *interj* SCHWEIZ (*fam*) ❶ (*hallo*) hi ❷ (*tschüs*) bye

Sal·va·do·ri·a·ner(in) <-s, -> [zalvadoˈri̯aːnɐ] *m(f)* Salvador[e]an; *s. a.* **Deutsche(r)**

sal·va·do·ri·a·nisch [zalvadoˈri̯aːnɪʃ] *adj* Salvador[e]an; *s. a.* **deutsch**

Salz <-es, -e> [zalts] *nt* salt

sal·zen <salzte, gesalzen *o selten* gesalzt> [ˈzaltsn̩] **I.** *vt* to salt **II.** *vi* to add salt

salz·hal·tig *adj* salty

sal·zig [ˈzaltsɪç] *adj* salty

Salz·kar·tof·feln *pl* boiled potatoes **Salz·säu·re** *f kein pl* hydrochloric acid **Salz·stan·ge** *f* salt[ed] stick **Salz·streu·er** <-s, -> *m* salt cellar BRIT, [salt] shaker AM

Salz·was·ser *nt kein pl* salt water

Sa·ma·ri·ter <-s, -> [zamaˈriːtɐ] *m* Samaritan; **ein barmherziger ~** a good Samaritan

Sam·ba <-s, -s> [ˈzamba] *m* samba

Sam·bia <-s> [ˈzambi̯a] *nt* Zambia; *s. a.* **Deutschland**

Sa·men <-s, -> [ˈzaːmən] *m* ❶ (*Pflanzen~*) seed ❷ *kein pl* (*Sperma*) sperm

Sa·men·bank *f* sperm bank **Sa·men·er·guss**^RR *m* ejaculation **Sa·men·flüs·sig·keit** *f* seminal fluid **Sa·men·spen·der** *m* sperm donor

Sam·mel·band *m* anthology **Sam·mel·be·cken** *nt* collecting tank **Sam·mel·be·griff** *m* collective term **Sam·mel·be·häl·ter** *m* collection bin **Sam·mel·be·stel·lung** *f* collective order **Sam·mel·büch·se** *f* collecting [*or* AM collection] box **Sam·mel·kla·ge** *f* JUR class-action lawsuit **Sam·mel·la·ger** *nt* refugee camp

sam·meln [ˈzamln̩] **I.** *vt* ❶ (*pflücken*) to pick ❷ (*auf~*) to gather ❸ (*an~, ein~*) to collect ❹ (*zusammentragen*) to gather; *Belege* to retain ❺ (*um sich scharen*) **Truppen ~** to gather [*or* assemble] troops ❻ (*aufspeichern*) to gain **II.** *vr* ❶ (*zusammenkommen*) ■**sich ~** to assemble ❷ (*sich anhäufen*) ■**sich in etw** *dat* **~** to collect in sth ❸ (*sich konzentrieren*) ■**sich ~** to collect one's thoughts **III.** *vi* ■**[für jdn/etw] ~** to collect [for sb/sth]

Sam·mel·su·ri·um <-s, -rien> [zamlˈzuːri̯ʊm, *pl* -ri̯ən] *nt* hotchpotch, hodgepodge AM

Sam·mel·ta·xi *nt* [collective] taxi

Samm·ler(in) <-s, -> *m(f)* ❶ (*von Gegenständen*) collector ❷ (*von Beeren etc.*) picker

Samm·ler·stück *nt* collector's item

Samm·lung <-, -en> *f* collection

Sam·ple <-s, -s> [ˈzampl̩] *nt* MUS sample

Sams·tag <-[e]s, -e> [ˈzamstaːk] *m* Saturday; *s. a.* **Dienstag**

Sams·tag·a·bend^RR *m* Saturday evening; *s. a.* **Dienstag sams·tag·a·bends**^RR *adv* [on] Saturday evenings

sams·tags *adv* [on] Saturdays; **~ abends/nachmittags/vormittags** [on] Saturday evenings/afternoons/mornings

samt [zamt] **I.** *präp* along with **II.** *adv* **~ und sonders** all and sundry

Samt <-[e]s, -e> [zamt] *m* velvet

samt·ar·tig *adj* velvety, like velvet *pred*

Samt·hand·schuh *m* velvet glove ▶ **jdn mit ~en anfassen** to handle sb with kid gloves

sam·tig [ˈzamtɪç] *adj* velvety, velvet *attr*

sämt·lich [ˈzɛmtlɪç] *adj* ❶ (*alle*) all; **~e Unterlagen wurden vernichtet** the documents were all destroyed ❷ (*ganze*) ■**jds ~e(r,s)** ... all [of] sb's ...

Sa·na·to·ri·um <-, -rien> [zanaˈtoːri̯ʊm, *pl* -ri̯ən] *nt* sanatorium, sanitarium AM

Sand <-[e]s, -e> [zant] *m* sand *no pl* ▶ **jdm ~ in die Augen streuen** to throw dust in sb's eyes; **das gibt es wie ~ am Meer** there are heaps of them; **etw** *akk* **in den ~ setzen** to blow sth [to hell]; **im ~e verlaufen** to peter out

San·da·le <-, -n> [zanˈdaːlə] *f* sandal

San·da·let·te <-, -n> [zandaˈlɛtə] *f* high-heeled sandal

Sand·bank <-bänke> *f* sandbank

Sand·dorn *m* BOT sea buckthorn

San·del·holz [ˈzandl̩hɔlts] *nt* sandalwood

sand·far·ben, sand·far·big *adj* sand-coloured **Sand·gru·be** *f* sandpit **Sand·hau·fen** *m* pile of sand

san·dig [ˈzandɪç] *adj* sandy, full of sand *pred*

Sand·kas·ten *m* sandpit BRIT, sandbox AM **Sand·korn** *nt* grain of sand **Sand·männ·chen** *nt* ■**das ~** the sandman

Sand·sack *m* ❶ (*zum Boxen*) punchbag

❷ (*zum Schutz*) sandbag **Sand·stein** *m* sandstone **Sand·strand** *m* sandy beach **Sand·sturm** *m* sandstorm
sand·te ['zantə] *imp von* **senden²**
Sand·uhr *f* hourglass
Sand·wich <-[s], -[e]s> ['zɛntvɪtʃ] *nt o m* sandwich
sanft [zanft] I. *adj* ❶ *Berührung, Stimme* gentle ❷ *Farben, Musik* soft II. *adv* gently
Sänf·te <-, -n> ['zɛnftə] *f* litter
Sanft·heit <-> *f kein pl* ❶ (*sanfte Wesensart*) gentleness ❷ (*sanfte Beschaffenheit*) *Stimme a., von Musik* softness; *Blick* tenderness
Sanft·mut <-> *f kein pl* (*geh*) gentleness, sweetness [of temper]
sanft·mü·tig *adj* gentle
sang [zaŋ] *imp von* **singen**
Sän·ger(in) <-s, -> ['zɛŋɐ] *m(f)* singer
San·gria <-, -s> [zaŋ'griːa] *f* sangria
sang- und klang·los *adv* (*fam*) unwept and unsung
sa·nie·ren* [za'niːrən] *vt* ❶ (*renovieren*) to redevelop ❷ (*wieder rentabel machen*) to rehabilitate
Sa·nie·rung <-, -en> *f* ❶ (*Renovierung*) redevelopment ❷ (*von Firma, etc.*) rehabilitation
Sa·nie·rungs·plan *m* ÖKON redevelopment plan
sa·ni·tär [zani'tɛːɐ̯] *adj attr* sanitary; ~**e Anlagen** sanitation *no pl*
Sa·ni·tät <-, -en> [zani'tɛːt] *f* ❶ *kein pl* ÖSTERR (*Gesundheitsdienst*) ■**die** ~ the medical service ❷ SCHWEIZ (*Ambulanz*) ambulance ❸ ÖSTERR, SCHWEIZ (~*struppe*) medical corps
Sa·ni·tä·ter(in) <-s, -> [zani'tɛːtɐ] *m(f)* first-aid attendant, paramedic; MIL [medical] orderly
Sa·ni·täts·dienst *m* MIL medical corps **Sa·ni·täts·we·sen** *nt kein pl* medical service[s]
sank [zaŋk] *imp von* **sinken**
Sankt [zaŋkt] *adj* Saint, St[.]
Sank·ti·on <-, -en> [zaŋk'tsi̯oːn] *f* sanction; **gegen jdn/etw ~en verhängen** to impose sanctions against sb/sth
sank·ti·o·nie·ren* [zaŋktsi̯o'niːrən] *vt* to sanction
sann [zan] *imp von* **sinnen**
Sa·phir <-s, -e> ['zaːfɪr, 'zafiːɐ, za'fiːɐ] *m* sapphire
Sar·de, Sar·din <-n, -> ['zardə, 'zardɪn] *m, f* Sardinian
Sar·del·le <-, -n> [zar'dɛlə] *f* anchovy
Sar·din <-, -nen> *f fem form von* **Sarde**

Sar·di·ne <-, -n> [zar'diːnə] *f* sardine
Sar·di·ni·en <-s> [zar'diːni̯ən] *nt* Sardinia
sar·di·nisch [zar'diːnɪʃ], **sar·disch** ['zardɪʃ] *adj* Sardinian, of Sardinia *pred*
Sarg <-[e]s, Särge> [zark, *pl* 'zɛrgə] *m* coffin, casket AM
Sar·kas·mus <-, -men> [zar'kasmʊs, *pl* -'kasmən] *m kein pl* sarcasm
sar·kas·tisch [zar'kastɪʃ] I. *adj* sarcastic II. *adv* sarcastically
Sar·ko·phag <-[e]s, -e> [zarko'faːk, *pl* -faːgə] *m* sarcophagus
SARS, Sars <-> [zars] *nt* Akr *von* **Severe Acute Respiratory Syndrome** *kein pl* MED SARS
saß [zaːs] *imp von* **sitzen**
Sa·tan <-s, -e> ['zaːtan] *m kein pl* Satan
sa·ta·nisch [za'taːnɪʃ] I. *adj attr* satanic, diabolical II. *adv* diabolically
Sa·tel·lit <-en, -en> [zatɛ'liːt] *m* satellite
Sa·tel·li·ten·fern·se·hen *nt kein pl* satellite television *no pl* **Sa·tel·li·ten·fo·to** *nt* satellite photo **Sa·tel·li·ten·schüs·sel** *f* satellite dish **Sa·tel·li·ten·stadt** *f* satellite town **Sa·tel·li·ten·te·le·fon** *nt* TELEK satellite [tele]phone
Sa·tin <-s, -s> [za'tɛ̃ː] *m* satin
Sa·ti·re <-, -n> [za'tiːrə] *f kein pl* satire (**auf** on)
sa·ti·risch [za'tiːrɪʃ] *adj* satirical
satt [zat] *adj* ❶ (*gesättigt*) full [BRIT up] *pred fam*, replete *pred form*; ■~ **sein** to have had enough [to eat], to be full [BRIT up] *fam* [*or form* replete]; **sich [an etw** *dat*] ~ **essen** to eat one's fill [of sth]; ~ **machen** to be filling ❷ (*kräftig*) rich, deep
Sat·tel <-s, Sättel> ['zatl̩, *pl* 'zɛtl̩] *m* saddle; **fest im** ~ **sitzen** (*a. fig*) to be firmly in the saddle
sat·tel·fest *adj* experienced
sat·teln ['zatl̩n] *vt* to saddle
Sat·tel·schlep·per <-s, -> *m* (*Zugmaschine*) truck [*or* AM semi-trailer] [tractor]; (*Sattelzug*) articulated lorry BRIT, semi-trailer [truck] AM **Sat·tel·ta·sche** *f* saddlebag
satt|ha·ben *vt* (*fig*) ■**etw** ~ to be fed up with sth
sät·ti·gen ['zɛtɪgn̩] I. *vt* to satiate; ■**gesättigt sein** to be saturated II. *vi* to be filling
sät·ti·gend *adj* filling
Sät·ti·gung <-, *selten* -en> *f* ❶ (*das Sättigen*) repletion ❷ (*Saturierung*) saturation
Satt·ler(in) <-s, -> ['zatlɐ] *m(f)* saddler
Sa·turn <-s> [za'tʊrn] *m kein pl* Saturn
Satz¹ <-es, Sätze> [zats, *pl* 'zɛtsə] *m* ❶ LING sentence; **mitten im** ~ in mid-sentence ❷ MUS movement ❸ (*Set*) set; **ein** ~

Schraubenschlüssel a set of spanners [*or* AM wrenches] ④ (*Schrift~*) setting; (*das Gesetzte*) type [matter] *no pl* ⑤ SPORT set ⑥ MATH **der ~ des Pythagoras** Pythagoras theorem

Satz² <-es, Sätze> [zats, *pl* 'zɛtsə] *m* leap, jump; **einen ~ machen** to leap, to jump

Satz³ <-es> [zats] *m kein pl* dregs *npl*; (*Kaffee~*) grounds *npl*

Satz·bau <-s> *m kein pl* sentence construction **Satz·leh·re** *f kein pl* LING syntax **Satz·teil** *m* LING part of a sentence

Sat·zung <-, -en> ['zatsʊŋ] *f* constitution, statutes *npl*

Satz·zei·chen *nt* LING punctuation mark

Sau <-, Säue *o* Sauen> [zaʊ, *pl* 'zɔyə, 'zaʊən] *f* ① <*pl a.* Sauen> (*weibliches Schwein*) sow ② (*sl: schmutziger Mensch*) filthy pig ▶ **jdn zur ~ machen** *dat* to bawl sb out; **die ~ rauslassen** to let it all hang out; **unter aller ~** it's enough to make me/you puke; **keine ~** not a single bastard

sau·ber ['zaʊbɐ] I. *adj* ① (*rein*) clean ② (*stubenrein*) ▪ **~ sein** to be housetrained ③ (*sorgfältig*) neat ④ (*anständig*) **bleib ~!** (*hum fam*) keep your nose clean II. *adv* ① (*sorgfältig*) **etw ~ halten** to keep sth clean; **etw ~ putzen** to wash sth [clean] ② (*perfekt*) neatly

Sau·ber·keit <-> *f kein pl* ① (*Reinlichkeit*) clean[li]ness ② (*Reinheit*) cleanness

säu·ber·lich ['zɔybɐlɪç] I. *adj* neat II. *adv* neatly

säu·bern ['zɔybɐn] *vt* ① (*reinigen*) to clean ② (*euph: befreien*) ▪ **etw von etw** *dat* **~** to purge sth of sth

Säu·be·rung <-, -en> *f* (*euph*) purge; **ethnische ~** ethnic cleansing

Sau·ce <-, -n> ['zo:sə] *f s.* **Soße**

Sau·ci·e·re <-, -n> [zo'sjeːrə, zo'sɛːrə] *f* sauce boat; (*bes für Fleischsoße*) gravy boat

Sau·di-A·ra·bi·en ['zaʊdi-, za'uːdi-] *nt* Saudi Arabia

sau·di-a·ra·bisch ['zaʊdi-, za'uːdi-] *adj* Saudi, Saudi-Arabian; *s. a.* **deutsch**

sau·dumm I. *adj* (*sl*) damn stupid II. *adv* (*sl*) **~ fragen** to ask stupid questions

sau·er ['zaʊɐ] I. *adj* ① (*nicht süß*) sour; (**~ eingelegt**) pickled ② (*Säure enthaltend*) acid[ic] ③ (*übel gelaunt*) mad, pissed off *pred*; ▪ **~ sein** to be mad [*or* AM pissed] (**auf** *a.*) II. *adv* ① (*mühselig*) the hard way ② (*übel gelaunt*) **~ reagieren** to get mad [*or* AM pissed]

Sau·er·amp·fer <-, -n> *m* sorrel **Sau·er·bra·ten** *m* sauerbraten AM (*beef roast marinated in vinegar and herbs*)

Sau·e·rei <-, -en> [zaʊə'raɪ] *f* (*sl*) ① (*schmutziger Zustand*) God-awful mess ② (*unmögliches Benehmen*) [downright] disgrace ③ (*Obszönität*) filthy joke/story

Sau·er·kir·sche *f* sour cherry **Sau·er·kohl** *m*, **Sau·er·kraut** *nt* DIAL sauerkraut

säu·er·lich ['zɔyɐlɪç] I. *adj* ① (*leicht sauer*) [slightly] sour ② (*übellaunig*) annoyed II. *adv* ① (*leicht sauer*) **~ schmecken** to taste sour/tart ② (*übellaunig*) sourly

Sau·er·rahm *m* sour cream

Sau·er·stoff *m kein pl* oxygen *no pl*

Sau·er·stoff·fla·sche^RR *f* oxygen cylinder **Sau·er·stoff·ge·rät** *nt* ① (*Atemgerät*) breathing apparatus ② (*Beatmungsgerät*) respirator **Sau·er·stoffla·sche**^ALT *f s.* **Sauerstoffflasche Sau·er·stoff·man·gel** *m kein pl* lack of oxygen **Sau·er·stoff·mas·ke** *f* oxygen mask **Sau·er·stoff·zelt** *nt* oxygen tent; **unter einem ~** in an oxygen tent

Sau·er·teig *m* sourdough

Sauf·bold <-[e]s, -e> ['zaʊfbɔlt, *pl* -bɔldə] *m* (*sl*) drunk[ard]

sau·fen <säuft, soff, gesoffen> ['zaʊfn̩] I. *vt* (*sl*) to drink; (*schneller*) to knock back *sep* II. *vi* ① (*sl: Alkoholiker sein*) to drink, to take to the bottle ② (*Tiere*) to drink

Säu·fer(in) <-s, -> ['zɔyfɐ] *m(f)* (*sl*) drunk[ard], boozer

Sau·fe·rei <-, -en> [zaʊfə'raɪ] *f* (*sl: Besäufnis*) booze-up; (*übermäßiges Trinken*) boozing *no art, no pl fam*

Säu·fe·rin <-, -nen> *f fem form von* **Säufer**

Sauf·kum·pan(in) *m(f)* (*sl*) drinking pal [*or* AM buddy]

säuft [zɔyft] *3. pers pres von* **saufen**

sau·gen <sog *o* saugte, gesogen *o* gesaugt> ['zaʊɡn̩] *vi, vt* to suck (**an** on)

säu·gen ['zɔyɡn̩] *vt* ▪ **sein Junges ~** to suckle its young

Sau·ger <-s, -> *m* (*auf Flasche*) teat, nipple AM

Säu·ger <-s, -> *m* (*geh*), **Säu·ge·tier** *nt* mammal

saug·fä·hig *adj* absorbent

Säug·ling <-s, -e> ['zɔyklɪŋ] *m* baby

Säug·lings·nah·rung *f* baby food **Säug·lings·schwes·ter** *f* baby nurse **Säug·lings·sterb·lich·keit** *f kein pl* infant mortality *no pl*

sau·kalt ['zaʊ'kalt] *adj* (*sl*) damn cold

Sau·kerl *m* (*sl*) bastard

Säu·le <-, -n> ['zɔylə] *f* ① ARCHIT column

❷ (*Stütze*) pillar; **die ~n der Gesellschaft** the pillars of society
Säu·len·gang *m* colonnade
Saum <-[e]s, Säume> [zaʊm, *pl* 'zɔymə] *m* hem
sau·mä·ßig I. *adj* (*sl*) ❶ (*unerhört*) bastard *attr* ❷ (*miserabel*) lousy **II.** *adv* (*sl*) like hell; **~ kalt/schwer** bastard [*or* BRIT bloody] cold/heavy
säu·men ['zɔymən] *vt* ❶ (*Kleidung*) to hem ❷ (*zu beiden Seiten stehen*) to line; (*zu beiden Seiten liegen*) to skirt
säu·mig ['zɔymɪç] *adj* **ein ~er Schuldner** a slow debtor
Säum·nis <-, -se> *f*, <-ses, -se> *nt* ['zɔymnɪs] JUR default
Sau·na <-, -s *o* Saunen> ['zaʊna] *f* sauna; **in die ~ gehen** to go for a sauna
sau·nie·ren* [zaʊ'niːrən] *vi* to [take a] sauna
Säu·re <-, -n> ['zɔyrə] *f* ❶ CHEM acid ❷ (*saure Beschaffenheit*) sourness, acidity
säu·re·hal·tig *adj* acid[ic]
Sau·ri·er <-s, -> ['zaʊriɐ] *m* dinosaur
Saus [zaʊs] *m* **in ~ und Braus leben** to live it up
säu·seln ['zɔyzl̩n] *vi* ❶ (*leise sausen*) to sigh ❷ (*schmeichelnd sprechen*) to purr
sau·sen ['zaʊzn̩] *vi* ❶ **haben** (*von Wind*) to whistle; (*von Sturm*) to roar ❷ **sein** (*von Kugel*) to whistle ❸ **sein** (*sich schnell bewegen*) to dash; (*schnell fahren*) to roar ❹ (*sein lassen*) **etw ~ lassen** to forget sth
Sau·stall *m* pigsty **sau·stark** *adj* (*sl*) wicked **Sau·wet·ter** *nt* (*sl*) bastard weather *no indef art* **sau·wohl** *adj* ■ **jd fühlt sich ~** (*sl*) sb feels really good [*or* AM like a million bucks]
Sa·van·ne <-, -n> [za'vanə] *f* savanna[h]
Sa·xo·phon, **Sa·xo·fon**ᴿᴿ <-[e]s, -e> [zakso'foːn] *nt* saxophone, sax *fam*
Sa·xo·pho·nist(in), **Sa·xo·fo·nist(in)**ᴿᴿ <-en, -en> [zaksofo'nɪst] *m(f)* saxophone [*or fam* sax] player, saxophonist
SB [ɛs'beː] *Abk von* **Selbstbedienung** self-service
S-Bahn® ['ɛs-] *f* suburban train
S-Bahn·hof *m* suburban station
SBB [ɛsbeː'beː] *f Abk von* **Schweizerische Bundesbahn** Swiss Federal Railways
SB-Tank·stel·le *f* self-service petrol [*or* AM gas] station
scan·nen ['skɛnən] *vt* to scan
Scan·ner <-s, -> ['skɛnɐ] *m* scanner
Scan·ner·kas·se *f* electronic checkout
Scha·be <-, -n> ['ʃaːbə] *f* cockroach, roach AM

scha·ben ['ʃaːbn̩] *vt* to scrape
Scha·ber·nack <-[e]s, -e> ['ʃaːbɐnak] *m* (*veraltend*) prank; **jdm einen ~ spielen** to play a prank on sb
schä·big ['ʃɛːbɪç] *adj* ❶ (*unansehnlich*) shabby ❷ (*gemein*) mean ❸ (*dürftig*) paltry
Scha·blo·ne <-, -n> [ʃa'bloːnə] *f* stencil
Schach <-s> [ʃax] *nt kein pl* (*Spiel*) chess *no art, no pl*; (*Stellung*) check!; **eine Partie ~** a game of chess; **~ und matt!** checkmate!; **jdn in ~ halten** (*fig*) to keep sb in check
Schach·brett *nt* chessboard **schach·brett·ar·tig** *adj* chequered
scha·chern ['ʃaxɐn] *vi* to haggle (**um** over)
Schach·fi·gur *f* chess piece **schach·matt** [ʃax'mat] *adj* ❶ (*Stellung in Schach*) checkmate ❷ (*erschöpft*) ■ **~ sein** (*fig*) to be exhausted **Schach·spiel** *nt* ❶ (*Brett und Figuren*) chess set ❷ (*das Schachspielen*) chess **Schach·spie·ler(in)** *m(f)* chess player
Schacht <-[e]s, Schächte> [ʃaxt, *pl* 'ʃɛçtə] *m* shaft; *Brunnen* well
Schach·tel <-, -n> ['ʃaxtl̩] *f* box; **eine ~ Zigaretten** a packet [*or* AM pack] of cigarettes
Schach·zug *m* move [at chess]
scha·de ['ʃaːdə] *adj präd* ❶ (*bedauerlich*) **wie ~!** what a pity, that's too bad; **ich finde es ~, dass ...** it's a shame [*or* pity] that; **es ist ~ um jdn/etw** it's a shame [*or* pity] about sb/sth ❷ (*zu gut*) ■ **für etw** *akk* **zu ~ sein** to be too good for sth; ■ **sich** *dat* **für etw** *akk* **zu ~/nicht zu ~ sein** to think oneself too good for sth/to not think sth [to be] beneath one
Schä·del <-s, -> ['ʃɛːdl̩] *m* skull; **jdm den ~ einschlagen** to smash sb's skull in; **einen dicken ~ haben** (*fam*) to have a hangover; **jdm brummt der ~** (*fam*) sb's head is throbbing
Schä·del·bruch *m* fractured skull
scha·den ['ʃaːdn̩] *vi* ■ **jdm ~** to do harm to sb; ■ **etw** *dat* **~** to damage sth
Scha·den <-s, Schäden> ['ʃaːdn̩, *pl* 'ʃɛːdn̩] *m* damage *no indef art, no pl* (**durch** caused by); **einen ~ verursachen** to cause damage; **jdm ~ zufügen** to harm sb
Scha·den·er·satz *m s.* **Schadensersatz**
Scha·den·er·satz·an·spruch *m* claim for compensation **Scha·den·freu·de** *f* malicious joy **scha·den·froh I.** *adj* malicious, gloating; ■ **~ sein** to delight in others' misfortunes **II.** *adv* **~ grinsen** to grin with gloating

Scha·dens·be·gren·zung f loss [or damage] limitation; ■ **zur** ~ to limit the losses [or damage] **Scha·dens·er·satz** m kein pl compensation; ~ **fordern** to claim damages; **jdn auf** ~ **verklagen** to sue sb for damages

schad·haft ['ʃa:thaft] adj faulty, defective; (beschädigt) damaged

schä·di·gen ['ʃɛ:dɪgn̩] vt ❶ (beeinträchtigen) to harm (**durch** with) ❷ (finanziell belasten) to cause losses (**durch** with)

Schä·di·gung <-, -en> f harm no indef art, no pl (+gen to)

schäd·lich ['ʃɛ:tlɪç] adj harmful; (giftig) noxious; ■ ~ **sein** to be harmful [or damaging]

Schäd·ling <-s, -e> ['ʃɛ:tlɪŋ] m pest

Schäd·lings·be·kämp·fung f pest control **Schäd·lings·be·kämp·fungs·mit·tel** nt pesticide

Schad·stoff m harmful substance; (in der Umwelt) pollutant

schad·stoff·arm adj containing a low level of harmful substances pred; Motor low-emission **Schad·stoff·aus·stoß** m [pollution] emissions pl **Schad·stoff·be·las·tung** f pollution **schad·stoff·hal·tig** adj containing pollutants **Schad·stoff·kon·zen·tra·ti·on** f concentration of harmful substances

Schaf <-[e]s, -e> [ʃa:f] nt sheep; **das schwarze** ~ **sein** (fig) to be the black sheep

Schaf·bock m ram

Schäf·chen <-s, -> ['ʃɛ:fçən] nt dim von **Schaf** little sheep ▶ **seine** ~ **ins Trockene bringen** to see oneself all right

Schäf·chen·wol·ken pl fleecy clouds

Schä·fer(in) <-s, -> ['ʃɛ:fɐ] m(f) shepherd masc, shepherdess fem

Schä·fer·hund m Alsatian [dog], German shepherd [dog] AM

Schä·fe·rin <-, -nen> f fem form von **Schäfer**

Schaf·fell nt sheepskin

schaf·fen[1] <schaffte, geschafft> ['ʃafn̩] vt ❶ (bewältigen) to manage [to do]; Examen to pass; **einen Termin** ~ to make a date; **es ist geschafft** it's done; ■ **es** ~, **etw zu tun** to manage to do sth; **ich habe es nicht mehr geschafft, dich anzurufen** I didn't get round to calling you ❷ (gelangen) **wir müssen es bis zur Grenze** ~ we've got to get to the border ❸ (bringen) to bring ❹ (erschöpfen) ■ **jdn** ~ to take it out of sb; ■ **geschafft sein** to be exhausted

schaf·fen[2] <schuf, geschaffen> ['ʃafn̩] vt ❶ (herstellen) to create; **dafür bist du wie ge~** you're just made for it ❷ (verursachen) to cause; **Frieden** ~ to make peace

schaf·fen[3] <schaffte, geschafft> ['ʃafn̩] vi SÜDD, ÖSTERR, SCHWEIZ (arbeiten) to work; **nichts mit jdm/etw zu** ~ **haben** to have nothing to do with sb/sth; **jdm zu** ~ **machen** to cause sb trouble

Schaf·fens·kraft f kein pl creative power

Schaff·ner(in) <-s, -> ['ʃafnɐ] m(f) guard BRIT, conductor AM

Schaf·fung f kein pl creation

Schaf·her·de f flock of sheep

Scha·fott <-[e]s, -e> [ʃaˈfɔt] nt scaffold

Schafs·kä·se m sheep's milk cheese

Schaft <-[e]s, Schäfte> [ʃaft, pl 'ʃɛftə] m ❶ (langgestreckter Teil) shaft ❷ (Stiefel~) leg

Schaft·stie·fel pl high boots

Schaf·wol·le f sheep's wool

Schah <-s, -s> [ʃa:] m shah

Scha·kal <-s, -e> [ʃaˈka:l] m jackal

schä·kern ['ʃɛ:kɐn] vi to flirt

schal [ʃa:l] adj flat; Wasser stale

Schal <-s, -s o -e> [ʃa:l] m scarf

Scha·le[1] <-, -n> ['ʃa:lə] f ❶ (Nuss~) shell ❷ (Frucht~) skin; (abgeschält) peel ❸ (Tier) shell ▶ **eine raue** ~ **haben** to be a rough diamond; **sich in** ~ **werfen** to get dressed up

Scha·le[2] <-, -n> ['ʃa:lə] f bowl; (flacher) dish

schä·len ['ʃɛ:lən] I. vt to peel; ■ **etw aus etw** dat ~ to unwrap sth [from sth] II. vr ■ **sich** ~ to peel

Scha·len·tier nt shellfish

Schalk <-[e]s, -e o Schälke> [ʃalk, pl 'ʃɛlkə] m (veraltend) rogue ▶ **jdm sitzt der** ~ **im Nacken** sb is a real rogue

Schall <-s, -e o Schälle> [ʃal, pl 'ʃɛlə] m ❶ (Laut) sound ❷ kein pl PHYS sound no art ▶ **etw ist** ~ **und Rauch** sth signifies nothing

Schall·däm·mung f sound-absorption **Schall·dämp·fer** <-s, -> m einer Schusswaffe silencer; eines Auspuffs a. muffler AM **schall·dicht** adj soundproof

schal·len ['ʃalən] vi to resound

Schall·ge·schwin·dig·keit f kein pl PHYS speed of sound **Schall·gren·ze** f s. **Schallmauer Schall·iso·lie·rung** f soundproofing **Schall·mau·er** f sound barrier; **die** ~ **durchbrechen** to break the sound barrier **Schall·plat·te** f record **Schall·plat·ten·samm·lung** f record collection **Schall·wel·le** f sound wave

Scha·lot·te <-, -n> [ʃaˈlɔtə] f shallot
schalt [ʃalt] *imp von* **schelten**
Schalt·an·la·ge [ˈʃalt-] f switchgear
schal·ten [ˈʃaltn̩] I. *vi* ❶ AUTO to change gear ❷(*fam: begreifen*) to get it ❸(*sich einstellen*) to switch to II. *vt* (*einstellen*) to switch, to turn (**auf** to)
Schal·ter <-s, -> [ˈʃaltɐ] m ❶ ELEK switch ❷ ADMIN, BAHN counter; (*mit Sichtfenster*) window
Schal·ter·be·am·te(r) m *dekl wie adj*, **-be·am·tin** f clerk **Schal·ter·hal·le** f main hall; **Schal·ter·raum** m BAHN travel centre; hall; (*im Bahnhof*) ticket office **Schal·ter·stun·den** *pl* opening hours *pl*
Schalt·he·bel m AUTO gear lever
Schalt·jahr *nt* leap year **Schalt·knüp·pel** m gearstick **Schalt·kreis** m circuit **Schalt·plan** m diagram of a wiring system; INFORM, ELEK circuit diagram **Schalt·pult** *nt* control desk [*or* panel], controls *npl* **Schalt·ta·fel** f control panel **Schalt·tag** m leap day
Schal·tung <-, -en> f ❶ AUTO gears *pl* ❷ ELEK circuit
Scha·lup·pe <-, -n> [ʃaˈlʊpə] f NAUT ❶(*hist: kleineres Frachtschiff*) sloop ❷(*Beiboot eines Seglers*) dinghy
Scham <-> [ʃaːm] f *kein pl* ❶(*Beschämung*) shame; ~ **empfinden** to be ashamed ❷(*Verlegenheit*) embarrassment; **vor ~ in den Boden versinken** to die of embarrassment ❸(*Geschlechtsteile*) private parts
Scha·ma·ne <-n, -n> [ʃaˈmaːnə] m shaman
Scham·bein *nt* pubic bone
schä·men [ˈʃɛːmən] *vr* ❶(*Scham empfinden*) ■ **sich** ~ to be ashamed to (**wegen** of); ■ **sich vor jdm** ~ to be ashamed in front of sb; (*einem peinlich werden in jds Gegenwart*) to be embarrassed in front of sb; **schäm dich!** shame on you! ❷(*sich scheuen*) ■ **sich** ~**, etw zu tun** to be embarrassed to do sth
Scham·ge·fühl *nt kein pl* sense of shame **Scham·ge·gend** f pubic region **Scham·haar** *nt* pubic hair
scham·haft *adj* shy, bashful
Scham·lip·pen *pl* labia *pl*
scham·los *adj* shameless, rude; *Lüge* barefaced
Scha·mot·te·stein [ʃaˈmɔt-] m firebrick
Scham·rö·te f blush of embarrassment
Schan·de <-> [ˈʃandə] f *kein pl* disgrace, shame; **eine ~ sein** to be a disgrace; **mach mir keine ~!** (*hum*) don't let me down!

schän·den [ˈʃɛndn̩] *vt* ❶(*verächtlich machen*) to discredit ❷(*entweihen*) to desecrate
Schand·fleck m blot [on the landscape]
schänd·lich [ˈʃɛntlɪç] I. *adj* ❶(*niederträchtig*) disgraceful, shameful; *Verbrechen* despicable ❷(*schlecht*) appalling II. *adv* shamefully, disgracefully
Schand·tat f abomination; **zu jeder ~ bereit sein** (*hum*) to be ready for anything
Schän·dung <-, -en> f desecration; (*Vergewaltigung*) violation
Schän·keᴿᴿ <-, -n> [ˈʃɛŋkə] f pub; (*auf dem Land*) inn
Schan·ze <-, -n> [ˈʃantsə] f ski jump
Schar <-, -en> [ʃaːɐ̯] f *von Vögeln* flock; *von Menschen* crowd
Scha·ra·de <-, -n> [ʃaˈraːdə] f charade; **~n spielen** to play charades
scha·ren [ˈʃaːrən] I. *vt* ■ *Dinge/Menschen* **um sich** ~ to gather things/people around oneself II. *vr* ■ **sich um jdn/etw** ~ to gather around sb/sth
scha·ren·wei·se *adv* in hordes
scharf <schärfer, schärfste> [ʃarf] I. *adj* ❶(*gut geschliffen*) sharp ❷(*spitz zulaufend*) sharp; **eine ~e Kurve** a hairpin bend ❸ KOCHK hot; (*hochprozentig*) strong ❹(*ätzend*) aggressive ❺(*schonungslos, heftig*) harsh, severe, tough; *Kontrolle* rigorous; *Konkurrenz* fierce; *Kritik* biting ❻(*bissig*) fierce, vicious; **eine ~e Zunge haben** to have a sharp tongue ❼(*echt*) real; **eine ~e Bombe** a live bomb ❽(*konzentriert, präzise*) careful; *Beobachtung* astute; *Beobachter, Verstand* keen ❾ FOTO sharp; *Augen* keen; *Umrisse* sharp ❿(*sl: aufreizend*) spicy; ■ **auf jdn** ~ **sein** to fancy sb, to have the hots for sb AM; ■ **auf etw** *akk* ~ **sein** to be keen on sth II. *adv* ❶(*in einen scharfen Zustand*) **etw ~ schleifen** to sharpen sth ❷(*intensiv gewürzt*) **ich esse gerne** ~ I like eating hot food; **etw ~ würzen** to highly season sth ❸(*heftig*) sharply; *kritisieren* harshly; *verurteilen* strongly ❹(*konzentriert, präzise*) carefully; ~ **beobachten** to observe carefully; ~ **sehen** to have keen eyes ❺(*streng*) carefully, closely; **jdn ~ bewachen** to keep a close guard on sb; **gegen etw** *akk* ~ **vorgehen** to take drastic action against sth ❻(*abrupt*) abruptly, sharply; ~ **links/rechts abbiegen** to take a sharp left/right; ~ **bremsen** to brake sharply ❼ TECH, FOTO (*klar*) sharply; **das Bild ~ einstellen** to sharply focus the picture

Scharf·blick *m kein pl* astuteness *no pl*
Schär·fe <-, -n> ['ʃɛrfə] *f* ❶ *(guter Schliff)* sharpness ❷ KOCH spiciness; *von Senf/Chilis* hotness ❸ *(Heftigkeit) einer Ablehnung* severity; *der Konkurrenz* keenness, strength; *der Kritik* severity, sharpness; *von Worten* harshness; *(Präzision)* sharpness, keenness; *der Augen/des Verstandes* keenness ❹ FOTO sharpness; *einer Brille* strength ❺ *(ätzende Wirkung)* causticity
schär·fen ['ʃɛrfn̩] *vt* ❶ *(scharf schleifen)* to sharpen ❷ *(verfeinern)* to make sharper
scharf·kan·tig *adj* sharp-edged **scharf·ma·chen** *vt* ■ **jdn ~** to turn sb on **Scharf·rich·ter** *m* executioner **Scharf·schüt·ze, -schüt·zin** *m, f* marksman *masc,* markswoman *fem* **scharf·sich·tig** *adj* sharp-sighted **Scharf·sinn** *m kein pl* astuteness *no pl* **scharf·sin·nig** I. *adj* astute, perceptive II. *adv* astutely, perceptively
Schar·lach[1] <-s> ['ʃarlax] *m kein pl* MED scarlet fever
Schar·lach[2] <-> ['ʃarlax] *nt kein pl* scarlet
Schar·la·tan <-s, -e> ['ʃarlatan] *m* ❶ *(Betrüger)* fraud ❷ *(Kurpfuscher)* charlatan, quack *fam*
Schar·nier <-s, -e> [ʃar'niːɐ̯] *nt* hinge
Schär·pe <-, -n> ['ʃɛrpə] *f* sash
schar·ren ['ʃarən] *vi* to scratch; *(mit der Pfote)* to paw
Schar·te <-, -n> ['ʃartə] *f* ❶ *(Einschnitt)* nick, notch ❷ *(Schießscharte)* embrasure
schar·wen·zeln* [ʃar'vɛntsl̩n] *vi sein o haben* ■ **[um jdn] ~** to suck up [to sb]
Schasch·lik <-s, -s> ['ʃaʃlɪk] *nt* [shish] kebab
Schat·ten <-s, -> ['ʃatn̩] *m* ❶ *(schattige Stelle)* shade; **30° im ~** 30 degrees in the shade; **~ spenden** to afford shade; **lange ~ werfen** to cast long shadows ❷ *(schemenhafte Gestalt, dunkle Stelle)* shadow ▶ **im ~ bleiben** to stay in the shade; **nicht über seinen [eigenen] ~ springen können** to be unable to act out of character; **in jds ~ stehen** to be in sb's shadow; **jdn/etw in den ~ stellen** to put sb/sth in the shade; **seinen ~ vorauswerfen** to cast one's shadow before one; **einen ~ [auf etw** *akk*] **werfen** to cast a shadow [over sth]
Schat·ten·sei·te *f* dark side **Schat·ten·spiel** *nt* shadow play
schat·tie·ren* [ʃa'tiːrən] *vt* KUNST to shade [in]
Schat·tie·rung <-, -en> *f* KUNST shading
schat·tig ['ʃatɪç] *adj* shady
Scha·tul·le <-, -n> [ʃa'tʊlə] *f* casket

Schatz <-es, Schätze> [ʃats, *pl* 'ʃɛtsə] *m* ❶ *(kostbare Dinge)* treasure ❷ *(fam: Liebling)* sweetheart, love; **ein ~ sein** to be a dear
Schätz·chen <-s, -> ['ʃɛtsçən] *nt (fam) dim von* **Schatz 2** sweetheart, love
schät·zen ['ʃɛtsn̩] I. *vt* ❶ *(einschätzen)* to guess; **meistens werde ich jünger geschätzt** people usually think I'm younger; **ich schätze sein Gewicht auf ca. hundert Kilo** I reckon he weighs about a hundred kilos; **grob geschätzt** at a rough guess ❷ *(wertmäßig einschätzen)* to assess **(auf** *at*) ❸ *(würdigen)* to value **(als** *as*); ■ **jdn ~** to hold sb in high esteem; ■ **etw ~** to appreciate sth II. *vi* to guess
Schät·zer(in) <-s, -> *m(f)* assessor
Schatz·kam·mer *f* treasure-house **Schatz·meis·ter(in)** *m(f)* treasurer
Schät·zung <-, -en> *f* ❶ *kein pl (wertmäßiges Einschätzen)* valuation ❷ *(Anschlag)* estimate; **nach einer groben ~** at a rough estimate
schät·zungs·wei·se *adv* approximately
Schätz·wert *m* estimated value
Schau <-, -en> [ʃaʊ̯] *f* ❶ *(Ausstellung)* exhibition; **etw zur ~ stellen** to display sth ❷ *(Vorführung)* show ▶ **jdm [mit etw** *dat*] **die ~ stehlen** to steal the show from sb [with sb]
Schau·bild *nt* diagram **Schau·bu·de** *f* [show] booth
Schau·der <-s, -> ['ʃaʊ̯dɐ] *m* shudder
schau·der·haft *adj* ❶ *(grässlich)* ghastly, horrific ❷ *(furchtbar)* awful
schau·dern ['ʃaʊ̯dɐn] I. *vt impers* ■ **es schaudert jdn bei etw** *dat* sth makes sb shudder II. *vi* ❶ *(erschauern)* to shudder ❷ *(frösteln)* to shiver
schau·en ['ʃaʊ̯ən] *vi* SÜDD, ÖSTERR, SCHWEIZ ❶ *(blicken)* to look; **auf die Uhr ~** to look at the clock ❷ *(darauf achten)* ■ **auf etw** *akk* **~** to pay attention to sth ❸ *(sich kümmern)* ■ **nach jdm/etw ~** to have a look at sb/sth ❹ *(suchen)* ■ **[nach etw** *dat*] **~** to look [for sth] ▶ **da schaust du aber!** *(fam)* how about that!
Schau·er <-s, -> ['ʃaʊ̯ɐ] *m* ❶ *(Regenschauer)* shower ❷ *s.* **Schauder**
Schau·er·ge·schich·te *f (fam) s.* **Schauermärchen**
schau·er·lich *adj* ❶ *(grässlich)* ghastly, horrific ❷ *(furchtbar)* awful
Schau·er·mär·chen *nt* horror story
Schau·fel <-, -n> ['ʃaʊ̯fl̩] *f* shovel; *(für Mehl o.Ä.)* scoop; *(für Kehricht)* dustpan; *(Spielzeug~)* spade; *(am Bagger)* shovel

schau·feln ['ʃaufln] *vi, vt* to shovel, to dig
Schau·fens·ter *nt* shop window **Schau·fens·ter·bum·mel** *m* window-shopping *no pl, no indef art;* **einen ~ machen** to go window-shopping **Schau·fens·ter·pup·pe** *f* mannequin, shop dummy Brit
Schau·kampf *m* exhibition fight
Schau·kas·ten *m* showcase
Schau·kel <-, -n> ['ʃaukl] *f* swing
schau·keln ['ʃaukln] I. *vi* to swing; (*auf und ab wippen*) to rock; (*schwanken*) to roll II. *vt* ① (*hin und her bewegen*) to swing ② (*bewerkstelligen*) to manage
Schau·kel·pferd *nt* rocking horse
Schau·kel·stuhl *m* rocking chair
schau·lus·tig *adj* curious, gawping *pej*
Schaum <-s, Schäume> [ʃaum, *pl* 'ʃɔymə] *m* ① (*blasige Masse*) foam; (*auf einer Flüssigkeit*) froth ② (*Seifen~*) lather
Schaum·bad *nt* bubble bath
schäu·men ['ʃɔymən] *vi* ① (*in Schaum übergehen*) to lather ② (*aufschäumen*) to froth
Schaum·fes·ti·ger *m* setting mousse
Schaum·gum·mi *m* foam rubber
schau·mig ['ʃaumɪç] *adj* frothy
Schaum·kro·ne *f* ① (*auf Wellen*) white crest ② (*auf einem Bier*) head **Schaum·stoff** *m* foam **Schaum·wein** *m* sparkling wine
Schau·platz *m* scene
schau·rig ['ʃaurɪç] *adj* ① (*unheimlich*) eerie ② (*gruselig*) macabre, scary ③ (*fam: furchtbar*) awful
Schau·spiel ['ʃauʃpiːl] *nt* ① theat play, drama *no indef art* ② (*geh*) spectacle
Schau·spie·ler(in) ['ʃauʃpiːlɐ] *m(f)* actor *masc,* actress *fem*
schau·spie·lern ['ʃauʃpiːlɐn] *vi* to act
Schau·spiel·haus *nt* theatre, playhouse
Schau·spiel·schu·le *f* drama school
Schau·spiel·un·ter·richt *m* drama lesson
Schau·stel·ler(in) <-s, -> *m(f)* showman
Schau·ta·fel *f* chart
Scheck <-s, -s> [ʃɛk] *m* cheque (**über** for); **einen ~ ausstellen** to write a cheque; **mit ~ bezahlen** to pay by cheque; **einen ~ einlösen** to cash a cheque
Scheck·buch *nt* chequebook
sche·ckig ['ʃɛkɪç] *adj* patched
Scheck·kar·te *f* cheque card
schef·feln ['ʃɛfln] *vt* to accumulate; **Geld ~** to rake in money
Schei·be <-, -n> ['ʃaibə] *f* ① (*dünnes Glasstück*) [piece of] glass; (*Fensterscheibe*) window[pane] ② kochk slice ③ (*kreisförmiger Gegenstand*) disc ▶ **sich** *dat* **von jdm eine ~ abschneiden können** to [be able to] take a leaf out of sb's book
Schei·ben·brem·se *f* disc brake **Schei·ben·he·ber** *m* auto (*manuell*) window winder; (*elektrisch*) window switch
Schei·ben·wasch·an·la·ge *f* windscreen [*or* am windshield] washer system
Schei·ben·wi·scher <-s, -> *m* windscreen wiper
Scheich <-s, -e> [ʃaiç] *m* sheikh
Schei·de <-, -n> ['ʃaidə] *f* ① (*Schwert-/Dolch~*) scabbard ② (*Vagina*) vagina
schei·den <schied, geschieden> ['ʃaidn] I. *vt haben* ① (*eine Ehe lösen*) to divorce; ■ **sich ~ lassen** to get divorced (**von** from); ■ **geschieden** divorced ② (*trennen*) to separate (**von** from) II. *vi sein* ■ **aus etw** *dat* **~** to leave sth; **aus einem Amt ~** to retire from a position III. *vr haben* **an diesem Punkt ~ sich die Ansichten** opinions diverge at this point
Schei·de·wand *f* partition **Schei·de·weg** *m* **am ~ stehen** (*fig*) to stand at a crossroads
Schei·dung <-, -en> *f* divorce; **in ~ leben** to be separated; **die ~ einreichen** to start divorce proceedings
Schei·dungs·grund *m* grounds *npl* for divorce **Schei·dungs·kind** *nt* soziol child from a broken home **Schei·dungs·krieg** *m* divorce battle [*or* row]
Schein <-[e]s, -e> [ʃain] *m* ① *kein pl* (*Lichtschein*) light ② *kein pl* (*Anschein*) appearance; **sich vom ~ täuschen lassen** to be blinded by appearances; **der ~ trügt** appearances are deceptive; **den ~ wahren** to keep up appearances; **etw zum ~ tun** to pretend to do sth ③ (*Banknote*) [bank]note ④ (*fam: Bescheinigung*) certificate
schein·bar *adj* apparent, seeming
Schein·ehe *f* sham marriage
schei·nen <schien, geschienen> ['ʃainən] *vi* ① (*leuchten*) to shine ② (*den Anschein haben*) to appear, to seem
Schein·fir·ma *f* bogus company **schein·hei·lig** ['ʃainhailɪç] I. *adj* hypocritical; **~ tun** to play the innocent II. *adv* hypocritically **Schein·schwan·ger·schaft** *f* phantom [*or* am false] pregnancy **schein·tot** *adj* apparently dead
Schein·wer·fer *m* ① (*Strahler*) spotlight; (*Licht zum Suchen*) searchlight ② auto headlight; **die ~ aufblenden** to turn the headlights on full [*or* am high beam]
Schein·wer·fer·licht *nt* spotlight ▶ **im ~ stehen** to be in the public eye

Scheiß <-> [ʃais] *m kein pl* (*sl*) ❶ (*Quatsch*) crap; **he, was soll der ~!** hey, what [the bloody hell] are you doing!; **lass doch den ~** [bloody well] stop it; **mach keinen ~!** don't be so bloody stupid! ❷ (*Fluchwort*) **so ein ~!** shit!

Scheiß·dreck *m* (*sl*) ▸ **jdn einen ~ angehen** to be none of sb's [damn] business; **sich einen ~ um etw** *akk* **kümmern** to not give a shit about sth; **wegen jedem ~** for every little thing

Schei·ße <-> ['ʃaisə] *f kein pl* ❶ (*derb: Darminhalt*) shit ❷ (*sl: Mist*) **~!** shit!; **~ sein** to be a load of crap; **~ bauen** to make a [complete] mess [of sth] ▸ **in der ~ sitzen** (*sl*) to be in the shit

scheiß·egal ['ʃais?e'gaːl] *adj* (*sl*) ▪ **jdm ist es ~** sb couldn't give a damn; ▪ **es ist ~** it does not matter a damn

schei·ßen <schiss, geschissen> ['ʃaisn̩] *vi* ❶ (*vulg*) to shit ❷ (*sl: verzichten können*) ▪ **auf etw** *akk* **~** to not give a damn about sth

scheiß·freund·lich ['ʃaisˈfrɔyntlɪç] *adj* (*sl*) ▪ **~ sein** to be as nice as pie **Scheiß·haus** *nt* (*vulg*) bog BRIT, john AM; **auf dem ~ sitzen** to sit in the bog **Scheiß·kerl** *m* (*sl*) bastard

Scheit <-[e]s, -e *o* ÖSTERR, SCHWEIZ -er> [ʃait] *m* log [of wood]

Schei·tel <-s, -> ['ʃaitl̩] *m* ❶ (*Teilung der Frisur*) parting ❷ MATH vertex ▸ **vom ~ bis zur Sohle** from head to foot

schei·teln ['ʃaitl̩n] *vt* to part

Schei·tel·punkt *m* ❶ (*höchster Punkt*) highest point, vertex *form* ❷ (*Zenit*) highest point, zenith *form*

Schei·ter·hau·fen *m* pyre; (*für zum Tode Verurteilte*) stake

schei·tern ['ʃaitɐn] *vi sein* to fail (**an** because of); ▪ **etw scheitert an etw** *dat* sth flounders on sth

Schei·tern <-s> ['ʃaitɐn] *nt kein pl* failure

Schel·le <-, -n> ['ʃɛlə] *f* clamp

schel·len ['ʃɛlən] *vi* (*klingeln*) to ring

Schell·fisch *m* haddock

Schelm <-[e]s, -e> [ʃɛlm] *m* rascal

Schel·men·ro·man *m* LIT picaresque novel

schel·misch *adj* mischievous

Schel·te <-, -n> ['ʃɛltə] *f* (*Schimpfe*) reprimand *form*, telling-off

schel·ten <schilt, schalt, gescholten> ['ʃɛltn̩] *vt* (*schimpfen*) to scold (**wegen/für** for)

Sche·ma <-s, -ta *o* Schemen> ['ʃeːma, *pl* 'ʃeːmata, 'ʃeːmən] *nt* ❶ (*Konzept*) scheme; **nach einem ~** according to a scheme ❷ (*Darstellung*) chart, diagram

sche·ma·tisch [ʃeˈmaːtɪʃ] **I.** *adj* schematic **II.** *adv* schematically; **~ arbeiten** to work according to a scheme; **etw ~ darstellen** to show sth in the form of a chart/diagram

sche·ma·ti·sie·ren* [ʃematiˈziːrən] *vt* ❶ (*schematisch darstellen*) to make a chart/diagram of sth; ▪ **schematisiert** in the form of a chart/diagram ❷ (*stark vereinfachen*) to [over]simplify

Sche·mel <-s, -> ['ʃeːml̩] *m* stool

Sche·men *pl von* **Schema**

sche·men·haft **I.** *adj* shadowy **II.** *adv* (*geh*) **etw ~ erblicken/sehen** to make out the outline [*or* silhouette] of sth

Schen·ke <-, -n> ['ʃɛŋkə] *f* pub; (*auf dem Land*) inn

Schen·kel <-s, -> ['ʃɛŋkl̩] *m* ❶ (*Oberschenkel*) thigh ❷ MATH side

schen·ken ['ʃɛŋkn̩] **I.** *vt* ❶ (*als Geschenk geben*) ▪ **jdm etw ~** to give sb sth as a present; **jdm etw zum Geburtstag ~** to give sb sth for his/her birthday ❷ (*gewähren*) to give; **sie schenkte ihm ein Lächeln** she favoured him with a smile; **sie schenkte ihm einen Sohn** (*geh*) she bore him a son ❸ (*widmen*) to give; **jdm Aufmerksamkeit ~** to pay attention to sb; **jdm Vertrauen ~** to trust sb ▸ **jdm wird nichts geschenkt** sb is spared nothing **II.** *vi* to give presents **III.** *vr* (*sich sparen*) ▪ **sich** *dat* **etw ~** to spare oneself sth, to give sth a miss *fam*

Schen·kung <-, -en> *f* gift

schep·pern ['ʃɛpɐn] *vi* to rattle

Scher·be <-, -n> ['ʃɛrbə] *f* [sharp] piece ▸ **~n bringen Glück** (*prov*) broken glass/china is lucky

Sche·re <-, -n> ['ʃeːrə] *f* ❶ (*Werkzeug*) scissors *npl* ❷ ZOOL claw

sche·ren¹ <schor, geschoren> ['ʃeːrən] *vt* ❶ (*abrasieren*) to shear; **jdm eine Glatze ~** to shave sb's head ❷ (*stutzen*) **sich den Bart ~ lassen** to have one's beard cropped ❸ *Hecke* to prune

sche·ren² ['ʃeːrən] **I.** *vr* ❶ (*sich kümmern*) ▪ **sich** [**nicht**] [**um etw** *akk*] **~** to [not] bother [about sth] ❷ (*fam: abhauen*) **scher dich** [**weg**]! get out [of here]!; **jd kann sich zum Teufel ~** sb can go to hell **II.** *vt* ▪ **jdn schert etw nicht** sb couldn't care less about sth

Sche·ren·schlei·fer(in) <-s, -> *m(f)* knife-grinder **Sche·ren·schnitt** *m* silhouette [out of paper]

Sche·re·rei <-, -en> [ʃeːrəˈraɪ̯] f meist pl trouble sing (**wegen** because of)

Scherz <-es, -e> [ʃɛrts] m joke; **einen ~ machen** to joke; **sich einen ~ [mit jdm] erlauben** to have sb on

Scherz·ar·ti·kel m meist pl joke article

scher·zen [ˈʃɛrtsn̩] vi (geh) to crack a joke/jokes; **mit jdm/etw ist nicht zu ~** sb/sth is not to be trifled with

Scherz·fra·ge f riddle

scherz·haft I. adj (aus Spaß erfolgend) jocular, joke attr II. adv in a jocular fashion

Scherz·keks m (fam) [practical] joker

scheu [ʃɔɪ̯] adj shy; (vorübergehend ~) bashful

Scheu <-> [ʃɔɪ̯] f kein pl shyness no pl; (vorübergehend) bashfulness; **ohne jede ~** without holding back

scheu·chen [ˈʃɔɪ̯çn̩] vt ❶ (treiben) to drive ❷ (fam: jagen) to chase

scheu·en [ˈʃɔɪ̯ən] I. vt ■ [etw] ~ to shrink [from sth] II. vi ■ [vor etw dat] ~ to shy [at sth]

Scheu·er·lap·pen m floorcloth

scheu·ern [ˈʃɔɪ̯ɐn] I. vt to scour; **etw blank ~** to scour sth clean ▶ **jdm eine ~** (sl) to give sb a clout BRIT, to hit somebody AM II. vi to rub, to chafe III. vr ■ **sich an etw** dat ~ to rub one's sth

Scheu·klap·pen pl blinkers pl BRIT, blinders pl AM

Scheu·ne <-, -n> [ˈʃɔɪ̯nə] f barn

Scheu·sal <-s, -e> [ˈʃɔɪ̯zaːl] nt beast

scheuß·lich [ˈʃɔɪ̯slɪç] I. adj ❶ (abstoßend) repulsive ❷ (ekelhaft) disgusting, revolting ❸ (fam) dreadful, awful, terrible II. adv ❶ (widerlich) in a disgusting manner ❷ (fam) dreadfully, terribly; **~ wehtun** to hurt dreadfully

Scheuß·lich·keit <-, -en> f ❶ kein pl (Abscheulichkeit) dreadfulness no pl; Gewalttat barbarity, hideousness no pl ❷ (abscheuliche Tat) barbarity, monstrosity ❸ (grausame Tat) atrocity

Schi <-s, -er o -> [ʃiː, pl ˈʃiːə] m s. **Ski**

Schicht <-, -en> [ʃɪçt] f ❶ (aufgetragene Lage) layer; Farbe coat ❷ ARCHÄOL, GEOL stratum, layer ❸ (Gesellschaftsschicht) class ❹ (Arbeits~) shift; **~ arbeiten** to do shift work

Schicht·ar·beit f kein pl shift work no pl

Schicht·ar·bei·ter(in) m(f) shift worker

schich·ten [ˈʃɪçtn̩] vt to stack [up sep] (**auf** on/on top of)

Schicht·wech·sel [-vɛksl̩] m change of shift **schicht·wei·se** adv in layers, layer upon layer

schick [ʃɪk] I. adj (modisch elegant) chic, fashionable; (gepflegt) smart; **du bist heute wieder so ~** you look very smart again today II. adv (modisch elegant) fashionably, stylishly; (gepflegt) smartly

schi·cken [ˈʃɪkn̩] I. vt ❶ (senden) to send; ÖKON to dispatch; **etw mit der Post ~** to send sth by post [or AM mail] ❷ (kommen/ gehen lassen) ■ **jdn [irgendwohin] ~** to send sb [somewhere] II. vi ■ **nach jdm ~** to send for sb III. vr ■ **etw schickt sich [für jdn]** sth is suitable [for sb]

Schi·cke·ria <-> [ʃɪkəˈriːa] f kein pl jet set

Schi·cki·mi·cki <-s, -s> [ˈʃɪkiˈmɪki] m (fam) jet-setter

schick·lich [ˈʃɪklɪç] adj seemly

Schick·sal <-s, -e> [ˈʃɪkzaːl] nt destiny, fate; **Ironie des ~s** irony of fate; **ein hartes ~** a cruel fate; **das ~ nimmt seinen Lauf** fate takes its course; **jds ~ ist besiegelt** sb's fate is sealed; **sich in sein ~ ergeben** to be reconciled to one's fate; **jdn seinem ~ überlassen** to leave sb to their fate; **etw dem ~ überlassen** to leave sth to fate

schick·sal·haft adj ❶ (folgenschwer) fateful ❷ (unabwendbar) fated, inevitable

schick·sals·ge·beu·telt adj plagued by bad luck pred **Schick·sals·schlag** m stroke of fate

Schie·be·dach nt sun-roof **Schie·be·fens·ter** nt sliding window

schie·ben <schob, geschoben> [ˈʃiːbn̩] I. vt ❶ (bewegen) to push ❷ (stecken) to put, to stick; **sich etw in den Mund ~** to put sth in one's mouth; **die Pizza in den Ofen ~** to stick the pizza into the oven ❸ (zuweisen) ■ **etw auf jdn ~** to lay sth on sb; **die Schuld auf jdn ~** to lay the blame on sb; ■ **etw auf etw** akk ~ to blame sth for sth ❹ (abweisen) ■ **etw von sich** dat ~ to reject sth II. vr (sich drängen) ■ **sich ~** to shove one's way

Schie·ber <-s, -> [ˈʃiːbɐ] m (Absperrvorrichtung) bolt

Schie·ber(in) <-s, -> [ˈʃiːbɐ] m(f) (Schwarzhändler) black marketeer

Schie·be·tür f sliding door

Schie·bung <-> f kein pl ❶ (Begünstigung) pulling strings ❷ (unehrliches Geschäft) shady deal ❸ POL rigging ❹ SPORT fixing

schied [ʃiːt] imp von **scheiden**

Schieds·ge·richt nt ❶ JUR arbitration tribunal ❷ SPORT highest authority which can rule on a point of dispute **Schieds·rich·ter(in)** m(f) ❶ SPORT referee; (bei Tennis, Baseball) umpire ❷ JUR arbitrator

Schieds·spruch *m* decision of an arbitration tribunal

schief [ʃiːf] **I.** *adj* ❶ (*schräg*) crooked, not straight *pred*, lopsided *fam* ❷ (*entstellt*) distorted **II.** *adv* ❶ (*schräg*) crooked, not straight, lopsided ❷ (*fig: scheel*) wryly; **jdn ~ ansehen** to look askance at sb

Schie·fer <-s, -> [ˈʃiːfɐ] *m* slate

Schie·fer·dach *nt* slate roof

schief|ge·hen *vi irreg sein* (*fam*) to go wrong ▶ **[es] wird schon ~!** (*iron*) it'll be OK! **schief|la·chen** *vr* (*fam*) ■ **sich ~** to crack up **schief|lie·gen** *vi* (*fam*) to be on the wrong track

schie·len [ˈʃiːlən] *vi* ❶ MED to squint, to be cross-eyed ❷ (*haben wollen*) ■ **auf etw** *akk* **~** to look at sth out of the corner of one's eye; ■ **nach etw** *dat* **~** to steal a glance at sth

schien [ʃiːn] *imp von* **scheinen**

Schien·bein [ˈʃiːnbain] *nt* shinbone; **jdm gegen das ~ treten** to kick sb in the shin

Schie·ne <-, -n> [ˈʃiːnə] *f* ❶ (*Führungsschiene*) rail *usu pl* ❷ MED splint

schie·nen [ˈʃiːnən] *vt* MED to splint

Schie·nen·aus·bau *m kein pl* extension of a/the railway **Schie·nen·bus** *m* rail bus **Schie·nen·fahr·zeug** *nt* BAHN track vehicle **Schie·nen·netz** *nt* BAHN rail network **Schie·nen·ver·kehr** *m kein pl* rail traffic *no pl*

schier[1] [ʃiːɐ̯] *adj attr* ❶ (*pur*) pure; (*perfekt*) perfect ❷ (*bloß*) sheer

schier[2] [ʃiːɐ̯] *adv* (*beinahe*) almost

Schieß·be·fehl *m* order[s] to shoot **Schieß·bu·de** *f* shooting gallery

schie·ßen <schoss, geschossen> [ˈʃiːsn̩] *vi, vt* ❶ *haben* (*feuern*) to shoot (**auf** at) ❷ *haben* FBALL to shoot; **aufs Tor ~** to shoot [for goal] ❸ *sein* (*schnell bewegen*) **das Auto kam um die Ecke geschossen** the car came flying round the corner; **jdm durch den Kopf ~** to flash through sb's mind

Schie·ße·rei <-, -en> [ʃiːsəˈrai] *f* shooting

Schieß·platz *m* firing range **Schieß·pulver** *nt* gunpowder **Schieß·schar·te** *f* slit **Schieß·schei·be** *f* target

Schiff <-[e]s, -e> [ʃɪf] *nt* ship

Schiffahrt[ALT] *f s.* **Schifffahrt**

schiff·bar *adj* navigable

Schiff·bau *m kein pl* shipbuilding *no indef art, no pl* **Schiff·bruch** *m* shipwreck; **~ erleiden** to be shipwrecked **schiff·brü·chig** *adj* shipwrecked **Schiff·brü·chi·ge(r)** *f(m) dekl wie adj* shipwrecked person

Schiff·chen <-s, -> *nt dim von* **Schiff**

schif·fen [ˈʃɪfn̩] **I.** *vi* (*sl: urinieren*) to go for a whizz **II.** *vi impers* (*sl: regnen*) ■ **es schifft** it's raining cats and dogs

Schif·fer(in) <-s, -> [ˈʃɪfɐ] *m(f)* skipper

Schiff·fahrt[RR] [ˈʃɪffaːɐ̯t] *f* shipping *no indef art, no pl*

Schiff·fahrts·ge·sell·schaft[RR] *f* shipping company

Schiff·schau·kel *f* swingboat

Schiffs·jun·ge *m* ship['s] boy **Schiffs·ladung** *f* [ship's] cargo **Schiffs·schrau·be** *f* ship's propeller **Schiffs·ver·kehr** *m* shipping *no indef art, no pl*

Schi·it(in) <-en, -en> [ʃiˈiːt] *m(f)* Shiite

schi·i·tisch *adj* Shiite

Schi·ka·ne <-, -n> [ʃiˈkaːnə] *f* ❶ (*Quälerei*) harassment *no indef art* ❷ SPORT chicane ▶ **mit allen ~n** with all the modern conveniences

schi·ka·nie·ren* [ʃikaˈniːrən] *vt* to harass

Schi·ko·ree[RR] <- *o* -s> [ˈʃɪkore, ʃikoˈreː] *m kein pl s.* **Chicorée**

Schild[1] <-[e]s, -er> [ʃɪlt, *pl* ˈʃɪldɐ] *nt* (*Hinweisschild*) sign

Schild[2] <-[e]s, -e> [ʃɪlt, *pl* ˈʃɪldə] *m* shield ▶ **etw im ~e führen** to be up to sth

Schild·drü·se *f* thyroid [gland]

schil·dern [ˈʃɪldɐn] *vt* to describe; **etw in allen Einzelheiten ~** to give an exhaustive account of sth

Schil·de·rung <-, -en> *f* description; *Ereignisse a.* account

Schild·krö·te [ˈʃɪltkrøːtə] *f* tortoise; (*See~*) turtle **Schild·laus** *f* scale insect

Schilf <-[e]s, -e> [ʃɪlf] *nt* ❶ (*Pflanze*) reed ❷ (*bewachsene Fläche*) reeds *pl*

Schilf·gras *nt* reed **Schilf·rohr** *nt s.* **Schilf**

schil·lern [ˈʃɪlɐn] *vi* to shimmer

schil·lernd *adj* shimmering; *Persönlichkeit* flamboyant

Schil·ling <-s, -e *o bei Preisangaben* -> [ˈʃɪlɪŋ] *m* schilling

schilt [ʃɪlt] *imp sing von* **schelten**

Schim·mel[1] <-s> [ˈʃɪml̩] *m kein pl* mould

Schim·mel[2] <-s, -> [ˈʃɪml̩] *m* ZOOL white horse

schim·me·lig [ˈʃɪm(ə)lɪç] *adj* mouldy; *Leder, Buch* mildewed

schim·meln [ˈʃɪml̩n] *vi sein o haben* to go mouldy

Schim·mel·pilz *m* mould

Schim·mer <-s> [ˈʃɪmɐ] *m kein pl* ❶ (*matter Glanz*) shimmer ❷ (*kleine Spur*) ■ **ein ~ einer S.** *gen* the slightest trace of sth; **ein ~ von Hoffnung** a glimmer of hope

▶**keinen** blassen ~ [**von etw** *dat*] **haben** (*fam*) to not have the faintest idea [about sth]
schim·mern ['ʃɪmɐn] *vi* to shimmer
schimm·lig ['ʃɪmlɪç] *adj s.* **schimmelig**
Schim·pan·se <-n, -n> [ʃɪm'panzə] *m* chimpanzee
schimp·fen ['ʃɪmpfn̩] *vi* ❶ (*sich ärgerlich äußern*) to grumble (**über/auf** about) ❷ (*fluchen*) to [curse and] swear; **wie ein Rohrspatz** ~ to curse like a washerwoman [*or* AM sailor] ❸ (*zurechtweisen*) ■**mit jdm** ~ to scold sb, to tell sb off
Schimpf·wort *nt* swear word
Schin·del <-, -n> ['ʃɪndl̩] *f* shingle
schin·den <schindete, geschunden> ['ʃɪndn̩] **I.** *vr* ■**sich** ~ to slave [away] (**mit** at) **II.** *vt* ❶ (*grausam antreiben*) *Tier* to ill-treat; ■**jdm** ~ to work sb like a slave ❷ (*fam*) **Eindruck** ~ to play to the gallery; **Zeit** ~ to play for time
Schin·de·rei <-, -en> [ʃɪndə'raɪ] *f* grind
Schind·lu·der *nt* ▶**mit jdm/etw** ~ **treiben** to gravely abuse sb/sth
Schin·ken <-s, -> ['ʃɪŋkn̩] *m* ham
Schin·ken·speck *m* bacon **Schin·ken·wurst** *f* ham sausage [meat]
Schip·pe <-, -n> ['ʃɪpə] *f* ❶ *bes* NORDD (*Schaufel*) shovel ❷ KARTEN spades *npl* ▶**jdn auf die** ~ **nehmen** to pull sb's leg; **etw auf die** ~ **nehmen** to make fun of sth
Schirm <-[e]s, -e> [ʃɪrm] *m* ❶ (*Regenschirm*) umbrella ❷ (*Sonnenschirm*) sunshade; (*tragbar*) parasol ❸ (*Mützenschirm*) peak
Schirm·herr(in) *m(f)* patron **Schirm·herr·schaft** *f* patronage **Schirm·müt·ze** *f* peaked cap **Schirm·stän·der** *m* umbrella stand
Schi·rok·ko <-s, -s> [ʃi'rɔko] *m* sirocco
schiss[RR], **schiß**[ALT] [ʃɪs] *imp von* **scheißen**
Schiss[RR] <-es> *m kein pl,* **Schiß**[ALT] <-sses> [ʃɪs] *m kein pl* ~ [**vor jdm/etw**] **haben** (*sl*) to be shit-scared [of sb/sth]
schi·zo·phren [ʃitso'freːn, sçitso'freːn] *adj* schizophrenic
Schi·zo·phre·nie <-, *selten* -n> [ʃitsofre'niː, sçitso-, *pl* -'niːən] *f* schizophrenia
Schlab·ber·look <-s> [-lʊk] *m kein pl* MODE loose-fitting [hippie] clothes
schlab·bern ['ʃlabɐn] **I.** *vi* (*fam*) ❶ (*Essen aussabbern*) to dribble ❷ *Kleidung* to fit loosely **II.** *vt* (*fam*) to lap [up]
Schlacht <-, -en> [ʃlaxt] *f* battle
Schlacht·bank *f* ▶**jdn zur** ~ **führen** to lead sb like a lamb to the slaughter
schlach·ten ['ʃlaxtn̩] *vt, vi* to slaughter
Schlach·ten·bumm·ler(in) *m(f)* SPORT away supporter
Schläch·ter(in) <-s, -> *m(f)* ❶ (*Metzger*) butcher ❷ (*Schlachthofangestellter*) slaughterer ❸ (*Fleischerladen*) butcher's [shop]
Schläch·te·rei <-, -en> [ʃlaxtə'raɪ] *f s.* **Schlachter 3**
Schlacht·feld *nt* battlefield **Schlacht·fest** *nt* KOCHK feast following the home-slaughtering of a farm animal **Schlacht·haus** *nt* slaughterhouse **Schlacht·hof** *m s.* **Schlachthaus Schlacht·plan** *m* ❶ MIL plan of battle ❷ (*Plan für ein Vorhaben*) plan of action; **einen** ~ **machen** to draw up a plan of action **Schlacht·rei·fe** *f kein pl* AGR slaughter age **Schlacht·schiff** *nt* battleship **Schlacht·vieh** *nt* animals kept for meat production
Schla·cke <-, -n> ['ʃlakə] *f* ❶ (*Verbrennungsrückstand*) slag ❷ (*Ballaststoffe*) roughage ❸ MED waste products ❹ GEOL scoria
Schlaf <-[e]s> [ʃlaːf] *m kein pl* sleep *no pl;* **einen festen/leichten** ~ **haben** to be a deep/light sleeper; **versäumten** ~ **nachholen** to catch up on one's sleep; **jdm den** ~ **rauben** to keep sb awake ▶**nicht im** ~ **an etw** *akk* **denken** to not dream of [doing] sth; **etw im** ~ **können** (*fam*) to be able to do sth in one's sleep
Schlaf·an·zug *m* pyjamas *npl* **Schlaf·couch** *f* sofa bed
Schlä·fe <-, -n> ['ʃlɛːfə] *f* temple
schla·fen <schlief, geschlafen> ['ʃlaːfn̩] *vi* ❶ (*nicht wach sein*) to sleep, to be asleep; **darüber muss ich erst** ~ I'll have to sleep over that; **ein Kind** ~ **legen** to put a child to bed; ~ **gehen** to go to bed; **gut/schlecht** ~ to sleep well/badly; **fest/tief** ~ to sleep deeply/soundly ❷ (*unaufmerksam sein*) to doze; **die Konkurrenz hat geschlafen** our competitors were asleep
Schla·fens·zeit *f* bedtime, time for bed
Schlä·fer(in) <-s, -> ['ʃlɛːfɐ] *m(f)* sleeper
schlaff [ʃlaf] **I.** *adj* ❶ (*locker fallend*) slack ❷ (*nicht straff*) sagging; *Händedruck* limp **II.** *adv* ❶ (*locker fallend*) slackly ❷ (*kraftlos*) feebly
Schlaff·heit <-> *f kein pl* ❶ *der Haut* slackness ❷ *der Muskulatur* flabbiness ❸ (*fig: Trägheit*) listlessness
Schlaf·ge·le·gen·heit *f* place to sleep **Schlaf·lied** *nt* lullaby
schlaf·los I. *adj* sleepless **II.** *adv* sleeplessly

Schlaf·lo·sig·keit <-> f kein pl sleeplessness no pl

Schlaf·mit·tel nt sleep-inducing medication **Schlaf·müt·ze** f ❶ (Kopfbedeckung) nightcap ❷ (fam: verschlafene Person) sleepy head

schläf·rig [ˈʃlɛːfrɪç] adj sleepy, drowsy

Schlaf·saal m dormitory **Schlaf·sack** m sleeping bag **Schlaf·stö·run·gen** pl insomnia **Schlaf·ta·blet·te** f sleeping pill **schlaf·trun·ken** I. adj drunk with sleep, sleepy II. adv sleepily **Schlaf·wa·gen** m sleeper **schlaf·wan·deln** vi sein o haben to sleepwalk **Schlaf·wand·ler(in)** <-s, -> m/f sleepwalker **Schlaf·zim·mer** nt bedroom

Schlag <-[e]s, Schläge> [ʃlaːk, pl ˈʃlɛːgə] m ❶ (Hieb) blow, wallop fam; (mit der Faust) punch; (mit der Hand) slap; SPORT stroke; [von jdm] Schläge bekommen to get a beating; jdm einen ~ versetzen to deal sb a blow ❷ (dumpfer Hall) thud; ein ~ an der Tür a bang on the door ❸ (rhythmisches Geräusch) die Schläge des Herzens the beats of the heart; der ~ einer Uhr the striking of a clock; ~ Mitternacht on the stroke of midnight ❹ (Schicksals~) blow; seine Entlassung war ein schrecklicher ~ für ihn being made redundant was a terrible blow to him ❺ (Menschen~) type; vom alten ~[e] from the old school ❻ ÖSTERR (Schlagsahne) [whipped] cream ❼ (Stromstoß) shock; einen ~ kriegen to get an electric shock ❽ (Schlaganfall) stroke; einen ~ bekommen to suffer a stroke ❾ MODE eine Hose mit ~ flared trousers ▶ ein ~ ins Gesicht a slap in the face; ein ~ unter die Gürtellinie (fam) a blow below the belt; ein ~ ins Wasser (fam) a [complete] washout; jdn trifft der ~ (fam) sb is flabbergasted; etw auf einen ~ tun to get things done all at once; keinen ~ tun (fam) to not do a stroke of work; ~ auf ~ in rapid succession

Schlag·ab·tausch m ❶ (Rededuell) exchange of words ❷ (beim Boxen) exchange of blows **Schlag·ader** f artery **Schlag·an·fall** m stroke **schlag·ar·tig** I. adj sudden, abrupt II. adv suddenly, abruptly **Schlag·baum** m barrier **Schlag·bohr·ma·schi·ne** f hammer drill

Schlä·gel <-s, -> [ˈʃlɛːgl̩] m ❶ MUS [drum]stick ❷ TECH mallet

schla·gen <schlug, geschlagen> [ˈʃlaːgn̩] I. vt haben ❶ (hauen) to hit; (mit der Faust) to punch; (mit der Hand) to slap; die Hände vors Gesicht ~ to cover one's face with one's hands; jdm [wohlwollend] auf die Schulter ~ to give sb a [friendly] slap on the back; etw in Stücke ~ to smash sth to pieces ❷ (prügeln) to beat; jdn bewusstlos ~ to beat sb senseless ❸ (besiegen) to defeat; SPORT to beat (in at); jd ist nicht zu ~ sb is unbeatable; sich ge~ geben to admit defeat ❹ (fällen) to fell ❺ (durch Schläge treiben) einen Nagel in die Wand ~ to knock a nail into the wall; den Ball ins Aus ~ to kick the ball out of play ❻ MUS to beat ❼ KOCHK Sahne to whip; Eier in die Pfanne ~ to crack eggs into the pan ❽ (wickeln) ■ etw in etw akk ~ to wrap sth in sth ❾ (hinzufügen) die Unkosten auf den Verkaufspreis ~ to add the costs to the retail price ❿ (legen) ein Bein über das andere ~ to cross one's legs; die Decke zur Seite ~ to throw off the blanket II. vi ❶ haben (hauen) to hit; gegen ein Tor ~ to knock at the gate; jdm in die Fresse ~ to punch sb in the face; ■ [mit etw dat] um sich ~ to lash about [with sth]; ■ nach jdm ~ to hit out at sb ❷ sein (auftreffen) ■ an [o gegen] etw akk ~ to land on sth, to strike against sth ❸ haben (pochen) to beat ❹ haben (läuten) etw schlägt sth is striking ❺ sein (fam: jdm ähneln) ■ nach jdm ~ to take after sb ❻ haben (sich wenden) sich in die Büsche ~ to slip away; (euph, hum) to go behind a tree; sich auf jds Seite ~ to take sb's side III. vr haben ❶ (sich prügeln) ■ sich ~ to have a fight; ■ sich [mit jdm] ~ to fight [sb] ❷ (rangeln) ■ sich [um etw akk] ~ to fight [over sth] ❸ (sich anstrengen) ■ sich [irgendwie] ~ to do somehow; sich gut ~ to do well

schla·gend I. adj forceful, compelling, convincing; ein ~er Beweis conclusive proof II. adv ~ beweisen/widerlegen to prove/disprove convincingly

Schla·ger <-s, -> [ˈʃlaːgɐ] m MUS ❶ (Lied) [pop] song ❷ (Erfolg) [big] hit, great success

Schlä·ger <-s, -> [ˈʃlɛːgɐ] m SPORT ❶ (Tennis~) racquet, racket; (Tischtennis~) table tennis paddle ❷ (Stock~) stick, bat; (Golf~) golf club

Schlä·ger(in) <-s, -> [ˈʃlɛːgɐ] m(f) ❶ (Raufbold) thug ❷ SPORT batsman masc, batswoman fem

Schlä·ge·rei <-, -en> [ʃlɛːgəˈrai] f fight, brawl

Schla·ger·sän·ger(in) m(f) pop singer

schlag·fer·tig I. adj quick-witted II. adv quick-wittedly

Schlag·fer·tig·keit *f kein pl* quick-wittedness
Schlag·holz *nt* SPORT bat **Schlag·in·stru·ment** *nt* percussion instrument **Schlag·kraft** *f kein pl* ❶ MIL strike power ❷ (*Wirksamkeit*) effectiveness **schlag·kräf·tig** *adj* ❶ (*kampfkräftig*) powerful [in combat] ❷ *Argument* forceful; *Beweis* compelling **Schlag·licht** *nt* KUNST, FOTO highlight ▸ **ein ~ auf jdn/etw werfen** to put sb/sth into a characteristic/particular light **Schlag·loch** *nt* pothole **Schlag·mann** *m* SPORT stroke **Schlag·ring** *m* knuckleduster, brass knuckles AM **Schlag·sah·ne** *f* (*flüssig*) whipping cream; (*geschlagen*) whipped cream **Schlag·sei·te** *f kein pl* NAUT list ▸ **~ ha·ben** (*fam*) to be three sheets to the wind **Schlag·stock** *m* club; (*Gummiknüppel*) truncheon **Schlag·wort** *nt* ❶ <-worte> (*Parole*) slogan ❷ <-wörter> (*Stichwort*) keyword **Schlag·zei·le** *f* headline; **~n machen** to make headlines **Schlag·zeug** <-[e]s, -e> *nt* drums *pl*; (*im Orchester*) percussion *no pl* **Schlag·zeu·ger(in)** <-s, -> *m(f)*, **Schlag·zeug·spie·ler(in)** <-s, -> *m(f)* drummer; (*im Orchester*) percussionist
schlak·sig ['ʃlaːksɪç] *adj* gangling, lanky
Schla·mas·sel <-s, -> [ʃlaˈmasl̩] *m o nt* mess; **jetzt haben wir den ~!** now we're in a [right] mess!
Schlamm <-[e]s, -e *o* Schlämme> [ʃlam, *pl* ˈʃlɛmə] *m* mud; (*breiige Rückstände*) sludge *no indef art, no pl*
schlam·mig ['ʃlamɪç] *adj* muddy
Schlamm·la·wi·ne *f* GEOG mudslide **Schlamm·schlacht** *f* ❶ (*Fußballspiel*) mudbath ❷ (*fig: Streit*) mud-slinging *no pl, no indef art*
Schlam·pe <-, -n> ['ʃlampə] *f* slut
Schlam·pe·rei <-, -en> [ʃlampəˈraɪ] *f* ❶ (*Nachlässigkeit*) sloppiness ❷ (*Unordnung*) mess, untidiness
schlam·pig ['ʃlampɪç] **I.** *adj* ❶ (*nachlässig*) sloppy; (*liederlich*) slovenly ❷ (*ungepflegt*) unkempt **II.** *adv* ❶ (*nachlässig*) sloppily ❷ (*ungepflegt*) in an unkempt way
schlang [ʃlaŋ] *imp von* **schlingen**
Schlan·ge <-, -n> ['ʃlaŋə] *f* ❶ ZOOL snake ❷ (*lange Reihe*) queue, line AM; **~ stehen** to queue up, to stand in line AM
schlän·geln ['ʃlɛŋl̩n] *vr* ■ **sich ~** ❶ (*sich winden*) to crawl; **sie schlängelte sich durch die Menschenmenge** she wormed her way through the crowd ❷ (*kurvenreich verlaufen*) to snake [one's way]; *Fluss, Straße* to meander
Schlan·gen·biss^RR *m* snake bite **Schlan·gen·gift** *nt* snake poison **Schlan·gen·le·der** *nt* snakeskin **Schlan·gen·li·nie** *f* wavy line; **in ~n fahren** to weave [one's way] [from side to side]
schlank ['ʃlaŋk] *adj* ❶ (*dünn*) slim; **~ machen** *Essen* to be good for losing weight; *Kleidung* to be slimming ❷ (*schmal*) slender
Schlank·heit <-> *f kein pl* slimness, slenderness
Schlank·heits·kur *f* diet; **eine ~ machen** to be on a diet
schlapp [ʃlap] *adj* ❶ präd (*erschöpft*) worn out; (*nach einer Krankheit*) washed out ❷ (*fam: ohne Antrieb*) feeble, listless ❸ (*sl: knapp*) **für ~e zehn Euro** for a measly ten euros
Schlap·pe <-, -n> ['ʃlapə] *f* setback
Schlapp·hut *m* floppy hat **schlapp|ma·chen** *vi* ❶ (*aufgeben*) to give up ❷ (*langsamer machen*) to flag ❸ (*umkippen*) to pass out **Schlapp·schwanz** *m* (*pej*) wimp
Schla·raf·fen·land [ʃlaˈrafn̩-] *nt* ❶ LIT Cockaigne ❷ (*Land des Überflusses*) land of milk and honey
schlau [ʃlaʊ] **I.** *adj* ❶ (*clever*) clever, shrewd ❷ (*gerissen*) crafty, wily; *Fuchs* sly; *Plan* ingenious; **ich werde nicht ~ aus der Bedienungsanleitung** I can't make head nor tail of the operating instructions **II.** *adv* cleverly, shrewdly, craftily, ingeniously
Schlau·ber·ger(in) <-s, -> ['ʃlaʊbɛrgɐ] *m(f)* (*fam*) ❶ (*pfiffiger Mensch*) clever one ❷ (*iron: Besserwisser*) clever clogs, smart alec
Schlauch <-[e]s, Schläuche> [ʃlaʊx, *pl* ˈʃlɔʏçə] *m* ❶ (*biegsame Leitung*) hose ❷ (*Reifenschlauch*) [inner] tube ▸ **auf dem ~ stehen** to be at a loss
Schlauch·boot *nt* rubber dinghy
schlau·chen ['ʃlaʊxn̩] *vt, vi* to take it out of sb; **das schlaucht ganz schön!** that really takes it out of you!
Schlau·fe <-, -n> ['ʃlaʊfə] *f* loop; (*aus Leder*) strap
Schlau·heit <-> *f kein pl* shrewdness
Schlau·kopf *m*, **Schlau·mei·er** *m s.* **Schlauberger**
Schla·wi·ner(in) <-s, -> [ʃlaˈviːnɐ] *m(f)* rascal
schlecht [ʃlɛçt] **I.** *adj* ❶ (*nicht gut*) bad, poor; **von ~er Qualität** of poor quality;

noch zu ~ still not good enough; **ein ~es Gehalt** a poor salary; **~e Zeiten** hard times; **~e Augen** weak eyes ❷ *(moralisch verkommen)* bad, wicked, evil; **ein ~es Gewissen haben** to have a bad conscience ❸ *(übel)* ■ **jdm ist [es] ~** sb feels sick ❹ *(verdorben)* bad; **das Fleisch ist ~ geworden** the meat has gone off ▸ **jdn aber ~ kennen** to not know sb [very well]; **es sieht ~ aus** things don't look good II. *adv* ❶ *(nicht gut)* badly, poorly; **so ~ habe ich selten gegessen** I've rarely had such bad food; **die Geschäfte gehen ~** business is bad; **~ beraten** ill-advised; **~ gelaunt** bad-tempered, in a bad mood *pred* ❷ MED **jdm geht es ~** sb feels unwell; *(Übelkeit)* sb feels sick; **~ hören** to be hard of hearing; **~ sehen** to have poor eyesight ▸ **mehr ~ als recht** *(hum fam)* more or less; **auf jdn/etw ~ zu sprechen sein** to not want anything to do with sb/sth

schlecht·ge·launtALT *adj, adv* bad-tempered

schlecht·hin ['ʃlɛçtˈhɪn] *adv* ❶ *(in reinster Ausprägung)* **etw ~ sein** to be the epitome of sth ❷ *(geradezu)* just, absolutely

schlecht·ma·chen *vt* ■ **jdn ~** to run sb down

schle·cken ['ʃlɛkn̩] I. *vt* to lick; *Katze* to lap up *sep* II. *vi* ❶ SÜDD, ÖSTERR, SCHWEIZ *(naschen)* to nibble ❷ *(lecken)* ■ **an etw** *dat* **~** to lick sth

Schle·cker·maul *nt (fam) s.* **Leckermaul**

Schle·gel <-s, -> ['ʃleːgl̩] *m* ❶ MUS *s.* **Schlägel** ❷ TECH *s.* **Schlägel** ❸ KOCHK SÜDD, ÖSTERR, SCHWEIZ *(Hinterkeule)* drumstick

Schle·he <-, -n> ['ʃleːə] *f* sloe

schlei·chen <schlich, geschlichen> ['ʃlaɪçn̩] I. *vi sein* ❶ *(leise gehen)* to creep, to sneak ❷ *(langsam gehen/fahren)* to crawl along II. *vr haben* ■ **sich irgendwohin ~** to creep somewhere; **sich aus dem Haus ~** to steal away softly

schlei·chend I. *adj attr* insidious II. *adv* insidiously

Schleich·weg *m* back way; *(geheimer Weg)* secret path **Schleich·wer·bung** *f* plug

Schleie <-, -n> ['ʃlaɪə] *f* ZOOL tench

Schlei·er <-s, -> ['ʃlaɪɐ] *m* veil

Schlei·er·eu·le *f* barn owl

schlei·er·haft *adj* ■ **~ sein** to be a mystery

Schlei·fe <-, -n> ['ʃlaɪfə] *f* ❶ MODE bow ❷ *Fluss* oxbow; *Straße* horseshoe bend ❸ LUFT loop

schlei·fen[1] ['ʃlaɪfn̩] I. *vt haben (ziehen)* to drag II. *vi* ❶ *haben (reiben)* to rub (**an** against); **die Kupplung ~ lassen** to slip the clutch ❷ *sein o haben (gleiten)* to slide (**über** over); *Schleppe* to trail ▸ **etw ~ lassen** *(fam)* to let sth slide

schlei·fen[2] <schliff, geschliffen> ['ʃlaɪfn̩] *vt* ❶ *(schärfen)* to sharpen ❷ *(in Form polieren)* to polish; *(mit Sandpapier)* to sand; *Edelsteine* to cut

Schleif·ma·schi·ne *f* sander **Schleif·pa·pier** *nt* sandpaper

Schleim <-[e]s, -e> [ʃlaɪm] *m* ❶ MED mucus; *(in Bronchien)* phlegm ❷ *(klebrige Masse)* slime ❸ *(Brei)* gruel

schlei·men ['ʃlaɪmən] *vi (pej fam)* to crawl

Schlei·mer(in) <-s, -> *m(f) (pej fam)* crawler BRIT, brown-noser AM

Schleim·haut *f* mucous membrane

schlei·mig ['ʃlaɪmɪç] I. *adj* ❶ MED mucous ❷ *(glitschig)* slimy ❸ *(pej: unterwürfig)* slimy, obsequious II. *adv (pej)* in a slimy way, obsequiously

Schleim·schei·ßer(in) <-s, -> *m(f) (pej derb)* crawler BRIT, brown-noser AM

schlem·men ['ʃlɛmən] *vi* to have a feast

Schlem·mer(in) <-s, -> ['ʃlɛmɐ] *m(f)* gourmet

Schlem·me·rei <-, -en> [ʃlɛməˈraɪ] *f* ❶ *(das Schlemmen)* feasting ❷ *(Schmaus)* feast

schlen·dern ['ʃlɛndɐn] *vi sein* to stroll along

schlen·kern ['ʃlɛŋkɐn] *vi* ❶ *(pendeln)* to dangle; ■ **etw ~ lassen** to let sth dangle; **mit den Beinen ~** to swing one's legs ❷ *(schlackern)* to flap

Schlep·pe <-, -n> ['ʃlɛpə] *f* MODE train

schlep·pen ['ʃlɛpn̩] I. *vt* ❶ *(tragen)* to carry; **etw [herum]~** to lug sth around ❷ *(zerren)* to drag ❸ *(ab~)* to tow II. *vr* ❶ *(sich mühselig fortbewegen)* ■ **sich ~** to drag oneself ❷ *(sich hinziehen)* ■ **sich ~** to drag on

schlep·pend I. *adj* ❶ *(zögerlich)* slow ❷ *(schwerfällig)* shuffling ❸ *(gedehnt)* [long-]drawn-out II. *adv* ❶ *(zögerlich)* slowly; **~ in Gang kommen** to be slow in getting started ❷ *(schwerfällig)* **~ gehen** to shuffle along ❸ *(gedehnt)* in a [long] drawn-out way, slowly

Schlep·per <-s, -> ['ʃlɛpɐ] *m* ❶ NAUT tug ❷ *(veraltend: Zugmaschine)* tug [and tow]

Schlepp·kahn *m* lighter **Schlepp·lift** *m* ski tow **Schlepp·netz** *nt* trawl [-net] **Schlepp·tau** *nt* towline; **im ~** in tow

Schle·si·en <-s> [ˈʃleːziən] *nt kein pl* Silesia

Schle·si·er, Schle·si·e·rin <-s, -> ['ʃleː-ziɐ, 'ʃleːziərɪn] m, f Silesian
schle·sisch ['ʃleːzɪʃ] adj Silesian
Schles·wig-Hol·stein <-s> ['ʃleːsvɪçˈhɔlʃtain] nt Schleswig-Holstein
Schleu·der <-, -n> ['ʃlɔydɐ] f ❶ (Waffe) catapult ❷ (Wäsche~) spin drier
Schleu·der·ge·fahr f kein pl risk of skidding
schleu·dern ['ʃlɔydɐn] I. vt haben ❶ (werfen) to hurl ❷ (zentrifugieren) to spin II. vi sein to skid; **ins S~ geraten** to go into a skid; (fig) to find one is losing control of a situation
Schleu·der·preis m knock-down price
Schleu·der·sitz m ejector seat
schleu·nigst adv straight away, at once
Schleu·se <-, -n> ['ʃlɔyzə] f lock; (Tor) sluice gate
schleu·sen ['ʃlɔyzn̩] vt (fam) ❶ (heimlich leiten) ■**jdn** [**irgendwohin**] **~** to smuggle sb in [somewhere] ❷ (geleiten) ■**jdn** [**durch etw** akk] **~** to escort sb [through sth] ❸ NAUT to take through a lock
Schleu·sen·tor nt sluice gate **Schleu·ser·ban·de** <-, -n> f human traffickers pl
schlich [ʃlɪç] imp von **schleichen**
Schlich <-[e]s, -e> [ʃlɪç] m ■**~e** pl tricks pl; **jdm auf die ~e kommen** to get wise to sb
schlicht [ʃlɪçt] I. adj ❶ (einfach) simple, plain ❷ (wenig gebildet) simple, unsophisticated ❸ attr (bloß) plain; **das ist eine ~e Tatsache** it's a simple fact II. part (ganz einfach) simply; **~ und einfach** [just] plain; **~ und ergreifend** plain and simple
schlich·ten ['ʃlɪçtn̩] I. vt to settle II. vi to mediate (**in** in)
Schlich·ter(**in**) <-s, -> ['ʃlɪçtɐ] m(f) arbitrator, mediator; **einen ~ einschalten** to go to arbitration
Schlicht·heit <-> f kein pl simplicity, plainness
Schlich·tung <-, -en> f mediation, settlement
Schlick <-[e]s, -e> [ʃlɪk] m silt
schlid·dern ['ʃlɪdɐn] vi sein o haben NORDD (schlittern) to slide
schlief [ʃliːf] imp von **schlafen**
Schlie·re <-, -n> ['ʃliːrə] f smear
schlie·ßen <schloss, geschlossen> ['ʃliːsn̩] I. vi ❶ (zugehen) to close [properly]; **die Tür schließt nicht richtig** the door doesn't close properly ❷ (zumachen) to close, to shut ❸ (enden) to close; **der Vorsitzende schloss mit den Worten ...** the chairman closed by saying ... ❹ (schlussfolgern) to conclude; **etw lässt auf etw** akk **~** sth indicates sth/that sth ... II. vt ❶ (zumachen) to close ❷ (geh: beenden) to close, to wind up; **die Verhandlung ist geschlossen!** the proceedings are closed! ❸ (eingehen) **ein Bündnis ~** to enter into an alliance; **Freundschaft ~** to become friends; **Frieden ~** to make peace; **einen Kompromiss ~** to reach a compromise; **einen Pakt ~** to make a pact ❹ **Lücke ~** to fill ❺ (schlussfolgern) ■**etw ~** to conclude sth (**aus** from) ❻ (umfassen) **jdn in die Arme ~** to take sb in one's arms
Schließ·fach nt ❶ (Gepäck~) locker ❷ (Bank~) safe-deposit box ❸ (Postfach) post-office box
schließ·lich ['ʃliːslɪç] adv ❶ (endlich) at last, finally; **~ und endlich** in the end ❷ (immerhin) after all
Schließ·mus·kel m sphincter
Schlie·ßung <-, -en> f closure
schliff [ʃlɪf] imp von **schleifen**[2]
Schliff <-[e]s, -e> [ʃlɪf] m ❶ kein pl (das Schleifen) sharpening ❷ kein pl (von Edelsteinen) cutting; (von Glas) cutting and polishing ❸ (geschliffener Zustand) edge ❹ (polierter Zustand) cut; **einer S.** dat **den letzten ~ geben** to put the finishing touches to sth ❺ (fig: Umgangsformen) polish
schlimm [ʃlɪm] I. adj ❶ (übel) bad, dreadful; ■**etwas S~es/S~eres** sth dreadful/worse; ■**das S~ste** the worst; **es gibt nichts S~eres als ...** there's nothing worse than ...; ■**nicht** [**so**] **~ sein** to be not [so] bad ❷ (ernst) serious ❸ (moralisch schlecht) bad, wicked ▶ **etw ist halb so ~** sth is not as bad as all that; **ist nicht ~!** no problem!, don't worry! II. adv ❶ (gravierend) seriously ❷ (äußerst schlecht) dreadfully; **jdn ~ zurichten** to give sb a severe beating; **~ dran sein** (fam) to be in a bad way; **wenn es ganz ~ kommt** if the worst comes to the worst; **es hätte ~er kommen können** it could have been worse; **~ genug, dass ...** it's bad enough that ...; **um so ~er** so much the worse
schlimms·ten·falls ['ʃlɪmstn̩ˈfals] adv if the worst comes to the worst
Schlin·ge <-, -n> ['ʃlɪŋə] f ❶ (Schlaufe) loop; (um jdn aufzuhängen) noose ❷ (Falle) snare ❸ MED sling
Schlin·gel <-s, -> ['ʃlɪŋl̩] m (fam) [little] rascal
schlin·gen[1] <schlang, geschlungen> ['ʃlɪŋən] I. vt to wind (**um** about); **etw zu einem Knoten ~** to tie sth; **die Arme um**

jdn ~ to wrap one's arms around sb **II.** *vr* ■ **sich [um etw** *akk*] **~** ❶ (*sich winden*) to wind itself [around sth] ❷ BOT to creep [around sth]

schlin·gen² <schlang, geschlungen> [ˈʃlɪŋən] *vi* (*fam*) to gobble one's food

Schlin·ger·kurs [ˈʃlɪŋɐkʊɐs] *m* kein pl (*fig sl*) [political] agenda full of U-turns; **die Regierung fährt einen ~** the government's agenda is full of U-turns

schlin·gern [ˈʃlɪŋɐn] *vi* NAUT to roll

Schling·pflan·ze *f* creeper

Schlips <-es, -e> [ʃlɪps] *m* tie ▶ **sich auf den ~ getreten fühlen** (*fam*) to feel offended by sb; **jdm auf den ~ treten** (*fam*) to tread on sb's toes

Schlit·ten <-s, -> [ˈʃlɪtn̩] *m* ❶ (*Rodel*) sledge, sled; (*Rodel~*) toboggan; (*mit Pferden*) sleigh ❷ (*sl: Auto*) wheels *pl*

Schlit·ten·fahrt *f* sleigh ride

schlit·tern [ˈʃlɪtɐn] *vi* ❶ *sein o haben* (*rutschen*) to slide; *Wagen* to skid ❷ *sein* (*fam: unversehens geraten*) ■ **[in etw** *akk*] **~** to slide [into sth]

Schlitt·schuh [ˈʃlɪtʃuː] *m* skate; **~ laufen** to skate

Schlitt·schuh·bahn *f* ice rink **Schlitt·schuh·läu·fer(in)** *m(f)* skater

Schlitz <-es, -e> [ʃlɪts] *m* ❶ (*Einsteck~*) slot ❷ (*schmale Öffnung*) slit ❸ MODE slit

Schlitz·au·ge *nt* (*pej*) ❶ (*Augenform*) slit eye *pej* ❷ (*Person*) Chink *pej*

schlit·zen [ˈʃlɪtsn̩] *vt* to slit [open]

Schlitz·ohr *nt* rogue

schlossᴿᴿ, **schloß**ᴬᴸᵀ [ʃlɔs] *imp von* **schließen**

Schlossᴿᴿ <-es, Schlösser>, **Schloß**ᴬᴸᵀ <-sses, Schlösser> [ʃlɔs, *pl* ˈʃlœsɐ] *nt* ❶ (*Palast*) palace ❷ (*Tür~*) lock; **ins ~ fallen** to snap shut ❸ (*Verschluss*) catch; (*an einer Handtasche*) clasp; (*an einem Rucksack*) buckle ❹ (*Vorhänge~*) padlock ▶ **jdn hinter ~ und Riegel bringen** to put sb behind bars

Schlos·ser(in) <-s, -> [ˈʃlɔsɐ] *m(f)* locksmith; (*Metall~*) metalworker; (*Maschinen~*) fitter

Schlos·se·rei <-, -en> [ʃlɔsəˈraɪ] *f* smith's shop

Schlos·se·rin <-, -nen> *f fem form von* **Schlosser**

Schloss·herr(in)ᴿᴿ <-en, -en> *m(f)* owner of a/the castle **Schloss·park**ᴿᴿ *m* castle park

Schlot <-[e]s, -e> [ʃloːt] *m* chimney ▶ **rauchen wie ein ~** (*fam*) to smoke like a chimney

schlot·te·rig [ˈʃlɔtərɪç] *adj* (*fam*) ❶ (*zittrig*) shaky ❷ (*schlaff herabhängend*) baggy

schlot·tern [ˈʃlɔtɐn] *vi* ❶ (*zittern*) to tremble (**vor** with); ❷ (*schlaff herabhängen*) to flap (**um** around)

schlott·rig [ˈʃlɔtrɪç] *adj s.* **schlotterig**

Schlucht <-, -en> [ʃlʊxt] *f* gorge, ravine

schluch·zen [ˈʃlʊxtsn̩] *vi* to sob

Schluch·zer <-s, -> [ˈʃlʊxtsɐ] *m* sob

Schluck <-[e]s, -e> [ʃlʊk] *m* ❶ (*geschluckte Menge*) mouthful; **einen ~ [von etw** *dat*] **nehmen** to have a sip [of sth]; **~ für ~** sip by sip; **in einem ~** in one swallow ❷ (*das Schlucken*) swallow; (*größer*) gulp; (*kleiner*) sip

Schluck·auf <-s> [ˈʃlʊkˀaʊ̯f] *m* kein pl hiccup; **den ~ haben** to have hiccups

schlu·cken [ˈʃlʊkn̩] *vt, vi* ❶ (*hinunterschlucken*) to swallow ❷ AUTO (*fam*) **der alte Wagen schluckt zwölf Liter** the old car guzzles twelve litres for every 100 km ❸ (*fam: hinnehmen, glauben*) to swallow ❹ (*dämpfen*) to absorb ▶ **[erst mal] ~ müssen** to [first] take a deep breath

Schlu·cker <-s, -> *m* ▶ **armer ~** poor blighter

Schluck·imp·fung *f* oral vaccination

schluck·wei·se *adv* in sips

schlu·de·rig [ˈʃluːdərɪç] *adj* (*fam*) *s.* **schlampig**

schlu·dern [ˈʃluːdɐn] *vi* (*fam*) to do a sloppy job

schlud·rig [ˈʃluːdrɪç] *adj s.* **schlampig**

Schluf·fi <-s, -s> [ˈʃlafi] *m* (*pej fam*) slacker *sl*

schluf·fig *adj* (*sl: teilnahmslos, ambitionslos, träge*) apathetic

schlug [ʃluːk] *imp von* **schlagen**

Schlum·mer <-s> [ˈʃlʊmɐ] *m* kein pl slumber

schlum·mern [ˈʃlʊmɐn] *vi* to slumber

Schlund <-[e]s, Schlünde> [ʃlʊnt, *pl* ˈʃlʏndə] *m* ❶ ANAT throat; (*eines Tiers*) maw ❷ (*geh*) abyss, chasm

schlüp·fen [ˈʃlʏpfn̩] *vi sein* ❶ ORN, ZOOL to hatch (**aus** out) ❷ (*rasch kleiden*) to slip (**aus** out of, **in** into) ❸ (*rasch bewegen*) ■ **[irgendwohin] ~** to slip somewhere; **unter die Decke ~** to slide under the blanket

Schlüp·fer <-s, -> [ˈʃlʏpfɐ] *m* MODE (*veraltend*) panties *npl*, knickers *npl* BRIT

Schlupf·loch *nt* ❶ (*Öffnung*) opening, hole ❷ (*fig*) loophole ❸ *s.* **Schlupfwinkel**

schlüpf·rig [ˈʃlʏpfrɪç] *adj* ❶ (*unanständig*) lewd ❷ (*glitschig*) slippery

Schlupf·win·kel *m* (*Versteck*) hiding place; (*von Gangstern*) hideout

schlur·fen [ˈʃlʊrfn̩] *vi sein* to shuffle; (*absichtlich*) to scuff [one's feet]

schlür·fen [ˈʃlʏrfn̩] *vt, vi* to slurp

Schluss^{RR} <-es, Schlüsse> *m*, **Schluß**^{ALT} <Schlusses, Schlüsse> [ʃlʊs, *pl* ˈʃlʏsə] *m* ❶ *kein pl* (*zeitliches Ende*) end; **mit etw** *dat* **ist ~** sth is over with; **zum ~ kommen** to finish; [**mit etw** *dat*] **~ machen** (*fam*) to stop [sth]; **~ für heute!** that's enough for today!; **~ damit!** stop it!; **~ [jetzt]**! that's enough now!; **kurz vor ~** just before closing time; **zum ~** at the end ❷ *kein pl* (*hinterster Teil*) end; **am ~ des Zuges** at the back of the train ❸ (*abschließender Abschnitt*) end, last part ❹ (*Folgerung*) conclusion; **zu dem ~ kommen, dass ...** to come to the conclusion that ... ▸ [**mit jdm**] **~ machen** to break it off [with sb]

Schluss·be·mer·kung^{RR} *f* final remark

Schlüs·sel <-s, -> [ˈʃlʏsl̩] *m* key; ■ **der ~ zu etw** *dat* the key to sth

Schlüs·sel·an·hän·ger *m* [key] fob

Schlüs·sel·bein *nt* collar bone **Schlüs·sel·blu·me** *f* cowslip **Schlüs·sel·bund** *m o nt* bunch of keys **Schlüs·sel·dienst** *m* security key service **Schlüs·sel·er·leb·nis** *nt* crucial experience **schlüs·sel·fer·tig** *adj* ready to move into **Schlüs·sel·fi·gur** *f* key [*or* central] figure **Schlüs·sel·loch** *nt* keyhole **Schlüs·sel·qua·li·fi·ka·ti·on** *f* key qualifications *pl* **Schlüs·sel·wort** *nt* keyword

schluss·fol·gern^{RR} *vt,* **schluß·fol·gern**^{ALT} *vt* to deduce (**aus** from)

Schluss·fol·ge·rung^{RR} <-, -en> *f*, **Schluß·fol·ge·rung**^{ALT} <-, -en> *f* deduction, conclusion; **eine ~ [aus etw** *dat*] **ziehen** to draw a conclusion [from sth]

schlüs·sig [ˈʃlʏsɪç] *adj* ❶ (*folgerichtig*) logical; *Beweisführung* conclusive ❷ (*im Klaren*) ■ **sich** *dat* **~ werden** to make up one's mind (**über** about)

Schluss·licht^{RR} *nt* AUTO rear [*or* AM tail] light ▸ **das ~ sein** to bring up the rear [of sth] **Schluss·pfiff**^{RR} *m* final whistle **Schluss·strich**^{RR} *m* (*Strich am Ende*) line at the end of sth ▸ **einen ~ [unter etw** *akk*] **ziehen** to put an end to sth **Schluss·ver·kauf**^{RR} *m* sales *pl* **Schluss·wort**^{RR} *nt* final word

Schmach <-> [ʃmaːx] *f kein pl* humiliation

schmach·ten [ˈʃmaxtn̩] *vi* (*geh*) ❶ (*leiden*) to languish; ■ **jdn ~ lassen** to leave sb languishing [for sth] ❷ (*sich sehnen*) to crave

schmach·tend *adj* soulful

schmäch·tig [ˈʃmɛçtɪç] *adj* slight, weedy BRIT *pej*

schmack·haft *adj* tasty ▸ **jdm etw ~ machen** to make sth tempting to sb

Schmäh·schrift *f* lampoon *form*

schmal <-er *o* schmäler, -ste *o* schmälste> [ʃmaːl] *adj* ❶ (*nicht breit*) narrow; **Mensch** slim ❷ (*dürftig*) meagre

schmä·lern [ˈʃmɛːlɐn] *vt* to belittle

Schmal·film *m* 8/16mm [cine] film **Schmal·spur** *f* BAHN narrow gauge

Schmalz¹ <-es, -e> [ʃmalts] *nt* KOCHK dripping; (*vom Schwein*) lard

Schmalz² <-es> [ʃmalts] *m kein pl* (*pej fam*) schmaltz

schmal·zig [ˈʃmaltsɪç] *adj* (*pej fam*) schmaltzy

schma·rot·zen* [ʃmaˈrɔtsn̩] *vi* to sponge

Schma·rot·zer <-s, -> *m* BIOL parasite

Schma·rot·zer(in) <-s, -> *m(f)* (*pej*) sponger BRIT *pej*, freeloader *fam*

Schmar·ren [ˈʃmarən], **Schmarrn** <-s, -> [ˈʃmar(ə)n] *m* SÜDD, ÖSTERR ❶ KOCHK pancake torn into small pieces ❷ (*fam: Quatsch*) rubbish, nonsense

schmat·zen [ˈʃmatsn̩] *vi* to eat/drink noisily; (*mit Genuss ~*) to smack one's lips; **musst du beim Essen immer so ~?** do you have to make such a noise when you're eating?

schmau·sen [ˈʃmaʊzn̩] *vi* to eat with relish

schme·cken [ˈʃmɛkn̩] **I.** *vi* ❶ (*munden*) **hat es geschmeckt?** did you enjoy it?; **das schmeckt aber gut** that tastes wonderful; **es sich** *dat* **~ lassen** to enjoy one's food; **lasst es euch ~!** tuck in! ❷ (*Geschmack haben*) to taste (**nach** of) ❸ (*fam: gefallen*) **das schmeckt mir gar nicht!** I don't like the sound of that at all ❹ SÜDD, ÖSTERR, SCHWEIZ (*riechen*) smell **II.** *vt* ■ **jd schmeckt etw** sb tastes sth

Schmei·che·lei <-, -en> [ʃmaɪçəˈlaɪ] *f* flattery *no pl, no indef art*

schmei·chel·haft *adj* flattering; **~e Worte** kind words

schmei·cheln [ˈʃmaɪçl̩n] *vi* ■ **jdm/einer S. ~** to flatter sb/sth; ■ **es schmeichelt jdm, dass ...** sb is flattered that ...

Schmeich·ler(in) <-s, -> [ˈʃmaɪçlɐ] *m(f)* flatterer

schmeich·le·risch *adj* flattering

schmei·ßen <schmiss, geschmissen> [ˈʃmaɪsn̩] **I.** *vt, vi* (*fam*) ❶ (*werfen*) to throw (**nach** at); (*mit Kraft*) to hurl, to fling ❷ (*sl: spendieren*) **eine Party ~** to throw a party; **eine Runde ~** to stand a round; ■ **mit etw** *dat* **um sich ~** to throw sth about [*or* AM around] ❸ (*sl: managen*) to run ❹ (*fam: hinausweisen*) ■ **jdn aus etw** *dat* **~** to throw sb out of sth ❺ (*fam: abbrechen*) to pack in II. *vr* ❶ (*sich fallen lassen*) ■ **sich ~** to throw oneself (**auf** onto, **vor** in front of) ❷ (*sich kleiden*) **sich in Schale ~** to put on one's glad rags

Schmeiß·flie·ge *f* blowfly

Schmelz <-[e]s, -e> [ʃmɛlts] *m* ❶ (*Zahn~*) enamel ❷ (*Glasur*) glaze

Schmel·ze <-, -n> [ˈʃmɛltsə] *f* ❶ (*geschmolzenes Metall*) molten metal, melt ❷ (*Magma*) magma

schmel·zen <schmolz, geschmolzen> [ˈʃmɛltsn̩] I. *vi sein* to melt II. *vt haben* ■ **etw ~** to melt sth; *Metall* to smelt

Schmelz·hüt·te *f* smelting works + *sing/pl vb* **Schmelz·kä·se** *m* KOCHK ❶ (*in Scheiben*) processed cheese ❷ (*streichfähig*) cheese spread **Schmelz·ofen** *m* smelting furnace **Schmelz·punkt** *m* melting point **Schmelz·tie·gel** *m* melting pot **Schmelz·was·ser** *nt* meltwater

Schmerz <-es, -en> [ʃmɛrts] *m* ❶ (*körperliche Empfindung*) pain; (*anhaltend und pochend*) ache; **~en haben** to be in pain ❷ *kein pl* (*Kummer*) [mental] anguish *no indef art, no pl;* (*über den Tod eines Menschens*) grief *no indef art, no pl* ❸ (*Enttäuschung*) heartache

schmerz·emp·find·lich *adj* sensitive [to pain *pred*]

schmer·zen [ˈʃmɛrtsn̩] *vi* to hurt; (*anhaltend und pochend*) to ache; ■**~d** painful, aching

Schmer·zens·geld *nt* compensation **Schmer·zens·schrei** *m* scream of pain

Schmerz·gren·ze *f* (*fam: absolutes Limit*) bottom line; (*Grenze des Erträglichen*) limit

schmerz·haft *adj* painful

schmerz·lich I. *adj* painful, distressing II. *adv* painfully

schmerz·lin·dernd I. *adj* pain-relieving II. *adv* **~ wirken** to relieve pain

schmerz·los *adj* painless ▶ **kurz und ~** short and sweet

Schmerz·mit·tel *nt* analgesic, painkiller **schmerz·stil·lend** *adj* painkilling; ■**~ sein** to be a painkiller **Schmerz·ta·blet·te** *f* painkiller, analgesic [tablet] **schmerz·voll** *adj s.* **schmerzlich**

Schmet·ter·ling <-s, -e> [ˈʃmɛtɐlɪŋ] *m* butterfly

schmet·tern [ˈʃmɛtɐn] I. *vt haben* ❶ (*schleudern*) to fling ❷ SPORT to smash ❸ MUS to blare out; *Lied* to bawl out II. *vi sein* (*aufprallen*) ■ **irgendwohin ~** to smash against sth

Schmied(in) <-[e]s, -e> [ʃmiːt, *pl* ˈʃmiːdə] *m(f)* smith; (*Huf~*) blacksmith

Schmie·de <-, -n> [ˈʃmiːdə] *f* forge, smithy

schmie·de·ei·sern *adj* wrought-iron

schmie·den [ˈʃmiːdn̩] *vt* ❶ (*glühend hämmern*) to forge ❷ (*aushecken*) **einen Plan ~** to hammer out a plan ❸ (*festmachen*) to chain (**an** to)

Schmie·din <-, -nen> *f fem form von* **Schmied**

schmie·gen [ˈʃmiːgn̩] *vr* to snuggle, to nestle; ■ **sich [an jdn] ~** to cuddle up close [to sb]

Schmie·re <-, -n> [ˈʃmiːrə] *f* (*schmierige Masse*) grease; (*schmieriger Schmutz*) ooze ▶ **~ stehen** to keep watch

schmie·ren [ˈʃmiːrən] I. *vt* ❶ (*streichen*) to spread; **Salbe auf eine Wunde ~** to apply cream to a wound ❷ (*fetten*) to lubricate, to grease ❸ (*pej: malen*) to scrawl; **Parolen an die Häuser ~** to daub slogans on the walls of houses ❹ (*fam: bestechen*) ■ **jdn ~** to grease sb's palm ▶ **jdm eine ~** (*fam*) to give sb a thump; **wie geschmiert** (*fam*) like clockwork II. *vi* ❶ (*pej: schmierend verbreiten*) to smear about ❷ (*pej: unsauber schreiben*) to smudge

Schmie·re·rei <-, -en> [ʃmiːrəˈrai] *f* (*pej fam*) [smudgy] mess

Schmier·fett *nt* grease **Schmier·fink** *m* (*pej*) ❶ (*schmutziges Kind*) mucky pup BRIT, dirty kid AM ❷ (*Journalist*) muckraker **Schmier·geld** *nt* (*fam*) bribe, kickback **Schmier·geld·zah·lung** *f* POL payment of bribe money

schmie·rig [ˈʃmiːrɪç] *adj* ❶ (*nass und klebrig*) greasy ❷ (*pej: schleimig*) slimy; **was für ein ~er Typ!** what a smarmy guy!

Schmier·mit·tel *nt* lubricant **Schmier·öl** *nt* lubricating oil **Schmier·pa·pier** *nt* rough paper **Schmier·sei·fe** *f* soft soap **Schmier·stoff** *m* lubricant **Schmier·zet·tel** *m* notepaper

Schmin·ke <-, -n> [ˈʃmɪŋkə] *f* make-up

schmin·ken [ˈʃmɪŋkn̩] *vt* to put make-up on; ■ **sich ~** to put on make-up; **stark/dezent geschminkt sein** to be heavily/discreetly made up

Schmink·kof·fer *m* cosmetic case

schmir·geln ['ʃmɪrgl̩n] *vt, vi* to sand down
Schmir·gel·pa·pier ['ʃmɪrgl̩-] *nt* sandpaper
schmiss^RR, **schmiß**^ALT [ʃmɪs] *imp von* **schmeißen**
Schmö·ker <-s, -> ['ʃmøːkɐ] *m (fam)* longish escapist book
schmö·kern ['ʃmøːkɐn] *vi (fam)* **in einem Buch ~** to bury oneself in a book
schmol·len ['ʃmɔlən] *vi* to sulk
Schmoll·mund *m* **einen ~ machen** to pout
schmolz [ʃmɔlts] *imp von* **schmelzen**
Schmor·bra·ten ['ʃmoːɐ̯-] *m* pot roast
schmo·ren ['ʃmoːrən] *vt, vi* ❶ KOCHK to braise ❷ *(fam: schwitzen)* to swelter; **in der Sonne ~** to roast in the sun ▸ **jdn ~ lassen** *(fam)* to let sb stew
Schmuck <-[e]s> [ʃmʊk] *m kein pl* ❶ *(Schmuckstücke)* jewellery ❷ *(Verzierung)* decoration, ornamentation
schmü·cken ['ʃmʏkn̩] **I.** *vt (dekorieren)* to decorate, to embellish; **die Stadt war mit bunten Lichterketten geschmückt** the town was illuminated with strings of coloured lights **II.** *vr* ■ **sich ~** to wear jewellery
Schmuck·käst·chen *nt* jewellery box
schmuck·los *adj* bare; *Fassade* plain
Schmuck·sa·chen *pl* jewellery *no indef art, no pl* **Schmuck·stück** *nt* ❶ *(Schmuckgegenstand)* piece of jewellery ❷ *(fam: Prachtstück)* jewel, masterpiece, gem
schmud·de·lig ['ʃmʊd(ə)lɪç] *adj,* **schmudd·lig** ['ʃmʊdlɪç] *adj (etwas dreckig)* grubby; *(sehr dreckig)* filthy; *(schmierig)* grimy
Schmug·gel <-s> ['ʃmʊgl̩] *m kein pl* smuggling *no art, no pl*
schmug·geln ['ʃmʊgl̩n] *vt* to smuggle
Schmug·gel·wa·re *f* smuggled goods *pl,* contraband *no pl*
Schmugg·ler(in) <-s, -> ['ʃmʊglɐ] *m(f)* smuggler
schmun·zeln ['ʃmʊntsl̩n] *vi* to grin quietly to oneself (**über** about)
Schmun·zeln <-s> ['ʃmʊntsl̩n] *nt kein pl* grin
schmu·sen ['ʃmuːzn̩] *vi (fam)* to cuddle, to neck
Schmutz <-es> [ʃmʊts] *m kein pl* ❶ *(Dreck)* dirt ❷ *(Schlamm)* mud ▸ **jdn/etw in den ~ ziehen** to blacken sb's name/sth's reputation
Schmutz·fink *m (fam)* ❶ *(pej) s.* **Schmierfink 1** ❷ *(unmoralischer Mensch)* dirty bastard **Schmutz·fleck** *m* dirt stain
schmut·zig ['ʃmʊtsɪç] *adj* ❶ *(dreckig)* dirty; **sich [bei etw** *dat***] ~ machen** to get dirty [doing sth] ❷ *(obszön)* smutty, lewd; *Witz* dirty ❸ *(pej: unlauter)* dubious, crooked; *Geld* dirty; *Geschäfte* shady
Schmutz·kam·pa·gne [-kam'panjə] *f* smear campaign
Schna·bel <-s, Schnäbel> ['ʃnaːbl̩, *pl* 'ʃnɛːbl̩] *m* ❶ *(Vogel~)* beak ❷ *(lange Tülle)* spout ❸ *(fam: Mund)* trap; **halt den ~!** shut your trap! ▸ **reden, wie der ~ gewachsen ist** to say what one thinks
schnack·seln ['ʃnaksl̩n] *vi* SÜDD *(fam)* to screw *fam!*
Schna·ke <-, -n> ['ʃnaːkə] *f* ❶ *(Weberknecht)* crane fly, daddy-long-legs *fam* ❷ DIAL *(Stechmücke)* midge, gnat
Schnal·le <-, -n> ['ʃnalə] *f* buckle
schnal·len ['ʃnalən] *vt* to buckle up, to fasten; **etw enger/weiter ~** to tighten/loosen sth; **sich** *dat* **etw auf den Rücken ~** to strap sth onto one's back
schnal·zen ['ʃnaltsn̩] *vi* **mit den Fingern ~** to snap one's fingers; **mit der Zunge ~** to click one's tongue
Schnäpp·chen <-s, -> ['ʃnɛpçən] *nt (fam)* bargain
Schnäpp·chen·jagd *f (fam)* bargain hunting **Schnäpp·chen·markt** *m (fam)* bargain basement
schnap·pen ['ʃnapn̩] **I.** *vi* ❶ *haben (greifen)* to grab (**nach** for), to snatch (**nach** at) ❷ *haben (mit den Zähnen)* to snap (**nach** at) ❸ *sein (klappen)* **der Riegel schnappte ins Schloss** the bolt snapped to the holder **II.** *vt haben (fam)* ❶ *(ergreifen)* ■ **[sich** *dat***] etw ~** to grab sth; **etwas frische Luft ~** to get a gulp of fresh air ❷ *(festnehmen)* to catch
Schnapp·mes·ser *nt* flick knife BRIT, switchblade AM **Schnapp·schuss**^RR *m* snapshot
Schnaps <-es, Schnäpse> [ʃnaps, *pl* 'ʃnɛpsə] *m* schnapps
Schnaps·fla·sche *f* bottle of schnapps **Schnaps·idee** *f (fam)* daft idea
schnar·chen ['ʃnarçn̩] *vi* to snore; ■ **das S~** snoring
schnar·ren ['ʃnarən] *vi (surren)* to buzz
schnat·tern ['ʃnatɐn] *vi* ❶ ORN to cackle ❷ *(fam: schwatzen)* to chatter
schnau·fen ['ʃnaʊfn̩] *vi* ❶ *haben (angestrengt atmen)* to puff, to pant ❷ *haben bes* SÜDD *(atmen)* to breathe
Schnauz·bart *m* large moustache

Schnau·ze <-, -n> ['ʃnaʊtsə] *f* ❶ ZOOL snout ❷ (*sl: Mund*) gob BRIT, trap; **eine große ~ haben** to have a big mouth; **die ~ halten** to keep one's trap shut ▶**frei [nach] ~** (*fam*) as one thinks fit; **die ~ [von etw** *dat*] **[gestrichen] voll haben** (*sl*) to be fed up to the [back] teeth [with sth] BRIT; **[mit etw** *dat*] **auf die ~ fallen** (*sl*) to fall flat on one's face [with sth]

schnau·zen ['ʃnaʊtsn̩] *vi* (*fam: barsch reden*) to bark

schnäu·zen[RR] ['ʃnɔʏtsn̩] *vr* **sich ~** to blow one's nose

Schnau·zer <-s, -> ['ʃnaʊtsɐ] *m* ❶ ZOOL schnauzer ❷ (*fam*) *s.* **Schnauzbart**

Schne·cke <-, -n> ['ʃnɛkə] *f* ❶ ZOOL snail; (*Nackt~*) slug ❷ (*Gebäck*) Chelsea bun ▶**jdn zur ~ machen** (*fam*) to give sb what for

Schne·cken·ge·häu·se *nt* (*geh*), **Schne·cken·haus** *nt* snail shell **Schne·cken·tem·po** *nt* **im ~** at a snail's pace

Schnee <-s> [ʃneː] *m kein pl* snow ▶**von gestern** stale [news]

Schnee·ball *m* snowball **Schnee·ball·ef·fekt** *m kein pl* snowball effect **Schnee·ball·schlacht** *f* snowball fight; **eine ~ machen** to have a snowball fight **Schnee·ball·sys·tem** *nt* FIN, ÖKON pyramid selling *no art*, *no pl* **schnee·be·deckt** *adj* snow-covered **Schnee·be·sen** *m* whisk **Schnee·de·cke** *f* blanket of snow **Schnee·fall** *m* snowfall **Schnee·flo·cke** *f* snowflake **Schnee·ge·stö·ber** *nt* snowstorm **Schnee·glöck·chen** <-s, -> *nt* snowdrop **Schnee·gren·ze** *f* snowline **Schnee·ket·te** *f meist pl* snow chain[s *pl*] **Schnee·mann** *m* snowman **Schnee·matsch** *m* slush **Schnee·pflug** *m* snowplough **Schnee·re·gen** *m* sleet **Schnee·schau·fel** *f* snow shovel **Schnee·schip·pe** *f* DIAL snow shovel **Schnee·schmel·ze** *f* thaw **Schnee·sturm** *m* snowstorm **Schnee·trei·ben** *nt* snowstorm **schnee·weiß** ['ʃneːˈvaɪs] *adj* as white as snow *pred*, snow-white

Schnee·witt·chen <-s> [ʃneːˈvɪtçən] *nt* Snow White

Schneid <-[e]s> [ʃnaɪt] *m kein pl* guts *npl*; **~ haben** to have guts

Schnei·de <-, -n> ['ʃnaɪdə] *f* edge, blade

schnei·den <schnitt, geschnitten> ['ʃnaɪdn̩] I. *vt* ❶ (*zerteilen*) to cut; **Wurst in die Suppe ~** to slice sausage into the soup ❷ (*kürzen*) to cut, to trim; *Baum* to prune ❸ (*gravieren*) to carve ❹ (*knapp einscheren*) ▪**jdn ~** to cut sb ❺ FILM to edit ❻ (*meiden*) ▪**jdn ~** to snub sb II. *vr* ▪**sich ~** ❶ (*sich verletzen*) to cut oneself; **sich in den Finger ~** to cut one's finger ❷ (*sich kreuzen*) to intersect ▶**sich [gründlich] geschnitten haben** to have made a [big] mistake

schnei·dend *adj* ❶ (*durchdringend*) biting ❷ (*scharf*) sharp

Schnei·der(in) <-s, -> ['ʃnaɪdɐ] *m(f)* tailor ▶**aus dem ~ sein** to be in the clear

Schnei·de·rei <-, -en> [ʃnaɪdəˈraɪ] *f* tailor's [shop]

Schnei·de·rin <-, -nen> *f fem form von* **Schneider**

schnei·dern ['ʃnaɪdɐn] I. *vi* to work as a tailor; (*als Hobby*) to do [some] dressmaking II. *vt* to make; *Anzug* to tailor; **selbst geschneidert** home-made

Schnei·der·sitz *m* **im ~** cross-legged **Schnei·de·zahn** *m* incisor

schnei·dig ['ʃnaɪdɪç] *adj* smart, dashing

schnei·en ['ʃnaɪən] I. *vi impers* to snow; **es hat geschneit** it has been snowing II. *vt impers* ▪**es schneit etw** *akk* it is snowing sth; **es schneite Konfetti** there was a shower of confetti

Schnei·se <-, -n> ['ʃnaɪzə] *f* aisle

schnell [ʃnɛl] I. *adj* ❶ (*eine hohe Geschwindigkeit erreichend*) fast ❷ (*zügig*) prompt, rapid ❸ *attr* (*baldig*) swift, speedy II. *adv* ❶ (*mit hoher Geschwindigkeit*) fast; **~/~er fahren** to drive fast/faster ❷ (*zügig*) quickly; **~ gehen** to be done quickly; **geht das ~?** will it take long?; **~ machen** to hurry up

Schnell·boot *nt* speedboat

schnel·le·big[ALT] *adj s.* **schnelllebig**

schnel·len ['ʃnɛlən] *vi sein* **in die Höhe ~** to shoot up

Schnell·hef·ter *m* loose-leaf binder

Schnel·lig·keit <-, *selten* -en> *f* ❶ (*Geschwindigkeit*) speed ❷ (*Zügigkeit*) speediness; *Ausführung* promptness

Schnell·im·biss[RR] *m* takeaway **Schnell·koch·topf** *m* pressure cooker **Schnell·kurs** *m* crash course **schnell·le·big**[RR] *adj* fast-moving

schnells·tens *adv* as soon as possible

Schnell·stra·ße *f* expressway **Schnell·such·lauf** <-[e]s> *m kein pl* rapid search **Schnell·ver·fah·ren** *nt* ❶ JUR summary trial ❷ (*fam*) **im ~** in a rush **Schnell·zug** *m* fast train

Schnep·fe <-, -n> ['ʃnɛpfə] *f* ❶ ORN snipe ❷ (*pej fam*) stupid cow

schneu·zen[ALT] ['ʃnɔʏtsn̩] *vr s.* **schnäuzen**

Schnick·schnack <-s> ['ʃnɪkʃnak] *m kein pl* (*fam*) ❶ (*Krimskrams*) junk *no pl* ❷ (*dummes Geschwätz*) twaddle *no pl*

schnie·fen ['ʃni:fn̩] *vi* to sniffle

schnip·peln ['ʃnɪpl̩n] **I.** *vi* to snip (**an** at) **II.** *vt* (*fam*) ■ **etw** ~ to cut sth

schnip·pen ['ʃnɪpn̩] **I.** *vi* ~ **mit den Fingern** ~ to snap one's fingers **II.** *vt* ■ **etw** [**von etw** *dat*] ~ to flick sth [off sth]

schnip·pisch ['ʃnɪpɪʃ] **I.** *adj* saucy, cocky **II.** *adv* saucily, cockily

Schnip·sel <-s, -> ['ʃnɪpsl̩] *m o nt* shred

schnitt [ʃnɪt] *imp von* **schneiden**

Schnitt <-[e]s, -e> [ʃnɪt] *m* ❶ (*Schnittwunde*) cut ❷ (*Haarschnitt*) cut ❸ MODE cut ❹ FILM editing ❺ ARCHIT, MATH section; **im** ~ ARCHIT in section; (*durchschnittlich*) on average; **der Goldene** ~ the golden section

Schnitt·blu·men *pl* cut flowers *pl*

Schnit·te <-, -n> ['ʃnɪtə] *f* ❶ KOCHK slice ❷ (*belegtes Brot*) open sandwich

Schnitt·flä·che *f* cut surface

schnit·tig ['ʃnɪtɪç] *adj* stylish, streamlined

Schnitt·lauch ['ʃnɪtlaʊ̯x] *m kein pl* chives *npl* **Schnitt·men·ge** *f* intersection **Schnitt·mus·ter** *nt* MODE [paper] pattern **Schnitt·punkt** *m* ❶ MATH point of intersection ❷ (*Kreuzung*) intersection **Schnitt·stel·le** *f* INFORM interface **Schnitt·ver·let·zung** *f* cut **Schnitt·wun·de** *f* cut

Schnit·zel[1] <-s, -> ['ʃnɪtsl̩] *nt* KOCHK pork escalope; **Wiener** ~ Wiener schnitzel

Schnit·zel[2] <-s, -> ['ʃnɪtsl̩] *nt o m* shred

Schnit·zel·jagd *f* paperchase

schnit·zen ['ʃnɪtsn̩] *vt, vi* to carve; ■ **das S**~ carving

Schnit·zer(in) <-s, -> ['ʃnɪtsɐ] *m(f)* wood-carver

Schnit·zer <-s, -> ['ʃnɪtsɐ] *m* (*fam*) blunder

Schnit·zer(in) <-s, -> ['ʃnɪtsɐ] *m(f)* wood-carver

Schnit·ze·rei <-, -en> ['ʃnɪtsə'raɪ̯] *f* wood-carving

Schnit·ze·rin <-, -nen> *f fem form von* **Schnitzer**

schnö·de ['ʃnø:də] **I.** *adj* despicable **II.** *adv* despicably

Schnor·chel <-s, -> ['ʃnɔrçl̩] *m* snorkel

schnor·cheln ['ʃnɔrçl̩n] *vi* to go snorkelling

Schnör·kel <-s, -> ['ʃnœrkl̩] *m* scroll

schnor·ren ['ʃnɔrən] *vi, vt* to scrounge

Schnor·rer(in) <-s, -> *m(f)* scrounger

Schnö·sel <-s, -> ['ʃnø:zl̩] *m* snotty[-nosed] little git

schnu·cke·lig ['ʃnʊkəlɪç] *adj* cute

schnüf·feln ['ʃnʏfl̩n] *vi* ❶ (*schnuppern*) to sniff ❷ (*fam: spionieren*) to nose around

Schnüff·ler(in) <-s, -> *m(f)* ❶ (*Detektiv*) detective, snooper BRIT ❷ (*sl: Süchtiger*) glue-sniffer

Schnul·ler <-s, -> ['ʃnʊlɐ] *m* dummy

Schnul·ze <-, -n> ['ʃnʊltsə] *f* schmaltz

schnul·zig ['ʃnʊltsɪç] *adj* schmaltzy

schnup·fen ['ʃnʊpfn̩] **I.** *vi* to sniff **II.** *vt* **Tabak** ~ to take snuff; **Kokain** ~ to snort cocaine

Schnup·fen <-s, -> ['ʃnʊpfn̩] *m* cold; [**einen**] ~ **haben** to have a cold

Schnupf·ta·bak *m* snuff

schnup·pe ['ʃnʊpə] *adj* **die Ergebnisse waren ihm** ~ he couldn't have cared less about the results

schnup·pern ['ʃnʊpɐn] *vi, vt* to sniff (**an** at)

Schnur <-, Schnüre> [ʃnuːɐ̯, *pl* 'ʃnyːrə] *f* cord

Schnür·band <-[e]s, -bänder> *nt* DIAL lace

Schnür·chen <-s, -> ['ʃnyːɐ̯çən] *nt dim von* **Schnur** thin cord ▶ **wie am** ~ like clockwork

schnü·ren ['ʃnyːrən] *vt* to tie together (**zu** in); **Schuhe** to lace up ■ **etw** [**auf etw** *akk*] ~ to tie sth [onto sth]

schnur·ge·ra·de ['ʃnuːɐ̯ɡə'raːdə] **I.** *adj* dead straight **II.** *adv* in a straight line

schnur·los *adj* cordless

Schnurr·bart ['ʃnʊrbaːɐ̯t] *m* moustache

schnur·ren ['ʃnʊrən] *vi* ❶ (*Katze*) to purr ❷ (*surren*) to whirr

Schnurr·haa·re *pl* whiskers *pl*

Schnür·schuh *m* lace-up shoe **Schnür·sen·kel** *m* shoelace **Schnür·stie·fel** *m* laced boot

schnur·stracks ['ʃnuːɐ̯'ʃtraks] *adv* straight; ~ **nach Hause gehen** to go straight home

Schnu·te <-, -n> ['ʃnuːtə] *f* NORDD (*Mündchen*) pout; **eine** ~ **ziehen** (*fam*) to pout

schob [ʃoːp] *imp von* **schieben**

Scho·ber <-s, -> ['ʃoːbɐ] *m* AGR SÜDD, ÖSTERR (*Heuhaufen*) haystack

Schock <-[e]s, -s> [ʃɔk] *m* shock; **unter** ~ **stehen** to be in [a state of] shock; [**jdm**] **einen** ~ **versetzen** to shock [sb]

scho·cken ['ʃɔkn̩] *vt* to shock

scho·ckie·ren* [ʃɔ'kiːrən] *vt* to shock; ■ **schockiert sein** to be shocked (**über** about)

Schock·star·re *f kein pl* PSYCH rigidity

induced by shock, state of shock **Schock·the·ra·pie** f shock therapy

Schöf·fe, Schöf·fin <-n, -n> ['ʃœfə, 'ʃœfɪn] m, f juror

Scho·ko·la·de <-, -n> [ʃoko'la:də] f ❶ (*Kakaomasse*) chocolate ❷ (*Kakaogetränk*) hot chocolate

Scho·ko·rie·gel m chocolate bar

Scho·las·tik <-> [ʃo'lastɪk] f kein pl scholasticism no pl

Schol·le <-, -n> ['ʃɔlə] f ❶ ZOOL plaice ❷ (*flacher Erdklumpen*) clod [of earth] ❸ (*Eisbrocken*) [ice] floe

schon [ʃo:n] I. adv ❶ (*bereits*) already, yet; **sind wir ~ da?** are we there yet?; **du willst ~ gehen?** you want to leave already?; **es ist ~ spät** it is already late; **~ damals** even at that time; **~ lange** for a long time; **~ mal** ever; **hast du ~ mal Austern gegessen?** have you ever eaten oysters?; **~ oft** several times already ❷ (*allein*) **~ aus dem Grunde** for that reason alone; **~ die Tatsache, dass ...** the fact alone that ... ❸ (*irgendwann*) in the end, one day; **es wird ~ noch klappen** it will work out in the end ❹ (*durchaus*) well ❺ (*denn*) **was macht das ~** what does it matter ❻ (*irgendwie*) all right; **danke, es geht ~** thanks, I can manage; **es wird ~ klappen** it will work out all right ❼ (*ja*) **ich sehe ~, ...** I can see, ...; **~ immer** always; **~ längst** for ages, ages ago; **~ wieder** [once] again; **und wenn ~!** so what? II. part ❶ (*auffordernd*) **geh ~!** go on!; **gib ~ her!** come on, give it here!; **mach ~!** hurry up!; [**nun**] **sag ~!** go on, tell me! ❷ (*nur*) **wenn ich das ~ rieche/sehe!** the mere smell/sight of that!; **wenn ich das ~ höre!** just hearing about it!

schön [ʃø:n] I. adj ❶ (*hübsch*) beautiful, (*ansprechend*) lovely, nice ❷ (*angenehm*) good, great, nice, splendid; **ich wünsche euch ~e Ferien** have a good holiday; **zu ~, um wahr zu sein** too good to be true ❸ (*iron: unschön*) great; **das sind ja ~e Aussichten!** what wonderful prospects!; **das wird ja immer ~er!** things are getting worse and worse! ❹ (*beträchtlich*) great, good; **ein ~es Stück Arbeit** quite a bit of work; [**das ist ja alles**] **~ und gut, aber ...** that's all very well, but ...; **na ~** all right then II. adv ❶ (*ansprechend*) well; **~ singen** to sing well ❷ (*fam: genau*) thoroughly ❸ (*fam: besonders*) **~ groß** nice and big ❹ (*iron: ziemlich*) really; **das hat ganz ~ wehgetan!** that really hurt!

Schon·be·zug m protective cover

scho·nen ['ʃo:nən] I. vt ❶ (*pfleglich behandeln*) to take care of ❷ (*nicht überbeanspruchen*) to go easy on; **das schont die Gelenke** it is easy on the joints ❸ (*verschonen*) **■jdn ~** to spare sb II. vr **■sich ~** to take things easy

scho·nend I. adj ❶ (*pfleglich*) careful ❷ (*rücksichtsvoll*) considerate ❸ (*nicht strapazierend*) gentle II. adv ❶ (*pfleglich*) carefully, with care ❷ (*rücksichtsvoll*) **jdm etw ~ beibringen** to break sth to sb gently

schön|fär·ben vt (*iron*) **■etw ~** to whitewash sth *iron*

Schön·fär·be·rei <-, -en> [ʃø:nfɛrbə'raɪ] f whitewash

Schon·frist f period of grace

schön·geis·tig adj aesthetic

Schön·heit <-, -en> f beauty

Schön·heits·chir·ur·gie f cosmetic surgery **Schön·heits·farm** f beauty farm **Schön·heits·feh·ler** m ❶ (*kosmetische Beeinträchtigung*) blemish ❷ (*geringer Makel*) flaw **Schön·heits·ope·ra·ti·on** f cosmetic operation **Schön·heits·sa·lon** m beauty salon

Schon·kost f special diet foods pl

schön|re·den vt **■etw ~** to play sth down

Scho·nung <-> f kein pl ❶ (*das pflegliche Behandeln*) care ❷ (*Schutz*) protection ❸ (*Rücksichtnahme*) consideration ❹ (*Verschonung*) mercy

scho·nungs·los I. adj blunt, merciless; *Kritik* savage; *Offenheit* unabashed II. adv bluntly, mercilessly

Schon·zeit f JAGD close season

Schopf <-[e]s, Schöpfe> [ʃɔpf, pl 'ʃœpfə] m ❶ (*Haarschopf*) shock of hair ❷ ORN tuft

schöp·fen ['ʃœpfn] vt ❶ (*mit einem Behältnis entnehmen*) to scoop (**aus** from); *Suppe* to ladle ❷ (*gewinnen*) to draw; *Kraft* to summon [up] ❸ (*kreieren*) to create; (*Ausdruck, Wort*) to coin

Schöp·fer(in) <-s, -> m(f) ❶ (*Gott*) **■der ~** the Creator ❷ (*Erschaffer*) creator

schöp·fe·risch ['ʃœpfərɪʃ] I. adj creative II. adv creatively

Schöpf·kel·le f ladle

Schöpf·löf·fel m ladle

Schöp·fung <-, -en> f ❶ (*Erschaffung*) creation ❷ kein pl REL **■die ~** the Creation

Schöp·fungs·ge·schich·te f kein pl **■die ~** the story of the Creation

Schop·pen <-s, -> ['ʃɔpn] m ❶ (*Viertelliter*) quarter-litre ❷ SÜDD, SCHWEIZ (*Babyfläschchen*) bottle

schor [ʃo:ɐ̯] imp von **scheren**[1]

Schorf <-[e]s, -e> [ʃɔrf] *m* scab
Schor·le <-, -n> [ˈʃɔrlə] *f* spritzer
Schorn·stein [ˈʃɔrnʃtai̯n] *m* chimney
Schorn·stein·fe·ger(in) <-s, -> *m(f)* chimney sweep
schoss^RR, **schoß**^ALT [ʃɔs] *imp von* **schießen**
Schoß <-es, Schöße> [ʃɔs, *pl* ˈʃøːsə] *m* ❶ ANAT lap ❷ (*Mutterleib*) womb ▶ **im ~ der Familie** in the bosom of the family; **etw fällt jdm in den ~** sth falls into sb's lap
Schoß·hund *m* lapdog
Schöss·ling^RR <-s, -e> *m*, **Schöß·ling**^ALT <-s, -e> [ˈʃœslɪŋ] *m* shoot
Scho·te <-, -n> [ˈʃoːtə] *f* pod
Schot·te, Schot·tin <-n, -n> [ˈʃɔtə, ˈʃɔtɪn] *m, f* Scot, Scotsman *masc*, Scotswoman *fem*; *s. a.* **Deutsche(r)**
Schot·ten·rock *m* ❶ (*Rock mit Schottenmuster*) tartan skirt ❷ (*Kilt*) kilt
Schot·ter <-s, -> [ˈʃɔtɐ] *m* gravel
Schot·tin <-, -nen> *f fem form von* **Schotte**
schot·tisch [ˈʃɔtɪʃ] *adj* Scottish; *s. a.* **deutsch**
Schott·land [ˈʃɔtlant] *nt* Scotland; *s. a.* **Deutschland**
schraf·fie·ren* [ʃraˈfiːrən] *vt* to hatch
Schraf·fie·rung <-, -en> *f kein pl* hatching
Schraf·fur <-, -en> [ʃraˈfuːɐ̯] *f* hatching
schräg [ʃrɛːk] I. *adj* ❶ (*schief*) sloping; (*Position, Wuchs*) slanted; (*Linien*) diagonal, oblique; (*Kante*) bevelled ❷ TYPO (*kursiv*) italic ❸ (*unharmonisch*) strident ❹ (*von der Norm abweichend*) offbeat II. *adv* ❶ (*schief*) at an angle, askew, at a slant; **einen Hut ~ aufsetzen** to put a hat on at a slant; **das Bild hängt ~** the picture is hanging askew ❷ (*im schiefen Winkel*) **~ überqueren** to cross diagonally ▶ **jdn ~ ansehen** to look askance at sb
Schrä·ge <-, -n> [ˈʃrɛːɡə] *f* ❶ (*schräge Fläche*) slope, sloping surface ❷ (*Neigung*) slant
Schräg·strich *m* oblique
Schram·me <-, -n> [ˈʃramə] *f* ❶ (*Schürfwunde*) graze ❷ (*Kratzer*) scratch
schram·men [ˈʃramən] *vi* to scrape (**über** across)
Schrank <-[e]s, Schränke> [ʃraŋk, *pl* ˈʃrɛŋkə] *m* cupboard
Schran·ke <-, -n> [ˈʃraŋkə] *f* ❶ BAHN barrier, gate ❷ (*Grenze*) limit; **jdn in seine ~n weisen** to put sb in their place
Schran·ken <-s, -> [ˈʃraŋkn̩] *m* BAHN ÖSTERR (*Schranke 1*) [railway] gate, [railway] barrier
schran·ken·los *adj* unlimited, boundless
Schrank·wand *f* wall unit
Schraub·de·ckel *m* screw lid; *Flasche* screw top
Schrau·be <-, -n> [ˈʃrau̯bə] *f* ❶ TECH screw ❷ NAUT propeller ❸ SPORT twist ▶ **bei jdm ist eine ~ locker** (*fam*) sb has a screw loose
schrau·ben [ˈʃrau̯bn̩] *vt* ❶ (*mit Schrauben befestigen*) ■ **etw ~** to screw sth (**an** into, **auf** onto) ❷ (*drehen*) **etw höher/niedriger ~** to raise/lower sth; **etw fester/loser ~** to tighten/loosen sth; **einen Deckel vom Glas ~** to unscrew a jar
Schrau·ben·dre·her <-s, -> *m s.* **Schraubenzieher Schrau·ben·schlüs·sel** *m* spanner [*or* AM wrench] **Schrau·ben·zie·her** <-s, -> *m* screwdriver
Schrau·ber <-s, -> [ˈʃrau̯bə] *m* (*hum fam*) Saturday mechanic
Schraub·stock *m* vice **Schraub·ver·schluss**^RR *m* screw top
Schre·ber·gar·ten [ˈʃreːbɐ] *m* allotment
Schreck <-s> [ʃrɛk] *m kein pl* fright *no pl*; **einen ~ bekommen** to get a fright; **jdm einen ~ einjagen** to give sb a fright; **vor ~** with fright
schre·cken [ˈʃrɛkn̩] I. *vt* <schreckte, geschreckt> *haben* ■ **etw schreckt jdn** sth frightens sb II. *vi* <schrak, geschrocken> *sein* ■ [**aus etw** *dat*] **~** to be startled [out of sth]
Schre·cken <-s, -> [ˈʃrɛkn̩] *m* (*Entsetzen*) fright, horror; **~ erregend** terrifying, horrifying; **mit dem ~ davonkommen** to escape with no more than a fright
Schre·ckens·herr·schaft *f* reign of terror
Schreck·ge·spenst *nt* bogey
schreck·haft *adj* jumpy
schreck·lich [ˈʃrɛklɪç] I. *adj* terrible, dreadful II. *adv* terribly, awfully, dreadfully
Schreck·schrau·be *f* (*pej fam*) old bag
Schreck·schuss^RR *m* warning shot **Schreck·schuss·pis·to·le**^RR *f* blank gun **Schreck·se·kun·de** *f* moment of shock
Schrei <-[e]s, -e> [ʃrai̯] *m* scream, cry ▶ **der letzte ~** (*fam*) the latest style
Schreib·block <-s, -blöcke> *m* writing pad
schrei·ben <schrieb, geschrieben> [ˈʃrai̯bn̩] I. *vt* ❶ (*verfassen*) to write ❷ (*schriftlich darstellen*) to spell; **etw falsch/richtig/klein/groß ~** to spell sth

wrongly/right/with small/capital letters ❸ (*verzeichnen*) **man schrieb das Jahr 1822** it was the year 1822; **rote Zahlen ~** to be in the red **II.** *vi* ❶ (*Schrift erzeugen*) to write; ■ **etwas zum S~** something to write with ❷ (*schreibend arbeiten*) ■ **[an etw** *dat*] ~ to be writing [sth] ❸ (*einen Brief schicken*) ■ **jdm ~** to write to sb **III.** *vr* (*geschrieben werden*) ■ **sich ~** to be spelt; **wie schreibt sich das Wort?** how do you spell that word?

Schrei·ben <-s, -> ['ʃraɪbn̩] *nt* (*geh*) letter
Schrei·ber <-s, -> ['ʃraɪbɐ] *m* (*fam*) pen
Schrei·ber(in) <-s, -> ['ʃraɪbɐ] *m(f)* (*Verfasser*) author, writer
Schrei·ber·ling <-s, -e> ['ʃraɪbɐlɪŋ] *m* (*pej*) scribbler
schreib·faul *adj* ■ **~ sein** to be a bad letter writer **Schreib·fe·der** *f* quill *old*
Schreib·feh·ler *m* spelling mistake
Schreib·heft *nt* exercise book **Schreib·kraft** *f* (*geh*) typist **Schreib·map·pe** *f* writing case **Schreib·ma·schi·ne** *f* typewriter; **~ schreiben können** to be able to type; **etw auf der ~ schreiben** to type sth [up] **Schreib·pa·pier** *nt* writing paper **Schreib·pult** *nt* [writing] desk **Schreib·schrift** *f* script, cursive writing **Schreib·tisch** *m* desk **Schreib·tisch·lam·pe, Schreib·tisch·leuch·te** *f* desk lamp
Schrei·bung <-, -en> *f* spelling
Schreib·un·ter·la·ge *f* desk pad
Schreib·wa·ren *pl* stationery *no pl*
Schreib·wa·ren·ge·schäft *nt* stationer's **Schreib·wa·ren·händ·ler(in)** *m(f)* stationer **Schreib·wa·ren·hand·lung** *f* stationer's **Schreib·wei·se** *f* ❶ (*Rechtschreibung*) spelling ❷ (*Stil*) style [of writing] **Schreib·zeug** *nt* writing utensils *pl*
schrei·en <schrie, geschrie[e]n> ['ʃraɪən] **I.** *vi* ❶ (*brüllen*) to yell ❷ ORN, ZOOL to cry ❸ (*laut rufen*) to shout (**nach** for) ❹ (*heftig verlangen*) to cry out; **das Kind schreit nach der Mutter** the child is crying out for its mother **II.** *vt* (*etw brüllen*) to shout [out]
schrei·end *adj* ❶ (*grell*) garish, loud ❷ (*flagrant*) flagrant, glaring
Schrei·e·rei <-, -en> [ʃraɪəˈraɪ] *f* yelling
Schrei·hals *m* (*fam*) rowdy, bawler BRIT
Schrein <-[e]s, -e> [ʃraɪn] *m* (*geh*) ❶ (*Schränkchen*) shrine ❷ (*Sarg*) coffin
Schrei·ner(in) <-s, -> ['ʃraɪnɐ] *m(f)* carpenter
Schrei·ne·rei <-, -en> [ʃraɪnəˈraɪ] *f* ❶ (*Tischlerei*) carpenter's workshop ❷ (*das Tischlern*) carpentry

schrei·nern ['ʃraɪnɐn] *vi, vt* to do carpentry; ■ **etw ~** to make sth
schrei·ten <schritt, geschritten> ['ʃraɪtn̩] *vi sein* ❶ (*gehen*) to stride ❷ (*etw in Angriff nehmen*) to proceed (**zu** with); **zur Tat ~** to get down to action
schrie [ʃriː] *imp von* **schreien**
schrieb [ʃriːp] *imp von* **schreiben**
Schrieb <-s, -e> [ʃriːp] *m* (*fam*) missive
Schrift <-, -en> [ʃrɪft] *f* ❶ (*Handschrift*) [hand]writing ❷ (*Schriftsystem*) script ❸ TYPO (*Druckschrift*) type; (*Computer*) font ❹ (*Abhandlung*) paper ❺ REL **die Heilige ~** the [Holy] Scriptures *pl*
Schrift·art *f* type, typeface **Schrift·deutsch** *nt* standard German **Schrift·füh·rer(in)** *m(f)* secretary **Schrift·grö·ße** *f* font size
schrift·lich ['ʃrɪftlɪç] **I.** *adj* written; ■ **etwas S~es** something in writing **II.** *adv* in writing; **jdm etw ~ geben** to give sb sth in writing
Schrift·satz *m* JUR legal document
Schrift·spra·che *f* standard language
Schrift·stel·ler(in) <-s, -> ['ʃrɪftʃtɛlɐ] *m(f)* author, writer **Schrift·stück** *nt* document **Schrift·wech·sel** *m* correspondence **Schrift·zei·chen** *nt* character
schrill [ʃrɪl] **I.** *adj* ❶ (*durchdringend hell*) shrill ❷ (*nicht moderat*) brash; (*Farbe*) garish **II.** *adv* shrilly
schritt [ʃrɪt] *imp von* **schreiten**
Schritt <-[e]s, -e> [ʃrɪt] *m* ❶ (*Tritt*) step; **auf ~ und Tritt** every move one makes; **~e machen** to take steps; **seinen ~ beschleunigen** to quicken one's step; **er trat einen ~ zurück** he took a step back; [**mit jdm/etw**] **~ halten** to keep up [with sb/sth]; **~ für ~** step by step; **mit großen/kleinen ~en** in big strides/small steps ❷ *kein pl* (*Gang*) walk, gait ❸ (*Maßnahme*) measure, step; **~e in die Wege leiten** to arrange for steps to be taken; **~e [gegen jdn/etw] unternehmen** to take steps [against sb/sth] ❹ MODE crotch
Schrittem·po[ALT] *nt s.* **Schritttempo**
Schritt·ge·schwin·dig·keit *f* walking speed **Schritt·ma·cher** <-s, -> *m* pacemaker **Schritt·tem·po**[RR] *nt* walking speed; **im ~ fahren** to drive at walking speed **schritt·wei·se I.** *adj* gradual **II.** *adv* gradually
schroff [ʃrɔf] **I.** *adj* ❶ (*barsch*) curt, brusque ❷ (*abrupt*) abrupt ❸ (*steil*) steep **II.** *adv* ❶ (*barsch*) curtly, brusquely ❷ (*steil*) steeply

Schroff·heit <-, -en> f ❶ kein pl (barsche Art) curtness, brusqueness ❷ (schroffe Äußerung) brusque comment, curt comment

schröp·fen ['ʃrœpfn̩] vt (fam: ausnehmen) ■ jdn ~ to cheat sb

Schrot <-[e]s, -e> [ʃroːt] m o nt ❶ kein pl AGR coarsely ground wholemeal ❷ JAGD shot

Schrot·brot nt [coarse] wholemeal bread **Schrot·flin·te** f shotgun

Schrott <-[e]s> [ʃrɔt] m kein pl ❶ (Metallmüll) scrap metal ❷ (fam: wertloses Zeug) rubbish no pl, junk no pl; **etw zu ~ fahren** (fam) to write sth off

Schrott·hal·de f scrap heap **Schrott·händ·ler(in)** m(f) scrap dealer **Schrott·hau·fen** m scrap heap **Schrott·platz** m scrapyard **schrott·reif** adj fit for the scrap heap

schrub·ben ['ʃrʊbn̩] vt, vi to scrub

Schrub·ber <-s, -> ['ʃrʊbɐ] m scrubbing brush

schrul·lig ['ʃrʊlɪç] adj (fam) quirky

schrum·pe·lig ['ʃrʊmpəlɪç] adj (fam) wrinkled

schrump·fen ['ʃrʊmpfn̩] vi sein to shrink (**auf**); (Ballon) to shrivel up; (Frucht) to shrivel; (Muskeln) to waste

schrump·lig ['ʃrʊmplɪç] adj s. **schrumpelig**

Schub <-[e]s, Schübe> [ʃuːp, pl 'ʃyːbə] m ❶ PHYS (Vortrieb) thrust ❷ MED (einzelner Anfall) phase ❸ (Antrieb) drive ❹ (Gruppe) batch

Schub·kar·re f, **Schub·kar·ren** m wheelbarrow **Schub·kraft** f PHYS s. **Schub** 1 **Schub·la·de** <-, -n> ['ʃuːplaːdə] f drawer

Schubs <-es, -e> [ʃʊps] m (fam) shove

schub·sen ['ʃʊpsn̩] vt (fam) to shove

schub·wei·se adv ❶ MED in phases ❷ (in Gruppen) in batches

schüch·tern ['ʃʏçtɐn] adj ❶ (gehemmt) shy ❷ (zaghaft) timid; (Versuch) halfhearted

Schüch·tern·heit <-> f kein pl shyness

schuf [ʃuːf] imp von **schaffen**²

Schuft <-[e]s, -e> [ʃʊft] m villain

schuf·ten ['ʃʊftn̩] vi (fam) to slave away (**an**)

Schuf·te·rei <-, -en> [ʃʊftə'raɪ] f (fam) drudgery

Schuh <-[e]s, -e> [ʃuː] m shoe ▶ **wo drückt der ~?** (fam) what's bothering you?; **jdm etw in die ~e schieben** (fam) to put the blame for sth on sb

Schuh·band <-[e]s, -bänder> nt, **Schuh·bän·del** <-s, -> m SÜDD, SCHWEIZ (Schnürsenkel) shoelace **Schuh·bürs·te** f shoe brush **Schuh·creme** f shoe polish **Schuh·ge·schäft** nt shoe shop **Schuh·grö·ße** f shoe size **Schuh·löf·fel** m shoehorn **Schuh·ma·cher(in)** <-s, -> ['ʃuːmaxɐ] m(f) shoemaker **Schuh·put·zer(in)** <-s, -> m(f) shoeshine boy/girl **Schuh·putz·mit·tel** nt shoe polish **Schuh·soh·le** f sole [of a/one's shoe] **Schuh·span·ner** m shoetree **Schuh·werk** <-[e]s> nt kein pl footwear

Schul·ab·bre·cher(in) ['ʃuːl-] m(f) high school dropout

Schul·ab·bruch m dropout; **Schulabbrüche und Schulverweisungen sollen vermieden werden** dropouts and expulsions are to be avoided **Schul·ab·gän·ger(in)** <-s, -> m(f) (geh) school-leaver **Schul·ar·beit** f ❶ meist pl (Hausaufgaben) homework no pl; **die/seine ~en machen** to do one's homework ❷ ÖSTERR (Klassenarbeit) [class] test **Schul·auf·ga·be** f pl s. **Schularbeit** 1 **Schul·bank** f school desk; **die ~ drücken** (fam) to go to school **Schul·bil·dung** f kein pl school education no pl **Schul·buch** nt school book, textbook **Schul·bus** m school bus

schuld [ʃʊlt] adj ■ [an etw dat] ~ sein to be to blame [for sth]

Schuld <-> [ʃʊlt] f kein pl ❶ (Verschulden) fault no pl, blame no pl; ■ **die ~ [an etw dat]** the blame [for sth]; **jdm [die] ~ geben** dat to blame sb; **~ haben** to be [the one] to blame; **es ist jds ~, dass/wenn ...** it is sb's fault that/when ...; **die ~ auf sich nehmen** to take the blame; **jdn trifft keine ~** sb is not to blame ❷ (verschuldete Missetat) guilt no pl; REL sin; **er ist sich keiner ~ bewusst** he's not aware of having done anything wrong ❸ meist pl FIN debt; **~en machen** to go into debt

schuld·be·wusst^{RR} I. adj (Mensch) guilt-ridden; (Gesicht) guilty II. adv guiltily **Schuld·be·wusst·sein**^{RR} nt guilty conscience

schul·den ['ʃʊldn̩] vt ■ jdm etw ~ to owe sb sth

Schul·den·er·lass^{RR} m FIN remission of debts **Schul·den·fal·le** f FIN (fam) debt trap **schul·den·frei** adj free of debt **Schul·den·klem·me** f debt crisis **Schul·den·kri·se** f (Staatsschuldenkrise) sovereign debt crisis

Schuld·fra·ge f question of guilt **Schuld·ge·fühl** nt feeling of guilt

schuld·haft I. *adj* JUR culpable II. *adv* culpably

schul·dig ['ʃʊldɪç] *adj* ❶ (*verantwortlich*) to blame ❷ JUR guilty; ■ ~ **sein** to be guilty; **sich ~ bekennen** to plead guilty ❸ (*verpflichtet*) ■ **jdm etw ~ sein** to owe sb sth

Schul·di·ge(r) *f(m) dekl wie adj* guilty person

Schul·dig·keit <-> *f kein pl* duty; **seine ~ getan haben** to have met one's obligations

schul·dig|spre·chen *vt irreg* ■ **jdn ~** to find sb guilty

schuld·los I. *adj* blameless II. *adv* blamelessly

Schuld·ner(in) <-s, -> ['ʃʊldnɐ] *m(f)* debtor

Schuld·schein *m* promissory note

Schuld·zu·wei·sung *f* accusation

Schu·le <-, -n> ['ʃuːlə] *f* ❶ SCH (*Lehranstalt*) school; **in die ~ gehen** to go to school; **in die ~ kommen** to start school; **in der ~** at school; **morgen ist keine ~** there is no school tomorrow; **die ~ ist aus** school is out ❷ (*bestimmte Richtung*) school; **der alten ~** of the old school ▶ **~ machen** to catch on

schu·len ['ʃuːlən] *vt* to train

Schü·ler(in) <-s, -> ['ʃyːlɐ] *m(f)* ❶ SCH schoolboy *masc*, schoolgirl *fem* ❷ (*Adept*) pupil

Schü·ler·aus·tausch *m* school exchange

Schü·ler·aus·weis *m* school identity card

Schü·le·rin <-, -nen> *f fem form von* **Schüler**

Schü·ler·lot·se, -lot·sin *m, f* lollipop man *masc* BRIT, lollipop lady *fem* BRIT, crossing guard AM

Schü·ler·schaft <-, -en> *f* (*geh*) pupils *pl*

Schü·ler·zei·tung *f* school newspaper

Schul·fach *nt* [school] subject **Schul·fe·ri·en** *pl* school holidays *pl*, summer vacation AM **schul·frei** *adj* ~ **haben** not to have school; **an Feiertagen ist ~** there is no school on public holidays **Schul·freund(in)** *m(f)* school friend **Schul·ge·bäu·de** *nt* school building **Schul·geld** *nt* school fees *pl* **Schul·heft** *nt* exercise book **Schul·hof** *m* school playground

schu·lisch ['ʃuːlɪʃ] *adj* ❶ (*die Schule betreffend*) school *attr* ❷ (*den Unterricht betreffend*) at school

Schul·jahr *nt* SCH ❶ (*Zeitraum*) school year ❷ (*Klasse*) year **Schul·ka·me·rad(in)** *m(f)* (*veraltend*) school friend **Schul·kind** *nt* schoolchild **Schul·klas·se** *f* [school] class **Schul·lei·ter(in)** *m(f)* headmaster/headmistress BRIT, principal AM **Schul·me·di·zin** *f* orthodox medicine **Schul·pflicht** *f kein pl* compulsory school attendance **schul·pflich·tig** *adj* of school age; **~ sein** to be required to attend school **Schul·ran·zen** *m* satchel **Schul·rat, -rä·tin** *m, f* schools inspector **Schul·schiff** *nt* NAUT training ship **Schul·schluss**^RR *m kein pl* end of school **Schul·schwän·zer(in)** ['ʃuːlʃvɛntsɐ] *m(f)* SCH (*fam*) pupil who bunks off [*or* AM skips] school **Schul·spre·cher(in)** *m(f)* head boy BRIT **Schul·stun·de** *f* period, lesson **Schul·ta·sche** *f* satchel

Schul·ter <-, -n> ['ʃʊltɐ] *f* ANAT shoulder; **mit hängenden ~n** with a slouch; **mit den ~n zucken** to shrug one's shoulders ▶ **jd zeigt jdm die kalte ~** sb gives sb the cold shoulder; **jd nimmt etw auf die leichte ~** sb takes sth very lightly

Schul·ter·blatt *nt* shoulder blade **schul·ter·frei** *adj* off the shoulder *pred* **Schul·ter·ge·lenk** *nt* shoulder joint **schul·ter·lang** *adj* shoulder-length

schul·tern ['ʃʊltɐn] *vt* to shoulder

Schul·ter·pols·ter *nt* shoulder pad

Schu·lung <-, -en> *f* training; (*von Gedächtnis*) schooling

Schul·uni·form *f* SCH school uniform **Schul·un·ter·richt** *m kein pl* school lessons *pl* **Schul·ver·weis** *m* SCH exclusion; (*befristet*) suspension **Schul·weg** *m* way to/from school **Schul·weis·heit** *f* (*pej*) book learning **Schul·we·sen** *nt kein pl* school system **Schul·zeit** *f kein pl* schooldays *pl* **Schul·zeug·nis** *nt* school report BRIT, report card AM

schum·meln ['ʃʊmln̩] *vi* (*fam*) to cheat

schum·me·rig ['ʃʊmərɪç] *adj*, **schumm·rig** ['ʃʊm(ə)rɪç] *adj* dim

Schund <-[e]s> [ʃʊnt] *m kein pl* (*pej*) trash *no pl*

Schund·ro·man *m* trashy novel

schun·keln ['ʃʊŋkln̩] *vi* to sway rhythmically with linked arms

Schup·pe <-, -n> ['ʃʊpə] *f* ❶ ZOOL scale ❷ *pl* MED dandruff *no pl* ▶ **jdm fällt es wie ~n von den Augen** the scales fall from sb's eyes

schup·pen ['ʃʊpn̩] I. *vt* KOCHK to remove the scales II. *vr* **sich ~** to flake ❶ (*unter schuppender Haut leiden*) to peel ❷ (*sich abschuppen*) to flake

Schup·pen <-s, -> ['ʃʊpn̩] *m* ❶ (*Verschlag*) shed ❷ (*fam: Lokal*) joint

Schup·pen·flech·te *f* psoriasis **Schup·pen·tier** *nt* scaly anteater

schup·pig ['ʃʊpɪç] *adj* (*Schuppen aufweisend*) scaly; (*Haut*) flaky; **~e Haare haben** to have dandruff

schü·ren ['ʃyːrən] *vt* ❶ (*anfachen*) to poke ❷ (*anstacheln*) **etw [bei jdm] ~** to stir sth up in sb

schür·fen ['ʃʏrfn̩] **I.** *vi* ❶ (*graben*) to dig (**nach** for) ❷ (*schleifen*) to scrape (**über** across) **II.** *vt* **etw ~** to mine sth **III.** *vr* **sich** *dat* **etw ~** to graze one's sth

Schürf·wun·de *f* graze

Schür·ha·ken *m* poker

Schur·ke <-n, -n> ['ʃʊrkə] *m* (*veraltend*) scoundrel

Schur·ken·staat *m* POL (*pej sl*) rogue state

schur·kisch ['ʃʊrkɪʃ] *adj* (*veraltend*) despicable

Schur·wol·le *f* virgin wool; **„reine ~"** "pure new wool"

Schür·ze <-, -n> ['ʃʏrtsə] *f* apron

Schür·zen·jä·ger *m* philanderer

Schuss[RR] <-es, Schüsse> *m*, **Schuß**[ALT] <-sses, Schüsse> [ʃʊs, *pl* 'ʃʏsə] *m* ❶ (*Abo Einschuss*) shot ❷ (*Patrone*) round ❸ (*Spritzer*) splash; **Cola mit einem ~ Rum** cola with a splash of rum ❹ FBALL shot ❺ (*sl: Drogeninjektion*) shot; **sich** *dat* **einen ~ setzen** to shoot up ▸ **einen ~ vor den Bug bekommen** to receive a warning signal; **ein ~ in den Ofen** (*sl*) a dead loss; **weit vom ~ sein** (*fam*) to be miles away; **in ~** in top shape; **mit ~** with a shot (*of alcohol*)

Schüs·sel <-, -n> ['ʃʏsl̩] *f* ❶ (*große Schale*) bowl, dish ❷ (*Wasch~*) washbasin ❸ (*Satelliten~*) [satellite] dish ❹ (*WC-Becken*) toilet bowl

schus·se·lig, **schuss·lig**[RR], **schuß·lig**[ALT] ['ʃʊs(ə)lɪç] *adj* (*fam*) scatterbrained

Schuss·li·nie[RR] [-liːniə] *f* line of fire; **in jds ~ geraten** *akk* to come under fire from sb *fig* **schuss·si·cher**[RR] *adj* bulletproof **Schuss·ver·let·zung**[RR] *f* gunshot wound **Schuss·waf·fe**[RR] *f* firearm[s *pl*] **Schuss·wech·sel**[RR] *m* exchange of fire **Schuss·wei·te**[RR] *f* range [of fire]; **sich in/außer ~ befinden** to be within/out of range **Schuss·wun·de**[RR] *f s.* **Schussverletzung**

Schus·ter(in) <-s, -> ['ʃuːstɐ] *m(f)* shoemaker ▸ **~, bleib bei deinen Leisten!** (*prov*) cobbler, keep to your last! *prov*

Schutt <-[e]s> [ʃʊt] *m kein pl* rubble *no indef art* ▸ **etw in ~ und Asche legen** to reduce sth to rubble; **in ~ und Asche liegen** to be in ruins

Schüt·tel·frost *m* [violent] shivering fit

schüt·teln ['ʃʏtl̩n] **I.** *vt* ❶ (*rütteln*) to shake ❷ (*erzittern lassen*) **etw schüttelt jdn** sth makes sb shiver **II.** *vr* **sich vor Kälte ~** to shake with [the] cold **III.** *vi impers* ▪ **es schüttelt jdn** sb shudders

Schüt·tel·reim *m* ≈ deliberate spoonerism

schüt·ten ['ʃʏtn̩] **I.** *vt* ❶ (*kippen*) to tip ❷ (*gießen*) to pour **II.** *vi* ▪ **es schüttet** *impers* (*fam*) it's pouring [down]

schüt·ter ['ʃʏtɐ] *adj Haar, Stimme* thin

Schutt·hal·de *f* pile of rubble **Schutt·hau·fen** *m* pile of rubble

Schutz <-es, -e> [ʃʊts] *m* ❶ *kein pl* (*Sicherheit*) protection (**vor** from); **~ suchen** to seek refuge; **im ~[e] der Dunkelheit** under cover of darkness; **zu jds ~** for sb's own protection; **~ bieten** to offer protection; **jdn [vor etw** *dat*] **in ~ nehmen** to protect sb [from sth]; **unter jds** *dat* **~ stehen** to be under the protection of sb ❷ TECH protector

Schutz·an·zug *m* protective clothes *npl* **schutz·be·dürf·tig** *adj* in need of protection *pred* **Schutz·be·haup·tung** *f* self-serving declaration **Schutz·blech** *nt* mudguard **Schutz·brief** *m* [international] travel insurance **Schutz·bril·le** *f* protective goggles *npl*

Schüt·ze, **Schüt·zin** <-n, -n> ['ʃʏtsə, 'ʃʏtsɪn] *m, f* ❶ SPORT marksman/markswoman; (*beim Fußball*) scorer ❷ JAGD hunter ❸ MIL private, rifleman ❹ *kein pl* ASTROL Sagittarius

schüt·zen ['ʃʏtsn̩] **I.** *vt* ❶ (*beschirmen*) to protect (**vor** against/from); **Gott schütze dich!** may the Lord protect you! ❷ (*geschützt aufbewahren*) ▪ **etw [vor etw** *dat*] **~** to keep sth away from sth ❸ (*unter Naturschutz stellen*) ▪ **etw ~** to place a protection order on sth; **geschützte Pflanzen** protected plants ❹ (*patentieren*) to patent; **gesetzlich geschützt** registered [as a trade mark]; **urheberrechtlich geschützt** protected by copyright **II.** *vi* ▪ **[vor etw** *dat*] **~** to give protection [from sth]

schüt·zend *adj* protective

Schüt·zen·fest *nt* rifle club['s] festival

Schutz·en·gel *m* REL guardian angel

Schüt·zen·gra·ben *m* trench **Schüt·zen·haus** *nt* rifle club clubhouse **Schüt·zen·pan·zer** *m* armoured personnel carrier **Schüt·zen·ver·ein** *m* rifle club

Schutz·fak·tor *m* safety factor; *Sonnenmilch* protection factor **Schutz·ge·biet** *nt* ❶ POL protectorate ❷ (*Natur~*) [nature] reserve **Schutz·ge·bühr** *f* token charge

Schutz·geld *nt* protection money *no pl*
Schutz·geld·er·pres·sung *f* JUR extortion [*or* protection] racket, racketeering
Schutz·haft *f* ❶ POL preventive detention ❷ JUR protective custody **Schutz·helm** *m* protective helmet, hard hat **Schutz·hül·le** *f s.* **Schutzumschlag Schutz·imp·fung** *f* vaccination, inoculation
Schüt·zin <-, -nen> *f fem form von* **Schütze**
Schütz·ling <-s, -e> ['ʃʏtslɪŋ] *m* ❶ (*Protégé*) protégé ❷ (*Schutzbefohlene*) charge
schutz·los I. *adj* defenceless II. *adv* **jdm ~ ausgeliefert sein** to be at the mercy of sb
Schutz·mar·ke *f* trademark **Schutz·mas·ke** *f* protective mask **Schutz·maß·nah·me** *f* precautionary measure, precaution (**vor/gegen** against) **Schutz·pa·tron(in)** <-s, -e> *m(f)* REL patron saint **Schutz·raum** *m* [fallout] shelter **Schutz·schicht** *f* protective layer **Schutz·um·schlag** *m* dust jacket, dust cover **Schutz·ver·ei·ni·gung** *f* ÖKON [campaigning] organization **Schutz·vor·rich·tung** *f* safety device **Schutz·wes·te** *f* bulletproof vest
schwab·be·lig ['ʃvabəlɪç] *adj* (*fam*) flabby, wobbly
Schwa·be, Schwä·bin <-n, -n> ['ʃvaːbə, 'ʃvɛːbɪn] *m, f* Swabian
Schwa·ben <-s> ['ʃvaːbn̩] *nt* Swabia
Schwä·bin <-, -nen> *f fem form von* **Schwabe**
schwä·bisch ['ʃvɛːbɪʃ] *adj* Swabian
schwach <schwächer, schwächste> [ʃvax] I. *adj* ❶ (*nicht stark*) weak ❷ (*wenig leistend*) weak; *Sportler, Schüler* poor; *Batterie* low ❸ (*gering*) weak; *Anzeichen* faint, slight; *Beteiligung* poor; **ein ~es Interesse** [very] little interest ❹ (*leicht*) *Atmung* faint; *Bewegung* slight; *Druck, Wind, Strömung* light; ■ **schwächer werden** to become fainter ❺ (*dünn*) weak ❻ (*dürftig*) weak, poor; **ein ~er Trost** little comfort II. *adv* ❶ (*leicht*) faintly ❷ (*spärlich*) sparsely; **die Ausstellung war nur ~ besucht** the exhibition was poorly attended ❸ (*dürftig*) feebly; **die Mannschaft spielte ~** the team put up a feeble performance; **eine ~e Erinnerung an etw** *akk* **haben** to vaguely remember sth
Schwä·che <-, -n> ['ʃvɛçə] *f* ❶ *kein pl* (*geringe Stärke*) weakness; **jds ~ ausnutzen** to exploit sb's vulnerability ❷ *kein pl* (*Unwohlsein*) [feeling of] faintness ❸ (*Vorliebe*) ■ **eine ~ für etw** *akk* a weakness for sth
Schwä·che·an·fall *m* sudden feeling of faintness
schwä·chen ['ʃvɛçn̩] I. *vt* to weaken; ■ **geschwächt** weakened II. *vi* to have a weakening effect
Schwach·kopf *m* (*fam*) idiot, blockhead
schwäch·lich ['ʃvɛçlɪç] *adj* weakly, feeble
Schwäch·ling <-s, -e> ['ʃvɛçlɪŋ] *m* weakling
Schwach·punkt *m* weak spot; **jds ~ treffen** to hit upon sb's weak spot **Schwach·sinn** *m kein pl* ❶ MED mental deficiency ❷ (*fam: Quatsch*) rubbish *no art* BRIT, garbage AM; **so ein ~!** what a load of rubbish!
schwach·sin·nig *adj* ❶ MED mentally deficient ❷ (*fam: blödsinnig*) idiotic, daft
Schwach·stel·le *f* ❶ (*Problemstelle*) weak spot ❷ (*undichte Stelle*) leak
Schwach·strom *m* weak current
Schwä·chung <-, -en> *f* weakening
schwach|wer·den *vi* (*fam*) ▶ [**bei jdm/etw**] **~** to be unable to refuse [sb/sth]; **nur nicht ~!** don't give in!
Schwa·den <-s, -> ['ʃvaːdn̩] *m meist pl* cloud
schwa·feln ['ʃvaːfl̩n] *vi* (*pej fam: faseln*) to talk drivel
Schwa·ger, Schwä·ge·rin <-s, Schwäger> ['ʃvaːgɐ, 'ʃvɛːgərɪn, *pl* 'ʃvɛːgɐ] *m, f* brother-in-law *masc*, sister-in-law *fem*
Schwal·be <-, -n> ['ʃvalbə] *f* ORN swallow ▶ **eine ~ macht noch keinen Sommer** (*prov*) one swallow doesn't make a summer
Schwal·ben·nest *nt* ORN swallow's nest
Schwal·ben·schwanz *m* ZOOL swallowtail [butterfly]
Schwall <-[e]s, -e> [ʃval] *m* ❶ (*Guss*) stream, gush ❷ (*Flut*) torrent *fig*
schwamm [ʃvam] *imp von* **schwimmen**
Schwamm <-[e]s, Schwämme> [ʃvam, *pl* 'ʃvɛmə] *m* ❶ (*zur Reinigung*) sponge ❷ (*Hausschwamm*) dry rot *no indef art, no pl* ❸ SÜDD, ÖSTERR, SCHWEIZ (*essbarer Pilz*) mushroom ▶ **~ drüber!** let's forget it!
schwam·mig ['ʃvamɪç] I. *adj* ❶ (*weich und porös*) spongy ❷ (*aufgedunsen*) puffy, bloated ❸ (*vage*) vague, woolly II. *adv* vaguely
Schwan <-[e]s, Schwäne> [ʃvaːn, *pl* 'ʃvɛːnə] *m* swan
schwand [ʃvant] *imp von* **schwinden**
schwang [ʃvaŋ] *imp von* **schwingen**
schwan·ger ['ʃvaŋɐ] *adj* pregnant (**von** by); **sie ist im sechsten Monat ~** she's six months pregnant

Schwan·ge·re *f dekl wie adj* pregnant woman
schwän·gern ['ʃvɛŋən] *vt* ▪**jdn ~** to get sb pregnant
Schwan·ger·schaft <-, -en> *f* pregnancy
Schwan·ger·schafts·ab·bruch *m* abortion **Schwan·ger·schafts·früh·test** *m* early pregnancy test **Schwan·ger·schafts·test** *m* pregnancy test **Schwan·ger·schafts·ver·hü·tung** *f* contraception *no indef art, no pl*
Schwank <-[e]s, Schwänke> [ʃvaŋk, *pl* 'ʃvɛŋkə] *m* ❶ THEAT farce ❷ (*Erzählung*) comical tale ❸ (*Begebenheit*) amusing story
schwan·ken ['ʃvaŋkn̩] *vi* ❶ *haben* (*schwingen*) to sway; **ins S~ geraten** to begin to sway ❷ *sein* (*wanken*) to stagger ❸ *haben* (*nicht stabil sein*) to fluctuate; **seine Stimme schwankte** his voice wavered ❹ *haben* (*unentschlossen sein*) to be undecided; ▪**zwischen zwei Dingen ~** to be torn between two things
schwan·kend *adj* ❶ *Baum* swaying ❷ *Boot* rocking; (*heftiger*) rolling ❸ *Boden* shaking ❹ *Charakter* wavering; (*zögernd*) hesitant ❺ *Schritte* unsteady; *Gang* rolling ❻ *Kurs, Preis* fluctuating; *Gesundheit* unstable
Schwan·kung <-, -en> *f* ❶ (*Schwingung*) swaying *no pl*; **etw in ~en versetzen** to make sth sway ❷ (*ständige Veränderung*) fluctuation, variation
Schwanz <-es, Schwänze> [ʃvants, *pl* 'ʃvɛntsə] *m* ❶ ZOOL tail ❷ ORN train, trail ❸ (*vulg: Penis*) cock, dick, prick ▸ **den ~ einziehen** (*fam*) to climb down
schwän·zeln ['ʃvɛntsl̩n] *vi* to wag one's tail
schwän·zen ['ʃvɛntsn̩] *vt, vi* SCH (*fam*) to skive off BRIT, to play hooky AM
Schwanz·flos·se *f* tail fin
schwap·pen ['ʃvapn̩] *vi* ❶ *sein* (*sich im Schwall ergießen*) to splash; **das Wasser schwappte über den Rand** the water splashed over the edge ❷ *haben* (*sich hin und her bewegen*) to slosh around
Schwarm¹ <-[e]s, Schwärme> [ʃvarm, *pl* 'ʃvɛrmə] *m* swarm; *Fische* shoal
Schwarm² <-[e]s> [ʃvarm] *m* (*fam: verehrter Mensch*) heart-throb
schwär·men¹ ['ʃvɛrmən] *vi sein* to swarm
schwär·men² ['ʃvɛrmən] *vi haben* ❶ (*begeistert reden*) to go into raptures (**von** about) ❷ (*begeistert verehren*) ▪**für jdn ~** to be mad about sb ❸ (*sich begeistern*) ▪**für etw** *akk* **~** to have a passion for sth

Schwär·mer <-s, -> *m* ❶ (*Schmetterling*) hawkmoth ❷ (*Feuerwerkskörper*) ≈ serpent, ≈ jumping jack
Schwär·mer(in) <-s, -> *m(f)* ❶ (*sentimentaler Mensch*) sentimentalist ❷ (*Begeisterter*) enthusiast ❸ (*Fantast*) dreamer
Schwär·me·rei <-, -en> [ʃvɛrməˈraɪ] *f* ❶ (*Wunschtraum*) [pipe] dream ❷ (*Passion*) passion ❸ (*Begeisterungsreden*) **sich in ~en ergehen** to go into raptures
Schwär·me·rin <-, -nen> *f fem form von* **Schwärmer**
schwär·me·risch *adj* impassioned; *Leidenschaft* enraptured
Schwar·te <-, -n> ['ʃvartə, 'ʃvaːɐ̯tə] *f* ❶ KOCHK rind ❷ (*pej fam*) thick old book
schwarz <schwärzer, schwärzeste> [ʃvarts] *adj* ❶ (*Farbe*) black ❷ *attr* (*fam: illegal*) illicit; *Geld* untaxed ❸ (*negrid*) black ▸ **~ auf weiß** in black and white
Schwarz <-[es]> [ʃvarts] *nt kein pl* black
Schwarz·afri·ka *nt* Black Africa
Schwarz·afri·ka·ner(in) *m(f)* Black African **schwarz·afri·ka·nisch** *adj* Black African **Schwarz·ar·beit** *f kein pl* illicit work **schwarz|ar·bei·ten** *vi* to do illicit work, to work cash in hand **Schwarz·ar·bei·ter(in)** *m(f)* person doing illicit work **schwarz|är·gern** *vr* (*fam*) ▸ **sich ~** (*fam*) to be hopping mad **Schwarz·brot** *nt* brown bread
Schwar·ze(r) *f(m) dekl wie adj* ❶ (*Mensch*) black ❷ (*pej fam: Christdemokrat*) [German] Christian Democrat
Schwär·ze <-, -n> ['ʃvɛrtsə] *f kein pl* ❶ (*Dunkelheit*) darkness ❷ (*Farbe*) black
schwär·zen ['ʃvɛrtsn̩] *vt* ❶ (*schwarz machen*) to blacken ❷ SÜDD, ÖSTERR (*fam*) to smuggle
schwarz|fah·ren *vi irreg sein* to dodge paying one's fare **Schwarz·fah·rer(in)** *m(f)* fare-dodger **schwarz·haa·rig** *adj* black-haired; ▪**~ sein** to have black hair **Schwarz·han·del** *m kein pl* black market (**mit** for) **schwarz|hö·ren** *vi* RADIO to use a radio without a licence
schwärz·lich ['ʃvɛrtslɪç] *adj* blackish
Schwarz·markt *m* black market **schwarz|se·hen** *vi* ❶ (*ohne Gebühren*) to watch television without a licence ❷ (*pessimistisch*) to be pessimistic (**für** about) **Schwarz·se·her(in)** *m(f)* ❶ (*Pessimist*) pessimist ❷ TV [television] licence [*or* AM -se] dodger, person who watches television without a licence **Schwarz·tee** *m* black tea
Schwär·zung <-, -en> *f* blackening *no pl*

Schwarz·wald ['ʃvartsvalt] *m* ■ **der ~** the Black Forest **schwarz-weiß**^{RR}, **schwarz·weiß** [ʃvarts'vais] *adj, adv* black-and-white *attr*; black and white *pred* **Schwarz-Weiß-Fern·se·her**^{RR} *m* black-and-white television [set] **Schwarz-Weiß-Fo·to**^{RR} *nt* black-and-white photograph **Schwarz·wur·zel** *f* black salsify

Schwatz <-es, -e> [ʃvats] *m* (*fam*) chat; **einen ~ mit jdm halten** to have a chat with sb

schwat·zen ['ʃvatsn̩], **schwät·zen** ['ʃvɛtsn̩] *vi* SÜDD, ÖSTERR ❶ (*sich unterhalten*) to chat ❷ (*etw ausplaudern*) to blab *fam* ❸ (*im Unterricht reden*) to talk [out of turn] in class

Schwät·zer(in) <-s, -> *m(f)* (*pej*) ❶ (*Schwafler*) windbag *fam* ❷ (*Angeber*) boaster ❸ (*Klatschmaul*) gossip, waffler BRIT

schwatz·haft *adj* (*pej*) talkative, garrulous

Schwatz·haf·tig·keit <-> *f kein pl* talkativeness, garrulousness

Schwe·be <-> ['ʃve:bə] *f kein pl* **in der ~ sein** to be in the balance; **etw in der ~ lassen** to leave sth undecided

Schwe·be·bahn *f* ❶ (*an Schienen*) overhead railway ❷ *s.* **Seilbahn Schwe·be·bal·ken** *m* SPORT [balance] beam

schwe·ben ['ʃve:bn̩] *vi haben* to float; *Vogel* to hover; **in Lebensgefahr ~** to be in danger of one's life; (*Patient*) to be in a critical condition

Schwe·be·zu·stand *m* state of uncertainty; **sich im ~ befinden** to be in a state of uncertainty

Schwe·de, Schwe·din <-n, -n> ['ʃve:də, 'ʃve:dɪn] *m, f* Swede; *s. a.* **Deutsche(r)**

Schwe·den <-s> ['ʃve:dn̩] *nt* Sweden; *s. a.* **Deutschland**

Schwe·din <-, -nen> *f fem form von* **Schwede**

schwe·disch ['ʃve:dɪʃ] *adj* Swedish; *s. a.* **deutsch** ▶ **hinter ~en Gardinen sitzen** (*fam*) to be behind bars

Schwe·fel <-s> ['ʃve:fl̩] *m kein pl* sulphur ▶ **wie Pech und ~ sein** to be inseparable

Schwe·fel·di·o·xid *nt* sulphur dioxide **schwe·fel·hal·tig** *adj* sulphur[e]ous **Schwe·fel·säu·re** *f* sulphuric acid

Schweif <-[e]s, -e> [ʃvaif] *m* tail

schwei·fen ['ʃvaifn̩] *vi sein* (*geh*) to roam, to wander; **seine Blicke ~ lassen** to let one's gaze wander

Schwei·ge·geld *nt* hush money **Schwei·ge·marsch** *m* silent [protest] march **Schwei·ge·mi·nu·te** *f* minute's silence; **eine ~ einlegen** to hold a minute's silence

schwei·gen <schwieg, geschwiegen> ['ʃvaign̩] *vi* to remain silent [*or* keep quiet] ▶ **ganz zu ~ von etw** *dat* quite apart from sth

Schwei·gen <-s> ['ʃvaign̩] *nt kein pl* silence; **das ~ brechen** to break the silence; **jdn zum ~ bringen** to silence sb

schwei·gend I. *adj* silent II. *adv* in silence; **~ verharren** to remain silent; **~ zuhören** to listen in silence

Schwei·ge·pflicht *f* obligation to [preserve] secrecy; **der ~ unterliegen** to be bound to maintain confidentiality

schweig·sam ['ʃvaikza:m] *adj* ❶ (*wortkarg*) taciturn ❷ (*wenig gesprächig*) ■ **~ sein** to be quiet

Schweig·sam·keit <-> *f kein pl* quietness, reticence

Schwein <-s, -e> [ʃvain] *nt* ❶ ZOOL pig ❷ *kein pl* (*Schweinefleisch*) pork *no indef art, no pl* ❸ (*pej fam: gemeiner Kerl*) bastard ❹ (*fam: unsauberer Mensch*) pig ❺ (*fam: obszöner Mensch*) lewd person, dirty bugger BRIT ❻ (*fam: ausgelieferter Mensch*) [**ein**] **armes ~** [a] poor devil ▶ [**großes**] **~ haben** (*fam*) to be lucky; **kein ~** (*fam*) nobody

Schwei·ne·bra·ten *m* joint of pork **Schwei·ne·fleisch** *nt* pork *no indef art, no pl* **Schwei·ne·grip·pe** *f* MED swine influenza, swine flu **Schwei·ne·hund** *m* (*sl*) bastard ▶ **seinen inneren ~ überwinden** (*fam*) to overcome one's weaker self **Schwei·ne·ko·te·lett** *nt* pork chop **Schwei·ne·pest** *f* swine fever

Schwei·ne·rei <-, -en> [ʃvainə'rai] *f* (*fam*) ❶ (*Unordnung*) mess ❷ (*Gemeinheit*) mean trick; **~!** what a bummer! ❸ (*Skandal*) scandal ❹ (*Obszönität*) smut

Schwei·ne·schmalz *nt* lard, dripping **Schwei·ne·stall** *m* [pig]sty, pigpen

schwei·nisch I. *adj* (*fam*) smutty, dirty II. *adv* (*fam*) **sich ~ aufführen** to behave like a pig

Schwein·kram *m* (*fam*) smut *no indef art, no pl*

Schweins·hach·se, Schweins·ha·xe *f* SÜDD knuckle of pork **Schweins·le·der** *nt* pigskin

Schweiß <-es> [ʃvais] *m kein pl* sweat; **jdm bricht der ~ aus** sb breaks out in a sweat; **in ~ gebadet sein** to be bathed in sweat ▶ **im ~e seines Angesichts** (*geh*) in the sweat of one's brow

Schweiß·aus·bruch *m* [profuse] sweating *no indef art, no pl* **Schweiß·bren·ner** *m*

welding torch **Schweiß·drü·se** *f* sweat gland
schwei·ßen ['ʃvaɪsn̩] *vt, vi* to weld
Schwei·ßen <-s> ['ʃvaɪsn̩] *nt kein pl* welding *no indef art, no pl*
Schweiß·fuß *m meist pl* sweaty foot
schweiß·ge·ba·det *adj* bathed in sweat *pred*
Schweiß·naht *f* TECH weld [seam]
schweiß·nass^RR *adj* dripping with sweat *pred* **schweiß·trei·bend** *adj* MED sudorific; (*fig, hum*) arduous **Schweiß·trop·fen** *m* bead of sweat
Schweiz <-> [ʃvaɪts] *f* Switzerland; **die französische/italienische ~** French-speaking/Italian-speaking Switzerland; *s. a.* **Deutschland**
Schwei·zer ['ʃvaɪtsɐ] *adj attr* Swiss
Schwei·zer(in) <-s, -> ['ʃvaɪtsɐ] *m(f)* Swiss; *s. a.* **Deutsche(r)**
schwei·zer·deutsch ['ʃvaɪtsɐdɔʏtʃ] *adj* LING Swiss-German; *s. a.* **deutsch**
Schwei·zer·deutsch <-[s]> ['ʃvaɪtsɐdɔʏtʃ] *nt dekl wie adj* LING Swiss German; *s. a.* **Deutsch**
Schwei·ze·rin <-, -nen> *f fem form von* **Schweizer**
schwei·ze·risch ['ʃvaɪtsərɪʃ] *adj s.* **Schweizer**
schwel·gen ['ʃvɛlgn̩] *vi* (*geh*) ❶ (*sich gütlich tun*) to indulge oneself ❷ (*übermäßig verwenden*) ▪ **in etw** *dat* **~** to over-indulge in sth; **in Erinnerungen ~** to wallow in memories
schwel·ge·risch *adj* (*geh*) sumptuous
Schwel·le <-, -n> ['ʃvɛlə] *f* ❶ (*Tür~*) threshold ❷ (*Bahn~*) sleeper ▶ **auf der ~ zu etw** *dat* **stehen** to be on the verge of sth
schwel·len <schwoll, geschwollen> ['ʃvɛlən] I. *vi sein* ❶ MED to swell [up] ❷ (*sich verstärken*) to grow II. *vt* (*geh*) to swell out; **mit geschwellter Brust** [with] one's breast swelled with pride
Schwel·len·angst *f* PSYCH fear of entering a place **Schwel·len·land** *nt* POL threshold country, emerging country
Schwell·kör·per *m* ANAT corpus cavernosum
Schwel·lung <-, -en> *f* swelling
Schwem·me <-, -n> ['ʃvɛmə] *f* (*Überangebot*) glut
schwem·men ['ʃvɛmən] *vt* **an Land ~** to wash ashore
Schwen·gel <-s, -> ['ʃvɛŋl̩] *m* ❶ (*an Pumpe*) handle ❷ (*Klöppel*) clapper
Schwenk <-[e]s, -s> [ʃvɛŋk] *m* ❶ TV (*Schwenkbewegung*) pan, panning movement ❷ (*Richtungsänderung*) wheeling about *no indef art, no pl* ❸ (*Änderung der Politik*) about-face, U-turn
schwenk·bar *adj* swivelling; *Kamera* swivel-mounted
schwen·ken ['ʃvɛŋkn̩] I. *vt haben* ❶ (*wedeln*) to wave ❷ (*die Richtung verändern*) to swivel; *Kamera* to pan ❸ (*spülen*) to rinse sth ❹ KOCHK to toss II. *vi* ❶ *sein* (*zur Seite bewegen*) to wheel [about] ❷ *haben* (*sich richten*) to pan
schwer <schwerer, schwerste> [ʃveːɐ̯] I. *adj* ❶ (*nicht leicht*) heavy; ▪ **fünf/zehn Kilo ~ sein** to weigh five/ten kilos; **~ wie Blei** as heavy as lead ❷ (*beträchtlich*) serious; *Verlust* bitter; **~e Mängel aufweisen** to be badly defective; **~e Verwüstungen anrichten** to cause utter devastation ❸ (*hart*) hard; *Schicksal* cruel; *Strafe* harsh ❹ (*körperlich belastend*) serious, grave; *Operation* difficult ❺ (*schwierig*) hard, difficult; *Lektüre* heavy ❻ *attr* (*fam: heftig*) heavy ❼ (*intensiv*) strong; *Duft, Parfüm* pungent II. *adv* ❶ (*hart*) hard; **~ arbeiten** to work hard; **es ~ haben** to have it hard; **jdm ~ zu schaffen machen** to give sb a hard time ❷ (*mit schweren Lasten*) heavily; **~ bepackt sein** to be heavily laden ❸ (*fam: sehr*) deeply; **~ beleidigt sein** to be deeply offended; **~ betrunken** dead drunk ❹ (*mit Mühe*) with [great] difficulty; **~ erarbeitet** hard-earned; **~ erziehbar** maladjusted; **ein ~ erziehbares Kind** a problem child; **~ verdaulich** indigestible ❺ (*ernstlich*) seriously; **~ behindert** severely disabled; **sich ~ erkälten** to catch a bad cold; **~ verunglückt sein** to have had a bad accident; **~ wiegend** serious; **eine ~ wiegende Entscheidung** a momentous decision; **ein ~ wiegender Grund** a sound reason ❻ (*schwierig*) difficult, not easy; **~ verständlich** (*kaum nachvollziehbar*) scarcely comprehensible; (*kaum zu verstehen*) hard to understand *pred*; **es [jdm] ~ machen, etw zu tun** to make it difficult [for sb] to do sth; **jdm das Leben ~ machen** to make life difficult for sb ❼ (*hart*) severely
Schwer·ar·beit *f kein pl* heavy work
Schwer·be·hin·der·te(r) *f(m) dekl wie adj* severely disabled [*or dated* handicapped] person **Schwer·be·schä·dig·te(r)** <-n, -n> *f(m) dekl wie adj* MED, ADMIN (*veraltet*) seriously disabled [*or dated* handicapped] person
Schwe·re <-> ['ʃveːrə] *f kein pl* ❶ (*Härte*)

seriousness, gravity ❷ MED (*ernste Art*) seriousness, severity ❸ (*Schwierigkeit*) difficulty; *einer Aufgabe a.* complexity ❹ (*Gewicht*) heaviness, weight ❺ *eines Parfüms* pungency

schwe·re·los *adj* weightless

Schwe·re·lo·sig·keit <-> *f kein pl* weightlessness

Schwe·re·nö·ter <-s, -> ['ʃveːrənøːtɐ] *m* (*veraltend*) ladykiller

schwer|fal·len *vt irreg* ■*etw fällt jdm schwer* sth is difficult for sb [to do]

schwer·fäl·lig <-er, -ste> I. *adj* ❶ (*ungeschickt*) awkward, clumsy ❷ (*umständlich*) pedestrian, ponderous II. *adv* awkwardly, clumsily **Schwer·fäl·lig·keit** <-> *f kein pl* ❶ (*körperlich*) heaviness ❷ (*geistig*) dullness ❸ (*Ungeschicktheit*) clumsiness **Schwer·ge·wicht** *nt* ❶ (*Gewichtsklasse*) heavyweight ❷ (*Schwerpunkt*) emphasis **schwer·ge·wich·tig** *adj* heavy **schwer·hö·rig** *adj* hard of hearing *pred* **Schwer·hö·rig·keit** *f kein pl* hardness of hearing **Schwer·in·dus·trie** *f* heavy industry **Schwer·kraft** *f kein pl* gravity

schwer·lich *adv* hardly, scarcely

Schwer·me·tall *nt* heavy metal **Schwer·mut** <-> *f kein pl* melancholy **schwer·mü·tig** <-er, -ste> ['ʃveːɐ̯myːtɪç] *adj* melancholy **schwer|neh·men** *vt irreg* ■*etw ~* to take sth hard **Schwer·punkt** *m* ❶ (*Hauptgewicht*) main emphasis; **auf etw** *akk* **den ~ legen** to put the main emphasis on sth; **~e setzen** to establish priorities ❷ PHYS centre of gravity **schwer·punkt·mä·ßig** I. *adj attr* **ein ~er Streik** a pinpoint strike II. *adv* selectively **schwer·reich** *adj attr* (*fam*) stinking [*or* AM filthy] rich

Schwert <-[e]s, -er> [ʃveːɐ̯t] *nt* ❶ (*Waffe*) sword ❷ NAUT centreboard

Schwert·fisch *m* swordfish **Schwert·li·lie** *f* iris

Schwer·trans·port *m* HANDEL carriage of heavy goods

schwer|tun *vr irreg* ■*sich mit etw dat ~* to have trouble with sth

Schwert·wal *m* killer whale

Schwer·ver·bre·cher(in) *m(f)* serious offender **Schwer·ver·letz·te(r)** *f(m) dekl wie adj* seriously injured person

Schwes·ter <-, -n> ['ʃvɛstɐ] *f* ❶ (*weibliches Geschwisterteil*) sister ❷ (*Krankenschwester*) nurse ❸ (*Nonne*) nun

Schwes·ter·ge·sell·schaft *f* sister company

schwes·ter·lich *adj* sisterly

Schwes·tern·hel·fe·rin *f* nursing auxiliary BRIT

schwieg [ʃviːk] *imp von* **schweigen**

Schwie·ger·el·tern ['ʃviːɡɐ-] *pl* parents-in-law *pl* **Schwie·ger·mut·ter** *f* mother-in-law **Schwie·ger·sohn** *m* son-in-law **Schwie·ger·toch·ter** *f* daughter-in-law **Schwie·ger·va·ter** *m* father-in-law

Schwie·le <-, -n> ['ʃviːlə] *f* callus

schwie·lig ['ʃviːlɪç] *adj* callous

schwie·me·lig ['ʃviːməlɪç] *adj* (*fam*) nasty

schwie·rig ['ʃviːrɪç] I. *adj* ❶ (*nicht einfach*) difficult, hard ❷ (*verwickelt*) complicated; *Situation* tricky ❸ (*problematisch*) complex II. *adv* with difficulty

Schwie·rig·keit <-, -en> *f* ❶ *kein pl* (*Problematik*) difficulty; *eines Falles* problematical nature; *einer Lage, eines Problems* complexity; *einer Situation* trickiness ❷ *pl* (*Probleme*) problems *pl;* **finanzielle ~en** financial difficulties *pl;* **jdn in ~en bringen** to get sb into trouble; **in ~en geraten** to get into trouble; [**jdm**] **~en machen** to give sb trouble; **ohne ~en** without any difficulty

Schwie·rig·keits·grad *m* degree of difficulty; SCH level of difficulty

Schwimm·bad *nt* swimming-pool **Schwimm·be·cken** *nt* [swimming-]pool

schwim·men <schwamm, geschwommen> ['ʃvɪmən] *vi* ❶ *sein* (*sich im Wasser fortbewegen*) to swim; **~ gehen** to go swimming ❷ *haben* (*fam: sich in Flüssigkeit bewegen*) to float (**auf** on, **in** in) ❸ *haben* (*unsicher sein*) to be at sea ▶ **mit/gegen den** <u>Strom</u> **~** to swim with/against the current

Schwim·mer(in) <-s, -> ['ʃvɪmɐ] *m(f)* ❶ (*schwimmender Mensch*) swimmer ❷ TECH float

Schwimm·flos·se *f* flipper **Schwimm·flü·gel** *m* water wing **Schwimm·hal·le** *f* indoor [swimming-]pool **Schwimm·leh·rer(in)** *m(f)* swimming instructor **Schwimm·sport** *m* swimming *no indef art* **Schwimm·wes·te** *f* life jacket

Schwin·del <-s> ['ʃvɪndl̩] *m kein pl* ❶ (*Betrug*) swindle, fraud ❷ MED dizziness, vertigo; **~ erregend** (*fig*) astronomical

Schwin·del·an·fall *m* MED attack of dizziness

Schwin·de·lei <-, -en> [ʃvɪndə'lai] *f* (*fam*) ❶ (*Lüge*) lying *no indef art, no pl* ❷ (*Betrügerei*) fiddle

schwin·del·frei *adj* ■*~ sein* to have a

[good] head for heights **Schwin·del·ge·fühl** *nt* feeling of dizziness [*or* giddiness] [*or* vertigo]
schwin·de·lig ['ʃvɪndəlɪç] *adj präd* dizzy, giddy
schwin·deln ['ʃvɪndln] **I.** *vi* ❶ (*lügen*) to lie ❷ (*schwindlig sein*) to be dizzy; **in ~ der Höhe** at a dizzy height **II.** *vi impers* ■ **jdm schwindelt** [**es**] sb feels dizzy
schwin·den <schwand, geschwunden> ['ʃvɪndn̩] *vi sein* ❶ (*geh: abnehmen*) to run out, to dwindle ❷ (*vergehen*) ■ **etw schwindet** sth is fading away; *Wirkung* to be wearing off; *Interesse* to be flagging; *Zuversicht* to be failing
Schwind·ler(in) <-s, -> ['ʃvɪndlɐ] *m(f)* ❶ (*Betrüger*) swindler ❷ (*Lügner*) liar
schwind·lig ['ʃvɪndlɪç] *adj s.* **schwindelig**
Schwind·sucht *f* MED (*veraltend*) consumption
schwind·süch·tig *adj* MED (*veraltend*) consumptive
Schwin·ge <-, -n> ['ʃvɪŋə] *f* ❶ (*geh*) wing ❷ TECH (*im Getriebe*) tumbler lever; (*in der Mechanik*) crank
schwin·gen <schwang, geschwungen> ['ʃvɪŋən] **I.** *vt haben* ❶ (*mit etw wedeln*) ■ **etw schwingen** to wave sth ❷ (*mit etw ausholen*) to brandish; **er schwang die Axt** he brandished the axe ❸ (*hin und her bewegen*) to swing; *Fahne* to wave; **das Tanzbein ~** to shake a leg **II.** *vi sein o haben* ❶ (*vibrieren*) to vibrate; *Brücke* to sway; **etw zum S~ bringen** to make sth vibrate ❷ (*pendeln*) to swing (**an** on) ❸ PHYS *Wellen* to oscillate ❹ SCHWEIZ (*ringen*) wrestle **III.** *vr haben* ❶ (*sich schwungvoll bewegen*) ■ **sich auf/in etw** *akk* **~** to jump onto/into sth; **sich aufs Rad ~** to hop on one's bike ❷ (*schwungvoll überspringen*) ■ **sich über etw** *akk* **~** to jump over sth; *Turner* to vault sth
Schwin·gung <-, -en> *f* oscillation; [etw] **in ~ versetzen** to set [sth] swinging
Schwips <-es, -e> [ʃvɪps] *m* (*fam*) tipsiness *no indef art, no pl;* **einen ~ haben** to be tipsy
schwir·ren ['ʃvɪrən] *vi sein* Mücken to buzz; *Vogel* to whir[r]
Schwitz·bad *nt* sweating bath
schwit·zen ['ʃvɪtsn̩] **I.** *vi* ❶ (*Schweiß absondern*) to sweat ❷ (*Kondenswasser absondern*) to steam up ▶ **Blut und Wasser ~** to sweat blood **II.** *vr* **sich nass ~** to get soaked with sweat
Schwitz·kas·ten *m* (*Griff*) headlock ▶ **jdn in den ~ nehmen** to get sb in a headlock

schwo·fen ['ʃvoːfn̩] *vi* (*fam*) to dance
schwoll [ʃvɔl] *imp von* **schwellen**
schwö·ren <schwor, geschworen> ['ʃvøːrən] **I.** *vi* to swear; **auf die Verfassung ~** to swear on the constitution; **er schwört auf Vitamin C** he swears by vitamin C **II.** *vt* ■ **jdm etw ~** to swear sth to sb
schwuch·te·lig ['ʃvʊxtəlɪç] *adj* (*hum o pej*) camp
schwul [ʃvuːl] *adj* (*fam*) gay, queer *pej*
schwül [ʃvyːl] *adj* METEO sultry, muggy *fam*
Schwu·le(r) *m dekl wie adj* (*fam*) gay, queer *pej*, shirtlifter BRIT *pej*, faggot AM
Schwü·le <-> ['ʃvyːlə] *f kein pl* METEO sultriness, closeness, mugginess *fam*
Schwulst <-[e]s> [ʃvʊlst] *m kein pl* (*pej*) [over-]ornateness, floridity, floridness
schwuls·tig ['ʃvʊlstɪç] *adj* ❶ (*geschwollen*) swollen, puffed up ❷ ÖSTERR (*schwülstig*) [over-]ornate, florid
schwüls·tig ['ʃvʏlstɪç] **I.** *adj* (*pej*) [over-]ornate, florid; *Stil* bombastic **II.** *adv* (*pej*) bombastically, pompously
Schwund <-[e]s> [ʃvʊnt] *m kein pl* ❶ (*Rückgang*) decline, decrease; *Vorräte* dwindling ❷ (*Gewichtsverringerung*) weight loss; (*Schrumpfung*) shrinkage
Schwung <-[e]s, Schwünge> [ʃvʊŋ, pl 'ʃvʏŋə] *m* ❶ (*schwingende Bewegung*) swing[ing movement]; **~ holen** to build up momentum ❷ *kein pl* (*Antriebskraft*) drive, verve; **in ~ kommen** (*fam*) to get going; [**richtig**] **in ~ sein** (*fam*) to be in full swing ❸ (*Linienführung*) sweep
Schwung·fe·der *f* ORN wing feather
schwung·haft **I.** *adj* flourishing **II.** *adv* **sich ~ entwickeln** to be booming
Schwung·rad *nt* TECH flywheel
schwung·voll **I.** *adj* ❶ (*weit ausholend*) sweeping ❷ (*mitreißend*) lively; *Rede* passionate **II.** *adv* lively
Schwur <-[e]s, Schwüre> [ʃvuːɐ] *m* ❶ (*Versprechen*) vow; **einen ~ leisten** to take a vow ❷ (*Eid*) oath
Schwur·ge·richt *nt* court with a jury
Sci·ence·fic·tion[RR], **Sci·ence-Fic·tion**[RR], **Sci·ence-fic·tion**[ALT] <-, -s> ['sajəns'fɪkʃn] *f* LIT science fiction, sci-fi *fam*
sec *f Abk von* **Sekunde** sec
sechs [zɛks] *adj s. a.* **acht**[1]
Sechs <-, -en> [zɛks] *f* ❶ (*Zahl*) six ❷ KARTEN six; *s. a.* **Acht**[1] ❸ SCH (*schlechteste Zensur*) bottom mark [*or* AM grade] ❹ SCHWEIZ (*beste Zensur*) top mark [*or* AM grade]
Sechs·eck *nt* hexagon **sechs·eckig** *adj* hexagonal

sech·ser·lei ['zɛksəˈlai̯] *adj* six [different]; *s. a.* **achterlei**
Sechs·er·pack *m* pack of six, six-pack AM
sechs·fach, 6·fach ['zɛksfax] **I.** *adj* sixfold; **die ~e Menge** six times the amount; *s. a.* **achtfach II.** *adv* sixfold, six times over; *s. a.* **achtfach**
sechs·hun·dert ['zɛksˈhʊndɐt] *adj* six hundred
sechs·mal, 6·mal^{RR} *adv* six times
Sechs·ta·ge·ren·nen [zɛksˈtaːɡərɛnən] *nt* six-day [cycling] race
sechs·tau·send ['zɛksˈtau̯znt] *adj* six thousand
sechs·te(r, s) ['zɛkstə, 'zɛkstɐ, 'zɛkstəs] *adj* ❶ (*nach dem fünften kommend*) sixth; *s. a.* **achte(r, s) 1** ❷ (*Datum*) sixth, 6th; *s. a.* **achte(r, s) 2**
sechs·tel ['zɛkstl̩] *adj* sixth
Sechs·tel <-s, -> ['zɛkstl̩] *nt* sixth
sechs·tens ['zɛkstn̩s] *adv* sixthly, in sixth place
sech·zehn ['zɛçtseːn] *adj* sixteen; *s. a.* **acht**¹
sech·zehn·te(r, s) *adj* sixteenth; *s. a.* **achte(r, s)**
sech·zig ['zɛçtsɪç] *adj* sixty
Sech·zi·ger·jah·re *pl* ∎ **die ~** the sixties [*or* 60s] *npl*
sech·zig·ste(r, s) *adj* sixtieth; *s. a.* **achte(r, s)**
Se·cond·hand·la·den [zɛknt'hɛnt-] *m* second-hand shop
SED <-> [ɛsʔeːˈdeː] *f* HIST *Abk von* **Sozialistische Einheitspartei Deutschlands** *state party of the former GDR*
se·die·ren* [zeˈdiːrən] *vt* MED, PHARM ∎ **jdn ~** to sedate sb
Se·di·ment <-[e]s, -e> [zediˈmɛnt] *nt* ❶ GEOL sediment ❷ CHEM deposit
Se·di·ment·ge·stein *nt* GEOL sedimentary rock
See¹ <-s, -n> [zeː] *m* lake
See² <-, -n> [zeː] *f* ❶ (*Meer*) sea; **an der ~** by the sea; **auf ~** at sea; **auf hoher ~** on the high seas; **in ~ stechen** to put to sea ❷ (*Seegang*) heavy sea, swell
See·ad·ler *m* ORN sea eagle **See·bad** *nt* seaside resort **See·bär** *m* ❶ (*hum fam: erfahrener Seemann*) sea dog, old salt ❷ ZOOL fur seal **See·ele·fant**^{RR} *m*, **See-E·le·fant** *m* ZOOL sea elephant **See·fah·rer** *m* seafarer **See·fahrt** *f kein pl* sea travel, seafaring *no art* **See·fisch** *m* saltwater fish, sea fish **See·frau** *f fem form von* **Seemann See·gang** *m kein pl* swell; **schwerer ~** heavy seas **See·gras** *nt* BOT seagrass **See·ha·fen** *m* seaport **See·hecht** *m* hake **See·hund** *m* common seal **See·igel** *m* sea urchin **See·kar·te** *f* sea chart **See·kli·ma** *nt* maritime climate **see·krank** *adj* seasick **See·krank·heit** *f kein pl* seasickness **See·krieg** *m* MIL naval warfare **See·lachs** *m* coalfish
See·le <-, -n> ['zeːlə] *f* ❶ REL soul ❷ PSYCH (*Psyche*) mind; **mit Leib und ~** wholeheartedly; **aus tiefster ~** from the bottom of one's heart; **jdm tut etw in der ~ weh** sth breaks sb's heart ❸ (*Mensch*) soul; **eine treue ~** a faithful soul ▸ **ein Herz und eine ~ sein** to be inseparable; **eine ~ von Mensch sein** to be a good[-hearted] soul; **sich** *dat* **etw von der ~ reden** to get sth off one's chest; **jdm aus der ~ sprechen** (*fam*) to say exactly what sb is thinking
See·len·frie·de(n) *m* peace of mind **See·len·heil** *nt* ∎ **jds ~** the salvation of sb's soul **See·len·le·ben** *nt kein pl* inner life **See·len·ru·he** *f* **in aller ~** as cool as you please **see·len·ru·hig** ['zeːlənˈruːɪç] *adv* calmly **see·len·ver·wandt** *adj* kindred; ∎ **~ sein** to be kindred spirits **See·len·wan·de·rung** *f* REL transmigration of souls
See·leu·te *pl von* **Seemann**
see·lisch ['zeːlɪʃ] **I.** *adj* psychological, emotional; **~es Gleichgewicht** mental balance **II.** *adv* **~ bedingt sein** to have psychological causes
See·lö·we, -lö·win <-n, -n> *m, f* sea lion **Seel·sor·ge** *f kein pl* spiritual welfare **Seel·sor·ger(in)** <-s, -> ['zeːlzɔrɡɐ] *m(f)* pastor
See·luft *f kein pl* sea air **See·macht** *f* naval power **See·mann** <-leute> ['zeːman, *pl* -lɔy̯tə] *m* sailor, seaman **See·manns·lied** *nt* [sea] shanty **See·mei·le** *f* nautical [*or* sea] mile **See·not** *f kein pl* distress [at sea] *no pl;* **in ~ geraten** to get into difficulties **See·pferd(·chen)** *nt* sea horse **See·räu·ber(in)** *m(f)* pirate **See·recht** *nt kein pl* JUR maritime law, law of the sea **See·rei·se** *f* voyage; (*Kreuzfahrt*) cruise **See·ro·se** *f* ❶ BOT water lily ❷ ZOOL sea anemone **See·sack** *m* sailor's kitbag, seabag AM **See·schiff·fahrt**^{RR} *f kein pl* maritime shipping **See·schlacht** *f* sea battle **See·schlan·ge** *f* sea snake **See·stern** *m* starfish **See·tang** *m* seaweed **See·teu·fel** *m* monkfish **see·tüch·tig** *adj* seaworthy **See·ufer** *nt* lakeside, shore of a lake **See·vo·gel** *m* seabird **See·weg** *m* sea route; **auf dem ~** by sea **See·zun·ge** *f* sole

Se·gel <-s, -> ['zeːgl̩] *nt* sail; **die ~ hissen** to hoist the sails; **[die] ~ setzen** to set sail
Se·gel·boot *nt* sailing boat, sailboat AM **se·gel·flie·gen** *vi nur infin* to glide **Se·gel·flie·gen** *nt* gliding **Se·gel·flie·ger(in)** *m(f)* glider pilot **Se·gel·flug** *m* glider flight **Se·gel·flug·zeug** *nt* glider **Se·gel·jacht** *f* [sailing] yacht **Se·gel·klub** *m* sailing club
se·geln ['zeːgl̩n] *vi sein* to sail; **durch die Luft ~** to sail through the air
Se·geln <-s> ['zeːgl̩n] *nt kein pl* sailing
Se·gel·oh·ren *pl* (*pej fam*) mug ears **Se·gel·schiff** *nt* sailing ship **Se·gel·törn** *m* yacht cruise **Se·gel·tour** *f* sailing cruise **Se·gel·tuch** *nt* sailcloth, canvas
Se·gen <-s, -> ['zeːgn̩] *m no pl* blessing; **den ~ sprechen** to say the benediction; **seinen ~ [zu etw** *dat*] **geben** to give one's blessing [to sth]; **ein ~ für die Menschheit** a benefit for mankind; **ein wahrer ~ sein** to be a real godsend
se·gens·reich *adj* (*geh*) beneficial; *Erfindung* heaven-sent, blessed; *Tätigkeit* worthwhile
Seg·ler(in) <-s, -> ['zeːglɐ] *m(f)* yachtsman/yachtswoman
Seg·ment <-[e]s, -e> [zɛgˈmɛnt] *nt* segment
seg·nen ['zeːgnən] *vt* to bless (**mit** with)
Seg·nung <-, -en> *f* ❶ REL (*das Segnen*) blessing ❷ *meist pl* (*Vorzüge*) benefits, advantages
seh·be·hin·dert *adj* visually impaired
Seh·be·hin·der·te(r) *f(m) dekl wie adj* partially sighted person
se·hen <sah, gesehen> ['zeːən] I. *vt* ❶ (*erblicken, bemerken*) to see; **etw nicht gerne ~** to not like sth; **gut/schlecht zu ~ sein** to be well/badly visible; **etw kommen ~** to see sth coming; **ich kann kein Blut ~** I can't stand the sight of blood; **sich ~ lassen können** to be something to be proud of; **sich [bei jdm] ~ lassen** (*fam*) to show one's face [at sb's house]; **das muss man ge~ haben** one has to see it to believe it; **das wollen wir [doch] erst mal ~!** (*fam*) [well,] we'll see about that!; **so ge~** from that point of view ❷ (*ansehen, zusehen*) to watch ❸ (*treffen*) **jdn ~** to see sb ❹ (*einschätzen*) **etw [irgendwie] ~** to see sth [somehow]; **ich sehe das so: ...** the way I see it, ... II. *vi* ❶ (*ansehen*) to look; **lass mal ~** let me see ❷ (*Sehvermögen haben*) **gut/schlecht ~** to have good/bad eyesight; **mit der neuen Brille sehe ich viel besser** I can see much better with my new glasses ❸ (*blicken*) to look; **aus dem Fenster ~** to look out of the window; **auf das Meer ~** to look at the sea; **auf die Uhr ~** to look at one's watch ❹ (*[be]merken*) **~ Sie [wohl]!/siehste!** (*fam*) you see! ❺ (*sich kümmern um*) ■**nach jdm ~** to go and see sb; ■**nach etw** *dat* **~** to check on sth; **ich werde ~, was ich für Sie tun kann** I'll see what I can do for you ❻ (*abwarten*) to wait and see; **wir müssen ~, was die Zukunft bringt** we'll have to wait and see what the future holds III. *vr* (*beurteilen*) **sich betrogen/enttäuscht ~** to feel cheated/disappointed; **sich gezwungen ~, etw zu tun** to feel compelled to do sth
se·hens·wert *adj* worth seeing **Se·hens·wür·dig·keit** <-, -en> *f* sight; **~en besichtigen** to do the sights
Se·her(in) <-s, -> *m(f)* (*veraltend*) seer
se·he·risch *adj attr* prophetic
Seh·feh·ler *m* visual defect **Seh·kraft** *f kein pl* [eye]sight
Seh·ne <-, -n> ['zeːnə] *f* ❶ ANAT tendon, sinew ❷ (*Bogensehne*) string
seh·nen ['zeːnən] *vr* ■**sich nach jdm/etw ~** to long for sb/sth
Seh·nen <-s> ['zeːnən] *nt kein pl* (*geh*) longing, yearning
Seh·nen·schei·den·ent·zün·dung *f* inflammation of a/the tendon's sheath
Seh·nerv *m* optic nerve
seh·nig ['zeːnɪç] *adj* sinewy, stringy
sehn·lich ['zeːnlɪç] *adj* ardent, eager; **etw ~ wünschen** to long for sth
Sehn·sucht <-, -süchte> ['zeːnzʊxt, *pl* -zʏçtə] *f* longing, yearning (**nach** for); **vor ~** with longing
sehn·süch·tig ['zeːnzʏçtɪç] *adj attr* longing, yearning; *Blick* wistful; *Erwartung* eager; *Verlangen, Wunsch* ardent
sehn·suchts·voll *adj* (*geh*) *s.* **sehnsüchtig**
sehr <[noch] mehr, am meisten> ['zeːɐ̯] *adv* ❶ *vor vb* (*in hohem Maße*) very much, a lot; **danke ~!** thanks a lot; **bitte ~, bedienen Sie sich** go ahead and help yourself; **das will ich doch ~ hoffen** I very much hope so; **das freut mich ~** I'm very pleased about that ❷ *vor adj, adv* (*besonders*) very; **jdm ~ dankbar sein** to be very grateful to sb; **das ist aber ~ schade** that's a real shame
Seh·schär·fe *f* visual acuity **Seh·stö·rung** *f* visual defect **Seh·test** *m* eye test **Seh·ver·mö·gen** *nt kein pl* sight **Seh·wei·se** *f* way of seeing things

seicht [zaɪçt] *adj* shallow
seid [zaɪt] 2. *pers pl pres* **sein**
Sei·de <-, -n> [ˈzaɪdə] *f* silk
sei·den [ˈzaɪdn̩] *adj attr* silk
Sei·den·ma·le·rei *f* silk painting **Sei·den·pa·pier** *nt* tissue paper **Sei·den·rau·pe** *f* silkworm **Sei·den·strumpf** *m* silk stocking
sei·dig [ˈzaɪdɪç] *adj* silky
Sei·fe <-, -n> [ˈzaɪfə] *f* soap
Sei·fen·bla·se *f* soap bubble **Sei·fen·oper** *f* TV (*sl*) soap opera **Sei·fen·scha·le** *f* soap dish **Sei·fen·spen·der** *m* soap dispenser
sei·fig [ˈzaɪfɪç] *adj* soapy
Seil <-[e]s, -e> [zaɪl] *nt* ❶ (*dünnes Tau*) rope; **in den ~en hängen** (*a. fig*) to be on the ropes, to be shattered *fig* ❷ (*Drahtseil*) cable; **auf dem ~ tanzen** to dance on the high wire
Seil·bahn *f* ❶ TRANSP cable railway, funicular ❷ (*Drahtseilbahn*) cable car **seil|hüp·fen** *vi nur infin und pp sein s.* **seilspringen**
Seil·schaft <-, -en> *f* ❶ (*Bergsteiger*) roped party ❷ (*in der Politik*) working party
seil|sprin·gen *vi irreg, nur infin und pp sein* to skip [rope] **Seil·tän·zer(in)** *m(f)* tightrope acrobat
sein¹ <bin, bist, ist, sind, seid, war, gewesen> [zaɪn] I. *vi sein* ❶ (*existieren*) to be; **es ist schon immer so gewesen** it's always been this way; **was nicht ist, kann noch werden** there's still hope ❷ (*sich befinden*) ▪ **[irgendwo] ~** to be [somewhere]; **ich bin wieder da** I'm back again; **ist da jemand?** is somebody there? ❸ (*stimmen, zutreffen*) **dem ist so** that's right; **dem ist nicht so** that's not the case ❹ (*sich [so] verhalten, Eigenschaft haben*) **böse/klug etc. ~** to be angry/clever etc.; **freundlich/gemein zu jdm ~** to be friendly/mean to sb; **jdm zu dumm/primitiv ~** to be too stupid/primitive for sb [to bear]; **er war so freundlich und hat das überprüft** he was kind enough to check it out; **sei so lieb und störe mich bitte nicht** I would be grateful if you didn't disturb me ❺ (*in eine Klassifizierung eingeordnet*) ▪ **jd ~** to be sb; **sie ist Geschäftsführerin** she is a company director; **Deutscher/Holländer ~** to be German/Dutch ❻ (*gehören*) **das Buch ist meins** the book is mine; **er ist mein Cousin** he is my cousin ❼ (*zum Resultat haben*) **zwei mal zwei ist vier** two times two is four ❽ (*sich ereignen*) to be, to take place; **was ist [denn schon wieder]?** what is it [now]?; **war was?** (*fam*) did anything happen? ❾ (*hergestellt ~*) ▪ **aus etw** *dat* **~** to be [made of] sth ❿ + *comp* (*gefallen*) **etw wäre jdm lieber [gewesen]** sb would prefer sth ⓫ (*sich fühlen*) **jdm ist heiß/kalt** sb is hot/cold; **jdm ist übel** sb feels sick ⓬ (*Lust haben auf*) **mir ist jetzt nicht danach** I don't feel like it right now ⓭ *mit Modalverb* (*passieren*) **etw kann/darf/muss ~** sth can/might/must be; **sei's drum** (*fam*) so be it; **das darf doch nicht wahr ~!** that can't be true!; **etw ~ lassen** (*fam*) to stop [doing sth]; **muss das ~?** do you have to?; **es hat nicht ~ sollen** it wasn't [meant] to be; **was ~ muss, muss ~** (*fam*) what will be will be ⓮ *mit infin + zu* (*werden können*) **sie ist nicht zu sehen** she cannot be seen; **etw ist zu schaffen** sth can be done ⓯ *mit infin + zu* (*werden müssen*) **etw ist zu erledigen** sth must be done II. *vi impers* ❶ (*bei Zeitangaben*) **es ist Januar/hell/Nacht** it is January/daylight/night; **es ist jetzt 9 Uhr** it is now 9 o'clock ❷ (*sich ereignen*) **mit etw** *dat* **ist es nichts** (*fam*) sth comes to nothing ❸ (*das Klima betreffend*) **jdm ist es zu kalt** sb is too cold ❹ (*mit Adjektiv*) **jdm ist es peinlich** sb is embarrassed; **jdm ist es übel** sb feels sick ❺ (*der Fall ~*) **es sei denn, dass ...** unless ...; **wie wäre es mit jdm/etw?** how about sb/sth?; **es war einmal ...** once upon a time ...; **wie dem auch sei** be that as it may, in any case; **es ist so, [dass] ...** it's just that ... III. *vb aux* ❶ + *pp* ▪ **etw gewesen/geworden ~** to have been/become sth; **sie ist lange krank gewesen** she has been ill for a long time ❷ + *pp, passiv* **jd ist gebissen/verurteilt worden** sb has been bitten/convicted ❸ *bei Bewegungsverben zur Bildung des Perfekts* **jd ist gefahren/gegangen/gehüpft** sb drove/left/hopped

sein² [zaɪn] *pron poss adjektivisch* ❶ (*einem Mann gehörend*) his; (*zu einem Gegenstand gehörend*) its; (*einem Mädchen gehörend*) her; (*zu einer Stadt, einem Land gehörend*) its ❷ (*auf man bezüglich*) one's; **auf jeder bezüglich** his, their *fam;* **jeder bekam ~ eigenes Zimmer** everyone got his own room

Sein <-s> [zaɪn] *nt kein pl* existence

sei·ne(r, s) [ˈzaɪnə, -nɐ, -nəs] *pron poss, substantivisch* (*geh*) ❶ *ohne Substantiv* (*jdm gehörender Gegenstand*) his; ▪ **der/**

die/das ~ his; **ist das dein Schal oder der ~?** is that your scarf or his? ❷ (*jds Besitztum*) ■ **das S~** his [own]; **das S~ tun** (*geh*) to do one's bit; **jedem das S~** each to his own ❸ (*Angehörige*) ■ **die S~n** his family

sei·ner *pron pers* (*veraltend*) *gen von* **er, es¹** him; **wir wollen ~ gedenken** we will remember him

sei·ner·seits ['zaɪnɐ'zaɪts] *adv* for his part; (*von ihm*) on his part

sei·ner·zeit ['zaɪnɐtsaɪt] *adv* in those days, back then

sei·nes·glei·chen ['zaɪnəs'glaɪçn̩] *pron* ❶ (*Leute seines Standes*) people of his [own] kind ❷ (*jd wie er*) someone like him ❸ (*etw wie dies*) ~ **suchen** to have no equal

sei·net·hal·ben ['zaɪnət'halbn̩] *adv* (*veraltend geh*), **sei·net·we·gen** ['zaɪnət-'veːgn̩] *adv* because of him **sei·net·wil·len** ['zaɪnət'vɪlən] *adv* **um ~** for his sake

sei·ni·ge ['zaɪnɪgə] *pron poss* (*veraltend geh*) *s.* **seine(r, s)**

seins *pron poss s.* **seine(r, s)**

Seis·mo·graf^{RR} <-en, -en> [zaɪs-mo'graːf] *m* GEOL seismograph

Seis·mo·graph <-en, -en> [zaɪs-mo'graːf] *m* seismograph

seis·mo·lo·gisch [zaɪsmo'loːgɪʃ] *adj* seismological

seit [zaɪt] I. *präp* +*dat* (*Anfangspunkt*) since; (*Zeitspanne*) for; **diese Regelung ist erst ~ kurzem in Kraft** this regulation has only been effective [for] a short while; **~ einiger Zeit** for a while; **~ damals** since then; **~ neuestem** recently; **~ wann?** since when? II. *konj* (*seitdem*) since

seit·dem [zaɪt'deːm] I. *adv* since then; **~ hat sie kein Wort mehr mit ihr gesprochen** she hasn't spoken a word to her since [then] II. *konj* since

Sei·te <-, -n> ['zaɪtə] *f* ❶ (*Fläche eines Körpers*) side; **die vordere/hintere/untere/obere ~** the front/back/bottom/top; **alles hat [seine] zwei ~n** there's two sides to everything ❷ (*rechts oder links der Mitte*) **zur ~ gehen** to step aside; [etw/jdn] **auf die ~ legen** to lie [sth/sb] on its side; **jdn zur ~ nehmen** to take sb aside; **zur ~** beside ❸ (*sparen*) **etw auf die ~ legen** to put sth aside ❹ (*Papierblatt*) page; **Gelbe ~n**® Yellow Pages®; **eine ~ aufschlagen** to open at a page; (*Seite eines Blattes*) side ❺ (*Beistand*) **jdm zur ~ stehen** to stand by sb; **~ an ~** side by side ❻ (*Aspekt*) **sich von seiner besten ~ zeigen** to show oneself at one's best; **von dritter ~** from a third party; **auf der einen ~ ..., auf der anderen [~] ...** on the one hand, ..., on the other [hand], ...; **etw von der heiteren ~ sehen** to look on the bright side [of sth]; **von jds ~ aus** as far as sb is concerned; **das ist ja eine ganz neue ~ an dir** that's a whole new side to you; **jds starke ~ sein** (*fam*) to be sb's forte ❼ (*Partei, Gruppe*) side; **jdn auf seine ~ bringen** to get sb on one's side; **auf jds ~** *dat* **stehen** to be on sb's side; **die ~n wechseln** SPORT to change ends; (*zu jdm übergehen*) to change sides; **von allen ~n** from all sides ❽ (*Richtung*) side; **nach allen ~n** in all directions ❾ (*genealogische Linie*) **von mütterlicher ~ her** from the maternal side

Sei·ten·air·bag [-ʔɛːɐ̯bɛk] *m* side airbag
Sei·ten·an·ga·be *f* page reference **Sei·ten·an·sicht** *f* side view **Sei·ten·auf·bau** *m* INET page construction; **die Seite hat einen extrem langsamen ~** the page is extremely slow to load **Sei·ten·auf·prall·schutz** *m kein pl* AUTO side-impact protection **Sei·ten·aus·gang** *m* side exit **Sei·ten·blick** *m* sidelong glance; **jdm einen ~ zuwerfen** to glance at sb from the side **Sei·ten·ein·gang** *m* side entrance **Sei·ten·flü·gel** *m* ARCHIT side wing **Sei·ten·gang** *m* ❶ ARCHIT corridor ❷ NAUT lateral drift ❸ (*beim Reiten*) sidestep **Sei·ten·hieb** *m* sideswipe; **jdm einen ~ versetzen** to sideswipe sb **Sei·ten·la·ge** *f* side position; **in der ~** on one's side; **stabile ~** stable side position **sei·ten·lang** I. *adj* several pages long II. *adv* in several pages **Sei·ten·li·nie** *f* ❶ ZOOL lateral line ❷ FBALL touchline ❸ TENNIS sideline ❹ BAHN branch line

sei·tens ['zaɪtn̩s] *präp* +*gen* on the part of
Sei·ten·schei·tel *m* side parting **Sei·ten·schiff** *nt* side aisle **Sei·ten·sprung** *m* (*fam*) bit on the side **Sei·ten·ste·chen** *nt kein pl* stitch; **~ haben** to have a stitch **Sei·ten·stra·ße** *f* side street **Sei·ten·strei·fen** *m* hard shoulder **sei·ten·ver·kehrt** *adj* back to front, the wrong way around **Sei·ten·wind** *m* crosswind **Sei·ten·zahl** *f* ❶ (*Anzahl der Seiten*) number of pages ❷ (*Ziffer*) page number

seit·her [zaɪt'heːɐ̯] *adv* since then

seit·lich ['zaɪtlɪç] I. *adj* side *attr* II. *adv* at the side; **~ stehen** to stand sideways; **~ gegen etw** *akk* **prallen** to crash sideways into sth III. *präp* +*gen* ■ **~ einer S.** at the side of sth

seit·wärts ['zaɪtvɛrts] I. *adv* ① (*zur Seite*) sideways ② (*auf der Seite*) on one's side II. *präp* +*gen* (*geh*) beside; ~ **des Weges** on the side of the path

sek. *f*, **Sek.** *f Abk von* **Sekunde** sec.

Se·kan·te <-, -n> [zeˈkantə] *f* secant

Se·kret <-[e]s, -e> [zeˈkreːt] *nt* secretion

Se·kre·tär(in) <-s, -e> [zekreˈtɛːɐ̯] *m(f)* secretary

Se·kre·ta·ri·at <-[e]s, -e> [zekreta'rjaːt] *nt* secretary's office

Se·kre·tä·rin <-, -nen> *f fem form von* **Sekretär**

Sekt <-[e]s, -e> [zɛkt] *m* sparkling wine

Sek·te <-, -n> ['zɛktə] *f* sect

Sekt·glas *nt* champagne flute

Sek·ti·on <-, -en> [zɛkˈtsi̯oːn] *f* ① (*Abteilung*) section ② MED autopsy, post mortem [examination] ③ (*fachspr: vorgefertigtes Bauteil*) section

Sek·tor <-s, -toren> ['zɛktoːɐ̯, *pl* zɛkˈtoːrən] *m* sector

se·kun·där [zekʊnˈdɛːɐ̯] *adj* secondary

Se·kun·där·li·te·ra·tur *f* secondary literature

Se·kun·dar·schu·le *f* SCHWEIZ secondary school **Se·kun·dar·stu·fe** *f* secondary school level; ~ **I** *classes with students aged 10 to 15*; ~ **II** *fifth and sixth form classes*

Se·kun·de <-, -n> [zeˈkʊndə] *f* second; **auf die ~ genau** to the second

Se·kun·den·kle·ber *m* instant adhesive **Se·kun·den·zei·ger** *m* second hand

sel·be(r, s) ['zɛlbə, 'zɛlbɐ, 'zɛlbəs] *pron* ■ **der/die/das ~ ...** the same ...; **im ~n Haus** in the same house; **an der ~n Stelle** on the [very] same spot; **zur ~n Zeit** at the same time

sel·ber ['zɛlbɐ] *pron dem* (*fam*) myself/yourself/himself etc.; **ich geh lieber ~** I'd better go myself

selbst [zɛlpst] I. *pron dem* ① (*persönlich*) myself/yourself/himself etc.; **mit jdm ~ sprechen** to speak to sb oneself; **das möchte ich ihm lieber ~ sagen** I'd like to tell him that myself ② (*ohne Hilfe, alleine*) by oneself; **etw ~ machen** to do sth by oneself; **von ~** automatically; **etw versteht sich von ~** it goes without saying ③ (*verkörpern*) ■ **etw ~ sein** to be sth in person; **er ist die Ruhe ~** he is calmness itself II. *adv* ① (*eigen*) self; **~ ernannt** self-appointed; **~ gemacht** home-made; **~ gestrickt** hand-knitted ② (*sogar*) even; **~ der Direktor war anwesend** even the director was present; **~ wenn** even if

Selbst·ach·tung *f* self-respect

selb·stän·dig ['zɛlpʃtɛndɪç] *adj s.* **selbstständig**

Selb·stän·dig·keit <-> *f kein pl s.* **Selbstständigkeit**

Selbst·auf·ga·be *f* PSYCH mental collapse **Selbst·aus·lö·ser** *m* delayed-action shutter release **Selbst·be·die·nung** *f* self-service **Selbst·be·die·nungs·la·den** *m* self-service shop **Selbst·be·frie·di·gung** *f* masturbation **Selbst·be·herr·schung** *f* self-control **Selbst·be·stä·ti·gung** *f* self-affirmation **Selbst·be·stim·mung** *f kein pl* self-determination **Selbst·be·stim·mungs·recht** *nt kein pl* right to self-determination **Selbst·be·trug** *m kein pl* self-deception **selbst·be·wusst**[RR] *adj* self-confident **Selbst·be·wusst·sein**[RR] *nt* self-confidence **Selbst·be·zo·gen·heit** <-> ['zɛlpstbətsoːɡn̩haɪt] *f kein pl* PSYCH solipsism **Selbst·bräu·nungs·creme** *f* self-tanning cream **Selbst·dar·stel·ler(in)** *m(f)* showman **Selbst·er·fah·rung** *f kein pl* self-awareness **Selbst·er·fah·rungs·grup·pe** *f* self-awareness group **Selbst·er·hal·tungs·trieb** *m* survival instinct **Selbst·er·kennt·nis** *f kein pl* self-knowledge ▶ **~ ist der erste Schritt zur Besserung** self-knowledge is the first step to self-improvement **selbst·ge·fäl·lig** *adj* self-satisfied **Selbst·ge·fäl·lig·keit** *f kein pl* self-satisfaction, smugness *fam* **selbst·ge·recht** *adj* (*pej*) self-righteous **Selbst·ge·spräch** *nt* monologue; **~e führen** to talk to oneself **selbst·herr·lich** *adj* (*pej*) high-handed **Selbst·hil·fe** *f kein pl* self-help; **Hilfe zur ~ leisten** to help sb to help himself/herself **Selbst·hil·fe·grup·pe** *f* self-help group **Selbst·jus·tiz** *f* vigilantism **selbst·kle·bend** *adj* self-adhesive **Selbst·kos·ten·preis** *m* cost price BRIT, cost AM; **zum ~** at cost price **Selbst·kri·tik** *f kein pl* self-criticism; **~ üben** to criticize oneself **selbst·kri·tisch** *adj* self-critical **Selbst·laut** *m* vowel **Selbst·lie·be** *f* love for oneself **selbst·los** *adj* selfless, unselfish **Selbst·mit·leid** *nt* self-pity **Selbst·mord** *m* suicide; **~ begehen** to commit suicide **Selbst·mör·der(in)** *m(f)* suicidal person **selbst·mör·de·risch** *adj* suicidal **Selbst·mord·kan·di·dat(in)** *m(f)* potential suicide **Selbst·mord·ver·such** *m* suicide attempt **Selbst·schutz** *m* self-protection; **zum ~** for self-protection **selbst·si·cher** *adj* self-confident **Selbst·si·cher·heit** *f kein pl* self-confidence

selbst·stän·dig[RR] ['zɛlpstʃtɛndɪç] *adj*

❶ (*eigenständig*) independent ❷ (*beruflich unabhängig*) self-employed; **sich ~ machen** to start up one's own business ▶ **etw macht sich ~** (*hum*) sth grows legs **Selbst·stän·di·ge(r)**^{RR} *f(m) dekl wie adj* self-employed person **Selbst·stän·dig·keit**^{RR} <-> *f kein pl* ❶ (*Eigenständigkeit*) independence ❷ (*selbstständige Stellung*) self-employment **selbst·süch·tig** <-er, -ste> *adj* selfish **selbst·tä·tig** I. *adj* automatic II. *adv* automatically **Selbst·täu·schung** *f* self-delusion **Selbst·über·schät·zung** *f* overestimation of one's abilities **Selbst·überwin·dung** *f* self-discipline **Selbst·verleug·nung** *f kein pl* self-denial **selbstver·schul·det** *adj* due to one's [own] fault **Selbst·ver·sor·ger(in)** *m(f)* self-sufficient person **selbst·ver·ständ·lich** I. *adj* natural; **das ist doch ~** don't mention it; **etw für ~ halten** to take sth for granted II. *adv* naturally, of course; **wie ~** as if it were the most natural thing in the world; [**aber**] **~!** [but] of course! **Selbst·ver·ständ·lich·keit** <-, -en> *f* naturalness; **etw als ~ ansehen** to regard sth as a matter of course BRIT; **etw mit der größten ~ tun** to do sth as if it were the most natural thing in the world; **eine ~ sein** to be the least that could be done **Selbst·ver·tei·di·gung** *f* self-defence **Selbst·ver·trau·en** *nt* self-confidence **Selbst·ver·wal·tung** *f* self-government **Selbst·ver·wirk·li·chung** *f* self-realization **Selbst·wahr·neh·mung** *f* introspection **Selbst·wert·ge·fühl** *nt* self-esteem **selbst·zer·stö·re·risch** *adj* self-destructive **selbst·zu·frie·den** *adj* (*pej*) self-satisfied **Selbst·zweck** *m kein pl* end in itself **se·lek·tie·ren*** [zɛlɛkˈtiːrən] *vt* to select **Se·lek·ti·on** <-, -en> [zɛlɛkˈtsi̯oːn] *f* selection **Se·len** <-s> [zeˈleːn] *nt* selenium **Sel·fie** <-s, -s> [ˈsɛlfi] *nt* selfie **Sel·fie·stan·ge** *f*, **Sel·fie·stick** <-s, -s> [-stɪk] *m* selfie stick **se·lig** [ˈzeːlɪç] *adj* ❶ (*überglücklich*) overjoyed ❷ REL blessed; **Gott habe ihn ~** God rest his soul ▶ **wer's glaubt, wird ~** (*iron fam*) that's a likely story **Se·lig·keit** <-> *f kein pl* ❶ REL salvation ❷ (*Glücksgefühl*) bliss **se·lig·spre·chen** *vt irreg* ▪ **jdn ~** to beatify sb **Se·lig·spre·chung** <-, -en> *f* beatification **Sel·le·rie** <-s, -[s]> [ˈzɛləri] *m* (*Knollen~*) celeriac; (*Stangen~*) celery

sel·ten [ˈzɛltn̩] *adj* ❶ (*nicht häufig*) rare ❷ (*besonders*) exceptional; **ein ~ schönes Exemplar** an exceptionally beautiful specimen **Sel·ten·heit** <-, -en> *f* ❶ *kein pl* (*seltenes Vorkommen*) rare occurrence ❷ (*seltene Sache*) rarity **Sel·ten·heits·wert** *m kein pl* rarity value; **~ haben** to possess a rarity value **Sel·ters** <-, -> [ˈzɛltɐs] *nt* (*fam*), **Sel·ters·was·ser** *nt* DIAL soda [water] **selt·sam** [ˈzɛltzaːm] *adj* strange; *Mensch a.* odd; *Geschichte, Umstände a.* peculiar; **ein ~es Gefühl haben** to have an odd feeling; **sich ~ benehmen** to behave in an odd way **selt·sa·mer·wei·se** *adv* strangely enough **Selt·sam·keit** <-, -en> *f* ❶ *kein pl* (*seltsame Art*) strangeness, peculiarity ❷ (*seltsame Erscheinung*) oddity **Se·mes·ter** <-s, -> [zeˈmɛstɐ] *nt* semester, term (*lasting half of the academic year*) **Se·mes·ter·fe·ri·en** *pl* [university] vacation **Se·mi·fi·na·le** [ˈzeːmifinaːlə] *nt* semi-final **Se·mi·ko·lon** <-s, -s *o* -kola> [zemiˈkoːlɔn, *pl* -koːla] *nt* semicolon **Se·mi·nar** <-s, -e *o* ÖSTERR -ien> [zemiˈnaːɐ̯, *pl* -ri̯ən] *nt* ❶ (*Lehrveranstaltung*) seminar ❷ (*Universitätsinstitut*) department; **das historische ~** the History Department **Se·mi·nar·ar·beit** *f* seminar paper **Se·mit(in)** <-en, -nen> [zeˈmiːt] *m(f)* Semite **se·mi·tisch** [zeˈmiːtɪʃ] *adj* Semitic **Sem·mel** <-, -n> [ˈzɛml̩] *f* DIAL [bread] roll ▶ **weggehen wie warme ~n** (*fam*) to go like hot cakes **sen.** *adj Abk von* **senior** **Se·nat** <-[e]s, -e> [zeˈnaːt] *m* ❶ POL senate ❷ JUR Supreme Court **Se·na·tor**, **Se·na·to·rin** <-s, -toren> [zeˈnaːtoːɐ̯, zenaˈtoːrɪn, *pl* -ˈtoːrən] *m, f* senator **Sen·de·an·stalt** *f* broadcasting institution **Sen·de·be·reich** *m* transmission area **Sen·de·ge·biet** *nt* transmission area **sen·den**¹ [ˈzɛndn̩] I. *vt* to broadcast; *Botschaft* to transmit II. *vi* to be on the air **sen·den**² <sandte *o* sendete, gesandt *o* gesendet> [ˈzɛndn̩] *vt* to send; *Truppen* to despatch; ▪ **jdm etw ~** to send sth to sb **Sen·de·pau·se** *f* interval; **~ haben** (*fig fam*) to keep silent **Sen·de·platz** *m* TV, RADIO slot **Sen·der** <-s, -> [ˈzɛndɐ] *m* ❶ (*Sendeanstalt*) channel; *Radio station* ❷ (*Sendegerät*) transmitter

Sen·de·raum *m* studio **Sen·de·rei·he** *f* series + *sing vb* **Sen·de·schluss**^RR *m* close down **Sen·de·zeit** *f* broadcasting time; **zur besten ~** at prime time

Sen·dung¹ <-, -en> *f* TV, RADIO ❶ *(Ausstrahlung)* broadcasting; *Signal* transmission; **auf ~ gehen/sein** to go/be on the air ❷ RADIO, TV programme

Sen·dung² <-, -en> *f* ❶ *(Brief~)* letter; *(Paket~)* parcel; *(Waren~)* consignment ❷ *(das Senden)* sending *no pl*

Se·ne·gal <-s> ['ze:negal] *nt kein pl* ❶ *(Fluss)* Senegal [River] ❷ *(Republik Senegal)* Senegal; *s. a.* **Deutschland**

Se·ne·ga·le·se, Se·ne·ga·le·sin <-n, -n> [zenega'le:zə, zenega'le:zɪn] *m, f* Senegalese; *s. a.* **Deutsche(r)**

se·ne·ga·le·sisch [zenega'le:sɪʃ] *adj* Senegalese; *s. a.* **deutsch**

Senf <-[e]s, -e> [zɛnf] *m* mustard ▶ **seinen ~ [zu etw** *dat*] **dazugeben** *(fam)* to get one's three ha'p'orth in [sth] BRIT, to add one's 2 cents [to sth] AM

Senf·gur·ke *f* gherkin *(pickled with mustard seeds)*

sen·gen ['zɛŋən] **I.** *vt* ■ **etw ~** to singe sth **II.** *vi* to scorch

se·nil [ze'ni:l] *adj* senile

se·ni·or ['ze:nio:ɐ̯] *adj* senior

Se·ni·or <-s, Senioren> ['ze:nio:ɐ̯, *pl* ze'nio:rən] *m meist pl (ältere Menschen)* senior citizen, OAP BRIT

Se·ni·or·chef(in) [-ʃɛf] *m(f)* senior boss

se·ni·o·ren·ge·recht I. *adj* suitable for senior citizens **II.** *adv* **~ ausgestattet sein** to be suitable for senior citizens **Se·ni·o·ren·heim** *nt* home for the elderly **Se·ni·o·ren·re·si·denz** *f (euph)* [residential] home for the elderly

Sen·ke <-, -n> ['zɛŋkə] *f* depression

sen·ken ['zɛŋkn̩] **I.** *vt* ❶ *(niedriger machen)* to lower; *Fieber* to reduce ❷ *(abwärtsbewegen)* **den Kopf ~** to bow one's head; **die Stimme ~** *(fig)* to lower one's voice **II.** *vr* ❶ *(niedriger werden)* to sink; ■ **sich ~** to drop (**um** by) ❷ *(sich niedersenken)* ■ **sich ~** to lower itself/oneself (**auf** onto)

Senk·fuß *m* MED flat feet *pl* **Senk·gru·be** *f* cesspit

senk·recht ['zɛŋkrɛçt] *adj* vertical

Senk·rech·te <-n, -n> *f dekl wie adj* ❶ MATH perpendicular ❷ *(senkrechte Linie)* vertical line

Senk·recht·star·ter *m* LUFT vertical take-off aircraft **Senk·recht·star·ter(in)** *m(f) (fig fam)* whizz kid

Sen·kung <-, -en> *f* ❶ *kein pl Preise* reductions; *Löhne* cut; *Steuern* decrease ❷ *(das Senken)* drop, subsidence; *Fieber* subsidence; *Stimme* lowering ❸ GEOL subsidence

Sen·sa·ti·on <-, -en> [zɛnza'tsi̯o:n] *f* sensation

sen·sa·ti·o·nell [zɛnzatsi̯o'nɛl] *adj* sensational

Sen·sa·ti·ons·blatt *nt (pej)* sensationalist newspaper **Sen·sa·ti·ons·gier** *f kein pl* sensationalism **sen·sa·ti·ons·gie·rig, sen·sa·ti·ons·hung·rig** *adj* sensationalist **Sen·sa·ti·ons·lust** *f* desire for sensation **Sen·sa·ti·ons·ma·che** *f (pej)* sensationalism

Sen·se <-, -n> ['zɛnzə] *f* scythe

Sen·sen·mann <-männer> *m* ■ **der ~** the [Grim] Reaper *liter*

sen·si·bel [zɛn'zi:bl̩] *adj* sensitive

Sen·si·bel·chen <-s, -> [zɛn'zi:blçən] *nt (fam)* softy

sen·si·bi·li·sie·ren* [zɛnzibili'zi:rən] *vt (geh)* ■ **jdn [für etw** *akk*] **~** to make sb aware [of sth]

Sen·si·bi·li·tät <-, -en> [zɛnzibili'tɛ:t] *f* sensitivity

Sen·sor <-s, -soren> ['zɛnzo:ɐ̯, *pl* -'zo:rən] *m* sensor

sen·ti·men·tal [zɛntimɛn'ta:l] *adj* sentimental

Sen·ti·men·ta·li·tät <-, -en> [zɛntimɛntali'tɛ:t] *f* sentimentality

se·pa·rat [zepa'ra:t] *adj* separate

Se·pa·ra·tis·mus <-> [zepara'tɪsmʊs] *m kein pl* separatism

Se·pa·ra·tist(in) <-en, -en> [zepara'tɪst] *m(f)* separatist

se·pa·ra·tis·tisch *adj* separatist

Sé·pa·rée <-s, -s> *nt,* **Se·pa·ree** <-s, -s> [zepa're:] *nt* private room

Sep·tem·ber <-[s], -> [zɛp'tɛmbɐ] *m* September; *s. a.* **Februar**

se·quen·ti·ell [zekvɛn'tsi̯ɛl] *adj s.* **sequenziell**

Se·quenz <-, -en> [ze'kvɛnts] *f* sequence

se·quen·zi·ell^RR [zekvɛn'tsi̯ɛl] *adj* INFORM sequential

Se·ra ['ze:ra] *pl von* **Serum**

Ser·be, Ser·bin <-n, -n> ['zɛrbə, 'zɛrbɪn] *m, f* Serb, Serbian; *s. a.* **Deutsche(r)**

Ser·bi·en <-s> ['zɛrbi̯ən] *nt* Serbia; *s. a.* **Deutschland**

Ser·bi·en und Mon·te·ne·gro [-mɔnte'ne:gro] *nt* Union of Serbia and Montenegro

Ser·bin <-, -nen> *f fem form von* **Serbe**

ser·bisch ['zɛrbɪʃ] *adj* Serbian; *s. a.* **deutsch**

Ser·bo·kro·a·tisch [zɛrbokro'a:tɪʃ] *nt dekl wie adj* Serbo-Croat; *s. a.* **Deutsche**

Se·ren ['ze:rən] *pl von* **Serum**

Se·re·na·de <-, -n> [zere'na:də] *f* serenade

Se·rie ['ze:ri̯ə] *f* ❶ (*Reihe*) series + *sing vb*; **eine ~ von Anschlägen** a series of attacks ❷ ÖKON line; **in ~ gehen** to go into production ❸ MEDIA, TV series + *sing vb*

se·ri·ell [ze'ri̯ɛl] *adj* ❶ (*als Reihe*) series ❷ INFORM serial

Se·ri·en·aus·stat·tung *f* standard fittings *pl* **se·ri·en·mä·ßig** *adj* ❶ (*in Serienfertigung*) mass-produced ❷ (*bereits eingebaut sein*) standard; **~ sein** to be a standard feature **Se·ri·en·mord** ['ze:ri̯ən-] *m meist pl* JUR serial killing *usu pl* **Se·ri·en·num·mer** *f* serial number **Se·ri·en·pro·duk·ti·on** *f* mass production **Se·ri·en·schal·tung** *f* ELEK series connection **Se·ri·en·tä·ter(in)** *m(f)* repeat offender

se·ri·en·wei·se ['ze:ri̯ən-] *adv* in series; **etw ~ herstellen** to mass-produce sth

se·ri·ös [ze'ri̯ø:s] I. *adj* ❶ (*gediegen*) respectable; (*ernst zu nehmend*) serious; *Absichten* honourable ❷ ÖKON (*vertrauenswürdig*) respectable; *Unternehmen* reputable II. *adv* respectably

Ser·pen·ti·ne <-, -n> [zɛrpɛn'ti:nə] *f* ❶ (*Straße*) winding road ❷ (*Windung*) sharp bend; **in ~n** in winds

Se·rum <-s, Seren *o* Sera> ['ze:rʊm, *pl* 'ze:rən, *pl* 'ze:ra] *nt* serum

Ser·ver <-s, -> ['sœ:rvɐ] *m* INFORM server

Ser·vice[1] <-, -s> ['zœɐ̯vɪs] *m* ❶ *kein pl* (*Bedienung*) service ❷ TENNIS serve

Ser·vice[2] <-[s], -> [zɛr'vi:s] *nt* dinner/coffee service

ser·vie·ren* [zɛr'vi:rən] *vt* to serve; **was darf ich Ihnen ~?** what can I offer you?

Ser·vier·vor·schlag *m* KOCHK serving suggestion

Ser·vi·et·te <-, -n> [zɛr'vi̯ɛta] *f* napkin

Ser·vi·et·ten·ring *m* napkin ring

Ser·vo·brem·se ['zɛrvo-] *f* power-assisted brake **Ser·vo·len·kung** *f* power steering

ser·vus ['zɛrvʊs] *interj* ÖSTERR, SÜDD (*hallo*) hi; (*tschüs*) [good]bye

Se·sam <-s, -s> ['ze:zam] *m* BOT sesame ▸ **~ öffne dich** (*hum fam*) open sesame

Ses·sel <-s, -> ['zɛsl̩] *m* armchair

Ses·sel·lift *m* chairlift

sess·haft[RR] *adj,* **seß·haft**[ALT] ['zɛshaft] *adj* ❶ (*bodenständig*) settled ❷ (*ansässig*) **~ sein** to be resident; **~ werden** to settle down

Set <-s, -s> [zɛt] *m o nt* set

Set-up [sɛt'ap] *nt* INFORM setup

set·zen ['zɛtsn̩] I. *vt haben* ❶ (*platzieren*) to put, to place ❷ (*festlegen*) to set; **eine Frist ~** to set a deadline; **ein Ziel ~** to set a goal ❸ (*bringen*) **etw in Betrieb ~** to set sth in motion; **jdn auf Diät ~** to put sb on a diet ❹ (*pflanzen*) to plant ❺ (*errichten*) [**jdm**] **ein Denkmal ~** to set up a monument [to sb] ❻ (*wetten*) **seine Hoffnung in jdn ~** to put one's hopes on sb; **Geld auf jdn/etw ~** to stake money on sb/sth ❼ TYPO to set ▸ **es setzt was** (*fam*) there'll be trouble II. *vr haben* **sich ~** ❶ (*sich niederlassen*) to sit [down]; **sich ins Auto ~** to get into the car; **bitte ~ Sie sich doch!** please sit down!; **sich zu jdm ~** to sit next to sb; **wollen Sie sich nicht zu uns ~?** won't you join us? ❷ (*sich senken*) to settle III. *vi* ❶ *haben* (*wetten*) **auf jdn/etw ~** to bet on sb/sth; **auf ein Pferd ~** to place a bet on a horse ❷ *sein o haben* **über etw** *akk* **~** (*springen*) to jump over sth; (*überschiffen*) to cross sth

Set·zer(in) <-s, -> *m(f)* typesetter

Set·ze·rei <-, -en> [zɛtsə'rai̯] *f* composing room

Set·ze·rin <-, -nen> *f fem form von* **Setzer**

Setz·kas·ten *m* ❶ HORT seed box ❷ TYPO case

Setz·ling <-s, -e> ['zɛtslɪŋ] *m* HORT seedling

Seu·che <-, -n> ['zɔyçə] *f* epidemic

Seu·chen·be·kämp·fung *f* epidemic control **Seu·chen·ge·biet** *nt* epidemic zone **Seu·chen·herd** *m* centre of an epidemic

seuf·zen ['zɔyftsn̩] *vi* to sigh

Seuf·zer <-s, -> *m* sigh; **einen ~ ausstoßen** to heave a sigh

Sex <-[es]> [zɛks] *m kein pl* ❶ (*Sexualität*) sex ❷ (*sexuelle Anziehungskraft*) sex appeal ❸ (*Geschlechtsverkehr*) sex

Sex·film *m* sex film

Se·xis·mus <-> [zɛ'ksɪsmʊs] *m kein pl* sexism *no pl*

se·xis·tisch *adj, adv* sexist

Sex·muf·fel <-s, -> ['zɛks-] *m* (*hum sl*) grump [who is] uninterested in sex **Sex·shop** <-s, -s> [-ʃɔp] *m* sex shop **Sex·sym·bol** *nt* sex symbol

Sex·tant <-en, -en> [zɛks'tant] *m* sextant

se·xy ['zɛksi] *adj* (*fam*) sexy *fam*

Se·zes·si·o·nis·mus <-> [zetsɛsio̯'nɪsmʊs] *m kein pl* POL secessionism

se·zie·ren* [ze'tsiːrən] **I.** *vt* **etw ~** *eine Leiche* to dissect sth **II.** *vi* to dissect

Se·zier·tisch [ze'tsiːr-] *m* MED autopsy table

Share·ware <-, -s> ['ʃɛːɐ̯vɛːɐ̯] *f* INFORM shareware

Shit·storm <-s, -s> ['ʃɪtstɔːm] *m* INET storm of outrage and insults on social networks

Shoo·ting·star <-s, -s> ['ʃuːtɪŋstaːɐ̯] *m* (*fam*) overnight success, whizz-kid

Show·ge·schäft *nt kein pl* show business

Show·mas·ter <-s, -> [-maːstɐ] *m* compère BRIT

si·a·me·sisch [zi̯a'meːzɪʃ] *adj* Siamese

Si·am·kat·ze *f* Siamese cat

Si·bi·rer(in) <-s, -> [zi'biːrɐ] *m(f)* Siberian

Si·bi·ri·en <-s> [zi'biːri̯ən] *nt* Siberia

si·bi·risch [zi'biːrɪʃ] *adj* Siberian

sich [zɪç] *pron refl* ❶ *im akk* oneself; ■ **er/sie/es ... ~** he/she/it ... himself/herself/itself; ■ **Sie ... ~** you ... yourself/yourselves; ■ **sie ... ~** they ... themselves; **er sollte ~ da heraushalten** he should keep out of it; **man fragt ~, was das soll** one asks oneself what it's all about; **~ freuen** to be pleased; **~ gedulden** to be patient; **~ schämen** to be ashamed of oneself; **~ wundern** to be surprised ❷ *im akk* one's; **~ etw einbilden** to imagine sth; **~ etw kaufen** to buy sth for oneself; **die Katze leckte ~ die Pfote** the cat licked its paw ❸ *pl (einander)* each other, one another; **~ lieben** to love each other ❹ *unpersönlich* **hier arbeitet es ~ gut** it's good to work here; **das Auto fährt ~ prima** the car drives well ❺ *mit prep* **die Schuld bei ~ suchen** to blame oneself; **wieder zu ~ kommen** (*fam*) to come round; **etw von ~ aus tun** to do sth of one's own accord; **er denkt immer nur an ~** he only ever thinks of himself

Si·chel <-, -n> ['zɪçl̩] *f* ❶ *(Werkzeug)* sickle ❷ *(Gebilde)* crescent

si·cher ['zɪçɐ] **I.** *adj* ❶ *(gewiss)*, certain, sure; *Zusage* definite; ■ **~ sein** to be certain, to be for sure; ■ **sich** *dat* **~ sein, dass ...** to be sure that ...; ■ **sich** *dat* **einer S.** *gen* **~ sein** to be sure of sth; **so viel ist ~** that much is certain ❷ *(ungefährdet)* safe (**vor** from); *Anlage* secure; *Arbeitsplatz* steady; **~ ist ~** you can't be too careful ❸ *(zuverlässig)* reliable; *Methode* foolproof ❹ *(geübt)* competent ❺ *(selbstsicher)* self-assured **II.** *adv* surely; **du hast ~ Recht** you are certainly right; **es ist ~ nicht das letzte Mal** this is surely not the last time; [**aber**] **~!** (*fam*) sure!

si·cher|ge·hen *vi irreg sein* to make sure

Si·cher·heit <-, -en> *f* ❶ *kein pl (gesicherter Zustand)* safety; **die öffentliche ~** public safety; **soziale ~** social security; **etw in ~ bringen** to get sth to safety; **in ~ sein** to be safe; **der ~ halber** to be on the safe side ❷ *kein pl (Gewissheit)* certainty; **mit ~** for certain ❸ *kein pl (Gewandtheit)* competence ❹ *(Kaution)* surety

Si·cher·heits·ab·stand *m* safe distance

Si·cher·heits·be·am·te(r) *m dekl wie adj*, **-be·am·tin** *f* security officer

Si·cher·heits·bin·dung *f* safety binding

Si·cher·heits·gurt *m* seat belt

si·cher·heits·hal·ber *adv* to be on the safe side

Si·cher·heits·ko·pie *f* INFORM back-up

Si·cher·heits·na·del *f* safety pin

Si·cher·heits·rat *m kein pl* security council

Si·cher·heits·schlossᴿᴿ *nt* safety lock

Si·cher·heits·stan·dard *m* safety standard

Si·cher·heits·sys·tem *nt* system of security, security system

Si·cher·heits·vor·keh·rung *f* security precaution

si·cher·lich *adv* surely

si·chern ['zɪçɐn] *vt* ❶ *(schützen)* to safeguard (**gegen** from); ❷ *Schusswaffe* to put on a safety catch; *Tür* to secure ❸ *(absichern)* to protect (**gegen** against); *Bergsteiger, Tatort* to secure; ■ **gesichert sein** to be protected ❹ *(sicherstellen)* to secure ❺ INFORM to save

si·cher|stel·len *vt* ❶ *(in Gewahrsam nehmen)* to confiscate ❷ *(garantieren)* to guarantee

Si·cher·stel·lung *f* ❶ *(das Sicherstellen)* confiscation ❷ *(das Garantieren)* guarantee

Si·che·rung <-, -en> *f* ❶ *(das Sichern)* securing, safeguarding ❷ ELEK fuse; **die ~ ist durchgebrannt** the fuse has blown ❸ *(Schutzvorrichtung)* safety catch ❹ INFORM back-up ▶ **jdm brennt die ~ durch** (*fam*) sb blows a fuse

Si·che·rungs·kas·ten *m* fuse box

Si·che·rungs·ko·pie *f* INFORM back-up [*or* AM dump] copy

Sicht <-, *selten* -en> [zɪçt] *f* ❶ *(Aussicht)* view; **eine gute/schlechte ~ haben** to have a good/poor view; **du nimmst mir die ~** you're blocking my view; **die ~ beträgt heute nur 20 Meter** visibility is down to 20 metres today; **auf kurze/mittlere/lange ~** *(fig)* in the short term /midterm /long term; **in ~ sein** to be in sight; **Land in ~!** land ahoy!; **etw ist in ~** *(fig)* sth is on the horizon ❷ *(Meinung)* [point of] view; **aus jds ~** from sb's point of view

sicht·bar *adj* (*wahrnehmbar*) visible; (*offensichtlich*) apparent
sich·ten ['zɪçtn̩] *vt* ❶ (*ausmachen*) ■ **etw ~** to sight sth; ■ **jdn ~** to spot sb *fam* ❷ (*durchsehen*) **die Akten ~** to look through the files
Sicht·ge·rät *nt* monitor **Sicht·gren·ze** *f* limit of visibility **Sicht·hül·le** *f* clear plastic pocket
sicht·lich *adv* **~ beeindruckt sein** to be visibly impressed
Sich·tung <-, -en> *f* ❶ *kein pl* (*das Sichten*) sighting ❷ (*Durchsicht*) sifting
Sicht·ver·hält·nis·se *pl* visibility *no pl*; **gute /schlechte ~** good/poor visibility
Sicht·ver·merk *m* visa [stamp]; **Wechsel**endorsement **Sicht·wei·te** *f* visibility; **außer/in ~ sein** to be out of/in sight; **die ~ beträgt hundert Meter** visibility is hundred metres
si·ckern ['zɪkɐn] *vi sein* to seep (**aus** from, **durch** through)
Side·board <-s, -s> ['zaɪtbɔːd] *nt* sideboard
sie [ziː] *pron pers, 3. pers* ❶ <*gen* ihrer, *dat* ihr, *akk* sie> *sing* she; **~ ist es!** it's her!; (*weibliche Sache bezeichnend*) it; (*Tier bezeichnend*) it; (*bei weiblichen Haustieren*) she ❷ <*gen* ihrer, *dat* ihnen, *akk* sie> *pl* they
Sie[1] <*gen* Ihrer, *dat* Ihnen, *akk* Sie> [ziː] *pron pers, 2. pers sing o pl* (*förmliche Anrede*) you; **könnten ~ mir bitte die Milch reichen?** could you pass me the milk, please?
Sie[2] <-s> [ziː] *nt kein pl* **jdn mit ~ anreden** to address sb in the "Sie" form
Sie[3] [ziː] *f kein pl* (*fam*) ■ **eine ~ =** a female; **der Hund ist eine ~** the dog is female
Sieb <-[e]s, -e> [ziːp, *pl* 'ziːbə] *nt* ❶ (*Küchensieb*) sieve; (*größer*) colander; (*Kaffeesieb, Teesieb*) strainer ❷ (*Filtersieb*) filter
Sieb·druck *m* ❶ *kein pl* (*Druckverfahren*) [silk-]screen printing ❷ (*Druckerzeugnis*) [silk-]screen print
sie·ben[1] ['ziːbn̩] *adj* seven; *s. a.* **acht**[1]
sie·ben[2] ['ziːbn̩] *vt* ❶ (*durchsieben*) to sieve ❷ (*fam: aussortieren*) to pick and choose
Sie·ben <-, - *o* -en> ['ziːbn̩] *f* seven
sie·be·ner·lei ['ziːbənɐ'laɪ] *adj attr* seven [different]; *s. a.* **achterlei**
sie·ben·fach, **7·fach** [ziːbn̩fax] **I.** *adj* sevenfold, **die ~ e Menge** seven times the amount; *s. a.* **achtfach II.** *adv* sevenfold, seven times over; *s. a.* **achtfach**

Sie·ben·ge·bir·ge <-s> ['ziːbn̩ɡəbɪrɡə] *nt* Siebengebirge (*range of hills on the Rhine, near Bonn*)
sie·ben·hun·dert ['ziːbn̩'hʊndɐt] *adj* seven hundred
sie·ben·mal ['ziːbn̩maːl] *adv* seven times
Sie·ben·sa·chen ['ziːbn̩zaxn̩] *pl* (*fam*) things, stuff
Sie·ben·schlä·fer *m* ZOOL fat dormouse
sie·ben·tä·gig, **7-tä·gig**[RR] *adj* seven-day *attr* **sie·ben·tau·send** ['ziːbn̩'tauznt] *adj* seven thousand
sieb·te(r, s) ['ziːptə, 'ziːptɐ, 'ziːptəs] *adj* ❶ (*nach dem sechsten kommend*) seventh; *s. a.* **achte(r, s) 1** ❷ (*Datum*) seventh, 7th; *s. a.* **achte(r, s) 2**
Sieb·tel <-s, -> ['ziːptl̩] *nt* seventh
sieb·tens ['ziːptn̩s] *adv* seventhly
sieb·zehn ['ziːptseːn] *adj* seventeen; *s. a.* **acht**[1]
sieb·zehn·te(r, s) *adj* seventeenth; *s. a.* **achte(r, s)**
sieb·zig ['ziːptsɪç] *adj* seventy; *s. a.* **achtzig 1, 2**
Sieb·zi·ger·jah·re *pl* **in den ~ n** in the seventies
sieb·zig·jäh·rig, **70-jäh·rig**[RR] *adj attr* ❶ (*Alter*) seventy-year-old *attr*; seventy [years old] *pred* ❷ (*Zeitspanne*) seventy-year
sieb·zigs·te(r, s) *adj* seventieth; *s. a.* **achte(r, s)**
sie·deln ['ziːdl̩n] *vi* to settle
sie·den <siedete *o* sott, gesiedet *o* gesotten> ['ziːdn̩] *vi* to boil ▶ **~ d heiß** (*fam*) boiling hot
Sie·de·punkt *m* boiling point
Sied·ler(in) <-s, -> ['ziːdlɐ] *m(f)* settler
Sied·lung <-, -en> ['ziːdlʊŋ] *f* ❶ (*Wohnhausgruppe*) housing estate ❷ (*Ansiedlung*) settlement
Sieg <-[e]s, -e> [ziːk, *pl* 'ziːɡə] *m* victory (**über** over); **jdn den ~ kosten** to cost sb his/her victory; **um den ~ kämpfen** to fight for victory
Sie·gel <-s, -> ['ziːɡl̩] *nt* seal; (*privates a.*) signet ▶ **unter dem ~ der Verschwiegenheit** under pledge of secrecy
Sie·gel·lack *m* sealing wax
sie·geln ['ziːɡl̩n] *vt* to affix a seal to
Sie·gel·ring *m* signet ring
sie·gen ['ziːɡn̩] *vi* to win [sth]; **haushoch ~** to win hands down; **nur knapp ~** to scrape a win
Sie·ger(in) <-s, -> *m(f)* ❶ MIL victor ❷ SPORT winner; **der zweite ~** the runner-up

Sie·ger·eh·rung f SPORT presentation ceremony
Sie·ge·rin <-, -nen> f fem form von **Sieger**
Sie·ger·po·dest nt winners' rostrum **Sie·ger·po·se** f victory pose **Sie·ger·typ** m [natural] winner, one of life's winners **Sie·ger·ur·kun·de** f SPORT winner's certificate
sie·ges·be·wusst^RR adj s. **siegessicher**
sie·ges·si·cher adj certain of victory pred; **ein ~es Lächeln** a confident smile
Sie·ges·zug m MIL triumphal march; (fig: gewaltiger Erfolg) triumph
sieg·reich I. adj ❶ MIL victorious ❷ SPORT winning attr; successful II. adv in triumph
sieh [ziː], **sie·he** [ˈziːə] (geh) imp sing von **sehen**
sie·zen [ˈziːtsn̩] vt ◼ **jdn/sich ~** to address sb/each other in the "Sie" form
Sight·see·ing <-s> [ˈzaitsiːɪŋ] nt sightseeing no art
Si·gnal <-s, -e> [zɪˈgnaːl] nt ❶ (Zeichen) signal; **~e aussenden** to transmit signals ❷ BAHN signal; **ein ~ überfahren** to overrun a signal ❸ pl (geh: Ansätze) signs; **~e setzen** to blaze a trail
si·gna·li·sie·ren* [zɪgnaliˈziːrən] vt ❶ (durch Signale übermitteln) to signal ❷ (zu verstehen geben) to give to understand
Si·gnal·lam·pe f ❶ (Taschenlampe) signalling lamp ❷ BAHN signal lamp **Si·gnal·wir·kung** f signal
Si·gna·tur <-, -en> [zɪgnaˈtuːɐ̯] f ❶ (in der Bibliothek) shelf mark ❷ (Kartenzeichen) symbol ❸ (Unterschrift) signature
si·gnie·ren* [zɪˈɡniːrən] vt to sign; (bei einer Autogrammstunde) to autograph; ◼ **signiert** signed, autographed
Sil·be <-, -n> [ˈzɪlbə] f syllable; **etw mit keiner ~ erwähnen** not to mention sth at all
Sil·ben·rät·sel nt word game in which words are made up from a given list of syllables **Sil·ben·tren·nung** f LING syllabification; TYPO hyphenation
Sil·ber <-s> [ˈzɪlbɐ] nt kein pl silver no pl
Sil·ber·be·steck nt silver cutlery **Sil·ber·blick** m (hum fam) **einen ~ haben** to have a cast **sil·ber·far·ben**, **sil·ber·far·big** adj silver[-coloured] **Sil·ber·ge·halt** m silver content **Sil·ber·hoch·zeit** f silver wedding **Sil·ber·me·dail·le** f silver medal; **die ~ holen** to win a silver [medal]
sil·bern [ˈzɪlbɐn] adj ❶ (aus Silber bestehend) silver[y] ❷ (Farbe) silver[y]
Sil·ber·streif, **Sil·ber·strei·fen** m **ein ~ am Horizont** (geh) a ray of hope

silb·rig [ˈzɪlbrɪç] I. adj silver[y] II. adv **~ glänzen** to have a silvery lustre
Sil·hou·et·te <-, -n> [ziˈlu̯ɛtə] f silhouette; Stadt~ skyline
Si·li·kon <-s, -e> [ziliˈkoːn] nt silicone
Si·li·zi·um <-s> [ziˈliːtsi̯ʊm] nt kein pl silicon no pl
Si·lo <-s, -s> [ˈziːlo] m silo
Sil·ves·ter <-s, -> [zɪlˈvɛstɐ] m o nt New Year's Eve
Sil·ves·ter·fei·er f New Year['s Eve] party **Sil·ves·ter·par·ty** f New Year's Eve party
Sim·bab·we <-s> [zɪmˈbapvə] nt Zimbabwe; s. a. **Deutschland**
SIM-Kar·te [ˈzɪm-] f TELEK, INET SIM card
sim·mern [ˈzɪmən] vi KOCHK to simmer
sim·pel [ˈzɪmpl̩] I. adj simple II. adv simply
Sims <-es, -e> [zɪms] m o nt (Fenster~, innen angebracht) [window]sill; (außen angebracht) [window] ledge; (Kamin~) mantelpiece
sim·sen [ˈzɪmzən] vt, vi TELEK (fam) to text, AM usu to send a text message
Si·mu·lant(in) <-en, -en> [zimuˈlant] m(f) malingerer
Si·mu·la·ti·on <-, -en> [zimulaˈtsi̯oːn] f simulation
Si·mu·la·tor <-s, -toren> [zimuˈlaːtoɐ̯, pl -ˈtoːrən] m simulator
si·mu·lie·ren* [zimuˈliːrən] I. vi to malinger II. vt ❶ (vortäuschen) **eine Krankheit ~** to pretend to be ill ❷ SCI to [computer-]simulate
si·mul·tan [zimʊlˈtaːn] I. adj simultaneous II. adv simultaneously, at the same time; **~ dolmetschen** to interpret simultaneously
Si·mul·tan·dol·met·scher(in) m(f) simultaneous interpreter
sind [zɪnt] 1. und 3. pers pl von **sein**
Sin·fo·nie <-, -n> [zɪnfoˈniː, pl -ˈniːən] f symphony
Sin·fo·nie·kon·zert nt symphony concert **Sin·fo·nie·or·ches·ter** nt symphony orchestra
Sin·ga·pur <-s> [ˈzɪŋɡapuːɐ̯] nt Singapore
sin·gen <sang, gesungen> [ˈzɪŋən] vi, vt to sing
Sin·gha·le·se, **Sin·gha·le·sin** <-n, -n> [zɪŋɡaˈleːzə, zɪŋɡaˈleːzɪn] m, f Sin[g]halese
Sin·gle¹ <-, -[s]> [ˈzɪŋl̩] f (Schallplatte) single
Sin·gle² <-s, -s> [ˈzɪŋl̩] m (Ledige[r]) single person
Sin·gle·bör·se f INET [online] dating site **Sin·gle·par·ty** f singles party

Sing·sang <-s, -s> ['zɪŋzaŋ] *m* [monotonous] singing **Sing·spiel** *nt* Singspiel
Sin·gu·lar <-s, -e> ['zɪŋgulaːɐ̯] *m* LING singular
Sing·vo·gel *m* songbird
sin·ken <sank, gesunken> ['zɪŋkn̩] *vi sein* ❶ (*versinken*) to sink; *Schiff* to go down ❷ (*herabsinken*) to descend ❸ (*niedersinken*) to drop, to fall; **ins Bett ~** to fall into bed; **die Hände ~ lassen** to let one's hands fall ❹ (*abnehmen*) to go down, to abate; *Fieber, Preis* to fall ❺ (*schwinden*) to diminish, to decline; *Hoffnung* to sink; **den Mut ~ lassen** to lose courage
Sinn <-[e]s, -e> [zɪn] *m* ❶ *meist pl* (*Organ der Wahrnehmung*) sense ❷ *kein pl* (*Bedeutung*) meaning; **im eigentlichen ~e** literally; **im übertragenen ~e** in the figurative sense; **~ machen** to make sense; **in diesem ~e** in that respect ❸ (*Zweck*) point; **der ~ des Lebens** the meaning of life; **einen bestimmten ~ haben** to have a particular purpose; **es hat keinen ~[, etw zu tun]** there's no point [in doing sth] ❹ *kein pl* (*Verständnis*) **~ für etw** *akk* **haben** to appreciate sth ❺ (*Intention, Gedanke*) inclination; **in jds ~ dat handeln** to act according to sb's wishes ▶ **das ist nicht der ~ der Sache!** that is not the object of the exercise!; **im wahrsten ~e des Wortes** in the truest sense of the word; **der sechste ~** the sixth sense; **etw [mit jdm/etw] im ~ haben** to have sth in mind [with sb/sth]; **jdm in den ~ kommen** to come to sb; **bist du noch bei ~en?** (*geh*) have you taken leave of your senses?; [**wie**] **von ~en sein** to be out of one's mind
Sinn·bild *nt* symbol **sinn·bild·lich** I. *adj* symbolic II. *adv* symbolically
sin·nen <sann, gesonnen> ['zɪnən] *vi* ■ **auf etw** *akk* **~** think of sth; **auf Rache ~** to plot revenge
sinn·ent·stel·lend *adj* distorting [the meaning *pred*]
Sin·nes·ein·druck *m* sensory impression
Sin·nes·or·gan *nt* sense organ **Sin·nes·täu·schung** *f* (*Illusion*) illusion; (*Halluzination*) hallucination **Sin·nes·wahr·neh·mung** *f* sensory perception *no pl* **Sin·nes·wan·del** *m* change of heart
sinn·fäl·lig *adj* (*einleuchtend*) meaningful
sinn·frei (*iron*) I. *adj* senseless, devoid of [all] [*or* any] sense *iron* II. *adv* senselessly, without sense; **~ reden** to talk senselessly; **~ argumentieren** to put forward senseless arguments

sinn·ge·mäß I. *adj* **eine ~e Wiedergabe einer Rede** an account giving the gist of a speech II. *adv* in the general sense; **etw ~ wiedergeben** to give the gist of sth
sin·nie·ren* [zɪˈniːrən] *vi* to brood (**über** over)
sin·nig ['zɪnɪç] *adj* appropriate
sinn·lich I. *adj* ❶ (*sexuell*) sexual, carnal *form* ❷ (*sexuell verlangend*) sensual; (*stärker*) voluptuous ❸ (*gern genießend*) sensuous, sensual ❹ (*die Sinne ansprechend*) sensory, sensorial II. *adv* ❶ (*sexuell*) sexually ❷ (*mit den Sinnen*) sensuously
Sinn·lich·keit <-> *f kein pl* sensuality *no pl, no art*
sinn·los *adj* ❶ (*unsinnig*) senseless; *Bemühungen* futile; *Geschwätz* meaningless; **das ist doch ~!** that's futile! ❷ (*pej: maßlos*) frenzied; *Hass, Wut* blind
Sinn·lo·sig·keit <-, -en> *f* senselessness *no pl*, meaninglessness *no pl*, futility *no pl*
sinn·reich <-er, -ste> *adj* ❶ (*zweckmäßig*) useful ❷ (*tiefsinnig*) profound **sinn·ver·wandt** *adj* synonymous
sinn·voll I. *adj* ❶ (*zweckmäßig*) practical, appropriate ❷ (*Erfüllung bietend*) meaningful ❸ (*eine Bedeutung habend*) meaningful, coherent II. *adv* sensibly
sinn·wid·rig *adj* nonsensical
Sint·flut ['zɪntfluːt] *f* ■ **die ~** the Flood ▶ **nach mir die ~!** who cares when I'm gone?
Sin·ti ['zɪnti] *pl* Manush, Sinti
Sip·pe <-, -n> ['zɪpə] *f* ❶ SOZIOL [extended] family ❷ (*hum fam: Verwandtschaft*) relations *pl*, clan
Sipp·schaft <-, -en> *f* (*pej fam*) clan, relatives *pl*
Si·re·ne <-, -n> [ziˈreːnə] *f* siren
Si·re·nen·ge·heul *nt* wail of a siren
sir·ren ['zɪrən] *vi* to buzz
Si·rup <-s, -e> ['ziːrʊp] *m* syrup, treacle BRIT, molasses + *sing vb* AM
Sit·te <-, -n> ['zɪtə] *f* ❶ (*Brauch*) custom; **es ist bei uns ~, ...** it is our custom ...; **nach alter ~** traditionally ❷ *meist pl* (*Manieren*) manners *npl*; (*moralische Normen*) moral standards *pl* ▶ **andere Länder, andere ~n** other countries, other customs
Sit·ten·leh·re *f* ethics + *sing vb*
sit·ten·los <-er, -este> *adj* immoral **Sit·ten·strolch** *m* (*pej veraltend*) sex fiend **Sit·ten·ver·fall** *m kein pl* decline in moral standards **Sit·ten·wäch·ter(in)** *m(f)* (*pej*) [self-appointed] guardian of public morals **sit·ten·wid·rig** *adj* immoral
Sit·tich <-s, -e> ['zɪtɪç] *m* parakeet
sitt·lich *adj* moral

Sitt·lich·keit <-> f kein pl (veraltend) morality

Sitt·lich·keits·ver·bre·chen nt sex crime

Si·tu·a·ti·on <-, -en> [zitu̯a'tsi̯oːn] f situation; (persönlich a.) position

si·tu·ie·ren* [zitu'iːrən] I. vt bes SCHWEIZ (platzieren) to situate II. vr ■ **sich situieren** to orientate oneself

Sitz <-es, -e> [zɪts] m ❶ (~gelegenheit) seat ❷ (Amts~) seat; einer Verwaltung headquarters + sing/pl vb; eines Unternehmens head office; einer Universität seat; (Haupt~) principal establishment

Sitz·bad nt hipbath **Sitz·bank** f bench **Sitz·blo·cka·de** f sit-in **Sitz·ecke** f seating corner

sit·zen <saß, gesessen> ['zɪtsn̩] vi haben o SÜDD, ÖSTERR, SCHWEIZ sein ❶ (sich gesetzt haben) to sit; **gut ~** to be comfortable; ■ **das S~** sitting; **im S~** when seated, sitting down; **[bitte] bleib/bleiben Sie ~!** [please] don't get up ❷ (beschäftigt sein) ■ **an etw** dat **~** to sit over sth; **er sitzt im Vorstand** he has a seat on the management board ❸ (fam: inhaftiert sein) to do time ❹ (seinen Sitz haben) to have its headquarters ❺ (befestigt sein) to be [installed]; **locker/schief ~** to be loose/lopsided ❻ (Passform haben) to sit ❼ (treffen) to hit home ❽ SCH ■ **bleiben** (fam) to repeat a year ❾ (nicht absetzen können) **auf etw** dat **~ bleiben** to be left with sth ▶ **einen ~ haben** (fam) to have had one too many; **jdn ~ lassen** (fam: im Stich lassen) to leave sb in the lurch; (versetzen) to stand sb up; (nicht heiraten) to jilt sb; **etw nicht auf sich** dat **~ lassen** not to take sth

Sitz·ge·le·gen·heit f seats pl, seating [accommodation] **Sitz·ord·nung** f seating plan **Sitz·platz** m seat **Sitz·rei·he** f row [of seats]; (in Theater) tier **Sitz·streik** m sit-in

Sit·zung <-, -en> f ❶ (Konferenz) meeting; (im Parlament) [parliamentary] session ❷ (Behandlung) visit

Sit·zungs·saal m conference hall

Sitz·ver·tei·lung f POL distribution of seats

Sitz·wür·fel m cube footstool, AM also ottoman

Six·pack <-s, -s> ['zɪkspɛk] m six-pack

Si·zi·li·a·ner(in) <-s, -> [zitsi'li̯aːnɐ] m(f) Sicilian; s. a. **Deutsche(r)**

Si·zi·li·en <-s> [zi'tsiːli̯ən] nt Sicily; s. a. **Deutschland**

Ska·la <-, Skalen> ['skaːla, pl 'skaːlən] f ❶ (Maßeinteilung) scale ❷ (Palette) range

Skalp <-s, -e> [skalp] m scalp

Skal·pell <-s, -e> [skal'pɛl] nt scalpel

skal·pie·ren* [skal'piːrən] vt to scalp

Skan·dal <-s, -e> [skan'daːl] m scandal; **einen ~ machen** (fam) to kick up a fuss

skan·da·lös [skanda'løːs] I. adj scandalous, outrageous II. adv outrageously, shockingly

skan·dal·um·wit·tert adj surrounded by scandal

Skan·di·na·vi·en <-s> [skandi'naːvi̯ən] nt Scandinavia

Skan·di·na·vi·er(in) <-s, -> [skandi'naːvi̯ɐ] m(f) Scandinavian

skan·di·na·visch [skandi'naːvɪʃ] adj Scandinavian

Skat <-[e]s, -e> [skaːt] m KARTEN skat

Skate·board <-s, -s> ['skeːtbɔːd] nt skateboard; **~ fahren** to skateboard

ska·ten ['skeːtn̩] vi (fam) to blade

Skat·spiel nt pack of skat cards

Ske·lett <-[e]s, -e> [ske'lɛt] nt skeleton

Skep·sis <-> ['skɛpsɪs] f kein pl scepticism; **etw** dat **mit ~ begegnen** to be very sceptical about sth

skep·tisch ['skɛptɪʃ] I. adj sceptical II. adv sceptically

Skep·ti·zis·mus <-> [skɛpti'tsɪsmʊs] m kein pl scepticism no pl

Sketch <-[es], -e[s]> [skɛtʃ], **Sketsch**[RR] <-[es], -e[s]> [skɛtʃ] m sketch

Ski <-s, -o -er> [ʃiː, 'ʃiːɐ] m ski; **~ laufen** to ski

Ski·an·zug m ski suit

Ski·er ['ʃiːɐ] pl von **Ski**

Ski·fah·rer(in) m(f) skier **Ski·ho·se** f ski pants pl **Ski·läu·fer(in)** m(f) skier **Ski·leh·rer(in)** m(f) ski instructor **Ski·lift** m ski lift

Skin·head <-s, -s> ['skɪnhɛt] m skinhead

Ski·pis·te f ski run **Ski·sprin·gen** nt kein pl ski jumping no pl, no art **Ski·sprin·ger(in)** m(f) ski jumper **Ski·stie·fel** m ski boot **Ski·stock** m ski stick

Skiz·ze <-, -n> ['skɪtsə] f sketch

skiz·zen·haft I. adj ❶ (einer Skizze ähnelnd) roughly sketched ❷ (in Form einer Skizze) rough II. adv **etw ~ beschreiben/zeichnen** to give a rough description of sth/ to sketch sth roughly

skiz·zie·ren* [skɪ'tsiːrən] vt ❶ (umreißen) to outline; **etw knapp ~** to give the bare bones of sth ❷ (zeichnen) to sketch

Skla·ve, Skla·vin <-n, -n> ['sklaːvə, 'sklaːvɪn] m, f slave

Skla·ven·hal·ter(in) m(f) slave keeper **Skla·ven·han·del** m kein pl slave trade no pl

Skla·ve·rei <-> [skla:vəˈrai] f kein pl slavery no art

skla·visch [ˈskla:vɪʃ] (pej) **I.** adj slavish, servile **II.** adv slavishly, with servility

Skle·ro·se <-, -n> [skleˈro:zə] f sclerosis; **multiple** ~ multiple sclerosis

Skon·to <-s, -s o Skonti> [ˈskɔnto, pl ˈskɔnti] nt o m [cash] discount

Skor·pi·on <-s, -e> [skɔrˈpi̯o:n] m ❶ ZOOL scorpion ❷ ASTROL Scorpio

Skript <-[e]s, -en> [skrɪpt] nt ❶ SCH lecture notes pl ❷ (schriftliche Vorlage) transcript ❸ FILM [film] script

Skru·pel <-s, -> [ˈskru:pl̩] m meist pl scruple, qualms pl; [**keine**] ~ **haben, etw zu tun** to have [no] qualms about doing sth

skru·pel·los (pej) **I.** adj unscrupulous **II.** adv without scruple

Skru·pel·lo·sig·keit <-> f kein pl (pej) unscrupulousness

Skulp·tur <-, -en> [skʊlpˈtuːɐ̯] f sculpture

skur·ril [skʊˈri:l] adj bizarre

sky·pen [ˈskaipn̩] vi INET to skype (**mit** with)

Sky·sur·fingʳʳ, **Sky Sur·fing** [ˈskaɪzøːɐ̯fɪŋ] nt sky surfing

Sla·lom <-s, -s> [ˈsla:lɔm] m slalom; ~ **fahren** to career [from side to side]

Slang <-s, -> [slɛŋ] m kein pl ❶ (Umgangssprache) slang no art ❷ (Fachjargon) jargon

Sla·we, Sla·win <-n, -n> [ˈsla:və, ˈsla:vɪn] m, f Slav; s. a. **Deutsche(r)**

sla·wisch [ˈsla:vɪʃ] adj Slav[on]ic; s. a. **deutsch**

Sla·wis·tik <-> [slaˈvɪstɪk] f kein pl Slavonic studies + sing vb

Slip <-s, -s> [slɪp] m panties pl

Slip·ein·la·ge f panty liner

Slo·gan <-s, -s> [ˈslo:gn̩] m slogan

Slo·wa·ke, Slo·wa·kin <-n, -n> [sloˈva:kə, sloˈva:kɪn] m, f Slovak; s. a. **Deutsche(r)**

Slo·wa·kei <-> [slovaˈkai] f ∎ **die** ~ Slovakia; s. a. **Deutschland**

Slo·wa·kin <-, -nen> f fem form von **Slowake**

slo·wa·kisch [sloˈva:kɪʃ] adj Slovak[ian]; s. a. **deutsch**

Slo·we·ne, Slo·we·nin <-n, -n> [sloˈve:nə, sloˈve:nɪn] m, f Slovene; s. a. **Deutsche(r)**

Slo·we·ni·en <-s> [sloˈve:ni̯ən] nt Slovenia; s. a. **Deutschland**

Slo·we·nin <-, -nen> f fem form von **Slowene**

slo·we·nisch [sloˈve:nɪʃ] adj Slovenian, Slovene; s. a. **deutsch**

Slum <-s, -s> [slam] m slum

Small·talkʳʳ, **Small Talk**ʳʳ, **Small talk**ᴬᴸᵀ <-> [ˈsmɔ:lto:k] m kein pl (geh) small talk no pl

Sma·ragd <-[e]s, -e> [smaˈrakt] m emerald

sma·ragd·grün I. adj emerald [green] **II.** adv like emerald

Smart·phone, Smart Phone <-s, -s> [ˈsma:tfo:n] nt smartphone, smart phone

Smi·ley <-s, -s> [ˈsmaili] m smiley

Smog <-[s], -> [smɔk] m smog

Smog·alarm m smog alert

Smo·king <-s, -s> [ˈsmo:kɪŋ] m dinner jacket, tuxedo AM

SMS <-, -> [ɛsʔɛmˈʔɛs] f Abk von **Short Message Service** TELEK (Nachricht) text [message]; **jdm eine** ~ **schicken** to text sb

Snob <-s, -s> [snɔp] m snob

sno·bis·tisch [snoˈbɪstɪʃ] adj snobby, snobbish

Snow·board <-s, -s> [ˈsno:bɔ:d] nt snowboard

so [zo:] **I.** adv ❶ mit adj und adv (derart) so; ~ **viel** as much; ~ **viel wie** as much as; ~ **viel wie etw sein** to amount to sth; **das ist** ~ **weit richtig, aber ...** on the whole that is right, but ...; ~ **weit sein** (fam) to be ready; ~ **weit das Auge reicht** as far as the eye can see; ~ **wenig wie möglich** as little as possible; **es ist** ~**, wie du sagst** it is [just] as you say ❷ mit vb (derart) **sie hat sich** ~ **darauf gefreut** she was so looking forward to it; **ich habe mich** ~ **über ihn geärgert** I was so angry with him; ~ **sehr, dass ...** to such a degree that ... ❸ (auf diese Weise) [just] like this/that, this/that way, thus form; ~ **musst du es machen** this is how you must do it; **es ist besser** ~ it's better that way; ~ **ist das nun mal** (fam) that's the way things are; ~ **ist es** that's right; ~**, als ob ...** as if ...; ~ **oder** ~ either way, in the end; **und** ~ **weiter** [und ~ **fort**] et cetera[, et cetera]; ~ **genannt** so-called ❹ (solch) ∎ ~ **ein(e) ...** such a/an ...; ~ **etwas** such a thing; ~ **etwas sagt man nicht** you shouldn't say such things ❺ (fam: etwa) **wir treffen uns** ~ **gegen 7 Uhr** we'll meet at about 7 o'clock ❻ (fam) **und/oder** ~ or so; **ich fahre um 5 oder** ~ I'm away at 5 or so ❼ (fam: umsonst) for nothing **II.** konj ❶ (konsekutiv) ∎ ~ **dass**, ∎ **sodass** ÖSTERR so that ❷ (obwohl) ~ **leid es mir auch tut** as sorry as I am **III.** interj ❶ (also) so, right; ~**, jetzt gehen wir ...** right, let's go and ... ❷ (ätsch) so there! ❸ (ach) ~**, ~!** (fam) [what] you don't say! also iron

s.o. *Abk von* **siehe oben** see above

so·bald [zoˈbalt] *konj* as soon as

Söck·chen <-s, -> [ˈzœkçən] *nt dim von* **Socke** [little] sock, ankle sock

So·cke <-, -n> [ˈzɔkə] *f* sock ▶ **sich auf die ~n machen** (*fam*) to get a move on; **von den ~n sein** (*fam*) to be flabbergasted

So·ckel <-s, -> [ˈzɔkl̩] *m* ❶ (*Pedestal*) plinth, pedestal ❷ (*von Gebäude*) plinth, base course AM ❸ (*Schraubteil*) holder

So·da <-s> [ˈzoːda] *nt kein pl* ❶ CHEM soda ❷ (*Sodawasser*) soda [water]

so·dass[RR] [zoˈdas] *konj* ÖSTERR (*so*) so that

So·da·was·ser *nt* soda [water]

Sod·bren·nen [zoːt-] *nt* heartburn

So·do·mie <-> [zodoˈmiː] *f kein pl* sodomy *no pl, no art*

so·e·ben [zoˈʔeːbn̩] *adv* (*geh*) **er hat ~ das Haus verlassen** he has just left the building

So·fa <-s, -s> [ˈzoːfa] *nt* sofa

So·fa·kis·sen *nt* sofa cushion

so·fern [zoˈfɛrn] *konj* if, provided that

soff [zɔf] *imp von* **saufen**

so·fort [zoˈfɔrt] *adv* immediately, at once, [right] now, this instant

So·fort·bild·ka·me·ra *f* instant camera

so·for·tig [zoˈfɔrtɪç] *adj* immediate; **mit ~er Wirkung** immediately effective

So·fort·maß·nah·me *f* immediate measure; **~n ergreifen** to take immediate action

Soft·drink <-s, -s> [ˈzɔft-] *m* soft drink

Soft·ie <-s, -s> [ˈzɔfti] *m* (*fam*) softie

Soft·por·no [ˈzɔft-] *m* soft[-core] porn [film]

Soft·ware <-, -s> [ˈzɔftvɛːɐ̯] *f* software

Soft·ware·ent·wick·ler(in) [ˈzɔftvɛːɐ̯-] *m(f)* INFORM software developer **Soft·ware·pa·ket** *nt* software package

sog [zoːk] *imp von* **saugen**

sog. *adj Abk von* **so genannt** so-called

Sog <-[e]s, -e> [zoːk] *m* suction

so·gar [zoˈgaːɐ̯] *adv* even; **~ mein Bruder kam** even my brother came

so·gleich [zoˈglaɪ̯ç] *adv* (*geh*) *s.* **sofort**

Soh·le <-, -n> [ˈzoːlə] *f* sole ▶ **auf leisen ~n** noiselessly

Sohn <-[e]s, Söhne> [zoːn, *pl* ˈzøːnə] *m* son

So·ja <-s, -jen> [ˈzoːja, *pl* ˈzoːjən] *meist sing f* soy *no pl*

So·ja·boh·ne *f* soybean **So·ja·öl** *nt* soy oil **So·ja·so·ße** *f* soy sauce **So·ja·spross**[RR] *m* [soya] bean sprout

so·lang [zoˈlaŋ] *konj*, **so·lan·ge** [zoˈlaŋ(ə)] *konj* as long as

so·lar [zoˈlaːɐ̯] *adj* solar

So·lar·ener·gie *f* solar energy

So·la·ri·um <-s, -ien> [zoˈlaːri̯ʊm, *pl* -ˈlaːri̯ən] *nt* solarium

So·lar·kraft·werk *nt* solar power station

So·lar·tech·nik *f* solar [cell] technology

So·lar·zel·le *f* solar cell

solch [zɔlç] *adj* such; **~ ein Mann** such a man

sol·che(r, s) *adj* ❶ *attr* such; **~ Frauen** such women, women like that; **sie hatte ~ Angst ...** she was so afraid ... ❷ *substantivisch* (*~ Menschen*) such people, people like that; (*ein ~r Mensch*) such a person, a person like this/that; **~ wie wir** people like us; **als ~(r, s)** as such, in itself; **der Mensch als ~r** man as such; **es gibt ~ und ~ Kunden** there are customers and customers

sol·cher·lei [ˈzɔlçɐˈlaɪ̯] *adj attr* such; **~ Dinge** such things, things like that

Sold <-[e]s> [zɔlt] *m kein pl* MIL pay

Sol·dat(in) <-en, -en> [zɔlˈdaːt] *m(f)* soldier

Söld·ner(in) <-s, -> [ˈzœldnɐ] *m(f)* mercenary

So·li [ˈzoːli] *pl von* **Solo**

so·lid [zoˈliːt] **I.** *adj* ❶ (*haltbar, fest*) solid; *Kleidung* durable ❷ (*fundiert*) sound, thorough ❸ (*untadelig*) respectable, steady-going ❹ (*finanzkräftig*) solid, sound, well-established *attr*; (*zuverlässig, seriös*) sound **II.** *adv* ❶ (*haltbar, fest*) solidly ❷ (*untadelig*) respectably

So·li·dar·bei·trag [zoliˈdaːɐ̯-] *m* contribution to social security

so·li·da·risch [zoliˈdaːrɪʃ] **I.** *adj* **eine ~e Haltung** an attitude of solidarity; **sich [mit jdm/etw] ~ erklären** to declare one's solidarity [with sb/sth] **II.** *adv* in solidarity; **sich ~ verhalten** to show one's solidarity

so·li·da·ri·sie·ren* [zolidariˈziːrən] *vr* ■ **sich ~** to show [one's] solidarity (**mit** with)

So·li·da·ri·tät <-> [zolidariˈtɛːt] *f kein pl* solidarity; **aus ~** out of solidarity

So·li·da·ri·täts·zu·schlag *m* POL *surcharge on income tax to finance the economic rehabilitation of former East Germany*

so·li·de [zoˈliːdə] *adj, adv s.* **solid**

So·list(in) <-en, -en> [zoˈlɪst] *m(f)* MUS soloist

Soll <-[s], -[s]> [zɔl] *nt* ❶ (*~seite*) debit side; **~ und Haben** debit and credit ❷ (*Produktionsnorm*) target; **sein ~ erfüllen** to reach one's target

sol·len ['zɔlən] **I.** *vb aux* <sollte, sollen> ❶ (*etw zu tun haben*) **du sollst herkommen, habe ich gesagt!** I said [you should] come here!; **man hat mir gesagt, ich soll Sie fragen** I was told to ask you; **du sollst morgen anrufen** you're to give her/him a ring tomorrow; **was ~ wir machen?** what shall we do? ❷ *konditional* (*falls*) **sollte das passieren, ...** should that happen ... ❸ *konjunktivisch* (*eigentlich müssen*) **du sollst dich schämen!** you should be ashamed [of yourself]; **was hätte ich tun ~?** what should I have done?; **das solltest du unbedingt sehen** you have to see this; **so soll es sein** that's how it ought to be ❹ (*angeblich sein*) ■**etw sein/tun ~** to be supposed to be/do sth; **er soll sehr reich sein** he is said to be very rich; **was soll das heißen?** what's that supposed to mean? ❺ (*dürfen*) **du hättest das nicht tun ~** you should not have done that ❻ *in der Vergangenheit* **es sollte ganz anders kommen** things were to turn out quite differently; **es hat nicht sein ~** it wasn't to be **II.** *vi* <sollte, gesollt> ❶ (*eine Anweisung befolgen*) **soll er reinkommen? — ja, er soll** should he come in? — yes, he should ❷ (*müssen*) **du sollst sofort nach Hause** you should go home at once ❸ (*bedeuten*) **was soll der Blödsinn?** (*fam*) what's all this nonsense about?; **was soll das?** (*fam*) what's that supposed to mean?; **was soll's?** (*fam*) who cares?

Soll·sei·te *f* ÖKON debit side

So·lo <-s, Soli> ['zo:lo, *pl* 'zo:li] *nt* MUS solo

So·ma·lia <-> [zo'ma:li̯a] *nt* Somalia; *s. a.* **Deutschland**

So·ma·li·er(in) <-s, -> *m(f)* Somali; *s. a.* **Deutsche(r)**

so·ma·lisch *adj* Somali; *s. a.* **deutsch**

so·mit [zo'mɪt] *adv* therefore, hence *form*

Som·mer <-s, -> ['zɔmɐ] *m* summer; **im nächsten ~** next summer

Som·mer·fe·ri·en *pl* summer holidays *pl* [*or* AM vacation] **Som·mer·klei·dung** *f* summer clothing

som·mer·lich I. *adj* summer *attr*; **~es Wetter** summer[-like] weather **II.** *adv* like in summer; **sich ~ kleiden** to wear summer clothes

Som·mer·loch *nt* POL (*sl*) silly season BRIT **Som·mer·pau·se** *f* POL summer recess **Som·mer·rei·fen** *m* normal tyre **Som·mer·schluss·ver·kauf**^RR *m* summer sale[s *pl*] **Som·mer·se·mes·ter** *nt* summer semester, ≈ summer term BRIT **Som·mer·spros·se** *f meist pl* freckle **Som·mer·ur·laub** <-(e)s, -e> *m* summer holiday **Som·mer·zeit** *f* summertime

So·na·te <-, -n> [zo'na:tə] *f* sonata

Son·de <-, -n> ['zɔndə] *f* ❶ MED (*Schlauch~*) tube; (*Operations~*) probe ❷ (*Raum~*) probe

Son·der·an·ge·bot *nt* special offer; **etw im ~ haben** to have sth on special offer **Son·der·aus·ga·be** *f* ❶ MEDIA special edition ❷ *kein pl* ÖKON additional expenses *pl*

son·der·bar ['zɔndɐba:ɐ̯] **I.** *adj* peculiar, strange, odd **II.** *adv* strangely

Son·der·er·mitt·ler *m* special envoy **Son·der·fall** *m* special case **Son·der·ge·neh·mi·gung** *f* special authorization *no art*; **eine ~ haben** to have special authorization

son·der·glei·chen ['zɔndɐ'glai̯çən] *adj* **eine Frechheit ~** the height of cheek BRIT

son·der·lich ['zɔndɐlɪç] **I.** *adj* ❶ *attr* (*besonders*) particular ❷ (*seltsam*) strange, peculiar, odd **II.** *adv* particularly; **nicht ~ begeistert** not particularly enthusiastic

Son·der·ling <-s, -e> ['zɔndɐlɪŋ] *m* queer bird BRIT, oddball

Son·der·mar·ke *f* special stamp **Son·der·müll** *m* hazardous waste

son·dern ['zɔndɐn] *konj* but; **nicht sie war es, ~ er** it wasn't her, but him

Son·der·preis *m* special [reduced] price **Son·der·recht** *nt* [special] privilege **Son·der·re·ge·lung** *f* special provision **Son·der·schu·le** *f* special school; (*für geistig Behinderte a.*) school for the mentally disabled **Son·der·schul·leh·rer(in)** *m(f)* teacher at a special school/a school for the mentally handicapped **Son·der·stel·lung** *f* special position **Son·der·zug** *m* special train

son·die·ren* [zɔn'di:rən] *vt* (*erkunden*) to sound out *sep;* MED to probe

So·nett <-[e]s, -e> [zo'nɛt] *nt* sonnet

Song <-s, -s> [zɔŋ] *m* song

Sonn·abend ['zɔnʔa:bn̩t] *m* DIAL (*Samstag*) Saturday

sonn·abends *adv* DIAL (*samstags*) on Saturday[s]

Son·ne <-, -n> ['zɔnə] *f* ❶ *kein pl* sun; **die ~ geht auf/unter** the sun rises/sets ❷ (*Stern*) star; (*mit Planeten a.*) sun

son·nen ['zɔnən] *vr* ❶ (*sonnenbaden*) ■**sich** *akk* **~** to sun oneself, to sunbathe ❷ (*genießen*) ■**sich in etw** *dat* **~** to bask in sth

Son·nen·al·ler·gie *f* sun allergy, P[M]LE *spec* **Son·nen·auf·gang** *m* sunrise, sun-up AM **Son·nen·bad** *nt* sunbathing *no art, no pl;* **ein ~ nehmen** to sunbathe **Son·nen·blu·me** *f* sunflower **Son·nen·brand** *m* sunburn *no art;* **einen ~ bekommen** to get sunburnt **Son·nen·bril·le** *f* sunglasses *npl,* shades *npl* **Sonn·en·creme** *f* suncream **Son·nen·dach** *nt* ❶ (*Sonnenschutz*) awning ❷ AUTO (*veraltend*) sunroof **Son·nen·ein·strah·lung** *f* insolation **Son·nen·ener·gie** *f* solar energy **Son·nen·fins·ter·nis** *f* solar eclipse **son·nen·klar** *adj* (*fam*) crystal-clear, clear as daylight *pred* **Son·nen·kol·lek·tor** *m* solar panel **Son·nen·kraft·werk** *nt* solar power station **Son·nen·licht** *nt kein pl* sunlight *no pl* **Son·nen·milch** *f* suntan lotion **Son·nen·öl** *nt* suntan oil **Son·nen·schein** *m* sunshine; **bei strahlendem ~** in brilliant sunshine **Son·nen·schirm** *m* sunshade; (*tragbar*) parasol **Son·nen·sei·te** *f* side facing the sun, sunny side **Son·nen·stich** *m* sunstroke *no art;* **einen ~ haben** to have sunstroke **Son·nen·strahl** *m* sunbeam **Son·nen·sys·tem** *nt* solar system **Son·nen·uhr** *f* sundial **Son·nen·un·ter·gang** *m* sunset, sundown AM **Son·nen·wen·de** *f* solstice
son·nig ['zɔnɪç] *adj* sunny
Sonn·tag ['zɔntaːk] *m* Sunday; *s. a.* **Dienstag**
sonn·täg·lich *adj* [regular] Sunday *attr*
Sonn·tag·nach·mit·tagᴿᴿ *m* Sunday afternoon; *s. a.* **Dienstag**
sonn·tags *adv* on Sundays, on a Sunday
Sonn·tags·ar·beit *f* Sunday working **Sonn·tags·dienst** *m* (*von Polizisten*) Sunday duty; (*von Apothekern*) opening on Sundays *no art* **Sonn·tags·red·ner(in)** *m(f)* SOZIOL, POL (*pej*) speechifier *hum*
so·nor [zoˈnoːɐ̯] *adj* sonorous
sonst [zɔnst] *adv* ❶ (*andernfalls*) or [else], otherwise ❷ (*gewöhnlich*) usually; **du hast doch ~ keine Bedenken** you don't usually have any doubts; **kälter als ~** colder than usual ❸ (*früher*) before; **fuhr er ~ nicht immer einen anderen Wagen?** didn't he always drive a different car before? ❹ (*außerdem*) **wer war ~ anwesend?** who else was present?; **~ noch Fragen?** any more questions?; ▪ **~ noch etwas** something else; ▪ **~ keine(r/s)** nothing/nobody else; **~ nichts** nothing else; **~ was** whatever
sons·tig ['zɔnstɪç] *adj attr* ❶ (*weitere[s]*) [all/any] other; „**S~es**" "other" ❷ (*anderweitig*) **und wie sind ihre ~en Leistungen?** and how is her performance otherwise?
so·oft [zoˈʔɔft] *konj* whenever
So·pran <-s, -e> [zoˈpraːn] *m kein pl* soprano
Sor·bet <-s, -s> ['zɔrbɛt, zɔrˈbeː] *m o nt*, **Sorbett** <-[e]s, -e> [zɔrˈbɛt] *m o nt* sherbe[r]t
Sor·ge <-, -n> ['zɔrɡə] *f* worry (**um** for); **das ist meine geringste ~** that's the least of my worries; **eine große ~** a serious worry; **~n haben** to have problems; **jdm ~n machen** to cause sb a lot of worry; **es macht jdm ~n, dass ...** it worries sb that ...; **wir haben uns solche ~n gemacht!** we were so worried!; **machen Sie sich deswegen keine ~n!** don't worry about that!; **mit ~** with concern; **lassen Sie das meine ~ sein!** let me worry about that!; **keine ~!** don't [you] worry!; **eine ~ weniger** one less thing to worry about
sor·gen ['zɔrɡn̩] I. *vi* ❶ (*sich kümmern*) ▪ **für jdn ~** to provide for sb, to look after sb ❷ (*besorgen*) **für etw** *akk* **~** to get sth; **für gute Stimmung/die Musik ~** to create a good atmosphere/attend to the music; ▪ **dafür ~, dass ...** to see to it that; **dafür ist gesorgt** that's taken care of ❸ (*bewirken*) **für Aufsehen ~** to cause a sensation II. *vr* ▪ **sich um jdn/etw ~** to be worried about sb/sth
sor·gen·frei I. *adj* carefree, free of care *pred* II. *adv* free of care **Sor·gen·kind** *nt* problem child **sor·gen·voll** I. *adj* ❶ (*besorgt*) worried ❷ (*viele Probleme bietend*) full of worries *pred* II. *adv* worriedly, anxiously
Sor·ge·recht *nt kein pl* custody
Sorg·falt <-> ['zɔrkfalt] *f kein pl* care
sorg·fäl·tig I. *adj* careful II. *adv* carefully, with care
sorg·los ['zɔrkloːs] I. *adj* ❶ (*achtlos*) careless ❷ *s.* **sorgenfrei** II. *adv* ❶ (*achtlos*) carelessly ❷ (*sorgenfrei*) free of care
Sorg·lo·sig·keit <-> *f kein pl* carelessness; (*ohne Sorge*) carefreeness
sorg·sam ['zɔrkzaːm] *adj s.* **sorgfältig**
Sor·te <-, -n> ['zɔrtə] *f* ❶ (*Art*) kind, variety ❷ (*Marke*) brand
sor·tie·ren* [zɔrˈtiːrən] *vt* ❶ (*ordnen*) **etw [nach Farbe] ~** to sort sth [according to colour]; **etw [alphabetisch] ~** to arrange sth in alphabetical order ❷ (*einordnen*) **Dias in einen Kasten ~** to sort slides and place them in a box

Sor·ti·ment <-[e]s, -e> [zɔrti'mɛnt] *nt* range [of goods]

SOS <-, -> [ɛsʔoː'ʔɛs] *nt Abk von* **save our souls** SOS; ~ **funken** to put out an SOS

so·sehr [zo'zeːɐ̯] *konj* ■ ~ [**... auch**] however much ..., no matter how much ...

So·ße <-, -n> ['zoːsə] *f* sauce; (*Braten~*) gravy

So·ßen·löf·fel *m* sauce spoon

sott [zɔt] (*veraltend*) *imp von* **sieden**

Souf·flé, Souf·flee^RR <-s, -s> [zu'fleː] *nt* KOCHK soufflé

Souf·fleur <-s, -e> [zu'fløːɐ̯] *m*, **Souf·fleu·se** <-, -n> [zu'fløːzə] *f* THEAT prompter

Souf·fleur·kas·ten [zu'fløːɐ̯-] *m* THEAT prompt[er's] box

souf·flie·ren* [zu'fliːrən] *vi* THEAT to prompt

Sound <-s, -s> [zaʊnt] *m* MUS sound

Sound·kar·te ['zaʊnt-] *f* INFORM sound board

so·und·so ['zoːʔʊntzoː] **I.** *adv* (*fam*) such and such; ~ **breit/groß** of such and such a width/size; ~ **viele** so and so many **II.** *adj* so-and-so; **auf Seite** ~ on page so-and-so

so·und·so·viel·te(r, s) ['zoːʔʊntzoːˈfiːltə, -ˈfiːltɐ, -ˈfiːltəs] *adj* (*fam*) such and such; **am ~n August** on such and such a date in August

Sou·ter·rain <-s, -s> [sutɛˈrɛ̃ː, ˈzuːtɛrɛ̃] *nt* basement

Sou·ve·nir <-s, -s> [zuvəˈniːɐ̯] *nt* souvenir

Sou·ve·nir·la·den *m* souvenir shop

sou·ve·rän [zuvəˈrɛːn] **I.** *adj* ❶ (*unabhängig*) sovereign *attr* ❷ (*überlegen*) superior **II.** *adv* with superior ease; **etw ~ machen** to do sth with consummate ease

Sou·ve·rä·ni·tät <-> [zuvərɛniˈtɛːt] *f kein pl* sovereignty *no pl*; (*Überlegenheit*) superior ease

so·viel [zoˈfiːl] *konj* as far as; **~ ich weiß** as far as I know; **~ ich auch trinke ...** no matter how much I drink ...

so·weit [zoˈvaɪt] *konj* as far as; **~ ich weiß** as far as I know

so·we·nig [zoˈveːnɪç] *konj* ■ ~ **... auch** however little ...

so·wie [zoˈviː] *konj* ❶ (*sobald*) as soon as, the moment [that] ❷ (*und auch*) as well as

so·wie·so [zoviˈzoː] *adv* anyway, anyhow

So·wjet <-s, -s> [zɔˈvjɛt, ˈzɔvjɛt] *m* soviet

So·wjet·bür·ger(in) *m/f* (*hist*) Soviet citizen

so·wje·tisch [zɔˈvjɛtɪʃ, zɔˈvjeːtɪʃ], **so·wje·tisch** [zɔˈvjɛtɪʃ] *adj* Soviet

So·wjet·uni·on [zɔˈvjɛtʔunjoːn] *f* (*hist*) ■ **die ~** the Soviet Union

so·wohl [zoˈvoːl] *konj* ■ ~ **... als auch ...** both ... and ..., ... as well as ...

So·zi <-s, -s> ['zɔtsi] *m* (*fam*) *s.* **Sozialdemokrat** Socialist, pinko *pej*

So·zia <-, -s> ['zoːtsi̯a] *f fem form von* **Sozius**

so·zi·al [zoˈtsi̯aːl] **I.** *adj* ❶ (*gesellschaftlich*) social ❷ (*für Hilfsbedürftige gedacht*) social security *attr*, by social security *pred*; **~e Leistungen** social security payments ❸ (*gesellschaftlich verantwortlich*) public-spirited; **eine ~e Ader** a streak of [the] public spirit **II.** *adv* ~ **schwach** socially deprived; ~ **denken** to be social-minded

So·zi·al·ab·bau *m kein pl* cuts in social services **So·zi·al·ab·ga·ben** *pl* social security contributions **So·zi·al·amt** *nt* social security office BRIT, welfare department AM **So·zi·al·ar·bei·ter(in)** *m/f* social worker **So·zi·al·bei·trä·ge** *pl* social contributions **So·zi·al·be·trü·ger(in)** *m/f* JUR (*pej fam*) person committing benefit fraud **So·zi·al·de·mo·krat(in)** [zoˈtsi̯aːldemokraːt] *m/f* social democrat **So·zi·al·de·mo·kra·tie** [zoˈtsi̯aːldemokratiː] *f kein pl* social democracy *no pl, no art* **So·zi·al·de·mo·kra·tin** *f fem form von* **Sozialdemokrat so·zi·al·de·mo·kra·tisch** *adj* social-democratic **So·zi·al·fall** *m* hardship case **So·zi·al·ge·fü·ge** *nt* SOZIOL social welfare net **So·zi·al·hil·fe** *f kein pl* income support, [social] welfare AM **So·zi·al·hil·fe·emp·fän·ger(in)** *m/f* person receiving income support

so·zi·a·li·sie·ren* [zotsi̯aliˈziːrən] *vt* ❶ POL (*verstaatlichen*) to nationalize ❷ SOZIOL, PSYCH to socialize

So·zi·a·lis·mus <-> [zotsi̯aˈlɪsmʊs] *m kein pl* socialism

So·zi·a·list(in) <-en, -en> [zotsi̯aˈlɪst] *m/f* socialist

so·zi·a·lis·tisch [zotsi̯aˈlɪstɪʃ] *adj* ❶ (*Sozialismus betreffend*) socialist ❷ ÖSTERR (*sozialdemokratisch*) social-democratic

So·zi·al·kom·pe·tenz *f* PSYCH, SOZIOL (*fachspr*) social competence **So·zi·al·leis·tun·gen** *pl* social security benefit **So·zi·al·pä·da·go·gik** *f* social education **So·zi·al·plan** *m* redundancy payments scheme BRIT, severance scheme AM **So·zi·al·po·li·tik** *f kein pl* social policy **So·zi·al·pro·dukt** *nt* ÖKON [gross] national product **So·zi·al·staat** *m* welfare state **So·zi·al·ver·si·che·rung** *f* National Insurance BRIT, Social Security AM **So·zi·al·ver·si·che·**

rungs·aus·weis *m* National Insurance card BRIT **So·zi·al·wis·sen·schaf·ten** *pl* social sciences **So·zi·al·woh·nung** *f* council house BRIT, [housing] project AM
So·zi·o·lo·ge, So·zi·o·lo·gin <-n, -n> [zotsi̯o'lo:gə, -'lo:gɪn] *m, f* sociologist
So·zi·o·lo·gie <-> [zotsi̯olo'gi:] *f kein pl* sociology
So·zi·o·lo·gin <-, -nen> *f fem form von* **Soziologe**
so·zi·o·lo·gisch [zotsi̯o'lo:gɪʃ] *adj* sociological
So·zi·us, So·zia¹ <-, Sozii> ['zo:tsi̯ʊs, 'zo:tsi̯a, *pl* 'zo:tsii] *m, f* (*Teilhaber*) partner
So·zi·us, So·zia² <-, -se> ['zo:tsi̯ʊs, 'zo:tsi̯a, *pl* 'zo:tsi̯ʊsə] *m, f* (*Beifahrer*) pillion rider; **als ~ mitfahren** to ride pillion
so·zu·sa·gen [zo:tsu'za:gn̩] *adv* as it were, so to speak
Spach·tel <-s, -> ['ʃpaxtl̩] *m* spatula
spach·teln ['ʃpaxtl̩n] *vi* ❶ (*mit Spachtel arbeiten*) to do some filling ❷ DIAL (*fam: reichlich essen*) to tuck in
spac·ig ['spe:sɪç] **I.** *adj* (*sl*) space-age *attr*, out of this world *pred* **II.** *adv* (*fam*) futuristically; **~ gekleidete Mitarbeiter** employees in space-age uniforms
Spa·gat <-[e]s, -e> [ʃpa'ga:t] *m o nt* the splits *npl;* [**einen**] **~ machen** to do the splits
Spa·get·ti^RR [ʃpa'gɛti] *pl,* **Spa·ghet·ti** [ʃpa'gɛti] *pl* spaghetti + *sing vb*
spä·hen ['ʃpɛ:ən] *vi* ❶ (*suchend blicken*) **aus dem Fenster ~** to peer out of the window; ■**durch etw** *akk* **~** to peep through sth ❷ (*Ausschau halten*) to look out (**nach** for)
Spä·her(in) <-s, -> ['ʃpɛ:ɐ] *m(f)* MIL scout
Späh·trupp ['ʃpɛ:-] *m* MIL reconnaissance party
Spa·lier <-s, -e> [ʃpa'li:ɐ̯] *nt* ❶ (*Gittergestell*) trellis ❷ (*Gasse aus Menschen*) row, line; **~ stehen** to form a line; (*Ehrenformation*) to form a guard of honour
Spalt <-[e]s, -e> [ʃpalt] *m* gap; (*Riss*) crack; (*Fels~*) crevice; **die Tür einen ~ öffnen/offen lassen** to open the door slightly/leave the door ajar
spalt·bar *adj* NUKL fissionable
Spal·te <-, -n> ['ʃpaltə] *f* ❶ (*Öffnung*) fissure; (*Fels~ a.*) crevice; (*Gletscher~*) crevasse ❷ TYPO, MEDIA column
spal·ten ['ʃpaltn̩] **I.** *vt* <*pp* gespalten *o* gespaltet> ❶ (*zerteilen*) to split; *Holz* to chop ❷ (*trennen*) to rend, to divide **II.** *vr* <*pp* gespalten> ■**sich ~** ❶ (*der Länge nach reißen*) to split ❷ (*sich teilen*) to divide

Spal·tung <-, -en> *f* ❶ NUKL splitting, fission ❷ (*Aufspaltung in Fraktionen*) division; (*von Partei a.*) split
Spam <-s, -s> [spɛm] *nt* INET spam
Spam·fil·ter ['spɛm-] *m* INET anti-spam filter, anti-spam check **Spam·mail** <-s, -s> [-me:l] *f* INET (*pej*) spam [mail]
Span <-[e]s, Späne> [ʃpa:n, *pl* 'ʃpɛ:nə] *m* (*Holz~*) shaving, [wood]chip; (*Bohr~*) boring ▶**wo gehobelt wird,** [**da**] **fallen Späne** (*prov*) you can't make an omelette without breaking eggs *prov*
Span·fer·kel ['ʃpa:nfɛrkl̩] *nt* sucking pig
Span·ge <-, -n> ['ʃpaŋə] *f* ❶ (*Haar~*) hairslide BRIT, barrette AM ❷ (*Zahn~*) [dental] brace
Spa·ni·en <-s> ['ʃpa:ni̯ən] *nt* Spain; *s. a.* **Deutschland**
Spa·ni·er(in) <-s, -> ['ʃpa:ni̯ɐ] *m(f)* Spaniard; ■**die ~** the Spanish; *s. a.* **Deutsche(r)**
spa·nisch ['ʃpa:nɪʃ] *adj* Spanish; **das kommt mir ~ vor** (*fig fam*) I don't like the look of it/this; *s. a.* **deutsch**
Spa·nisch ['ʃpa:nɪʃ] *nt dekl wie adj* Spanish; **auf ~** in Spanish; *s. a.* **Deutsch**
spann [ʃpan] *imp von* **spinnen**
Spann <-[e]s, -e> [ʃpan] *m* ANAT instep
Spann·bett·tuch^RR *nt* fitted sheet
Spann·brei·te *f kein pl* spectrum
Span·ne <-, -n> ['ʃpanə] *f* ❶ (*Handels~*) [trade] margin; (*Gewinn~*) [profit] margin ❷ (*Zeit~*) span
span·nen ['ʃpanən] **I.** *vt* ❶ (*straffen*) to tighten ❷ (*auf~*) to put up; **ein Seil zwischen etw** *akk* **~** to stretch a rope between sth ❸ (*an~*) ■**ein Tier vor etw** *akk* **~** to harness an animal to sth ❹ (*straff befestigen*) to clamp a workpiece in/between sth **II.** *vr* ■**sich ~** ❶ *Seil* to become taut ❷ (*geh: sich wölben*) to stretch (**über** across) **III.** *vi* ❶ (*zu eng sitzen*) to be [too] tight ❷ (*zu straff sein*) to be taut
span·nend I. *adj* exciting; (*stärker*) thrilling; **mach's nicht so ~!** don't keep us/me in suspense **II.** *adv* **etw ~ darstellen** to bring across sth as exciting; **~ schreiben** to write in an exciting manner
Span·ner <-s, -> *m* (*Schuhspanner*) shoe tree
Span·ner(in) <-s, -> *m(f)* (*sl: Voyeur*) peeping Tom
Spann·kraft *f kein pl* buoyancy; (*von Haar*) elasticity; PHYS tension force
Span·nung <-, -en> *f* ❶ *kein pl* (*fesselnde Art*) tension, suspense ❷ *kein pl*

(*gespannte Erwartung*) suspense; **etw** *akk* **mit ~ erwarten** to await sth full of suspense ❸ *meist pl* (*Anspannung*) tension ❹ *kein pl* (*straffe Beschaffenheit*) tension, tautness; TECH stress ❺ ELEK voltage; **unter ~ stehen** to be live

Span·nungs·ge·biet *nt* area of tension

Spann·wei·te *f* ❶ ORN, ZOOL wingspan ❷ BAU span

Spar·buch *nt* savings book **Spar·büch·se** *f* piggy bank

spa·ren ['ʃpaːrən] **I.** *vt* ❶ (*einsparen*) to save ❷ (*ersparen*) **jdm/sich etw ~** to spare sb/oneself sth; **den Weg hätten wir uns ~ können** we could have saved ourselves that journey ❸ (*verzichten*) ■ **sich** *dat* **etw ~** to keep sth to oneself; **deine Ratschläge kannst du dir ~** you can keep your advice to yourself **II.** *vi* ❶ FIN (*Geld zurücklegen*) to save; ■ **für etw** *akk* **~** to save up for sth ❷ (*sparsam sein*) to economize (**an** on)

Spa·rer(in) <-s, -> *m(f)* saver

Spar·flam·me *f* ▶ **auf ~** just ticking over BRIT

Spar·gel <-s, -> ['ʃparɡl̩] *m* asparagus *no pl*

Spar·gut·ha·ben *nt* savings *npl* **Spar·kas·se** *f* bank (*supported publicly by the commune or district*) **Spar·kon·to** *nt* savings account

spär·lich ['ʃpɛːɐ̯lɪç] **I.** *adj* (*Haarwuchs, Vegetation*) sparse; (*Ausbeute, Reste*) meagre **II.** *adv* sparsely; **~ bekleidet** scantily clad; **~ besucht** poorly attended

Spar·maß·nah·me *f* cost-cutting measure **Spar·pa·ckung** *f* economy pack **Spar·preis** *m* budget price

spar·sam ['ʃpaːɐ̯zaːm] **I.** *adj* ❶ (*wenig verbrauchend*) ❷ (*ökonomisch*) economical **II.** *adv* ❶ (*wenig verbrauchend*) thriftily; **damit sollte man ~ umgehen** this should be used sparingly ❷ (*ökonomisch*) sparingly

Spar·sam·keit <-> *f kein pl* thriftiness *no pl*

Spar·schwein *nt* piggy bank **Spar·ta·rif** *m* TELEK, INET, TRANSP budget tariff BRIT, budget rate AM

Spar·te <-, -n> ['ʃpartə] *f* ❶ (*Branche*) ❷ (*Spezialbereich*) area, branch ❸ (*Rubrik*) section, column

Spar·ver·trag *m* savings agreement **Spar·wut** *f kein pl* (*pej fam*) obsessive thrift

Spaß <-es, Späße> [ʃpaːs, *pl* 'ʃpɛːsə] *m* ❶ *kein pl* (*Vergnügen*) fun *no pl*; **~ haben** to have fun; **an etw** *dat* **~ haben** to enjoy sth; **[nur] ~ machen** to be [just] kidding; **es macht jdm ~, etw zu tun** sb enjoys doing sth; **sich** *dat* **einen ~ daraus machen, etw zu tun** to get pleasure out of doing sth; **jdm den ~ verderben** to spoil sb's fun; **viel ~!** have fun!, enjoy yourself/yourselves! ❷ (*Scherz*) joke; **irgendwo hört der ~ auf** that's going beyond a joke; **~ muss sein** (*fam*) there's no harm in a joke; **keinen ~ verstehen** to not stand for any nonsense; **~ beiseite** joking apart ▶ **ein teurer ~ sein** to be an expensive business

Spaß·bad *nt* waterpark

spa·ßen ['ʃpaːsn̩] *vi* to joke; **mit etw** *dat* **ist nicht zu ~** sth is no joking matter

spa·ßes·hal·ber *adv* for the fun of it

Spaß·ge·sell·schaft *f* SOZIOL (*pej*) hedonistic society

spaß·haft I. *adj* joking **II.** *adv* jokingly

spa·ßig ['ʃpaːsɪç] *adj* funny

Spaß·ver·der·ber(in) <-s, -> *m(f)* spoilsport **Spaß·vo·gel** *m* joker

Spas·ti·ker(in) <-s, -> ['ʃpastikɐ] *m(f)* spastic

spas·tisch ['ʃpastɪʃ] *adj* spastic

spät [ʃpɛːt] **I.** *adj* late; **am ~en Abend** in the late evening; ■ **~ sein/werden** to be/ be getting late **II.** *adv* late; **du kommst zu ~** you're too late; **~ dran sein** to be late; **zu ~** too late ▶ **wie ~** what time; **wie ~ kommst du heute nach Hause?** what time are you coming home today?

Spät·aus·sied·ler(in) *m(f)* German emigrant who returned to Germany long after the end of World War II **Spät·bu·cher(in)** *m(f)* holidaymaker with a late booking **Spät·dienst** <-(e)s, -> *m kein pl* late shift

Spa·ten <-s, -> ['ʃpaːtn̩] *m* spade

Spät·ent·wick·ler(in) *m(f)* MED, PSYCH late developer

spä·ter ['ʃpɛːtɐ] **I.** *adj* later **II.** *adv* ❶ (*zeitlich danach*) later [on]; **bis ~!** see you later!; **nicht ~ als** not later than ❷ (*die Zukunft*) the future; **jeder Mensch sollte für ~ vorsorgen** every person should make provisions for the future; **jdn auf ~ vertrösten** to put sb off; **~ [ein]mal** at a later date

spä·tes·tens ['ʃpɛːtəstn̩s] *adv* at the latest

Spät·fol·ge <-, -n> *f meist pl* delayed effect **Spät·go·tik** <-> *f* ARCHIT late Gothic **Spät·le·se** *f* AGR late vintage **Spät·schicht** *f* late shift **Spät·som·mer** *m* late summer *no pl* **Spät·vor·stel·lung** *f* late show[ing]

Spatz <-en *o* -es, -en> [ʃpats] *m* ORN sparrow ▶ **das pfeifen die ~en von den Dächern** (*fam*) everybody knows that;

besser ein ~ in der Hand als eine Taube auf dem Dach (*prov*) a bird in the hand is worth two in the bush *prov*

Spätz·le ['ʃpɛtslə] *pl* SÜDD spaetzle + *sing/pl vb, small dough dumplings*

Spät·zün·dung *f* retarded ignition *no pl*

spa·zie·ren* [ʃpa'tsiːrən] *vi sein* to stroll [*or* walk]; **den Hund ~ führen** to take the dog for a walk; **~ fahren** to go for a drive; **~ gehen** to go for a walk

Spa·zier·fahrt *f* drive; **eine ~ machen** to go for a drive **Spa·zier·gang** <-gänge> *m* walk, stroll; **einen ~ machen** to go for a walk ▶ **kein ~ sein** to be no child's play **Spa·zier·gän·ger(in)** <-s, -> *m(f)* stroller **Spa·zier·stock** *m* walking stick

SPD <-> [ɛspeː'deː] *f kein pl* POL *Abk von* **Sozialdemokratische Partei Deutschlands** *Social Democrat Party*

Specht <-[e]s, -e> [ʃpɛçt] *m* woodpecker

Speck <-[e]s, -e> [ʃpɛk] *m* (*Schinken~*) bacon *no pl*

spe·ckig ['ʃpɛkɪç] *adj* greasy

Speck·rol·le *f* (*hum fam*) roll of fat, BRIT *also* spare tyre **Speck·schwar·te** *f* bacon rind *no pl*

Spe·di·teur(in) <-s, -e> [ʃpedi'tøːɐ̯] *m(f)* (*Transportunternehmer*) haulage [*or* AM shipping] contractor; (*Umzugsunternehmer*) removal firm BRIT, moving company AM

Spe·di·ti·on <-, -en> [ʃpedi'tsi̯oːn] *f* (*Transportunternehmen*) haulage company; (*Umzugsunternehmen*) removal firm

Speed <-s, -s> [spiːt] *nt* speed

Speer <-[e]s, -e> [ʃpeːɐ̯] *m* ❶ SPORT javelin ❷ (*Waffe*) spear

Speer·wer·fen *nt kein pl* SPORT the javelin *no pl* **Speer·wer·fer(in)** *m(f)* ❶ SPORT javelin thrower ❷ HIST spear carrier

Spei·che <-, -n> ['ʃpaiçə] *f* ❶ TECH spoke ❷ ANAT radius

Spei·chel <-s> ['ʃpaiçl] *m kein pl* saliva *no pl*

Spei·chel·drü·se *f* salivary gland **Spei·chel·pro·be** *f* MED, JUR saliva sample **Spei·chel·test** *m* JUR, MED saliva test

Spei·cher <-s, -> ['ʃpaiçɐ] *m* ❶ (*Dachboden*) attic, loft; **auf dem ~** in the attic ❷ (*Lagerhaus*) storehouse ❸ INFORM memory

Spei·cher·funk·ti·on *f* INFORM memory function **Spei·cher·ka·pa·zi·tät** *f* ❶ INFORM memory capacity ❷ (*Lagermöglichkeit*) storage capacity **Spei·cher·kar·te** *f* INFORM memory [*or* flash] card

spei·chern ['ʃpaiçɐn] *vt, vi* ❶ INFORM to save (**auf** on[to]); **etw unter ... ~** to save sth as ... ❷ (*aufbewahren*) to store

Spei·cher·platz *m* INFORM memory space; (*auf Festplatte*) disk space **Spei·cher·schutz** *m* INFORM memory protection

Spei·che·rung <-, -en> *f* INFORM storage *no pl*

spei·en <spie, gespie[e]n> ['ʃpai̯ən] *vt* ❶ (*ausspeien*) to spew ❷ (*spucken*) to spit

Spei·se <-, -n> ['ʃpaizə] *f meist pl* meal

Spei·se·kam·mer *f* larder, pantry **Spei·se·kar·te** *f* menu

spei·sen ['ʃpaizn̩] *vi* to dine, to eat

Spei·se·öl *nt* culinary oil **Spei·se·röh·re** *f* gullet **Spei·se·saal** *m* dining room **Spei·se·wa·gen** *m* restaurant car

Spek·ta·kel¹ <-s, -> [ʃpɛk'taːkl̩] *m* (*fam*) ❶ (*Lärm*) racket *no pl* ❷ (*Ärger*) palaver *no pl*

Spek·ta·kel² <-s, -> [ʃpɛk'taːkl̩] *nt* spectacle

spek·ta·ku·lär [ʃpɛktaku'lɛːɐ̯] *adj* spectacular

Spek·tra *pl von* **Spektrum**

Spek·tral·far·be *f* colour of the spectrum

Spek·trum <-s, Spektren *o* Spektra> ['ʃpɛktrʊm, *pl* 'ʃpɛktrən, 'ʃpɛktra] *nt* spectrum

Spe·ku·lant(in) <-en, -en> [ʃpeku'lant] *m(f)* speculator

Spe·ku·la·ti·on <-, -en> [ʃpekula'tsi̯oːn] *f* speculation; [**über etw** *akk*] **~en anstellen** to speculate [about sth]

Spe·ku·la·ti·ons·bla·se *f* BÖRSE speculative bubble

spe·ku·lie·ren* [ʃpeku'liːrən] *vi* to speculate (**auf** +*akk* on)

Spe·lun·ke <-, -n> [ʃpe'lʊŋkə] *f* (*pej*) dive

spen·da·bel [ʃpɛn'daːbl̩] *adj* generous

Spen·de <-, -n> ['ʃpɛndə] *f* donation

spen·den ['ʃpɛndn̩] *vt, vi* to donate (**für** to); *Blut* to give

Spen·den·af·fä·re *f* scandal involving undeclared donations **Spen·den·auf·ruf** *m* donation appeal **Spen·den·kon·to** *nt* donations account

Spen·der <-s, -> ['ʃpɛndɐ] *m* (*Dosierer*) dispenser

Spen·der(in) <-s, -> ['ʃpɛndɐ] *m(f)* ❶ (*jd, der spendet*) donator ❷ MED donor

Spen·der·aus·weis *m* donor card

spen·die·ren* [ʃpɛn'diːrən] *vt* (*fam*) ■ **[jdm] etw ~** to buy [sb] sth; **das Essen spendiere ich** the dinner's on me

Sper·ber <-s, -> ['ʃpɛrbɐ] *m* sparrowhawk

Sper·ling <-s, -e> ['ʃpɛrlɪŋ] *m* sparrow

Sper·ma <-s, Spermen o -ta> ['ʃpɛrma, 'spɛrma, pl -mata] nt sperm

sperr·an·gel·weit [ʃpɛr'ʔaŋl'vait] adv ~ **offen stehen** to be wide open

Sperr·be·zirk m area of town where prostitution is prohibited

Sper·re <-, -n> ['ʃpɛrə] f ❶ (Barrikade) barricade ❷ (Sperrvorrichtung) barrier ❸ (Spielverbot) ban

sper·ren ['ʃpɛrən] I. vt ❶ SÜDD, ÖSTERR (schließen) to close off (**für** to) ❷ (blockieren) to block; Konto to freeze; Scheck to stop ❸ (einschließen) **jdn in etw** akk ~ to lock sb up in sth ❹ (ein Spielverbot verhängen) to ban ❺ (verbieten) **jdm den Ausgang** ~ to confine sb II. vr ■ **sich** ~ to back away (**gegen** from)

Sperr·feu·er nt MIL barrage; **ins** ~ **der Kritik geraten** (fig) to run into a barrage of criticism **Sperr·ge·biet** nt prohibited area **Sperr·holz** nt plywood no pl

sper·rig ['ʃpɛrɪç] adj unwieldy, bulky

Sperr·müll m skip refuse no pl **Sperr·sitz** m kein pl THEAT back seats pl **Sperr·stun·de** f closing time

Sper·rung <-, -en> f ❶ (Schließung) closing off no pl ❷ (Blockierung) blocking no pl

Sperr·ver·merk m restriction notice

Spe·sen ['ʃpe:zn̩] pl expenses npl; **auf** ~ on expenses

Spe·zi[1] <-s, -s> ['ʃpe:tsi] m SÜDD (fam: Kumpel) mate BRIT

Spe·zi[2] <-s, -s> ['ʃpe:tsi] nt (Mixlimonade) cola and orangeade

Spe·zi·al·ef·fekt m special effect **Spe·zi·al·ge·biet** nt special field

spe·zi·a·li·sie·ren* [ʃpetsi̯ali'zi:rən] vr ■ **sich** ~ to specialize (**auf** in)

Spe·zi·a·li·sie·rung <-, -en> f specialization

Spe·zi·a·list(in) <-en, -en> [ʃpetsi̯a'lɪst] m(f) specialist

Spe·zi·a·li·tät <-, -en> [ʃpetsi̯ali'tɛ:t] f speciality

spe·zi·ell [ʃpe'tsi̯ɛl] I. adj special II. adv especially, specially

Spe·zi·es <-, -> ['ʃpe:tsi̯ɛs, 'sp-] f species + sing vb

spe·zi·fisch [ʃpe'tsi:fɪʃ] I. adj specific II. adv typically

spe·zi·fi·zie·ren* [ʃpetsifi'tsi:rən] vt to specify

Sphä·re <-, -n> ['sfɛ:rə] f sphere ▶ **in höheren** ~**n schweben** to have one's head in the clouds

sphä·risch ['sfɛ:rɪʃ] adj spherical

Sphinx <-, -e o Sphingen> [sfɪŋks, pl 'sfɪŋən] f sphinx

spi·cken ['ʃpɪkn̩] vt ❶ KOCHK to lard; ■ **ge·spickt** larded ❷ (fam: versehen mit) ■ **etw mit etw** dat ~ to lard sth with sth ❸ (fam: abschreiben) to crib

Spick·zet·tel m crib

spie [ʃpi:] imp von **speien**

Spie·gel <-s, -> ['ʃpi:gl̩] m mirror ▶ **jdm den** ~ **vorhalten** to hold up a mirror to sb

Spie·gel·bild nt mirror image **spie·gel·blank** adj shining **Spie·gel·ei** nt fried egg **spie·gel·glatt** ['ʃpi:gl̩'glat] adj smooth as glass

spie·geln ['ʃpi:gl̩n] I. vi ❶ (spiegelblank sein) to gleam ❷ (reflektieren) to reflect II. vr ■ **sich in etw** dat ~ to be reflected in sth

Spie·gel·re·flex·ka·me·ra f reflex camera **Spie·gel·schrift** f mirror writing

Spie·ge·lung <-, -en> ['ʃpi:gəlʊŋ] f ❶ MED endoscopy ❷ (Luftspiegelung) mirage

spie·gel·ver·kehrt adj mirror-image

Spiel <-[e]s, -e> [ʃpi:l] nt ❶ (Gesellschafts-, Kinder-, Glücksspiel) game ❷ (Kartenspiel) game of cards ❸ SPORT match; **die Olympischen** ~**e** the Olympic Games ▶ **ein abgekartetes** ~ (fam) a set-up; **leichtes** ~ **haben** to have an easy job of it; **etw [mit] ins** ~ **bringen** to bring sth up; **das** ~ **ist aus** the game is up; [**bei etw**] **im** ~ **sein** to be involved [in sth]; **jdn/etw aus dem** ~ **lassen** to keep sb/sth out of it; **etw aufs** ~ **setzen** to put sth on the line; **auf dem** ~ **stehen** to be at stake; **jdm das** ~ **verderben** (fam) to ruin sb's plans

Spiel·an·zug m playsuit **Spiel·au·to·mat** m gambling machine, fruit machine BRIT **Spiel·ball** m TENNIS game point ▶ **ein** ~ **einer S. sein** gen (geh) to be at the mercy of sth **Spiel·bank** f casino **Spiel·brett** nt game board **Spiel·com·pu·ter** [-kɔmpju:tɐ] m PlayStation® (computer designed primarily for playing computer games)

spie·len ['ʃpi:lən] I. vt to play; **Lotto** ~ to play the lottery ▶ **was wird hier gespielt?** what's going on here? II. vi ❶ (ein Spiel machen) to play ❷ (auftreten) ■ **in etw** dat ~ to star in sth; **gut/schlecht** ~ to play well/badly ❸ (als Szenario haben) ■ **ir·gendwann/irgendwo** ~ to be set in some time/place ❹ SPORT to play ❺ (Glücksspiel betreiben) to gamble

spie·lend adv easily

Spie·ler(in) <-s, -> ['ʃpiːlɐ] *m(f)* ❶ (*Mitspieler*) player ❷ (*Glücksspieler*) gambler
Spie·le·rei <-, -en> [ʃpiːləˈraɪ] *f* ❶ *kein pl* (*leichte Beschäftigung*) doddle *no pl* BRIT ❷ *meist pl* (*Kinkerlitzchen*) knick-knacks *pl*
Spie·le·rin <-, -nen> *f fem form von* **Spieler**
spie·le·risch I. *adj* playful II. *adv* playfully; **~ war unsere Mannschaft den Gegnern weit überlegen** our team outshone the opponents in terms of playing skill
Spiel·feld ['ʃpiːlfɛlt] *nt* playing field; FBALL *a.* pitch **Spiel·film** *m* film **Spiel·hal·le** *f* amusement arcade **Spiel·höl·le** *f* (*fam*) gambling den **Spiel·ka·me·rad(in)** *m(f)* playmate **Spiel·kar·te** *f* playing card **Spiel·ka·si·no** *nt* casino **Spiel·mar·ke** *f* chip
Spie·lo·thek [ʃpiloˈteːk] *f* (*Spielhalle*) amusement arcade
Spiel·plan *m* THEAT, FILM programme **Spiel·platz** *m* playground **Spiel·raum** *m* scope *no pl* **Spiel·re·gel** *f meist pl* rules *pl* **Spiel·sa·chen** *pl* toys *pl* **Spiel·sucht** *f* compulsive gambling *no pl* **Spiel·süch·ti·ge(r)** *dekl wie adj f(m)* compulsive gambler **Spiel·uhr** *f* musical box **Spiel·ver·der·ber(in)** <-s, -> *m(f)* spoilsport **Spiel·wa·ren** *pl* toys *pl* **Spiel·wa·ren·ge·schäft** *nt* toy shop **Spiel·zeit** *f* ❶ FILM run ❷ THEAT season ❸ SPORT playing time
Spiel·zeug *nt* toy
Spieß <-es, -e> [ʃpiːs] *m* ❶ (*Bratspieß*) spit; (*kleiner*) skewer ❷ MIL (*sl*) sarge ❸ (*Stoßwaffe*) spike ▶ **wie am ~ brüllen** to squeal like a stuck pig; **den ~ umdrehen** to turn the tables
Spieß·bür·ger(in) *m(f) s.* **Spießer spieß·bür·ger·lich** *adj s.* **spießig**
spie·ßen ['ʃpiːsn̩] *vt* ■ **etw auf etw** *akk* ~ to skewer sth on sth; (*auf einer Nadel*) to pin sth on sth
Spie·ßer(in) <-s, -> ['ʃpiːsɐ] *m(f)* (*fam*) pedant
spie·ßig ['ʃpiːsɪç] *adj* (*fam*) pedantic
Spie·ßig·keit <-> *f kein pl* (*pej fam*) narrow-mindedness
Spieß·ru·te *f* ▶ **~n laufen** to run the gauntlet
Spikes [ʃpaɪks, sp-] *pl* (*an Schuhen*) spikes *pl*; (*an Reifen*) studs *pl*
Spi·nat <-[e]s> [ʃpiˈnaːt] *m kein pl* spinach *no pl*
Spind <-[e]s, -e> [ʃpɪnt, *pl* ˈʃpɪndə] *m* locker
Spin·del <-, -n> [ˈʃpɪndl̩] *f* spindle

spin·del·dürr [ˈʃpɪndl̩ˈdʏr] *adj* (*fam*) thin as a rake
Spi·nett <-s, -e> [ʃpiˈnɛt] *nt* MUS spinet
Spin·ne <-, -n> [ˈʃpɪnə] *f* spider
spin·nen <spann, gesponnen> [ˈʃpɪnən] I. *vt* ❶ Wolle to spin ❷ Geschichte to invent II. *vi* ❶ (*am Spinnrad*) to spin ❷ (*fam: nicht bei Trost sein*) to be mad; **sag mal, spinnt der?** is he off his head?; **du spinnst wohl!** you must be mad!
Spin·nen·netz *nt* spider's web
Spin·ner(in) <-s, -> [ˈʃpɪnɐ] *m(f)* (*fam*) nutcase
Spin·ne·rei <-, -en> [ʃpɪnəˈraɪ] *f* ❶ MODE spinning ❷ *kein pl* (*fam: Blödsinn*) nonsense *no pl*
Spin·ne·rin <-, -nen> *f fem form von* **Spinner**
Spinn·rad *nt* spinning wheel **Spinn·we·be** <-, -n> *f* cobweb
Spi·on(in) <-s, -e> [ʃpiˈoːn] *m(f)* spy
Spi·o·na·ge <-> [ʃpioˈnaːʒə] *f kein pl* espionage *no pl*
Spi·o·na·ge·ab·wehr *f* counter-intelligence service
spi·o·nie·ren* [ʃpioˈniːrən] *vi* to spy
Spi·o·nin <-, -nen> *f fem form von* **Spion**
Spi·ral·block *m* spiral-bound notebook
Spi·ra·le <-, -n> [ʃpiˈraːlə] *f* ❶ (*gewundene Linie*) spiral ❷ MED coil
Spi·ri·tis·mus <-> [ʃpiriˈtɪsmʊs, sp-] *m kein pl* spiritualism *no pl*
spi·ri·tis·tisch *adj* spiritualistic
spi·ri·tu·ell [ʃpiriˈtu̯ɛl, sp-] *adj* spiritual
Spi·ri·tu·o·sen [ʃpiriˈtu̯oːzn̩] *pl* spirits *pl*
Spi·ri·tus <-> [ˈʃpiːritʊs] *m kein pl* spirit *no pl*
Spi·ri·tus·ko·cher *m* spirit stove
Spi·tal <-s, Spitäler> [ʃpiˈtaːl, *pl* -ˈtɛːlə] *nt* ÖSTERR, SCHWEIZ hospital
spitz [ʃpɪts] I. *adj* ❶ (*mit einer Spitze*) pointed, sharp ❷ (*~ zulaufend*) tapered; Nase, Kinn pointy ❸ Bemerkung sharp II. *adv* ❶ (*V-förmig*) tapered ❷ (*spitzzüngig*) sharply
Spitz <-[e]s, -e> [ʃpɪts] *m* ❶ (*Hund*) Pomeranian ❷ DIAL (*leichter Rausch*) slight inebriation
Spitz·bart *m* goatee **Spitz·bo·gen** *m* ARCHIT pointed arch **Spitz·bu·be** *m* scallywag **spitz·bü·bisch** I. *adj* cheeky II. *adv* cheekily
Spit·ze <-, -n> [ˈʃpɪtsə] *f* ❶ (*spitzes Ende*) point; Schuh pointed toe ❷ (*vorderster Teil*) front ❸ (*erster Platz*) top ❹ (*Höchstwert*) peak ❺ *pl* (*führende Leute*) Gesellschaft the top; Unternehmen the heads

❻ MODE lace *no pl* ▶ **nur die ~ des Eisbergs sein** to be only the tip of the iceberg; **~ sein** (*fam*) to be great; **etw auf die ~ treiben** to take sth to extremes

Spit·zel <-s, -> ['ʃpɪtsl̩] *m* informer

spit·zeln ['ʃpɪtsl̩n] *vi* to spy

spit·zen ['ʃpɪtsn̩] *vt* to sharpen

Spit·zen·ge·schwin·dig·keit *f* top speed **Spit·zen·klas·se** *f* top-class **Spit·zen·leis·tung** *f* top performance **spit·zen·mä·ßig** I. *adj* (*sl*) brilliant II. *adv* (*sl*) brilliantly **Spit·zen·rei·ter** *m* top seller **Spit·zen·sport·ler(in)** *m(f)* top sportsperson **Spit·zen·tech·no·lo·gie** *f* state-of-the-art technology

Spit·zer <-s, -> ['ʃpɪtsɐ] *m* sharpener

spitz·fin·dig *adj* hair-splitting

Spitz·fin·dig·keit <-, -en> *f* ❶ (*spitzfindige Art*) hair-splitting nature ❷ (*spitzfindige Äußerung*) hair-splitting *no pl*

Spitz·ha·cke *f* pickaxe **spitz|krie·gen** *vt* (*fam*) to cotton [*or* AM catch] on to **Spitz·maus** *f* shrew **Spitz·na·me** *m* nickname; **sie gaben ihm den ~n ...** they nicknamed him ... **spitz·win·ke·lig**, **spitz·wink·lig** I. *adj* Dreieck acute-angled; Ecke sharp[-cornered] II. *adv* sharply

spitz·zün·gig [ʃpɪts'tsʏŋɪç] *adj* sharp-tongued

Splat·ter·film ['splɛtɐfɪlm] *m* FILM gory film

Spleen <-s, -s> [ʃpliːn, sp-] *m* (*fam*) eccentricity

Splitt <-[e]s, -e> [ʃplɪt] *m* stone chippings *pl*

Split·ter <-s, -> ['ʃplɪtɐ] *m* splinter

split·ter(·fa·ser)·nackt ['ʃplɪtɐ('faːzɐ)'nakt] *adj* stark naked **Split·ter·grup·pe** *f* POL splinter group

split·tern *vi sein o haben* to splinter

Split·ter·par·tei *f* splinter group

Split·ting <-s, -s> ['ʃplɪtɪŋ, 'sp-] *nt* ❶ FIN, ADMIN separate taxing of husband and wife ❷ POL splitting *no pl*

SPÖ <-> [ɛspeː'ʔøː] *f kein pl* POL Abk von **Sozialdemokratische Partei Österreichs**: ■ **die ~** the Austrian Socialist Party

Spoi·ler <-s, -> ['ʃpɔylɐ, 'sp-] *m* spoiler

spon·sern ['ʃpɔnzɐn, 'sp-] *vt* to sponsor

Spon·sor, **Spon·so·rin** <-s, -soren> ['ʃpɔnzɐ, 'ʃp-, -'zoːrɪn, *pl* -'zoːrən] *m, f* sponsor

Spon·so·ring <-s> ['ʃpɔnzorɪŋ, 'sp-] *nt kein pl* sponsoring *no pl*

spon·tan [ʃpɔn'taːn, sp-] *adj* spontaneous

Spon·ta·ne·i·tät <-> [ʃpɔntanei'tɛːt, sp-] *f kein pl* spontaneity *no pl*

spo·ra·disch [ʃpo'raːdɪʃ, sp-] *adj* sporadic

Sport <-[e]s, *selten* -e> [ʃpɔrt] *m* ❶ SPORT sport *no pl*; **~ treiben** to do sport ❷ SCH games *pl* ❸ MEDIA sports news; **~ sehen** to watch [the] sport

Sport·ab·zei·chen *nt* sports certificate **Sport·an·zug** *m* tracksuit **Sport·art** *f* discipline, kind of sport **Sport·be·richt** *m* sports report **Sport·fest** *nt* sports festival **Sport·ge·schäft** *nt* sports shop **Sport·hal·le** *f* sports hall **Sport·leh·rer(in)** *m(f)* PE teacher

Sport·ler(in) <-s, -> ['ʃpɔrtlɐ] *m(f)* sportsman *masc*, sportswoman *fem*

sport·lich ['ʃpɔrtlɪç] I. *adj* ❶ (*den Sport betreffend*) sporting ❷ (*trainiert*) athletic ❸ (*fair*) sportsmanlike ❹ MODE casual ❺ AUTO sporty II. *adv* ❶ SPORT (*in einer Sportart*) in sports; **sich ~ betätigen** to do sport ❷ (*flott*) casually ❸ AUTO sportily

Sport·platz *m* sports field **Sport·re·por·ter(in)** *m(f)* MEDIA, SPORT sports journalist **Sport·un·fall** *m* sporting accident **Sport·ver·an·stal·tung** *f* sports event **Sport·ver·ein** *m* sports club **Sport·wa·gen** *m* AUTO sports car

Spot <-s, -s> [spɔt, ʃp-] *m* ❶ MEDIA commercial, ad *fam* ❷ ELEK spot

Spott <-[e]s> [ʃpɔt] *m kein pl* mockery *no pl*

spott·bil·lig ['ʃpɔt'bɪlɪç] *adj* dirt cheap

Spöt·te·lei <-, -en> [ʃpœtə'laɪ] *f* teasing *no pl*

spöt·teln ['ʃpœtl̩n] *vi* to make fun (**über** of)

spot·ten ['ʃpɔtn̩] *vi* to mock; ■ [**über jdn/etw**] **~** to make fun [of sb/sth]

Spöt·ter(in) <-s, -> ['ʃpœtɐ] *m(f)* mocker

spöt·tisch ['ʃpœtɪʃ] *adj* mocking

Spott·preis *m* snip BRIT

sprach [ʃpraːx] *imp von* **sprechen**

sprach·be·gabt *adj* linguistically talented; ■ **~ sein** to be good at languages **Sprach·be·ga·bung** *f* linguistic talent *no pl* **Sprach·com·pu·ter** *m* INFORM voice computer

Spra·che <-, -n> ['ʃpraːxə] *f* ❶ (*Kommunikationssystem*) language ❷ *kein pl* (*Sprechweise*) way of speaking ❸ *kein pl* (*das Sprechen*) speech *no pl*; **etw zur ~ bringen** to bring sth up; **zur ~ kommen** to come up ▶ **eine deutliche ~ sprechen** to speak for itself; **die ~ wiederfinden** to find one's tongue again; **mit der ~ herausrücken** (*fam*) to come out with it; **jdm die ~ verschlagen** to leave sb speechless; **heraus mit der ~!** (*fam*) out with it!

Sprach·er·ken·nung *f* INFORM voice recognition *no pl* **Sprach·feh·ler** *m* speech impediment **Sprach·för·de·rung** *f* language training **Sprach·füh·rer** *m* phrase book **Sprach·ge·brauch** *m* language usage *no pl* **Sprach·ge·fühl** *nt kein pl* feel for language *no pl* **Sprach·kennt·nis·se** *pl* language skills *pl* **Sprach·kurs** *m* language course **Sprach·la·bor** *nt* language laboratory **Sprach·leh·re** *f* grammar **Sprach·leh·rer(in)** <-s, -> *m(f)* language teacher

sprach·lich I. *adj* linguistic II. *adv* ❶ LING grammatically ❷ (*stilistisch*) stylistically **sprach·los** *adj* speechless **Sprach·raum** *m* LING language area **Sprach·rohr** *nt* megaphone **Sprach·schu·le** *f* language school **Sprach·stö·rung** *f* speech disorder **Sprach·stu·di·um** *nt* course of study in languages **Sprach·the·ra·peut(in)** *m(f)* speech therapist **Sprach·the·ra·pie** *f* speech therapy **Sprach·ur·laub** *m* language-learning holiday **Sprach·wis·sen·schaft** *f* linguistics + *sing vb* **Sprach·wis·sen·schaft·ler(in)** *m(f)* linguist **Sprach·witz** *m kein pl* way with words **Sprach·zen·trum** *nt* ❶ MED, PSYCH speech centre ❷ (*Sprachschule*) language centre

sprang [ʃpraŋ] *imp von* **springen**
Spray <-s, -s> [ʃpreː, spreː] *m o nt* spray
Spray·do·se [ˈʃpreː-, ˈspreː-] *f* aerosol, spray
spray·en [ˈʃpreːən, ˈsp-] *vi, vt* to spray
Sprech·an·la·ge *f* intercom **Sprech·chor** *m* chorus
spre·chen <spricht, sprach, gesprochen> [ˈʃprɛçn] I. *vi* ❶ (*reden*) to speak (**mit** with), to talk (**mit** to); **ich konnte vor Aufregung kaum ~** I could hardly speak for excitement; **sprich nicht so laut** don't talk so loud; **sprich nicht in diesem Ton mit mir!** don't speak to me like that!; **wovon ~ Sie eigentlich?** what are you talking about?; **für sich [selbst] ~** to speak for itself; **über etw** *akk* **spricht man nicht** sth is not talked about; **mit sich selbst ~** to talk to oneself; **hallo, wer spricht denn da?** hello, who's speaking? ❷ (*empfehlen*) ■ **für etw** *akk* **~** to be in favour of sth; ■ **gegen etw** *akk* **~** to speak against sth II. *vt* ❶ (*können*) ■ **etw ~** to speak sth; **~ Sie Chinesisch?** can you speak Chinese? ❷ (*aussprechen*) ■ **etw ~** to say sth; **sie konnte keinen vernünftigen Satz ~** she couldn't say a single coherent sentence; **wie spricht man dieses Wort?** how do you pronounce this word? ❸ (*sich unterreden*) ■ **jdn ~** to speak to sb ▶ **nicht gut auf jdn zu ~ sein** to be on bad terms with sb; **für jdn/niemanden zu ~ sein** to be available for sb/not be available for anyone; **wir ~ uns noch!** you haven't heard the last of this!

Spre·cher(in) <-s, -> *m(f)* ❶ (*Wortführer*) spokesperson ❷ (*Beauftragter*) speaker ❸ RADIO, TV announcer; (*Nachrichten~*) newsreader

Sprech·stun·de *f* surgery; **~ halten** to hold surgery **Sprech·stun·den·hil·fe** *f* receptionist **Sprech·übung** *f* elocution exercise **Sprech·wei·se** *f* way of speaking **Sprech·zim·mer** *nt* consultation room

sprei·zen [ˈʃpraɪtsn̩] *vt* to spread
Spreiz·fuß *m* spread-foot
Spreng·bom·be *f* high-explosive bomb
spren·gen¹ [ˈʃprɛŋən] I. *vt* ❶ (*zur Explosion bringen*) to blow up ❷ (*bersten lassen*) to burst ❸ (*gewaltsam auflösen*) to break up II. *vi* to blast
spren·gen² [ˈʃprɛŋən] *vt Rasen* to water
Spreng·kopf *m* warhead **Spreng·kör·per** *m* explosive device **Spreng·kraft** *f kein pl* explosive force *no pl* **Spreng·la·dung** *f* explosive charge **Spreng·satz** *m* explosive device **Spreng·stoff** *m* explosive **Spreng·stoff·an·schlag** *m* bomb attack **Spreng·stoff·gür·tel** *m* explosive belt

Spren·gung <-, -en> *f* blasting
Spreu <-> [ʃprɔy] *f kein pl* AGR chaff *no pl*
▶ **die ~ vom Weizen trennen** to separate the wheat from the chaff
Sprich·wort <-wörter> [ˈʃprɪçvɔrt, *pl* -vœrtə] *nt* proverb
sprich·wört·lich *adj* proverbial
sprie·ßen <spross *o* sprießte, gesprossen> [ˈʃpriːsn̩] *vi sein* BOT to sprout; *Haare* to grow

Spring·brun·nen *m* fountain
sprin·gen¹ <sprang, gesprungen> [ˈʃprɪŋən] *vi sein* to shatter; (*einen Sprung bekommen*) to crack
sprin·gen² <sprang, gesprungen> [ˈʃprɪŋən] *vi sein* to jump [*or* leap]; **er sprang hin und her** he leapt about; **jeder hat zu ~, wenn der Chef es verlangt** everyone has to jump at the boss's request; **der Knopf sprang ihm von der Hose** the button flew off his trousers ▶ **etw ~ lassen** (*fam*) to fork out sth
Sprin·ger <-s, -> [ˈʃprɪŋɐ] *m* SCHACH knight

Sprin·ger(in) <-s, -> ['ʃprɪŋɐ] *m(f)* SPORT, SKI jumper
Spring·flut *f* spring tide **Spring·rei·ten** *nt* show jumping *no pl*
Sprit <-[e]s> [ʃprɪt] *m kein pl* ❶ (*Benzin*) petrol *no pl* ❷ (*Schnaps*) booze *no pl*
Sprit·fres·ser *m* (*fam: Auto*) gas guzzler *fam*
Sprit·ze <-, -n> ['ʃprɪtsə] *f* ❶ (*Injektionsspritze*) syringe ❷ (*Injektion*) injection, jab *fam;* **eine ~ bekommen** to have an injection [*or fam* a jab]
sprit·zen ['ʃprɪtsn] I. *vi* ❶ *haben* (*in Tropfen*) to spray; *Fett* to spit ❷ *sein* (*im Strahl*) to spurt II. *vt haben* ❶ (*im Strahl verteilen*) to squirt ❷ (*bewässern*) to sprinkle ❸ (*injizieren*) to inject ❹ (*mit Bekämpfungsmittel besprühen*) to spray (**gegen** against)
Sprit·zer <-s, -> *m* splash
sprit·zig ['ʃprɪtsɪç] *adj* ❶ (*prickelnd*) tangy ❷ (*flott*) sparkling
Spritz·ku·chen *m* KOCHK doughnut **Spritz·pis·to·le** *f* spray gun **Spritz·tour** *f* spin
sprö·de ['ʃprø:də] *adj* ❶ (*unelastisch*) brittle ❷ (*rau*) rough; *Haar* brittle; *Lippen* chapped ❸ (*abweisend*) aloof
spross^{RR}, **sproß**^{ALT} [ʃprɔs] *imp von* **sprießen**
Spross^{RR} <-es, -e> *m*, **Sproß**^{ALT} <-sses, -sse> [ʃprɔs] *m* ❶ (*Schössling*) shoot ❷ (*Nachkomme*) scion
Spros·se <-, -n> ['ʃprɔsə] *f* step
Spros·sen·wand *f* SPORT wall bars *pl*
Spröss·ling^{RR} <-s, -e> *m*, **Spröß·ling**^{ALT} <-s, -e> ['ʃprœslɪŋ] *m* offspring
Spruch <-[e]s, Sprüche> [ʃprʊx, *pl* 'ʃprʏçə] *m* ❶ (*Ausspruch*) saying, slogan ❷ (*einstudierter Text*) quotation ❸ (*Schiedsspruch*) award, verdict ▶ **Sprüche klopfen** (*fam*) to drivel
Spruch·band <-bänder> *nt* banner **spruch·reif** *adj* (*fam*) **etw ~ / noch nicht ~ sein** to be/not be definite
Spru·del <-s, -> ['ʃpru:dl] *m* ❶ (*Mineralwasser*) sparkling mineral water ❷ ÖSTERR (*Erfrischungsgetränk*) fizzy drink
spru·deln ['ʃpru:dln] *vi* ❶ *haben* (*aufschäumen*) to fizz ❷ *sein* (*heraussprudeln*) to bubble
Sprüh·do·se *f* aerosol
sprü·hen ['ʃpry:ən] I. *vt* to spray II. *vi* ❶ (*spritzen*) to spray ❷ (*lebhaft sein*) to sparkle; **vor Begeisterung ~** to bubble with excitement
sprü·hend *adj* sparkling
Sprüh·re·gen *m* drizzle *no pl*

Sprung <-[e]s, Sprünge> [ʃprʊŋ, *pl* 'ʃprʏŋə] *m* ❶ (*Riss*) crack ❷ (*Satz*) leap, jump; **einen ~ machen** to leap [*or* jump]; **zum ~ ansetzen** to get ready to jump ▶ **einen ~ in der Schüssel haben** to not be quite right in the head; **ein großer ~ nach vorn** a giant leap forwards; [**mit etw** *dat*] **keine großen Sprünge machen können** (*fam*) to not be able to live it up [with sth]; **jdm auf die Sprünge helfen** to give sb a helping hand; **auf dem ~ sein** to be about to leave; **auf einen ~ [bei jdm] vorbeikommen** (*fam*) to pop in to see sb
Sprung·brett *nt* ❶ (*ins Wasser*) diving board ❷ (*Turngerät*) springboard **Sprung·fe·der** *f* spring
sprung·haft I. *adj* ❶ (*in Schüben erfolgend*) rapid ❷ (*unstet*) volatile, fickle II. *adv* in leaps and bounds
Sprung·schan·ze *f* ski jump **Sprung·tuch** *nt* jumping blanket
Spu·cke <-> ['ʃpʊkə] *f kein pl* (*fam*) spit *no pl* ▶ **jdm bleibt die ~ weg** sb is flabbergasted
spu·cken ['ʃpʊkn] I. *vi* ❶ (*ausspucken*) to spit ❷ DIAL (*sich übergeben*) to throw up II. *vt* ■ **etw ~** to spit sth out
Spuck·napf *m* spittoon
Spuk <-[e]s, -e> [ʃpuːk] *m* spook
spu·ken ['ʃpuːkn] *vi impers* to haunt; ■ **irgendwo spukt es** somewhere is haunted
Spuk·ge·schich·te *f* ghost story
Spül·be·cken *nt* sink
Spu·le <-, -n> ['ʃpuːlə] *f* ❶ (*Garnrolle*) bobbin ❷ FILM spool ❸ ELEK coil
Spü·le <-, -n> ['ʃpyːlə] *f* [kitchen] sink
spu·len ['ʃpuːlən] *vt, vi* to wind [on]
spü·len ['ʃpyːlən] I. *vi* ❶ (*Geschirr abwaschen*) to wash up ❷ (*die Toilette abziehen*) to flush II. *vt* ❶ (*abspülen*) to wash up *sep* ❷ (*schwemmen*) to wash
Spül·ma·schi·ne *f* dishwasher **spül·ma·schi·nen·fest** *adj* dishwasher-safe **Spül·mit·tel** *nt* washing-up liquid, dish soap AM **Spül·stein** *m* sink **Spül·trog** <-[e]s, -tröge> *m* SCHWEIZ sink [unit]
Spü·lung <-, -en> *f* ❶ (*gegen Mundgeruch*) rinsing *no art* ❷ (*Wasserspülung*) flush ❸ (*Haarspülung*) conditioner
Spul·wurm *m* roundworm
Spund¹ <-[e]s, Spünde *o* Spunde> [ʃpʊnt, *pl* 'ʃpʏndə] *m* bung, spigot
Spund² <-[e]s, -e> [ʃpʊnt] *m* ■ **junger ~** (*fam*) stripling, young pup *fam*
Spur <-, -en> [ʃpuːɐ̯] *f* ❶ (*Anzeichen*) trace; **~en der Verwüstung** signs of devastation; **~en hinterlassen** to leave

traces; *Schicksal a.* to leave its mark; *Verbrecher a.* to leave clues; **jdm auf der ~ sein** to be on sb's trail; **auf der falschen/richtigen ~ sein** to be on the wrong/right track; **eine heiße ~** a firm lead; **jdm auf die ~ kommen** to get onto sb ❷ (*Fuß~ en*) track[s *pl*], trail *no pl* ❸ (*kleine Menge*) trace; *Knoblauch, etc.* touch ❹ (*Fünkchen*) scrap ❺ (*Fahrstreifen*) lane; **aus der ~ geraten** to move out of lane; **~ halten** to keep in lane

spür·bar *adj* perceptible, noticeable

spü·ren ['ʃpyːrən] **I.** *vt* ❶ (*körperlich wahrnehmen*) to feel ❷ (*merken*) to sense; ▪**jdn seine Verärgerung ~ lassen** to let sb feel one's annoyance; **etw zu ~ bekommen** to feel the force of sth **II.** *vi* ▪**~, dass ...** to sense that ...; ▪**jdn [deutlich] ~ lassen, dass ...** to leave sb in no doubt that ...

spu·ren ['ʃpuːrən] *vi* (*fam*) to do as one is told, to toe the line *fam*

Spu·ren·ele·ment *nt* trace element **Spu·ren·si·che·rung** *f* securing of evidence *no pl, no indef art*

Spür·hund *m* tracker dog

spur·los I. *adj* without [a] trace *pred* **II.** *adv* without [leaving a] trace; **an jdm ~ vorübergehen** to not leave its mark on sb

Spür·na·se *f* flair *no pl,* intuition *no pl* **Spür·pan·zer** *m* MIL nuclear, biological, chemical [*or* NBC] reconnaissance vehicle

Spür·sinn *m kein pl* nose; **einen ~ für etw** *akk* **haben** to have a nose for sth

Spurt <-s, -s *o* -e> [ʃpʊrt] *m* spurt; **zum ~ ansetzen** to make a final spurt

spur·ten ['ʃpʊrtn̩] *vi sein* to spurt

Spur·wei·te <-, -n> *f* ❶ AUTO track ❷ BAHN gauge

Squash <-> [skvɔʃ] *nt* squash

Sri Lan·ka <-s> ['sriː 'laŋka] *nt* Sri Lanka

Sri-Lan·ker(in) <-s, -> [sri'laŋke] *m(f)* Sri Lankan; *s. a.* **Deutsche(r)**

sri-lan·kisch [sri'laŋkɪʃ] *adj* Sri Lankan; *s. a.* **deutsch**

SSV <-[s], -s> *m Abk von* **Sommerschlussverkauf** summer sales

St. ❶ *Abk von* **Stück** pce[.], pcs[.] *pl* ❷ *Abk von* **Sankt** St, SS *pl*

Staat <-[e]s, -en> [ʃtaːt] *m* ❶ (*Land*) country ❷ (*staatliche Institutionen*) state ❸ *pl* (*USA*) ▪**die ~en** the States; **die Vereinigten ~en [von Amerika]** the United States [of America] ▶**damit ist kein ~ zu machen** that's nothing to write home about *fam;* **von ~s wegen** on the part of the [state] authorities

Staa·ten·bund <-bünde> *m* confederation [of states] **staa·ten·los** *adj* stateless **Staa·ten·lo·se(r)** *f(m) dekl wie adj* stateless person

staat·lich I. *adj* ❶ (*staatseigen*) state-owned; (*~ geführt*) state-run; **~e Einrichtungen** state facilities ❷ (*den Staat betreffend*) state *attr,* national ❸ (*aus dem Staatshaushalt stammend*) government *attr,* state *attr* **II.** *adv* ▪**anerkannt** state-approved; **~ gefördert** government-sponsored; **~ geprüft** [state-]certified; **~ subventioniert** state-subsidized, subsidized by the state *pred*

Staats·akt *m* ❶ (*Festakt*) state ceremony ❷ (*Rechtsvorgang*) act of state **Staats·an·ge·hö·ri·ge(r)** *f(m) dekl wie adj* citizen **Staats·an·ge·hö·rig·keit** *f* nationality **Staats·an·lei·he** *f* government [*or* public] loan **Staats·an·walt, -an·wäl·tin** *m, f* public prosecutor BRIT, District Attorney AM **Staats·an·walt·schaft** <-, -en> *f* public prosecutor's office, prosecuting attorney's office AM **Staats·aus·ga·be** *f meist pl* public expenditure **Staats·aus·ga·ben** *pl* public expenditure *no pl* **Staats·be·am·te(r)** *m dekl wie adj,* **-be·am·tin** *f* civil servant **Staats·be·gräb·nis** *nt* state [*or* AM national] funeral **Staats·be·such** *m* state visit **Staats·bür·ger(in)** *m(f)* citizen **staats·bür·ger·lich** *adj attr* civic; **~e Rechte** civil rights **Staats·bür·ger·schaft** *f* nationality; **doppelte ~** dual nationality **Staats·chef(in)** [-ʃɛf] *m(f)* head of state **Staats·dienst** *m* civil service **Staats·ei·gen·tum** *nt* state ownership **Staats·ex·a·men** *nt* state exam[ination]; (*zur Übernahme in den Staatsdienst*) civil service examination **Staats·feind(in)** *m(f)* enemy of the state **Staats·fi·nan·zen** *pl* public finances *pl* **Staats·flag·ge** *f* national flag **Staats·form** *f* form of government **Staats·ge·biet** *nt* national territory **Staats·ge·heim·nis** *nt* state secret **Staats·ge·walt** *f kein pl* state authority **Staats·gren·ze** *f* [national] border **Staats·haus·halt** *m* national budget **Staats·kas·se** *f* treasury, public purse BRIT **Staats·kos·ten** *pl* public expenses **Staats·mann** *m* statesman **staats·män·nisch** *adj* statesmanlike **Staats·mi·nis·ter(in)** <-s, -> *m(f)* secretary of state **Staats·ober·haupt** *nt* head of state **Staats·prä·si·dent(in)** *m(f)* president [of a/the state] **staats·recht·lich** *adj attr* constitutional **Staats·re·li·gi·on** *f* POL, REL state religion **Staats·sä·ckel** <-s, -> *m* POL, FIN (*hum fam*) state coffer *usu pl* **Staats·se·kre·tär(in)** *m(f)* state secretary BRIT, undersecretary AM **Staats·streich** *m* coup [d'état] **Staats·the·a·ter** *nt* national theatre **Staats·ver·schul·dung** *f* national debt *no pl, no indef art*

Stab <-[e]s, Stäbe> [ʃtaːp, *pl* ˈʃtɛːbə] *m* ① (*runde Holzlatte*) rod ② (*Stabhochsprung~*) pole; (*Staffel~*) baton ③ (*beigeordnete Gruppe*) staff; *Experten* panel

Stäb·chen <-s, -> [ˈʃtɛːpçən] *nt* (*Ess~*) chopstick

Stab·hoch·sprin·ger(in) *m(f)* pole-vaulter

Stab·hoch·sprung *m* pole vault

sta·bil [ʃtaˈbiːl, *st-*] *adj* ① (*strapazierfähig*) sturdy ② (*beständig*) stable ③ (*nicht labil*) steady; *Gesundheit* sound

sta·bi·li·sie·ren [ʃtabiliˈziːrən] *vt* to stabilize

Sta·bi·li·sie·rung <-, -en> *f* stabilization

Sta·bi·li·tät <-> [ʃtabiliˈtɛːt, *st-*] *f kein pl* stability, solidity

Sta·bi·li·täts·pakt *m* ÖKON stability pact

Stab·mi·xer *m* hand-held blender

Stab·reim *m* alliteration

Stabs·chef, -che·fin [-ʃɛf, -ʃɛfɪn] *m, f* chief of staff

Stab·wech·sel *m* SPORT baton change, changeover

stach [ʃtaːx] *imp von* **stechen**

Sta·chel <-s, -n> [ˈʃtaxl̩] *m* ① (*von Rose*) thorn; (*von Kakteen*) spine ② (*von Igel*) spine ③ (*Giftstachel*) sting ④ (*spitzes Metallstück*) spike; *Stacheldraht* barb

Sta·chel·bee·re *f* gooseberry **Sta·chel·draht** *m* barbed wire **Sta·chel·draht·zaun** *m* barbed wire fence

sta·che·lig [ˈʃtaxəlɪç] *adj Rosen* thorny; *Kakteen, Tier* spiny; (*mit kleineren Stacheln*) prickly

Sta·chel·schwein *nt* porcupine

stach·lig [ˈʃtaxlɪç] *adj s.* **stachelig**

Sta·di·on <-s, Stadien> [ˈʃtaːdiɔn, *pl* ˈʃtaːdiən] *nt* stadium, AM *also* bowl

Sta·di·um <-s, Stadien> [ˈʃtaːdiʊm, *pl* ˈʃtaːdiən] *nt* stage; **im letzten ~** MED at a terminal stage

Stadt <-, Städte> [ʃtat, *pl* ˈʃtɛː(ː)tə] *f* ① (*Ort*) town; (*Groß~*) city; **am Rande der ~** on the edge of [the] town ② (*~verwaltung*) [city/town] council

stadt·be·kannt *adj* well-known, known all over town *pred* **Stadt·be·zirk** *m* municipal district **Stadt·bi·bli·o·thek** *f* town/city library **Stadt·bum·mel** *m* stroll in the [*or* through] town; **einen ~ machen** to go for a stroll through town **Städt·chen** <-s, -> [ˈʃtɛː(ː)tçən] *nt dim von* **Stadt** small town

Städ·te·bau *m kein pl* urban development *no pl*

städ·te·bau·lich I. *adj* in/of urban development *pred* II. *adv* in terms of urban development

Städ·te·part·ner·schaft *f* town twinning BRIT

Städ·ter(in) <-s, -> [ˈʃtɛː(ː)te] *m(f)* city/town dweller

Stadt·ge·biet *nt* municipal area **Stadt·hal·le** *f* city hall

städ·tisch [ˈʃtɛː(ː)tɪʃ] *adj* ① (*kommunal*) municipal, city/town *attr* ② (*urban*) urban

Stadt·kern *m* city/town centre **Stadt·mau·er** *f* city/town wall **Stadt·mit·te** *f* city/town centre **Stadt·plan** *m* [street] map **Stadt·rand** *m* edge of [the] town, outskirts *npl* of the city **Stadt·rat** *m* [city/town [*or* municipal]] council **Stadt·rund·fahrt** *f* sightseeing tour **Stadt·staat** *m* city state **Stadt·strei·cher(in)** *m(f)* city/town tramp [*or esp* AM vagrant] **Stadt·teil** *m* district **Stadt·vä·ter** *pl* city fathers *pl* **Stadt·ver·wal·tung** *f* [city/town] council **Stadt·vier·tel** *nt* district **Stadt·wer·ke** *pl* municipal services *pl* **Stadt·zen·trum** *nt* city/town centre; ■ **im ~** in the city/town centre, downtown AM

Staf·fel <-, -n> [ˈʃtafl̩] *f* ① (*Luftwaffeneinheit*) squadron; (*Formation*) echelon ② SPORT relay team ③ TV season

Staf·fe·lei <-, -en> [ʃtafəˈlai] *f* easel

Staf·fel·lauf *m* relay [race]

staf·feln [ˈʃtafl̩n] *vt* ① (*einteilen*) to grade ② (*formieren*) to stack [up *sep*]

Staf·fe·lung, Staff·lung <-, -en> *f* ① (*Einteilung*) graduation ② (*Formierung*) stacking [in the shape of a pyramid] ③ SPORT *Startzeiten* staggering *no pl, no indef art*

Stag·na·ti·on <-, -en> [ʃtagnaˈtsi̯oːn, *st-*] *f* stagnation, stagnancy

stag·nie·ren* [ʃtaˈgniːrən, *st-*] *vi* to stagnate

stahl [ʃtaːl] *imp von* **stehlen**

Stahl <-[e]s, -e *o* Stähle> [ʃtaːl, *pl* ˈʃtɛːlə] *m* steel; **rostfreier ~** stainless steel

Stahl·be·ton *m* reinforced concrete **Stahl·blech** *nt* steel sheet

stäh·lern [ˈʃtɛːlɐn] *adj* ① (*aus Stahl hergestellt*) steel, of steel *pred* ② (*fig*) iron *attr*, of iron *pred*

Stahl·fe·der *f* ① (*Schreibfeder*) steel nib ② (*Sprungfeder*) steel spring **Stahl·ge·rüst** *nt* [tubular] steel scaffolding *no pl, no indef art* **Stahl·helm** *m* steel helmet

Stahl·in·dus·trie *f kein pl* steel industry
Stahl·trä·ger *m* steel girder **Stahl·werk** *nt* steel mill
stak [ʃtaːk] *imp von* **stecken**
Sta·lag·mit <-en *o* -s, -en> [ʃtalaˈgmiːt, st-] *m* stalagmite
Sta·li·nis·mus <-> [ʃtaliˈnɪsmʊs, st-] *m kein pl* Stalinism *no art*
sta·li·nis·tisch *adj* Stalinist
Stal·ker <-s, -> [ˈstoːkɐ] *m* stalker
Stal·king <-[s]> [ˈstoːkɪŋ] *nt kein pl* stalking
Stall <-[e]s, Ställe> [ʃtal, *pl* ˈʃtɛlə] *m* (*Hühner~*) coop; (*Kaninchen~*) hutch; (*Kuh~*) cowshed, [cow] barn AM; (*Pferde~*) stable; (*Schweine~*) [pig]sty, [pig]pen AM
Stall·bur·sche *m* groom
Stal·lung <-, -en> *f meist pl* stables *pl*
Stamm <-[e]s, Stämme> [ʃtam, *pl* ˈʃtɛmə] *m* ❶ (*Baumstamm*) [tree] trunk ❷ LING stem ❸ (*Volksstamm*) tribe
Stamm·ak·tie *f* ordinary share, common stock AM **Stamm·baum** *m* family tree **Stamm·buch** *nt* family register
stam·meln [ˈʃtamln] *vi, vt* to stammer; ■ **das S~** stammering
stam·men [ˈʃtamən] *vi* ❶ (*gebürtig sein*) **aus Berlin ~** to come from Berlin; **woher ~ Sie?** where are you from [originally]? ❷ (*herrühren*) **aus dem 16. Jahrhundert ~** to date from the 16th century; **diese Unterschrift stammt nicht von mir** this signature isn't mine
Stamm·form *f* LING base form **Stamm·gast** *m* regular [guest] **Stamm·hal·ter** *m* son and heir **Stamm·haus** *nt* ÖKON parent company
stäm·mig [ˈʃtɛmɪç] *adj* sturdy
Stamm·knei·pe *f* local pub [*or* AM bar] **Stamm·kun·de, -kun·din** *m, f* regular [customer] **Stamm·lo·kal** *nt* local café/restaurant/bar **Stamm·platz** *m* regular seat **Stamm·tisch** *m* table reserved for the regulars **Stamm·wäh·ler(in)** *m(f)* loyal voter
Stamm·zel·le *f* MED stem cell **Stamm·zel·len·for·schung, Stamm·zell·for·schung** *f* MED stem cell research
stamp·fen [ˈʃtampfn̩] I. *vi* ❶ *haben* (*auf~*) to stamp [one's foot] ❷ *sein* ■ **irgendwohin ~** to stamp off somewhere II. *vt haben* ❶ (*fest~*) to tamp [down *sep*] ❷ (*zer~*) to mash
stand [ʃtant] *imp von* **stehen**
Stand <-[e]s, Stände> [ʃtant, *pl* ˈʃtɛndə] *m* ❶ (*das Stehen*) standing [position]; **einen sicheren ~ haben** to have a safe foothold; **aus dem ~** from a standing position ❷ (*Verkaufsstand*) stand; (*Messe~ a.*) booth; (*Markt~ a.*) stall BRIT ❸ (*Anzeige*) reading; **laut ~ des Barometers** according to the barometer [reading] ❹ *kein pl* (*Zustand*) state; **der ~ der Forschung** the level of research; **der neueste ~ der Technik** state of the art; **der ~ der Dinge** the [present] state of affairs; **sich auf dem neuesten ~ befinden** to be up-to-date ❺ (*Spielstand*) score ❻ SCHWEIZ (*Kanton*) canton ▸ **[bei jdm] einen schweren ~ haben** to have a hard time of it [with sb]; **aus dem ~ [heraus]** off the cuff
Stan·dard <-s, -s> [ˈʃtandart, 'st-] *m* standard
Stan·dard·aus·füh·rung *f* standard design
stan·dar·di·sie·ren* [ʃtandardiˈziːrən, st-] *vt* to standardize
Stan·dar·di·sie·rung <-, -en> *f* standardization
Stand·bild *nt* statue
Stand-by-Be·trieb [stɛndˈbaɪ-] *m*, **Stand-by-Mo·dus** *m* TECH standby; **im ~** on standby
Länd·chen <-s, -> [ˈʃtɛntçən] *nt* serenade; **jdm ein ~ bringen** to serenade sb
Stän·der <-s, -> [ˈʃtɛndɐ] *m* ❶ (*Gestell*) stand ❷ (*sl: erigierter Penis*) hard-on
Stän·de·rat *m* SCHWEIZ upper chamber (*of the Swiss parliament*)
Stan·des·amt *nt* registry office *esp* BRIT **stan·des·amt·lich** I. *adj* **eine ~e Bescheinigung** a certificate from the registry office; **eine ~e Heirat** a registry office wedding II. *adv* **sich ~ trauen lassen** to get married in a registry office, to be married by the Justice of the Peace AM **Stan·des·be·am·te(r)** *m dekl wie adj*, **-be·am·tin** *f* registrar **stan·des·ge·mäß** I. *adj* befitting one's social status *präd* II. *adv* ~ **heiraten** to marry within one's social class
stand·fest *adj* steady
Stand·fes·tig·keit *f kein pl* ❶ (*Stabilität*) stability *no pl* ❷ *s.* **Standhaftigkeit**
stand·haft I. *adj* steadfast II. *adv* steadfastly
Stand·haf·tig·keit <-> *f kein pl* steadfastness
stand·hal·ten [ˈʃtanthaltn̩] *vi irreg* ■ [**ei·ner S.** *dat*] ~ ❶ (*widerstehen*) to hold out against sth; **der Belastung von etw** *dat* ~ to put up with the strain of sth ❷ (*aushalten*) to endure sth
Stand·hei·zung *f* parking heater
stän·dig [ˈʃtɛndɪç] I. *adj* constant, permanent II. *adv* constantly, all the time
Stand·licht *nt kein pl* sidelights *pl* BRIT,

parking lights *pl* AM **Stand·ort** <-[e]s, -e> *m* ❶ (*Unternehmenssitz*) location ❷ (*Standpunkt*) position ❸ MIL garrison
Stand·ort·fak·tor *m* locational factor
Stand·ort·si·che·rung *f kein pl eines Betriebs* protection of a location
Stand·pau·ke *f* (*fam*) telling-off; **jdm eine ~ halten** to give sb a telling-off
Stand·punkt *m* ❶ (*Meinung*) [point of] view, standpoint; **etw von einem anderen ~ aus betrachten** to see sth from a different point of view; [**in etw** *dat*] **einen anderen ~ vertreten** to take a different [point of] view [of sth]; **den ~ vertreten, dass ...** to take the view that ... ❷ (*Beobachtungsplatz*) vantage point, viewpoint
Stand·recht <-[e]s> *nt kein pl* MIL martial law **stand·recht·lich** *adv* summarily
Stand·spur *f* hard shoulder BRIT, shoulder AM **Stand·uhr** *f* grandfather clock
Stan·ge <-, -n> ['ʃtaŋə] *f* ❶ (*Stab*) pole; (*kürzer*) rod ❷ (*Metall~*) bar ❸ (*mehrere Zigarettenschachteln*) carton ▶ **eine** [**schöne**] **~ Geld** (*fam*) a pretty penny; **bei der ~ bleiben** to stick at it; **jdn bei der ~ halten** to keep sb at it; **von der ~** (*fam*) off the peg [*or* AM rack]
Stän·gel^RR <-s, -> ['ʃtɛŋl] *m* stalk, stem
Stan·gen·brot *nt* French loaf **Stan·gen·sel·le·rie** *m o f kein pl* celery *no pl, no indef art* **Stan·gen·wa·re** *f kein pl* off-the-peg clothing
stank [ʃtaŋk] *imp von* **stinken**
stän·kern ['ʃtɛŋkɐn] *vi* to stir things up
Stan·ni·ol <-s, -e> [ʃta'ni̯oːl] *nt* silver foil
Stan·ni·ol·pa·pier *nt* silver paper
stan·zen ['ʃtantsn̩] *vt* ❶ (*aus~*) to press ❷ (*ein~*) **Löcher in etw** *akk* ~ to punch holes in sth
Sta·pel <-s, -> ['ʃtaːpl̩] *m* ❶ (*geschichteter Haufen*) stack; (*unordentlicher Haufen*) pile; *Wäsche* mound ❷ NAUT **vom ~ laufen** to be launched ▶ **etw vom ~ lassen** (*fam*) to come out with sth
Sta·pel·lauf *m* NAUT launch[ing]
sta·peln ['ʃtaːpl̩n] I. *vt* to stack II. *vr* ■ **sich ~** to pile up
stap·fen ['ʃtapfn̩] *vi sein* ■ **durch etw** *akk* ~ to tramp through sth
Star¹ <-[e]s, -e> [ʃtaːɐ̯, ʃt-] *m* ❶ (*Vogel*) starling ❷ MED **grauer ~** grey cataract; **grüner ~** glaucoma
Star² <-s, -s> [ʃtaːɐ̯] *m* (*Berühmtheit*) star
starb [ʃtarp] *imp von* **sterben**
stark <stärker, stärkste> [ʃtark] I. *adj* ❶ (*kräftig*) strong ❷ (*mächtig*) powerful, strong ❸ (*dick*) thick ❹ *Hitze, Kälte* severe; *Regen* heavy; *Strömung* strong; *Sturm* violent ❺ *Erkältung* bad ❻ *Schlag* hard; *Druck* high ❼ *Gefühle, Schmerzen* intense; *Bedenken* considerable; *Liebe* deep ❽ (*leistungsfähig*) powerful ❾ *Medikamente, Schnaps* strong ❿ (*zahlenstark*) **120 Mann** ~ 120 strong; **ein 500 Seiten ~es Buch** a book of 500 pages ⓫ (*fam: hervorragend*) great II. *adv* ❶ (*heftig*) a lot; ~ **regnen** to rain heavily ❷ (*erheblich*) ~ **beschädigt** badly damaged; ~ **bluten** to bleed profusely; ~ **erkältet sein** to have a bad cold; ~ **gewürzt** highly spiced ❸ (*in höherem Maße*) greatly, a lot; ~ **übertreiben** to greatly exaggerate; ~ **vertreten** strongly represented
Stär·ke <-, -n> ['ʃtɛrkə] *f* ❶ (*Kraft*) strength ❷ (*Macht*) power ❸ (*Dicke*) thickness ❹ (*zahlenmäßiges Ausmaß*) size; *einer Armee* strength; *einer Partei* numbers *pl* ❺ (*Fähigkeit*) **jds ~ sein** to be sb's strong point ❻ CHEM starch
stär·ken ['ʃtɛrkn̩] I. *vt* to strengthen II. *vi* ■ ~ **d** fortifying III. *vr* ■ **sich ~** to take some refreshment
stark|ma·chen *vr* ▶ **sich für jdn/etw ~** (*fam*) to stand up for sb/sth
Stark·strom *m* heavy current **Stark·strom·ka·bel** *nt* power cable **Stark·strom·lei·tung** *f* power line
Stär·kung <-, -en> *f* ❶ *kein pl* (*das Stärken*) strengthening *no pl* ❷ (*Kräftigung*) refreshment
Stär·kungs·mit·tel *nt* tonic
starr [ʃtar] I. *adj* ❶ (*steif*) rigid ❷ (*erstarrt*) stiff; ■ ~ **vor etw** *dat* paralyzed with sth; ~ **vor Kälte** numb with cold; ~**er Blick** [fixed] stare ❸ (*rigide*) inflexible; *Haltung* unbending II. *adv* ❶ (*bewegungslos*) **etw ~ ansehen** to stare at sth ❷ (*rigide*) ~ **an etw** *dat* **festhalten** to hold rigidly to sth
Star·re <-> ['ʃtarə] *f kein pl* immovability *no pl*; (*Leichen~*) stiffness *no pl*
star·ren ['ʃtarən] *vi* ❶ (*starr blicken*) to stare ❷ (*bedeckt sein*) **vor Dreck ~** to be thick with dirt
Starr·heit <-> *f kein pl* intransigence *no pl*
starr·köp·fig *adj s.* **starrsinnig Starr·sinn** *m* stubbornness *no pl* **starr·sin·nig** *adj* stubborn
Start <-s, -s> [ʃtart, start] *m* ❶ LUFT take-off; RAUM lift-off, launch ❷ SPORT start; **am ~ sein** (*von Läufern*) to be on the starting line; (*von Rennwagen*) to be on the starting grid ❸ (*Beginn*) start; *Projekt* launch[ing]
Start·bahn *f* LUFT [take-off] runway **start·be·reit** *adj* ❶ LUFT ready for take-off *pred*

❷ SPORT ready to go *pred* **Start·block** *m* SPORT starting block; (*Schwimmen*) starting platform

star·ten ['ʃtartn̩, 'st-] **I.** *vi sein* ❶ LUFT to take off; RAUM to lift off ❷ SPORT to start; **die Läufer sind gestartet!** the runners are off!; ■ **für jdn/etw ~** to participate for sb/sth ❸ (*beginnen*) to start; *Projekt* to be launched **II.** *vt haben* ❶ *Auto* to start; *Computer* to initialize, to boot [up *sep*]; INFORM *Programm* to run ❷ (*abschießen*) to launch ❸ (*beginnen lassen*) to launch, to start

Start·er·laub·nis *f* clearance for take-off; **jdm ~ geben** to clear sb for take-off **Start·hil·fe** *f* ❶ (*Zuschuss*) initial aid ❷ AUTO **jdm ~ geben** to give sb a jump start **Start·hil·fe·ka·bel** *nt* jump leads *pl*, jumper cables *pl* AM **Start·ka·pi·tal** *nt* starting capital **start·klar** *adj s.* **startbereit Start·li·nie** *f* starting line **Start·num·mer** *f* [starting] number **Start·pha·se** *f* start-up phase **Start·schuss**[RR] *m* starting signal ▶ **den ~ [für etw] geben** to give [sth] the green light

Sta·si <-> ['ʃta:zi] *f kein pl kurz für* **Staatssicherheit(sdienst)** *state security service of the former GDR*

Sta·tik <-> ['ʃta:tɪk, 'st-] *f* ❶ *kein pl* (*Stabilität*) stability *no pl* ❷ *kein pl* PHYS statics + *sing vb*

Sta·ti·on <-, -en> [ʃta'tsi̯oːn] *f* ❶ (*Haltestelle*) stop ❷ (*Aufenthalt*) stopover; **~ machen** to have a rest ❸ (*Klinikabteilung*) ward ❹ (*Sender*) station ❺ METEO, SCI station

sta·ti·o·när [ʃtatsi̯oˈnɛːɐ̯] **I.** *adj* ❶ MED in-patient *attr*; **ein ~er Aufenthalt** a stay in [AM the] hospital ❷ (*örtlich gebunden*) stationary **II.** *adv* MED in [AM the] hospital; **jdn ~ behandeln** to treat sb in hospital

sta·ti·o·nie·ren* [ʃtatsi̯oˈniːrən] *vt* ❶ (*installieren*) to station ❷ (*aufstellen*) to deploy

Sta·ti·o·nie·rung <-, -en> *f* ❶ (*das Installieren*) stationing, posting ❷ (*Aufstellung*) deployment

Sta·ti·ons·arzt, -ärz·tin *m, f* ward doctor **Sta·ti·ons·schwes·ter** *f* ward sister BRIT, senior nurse AM

sta·tisch ['ʃtaːtɪʃ, 'st-] *adj* ❶ BAU, ELEK static ❷ (*keine Entwicklung aufweisend*) in abeyance *pred*

Sta·tist(in) <-en, -en> [ʃtaˈtɪst] *m(f)* FILM extra; THEAT supernumerary

Sta·tis·tik <-, -en> [ʃtaˈtɪstɪk] *f* statistics + *sing vb*

Sta·tis·ti·ker(in) <-s, -> [ʃtaˈtɪstikɐ] *m(f)* statistician

Sta·tis·tin <-, -nen> *f fem form von* **Statist**

sta·tis·tisch [ʃtaˈtɪstɪʃ] **I.** *adj* statistical; **~e Zahlen** statistics **II.** *adv* statistically; **etw ~ erfassen** to make a statistical survey of sth

Sta·tiv <-s, -e> [ʃtaˈtiːf, *pl* ʃtaˈtiːvə] *nt* tripod

statt [ʃtat] **I.** *präp* +*gen* ■ **~ jds/einer S.** instead of sb/sth **II.** *konj* (*anstatt*) ■ **~ etw zu tun** instead of doing sth

Statt <-> [ʃtat] *f kein pl* ■ **an jds ~** in sb's place

statt·des·sen[RR] *adv* instead

Stät·te <-, -n> ['ʃtɛtə] *f* place

statt·fin·den ['ʃtatfɪndn̩] *vi irreg* ❶ (*abgehalten werden*) to take place; *Veranstaltung a.* to be held ❷ (*sich ereignen*) to take place, to happen **statt|ge·ben** *vi irreg* (*geh*) **einem Antrag/Einspruch ~/nicht ~** to sustain/overrule a motion/an objection **Statt·hal·ter(in)** ['ʃtathaltɐ] *m(f)* HIST governor

statt·lich ['ʃtatlɪç] *adj* ❶ (*imposant*) imposing ❷ (*beträchtlich*) considerable

Sta·tue <-, -n> ['ʃtaːtu̯ə, 'st-] *f* statue

Sta·tur <-, -en> [ʃtaˈtuːɐ̯] *f* build; **von kräftiger ~ sein** to be of powerful stature

Sta·tus <-, -> ['ʃtaːtʊs, 'st-] *m* status, position

Sta·tus·sym·bol *nt* status symbol **Sta·tus·zei·le** *f* INFORM status line

Sta·tut <-[e]s, -en> [ʃtaˈtuːt] *nt meist pl* statute; *Verein a.* standing rules *pl*

Stau <-[e]s, -e *o* -s> [ʃtau̯] *m* ❶ (*Verkehrsstau*) traffic jam ❷ (*von beweglichen Massen*) build-up

Staub <-[e]s, -e *o* Stäube> [ʃtau̯p, *pl* 'ʃtɔy̯bə] *m kein pl* dust *no pl, no indef art*; **~ saugen** to vacuum, to hoover BRIT; **~ wischen** to dust; **zu ~ werden** to turn to dust ▶ **~ aufwirbeln** (*fam*) to kick up a lot of dust; **sich aus dem ~[e] machen** (*fam*) to clear off

Stau·be·cken *nt* [catchment] reservoir [*or* AM basin]

stau·ben ['ʃtau̯bn̩] *vi impers* **bei etw** *dat* **staubt es sehr** sth makes a lot of dust

Staub·fän·ger <-s, -> *m* dust collector **Staub·ge·fäß** *nt* BOT stamen

stau·big ['ʃtau̯bɪç] *adj* dusty

Staub·korn <-körner> *nt* speck of dust **Staub·par·ti·kel** *f meist pl* dust particle **staub·sau·gen** <*pp* staubgesaugt> *vi, vt* to vacuum, to hoover BRIT **Staub·sau·ger** *m* vacuum [cleaner], hoover BRIT **Staub·tuch** *nt* duster **Staub·wol·ke** *f* cloud of dust

Stau·damm *m* dam

Stau·de <-, -n> ['ʃtaudə] *f* HORT perennial [plant]

Stau·den·sel·le·rie *m o f kein pl* celery *no pl, no indef art*

stau·en ['ʃtauən] **I.** *vt* to dam [up *sep*] **II.** *vr* ■ **sich ~ ❶** (*sich anstauen*) to collect; (*von Wasser a.*) to rise ❷ (*Schlange bilden*) to pile up

Stau·mel·dung *f* traffic news + *sing vb*, traffic jam information [*or* report]

stau·nen ['ʃtaunən] *vi* to be astonished (**über** at); **da staunst du, was?** you weren't expecting that, were you?

Stau·nen <-s> ['ʃtaunən] *nt kein pl* astonishment *no pl*, amazement *no pl*

Stau·raum *m* cargo space, storage capacity

Stau·see *m* reservoir

Stau·ung <-, -en> *f* ❶ (*Verkehrsstau*) traffic jam ❷ *kein pl* (*das Anstauen*) build-up

Steak <-s, -s> [steːk, ʃteːk] *nt* steak

ste·chen <sticht, stach, gestochen> ['ʃtɛçn̩] **I.** *vi* ❶ (*pieksen*) to prick; *Werkzeug* to be sharp ❷ (*von Insekten*) to sting; *Mücken* to bite ❸ (*mit spitzem Gegenstand eindringen*) to stab ❹ KARTEN to take the trick **II.** *vt* ■ **jdn ~** to stab sb **III.** *vr* ■ **sich ~** to prick oneself (**an** on)

ste·chend *adj* ❶ (*scharf*) sharp ❷ (*durchdringend*) piercing ❸ (*beißend*) acrid

Stech·gins·ter *m* BOT gorse, furze **Stech·kar·te** *f* time [*or* BRIT clocking] card **Stech·mü·cke** *f* gnat, midge; ([*sub*]*tropisch*) mosquito **Stech·pal·me** *f* holly **Stech·uhr** *f* time clock, telltale BRIT

Steck·brief *m* "wanted" poster **Steck·do·se** *f* [wall] socket, electrical outlet AM **Steck·do·sen·leis·te** *f* power strip, extension block

ste·cken ['ʃtɛkn̩] **I.** *vi* <steckte *o geh* stak, gesteckt> ❶ (*festsitzen*) to be [sticking] in sth; ■ **zwischen/in etw** *dat* **~** to be stuck between/in sth; **~ bleiben** to get stuck ❷ (*eingesteckt sein*) ■ **hinter/in/zwischen etw** *dat* **~** to be behind/in/among sth; **den Schlüssel ~ lassen** to leave the key in the lock ❸ (*verborgen sein*) **wo hast du denn gesteckt?** (*fam*) where have you been [hiding]?; **wo steckt er denn bloß wieder?** (*fam*) where has he got to again? ❹ (*verwickelt sein in*) [**tief**] **in der Arbeit ~** to be bogged down in [one's] work; **in einer Krise ~** to be in the throes of a crisis; **in Schwierigkeiten ~** to be in difficulties ❺ (*stocken*) **~ bleiben** to falter **II.** *vt* <steckte, gesteckt> ❶ (*schieben*) ■ **etw hinter/in/unter etw** *akk* **~** to put sth behind/in[to]/under sth; **sich** *dat* **einen Ring an den Finger ~** to slip a ring on one's finger ❷ (*fam: befördern*) **jdn ins Bett ~** to put sb to bed; **jdn ins Gefängnis ~** to stick sb in prison ❸ (*fam: investieren*) ■ **etw in etw** *akk* **~** to put sth into sth; **viel Zeit in etw** *akk* **~** to devote a lot of time to sth ❹ (*sl: verraten*) ■ **jdm etw ~** to tell sb sth

Ste·cken·pferd *nt* (*fig a.*) hobby horse

Ste·cker <-s, -> *m* plug

Steck·ling <-s, -e> ['ʃtɛklɪŋ] *m* HORT cutting

Steck·na·del *f* pin ▶ **eine ~ im Heuhaufen suchen** to look for a needle in a haystack **Steck·rü·be** *f* swede, rutabaga AM

Steg <-[e]s, -e> [ʃteːk] *m* ❶ (*schmale Holzbrücke*) footbridge ❷ (*Boots~*) landing stage, jetty

Steg·reif ['ʃteːkraif] *m* ■ **etw aus dem ~ tun** to do sth off the cuff

Steh·auf·männ·chen [ʃteːʔaufmɛnçən, 'ʃteːʔauf-] *nt* tumbler

Steh·ca·fé *nt* stand-up cafe

ste·hen <stand, gestanden> ['ʃteːən] **I.** *vi haben o* SÜDD, ÖSTERR, SCHWEIZ *sein* ❶ (*in aufrechter Stellung sein*) to stand ❷ (*hingestellt sein*) to be; **~ bleiben** to be left [behind]; **~ lassen** to leave; (*nicht anfassen*) to leave sth where it is; (*vergessen*) to leave sth behind; **alles ~ und liegen lassen** to drop everything ❸ (*gedruckt sein*) ■ [**auf/in etw** *dat*] **~** to be [on/in sth]; **wo steht das?** where does it say that?; **was steht in seinem Brief?** what does his letter say? ❹ (*nicht mehr in Betrieb sein*) to have stopped; (*von Maschine a.*) to be at a standstill; **zum S~ kommen** to come to a stop ❺ (*anhalten*) ■ **auf/in etw** *dat* **~** to be parked on/in sth; **~ bleiben** to stop ❻ (*nicht verzehren*) **~ bleiben** to be left untouched; **etw ~ lassen** to leave sth untouched ❼ (*von etw betroffen sein*) **unter Drogen ~** to be under the influence of drugs; **unter Schock ~** to be in a state of shock ❽ (*passen zu*) **jdm** [**gut/nicht**] **~** to suit sb [well]/to not suit sb ❾ (*einen bestimmten Spielstand haben*) **wie steht das Spiel?** what's the score? ❿ (*allein lassen*) **jdn einfach ~ lassen** to walk out on sb ⓫ (*fam: fest sein*) to be finally settled; (*fertig sein*) to be ready ⓬ (*an etw festhalten*) ■ **zu etw** *dat* **~** to stand by sth ⓭ (*zu jdm halten*) ■ **zu jdm ~** to stand by sb ⓮ (*stellvertretend eingesetzt sein*) ■ **für etw** *akk* **~** to stand for sth ⓯ (*eingestellt sein*) **wie ~ Sie dazu?** what are your views on it? ⓰ (*unterstützen*) ■ **hinter jdm/etw ~** to be behind sb/sth ⑰ (*anzeigen*) ■ **auf etw** *dat* ~ to be at sth; **die Ampel steht auf Rot** the traffic light is red ⑱ (*sl: gut finden*) ■ **auf jdn** ~ to be mad about sb; **stehst du auf Techno?** are you into techno? ▶ **mit jdm/etw ~ und fallen** to depend on sb/sth; **jdm steht etw bis hier** (*fam*) sb is fed up with sth **II.** *vi impers* ❶ (*sich darstellen*) **es steht gut/schlecht** it's looking good/bad; **wie steht es bei euch?** how are things with you? ❷ (*bestellt sein*) **es steht gut/schlecht um jdn/etw** things look good/bad for sb/sth; (*gesundheitlich*) sb is doing well/badly

ste·hend *adj attr* stagnant

Steh·kra·gen *m* stand-up collar **Steh·lam·pe** *f* floor lamp

steh·len <stahl, gestohlen> ['ʃteːlən] **I.** *vt*, *vi* to steal; **es wird dort viel gestohlen** there's a lot of stealing there; ■ **das S~** stealing ▶ **das kann mir gestohlen bleiben!** (*fam*) to hell with it! **II.** *vr* to sneak; ■ **sich von etw** *dat* ~ to steal away from sth

Steh·ver·mö·gen *nt kein pl* staying power *no pl, no indef art*

Stei·er·mark <-> ['ʃtaɪɐmark] *f* ■ **die ~** Styria

steif [ʃtaɪf] *adj* ❶ (*starr*) stiff; *Begrüßung* formal ❷ (*erigiert*) erect ▶ **~ und fest** obstinately

steif|hal·ten *vt* ▶ **die Ohren ~** to keep one's chin up

Steif·heit <-, -> *f kein pl* ❶ (*Festigkeit, Unbeweglichkeit*) stiffness *no pl* ❷ (*fig: Förmlichkeit*) formality

Steig·bü·gel ['ʃtaɪk-] *m* stirrup

Stei·ge <-, -n> ['ʃtaɪɡə] *f* DIAL ❶ (*steile Straße*) steep track ❷ *s.* **Stiege**

Steig·ei·sen *nt* ❶ (*für Schuhe*) climbing iron; (*Bergsteigen*) crampon ❷ (*an Mauern*) step iron, rung [set into a wall]

stei·gen <stieg, gestiegen> ['ʃtaɪɡn̩] **I.** *vi sein* ❶ (*klettern*) to climb; **durchs Fenster ~** to climb through the window; ■ **auf etw** *akk* ~ to climb [up] sth ❷ (*be~*) ■ **auf etw** *akk* ~ to get on[to] sth ❸ (*ein~*) ■ **in etw** *akk* ~ to get into sth; **in einen Zug ~** to get on a train ❹ (*aus~*) ■ **aus etw** *dat* ~ to get out of sth; **aus einem Bus ~** to get off a bus ❺ (*ab~*) ■ **von etw** *dat* ~ to get off sth ❻ (*sich aufwärtsbewegen*) to rise [up]; **das Blut stieg ihm ins Gesicht** the blood rushed to his face; **der Sekt ist mir zu Kopf gestiegen** the sparkling wine has gone to my head; ■ **etw ~ lassen** to fly sth ❼ *Achtung* to rise; *Flut* to swell; *Preis, Wert* to increase; *Temperatur* to climb ❽ (*sich intensivieren*) to increase; (*von Spannung, Ungeduld, a.*) to mount **II.** *vt* **Treppen ~** to climb [up] stairs

stei·gend *adj* ❶ (*sich erhöhend*) *Preise, Löhne* rising ❷ (*sich intensivierend*) *Spannung, Ungeduld* mounting ❸ *Flugzeug, Straße* climbing

stei·gern ['ʃtaɪɡɐn] **I.** *vt* ❶ (*erhöhen*) to increase (**auf** to, **um** by) ❷ (*verbessern*) to improve **II.** *vr* ❶ (*sich intensivieren*) ■ **sich ~** to increase; *Spannung a.* to mount ❷ (*seine Leistung verbessern*) ■ **sich ~** to improve ❸ (*sich hineinsteigern*) ■ **sich in etw** *akk* ~ to work oneself [up] into sth

Stei·ge·rung <-, -en> *f* ❶ (*Erhöhung*) increase (+*gen* in), rise (+*gen* in) ❷ (*Verbesserung*) improvement (+*gen* to)

Stei·gung <-, -en> *f* ❶ (*ansteigende Strecke*) ascent ❷ (*Anstieg*) slope; **eine ~ von zehn Prozent** a gradient of ten per cent

steil [ʃtaɪl] **I.** *adj* ❶ (*stark abfallend/ansteigend*) steep ❷ (*sehr rasch*) rapid; **ein ~er Aufstieg** a rapid rise **II.** *adv* steeply

Steil·hang *m* steep slope **Steil·küs·te** *f* steep coast

Stein <-[e]s, -e> [ʃtaɪn] *m* ❶ (*Gesteinsstück*) stone, rock AM ❷ (*Obstkern*) stone ❸ (*Spiel~*) piece ▶ **bei jdm einen ~ im Brett haben** (*fam*) to be well in with sb; **mir fällt ein ~ vom Herzen!** that's [taken] a load off my mind!; **den ~ ins Rollen bringen** (*fam*) to start the ball rolling; **jdm ~e in den Weg legen** to put a spoke in sb's wheel BRIT; **keinen ~ auf dem anderen lassen** to leave no stone standing

Stein·ad·ler *m* golden eagle **stein·alt** ['ʃtaɪnˈʔalt] *adj* ancient; ■ **~ sein** to be as old as Methuselah **Stein·bock** *m* ❶ ZOOL ibex ❷ ASTROL Capricorn **Stein·bruch** *m* quarry **Stein·butt** *m* turbot **Stein·ei·che** *f* holm oak

stei·nern ['ʃtaɪnɐn] *adj* stone *attr,* [made] of stone *pred*

Stei·ne·wer·fer(in) *m(f)* JUR (*fam*) stone-thrower

Stein·frucht *f* stone fruit **Stein·fuß·bo·den** *m* stone floor **Stein·gut** *nt kein pl* earthenware *no pl, no indef art* **stein·hart** ['ʃtaɪnˈhart] *adj* rock-hard, [as] hard as [a] rock *pred*

stei·nig ['ʃtaɪnɪç] *adj* stony

stei·ni·gen ['ʃtaɪnɪɡn̩] *vt* to stone

Stein·koh·le *f kein pl* hard coal **Stein·koh·len·berg·werk** *nt* coal mine **Stein·mar·der** *m* ZOOL stone marten **Stein·metz(in)** <-en, -en> ['ʃtaɪnmɛts] *m(f)* stonemason **Stein·obst** nt stone fruit[s pl] **Stein·pilz** m cep **stein·reich** ['ʃtaɪnˌraɪç] adj stinking rich **Stein·schlag** m rockfall[s pl] **Stein·zeit** f kein pl ▪ **die ~** the Stone Age; **der Mensch der ~** Stone Age man

Steiß <-es, -e> ANAT coccyx
Steiß·bein nt ANAT coccyx
Ste·le <-, -n> ['ʃteːlə, 'stɛːlə] f stele
Ste·len·feld ['ʃteːlən-, 'stɛːlən-] nt ▪ **das ~** (das Holocaustmahnmal in Berlin) the Field of Stelae
Stell·dich·ein <-[s], -[s]> ['ʃtɛldɪçʔaɪn] nt **sich** dat **ein ~ geben** to come together
Stel·le <-, -n> ['ʃtɛlə] f ❶ (Platz) place; (genauer) spot; **an dieser ~** in this place; (genauer) on this spot; (fig) at this point; **eine ~ im Wald** a place in the woods; **auf der ~ laufen** to run on the spot; **sich nicht von der ~ rühren** to not move; **schwache ~** (fig) weak point; **eine undichte ~** (fig fam) a leak; **an anderer ~** elsewhere; **an erster/zweiter ~** in the first/second place ❷ (umrissener Bereich) spot; **fettige/rostige ~** grease/rust spot ❸ (im Buch) place; (Verweis) reference; (Abschnitt) passage ❹ MATH digit; **eine Zahl mit sieben ~n** a seven-digit number; **etw auf fünf ~n hinter dem Komma berechnen** to calculate sth to five decimal places ❺ (Posten) place; **an jds ~ treten** to take sb's place; (eines Spielers) to sub sb; **ich gehe an Ihrer ~** I'll go in your place; **an ~ von etw** dat instead of sth; (Lage) position; **an deiner ~ würde ich ...** in your position I would ... ❻ (Arbeitsplatz) job; **eine freie ~** a vacancy; **offene ~n** (in der Zeitung) situations vacant ▶ **zur ~ sein** to be on the spot; **auf der ~ treten** to not make any progress; **auf der ~** at once; **er war auf der ~ tot** he died immediately

stel·len ['ʃtɛlən] I. vt ❶ (hin~, ab~) to put; **das Auto in die Garage ~** to put the car in the garage; **den Wein kalt ~** to chill the wine ❷ (aufrecht hin~) to stand [up] ❸ (ein~) **die Heizung höher/kleiner ~** to turn up/down sep the heating [or AM heater]; **den Fernseher lauter/leiser ~** to turn up/down the television sep; **etw auf volle Lautstärke ~** to turn sth up [at] full blast; **den Wecker auf 7 Uhr ~** to set the alarm for 7 o'clock ❹ (zur Aufgabe zwingen) **jdn ~** to hunt down sep ❺ (vorgeben) Aufgabe to set; Bedingungen to make; [jdm] **eine Frage ~** to ask [sb] a question ❻ (richten) **einen Antrag ~** to put forward a motion; **Forderungen ~** to make demands ❼ (konfrontieren) ▪ **jdn vor etw** akk **~** to confront sb with sth; **jdn vor ein Rätsel ~** to baffle sb ❽ (arrangieren) to set up sep; **dieses Foto wirkt gestellt** this photo looks posed ❾ (zur Verfügung ~) ▪ [jdm] **etw ~** to provide [sb with] sth ▶ **auf sich** akk **selbst gestellt sein** to have to fend for oneself II. vr ❶ (sich hin~) ▪ **sich ~** to take up position ❷ (entgegentreten) ▪ **sich jdm/einer S. ~** to face sb/sth ❸ (Position ergreifen) ▪ **sich gegen etw** akk **~** to oppose sth; ▪ **sich hinter jdn ~** to support sb; ▪ **sich vor jdn ~** to stand up for sb ❹ (sich melden) ▪ **sich [jdm] ~** to turn oneself in [to sb] ❺ (etw vorgeben) **sich ahnungslos ~** to play the innocent; **sich dumm ~** to act stupid [or AM dumb]; **sich tot ~** to pretend to be dead

Stel·len·an·ge·bot nt job offer; **"~e"** "situations vacant"; **jdm ein ~ machen** to offer sb a job **Stel·len·an·zei·ge** f job advertisement [or fam ad] **Stel·len·aus·schrei·bung** f job advertisement **Stel·len·be·schrei·bung** f job description **Stel·len·ge·such** nt employment wanted advertisement **Stel·len·ver·mitt·lung** f ❶ (das Vermitteln einer Arbeitsstelle) finding of jobs ❷ (Einrichtung zur Vermittlung von Arbeitsstellen) employment agency **stel·len·wei·se** adv in [some] places **Stel·len·wert** m status no art, no pl; [**für jdn**] **einen bestimmten ~ haben** to be of particular importance to sb
Stell·platz m parking space
Stel·lung <-, -en> f ❶ (Arbeitsplatz) job ❷ (Rang) position ❸ (Körperhaltung) position ❹ (Position) position; **in ~ gehen** to take up position; **die ~ halten** to hold the fort ❺ (Standpunkt) **~ zu etw** dat **beziehen** to take a stand on sth; **~ zu etw** dat **nehmen** to express an opinion on sth
Stel·lung·nah·me <-, -n> f statement; **eine ~ [zu etw** dat] **abgeben** to make a statement [about sth]
stell·ver·tre·tend I. adj attr (vorübergehend) acting attr; (zweiter) deputy attr II. adv ▪ **~ für jdn** on sb's behalf; ▪ **~ für etw** akk **sein** to stand for sth **Stell·ver·tre·ter(in)** m(f) deputy **Stell·ver·tre·tung** f (Stellvertreter) deputy; **die ~ von jdm übernehmen** to deputize for sb; **in jds ~** dat on sb's behalf **Stell·werk** nt BAHN signal box [or AM tower]
Stel·ze <-, -n> ['ʃtɛltsə] f ❶ (hölzerne ~) stilt ❷ ORN wagtail

stel·zen ['ʃtɛltsn̩] *vi sein* (*auf Stelzen gehen*) to walk on stilts; (*staksen*) to stalk
Stelz·vo·gel *m* ORN wader
Stemm·ei·sen *nt* chisel
stem·men ['ʃtɛmən] **I.** *vt* ❶ (*hochdrücken*) to lift ❷ (*stützen*) **die Arme in die Seiten ~** to put one's hands on one's hips; **die Füße gegen etw** *akk* **~** to brace one's feet against sth **II.** *vr* ◼ **sich gegen etw** *akk* **~** to brace oneself against sth
Stem·pel <-s, -> ['ʃtɛmpl̩] *m* ❶ (*Gummi~*) [rubber-] stamp ❷ (*~abdruck*) stamp; **der Brief trägt den ~ vom 23.5.** the letter is stamped 23/5 ❸ (*Punzierung*) hallmark ▶ **etw** *dat* **seinen ~ aufdrücken** to leave one's mark on sth
Stem·pel·far·be *f* [stamp-pad] ink **Stem·pel·kis·sen** *nt* stamp pad
stem·peln ['ʃtɛmpl̩n] *vt, vi* to stamp ▶ **~ gehen** (*veraltend fam*) to be on the dole BRIT
Stem·pel·uhr *f* time clock
Sten·gel^{ALT} <-s, -> ['ʃtɛŋl̩] *m s.* **Stängel**
Ste·no <-> ['ʃte:no] *f kein pl* (*fam*) *Abk von* **Stenografie**
Ste·no·graf(in) <-en, -en> [ʃteno'graːf] *m(f)* shorthand typist BRIT, stenographer AM
Ste·no·gra·fie <-, -n> [ʃtenogra'fiː] *f* shorthand *no art, no pl*, stenography *no art, no pl* AM
ste·no·gra·fie·ren* [ʃtenogra'fiːrən] **I.** *vt* to take down sth *sep* in shorthand **II.** *vi* to do shorthand
Ste·no·gra·fin <-, -nen> *f fem form von* **Stenograf**
Ste·no·gramm <-gramme> [ʃteno'gram] *nt* text in shorthand
Ste·no·graph(in) <-en, -en> [ʃteno'graːf] *m(f) s.* **Stenograf**
Ste·no·gra·phie <-, -n> [ʃtenogra'fiː] *f s.* **Stenografie**
ste·no·gra·phie·ren* [ʃtenogra'fiːrən] *vt, vi s.* **stenografieren**
Ste·no·gra·phin <-, -nen> *f fem form von* **Stenograph**
Ste·no·ty·pist(in) <-en, -en> [ʃtenoty'pɪst] *m(f)* shorthand typist BRIT, stenographer AM
Stepp^{RR} <-s, -s> [ʃtɛp, stɛp] *m* tap [dance]
Stepp·de·cke *f esp* BRIT duvet, comforter AM
Step·pe <-, -n> ['ʃtɛpə] *f* steppe
step·pen¹ ['ʃtɛpn̩, 'st-] *vt* (*nähen*) to backstitch
step·pen² ['ʃtɛpn̩, 'st-] *vi* to tap-dance
Step·per <-s, -> ['ʃtɛpɐ] *m* step[ping] machine

Stepp·tanz^{RR} ['ʃt-, 'st-] *m*, **Step·tanz**^{ALT} ['ʃt-, 'st-] *m* tap dance
Ster·be·be·glei·ter(in) <-s, -> *m(f)* carer for the terminally ill **Ster·be·be·glei·tung** *f kein pl* care for the terminally ill **Ster·be·bett** *nt* deathbed **Ster·be·fall** *m* fatality **Ster·be·hil·fe** *f kein pl* euthanasia *no art, no pl*
ster·ben <starb, gestorben> ['ʃtɛrbn̩] *vi sein* ❶ (*aufhören zu leben*) to die (**an** of); **mein Großonkel ist gestorben** my great uncle died; **daran wirst du [schon] nicht ~!** (*hum fam*) it won't kill you! ❷ (*vergehen*) ◼ **vor etw** *dat* **~** to be dying of sth ▶ **gestorben sein** (*aufgegeben worden sein*) to be shelved; **für jdn ist jd/etw gestorben** sb is finished with sb/sth
Ster·bens·wort ['ʃtɛrbn̩sˌvɔrt] *nt*, **Ster·bens·wört·chen** ['ʃtɛrbn̩sˌvœrtçən] *nt* **kein ~** not a [single] word
Ster·be·ra·te *f* death rate **Ster·be·ur·kun·de** *f* death certificate
sterb·lich ['ʃtɛrplɪç] *adj* (*geh*) mortal
Sterb·lich·keit <-> *f kein pl* mortality
Sterb·lich·keits·zif·fer *f* mortality rate
Ste·reo <-> ['ʃteːreo, 'st-] *nt kein pl* stereo *no art, no pl*
Ste·reo·an·la·ge *f* stereo [system]
Ste·reo·skop <-s, -e> [ʃtereosko:p, st-] *nt* stereoscope
ste·reo·typ [ʃtereo'tyːp, st-] **I.** *adj* stereotype *attr*, stereotypical **II.** *adv* stereotypically
Ste·reo·typ <-s, -e> [ʃtereo'tyːp, st-] *nt* stereotype
ste·ril [ʃte'riːl, st-] *adj* ❶ (*keimfrei*) sterile ❷ (*unfruchtbar*) infertile
Ste·ri·li·sa·ti·on <-, -en> [ʃteriliza'tsi̯oːn, st-] *f* sterilization
ste·ri·li·sie·ren* [ʃterili'ziːrən] *vt* to sterilize; ◼ **sich ~ lassen** to get sterilized
Ste·ri·li·tät <-> [ʃterili'tɛːt, st-] *f kein pl* ❶ (*Keimfreiheit*) sterility *no art, no pl* ❷ (*Unfruchtbarkeit*) infertility *no art, no pl*
Stern <-[e]s, -e> [ʃtɛrn] *m* star ▶ **jdm die ~e vom Himmel holen** to go to the ends of the earth and back again for sb; **nach den ~en greifen** to reach for the stars; **~e sehen** (*fam*) to see stars; **in den ~en stehen** to be written in the stars
Stern·bild *nt* constellation
Stern·chen <-s, -> *nt dim von* **Stern** ❶ (*kleiner Stern*) little [*or* small] star ❷ TYPO asterisk, star
Ster·nen·him·mel *m* starry sky **ster·nen·klar** *adj* starry *attr*, starlit
Stern·frucht *f* star-fruit
Stern·gu·cker(in) *m(f)* (*hum fam*) star-

sternhagelblau → Stichhaltigkeit

gazer **stern·ha·gel·blau, stern·ha·gel·voll** ['ʃtɛrn'haːgl̩'fɔl] *adj* (*sl*) plastered *fam*, pissed BRIT **stern·klar** ['ʃtɛrnklaːɐ̯] *adj* starlit, starry **Stern·schnup·pe** <-, -n> *f* shooting star **Stern·sin·ger(in)** *m(f)* carol singer **Stern·stun·de** *f* ■ jds ~ sb's great moment **Stern·war·te** *f* observatory **Stern·zei·chen** *nt* [star] sign
stet [ʃteːt] *adj attr s.* **stetig**
Ste·tho·skop <-s, -e> [ʃteto'skoːp] *nt* stethoscope
ste·tig ['ʃteːtɪç] *adj* steady
Ste·tig·keit <-> *f kein pl* ❶ (*Beständigkeit*) steadiness *no pl* ❷ MATH continuousness *no pl*
stets [ʃteːts] *adv* at all times
Steu·er[1] <-s, -> ['ʃtɔyɐ] *nt* ❶ AUTO [steering] wheel; **hinterm ~ sitzen** (*fam*) to be behind the wheel ❷ NAUT helm; **am ~ stehen** to be at the helm
Steu·er[2] <-, -n> ['ʃtɔyɐ] *f* FIN tax; **etw von der ~ absetzen** to set off sth *sep* against tax
steu·er·be·güns·tigt *adj* with tax privileges *pred* **Steu·er·be·las·tung** *meist sing f* tax burden **Steu·er·be·ra·ter(in)** *m(f)* tax consultant **Steu·er·be·scheid** *m* tax assessment **Steu·er·be·trug** *m kein pl* tax evasion
steu·er·bord ['ʃtɔyɐbɔrt] *adv* starboard **Steu·er·bord** ['ʃtɔyɐbɔrt] *nt kein pl* starboard *no art, no pl*
Steu·er·er·hö·hung *f* tax increase **Steu·er·er·klä·rung** *f* tax return **Steu·er·er·lass**[RR] *m* FIN remission of tax **Steu·er·er·mä·ßi·gung** *f* FIN tax reduction **Steu·er·flücht·ling** *m* sb who avoids tax by transferring assets abroad **steu·er·frei I.** *adj* tax-exempt, exempt from tax *pred* **II.** *adv* without paying tax **Steu·er·frei·heit** *f* tax exemption **Steu·er·gel·der** *pl* taxes *pl*, tax revenue[s *pl*] **Steu·er·hin·ter·zie·hung** *f* tax evasion *no art, no pl* **Steu·er·kar·te** *f* tax card **Steu·er·klas·se** *f* tax category
Steu·er·knüp·pel *m* joystick
steu·er·lich I. *adj* tax *attr* **II.** *adv* ~ **absetzbar** tax-deductible; **etw ~ berücksichtigen** to provide tax allowance on sth; ~ **vorteilhaft** tax-incentive *attr*, carrying tax benefits *pred*
Steu·er·mann <-männer *o* -leute> ['ʃtɔyɐman, *pl* -mɛnɐ, -lɔytə] *m* NAUT helmsman **Steu·er·mar·ke** *f* stamp BRIT, [revenue] stamp AM
steu·ern ['ʃtɔyɐn] **I.** *vt* ❶ (*lenken*) to steer ❷ LUFT to fly ❸ (*regulieren*) to control **II.** *vi* AUTO to drive

steu·er·pflich·tig *adj* ❶ (*zu versteuern*) taxable ❷ (*zur Steuerzahlung verpflichtet*) liable to [pay] tax *pred* **Steu·er·prü·fer(in)** *m(f)* tax inspector [*or* AM auditor] **Steu·er·prü·fung** *f* tax inspection [*or* AM audit] **Steu·er·rad** *nt* wheel, helm **Steu·er·re·form** *f* tax reform **Steu·er·ru·der** *nt* rudder **Steu·er·satz** *m* tax rate **Steu·er·schuld** *f* tax[es *pl*] owing *no indef art*, AM *also* tax delinquency *no art, no pl* **Steu·er·sen·kung** *f* tax cut **Steu·er·sün·der, -sün·de·rin** *m, f* tax evader **Steu·er·sys·tem** *nt* tax[ation] system **Steu·er·topf** *m* POL, FIN (*fam*) tax [*or* revenue] coffers *pl*
Steu·e·rung[1] <-> *f kein pl* (*Regulierung*) control
Steu·e·rung[2] <-, -en> *f* **die ~ [einer S. gen]** ❶ LUFT piloting [sth] *no art, no pl*; **die ~ übernehmen** to take over control ❷ NAUT steering [sth] *no art, no pl*
Steu·er·ver·güns·ti·gung *f* tax concession **Steu·er·zah·ler(in)** *m(f)* taxpayer **Steu·er·zei·chen** *nt* ❶ INFORM control character ❷ (*form: Banderole*) revenue stamp
Ste·ward <-s, -s> ['stjuːɐt] *m* steward **Ste·war·dess**[RR] <-, -en> *f*, **Ste·war·deß**[ALT] <-, -ssen> ['stjuːɐdɛs] *f fem form von* **Steward** stewardess
StGB <-[s]> [ɛsteːgeː'beː] *nt Abk von* **Strafgesetzbuch**
sti·bit·zen* [ʃti'bɪtsn̩] *vt* to nick [*or* pinch]
Stich <-[e]s, -e> [ʃtɪç] *m* ❶ (*Messer~*) stab; (~*wunde*) stab wound; ■ **ein ~ durch/in etw** *akk* a stab through/in sth ❷ (*Insekten~*) sting; (*Mücken~*) bite ❸ (*stechender Schmerz*) stabbing pain ❹ (*Nadel~*) stitch ❺ KUNST engraving ❻ (*Farbschattierung*) **ein ~ ins Rote** a tinge of red ❼ KARTEN trick; **einen ~ machen** to get a trick ▶ **einen ~ haben** (*fam: verdorben sein*) to have gone off; (*übergeschnappt sein*) to be nuts; **jdn im ~ lassen** to let down sb
Sti·che·lei <-, -en> [ʃtɪçə'lai̯] *f* ❶ (*das Sticheln*) needling *no art, no pl* ❷ (*Bemerkung*) jibe
sti·cheln ['ʃtɪçl̩n] *vi* to make nasty remarks **Stich·flam·me** *f* jet of flame
stich·hal·tig *adj*, **stich·häl·tig** *adj* ÖSTERR *Alibi* unassailable; *Argumentation* sound; *Beweis* conclusive; ■ **[nicht] ~ sein** to [not] hold water
Stich·hal·tig·keit <-> *f kein pl* Begründung soundness *no pl*; *Argument, Grund, Antwort* validity *no pl*; *Beweis* conclusiveness *no pl*

Stich·ling <-s, -e> ['ʃtɪçlɪŋ] *m* ZOOL stickleback
Stich·pro·be *f* spot check; **~n machen** to carry out a spot check **Stich·punkt** *m* note **Stich·tag** *m* (*maßgeblicher Termin*) fixed date; (*letzte Möglichkeit*) deadline **Stich·waf·fe** *f* stabbing weapon **Stich·wahl** *f* final ballot, run-off AM
Stich·wort ['ʃtɪçvɔrt] *nt* ❶ (*Haupteintrag*) reference ❷ *meist pl* (*Wort als Gedächtnisstütze*) cue; (*Schlüsselwort*) keyword; **jdm das ~ geben** to give sb the lead-in; THEAT to cue in sb *sep*
stich·wort·ar·tig *adv* briefly **Stich·wort·ka·ta·log** *m* classified catalogue
Stich·wun·de *f* stab wound
sti·cken ['ʃtɪkn̩] *vt, vi* to embroider
Sti·cke·rei <-, -en> [ʃtɪkə'raɪ] *f* embroidery *no art, no pl*
sti·ckig ['ʃtɪkɪç] *adj* stuffy; *Luft* stale
Stick·na·del *f* embroidery needle
Stick·stoff ['ʃtɪkʃtɔf] *m kein pl* nitrogen *no art, no pl*
stie·ben <stob *o* stiebte, gestoben *o* gestiebt> ['ʃtiːbn̩] *vi* **nach allen Seiten ~** to scatter in all directions
Stief·bru·der ['ʃtiːf-] *m* stepbrother
Stie·fel <-s, -> ['ʃtiːfl] *m* boot; **ein Paar ~** a pair of boots
Stie·fe·let·te <-, -n> [ʃtiːfə'lɛtə] *f* ankle boot
Stief·el·tern *pl* step-parents *pl* **Stief·kind** *nt* stepchild **Stief·mut·ter** *f* stepmother **Stief·müt·ter·chen** *nt* BOT pansy **stief·müt·ter·lich** I. *adj* poor, shabby II. *adv* **etw ~ behandeln** to pay little attention to sth **Stief·schwes·ter** *f* stepsister **Stief·sohn** *m* stepson **Stief·toch·ter** *f* stepdaughter **Stief·va·ter** *m* stepfather
stieg [ʃtiːk] *imp von* **steigen**
Stie·ge <-, -n> ['ʃtiːgə] *f* narrow staircase
Stieg·litz <-es, -e> ['ʃtiːglɪts] *m* ORN goldfinch
Stiel <-[e]s, -e> [ʃtiːl] *m* ❶ (*Handgriff*) handle; (*Besen~*) broomstick ❷ (*Blumen~*) stem, stalk
Stiel·au·gen *pl* ▶ **~ machen** to look goggle-eyed
stier [ʃtiːɐ] I. *adj* (*starr*) vacant II. *adv* vacantly
Stier <-[e]s, -e> [ʃtiːɐ] *m* ❶ (*Bulle*) bull ❷ ASTROL Taurus ▶ **den ~ bei den Hörnern packen** to get the bull by the horns
stie·ren ['ʃtiːrən] *vi* to stare vacantly (**auf** at)

Stier·kampf *m* bullfight **Stier·kampf·are·na** *f* bullring **Stier·kämp·fer(in)** *m(f)* bullfighter
stieß [ʃtiːs] *imp von* **stoßen**
Stift¹ <-[e]s, -e> [ʃtɪft] *m* ❶ (*Stahl~*) tack, pin ❷ (*zum Schreiben*) pen, pencil ❸ (*Lehrling*) apprentice
Stift² <-[e]s, -e> [ʃtɪft] *nt* ❶ (*Heim*) home ❷ (*christliches Internat*) church boarding school ❸ (*Männerkloster*) monastery; (*Frauenkloster*) convent
stif·ten ['ʃtɪftn̩] *vt* ❶ (*spenden*) ■ **[jdm] etw ~** to donate sth [to sb] ❷ (*verursachen*) to cause; **Unruhe ~** to create unrest ❸ (*fam: abhauen*) **~ gehen** to scram
Stif·ter(in) <-s, -> ['ʃtɪftɐ] *m(f)* ❶ (*Spender*) don[at]or ❷ (*Gründer*) founder
Stifts·kir·che *f* collegiate church
Stif·tung <-, -en> *f* ❶ (*Organisation*) foundation ❷ (*Schenkung*) donation
Stift·zahn *m* post crown
stig·ma·ti·sie·ren [ʃtɪgmati'ziːrən] *vt* SOZIOL (*geh*) to stigmatize
Stig·ma·ti·sie·rung [ʃtɪgmati'ziːrʊŋ] *f* SOZIOL (*geh*) stigmatization
Stil <-[e]s, -e> [ʃtiːl, st-] *m* ❶ (*Ausdrucksform*) style ❷ (*Verhaltensweise*) ■ **jds ~** sb's conduct; **das ist nicht unser ~** that's not the way we do things [here] ▶ **im großen ~** on a grand scale
stil·bil·dend *adj* SOZIOL, KUNST trendsetting **Stil·bruch** *m* inconsistency in style; KUNST, LING stylistic incongruity **stil·echt** I. *adj* period style [*usu attr*] II. *adv* in period style
sti·li·sie·ren* [ʃtili'ziːrən, st-] *vt* to stylize
Sti·lis·tik <-, -en> [ʃtɪ'lɪstɪk] *f kein pl* (*Stilkunde*) stylistics + *sing vb, no art*
sti·lis·tisch I. *adj* stylistic II. *adv* stylistically
still [ʃtɪl] *adj* ❶ (*ruhig*) quiet, peaceful; **etw ~ halten** to keep sth still; **sei ~!** be quiet! ❷ (*beschaulich*) quiet; **eine ~e Stunde** a quiet time ❸ (*verschwiegen*) quiet ❹ (*heimlich*) **im S~en** in secret; **im S~en hoffen** to secretly hope ▶ **es ist um jdn ~ geworden** you don't hear much about sb anymore
Stil·le <-> ['ʃtɪlə] *f kein pl* ❶ (*Ruhe*) quiet *no art, no pl*; (*ohne Geräusch*) silence *no art, no pl*; **es herrschte ~** there was silence; **in aller ~** quietly ❷ (*Abgeschiedenheit*) peace *no art, no pl*
Stil·le·benᴬᴸᵀ *nt s.* **Stillleben**
stille·genᴬᴸᵀ <stillgelegt> *vt s.* **stilllegen**
Stille·gungᴬᴸᵀ <-, -en> *f s.* **Stilllegung**
stil·len ['ʃtɪlən] *vt* ❶ (*säugen*) to breastfeed ❷ (*befriedigen*) to satisfy; **den Durst ~** to

quench sb's thirst ❸ (*aufhören lassen*) to stop; *Blutverlust* to staunch
still|hal·ten *vi irreg* to keep still **stillie·gen**^ALT <stillgelegen> *vi s.* **stillliegen**
Still·le·ben^RR ['ʃtɪlleːbn̩] *nt* still life
still|le·gen^RR <stillgelegt> *vt* to close [down *sep*]; ■**stillgelegt** closed [down]
Still·le·gung^RR <-, -en> *f* closure
still|lie·gen^RR <stillgelegen> *vi irreg sein o haben* to be closed [down]
stil·los *adj* lacking any definite style *pred*
Still·schwei·gen *nt* silence *no art, no pl*; **über etw** *akk* **~ bewahren** to keep quiet about sth **still·schwei·gend** ['ʃtɪlʃvaɪgn̩t] I. *adj* tacit II. *adv* tacitly; **etw ~ billigen** to give sth one's tacit approval **still|sit·zen** *vi irreg sein o haben* to sit still **Still·stand** *m kein pl* standstill *no pl*; **zum ~ kommen** (*zum Erliegen*) to come to a standstill; (*aufhören*) to stop **still|ste·hen** *vi irreg sein o haben* ❶ (*außer Betrieb sein*) to stand idle ❷ MIL ■**stillgestanden!** attention!
Stil·mö·bel *nt meist pl* period furniture *no pl*
stil·voll *adj* stylish
Stimm·ab·ga·be *f* POL vote, voting *no art, no pl* **Stimm·band** *nt meist pl* vocal c[h]ord **stimm·be·rech·tigt** *adj* entitled to vote *pred* **Stimm·be·rech·tig·te(r)** *f(m) dekl wie adj* person entitled to vote; ■**die ~n** the voters *pl* **Stimm·bruch** *m* **er war mit zwölf im ~** his voice broke when he was twelve
Stim·me <-, -n> ['ʃtɪmə] *f* ❶ (*Art des Sprechens*) voice; **mit leiser ~ sprechen** to speak in a quiet voice ❷ POL vote; **sich der ~ enthalten** to abstain ❸ (*Meinungsäußerung*) voice; **es werden ~n laut, die sich gegen das Projekt aussprechen** voices are being raised against the project
stim·men¹ ['ʃtɪmən] *vi* ❶ (*zutreffen*) to be right; ■**es stimmt, dass ...** it is true that ...; **stimmt!** right! ❷ (*korrekt sein*) to be correct; **diese Rechnung stimmt nicht!** there's something wrong with this bill!; **da stimmt was nicht!** there's something wrong here!; **[das] stimmt so!** keep the change!
stim·men² ['ʃtɪmən] *vt* MUS to tune
Stim·men·aus·zäh·lung *f* vote count
Stim·men·ge·wirr *nt* babble of voices
Stim·men·gleich·heit *f* tie **Stim·men·mehr·heit** *f* majority of votes; **jdn durch ~ besiegen** to outvote sb
Stimm·ent·hal·tung *f* abstention
Stimm·ga·bel *f* tuning fork
stimm·haft *adj* LING voiced

stim·mig ['ʃtɪmɪç] *adj* ■**[in sich** *dat*] **~ sein** to be consistent
Stimm·la·ge *f* voice
stimm·los *adj* LING voiceless
Stimm·recht *nt* right to vote
Stim·mung <-, -en> *f* ❶ (*Gemütslage*) mood; ■**in der ~ sein** to be in the mood (**zu** for); **in ~ kommen** to get in the [right] mood ❷ (*Atmosphäre*) atmosphere; **eine geladene ~** a tense atmosphere ❸ (*öffentliche Einstellung*) public opinion *no art, no pl*; **~ für/gegen etw** *akk* **machen** to stir up [public] opinion for/against sth
Stim·mungs·la·ge *f* mood, atmosphere
Stim·mungs·tief <-s, -s> *nt* PSYCH, POL (*fam*) low [period] **Stim·mungs·um·schwung** *m* change of mood [*or* atmosphere]
stim·mungs·voll *adj* sentimental *usu pej*
Stimm·zet·tel *m* voting slip
Sti·mu·la·ti·on <-, -en> [ʃtimulaˈtsi̯oːn] *f* stimulation
sti·mu·lie·ren* [ʃtimuˈliːrən] *vt* to stimulate; ■**jdn [zu etw** *dat*] **~** to encourage sb [to do sth]
Stink·bom·be *f* stink bomb
Stin·ke·fin·ger *m* (*fam*) **jdm den ~ zeigen** to tell sb to fuck off, to flip sb the bird AM
stin·ken <stank, gestunken> ['ʃtɪŋkn̩] *vi* ❶ (*unangenehm riechen*) to stink (**nach** of) ❷ (*verdächtig sein*) **die Sache stinkt** the whole business stinks ❸ (*sl: zuwider sein*) ■**jdm stinkt etw** sb is fed up with sth; **mir stinkt's!** I'm fed up [to the back teeth] with it!
stin·kend *adj* stinking
stink·faul ['ʃtɪŋkˈfaʊl] *adj* bone idle **stink·lang·wei·lig** *adj* dead boring **stink·reich** ['ʃtɪŋkˈraɪç] *adj* (*fam*) rolling in it *pred fam*, stinking rich *pred pej fam* **stink·sau·er** ['ʃtɪŋkˈzaʊɐ] *adj* **~ auf jdn sein** to be pissed off with sb **Stink·tier** *nt* skunk **Stink·wut** ['ʃtɪŋkˈvuːt] *f* towering rage *no pl*; ■**eine ~ haben** to seethe with rage; ■**eine ~ auf jdn haben** to be livid with sb
Sti·pen·di·at(in) <-en, -en> [ʃtipɛnˈdi̯aːt] *m(f)* person receiving a scholarship
Sti·pen·di·um <-s, -dien> [ʃtiˈpɛndi̯ʊm, *pl* -di̯ən] *nt* scholarship
Stipp·vi·si·te ['ʃtɪpvizitə] *f* (*fam*) quick [*or* BRIT flying] visit; **bei jdm eine ~ machen** to pay sb a flying visit
Stirn <-, -en> [ʃtɪrn] *f* forehead; **die ~ runzeln** to frown ▶**jdm die ~ bieten** to face up to sb; **jdm auf der ~ geschrieben stehen** to be written on sb's face
Stirn·band <-bänder> *nt* headband **Stirn·**

höh·le *f* sinus **Stirn·höh·len·ent·zün·dung** *f* sinusitis *no art, no pl* **Stirn·run·zeln** <-s> *nt kein pl* frown **Stirn·sei·te** *f* [narrow] side; *eines Hauses* end wall
stob [ʃtoːp] *imp von* **stieben**
stö·bern [ˈʃtøːbɐn] *vi* ■ **in etw** *dat* ~ to rummage in sth
sto·chern [ˈʃtɔxɐn] *vi* ■ **in etw** *dat* ~ to poke [around in] sth
Stock[1] <-[e]s, Stöcke> [ʃtɔk, *pl* ˈʃtœkə] *m* ❶(*Holzstange*) stick ❷(*Topfpflanze*) plant ▸ **über ~ und Stein** across country
Stock[2] <-[e]s, -> [ʃtɔk] *m* floor, storey; **der 1.** ~ the ground [*or* Am first] floor
stock·be·sof·fen [ˈʃtɔkbəˌzɔfn̩] *adj* (*fam*) stinking drunk **stock·dun·kel** [ˈʃtɔkˈdʊŋkl̩] *adj* pitch-black
Stö·ckel·ab·satz *m* high heel **Stö·ckel·schuh** *m* high heel
sto·cken [ˈʃtɔkn̩] *vi* ❶(*innehalten*) to falter ❷(*zeitweilig stillstehen*) to come to a halt
sto·ckend *adj* ❶ *Unterhaltung* flagging ❷ *Verkehr* stop-start ❸ ÖKON stagnant
stock·fins·ter *adj s.* **stockdunkel Stock·fisch** *m* dried cod
Stock·holm <-s> [ˈʃtɔkhɔlm] *nt* Stockholm *no art, no pl*
stock·kon·ser·va·tiv [ˈʃtɔkkɔnzɛrvaˈtiːf] *adj* (*fam*) diehard **stock·sau·er** [ˈʃtɔkˈzaʊɐ] *adj* (*fam*) pissed off *pred*; ■ **~ sein** to be pissed off **stock·steif** [ˈʃtɔkˈʃtaɪf] *adj, adv* [as] stiff as a poker *pred*
Sto·ckung <-, -en> *f* hold-up (+*gen* in)
Stock·werk *nt s.* **Stock**[2]
Stoff <-[e]s, -e> [ʃtɔf] *m* ❶(*Textil*) material, cloth ❷(*Material*) material ❸ CHEM substance ❹(*thematisches Material*) material *no indef art, no pl* ❺(*Lehr-*) subject material *no indef art, no pl* ❻ *kein pl* (*sl: Rauschgift*) dope *no art, no pl*
Stoffet·zenᴬᴸᵀ, **Stoff·fet·zen**ᴿᴿ *m* scrap of material **stoff·ge·bun·den** *adj* MED, PSYCH (*fachspr*) substance-related; **~e Süchte** substance addictions **Stoff·tier** *nt* soft [*or* BRIT *also* cuddly] toy
Stoff·wech·sel *m* metabolism *no art, no pl*
stöh·nen [ˈʃtøːnən] *vi* to moan; (*vor Schmerz*) to groan
sto·isch [ˈʃtoːɪʃ, 'st-] *adj* stoic[al]
Sto·la <-, Stolen> [ˈʃtoːla, 'st-] *f* ❶ MODE shawl; (*aus Pelz*) stole ❷ REL stole
Stol·len <-s, -> [ˈʃtɔlən] *m* ❶ BERGB tunnel; senkrechter/waagrechter ~ shaft/gallery ❷ KOCHK stollen Am (*sweet bread made with dried fruit often with marzipan in the centre, eaten at Christmas*)

stol·pern [ˈʃtɔlpɐn] *vi sein* ❶(*zu fallen drohen*) to trip, to stumble (**über** over) ❷(*als auffallend bemerken*) ■ **über etw** *akk* ~ to be puzzled by sth
Stol·per·stein *m* stumbling block
stolz [ʃtɔlts] *adj* proud; ■ **~ auf jdn/etw sein** to be proud of sb/sth; **eine ~e Summe** a tidy sum
Stolz <-es> [ʃtɔlts] *m kein pl* pride *no art, no pl*; **jds ganzer ~ sein** to be sb's pride and joy
stol·zie·ren* [ʃtɔlˈtsiːrən] *vi sein* to strut
stop [ʃtɔp] *interj s.* **stopp**
Stopᴬᴸᵀ <-s, -s> [ʃtɔp] *m s.* **Stopp**
Stop-and-go(-Ver·kehr) <-s> [ˈstɔp.ənd'goː-] *nt kein pl* stop-and-go traffic *no art, no pl*
stop·fen [ˈʃtɔpfn̩] **I.** *vt* ❶(*hineinzwängen*) to stuff ❷(*mit Nadel und Faden*) to darn **II.** *vi* ❶(*sättigen*) to be filling ❷(*die Verdauung hemmen*) to cause constipation
Stopf·na·del *f* darning needle
stopp [ʃtɔp] *interj* stop
Stoppᴿᴿ <-s, -s> [ʃtɔp] *m* stop; **ohne ~** without stopping
Stop·pel[1] <-, -n> [ˈʃtɔpl̩] *f meist pl* stubble *no art, no pl*
Stop·pel[2] <-s, -> [ˈʃtɔpl̩] *m* ÖSTERR (*Stöpsel*) plug
Stop·pel·bart *m* stubbly beard **Stop·pel·feld** *nt* stubble field
stop·pe·lig [ˈʃtɔpəlɪç] *adj* stubbly
stop·pen [ˈʃtɔpn̩] *vt, vi* ❶(*anhalten*) to stop ❷(*Zeit nehmen*) to time
stopp·lig [ˈʃtɔplɪç] *adj s.* **stoppelig**
Stopp·schild <-schilder> *nt* stop [*or* BRIT *also* halt] sign **Stopp·uhr** *f* stopwatch
Stöp·sel <-s, -> [ˈʃtœpsl̩] *m* stopper; (*für Badewanne*) plug; (*Fass-*) bung
Stör <-[e]s, -e> [ʃtøːɐ̯] *m* ZOOL sturgeon
Storch <-[e]s, Störche> [ʃtɔrç, *pl* ˈʃtœrçə] *m* stork
Stor·chen·nest *nt* stork's nest
Stör·chin [ˈʃtœrçɪn] *f fem form von* **Storch**
stö·ren [ˈʃtøːrən] **I.** *vt* ❶(*unterbrechen*) ■ **jdn ~** to disturb sb; **jdn bei der Arbeit ~** to disturb sb at his/her work; **entschuldigen Sie, wenn ich Sie störe** I'm sorry to bother you ❷(*beeinträchtigen*) **jds Pläne ~** to interfere with sb's plans; **jds Schlaf ~** to disturb sb's sleep ❸(*unangenehm berühren*) **stört es Sie, wenn ich ...?** do you mind if I ...?; **das stört mich nicht** that doesn't bother me; **das stört mich!** that's annoying me! **II.** *vi* ❶(*bei etw unterbrechen*) to disturb; **ich**

will nicht ~, aber ... I hate to disturb you, but ... ❷ (*lästig sein*) to be irritating; **etw als ~d empfinden** to find sth irritating **III.** *vr* ■ **sich an etw** *dat* **~** to let sth bother one

Stö·ren·fried <-[e]s, -e> *m* troublemaker

Stör·fall *m* (*technischer Defekt*) fault; (*Fehlfunktion*) malfunction; **im ~** in case of malfunction **Stör·ge·räusch** *nt* interference *no art, no pl*

Stor·ni *pl s*. **Storno**

stor·nie·ren* [ʃtɔrˈniːrən] *vt* to cancel

Stor·nie·rung <-, -en> *f* ❶ HANDEL *eines Auftrags* cancellation ❷ FIN *einer Buchung* reversal, correcting entry

Stor·no <-s, Storni> [ˈʃtɔrno, *pl* ˈʃtɔrni] *m o nt* reversal

stör·risch [ˈʃtœrɪʃ] **I.** *adj* obstinate, stubborn **II.** *adv* obstinately, stubbornly

Stö·rung <-, -en> *f* ❶ (*Unterbrechung*) interruption, disruption, disturbance ❷ (*Störsignale*) interference *no art, no pl* ❸ (*technischer Defekt*) fault; (*Fehlfunktion*) malfunction

Stö·rungs·dienst *m* TELEK faults service BRIT, repair service AM **Stö·rungs·stel·le** *f* TELEK customer hotline

Sto·ry <-, -s> [ˈstoːri, ˈstɔri] *f* story

Stoß <-es, Stöße> [ʃtoːs, *pl* ˈʃtøːsə] *m* ❶ (*Schubs*) push; (*mit dem Ellbogen*) dig; (*mit der Faust*) punch; (*mit dem Fuß*) kick; **jdm einen ~ versetzen** to give sb a push etc. ❷ *einer Waffe* thrust ❸ (*Erschütterung*) bump ❹ (*Stapel*) pile, stack ▶ **sich** *dat* **einen ~ geben** to pull oneself together

Stoß·dämp·fer *m* shock absorber

Stö·ßel <-s, -> [ˈʃtøːsl̩] *m* pestle

sto·ßen <stößt, stieß, gestoßen> [ˈʃtoːsn̩] **I.** *vt* ❶ (*schubsen*) to push, to shove (**aus** out of, **von** off) ❷ (*aufmerksam machen*) ■ **jdn auf etw** *akk* **~** to point out sth *sep* to sb **II.** *vr* ■ **sich [an etw** *dat*] **~** to hurt oneself [on sth]; [**sich** *dat*] **den Kopf ~** to bang one's head **III.** *vi* ❶ *sein* (*aufschlagen*) ■ **an etw** *akk* **~** to knock against sth; **mit dem Kopf an etw** *akk* **~** to bang one's head on sth; ■ **gegen etw** *akk* **~** to knock into sth ❷ *sein* (*grenzen*) ■ **an etw** *akk* **~** to be bordered by sth ❸ *sein* (*treffen*) ■ **zu jdm ~** to join sb ❹ *sein* (*finden*) ■ **auf etw** *akk* **~** to find sth; **auf Erdöl ~** to strike oil ❺ *sein* (*konfrontiert werden*) **auf Ablehnung/Zustimmung ~** to meet with disapproval/approval ❻ SCHWEIZ (*schieben*) to push, to shove

Stoß·ge·bet *nt* [quick] prayer; **ein ~ zum Himmel schicken** to send up a [quick] prayer **Stoß·seuf·zer** *m* deep sigh **Stoß·stan·ge** *f* bumper **Stoß·ver·kehr** *m* rush hour [traffic] *no art, no pl* **stoß·wei·se** *adv* ❶ (*ruckartig*) in fits and starts ❷ (*in Stapeln*) in piles **Stoß·zahn** *m* tusk **Stoß·zeit** *f* ❶ (*Hauptverkehrszeit*) rush hour *no art, no pl* ❷ (*Hauptgeschäftszeit*) peak time

Stot·te·rer, Stot·te·rin <-s, -> *m, f* stutterer

stot·tern [ˈʃtɔtɐn] **I.** *vi* ❶ (*stockend sprechen*) to stutter ❷ *Motor* to splutter **II.** *vt* ■ **etw ~** to stammer [out *sep*] sth

Stöv·chen <-s, -> [ˈʃtøːfçən] *nt* [teapot/coffee pot] warmer

Str. *Abk von* **Straße** St

stracks [ʃtraks] *adv* straight; **jetzt aber ~ nach Hause!** home with you, straight away!

Straf·an·stalt *f* penal institution **Straf·an·trag** *m* petition (*for a particular penalty or sentence*) **Straf·an·zei·ge** *f* [criminal] charge; **~ [gegen jdn] erstatten** to bring a criminal charge against sb **Straf·ar·beit** *f* SCH lines *pl* BRIT, extra work AM; **jdm eine ~ aufgeben** to punish sb/to give sb lines **Straf·bank** *f* SPORT penalty bench; **die ~ drücken** (*fam o fig*) to be in the sin bin

straf·bar *adj* punishable [by law]; **sich [mit etw** *dat*] **~ machen** to make oneself liable to prosecution

Straf·be·fehl *m* order of summary punishment (*on the application of the public prosecutor's office*)

Stra·fe <-, -n> [ˈʃtraːfə] *f* ❶ (*Bestrafung*) punishment *no pl*; **das ist die ~ [dafür]!** that's what you get [for doing it]!; **~ muss sein!** discipline is necessary!; **zur ~ as** a punishment ❷ (*Geld~*) fine; **~ zahlen** to pay a fine; (*Haft~*) sentence; **seine ~ absitzen** to serve [out] one's sentence ▶ **die ~ folgt auf dem Fuße** [the] punishment follows swiftly

stra·fen [ˈʃtraːfn̩] *vt* ❶ (*be~*) ■ **jdn ~** to punish sb (**für** for); **mit etw** *dat* **gestraft sein** to be stuck with sth *fam* ❷ (*behandeln*) **jdn mit Verachtung ~** to treat sb with contempt

stra·fend I. *adj attr* punitive, punishing *attr*; **jdn mit ~en Worten tadeln** to speak sharply to sb **II.** *adv* punishingly; **jdn ~ ansehen** to give sb a withering look

Straf·er·lass^{RR} *m* remission [of a/the sentence]; **ein vollständiger ~** a pardon

straff [ʃtraf] **I.** *adj* ❶ (*fest gespannt*) taut, tight ❷ (*nicht schlaff*) firm **II.** *adv* tightly

straf·fäl·lig *adj* JUR punishable, criminal *attr;* **ein ~er Jugendlicher** a young offender; **■~ werden** to become a criminal
Straf·fäl·lig·keit *f kein pl* JUR *(fachspr)* delinquency, criminal activity
straf·fen ['ʃtrafn̩] *vt* ❶ *(straff anziehen)* to tighten ❷ *(kürzen)* to shorten; *(präziser machen)* to tighten up *sep*
Straff·heit <-> *f kein pl* ❶ *der Haut* firmness; *eines Seils* tautness ❷ *(fig) einer Ordnung* strictness
straf·frei *adj* unpunished; **~ bleiben** to go unpunished **Straf·frei·heit** *f kein pl* immunity from criminal prosecution **Straf·ge·fan·ge·ne(r)** *f(m) dekl wie adj* prisoner **Straf·ge·richt** *nt* punishment; **ein ~ abhalten** to hold a trial **Straf·ge·setz** *nt* criminal law **Straf·ge·setz·buch** *nt* penal code **Straf·jus·tiz** *f kein pl* criminal justice *no pl, no art*
sträf·lich ['ʃtrɛːflɪç] *adj* criminal *attr*
Sträf·ling <-s, -e> ['ʃtrɛːflɪŋ] *m* prisoner
straf·los *adj* unpunished
Straf·maß *nt* sentence **straf·mil·dernd** *adj* mitigating **straf·mün·dig** *adj* of the age of criminal responsibility **Straf·por·to** *nt* excess postage **Straf·pre·digt** *f* sermon; **jdm eine ~ halten** to lecture to **Straf·pro·zess**[RR] *m* trial **Straf·pro·zess·ord·nung**[RR] *f* code of criminal procedure **Straf·punkt** *m* SPORT penalty spot **Straf·raum** *m* FBALL penalty area **Straf·recht** *nt* criminal law *no art, no pl* **straf·recht·lich** *adj* criminal *attr;* **eine ~e Frage** a question concerning criminal law **Straf·re·gis·ter** *nt* criminal records *pl* **Straf·stoß** *m* SPORT penalty [kick] **Straf·tat** *f* [criminal] offence **Straf·tä·ter(in)** *m(f)* criminal, offender **Straf·ver·fah·ren** *nt* criminal proceedings *pl* **Straf·ver·fol·ger(in)** *m(f)* public prosecutor BRIT, district attorney AM **Straf·ver·set·zung** *f* disciplinary transfer **Straf·ver·tei·di·ger(in)** *m(f)* counsel for the defence BRIT, defending counsel AM **Straf·voll·zug** *m* penal system **Straf·voll·zugs·an·stalt** *f* penal institution **Straf·zet·tel** *m* ticket
Strahl <-[e]s, -en> [ʃtraːl] *m* ❶ *(Licht~)* ray [of light]; *(Sonnen~)* sunbeam BRIT, sunray AM; *(konzentriertes Licht)* beam ❷ *(Wasser~)* jet
strah·len ['ʃtraːlən] *vi* ❶ *(leuchten)* to shine **(auf** on) ❷ *(Radioaktivität abgeben)* to be radioactive ❸ *(ein freudiges Gesicht machen)* to beam **(vor** with); **über das ganze Gesicht ~** to beam all over one's face ❹ *(glänzen)* to shine **(vor** with)

Strah·len·be·hand·lung *f* radiotherapy *no art, no pl* **Strah·len·be·las·tung** *f* radiation *no art, no pl,* radioactive contamination *no pl*
strah·lend I. *adj* ❶ *(sonnig)* glorious ❷ *(freudestrahlend)* beaming ❸ *(radioaktiv verseucht)* radioactive II. *adv* **jdn ~ ansehen** to beam at sb
Strah·len·do·sis *f* MED dose of radiation **strah·len·ge·schä·digt** *adj* suffering from radiation sickness, damaged by radiation **Strah·len·krank·heit** *f* MED radiation sickness *no art, no pl* **Strah·len·schutz** *m kein pl* radiation protection *no art, no pl* **Strah·len·the·ra·pie** *f s.* **Strahlenbehandlung strah·len·ver·seucht** *adj* contaminated with radioactivity *pred*
Strah·ler <-s, -> *m* *(Leuchte)* spot[light]
Strah·lung <-, -en> *f* PHYS radiation *no art, no pl;* **radioaktive ~** radioactivity
Strähn·chen <-s, -> *nt meist pl* streak, streaks *pl;* **~ machen lassen** to have highlights put in
Sträh·ne <-, -n> ['ʃtrɛːnə] *f* strand; **eine weiße ~** a white streak
sträh·nig ['ʃtrɛːnɪç] *adj* straggly
stramm [ʃtram] I. *adj* ❶ *(straff)* tight; **etw ~ ziehen** to tighten sth ❷ *(kräftig)* strong, brawny, strapping *hum fam* ❸ *(drall)* taut; *Beine* sturdy ❹ *Marsch* brisk ❺ KOCHK **S~er Max** ham and fried eggs on toast II. *adv* ❶ *(eng anliegend)* tightly ❷ *(fam: intensiv)* intensively; **~ marschieren** to march briskly
stramm|ste·hen *vi irreg* to stand to attention
Stram·pel·an·zug *m* romper suit **Stram·pel·hös·chen** [-høːsçən] *nt* romper suit, Babygro® BRIT
stram·peln ['ʃtrampl̩n] *vi* ❶ *haben (heftig treten)* to kick about ❷ *haben (fam: sich abmühen)* to struggle
Strand <-[e]s, Strände> [ʃtrant, *pl* 'ʃtrɛndə] *m* beach; **am ~** on the beach; *eines Sees* shore
Strand·bad *nt* bathing beach
stran·den ['ʃtrandn̩] *vi sein (auf Grund laufen)* to run aground ▶ **irgendwo gestrandet sein** to be stranded somewhere
Strand·gut *nt kein pl* flotsam and jetsam + *sing vb* **Strand·korb** *m* beach chair **Strand·pro·me·na·de** *f* promenade
Strang <-[e]s, Stränge> [ʃtraŋ, *pl* 'ʃtrɛŋə] *m* ❶ *(dicker Strick)* rope ❷ *(Bündel von Fäden)* hank ▶ **am gleichen ~ ziehen** to [all] pull together; **über die Stränge schlagen** *(fam)* to run riot

stran·gu·lie·ren* [ʃtraŋguˈliːrən] *vt* to strangle

Stra·pa·ze <-, -n> [ʃtraˈpaːtsə] *f* stress *no art, no pl*, strain *no art, no pl*

stra·pa·zie·ren* [ʃtrapaˈtsiːrən] **I.** *vt* ❶ (*stark beanspruchen*) to wear; (*abnutzen*) to wear out *sep*; **man darf diese Seidenhemden nicht zu sehr ~** you can't put too much wear [and tear] on these silk shirts ❷ (*überbeanspruchen*) **jds Geduld ~** to tax sb's patience; **jds Nerven ~** to get on sb's nerves ❸ (*fam: zu häufig verwenden*) to flog to death **II.** *vr* ■ **sich [bei etw** *dat*] **~** to overdo it [when doing sth]

stra·pa·zier·fä·hig *adj* hard-wearing

stra·pa·zi·ös [ʃtrapaˈtsi̯øːs] *adj* strenuous

Straps <-es, -e> [ʃtraps] *m meist pl* suspender[s *pl*] BRIT, garter AM

Straß·burg <-s> [ˈʃtraːsbʊrk] *nt* Strasbourg

Stra·ße <-, -n> [ˈʃtraːsə] *f* (*Verkehrsweg*) road; (*bewohnte ~*) street; (*enge ~ auf dem Land*) lane; **auf die ~ gehen** to demonstrate; **auf der ~ sitzen** (*fam*) to be [out] on the streets ▶ **auf offener ~** in broad daylight; **jdn auf die ~ setzen** (*fam*) to throw out sb

Stra·ßen·an·zug *m* lounge [*or* AM business] suit **Stra·ßen·ar·bei·ter(in)** *m(f)* [road] construction worker **Stra·ßen·bahn** *f* tram[car] BRIT, streetcar AM; **mit der ~ fahren** to go by tram **Stra·ßen·bahn·hal·te·stel·le** *f* tram stop **Stra·ßen·bahn·li·nie** *f* tram route BRIT, streetcar line AM **Stra·ßen·bau** *m kein pl* road construction *no art* **Stra·ßen·be·lag** *m* road surface **Stra·ßen·block** <-s, -s *o* -blöcke> *m* block **Stra·ßen·fe·ger(in)** <-s, -> *m(f)* road sweeper, street cleaner AM **Stra·ßen·fest** *nt* street party **Stra·ßen·füh·rung** *f* route **Stra·ßen·gra·ben** *m* [roadside] ditch **Stra·ßen·jun·ge** *m* (*pej*) street urchin **Stra·ßen·kar·te** *f* road map **Stra·ßen·keh·rer(in)** <-s, -> *m(f)* road sweeper **Stra·ßen·kreu·zer** <-s, -> *m* (*fam*) limousine **Stra·ßen·kreu·zung** *f* crossroads + *sing vb*, intersection AM **Stra·ßen·la·ter·ne** *f* street lamp, street light **Stra·ßen·lo·kal** *nt* pavement [*or* AM sidewalk] café, roadside pub **Stra·ßen·mu·si·kant(in)** *m(f)* street musician, busker BRIT **Stra·ßen·rand** *m* roadside **Stra·ßen·schild** *nt* street sign **Stra·ßen·schlucht** *f* street (*between high-rise buildings*) **Stra·ßen·sei·te** *f* (*Straße*) roadside; (*Gebäude*) side next to the road/street **Stra·ßen·sper·re** *f* roadblock **Stra·ßen·strich** *m* (*fam*) red-light district **Stra·ßen·über·füh·rung** *f* für Fußgänger footbridge; für Fahrzeuge flyover BRIT, overpass AM **Stra·ßen·un·ter·füh·rung** *f* für Fahrzeuge underpass; für Fußgänger [pedestrian] subway, underpass *esp* AM **Stra·ßen·ver·hält·nis·se** *pl* road conditions *pl* **Stra·ßen·ver·kehr** *m* [road] traffic **Stra·ßen·ver·kehrs·ord·nung** *f* road traffic act

Stra·te·ge, Stra·te·gin <-n, -n> [ʃtraˈteːgə, st-, ˈʃtraˈteːgɪn] *m, f* strategist

Stra·te·gie <-, -en> [ʃtrateˈgiː, st-, *pl* -ˈgiːən] *f* strategy

Stra·te·gin <-, -nen> *f fem form von* **Stratege**

stra·te·gisch [ʃtraˈteːgɪʃ, st-] *adj* strategic

Stra·to·sphä·re [ʃtratoˈsfɛːrə, st-] *f kein pl* stratosphere

sträu·ben [ˈʃtrɔybn̩] *vr* ❶ (*sich widersetzen*) ■ **sich [gegen etw** *akk*] **~** to resist [sth] ❷ (*sich aufrichten*) ■ **sich ~ Fell, Haar** to stand on end

Strauch <-[e]s, Sträucher> [ʃtraʊx, *pl* ˈʃtrɔyçɐ] *m* shrub, bush

strau·cheln [ˈʃtraʊxl̩n] *vi sein* (*geh*) ❶ (*stolpern*) to stumble (**über** over) ❷ (*straffällig werden*) to go astray

Strauß[1] <-es, Sträuße> [ʃtraʊs, *pl* ˈʃtrɔysə] *m* bunch [of flowers]

Strauß[2] <-es, -e> [ʃtraʊs] *m* ostrich

Strea·ming <-s> [ˈstriːmɪŋ] *nt kein pl* INET streaming; **sich** *dat* **ein Video per ~ ansehen** to watch a streaming video

Stre·be <-, -n> [ˈʃtreːbə] *f* brace, strut

stre·ben [ˈʃtreːbn̩] *vi* ❶ *haben* (*sich bemühen*) to strive (**nach** for) ❷ *sein* (*geh: sich hinbewegen*) **zum Ausgang ~** to make for the exit

Stre·ben <-s> [ˈʃtreːbn̩] *nt kein pl* striving (**nach** for)

Stre·be·pfei·ler *m* ARCHIT buttress

Stre·ber(in) <-s, -> [ˈʃtreːbɐ] *m(f)* (*pej fam*) swot BRIT, grind AM

streb·sam [ˈʃtreːpzaːm] *adj* assiduous

Streb·sam·keit <-> *f kein pl* assiduousness

Stre·cke <-, -n> [ˈʃtrɛkə] *f* ❶ (*Weg~*) distance; **eine ~ von zehn Kilometern zurücklegen** to cover a distance of ten kilometres; **ich habe auf der ganzen ~ geschlafen** I slept the whole way; **auf halber ~** halfway; **über weite ~n** for long stretches ❷ BAHN [section of] line; **auf freier ~** on the open line ▶ **auf der ~ blei·ben** *dat* (*fam*) to fall by the wayside; **jdn zur ~ bringen** to hunt sb down

stre·cken ['ʃtrɛkn̩] I. vt ❶ (recken) to stretch; **den Arm/die Beine ~** to stretch one's arm/legs; **den Finger ~** to raise one's finger ❷ (ergiebiger machen) to stretch; Drogen etc. to thin down II. vr ■ **sich ~** to [have a] stretch

Stre·cken·ab·schnitt m BAHN section of the line **Stre·cken·netz** nt BAHN rail network **stre·cken·wei·se** adv in parts

Streck·mus·kel m ANAT extensor [muscle]

Stre·ckung <-, -en> f MATH dilation

Street·wor·ker(in) <-s, -> ['striːtvøːɐkɐ] m(f) street worker

Streich <-[e]s, -e> [ʃtraiç] m ❶ (Schabernack) prank; **ein böser ~** a nasty trick; **jdm einen ~ spielen** to play a trick on sb ❷ (geh: Schlag) blow

Strei·chel·ein·hei·ten pl (Zärtlichkeit) tender loving care, TLC fam; (Lob) praise and appreciation; **ein paar ~** a bit of tender loving care

strei·cheln ['ʃtraiçl̩n] vt to stroke, to caress

strei·chen <strich, gestrichen> ['ʃtraiçn̩] I. vt haben ❶ (anmalen) to paint ❷ (schmieren) ■ **etw ~** to spread sth (**auf** on) ❸ (ausstreichen) to delete ❹ (zurückziehen) to cancel, to withdraw II. vi ❶ haben (darüberfahren) ■ **über etw** akk **~** to stroke sth ❷ sein (streifen) to prowl

Strei·cher(in) <-s, -> ['ʃtraiçɐ] m(f) MUS string player

Streich·holz nt match **Streich·holz·schach·tel** f matchbox **Streich·in·stru·ment** nt string[ed] instrument **Streich·kä·se** m cheese spread **Streich·mu·sik** f string music **Streich·or·ches·ter** nt string orchestra **Streich·quar·tett** nt string quartet

Strei·chung <-, -en> f ❶ (das Streichen) deletion ❷ (das Zurückziehen) Auftrag, Projekt cancellation; Zuschüsse withdrawal ❸ (gestrichene Textstelle) deletion

Streich·wurst f sausage for spreading

Strei·fe <-, -n> ['ʃtraifə] f patrol; **auf ~ sein** to be on patrol

strei·fen ['ʃtraifn̩] I. vt haben ❶ (flüchtig berühren) to touch; **der Schuss streifte ihn nur** the shot just grazed him ❷ (flüchtig erwähnen) ■ **etw [nur] ~** to [just] touch [up]on sth ❸ (überziehen) ■ **etw auf/über etw** akk **~** to slip sth on/over sth ❹ (abstreifen) ■ **etw von etw** dat **~** to slip sth off sth II. vi sein (geh) to roam

Strei·fen <-s, -> ['ʃtraifn̩] m ❶ (schmaler Abschnitt) stripe ❷ (schmales Stück) strip

Strei·fen·po·li·zist(in) m(f) policeman/policewoman on patrol **Strei·fen·wa·gen** m patrol car

Streif·schuss^RR m graze **Streif·zug** m ❶ (Bummel) expedition; **einen ~ durch etw** akk **machen** to take a wander through sth ❷ (Raubzug) raid ❸ (Exkurs) digression

Streik <-[e]s, -s o selten -e> [ʃtraik] m strike; **mit ~ drohen** to threaten strike action; **in den ~ treten** to come out on strike

Streik·bre·cher(in) m(f) strike-breaker

strei·ken ['ʃtraikn̩] vi ❶ (die Arbeit niederlegen) to come out on strike ❷ (nicht arbeiten) to be on strike, to strike (**für** for) ❸ (hum fam: nicht funktionieren) to pack up ❹ (fam: sich weigern) to go on strike

Strei·ken·de(r) f(m) dekl wie adj striker

Streik·pos·ten m picket; **~ aufstellen** to mount a picket **Streik·recht** nt kein pl right to strike

Streit <-[e]s, -e> [ʃtrait] m argument, dispute, quarrel, row BRIT; [**mit jdm**] **~** [**wegen etw** dat] **bekommen** to get into an argument [with sb] [about sth]; **~ haben** to have an argument; **~ suchen** to be looking for an argument; **im ~** during an argument

strei·ten <stritt, gestritten> ['ʃtraitn̩] vi, vr to argue, to quarrel (**über** about); ■ **sich um etw** akk **~** to argue [or fight] over sth

Strei·te·rei <-, -en> [ʃtraitə'rai] f (fam) arguing no indef art, no pl

Streit·fall m dispute, conflict; **im ~** in case of dispute **Streit·fra·ge** f [disputed] issue **Streit·ge·spräch** nt debate

strei·tig ['ʃtraitɪç] adj disputed; JUR contentious; **jdm etw ~ machen** to challenge sb's sth

Strei·tig·keit f meist pl dispute, quarrel

Streit·kräf·te pl [armed] forces pl **streit·lus·tig** adj pugnacious **Streit·punkt** m POL contentious issue **streit·süch·tig** adj quarrelsome

streng [ʃtrɛŋ] I. adj ❶ (auf Disziplin achtend) strict ❷ (unnachsichtig) severe; Kontrolle strict ❸ Geruch pungent ❹ Winter severe ❺ (konsequent) strict; **ich bin ~er Vegetarier/Moslem** I am a strict vegetarian/Muslim ❻ SCHWEIZ (anstrengend) strenuous II. adv ❶ (unnachsichtig) strictly; **wir wurden sehr ~ erzogen** we were brought up very strictly; **~ durchgreifen** to take rigorous action ❷ (durchdringend) pungently; **was riecht hier so ~?** what's that strong smell?

Stren·ge <-> ['ʃtrɛŋə] f kein pl ❶ (Unnachsichtigkeit) strictness no pl ❷ (Härte) severity ❸ Geschmack sharpness; Geruch pungency

streng·gläu·big *adj* strict; ■ ~ **sein** to be strictly religious
Stress^RR <-es, -e> [ʃtrɛs, st-] *m*, **Streß**^ALT <-sses, -sse> [ʃtrɛs, st-] *m* stress; ~ **haben** to experience stress; **im ~ sein/unter ~ stehen** to be under stress; **ich bin voll im ~** I am completely stressed out
stres·sen [ˈʃtrɛsn̩] *vt* to put under stress
stress·frei^RR *adj* stress-free
stres·sig [ˈʃtrɛsɪç] *adj* stressful
Stress·si·tu·a·ti·on^RR *f* stress situation
Stress·test^RR *m* ❶ (*in der Medizin*) [cardiac] stress test ❷ (*in der Technik, im Bauwesen*) stress test ❸ (*im Bankenwesen*) [bank] stress test
Stret·ching <-, -> [ˈstrɛtʃɪŋ] *nt* stretching
Streu <-> [ʃtrɔy] *f kein pl* litter
Streu·bom·be [ˈʃtrɔybɔmbə] *f* cluster bomb
streu·en [ˈʃtrɔyən] **I.** *vt* ❶ (*hinstreuen*) to scatter, to spread ❷ (*verbreiten*) to spread **II.** *vi* ❶ (*Streumittel anwenden*) to grit BRIT, to put down salt ❷ PHYS to scatter
Streu·er <-s, -> *m* shaker; (*Salzstreuer*) cellar; (*Pfefferstreuer*) pot
Streu·fahr·zeug *nt* gritter BRIT **Streu·gut** *nt* grit BRIT
streu·nen *vi* ❶ *sein o haben* (*umherstreifen*) to roam about; ~**de Hunde/Katzen** stray dogs/cats ❷ *sein* (*ziellos umherziehen*) to wander around; **durch die Straßen ~** to roam the streets
Streu·sel <-s, -> [ˈʃtrɔyzl̩] *nt* streusel *esp* AM, crumble [topping]
Streu·sel·ku·chen *m* streusel [cake] *esp* AM, crumble
Streu·ung <-, -en> *f* ❶ MIL (*Abweichung*) dispersion ❷ MEDIA (*Verbreitung*) distribution ❸ (*Verteilung*) spread[ing]
strich [ʃtrɪç] *imp von* **streichen**
Strich <-[e]s, -e> [ʃtrɪç] *m* ❶ (*gezogene Linie*) line; **einen ~ [unter etw** *akk*] **ziehen** to draw a line [under sth] ❷ (*fam: Gegend mit Prostitution*) red-light district; **auf den ~ gehen** to go on the game BRIT, to become a streetwalker AM ▶ **nach ~ und Faden** (*fam*) good and proper; **ein ~ in der Landschaft sein** (*hum fam*) to be as thin as a rake; **jd/etw macht jdm einen ~ durch die Rechnung** sb/sth messes up sb's plans; **jdm gegen den ~ gehen** (*fam*) to go against the grain; **einen ~ unter etw** *akk* **ziehen** to put sth behind one; **unterm ~** (*fam*) at the end of the day
Strich·code [-koːt] *m* bar code
stri·cheln [ˈʃtrɪçl̩n] *vt* to sketch in; ■ **gestrichelte Linie** dotted line; *Straße* broken line

Stri·cher <-s, -> *m* (*sl*) rent boy BRIT, young male prostitute AM
Strich·jun·ge *m* (*fam*) rent boy *fam*
Strich·kode [-koːt] *f s.* **Strichcode**
Strich·lis·te *f* list **Strich·mäd·chen** *nt* (*fam*) streetwalker, hooker AM **Strich·männ·chen** <-s, -> *nt* matchstick man
Strich·punkt *m* semicolon
Strick <-[e]s, -e> [ʃtrɪk] *m* rope ▶ **jdm aus etw** *dat* **einen ~ drehen** (*fam*) to use sth against sb; **wenn alle ~e reißen** (*fam*) if all else fails
stri·cken [ˈʃtrɪkn̩] *vi, vt* to knit
Strick·garn *nt* knitting wool **Strick·ja·cke** *f* cardigan **Strick·lei·ter** *f* rope ladder **Strick·na·del** *f* knitting needle **Strick·wa·ren** *pl* knitwear *no pl* **Strick·wes·te** *f* cardigan **Strick·zeug** *nt* knitting
strie·geln [ˈʃtriːgl̩n] *vt* to groom
Strie·men <-s, -> [ˈʃtriːmən] *m* weal
strikt [ʃtrɪkt, st-] **I.** *adj* strict; *Weigerung* point-blank **II.** *adv* strictly; **~ gegen etw** *akk* **sein** to be totally against sth
Strip <-s, -s> [ʃtrɪp, st-] *m* (*sl*) strip[tease]
Strip·lo·kal [ˈstrɪploka:l] *nt* (*fam*) strip joint
Strip·pe <-, -n> [ˈʃtrɪpə] *f* (*fam*) ❶ (*Schnur*) string ❷ (*Leitung*) cable ▶ **jdn an der ~ haben** to have sb on the line
strip·pen [ˈʃtrɪpn̩, st-] *vi* to strip
Strip·tease <-> [ˈʃtrɪptiːs, st-] *m o nt kein pl* striptease
stritt [ʃtrɪt] *imp von* **streiten**
strit·tig [ˈʃtrɪtɪç] *adj* contentious; *Fall* controversial; *Grenze* disputed; **der ~e Punkt** the point at issue; ■ **~ sein** to be in dispute
Stroh <-[e]s> [ʃtroː] *nt kein pl* straw ▶ [**nur**] ~ **im Kopf haben** (*fam*) to be dead from the neck up; **wie ~ brennen** to go up like dry tinder
stroh·blond *adj Mensch* flaxen-haired; *Haare* straw-coloured **Stroh·blu·me** *f* strawflower **stroh·dumm** *adj* (*fam*) brainless, thick **Stroh·feu·er** *nt* ▶ **nur ein ~ sein** to be a flash in the pan **Stroh·frau** *f fem form von* **Strohmann Stroh·halm** *m* straw **Stroh·hut** *m* straw hat **Stroh·mann, -frau** *m, f* front man *masc*, front woman *fem* **Stroh·wit·wer, -wit·we** *m, f* (*hum fam*) grass widower *masc*, grass widow *fem*
Strolch <-[e]s, -e> [ʃtrɔlç] *m* rascal
Strom <-[e]s, Ströme> [ʃtroːm, *pl* ˈʃtrøː·mə] *m* ❶ ELEK electricity *no indef art, no pl*; **elektrischer ~** electric current; **grüner ~** Green electricity ❷ (*großer Fluss*) [large]

river ❸ (*Schwarm*) stream; **Ströme von Besuchern** streams of visitors ▸ **in Strömen gießen** to pour [down] (with rain); **mit dem/gegen den ~ schwimmen** to swim with/against the current; **unter ~ stehen** (*elektrisch geladen sein*) to be live; (*überaus aktiv sein*) to be a live wire *fig*

strom·ab·wärts [ʃtroːmˈʔapvɛrts] *adv* downstream **strom·auf·wärts** [ʃtroːmˈʔaʊfvɛrts] *adv* upstream

Strom·aus·fall *m* power cut [*or* Am outage]

strö·men [ˈʃtrøːmən] *vi sein* ❶ (*in Mengen fließen*) to pour (**aus** out of) ❷ (*in Scharen eilen*) to stream (**aus** out of); **die Touristen strömten zum Palast** the tourists flocked to the palace

Strom·er·zeu·gung *f* generation of electricity **Strom·ka·bel** *nt* electric[ity] [*or* power] cable **Strom·kreis** *m* electric[al] circuit **Strom·lei·tung** *f* electric cable **strom·li·ni·en·för·mig** *adj* streamlined **Strom·mast** *m* pylon **Strom·netz** *nt* electricity supply system **Strom·rech·nung** *f* electricity [*or* Am electric] bill **Strom·schnel·le** *f meist pl* rapids *npl* **Strom·stär·ke** *f* current [strength] **Strom·stoß** *m* electric shock **Strom·tank·stel·le** *f* [electric vehicle] charging station

Strö·mung <-, -en> *f* ❶ (*fließendes Wasser*) current ❷ (*Tendenz*) trend

Strom·ver·brauch *m* electricity consumption **Strom·ver·sor·gung** *f* electricity supply **Strom·zäh·ler** *m* electricity meter

Stro·phe <-, -n> [ˈʃtroːfə] *f* ❶ (*Lieder~*) verse ❷ (*Gedicht~*) stanza

strot·zen [ˈʃtrɔtsn̩] *vi* ■ **vor etw** *dat* **~** to be full of sth

strub·be·lig [ˈʃtrʊbəlɪç] *adj*, **strubb·lig** [ˈʃtrʊblɪç] *adj* (*fam*) tousled; *Fell* tangled

Stru·del <-s, -> [ˈʃtruːdl̩] *m* ❶ (*Wasserwirbel*) whirlpool; (*kleiner*) eddy ❷ (*rascher Lauf*) **der ~ der Ereignisse** the whirl of events ❸ (*Gebäck*) strudel

stru·deln [ˈʃtruːdl̩n] *vi* to swirl; (*sanfter*) to eddy

Struk·tur [ʃtrʊkˈtuːɐ̯, ʃtrʊ-] *f* ❶ (*Aufbau*) structure ❷ (*von Stoff usw.*) texture

struk·tu·rell [ʃtrʊktuˈrɛl] *adj* structural

struk·tu·rie·ren* [ʃtrʊktuˈriːrən, st-] *vt* to structure

Struk·tu·rie·rung <-, -en> *f* ❶ *kein pl* (*das Strukturieren*) structuring ❷ (*Struktur*) structure; (*von Stoff usw.*) texture

struk·tur·schwach *adj* economically underdeveloped **Struk·tur·wan·del** *m* structural change

Strumpf <-[e]s, Strümpfe> [ʃtrʊmpf, *pl* ˈʃtrʏmpfə] *m* ❶ (*Knie~*) knee-high; (*Socke*) sock ❷ (*Damen~*) stocking

Strumpf·band <-bänder> *nt*, **Strumpf·hal·ter** <-s, -> *m* suspender, garter Am **Strumpf·ho·se** *f* tights *npl*, pantyhose Am; ■ **eine ~** a pair of tights

strunz·doof, **strun·zen·doof** *adj* (*pej sl*) dense

strup·pig [ˈʃtrʊpɪç] *adj Haare* tousled; *Fell* shaggy

Stu·be <-, -n> [ˈʃtuːbə] *f* DIAL (*Wohnzimmer*) living room; **die gute ~** the front room

Stu·ben·ar·rest *m* **~ haben** (*fam*) to be confined to one's room **Stu·ben·flie·ge** *f* housefly **Stu·ben·ho·cker(in)** <-s, -> *m(f)* (*pej fam*) house mouse **stu·ben·rein** *adj* house-trained, housebroken Am

Stuck <-[e]s> [ʃtʊk] *m kein pl* stucco, cornices *pl*

Stück <-[e]s, -e *o nach Zahlenangaben* -> [ʃtʏk] *nt* ❶ (*einzelnes Teil*) piece; **ein ~ Kuchen** a piece of cake; **etw in ~e reißen** to tear sth to pieces; **aus einem ~** from one piece; **~ für ~** bit by bit; **am ~** in one piece; **geschnitten oder am ~?** sliced or unsliced?; **das** [*o* **pro**] **~** each ❷ (*besonderer Gegenstand*) piece, item ❸ (*Abschnitt*) part; **ich begleite dich noch ein ~ [Weges]** I'll come part of the way with you; **ein ~ Acker/Land** part of a field/a plot of land ❹ THEAT play ❺ MUS piece ▸ **ein ~ Arbeit** (*fam*) a job; **ein ziemliches/hartes ~ Arbeit** quite a job/a tough job; **ein schönes ~ Geld** (*fam*) a pretty penny; **jds bestes ~** (*hum fam*) sb's pride and joy; **aus freien ~en** of one's own free will; **große ~e auf jdn halten** (*fam*) to think highly of sb

Stu·cka·teur(in)[RR] <-s, -e> [ʃtʊkaˈtøːɐ̯] *m(f)* stucco plasterer

Stück·chen <-s, -> *nt dim von* **Stück** ❶ (*kleines Teil*) little piece [*or* bit] ❷ (*kleine Strecke*) little way

stü·ckeln [ˈʃtʏkl̩n] *vt* FIN to split into denominations

Stück·gut *nt* single item **Stück·preis** *m* unit price

stück·wei·se *adv* individually, separately **Stück·zahl** *f* number of units

Stu·dent(in) <-en, -en> [ʃtuˈdɛnt] *m(f)* student

Stu·den·ten·aus·weis *m* student card **Stu·den·ten·schaft** <-, -en> *f pl selten* students *pl*, student body **Stu·den·ten·ver·bin·dung** *f* students' society; *für Männer* fraternity AM; *für Frauen* sorority AM **Stu·den·ten·werk** *nt* student union **Stu·den·ten·wohn·heim** *nt* hall of residence, student hostel BRIT, residence hall AM

Stu·den·tin <-, -nen> *f fem form von* **Student**

stu·den·tisch *adj attr* student *attr*

Stu·die <-, -n> ['ʃtu:diə] *f* study

Stu·di·en ['ʃtu:diən] *pl von* **Studium**

Stu·di·en·ab·bre·cher(in) <-s, -> *m(f)* dropout *fam* (*student who fails to complete his/her course of study*) **Stu·di·en·ab·schluss**^{RR} *m* degree **Stu·di·en·be·ra·tung** *f* course guidance and counselling service **Stu·di·en·fach** *nt* subject **Stu·di·en·gang** *m* course [of study] **Stu·di·en·ge·büh·ren** *pl* tuition fees *pl* **Stu·di·en·platz** *m* university/college place **Stu·di·en·rat, -rä·tin** *m, f* secondary-school teacher (*with the status of a civil servant*) **Stu·di·en·rei·se** *f* educational trip

stu·die·ren* [ʃtu'di:rən] *vi, vt* to study; **sie studiert noch** she is still a student; **~ wollen** to want to go to [AM a] university/college; **ich studiere derzeit im fünften/sechsten Semester** I'm in my third year [at university/college]

stu·diert *adj* (*fam*) educated

Stu·dio <-s, -s> ['ʃtu:dio] *nt* studio

Stu·di·um <-, Studien> ['ʃtu:dium, *pl* 'ʃtu:diən] *nt* ❶ SCH studies *pl*; **ein ~ aufnehmen** to begin one's studies ❷ (*eingehende Beschäftigung*) study ❸ *kein pl* (*genaues Durchlesen*) study; **das ~ der Akten ist noch nicht abgeschlossen** the files are still being studied

Stu·fe <-, -n> ['ʃtu:fə] *f* ❶ (*Treppenabschnitt*) step; **~ um ~** step by step ❷ (*geh: Niveau*) level; **auf der gleichen ~ stehen** to be on the same level ❸ (*Abschnitt*) stage, phase

stu·fen ['ʃtu:fn] *vt* ■**etw ~** ❶ *Preise* to graduate sth ❷ *Haare* to layer sth ❸ *Gelände* to terrace [*or* step] sth

Stu·fen·bar·ren *m* asymmetric bars *pl* **stu·fen·för·mig** *adj* ❶ (*stufig*) terraced ❷ (*fig: schrittweise*) gradual **Stu·fen·lei·ter** *f* ladder *fig*; **die ~ des Erfolgs** the ladder of success

stu·fen·los I. *adj* continuously variable II. *adv* smoothly

Stu·fen·schnitt *m* (*Frisur*) layered cut **stu·fen·wei·se** I. *adj* phased II. *adv* step by step

stu·fig ['ʃtu:fɪç] I. *adj Haarschnitt* layered II. *adv* in layers; **~ schneiden** to layer

Stuhl <-[e]s, Stühle> [ʃtu:l, *pl* 'ʃty:lə] *m* chair ▸ **jdn vom ~ hauen** (*sl*) to knock sb sideways; **sich zwischen zwei Stühle setzen** to fall between two stools; **jdm den ~ vor die Tür setzen** to kick sb out *fam*

Stuhl·bein *nt* chair leg

Stuhl·gang *m kein pl* MED (*geh*) bowel movement[s]

Stuhl·leh·ne *f* chair back

Stuk·ka·teur(in)^{ALT} <-s, -e> [ʃtʊka'tø:ɐ̯] *m(f)* stucco plasterer

Stul·le <-, -n> ['ʃtʊlə] *f* NORDD piece of bread and butter; (*belegt*) sandwich

stül·pen ['ʃtʏlpn̩] *vt* ❶ (*überziehen*) to put (**auf** on, **über** over) ❷ (*wenden*) to turn [inside] out

stumm [ʃtʊm] I. *adj* ❶ (*nicht sprechen können*) dumb ❷ (*schweigend*) silent; ■**~ werden** to go silent ❸ LING mute, silent II. *adv* silently

Stum·mel <-s, -> ['ʃtʊml̩] *m Glied* stump; *Bleistift, Kerze* stub

Stumm·film *m* silent film [*or* movie]

Stüm·per(in) <-s, -> ['ʃtʏmpɐ] *m(f)* (*pej*) bungler

Stüm·pe·rei <-, -en> [ʃtʏmpəˈraɪ] *f* (*pej*) ❶ *kein pl* (*stümperhaftes Vorgehen*) bungling *no pl*, incompetence ❷ (*stümperhafte Leistung*) bungled [*or* botched] job

stüm·per·haft I. *adj* (*pej*) amateurish; **eine ~e Arbeit/Leistung** a botched job/botch-up II. *adv* incompetently

Stüm·pe·rin <-, -nen> *f fem form von* **Stümper**

stumpf [ʃtʊmpf] *adj* ❶ (*nicht scharf*) blunt; ■**~ werden** to go blunt ❷ MATH **ein ~er Winkel** an obtuse angle ❸ (*glanzlos*) dull ❹ (*abgestumpft*) apathetic

Stumpf <-[e]s, Stümpfe> [ʃtʊmpf, *pl* 'ʃtʏmpfə] *m* stump ▸ **mit ~ und Stiel** root and branch BRIT

Stumpf·heit *f kein pl* ❶ (*Nichtscharfsein*) bluntness ❷ (*Abgestumpftheit*) apathy, impassiveness

Stumpf·sinn *m kein pl* ❶ (*geistige Trägheit*) apathy ❷ (*Stupidität*) mindlessness, tedium **stumpf·sin·nig** *adj* ❶ (*geistig träge*) apathetic ❷ (*stupide*) mindless, tedious

Stun·de <-, -n> ['ʃtʊndə] *f* ❶ (*60 Minuten*) hour; **nur noch eine knappe ~** just under an hour to go; **die ~ der Wahrheit** the moment of truth; **jds große ~** sb's big moment; **jds letzte ~ hat geschlagen** sb's hour has come; **zu später ~** at a late hour; **in einer stillen ~** in a quiet moment; **eine**

Viertel~ a quarter of an hour; **eine halbe ~** half an hour; **eine Dreiviertel~** three-quarters of an hour; **anderthalb ~n** an hour and a half; **volle ~** on the hour; **der Zug fährt jede volle ~** the train departs every hour on the hour; **zu dieser ~** (*geh*) at the present time; **zu jeder ~** [at] any time; **alle** [**halbe**] **~** every [half an] hour ❷ *kein pl (festgesetzter Zeitpunkt)* time, hour *form;* **bis zur ~** up to the present moment, as yet ❸ (*Unterrichts~*) lesson, period ❹ *meist pl (Zeitraum von kurzer Dauer)* times *pl;* **sich nur an die angenehmen~n erinnern** to remember only the pleasant times ▶ **die ~ Null** zero hour, the new beginning; **ein Mann/eine Frau der ersten ~** a prime mover

stun·den ['ʃtʊndn̩] *vt* ■ **jdm etw ~** to give sb time to pay sth

Stun·den·ge·schwin·dig·keit *f* speed per hour; **bei einer ~ von 80 km** at a speed of 80 kph **Stun·den·ho·tel** *nt* sleazy hotel (*where rooms are rented by the hour*) **Stun·den·ki·lo·me·ter** *pl* kilometres *pl* per hour **stun·den·lang** I. *adj* lasting several hours *pred;* **nach ~em Warten** after hours of waiting; **~e Telefonate** hour-long phone calls II. *adv* for hours **Stun·den·lohn** *m* hourly wage **Stun·den·plan** *m* timetable, schedule AM **Stun·den·takt** *m* ■ **im ~** at hourly intervals **stun·den·wei·se** I. *adv* for an hour or two [at a time] II. *adj* for a few hours *pred* **Stun·den·zei·ger** *m* hour hand

stünd·lich ['ʃtʏntlɪç] I. *adj* hourly II. *adv* hourly, every hour

Stunk <-s> [ʃtʊŋk] *m kein pl* (*fam*) trouble; **~ machen** to make a stink *fam*

Stunt·man, -wo·man <-s, -men> ['stantmɛn, 'stantvʊmən] *m, f* stuntman *masc*, stuntwoman *fem*

stu·pend [ʃtu'pɛnt, st-] *adj* (*geh*) amazing
stu·pid [ʃtu'pi:t, st-] *adj,* **stu·pi·de** [ʃtu'pi:də, st-] *adj* (*pej geh*) mindless

Stups <-es, -e> [ʃtʊps] *m* (*fam*) nudge
stup·sen ['ʃtʊpsn̩] *vt* to nudge

Stups·na·se *f* snub nose

stur [ʃtuːɐ̯] I. *adj* stubborn, obstinate II. *adv* ❶ (*ohne abzuweichen*) doggedly; **~ nach Vorschrift arbeiten** to work strictly to [the] regulations ❷ (*uneinsichtig*) obstinately; **sich ~ stellen** (*fam*) to dig one's heels in

Stur·heit <-> *f kein pl* stubbornness, obstinacy

Sturm <-[e]s, Stürme> [ʃtʊrm, *pl* 'ʃtʏrmə] *m* ❶ (*starker Wind*) storm ❷ FBALL forward line; **im ~ spielen** to play in attack ❸ (*heftiger Andrang*) **ein ~ auf etw** *akk* a rush for sth ▶ **die Herzen im ~ erobern** to capture people's hearts; **gegen etw** *akk* **~ laufen** to be up in arms against sth; **~ läuten** to lean on the [door]bell

Sturm·bö *f* squall

stür·men ['ʃtʏrmən] I. *vi impers haben* ■ **es stürmt** a gale is blowing II. *vi* ❶ *haben* SPORT to attack ❷ *sein* (*rennen*) to storm; **aus dem Haus ~** to storm out of the house III. *vt haben* ❶ MIL ■ **etw ~** to storm sth ❷ (*fam: auf etw eindringen*) ■ **etw ~** to storm sth; **die Bühne ~** to storm the stage

Stür·mer(in) <-s, -> ['ʃtʏrmɐ] *m(f)* forward; FBALL striker

Sturm·flut *f* storm tide

stür·misch ['ʃtʏrmɪʃ] I. *adj* ❶ METEO blustery; (*mit Regen*) stormy; **~e See** rough sea ❷ (*vehement*) tumultuous; *Mensch* impetuous; **nicht so ~!** take it easy! ❸ (*leidenschaftlich*) passionate II. *adv* tumultuously

Sturm·tief *nt* storm front **Sturm·warnung** *f* gale warning

Sturz[1] <-es, Stürze> [ʃtʊrts, *pl* 'ʃtʏrtsə] *m* fall; ■ **ein ~ aus/von etw** *dat* a fall out of/ from [*or* off] sth; **ein ~ der Temperatur** a drop in temperature

Sturz[2] <-es, Stürze> [ʃtʊrts, *pl* 'ʃtʏrtsə] *m* ❶ BAU lintel ❷ AUTO (*Achs~*) camber ❸ ÖSTERR, SCHWEIZ, SÜDD (*Käseglocke*) cheese cover

sturz·be·sof·fen *adj,* **sturz·be·trun·ken** *adj* (*fam*) completely hammered, drunk as a skunk

stür·zen ['ʃtʏrtsn̩] I. *vi sein* ❶ (*fallen*) to fall; **schwer ~** to fall heavily; **vom Dach/ Fahrrad ~** to fall off the roof/bicycle ❷ (*rennen*) to rush; **ins Zimmer ~** to burst into the room II. *vt haben* ❶ (*werfen*) ■ **jdn/sich ~** to throw sb/oneself (**aus** out of, **vor** in front of) ❷ POL (*absetzen*) ■ **jdn/etw ~** to bring sb/sth down; *Minister* to make sb resign; *Diktator* to overthrow sb; *Regierung* to topple sb/sth ❸ KOCHK (*aus der Form kippen*) to turn upside down III. *vr* ❶ (*sich werfen*) ■ **sich auf jdn ~** to pounce [on sb]; **die Gäste stürzten sich aufs kalte Büfett** the guests fell on the cold buffet ❷ (*sich mit etw belasten*) ■ **sich in etw** *akk* **~** to plunge into sth; **sich in solche Unkosten ~** to go to such expense

Sturz·flug *m* LUFT nosedive; ORN steep dive
Sturz·helm *m* crash helmet

Stuss^{RR} <-es> [ʃtʊs] *m kein pl*, **Stuß**^{ALT} <-sses> [ʃtʊs] *m kein pl* (*fam*) rubbish, garbage A_M

Stu·te <-, -n> [ˈʃtuːtə] *f* mare

Stüt·ze <-, -n> [ˈʃtʏtsə] *f* ❶ (*Stützpfeiler*) support [pillar] ❷ (*Halt*) support, prop ❸ (*Unterstützung*) support ❹ (*sl: finanzielle Hilfe vom Staat*) dole B_{RIT}, welfare *esp* A_M

stut·zen¹ [ˈʃtʊtsn̩] *vi* to hesitate, to stop short

stut·zen² [ˈʃtʊtsn̩] *vt* ❶ H_{ORT} to prune ❷ Z_{OOL} to clip; **gestutzte Flügel** clipped wings ❸ (*kürzen*) to trim

stüt·zen [ˈʃtʏtsn̩] I. *vt* ❶ (*Halt geben*) to support ❷ (*aufstützen*) ■ **etw auf etw** *akk* ~ to rest sth on sth; **die Ellbogen auf den Tisch** ~ to rest one's elbows on the table; **den Kopf auf die Hände gestützt** head in hands ❸ (*gründen*) ■ **etw auf etw** *akk* ~ to base sth on sth ❹ (*untermauern*) to back up; *Theorie* to support ❺ (*verstärken*) to increase; *Vertrauen* to reinforce II. *vr* ■ **sich** ~ ❶ (*sich aufstützen*) ■ **sich auf jdn/etw** ~ to lean on sb/sth ❷ (*basieren*) ■ **sich auf etw** *akk* ~ to be based on sth

stut·zig [ˈʃtʊtsɪç] *adj* **jdn** ~ **machen** to make sb suspicious; ~ **werden** to get suspicious

Stütz·pfei·ler *m* supporting pillar; (*einer Brücke*) pier **Stütz·punkt** *m* M_{IL} base

sty·len [ˈstajlən] *vt* to design; *Haar* to style

Sty·ling <-s> [ˈstajlɪŋ] *nt kein pl* styling

sty·lisch, sty·lish [ˈstajlɪʃ] I. *adj* stylish II. *adv* **sich** *akk* ~ **kleiden** to wear stylish [*or* chic] clothes; **sich** *dat* **die Wohnung** ~ **einrichten** to furnish one's home in style

Sty·ro·por® <-s> [ʃtyroˈpoːɐ̯] *nt kein pl* polystyrene

s. u. *Abk von* **siehe unten** see below

Sub·jekt <-[e]s, -e> [zʊpˈjɛkt] *nt* ❶ L_{ING} subject ❷ (*pej: übler Mensch*) creature

sub·jek·tiv [zʊpjɛkˈtiːf, ˈzʊp-] *adj* subjective

Sub·jek·ti·vi·tät <-> [zʊpjɛktiviˈtɛːt] *f kein pl* subjectivity *no pl*

Sub·kul·tur [ˈzʊpkʊltuːɐ̯] *f* subculture

Sub·stan·tiv <-s, -e *o selten* -a> [ˈzʊpstantiːf] *nt* noun

Sub·stanz <-, -en> [zʊpˈstants] *f* ❶ (*Material*) substance ❷ *kein pl* (*geh: Essenz*) essence; [**jdm**] **an die** ~ **gehen** (*fam*) to take it out of sb

sub·sti·tu·ie·ren* [zʊpstituˈiːrən] *vt* ■ **etw** ~ to substitute sth (**durch** for)

Sub·sti·tut(in) <-en, -en> [zʊpstiˈtuːt] *m(f)* S_{CHWEIZ} assistant manager

sub·til [zʊpˈtiːl] *adj* subtle

sub·tra·hie·ren* [zʊptraˈhiːrən] *vt, vi* to subtract (**von** from)

Sub·trak·ti·on <-, -en> [zʊptrakˈtsi̯oːn] *f* subtraction

Sub·tro·pen [ˈzʊptroːpn̩] *pl* ■ **die** ~ the subtropics *pl*

sub·tro·pisch [ˈzʊptroːpɪʃ] *adj* subtropical

Sub·un·ter·neh·mer(in) <-s, -> [ˈzʊpʔʊntɛːnɐmɐ] *m(f)* subcontractor

Sub·ven·ti·on <-, -en> [zʊpvɛnˈtsi̯oːn] *f* subsidy

sub·ven·ti·o·nie·ren* [zʊpvɛntsi̯oˈniːrən] *vt* to subsidize

sub·ver·siv [zʊpvɛrˈziːf] I. *adj* subversive II. *adv* subversively

Such·ak·ti·on *f* organized search **Such·be·griff** *m* target word; I_{NFORM} search key **Such·dienst** *m* missing persons tracing service

Su·che <-, -n> [ˈzuːxə] *f* search (**nach** for); **sich auf die** ~ [**nach jdm/etw**] **machen** to go in search [of sb/sth]; **auf der** ~ [**nach jdm/etw**] **sein** to be looking [for sb/sth]

su·chen [ˈzuːxn̩] I. *vt* ❶ (*zu finden versuchen*) ■ **etw** ~ to look for sth; (*intensiver*) to search for sth; **du hast hier nichts zu** ~! you have no right to be here! ❷ (*nach etw trachten*) to seek; **den Nervenkitzel** ~ to be looking for thrills II. *vi* to search [*or* be looking] (**nach** for); such! find!

Su·cher <-s, -> *m* viewfinder

Such·funk·ti·on *f* I_{NFORM} search function **Such·lauf** *m* search process **Such·mann·schaft** *f* search party **Such·ma·schi·ne** *f* search engine

Sucht <-, Süchte> [zʊxt, *pl* ˈzʏçtə] *f* ❶ (*Abhängigkeit*) addiction; ~ **erzeugend** addictive ❷ (*Verlangen*) obsession; ■ **jds** ~ **nach etw** *dat* sb's craving for sth

Sucht·ge·fahr *f* danger of addiction

süch·tig [ˈzʏçtɪç] *adj* ❶ (*abhängig*) addicted *pred*; ~ **machen** to be addictive ❷ (*begierig*) ■ ~ **sein** to be hooked (**nach** on)

Süch·ti·ge(r) *f(m) dekl wie adj* addict

Sucht·kran·ke(r) <-n, -n> *f(m) dekl wie adj* addict **Sucht·mit·tel** *nt* P_{SYCH} addictive substance

Süd <-[e]s, -e> [zyːt] *m kein pl, kein art* south; *s. a.* **Nord 1**

Süd·afri·ka [ˈzyːtʔaˌfrika] *nt* South Africa; *s. a.* **Deutschland Süd·afri·ka·ner(in)** *m(f)* South African; *s. a.* **Deutsche(r) süd·afri·ka·nisch** [ˈzyːtʔafriˈkaːnɪʃ] *adj* South African; *s. a.* **deutsch Süd·ame·ri·ka** [ˈzyːtʔaˌmeːrika] *nt* South America; *s. a.* **Deutschland Süd·ame·ri·ka·ner(in)** *m(f)* South American; *s. a.* **Deut-**

sche(r) süd·ame·ri·ka·nisch *adj* South American; *s. a.* **deutsch**
Su·dan <-> [zu'daːn] *m* [the] Sudan; *s. a.* **Deutschland**
Su·da·ner(in) <-s, -> [zu'daːnɐ] *m(f)*, **Su·da·ne·se, Su·da·ne·sin** <-n, -n> [zudaˈneːzə, zudaˈneːzɪn] *m, f* Sudanese; *s. a.* **Deutsche(r)**
su·da·ne·sisch [zudaˈneːzɪʃ] *adj* Sudanese; *s. a.* **deutsch**
süd·deutsch [ˈzyːtdɔytʃ] *adj* South German; *s. a.* **deutsch**
Süd·deut·sche(r) *f(m) dekl wie adj* South German; *s. a.* **Deutsche(r)**
Süd·deutsch·land [ˈzyːtdɔytʃlant] *nt* South[ern] Germany; *s. a.* **Deutschland**
Su·de·lei <-, -en> [zuːdəˈlaj] *f* (*fam*) ❶ (*Schmiererei*) making a mess ❷ (*Schlamperei*) botch[-up]
su·deln [ˈzuːdl̩n] *vi* ❶ (*schmieren*) ■ [mit etw *dat*] ~ to make a mess; **mit Farbe ~** to daub with paint ❷ (*nachlässig schreiben*) to scribble
Sü·den <-s> [ˈzyːdn̩] *m kein pl, kein indef art* ❶ (*Himmelsrichtung*) south; *s. a.* **Norden 1** ❷ (*südliche Gegend*) south; **gen ~ ziehen** to fly south; *s. a.* **Norden 2**
Süd·eu·ro·pa <-s> [ˈzyːtʔɔyˌroːpa] *nt* southern Europe **Süd·frank·reich** *nt* southern France, the south of France **Süd·frucht** *f* [sub]tropical fruit **Süd·halb·ku·gel** *f* southern hemisphere **Süd·ko·rea** [ˈzyːtkoˌreːa] *nt* South Korea; *s. a.* **Deutschland** **Süd·küs·te** *f* south[ern] coast
Süd·län·der(in) <-s, -> [ˈzyːtlɛndɐ] *m(f)* Southern European; **sie bevorzugt ~** she prefers Mediterranean types
süd·län·disch *adj* Southern European
süd·lich [ˈzyːtlɪç] I. *adj* ❶ (*in ~ er Himmelsrichtung befindlich*) southern; *s. a.* **nördlich I. 1** ❷ (*im Süden liegend*) southern; *s. a.* **nördlich I. 2** ❸ (*von/nach Süden*) southwards, southerly; *s. a.* **nördlich I. 3** II. *adv* ■ **~ von etw** *dat* [to the] south of sth III. *präp +gen* [to the] south of sth
Su·do·ku <-[s], -[s]> [zuˈdoːku] *nt* Sudoku; **~ spielen** to play Sudoku
Süd·ost·asi·en [zyːtʔɔstˈʔaːzi̯ən] *nt* South-East Asia **Süd·os·ten** [zyːtˈʔɔstn̩] *m kein pl, kein indef art* south east **süd·öst·lich** [zyːtˈʔœstlɪç] I. *adj* ❶ (*im Südosten gelegen*) south-eastern ❷ (*von/nach Südosten*) south-eastwards, south-easterly II. *adv* southeast (**von** of) III. *präp +gen* [to the] southeast of sth **Süd·pol** [ˈzyːtpoːl] *m* ■ **der ~** the South Pole **Süd·see** [ˈzyːtzeː] *f kein pl* ■ **die ~** the South Seas

pl, the South Pacific **Süd·spa·ni·en** <-s, -> *nt* southern Spain **Süd·staa·ten** [ˈzyːtʃtaːtn̩] *pl* (*in den USA*) ■ **die ~** Southern States **Süd·staat·ler(in)** <-s, -> *m(f)* (*in USA*) Southerner **Süd·wes·ten** [zyːtˈvɛstn̩] *m kein pl, kein indef art* south west **süd·west·lich** [zyːtˈvɛstlɪç] I. *adj* ❶ (*im Südwesten liegend*) south-western ❷ (*von/nach Südwesten*) south-westwards II. *adv* [to the] south-west; ■ **~ von etw** *dat* [to the] south-west of sth III. *präp +gen* ■ **~ einer S.** south-west of sth **Süd·wind** *m* south wind
Su·es·ka·nal, Su·ez·ka·nal [ˈzuːɛskanaːl] *m* ■ **der ~** the Suez Canal
Suff <-[e]s> [zʊf] *m kein pl* (*fam*) boozing *no pl, no indef art*; **im ~** while under the influence
süf·feln [ˈzʏfl̩n] *vt* (*fam*) ■ **etw ~** to sip on sth
süf·fig [ˈzʏfɪç] *adj* very drinkable
Suf·fix <-es, -e> [zʊˈfɪks, ˈzʊ-] *nt* suffix
sug·ge·rie·ren* [zʊgeˈriːrən] *vt* to suggest
Sug·ges·ti·on <-, -en> [zʊgɛsˈti̯oːn] *f kein pl* suggestion
sug·ges·tiv [zʊgɛsˈtiːf] *adj* suggestive
Sug·ges·tiv·fra·ge *f* (*geh*) leading question
suh·len [ˈzuːlən] *vr* ■ **sich ~** to wallow (**in** in)
Süh·ne <-, -n> [ˈzyːnə] *f* atonement
süh·nen [ˈzyːnən] *vt* ■ **etw ~** to atone for sth
Sui·te <-, -n> [ˈsviːtə, zuˈiːtə] *f* suite
su·i·zid·ge·fähr·det *adj* PSYCH suicidal, at risk of [committing] suicide *pred;* **~ e Menschen** people at risk of [committing] suicide
Su·jet <-s, -s> [zyˈʒeː] *nt* subject
suk·zes·siv [zʊktsɛˈsiːf] *adj* (*geh*) gradual
Sul·fat <-[e]s, -e> [zʊlˈfaːt] *nt* sulphate
Sul·tan, Sul·ta·nin <-s, -e> [ˈzʊltaːn, zʊlˈtaːnɪn] *m, f* sultan *masc*, sultana *fem*
Sül·ze <-, -n> [ˈzʏltsə] *f* ❶ (*Fleisch*) brawn ❷ (*Aspik*) aspic
sül·zen [ˈzʏltsn̩] I. *vi* (*fam*) to rabbit [*or* AM ramble] on [about sth] II. *vt* (*fam*) ■ **etw ~** to spout sth *fam;* **was sülzt der da?** what's he spouting on about?
sum·ma cum lau·de [ˈzʊma kʊm ˈlaudə] *adv* summa cum laude (*with the utmost distinction*)
sum·ma·risch [zʊˈmaːrɪʃ] I. *adj* summary II. *adv* summarily
Sum·me <-, -n> [ˈzʊmə] *f* ❶ (*Additionsergebnis*) sum, total ❷ (*Betrag*) sum, amount ❸ (*geh: Gesamtheit*) sum total
sum·men [ˈzʊmən] *vi, vt* to hum; **Biene** to buzz

sum·mie·ren* [zʊˈmiːrən] I. vt ❶ (zusammenfassen) to summarize, to sum up sep ❷ (addieren) to add up II. vr ■ sich [auf etw akk] ~ to amount to sth
Sumpf <-[e]s, Sümpfe> [zʊmpf, pl ˈzʏmpfə] m marsh, bog; (in den Tropen) swamp
Sumpf·fie·ber nt malaria **Sumpf·gebiet** nt marsh[land]; in den Tropen swamp[land]
sump·fig [ˈzʊmpfɪç] adj marshy, boggy; (in den Tropen) swampy
Sün·de <-, -n> [ˈzʏndə] f sin; **eine ~ begehen** to commit a sin
Sün·den·bock m scapegoat **Sün·den·fall** m kein pl ■ **der ~** the Fall [of Man]
Sün·der(in) <-s, -> m(f) sinner
sünd·haft [ˈzʏnthaft] adj ❶ (exorbitant hoch) outrageous ❷ REL sinful
sün·dig [ˈzʏndɪç] adj ❶ REL sinful ❷ (lasterhaft) dissolute, wanton
sün·di·gen [ˈzʏndɪɡn̩] vi to sin
su·per [ˈzuːpɐ] I. adj super II. adv great; **sie kann ~ singen** she's a great singer
Su·per <-s> [ˈzuːpɐ] nt kein pl AUTO four-star BRIT, premium AM
Su·per-8-Film [zuːpɐˈʔaxt-] m super-8-film **Su·per·ben·zin** nt super, AM also premium **Su·per·chip** m superchip **Su·per-GAU** m kein pl (fam) ultimate MCA
Su·per·la·tiv <-[e]s, -e> [ˈzuːpɐlatiːf] m superlative
Su·per·macht f superpower **Su·permann** m kein pl (Comicfigur) Superman no pl **Su·per·markt** m supermarket **Su·per·markt·ket·te** f supermarket chain
su·per·reich adj (pej) super-rich **Su·per·star** m superstar
Sup·pe <-, -n> [ˈzʊpə] f soup; **klare ~** consommé ► **die ~ auslöffeln müssen** (fam) to have to face the music
Sup·pen·ge·mü·se nt vegetables for making soup **Sup·pen·grün** nt herbs and vegetables for making soup **Sup·pen·huhn** nt boiling chicken **Sup·pen·löffel** m soup spoon **Sup·pen·schüs·sel** f soup tureen **Sup·pen·tel·ler** m soup plate **Sup·pen·wür·fel** m stock cube
Sup·port <-[e]s> [səˈpɔːt] m kein pl INFORM [technical] support, [tech] support; **im ~ arbeiten** to work in support
Surf·brett [ˈzœɐ̯f-] nt ❶ (zum Windsurfen) windsurfer ❷ (zum Wellensurfen) surfboard
Sur·fen <-s> [ˈzœɐ̯fn̩] nt kein pl surfing no pl, no indef art
sur·fen [ˈzœɐ̯fn̩] vi to surf; **im Internet ~** to surf the Internet
Sur·fer(in) <-s, -> [ˈsœːfɐ] m(f) surfer
Sur·re·a·lis·mus <-> [zʊreaˈlɪsmʊs, zʏr-] m kein pl surrealism
sur·re·a·lis·tisch [zʊreaˈlɪstɪʃ, zʏr-] adj Autor, Maler surrealist; Film, Buch surrealistic
sur·ren [ˈzʊrən] vi Insekt to buzz; Motor to hum; Kamera to whirr
Su·shi <-s, -s> [ˈzuːʃi] nt sushi
su·spekt [zʊsˈpɛkt] adj (geh) suspicious; ■ **jdm ~ sein** to look suspicious to sb
sus·pen·die·ren* [zʊspɛnˈdiːrən] vt to suspend (**von** from)
süß [zyːs] I. adj sweet; ❶ (mit Zucker zubereitet) with sugar; **ich trinke meinen Kaffee nie ~** I never take sugar in coffee ❷ (lieblich) sweetly
sü·ßen [ˈzyːsn̩] vt to sweeten
Süß·holz nt kein pl liquorice [root] ► **~ raspeln** to be full of sweet talk
Sü·ßig·keit <-, -en> [ˈzyːsɪçkait] f meist pl sweet, candy AM
süß·lich adj sickly sweet; Parfüm cloying
süß·sau·er [zyːsˈzauɐ] I. adj sweet-and-sour II. adv in a sweet-and-sour sauce
Süß·spei·se f sweet, dessert **Süßstoff** m sweetener **Süß·wa·ren** pl confectionery no pl **Süß·wa·ren·geschäft** nt confectionery shop **Süß·wasser** nt fresh water
SW [ɛsˈveː] Abk von **Südwesten**
Sweat·shirt <-s, -s> [ˈsvɛtʃœrt] nt sweatshirt **Sweat·shop** <-s, -s> [ˈsvɛtʃɔp] m ÖKON, SOZIOL sweatshop
Swim·ming·pool [ˈsvɪmɪŋpuːl] m swimming pool
Sym·bi·o·se <-, -n> [zʏmˈbioːzə] f symbiosis; **eine ~ eingehen** to form a symbiotic relationship
Sym·bol <-s, -e> [zʏmboːl] nt symbol
Sym·bol·fi·gur f symbol[ic figure]
sym·bo·lisch [zʏmˈboːlɪʃ] adj symbolic
sym·bo·li·sie·ren* [zʏmboliˈziːrən] vt to symbolize
Sym·bol·leis·te f INFORM toolbar
Sym·me·trie <-, -n> [zʏmeˈtriː, pl -ˈtriːən] f symmetry
sym·me·trisch [zʏˈmeːtrɪʃ] adj symmetrical
Sym·pa·thie <-, -en> [zʏmpaˈtiː, pl -ˈtiːən] f sympathy
Sym·pa·thi·sant(in) <-en, -en> [zʏmpatiˈzant] m(f) sympathizer
sym·pa·thisch [zʏmˈpaːtɪʃ] adj nice, likeable; ■ **jdm ~ sein** to appeal to sb; **sie war mir [gleich] ~** I liked her [at once]
sym·pa·thi·sie·ren* [zʏmpatiˈziːrən] vi to sympathize (**mit** with)

Sym·pho·nie <-, -en> [zʏmfoˈniː, pl -ˈniːən] f symphony

Sym·po·si·um <-s, -ien> [zʏmˈpoːzi̯ʊm, pl -i̯ən] nt symposium

Sym·ptom <-s, -e> [zʏmpˈtoːm] nt symptom (**für** of)

sym·pto·ma·tisch [zʏmptoˈmaːtɪʃ] adj symptomatic (**für** of)

Sy·na·go·ge <-, -n> [zynaˈɡoːɡə] f synagogue

syn·chron [zʏnˈkroːn] I. adj synchronous II. adv synchronously

Syn·chro·ni·sa·ti·on <-, -en> [zʏnkroniˈzaˈtsi̯oːn] f ❶ FILM, TV dubbing ❷ (Abstimmung) synchronization

syn·chro·ni·sie·ren* [zʏnkroniˈziːrən] vt ❶ FILM, TV to dub ❷ (zeitlich abstimmen) to synchronize

Syn·di·kat <-[e]s, -e> [zʏndiˈkaːt] nt syndicate

Syn·drom <-s, -e> [zʏnˈdroːm] nt syndrome

Sy·no·de <-, -n> [zyˈnoːdə] f REL synod

sy·no·nym [zynoˈnyːm] adj synonym

Sy·no·nym <-s, -e> [zynoˈnyːm] nt synonym

syn·tak·tisch [zʏnˈtaktɪʃ] adj syntactic

Syn·tax <-, -en> [ˈzʏntaks] f syntax

Syn·the·se <-, -n> [zʏnˈteːzə] f synthesis

Syn·the·si·zer <-s, -> [ˈzʏntəsaɪ̯zɐ] m synthesizer

Syn·the·tik <-> [zʏnˈteːtɪk] nt kein pl synthetic fibre; **das Hemd ist aus ~** the shirt is made of artificial fibres

syn·the·tisch [zʏnˈteːtɪʃ] adj synthetic; **eine ~e Faser** a man-made fibre

syn·the·ti·sie·ren* [zʏnteti'ziːrən] vt CHEM to synthesize

Sy·phi·lis <-> [ˈzyːfilɪs] f kein pl syphilis no pl

Sy·rer(in) <-s, -> [ˈyːrɐ] m(f) Syrian; s. a. **Deutsche(r)**

Sy·ri·en <-s> [ˈzyːri̯ən] nt Syria; s. a. **Deutschland**

Sy·ri·er(in) <-s, -> [ˈzyːri̯ɐ] m(f) Syrian; s. a. **Deutsche(r)**

sy·risch [ˈzyːrɪʃ] adj Syrian; s. a. **deutsch**

Sys·tem <-s, -e> [zʏsˈteːm] nt system; **~ in etw** akk **bringen** to bring some order into sth; **mit ~** systematically; **Duales ~ Deutschland** refuse recycling system implemented in Germany

Sys·te·ma·tik <-, -en> [zʏsteˈmaːtɪk] f ❶ (Ordnungsprinzip) system ❷ kein pl BIOL systematology

sys·te·ma·tisch [zʏsteˈmaːtɪʃ] adj systematic

sys·te·ma·ti·sie·ren* [zʏstematiˈziːrən] vt to systemize

Sys·tem·feh·ler m system error **Sys·tem·kri·ti·ker(in)** m(f) critic of the system

Sze·na·ri·um <-s, -ien> [stseˈnaːri̯ʊm, pl -ri̯ən] nt (a. fig) scenario

Sze·ne <-, -n> [ˈstseːnə] f ❶ THEAT, FILM scene; [**etw**] **in ~ setzen** (a. fig) to stage sth; **sich in ~ setzen** (fig) to play to the gallery ❷ (Krach) scene; [**jdm**] **eine ~ machen** to make a scene [in front of sb] ❸ kein pl (Milieu) scene; ■ **die ~** the scene; **sich in der ~ auskennen** to know one's way around the scene

Sze·ne·la·den m (fam: Kneipe) trendy bar; (Disco oder Club) trendy club

Sze·nen·ken·ner(in) m(f) insider **Sze·nen·wech·sel** m change of scene

Sze·ne·rie <-, -n> [stsenəˈriː, pl -ˈriːən] f ❶ (Umgebung) scenery ❷ FILM, LIT, THEAT setting

T t

T, t <-, - o fam -s, -s> [te:] nt T, t; s. a. **A 1**
t Abk von **Tonne**
Ta·bak <-s, -e> ['tabak, 'ta:bak, ÖSTERR ta'bak] m tobacco
Ta·bak·in·dus·trie f tobacco industry **Ta·bak·la·den** m tobacconist's **Ta·baks·do·se** f tobacco tin **Ta·bak·steu·er** f duty on tobacco **Ta·bak·wa·ren** pl tobacco products pl
ta·bel·la·risch [tabɛ'la:rɪʃ] I. adj tabular II. adv in tabular form
Ta·bel·le <-, -n> [ta'bɛlə] f table; FBALL a. league [table]
Ta·bel·len·füh·rer(in) m(f) SPORT top of the league **Ta·bel·len·kal·ku·la·tion** f spreadsheet
Ta·b·let <-s, -s> ['tɛblət] nt INFORM tablet
Ta·b·let-Computer ['tɛblət-] m INFORM tablet computer
Ta·blett <-[e]s, -s o -e> [ta'blɛt] nt tray
Ta·blet·te <-, -n> [ta'blɛtə] f pill
Ta·blet·ten·sucht f kein pl addiction to pills **ta·blet·ten·süch·tig** adj addicted to pills
ta·bu [ta'bu:] adj taboo
Ta·bu <-s, -s> nt taboo [subject]
Ta·bu·bruch [ta'bu:-] m breaking of a taboo
ta·bu·i·sie·ren* [tabui'zi:rən] vt ▪ etw ~ to make sth a taboo subject
Ta·bu·la ra·sa ['ta:bula 'ra:za] f kein pl ▸ ~ **machen** to make a clean sweep of sth
Ta·bu·la·tor <-s, -toren> [tabu'la:to:ɐ̯, pl -'to:rən] m tabulator
Ta·ch(e)·les ['taxələs] ▸ [**mit jdm**] ~ **reden** to do some straight talking [to sb]
Ta·cho <-s, -s> ['taxo] m (fam) kurz für **Tachometer** speedometer
Ta·cho·me·ter m o nt speedometer
Ta·del <-s, -> ['ta:dl̩] m ❶ (Verweis) reprimand; **jdm einen ~ erteilen** to reproach sb (**wegen** for) ❷ (Makel) ohne ~ faultless
ta·del·los I. adj perfect II. adv perfectly
ta·deln vt ❶ (zurechtweisen) to reprimand ❷ (missbilligen) to express one's disapproval
ta·delns·wert adj reprehensible
Ta·dschi·ki·stan <-s> [ta'dʒi:kista:n] nt Tajikistan; s. a. **Deutschland**
Ta·fel <-, -n> ['ta:fl̩] f ❶ (Platte) board; **eine ~ Schokolade** a bar of chocolate; (Anzeige~) board; (Gedenk~) plaque; SCH [black]board ❷ (Bild~) plate ❸ (geh: festlicher Esstisch) table
Ta·fel·berg m kein pl table mountain

ta·feln ['ta:fl̩n] vi (geh) to feast
tä·feln [tɛ:fl̩n] vt to panel
Ta·fel·sil·ber nt silver
Tä·fe·lung <-, -en> f panelling
Ta·fel·was·ser nt (geh) table water **Ta·fel·wein** m (geh) table wine
Taft <-[e]s, -e> [taft] m taffeta
Tag <-[e]s, -e> [ta:k, pl ta:gə] m ❶ (Abschnitt von 24 Stunden) day; **ein freier ~** a day off; **den ganzen ~** the whole day; **guten ~!** hello!, good afternoon/morning!; ~ **für** ~ every day; **von einem ~ auf den anderen** overnight; **von ~ zu ~** from day to day; **eines [schönen] ~es** one day; **der Brief muss jeden ~ kommen** the letter should arrive any day now ❷ (Datum) day; ~ **der offenen Tür** open day; **der ~ X** D-day; **bis zum heutigen ~** up to the present day; **auf den ~ [genau]** [exactly] to the day ❸ (Tageslicht) light; **es ist noch nicht ~** it's not light yet; **am ~** during the day; **bei ~[e]** while it's light ❹ pl (fam: Menstruation) period ▸ **es ist noch nicht aller ~e Abend** it's not all over yet; **man soll den ~ nicht vor dem Abend loben** (prov) one shouldn't count one's chickens before they're hatched; **etw kommt an den ~** sth comes to light; **in den ~ hinein leben** to live from day to day; **über/unter ~e** above/below ground
tag·aus [ta:k'ʔaus] adv ~**, tagein** day in, day out
Ta·ge·bau m kein pl open-cast mining **Ta·ge·buch** nt ❶ (tägliche Aufzeichnungen) diary; **ein ~ führen** to keep a diary ❷ (Terminkalender) appointments diary **Ta·ge·dieb(in)** m(f) (pej veraltet) idler **Ta·ge·geld** nt ❶ (tägliches Krankengeld) daily invalidity pay ❷ (tägliche Spesenpauschale) daily allowance
tag·ein [ta:k'ʔain] adv s. **tagaus**
ta·ge·lang I. adj lasting for days; **nach ~ em Warten** after days of waiting II. adv for days **Ta·ge·löh·ner(in)** <-s, -> ['ta:gəløːnɐ] m(f) (veraltend) day labourer
ta·gen[1] ['ta:gn̩] vi impers (geh) **es tagt!** day is breaking!
ta·gen[2] ['ta:gn̩] vi to meet
Ta·ges·ab·lauf m daily routine **Ta·ges·an·bruch** m daybreak (**bei** at, **nach** after, **vor** before) **Ta·ges·cre·me** f day cream **Ta·ges·de·cke** f bedspread **Ta·ges·ein·nah·men** pl day's takings npl **Ta·ges·**

fahrt f day-trip **Ta·ges·ge·richt** nt KOCHK dish of the day **Ta·ges·ge·schäft** nt daily business no pl; BÖRSE day order **Ta·ges·ge·sche·hen** nt daily events pl **Ta·ges·ge·spräch** nt talking point of the day **Ta·ges·kar·te** f ❶ (*Speisekarte*) menu of the day ❷ (*einen Tag gültige Eintrittskarte*) day ticket **Ta·ges·licht** nt kein pl daylight no pl (**bei** by/in) ▶ **etw ans ~ bringen** to bring sth to light **Ta·ges·licht·pro·jek·tor** m overhead projector **Ta·ges·mut·ter** f childminder **Ta·ges·ord·nung** f agenda; **etw auf die ~ setzen** to put sth on the agenda; **auf der ~ stehen** to be on the agenda ▶ **[wieder] zur ~ übergehen** to carry on as usual **Ta·ges·um·satz** m daily sales returns pl **Ta·ges·zeit** f time [of day] **Ta·ges·zei·tung** f daily [paper] **ta·ge·wei·se** adv on a daily basis
tag·hell ['ta:k'hɛl] adj as bright as day
täg·lich ['tɛ:klɪç] adj, adv daily
Tag·schicht f ❶ (*Arbeitszeitraum*) day shift ❷ (*personelle Besetzung*) day shift workers pl
tags·über ['ta:ks?y:bɐ] adv during the day
tag·täg·lich ['ta:k'tɛ:klɪç] I. adj daily II. adv on a daily basis **Tag·traum** m daydream **Tag·und·nacht·glei·che** <-, -n> f equinox
Ta·gung <-, -en> f ❶ (*Fach~*) conference ❷ (*Sitzung*) meeting
Ta·gungs·teil·neh·mer(in) m(f) participant in a conference
Tai·fun <-s, -e> [taɪ̯'fu:n] m typhoon
Tai·ga <-> ['taɪ̯ga] f kein pl **die ~** the taiga
Tail·le <-, -n> ['taljə] f waist
tail·liert [ta(l)'ji:ɐ̯t] adj fitted at the waist
Tai·wan <-s> [taɪ̯'va:n] nt Taiwan; s. a. **Deutschland**
Tai·wa·ner(in) <-s, -> [taɪ̯'va:nɐ] m(f) Taiwanese; s. a. **Deutsche(r)**
tai·wa·nisch [taɪ̯'va:nɪʃ] adj Taiwanese; s. a. **deutsch**
Takt <-[e]s, -e> [takt] m ❶ MUS bar ❷ kein pl (*Rhythmus*) rhythm; **den ~ angeben** to beat time; **jdn aus dem ~ bringen** to make sb lose their rhythm; **im ~** in time (**zu/mit** to); ❸ kein pl (*~gefühl*) tact
Takt·ge·fühl nt ❶ (*Feingefühl*) sense of tact ❷ MUS sense of rhythm
tak·tie·ren* [tak'i:rən] vi to use tactics
Tak·tik <-, -en> ['taktɪk] f tactics pl
Tak·ti·ker(in) <-s, -> ['taktikɐ] m(f) tactician
tak·tisch ['taktɪʃ] I. adj tactical II. adv tactically

takt·los adj tactless
Takt·lo·sig·keit <-, -en> f ❶ kein pl (*taktlose Art*) tactlessness ❷ (*taktlose Aktion*) piece of tactlessness
Takt·stock m baton
takt·voll adj tactful
Tal <-[e]s, Täler> [ta:l, pl tɛ:lɐ] nt valley
Ta·lar <-s, -e> [ta'la:ɐ̯] m JUR robe; REL cassock; SCH gown
Ta·lent <-[e]s, -e> [ta'lɛnt] nt talent
ta·lent·frei (*iron*) I. adj untalented, devoid of [any] talent pred iron II. adv without any recognizable talent
ta·len·tiert [talɛn'ti:ɐ̯t] I. adj talented II. adv in a talented way
Ta·ler <-s, -> ['ta:lɐ] m thaler
Talg <-[e]s, -e> ['talk, pl 'talgə] m ❶ (*festes Fett*) suet ❷ (*Absonderung der Talgdrüsen*) sebum
Talg·drü·se f sebaceous gland
Ta·lis·man <-s, -e> ['ta:lɪsman] m lucky charm
Tal·kes·sel m basin
Talk·mas·ter(in) <-s, -> ['tɔ:kma:stɐ] m(f) chat show host BRIT, talk show host AM **Talk·show** <-, -s> ['tɔ:kʃo:] f talk show, chat show BRIT
Tal·soh·le f ❶ (*Talboden*) bottom of a valley ❷ (fig: *Tiefstand*) rock bottom; (*Wirtschaftsflaute*) trough **Tal·sper·re** f TECH dam **Tal·sta·ti·on** f valley station
Tam·bu·rin <-s, -e> [tãbu'rɛ̃:] nt tambourine
Tam·pon <-s, -s> ['tampɔn, tam'po:n, tã'põ:] m tampon
Tan·dem <-s, -s> ['tandɛm] nt tandem; **~ fahren** to ride a tandem
Tang <-[e]s, -e> ['taŋ] m seaweed
Tan·ga <-s, -s> ['taŋga] m tanga
Tan·gens <-, -> ['taŋgɛns] m MATH tangent
Tan·gen·te <-, -n> [taŋ'gɛntə] f MATH tangent
tan·gie·ren* [taŋ'gi:rən] vt ❶ (*geh: streifen*) to touch upon ❷ (*geh: betreffen*) to affect; **jdn nicht ~** not to bother sb ❸ MATH ▪ **etw ~** to be tangent to
Tan·go <-s, -s> ['taŋgo] m tango
Tank <-s, -s> [taŋk] m tank
Tank·de·ckel m fuel [or BRIT also filler] cap [or BRIT also petrol]
Tan·ke <-, -n> f (fam) garage BRIT, gas station AM, servo AUS fam
tan·ken ['taŋkn̩] I. vi (*Auto*) to fill up with petrol [or AM gas]; (*Flugzeug*) to refuel II. vt ❶ (*als Tankfüllung*) ▪ **etw ~** to fill up with sth ❷ (*fam: in sich aufnehmen*) **frische Luft/Sonne ~** to get some fresh air/

sun ▶ **[ganz schön] getankt haben** (*fam*) to have downed a fair amount
Tan·ker <-s, -> ['taŋkɐ] *m* tanker
Tank·fül·lung *f* a tankful **Tank·last·zug** *m* tanker **Tank·säu·le** *f* petrol [*or* Am gas] pump **Tank·stel·le** *f* garage, filling [*or* Am gas] station **Tank·ver·schluss**^RR *m* ① (*Verschluss eines Tanks* 2) tank lid ② auto (*geh*) s. **Tankdeckel**
Tank·wart(in) *m(f)* petrol pump attendant Brit, gas station attendant Am
Tan·ne <-, -n> ['tanə] *f* fir
Tan·nen·baum *m* ① (*Weihnachtsbaum*) Christmas tree ② (*fam: Tanne*) fir-tree **Tan·nen·na·del** *f* fir needle **Tan·nen·wald** *m* pine forest **Tan·nen·zap·fen** *m* fir cone
Tan·te <-, -n> ['tantə] *f* aunt
Tan·te-Em·ma-La·den *m* (*fam*) corner shop
Tan·ti·e·me <-, -n> [tãˈtieːmə, tãˈtiɛːme] *f* ① (*Absatzhonorar*) royalty ② *meist pl* (*Gewinnbeteiligung*) percentage of the profits
Tanz <-es, Tänze> ['tants, *pl* 'tɛntsə] *m* dance; **jdn zum ~ auffordern** to ask sb to dance
Tanz·bein *nt* **das ~ schwingen** (*hum fam*) to take to the floor
tän·zeln ['tɛntsln̩] *vi* ① *haben* (*auf und ab federn*) Boxer to dance; Pferd to prance ② *sein* (*sich leichtfüßig fortbewegen*) to skip
tan·zen ['tantsn̩] **I.** *vi* ① *haben* (*einen Tanz ausführen*) to dance ② *sein* (*sich tanzend fortbewegen*) to dance ③ *haben* (*hüpfen*) Gläser, Würfel to jump in the air; **das kleine Boot tanzte auf den Wellen** the little boat bobbed up and down on the waves; **ihm tanzte alles vor den Augen** the room was spinning before his eyes **II.** *vt haben* to dance
Tän·zer(in) <-s, -> ['tɛntsɐ] *m(f)* dancer
tän·ze·risch **I.** *adj* dancing **II.** *adv* in terms of dancing
Tanz·flä·che *f* dance floor **Tanz·kurs** *m* dance class **Tanz·leh·rer(in)** *m(f)* dance teacher **Tanz·lo·kal** *nt* café with a dance floor **Tanz·mu·sik** *f* dance music **Tanz·part·ner(in)** *m(f)* dancing partner **Tanz·schu·le** *f* dancing school **Tanz·stun·de** *f* ① *kein pl* (*Kurs*) dancing class ② (*Unterrichtsstunde*) dancing lesson; **~ n nehmen** to have dancing lessons **Tanz·tur·nier** *nt* dance tournament
Ta·pe·te <-, -n> [taˈpeːtə] *f* wallpaper *no pl*
Ta·pe·ten·wech·sel *m* (*fam*) change of scene

ta·pe·zie·ren* [tapeˈtsiːrən] *vt* to wallpaper
Ta·pe·zie·rer(in) <-s, -> *m(f)* decorator
Ta·pe·zier·tisch *m* wallpapering-table
tap·fer ['tapfɐ] *adj* brave
Tap·fer·keit <-> *f kein pl* courage
Ta·pir <-s, -e> ['taːpiɐ̯] *m* tapir
tap·pen ['tapn̩] *vi* ① *sein* (*schwerfällig gehen*) **schlaftrunken tappte er zum Telefon** he shuffled drowsily to the phone ② *haben* (*tasten*) to grope (**nach** for)
tap·sen ['tapsn̩] *vi sein Kleinkind* to toddle; *Bär* to lumber
Ta·ran·tel <-, -n> [taˈrantl̩] *f* tarantula
Ta·rif <-[e]s, -e> [taˈriːf] *m* ① (*gewerkschaftliche Gehaltsvereinbarung*) pay scale ② (*festgesetzter Einheitspreis*) charge
Ta·rif·abschluss^RR *m* wage agreement **Ta·rif·grup·pe** *f* wage group **Ta·rif·kampf** [taˈriːf-] *m* [tense] wage negotiations *pl*
ta·rif·lich **I.** *adj* negotiated **II.** *adv* by negotiation
Ta·rif·lohn *m* standard wage **Ta·rif·part·ner(in)** *m(f)* party to a wage agreement **Ta·rif·run·de** *f* pay round **Ta·rif·ver·hand·lung** *f meist pl* collective wage negotiations *pl* **Ta·rif·ver·trag** *m* collective wage agreement
tar·nen ['tarnən] *vt* ① mil to camouflage (**gegen** against) ② (*Identität wechseln*) to disguise
Tarn·far·be *f* camouflage paint **Tarn·na·me** *m* cover name
Tar·nung <-, -en> *f* ① *kein pl* (*das Tarnen*) a. mil camouflage ② (*tarnende Identität*) cover
Ta·sche <-, -n> ['taʃə] *f* ① (*Hand~*) [hand]bag; (*Einkaufs~*) [shopping] bag; (*Akten~*) briefcase ② (*in Kleidungsstücken*) pocket ▶ **tief in die ~ greifen müssen** to have to dig deep into one's pocket; **[etw] aus der eigenen ~ bezahlen** to pay for sth out of one's own pocket; **jdm auf der ~ liegen** to live off sb; **jdn in die ~ stecken** to be head and shoulders above sb; **in die eigene ~ wirtschaften** to line one's own pocket[s]
Ta·schen·aus·ga·be *f* pocket edition **Ta·schen·buch** *nt* paperback **Ta·schen·buch·aus·ga·be** *f* paperback edition **Ta·schen·com·pu·ter** *m* hand-held computer **Ta·schen·dieb(in)** *m(f)* pickpocket **Ta·schen·geld** *nt* pocket money **Ta·schen·krebs** *m* [common] crab **Ta·schen·lam·pe** *f* torch **Ta·schen·mes·ser** *nt* penknife **Ta·schen·rech·ner** *m* pocket calculator **Ta·schen·tuch** *nt*

handkerchief **Ta·schen·uhr** *f* pocket watch **Ta·schen·wör·ter·buch** *nt* pocket dictionary

Task·leis·te ['ta:sk-] *f* INFORM task bar

Tas·se <-, -n> ['tasə] *f* (*Trinkgefäß*) cup; **eine ~ Tee** a cup of tea ▸ **nicht alle ~n im** Schrank **haben** not to be right in the head

Tas·ta·tur <-, -en> [tasta'tu:ɐ̯] *f* keyboard

Tas·te <-, -n> ['tastə] *f* key; (*Telefon*) button

tas·ten ['tastn̩] I. *vi* (*fühlend suchen*) to feel (**nach** for) II. *vr* (*sich vortasten*) ■ **sich irgendwohin ~** to grope one's way to somewhere III. *vt* to feel

Tas·ten·in·stru·ment *nt* keyboard instrument

Tast·sinn *m kein pl* sense of touch

tat [ta:t] *imp von* **tun**

Tat <-, -en> [ta:t] *f* ❶ (*Handlung*) act; **eine gute ~** a good deed; **zur ~ schreiten** (*geh*) to proceed to action; **etw in die ~ umsetzen** to put sth into effect ❷ (*Straf~*) crime; **jdn auf frischer ~ ertappen** to catch sb red-handed *fig* ▸ **in der ~** indeed

Tat·be·stand *m* ❶ (*Sachlage*) facts [of the matter] ❷ JUR elements of an offence **Tat·be·tei·lig·te(r)** *f(m)* JUR accomplice

Ta·ten·drang *m kein pl* (*geh*) thirst for action

ta·ten·durs·tig [ta:tən'dʊrstɪç] *adj* (*geh*) eager for action *pred*

ta·ten·los *adj* idle; **~ zusehen** to stand idly by

Tä·ter(in) <-s, -> ['tɛːtɐ] *m(f)* perpetrator

tä·tig ['tɛːtɪç] *adj* ❶ (*beschäftigt*) employed; **sie ist in der pharmazeutischen Industrie ~** she works in the pharmaceutical industry ❷ *attr* (*tatkräftig*) active ❸ (*aktiv*) active; **unentwegt ~ sein** to be always on the go *fam*

tä·ti·gen ['tɛːtɪɡn̩] *vt* (*geh*) to effect; *Abschluss* to conclude

Tä·tig·keit <-, -en> *f* ❶ (*Beschäftigung*) occupation ❷ *kein pl* (*Aktivität*) activity; **in ~ sein** to be operating; **in ~ treten** to intervene

Tä·tig·keits·be·reich *m* field of activity

Tat·kraft *f kein pl* drive *no pl* **tat·kräf·tig** *adj* active

tät·lich ['tɛːtlɪç] *adj* violent (**gegen** towards)

Tat·mo·tiv *nt* motive **Tat·ort** *m* scene of the crime **Tat·ort·spur** *f* sample taken from a crime scene

tä·to·wie·ren* [tɛto'viːrən] *vt* to tattoo

Tä·to·wie·rung <-, -en> *f* ❶ (*eingeritztes Motiv*) tattoo ❷ *kein pl* (*das Tätowieren*) tattooing

Tat·sa·che ['ta:tzaxə] *f* fact; **~ ist [aber], dass ...** the fact of the matter is [however] that ... ▸ **den ~n ins** Auge **sehen** to face the facts

Tat·sa·chen·be·richt *m* factual report

tat·säch·lich ['ta:tzɛçlɪç, ta:t'zɛçlɪç] I. *adj attr* (*wirklich*) actual *attr*; real II. *adv* ❶ (*in Wirklichkeit*) actually ❷ (*in der Tat*) really

tät·scheln ['tɛːtʃl̩n] *vt* to pat

tat·te·rig *adj*, **tatt·rig** ['tatrɪç] *adj* (*fam*) doddery BRIT, shaky AM

Tat·ver·dacht *m* suspicion **tat·ver·däch·tig** *adj* under suspicion **Tat·ver·däch·tige(r)** *f(m)* suspect **Tat·waf·fe** *f* murder weapon

Tat·ze <-, -n> ['tatsə] *f* paw

Tat·zeit *f* time of the crime **Tat·zeu·ge, -zeu·gin** *m*, *f* incident-witness

Tau¹ <-[e]s> [taʊ̯] *m kein pl* (*~tropfen*) dew

Tau² <-[e]s, -e> [taʊ̯] *nt* (*Seil*) rope

taub [taʊ̯p] *adj* ❶ (*gehörlos*) deaf; **sich ~ stellen** to turn a deaf ear ❷ (*gefühllos*) numb ❸ *Nuss* empty; *Boden* barren; *Metall* dull

Tau·be <-, -n> ['taʊ̯bə] *f* pigeon

Tau·ben·schlag *m* pigeon loft

Tau·be·rich ['taʊ̯bərɪç], **Täu·be·rich** <-s, -e> ['tɔʏbərɪç] *m* male dove

Taub·heit <-> *f kein pl* ❶ (*Gehörlosigkeit*) deafness *no pl* ❷ (*Gefühllosigkeit*) numbness *no pl*

taub·stumm *adj* deaf and dumb **Taub·stum·me(r)** *f(m)* deaf mute **Taub·stum·men·spra·che** *f* language for deaf-mutes

tau·chen [taʊ̯xn̩] I. *vi* ❶ *sein o haben* (*unter~*) to dive (**nach** for) ❷ *sein* (*auf~*) to emerge, to surface II. *vt haben* ❶ (*ein~*) to dip; **in [gleißendes] Licht getaucht** bathed in [glistening] light ❷ (*unter~*) to duck

Tau·chen <-s> [taʊ̯xn̩] *nt kein pl* diving

Tau·cher(in) <-s, -> [taʊ̯xɐ] *m(f)* diver

Tau·cher·an·zug *m* diving suit **Tau·cher·aus·rüs·tung** *f* diving equipment **Tau·cher·bril·le** *f* diving goggles *npl*

Tau·che·rin <-, -nen> *f fem form von* **Taucher**

Tau·cher·mas·ke *f* diving mask

Tauch·sie·der <-s, -> *m* immersion heater **Tauch·sta·ti·on** *f* **auf ~ gehen** (*fam*) to make oneself scarce

tau·en ['taʊ̯ən] I. *vi* ❶ *haben* (*Tauwetter setzt ein*) ■ **es taut** it is thawing ❷ *sein* (*[ab]schmelzen*) to melt (**von** on) **II.** *vt* to melt

Tauf·be·cken *nt* font

Tau·fe <-, -n> ['taʊfə] *f* baptism ▸ **etw aus der ~ heben** (*hum fam*) to launch sth

tau·fen ['taʊfn̩] *vt* ❶ (*die Taufe vollziehen*) to baptize ❷ (*in der Taufe benennen*) to christen ❸ (*fam: benennen*) to christen

Täuf·ling <-s, -e> *m* person to be baptized

Tauf·name *m* Christian name **Tauf·pa·te, -pa·tin** *m*, *f* godfather *masc*, godmother *fem*

tau·frisch *adj* dewy; *Blumen* fresh

tau·gen ['taʊɡn̩] *vi* ❶ (*wert sein*) ■ **et·was/viel/nichts ~** to be useful/very useful/useless ❷ (*geeignet sein*) to be suitable (**als** for)

Tau·ge·nichts <-[es], -e> ['taʊɡənɪçts] *m* (*veraltend*) good-for-nothing

taug·lich ['taʊklɪç] *adj* ❶ (*geeignet*) suitable ❷ MIL fit [for military service]

Taug·lich·keit <-> *f kein pl* ❶ (*Eignung*) suitability ❷ MIL fitness [for military service]

Tau·mel <-s> ['taʊml̩] *m kein pl* (*geh*) ❶ (*Schwindelgefühl*) dizziness ❷ (*geh: Überschwang*) frenzy

tau·meln ['taʊml̩n] *vi sein* to stagger

Tausch <-[e]s, -e> [taʊʃ] *m* swap; **im ~ gegen** [*etw akk*] in exchange for [sth]

tau·schen ['taʊʃn̩] **I.** *vt* ❶ (*gegeneinander einwechseln*) to swap (**gegen** for) ❷ (*geh: austauschen*) to exchange **II.** *vi* to swap ▸ **mit niemandem ~ wollen** not to wish to change places with anybody

täu·schen ['tɔʏʃn̩] **I.** *vt* (*irreführen*) to deceive; **wenn mich nicht alles täuscht** if I'm not completely mistaken; **wenn mich mein Gedächtnis nicht täuscht** unless my memory deceives me **II.** *vr* (*sich irren*) ■ **sich ~** to be mistaken (**in** about); **darin täuschst du dich** you're wrong about that **III.** *vi* (*irreführen*) to be deceptive

täu·schend I. *adj* deceptive; *Ähnlichkeit* striking **II.** *adv* deceptively; **sie sieht ihrer Mutter ~ ähnlich** she bears a striking resemblance to her mother

Tausch·ge·schäft *nt* exchange **Tausch·han·del** *m* ❶ *kein pl* ÖKON barter; **~ treiben** to [practise [*or* AM -ce]] barter ❷ *s.* Tauschgeschäft **Tausch·ob·jekt** *nt* **ein begehrtes ~** a sought after object for bartering

Täu·schung <-, -en> ['tɔʏʃʊŋ] *f* ❶ (*Betrug*) deception ❷ (*Irrtum*) error; **optische ~** optical illusion

Täu·schungs·ma·nö·ver *nt* ploy

Tausch·wert *m* exchange value

tau·send ['taʊznt] *adj* ❶ (*Zahl*) a [*or* one] thousand; **einige ~ Euro** several thousand euros ❷ (*fam: sehr viele*) thousands of ...

Tau·send¹ <-s, -e> ['taʊznt, *pl* -ndə] *nt* ❶ (*Einheit von 1000 Dingen*) a thousand; [**zehn/zwanzig etc**] **von ~** [ten/twenty etc] out of every thousand ❷ *pl, auch kleingeschrieben* (*viele tausend*) thousands *pl* (**von** of); **einige ~e ...** several thousand ...; **einer von ~** one in a thousand; **in die ~e gehen** *Kosten, Schaden* to run into the thousands; **zu ~en** by the thousands

Tau·send² <-, -en> ['taʊznt, *pl* -ndn̩] *f* thousand

Tau·sen·der <-s, -> ['taʊzndɐ] *m* ❶ (*fam: Geldschein*) thousand-dollar/euro *etc.* note ❷ (*1000 als Bestandteil einer Zahl*) thousands

tau·send·fach, 1000·fach ['taʊzntfax] **I.** *adj* thousandfold; **die ~e Menge** a thousand times the amount; *s. a.* **achtfach** **II.** *adv* thousand fold, a thousand times over; *s. a.* **achtfach**

Tau·send·füß·ler <-s, -> ['taʊzntfy:slɐ] *m* centipede **tau·send·jäh·rig, 1000-jäh·rig**^RR ['taʊzntjɛːrɪç] *adj* ❶ (*Alter*) thousand-year-old *attr,* one thousand years old *pred*; *s. a.* **achtjährig 1** ❷ (*Zeitspanne*) thousand year *attr; s. a.* **achtjährig 2** **tau·send·mal, 1000·mal**^RR ['taʊzntmaːl] *adv* a thousand times; **bitte ~ um Entschuldigung!** (*fam*) a thousand apologies!

Tau·sends·tel ['taʊzntst̩l] *nt o* SCHWEIZ *m* thousandth

Tau·trop·fen *m* dewdrop **Tau·was·ser** <-s, -wasser> *nt* melt water **Tau·wet·ter** *nt* thaw

Tau·zie·hen *nt kein pl* (*a. fig*) tug-of-war

Ta·xa·me·ter <-s, -> [taksa'meːtɐ] *m* taximeter, clock *fam*

Ta·xe <-, -n> ['taksə] *f* ❶ (*Kur~*) charge ❷ (*Schätzwert*) estimate ❸ DIAL (*Taxi*) taxi

Ta·xi <-s, -s> ['taksi] *nt* cab, taxi

Ta·xi·fah·rer(in) *m(f)* taxi [*or* cab] driver **Ta·xi·fahrt** *f* taxi [*or* cab] journey **Ta·xi·stand** *m* taxi [*or* cab] rank

Tb <-, -s> [teːˈbeː], **Tbc** <-, -s> [teːbeːˈtseː] *f Abk von* **Tuberkulose** TB

Team <-s, -s> [tiːm] *nt* team

Team·ar·beit ['tiːm-] *f* teamwork **team·fä·hig** *adj* able to work in a team **Team·geist** *m kein pl* team spirit **Team·work** <-s> *nt kein pl s.* **Teamarbeit**

Tech·nik <-, -en> ['tɛçnɪk] *f* ❶ *kein pl* (*Technologie*) technology ❷ *kein pl* (*technische Ausstattung*) technical equipment ❸ *kein pl* (*technische Konstruktion*) tech-

nology ❹ (*besondere Methode*) technique ❺ ÖSTERR (*technische Hochschule*) college of technology
Tech·ni·ker(in) <-s, -> ['tɛçnɪkɐ] *m/f* (*Fachmann der Technik 1*) engineer; (*der Technik 2,3*) technician
Tech·nik·freak <-s, -s> ['tɛçnɪkfriːk] *m* (*fam*) technogeek *pej sl*
Tech·ni·kum <-s, Technika> ['tɛçnɪkʊm, *pl* -ka] *nt* college of technology
tech·nisch ['tɛçnɪʃ] I. *adj* ❶ *attr* (*technologisch*) technical ❷ (*~es Wissen vermittelnd*) technical; **~e Hochschule** college of technology ❸ *Können, Probleme* technical II. *adv* technically
tech·ni·sie·ren* [tɛçni'ziːrən] *vt* to mechanize
Tech·ni·sie·rung <-, -en> *f* mechanization
Tech·no <-[s]> ['tɛçno] *m o nt kein pl* techno
Tech·no·lo·gie <-, -n> [tɛçnolo'giː] *f* technology
Tech·no·lo·gie·park *m* technology park
Tech·no·lo·gie·zen·trum *nt* technology centre
tech·no·lo·gisch [tɛçno'loːgɪʃ] *adj* technological
Tech·tel·mech·tel <-s, -> [tɛçtl̩'mɛçtl̩] *nt* (*fam*) affair
Ted·dy·bär *m* teddy [bear]
Tee <-s, -s> [teː] *m* tea; (*aus Heilkräutern*) herbal tea; **eine Tasse ~** a cup of tea; **schwarzer/grüner ~** black/green tea; **~ kochen** to make some tea ▶ **abwarten und ~ trinken** (*fam*) to wait and see
Tee·beu·tel *m* tea bag **Tee·ei**ʀʀ, **Tee-Ei** *nt* tea infuser **Tee·fil·ter** *m* tea-strainer **Tee·kan·ne** *f* teapot **Tee·licht** *nt* tea warmer candle **Tee·löf·fel** *m* ❶ (*Löffel*) teaspoon ❷ (*Menge*) teaspoon[ful]
Teen <-s, -s> [tiːn] *m*, **Teen·ager** <-s, -> ['tiːneˌdʒɐ] *m* teenager
Tee·nie <-s, -s> ['tiːni], **Tee·ny** <-s, -s> *m* (*fam*) young teenager
Teer <-[e]s, -e> [teːɐ̯] *m* tar
tee·ren ['teːrən] *vt* to tar
Tee·ser·vice [-zɛrvɪs] *nt* tea service **Tee·stu·be** *f* tea-room **Tee·wurst** *f* smoked sausage spread
Tef·lon® <-s> ['tɛfloːn] *nt kein pl* teflon®
Teich <-[e]s, -e> [taɪ̯ç] *m* pond
Teig <-[e]s, -e> [taɪ̯k] *m* (*Hefe-, Rühr-, Nudelteig*) dough; (*Mürbe-, Blätterteig*) pastry; (*flüssig*) batter; (*in Rezepten*) mixture

tei·gig [taɪ̯gɪç] *adj* ❶ (*nicht ausgebacken*) doughy ❷ (*mit Teig bedeckt*) covered in dough ❸ *Teint* pasty
Teig·wa·ren *pl* (*geh*) pasta + *sing vb*
Teil¹ <-[e]s, -e> [taɪ̯l] *m* ❶ (*Bruch~*) part; **in zwei ~e zerbrechen** to break in two; **sie waren zum größten ~ einverstanden** for the most part they were in agreement; **zum ~** partly; (*gelegentlich*) on occasion ❷ (*Anteil*) share; **zu gleichen ~en** equally ❸ (*Bereich*) *einer Stadt* district; (*einer Strecke*) stretch; (*eines Gebäudes, einer Zeitung, eines Buches*) section ▶ **sich** *dat* **seinen ~ denken** to draw one's own conclusions; **ich für meinen ~** I, for my part
Teil² <-[e]s, -e> [taɪ̯l] *nt* ❶ (*Einzel~*) component ❷ (*sl: Ding*) thing
Teil·an·sicht *f* partial view
teil·bar *adj* ■ **~ sein** ❶ (*aufzuteilen*) which can be divided (**in** into) ❷ MATH to be divisible (**durch** by)
Teil·be·reich *m* section **Teil·be·trag** *m* instalment
Teil·chen <-s, -> *nt dim von* **Teil**¹ 1 ❶ (*Partikel*) particle ❷ NUKL nuclear particle ❸ KOCHK DIAL pastries *pl*
tei·len ['taɪ̯lən] I. *vt* ❶ (*auf~*) to share (**in** into) ❷ MATH to divide (**durch** by) ❸ (*trennen*) to separate II. *vr* ■ **sich ~** ❶ (*sich auf~*) to split up (**in** into) ❷ (*sich gabeln*) to fork; **da vorne teilt sich die Straße** the road forks up ahead ❸ (*unter sich auf~*) to share; **sie teilten sich die Kosten** they split the costs between them ❹ (*gemeinsam benutzen*) to share III. *vi* (*abgeben*) to share
teil|ha·ben *vi irreg* (*geh*) to participate (**an** in)
Teil·ha·ber(in) <-s, -> *m/f* partner
Teil·kas·ko·ver·si·che·rung *f* partially comprehensive insurance
Teil·nah·me <-, -en> ['taɪ̯lnaːmə] *f* ❶ (*Beteiligung*) participation (**an** in) ❷ (*geh: Mitgefühl*) sympathy ❸ (*geh: Interesse*) interest
teil·nahms·los *adj* apathetic
Teil·nahms·lo·sig·keit <-> *f kein pl* apathy
teil|neh·men *vi irreg* ❶ (*anwesend sein*) ■ [**an etw** *dat*] **~** to attend [sth] ❷ (*sich beteiligen*) to participate (**an** in); *Wettbewerb* to take part **Teil·neh·mer(in)** <-s, -> *m/f* ❶ (*Anwesender*) person present ❷ (*Beteiligter*) participant (**an** in); **~ an einem Kurs** student ❸ (*Telefoninhaber*) subscriber **Teil·neh·mer·ge·bühr** *f* at-

tendance fee **Teil·neh·mer·wäh·rung** *f* FIN participating currency

teils [taɪls] *adv* partly; **~, ~** (*fam*) yes and no

Teil·stück *nt* part

Tei·lung <-, -en> *f* division

teil·wei·se ['taɪlvaɪzə] I. *adv* partly II. *adj attr* partial

Teil·zah·lung *f* instalment **Teil·zeit·ar·beit** *f* part-time work **Teil·zeit·be·schäf·tig·te(r)** *f(m) dekl wie adj* part-time worker **Teil·zeit·be·schäf·ti·gung** *f* part-time employment **Teil·zeit·stel·le** *f* part-time job; **eine ~ haben** to work part-time

Teint <-s, -s> [tɛ̃:] *m* complexion

Tel·co <-, -s> *f* TELEK (*Telefongesellschaft*) phone company

Te·le·ar·beit *f kein pl* telework **Te·le·ar·bei·ter(in)** ['te:lə-] *m(f)* telecommuter **Te·le·ban·king** *nt* home banking **Te·le·brief** *m* telemessage **Te·le·fax** ['te:ləfaks] *nt* fax **te·le·fa·xen** ['te:ləfaksn̩] *vt, vi* (*geh*) *s.* **faxen**

Te·le·fon <-s, -e> ['te:lefo:n, tele'fo:n] *nt* telephone, phone *fam*

Te·le·fon·an·ruf *m* telephone call **Te·le·fon·an·schluss**^RR *m* telephone connection

Te·le·fo·nat <-[e]s, -e> [te:lefo'na:t] *nt* (*geh*) telephone call

Te·le·fon·aus·kunft *f* directory enquiries *pl* **Te·le·fon·buch** *nt* telephone book **Te·le·fon·buch·se** [tele'fo:n-] *f* telephone point [*or* AM jack] **Te·le·fon·ge·bühr** *f meist pl* telephone charge[s *pl*] **Te·le·fon·ge·sell·schaft** *f* [tele]phone company **Te·le·fon·ge·spräch** *nt* telephone call; **ein ~ führen** to make a telephone call **Te·le·fon·hö·rer** *m* telephone receiver

te·le·fo·nie·ren* [telefo'ni:rən] *vi* to make a [tele]phone call; ■**[mit jdm] ~** to telephone [sb]

te·le·fo·nisch I. *adj* telephone II. *adv* by telephone

Te·le·fo·nist(in) <-en, -en> [telefo'nɪst] *m(f)* switchboard operator, telephonist

Te·le·fon·kar·te *f* phonecard **Te·le·fon·ket·te** *f* telephone chain **Te·le·fon·lei·tung** *f* telephone line **Te·le·fon·mar·ke·ting** *nt* telephone marketing **Te·le·fon·netz** *nt* telephone network **Te·le·fon·num·mer** *f* telephone number **Te·le·fon·rech·nung** *f* [tele]phone bill **Te·le·fon·seel·sor·ge** *f* Samaritans *pl* **Te·le·fon·sex** *m* telephone sex **Te·le·fon·ter·ror** *m kein pl* telephone harassment **Te·le·fon·ver·bin·dung** *f* telephone connection **Te·le·fon·zel·le** *f* pay phone **Te·le·fon·zen·tra·le** *f* switchboard

Te·le·graf <-en, -en> [tele'gra:f] *m* telegraph

Te·le·gra·fen·amt *nt* telegraph office **Te·le·gra·fen·mast** *m* telegraph pole

te·le·gra·fie·ren* [telegra:'fi:rən] *vi, vt* to telegraph

te·le·gra·fisch *adj* telegraphic

Te·le·gramm <-s, -e> [tele'gram] *nt* telegram

Te·le·gramm·stil *m kein pl* abrupt style **Te·le·heim·ar·beit** *f* teleworking [from home] **Te·le·kol·leg** ['te:ləkɔlɛk] *nt* Open University BRIT

Te·le·kom <-> ['te:ləkɔm] *f kein pl kurz für* **Deutsche Telekom AG** ■**die ~** German *Telecommunications company*

Te·le·kom·mu·ni·ka·ti·on *f* telecommunication **Te·le·mar·ke·ting** ['te:ləmarkətɪŋ] *nt* telesales *pl* **Te·le·no·ve·la** <-, -s> ['te:lenovela] *f* telenovela **Te·le·ob·jek·tiv** *nt* telephoto lens

Te·le·pa·thie <-> [telepa'ti:] *f kein pl* telepathy

Te·le·promp·ter <-s, -> *m* autocue, teleprompter AM **Te·le·shop·ping** <-s> ['te:leʃɔpɪŋ] *nt kein pl* teleshopping

Te·le·skop <-s, -e> [tele'sko:p] *nt* telescope

Te·le·spiel *nt* (*veraltend*) video game

Te·le·text <-> ['teletɛkst] *nt kein pl* teletext *no pl*

Te·lex <-, -e> ['te:lɛks] *nt* telex

te·le·xen ['te:lɛksn̩] *vt* to telex

Tel·ler <-s, -> ['tɛlɐ] *m* ❶ (*Geschirrteil*) plate; **flacher ~** dinner plate; **tiefer ~** soup plate ❷ (*Menge*) plateful; **ein ~ Spaghetti** a plateful of spaghetti

Tel·ler·ge·richt *nt* KOCHK one-course meal

Tel·ler·rand *m* ▶ **über den ~ hinausschauen** to not be restricted in one's thinking; **über den ~ nicht hinausschauen** to not see further than [the end of] one's nose **Tel·ler·wä·scher(in)** *m(f)* dishwasher

Tem·pel <-s, -> ['tɛmpl̩] *m* temple

Tem·pe·ra·far·be *f* tempera colour

Tem·pe·ra·ment <-[e]s, -e> [tɛmpəra'mɛnt] *nt* ❶ (*Wesensart*) temperament ❷ *kein pl* (*Lebhaftigkeit*) vivacity; **~ haben** to be very lively

tem·pe·ra·ment·voll I. *adj* lively, vivacious II. *adv* vivaciously

Tem·pe·ra·tur <-, -en> [tɛmpəra'tu:ɐ̯] *f* ❶ (*Wärmegrad*) temperature ❷ (*Körper~*) temperature; **[seine/die] ~ messen** to take one's temperature; |erhöhte| ~ haben to have a temperature

Tem·pe·ra·tur·an·stieg *m* rise in temperature **Tem·pe·ra·tur·rück·gang** *m* drop in temperature **Tem·pe·ra·tur·schwan·kung** *f* fluctuation in temperature **Tem·pe·ra·tur·sturz** *m* sudden drop in temperature

Tempo[1] <-s, -s *o fachspr* Tempi> ['tɛmpo, *pl* 'tɛmpi] *nt* ① (*Geschwindigkeit*) speed; **mit hohem** ~ at high speed ② (*musikalisches Zeitmaß*) tempo; **das** ~ **angeben** to set the tempo

Tem·po®[2] <-s, -s> *nt* (*fam: Papiertaschentuch*) [paper] tissue

Tem·po·li·mit *nt* speed limit

Ten·denz <-, -en> [tɛn'dɛnts] *f* ① (*Trend*) trend ② (*Neigung*) tendency (**zu** to); **die** ~ **haben[, etw zu tun]** to have a tendency [to do sth]

ten·den·zi·ell [tɛndɛn'tsi̯ɛl] *adj* **es zeichnet sich eine** ~ **e Entwicklung zum Besseren ab** trends indicate a change for the better

ten·den·zi·ös <-er, -este> [tɛndɛn'tsi̯ø:s] *adj* (*pej*) tendentious

ten·die·ren* [tɛn'di:rən] *vi* ① (*hinneigen*) to tend (**zu** towards); ■ **dazu** ~, **etw zu tun** to tend to do sth ② (*sich entwickeln*) **die Aktien tendieren schwächer** shares are tending to become weaker

Te·ne·rif·fa [tene'rɪfa] *nt* Tenerife

Ten·nis <-> ['tɛnɪs] *nt kein pl* tennis **Ten·nis·ball** *m* tennis ball **Ten·nis·klub** *m* tennis club **Ten·nis·platz** *m* ① (*Spielfeld*) tennis court ② (*Anlage*) outdoor tennis complex **Ten·nis·schläger** *m* tennis racket **Ten·nis·spiel** *nt* ① (*Sportart*) tennis ② (*Einzelspiel*) game of tennis **Ten·nis·spie·ler(in)** *m(f)* tennis player **Ten·nis·tur·nier** *nt* tennis tournament

Te·nor[1] <-s, Tenöre> [te'noːɐ̯, *pl* te'nø:rə] *m* MUS tenor

Te·nor[2] <-s> [te'noːɐ̯] *m kein pl* LING, JUR tenor

Ten·ta·kel <-s, -> [tɛn'takl] *m o nt* tentacle

Tep·pich <-s, -e> ['tɛpɪç] *m* carpet; (*Wand~*) tapestry ▶ **etw unter den** **keh·ren** (*fam*) to sweep sth under the carpet

Tep·pich·bo·den *m* fitted carpet **Tep·pich·klop·fer** <-s, -> *m* carpet-beater **Tep·pich·rei·ni·ger** *m* carpet cleaner

Ter·min <-s, -e> [tɛr'mi:n] *m* ① (*verabredeter Zeitpunkt*) appointment; **sich** *dat* **einen** ~ **[für etw** *akk*] **geben lassen** to make an appointment [for sth]; **einen** ~ **vereinbaren** to arrange an appointment; **einen** ~ **verpassen** to miss an appointment ② (*festgelegter Zeitpunkt*) deadline

Ter·mi·nal[1] <-s, -s> ['tøːɐ̯mɪnl] *nt* INFORM terminal

Ter·mi·nal[2] <-s, -s> ['tøːɐ̯mɪnl] *nt o m* LUFT, TRANSP terminal

Ter·min·druck *m kein pl* time pressure **ter·min·ge·recht** I. *adj* according to schedule II. *adv* on time

Ter·mi·ni *pl von* **Terminus**

Ter·min·ka·len·der *m* [appointments] diary [*or* AM calendar]

Ter·mi·no·lo·gie <-, -n> [tɛrminolo'gi:, *pl* -'gi:ən] *f* terminology

Ter·min·plan *m* schedule

Ter·min·pla·ner <-s, -> *m* ① (*Kalender*) schedule, diary BRIT ② TECH, INFORM electronic diary [*or* AM organizer]

Ter·mi·nus <-, Termini> ['tɛrminʊs, *pl* -ni] *m* term

Ter·mi·te <-, -n> [tɛr'miːtə] *f* termite

Ter·pen·tin <-s, -e> [tɛrpɛn'tiːn] *nt o* ÖSTERR *m* ① (*flüssiges Harz*) turpentine ② (*Terpentinöl*) oil of turpentine

Ter·rain <-s, -s> [tɛ'rɛ̃:] *nt* ① (*Gelände*) terrain ② (*[Bau]grundstück*) site

Ter·ra·ri·um <-s, -rien> [tɛ'ra:ri̯ʊm, *pl* -ri̯ən] *nt* terrarium

Ter·ras·se <-, -n> [tɛ'rasə] *f* ① (*Freisitz*) terrace; (*Balkon*) [large] balcony ② (*Geländestufe*) terrace

ter·ras·sen·för·mig *adj* terraced

Ter·ri·er <-s, -> ['tɛri̯ɐ] *m* terrier

Ter·ri·ne <-, -n> [tɛ'riːnə] *f* tureen

ter·ri·to·ri·al [tɛrito'ri̯a:l] *adj* territorial

Ter·ri·to·ri·um <-s, -rien> [tɛri'toːri̯ʊm, *pl* -ri̯ən] *nt* territory

Ter·ror <-s> ['tɛroːɐ̯] *m kein pl* ① (*terroristische Aktivitäten*) terrorism ② (*Furcht und Schrecken*) terror ③ (*fam: Stunk*) huge fuss **Ter·ror·ab·wehr** *f kein pl* counterterrorism **Ter·ror·akt** *m* act of terrorism **Ter·ror·an·schlag** *m* terror[ist] attack **Ter·ror·grup·pe** *f* terrorist group

ter·ro·ri·sie·ren* [tɛrori'ziːrən] *vt* ① (*fam: schikanieren*) to intimidate ② (*in Angst und Schrecken versetzen*) to terrorize

Ter·ro·ris·mus <-> [tɛro'rɪsmʊs] *m kein pl* terrorism

Ter·ro·ris·mus·be·kämp·fung *f* counterterrorism

Ter·ro·rist(in) <-en, -en> [tɛro'rɪst] *m(f)* terrorist

ter·ro·ris·tisch *adj* terrorist *attr*

Ter·ror·mi·liz *f* terrorist militia + *sing/pl* verb **Ter·ror·netz·werk** *nt* terrorist network **Ter·ror·op·fer** *nt* victim of terror[ism] **Ter·ror·pa·te** *m* terror chief **Ter·ror·schutz** *m* POL protection against terrorism **Ter·ror·zel·le** *f* terrorist cell

Terz <-, -en> [tɛrts] *f* MUS third

Ter·zett <-[e]s, -e> [tɛrˈtsɛt] *nt* MUS trio

Te·sa·film® [ˈteːzafɪlm] *m* Sellotape® BRIT, Scotch tape® AM

Tes·sin <-s> [tɛˈsiːn] *nt* ■ das ~ Ticino

Test <-[e]s, -s *o* -e> [tɛst] *m* test

Tes·ta·ment <-[e]s, -e> [tɛstaˈmɛnt] *nt* ① JUR will ② REL **Altes/Neues ~** Old/New Testament

tes·ta·men·ta·risch I. *adj* testamentary II. *adv* in the will

Tes·ta·ments·er·öff·nung *f* reading of the will **Tes·ta·ments·voll·stre·cker(in)** *m(f)* executor

Test·bild *nt* TV test card BRIT, test pattern AM

tes·ten [ˈtɛstn̩] *vt* to test (**auf** for)

Test·er·geb·nis *nt* test result **Test·per·son** *f* subject **Test·rei·he** *f* series of tests

Te·ta·nus <-> [ˈteːtanʊs] *m kein pl* tetanus no pl

Te·ta·nus·schutz·imp·fung *f* tetanus vaccination

Tête-à-tête <-, -s> [tɛtaˈtɛːt] *nt* tête-à-tête

Te·tra·e·der <-s, -> [tetraˈʔeːdɐ] *nt* MATH tetrahedron

teu·er [ˈtɔyɐ] I. *adj* ① (*viel kostend*) expensive ② (*geh: geschätzt*) dear II. *adv* expensively; **das hast du aber zu ~ eingekauft** you paid too much for that; **sich** *dat* **etw ~ bezahlen lassen** to demand a high price for sth ▶ **etw ~ bezahlen müssen** to pay a high price for sth; **~ erkauft** dearly bought; **jdn ~ zu stehen kommen** to cost sb dear

Teu·e·rungs·ra·te *f* rate of price increase

Teu·fel <-s, -> [ˈtɔyfl̩] *m* ① *kein pl* (*Satan*) ■ **der ~** the Devil ② (*teuflischer Mensch*) devil ▶ **in ~s Küche kommen** to get into a hell of a mess; **den ~ an die Wand malen** to imagine the worst; **geh zum ~!** (*fam*) go to hell!; **soll jdn** [**doch**] **der ~ holen** (*fam*) to hell with sb; **irgendwo ist der ~ los** (*fam*) all hell is breaking loose somewhere; **weiß der ~** (*fam*) who the hell knows

Teu·fels·kerl *m* (*fam*) amazing fellow **Teu·fels·kreis** *m* vicious circle **Teu·fels·zeug** *nt* (*fam: Substanz*) evil [*or* nasty] stuff; (*Sache*) devilish thing

teuf·lisch [ˈtɔyflɪʃ] I. *adj* diabolical II. *adv* ① (*diabolisch*) diabolically ② (*fam: höllisch*) like hell

Teu·ro <-s, -[s]> [ˈtɔyro] *m meist sing* (*pej*) expensive euro (*amalgamation of teuer and Euro; used pejoratively in reference to the Euro*)

Text <-[e]s, -e> [tɛkst] *m* ① (*schriftliche Darstellung*) text ② (*Lied~*) lyrics ③ (*Wortlaut*) text; *einer Rede* script ▶ **jdn aus dem ~ bringen** (*fam*) to confuse sb

Text·auf·ga·be *f* problem **Text·bau·stein** *m* text block **Text·buch** *nt* libretto

tex·ten [ˈtɛkstn̩] I. *vt* to write II. *vi* to write songs; (*in der Werbung*) to write copy

Tex·ter(in) <-s, -> *m(f)* songwriter; (*in der Werbung*) copywriter

Tex·til·fa·brik *f* textile factory

Tex·ti·li·en [tɛksˈtiːli̯ən] *pl* fabrics *pl*

Tex·til·in·dus·trie *f* textile industry

Text·stel·le *f* passage **Text·ver·ar·bei·tung** *f* word processing **Text·ver·ar·bei·tungs·pro·gramm** *nt* word processing programme **Text·ver·ar·bei·tungs·sys·tem** *nt* word processing system

TH <-, -s> [teːˈhaː] *f Abk von* **Technische Hochschule** *training college providing degree courses in technical and scientific subjects*

Thai [tai̯] *nt* Thai; *s. a.* **Deutsch**

Thai·land [ˈtai̯lant] *nt* Thailand; *s. a.* **Deutschland**

Thai·län·der(in) <-s, -> [ˈtai̯lɛndɐ] *m(f)* Thai; *s. a.* **Deutsche(r)**

thai·län·disch [ˈtai̯lɛndɪʃ] *adj* Thai; *s. a.* **deutsch**

The·a·ter <-s, -> [teˈaːtɐ] *nt* ① (*Gebäude*) theatre ② (*Schauspielkunst*) theatre; **zum ~ gehen** to go on the stage; **~ spielen** to act; **nur ~ sein** (*fam*) to be only an act ③ (*fam: Umstände*) fuss; **[ein] ~ machen** to make a fuss

The·a·ter·auf·füh·rung *f* theatre performance **The·a·ter·be·such** *m* theatre visit **The·a·ter·be·su·cher(in)** <-s, -> *m(f)* theatregoer **The·a·ter·kar·te** *f* theatre ticket **The·a·ter·kas·se** *f* theatre box office **The·a·ter·stück** *nt* play **The·a·ter·vor·stel·lung** *f* theatre performance

the·a·tra·lisch [teaˈtraːlɪʃ] *adj* theatrical

The·ke <-, -n> [ˈteːkə] *f* counter; (*in einem Lokal*) bar

The·ma <-s, Themen *o* -ta> [ˈteːma, pl -mən, -ta] *nt* ① (*Gesprächs~*) topic; **ein ~ ist** [**für jdn**] **erledigt** (*fam*) a matter is closed as far as sb is concerned; **beim ~ bleiben** to stick to the subject; **jdn vom ~ abbringen** to get sb off the subject ② (*schriftliches ~*) subject ③ (*Bereich*) subject area ④ MUS theme ▶ **ein/kein ~ sein** to be/not be an issue

The·ma·tik <-> [te'ma:tɪk] *f kein pl* topic
the·ma·ti·sie·ren* [temati'zi:rən] *vt* to discuss
The·men ['te:mən] *pl von* **Thema**
The·men·park ['te:mən-] *m* TOURIST theme [*or* amusement] park
The·o·lo·ge, The·o·lo·gin <-n, -n> [teo'lo:gə, teo'lo:gɪn] *m, f* theologian
The·o·lo·gie <-, -n> [teolo'gi:, *pl* -gi:ən] *f* theology
The·o·lo·gin <-, -nen> *f fem form von* **Theologe**
the·o·lo·gisch [teo'lo:gɪʃ] I. *adj* theological II. *adv* ❶ (*in der Theologie*) in theological matters ❷ (*für die Theologie*) theologically
The·o·re·ti·ker(in) <-s, -> [teo're:tikɐ] *m(f)* theorist
the·o·re·tisch [teo're:tɪʃ] I. *adj* theoretical II. *adv* theoretically
the·o·re·ti·sie·ren* [teoreti'zi:rən] *vi* to theorize
The·o·rie <-, -n> [teo'ri:, *pl* -ri:ən] *f* theory
The·ra·peut(in) <-en, -en> [tera'pɔyt] *m(f)* therapist
the·ra·peu·tisch [tera'pɔytɪʃ] I. *adj* therapeutic II. *adv* as therapy
The·ra·pie <-, -n> [tera'pi:, *pl* i:ən] *f* therapy
the·ra·pie·ren [tera'pi:rən] *vt* to treat
Ther·mal·bad [tɛr'ma:l-] *nt* ❶ (*Hallenbad*) thermal baths *pl* ❷ (*Heilbad*) hot springs *npl* ❸ (*Kurort*) spa resort
Ther·mal·quel·le *f* thermal spring
Ther·mo·me·ter <-s, -> [tɛrmo'me:tɐ] *nt* thermometer
Ther·mo·me·ter·stand *m* temperature
Ther·mos·fla·sche® ['tɛrmosflaʃə] *f* Thermos® [flask] **Ther·mos·kan·ne** *f* Thermos® flask
Ther·mo·stat <-[e]s, -e *o* -en, -en> [tɛrmo'sta:t] *m* thermostat
The·se <-, -n> ['te:zə] *f* thesis
The·sen·pa·pier *nt* theory paper
Think·tank <-s, -s> ['θɪŋktɛŋk] *m* POL, ÖKON (*sl*) think tank
Thril·ler <-s, -> [θrɪlɐ] *m* thriller
Throm·bo·se <-, -n> [trɔm'bo:zə] *f* thrombosis
Thron <-[e]s, -e> [tro:n] *m* throne
Thron·be·stei·gung *f* accession [to the throne]
thro·nen ['tro:nən] *vi* to sit enthroned
Thron·fol·ge *f* line of succession **Thron·fol·ger(in)** <-s, -> *m(f)* heir to the throne
Thun·fisch ['tu:nfɪʃ] *m* tuna [fish]
Thü·rin·gen <-s> ['ty:rɪŋən] *nt* Thuringia
Thü·rin·ger(in) <-s, -> ['ty:rɪŋɐ] *m(f)* Thuringian
thü·rin·gisch ['ty:rɪŋɪʃ] *adj* Thuringian
THW <-[s], -s> [te:ha:'ve:] *nt Abk von* **Technisches Hilfswerk** technical support/breakdown service
Thy·mi·an <-s, -e> ['ty:mi̯a:n] *m* thyme
Ti·bet <-s> ['ti:bɛt] *nt* Tibet; *s. a.* **Deutschland**
Tick <-[e]s, -s> [tɪk] *m* (*fam*) ❶ (*Marotte*) quirk ❷ (*geringe Menge*) tad
ti·cken ['tɪkn̩] *vi* to tick ▶ **nicht richtig** ~ to be out of one's mind
Tie·break^RR <-s, -s> *m o nt,* **Tie-Break** <-s, -s> ['tajbre:k] *m o nt* tie-break
tief [ti:f] I. *adj* ❶ (*eine große Tiefe/Dicke aufweisend*) deep; ▪ **ein Meter** ~ one metre deep ❷ (*niedrig*) low ❸ MUS (*tief klingend*) low; *Stimme* deep ❹ (*intensiv empfunden*) intense ❺ (*tiefgründig*) profound ❻ (*mitten in etw liegend*) deep; **im** ~**sten Winter** in the depths of winter ❼ (*weit hineinreichend*) deep; *Ausschnitt* low II. *adv* ❶ (*weit eindringend*) deep; ~ **greifend** far-reaching ❷ (*vertikal hinunter*) deep; **er stürzte 350 Meter** ~ he fell 350 metres [deep] ❸ (*dumpf tönend*) low; **zu** ~ **singen** to sing flat; ~ **sprechen** to talk in a deep voice ❹ (*zutiefst*) deeply; **etw** ~ **bedauern** to regret sth profoundly; **jdn** ~ **erschrecken** to frighten sb terribly ❺ (*intensiv*) deeply; ~ **schlafen** to sleep soundly ❻ (*niedrig*) low; ~ **liegend** low-lying; ~ **stehend** (*fig*) low
Tief <-[e]s, -e> [ti:f] *nt* ❶ METEO low ❷ (*depressive Phase*) low [point]
Tief·bau *m kein pl* civil engineering *no pl*
tief·blau *adj* deep blue **Tief·druck**^1 *m kein pl* TYPO gravure *no pl* **Tief·druck**^2 *m kein pl* METEO low pressure *no pl* **Tief·druck·ge·biet** *nt* low pressure area
Tie·fe <-, -n> ['ti:fə] *f* ❶ (*vertikale/horizontale Ausdehnung*) depth; **der Schacht führt hinab bis in 1200 Meter** ~ the shaft goes 1200 metres deep ❷ *kein pl* (*Intensität*) intensity; *einer Farbe* depth ❸ (*Tiefgründigkeit*) depth ❹ (*dunkler Klang*) deepness
Tief·ebe·ne *f* lowland plain
Tie·fen·psy·cho·lo·gie *f* psychoanalysis
Tie·fen·schär·fe *f kein pl* depth of field *no pl* **Tie·fen·wir·kung** *f eines Kosmetikums* deep action; ▪ **mit** ~ deep-acting
Tief·flie·ger *m* low-flying aircraft **Tief·gang** *m* NAUT draught ▶ ~ **haben** to have depth **Tief·ga·ra·ge** *f* underground car park BRIT, underground parking lot AM **tief·**

ge·fro·ren, **tief·ge·kühlt** adj frozen **tief·grei·fend**^ALT adj far-reaching **tief·grün·dig** ['tiːfɡrʏndɪç] I. adj ❶ Gedanken profound ❷ Boden deep II. adv diskutieren, untersuchen in depth **Tief·kühl·kost** f frozen foods pl **Tief·kühl·schrank** m freezer **Tief·kühl·truhe** f freezer chest **Tief·land** ['tiːflant] nt lowlands pl **Tief·punkt** m low point **Tief·schlaf** m kein pl deep sleep no pl **Tief·schlag** m ❶ SPORT hit below the belt ❷ (schwerer Schicksalsschlag) body blow **tief·schwarz** adj Haar jet black; Nacht pitch-black **Tief·see** f deep sea **Tief·sinn** <-[e]s> m kein pl profundity; **in ~ verfallen** to become depressed **tief·sin·nig** adj profound **Tief·stand** m low **tief|sta·peln** vi to be modest **Tiefst·tem·pe·ra·tur** f lowest temperature **Tie·gel** <-s, -> ['tiːɡl̩] m ❶ (flacher Kochtopf) [sauce] pan ❷ (Cremebehälter) jar ❸ (Schmelz~) pot **Tier** <-[e]s, -e> [tiːɐ̯] nt animal **Tier·art** f animal species + sing vb **Tier·arzt**, **-ärz·tin** m, f vet **Tier·chen** <-s, -> nt dim von **Tier** little creature **Tier·fa·brik** f AGR (pej fam) factory farm **Tier·gar·ten** m zoo **Tier·hand·lung** f pet shop **Tier·heim** nt animal home **tie·risch** ['tiːrɪʃ] I. adj ❶ (bei Tieren anzutreffend) animal attr ❷ (sl: gewaltig) **einen ~en Durst/Hunger haben** to be thirsty/hungry as hell ❸ (grässlich) bestial II. adv (sl) **~ schuften/schwitzen** to work/sweat like hell; **~ wehtun** to hurt like hell **Tier·kli·nik** f animal hospital **Tier·kreis·zei·chen** nt sign of the zodiac **tier·lieb** adj animal-loving attr; ■ **~ sein** to be fond of animals **Tier·mehl** nt meat and bone meal spec, animal feed **Tier·pfle·ger(in)** m(f) zoo-keeper **Tier·quä·ler(in)** <-s, -> m(f) person who is cruel to animals **Tier·quä·le·rei** ['tiːɐ̯kvɛləraɪ] f cruelty to animals **Tier·reich** nt kein pl animal kingdom **Tier·schutz** m protection of animals **Tier·schüt·zer(in)** m(f) animal welfare activist **Tier·schutz·ver·ein** m society for the prevention of cruelty to animals **Tier·ver·such** m animal experiment **Ti·ger** <-s, -> [tiːɡɐ] m tiger **ti·gern** ['tiːɡɐn] vi sein (fam) to mooch [about] BRIT, to loiter AM **Ti·ger·staat** m ÖKON, POL tiger economy **Til·de** <-, -n> ['tɪldə] f tilde

til·gen ['tɪlɡn̩] vt (geh) ❶ FIN (abtragen) to pay off ❷ (beseitigen) to wipe out sep; ■ **etw wo etw** dat **~** to erase sth from sth **Til·gung** <-, -en> f (geh) ❶ FIN (das Tilgen) repayment ❷ (Beseitigung) deletion **timen** ['taɪmən] vt to time **Time·sha·ring**^RR <-s> nt kein pl, **Time·sha·ring**^ALT <-s> ['taɪmʃɛːrɪŋ] nt kein pl ❶ INFORM (gemeinsame Benutzung eines Großrechners) time-sharing ❷ (gemeinsamer Besitz von Ferienwohnungen) time share **Ti·ming** <-s> ['taɪmɪŋ] nt timing **Tink·tur** <-, -en> [tɪŋkˈtuːɐ] f tincture **Tin·te** <-, -n> ['tɪntə] f ink ▶ **in der ~ sitzen** (fam) to be in a scrape **Tin·ten·fass**^RR nt inkpot **Tin·ten·fisch** m squid **Tin·ten·fleck** m ink blot; (auf Kleidung) ink stain **Tin·ten·klecks** m ink blot **Tin·ten·strahl·dru·cker** m ink-jet printer **Tip**^ALT <-s, -s> [tɪp] m s. **Tipp** **Tipp**^RR <-s, -s> [tɪp] m ❶ (Hinweis) tip, hint ❷ SPORT tip **tip·pen**¹ [tɪpn̩] I. vi ❶ (Wettscheine ausfüllen) to fill in one's coupon; **im Lotto/Toto ~** to play the lottery/pools ❷ (etw vorhersagen) to guess; ■ **auf jdn/etw ~** to put one's money on sb/sth; ■ **darauf ~, dass etw geschieht** to bet that sth happens II. vt **eine Zahl ~** to play a number **tip·pen**² [tɪpn̩] I. vi ❶ (fam: Schreibmaschine schreiben) to type ❷ (kurz anstoßen) to tap (**an/auf** on) II. vt (fam) to type **Tipp-Ex**® <-> ['tɪpɛks] nt kein pl Tipp-Ex® BRIT, Liquid Paper® AM **Tipp·feh·ler** m typing mistake **Tipp·schein** m lottery coupon **Tipp·se** <-, -n> ['tɪpsə] f (pej fam) typist **tipp·topp** ['tɪpˈtɔp] (fam) I. adj tip-top II. adv immaculately **Ti·rol** <-s> [tiˈroːl] nt Tyrol **Ti·ro·ler(in)** <-s, -> [tiˈroːlɐ] m(f) Tyrolean **Tisch** <-[e]s, -e> [tɪʃ] m table; **am ~ sitzen** to sit at the table ▶ **reinen ~ machen** to sort things out; **unter den ~ fallen** (fam) to go by the board; **jdn unter den ~ trinken** to drink sb under the table; **vom ~ sein** to be cleared up; **sich [mit jdm] an einen ~ setzen** to get round the table [with sb]; **jdn über den ~ ziehen** (fam) to lead sb up the garden path **Tisch·bein** ['tɪʃbaɪn] nt table-leg **Tisch·de·cke** f tablecloth **Tisch·fuß·ball** nt table football **Tisch·ge·bet** nt grace **Tisch·ge·sell·schaft** f dinner party **Tisch·ge·spräch** nt table talk **Tisch·kan·te** f ta-

ble-edge **Tisch·kar·te** f place card **Tisch·lam·pe** f table lamp
Tisch·ler(in) <-s, -> ['tɪʃlɐ] m(f) carpenter
Tisch·le·rei <-, -en> [tɪʃləˈraɪ] f carpenter's workshop
Tisch·le·rin <-, -nen> f fem form von **Tischler**
tisch·lern ['tɪʃlɐn] I. vi (fam) to do woodwork II. vt ■ etw ~ to make sth from wood
Tisch·ma·nie·ren ['tɪʃmaniːrən] pl table manners pl **Tisch·nach·bar(in)** <-n, -n> m(f) immediate neighbour when sat at a [dinner] table **Tisch·re·de** f after-dinner speech **Tisch·ten·nis** nt table tennis **Tisch·ten·nis·ball** m table-tennis ball **Tisch·ten·nis·plat·te** f table-tennis table **Tisch·ten·nis·schlä·ger** m table-tennis bat
Ti·tel <-s, -> ['tiːtl̩] m ① (Überschrift) heading ② (Namenszusatz) [academic] title ③ (Adels~) title ④ MEDIA, SPORT title
Ti·tel·an·wär·ter(in) <-s, -> m(f) contender for the title **Ti·tel·bild** nt cover [picture] **Ti·tel·blatt** nt ① (Buchseite mit dem Titel) title page ② einer Zeitung front page; einer Zeitschrift cover **Ti·tel·ge·schich·te** f lead [or cover] story **Ti·tel·mäd·chen** nt cover girl
ti·teln ['tiːtl̩n] vt to headline
Ti·tel·rol·le f title role **Ti·tel·sei·te** f front page; (einer Zeitschrift) cover **Ti·tel·ver·tei·di·ger(in)** m(f) title holder
Tit·te <-, -n> ['tɪtə] f (derb) tit
ti·tu·lie·ren* [titu'liːrən] vt (geh) ■ jdn irgendwie ~ to address (als as), to call sb sth
tja [tja] interj well
TNT <-[s]> [teː'ʔɛn'ʔteː] nt kein pl Abk von **Trinitrotoluol** TNT
Toast¹ <-[e]s, -e> [toːst] m ① kein pl (~brot) toast ② (Scheibe ~brot) ■ ein ~ a slice of toast
Toast² <-[e]s, -e> [toːst] m toast; **einen ~ auf jdn/etw ausbringen** to propose a toast to sb/sth
Toast·brot nt toasting bread
toas·ten¹ [toːstn̩] vt ■ etw ~ to toast sth
toas·ten² [toːstn̩] vi (geh) ■ [auf jdn/etw] ~ to toast [to sb/sth]
Toas·ter <-s, -> m toaster
to·ben ['toːbn̩] vi ① haben (wüten) to be raging [or go wild] (**vor** with) ② haben (ausgelassen spielen) to romp [around] ③ sein (fam: sich ausgelassen fortbewegen) to charge
Tob·sucht f kein pl rage **tob·süch·tig** adj raving mad **Tob·suchts·an·fall** m (fam) fit of rage

Toch·ter <-, Töchter> ['tɔxtɐ, pl 'tœçtə] f ① (weibliches Kind) daughter ② (~firma) subsidiary
Toch·ter·fir·ma f s. **Tochtergesellschaft**
Toch·ter·ge·sell·schaft f subsidiary [firm]
Tod <-[e]s, -e> [toːt] m death; **~ durch Ertrinken** death by drowning; **eines friedlichen ~es sterben** to die a peaceful death; **etw mit dem ~e bezahlen** (geh) to pay for sth with one's life ▸ **jdn/etw auf den ~ nicht ausstehen können** to be unable to stand sb/sth; **sich** dat **den ~ holen** to catch one's death [of cold]; **sich zu ~e langweilen** to be bored to death; **sich zu ~e schämen** to be utterly ashamed; **zu ~e betrübt sein** to be deeply despaired
tod·ernst ['toːt'ʔɛrnst] I. adj deadly serious II. adv in a deadly serious manner
To·des·angst f ① (fam: entsetzliche Angst) mortal fear; **Todesängste ausstehen** (fam) to be scared to death ② (Angst vor dem Sterben) fear of death **To·des·an·zei·ge** f obituary **To·des·fall** m death **To·des·fol·ge** f kein pl JUR **Körperverletzung mit ~** physical injury resulting in death **To·des·ge·fahr** f mortal danger **To·des·kampf** m death throes **To·des·kan·di·dat(in)** m(f) goner sl **to·des·mu·tig** I. adj [completely] fearless II. adv fearlessly **To·des·op·fer** nt casualty **To·des·schuss**^RR m gezielter ~ JUR shot to kill **To·des·schüt·ze, -schüt·zin** m, f assassin **To·des·sprit·ze** f lethal injection **To·des·stoß** m deathblow; **einer S.** dat **den ~ versetzen** (fig) to deal the deathblow to sth **To·des·stra·fe** f death penalty; **auf etw** akk **steht die ~** sth is punishable by death **To·des·tag** m anniversary of sb's death **To·des·ur·sa·che** f cause of death **To·des·ur·teil** nt death sentence **To·des·zel·le** f death cell
Tod·feind(in) ['toːtfaɪnt] m(f) mortal enemy
tod·krank ['toːt'kraŋk] adj terminally ill **tod·lang·wei·lig** ['toːt'laŋvaɪlɪç] adj deadly boring
töd·lich ['tøːtlɪç] I. adj deadly; **das ist mein ~er Ernst** I'm deadly serious II. adv ① (mit dem Tod als Folge) **~ verunglücken** to be killed in an accident ② (fam: entsetzlich) **sich ~ langweilen** to be bored to death
tod·mü·de ['toːt'myːdə] adj (fam) dead tired **tod·schick** adj (fam) dead smart BRIT, snazzy **tod·si·cher** I. adj dead certain; Methode sure-fire II. adv for sure

Tod·sün·de *f* deadly sin **tod·un·glück·lich** ['toːt'ʔʊnglʏklɪç] *adj* (*fam*) deeply unhappy

To·hu·wa·bo·hu <-[s], -s> [toːhuvaˈboː-hu] *nt* chaos

toi, toi, toi ['tɔy 'tɔy 'tɔy] *interj* (*fam*) ❶ (*ich drücke die Daumen*) good luck ❷ (*hoffentlich auch weiterhin*) touch [*or* AM knock on] wood

To·i·let·te <-, -n> [tɔaˈlɛtə] *f* toilet; **ich muss mal auf die ~** I need to go to the toilet; **öffentliche ~** public toilet

To·i·let·ten·ar·ti·kel *pl* toiletries *pl* **Toi·let·ten·frau** [tɔaˈlɛtən-] *f* toilet attendant **To·i·let·ten·pa·pier** *nt* toilet paper

To·kio <-s> ['tokio] *nt* Tokyo

to·le·rant [toleˈrant] *adj* tolerant (**gegenüber** towards)

To·le·ranz <-, -en> [toleˈrants] *f kein pl* tolerance (**gegenüber** towards)

To·le·ranz·be·reich *m* range of tolerance

to·le·rie·ren* [toleˈriːrən] *vt* to tolerate

toll [tɔl] **I.** *adj* great **II.** *adv* ❶ (*wild*) wild; **ihr treibt es manchmal wirklich zu ~!** you really go too far sometimes!; ❷ (*fam: sehr gut*) very well

Tol·le <-, -n> ['tɔlə] *f* quiff

tol·len ['tɔlən] *vi* ❶ *haben* (*umhertoben*) to romp around ❷ *sein* (*ausgelassen laufen*) to charge about

Toll·kir·sche *f* deadly nightshade **toll·kühn** ['tɔlkyːn] *adj* daring **Toll·kühn·heit** *f kein pl* daring *no pl*

Toll·patsch^{RR} <-es, -e> ['tɔlpatʃ] *m* (*fam*) clumsy fool

toll·pat·schig^{RR} ['tɔlpatʃɪç] **I.** *adj* clumsy **II.** *adv* **sich ~ anstellen** to act clumsily

Toll·wut *f* rabies

toll·wü·tig ■ ~ **sein** ❶ ZOOL to have rabies ❷ (*rasend*) to be raving mad

Tol·patsch^{ALT} <-es, -e> *m s.* **Tollpatsch**

tol·pat·schig^{ALT} *adj, adv s.* **tollpatschig**

Töl·pel <-s, -> ['tœlpl] *m* (*fam*) fool

To·ma·te <-, -n> [toˈmaːtə] *f* tomato ▶ **~ n auf den Augen haben** to be blind; **du treulose ~!** you're a fine friend! *iron*

To·ma·ten·ket·schup^{RR} *nt*, **To·ma·ten·ket·chup** *nt* [tomato] ketchup [*or* AM *also* catsup] **To·ma·ten·mark** *nt* tomato puree **To·ma·ten·sau·ce**, **To·ma·ten·so·ße** *f* tomato sauce **To·ma·ten·sup·pe** *f* tomato soup

Tom·bo·la <-, -s *o* Tombolen> ['tɔmbola, *pl* -bolən] *f* raffle

To·mo·gra·phie <-, -n> *f*, **To·mo·gra·fie**^{RR} <-, -n> [tomograˈfiː] *f* tomography

Ton¹ <-[e]s, -e> [toːn] *m* clay

Ton² <-[e]s, Töne> [toːn, *pl* tøːnə] *m* ❶ (*hörbare Schwingung*) sound; **halber/ganzer ~** MUS semitone/tone ❷ FILM, RADIO, TV sound ❸ (*fam: Wort*) sound; **ich will keinen ~ mehr hören!** not another sound!; **große Töne spucken** (*sl*) to brag about *fam*; **keinen ~ herausbringen** to not be able to utter a word ❹ (*Tonfall*) tone; **einen ~ am Leibe haben** (*fam*) to be [very] rude; **einen anderen ~ anschlagen** to change one's tune; **ich verbiete mir diesen ~!** I will not be spoken to like that! ❺ (*Farb~*) tone ▶ **der ~ macht die Musik** (*prov*) it's not what you say but the way you say it; **jdn/etw in den höchsten Tönen loben** to praise sb/sth to the skies; **den ~ angeben** to set the tone; **hast du Töne!** you're not serious!

ton·an·ge·bend *adj* setting the tone *pred*; ■ **~ sein** to set the tone **Ton·arm** *m* pick-up arm **Ton·art** *f* ❶ MUS key ❷ (*Typ von Ton*¹) type of clay **Ton·auf·nah·me** *f* sound recording **Ton·band** <-bänder> *nt* tape; **etw auf ~ aufnehmen** to tape sth **Ton·band·auf·nah·me** *f* tape recording **Ton·band·ge·rät** *nt* tape recorder

tö·nen¹ ['tøːnən] *vi* ❶ (*klingen*) to sound ❷ (*großspurig reden*) to boast

tö·nen² ['tøːnən] *vt* to tint; **Haare** to colour

Ton·er·de *f kein pl* alumina

tö·nern ['tøːnɐn] *adj attr* clay

Ton·fall *m* tone of voice **Ton·film** *m* sound film

Ton·ge·fäß <-es, -e> *nt* earthenware vessel

Ton·hö·he *f* pitch

To·nic <-[s], -s> ['tɔnɪk] *nt* tonic

Ton·in·ge·ni·eur, -in·ge·ni·eu·rin [-ɪnʒeˈni̯øːɐ̯] *m*, *f* sound engineer **Ton·kopf** *m* recording head

Ton·krug *m* earthenware jug

Ton·la·ge *f* pitch **Ton·lei·ter** *f* scale **ton·los** *adj* flat

Ton·na·ge <-, -n> [tɔˈnaːʒə] *f* tonnage

Ton·ne <-, -n> ['tɔnə] *f* ❶ (*zylindrischer Behälter*) barrel ❷ (*Müll~*) bin BRIT, can AM; **grüne ~** (*für Altpapier*) recycling bin for paper ❸ (*Gewichtseinheit*) tonne, metric ton; **der Hund wiegt ja eine ~!** (*fam*) the dog weighs a ton! ❹ NAUT (*Bruttoregister~*) gross register ton, GRT ❺ (*fam: dicker Mensch*) fatty ▶ **das kannst du/das könnt ihr in die ~ treten!** (*fam*) it's not worth shit! *sl*

Ton·nen·ge·wöl·be *nt* ARCHIT barrel vaulting

ton·nen·wei·se *adv* by the tonne [*or* ton]

Ton·spur *f* soundtrack **Ton·stö·rung** *f* sound interference **Ton·strei·fen** *m s.* **Tonspur**

Ton·tau·be *f* clay pigeon **Ton·tau·ben·schie·ßen** *nt* clay pigeon shooting

Ton·tech·ni·ker(in) *m(f)* sound technician **Ton·trä·ger** *m* sound carrier

Tö·nung <-, -en> *f* ① (*das Tönen*) tinting ② (*Produkt für Haare*) hair colour ③ (*Farbton*) shade

Tool <-s, -s> [tuːl] *nt* INFORM tool

Tool·box <-en> ['tuːlbɔks] *f* INFORM toolbox

Top <-s, -s> [tɔp] *nt* top

Top·act <-s, -s> ['tɔpɛkt] *m* MUS headline act

To·pas <-es, -e> [to'paːs] *m* topaz

Topf <-[e]s, Töpfe> [tɔpf, *pl* 'tœpfə] *m* ① (*Koch~*) pot, sauce pan ② (*Nacht~*) bedpan ③ (*~ für Kleinkinder*) potty *fam* ▶ **alles in einen ~ werfen** to lump everything together

Töpf·chen <-s, -> ['tœpfçən] *nt dim von* **Topf** ① (*kleiner Topf*) small pot ② (*Toilettentopf für Kinder*) potty

Töp·fer(in) <-s, -> ['tœpfɐ] *m(f)* potter

Töp·fe·rei <-, -en> [tœpfə'raɪ] *f* pottery

töp·fern ['tœpfɐn] I. *vi* to do pottery II. *vt* ■ *etw* ~ to make sth from clay

Töp·fer·schei·be *f* potter's wheel **Töp·fer·wa·ren** *pl* pottery

top·fit ['tɔp'fɪt] *adj* (*fam*) ■ ~ **sein** to be as fit as a fiddle

Topf·lap·pen *m* oven cloth BRIT, pot holder AM **Topf·pflan·ze** *f* potted plant

Top·mo·del ['tɔpmɔdl] *nt* supermodel

To·po·gra·phie <-, -n> *f*, **To·po·gra·fie**^RR <-, -n> [topogra'fiː, *pl* -iən] *f* topography

to·po·gra·phisch *adj*, **to·po·gra·fisch**^RR *adj* topographic[al]

top·pen ['tɔpn] *vt* (*fam*) to top

Tor <-[e]s, -e> [toːɐ] *nt* ① (*breite Tür*) gate; *Garage* door ② (*~ bau*) gateway ③ SPORT goal; **ein ~ schießen** to score a goal; **im ~ stehen** to be goalkeeper

Tor·bo·gen *m* archway

To·re·ro <-[s], -s> [to're:ro] *m* torero

Torf <-[e]s, -e> [tɔrf] *m* peat

Tor·heit <-, -en> *f* (*geh*) ① kein pl (*Unvernunft*) foolishness ② (*unvernünftige Handlung*) foolish action

Tor·hü·ter(in) *m(f) s.* **Torwart**

tö·richt ['tøːrɪçt] I. *adj* foolish II. *adv* foolishly

tor·keln ['tɔrkln] *vi sein* ① (*taumeln*) to reel ② (*irgendwohin taumeln*) to stagger

Tor·li·nie *f* goal-line **Tor·mann** *m* goalkeeper

Törn <-s, -s> [tœrn] *m* NAUT cruise

Tor·na·do <-s, -s> [tɔr'na:do] *m* tornado, AM *also* twister

Tor·nis·ter <-s, -> [tɔr'nɪstɐ] *m* ① MIL knapsack ② DIAL (*Schulranzen*) satchel

tor·pe·die·ren* [tɔrpe'diːrən] *vt* ① NAUT to torpedo ② (*geh: stören*) to sabotage

Tor·pe·do <-s, -s> [tɔr'pe:do] *m* torpedo

Tor·pfos·ten *m* goalpost **Tor·raum** *m* goal-mouth **Tor·schluss·pa·nik**^RR *f* (*fam*) ~ **haben** to be afraid of missing the boat **Tor·schüt·ze, -schüt·zin** *m, f* scorer **Tor·schüt·zen·kö·nig, -kö·ni·gin** *m, f* top [goal] scorer

Tor·so <-s, -s *o* Torsi> ['tɔrzo, *pl* -zi] *m* KUNST torso

Tor·te <-, -n> ['tɔrtə] *f* gateau; (*Obstkuchen*) flan

Tor·ten·bo·den *m* flan case **Tor·ten·he·ber** <-s, -> *m* cake slice

Tor·tur <-, -en> [tɔr'tuːɐ] *f* (*geh*) torture

Tor·wart(in) *m(f)* goalkeeper

to·sen ['toːzn] *vi sein o haben* to roar; *Wasserfall* to foam; *Sturm* to rage

Tos·ka·na <-> [tɔs'ka:na] *f* Tuscany

tot [toːt] *adj* ① (*gestorben*) dead; **sich ~ stellen** to play dead; **~ umfallen** to drop dead ② (*nicht mehr genutzt*) disused

to·tal [to'ta:l] *adj* total

To·tal·aus·ver·kauf *m* clearance sale

to·ta·li·tär [totali'tɛːɐ] I. *adj* totalitarian II. *adv* in a totalitarian manner

To·ta·li·tät <-, -en> [totali'tɛːt] *f* totality

To·tal·scha·den *m* write-off

tot·ar·bei·ten *vr* (*fam*) ■ sich ~ to work oneself to death **tot·lär·gern** *vr* (*fam*) ■ sich ~ to be hopping mad (**über** with)

To·te(r) ['to:tə] *f(m)* (*toter Mensch*) dead person; (*Todesopfer*) fatality

tö·ten ['tø:tn̩] *vt* to kill

To·ten·bett *nt s.* **Sterbebett to·ten·blass**^RR ['to:tn̩'blas] *adj s.* **leichenblass**

To·ten·glo·cke *f* knell **To·ten·grä·ber(in)** <-s, -> *m(f)* gravedigger **To·ten·kopf** *m* ① ANAT skull ② (*Zeichen*) skull and crossbones **To·ten·mas·ke** *f* death mask **To·ten·mes·se** *f* requiem mass **To·ten·schä·del** *m s.* **Totenkopf 1 To·ten·schein** *m* death certificate **To·ten·sonn·tag** *m* protestant church holiday on the last Sunday of the church year commemorating the dead **To·ten·star·re** *f* rigor mortis **to·ten·still** ['to:tn̩'ʃtɪl] *adj* ■ **es ist ~** it is deadly silent **To·ten·stil·le** ['to:tn̩'ʃtɪlə] *f* dead[ly] silence **To·ten·tanz** *m* dance of death **To·ten·wa·che** *f* **die ~ halten** to hold the wake

tot|fah·ren *irreg vt* (*fam*) ■ **jdn/etw ~** to run over and kill sb/sth

Tot·ge·burt *f* stillbirth **tot|krie·gen** *vt* (*fam*) **jd ist nicht totzukriegen** you can't get the better of sb; (*äußerst strapazierfähig*) sb can go on for ever **tot|la·chen** *vr* (*fam*) ■ **sich ~** to kill oneself laughing (**über** about)

To·to <-s, -s> ['to:to] *nt o m* pools *npl* BRIT, pool AM

To·to·schein *m* pool|BRIT -s] ticket

tot|sa·gen *vt* ■ **jdn/etw ~** to declare sb/sth as dead **tot|schie·ßen** *vt irreg* (*fam*) ■ **jdn/etw ~** to shoot sb/sth dead **Tot·schlag** *m kein pl* manslaughter *no pl* **Tot·schlag·ar·gu·ment** *nt* (*pej fam*) dead-end argument **tot|schla·gen** *vt irreg* ■ **jdn/etw ~** to beat sb/sth to death **Tot·schlä·ger** *m* cosh BRIT, blackjack AM **tot|schwei·gen** *vt irreg* (*nie erwähnen*) ■ **etw ~** to hush up sth; ■ **jdn ~** to keep quiet about sb

Tö·tung <-, *selten* -en> *f* killing; **fahrlässige ~** culpable manslaughter

Tö·tungs·ver·such *m* attempted murder

Touch·pad <-s, -s> ['tatʃpɛd] *nt* INFORM touchpad **Touch·screen** <-s, -s> [-skri:n] *m* INFORM touch screen

Tou·pet <-s, -s> [tu'pe:] *nt* toupee

tou·pie·ren* [tu'pi:rən] *vt* ■ **jdm/sich die Haare ~** to backcomb sb's/one's hair

Tour <-, -en> [tu:ɐ̯] *f* ① (*Geschäftsfahrt*) trip ② (*Ausflugsfahrt*) tour; **eine ~ machen** to go on a tour ③ (*fam: Vorhaben*) wheeling and dealing; **jdm auf die dumme ~ kommen** to try to cheat sb ▶ **auf ~en kommen** to get into top gear; (*wütend werden*) to get worked up; **in einer ~** non-stop

tou·ren [tu:rən] *vi* to [be on] tour

Tou·ren·zahl *f* number of revolutions

Tou·ri <-s, -s> ['tu:ri] *m* (*fam o pej*) [mass] tourist

Tou·ris·mus <-> [tu'rɪsmʊs] *m kein pl* tourism *no pl*

Tou·rist(in) <-en, -en> [tu'rɪst] *m(f)* tourist

Tou·ris·ten·klas·se *f* tourist class **Tou·ris·ten·nep·per(in)** *m(f)* rip-off merchant who preys on tourists **Tou·ris·ten·zen·trum** *nt* tourist centre

Tou·ris·tik <-> [tu'rɪstɪk] *f kein pl* tourism *no pl*

Tou·ris·tin <-, -nen> *f fem form von* **Tourist**

tou·ris·tisch *adj* touristic *attr*

Tour·nee <-, -n *o* -s> [tor'ne:, *pl* -'ne:ən] *f* tour; **auf ~ gehen/sein** to go/be on tour

Tow·er <-s, -> ['tauɐ] *m* control tower

to·xisch ['tɔksɪʃ] *adj* toxic

Trab <-[e]s> [tra:p] *m kein pl* trot; **im ~** at a trot ▶ **jdn auf ~ bringen** to make sb get a move on; **jdn in ~ halten** to keep sb on the go

Tra·bant <-en, -en> [tra'bant] *m* satellite

Tra·ban·ten·stadt *f* satellite town

tra·ben ['tra:bn̩] *vi sein o haben* to trot

Trab·renn·bahn *f* trotting course

Tracht <-, -en> [traxt] *f* ① (*Volks~*) [national] costume ② (*Berufskleidung*) uniform ▶ **eine ~ Prügel** a good hiding

trach·ten ['traxtn̩] *vi* (*geh*) to strive (**nach** for); ■ **danach ~, etw zu tun** to strive to do sth

träch·tig ['trɛçtɪç] *adj* pregnant

Track <-s, -s> [trɛk] *m* MUS (*sl: Song*) track

Tra·di·ti·on <-, -en> [tradi'tsi̯o:n] *f* tradition; **aus ~** traditionally

Tra·di·ti·o·na·list(in) <-en, -en> [traditsi̯ona'lɪst] *m(f)* traditionalist

tra·di·ti·o·nell [traditsi̯o'nɛl] *adj meist attr* traditional

tra·di·ti·ons·be·wusst^RR *adj* traditional

traf [tra:f] *imp von* **treffen**

Tra·fo <-[s], -s> ['tra:fo] *m kurz für* **Transformator** transformer

Tra·fo·sta·ti·on ['tra:foʃtatsi̯o:n] *f* substation

Trag·bah·re *f* stretcher

trag·bar *adj* ① (*portabel*) portable ② (*akzeptabel*) acceptable

trä·ge ['trɛ:gə] I. *adj* ① (*schwerfällig*) lethargic ② PHYS, CHEM inert II. *adv* lethargically

tra·gen <trägt, trug, getragen> ['tra:gn̩] I. *vt* ① (*schleppen*) to carry ② (*mit sich führen*) ■ **etw bei sich ~** to have sth on one ③ (*anhaben*) to wear ④ (*in bestimmter Weise frisiert sein*) **einen Bart ~** to have a beard; **das Haar lang/kurz ~** to have long/short hair ⑤ (*stützen*) to support ⑥ AGR, HORT to produce ⑦ (*ertragen*) to bear ⑧ (*für etw aufkommen*) to bear II. *vi* ① AGR, HORT to crop ② (*trächtig sein*) to be pregnant ③ (*das Begehen aushalten*) to withstand weight ④ MODE to wear; **sie trägt lieber kurz** she likes to wear short clothes ▶ **an etw** *dat* **schwer zu ~ haben** to have a heavy cross to bear with sth; **zum T~ kommen** to come into effect III. *vr* ① (*sich schleppen lassen*) **sich leicht/schwer ~** to be light/heavy to carry

② MODE **die Hose trägt sich bequem** the pants are comfortable ③ (*geh: in Erwägung ziehen*) ■ **sich mit etw** *dat* ~ to contemplate sth ④ FIN ■ **sich** ~ to pay for itself

Trä·ger <-s, -> *m* ① *meist pl* MODE strap; *Hose* braces *npl* BRIT, suspenders *npl* AM ② BAU girder

Trä·ger(in) <-s, -> *m(f)* ① (*Lasten~*) porter ② (*Inhaber*) bearer ③ ADMIN (*verantwortliche Körperschaft*) responsible body; JUR agency; ~ **öffentlicher Gewalt** agencies in whom state power is vested

Trä·ger·kleid *nt* pinafore dress **Trä·ger·ra·ke·te** *f* booster

Tra·ge·ta·sche *f* [carrier] bag

trag·fä·hig *adj* ■ ~ **sein** to be able to take weight **Trag·flä·che** *f* wing

Träg·heit <-, *selten* -en> *f* ① (*Schwerfälligkeit*) sluggishness; (*Faulheit*) laziness ② PHYS inertia

Tra·gik <-> ['tra:gɪk] *f kein pl* tragedy

tra·gi·ko·misch ['tra:giko:mɪʃ] *adj* tragicomic **Tra·gi·ko·mö·die** [tra:giko:m'ø:diə] *f* tragicomedy

tra·gisch ['tra:gɪʃ] I. *adj* tragic; **es ist nicht [so]** ~ (*fam*) it's not the end of the world II. *adv* tragically; **nimm's nicht so** ~! (*fam*) don't take it to heart!

Trag·kraft *f kein pl* weight-bearing capacity **Trag·last** *f* load

Tra·gö·die <-, -n> [tra'gø:diə] *f a.* LIT, THEAT tragedy

Trag·wei·te *f* scale; (*einer Entscheidung, Handlung*) consequence

Trai·ler <-s, -> ['tre:lɐ] *m* FILM trailer

Trai·ner <-s, -> ['trɛ:nɐ] *m* SCHWEIZ tracksuit

Trai·ner(in) <-s, -> ['trɛ:nɐ] *m(f)* coach

trai·nie·ren [trɛ'ni:rən] I. *vt* ① (*durch Training üben*) to practice ② (*auf Wettkämpfe vorbereiten*) ■ **jdn** ~ to coach sb II. *vi* ① (*üben*) to practice ② (*sich auf Wettkämpfe vorbereiten*) to train

Trai·ning <-s, -s> ['trɛ:nɪŋ] *nt* training

Trai·nings·an·zug *m* tracksuit **Trai·nings·ho·se** *f* track-suit trousers *npl*, track pants *npl* AM

Trakt <-[e]s, -e> [trakt] *m* ARCHIT wing

Trak·tor <-s, -toren> ['traktoːɐ̯, *pl* -'to:rən] *m* tractor

träl·lern ['trɛlɐn] *vi, vt* to warble

Tram <-s, -s> [tram] *f o nt* SCHWEIZ tramway

Tram·bahn *f* SÜDD tram BRIT, streetcar AM **Tram·pel** <-s, -> ['trampl̩] *m o nt* (*fam*) clumsy oaf

tram·peln ['trampl̩n] *vi* ① *haben* (*stampfen*) **mit den Füßen** ~ to stamp one's feet ② *sein* (*sich* ~ *d bewegen*) to stomp along; **durchs Treppenhaus** ~ to stomp down the stairs

Tram·pel·pfad *m* track **Tram·pel·tier** *nt* ① ZOOL camel ② (*fam: unbeholfener Mensch*) clumsy oaf

tram·pen [trɛmpn̩] *vi sein* to hitch-hike

Tram·per(in) <-s, -> ['trɛmpɐ] *m(f)* hitch-hiker

Tram·po·lin <-s, -e> [trampoli:n] *nt* trampoline

Tram·way <-, -s> ['tramvaɪ] *f* ÖSTERR (*Straßenbahn*) tram[way]

Tran <-[e]s, -e> [tra:n] *m* (*vom Wal*) train oil; (*von Fischen*) fish oil ▶ **wie im** ~ (*fam*) in a daze

Tran·ce <-, -n> ['trãːs(ə)] *f* trance

tran·chie·ren* [trã'ʃi:rən] *vt* to carve

Tran·chier·mes·ser *nt* carving-knife

Trä·ne <-, -n> ['trɛ:nə] *f* tear; **in** ~ **n aufgelöst** in tears; **den** ~ **n nahe sein** to be close to tears; **jdm kommen die** ~ **n** sb is starting to cry; ~ **n lachen** to laugh until one cries

trä·nen ['trɛːnən] *vi* to water

Trä·nen·drü·se *f meist pl* lachrymal gland **Trä·nen·gas** *nt* tear gas **Trä·nen·sack** *m* lachrymal sac

trank [traŋk] *imp von* **trinken**

Trän·ke <-, -n> ['trɛŋkə] *f* watering place

trän·ken ['trɛŋkn̩] *vt* ① (*durchnässen*) to soak ② *Tier* to water

Trans·ak·ti·on [transʔak'tsi̯oːn] *f* transaction

Trans·ak·ti·ons·kos·ten *pl* transaction costs *pl*

tran·schie·ren* [tranˈʃiːrən] *vt* ÖSTERR *s.* **tranchieren**

Tran·schier·mes·ser [tranˈʃiːɐ̯-] *nt* ÖSTERR *s.* **Tranchiermesser**

Trans·fer <-s, -s> [transˈfɛɐ̯] *m* transfer

Trans·for·ma·tor <-s, -toren> [transfɔrˈmaːtoːɐ̯, *pl* -ˈtoːrən] *m* transformer

Trans·fu·si·on <-, -en> [transfuˈzi̯oːn] *f* transfusion

trans·gen [transˈgeːn] *adj* transgenic; ~ **e Organismen** transgenics, transgenic organisms

Tran·sis·tor <-s, -toren> [tranˈzɪstoːɐ̯, *pl* -ˈtoːrən] *m* transistor

Tran·sis·tor·ra·dio *nt* transistor radio

Tran·sit <-s, -e> [tranˈziːt] *m* transit

tran·si·tiv ['tranzitiːf] *adj* LING transitive

Tran·sit·rei·sen·de(r) *f(m) dekl wie adj* transit passenger **Tran·sit·ver·kehr** *m* transit traffic

trans·kri·bie·ren* [transkri'biːrən] vt ❶ (in andere Schrift umschreiben) to transcribe ❷ MUS to arrange

Tran·skrip·ti·on <-, -en> [transkrɪp'tsi̯oːn] f LING, MUS transcription

trans·pa·rent [transpa'rɛnt] adj transparent

Trans·pa·rent <-[e]s, -e> [transpa'rɛnt] nt banner

Trans·pa·renz <-> [transpa'rɛnts] f kein pl transparency no pl

trans·pi·rie·ren* [transpi'riːrən] vi (geh) to perspire

Trans·plan·tat <-[e]s, -e> [transplan'taːt] nt transplant

Trans·plan·ta·ti·on <-, -en> [transplanta'tsi̯oːn] f transplant; (Haut) graft

trans·plan·tie·ren* [transplan'tiːrən] vt to transplant

Trans·port <-[e]s, -e> [trans'pɔrt] m transport

Trans·port·band nt conveyer belt

Trans·por·ter <-s, -> [trans'pɔrtɐ] m ❶ (Lieferwagen) van ❷ LUFT transport plane

trans·port·fä·hig adj transportable

Trans·port·flug·zeug nt transport plane

trans·por·tie·ren* [transpɔr'tiːrən] vt ❶ (befördern) to transport; (Person) to move ❷ FOTO to wind

Trans·port·kos·ten pl transport[ation] costs pl **Trans·port·mit·tel** nt means of transport[ation] **Trans·port·un·ter·neh·men** nt haulage contractor

trans·se·xu·ell [transzɛ'ksu̯ɛl] adj transsexual

Trans·se·xu·el·le(r) f(m) transsexual

Trans·ves·tit <-en, -en> [transvɛs'tiːt] m transvestite

trans·zen·den·tal [transtsɛndɛn'taːl] adj transcendental

Tra·pez <-es, -e> [tra'peːts] nt ❶ MATH trapezium BRIT, trapezoid AM ❷ (Artistenschaukel) trapeze

Tras·se <-, -n> ['trasə] f ❶ (abgesteckter Verkehrsweg) marked route ❷ (Bahn~) railway line

trat [traːt] imp von **treten**

Tratsch <-[e]s> [traːtʃ] m kein pl (fam) gossip no pl

trat·schen ['traːtʃn̩] vi (fam) to gossip (**über** about)

Trau·al·tar m altar; **vor den ~ treten** (geh) to walk down the aisle

Trau·be <-, -n> ['traʊbə] f ❶ meist pl (Wein~) grape usu pl ❷ (Ansammlung) cluster

Trau·ben·saft m grape juice **Trau·ben·zu·cker** m glucose

trau·en¹ ['traʊən] vt ■ jdn ~ to join sb in marriage; ■ sich ~ lassen to marry

trau·en² ['traʊən] I. vi (ver~) to trust II. vr ■ sich ~, etw zu tun to dare to do sth

Trau·er <-> ['traʊɐ] f kein pl grief no pl

Trau·er·fall m bereavement **Trau·er·fei·er** f funeral service **Trau·er·got·tes·dienst** m funeral service **Trau·er·klei·dung** f mourning **Trau·er·kloß** m (fam) wet blanket **Trau·er·marsch** m funeral march **Trau·er·mie·ne** f (fam) long face

trau·ern ['traʊɐn] vi to mourn (**um** for)

Trau·er·spiel nt fiasco **Trau·er·wei·de** f weeping willow **Trau·er·zug** m funeral procession

Trau·fe <-, -n> ['traʊfə] f eaves npl

träu·feln ['trɔyfl̩n] I. vt haben ■ etw ~ to drip sth II. vi sein o haben (geh) to trickle

Traum <-[e]s, Träume> [traʊm, pl 'trɔymə] m dream; **es war immer mein ~, mal so eine Luxuslimousine zu fahren** I've always dreamed of being able to drive a limousine like that ▸ **jdm fällt im ~ nicht ein, etw zu tun** sb wouldn't dream of doing sth; **aus der ~!** so much for that!

Trau·ma <-s, Traumen o -ta> ['traʊma, pl -mən, -mata] nt trauma

tra·uma·tisch [traʊ'maːtɪʃ] adj traumatic

trau·ma·ti·sie·ren [traʊmati'siːrən] vt to traumatize

Traum·be·ruf m dream job

Trau·men pl von **Trauma**

träu·men ['trɔymən] I. vi ❶ (Träume haben) to dream; **schlecht ~** to have bad dreams ❷ (Wünsche haben) ■ **von jdm/etw ~** to dream about sb/sth; **sie hat immer davon geträumt, Ärztin zu werden** she had always dreamt of becoming a doctor ❸ (abwesend sein) to daydream II. vt to dream

Träu·mer(in) <-s, -> ['trɔymɐ] m(f) [day]dreamer

Träu·me·rei <-, -en> [trɔymə'raɪ] f meist pl dream usu pl; **das sind alles ~en** that's building castles in the air

träu·me·risch adj dreamy

traum·haft adj (fam) dreamlike

Traum·paar nt perfect couple **Traum·prinz** m (iron fam) handsome prince **Traum·tän·zer(in)** m(f) (pej) person living in a dream world

trau·rig ['traʊrɪç] I. adj ❶ (betrübt) sad ❷ (betrüblich) sorry; **die ~e Tatsache ist, dass ...** it's a sad fact that ...; **in ~en Ver-**

hältnissen leben to live in a sorry state ❸ (*sehr bedauerlich*) ■ [es ist] ~, dass ... it's unfortunate that ... **II.** *adv* (*betrübt*) sadly ▶ **mit etw** *dat* **sieht es ~ aus** sth doesn't look too good

Trau·rig·keit <-> *f kein pl* sadness *no pl*

Trau·ring *m* wedding ring [*or* AM *also* band] **Trau·schein** *m* marriage certificate

Trau·ung <-, -en> ['traʊʊŋ] *f* marriage ceremony

Trau·zeu·ge, -zeu·gin *m, f* best man, [marriage] witness

Tre·cking <-s, -s> ['trɛkɪŋ] *nt s.* **Trekking**

Treff <-s, -s> [trɛf] *m* (*fam*) ❶ (*Treffen*) get-together ❷ (*~punkt*) meeting point

tref·fen <trifft, traf, getroffen> [trɛfn̩] **I.** *vt haben* ❶ (*mit jdm zusammenkommen*) to meet ❷ (*antreffen*) to find; **ich habe ihn zufällig in der Stadt getroffen** I bumped into him in town ❸ (*mit einem Wurf, Schlag etc. erreichen*) to hit ❹ (*innerlich bewegen*) ■ **jdn mit etw** *dat* **~** to hit a sore spot with sth; ■ **jdn ~** to affect sb; **sich durch etw** *akk* **getroffen fühlen** to take sth personally ❺ *Maßnahmen, Vorkehrungen* to take ❻ *Entscheidung* to make; **eine Abmachung ~** to have an agreement ❼ (*wählen*) **den richtigen Ton ~** to strike the right note; **damit hast du genau meinen Geschmack getroffen** that's exactly my taste; **auf dem Foto bis du wirklich gut getroffen** that's a good photo of you; **mit seinem Chef hat er es wirklich gut getroffen** he's really fortunate to have a boss like that; **du hättest es auch schlechter ~ können** you could have been worse off **II.** *vi* ❶ *sein* (*antreffen*) ■ **auf jdn ~** to meet sb ❷ *haben* (*sein Ziel erreichen*) to hit ❸ *haben* (*verletzen*) to hurt **III.** *vr haben* ■ **sich** [**mit jdm**] **~** to meet [sb]; **das trifft sich [gut]** that's [very] convenient

Tref·fen <-s, -> [trɛfn̩] *nt* meeting

tref·fend *adj* appropriate

Tref·fer <-s, -> *m* ❶ (*ins Ziel gegangener Schuss*) hit ❷ (*Tor*) goal ❸ (*Gewinnlos*) winner

Tref·fer·quo·te *f* hit rate

treff·lich <-er, -ste> **I.** *adj attr* (*veraltend*) splendid **II.** *adv* (*veraltend*) splendidly

Treff·punkt *m* meeting point **treff·si·cher** *adj* accurate; *Bemerkung* apt **Treff·si·cher·heit** *f kein pl* ❶ (*sicher treffende Schussweise*) accuracy *no pl* ❷ (*das prä-*

Traurigkeit/Enttäuschung/Bestürzung ausdrücken

Traurigkeit ausdrücken | *expressing sadness*
Es macht/stimmt mich traurig, dass wir uns nicht verstehen. | *It makes me sad that we don't get on.*
Es ist so schade, dass er sich so gehen lässt. | *It's such a shame he's letting himself go like that.*
Diese Ereignisse deprimieren mich. | *I find these events very depressing.*

Enttäuschung ausdrücken | *expressing disappointment*
Ich bin über seine Reaktion (sehr) enttäuscht. | *I am (very) disappointed by his reaction.*
Du hast mich (schwer) enttäuscht. | *You have (deeply) disappointed me.*
Das hätte ich nicht von ihr erwartet. | *I wouldn't have expected that of her.*
Ich hätte mir etwas anderes gewünscht. | *I would have wished for something different.*

Bestürzung ausdrücken | *expressing dismay*
Das ist (ja) nicht zu fassen! | *That's unbelievable!*
Das ist (ja) ungeheuerlich! | *That's outrageous!*
Das ist ja (wohl) die Höhe! | *That's the limit!*
Das kann doch nicht dein Ernst sein! | *You cannot be serious!*
Ich fass es nicht! | *I don't believe it!*
Das bestürzt mich. | *I find that very disturbing.*
Das kann/darf (doch wohl) nicht wahr sein! | *That can't be true!*

zise Zutreffen) accuracy *no pl,* soundness *no pl,* aptness *no pl*
Treib·eis *nt* drift ice
trei·ben <trieb, getrieben> ['traɪbn̩] **I.** *vt haben* ❶ (*drängen*) to drive; **jdn zur Eile ~** to rush sb ❷ (*fortbewegen*) **der Wind treibt mir den Schnee ins Gesicht** the wind is blowing snow in my face ❸ (*bringen*) ■ **jdn zu etw** *dat* **~** to drive sb to sth; **jdn in den Wahnsinn ~** to drive sb mad ❹ *Nagel* to drive (**in** into) ❺ TECH to propel ❻ (*fam: anstellen*) ■ **etw ~** to be up to sth; **dass ihr mir bloß keinen Blödsinn treibt!** don't you get up to any nonsense! ❼ *Tiere* to drive ❽ BOT to sprout ❾ (*betreiben*) *Gewerbe* to carry out; *Handel* **~** to trade; **es zu bunt/wild ~** to go too far ❿ (*sl: Sex haben*) **es [mit jdm] ~** to do it [with sb] **II.** *vi sein* (*sich fortbewegen*) to drift; (*im Wasser*) to float; **sich von einer Stimmung ~ lassen** to let oneself be carried along by a mood ❷ *haben* BOT to sprout ❸ *haben* KOCHK to rise ▶ **sich ~ lassen** to drift
Trei·ben <-s> ['traɪbn̩] *nt kein pl* ❶ (*pej: üble Aktivität*) dirty tricks ❷ (*geschäftige Aktivität*) hustle and bustle
Trei·ber <-s, -> ['traɪbɐ] *m* INFORM driver
Trei·ber(in) <-s, -> ['traɪbɐ] *m(f)* JAGD beater
Treib·gas *nt* propellant
Treib·haus *nt* greenhouse **Treib·haus·ef·fekt** *m kein pl* ■ **der ~** the greenhouse effect **Treib·haus·kli·ma** *nt* global warming
Treib·holz *nt kein pl* driftwood *no pl*
Treib·jagd *f* battue **Treib·netz** *nt* drift-net **Treib·sand** *m kein pl* quicksand **Treib·stoff** *m* fuel **Treib·stoff·kos·ten** *f pl* fuel costs *pl*
Trek·king <-s, -s> ['trɛkɪŋ] *nt* trekking
Trench·coat <-[s], -s> ['trɛntʃkoːt] *m* trench coat
Trend <-s, -s> [trɛnt] *m* trend; **das Buch liegt voll im ~** the book is very of the moment
Trend·for·scher(in) *m(f)* trend analyst **Trend·scout** <-s, -s> ['trɛntskaʊt] *m* trendspotter **Trend·set·ter(in)** <-s, -> *m(f)* trendsetter **Trend·sport** ['trɛnt-] *m* trendy sport **Trend·wen·de** *f* change [of direction]
tren·dy ['trɛndi] *adj* (*fam*) trendy
trenn·bar ❶ LING separable ❷ (*voneinander zu trennen*) ■ **[voneinander] ~ sein** to be detachable [from each other]
tren·nen ['trɛnən] **I.** *vt* ❶ (*ab~*) ■ **etw von**

etw *dat* **~** to cut sth off sth; (*bei einem Unfall*) to sever sth from sth ❷ (*ablösen*) **die Knöpfe von etw** *dat* **~** to remove the buttons from sth ❸ (*auseinanderbringen*) to separate (**von** from) ❹ (*teilen*) to separate (**von** from) ❺ LING to divide **II.** *vr* ❶ (*getrennt weitergehen*) ■ **sich ~** to part company; **hier ~ wir uns** this is where we part company ❷ (*die Beziehung lösen*) ■ **sich von jdm ~** to split up with sb ❸ (*von etw lassen*) ■ **sich von etw** *dat* **~** to part with sth **III.** *vi* to differentiate (**zwischen** between)
Trenn·li·nie *f* dividing line
Tren·nung <-, -en> *f* ❶ (*Scheidung*) separation; **in ~ leben** to be separated ❷ (*Unterscheidung*) distinction ❸ LING division
Tren·nungs·strich *m* hyphen
Trenn·wand *f* partition [wall]
trepp·ab [trɛp'ʔap] *adv* downstairs; **trepp·auf, ~** up and down the stairs
trepp·auf [trɛp'ʔaʊf] *adv* upstairs; **~, treppab** up and down the stairs
Trep·pe <-, -n> ['trɛpə] *f* stairs *pl*
Trep·pen·ab·satz *m* landing **Trep·pen·ge·län·der** *nt* ban[n]ister[s *pl*] **Trep·pen·haus** *nt* stairwell **Trep·pen·stu·fe** *f* step
Tre·sen <-s, -> ['treːzn̩] *m* ❶ (*Theke*) bar ❷ (*Ladentisch*) counter
Tre·sor <-s, -e> [tre'zoːɐ] *m* ❶ (*Safe*) safe ❷ (*Tresorraum*) strongroom
Tret·boot *nt* pedal-boat
tre·ten <tritt, trat, getreten> ['treːtn̩] **I.** *vt haben* ❶ (*mit dem Fuß stoßen*) to kick ❷ (*mit dem Fuß betätigen*) to step on; **die Bremse ~** to brake **II.** *vi* ❶ *haben* (*mit dem Fuß stoßen*) to kick; ■ **nach jdm ~** to kick out at sb; **sie trat ihm in den Bauch** she kicked him in the stomach ❷ *sein* (*einen Schritt machen*) to step; **~ Sie bitte zur Seite** please step aside; **pass auf, wohin du trittst** watch where you step ❸ *sein o haben* (*den Fuß setzen*) to tread (**auf** on) ❹ *sein o haben* (*mit dem Fuß betätigen*) to step (**auf** on); **auf die Bremse ~** to brake ❺ *sein* (*hervorkommen*) ■ **aus etw** *dat* **~** to come out of sth; **aus der undichten Stelle im Rohr trat Gas** gas was escaping from the leak in the pipe; **der Fluss trat über seine Ufer** the river broke its banks; **Schweiß trat ihm auf die Stirn** sweat appeared on his forehead **III.** *vr* **sie trat sich einen Nagel in den Fuß** she ran a nail into her foot
Tret·mi·ne *f* anti-personnel mine **Tret·müh·le** *f* (*fam*) treadmill
treu [trɔy] **I.** *adj* ❶ (*loyal*) loyal; **sich** *dat*

selbst ~ bleiben to remain true to oneself ❷ (*keinen Seitensprung machend*) faithful ❸ (*fig*) **der Erfolg blieb ihm ~** his success continued II. *adv* ❶ (*loyal*) loyally ❷ (*treuherzig*) trustingly

Treue <-> ['trɔyə] *f kein pl* ❶ (*Loyalität*) loyalty ❷ (*Verlässlichkeit*) loyalty ❸ (*monogames Verhalten*) fidelity *no pl;* **jdm die ~ halten** to be faithful to sb

Treue·prä·mie *f* loyalty bonus **Treue·schwur** *m* ❶ (*Schwur, treu zu sein*) vow to be faithful ❷ HIST (*Eid*) oath of allegiance

Treu·hän·der(in) <-s, -> ['trɔyhɛndɐ] *m(f)* trustee

Treu·hand·ge·sell·schaft *f* trust company

treu·her·zig I. *adj* trustful II. *adv* trustingly **Treu·her·zig·keit** <-> *f kein pl* **sie ist von großer ~** she's very trusting

treu·los I. *adj* ❶ *Ehemann* unfaithful ❷ (*ungetreu*) disloyal II. *adv* disloyally

Treu·lo·sig·keit <-> *f kein pl* disloyalty, unfaithfulness *no pl*

Tri·an·gel <-s, -> ['triːaŋl] *m o* ÖSTERR *nt* MUS triangle

Tri·ath·lon <-n, -s> ['triːatlɔn] *m* triathlon

Tri·bu·nal <-s, -e> [tribuˈnaːl] *nt* tribunal

Tri·bü·ne <-, -n> [triˈbyːnə] *f* stand

Tri·but <-[e]s, -e> [triˈbuːt] *m* HIST tribute; **einer S.** *dat* **~ zollen** (*fig*) to pay tribute to a thing

tri·but·pflich·tig *adj* obliged to pay tribute

Trich·ter <-s, -> ['trɪçtɐ] *m* ❶ (*Einfüll~*) funnel ❷ (*Explosionskrater*) crater

trich·ter·för·mig *adj* funnel-shaped

Trick <-s, -s *o selten* -e> [trɪk] *m* ❶ (*Täuschungsmanöver*) trick; **keine faulen ~s!** (*fam*) no funny business! ❷ (*Kunstgriff*) trick; **den ~ raushaben[, wie etw gemacht wird]** (*fam*) to have [got] the knack [of doing sth]

Trick·auf·nah·me *f* FILM special effect **Trick·be·trug** *m* confidence trick **Trick·be·trü·ger(in)** *m(f)* confidence trickster **Trick·film** *m* cartoon [film] **trick·reich** *adj* (*fam*) cunning

trick·sen ['trɪksn] I. *vi* to do a bit of wangling II. *vt* to wangle

trieb [triːp] *imp von* **treiben**

Trieb¹ <-[e]s, -e> [triːp, *pl* ˈtriːbə] *m* BOT shoot

Trieb² <-[e]s, -e> [triːp, *pl* ˈtriːbə] *m* ❶ (*innerer Antrieb*) drive ❷ (*Sexual~*) sex[ual] drive

Trieb·fe·der *f* motivating force **trieb·ge·steu·ert** [ˈtriːpɡəˌʃtɔyɐt] *adj* (*pej*) PSYCH driven by desire *pred*

trieb·haft *adj* driven by physical urges *pred*

Trieb·kraft *f* ❶ (*fig*) driving force ❷ BOT germinating power **Trieb·tä·ter(in)** *m(f)* sex[ual] offender **Trieb·ver·bre·chen** *nt* sex[ual] crime **Trieb·wa·gen** *m* railcar **Trieb·werk** *nt* engine

trie·fen <triefte *o geh* troff, getrieft *o selten* getroffen> ['triːfn] *vi* ❶ (*rinnen*) to run; (*Auge*) to water; ■ **aus etw** *dat* **~** to pour from sth ❷ (*tropfen*) **vor Nässe ~** to be dripping wet ❸ (*geh: strotzen*) ■ **vor etw** *dat* **~** to be dripping with sth *fig*

trie·zen ['triːtsn] *vt* (*fam*) ■ **jdn ~** to crack the whip over sb

trifft [trɪft] *3. pers sing von* **treffen**

trif·tig ['trɪftɪç] I. *adj* good; *Argument, Grund* convincing II. *adv* convincingly; **[jdm etw] ~ begründen** to make a valid case for sth [to sb]

Tri·go·no·me·trie <-> [trigonomeˈtriː] *f kein pl* trigonometry *no indef art*

Tri·kot¹ <-s> [ˈtriːkoː, ˈtrɪko] *m o nt kein pl* (*dehnbares Gewebe*) tricot

Tri·kot² <-s, -s> [ˈtriːkoː, ˈtrɪko] *nt* MODE, SPORT jersey

tril·lern [ˈtrɪlɐn] *vi a.* ORN to trill

Tril·ler·pfei·fe *f* [shrill-sounding] whistle

Tri·lo·gie <-, -n> [triloˈɡiː, *pl* -ˈɡiːən] *f* trilogy

Trimm-dich-Pfad *m* keep-fit trail

trim·men [ˈtrɪmən] I. *vt* ❶ (*trainieren*) to train (**auf** *for*); **sie hatten ihre Kinder auf gute Manieren getrimmt** they had taught their children good manners ❷ (*scheren*) to clip II. *vr* ■ **sich ~** to keep fit

trink·bar *adj* drinkable

trin·ken <trank, getrunken> [ˈtrɪŋkn] I. *vt* to drink; **möchten Sie lieber Kaffee oder Tee ~?** would you prefer coffee or tea [to drink]?; **ich trinke gerne Orangensaft** I like drinking orange juice; ■ **etw zu ~** sth to drink; **[mit jdm] einen ~ gehen** (*fam*) to go for a drink [with sb]; ■ **auf jdn/etw ~** to drink to sb/sth II. *vi* to drink

Trin·ker(in) <-s, -> *m(f)* drunkard; (*Alkoholiker*) alcoholic

Trin·ker·heil·an·stalt *f* (*veraltet*) detoxification centre

trink·fest *adj* ■ **~ sein** to be able to hold one's drink **Trink·fla·sche** *f* sports bottle **Trink·ge·fäß** *nt* drinking-vessel **Trink·ge·la·ge** *nt* drinking session **Trink·geld** *nt* tip; **~ geben** to give a tip **Trink·glas** *nt* [drinking-]glass **Trink·halm** *m* [drinking-]straw **Trink·jogurt**^RR, **Trink·joghurt** m o nt KOCHK yoghurt drink **Trink·spruch** m toast; **einen ~ auf jdn/etw ausbringen** to propose a toast to sb/sth **Trink·was·ser** nt drinking water **Trink·was·ser·auf·be·rei·tung** f drinking water purification **Trink·was·ser·auf·be·rei·tungs·an·la·ge** f drinking water treatment plant

Trio <-s, -s> ['triːo] nt trio

Trip <-s, -s> [trɪp] m ❶ (*Ausflug*) trip ❷ (*sl: Drogenrausch*) trip; **auf einem ~ sein** to be tripping

trip·peln ['trɪpl̩n] vi sein to patter

Trip·per <-s, -> ['trɪpɐ] m MED gonorrhoea no art

trist [trɪst] adj (geh) dismal, dreary, dull

Tris·tesse <-, selten -n> [trɪsˈtɛs, pl -sn̩] f (geh) dreariness

tritt [trɪt] 3. pers sing von **treten**

Tritt <-[e]s, -e> [trɪt] m ❶ (*Fuß~*) kick; **jdm/etw einen ~ geben** to kick sb/sth ❷ kein pl (*Gang*) step ❸ (*Stufe*) step

Tritt·brett nt step **Tritt·brett·fah·rer(in)** m(f) (fam) fare-dodger BRIT, freerider AM; (fig: Nachahmer) copycat

Tri·umph <-[e]s, -e> [triˈʊmf] m triumph

Tri·umph·bo·gen m triumphal arch

tri·um·phie·ren* [triʊmˈfiːrən] vi ❶ (*frohlocken*) to rejoice; **höhnisch ~** to gloat ❷ (*erfolgreich sein*) to triumph (**über** over)

tri·um·phie·rend I. adj triumphant II. adv triumphantly

Tri·umph·zug m triumphal procession

tri·vi·al [triˈvi̯aːl] adj banal

Tri·vi·al·li·te·ra·tur f kein pl light fiction

tro·cken ['trɔkn̩] I. adj dry; **im T~en sitzen** ▶ **auf dem ~en sitzen** (fam) to be broke II. adv **~ aufbewahren** to keep in a dry place; **sich ~ rasieren** to use an electric razor

Tro·cken·dock nt NAUT dry dock **Tro·cken·eis** nt dry ice **Tro·cken·hau·be** f [salon] hair-dryer

Tro·cken·heit <-, selten -en> f ❶ (*Dürreperiode*) drought ❷ (*trockene Beschaffenheit*) dryness no pl

tro·cken|le·gen vt ❶ (*windeln*) **ein Baby ~** to change a baby's nappy [or AM diaper] ❷ (*entwässern*) to drain **Tro·cken·milch** f dried milk **Tro·cken·obst** nt kein pl dried fruit **Tro·cken·pe·ri·o·de** ['trɔknperi̯oːdə] f METEO dry spell **Tro·cken·ra·sur** f dry shave **tro·cken|rei·ben** vt irreg ■ **jdn/etw ~** to rub sb/sth dry **Tro·cken·zeit** f dry season

trock·nen ['trɔknən] I. vi sein to dry II. vt haben ❶ (*trocken machen*) a. KOCHK to dry ❷ (*abtupfen*) **sie trocknete ihm den Schweiß von der Stirn** she dabbed up the sweat from his brow; **komm, ich trockne dir die Tränen** come and let me dry your tears

Trock·ner <-s, -> m drier

Trö·del <-s, -> ['trøːdl̩] m kein pl junk no indef art, no pl

Trö·de·lei <-, -en> [trøːdəˈlaɪ] f (fam) dawdling no pl, no indef art

Trö·del·markt m s. **Flohmarkt**

trö·deln ['trøːdl̩n] vi ❶ haben (*langsam sein*) to dawdle ❷ sein (*langsam schlendern*) to [take a] stroll

Tröd·ler(in) <-s, -> ['trøːdlɐ] m(f) ❶ (*Altwarenhändler*) second-hand dealer ❷ (*fam: trödelnder Mensch*) dawdler

troff [trɔf] imp von **triefen**

trog imp von **trügen**

Trog <-[e]s, Tröge> [troːk, pl ˈtrøːgə] m trough

Tro·ja·ner [troˈjaːnɐ] m INFORM Trojan [horse]

Troll <-s, -e> [trɔl] m troll

Trol·ley·bus ['trɔlibʊs] m bes SCHWEIZ trolley bus

Trom·mel <-, -n> ['trɔml̩] f MUS, TECH drum

Trom·mel·fell nt ear-drum

trom·meln ['trɔml̩n] I. vi to drum II. vt MUS to beat out sep

Trom·mel·wir·bel m MUS drum-roll

Tromm·ler(in) <-s, -> m(f) drummer

Trom·pe·te <-, -n> [trɔmˈpeːtə] f ❶ MUS trumpet ❷ (*fam: Joint*) spliff; **sich** dat **eine ~ reinziehen** to cane the spliff

trom·pe·ten* [trɔmˈpeːtn̩] I. vi ❶ MUS (*Trompete spielen*) to play the trumpet ❷ (*trompetenähnliche Laute hervorbringen*) to trumpet II. vt (fam) ■ **etw ~** to shout sth from the roof-tops

Trom·pe·ter(in) <-s, -> m(f) trumpeter

Tro·pen ['troːpn̩] pl ■ **die ~** the tropics pl **Tro·pen·helm** m sun-helmet **Tro·pen·holz** nt wood from tropical trees pl **Tro·pen·krank·heit** f tropical disease **Tro·pen·wald** m tropical rain forest

Tropf¹ <-[e]s, -e> [trɔpf] m MED drip

Tropf² <-[e]s, Tröpfe> [trɔpf, pl ˈtrœpfə] m ▶ **armer ~** (fam) poor devil

tröp·feln ['trœpfl̩n] I. vi ❶ haben (*ständig tropfen*) to drip ❷ sein (*rinnen*) to drip (**aus** from) II. vi impers to spit [with rain] III. vt ■ **etw auf/in etw** akk **~** to put sth onto/into sth

trop·fen ['trɔpfn̩] vi ❶ haben (*Tropfen fal-*

Tropfen → Trumpf

len lassen) to drip; (Nase) to run ❷ sein (tropfenweise gelangen) ■ aus etw dat ~ to drip from sth

Trop·fen <-s, -> ['trɔpfn] m ❶ (kleine Menge Flüssigkeit) drop; **bis auf den letzten** ~ [down] to the last drop ❷ pl PHARM, MED drops pl ▶ **ein** ~ **auf den heißen Stein** a [mere] drop in the ocean; **ein guter** ~ a good drop [of wine]

trop·fen·wei·se adv in drops

tropf·nass^RR adj dripping wet **Tropf·stein** m ❶ (Stalaktit) stalactite ❷ (Stalagmit) stalagmite **Tropf·stein·höh·le** f stalactite cave

Tro·phäe <-, -n> [tro'fɛːə] f trophy

tro·pisch ['troːpɪʃ] adj tropical

Trost <-[e]s> [troːst] m kein pl (Linderung) consolation; **ein schwacher** ~ **sein** to be of little consolation; **das ist ein schöner** ~ (iron) some comfort that is; **als** ~ as a consolation ❷ (Zuspruch) words of comfort; **jdm** ~ **spenden** to comfort sb ▶ **nicht [ganz] bei** ~ **sein** (fam) to have taken leave of one's senses

trös·ten ['trøːstn] I. vt to comfort; **sie war von nichts und niemandem zu** ~ she was utterly inconsolable; ■ etw tröstet **jdn** sth is of consolation to sb II. vr ■ **sich** ~ to console oneself

trös·tend I. adj comforting, consoling, consolatory II. adv **jdn** ~ **umarmen** to give sb a comforting [or consoling] hug

tröst·lich adj comforting

trost·los adj ❶ (deprimierend) miserable ❷ (öde und hässlich) desolate; Landschaft bleak

Trost·lo·sig·keit <-> f kein pl ❶ (deprimierende Art) miserableness no pl ❷ (triste Beschaffenheit) desolateness no pl

Trost·pflas·ter nt **als** ~ as a consolation **Trost·preis** m consolation prize

Trott <-s> [trɔt] m kein pl routine

Trot·tel <-s, -> ['trɔtl] m (fam) bonehead sl

trot·te·lig ['trɔtəlɪç] (fam) I. adj stupid II. adv **sich** ~ **anstellen** to act stupidly

trot·ten ['trɔtn] vi sein to trudge [along]

trotz [trɔts] präp +gen despite

Trotz <-es> [trɔts] m kein pl defiance; **aus** ~ out of spite (**gegen** for); **jdm/einer S.** dat **zum** ~ in defiance of sb/a thing

Trotz·al·ter nt difficult age

trotz·dem ['trɔtsdeːm] adv nevertheless; (aber) still

trot·zen ['trɔtsn] vi ■ **jdm/einer S.** dat ~ (die Stirn bieten) to resist sb/brave a thing; (sich widersetzen) to defy sb/a thing;

(einer Herausforderung ~ to meet a challenge

trot·zig ['trɔtsɪç] adj awkward

Trotz·kopf m awkward little so-and-so ▶ **seinen** ~ **durchsetzen** to have one's way **Trotz·re·ak·ti·on** f act of defiance

trü·be ['tryːbə] adj ❶ (unklar) murky; Saft cloudy; Glas dull ❷ (matt) dim ❸ Himmel dull ❹ (deprimierend) bleak; Stimmung gloomy ▶ [**mit**] **etw** dat **sieht** [**es**] ~ **aus** the prospects are [looking] bleak [for sth]

Tru·bel <-s> ['truːbl] m kein pl hustle and bustle

trü·ben ['tryːbn] I. vt ■ **etw** ~ ❶ (unklar machen) to make sth murky ❷ (beeinträchtigen) to cast a cloud over sth; Beziehung to strain II. vr ■ **sich** ~ to go murky; **sein Gedächtnis trübte sich im Alter** his memory deteriorated in his old age

Trüb·sal ['tryːpzaːl] f kein pl ❶ (Betrübtheit) grief ❷ (Leid) suffering ▶ ~ **blasen** to mope

trüb·se·lig adj ❶ (betrübt) miserable; Miene gloomy ❷ (trostlos) bleak

Trüb·sinn m kein pl gloom[iness no pl] **trüb·sin·nig** adj miserable; Miene gloomy

Trü·bung <-, -en> f ❶ (Veränderung zum Unklaren) clouding ❷ (Beeinträchtigung) straining

tru·deln ['truːdln] vi sein o haben to spin

Trüf·fel¹ <-, -n> ['trʏfl] f (Pilz) truffle

Trüf·fel² <-s, -> ['trʏfl] m (Praline) truffle

trug [truːk] imp von **tragen**

Trug <-[e]s> [truːk] m kein pl (Betrug) delusion; **Lug und** ~ lies and deception

Trug·bild nt (veraltend geh) illusion

trü·gen <trog, getrogen> ['tryːɡn] I. vt **wenn mich nicht alles trügt** unless I'm very much mistaken II. vi to be deceptive

trü·ge·risch ['tryːɡərɪʃ] adj deceptive

Trug·schluss^RR m fallacy

Tru·he <-, -n> ['truːə] f chest

Trüm·mer ['trʏmɐ] pl rubble; eines Flugzeugs wreckage; **in** ~**n liegen** to lie in ruins pl

Trüm·mer·feld nt expanse of rubble **Trüm·mer·frau** f HIST woman who helped clear debris after WWII **Trüm·mer·hau·fen** m pile of rubble

Trumpf <-[e]s, Trümpfe> [trʊmpf, pl 'trʏmpfə] m ❶ KARTEN trump [card]; ~ **sein** to be trumps ❷ (fig: entscheidender Vorteil) trump card; **noch einen** ~ **in der Hand haben** to have another ace up one's sleeve; **seinen letzten** ~ **ausspielen** to play one's last trump card

Trunk <-[e]s, Trünke> [trʊŋk, pl 'trʏŋkə] m (geh) beverage

trun·ken ['trʊŋkn̩] adj (geh) ■ ~ **vor etw dat sein** to be intoxicated with sth

Trun·ken·bold <-[e]s, -e> m (pej) drunkard

Trun·ken·heit <-> f kein pl drunkenness no pl; ~ **am Steuer** drunken driving

Trunk·sucht <-> f kein pl (geh) alcoholism no indef art **trunk·süch·tig** adj (geh) ■ ~ **sein** to be an alcoholic

Trupp <-s, -s> [trʊp] m group; MIL squad, detachment; **die Wanderer lösten sich in kleinere ~s auf** the walkers split up into smaller groups

Trup·pe <-, -n> ['trʊpə] f ① kein pl MIL (Soldaten an der Front) combat unit ② MIL (Soldatenverband mit bestimmter Aufgabe) squad ③ (gemeinsam auftretende Gruppe) company

Trup·pen·ab·bau m reduction of troops **Trup·pen·ab·zug** m withdrawal of troops **Trup·pen·trans·por·ter** m MIL troop carrier **Trup·pen·übung** f military exercise **Trup·pen·übungs·platz** m military training area **Trup·pen·ver·la·ge·rung** f MIL transfer [or relocation] of troops

Trut·hahn ['tru:tha:n] m turkey

Tschad <-s> [tʃat] nt Chad; s. a. **Deutschland**

Tsche·che, Tsche·chin <-n, -n> ['tʃɛçə, 'tʃɛçɪn] m, f Czech; s. a. **Deutsche(r)**

Tsche·chi·en <-s> ['tʃɛçiən] nt Czech Republic; s. a. **Deutschland**

Tsche·chin <-, -nen> f fem form von **Tscheche**

tsche·chisch ['tʃɛçɪʃ] adj Czech; s. a. **deutsch**

Tschechi·sche Re·pu·blik f Czech Republic; s. a. **Deutschland**

Tsche·cho·slo·wa·ke, Tsche·cho·slo·wa·kin <-n, -n> [tʃɛçoslo'va:kə, tʃɛçoslo'va:kɪn] m, f (hist) Czechoslovak(ian)

Tsche·cho·slo·wa·kei [tʃɛçoslova'kai] f (hist) ■ **die ~** Czechoslovakia

tsche·cho·slo·wa·kisch [tʃɛçoslo'va:kɪʃ] adj (hist) Czechoslovak(ian)

tschüs interj, **tschüss**^{RR} [tʃy:s] interj (fam) bye; **jdm ~ sagen** to say bye to sb

T-Shirt <-s, -s> ['ti:ʃø:ɐ̯t] nt T-shirt

Tsu·na·mi <-, -s> [tsu'na:mi] m tsunami

TU <-, -s> [te:'ʔu:] f Abk von **technische Universität** technical university

Tu·ba <-, Tuben> ['tu:ba, pl 'tu:bn̩] f tuba

Tu·be <-, -n> ['tu:bə] f tube ▶ **auf die drücken** (fam) to step on it

Tu·ber·ku·lo·se <-, -n> [tubɛrku'lo:zə] f tuberculosis no indef art, no pl

Tuch^1 <-[e]s, Tücher> [tu:x, pl 'ty:çɐ] nt ① (Kopf-) [head]scarf; (Hals-) scarf ② (dünne Decke) cloth ▶ **etw ist in trockenen Tüchern** sth is in the bag

Tuch^2 <-[e]s, -e> [tu:x,] nt (textiles Gewebe) cloth

Tuch·füh·lung f ▶ **mit jdm auf ~ sein** (fam) to sit close to sb

tüch·tig ['tʏçtɪç] I. adj ① (fähig) capable ② (fam: groß) big; **eine ~e Tracht Prügel** a good hiding II. adv (fam) ① (viel) ~ **anpacken** to muck in BRIT; ~ **essen** to eat heartily ② (stark) ~ **regnen/schneien** to rain/snow hard

Tüch·tig·keit <-> f kein pl efficiency

Tücke <-, -n> ['tʏkə] f ① kein pl (Heim~) malice; (einer Tat) maliciousness ② kein pl (Gefährlichkeit) dangerousness; (von Krankheiten) perniciousness ③ (Unwägbarkeiten) ■ ~n pl vagaries pl; **seine ~n haben** to be temperamental ▶ **das ist die ~ des Objekts** these things have a will of their own!

tu·ckern ['tʊkɐn] vi sein o haben to chug

tü·ckisch ['tʏkɪʃ] adj ① (hinterhältig) malicious ② (heim~) pernicious ③ (gefährlich) treacherous

tüf·teln ['tʏftln̩] vi (fam) to fiddle about (**an** with)

Tu·gend <-, -en> ['tu:ɡnt] f virtue

tu·gend·haft adj virtuous

Tüll <-s, -e> [tʏl] m tulle

Tul·pe <-, -n> ['tʊlpə] f tulip

tum·meln ['tʊmln̩] vr ■ **sich ~** ① (froh umherbewegen) to romp [about] ② (sich beeilen) to hurry [up]

Tüm·mler <-s, -> ['tʏmlɐ] m porpoise

Tu·mor <-s, Tumoren> ['tu:mo:ɐ̯, tu'mo:ɐ̯, pl tu'mo:rən] m tumour

Tüm·pel <-s, -> ['tʏmpl̩] m [small] pond

Tu·mult <-[e]s, -e> [tu'mʊlt] m ① kein pl (lärmendes Durcheinander) commotion ② meist pl (Aufruhr) disturbance

tun <tat, getan> [tu:n] I. vt ① mit unbestimmtem Objekt (machen) to do; **was sollen wir bloß ~?** whatever shall we do?; **was tust du da?** what are you doing [there]?; **was tut er nur den ganzen Tag?** what does he do all day?; **noch viel ~ müssen** to have still got a lot to do; **etw aus Liebe ~** to do sth out of love; **er tut nichts, als sich zu beklagen** he does nothing but complain; ~ **und lassen können, was man will** to do as one pleases; **~, was man nicht lassen kann** (fam) to do sth if one must; **so etwas tut man nicht!** you just don't do things like that! ❷ (*unternehmen*) ■ **etwas/nichts/einiges für jdn ~** to do something/nothing/quite a lot for sb; **was tut man nicht alles für seine Nichten und Neffen!** the things we do for our nephews and nieces!; **etw gegen etw** *akk* **~** to do sth about sth; **etwas für jdn ~ können** to be able to do something for sb; **ich will versuchen, was sich da ~ lässt** I'll see what I can do [about it] ❸ (*an~*) **keine Angst, der Hund tut Ihnen nichts** don't worry, the dog won't hurt you ❹ (*fam: legen o stecken*) ■ **etw irgendwohin ~** to put sth somewhere ❺ (*fam: funktionieren*) **tut es dein altes Tonbandgerät eigentlich noch?** is your old tape recorder still working? ❻ (*fam: ausmachen*) **das tut nichts** it doesn't matter ❼ (*fam: ausreichen*) **für heute tut's das** that'll do for today ▶ **was kann ich für Sie ~?** can I help you?; **man tut, was man kann** one does what one can; **es [mit jdm] ~** (*sl*) to do it [with sb] **II.** *vr impers* ■ **es tut sich etwas/nichts/einiges** something/nothing/quite a lot is happening **III.** *vi* ❶ (*sich benehmen*) to act; **albern/dumm ~** to play dumb; **informiert/kompetent ~** to pretend to be well-informed/competent; **so ~, als ob ...** to pretend that ...; **er ist doch gar nicht wütend, er tut nur so** he's not angry at all, he's [just] pretending [to be] ❷ (*Dinge erledigen*) ■ **zu ~ haben** to be busy ▶ **es mit jdm zu ~ bekommen** (*fam*) to get into trouble with sb; **es mit jdm zu ~ haben** to be dealing with sb; **etwas/nichts mit jdm/etw zu ~ haben** to have something/nothing to do with sb/sth; **mit jdm/etw nichts zu ~ haben wollen** to want to have nothing to do with sb/sth **IV.** *vb aux* ❶ *mit vorgestelltem infin* **singen tut sie ja gut** she's a good singer ❷ *mit nachgestelltem infin* DIAL **ich tu nur schnell den Braten anbraten** I'll just brown the joint [off]; **tust du die Kinder ins Bett bringen?** will you put the children to bed?; **er tut sich schrecklich ärgern** he's really getting worked up ❸ *konjunktivisch mit nachgestelltem infin* DIAL **deine Gründe täten mich schon interessieren** I would be interested to hear your reasons; **er täte zu gerne wissen, warum ich das nicht gemacht habe** he would love to know why I didn't do it

Tun <-s> [tu:n] *nt kein pl* action; **ihr ganzes ~ und Trachten** everything she does

Tün·che <-, -n> ['tʏnçə] *f* whitewash *no pl*
tün·chen ['tʏnçn] *vt* to whitewash
Tun·dra <-, Tundren> ['tʊndra] *f* tundra *no pl*
tu·nen ['tju:nən] *vt* to tune
Tu·ner <-s, -> ['tju:nɐ] *m* tuner
Tu·ne·si·en <-s> [tu'ne:ziən] *nt* Tunisia; *s. a.* **Deutschland**
Tu·ne·si·er(in) <-s, -> [tu'ne:ziɐ] *m(f)* Tunisian; *s. a.* **Deutsche(r)**
tu·ne·sisch [tu'ne:zɪʃ] *adj* Tunisian; *s. a.* **deutsch**
Tun·fisch^RR ['tu:nfɪʃ] *m s.* **Thunfisch**
Tun·ke <-, -n> ['tʊŋkə] *f* KOCHK sauce; (*Braten~*) gravy
tun·ken ['tʊŋkən] *vt* to dip (**in** into)
tun·lichst *adv* if possible
Tun·nel <-s, - *o* -s> ['tʊnl] *m* tunnel; (*für Fußgänger*) subway
Tun·te <-, -n> ['tʊntə] *f* (*fam*) queen
tun·tig ['tʊntɪç] *adj* (*pej fam*) sissy
Tüp·fel·chen <-s, -> *nt* dot ▶ **das ~ auf dem i** the final touch
tup·fen ['tʊpfn̩] *vt* ■ **etw von etw** *dat* **~** to dab sth from sth; ■ **sich** *dat* **etw ~** to dab one's sth
Tup·fen <-s, -> ['tʊpfn̩] *m* dot
Tup·fer <-s, -> *m* MED swab
Tür <-, -en> [ty:ɐ̯] *f* door; **an die ~ gehen** to go to the door ▶ **zwischen ~ und Angel** (*fam*) in passing; **mit der ~ ins Haus fallen** (*fam*) to blurt it [straight] out; **jdm die ~ vor der Nase zuschlagen** (*fam*) to slam the door in sb's face; **[bei jdm] [mit etw** *dat*] **offene ~en einrennen** to be preaching to the converted [with sth]; **jdm [fast] die ~ einrennen** (*fam*) to pester sb constantly; **vor der ~ sein** to be just [a]round the corner; **jdn vor die ~ setzen** (*fam*) to kick sb out
Tur·ban <-s, -e> ['tʊrba:n] *m* turban
Tur·bi·ne <-, -n> [tʊr'bi:nə] *f* turbine
Tur·bo <-s, -s> ['tʊrbo] *m* AUTO ❶ (*Turbolader*) turbocharger ❷ (*Auto mit Turbomotor*) car with a turbocharged engine
Tur·bo·abi·tur *nt* (*fam*) school-leaving exam that is taken after 12 years rather than 13
Tur·bo·die·sel *m* car with a turbocharged diesel engine, turbodiesel car
Tur·bo·ka·pi·ta·lis·mus *m kein pl* (*pej fam*) unbridled capitalism
tur·bu·lent [tʊrbu'lɛnt] **I.** *adj* turbulent; *Wochenende* tumultuous; **die Wochen vor Weihnachten waren reichlich ~** the weeks leading up to Christmas were really chaotic **II.** *adv* turbulently; **~ verlaufen** to be turbulent

Tur·bu·lenz <-, -en> [tʊrbuˈlɛnts] *f a.* METEO turbulence *no pl*

Tür·flü·gel *m* one of the doors in a double door **Tür·griff** *m* door-handle

Tür·ke, Tür·kin <-n, -n, -nen> [ˈtʏrkə, ˈtʏrkɪn] *m, f* Turk; *s. a.* **Deutsche(r)**

Tür·kei <-> [tʏrˈkai̯] *f* ▪ **die ~** Turkey; *s. a.* **Deutschland**

tür·ken [ˈtʏrkn̩] *vt* (*sl*) to fabricate

tür·kis [tʏrˈkiːs] *adj* turquoise

Tür·kis[1] <-es, -e> [tʏrˈkiːs] *m* GEOL turquoise

Tür·kis[2] <-> [tʏrˈkiːs] *nt kein pl* (*Farbe*) turquoise

tür·kisch [ˈtʏrkɪʃ] *adj* Turkish; *s. a.* **deutsch**

Tür·kisch [ˈtʏrkɪʃ] *nt dekl wie adj* Turkish; *s. a.* **Deutsch**

tür·kis·far·ben *adj* turquoise

Tür·klin·ke *f* door-handle **Tür·klop·fer** *m* door-knocker **Tür·knauf** *m* doorknob

Turm <-[e]s, Türme> [tʊrm, *pl* ˈtʏrmə] *m* ❶ ARCHIT tower; (*spitzer Kirch-~*) spire ❷ SPORT (*Sprung~*) diving-platform ❸ SCHACH castle

tür·men[1] [ˈtʏrmən] **I.** *vt haben* ▪ **etw ~** to pile up sth *sep* (**auf** on) **II.** *vr* ▪ **sich ~** to pile up (**auf** on)

tür·men[2] [ˈtʏrmən] *vi sein* (*fam*) to clear off; **aus dem Knast ~** to break out of jail

Turm·fal·ke *m* kestrel **Turm·sprin·gen** *nt kein pl* high diving *no indef art, no pl* **Turm·sprin·ger(in)** *m(f)* SPORT BASE jumper (*Building, Antenna, Span, Earth*) **Turm·uhr** *f* [tower] clock

Turn·an·zug *m* leotard

tur·nen [ˈtʊrnən] **I.** *vi haben* ❶ SPORT to do gymnastics; **am Pferd/Boden/Balken ~** to do exercises on the horse/floor/beam ❷ *sein* (*fam: sich flink bewegen*) to dash **II.** *vt haben* SPORT ▪ **etw ~** to do sth; **eine fehlerfrei geturnte Übung** a flawlessly performed exercise

Tur·nen <-s> [ˈtʊrnən] *nt kein pl* ❶ SPORT gymnastics + *sing vb* ❷ SCH physical education *no pl, no art*

Tur·ner(in) <-s, -> [ˈtʊrnɐ] *m(f)* gymnast

Turn·ge·rät *nt* gymnastic apparatus **Turn·hal·le** *f* gymnasium **Turn·hose** *f* gym shorts

Tur·nier <-s, -e> [tʊrˈniːɐ̯] *nt* ❶ SPORT (*Wettbewerb*) tournament; *der Springreiter* show-jumping competition ❷ HIST tournament

Turn·schuh *m* trainer ▶ **jd ist fit wie ein ~** (*fam*) sb is as fit as a fiddle *fam* **Turn·übung** *f* gymnastic exercise **Turn·un·ter·richt** *m kein pl* SCH gymnastics + *sing vb*

Tur·nus <-, -se> [ˈtʊrnʊs] *m* (*regelmäßige Abfolge*) regular cycle; **für die Kontrollgänge gibt es einen festgesetzten ~** there is a set rota for the tours of inspection; **im [regelmäßigen] ~ [von etw** *dat*] at regular intervals [of sth]

Turn·ver·ein *m* gymnastics club

Tür·öff·ner *m* automatic door-opener **Tür·pfos·ten** *m* doorpost **Tür·rah·men** *m* door-frame **Tür·schild** *nt* name-plate **Tür·schloss**[RR] *nt* door-lock **Tür·schwel·le** *f* threshold **Tür·spalt** *m* space between door frame and door **Tür·ste·her** *m* doorman

tur·teln [ˈtʊrtl̩n] *vi* (*hum*) ▪ **[miteinander] ~** to whisper sweet nothings [to one another]

Tusch <-es, -e> [tʊʃ] *m* flourish

Tu·sche <-, -n> [ˈtʊʃə] *f* Indian ink

tu·scheln [ˈtʊʃl̩n] *vi* to gossip secretly (**über** about)

Tusch·zeich·nung *f* pen-and-ink drawing

Tus·si <-, -s> [ˈtʊsi] *f* (*pej sl*) chick; (*Freundin*) bird

Tü·te <-, -n> [ˈtyːtə] *f* ❶ (*Verpackung*) bag; **eine ~ Popcorn** a bag of popcorn; **eine Suppe aus der ~** a packet soup ❷ (*fam: Joint*) spliff; **sich** *dat* **eine ~ reinziehen** to cane the spliff ▶ [**das**] **kommt nicht in die ~!** no way!

tu·ten [ˈtuːtn̩] *vi* to hoot; *Schiff* to sound its fog-horn; **es hat getutet, das Taxi ist da** I heard a hoot, the taxi is here ▶ **von T~ und Blasen keine Ahnung haben** not to have a clue

Tu·tor, Tu·to·rin <-s, Tutoren> [ˈtuːtoːɐ̯, tuːˈtoːrɪn, *pl* tuˈtoːrən] *m, f* SCH ❶ (*Leiter eines Universitätstutoriums*) seminar conducted by a post-graduate student ❷ (*Mentor*) tutor

TÜV <-s, -s> [tʏf] *m Akr von* **Technischer Überwachungsverein** Technical Inspection Agency (*also performing MOTs on vehicles*); **ich muss in der nächsten Woche [mit dem Wagen] zum ~** I've got to get the car MOT'd next week; **jds/der ~ läuft ab** sb's/the MOT is about to run out; [**noch**] **eine bestimmte Zeit ~ haben** to have a certain amount of time left on the MOT; **durch den ~ kommen** to get [a vehicle] through its MOT

TV[1] <-[s], -s> [teːˈfaʊ̯] *m Abk von* **Turnverein** sports club

TV[2] <-[s], -s> [tiːˈviː, teːˈfaʊ̯] *nt Abk von* **Television** TV

TV-Mo·de·ra·tor(in) *m(f)* TV presenter

Twist <-s, -s> [tvɪst] *m* (*Tanz*) twist *no pl*

twit·tern ['tvɪtɐn] *vt, vi* INET to twitter, to tweet

Typ <-s, -en> [ty:p] *m* ❶ (*Ausführung*) model; **dieser ~ Computer** this model of computer; **dieser ~ Sportwagen** this sports car model ❷ (*Art Mensch*) type [of person]; **was ist er für ein ~, dein neuer Chef?** what type of person is your new boss?; **jds ~ sein** (*fam*) to be sb's type; ▪ **der ~ ... sein, der ...** to be the type of ... who ...; **dein ~ ist nicht gefragt** (*fam*) we don't want your sort here; **dein ~ wird verlangt** (*fam*) you're wanted ❸ (*sl: Kerl*) guy ❹ (*sl: Freund*) guy

Ty·pe <-, -n> ['ty:pə] *f* ❶ TYPO (*Druck~*) type ❷ (*fam: merkwürdiger Mensch*) character; **was ist denn das für eine ~?** what a weirdo!

Ty·pen ['ty:pn̩] *pl von* **Typus**

Ty·pen·be·zeich·nung *f* TECH model designation

Ty·phus <-> ['ty:fʊs] *m kein pl* typhoid [fever] *no pl*

ty·pisch ['ty:pɪʃ] I. *adj* typical; ▪ **~ für jdn sein** to be typical of sb; **[das ist] ~!** (*fam*) [that's] [just] typical! II. *adv* ▪ **~ jd** [that's] typical of sb; **~ Frau/Mann!** typical woman/man!; **~ britisch/deutsch** typically British/German; **sein unterkühlter Humor ist ~ hamburgisch** his dry humour is typical of a person from Hamburg

Ty·po·gra·fie^{RR} <-, -n> [typogra'fi:] *f* typography

ty·po·gra·fisch^{RR} [typo'graːfɪʃ] *adj* typographic[al]

Ty·po·gra·phie <-, -n> [typogra'fi:] *f s.* **Typografie**

ty·po·gra·phisch [typo'graːfɪʃ] *adj s.* **typografisch**

Ty·po·lo·gie <-, -ien> [typolo'gi:] *f* PSYCH typology

ty·po·lo·gisch [typo'lo:gɪʃ] *adj* PSYCH typologic[al]

Ty·pus <-, Typen> ['ty:pʊs, *pl* ty:pn̩] *m* ❶ (*Menschenschlag*) race [of people] [*or* breed] ❷ (*geh: Typ 2*) type

Ty·rann(in) <-en, -en> [ty'ran] *m(f)* tyrant

Ty·ran·nei <-, -en> [tyran'naɪ] *f* tyranny

tyran·nisch [ty'ranɪʃ] I. *adj* tyrannical II. *adv* ▪ **~ aufführen/herrschen** to behave/rule tyrannically

tyrannisieren* *vt* ▪ **jdn ~** to tyrannize sb; ▪ **sich ~ lassen** to [allow oneself to] be tyrannized (**von** by)

Uu

U, u <-, - *o fam* -s, -s> [uː] *nt* U, u; *s. a.* **A 1**

u. *konj Abk von* **und**

u.a. ❶ *Abk von* **und andere(s)** and other things ❷ *Abk von* **unter anderem** among other things

U-Bahn [uː-] *f* ❶ (*Untergrundbahn*) underground BRIT *fam,* subway AM; **mit der ~ fahren** to go on the [*or* by] underground ❷ (*U-Bahn-Zug*) [underground] train

U-Bahn·hof [uː-] *m,* **U-Bahn-Sta·ti·on** *f* underground [*or* AM subway] station

übel ['yːbl̩] I. *adj* ❶ (*schlimm*) bad, nasty; *Affäre* ugly ❷ (*unangenehm*) nasty ❸ (*ungut*) bad ❹ (*verkommen*) low; *Stadtviertel* bad ❺ (*schlecht*) ▪ **jdm ist/wird ~** sb feels sick II. *adv* ❶ (*geh: unangenehm*) **was riecht hier so ~?** what's that nasty smell [in] here?; **bäh, das Zeug schmeckt aber ~!** ugh, that stuff tastes awful!; **das fette Essen scheint mir ~ zu bekommen** the fatty food seems to have disagreed with me; **nicht ~** not so bad [at all]; **ihr wohnt ja gar nicht mal so ~** you live quite comfortably ❷ (*schlecht*) ▪ **sich ~ fühlen** to feel bad; **es geht jdm ~** sb feels bad; **jdm ist es ~ zumute** sb feels bad; **~ dran sein** (*fam*) to be in a bad way ❸ (*gemein*) badly; **jdn ~ behandeln** to treat sb badly; **~ über jdn reden** to speak badly of sb ❹ (*nachteilig*) **jdm etw ~ auslegen** to hold sth against sb; **jdm etw ~ nehmen** to hold sth against sb

Übel <-s, -> ['yːbl̩] *nt* evil ▶ **das kleinere ~** the lesser evil; **ein notwendiges ~** a necessary evil; **zu allem ~** to cap it all

Übel·keit <-, -en> *f* nausea

Übel·tat *f* (*geh*) wicked deed **Übel·tä·ter(in)** *m(f)* wrongdoer

üben ['yːbn̩] I. *vt a.* SPORT, MUS to practise II. *vr* ▪ **sich in etw** *dat* **~** to practise sth III. *vi* ❶ (*sich durch Übung verbessern*) to practise ❷ *s.* **geübt**

über ['yːbɐ] I. *präp* ❶ +*dat* (*oberhalb von*

etw) above; ~ **der Plane sammelt sich Regenwasser an** rain-water collects on top of the tarpaulin ❷ +*akk* (*quer hinüber*) over; **reichst du mir mal den Kaffee ~ den Tisch?** can you pass me the coffee across the table? ❸ +*akk* (*höher als etw*) above, over; **bis ~ die Knöchel im Dreck versinken** to sink ankle-deep in mud ❹ +*akk* (*etw erfassend*) over; **ein Überblick ~ etw** an overview of sth ❺ +*akk* (*quer darüber*) over; **er strich ihr ~ das Haar/die Wange** he stroked her hair/cheek ❻ +*akk* (*jdn/etw betreffend*) about ❼ +*dat* (*zahlenmäßig größer als*) above ❽ +*dat* (*in Beschäftigung mit etw*) in; **irgendwie muss ich ~ diesem Gedanken wohl eingeschlafen sein** I must have somehow fallen asleep [whilst] thinking about it ❾ (*durch jdn/etw*) through ❿ (*via*) via; **seid ihr auf eurer Tour auch ~ München gekommen?** did you go through Munich on your trip?; **~ Satellit empfange ich 63 Programme** I can receive 63 channels via satellite ⓫ (*während*) over; **habt ihr ~ die Feiertage/das Wochenende schon was vor?** have you got anything planned for the holiday/weekend? ▶ **~ alles** more than anything; **Fehler ~ Fehler!** nothing but mistakes!; **es waren Vögel ~ Vögel, die über uns hinwegrauschten!** [what seemed like] an endless stream of birds flew over us! **II.** *adv* ❶ (*älter als*) over ❷ (*mehr als*) more than ▶ **~ und ~** completely; **~ und ~ verdreckt sein** to be absolutely filthy **III.** *adj* (*fam*) ❶ (*übrig*) ■ **~ sein** to be left; **Essen to be left** [over] ❷ (*überlegen*) **jdm auf einem bestimmten Gebiet ~ sein** to be better than sb in a certain field

über·all [y:be'ʔal] *adv* ❶ (*an allen Orten*) everywhere; (*an jeder Stelle*) all over [the place]; **er hatte ~ am Körper blaue Flecken** he had bruises all over his body; **~ wo** wherever ❷ (*wer weiß wo*) anywhere ❸ (*in allen Dingen*) everything; **sie kennt sich ~ aus** she knows a bit about everything ❹ (*bei jedermann*) everyone; **er ist ~ beliebt/verhasst** everyone likes/hates him

über·all·her [y:beʔal'he:ɐ̯] *adv* ■ **von ~** from all over

über·all·hin [y:beʔal'hɪn] *adv* all over; **sie kann ~ verschwunden sein** she could have disappeared anywhere

Über·al·te·rung <-> [y:be'ʔaltərʊŋ] *f kein pl* increase in the percentage of elderly people **Über·an·ge·bot** *nt* surplus (**an** of)

über·ängst·lich *adj* over-anxious; ■ **[in etw** *dat*] **~ sein** to be over-anxious [about sth] **über·an·stren·gen*** [y:be'ʔanʃtrɛŋən] *vt* ■ **sich ~** to over-exert oneself; ■ **etw ~** to put too great a strain on sth

Über·an·stren·gung *f* ❶ *kein pl* (*das Überbeanspruchen*) overstraining *no pl* ❷ (*zu große Beanspruchung*) overexertion

über·ar·bei·ten* [y:be'ʔarbaɪtn̩] **I.** *vt* (*bearbeiten*) to revise **II.** *vr* ■ **sich ~** to overwork oneself

Über·ar·bei·tung¹ <-, -en> [y:be'ʔarbaɪtʊŋ] *f* MEDIA ❶ *kein pl* (*das Bearbeiten*) revision, reworking ❷ (*bearbeitete Fassung*) revised version [*or* edition]

Über·ar·bei·tung² <-, -en> [y:be'ʔarbaɪtʊŋ] *f pl selten* (*Erschöpfung durch Arbeit*) overwork *no pl*

über·aus ['y:beʔaʊs] *adv* extremely

über·ba·cken* [y:be'bakn̩] *vt irreg* **etw mit Käse ~** to top sth with cheese and brown it **Über·bau** <-[e]s, -ten *o* -e> ['y:bebaʊ̯] *m* superstructure **über·be·las·ten*** *vt* to overload **Über·be·le·gung** *f kein pl* overcrowding *no pl* **über·be·lich·ten*** *vt* to overexpose **Über·be·lich·tung** *f* FOTO overexposure **über·be·to·nen*** *vt* ❶ (*zu große Bedeutung beimessen*) to overemphasize ❷ MODE to overaccentuate **über·be·völ·kert** *adj* overpopulated **Über·be·völ·ke·rung** *f kein pl* overpopulation *no pl* **über·be·wer·ten*** *vt* ❶ (*zu gut bewerten*) to overvalue ❷ (*überbetonen*) to overestimate; **du überbewertest diese Äußerung** you're attaching too much importance to this comment **über·be·zah·len*** *f* to overpay **über·bie·ten*** [y:be'bi:tn̩] *irreg vt* ❶ SPORT to better (**um** by); *Rekord* to break ❷ (*durch höheres Gebot übertreffen*) to outbid (**um** by)

Über·bleib·sel <-s, -> ['y:beblaɪpsl̩] *nt meist pl* ❶ (*Relikt*) relic ❷ (*Reste*) remnant **Über·blick** ['y:beblɪk] *m* view (**über** of) ▶ **einen ~** [**über etw** *akk*] **haben** to have an overview [of sth]; **den ~** [**über etw** *akk*] **verlieren** to lose track [of sth]; **sich** *dat* **einen ~** [**über etw** *akk*] **verschaffen** to gain an overview [of sth]

über·bli·cken* [y:be'blɪkn̩] *vt* ■ **etw ~** ❶ (*überschauen*) to look out over sth ❷ (*in der Gesamtheit einschätzen*) to have an overview of sth

über·brin·gen* [y:be'brɪŋən] *vt irreg* ■ **[jdm] etw ~** to deliver sth [to sb]

Über·brin·ger(in) <-s, -> *m(f)* bringer, bearer

über·brü·cken* [y:be'brʏkn̩] *vt* ❶ (*not-*

dürftig bewältigen) to get through; *Krise* to ride out ❷ (*ausgleichen*) ■ **etw ~** to reconcile sth
Über·brü·ckung <-, -en> *f* ❶ (*das Überbrücken*) getting through ❷ (*das Ausgleichen*) reconciliation
Über·brü·ckungs·kre·dit *m* FIN bridging [*or* interim] loan
über·bu·chen* *vt* ■ **etw ~** to overbook sth **über·da·chen*** [y:bɐˈdaʊ̯ən] *vt* to roof over *sep*; ■ **überdacht** covered
über·dau·ern* *vt* to survive **über|de·cken**¹ [ˈyːbɐdɛkn̩] *vt* (*fam: auflegen*) to cover [up *sep*] **über·de·cken***² [yːbɐˈdɛkn̩] *vt* (*verdecken*) to cover [over] *sep*; *Gestank, Geschmack* to mask, to cover up *sep*
über·den·ken* [yːbɐˈdɛŋkn̩] *vt irreg* to think over *sep*
über·dies [yːbɐˈdiːs] *adv* (*geh*) furthermore
über·di·men·si·o·nal *adj* colossal **Über·do·sis** *f* overdose (**an** of) **über·dreht** *adj* (*fam*) over-excited **Über·druck** *m* excess pressure *no pl*
Über·druss^RR <-es> *m kein pl*, **Über·druß**^ALT <-sses> [ˈyːbɐdrʊs] *m kein pl* aversion; **aus ~** [**an etw** *dat*] out of an aversion [to sth]; **ich habe das nun schon bis zum ~ gehört** I've heard that ad nauseam [by now]
über·drüs·sig [ˈyːbɐdrʏsɪç] *adj* ■ **jds/einer S.** *gen* ~ **sein/werden** to be/grow tired of sb/a thing
über·durch·schnitt·lich I. *adj* above-average *attr*, above average *pred* II. *adv* above average **über·eif·rig** *adj* (*pej*) overzealous **über·ei·len*** I. *adj* rash II. *adv* rashly **über·ei·nan·der** [yːbɐʔaɪ̯ˈnandɐ] *adv* ❶ (*eins über dem anderen/das andere*) on top of each other ❷ (*über sich*) about each other **über·ei·nan·der|schla·gen** *vt* **die Arme/Beine ~ schlagen** to fold one's arms/cross one's legs
über·ein|kom·men [yːbɐˈʔaɪ̯nkɔmən] *vi irreg sein* to agree
Über·ein·kom·men [yːbɐˈʔaɪ̯nkɔmən] *nt* agreement; **ein ~ erzielen** to reach an agreement (**in** on)
Über·ein·kunft <-, -künfte> [yːbɐˈʔaɪ̯nkʊnft, *pl* -kʏnftə] *f* agreement, arrangement, understanding *no pl*; **eine ~ erzielen** to reach an agreement
über·ein|stim·men [yːbɐˈʔaɪ̯nʃtɪmən] *vi* ❶ (*der gleichen Meinung sein*) to agree (**in** on); ■ **mit jdm darin ~, dass ...** to agree with sb that ... ❷ (*sich gleichen*) ■ **[mit etw** *dat*] **~** to match [sth]
über·ein·stim·mend I. *adj* ❶ (*einhellig*) unanimous ❷ (*sich gleichend*) corresponding; ■ **~ sein** to correspond [to each other] II. *adv* ❶ (*einhellig*) unanimously ❷ (*in gleicher Weise*) concurrently
Über·ein·stim·mung *f* agreement (**in** on)
über·emp·find·lich I. *adj* ❶ (*allzu empfindlich*) over-sensitive ❷ MED hypersensitive (**gegen** to) II. *adv* ❶ (*überempfindlich*) over-sensitively ❷ MED hypersensitively **Über·emp·find·lich·keit** *f* ❶ (*zu große Empfindlichkeit*) over-sensitivity, touchiness *no pl* ❷ *kein pl* MED (*Neigung zu Allergien*) hypersensitivity **über|fah·ren** [ˈyːbɐfaːrən] *vt irreg* ❶ (*niederfahren*) to run over *sep* ❷ (*nicht beachten*) **eine rote Ampel ~** to go through a red light ❸ (*fam: übertölpeln*) ■ **jdn ~** to railroad sb [into doing sth] **Über·fahrt** *f* NAUT crossing
Über·fall <-s, Überfälle> *m* attack; (*Raub~*) robbery; (*Bank~*) raid
über·fal·len* [yːbɐˈfalən] *vt irreg* ❶ (*unversehens angreifen*) to mug; *Bank* to rob; *Land* to attack; MIL to raid ❷ (*überkommen*) **Heimweh überfiel sie** she was overcome by homesickness ❸ (*hum fam: überraschend besuchen*) ■ **jdn ~** to descend [up]on sb ❹ (*hum: bestürmen*) ■ **jdn ~** to bombard sb (**mit** with)
über·fäl·lig *adj* ❶ TRANSP delayed; **der Zug ist seit 20 Minuten ~** the train is 20 minutes late ❷ FIN overdue ❸ (*längst zu tätigen*) overdue
Über·fall·kom·man·do, Über·falls·kom·man·do *nt* ÖSTERR (*fam*) flying squad
über·flie·gen* [yːbɐˈfliːgn̩] *vt irreg* ■ **etw ~** ❶ LUFT to fly over sth ❷ (*flüchtig ansehen*) to take a quick look at sth; (*Text a.*) to skim through sth
Über·flie·ger(in) *m(f)* high-flyer
über|flie·ßen [ˈyːbɐfliːsn̩] *vi irreg sein* to overflow
Über·fluss^RR *m kein pl*, **Über·fluß**^ALT *m kein pl* abundance; **im ~ vorhanden sein** to be in plentiful supply; **etw im ~ haben** to have plenty of sth ▶ **zu allem ~** to cap it all
Über·fluss·ge·sell·schaft^RR *f* affluent society
über·flüs·sig *adj* superfluous; *Anschaffungen, Bemerkung* unnecessary
über·flu·ten* [yːbɐˈfluːtn̩] *vt* ■ **etw ~** ❶ (*überschwemmen*) to flood sth ❷ (*über etw hinwegströmen*) to come over the top of sth ❸ (*fig: in Mengen hereinbrechen*)

to flood sth **Über·flu·tung** <-, -en> [yːbɐˈfluːtʊŋ] f flooding no pl **über·for·dern*** [yːbɐˈfɔrdɐn] vt to overtax; ■**überfordert sein** to be out of one's depth **über·fra·gen*** [yːbɐˈfraːgn̩] vt to not know the answer; **da bin ich überfragt** I don't know [the answer to that] **Über·frem·dung** <-, -en> f (pej) domination by foreign influences
über·füh·ren*1 [ˈyːbɐfyːrən, yːbɐˈfyːrən] vt (woandershin transportieren) to transfer; Leiche to transport
über·füh·ren*2 [yːbɐˈfyːrən] vt JUR ■jdn ~ to convict sb; ■**jdn einer S.** gen ~ to convict sb of sth
Über·füh·rung1 [yːbɐˈfyːrʊŋ] f TRANSP (überquerende Brücke) bridge; (über eine Straße) bridge, overpass; (für Fußgänger) [foot-]bridge
Über·füh·rung2 [yːbɐˈfyːrʊŋ] f transferral no pl
Über·füh·rung3 [yːbɐˈfyːrʊŋ] f JUR (Überlisten) conviction
Über·fül·le <-> f kein pl profusion, superabundance **über·füllt** adj overcrowded; Kurs oversubscribed **Über·funk·ti·on** f MED hyperactivity **Über·ga·be** f ❶ (das Übergeben) handing over no pl ❷ MIL surrender
Über·gang1 <-gänge> m ❶ (Grenz~) border crossing[-point] ❷ kein pl (das Überqueren) crossing
Über·gang2 <-gänge> m ❶ kein pl (Übergangszeit) interim; **für den** ~ in the interim [period] ❷ (Wechsel) transition ❸ (Zwischenlösung) interim solution
Über·gangs·frist f transition period **Über·gangs·geld** nt retirement bonus **über·gangs·los** adv seamless **Über·gangs·lö·sung** f temporary solution **Über·gangs·pha·se** <-, -n> f transitional phase **Über·gangs·sta·di·um** nt transitional stage **Über·gangs·zeit** f ❶ (Zeit zwischen zwei Phasen) transition ❷ (Zeit zwischen Jahreszeiten) in-between [or AM off] season
über·ge·ben*1 [yːbɐˈgeːbn̩] vt irreg ❶ (überreichen) ■**[jdm] etw** ~ to hand over sep sth [to sb] ❷ (ausliefern) ■**jdn jdm** ~ to hand over sep sb to sb ❸ MIL (überlassen) to surrender
über·ge·ben*2 [yːbɐˈgeːbn̩] vr irreg (sich erbrechen) ■**sich** ~ to be sick
über|ge·hen1 [ˈyːbɐgeːən] vi irreg sein ❶ (überwechseln) to move on (**zu** to); ■**dazu** ~, **etw zu tun** to go over to doing sth ❷ (übertragen werden) **in anderen Besitz** ~ to become sb else's property ❸ (einen anderen Zustand erreichen) **in Fäulnis/Gärung/Verwesung** ~ to begin to rot/ferment/decay ❹ (verschwimmen) ■**ineinander** ~ to merge into one another
über·ge·hen*2 [yːbɐˈgeːən] vt irreg ❶ (nicht berücksichtigen) to pass over sep (**bei/in** in) ❷ (nicht beachten) to ignore ❸ (auslassen) to skip [over sep]
über·ge·ord·net adj ❶ (vorrangig) paramount ❷ (vorgesetzt) higher
Über·ge·päck nt excess luggage **über·ge·schnappt** adj (fam) crazy **Über·ge·wicht** nt kein pl ❶ (zu hohes Körpergewicht) overweight no pl; ~ **haben** to be overweight ❷ (vorrangige Bedeutung) predominance **über·ge·wich·tig** adj overweight **über·gie·ßen*** [yːbɐˈgiːsn̩] vt irreg ■**jdn/sich/etw mit etw** dat ~ to pour sth over sb/oneself/sth **über·glück·lich** adj extremely happy, overjoyed pred **über|grei·fen** vi irreg to spread (**auf** to) **Über·griff** m infringement of [one's/sb's] rights **über·groß** adj oversize[d], enormous; **~e Kleidung** outsize[d] clothing **Über·grö·ße** f outsize
über·hand|neh·men [yːbɐˈhant-] vi to get out of hand
Über·hang <-s, -hänge> m ❶ (überhängende Felswand) overhang[ing ledge] ❷ (Bestand) surplus; ~ **an Aufträgen** backlog of [unfulfilled] orders ❸ TYPO kern **über|hän·gen**1 [ˈyːbɐhɛŋən] vi irreg sein o haben ❶ (hinausragen) to hang over ❷ (vorragen) to project **über|hän·gen**2 [ˈyːbɐhɛŋən] vt irreg ■**jdm/sich etw** ~ to put sth round sb's/one's shoulders; **sich** dat **ein Gewehr** ~ to sling a rifle over one's shoulder; **sich** dat **eine Tasche** ~ to hang a bag over one's shoulder **über·häu·fen*** [yːbɐˈhɔyfn̩] vt ■**jdn mit etw** dat ~ ❶ (überreich bedenken) to heap sth [up]on sb ❷ (in sehr großem Maße konfrontieren) to heap sth [up]on sb['s head]; **jdn mit Beschwerden** ~ to inundate sb with complaints
über·haupt [yːbɐˈhaupt] I. adv ❶ (zudem) **das ist ~ die Höhe!** this is insufferable! ❷ (in Verneinungen) ■**~ kein(e, r)** nobody/nothing/none at all; **~ kein Geld haben** to have no money at all; ■**~ nicht** not at all; ■**~ nichts** nothing at all; ■**~ [noch] nie** never [at all]; ■**~ und ~, ...?** and anyway, ...?; ■**wenn ~** if at all; **Sie bekommen nicht mehr als 4.200 Euro, wenn** ~ you'll get no more than 4,200 euros, if that II. part (eigentlich) **was soll**

das ~? what's that supposed to mean?; **wissen Sie ~, wer ich bin?** do[n't] you know who I am?

über·heb·lich [y:bɐˈheːplɪç] *adj* arrogant

Über·heb·lich·keit <-, *selten* -en> *f* arrogance *no pl*

über·hit·zen* [y:bɐˈhɪtsn̩] *vt* ■ **etw ~** to overheat sth

über·höht *adj* excessive; **mit ~er Geschwindigkeit fahren** to drive over the speed limit

über|ho·len¹ [ˈyːbɐhoːlŋ̍] I. *vt* ❶ (*schneller vorbeifahren*) to overtake ❷ (*übertreffen*) to surpass II. *vi* to pass

über·ho·len*² [yːbɐˈhoːlŋ̍] *vt* (*prüfen und verbessern*) ■ **etw ~** to overhaul sth

Über·hol·spur *f* fast [*or* BRIT overtaking] lane

über·holt *adj* outdated

Über·hol·ver·bot *nt* restriction on passing [*or* BRIT overtaking]; (*Strecke*) no passing [*or* BRIT overtaking] zone

über·hö·ren* [y:bɐˈhøːrən] *vt* ■ **etw ~** (*nicht hören*) to not hear sth; (*nicht hören wollen*) to ignore sth

Über·ich[RR] *nt*, **Über·Ich** <-[s], -[s]> [ˈyːbɐʔɪç] *nt* PSYCH superego

über·in·ter·pre·tie·ren* *vt* to overinterpret **über·ir·disch** [ˈyːbɐʔɪrdɪʃ] *adj* celestial *poet*; **Schönheit** divine **Über·ka·pa·zi·tät** *f* overcapacity; **seine ~ loswerden** to work off excess capacity **über|ko·chen** [ˈyːbɐkɔxn̩] *vi sein* to boil over

über·kom·men*¹ [y:bɐˈkɔmən] *irreg vt* ■ **etw überkommt jdn** sb is overcome with sth; **es überkam mich plötzlich** it suddenly overcame me

über·kom·men² [y:bɐˈkɔmən] *adj* traditional

über·kreu·zen* [y:bɐˈkrɔytsn̩] I. *vt* ❶ (*überqueren*) **einen Platz ~** to cross a square ❷ (*verschränken*) **die Arme~** to fold one's arms II. *vr* **sich ~de Linien** intersecting lines **über·la·den*¹** [y:bɐˈlaːdn̩] *vt irreg* to overload **über·la·den²** [y:bɐˈlaːdn̩] *adj* ❶ (*zu stark beladen*) overloaded ❷ (*geh: überreich ausgestattet*) over-ornate; **Stil** florid

Über·land·bus [ˈyːbɐlant-] *m* country bus

Über·län·ge *f* extra length; *Film* exceptional length

über·lap·pen* [y:bɐˈlapn̩] I. *vi* to overlap; **einen Zentimeter ~** to overlap by one centimetre II. *vr* **sich ~** to overlap

über·las·sen* [y:bɐˈlasn̩] *vt irreg* ❶ (*zur Verfügung stellen/verkaufen*) ■ **jdm etw ~** to let sb have sth ❷ (*lassen*) ■ **jdm etw ~** to leave sth to sb; **ich überlasse dir die Wahl** it's your choice; **jdm ~ sein** to be up to sb; **das müssen Sie schon mir ~** you must leave that to me ❸ (*preisgeben*) ■ **jdn jdm/etw ~** to leave sb to sb/sth; **sich** *dat* **selbst ~ sein** to be left to one's own devices; **jdn sich** *dat* **selbst ~** to leave sb to his/her own devices

über·las·ten* [y:bɐˈlastn̩] *vt* ❶ (*zu stark in Anspruch nehmen*) ■ **jdn ~** to overburden sb; ■ **etw ~** to overstrain sth ❷ (*zu stark belasten*) ■ **etw ~** to overload sth **Über·las·tung** <-, -en> *f* ❶ (*zu starke Inanspruchnahme*) overstrain *no pl* ❷ (*zu starke Belastung*) overloading *no pl* **über·lau·fen*¹** [y:bɐˈlaʊfn̩] *vt irreg* ■ **etw überläuft jdn** sb is seized with sth; **es überlief mich kalt** a cold shiver ran down my back **über|lau·fen²** [ˈyːbɐlaʊfn̩] *vi irreg sein* ❶ (*über den Rand fließen*) to overflow; *Tasse a.* to run over *also poet* ❷ (*überkochen*) to boil over ❸ MIL to desert **über·lau·fen³** [y:bɐˈlaʊfn̩] *adj* overrun **Über·läu·fer(in)** *m(f)* MIL deserter

über·le·ben* [y:bɐˈleːbn̩] I. *vt* ❶ (*lebend überstehen*) to survive ❷ (*lebend überdauern*) ■ **etw ~** to last sth ❸ (*über jds Tod hinaus leben*) to outlive sb II. *vi* to survive III. *vr* ■ **sich [bald] ~** to [soon] be[come] a thing of the past

Über·le·ben·de(r) *f(m)* survivor

Über·le·bens·chan·ce *f* chance of survival

über·le·bens·groß [ˈyːbɐleːbn̩sgroːs] I. *adj* larger-than-life II. *adv* larger than life

Über·le·bens·künst·ler, -künst·le·rin *m, f* (*euph fam*) [born] survivor

über·le·gen*¹ [y:bɐˈleːgn̩] I. *vi* to think [about it]; **nach kurzem/langem Ü~** after a short time of thinking/after long deliberation; **was gibt es denn da zu ~?** what's there to think about?; ■ [**sich** *dat*] **~, dass ...** to think that ...; **ohne zu ~** without thinking; **überleg [doch] mal!** just [stop and] think about it! II. *vt* ■ **sich** *dat* **etw ~** to consider sth; **sich etw reiflich ~** to give serious thought to sth; **ich will es mir noch einmal ~** I'll think it over again; **es sich** [**anders**] **~** to change one's mind; **das wäre zu ~** it is worth considering; **wenn man es sich recht überlegt** on second thoughts; **sich etw hin und her ~** (*fig*) to consider sth from all angles

über|le·gen² [ˈyːbɐleːgn̩] *vt* ■ **jdm etw ~** to put sth over sb; **sich** *dat* **etw ~** to put on *sep* sth

über·le·gen³ [y:bɐˈleːgn̩] **I.** *adj* ❶ *(jdn weit übertreffend)* superior; *Sieg* convincing; ■**jdm ~ sein** to be superior to sb **(auf/in** in); **dem Feind im Verhältnis von 3:1 ~ sein** to outnumber the enemy by 3 to 1 ❷ *(herablassend)* superior **II.** *adv* ❶ *(mit großem Vorsprung)* convincingly ❷ *(herablassend)* superciliously *pej*

Über·le·gen·heit <-> *f kein pl* ❶ *(überlegener Status)* superiority *no pl* **(über** over) ❷ *(Herablassung)* superiority *no pl*

über·legt [yːbɐˈleːkt] **I.** *adj* [well-]considered **II.** *adv* with consideration, in a considered way

Über·le·gung <-, -en> *f* ❶ *kein pl (das Überlegen)* consideration *no pl, no indef art*, thought *no pl, no indef art*; **nach eingehender ~** after close reflection ❷ *pl (Erwägungen)* considerations *pl*; *(Bemerkungen)* observations *pl*

über|lei·ten *vi* ■**zu etw** *dat* **~** to lead to sth **Über·lei·tung** *f* transition **über·lie·fern*** [yːbɐˈliːfɐn] *vt* to hand down *sep*; ■**überliefert sein** to have come down

Über·lie·fe·rung *f* ❶ *kein pl (das Überliefern)* **im Laufe der ~** in the course of being passed down from generation to generation; **mündliche ~** oral tradition ❷ *(überliefertes Brauchtum)* tradition

über·lis·ten* [yːbɐˈlɪstn̩] *vt* ❶ *(durch eine List übervorteilen)* to outwit ❷ *(gewieft umgehen)* to outsmart

überm [ˈyːbɐm] = **über dem** *(fam)* **~ Berg** over the mountain

Über·macht *f kein pl* superiority *no pl*; **in der ~ sein** to have the greater strength

über·mäch·tig *adj* ❶ *(die Übermacht besitzend)* superior ❷ *(geh: alles beherrschend)* overpowering; *Verlangen* overwhelming

über|ma·len [ˈyːbɐmaːlən] *vt* to paint over

Über·maß *nt kein pl* ■**das ~ einer S.** *gen* the excess[ive amount] of sth; **unter dem ~ der Verantwortung** under the burden of excessive responsibility; ■**ein ~ an/von etw** *dat* an excess[ive amount] of sth; **~ von Freude** excessive joy; **im ~** in excess **über·mä·ßig I.** *adj* excessive; *Freude, Trauer* intense; *Schmerz* violent **II.** *adv* ❶ *(in zu hohem Maße)* excessively; **sich ~ anstrengen** to try too hard ❷ *(unmäßig)* too much **über·mensch·lich** *adj* superhuman

über·mit·teln* [yːbɐˈmɪtl̩n] *vt (geh)* ❶ *(überbringen)* ■**jdm etw ~** to bring sth to sb ❷ *(zukommen lassen)* ■ **[jdm] etw ~** to convey sth [to sb] *form*

über·mor·gen [ˈyːbɐmɔrgn̩] *adv* the day after tomorrow, in two days' time; ■ **~ früh** the day after tomorrow in the morning, in the morning in two days' time

über·mü·det [yːbɐˈmyːdət] *adj* overtired; *(erschöpft a.)* overfatigued *form*

Über·mü·dung <-> *f kein pl* overtiredness *no pl*; *(Erschöpfung a.)* overfatigue *no pl form*

Über·mut *m* high spirits *npl*; **aus ~** just for the hell of it *fam*

über·mü·tig [ˈyːbɐmyːtɪç] **I.** *adj* high-spirited; *(zu dreist)* cocky *fam* **II.** *adv* boisterously

übern [ˈyːbɐn] = **über den** *(fam)* **~ Fluss/Graben/See** over the river/ditch/lake

über·nächs·te(r, s) [ˈyːbɐnɛːçstə, -tɐ, -təs] *adj attr* **~s Jahr/~ Woche** the year/week after next, in two years'/weeks' time; **die ~ Tür** the next door but one

über·nach·ten* [yːbɐˈnaxtn̩] *vi* ■**irgendwo/bei jdm ~** to stay the night somewhere/at sb's place

über·näch·tig [yːbɐˈnɛçtɪç(t)] *adj* ÖSTERR, **über·näch·tigt** [yːbɐˈnɛçtɪçt] *adj* worn out [from lack of sleep] *pred*; *(a. mit trüben Augen)* bleary-eyed

Über·nach·tung <-, -en> *f* ❶ *kein pl (das Übernachten)* spending the/a night ❷ *(verbrachte Nacht)* overnight stay; **mit zwei ~en in Bangkok** with two nights in Bangkok; **~ mit Frühstück** bed and breakfast

Über·nah·me <-, -n> [ˈyːbɐnaːmə] *f* ❶ *(Inbesitznahme)* taking possession *no pl* ❷ *(das Übernehmen)* assumption *no pl*; *von Verantwortung a.* acceptance *no pl* ❸ ÖKON takeover

über·na·tür·lich *adj* ❶ *(nicht erklärlich)* supernatural ❷ *(die natürliche Größe übertreffend)* larger than life

über·neh·men* [yːbɐˈneːmən] *irreg* **I.** *vt* ❶ *(in Besitz nehmen)* to take; *(kaufen)* to buy; *Geschäft* to take over *sep* ❷ *(auf sich nehmen, annehmen)* to accept; **lassen Sie es, das übernehme ich** let me take care of it; *Auftrag, Verantwortung* to take on *sep*; *Kosten* to pay; *Verpflichtungen* to assume ❸ *(fortführen)* to take over *sep* **(von** from) ❹ *(verwenden)* to take; **eine Sendung in sein Abendprogramm ~** to include a broadcast in one's evening programmes ❺ *(weiterbeschäftigen)* to take over *sep*; **jdn ins Angestelltenverhältnis ~** to employ sb on a permanent basis **II.** *vr (sich übermäßig belasten)* ■**sich ~** to take on too much **III.** *vi* to take over

über·ord·nen vt ❶ (*Vorgesetzter*) ■ jdn jdm ~ to place sb over sb ❷ (*Prioritäten setzen*) ■ etw einer Sache ~ to give sth precedence over sth **über·par·tei·lich** *adj* non-partisan

über·prüf·bar *adj* verifiable

über·prü·fen* [y:bɐ'pry:fn̩] *vt* ❶ (*durchchecken*) to vet; *Papiere, Rechnung* to check (**auf** for) ❷ (*die Funktion von etw nachprüfen*) to examine ❸ (*erneut bedenken*) to examine **Über·prü·fung** *f* ❶ *kein pl* (*das Durchchecken*) vetting *no pl*; (*das Kontrollieren*) check ❷ (*Funktionsprüfung*) check ❸ (*erneutes Bedenken*) review

über·que·ren* [y:bɐ'kve:rən] *vt* ❶ (*sich über etw hinwegbewegen*) to cross [over] ❷ (*über etw hinwegführen*) to lead over

über·ra·gen*¹ [y:bɐ'ra:gn̩] *vt* ❶ (*größer sein*) to tower above (**um** by); (*um ein kleineres Maß*) to be taller than ❷ (*über etw vorstehen*) ■ etw ~ to jut out over sth ❸ (*übertreffen*) to outclass

über|ra·gen² ['y:bəra:gn̩] *vi* (*überstehen*) to project **über·ra·gend** *adj* outstanding; *Bedeutung* paramount; *Qualität* superior

über·ra·schen* [y:bɐ'raʃn̩] *vt* ❶ (*unerwartet erscheinen*) to surprise ❷ (*ertappen*) ■ jdn bei etw *dat* ~ to surprise sb doing sth; ■ jdn dabei ~, wie jd etw tut to catch sb doing sth ❸ (*überraschend erfreuen*) to surprise (**mit** with); **lassen wir uns ~!** (*fam*) let's wait and see [what happens] ❹ (*erstaunen*) to surprise; (*stärker*) to astound ❺ (*unerwartet überfallen*) ■ jdn ~ to take sb by surprise; **vom Regen überrascht werden** to get caught in the rain

über·ra·schend I. *adj* unexpected II. *adv* unexpectedly

über·ra·schen·der·wei·se *adv* surprisingly

Über·ra·schung <-, -en> *f* ❶ *kein pl* (*Erstaunen*) surprise *no pl*; (*stärker*) astonishment *no pl*; **voller ~** completely surprised ❷ (*etwas Unerwartetes*) surprise; **eine ~ für jdn kaufen** to buy something as a surprise for sb; ■ [**für jdn**] **eine ~ sein** to come as a surprise [to sb]

Über·ra·schungs·ef·fekt *m* surprise effect; *von Plan* element of surprise

Über·re·ak·ti·on *f* overreaction *no pl*

über·re·den* [y:bɐ're:dn̩] *vt* to persuade; ■ jdn zu etw *dat* ~ to talk sb into sth

über·re·gi·o·nal *adj* national

über·rei·chen* [y:bɐ'raɪçn̩] *vt* ■ jdm etw ~ to hand over *sep* sth to sb; (*feierlich*) to present sth to sb

über·reich·lich I. *adj* [more than] ample II. *adv* ~ **speisen/trinken** to eat/drink more than ample; **jdn ~ bewirten** to provide sb with [more than] ample fare

Über·rei·chung <-, -en> *f* presentation

über·reizt *adj* ❶ (*überanstrengt*) overstrained; *Nerven* overstrained, overwrought ❷ (*übererregt*) overexcited

Über·rest *m meist pl* remains *npl*; **jds sterbliche ~e** sb's [mortal] remains

über·rol·len* [y:bɐ'rɔlən] *vt* ■ jdn/etw ~ to run over sb/sth; *Panzer* to roll over sb/sth **über·rum·peln*** [y:bɐ'rʊmpl̩n] *vt* ■ jdn ~ to take sb by surprise **über·run·den*** [y:bɐ'rʊndn̩] *vt* ■ jdn ~ ❶ SPORT to lap sb ❷ (*leistungsmäßig übertreffen*) to outstrip sb; *Schüler* to run rings round sb

übers ['y:bəs] = **über das** (*fam*) *s.* **über**

über·sät [y:bɐ'zɛ:t] *adj* covered

über·sät·tigt *adj* sated *form*, satiated *form*

über·säu·ern* *vt* to overacidify

Über·schall·flug·zeug *nt* supersonic aircraft

über·schat·ten* [y:bɐ'ʃatn̩] *vt* ■ etw ~ to cast a shadow over sth

über·schät·zen* [y:bɐ'ʃɛtsn̩] *vt* to overestimate; ■ sich ~ to think too highly of oneself

über·schau·bar *adj* ❶ (*abschätzbar*) *Größe* manageable; *Kosten, Preis* clear; *Risiko* contained ❷ (*einen begrenzten Rahmen habend*) tightly structured

Über·schau·bar·keit <-> *f kein pl* comprehensibility *no pl*

über·schau·en* [y:bɐ'ʃaʊən] *vt* (*geh*) *s.* **überblicken**

über|schäu·men ['y:bɐʃɔʏmən] *vi sein* ❶ (*mit Schaum überlaufen*) to foam over ❷ (*fig: ganz ausgelassen sein*) ■ vor etw *dat* ~ to brim [over] with sth

über·schla·fen* [y:bɐ'ʃla:fn̩] *vt irreg* ■ etw ~ *Frage, Problem* to sleep on sth

Über·schlag *m* ❶ SPORT handspring; **einen ~ machen** to do a handspring ❷ (*überschlägige Berechnung*) [rough] estimate

über·schla·gen*¹ [y:bɐ'ʃla:gn̩] *irreg* I. *vt* ❶ (*beim Lesen auslassen*) to skip [over] ❷ (*überschlägig berechnen*) to estimate II. *vr* ❶ (*eine vertikale Drehung ausführen*) ■ sich ~ *Mensch* to fall head over heels; *Fahrzeug* to overturn ❷ (*rasend schnell aufeinanderfolgen*) ■ sich ~ to come thick and fast ❸ (*besonders beflissen sein*) sich [vor Freundlichkeit/Hilfsbereitschaft] ~ to fall over oneself to be friendly/helpful ④ (*schrill werden*) ■**sich ~** to crack

über|schla·gen[2] ['y:bəʃla:gn̩] *irreg* **I.** *vt haben* **die Beine ~** to cross one's legs; **mit übergeschlagenen Beinen sitzen** to sit cross-legged **II.** *vi sein* ① (*fig*) ■**in etw** *akk* **~** to turn into sth ② (*brechen*) to overturn; **die Wellen schlugen über** the waves broke ③ (*übergreifen*) to spread (**auf** to)

über|schnap·pen *vi sein* (*fam*) ① (*verrückt werden*) to crack [up] ② (*schrill werden*) to crack

über·schnei·den* [y:bəˈʃnaidn̩] *vr irreg* ① (*sich zeitlich überlappen*) ■**sich ~** to overlap (**um** by) ② (*sich mehrfach kreuzen*) ■**sich ~** to intersect

über·schrei·ben* [y:bəˈʃraibn̩] *vt irreg* ① (*betiteln*) to head ② (*darüberschreiben*) to write over; INFORM to overwrite ③ (*übertragen*) ■**jdm etw ~** to sign over sth to sb

über·schrei·ten* [y:bəˈʃraitn̩] *vt irreg* ① (*geh: zu Fuß überqueren*) to cross [over] ② (*über etw hinausgehen*) to exceed (**um** by) ③ (*sich nicht im Rahmen von etw halten*) to overstep

Über·schrei·tung <-, -en> *f* ① (*Überquerung*) crossing ② (*das Überschreiten*) exceeding

Über·schrift *f* title; *einer Zeitung* headline

Über·schuss[RR] *m*, **Über·schuß**[ALT] *m* ① (*Reingewinn*) profit ② (*überschüssige Menge*) surplus *no pl* (**an** of)

über·schüs·sig ['y:bəʃysɪç] *adj* surplus *attr*

über·schüt·ten* [y:bəˈʃytn̩] *vt* ① (*übergießen*) ■**etw mit etw** *dat* **~** to pour sth over sth ② (*bedecken*) to cover ③ (*überhäufen*) to inundate; **jdn mit Geschenken/Komplimenten ~** to shower sb with presents/compliments; **jdn mit Vorwürfen ~** to heap accusations on sb

Über·schwang <-[e]s> *m kein pl* exuberance *no pl*; **im ersten ~** in the first flush of excitement

über·schwäng·lich[RR] **I.** *adj* effusive **II.** *adv* effusively

über·schwem·men* [y:bəˈʃvɛmən] *vt* ① (*überfluten*) to flood ② (*in Mengen hineinströmen*) to pour into ③ (*mit großen Mengen eindecken*) to flood (**mit** with)

Über·schwem·mung <-, -en> *f* flood[ing *no pl*]

Über·schwem·mungs·ge·biet *nt* flood area **Über·schwem·mungs·ka·ta·stro·phe** *f* flood disaster

über·schweng·lich[ALT] ['y:bəʃvɛŋlɪç] *adj, adv s.* **überschwänglich**

Über·see ['y:bəze:] *kein art* ■**aus ~** from overseas; ■**in ~** overseas; ■**nach ~** overseas

über·see·isch *adj* Territorium, Provinz overseas

über·seh·bar [y:bəˈze:ba:ɐ̯] *adj* ① (*abschätzbar*) Auswirkungen containable; Dauer, Kosten, Schäden assessable; Konsequenzen clear; ■**etw ist ~/noch nicht ~** sth is in sight/sth is still not known ② (*mit Blicken erfassen*) visible

über·se·hen*1 [y:bəˈze:ən] *vt irreg* ① (*versehentlich nicht erkennen*) to overlook ② (*abschätzen*) to assess ③ (*mit Blicken erfassen*) to have a view of

über|se·hen[2] ['y:bəze:ən] *vr irreg* ■**sich an etw** *dat* **~** to get tired of seeing sth

über·set·zen*1 [y:bəˈzɛtsn̩] **I.** *vt* to translate; **etw [aus dem Polnischen] [ins Französische] ~** to translate sth [from Polish] [into French] **II.** *vi* **aus dem Deutschen ins Englische ~** to translate from German to English

über|set·zen[2] ['y:bəzɛtsn̩] **I.** *vt haben* ■**jdn ~** to ferry across *sep* sb **II.** *vi sein* to cross [over]

Über·set·zer(in) *m(f)* translator

Über·set·zung[1] <-, -en> *f* TECH transmission ratio

Über·set·zung[2] <-, -en> *f* ① (*übersetzter Text*) translation ② *kein pl* (*das Übersetzen*) translation *no pl*

Über·set·zungs·bü·ro *nt* translation agency

Über·sicht <-, -en> *f* ① *kein pl* (*Überblick*) overall view; **die ~ verlieren** to lose track of things ② (*knappe Darstellung*) outline

über·sicht·lich I. *adj* ① (*rasch erfassbar*) clear ② (*gut zu überschauen*) open *attr*; ■**~ sein** to offer a clear view [on all sides]; (*wenig Deckung bietend*) to be exposed; ■**nicht ~ sein** to impede the/one's view [on all sides] **II.** *adv* ① (*rasch erfassbar*) clearly ② (*gut überschaubar*) **etw ~ anlegen** to give sth an open layout

Über·sicht·lich·keit <-> *f kein pl* ① (*rasche Erfassbarkeit*) clarity *no pl* ② (*übersichtliche Anlage*) openness *no pl*

über|sie·deln [y:bəˈzi:dl̩n] *vi sein* to move (**in/nach** to) **Über·sied·ler(in)** *m(f)* migrant; (*Einwanderer*) immigrants; (*Auswanderer*) emigrants **über·sinn·lich** *adj* paranormal

über·spannt *adj* ① (*übertrieben*) extravagant ② (*exaltiert*) eccentric ③ (*überanstrengt*) overwrought

über·spie·len*¹ [yːbɐˈʃpiːlən] vt (audiovisuell übertragen) to record (**auf** on[to]); *etw auf Kassette* ~ to tape sth

über·spie·len*² [yːbɐˈʃpiːlən] vt (verdecken) to cover up sep (**durch** with)

über·spitzt I. adj exaggerated II. adv in an exaggerated fashion

über·sprin·gen*¹ [yːbɐˈʃprɪŋən] vt irreg ① (über etw hinwegspringen) to jump; *Mauer* to vault ② (auslassen) to skip [over] ③ SCH *Klasse* to skip

über|sprin·gen² [ˈyːbɐʃprɪŋən] vi irreg sein ① (sich übertragen) a. MED to spread (**auf** to) ② (plötzlich übergreifen) to spread quickly

über·ste·hen*¹ [yːbɐˈʃteːən] vt (durchstehen) to come through; **die Belastung ~** to hold out under the stress; *Krankheit, Operation* to get over; **die nächsten Tage ~** to live through the next few days; **jetzt haben wir es überstanden** (fam) thank heavens that's over now

über|ste·hen² [ˈyːbɐʃteːən] vi irreg sein o haben (herausragen) to jut out, to project

über·stei·gen* [yːbɐˈʃtaɪɡn̩] vt irreg ① (über etw klettern) to climb over; *Mauer* to scale ② (über etw hinausgehen) to exceed

über·stim·men* [yːbɐˈʃtɪmən] vt ① (mit Stimmenmehrheit besiegen) to outvote ② (mit Stimmenmehrheit ablehnen) to defeat

über·stra·pa·zie·ren* vt ① (zu sehr ausnutzen) to abuse ② (zu oft verwenden) to wear out sep

über|stül·pen vt ■ jdm/sich etw ~ to slip sth over sb's/one's head

Über·stun·de f hour of overtime; ■ ~n overtime no pl; ~n machen to do overtime

über·stür·zen* [yːbɐˈʃtʏrtsn̩] I. vt *etw* ~ to rush into sth II. vr ■ *sich* ~ to follow in quick succession; *Nachrichten* a. to come thick and fast

über·stürzt I. adj overhasty, rash, precipitate form II. adv overhastily, rashly, precipitately form; ~ **handeln** to go off at half cock fam, to go off half-cocked fam

über·ta·rif·lich adj, adv above the agreed rate

über·teu·ert [yːbɐˈtɔʏɐt] adj overexpensive

über·tö·nen* vt ■ *jdn* ~ to drown [out sep] sb['s words/screams/etc.]; ■ *etw* ~ to drown [out sep] sth

Über·topf m flower pot holder

Über·trag <-[e]s, Überträge> [ˈyːbɐtraːk, pl -trɛːɡə] m FIN carryover

über·trag·bar [yːbɐˈtraːkbaːɐ̯] adj ① (durch Infektion weiterzugeben) communicable form (**auf** to); (durch Berührung) contagious ② (anderweitig anwendbar) to be applicable (**auf** to) ③ (von anderen zu benutzen) ■ ~ **sein** to be transferable

über·tra·gen*¹ [yːbɐˈtraːɡn̩] irreg I. vt ① (senden) to broadcast ② (geh: übersetzen) to translate ③ (infizieren) to communicate (**auf** to) ④ (von etw woanders eintragen) to transfer (**auf** to, **in** into) ⑤ (übergeben) *Besitz* to transfer (**auf** to); ■ **jdm die Verantwortung ~** to entrust sb with the responsibility; ■ **jdm ein Recht ~** to assign sb a right ⑥ (überspielen) to record (**auf** on) ⑦ (anwenden) to apply (**auf** to) ⑧ TECH to transmit (**auf** to) II. vr ① MED ■ *sich* [**auf jdn**] ~ to be communicated [to sb] ② (ebenfalls beeinflussen) ■ *sich auf jdn* ~ to spread to sb

über·tra·gen² [yːbɐˈtraːɡn̩] I. adj figurative; (durch Metapher) transferred II. adv figuratively

Über·trä·ger(in) [yːbɐˈtrɛːɡɐ] m(f) MED carrier

Über·tra·gung <-, -en> f ① (das Senden) transmission no pl; (übertragene Sendung) broadcast ② (geh: das Übersetzen) translation no pl ③ (das Infizieren) transmission no pl ④ (das Eintragen an andere Stelle) carryover ⑤ von Verantwortung entrusting no pl ⑥ JUR transfer; von Rechten a. assignment no pl ⑦ (das Anwenden) application no pl (**auf** to) ⑧ kein pl TECH transmission no pl (**auf** to)

über·tref·fen* [yːbɐˈtrɛfn̩] vt irreg ① (besser/größer sein) to surpass (**an/in** in) ② (über etw hinausgehen) to exceed (**um** by)

über·trei·ben* [yːbɐˈtraɪbn̩] irreg I. vi to exaggerate II. vt to overdo; ■ **ohne zu ~** I'm not joking

Über·trei·bung <-, -en> f exaggeration

über|tre·ten¹ [ˈyːbɐtreːtn̩] vi irreg sein ① (konvertieren) to convert (**zu** to) ② SPORT to overstep ③ (übergehen) ■ *in etw* akk ~ to enter sth

über·tre·ten*² [yːbɐˈtreːtn̩] vt irreg *Gesetz, Vorschrift* to break

Über·tre·tung <-, -en> [yːbɐˈtreːtʊŋ] f ① (das Übertreten) violation no pl ② (strafbare Handlung) misdemeanour

über·trie·ben I. adj exaggerated; (zu stark) excessive II. adv excessively

Über·tritt m ■ *der/ein/jds ~ zu etw* dat the/a/sb's conversion to sth

über·trump·fen* [yːbɐˈtrʊmpfn̩] vt ■ *jdn/etw* ~ to outdo sb/surpass sth

über·tün·chen* [yːbɐˈtʏnçn̩] vt ■ *etw* ~ (fig) to whitewash sth; *Problem* to cover up sth sep

über·voll adj ① (mehr als voll)

full to the brim [*or* to overflowing] *pred;* **ein ~er Teller** a heaped[-up] plate ❷ (*überfüllt*) crowded; ▪ **~ sein** to be overcrowded [*or fam* crammed] **über·vor·sich·tig** *adj* over[ly] cautious

über·wa·chen* [y:bɐˈvaːxn̩] *vt* ❶ (*heimlich kontrollieren*) ▪ **jdn/etw ~** to keep sb/sth under surveillance ❷ (*durch Kontrollen sicherstellen*) to supervise; *Kamera* to monitor

Über·wa·chung <-, -en> *f* ❶ (*das heimliche Kontrollieren*) surveillance *no pl;* *eines Telefons* bugging *no pl* ❷ (*das Überwachen*) supervision *no pl;* (*durch eine Kamera*) monitoring *no pl*

Über·wa·chungs·ka·me·ra *f* security camera **Über·wa·chungs·staat** *m* police state **Über·wa·chungs·sys·tem** *nt* surveillance system

über·wäl·ti·gen* [y:bɐˈvɛltɪgn̩] *vt* ❶ (*bezwingen*) to overpower ❷ (*geh: übermannen*) ▪ **etw überwältigt jdn** sth overwhelms sb

über·wäl·ti·gend *adj* overwhelming; *Schönheit* stunning; *Sieg* crushing

über|wech·seln [ˈyːbɐvɛksl̩n] *vi sein* ❶ (*sich jd anderem anschließen*) to go over (**zu** to); ▪ **zu jdm ~** to go over to sb's side ❷ (*ausscheren*) ▪ **auf etw** *akk* **~** to move [in]to sth ❸ (*umsatteln*) ▪ **von etw** *dat* **zu etw** *dat* **~** to change from sth to sth

über·wei·sen* [y:bɐˈvaɪ̯zn̩] *vt irreg* ❶ (*durch Überweisung gutschreiben lassen*) to transfer ❷ (*durch Überweisung hinschicken*) to refer (**an** to)

Über·wei·sung <-, -en> *f* ❶ (*Anweisung von Geld*) transfer ❷ (*das Überweisen*) referral (**an** to); (*Überweisungsformular*) referral form

Über·wei·sungs·auf·trag *m* banker's order **Über·wei·sungs·for·mu·lar** *nt* transfer form

über·wie·gen* [y:bɐˈviːgn̩] *irreg* I. *vi* (*hauptsächlich vorkommen*) to be predominant II. *vt* (*vorherrschen*) to prevail; *Vorteile, Nachteile* to outweigh

über·wie·gend [y:bɐˈviːgn̩t] I. *adj* predominant; *Mehrheit* vast II. *adv* mainly

über·win·den* [y:bɐˈvɪndn̩] *irreg* I. *vt* ❶ (*nicht länger an etw festhalten*) to overcome ❷ (*im Kampf besiegen*) to defeat ❸ (*ersteigen*) to surmount II. *vr* ▪ **sich ~** to overcome one's feelings/inclinations etc.; ▪ **sich zu etw** *dat* **~** to force oneself to do sth

Über·win·dung <-> *f kein pl* ❶ (*das Überwinden*) overcoming *no pl;* *Minenfeld* negotiation *no pl* ❷ (*Selbst~*) conscious effort; **jdn ~ kosten[, etw zu tun]** to take sb a lot of will power [to do sth]

über·win·tern* [y:bɐˈvɪntɐn] *vi* to [spend the] winter; *Pflanzen* to overwinter; (*Winterschlaf halten*) to hibernate

Über·zahl *f kein pl* the greatest number; ▪ **in der ~ sein** to be in the majority; *Feind* to be superior in number

über·zäh·lig *adj* (*überschüssig*) surplus *attr;* (*übrig*) spare

über·zeich·nen* [y:bɐˈtsaɪ̯çnən] *vt* (*geh*) to overdraw

über·zeu·gen* [y:bɐˈtsɔɪ̯gn̩] I. *vt* to convince (**von** of); (*umstimmen a.*) to persuade II. *vi* ❶ (*überzeugend sein*) to be convincing ❷ (*eine überzeugende Leistung zeigen*) ▪ **bei etw** *dat* **~** to prove oneself in sth III. *vr* ▪ **sich** [**selbst**] **~** to convince oneself; **~ Sie sich selbst!** [go and] see for yourself

über·zeu·gend I. *adj* convincing; (*umstimmend a.*) persuasive II. *adv* convincingly

über·zeugt *adj* convinced (**von** of); [**sehr**] **von sich ~ sein** to be [very] sure of oneself

Über·zeu·gung <-, -en> [y:bɐˈtsɔɪ̯gʊŋ] *f* convictions *npl;* **zu der ~ gelangen, dass ...** to become convinced that ...; **der** [**festen**] **~ sein, dass ...** to be [firmly] convinced that ...

Über·zeu·gungs·kraft *f kein pl* persuasiveness *no pl*

über·zie·hen*¹ [y:bɐˈtsiːən] *irreg* I. *vt* ❶ (*bedecken*) to cover; *Belag* to coat ❷ *Konto* to overdraw (**um** by) ❸ (*überbeanspruchen*) to overrun (**um** by) ❹ (*zu weit treiben*) ▪ **etw ~** to carry sth too far; ▪ **überzogen** exaggerated II. *vi* ❶ *Konto* to be overdrawn ❷ *Zeitlimit* to overrun [one's allotted time]

über|zie·hen² [ˈyːbɐtsiːən] *vt irreg* ❶ (*anlegen*) ▪ [**sich**] **etw ~** to put on *sep* sth ❷ (*fam: schlagen*) **jdm eins** [**mit etw** *dat*] **~** to give sb a clout [with sth]

Über·zie·hung <-, -en> *f* overdraft

Über·zie·hungs·kre·dit *m* overdraft provision

über·zo·gen *adj* ❶ (*bedeckt*) covered; *Himmel* overcast ❷ FIN *Konto* overdrawn ❸ (*übertrieben*) *Vorstellungen* excessive

über·züch·tet [y:bɐˈtsʏçtət] *adj* overbred; AUTO overdeveloped

Über·zug <-s, Überzüge> *m* ❶ (*überziehende Schicht*) coat[ing]; (*dünner*) film; (*Zuckerguss*) icing, frosting AM ❷ (*Hülle*) cover

üb·lich ['y:plɪç] *adj* usual; **es ist bei uns hier [so] ~** that's the custom with us here; **wie ~** as usual

üb·li·cher·wei·se *adv* usually

U-Boot ['u:bo:t] *nt* submarine

üb·rig ['y:brɪç] *adj* (*restlich*) remaining, rest of *attr;* (*andere a.*) other *attr;* ■ **die Ü~en** the remaining ones; ■ **das Ü~e** the rest; ■ **alles Ü~e** all the rest; [jdm] **etw ~ las·sen** to leave sth [for sb]; ■ **~ sein** to be left [over]; ■ **~ bleiben** (*einen Rest bilden*) to be left [over]; **es wird ihm gar nichts an·deres ~ bleiben** he won't have any choice

üb·ri·gens ['y:brɪgn̩s] *adv* ❶ (*nebenbei be·merkt*) by the way ❷ (*außerdem*) besides

üb·rig|ha·ben *vt* (*fig*) **für jdn viel ~** to be very fond of sb; **für etw nichts ~** to be not at all interested in sth

Übung[1] <-> ['y:bʊŋ] *f kein pl* (*das Üben*) practice *no pl;* **aus der ~ sein** to be out of practice; **das ist alles nur ~** it [all] comes with practice; **zur ~** for practice ▶ **~ macht den Meister** (*prov*) practice makes perfect

Übung[2] <-, -en> ['y:bʊŋ] *f* ❶ (*Lehrveran·staltung*) seminar (**zu** on) ❷ (*~sstück, Auf·gabe*) exercise ❸ SPORT exercise ❹ (*Probe·einsatz*) drill

Übungs·auf·ga·be *f* exercise **Übungs·buch** *nt* book of exercises

UdSSR <-> [u:de:ʔɛsʔɛs'ʔɛr] *f Abk von* **Union der Sozialistischen Sowjetrepu·bliken** HIST ■ **die ~** the USSR

UEFA-Cup <-s, -s> [u'e:fakap] *m,* **UEFA-Po·kal** [u'e:fa-] *m* ■ **der ~** the UEFA Cup

Ufer <-s, -> ['u:fɐ] *nt* (*Fluss~*) bank; (*See~*) shore; **ans ~ schwimmen** to swim ashore/to the bank; **über die ~ treten** to break its banks; **am ~** on the waterfront

ufer·los *adj* endless; **ins U~e gehen** (*zu keinem Ende führen*) to go on forever; (*je·den Rahmen übersteigen*) to go up and up

Ufer·pro·me·na·de *f* [riverside/seaside] promenade

Ufo, UFO <-[s], -s> ['u:fo] *nt Abk von* **Unbekanntes Flugobjekt** UFO

Ugan·da <-> [u'ganda] *nt kein pl* Uganda; *s. a.* **Deutschland**

Ugan·der(in) <-s, -> [u'gandɐ] *m(f)* Ugandan; *s. a.* **Deutsche(r)**

ugan·disch [u'gandɪʃ] *adj* Ugandan; *s. a.* **deutsch**

U-Haft ['u:-] *f* (*fam*) *s.* **Untersuchungs·haft**

Uhr <-, -en> [u:ɐ] *f* ❶ (*Instrument zur Zeitanzeige*) clock; (*Armband~*) watch; ■ **nach jds ~** by sb's watch; **auf die ~ sehen** to look at the clock/one's watch; **die ~en [auf Sommer-/Winterzeit] um·stellen** to set the clock/one's watch [to summer/winter time]; **diese ~ geht nach/vor** this watch is slow/fast; (*allge·mein*) this watch loses/gains time; ■ **rund um die ~** round the clock ❷ (*Zeitangabe*) o'clock; **15 ~** 3 o'clock [in the afternoon], 3 pm; **7 ~ 30** half past 7 [in the morning/evening], seven thirty [am/pm]; **8 ~ 23** 23 minutes past 8 [in the morning/evening], eight twenty-three [am/pm]; **10 ~ früh/abends/nachts** ten [o'clock] in the morn·ing/in the evening/at night; **wie viel ~ ist es?** what time is it?; **um wie viel ~?** [at] what time?; **um zehn ~** at ten [o'clock] [in the morning/evening]

Uhr·ma·cher(in) *m(f)* watchmaker/clock·maker **Uhr·werk** *nt* clockwork mecha·nism **Uhr·zei·ger** *m* hand [of a clock/watch]; **der große/kleine ~** the big [*or* minute]/small [*or* hour] hand **Uhr·zei·ger·sinn** *m* ■ **im ~** clockwise; ■ **entge·gen dem ~** anticlockwise, counterclock·wise AM **Uhr·zeit** *f* time [of day]

Uhu <-s, -s> ['u:hu] *m* eagle owl

Ukra·i·ne <-> [ukra'i:nə] *f* ■ **die ~** [the] Ukraine; *s. a.* **Deutschland**

Ukra·i·ner(in) <-s, -> [ukra'i:nɐ] *m(f)* Ukrainian; *s. a.* **Deutsche(r)**

ukra·i·nisch [ukra'i:nɪʃ] *adj* Ukrainian; *s. a.* **deutsch**

UKW <-> [u:ka:'ve:] *nt kein pl Abk von* **Ultrakurzwelle** ≈ VHF *no pl* (**auf** on)

Ulk <-[e]s, -e> [ʊlk] *m* (*fam*) joke; **aus ~** for a lark

ul·kig ['ʊlkɪç] *adj* ❶ (*lustig*) funny ❷ (*selt·sam*) odd

Ul·me <-, -n> ['ʊlmə] *f* elm

ul·ti·ma·tiv [ʊltima'ti:f] **I.** *adj* ■ **eine ~e Forderung/ein ~es Verlangen** an ulti·matum **II.** *adv* in the form of an ultimatum; **jdn ~ auffordern, etw zu tun** to give sb an ultimatum to do sth; *Streitmacht* to de·liver an ultimatum to sb to do sth

Ul·ti·ma·tum <-s, -s *o* Ultimaten> [ʊlti'ma:tʊm, *pl* -ma:tən] *nt* ultimatum; **jdm ein ~ stellen** to give sb an ultima·tum; *Streitmacht* to deliver an ultimatum to sb

Ul·tra·book® <-s, -s> ['ʊltrabʊk] *nt* INFORM ultrabook

Ul·tra·kurz·wel·le [ʊltra'kʊrtsvɛlə] *f* ❶ (*elektromagnetische Welle*) ultrashort wave ❷ (*Empfangsbereich*) ≈ very high frequency

Ul·tra·schall ['ʊltraʃal] *m* ultrasound *no pl*

Ul·tra·schall·bild *nt* ultrasound picture
Ul·tra·schall·ge·rät *nt* [ultrasound] scanner
Ul·tra·schall·un·ter·su·chung *f* ultrasound
ul·tra·vi·o·lett [ʊltraviˌoˈlɛt] *adj* ultraviolet
um [ʊm] I. *präp* +*akk* ❶ (*etw umgebend*) ■ ~ etw [**herum**] around sth; **ganz um etw** [**herum**] all around sth ❷ (*gegen*) ~ **Ostern/den 15./die Mitte des Monats** [**herum**] around Easter/the 15th/the middle of the month ❸ (*über*) ~ **etw streiten** to argue about sth ❹ *Unterschiede im Vergleich ausdrückend* ~ **einiges besser** quite a bit better; ~ **einen Kopf größer/kleiner** a head taller/shorter by a head; ~ **10 cm länger/kürzer** 10 cm longer/shorter ❺ (*für*) **Minute** ~ **Minute** minute by minute ❻ (*nach allen Richtungen*) ~ **sich schlagen/treten** to hit/kick out in all directions ❼ (*vorüber*) ■ ~ **sein** to be over; *Zeit* to be up; *Frist* to expire II. *konj* ■ ~ **etw zu tun** [in order] to do sth III. *adv* ~ **die 80 Meter** about 80 metres
um|än·dern *vt* to alter
um·ar·men* [ʊmˈʔarmən] *vt* to embrace; (*fester*) to hug
Um·ar·mung <-, -en> *f* embrace, hug
Um·bau[1] *m kein pl* rebuilding *no pl*, renovation *no pl*; (*zu etw anderem a.*) conversion *no pl*
Um·bau[2] <-bauten> *m* renovated/converted building; (*Teil von Gebäude*) renovated/converted section
um|bau·en[1] [ˈʊmbaʊ̯ən] I. *vt* to convert II. *vi* to renovate
um·bau·en***[2] [ʊmˈbaʊ̯ən] *vt* to enclose
um|be·nen·nen* *vt irreg* ■ **etw ~** to rename sth
Um·be·nen·nung *f* ■ **die ~ von etw** *dat*/**einer S.** *gen* renaming sth
um|be·set·zen* *vt* ❶ FILM, THEAT to recast ❷ POL to reassign
um|be·stel·len* *vt, vi* to change the order
um|bie·gen *irreg* I. *vt haben* ❶ (*durch Biegen krümmen*) to bend ❷ (*auf den Rücken biegen*) **jdm den Arm ~** to twist sb's arm [behind sb's back] II. *vi sein* ❶ (*kehrtmachen*) to turn back ❷ (*abbiegen*) **nach links/rechts ~** to take the left/right road/path/etc.; *Pfad, Straße* to bend to the left/right
um|bil·den *vt* to reshuffle
Um·bil·dung *f* reshuffle
um|bin·den [ˈʊmbɪndn̩] *vt irreg* ■ **jdm etw ~** to put sth around sb's neck; (*mit Knoten a.*) to tie sth around sb's neck;

■ **sich** *dat* **etw ~** to put on *sep* sth; (*mit Knoten a.*) to tie on *sep* sth
um|blät·tern *vi* to turn over
um|bli·cken *vr* ❶ (*nach hinten blicken*) ■ **sich ~** to look back; ■ **sich nach jdm/etw ~** to turn round to look at sb/sth ❷ (*zur Seite blicken*) **sich nach links/rechts ~** to look to the left/right; (*vor Straßenüberquerung a.*) to look left/right; **sich nach allen Seiten ~** to look in all directions
um|brin·gen *irreg* I. *vt* to kill; (*vorsätzlich a.*) to murder (**durch** with); **jdn mit einem Messer ~** to stab sb to death II. *vr* ■ **sich ~** to kill oneself ▶ **sich** [**fast**] **vor Freundlichkeit/Höflichkeit ~** to [practically] fall over oneself to be friendly/polite
Um·bruch [ˈʊmbrʊx, *pl* ˈʊmbrʏçə] *m* ❶ (*grundlegender Wandel*) radical change ❷ *kein pl* TYPO making up *no pl*
um|bu·chen I. *vt* ❶ *Reise* ■ **etw ~** to alter one's booking/reservation for sth (**auf** to); **den Flug auf einen anderen Tag ~** to change one's flight reservation to another day ❷ *Geld* to transfer (**auf** to) II. *vi* to alter one's booking/reservation (**auf** to)
um|de·fi·nie·ren* [ʊmdefiˈniːrən] *vt* to redefine
um|den·ken *vi irreg* ■ [**in etw** *dat*] ~ to change one's ideas/views [of sth]
um|dis·po·nie·ren* *vi* to change one's plans
um|dre·hen I. *vt haben* ❶ (*auf die andere Seite drehen*) to turn over *sep* ❷ (*herumdrehen*) to turn II. *vr haben* ■ **sich ~** to turn round III. *vi sein o haben* to turn round; *Mensch a.* to turn back
Um·dre·hung [ʊmˈdreːʊŋ] *f* AUTO revs *pl*
Um·dre·hungs·zahl *f* number of revolutions per minute/second
um·ei·nan·der [ʊmʔai̯ˈnandɐ] *adv* about each other; **wir haben uns nie groß ~ gekümmert** we never really had much to do with each other
um|er·zie·hen* [ˈʊmɛɐ̯tsiːən] *vt irreg* to re-educate
um|fah·ren[1] [ˈʊmfaːrən] *irreg vt* (*fam*) ❶ (*überfahren*) to run over *sep* ❷ *Baum etc* to hit
um·fah·ren***[2] [ʊmˈfaːrən] *vt irreg* (*vor etw ausweichen*) to circumvent *form*; *Auto a.* to drive around
Um·fah·rung <-, -en> [ʊmˈfaːrʊŋ] *f* ÖSTERR, SCHWEIZ bypass
um|fal·len *vi irreg sein* ❶ (*umkippen*) to topple over; *Baum a.* to fall [down] ❷ (*zu Boden fallen*) to fall over; (*schwerfällig*) to

slump to the floor/ground; **tot ~** to drop [down] dead ❸ *(fam: die Aussage widerrufen)* to retract one's statement

Ụm·fang <-[e]s, Umfänge> *m* ❶ *(Perimeter)* circumference; *eines Baums a.* girth ❷ *(Ausdehnung)* area ❸ *(Ausmaß)* **in großem ~** on a large scale; **in vollem ~** completely

ụm·fang·reich *adj* extensive; *Buch* thick

um·fas·sen* [ʊmˈfasn̩] *vt* ❶ *(umschließen)* to clasp; *(umarmen)* to embrace ❷ *(aus etw bestehen)* to comprise

um·fas·send [ʊmˈfasn̩t] *adj* ❶ *(weitgehend)* extensive ❷ *(alles enthaltend)* full

Ụm·feld *nt* sphere

ụm|for·men *vt* to transform

Ụm·fra·ge *f* survey; POL [opinion] poll; **eine ~ machen** to hold a survey (**zu/über** on)

ụm|fül·len *vt* ■ **etw [in etw** *akk*] **~** to transfer sth [into sth]; **Wein in eine Karaffe ~** to decant wine

ụm|funk·ti·o·nie·ren* *vt* to turn (**zu** into)

Ụm·gang <-gänges> *m* ❶ *(gesellschaftlicher Verkehr)* dealings *pl;* **kein ~ für jdn sein** to be not fit company for sb ❷ *(Beschäftigung)* ■ **jds ~ mit etw** *dat* sb's having to do with sth

um·gäng·lich [ˈʊmɡɛŋlɪç] *adj* friendly; *(entgegenkommend)* obliging

Ụm·gangs·for·men *pl* [social] manners *pl*

Ụm·gangs·spra·che *f* ❶ LING colloquial speech *no pl;* **die griechische ~** colloquial Greek ❷ *(übliche Sprache)* **in dieser Schule ist Französisch die ~** the language spoken at this school is French

ụm·gangs·sprach·lich *adj* colloquial

Ụm·gangs·ton *m* tone

um·gar·nen* [ʊmˈɡarnən] *vt (geh)* to ensnare

um·ge·ben* [ʊmˈɡeːbn̩] *irreg* I. *vt* ❶ *(einfassen)* to surround ❷ *(sich rings erstrecken) etw von drei Seiten ~* to lie to three sides of sth II. *vr* ■ **sich mit jdm/etw ~** to surround oneself with sb/sth

Ụm·ge·bung <-, -en> [ʊmˈɡeːbʊŋ] *f* ❶ *(umgebende Landschaft)* environment, surroundings *pl; einer Stadt a.* environs *npl;* *(Nachbarschaft)* vicinity ❷ *(jdn umgebender Kreis)* people around one

ụm|ge·hen¹ [ˈʊmɡeːən] *vi irreg sein* ❶ *(behandeln)* to treat; **mit jdm nicht ~ können** to not know how to handle sb; **mit etw** *dat* **gleichgültig/vorsichtig ~** to handle sth indifferently/carefully ❷ *Gerücht* to circulate ❸ *(spuken)* **im Schloss geht ein Gespenst um** the castle is haunted [by a ghost]

um·ge·hen*² [ʊmˈɡeːən] *vt irreg* ❶ *(vermeiden)* to avoid ❷ *(an etw vorbei handeln)* to circumvent *form*

um·ge·hend [ˈʊmɡeːənt] I. *adj* immediate II. *adv* immediately

Ụm·ge·hung¹ <-, -en> [ʊmˈɡeːʊŋ] *f* ❶ *(das Vermeiden)* avoidance *no pl* ❷ *(das Umgehen)* circumvention *no pl*

Ụm·ge·hung² <-, -en> [ʊmˈɡeːʊŋ] *f,* **Ụm·ge·hungs·stra·ße** *f* bypass

ụm·ge·kehrt I. *adj* reverse *attr;* **in ~er Reihenfolge** in reverse order; *(rückwärts)* backwards; *Richtung* opposite; **[es ist] gerade ~!** just the opposite! II. *adv* the other way round

Ụm·ge·stal·tung <-, -en> *f* reorganization *no pl; von Gesetzeswerk, Verfassung* reformation *no pl; eines Parks, Schaufensters* redesign *no pl; Anordnung* rearrangement *no pl*

ụm|ge·wöh·nen* *vr* ■ **sich ~** to re-adapt

ụm|gra·ben *vt irreg* to dig over *sep*

Ụm·hang <-[e]s, Umhänge> *m* cape

um|hän·gen¹ [ˈʊmhɛŋən] *vt (umlegen)* ■ **sich** *dat* **etw ~** to put on *sep* sth; ■ **jdm etw ~** to wrap sth around sb

um|hän·gen² [ˈʊmhɛŋən] *vt (woanders hinhängen)* ■ **etw ~** to rehang sth, to hang sth somewhere else

Ụm·hän·ge·ta·sche *f* shoulder bag

ụm|hau·en [ˈʊmhaʊən] *vt irreg (fam)* ❶ *(fällen)* to chop down *sep; Bäume* to fell ❷ *(völlig verblüffen)* to stagger ❸ *(lähmen)* to knock out *sep*

um·her [ʊmˈheːɐ̯] *adv* around; **überall ~** everywhere; **weit ~** all around

um·her|bli·cken [ʊmˈheːɐ̯blɪkn̩] *vi* to glance around **um·her|ge·hen** *vi irreg sein* ■ **in etw** *dat* ~ to walk about sth **um·her|ir·ren** *vi sein* to wander about **um·her|lau·fen** *vi irreg sein* ■ **[in etw** *dat*] **~** to walk around [sth]; *(rennen)* to run around [sth] **um·her|zie·hen** *vi irreg sein* to wander [*or* roam] about [*or* around]

um·hin|kön·nen [ʊmˈhɪnkœnən] *vi irreg* **jd kann nicht umhin, etw zu tun** sb cannot avoid doing sth

ụm|hö·ren *vr* ■ **sich ~** to ask around

ụm·ju·belt *adj* extremely popular

um·kämpft [ʊmˈkɛmpft] *adj* disputed

Ụm·kehr <-> [ˈʊmkeːɐ̯] *f kein pl* turning back

ụm·kehr·bar *adj* reversible; ■ **nicht ~** irreversible

ụm|keh·ren I. *vi sein* to turn back II. *vt haben (geh)* to reverse

Ụm·keh·rung <-, -en> *f (geh)* reversal

um|kip·pen I. *vi sein* ① (*seitlich umfallen*) to tip over; *Stuhl, Fahrrad* to fall over ② (*fam: bewusstlos zu Boden fallen*) to pass out ③ (*sl: die Meinung ändern*) to come round ④ ÖKOL to become polluted ⑤ (*ins Gegenteil umschlagen*) ■**in etw** *akk* ~ to turn into sth; **seine Laune kann von einer Minute auf die andere** ~ his mood can blow hot and cold from one minute to the next II. *vt haben* to tip over *sep*

um·klam·mern* [ʊmˈklamɐn] *vt* ① (*sich an jdm festhalten*) ■**jdn** ~ to cling [on] to sb ② (*fest umfassen*) ■**etw** ~ to hold sth tight

Um·klam·me·rung <-, -en> *f* ① *kein pl* (*Umarmung*) embrace ② (*umklammernder Griff*) clutch; SPORT clinch

um|klap·pen *vt* to fold down *sep*

Um·klei·de·ka·bi·ne *f* changing cubicle [*or* AM stall]

Um·klei·de·raum *m* changing room

um|kni·cken I. *vi sein* ① (*brechen*) *Stab, Zweig* to snap ② (*zur Seite knicken*) [**mit dem Fuß**] ~ to twist one's ankle II. *vt haben* to snap; (*Papier, Pappe*) to fold over; (*Pflanze, Trinkhalm*) to bend [over]

um|kom·men *vi irreg sein* ① (*sterben*) to be killed (**bei**/**in** in) ② (*fam: verderben*) to go off ③ (*fam: es nicht mehr aushalten*) to be unable to stand sth [any longer]; **vor Langeweile** ~ to be bored to death

Um·kreis *m* vicinity; **im** ~ **von 100 Metern** within a radius of 100 metres

um·krei·sen* [ʊmˈkraɪzn̩] *vt* ASTRON, RAUM to orbit

um|krem·peln *vt* ① (*aufkrempeln*) ■**sich** *dat* **etw** *akk* ~ to roll up *sep* sth; (*Hosenbein*) to turn up *sep* sth ② (*gründlich durchsuchen*) ■**etw** ~ to turn sth upside down ③ (*grundlegend umgestalten*) ■**etw/jdn** ~ to give sth/sb a good shake up

um|la·den *vt irreg* to reload

um·la·gern* [ʊmˈlaːɡɐn] *vt* to surround

Um·land *nt kein pl* surrounding area

Um·lauf [ˈʊmlaʊ̯f, *pl* -lɔʏfə] *m* ① ASTRON rotation ② (*internes Rundschreiben*) circular ③ (*Weitergabe von Person zu Person*) **etw in** ~ **bringen** to circulate sth; *Gerücht, Lüge* to spread sth; (*etw kursieren lassen*) *Geld* to put into circulation

Um·lauf·bahn *f* orbit

Um·laut *m* umlaut

um|le·gen [ˈʊmleːɡn̩] *vt* ① *Schalter* to turn ② (*um Körperteil legen*) ■**jdm/sich etw** ~ to put sth around sb/oneself ③ (*flachdrücken*) to flatten ④ (*fällen*) to bring down *sep* ⑤ (*sl: umbringen*) ■**jdn** ~ to do in *sep* sb; (*mit Pistole*) to bump off *sep* sb ⑥ ([*auf einen anderen Zeitpunkt*] *verlegen*) to reschedule (**auf** for)

um|lei·ten *vt* to divert

Um·lei·tung <-, -en> *f* diversion

um·lie·gend [ˈʊmliːɡn̩t] *adj* surrounding

um|mel·den *vt* **jdn/sich an einen anderen Wohnort** ~ to register sb's/one's change of address

um|mün·zen *vt* (*pej fam*) ■**etw zu etw** *dat* ~ to convert sth into sth

um·nach·tet [ʊmˈnaxtət] *adj* **geistig** ~ [**sein**] (*geh*) [to be] mentally deranged

um|or·ga·ni·sie·ren* *vt* to reorganize

um|pflü·gen [ˈʊmpflyːɡn̩] *vt* to plough up *sep*

um|pro·gram·mie·ren *vt* INFORM to reprogram

um·rah·men* [ʊmˈraːmən] *vt* ① (*einrahmen*) to frame ② HORT to border

um·ran·den* [ʊmˈrandn̩] *vt* to circle

um|räu·men I. *vi* to rearrange II. *vt* ① (*woandershin räumen*) ■**etw** [**irgendwohin**] ~ to move sth [somewhere] ② (*die Möblierung umordnen*) to rearrange

um|rech·nen *vt* to convert (**in** into)

Um·rech·nung <-, -en> *f* conversion

Um·rech·nungs·kurs *m* exchange rate

um·rei·ßen* [ʊmˈraɪsn̩] *vt irreg* ■**etw** ~ (*Situation, Lage*) to outline sth; (*Ausmaß, Kosten*) to estimate sth

um|ren·nen *vt irreg* ■**jdn/etw** ~ to [run into and] knock sb/sth over

um·rin·gen* [ʊmˈrɪŋən] *vt* ■**jdn/etw** ~ to surround sb/sth; (*drängend umgeben*) to crowd around sb/sth

Um·riss[RR] *m meist pl*, **Um·riß**[ALT] *m meist pl* contour[s *pl*], outline[s *pl*]; **in Umrissen** in outline

um·ris·sen *adj* well defined; **fest** ~ **e Vorstellungen** clear-cut impressions

um|rüh·ren *vi, vt* to stir

ums [ʊms] = **um das** (*fam*) *s.* **um**

um|sat·teln *vi* (*fam*) [**auf einen anderen Beruf**] ~ to change jobs

Um·satz *m* turnover

Um·satz·stei·ge·rung *f* increase in turnover **Um·satz·steu·er** *f* sales tax

um·säu·men* [ʊmˈzɔʏmən] *vt* (*geh*) ■**etw** ~ to line sth

um|schal·ten I. *vi* ① RADIO, TV to switch over; **auf einen anderen Kanal/Sender** ~ change the channel/station ② *Ampel* to change; **auf Rot/Orange/Grün** ~ to turn red/amber [*or* AM yellow]/green ③ (*fam: sich einstellen*) to adapt (**auf** to)

II. *vt* RADIO, TV (*auf anderen Sender wechseln*) ■ **etw auf etw** *akk* ~ to switch sth to sth; **das Fernsehgerät/Radio** [*o* SÜDD, ÖSTERR, SCHWEIZ **den Radio**] ~ to change the television channel/radio station

Um·schau *f* **nach jdm/etw** ~ **halten** to look out for sb/sth

um|schau·en *vr* (*geh*) *s.* **umsehen**

Um·schlag¹ <-[e]s> *m kein pl* ÖKON transfer

Um·schlag² <-[e]s, -schläge> *m* ❶ (*Kuvert*) envelope ❷ (*Buch~*) jacket ❸ MED compress

um|schla·gen¹ ['ʊmʃlaːgn̩] *irreg* **I.** *vt* **haben Kragen** to turn down *sep*; **Ärmel** to turn up *sep* **II.** *vi sein* METEO to change

um|schla·gen² ['ʊmʃlaːgn̩] *vt irreg* (*umladen*) to transfer

Um·schlag·platz *m* place of transshipment

um·schlie·ßen* [ʊmˈʃliːsn̩] *vt irreg* ❶ (*umgeben, umzingeln*) to enclose ❷ (*geh: umarmen*) **jdn/etw mit den Armen** ~ to take sb/sth in one's arms ❸ (*eng anliegen*) ■ **jdn/etw** ~ to fit sb/sth closely ❹ (*einschließen*) to include

um·schlin·gen* [ʊmˈʃlɪŋən] *vt irreg* ❶ (*geh: eng umfassen*) to embrace; **jdn mit den Armen** ~ to hold sb tightly in one's arms ❷ BOT to twine around

um·schlun·gen *adj* **eng** ~ with one's arms tightly around one another; **jdn [fest] ~ halten** (*geh*) to hold sb [tightly] in one's arms

um|schnal·len *vt* ■ **etw** ~ to buckle on *sep* sth

um·schrei·ben¹ ['ʊmʃraɪbn̩] *vt irreg* ❶ (*grundlegend umarbeiten*) to rewrite ❷ (*im Grundbuch übertragen*) to transfer (**auf** to)

um·schrei·ben*² [ʊmˈʃraɪbn̩] *vt irreg* ❶ (*indirekt ausdrücken*) to talk around ❷ (*beschreiben*) to outline; (*in andere Worten fassen*) to paraphrase

um|schu·len *vt* ❶ (*für andere Tätigkeit ausbilden*) to retrain (**zu** as); ■ **sich ~ lassen** to undergo retraining ❷ (*auf andere Schule schicken*) ■ **jdn** ~ to transfer sb to another school

Um·schu·lung *f* ❶ (*Ausbildung für andere Tätigkeit*) retraining ❷ SCH transfer

um|schüt·ten *vt* ❶ (*verschütten*) to spill ❷ (*umwerfen*) to upset

um·schwär·men* [ʊmˈʃvɛrmən] *vt* to idolize; (*bedrängen*) to swarm around

Um·schwei·fe ['ʊmʃvaɪfə] *pl* **ohne ~** without mincing one's words; **keine ~!** stop beating about the bush!

Um·schwung *m* ❶ (*plötzliche Veränderung*) drastic change ❷ SCHWEIZ (*umgebendes Gelände*) surrounding property

um·se·geln* [ʊmˈzeːgl̩n] *vt* to sail around

um|se·hen *vr irreg* ❶ (*in Augenschein nehmen*) ■ **sich irgendwo/bei jdm** ~ to have [*or esp* AM take] a look around somewhere/in sb's home ❷ (*nach hinten blicken*) ■ **sich** ~ to look back [*or* BRIT round]; ■ **sich nach jdm/etw** ~ to turn to look at sb/sth ❸ (*suchen*) ■ **sich nach jdm/etw** ~ to look around for sb/sth

um·sei·tig ['ʊmzaɪtɪç] *adj, adv* overleaf

um|set·zen¹ ['ʊmzɛtsn̩] *vt* ❶ (*an anderen Platz setzen*) to move ❷ (*umwandeln*) to convert (**in** to); **etw in die Praxis** ~ to put sth to practice

um|set·zen² ['ʊmzɛtsn̩] *vt* (*verkaufen*) to turn over

Um·set·zung <-, -en> *f* ❶ (*Übertragung*) transfer; (*Versetzung*) transfer of duties; **~ eines Beamten** transfer of an official to a different position ❷ *Pflanze* transplant[ing]; (*in einen anderen Topf*) repotting ❸ (*Verwirklichung*) realization; *eines Plans* implementation ❹ TECH, PHYS conversion ❺ ÖKON turnover

Um·sicht *f kein pl* prudence

um·sich·tig **I.** *adj* prudent **II.** *adv* prudently

um|sie·deln **I.** *vt haben* to resettle **II.** *vi sein* ■ **irgendwohin ~** to resettle somewhere

Um·sied·lung <-, -en> *f* resettlement

um·sonst [ʊmˈzɔnst] *adv* ❶ (*gratis*) for free, free of charge; (*Werbegeschenk*) to be complimentary ❷ (*vergebens*) in vain; ■ **~ sein** to be pointless; **nicht ~** not without reason

um·sor·gen* [ʊmˈzɔrgn̩] *vt* ■ **jdn ~** to look after sb

Um·span·ner *m* ELEK [voltage] transformer

um|sprin·gen ['ʊmʃprɪŋən] *vi irreg sein* ❶ (*grob behandeln*) ■ **mit jdm grob ~** to treat sb roughly; **so lasse ich nicht mit mir ~!** I won't be treated like that! ❷ METEO to veer round ❸ *Ampel* to change (**auf** to)

um·spü·len* [ʊmˈʃpyːlən] *vt* (*geh*) to wash around [*or* BRIT round]

Um·stand <-[e]s, -stände> *m* ❶ (*wichtige Tatsache*) fact; **mildernde Umstände** JUR mitigating circumstances; **den Umständen entsprechend [gut]** [as good] as can be expected under the circumstances; **unter Umständen** possibly; **unter diesen Umständen hätte ich das nie unter-**

schrieben I would never have signed this under these circumstances; **unter allen Umständen** at all costs ❷ *pl* (*Schwierigkeiten*) trouble; **nicht viele Umstände [mit jdm/etw] machen** to make short work [of sb/sth]; **ohne [große] Umstände** without a great deal of fuss; **bitte keine Umstände!** please don't put yourself out! ❸ *pl* (*Förmlichkeiten*) fuss; **wozu die Umstände?** what's this fuss all about? ▶ **in anderen Umständen sein** to be expecting

um·stän·de·hal·ber *adv* due to circumstances

um·ständ·lich ['ʊmʃtɛntlɪç] I. *adj* ❶ (*mit großem Aufwand verbunden*) laborious; (*Anweisung, Beschreibung*) elaborate; (*Aufgabe, Reise*) complicated; (*Erklärung, Anleitung*) long-winded; ■ **~ sein** to be inconvenient; ■ **etw ist jdm zu ~** sth's too much [of a] bother for sb ❷ (*unpraktisch veranlagt*) ■ **~ sein** to be awkward II. *adv* ❶ (*weitschweifig*) long-windedly ❷ (*mühselig und aufwändig*) laboriously

Um·stands·kleid *nt* maternity dress **Um·stands·wort** *nt s.* **Adverb**

um·ste·hend ['ʊmʃteːənt] *adj attr* ❶ (*ringsum stehend*) surrounding ❷ (*geh*) *s.* **umseitig**

um|stei·gen *vi irreg sein* ❶ TRANSP to change; **in Mannheim müssen Sie nach Frankfurt ~** in Mannheim you must change for Frankfurt ❷ (*überwechseln*) to switch [over] (**auf** to)

um|stel·len[1] ['ʊmʃtɛlən] I. *vt* ❶ (*anders hinstellen*) to move ❷ (*anders anordnen*) to reorder ❸ (*anders einstellen*) to switch over *sep* (**auf** to); **die Uhr ~** to turn the clock back/forward ❹ (*zu etw anderem übergehen*) to convert (**auf** to); **die Ernährung ~** to change one's diet II. *vi* (*zu etw anderem übergehen*) ■ **auf etw** *akk* **~** to change over to sth III. *vr* (*sich veränderten Verhältnissen anpassen*) ■ **sich ~** to adapt (**auf** to)

um|stel·len[*2] [ʊmˈʃtɛlən] *vt* (*umringen*) ■ **jdn/etw ~** to surround sb/sth

Um·stel·lung *f* ❶ (*Übergang*) change (**von** from, **auf** to, *in* (*Beheizung, Ernährung*) conversion ❷ (*Anpassung an veränderte Verhältnisse*) adjustment

um|stim·men *vt* ■ **jdn ~** to change sb's mind; ■ **sich [von jdm] ~ lassen** to let oneself be persuaded [by sb]

um|sto·ßen *vt irreg* ❶ (*umkippen*) to knock over *sep* ❷ (*rückgängig machen*) to upset; (*Plan*) to upset

um·strit·ten [ʊmˈʃtrɪtn̩] *adj* ❶ (*noch nicht entschieden*) disputed ❷ (*in Frage gestellt*) controversial

um|struk·tu·rie·ren* *vt* to restructure
Um·struk·tu·rie·rung *f* restructuring
um|stül·pen ['ʊmʃtʏlpn̩] *vt* ❶ (*das Innere nach außen kehren*) to turn out *sep* ❷ (*auf den Kopf stellen*) to turn upside down *sep*
Um·sturz *m* coup [d'état]
um|stür·zen I. *vi sein* to fall II. *vt haben* to knock over *sep*; (*politisches Regime etc*) to overthrow
Um·tausch *m a.* FIN exchange (**gegen** for)
um|tau·schen *vt* to exchange (**in/gegen** for); ■ **jdm etw ~** to exchange sth for sb; (*Währung*) to change (**in** into)
um|top·fen *vt* to repot
UMTS <-> [uː?ɛmteː'?ɛs] *nt kein pl Abk von* **Universal Mobile Telecommunications System** TELEC UMTS
Um·wäl·zung <-, -en> *f* ❶ *kein pl* TECH circulation ❷ (*grundlegende Veränderung*) revolution
um|wan·deln ['ʊmvandl̩n] *vt* to convert (**in** into); **wie umgewandelt sein** to be a changed person
Um·wand·lung *f* conversion
Um·weg *m* detour
Um·welt ['ʊmvɛlt] *f kein pl* environment
um·welt·be·las·tend *adj* damaging to the environment *pred*, environmentally harmful **Um·welt·be·las·tung** *f* environmental damage **um·welt·be·wusst**[RR] *adj* environmentally aware **Um·welt·be·wusst·sein**[RR] *nt kein pl* environmental awareness **Um·welt·ein·fluss**[RR] *m* environmental impact **Um·welt·er·zie·hung** *f kein pl* education on environmental issues **Um·welt·fak·tor** *m* environmental factor **um·welt·feind·lich** *adj* harmful to the environment **um·welt·freund·lich** *adj* environmentally friendly **Um·welt·ge·fahr** *f* endangering the environment **Um·welt·ge·fähr·dung** *f* environmental threat **um·welt·ge·recht** *adj* environmentally suitable **Um·welt·gift** *nt* environmental pollution **Um·welt·ka·ta·stro·phe** *f* ecological disaster **Um·welt·kri·mi·na·li·tät** *f* environmental crime **Um·welt·mi·nis·ter(in)** *m(f)* Minister for the Environment BRIT, Environmental Secretary AM **Um·welt·po·li·tik** *f* environmental policy **Um·welt·schä·den** *pl* environmental damage **Um·welt·schutz** *m* conservation **Um·welt·schüt·zer(in)** *m(f)* environmentalist **Um·welt·schutz·pa·pier** *nt* recycled paper **Um·welt·schutz·tech·**

nik f conservation technology **Um·welt·steu·er** f ecology tax **Um·welt·sün·de** f (fam) crime against the environment, violation of the environment **Um·welt·sün·der(in)** m(f) (fam) s. **Umweltverschmutzer** 1 **Um·welt·tech·no·lo·gie** f ① (zum Schutz der Umwelt) environmental technology ② (umweltschonend) green technology **Um·welt·ver·gif·tung** f pollution [of the environment] **Um·welt·ver·schmut·zer(in)** <-s, -> m(f) ① (die Umwelt verschmutzender Mensch) **ein ~ sein** to be environmentally irresponsible ② (Quelle der Umweltverschmutzung) pollutant **Um·welt·ver·schmut·zung** f pollution **um·welt·ver·träg·lich** adj environmentally friendly **Um·welt·ver·träg·lich·keit** f kein pl environmental tolerance **Um·welt·ver·träg·lich·keits·prü·fung** f environmental assessment **Um·welt·vor·schrift** f environmental regulation usu pl **Um·welt·zer·stö·rung** f destruction of the environment **um·wer·ben*** [ʊmˈvɛrbn̩] vt irreg ■ **jdn ~** to woo sb

um|wer·fen vt irreg ① (zum Umfallen bringen) to knock over sep ② (fam: fassungslos machen) to bowl over sep ③ (zunichtemachen) ■ **etw ~** (Ordnung, Plan) to upset sth; (Vorhaben) to knock sth on the head ④ (rasch umlegen) ■ **jdm etw ~** to throw sth on sb; **er warf seinen Mantel um** he threw on his coat

um·wer·fend adj incredible

um·wi·ckeln* [ʊmˈvɪkl̩n] vt ■ **etw mit etw** dat **~** to wrap sth around sth

um·zäu·nen* vt to fence in sep

um|zie·hen¹ [ˈʊmtsiːən] vi irreg sein to move [house]

um|zie·hen² [ˈʊmtsiːən] vt irreg ■ **sich ~** to get changed

um·zin·geln* [ʊmˈtsɪŋl̩n] vt to surround; (durch die Polizei) to cordon off sep

Um·zug m ① (das Umziehen) move ② (Parade) parade

Um·zugs·kar·ton m removal [or AM moving] box

UN <-> [uːˈʔɛn] pl Abk von **Vereinte Nationen** UN

un·ab·än·der·lich [ʊnapˈʔɛndɐlɪç] adj unchangeable; (Tatsache) well-established; (Entschluss) irrevocable, irreversible

un·ab·hän·gig [ˈʊnaphɛŋɪç] adj ① (von niemandem abhängig) independent (**von** of) ② (ungeachtet) ■ **~ von etw** dat regardless of sth; **~ davon, ob/wann/was/wie ...** regardless of whether/when/what/how ...; **~ voneinander** separately

Un·ab·hän·gig·keit f kein pl a. POL independence (**von** of)

Un·ab·hän·gig·keits·er·klä·rung f declaration of independence

un·ab·kömm·lich [ʊnˈʔapkœmlɪç] adj unavailable

un·ab·läs·sig [ʊnapˈlɛsɪç] I. adj unremitting; (Lärm) incessant; (Versuche, Bemühungen) unceasing II. adv incessantly

un·ab·seh·bar [ʊnapˈzeːbaːɐ̯] adj unforeseeable; (Schäden) incalculable

un·ab·sicht·lich [ʊnˈʔapzɪçtlɪç] I. adj unintentional; (Beschädigung) accidental II. adv accidentally

un·acht·sam [ˈʊnʔaxtzaːm] adj careless; (unsorgsam) thoughtless; (unaufmerksam) inattentive

Un·acht·sam·keit f carelessness

un·an·fecht·bar [ʊnanˈfɛçtbaːɐ̯] adj ① JUR incontestable ② (unbestreitbar) irrefutable; (Tatsache) indisputable

un·an·ge·bracht [ˈʊnʔangəbraxt] adj ① (nicht angebracht) misplaced ② (unpassend) inappropriate

un·an·ge·foch·ten [ˈʊnʔangəfɔxtn̩] I. adj unchallenged II. adv without challenger; **er liegt ~ an der Spitze** he remains unchallenged at the top

un·an·ge·mel·det [ˈʊnʔangəmɛldət] adj, adv unannounced; (Patient) without an appointment

un·an·ge·mes·sen [ˈʊnʔangəmɛsn̩] I. adj ① (überhöht) unreasonable ② (nicht angemessen) inappropriate II. adv unreasonably

un·an·ge·nehm [ˈʊnʔangənɛːm] I. adj ① (nicht angenehm) unpleasant ② (peinlich) ■ **jdm ist etw ~** sb feels bad about sth ③ (unsympathisch) unpleasant; **sie kann ganz schön ~ werden** she can get quite nasty II. adv unpleasantly

un·an·ge·tas·tet [ˈʊnʔangətastət] adj untouched

un·an·greif·bar [ʊnˈʔangraɪfbaːɐ̯] adj irrefutable, unassailable

Un·an·nehm·lich·keit [ˈʊnʔannɛːmlɪçkaɪt] f meist pl trouble no pl; **~en bekommen/haben** to get into/be in trouble

un·an·schau·lich [ʊnanˈʃaʊlɪç] adj abstract

un·an·sehn·lich [ˈʊnʔanzeːnlɪç] adj ① (unscheinbar) unprepossessing ② (heruntergekommen) shabby

un·an·stän·dig [ˈʊnʔanʃtɛndɪç] I. adj ① (obszön) dirty ② (rüpelhaft) rude II. adv rudely

Un·an·stän·dig·keit <-, -en> f ❶ kein pl (obszöne Art) rudeness, bad manners pl ❷ (Obszönität) dirt, smut pej
un·an·tast·bar [ʊnʔanˈtastbaːɐ̯] adj sacrosanct
un·ap·pe·tit·lich [ˈʊnʔapetiːtlɪç] adj ❶ (nicht appetitlich) unappetizing ❷ (ekelhaft) disgusting
Un·art [ˈʊnʔaːɐ̯t] f terrible habit
un·ar·tig [ˈʊnʔaːɐ̯tɪç] adj naughty
un·äs·the·tisch [ˈʊnʔɛsteːtɪʃ] adj unappetizing
un·auf·dring·lich [ˈʊnʔaʊfdrɪŋlɪç] adj ❶ (dezent) unobtrusive ❷ (nicht aufdringlich) discrete
un·auf·fäl·lig [ˈʊnʔaʊffɛlɪç] I. adj discrete II. adv discreetly
un·auf·find·bar [ʊnʔaʊfˈfɪntbaːɐ̯] adj nowhere to be found; (Person) untraceable
un·auf·ge·for·dert [ˈʊnʔaʊfɡəfɔrdɐt] I. adj unsolicited; (Kommentar, Bemerkung) uncalled-for II. adv without having been asked; ~ eingesandte Manuskripte unsolicited manuscripts
un·auf·halt·sam [ʊnʔaʊfˈhaltzaːm] I. adj unstoppable II. adv without being able to be stopped
un·auf·hör·lich [ʊnʔaʊfˈhøːɐ̯lɪç] I. adj constant II. adv ❶ (fortwährend) constantly ❷ (ununterbrochen) incessantly
un·auf·lös·lich [ʊnʔaʊfˈløːslɪç] adj ❶ CHEM indissoluble ❷ MATH insoluble ❸ Widerspruch, Bindung insoluble
un·auf·merk·sam [ˈʊnʔaʊfmɛrkzaːm] adj ❶ (nicht aufmerksam) inattentive ❷ (nicht zuvorkommend) thoughtless
Un·auf·merk·sam·keit f kein pl ❶ (unaufmerksames Verhalten) inattentiveness ❷ (unzuvorkommende Art) thoughtlessness
un·auf·rich·tig [ˈʊnʔaʊfrɪçtɪç] adj insincere (gegen[über] towards)
un·auf·schieb·bar [ʊnʔaʊfˈʃiːpbaːɐ̯] adj urgent
un·aus·ge·füllt [ˈʊnʔaʊsɡəfʏlt] adj ❶ (nicht ausgefüllt) blank ❷ (nicht voll beansprucht) unfulfilled
un·aus·ge·gli·chen [ˈʊnʔaʊsɡəɡlɪçən] adj unbalanced; (Mensch) moody; (Wesensart) uneven
Un·aus·ge·gli·chen·heit f moodiness
un·aus·ge·schla·fen [ˈʊnʔaʊsɡəʃlaːfn̩] I. adj tired II. adv not having slept long enough
un·aus·ge·spro·chen adj unspoken; ~ bleiben to be left unsaid
un·aus·ge·wo·gen adj unbalanced

un·aus·lösch·lich [ʊnʔaʊsˈlœʃlɪç] adj (geh) indelible
un·aus·rott·bar [ʊnʔaʊsˈrɔtbaːɐ̯] adj deep-rooted, ineradicable
un·aus·sprech·bar [ʊnʔaʊsˈʃprɛçbaːɐ̯] adj unpronounceable
un·aus·sprech·lich [ʊnʔaʊsˈʃprɛçlɪç] adj ❶ (unsagbar) inexpressible ❷ s. **unaussprechbar**
un·aus·steh·lich [ʊnʔaʊsˈʃteːlɪç] adj intolerable; Mensch, Art a. insufferable
un·aus·weich·lich [ʊnʔaʊsˈvaɪ̯çlɪç] I. adj inevitable II. adv inevitably
un·bän·dig [ˈʊnbɛndɪç] I. adj ❶ (ungestüm) boisterous ❷ (heftig) enormous; (Hunger) huge; (Wut) unbridled II. adv ❶ (ungestüm) boisterously ❷ (überaus) enormously
un·barm·her·zig [ˈʊnbarmhɛrtsɪç] I. adj merciless II. adv mercilessly
Un·barm·her·zig·keit f mercilessness
un·be·ab·sich·tigt I. adj (versehentlich) accidental; (nicht beabsichtigt) unintentional II. adv accidentally
un·be·ach·tet [ˈʊnbəʔaxtət] I. adj overlooked pred, unnoticed II. adv without any notice
un·be·auf·sich·tigt adj unattended
un·be·dacht [ˈʊnbədaxt] I. adj thoughtless; (Handlung) hasty; ■ ~ [von jdm] sein to be thoughtless [of sb] II. adv thoughtlessly; (handeln) hastily
un·be·darft [ˈʊnbədarft] adj simple-minded
un·be·denk·lich [ˈʊnbədɛŋklɪç] I. adj harmless; (Situation, Vorhaben) acceptable II. adv quite safely
un·be·deu·tend [ˈʊnbədɔʏ̯tn̩t] I. adj ❶ (nicht bedeutend) insignificant ❷ (geringfügig) minimal; (Änderung, Modifikation) minor II. adv insignificantly
un·be·dingt [ˈʊnbədɪŋt] I. adj attr absolute II. adv (auf jeden Fall) really; **erinnere mich ~ daran, sie anzurufen** you mustn't forget to remind me to call her; **nicht ~** not necessarily; **~!** absolutely!
un·be·fan·gen [ˈʊnbəfaŋən] I. adj ❶ (unvoreingenommen) objective; (Ansicht) unbiased ❷ (nicht gehemmt) uninhibited II. adv ❶ (unvoreingenommen) objectively; **etw ~ beurteilen** to judge sth impartially ❷ (nicht gehemmt) uninhibitedly
Un·be·fan·gen·heit f kein pl ❶ (Unvoreingenommenheit) objectiveness ❷ (ungehemmte Art) uninhibitedness
un·be·frie·di·gend [ˈʊnbəfriːdɪɡn̩t] I. adj unsatisfactory; ■ ~ **sein** to be unsatisfactory II. adv in an unsatisfactory way

un·be·frie·digt ['ʊnbəfri:dɪçt] *adj* unsatisfied (**von** with); (*Gefühl, Mensch*) dissatisfied

un·be·fris·tet ['ʊnbəfrɪstət] I. *adj* lasting for an indefinite period; (*Aufenthaltserlaubnis, Visum*) permanent; ■ **~ sein** to be [valid] for an indefinite period II. *adv* indefinitely; **~ gelten** to be valid indefinitely

un·be·fugt ['ʊnbəfu:kt] I. *adj* unauthorized II. *adv* without authorization

Un·be·fug·te(r) *f(m) dekl wie adj* unauthorized person

un·be·gabt ['ʊnbəga:pt] *adj* untalented; **für Mathematik bin ich einfach ~** I'm absolutely useless at maths

un·be·greif·lich ['ʊnbəgraɪflɪç] *adj* incomprehensible; (*Dummheit, Leichtsinn*) inconceivable

un·be·grenzt ['ʊnbəgrɛntst] I. *adj* unlimited; (*Vertrauen*) boundless II. *adv* indefinitely

un·be·grün·det ['ʊnbəgrʏndət] *adj* ❶ (*grundlos*) unfounded; (*Kritik, Maßnahme*) unwarranted ❷ JUR unfounded

un·be·haart ['ʊnbəha:ɐ̯t] *adj* hairless; (*Kopf*) bald

Un·be·ha·gen ['ʊnbəha:gn̩] *nt* apprehension

un·be·hag·lich ['ʊnbəha:klɪç] I. *adj* uneasy II. *adv* uneasily

un·be·herrscht ['ʊnbəhɛrʃt] I. *adj* uncontrolled; ■ **~ sein** to lack self-control II. *adv* ❶ (*ohne Selbstbeherrschung*) without self-control ❷ (*gierig*) greedily

un·be·hol·fen ['ʊnbəhɔlfn̩] I. *adj* (*schwerfällig*) clumsy; (*wenig gewandt*) awkward II. *adv* clumsily

Un·be·hol·fen·heit <-> *f kein pl* clumsiness

un·be·irr·bar [ʊnbə'ʔɪrba:ɐ̯] I. *adj* unwavering II. *adv* perseveringly

un·be·irrt [ʊnbə'ʔɪrt] *adv s.* **unbeirrbar**

un·be·kannt ['ʊnbəkant] *adj* unknown; ■ **jdm ~ sein** to be unknown to sb; (*Gesicht, Name, Wort*) to be unfamiliar to sb; **der Name ist mir ~** I have never come across that name before; **~ verzogen** moved — address unknown

Un·be·kann·te(r) *f(m)* stranger

un·be·klei·det ['ʊnbəklaɪdət] I. *adj* (*geh*) unclothed; ■ **~ sein** to have no clothes on II. *adv* (*geh*) without any clothes on

un·be·küm·mert ['ʊnbəkʏmɐt] I. *adj* carefree; **sei/seien Sie [ganz] ~** don't upset yourself II. *adv* in a carefree manner

un·be·las·tet ['ʊnbəlastət] I. *adj* ❶ (*frei*) ■ **von etw** *dat* **~ [sein]** [to be] free of sth ❷ FIN unencumbered II. *adv* freely; **er fühlt sich wieder frei und ~** he feels free and easy again

un·be·lebt ['ʊnbəle:pt] *adj* quiet; (*stärker*) deserted

un·be·lehr·bar ['ʊnbəle:ɐ̯ba:ɐ̯] *adj* obstinate

un·be·liebt ['ʊnbəli:pt] *adj* unpopular

Un·be·liebt·heit *f kein pl* unpopularity

un·be·mannt ['ʊnbəmant] *adj* RAUM unmanned

un·be·merkt ['ʊnbəmɛrkt] *adj, adv* unnoticed

un·be·nom·men *adj präd* (*geh*) **es bleibt jdm ~, etw zu tun** sb's free to do sth

un·be·nutzt ['ʊnbənʊtst] I. *adj* unused; (*Bett*) not slept in; (*Kleidung*) unworn II. *adv* unused, unworn

un·be·ob·ach·tet ['ʊnbəʔo:baxtət] *adj* unnoticed; (*Gebäude, Platz*) unwatched

un·be·quem ['ʊnbəkve:m] *adj* ❶ (*nicht bequem*) uncomfortable ❷ (*lästig*) awkward

un·be·re·chen·bar [ʊnbə'rɛçn̩ba:ɐ̯] *adj* ❶ (*nicht einschätzbar: Gegner, Mensch*) unpredictable ❷ (*nicht vorhersehbar*) unforeseeable

Un·be·re·chen·bar·keit *f kein pl* unpredictability

un·be·rech·tigt ['ʊnbərɛçtɪçt] *adj* unfounded; (*Vorwurf*) unwarranted

un·be·rück·sich·tigt ['ʊnbərʏkzɪçtɪçt] *adj* unconsidered

un·be·rührt ['ʊnbəry:ɐ̯t] *adj* ❶ (*im Naturzustand erhalten*) unspoiled ❷ (*nicht benutzt*) untouched

un·be·scha·det ['ʊnbəʃa:dət] *präp +gen* (*geh*) disregarding

un·be·schä·digt *adj* undamaged

un·be·schol·ten ['ʊnbəʃɔltn̩] *adj* upstanding

un·be·schrankt ['ʊnbəʃraŋkt] *adj* BAHN without barriers

un·be·schränkt ['ʊnbəʃrɛŋkt] *adj* unrestricted; (*Macht*) limitless; (*Möglichkeiten*) unlimited

un·be·schreib·lich ['ʊnbəʃraɪplɪç] I. *adj* ❶ (*maßlos*) tremendous ❷ (*nicht zu beschreiben*) indescribable II. *adv* **sich ~ freuen** to be enormously happy; **sich ~ ärgern** to be terribly angry

un·be·schrie·ben [ʊnbəʃri:bn̩] *adj* blank

un·be·schwert [ʊnbəʃve:ɐ̯t] *adj* carefree

un·be·sieg·bar [ʊnbə'zi:kba:ɐ̯] *adj* ❶ MIL (*a. fig*) invincible ❷ SPORT unbeatable

un·be·son·nen ['ʊnbəzɔnən] *adj* (*Entschluss*) rash; (*Wesensart*) impulsive

Un·be·son·nen·heit <-, -en> *f* ① *kein pl* (*unbesonnene Art*) impetuosity, impulsiveness ② (*unbesonnene Äußerung*) hasty remark ③ (*unbesonnene Handlung*) rashness

un·be·sorgt ['ʊnbəzɔrkt] I. *adj* unconcerned II. *adv* without worrying; **die Pilze kannst du ~ essen** you needn't worry about eating the mushrooms

un·be·stän·dig ['ʊnbəʃtɛndɪç] *adj* ① METEO unsettled ② (*wankelmütig*) fickle

Un·be·stän·dig·keit *f* ① METEO (*unbeständige Beschaffenheit*) unsettledness ② PSYCH (*Wankelmut*) changeability, fickleness

un·be·stech·lich ['ʊnbəʃtɛçlɪç] *adj* ① (*nicht bestechlich*) incorruptible ② (*nicht zu täuschen*) unerring

Un·be·stech·lich·keit *f* incorruptibility

un·be·stimmt ['ʊnbəʃtɪmt] *adj* ① (*unklar*) vague ② (*noch nicht festgelegt*) indefinite; (*Alter*) uncertain; (*Anzahl, Menge*) indeterminate; (*Grund, Zeitspanne*) unspecified

un·be·streit·bar ['ʊnbəʃtrajtbaːɐ̯] I. *adj* unquestionable II. *adv* unquestionably

un·be·strit·ten ['ʊnbəʃtrɪtn̩] I. *adj* ① (*nicht bestritten*) undisputed; (*Argument*) irrefutable ② JUR uncontested II. *adv* ① (*wie nicht bestritten wird*) unquestionably ② (*unstreitig*) unarguably

un·be·tei·ligt ['ʊnbətajlɪçt] *adj* ① (*an etw nicht beteiligt*) uninvolved ② (*desinteressiert*) indifferent; (*in einem Gespräch*) uninterested

un·be·tont ['ʊnbətoːnt] *adj* unstressed

un·be·trächt·lich ['ʊnbətrɛçtlɪç] *adj* insignificant; (*Problem*) minor; (*Preisänderung*) slight

un·beug·sam [ʊn'bɔykzaːm] *adj* ① (*nicht zu beeinflussen*) uncompromising ② (*unerschütterlich*) unshakable, unflagging, tireless

un·be·waff·net ['ʊnbəvafnət] *adj* unarmed

un·be·weg·lich ['ʊnbɛveːklɪç] *adj* ① (*starr*) fixed; (*Konstruktion, Teil*) immovable ② (*unveränderlich*) inflexible; (*Gesichtsausdruck*) rigid; (*fig*) unmoved

Un·be·weg·lich·keit <-> *f kein pl* ① (*sich nicht bewegen lassen*) stiffness, inflexibility ② (*Starre des Gesichtsausdrucks*) rigidity ③ (*unbeweglicher Zustand*) immovability

un·be·wohn·bar [ʊnbə'voːnbaːɐ̯] *adj* uninhabitable

un·be·wohnt *adj* ① (*nicht besiedelt*) uninhabited ② (*nicht bewohnt*) unoccupied

un·be·wusst^RR ['ʊnbəvʊst] I. *adj a.* PSYCH unconscious II. *adv* unconsciously

Un·be·wuss·te(s)^RR *nt kein pl* ■ **das ~** the unconscious

un·be·zahl·bar [ʊnbə'tsaːlbaːɐ̯] *adj* ① (*nicht aufzubringen*) totally unaffordable ② (*äußerst nützlich*) invaluable ③ (*immens wertvoll*) priceless

un·be·zähm·bar [ʊnbə'tsɛmbaːɐ̯] *adj* irrepressible; (*Lust, Zorn*) uncontrollable

un·be·zwing·bar [ʊnbə'tsvɪŋbaːɐ̯] *adj,* **un·be·zwing·lich** [ʊnbə'tsvɪŋlɪç] *adj* (*geh*) ① (*uneinnehmbar: Festung*) impregnable ② (*unbezähmbar*) uncontrollable ③ *s.* **unüberwindlich**

un·blu·tig ['ʊnbluːtɪç] I. *adj* ① (*ohne Blutvergießen*) bloodless ② MED non-invasive II. *adv* ① (*ohne Blutvergießen*) without bloodshed ② MED non-invasively

un·brauch·bar ['ʊnbrauxbaːɐ̯] *adj* useless

un·bü·ro·kra·tisch ['ʊnbyrokraːtɪʃ] I. *adj* unbureaucratic II. *adv* unbureaucratically

und [ʊnt] *konj* ① *verbindend* (*dazu*) and ② *konsekutiv* (*mit der Folge*) and ③ *konzessiv* (*selbst*) ■ **~ wenn jd etw tut** even if sb does sth; **~ wenn es auch stürmt und schneit, wir müssen weiter** we must continue our journey, come storm or snow ④ (*dann*) and ⑤ *fragend* (*aber*) and; **~ dann?** then what?; (*nun*) well?; (*herausfordernd: was soll's*) **na ~?** so what?

Un·dank ['ʊndaŋk] *m* (*geh*) ingratitude

un·dank·bar ['ʊndaŋkbaːɐ̯] *adj* ① (*nicht dankbar*) ungrateful ② (*nicht lohnend*) thankless

un·da·tiert ['ʊndatiːɐ̯t] *adj* undated

un·de·fi·nier·bar ['ʊndefiniːɐ̯baːɐ̯] *adj* indefinable

un·de·mo·kra·tisch ['ʊndemokraːtɪʃ] *adj* undemocratic

un·denk·bar [ʊn'dɛŋkbaːɐ̯] *adj* unthinkable

un·denk·lich [ʊn'dɛŋklɪç] *adj* **seit ~en Zeiten** since time immemorial

un·deut·lich ['ʊndɔytlɪç] I. *adj* ① (*nicht deutlich vernehmbar*) unclear ② (*nicht klar sichtbar*) blurred; (*Schrift*) illegible ③ (*vage*) vague II. *adv* ① (*nicht deutlich vernehmbar*) unclearly; **~ sprechen** to mumble ② (*nicht klar*) unclearly ③ (*vage*) vaguely

un·dicht ['ʊndɪçt] *adj* (*luftdurchlässig*) not airtight; (*wasserdurchlässig*) not watertight

Un·ding ['ʊndɪŋ] *nt kein pl* **ein ~ sein, [etw zu tun]** to be absurd [to do sth]

un·dis·zi·pli·niert [ʊndɪstsipliːniːɐ̯t] I. *adj* undisciplined II. *adv* in an undisciplined manner

Un·duld·sam·keit *f* intolerance (**gegenüber** +*dat* of)

un·durch·dacht [ʊnˈdʊrçdaxt] *adj* ill thought out

un·durch·dring·lich [ˈʊndʊrçdrɪŋlɪç] *adj* ❶ (*kein Durchdringen ermöglichend*) impenetrable ❷ (*verschlossen*) inscrutable

un·durch·führ·bar [ˈʊndʊrçfyːɐ̯baːɐ̯] *adj* impracticable, unfeasible; (*Vorhaben*) impracticable, unviable; (*Plan*) unworkable, unviable

un·durch·läs·sig [ˈʊndʊrçlɛsɪç] *adj* impermeable

un·durch·schau·bar [ʊndʊrçˈʃaʊbaːɐ̯] *adj* unfathomable; (*Verbrechen*) baffling; (*Wesensart, Miene*) enigmatic

un·durch·sich·tig [ˈʊndʊrçzɪçtɪç] *adj* ❶ (*nicht transparent*) non-transparent; (*Glas*) opaque ❷ (*fig: Geschäfte*) shadowy ❸ (*fig: zweifelhaft*) obscure

un·eben [ˈʊnʔeːbn̩] *adj* uneven; (*Straße*) bumpy

Un·eben·heit <-, -en> *f* ❶ *kein pl* (*unebene Beschaffenheit*) unevenness ❷ (*unebene Stelle*) bump

un·echt [ˈʊnʔɛçt] *adj* ❶ (*imitiert*) fake *usu pej*; *Haar* artificial; *Zähne* false ❷ (*unaufrichtig*) false

un·ehe·lich [ˈʊnʔeːəlɪç] *adj* illegitimate

un·ehren·haft [ˈʊnʔeːrənhaft] I. *adj* (*geh: unlauter*) *a.* MIL dishonourable II. *adv* ❶ (*unlauter*) dishonourably ❷ MIL dishonourably; **jdn ~ entlassen** to discharge sb for dishonourable conduct

un·ehr·lich [ˈʊnʔeːɐ̯lɪç] I. *adj* dishonest II. *adv* dishonestly

Un·ehr·lich·keit *f* dishonesty

un·ei·gen·nüt·zig [ˈʊnʔaɪɡn̩nʏtsɪç] *adj* selfless

un·ein·ge·schränkt [ˈʊnʔaɪŋɡəʃrɛŋkt] I. *adj* absolute; (*Handel*) free; (*Lob*) unreserved II. *adv* absolutely, unreservedly

un·ein·heit·lich *adj* varied

un·ei·nig [ˈʊnʔaɪnɪç] *adj* disagreeing; ■ **~ sein** to disagree (**in** on); ■ [**sich** *dat*] **mit jdm ~ sein** to disagree with sb

Un·ei·nig·keit *f* disagreement; [**über etw** *akk*] **herrscht ~** there are sharp divisions [over sth]

un·eins [ˈʊnʔaɪns] *adj präd s.* **uneinig**

un·ein·sich·tig [ˈʊnʔaɪnzɪçtɪç] *adj* unreasonable

un·ein·nehm·bar [ʊnʔaɪnˈneːmbaːɐ̯] *adj* impregnable

un·emp·fäng·lich [ˈʊnʔɛmpfɛŋlɪç] *adj* impervious (**für** to)

un·emp·find·lich [ˈʊnʔɛmpfɪntlɪç] *adj* insensitive (**gegen** to); (*durch Erfahrung*) inured; (*Pflanze*) hardy; (*Material*) practical

Un·emp·find·lich·keit *f kein pl* unsusceptibility, hardiness

un·end·lich [ʊnˈʔɛntlɪç] I. *adj* ❶ (*nicht überschaubar*) infinite ❷ (*unbegrenzt*) endless ❸ (*überaus groß*) infinite; *Strapazen* endless ❹ FOTO **etw auf ~ einstellen** to focus sth at infinity II. *adv* (*fam*) endlessly; **~ viele Leute** heaven knows how many people; **sich ~ freuen** to be terribly happy

Un·end·lich·keit *f kein pl* infinity

un·ent·behr·lich [ˈʊnʔɛntbeːɐ̯lɪç] *adj* ❶ (*unbedingt erforderlich*) essential; **sich ~ machen** to make oneself indispensable ❷ (*unverzichtbar*) indispensable

un·ent·gelt·lich [ˈʊnʔɛntɡɛltlɪç] I. *adj* free of charge; **die ~e Benutzung von etw** *dat* free use of sth II. *adv* for free

un·ent·rinn·bar [ʊnʔɛntˈrɪnbaːɐ̯] *adj* (*geh*) inescapable

un·ent·schie·den [ˈʊnʔɛntʃiːdn̩] I. *adj* ❶ SPORT drawn ❷ (*noch nicht entschieden*) undecided II. *adv* SPORT **~ ausgehen** to end in a draw; **~ spielen** to draw

Un·ent·schie·den <-s, -> [ˈʊnʔɛntʃiːdn̩] *nt* SPORT draw

un·ent·schlos·sen [ˈʊnʔɛntʃlɔsn̩] I. *adj* indecisive II. *adv* indecisively

Un·ent·schlos·sen·heit *f* indecision

un·ent·schuld·bar [ˈʊnʔɛntˈʃʊltbaːɐ̯] *adj* inexcusable; ■ **~ sein, dass jd etw getan hat** to be inexcusable of sb, to do sth

un·ent·schul·digt [ˈʊnʔɛntʃʊldɪçt] I. *adj* unexcused II. *adv* unexcused; **~ fehlen** to play truant, to cut class AM

un·ent·wegt [ʊnʔɛntˈveːkt] I. *adj* persevering; *Einsatz, Fleiß* untiring II. *adv* incessantly

un·ent·wirr·bar [ʊnʔɛntˈvɪrbaːɐ̯] *adj* *Geflecht, Knäuel* tangled; **eine ~e politische Lage** a complex political situation

un·er·bitt·lich [ˈʊnʔɛɐ̯ˈbɪtlɪç] *adj* ❶ (*nicht umzustimmen*) unrelenting ❷ (*gnadenlos*) pitiless

un·er·fah·ren [ˈʊnʔɛɐ̯faːrən] *adj* inexperienced

Un·er·fah·ren·heit *f* lack of experience

un·er·find·lich [ˈʊnʔɛɐ̯fɪntlɪç] *adj* (*geh*) incomprehensible

un·er·freu·lich [ˈʊnʔɛɐ̯frɔylɪç] I. *adj* unpleasant; *Neuigkeiten, Nachrichten* bad;

Zwischenfall unfortunate **II.** *adv* unpleasantly

un·er·gründ·bar [ʊnʔɛɐ̯'ɡrʏntbaːɐ̯] *adj*, **un·er·gründ·lich** [ʊnʔɛɐ̯'ɡrʏntlɪç] *adj* puzzling; (*Blick, Lächeln*) enigmatic

un·er·heb·lich ['ʊnʔɛɐhe:plɪç] **I.** *adj* insignificant; ■ ~ **sein, ob ...** to be irrelevant whether ... **II.** *adv* insignificantly

un·er·hört ['ʊnɛɐ̯'hø:ɐ̯t] **I.** *adj attr* ❶ (*pej: skandalös*) outrageous ❷ (*außerordentlich*) incredible **II.** *adv* ❶ (*skandalös*) outrageously ❷ (*außerordentlich*) incredibly

un·er·kannt ['ʊnʔɛɐ̯kant] *adv* unrecognized

un·er·klär·bar [ʊnʔɛɐ̯'klɛːɐ̯baːɐ̯] *adj*, **un·er·klär·lich** [ʊnʔɛɐ̯'klɛːɐ̯lɪç] *adj* inexplicable; ■ **jdm ist ~, warum/was/wie ...** sb cannot understand why/what/how ...

un·er·läss·lich^RR *adj*, **un·er·läß·lich**^ALT *adj* essential

un·er·laubt [ʊnʔɛɐ̯laʊ̯pt] **I.** *adj* ❶ (*nicht gestattet*) unauthorized ❷ JUR illegal **II.** *adv* without permission

un·er·le·digt ['ʊnʔɛɐ̯le:dɪçt] **I.** *adj* unfinished; (*Antrag*) incomplete; (*Post*) unanswered **II.** *adv* unfinished; **~ liegen bleiben** to be left unfinished

un·er·mess·lich^RR, **un·er·meß·lich**^ALT [ʊnʔɛɐ̯'mɛslɪç] (*geh*) **I.** *adj* ❶ (*schier unendlich*) immeasurable ❷ (*gewaltig*) immense; (*Wert, Wichtigkeit*) inestimable; (*Zerstörung*) untold **II.** *adv* immensely

un·er·müd·lich [ʊnʔɛɐ̯'my:tlɪç] **I.** *adj* tireless **II.** *adv* tirelessly

un·er·reich·bar [ʊnʔɛɐ̯'raɪ̯çbaːɐ̯] *adj* unattainable; (*telefonisch*) unavailable

un·er·sätt·lich [ʊnʔɛɐ̯'zɛtlɪç] *adj* insatiable; (*Wissensdurst*) unquenchable

un·er·schöpf·lich [ʊnʔɛɐ̯'ʃœpflɪç] *adj* inexhaustible

un·er·schro·cken ['ʊnʔɛɐ̯ʃrɔkn̩] **I.** *adj* fearless **II.** *adv* fearlessly

un·er·schüt·ter·lich [ʊnʔɛɐ̯'ʃʏtɐlɪç] *adj* unshakable **II.** *adv* unshakably

un·er·schwing·lich [ʊnʔɛɐ̯'ʃvɪŋlɪç] *adj* exorbitant; ■ **für jdn ~ sein** to be beyond sb's means

un·er·setz·lich [ʊnʔɛɐ̯'zɛtslɪç] *adj* indispensable; (*Wertgegenstand*) irreplaceable; (*Schaden*) irreparable

un·er·träg·lich [ʊnʔɛɐ̯'trɛːklɪç] **I.** *adj* ❶ (*nicht auszuhalten*) unbearable ❷ (*pej: unmöglich*) impossible **II.** *adv* ❶ (*nicht auszuhalten*) unbearably ❷ (*pej: unmöglich*) impossibly

un·er·war·tet ['ʊnʔɛɐ̯vartət] **I.** *adj* unexpected **II.** *adv* unexpectedly

un·er·wünscht ['ʊnʔɛɐ̯vʏnʃt] *adj* ❶ (*nicht willkommen*) unwelcome ❷ (*lästig*) undesirable

un·er·zo·gen ['ʊnʔɛɐ̯tso:ɡn̩] *adj* badly behaved

UNESCO <-> [u'nɛsko] *f Akr von* **United Nations Educational, Scientific and Cultural Organization** UNESCO; ■ **die ~** UNESCO

un·fä·hig ['ʊnfɛːɪç] *adj* ❶ (*inkompetent*) incompetent ❷ (*nicht imstande*) incapable; ■ **zu etw** *dat* **~** [**sein**] [to be] incapable of sth; ■ **~ sein, etw zu tun** to be incapable of doing sth

Un·fä·hig·keit *f kein pl* incompetence

un·fair ['ʊnfɛːɐ̯] **I.** *adj* unfair (**gegen**[**über**] to[wards]) **II.** *adv* unfairly

Un·fall ['ʊnfal] *m* accident

Un·fall·arzt, -ärz·tin *m, f* [medical] specialist for accident injuries **Un·fall·be·tei·lig·te(r)** <-n, -n> *f(m)* person involved in an accident **Un·fall·chir·ur·gie** *f* casualty surgery **Un·fall·flucht** *f* failure to stop after being involved in an accident; (*mit Verletzten*) hit-and-run [driving] **Un·fall·op·fer** *nt* accident victim **Un·fall·ort** *m* scene of an/the accident **Un·fall·quo·te** *f* accident quota **Un·fall·scha·den** *m* accident damage *no pl* **Un·fall·schutz** *m kein pl* accident prevention **Un·fall·sta·ti·on** *f* casualty [ward] BRIT, emergency room AM **Un·fall·stel·le** *f* place of the accident **Un·fall·ur·sa·che** *f* cause of an/the accident **Un·fall·ver·si·che·rung** *f* accident insurance **Un·fall·wa·gen** *m* car involved in an accident

un·fass·bar^RR *adj*, **un·faß·bar**^ALT [ʊn'fasbaːɐ̯] *adj*, **un·fass·lich**^RR *adj*, **un·faß·lich**^ALT [ʊn'faslɪç] *adj* ❶ (*unbegreiflich*) incomprehensible; (*Phänomen*) incredible; ■ **jdm ~ sein, was/wie ...** to be incomprehensible to sb, what/how ... ❷ (*unerhört*) outrageous

un·fehl·bar [ʊn'feːlbaːɐ̯] **I.** *adj* infallible; (*Geschmack*) impeccable; (*Gespür, Instinkt*) unerring **II.** *adv* without fail

Un·fehl·bar·keit <-> *f kein pl* infallibility

un·fein ['ʊnfaɪ̯n] *adj* unrefined

un·fer·tig ['ʊnfɛrtɪç] *adj* ❶ *Arbeiten, Erzeugnisse* unfinished, incomplete ❷ (*unreif*) immature

un·flä·tig ['ʊnflɛːtɪç] **I.** *adj* (*geh*) uncouth, crude; (*Ausdrucksweise*) obscene; (*Verhaltensweise*) coarse **II.** *adv* crudely, in an uncouth manner, coarsely

un·för·mig ['ʊnfœrmɪç] **I.** *adj* shapeless;

(*groß*) cumbersome; (*Gesicht*) misshapen; (*Bein*) unshapely **II.** *adv* shapelessly

un·fran·kiert ['ʊnfraŋkiːɐ̯t] **I.** *adj* unstamped **II.** *adv* without a stamp

un·frei·wil·lig ['ʊnfraivɪlɪç] **I.** *adj* ❶ (*gezwungen*) compulsory ❷ (*unbeabsichtigt*) unintentional **II.** *adv* ■*etw* ~ *tun* to be forced to do sth

un·freund·lich ['ʊnfrɔyntlɪç] **I.** *adj* ❶ (*nicht liebenswürdig*) unfriendly ❷ (*unangenehm*) unpleasant; (*Klima*) inhospitable; (*Jahreszeit, Tag*) dreary; (*Raum*) cheerless **II.** *adv* *jdn* ~ *behandeln* to be unfriendly to sb

Un·frie·de(n) ['ʊnfriːdə] *m kein pl* trouble; ~**n stiften** to cause trouble

un·frucht·bar ['ʊnfrʊxtbaːɐ̯] *adj* infertile

Un·frucht·bar·keit *f kein pl* ❶ MED infertility ❷ AGR barrenness

Un·fug <-s> ['ʊnfuːk] *m kein pl* nonsense; **mach keinen** ~! stop that nonsense!

Un·gar(in) <-n, -n> ['ʊŋɡar] *m(f)* Hungarian; *s. a.* **Deutsche(r)**

un·ga·risch ['ʊŋɡarɪʃ] *adj* Hungarian; *s. a.* **deutsch**

Un·garn <-s> ['ʊŋɡarn] *nt* Hungary; *s. a.* **Deutschland**

un·gast·lich ['ʊnɡastlɪç] *adj* uninviting, inhospitable *form*

un·ge·ach·tet ['ʊnɡəʔaxtət] *präp* +*gen* (*geh*) despite sth; ■~ *dessen, dass ...* in spite of the fact that ...

un·ge·ahnt ['ʊnɡəʔaːnt] *adj* undreamed of

un·ge·be·ten ['ʊnɡəbeːtn̩] **I.** *adj* unwelcome **II.** *adv* ❶ (*ohne eingeladen zu sein*) without being invited ❷ (*ohne aufgefordert zu sein*) without an invitation

un·ge·bil·det ['ʊnɡəbɪldət] *adj* uneducated

un·ge·bo·ren ['ʊnɡəboːrən] *adj* unborn

un·ge·bräuch·lich ['ʊnɡəbrɔyçlɪç] *adj* uncommon, not in use *pred;* (*Methode, Verfahren*) [out]dated

un·ge·bun·den ['ʊnɡəbʊndn̩] *adj* unattached

un·ge·deckt ['ʊnɡədɛkt] *adj* ❶ FIN uncovered ❷ (*noch nicht gedeckt*) unlaid

Un·ge·duld ['ʊnɡədʊlt] *f* impatience; **vor** ~ with impatience; **voller** ~ impatiently

un·ge·dul·dig ['ʊnɡədʊldɪç] **I.** *adj* impatient **II.** *adv* impatiently

un·ge·eig·net ['ʊnɡəʔaignət] *adj* unsuitable; ■~ *sein* to be unsuited (**für** to)

un·ge·fähr ['ʊnɡəfɛːɐ̯] **I.** *adv* ❶ (*zirka*) approximately, about *fam;* **um** ~ ... by about ...; (*Zeit*) at about ... ❷ (*etwa*) ~ **da** around

there, *esp* BRIT thereabouts; ~ **hier** around here; ~ **so** something like this/that ❸ (*in etwa*) more or less; **das dürfte** ~ **hinkommen** that's more or less it ▶**nicht von** ~ not for nothing **II.** *adj attr* approximate

un·ge·fähr·lich ['ʊnɡəfɛːɐ̯lɪç] *adj* harmless; ■~ *sein, etw zu tun* to be safe to do sth

un·ge·hal·ten ['ʊnɡəhaltn̩] **I.** *adj* (*geh*) indignant **II.** *adv* (*geh*) indignantly

un·ge·hemmt ['ʊnɡəhɛmt] **I.** *adj* uninhibited **II.** *adv* uninhibitedly

un·ge·heu·er ['ʊnɡəhɔyɐ] **I.** *adj* ❶ (*ein gewaltiges Ausmaß besitzend*) enormous ❷ (*größte Intensität besitzend*) tremendous; (*Schmerz, Leiden*) dreadful ❸ (*größte Bedeutung besitzend*) tremendous **II.** *adv* ❶ (*äußerst*) terribly ❷ (*ganz besonders*) enormously

Un·ge·heu·er <-s, -> ['ʊnɡəhɔyɐ] *nt* monster

un·ge·heu·er·lich [ʊnɡə'hɔyɐlɪç] *adj* outrageous

Un·ge·heu·er·lich·keit <-, -en> *f* ❶ *kein pl* (*empörende Art*) outrageousness ❷ (*unerhörte Bemerkung*) outrageous remark; **das ist ja eine** ~! how outrageous! ❸ (*unerhörte Handlung*) monstrosity; (*Verbrechen*) atrocity

un·ge·hin·dert ['ʊnɡəhɪndɐt] **I.** *adj* unhindered **II.** *adv* without hindrance

un·ge·ho·belt ['ʊnɡəhoːbl̩t] *adj* ❶ (*schwerfällig*) uncouth, boorish; (*grob*) coarse ❷ (*nicht glatt gehobelt*) unplaned

un·ge·hö·rig ['ʊnɡəhøːrɪç] **I.** *adj* impertinent **II.** *adv* impertinently

Un·ge·hö·rig·keit <-, -en> *f kein pl* impertinence *no pl*

un·ge·hor·sam ['ʊnɡəhoːɐ̯zaːm] *adj* disobedient (**gegenüber** towards)

Un·ge·hor·sam ['ʊnɡəhoːɐ̯zaːm] *m* disobedience

un·ge·klärt ['ʊnɡəklɛːɐ̯t] **I.** *adj* ❶ (*nicht aufgeklärt*) unsolved ❷ ÖKOL (*nicht geklärt*) untreated **II.** *adv* ÖKOL untreated

un·ge·kün·digt ['ʊnɡəkyndɪçt] *adj* ■~ *sein* to not be under notice of resignation

un·ge·küns·telt <-er, -este> ['ʊnɡəkʏnstl̩t] *adj* natural, unaffected

un·ge·kürzt ['ʊnɡəkʏrtst] **I.** *adj* MEDIA unabridged; FILM uncut **II.** *adv* in its unabridged version; FILM in its uncut version

un·ge·la·den ['ʊnɡəlaːdn̩] *adj* ❶ (*nicht geladen*) unloaded ❷ (*nicht eingeladen*) uninvited

un·ge·le·gen ['ʊnɡəleːɡn̩] *adj* inconvenient; [*jdm*] ~ **kommen** to be inconvenient [for sb]; (*zeitlich*) to be an inconvenient time [for sb]

un·ge·len·kig ['ʊŋəlɛŋkɪç] *adj* inflexible

un·ge·lernt ['ʊŋəlɛrnt] *adj attr* unskilled

un·ge·löst ['ʊŋəløːst] *adj* unsolved; (*Fragen*) unresolved

un·ge·mein ['ʊŋəmaɪn] I. *adj* immense II. *adv* immensely

un·ge·müt·lich ['ʊŋgəmyːtlɪç] *adj* ❶ (*nicht gemütlich*) uninviting ❷ (*unerfreulich*) uncomfortable ▶ ~ **werden** (*fam*) to become nasty

un·ge·nannt ['ʊŋgənant] *adj* unnamed

un·ge·nau ['ʊŋgənaʊ] I. *adj* ❶ (*nicht exakt*) vague ❷ (*nicht korrekt*) inaccurate II. *adv* ❶ (*nicht exakt*) vaguely ❷ (*nicht korrekt*) incorrectly

Un·ge·nau·ig·keit <-, -en> *f* ❶ *kein pl* (*nicht exakte Beschaffenheit*) vagueness ❷ *kein pl* (*mangelnde Korrektheit*) inaccuracy ❸ (*ungenaues Zitat*) inaccuracy

un·ge·niert ['ʊnʒeniːɐ̯t] I. *adj* unconcerned II. *adv* freely

un·ge·nieß·bar ['ʊngəniːsbaːɐ̯] *adj* ❶ (*nicht zum Genuss geeignet*) inedible; (*Getränke*) undrinkable ❷ (*schlecht schmeckend*) unpalatable ❸ (*fam: unausstehlich*) unbearable

un·ge·nü·gend ['ʊŋgəny:gn̩t] I. *adj* ❶ (*nicht ausreichend*) insufficient; *Information* inadequate ❷ SCH unsatisfactory (*the lowest mark*) II. *adv* insufficiently, inadequately

un·ge·nutzt ['ʊŋgənʊtst] I. *adj* unused; (*materielle/personelle Ressourcen*) unexploited; (*Gelegenheit*) missed II. *adv* **eine Chance ~ verstreichen lassen** to miss a chance

un·ge·pflegt ['ʊŋgəpfleːkt] *adj Haus, Garten* neglected; *Person* unkempt

un·ge·ra·de ['ʊŋgəraːdə] *adj* odd

un·ge·recht ['ʊŋgərɛçt] I. *adj* unjust; ■ ~ **sein** to be unfair (**gegen** to); **~ e Behandlung** unjust treatment; **ein ~ er Richter** a partial judge II. *adv* unjustly, unfairly

un·ge·rech·ter·wei·se *adv* unfairly

un·ge·recht·fer·tigt ['ʊŋgərɛçtfɛrtɪçt] *adj* unjustified

Un·ge·rech·tig·keit <-, -en> *f* injustice

un·ge·re·gelt ['ʊŋgəreːgl̩t] *adj* unsettled

un·gern ['ʊŋgɛrn] *adv* reluctantly

un·ge·rührt ['ʊngəryːɐ̯t] *adj, adv* unmoved

un·ge·sal·zen ['ʊngəzaltsn̩] *adj* unsalted

un·ge·sche·hen ['ʊngəʃeːən] *adj* undone; **etw ~ machen** to undo sth

Un·ge·schick <-[e]s> ['ʊngɛʃɪk] *nt kein pl* (*geh*) clumsiness

un·ge·schickt ['ʊngəʃɪkt] *adj* ❶ (*unbeholfen*) clumsy; (*unbedacht*) careless ❷ DIAL, SÜDD (*unhandlich*) unwieldy; (*ungelegen*) awkward; **etw kommt ~** sth happens at an awkward time

un·ge·schlecht·lich *adj* asexual

un·ge·schlif·fen ['ʊngəʃlɪfn̩] *adj* ❶ (*nicht geschliffen*) uncut; *Messer, Klinge* blunt ❷ (*pej: grob, ohne Manieren*) uncouth

un·ge·schminkt ['ʊngəʃmɪŋkt] *adj* ❶ (*nicht geschminkt*) without make-up ❷ (*unbeschönigt*) unvarnished

un·ge·scho·ren ['ʊngəʃoːrən] I. *adj* unshorn II. *adv* unscathed; **~ davonkommen** to get away with it

un·ge·se·hen ['ʊngəzeːən] I. *adj* (*selten*) unseen II. *adv* unseen, without being seen

un·ge·sel·lig ['ʊngəzɛlɪç] *adj* unsociable

un·ge·setz·lich ['ʊngəzɛtslɪç] *adj* unlawful

un·ge·stört ['ʊngəʃtøːɐ̯t] I. *adj* undisturbed; **~ sein wollen** to want to be left alone II. *adv* without being disturbed

un·ge·straft ['ʊngəʃtraːft] *adv* with impunity; **~ davonkommen** to get away scot-free

un·ge·stüm ['ʊngəʃtyːm] I. *adj Art, Temperament* impetuous; *Wind* gusty; *Meer* rough; *Begrüßung* enthusiastic II. *adv* enthusiastically

un·ge·sund ['ʊngəzʊnt] I. *adj* unhealthy II. *adv* unhealthily; **sich ~ ernähren** to not have a healthy diet

un·ge·teilt ['ʊngətaɪlt] *adj* ❶ (*vollständig*) complete ❷ (*ganz*) **mit ~er Freude** with total pleasure

un·ge·trübt ['ʊngətryːpt] *adj Freude, Glück* unclouded; *Tage, Zeit* perfect

Un·ge·tüm <-[e]s, -e> ['ʊngətyːm] *nt* monster

un·ge·übt ['ʊngəʔyːpt] *adj* unpractised; *Lehrlinge* inexperienced; ■ ~ **sein** to be out of practice (**in** at)

un·ge·wiss[RR] ['ʊngəvɪs] *adj* ❶ (*nicht feststehend*) uncertain ❷ (*unentschlossen*) uncertain ❸ (*geh: unbestimmbar*) indefinable

Un·ge·wiss·heit[RR] <-, -en> *f* uncertainty

un·ge·wöhn·lich ['ʊngəvøːnlɪç] I. *adj* ❶ (*vom Üblichen abweichend*) unusual ❷ (*außergewöhnlich*) remarkable II. *adv* ❶ (*äußerst*) exceptionally ❷ (*in nicht üblicher Weise*) unusually

un·ge·wohnt ['ʊngəvoːnt] *adj* unusual; ■ **jdm ~ sein** to be unfamiliar to sb

un·ge·wollt ['ʊngəvɔlt] I. *adj* unintentional; *Schwangerschaft* unwanted II. *adv* unintentionally; **ich musste ~ grinsen** I couldn't help grinning

Un·ge·zie·fer <-s> ['ʊŋgətsiːfɐ] *nt kein pl* pests *pl*

un·ge·zo·gen ['ʊngətsoːgn̩] **I.** *adj Kind* naughty; *Bemerkung* impertinent; ▪ **~ sein** to be ill-mannered **II.** *adv* impertinently; **sich ~ benehmen** to behave badly

Un·ge·zo·gen·heit <-, -en> *f* ❶ *kein pl* (*ungezogene Art*) naughtiness, bad behaviour [*or* AM -or] ❷ (*ungezogene Äußerung*) impertinent remark; (*ungezogene Handlung*) bad manners *npl*

un·ge·zü·gelt ['ʊngətsyːglt] *adj* unbridled

un·ge·zwun·gen ['ʊngətsvʊŋən] *adj* informal

Un·ge·zwun·gen·heit *f* casualness, informality

Un·glau·be ['ʊnglaʊbə] *m* ❶ (*Zweifel*) disbelief ❷ (*Gottlosigkeit*) unbelief

un·glaub·haft ['ʊnglaʊphaft] **I.** *adj* unbelievable; **~ wirken** to appear to be implausible **II.** *adv* unbelievably

un·gläu·big ['ʊnglɔʏbɪç] *adj* ❶ (*etw nicht glauben wollend*) disbelieving; **ein ~es Kopfschütteln** an incredulous shake of the head ❷ (*gottlos*) unbelieving

un·glaub·lich ['ʊnglaʊplɪç] **I.** *adj* ❶ (*nicht glaubhaft*) unbelievable ❷ (*unerhört*) outrageous **II.** *adv* (*fam: überaus*) incredibly

un·glaub·wür·dig ['ʊnglaʊpvʏrdɪç] **I.** *adj* implausible; *Zeuge* unreliable **II.** *adv* implausibly; **seine Aussage klingt ~** his statement sounds dubious

un·gleich ['ʊnglaɪç] **I.** *adj* ❶ (*unterschiedlich*) *Bezahlung* unequal; *Belastung* uneven; *Paar* odd; *Gegenstände* dissimilar ❷ (*unterschiedliche Voraussetzungen*) unequal **II.** *adv* ❶ (*unterschiedlich*) unequally ❷ *vor comp* (*weitaus*) far **III.** *präp mit dat* (*geh*) unlike

Un·gleich·ge·wicht *nt* imbalance

Un·gleich·heit <-, -en> *f* dissimilarity

un·gleich·mä·ßig **I.** *adj* ❶ (*unregelmäßig*) irregular ❷ (*nicht zu gleichen Teilen*) uneven **II.** *adv* ❶ (*unregelmäßig*) irregularly ❷ (*ungleich*) unevenly

Un·glück <-glückes> ['ʊnglʏk] *nt* ❶ *kein pl* (*Pech*) bad luck; **jdn ins ~ stürzen** (*geh*) to be sb's undoing; **zu allem ~** to make matters worse ❷ (*katastrophales Ereignis*) disaster ❸ *kein pl* (*Elend*) unhappiness ▸ **ein ~ kommt selten allein** (*prov*) it never rains but it pours

un·glück·lich ['ʊnglʏklɪç] **I.** *adj* ❶ (*betrübt*) unhappy; **sich ~ machen** to bring misfortune on oneself ❷ (*ungünstig*) unfortunate ❸ (*ungeschickt*) unfortunate; **eine ~e Bewegung machen** to move awkwardly **II.** *adv* unfortunately; **~ verliebt sein** to be crossed in love

un·glück·li·cher·wei·se *adv* unfortunately

un·glück·se·lig ['ʊnglʏkzeːlɪç] *adj* ❶ (*vom Unglück verfolgt*) unfortunate ❷ (*unglücklich* [*verlaufend*]) disastrous, unfortunate

Un·glücks·fall *m* ❶ (*Unfall*) accident ❷ (*unglückliche Begebenheit*) mishap **Un·glücks·ra·be** *m* (*fam*) unlucky person

Un·gna·de ['ʊngnaːdə] *f* disgrace; **[bei jdm] in ~ fallen** to be out of favour [with sb]

un·gnä·dig ['ʊngnɛːdɪç] **I.** *adj* ❶ (*gereizt, unfreundlich*) ungracious ❷ (*geh: verhängnisvoll*) fated; *Schicksal* cruel **II.** *adv* ungraciously; **jdn ~ ansehen** to look at sb with little enthusiasm

un·gül·tig ['ʊngʏltɪç] *adj* ❶ (*nicht mehr gültig*) invalid; *Tor* disallowed; **ein ~er Sprung** a no-jump ❷ (*nichtig*) void; **eine ~e Stimme** a spoiled ballot-paper; **etw für ~ erklären** to declare sth null and void; **eine Ehe für ~ erklären** to annul a marriage

Un·gül·tig·keit *f* invalidity

Un·gunst *f* ❶ (*geh: Unwillen*) disgrace ❷ (*Nachteil*) **zu jds ~en** to sb's disadvantage

un·güns·tig ['ʊngʏnstɪç] *adj* *Zeit*[*punkt*] inconvenient; *Wetter* inclement; **in einem ~en Licht erscheinen** (*fig*) to appear in an unfavourable light

un·gut ['ʊnguːt] *adj* bad; *Verhältnis* strained ▸ **nichts für ~!** no offence!

un·halt·bar ['ʊnhaltbaːɐ̯] *adj* ❶ (*haltlos*) untenable ❷ (*unerträglich*) intolerable ❸ SPORT unstoppable

un·hand·lich ['ʊnhantlɪç] *adj* unwieldy

Un·heil ['ʊnhaɪl] *nt* disaster; **~ anrichten** (*fam*) to get up to mischief; **jdm droht ~** sth spells disaster for sb; **großes/viel ~ anrichten** to wreak havoc

un·heil·bar ['ʊnhaɪlbaːɐ̯] **I.** *adj* incurable **II.** *adv* incurably; **~ krank sein** to be terminally ill

un·heil·voll ['ʊnhaɪlfɔl] *adj* fateful; *Blick* ominous

un·heim·lich ['ʊnhaɪmlɪç] **I.** *adj* ❶ (*Grauen erregend*) eerie ❷ (*fam: unglaublich, sehr*) incredible ❸ (*fam: sehr groß, sehr viel*) terrific; **~en Hunger haben** to die of hunger *fig* **II.** *adv* (*fam*) incredibly

un·höf·lich ['ʊnhøːflɪç] *adj* impolite

Un·höf·lich·keit *f* ❶ *kein pl* (*unhöfliche Art*) impoliteness ❷ (*unhöfliche Bemer-*

kung) discourteous remark; (*unhöfliche Handlung*) rudeness

un·hör·bar [ʊnˈhøːɐ̯baːɐ̯] *adj* inaudible; ■[**für jdn**] ~ **sein** to be inaudible [to sb]

un·hy·gi·e·nisch [ˈʊnhygiˌeːnɪʃ] *adj* unhygienic

uni [ˈʏni] *adj* plain

Uni <-, -s> [ˈʏni] *f* (*fam*) *kurz für* **Universität** uni BRIT

UNICEF <-> [ˈuːnitsɛf] *f kein pl Akr von* **United Nations International Children's Emergency Fund**: ■[die] ~ UNICEF

uni·far·ben [ˈʏni-] *adj* plain

Uni·form <-, -en> [uniˈfɔrm, ˈʊnifɔrm] *f* uniform

uni·for·miert [unifɔrˈmiːɐ̯t] *adj* uniformed; ■ ~ **sein** to be in uniform

Uni·kat <-[e]s, -e> [uniˈkaːt] *nt* ❶ (*einzigartiges Exemplar*) unique specimen ❷ (*einzigartiges Schriftstück*) unicum

un·in·te·re·sant [ˈʊnʔɪntərɛsant] *adj* uninteresting; **ein ~es Angebot** an offer that is of no interest

Uni·on <-, -en> [uˈni̯oːn] *f* ❶ (*Bund*) union; ■**die Europäische ~** the European Union ❷ *kein pl* POL (*fam*) ■**die ~** (*die CDU/CSU*) the CDU and CSU

uni·ver·sal [univɛrˈzaːl] I. *adj* universal; **ein ~es Werkzeug** an all-purpose tool; **~es Wissen** broad knowledge II. *adv* universally; **das Gerät ist ~ verwendbar** the appliance can be used for all purposes

Uni·ver·sal·er·be, -er·bin *m, f* sole heir *masc*, sole heiress *fem*

uni·ver·sell [univɛrˈzɛl] *adj s.* **universal**

Uni·ver·si·tät <-, -en> [univɛrziˈtɛːt] *f* university; **die ~ München** the University of Munich; **an der ~ studieren** to study at university; **die ~ besuchen** to attend university; **auf die ~ gehen** to go to university

Uni·ver·si·täts·bi·bli·o·thek *f* university library **Uni·ver·si·täts·stadt** *f* university town

Uni·ver·sum <-s, *selten* -sen> [uniˈvɛrzʊm] *nt* universe

Un·ke <-, -n> [ˈʊŋkə] *f* ❶ (*Kröte*) toad ❷ (*fam: Schwarzseher*) prophet of doom

un·kennt·lich [ˈʊnkɛntlɪç] *adj* unrecognizable; *Eintragung* indecipherable; **sich** [**mit etw** *dat*] **~ machen** to disguise oneself [with sth]

Un·kennt·lich·keit <-> *f* unrecognizable state, indecipherability; **bis zur ~** beyond recognition

Un·kennt·nis [ˈʊnkɛntnɪs] *f kein pl* ignorance; **aus ~** out of ignorance; **jdn in ~ über etw** *akk* **lassen** not to keep sb informed about sth

un·klar [ˈʊnklaːɐ̯] I. *adj* ❶ (*unverständlich*) unclear ❷ (*ungeklärt*) unclear; [**sich** *dat*] **im U~en sein** to be uncertain (**über** about); **jdn im U~en lassen** to leave/keep sb in the dark (**über** about) ❸ (*verschwommen*) indistinct; *Wetter* hazy; *Umrisse* blurred; *Erinnerungen* vague II. *adv* ❶ (*verschwommen*) **nur ~ zu erkennen sein** to be difficult to make out ❷ (*unverständlich*) unclearly

Un·klar·heit <-, -en> *f* ❶ *kein pl* (*Ungewissheit*) uncertainty ❷ (*Undeutlichkeit*) lack of clarity

un·klug [ˈʊnkluːk] *adj* unwise

un·kom·pli·ziert [ˈʊnkɔmplitsiːɐ̯t] *adj* straightforward; *Fall* simple; *Mensch* uncomplicated

un·kon·trol·lier·bar [ˈʊnkɔntrɔliˌɐ̯baːɐ̯] *adj* uncontrollable

un·kon·ven·ti·o·nell [ˈʊnkɔnvɛntsi̯oˈnɛl] *adj* (*geh*) unconventional

un·kon·zen·triert [ˈʊnkɔntsɛntriːɐ̯t] *adj* distracted

Un·kos·ten [ˈʊnkɔstn̩] *pl* costs *npl;* [**mit etw** *dat*] **~ haben** to incur expense [with sth]; **sich in ~ stürzen** (*fam*) to go to a lot of expense

Un·kos·ten·bei·trag *m* contribution towards expenses

Un·kraut [ˈʊnkraʊ̯t] *nt* weed

Un·kraut·be·kämp·fungs·mit·tel *nt,* **Un·kraut·ver·til·gungs·mit·tel** *nt,* **Un·kraut·ver·nich·ter** <-s, -> *m* herbicide

un·kri·tisch [ˈʊnkriːtɪʃ] *adj* uncritical

un·künd·bar [ˈʊnkʏntbaːɐ̯] *adj Stellung* not subject to notice; *Vertrag* not subject to termination

un·längst [ˈʊnlɛŋst] *adv* (*geh*) recently

un·lau·ter [ˈʊnlaʊ̯tɐ] *adj* dishonest

un·le·ser·lich [ˈʊnleːzɐlɪç] *adj* illegible

un·leug·bar [ˈʊnlɔɪ̯kbaːɐ̯] *adj* undeniable, indisputable; **eine ~e Tatsache** an indisputable fact

un·lieb·sam [ˈʊnliːpzaːm] I. *adj* unpleasant II. *adv* **~ auffallen** to make a bad impression

un·lo·gisch *adj* illogical

un·lös·bar [ˈʊnˈløːsbaːɐ̯] *adj* (*nicht zu lösen*) *Aufgabe, Problem* unsolvable; *Widerspruch* irreconcilable

un·lös·lich [ˈʊnˈløːslɪç] *adj* CHEM insoluble

Un·lust [ˈʊnlʊst] *f kein pl* reluctance

un·männ·lich [ˈʊnmɛnlɪç] *adj* unmanly

un·maß·geb·lich [ˈʊnmaːsgeːplɪç] *adj* in-

consequential; **nach meiner ~en Meinung** in my humble opinion *hum*
un·mä·ßig ['ʊnmɛːsɪç] **I.** *adj* excessive **II.** *adv* excessively
Un·men·ge ['ʊnmɛŋə] *f* enormous amount (**an** of)
Un·mensch ['ʊnmɛnʃ] *m* monster
un·mensch·lich ['ʊnmɛnʃlɪç] *adj* ❶ (*grausam*) inhuman[e]; *Diktator* brutal ❷ (*inhuman*) appalling ❸ (*fam: mörderisch, unerträglich*) tremendous
Un·mensch·lich·keit *f* ❶ *kein pl* (*unmenschliche Art*) inhumanity ❷ (*unmenschliche Tat*) inhuman act
un·merk·lich ['ʊnmɛrklɪç] *adj* imperceptible
un·miss·ver·ständ·lich[RR] ['ʊnmɪsfɛɐ̯ʃtɛntlɪç] **I.** *adj* unequivocal; *Antwort* blunt **II.** *adv* unequivocally
un·mit·tel·bar ['ʊnmɪtl̩baːɐ̯] **I.** *adj* ❶ (*direkt*) direct ❷ (*räumlich/zeitlich nicht getrennt*) immediate; **ein ~er Nachbar** a next-door neighbour **II.** *adv* ❶ (*sofort*) immediately ❷ (*ohne Umweg*) directly ❸ (*direkt*) imminently; **etw ~ erleben** to experience sth at first hand
un·mo·dern ['ʊnmodɛrn] **I.** *adj* old-fashioned **II.** *adv* in an old-fashioned way; **sich ~ kleiden** to wear old-fashioned clothes
un·mög·lich ['ʊnmøːklɪç] **I.** *adj* ❶ (*nicht machbar*) impossible; *Vorhaben* unfeasible; **jdn/sich [bei jdm/irgendwo] ~ machen** to make a fool of sb/oneself [in front of sb/somewhere]; **das U~e möglich machen** to make the impossible happen ❷ (*pej fam: nicht tragbar/lächerlich*) impossible **II.** *adv* (*fam*) not possibly; **das geht ~** that's out of the question
Un·mög·lich·keit *f kein pl* impossibility
un·mo·ra·lisch ['ʊnmoraːlɪʃ] *adj* immoral
un·mo·ti·viert ['ʊnmotiviːɐ̯t] **I.** *adj* unmotivated; *Wutausbruch* unprovoked **II.** *adv* without motivation; **~ loslachen** to start laughing for no reason
un·mün·dig ['ʊnmʏndɪç] *adj* ❶ (*noch nicht volljährig*) underage; **jdn für ~ erklären** to declare sb to be a minor ❷ (*geistig unselbstständig*) dependent
un·mu·si·ka·lisch ['ʊnmuzikaːlɪʃ] *adj* unmusical
Un·mut ['ʊnmuːt] *m* (*geh*) displeasure
un·nach·ahm·lich ['ʊnnaːxʔaːmlɪç] *adj* inimitable
un·nach·gie·big ['ʊnnaːxgiːbɪç] **I.** *adj* intransigent **II.** *adv* in an intransigent way; **sich ~ zeigen** to show oneself to be intransigent

Un·nach·gie·big·keit *f* intransigence, inflexibility
un·nach·sich·tig ['ʊnnaːxzɪçtɪç] **I.** *adj* strict, severe; **eine ziemlich ~e Chefin** a fairly strict boss; **ein ~er Kritiker** a severe critic **II.** *adv* mercilessly; **jdn ~ bestrafen** to punish sb unmercifully
un·nah·bar [ʊn'naːbaːɐ̯] *adj* unapproachable
un·na·tür·lich ['ʊnnatyːɐ̯lɪç] *adj* ❶ (*nicht natürlich*) unnatural; (*abnorm*) abnormal ❷ (*gekünstelt*) artificial; **ein ~es Lachen** a forced laugh
un·nor·mal ['ʊnnɔrmaːl] *adj* abnormal
un·nö·tig ['ʊnnøːtɪç] *adj* unnecessary
un·nö·ti·ger·wei·se *adv* unnecessarily
un·nütz ['ʊnnʏts] **I.** *adj* useless **II.** *adv* needlessly
UNO <-> ['uːno] *f kein pl Akr von* **United Nations Organisation:** ▪ **die ~** the UN
UNO-Frie·dens·trup·pen *pl* UN peace-keeping forces *npl*
un·or·dent·lich ['ʊnʔɔrdn̩tlɪç] **I.** *adj* untidy **II.** *adv* untidily; **~ arbeiten** to work carelessly; **sich ~ kleiden** to dress carelessly
Un·ord·nung ['ʊnʔɔrdnʊŋ] *f kein pl* mess
un·par·tei·isch ['ʊnpartai̯ɪʃ] *adj* impartial
un·pas·send ['ʊnpasn̩t] *adj* ❶ (*unangebracht*) inappropriate ❷ (*ungelegen*) inconvenient; *Augenblick* inopportune
un·pas·sier·bar ['ʊnpasiːɐ̯baːɐ̯] *adj* impassable
un·päss·lich[RR], **un·päß·lich**[ALT] ['ʊnpɛslɪç] *adj* (*geh*) indisposed *form;* **sich ~ fühlen** to feel unwell; **~ sein** to be indisposed
Un·päss·lich·keit[RR] <-, -en> *f pl selten* indisposition *form*
un·per·sön·lich ['ʊnpɛrzøːnlɪç] *adj* ❶ (*distanziert*) *Mensch* distant; *Gespräch, Art* impersonal ❷ LING impersonal
un·po·li·tisch ['ʊnpoliːtɪʃ] *adj* unpolitical
un·po·pu·lär ['ʊnpopulɛːɐ̯] *adj* unpopular
un·prak·tisch ['ʊnpraktɪʃ] *adj* ❶ (*nicht handwerklich veranlagt*) unpractical ❷ (*nicht praxisgerecht*) impractical
un·pro·ble·ma·tisch ['ʊnproblemaːtɪʃ] **I.** *adj* unproblematic **II.** *adv* without problem
un·pro·duk·tiv ['ʊnprodʊktiːf] *adj* unproductive
un·pünkt·lich ['ʊnpʏŋktlɪç] **I.** *adj* (*generell nicht pünktlich*) unpunctual; (*verspätet*) late **II.** *adv* late
Un·pünkt·lich·keit *f* ❶ (*unpünktliche Art*) unpunctuality ❷ (*verspätetes Eintreffen*) late arrival

un·ra·siert ['ʊnraziːɐ̯t] *adj* unshaven
Un·rat <-[e]s> ['ʊnraːt] *m kein pl* (*geh*) refuse
un·ra·ti·o·nell ['ʊnratsi̯onɛl] *adj* inefficient
un·re·a·lis·tisch ['ʊnrealɪstɪʃ] I. *adj* unrealistic II. *adv* unrealistically
un·recht ['ʊnrɛçt] *adj* ❶ (*geh: nicht rechtmäßig*) wrong ❷ (*nicht angenehm*) ▪**jdm ~ sein** to disturb sb
Un·recht ['ʊnrɛçt] *nt kein pl* ❶ (*unrechte Handlung*) wrong; **ein großes ~** a great injustice; **jdm ein ~ antun** to do sb an injustice ❷ (*dem Recht entgegengesetztes Prinzip*) **~ haben** to be wrong; **im ~ sein** to be [in the] wrong; **zu ~** wrongly; **jdm ~ geben** to disagree with sb; **nicht zu ~** not without good reason
un·recht·mä·ßig ['ʊnrɛçtmɛːsɪç] *adj* JUR illegal; **der ~e Besitzer** the unlawful owner
U̱n·red·lich·keit *f* JUR dishonesty
un·re·gel·mä·ßig ['ʊnreːɡl̩mɛːsɪç] *adj* irregular
U̱n·re·gel·mä·ßig·keit <-, -en> *f* irregularity
un·reif ['ʊnraɪ̯f] I. *adj* AGR, HORT unripe ❷ (*Person*) immature II. *adv* AGR, HORT unripe
un·rein ['ʊnraɪ̯n] *adj* impure; *Haut* bad; *Teint* poor
un·ren·ta·bel ['ʊnrɛntaːbl̩] *adj* unprofitable
un·rich·tig ['ʊnrɪçtɪç] *adj* incorrect
Un·ru·he ['ʊnruːə] *f* ❶ (*Ruhelosigkeit*) restlessness *no pl;* **in ~ sein** to be anxious (**wegen** about) ❷ (*ständige Bewegung*) agitation ❸ (*erregte Stimmung*) agitation *no pl;* **~ stiften** to cause trouble ❹ (*Aufstand*) ▪**~n** *pl* riots *pl*
U̱n·ru·he·stif·ter(in) <-s, -> *m(f)* (*pej*) troublemaker
un·ru·hig ['ʊnruːɪç] I. *adj* ❶ (*ständig gestört*) restless; *Zeit* troubled; (*ungleichmäßig*) uneven; *Herzschlag* irregular ❷ (*laut*) noisy ❸ (*ruhelos*) agitated; *Leben* eventful; *Geist* restless; *Schlaf* fitful II. *adv* ❶ (*ruhelos*) anxiously ❷ (*unter ständigen Störungen*) restlessly; **~ schlafen** to sleep fitfully
un·rühm·lich ['ʊnryːmlɪç] *adj* ignominious
uns [ʊns] I. *pron pers* ❶ *dat von* **wir** [to/for] us; ▪**bei ~** at our house; **er hat den Tag mit ~ verbracht** he spent the day with us; ▪**von ~** from us ❷ *akk von* **wir** us II. *pron refl* ❶ *akk o dat von* **wir** ourselves;

wir haben ~ die Entscheidung nicht leicht gemacht we've made the decision difficult for ourselves ❷ (*einander*) each other; **wir sollten ~ immer gegenseitig helfen** we always ought to help each other
un·sach·ge·mäß ['ʊnzaxɡəmɛːs] I. *adj* improper II. *adv* improperly
un·sach·lich ['ʊnzaxlɪç] *adj* unobjective
un·sag·bar [ʊn'zaːkbaːɐ̯] *adj,* **un·säg·lich** [ʊn'zɛːklɪç] *adj* (*geh*) ❶ (*unbeschreiblich, sehr groß/stark*) indescribable ❷ (*übel, albern*) awful
un·sanft ['ʊnzanft] I. *adj* rough; *Erwachen* rude II. *adv* roughly; **~ geweckt werden** to be rudely awoken
un·sau·ber ['ʊnzaʊ̯bɐ] I. *adj* ❶ (*schmutzig*) dirty ❷ (*unordentlich, nachlässig*) careless; (*unpräzise*) unclear II. *adv* carelessly
un·schäd·lich ['ʊnʃɛːtlɪç] *adj* harmless; **jdn ~ machen** (*euph fam*) to eliminate sb
un·scharf ['ʊnʃarf] I. *adj* ❶ (*ohne klare Konturen*) blurred ❷ (*nicht scharf*) out of focus ❸ (*nicht präzise*) imprecise II. *adv* ❶ (*nicht präzise*) out of focus ❷ (*nicht exakt*) imprecisely
un·schätz·bar [ʊn'ʃɛtsbaːɐ̯] *adj* inestimable; **etw ist von ~em Wert** sth is priceless
un·schein·bar ['ʊnʃaɪ̯nbaːɐ̯] *adj* inconspicuous
un·schick·lich ['ʊnʃɪklɪç] *adj* (*geh*) improper
un·schlag·bar [ʊn'ʃlaːkbaːɐ̯] *adj* unbeatable (**in** at)
un·schlüs·sig ['ʊnʃlʏsɪç] *adj* ❶ (*unentschlossen*) indecisive; ▪**sich** *dat* **~ sein** to be undecided (**über** about) ❷ (*selten: nicht schlüssig*) undecided
Un·schuld ['ʊnʃʊlt] *f* ❶ (*Schuldlosigkeit*) innocence ❷ (*Reinheit*) purity; (*Naivität*) innocence ❸ (*veraltend: Jungfräulichkeit*) virginity
un·schul·dig ['ʊnʃʊldɪç] I. *adj* innocent II. *adv* ❶ JUR despite sb's/one's innocence ❷ (*arglos*) innocently
U̱n·schulds·mie·ne *f kein pl* innocent expression
un·selb·stän·dig ['ʊnzɛlpʃtɛndɪç] *adj s.* **unselbstständig**
un·selbst·stän·dig[RR] ['ʊnzɛlp(st)ʃtɛndɪç] *adj* (*von anderen abhängig*) dependent on others; (*angestellt*) employed
un·se·lig ['ʊnzeːlɪç] *adj* (*geh*) ❶ (*beklagenswert*) **ein ~es Schicksal** a cruel fate ❷ (*verhängnisvoll*) ill-fated
un·ser ['ʊnzɐ] I. *pron poss* our; **~er Mei-**

nung nach in our opinion **II.** *pron pers gen von* **wir** (*geh*) of us; **in ~ aller Interesse** in all our interests

un·se·re(r, s) ['ʊnzərə, -zərɐ, - zərəs] *pron poss, substantivisch* (*geh*) ours; ■**der/die/das ~** ours; ■**das U~** what is ours; **wir tun das U~** we're doing our part

un·ser·ei·ner ['ʊnzeʔaɪnɐ] *pron indef*, **un·ser·eins** ['ʊnzeʔaɪns] *pron indef* (*fam*) ❶ (*jemand, wie wir*) the likes of us ❷ (*ich*) people like me

un·ser·(er·)seits ['ʊnzər(ər)'zaɪts] *adv* (*von uns*) on our part

un·se·res·glei·chen ['ʊnzərəs'glaɪçn̩] *pron indef* people like us

un·se·ret·we·gen ['ʊnzərət've:gn̩] *adv s.* **unsertwegen**

un·se·ret·wil·len ['ʊnzərət'vɪlən] *adv s.* **unsertwillen**

un·se·ri·ge(r, s) ['ʊnzərɪgə, -zərɪgɐ, -zərɪgəs] *pron poss* ❶ (*veraltend*) ■**der/die/das ~** ours ❷ (*geh: unsere Familie*) ■**die U~n** our family

un·se·ri·ös ['ʊnreriø:s] *adj Firma, Geschäftsmann* untrustworthy; *Angebot* dubious

un·sert·we·gen ['ʊnzet've:gn̩] *adv* ❶ (*wegen uns*) because of us, on our account ❷ (*von uns aus*) as far as we are concerned

un·sert·wil·len ['ʊnzet'vɪlən] *adv* **um ~** for our sake

un·si·cher ['ʊnzɪçɐ] **I.** *adj* ❶ (*gefährlich*) unsafe; *Gegend* dangerous ❷ (*gefährdet*) insecure, at risk *pred* ❸ (*nicht selbstsicher*) unsure; *Blick* uncertain; **jdn ~ machen** to make sb uncertain ❹ (*unerfahren, ungeübt*) **sich ~ fühlen** to feel unsure of oneself; **noch ~ sein** to still be uncertain ❺ (*schwankend*) unsteady; *Hand* shaky ❻ (*ungewiss*) uncertain ❼ (*nicht verlässlich*) unreliable; **das ist mir zu ~** that's too dodgy for my liking *fam* **II.** *adv* ❶ (*schwankend*) unsteadily ❷ (*nicht selbstsicher*) **~ fahren** to drive with little confidence

Un·si·cher·heit *f* ❶ *kein pl* (*mangelnde Selbstsicherheit*) insecurity ❷ *kein pl* (*mangelnde Verlässlichkeit*) unreliability ❸ *kein pl* (*Ungewissheit*) uncertainty ❹ (*Gefährlichkeit*) dangers *pl* ❺ *meist pl* (*Unwägbarkeit*) uncertainty

Un·si·cher·heits·fak·tor *m* uncertainty factor

un·sicht·bar ['ʊnzɪçtbaːɐ̯] *adj* invisible

Un·sinn ['ʊnzɪn] *m kein pl* nonsense; **lass den ~!** stop fooling around!; **~ machen** to mess about; **mach kein ~!** don't do anything stupid!; **~ reden** to talk nonsense; **so ein ~!** what nonsense!

un·sin·nig ['ʊnzɪnɪç] **I.** *adj* absurd; *Plan* ridiculous **II.** *adv* (*fam: unerhört*) terribly; **~ hohe Preise** ridiculously high prices

Un·sit·te ['ʊnzɪtə] *f* bad habit

un·sitt·lich ['ʊnzɪtlɪç] **I.** *adj* indecent **II.** *adv* indecently

un·so·li·de ['ʊnzoliːdə] *adj* dissolute; *Arbeit* shoddy; *Bildung* superficial; *Möbel* flimsy

un·so·zi·al ['ʊnzotsi̯aːl] *adj* anti-social; *Arbeitszeit* unsocial

un·sport·lich [ʊn'ʃpɔrtlɪç] *adj* ❶ (*nicht sportlich*) unathletic ❷ (*nicht fair*) unsporting

uns·re(r, s) ['ʊnz(ə)rə, -z(ə)rɐ, - z(ə)rəs] *pron s.* **unser**

uns·rer·seits ['ʊnzre'zaɪts] *adv s.* **unsererseits**

uns·res·glei·chen ['ʊnzrəs'glaɪçn̩] *pron indef s.* **unseresgleichen**

un·sterb·lich ['ʊnʃtɛrplɪç] **I.** *adj* ❶ (*ewig lebend*) immortal ❷ (*unvergänglich*) *Liebe* undying **II.** *adv* (*fam: über alle Maßen*) incredibly; **sich ~ blamieren** to make a complete fool of oneself; **sich ~ verlieben** to fall madly in love

Un·sterb·lich·keit *f* immortality

un·still·bar [ʊnˈʃtɪlbaːɐ̯] *adj* (*geh*) *Wissensdurst* unquenchable; *Sehnsucht, Verlangen* insatiable

Un·stim·mig·keit <-, -en> ['ʊnʃtɪmɪçkaɪt] *f* ❶ *meist pl* (*Differenz*) differences *pl* ❷ (*Ungenauigkeit*) discrepancy

Un·sum·men ['ʊnzʊmən] *pl* vast sums *pl* [of money]

un·sym·me·trisch ['ʊnzyme:trɪʃ] *adj* asymmetric

un·sym·pa·thisch ['ʊnzympatɪʃ] *adj* unpleasant

un·tad(e)·lig ['ʊnta:d(ə)lɪç] **I.** *adj* impeccable **II.** *adv* impeccably

Un·tat ['ʊnta:t] *f* atrocity

un·tä·tig ['ʊntɛːtɪç] **I.** *adj* (*müßig*) idle **II.** *adv* idly; **~ zusehen** to stand idly by

Un·tä·tig·keit *f kein pl* inaction, inactivity; (*Müßiggang*) idleness; **~ der Unternehmensführung** management inertia

un·taug·lich ['ʊntaʊklɪç] *adj* ❶ (*ungeeignet*) unsuitable ❷ MIL unfit

Un·taug·lich·keit *f kein pl* unsuitability

un·teil·bar [ʊn'taɪlbaːɐ̯] *adj* indivisible

un·ten ['ʊntn̩] ❶ (*an einer tieferen Stelle*) down; **hier ~** down here; **weiter ~** further down; **nach ~ zu** further down; **von ~** from down below; **von ~ [her]** from the bottom up[wards]; ~ **an/in etw** *dat* at/in the bottom of sth; **das Buch steht weiter ~ im Bücherschrank** the book is lower down in the bookcase; **ich habe die Bücher ~ ins Regal gelegt** I've put the books down below on the shelf; ~ **links/ rechts** [at the] bottom left/right ❷ (*Unterseite*) bottom ❸ (*in einem tieferen Stockwerk*) downstairs; **nach ~** downstairs; **der Aufzug fährt nach ~** the lift is going down ❹ (*in sozial niedriger Position*) bottom ❺ (*hinten im Text*) bottom; ~ **erwähnt** mentioned below *pred;* **siehe ~** see below ❻ (*am hinteren Ende*) at the bottom; ~ **an etw** *dat* at the bottom of sth

un·ter [ˈʊntɐ] **I.** *präp* ❶ +*dat* (*unterhalb von etw*) under, underneath; ~ **freiem Himmel** in the open air ❷ +*akk* (*in den Bereich unterhalb von etw*) under; **sich ~ die Dusche stellen** to have a shower ❸ +*dat* (*zahlenmäßig kleiner als*) below ❹ +*dat* (*inmitten*) among[st]; (*von*) among; ~ **uns gesagt** between you and me; ~ **anderem** amongst other things; ~ **Menschen gehen** to get out [of the house] ❺ +*dat* (*begleitet von, hervorgerufen durch*) under; ~ **Zwang** under duress; ~ **Lebensgefahr** at risk to one's life; ~ **der Bedingung, dass ...** on condition that ...; ~ **Umständen** possibly ❻ +*dat o akk* (*zugeordnet sein*) under; **etw ~ ein Motto stellen** to put sth under a motto; **jdn ~ sich haben** to have sb under one ❼ +*dat* (*in einem Zustand*) under; ~ **Druck/Strom stehen** to be under pressure; ~ **einer Krankheit leiden** to suffer from an illness ❽ +*dat* SÜDD (*während*) during; ~ **der Woche** during the week; ~ **Mittag** in the morning **II.** *adv* ❶ (*jünger als*) under ❷ (*weniger als*) less than

Un·ter·arm [ˈʊntɐʔaʁm] *m* forearm

un·ter·be·lich·ten* *vt* to underexpose **un·ter·be·lich·tet** *adj* (*hum fam*) dim[-witted] **un·ter·be·wer·ten*** *vt* to undervalue

un·ter·be·wusst^{RR} *adj* subconscious

Un·ter·be·wusst·sein^{RR} [ˈʊntɐbəvʊstzaɪn] *nt* ■ **das/jds ~** the/sb's subconscious; **im ~** subconsciously

un·ter·be·zahlt *adj* underpaid **un·ter·bie·ten*** [ʊntɐˈbiːtn̩] *vt irreg* ❶ (*billiger sein*) to undercut (**um** by) ❷ SPORT **einen Rekord ~** to beat a record

un·ter·bin·den* [ʊntɐˈbɪndn̩] *vt irreg* (*geh*) to stop

un·ter·blei·ben* *vi irreg sein* (*geh*) ❶ (*aufhören*) to stop ❷ (*nicht geschehen*) not to happen

un·ter·bre·chen* [ʊntɐˈbʁɛçn̩] *vt irreg* ❶ (*vorübergehend beenden*) to interrupt ❷ (*räumlich auflockern*) to break up *sep*

Un·ter·bre·chung <-, -en> *f* interruption; **mit ~en** with breaks

un·ter·brei·ten* [ʊntɐˈbʁaɪtn̩] *vt* (*geh*) ❶ (*vorlegen*) ■ **jdm etw ~** to present sth to sb ❷ (*informieren*) ■ **jdm ~, dass ...** to advise sb that ...

---

jemanden unterbrechen	
jemanden unterbrechen	*interrupting someone*
Entschuldigen Sie bitte, dass ich Sie unterbreche, ...	*Sorry for interrupting, ...*
Wenn ich Sie einmal kurz unterbrechen dürfte: ...	*If I may interrupt you for a moment ...*
anzeigen, dass man weitersprechen will	*indicating that you wish to continue speaking*
Moment, ich bin noch nicht fertig.	*Just a moment, I haven't finished.*
Lässt du mich bitte ausreden?/Könntest du mich bitte ausreden lassen?	*Will you please let me finish?/Could you please let me finish?*
Lassen Sie mich bitte ausreden!	*Please let me finish!*
Lassen Sie mich bitte diesen Punkt noch zu Ende führen.	*Please let me finish my point.*
ums Wort bitten	*asking to speak*
Darf ich dazu etwas sagen?	*May I comment on that?*
Wenn ich dazu noch etwas sagen dürfte: ...	*If I may add to that ...*

un·ter|brin·gen *vt irreg* ① (*Unterkunft verschaffen*) ■ **jdn ~** to put sb up; **die Kinder sind gut untergebracht** (*fig*) the children are being well looked after ② (*abstellen*) ■ **etw ~** to put sth somewhere ③ (*fam: eine Anstellung verschaffen*) ■ **jdn ~** to get sb a job

Un·ter·brin·gung <-, -en> *f* ① (*das Unterbringen*) accommodation ② (*Unterkunft*) accommodation *no indef art*

un·ter·der·hand^ALT *adv s.* **Hand 4**

un·ter·des·sen *adv* (*geh*) meanwhile

Un·ter·druck <-drücke> *m* ① PHYS vacuum ② *kein pl* (*niedriger Blutdruck*) low blood pressure

un·ter·drü·cken* [ʊntɐˈdrʏkn̩] *vt* ① (*niederhalten*) ■ **jdn ~** to oppress sb; ■ **etw ~** to suppress sth ② (*zurückhalten*) to suppress

Un·ter·drü·cker(in) <-s, -> *m(f)* oppressor

Un·ter·drü·ckung <-, -en> *f* ① *kein pl* (*das Unterdrücken*) *Bürger, Einwohner, Volk* oppression; *Aufstand, Unruhen* suppression ② (*das Unterdrücktsein*) oppression

un·te·re(r, s) <unterste(r, s)> [ˈʊntərə, -tərə, -tərəs] *adj attr* lower

un·ter·ei·nan·der [ʊntɐʔaɪˈnandɐ] *adv* ① (*miteinander*) among yourselves/themselves etc; **sich ~ helfen** to help each other ② (*eines unterhalb des anderen*) one below the other

un·ter·ent·wi·ckelt *adj* underdeveloped; **geistig ~** mentally retarded **un·ter·er·nährt** *adj* undernourished **Un·ter·er·näh·rung** *f* malnutrition **Un·ter·füh·rung** [ʊntɐˈfyːrʊŋ] *f* underpass; *Fußgänger* subway **Un·ter·funk·ti·on** *f* MED hypofunction **Un·ter·gang** <-gänge> *m* ① *Schiff* sinking ② *Sonne* setting ③ (*Zerstörung*) destruction; **der ~ einer Zivilisation** the decline of civilization; **der ~ des Römischen Reiches** the fall of the Roman Empire

Un·ter·ge·be·ne(r) *f(m)* subordinate

un·ter|ge·hen *vi irreg sein* ① (*versinken*) to sink; **ihre Worte gingen in dem Lärm unter** (*fig*) her words were drowned in the noise ② *Sonne* to set ③ (*zugrunde gehen*) to be destroyed; **untergegangene Kulturen** lost civilizations **un·ter·ge·ord·net** *adj* ① (*zweitrangig*) secondary ② (*subaltern*) subordinate **Un·ter·ge·schoss**^RR *nt* basement **Un·ter·ge·wicht** *nt* underweight; **~ haben** to be underweight **un·ter·ge·wich·tig** *adj* underweight **un·ter·glie·dern*** *vt* to subdivide (**in** into) **un·ter·gra·ben*¹** *vt irreg* ■ **etw ~** to undermine sth **un·ter|gra·ben²** [ˈʊntɐgraːbn̩] *vt irreg* ■ **etw ~** to dig sth into the soil **Un·ter·grund** *m* ① GEOL subsoil ② *kein pl* (*politische Illegalität*) underground; **in den ~ gehen** to go underground; **im ~** underground ③ KUNST, MODE (*tragende Fläche*) background; (*unterste Farbschicht*) undercoat **Un·ter·grund·bahn** *f* underground **Un·ter·grund·or·ga·ni·sa·ti·on** *f* POL underground organization

un·ter·halb [ˈʊntɐhalp] I. *präp* +*gen* (*darunter befindlich*) below II. *adv* (*tiefer gelegen*) below; *Fluss* downstream; ■ **~ von etw** *dat* below sth

Un·ter·halt <-[e]s> *m kein pl* ① (*Lebens~*) keep; (*Unterhaltsgeld*) maintenance ② (*Instandhaltung*) upkeep

un·ter·hal·ten¹ [ˈʊntɐhaltn̩] *vt irreg* ① (*für jds Lebensunterhalt sorgen*) to support ② (*instand halten, pflegen*) to maintain ③ (*betreiben*) to run ④ (*innehaben*) **ein Konto ~** to have an account

un·ter·hal·ten² [ʊntɐˈhaltn̩] *irreg* I. *vt* (*die Zeit vertreiben*) to entertain II. *vr* ① (*sich vergnügen*) **sich ~** to keep oneself amused ② (*sprechen*) ■ **sich [mit jdm] ~** to talk [to sb] (**über** about); **wir müssen uns mal ~** we must have a talk

un·ter·hal·tend *adj*, **un·ter·halt·sam** *adj* entertaining

Un·ter·halts·an·spruch *m* entitlement to maintenance **un·ter·halts·be·rech·tigt** *adj* entitled to maintenance **Un·ter·halts·be·rech·tig·te(r)** *f(m) dekl wie adj* JUR person entitled to maintenance payments **Un·ter·halts·kos·ten** *pl* ① JUR maintenance ② (*Instandhaltungskosten*) maintenance costs *npl* ③ (*Betriebskosten*) running costs *pl* **Un·ter·halts·pflicht** *f* obligation to pay maintenance **un·ter·halts·pflich·tig** *adj* under obligation to provide maintenance **Un·ter·halts·zah·lung** *f* maintenance payment

Un·ter·hal·tung¹ <-> *f kein pl* ① (*Instandhaltung*) maintenance ② (*Betrieb*) running

Un·ter·hal·tung² <-, -en> *f* ① (*Gespräch*) conversation ② *kein pl* (*Zeitvertreib*) entertainment; **gute ~!** enjoy yourselves!

Un·ter·hal·tungs·in·dust·rie *f* entertainment industry

Un·ter·händ·ler(in) *m(f)* negotiator **Un·ter·haus** *nt* **das britische ~** the House of Commons **Un·ter·hemd** *nt* vest **Un·**

ter·holz nt kein pl undergrowth **Un·ter·ho·se** f [under]pants **un·ter·ir·disch** I. adj ❶ underground; *Fluss* subterranean ❷ (*pej fam: sehr schlecht*) lousy, crummy *fam* II. adv ❶ underground ❷ (*pej fam: in sehr schlechter Weise*) ~ **schauspielern/singen** to be a lousy [*or fam* crummy] actor/singer; **sich ~ verhalten** to be a complete and utter arsehole BRIT [*or* AM asshole] *pej*! *vulg* **un·ter·ju·beln** vt (*sl*) ❶ (*andrehen*) ▪**jdm etw ~** to palm sth off on sb ❷ (*anlasten*) ▪**jdm etw ~** to pin sth on sb **Un·ter·kie·fer** m lower jaw **un·ter·kom·men** vi irreg sein ❶ (*eine Unterkunft finden*) ▪**bei jdm/irgendwo ~** to find accommodation at sb's house/somewhere ❷ (*fam: eine Anstellung bekommen*) ▪**[als etw] ~** to find a job [as sth] ❸ DIAL (*begegnen*) ▪**jdm ~** to come across sth/sb ❹ DIAL (*erleben*) ▪**jdm ~** to experience; **ein so wundersame Gelegenheit kommt einem nicht alle Tage unter** you don't get such a wonderful opportunity like that every day **Un·ter·kör·per** m lower part of the body **un·ter·krie·gen** vt (*fam*) ▪**sich [von jdm/etw] ~ lassen** to allow sb/sth to get one down; **von einem kleinen Rückschlag darf man sich nicht ~ lassen** you shouldn't allow a trivial setback to get you down **un·ter·küh·len*** I. vt ▪**jdn ~** to reduce sb's body temperature II. vr (*fam*) ▪**sich ~** to get cold **un·ter·kühlt** adj ❶ (*mit niedriger Körpertemperatur*) suffering from hypothermia ❷ (*betont kühl, distanziert*) cool **Un·ter·küh·lung** f hypothermia
Un·ter·kunft <-, -künfte> ['ʊntɛkʊnft, pl -kʏnftə] f accommodation; **eine ~ suchen** to look for accommodation; **~ mit Frühstück** bed and breakfast; **~ und Verpflegung** board and lodging
Un·ter·la·ge ['ʊntɐla:gə] f ❶ (*etw zum Unterlegen*) mat; **eine Decke diente dem Patienten als ~** a blanket was used for the patient to lie on ❷ *meist pl* (*Dokument*) document *usu pl*
Un·ter·lass^RR m, **Un·ter·laß**^ALT ['ʊntɐlas] m **ohne ~** (*geh*) incessantly
un·ter·las·sen* [ʊntɐ'lasn̩] vt irreg ❶ (*nicht ausführen*) ▪**etw ~** to omit to do sth; **warum haben Sie es ~, mich zu benachrichtigen?** why did you fail to inform me? ❷ (*mit etw aufhören*) ▪**etw ~** to refrain from doing sth
Un·ter·las·sung <-, -en> [ʊntɐ'lasʊŋ] f ❶ (*das Unterlassen*) omission, failure [to do sth]; **ich bestehe auf sofortiger ~ dieser Lärmbelästigung** I insist that this noise pollution be stopped immediately ❷ JUR failure, negligence; **fahrlässige ~** passive negligence
un·ter·lau·fen* [ʊntɐ'laʊfn̩] irreg I. vt **haben** to evade II. vi (*versehentlich vorkommen*) ▪**jdm unterläuft etw** sth happens to sb; **da muss mir ein Fehler ~ sein** I must have made a mistake ❷ (*fam: begegnen*) ▪**jdm ~** to happen to sb; **so etwas Lustiges ist mir selten ~** something as funny as that has rarely happened to me
un·ter·le·gen[1] ['ʊntɐle:gn̩] vt ❶ (*darunter platzieren*) ▪**[jdm] etw ~** to put sth under[neath] [sb] ❷ (*abweichend interpretieren*) ▪**einer S.** dat **etw ~** to read another meaning into sth
un·ter·le·gen*[2] [ʊntɐ'le:gn̩] vt ❶ (*mit Untermalung versehen*) **einem Film Musik ~** to put music to a film ❷ (*mit einer Unterlage versehen*) to underlay
un·ter·le·gen[3] [ʊntɐ'le:gn̩] adj ❶ (*schwächer als andere*) inferior; ▪**jdm ~ sein** to be inferior to sb; **zahlenmäßig ~ sein** to be outnumbered ❷ SPORT ▪**jdm ~ sein** to be defeated by sb
Un·ter·le·gen·heit <-, *selten* -en> f inferiority
Un·ter·leib m [lower] abdomen **un·ter·lie·gen*** ['ʊntɐli:gn̩] vi irreg sein ❶ (*besiegt werden*) ▪**[jdm] ~** to lose [to sb] ❷ (*unterworfen sein*) **einer Täuschung ~** to be the victim of a deception; **der Schweigepflicht ~** to be bound to maintain confidentiality **Un·ter·lip·pe** f bottom lip
un·term ['ʊntɐm] (*fam*) = **unter dem** s. **unter**
un·ter·mau·ern* vt ▪**etw ~** to support sth; BAU to underpin sth **Un·ter·me·nü** nt INFORM submenu **Un·ter·mie·te** f ❶ (*Mieten eines Zimmers*) subtenancy; **zur ~ wohnen** to rent a room from an existing tenant ❷ (*das Untervermieten*) sublease; **jdn in ~ nehmen** to take in sb as a lodger **Un·ter·mie·ter(in)** m(f) subtenant **un·ter·mi·schen** vt to add
un·tern ['ʊntɐn] (*fam*) = **unter den** s. **unter**
un·ter·neh·men* [ʊntɐ'ne:mən] vt irreg ❶ (*in die Wege leiten*) ▪**etw/nichts ~** to take action/no action (**gegen** against) ❷ (*Vergnügliches durchführen*) **wollen wir nicht etwas zusammen ~?** why don't we do something together? ❸ (*geh: machen*) **einen Ausflug ~** to go on an out-

Unternehmen → Unterseeboot

ing; **einen Versuch ~** to make an attempt ❹ (*geh: auf sich nehmen*) ■**es ~, etw zu tun** to take it upon oneself to do sth
Un·ter·neh·men <-s, -> [ʊntɐˈneːmən] *nt* ❶ ÖKON firm ❷ (*Vorhaben*) venture
Un·ter·neh·mens·be·ra·ter(in) *m(f)* management consultant **Un·ter·neh·mens·spit·ze** *f* top management
Un·ter·neh·mer(in) <-s, -> [ʊntɐˈneːmɐ] *m(f)* entrepreneur
un·ter·neh·me·risch [ʊntɐˈneːmərɪʃ] I. *adj* entrepreneurial II. *adv* in a business-like manner; **~ denken** to think in a business-like manner
Un·ter·neh·mung <-, -en> [ʊntɐˈneːmʊŋ] *f* (*geh*) *s.* **Unternehmen 2**
Un·ter·neh·mungs·geist *m kein pl* entrepreneurial spirit **un·ter·neh·mungs·lus·tig** *adj* enterprising
Un·ter·of·fi·zier [ˈʊntɐʔɔfitsiːɐ] *m* non-commissioned officer **un·ter·ord·nen** I. *vt* ❶ (*vor etw hintanstellen*) ■**etw einer S.** *dat* **~** to put sth before sth ❷ (*jdm/einer Institution unterstellen*) ■**jdm/einer S.** *dat* **untergeordnet sein** to be [made] subordinate to sb/sth II. *vr* ■**sich [jdm] ~** to take on a subordinate role [to sb] **Un·ter·punkt** *m* sub-point
Un·ter·re·dung <-, -en> *f* discussion
un·ter·re·prä·sen·tiert *adj* under-represented
Un·ter·richt <-[e]s, *selten* -e> [ˈʊntərɪçt] *m* lesson; **theoretischer/praktischer ~** theoretical/practical classes; **im Sommer beginnt der ~ um zehn vor acht** in summer lessons begin at ten to eight; **bei wem haben wir nächste Stunde ~?** who's our next lesson with?; **im ~ sein** to be in a lesson; **heute fällt der ~ in Mathe aus** there will be no maths lesson today
un·ter·rich·ten* [ʊntɐˈrɪçtn̩] I. *vt* ❶ (*lehren*) to teach; **Chemie ~** to teach Chemistry ❷ (*informieren*) ■**jdn ~** to inform sb (**über** about) II. *vi* (*als Lehrer tätig sein*) **in einem Fach ~** to teach a subject; **an welcher Schule ~ Sie?** which school do you teach at? III. *vr* (*sich informieren*) ■**sich über etw** *akk* **~** to obtain information about sth
Un·ter·richts·fach *nt* subject **Un·ter·richts·stun·de** *f* lesson
Un·ter·rock [ˈʊntərɔk] *m* petticoat
un·ters [ˈʊntəs] (*fam*) = **unter das** *s.* **unter**
un·ter·sa·gen* [ʊntɐˈzaːgn̩] *vt* ■**jdm etw ~** to forbid sb to do sth; **das Rauchen ist in diesen Räumen untersagt** smoking is prohibited in these rooms **Un·ter·satz** [ˈʊntəzats] *m* mat **un·ter·schät·zen*** [ʊntɐˈʃɛtsn̩] *vt* to underestimate
un·ter·schei·den* [ʊntɐˈʃaɪdn̩] *irreg* I. *vt* ❶ (*differenzieren*) to distinguish (**zwischen** between); ■**etw [von etw** *dat*] **~** to tell sth from sth; **was sie von ihrer Schwester unterscheidet, ist ihre musikalische Begabung** what distinguishes her from her sister is her musical talent ❷ (*auseinanderhalten*) **ich kann die beiden nie ~** I can never tell the difference between the two; **Ulmen und Linden kann man leicht ~** you can easily tell elm trees from lime trees; **er kann ein Schneeglöckchen nicht von einer Schlüsselblume ~** he can't tell the difference between a snowdrop and a cowslip II. *vi* [**zwischen Dingen**] **~** to differentiate [between things] III. *vr* ■**sich voneinander/von jdm/etw ~** to differ from sb/sth
Un·ter·schei·dung *f* distinction
Un·ter·schen·kel *m* lower leg; (*vom gebratenen Huhn*) [chicken] drumstick
Un·ter·schicht *f* lower class
Un·ter·schied <-[e]s, -e> [ˈʊntəʃiːt] *m* difference; **einen/keinen ~ [zwischen Dingen] machen** to draw a/no distinction [between things]; **im ~ zu dir bin ich aber vorsichtiger** unlike you I'm more careful; **ohne ~** indiscriminately
un·ter·schied·lich [ˈʊntəʃiːtlɪç] I. *adj* different; **~er Auffassung sein** to have different views II. *adv* differently
un·ter·schla·gen* [ʊntɐˈʃlaːgn̩] *vt irreg* ❶ (*unrechtmäßig für sich behalten*) to misappropriate; *Geld* to embezzle; *Brief, Beweise* to withhold; **eine Nachricht ~** to keep quiet about sth ❷ (*vorenthalten*) ■**jdm etw ~** to withhold sth from sb
Un·ter·schla·gung <-, -en> [ʊntɐˈʃlaːgʊŋ] *f* embezzlement
Un·ter·schlupf <-[e]s, -e> [ˈʊntəʃlʊpf] *m* hideout; **bei jdm ~ suchen/finden** to look for/find shelter with sb
un·ter·schrei·ben* [ʊntɐˈʃraɪbn̩] *irreg vt, vi* to sign
Un·ter·schrift [ˈʊntəʃrɪft] *f* ❶ (*eigene Signatur*) signature ❷ (*Bildunterschrift*) caption
Un·ter·schrif·ten·lis·te *f* petition **Un·ter·schrif·ten·samm·lung** *f* collection of signatures
un·ter·schwel·lig [ˈʊntəʃvɛlɪç] *adj* subliminal
Un·ter·see·boot [ˈʊntəzeːboːt] *nt* subma-

rine **Un·ter·sei·te** f underside **Un·ter·set·zer** <-s, -> ['ʊntezɛtsɐ] m s. **Untersatz**

un·ter·setzt [ʊntɐ'zɛtst] adj stocky

un·ter|sprit·zen* vt MED **Falten** ~ to treat with anti-wrinkle injections

un·ters·te(r, s) ['ʊntɐstə, -teste, -testəs] adj superl now **untere(r, s)** bottom; **in der ~n Schublade** in the bottom drawer ▸ **das U~ zuoberst kehren** (fam) to turn everything upside down

un·ter·ste·hen*¹ [ʊntɐ'ʃteːən] irreg **I.** vi ▪ jdm/einer S. dat ~ to be subordinate to sb/sth; **der Abteilungsleiterin ~ 17 Mitarbeiter** seventeen employees report to the departmental head; **jds Befehl ~** to be under sb's command **II.** vr ▪ **sich ~, etw zu tun** to have the audacity to do sth; **untersteh dich!** don't you dare!

un·ter|ste·hen² ['ʊntɐʃteːən] vi irreg haben SÜDD, ÖSTERR, SCHWEIZ (Schutz suchen) to take shelter

un·ter·stel·len*¹ [ʊntɐ'ʃtɛlən] **I.** vt ❶ (unterordnen) ▪ **jdm jdn/etw ~** to put sb in charge of sb/sth; **Sie sind ab sofort der Redaktion III unterstellt** as from now you report to editorial department III ❷ (unterschieben) ▪ **jdm etw ~** to imply that sb has said/done sth **II.** vi ▪ ~, **[dass]** ... to suppose [that] ...

un·ter|stel·len² ['ʊntɐʃtɛlən] **I.** vt ❶ (abstellen) ▪ **etw irgendwo/bei jdm ~** to store sth somewhere/at sb's house; **ein Auto bei jdm ~** to leave one's car at sb's house ❷ (darunter stellen) **einen Eimer ~** to put a bucket underneath **II.** vr ▪ **sich ~** to take shelter

Un·ter·stel·lung f ❶ (falsche Behauptung) insinuation ❷ kein pl (Unterordnung) subordination

un·ter·strei·chen* [ʊntɐ'ʃtraɪçn̩] vt irreg ❶ (markieren) to underline ❷ (betonen) to emphasize

Un·ter·stu·fe f lower school

un·ter·stüt·zen* [ʊntɐ'ʃtʏtsn̩] vt ❶ (durch Hilfe fördern) a. INFORM to support (**bei/in** in) ❷ (sich dafür einsetzen) to back

Un·ter·stüt·zung f ❶ kein pl (Hilfe) support; **ich möchte Sie um Ihre ~ bitten** I should like to ask you for your support ❷ (finanzielle Hilfe) income support; (Arbeitslosen~) benefit

un·ter·su·chen* [ʊntɐ'zuːxn̩] vt ❶ (den Gesundheitszustand überprüfen) to examine (**auf** for) ❷ (überprüfen) to investigate; Fahrzeug to check ❸ (genau betrachten) to scrutinize ❹ (durchsuchen) to search (**auf** for) ❺ (aufzuklären suchen) to investigate

Un·ter·su·chung <-, -en> f ❶ (ärztliche Überprüfung) examination; **sich einer ~ unterziehen** (geh) to undergo a medical examination ❷ (Durchsuchung) search ❸ (Ermittlung, Analyse) investigation

Un·ter·su·chungs·aus·schussᴿᴿ m committee of inquiry **Un·ter·su·chungs·er·geb·nis** nt ❶ JUR findings pl ❷ MED results pl **Un·ter·su·chungs·haft** f custody; **in ~ sein** to be on remand **Un·ter·su·chungs·rich·ter(in)** m(f) examining magistrate

Un·ter·tan(in) <-en, -en> ['ʊnteta:n] m(f) subject

un·ter·tä·nig <-er, -ste> ['ʊntetɛ:nɪç] adj (pej) submissive

Un·ter·tas·se f saucer; **fliegende ~** (fam) flying saucer **un·ter|tau·chen** ['ʊntetaʊxn̩] **I.** vt haben ▪ **jdn ~** to duck [or AM dunk] sb's head under water **II.** vi sein ❶ (tauchen) to dive [under]; U-Boot to submerge ❷ (sich verstecken) to go underground; ▪ **bei jdm ~** to hide out at sb's place; **im Ausland ~** to go underground abroad ❸ (verschwinden) ▪ **irgendwo ~** to disappear somewhere **Un·ter·teil** ['ʊntetaɪl] nt o m bottom part **un·ter·tei·len*** [ʊnte'taɪlən] vt ❶ (einteilen) to subdivide (**in** into) ❷ (aufteilen) to partition (**in** into) **Un·ter·tei·lung** <-, -en> f subdivision **Un·ter·tel·ler** m SCHWEIZ, SÜDD (Untertasse) saucer **Un·ter·ti·tel** ['ʊnteti:tl̩] m ❶ (eingeblendete Übersetzung) subtitle ❷ (zusätzlich erläuternder Titel) subheading **Un·ter·ton** m undertone

un·ter·trei·ben* [ʊnte'traɪbn̩] irreg **I.** vt to understate **II.** vi to play sth down

un·ter·ver·mie·ten* vt, vi to sublet **un·ter·ver·sorgt** adj undersupplied **Un·ter·ver·sor·gung** f kein pl shortage

un·ter·wan·dern* [ʊnte'vandɐn] vt ▪ **etw ~** to infiltrate sth

Un·ter·wan·de·rung f infiltration

Un·ter·wä·sche <-, -n> ['ʊntevɛʃə] f kein pl underwear no pl

un·ter·wegs [ʊnte've:ks] adv on the way; **Herr Müller ist gerade nach München ~** Mr. Müller is on his way to Munich at the moment; **für ~** for the journey; **wir haben ein paar Blumen von ~ mitgebracht** we've brought a few flowers back from our outing; **er hat mich von ~ angerufen** he phoned me while he was on his way

un·ter·wei·sen* [ʊntɐ'vaizn̩] vt irreg (geh) to instruct

Un·ter·wei·sung f (geh) instruction form

Un·ter·welt ['ʊntɐvɛlt] f kein pl underworld

un·ter·wer·fen* [ʊntɐ'vɛrfn̩] irreg I. vt ❶ (unterjochen) to subjugate ❷ (unterziehen) jdn einer S. dat ~ to subject sb to sth II. vr ❶ (sich fügen) sich jds Willkür ~ to bow to sb's will; **sich einem Herrscher ~** to obey a ruler ❷ (sich unterziehen) ■ **sich einer S. dat ~** to submit to sth

Un·ter·wer·fung <-, -en> f subjugation

un·ter·wor·fen adj ■ **jdm/einer S. dat ~ sein** to be subject to sb/sth

un·ter·wür·fig [ʊntɐ'vʏrfɪç] adj (pej) servile

un·ter·zeich·nen* [ʊntɐ'tsaiçnən] vt (geh) to sign

Un·ter·zeich·ner(in) [ʊntɐ'tsaiçnɐ] m(f) (geh) signatory

un·ter·zie·hen*¹ [ʊntɐ'tsi:ən] irreg I. vt ■ **jdn/etw einer S. dat ~** to subject sb/sth to sth; **das Fahrzeug muss noch einer Generalinspektion unterzogen werden** the vehicle still has to undergo a general inspection II. vr ■ **sich einer S. dat ~** to undergo sth; **sich einer Operation ~** to have an operation

un·ter|zie·hen² ['ʊntɐtsi:ən] vt irreg sep to put on underneath; **Sie sollten sich einen Pullover ~** you ought to put a pullover on underneath

Un·tie·fe ['ʊnti:fə] f ❶ (seichte Stelle) shallow usu pl ❷ (geh: große Tiefe) depth usu pl

Un·tier ['ʊnti:ɐ] nt monster

un·trag·bar [ʊn'tra:kba:ɐ] adj ❶ (unerträglich) unbearable ❷ (nicht tolerabel) intolerable

un·trenn·bar [ʊn'trɛnba:ɐ] adj inseparable

un·treu ['ʊntrɔy] adj unfaithful; ■ **jdm ~ sein/werden** to be unfaithful to sb; **sich dat ~ werden** (geh) to be untrue to oneself; **einer S. dat ~ werden** to be disloyal to sth

Un·treue f ❶ (untreues Verhalten) unfaithfulness ❷ JUR embezzlement

un·tröst·lich [ʊn'trø:stlɪç] adj inconsolable

Un·tu·gend ['ʊntu:gn̩t] f bad habit

un·ty·pisch adj untypical

un·über·legt ['ʊn?y:bɐleːkt] I. adj rash II. adv rashly

un·über·seh·bar [ʊn?y:bɐ'ze:ba:ɐ] adj ❶ (nicht zu übersehen) obvious ❷ (nicht abschätzbar) incalculable; Konsequenzen unforeseeable

un·über·sicht·lich ['ʊn?y:bɐzɪçtlɪç] adj ❶ (nicht übersichtlich) confusing ❷ (schwer zu überblicken) unclear; **eine ~e Kurve** a blind bend

un·über·treff·lich [ʊn?y:bɐ'trɛflɪç] I. adj unsurpassable; Rekord unbeatable II. adv superbly, magnificently

un·über·trof·fen [ʊn?y:bɐ'trɔfn̩] adj unsurpassed; Rekord unbroken

un·über·wind·lich [ʊn?y:bɐ'vɪntlɪç] adj ❶ (nicht abzulegen) deep[-rooted] ❷ (nicht zu meistern) insurmountable ❸ (unbesiegbar) invincible

un·üb·lich ['ʊn?y:plɪç] I. adj uncustomary; ■ **~ sein** not to be customary II. adv unusually

un·um·gäng·lich [ʊn?ʊm'gɛŋlɪç] adj inevitable

un·um·schränkt [ʊn?ʊm'ʃrɛŋkt] I. adj absolute II. adv **~ herrschen** to have absolute rule

un·um·stöß·lich [ʊn?ʊm'ʃtø:slɪç] I. adj irrefutable; Entschluss irrevocable II. adv irrefutably; **die Entscheidung des Gerichts steht ~ fest** the court's decision is irrevocable

un·um·strit·ten [ʊn?ʊm'ʃtrɪtn̩] I. adj undisputed II. adv undisputedly

un·um·wun·den ['ʊn?ʊmvʊndn̩] adv frankly, openly

un·un·ter·bro·chen ['ʊn?ʊntɐbrɔxn̩] I. adj ❶ (unaufhörlich andauernd) incessant ❷ (nicht unterbrochen) uninterrupted II. adv incessantly

un·ver·än·der·lich [ʊnfɛɐ'?ɛndɐlɪç] adj unchanging

un·ver·än·dert ['ʊnfɛɐ?ɛndɐt] I. adj ❶ (keine Änderungen aufweisend) unrevised ❷ (gleich bleibend) unchanged; Einsatz, Fleiß unchanging II. adv **trotz dieser Meinungsverschiedenheiten begegnete sie uns ~ freundlich** her greeting was as friendly as ever, despite our [little] difference of opinion; **auch morgen ist es wieder ~ kalt** it will remain [just as] cold tomorrow; **auch für den neuen Auftraggeber arbeitete er ~ zuverlässig** his work was just as reliable for his new client

un·ver·ant·wort·lich [ʊnfɛɐ'?antvɔrtlɪç] I. adj irresponsible II. adv irresponsibly

un·ver·äu·ßer·lich [ʊnfɛɐ'?ɔysɐlɪç] adj ❶ (geh: nicht zu entäußern) inalienable ❷ (selten: unverkäuflich) unmarketable, unsaleable

un·ver·bes·ser·lich [ʊnfɛɐ'bɛsɐlɪç] adj incorrigible; Optimist incurable

un·ver·bind·lich ['ʊnfɛɐ̯bɪntlɪç] I. *adj* ❶ (*nicht verpflichtend*) not binding *pred;* **ein ~es Angebot machen** to make a non-binding offer ❷ (*distanziert*) detached II. *adv* without obligation

un·ver·bleit ['ʊnfɛɐ̯blait] *adj* unleaded

un·ver·blümt [ʊnfɛɐ̯'bly:mt] I. *adj* blunt II. *adv* bluntly

un·ver·dau·lich ['ʊnfɛɐ̯daulɪç] *adj* indigestible

un·ver·dor·ben ['ʊnfɛɐ̯dɔrbn̩] *adj* unspoilt

un·ver·dros·sen ['ʊnfɛɐ̯drɔsn̩] *adv* undauntedly

un·ver·dünnt ['ʊnfɛɐ̯dʏnt] I. *adj* undiluted; *Alkohol* neat II. *adv* **etw ~ anwenden** to use sth in an undiluted state; **ich trinke meinen Whisky ~** I like [to drink] my whisky neat

un·ver·ein·bar [ʊnfɛɐ̯'ʔainba:ɐ̯] *adj* incompatible; *Gegensätze* irreconcilable

un·ver·fälscht ['ʊnfɛɐ̯fɛlʃt] *adj* unadulterated

un·ver·fäng·lich ['ʊnfɛɐ̯fɛŋlɪç] *adj* harmless; **auf die geschickten Fragen hat er mit ~en Antworten reagiert** he gave non-committal answers to the trick questions

un·ver·fro·ren ['ʊnfɛɐ̯fro:rən] *adj* insolent

Un·ver·fro·ren·heit <-, -en> *f* ❶ (*Dreistigkeit*) audacity, impudence ❷ (*Äußerung*) insolent remark; **solche ~en muss ich mir nicht anhören** I don't have to listen to such insolent remarks [*or* insolence] ❸ (*dreistes Benehmen*) insolence *no pl;* **also ehrlich, mir so was zu sagen, ist schon eine ~** well really, you've got a cheek saying something like that to me

un·ver·gäng·lich ['ʊnfɛɐ̯gɛŋlɪç] *adj* ❶ (*bleibend*) abiding; *Eindruck* lasting ❷ (*nicht vergänglich*) immortal

un·ver·gess·lichRR *adj,* **un·ver·geß·lich**ALT [ʊnfɛɐ̯'gɛslɪç] *adj* unforgettable

un·ver·gleich·lich [ʊnfɛɐ̯'glaiçlɪç] I. *adj* incomparable II. *adv* incomparably

un·ver·hält·nis·mä·ßig ['ʊnfɛɐ̯hɛltnɪsmɛ:sɪç] *adv* excessively; **wir alle litten unter dem ~ heißen Wetter** we are all suffering as a result of the unusually hot weather

un·ver·hei·ra·tet ['ʊnfɛɐ̯haira:tət] *adj* unmarried

un·ver·hofft ['ʊnfɛɐ̯hɔft] I. *adj* unexpected II. *adv* unexpectedly; **sie besuchten uns ~** they paid us an unexpected visit

un·ver·hoh·len ['ʊnfɛɐ̯ho:lən] I. *adj* undisguised, unconcealed II. *adv* openly

un·ver·hüllt <-er, -este> ['ʊnfɛɐ̯hʏlt] *adj* undisguised

un·ver·käuf·lich ['ʊnfɛɐ̯kɔyflɪç] *adj* not for sale *pred*

un·ver·kenn·bar [ʊnfɛɐ̯'kɛnba:ɐ̯] *adj* unmistakable; ■ **~ sein/werden, dass ...** to be/become clear that ...

un·ver·letzt ['ʊnfɛɐ̯lɛtst] *adj* unhurt

un·ver·meid·bar [ʊnfɛɐ̯'maitba:ɐ̯] *adj s.* **unvermeidlich**

un·ver·meid·lich [ʊnfɛɐ̯'maitlɪç] *adj* unavoidable

un·ver·min·dert ['ʊnfɛɐ̯mɪndɐt] I. *adj* undiminished II. *adv* unabated

un·ver·mit·telt ['ʊnfɛɐ̯mɪtl̩t] I. *adj* sudden II. *adv* suddenly

Un·ver·mö·gen ['ʊnfɛɐ̯mø:gn̩] *nt kein pl* powerlessness; ■ **jds ~, etw zu tun** sb's inability to do sth

un·ver·mu·tet ['ʊnfɛɐ̯mu:tət] I. *adj* unexpected II. *adv* unexpectedly

Un·ver·nunft ['ʊnfɛɐ̯nʊnft] *f* stupidity

un·ver·nünf·tig ['ʊnfɛɐ̯nʏnftɪç] *adj* stupid

un·ver·öf·fent·licht ['ʊnfɛɐ̯ʔœfn̩tlɪçt] *adj* unpublished

un·ver·rich·tet ['ʊnfɛɐ̯rɪçtət] *adj* **~er Dinge** without having achieved anything

un·ver·schämt ['ʊnfɛɐ̯ʃɛ:mt] I. *adj* ❶ (*dreist*) impudent ❷ (*unerhört*) outrageous II. *adv* ❶ (*dreist*) insolently; **~ lügen** to tell barefaced lies ❷ (*fam: unerhört*) outrageously

Un·ver·schämt·heit <-, -en> *f* ❶ *kein pl* (*Dreistigkeit*) insolence ❷ (*unverschämte Bemerkung*) impertinent remark; [**das ist eine**] **~!** that's outrageous! ❸ (*unverschämte Handlung*) impertinence *no pl*

un·ver·schul·det ['ʊnfɛɐ̯ʃʊldət] *adj, adv* through no fault of one's own

un·ver·se·hens ['ʊnfɛɐ̯ze:əns] *adv* unexpectedly

un·ver·sehrt ['ʊnfɛɐ̯ze:ɐ̯t] *adj* undamaged; (*Mensch*) unscathed

un·ver·söhn·lich ['ʊnfɛɐ̯zø:nlɪç] *adj* irreconcilable

un·ver·ständ·lich ['ʊnfɛɐ̯ʃtɛntlɪç] *adj* ❶ (*akustisch nicht zu verstehen*) unintelligible; ■ **~ sein** to be unintelligible ❷ (*unbegreifbar*) incomprehensible; ■ **~ sein, warum/wie ...** to be incomprehensible why/how ...

Un·ver·ständ·nis *nt kein pl* lack of understanding

un·ver·steu·ert ['ʊnfɛɐ̯ʃtɔyɐt] *adj* FIN untaxed

un·ver·sucht ['ʊnfɛɐ̯zu:xt] *adj* **nichts ~ lassen** to leave no stone unturned

un·ver·träg·lich ['ʊnfɛɐ̯trɛ:klɪç] *adj* ❶ (*sich mit keinem vertragend*) cantan-

kerous ❷ (*nicht gut bekömmlich*) indigestible
Un·ver·träg·lich·keit <-> *f kein pl* ❶ (*Streitsucht*) cantankerousness ❷ MED intolerance ❸ (*Unvereinbarkeit*) incompatibility
un·ver·wech·sel·bar [ʊnfɛɐ̯'vɛksl̩baːɐ̯] *adj* unmistakable
un·ver·wund·bar [ʊnfɛɐ̯'vʊntbaːɐ̯] *adj* invulnerable
un·ver·wüst·lich [ʊnfɛɐ̯'vyːstlɪç] *adj* tough; *Gesundheit* robust
un·ver·zeih·lich [ʊnfɛɐ̯'tsaɪ̯lɪç] *adj* inexcusable
un·ver·zicht·bar [ʊnfɛɐ̯'tsɪçtbaːɐ̯] *adj* essential, indispensable
un·ver·zins·lich [ʊnfɛɐ̯'tsɪnslɪç] *adj* ÖKON interest-free
un·ver·zollt ['ʊnfɛɐ̯tsɔlt] *adj* duty-free
un·ver·züg·lich [ʊnfɛɐ̯'tsyːklɪç] I. *adj* immediate II. *adv* immediately; **~ gegen jdn vorgehen** to take immediate action against sb
un·voll·en·det ['ʊnfɔl'ʔɛndət] *adj* unfinished
un·voll·kom·men ['ʊnfɔlkɔmən] *adj* incomplete
Un·voll·kom·men·heit *f* imperfection
un·voll·stän·dig ['ʊnfɔlʃtɛndɪç] I. *adj* incomplete II. *adv* incompletely
Un·voll·stän·dig·keit *f* incompleteness
un·vor·be·rei·tet ['ʊnfoːɐ̯bəraɪ̯tət] I. *adj* unprepared II. *adv* ❶ (*ohne sich vorbereitet zu haben*) without any preparation ❷ (*unerwartet*) unexpectedly
un·vor·ein·ge·nom·men ['ʊnfoːɐ̯ʔaɪ̯ngənɔmən] I. *adj* unbiased II. *adv* impartially
Un·vor·ein·ge·nom·men·heit *f* impartiality
un·vor·her·ge·se·hen ['ʊnfoːɐ̯heːɐ̯gəzeːən] I. *adj* unforeseen; *Besuch* unexpected II. *adv* unexpectedly; **jdn ~ besuchen** to pay sb an unexpected visit
un·vor·sich·tig ['ʊnfoːɐ̯zɪçtɪç] I. *adj* ❶ (*unbedacht*) rash ❷ (*nicht vorsichtig*) careless II. *adv* ❶ (*unbedacht*) rashly; **sich ~ äußern** to make a rash comment ❷ (*nicht vorsichtig*) carelessly
un·vor·sich·ti·ger·wei·se *adv* carelessly; **dieses Wort ist mir ~ entschlüpft** this word just [kind of] slipped out
Un·vor·sich·tig·keit <-, -en> *f* ❶ *kein pl* (*unbedachte Art*) rashness ❷ (*unbedachte Bemerkung*) rash comment ❸ (*unbedachte Handlung*) rash act
un·vor·stell·bar [ʊnfoːɐ̯'ʃtɛlbaːɐ̯] I. *adj* inconceivable II. *adv* inconceivably

un·vor·teil·haft ['ʊnfɔrtaɪ̯lhaft] I. *adj* ❶ (*nicht vorteilhaft aussehend*) unflattering ❷ (*nachteilig*) disadvantageous II. *adv* unflatteringly; **sich ~ kleiden** not to dress in a very flattering way
Un·wäg·bar·keit <-, -en> *f* unpredictability
un·wahr ['ʊnvaːɐ̯] *adj* untrue, false
Un·wahr·heit *f* untruth; **die ~ sagen** to lie, to tell untruths
un·wahr·schein·lich ['ʊnvaːɐ̯ʃaɪ̯nlɪç] I. *adj* ❶ (*kaum denkbar*) unlikely; *Zufall* remarkable ❷ (*fam: unerhört*) incredible; *Mistkerl* absolute II. *adv* (*fam*) incredibly; **ich habe mich ~ darüber gefreut** I was really pleased about it; **letzten Winter haben wir ~ gefroren** we were incredibly cold last winter; **du hast ja ~ abgenommen!** you've lost a hell of a lot of weight!
Un·wahr·schein·lich·keit <-, -en> *f* improbability
un·weg·sam ['ʊnveːkzaːm] *adj* [almost] impassable
un·wei·ger·lich ['ʊnvaɪ̯gɐlɪç] I. *adj attr* inevitable II. *adv* inevitably
un·weit ['ʊnvaɪ̯t] I. *präp* ■ **~ einer S.** *gen* not far from a thing II. *adv* ■ **~ von etw** *dat* not far from sth
Un·we·sen ['ʊnveːzn̩] *nt kein pl* dreadful state of affairs; **sein ~ treiben** to ply one's dreadful trade
un·we·sent·lich ['ʊnveːzn̩tlɪç] I. *adj* insignificant II. *adv* slightly
Un·wet·ter ['ʊnvɛtɐ] *nt* violent [thunder]storm
un·wich·tig ['ʊnvɪçtɪç] *adj* unimportant
un·wi·der·leg·bar [ʊnviːdɐ'leːkbaːɐ̯] *adj* irrefutable
un·wi·der·ruf·lich [ʊnviːdɐ'ruːflɪç] I. *adj* irrevocable II. *adv* irrevocably
un·wi·der·steh·lich [ʊnviːdɐ'ʃteːlɪç] *adj* irresistible
un·wie·der·bring·lich [ʊnviːdɐ'brɪŋlɪç] *adj* (*geh*) irretrievable
Un·wil·le ['ʊnvɪlə] *m* displeasure
un·wil·lig ['ʊnvɪlɪç] I. *adj* ❶ (*verärgert*) angry ❷ (*widerwillig*) reluctant II. *adv* reluctantly
un·will·kom·men ['ʊnvɪlkɔmən] *adj* unwelcome
un·will·kür·lich ['ʊnvɪlkyːɐ̯lɪç] I. *adj* involuntary II. *adv* involuntarily
un·wirk·lich ['ʊnvɪrklɪç] *adj* unreal
un·wirk·sam ['ʊnvɪrkzaːm] *adj* ineffective
Un·wirk·sam·keit <-> *f kein pl* JUR (*Nichtigkeit*) voidness, ineffectiveness; (*Ungül-*

tigkeit) invalidity; **schwebende/teilweise ~** pending/partial voidness
un·wirsch <-er, -[e]ste> ['ʊnvɪrʃ] *adj* curt, *esp* BRIT brusque
un·wirt·lich ['ʊnvɪrtlɪç] *adj* inhospitable
un·wirt·schaft·lich ['ʊnvɪrtʃaftlɪç] *adj* uneconomic[al]
Un·wis·sen *nt s*. **Unwissenheit**
un·wis·send ['ʊnvɪsn̩t] *adj* (*über kein Wissen verfügend*) ignorant; (*ahnungslos*) unsuspecting
Un·wis·sen·heit <-> ['ʊnvɪsn̩thait] *f kein pl* ignorance
un·wis·sent·lich ['ʊnvɪsn̩tlɪç] *adv* unwittingly
un·wohl ['ʊnvoːl] *adj* ▪ **jdm ist ~** ① (*gesundheitlich*) sb feels unwell [*or* AM *usu* sick] ② (*unbehaglich*) sb feels uneasy
Un·wohl·sein ['ʊnvoːlzain] *nt* [slight] nausea
un·wür·dig ['ʊnvʏrdɪç] *adj* ① (*nicht würdig*) unworthy ② (*schändlich*) disgraceful
Un·zahl ['ʊntsaːl] *f* ▪ **eine ~ a** huge number (**von** of)
un·zäh·lig [ʊn'tsɛːlɪç] *adj* countless; **~e Anhänger** huge numbers of supporters; **~e Mal** time and again
Un·ze <-, -n> ['ʊntsə] *f* ounce
un·zeit·ge·mäß ['ʊntsaitɡəmɛːs] *adj* old-fashioned
un·zer·brech·lich ['ʊntsɛɐ̯brɛçlɪç] *adj* unbreakable
un·zer·stör·bar [ʊntsɛɐ̯'ʃtøːɐ̯baːɐ̯] *adj* indestructible
un·zer·trenn·lich [ʊntsɛɐ̯'trɛnlɪç] *adj* inseparable
Un·zucht ['ʊntsʊxt] *f kein pl* (*veraltend*) illicit sexual relations *pl*
un·züch·tig ['ʊntsʏçtɪç] *adj* ① (*veraltend: unsittlich*) indecent ② JUR (*pornografisch*) obscene
un·zu·frie·den ['ʊntsufriːdn̩] *adj* dissatisfied
Un·zu·frie·den·heit *f* dissatisfaction
un·zu·gäng·lich ['ʊntsuːɡɛŋlɪç] *adj* ① (*schwer erreichbar*) inaccessible ② (*nicht aufgeschlossen*) unapproachable
un·zu·läng·lich ['ʊntsuːlɛŋlɪç] I. *adj* inadequate; *Erfahrungen, Kenntnisse* insufficient II. *adv* inadequately
Un·zu·läng·lich·keit <-, -en> *f* ① *kein pl* (*Mangelhaftigkeit*) inadequacy ② *meist pl* (*mangelhafter Zug*) shortcoming[s *pl*], inadequacy
un·zu·läs·sig ['ʊntsuːlɛsɪç] *adj* inadmissible
un·zu·mut·bar ['ʊntsuːmuːtbaːɐ̯] *adj* unreasonable

un·zu·rech·nungs·fä·hig ['ʊntsuːrɛçnʊŋsfɛːɪç] *adj* of unsound mind *pred;* **jdn für ~ erklären** to certify sb insane
un·zu·rei·chend ['ʊntsuːraiçn̩t] *adj s*. **unzulänglich**
un·zu·sam·men·hän·gend ['ʊntsuzamənhɛŋənt] *adj* incoherent
un·zu·stän·dig ['ʊntsuːʃtɛndɪç] *adj* ADMIN, JUR incompetent; ▪ [**für etw** *akk*] **~ sein** not to be competent [for sth]
un·zu·stell·bar ['ʊntsuːʃtɛlbaːɐ̯] *adj* undeliverable
un·zu·tref·fend ['ʊntsuːtrɛfn̩t] *adj* incorrect
un·zu·ver·läs·sig ['ʊntsuːfɛɐ̯lɛsɪç] *adj* unreliable
Un·zu·ver·läs·sig·keit *f* unreliability
un·zweck·mä·ßig ['ʊntsvɛkmɛːsɪç] *adj* ① (*nicht zweckdienlich*) inappropriate ② (*nicht geeignet*) unsuitable
un·zwei·deu·tig ['ʊntsvaidɔytɪç] I. *adj* unambiguous II. *adv* unambiguously
un·zwei·fel·haft ['ʊntsvaiflhaft] I. *adj* (*geh*) unquestionable, undoubted II. *adv* (*geh*) *s*. **zweifellos**
Up·date <-s, -s> ['apdeːt] *m* INFORM update
up·da·ten ['apdeːtən] *vt* INFORM to update
Up·load <-s, -s> ['aploːd] *m* INET upload
up·loa·den ['aploːdn̩] *vt, vi* INET to upload
üp·pig ['ʏpɪç] *adj* ① (*schwellend*) voluptuous ② (*reichhaltig*) sumptuous ③ (*geh: in großer Fülle vorhanden*) luxuriant
Ur·ab·stim·mung *f* ballot [vote] **Ur·ahn, -ah·ne** ['uːɐ̯ʔaːn, -ʔaːnə] *m, f* ancestor
Ural <-s> [u'raːl] *m* ▪ **der ~** ① (*Gebirge*) the Urals *pl* ② (*Fluss*) the [river] Ural
ur·alt ['uːɐ̯ʔalt] *adj* ① (*sehr alt*) very old ② (*schon lange existent*) ancient ③ (*fam: schon lange bekannt*) ancient; *Problem* perennial
Uran <-s> [u'aːn] *nt kein pl* uranium
Ura·nus <-s> ['uːranʊs] *m kein pl* Uranus *no art*
ur·auf·füh·ren ['uːɐ̯ʔauffyːrən] *vt nur infin und pp* to première **Ur·auf·füh·rung** *f* first night; *Film* première **Ur·bild** *nt* ① (*Prototyp*) original transcript ② (*Inbegriff*) **ein ~ an Kraft** an epitome of vigour
ur·ei·gen ['uːɐ̯ʔaiɡn̩] *adj* very own; **es ist in Ihrem ~en Interesse** it's in your own best interests **Ur·ein·woh·ner(in)** *m(f)* native inhabitant **Ur·en·kel(in)** ['uːɐ̯ʔɛŋkl̩] *m(f)* great-grandchild, great-grandson *masc*, great-granddaughter *fem* **Ur·ge·schich·te** ['uːɐ̯ɡəʃɪçtə] *f kein pl* prehistory
Ur·groß·el·tern ['uːɐ̯ɡroːsʔɛltɐn] *pl* great-grandparents *pl* **Ur·groß·mut·ter**

U

['uːɐ̯groːsmʊtɐ] *f* great-grandmother **Ur·groß·va·ter** *m* great-grandfather
Ur·he·ber(in) <-s, -> ['uːɐ̯heːbɐ] *m(f)* ❶ (*Autor*) author ❷ (*Initiator*) originator
Ur·he·ber·recht *nt* ❶ (*Recht des Autors*) copyright (**an** on) ❷ (*urheberrechtliche Bestimmungen*) copyright law
ur·he·ber·recht·lich I. *adj* copyright *attr* II. *adv* ~ **geschützt** copyright[ed]
Ur·he·ber·schaft <-, -en> *f* JUR ■ **jds** ~ sb's authorship
Uri <-s> ['uːri] *nt* Uri
urig ['uːrɪç] *adj* (*fam*) ❶ (*originell*) eccentric ❷ (*Lokalkolorit besitzend*) with a local flavour *pred;* **dieses Lokal ist besonders** ~ this pub has a real local flavour
Urin <-s, -e> [uˈriːn] *m* urine
uri·nie·ren* [uriˈniːrən] *vi* (*geh*) to urinate
Urin·pro·be *f* urine sample **Urin·test** *m* urine test
Ur·knall *m* big bang **ur·ko·misch** ['uːɐ̯ˈkoːmɪʃ] *adj* hilarious
Ur·kun·de <-, -n> ['uːɐ̯kʊndə] *f* document
Ur·kun·den·fäl·schung *f* forgery of a document
ur·kund·lich ['uːɐ̯kʊntlɪç] I. *adj* documentary II. *adv* ~ **belegen** to prove by documents
URL <-, -s> [uːʔɛrˈʔɛl] *f o m kein pl* INET *Abk von* **Uniform Resource Locator** URL
Ur·laub <-[e]s, -e> ['uːɐ̯laʊ̯p] *m* holiday BRIT, vacation AM; **in** ~ **fahren**, ~ **machen** to go on holiday [*or* AM vacation]; ~ **haben**, **in** ~ **sein** to be on holiday [*or* AM vacation]
ur·lau·ben* ['uːɐ̯laʊ̯bən] *vi* (*fam*) to [go on] holiday [*or* AM vacation]
Ur·lau·ber(in) <-s, -> *m(f)* holiday-maker BRIT, vacationer AM
Ur·laubs·an·spruch *m* holiday [*or* AM vacation] entitlement **Ur·laubs·geld** *nt* holiday pay **Ur·laubs·ort** *m* [holiday] resort, [holiday] destination **ur·laubs·reif** *adj* ■ ~ **sein** to be ready for a holiday **Ur·laubs·rei·se** *f* holiday [trip]
Ur·ne <-, -n> ['ʊrnə] *f* ❶ (*Grab~*) urn ❷ (*Wahl~*) ballot-box; **zu den ~n gehen** to go to the polls
Ur·nen·gang *m* election
Uro·lo·gie <-> [uroloˈgiː] *f kein pl* urology
Ur·oma *f* (*fam*) great-grandma **Ur·opa** *m* (*fam*) great-granddad **ur·plötz·lich** I. *adj attr* (*fam*) very sudden II. *adv* very suddenly
Ur·sa·che *f* reason; **ich suche immer noch die** ~ **für das Flackern der Lampen** I'm still trying to find out why the lights are flickering; ~ **und Wirkung** cause and effect; **defekte Bremsen waren die** ~ **für den Unfall** the accident was caused by faulty brakes ▶ **keine** ~! you're welcome
ur·säch·lich ['uːɐ̯zɛçlɪç] *adj* causal
Ur·sprung <-s, Ursprünge> ['uːɐ̯ʃprʊŋ, *pl* -ʃprʏŋə] *m* origin
ur·sprüng·lich ['uːɐ̯ʃprʏŋlɪç] I. *adj* ❶ *attr* (*anfänglich*) original ❷ (*im Urzustand befindlich*) unspoiled ❸ (*urtümlich*) ancient II. *adv* originally
Ur·teil <-s, -e> ['ʊrtaɪ̯l] *nt* ❶ JUR judgement, verdict; **ein** ~ **fällen** to pass a judgement ❷ (*Meinung*) opinion; **sich** *dat* **ein** ~ **bilden** to form an opinion (**über** about); **ein** ~ **fällen** to pass judgement (**über** on); **nach jds** ~ in sb's opinion
ur·tei·len ['ʊrtaɪ̯lən] *vi* to pass judgement (**über** on); **du neigst aber dazu, voreilig zu** ~ you [do] like to make hasty judgements[, don't you?]; **nach seinem Gesichtsausdruck zu** ~, **ist er unzufrieden mit dem Ergebnis** judging by his expression he is dissatisfied with the result
Ur·teils·be·grün·dung *f* reasons for [a/the] judgement *pl* **Ur·teils·kraft** *f kein pl* faculty of judgement **Ur·teils·spruch** *m* verdict **Ur·teils·ver·mö·gen** *nt kein pl* power [*or* faculty] of judgement
ur·tüm·lich ['uːɐ̯tyːmlɪç] *adj* ancient
Uru·gu·ay <-s> [uruˈgu̯aj] *nt* Uruguay; *s. a.* **Deutschland**
Uru·gu·ay·er(in) <-s, -> [uːruˈgu̯aje] *m(f)* Uruguayan; *s. a.* **Deutsche(r)**
uru·gu·ay·isch ['uːrugvaɪ̯ɪʃ] *adj* Uruguayan; *s. a.* **deutsch**
Ur·ur·enkel(in) ['uːɐ̯ˈʔuːɐ̯-] *m(f)* great-great-grandchild, great-great-grandson *masc*, great-great-granddaughter *fem* **Ur·ur·groß·mut·ter** *f* great-great-grandmother **Ur·ur·groß·va·ter** *m* great-great-grandfather
Ur·wald ['uːɐ̯valt] *m* primeval forest
ur·wüch·sig *adj* ❶ (*im Urzustand erhalten*) unspoiled ❷ (*unverbildet*) earthy ❸ (*ursprünglich*) original **Ur·zeit** *f kein pl* GEOL ■ **die** ~ primeval times *pl; seit* **~en** (*fam*) for donkey's years; **vor ~ en** (*fam*) donkey's years ago **ur·zeit·lich** *adj* primeval **Ur·zu·stand** *m kein pl* original state
USA [uːʔɛsˈʔaː] *pl Abk von* **United States of America:** ■ **die** ~ the USA + *sing vb*, the US + *sing vb*
US-a·me·ri·ka·nisch [uːˈʔɛsʔamerikaː-nɪʃ] *adj* American, US

Us·be·ke, Us·be·kin <-n, -n> [ʊsˈbeːkə, ʊsˈbeːkɪn] *m, f* Uzbek[istani]; *s. a.* **Deutsche(r)**

us·be·kisch [ʊsˈbeːkɪʃ] *adj* Uzbek, AM also Uzbekistani; *s. a.* **deutsch**

Us·be·ki·stan <-s> [ʊsˈbeːkistaːn] *nt* Uzbekistan; *s. a.* **Deutschland**

USB-Schnitt·stel·le [uːʔɛsˈbeː-, juːʔɛsˈbiː-] *f* INFORM USB port [*or* interface] **USB-Stick** <-s, -s> [-stɪk] *m* INFORM USB flash drive

User(in) <-s, -> [ˈjuːzɐ] *m(f)* INFORM user

usw. *Abk von* **und so weiter** etc.

Uten·sil <-s, -ien> [utɛnˈziːl, *pl* -liən] *nt meist pl* utensil

Ute·rus <-, Uteri> [ˈuːterʊs, *pl* -ri] *m* uterus

Uto·pie <-, -n> [utoˈpiː, *pl* -piːən] *f* Utopia

uto·pisch [uˈtoːpɪʃ] *adj* ❶ (*völlig absurd*) utopian ❷ LIT Utopian

u.U. *Abk von* **unter Umständen** possibly

u.v.a.(m.) *Abk von* **und vieles andere [mehr]** and much [more] besides

UV-Strah·len *pl* UV-rays *pl*

Ü-Wa·gen *m* OB vehicle

Vv

V, v <-, - *o fam* -s> [faʊ] *nt* V, v; *s. a.* **A 1**

V *Abk von* **Volt** V

Va·ga·bund(in) <-en, -en> [vagaˈbʊnt, *pl* -bʊndn̩] *m(f)* vagabond

va·ge [ˈvaːgə] I. *adj* vague II. *adv* vaguely

Va·gi·na <-, Vaginen> [vaˈgiːna, vaˈgiːna] *f* vagina

va·gi·nal [vagiˈnaːl] I. *adj* vaginal II. *adv* vaginally

Va·ku·um <-s, Vakuen *o* Vakua> [ˈvaːkuʊm, ˈvaːkuən, ˈvaːkua] *nt* vacuum

Va·ku·um·kam·mer [ˈvaːkuʊm-] *f* TECH vacuum chamber **va·ku·um·ver·packt** *adj* vacuum-packed

Va·lu·ta <-, Valuten> [vaˈluːta, *pl* -tən] *f* FIN ❶ (*ausländische Währung*) foreign currency ❷ (*Wertstellung*) value date

Vamp <-s, -s> [vɛmp] *m* vamp

Vam·pir <-s, -e> [vamˈpiːɐ̯] *m* vampire

Van·da·le, Van·da·lin <-n, -n> [vanˈdaːlə, vanˈdaːlɪn] *m, f* ❶ (*zerstörungswütiger Mensch*) vandal ❷ HIST Vandal

Van·da·lis·mus <-> [vandaˈlɪsmʊs] *m kein pl* vandalism

Va·nil·le <-, -en> [vaˈnɪljə, vaˈnɪlə] *f* vanilla

Va·nil·le·eis [vaˈnɪljə-, vaˈnɪlə-] *nt* vanilla ice-cream **Va·nil·le·pud·ding** *m* vanilla pudding **Va·nil·le·zu·cker** *m* vanilla sugar

va·ri·a·bel [vaˈrjaːbl̩] *adj* variable

Va·ri·able <-n, -n> [vaˈrjaːblə] *f dekl wie adj f* variable

Va·ri·an·te <-, -n> [vaˈrjantə] *f* ❶ (*Abwandlung*) variation ❷ (*veränderte Ausführung*) variant

Va·ri·a·ti·on <-, -en> [variaˈtsjoːn] *f* variation

Va·ri·e·té <-s, -s> [varjeˈteː], **Va·ri·e·tee**ʳʳ <-s, -s> [varjeˈteː] *nt* variety show

va·ri·ie·ren* [variˈiːrən] *vi* to vary

Va·se <-, -n> [ˈvaːzə] *f* vase

Va·ter <-s, Väter> [ˈfaːtɐ, *pl* ˈfɛːtɐ] *m* father; **ganz der ~ sein** to be just like one's father

Va·ter·land [ˈfaːtɐlant] *nt* fatherland, motherland BRIT

vä·ter·lich [ˈfɛːtɐlɪç] I. *adj* ❶ (*dem Vater gehörend*) sb's father's ❷ (*zum Vater gehörend*) paternal ❸ (*fürsorglich*) fatherly II. *adv* like a father

vä·ter·li·cher·seits *adv* on sb's father's side

Va·ter·los *adj* fatherless

Va·ter·mord *m* patricide

Va·ter·schaft <-, -en> *f* paternity

Va·ter·schafts·kla·ge *f* paternity suit **Va·ter·schafts·test** *m* paternity test

Va·ter·tag *m* Father's Day

Va·ter·un·ser <-s, -> [faːtɐˈʔʊnzɐ] *nt* REL ■ **das ~** the Lord's Prayer

Va·ti <-s, -s> [ˈfaːti] *m* (*fam*) daddy

Va·ti·kan <-s> [vatiˈkaːn] *m* Vatican

V-Aus·schnitt [ˈfaʊ-] *m* V-neck; **ein Pullover mit ~** a V-neck jumper

v.Chr. *Abk von* **vor Christus** BC

Ve·ga·ner(in) <-s, -> [veˈgaːnɐ] *m(f)* vegan

Ve·ge·ta·ri·er(in) <-s, -> [vegeˈtaːri̯ɐ] *m(f)* vegetarian

ve·ge·ta·risch [vegeˈtaːrɪʃ] I. *adj* vegetarian II. *adv* **sich ~ ernähren** to be a vegetarian

Ve·ge·ta·ti·on <-, -en> [vegetaˈtsjoːn] *f* vegetation

ve·ge·ta·tiv [vegetaˈtiːf] *adj* vegetative

ve·ge·tie·ren* [veɡeˈtiːrən] *vi* to vegetate
Ve·hi·kel <-s, -> [veˈhiːkl̩] *nt* (*fam*) vehicle
Veil·chen <-s, -> [ˈfaɪlçən] *nt* ❶ BOT violet ❷ (*fam: blaues Auge*) shiner
Vek·tor <-s, -toren> [ˈvɛktoːɐ̯, *pl* -ˈtoːrən] *m* MATH vector
Ve·lo <-s, -s> [ˈveːlo] *nt* SCHWEIZ (*Fahrrad*) bicycle, bike *fam*
Ve·lours¹ <-, -> [vəˈluːɐ̯] *nt s.* **Veloursleder**
Ve·lours² <-, -> [vəˈluːɐ̯] *m* MODE velour[s]
Ve·lours·le·der [vəˈluːɐ̯-] *nt* suede
Ve·ne <-, -n> [ˈveːnə] *f* vein
Ve·ne·dig <-s> [veˈneːdɪç] *nt kein pl* Venice
Ve·nen·ent·zün·dung [ˈveː-] *f* phlebitis *no pl*
ve·ne·zi·a·nisch [veneˈtsi̯aːnɪʃ] *adj* Venetian; *s. a.* **Deutsch**
Ve·ne·zo·la·ner(in) <-s, -> [venetsoˈlaːnɐ] *m(f)* Venezuelan; *s. a.* **Deutsche(r)**
ve·ne·zo·la·nisch [venetsoˈlaːnɪʃ] *adj* Venezuelan; *s. a.* **deutsch**
Ve·ne·zu·e·la <-s> [venetsuˈeːla] *nt* Venezuela; *s. a.* **Deutschland**
Ven·til <-s, -e> [vɛnˈtiːl] *nt* ❶ (*Absperrhahn*) stopcock ❷ (*Schlauch~*) valve
Ven·ti·la·tor <-s, -toren> [vɛntiˈlaːtoːɐ̯, *pl* -ˈtoːrən] *m* ventilator, fan
Ve·nus <-s> [ˈveːnʊs] *f kein pl* Venus
ver·ab·re·den* I. *vr* ■ sich [mit jdm] ~ to arrange to meet [sb]; ■ [mit jdm] verabredet sein to have arranged to meet [sb] II. *vt* ■ etw [mit jdm] ~ to arrange sth [with sb]; ■ **verabredet** agreed; **wie verabredet** as agreed
Ver·ab·re·dung <-, -en> *f* ❶ (*Treffen*) date, meeting ❷ (*Vereinbarung*) arrangement; **eine ~ treffen** to come to an arrangement ❸ (*das Verabreden*) arranging; **eine ~ treffen** to arrange a meeting
ver·ab·rei·chen* *vt* ■ [jdm] etw ~ to administer sth [to sb]
ver·ab·scheu·en* *vt* to detest, to loathe
ver·ab·schie·den* I. *vr* ■ sich ~ to say goodbye (**von** to) II. *vt* ❶ (*offiziell Abschied nehmen*) ■ jdn ~ to take one's leave of sb ❷ *Gesetz* to pass
Ver·ab·schie·dung <-, -en> *f* ❶ POL (*Beschließung*) passing; *Haushalt* adoption ❷ (*feierliche Entlassung*) honourable [*or* AM honorable] discharge
ver·ach·ten* *vt* ❶ (*verächtlich finden*) to despise ❷ (*nicht achten*) to scorn; **nicht zu ~ sein** [sth is] not to be sneezed at
ver·ächt·lich [fɛɐ̯ˈʔɛçtlɪç] I. *adj* ❶ (*Verachtung zeigend*) contemptuous, scornful ❷ (*verabscheuungswürdig*) despicable II. *adv* contemptuously, scornfully
Ver·ach·tung *f* contempt, scorn; **jdn mit ~ strafen** to treat sb with contempt
ver·all·ge·mei·nern* I. *vt* ■ etw ~ to generalize about sth II. *vi* to generalize
Ver·all·ge·mei·ne·rung <-, -en> *f* generalization

---

sich verabschieden

sich verabschieden	*saying goodbye*
Auf Wiedersehen!	*Goodbye!*
Auf ein baldiges Wiedersehen!	*Hope to see you again soon!*
Tschüss! *(fam)*/Ciao! *(fam)*	*Bye! (fam)/Cheerio! (fam)*
Mach's gut! *(fam)*	*See you!/Take care!/All the best!/Take it easy! (fam)*
(Also dann,) bis bald! *(fam)*	*(OK then,) see you soon/later!*
Bis morgen!	*See you tomorrow!*
Man sieht sich! *(fam)*	*See you around! (fam)*
Komm gut heim! *(fam)*	*Safe journey home!*
Pass auf dich auf! *(fam)*	*Look after yourself!/Take care!*
Kommen Sie gut nach Hause!	*Safe journey home!*
Einen schönen Abend noch!	*Have a nice evening!*

sich am Telefon verabschieden	*saying goodbye on the phone*
Auf Wiederhören! *(form)*	*Goodbye!*
Also dann, bis bald wieder!	*OK then, speak to you again soon!*
Tschüss! *(fam)*/Ciao! *(fam)*	*Bye! (fam)/Cheerio! (fam)*

ver·al·ten* [fɛɐ̯'ʔaltn̩] *vi sein* to become obsolete; *Ansichten, Methoden* to become outdated; ■**veraltet** obsolete

ver·al·tet I. *pp von* **veralten** II. *adj* old; *Ausdruck* antiquated

Ve·ran·da <-, Veranden> [ve'randa, *pl* -dən] *f* veranda

ver·än·der·lich *adj* ❶ (*variierbar*) variable ❷ METEO changeable

ver·än·dern* I. *vt* to change II. *vr* ■**sich ~** to change

Ver·än·de·rung *f* change; (*leicht*) alteration, modification

ver·äng·sti·gen* *vt* ■**jdn ~** to frighten sb; ■**verängstigt** frightened, scared

ver·an·kern* *vt* to anchor (**in** in)

ver·an·lagt [fɛɐ̯'ʔanla:kt] *adj* **ein künstlerisch ~er Mensch** a person with an artistic disposition; ■[**irgendwie**] **~ sein** to have a certain bent; **er ist praktisch ~** he is practically minded

Ver·an·la·gung <-, -en> *f* disposition; **eine bestimmte ~ haben** to have a certain bent; **eine ~** [**zu etw** *dat*] **haben** to have a tendency towards sth

ver·an·las·sen* I. *vt* ❶ (*in die Wege leiten*) to arrange ❷ (*dazu bringen*) ■**jdn** [**zu etw** *dat*] **~** to induce sb to do sth; **sich dazu veranlasst fühlen, etw zu tun** to feel obliged to do sth II. *vi* ■**~, dass etw geschieht** to see to it that sth happens

Ver·an·las·sung <-, -en> *f* ❶ (*Einleitung*) **auf jds ~** at sb's instigation ❷ (*Anlass*) cause, reason

ver·an·schau·li·chen* [fɛɐ̯'ʔanʃaʊ̯lɪçn̩] *vt* ■**etw ~** to illustrate sth

ver·an·schla·gen* *vt* to estimate (**mit** at)

ver·an·stal·ten* [fɛɐ̯'ʔanʃtaltn̩] *vt* to organize

Ver·an·stal·ter(in) <-s, -> *m(f)* organizer

Ver·an·stal·tung <-, -en> *f* ❶ *kein pl* (*das Durchführen*) organizing ❷ (*Ereignis*) event

Ver·an·stal·tungs·ka·len·der *m* calendar of events **Ver·an·stal·tungs·ort** *m* venue

ver·ant·wor·ten* I. *vt* ■**etw ~** to take responsibility for sth II. *vr* ■**sich** [**vor jdm**] **~** to answer [to sb] (**für** for)

ver·ant·wort·lich *adj* responsible

Ver·ant·wort·li·che(r) *f(m) dekl wie adj* person responsible; (*für Negatives a.*) responsible party

Ver·ant·wort·lich·keit <-, -en> *f* responsibility; (*Haftbarkeit*) liability; (*Rechenschaftspflicht*) accountability

Ver·ant·wor·tung <-, -en> *f* responsibility; **jdn** [**für etw**] **zur ~ ziehen** to call sb to account [for sth]; **auf deine ~!** on your head be it! BRIT, it'll be on your head! AM; **die ~** [**für etw**] **tragen** to be responsible [for sth]; **die ~** [**für etw**] **übernehmen** to take responsibility [for sth]; **auf eigene ~** on one's own responsibility ▶ **sich aus der ~ stehlen** to dodge responsibility

ver·ant·wor·tungs·be·wusst^RR I. *adj* responsible II. *adv* **~ handeln** to act responsibly **ver·ant·wor·tungs·los** I. *adj* irresponsible II. *adv* **~ handeln** to act irresponsibly, to act in an irresponsible manner **Ver·ant·wor·tungs·trä·ger(in)** *m(f)* POL, SOZIOL responsible party **ver·ant·wor·tungs·voll** *adj* responsible

ver·ar·bei·ten* *vt* ❶ ÖKON to use; *Fleisch* to process; ■**etw** [**zu etw** *dat*] **~** to make sth into sth ❷ PSYCH to assimilate; **eine Enttäuschung ~** to come to terms with a disappointment

Ver·ar·bei·tung <-, -en> *f* ❶ (*das Verarbeiten*) processing ❷ (*Fertigungsqualität*) workmanship *no pl, no indef art*

ver·är·gern* *vt* to annoy

ver·är·gert I. *adj* angry, annoyed (**über** +*akk* at/with) II. *adv* in an annoyed manner

Ver·är·ge·rung <-, -en> *f* annoyance

ver·ar·men* [fɛɐ̯'ʔarmən] *vi sein* to become poor; ■**verarmt** impoverished

Ver·ar·mung <-, -en> *f* impoverishment *no pl*

ver·ar·schen* [fɛɐ̯'ʔarʃn̩] *vt* (*derb*) ■**jdn ~** to mess around with sb, to take the piss out of sb BRIT *vulg*

ver·arz·ten* [fɛɐ̯'ʔa:ɐ̯tstn̩] *vt* (*fam*) ❶ (*behandeln*) ■**jdn ~** to treat sb ❷ (*versorgen*) ■**etw ~** to fix sth *fam*

Ver·äs·te·lung <-, -en> *f* branching; (*fig*) ramifications *pl*

ver·aus·ga·ben* [fɛɐ̯'ʔaʊ̯sga:bn̩] *vr* ■**sich ~** (*körperlich*) to overexert; (*finanziell*) to overspend

ver·äu·ßern* *vt* to sell

Verb <-s, -en> [vɛrp] *nt* verb

ver·bal [vɛr'ba:l] I. *adj* verbal II. *adv* verbally

Ver·band <-[e]s, Verbände> [fɛɐ̯'bant, *pl* -'bɛndə] *m* ❶ (*Bund*) association ❷ MED bandage, dressing *no pl*

Ver·band(s)·kas·ten *m* first-aid box **Ver·band(s)·zeug** *nt* dressing material

ver·ban·nen* *vt* ❶ (*ins Exil schicken*) to banish ❷ (*ausmerzen*) to ban (**aus** from)

Ver·ban·nung <-, -en> *f* exile, banishment

ver·bar·ri·ka·die·ren* I. vt to barricade II. vr ■sich akk ~ to barricade oneself (in +dat in)
ver·bau·en vt ■etw ~ ❶ (versperren) to spoil sth; **jdm die ganze Zukunft ~** to ruin sb's prospects for the future ❷ (durch ein Bauwerk nehmen) to block sth
ver·ber·gen* vt irreg to hide, to conceal (**vor** from)
ver·bes·sern* I. vt ❶ (besser machen) to improve ❷ (korrigieren) to correct II. vr ■sich ~ to improve (**in** in)
Ver·bes·se·rung <-, -en> f ❶ (qualitative Anhebung) improvement ❷ (Korrektur) correction
Ver·bes·se·rungs·vor·schlag m suggestion for improvement
ver·beu·gen* vr ■sich ~ to bow
Ver·beu·gung f bow; **eine ~ machen** to bow
ver·bie·gen* irreg I. vt to bend; ■**verbogen** bent II. vr ■sich ~ to bend
ver·bie·ten <verbot, verboten> vt ■etw ~ to forbid [or ban] sth; (offiziell) to outlaw; ■**jdm ~, etw zu tun** to forbid sb to do sth; **ist es verboten, hier zu fotografieren?** am I allowed to take photo[graph]s [in] here?
ver·bild·li·chen* [fɛɐ̯ˈbɪltlɪçn̩] vt (geh) ■etw ~ to illustrate sth
ver·bil·li·gen* vt to reduce [in price] (**um** by)
ver·bin·den*¹ vt irreg (einen Verband anlegen) ■**jdn ~** to dress sb's wound[s]; ■etw ~ to dress sth
ver·bin·den² irreg I. vt ❶ (zusammenfügen) ■etw ~ to join sth (**mit** to) ❷ TELEK ■**jdn** [**mit jdm**] ~ to put sb through [or AM usu connect sb] [to sb]; **falsch verbunden!** [you've got the] wrong number!; [**ich**] **verbinde!** I'll put you through, AM usu I'll connect you ❸ TRANSP to connect ❹ (verknüpfen) ■etw ~ to combine sth; **das Nützliche mit dem Angenehmen ~** to combine business with pleasure ❺ (assoziieren) ■etw [**mit etw** dat] ~ to associate sth with sth II. vr CHEM ■sich ~ to combine (**mit** with)

ver·bind·lich [fɛɐ̯ˈbɪntlɪç] I. adj ❶ (bindend) binding ❷ (entgegenkommend) friendly II. adv ❶ (bindend) ~ **zusagen** to make a binding commitment ❷ (entgegenkommend) in a friendly manner
Ver·bin·dung f ❶ CHEM compound ❷ (direkte Beziehung) contact; **in ~ bleiben** to keep in touch; **en zu jdm/etw haben** to have good connections pl with sb/sth; **seine ~en spielen lassen** to [try and] pull a few strings; **sich** [**mit jdm**] **in ~ setzen** to contact sb ❸ TELEK connection; **eine/keine ~ bekommen** to get through/not to be able to get through ❹ TRANSP connection (**nach** to) ❺ (Verknüpfung) combining; **in ~ mit etw** dat in conjunction with sth ❻ (Zusammenhang) **jdn** [**mit etw** dat] **in ~ bringen** to connect sb with sth; **in ~ mit** in connection with ❼ (Korporation) [student] society BRIT; (für Männer) fraternity AM; (für Frauen) sorority AM
Ver·bin·dungs·mann, -frau m, f intermediary **Ver·bin·dungs·stück** nt connecting piece **Ver·bin·dungs·tür** f connecting door
ver·bis·sen I. adj ❶ (hartnäckig) dogged ❷ (verkrampft) grim II. adv doggedly
Ver·bis·sen·heit <-> f kein pl doggedness
ver·bit·ten* vr irreg ■sich dat etw ~ not to tolerate sth; **ich verbitte mir diesen Ton!** I won't be spoken to like that!
ver·bit·tern* [fɛɐ̯ˈbɪtɐn] vt to embitter
ver·bit·tert I. adj embittered, bitter II. adv bitterly
Ver·bit·te·rung <-, selten -en> f bitterness

---

etwas verbieten

etwas verbieten	forbidding
Du darfst heute nicht fernsehen.	*You're not allowed to watch TV today.*
Das kommt gar nicht in Frage.	*That's out of the question.*
Finger weg von meinem Computer! *(fam)*	*Don't touch my computer! (fam)*
Lass die Finger von meinem Tagebuch! *(fam)*	*Hands off my diary! (fam)*
Das kann ich nicht zulassen.	*I can't allow that.*
Bitte unterlassen Sie das Rauchen. *(form)*	*Please refrain from smoking. (form)*

ver·blas·sen* *vi sein* ❶ (*blasser werden*) to pale ❷ (*schwächer werden*) to fade

Ver·bleib <-[e]s> [fɛɐ̯'blaɪ̯p] *m kein pl* (*geh*) whereabouts *npl*

ver·blei·ben* *vi irreg sein* ❶ (*eine Vereinbarung treffen*) ■**so ~, dass ...** to agree that ... ❷ (*geh: bleiben*) to remain

ver·blei·chen* *vi irreg sein* to fade

ver·bleit *adj* leaded

ver·blen·den* *vt* to blind; ■**verblendet sein** to be blinded

Ver·blen·dung *f* blindness

ver·bli·chen [fɛɐ̯'blɪçn̩] I. *pp von* **verbleichen** II. *adj Farbe* faded

ver·blö·den* [fɛɐ̯'blø:dn̩] *vi sein* (*fam*) to turn into a zombie

ver·blüf·fen* [fɛɐ̯'blʏfn̩] *vt* to astonish

ver·blüfft I. *adj* astonished, amazed II. *adv* in astonishment [*or* amazement]; **warum reagierst du denn auf diese Nachricht so ~?** why are you so astonished by the news?

Ver·blüf·fung <-, -en> *f* astonishment, amazement; **zu jds ~** to sb's astonishment [*or* amazement]

ver·blü·hen* *vi sein* to wilt

ver·blu·ten* *vi sein* to bleed to death

ver·bohrt *adj* obstinate

Ver·bohrt·heit <-, -en> *f* obstinacy

ver·bor·gen *adj* hidden, concealed; **jdm ~ bleiben** to remain a secret to sb

Ver·bor·gen·heit <-> *f kein pl* seclusion

Ver·bot <-[e]s, -e> [fɛɐ̯'bo:t] *nt* ban

ver·bo·ten [fɛɐ̯'bo:tn̩] *adj* prohibited, forbidden; **hier ist das Parken ~!** this is a "no parking" area!; ■**jdm ist es ~, etw zu tun** sb is prohibited from doing sth

Ver·bots·schild *nt* sign [prohibiting something]

ver·brannt I. *pp von* **verbrennen** II. *adj Pizza, Kuchen* burnt; *Erde* scorched

ver·bra·ten* *vt irreg* (*sl: vergeuden*) ■**etw ~** to blow sth

Ver·brauch *m kein pl* consumption (**an** of); **sparsam im ~ sein** to be economical

ver·brau·chen* *vt* ❶ *Vorräte* to use up *sep* ❷ *Benzin, Öl* to consume

Ver·brau·cher(in) <-s, -> *m(f)* consumer

ver·brau·cher·feind·lich *adj* not in the interests of the consumer **pred ver·brau·cher·freund·lich** *adj* consumer-friendly

Ver·brau·che·rin <-, -nen> *f fem form von* **Verbraucher**

Ver·brau·cher·mi·nis·te·ri·um [fɛɐ̯'braʊ̯xɐmɪnɪsteːri̯ʊm] *nt* POL German ministry of consumer affairs, food and agriculture

Ver·brau·cher·schutz *m* consumer protection *no pl* **Ver·brau·cher·zen·tra·le** *f* consumer advice centre

Ver·brauchs·gü·ter *pl* HANDEL consumer [*or* non-durable] goods *npl*; **kurzlebige/langlebige ~** perishables/[consumer] durables

ver·braucht *adj* exhausted, burnt-out *fam*

ver·bre·chen (*verbrach, verbrochen*) *vt* (*fam*) to be up to; **was hast du denn da wieder verbrochen!** what have you been up to now?

Ver·bre·chen <-s, -> *nt* crime

Ver·bre·chens·be·kämp·fung *f no pl* crime fighting *no pl, no indef art*

Ver·bre·cher(in) <-s, -> *m(f)* criminal

Ver·bre·cher·ban·de *f* gang of criminals

ver·bre·che·risch *adj* criminal; ■**~ sein** to be a criminal act

ver·brei·ten* I. *vt* ❶ (*ausstreuen*) to spread; **eine gute Stimmung ~** to radiate a good atmosphere ❷ MEDIA (*vertreiben*) to sell ❸ (*sich ausbreiten lassen*) *Virus, Krankheit* to spread II. *vr* ■**sich [in etw *dat*] ~** to spread [through sth]

ver·brei·tern* [fɛɐ̯'braɪ̯tɐn] *vt* to widen (**um** by, **auf** to)

ver·brei·tet *adj* popular; ■[**weit**] **~ sein** to be [very] widespread

Ver·brei·tung <-, -en> *f* ❶ *kein pl* (*das Verbreiten*) spreading ❷ MEDIA sale *no pl* ❸ MED spread ❹ BOT distribution

Ver·brei·tungs·ge·biet *nt* distribution area

ver·bren·nen* *irreg* I. *vt haben* ❶ (*in Flammen aufgehen lassen*) to burn ❷ (*versengen*) to scorch II. *vr haben* ❶ (*sich verbrühen*) **sich die Zunge ~** to scald one's tongue ❷ (*sich ansengen*) **sich die Finger [an etw *dat*] ~** to burn one's fingers [on sth] III. *vi sein* to burn; ■**verbrannt** burnt

Ver·bren·nung <-, -en> *f* ❶ *kein pl* (*das Verbrennen*) burning ❷ MED burn ❸ AUTO, TECH combustion

Ver·bren·nungs·mo·tor *m* [internal] combustion engine **Ver·bren·nungs·ofen** *m* furnace

ver·brin·gen* *vt irreg* to spend; **ich verbringe den ganzen Tag mit Arbeiten** I spend all day working

ver·bro·chen *pp von* **verbrechen**

ver·brü·dern* [fɛɐ̯'bryːdɐn] *vr* ■**sich ~** to fraternize (**mit** with)

Ver·brü·de·rung <-, -en> *f* fraternization

ver·brü·hen* *vt* to scald

ver·bu·chen* *vt* ❶ FIN to credit (**auf** to) ❷ (*verzeichnen*) to mark up *sep* (**als** as); ■**etw ~** to notch up sth

ver·bum·meln* vt (fam) ❶ (vertrödeln) to waste ❷ (verlieren) to mislay
Ver·bund <-bunde> [fɛɐ̯'bʊnt, pl -'bʏndə] m ÖKON combine
ver·bun·den adj (geh) ▪jdm ~ **sein** to be obliged to sb
ver·bün·den* [fɛɐ̯'bʏndn̩] vr ▪sich ~ to form an alliance (**mit** with, **gegen** against)
Ver·bun·den·heit <-> f kein pl closeness
Ver·bün·de·te(r) f(m) dekl wie adj ally
Ver·bund·glas nt kein pl laminated glass
Ver·bund·netz nt ❶ TECH, ELEK grid system ❷ TRANSP public transport [or AM transportation] network **Ver·bund·sys·tem** nt TRANSP public transport [or AM transportation] system
ver·bür·gen* I. vr ▪sich für jdn/etw ~ to vouch for sb/sth II. vt ▪etw ~ to guarantee
ver·bü·ßen* vt JUR to serve
ver·chromt adj chrome-plated
Ver·dacht <-[e]s> [fɛɐ̯'daxt] m kein pl suspicion; **gibt es schon einen ~?** do you have a suspect yet?; **~ erregen** to arouse suspicion; **jdn im ~ haben** to suspect sb; **[gegen jdn] ~ schöpfen** to become suspicious [of sb]; **etw auf ~ tun** to do sth on the strength of a hunch
ver·däch·tig [fɛɐ̯'dɛçtɪç] I. adj suspicious; **jdm ~ vorkommen** to seem suspicious to sb; **sich ~ machen** to arouse suspicion II. adv suspiciously
Ver·däch·ti·ge(r) f(m) dekl wie adj suspect
ver·däch·ti·gen* [fɛɐ̯'dɛçtɪɡn̩] vt ▪jdn ~ to suspect sb; ▪jdn ~, etw getan zu haben to suspect sb of having done sth
Ver·dachts·mo·ment nt JUR [piece of] circumstantial evidence
ver·dam·men* [fɛɐ̯'damən] vt to condemn; ▪verdammt sein to be doomed
Ver·damm·nis <-> [fɛɐ̯'damnɪs] f kein pl **die ewige ~** REL eternal damnation no art
ver·dammt adj ❶ (sl: Ärger ausdrückend) damned, bloody BRIT; **~!** damn!; **du ~er Idiot!** you bloody idiot! ❷ (unglaublich) **wir hatten ~es Glück!** we were damn lucky!

ver·damp·fen* vi sein to evaporate
ver·dan·ken* vt ❶ (durch etw erhalten) ▪[jdm] etw ~ to have sb to thank for sth; ▪es ist jdm zu ~, dass/wenn ... it is thanks to sb that/if ... ❷ SCHWEIZ (Dank aussprechen) ▪[jdm] etw ~ to express one's thanks [to sb]
ver·darb [fɛɐ̯'darp] imp von **verderben**
ver·dau·en* [fɛɐ̯'daʊ̯ən] vt ❶ Nahrung to digest ❷ Niederlage, etc to get over

ver·dau·lich adj digestible; **gut/schwer ~** easy/difficult to digest
Ver·dau·ung <-> f kein pl digestion
Ver·dau·ungs·ap·pa·rat m digestive system **Ver·dau·ungs·mit·tel** nt substance to aid digestion **Ver·dau·ungs·stö·rung** f meist pl indigestion
Ver·deck <-[e]s, -e> nt hood, convertible top
ver·de·cken* vt ❶ (die Sicht nehmen) to cover [up sep] ❷ (maskieren) to conceal
ver·deckt adj ❶ (geheim) undercover ❷ (verborgen) hidden
ver·den·ken* vt irreg ▪es jdm nicht ~ können, dass/wenn jd etw tut not to be able to blame sb for doing/if sb does sth
ver·der·ben <verdarb, verdorben> [fɛɐ̯'dɛrbn̩] I. vt haben ❶ (moralisch korrumpieren) to corrupt ❷ (ruinieren) to ruin ❸ (zunichtemachen) to spoil ❹ (verscherzen) **sie will es mit niemandem ~** she wants to keep in with [or please] everybody II. vi sein to spoil, to go off esp BRIT, to go bad esp AM
Ver·der·ben <-s> [fɛɐ̯'dɛrbn̩] nt kein pl doom; **jdn ins ~ stürzen** to bring ruin upon sb
ver·derb·lich [fɛɐ̯'dɛrplɪç] adj ❶ (nicht lange haltbar) perishable ❷ (unheilvoll) corrupting
ver·deut·li·chen* [fɛɐ̯'dɔʏ̯tlɪçn̩] vt ▪etw ~ to explain sth; **die Schautafeln sollen den Sachverhalt ~** the illustrative charts should make the facts clearer
ver·dich·ten* I. vt to compress II. vr ▪sich ~ ❶ METEO to become thicker ❷ Eindruck, Gefühl to intensify; Verdacht to grow ❸ Verkehr to increase
Ver·dich·tung <-, -en> f ❶ (Zunahme) **~ der städtischen Siedlung** urbanization ❷ INFORM (Komprimierung) compression ❸ PHYS (Kondensation) condensation
Ver·dich·tungs·raum m ADMIN densely-populated space
ver·die·nen* I. vt ❶ (als Verdienst bekommen) to earn ❷ (Gewinn machen) ▪etw ~ to make sth (**an** on) ❸ (sich erarbeiten) ▪[sich dat] etw ~ to earn the money for sth; **seinen Lebensunterhalt ~** to earn one's living ❹ (zustehen) ▪etw ~ to deserve sth (**für** for); **es nicht besser ~** to not deserve anything better II. vi ❶ (einen Verdienst bekommen) to earn [a wage]; **du verdienst viel zu wenig** you earn far too little ❷ (Gewinn machen) to make a profit (**an** on)
Ver·dienst[1] <-[e]s, -e> [fɛɐ̯'di:nst] m FIN income, earnings npl

Ver·dienst² <-[e]s, -e> [fɛɐ̯'diːnst] *nt* merit; *(anerkennenswerte Tat)* **seine ~e um die Heimatstadt** his services to his home town; **es ist sein ~, dass die Termine eingehalten werden konnten** it's thanks to him [*or* to his credit] that the schedules could be adhered to

Ver·dienst·aus·fall *m* loss of earnings *pl*
Ver·dienst·span·ne *f* profit margin **ver·dienst·voll** *adj* ❶ *(anerkennenswert)* commendable ❷ *s.* **verdient 2**

ver·dient [fɛɐ̯'diːnt] **I.** *adj* ❶ *(zustehend)* well-deserved; *Strafe* rightful ❷ *(Verdienste aufweisend)* of outstanding merit **II.** *adv (leistungsgemäß)* deservedly; **die Mannschaft hat ~ gewonnen** the team deserved to win

ver·dien·ter·ma·ßen, ver·dien·ter·wei·se *adv* deservedly

ver·dirbt [fɛɐ̯'dɪrpt] *3. pers pres von* **verderben**

ver·don·nern* *vt (fam)* ▪**jdn** [**zu etw** *dat*] **~** ❶ *(verurteilen)* to sentence sb [to sth] ❷ *(anweisen)* to order sb [to do sth]

ver·dop·peln* **I.** *vt* ❶ *(auf das Doppelte erhöhen)* to double (**auf** to) ❷ *(deutlich verstärken)* to redouble **II.** *vr* ▪**sich ~** to double (**auf** to)

Ver·dop·pe·lung <-, -en>, **Ver·dopp·lung** <-, -en> *f* ❶ *(Erhöhung auf das Doppelte)* doubling ❷ *(deutliche Verstärkung)* redoubling

ver·dor·ben [fɛɐ̯'dɔrbn̩] **I.** *pp von* **verderben II.** *adj* ❶ *(ungenießbar)* bad, off *pred* BRIT ❷ *(moralisch korrumpiert)* corrupt ❸ MED **einen ~en Magen haben** to have an upset stomach

ver·dor·ren [fɛɐ̯'dɔrən] *vi sein* to wither
ver·drah·ten* *vt* **etw ~** to wire up sth *sep*

ver·drän·gen* *vt* ❶ *(vertreiben)* ▪**jdn ~** to drive sb out ❷ *(unterdrücken) Erinnerung, Gefühl* to suppress ❸ PHYS *Wasser* to displace

Ver·drän·gung <-, -en> *f* ❶ *(Vertreibung)* driving out ❷ *(Unterdrückung)* suppression ❸ PHYS displacement

ver·dre·cken* **I.** *vi sein (dreckig werden)* to get filthy; ▪**etw ~ lassen** to let sth get filthy **II.** *vt haben (dreckig machen)* to make filthy

ver·dreckt *adj* filthy

ver·dre·hen* *vt* ❶ *(wenden)* to twist; *Augen* to roll; *Hals* to crane ❷ *Tatsachen* to distort ▸ **jdm den Kopf ~** to turn sb's head

ver·drei·fa·chen* [fɛɐ̯'draɪ̯faxn̩] **I.** *vt* to treble, to triple (**auf** to) **II.** *vr* ▪**sich ~** to treble, to triple; **ihr Einkommen hat sich verdreifacht** her income has increased threefold

ver·dre·schen* *vt irreg (fam)* ▪**jdn ~** to beat up sb *sep*

ver·drie·ßen* <verdross, verdrossen> [fɛɐ̯'driːsn̩] *vt (geh)* ▪**jdn ~** to irritate sb

ver·drieß·lich [fɛɐ̯'driːslɪç] *adj (geh)* ❶ *Gesicht* sullen; *Stimmung* morose ❷ *(misslich)* tiresome

ver·dros·sen [fɛɐ̯'drɔsn̩] **I.** *pp von* **verdrießen II.** *adj* sullen, morose

Ver·dros·sen·heit <-> *f kein pl* sullenness *no pl*, moroseness *no pl*

ver·drü·cken* **I.** *vt (fam: verzehren)* to polish off *sep* **II.** *vr (fam: verschwinden)* ▪**sich ~** to slip away

ver·druckst [fɛɐ̯'drʊkst] *adj (pej fam)* close-minded, hidebound

Ver·drussʀʀ <-es, -e> *m*, **Ver·druß**ᴬᴸᵀ <-sses, -sse> [fɛɐ̯'drʊs] *m meist sing* annoyance; **jdm ~ bereiten** to annoy sb

ver·duf·ten* *vi sein (fam)* to clear off
Ver·dum·mung <-> *f kein pl* dulling of sb's mind *no pl*

ver·dun·keln* **I.** *vt* ❶ *(abdunkeln)* to black out ❷ *(verdüstern)* to darken **II.** *vr (dunkler werden)* ▪**sich ~** to darken; **der Himmel verdunkelt sich** the sky is growing darker

Ver·dun·ke·lung <-, -en> *f* black-out
Ver·dun·ke·lungs·ge·fahr *f* JUR danger of suppression of evidence

Ver·dunk·lung <-, -en> *f s.* **Verdunkelung**

Ver·dunk·lungs·ge·fahr *f s.* **Verdunkelungsgefahr**

ver·dün·nen* [fɛɐ̯'dʏnən] *vt* to dilute; ▪**verdünnt** diluted

Ver·dün·ner <-s, -> *m* thinner
Ver·dün·nung <-, -en> *f kein pl* ❶ *(das Verdünnen)* dilution *no pl* ❷ *(verdünnter Zustand)* diluted state, dilution ❸ TECH *(Verdünner)* diluent

Ver·dün·nungs·mit·tel *nt* CHEM thinning agent

ver·duns·ten* *vi sein* to evaporate
Ver·duns·tung <-> *f kein pl* evaporation *no pl*

ver·durs·ten* *vi sein* to die of thirst
ver·dutzt [fɛɐ̯'dʊtst] **I.** *adj (fam)* ❶ *(verwirrt)* baffled, confused; **ein ~es Gesicht machen** to appear baffled ❷ *(überrascht)* taken aback *pred* **II.** *adv* in a baffled manner; **sich ~ umdrehen** to turn round in bafflement

ver·eb·ben* *vi sein (geh)* to subside

ver·e·deln* [fɛɐ̯ˈʔeːdl̩n] vt to refine; ■**ve-redelt** refined
Ver·ed(e)·lung <-, -en> f refinement
ver·eh·ren* vt ❶ (bewundernd) to admire ❷ REL to worship
Ver·eh·rer(in) <-s, -> m(f) ❶ (Bewunderer) admirer ❷ REL worshipper
Ver·eh·rung f kein pl ❶ (Bewunderung) admiration no pl ❷ REL worship no pl
ver·ei·di·gen* [fɛɐ̯ˈʔaɪdɪɡn̩] vt to swear in sep
ver·ei·digt [fɛɐ̯ˈʔaɪdɪçt] adj sworn; **gerichtlich ~** certified before the court
Ver·ei·di·gung <-, -en> f swearing in
Ver·ein <-[e]s, -e> [fɛɐ̯ˈʔaɪn] m club, association; **aus einem ~ austreten** to resign from a club; **in einen ~ eintreten** to join a club; **eingetragener ~** registered society; **gemeinnütziger ~** charitable organization
ver·ein·bar adj compatible (**mit** with)
ver·ein·ba·ren* [fɛɐ̯ˈʔaɪnbaːrən] vt ❶ (absprechen) ■**etw [mit jdm] ~** to agree sth [with sb]; **wir hatten 20 Uhr vereinbart** we had agreed eight o'clock ❷ (in Einklang bringen) to reconcile; ■**sich ~ lassen** to be compatible
Ver·ein·ba·rung <-, -en> f ❶ kein pl (das Vereinbaren) arranging no pl ❷ (Abmachung) agreement; **laut ~** as agreed; **nach ~** by arrangement
ver·ei·nen* vt to unite
ver·ein·fa·chen* [fɛɐ̯ˈʔaɪnfaxn̩] vt to simplify
Ver·ein·fa·chung <-, -en> f simplification
ver·ein·heit·li·chen* [fɛɐ̯ˈʔaɪnhaɪtlɪçn̩] vt to standardize
ver·ei·ni·gen* I. vt to unite; *Firmen/Organisationen* to merge II. vr ■**sich ~** to merge; **die beiden Flüsse ~ sich zur Weser** the two rivers meet to form the Weser
ver·ei·nigt adj united
Ver·ei·ni·gung <-, -en> f ❶ (Organisation) organization ❷ kein pl (Zusammenschluss) amalgamation
ver·ein·nah·men* [fɛɐ̯ˈʔaɪnnaːmən] vt ■**jdn ~** to take up sb's time, to monopolize sb
ver·ein·sa·men* [fɛɐ̯ˈʔaɪnzaːmən] vi sein to become lonely
ver·ein·samt adj ❶ (einsam) lonely ❷ (abgeschieden) isolated
Ver·ein·sa·mung <-> f kein pl loneliness no pl
Ver·eins·lo·kal nt pub [or AM bar] belonging to a club or society
ver·ein·zelt [fɛɐ̯ˈʔaɪntsl̩t] adj occasional;

~e Regenschauer pl isolated showers
ver·ei·sen* I. vi sein to ice up; **eine vereiste Fahrbahn** an icy road; **die Straße ist vereist** there's ice on the road II. vt haben (lokal anästhesieren) to freeze
ver·ei·teln* [fɛɐ̯ˈʔaɪtl̩n] vt to thwart
ver·ei·tern* vi sein to go septic; ■**vereitert sein** to be septic
ver·en·den* vi sein to perish
ver·en·gen* [fɛɐ̯ˈʔɛŋən] I. vr ❶ ANAT ■**sich ~** *Pupillen* to contract; *Gefäße* to become constricted ❷ TRANSP **die Autobahn verengt sich auf zwei Fahrspuren** the motorway narrows to two lanes II. vt ANAT **Nikotin verengt die Gefäße** nicotine constricts the blood vessels
ver·er·ben* I. vt ■**[jdm] etw ~** ❶ (hinterlassen) to leave [sb] sth ❷ (durch Vererbung weitergeben) to pass on sth sep [to sb]; (schenken) to hand on sth sep [to sb] II. vr ■**sich ~** to be hereditary
ver·erb·lich adj hereditary
Ver·er·bung <-, selten -en> f BIOL heredity no pl, no art
ver·e·wi·gen* [fɛɐ̯ˈʔeːvɪɡn̩] I. vr ■**sich ~** to leave one's mark for posterity II. vt ■**etw ~** ❶ (perpetuieren) to perpetuate sth ❷ (unsterblich machen) to immortalize sth
ver·fah·ren*¹ [fɛɐ̯ˈfaːrən] vi irreg sein ❶ (vorgehen) to proceed ❷ (umgehen) ■**[mit jdm] ~** to deal with sb
ver·fah·ren*² [fɛɐ̯ˈfaːrən] irreg I. vt *Benzin* to use up sep II. vr ■**sich ~** to lose one's way
ver·fah·ren³ [fɛɐ̯ˈfaːrən] adj muddled; **die Situation ist völlig ~** the situation is a total mess
Ver·fah·ren <-s, -> [fɛɐ̯ˈfaːrən] nt ❶ (Methode) process ❷ (Gerichts~) proceedings npl; **gegen jdn läuft ein ~** proceedings are being brought against sb
Ver·fah·rens·tech·nik f TECH process engineering
Ver·fall [fɛɐ̯ˈfal] m kein pl ❶ (das Verfallen) dilapidation no pl, no indef art ❷ (das Ungültigwerden) expiry no pl, no indef art ❸ (geh) decline no pl; **der ~ der Moral** the decline in morals npl
Ver·fall·da·tum nt s. **Verfallsdatum**
ver·fal·len*¹ vi irreg sein ❶ (zerfallen) to decay ❷ (immer schwächer werden) to deteriorate ❸ (ungültig werden) *Ticket, Gutschein* to expire; *Anspruch, Recht* to lapse ❹ (erliegen) ■**[jdm] ~** to be captivated [by sb]; ■**[einer S. dat] ~** to become enslaved [by a thing]

ver·fal·len[2] *adj* ❶ (*völlig baufällig*) dilapidated ❷ (*abgelaufen*) expired

Ver·falls·da·tum *nt* ÖKON ❶ (*der Haltbarkeit*) use-by date ❷ (*der Gültigkeit*) expiry date

ver·fäl·schen* *vt* ❶ (*falsch darstellen*) to distort ❷ (*in der Qualität mindern*) to adulterate (**durch** with)

Ver·fäl·schung *f* ❶ (*das Verfälschen*) distortion ❷ (*Qualitätsminderung*) adulteration

ver·fan·gen *irreg vr* ■**sich ~** ❶ (*hängen bleiben*) to get caught ❷ (*sich verstricken*) to become entangled

ver·fäng·lich [fɛɐ̯'fɛŋlɪç] *adj* embarrassing

ver·fär·ben* I. *vr* ■**sich ~** to change colour; *Wäsche* to discolour; **im Herbst ~ sich die Blätter** the leaves change colour in autumn II. *vt* **etw ~** to discolour sth

Ver·fär·bung *f* ❶ *kein pl* (*Wechsel der Farbe*) change of colour ❷ (*abweichende Färbung*) discolouration *no pl, no indef art*

ver·fas·sen* *vt* to write; *Gesetz, Urkunde* to draw up

Ver·fas·ser(in) <-s, -> [fɛɐ̯'fasɐ] *m(f)* author

Ver·fas·sung *f* ❶ *kein pl* (*Zustand*) condition *no pl*; (*körperlich*) state [of health]; (*seelisch*) state [of mind]; **in einer bestimmten ~ sein** to be in a certain state; **in guter ~** in good form ❷ POL constitution

ver·fas·sung·ge·bend *adj attr* **die ~e Versammlung** the constituent assembly

Ver·fas·sungs·än·de·rung *f* JUR constitutional amendment **Ver·fas·sungs·be·schwer·de** *f* complaint about constitutional infringements *pl* **Ver·fas·sungs·ge·richt** *nt* constitutional court **Ver·fas·sungs·kla·ge** *f* formal complaint about unconstitutional decision made by the courts **Ver·fas·sungs·schutz** *m* ❶ (*Schutz*) protection of the constitution ❷ (*fam: Amt*) Office for the Protection of the Constitution **ver·fas·sungs·wid·rig** *adj* unconstitutional

ver·fau·len* *vi sein* to rot; **verfault** rotten

ver·fech·ten* *vt irreg* to champion

Ver·fech·ter(in) *m(f)* advocate, champion

ver·feh·len* *vt* ❶ (*nicht treffen, verpassen*) to miss; ■**nicht zu ~ sein** to be impossible to miss ❷ (*nicht erreichen*) not to achieve; **das Thema ~** to go completely off the subject; **seinen Beruf ~** to miss one's vocation

ver·fehlt *adj* ❶ (*misslungen*) unsuccessful ❷ (*unangebracht*) inappropriate

ver·fein·den* [fɛɐ̯'faɪndn̩] *vr* ■**sich ~** to fall out (**mit** with); ■**verfeindet sein** to be enemies; **verfeindete Staaten** enemy states

ver·fei·nern* [fɛɐ̯'faɪnɐn] *vt* ❶ KOCHK to improve (**mit** with) ❷ (*raffinierter gestalten*) to refine

Ver·fei·ne·rung <-, -en> *f* ❶ KOCHK improvement ❷ (*raffiniertere Gestaltung*) refinement

ver·fil·men* *vt* to film, to make a film of

Ver·fil·mung <-, -en> *f* ❶ *kein pl* (*das Verfilmen*) filming *no pl, no indef art* ❷ (*Film*) film

ver·fil·zen* *vi sein Kleidungsstück* to become felted; *Kopfhaar* to become matted; ■**verfilzt** felted, matted

ver·filzt *adj* (*fam*) interconnected; ■**[miteinander] ~ sein** to be inextricably linked

ver·fins·tern* [fɛɐ̯'fɪnstɐn] I. *vt* to darken; *die Sonne* to eclipse II. *vr* ■**sich ~** to darken

ver·flech·ten* *vt irreg* ■**etw [miteinander] ~** to interweave [*or* intertwine] sth

Ver·flech·tung <-, -en> *f* interconnection

ver·flie·gen* *irreg* I. *vi sein* ❶ *Zorn* to pass; *Kummer* to vanish ❷ *Geruch* to evaporate II. *vr haben* ■**sich ~** *Pilot* to lose one's bearings *pl; Flugzeug* to stray off course

ver·flixt [fɛɐ̯'flɪkst] I. *adj* (*fam*) ❶ (*verdammt*) blasted ❷ (*ärgerlich*) unpleasant II. *adv* (*fam: ziemlich*) damn[ed]; **diese Aufgabe ist ~ schwer** this exercise is damned difficult III. *interj* (*fam: verdammt*) blast [it]!

ver·flu·chen* *vt* to curse

ver·flucht I. *adj* (*fam: verdammt*) damn[ed], bloody BRIT II. *adv* (*fam: äußerst*) **gestern war es ~ kalt** it was damned cold yesterday III. *interj* (*fam: verdammt*) damn!

ver·flüch·ti·gen* [fɛɐ̯'flʏçtɪɡn̩] *vr* ■**sich ~** to evaporate ▶ **sich verflüchtigt haben** (*hum fam*) to have disappeared

ver·flüs·si·gen* [fɛɐ̯'flʏsɪɡn̩] I. *vt* ❶ (*flüssig machen*) to liquefy ❷ (*hydrieren*) to hydrogenate II. *vr* ■**sich ~** to liquefy

ver·fol·gen* *vt* ❶ (*nachgehen*) to follow; (*politisch*) to persecute ❷ (*zu erreichen suchen*) ■**etw ~** to pursue sth; **eine Absicht ~** to have sth in mind ❸ (*belasten*) ■**jdn ~** to dog sb; **vom Pech verfolgt sein** to be dogged by bad luck

Ver·fol·ger(in) <-s, -> *m(f)* pursuer

Ver·folg·te(r) [fɛɐ̯'fɔlktɐ, -tə] *f(m) dekl wie adj* victim of persecution

Ver·fol·gung <-, -en> *f* ❶ (*das Verfolgen*)

pursuit *no pl, no indef art;* **die ~ [von jdm] aufnehmen** to start in pursuit [of sb]; (*politisch*) persecution *no pl, no indef art* ❷ **kein** *pl* (*Bezweckung*) pursuance *no pl, no indef art* ❸ (*das Vorgehen gegen etw*) prosecution

Ver·fol·gungs·jagd *f* pursuit, chase **Ver·fol·gungs·wahn** *m* persecution mania

ver·for·men* I. *vt* to distort II. *vr* ■ **sich ~** to become distorted, to go out of shape

Ver·for·mung *f* ❶ (*das Verformen*) distortion ❷ (*verformte Stelle*) distortion

ver·frach·ten* [fɛɐ̯'fraxtn̩] *vt* ❶ (*fam: bringen*) ■ **jdn ~** to bundle sb off; ■ **etw irgendwohin ~** to put sth somewhere ❷ ÖKON to ship, to transport

ver·frem·den *vt* to make [appear] unfamiliar

Ver·frem·dung <-, -en> *f* LIT, THEAT alienation

ver·fres·sen* *adj* (*pej sl*) [piggishly] greedy

ver·frü·hen* [fɛɐ̯'fryːən] *vr* ■ **sich ~** to arrive too early

ver·früht *adj* premature; **etw für ~ halten** to consider sth to be premature

ver·füg·bar *adj* available

ver·fü·gen* I. *vi* ■ **über etw** *akk* **~** to have sth at one's disposal; **wir ~ nicht über die nötigen Mittel** we don't have the necessary resources at our disposal; **~ Sie über mich!** I am at your disposal! II. *vt* (*anordnen*) to order

Ver·fü·gung <-, -en> *f* ❶ (*Anordnung*) order; **einstweilige ~** JUR temporary injunction ❷ (*Disposition*) ■ **etw zur ~ haben** to have sth at one's disposal; **halten Sie sich bitte weiterhin zur ~** please continue to be available; ■ **jdm zur ~ stehen** to be available to sb; ■ **[jdm] etw zur ~ stellen** to make sth available [to sb]

ver·füh·ren* *vt* ❶ (*verleiten*) ■ **jdn ~** to entice sb; (*sexuell*) to seduce sb ❷ (*hum: verlocken*) to tempt (**zu** to)

Ver·füh·rer(in) *m(f)* seducer *masc*, seductress *fem*

ver·füh·re·risch [fɛɐ̯'fyːrərɪʃ] *adj* ❶ (*verlockend*) tempting ❷ (*aufreizend*) seductive

Ver·füh·rung *f* ❶ (*Verleitung*) seduction; **~ Minderjähriger** *pl* JUR seduction of minors *pl* ❷ (*Verlockung*) temptation

ver·füt·tern* *vt* ■ **etw [an Tiere] ~** to feed sth to animals

Ver·füt·te·rung [fɛɐ̯'fʏtərʊŋ] *f* AGR feeding

Ver·ga·be [fɛɐ̯'ɡaːbə] *f* *von Arbeit, Studienplätze* allocation; *eines Auftrags, Preises* award

ver·gam·meln* *vi sein Wurst, Essen* to go bad; *Brot, Käse* to go stale

ver·gam·melt <-er, -este> *adj* (*fam*) scruffy, tatty; (*Auto*) decrepit

ver·gan·gen *adj* past, former

Ver·gan·gen·heit <-, selten -en> [fɛɐ̯'ɡaŋənhaɪt] *f* ❶ **kein** *pl* (*Vergangenes*) past; **die jüngste ~** the recent past; **der ~ angehören** to belong to the past; **eine bewegte ~ haben** to have an eventful past ❷ LING past [tense]

Ver·gan·gen·heits·be·wäl·ti·gung *f* coming to terms with the past

ver·gäng·lich [fɛɐ̯'ɡɛŋlɪç] *adj* transient

Ver·gäng·lich·keit <-> *f kein pl* transience *no pl*

ver·ga·sen* *vt* to gas

Ver·ga·ser <-s, -> *m* AUTO carburettor

ver·gaß [fɛɐ̯'ɡaːs] *imp von* **vergessen**

ver·ge·ben* *irreg* I. *vi* to forgive II. *vt* ❶ (*verzeihen*) ■ **[jdm] etw ~** to forgive [sb] sth ❷ (*zuteilen*) ■ **etw [an jdn] ~** to allocate sth [to sb]; *Preis, Auftrag* to award ▶ **bereits ~ sein** (*liiert*) to be already spoken for

ver·ge·bens [fɛɐ̯ɡeˈbn̩s] I. *adj präd* in vain *pred* II. *adv s.* **vergeblich**

ver·geb·lich [fɛɐ̯'ɡeːplɪç] I. *adj* (*erfolglos bleibend*) futile; **ein ~er Versuch** a futile attempt II. *adv* (*umsonst*) in vain

Ver·ge·bung <-, -en> *f* forgiveness *no pl, no indef art;* **[jdn] um ~ bitten** to ask for [sb's] forgiveness

ver·ge·gen·wär·ti·gen* [fɛɐ̯ɡeˈɡeːɡn̩vɛrtɪɡn̩] *vt* ■ **sich** *dat* **etw ~** to realize sth

ver·ge·hen* [fɛɐ̯'ɡeːən] *irreg* I. *vi sein* ❶ (*verstreichen*) to go by, to pass ❷ (*schwinden*) to wear off; **igitt, da vergeht einem ja der Appetit!** yuk, it's enough to make you lose your appetite! ❸ (*sich zermürben*) to die (**vor** of); **vor Sehnsucht ~** to pine away II. *vr haben* ■ **sich [an jdm] ~** to indecently assault sb

Ver·ge·hen <-s, -> [fɛɐ̯'ɡeːən] *nt* offence

ver·gel·ten *vt irreg* ■ **[jdm] etw ~** to repay sb for sth

Ver·gel·tung <-, -en> *f* revenge; **~ üben** to take revenge

Ver·gel·tungs·maß·nah·me *f* reprisal **Ver·gel·tungs·schlag** *m* retaliatory strike

ver·ges·sen <vergisst, vergaß, vergessen> [fɛɐ̯'ɡɛsn̩] I. *vt* ❶ (*nicht mehr daran denken*) to forget; **das werde ich dir nie ~** I won't forget what you did; **nicht zu ~ ...** not forgetting; **schon vergessen!** never mind! ❷ (*liegen lassen*) to leave be-

hind II. vr (die Beherrschung verlieren) ■ sich ~ to forget oneself
Ver·ges·sen·heit <-> f kein pl oblivion no pl, no art; **in ~ geraten** to fall into oblivion
ver·gess·lich[RR] adj, **ver·geß·lich**[ALT] [fɛɐ̯ˈgɛslɪç] adj forgetful
Ver·gess·lich·keit[RR] <-> f kein pl forgetfulness no pl
ver·geu·den* [fɛɐ̯ˈgɔydn̩] vt to waste
ver·ge·wal·ti·gen* [fɛɐ̯gəˈvaltɪgn̩] vt to rape
Ver·ge·wal·ti·gung <-, -en> f rape
ver·ge·wis·sern* [fɛɐ̯gəˈvɪsɐn] vr ■ **sich ~, dass ...** to make sure that ...
ver·gie·ßen* vt irreg ❶ (danebengießen) to spill ❷ Tränen to shed
ver·gif·ten* I. vt to poison II. vr ■ **sich ~** to be poisoned (**an** by)
Ver·gif·tung <-, -en> f ❶ kein pl (das Vergiften) poisoning no pl, no indef art ❷ MED intoxication no pl, no indef art
ver·gilbt adj Foto, Papier yellowed

Ver·giss·mein·nicht[RR] <-[e]s, -[e]> nt, **Ver·giß·mein·nicht**[ALT] <-[e]s, -[e]> [fɛɐ̯ˈgɪsmaɪnnɪçt] nt forget-me-not
ver·gisst[RR], **ver·gißt**[ALT] [fɛɐ̯ˈgɪst] 3. pers pres von **vergessen**
ver·gla·sen* vt to glaze; ■ **verglast** glazed
Ver·gleich <-[e]s, -e> [fɛɐ̯ˈglaɪç] m comparison; **im ~ [zu jdm/etw]** in comparison [with sb/sth]; **in keinem ~ [zu etw** dat] **stehen** to be out of all proportion [to sth] ▶ **der ~ hinkt** that's a poor [or weak] comparison
ver·gleich·bar adj comparable (**mit** to); ■ **etwas V~es** something comparable
ver·glei·chen* irreg vt to compare (**mit** with/to); **ich vergleiche die Preise immer genau** I always compare prices very carefully
ver·glei·chend adj comparative; **die ~e Sprachwissenschaft** comparative linguistics + sing vb
Ver·gleichs·grup·pe f control group
ver·gleichs·wei·se adv comparatively;

---

sich vergewissern/versichern

sich vergewissern	making sure
Alles in Ordnung?	Everything OK?
Habe ich das so richtig gemacht?	Have I done that right?
Hat es Ihnen geschmeckt?	Did you like it?
Ist das der Bus nach Frankfurt?	Is that/this the bus to Frankfurt?
(am Telefon:) Bin ich hier richtig bei der Agentur für Arbeit?	(on the phone:) Is that the jobcentre?
Ist das der Film, von dem du so geschwärmt hast?	Is that the film you were raving about? (fam)
Bist du dir sicher, dass die Hausnummer stimmt?	Are you sure you've got the right door number?

jemandem etwas versichern, beteuern	assuring someone of something
Der Zug hatte wirklich Verspätung gehabt.	The train really was late.
Ganz ehrlich, ich habe nichts davon gewusst.	I honestly didn't know anything about it.
Ob du es nun glaubst oder nicht: Sie haben sich tatsächlich getrennt.	Believe it or not; they really have split up.
Ich kann Ihnen versichern, dass das Auto noch einige Jahre fahren wird.	I assure you (that) the car will go on running for several more years.
Glaub mir, das Konzert wird ein Riesenerfolg.	Trust me, the concert is going to be a huge success.
Du kannst ganz sicher sein, er hat nichts gemerkt.	You can be sure/certain he didn't notice a thing.
Ich garantiere Ihnen, dass die Mehrheit dagegen stimmen wird.	I guarantee (you) the majority will vote against (it).
Die Einnahmen sind ordnungsgemäß versteuert, das kann ich beschwören.	I can vouch for the fact that the takings have been properly declared.

das ist ~ **wenig/viel** that is a little/a lot in comparison
ver·glü·hen* vi sein ① (verglimmen) to die away ② (glühend zerfallen) to burn up
ver·gnü·gen* [fɛɐ̯'gny:gn̩] vr ▪**sich** ~ to amuse [or enjoy] oneself
Ver·gnü·gen <-s, -> [fɛɐ̯'gny:gn̩] nt (Freude) enjoyment no pl; (Genuss) pleasure no pl; **ein teures** ~ **sein** to be an expensive way of enjoying oneself; ~ **[an etw** dat] **finden** to find pleasure in sth; **es ist mir ein** ~ it is a pleasure; **kein** ~ **sein, etw zu tun** to not be exactly a pleasure doing sth; [**jdm**] ~ **bereiten** to give sb pleasure; **mit größtem** ~ with the greatest of pleasure ▶ **mit wem** habe **ich das** ~? (geh) with whom do I have the pleasure of speaking?; **sich ins** ~ **stürzen** to join the fun; **viel** ~! have a good time!
ver·gnügt [fɛɐ̯'gny:kt] I. adj happy, cheerful II. adv happily, cheerfully
Ver·gnü·gung <-, -en> f pleasure
Ver·gnü·gungs·park m amusement park
Ver·gnü·gungs·vier·tel nt entertainment quarter
ver·gol·den* [fɛɐ̯'gɔldn̩] vt Schmuckstück to gold-plate; **Bilderrahmen** to gild
ver·göt·tern* [fɛɐ̯'gœtɐn] vt to idolize
ver·gra·ben* irreg I. vt to bury II. vr ① (sich zurückziehen) ▪**sich** ~ to hide oneself away ② (sich mit etw beschäftigen) ▪**sich in Arbeit** ~ to bury oneself in work
ver·grämt adj troubled
ver·grät·zen* [fɛɐ̯'grɛtsn̩] vt (fam) to vex
ver·grau·len* vt (fam) to scare away
ver·grei·fen* vr irreg ① (stehlen) ▪**sich [an etw** dat] ~ to steal sth ② (Gewalt antun) ▪**sich [an jdm]** ~ to assault sb ③ (sich unpassend ausdrücken) ▪**sich im Ton** ~ to adopt the wrong tone
ver·grei·sen [fɛɐ̯'graɪzn̩] vi sein ① (senil werden) to become senile ② Bevölkerung to age
ver·grif·fen adj Buch out of print [OP] pred; Ware unavailable

ver·grö·ßern* [fɛɐ̯'grø:sɐn] I. vt ① Fläche, Umfang to extend, to enlarge (**um** by, **auf** to) ② Distanz to increase ③ Firma to expand ④ (größer erscheinen lassen) to magnify ⑤ FOTO to enlarge [or sep blow up] (**auf** to) II. vr ▪**sich** ~ (anschwellen) to become enlarged
Ver·grö·ße·rung <-, -en> f ① (das Vergrößern) enlargement, increase, expansion, magnification ② (vergrößertes Foto) enlargement, blow-up; **in zehnfacher** ~ enlarged by a factor of ten ③ (Anschwellung) enlargement
Ver·grö·ße·rungs·glas m magnifying glass
ver·gu·cken* vr (fam) ① (nicht richtig sehen) to see wrong ② (verlieben) ▪**sich in jdn** ~ to fall for sb
ver·güns·tigt [fɛɐ̯'gʏnstɪçt] adj cheaper
Ver·güns·ti·gung <-, -en> f ① (finanzieller Vorteil) perk ② (Ermäßigung) reduction, concession
ver·gü·ten* [fɛɐ̯'gy:tn̩] vt ▪**[jdm] etw** ~ ① (ersetzen) to reimburse sb for sth ② (bezahlen) to pay sb for sth
Ver·gü·tung <-, -en> f ① (das Ersetzen) refunding no pl, reimbursement no pl ② (geh: das Bezahlen) payment no pl ③ (Geldsumme) payment, remuneration; (Honorar) fee
ver·haf·ten* vt to arrest; **Sie sind verhaftet!** you are under arrest!
Ver·haf·te·te(r) f(m) dekl wie adj person under arrest
Ver·haf·tung <-, -en> f arrest
ver·hal·len* vi sein to die away
ver·hal·ten*¹ [fɛɐ̯'haltn̩] vr irreg ▪**sich [irgendwie]** ~ ① (sich benehmen) to behave [in a certain manner] ② (beschaffen sein) to be [a certain way]; **die Sache verhält sich anders, als du denkst** the matter is not as you think ③ CHEM (als Eigenschaft zeigen) to react [in a certain way]
ver·hal·ten² [fɛɐ̯'haltn̩] I. adj ① (zurückhaltend) restrained ② (unterdrückt) suppressed II. adv in a restrained manner
Ver·hal·ten <-s> [fɛɐ̯'haltn̩] nt kein pl behaviour no pl
ver·hal·tens·auf·fäl·lig adj PSYCH displaying behavioural problems **Ver·hal·tens·auf·fäl·lig·keit** f PSYCH display[s] of behavioural problems **Ver·hal·tens·for·schung** f kein pl behavioural research no pl **ver·hal·tens·ge·stört** adj disturbed **Ver·hal·tens·ko·dex** m SOZIOL (geh) code of behaviour **Ver·hal·tens·stö·rung** f meist pl behavioural disturbance **Ver·hal·tens·wei·se** f behaviour
Ver·hält·nis <-ses, -se> [fɛɐ̯'hɛltnɪs] nt ① (Relation) ratio; **in keinem** ~ [**zu etw** dat] **stehen** to bear no relation to sth; **im** ~ in a ratio (**von** of, **zu** to); **im** ~ [**zu jdm**] in comparison [with sb] ② (persönliche Beziehung) relationship (**zu** with); (Liebes~) affair ③ pl (Bedingungen) conditions pl; **räumliche** ~**se** physical conditions ④ pl (Lebensumstände) circumstances pl; **über seine** ~**se** pl **leben** to live beyond one's

means *pl;* **in bescheidenen ~sen leben** to live in modest circumstances; **klare ~se schaffen** to get things straightened out; **unter anderen ~sen** under different circumstances

ver·hält·nis·mä·ßig *adv* relatively

Ver·hält·nis·mä·ßig·keit <-, -en> *f meist sing* JUR (*Angemessenheit*) appropriateness *no pl,* commensurability *no pl;* **~ der Mittel/der Gerichtsentscheidung** reasonableness of means/of the decision

Ver·hält·nis·wort *nt* LING preposition

ver·han·deln* I. *vi* to negotiate (**mit** with, **über** about) II. *vt* **etw ~** ❶ (*aushandeln*) to negotiate sth ❷ JUR to hear sth; **das Gericht wird diesen Fall nicht ~** the court won't hear this case

Ver·hand·lung *f* ❶ *meist pl* (*das Verhandeln*) negotiation; **~en *pl* aufnehmen** to enter into negotiations *pl;* **in ~en stehen** to be engaged in negotiations *pl* ❷ JUR trial, hearing

Ver·hand·lungs·ba·sis *f* basis for negotiation[s]; *Preis* or near offer, o.n.o. BRIT, or best offer AM, o.b.o. AM **ver·hand·lungs·fä·hig** *adj* JUR able to stand trial *pred* **Ver·hand·lungs·ma·ra·thon** [fɛɐ̯ˈhandlʊŋsmaraˌtɔn] *m* POL marathon negotiations *pl* **Ver·hand·lungs·part·ner(in)** *m(f)* negotiating party **Ver·hand·lungs·sa·che** *f* matter of negotiation **Ver·hand·lungs·tisch** *m* negotiating table

ver·han·gen *adj* overcast

ver·hän·gen* *vt* ❶ (*zuhängen*) to cover ❷ (*aussprechen*) to award; **der Schiedsrichter verhängte einen Elfmeter** the referee awarded a penalty ❸ (*verfügen*) ■ **etw ~** to impose sth (**über** on); *Ausnahmezustand* to declare; *Ausgangssperre* to impose

Ver·häng·nis <-, -se> [fɛɐ̯ˈhɛŋnɪs] *nt* disaster; **[jdm] zum ~ werden** to be sb's undoing

ver·häng·nis·voll *adj* disastrous, fatal

ver·harm·lo·sen* [fɛɐ̯ˈharmloːzn̩] *vt* to play down *sep*

Ver·harm·lo·sung <-, -en> *f* playing down

ver·härmt [fɛɐ̯ˈhɛrmt] *adj* careworn

ver·har·ren* *vi sein o haben* (*geh*) ❶ (*stehen bleiben*) to pause ❷ (*hartnäckig bleiben*) to persist (**bei** in)

ver·här·ten* I. *vt* to harden II. *vr* ■ **sich ~** to become hardened

Ver·här·tung *f* ❶ *kein pl* (*Erstarrung*) hardening *no pl* ❷ (*verhärtete Stelle*) induration

ver·has·peln* *vr* ■ **sich ~** to get into a muddle

ver·hasst^RR *adj,* **ver·haßt**^ALT [fɛɐ̯ˈhast] *adj* hated (**wegen** for); ■ **~ sein** to be hated; **dieser Beruf wurde mir immer ~er** I hated this profession more and more

ver·hät·scheln* *vt* to spoil, to pamper

Ver·hau <-[e]s, -e> [fɛɐ̯ˈhaʊ̯] *m* MIL entanglement

ver·hau·en* <verhaute, verhauen> I. *vt* (*fam*) ❶ (*verprügeln*) to beat up *sep;* ■ **sich ~** to have a fight ❷ SCH **ich habe den Aufsatz [gründlich] ~!** I've made a [complete] mess of the essay! II. *vr* (*fam: sich verkalkulieren*) ■ **sich ~** to slip up

ver·hed·dern* [fɛɐ̯ˈhɛdɐn] *vr* ■ **sich ~** ❶ (*sich verfangen*) to get tangled up ❷ (*sich versprechen*) to get into a muddle ❸ (*sich verschlingen*) to get into a tangle

ver·hee·rend I. *adj* devastating II. *adv* devastatingly; **sich ~ auswirken** to have a devastating effect; **~ aussehen** (*fam*) to look dreadful

ver·heh·len* *vt* (*geh*) ■ **etw [jdm gegenüber] ~** to conceal sth [from sb]; ■ **nicht ~, dass ...** to not hide the fact that ...

ver·hei·len* *vi sein* to heal [up]

ver·heim·li·chen* [fɛɐ̯ˈhaɪ̯mlɪçn̩] *vt* (*geheim halten*) ■ **[jdm] etw ~** to conceal sth [from sb], to keep sth secret [from sb]; ■ **jdm ~, dass ...** to conceal from sb the fact that ...; **etw** [*o* **nichts**] **zu ~ haben** to have sth [*or* nothing] to hide

ver·hei·ra·ten* *vr* ■ **sich [mit jdm] ~** to marry [sb]; ■ **verheiratet** married

ver·hei·ra·tet *adj* married

ver·hei·ßen* *vt irreg* **etw ~** to promise sth

Ver·hei·ßung <-, -en> *f* promise

ver·hei·ßungs·voll I. *adj* promising; **wenig ~** unpromising II. *adv* full of promise; **Ihr Vorschlag hört sich ~ an** your suggestion sounds promising

ver·hel·fen* *vi irreg* ■ **[jdm] zu etw** *dat* **~** to help sb to achieve sth; **dieser Erfolg verhalf ihm endlich zum Durchbruch** this success finally helped him achieve a breakthrough

ver·herr·li·chen* [fɛɐ̯ˈhɛrlɪçn̩] *vt* to glorify

Ver·herr·li·chung <-, -en> *f* glorification *no pl*

ver·heult *adj* puffy from crying

ver·he·xen* *vt* to bewitch; **wie verhext sein** to be jinxed

ver·hin·dern* *vt* to prevent; ■ **~, dass jd etw tut** to prevent sb from doing sth

ver·hin·dert *adj* ❶ (*nicht anwesend*) ■ **~ sein** to be unable to come ❷ (*fam: mit* *einer verborgenen Begabung)* ■**ein ~er** [*o* **eine ~e**] **... sein** to be a would-be ...

Ver·hin·de·rung <-, -en> *f* ❶ *(das Verhindern)* prevention *no pl, no indef art* ❷ *(zwangsläufiges Nichterscheinen)* inability to come [*or* attend]

ver·höh·nen* *vt* to mock

ver·hö·kern* *vt (fam)* to flog [off] (**an** to)

Ver·hör <-[e]s, -e> [fɛɐ̯'høːɐ̯] *nt* questioning *no pl, no art,* interrogation; **jdn einem ~ unterziehen** to subject sb to questioning

ver·hö·ren* I. *vt (offiziell befragen)* ■**jdn ~** to question, to interrogate II. *vr* ■**sich ~** to mishear

ver·hül·len* *vt* to cover (**mit** with)

ver·hun·gern* *vi sein* to starve [to death]; **am V~ sein** to be starving

ver·hü·ten* *vt* to prevent; **eine Empfängnis verhüten** to prevent conception

Ver·hü·tung <-, -en> *f* ❶ *(das Verhindern)* prevention *no pl, no indef art* ❷ *(Empfängnis~)* contraception *no pl, no art*

Ver·hü·tungs·mit·tel *nt* contraceptive

ve·ri·fi·zie·ren* [verifi'tsiːrən] *vt* to verify

ver·in·ner·li·chen* [fɛɐ̯'ʔɪnɐlɪçn̩] *vt* to internalize

ver·ir·ren* *vr* ■**sich ~** to get lost

ver·ja·gen* *vt* to chase away *sep*

ver·jäh·ren* *vi sein* to become statute-barred; ■**verjährt** statute-barred

Ver·jäh·rung <-, -en> *f* limitation

Ver·jäh·rungs·frist *f* [statutory] period of limitation

ver·ju·beln* *vt* to blow

ver·jün·gen* [fɛɐ̯'jʏŋən] I. *vi (vitalisieren)* to make one feel younger II. *vt* ❶ *(vitalisieren)* ■**jdn ~** to rejuvenate sb ❷ ÖKON **wir sollten das Management der Firma ~** we should bring some young blood into the management of the company III. *vr* ■**sich ~** ❶ *(schmaler werden)* to narrow ❷ *(ein jüngeres Aussehen bekommen)* to look younger

Ver·jün·gung <-, -en> *f* ❶ *(das Verjüngen)* rejuvenation; *Personal* recruitment of younger blood ❷ *(Verengung)* narrowing *no pl*

ver·ka·beln* *vt* to connect to the cable network

Ver·ka·be·lung <-, -en> *f* connecting *no pl* to the cable network

ver·kal·ken* *vi sein* ❶ *(Kalk einlagern)* to fur [*or* AM clog] up; ■**verkalkt** furred up ❷ *Arterien* to become hardened; *Gewebe* to calcify ❸ MED *(fam)* ■**jd verkalkt** sb suffers from hardening of the arteries *pl;* *(senil werden)* sb's going senile

ver·kal·ku·lie·ren* *vr* ■**sich ~** ❶ *(sich verrechnen)* to miscalculate ❷ *(sich irren)* to be mistaken

Ver·kal·kung <-, -en> *f* ❶ *(das Verkalken)* furring *no pl* BRIT, clogging AM ❷ *Arterien* hardening *no pl; Gewebe* calcification *no pl* ❸ MED *(fam: Arteriosklerose)* hardening of the arteries *pl;* *(Senilität)* senility *no pl*

ver·kannt *adj* unrecognized

ver·kappt *adj attr* disguised; **ein ~er Kommunist** a communist in disguise

ver·ka·tert [fɛɐ̯'kaːtɐt] *adj (fam)* hungover *pred*

Ver·kauf <-s, Verkäufe> [fɛɐ̯'kaʊ̯f, *pl* fɛɐ̯'kɔʏfə] *m* ❶ *(das Verkaufen)* sale, selling *no pl;* **etw zum ~ anbieten** to offer sth for sale; **zum ~ stehen** to be up for sale ❷ *kein pl (Verkaufsabteilung)* sales *no art,* + *sing/pl vb*

ver·kau·fen* I. *vt* to sell (**für** for, **an** to); **zu ~ sein** to be for sale; „**zu ~**" "for sale" II. *vr* ■**sich ~** ❶ *(verkauft werden)* to sell; **das Buch verkauft sich gut** the book is selling well ❷ *(sich selbst darstellen)* to sell oneself

Ver·käu·fer(in) [fɛɐ̯'kɔʏfɐ] *m(f)* ❶ *(verkaufender Angestellter)* sales [*or* shop] assistant ❷ *(verkaufender Eigentümer)* seller; JUR vendor

ver·käuf·lich *adj* ❶ *(zu verkaufen)* for sale *pred* ❷ ÖKON saleable

ver·kaufs·of·fen *adj* open for business **Ver·kaufs·preis** *m* retail price **Ver·kaufs·schla·ger** *m* best-seller **ver·kaufs·träch·tig** *adj* ÖKON *Ware* marketable **Ver·kaufs·zah·len** *pl* sales figures *pl*

Ver·kehr <-[e]s> [fɛɐ̯'keːɐ̯] *m kein pl* ❶ *(Straßen~)* traffic *no pl, no indef art* ❷ *(Transport)* transport *no pl, no indef art* ❸ *(Umgang)* contact, dealings *pl;* **jdn aus dem ~ ziehen** *(fam)* to take sb out of circulation ❹ *(Handel)* **etw in den ~ bringen** to put sth into circulation; **etw aus dem ~ ziehen** to withdraw sth from circulation ❺ *(Geschlechts~)* intercourse

ver·keh·ren* I. *vi* ❶ *sein o haben (fahren)* to run; **der Zug verkehrt nur zweimal am Tag** the train only runs twice a day ❷ *haben (häufiger Gast sein)* to visit regularly ❸ *haben (Umgang pflegen)* ■[**mit jdm**] **~** to associate [with sb] II. *vr haben (sich umkehren)* ■**sich** [**in etw** *akk*] **~** to turn into sth

Ver·kehrs·am·pel *f* traffic lights *pl* **Ver·kehrs·amt** *nt* tourist information office

Ver·kehrs·an·bin·dung f transport link BRIT usu pl, transportation connection AM usu pl **Ver·kehrs·auf·kom·men** nt volume of traffic **ver·kehrs·be·ru·higt** adj traffic-calmed **Ver·kehrs·cha·os** nt road chaos **Ver·kehrs·de·likt** nt traffic offence [or AM -se] **Ver·kehrs·dich·te** f kein pl traffic density **Ver·kehrs·durch·sa·ge** f traffic announcement **Ver·kehrs·er·zie·hung** f road safety training **Ver·kehrs·flug·zeug** nt commercial aircraft **Ver·kehrs·funk** m radio traffic service **ver·kehrs·güns·tig** adj close to public transport **Ver·kehrs·hin·der·nis** nt obstruction to traffic **Ver·kehrs·hin·weis** m traffic announcement **Ver·kehrs·in·sel** f traffic island **Ver·kehrs·kno·ten·punkt** m traffic junction **Ver·kehrs·kon·trol·le** f spot check on the traffic **Ver·kehrs·la·ge** f traffic [conditions pl] **Ver·kehrs·mit·tel** nt means + sing/pl vb of transport; **öffentliches/privates ~** public/private transport **Ver·kehrs·netz** nt transport system **Ver·kehrs·ord·nung** f kein pl Road Traffic Act **Ver·kehrs·pla·nung** f traffic planning **Ver·kehrs·po·li·zei** f traffic police **Ver·kehrs·po·li·zist(in)** m(f) traffic policeman masc, policewoman fem **Ver·kehrs·re·gel** f traffic regulation **Ver·kehrs·re·ge·lung** f traffic control **ver·kehrs·reich** adj **~e Straße** busy street **Ver·kehrs·row·dy** m road hog fam **Ver·kehrs·schild** nt road sign **ver·kehrs·si·cher** adj Fahrzeug safe; (bes. Auto) roadworthy **Ver·kehrs·si·cher·heit** f kein pl road safety **Ver·kehrs·stra·ße** f road open to traffic **Ver·kehrs·sün·der(in)** m(f) (fam) traffic offender **Ver·kehrs·teil·neh·mer(in)** m(f) road-user **Ver·kehrs·to·te(r)** f(m) dekl wie adj road fatality **Ver·kehrs·un·fall** m road accident **Ver·kehrs·ver·bund** m association of transport companies pl **Ver·kehrs·ver·ein** m tourist promotion agency **Ver·kehrs·weg** m [traffic] route, communication **Ver·kehrs·we·sen** <-s> nt kein pl communications pl [system]

ver·kehrs·wid·rig adj contrary to road traffic regulations pl

Ver·kehrs·zei·chen nt s. **Verkehrsschild** **ver·kehrt** I. adj (falsch) wrong; **die ~e Richtung** the wrong direction; ■ **der V~e** the wrong person; ■ **etwas V~es** the wrong thing ▶ **mit dem ~en Bein aufgestanden sein** to have got out of bed on the wrong side II. adv wrongly; **du machst ja doch wieder alles ~!** you're doing everything wrong again!; **~ herum** the wrong way round

ver·kei·len* vt ❶ (befestigen) to wedge tight ❷ DIAL ■ **jdn ~** to thrash sb

ver·keilt adj gridlocked

ver·ken·nen* vt irreg (falsch einschätzen) to misjudge; ■ **~, dass ...** to fail to recognize that ...; **es ist nicht zu ~, dass ...** it cannot be denied that ...

ver·ket·ten* I. vt ❶ (verbinden) to chain (**mit** to) ❷ (verschließen) to put a chain on II. vr ❶ Ereignisse to follow close on one another ❷ Moleküle to combine

Ver·ket·tung <-, -en> f chain

ver·kla·gen* vt ■ **jdn ~** to take proceedings against sb; **jdn auf Schadenersatz ~** to sue sb for damages

ver·klap·pen* vt to dump [in the sea]

ver·klärt <-er, -este> adj transfigured

ver·kle·ben* I. vt haben ■ **etw ~** dat (zukleben) to cover sth; (zusammenkleben) to stick sth together; (festkleben) to stick sth [down] II. vi sein (zusammenkleben) to stick sth together; **verklebte Hände** sticky hands

ver·klei·den* I. vt ❶ (kostümieren) to dress up sep (**als** as) ❷ (ausschlagen) to line ❸ (überdecken) to cover II. vr ■ **sich ~** to dress up

Ver·klei·dung f ❶ (Kostüm) disguise, fancy dress ❷ BAU lining

ver·klei·nern* [fɛɐ̯ˈklaɪ̯nɐn] I. vt ❶ (verringern) to reduce ❷ (schrumpfen lassen) to shrink ❸ FOTO to reduce; INFORM to scale down II. vr ❶ (sich verringern) to be reduced in size (**um** by) ❷ (schrumpfen) to shrink

ver·klei·nert I. pp von **verkleinern** II. adj reduced

Ver·klei·ne·rung <-, -en> f reduction no pl

Ver·klei·ne·rungs·form f LING diminutive [form]

ver·klem·men* vr ■ **sich ~** to jam, to get stuck

ver·klemmt adj uptight [about sex pred]

Ver·klemmt·heit [fɛɐ̯ˈklɛmthaɪ̯t] f PSYCH (fam) uptightness

ver·klin·gen* vi irreg sein to fade away

ver·kna·cken* vt (fam) ■ **jdn ~** to put sb away; **jdn zu einer Geldstrafe ~** to fine sb; ■ [**für etw** akk] **verknackt werden** to get done [for sth]

ver·knack·sen* vt sich dat **den Fuß verknacksen** to sprain one's ankle

ver·knal·len* vr (fam) ■ **sich ~** to fall head over heels in love (**in** with); ■ **ver-**

knallt sein to be head over heels in love
Ver·knap·pung f shortage
ver·knei·fen* vr irreg (fam) ■**sich** dat **etw ~** ❶(nicht offen zeigen) to repress sth; **ich konnte mir ein Grinsen nicht ~** I couldn't help grinning ❷(sich versagen) to do without sth
ver·knif·fen adj Miene a pinched; **etw ~ sehen** to take a narrow view of sth
ver·knit·tern* vt to crumple
ver·kno·ten* I. vt to knot; ■**etw miteinander ~** to knot together sth sep II. vr ■**sich ~** to get knotted
ver·knüp·fen* vt ❶(verknoten) to tie [together sep] ❷(verbinden) to combine (**mit** with) ❸(in Zusammenhang bringen) to link (**mit** to)
Ver·knüp·fung <-, -en> f ❶(Verbindung) combination ❷(Zusammenhang) link, connection
ver·ko·chen* vi sein ❶(verdampfen) to boil away ❷(zerfallen) to fall apart; (zu einer breiigen Masse) to go mushy fam
ver·koh·len*¹ vi sein to turn to charcoal
ver·koh·len² vt (fam: veräppeln) ■**jdn ~** to pull sb's leg
ver·kokst [fɛɐ̯'koːkst] adj (pej sl) coked-up
ver·kom·men*¹ vi irreg sein ❶(verwahrlosen) to decay; Mensch to go to rack [or esp AM wrack] and ruin; Gebäude to decay ❷(herunterkommen) to go to the dogs; ■**zu etw** dat **~** to degenerate into sth ❸(verderben) to spoil
ver·kom·men² adj ❶(verwahrlost) degenerate ❷(im Verfall begriffen) decayed, dilapidated
ver·kork·sen* [fɛɐ̯'kɔrksn̩] vt (fam) ■**etw ~** to screw up sth
ver·korkst <-er, -este> adj screwed-up; Magen upset
ver·kör·pern* [fɛɐ̯'kœrpɐn] vt ❶FILM, THEAT to play [the part of] ❷(personifizieren) to personify
Ver·kör·pe·rung <-, -en> f ❶ kein pl FILM, THEAT portrayal ❷(Inbegriff) personification ❸(Abbild) embodiment
ver·kös·ti·gen* [fɛɐ̯'kœstɪɡn̩] vt bes ÖSTERR ■**jdn ~** to cater for sb
ver·kra·chen* vr (fam) ■**sich ~** to fall out (**mit** with)
ver·kracht adj (fam) failed
ver·kraf·ten* [fɛɐ̯'kraftn̩] vt to cope with; **ich könnte ein Bier ~** (hum) I could do with a beer
ver·kramp·fen* vr ■**sich ~** ❶(zusammenkrümmen) to be/get cramped ❷(sich anspannen) to tense [up]

ver·krampft I. adj tense II. adv tensely; **~ wirken** to seem unnatural
ver·krie·chen* vr irreg ■**sich ~** to creep away
ver·krüm·men* vt to bend
ver·krüp·peln* I. vt to cripple II. vi sein to be/grow stunted
ver·krüp·pelt <-er, -este> adj ❶(missgestaltet gewachsen) stunted ❷(missgestaltet zugerichtet) crippled
ver·krus·tet adj time-honoured, set attr
ver·küh·len* vr DIAL, BES ÖSTERR (fam) ■**sich ~** to catch a cold; **sich die Blase ~** to get a chill on the bladder
ver·küm·mern* vi sein ❶ MED to degenerate ❷(eingehen) to [shrivel and] die ❸(verloren gehen) to wither away ❹(die Lebenslust verlieren) to waste away
ver·kün·den* vt to announce; ■**~, dass ...** to announce that ...; **ein Urteil ~** to pronounce sentence; **Gutes/Unheil ~** to augur/to not augur well form
ver·kün·di·gen* vt ■**etw ~** to proclaim sth
Ver·kün·di·gung f (geh) ❶(das Verkünden) announcement; Evangelium preaching no art, no pl ❷(Proklamation) proclamation
Ver·kün·dung <-, -en> f announcement; Urteil pronouncement
ver·kup·peln* vt ■**jdn ~** to pair off sb sep
ver·kür·zen* I. vt ❶(kürzer machen) to shorten (**auf** to, **um** by) ❷(zeitlich vermindern) to reduce (**auf** to, **um** by); **die Arbeitszeit ~** to reduce working hours; Urlaub to cut short sep ❸(weniger lang erscheinen lassen) ■**etw ~** to make sth pass more quickly II. vr ■**sich ~** to become shorter
Ver·kür·zung f ❶(das Verkürzen) shortening, cutting short ❷(zeitliche Verminderung) reduction
ver·la·den* vt irreg ❶(aufladen) to load (**auf** on, **in** in) ❷(hintergehen) ■**jdn ~** to take sb for a ride
Ver·la·de·ram·pe f loading ramp; (für Autos) loading bay
Ver·la·dung f loading no art, no pl
Ver·lag <-[e]s, -e> [fɛɐ̯'laːk, pl -'laːɡə] m publisher's, publishing house form
ver·la·gern* vt to move; **den Schwerpunkt ~** to shift the emphasis
Ver·la·ge·rung f **die ~ der Kunstgegenstände diente dem Schutz vor Bombenangriffen** the works of art were moved to protect them from bombs
Ver·lags·buch·hand·lung f publishing

house purveying its own booksellers **Ver·lags·haus** *nt* publishing house **Ver·lags·kauf·mann, -kauf·frau** *m, f* publishing manager **Ver·lags·re·dak·teur(in)** *m(f)* [publishing] editor **Ver·lags·we·sen** *nt* publishing

ver·lan·gen* I. *vt* ❶ *(fordern)* ■ *etw* ~ to demand sth (**von** of); **einen Preis** ~ to ask a price ❷ *(erfordern)* to require ❸ *(erwarten)* to expect; **das ist ein bisschen viel verlangt** that's a bit much; **das ist nicht zu viel verlangt** that is not too much to expect II. *vi* ❶ *(erfordern)* ■ **nach** *etw dat* ~ to demand sth ❷ *(jd zu sehen wünschen)* ■ **nach** *jdm* ~ to ask for sb ❸ *(um etw bitten)* ■ **nach** *etw dat* ~ to ask for sth

Ver·lan·gen <-s, -> *nt* ❶ *(dringender Wunsch)* desire (**nach** for) ❷ *(Forderung)* demand; **auf** ~ on demand; **auf jds** *akk* ~ [**hin**] at sb's request

ver·län·gern* [fɛɐ̯'lɛŋɐn] I. *vt* ❶ *(länger machen)* to lengthen, to extend (**um** by) ❷ *(länger dauern lassen)* to extend; *Leben* to prolong; *Vertrag* to renew II. *vr* ■ *sich* ~ to be longer (**um** by); *Leben, Leid* to be prolonged [by sth]

Ver·län·ge·rung <-, -en> *f* ❶ *kein pl* (*räumlich*) lengthening sth; *(durch ein Zusatzteil)* extension ❷ *kein pl (zeitliche)* extension ❸ SPORT extra time *no art, no pl*
Ver·län·ge·rungs·ka·bel *nt*, **Ver·län·ge·rungs·schnur** *f* extension [cable]

ver·lang·sa·men* [fɛɐ̯'laŋza:mən] I. *vt* ❶ *(langsamer werden lassen)* to reduce; **das Tempo** ~ to reduce [one's] speed ❷ *(aufhalten)* to slow down *sep* sth; *Verhandlungen* to hold up *sep* II. *vr* ■ *sich* ~ to slow [down]

Ver·lassRR <-es> *m*, **Ver·laß**ALT <-sses> [fɛɐ̯'las] *m kein pl* ■ **auf jdn ist/ist kein** ~ you can/cannot rely on sb; ■ **es ist** ~ **darauf, dass jd etw tut** you can depend on sb doing sth

ver·las·sen*1 *irreg* I. *vt* ❶ *(im Stich lassen)* to abandon ❷ *(hinausgehen, fortgehen)* to leave ❸ *(verloren gehen)* ■ *jdn* ~ to desert sb; **der Mut verließ ihn** he lost courage II. *vr* ■ *sich auf jdn/etw* ~ to rely [up]on sb/sth; **worauf du dich** ~ **kannst!** you bet!

ver·las·sen2 *adj* deserted; *(verwahrlost)* desolate

ver·läss·lichRR *adj*, **ver·läß·lich**ALT [fɛɐ̯'lɛslɪç] *adj* reliable

Ver·läss·lich·keitRR <-> *f kein pl* reliability *no art, no pl*

Ver·laub [fɛɐ̯'laʊ̯p] *m* ■ **mit** ~ with respect

Ver·lauf [fɛɐ̯'laʊ̯f] *m* course; **im** ~ **einer S. gen** in the course of; **im** ~ **der nächsten Monate** in the course of the next few months; **einen bestimmten** ~ **nehmen** to take a particular course

ver·lau·fen* *irreg* I. *vi sein* ❶ *(ablaufen)* **das Gespräch verlief nicht wie erhofft** the discussion didn't go as hoped ❷ *(sich erstrecken)* to run II. *vr* ❶ *(sich verirren)* ■ *sich* ~ to get lost ❷ *(auseinandergehen)* ■ *sich* ~ to disperse; *(panisch)* to scatter

Ver·laufs·form *f* LING continuous form

ver·laust *adj* louse-ridden; ■ ~ **sein** to have lice

ver·laut·ba·ren* [fɛɐ̯'laʊ̯baːrən] *vt (geh)* ■ *etw* ~ **lassen** to let sth be announced

ver·lau·ten* *vt sein* ■ *etw* ~ **lassen** to say sth

ver·le·ben* *vt* to spend; **eine schöne Zeit** ~ to have a nice time; **seine Kindheit in der Großstadt** ~ to spend one's childhood in the city

ver·lebt *adj* ruined, raddled; *Aussehen* disreputable

ver·le·gen*1 [fɛɐ̯'leːgn̩] *vt* ❶ *Schlüssel, etc* to mislay ❷ *Termin* to postpone (**auf** until) ❸ *Gleise, Teppich* to lay; ■ *etw* ~ **lassen** to have sth laid ❹ *Buch* to publish ❺ *Patient, Abteilung* to transfer

ver·le·gen2 [fɛɐ̯'leːgn̩] I. *adj* embarrassed; **er ist nie um eine Ausrede** ~ he's never lost for an excuse II. *adv* in embarrassment

Ver·le·gen·heit <-, -en> *f kein pl* embarrassment *no pl;* **jdn in** ~ **bringen** to put sb in an embarrassing situation

Ver·le·ger(in) <-s, -> *m(f)* publisher

Ver·le·gung <-, -en> *f* ❶ *(Verschiebung)* rescheduling *no art, no pl;* (*auf einen späteren Zeitpunkt*) postponement ❷ TECH installation, laying *no art, no pl* ❸ *(das Publizieren)* publication ❹ *(Ortswechsel)* transfer

Ver·leih <-[e]s, -e> [fɛɐ̯'laɪ̯] *m* ❶ *(Unternehmen)* rental [*or* BRIT hire] company ❷ *kein pl (das Verleihen)* renting [*or* BRIT hiring] out *no art, no pl*

ver·lei·hen* *vt irreg* ❶ *(verborgen)* ■ *etw* ~ to lend sth (**an** to); *(gegen Geld)* to rent [*or* BRIT hire] out sth *sep* ❷ *(jdn mit etw auszeichnen)* ■ [*jdm*] *etw* ~ to award sth [to sb] ❸ *(geben)* to give; **die Wut verlieh ihm neue Kräfte** anger gave him new strength

Ver·lei·hung <-, -en> *f* ❶ *(das Verleihen)* lending *no art, no pl;* *(für Geld)* renting [*or* BRIT hiring] out *no art, no pl* ❷ *(Zuerkennung)* award

ver·lei·ten* vt ■**jdn [zu etw]** ~ ❶ (*dazu bringen*) to persuade sb [to do sth] ❷ (*verführen*) to entice sb [to do sth]

ver·ler·nen* vt to forget; **das Tanzen** ~ to forget how to dance

ver·le·sen*¹ irreg I. vt (*vorlesen*) to read [aloud sep] II. vr ■**sich** ~ to read sth wrongly

ver·le·sen² vt irreg (*aussortieren*) to sort

ver·letz·bar adj s. **verletzlich**

ver·let·zen* [fɛɐ̯'lɛtsn̩] vt ❶ (*verwunden*) to injure, to hurt; ■**sich** ~ to injure [*or* hurt] oneself ❷ (*kränken*) to offend; **jdn in seinem Stolz** ~ to hurt sb's pride ❸ (*missachten*) to wound; **jds Gefühle** ~ to hurt sb['s feelings] ❹ (*übertreten*) to violate

ver·let·zend adj hurtful

ver·letz·lich adj vulnerable

Ver·letz·te(r) f(m) dekl wie adj injured person; (*Opfer*) casualty; ■**die ~n** the injured + pl vb

Ver·let·zung <-, -en> f ❶ MED injury ❷ *kein pl* (*Übertretung*) violation

Ver·let·zungs·ri·si·ko nt risk of injury

ver·leug·nen* vt ■**jdn** ~ to deny sb

ver·leum·den* [fɛɐ̯'lɔymdn̩] vt ■**jdn** ~ to slander sb; (*schriftlich*) to libel sb

ver·leum·de·risch [fɛɐ̯'lɔymdərɪʃ] adj slanderous, libellous [*or* AM libelous]

Ver·leum·dung <-, -en> f slander *no art, no pl*, libel *no art, no pl*

Ver·leum·dungs·kam·pa·gne f smear campaign

ver·lie·ben* vr ■**sich** ~ to fall in love (**in** with); (*für jdn schwärmen*) to have a crush on sb

ver·liebt adj ❶ (*durch Liebe bestimmt*) loving; **~e Worte** words of love ❷ (*von Liebe ergriffen*) enamoured, charmed; (*stärker*) infatuated; ■**~ sein** to be in love (**in** with)

ver·lie·ren <verlor, verloren> [fɛɐ̯'liːrən] I. vt to lose; Flüssigkeit, Gas to leak ▶ **irgendwo nichts verloren haben** to have no business [being] somewhere II. vr ■**sich** ~ *akk* ❶ (*verschwinden*) to disappear ❷ (*sich verirren*) to get lost; **sich in Gedanken** ~ to be lost in thought

Ver·lie·rer(in) <-s, -> m(f) loser

Ver·lies <-es, -e> [fɛɐ̯'liːs, pl 'liːzə] nt dungeon

ver·lin·ken* [fɛɐ̯'lɪŋkən] vt ■**etw mit etw** dat ~ INET to link sth to sth

ver·lo·ben* vr ■**sich** ~ to get engaged (**mit** to)

ver·lobt adj engaged (**mit** +dat to), betrothed *old form* (**mit** +dat to); ■**sie sind miteinander** ~ they are engaged [to each other]

Ver·lob·te(r) f(m) dekl wie adj fiancé *masc*, fiancée *fem*

Ver·lo·bung <-, -en> f engagement

ver·lo·cken vi to tempt

ver·lo·ckend adj tempting

Ver·lo·ckung <-, -en> f temptation

ver·lo·gen [fɛɐ̯'loːɡn̩] adj ❶ (*lügnerisch*) lying *attr*; **durch und durch** ~ **sein** Behauptung to be a blatant lie; Mensch to be a rotten liar ❷ (*heuchlerisch*) insincere, phoney

Ver·lo·gen·heit <-> f *kein pl* ❶ (*lügnerisches Wesen*) untruthfulness *no art, no pl*; (*mit falschem Spiel*) duplicity *no art, no pl* form ❷ (*Heuchelei*) insincerity *no art, no pl*

ver·lor [fɛɐ̯'loːɐ̯] *imp von* **verlieren**

ver·lo·ren [fɛɐ̯'loːrən] I. *pp von* **verlieren** II. adj ■**~ sein** to be finished; **sich ~ fühlen** to feel lost; **jdn/etw ~ geben** to give up sep sb/sth for lost; ▶ **an jdm ist ein Künstler ~ gegangen** somebody would have made a good artist etc.

ver·lo·sen* vt to raffle

Ver·lo·sung f raffle, draw

ver·lu·dern* (*fam*) I. vt Geld to squander II. vi to go to the bad

Ver·lust <-[e]s, -e> [fɛɐ̯'lʊst] m loss; **der ~ von etw** *dat* the loss of sth; **~ bringend** loss-making; **~e machen** to make losses

Ver·lust·mel·dung f ❶ (*Anzeige*) report of the loss ❷ MIL casualty report **ver·lust·reich** adj ❶ FIN loss-making ❷ MIL Schlacht involving heavy losses

ver·ma·chen* vt ■**etw** ~ to bequeath sth

Ver·mächt·nis <-ses, -se> [fɛɐ̯'mɛçtnɪs] nt legacy

ver·mäh·len* [fɛɐ̯'mɛːlən] vr ■**sich [mit jdm]** ~ to marry [sb]; **frisch vermählt** newly married *attr*; **die frisch Vermählten** the newly-weds

Ver·mäh·lung <-, -en> f (*geh*) marriage, wedding

ver·mark·ten* vt to market

Ver·mark·tung <-, -en> f marketing

ver·ma·seln* [fɛɐ̯'maːzl̩n] vt ■**etw** ~ to mess up sth sep

ver·meh·ren* vr ■**sich** ~ ❶ (*sich fortpflanzen*) to reproduce; (*stärker*) to multiply ❷ (*zunehmen*) to increase (**um** by, **auf** to)

Ver·meh·rung <-, -en> f ❶ (*Fortpflanzung*) reproduction *no art, no pl*; (*stärker*) multiplying *no art, no pl* ❷ HORT propagation ❸ (*das Anwachsen*) increase

ver·meid·bar *adj* avoidable
ver·mei·den* *vt irreg* to avoid; **sich nicht ~ lassen** to be inevitable
ver·meint·lich [fɛɐ̯ˈmaɪntlɪç] **I.** *adj attr* supposed *attr* **II.** *adv* supposedly
ver·mel·den* *vt* **etw zu ~ haben** to have sth to announce
ver·men·gen* *vt* ① (*vermischen*) ■ **etw [mit etw** *dat*] **~** to mix sth [with sth] ② (*durcheinanderbringen*) ■ **etw ~** to confuse sth
ver·mensch·li·chen* [fɛɐ̯ˈmɛnʃlɪçn̩] *vt* ■ **etw/ein Tier ~** to give sth/an animal human characteristics
Ver·merk <-[e]s, -e> [fɛɐ̯ˈmɛrk] *m* note
ver·mer·ken* *vt* to note [down *sep*]
ver·mes·sen*¹ [fɛɐ̯ˈmɛsn̩] *irreg* **I.** *vt* to measure; *Grundstück, Gebäude* to survey **II.** *vr* ■ **sich ~** to measure [sth] wrongly
ver·mes·sen² [fɛɐ̯ˈmɛsn̩] *adj* presumptuous
Ver·mes·sen·heit <-, -en> *f* presumption *no art, no pl*
Ver·mes·sung *f* measurement; (*bei einem Katasteramt*) survey
Ver·mes·sungs·in·ge·ni·eur(in) *m(f)* [land] surveyor
ver·mie·sen* [fɛɐ̯ˈmiːzn̩] *vt* (*fam*) ■ **[jdm] etw ~** to spoil sth [for sb]
ver·mie·ten **I.** *vt* to lease out *sep;* (*für kurze Zeit a.*) to rent [*or* BRIT hire] out *sep;* **ein Haus ~** to let a house; **„Zimmer zu ~"** "rooms to let" **II.** *vi* ■ **[an jdn] ~** to let [to sb]
Ver·mie·ter(in) *m(f)* landlord *masc,* landlady *fem*
Ver·mie·tung <-, -en> *f* letting *no art, no pl,* renting out *no art, no pl; von Autos, Booten* renting [*or* BRIT hiring] [out] *no art, no pl*
ver·min·dern* **I.** *vt* to reduce **II.** *vr* ■ **sich ~** to decrease, to diminish
Ver·min·de·rung *f* reduction, decrease
ver·mi·schen* *vt* to mix; (*um eine bestimmte Qualität zu erreichen*) to blend **II.** *vr* ■ **sich [miteinander] ~** to mix
Ver·mi·schung *f* mixing *no art, no pl*
ver·mis·sen* *vt* ① (*das Fehlen bemerken*) ■ **etw ~** to have lost sth ② (*jds Abwesenheit bedauern*) ■ **jdn ~** to miss sb ③ (*jds Abwesenheit feststellen*) **wir ~ unsere Tochter** our daughter is missing ④ (*das Fehlen von etw bedauern*) **was ich an den jungen Menschen vermisse, ist Höflichkeit** what I think young people lack is politeness; ■ **etw ~ lassen** to lack sth

Ver·miss·ten·an·zei·geᴿᴿ *f* **eine ~ aufgeben** to report sb as missing
Ver·miss·ten·mel·dung *f* missing persons report
Ver·miss·te(r)ᴿᴿ *f(m),* **Ver·miß·te(r)**ᴬᴸᵀ *f(m) dekl wie adj* missing person
ver·mit·tel·bar *adj* employable; **ältere Arbeiter sind kaum mehr ~** it is almost impossible to find jobs for older people
ver·mit·teln* **I.** *vt* ① (*beschaffen*) **jdm eine Stellung ~** to find sb a job; **jdn an eine Firma ~** to place sb with a firm ② (*weitergeben*) ■ **etw ~** to pass on *sep;* **jdm ein schönes Gefühl ~** to give sb a good feeling ③ (*arrangieren*) **einen Kontakt ~** to arrange for a contact **II.** *vi* to mediate (**in** in)
ver·mit·telnd **I.** *adj* conciliatory; **~ e Bemühungen** attempts to mediate **II.** *adv* **sich ~ einschalten** to intervene as a mediator
Ver·mitt·ler(in) <-s, -> *m(f)* ① (*Schlichter*) mediator ② ÖKON agent
Ver·mitt·lung <-, -en> *f* ① ÖKON *Geschäft* negotiating *no art, no pl; Stelle, Wohnung* finding *no art, no pl* ② (*Schlichtung*) mediation ③ (*Telefonzentrale*) operator ④ (*das Weitergeben*) imparting *no art, no pl*
ver·mö·beln* [fɛɐ̯ˈmøːbl̩n] *vt* (*fam*) ■ **jdn ~** to beat up sb *sep*
ver·mo·dern* *vi sein* to rot, to decay
ver·mö·gen [fɛɐ̯ˈmøːgn̩] *vt irreg* ■ **~, etw zu tun** to be capable of doing sth
Ver·mö·gen <-s, -> [fɛɐ̯ˈmøːgn̩] *nt* ① FIN assets *pl;* (*Geld*) capital *no art, no pl;* (*Eigentum*) property *no art, no pl;* (*Reichtum*) fortune, wealth ② *kein pl* (*geh*) ■ **jds ~** sb's ability
ver·mö·gend [fɛɐ̯ˈmøːgn̩t] *adj* wealthy
Ver·mö·gens·steu·er *f* net worth tax
ver·mö·gens·wirk·sam *adj* asset-creating *attr;* **~ e Leistungen** wealth creation benefits
ver·mül·len* [fɛɐ̯ˈmʏlən] *vt* ■ **etw ~** to trash sth
ver·mum·men* [fɛɐ̯ˈmʊmən] **I.** *vt* to wrap up *sep* **II.** *vr* ■ **sich ~** to wear a mask
ver·mummt *adj* masked
Ver·mum·mungs·ver·bot *nt* law which forbids demonstrators to wear masks at a demonstration
ver·mu·ten* *vt* to suspect; ■ **jdn irgendwo ~** to think that sb is somewhere
ver·mut·lich **I.** *adj attr* probable, likely **II.** *adv* probably
Ver·mu·tung <-, -en> *f* assumption

ver·nach·läs·si·gen* [fɛɐ̯'naxlɛsɪgn̩] vt ① (*sich nicht genügend kümmern*) to neglect; **sich vernachlässigt fühlen** to feel neglected; ■ **sich ~** to be neglectful of oneself ② (*unberücksichtigt lassen*) to ignore

Ver·nach·läs·si·gung <-, -en> f ① kein pl (*das Vernachlässigen*) neglect *no art, no pl* ② (*die Nichtberücksichtigung*) disregard *no pl*

ver·na·geln* vt to nail up sep; (*Fenster, Tür*) to board up sep

ver·nagelt adj (*fam*) **wie ~ sein** to not get through to sb

ver·nä·hen* vt to sew together sep

ver·nar·ben* vi sein to form a scar; ■ **vernarbt** scarred

ver·nar·ren* vr (*fam*) ■ **in jdn/etw vernarrt sein** to be besotted by sb/sth

ver·na·schen* vt ① (*fam*) ■ **etw ~** to like to eat sth ② (*sl: mit jdm Sex haben*) ■ **jdn ~** to lay sb

ver·neh·men* vt irreg ① JUR to question (**zu** about) ② (*geh: hören*) to hear

Ver·neh·men nt **dem ~ nach** from what one hears

ver·nehm·lich [fɛɐ̯'neːmlɪç] (*geh*) I. adj [clearly] audible II. adv audibly; **laut und ~** loud and clear

Ver·neh·mung <-, -en> f questioning

ver·neh·mungs·fäh·ig adj in a fit state to be questioned

ver·nei·gen* vr ■ **sich ~** to bow

Ver·nei·gung f bow; **eine ~ [vor jdm] machen** to bow [to sb]

ver·nei·nen* [fɛɐ̯'naɪnən] vt ① (*negieren*) to say no to; **eine Frage ~** to answer a question in the negative ② (*leugnen*) to deny

Ver·nei·nung <-, -en> f ① (*das Verneinen*) **die ~ einer Frage** a negative answer to a question ② (*Leugnung*) denial ③ LING negative

ver·net·zen vt ① INFORM to network, to link up sep ② (*fig: verknüpfen*) ■ [**mit etw** dat] **vernetzt sein** to be linked [up] [to sth]

ver·netzt adj networked

Ver·net·zung <-, -en> f ① INFORM networking *no art, no pl* ② (*Verflechtung*) network

ver·nich·ten* [fɛɐ̯'nɪçtn̩] vt ① (*zerstören*) to destroy ② (*ausrotten*) to exterminate

ver·nich·tend I. adj devastating; *Niederlage* crushing II. adv **jdn ~ schlagen** to inflict a crushing defeat on sb

Ver·nich·tung <-, -en> f ① (*Zerstörung*) destruction ② (*Ausrottung*) extermination

Ver·nich·tungs·la·ger nt extermination camp

ver·nied·li·chen* [fɛɐ̯'niːtlɪçn̩] vt to play down sep

ver·nie·ten* vt to rivet

Ver·nis·sa·ge <-, -n> [vɛrnɪ'saːʒə] f vernissage

Ver·nunft <-> [fɛɐ̯'nʊnft] f kein pl reason *no art, no pl,* common sense *no art, no pl;* **~ beweisen** to show sense; **jdn zur ~ bringen** to make sb see sense; **zur ~ kommen** to see sense

ver·nünf·tig [fɛɐ̯'nʏnftɪç] I. adj ① (*klug*) reasonable, sensible ② (*fam*) proper, decent; **~e Preise** decent prices II. adv (*fam*) properly, decently

ver·öf·fent·li·chen* [fɛɐ̯'ʔœfn̩tlɪçn̩] vt to publish

Ver·öf·fent·li·chung <-, -en> f publication

ver·ord·nen* vt ① (*verschreiben*) to prescribe; ■ **sich** dat **etw ~ lassen** to get a prescription for sth ② (*geh*) to decree

Ver·ord·nung <-, -en> f ① (*Verschreibung*) prescribing *no art, no pl* ② (*geh*) order, enforcement

ver·pach·ten* vt to lease (**an** to)

Ver·pach·tung <-, -en> f leasing

ver·pa·cken* vt to pack [up sep]; (*als Geschenk*) to wrap [up sep]; **etw diplomatisch ~** to couch sth in diplomatic terms

Ver·pa·ckung <-, -en> f ① kein pl (*das Verpacken*) packing *no art, no pl* ② (*Hülle*) packaging *no art, no pl*

Ver·pa·ckungs·ma·te·ri·al nt packaging *no art, no pl* [material] **Ver·pa·ckungs·müll** m waste packaging

ver·pas·sen* vt ① (*versäumen*) to miss ② (*fam: aufzwingen*) ■ **jdm etw ~** to give sb sth

ver·pat·zen* vt ■ **etw ~** to make a mess of sth

ver·pen·nen* (*fam*) I. vt ■ **etw ~** to miss sth II. vi to oversleep

ver·pes·ten* [fɛɐ̯'pɛstn̩] vt (*pej*) to pollute; **die Luft im Büro ~** to stink out sep the office

ver·pet·zen* vt (*fam*) ■ **jdn ~** to tell on sb

ver·pfän·den* vt to pawn; *Grundstück, Haus* to mortgage

ver·pfei·fen* vt irreg ■ **jdn ~** to inform on sb

ver·pflan·zen* vt ① (*umpflanzen*) to replant ② MED ■ **jdm ein Organ ~** to give sb an organ transplant; **jdm ein Stück Haut ~** to give sb a skin graft

ver·pfle·gen* vt to cater for

Ver·pfle·gung <-, selten -en> f ① kein pl (*das Verpflegen*) catering *no art, no pl;* **mit**

voller ~ with full board ❷(*Nahrung*) food *no art, no pl*

ver·pflich·ten* [fɛɐ̯ˈpflɪçtn̩] I. *vt* ❶(*eine Pflicht auferlegen*) ■ **jdn [zu etw** *dat*] ~ to oblige sb to do sth ❷(*einstellen*) ■ **jdn [für etw** *akk*] ~ to engage sb [for sth] II. *vr* ❶(*sich bereit erklären*) ■ **sich zu etw** *dat* ~ to commit oneself to doing sth ❷ MIL ■ **sich für etw** *akk* ~ to sign up for sth

Ver·pflich·tung <-, -en> *f* ❶ *meist pl* (*Pflichten*) duty *usu pl;* **seinen ~en nachkommen** to do one's duties; **finanzielle ~en** financial commitments ❷ *kein pl* (*das Engagieren*) engagement *no art, no pl;* Fußballspieler signing [up *sep*]

ver·pfu·schen* *vt* to make a mess of

ver·pis·sen* *vr* (*vulg*) ■ **sich** ~ to piss off

ver·pi·xeln* *vt* (*fam*) INFORM to pixelate, to pixellate

ver·pla·nen* *vt* ❶(*falsch planen*) to plan badly; (*falsch berechnen*) to miscalculate ❷(*für etw vorsehen*) ■ **etw [für etw** *akk*] ~ to mark off *sep* sth [for sth] ❸(*fam*) ■ **verplant sein** to be booked up

ver·plap·pern* *vr* ■ **sich** ~ to blab

ver·plem·pern* *vt* (*fam*) ■ **etw** ~ to waste sth

ver·pönt [fɛɐ̯ˈpøːnt] *adj* deprecated

ver·pras·sen* *vt* (*fam*) ■ **sich** ~ to squander (**für** on)

ver·prü·geln* *vt* ■ **jdn** ~ to beat up *sep* sb; (*als Strafe*) to thrash sb

ver·puf·fen* *vi sein* ❶(*plötzlich abbrennen*) to go phut [*or* AM pop] ❷(*ohne Wirkung bleiben*) to fizzle out

ver·pul·vern* *vt* (*fam*) to blow *fam*

Ver·putz *m* plaster *no pl;* (*Rauputz*) roughcast *no pl*

ver·put·zen* *vt* ❶(*mit Putz versehen*) to plaster ❷(*fam: aufessen*) to polish off *sep*

ver·quat·schen* *vr* (*fam*) ■ **sich** ~ ❶(*lange plaudern*) to chat away ❷(*Geheimnis verraten*) to blab

ver·quol·len *adj* swollen

ver·ram·schen* *vt* to sell dirt cheap

Ver·rat <-[e]s, -> *m* ❶ *kein pl* betrayal *no art, no pl;* ~ **an jdm üben** to betray sb ❷ JUR treason *no art, no pl*

ver·ra·ten <verriet, verraten> I. *vt* ❶(*ausplaudern*) to give away *sep;* **nichts ~!** keep it to yourself! (*Verrat üben*) ■ **jdn** ~ to betray sb ❸(*preisgeben*) to betray ❹(*erkennen lassen*) to show ▶ ~ **und verkauft sein** (*fam*) to be sunk II. *vr* ■ **sich** ~ to give oneself away

Ver·rä·ter|in <-s, -> [fɛɐ̯ˈrɛːtɐ] *m(f)* traitor

ver·rä·te·risch I. *adj* ❶(*auf Verrat zielend*) treacherous ❷(*etw andeutend*) meaningful, tell-tale *attr* II. *adv* meaningfully

ver·rau·chen* I. *vi sein* to disappear; *Zorn, Ärger* to blow over II. *vt* ■ **etw** ~ to smoke sth

ver·rech·nen* I. *vr* ■ **sich** ~ to miscalculate II. *vt* ■ **etw mit etw** *dat* ~ to set off sth *sep* against sth

Ver·rech·nung *f* ❶(*rechnerische Gegenüberstellung*) settlement ❷(*Gutschrift*) credit (*on an account*)

Ver·rech·nungs·scheck *m* crossed cheque BRIT, voucher check AM

ver·re·cken* *vi sein* (*sl*) ❶(*krepieren*) to die a miserable death ❷(*kaputtgehen*) to break ▶ **nicht ums V~!** not on your life!

ver·reg·net <-er, -este> *adj* spoiled by rain; *Tag* rainy

ver·rei·ben* *vt irreg* to rub in *sep*

ver·rei·sen* *vi sein* to go away; **geschäftlich verreist sein** to be away on business

ver·rei·ßen* *vt irreg* to tear apart

ver·ren·ken* *vt* to twist; **sich** *dat* **ein Gelenk** ~ to dislocate a joint

Ver·ren·kung <-, -en> *f* distortion; *Gelenk* dislocation

ver·ren·nen* *vr irreg* ■ **sich** ~ to get on the wrong track; ■ **sich in eine Idee** ~ to be obsessed with an idea

ver·rich·ten* *vt* to perform

ver·rie·geln* *vt* to bolt

ver·rin·gern* [fɛɐ̯ˈrɪŋɐn] I. *vt* to reduce (**um** by) II. *vr* ■ **sich** ~ to decrease

Ver·rin·ge·rung <-> *f kein pl* reduction

Ver·riss^RR *m,* **Ver·riß**^ALT *m* damning criticism *no art, no pl*

ver·ros·ten* *vi sein* to rust; ■ **verrostet** rusty

ver·rot·ten* [fɛɐ̯ˈrɔtn̩] *vi sein* ❶(*faulen*) to rot ❷(*verwahrlosen*) to decay

ver·rucht [fɛɐ̯ˈruːxt] *adj* ❶(*anstößig*) despicable, wicked ❷(*lasterhaft*) depraved; *Lokal, Viertel* disreputable

ver·rü·cken* *vt* to move

ver·rückt [fɛɐ̯ˈrʏkt] *adj* ❶(*geisteskrank*) nuts, mad; ■ ~ **sein/werden** to be/go nuts; **bist du ~?** are you out of your mind?; **jdn ~ machen** to drive sb crazy ❷(*in starkem Maße*) **wie** ~ like crazy ❸(*ausgefallen*) crazy, wild ❹(*versessen*) ■ ~ **nach etw/jdm sein** to be crazy about sth/sb ▶ **ich werd ~!** (*fam*) well, I'll be damned

Ver·rück·te(r) *f(m) dekl wie adj* lunatic

Ver·rückt·heit <-, -en> *f* ❶(*fam: etwas Verrücktes*) craziness *no art, no pl,* madness *no art, no pl* ❷ *kein pl* MED insanity *no art, no pl*

Ver·ruf *m kein pl* **in ~ kommen** to fall into disrepute
ver·ru·fen *adj* disreputable
ver·rüh·ren* *vt* to stir
ver·rut·schen* *vi sein* to slip
Vers <-es, -e> [fɛrs, *pl* 'fɛrzə] *m* verse, lines *pl*
ver·sach·li·chen* [fɛɐ̯'zaxlɪçn̩] *vt* to objectify
ver·sa·gen* I. *vi* to fail II. *vt* ■**jdm etw ~** to refuse sb sth III. *vr* ■**sich** *dat* **etw ~** to deny oneself sth
Ver·sa·gen <-s> *nt kein pl* failure *no art, no pl;* **menschliches ~** human error
Ver·sa·ger(in) <-s, -> *m(f)* failure
ver·sal·zen* *vt irreg* to put too much salt in/on
ver·sam·meln* I. *vr* ■**sich ~** to gather, to assemble II. *vt* (*zusammenkommen lassen*) to call together; *Truppen* to rally
Ver·samm·lung *f* ❶(*Zusammenkunft*) meeting ❷(*versammelte Menschen*) assembly
Ver·sand <-[e]s> [fɛɐ̯'zant] *m kein pl* ❶(*das Versenden*) despatch; **im ~ beschädigt werden** to be damaged in the post ❷(*~ abteilung*) despatch, distribution
Ver·sand·han·del *m* mail-order selling *no art* **Ver·sand·haus** *nt* mail-order company **Ver·sand·haus·ka·ta·log** *m* mail-order catalogue **Ver·sand·kos·ten** *pl* shipping charges *pl* **Ver·sand·ta·sche** *f* large envelope
ver·sau·en* *vt* (*sl*) ❶(*verdrecken*) to make filthy ❷(*verderben*) ■**jdm etw ~** to ruin sb's sth
ver·sau·ern* [fɛɐ̯'zau̯ɐn] *vi sein* ❶(*sauer werden*) *Wein* to become acidic ❷ÖKOL, AGR *Böden* to acidify ❸(*fig fam: vereinsamen*) to stagnate
ver·säu·men* *vt* to miss
Ver·säum·nis <-ses, -se> [fɛɐ̯'zɔʏmnɪs] *nt* omission
ver·scha·chern* *vt* (*fam*) to sell off (**an** to)
ver·schach·telt [fɛɐ̯'ʃaxtl̩t] *adj* INFORM nested

ver·schaf·fen* *vt* ❶(*beschaffen*) ■**jdm/sich etw ~** to get [hold of] sth for sb/oneself ❷(*vermitteln*) to earn; **was verschafft mir die Ehre?** to what do I owe the honour?; **jdm Respekt ~** to earn sb respect; **jdm eine Stellung ~** to get sb a job; **sich** *dat* **Gewissheit ~** to make certain
ver·schämt [fɛɐ̯'ʃɛːmt] *adj* shy, bashful
ver·schan·deln* [fɛɐ̯'ʃandl̩n] *vt* ❶(*ruinieren*) to ruin sth; **die Landschaft ~** to ruin the landscape; *Gebäude* to be a blot on the landscape ❷(*verunstalten*) to disfigure
Ver·schan·de·lung, Ver·schand·lung <-, -en> *f* disfigurement *no art, no pl; Landschaft* ruination *no art, no pl*
ver·schan·zen* I. *vt* MIL to fortify II. *vr* ■**sich ~** ❶MIL to take up a fortified position ❷(*verstecken*) to take refuge
ver·schär·fen* I. *vr* ■**sich ~** to get worse; *Krise* to intensify II. *vt* ❶(*rigoroser machen*) to make more rigorous; *Strafe* to make more severe ❷(*zuspitzen*) to aggravate
Ver·schär·fung <-, -en> *f* ❶(*Zuspitzung*) intensification, worsening *no art, no pl* ❷(*das Verschärfen*) tightening up *no art, no pl*
ver·schät·zen* *vr* ■**sich ~** (*sich irren*) to be mistaken
ver·schau·keln* *vt* **jdn ~** to fool sb
ver·schen·ken* *vt* ❶(*schenken*) to give (**an** to) ❷(*ungenutzt lassen*) to waste
ver·scher·beln* *vt* to sell [off *sep*]
ver·scher·zen* *vr* ■**sich** *dat* **etw ~** to lose sth; ■**es sich** *dat* **mit jdm ~** to fall out with sb
ver·scheu·chen* *vt* to chase away *sep*
ver·schi·cken* *vt* to send (**an** to)
ver·schieb·bar *adj* ❶(*räumlich*) movable ❷(*zeitlich*) *Termin* postponable; **ist unser Termin ~?** can we postpone our appointment?
ver·schie·ben* *irreg* I. *vt* ❶*Gegenstand* to move (**um** by) ❷*Termin* to postpone (**auf** until, **um** by) II. *vr* ■**sich ~** ❶(*später stattfinden*) to be postponed ❷(*verrutschen*) to slip
Ver·schie·bung *f* postponement
ver·schie·den [fɛɐ̯'ʃiːdn̩] I. *adj* ❶(*unterschiedlich*) different; (*mehrere*) various ❷ *attr* (*einige*) several *attr,* a few *attr*; ■**V~es das ist ~** (*das kommt darauf an*) it depends II. *adv* differently; **~ lang** of different lengths
ver·schie·den·ar·tig *adj* different kinds of *attr,* diverse
Ver·schie·den·heit <-, -en> *f* (*Unterschiedlichkeit*) difference; (*Unähnlichkeit*) dissimilarity
ver·schie·dent·lich [fɛɐ̯'ʃiːdn̩tlɪç] *adv* ❶(*mehrmals*) several times, on several occasions ❷(*vereinzelt*) occasionally
ver·schif·fen* *vt* to ship
ver·schim·meln* *vi sein* to go mouldy; ■**verschimmelt** mouldy
ver·schis·sen *adj* (*sl*) ■**bei jdm ~ haben** to be finished with sb; **du hast bei mir ~!** I'm finished with you!

ver·schla·fen*1 *irreg* **I.** *vi* to oversleep **II.** *vt* ■**etw** ~ ❶ (*fam: verpassen*) to miss sth ❷ (*schlafend verbringen*) to sleep through sth

ver·schla·fen2 *adj* sleepy

Ver·schlag <-[e]s, -schläge> *m* shed

ver·schla·gen*1 *vt irreg* ❶ (*nehmen*) **jdm die Sprache ~** to leave sb speechless ❷ (*geraten*) ■**irgendwohin ~ werden** to end up somewhere

ver·schla·gen2 **I.** *adj* devious, sly *pej;* **ein ~ er Blick** a furtive look **II.** *adv* slyly; (*verdächtig*) shiftily

ver·schlam·pen* *vt* ■**etw ~** to manage to lose sth

ver·schlech·tern* [fɛɐ̯ˈʃlɛçtɐn] **I.** *vt* to make worse **II.** *vr* ■**sich ~** to get worse, to worsen

Ver·schlech·te·rung <-, -en> *f* worsening *no art, no pl* (+*gen* of)

ver·schlei·ern* [fɛɐ̯ˈʃlaɪ̯ɐn] *vt* ❶ (*mit einem Schleier bedecken*) to cover with a veil ❷ (*verdecken*) to cover up *sep;* **die Tatsachen ~** to disguise the facts

ver·schlei·ert *adj Blick* blurred; *Himmel* misty; *Gesicht* veiled

Ver·schleiß <-es, -e> [fɛɐ̯ˈʃlaɪ̯s] *m* wear [and tear] *no art, no pl*

ver·schlei·ßen <verschliss, verschlissen> *vi, vt sein* to wear out

Ver·schleiß·er·schei·nung *f* sign of wear [and tear] **Ver·schleiß·teil** *nt* working part

ver·schlep·pen* *vt* ❶ (*deportieren*) to take away *sep* ❷ (*hinauszögern*) to prolong ❸ MED to delay treatment [of]

Ver·schlep·pung <-, -en> *f* ❶ (*Deportation*) taking away *sep, no art, no pl* ❷ (*Hinauszögerung*) prolonging *no art, no pl*

Ver·schlep·pungs·tak·tik *f* delaying tactics *pl*

ver·schleu·dern* *vt* to sell [off *sep*] cheaply, to flog [off *sep*] BRIT

ver·schlie·ßen* *irreg* **I.** *vt* ❶ (*zumachen*) to close; (*mit einem Schlüssel*) to lock [up *sep*] ❷ (*wegschließen*) to lock away *sep* (**vor** from); ❸ (*versagt bleiben*) ■**jdm verschlossen bleiben** to be closed off to sb **II.** *vr* ■**sich einer S.** *dat* ~ to ignore sth

ver·schlim·mern* **I.** *vt* to make worse **II.** *vr* ■**sich ~** to get worse; *Zustand, Lage a.* to deteriorate

Ver·schlim·me·rung <-, -en> *f* worsening *no art, no pl* (+*gen* of); *Zustand, Lage a.* deterioration *no art, no pl* (+*gen* in)

ver·schlin·gen*1 *vt irreg* ❶ *Nahrung, Buch* to devour ❷ *Treibstoff* to consume

ver·schlin·gen2 *vr irreg* ■**sich** [**ineinander**] ~ to intertwine; (*zu einem Knoten*) to become entangled

ver·schlissRR, **ver·schliß**ALT *imp von* **verschleißen**

ver·schlis·sen I. *pp von* **verschleißen II.** *adj* worn-out

ver·schlos·sen [fɛɐ̯ˈʃlɔsn̩] *adj* ❶ (*zugemacht*) closed; (*mit einem Schlüssel*) locked ❷ (*zurückhaltend*) reserved; (*schweigsam*) taciturn ▸ **jdm ~ bleiben** to be a mystery to sb

ver·schlu·cken* **I.** *vt* ❶ (*hinunterschlucken*) to swallow ❷ (*unhörbar machen*) to absorb ❸ (*undeutlich aussprechen*) to slur; (*nicht aussprechen*) to bite back on **II.** *vr* ■**sich ~** to choke (**an** on)

ver·schlun·gen I. *pp von* **verschlingen II.** *adj* entwined

Ver·schlussRR *m,* **Ver·schluß**ALT *m* ❶ (*Schließvorrichtung*) clasp; *Deckel* fastening; *Gürtel* buckle; *Klappe, Tür* catch; *Benzintank* cap; **etw unter ~ halten** to keep sth under lock and key ❷ (*Deckel*) lid; *Flasche* top

ver·schlüs·seln* [fɛɐ̯ˈʃlʏsl̩n] *vt* to code, to encode

Ver·schlüs·se·lung <-, -en> *f* ❶ (*Verschlüsseln*) [en]coding *no art, no pl* ❷ (*Kode*) cipher, encryption

Ver·schlüs·se·lungs·tech·nik *f* INFORM encryption technology

Ver·schluss·kap·peRR *f* sealable cap

ver·schmä·hen* *vt* to reject; (*stärker*) to scorn; **das Essen ~** to turn up one's nose at the food

ver·schmel·zen* *irreg* **I.** *vi sein* to melt together **II.** *vt* (*löten*) to solder; (*verschweißen*) to weld

Ver·schmel·zung <-, -en> *f* ❶ (*das Verschmelzen*) fusing *no art, no pl* ❷ ÖKON merger

ver·schmer·zen* *vt* to get over

ver·schmie·ren* **I.** *vt* ❶ (*verstreichen*) to apply; (*auf einer Scheibe Brot*) to spread ❷ (*verwischen*) to smear ❸ (*zuschmieren*) to fill [in *sep*] ❹ (*beschmieren*) to make dirty **II.** *vi* to smear, to get smeared

ver·schmitzt [fɛɐ̯ˈʃmɪtst] **I.** *adj* mischievous, roguish; (*listig*) sly *pej* **II.** *adv* mischievously, roguishly; (*listig*) slyly *pej;* **~ lächeln** to give a mischievous smile

ver·schmo·ren* *vi sein* (*fam*) to burn

ver·schmut·zen* **I.** *vt* ❶ (*schmutzig machen*) to make dirty ❷ ÖKOL to pollute **II.** *vi sein* ❶ (*schmutzig werden*) to get dirty ❷ ÖKOL to get polluted

Ver·schmụt·zung <-, -en> f ❶ kein pl soiling no art, no pl ❷ ÖKOL pollution no art, no pl
ver·schnarcht [fɛɐ̯ˈʃnarçt] adj (pej sl) stuffy, uptight
ver·schnau·fen vi, vr to have a breather
Ver·schnauf·pau·se f breather; **eine ~ einlegen** to have a breather
ver·schneit adj snow-covered attr; ■ **~ sein** to be covered in snow
Ver·schnitt m ❶ (Mischung) blend ❷ (Rest) cutting loss, waste
ver·schnör·kelt adj adorned with flourishes
ver·schnupft [fɛɐ̯ˈʃnʊpft] adj (fam) ❶ (erkältet) with a cold pred; ■ **~ sein** to have a cold ❷ (indigniert) ■ **~ sein** to be in a huff
ver·schnü·ren* vt to tie up sep [with a string]
ver·schol·len [fɛɐ̯ˈʃɔlən] adj missing; ■ **~ sein** to have gone missing [or AM usu have disappeared]
ver·scho·nen* vt to spare; **verschone mich mit den Einzelheiten!** spare me the details!; **von etw** dat **verschont bleiben** to escape sth
ver·schö·nern* [fɛɐ̯ˈʃøːnɐn] vt to brighten up sep
Ver·schö·ne·rung <-, -en> f ❶ kein pl (das Verschönern) brightening up ❷ (verschönernder Faktor) improvement
ver·schrän·ken* vt **die Arme/Beine/ Hände ~** to fold one's arms/cross one's legs/clasp one's hands
ver·schrei·ben* irreg I. vt ■ **jdm etw ~** to prescribe sb sth (**gegen** for) II. vr ❶ (falsch schreiben) ■ **sich ~** to make a mistake ❷ (sich widmen) ■ **sich einer S.** dat **~** to devote oneself to sth
ver·schrei·bungs·pflich·tig adj available only on prescription pred
ver·schrien [fɛɐ̯ˈʃriː(ə)n] adj notorious
ver·schro·ben [fɛɐ̯ˈʃroːbn̩] adj eccentric, cranky fam
ver·schrot·ten* vt to scrap
Ver·schrot·tung <-, -en> f scrapping
ver·schrum·pelt <-er, -este> adj shrivelled
ver·schüch·tert adj intimidated
ver·schul·den* I. vt ■ **etw ~** to be to blame for sth II. vi sein ■ **verschuldet sein** to be in debt III. vr ■ **sich ~** to get into debt
Ver·schul·den <-s> nt kein pl fault no indef art, no pl; **ohne jds ~** through no fault of sb's [own]
Ver·schul·dung <-, -en> f ❶ (verschuldet

sein) indebtedness no art, no pl ❷ (Schulden) debts pl
ver·schüt·ten* [fɛɐ̯ˈʃʏtən] vt ❶ (danebenschütten) to spill ❷ (unter etw begraben) to bury
ver·schwä·gert [fɛɐ̯ˈʃvɛːɡɐt] adj related by marriage pred
ver·schwei·gen* vt irreg to hide (**vor** from); Informationen to withhold; ■ **jdm ~, dass ...** to keep from sb the fact that ...
ver·schwen·den* vt to waste (**für** on)
Ver·schwen·der(in) <-s, -> m(f) wasteful person; Geld a. spendthrift
ver·schwen·de·risch I. adj ❶ (sinnlos ausgebend) wasteful ❷ (sehr üppig) extravagant, sumptuous II. adv wastefully; **~ leben** to live extravagantly
Ver·schwen·dung <-, -en> f wasting no art, no pl; **so eine ~!** what a waste!
Ver·schwen·dungs·sucht f kein pl prodigality no art, no pl form
ver·schwie·gen [fɛɐ̯ˈʃviːɡn̩] adj discreet
ver·schwim·men* vi irreg sein to become blurred
ver·schwin·den* vi irreg sein ❶ (nicht mehr da sein) to disappear; **am Horizont ~** to disappear over the horizon; ■ **verschwunden [sein]** [to be] missing; **etw in etw** dat **~ lassen** to slip sth into sth ❷ (sich auflösen) to vanish ❸ (fam: sich davonmachen) to disappear; **nach draußen ~** to pop outside; **verschwinde!** clear off!
Ver·schwin·den <-s> nt kein pl disappearance (+gen of)
ver·schwit·zen* vt ❶ (mit Schweiß durchtränken) to make sweaty; ■ **ganz verschwitzt sein** to be all sweaty ❷ (fam: vergessen) **etw völlig ~** to forget all about sth
ver·schwitzt <-er, -este> adj ❶ (mit Schweiß durchsetzt) sweaty ❷ (fam: vergessen) forgotten
ver·schwol·len adj swollen
ver·schwom·men adj ❶ (undeutlich) blurred; Umrisse vague ❷ (unklar) hazy, vague
ver·schwo·ren adj attr sworn attr; (verschwörerisch) conspiratorial; (heimlich tuend) secretive
ver·schwö·ren* vr irreg ■ **sich ~** to conspire [or plot] (**gegen** against); ■ **sich zu etw** dat **~** to conspire to do sth
Ver·schwö·rer(in) <-s, -> m(f) conspirator
Ver·schwö·rung <-, -en> f conspiracy, plot

Ver·schwö·rungs·the·o·rie *f* conspiracy theory

ver·se·hen* [fɛɐ̯'zeːən] *irreg vt* to provide (**mit** with); **etw mit einem Vermerk ~** to add a note to sth ▶ **ehe man sich's versieht** before you know where you are

Ver·se·hen <-s, -> [fɛɐ̯'zeːən] *nt* (*Irrtum*) mistake; (*Unachtsamkeit*) oversight; **aus ~** inadvertently; (*aufgrund einer Verwechslung a.*) by mistake

ver·se·hent·lich [fɛɐ̯'zeːəntlɪç] **I.** *adj attr* inadvertent **II.** *adv* inadvertently; (*aufgrund einer Verwechslung a.*) by mistake

ver·selb·stän·di·gen* [fɛɐ̯'zɛlpʃtɛndɪɡn̩] *vr*, **ver·selbst·stän·di·gen**^{RR}***** [fɛɐ̯'zɛlp(st)ʃtɛndɪɡn̩] *vr* ■**sich ~** ❶ (*sich selbstständig machen*) to become self-employed ❷ (*hum fam: verschwinden*) to go AWOL

ver·sen·den* *vt irreg o reg* to send (**an** to)

ver·sen·gen* *vt* to singe

ver·sen·ken* *vt* ❶ (*sinken lassen*) to sink ❷ (*einklappen, hinunterlassen*) to lower (**in** in)

Ver·sen·kung *f* ❶ (*das Versenken*) sinking, lowering ❷ THEAT trap[door] ▶ **aus der ~ auftauchen** (*fam*) to re[-]emerge on the scene; **in der ~ verschwinden** to vanish from the scene

ver·ses·sen [fɛɐ̯'zɛsn̩] *adj* ■**auf etw** *akk* **~ sein** to be crazy about sth; **auf[s] Geld ~ sein** to be obsessed with money; ■**~ darauf sein, etw zu tun** to be dying to do sth

ver·set·zen* **I.** *vt* ❶ (*woandershin beordern*) to move ❷ SCH **einen Schüler [in die nächste Klasse] ~** to move up *sep* a pupil [to the next class], to promote a student to the next class [*or* grade] AM ❸ (*bringen*) **jdn in Begeisterung ~** to fill sb with enthusiasm; **eine Maschine in Bewegung ~** to set a machine in motion; **jdn in Panik/Wut ~** to send sb into a panic/a rage ❹ (*verrücken*) to move ❺ (*verpfänden*) to pawn ❻ (*warten lassen*) ■**jdn ~** to stand up sb *sep* ❼ (*mischen*) ■**etw mit etw** *dat* **~** to mix sth with sth **II.** *vr* (*sich hineindenken*) ■**sich in jdn ~** to put oneself in sb's place

Ver·set·zung <-, -en> *f* ❶ ADMIN transfer ❷ SCH moving up *no art, no pl,* AM *also* promotion *no art, no pl*

Ver·set·zungs·zeug·nis *nt* SCH end-of-year report, report card AM

ver·seu·chen* [fɛɐ̯'zɔyçn̩] *vt* to contaminate; *Umwelt* to pollute

Ver·seu·chung <-, -en> *f* contamination, pollution *no art, no pl*

Vers·fuß *m* LIT [metrical] foot *spec*

ver·si·chern*¹ *vt* to insure (**gegen** against)

ver·si·chern*² **I.** *vt* ■**jdm ~, [dass]** ... to assure sb [that] ... **II.** *vr* ■**sich einer S.** *gen* **~** to make sure of sth

Ver·si·cher·te(r) *f(m) dekl wie adj* insured

Ver·si·cher·ten·kar·te *f* medical insurance card

Ver·si·che·rung¹ *f* ❶ (*Versicherungsvertrag*) insurance *no pl;* **Lebens~** *a.* assurance *no pl* BRIT ❷ (*Versicherungsgesellschaft*) insurance company

Ver·si·che·rung² *f* (*Beteuerung*) assurance

Ver·si·che·rungs·an·spruch *m* insurance claim **Ver·si·che·rungs·be·trug** *m* insurance fraud **Ver·si·che·rungs·fall** *m* insurance job **Ver·si·che·rungs·ge·sell·schaft** *f* insurance company **Ver·si·che·rungs·kauf·mann, -kauf·frau** *m, f* insurance salesman *masc* [*or fem* saleswoman] **ver·si·che·rungs·pflich·tig** *adj* **eine ~e Person** a person liable to pay compulsory insurance **Ver·si·che·rungs·po·li·ce** *f* insurance policy; (*Lebensversicherung a.*) assurance policy BRIT **Ver·si·che·rungs·prä·mie** *f* insurance premium **Ver·si·che·rungs·schutz** *m kein pl* insurance cover **Ver·si·che·rungs·sum·me** *f* sum insured; (*Lebensversicherung a.*) sum assured BRIT **Ver·si·che·rungs·ver·tre·ter(in)** *m(f)* insurance agent

ver·si·ckern* *vi sein* to seep away

ver·sie·geln* *vt* to seal [up *sep*]

ver·sie·gen* *vi sein* to dry up

ver·siert [vɛr'ziːɐ̯t] *adj* experienced (**in** in)

ver·sil·bern* [fɛɐ̯'zɪlbɐn] *vt* to silver-plate

ver·sin·ken *vi irreg sein* to sink; ■**versunken** sunken *attr*

ver·sinn·bild·li·chen* [fɛɐ̯'zɪnbɪltlɪçn̩] *vt* to symbolize

Ver·si·on <-, -en> [vɛr'zioːn] *f* version

Ver·skla·vung <-, -en> [-vʊŋ] *f* enslavement *no art, no pl*

Vers·maß *nt* metre

ver·sof·fen [fɛɐ̯'zɔfn̩] *adj* (*sl*) boozy *fam;* **ein ~er Kerl** a boozer *fam*

ver·söh·nen* [fɛɐ̯'zøːnən] **I.** *vr* ■**sich mit jdm ~** to make it up with sb **II.** *vt* ❶ (*aussöhnen*) to reconcile ❷ (*besänftigen*) to mollify

ver·söhn·lich [fɛɐ̯'zøːnlɪç] *adj* conciliatory; **jdn ~ stimmen** to appease sb

Ver·söh·nung <-, -en> *f* reconciliation *no art, no pl;* **zur ~** in reconciliation

ver·sor·gen* *vt* ❶ (*betreuen*) to take care

of, to look after ❷ (*versehen*) to supply; ▪ **sich mit etw** *dat* ~ to provide oneself with sth; **sich selbst** ~ to look after oneself; ▪ [**mit etw** *dat*] **versorgt sein** to be supplied [with sth] ❸ (*medizinisch behandeln*) to treat

Ver·sor·gung <-> *f kein pl* ❶ (*das Versorgen*) care *no art, no pl* ❷ (*das Ausstatten*) supply *no pl;* **medizinische** ~ provision of medical care

ver·sor·gungs·be·rech·tigt *adj* entitled to benefit **Ver·sor·gungs·lü·cke** *f* gap in supplies

ver·spä·ten* [fɛɐ̯'ʃpɛːtn̩] *vr* ▪ **sich** ~ to be late

ver·spä·tet I. *adj* ❶ (*zu spät eintreffend*) delayed ❷ (*zu spät erfolgend*) late II. *adv* late; (*nachträglich*) belatedly

Ver·spä·tung <-, -en> *f* delay; **entschuldigen Sie bitte meine** ~ I'm sorry I'm late; ~ **haben** to be late; **mit einer Stunde** ~ **ankommen** to arrive an hour late

ver·spei·sen* *vt* to consume

ver·sper·ren* *vt* ▪ **etw** ~ to block sth; **jdm den Weg** ~ to bar sb's way

ver·spie·len* I. *vt* ❶ (*beim Glücksspiel verlieren*) to gamble away *sep* ❷ (*sich um etw bringen*) to squander II. *vi* ▶ **verspielt haben** to have had it III. *vr* ▪ **sich** ~ to play a bum note

ver·spielt *adj* ❶ (*gerne spielend*) playful ❷ MODE fanciful

ver·spot·ten* *vt* to mock

ver·spre·chen* *irreg* I. *vt* ▪ [**jdm**] **etw** ~ to promise [sb] sth; **das Wetter verspricht schön zu werden** the weather looks promising II. *vr* ❶ (*sich erhoffen*) ▪ **sich** *dat* **etw von jdm/etw** ~ to hope for sth from sb/sth ❷ (*falsch sprechen*) to make a slip of the tongue; **sich ständig versprechen** to keep getting the words mixed up

Ver·spre·chen <-s, -> *nt* promise

Ver·spre·cher <-s, -> *m* slip of the tongue; **ein freudscher** ~ a Freudian slip

Ver·spre·chung <-, -en> *f meist pl* promise

verlsprengt *adj* isolated

ver·sprit·zen* *vt* to spray; *Weihwasser* to sprinkle

ver·sprü·hen* *vt* to spray; *Funken* to cut; *Optimismus* to dispense

ver·spü·ren* *vt* to feel; **keinerlei Reue** ~ to feel no remorse at all

ver·staat·li·chen* [fɛɐ̯'ʃtaːtlɪçn̩] *vt* to nationalize; ▪ **verstaatlicht** nationalized

Ver·staat·li·chung <-, -en> *f* nationalization *no art, no pl*

ver·stand [fɛɐ̯'ʃtant] *imp von* **verstehen**

Ver·stand <-[e]s> [fɛɐ̯'ʃtant] *m kein pl* reason *no art, no pl;* **bei klarem** ~ **sein** to be in full possession of one's faculties; **seinen** ~ **anstrengen** to think hard; **jdn um den** ~ **bringen** to drive sb out of his/her mind; **nicht bei** ~ **sein** to not be in one's right mind; **den** ~ **verlieren** to lose one's mind

ver·stan·den *pp von* **verstehen**

ver·stän·dig [fɛɐ̯'ʃtɛndɪç] *adj* (*vernünftig*) sensible; (*einsichtig*) cooperative; (*sach~*) informed; **sich** ~ **zeigen** to show cooperation

ver·stän·di·gen* [fɛɐ̯'ʃtɛndɪɡn̩] I. *vt* ▪ **jdn** ~ to notify sb (**von** *of*) II. *vr* ▪ **sich** ~ ❶ (*sich verständlich machen*) to communicate ❷ (*sich einigen*) to reach an agreement

Ver·stän·di·gung <-, *selten* -en> *f* ❶ (*Benachrichtigung*) notification *no art, no pl* ❷ (*Kommunikation*) communication *no art, no pl* ❸ (*Einigung*) agreement *no pl,* understanding *no pl*

Ver·stän·di·gungs·schwie·rig·kei·ten *pl* communication difficulties *pl*

ver·ständ·lich [fɛɐ̯'ʃtɛntlɪç] I. *adj* ❶ (*begreiflich*) understandable; **jdm etw** ~ **machen** to make sb understand sth; **sich** ~ **machen** to make oneself understood ❷ (*gut zu hören*) clear, intelligible ❸ (*leicht zu verstehen*) clear, comprehensible II. *adv* ❶ (*vernehmbar*) clearly ❷ (*verstehbar*) comprehensibly

ver·ständ·li·cher·wei·se *adv* understandably

Ver·ständ·lich·keit <-> *f kein pl* ❶ (*Begreiflichkeit*) understandability *no art, no pl* ❷ (*Hörbarkeit*) audibility *no art, no pl* ❸ (*Klarheit*) clarity *no art, no pl,* comprehensibility *no art, no pl*

Ver·ständ·nis <-ses, *selten* -se> [fɛɐ̯'ʃtɛntnɪs] *nt* ❶ (*Einfühlungsvermögen*) understanding *no art, no pl;* **für etw** *akk* ~ **haben** to have sympathy for sth ❷ (*das Verstehen*) comprehension *no art, no pl,* understanding *no art, no pl*

ver·ständ·nis·los I. *adj* uncomprehending; **ein** ~ **er Blick** a blank look II. *adv* uncomprehendingly, blankly **ver·ständ·nis·voll** *adj* understanding, sympathetic

ver·stär·ken* I. *vt* ❶ (*stärker machen*) to strengthen; (*durch stärkeres Material a.*) to reinforce ❷ (*intensivieren*) to intensify ❸ (*erhöhen*) to increase II. *vr* ▪ **sich** ~ to increase; **der Eindruck verstärkte sich** the impression was reinforced

Ver·stär·ker <-s, -> *m* TECH amplifier, amp *fam*

Ver·stär·kung f ① (*das Verstärken*) strengthening *no art, no pl; Signale* amplification ② (*Vergrößerung*) reinforcement *no art, no pl* ③ (*Intensivierung*) intensification *no art, no pl* ④ (*Erhöhung*) increase ⑤ BIOL, PSYCH reinforcement

ver·stau·ben* *vi sein* (*staubig werden*) to get dusty; (*unberührt liegen*) to gather dust; ■ **verstaubt** dusty

ver·staubt *adj* dusty; (*fig*) outmoded

ver·stau·chen* *vt* ■ **sich** *dat* **etw ~** to sprain one's sth

Ver·stau·chung <-, -en> *f* sprain

ver·stau·en* *vt* to pack [away *sep*]

Ver·steck <-[e]s, -e> [fɛɐ̯ˈʃtɛk] *nt* hiding place

ver·ste·cken* *vt* to hide; ■ **sich vor jdm ~** to hide from sb

Ver·steck·spiel *nt* [game of] hide-and-seek

ver·steckt I. *adj* ① (*verborgen*) hidden; (*vorsätzlich a.*) concealed ② (*abgelegen*) secluded ③ (*unausgesprochen*) veiled II. *adv* **~ liegen** to be secluded

ver·ste·hen <verstand verstanden> I. *vt* ① (*hören*) to hear; **~ Sie mich gut?** can you hear me properly? ② (*begreifen*) to understand; **haben Sie das jetzt verstanden?** have you got it now?; **jdm etw zu ~ geben** to make sb understand sth ③ (*können*) to understand; **ich verstehe kein Französisch** I don't know any French; ■ **es ~, etw zu tun** to know how to do sth; ■ **nichts von etw** *dat* **~** to know nothing about sth ④ (*auslegen*) ■ **etw unter etw** *dat* **~** to understand sth by sth; **wie darf ich das ~?** how am I to interpret that?; **dieser Brief ist als Drohung zu ~** this letter is to be taken as a threat II. *vr* ① (*auskommen*) ■ **sich mit jdm ~** to get on [*or* AM along] with sb; **wir ~ uns** we understand one another ② (*beherrschen*) ■ **sich auf etw** *akk* **~** to know all about sth ③ (*sich einschätzen*) ■ **sich als etw ~** to see oneself as sth ④ (*zu verstehen sein*) **etw versteht sich von selbst** sth goes without saying III. *vi* **wenn ich recht verstehe** if I understand correctly; **verstehst du?** [do you] understand?, you know?, [you] see?

ver·stei·fen* I. *vr* ① (*sich verhärten*) ■ **sich ~** to harden ② (*auf etw beharren*) ■ **sich auf etw** *akk* **~** to insist on sth ③ MED ■ **sich ~** to stiffen [up] II. *vt* ■ **etw ~** to strengthen sth

ver·stei·gern* *vt* to auction [off]

Verständnis

Verständnis signalisieren	*signalling understanding*
(Ja, ich) verstehe!	*(Yes,) I understand!*
Genau!	*Exactly!*
Ja, das kann ich nachvollziehen.	*Yes, I appreciate that.*

Verständnislosigkeit signalisieren	*signalling incomprehension*
Was meinen Sie damit?	*What do you mean by that?*
Wie bitte? Das habe ich eben akustisch nicht verstanden.	*Pardon? I didn't quite catch that.*
Könnten Sie das bitte wiederholen?	*Could you repeat that please?*
Versteh ich nicht!/Kapier ich nicht! *(fam)*	*I don't understand!/I don't get it! (fam)*
Das verstehe ich nicht (ganz).	*I don't (quite) understand that.*
(Entschuldigen Sie bitte, aber) das habe ich eben nicht verstanden.	*(I'm sorry, but) I didn't understand that.*
Ich kann Ihnen nicht ganz folgen.	*I don't quite follow you.*

kontrollieren, ob man akustisch verstanden wird	*ascertaining whether one can be understood*
(an ein Publikum:) Verstehen Sie mich alle?	*(to an audience:) Can everyone hear me?*
(am Telefon:) Können Sie mich hören?	*(on the phone:) Can you hear me?*
(am Telefon:) Verstehen Sie, was ich sage?	*(on the phone:) Can you hear what I'm saying?*

Ver·stei·ge·rung f ❶ (*das Versteigern*) auctioning *no art, no pl* ❷ (*Auktion*) auction

ver·stei·nern* [fɛɐ̯'ʃtainɐn] **I.** vi sein to fossilize, to become fossilized; *Holz* to petrify, to become petrified **II.** vt ■ **etw** ~ to harden sth **III.** vr ■ **sich** ~ to harden; *Lächeln* to become fixed

Ver·stei·ne·rung <-, -en> f fossil

ver·stell·bar adj adjustable; **in der Höhe** ~ **sein** to be adjustable for height

ver·stel·len* **I.** vt ❶ (*anders einstellen*) to adjust; **etw in der Höhe** ~ to adjust sth for height ❷ (*woandershin stellen*) to move ❸ (*unzugänglich machen*) to block ❹ (*verändern*) to disguise **II.** vr ■ **sich** ~ to put on an act

Ver·stel·lung f ❶ (*das Verstellen*) adjustment ❷ *kein pl* (*Heuchelei*) pretence *no pl*

ver·steu·ern* vt to pay tax on; **zu** ~ **des Einkommen** taxable income

Ver·steu·e·rung f payment of tax

ver·stim·men* vt ❶ MUS to put out of tune ❷ (*verärgern*) to put out

ver·stimmt I. adj ❶ MUS out of tune ❷ (*verärgert*) ■ ~ **sein** to be put out **II.** adv ill-temperedly

ver·stockt adj obstinate

ver·stoh·len [fɛɐ̯'ʃtoːlən] **I.** adj furtive **II.** adv furtively; **jdn** ~ **ansehen** to give sb a furtive look

ver·stop·fen* **I.** vt to block up sep **II.** vi sein to get blocked [up]; ■ **verstopft** blocked [up]

ver·stopft adj blocked, congested

Ver·stop·fung <-, -en> f ❶ MED constipation *no art, no pl*; ~ **haben** to be constipated ❷ (*Blockierung*) blockage

ver·stor·ben [fɛɐ̯'ʃtɔrbn̩] adj deceased, late *attr*

Ver·stor·be·ne(r) f(m) *dekl wie adj* deceased

ver·stört [fɛɐ̯'ʃtøːɐ̯t] **I.** adj distraught **II.** adv in distress

Ver·stoß [fɛɐ̯'ʃtoːs] m violation (**gegen** of); JUR offence

ver·sto·ßen* *irreg* **I.** vi ■ **gegen etw** *akk* ~ to violate sth; **gegen das Gesetz** ~ to contravene the law **II.** vt ■ **jdn** ~ to expel sb

ver·strah·len vt to contaminate with radiation

ver·strahlt <-er, -este> adj contaminated [by radiation]

ver·strei·chen* *irreg* **I.** vt *Farbe* to apply (**auf** to); *Butter* to spread **II.** vi sein *Zeit* to pass [by]; *Zeitspanne a.* to elapse; ■ **eine Frist** ~ **lassen** to let a deadline pass

ver·streut adj (*einzeln liegend*) isolated; (*verteilt*) scattered

ver·stri·cken* **I.** vt ■ **jdn in etw** *akk* ~ to involve sb in sth **II.** vr ■ **sich in etw** *akk* ~ to get entangled in sth

ver·strö·men* vt (*geh*) ■ **etw** ~ to exude sth

ver·stüm·meln* [fɛɐ̯'ʃtʏml̩n] vt ❶ (*entstellen*) to mutilate; (*verkrüppeln*) to maim ❷ (*durch Lücken entstellen*) to disfigure ❸ (*unverständlich machen*) to garble

Ver·stüm·me·lung <-, -en> f mutilation

ver·stum·men* [fɛɐ̯'ʃtʊmən] vi sein to fall silent; ■ **jdn** ~ **lassen** to silence sb

Ver·such <-[e]s, -e> [fɛɐ̯'zuːx] m ❶ (*Bemühen*) attempt; **einen** ~ **machen** to make an attempt; **einen** ~ **starten** to have a go; **es auf einen** ~ **ankommen lassen** to give it a try ❷ (*Experiment*) experiment; **einen** ~ **machen** to carry out an experiment

ver·su·chen* **I.** vt ❶ (*probieren*) to try; ■ **es mit jdm/etw** ~ to give sb/sth a try ❷ (*in Versuchung führen*) to tempt; ■ **versucht sein, etw zu tun** to be tempted to do sth **II.** vt ■ ~, **etw zu tun** to try doing/ to do sth **III.** vr ■ **sich an/auf/in etw** *dat* ~ to try one's hand at sth

Ver·suchs·an·la·ge f ❶ (*Prüffeld*) testing plant ❷ (*Erprobungsanlage*) experimental plant **Ver·suchs·ka·nin·chen** nt guinea pig **Ver·suchs·per·son** f test subject **Ver·suchs·rei·he** f series of experiments **Ver·suchs·tier** nt laboratory animal

ver·suchs·wei·se adv on a trial basis

Ver·suchs·zweck m **zu** ~ **en** for experimental purposes

Ver·su·chung <-, -en> f temptation *no art, no pl*; **der** ~ **erliegen** to succumb to temptation; **jdn in** ~ **führen** to lead sb into temptation; **in** ~ **geraten** to be tempted

ver·sun·ken [fɛɐ̯'zʊŋkn̩] adj ❶ (*untergegangen*) sunken *attr*; *Kultur* submerged ❷ (*vertieft*) ■ **in etw** *akk* ~ **sein** to be absorbed in sth; **in Gedanken** ~ **sein** to be lost in thought

ver·sü·ßen* vt to sweeten

Ver·tä·fe·lung <-, -en> f panelling

ver·ta·gen* **I.** vt to adjourn (**auf** until); *Entscheidung* to postpone **II.** vr ■ **sich** ~ to be adjourned

Ver·ta·gung f adjournment

ver·täu·en* [fɛɐ̯'tɔyən] vt NAUT ■ **etw** ~ to moor sth

ver·tau·schen* vt to switch, to mix up *sep*; ■ **etw mit etw** *dat* ~ to exchange sth for sth

ver·tei·di·gen* [fɛɐ̯'taɪ̯dɪɡn̩] *vt, vi* to defend (**gegen** against)

Ver·tei·di·ger(in) <-s, -> *m(f)* ❶ JUR defence counsel ❷ SPORT defender

Ver·tei·di·gung <-, -en> *f* defence (**gegen** against)

Ver·tei·di·gungs·mi·nis·ter(in) *m(f)* minister of defence BRIT, defence minister BRIT, secretary of defense AM **Ver·tei·di·gungs·mi·nis·te·ri·um** *nt* Ministry of Defence BRIT, Department of Defense AM **Ver·tei·di·gungs·zweck** *m* **zu ~en** for purposes of defence

ver·tei·len* I. *vt* ❶ (*austeilen*) to distribute (**an** to) ❷ (*platzieren*) to place ❸ (*ausstreuen, verstreichen*) to spread (**auf** on) II. *vr* ❶ (*sich verbreiten*) ■ **sich ~** to spread out; **sich unter den Gästen ~** to mingle with the guests ❷ (*umgelegt werden*) ■ **sich auf jdn ~** to be distributed to sb

Ver·tei·ler *m* AUTO distributor

Ver·tei·ler·kas·ten *m* ELEK distribution box

Ver·tei·lung *f* distribution *no pl* (**von** of)

Ver·tei·lungs·kampf *m* **einen ~ um etw** *akk* **führen** to battle for a share of sth

ver·teu·ern* [fɛɐ̯'tɔɪ̯ɐn] I. *vt* to increase the price of (**um** by) II. *vr* ■ **sich ~** to become more expensive

Ver·teu·e·rung *f* increase in price

ver·teu·feln* [fɛɐ̯'tɔɪ̯fl̩n] *vt* to demonize, to condemn

ver·teu·felt (*fam*) I. *adj* devilish[ly tricky] II. *adv* damned *fam*, devilishly

ver·tie·fen* [fɛɐ̯'tiːfn̩] I. *vt* ❶ (*tiefer machen*) to deepen (**um** by, **auf** to) ❷ (*verschlimmern*) to deepen ❸ (*festigen*) to reinforce II. *vr* ■ **sich in etw** *akk* **~** to become absorbed in sth; **sich in ein Buch ~** to bury oneself in a book; **in Gedanken vertieft sein** to be deep in thought

Ver·tie·fung <-, -en> *f* ❶ (*vertiefte Stelle*) depression; (*Boden a.*) hollow ❷ *kein pl* (*das Vertiefen*) deepening ❸ (*Festigung*) consolidation *no art, no pl*

ver·ti·kal [vɛrti'kaːl] I. *adj* vertical II. *adv* vertically

Ver·ti·ka·le <-, -n> [vɛrti-] *f* vertical [line]; ■ **in der ~n** vertically

ver·til·gen* *vt* **etw ~** ❶ (*aufessen*) to demolish ❷ (*ausrotten*) to eradicate

Ver·til·gung *f* eradication *no art, no pl*; *Ungeziefer a.* extermination *no art, no pl*

Ver·til·gungs·mit·tel *nt* **gegen Unkraut** weed-killer; **gegen Ungeziefer** pesticide

ver·tip·pen* *vr* (*fam*) ■ **sich ~** to make a typing [*or fam* typo] error

ver·to·nen* *vt* to set to music

ver·trackt [fɛɐ̯'trakt] *adj* tricky

Ver·trag <-[e]s, Verträge> [fɛɐ̯'traːk, *pl* -'trɛːɡə] *m* contract; (*international*) treaty; **der Versailler ~** the Treaty of Versailles; **jdn unter ~ nehmen** to contract sb

ver·tra·gen* *irreg* I. *vt* ❶ (*aushalten*) to bear, to stand ❷ (*gegen etw widerstandsfähig sein*) to tolerate ❸ (*fam: zu sich nehmen können*) **nervöse Menschen ~ starken Kaffee nicht gut** nervous people cannot cope with strong coffee ❹ (*fam: benötigen*) **das Haus könnte einen neuen Anstrich ~** the house could do with a new coat of paint ❺ SCHWEIZ (*austragen*) to deliver II. *vr* ❶ (*auskommen*) ■ **sich mit jdm ~** to get on with sb ❷ (*zusammenpassen*) ■ **sich mit etw** *dat* **~** to go with sth

ver·trag·lich [fɛɐ̯'traːklɪç] I. *adj* contractual II. *adv* contractually, by contract; **~ festgelegt werden** to be laid down in a contract

ver·träg·lich [fɛɐ̯'trɛːklɪç] *adj* ❶ (*umgänglich*) good-natured; ■ **~ sein** to be easy to get on with ❷ (*bekömmlich*) digestible; **gut/schwer ~** easily digestible/indigestible

Ver·träg·lich·keit <-> *f* *kein pl* ❶ (*Umgänglichkeit*) good nature *no art, no pl* ❷ (*Bekömmlichkeit*) digestibility *no art, no pl*

Ver·trags·ab·schluss^{RR} *m* completion of [a/the] contract **Ver·trags·bruch** *m* breach of contract **ver·trags·brü·chig** *adj* in breach of contract *pred*

ver·trag·schlie·ßend *adj attr* **die ~en Parteien** the contracted parties

Ver·trags·ent·wurf *m* draft [of a] contract/treaty **Ver·trags·part·ner(in)** *m(f)* party to a/the contract **Ver·trags·ver·ein·ba·rung** *f meist pl* JUR contractual term **Ver·trags·werk·statt** *f* authorized garage **ver·trags·wid·rig** I. *adj* contrary to the contract *pred* II. *adv* in breach of contract

ver·trau·en* *vi* ■ **jdm ~** to trust sb; ■ **auf jdn ~** to trust in sb; **auf sein Glück ~** to trust to luck; **auf Gott ~** to put one's trust in God; ■ **darauf ~, dass …** to be confident that …

Ver·trau·en <-s> *nt kein pl* trust *no art, no pl*, confidence *no art, no pl*; **einen ~ erweckenden Eindruck auf jdn machen** to make a trustworthy impression on sb; **~ erweckend sein** to inspire confidence; **~ [zu jdm] haben** to have confidence [in sb]; **jdn ins ~ ziehen** to take sb into one's confidence; **im ~ [gesagt]** [strictly] in confidence; **im ~ auf etw** *akk* trusting to sth

ver·trau·en·er·we·ckend *adj* trustworthy
Ver·trau·ens·arzt, -ärz·tin *m, f* independent examining doctor **Ver·trau·ens·ba·sis** *f kein pl* basis of trust **Ver·trau·ens·bruch** *m* breach of confidence **ver·trau·ens·för·dernd** *adj* Maßnahme confidence-building, confidence-boosting **Ver·trau·ens·fra·ge** *f* **es ist eine ~, ob ...** it is a question of trust whether ...; **die ~ stellen** POL to ask for a vote of confidence **Ver·trau·ens·kri·se** *f* lack of [mutual] trust **Ver·trau·ens·sa·che** *f* ❶ (*vertrauliche Angelegenheit*) confidential matter ❷ *s.* **Vertrauensfrage ver·trau·ens·se·lig** *adj* [too] trusting; (*leichtgläubig*) credulous **Ver·trau·ens·ver·hält·nis** *nt* trusting relationship **ver·trau·ens·voll** I. *adj* trusting, trustful, based on trust *pred* II. *adv* trustingly; **sich ~ an jdn wenden** to turn to sb with complete confidence **Ver·trau·ens·vo·tum** *nt* POL vote of confidence **ver·trau·ens·wür·dig** *adj* trustworthy

ver·trau·lich I. *adj* ❶ (*diskret*) confidential; **streng ~** strictly confidential ❷ (*freundschaftlich*) familiar, chummy *fam* II. *adv* confidentially
Ver·trau·lich·keit <-, -en> *f* ❶ *kein pl* (*das Vertraulichsein*) confidentiality *no art, no pl* ❷ (*Zudringlichkeit*) familiarity *no art, no pl*
ver·träumt *adj* ❶ (*idyllisch*) sleepy ❷ (*realitätsfern*) dreamy
ver·traut *adj* ❶ (*wohlbekannt*) familiar; **sich mit etw** *dat* **~ machen** to familiarize oneself with sth; ▪**mit etw** *dat* **~ sein** to be familiar with sth; **sich mit dem Gedanken ~ machen, dass ...** to get used to the idea that ... ❷ (*eng verbunden*) close, intimate
Ver·trau·te(r) *f(m) dekl wie adj* confidant *masc*, confidante *fem*
Ver·traut·heit <-, -en> *f* ❶ *kein pl* (*gute Kenntnis*) familiarity (**mit** with) ❷ (*Verbundenheit*) closeness *no art, no pl*, intimacy *no art, no pl*
ver·trei·ben*[1] *vt irreg* (*verjagen*) to drive away [*or* out] *sep*
ver·trei·ben*[2] *vt irreg* (*verkaufen*) to sell
Ver·trei·bung <-, -en> *f* driving out [*or* away] *no art, no pl;* **die ~ aus dem Paradies** the expulsion from Paradise
ver·tret·bar *adj* ❶ (*zu vertreten*) tenable; ▪**nicht ~** untenable ❷ (*akzeptabel*) justifiable; ▪**nicht ~** unjustifiable

ver·tre·ten*[1] *vt irreg* ❶ (*jdn vorübergehend ersetzen*) ▪**jdn ~** to stand in for sb; **durch jdn ~ werden** to be replaced by sb ❷ (*repräsentieren*) to represent ❸ (*verfechten*) to support; Ansicht to take; Meinung to hold; Theorie to advocate ❹ (*verantwortlich sein*) ▪**etw zu ~ haben** to be responsible for sth
ver·tre·ten[2] *vr irreg* (*verstauchen*) **sich** *dat* **den Fuß ~** to twist one's ankle ▸ **sich** *dat* **die Beine ~** to stretch one's legs
Ver·tre·ter(in) <-s, -> *m(f)* ❶ (*Stell~*) deputy, stand-in ❷ (*Handels~*) sales representative ❸ (*Repräsentant*) representative
Ver·tre·tung <-, -en> *f* ❶ (*das Vertreten*) deputizing *no art, no pl;* **in** [**jds**] **~** in sb's place, on behalf of sb ❷ (*Stellvertreter*) deputy, stand-in; **eine diplomatische ~** a diplomatic mission ❸ (*Handels~*) agency, branch
Ver·trieb <-[e]s, -e> *m* ❶ *kein pl* (*das Vertreiben*) sale[s *pl*] ❷ (*~sabteilung*) sales *pl* [department]
Ver·trie·be·ne(r) *f(m) dekl wie adj* deportee, displaced person
Ver·triebs·ge·sell·schaft *f* sales company **Ver·triebs·lei·ter(in)** *m(f)* sales manager
ver·trock·nen* *vi sein* Vegetation to dry out; Lebensmittel to dry up
ver·trock·net *adj* dried; Mensch scrawny; Blätter dried
ver·trö·deln* *vt* to idle away *sep*
ver·trös·ten* *vt* to put off *sep* (**auf** until)
ver·trot·telt *adj* (*fam*) senile
ver·tun* *vt irreg vr* ▪**sich ~** to make a mistake
ver·tu·schen* *vt* to hush up *sep*
ver·ü·beln* [fɛɐ̯ˈʔyːbl̩n] *vt* ▪**jdm etw ~** to hold sth against sb
ver·üben* *vt* to commit; **einen Anschlag auf jdn ~** to make an attempt on sb's life; **ein Attentat auf jdn ~** to assassinate sb

ver·un·glimp·fen* [fɛɐ̯ˈʔʊnɡlɪmpfn̩] *vt* to denigrate
ver·un·glü·cken* [fɛɐ̯ˈʔʊnɡlʏkn̩] *vi sein* ❶ (*einen Unfall haben*) to have an accident; **mit dem Flugzeug ~** to be in a plane crash; **tödlich ~** to be killed in an accident ❷ (*fam: misslingen*) to go wrong
ver·un·rei·ni·gen* *vt* to dirty; (*Umwelt*) to pollute
ver·un·si·chern* [fɛɐ̯ˈʔʊnzɪçɐn] *vt* ▪**jdn ~** to make sb [feel] unsure; (*verstören*) to unsettle sb
ver·un·si·chert <-er, -este> *adj* uncertain

Ver·un·si·che·rung <-, -en> f ❶ (*das Verunsichern*) unsettling *no art, no pl* ❷ (*verunsicherte Stimmung*) [feeling of] uncertainty

ver·un·stal·ten* [fɛɐ̯ˈʔʊnʃtaltn̩] *vt* to disfigure

Ver·un·stal·tung <-, -en> f disfigurement

ver·un·treu·en* [fɛɐ̯ˈʔʊntrɔyən] *vt* to embezzle

Ver·un·treu·ung <-, -en> f embezzlement *no art, no pl*

ver·ur·sa·chen* [fɛɐ̯ˈʔuːɐ̯zaxn̩] *vt* to cause; [**jdm**] **Schwierigkeiten ~** to create difficulties [for sb]

Ver·ur·sa·cher(in) <-s, -> *m(f)* causal agent

ver·ur·tei·len* *vt* ❶ (*für schuldig befinden*) to convict; ■**jdn zu etw** *dat* **~** to sentence sb to sth ❷ (*verdammen*) to condemn ❸ (*bestimmt sein*) ■**zu etw** *dat* **verurteilt sein** to be condemned to sth; **zum Scheitern verurteilt sein** to be bound to fail

Ver·ur·teil·te(r) f(m) *dekl wie adj* convicted man *masc* [*or fem* woman]

Ver·ur·tei·lung <-, -en> f conviction *no art, no pl*, sentencing *no art, no pl*

ver·viel·fa·chen* [fɛɐ̯ˈfiːlfaxn̩] I. *vt* to increase greatly II. *vr* ■**sich ~** to multiply

ver·viel·fäl·ti·gen* [fɛɐ̯ˈfiːlfɛltɪɡn̩] *vt* to duplicate; (*fotokopieren*) to photocopy

Ver·viel·fäl·ti·gung <-, -en> f duplication

ver·vier·fa·chen* [fɛɐ̯ˈfiːɐ̯faxn̩] *vt, vr* to quadruple

ver·voll·komm·nen* [fɛɐ̯ˈfɔlkɔmnən] I. *vt* to perfect II. *vr* ■**sich ~** to reach perfection

ver·voll·stän·di·gen* [fɛɐ̯ˈfɔlʃtɛndɪɡn̩] *vt* to complete

ver·wäh·len* *vr* TELEK ■**sich ~** to dial the wrong number

ver·wah·ren* [fɛɐ̯ˈvaːrən] I. *vt* to keep safe; ■**etw in etw** *dat* **~** to keep sth in sth II. *vr* ■**sich gegen etw** *akk* **~** to protest against sth

ver·wahr·lo·sen* [fɛɐ̯ˈvaːɐ̯loːzn̩] *vi sein* to get into a bad state; *Gebäude* to fall into disrepair; *Mensch* to go to pot; **völlig ~** to go to rack [*or esp* AM wrack] and ruin; ■**etw ~ lassen** to let sth fall into disrepair

ver·wahr·lost <-er, -este> *adj* neglected

Ver·wahr·lo·sung <-> f *kein pl* *Grundstück, Gebäude* dilapidation *no art, no pl*; *Mensch* neglect *no art, no pl*; **bis zur völligen ~ herunterkommen** to sink into a state of total neglect

Ver·wah·rung <-> f *kein pl* ❶ (*das Verwahren*) [safe]keeping *no art, no pl*

❷ (*zwangsweise Unterbringung*) detention *no art, no pl*; **jdn in ~ nehmen** to take sb into custody

ver·wai·sen* [fɛɐ̯ˈvaɪzn̩] *vi sein* ❶ (*zur Waise werden*) to become an orphan; ■**verwaist** orphaned ❷ (*verlassen werden*) to become deserted; ■**verwaist** deserted

ver·wal·ten* [fɛɐ̯ˈvaltn̩] *vt* ❶ FIN, ADMIN to administer; *Besitz* to manage ❷ INFORM to manage

Ver·wal·ter(in) <-s, -> [fɛɐ̯ˈvaltɐ] *m(f)* administrator; *Gut* manager; *Nachlass* trustee

Ver·wal·tung <-, -en> [fɛɐ̯ˈvaltʊŋ] f ❶ *kein pl* (*das Verwalten*) administration *no art, no pl*, management *no art, no pl* ❷ (*Verwaltungsabteilung*) administration *no art, no pl*, admin *no pl fam*; **städtische ~** municipal authority ❸ INFORM management *no art, no pl*

Ver·wal·tungs·ap·pa·rat *m* administrative machine[ry] *no pl* **Ver·wal·tungs·be·am·te(r)** *m dekl wie adj*, **-be·am·tin** f admin[istration] official **Ver·wal·tungs·be·zirk** *m* administrative district, precinct AM **Ver·wal·tungs·ge·richt** *nt* administrative court

ver·wan·deln* I. *vt* ❶ (*umwandeln*) ■**jdn in etw** *akk* **~** to turn sb into sth; ■**jd ist wie verwandelt** sb is a changed person ❷ TECH to convert (**in** into) ❸ (*anders erscheinen lassen*) to transform II. *vr* ■**sich in etw** *akk* **~** to turn into sth

Ver·wand·lung f ❶ (*Umformung*) transformation ❷ TECH conversion

ver·wandt¹ [fɛɐ̯ˈvant] *adj* related (**mit** to); *Methoden* similar; *Sprachen, Wörter* cognate

ver·wandt² [fɛɐ̯ˈvant] *pp von* **verwenden**

ver·wand·te *imp von* **verwenden**

Ver·wand·te(r) f(m) *dekl wie adj* relation, relative; **ein entfernter ~r von mir** a distant relation of mine

Ver·wandt·schaft <-, -en> f ❶ (*die Verwandten*) relations *pl*, relatives *pl*; **die nähere ~** close relatives *pl* ❷ (*gemeinsamer Ursprung*) affinity (**mit** with)

ver·wandt·schaft·lich *adj* family *attr*

ver·war·nen* *vt* to warn

Ver·war·nung f warning, caution

Ver·war·nungs·geld *nt* exemplary fine

ver·wa·schen *adj* faded

ver·wech·seln* [-ˈvɛksln̩] *vt* ■**etw ~** to get sth mixed up; ■**jdn** [**mit jdm**] **~** to confuse sb with sb; **jdn zum V~ ähnlich sehen** to be the spitting image of sb

Ver·wechs·lung <-, -en> [-ˈvɛkslʊŋ] f ❶ (*das Verwechseln*) mixing up *no art, no*

pl, confusing *no art, no pl* ❷ (*Vertauschung*) confusion *no art, no pl;* **das muss eine ~ sein** there must be some mistake
ver·we·gen [fɛɐ̯'veːɡn̩] *adj* daring, bold; (*Kleidung*) rakish
ver·we·hen* *vt* ❶ (*auseinandertreiben*) to scatter ❷ (*verwischen*) to cover [over *sep*]
ver·weh·ren* *vt* ■ **jdm etw ~** to refuse sb sth
Ver·we·hung <-, -en> *f* ❶ *kein pl* (*das Verwehen*) covering over *no art, no pl* ❷ (*Schnee~*) [snow]drift; (*Sand~*) [sand]drift
Ver·wei·ge·rer, Ver·wei·ge·rin <-s, -> *m, f* ❶ (*allgemein*) objector ❷ (*Kriegsdienst~*) conscientious objector
ver·wei·gern* *vt, vi* to refuse; **jede Auskunft ~** to refuse to give any information; **einen Befehl ~** to refuse to obey an order; **den Kriegsdienst ~** to refuse to do military service
Ver·wei·ge·rung *f* refusal; **die ~ des Wehrdienstes** the refusal to do military service
ver·wei·len* *vi* (*geh*) ❶ (*sich aufhalten*) to stay; **kurz ~** to stay for a short time; **vor einem Gemälde ~** to linger in front of a painting ❷ (*sich mit etw beschäftigen*) ■ **bei etw** *dat* ~ to dwell on sth
ver·weint *adj* Augen red from crying; *Gesicht* tear-stained
Ver·weis <-es, -e> [fɛɐ̯'vaɪ̯s] *m* ❶ (*Tadel*) reprimand; **jdm einen ~ erteilen** to reprimand sb ❷ (*Hinweis*) reference (**auf** to); (*Quer~*) cross-reference
ver·wei·sen* *irreg vt, vi* to refer (**an/auf** to)
ver·wel·ken* *vi sein* to wilt
ver·welt·licht [fɛɐ̯'vɛltlɪçt] *adj* REL, SOZIOL secularized
ver·wend·bar *adj* usable
ver·wen·den <verwendete *o* verwandte, verwendet *o* verwandt> *vt* to use (**für** for)
Ver·wen·dung <-, -en> *f* use; **~/keine ~ für etw** *akk* **haben** to have a/no use for sth
Ver·wen·dungs·mög·lich·keit *f* [possible] use **Ver·wen·dungs·zweck** *m* purpose
ver·wer·fen* *irreg vt Plan, Vorschlag* to reject; *Gedanken* to dismiss
ver·werf·lich *adj* reprehensible
Ver·wer·fung <-, -en> *f* ❶ *kein pl* (*Ablehnung*) rejection, dismissal ❷ GEOL fault ❸ BAU warp[ing] ❹ SOZIOL **gesellschaftliche/ökonomische ~en** social/economic upheaval

ver·wert·bar *adj* ❶ (*brauchbar*) usable ❷ (*auszuwerten*) utilizable
ver·wer·ten* *vt* ❶ (*ausnutzen, heranziehen*) to use ❷ (*nutzbringend anwenden*) to exploit
Ver·wer·tung <-, -en> *f* ❶ (*Ausnutzung*) utilization *no art, no pl* ❷ (*Heranziehung*) use ❸ (*nutzbringende Anwendung*) exploitation *no art, no pl*
Ver·wer·tungs·ge·sell·schaft *f* exploitation company
ver·we·sen* [fɛɐ̯'veːzn̩] *vi sein* to rot, to decompose; ■ **verwest** decomposed
Ver·west·li·chung <-> [fɛɐ̯'vɛstlɪçʊŋ] *f* SOZIOL Westernization
Ver·we·sung <-> *f kein pl* decomposition *no art, no pl*
ver·wet·ten* *vt* to gamble away *sep*
ver·wi·ckeln* I. *vt* ■ **jdn in etw** *akk* ~ to involve sb in sth; **jdn in ein Gespräch ~** to engage sb in conversation; ■ **in etw** *akk* **verwickelt sein** to be involved in sth II. *vr* ■ **sich ~** to get tangled up
ver·wi·ckelt *adj* complicated, intricate
Ver·wi·cke·lung <-, -en>, **Ver·wick·lung** <-, -en> *f* ❶ (*Verstrickung*) entanglement ❷ *pl* (*Komplikationen*) complications *pl*
ver·wil·dern* *vi sein* ❶ *Garten* to become overgrown ❷ *Tier* to go wild; ■ **verwildert** feral ❸ *Mensch* to run wild
ver·wil·dert *adj* ❶ *Garten* overgrown ❷ *Tier* feral; *Haustier* neglected ❸ (*fig*) *Aussehen* unkempt
ver·win·kelt [fɛɐ̯'vɪŋklt] *adj* twisting, winding; *Gebäude* full of nooks and crannies
ver·wir·ken* *vt* (*geh*) ■ **etw ~** to forfeit sth
ver·wirk·li·chen* [fɛɐ̯'vɪrklɪçn̩] I. *vt* to realize; *Idee, Plan* to put into practice; *Projekt* to carry out *sep* II. *vr* ■ **sich ~** to fulfil oneself; **sich in etw** *dat* ~ to find fulfilment in sth
Ver·wirk·li·chung <-, -en> *f* realization
ver·wir·ren* *vt* to confuse
ver·wir·rend <-er, -este> *adj* confusing
ver·wirrt <-er, -este> *adj* confused
Ver·wir·rung <-, -en> *f* ❶ (*Verstörtheit*) confusion *no art, no pl* ❷ (*Chaos*) chaos *no art, no pl*
ver·wi·schen* I. *vt* ❶ (*verschmieren*) to smudge; *Farbe* to smear ❷ (*unkenntlich machen*) to cover [up *sep*]; **seine Spur ~** to cover one's tracks II. *vr* ■ **sich ~** to become blurred; (*Erinnerung*) to fade
ver·wit·tern* *vi sein* to weather
ver·wit·tert I. *pp von* **verwittern** II. *adj* weathered

ver·wit·wet [fɛɐ̯ˈvɪtvət] *adj* widowed
ver·wöh·nen* [fɛɐ̯ˈvøːnən] *vt* to spoil; **jdn zu sehr ~** to pamper sb
ver·wöhnt *adj* ❶ (*Exquisites gewöhnt*) gourmet *attr* ❷ (*anspruchsvoll*) discriminating
ver·wor·fen I. *adj* degenerate; (*stärker*) depraved II. *adv* degenerately
ver·wor·ren [fɛɐ̯ˈvɔrən] *adj* confused, muddled
ver·wund·bar *adj* vulnerable
ver·wun·den* [fɛɐ̯ˈvʊndn̩] *vt* to wound; **schwer verwundet** seriously wounded
ver·wun·der·lich *adj* odd, strange; ■ **nicht ~ sein** to be not surprising
ver·wun·dern* *vt* to surprise; ■ **es verwundert jdn, dass ...** sb is surprised that ...
ver·wun·dert I. *adj* astonished, surprised (**über** at) II. *adv* in amazement
Ver·wun·de·rung <-> *f kein pl* amazement *no art, no pl*
ver·wun·det *adj* (*fig a.*) wounded, hurt
Ver·wun·de·te(r) *f(m) dekl wie adj* casualty, wounded person
Ver·wun·dung <-, -en> *f* wound
ver·wun·schen [fɛɐ̯ˈvʊndn̩] *adj* enchanted
ver·wün·schen* *vt* ❶ (*verfluchen*) to curse ❷ (*verzaubern*) to cast a spell on
Ver·wün·schung <-, -en> *f* curse
ver·wur·zelt *adj* rooted
ver·wüs·ten* *vt* to devastate; *Wohnung* to wreck; *Land* to ravage
Ver·wüs·tung <-, -en> *f meist pl* devastation *no art, no pl;* **die ~en des Krieges** the ravages of war
ver·zäh·len* *vr* ■ **sich ~** to miscount
ver·zah·nen* *vt* ❶ TECH to dovetail ❷ (*fig: eng verbinden*) ■ **etw mit etw** *dat* **~** to link sth to sth
ver·zahnt *adj* **ineinander ~ sein** to mesh [together]
Ver·zah·nung <-, -en> *f* ❶ *von Balken* dovetailing ❷ *von Rädern* gearing
ver·zau·bern* *vt* ❶ (*verhexen*) to put a spell on sb; ■ **jdn in jdn/etw ~** to turn sb into sb/sth ❷ (*betören*) to enchant
Ver·zau·be·rung <-, -en> *f* enchantment
ver·zehn·fa·chen* [fɛɐ̯ˈtseːnfaxn̩] *vt, vr* to increase tenfold
Ver·zehr <-[e]s> [fɛɐ̯ˈtseːɐ̯] *m kein pl* consumption
ver·zeh·ren* I. *vt* ❶ (*essen*) to consume ❷ (*verbrauchen*) to use up II. *vr* ■ **sich nach jdm ~** to pine for sb

ver·zeich·nen* *vt* to list; **etw ~ können** (*fig*) to be able to record sth; **einen Erfolg ~** to score a success
Ver·zeich·nis <-ses, -se> *nt* list; (*Tabelle*) table; (*Computer*) directory
ver·zei·hen <verzieh, verziehen> I. *vt* to excuse; *Unrecht, Sünde* to forgive; ■ **jdm etw ~** to forgive sb sth II. *vi* to forgive; **~ Sie!** I beg your pardon!, AM *usu* excuse me!; **~ Sie, dass ich störe** excuse me for interrupting
ver·zeih·lich *adj* excusable, forgivable
Ver·zei·hung <-> *f kein pl* forgiveness; [**jdn**] **um ~ bitten** to apologize [to sb] (**für** for); **~!** sorry!; **~, darf ich mal hier vorbei?** excuse me, may I get past?
ver·zer·ren* I. *vt* ❶ (*verziehen, entstellen*) to distort ❷ *Muskel* to pull; *Sehne* to strain II. *vr* (*sich verziehen*) ■ **sich ~** to become contorted; **ihre Züge verzerrten sich zu einer grässlichen Fratze** her features became contorted in a hideous grin
Ver·zer·rung *f* distortion
ver·zet·teln* I. *vt* to waste; *Geld* to fritter away; *Energie* to dissipate II. *vr* ■ **sich ~** to take on too much at once
Ver·zicht <-[e]s, -e> [fɛɐ̯ˈtsɪçt] *m* renunciation (**auf** of); *eines Amtes, auf Eigentum* relinquishment
ver·zich·ten* [fɛɐ̯ˈtsɪçtn̩] *vi* to go without, to relinquish; **zu jds Gunsten ~** to do without in favour of sb; ■ **auf etw** *akk* **~** to do without sth; **auf sein Recht ~** to renounce one's right; **ich möchte im Urlaub auf nichts ~** on holiday I don't want to miss out on anything
ver·zieh *imp von* **verzeihen**
ver·zie·hen*¹ *irreg* I. *vi sein* (*umziehen*) to move; **unbekannt verzogen** moved — address unknown II. *vr haben* (*verschwinden*) ■ **sich ~** to disappear; **verzieh dich!** clear off!; **das Gewitter verzieht sich** the storm is passing
ver·zie·hen*² *irreg* I. *vt* ❶ (*verzerren*) to twist, to screw up *sep;* **das Gesicht** [**vor Schmerz**] **~** to pull a face [with pain] ❷ *Kind* to bring up badly; **ein verzogener Bengel** a spoilt brat II. *vr* ■ **sich ~** ❶ (*verzerren*) to contort, to twist ❷ (*verformen*) to go out of shape
ver·zie·hen³ *pp von* **verzeihen**
ver·zie·ren* *vt* to decorate
Ver·zie·rung <-, -en> *f* decoration; (*an Gebäuden*) ornamentation
ver·zin·ken* *vt* ■ **etw ~** to galvanize sth
ver·zin·sen* I. *vt* (*für etw Zinsen zahlen*) to pay interest on; **die Bank verzinst dein**

Erspartes mit drei Prozent the bank pays three percent on your savings **II.** *vr* (*Zinsen erwirtschaften*) ■**sich mit etw** *dat* **~** to bear a certain rate of interest

ver·zo·cken *vt* to gamble away *sep*

ver·zo·gen [fɛɐ̯'tsoːɡn̩] *adj* badly brought up; **die Kinder sind völlig ~** the children are completely spoilt

ver·zö·gern* **I.** *vt* ❶ (*später erfolgen lassen*) to delay (**um** by) ❷ (*verlangsamen*) to slow down **II.** *vr* (*später erfolgen*) ■**sich ~** to be delayed (**um** by)

Ver·zö·ge·rung <-, -en> *f* delay, hold-up *fam;* (*Verlangsamung*) slowing down

Ver·zö·ge·rungs·tak·tik *f* delaying tactics *pl*

ver·zol·len* *vt* to pay duty on; **haben Sie etwas zu ~?** have you anything to declare?

ver·zückt I. *adj* (*geh*) ecstatic, enraptured **II.** *adv* (*geh*) ecstatically

Ver·zü·ckung <-, -en> *f* (*geh*) ecstasy; [**über etw** *akk*] **in ~ geraten** to go into raptures [over sth]

Ver·zug <-[e]s> *m kein pl* delay; [**mit etw** *dat*] **in ~ geraten** to fall behind [with sth]

ver·zwei·feln* *vi sein* to despair (**an** of); **es ist zum V~ mit dir!** you drive me to despair

ver·zwei·felt I. *adj* ❶ (*völlig verzagt*) despairing; **ein ~es Gesicht machen** to look despairingly; **ich bin völlig ~** I'm at my wits' end ❷ (*hoffnungslos*) desperate ❸ (*mit aller Kraft*) **ein ~er Kampf ums Überleben** a desperate struggle for survival **II.** *adv* (*völlig verzagt*) despairingly; **sie rief ~ nach ihrer Mutter** she called out desperately for her mother

Ver·zweif·lung <-> *f kein pl* (*Gemütszustand*) despair; (*Ratlosigkeit*) desperation; **jdn zur ~ bringen** to drive sb to despair; **etw aus ~ tun** to do sth out of desperation

Ver·zweif·lungs·tat *f* act of desperation

ver·zwei·gen* [fɛɐ̯'tsvaɪ̯ɡn̩] *vr* ■**sich ~** to branch out; **Straße** to branch off

Ver·zwei·gung <-, -en> *f* ❶ (*verzweigtes Astwerk*) branches *pl;* (*verzweigter Teil*) fork ❷ (*weite Ausbreitung*) intricate network ❸ SCHWEIZ (*Kreuzung*) crossroads *sing o pl,* intersection AM

ver·zwickt [fɛɐ̯'tsvɪkt] *adj* tricky

Ves·per¹ <-, -n> ['fɛspɐ] *f* REL vespers *npl*

Ves·per² <-s, -> ['fɛspɐ] *f o nt* DIAL snack

Ves·per·brot *nt* SÜDD (*Pausenbrot*) sandwich

Ve·suv <-[s]> [ve'zuːf] *m* Vesuvius

Ve·te·ran <-en, -en> [vete'raːn] *m* veteran

Ve·te·ri·när(in) <-s, -e> [veteri'nɛːɐ̯] *m(f)* vet *fam,* veterinary surgeon BRIT, veterinarian AM

Ve·to <-s, -s> ['veːto] *nt* veto; **sein ~ einlegen** to exercise one's veto

Ve·to·recht *nt* right of veto

Vet·ter <-s, -n> ['fɛtɐ] *m* cousin

Vęt·tern·wirt·schaft *f kein pl* nepotism *no pl*

V-Frau ['faʊ̯-] *f fem form von* **Verbindungsmann**

vgl. *interj Abk von* **vergleiche** cf.

VHS <-> [faʊhaːˈʔɛs] *f Abk von* **Volkshochschule**

via ['viːa] *präp* + *akk* ❶ (*über*) via ❷ (*durch*) by

Via·dukt <-[e]s, -e> [via'dʊkt] *m o nt* viaduct

Vi·bra·ti·on <-, -en> [vibratsi̯oːn] *f* vibration

Vi·bra·tor <-s, -toren> [viˈbraːtoːɐ̯, *pl* -ˈtoːrən] *m* vibrator

vi·brie·ren* [viˈbriːrən] *vi* to vibrate

Vi·deo <-s, -s> ['viːdeo] *nt* video; **etw auf ~ aufnehmen** to video sth

Vi·deo·auf·zeich·nung *f* video recording

Vi·deo·clip <-s, -s> *m* video clip **Vi·deo·film** *m* video film **Vi·deo·ka·me·ra** *f* video camera **Vi·deo·kas·set·te** *f* video cassette **Vi·deo·kon·fe·renz** *f* video conference **Vi·deo·re·cor·der, Vi·deo·re·kor·der** <-s, -> *m* video [recorder], AM *usu* VCR **Vi·deo·schal·tung** ['viːdeo-] *f* TELEK video link **Vi·deo·spiel** *nt* video game **Vi·deo·text** *m kein pl* teletext *no pl*

Vi·deo·thek <-, -en> [video'teːk] *f* video shop [*or* AM *usu* store]; (*Sammlung*) video library

Vi·deo·ü·ber·wa·chung *f* monitoring by closed circuit TV **Vi·deo·ver·leih** *m* video library

Viech <-[e]s, -er> [fiːç] *nt* (*fam*) creature

Vieh <-[e]s> [fiː] *nt kein pl* ❶ AGR livestock; (*Rinder*) cattle; **jdn wie ein Stück ~ behandeln** to treat sb like dirt ❷ (*fam: Tier*) animal, beast

Vieh·be·stand *m* livestock **Vieh·hal·ter(in)** <-s, -> *m(f)* cattle farmer **Vieh·hal·tung** <-> *f kein pl* animal husbandry **Vieh·her·de** *f* livestock herd **Vieh·markt** *m* cattle market **Vieh·zucht** *f* cattle [*or* livestock] breeding **Vieh·züch·ter(in)** *m(f)* cattle [*or* livestock] breeder

viel [fiːl] **I.** *adj* <mehr, meiste> ❶ *sing, adjektivisch* a lot of; **er braucht ~ Geld** he needs a lot of money; ~ **Erfolg!** good luck!; ~ **Spaß!** enjoy yourself/yourselves! ❷ *sing, mit art, poss* **das ~e Essen ist mir nicht bekommen** all that food hasn't done me any good ❸ *substantivisch* a lot, much; **ich habe zu ~ zu tun** I have too much to do; **obwohl er ~ weiß, prahlt er nicht damit** although he knows a lot, he doesn't brag about it ❹ *pl, adjektivisch* ▪ **~e** a lot of, a great number of, many; **und ~e andere** and many others; **~e deiner Bücher kenne ich schon** I know many of your books already; **wir haben gleich ~e Dienstjahre** we've been working here for the same number of years ❺ + *pl, substantivisch* (*eine große Anzahl von Menschen*) ▪ **~e** a lot, many; **diese Ansicht wird von ~en vertreten** this view is held by many people; (*eine große Anzahl von Dingen*) a lot; **es gibt noch einige Fehler, aber ~e haben wir bereits verbessert** there are still some errors, but we've already corrected a lot **II.** *adv* <mehr, am meisten> ❶ (*häufig*) a lot; **sie hat ihre Mutter immer ~ besucht** she used to visit her mother a lot; **~ diskutiert** much discussed; **eine ~ befahrene Straße** a [very] busy street ❷ (*wesentlich*) a lot; **die Mütze ist ~ zu groß** the cap is far too big

viel·deu·tig *adj* ambiguous

Viel·eck ['fiːlʔɛk] *nt* polygon

vie·ler·lei *adj* all kinds of, many different

vie·ler·orts ['fiːlɐˈʔɔrts] *adv* in many places

viel·fach ['fiːlfax] **I.** *adj* ❶ (*mehrere Male so groß*) many times; **die ~e Menge [von etw** *dat*] many times that amount [of sth] ❷ (*mehrfach*) multiple **II.** *adv* (*häufig*) frequently, in many cases; (*mehrfach*) many times

Viel·fa·che(s) *nt dekl wie adj* Mathematik multiple; **ein ~r Millionär** a multimillionaire; **um ein ~s** many times over

Viel·falt <-> ['fiːlfalt] *f* diversity, [great] variety (**an** of)

viel·fäl·tig ['fiːlfɛltɪç] *adj* diverse, varied

viel·far·big *adj* multicoloured [*or* AM -ored]

Viel·flie·ger(in) *m(f)* frequent flier [*or* flyer]

Viel·fraß <-es, -e> ['fiːlfraːs] *m* glutton; **du ~!** you greedy guts!

viel·leicht [fiˈlaɪçt] **I.** *adv* ❶ (*eventuell*) perhaps, maybe ❷ (*ungefähr*) about; **er ist ~ 30 Jahre alt** he is about 30 years old **II.** *part* ❶ (*bitte* [*mahnend*]) please; **würdest du mich ~ einmal ausreden lassen?** would you please let me finish for once? ❷ (*etwa*) by any chance; **erwarten Sie ~, dass ich Ihnen das Geld gebe?** you don't, by any chance, expect me to give you the money? ❸ (*wirklich*) really; **du erzählst ~ einen Quatsch** you're really talking rubbish

viel·mals ['fiːlmaːls] *adv* ❶ (*sehr*) **danke ~!** thank you very much; **entschuldigen Sie ~ die Störung** I do apologize for disturbing you ❷ (*oft*) many times

viel·mehr ['fiːlmeːɐ̯] *adv* rather; **ich bin ~ der Meinung, dass du richtig gehandelt hast** I rather think that you did the right thing

viel·schich·tig *adj* ❶ (*aus vielen Schichten bestehend*) multilayered ❷ (*fig: komplex*) complex

viel·sei·tig ['fiːlzaɪtɪç] **I.** *adj* Mensch, Maschine versatile; Angebot varied **II.** *adv* ❶ (*in vieler Hinsicht*) widely ❷ (*in verschiedener Weise*) having a variety of...; **eine Küchenmaschine ist ~ anwendbar** a food processor has a variety of applications

viel·spra·chig *adj* multilingual **Viel·zahl** *f kein pl* ▪ **eine ~ von etw** *dat* a large number of sth

vier [fiːɐ̯] *adj* four; *s. a.* **acht**[1] ▶ **ein Gespräch unter ~ Augen führen** to have a private conversation; **in den eigenen ~ Wänden wohnen** to live within one's own four walls

Vier <-, -en> [fiːɐ̯] *f* ❶ (*Zahl*) four; **eine ~ würfeln** to roll a four ❷ (*Zeugnisnote*) **er hat in Deutsch eine ~** he got a D in German ▶ **alle ~e von sich strecken** to stretch out; **auf allen ~en** on all fours

vier·bän·dig *adj* four-volume *attr* **Vier·bei·ner** <-s, -> *m* four-legged friend *hum*

vier·blät·te·rig *adj*, **vier·blätt·rig** *adj* four-leaf *attr;* **Vier·eck** ['fiːɐ̯ʔɛk] *nt* four-sided figure; MATH quadrilateral

vier·eckig ['fiːɐ̯ʔɛkɪç] *adj* rectangular

vier·ein·halb ['fiːɐ̯ʔaɪnˈhalp] *adj* four and a half

Vie·rer <-s, -> ['fiːrɐ] *m* ❶ (*Ruderboot mit vier Ruderern*) four ❷ (*fam: vier richtige Gewinnzahlen*) four winning numbers ❸ SCH (*fam: Zeugnisnote*) D ❹ SPORT foursome

Vie·rer·bob *m* four-man bob

vie·rer·lei ['fiːrɐˈlaɪ] *adj attr* four [different]; *s. a.* **achterlei**

vier·fach, **4·fach I.** *adj* fourfold; **die ~e Menge** four times the amount; *s. a.* **achtfach II.** *adv* fourfold, four times over; *s. a.* **achtfach Vier·fü·ßer** <-s, -> ['fiːɐ̯fyːsɐ] *m* quadruped **vier·hän·dig** ['fiːɐ̯hɛndɪç]

vierhundert → Visa

I. *adj* four-handed II. *adv* as a duet **vier·hun·dert** ['fi:ɐ̯'hʊndɐt] *adj* four hundred **vier·jäh·rig, 4-jäh·rig**^RR *adj* ❶ (*Alter*) four-year-old *attr,* four years old *pred; s. a.* **achtjährig** 1 ❷ (*Zeitspanne*) four-year *attr; s. a.* **achtjährig** 2 **vier·kan·tig** *adj* square **Vier·kant·schlüs·sel** *m* square spanner **vier·köp·fig** *adj* four-person *attr*
Vier·ling <-s, -e> ['fi:ɐ̯lɪŋ] *m* quadruplet **vier·mal, 4-mal**^RR ['fi:ɐ̯ma:l] *adv* four times **vier·mo·to·rig** *adj* four-engined **Vier·rad·an·trieb** *m* four-wheel drive **vier·spu·rig** I. *adj* four-lane *attr* II. *adv* to four lanes; **die Umgehungsstraße wird ~ ausgebaut** the by-pass will be widened to four lanes **vier·stel·lig** *adj* four-figure *attr;* **eine ~e Zahl** a four-figure number; ■ **~ sein** to be four figures **vier·stö·ckig** *adj* four-storey *attr*
viert ['fi:ɐ̯t] *adv* **zu ~ sein** to be a party of four; **wir waren zu ~** there were four of us **Vier·takt·mo·tor** *m* four-stroke engine **vier·tau·send** ['fi:ɐ̯tauznt] *adj* four thousand
vier·te(r, s) ['fi:ɐ̯tə, -tɐ, -təs] *adj* ❶ (*nach dem dritten kommend*) fourth; *s. a.* **ach·te(r, s)** 1 ❷ (*Datum*) 4th; *s. a.* **achte(r, s)** 2 **vier·tei·len** *vt* HIST to quarter
vier·tei·lig, 4-tei·lig^RR *adj* Film four-part; *Besteck* four-piece
vier·tel ['fɪrtl̩] *adj* quarter; **drei ~** three-quarters
Vier·tel[1] <-s, -> ['fɪrtl̩] *nt* district, quarter **Vier·tel**[2] <-s, -> ['fɪrtl̩] *nt o* SCHWEIZ *m* ❶ (*der vierte Teil*) quarter ❷ (*15 Minuten*) **~ vor/nach drei** [a] quarter to/past [*or* AM also after] three
Vier·tel·fi·na·le *nt* quarter-final **Vier·tel·jahr** [fɪrtl̩'ja:ɐ̯] *nt* quarter of the year; **es dauerte ein ~** it lasted three months **vier·tel·jäh·rig** [fɪrtl̩jaːɐ̯jɛːrɪç] *adj attr* three-month **vier·tel·jähr·lich** [fɪrtl̩jɛːɐ̯lɪç] *adj, adv* quarterly **Vier·tel·li·ter** *m o nt* quarter of a litre
vier·teln ['fɪrtl̩n] *vt* to divide into quarters **Vier·tel·no·te** *f* MUS crotchet **Vier·tel·stun·de** [fɪrtl̩'ʃtʊndə] *f* quarter of an hour **vier·tel·stün·dig** ['fɪrtl̩ʃtʏndɪç] *adj attr* lasting [*or* of] a quarter of an hour; **eine ~e Verspätung** a delay of a quarter of an hour **vier·tel·stünd·lich** ['fɪrtl̩ʃtʏndlɪç] I. *adj attr* quarter-hour, of a quarter of an hour II. *adv* every quarter of an hour, quarter-hourly
vier·tens ['fi:ɐ̯tn̩s] *adv* fourth[ly], in the fourth place
Vier·tü·rer <-s, -> *m* four-door model

Vier·vier·tel·takt [-'fɪrtl-] *m* four-four time **vier·zehn** ['fɪrtseːn] *adj* fourteen; **~ Tage** a fortnight *esp* BRIT; *s. a.* **acht**[1]
vier·zehn·tä·gig *adj* two-week *attr;* **eine ~e Reise** a two-week journey **vier·zehn·täg·lich** *adj, adv* every two weeks
vier·zehn·te(r, s) *adj* fourteenth; *s. a.* **ach·te(r, s)**
Vier·zei·ler <-s, -> ['fi:ɐ̯tsailɐ] *m* four-line stanza; (*Gedicht*) quatrain
vier·zig ['fɪrtsɪç] *adj* forty; *s. a.* **achtzig** **vier·zi·ger** *adj,* **40er** ['fɪrtsɪɡɐ] *adj attr* the forties, the 40s
vier·zigs·te(r, s) *adj* fortieth; *s. a.* **ach·te(r, s)**
Vier·zig·stun·den·wo·che *f* 40-hour week
Vier·zim·mer·woh·nung *f* four-room flat [*or* AM apartment]
Viet·nam <-s> [viɛt'na(:)m] *nt* Vietnam; *s. a.* **Deutschland**
Viet·na·me·se, Viet·na·me·sin <-n, -n> [viɛtna'meːzə, viɛtna'meːzɪn] *m, f* Vietnamese; *s. a.* **Deutsche(r)**
viet·na·me·sisch [viɛtna'meːzɪʃ] *adj* Vietnamese; *s. a.* **deutsch**
Vi·gnet·te <-, -n> [vɪn'jɛtə] *f* (*Gebührenmarke*) sticker showing fees paid
Vi·kar(in) <-s, -e> [vi'kaːɐ̯] *m(f)* curate
Vil·la <-, Villen> ['vɪla, *pl* 'vɪlən] *f* villa **Vil·len·vier·tel** ['vɪlənfɪrtl̩] *nt* exclusive residential area with many mansions
vi·o·lett [vi̯o'lɛt] *adj* violet, purple
Vi·o·li·ne <-, -n> [vi̯o'liːnə] *f* violin **Vi·o·li·nist(in)** <-en, -en> [vi̯oli'nɪst] *m(f)* violinist
Vi·o·lin·schlüs·sel *m* treble clef **Vi·o·lon·cel·lo** <-s, -celli> *nt* violoncello **VIP** <-, -s> [vɪp] *m Abk von* **very important person** VIP
Vi·per <-, -n> ['viːpɐ] *f* viper
Vi·ren ['viːrən] *pl von* **Virus**
Vi·ren·such·pro·gramm *nt* INFORM antivirus software **Vi·ren·war·nung** *f* INET, INFORM virus warning
vir·tu·ell [vɪr'tu̯ɛl] *adj* virtual
vir·tu·os [vɪr'tu̯oːs] I. *adj* virtuoso II. *adv* in a virtuoso manner; **ein Instrument ~ beherrschen** to be a virtuoso on an instrument
Vi·rus <-, Viren> ['viːrʊs, *pl* 'viːrən] *nt o m* virus
Vi·rus·grip·pe *f* virus of influenza **Vi·rus·hül·le** *f* BIOL virus envelope **Vi·rus·in·fek·ti·on** *f* viral infection **Vi·rus·krank·heit** *f* viral disease
Vi·sa ['viːza] *pl von* **Visum**

Vi·sa·ge <-, -n> [vi'zaːʒə] *f* (*pej sl*) mug; **jdm in die ~ schlagen** to smash sb in the face *fam*

Vi·sa·gist(in) <-en, -en> [viza'ʒɪst] *m(f)* make-up artist

vis-à-vis, vis-a-vis [viza'viː] *adv* opposite

Vi·sen ['viːzen] *pl von* **Visum**

Vi·sier <-s, -e> [vi'ziːɐ̯] *nt* ① (*Zielvorrichtung*) sight ② (*Klappe am Helm*) visor ▸ **etw ins ~ nehmen** to train one's sights on sth; **jdn/etw im ~ haben** to keep tabs on sb/sth; **jdn ins ~ nehmen** (*jdn beobachten*) to target sb, to keep an eye on sb; (*jdn kritisieren*) to pick on sb

Vi·si·on <-, -en> [vi'zi̯oːn] *f* ① (*übernatürliche Erscheinung*) apparition; (*Halluzination*) vision; **~en haben** to see things ② (*Zukunftsvorstellungen*) vision

Vi·si·te <-, -n> [vi'ziːtə] *f* (*Arztbesuch*) round; **~ machen** to do one's round

Vi·si·ten·kar·te *f* business card

Vis·ko·se <-> [vɪs'koːzə] *f kein pl* viscose *no pl*

vi·su·ell [vi'zu̯ɛl] *adj* visual

Vi·sum <-s, Visa *o* Visen> ['viːzʊm, *pl* 'viːza, 'viːzən] *nt* visa

vi·tal [vi'taːl] *adj* (*geh*) ① (*Lebenskraft besitzend*) lively, vigorous ② (*lebenswichtig*) vital

Vi·ta·li·tät <-> [vitali'tɛt] *f kein pl* vitality, vigour

Vi·ta·min <-s, -e> [vita'miːn] *nt* vitamin ▸ **~ B** (*hum fam*) good contacts *pl*

Vi·ta·min·man·gel *m* vitamin deficiency

Vi·ta·min·prä·pa·rat *nt* vitamin supplement **Vi·ta·min·ta·blet·te** *f* vitamin tablet [*or* AM *usu* pill]

Vi·tri·ne <-, -n> [vi'triːnə] *f* (*Schaukasten*) display case; (*Glas~*) glass cabinet

Vi·ze·kanz·ler(in) *m(f)* vice-chancellor **Vi·ze·prä·si·dent(in)** *m(f)* vice president

Vlies <-es, -e> [fliːs, *pl* 'fliːzə] *nt* fleece

V-Mann <-leute> ['faʊ̯-] *m s.* **Verbindungsmann** intermediary

Vo·gel <-s, Vögel> ['foːgl̩, *pl* 'føːgl̩] *m* ① ORN bird ② (*fam: auffallender Mensch*) **ein lustiger ~** a bit of a joker; **ein seltsamer ~** a queer [*or* AM strange] bird ▸ **einen ~ haben** to have a screw loose; **jdm den ~ zeigen** to indicate to sb that they're crazy by tapping one's forehead

Vo·gel·beer·baum *m* rowan [tree] **Vo·gel·bee·re** *f* rowan berry **Vo·gel·fut·ter** *nt* bird food **Vogel·grip·pe** *f* MED bird flu *fam,* avian influenza *spec* **Vo·gel·haus** *nt* bird house **Vo·gel·kä·fig** *m* birdcage **Vo·gel·kir·sche** *f* gean

vö·geln ['føːgl̩n] *vi* (*derb*) to screw

Vo·gel·nest *nt* bird's nest **Vo·gel·per·spek·ti·ve** *f* bird's eye view **Vo·gel·scheu·che** <-, -n> *f* scarecrow **Vo·gel·schutz·ge·biet** *nt* bird sanctuary [*or* AM reserve] **Vo·gel-Strauß-Po·li·tik** [foːgl̩'ʃtraʊ̯spoliːtiːk] *f kein pl* (*fam*) head-in-the-sand policy

Vo·ge·sen <-> [vo'geːzn̩] *pl* Vosges *pl*

voi·pen ['vɔy̯pn̩] *vt, vi* INET to voip

Vo·ka·bel <-, -n> [vo'kaːbl̩] *f* word; **~n** *pl* **lernen** to learn vocabulary *sing*

Vo·ka·bu·lar <-s, -e> [vokabu'laːɐ̯] *nt* vocabulary

Vo·kal <-s, -e> [vo'kaːl] *m* vowel

Volk <-[e]s, Völker> [fɔlk, *pl* 'fœlkɐ] *nt* ① (*Nation*) nation, people ② *kein pl* (*fam: die Masse Mensch*) masses *pl;* **das ~ aufwiegeln** to incite the masses; **sich unters ~ mischen** to mingle with the people ③ *kein pl* (*untere Bevölkerungsschicht*) people *npl;* **ein Mann aus dem ~** a man of the people ④ (*Insektengemeinschaft*) colony

Völ·ker·ball *m kein pl* SPORT game played by two teams who try to eliminate the members of the opposing team by hitting them with a ball **Völ·ker·bund** *m kein pl* HIST League of Nations **Völ·ker·ge·mein·schaft** *f* international community **Völ·ker·kun·de** <-> *f kein pl* ethnology **Völ·ker·kun·de·mu·se·um** *nt* museum of ethnology **Völ·ker·mord** *m* genocide **Völ·ker·recht** *nt kein pl* international law **völ·ker·recht·lich** I. *adj* of international law II. *adv* under international law **Völ·ker·ver·stän·di·gung** *f kein pl* international understanding **Völ·ker·wan·de·rung** *f* ① HIST migration of peoples ② (*fam*) mass exodus

Volks·ab·stim·mung *f* referendum

Volks·bank *f* people's bank **Volks·be·fra·gung** *f* referendum **Volks·be·geh·ren** *nt* petition for a referendum **volks·ei·gen** *adj* ① (*in Namen*) People's Own ② HIST (*in der ehemaligen DDR*) nationally-owned **Volks·ent·scheid** *m* referendum **Volks·fest** *nt* fair **Volks·front** *f* POL popular front **Volks·held(in)** *m(f)* national hero **Volks·hoch·schu·le** *f* adult education centre **Volks·in·i·ti·a·ti·ve** *f* SCHWEIZ (*Volksbegehren*) petition for a referendum **Volks·krank·heit** *f* common illness

volks·kund·lich ['fɔlkskʊntlɪç] *adj* folkloric

Volks·lied *nt* folk song **Volks·mär·**

chen *nt* folktale **Volks·mund** *m kein pl* vernacular; **im ~** in the vernacular **Volks·mu·sik** *f* folk music **Volks·nähe** *f* approachability **Volks·re·pu·blik** *f* People's Republic **Volks·schau·spie·ler(in)** *m(f)* FILM, THEAT crowd-pleasing actor **Volks·schu·le** *f* ÖSTERR (*Grundschule*) primary school **Volks·sport** *m* national sport **Volks·stamm** *m* tribe **Volks·tanz** *m* folk dance

volks·tüm·lich ['fɔlksty:mlɪç] *adj* traditional

Volks·ver·dum·mung <-> *f kein pl* stupefaction of the people **Volks·ver·het·zung** *f* incitement of the people **Volks·ver·tre·ter(in)** *m(f)* representative [*or* delegate] of the people **Volks·wirt(in)** *m(f)* economist **Volks·wirt·schaft** *f* national economy **volks·wirt·schaft·lich** I. *adj* economic II. *adv* economically **Volks·wirt·schafts·leh·re** *f* economics *nsing* **Volks·zäh·lung** *f* [national] census **Volks·zorn** *m kein pl* SOZIOL public anger

voll [fɔl] I. *adj* ❶ (*gefüllt*) full (**mit** of); **das Glas ist ~ Wasser** the glass is full of water; **eine Hand ~ Reis** a handful of rice; **~ sein** (*fam: satt*) to be full up; **~ gestopft Koffer** stuffed full ❷ (*vollständig*) full, whole; **den ~en Preis bezahlen** to pay the full price; **etw in ~en Zügen genießen** to enjoy sth to the full; **ein ~er Erfolg** a total success; **ich musste ein ~es Jahr warten** I had to wait a whole year; **jede ~e Stunde** every hour on the hour; **in ~er Größe** full-size ❸ (*kräftig*) *Stimme* rich; *Haar* thick ❹ (*sl: betrunken*) ▪ **~ sein** to be plastered ▸ **jdn nicht für ~ nehmen** not to take sb seriously; **aus dem V~en schöpfen** to draw on plentiful resources II. *adv* ❶ (*vollkommen*) completely; **ihr Sehvermögen wurde wieder ~ hergestellt** her sight was completely restored ❷ (*uneingeschränkt*) fully; **~ und ganz** totally; **wir standen ~ hinter dieser Entscheidung** we were fully behind this decision; **etw ~ ausnutzen** to take full advantage of sth; **nicht ~ da sein** to not be quite with it ❸ (*total*) really; **die Band finde ich ~ gut** I think the band is brilliant ❹ (*mit aller Wucht*) right, smack; **der Wagen war ~ gegen den Pfeiler geprallt** the car ran smack into the pillar

voll·auf ['fɔlʔaʊf] *adv* fully, completely; **~ zufrieden sein** to be absolutely satisfied **voll·au·to·ma·tisch** I. *adj* fully automatic II. *adv* fully automatically **Voll·bad** *nt* bath **Voll·bart** *m* full beard **Voll·be·schäf·ti·gung** *f kein pl* full employment **Voll·be·sitz** *m* **im ~ seiner Kräfte sein** to be in full possession of one's strength *sing* **Voll·blut** *nt* ❶ (*reinrassiges Pferd*) thoroughbred ❷ *kein pl* MED whole blood **Voll·blü·ter** <-s, -> *m s.* **Vollblut 1**

Voll·brem·sung *f* emergency stop **voll·brin·gen*** *vt irreg* to accomplish; *Wunder* to perform **voll·bu·sig** *adj* buxom, busty; ▪ **~ sein** to have large breasts **Voll·dampf** *m* ▸ **mit ~** flat out; **~ voraus** full steam ahead

Völ·le·ge·fühl <-[e]s> *nt kein pl* unpleasant feeling of fullness

voll·en·den* [fɔl'ʔɛndn̩] *vt* to complete; **jdn vor ~e Tatsachen stellen** to present sb with a fait accompli

voll·en·det *adj Redner* accomplished; *Schönheit* perfect

voll·ends ['fɔlɛnts] *adv* (*völlig*) completely, totally

Voll·en·dung <-, -en> [fɔl'ʔɛndʊŋ] *f* ❶ (*das Vollenden*) completion; **mit ~ des 50. Lebensjahres** on completion of his/her fiftieth year ❷ *kein pl* (*Perfektion*) perfection

vol·ler *adj* ❶ (*voll bedeckt*) **ein Gesicht ~ Falten** a very wrinkled face; **ein Hemd ~ Flecken** a shirt covered in stains ❷ (*erfüllt*) full of; **ein Leben ~ Schmerzen** a life full of pain

Völ·le·rei <-, -en> [fœlə'raɪ] *f* gluttony **Vol·ley·ball** ['vɔli-] *m* volleyball **voll·füh·ren*** [fɔl'fyːrən] *vt* to perform **Voll·gas** *nt kein pl* full speed; **~ geben** to put one's foot down; **mit ~** at full throttle; (*mit größter Intensität*) flat out **Voll·idi·ot(in)** *m(f)* complete idiot

völ·lig ['fœlɪç] I. *adj* complete II. *adv* completely; **Sie haben ~ recht** you're absolutely right

voll·jäh·rig ['fɔljɛːrɪç] *adj* of age; ▪ **~ werden** to come of age

Voll·jäh·rig·keit <-> *f kein pl* majority **Voll·ju·rist(in)** *m(f)* fully qualified lawyer **voll·kas·ko·ver·si·chert** *adj* comprehensively insured; **ist Ihr Auto ~?** is your car fully comp? *fam* **Voll·kas·ko·ver·si·che·rung** *f* fully comprehensive insurance **voll·kli·ma·ti·siert** *adj* fully air-conditioned

voll·kom·men [fɔl'kɔmən] I. *adj* ❶ (*perfekt*) perfect ❷ (*völlig*) complete II. *adv* completely; **~ unmöglich sein** to be absolutely impossible; **er blieb ~ ruhig** he remained completely calm

Voll·kom·men·heit <-> f kein pl perfection
Voll·korn·brot nt wholemeal [or AM whole-grain] bread **Voll·macht** <-, -en> ['fɔlmaxt] f ❶ (*Ermächtigung*) authorization; **jdm [die] ~ für etw** akk **geben to** authorize sb to do sth ❷ (*Schriftstück*) power of attorney; **eine ~ haben** to have power of attorney **Voll·milch** f full-cream milk BRIT, whole milk AM **Voll·milch·scho·ko·la·de** f full-cream [or AM whole] milk chocolate **Voll·mit·glied** nt full member **Voll·mit·glied·schaft** f full membership **Voll·mond** m kein pl full moon; **bei ~** when the moon is full
voll·mun·dig I. adj ❶ (*voll im Geschmack*) full-bodied ❷ (*pej: übertrieben formuliert*) overblown pej; **~e Versprechungen machen** to make overblown promises II. adv ❶ (*abgerundet*) *Bier, Wein* full-bodied ❷ (*pej: großspurig*) grandiosely pej; **was gestern noch ~ versprochen wurde, ist heute vergessen** all the grandiose promises made yesterday are forgotten today
Voll·nar·ko·se f general anaesthetic **Voll·pen·si·on** f kein pl full board; **mit ~** for full board **Voll·play·back** <-s, -s> [-'pleːbɛk] nt MUS, MEDIA full playback **Voll·rausch** m drunken stupor; **einen ~ haben** to be in a drunken stupor **voll·schlank** adj plump
voll·stän·dig ['fɔlʃtɛndɪç] I. adj complete, entire; **nicht ~** incomplete II. adv completely
Voll·stän·dig·keit <-> f kein pl completeness no pl; **der ~ halber** for the sake of completeness
voll·stre·cken* [fɔl'ʃtrɛkn̩] vt to carry out; *Testament* to execute
Voll·stre·ckung <-, -en> f execution
Voll·stre·ckungs·be·fehl m enforcement order
Voll·tref·fer m ❶ (*direkter Treffer*) direct hit, bull's eye *fig fam;* **einen ~ landen** to land a good punch ❷ (*fam: voller Erfolg*) complete success **Voll·ver·samm·lung** f general meeting **Voll·wai·se** f orphan **Voll·wasch·mit·tel** nt laundry detergent that can be used for all temperatures **voll·wer·tig** adj ❶ *Lebensmittel* nutritious ❷ *Ersatz* fully adequate; **jdn als ~ behandeln** to treat sb as an equal **Voll·wert·kost** f kein pl wholefoods pl
voll·zäh·lig ['fɔltsɛːlɪç] I. adj (*komplett*) complete, whole; ■ **~ sein** to be all present II. adv at full strength; **nun, da wir ~ versammelt sind, können wir ja anfangen** well, now everyone's here, we can begin **voll·zie·hen*** [fɔl'tsiːən] *irreg* I. vt to carry out sep; *Urteil* to execute II. vr ■ **sich ~** to take place
Voll·zug [fɔl'tsuːk] m kein pl ❶ (*das Vollziehen*) execution ❷ (*Straf~*) imprisonment
Voll·zugs·an·stalt f penal institution **Voll·zugs·be·am·te(r)** m dekl wie adj, **-be·am·tin** f [prison] warden
Vo·lon·tär(in) <-s, -e> [vɔlɔn'tɛːɐ̯] m(f) trainee, intern AM
Vo·lon·ta·ri·at <-[e]s, -e> [vɔlɔnta'ri̯aːt] nt ❶ (*Ausbildungszeit*) period of training, internship AM ❷ (*Stelle*) trainee position, internship AM
Volt <-[e]s, -> [vɔlt] nt volt
Vo·lu·men <-s, - *o* Volumina> [vo'luːmən, pl -mina] nt volume
Vo·lu·men·ta·rif m TELEK volume rate
vo·lu·mi·nös [volumi'nøːs] adj voluminous
vom [fɔm] = **von dem** from
von [fɔn] *präp* +dat ❶ *räumlich* (*ab, herkommend*) from; **~ woher...?** where ...from?, from where...?; **~ diesem Fenster kann man alles sehen** you can see everything from this window; **diese Eier sind ~ unserem eigenen Hof** these eggs are from our own farm; (*aus ... herab/heraus*) off; **er fiel ~ der Leiter** he fell off the ladder ❷ *räumlich* (*etw entfernend*) from, off; **die Wäsche ~ der Leine nehmen** to take the washing off the line; **Schweiß ~ der Stirn wischen** to wipe sweat from one's brow ❸ *zeitlich* (*stammend*) from; **die Zeitung ~ gestern** yesterday's paper; **ich kenne sie ~ früher** I knew her a long time ago; **~ jetzt an** from now on; **~ wann ist der Brief?** when is the letter from? ❹ (*Urheber, Ursache*) **~ jdm gelobt werden** to be praised by sb; **müde ~ der Arbeit** tired of work; **~ wem ist dieses Geschenk?** who is this present from?; **~ wem weißt du das?** who told you that?; **~ wem ist dieser Roman?** who is this novel by?; **das war nicht nett ~ dir!** that was not nice of you! ❺ *statt gen* (*Zugehörigkeit*) of; **die Königin ~ England** the Queen of England; **die Musik ~ Beethoven** Beethoven's music ❻ (*Gruppenangabe*) of; **einer ~ vielen** one of many; **keiner ~ uns wusste Bescheid** none of us knew about it ❼ (*Eigenschaft*) of; **ein Mann ~ Charakter** a real character; **eine Angelegenheit ~ größter Wichtigkeit** an extremely important mat-

ter ❻ (*bei Maßangaben*) of; **eine Pause ~ zehn Minuten** a ten minute break; **einen Abstand ~ zwei Metern** a distance of two metres ▶ **~ wegen!** no way!

von·ein·an·der [fɔnʔaɪˈnandɐ] *adv* from each other, from one another; **wir könnten viel ~ lernen** we could learn a lot from each other; **die beiden Städte sind 20 Kilometer ~ entfernt** the two towns are twenty kilometres apart

von·stat·ten|ge·hen [fɔnˈʃtatn̩-] *vi* to take place

vor [foːɐ̯] I. *präp* ❶ (*davor befindlich*) in front of; **sie ließ ihn ~ sich her gehen** she let him go in front of her; **~ sich hin summen** (*fam*) to hum to oneself; **der Unfall geschah 2 km ~ der Stadt** the accident happened 2 km outside the town; **~ etw** *dat* **davonlaufen** (*fig*) to run away from sth; **sich ~ jdm schämen** to feel ashamed in front of sb ❷ (*in Bezug auf*) regarding, with regards to; **jdn ~ jdm warnen** to warn sb about sb ❸ (*eher*) before; **vor kurzem/hundert Jahren** a short time/hundred years ago; **es ist zehn ~ zwölf** it is ten to twelve; **~ jdm am Ziel sein** to get somewhere before sb else; **ich war ~ dir dran** I was before you ❹ (*bedingt durch*) with; **starr ~ Schreck** rigid with horror; **~ Kälte zittern** to shake with cold II. *adv* forward; **~ und zurück** backwards and forwards; **Freiwillige ~!** volunteers one step forward!

vor·ab [foːɐ̯ˈʔap] *adv* first, to begin with; **~ einige Informationen** let me first give you some information

Vor·abend <-s, -e> [ˈfoːɐ̯ʔaːbn̩t] *m* **am ~ [einer S.** *gen*] on the evening before [sth], on the eve [of sth]

Vor·ah·nung *f* premonition; **~en haben** to have a premonition

vo·ran [foˈran] *adv* ❶ (*vorn befindlich*) first ❷ (*vorwärts*) forwards

vo·ran|brin·gen [foˈranbrɪŋən] *vt irreg* ■ **etw ~** to advance sth; ■ **jdn ~** to allow sb to advance **vo·ran|ge·hen** *vi irreg sein* ❶ (*an der Spitze gehen*) to go ahead [of sb]; **geht ihr mal voran, ihr kennt den Weg** you go ahead, you know the way ❷ *a. impers* (*Fortschritte machen*) to make progress; **die Arbeiten gehen zügig voran** rapid progress is being made with the work ❸ (*einer Sache vorausgehen*) to precede; **dem Projekt gingen lange Planungsphasen voran** the project was preceded by long phases of planning **vo·ran|kom·men** *vi irreg sein* ❶ (*vorwärtskommen*) to make headway ❷ (*Fortschritte machen*) to make progress (**mit** with); **wie kommt ihr voran mit der Arbeit?** how are you getting along with the work?

Vor·an·kün·di·gung *f* advance notice

Vor·an·mel·dung [ˈfoːɐ̯ʔanmɛldʊŋ] *f* appointment, booking

Vor·an·schlag *m* estimate

vo·ran|trei·ben *vt irreg* to push ahead; (*Projekt*) to make progress

Vor·ar·beit *f* groundwork, preliminary [*or* preparatory] work; **[gute] ~ leisten** to prepare the ground [well] *also fig;* **es ist noch einige ~ zu leisten** there's still some preparatory work to do

Vor·ar·bei·ter(in) *m(f)* foreman *masc,* forewoman *fem*

Vor·arl·berg [ˈfoːɐ̯ʔarlbɛrk] Vorarlberg (*federal state of Austria*)

vo·raus [foˈraʊs] *adv* in front, ahead; **jdm ~ sein** to be ahead of sb; **im V~** in advance

Vo·raus·ex·em·plar *nt* TYPO advance copy **vo·raus|fah·ren** *vi irreg sein* to drive on ahead **vo·raus|ge·hen** [foˈraʊsgeːən] *vi irreg sein* to go on ahead; **einem Unwetter geht meistens ein Sturm voraus** bad weather is usually preceded by a storm

vo·raus·ge·setzt *adj* ■ **~, [dass]** ... provided [that]

vo·raus|ha·ben *vt irreg* ■ **[jdm] etw ~** to have the advantage of sth [over sb] **Vo·raus·sa·ge** <-, -en> *f* prediction **vo·raus|sa·gen** *vt* to predict **Vo·raus·schau** *f* foresight; (*finanziell*) projection; **in kluger/weiser ~** with sensible/wise foresight **vo·raus·schau·en** *vi* to look ahead **vo·raus·schau·end** I. *adj* foresighted II. *adv* foresightedly; **bei langfristigen Projekten muss ~ geplant werden** with long-term projects planning must be conducted with an eye to the future **vo·raus|schi·cken** *vt* ❶ (*vor jdm losschicken*) to send on ahead ❷ (*vorher sagen*) to say in advance **vo·raus|se·hen** *vt irreg* to foresee; **das war vorauszusehen!** that was to be expected! **vo·raus|set·zen** *vt* ❶ (*als selbstverständlich erachten*) to assume; **gewisse Fakten muss ich als bekannt ~** I have to assume that certain facts are known ❷ (*erfordern*) to require; **diese Position setzt besondere Kenntnisse voraus** this position requires special knowledge **Vo·raus·set·zung** <-, -en> *f* ❶ (*Vorbedingung*) precondition; **unter der ~, dass ...** on condition that ...; **unter bestimmten ~en** under certain conditions; **er hat für diesen Job nicht die richtigen ~en** he hasn't got the right qualifications for this job ❷ (*Annahme*) assumption, premise

Vo·raus·sicht *f kein pl* foresight; **in weiser ~** (*hum*) with great foresight; **aller ~ nach** in all probability

vo·raus·sicht·lich [foˈrauszɪçtlɪç] **I.** *adj* (*erwartet*) expected **II.** *adv* (*wahrscheinlich*) probably

vo·raus|zah·len *vt* to pay in advance **Vo·raus·zah·lung** *f* advance payment

Vor·bau <-[e]s, -bauten> [ˈfoːɐ̯bau, *pl* -bautən] *m* porch

Vor·be·dacht [ˈfoːɐ̯bədaxt] *m* **mit ~** intentionally; **ohne ~** unintentionally

Vor·be·din·gung *f* precondition

Vor·be·halt <-[e]s, -e> [ˈfoːɐ̯bəhalt] *m* reservation; **~e gegen etw** *akk* **haben** to have reservations about sth; **ohne ~** without reservation; **unter ~** with reservations *pl*

vor|be·hal·ten* *vt irreg* ■ **sich** *dat* [etw] **~** to reserve [sth] for oneself; **Änderungen ~** subject to alterations; **alle Rechte ~** all rights reserved; **die Entscheidung bleibt natürlich Ihnen ~** the decision will be left to you of course

vor·be·halt·lich I. *präp* ■ **~ einer S.** *gen* subject to sth **II.** *adj* **eine ~e Genehmigung** conditional approval

vor·be·halt·los I. *adj* unreserved **II.** *adv* unreservedly, without reservation

vor·bei [foːɐ̯ˈbai] *adv* ❶ (*vorüber*) ■ **an etw** *dat* **~** past sth; **wir sind schon an München ~** we have already passed Munich; **schon wieder ~, ich treffe nie** missed again, I never score ❷ (*vergangen*) ■ **~ sein** to be over; **es ist drei Uhr ~** it's gone three o'clock; **aus und ~** over and finished

vor·bei|brin·gen *vt irreg* ■ **etw ~** to drop sth off; **wir bringen Ihnen Ihre Pizza zu Hause vorbei** we'll deliver your pizza to your doorstep **vor·bei|fah·ren** *irreg* **I.** *vt haben* (*fam: hinbringen*) ■ **jdn ~** to drop sb off **II.** *vi sein* ❶ (*vorüberfahren*) to drive past; **ich habe im V~ nicht sehen können, was auf dem Schild stand** I couldn't see in passing what was on the sign ❷ (*kurz aufsuchen*) **ich fahre noch beim Supermarkt vorbei** I'm going to call in at the supermarket **vor·bei|füh·ren** *vi* ■ **an etw** *dat* **~** to lead past sth **vor·bei|ge·hen** [foːɐ̯ˈbaigeːən] *vi irreg sein* ❶ (*vorübergehen*) to go past; ■ **im V~** in passing; (*überholen*) to overtake; (*dane-bengehen*) to miss [sb/sth]; **sie ging dicht an uns vorbei, erkannte uns aber nicht** she walked right past us, but didn't recognize us ❷ (*aufsuchen*) to call in; **gehe doch bitte auf dem Rückweg bei der Apotheke vorbei** please could you drop in at the chemist's on the way back ❸ (*vergehen*) ■ **etw geht vorbei** sth passes **vor·bei|kom·men** *vi irreg sein* ❶ (*passieren*) to pass; **sag Bescheid, wenn wir an einer Telefonzelle ~** let me know when we pass a telephone box ❷ (*besuchen*) to drop in (**bei** at) ❸ (*vorbeigehen können*) to get past; **an dieser Tatsache kommen wir nicht vorbei** (*fig*) we can't escape this fact **vor·bei|las·sen** *vt irreg* ❶ (*vorbeigehen lassen*) to let past; **lassen Sie uns bitte vorbei!** let us through please! ❷ (*verstreichen lassen*) to let go by; **eine Gelegenheit ungenutzt ~** to let an opportunity slip **vor·bei|re·den** *vi* **am Thema ~** to miss the point; **aneinander ~** to be talking at cross purposes *pl* **vor·bei|zie·hen** *vi irreg sein* (*vorüberziehen*) to pass by; *Wolken, Rauch* to drift past; **die Ereignisse in der Erinnerung ~ lassen** (*fig fam*) to let events go through one's mind

vor·be·las·tet *adj* at a disadvantage; **erblich ~ sein** to have an inherited defect

Vor·be·mer·kung *f* preface, foreword

vor|be·rei·ten* I. *vt* to prepare (**für/auf** for) **II.** *vr* ■ **sich ~** to prepare oneself (**für/auf** for); **wir bereiten uns auf ihre Ankunft vor** we're preparing for her arrival

vor·be·rei·tend *adj attr* preparatory

Vor·be·rei·tung <-, -en> *f* preparation; **~en [für etw** *akk*] **treffen** to make preparations [for sth]

Vor·be·sit·zer(in) <-s, -> *m(f)* previous owner

vor|be·stel·len* *vt* to order in advance; **ich möchte bitte zwei Karten ~** I'd like to book two tickets please

Vor·be·stel·lung *f* advance booking

Vor·be·stim·mung <-, -en> *f* fate

vor·be·straft *adj* (*fam*) previously convicted (**wegen** for); **mehrfach ~ sein** to have several previous convictions; **nicht ~ sein** to not have a criminal record

Vor·be·straf·te(r) *f(m) dekl wie adj* person with a previous conviction

vor|beu·gen I. *vt* (*nach vorne beugen*) to bend forward **II.** *vi* (*Prophylaxe betreiben*) **einer Krankheit/Gefahr ~** to prevent an illness/danger **III.** *vr* ■ **sich ~** to lean forward

vor·beu·gend I. *adj* preventive; **eine ~e Maßnahme** a preventive measure II. *adv* as a precautionary measure; **sich ~ impfen lassen** to be vaccinated as a precaution

Vor·beu·gung <-, -en> *f* prevention; **zur ~ [gegen etw** *akk*] as a prevention [against sth]

Vor·bild <-[e]s, -er> ['foːɐ̯bɪlt] *nt* example; **nach dem ~ von ...** following the example set by ...; **ein leuchtendes/schlechtes ~** a shining/poor example; **[jdm] als ~ dienen** to serve as an example [for sb]

vor·bild·lich I. *adj* exemplary II. *adv* in an exemplary manner

Vor·bil·dung *f kein pl* educational background

Vor·bo·te *m* harbinger, herald

vor|brin·gen *vt irreg* ▪ **etw ~** to have sth to say (**gegen** about); *Argument* to put forward; *Bedenken* to express; *Einwand* to raise

vor·christ·lich *adj attr* **in ~er Zeit** in pre-Christian times

Vor·dach *nt* canopy

vor|da·tie·ren* [foːɐ̯daˈtiːrən] *vt* to postdate

Vor·den·ker(in) *m(f)* progressive thinker

Vor·der·ach·se *f* front axle

Vor·der·a·si·en <-s> *nt* Near East

vor·der·e(r, s) ['fɔrdərə, -rɛ, -rəs] *adj* front; **die Explosion zerstörte den ~n Bereich des Domes** the explosion destroyed the front [section] of the cathedral

Vor·der·front *f* frontage

Vor·der·grund *m a.* KUNST, FOTO foreground; **etw in den ~ stellen** to give priority to sth; **im ~ stehen** to be the centre of attention; **in den ~ treten** to come to the fore

vor·der·grün·dig I. *adj* superficial II. *adv* at first glance

Vor·der·mann *m* ▪ **jds ~** person in front of sb ▸ **etw auf ~ bringen** (*fam*) to lick sth into shape **Vor·der·rad** *nt* front wheel **Vor·der·rad·an·trieb** *m* front-wheel drive **Vor·der·schin·ken** *m* shoulder ham *no indef art, no pl* **Vor·der·sei·te** *f* front [side] **Vor·der·sitz** *m* front seat

vor·der·ste(r, s) ['fɔrdəstɐ, -stə, -stəs] *adj superl von* **vordere(r, s)** foremost; **die ~n Plätze** the seats at the very front

Vor·der·teil ['fɔrdetaɪl] *m o nt* front [part]

Vor·di·plom *nt* intermediate diploma (*first part of the final exams towards a diploma*)

vor|drän·geln *vr*, **vor|drän·gen** *vr* ▪ **sich ~** to push to the front

vor|drin·gen *vi irreg sein* to reach, to get as far as

vor·dring·lich ['foːɐ̯drɪŋlɪç] I. *adj* ADMIN (*form*) urgent, pressing, most important; **~e Aufgaben** priority tasks II. *adv* as a matter of urgency; **~ zu besprechende Punkte** points in urgent need of discussion

Vor·druck <-drucke> *m* form

vor·ehe·lich *adj attr* pre-marital

vor·ei·lig ['foːɐ̯ʔaɪlɪç] I. *adj* rash, over-hasty II. *adv* rashly, hastily; **~ schließen, dass ...** to jump to the conclusion that ...

vor·ein·an·der [foːɐ̯ʔaɪˈnandɐ] *adv* in front of each other; **Angst ~ haben** to be afraid of each other; **Geheimnisse ~ haben** to have secrets from each other

vor·ein·ge·nom·men ['foːɐ̯ʔaɪngənɔmən] *adj* prejudiced (**gegenüber** against)

Vor·ein·ge·nom·men·heit <-> *f kein pl* prejudice

Vor·ein·stel·lung *f* INFORM previously installed setting

vor|ent·hal·ten* ['foːɐ̯ʔɛnthaltn̩] *vt irreg* ▪ **[jdm] etw ~** to withhold sth [from sb]

Vor·ent·schei·dung *f* preliminary decision

vor·erst ['foːɐ̯ʔeːɐ̯st] *adv* for the time being, for the present

Vor·fahr(in) <-en, -en> ['foːɐ̯faːɐ̯] *m(f)* forefather, ancestor

vor|fah·ren *irreg* I. *vi sein* ❶ (*vor ein Gebäude fahren*) to drive up ❷ (*ein Stück weiterfahren*) to move up ❸ (*früher fahren*) to drive on ahead II. *vt haben* (*vor ein Gebäude fahren*) ▪ **etw ~** to bring sth around; ▪ **etw ~ lassen** to have sth brought around

Vor·fahrt ['foːɐ̯faːɐ̯t] *f kein pl* right of way; **~ haben** to have [the] right of way; **jdm die ~ nehmen** to fail to give way to sb

Vor·fahrts·schild *nt* right of way sign

Vor·fahrts·stra·ße *f* main road

Vor·fall *m* incident, occurrence

vor|fal·len *vi irreg sein* to happen, to occur *form*

Vor·feld *nt* ▸ **im ~ von etw** *dat* in the run-up to sth

vor|fin·den *vt irreg* to find

Vor·freu·de *f* [excited] anticipation (**auf** of)

vor|füh·len *vi* to put out a few feelers; ▪ **bei jdm ~** to sound out *sep* sb

vor|füh·ren *vt* ❶ MODE (*präsentieren*) to model ❷ (*darbieten*) to perform ❸ JUR **jdn dem Richter ~** to bring sb before the judge ❹ (*bloßstellen*) ▪ **jdn ~** to show sb up

Vor·füh·rung *f* ❶ FILM showing ❷ MODE modelling

Vor·ga·be f ❶ meist pl (Richtwert) guideline ❷ SPORT [head] start
Vor·gang <-gänge> m ❶ (Geschehnis) event ❷ (Prozess) process
Vor·gän·ger(in) <-s, -> m(f) predecessor
Vor·gän·ger·re·gie·rung f previous government
Vor·gar·ten m front garden
vor|gau·keln vt ▪ jdm etw ~ to lead sb to believe in sth
vor|ge·ben irreg I. vt ❶ (vorschützen) to use as an excuse ❷ (nach vorn geben) to pass forward ❸ (festlegen) to set in advance II. vi ▪ ~ [, dass ...] to pretend [that ...]
Vor·ge·bir·ge nt foothills pl
vor·ge·fasst^{RR} adj, **vor·ge·faßt**^{ALT} adj preconceived
vor·ge·fer·tigt adj prefabricated
vor|ge·hen vi irreg sein ❶ (vorausgehen) to go on ahead ❷ (zu schnell gehen) to be fast; **meine Uhr geht fünf Minuten vor** my watch is five minutes fast ❸ (Priorität haben) to have priority, to come first ❹ (Schritte ergreifen) to take action (**gegen** against) ❺ (sich abspielen) ▪ [irgendwo] ~ to go on [somewhere]; ▪ [in jdm] ~ to go on [inside sb] ❻ (verfahren) to proceed (**bei** in)
Vor·ge·hens·wei·se f procedure
vor·ge·la·gert adj GEOG offshore
Vor·ge·plän·kel nt preliminary skirmish
Vor·ge·schich·te f ❶ (vorausgegangener Verlauf) [past] history ❷ kein pl (Prähistorie) prehistory no indef art, no pl, prehistoric times pl
Vor·ge·schmack m kein pl foretaste; **jdm einen ~ [von etw** dat] **geben** to give sb a foretaste [of sth]
Vor·ge·setz·te(r) f(m) dekl wie adj superior
Vor·ge·spräch nt first interview
vor·ges·tern ['foːɐ̯ɡɛstɐn] adv the day before yesterday; **~ Abend/Mittag** the evening before last/the day before yesterday at midday; **~ Morgen/Nacht** the morning/night before last
vor|grei·fen vi irreg to anticipate; **aber fahren Sie doch fort, ich will Ihnen nicht ~** do continue, I didn't mean to jump in ahead of you
vor|ha·ben ['foːɐ̯haːbn̩] vt irreg ▪ etw ~ to have sth planned; **wir haben große Dinge mit Ihnen vor** we've got great plans for you; **hast du etwa vor, noch weiterzuarbeiten?** do you intend to carry on working?

Vor·ha·ben <-s, -> ['foːɐ̯haːbn̩] nt plan, project
Vor·hal·le f entrance hall; (eines Hotels/Theaters) foyer
vor|hal·ten irreg I. vt ▪ jdm etw ~ ❶ (vorwerfen) to reproach sb for sth ❷ (davorhalten) to hold sth [in front of sb] II. vi to last
Vor·hal·tung f meist pl reproach; **jdm ~ en machen** gen to reproach sb (**wegen** for)
Vor·hand <-> ['foːɐ̯hant] f kein pl forehand
vor·han·den ['foːɐ̯ˈhandn̩] adj ❶ (verfügbar) available; ▪ ~ **sein** to be left ❷ (existierend) which exist pred, existing
Vor·han·den·sein <-s> nt kein pl availability
Vor·hang <-s, Vorhänge> ['foːɐ̯haŋ, pl 'foːɐ̯hɛŋə] m curtain
Vor·hän·ge·schloss^{RR} nt padlock
Vor·haut f ANAT foreskin
vor·her [foːɐ̯ˈheːɐ̯] adv beforehand; **wir fahren bald los, ~ sollten wir aber noch etwas essen** we're leaving soon, but we should have something to eat before we go; **die Besprechung dauert bis 15 Uhr, ~ darf ich nicht gestört werden** the meeting is due to last until 3 o'clock, I mustn't be disturbed until then
vor·her|be·stim·men* vt to predetermine; ▪ **vorherbestimmt sein** to be predestined **vor·her·ge·hend** adj previous attr, preceding
vor·he·rig [foːɐ̯ˈheːrɪç] adj attr prior; (Abmachung, Vereinbarung) previous
Vor·herr·schaft f POL hegemony, [pre]dominance
vor|herr·schen vi to predominate
vor·herr·schend adj predominant, prevailing; (weitverbreitet) prevalent
Vor·her·sa·ge [foːɐ̯ˈheːɐ̯zaːɡə] f ❶ METEO forecast ❷ (Voraussage) prediction **vor·her|sa·gen** vt to predict **vor·her·seh·bar** adj foreseeable **vor·her|se·hen** vt irreg to foresee
vor·hin [foːɐ̯ˈhɪn] adv a moment ago, just [now]
Vor·hof m ARCHIT forecourt
Vor·hut <-, -en> f MIL vanguard
vo·rig ['foːrɪç] adj attr last, previous; **diese Konferenz war genauso langweilig wie die ~e** this conference was just as boring as the previous one
Vor·jahr nt last year; **im Vergleich zum ~** compared to last year
vor|jam·mern vt ▪ jdm etw ~ to moan to sb

Vor·kämp·fer(in) *m(f)* pioneer
Vor·kaufs·recht *nt* right of first refusal
Vor·keh·rung <-, -en> *f* precaution; **~en treffen** to take precautions
Vor·kennt·nis *f meist pl* previous experience *no pl, no indef art*
vor|knöp·fen *vt* ■ **sich** *dat* **jdn ~** to give sb a good talking-to, to take sb to task
vor|ko·chen *vt* KOCHK to partially cook
vor|kom·men *vi irreg sein* ❶ (*passieren*) to happen; ■ **es kommt vor, dass ...** it can happen that ...; **das kann [schon mal] ~** these things [can] happen; **das soll nicht wieder ~** it won't happen again ❷ (*vorhanden sein*) to be found, to occur ❸ (*erscheinen*) to seem; **du kommst dir wohl sehr schlau vor?** you think you're very clever, don't you?; **das Lied kommt mir bekannt vor** this song sounds familiar to me ❹ (*nach vorn kommen*) to come to the front ❺ (*zum Vorschein kommen*) to come out; **hinter etw** *dat* **~** to come out from behind sth
Vor·kom·men <-s, -> *nt* ❶ *kein pl* MED incidence ❷ *meist pl* BERGB deposit
Vor·komm·nis <-ses, -se> ['fo:ɐkɔmnɪs] *nt* incident, occurrence; **besondere/keine besonderen ~se** particular incidents /nothing out of the ordinary
Vor·kriegs·zeit *f* pre-war period
vor|la·den *vt irreg* JUR to summon; (*unter Strafandrohung*) to subpoena
Vor·la·dung *f* JUR ❶ (*das Vorladen*) summoning ❷ (*Schreiben*) summons; (*unter Strafandrohung*) subpoena
Vor·la·ge *f* ❶ *kein pl* (*das Vorlegen*) presentation; **ohne ~ von Beweisen können wir der Sache nicht nachgehen** if you can't produce any evidence we can't look into the matter ❷ KUNST pattern ❸ SCHWEIZ (*Vorleger*) mat
vor|las·sen *vt irreg* ❶ (*den Vortritt lassen*) to let go first ❷ (*nach vorn durchlassen*) to let past
Vor·lauf *m* ❶ SPORT (*Qualifikationslauf*) qualifying heat, preliminary round ❷ TECH (*schnelles Vorspulen*) fast-forward[ing]; (*Heizungsvorlauf*) flow [pipe] ❸ TRANSP, ÖKON forward planning
Vor·läu·fer(in) *m(f)* precursor
vor·läu·fig ['fo:ɐlɔyfɪç] I. *adj* temporary; (*Ergebnis*) provisional; (*Regelung*) interim II. *adv* for the time being; **jdn ~ festnehmen** to take sb into temporary custody
vor·laut ['fo:ɐlaʊt] *adj* cheeky, impertinent
Vor·le·ben *nt kein pl* ■ **jds ~** sb's past [life]
vor|le·gen *vt* (*einreichen*) ■ **[jdm] etw ~** to present sth [to sb]; **[jdm] Beweise ~** to produce evidence [for sb]
vor|leh·nen *vr* ■ **sich ~** to lean forward
vor|le·sen *irreg* I. *vt* ■ **etw ~** to read out *sep* sth; **soll ich dir den Artikel aus der Zeitung ~?** shall I read you the article from the newspaper? II. *vi* to read aloud (**aus** from); **liest du den Kindern bitte vor?** will you read to the children, please?
Vor·le·sung *f* lecture; **eine ~ [über etw** *akk***] halten** to give a lecture [on sth]
Vor·le·sungs·ver·zeich·nis *nt* lecture timetable
vor·letz·te(r, s) ['fo:ɐlɛtstə, -stɐ, -stəs] *adj* ❶ (*vor dem Letzten liegend*) before last *pred;* **das ~ Treffen** the meeting before last ❷ (*in einer Aufstellung*) penultimate, last but one BRIT, next to last AM; **sie ging als V~ durchs Ziel** she was the second last to finish
Vor·lie·be [fo:ɐ'li:bə] *f* preference (**für** for); **eine ~ [für jdn/etw] haben** to have a particular liking [for sb/sth]
vor·lieb|neh·men [fo:ɐ'li:p-] *vt* ■ **[mit jdm/etw] ~** to make do [with sb/sth]
vor|lie·gen *vi irreg* ❶ (*eingereicht sein*) to have come in; **mein Antrag liegt Ihnen seit vier Monaten vor!** my application's been with you for four months! ❷ (*bestehen*) to be; **hier muss ein Irrtum ~** there must be some mistake here ❸ JUR **ich habe ein Recht zu erfahren, was gegen mich vorliegt** I have a right to know what I've been charged with
vor|lü·gen *vt irreg* ■ **[jdm] etw ~** to lie to sb
vor|ma·chen *vt* ❶ (*täuschen*) ■ **jdm etw ~** to fool sb; ■ **sich** *dat* **etw ~** to fool oneself; **machen wir uns doch nichts vor** let's not kid ourselves ❷ (*demonstrieren*) ■ **jdm etw ~** to show sb [how to do] sth
Vor·macht·stel·lung *f kein pl* POL hegemony, supremacy; **eine ~ [gegenüber jdm] [inne]haben** to have supremacy [over sb]
vor·ma·lig ['fo:ɐma:lɪç] *adj attr* former
Vor·marsch *m a.* MIL advance; **auf dem ~ sein** to be advancing; (*fig*) to be gaining ground
vor|mer·ken *vt* ❶ (*im Voraus eintragen lassen*) **lassen Sie bitte zwei Doppelzimmer ~** please book two double rooms for me; **ich habe mir den Termin vorgemerkt** I've made a note of the appointment ❷ (*reservieren*) to reserve; ■ **vorgemerkt** reserved
Vor·mit·tag ['fo:ɐmɪta:k] *m* morning; **am [frühen/späten] ~** [early/late] in the morning

vor·mit·tags *adv* in the morning
Vor·mund <-[e]s, -e *o* Vormünder> ['foɐ̯mʊnt, *pl* -mʏndə] *m* guardian
Vor·mund·schaft <-, -en> ['foɐ̯mʊntʃaft] *f* guardianship
vorn [fɔrn] *adv* at the front; ■ **~ in etw** *dat* at the front of sth; **nach ~** to the front; **nach ~ fallen** to fall forward; **von ~** (*von der Vorderseite her*) from the front; (*von Anfang an*) from the beginning; **von ~ bis hinten** (*fam*) from beginning to end; **jetzt kann ich wieder von ~ anfangen** now I'll have to start again from scratch
Vor·na·me *m* first [*or* Christian] name
vorne *adv s.* **vorn**
vor·nehm ['foːɐ̯neːm] *adj* ❶ (*adelig*) aristocratic, noble ❷ (*elegant*) elegant, distinguished ❸ (*luxuriös*) exclusive, posh ▶ **~ tun** (*pej fam*) to put on airs [and graces]
vor|neh·men *vt irreg* ❶ (*einplanen*) ■ **sich** *dat* **etw ~** to plan sth; **für morgen haben wir uns viel vorgenommen** we've got a lot planned for tomorrow ❷ (*sich eingehend beschäftigen*) ■ **sich** *dat* **etw ~** to get to work on sth, to have a stab at sth *fam* ❸ (*fam: zurechtweisen*) ■ **sich** *dat* **jdn ~** to give sb a good talking-to, to take sb to task ❹ (*ausführen*) to carry out *sep;* **Änderungen ~** to make changes; **eine Untersuchung ~** to do an examination
vor·nehm·lich *adv* primarily
vor|nei·gen I. *vt* ■ **etw ~** to bend sth forward **II.** *vr* ■ **sich ~** to lean forward
vorn·he·rein ['fɔrnhɛraɪn] *adv* ■ **von ~** from the start
vorn·über [fɔrnˈʔyːbɐ] *adv* forwards
Vor·ort ['foːɐ̯ʔɔrt] *m* suburb
Vor·platz *m* forecourt
vor·pro·gram·miert *adj* pre-programmed; *Weg* predetermined
Vor·rang *m kein pl* ❶ (*Priorität*) priority (**vor** over); **mit ~** as a matter of priority ❷ ÖSTERR (*Vorfahrt*) right of way
vor·ran·gig I. *adj* priority *attr,* of prime importance *pred;* ■ **~ sein** to have priority **II.** *adv* as a matter of priority
Vor·rang·stel·lung *f* pre-eminence *no pl, no indef art*
Vor·rat <-[e]s, Vorräte> ['foːɐ̯raːt, *pl* 'foːɐ̯rɛːtə] *m* stocks *pl,* supplies *npl;* **unser ~ an Heizöl ist erschöpft** our stock of heating oil has run out; **etw auf ~ haben** to have sth in stock; **etw auf ~ kaufen** to stock up on sth; **Vorräte anlegen** to lay in stock[s *pl*]; **solange der ~ reicht** while stocks last
vor·rä·tig ['foːɐ̯rɛːtɪç] *adj* in stock *pred;* **etw ~ haben** to have sth in stock
Vor·rats·kam·mer *f* store cupboard; (*kleiner Vorratsraum*) larder, pantry
Vor·rats·raum *m* store room
Vor·raum *m* anteroom
vor|rech·nen *vt* ■ **etw ~** to calculate sth
Vor·recht *nt* privilege
Vor·rei·ter(in) *m(f)* pioneer
Vor·rich·tung <-, -en> *f* device, gadget
vor|rü·cken I. *vi sein* ❶ MIL to advance (**gegen** on) ❷ (*nach vorn rücken*) to move forward **II.** *vt haben* ■ **etw ~** to move sth forward
Vor·ru·he·stand *m* early retirement
Vor·run·de *f* SPORT preliminary round
vor|sa·gen *vt* ■ **etw ~** to whisper sth
Vor·sai·son *f* low season
Vor·satz <-[e]s, Vorsätze> ['foːɐ̯zats, *pl* 'foːɐ̯zɛtsə] *m* resolution; **den ~ fassen, etw zu tun** to resolve to do sth
vor·sätz·lich ['foːɐ̯zɛtslɪç] **I.** *adj* deliberate, intentional **II.** *adv* deliberately, intentionally
Vor·schau <-, -en> *f* FILM, TV trailer (**auf** for)
Vor·schein *m* **etw zum ~ bringen** (*finden*) to find sth; (*zeigen*) to produce sth; **zum ~ kommen** (*sich bei Suche zeigen*) to turn up; (*offenbar werden*) to come to light
vor|schie·ben *vt irreg* ❶ (*vorschützen*) to use as an excuse ❷ (*für sich agieren lassen*) ■ **jdn ~** to use sb as a front man/woman ❸ (*nach vorn schieben*) to push forward ❹ (*vor etw schieben*) to push across
vor|schie·ßen *vt irreg* ■ **etw ~** to advance sth
Vor·schlag *m* proposal, suggestion; **[jdm] einen ~ machen** to make a suggestion [to sb]; **auf jds ~ [hin]** on sb's recommendation
vor|schla·gen *vt irreg* ❶ (*als Vorschlag unterbreiten*) ■ **etw ~** to suggest sth; ■ **jdm ~, etw zu tun** to suggest that sb do sth ❷ (*empfehlen*) to recommend
Vor·schlag·ham·mer *m* sledgehammer
vor·schnell *adj s.* **voreilig**
vor|schrei·ben *vt irreg* ■ **jdm etw ~** to stipulate sth to sb; ■ **jdm ~, wann/was/wie ...** to tell sb when/what/how ...
Vor·schrift *f* ADMIN regulation, rule; (*Anweisung*) instructions *pl;* (*polizeilich*) orders *pl;* **~ sein** to be the regulation[s]; **jdm ~en machen** to tell sb what to do; **sich** *dat* **von jdm ~en/keine ~en**

machen lassen to be/not be told what to do by sb; **nach ~** to rule

vor·schrifts·mä·ßig *adj, adv* according to the regulations **vor·schrifts·wid·rig** *adj, adv* against the regulations *pred*

Vor·schub *m* **einer S.** *dat* **~ leisten** to encourage sth

Vor·schul·al·ter *nt kein pl* pre-school age; **im ~ sein** to be of pre-school age

Vor·schu·le *f* pre-school

Vor·schuss^RR <-es, Vorschüsse> *m*, **Vor·schuß**^ALT <-sses, Vorschüsse> ['foːɐ̯ʃʊs] *m* advance (**auf** on)

vor|schüt·zen *vt* to use as an excuse; ■ **~, [dass ...]** to pretend [that ...]

vor|schwe·ben *vi* to have in mind; **was schwebt dir da genau vor?** what exactly is it that you have in mind?

vor|se·hen *irreg* **I.** *vr* ❶ (*sich in Acht nehmen*) ■ **sich [vor jdm] ~** to watch out [for sb] ❷ (*aufpassen*) ■ **sich ~, dass/was ...** to take care that/what ...; **sieh dich vor!** watch it! **II.** *vt* ❶ (*eingeplant haben*) ■ **etw ~** to intend to use sth; ■ **jdn ~** to designate sb; **Sie hatte ich für eine andere Aufgabe vorgesehen** I had you in mind for a different task ❷ (*bestimmen*) to call for; (*in Gesetz, Vertrag*) to provide for **III.** *vi* (*bestimmen*) ■ **~, dass ...** to provide for the fact that ...; **es ist vorgesehen, [dass ...]** it is planned [that ...]

Vor·se·hung <-> ['foːɐ̯ʃʊŋ] *f kein pl* providence

vor|set·zen *vt* (*auftischen*) ■ **etw ~** to serve up *sep* sth

Vor·sicht <-> ['foːɐ̯zɪçt] *f kein pl* care; **etw ist mit ~ zu genießen** (*fam*) sth should be taken with a pinch of salt; **mit ~** carefully; **zur ~** as a precaution; **~!** watch out! ▶ **~ ist besser als Nachsicht** (*prov*) better [to be] safe than sorry

vor·sich·tig **I.** *adj* ❶ (*umsichtig*) careful ❷ (*zurückhaltend*) cautious **II.** *adv* ❶ (*umsichtig*) carefully ❷ (*zurückhaltend*) cautiously

Vor·sichts·hal·ber *adv* as a precaution, just to be on the safe side

Vor·sichts·maß·nah·me *f* precaution; **~n treffen** to take precautions

Vor·sil·be *f* prefix

vor|sin·gen *irreg vt* ■ **etw ~** to sing sth; **sing uns doch was vor!** sing us something!

vor·sint·flut·lich ['foːɐ̯zɪntfluːtlɪç] *adj* (*fam*) ancient

Vor·sitz ['foːɐ̯zɪts] *m* chairmanship; **den ~ haben** to be chairman/-woman/-person; **den ~ bei etw** *dat* **haben** to chair sth; **unter dem ~ von jdm** under the chairmanship of sb

Vor·sit·zen·de(r) *f(m) dekl wie adj* chairman/-woman/-person

Vor·sor·ge *f* provisions *pl*; **~ für etw** *akk* **treffen** to make provisions for sth

vor|sor·gen *vi* to provide (**für** for)

Vor·sor·ge·un·ter·su·chung *f* medical check-up

vor·sorg·lich **I.** *adj* precautionary **II.** *adv* as a precaution

Vor·spann <-[e]s, -e> ['foːɐ̯ʃpan] *m* FILM, TV opening credits *npl*

Vor·spei·se *f* starter

Vor·spie·ge·lung *f* feigning; **einer Notlage** pretence; **unter ~ von etw** *dat* under the pretence of sth

Vor·spiel *nt* ❶ MUS audition ❷ (*vor dem Liebesakt*) foreplay *no pl, no indef art*

vor|spie·len **I.** *vt* ■ **etw ~** ❶ MUS to play sth ❷ (*vorheucheln*) to put on sth **II.** *vi* MUS to play

vor|spre·chen *irreg* **I.** *vt* ■ **jdm etw ~** to say sth for sb first **II.** *vi* ❶ (*offiziell aufsuchen*) ■ **bei jdm/etw ~** to call on sb/at sth ❷ THEAT, TV to recite; **dann sprechen Sie mal vor!** let's hear your recital!

---

etwas vorschlagen

etwas vorschlagen	*suggesting something*
Wie wär's, wenn wir heute mal ins Kino gehen würden? *(fam)*	*How about going to the cinema today? (fam)*
Wie wär's mit einer Tasse Tee? *(fam)*	*How do you fancy a cup of tea? (fam)*
Was hältst du davon, wenn wir mal eine Pause machen würden?	*What about having a break now?*
Hättest du Lust, spazieren zu gehen?	*Would you like to go for a walk?*
Ich schlage vor, wir vertagen die Sitzung.	*I suggest we postpone the meeting.*

vor|sprin·gen *vi irreg sein Fels* to project; *Nase* to be prominent
vor·sprin·gend *adj* prominent, protruding; (*Backenknochen*) prominent, high
Vor·sprung *m* ❶ (*Distanz*) lead; **sie haben mittlerweile einen beträchtlichen ~** they will have got a considerable start by now ❷ ARCHIT projection
Vor·sta·di·um *nt* early stage
Vor·stadt *f* suburb
Vor·stand *m* ❶ (*Geschäftsführung*) board [of management]; (*einer Partei*) executive; (*eines Vereins*) [executive] committee ❷ (*Vorstandsmitglied*) director, board member; (*einer Partei*) executive; (*eines Vereins*) [member of the] executive [committee]
vor|ste·hen *vi irreg sein o haben* ❶ (*hervorragen*) to be prominent [*or* protrude] ❷ (*Vorsteher sein*) ■ **einer S.** *dat* **~** to be the head of sth
Vor·ste·her(in) <-s, -> ['foːɐʃteːɐ] *m(f)* head; (*einer Schule*) headteacher BRIT, principal
vor·stell·bar *adj* conceivable, imaginable; **kaum ~** almost inconceivable
vor|stel·len I. *vt* ❶ (*gedanklich sehen*) ■ **sich** *dat* **etw ~** to imagine sth; **das muss man sich mal ~!** just imagine [it]! ❷ (*als angemessen betrachten*) ■ **sich** *dat* **etw ~** to have sth in mind ❸ (*mit etw verbinden*) **unter dem Namen Schlüter kann ich mir nichts ~** the name Schlüter doesn't mean anything to me ❹ (*bekannt machen*) ■ **jdm jdn ~** to introduce sb to sb ❺ (*präsentieren*) ■ **jdm etw ~** to present sth to sb ❻ (*vorrücken*) to move forward **II.** *vr* ■ **sich ~** ❶ (*bekannt machen*) to introduce oneself ❷ (*vorstellig werden*) to go for an interview
Vor·stel·lung *f* ❶ (*gedankliches Bild*) idea; **in jds ~** in sb's mind; **jds ~ entsprechen** to meet sb's requirements; **das Gehalt entspricht nicht ganz meinen ~en** the salary doesn't quite match [up to] my expectations; **bestimmte ~en haben** to have certain ideas; **falsche ~en haben** to have false hopes; **sich** *dat* **keine ~ machen, was/wie ...** to have no idea what/how ... ❷ THEAT performance; FILM showing ❸ (*Präsentation*) presentation
Vor·stel·lungs·ge·spräch *nt* interview
Vor·stel·lungs·kraft *f kein pl*, **Vor·stel·lungs·ver·mö·gen** *nt kein pl* [powers *npl* of] imagination
Vor·stoß *m* MIL (*plötzlicher Vormarsch*) advance, push, thrust
vor|sto·ßen *irreg* **I.** *vi sein* to venture; *Truppen* to advance **II.** *vt haben* ■ **jdn ~** to push sb forward
Vor·stra·fe *f* previous conviction
Vor·stra·fen·re·gis·ter *nt* criminal record
vor|stre·cken *vt* ❶ (*leihen*) ■ **jdm etw ~** to advance sb sth ❷ (*nach vorn strecken*) to stretch forward; **den Arm/die Hand ~** to stretch out one's arm/hand
Vor·stu·fe *f* preliminary stage
Vor·tag *m* **am ~** the day before; **vom ~** from yesterday
vor|täu·schen *vt Unfall* to fake; *Interesse* to feign
Vor·täu·schung *f* pretence, faking; **unter ~ falscher Tatsachen** under false pretences
Vor·teil <-s, -e> ['fɔrtail] *m* advantage; **er ist nur auf seinen ~ bedacht** he only ever thinks of his own interests; [**jdm gegenüber**] **im ~ sein** to have an advantage [over sb]; [**für jdn**] **von ~ sein** to be advantageous [to sb]; **sich zu seinem ~ verändern** to change for the better
vor·teil·haft I. *adj* ❶ FIN favourable (**für** for); (*Geschäft*) lucrative, profitable ❷ MODE flattering **II.** *adv* **du solltest dich etwas ~er kleiden** you should wear clothes which are a bit more flattering
Vor·trag <-[e]s, Vorträge> ['foːɐtraːk, *pl* 'foːɐtrɛːɡə] *m* lecture; **einen ~** [**über etw** *akk*] **halten** to give a lecture [on sth]
vor|tra·gen *vt irreg* ❶ (*berichten*) ■ **etw ~** to present sth; *Beschluss* to convey sth; *Wunsch* to express sth ❷ (*rezitieren*) to recite; *Lied* to sing a song; *Musikstück* to play
Vor·trags·rei·he *f* course of lectures *npl*
vor·treff·lich [foːɐˈtrɛflɪç] **I.** *adj* excellent; (*Gedanke, Idee a.*) splendid **II.** *adv* excellently
vor|tre·ten *vi irreg sein* ❶ (*nach vorn treten*) to step forward ❷ (*vorstehen*) to jut out
Vor·tritt¹ *m* precedence, priority; ■ **jdm den ~ lassen** to let sb go first
Vor·tritt² *m kein pl* SCHWEIZ (*Vorfahrt*) right of way
vo·rü·ber [foˈryːbɐ] *adv* ■ **~ sein** ❶ *räumlich* to have gone past; **wir sind an dem Geschäft sicher schon ~** we must have already passed the shop ❷ *zeitlich* to be over; (*Schmerz*) to be gone
vo·rü·ber|ge·hen [foˈryːbɐɡeːən] *vi irreg sein* ❶ (*entlanggehen*) ■ **an jdm/etw ~** to go [*or* walk] past sb/sth; **im V~** in passing ❷ (*vorbeigehen*) to pass; *Schmerz* to go **vo·rü·ber·ge·hend I.** *adj* temporary **II.** *adv* for a short time; **das Geschäft**

bleibt ~ geschlossen the business will be temporarily closed

Vor- und Zu·na·me *m* Christian [*or* first] name and surname

Vor·un·ter·su·chung *f* JUR preliminary investigation

Vor·ur·teil ['foːɐ̯ʔʊrtajl] *nt* prejudice; **~e [gegenüber jdm] haben** to be prejudiced [against sb]; **das ist ein ~** that's prejudiced

vor·ur·teils·los I. *adj* unprejudiced II. *adv* without prejudice

vor·ver·gan·gen *adj* (*vorletzt*) last but one; **in der ~en Woche** [in] the week before last

Vor·ver·gan·gen·heit *f* LING pluperfect

Vor·ver·kauf *m* advance sale *no pl*

Vor·ver·kaufs·stel·le *f* advance ticket office

vor|ver·le·gen* *vt* ❶ (*zeitlich*) to bring forward (**auf** to) ❷ (*räumlich*) to move forward

Vor·ver·ur·tei·lung *f* SOZIOL, JUR rush to judgement; **~ durch die Medien** trial by media

vor·vor·ges·tern ['foːɐ̯foːɐ̯ɡɛstɐn] *adv* three days ago

vor·vor·letz·te(r, s) *adj* third last, third to last AM

Vor·wahl *f* ❶ (*vorherige Auswahl*) pre-selection [process] ❷ POL preliminary election, primary AM ❸ TELEK area code

vor|wäh·len *vt* TELEK ■**etw ~** to dial sth first

Vor·wand <-[e]s, Vorwände> ['foːɐ̯vant, *pl* -vɛndə] *m* pretext, excuse; **unter einem ~** on a pretext

vor|war·nen *vt* to warn [in advance]

Vor·war·nung *f* [advance] warning; **ohne ~** without warning

vor·wärts ['foːɐ̯vɛrts] *adv* forward; **~!** onwards! [*or esp* AM onward!], move!; **wie geht's mit deiner Doktorarbeit ~?** how's your thesis coming along?

vor·wärts|brin·gen *vt irreg* ■**jdn ~** to help sb to make progress **Vor·wärts·gang** <-gänge> *m* forward gear **vor·wärts|kom·men** *vi irreg sein* to get on

Vor·wä·sche <-, -n> *f* pre-wash

vor|wa·schen *vt irreg* to pre-wash

vor·weg [foːɐ̯'vɛk] *adv* ❶ (*zuvor*) beforehand ❷ (*an der Spitze*) in front

Vor·weg·nah·me <-, -n> [foːɐ̯'vɛknaːmə] *f* indication **vor·weg|neh·men** [foːɐ̯'vɛknemən] *vt irreg* to anticipate

vor·weih·nacht·lich *adj Zeit, Stimmung* pre-Christmas; **die ~e Zeit** the holiday season

vor|wei·sen *vt irreg* ❶ (*nachweisen*) ■**etw ~ können** to have sth; **er kann einen mehrjährigen Auslandsaufenthalt ~** he has [the experience of having] spent a number of years abroad ❷ (*vorzeigen*) to show

vor|wer·fen *vt irreg* ❶ (*als Vorwurf vorhalten*) ■**jdm etw ~** to reproach sb for sth; **sich** *dat* **nichts vorzuwerfen haben** to have a clear conscience ❷ (*als Futter hinwerfen*) ■**einem Tier etw ~** to throw sth to an animal

vor·wie·gend *adv* predominantly, mainly

vor·wit·zig *adj* cheeky

Vor·wort <-worte> *nt* foreword, preface

Vor·wurf <-[e]s, Vorwürfe> *m* reproach; ■**jdm Vorwürfe machen** to reproach sb (**wegen** for)

vor·wurfs·voll I. *adj* reproachful II. *adv* reproachfully

Vor·zei·chen *nt* ❶ (*Omen*) omen ❷ (*Anzeichen*) sign ❸ MUS accidental

vor·zeig·bar *adj* presentable

Vor·zei·ge·frau *f* shining example of a woman

vor|zei·gen *vt* ■**etw ~** to show sth

Vor·zei·ge·ob·jekt *nt* showpiece

Vor·zeit ['foːɐ̯tsajt] *f* prehistoric times ▸ **in grauer ~** in the dim and distant past

vor·zei·tig ['foːɐ̯tsajtɪç] *adj* early; *Geburt* premature; *Tod* untimely

vor·zeit·lich ['foːɐ̯tsajtlɪç] *adj* prehistoric

vor|zie·hen *vt irreg* ❶ (*bevorzugen*) to prefer; ■**etw ~** to prefer sth; **ich ziehe es vor, spazieren zu gehen** I'd rather go for a walk ❷ (*zuerst erfolgen lassen*) to bring forward ❸ (*nach vorn ziehen*) to pull forward

Vor·zim·mer *nt* ❶ (*Sekretariat*) secretariat, secretary's office ❷ ÖSTERR (*Diele*) hall

Vor·zim·mer·da·me *f* (*fam*) secretary

Vor·zug <-[e]s, Vorzüge> ['foːɐ̯tsuːk, *pl* 'foːɐ̯tsyːɡə] *m* ❶ (*gute Eigenschaft*) asset, merit; **seine Vorzüge haben** to have one's assets ❷ (*Vorteil*) advantage ❸ (*Bevorzugung*) **einer S. den ~ geben** to prefer sth

vor·züg·lich [foːɐ̯'tsyːɡlɪç] I. *adj* excellent, first-rate II. *adv* excellently; **~ speisen** to have a sumptuous meal

Vor·zugs·preis *m* concessionary [*or* AM discount] fare **vor·zugs·wei·se** *adv* primarily

Vo·tum <-s, Voten *o* Vota> ['voːtʊm, *pl* 'voːtən, 'voːta] *nt* ❶ (*Entscheidung*) decision ❷ POL vote

Vo·yeur <-s, -e> [voa'jøːɐ̯] *m* voyeur

Vo·yeu·ris·mus <-> [voajø'rɪsmʊs] *m kein pl* voyeurism

vo·yeu·ris·tisch *adj* voyeuristic
vul·gär [vʊlˈgɛːɐ̯] **I.** *adj* vulgar **II.** *adv* **~ aussehen** to look vulgar; **sich ~ ausdrücken** to use vulgar language

Vul·kan <-[e]s, -e> [vʊlˈkaːn] *m* volcano
Vul·kan·aus·bruch [vʊ-] *m* volcanic eruption
vul·ka·nisch [vʊlˈkaːnɪʃ] *adj* volcanic

Ww

W, w <-, - *o fam* -s, -s> [veː] *nt* W, w; *s. a.* **A 1**
W *Abk von* **Westen** W
Waadt <-s> [vaːt] *nt* Vaud
Waa·ge <-, -n> [ˈvaːgə] *f* ❶ TECH scales *npl* ❷ *kein pl* ASTROL Libra
waa·ge·recht [ˈvaːgərɛçt] **I.** *adj* horizontal **II.** *adv* horizontally
Waage·rech·te <-n, -n> *f* horizontal [line]; **in der ~n** level
waag·recht [ˈvaːkrɛçt] *s.* **waagerecht**
Waag·scha·le *f* [scale-]pan
wab·be·lig [ˈvabəlɪç] *adj*, **wabb·lig** [ˈvablɪç] *adj* wobbly
Wa·be <-, -n> [ˈvaːbə] *f* honeycomb
wach [vax] *adj* awake; ■ **~ werden** to wake up
Wa·che <-, -n> [ˈvaxə] *f* ❶ *kein pl* (*Wachdienst*) guard duty; **~ stehen** to be on guard duty ❷ (*Wachposten*) guard ❸ (*Polizeiwache*) police station
wa·chen [ˈvaxn̩] *vi* ❶ (*Wache halten*) to keep watch ❷ (*auf etw achten*) ■ **über etw** *akk* **~** to ensure that sth is done
Wach·hund *m* watchdog **wach·küs·sen** *vt* to wake up *sep* with a kiss; (*fig*) ■ **jdn/etw ~** to breathe new life into sb/sth **Wach·mann** <-leute *o* -männer> *m* ❶ (*Wächter*) [night-]watchman ❷ ÖSTERR (*Polizist*) policeman
Wa·chol·der <-s, -> [vaˈxɔldɐ] *m* juniper
Wa·chol·der·bee·re *f* juniper berry
Wach·pos·ten *m s.* **Wachtposten**
wach|ru·fen *vt irreg* Erinnerungen to evoke **wach·rüt·teln** *vt* ■ **jdn ~** to wake up sb *sep* by shaking them
Wachs <-es, -e> [vaks] *nt* wax
wach·sam [ˈvaxzaːm] **I.** *adj* vigilant, watchful **II.** *adv* vigilantly, watchfully
Wach·sam·keit <-> *f kein pl* vigilance *no indef art, no pl*
wach·sen¹ <wuchs, gewachsen> [ˈvaksn̩] *vi sein* to grow (**um** by); **in die Breite/Höhe ~** to grow broader/taller; **sich** *dat* **die Haare/einen Bart ~ lassen** to grow one's hair/a beard ▸ **gut gewachsen** evenly-shaped
wach·sen² [ˈvaksn̩] *vt* (*mit Wachs einreiben*) to wax
wäch·sern [ˈvɛksɐn] *adj* waxen
Wachs·fi·gur *f* wax figure **Wachs·fi·gu·ren·ka·bi·nett** *nt* waxworks *npl* [museum *nsing*] **Wachs·mal·krei·de** *f*, **Wachs·mal·stift** *m* wax crayon **Wachs·tuch** *nt* oilcloth
Wachs·tum <-[e]s> [ˈvakstuːm] *nt kein pl* growth
Wachs·tums·chan·ce *f* prospects *pl* for growth [*or* expansion] **wachs·tums·för·dernd** *adj* ❶ BIOL growth-promoting ❷ ÖKON boosting economic growth **wachs·tums·hem·mend** *adj* growth-inhibiting **Wachs·tums·hor·mon** *nt* growth hormone **Wachs·tums·markt** *m* growth market **Wachs·tums·ra·te** *f* growth rate
Wach·tel <-, -n> [ˈvaxtl̩] *f* quail
Wäch·ter(in) <-s, -> [ˈvɛçtɐ] *m(f)* ❶ (*einer Anstalt*) guard; (*Wachmann*) watchman ❷ ([*moralischer*] *Hüter*) guardian
Wacht·meis·ter(in) *m(f)* [police] constable BRIT, police officer AM **Wacht·pos·ten** *m* guard
Wach(t)·turm *m* watchtower
Wach- und Schließ·ge·sell·schaft *f kein pl* ■ **die ~** the security corps BRIT
Wach·zu·stand *m* ■ **im ~** awake
wa·cke·lig [ˈvakəlɪç] *adj Konstruktion* rickety; *Säule* shaky; *Stuhl* unsteady
Wa·ckel·kon·takt *m* loose connection
wa·ckeln [ˈvakl̩n] *vi* ❶ (*wackelig sein*) to wobble; *Konstruktion* to shake ❷ (*hin und her bewegen*) ■ **mit etw** *dat* **~** to rock on [one's] sth; **mit dem Kopf ~** to shake one's head; **mit den Ohren ~** to wiggle one's ears
Wa·ckel·pud·ding *m* jelly BRIT, jello AM
wack·lig [ˈvaklɪç] *adj s.* **wackelig**
Wa·de <-, -n> [ˈvaːdə] *f* calf
Wa·den·bein *nt* fibula

Waf·fe <-, -n> ['vafə] f weapon, arm; **zu den ~n greifen** to take up arms ▶ **jdn mit seinen eigenen ~n schlagen** to beat sb at his own game

Waf·fel <-, -n> ['vafl] f waffle

Waf·fel·ei·sen nt waffle iron

Waf·fen·be·sitz m possession of firearms **Waf·fen·brü·der·schaft** f MIL (geh) band of brothers **Waf·fen·em·bar·go** nt arms embargo **Waf·fen·gang** m MIL (geh) military action **Waf·fen·han·del** m arms trade **Waf·fen·händ·ler** m arms dealer **Waf·fen·hil·fe** f MIL, POL arms shipments **Waf·fen·in·spek·tor, -in·spek·to·rin** m, f weapons inspector **Waf·fen·la·ger** nt arsenal **Waf·fen·lie·fe·rung** f arms supply **Waf·fen·ru·he** f ceasefire **Waf·fen·schein** m firearms licence **Waf·fen·schmug·gel** m MIL gunrunning, arms smuggling **waf·fen·star·rend** ['vafənʃtarənd] adj (geh) heavily armed **Waf·fen·still·stand** m armistice

Wa·ge·mut m daring no indef art, no pl **wa·ge·mu·tig** adj daring

wa·gen ['va:gn̩] I. vt ❶ (riskieren) to risk ❷ (sich getrauen) ■ **es ~, etw zu tun** to dare [to] do sth ▶ **wer nicht wagt, der nicht gewinnt** (prov) nothing ventured, nothing gained II. vr ❶ (sich zutrauen) ■ **sich an etw** akk ~ to venture to tackle sth ❷ (sich trauen) ■ **sich irgendwohin ~** to venture [out] to somewhere

Wa·gen <-, Wagen o SÜDD, ÖSTERR Wägen> ['va:gn̩, pl 'vɛ:gn̩] m ❶ (Pkw) car ❷ (Waggon) carriage, coach ❸ (Fahrzeug mit Deichsel) cart

wä·gen <wog o wägte, gewogen o gewägt> ['vɛ:gn̩] vt (geh) to weigh

Wa·gen·füh·rer(in) m(f) [tram] driver **Wa·gen·he·ber** <-s, -> m jack **Wa·gen·park** m s. **Fuhrpark Wa·gen·rad** nt cartwheel **Wa·gen·ren·nen** nt chariot race

Wag·gon <-s, -s> [va'gɔŋ] m [goods] wag[g]on

wag·hal·sig ['va:khalzɪç] adj daring

Wag·nis <-ses, -se> ['va:knɪs] nt ❶ (riskantes Vorhaben) risky venture ❷ (Risiko) risk

Wag·nis·ka·pi·tal nt FIN, ÖKON venture capital

Wa·gon <-s, -s> [va'gõ, va'gɔŋ] m s. **Waggon**

Wahl <-, -en> [va:l] f ❶ POL election; **zur ~ gehen** to vote ❷ kein pl (Auswahl) choice; **eine ~ treffen** to make a choice; **jdm die ~ lassen** to let sb choose; **jdm keine ~ lassen** to leave sb [with] no alternative ❸ (Klasse) **erste/zweite ~** top quality/second-class quality ▶ **wer die ~ hat, hat die Qual** (prov) sb is spoilt for choice

Wähl·au·to·ma·tik f TELEK automatic dialling

wähl·bar adj POL eligible

Wahl·be·nach·rich·ti·gung f polling card **wahl·be·rech·tigt** adj entitled to vote pred **Wahl·be·rech·tig·te(r)** <-n, -n> f(m) dekl wie adj person entitled to vote **Wahl·be·tei·li·gung** f turnout **Wahl·be·zirk** m ward

wäh·len ['vɛ:lən] I. vt ❶ a. POL ■ **jdn/etw ~** to vote for sb/sth; ■ **jdn zu etw** dat ~ to elect sb as sth ❷ TELEK to dial II. vi ❶ POL to vote ❷ (auswählen) to choose (**unter** from) ❸ TELEK to dial

Wäh·ler(in) <-s, -> m(f) voter

Wahl·er·geb·nis nt election result

Wäh·le·rin <-, -nen> f fem form von **Wähler**

wäh·le·risch ['vɛ:lərɪʃ] adj particular, choos[e]y fam; (Kunde) discerning

Wäh·ler·schaft <-, -en> f electorate no indef art, no pl

Wäh·ler·stim·me f vote

Wahl·fach nt SCH option[al subject] **wahl·frei** adj kein pl SCH optional **Wahl·gang** m ballot **Wahl·ge·heim·nis** nt kein pl secrecy of the ballot **Wahl·hei·mat** f ■ **jds ~** sb's adopted place [or country] of residence **Wahl·hel·fer(in)** m(f) POL ❶ (Helfer eines Kandidaten) election assistant ❷ (amtlich bestellte Aufsicht) polling officer **Wahl·ka·bi·ne** f polling booth **Wahl·kampf** m election campaign **Wahl·kampf·tak·tik** f election campaign tactics pl **Wahl·kom·mis·si·on** f Electoral Commission BRIT, Federal Election Commission AM **Wahl·kreis** m constituency **Wahl·lo·kal** nt polling station [or AM place]

wahl·los ['va:llo:s] I. adj indiscriminate II. adv indiscriminately

Wahl·mög·lich·keit f choice, option, possibility **Wahl·nie·der·la·ge** f electoral defeat **Wahl·pa·ro·le** f election slogan **Wahl·pla·kat** nt election poster **Wahl·recht** nt kein pl [right to] vote; **das allgemeine ~** universal suffrage

Wähl·schei·be f TELEK dial

Wahl·schein m postal vote form BRIT, absentee ballot AM **Wahl·sieg** m election victory **Wahl·spruch** m motto, slogan **Wahl·sys·tem** nt electoral system

Wähl·ton m TELEK dialling [or AM dial] tone **Wahl·ur·ne** f ballot box **Wahl·ver·lie·**

rer(in) *m(f)* POL election loser **Wahl·ver·samm·lung** *f* election meeting **Wahl·volk** *nt* POL (*fam*) voting masses

wahl·wei·se *adv* as desired

Wahl·wie·der·ho·lung *f* TELEK automatic redial **Wahl·zet·tel** *m* ballot paper

Wahn <-[e]s> [va:n] *m kein pl* ❶ (*irrige Vorstellung*) delusion; **in einem ~ leben** to labour under a delusion ❷ (*Manie*) mania

Wahn·sinn *m kein pl* ❶ (*Unsinn*) madness ❷ MED insanity; **heller ~ sein** (*fam*) to be sheer madness; **jdn zum ~ treiben** to drive sb mad; **~!** wild!

wahn·sin·nig I. *adj* ❶ MED insane, mad ❷ *attr* (*fig: gewaltig*) terrible, dreadful ❸ (*wahnwitzig*) crazy ❹ (*kirre*) **jdn ~ machen** to drive sb mad II. *adv* terribly, dreadfully; **~ viel** a heck of a lot

Wahn·sin·ni·ge(r) *f(m) dekl wie adj* madman *masc*, madwoman *fem*

Wahn·vor·stel·lung *f* delusion

wahr [va:ɐ̯] *adj* ❶ (*zutreffend*) true ❷ *attr* (*wirklich*) real; **~ werden** to become a reality ▶ **das einzig W~e** just the thing; **das darf doch nicht ~ sein!** (*verärgert*) I don't believe this!; (*entsetzt*) it can't be true!; **da ist etwas W~es dran** there's some truth in it; (*als Antwort*) you're not wrong there; **etw ist [auch] nicht das W~e** sth is not quite the thing; **etw ~ machen** to carry out sth

wah·ren ['va:rən] *vt* ❶ (*schützen*) to protect; **jds Interessen ~** to look after sb's interests ❷ (*erhalten*) to maintain

wäh·rend ['vɛ:rənt] I. *präp* +*gen* during II. *konj* ❶ (*zur selben Zeit*) while ❷ (*wohingegen*) whereas

wäh·rend·des·sen ['vɛ:rənt'dɛsn̩] *adv* meanwhile, in the meantime

wahr·ha·ben *vt irreg* ▪ **etw nicht ~ wollen** not to want to admit sth

wahr·haft ['va:ɐ̯haft] *adj attr* real, true

wahr·haf·tig ['va:ɐ̯'haftɪç] I. *adj* real, true II. *adv* really

Wahr·heit <-, -en> ['va:ɐ̯hajt] *f* truth *no pl*; **es mit der ~ nicht so genau nehmen** to stretch the truth; **die ~ sagen** to tell the truth

Wahr·heits·ge·halt *m* truth; *einer Behauptung* validity **wahr·heits·ge·treu** I. *adj* truthful; *Darstellung* accurate II. *adv berichten* truthfully; *darstellen* accurately

wahr·lich ['va:ɐ̯lɪç] *adv* really

wahr·nehm·bar *adj* audible; *Geruch* perceptible

wahr|neh·men ['va:ɐ̯ne:mən] *vt irreg* ❶ (*merken*) to perceive; *Geräusch* to detect ❷ *Termin* to keep; *Rechte* to exercise; *Gelegenheit* to take advantage of; *Interessen* to look after

Wahr·neh·mung <-, -en> *f Geräusch* detection *no pl*; *Geruch* perception *no pl*

wahr|sa·gen ['va:ɐ̯za:gn̩] *vi* to tell fortunes

Wahr·sa·ger(in) <-s, -> ['va:ɐ̯za:gɐ] *m(f)* fortune teller

Wahr·sa·gung <-, -en> *f* prediction

wahr·schein·lich [va:ɐ̯'ʃajnlɪç] I. *adj* probable, likely II. *adv* probably

Wahr·schein·lich·keit <-, -en> *f* probability; **aller ~ nach** in all probability

Wah·rung <-> ['va:rʊŋ] *f kein pl* protection *no pl*

Wäh·rung <-, -en> ['vɛːrʊŋ] *f* currency

Wäh·rungs·buch·hal·tung *f* currency accounting **Wäh·rungs·ein·heit** *f* currency unit **Wäh·rungs·fonds** *m* monetary fund **Wäh·rungs·po·li·tik** *f* monetary policy **Wäh·rungs·re·form** *f* currency reform **Wäh·rungs·sys·tem** *nt* monetary system; ▪ **das Europäische ~** the European Monetary System **Wäh·rungs·uni·on** *f* monetary union; ▪ **die Europäische ~** the European Monetary Union

Wahr·zei·chen ['va:ɐ̯tsajçn̩] *nt* landmark

Wai·se <-, -n> ['vajzə] *f* orphan

Wai·sen·haus *nt* orphanage **Wai·sen·kind** *nt* orphan **Wai·sen·ren·te** *f* orphan's allowance

Wal <-[e]s, -e> [va:l] *m* whale

Wald <-[e]s, Wälder> [valt, *pl* 'vɛldɐ] *m* wood, forest

Wald·brand *m* forest fire

Wäl·dchen <-s, -> ['vɛltçən] *nt dim von* **Wald** small wood

Wald·horn *nt* MUS French horn **Wald·lauf** *m* cross-country run **Wald·meis·ter** *m* woodruff

Wal·dorf·schule ['valdɔrf-] *f* Rudolf Steiner School

Wald·rand *m* edge of the forest **Wald·scha·den** *m* damage to forests **Wald·ster·ben** *nt* death of the forest[s] as a result of pollution **Wald·weg** *m* forest path

Wales <-> [weɪlz] *nt* Wales *no pl*

Wal·fang ['va:lfaŋ] *m kein pl* whaling **Wal·fän·ger(in)** <-s, -> *m(f)* whaler

Wa·li·ser(in) <-s, -> [va'li:zɐ] *m(f)* Welshman *masc*, Welsh woman *fem*; *s. a.* **Deutsche(r)**

wa·li·sisch [va'li:zɪʃ] *adj* Welsh; *s. a.* **deutsch**

Wal·kie-Tal·kie^RR <-[s], -s> ['vɔ:ki'to:-

ki] *nt,* **Wal·kie-tal·kie**^(ALT) <-[s], -s> *nt* walkie-talkie
Walk·man® <-s, -men> ['vo:kmɛn] *m* walkman®
Wall <-[e]s, Wälle> [val, *pl* 'vɛlə] *m* embankment; *Burg* rampart
Wal·lach <-[e]s, -e> ['valax] *m* gelding
wal·len ['valən] *vi Wasser* to bubble
wal·lend *adj* (*geh*) flowing; **ein ~ er Bart** a flowing beard
Wall·fah·rer(in) *m(f)* pilgrim
Wall·fahrt ['valfa:ɐ̯t] *f* pilgrimage
Wall·fahrts·ort *m* place of pilgrimage
Wal·lis <-> ['valɪs] *nt* Valais (*Swiss Canton*)
Wal·li·ser(in) <-s, -> ['valizɐ] *m(f)* inhabitant of Valais (*in Switzerland*)
Wal·lung <-, -en> *f* (*Hitze~*) [hot] flush *usu pl* ▸ **jdn in ~ bringen** to make sb's blood surge
Wal·lungs·wert *m* (*oft iron geh*) emotional punch
Wal·nuss^(RR) ['valnʊs] *f* walnut
Wal·nuss·baum^(RR) *m* walnut [tree] **Wal·nuss·holz**^(RR) *nt* walnut
Wal·pur·gis·nacht [val'pʊrgɪs-] *f* Walpurgis night
Wal·ross^(RR) *nt,* **Wal·roß**^(ALT) ['valrɔs] *nt* walrus
wal·ten ['valtn̩] *vi* (*geh*) ❶ (*herrschen*) to reign ❷ (*üben*) **Nachsicht ~ lassen** to show leniency
Wal·ze <-, -n> ['valtsə] *f* roller
wal·zen ['valtsn̩] *vt* to roll
wäl·zen ['vɛltsn̩] **I.** *vt* ❶ (*rollen*) to roll ❷ *Probleme* to turn over in one's mind ❸ *Bücher* to pore over **II.** *vr* to roll (**in** in); **sie wälzte sich im Bett hin und her** she tossed and turned in bed
wal·zen·för·mig *adj* cylindrical
Wal·zer <-s, -> ['valtsɐ] *m* waltz; **Wiener ~** Viennese waltz
Wam·pe <-, -n> ['vampə] *f* (*fam*) paunch
wand *imp von* **winden**¹
Wand <-, Wände> [vant, *pl* 'vɛndə] *f* ❶ (*Mauer*) wall ❷ (*Wandung*) side ▸ **spanische ~** folding screen; **in jds vier Wänden** within sb's own four walls; **die ~ hoch gehen können** to drive sb up the wall; **jdn an die ~ spielen** SPORT to thrash sb; MUS, THEAT to outshine sb
Wan·da·lis·mus [vanda'lɪsmʊs] *m s.* **Vandalismus**
Wan·del <-s> ['vandl̩] *m kein pl* change; **einem ~ unterliegen** to be subject to change
wan·deln¹ ['vandl̩n] **I.** *vt* (*ändern*) to change **II.** *vr* ■ **sich ~** to change

wan·deln² ['vandl̩n] *vi sein* (*geh*) to stroll
Wan·der·aus·stel·lung *f* travelling exhibition **Wan·der·büh·ne** *f* THEAT touring company
Wan·de·rer, Wan·de·rin <-s, -> ['vandərɐ, 'vandərɪn] *m, f* hiker
Wan·der·kar·te *f* map of walks
wan·dern ['vandɐn] *vi sein* ❶ (*eine Wanderung machen*) to hike ❷ GEOG to shift ❸ ZOOL to migrate
Wan·der·po·kal *m* challenge cup
Wan·der·schaft <-> *f kein pl* travels *npl;* **auf ~ sein** to be on one's travels
Wan·de·rung <-, -en> ['vandərʊŋ] *f* hike; **eine ~ machen** to go on a hike
Wan·der·vo·gel *m* ❶ (*Zugvogel*) migratory bird ❷ (*hum*) keen hiker **Wan·der·weg** *m* walk, trail **Wan·der·zir·kus** *m* travelling circus
Wand·ge·mäl·de *nt* mural, wall painting
Wand·lung <-, -en> ['vandlʊŋ] *f* change
wand·lungs·fä·hig *adj* adaptable; *Schauspieler* versatile
Wand·schrank *m* built-in cupboard
wand·te ['vantə] *imp von* **wenden**
Wand·tep·pich *m* tapestry **Wand·uhr** *f* wall clock
Wan·ge <-, -n> ['vaŋə] *f* cheek
wan·kel·mü·tig ['vaŋkl̩my:tɪç] *adj* inconsistent
wan·ken ['vaŋkn̩] *vi* ❶ *haben* (*schwanken*) to sway ❷ *sein* (*sich wankend bewegen*) to stagger ▸ **ins W~ geraten** to begin to sway
wann [van] *adv interrog* when; **bis ~** until when; **seit ~** since when; **~ [auch] immer** whenever
Wan·ne <-, -n> ['vanə] *f* tub
Wanst <-[e]s, Wänste> [vanst, *pl* 'vɛnstə] *m* paunch
Wan·ze <-, -n> ['vantsə] *f* bug
WAP-Han·dy *nt* WAP phone
Wap·pen <-s, -> ['vapn̩] *nt* coat of arms
Wap·pen·kun·de *f* heraldry *no pl* **Wap·pen·schild** *m o nt* shield
wapp·nen ['vapnən] *vr* ■ **sich ~** to prepare oneself (**gegen** for)
war [va:ɐ̯] *imp von* **sein**¹
warb [varp] *imp von* **werben**
Wa·re <-, -n> ['va:rə] *f* article, product ▸ **heiße ~** hot goods
Wa·ren·an·ge·bot *nt* range of goods on offer **Wa·ren·au·to·mat** *m* vending machine **Wa·ren·be·stand** *m* stock *no pl* **Wa·ren·bör·se** *f* commodity exchange **Wa·ren·haus** *nt* (*veraltend*) department store **Wa·ren·la·ger** *nt* goods depot **Wa·**

ren·ver·kehr *m kein pl* movement of goods **Wa·ren·zei·chen** *nt* trade mark
warf [varf] *imp von* **werfen**
War·lord <-s, -s> ['vo:lɔrd] *m* MIL (*sl*) warlord
warm <wärmer, wärmste> [varm] **I.** *adj* warm; **etw ~ halten** to keep sth warm; **etw ~ machen** to heat sth up; **es ~ haben** to be warm; **mir ist zu ~** I'm too hot ▶**sich ~ laufen** to warm up **II.** *adv* (*im Warmen*) warmly; (*gewärmt*) warm; **den Motor ~ laufen lassen** to let the engine warm up ▶**etw wärmstens empfehlen** to recommend sth most warmly
Warm·blü·ter <-s, -> *m* warm-blooded animal **Warm·du·scher** <-s, -> *m* (*pej sl*) wimp
Wär·me <-> ['vɛrmə] *f kein pl* warmth *no pl*
Wär·me·aus·tausch *m kein pl* heat exchange **Wär·me·be·las·tung** *f kein pl* ❶ ÖKOL thermal pollution ❷ TECH thermal stress **wär·me·be·stän·dig** *adj* heat-resistant **Wär·me·brü·cke** *f* BAU thermal bridge **Wär·me·däm·mung** *f* heat insulation **Wär·me·ener·gie** *f* thermal energy **Wär·me·haus·halt** *m* heat regulation **Wär·me·iso·lie·rung** *f* thermal insulation **Wär·me·kraft·werk** *nt* thermal power station **Wär·me·leh·re** *f kein pl* theory of heat
wär·men ['vɛrmən] **I.** *vt* to warm up; ■ **sich [gegenseitig] ~** to keep each other warm **II.** *vi* to be warm
Wär·me·pum·pe *f* heat pump **Wär·me·reg·ler** *m* thermostat **Wär·me·spei·cher** *m* thermal store **Wär·me·strah·lung** *f* thermal radiation *no pl* **Wär·me·tech·nik** *f kein pl* heat technology
Wärm·fla·sche *f* hot-water bottle
Warm·front *f* METEO warm front **Warm·hal·te·kan·ne** *f* thermos **warm|hal·ten** *vt irreg* ▶**sich** *dat* **jdn ~ halten** to keep sb warm [*or* BRIT in with sb] **Warm·hal·te·plat·te** *f* hotplate **warm·her·zig** *adj* warm-hearted **Warm·luft** *f* warm air *no pl* **Warm·mie·te** *f* rent including heating [*or* AM heat] **Warm·start** *m* INFORM soft reset
Warm·was·ser·be·rei·ter <-s, -> [varm-'vasəbəraitɐ] *m* water heater **Warm·was·ser·spei·cher** *m* hot-water tank **Warm·was·ser·ver·sor·gung** *f* hot-water supply
warm|wer·den *vi irreg sein* ■ **mit jdm ~** to warm to sb
Warn·blink·an·la·ge *f* hazard warning lights *pl* **Warn·drei·eck** *nt* hazard warning triangle
war·nen ['varnən] *vt* to warn (**vor** about)
Warn·kreuz *nt* BAHN warning cross **Warn·licht** *nt* AUTO hazard warning light **Warn·schild** *nt* warning sign **Warn·schuss**[RR] *m*, **Warn·schuß**[ALT] *m* warning shot **Warn·sig·nal** *nt* warning signal **Warn·streik** *m* token strike
War·nung <-, -en> *f* warning (**vor** about)
Warn·zei·chen *nt* warning sign
War·schau <-s> ['varʃau] *nt* Warsaw
War·te·hal·le *f* waiting room **War·te·lis·te** *f* waiting list
war·ten[1] ['vartn̩] *vi* to wait (**auf** for); **auf sich ~ lassen** to be a long time [in] coming; **warte mal!** hold on!; **na warte!** just you wait!; **worauf wartest du noch?** what are you waiting for?
war·ten[2] ['vartn̩] *vt* to service
Wär·ter(in) <-s, -> ['vɛrtɐ] *m(f)* ❶ (*Gefängnis~*) prison officer [*or* AM guard], warder BRIT ❷ (*Tierpfleger*) keeper
War·te·raum *m* waiting room **War·te·saal** *m* (*im Bahnhof*) waiting room **War·te·schlan·ge** *f* queue, line AM **War·te·zeit** *f* wait *no pl* **War·te·zim·mer** *nt* waiting room
War·tung <-, -en> *f* service, maintenance *no pl*
wa·rum [va'rʊm] *adv interrog* why; **~ nicht?** why not?; **na also, ~ nicht gleich so!** (*fam*) why couldn't you do that before!
War·ze <-, -n> ['vartsə] *f* wart
was [vas] **I.** *pron interrog* ❶ (*welches Ding*) what; **~ ist?** what's the matter? ❷ (*fam: warum?*) why? ❸ (*fam: nicht wahr?*) isn't it/doesn't it/aren't you? **II.** *pron rel* what; ■ **das, ~ ...** that which ... *form,* what ... **III.** *pron indef* (*fam: etwas*) something, anything; **kann ich ~ helfen?** is there anything I can do to help?; **iss nur, es ist ~ ganz Leckeres!** just eat it, it's something really tasty!
Wasch·an·la·ge *f* car wash **Wasch·an·lei·tung** *f* washing instructions *pl*
wasch·bar *adj* washable
Wasch·bär *m* racoon
Wasch·be·cken *nt* washbasin
Wä·sche <-, -en> *f* ❶ *kein pl* (*Schmutz~*) washing *no pl;* **etw in die ~ tun** to put sth in the wash; (*das Waschen*) washing *no pl* ❷ *kein pl* (*Unter~*) underwear *no pl* ❸ *kein pl* (*Haushalts~*) linen *no pl*
wasch·echt *adj* ❶ (*typisch*) genuine, real ❷ (*nicht verbleichend*) colourfast

Wä·sche·klam·mer f [clothes]peg **Wä·sche·korb** m laundry basket **Wä·sche·lei·ne** f [clothes]line
wa·schen <wusch, gewaschen> ['vaʃn] vt to wash
Wä·sche·rei <-, -en> [vɛʃə'raɪ] f laundry **Wä·sche·schleu·der** f spin dryer **Wä·sche·schrank** m linen cupboard **Wä·sche·stän·der** m clothes horse **Wä·sche·trock·ner** <-s, -> m drier
Wasch·gang <-gänge> m wash (*stage of a washing programme*) **Wasch·kü·che** f wash house **Wasch·lap·pen** m ❶ (*Lappen*) flannel ❷ (*fam: Feigling*) sissy **Wasch·ma·schi·ne** f washing machine **Wasch·mit·tel** nt detergent **Wasch·pul·ver** nt washing powder **Wasch·raum** m washroom **Wasch·sa·lon** m launderette BRIT, laundromat AM **Wasch·schüs·sel** f washtub **Wasch·stra·ße** f car wash
Wa·schung <-, -en> f ❶ MED washing *no pl* ❷ REL ablution *no pl*
Wasch·weib nt (*fam*) gossip **Wasch·zeug** nt washing things *pl*
Was·ser <-s, - *o* Wässer> ['vasɐ, *pl* 'vɛsɐ] nt water *no pl*; ~ abweisend water-repellent ▸ **das ~ bis zum Hals stehen haben** to be up to one's ears in debt; **jdm läuft das ~ im Mund[e] zusammen** sb's mouth is watering; **fließend** ~ running water; **stille** ~ **sind tief** still waters run deep *prov;* **ins** ~ **fallen** to fall through; **mit allen ~n gewaschen sein** to know every trick in the book; **sich über ~ halten** to keep oneself above water; **jdm das ~ reichen können** to be a match for sb; ~ **lassen** MED to pass water; **etw zu ~ lassen** NAUT to launch sth; **etw unter ~ setzen** to flood sth; **unter ~ stehen** to be flooded; **zu** ~ by sea
Was·ser·ader f subterranean watercourse **Was·ser·an·schluss**[RR] m mains hose BRIT, water main connection AM **Was·ser·auf·be·rei·tung** f water treatment **Was·ser·auf·be·rei·tungs·an·la·ge** f water treatment plant **Was·ser·bad** nt ❶ KOCHK bain-marie ❷ FOTO water bath **Was·ser·ball** m ❶ *kein pl* SPORT water polo *no pl* ❷ (*Spielball*) beach ball **Was·ser·be·häl·ter** m water container **Was·ser·bett** nt waterbed **Was·ser·dampf** m steam *no pl* **was·ser·dicht** adj watertight; Uhr water-resistant **was·ser·durch·läs·sig** adj porous **Was·ser·fall** m waterfall **Was·ser·far·be** f watercolour **was·ser·fest** adj waterproof, water-resistant **Was·ser·floh** m water flea **Was·ser·flug·zeug** nt seaplane **Was·ser·glas** nt glass, tumbler **Was·ser·gra·ben** m ❶ (*Graben*) ditch ❷ SPORT water jump ❸ (*Burggraben*) moat **Was·ser·hahn** m [water] tap [*or* AM faucet] **Was·ser·här·te** f hardness of the water **Was·ser·haus·halt** <-[e]s> m *kein pl* ❶ MED, BIOL water balance ❷ ÖKOL hydrologic balance
wäs·se·rig ['vɛsərɪç] adj *s.* wässrig
Was·ser·kes·sel m KOCHK kettle; TECH boiler **Was·ser·kraft** f *kein pl* water power *no pl* **Was·ser·kraft·werk** nt hydroelectric power station **Was·ser·lauf** m watercourse **Was·ser·lei·che** f corpse found in water **Was·ser·lei·tung** f water pipe **Was·ser·li·lie** f water lily **was·ser·lös·lich** adj soluble in water **Was·ser·man·gel** m water shortage **Was·ser·mann** ['vasɐman] m ❶ ASTROL Aquarius *no pl, no def art* ❷ (*Nöck*) water sprite **Was·ser·me·lo·ne** f watermelon **Was·ser·müh·le** f watermill
wäs·sern ['vɛsɐn] vt to water
Was·ser·pfei·fe f hookah **Was·ser·pflan·ze** f aquatic plant **Was·ser·pis·to·le** f water pistol **Was·ser·rad** nt water wheel **Was·ser·rat·te** f ❶ (*Schermaus*) water rat ❷ (*gerne badender Mensch*) keen swimmer **Was·ser·rohr** nt water pipe **Was·ser·scha·den** m water damage *no pl* **Was·ser·schei·de** f watershed **was·ser·scheu** adj scared of water **Was·ser·schutz·ge·biet** nt water protection area **Was·ser·schutz·po·li·zei** f river police **Was·ser·ski** m ❶ *kein pl* (*Sportart*) waterskiing *no pl* ❷ (*Sportgerät*) waterski **Was·ser·spei·er** <-s, -> m gargoyle **Was·ser·spie·gel** m water level **Was·ser·sport** m water sports *pl* **Was·ser·sport·ler, -sport·le·rin** m, f water sports enthusiast **Was·ser·spü·lung** f flush **Was·ser·stand** m water level **Was·ser·stoff** m hydrogen *no pl* **Was·ser·stoff·blon·di·ne** f (*hum fam*) peroxide blonde **Was·ser·stoff·bom·be** f hydrogen bomb **Was·ser·stoff·per·oxyd** nt hydrogen peroxide **Was·ser·stoff·ver·bren·nungs·mo·tor** m AUTO hydrogen[-fuelled] internal combustion engine **Was·ser·strahl** m jet of water **Was·ser·stra·ße** f waterway **Was·ser·tem·pe·ra·tur** f water temperature **Was·ser·trop·fen** m water drop **Was·ser·ver·brauch** m water consumption **Was·ser·ver·schmut·zung** f water pollution

Was·ser·ver·sor·gung f water supply **Was·ser·vo·gel** m aquatic bird **Was·ser·waa·ge** f spirit level **Was·ser·weg** m waterway; **auf dem ~** by water **Was·ser·wel·le** f MODE shampoo and set **Was·ser·wer·fer** m water cannon **Was·ser·werk** nt waterworks + sing/pl vb **Was·ser·zäh·ler** m water meter **Was·ser·zei·chen** nt watermark

wäss·rig[RR] adj, **wäß·rig**[ALT] ['vɛsrɪç] adj ❶ Suppe watery ❷ Lösung aqueous

wa·ten ['va:tn̩] vi sein to wade

Wat·sche <-, -> ['va:tʃə], **Wat·schen** ['va:tʃn̩] f ÖSTERR, SÜDD (fam) clip round the ear

wat·scheln ['va:tʃln] vi sein to waddle

Watt[1] <-s, -> [vat] nt PHYS watt

Watt[2] <-[e]s, -en> [vat] nt mudflats pl

Wat·te <-, -n> ['vatə] f cotton wool no pl

Wat·te·bausch m wad of cotton wool

Wat·ten·meer nt kein pl mudflats pl

Wat·te·stäb·chen nt cotton bud

wat·tie·ren* [va'ti:rən] vt to pad

wau wau ['vaʊ 'vaʊ] interj woof-woof

WC <-s, -s> [ve:'tse:] nt Abk von **water-closet** WC BRIT, bathroom AM

Web <-[s]> [wɛb] nt kein pl INET web, Web

Web·cam <-, -s> ['wɛbkɛm] f webcam

we·ben <webte o geh wob, gewebt o geh gewoben> ['ve:bn̩] vt, vi to weave

We·ber(in) <-s, -> ['ve:bɐ] m(f) weaver

We·be·rei <-, -en> [ve:bə'raɪ] f weaving mill

We·be·rin <-, -nen> f fem form von **Weber**

We·ber·knecht m ZOOL daddy-long-legs

Web·log <-s, -s> ['wɛblɔg] m INET blog

Web·sei·te f web page **Web·ser·ver** m web server **Web·site** <-, -s> ['wɛb,saɪt] f web site **Web-Soap** <-, -s> [wɛb'zo:p] f TV, INET websoap

Web·stuhl m loom

Wech·sel[1] <-s, -> ['vɛksl̩] m ❶ kein pl (das Wechseln) change; **in stündlichem ~** in hourly rotation ❷ SPORT (Übergabe) changeover

Wech·sel[2] <-s, -> ['vɛksl̩] m FIN (Schuldurkunde) bill [of exchange]; (fam: Monats-~) allowance

Wech·sel·bad nt alternating hot and cold water baths pl; **das ~ der Gefühle** emotional roller coaster **Wech·sel·be·zie·hung** f correlation, interrelation **Wech·sel·fäl·le** pl vicissitudes pl, ups and downs fam **Wech·sel·geld** nt change no pl, no indef art

wech·sel·haft ['vɛksl̩-] I. adj changeable II. adv in a changeable way

Wech·sel·jah·re pl menopause no pl; **in die ~ kommen** to reach the menopause

Wech·sel·kurs m exchange rate **Wech·sel·kurs·me·cha·nis·mus** m exchange rate mechanism **Wech·sel·kurs·ri·si·ko** nt exchange rate risk **Wech·sel·kurs·schwan·kung** f fluctuation in the exchange rate **Wech·sel·kurs·sys·tem** nt exchange rate system

wech·seln ['vɛksl̩n] vt, vi to change

wech·selnd adj ❶ (immer andere) changing ❷ (veränderlich) changeable ❸ (unterschiedlich) **mit ~em Erfolg** with varying [degrees of] success

wech·sel·sei·tig adj mutual

Wech·sel·spiel nt interplay **Wech·sel·strom** m alternating current **Wech·sel·stu·be** f exchange booth **Wech·sel·wäh·ler(in)** m(f) floating [or AM undecided] voter

wech·sel·wei·se adv alternately

Wech·sel·wir·kung f interaction

we·cken ['vɛkn̩] vt ❶ (auf-) to wake [up] ❷ (hervorrufen) to bring back sep; Assoziationen to create; Interesse, Verdacht to arouse

We·cken <-s, -> ['vɛkn̩] m ÖSTERR, SÜDD (Brötchen) long roll

We·cker <-s, -> ['vɛkɐ] m alarm clock

we·deln ['ve:dl̩n] vi ❶ (fächeln) ■ **mit etw** dat **~** to wave sth; **mit dem Schwanz ~** to wag one's tail ❷ SKI to wedel

we·der ['ve:dɐ] konj **~ ... noch ...** neither ... nor; **~ du noch er** neither you nor him; **~ noch** neither

weg [vɛk] adv ❶ (fort) ■ **~ sein** to have gone; **~ mit dir** away with you!; **von etw** dat **~** from sth; **nichts wie ~ hier!** let's get out of here!; **~ da!** [get] out of the way! ❷ (fam: hinweggekommen) ■ **über etw** akk **~ sein** to have got over sth

Weg <-[e]s, -e> [ve:k, pl 've:gə] m ❶ (Pfad) path ❷ (unbefestigte Straße) track ❸ (Strecke) way ❹ (Methode) way ▶ **auf dem ~e der Besserung sein** to be on the road to recovery; **auf dem besten ~e sein, etw zu tun** to be well on the way to doing sth; **auf friedlichem ~e** by peaceful means; **jdm auf halbem ~e entgegenkommen** to meet sb halfway; **vom rechten ~ abkommen** to wander from the straight and narrow; **geh mir aus dem ~!** get out of my way!; **jdm/einer Sache** dat **aus dem ~e gehen** to avoid sb/sth; **auf dem ~ sein** to be on one's way; **jdm über den ~ laufen** to run into sb; **etw in**

die ~e **leiten** to arrange sth; **auf jds ~ liegen** to be on sb's way; **sich auf den ~ machen** to set off; **etw aus dem ~ räumen** to remove sth; **sich jdm in den ~ stellen** to bar sb's way; **jdm nicht über den ~ trauen** not to trust sb an inch; **hier trennen sich unsere ~e** this is where we part company; **aus dem ~!** stand aside!, make way!

weg|be·kom·men* *vt irreg* (*fam*) ❶ (*entfernen können*) to remove ❷ (*fortbewegen können*) to move away

Weg·be·rei·ter(in) <-s, -> *m(f)* forerunner, precursor

weg|bla·sen *vt irreg* ■ **etw ~** to blow away sth *sep* ▶ **von etw** *dat* **völlig weggeblasen sein** (*fam*) to be completely blown away by sth **weg|blei·ben** *vi irreg sein* to stay away; **bleib nicht so lange weg!** don't stay out too long **weg|brin·gen** *vt irreg* to take away **weg|den·ken** *vt irreg* ■ **sich** *dat* **etw ~** to imagine sth without sth **weg|dre·hen** *vt* to turn away *sep* **weg|drü·cken** *vt* ❶ (*move aside*) to push away ❷ (*fam*) *Angst, Gefühl* to repress **weg|dür·fen** *vi irreg* (*fam*) to be allowed to go out

we·gen ['ve:gn̩] *präp* +*gen* ❶ (*aus Gründen*) because of, due to ❷ (*bedingt durch*) ■ **~ jdm** on account of sb ❸ (*bezüglich*) ■ **~ einer S.** *gen* regarding a thing

We·ge·rich <-s, -e> ['ve:gərɪç] *m* BOT plantain

weg|fah·ren *irreg* I. *vi sein* to leave II. *vt haben* ❶ (*wegbringen*) to take away ❷ (*woandershin fahren*) to move

Weg·fahr·sper·re *f* AUTO **elektronische ~** immobilizer

weg|fal·len *vi irreg sein* to cease to apply **weg|flie·gen** *vi irreg sein* ❶ (*fortfliegen*) to fly away ❷ (*weggeblasen werden*) to blow away **weg|füh·ren** *vt, vi* to lead away **Weg·gang** *m kein pl* (*geh*) departure **weg|ge·ben** *vt irreg* to give away *sep*

Weg·ge·fähr·te, -ge·fähr·tin, *-ge·fähr·tin m, f* fellow traveller

weg|ge·hen *vi irreg sein* ❶ (*fortgehen*) to go away ❷ (*fam: sich entfernen lassen*) to remove; **der Fleck geht nicht weg** the stain won't come out **weg|gie·ßen** *vt irreg* to pour away *sep* **weg|gu·cken** *vi* (*fam*) *s.* **wegsehen weg|ho·len** I. *vt* to take away *sep* II. *vr* (*fam*) **sich** *dat* **eine Grippe ~** to catch flu **weg|hö·ren** *vi* to stop listening **weg|ja·gen** *vt* to drive away *sep* **weg|kom·men** *vi irreg sein* (*fam*) ❶ (*weggehen können*) to get away; **mach, dass du wegkommst!** clear off! ❷ (*abhandenkommen*) to disappear ❸ (*abschneiden*) to fare somehow

Weg·kreu·zung *f* crossroads

weg|krie·gen *vt s.* **wegbekommen** 1 **weg|las·sen** *vt irreg* ❶ (*auslassen*) to leave out *sep* ❷ (*weggehen lassen*) to let go ❸ (*darauf verzichten*) ■ **etw ~** not to have sth, to give sth a miss BRIT *fam* **weg|lau·fen** *vi irreg sein* to run away (**vor** from) **weg|le·gen** *vt* ❶ (*beiseitelegen*) to put down *sep* ❷ (*aufbewahren*) to put aside *sep* **weg|ma·chen** *vt s.* to get rid of **weg|müs·sen** *vi irreg* to have to go **weg|neh·men** *vt irreg* ■ **etw ~** to take sth away *sep* (**von** from); ■ **jdm etw ~** to take away sth from sb

Weg·rand *m* side of the road

weg|ra·ti·o·na·li·sie·ren* *vt* ■ **jdn/etw ~** to get rid of sb/sth as part of a rationalization programme **weg|räu·men** *vt* to clear away *sep* **weg|ren·nen** *vi irreg sein* (*fam*) *s.* **weglaufen weg|rut·schen** *vi sein* to slip away **weg|schaf·fen** *vt* to remove **weg|schau·en** *vi* (*geh*) *s.* **wegsehen weg|schi·cken** *vt* ❶ (*abschicken*) to send off *sep* ❷ (*fortgehen heißen*) to send away **weg|schie·ben** *vt irreg* to push away *sep* **weg|schlep·pen** *vt* to drag away *sep* **weg|schlie·ßen** *vt irreg* to lock away *sep* (**vor** from) **weg|schmei·ßen** *vt irreg* (*fam*) *s.* **wegwerfen weg|schnap·pen** *vt* ■ **jdm etw ~** to take sth from sb **weg|schüt·ten** *vt s.* **weggießen weg|se·hen** *vi irreg* to look away **weg|set·zen** *vt* to move away **weg|ste·cken** *vt* ❶ (*einstecken*) to put away *sep* ❷ (*verkraften*) to get over **weg|steh·len** *vr irreg* (*verschwinden*) to steal away **weg|stel·len** *vt* to move out of the way **weg|sto·ßen** *vt irreg* to push away *sep;* (*mit Fuß*) to kick away *sep*

Weg·stre·cke *f* stretch of road

weg|tra·gen *vt irreg* to carry away *sep* **weg|tre·ten** *vi irreg sein* MIL to fall out; ■ **jdn ~ lassen** to dismiss sb ▶ **weggetreten sein** to be miles away **weg|tun** *vt irreg* ❶ (*wegwerfen*) to throw away *sep* ❷ (*weglegen*) to put down *sep*

weg·wei·send *adj Taten* pioneering; *Erfindung* revolutionary

Weg·wei·ser <-s, -> *m* signpost

weg|wer·fen *vt irreg* to throw away *sep* **Weg·werf·ge·sell·schaft** *f* throwaway society **Weg·werf·pa·ckung** *f* disposable packaging **Weg·werf·win·del** *f* dis-

weg·wi·schen *vt* to wipe away *sep* **weg|zie·hen** *vi irreg sein* to move away

Weg·zoll *m* TRANSP, ADMIN [highway] toll

weh [ve:] *adj* sore

we·he ['ve:ə] *interj* [don't] you dare!

We·he <-, -n> ['ve:ə] *f* ① (*Schnee~, Sand~*) drift ② *meist pl* (*Geburts~*) labour pains; **in den ~n liegen** to be in labour

we·hen ['ve:ən] *vi* ① *haben* (*blasen*) to blow ② *haben Haare* to blow about; *Fahne* to flutter ③ *sein Duft* to waft; *Klang* to drift

We·hen·mit·tel *nt* MED ecbolic

weh·kla·gen ['ve:kla:gn̩] *vi* to lament

weh·lei·dig *adj* oversensitive

Weh·mut <-> ['ve:mu:t] *f kein pl* wistfulness *no pl;* **voller ~** melancholy

weh·mü·tig ['ve:my:tɪç] *adj* (*geh*) melancholy; *Erinnerung* nostalgic

Wehr¹ [ve:ɐ̯] *f* **sich zur ~ setzen** to defend oneself

Wehr² <-[e]s, -e> [ve:ɐ̯] *nt* BAU weir

Wehr·be·auf·trag·te(r) *f(m) dekl wie adj* parliamentary commissioner for the armed forces

Wehr·dienst *m kein pl* military service *no pl;* **den ~ verweigern** to refuse to do military service

wehr·dienst·taug·lich *adj* fit for military service **Wehr·dienst·ver·wei·ge·rer** *m* conscientious objector **Wehr·dienst·ver·wei·ge·rung** *f* refusal to do military service

weh·ren ['ve:rən] *vr* ① (*sich widersetzen*) ■ **sich gegen etw** *akk* **~** to fight against sth ② (*sich sträuben*) ■ **sich dagegen ~, etw zu tun** to resist doing sth

Wehr·er·satz·dienst *m* alternative to national service

wehr·los I. *adj* defenceless (**gegen** against) II. *adv* in a defenceless state; **etw ~ gegenüberstehen** to be defenceless against sth

Wehr·macht *f* armed forces; HIST ■ **die ~** the Wehrmacht **Wehr·pflicht** *f kein pl* compulsory military service *no pl* **wehr·pflich·tig** *adj* liable for military service **Wehr·pflich·ti·ge(r)** *f(m) dekl wie adj* person liable for military service **Wehr·sport·übung** *f* POL militia training **wehr·taug·lich** *adj* fit for military service

weh|tun *vt* to hurt

Weh·weh·chen <-s, -> [ve:'ve:çən] *nt* (*fam*) slight pain; **ein ~ haben** to suffer from a little complaint

Weib <-[e]s, -er> [vaip, *pl* 'vaibɐ] *nt* (*pej*) woman; **ein furchtbares ~** a terrible woman

Weib·chen <-s, -> ['vaipçən] (*weibliches Tier*) *nt* female

Wei·ber·held *m* (*pej*) ladykiller

wei·bisch ['vaibɪʃ] *adj* effeminate

weib·lich ['vaiplɪç] *adj* ① (*fraulich*) feminine ② ANAT female ③ LING feminine

Weib·lich·keit <-> *f kein pl* femininity *no pl*

weich [vaiç] I. *adj* soft II. *adv* softly; **~ abbremsen** to brake gently

Wei·che <-, -n> ['vaiçə] *f* BAHN points *pl* ▶ **die ~n [für etw** *akk*] **stellen** to determine the course [for sth]

wei·chen <wich, gewichen> ['vaiçn̩] *vi sein* ① (*nachgeben*) ■ **etw ~** to give way to sth ② (*schwinden*) to subside ③ (*verschwinden*) to go; **er wich nicht von der Stelle** he didn't budge from the spot

Weich·heit <-, *selten* -en> *f* softness *no pl*

weich·her·zig *adj* soft-hearted **Weich·kä·se** *m* soft cheese

weich·lich *adj* weak

Weich·ling <-s, -e> ['vaiçlɪŋ] *m* (*pej*) weakling

Weich·spü·ler <-s, -> *m* fabric softener

Weich·tei·le *pl* ① (*Eingeweide*) soft parts *pl* ② (*Geschlechtsteile*) private parts *pl* **Weich·tier** *nt* mollusc **weich|wer·den** *vi irreg sein* (*fig*) to weaken

Wei·de <-, -n> ['vaidə] *f* ① BOT willow ② AGR meadow

Wei·de·land *nt* pastureland *no pl*

wei·den ['vaidn̩] I. *vi* (*grasen*) to graze II. *vr* ■ **sich an etw** *dat* **~** ① (*sich ergötzen*) to feast one's eyes on sth ② (*genießen*) to revel in sth

Wei·den·kätz·chen *nt* willow catkin **Wei·den·korb** *m* wicker[work] basket **Wei·den·ru·te** *f* willow rod

wei·gern ['vaigɐn] *vr* ■ **sich ~** to refuse

Wei·ge·rung <-, -en> *f* refusal

Weih·bi·schof [vai-] *m* suffragan bishop

Wei·he <-, -n> ['vaiə] *f* REL consecration *no pl;* **die ~n empfangen** to take orders

wei·hen ['vaiən] *vt* ① REL to consecrate ② (*widmen*) ■ **jdm geweiht sein** to be dedicated to sb

Wei·her <-s, -> ['vaiɐ] *m* pond

Weih·nach·ten <-, -> ['vainaxtn̩] *nt* Christmas, Xmas *fam;* **fröhliche ~!** merry Christmas!

weih·nacht·lich I. *adj* Christmassy, festive II. *adv* festively

Weih·nachts·abend *m* Christmas Eve **Weih·nachts·baum** *m* Christmas tree **Weih·nachts·fei·er** *f* Christmas celebrations *pl* **Weih·nachts·fest** *nt kein pl*

Christmas **Weih·nachts·geld** *nt* Christmas bonus **Weih·nachts·ge·schenk** *nt* Christmas present **Weih·nachts·lied** *nt* [Christmas] carol **Weih·nachts·mann** *m* Father Christmas, Santa Claus **Weih·nachts·markt** *m* Christmas fair

Weih·rauch ['vaɪraʊx] *m* incense

Weih·was·ser *nt* holy water

weil [vaɪl] *konj* because, as, cos *sl*

Weil·chen <-s> *nt kein pl* ■ **ein ~** a little while

Wei·le <-> ['vaɪlə] *f kein pl* while *no pl*; **eine ganze ~** quite a while

Wei·ler <-s, -> ['vaɪlɐ] *m* hamlet

Wein <-[e]s, -e> [vaɪn] *m* ❶ (*Getränk*) wine ❷ *kein pl* (*~rebe*) vines *pl* ▶ **jdm reinen ~ einschenken** to tell sb the truth

Wein·bau *m kein pl* wine-growing *no pl* **Wein·bau·er(in)** *m(f) s.* **Winzer Wein·bau·ge·biet** *nt* wine-growing area **Wein·bee·re** *f* ❶ (*Traube*) grape ❷ SÜDD, ÖSTERR, SCHWEIZ (*Rosine*) raisin **Wein·berg** *m* vineyard **Wein·berg·schne·cke** *f* edible snail **Wein·brand** *m* brandy

wei·nen ['vaɪnən] *vi* to cry (**um** for); **vor Freude ~** to cry with joy

wei·ner·lich I. *adj* tearful II. *adv* tearfully **Wein·ern·te** *f* grape harvest **Wein·es·sig** *m* wine vinegar **Wein·fass**^RR *nt* wine cask **Wein·fla·sche** *f* wine bottle **Wein·geist** *m kein pl* ethyl alcohol *no pl* **Wein·glas** *nt* wine glass **Wein·gut** *nt* wine-growing estate **Wein·jahr** *nt* vintage **Wein·kar·te** *f* wine list **Wein·kel·ler** *m* wine cellar **Wein·krampf** *m* crying fit **Wein·le·se** *f* grape harvest **Wein·pro·be** *f* wine-tasting **Wein·re·be** *f* grape[vine] **wein·rot** *adj* claret **Wein·sor·te** *f* type of wine **Wein·stu·be** *f* wine bar **Wein·trau·be** *f* grape

wei·se ['vaɪzə] I. *adj* wise II. *adv* wisely

Wei·se <-, -n> ['vaɪzə] *f* ❶ (*Methode*) way; **auf bestimmte ~** in a certain way; **auf diese ~** in this way; **in gewisser ~** in certain respects; **auf jds ~** in sb's own way ❷ (*geh: Melodie*) tune

Wei·se(r) ['vaɪzə, -zɐ] *f(m) dekl wie adj* wise man ▶ **die [drei] ~n aus dem Morgenland** the three Wise Men from the East

wei·sen <wies, gewiesen> ['vaɪzn̩] I. *vt* ■ **jdn aus etw** *dat* **~** to expel sb from sth ▶ **etw von sich** *dat* **~** to reject sth II. *vi* (*geh*) ■ **irgendwohin ~** to point somewhere

Weis·heit <-, -en> ['vaɪshaɪt] *f* ❶ *kein pl* (*kluge Einsicht*) wisdom; **eine alte ~ sein** to be a wise old saying ❷ *meist pl* (*weiser Rat*) word *usu pl* of wisdom ▶ **mit seiner ~ am Ende sein** to be at one's wits' end

Weis·heits·zahn *m* wisdom tooth

weis|ma·chen *vt* ■ **jdm etw ~** to have sb believe sth; ■ **jdm ~, dass ...** to lead sb to believe, that ...

weiß [vaɪs] *adj, adv* white

Weiß <-[es]> [vaɪs] *nt* white; [**ganz**] **in ~** dressed [all] in white

weis·sa·gen I. *vi* ■ **jdm ~** to tell sb's fortune II. *vt* ■ **etw ~** to prophesy sth

Weis·sa·gung <-, -en> *f* prophecy

Weiß·bier *nt* weissbier (*light, top-fermented beer*) **Weiß·blech** *nt* tin plate **Weiß·brot** *nt* white bread **Weiß·dorn** *m* hawthorn

Wei·ße(r) *f(m) dekl wie adj* white, white man/woman; ■ **die ~n** white people

wei·ßeln ['vaɪsln̩] *vt* SÜDD, **wei·ßen** ['vaɪsn̩] *vt* to whitewash

weiß·glü·hend *adj* white-hot **Weiß·glut** *f kein pl* white heat ▶ **jdn zur ~ bringen** to make sb livid with rage **Weiß·gold** *nt* white gold **weiß·haa·rig** *adj* white-haired **Weiß·kohl** *m*, **Weiß·kraut** *nt* SÜDD, ÖSTERR white cabbage **Weiß·russ·land**^RR *nt* White Russia **Weiß·wein** *m* white wine **Weiß·wurst** *f* Bavarian veal sausage (*cooked in hot water and served mid-morning with sweet mustard*)

Wei·sung <-, -en> *f* instruction, direction; ■ **auf ~ [von jdm]** on [sb's] instructions

wei·sungs·be·rech·tigt *adj* JUR authorized to give instructions

weit [vaɪt] I. *adj* ❶ (*räumlich/zeitlich ausgedehnt*) long; **bis dahin ist es noch ~** it will be a long time yet before we get there ❷ (*breit*) wide, vast; (*Meer, Wüste*) open; (*Kleidung*) baggy; **~er werden** to widen II. *adv* ❶ (*eine große Strecke*) far, a long way; ■ **... er ...** further on; **am ~esten** furthest, farthest; **es noch ~ haben** to have a long way to go; **~ weg** far away; **von ~em** from afar; **von ~ her** from far away ❷ *räumlich* (*ganz*) wide; **etw ~ öffnen** to open sth wide ❸ (*erheblich*) far; **~ besser/schöner** far better/more beautiful; **~ hergeholt** far-fetched; **~ reichend** extensive; **~ verbreitet** widespread; ■ **bei ~em/bei ~em nicht** by far/not nearly; **~ nach etw** *dat* well after sth ❹ (*zeitlich lang*) **~ zurückliegen** to be a long time ago ▶ **~ und breit** for miles around; **so ~, so gut** so far so good; **jdn so ~ bringen, dass er/sie etw tut** to bring sb to the point where he/she does sth; **es weit [im Leben] bringen** to go far [in life]; **das**

würde zu ~ **führen** that would be getting too far away from the issue; **es ~ gebracht haben** to have come a long way; **zu ~ gehen** to go too far; **mit etw** dat **ist es nicht ~ her** sth is nothing much to write home about; **so ~ kommt es [noch]** you'd like that, wouldn't you!

weit·ab ['vaɪt'ʔap] adv far away; ■ **~ von etw** dat far from sth

weit·aus ['vaɪt'ʔaʊs] adv ❶ vor comp (in hohem Maße) far, much; **~ schlechter sein als etw** to be far [or much] worse than sth ❷ vor superl (bei weitem) [by] far

Weit·blick m kein pl ❶ (Voraussicht) far-sightedness, vision ❷ s. **Fernblick weit·bli·ckend**ᴬᴸᵀ adj visionary

Wei·te¹ <-, -n> ['vaɪtə] f ❶ (weite Ausdehnung) expanse, vastness ❷ (Länge) length ❸ (Breite) width

Wei·te² <-n> ['vaɪtə] nt (Entfernung) distance ▶ **das ~ suchen** to take to one's heels

wei·ten ['vaɪtn̩] I. vt MODE to widen II. vr ■ **sich ~** to widen; (Pupille) to dilate

wei·ter ['vaɪtɐ] adv (sonst) further; **wenn es ~ nichts ist, ...** well, if that's all ...; **~ bestehen** to continue to exist; **nicht ~ wissen** not to know what [else] to do; **und so ~ [und so fort]** and so on [and so forth]; **~!** keep going!

wei·ter·ar·bei·ten ['vaɪtɐʔarbaɪtn̩] vi to carry on working (**an** on) **Wei·ter·be·ste·hen** nt continued existence, continuation **wei·ter|bil·den** vr ■ **sich in etw** dat **~** to develop one's knowledge of sth **Wei·ter·bil·dung** f further education **wei·ter|brin·gen** vt irreg to help along

wei·te·re(r, s) adj (zusätzlich) further, additional; **alles W~** everything else ▶ **bis auf ~s** until further notice, for the time being; **ohne ~s** easily, just like that

wei·ter|emp·feh·len* vt irreg ■ **etw ~** to recommend sth **wei·ter|ent·wi·ckeln*** vt, vr to develop further **Wei·ter·ent·wick·lung** f further development **wei·ter|er·zäh·len*** vt ■ **etw ~** to pass on sth sep **wei·ter|fah·ren** irreg vi sein to continue driving; ■ [**irgendwohin**] **~** to drive on [to somewhere] **Wei·ter·fahrt** f kein pl continuation of the journey **wei·ter|füh·ren** vt ❶ (fortsetzen) to continue ❷ (weiterbringen) **jdn ~** to be a help to sb **Wei·ter·ga·be** f transmission **wei·ter|ge·ben** vt irreg to pass on sep (**an** to) **wei·ter|ge·hen** vi irreg sein ❶ (seinen Weg fortsetzen) to walk on ❷ (seinen Fortgang nehmen) to go on; **so kann es nicht ~** things can't go on like this **wei·ter|hel·fen** vi irreg to help further; (auf die Sprünge helfen) to help along

wei·ter·hin ['vaɪtɐ'hɪn] adv ❶ (fortgesetzt) still ❷ (außerdem) furthermore, in addition

wei·ter|kom·men vi irreg sein to get further (**mit** with) **wei·ter|lau·fen** vi irreg sein to continue running; (nicht unterbrochen werden) Produktion to continue; Gehalt to continue to be paid **wei·ter|le·ben** vi to live on **wei·ter|lei·ten** vt to pass on sep (**an** to) **wei·ter|ma·chen** vi to carry on, to continue **wei·ter|sa·gen** vt ■ **etw ~** to repeat sth; **nicht ~!** don't tell anyone! **wei·ter|ver·ar·bei·ten*** vt to process (**zu** into) **Wei·ter·ver·ar·bei·tung** f [re]processing

wei·test·ge·hend I. adj superl von **weit·gehend** most extensive II. adv to the greatest possible extent

weit·ge·hendᴬᴸᵀ <weitgehender o ÖSTERR weitergehend, weitestgehend o weitgehendste(r, s)> I. adj (umfassend) extensive II. adv extensively, to a large extent

weit·her·zig ['vaɪthɛrtsɪç] adj generous

weit·läu·fig ['vaɪtlɔyfɪç] I. adj ❶ (ausgedehnt) extensive ❷ (entfernt) distant II. adv extensively, distantly

weit·räu·mig I. adj spacious II. adv spaciously; **den Verkehr ~ umleiten** to divert the traffic around a wide area

weit·rei·chendᴬᴸᵀ adj extensive

weit·schwei·fig ['vaɪtʃvaɪfɪç] I. adj long-winded II. adv long-windedly, at great length

Weit·sicht ['vaɪtzɪçt] f s. **Weitblick**

weit·sich·tig ['vaɪtzɪçtɪç] adj ❶ MED long-sighted BRIT, farsighted AM ❷ s. **weitblickend**

Weit·sich·tig·keit <-> f kein pl MED long-sightedness BRIT, far-sight AM **Weit·sprin·ger(in)** m(f) long-jumper **Weit·sprung** m kein pl long-jump **Weit·win·kel·ob·jek·tiv** nt wide-angle lens

Wei·zen <-s, -> ['vaɪtsn̩] m wheat

Wei·zen·bier nt weissbier (light, top fermented beer) **Wei·zen·keim·öl** nt wheatgerm oil **Wei·zen·mehl** nt wheat flour

welch [vɛlç] pron ■ **~ [ein]** ... what [a] ...

wel·che(r, s) I. pron interrog which II. pron rel (der, die, das: Mensch) who; (Sache) which III. pron indef ❶ (etwas) some; **wenn du Geld brauchst, kann ich dir ~s leihen** if you need money, I can lend you some ❷ pl (einige) some; ■ **~, die ...** some [people], who

welk [vɛlk] *adj* ❶ (*verwelkt*) wilted ❷ (*schlaff*) worn-out
wel·ken ['vɛlkn̩] *vi sein* to wilt
Well·blech *nt* corrugated iron
Wel·le <-, -n> ['vɛlə] *f* wave
wel·len ['vɛlən] *vr* ■ **sich ~** to be/become wavy; (*Papier*) to crinkle
Wel·len·bad *nt* wave pool **Wel·len·brecher** <-s, -> *m* breakwater, groyne **Wel·len·gang** <-[e]s> *m kein pl* waves *pl;* **starker ~** heavy seas *pl* **Wel·len·län·ge** *f* PHYS wavelength ▶ **die gleiche ~ haben** to be on the same wavelength **Wel·len·li·nie** *f* wavy line **Wel·len·rei·ten** *nt* surfing **Wel·len·sit·tich** *m* budgerigar, budgie *fam*
wel·lig ['vɛlɪç] *adj* ❶ (*gewellt*) wavy ❷ (*wellenförmig*) uneven
Well·ness[RR] <-> ['vɛlnɛs] *f kein pl* ❶ (*Wohlbefinden*) well-being ❷ (*wohltuende Behandlung*) spa treatment
Well·ness·ho·tel[RR] ['vɛlnɛs-] *nt* spa hotel
Well·ness·ur·laub[RR] *m* spa holiday
Well·papp·pe *f* corrugated cardboard
Wel·pe <-n, -n> ['vɛlpə] *m* pup, whelp
Wels <-es, -e> [vɛls] *m* catfish
Welt <-, -en> [vɛlt] *f* world; **auf der ~** in the world; **in aller ~** all over the world; **die ~ des Films** the world of film ▶ **die dritte/vierte ~** the Third/Fourth World; **in seiner eigenen ~ leben** to live in a world of one's own; **eine ~ bricht für jdn zusammen** sb's whole world collapses about sb; **jdn zur ~ bringen** to bring sb into the world; **davon geht die ~ nicht unter** it's not the end of the world; **auf die ~ kommen** to be born; **in einer anderen ~ leben** to live on another planet; **etw in die ~ setzen** *Gerücht* to spread sth; **sie trennen ~en** they are worlds apart; **um nichts in der ~** not for the world; **alle ~** the whole world
welt·ab·ge·wandt *adj* SOZIOL insular, inward-looking **Welt·all** *nt kein pl* universe **Welt·an·schau·ung** *f* philosophy of life; (*philosophisch und politisch*) ideology **Welt·aus·stel·lung** *f* world exhibition **welt·be·rühmt** *adj* world-famous **Welt·be·völ·ke·rung** *f kein pl* world population **welt·be·we·gend** *adj* earth-shaking **Welt·bild** *nt* world view **Welt·bür·ger(in)** *m(f)* citizen of the world **Welt·cup** <-s, -s> [-kap] *m* World Cup
Wel·ten·bumm·ler(in) *m(f)* globetrotter **Welt·er·folg** *m* world[-wide] success **welt·er·schüt·ternd** *adj* earth-shattering, world-shaking **Welt·flucht** *f kein pl* SOZIOL escape from reality **welt·fremd** *adj* unworldly **Welt·ge·schich·te** *f kein pl* world history ▶ **in der ~** all over the place **welt·ge·schicht·lich** *adj* **von ~er Bedeutung sein** to be of great significance in world history **Welt·han·del** *m* world trade **Welt·herr·schaft** *f kein pl* world domination **Welt·kar·te** *f* world map **Welt·kli·ma** *nt kein pl* METEO global climate **Welt·kli·ma·rat** *m kein pl* POL, ÖKOL Intergovernmental Panel on Climate Change, IPCC **Welt·krieg** *m* world war; **der Erste/Zweite ~** World War One/Two **Welt·ku·gel** *f* globe
Welt·läu·fig·keit ['vɛltlɔyfɪgkajt] *f kein pl* SOZIOL global adaptability
welt·lich ['vɛltlɪç] *adj* (*geh*) ❶ (*irdisch*) worldly ❷ (*profan*) mundane
Welt·macht *f* world power
welt·män·nisch *adj* sophisticated
Welt·markt *m* world market **Welt·markt·preis** *m* world market price **Welt·meer** *nt* ocean **Welt·meis·ter(in)** *m(f)* world champion (**in** at) **Welt·meis·ter·schaft** *f* world championship **Welt·mu·sik** *f* world music *no indef art, no pl* **welt·of·fen** *adj* cosmopolitan **Welt·of·fen·heit** *f kein pl* cultural openness **Welt·ord·nung** *f* world order **Welt·pre·mi·ere** *f* world premiere **Welt·rang·lis·te** *f* world rankings *pl* **Welt·raum** *m kein pl* [outer] space
Welt·raum·be·hör·de *f* space agency **Welt·raum·fäh·re** *f* space shuttle **Welt·raum·for·schung** *f kein pl* space research **Welt·raum·müll** *m* cosmic debris **Welt·raum·spa·zier·gang** *m* space walk **Welt·raum·sta·ti·on** *f* space station **Welt·raum·tou·ris·mus** *m* ■ **der ~** space tourism
Welt·reich *nt* empire **Welt·rei·se** *f* world trip; **eine ~ machen** to go on a journey around the world **Welt·re·kord** *m* world record **Welt·re·li·gi·on** *f* world religion **Welt·ruhm** *m* world[wide] fame **Welt·schmerz** *m kein pl* world-weariness **Welt·si·cher·heits·rat** *m* [United Nations] Security Council **Welt·spra·che** *f* world language **Welt·stadt** *f* international city **Welt·star** *m* international star **Welt·un·ter·gang** *m* end of the world **Welt·un·ter·gangs·stim·mung** *f* apocalyptic mood **Welt·ver·bes·se·rer, -bes·se·rin** *m, f* (*pej*) sb who thinks they can cure the world's ills **welt·weit** I. *adj* global, world-wide II. *adv* globally **Welt·wirt·schaft** *f* world economy
Welt·wirt·schafts·fo·rum *nt* world eco-

nomic forum **Welt·wirt·schafts·gip·fel** m World Economic Summit **Welt·wirt·schafts·kri·se** f world economic crisis **Welt·wun·der** nt **die sieben ~** the Seven Wonders of the World

wem [veːm] I. pron interrog, dat von **wer** (welcher Person?) who ... to, to whom form; **~ gehört dieser Schlüssel?** who does this key belong to?; **mit/von ~** with/from whom II. pron rel, dat von **wer** (derjenige, dem) ■**~ ..., [der]** ... the person to whom ..., the person who ... to III. pron indef, dat von **wer** (fam) to/for somebody

wen [veːn] I. pron interrog, akk von **wer** (welche Person?) who, whom; **an ~** to whom form, who ... to; **für ~** for whom form, who ... for II. pron rel, akk von **wer** (derjenige, den) ■**~ ..., [der]** ... the person who [or whom] ...; **an ~** to whom form, who ... to; **für ~** for whom form, who ... for III. pron indef, akk von **wer** (fam) somebody

Wen·de <-, -n> ['vɛndə] f ❶(Veränderung) change, turn ❷ SPORT face vault

Wen·de·kreis m ❶ AUTO turning circle ❷ GEOG, ASTRON tropic

Wen·del·trep·pe f spiral staircase

wen·den ['vɛndn] I. vr <wendete o geh wandte, gewendet o geh gewandt> ❶(sich drehen) ■**sich irgendwohin ~** to turn to somewhere ❷(kontaktieren) ■**sich an jdn ~** to turn to sb ❸(zielen) ■**sich an jdn ~** to be directed at sb ❹(entgegentreten) ■**sich gegen jdn ~** to turn against sb; ■**sich gegen etw** akk **~** to oppose sth ❺(sich verkehren) **sich zum Besseren ~** to take a turn for the better II. vt <wendete, gewendet> (umdrehen) to turn over sep; **bitte ~!** please turn over III. vi <wendete, gewendet> AUTO to turn

Wen·de·platz m turning area **Wen·de·punkt** m turning point

wen·dig ['vɛndɪç] adj manoeuvrable

Wen·dung <-, -en> f ❶(Veränderung) turn; **eine bestimmte ~ nehmen** to take a certain turn ❷(Rede~) expression

we·nig ['veːnɪç] I. pron indef ❶ sing (nicht viel) ■**~ sein** to be not [very] much ❷ pl, substantivisch (ein paar) ■**~e** a few II. adv little; **ein ~** a little; **nicht ~** more than a little; **zu ~** too little; **zu ~ schlafen** to not get enough sleep; ■**~e ...** few

we·ni·ger ['veːnɪɡɐ] I. pron indef comp von **wenig** less; **du solltest ~ essen** you should eat less II. adj comp von **wenig** less, fewer ▶**~ ist mehr** it's quality not quantity that counts III. adv comp von **wenig** ■**~ ... als ...** less ... than ▶**je mehr ... desto ~ ...** the more ... the less ...

we·nig·ste(r, s) I. pron **die ~n** very few; ■**das ~, was ...** the least that ... II. adv **am ~n** least of all

we·nigs·tens ['veːnɪçstn̩s] adv at least

wenn [vɛn] konj ❶ konditional (falls) if; **~ das so ist** if that's the way it is ❷ temporal (sobald) as soon as

wenn·gleich [vɛnˈɡlaɪ̯ç] konj s. **obgleich**

wenn·schon ['vɛnʃoːn] adv (fam) ▶**~, dennschon!** I/you etc. may as well go the whole hog [or AM the whole nine yards]; [na,] **~!** so what?

wer [veːɐ̯] I. pron interrog who; ■**~ von ...** which of ... II. pron rel ■**~ ..., [der]** ... the person who ..., whoever ... III. pron indef (fam) somebody; ■**~ von ...** which of ... ▶**~ sein** to be somebody

Wer·be·ab·tei·lung f advertising department **Wer·be·agen·tur** f advertising agency **Wer·be·an·ruf** m ÖKON, TELEK telemarketing call **Wer·be·an·zei·ge** f advertisement **Wer·be·ban·ner** m INFORM banner ad **Wer·be·block** nt advertising block **Wer·be·bran·che** f advertising **Wer·be·bro·schü·re** f brochure **Wer·be·fach·mann, -fach·frau** m, f publicity expert, adman fam **Wer·be·fern·se·hen** nt commercials pl **Wer·be·film** m promotional film **Wer·be·fritz** <-en, -en> ['vɛrbəfrɪt͡s] m (pej sl) adman fam **Wer·be·ge·schenk** nt promotional gift **Wer·be·kam·pa·gne** f advertising campaign

wer·ben <wirbt, warb, geworben> ['vɛrbn̩] I. vt ■**jdn ~** to recruit sb (**für** for) II. vi ❶(Reklame machen) ■**für etw** akk **~** to advertise sth ❷(zu erhalten suchen) **um eine Frau ~** to woo a woman; **um neue Wähler ~** to try to attract new voters

Wer·be·pros·pekt m promotional brochure **Wer·be·rum·mel** m (oft pej fam) advertising blitz **Wer·be·sei·te** f full-page ad[vertisement] **Wer·be·slo·gan** m advertising slogan **Wer·be·spot** m commercial **Wer·be·text** m publicity copy no pl, no indef art **Wer·be·tex·ter(in)** m(f) advertising copywriter **Wer·be·trä·ger** m advertising medium **Wer·be·trom·mel** f ▶**die ~ für jdn/etw rühren** to beat the drum for sb/sth **Wer·be·un·ter·bre·chung** f (für Werbespots) commercial break **wer·be·wirk·sam** adj promotionally effective

Wer·bung <-> f kein pl ÖKON ❶(Branche) advertising ❷(Reklame) advertisement; **~ für etw** akk **machen** to advertise sth ❸(*Werbespot*) commercial; (*Werbeprospekte*) advertising literature ❹(*das Werben*) recruitment; *von Kunden* attracting

Wer·de·gang <*selten* -gänge> *m* career

wer·den ['veːɐ̯dn̩] **I.** *vi* <wurde *o liter* ward, geworden> *sein* ❶(*in einen anderen Zustand übergehen*) to become, to get; **alt/älter ~** to get old/older; **verrückt ~** to go mad; **kalt ~** to go cold; **es wird dunkel** it is getting dark; **es wird besser ~** it is going to get better; **es wird Sommer** summer is coming; **sie ist gerade 98 geworden** she has just turned 98 ❷(*als Empfindung auftreten*) **jdm wird heiß/übel** sb feels hot/sick ❸(*eine Ausbildung zu etw machen*) ■**etw ~** to become sth; **was möchtest du einmal ~?** what do you want to be? ❹(*eine Entwicklung durchmachen*) **Wirklichkeit/Mode ~** to become reality/fashionable; ■**aus jdm wird etw** sb will turn out to be sth; ■**aus etw** *dat* **wird etw** sth turns into sth; ■**zu etw** *dat* **~** to turn into sth ❺(*sich gut entwickeln*) **aus etw** *dat* **wird etwas/nichts** sth will turn into sth/nothing is going to come of sth; **es wird schon [wieder] ~** it'll turn out okay in the end **II.** *vb aux* <wurde, worden> ❶ *zur Bildung des Futurs* ■**etw tun ~** to be going to do sth; ■**es wird etw geschehen** sth is going to happen; ■**jd wird etw getan haben** sb will have done sth ❷ *zur Bildung des Konjunktivs* ■**jd würde etw tun** sb would do sth ❸ *mutmaßend* (*dürfte*) **es wird gegen 20 Uhr sein** it's probably getting on for 8 o'clock ❹ *in Bitten* ■**würde jd etw tun?** would [*or* could] sb please do sth? **III.** *vb aux* <wurde *o liter* ward, worden> *zur Bildung des Passivs* ■**... ~** to be ...; **sie wurde entlassen** she was dismissed; ■**etw wird ...** sth is ...; **das wird bei uns häufig gemacht** that is often done in our house

Wer·den <-s> ['veːɐ̯dn̩] *nt* (*geh*) development; **im ~ sein** to be in the making

wer·fen <wirft, warf, geworfen> ['vɛrfn̩] **I.** *vt* to throw (**nach** at) **II.** *vi* ❶(*Werfer sein*) to throw ❷(*Junge gebären*) to throw spec, to give birth

Wer·fer(in) <-s, -> *m(f)* thrower

Werft <-, -en> [vɛrft] *f* shipyard

Werft·ar·bei·ter(in) *m(f)* shipyard worker

Werk <-[e]s, -e> [vɛrk] *nt* ❶(*gesamtes Schaffen*) works *pl* ❷KUNST, LIT work ❸ *kein pl* (*Arbeit*) work; **ans ~ gehen** to go to work; **am ~ sein** to be at work ❹(*Fabrik*) factory; **ab ~** ex works ▶ **ein gutes ~ tun** to do a good deed; **das ist jds ~** that's sb's doing

Werk·bank <-bänke> *f* workbench

wer·keln ['vɛrkl̩n] *vi* (*fam*) ■**~** to potter [*or* AM putter] about

werk·ge·treu *adj* **eine ~e Wiedergabe** a faithful reproduction **Werk·hal·le** *f* factory building **Werk·meis·ter(in)** *m(f)* foreman **Werk(s)·an·ge·hö·ri·ge(r)** *f(m)* factory employee **Werk·schutz** *m* ❶(*Schutzmaßnahmen*) factory security ❷(*Personal*) factory security service

Werks·ge·län·de *nt* works premises *npl*

Werk·statt *f* ❶(*Arbeitsraum*) workshop ❷AUTO garage **Werk·stoff** *m* material **Werk·stück** *nt* workpiece **Werk·tag** *m* workday, working day *esp* BRIT **werk·tags** *adv* on workdays [*or esp* BRIT working days] **werk·tä·tig** ['vɛrktɛːtɪç] *adj* **die ~e Bevölkerung** the working population **Werk·tä·ti·ge(r)** *f(m)* working person **Werk·treue** *f kein pl* FILM, THEAT, MUS faithfulness to the original [version] **Werk·un·ter·richt** *m* woodwork/metalwork class **Werk·ver·trag** *m* service contract **Werk·zeug** <-[e]s, -e> *nt* tool *usu pl*

Werk·zeug·kas·ten *m* toolbox **Werk·zeug·ma·schi·ne** *f* machine tool **Werk·zeug·schrank** *m* tool cabinet

Wer·mut <-[e]s> ['veːɐ̯muːt] *m kein pl* ❶ BOT wormwood ❷(*aromatisierter Wein*) vermouth

Wer·muts·trop·fen *m* a bitter pill

wert [veːɐ̯t] *adj* ■**etw ~ sein** to be worth sth; **Paris ist immer eine Reise ~** Paris is always worth a visit

Wert <-[e]s, -e> [veːɐ̯t] *m* ❶(*Preis*) value; **im ~ steigen** to increase in value; **an ~ verlieren** to decrease in value; **im ~e von etw** *dat* worth sth ❷ *pl* (*Daten*) results *pl* ❸(*Wichtigkeit*) **~ auf etw** *akk* **legen** to attach value to sth; **~ darauf legen, etw zu tun** to find it important to do sth ▶ **das hat keinen ~** it's useless

Wert·ar·beit *f* first-class workmanship **wert·be·stän·dig** *adj* stable in value *pred* **Wert·brief** *m* registered letter (*with valuable content*)

Wer·te·ge·mein·schaft *f* SOZIOL, POL community of [shared] values **Wer·te·ka·non** ['veːɐ̯təkaːnɔn] *m* SOZIOL (*geh*) core values **wer·ten** *vt* to rate

Wer·te·sys·tem *nt* system of values **Wer·te·wan·del** *m* change in values

wert·frei *adj* impartial **Wert·ge·gen·stand** *m* valuable object; ■**Wertgegenstände** valuables

Wer·tig·keit <-, -en> [veːɐ̯tɪç-] f valency
wert·los adj worthless
Wert·maß·stab m standard **Wert·min·de·rung** f depreciation, loss of value, decrease in value; **~ durch Überalterung** depreciation for age; **eine ~ erfahren** to fall in value **Wert·pa·pier** nt bond **Wert·pa·pier·markt** m stock market **Wert·sa·che** f meist pl valuable object; ■ **~en** valuables **Wert·schät·zung** f esteem **Wert·stei·ge·rung** f increase in value **Wert·stoff** m recyclable material **Wert·stoff·con·tai·ner** m recycling container
Wer·tung <-, -en> f ❶ SPORT rating, score ❷ (das Werten) grading ❸ (Be~) evaluation, assessment
Wert·ver·lust m depreciation
wert·voll adj valuable
Wert·vor·stel·lung f meist pl moral concept usu pl **Wert·zei·chen** nt stamp
Wer·wolf [ˈveːɐ̯vɔlf] m werewolf
We·sen <-s, -> [ˈveːzn̩] nt ❶ (Geschöpf) being; (tierisch) creature ❷ kein pl (kennzeichnende Grundzüge) nature
We·sens·art f nature **We·sens·zug** m characteristic
we·sent·lich [ˈveːzn̩tlɪç] I. adj ❶ (erheblich) considerable ❷ (gewichtig) essential; ■ **das W~e** the essential part; **im W~en** essentially II. adv considerably
We·ser <-> [ˈveːzɐ] f Weser (river in northwest Germany)
wes·halb [vɛsˈhalp] I. adv interrog why II. adv rel why
Wes·pe <-, -n> [ˈvɛspə] f wasp
Wes·pen·nest nt wasp's nest **Wes·pen·stich** m wasp sting
wes·sen [ˈvɛsn̩] I. pron, gen von **wer** ❶ interrog whose ❷ rel, indef whose; ■ **~ ... auch [immer]** ... no matter whose ... II. pron interrog, gen von **was** of what
Wes·si <-s, -s> [ˈvɛsi] m, **Wes·si** <-, -s> [ˈvɛsi] f (fam) West German
West <-[e]s, -e> [vɛst] m kein art, kein pl west; s. a. Nord 1
west·deutsch [ˈvɛstdɔytʃ] adj West German, in West Germany **West·deutsch·land** [ˈvɛstdɔytʃlant] nt West Germany
Wes·te <-, -n> [ˈvɛstə] f waistcoat
Wes·ten <-s> [ˈvɛstn̩] m kein indef art, kein pl ❶ (Himmelsrichtung) west; s. a. Norden 1 ❷ (westliche Gegend) west; **der Wilde ~** the Wild West; s. a. Norden 2 ❸ POL ■ **der ~** the West
Wes·ten·ta·sche f waistcoat pocket ▶ **etw wie seine ~ kennen** to know sth like the back of one's hand

Wes·tern <-[s], -> [ˈvɛstɐn] m western
West·eu·ro·pa [vɛstˈʔɔyˈroːpa] nt Western Europe **west·eu·ro·pä·isch** [vɛstʔɔyroˈpɛːɪʃ] adj West European
West·fa·le, West·fä·lin <-n, -n> [vɛstˈfaːlə, vɛstˈfɛːlɪn] m, f Westphalian
West·fa·len <-s> [vɛstˈfaːlən] nt Westphalia
West·fä·lin <-, -nen> [vɛstˈfɛːlɪn] f fem form von **Westfale**
west·fä·lisch [vɛstˈfɛːlɪʃ] adj Westphalian
West·küs·te f west coast
west·lich [ˈvɛstlɪç] I. adj ❶ (im Westen liegend) western ❷ (von/nach Westen) westwards, westerly; s. a. **nördlich** I. II. adv ■ **~ von etw** dat to the west of sth; s. a. **nördlich** II. III. präp +gen ■ **~ einer S.** [to the] west of sth; s. a. **nördlich** III.
West·mäch·te pl western powers **West·ta·rif** m selten pl a pay scale applicable in the Länder which formerly belonged to the German Federal Republic **West·wind** m west wind
wes·we·gen [vɛsˈveːgn̩] adv s. **weshalb**
Wett·be·werb <-[e]s, -e> [ˈvɛtbəvɛrp] m competition
Wett·be·wer·ber(in) m(f) competitor
wett·be·werbs·fä·hig adj competitive **Wett·be·werbs·fä·hig·keit** f kein pl ÖKON competitiveness no pl; **internationale ~** international competitive ability; **die ~ stärken** to whet one's competitive edge **wett·be·werbs·feind·lich** adj anticompetitive **Wett·be·werbs·hü·ter(in)** m(f) ADMIN competition [enforcement] official
Wett·bü·ro nt bookmaker's
Wet·te <-, -n> [ˈvɛtə] f bet; ■ **jede ~ eingehen, dass ...** to bet anything that ...; **die ~ gilt!** you're on!; **um die ~ essen** to race each other eating; **um die ~ laufen** to race each other; **eine ~ machen** to make a bet
Wett·ei·fer <-s> [ˈvɛtʔaifɐ] m kein pl competitiveness
wett·ei·fern vi ■ **miteinander ~** to contend with each other
wet·ten [ˈvɛtn̩] I. vi to bet (**auf** on); ■ **um etw** akk **~** to bet sth; **um was wollen wir ~?** what shall we bet?; [**wollen wir**] **~?** [do you] want to bet? ▶ **so haben wir nicht gewettet!** that's not on! BRIT, that wasn't the deal! AM II. vt ■ **etw ~** to bet sth
Wet·ter <-s, -> [ˈvɛtɐ] nt kein pl weather; **bei jedem ~** in all kinds of weather
Wet·ter·amt nt met[eorological] office
Wet·ter·aus·sich·ten pl weather outlook **Wet·ter·be·richt** m weather report

Wet·ter·dienst *m* weather service **Wet·ter·fah·ne** *f* weather vane **wet·ter·fest** *adj* weatherproof **Wet·ter·frosch** *m* ① (*Frosch*) tree frog ② (*hum fam: Meteorologe*) weatherman **wet·ter·füh·lig** *adj* sensitive to weather changes *pred* **Wet·ter·hahn** *m* weathercock **Wet·ter·kar·te** *f* weather chart **Wet·ter·la·ge** *f* weather situation **Wet·ter·leuch·ten** ['vɛtɐlɔyçtn̩] *nt kein pl* sheet lightning **wet·tern** ['vɛtɐn] *vi* to curse **Wet·ter·pro·gno·se** *f* weather forecast **Wet·ter·sa·tel·lit** *m* weather satellite **Wet·ter·sta·ti·on** *f* weather station **Wet·ter·um·schwung** *m* sudden change in the weather **Wet·ter·vor·aus·sa·ge** *f*, **Wet·ter·vor·her·sa·ge** *f* weather forecast

Wett·kampf *m* competition

Wett·kämp·fer(in) *m(f)* competitor, contestant **Wett·lauf** *m* race ▶ **ein ~ gegen die Zeit** a race against time **Wett·läu·fer(in)** *m(f)* runner [in a/the] race **wett|ma·chen** ['vɛtmaxn̩] *vt* ① (*aufholen*) to make up ② (*gutmachen*) to make up for **Wett·ren·nen** *nt s*. Wettlauf **Wett·rüs·ten** <-s> *nt kein pl* arms race; **das atomare ~** the nuclear arms race **Wett·streit** ['vɛtʃtrait] *m* competition

wet·zen ['vɛtsn̩] I. *vt haben* ① (*schleifen*) to whet ② (*reiben*) to rub (**an** on) II. *vi sein* (*fam*) ▪ **[irgendwohin] ~** to scoot [off] [somewhere]

Wetz·stein ['vɛtsʃtain] *m* whetstone

WG <-, -s> [veːˈgeː] *f Abk von* **Wohngemeinschaft**

Whirl·pool <-s, -s> ['vøːɐ̯lpuːl] *m* whirlpool

Whis·ky <-s, -s> ['vɪski] *m* whisky; **irischer Whiskey** [Irish] whiskey; **schottischer ~** Scotch

wich [vɪç] *imp von* **weichen**

Wich·se <-, -n> ['vɪksə] *f* (*veraltend*) ① (*Schuhcreme*) shoe polish ② *kein pl* (*fam*) ▪ **~ beziehen** to get a good hiding

wich·sen ['vɪksn̩] I. *vi* (*vulg*) to jack [*or esp* AM jerk] off, to wank BRIT II. *vt* Schuhe to polish

Wich·ser <-s, -> *m* (*vulg*) wanker BRIT, jack-off AM

Wicht <-[e]s, -e> [vɪçt] *m* ① (*schmächtiger Kerl*) wimp *pej fam* ② (*Kobold*) goblin; (*Zwerg*) dwarf

Wich·tel <-s, -> ['vɪçtl̩] *m* goblin

Wich·tel·männ·chen <-s, -> ['vɪçtl̩mɛnçən] *nt* (*Zwerg*) gnome; (*Kobold*) goblin

wich·tig ['vɪçtɪç] *adj* important; **W~eres zu tun haben** to have more important things to do; ▪ **das W~ste** the most important thing; **sich** *dat* **~ vorkommen** to be full of oneself

Wich·tig·keit <-> *f kein pl* importance, significance

wich·tig|ma·chen *vr* ▪ **sich ~** to be full of one's own importance

Wich·tig·ma·cher(in) *m(f)* ÖSTERR, **Wich·tig·tu·er(in)** <-s, -> [-tuːɐ] *m(f)* stuffed shirt

wich·tig·tu·e·risch ['vɪçtɪçtuːərɪʃ] *adj* (*pej*) pompous *pej;* ▪ **~ sein** to be pompous, to be full of oneself

wich·tig|tun *vr irreg* to act important

Wi·ckel <-s, -> ['vɪkl̩] *m* (*Umschlag*) compress ▶ **jdn beim ~ packen** to grab sb by the scruff of the neck

Wi·ckel·kom·mo·de *f* [baby] changing table

wi·ckeln ['vɪkl̩n] *vt* ① (*binden*) to wrap (**um** round, **in** in); **etw auf eine Spule ~** to coil sth on a spool; ▪ **etw von etw** *dat* **~** to unwrap sth from sth ② *Baby* to change

Wid·der <-s, -> ['vɪdɐ] *m* ① ZOOL ram ② *kein pl* ASTROL Aries

wi·der ['viːdɐ] *präp* +*akk* (*geh*) against

wi·der·bors·tig ['viːdɐbɔrstɪç] *adj* contrary; (*Haare, Fragen*) unruly

wi·der·fah·ren* [viːdɐˈfaːrən] *vi irreg sein* to happen, to befall

Wi·der·ha·ken *m* barb

Wi·der·hall <-s, -e> ['viːdɐhal] *m* echo ▶ **keinen ~ finden** to meet with no response

wi·der|hal·len ['viːdɐhalən] *vi* ▪ **von etw** *dat* **~** to reverberate [*or* echo] with sth **wi·der·le·gen*** [viːdɐˈleːɡn̩] *vt* to refute

wi·der·lich ['viːdɐlɪç] *adj* ① (*ekelhaft*) disgusting, revolting ② (*unsympathisch*) repulsive ③ (*unangenehm*) nasty, horrible

wi·der·na·tür·lich ['viːdɐnatyːɐ̯lɪç] *adj* perverted, unnatural **Wi·der·part** <-[e]s, -e> *m* (*geh*) opponent, foe *liter* **wi·der·recht·lich** I. *adj* unlawful II. *adv* unlawfully **Wi·der·re·de** ['viːdɐreːdə] *f* **ohne ~** without protest; **keine ~!** don't argue! **Wi·der·ruf** ['viːdɐruːf] *m* revocation **wi·der·ru·fen*** [viːdɐˈruːfn̩] *irreg* I. *vt* ① (*für ungültig erklären*) to revoke ② (*zurücknehmen*) to retract II. *vi* to recant

Wi·der·sa·cher(in) <-s, -> ['viːdɐzaxɐ] *m(f)* antagonist

wi·der·set·zen* [viːdɐˈzɛtsn̩] *vr* ▪ **sich jdm ~** to resist sb; ▪ **sich einer S.** *dat* **~** to refuse to comply with a thing

wi·der·spens·tig [ˈviːdɐʃpɛnstɪç] *adj* ❶ (*störrisch*) stubborn ❷ (*schwer zu handhaben*) unmanageable

wi·der|spie·geln [ˈviːdɐʃpiːgl̩n] **I.** *vt* to mirror, to reflect **II.** *vr* **sich ~** to be reflected

wi·der·spre·chen* [viːdɐˈʃprɛçn̩] *irreg* **I.** *vi* ■ **jdm ~** to contradict sb **II.** *vr* ■ **sich** *dat* **~** to be contradictory

Wi·der·spruch [ˈviːdɐʃprʊx] *m* ❶ *kein pl* (*das Widersprechen*) contradiction; **in ~ zu etw** *dat* contrary to sth ❷ (*Unvereinbarkeit*) inconsistency; **in ~ zu etw** *dat* **stehen** to conflict with sth ❸ JUR objection (**gegen** to); **~ einlegen** to file an objection

wi·der·sprüch·lich [ˈviːdɐʃprʏçlɪç] **I.** *adj* inconsistent; ■ **~ sein** to be contradictory **II.** *adv* contradictory

wi·der·spruchs·los **I.** *adj* unopposed **II.** *adv* without protest

Wi·der·stand <-[e]s, -stände> [ˈviːdɐʃtant, *pl* -ʃtɛndə] *m* ❶ *kein pl* (*Gegenwehr*) opposition, resistance; **~ leisten** to put up resistance ❷ *kein pl* PHYS resistance ❸ ELEK (*Schaltelement*) resistor

wi·der·stän·dig *adj* SOZIOL, POL opposing

Wi·der·ständ·ler(in) [ˈviːdɐʃtɛndlɐ] *m(f)* SOZIOL, POL opposer

Wi·der·stands·be·we·gung *f* resistance movement; (*bewaffnet*) partisan movement **wi·der·stands·fä·hig** *adj* resistant (**gegen** to) **Wi·der·stands·fä·hig·keit** *f* *kein pl* robustness; ■ **jds ~ gegen etw** *akk* sb's resistance to sth **Wi·der·stands·kämp·fer(in)** *m(f)* partisan **Wi·der·stands·kraft** *f s.* **Widerstandsfähigkeit**

wi·der·stands·los *adj, adv* without resistance

wi·der·ste·hen* [viːdɐˈʃteːən] *vi irreg* ❶ (*standhalten*) to withstand ❷ (*nicht nachgeben*) to resist **wi·der·stre·ben*** [viːdɐˈʃtreːbn̩] *vi* ■ **jdm widerstrebt es, etw zu tun** sb is reluctant to do sth **Wi·der·stre·ben** <-s> [viːdɐˈʃtreːbn̩] *nt kein pl* reluctance

wi·der·wär·tig [ˈviːdɐvɛrtɪç] **I.** *adj* disgusting; (*Kerl*) nasty **II.** *adv* disgustingly

Wi·der·wil·le [ˈviːdɐvɪlə] *m* distaste (**gegen** for) **wi·der·wil·lig** **I.** *adj* reluctant **II.** *adv* reluctantly

wid·men [ˈvɪtmən] **I.** *vt* to dedicate to **II.** *vr* ❶ (*sich kümmern*) ■ **sich jdm ~** to attend to sb ❷ (*sich beschäftigen*) ■ **sich einer S.** *dat* **~** to devote oneself to sth

Wid·mung <-, -en> [ˈvɪtmʊŋ] *f* dedication

wid·rig [ˈviːdrɪç] *adj* adverse; (*Umstände, Verhältnisse*) unfavourable

wie [viː] **I.** *adv interrog* how?; ■ **~ ... auch** |**immer**| whatever, however; **wie heißt er?** what's his name?; **~ bitte?** pardon?, sorry?; **~ geht es Ihnen?** how do you do?; **~ geht es dir?** how are you?; **~ wär's mit ...?** how about ...?; **~ viel** how much;

---

widersprechen, einwenden

widersprechen	contradicting
Das stimmt doch gar nicht! *(fam)*	That's not right at all!
Ach was!/Unsinn!/Blödsinn!/Quatsch! *(fam)*	Nonsense!/Rubbish!
Das sehe ich anders.	I see things differently.
Nein, das finde ich nicht.	No, I don't think so.
Da muss ich Ihnen widersprechen.	I have to contradict you there.
Das entspricht nicht den Tatsachen.	That doesn't fit the facts.
So kann man das nicht sehen.	You can't look at it like that.
Davon kann gar nicht die Rede sein.	There can be no question of that.

einwenden	objecting
Ja, aber ...	Yes, but ...
Du hast vergessen, dass ...	You have forgotten that ...
Das siehst du aber völlig falsch.	You're completely wrong about that.
Sie haben schon Recht, aber bedenken Sie doch auch ...	You may well be right, but don't forget ...
Das ist ja alles schön und gut, aber ...	That's all well and good but ...
Ich habe dagegen einiges einzuwenden.	I've got several objections to that.
Das ist aber weit hergeholt.	That's rather far-fetched.

~ **viele ...?** how many ...?; ~ **sehr** [o ÖSTERR **wiesehr**] ... how much ... II. *konj* ① (*vergleichend*) ■... ~ ... as ... as; **so alt ~ sie** as old as her; **er ist genau ~ du** he's just like you ② (*beispielsweise*) like; **K ~ Konrad** K for kilo ③ (*und*) and ... [alike], as well as ④ (*die Art und Weise, in der*) how; **er sah, ~ sie aus dem Bus ausstieg** he saw her get off the bus ⑤ (*als ob*) ■..., ~ **wenn** as if

Wie·de·hopf <-[e]s, -e> ['vi:dəhɔpf] *m* ORN hoopoe

wie·der ['vi:dɐ] *adv* again, once more; **Verhandlungen ~ aufnehmen** to resume negotiations; **Kontakte ~ aufnehmen** to re-establish contacts; **etw ~ einführen** to reintroduce sth; **tu das nie ~!** don't ever do it again; **~ mal** again

Wie·der·auf·bau <-bauten> [vi:dɐ'ʔaʊfbaʊ] *m* reconstruction **Wie·der·auf·be·rei·tung** <-, -en> *f* recycling; (*von Atommüll*) reprocessing **Wie·der·auf·nah·me** [vi:dɐ'ʔaʊfna:mə] *f von Verhandlungen* resumption; *von Kontakten* re-establishment **Wie·der·auf·rüs·tung** *f* MIL rearmament **wie·der|be·kom·men*** *vt irreg* to get back **wie·der|be·le·ben*** *vt* to revive **Wie·der·be·le·bung** *f* MED resuscitation **Wie·der·be·le·bungs·ver·such** *m meist pl* MED attempt at resuscitation **Wie·der·be·schaf·fung** *f* (*Wiederauffindung*) recovery; (*Ersetzung*) replacement **wie·der·be·schreib·bar** *adj* CD rewritable **wie·der|brin·gen*** ['vi:dɐbrɪŋən] *vt irreg* to bring back *sep* **wie·der|ent·de·cken*** *vt* to rediscover **wie·der|er·ken·nen*** *vt irreg* to recognize; **nicht wiederzuerkennen sein** to be unrecognizable **Wie·der·er·ken·nungs·wert** *m kein pl* ÖKON Q rating, recognition factor **Wie·der·er·öff·nung** *f* reopening **wie·der|er·stat·ten*** ['vi:dɐʔɛɐ̯ʃtatn̩] *vt* to refund; ■**jdm etw ~** to reimburse sb for sth **wie·der|fin·den** *irreg* I. *vt* ① (*auffinden*) to find again ② *Fassung* to regain II. *vr* ■**sich ~** to turn up again; **der Schlüssel findet sich bestimmt wieder** the key is sure to turn up again **Wie·der·ga·be** ['vi:dɐga:bə] *f* ① (*Schilderung*) account, report ② FOTO, TYPO reproduction **wie·der|ge·ben** ['vi:dɐge:bn̩] *vt irreg* ① (*zurückgeben*) ■**jdm etw ~** to give sth back to sb ② (*zitieren*) to quote **Wie·der·ge·burt** ['vi:dɐgəbu:ɐ̯t] *f* reincarnation **wie·der|ge·win·nen*** ['vi:dɐgəvɪnən] *vt irreg* ① (*zurückgewinnen*) to reclaim ② (*wiedererlangen*) to regain **Wie·der·ge·**

win·nung *f* retrieval **wie·der|gut|ma·chen** *vt etw ~* to make up for sth **Wie·der·gut·ma·chung** <-, -en> *f* compensation

wie·der·her·stel·len [vi:dɐ'hɛɐ̯ʃtɛlən] *vt* ① (*restaurieren*) to restore ② (*gesundheitlich*) ■**jdn ~** to restore sb back to health ③ *Ordnung* to re-establish **Wie·der·her·stel·lung** *f* ① (*Restaurierung*) restoration ② (*das Wiederherstellen*) re-establishment

wie·der·ho·len*1 [vi:dɐ'ho:lən] I. *vt* ① (*abermals durchführen*) to repeat ② (*repetieren*) to revise II. *vr* ■**sich ~** ① (*sich wiederum ereignen*) to recur ② (*noch einmal sagen*) to repeat oneself

wie·der|ho·len2 ['vi:dɐho:lən] *vt* to get back

wie·der·holt I. *adj* repeated II. *adv* repeatedly

Wie·der·ho·lung <-, -en> [vi:dɐ'ho:lʊŋ] *f* ① (*erneute Durchführung*) repetition ② (*erneutes Zeigen*) repeat ③ (*Repetition*) revision ④ (*erneutes Vorbringen*) repetition **Wie·der·ho·lungs·tä·ter(in)** *m(f)* persistent offender

Wie·der·hö·ren ['vi:dɐhø:rən] *nt* [auf] ~! goodbye!

wie·der|keh·ren ['vi:dɐke:rən] *vi sein* ① *Mensch* to return ② *Problem* s. **wiederkommen 3**

wie·der|kom·men ['vi:dɐkɔmən] *vi irreg sein* ① (*zurückkommen*) to come back ② (*erneut kommen*) to come again ③ (*sich noch einmal bieten*) to reoccur **wie·der|se·hen** ['vi:dɐze:ən] *vt irreg* ■**jdn ~** to see sb again; ■**sich ~** to meet again **Wie·der·se·hen** <-s, -> ['vi:dɐze:ən] *nt* [another] meeting; (*nach längerer Zeit*) reunion; [auf] ~ **sagen** to say goodbye; [auf] ~ goodbye

wie·de·rum ['vi:dərʊm] *adv* ① (*abermals*) again ② (*andererseits*) on the other hand, though ③ (*für jds Teil*) in turn

wie·der|ver·ei·ni·gen* *vt* POL to reunify **Wie·der·ver·ei·ni·gung** ['vi:dɐfɛɐ̯ʔaɪnɪɡʊŋ] *f* POL reunification **wie·der·ver·wend·bar** *adj* reusable **Wie·der·ver·wen·dung** *f* reuse **wie·der|ver·wer·ten*** *vt* to recycle **Wie·der·ver·wer·tung** *f* recycling **Wie·der·wahl** ['vi:dɐva:l] *f* re-election

Wie·ge <-, -n> ['vi:gə] *f* cradle

Wie·ge·mes·ser *nt* chopping knife

wie·gen1 <wog, gewogen> ['vi:gn̩] *vt, vi* to weigh

wie·gen2 ['vi:gn̩] *vt* (*hin und her bewegen*) to rock; *Hüften* to sway

Wie·gen·lied *nt* lullaby
wie·hern [ˈviːən] *vi* to neigh
Wien <-s> [viːn] *nt* Vienna
Wie·ner [ˈviːnɐ] *adj attr (aus Wien stammend)* Viennese
Wie·ner(in) <-s, -> [ˈviːnɐ] *m(f)* Viennese
wie·nern [ˈviːnən] *vt* to polish
wies [viːs] *imp von* **weisen**
Wie·se <-, -n> [ˈviːzə] *f* meadow
Wie·sel <-s, -> [ˈviːzl̩] *nt* weasel ▶ **flink wie ein ~ sein** to be as quick as a flash
wie·so [viˈzoː] *adv* ① *interrog* why, how come ② *rel* why
wie·viel·mal [viˈfiːlmaːl] *adv interrog* how many times
wie·viel·te(r, s) [ˈviːfiːltə -tə, -təs] *adj interrog* ■ **der/die/das ~ ...?** how many ...?; **den W~n haben wir heute?** what's the date today?
Wi·kin·ger(in) <-s, -> [ˈviːkɪŋɐ] *m(f)* Viking
wild [vɪlt] I. *adj* ① BOT, ZOOL wild ② *(illegal)* illegal ③ *(maßlos)* **~e Fantasie** a wild imagination ④ *Fahrt, Leidenschaft* reckless; *Kampf* frenzied ⑤ *(fam: versessen)* ■ **~ auf jdn/etw sein** to be crazy about sb/sth ⑥ *(zum Äußersten gereizt)* furious; **jdn ~ machen** to drive sb wild; **~ werden** to go wild; **wie ~** wildly ▶ **halb so ~ sein** to not be important II. *adv* ① *(ungeordnet)* strewn around ② *(hemmungslos)* wildly, furiously ③ *(in freier Natur)* wild *pred*; **~ wachsen** to grow wild
Wild <-[e]s> [vɪlt] *nt kein pl* ① KOCHK game; **von Rotwild** venison ② ZOOL wild animals
Wild·bach *m* torrent **Wild·bahn** *f* **in freier ~ leben** to live in the wild
Wil·de(r) [ˈvɪldə -də] *f(m) dekl wie adj* savage
Wil·de·rei <-, -en> [vɪldəˈraɪ] *f* poaching
Wil·de·rer(in) <-s, -> [vɪldəˈraɪ] *m(f)* poacher
wil·dern [ˈvɪldən] *vi* to poach
wild·fremd [ˈvɪltfrɛmt] *adj* completely strange
Wild·heit <-, -en> *f kein pl* savagery
Wild·hü·ter(in) <-s, -> *m(f)* gamekeeper
Wild·kat·ze *f* wildcat **Wild·le·der** *nt* suede
Wild·nis <-, -se> [ˈvɪltnɪs] *f* wilderness
Wild·park *m* game park **Wild·sau** *f* wild sow **Wild·schwein** *nt* wild boar
Wild·west·film [vɪltˈvɛst-] *m* western
Wild·wuchs *m* rank growth
Wil·le <-ns> [ˈvɪlə] *m kein pl* will *no pl*; **seinen eigenen ~n haben** to have a mind of one's own; **der gute ~** good will; **jds letzter ~** sb's last will and testament; **seinen ~n durchsetzen** to get one's own way ▶ **wo ein ~ ist, ist auch ein Weg** *(prov)* where there is a will there is a way
wil·len [ˈvɪlən] *präp* **um jds/einer S. gen ~** for the sake of sb/a thing
wil·len·los *adj* spineless
wil·lens [ˈvɪləns] *adj* ■ **~ sein, etw zu tun** to be willing to do sth
Wil·lens·kraft *f kein pl* willpower **wil·lens·stark** *adj* strong-willed
wil·lent·lich [ˈvɪləntlɪç] *adj s.* **absichtlich**
wil·lig [ˈvɪlɪç] *adj* willing
will·kom·men [vɪlˈkɔmən] *adj* welcome; ■ **~ sein** to be welcome; **jdn ~ heißen** to welcome sb; **seid/seien Sie [herzlich] ~!** welcome!
Will·kom·men <-s, -> [vɪlˈkɔmən] *nt* welcome; **ein herzliches ~** a warm welcome
Will·kür <-> [ˈvɪlkyːɐ] *f kein pl* arbitrariness; *(politisch)* despotism
will·kür·lich [ˈvɪlkyːɐlɪç] I. *adj* arbitrary II. *adv* arbitrarily
wim·meln [ˈvɪml̩n] *vi impers* ■ **es wimmelt von etw** *dat* it is teeming with sth; *Menschen* to swarm with
wim·mern [ˈvɪmən] *vi* to whimper
Wim·pel <-s, -> [ˈvɪmpl̩] *m* pennant
Wim·per <-, -n> [ˈvɪmpl] *f* [eye]lash ▶ **ohne mit der ~ zu zucken** without batting an eyelid
Wim·pern·tu·sche *f* mascara
Wind <-[e]s, -e> [vɪnt, *pl* ˈvɪndə] *m* wind ▶ **bei ~ und Wetter** in all weathers; **~ von etw** *dat* **bekommen** to get wind of sth; **viel ~ um etw** *akk* **machen** to make a fuss about sth; **in alle [vier] ~e zerstreut werden** to be scattered to the four winds
Wind·beu·tel *m* KOCHK cream puff **Wind·bö·e** *f* gust of wind
Win·de <-, -n> [ˈvɪndə] *f* TECH winch
Win·del <-, -n> [ˈvɪndl̩] *f* napkin BRIT, diaper AM
Win·del·hös·chen *nt,* **Win·del·ho·se** *f* nappy [*or* AM diaper] pants *pl* **win·del·weich** *adv* **jdn ~ schlagen** to beat sb black and blue
win·den[1] <wand, gewunden> [ˈvɪndn̩] I. *vr* **sich ~** ① *(nach Ausflüchten suchen)* to attempt to wriggle out of sth ② *(sich krümmen)* to writhe (**vor** in) ③ *Weg* to wind its way; *Bach* to meander ④ BOT to wind [itself] (**um** around) II. *vt* ■ **etw um etw** *akk* **~** to wind sth around sth
win·den[2] [ˈvɪndn̩] *vi impers* to blow

Wind·ener·gie *f* wind energy **Wind·ener·gie·an·la·ge** *f* wind energy plant **wind·ge·schützt** I. *adj* sheltered [from the wind] II. *adv* in a sheltered place **Wind·ge·schwin·dig·keit** *f* wind speed **Wind·hauch** *m* breath of wind **Wind·ho·se** *f* vortex **Wind·hund** *m* greyhound **win·dig** ['vɪndɪç] *adj* windy **Wind·ja·cke** *f* windcheater BRIT, windbreaker AM **Wind·kraft·an·la·ge** *f*, **Wind·kraft·werk** *nt* wind[-driven] power station **Wind·müh·le** *f* windmill **Wind·park** *m* wind park [*or* farm] **Wind·po·cken** *pl* chickenpox *sing* **Wind·rad** *nt* wind turbine **Wind·rich·tung** *f* wind direction **Wind·ro·se** *f* wind rose **Wind·schat·ten** *m* slipstream **wind·schief** *adj* crooked **Wind·schutz·schei·be** *f* windscreen BRIT, windshield AM **Wind·sei·te** *f* windward side **Wind·stär·ke** *f* wind force **wind·still** *adj* windless; ■ **~ sein** to be calm **Wind·stil·le** *f* calm **Wind·stoß** *m* gust of wind **wind·sur·fen** ['vɪntzœːɐ̯fn̩] *vi nur infin* to windsurf **Wind·sur·fer(in)** *m(f)* windsurfer **Wind·sur·fing** ['vɪntzœːɐ̯fɪŋ] *nt* windsurfing

Win·dung <-, -en> *f* ❶ (*Mäander*) meander ❷ (*Serpentine*) bend, curve

Wink <-[e]s, -e> [vɪŋk] *m* ❶ (*Hinweis*) hint; **einen ~ bekommen** to receive a tip-off ❷ (*Handbewegung*) signal ▶ **ein ~ mit dem Zaunpfahl** a broad hint

Win·kel <-s, -> ['vɪŋkl̩] *m* ❶ MATH angle; **rechter/spitzer/stumpfer ~** a right/an acute/obtuse angle ❷ (*Ecke*) corner ❸ (*Bereich*) place, spot; **toter ~** a blind spot

Win·kel·ad·vo·kat(in) *m(f)* (*pej*) incompetent lawyer

win·ke·lig ['vɪŋkəlɪç] *adj s.* **winklig**

Win·kel·mes·ser *m* protractor

win·ken <gewinkt *o* DIAL gewunken> ['vɪŋkn̩] I. *vi* to wave; ■ **mit etw** *dat* **~** to wave sth; **einem Taxi ~** to hail a taxi II. *vt* ■ **jdn zu sich** *dat* **~** to beckon sb over to one

wink·lig ['vɪŋklɪç] *adj* full of nooks and crannies; *Gasse* twisty

win·seln ['vɪnzl̩n] *vi* to whimper; ■ **um etw** *akk* **~** to plead for sth

Win·ter <-s, -> ['vɪntɐ] *m* winter

Win·ter·an·fang *m* beginning of winter **Win·ter·ein·bruch** *m* onset of winter **Win·ter·fell** *nt* winter coat **Win·ter·fe·ri·en** *pl* winter holidays *pl* **win·ter·fest** *adj* suitable for winter; **ein Auto ~ machen** to get a car ready for winter **Win·ter·gar·ten** *m* conservatory **win·ter·hart** *adj* HORT hardy **Win·ter·klei·dung** *f* winter clothing **Win·ter·land·schaft** *f* winter landscape

win·ter·lich ['vɪntɐlɪç] I. *adj* wintry; **~e Temperaturen** winter temperatures II. *adv* **~ gekleidet** dressed for winter

Win·ter·man·tel *m* winter coat **Win·ter·rei·fen** *m* winter tyre **Win·ter·sai·son** *f* winter season **Win·ter·schlaf** *m* hibernation; **~ halten** to hibernate **Win·ter·schluss·ver·kauf**[RR] *m*, **Win·ter·schluß·ver·kauf**[ALT] *m* winter sale **Win·ter·se·mes·ter** *nt* winter semester **Win·ter·speck** *m kein pl* (*hum geh*) winter fat **Win·ter·sport** *m* winter sport **Win·ter(s)·zeit** *f kein pl* wintertime *no pl, no indef art* **Win·ter·ur·laub** *m* winter holiday **Win·ter·zeit** *f* wintertime *no pl, no indef art*

Win·zer(in) <-s, -> ['vɪntsɐ] *m(f)* winegrower

win·zig ['vɪntsɪç] *adj* tiny; **~ klein** minute **Winz·ling** <-s, -e> ['vɪntslɪŋ] *m* tiny thing **Wip·fel** <-s, -> ['vɪpfl̩] *m* treetop

Wip·pe <-, -n> ['vɪpə] *f* seesaw

wip·pen ['vɪpn̩] *vi* to bob up and down (**auf** on); (*auf einer Wippe*) to seesaw

wir <*gen* unser, *dat* uns, *akk* uns> [viːɐ̯] *pron pers* we; **~ nicht** not us

Wir·bel <-s, -> ['vɪrbl̩] *m* ❶ ANAT vertebra ❷ (*fam: Trubel*) turmoil ❸ (*kleiner Strudel*) whirlpool

wir·beln ['vɪrbl̩n] *vi, vt* ❶ *sein* (*sich drehend wehen*) to swirl ❷ *sein* (*sich drehend bewegen*) to whirl

Wir·bel·säu·le *f* spinal column **Wir·bel·sturm** *m* whirlwind **Wir·bel·tier** *nt* vertebrate **Wir·bel·wind** *m* whirlwind

wir·ken ['vɪrkn̩] *vi* ❶ (*Wirkung haben*) to have an effect; (*beabsichtigten Effekt haben*) to work; **dieses Medikament wirkt sofort** this medicine takes effect immediately; **etw auf sich ~ lassen** to take sth in ❷ (*etwas ausrichten*) to be effective ❸ (*einen bestimmten Eindruck machen*) to seem, to appear ❹ (*tätig sein*) ■ **irgendwo ~** to work somewhere

wirk·lich ['vɪrklɪç] I. *adj* real II. *adv* really **Wirk·lich·keit** <-, -en> *f* reality; **~ werden** to come true

wirk·lich·keits·fremd *adj* unrealistic **wirk·lich·keits·ge·treu** I. *adj* realistic II. *adv* realistically, in a realistic way

wirk·sam ['vɪrkzaːm] I. *adj* effective II. *adv* effectively

Wirk·sam·keit <-> *f kein pl* effectiveness **Wirk·stoff** *m* active substance

Wir·kung <-, -en> ['vɪrkʊŋ] *f* effect

Wir·kungs·be·reich *m* area of activity, domain **Wir·kungs·grad** *m* [degree of] effectiveness **Wir·kungs·kreis** *m* sphere of activity **wir·kungs·los** *adj* ineffective **wir·kungs·voll** *adj s.* **wirksam**

wirr [vɪr] *adj* ❶ (*unordentlich*) tangled ❷ (*verworren*) weird ❸ (*durcheinander*) confused, muddled

Wir·ren ['vɪrən] *pl* confusion *sing*

Wirr·kopf *m* (*pej*) scatterbrain

Wirr·warr <-s> ['vɪrvar] *m kein pl* ❶ (*Durcheinander*) confusion ❷ (*Unordnung*) tangle

Wir·sing <-s> ['vɪrzɪŋ] *m kein pl*, **Wir·sing·kohl** ['vɪrzɪŋ-] *m* savoy cabbage

Wirt(in) <-[e]s, -e> [vɪrt] *m(f)* (*Gast~*) landlord *masc*, landlady *fem*

Wirt·schaft <-, -en> ['vɪrtʃaft] *f* ❶ ÖKON economy; (*Industrie und Handel*) industry [and commerce]; **er ist in der ~ tätig** he works in industry ❷ (*Gast~*) pub BRIT, bar AM

wirt·schaf·ten ['vɪrtʃaftn̩] *vi* to keep house; **sparsam ~** to economize

Wirt·schaf·ter(in) <-s, -> *m(f)* housekeeper

wirt·schaft·lich ['vɪrtʃaftlɪç] I. *adj* ❶ ÖKON economic ❷ (*sparsam*) economical II. *adv* economically

Wirt·schaft·lich·keit <-> *f kein pl* economy

Wirt·schafts·ab·kom·men *nt* economic agreement **Wirt·schafts·auf·schwung** *m* economic upturn **Wirt·schafts·de·likt** *nt* economic crime **Wirt·schafts·em·bar·go** *nt* economic embargo **Wirt·schafts·ex·per·te, -ex·per·tin** *m, f* economic expert **Wirt·schafts·fak·tor** *m* economic factor **Wirt·schafts·flücht·ling** *m* economic refugee **Wirt·schafts·geld** *nt* housekeeping money *no pl, no indef art* **Wirt·schafts·ge·mein·schaft** *f* economic community; ■ **die Europäische ~** HIST the European Economic Community, the [European] Common Market **Wirt·schafts·hil·fe** *f* economic aid *no pl, no indef art* **Wirt·schafts·kri·mi·na·li·tät** *f* white-collar crime **Wirt·schafts·kri·se** *f* economic crisis **Wirt·schafts·la·ge** *f* economic situation **Wirt·schafts·macht** *f* economic power **Wirt·schafts·mi·nis·ter(in)** *m(f)* Minister for Economic Affairs BRIT, Secretary of Commerce AM **Wirt·schafts·mi·nis·te·ri·um** *nt* Ministry of Economic Affairs [*or* of Trade and Commerce] BRIT, Department of Trade and Industry [*or* AM of Commerce] **Wirt·schafts·po·li·tik** *f* economic policy **Wirt·schafts·prü·fer(in)** *m(f)* accountant **Wirt·schafts·sank·ti·o·nen** *pl* economic sanctions *pl* **Wirt·schafts- und Wäh·rungs·uni·on** *f* economic and monetary union **Wirt·schafts·wachs·tum** *nt kein pl* economic growth **Wirt·schafts·wis·sen·schaft** *f meist pl* economics *sing* **Wirt·schafts·wis·sen·schaft·ler(in)** *m(f)* economist **Wirt·schafts·wun·der** *nt* economic miracle **Wirt·schafts·zweig** *m* branch of industry

Wirts·haus *nt* pub BRIT, bar AM, inn *dated* **Wirts·leu·te** *pl* landlord and landlady

Wisch <-[e]s, -e> [vɪʃ] *m* (*pej fam*) piece of bumph

wi·schen ['vɪʃn̩] I. *vt* ❶ (*ab~*) to wipe ❷ SCHWEIZ (*fegen*) to sweep ▶ **einen gewischt bekommen** to get an electric shock; [**von jdm**] **eine gewischt bekommen** to get a clout [from sb] II. *vi* ❶ (*putzen*) to clean ❷ SCHWEIZ (*fegen*) to sweep ❸ INFORM, INET (*über den Touchscreen fahren*) to swipe

Wi·schi·wa·schi <-s> [vɪʃi'vaʃi] *nt kein pl* (*fam*) drivel

Wisch·lap·pen *m* cloth

Wi·sent <-s, -e> ['vi:zɛnt] *nt* ZOOL bison

wis·pern ['vɪspɐn] *vt, vi* to whisper

Wiss·be·gier[RR] <-> *f*, **Wiß·be·gier**[ALT] <-> ['vɪsbəɡiːɐ̯] *f kein pl*, **Wiss·be·gier·de**[RR] *f*, **Wiß·be·gier·de**[ALT] ['vɪsbəɡiːɐ̯də] *f kein pl* thirst for knowledge

wiss·be·gie·rig[RR] *adj*, **wiß·be·gie·rig**[ALT] *adj* eager to learn

wis·sen <wusste, gewusst> ['vɪsn̩] I. *vt* ❶ (*kennen*) to know; **jdn etw ~ lassen** to let sb know sth; **woher soll ich das ~?** how should I know that?; **dass du es [nur] [gleich] weißt** just so you know; **davon weiß ich nichts** I don't know anything about it; **ich wüsste nicht, dass/was ...** I would not know that/what ...; **wenn ich nur wüsste, ...** if only I knew ... ❷ (*als Kenntnisse besitzen*) **von nichts ~** to have no idea [about sth]; **weißt du noch/~ Sie noch?** do you remember?; **soviel** [*o* **soweit**] **jd weiß** as far as sb knows ❸ (*können*) **etw zu schätzen ~** to appreciate sth; **sich zu helfen ~** to be resourceful ▶ **von jdm/etw nichts [mehr] ~ wollen** (*fam*) to not want to have anything more to do with sb/sth; **oder was weiß ich** (*fam*) ... or sth II. *vi* ■ **von etw** *dat* **~** to know sth; **man kann nie wissen!** you never know!; **wer weiß, wo er bleibt** who knows where he's got to ▶ **nicht**

mehr <u>aus</u> noch ein ~ to be at one's wits' end; **gewusst wie!** sheer brilliance!
Wis·sen <-s> ['vɪsn̩] *nt kein pl* knowledge *no pl*
wis·send I. *adj* (*geh*) knowing; **~ e Blicke [aus]tauschen** to exchange knowing looks II. *adv* (*geh*) knowingly
Wis·sen·schaft <-, -en> ['vɪsn̩ʃaft] *f* science; **eine ~ für sich sein** to be a science in itself
Wis·sen·schaft·ler(in) <-s, -> *m(f)* scientist
wis·sen·schaft·lich ['vɪsn̩ʃaftlɪç] I. *adj* scientific; (*akademisch*) academic II. *adv* scientifically; (*akademisch*) academically
Wis·sens·drang *m*, **Wis·sens·durst** *m* thirst for knowledge **Wis·sens·ge·biet** *nt* field of knowledge **Wis·sens·lü·cke** *f* gap in sb's knowledge **wis·sens·wert** *adj* worth knowing
wis·sent·lich ['vɪsn̩tlɪç] I. *adj* deliberate II. *adv* deliberately, knowingly
wit·tern ['vɪtɐn] I. *vt* ❶ (*ahnen*) to suspect ❷ JAGD to smell II. *vi* JAGD to sniff the air
Wit·te·rung <-, -en> *f* ❶ METEO weather ❷ JAGD sense of smell; **~ aufnehmen** to find the scent
Wit·te·rungs·ver·hält·nis·se *pl* weather conditions *pl*
Wit·we <-, -n> ['vɪtvə] *f* widow
Wit·wer <-s, -> ['vɪtvɐ] *m* widower
Witz <-es, -e> [vɪts] *m* ❶ (*Scherz*) joke; **einen ~ machen** to make a joke ❷ *kein pl* (*Esprit*) wit
Witz·bold <-[e]s, -e> *m* joker
wit·zeln ['vɪtsl̩n] *vi* to joke (**über** about)
Witz·fi·gur *f* figure of fun
wit·zig ['vɪtsɪç] *adj* funny
witz·los *adj* pointless
WLAN <-[s], -[s]> ['ve:lan] *nt Abk von* **Wireless Local Area Network** INFORM wireless LAN, WLAN
WM <-, -s> *f Abk von* **Weltmeisterschaft** world championship; (*im Fußball*) World Cup
wo [vo:] I. *adv* ❶ *interrog* (*an welcher Stelle*) where ❷ *rel* **pass auf, ~ du hintrittst!** look where you are going! ❸ *rel, zeitlich* when; **zu dem Zeitpunkt, ~ ...** when ... II. *konj* (*zumal*) when, as; **~ er doch wusste, dass ich keine Zeit hatte** when he knew that I had no time
wo·an·ders [vo'ʔandəs] *adv* somewhere else, elsewhere
wo·an·ders·hin [vo'ʔandəs'hɪn] *adv* somewhere else
wo·bei [vo'baɪ] *adv* ❶ *interrog* how; **~ ist das passiert?** how did that happen? ❷ *rel* in which; **~ mir gerade einfällt ...** which reminds me ...
Wo·che <-, -n> ['vɔxə] *f* week; **diese/nächste ~** this/next week; **jede ~** every week; **pro ~** a week; **unter der ~** during the week
Wo·chen·bett *nt* ■**im ~ liegen** to be lying in **Wo·chen·blatt** *nt* weekly
Wo·chen·end·be·zie·hung *f* weekend relationship
Wo·chen·en·de ['vɔxn̩ʔɛndə] *nt* weekend; **schönes ~!** have a nice weekend!; **am ~** at the weekend
Wo·chen·end·haus ['vɔxn̩ʔɛnthaʊs] *nt* weekend home **Wo·chen·end·ti·cket** [-tɪkət] *nt* TRANSP weekend [discount] ticket
Wo·chen·kar·te *f* TRANSP weekly season ticket **wo·chen·lang** ['vɔxn̩laŋ] *adj, adv* for weeks **Wo·chen·lohn** *m* weekly wage **Wo·chen·markt** *m* weekly market **Wo·chen·tag** *m* weekday; **was ist heute für ein ~?** what day of the week is it today?

Nichtwissen

Nichtwissen ausdrücken	*expressing ignorance*
Das weiß ich (auch) nicht./Weiß nicht. *(fam)*	*I don't know (either)./Don't know./Dunno. (fam)*
Keine Ahnung!	*No idea!*
Hab keinen blassen Schimmer. *(fam)*	*Haven't the foggiest (fam)/faintest idea.*
Ich kenne mich da leider nicht aus.	*I'm afraid I don't know anything about that.*
Da bin ich überfragt.	*You've got me there.*
Darüber weiß ich nicht Bescheid.	*That's new to me.*
Die genaue Anzahl entzieht sich meiner Kenntnis. *(geh)*	*I have no knowledge of the exact number. (form)*
Woher soll ich das wissen?	*How should I know?*

wo·chen·tags [ˈvɔxn̩taːks] *adv* on weekdays

wö·chent·lich [ˈvœçn̩tlɪç] *adj, adv* weekly

Wo·chen·zei·tung *f* weekly [newspaper]

Wöch·ne·rin <-, -nen> [ˈvœçnərɪn] *f* MED *woman who has recently given birth*

Wod·ka <-s, -s> [ˈvɔtka] *m* vodka

wo·durch [voˈdʊrç] *adv* ❶ *interrog* (*durch was*) how? ❷ *rel* (*durch welchen Vorgang*) which

wo·für [voˈfyːɐ̯] *adv* ❶ *interrog* for what, what ... for; **~ hast du denn so viel Geld bezahlt?** what did you pay so much money for? ❷ *rel* (*für welche Tat*) for which

wog [voːk] *imp von* **wägen, wiegen**¹

Wo·ge <-, -n> [ˈvoːgə] *f* ❶ (*große Welle*) wave ❷ (*fig*) **wenn sich die ~n geglättet haben** when things have calmed down

wo·ge·gen [voˈgeːgn̩] *adv* ❶ *interrog* against what; **~ hilft dieses Mittel?** what is this medicine for? ❷ *rel* against what/which

wo·gen [ˈvoːgn̩] *vi* to surge

wo·her [voˈheːɐ̯] *adv* ❶ *interrog* where ... from?; **~ hast du dieses Buch?** where did you get this book [from]? ❷ *rel* from ... which, where ... from

wo·hin [voˈhɪn] *adv* ❶ *interrog* where [to]?; **~ damit?** where shall I put it? ❷ *rel* where

wo·hin·ge·gen [vohɪnˈgeːgn̩] *konj* while, whereas

wohl¹ [voːl] *adv* ❶ (*wahrscheinlich*) probably; **~ kaum** hardly ❷ (*durchaus*) well; **das ist ~ wahr** that is perfectly true ❸ (*doch*) after all ❹ (*zirka*) about ▸ **siehst du ~!** I told you!

wohl² [voːl] *adv* ❶ (*gut*) well; **sich ~ fühlen** to feel well; **~ bekomm's!** your good health!; **jdm ~ bekannt sein** to be well-known to sb; **~ geformt** well-formed; *Körperteil* shapely; **~ genährt** well-fed; **~ überlegt** well thought out ❷ (*behaglich*) ■ **jdm ist ~ bei etw** *dat* sb is comfortable with sth; ■ **jdm ist nicht ~ bei etw** *dat* sb is uneasy about sth; **sich irgendwo ~ fühlen** to feel at home somewhere ▸ **~ oder übel** whether you like it or not; **leb ~/leben Sie ~** farewell

Wohl <-[e]s> [voːl] *nt kein pl* welfare, well-being; **auf jds ~ trinken** to drink to sb's health; **zum ~!** cheers!

wohl·auf [voːlˈʔaʊ̯f] *adj präd* ■ **~ sein** to be well **Wohl·be·fin·den** <-s> *nt kein pl* well-being **Wohl·be·ha·gen** <-s> *nt kein pl* feeling of well-being **wohl·be·hal·ten** *adv* safe and sound **wohl·er·zo·gen** <besser erzogen, besterzogen> *adj* well-bred

Wohl·fahrt [ˈvoːlfaːɐ̯t] *f kein pl* welfare **Wohl·fahrts·staat** *m* welfare state **Wohl·ge·fal·len** [voːlgəfalən] *nt* pleasure, satisfaction ▸ **sich in ~ auflösen** to vanish into thin air **wohl·ge·merkt** [ˈvoːlgəmɛrkt] *adv* mind you **wohl·ge·ra·ten** *adj* ❶ (*gut gelungen*) successful ❷ (*gut entwickelt*) well turned-out *pred*, well-adjusted *attr* **wohl·ge·sinnt** <wohlgesinnter, wohlgesinnteste> *adj* well-meaning; ■ **jdm ~ sein** to be well-disposed towards sb **wohl·ha·bend** <wohlhabender, wohlhabendste> *adj* well-to-do

woh·lig [ˈvoːlɪç] I. *adj* (*behaglich*) pleasant II. *adv* (*genießerisch*) luxuriously

wohl·klin·gend <wohlklingender, wohlklingendste> *adj* melodious **wohl·mei·nend** <wohlmeinender, wohlmeinendste> *adj* well-meaning **wohl·rie·chend** <wohlriechender, wohlriechendste> *adj* fragrant **wohl·schme·ckend** <wohlschmeckender, wohlschmeckendste> *adj* palatable **Wohl·stand** *m kein pl* affluence, prosperity **Wohl·stands·ge·sell·schaft** *f* affluent society **Wohl·stands·müll** *m kein pl* refuse of the affluent society

Wohl·tat *f* ❶ *kein pl* (*Erleichterung*) relief; **eine ~ sein** to be a relief ❷ (*wohltätige Unterstützung*) good deed

Wohl·tä·ter(in) *m(f)* benefactor *masc*, benefactress *fem*; **ein ~ der Menschheit** a champion of mankind

wohl·tä·tig *adj* charitable **Wohl·tä·tig·keit** *f kein pl* charity **Wohl·tä·tig·keits·ver·an·stal·tung** *f* charity event **Wohl·tä·tig·keits·ver·ein** *m* charity **wohl·tu·end** <wohltuender, wohltuendste> *adj* agreeable

wohl·ver·dient *adj* well-earned; **seine ~e Strafe erhalten** to get one's just deserts

wohl·weis·lich [ˈvoːlvaɪslɪç] *adv* very wisely

Wohl·wol·len <-s> [ˈvoːlvɔlən] *nt kein pl* goodwill; **auf jds ~ angewiesen sein** to rely on sb's goodwill

wohl·wol·lend <wohlwollender, wohlwollendste> I. *adj* benevolent; ■ **jdm gegenüber ~ sein** to be kindly disposed towards sb II. *adv* benevolently

Wohn·an·la·ge *f* housing development **Wohn·be·zirk** *m* residential district **Wohn·block** *m* block of flats BRIT, apartment building AM

woh·nen [ˈvoːnən] *vi* to live; (*im Hotel*) to stay

Wohn·flä·che f living space **Wohn·ge·biet** nt residential area **Wohn·ge·gend** f residential area; **eine gute ~ sein** to be a nice area to live in **Wohn·geld** nt housing benefit **Wohn·ge·mein·schaft** f communal residence, house- [or flat-] [or AM apartment-] share; **in einer ~ leben** to share a house/flat with sb

wohn·haft ['voːnhaft] adj (geh) resident; ▪**irgendwo ~ sein** to live somewhere

Wohn·haus nt residential building **Wohn·heim** nt (Studenten~) hall of residence BRIT, residence hall AM, dormitory AM; (Arbeiter~) hostel **Wohn·kü·che** f kitchen-cum-living room **Wohn·la·ge** f residential area

wohn·lich ['voːlɪç] adj cosy

Wohn·mo·bil <-s, -e> nt camper **Wohn·ort** m place of residence **Wohn·raum** m kein pl living space **Wohn·si·lo** m o nt (pej) concrete monolith **Wohn·sitz** m ADMIN domicile; **erster ~** main place of residence; **ohne festen ~** of no fixed abode **Woh·nung** <-, -en> f flat, apartment **Woh·nungs·bau** m kein pl house building; **sozialer ~** council houses **Woh·nungs·be·set·zer(in)** <-s, -> m(f) squatter **Woh·nungs·ei·gen·tü·mer(in)** m(f) property owner **Woh·nungs·ein·rich·tung** f furnishings pl **Woh·nungs·markt** m housing market **Woh·nungs·not** f kein pl serious housing shortage **Woh·nungs·schlüs·sel** m key to the flat [or AM apartment] **Woh·nungs·su·che** f flat- [or apartment-] hunting; **auf ~ sein** to be flat-hunting **Woh·nungs·tür** f front door

Wohn·vier·tel nt residential area **Wohn·wa·gen** m ❶ (Campinganhänger) caravan BRIT, trailer AM ❷ (mobile Wohnung) mobile home **Wohn·zim·mer** nt living room, lounge

Wok <-, -s> [vɔk] m wok

wöl·ben ['vœlbn̩] vr ❶ (sich biegen) to bend ❷ (in einem Bogen überspannen) ▪**sich über etw** akk **~** to arch over sth

Wöl·bung <-, -en> f ❶ BAU dome; (Bogen) arch ❷ (Rundung) bulge

Wolf <-[e]s, Wölfe> [vɔlf, pl 'vœlfə] m wolf

Wölf·in <-, -nen> ['vœlfɪn] f she-wolf

Wolfs·hun·ger ['vɔlfs'hʊŋɐ] m kein pl (fam) ravenous hunger

Wol·ke <-, -n> ['vɔlkə] f cloud ▶**aus allen ~n fallen** to be flabbergasted

Wol·ken·bruch m cloudburst **Wol·ken·de·cke** f cloud cover **Wol·ken·krat·zer** m skyscraper **Wol·ken·ku·ckucks·heim** nt (iron) cloud-cuckoo-land BRIT, fantasyland **wol·ken·los** adj cloudless

wol·kig ['vɔlkɪç] adj cloudy

Woll·de·cke f [woollen] blanket

Wol·le <-, -n> ['vɔlə] f wool

wol·len¹ ['vɔlən] adj attr MODE woollen

wol·len² ['vɔlən] **I.** vb aux <will, wollte, wollen> ❶ (vorhaben) ▪**etw tun ~** to want to do sth; ▪**etw gerade tun ~** to be [just] about to do sth; **wollen wir uns nicht setzen?** why don't we sit down?; **etw haben ~** to want [to have] sth; **etw schon lange tun ~** to have been wanting to do sth for ages ❷ (behaupten) ▪**etw getan haben ~** to claim to have done sth; **und so jemand will Arzt sein!** and he calls himself a doctor! ❸ passivisch **diese Aktion will gut vorbereitet sein** this operation has to be well prepared **II.** vi <will, wollte, gewollt> ❶ (den Willen haben) to want; **ob du willst oder nicht** whether you like it or not; **wenn du willst** if you like; [ganz] **wie du willst** just as you like ❷ (gehen ~) ▪**irgendwohin ~** to want to go somewhere; **zu wem ~ Sie?** who[m] do you wish to see? ❸ (anstreben) **ich wollte, es wäre schon Weihnachten** I wish it were Christmas already; **ich wollte, das würde nie passieren** I would never want that to happen ▶**wer nicht will, der hat schon** (prov) if you don't like it you can lump it!; **dann ~ wir mal** let's get started; **wenn man so will** as it were **III.** vt <will, wollte, gewollt> ❶ (haben ~) ▪**etw ~** to want sth; **willst du lieber Tee oder Kaffee?** would you prefer tea or coffee?; **was willst du mehr!** what more do you want!; **ich will, dass du jetzt sofort gehst!** I want you to go immediately ❷ (bezwecken) ▪**etw mit jdm** dat **~** to want sth with [or for] sth; **ohne es zu ~** without wanting to ▶**da ist nichts mehr zu ~** there is nothing else we/you can do; **was du nicht willst, dass man dir tu', das füg auch keinem andern zu** (prov) do unto others as you would others unto you

wol·lig ['vɔlɪç] adj woolly

Woll·ja·cke f woollen cardigan **Woll·knäu·el** nt ball of wool **Woll·sie·gel** nt Woolmark®

Wol·lust <-, lüste> ['vɔlʊst, pl 'vɔlʏstə] f lust

wol·lüs·tig ['vɔlʏstɪç] adj lascivious

wo·mit [voˈmɪt] adv ❶ interrog with what, what ... with; **~ reinigt man Seidenhemden?** what do you use to clean silk shirts

with?; **~ habe ich das verdient?** what did I do to deserve this? ❷ *rel* with which
wo·mög·lich [voˈmøːklɪç] *adj* possibly
wo·nach [voˈnaːx] *adv* ❶ *interrog* what ... for, what ... of; **~ suchst du?** what are you looking for?; **~ riecht das hier?** what's that smell in here? ❷ *rel* which [*or* what] ... for, of which; **das ist der Schatz, ~ gesucht wird** that is the treasure that has been hunted for; (*demzufolge*) according to which
Won·ne <-, -n> [ˈvɔnə] *f* joy, delight
wo·ran [voˈran] *adv* ❶ *interrog* (*an welchem/welchen Gegenstand*) what ... on, on what; **~ soll ich das befestigen?** what should I fasten this to?; (*an welchem/welchen Umstand*) what ... of, of what; **~ haben Sie ihn erkannt?** how did you recognize him?; **~ können Sie sich erinnern?** what can you remember?; **~ denkst du?** what are you thinking of?; **~ ist sie gestorben?** what did she die of? ❷ *rel* (*an welchem/welchen Gegenstand*) on which; **das Seil, ~ der Kübel befestigt war, riss** the rope on which the pail was fastened broke; (*an welchem/welchen Umstand*) by which; **das ist das einzige, ~ ich mich noch erinnere** that's the only thing I can remember; **es gibt einige Punkte, ~ man echte Banknoten von Blüten unterscheiden kann** there are a few points by which you can distinguish real bank notes from counterfeits
wo·rauf [voˈrauf] *adv* ❶ *interrog* on what ..., what ... on; **~ wartest du noch?** what are you waiting for?; **~ stützen sich deine Behauptungen?** what are your claims based on?; **~ darf ich mich setzen?** what can I sit on? ❷ *rel* (*auf welcher/welche Sache*) on which; **das Bett, ~ wir liegen, gehörte meinen Großeltern** the bed we're lying on belonged to my grandparents; **der Grund, ~ das Haus steht, ist sehr hart** the ground on which the house is built is very hard; (*woraufhin*) whereupon
wo·rauf·hin *adv* ❶ *interrog* for what reason ❷ *rel* (*wonach*) whereupon, after which
wo·raus [voˈraus] *adv* ❶ *interrog* what ... out of, out of what; **~ bestehen Rubine?** what are rubies made out of?; **und ~ schließen Sie das?** and from what do you deduce that? ❷ *rel* (*aus welcher Sache/ welchem Material*) from which, what ... out of, out of which; **das Material, ~ die Socken bestehen, kratzt** the material the socks are made of is itchy; (*aus welchem Umstand*) from which; **es gab Anzeichen, ~ das geschlossen werden konnte** there were signs from which this could be deduced

wor·den *pp von* **werden**

wo·rin [voˈrɪn] *adv* ❶ *interrog* in what, what ... in; **~ besteht der Unterschied?** where is the difference? ❷ *rel* in which; **es gibt etwas, ~ sich Original und Fälschung unterscheiden** there is one point in which the original and the copy differ

Work·a·ho·lic <-s, -s> [vøːɐ̯kaˈhɔlɪk] *m* workaholic

Work·shop <-s, -s> [ˈvøːɐ̯kʃɔp] *m* workshop

World Wide Web <-> [ˈvøːɐ̯lt'vaɪtˈvɛp, ˈvœrlt-] *nt kein pl* World Wide Web

Wort <-[e]s, Wörter *o* -e> [vɔrt, *pl* ˈvœrtɐ, ˈvɔrtə] *nt* ❶ LING word; **im wahrsten Sinne des ~es** in the true sense of the word ❷ *meist pl* (*Äußerung*) word *usu pl*; **das letzte ~ ist noch nicht gesprochen** that's not the end of it; **mit anderen ~en** in other words; [**bei jdm**] **ein gutes ~ für jdn einlegen** to put in a good word for sb [with sb]; **etw in ~e fassen** to put sth into words; **jdm fehlen die ~e** sb is speechless; **jdm kein ~ glauben** to not believe a word sb says; **kein ~ herausbringen** to not get a word out; **ein ernstes ~ mit jdm reden** to have a serious talk with sb; **kein ~ verstehen** to not understand a word; (*hören*) to be unable to hear a word; **~e des Dankes** words of thanks; **kein ~ mehr!** not another word! ❸ *kein pl* (*Ehren~*) **das ist ein ~!** [that's a] deal!; **sein ~ brechen/halten** to break/keep one's word; **das glaube ich dir aufs ~** I can well believe it; **jdn beim ~ nehmen** to take sb's word for it ❹ *kein pl* (*Rede|erlaubnis*|) **jdm das ~ abschneiden** to cut sb short; **das ~ ergreifen** to begin to speak; *Diskussionsteilnehmer* to take the floor; **jdm das ~ erteilen** to allow sb to speak; **jdm ins ~ fallen** to interrupt sb; **als Nächstes haben Sie das ~** it's your turn to speak next; **zu ~ kommen** to get a chance to speak; **sich zu ~ melden** to ask to speak; **das ~ an jdn richten** to address sb ▸**jdm das ~ im** Munde **herumdrehen** to twist sb's words; **aufs ~ gehorchen** to obey sb's every word

Wort·art *f* part of speech **wort·brü·chig** *adj* treacherous

Wört·chen <-s, -> [ˈvœrtçən] *nt dim von* **Wort** (*fam*) word; **mit jdm noch ein ~ zu**

reden haben (*fig*) to have a bone to pick with sb; **da habe ich [noch] ein ~ mitzureden** (*fig*) I think I have something to say about that

Wör·ter·buch *nt* dictionary **Wör·ter·buch·com·pu·ter** *m* dictionary computer

Wort·er·ken·nung *f* INFORM word recognition

Wör·ter·ver·zeich·nis *nt* ❶ (*Vokabular*) glossary ❷ (*Wortindex*) index

Wort·fet·zen *pl* scraps of conversation *pl* **Wort·füh·rer(in)** *m(f)* spokesperson, spokesman *masc*, spokeswoman *fem* **Wort·ge·fecht** *nt* battle of words **Wort·ge·klin·gel** <-s> *nt kein pl* (*pej fam*) empty rhetoric **wort·ge·treu** I. *adj* verbatim *form*; *Übersetzung* faithful II. *adv* verbatim; **etw ~ wiedergeben** to repeat sth word for word **wort·ge·wandt** *adj* eloquent **Wort·hül·se** *f* (*pej*) empty word **wort·karg** *adj* taciturn **Wort·klau·be·rei** <-, -en> [vɔrtklaʊbəˈraɪ] *f* (*pej*) hair-splitting *no pl* **Wort·laut** *m kein pl* wording; **folgenden ~ haben** to read as follows

wört·lich [ˈvœrtlɪç] I. *adj* ❶ *Wiedergabe* word-for-word, verbatim ❷ *Übersetzung* literal II. *adv* ❶ (*genauso*) word for word ❷ (*dem originalen Wortlaut gemäß*) literally; **etw ~ nehmen** to take sth literally

wort·los I. *adj* silent II. *adv* silently, without saying a word **Wort·mel·dung** *f* request to speak **Wort·schatz** *m* vocabulary **Wort·schwall** <-[e]s> *m kein pl* torrent of words **Wort·spiel** *nt* pun **Wort·stamm** *m* LING stem [of a/the word] **Wort·stel·lung** *f* word order **Wort·wech·sel** *m* verbal exchange **Wort·witz** *m* pun, wordplay **wort·wört·lich** [ˈvɔrtˈvœrtlɪç] *adj, adv* word-for-word

wo·rü·ber [voˈryːbɐ] *adv* ❶ *interrog* (*über welches Thema*) what ... about, about what; **~ habt ihr euch so lange unterhalten?** what was it you talked about for so long?; (*über welchem/welchen Gegenstand*) above which ❷ *rel* (*über welche Sache*) about which, what ... about, for which; **es geht Sie gar nichts an, ~ wir uns unterhalten!** it's none of your business what we are talking about!; (*über welchem/welchen Gegenstand*) over which

wo·rum [voˈrʊm] *adv* ❶ *interrog* (*um welche Sache*) what ... about; **~ handelt es sich?** what is this about?; (*um welchen Gegenstand*) what ... around; **~ hatte sich der Schal gewickelt?** what had the scarf wrapped itself around? ❷ *rel* (*um welche Sache*) what ... about; **alles, ~ du mich bittest, sei dir gewährt** (*geh*) all that you ask of me will be granted; (*um welchen Gegenstand*) around; **das Bein, ~ der Verband gewickelt ist, ist viel dünner** the leg the bandage is around is much thinner

wo·run·ter [voˈrʊntɐ] *adv* ❶ *interrog* (*unter welcher Sache*) what ... from; **~ leidet Ihre Frau?** what is your wife suffering from?; (*unter welchem/welchen Gegenstand*) under what, what ... under; **~ hattest du dich versteckt?** what did you hide under? ❷ *rel* (*unter welcher Sache*) under which, which ... under; **Freiheit ist ein Begriff, ~ vieles verstanden werden kann** freedom is a term that can mean many different things; (*unter welchem/welchen Gegenstand*) under which; **das ist der Baum, ~ wir uns küssten** that's the tree under which we kissed; (*inmitten deren*) amongst which

wo·von [voˈfɔn] *adv* ❶ *interrog* (*von welcher Sache*) what ... about; **~ bist du denn so müde?** what has made you so tired?; (*von welchem Gegenstand*) from what, what ... from; **~ mag dieser Knopf wohl stammen?** where could this button be from? ❷ *rel* (*von welchem Gegenstand*) from which; **der Baum, ~ das Holz stammt, ist sehr selten** the tree from which the wood originates is very rare; (*von welcher Sache*) about which, which ... about; **das ist eine Sache, ~ du nichts verstehst** it's something you don't know anything about; (*durch welchen Umstand*) as a result of which; **er hatte einen Unfall, ~ er sich nur langsam erholte** he had an accident from which he only recovered slowly

wo·vor [voˈfoːɐ̯] *adv* ❶ *interrog* (*vor welcher Sache*) what ... of; **~ fürchtest du dich denn?** what are you afraid of?; (*vor welchem/welchen Gegenstand*) in front of what, what ... in front of ❷ *rel* (*vor welcher Sache*) what ... of, of which; **ich habe keine Ahnung, ~ er solche Angst hat** I have no idea what he's so frightened of; (*vor welchem/welchen Gegenstand*) in front of which

wo·zu [voˈtsuː] *adv* ❶ *interrog* (*zu welchem Zweck*) why, how come, what ... for; **~ soll das gut sein?** what's the purpose of that?; **~ hast du das gemacht?** what did you do that for?; (*zu welcher Sache*) for what, what ... for; **~ bist du interviewt**

worden? what were you interviewed for? ❷ *rel* (*zu welchem Zweck*) for which reason; (*zu welcher Sache*) what; **ich weiß, ~ du mich überreden willst!** I know what you want to talk me into!; (*zusätzlich zu dem*) to which

Wrack <-[e]s, -s> [vrak] *nt* ❶ (*Schiffs~*) wreck; (*Flugzeug~, Auto~*) wreckage ❷ (*verbrauchter Mensch*) wreck

wrin·gen <wrang, gewrungen> ['vrɪŋən] *vt* to wring

Wu·cher <-s> ['vuːxɐ] *m kein pl* extortion *no pl*; (*Zinsen*) usury; **das ist ~!** that's daylight [*or* AM highway] robbery!

Wu·che·rer, Wu·che·rin <-s, -> ['vuːxərɐ, 'vuːxərɪn] *m, f* (*pej*) profiteer, usurer

wu·che·risch ['vuːxərɪʃ] *adj* extortionate

wu·chern ['vuːxɐn] *vi* ❶ *sein o haben* HORT to grow rampant ❷ *sein* MED to proliferate ❸ *haben* (*Wucher treiben*) to practise usury

Wu·cher·preis *m* (*pej*) extortionate price

Wu·che·rung <-, -en> *f* ❶ (*Gewebevermehrung*) proliferation ❷ (*Geschwulst*) growth

wuchs [vuːks] *imp von* **wachsen**[1]

Wuchs <-es> [vuːks] *m kein pl* ❶ (*Wachstum*) growth ❷ (*Form, Gestalt*) stature, build ❸ (*Pflanzenbestand*) cluster

Wucht <-> [vʊxt] *f kein pl* force; (*Schläge, Hiebe*) brunt; **mit voller ~** with full force; **eine ~ sein** (*fam*) to be smashing

wuch·tig ['vʊxtɪç] *adj* ❶ (*mit großer Wucht*) forceful; *Schlag* powerful ❷ (*massig*) massive

wüh·len ['vyːlən] I. *vi* ▪**in** *etw dat* **~** ❶ (*kramen*) to rummage through sth (**nach** for); ❷ (*graben, aufwühlen*) to root through sth (**nach** for); **in jds Haaren ~** to tousle sb's hair II. *vr* ▪**sich durch** *etw akk* **~** to burrow one's way through sth; (*sich durcharbeiten*) to slog through sth

Wühl·maus *f* vole **Wühl·tisch** *m* bargain counter

Wulst <-[e]s, Wülste> [vʊlst, *pl* 'vʏlstə] *m o f* bulge

wuls·tig ['vʊlstɪç] *adj* bulging; (*Lippen*) thick

wum·mern ['vʊmɐn] *vi* to boom

wund [vʊnt] I. *adj* sore II. *adv* **~ gelegen** having bedsores *pl*; **sich** *dat* **die Finger ~ schreiben** (*fig*) to wear one's fingers to the bone writing

Wund·brand *m kein pl* gangrene *no pl* **Wun·de** <-, -n> ['vʊndə] *f* wound

Wun·der <-s, -> ['vʊndɐ] *nt* miracle; **~ tun** to work a miracle; **ein/kein ~ sein, dass ...** to be a/no wonder, that ...; **wie durch ein ~** miraculously; **die ~ der Natur** the wonders of nature; **ein ~ an Präzision** a miracle of precision ▶ **sein blaues ~ erleben** to be in for a nasty surprise

wun·der·bar ['vʊndɐbaːɐ̯] I. *adj* ❶ (*herrlich*) wonderful, marvellous ❷ (*wie ein Wunder*) miraculous II. *adv* (*fam*) wonderfully

Wun·der·hei·ler(in) <-s, -> *m(f)* miracle healer **Wun·der·ker·ze** *f* sparkler **Wun·der·kind** *nt* child prodigy

wun·der·lich ['vʊndɐlɪç] *adj* odd, strange

Wun·der·mit·tel *nt* miracle cure; (*Zaubertrank*) magic potion

wun·dern [vʊndɐn] I. *vt* **jdn ~** to surprise sb; **das wundert mich [nicht]** I'm [not] surprised at that; **es wundert mich, dass ...** I am surprised that ... II. *vr* ▪**sich ~** to be surprised (**über** at); **du wirst dich ~!** you're in for a surprise

wun·der·schön ['vʊndɐ'ʃøːn] *adj* wonderful

wun·der·voll *adj s.* **wunderbar**

Wund·sal·be *f* ointment **Wund·starr·krampf** *m kein pl* tetanus *no pl*

Wunsch <-[e]s, Wünsche> [vʊnʃ, *pl* 'vʏnʃə] *m* ❶ (*Verlangen*) wish; (*stärker*) desire; (*Bitte*) request; **jdm jeden ~ erfüllen** to grant sb's every wish; **ihr sehnlichster ~ ging in Erfüllung** her most ardent desire was fulfilled; **haben Sie sonst noch einen ~?** would you like anything else?; **Ihr ~ ist mir Befehl** your wish is my command; **auf jds ~ [hin]** at/on sb's request ❷ *meist pl* (*Glück~*) wish; **mit besten Wünschen** best wishes

Wunsch·bild *nt* ideal **Wunsch·den·ken** *nt kein pl* wishful thinking *no pl*

Wün·schel·ru·te ['vʏnʃluːtə] *f* divining rod

wün·schen ['vʏnʃn] I. *vt* ❶ (*als Geschenk erbitten*) ▪**sich** *dat* **etw ~** to ask for sth; **was wünschst du dir?** what would you like?; **nun darfst du dir etwas ~** now you can say what you'd like for a present; (*im Märchen*) now you may make a wish ❷ (*erhoffen*) ▪**etw ~** to wish; **ich wünschte, der Regen würde aufhören** I wish the rain would stop; ▪**jdm etw ~** to wish sb sth; **jdm zum Geburtstag alles Gute ~** to wish sb a happy birthday; **jdm eine gute Nacht ~** to wish sb good night; **ich will dir ja nichts Böses ~** I don't mean to wish you any harm; ▪**~, dass ...**

to hope for ... ❸ (*haben wollen*) ■ **sich** *dat* **etw ~** to want sth; **man hätte sich kein besseres Wetter ~ können** one couldn't have wished for better weather; **ich wünsche sofort eine Erklärung!** I demand an explanation immediately!; **jemand wünscht Sie zu sprechen** somebody would like to speak with you; **was ~ Sie?** how may I help you? II. *vi* (*geh: wollen*) to want; **wenn Sie ~, kann ich ein Treffen arrangieren** if you want I can arrange a meeting; **Sie ~?** may I help you?; (*Bestellung*) what would you like?; [**ganz**] **wie Sie ~** just as you wish; **nichts/viel zu ~ übrig lassen** to leave nothing/much to be desired

wün·schens·wert *adj* desirable

Wunsch·kind *nt* planned child **Wunsch·kon·zert** *nt* RADIO musical request programme **wunsch·los** *adj* **~ glücklich sein** to be perfectly happy **Wunsch·traum** *m* dream **Wunsch·zet·tel** *m* wish list

wur·de ['vʊrdə] *imp von* **werden**

Wür·de <-, -n> ['vyrdə] *f kein pl* dignity; **es ist für unseren Chef unter seiner ~, das zu tun** our boss finds it beneath him to do that

wür·de·los I. *adj* undignified II. *adv* without dignity

Wür·den·träg·er(in) *m(f)* dignitary

wür·de·voll *adj* dignified

wür·dig ['vyrdɪç] I. *adj* ❶ (*ehrbar*) dignified ❷ (*wert, angemessen*) worthy; **ein ~er Vertreter** a worthy replacement; **einer Sache [nicht] ~ sein** to be [not] worthy of sb/sth; **sich einer S.** *gen* **~ erweisen** to prove oneself to be worthy of sth II. *adv* (*mit Würde*) with dignity; (*gebührend*) worthy

wür·di·gen ['vyrdɪɡn̩] *vt* ❶ (*anerkennend erwähnen*) to acknowledge ❷ (*schätzen*) **etw zu ~ wissen** to appreciate sth

Wür·di·gung <-, -en> *f* appreciation, acknowledgement

Wurf <-[e]s, Würfe> [vʊrf, *pl* 'vʏrfə] *m* ❶ (*das Werfen*) throw; (*gezielter ~*) shot; (*Baseball*) pitch; (*Kegeln*) bowl; (*Würfel*) throw; **zum ~ ausholen** to get ready to throw ❷ (*Tierjunge*) litter

Wür·fel <-s, -> ['vʏrfl̩] *m* ❶ (*Spiel~*) dice, die ❷ (*Kubus*) cube; **etw in ~ schneiden** to dice sth ▶ **die ~ sind gefallen** the dice is cast

Wür·fel·be·cher *m* shaker

wür·feln ['vʏrfl̩n] I. *vi* to play dice; ■ **um etw** *akk* **~** to throw dice for sth II. *vt*

❶ (*Würfel werfen*) **eine sechs ~** to throw a six ❷ (*in Würfel schneiden*) to dice

Wür·fel·spiel *nt* game of dice **Wür·fel·zucker** *m kein pl* sugar cube[s]

Wurf·ge·schoss^{RR} *nt* missile **Wurf·sen·dung** *f* direct mail item **Wurf·spieß** *m* spear

wür·gen ['vʏrɡn̩] I. *vt* ■ **jdn ~** to throttle sb ▶ **mit Hängen und W~** by the skin of one's teeth II. *vi* ❶ (*kaum schlucken können*) ■ **an etw** *dat* **~** to choke on sth ❷ (*hoch~*) to retch

Wurm <-[e]s, Würmer> [vʊrm, *pl* 'vʏrmə] *m* worm ▶ **da ist der ~ drin** there's something fishy about it

Würm·chen <-s, -> ['vʏrmçən] *nt dim von* **Wurm** little worm; (*Kind*) [poor] little mite

wur·men ['vʊrmən] *vt* (*fam*) to bug; **es wurmt mich sehr, dass ich verloren habe** it really bugs me that I lost

Wurm·fort·satz *m* appendix

wurm·sti·chig ['vʊrmʃtɪçɪç] *adj* ❶ *Apfel* maggoty ❷ *Holz* full of woodworm

Wurst <-, Würste> [vʊrst, *pl* 'vʏrstə] *f* sausage; (*Brotauflage*) sliced, cold sausage BRIT, cold cuts *pl* AM ▶ **jetzt geht es um die ~** the moment of truth has come; **jdm ~ sein** to be all the same to sb

Wurst·brot *nt* open sandwich with slices *of sausage*

Würst·chen <-s, -> ['vʏrstçən] *nt dim von* **Wurst** little sausage; **Frankfurter/Wiener ~** frankfurter/wiener sausages BRIT, hot dog AM

Würst·chen·bu·de *f*, **Würst·chen·stand** *m* hot dog stand

Wurst·fin·ger *pl* (*pej fam*) chubby fingers *pl fam* **Wurst·sa·lat** *m* sausage salad **Wurst·wa·ren** *pl* sausages and cold meats *pl*, cold cuts AM *pl*

Würz·burg <-s> ['vʏrtsbʊrk] *nt* Würzburg

Wür·ze <-, -n> ['vʏrtsə] *f* seasoning

Wur·zel <-, -n> ['vʊrtsl̩] *f* ❶ (*Pflanzen~, Zahn~*) root; **~n schlagen** (*a fig*) to put down roots ❷ MATH root; **die ~ aus etw** *dat* **ziehen** to find the root of sth ❸ (*geh: Ursprung*) root; **die ~ allen Übels** the root of all evil; **etw mit der ~ ausrotten** to eradicate sth

Wur·zel·be·hand·lung *f* root treatment **Wur·zel·ge·mü·se** *nt* root vegetables *pl* **wur·zeln** ['vʊrtsl̩n] *vi* ■ **in etw** *dat* **~** to be rooted in sth

Wur·zel·zei·chen *nt* MATH radical sign

wür·zen ['vʏrtsn̩] *vt* to season

wür·zig ['vʏrtsɪç] I. *adj* tasty II. *adv* tastily

Würz·stoff *m* flavouring
wusch [vuːʃ] *imp von* **waschen**
wu·sche·lig ['vʊʃəlɪç] *adj* woolly, fuzzy; *Tier* shaggy
Wu·schel·kopf *m* mop of curls, fuzz
wusch·lig ['vʊʃ(ə)lɪç] *adj s.* **wuschelig**
wu·seln ['vuːzl̩n] *vi* to bustle about
wusste^{RR}, **wußte**^{ALT} *imp von* **wissen**
Wust <-[e]s> [vʊst] *m kein pl* (*fam*) pile; **ein ~ von Papieren** a pile of papers; **ein ~ von Problemen** (*fig*) a load of problems
wüst [vyːst] **I.** *adj* ❶ (*öde*) waste, desolate ❷ (*fig: wild, derb*) vile, rude ❸ (*fam: unordentlich*) hopeless, terrible **II.** *adv* vilely, terribly; **jdn ~ beschimpfen** to use vile language to sb
Wüs·te <-, -n> ['vyːstə] *f* desert, wasteland *fig;* **die ~ Gobi** the Gobi Desert
Wüs·ten·kli·ma *nt kein pl* desert climate
Wüst·ling <-s, -e> ['vyːstlɪŋ] *m* (*pej*) lecher
Wut <-> [vuːt] *f kein pl* fury, rage; **seine ~ an jdm/etw auslassen** to take one's anger out on sb/sth; **eine ~ bekommen** to get into a rage; **eine ~ [auf jdn] haben** to be furious [with sb]; **vor ~ kochen** to seethe with rage
Wut·an·fall *m* fit of rage; (*Kind*) tantrum; **einen ~ bekommen** to throw a tantrum
Wut·aus·bruch *m* tantrum **Wut·bür·ger(in)** *m(f)* enraged citizen
wü·ten ['vyːtn̩] *vi* to rage; *Sturm* to cause havoc
wü·tend **I.** *adj* furious, enraged; **~ auf jdn sein** to be furious with sb **II.** *adv* furiously, in a rage
wut·ent·brannt *adv* in a fury **wut·schnau·bend** **I.** *adj* snorting with rage **II.** *adv* in a mad fury
WWF <-> [veːveːˈɛf] *m Abk von* **World Wide Fund for Nature** WWF
WWU <-> [veːveːˈʔuː] *f kein pl Abk von* **Wirtschafts- und Währungsunion** EMU
WWW <-[s]> [veːveːˈveː] *nt Abk von* **World Wide Web** WWW
WWW-Cli·ent <-, -s> [veːveːˈveː-klaɪənt] *m* WWW client **WWW-Ser·ver** <-s, -> [veːveːˈveːsɜːvɐ] *m* WWW server
Wz *nt Abk von* **Warenzeichen** TM

X, x <-, -> [ɪks] *nt* ❶ (*Buchstabe*) X, x; *s. a.* **A 1** ❷ (*unbekannter Name*) X; **Herr/Frau X** Mr/Mrs X; **der Tag X** the day X ❸ (*eine unbestimmte Zahl*) x amount of; **x Bücher** x number of books; **ich habe sie schon x-mal gefragt, aber sie antwortet nie** I have already asked her umpteen times, but she never answers ❹ MATH (*unbekannter Wert*) x; **eine Gleichung nach x auflösen** to solve an equation for x
x-Ach·se *f* x-axis
Xan·thip·pe <-, -n> [ksanˈtɪpə] *f* (*pej fam*) shrew *dated*
X-Bei·ne ['ɪksbaɪnə] *pl* knock-knees *pl;* **~ haben** to be knock-kneed **x-bei·nig** *adj* knock-kneed **x-be·lie·big** [ɪksbəˈliːbɪç] **I.** *adj* (*fam*) any old; **es kann nicht jeder x-Beliebige hier Mitglied werden we/** they don't let just anybody become a member here **II.** *adv* (*fam*) as often as one likes
xe·no·phob [ksenoˈfoːp] *adj* (*geh*) xenophobic
Xe·no·pho·bie [ksenofoˈbiː] *f kein pl* (*geh*) xenophobia
x-fach ['ɪksfax] **I.** *adj* (*fam*) umpteen; **die ~e Menge** MATH n times the amount **II.** *adv* (*fam*) umpteen times **x-för·mig**^{RR} *adj* X-shaped *pred* **x-mal** ['ɪksmaːl] *adv* (*fam*) umpteen times
x-te(r, s) ['ɪkstə, 'ɪkstɐ, 'ɪkstəs] *adj* (*fam*) ■**der/die/das ~** the umpteenth; **beim ~n Mal** after the umpteenth time; **zum ~n Mal** for the umpteenth time
Xy·lo·fon^{RR} <-s, -e>, **Xy·lo·phon** <-s, -e> [ksyloˈfoːn] *nt* xylophone

Y, y <-, - o fam -s, -s> ['Ypsilɔn] nt Y, y; s. a. **A 1**
y-Ach·se ['Ypsilɔnʔaksə] f y-axis
Yacht <-, -en> [jaxt] f yacht
Yak <-s, -s> [jak] nt yak
Yan·kee <-s, -s> ['jɛŋki] m Yankee
Yen <-[s], -[s]> [jɛn] m yen
Ye·ti <-s, -s> ['je:ti] m yeti
Yo·ga <-[s]> ['jo:ga] m o nt yoga
Yo·ga·sitz m lotus position
Yo·ghurt <-s, -s> ['jo:gʊrt] m o nt s. **Joghurt**
Yo-Yo <-s, -s> [jo'jo:] nt yo-yo
Yp·si·lon <-[s], -s> ['Ypsilɔn] nt ❶ (Buchstabe) upsilon ❷ s. **Y**
Yuc·ca <-, -s> ['jʊka] f yucca
Yup·pie <-s, -s> ['jʊpi] m yuppie

Zz

Z, z <-, -> [tsɛt] nt Z, z; s. a. **A 1**
zack [tsak] interj (fam) zap; **~, ~!** chop-chop!
Za·cke <-, -n> ['tsakə] f point; (vom Kamm, Sägeblatt) tooth; Berg peak; Gabel prong
Za·cken <-s, -> ['tsakn̩] m DIAL s. **Zacke** ▶ **sich** dat **keinen ~ aus der Krone brechen** (fam) to not lose face by doing sth
za·ckig ['tsakɪç] adj ❶ (gezackt) jagged; Stern pointed ❷ (schnell) Bewegungen brisk; Musik upbeat
zag·haft ['tsa:khaft] adj timid
Zag·haf·tig·keit f timidity
zäh [tsɛ:] I. adj ❶ (eine feste Konsistenz aufweisend) tough ❷ (zähflüssig) glutinous ❸ (hartnäckig) tenacious; Gespräch dragging; Verhandlungen tough II. adv tenaciously
zäh·flüs·sig adj thick; (fig) Verkehr slow-moving
Zä·hig·keit <-> ['tsɛ:ɪçkajt] f kein pl tenacity no pl
Zahl <-, -en> [tsa:l] f ❶ MATH number, figure; **ganze/gerade/ungerade ~** whole/even/odd number; **eine vierstellige ~** a four figure number ❷ pl (Zahlenangaben) numbers; (Verkaufszahlen) figures; **arabische/römische ~en** Arabic/Roman numerals; **in die roten/schwarzen ~en geraten** to get into the red/black ❸ kein pl (Anzahl) number
zahl·bar adj (geh) payable
zähl·bar adj countable
zah·len ['tsa:lən] vt, vi to pay; **[bitte] ~!** [can I/we have] the bill please!
zäh·len ['tsɛ:lən] I. vt ❶ (addieren) to count ❷ (geh: Anzahl aufweisen) to number ❸ (geh: dazurechnen) ▪**jdn/sich zu etw** dat **~** to regard sb/oneself as belonging to sth II. vi ❶ (Zahlen aufsagen) **bis zehn ~** to count to ten ❷ (addieren) to count; **falsch ~** to miscount ❸ (gehören) to belong (**zu** to) ❹ (sich verlassen) to count (**auf** on) ❺ (wert sein) to count; **der Sprung zählte nicht** that jump didn't count
Zah·len·fol·ge f numerical sequence **Zah·len·kom·bi·na·ti·on** f combination of numbers
zah·len·mä·ßig I. adj numerical II. adv (an Anzahl) in number
Zah·len·schlossRR nt combination lock
Zah·ler(in) <-s, -> m(f) payer
Zäh·ler <-s, -> m ❶ MATH numerator ❷ TECH meter, counter
Zäh·ler·stand m meter reading
Zahl·kar·te f giro transfer form
zahl·los adj countless
Zahl·meis·ter(in) m(f) purser; (MIL) paymaster **zahl·reich** I. adj ❶ (sehr viele) numerous ❷ (eine große Anzahl) large II. adv (in großer Anzahl) **~ erscheinen/kommen** to appear/come in large numbers **Zahl·tag** m payday
Zah·lung <-, -en> f payment
Zäh·lung <-, -en> f count; (Volks~) census
Zah·lungs·an·wei·sung f giro transfer order **Zah·lungs·auf·for·de·rung** f request for payment **Zah·lungs·be·fehl** m JUR (veraltet) order to pay **Zah·lungs·bi·**

lanz *f* ÖKON balance of payments **zah·lungs·fä·hig** *adj* solvent **zah·lungs·kräf·tig** *adj* wealthy **Zah·lungs·mit·tel** *nt* means of payment + *sing vb* **Zah·lungs·mo·ral** *f kein pl* paying habits *pl* **zah·lungs·un·fä·hig** *adj* insolvent **Zah·lungs·ver·kehr** *m* payment transactions *pl*

Zähl·werk *nt* counter

Zahl·wort <-wörter> *nt,* **Zahl·zei·chen** *nt* numeral

zahm [tsaːm] *adj* tame

zäh·men ['tsɛːmən] *vt* to tame

Zäh·mung <-, -en> *f* taming

Zahn <-[e]s, Zähne> [tsaːn, *pl* tsɛːnə] *m* ❶ (*Teil des Gebisses*) tooth; **fauler ~** rotten tooth; **die zweiten Zähne** one's second set of teeth; **Zähne bekommen** to be teething; **jd klappert mit den Zähnen** sb's teeth chatter; **mit den Zähnen knirschen** to grind one's teeth; **sich** *dat* **die Zähne putzen** to brush one's teeth; **sich** *dat* **einen ~ ziehen lassen** to have a tooth pulled; **jdm einen ~ ziehen** to pull sb's tooth ❷ (*fam: hohe Geschwindigkeit*) **einen ~ draufhaben** to drive at a breakneck speed; **einen ~ zulegen** to step on it ▸ **sich** *dat* **an jdm/etw die Zähne ausbeißen** to have a tough time of it with sb/sth; **jdm auf den ~ fühlen** (*fam*) to grill sb

Zahn·arzt, -ärz·tin *m, f* dentist **Zahn·arzt·be·such** *m* dentist appointment **zahn·ärzt·lich** I. *adj* dental *attr* II. *adv* **~ behandelt werden** to have dental treatment **Zahn·be·hand·lung** *f* dental treatment **Zahn·be·lag** *m kein pl* plaque *no pl* **Zahn·bürs·te** *f* toothbrush **Zahn·creme** *f* toothpaste

Zäh·ne·knir·schen *nt kein pl* grinding of one's teeth **zäh·ne·knir·schend** *adv* gnashing one's teeth

zah·nen ['tsaːnən] *vi* to teethe

Zahn·er·satz *m* dentures *pl* **Zahn·fäu·le** *f kein pl* tooth decay *no pl* **Zahn·fleisch** *nt* gum[s *pl*] **Zahn·fleisch·blu·ten** *nt kein pl* bleeding of the gums **Zahn·fül·lung** *f* filling **Zahn·gold** *nt* dental gold **Zahn·kli·nik** *f* dental clinic

zahn·los *adj* toothless

Zahn·lü·cke *f* gap between the teeth **Zahn·me·di·zin** *f kein pl* dentistry *no pl* **Zahn·pas·ta** *f* toothpaste **Zahn·pfle·ge** *f kein pl* dental hygiene **Zahn·pro·the·se** *f* dentures *pl* **Zahn·putz·glas** *nt* toothbrush glass **Zahn·rad** *nt* AUTO gearwheel; TECH cogwheel **Zahn·rad·bahn** *f* rack railway **Zahn·schmelz** *m* [tooth] enamel **Zahn·schmer·zen** *pl* toothache *no pl* **Zahn·sei·de** *f* dental floss **Zahn·span·ge** *f* braces *pl* **Zahn·stein** *m kein pl* tartar *no pl* **Zahn·sto·cher** <-s, -> *m* toothpick **Zahn·tech·ni·ker(in)** *m(f)* dental technician **Zahn·weh** *nt* (*fam*) *s.* **Zahnschmerzen**

Za·i·re <-s> [zaˈiːɐ] *nt* Zaire; *s. a.* **Deutschland**

Zan·der <-s, -> ['tsandɐ] *m* pikeperch

Zan·ge <-, -n> ['tsaŋə] *f* pliers *npl*, a pair of pliers; *Hummer, Krebs* pincer; MED forceps *npl*; (*für Zucker*) tongs *npl* ▸ **jdn in die ~ nehmen** to give sb the third degree

Zan·gen·ge·burt *f* MED forceps delivery *spec*

Zank <-[e]s> [tsaŋk] *m kein pl* quarrel **Zank·ap·fel** *m* bone of contention *fig*

zan·ken ['tsaŋkn̩] I. *vi* ❶ (*streiten*) to quarrel ❷ DIAL (*schimpfen*) to scold II. *vr* ■ **sich ~** to quarrel (**um** over)

zän·kisch ['tsɛŋkɪʃ] *adj* quarrelsome

Zäpf·chen <-s, -> ['tsɛpfçən] *nt* ❶ *dim von* **Zapfen** small plug ❷ ANAT uvula ❸ MED suppository

zap·fen ['tsapfn̩] *vt* to draw; **gezapftes Bier** draught beer

Zap·fen <-s, -> ['tsapfn̩] *m* ❶ BOT, ANAT cone ❷ (*Eis~*) icicle ❸ (*länglicher Holzstöpsel*) spigot

Zap·fen·streich *m* (*Signal*) last post BRIT, taps AM

Zapf·hahn *m* tap **Zapf·säu·le** *f* petrol [*or* AM gas] pump

zap·pe·lig ['tsapəlɪç] *adj* ❶ (*sich unruhig bewegend*) fidgety ❷ (*voller Unruhe*) ■ **[ganz] ~ sein** to be [all] restless

zap·peln ['tsapl̩n] *vi* to fidget; **an der Angel ~** to wriggle on the fishing rod ▸ **jdn ~ lassen** (*fam*) to keep sb in suspense

Zap·pel·phi·lipp <-s, -e *o* -s> ['tsapl̩fiˌlɪp] *m* (*fig fam*) fidget

zap·pen ['tsapn̩] *vi* TV (*sl*) to channel-hop, AM *also* to zap

Zap·ping <-s> ['tsapɪŋ, 'zɛpɪŋ] *nt kein pl* TV (*sl*) channel-hopping *no pl*, AM *also* zapping *no pl*

Zar(in) <-en, -en> [tsaːɐ̯] *m(f)* tsar *masc*, tsarina *fem*

zart [tsaːɐ̯t] *adj* ❶ (*mürbe*) tender; *Gebäck* delicate ❷ (*weich und empfindlich*) delicate; **im ~en Alter von zehn Jahren** at the tender age of ten; *Haut* soft ❸ (*mild, dezent*) mild; *Berührung, Andeutung* gentle; *Farbe, Duft* delicate

zart·bit·ter *adj* (*Schokolade*) dark **Zart·**

bit·ter·scho·ko·la·de *f* dark chocolate; (*zum Kochen*) plain chocolate **Zart·ge·fühl** <-[e]> *nt kein pl* (*geh*) ❶ (*Taktgefühl*) delicacy ❷ (*selten: Empfindlichkeit*) sensitivity **zart·glie·de·rig** ['tsaːɐtɡliːdərɪç], **zart·glied·rig** *adj* (*fein*) dainty; (*zerbrechlich*) delicate

Zart·heit <-> *f kein pl* tenderness *no pl*; *Gebäck* delicateness *no pl*, softness *no pl* **zärt·lich** ['tsɛːɐtlɪç] **I.** *adj* ❶ (*liebevoll*) tender, affectionate ❷ (*geh: fürsorglich*) solicitous **II.** *adv* tenderly, affectionately

Zärt·lich·keit <-, -en> *f* ❶ *kein pl* (*zärtliches Wesen*) tenderness *no pl* ❷ *pl* (*Liebkosung*) caresses *pl;* (*zärtliche Worte*) tender words *pl* ❸ *kein pl* (*geh: Fürsorglichkeit*) solicitousness

Zas·ter <-> ['tsastɐ] *m kein pl* (*sl*) dough

Zä·sur <-, -en> [tsɛˈzuːɐ̯] *f* (*geh: Einschnitt*) break [with tradition]; LIT, MUS caesura

Zau·ber <-s, -> ['tsaʊbɐ] *m* ❶ (*magische Handlung*) magic; **fauler ~** (*fam*) humbug; **einen ~ anwenden/aufheben** to cast/break a spell; (*magische Wirkung*) spell ❷ *kein pl* (*Faszination, Reiz*) charm; **etw übt einen ~ auf jdn aus** sth holds a great fascination for sb ❸ *kein pl* (*fam: Aufhebens*) palaver; (*Kram*) stuff

Zau·be·rei <-, -en> [tsaʊbəˈraɪ̯] *f* ❶ *kein pl* (*Magie*) magic ❷ *s.* **Zauberkunststück**

Zau·be·rer, Zau·be·rin <-s, -> ['tsaʊbərɐ, 'tsaʊbərɪn] *m, f* ❶ (*Magier*) sorcerer *masc,* sorceress *fem,* wizard ❷ (*Zauberkünstler*) magician

Zau·ber·for·mel *f* magic formula

zau·ber·haft *adj* enchanting; *Kleid* gorgeous; *Abend, Urlaub* splendid

Zau·be·rin <-, -nen> *f fem form von* **Zauberer**

Zau·ber·künst·ler(in) *m(f)* magician

Zau·ber·kunst·stück *nt* magic trick

zau·bern ['tsaʊbɐn] **I.** *vt* ❶ (*erscheinen lassen*) to conjure (**aus** from); **einen Hasen aus einem Hut ~** to pull a rabbit out of a hat ❷ (*a. fam: schaffen*) ■ **etw ~** to conjure up sth **II.** *vi* (*Magie anwenden*) to perform magic; (*Zauberkunststücke vorführen*) to do magic tricks

Zau·ber·spruch *m* magic spell **Zau·ber·stab** *m* magic wand **Zau·ber·trank** *m* magic potion **Zau·ber·trick** *m s.* **Zauberkunststück** **Zau·ber·wort** *nt* magic word

zau·dern ['tsaʊdɐn] *vi* to hesitate

Zaum <-[e]s, Zäume> [tsaʊm, *pl* 'tsɔʏmə] *m* bridle; **etw/jdn/sich in ~ halten** (*fig*) to keep sth/sb/oneself in check

zäu·men ['tsɔʏmən] *vt* ■ **ein Tier ~** to bridle an animal

Zaum·zeug <-[e]s, -e> *nt* bridle

Zaun <-[e]s, Zäune> [tsaʊn, *pl* 'tsɔʏnə] *m* fence ▶ **etw vom ~ brechen** to provoke sth

Zaun·gast <-gäste> *m* uninvited spectator **Zaun·kö·nig** *m* wren **Zaun·pfahl** *m* [fence] post

zau·sen ['tsaʊzn̩] **I.** *vt* to tousle **II.** *vi* ■ **in/an etw** *dat* **~** to play with sth

z.B. *Abk von* **zum Beispiel** e.g.

Ze·bra <-s, -s> ['tseːbra] *nt* zebra

Ze·bra·strei·fen *m* zebra [*or* AM *also* pedestrian] crossing

Ze·che[1] <-, -n> ['tsɛçə] *f* BERGB coal mine

Ze·che[2] <-, -n> ['tsɛçə] *f* (*Rechnung für Verzehr*) bill

ze·chen ['tsɛçn̩] *vi* to booze

Zech·kum·pan(in) *m(f)* (*fam*) drinking-mate BRIT, drinking-buddy AM **Zech·prel·ler(in)** <-s, -> *m(f)* walk-out (*person who leaves without paying the bill*) **Zech·tour** [-tuːɐ̯] *f* pub crawl BRIT *fam,* bar hopping AM

Zeck <-[e]s, -en> [tsɛk] *m* ÖSTERR (*fam*), **Ze·cke** <-, -n> ['tsɛkə] *f* tick

Ze·cken·biss[RR] *m* tick bite

Ze·der <-, -n> ['tseːdɐ] *f* ❶ BOT cedar ❷ *kein pl* (*Zedernholz*) cedar[wood]

Ze·dern·holz *nt* cedar wood

Zeh <-s, -en> [tseː] *m,* **Ze·he** <-, -n> ['tseːə] *f* ❶ ANAT toe; **großer/kleiner ~** big/little toe; **sich auf die ~en stellen** to stand on tiptoes ❷ (*Knoblauch~*) clove

Ze·hen·na·gel *m* toenail **Ze·hen·spit·ze** *f* tip of the toe; **auf [den] ~n gehen** to tiptoe; **sich auf die ~n stellen** to stand on tiptoe

zehn [tseːn] *adj* ten; *s. a.* **acht**[1]

Zehn <-, -en> [tseːn] *f* ❶ (*Zahl*) ten ❷ KARTEN ten; *s. a.* **Acht**[1] ❸ (*Verkehrslinie*) ■ **die ~** the [number] ten

Zeh·ner <-s, -> ['tseːnɐ] *m* (*Zahl zwischen 10 und 90*) ten

Zeh·ner·kar·te *f* TRANSP ten-journey ticket; TOURIST ten-visit ticket

zeh·ner·lei ['tseːnɐˌlaɪ̯] *adj attr* ten [different]; *s. a.* **achterlei**

zehn·fach, 10·fach ['tseːnfax] **I.** *adj* tenfold; **die ~e Menge** ten times the amount; *s. a.* **achtfach II.** *adv* tenfold, ten times over; *s. a.* **achtfach**

Zehn·kampf ['tseːnkampf] *m* decathlon **Zehn·kämp·fer(in)** *m(f)* decathlete

zehn·mal, 10-mal[RR] ['tse:nma:l] *adv* ten times

zehnt [tse:nt] *adv* ■ **zu ~ sein** to be a party of ten

zehn·tau·send ['tse:n'tauznt] *adj* ❶ (*Zahl*) ten thousand ❷ (*sehr viele*) ■ **Z~e von ...** tens of thousands of ...

zehn·te(r, s) ['tse:ntɐ, 'tse:ntə, 'tse:ntəs] *adj* ❶ (*nach dem neunten kommend*) tenth; **die ~ Klasse** fourth year (*secondary school*); *s. a.* **achte(r, s) 1** ❷ (*Datum*) tenth, 10th; *s. a.* **achte(r, s) 2**

zehn·tel ['tse:ntl] *adj* tenth

Zehn·tel <-s, -> ['tse:ntl] *nt* ■ **ein ~ a** tenth

zehn·tens ['tse:ntn̩s] *adv* in [the] tenth place

zeh·ren ['tse:rən] *vi* ❶ (*erschöpfen, schwächen*) ■ **an jdm/etw ~** to wear sb/sth out; **an jds Nerven/Gesundheit ~** to ruin sb's nerves/health ❷ (*sich ernähren*) ■ **von etw** *dat* **~** to live on sth

Zei·chen <-s, -> ['tsaiçn̩] *nt* ❶ (*Symbol*) symbol; (*Schrift~*) character; (*Satz~*) punctuation mark ❷ (*Markierung*) sign; **ein ~ auf etw** *akk* **machen** to make a mark on sth ❸ (*Hinweis*) sign; (*Symptom*) symptom ❹ (*Signal*) signal; **jdm ein ~ geben** to give sb a signal; **sich durch ~ verständigen** to communicate using signs; **das ~ zu etw** *dat* **geben** to give the signal to do sth; **ein ~ setzen** to set an example; **zum ~, dass ...** to show that ... ❺ ASTROL sign; **im ~ einer S.** *gen* **geboren sein** to be born under the sign of sth

Zei·chen·block <-blöcke *o* -blocks> *m* sketch pad **Zei·chen·brett** *nt* drawing board **Zei·chen·er·klä·rung** *f* key; (*Landkarte*) legend **Zei·chen·kunst** *f* [art of] drawing **Zei·chen·pa·pier** *nt* drawing paper **Zei·chen·set·zung** <-> *f kein pl* punctuation **Zei·chen·spra·che** *f* sign language **Zei·chen·stun·de** *f* drawing lesson **Zei·chen·trick·film** *m* cartoon

zeich·nen ['tsaiçnən] **I.** *vt* ❶ KUNST, ARCHIT to draw ❷ (*schriftlich anerkennen*) **Aktien ~** to subscribe for shares; **einen Scheck ~** to validate a cheque ❸ (*mit Zeichen versehen*) to mark **II.** *vi* ❶ KUNST ■ **an etw** *dat* **~** to draw sth ❷ (*geh: verantwortlich sein*) **für etw** *akk* **[verantwortlich] ~** to be responsible for sth

Zeich·ner(in) <-s, -> *m(f)* ❶ KUNST draughtsman *masc*, draughtswoman *fem* ❷ FIN subscriber

zeich·ne·risch I. *adj* graphic; **~e Begabung** talent for drawing **II.** *adv* graphically

Zeich·nung <-, -en> *f* ❶ KUNST drawing ❷ BOT, ZOOL markings *pl* ❸ FIN subscription

Zei·ge·fin·ger *m* index finger

zei·gen ['tsaign̩] **I.** *vt* ❶ (*deutlich machen*) to show ❷ (*vorführen*) to show; **sich** *dat* **von jdm ~ lassen, wie etw gemacht wird** to get sb to show one how to do sth; **zeig mal, was du kannst!** (*fam*) let's see what you can do!; **es jdm ~** (*fam*) to show sb ❸ (*geh: erkennen lassen*) to show **II.** *vi* ❶ (*deuten/hinweisen*) to point (**auf** at); **nach rechts/oben/hinten ~** to point right/upwards/to the back ❷ (*erkennen lassen*) ■ **~, dass ...** to show that ... **III.** *vr* ❶ (*sich sehen lassen*) ■ **sich [jdm] ~** to show oneself [to sb]; **komm, zeig dich mal!** let me see what you look like; **sich von seiner besten Seite ~** to show oneself at one's best ❷ (*erkennbar werden*) ■ **sich ~** to appear

Zei·ger <-s, -> ['tsaigɐ] *m* (*Uhr~*) hand; (*Messnadel*) needle

Zei·ge·stock *m* pointer

Zei·le <-, -n> ['tsailə] *f* ❶ (*geschriebene Reihe*) line; **jdm ein paar ~n schreiben** to drop sb a line; **zwischen den ~n lesen** to read between the lines ❷ (*Reihe*) row

Zei·len·ab·stand *m* line spacing

Zei·sig <-s, -e> ['tsaizɪç] *m* siskin

zeit [tsait] *präp* +*gen* **~ meines Lebens** all my life, as long as I live

Zeit <-, -en> [tsait] *f* ❶ (*verstrichener zeitlicher Ablauf*) time; **mit der ~** in time; **~ raubend** time-consuming; **~ sparend** time-saving ❷ (*Zeitraum*) time; ■ **eine ~ lang** for a while; **Vertrag auf ~** fixed-term contract; **die ganze ~ [über]** the whole time; **in letzter ~** lately; **in nächster ~** in the near future; **auf unabsehbare ~** for an unforeseeable period; **auf unbestimmte ~** for an indefinite period; **eine ganze/ einige/längere ~ dauern** to take quite some/some/a long time; **~ gewinnen** to gain time; **zehn Minuten/zwei Tage ~ haben [, etw zu tun]** to have ten minutes/ two days [to do sth]; **haben Sie einen Augenblick ~?** have you got a moment to spare?; **das hat noch ~** that can wait; **sich [mit etw** *dat* **] ~ lassen** to take one's time [with sth]; **sich** *dat* **~ für jdn/etw nehmen** to devote time to sb/sth; **~ schinden** to play for time; **jdm die ~ stehlen** to waste sb's time; **jdn auf ~ beschäftigen** to employ sb on a temporary basis ❸ (*Zeitpunkt*) time; **zu gegebener ~** in due course; **es ist höchste ~, dass wir die Tickets kaufen** it's high time we bought the tickets; **seit dieser ~** since then; **von ~ zu ~** from time to time; **zur ~ Cromwells** in Cromwell's day [or time]; **zu jeder ~** at any time ❹ (*Epoche, Lebensabschnitt*) time, age; **mit der ~ gehen** to move with the times; **die ~ der Aufklärung** the age of enlightenment; **seit uralten ~en** since/from time immemorial; **für alle ~en** for ever; **etw war vor jds ~** sth was before sb's time; **zu jener ~** at that time ❺ LING tense ❻ SPORT time; **eine gute ~ laufen** to run a good time ▶ **~ ist** Geld time is money; **die ~ heilt alle Wunden** (*prov*) time heals all wounds; **ach du liebe ~!** (*fam*) goodness me!

Zeit·ab·schnitt *m* period [of time] **Zeit·al·ter** *nt* age; **in unserem ~** nowadays **Zeit·an·ga·be** *f* ❶ (*Angabe der Uhrzeit*) time; (*Angabe des Zeitpunktes*) date ❷ LING temporal adverb **Zeit·an·sa·ge** *f* TELEK speaking clock; RADIO time check **Zeit·ar·beit** *f kein pl* temporary work *no pl* **Zeit·ar·beits·fir·ma** *f* temporary employment agency **Zeit·auf·wand** *m* expenditure of time; **mit großem ~ verbunden sein** to be extremely time-consuming **zeit·auf·wän·dig**^{RR} *adj* time-consuming **Zeit·bom·be** *f* time bomb **Zeit·druck** *m kein pl* time pressure **Zeit·ein·tei·lung** *f* time management **Zeit·fen·ster** *nt* time window, window of time **Zeit·fra·ge** *f* ❶ *kein pl* (*Frage der Zeit*) question of time ❷ (*Problem der Zeit*) contemporary concern **Zeit·ge·fühl** *nt kein pl* sense of time **Zeit·geist** *m kein pl* Zeitgeist **zeit·ge·mäß** *adj, adv* up-to-date, modern **Zeit·ge·nos·se, -ge·nos·sin** ['tsaɪtɡənɔsə, -ɡənɔsɪn] *m, f* contemporary **zeit·ge·nös·sisch** ['tsaɪtɡənœsɪʃ] *adj* contemporary **Zeit·ge·sche·hen** *nt kein pl* events of the day **Zeit·ge·schich·te** *f kein pl* contemporary history *no pl* **Zeit·ge·schmack** *m kein pl* prevailing taste **Zeit·ge·winn** *m* time-saving **zeit·gleich** I. *adj* contemporaneous II. *adv* at the same time

zei·tig ['tsaɪtɪç] *adj, adv* early

Zeit·kar·te *f* TRANSP monthly/weekly/weekend etc. ticket

zeit·le·bens [tsaɪt'leːbn̩s] *adv* all one's life

zeit·lich I. *adj* chronological II. *adv* ❶ (*terminlich*) timewise *fam;* **~ zusammenfallen** to coincide; **etw ~ abstimmen** to synchronize sth ❷ (*vom Zeitraum her*) **~ begrenzt** for a limited time

zeit·los *adj* timeless; *Kleidung* classic; **~er Stil** style that doesn't date

Zeit·lu·pe *f kein pl* slow motion *no art* **Zeit·lu·pen·tem·po** *nt* **im ~** in slow motion; **sich im ~ bewegen** (*hum*) to move at a snail's pace **Zeit·lu·pen·wie·der·ho·lung** *f* slow-motion replay **Zeit·man·gel** *m kein pl* lack of time **Zeit·not** *f kein pl* shortage of time; **in ~ sein** to be short of time **Zeit·plan** *m* schedule **Zeit·punkt** *m* time; **zum jetzigen ~** at this moment in time **Zeit·raf·fer** <-s> *m kein pl* time-lapse photography **Zeit·raum** *m* period of time **Zeit·rech·nung** *f* ❶ (*Kalendersystem*) calendar ❷ (*Berechnung der Zeit*) calculation of time **Zeit·rei·se** *f* travel through time **Zeit·schrift** ['tsaɪtʃrɪft] *f* magazine; (*wissenschaftlich*) journal **Zeit·span·ne** *f* period of time **Zeit·ta·fel** *f* chronological table **Zeit·takt** *m* unit length; **in einem ~ von drei Minuten** every three minutes **Zeit·um·stel·lung** *f* changing the clocks

Zei·tung <-, -en> ['tsaɪtʊŋ] *f* newspaper **Zei·tungs·abon·ne·ment** *nt* newspaper subscription **Zei·tungs·an·non·ce** *f* newspaper advertisement; (*Geburt, Tod, Ehe*) announcement **Zei·tungs·an·zei·ge** *f* newspaper advertisement **Zei·tungs·ar·ti·kel** *m* newspaper article **Zei·tungs·aus·schnitt** *m* newspaper cutting **Zei·tungs·aus·trä·ger(in)** *m(f)* paper boy *masc,* paper girl *fem* **Zei·tungs·be·richt** *m* newspaper article **Zei·tungs·mel·dung** *f* newspaper report **Zei·tungs·pa·pier** *nt* newspaper **Zei·tungs·ver·käu·fer(in)** *m(f)* person selling newspapers

Zeit·ver·lust *m* loss of time; **ohne ~** without losing any time **Zeit·ver·schie·bung** *f* time difference **Zeit·ver·schwen·dung** *f kein pl* waste of time **Zeit·ver·trag** *m* temporary contract **Zeit·ver·treib** <-[e]s, -e> *m* pastime; **zum ~** to pass the time **Zeit·ver·zö·ge·rung** *f* delay **zeit·wei·lig** ['tsaɪtvaɪlɪç] I. *adj* ❶ (*gelegentlich*) occasional ❷ (*vorübergehend*) temporary II. *adv s.* **zeitweise**

zeit·wei·se *adv* ❶ (*gelegentlich*) occasionally ❷ (*vorübergehend*) temporarily

Zeit·wort *nt* verb **Zeit·zeu·ge, -zeu·gin** *m, f* contemporary witness **Zeit·zo·ne** *f* time zone **Zeit·zün·der** *m* time fuse

ze·le·brie·ren* [tsele'briːrən] *vt* to celebrate

Zel·le <-, -n> ['tsɛlə] *f* cell

Zell·ge·we·be *nt* cell tissue **Zell·kern** *m* nucleus [of a/the cell] **Zell·kul·tur** *f* cell culture

Zel·lo·phan <-s> [tsɛlo'faːn] *nt kein pl s.* **Cellophan**

Zell·stoff ['tsɛlʃtɔf] *m s.* **Zellulose Zell·tei·lung** *f* cell division

Zel·lu·li·tis <-, Zellulitiden> [tsɛlu'liːtɪs, *pl* -li'tiːdn̩] *f meist sing* MED cellulitis

Zel·lu·loid <-[e]s> [tsɛlu'lɔyt] *nt* **kein pl** celluloid *no pl*

Zel·lu·lo·se <-, -n> [tsɛlu'loːzə] *f* cellulose

Zell·wu·che·rung *f* rampant cell growth

Zelt <-[e]s, -e> [tsɛlt] *nt* tent; (*Fest~*) marquee; (*Zirkus~*) big top; **ein ~ aufschlagen** to pitch a tent ▶ **seine ~e abbrechen** (*hum fam*) to up sticks BRIT, to pack one's bags AM; **seine ~e irgendwo aufschlagen** (*hum fam*) to settle down somewhere

zel·ten ['tsɛltn̩] *vi* to camp [somewhere]

Zel·ten <-s> ['tsɛltn̩] *nt* camping

Zelt·la·ger *nt* camp **Zelt·pflock** *m* tent peg **Zelt·pla·ne** *f* tarpaulin **Zelt·platz** *m* campsite **Zelt·stan·ge** *f* tent pole

Ze·ment <-[e]s, -e> [tse'mɛnt] *m* cement

ze·men·tie·ren* [tsemɛn'tiːrən] *vt* (*a. fig*) to cement

Ze·nit <-[e]s> [tse'niːt] *m kein pl* zenith

zen·sie·ren* [tsɛn'ziːrən] *vt* ❶ (*der Zensur unterwerfen*) to censor ❷ SCH to mark [*or* AM *usu* grade]

Zen·sor, Zen·so·rin <-s, -soren> ['tsɛnzoːɐ̯, tsɛn'zoːrɪn, *pl* -'zoːrən] *m, f* censor

Zen·sur <-, -en> [tsɛn'zuːɐ̯] *f* ❶ SCH mark ❷ *kein pl* (*prüfende Kontrolle*) censorship

zen·su·rie·ren* [tsɛnzu'riːrən] *vt* ÖSTERR, SCHWEIZ *s.* **zensieren**

Zen·ti·gramm [tsɛnti'gram] *nt* centigram[me]

Zen·ti·li·ter [tsɛnti'liːtɐ] *m o nt* centilitre

Zen·ti·me·ter [tsɛnti'meːtɐ] *m o nt* centimetre

Zen·ti·me·ter·maß *nt* [metric] tape measure

Zent·ner <-s, -> ['tsɛntnɐ] *m* [metric] hundredweight; ÖSTERR, SCHWEIZ 100kg

zen·tral [tsɛn'traːl] **I.** *adj* central **II.** *adv* centrally

Zen·tral·af·ri·ka *nt* Central Africa **Zen·tral·ame·ri·ka** <-s> *nt* Central America **Zen·tral·bank** *f* FIN central bank; ■ **die Europäische ~** the European Central Bank **Zen·tral·bank·sta·tut** *nt* FIN central bank statute

Zen·tra·le <-, -n> [tsɛn'traːlə] *f* ❶ (*Hauptgeschäftsstelle: Bank, Firma*) head office; (*Militär, Polizei, Taxiunternehmen*) headquarters + *sing/pl vb*; (*Busse*) depot; (*Schalt~*) central control [office] ❷ TELEK exchange; *Firma* switchboard

Zen·tral·hei·zung *f* central heating

zen·tra·li·sie·ren* [tsɛntrali'ziːrən] *vt* to centralize

Zen·tra·li·sie·rung <-, -en> *f* centralization

Zen·tra·lis·mus <-> [tsɛntra'lɪsmʊs] *m kein pl* centralism

Zen·tral·ko·mi·tee *nt* central committee **Zen·tral·ner·ven·sys·tem** *nt* central nervous system **Zen·tral·rat** *m* central committee **Zen·tral·rech·ner** *m* mainframe **Zen·tral·stel·le** *f* central point **Zen·tral·ver·rie·ge·lung** <-, -en> *f* central [door] locking

Zen·tren *pl von* **Zentrum**

zen·trie·ren* [tsɛn'triːrən] *vt* to centre

zen·tri·fu·gal [tsɛntrifu'gaːl] *adj* centrifugal

Zen·tri·fu·gal·kraft *f* centrifugal force

Zen·tri·fu·ge <-, -n> [tsɛntri'fuːgə] *f* centrifuge

zen·tri·pe·tal [tsɛntripe'taːl] *adj* centripetal

Zen·tri·pe·tal·kraft *f kein pl* centripetal force

zen·trisch ['tsɛntrɪʃ] *adj* ❶ (*einen Mittelpunkt besitzend*) centric ❷ (*im/durch den Mittelpunkt*) central

Zen·trum <-s, Zentren> ['tsɛntrʊm, *pl* 'tsɛntrən] *nt* centre

Zep·pe·lin <-s, -e> ['tsɛpəliːn] *m* zeppelin

Zep·ter <-s, -> ['tsɛptɐ] *nt* sceptre

zer·bei·ßen* [tsɛɐ̯'baisn̩] *vt irreg* ❶ (*kaputtbeißen*) to chew; *Bonbon* to crunch; *Hundeleine* to chew through *sep* ❷ (*überall stechen*) to bite

zer·beu·len* *vt* to dent

zer·bom·ben* *vt* ■ **etw ~** to bomb sth to smithereens

zer·bre·chen* *irreg* **I.** *vt haben* ❶ (*in Stücke ~*) ■ **etw ~** to break sth into pieces; *Glas, Teller* to smash; *Kette* to break ❷ (*zunichtemachen*) to break down; *Freundschaft, Lebenswille* to destroy **II.** *vi sein* ❶ (*entzweibrechen*) to break into pieces ❷ (*in die Brüche gehen*) to be destroyed; *Partnerschaft* to break up ❸ (*seelisch zugrunde gehen*) ■ **an etw** *dat* **~** to be destroyed by sth

zer·brech·lich *adj* ❶ (*leicht zerbrechend*) fragile ❷ (*geh: zart*) frail

zer·brö·ckeln* **I.** *vt haben* to crumble **II.** *vi sein* to crumble

zer·drü·cken* *vt* ❶ (*zu einer Masse pressen*) to crush; *Kartoffeln* to mash ❷ *Zigarette* to stub out *sep* ❸ *Stoff* to crease

Ze·re·mo·nie <-, -n> [tseremo'niː, -'moː‑niə, *pl* -mo'niːən, -'moː‑niən] *f* ceremony

ze·re·mo·ni·ell [tseremo'niɛl] I. *adj* (*geh*) ceremonial II. *adv* (*geh*) ceremonially

Ze·re·mo·ni·ell <-s, -e> [tseremo'niɛl] *nt* (*geh*) ceremonial

Zer·fall *m* ① *kein pl* (*das Auflösen*) disintegration *no pl; Fassade, Gebäude* decay; *nuklear* decay; *Leiche, Holz* decomposition ② *Land, Kultur* decline

zer·fal·len* *vi irreg sein* ① (*sich zersetzen*) *Fassade, Gebäude* to disintegrate; *Körper, Materie* to decompose; *Atom* to decay; *Gesundheit* to decline ② (*auseinanderbrechen*) *Reich, Sitte* to decline ③ (*sich gliedern*) ▪ **in etw** *akk* **~** to fall into sth

Zer·falls·pro·zess^{RR} *m kein pl* decomposition

zer·fet·zen* *vt* ① (*klein reißen*) ▪ **etw ~** to tear sth up [into tiny pieces]; **einen Körper ~** to tear a body to pieces ② (*zerreißen*) ▪ **jdn/etw ~** to tear sb/sth to pieces

zer·fled·dern* [tsɛɐ̯'flɛdɐn], **zer·fle·dern*** [tsɛɐ̯'fleːdɐn] *vt* (*fam*) ▪ **etw ~** to get sth tatty

zer·flei·schen* [tsɛɐ̯'flaɪʃn̩] I. *vt* ▪ **jdn/ein Tier ~** to tear sb/an animal to pieces II. *vr* ▪ **sich ~** to torture oneself

zer·flie·ßen* *vi irreg sein* ① (*sich verflüssigen*) *Butter, Make-up, Salbe* to run; *Eis* to melt ② (*fig*) **vor Mitleid ~** to be overcome with compassion

zer·franst *adj* frayed

zer·fres·sen* *vt irreg* ① (*korrodieren*) to corrode ② (*durch Fraß zerstören*) to eat ③ MED (*durch Wuchern zerstören*) to eat

zer·ge·hen* *vi irreg sein* to melt (**auf** on)

zer·glie·dern* *vt* ① (*auseinandernehmen*) to dismember; BIOL to dissect ② LING *Satz* to parse

zer·kau·en* *vt* ① (*durch Kauen zerkleinern*) to chew ② (*durch Kauen beschädigen*) to chew up *sep*

zer·klei·nern* [tsɛɐ̯'klaɪnɐn] *vt* to cut up *sep; Holz* to chop; *Pfefferkörner* to crush

zer·klüf·tet [tsɛɐ̯'klʏftət] *adj* rugged; **tief ~es Gestein** rock with deep fissures, deeply fissured rock

zer·knirscht [tsɛɐ̯'knɪrʃt] *adj* remorseful

zer·knit·tern* *vt* to crease

zer·knül·len* *vt* to crumple up *sep*

zer·ko·chen* *vi sein* to overcook

zer·krat·zen* *vt* to scratch

zer·krü·meln* *vt* to crumble; *Erde* to loosen

zer·las·sen* *vt irreg* KOCHK to melt

zer·lau·fen* *vi irreg sein s.* **zerfließen 1**

zer·leg·bar *adj* able to be dismantled

zer·le·gen* *vt* ① KOCHK to cut [up *sep*]; *Braten* to carve ② BIOL to dissect ③ (*auseinandernehmen*) to take apart *sep; Maschine* to dismantle; *Getriebe, Motor* to strip down *sep* ④ (*analysieren*) *Theorie* to break down *sep; Satz* to analyze; MATH to reduce [to]

Zer·le·gung <-, -en> *f* ① KOCHK carving ② (*das Zerlegen*) dismantling

zer·lumpt *adj* tattered

zer·mal·men* *vt* to crush

zer·mür·ben* [tsɛɐ̯'mʏrbn̩] *vt* to wear down *sep*

zer·pflü·cken* *vt* ▪ **etw ~** to pluck sth; (*fig*) to pick sth to pieces

zer·plat·zen* *vi sein* to burst; *Glas* to shatter

zer·quet·schen* *vt* ① (*zermalmen*) to squash ② (*zerdrücken*) to mash

Zerr·bild *nt* distorted picture

zer·re·den* *vt* ▪ **etw ~** to flog sth to death *fig fam*

zer·rei·ben* *vt irreg* to crush

zer·rei·ßen* *irreg* I. *vt haben* ① (*in Stücke reißen*) ▪ **etw ~** to tear sth to pieces ② (*durchreißen*) to tear; *Brief, Scheck* to tear up *sep* ③ (*mit den Zähnen in Stücke reißen*) to tear apart *sep* II. *vi sein* to tear; *Seil, Faden* to break III. *vr haben* (*fam*) (*sich überschlagen*) ▪ **sich vor etw** *dat* **~** to go to no end of trouble to do sth ▸ **ich kann mich doch nicht ~!** I can't be in two places at once; **ich könnte mich vor Wut ~!** I'm hopping mad!

Zer·reiß·pro·be *f* real test

zer·ren ['tsɛrən] I. *vt* to drag II. *vi* to tug (**an** at); **an den Nerven ~** to be nerve-racking III. *vr* MED ▪ **sich** *dat* **etw ~** to pull sth

zer·rin·nen* *vi irreg sein* (*geh*) ① (*zunichtewerden*) to melt away ② (*ausgegeben werden*) to disappear

zer·ris·sen *adj Mensch* [inwardly] torn; *Partei, Volk* disunited

Zer·rung <-, -en> *f* MED pulled muscle

zer·rüt·ten* [tsɛɐ̯'rʏtn̩] *vt* to destroy; *Ehe* to ruin; *Nerven* to shatter

zer·sä·gen* *vt* to saw up *sep*

zer·schel·len* *vi sein* to be smashed to pieces

zer·schla·gen*¹ *irreg* I. *vt* ① (*durch Schläge zerbrechen*) ▪ **etw ~** to smash sth to pieces ② (*zerstören*) to break up *sep; Angriff, Opposition* to crush; *Plan* to shatter II. *vr* (*nicht zustande kommen*) ▪ **sich ~** to fall through

zer·schla·gen² *adj präd* shattered

zer·schlis·sen *adj s.* **verschlissen**

zer·schmet·tern* vt to shatter
zer·schnei·den* vt irreg ❶ (in Stücke schneiden) to cut up sep ❷ (durchschneiden) ■ etw ~ to cut sth in two
zer·set·zen* I. vt ❶ Säure to corrode ❷ (untergraben) to undermine II. vr (sich auflösen) ■ sich ~ to decompose
Zer·set·zung <-> f kein pl ❶ (Auflösung) decomposition; (durch Säure) corrosion ❷ (Untergrabung) undermining, subversion; Gesellschaft decline, decay
zer·spal·ten* vt to split
zer·split·tern* I. vt haben to shatter; Gruppe, Partei to fragment II. vi sein to shatter; Holz, Knochen to splinter
zer·sprin·gen* vi irreg sein ❶ (zerbrechen) to shatter ❷ (einen Sprung bekommen) to crack ❸ (zerspringen) Saite to break
zer·stamp·fen* vt ❶ (zerkleinern) to crush; Kartoffeln to mash ❷ (zertreten) to stamp on sep
zer·stäu·ben* vt to spray
Zer·stäu·ber <-s, -> m spray; (Parfüm) atomizer
zer·ste·chen* vt irreg ❶ (durch Stiche beschädigen) ■ etw ~ to lay into sth with a knife; **sich den Finger ~** to prick one's finger [several times] ❷ (durch Bisse verletzen) ■ jdn/etw ~ Mücken, Moskitos to bite sb/sth [all over]; Bienen, Wespen to sting sb/sth [all over]
zer·stör·bar adj destructible; **nicht ~** indestructible
zer·stö·ren* vt ❶ (kaputtmachen) to destroy ❷ (zugrunde richten) to ruin ▶ **am Boden zerstört sein** to be devastated
Zer·stö·rer <-s, -> m NAUT destroyer
Zer·stö·rer(in) <-s, -> m(f) destroyer
zer·stö·re·risch I. adj destructive II. adv destructively
Zer·stö·rung <-, -en> f ❶ kein pl (das Zerstören) destruction no pl ❷ (Verwüstung) wrecking; Katastrophe, Krieg devastation no pl
Zer·stö·rungs·wut f kein pl destructive frenzy
zer·sto·ßen* vt irreg ■ etw ~ to crush [or grind] sth; CHEM Kristalle to triturate sth
zer·streu·en* I. vt ❶ (auseinandertreiben) to disperse ❷ (unterhalten) ■ jdn ~ to take sb's mind off sth ❸ Ängste, Sorgen to dispel ❹ (verteilen) to scatter; Licht to diffuse II. vr ■ sich ~ ❶ (auseinandergehen) to scatter; Menge to disperse ❷ (sich auflösen) to be dispelled ❸ (sich amüsieren) to amuse oneself

zer·streut adj ❶ (gedankenlos) absent-minded ❷ (weit verteilt) scattered
Zer·streut·heit <-> f kein pl absent-mindedness no pl
Zer·streu·ung <-, -en> f ❶ (unterhaltender Zeitvertreib) diversion ❷ (Verteilung) scattering ❸ s. **Zerstreutheit**
zer·stü·ckeln vt to cut up sep; Leiche to dismember; Land to carve up sep
Zer·stü·cke·lung <-, -en> f dismemberment
zer·tei·len* I. vt to cut up sep (**in** into) II. vr ■ sich ~ Wolkendecke to part
Zer·ti·fi·kat <-[e]s, -e> [tsɛrtifiˈkaːt] nt certificate
zer·tre·ten* vt irreg to crush; Rasen to ruin
zer·trüm·mern* [tsɛɐ̯ˈtrʏmɐn] vt to smash; Gebäude, Ordnung to wreck
zer·wüh·len* vt to tousle; Bett to rumple; Acker, Erde to churn up sep
zer·zau·sen* vt to ruffle
ze·tern [ˈtseːtɐn] vi (pej) to nag
Zet·tel <-s, -> [ˈtsɛtl̩] m piece of paper
Zet·tel·kas·ten m (Kasten für Zettel) file-card box; (Zettelkartei) card index
Zeug <-[e]s> [tsɔyk] nt kein pl (fam) ❶ (Krempel) stuff no pl, no indef art; **altes ~** junk ❷ (Quatsch) crap; **dummes ~ reden** to talk a load of nonsense; **dummes ~ treiben** to mess around ❸ (persönliche Sachen) stuff; (Ausrüstung) gear ❹ (undefinierbare Masse) **was trinkst du denn da für ein ~?** what's that stuff you're drinking? ▶ **das ~ zu etw dat haben** to have [got] what it takes [to be/do sth]; **was das ~ hält** for all one is worth; **lügen, was das ~ hält** to lie one's head off; **sich ins ~ legen** to work flat out; **sich für jdn ins ~ legen** to stand up for sb
Zeu·ge, Zeu·gin <-n, -n> [ˈtsɔygə, ˈtsɔyɡɪn] m, f witness
zeu·gen¹ [ˈtsɔyɡn̩] vt ■ jdn ~ to father sb
zeu·gen² [ˈtsɔyɡn̩] vi ❶ (auf etw schließen lassen) ■ **von etw** dat ~ to show sth ❷ JUR to testify
Zeu·gen·aus·sa·ge f testimony **Zeu·gen·stand** m witness box [or AM stand]
Zeu·gen·ver·neh·mung f examination of the witness[es]
Zeu·gin <-, -nen> f fem form von **Zeuge**
Zeug·nis <-ses, -se> [ˈtsɔyknɪs] nt ❶ SCH report ❷ (Empfehlung) certificate; (Arbeits~) reference ❸ (Zeugenaussage) evidence
Zeu·gung <-, -en> f fathering
zeu·gungs·fä·hig adj fertile **zeu·gungs·un·fä·hig** adj (geh) sterile

z.H(d). *Abk von* **zu Händen** *attn.*
Zi·cho·rie <-, -n> [tsɪˈçoːri̯ə] *f* chicory
Zi·cke <-, -n> [ˈtsɪkə] *f* ❶ *(weibliche Ziege)* nanny goat ❷ *(pej fam: launische Frau)* bitch
zi·cken [ˈtsɪkən] *vi* (*sl*) to kick up a fuss
zi·ckig [ˈtsɪkɪç] *adj* uptight
Zick·lein <-s, -> *nt (junge Ziege)* kid
Zick·zack [ˈtsɪktsak] *m* zigzag; **im ~ gehen/fahren** to zigzag
Zie·ge <-, -n> [ˈtsiːgə] *f* ❶ *(Tier)* goat ❷ *(pej fam: blöde Frau)* bitch
Zie·gel <-s, -> [ˈtsiːgl̩] *m* ❶ *(~stein)* brick ❷ *(Dach~)* tile
Zie·gel·dach *nt* tiled roof
Zie·ge·lei <-, -en> [tsiːgəˈlai̯] *f* brickworks + *sing/pl vb*; *(für Dachziegel)* tile-making works + *sing/pl vb*
Zie·gel·stein *m* brick
Zie·gen·bart *m* goat's beard; *(hum fam: Spitzbart)* goatee **Zie·gen·bock** *m* billy goat **Zie·gen·kä·se** *m* goat's cheese **Zie·gen·le·der** *nt* kidskin **Zie·gen·milch** *f* goat's milk **Zie·gen·pe·ter** <-s, -> [ˈtsiː-gn̩peːtɐ] *m (fam: Mumps)* mumps + *sing/pl vb*
zie·hen <zog, gezogen> [ˈtsiːən] **I.** *vt haben* ❶ *(hinter sich her schleppen)* to pull ❷ *(bewegen) Choke, Starter* to pull out *sep; Handbremse* to put on *sep;* **sie zog das Kind an sich** she pulled the child to[wards] her; **die Knie in die Höhe ~** to raise one's knees; **die Stirn in Falten ziehen** to knit one's brow; **ich kann den Faden nie durchs Öhr ~** I can never thread a needle ❸ *(zerren)* **das Kind zog mich an der Hand zum Karussell** the child dragged me by the hand to the carousel; **warum ziehst du mich denn am Ärmel?** why are you tugging at my sleeve?; **der Felix hat mich an den Haaren gezogen** Felix pulled my hair ❹ *(hervorholen)* **sie zog ein Feuerzeug aus der Tasche** she took a lighter out of her pocket/bag ❺ *(heraus~) Fäden, Zahn* to take out *sep; Los, Revolver, Spielkarte, Vergleich* to draw ❻ *(auf~)* **neue Saiten auf die Gitarre ~** to restring a guitar; **Perlen auf eine Schnur ~** to thread pearls; **ein Bild auf Karton ~** to mount a picture onto cardboard ❼ *(rücken)* **er zog sich den Hut tief ins Gesicht** he pulled his hat down over his eyes; **zieh bitte die Vorhänge vor die Fenster** please draw the curtains; **die Rollläden nach oben ~** to pull up the blinds; **zieh doch eine Bluse unter den Pulli** put on a blouse underneath the jumper; **er zog sich die Schutzbrille über die Augen** he put on protective glasses ❽ *(züchten) Pflanzen* to grow; *Tiere* to breed ❾ *Kreis, Linie* to draw ❿ *(an~)* ■ **etw auf sich** *akk* **~** to attract sth; **jdn ins Gespräch ~** to draw sb into the conversation ⓫ *(zur Folge haben)* ■ **etw nach sich** *dat* **~** to have consequences **II.** *vi* ❶ *haben (zerren)* to pull (**an** on) ❷ *sein (um~)* **nach München ~** to move to Munich; **sie zog zu ihrem Freund** she moved in with her boyfriend ❸ *sein (einen bestimmten Weg einschlagen) Armee, Truppen, Volksmasse* to march; *Schafe, Wanderer* to wander; *Rauch, Wolke* to drift; *Gewitter* to move; *Vogel* to fly; **durch die Stadt ~** to wander through the town/city; **in den Krieg/die Schlacht ~** to go to war/into battle ❹ *haben (saugen)* **an einer Zigarette ~** to pull on *sep* a cigarette ❺ *sein (eindringen)* to penetrate ❻ *haben* KOCHK *Tee* to brew ❼ *haben (fam)* **hör auf, das zieht bei mir nicht!** stop it, I don't like that sort of thing!; **diese Masche zieht immer** this one always does the trick; **die Ausrede zieht bei mir nicht** that excuse won't work with me ❽ KARTEN to play ❾ SCHACH to move ❿ *(Waffe)* to draw **III.** *vi impers haben* **es zieht** there is a draught **IV.** *vi impers haben* **es zieht ihn in die weite Welt** the big wide world lured him away; **was zieht dich hierhin/nach Hause?** what brings you here/home?; **mich zieht es stark zu ihm** I feel very attracted to him **V.** *vr haben* ❶ *(sich hin~) Gespräch, Verhandlungen* to drag on ❷ *(sich erstrecken)* ■ **sich an etw** *dat* **entlang ~** to stretch along sth ❸ *(sich hoch~)* ■ **sich aus etw** *dat* **~** to pull oneself out of sth ❹ *(sich dehnen)* ■ **sich ~** *Holz, Rahmen* to warp; *Klebstoff* to become tacky; *Metall* to bend
Zie·hen <-s> [ˈtsiːən] *nt kein pl* ache
Zieh·har·mo·ni·ka *f* concertina
Zie·hung <-, -en> *f* draw
Ziel <-[e]s, -e> [tsiːl] *nt* ❶ *(angestrebtes Ergebnis)* goal, aim; *Hoffnung, Spott* object; **am ~ sein** to be at one's destination, to have achieved one's goal *fig;* **sich** *dat* **ein ~ setzen** to set oneself a goal ❷ SPORT, MIL target; **ins ~ treffen** to hit the target ❸ SPORT *(Rennen)* finish; **durchs ~ gehen** to cross the finishing line ❹ TOURIST *(Reise~)* destination; *Expedition* goal ▶ **über das ~ hinausschießen** to overshoot the mark
Ziel·bahn·hof *m* destination **ziel·be·**

wusst^RR, **ziel·be·wußt**^ALT I. adj purposeful II. adv purposefully
zie·len ['tsiːlən] vi ❶ (anvisieren) to aim (**auf** at) ❷ (a. fig: gerichtet sein) ■ **auf jdn/etw ~** to be aimed at sb/sth
Ziel·fern·rohr nt scope **Ziel·ge·ra·de** f finishing [or AM finish] straight **Ziel·grup·pe** f target group **Ziel·li·nie** f finishing [or AM finish] line **ziel·los** I. adj aimless II. adv aimlessly **Ziel·ort** m destination **Ziel·per·son** f target **Ziel·schei·be** f ❶ (runde Scheibe) target ❷ (Opfer) butt **Ziel·set·zung** <-, -en> f target **ziel·si·cher** adj unerring **Ziel·spra·che** f target language
ziel·stre·big ['tsiːlʃtreːbɪç] I. adj single-minded II. adv single-mindedly
Ziel·stre·big·keit <-> f kein pl single-mindedness
ziem·lich ['tsiːmlɪç] I. adj ❶ attr (beträchtlich) considerable; Vermögen siz[e]able ❷ (einigermaßen zutreffend) reasonable II. adv ❶ (weitgehend) quite ❷ (beträchtlich) quite ❸ (beinahe) almost; **so ~** more or less; **so ~ alles** just about everything; **so ~ dasselbe** pretty much the same
Zier·de <-, -n> ['tsiːɐ̯də] f decoration; **zur ~** for decoration
zie·ren ['tsiːrən] I. vr ■ **sich ~** to make a fuss; Mädchen to act coyly; **ohne sich zu ~** without having to be pressed II. vt (schmücken) to adorn
Zier·fisch m ornamental fish **Zier·gar·ten** m ornamental garden **Zier·leis·te** f border; AUTO trim; Möbel edging; Wand moulding
zier·lich ['tsiːɐ̯lɪç] adj dainty; Frau petite; Porzellan delicate
Zier·naht f decorative stitching no pl, no indef art **Zier·pflan·ze** f ornamental plant **Zier·vo·gel** m caged bird
Zif·fer <-, -n> ['tsɪfɐ] f ❶ (Zahlzeichen) digit; (Zahl) figure; **römische/arabische ~n** roman/arabic numerals ❷ (nummerierter Abschnitt) clause
Zif·fer·blatt nt [clock]/[watch] face; Sonnenuhr dial
zig [tsɪç] adj (fam) umpteen; **~mal** umpteen times
Zi·ga·ret·te <-, -n> ['tsigaˈrɛtə] f cigarette
Zi·ga·ret·ten·au·to·mat m cigarette machine **Zi·ga·ret·ten·etui** nt cigarette case **Zi·ga·ret·ten·pa·ckung** f cigarette packet [or AM pack] **Zi·ga·ret·ten·pa·pier** nt cigarette paper **Zi·ga·ret·ten·pau·se** f fag break **Zi·ga·ret·ten·schach·tel** f cigarette packet [or AM pack] **Zi·ga·ret·ten·spi·tze** f cigarette holder **Zi·ga·ret·ten·stum·mel** m cigarette butt
Zi·ga·ril·lo <-s, -s> [tsigaˈrɪlo] m o nt cigarillo
Zi·gar·re <-, -n> [tsiˈɡarə] f cigar
Zi·geu·ner(in) <-s, -> [tsiˈɡɔynɐ] m(f) (pej) Gypsy
Zi·geu·ner·mu·sik f kein pl gypsy music **Zi·geu·ner·schnit·zel** nt pork escalope served in spicy sauce with red and green peppers
zig·mal ['tsɪçmaːl] adv (fam) umpteen times
zig·ste(r, s) ['tsɪçstə] adj (fam) **zum ~n Mal!** for the umpteenth time!
Zi·ka·de <-, -n> [tsiˈkaːdə] f cicada
Zim·bab·we <-s> [tsɪmˈbapvə] nt SCHWEIZ s. **Simbabwe**
Zim·mer <-s, -> ['tsɪmɐ] nt room; **~ frei haben** to have vacancies
Zim·mer·an·ten·ne f indoor aerial [or AM also antenna] **Zim·mer·de·cke** f ceiling **Zim·mer·hand·werk** nt kein pl carpentry no pl, no indef art **Zim·mer·kell·ner(in)** m(f) room service waiter [or fem waitress] **Zim·mer·laut·stär·ke** f low volume; **etw auf ~ stellen** to turn sth down **Zim·mer·mäd·chen** nt chambermaid **Zim·mer·mann** <-leute> m carpenter
zim·mern ['tsɪmɐn] I. vt ❶ (aus Holz herstellen) **etw ~** to make sth from wood ❷ (fig) Alibi to construct; Ausrede to make up sep II. vi to do carpentry; ■ **an etw** dat **~** to make sth from wood
Zim·mer·pflan·ze f house plant **Zim·mer·ser·vice** m room service **Zim·mer·tem·pe·ra·tur** f room temperature **Zim·mer·ver·mitt·lung** f accommodation [or AM accomodations] service
zim·per·lich ['tsɪmpɐlɪç] adj prim, squeamish; (empfindlich) [hyper]sensitive; **sei nicht so ~** don't be such a sissy
Zimt <-[e]s, -e> [tsɪmt] m cinnamon
Zimt·stan·ge f stick of cinnamon
Zink <-[e]s> [tsɪŋk] nt kein pl ❶ CHEM zinc ❷ MUS cornet
Zin·ke <-, -n> ['tsɪŋkə] f ❶ (spitz hervorstehendes Teil) Kamm, Rechen tooth; Gabel prong ❷ (Holzzapfen) tenon
zin·ken ['tsɪŋkn̩] vt KARTEN to mark
Zinn <-[e]s> [tsɪn] nt kein pl ❶ CHEM tin no pl ❷ (Gegenstände aus ~) pewter no pl
zin·nern ['tsɪnɐn] adj attr pewter
Zin·no·ber[1] <-s> [tsɪˈnoːbɐ] nt kein pl ÖSTERR (gelblichrote Farbe) vermilion no pl
Zin·no·ber[2] <-s> [tsɪˈnoːbɐ] m kein pl ÖSTERR mineral

zin·no·ber·rot *adj* vermilion
Zinn·sol·dat *m* tin soldier
Zins[1] <-es, -en> [tsɪns] *m* FIN interest *no pl;* [jdm] etw mit ~ und ~ eszins zurückzahlen to pay sb back for sth with interest *fig;* ~ **en bringen** to earn interest; **zu hohen/niedrigen ~ en** at a high/low rate of interest
Zins[2] <-es, -e> [tsɪns] *m* ❶ (*hist*) tax ❷ SÜDD, ÖSTERR, SCHWEIZ (*Miete*) rent
Zins·ab·schlag·steu·er *f* tax paid on interest earned **Zins·er·hö·hung** *f* rise in interest rates **Zins·er·trag** *m* interest yield
Zin·ses·zins *m* compound interest
zins·los *adj* interest free
Zins·satz *m* rate of interest; (*Darlehen*) lending rate
Zip·fel <-s, -> ['tsɪpfl̩] *m* corner; *Hemd, Jacke* tail; *Saum* dip; *Wurst* end
Zip·fel·müt·ze *f* pointed cap
Zir·bel·drü·se ['tsɪrbl̩-] *f* ANAT pineal gland
zir·ka ['tsɪrka] *adv* about
Zir·kel <-s, -> ['tsɪrkl̩] *m* ❶ (*Gerät*) pair of compasses ❷ (*Gruppe*) group; **nur der engste ~ seiner Freunde wurde eingeladen** he only invited his closest [circle of] friends
Zir·ku·la·ti·on <-, -en> [tsɪrkulaˈtsi̯oːn] *f* circulation
zir·ku·lie·ren* [tsɪrkuˈliːrən] *vi* to circulate
Zir·kus <-, -se> ['tsɪrkʊs] *m* ❶ (*Unterhaltung*) circus ❷ (*fam: großes Aufheben*) fuss
Zir·kus·zelt *nt* big top
zir·pen ['tsɪrpn̩] *vi* ZOOL to chirp
zisch [tsɪʃ] *interj* hiss
zi·schen ['tsɪʃn̩] I. *vi* ❶ haben (*ein Zischen von sich geben*) to hiss; *Fett* to sizzle ❷ sein (*sich mit einem Zischen bewegen*) to swoosh II. *vt* (*mit einem Z~ sagen*) to hiss ▸ **einen ~** (*sl*) to have a quick one
Zi·schen <-s> ['tsɪʃn̩] *nt kein pl* hiss
Zisch·laut *m* sibilant
Zis·ter·ne <-, -n> [tsɪsˈtɛrnə] *f* cistern
Zi·ta·del·le <-, -n> [tsitaˈdɛlə] *f* citadel
Zi·tat <-[e]s, -e> [tsiˈtaːt] *nt* quotation
Zi·ther <-, -n> ['tsɪtɐ] *f* zither
zi·tie·ren* [tsiˈtiːrən] *vt* ❶ (*wörtlich anführen*) to quote ❷ (*vorladen*) to summon
Zi·tro·ne <-, -n> [tsiˈtroːnə] *f* lemon ▸ **jdn ausquetschen wie eine ~** to squeeze sb dry
Zi·tro·nen·baum *m* lemon tree **Zi·tro·nen·fal·ter** *m* brimstone butterfly **zi·tro·nen·gelb** *adj* lemon yellow **Zi·tro·nen·li·mo·na·de** *f* lemonade **Zi·tro·nen·saft** *m* citrus fruit **Zi·tro·nen·säu·re** *f kein pl* citric acid **Zi·tro·nen·scha·le** *f* lemon peel
Zi·trus·frucht ['tsiːtrʊs-] *f* citrus fruit
Zit·ter·aal ['tsɪtɐ-] *m* electric eel
zit·te·rig ['tsɪtərɪç] *adj* shaky
zit·tern ['tsɪtɐn] *vi* to shake (**vor** with); **vor Angst ~** to quake with fear; *Stimme* to quaver; *Blätter, Gräser, Lippen* to tremble; *Pfeil* to quiver; ■ [**vor jdm/etw**] ~ to be terrified [of sb/sth]
Zit·tern <-s> ['tsɪtɐn] *nt kein pl* shaking, trembling
Zit·ter·pap·pel *f* aspen
zitt·rig ['tsɪtrɪç] *adj s.* **zitterig**
Zit·ze <-, -n> ['tsɪtsə] *f* teat
Zi·vi <-s, -s> ['tsiːvi] *m* (*fam*) *kurz für* **Zivildienstleistender**
zi·vil [tsiˈviːl] *adj* ❶ (*nicht militärisch*) civilian ❷ (*fam: akzeptabel*) reasonable ❸ (*höflich*) polite
Zi·vil <-s> [tsiˈviːl] *nt kein pl* civilian clothes *npl*
Zi·vil·be·völ·ke·rung *f* civilian population **Zi·vil·cou·ra·ge** *f* courage [of one's convictions] **Zi·vil·dienst** *m kein pl* community service as alternative to military service **Zi·vil·dienst·leis·ten·der** *m* young man doing community service as alternative to military service **Zi·vil·fahn·der(in)** *m(f)* plain-clothes policeman **Zi·vil·ge·richt** *nt* civil court **Zi·vil·ge·sell·schaft** *f* civil society **Zi·vil·ge·setz·buch** *nt* SCHWEIZ (*Bürgerliches Gesetzbuch*) code of civil law
Zi·vi·li·sa·ti·on <-, -en> [tsiviliza'tsi̯oːn] *f* civilization
Zi·vi·li·sa·ti·ons·krank·heit *f* illness caused by civilization **zi·vi·li·sa·ti·ons·mü·de** *adj* tired of modern-day society
zi·vi·li·sa·to·risch [tsiviliza'toːrɪʃ] *adj* with regard to civilization
zi·vi·li·sie·ren* [tsiviliˈziːrən] *vt* to civilize
zi·vi·li·siert I. *adj* civilized II. *adv* civilly
Zi·vi·list(in) <-en, -en> [tsiviˈlɪst] *m(f)* civilian
Zi·vil·klei·dung *f s.* **Zivil Zi·vil·per·son** *f* (*geh*) *s.* **Zivilist Zi·vil·pro·zess**[RR] *m* civil action **Zi·vil·recht** *nt* civil law **Zi·vil·schutz** *m* civil defence
Zo·bel <-s, -> ['tsoːbl̩] *m* sable
zo·cken ['tsɔkn̩] *vi* (*sl*) to gamble
Zo·fe <-, -n> ['tsoːfə] *f* lady-in-waiting
Zoff <-s> [tsɔf] *m kein pl* (*sl*) trouble
zog [tsoːk] *imp von* **ziehen**
zö·ger·lich ['tsøːɡɐlɪç] I. *adj* hesitant II. *adv* hesitantly

zö·gern ['tsø:ɡən] *vi* to hesitate; ■ ~, etw zu tun to hesitate before doing sth; **ohne zu** ~ without [a moment's] hesitation

Zö·gern <-s> ['tsø:ɡən] *nt kein pl* hesitation *no pl*

zö·gernd I. *adj* hesitant, hesitating; **dieser Frage hat sich die Regierung nur sehr ~ angenommen** the government accepted this question but only with [strong] reservations **II.** *adv* hesitantly

Zög·ling <-s, -e> ['tsø:klɪŋ] *m* (*veraltend*) pupil

Zö·li·a·kie <-, -n> [tsøli̯a'ki:] *f* MED celiac disease

Zö·li·bat <-[e]s, -e> [tsøli'ba:t] *nt o m* celibacy *no pl*

Zoll¹ <-[e]s, -> [tsɔl] *m* (*Maß*) inch

Zoll² <-[e]s, Zölle> [tsɔl, *pl* 'tsœlə] *m* ❶ ÖKON customs duty; ■**für etw** *akk* **~ bezahlen** to pay [customs] duty on sth; **durch den ~ kommen** to come through customs ❷ *kein pl* (*fam: Zollverwaltung*) customs *npl*

Zoll·ab·fer·ti·gung *f* ❶ (*Gebäude*) customs post ❷ (*Vorgang*) customs clearance **Zoll·amt** *nt* customs office **Zoll·be·am·te(r)** *m dekl wie adj*, **-be·am·tin** *f* customs officer

zol·len ['tsɔlən] *vt* (*geh*) to give; **jdm Achtung/Anerkennung/Bewunderung ~** to respect/appreciate/admire sb

Zoll·er·klä·rung *f* ÖKON customs declaration; **Zoll- und Devisenerklärung** currency and customs declaration **Zoll·fahn·der(in)** <-s, -> *m(f)* customs investigator **Zoll·fahn·dung** *f* customs investigation department **zoll·frei** *adj, adv* duty-free **Zoll·ge·büh·ren** *pl* customs duty **Zoll·gren·ze** *f* customs [area] border **Zoll·kon·trol·le** *f* customs check

Zöll·ner <-s, -> ['tsœlnɐ] *m* ❶ (*Zollbeamter*) customs officer ❷ (*in der Bibel*) tax collector

zoll·pflich·tig *adj* dutiable

Zoll·schran·ke *f* customs barrier

Zoll·stock *m* ruler

Zoll·uni·on *f* ÖKON customs union

Zom·bie <-[s], -s> ['tsɔmbi] *m* zombie

Zo·ne <-, -n> ['tso:nə] *f* zone

Zo·nen·gren·ze *f* (*hist*) **die ~** the East German border

Zoo <-s, -s> [tso:] *m* zoo

Zo·o·lo·gie <-> [tsoolo'gi:] *f kein pl* zoology

zo·o·lo·gisch [tsoo'lo:gɪʃ] **I.** *adj* zoological **II.** *adv* zoologically

Zoom <-s, -s> [zu:m, tso:m] *nt* (*~ objektiv*) zoom lens

zoo·men ['zu:mən, 'tso:mən] *vt* ■**jdn/ etw ~** to zoom in on sb/sth

Zoom·ob·jek·tiv *nt* FOTO zoom lens

Zopf <-[e]s, Zöpfe> [tsɔpf, *pl* tsœpfə] *m* ❶ (*geflochtene Haarsträhnen*) plait, AM *usu* braid ❷ KOCHK plait

Zopf·mus·ter *nt* MODE cable stitch

Zorn <-[e]s, -> [tsɔrn] *m kein pl* anger; **in ~ geraten** to fly into a rage; **einen ~ auf jdn haben** to be furious with sb; **im ~** in anger

zor·nig ['tsɔrnɪç] *adj* angry; ■**~ auf jdn sein** to be angry with sb; **leicht ~ werden** to lose one's temper easily

Zo·te <-, -n> ['tso:tə] *f* dirty joke

zot·te·lig ['tsɔt(ə)lɪç] *adj* (*fam*) shaggy

zot·teln ['tsɔtl̩n] *vi sein* (*fam*) to amble

zot·tig ['tsɔtɪç] *adj s.* zottelig

z.T. *Abk von* **zum Teil** partly

zu [tsu:] **I.** *präp* +*dat* ❶ (*wohin*) to; **ich muss gleich ~m Arzt** I must go to the doctor's; **wie weit ist es von hier ~m Bahnhof?** how far is it from here to the train station?; **~m Militär gehen** to join the army; **~m Schwimmbad geht es da lang!** the swimming pool is that way!; **~ Fuß/Pferd** on foot/horseback ❷ (*örtlich: Richtung*) **~m Fenster herein/ hinaus** in/out of the window; **~r Tür herein/hinaus** in/out the door; **~m Himmel weisen** to point heavenwards; **~r Decke sehen** to look [up] at the ceiling; **~m Meer/zur Stadtmitte hin**

---

zögern

zögern	hesitating
Ich weiß nicht so recht.	I'm not sure.
Ich kann Ihnen noch nicht sagen, ob ich Ihr Angebot annehmen werde.	I'm still unable to say whether or not I can accept your offer.
Ich muss darüber noch nachdenken.	I still have to think about it.
Ich kann Ihnen noch nicht zusagen.	I can't accept yet.

towards the sea/city centre ❸ (*neben, mit*) ■~ **jdm/etw** next to sb/sth; **setz dich ~ uns** [come and] sit with us; **etw ~ etw** *dat* **tragen** to wear sth with sth ❹ *zeitlich* at; **~ Ostern/Weihnachten** at Easter/Christmas; [**bis**] **~m 31. Dezember/Montag/ Abend** until 31st December/Monday/ [this] evening; **~m Wochenende fahren wir weg** we are going away at [*or* A*m* on] the weekend; **~m 1. Januar fällig** due on January 1st; **~m Monatsende kündigen** to give in one's notice for the end of the month ❺ (*anlässlich einer S.*) **etw ~m Geburtstag/~ Weihnachten bekommen** to get sth for one's birthday/for Christmas; ■**jdm ~ etw gratulieren** to congratulate sb on sth; **jdn ~m Essen einladen** to invite sb for a meal; **~ dieser Frage möchte ich Folgendes sagen** to this question I should like to say the following; **eine Rede ~m Thema Umwelt** a speech on the subject of the environment ❻ (*für etw bestimmt*) **Papier ~m Schreiben** writing paper; **Wasser ~m Trinken** drinking water; **das Zeichen ~m Aufbruch** the signal to leave; **etw ~r Antwort geben** to say sth in reply; **~ nichts taugen** to be no use at all; **mögen Sie Zucker ~m Kaffee?** do you take your coffee with sugar?; **~m Frühstück trinkt sie immer Tee** she always has tea at breakfast ❼ (*um etw herbeizuführen*) **~r Einführung ...** by way of an introduction ...; **~r Entschuldigung/Erklärung** in apology/ explanation; **sie sagte das nur ~ seiner Beruhigung** she said that just to set his mind at rest; **~ was soll das gut sein?** what is that for? ❽ *mit infin* **bei dem Regenwetter habe ich keine Lust ~m Wandern** I don't fancy walking if it is raining; **wir haben nichts ~m Essen** we have nothing to eat; **gib dem Kind doch etwas ~m Spielen** give the child something to play with; **das ist ja ~m Lachen** that's ridiculous; **das ist ~m Weinen** it's enough to make you want to cry ❾ (*Veränderung*) **~ etw werden** to turn into sth; ■**jdn/etw ~ etw machen** to make sb/sth into sth; **~m Kapitän befördert werden** to be promoted to captain; **~m Vorsitzenden gewählt werden** to be elected to the post of chairman; **etw ~ Pulver zermahlen** to grind sth [in]to powder ❿ (*Beziehung*) **Liebe ~ jdm** love for sb; **aus Freundschaft ~ jdm** because of one's friendship with sb; **das Vertrauen ~ jdm/ etw** trust in sb/sth; **meine Beziehung ~ ihr** my relationship with her ⓫ (*im Verhältnis zu*) in relation to; **im Vergleich ~** in comparison with; **im Verhältnis 1 ~ 4** MATH in the ratio of one to four; **unsere Chancen stehen 50 ~ 50** our chances are fifty-fifty; SPORT **Bayern München gewann mit 5 ~ 1** Bayern Munich won five-one ⓬ (*einer Sache zugehörig*) **~ den Lehrbüchern gehören auch Kassetten** there are cassettes to go with the text books; **wo ist der Korken ~ der Flasche?** where is the cork for this bottle?; **mir fehlt der Schlüssel ~ dieser Tür** I'm missing the key to this door ⓭ *bei Mengenangaben* **~ drei Prozent** at three percent; **sechs** [**Stück**] **~ fünfzig Cent** six for fifty cents; **~m halben Preis** at half price; **wir sind ~ fünft in den Urlaub gefahren** five of us went on holiday together; **sie kommen immer ~ zweit** those two always come as a pair; **der Pulli ist nur ~r Hälfte fertig** the jumper is only half finished; **~m ersten Mal** for the first time ⓮ (*örtlich: Lage*) in; **~ Hause** at home; **~ seiner Rechten/Linken...** on his right/left [hand side]... ⓯ (*als*) ■**jdn ~ etw ernennen** to nominate sb for sth; ■**jdn/etw ~m Vorbild nehmen** to take sb/sth as one's example ⓰ (*in Wendungen*) **~m Beispiel** for example; **~r Belohnung** as a reward; **~r Beurteilung** for inspection; **~m Gedächtnis von jdm** in memory of sb; **~m Glück** luckily; **jdm ~ Hilfe kommen** to come to sb's aid; **~r Probe** as a trial; **~r Strafe** as a punishment; **~r Warnung** as a warning; SCHWEIZ **~r Hauptsache** mainly; **~m voraus** in front of; **~m vorn**[**e**]**herein** from the front; **~m Rechten schauen** to look to the right **II.** *adv* ❶ (*all~*) too; **~ sehr** too much; **ich wäre ~ gern mitgefahren** I would have loved to have gone along ❷ (*geschlossen*) shut, closed; **dreh den Wasserhahn ~!** turn the tap off!; **Tür ~, es zieht!** shut the door, there's a draught!; **Augen ~!** close your eyes! **die Geschäfte sind sonntags ~** stores are closed on Sundays ❸ (*örtlich*) towards ❹ (*fam: betrunken sein*) ■**~ sein** to be pissed ❺ (*in Wendungen*) **immer/nur ~!** go ahead! **III.** *konj* ❶ *mit infin* to; ■**etw ~ essen** sth to eat; **ich habe heute einiges ~ erledigen** I have got a few things to do today; **sie hat ~ gehorchen** she has to obey; **die Rechnung ist bis Freitag ~ bezahlen** the bill has to be paid by Friday; **ohne es ~ wissen** without knowing it ❷ *mit Partizip* **~ bezahlende Rechnun-**

gen outstanding bills; **der ~ Prüfende** the candidate to be examined; **nicht ~ unterschätzende Probleme** problems [that are] not to be underestimated
zu·al·ler·erst [tsuˈʔalɐʔeːɐ̯st] *adv* first of all
zu·al·ler·letzt [tsuˈʔalɐlɛtst] *adv* last of all
zu|bau·en *vt* to fill in *sep*
Zu·be·hör <-[e]s, *selten* -e> [ˈtsuːbəhøːɐ̯] *nt o m* equipment *no pl*; (*zusätzliche Accessoires*) accessories *pl*; (*Ausstattung*) attachments *pl*
Zu·be·hör·teil *nt* accessory
zu|bei·ßen *vi irreg* to bite
zu|be·rei·ten* *vt* ■ **etw ~** to prepare sth
Zu·be·rei·tung <-, -en> *f* (*das Zubereiten*) preparation; *von Arzneimitteln* making up
zu|bil·li·gen *vt* ■ **jdm etw ~** to grant sb sth
zu|bin·den *vt irreg* to tie; **sich die Schuhe ~** to lace up shoes
zu|blin·zeln *vi* ■ **jdm ~** to wink at sb
zu|brin·gen *vt irreg* ❶ (*verbringen*) to spend ❷ (*herbeibringen*) to bring to ❸ DIAL (*zukriegen*) to get shut *sep*
Zu·brin·ger <-s, -> *m* ❶ (*~ straße*) feeder road ❷ (*Flughafenbus*) shuttle [bus]
Zu·brin·ger·dienst *m* shuttle service
Zucht <-, -en> [tsʊxt] *f* ❶ *kein pl* HORT cultivation *no art, no pl* ❷ *kein pl* ZOOL breeding *no art, no pl* ❸ (*gezüchtete Pflanze*) variety; (*gezüchtetes Tier*) breed; *von Bakterien* culture *spec* ❹ *kein pl* (*Disziplin*) discipline *no art, no pl*
Zucht·bul·le *m* breeding bull
züch·ten [ˈtsʏçtn̩] *vt* ❶ HORT to grow ❷ ZOOL to breed; *Bienen* to keep
Züch·ter(in) <-s, -> *m(f)* *von Rassetieren* breeder; *von Blumen* grower; *von Bienen* keeper
Zucht·haus *nt* HIST ❶ (*Strafe*) prison sentence; **~ bekommen** to be given a prison sentence ❷ (*Strafanstalt*) prison
Zucht·hengst *m* stud horse
züch·ti·gen [ˈtsʏçtɪgn̩] *vt* (*geh*) to beat
Züch·ti·gung <-, -en> *f* beating
Zucht·per·le *f* cultured pearl **Zucht·tier** *nt* breeding animal
Züch·tung <-, -en> *f* ❶ *kein pl* HORT cultivation *no art, no pl* ❷ *kein pl* ZOOL breeding *no art, no pl* ❸ (*gezüchtete Pflanze*) variety; (*gezüchtetes Tier*) breed
zu·cken [ˈtsʊkn̩] *vi* ❶ *haben* (*ruckartig bewegen*) *Augenlid* to flutter; *Mundwinkel* to twitch; **mit den Achseln ~** to shrug one's shoulders; **ohne mit der Wimper zu ~** without batting an eyelid ❷ *haben* (*aufleuchten*) *Blitz* to flash; *Flamme* to flare up

zü·cken [ˈtsʏkn̩] *vt* ❶ *Schwert* to draw ❷ (*fam: rasch hervorziehen*) to pull out *sep*
Zu·cker¹ <-s, -> [ˈtsʊkɐ] *m* sugar *no art, no pl*
Zu·cker² <-s> [ˈtsʊkɐ] *m kein pl* MED diabetes *no art, no pl*
Zu·cker·brot *nt* (*veraltet: Süßigkeit*) sweetmeat *dated* ▶ **mit ~ und Peitsche** (*prov*) with the carrot and the stick **Zu·cker·do·se** *f* sugar bowl **Zu·cker·fest** *nt* REL ■ **das ~** the Sugar Feast **Zu·cker·guss**ᴿᴿ *m* icing *no art, no pl*, AM *esp* frosting *no art, no pl*
zu·cker·hal·tig <-er, -[e]ste> *adj* containing sugar
Zu·cker·hut [ˈtsʊkɐhuːt] *m* ❶ GEOL sugarloaf ❷ KOCHK winter chicory
zu·cke·rig [ˈtsʊkərɪç] *adj* sugary
zu·cker·krank *adj* diabetic **Zu·cker·kran·ke(r)** *f(m)* diabetic **Zu·cker·krank·heit** *f* diabetes *no art, no pl* **Zu·cker·le·cken** *nt* ▶ **kein ~ sein** to be no picnic
zu·ckern [ˈtsʊkɐn] *vt* to sugar
Zu·cker·rohr *nt* sugar cane *no art, no pl* **Zu·cker·rü·be** *f* sugar beet *no art, no pl* **Zu·cker·streu·er** *m* sugar sprinkler **zu·cker·süß** [ˈtsʊkɐˈzyːs] *adj* ❶ (*sehr süß*) as sweet as sugar *pred* ❷ (*übertrieben freundlich*) sugar-sweet *also pej* **Zu·cker·wat·te** *f* candy floss BRIT, cotton candy AM
zuck·rig [ˈtsʊkrɪç] *adj s.* **zuckerig**
Zu·ckung <-, -en> *f meist pl von Augenlid, Lippe, Mundwinkel* twitch; *eines Epileptikers* convulsion
Zu·de·cke *f* DIAL cover
zu|de·cken *vt* to cover [up *sep*]
zu·dem [tsuˈdeːm] *adv* (*geh*) furthermore
zu|dre·hen I. *vt* ❶ (*verschließen*) to screw on *sep* ❷ (*abstellen*) to turn off *sep* ❸ (*festdrehen*) to tighten ❹ (*zuwenden*) **jdm den Kopf ~** to turn [one's face] towards sb; **jdm den Rücken ~** to turn one's back on sb II. *vr* ■ **sich jdm/etw ~** to turn to[wards] sb/sth
zu·dring·lich [ˈtsuːdrɪŋlɪç] *adj* pushy *pej*; ■ **~ werden** (*sexuell belästigen*) to act improperly [towards sb]
Zu·dring·lich·keit <-, -en> *f* ❶ *kein pl* (*zudringliche Art*) pushiness *no art, no pl pej* ❷ *meist pl* (*zudringliche Handlung*) advances *pl*
zu|dröh·nen *vr* (*sl*) ■ **sich ~** to be/become intoxicated; **sich mit Rauschgift ~** to get high [on drugs]
zu|drü·cken *vt* ❶ (*durch Drücken schließen*) to press shut *sep* ❷ (*fest drücken*)

jdm/einem Tier die Kehle ~ to throttle sb/an animal

zu·ein·an·der [tsuʔaɪˈnandɐ] *adv* to each other; **~ passen** *Menschen* to suit each other; *Farben, Kleidungsstücke* to go well together

zu|er·ken·nen* *vt irreg* (*geh*) ■ **jdm etw ~** to award sth to sb; **das Kind wurde dem Vater zuerkannt** the father was given custody of the child

zu·erst [tsuˈʔeːɐ̯st] *adv* ❶ (*als erster*) the first; (*als erstes*) first ❷ (*anfangs*) at first ❸ (*zum ersten Mal*) for the first time

zu|fä·cheln *vt* ■ **jdm/sich Luft ~** to fan sb/oneself

Zu·fahrt [ˈtsuːfaːɐ̯t] *f* ❶ (*Einfahrt*) entrance ❷ *kein pl* (*das Zufahren*) access *no art, no pl* (**auf** to)

Zu·fahrts·stra·ße *f* access road; (*zur Autobahn*) approach road

Zu·fall *m* coincidence; (*Schicksal*) chance; **das ist ~** that's a coincidence; **etw dem ~ überlassen** to leave sth to chance; **es dem ~ verdanken, dass ...** to owe it to chance that ...; **der ~ wollte es, dass ...** chance would have it that ...; **etw durch ~ erfahren** to happen to learn of sth; **welch ein ~!** what a coincidence!

zu|fal·len *vi irreg sein* ❶ (*sich schließen*) to close ❷ (*zuteilwerden*) ■ **jdm ~** to go to sb ❸ (*zugewiesen werden*) ■ **jdm ~** to fall to sb; *Rolle* to be assigned to sb ❹ (*zukommen*) **diesem Treffen fällt große Bedeutung zu** great importance is attached to this meeting ❺ (*leicht erwerben*) ■ **jdm ~** to come naturally to sb

zu·fäl·lig I. *adj* chance *attr* II. *adv* ❶ (*durch einen Zufall*) by chance; **rein ~** by pure chance; **jdn ~ treffen** to happen to meet sb ❷ (*vielleicht*) **wissen Sie ~, ob/wie/wann/wo ...?** do you happen to know whether/how/when/where ...?

zu·fäl·li·ger·wei·se *adv s.* **zufällig** II.

Zu·fäl·lig·keit <-, -en> *f* coincidence

Zu·falls·tref·fer *m* fluke *fam*

Zu·flucht <-, -en> [ˈtsuːflʊxt] *f* refuge ▶ **jds letzte ~ sein** to be sb's last resort

Zu·fluchts·ort *m* place of refuge

Zu·fluss[RR] *m*, **Zu·fluß**[ALT] *m* ❶ *kein pl* (*das Zufließen*) inflow ❷ (*Nebenfluss*) tributary

zu|flüs·tern *vt* ■ **jdm etw ~** to whisper sth to sb

zu·fol·ge [tsuˈfɔlɡə] *präp* (*geh*) ■ **einer S.** *dat* **~** according to sth

zu·frie·den [tsuˈfriːdn̩] I. *adj* (*befriedigt*) satisfied (**mit** with); **danke, ich bin sehr ~** thanks, everything's fine; (*glücklich*) contented (**mit** with), content *pred* II. *adv* with satisfaction; (*glücklich*) contentedly; **~ lächeln** to smile with satisfaction; **~ stellend** satisfactory

zu·frie·den|ge·ben *vr irreg* ■ **sich** [**mit etw** *dat*] **~** to be satisfied/content[ed] [with sth] **Zu·frie·den·heit** <-> *f kein pl* satisfaction *no art, no pl*; (*Glücklichsein*) contentedness *no art, no pl* **zu·frie·den|las·sen** *vt irreg* ■ **jdn ~** to leave sb alone; ■ **jdn mit etw** *dat* **~** to stop bothering sb with sth

zu|frie·ren *vi irreg sein* to freeze [over]

zu|fü·gen *vt* ❶ (*erleiden lassen*) to cause; **jdm Schaden/eine Verletzung ~** to harm/injure sb; **jdm Unrecht ~** to do sb an injustice ❷ (*hin~*) ■ **einer S.** *dat* **etw ~** to add sth [to sth]

Zu·fuhr <-, -en> [ˈtsuːfuːɐ̯] *f* supply

Zug[1] <-[e]s, Züge> [tsuːk, *pl* ˈtsyːɡə] *m* (*Bahn*) train ▶ **der ~ ist abgefahren** (*fam*) you've missed the boat

Zug[2] <-[e]s, Züge> [tsuːk, *pl* ˈtsyːɡə] *m* ❶ (*inhalierte Menge*) puff (**an** on/at), drag *fam* (**an** of/on); **einen ~ machen** to have a puff, to take a drag *fam* ❷ (*Schluck*) gulp ❸ *kein pl* (*Luft~*) draught ❹ *kein pl* PHYS (*~kraft*) tension *no art, no pl* ❺ (*Spiel~*) move; **am ~ sein** to be sb's move ❻ (*Streif~*) tour; **einen ~ durch etw** *akk* **machen** to go on a tour of sth ❼ (*lange Kolonne*) procession ❽ (*Gesichts~*) feature; **sie hat einen bitteren ~ um den Mund** she has a bitter expression about her mouth ❾ (*Charakter~*) characteristic ❿ (*Schritt*) ■ **~ um ~** systematically; (*schrittweise*) step by step; ■ **in einem ~** in one stroke; ■ **im ~e einer S.** in the course of sth ⓫ (*Umriss*) **in großen Zügen** in broad terms ▶ **in den letzten Zügen liegen** to be on one's last legs; **etw in vollen Zügen genießen** to enjoy sth to the full

Zu·ga·be [ˈtsuːɡaːbə] *f* ❶ (*Werbegeschenk*) free gift ❷ MUS encore ❸ *kein pl* (*das Hinzugeben*) addition

Zug·ab·teil *nt* train compartment

Zu·gang <-[e]s, -gänge> [ˈtsuːɡaŋ, *pl* ˈtsuːɡɛŋə] *m* ❶ (*Eingang*) entrance ❷ *kein pl* (*Zutritt, Zugriff*) access *no art, no pl* (**zu** to)

zu·gan·ge [tsuˈɡaŋə] *adj* NORDD ■ **irgendwo ~ sein** to be busy somewhere (**mit** with)

zu·gäng·lich [ˈtsuːɡɛŋlɪç] *adj* ❶ (*erreichbar*) accessible; ■ **nicht ~** inaccessible

② (*verfügbar*) available (+*dat* to) ❸ (*aufgeschlossen*) approachable; ■ **für etw** *akk* ~ **sein** to be receptive to sth
Zug·be·glei·ter(in) *m(f)* BAHN guard BRIT, conductor AM
Zug·brü·cke *f* drawbridge
zu|ge·ben *vt irreg* ❶ (*eingestehen*) to admit ② (*zugestehen*) ■ **jdm ~, dass ...** to grant sb that ... ❸ (*erlauben*) to allow
zu·ge·ge·be·ner·ma·ßen *adv* admittedly
zu·ge·gen [tsuˈgeːɡn̩] *adj* (*geh*) ■ **bei etw** *dat* ~ **sein** to be present at sth
zu|ge·hen *irreg* I. *vi sein* ❶ (*sich schließen lassen*) to shut ② (*in eine bestimmte Richtung gehen*) ■ **auf jdn/etw** ~ to approach sb/sth ❸ (*sich versöhnen*) ■ **aufeinander** ~ to become reconciled ❹ (*übermittelt werden*) ■ **jdm** ~ to reach sb ❺ (*fam: sich beeilen*) **geh zu!** get a move on! II. *vi impers sein* **auf ihren Partys geht es immer sehr lustig zu** her parties are always great fun; **musste es bei deinem Geburtstag so laut ~?** did you have to make such a noise on your birthday?
zu|ge·hö·ren* *vi* (*geh*) ■ **jdm/etw** ~ to belong to sb/sth
zu·ge·hö·rig [ˈtsuːɡəhøːrɪç] *adj attr* (*geh*) accompanying *attr*
Zu·ge·hö·rig·keit <-> *f kein pl* (*Verbundenheit*) affiliation *no art, no pl* (**zu** to); **ein Gefühl der** ~ a sense of belonging
zu·ge·kifft [ˈtsuːɡəkɪft] *adj* (*sl*) high [on hash or marijuana]
zu·ge·knöpft *adj* ❶ (*mit Knöpfen geschlossen*) buttoned-up ② (*fam: verschlossen*) reserved
Zü·gel <-s, -> [ˈtsyːɡl̩] *m* reins *npl*; **die ~ anziehen** to draw in the reins; (*fig*) to keep a tighter rein on things ▶ **die ~ [fest] in der Hand [be]halten** to keep a firm grip on things
zü·gel·los *adj* unrestrained
zü·geln [ˈtsyːɡl̩n] I. *vt* ❶ (*im Zaum halten*) to rein in *sep* ② (*beherrschen*) to curb ❸ (*zurückhalten*) ■ **jdn/sich** ~ to restrain sb/oneself II. *vi sein* SCHWEIZ (*umziehen*) ■ **[nach Graubünden]** ~ to move [to the Grisons]
Zu·ge·ständ·nis [ˈtsuːɡəʃtɛntnɪs] *nt* concession
zu|ge·ste·hen* *vt irreg* to grant
zu·ge·tan [ˈtsuːɡətaːn] *adj* (*geh*) ■ **jdm/etw** ~ **sein** to be taken with sb/sth
Zug·fahrt *f* train journey **Zug·füh·rer(in)** *m(f)* BAHN guard BRIT, conductor AM
zu·gig [ˈtsuːɡɪç] *adj* draughty
zü·gig [ˈtsyːɡɪç] I. *adj* ❶ (*rasch erfolgend*) speedy ② SCHWEIZ (*eingängig*) catchy II. *adv* rapidly
Zug·kraft *f* ❶ PHYS tensile force *spec* ② *kein pl* (*Anziehungskraft*) appeal *no art, no pl*
zug·kräf·tig *adj* appealing; (*eingängig a.*) catchy
zu·gleich [tsuˈɡlaɪç] *adv* ❶ (*ebenso*) both ② (*gleichzeitig*) at the same time
Zug·luft *f kein pl* draught **Zug·ma·schi·ne** *f* AUTO traction engine
Zug·per·so·nal *nt* train staff
Zug·pferd *nt* ❶ (*Tier*) draught horse ② (*besondere Attraktion*) crowd-puller
zu|grei·fen *vi irreg* ❶ (*sich bedienen*) to help oneself ② INFORM ■ **auf etw** *akk* ~ to access sth
Zug·res·tau·rant *nt* dining car
Zu·griff *m* ❶ (*das Zugreifen*) grab ② INFORM access *no art, no pl* (**auf** to) ❸ (*Einschreiten*) **sich dem ~ der Justiz entziehen** to evade justice
Zu·griffs·be·rech·ti·gung *f* INFORM access authorization **Zu·griffs·ge·schwin·dig·keit** *f*, **Zu·griffs·zeit** *f* INFORM access speed **Zu·griffs·recht** *nt* INFORM access rights *pl* **Zu·griffs·zeit** *f* s. Zugriffsgeschwindigkeit
zu·grun·de, zu Grun·de^{RR} [tsuˈɡrʊndə] *adv* [**an etw** *dat*] ~ **gehen** to be destroyed [by sth]; **etw einer S.** *dat* ~ **legen** to base sth on sth; **einer S.** *dat* ~ **liegen** to form the basis of sth; **jdn/etw** ~ **richten** (*ausbeuten*) to exploit sb/sth; (*zerstören*) to destroy sb/sth
Zug·schaff·ner(in) *m(f)* train conductor **Zug·tier** *nt* draught animal
zu|gu·cken *vi* (*fam*) s. zusehen
Zug·un·glück *nt* railway accident; (*Zusammenstoß a.*) train crash
zu·guns·ten, zu Guns·ten^{RR} [tsuˈɡʊnstn̩] *präp* +*gen* for the benefit of; (*zum Vorteil von*) in favour of
zu·gu·te|hal·ten [tsuˈɡuːtə-] *vt irreg* ■ **jdm etw** ~ to make allowances for sb's sth
zu·gu·te|kom·men [tsuˈɡuːtə-] *vt irreg* ■ **jdm/etw** ~ to be for the benefit of sb/sth
Zug·ver·bin·dung *f* train connection **Zug·ver·kehr** *m* train services *pl*
Zug·vo·gel *m* migratory bird
Zug·zwang *m* pressure to act
zu|ha·ben *irreg* (*fam*) I. *vi* to be closed II. *vt* ■ **etw** ~ to have got sth shut
zu|hal·ten *irreg* I. *vt* ❶ (*geschlossen halten*) ■ **etw** ~ to hold sth closed ② (*mit der Hand bedecken*) ■ **jdm/sich etw** ~ to hold one's hand over sb's/one's sth; **sich** *dat* **die Nase** ~ to hold one's nose

II. vi ■**auf jdn/etw ~** to head for sb/sth

Zu·häl·ter(in) <-s, -> ['tsuːhɛltɐ] m(f) pimp masc, procurer form

Zu·häl·te·rei <-> [tsuːhɛltəˈraɪ̯] f kein pl pimping no art, no pl

Zu·hau·se <-s> [tsuˈhaʊ̯zə] nt kein pl home no art, no pl

Zu·hil·fe·nah·me <-> [tsuˈhɪlfənaːmə] f ■**unter ~ einer S.** gen with the aid of sth

zu|hö·ren vi to listen; ■**jdm/etw ~** to listen to sb/sth

Zu·hö·rer(in) m(f) listener; ■**die ~** (Publikum) the audience + sing/pl vb; (Radio~ a.) the listeners

Zu·hö·rer·schaft f kein pl audience

zu|ju·beln vi to cheer

zu|keh·ren vt **jdm den Rücken ~** to turn one's back on sb

zu|klap·pen vt, vi to snap shut

zu|kle·ben vt to stick down sep

zu|knal·len vt, vi (fam) to slam shut

zu|knei·fen vt irreg ■**etw ~** to shut sth tight[ly]; **die Augen ~** to screw up one's eyes

zu|knöp·fen vt ■**etw ~** to button up sep sth

zu|kom·men vi irreg sein ➊ (sich nähern) ■**auf jdn/etw ~** to come towards sb/sth ➋ (bevorstehen) ■**auf jdn ~** to be in store for sb; **alles auf sich ~ lassen** to take things as they come ➌ (gebühren) **mir kommt heute die Ehre zu, Ihnen zu gratulieren** I have the honour today of congratulating you; **jdm etw ~ lassen** (geh) to send sb sth; (jdm etw gewähren) to give sb sth ➍ (angemessen sein) **dieser Entdeckung kommt große Bedeutung zu** great significance must be attached to this discovery

Zu·kunft <-> ['tsuːkʊnft] f kein pl ➊ (das Bevorstehende) future no pl; **in ferner/naher ~** in the distant/near future; **in die ~ schauen** to look into the future ➋ LING future [tense]

zu·künf·tig ['tsuːkʏnftɪç] I. adj ➊ (in der Zukunft bevorstehend) future attr ➋ Nachfolger prospective II. adv in future

Zu·kunfts·aus·sich·ten pl future prospects pl **Zu·kunfts·bran·che** f new industry **Zu·kunfts·fä·hig·keit** f forward compatibility **Zu·kunfts·for·schung** f kein pl futurology no art, no pl **Zu·kunfts·mu·sik** f ▶[noch] **~ sein** (fam) to be [still] a long way off **Zu·kunfts·per·spek·ti·ve** f meist pl future prospects pl **Zu·kunfts·plä·ne** pl plans pl for the future **zu·kunfts·si·cher** adj with a guaranteed future pred **Zu·kunfts·tech·no·lo·gie** f new technology **zu·kunfts·träch·tig** adj with a promising future pred; ■**~ sein** to have a promising future **zu·kunft(s)·wei·send** adj forward-looking

zu|lä·cheln vi ■**jdm ~** to smile at sb

Zu·la·ge <-, -n> ['tsuːlaːgə] f bonus [payment]

zu|lan·gen vi (fam) ➊ (zugreifen) to help oneself ➋ (zuschlagen) to land a punch ➌ (hohe Preise fordern) to ask a fortune

zu|las·sen vt irreg ➊ (dulden) to allow ➋ (fam: geschlossen lassen) to keep shut sep ➌ (die Genehmigung erteilen) ■**jdn ~** to admit sb (**zu** to); ■**jdn als etw ~** to register sb as sth ➍ (anmelden) ■**etw ~** to register sth ➎ (erlauben) **diese Umstände lassen nur einen Schluss zu** these facts leave only one conclusion

zu·läs·sig ['tsuːlɛsɪç] adj permissible; JUR admissible; ■**nicht ~** JUR inadmissible

Zu·las·sung <-, -en> f ➊ kein pl (Genehmigung) authorization no pl; (Lizenz) licence; **die ~ entziehen** to revoke sb's licence ➋ (Anmeldung) registration ➌ (Fahrzeugschein) vehicle registration document

Zu·las·sungs·be·schrän·kung f restriction on admission[s] **Zu·las·sungs·pa·pier** nt meist pl vehicle registration document **zu·las·sungs·pflich·tig** adj (geh) requiring licensing **Zu·las·sungs·prü·fung** f ADMIN, SCH entrance exam

Zu·lauf ['tsuːlaʊ̯f] m inlet

zu|lau·fen vi irreg sein ➊ (Bewegung zu jdm/etw) ■**auf jdn/etw ~** to run towards sb/sth; (direkt) to run up to sb/sth ➋ (hinführen) to lead to ➌ (schnell weiterlaufen) to hurry [up] ➍ (spitz auslaufen) to taper [to a point] ➎ (zu jdm laufen und bleiben) ■**jdm ~** to stray into sb's home; **ein zugelaufener Hund/eine zugelaufene Katze** a stray [dog/cat]

zu|le·gen I. vt ➊ (fam: zunehmen) to put on sep ➋ (dazutun) to add ▶**einen Zahn ~** to step on it II. vi ➊ (fam: zunehmen) to put on weight ➋ (fam: das Tempo steigern) to get a move on; Läufer to increase the pace III. vr (fam) ■**sich** dat **jdn/etw ~** to get oneself sb/sth

zu·lei·de, zu Lei·de[RR] [tsuˈlaɪ̯də] adv **jdm etwas/nichts ~ tun** (veraltend) to harm/to not harm sb

zu|lei·ten vt ➊ (geh: übermitteln) ■**jdm etw ~** to forward sth to sb ➋ (zufließen lassen) ■[etw dat] **etw ~** to supply sth [to sth]; **durch diese Röhre wird das Re-**

genwasser dem Teich zugeleitet rain water is fed into the pond through this pipe

Zu·lei·tung f ❶ kein pl (geh: das Übermitteln) forwarding no art, no pl ❷ (zuleitendes Rohr) supply pipe

zu·letzt [tsuˈlɛtst] adv ❶ (als Letzte[r]) ~ **eingetroffen** to be the last to arrive; ~ **durchs Ziel gehen** to finish last ❷ (endlich) in the end ❸ (zum letzten Mal) last ❹ (zum Schluss) **bis** ~ until the end; **ganz** ~ right at the end ❺ ([besonders] auch) **nicht** ~ not least [of all]

zu·lie·be [tsuˈliːbə] adv ▪**jdm/etw** ~ for sb['s sake]/for the sake of sth

Zu·lie·fer·be·trieb m, **Zu·lie·fe·rer(in)** <-s, -> m(f) supplier

zu|lie·fern vi to supply

zum [tsʊm] = **zu dem** s. **zu**

zu|ma·chen I. vt ❶ ([ver]schließen) to close; **eine Flasche/ein Glas** ~ to put the top on a bottle/jar ❷ (zukleben) Brief to seal ❸ (zuknöpfen) ▪**etw** ~ to button [up sep] sth ❹ (den Betrieb einstellen) to close [down sep]; **den Laden** ~ to shut up shop **II.** vi ❶ (den Laden schließen) to close ❷ (fam: sich beeilen) to get a move on

zu·mal [tsuˈmaːl] **I.** konj particularly as **II.** adv particularly

zu|mau·ern vt to brick up sep

Zum·ba® <-s> [ˈtsʊmba] nt kein pl Zumba®

zu·meist [tsuˈmaist] adv (geh) mostly

zu·min·dest [tsuˈmɪndəst] adv at least

zu·mut·bar adj reasonable

zu·mu·te, zu Mu·teᴿᴿ [tsuˈmuːtə] adv **mir ist so merkwürdig** ~ I feel so strange; **mir ist nicht zum Scherzen** ~ I'm not in a joking mood

zu|mu·ten [ˈtsuːmuːtn̩] vt ▪**jdm etw** ~ to expect sth of sb; **jdm zu viel** ~ to expect too much of sb; ▪**sich dat etw** ~ to undertake sth; **sich zu viel** ~ to overtax oneself

Zu·mu·tung f unreasonable demand; **das ist eine** ~! it's just too much!

zu·nächst [tsuˈnɛːçst] adv ❶ (anfangs) initially ❷ (vorerst) for the moment

zu|na·geln vt to nail up sep; **einen Sarg** ~ to nail down sep a coffin

zu|nä·hen vt to sew up sep; Wunde to stitch

Zu·nah·me <-, -n> [ˈtsuːnaːmə] f increase

Zu·na·me [ˈtsuːnaːmə] m (geh) surname

zün·deln [ˈtsʏndl̩n] vi to play [around] with fire

zün·den [ˈtsʏndn̩] **I.** vi ❶ TECH to fire spec ❷ (zu brennen anfangen) to catch fire; Streichholz to light; Pulver to ignite form **II.** vt ❶ TECH to fire spec ❷ (wirken) to kindle enthusiasm ▶**hat es bei dir endlich gezündet?** have you cottoned on?

zün·dend adj stirring; Idee great

Zun·der [ˈtsʊndɐ] m tinder no art, no pl

Zün·der <-s, -> [ˈtsʏndɐ] m detonator; Airbag igniter spec

Zünd·flam·me f pilot light **Zünd·holz** <-es, -hölzer> nt bes SÜDD, ÖSTERR match **Zünd·holz·schach·tel** f matchbox **Zünd·ka·bel** nt [spark] plug lead **Zünd·ker·ze** f spark plug **Zünd·schloss**ᴿᴿ nt ignition lock **Zünd·schlüs·sel** m ignition key **Zünd·schnur** f fuse **Zünd·spu·le** f AUTO [ignition form] coil **Zünd·stoff** m kein pl inflammatory stuff no art, no pl

Zün·dung <-, -en> f ❶ AUTO ignition no pl ❷ TECH firing no art, no pl

Zünd·vor·rich·tung f detonator

zu|neh·men irreg vi ❶ (schwerer werden) to gain weight ❷ (anwachsen) to increase (**an** in) ❸ (sich verstärken) to increase; Schmerzen to intensify

zu·neh·mend I. adj increasing attr; Verbesserung growing attr **II.** adv increasingly

zu|nei·gen I. vi **einer S.** dat ~ to be inclined towards sth; **der Ansicht** ~, **dass ...** to be inclined to think that ... **II.** vr **sich dem Ende** ~ to draw to a close

Zu·nei·gung f affection no pl

Zunft <-, Zünfte> [tsʊnft, pl ˈtsʏnftə] f HIST guild

zünf·tig [ˈtsʏnftɪç] adj (veraltend fam) proper

Zun·ge <-, -n> [ˈtsʊŋə] f tongue; **die** ~ **herausstrecken** to stick out one's tongue; **auf der** ~ **zergehen** to melt in one's mouth ▶**seine** ~ **im Zaum halten** (geh) to mind one's tongue; AM usu to watch one's language; **eine böse/lose** ~ **haben** to have a malicious/loose tongue; **es lag mir auf der** ~ **zu sagen, dass ...** I was on the point of saying that ...; **etw liegt jdm auf der** ~ sth is on the tip of sb's tongue

zün·geln [ˈtsʏŋl̩n] vi ❶ Schlange to dart its tongue in and out ❷ (hin und her bewegen) to dart

Zun·gen·bre·cher <-s, -> m (fam) tongue twister **Zun·gen·kuss**ᴿᴿ m French kiss **Zun·gen·spit·ze** f tip of the tongue

Züng·lein [ˈtsʏŋlain] nt pointer ▶**das** ~ **an der Waage sein** to tip the scales; POL to hold the balance of power

zu|nich·te|ma·chen [tsuˈnɪçtə-] vt to wreck; **jds Hoffnungen** ~ to dash sb's hopes

zu|ni·cken vi ▪**jdm** ~ to nod to sb

zu·nut·ze, zu Nut·zeᴿᴿ [tsuˈnʊtsə] adv

sich *dat* **etw ~ machen** to make use of sth

zu|ord·nen ['tsu:ʔɔrdnən] *vt* ■**etw einer S.** *dat* **~** to assign sth to sth; ■**jdn einer S.** *dat* **~** to classify sb as belonging to sth

Zu·ord·nung *f* assignment

zu|pa·cken *vi* ❶ (*zufassen*) to grip; (*schneller*) to make a grab ❷ (*kräftig mithelfen*) ■**[mit]** ~ to lend a [helping] hand ❸ (*mit Gegenständen füllen*) to fill

zup·fen ['tsʊpfn] *vt* ❶ (*ziehen*) ■**jdn an etw** *dat* **~** to pluck at sb's sth; (*stärker*) to tug at sb's sth ❷ (*herausziehen*) ■**etw aus/von etw** *dat* **~** to pull sth out of/off sth; **sich die Augenbrauen ~** to pluck one's eyebrows

Zupf·in·stru·ment *nt* plucked string instrument

zu|pros·ten *vi* ■**jdm ~** to drink [to] sb's health

zur [tsuːɐ̯, tsʊr] = **zu der** *s.* **zu**

Zür·cher ['tsyrçɐ] *adj* Zurich *attr*

Zür·cher(in) <-s, -> ['tsyrçɐ] *m(f)* native of Zurich

zu·rech·nungs·fä·hig *adj* JUR responsible for one's actions *pred* ▶**bist du noch ~?** (*fam*) are you all there?

zu·recht|bie·gen *vt irreg* ❶ (*in Form biegen*) to bend into shape ❷ (*fam*) ■**jdn ~** to lick sb into shape; **etw wieder ~** to get sth straightened out **zu·recht|fin·den** [tsu'rɛçtfɪndn̩] *vr irreg* ■**sich irgendwo ~** to get used to somewhere; **sich in einer Großstadt ~** to find one's way around a city **zu·recht|kom·men** *vi irreg sein* ❶ (*auskommen*) to get on ❷ (*klarkommen*) to cope ❸ (*rechtzeitig kommen*) to come in time; **gerade noch ~** to come just in time **zu·recht|le·gen** I. *vt* ■**jdm etw ~** to lay out *sep* sth [for sb] II. *vr* ■**sich** *dat* **etw ~** ❶ (*sich etw griffbereit hinlegen*) to get sth ready ❷ (*sich im Voraus überlegen*) to work out *sep* sth **zu·recht|ma·chen** *vt* (*fam*) ❶ (*vorbereiten*) ■**etw ~** to get sth ready ❷ (*zubereiten*) ■**etw ~** to prepare sth ❸ (*schminken*) ■**jdn ~** to make up *sep* sb; ■**sich ~** to put on *sep* one's make-up ❹ (*schick machen*) ■**sich ~** to get ready; ■**jdn ~** to dress up *sep* sb **zu·recht|wei·sen** *vt irreg* (*geh*) to reprimand (**wegen** for)

zu|re·den ['tsu:re:dn̩] *vi* ■**jdm [gut] ~** to encourage sb

zu|rei·ten *irreg* I. *vt* ■**ein Tier ~** to break in *sep* an animal II. *vi sein* ■**auf jdn/etw ~** to ride towards sb/sth; (*direkt*) to ride up to sb/sth

Zü·rich <-s> ['tsyːrɪç] *nt* Zurich *no art, no pl*

zu|rich·ten ['tsuːrɪçtn̩] *vt* ❶ (*verletzen*) to injure; **jdn ~** to beat up *sep* sb ❷ (*beschädigen*) **etw ziemlich ~** to make a quite a mess of sth ❸ (*vorbereiten*) to finish

Zur·schau·stel·lung *f* flaunting

zu·rück [tsu'rʏk] *adv* ❶ (*wieder da*) back; ■**~ sein** to be back (**von** from) ❷ (*mit Rückfahrt, Rückflug*) return; **hin und ~ oder einfach?** single or return? ❸ (*einen Rückstand haben*) behind ❹ (*verzögert*) late ▶**~!** go back!

zu·rück|be·hal·ten* *vt irreg* ❶ (*behalten*) ■**etw ~** to be left with sth ❷ (*vorläufig einbehalten*) ■**etw ~** to retain [*or* withhold] sth **zu·rück|be·kom·men*** *vt irreg* to get back *sep* **zu·rück|beu·gen** I. *vt* to lean back *sep* II. *vr* ■**sich ~** to lean back **zu·rück|be·zah·len*** *vt* to pay back *sep* **zu·rück|bil·den** *vr* ■**sich ~** to recede **zu·rück|blei·ben** *vi irreg sein* ❶ (*nicht mitkommen*) to stay behind ❷ (*zurückgelassen werden*) to be left [behind] ❸ (*nicht mithalten können*) to fall behind ❹ (*als*

---

jemanden zurechtweisen

jemanden zurechtweisen	*rebuking somebody*
Ihr Verhalten lässt einiges zu wünschen übrig.	*Your behaviour leaves quite a lot to be desired.*
Ich verbitte mir diesen Ton!	*I will not be spoken to in that tone (of voice)!*
Das brauche ich mir von Ihnen nicht gefallen zu lassen!	*I don't have to put up with that from you!*
Unterstehen Sie sich!	*Don't you dare!*
Was erlauben Sie sich!	*How dare you!*
Was fällt Ihnen ein!	*What do you think you're doing!*

Folge bleiben) to remain (**von** from) **zu·rück|bli·cken** [tsu'rykblıkn̩] *vi s.* **zurückschauen zu·rück|brin·gen** *vt irreg* to bring back *sep* **zu·rück|da·tie·ren*** *vt* to backdate **zu·rück|den·ken** *vi irreg* to think back (**an** to) **zu·rück|drän·gen** *vt* to force back *sep* **zu·rück|er·hal·ten*** *vt irreg* (*geh*) *s.* **zurückbekommen zu·rück|er·o·bern*** *vt* ❶ MIL to recapture ❷ POL (*erneut gewinnen*) to win back *sep* **zu·rück|er·stat·ten*** *vt s.* **rückerstatten zu·rück|fah·ren** *irreg* I. *vi sein* ❶ (*zum Ausgangspunkt fahren*) to go/come back ❷ (*geh: zurückweichen*) to recoil (**vor** from) II. *vt* ❶ (*etw rückwärtsfahren*) to reverse ❷ (*mit dem Auto zurückbringen*) to drive back *sep* ❸ (*reduzieren*) to cut back *sep* **zu·rück|fal·len** *vi irreg sein* ❶ SPORT to fall behind ❷ (*in früheren Zustand verfallen*) ■ **in etw** *akk* ~ to lapse back into sth ❸ (*darunter bleiben*) ■ **hinter etw** *akk* ~ to fall short of sth ❹ (*jds Eigentum werden*) ■ **an jdn** ~ to revert to sb *spec* ❺ (*angelastet werden*) ■ **auf jdn** ~ to reflect on sb ❻ (*sinken*) ■ **sich auf etw** *akk* ~ **lassen** to fall back on[to] sth **zu·rück|fin·den** *vi irreg* ❶ (*Weg zum Ausgangspunkt finden*) to find one's way back ❷ (*zurückkehren*) ■ **zu jdm** ~ to go/come back to sb **zu·rück|for·dern** *vt* ■ **etw** ~ to demand sth back (**von** from) **zu·rück|füh·ren** I. *vt* ❶ (*Ursache bestimmen*) ■ **etw auf etw** *akk* ~ to attribute sth to sth; (*etw aus etw ableiten*) to put sth down to sth; **etw auf seinen Ursprung** ~ to put sth down to its cause; **das ist darauf zurückzuführen, dass ...** that is attributable to the fact that ... ❷ (*zum Ausgangsort zurückbringen*) ■ **jdn irgendwohin** ~ to lead sb back somewhere II. *vi* to lead back **zu·rück|ge·ben** *vt irreg* ❶ (*wiedergeben*) to return ❷ (*erwidern*) **ein Kompliment** ~ to return a compliment; „**das ist nicht wahr!**" **gab er zurück** "that isn't true!" he retorted *form* **zu·rück|ge·blie·ben** *adj slow* **zu·rück|ge·hen** *vi irreg sein* ❶ (*wieder zum Ausgangsort gehen*) to return ❷ (*abnehmen*) to go down ❸ MED (*sich zurückbilden*) to go down; *Bluterguss* to disappear; *Geschwulst* to be in recession ❹ (*stammen*) **die Sache geht auf seine Initiative zurück** the matter was born of his initiative ❺ (*verfolgen*) **weit in die Geschichte** ~ to go back far in history **zu·rück|ge·win·nen*** *vt irreg* to win back; *Rohstoffe* to recover **zu·rück|ge·zo·gen** *adj, adv* secluded **Zu·rück·ge·zo·gen·heit** <-> *f kein pl* seclusion; **in** [**völliger**] ~ **leben** to live in [complete] seclusion **zu·rück|grei·fen** *vi irreg* ■ **auf etw** *akk* ~ to fall back [up]on sth **zu·rück|ha·ben** *vt irreg* (*fam*) ■ **etw** ~ to have [got] sth back; **ich will mein Geld** ~! I want my money back! **zu·rück|hal·ten** *irreg* I. *vr* ■ **sich** ~ ❶ (*sich beherrschen*) to restrain oneself; **sich mit seiner Meinung** ~ to be careful about voicing one's opinion ❷ (*reserviert sein*) to be reserved II. *vt* ❶ (*aufhalten*) to hold up *sep* ❷ (*nicht herausgeben*) to withhold ❸ (*abhalten*) ■ **jdn** [**von etw** *dat*] ~ to keep sb from doing sth III. *vi* ■ **mit etw** *dat* ~ to hold sth back

zu·rück·hal·tend I. *adj* ❶ (*reserviert*) reserved ❷ (*vorsichtig*) cautious II. *adv* cautiously

Zu·rück·hal·tung *f kein pl* reserve *no art, no pl* **zu·rück|ho·len** *vt* ❶ (*wieder zum Ausgangsort holen*) to fetch back *sep* ❷ (*in seinen Besitz zurückbringen*) to get back *sep* **zu·rück|keh·ren** *vi sein* to return (**zu** to); **nach Hause** ~ to return home **zu·rück|kom·men** *vi irreg sein* ❶ (*erneut zum Ausgangsort kommen*) to return; **aus dem Ausland** ~ to return from abroad; **nach Hause** ~ to return home ❷ (*erneut aufgreifen*) ■ **auf etw** *akk* ~ to come back to sth; ■ **auf jdn** ~ to get back to sb **zu·rück|krie·gen** *vt* (*fam*) *s.* **zurückbekommen zu·rück|las·sen** *vt irreg* ❶ (*nicht mitnehmen*) to leave behind *sep* ❷ (*fam: zurückkehren lassen*) ■ **jdn** [**nach Hause**] ~ to allow sb to return [home] **zu·rück|le·gen** *vt* ❶ (*wieder hinlegen*) to put back *sep* ❷ (*reservieren*) ■ **jdm etw** ~ to put sth aside for sb ❸ (*hinter sich bringen*) **35 Kilometer kann man pro Tag leicht zu Fuß** ~ you can easily do 35 kilometres a day on foot ❹ (*sparen*) to put away *sep* **zu·rück|leh·nen** *vr* ■ **sich** ~ to lean back **zu·rück|lie·gen** *vi irreg* **sein Examen liegt vier Jahre zurück** it's four years since his exam; **wie lange mag die Operation** ~? how long ago was the operation? **zu·rück|mel·den** *vr* ■ **sich** ~ to be back

Zu·rück·nah·me <-, -n> [tsu'ryknaːmə] *f* withdrawal; *eines Angebots* revocation; *einer Beschuldigung* retraction;

zu·rück|neh·men *vt irreg* ❶ (*als Retour annehmen*) to take back *sep* ❷ (*widerrufen*) to take back *sep* ❸ (*rückgängig machen*) to withdraw; **ich nehme alles zurück** I take it all back; **sein Verspre-**

chen ~ to break one's promise **zu·rück|pral·len** *vi sein* ❶ *(zurückspringen)* ▪**von etw** *dat* ~ to bounce off sth; *Geschoss* to ricochet off sth ❷ *(zurückschrecken)* to recoil (**vor** from) **zu·rück|rei·chen** I. *vi* ▪**irgendwohin** ~ to go back to sth; **ins 16.Jahrhundert** ~ to go back to the 16th century II. *vt (geh)* ▪**jdm etw** ~ to hand back *sep* sth to sb **zu·rück|rei·sen** *vi sein* to travel back **zu·rück|ru·dern** *vi* ❶ *(rudernd zurückfahren)* to row back ❷ *(fam: seine Äußerungen zurücknehmen)* to backpedal **zu·rück|ru·fen** *irreg* I. *vt* ❶ *(anrufen)* to call back *sep* ❷ *(zurückbeordern)* to recall ❸ *(fig)* **sich** *dat* **etw ins Gedächtnis** ~ to recall sth II. *vi* to call back **zu·rück|schal·ten** *vi* AUTO **in den ersten/einen niedrigeren Gang** ~ to change down into first/a lower gear **zu·rück|schau·en** *vi* to look back (**auf** on) **zu·rück|schi·cken** *vt* to send back *sep* **zu·rück|schie·ben** *vt irreg* ▪**etw** ~ to push back sth *sep* **zu·rück|schla·gen** *irreg* I. *vt* ❶ SPORT to return ❷ *(umschlagen)* to turn back *sep;* **ein Verdeck** ~ to fold back a top II. *vi* ❶ *(einen Schlag erwidern)* to return ❷ *(sich auswirken)* ▪**auf jdn/etw** *akk* ~ to have an effect on sb/sth **zu·rück|schrau·ben** *vt (fam)* to lower (**auf** to); **seine Ansprüche** ~ to lower one's sights **zu·rück|schre·cken** *vi irreg sein* ❶ *(Bedenken vor etw haben)* to shrink (**vor** from); **vor nichts** ~ *(völlig skrupellos sein)* to stop at nothing; *(keine Angst haben)* to not flinch from anything ❷ *(erschreckt zurückweichen)* to start back **zu·rück|schrei·ben** *vt* to write back **zu·rück|seh·nen** *vr* **sich nach Hause/auf die Insel** ~ to long to return home/to the island **zu·rück|set·zen** I. *vt* ❶ *(zurückstellen)* to put back *sep* ❷ AUTO to reverse ❸ *(herabsetzen)* to reduce ❹ *(benachteiligen)* to neglect; **sich [gegenüber jdm] zurückgesetzt fühlen** to feel neglected [next to sb] II. *vr* ▪**sich** ~ ❶ *(sich zurücklehnen)* ❷ *(den Platz wechseln)* **setzen wir uns einige Reihen zurück** let's sit a few rows back III. *vi* ▪**[mit etw** *dat]* ~ to reverse [sth] **zu·rück|spu·len** *vt* to rewind **zu·rück|ste·cken** I. *vt* to put back *sep* II. *vt* to back down; ~ **müssen** to have to back down **zu·rück|ste·hen** *vi irreg* ❶ *(weiter entfernt stehen)* to stand back ❷ *(hintangesetzt werden)* ▪**[hinter jdm]** ~ to take second place [to sb]; *(an Leistung)* to be behind [sb] ❸ *(sich weniger einsetzen)* ▪**[hinter jdm]** ~ to show less commitment [than sb else] **zu·rück|stel·len** *vt* ❶ *(wieder hinstellen)* to put back *sep* ❷ *(nach hinten stellen)* to move back *sep* ❸ *(kleiner stellen) Heizung, Ofen* to turn down *sep* ❹ *(aufschieben)* to put back *sep*; *(verschieben)* to postpone; **die Uhr** ~ to turn [*or* AM *also* set] back *sep* the clock ❺ *(vorerst nicht geltend machen)* **seine Bedenken/Wünsche** ~ to put aside one's doubts/wishes ❻ ÖSTERR *(zurückgeben)* to return **zu·rück|sto·ßen** *vt irreg* to push away *sep* **zu·rück|stu·fen** *vt* to downgrade **zu·rück|tre·ten** *vi irreg sein* ❶ *(nach hinten treten)* to step back (**von** from) ❷ *(seinen Rücktritt erklären)* to resign ❸ JUR **von einem Anspruch/einem Recht** ~ to renounce a claim/right *form* **zu·rück|ver·fol·gen*** *vt* to trace back *sep* **zu·rück|ver·set·zen*** I. *vt* ▪**jdn** ~ to transfer sb back II. *vr* ▪**sich** ~ to be transported back **zu·rück|wei·chen** *vi irreg sein* to draw back [*or* recoil] (**vor** from); **vor einem Anblick** ~ to shrink back from a sight **zu·rück|wei·sen** *vt irreg* ❶ *(abweisen)* ▪**jdn** ~ to turn away sb *sep;* ▪**etw** ~ to reject sth ❷ *(sich gegen etw verwahren)* ▪**etw** ~ to repudiate sth

Zu·rück·wei·sung *f* ❶ *(das Abweisen)* rejection *no art, no pl* ❷ *(das Zurückweisen)* repudiation *no art, no pl*

zu·rück|wer·fen *vt irreg* ❶ *(jdm etw wieder zuwerfen)* ▪**etw** ~ to throw back *sep* sth ❷ *(Position verschlechtern)* **das wirft uns um Jahre zurück** that will set us back years **zu·rück|wir·ken** *vi* ▪**auf jdn/etw** ~ to react [up]on sb/sth **zu·rück|wol·len** I. *vi (fam)* to want to return; **nach Hause** ~ to want to return home II. *vi* ▪**etw** ~ to want sth back **zu·rück|zah·len** *vt* ▪**etw** ~ to repay sth **zu·rück|zie·hen** *irreg* I. *vt* ❶ *(nach hinten ziehen)* to pull back *sep; Vorhang* to draw back *sep* ❷ *(widerrufen)* to withdraw II. *vr* ▪**sich** ~ to withdraw (**aus** from) III. *vi sein* **nach Hamburg** ~ to move back to Hamburg; **nach Hause** ~ to move back home

Zu·ruf ['tsuːruːf] *m* call; *(nach Hilfe)* cry **zu|ru·fen** I. *vt* ▪**jdm etw** ~ to shout sth to sb II. *vi* ▪**jdm** ~**, dass er/sie etw tun soll** to call out to sb to do sth

zur·zeit [tsʊrˈtsait] *adv* at present

Zu·sa·ge ['tsuːzaːɡə] *f* assurance **zu|sa·gen** I. *vt* ▪**jdm** ~ to promise II. *vi* ▪**jdm** ~ ❶ *(die Teilnahme versichern)* to accept sb ❷ *(gefallen)* to appeal to sb

zu·sam·men [tsuˈzamən] *adv* ❶ (*gemeinsam*) together (**mit** with); ■ **~ sein** (*beieinander sein*) to be together; ■ **mit jdm ~ sein** to be with sb ❷ (*ein Paar sein*) ■ **~ sein** to be going out [with each other] ❸ (*insgesamt*) altogether

Zu·sam·men·ar·beit *f kein pl* cooperation *no art, no pl* **zu·sam·men|ar·bei·ten** *vi* ■ **mit jdm ~** to work [together] with sb; (*kooperieren*) to cooperate with sb **zu·sam·men|bau·en** *vt* to assemble **zu·sam·men|bei·ßen** *vt* **die Zähne ~** to grit one's teeth **zu·sam·men|bin·den** *vt irreg* to tie together *sep* **zu·sam·men|blei·ben** *vi irreg sein* to stay together; ■ **mit jdm ~** to stay with sb **zu·sam·men|bre·chen** *vi irreg sein* to collapse; *Kommunikation* to break down **zu·sam·men|brin·gen** *vt irreg* ❶ *Geld* to raise ❷ (*in Kontakt bringen*) ■ **jdn [mit jdm] ~** to introduce sb [to sb]; **ihr Beruf bringt sie mit vielen Menschen zusammen** in her job she gets to know a lot of people ❸ (*fam: aus dem Gedächtnis abrufen*) to remember ❹ (*anhäufen*) to amass **Zu·sam·men·bruch** *m* collapse **zu·sam·men|drän·gen I.** *vr* ■ **sich ~** to crowd [together]; (*vor Kälte a.*) to huddle together **II.** *vt* to concentrate; **die Menschenmenge wurde von den Polizeikräften zusammengedrängt** the crowd was herded together by the police **zu·sam·men|drü·cken** *vt* to press together; (*zerdrücken*) to crush **zu·sam·men|fah·ren** *vi irreg sein* to start; (*vor Schmerzen*) to flinch; (*vor Ekel a.*) to recoil **zu·sam·men|fal·len** *vi irreg sein* ❶ (*einstürzen*) to collapse; *Gebäude a.* to cave in; *Hoffnungen, Pläne* to be shattered; *Lügen* to fall apart; ■ **in sich ~** to collapse ❷ (*sich gleichzeitig ereignen*) to coincide ❸ (*körperlich schwächer werden*) to weaken **zu·sam·men|fal·ten** *vt* to fold [up *sep*]

zu·sam·men|fas·sen I. *vt* ❶ (*als Resümee formulieren*) to summarize; **etw in wenigen Worten ~** to put sth in a nutshell ❷ (*zu etw vereinigen*) **die Bewerber in Gruppen ~** to divide the applicants into groups; ■ **jdn/etw in etw** *dat* **~** to unite sb/sth into sth; ■ **etw unter etw** *dat* **~** to class[ify] sth under sth; **etw unter einem Oberbegriff ~** to subsume sth under a generic term **II.** *vi* to summarize; **..., wenn ich kurz ~ darf** just to sum up, ...

Zu·sam·men·fas·sung *f* ❶ (*Resümee*) summary ❷ (*resümierende Darstellung*) abstract; *Buch a.* synopsis

zu·sam·men|fli·cken *vt* (*fam*) ❶ (*reparieren*) ■ **etw ~** to patch sth up, to cobble sth together; **eine zerrissene Hose notdürftig ~** to patch up torn trousers as well as one can ❷ (*fam: operieren*) ■ **jdn ~** to patch up sb *sep fam* ❸ (*fam: zusammenschustern*) **einen Artikel/Aufsatz ~** to knock together an article/essay **zu·sam·men|flie·ßen** *vi irreg sein* to flow together **Zu·sam·men·fluss**[RR] *m* confluence *spec;* **am ~ der beiden Flüsse** where the two rivers meet **zu·sam·men|fü·gen I.** *vt* (*geh*) to assemble; **die Teile eines Puzzles ~** to piece together a jigsaw puzzle **II.** *vr* **die Teile fügen sich nahtlos zusammen** the parts fit together seamlessly **zu·sam·men|füh·ren** *vt* to bring together *sep;* **eine Familie ~** to reunite a family **zu·sam·men|ge·hö·ren*** *vi* ❶ (*zueinander gehören*) to belong together ❷ (*ein Ganzes bilden*) to go together; *Karten* to form a deck; *Socken* to form a pair

zu·sam·men·ge·hö·rig *adj präd* ❶ (*eng verbunden*) close ❷ (*zusammengehörend*) matching

Zu·sam·men·ge·hö·rig·keit <-> *f kein pl* unity

Zu·sam·men·ge·hö·rig·keits·ge·fühl *nt kein pl* sense of togetherness

zu·sam·men·ge·setzt *adj* compound *attr spec* **zu·sam·men·ge·stöp·selt** [tsuˈzamənɡəʃtœpslt] *adj* (*pej fam*) [hastily] thrown together **zu·sam·men·ge·wür·felt** *adj* mismatched **Zu·sam·men·halt** *m kein pl* ❶ (*Solidarität*) solidarity; *Mannschaft* team spirit (+*gen* [with]in) ❷ TECH cohesion **zu·sam·men|hal·ten** *irreg* **I.** *vi* to stick together **II.** *vt* ❶ (*beisammenhalten*) **seine Gedanken ~** to keep one's thoughts together; **sein Geld ~ müssen** to have to be careful with one's money ❷ (*verbinden*) **die Schnur hält das Paket zusammen** the packet is held together by a string ❸ (*nebeneinanderhalten*) **zwei Sachen ~** to hold up two things side by side

Zu·sam·men·hang <-[e]s, -hänge> *m* connection; (*Verbindung*) link (**zwischen** between); **keinen ~ sehen** to see no connection; **jdn/etw mit etw** *dat* **in ~ bringen** to connect sb/sth with sth; **etw aus dem ~ reißen** to take sth out of [its] context; **im ~ mit etw** *dat* in connection with sth; **im ~ mit etw** *dat* **stehen** to be connected with sth; **nicht im ~ mit etw** *dat* **stehen** to have no connection with sth

zu·sam·men·hän·gen I. *vt irreg* **Kleider/ Bilder** ~ to hang [up] clothes/pictures together II. *vi irreg* ❶ (*in Zusammenhang stehen*) ■ **mit etw** *dat* ~ to be connected with sth ❷ (*lose verbunden sein*) to be joined [together]

zu·sam·men·hän·gend I. *adj* ❶ (*kohärent*) coherent ❷ (*betreffend*) ■ **mit etw** *dat* ~ connected with sth II. *adv* coherently; **etw** ~ **berichten** to give a coherent account of sth

zu·sam·men·hang(s)·los I. *adj* incoherent; (*weitschweifig a.*) rambling II. *adv* incoherently; **etw** ~ **darstellen** to give an incoherent account of sth

zu·sam·men·hef·ten *vt* to clip together *sep;* (*mit einem Hefter*) to staple together *sep;* Stoffteile to tack together *sep*

zu·sam·men·klapp·bar *adj* folding *attr;* Stuhl, Tisch collapsible; ■ ~ **sein** to fold

zu·sam·men·klap·pen I. *vt haben* to fold up *sep* II. *vi sein* (*a. fig fam*) to collapse

zu·sam·men·kno·ten *vt* to tie together *sep*

zu·sam·men·kom·men *vi irreg sein* ❶ (*sich treffen*) to come together; ■ **mit jdm** ~ to meet sb; **zu einer Besprechung** ~ to get together for a discussion ❷ (*sich akkumulieren*) to combine; **heute kommt wieder alles zusammen!** it's another of those days! ❸ (*sich summieren*) Schulden to mount up; Spenden to be collected

zu·sam·men·kra·chen *vi sein* (*fam*) ❶ (*einstürzen*) Brücke to crash down; Brett to give way; Bett, Stuhl to collapse with a crash; Börse, Wirtschaft to crash ❷ (*zusammenstoßen*) to smash together; Auto *a.* to crash [into each other]

zu·sam·men·krat·zen *vt* (*fam*) to scrape together *sep*

Zu·sam·men·kunft <-, -künfte> [tsu'zamənkʊnft, *pl* -kʏnftə] *f* meeting; **eine gesellige** ~ a social gathering

zu·sam·men·läp·pern *vr* (*fam*) ■ **sich** ~ to add up

zu·sam·men·lau·fen *vi irreg sein* ❶ (*aufeinandertreffen*) to meet (**in** at), to converge (**in** at); Flüsse to flow together ❷ (*zusammenströmen*) to gather

zu·sam·men·le·ben I. *vi* to live [together] II. *vr* ■ **sich** ~ to get used to one another

Zu·sam·men·le·ben *nt kein pl* living together *no art*

zu·sam·men·le·gen I. *vt* ❶ (*zusammenfalten*) to fold [up *sep*] ❷ (*vereinigen*) to combine (**mit** into); (*zentralisieren*) to centralize; Klassen, Grundstücke to join ❸ (*in einen Raum legen*) ■ **jdn** [**mit jdm**] ~ Gäste to put sb [together] with sb II. *vi* to club together, to pool resources

zu·sam·men·neh·men *irreg* I. *vt* to summon [up *sep*]; **seinen ganzen Mut** ~ to summon up all one's courage; **den Verstand** ~ to get one's thoughts together; ■ **alles zusammengenommen** all in all II. *vr* ■ **sich** ~ to control oneself

zu·sam·men·pa·cken *vt* ■ **etw** ~ ❶ (*packen*) to pack sth; (*abräumen*) to pack away sth *sep;* **pack deine Sachen zusammen!** get packed! ❷ (*zusammen in etwas packen*) to pack sth up together; **packen Sie mir die einzelnen Käsesorten ruhig zusammen!** just pack the different cheeses together, that'll be fine!

zu·sam·men·pas·sen *vi Menschen* to suit each other; **gut/ schlecht** ~ to be well-suited/ill-suited; Farben to go together; Kleidungsstücke to match

zu·sam·men·pfer·chen *vt* to herd together *sep*

Zu·sam·men·prall *m* collision

zu·sam·men·pral·len *vi sein* to collide

zu·sam·men·pres·sen *vt* to press together *sep;* **die Faust** ~ to clench one's fist; **zusammengepresste Fäuste/ Lippen** clenched fists/pinched lips

zu·sam·men·rau·fen *vr* (*fam*) ■ **sich** ~ to get it together

zu·sam·men·rech·nen *vt* to add up *sep;* **alles zusammengerechnet** all in all

zu·sam·men·rei·men *vr* ■ **sich** *dat* **etw** ~ to put two and two together from sth; **ich kann es mir einfach nicht** ~ I can't make head or tail of it

zu·sam·men·rei·ßen *irreg vr* ■ **sich** ~ to pull oneself together

zu·sam·men·rü·cken I. *vi sein* to move up closer; (*enger zusammenhalten*) to join in common cause II. *vt haben* ■ **etw** ~ to move sth closer together

zu·sam·men·ru·fen *vt irreg* to call together *sep;* **die Mitglieder** ~ to convene [a meeting of] the members

zu·sam·men·sa·cken *vi sein* to collapse

zu·sam·men·schei·ßen *vt irreg* (*derb*) ■ **jdn** ~ to give sb a bollocking

zu·sam·men·schla·gen *irreg* I. *vt irreg haben* ❶ (*verprügeln*) to beat up *sep* ❷ (*zertrümmern*) to smash [up *sep*] II. *vi sein* ■ **über jdm/etw** ~ to close over sb/ sth; (*heftiger*) to engulf sb/sth

zu·sam·men·schlie·ßen *irreg* I. *vt* to lock together *sep* II. *vr* ■ **sich** ~ ❶ (*sich vereinigen*) to join together; **diese Firmen schließen sich zusammen** these companies merge ❷ (*sich verbinden*) to join forces

Zu·sam·men·schluss[RR] *m*, **Zu·sam·men·schluß**[ALT] *m* union; Firmen merger

zu·sam·men·schrau·ben *vt* to screw together

zu·sam·men·schrei·ben *vt irreg*

❶ (*als ein Wort schreiben*) ■ etw ~ to write sth as one word ❷ (*fam*) **was für einen Unsinn er zusammenschreibt!** what rubbish he writes!; **sie hat sich mit ihren Romanen ein Vermögen zusammengeschrieben** she has earned a fortune with her novels **zu·sam·men|schus·tern** *vt* (*pej fam*) to cobble together *sep* **Zu·sam·men·sein** <-s> *nt kein pl* meeting; (*zwanglos*) get-together; *Verliebte* rendezvous; **ein geselliges ~** a social [gathering] **zu·sam·men|set·zen** I. *vt* ❶ (*aus Teilen herstellen*) to assemble; **die Archäologen setzten die einzelnen Stücke der Vasen wieder zusammen** the archaeologists pieced together the vases ❷ (*nebeneinandersetzen*) **Schüler/Tischgäste ~** to put pupils/guests beside each other II. *vr* ❶ (*bestehen*) **aus etw** *dat* **~** to be composed of sth ❷ (*sich zueinander setzen*) ■ **sich ~** to sit together; (*um etw zu besprechen*) to get together; ■ **sich mit jdm ~** to join sb **Zu·sam·men·set·zung** <-, -en> *f* ❶ (*Struktur*) composition; *Ausschuss a.* constitution *form;* *Mannschaft* line-up; *Wählerschaft* profile *spec* ❷ (*Kombination der Bestandteile*) ingredients *pl*; *Rezeptur, Präparat* composition; *Teile* assembly ❸ LING (*Kompositum*) compound **Zu·sam·men·spiel** *nt kein pl* ❶ SPORT teamwork ❷ MUS ensemble playing ❸ (*fig*) interplay **zu·sam·men|stau·chen** *vt* (*fam*) ❶ (*maßregeln*) ■ **jdm ~** to give sb a dressing-down ❷ (*zusammendrücken*) ■ **etw ist zusammengestaucht** sth is crushed **zu·sam·men|ste·cken** I. *vt* to pin together *sep* II. *vi* (*fam*) **die beiden stecken aber auch immer zusammen!** the two of them are quite inseparable! **zu·sam·men|stel·len** *vt* ❶ (*auf einen Fleck stellen*) **die Betten ~** to place the beds side by side ❷ (*aufstellen*) to compile; *Delegation* to assemble; *Menü* to draw up; *Programm* to arrange **Zu·sam·men·stel·lung** *f* ❶ (*Aufstellung*) compilation; (*Liste*) list; *Programm* arrangement ❷ *kein pl* (*Herausgabe*) compilation **Zu·sam·men·stoß** *m* collision; (*Auseinandersetzung*) clash **zu·sam·men|sto·ßen** *vi irreg sein* ❶ (*kollidieren*) to collide; ■ **mit jdm ~** to bump into sb ❷ (*aneinandergrenzen*) to adjoin **zu·sam·men|strö·men** *vi sein* to flock together **zu·sam·men|stür·zen** *vi sein* to collapse **zu·sam·men|tra·gen** *vt irreg* ❶ (*auf einen Haufen tragen*) to collect; *Holz* to gather ❷ (*sammeln*) to collect **zu·sam·men|tref·fen** *vi irreg sein* ❶ (*sich treffen*) to meet; ■ **mit jdm ~** to meet sb; (*unverhofft*) to encounter ❷ (*gleichzeitig auftreten*) to coincide **Zu·sam·men·tref·fen** *nt* ❶ (*Treffen*) meeting ❷ (*gleichzeitiges Auftreten*) coincidence **zu·sam·men|trei·ben** *vt* **Menschen/Tiere ~** to drive people/animals together **zu·sam·men|tre·ten** I. *vi irreg sein* to meet, to convene *form;* *Gericht* to sit; *Parlament a.* to assemble; **wieder ~** to meet again, to reassemble, to reconvene *form* II. *vt* (*fam*) ■ **jdn ~** to give sb a severe [*or fam* one hell of a] kicking **zu·sam·men|trom·meln** *vt* (*fam*) **Anhänger/Mitglieder ~** to rally supporters/members **zu·sam·men|tun** *irreg* I. *vt* (*fam*) to put together; **Tomaten und Kartoffeln darf man nicht in einem Behälter ~** you can't keep tomatoes and potatoes together in one container II. *vr* (*fam*) ■ **sich ~** to get together; **die Betroffenen haben sich zu einer Bürgerinitiative zusammengetan** those concerned have formed a citizens' action group **zu·sam·men|wach·sen** *vi irreg sein* ❶ (*zusammenheilen*) to knit [together]; *Wunde* to heal [up] ❷ (*sich verbinden*) to grow together **zu·sam·men|wir·ken** *vi* (*geh*) ❶ (*gemeinsam tätig sein*) to work together ❷ (*vereint wirken*) to combine **Zu·sam·men·wir·ken** *nt kein pl* interaction **zu·sam·men|zäh·len** *vt* to add up *sep;* **alles zusammengezählt** all in all **zu·sam·men|zie·hen** *irreg* I. *vi sein* to move in together II. *vr* ■ **sich ~** ❶ (*sich verengen*) to contract; *Schlinge* to tighten; *Pupillen, Haut* to contract; *Wunde* to close [up] ❷ (*sich ballen*) to be brewing; *Gewitter a.* to be gathering; *Wolken* to gather; *Unheil* to be brewing III. *vt* ❶ *Truppen, Polizei* to assemble ❷ (*zueinanderziehen*) **die Augenbrauen ~** to knit one's brows **zu·sam·men|zu·cken** *vi sein* to start; (*vor Schmerz*) to flinch

Zu·satz ['tsuːzats] *m* ❶ (*zugefügter Teil*) appendix; (*Verb~*) separable element; (*Abänderung*) amendment ❷ (*Nahrungs~*) additive; **ohne ~ von Farbstoffen** without the addition of artificial colouring **Zu·satz·ge·rät** *nt* attachment; INFORM peripheral [device] **zu·sätz·lich** ['tsuːzɛtslɪç] I. *adj* ❶ (*weitere*) further *attr;* *Kosten* additional ❷ (*darüber hinaus möglich*) additional; (*als Option a.*) optional II. *adv* in addition; **ich will sie nicht noch ~ belasten** I don't want to put any extra pressure on her

Zu·satz·stoff *m* additive
zu|schau·en *vi s.* **zusehen**
Zu·schau·er(in) <-s, -> *m(f)* ❶ SPORT spectator ❷ FILM, THEAT member of the audience; TV viewer ❸ *(Augenzeuge)* witness
Zu·schau·er·raum *m* auditorium **Zu·schau·er·tri·bü·ne** *f* stands *pl* **Zu·schau·er·zahl** *f* THEAT, SPORT attendance figures *pl;* TV viewing figures *pl*
zu|schi·cken *vt* to send; ▪ **sich** *dat* **etw ~ lassen** to send for sth; **[von jdm] etw zugeschickt bekommen** to receive sth [from sb]
Zu·schlag <-[e]s, Zuschläge> *m* ❶ *(Preisaufschlag)* supplementary charge ❷ *(zusätzliche Fahrkarte)* supplement; *(zusätzlicher Fahrpreis)* extra fare ❸ *(zusätzliches Entgelt)* bonus ❹ *(bei Versteigerung)* acceptance of a bid ❺ *(Auftragserteilung)* acceptance of a tender; **jdm den ~ erteilen** *(geh)* to award sb the contract
zu|schla·gen *irreg* I. *vt haben* ❶ *(schließen)* to bang shut *sep;* **ein Buch ~** to close a book ❷ *(offiziell zusprechen)* ▪ **jdm etw ~** *(bei Versteigerung)* to knock sth down to sb; **der Auftrag wurde der Firma zugeschlagen** the company was awarded the contract ❸ *(zuspielen)* **jdm den Ball ~** to kick the ball to sb II. *vi* ❶ *haben (einen Hieb versetzen)* to strike; **das Schicksal hat erbarmungslos zugeschlagen** fate has dealt a terrible blow ❷ *sein* Tür to slam shut ❸ *haben (fam: zugreifen)* to get in fast; *(viel essen)* to pig out; **schlag zu!** dig in! ❹ *(fam: aktiv werden)* to strike
zu|schlie·ßen *irreg vt* to lock
zu|schnap·pen *vi* ❶ *haben* to snap ❷ *sein* to snap shut
zu|schnei·den *vt irreg* ❶ MODE ▪ **etw ~** to cut sth to size; **Stoff ~** to cut out *sep* material ❷ *(fig)* ▪ **auf jdn zugeschnitten sein** to be cut out for sb; **das Produkt ist auf den Geschmack der Massen zugeschnitten** the product is designed to suit the taste of the masses
Zu·schnitt *m* ❶ *(Form eines Kleidungsstücks)* cut ❷ *kein pl (das Zuschneiden)* cutting; *Stoff a.* cutting out
zu|schnü·ren *vt* ❶ *(durch Schnüren verschließen)* to lace up *sep* ❷ *(abschnüren)* **die Angst/Sorge schnürte ihr die Kehle zu** she was choked with fear/worry
zu|schrau·ben *vt* to screw on *sep*
zu|schrei·ben *vt irreg* ❶ *(beimessen)* ▪ **jdm etw ~** to ascribe sth to sb; **jdm übernatürliche Kräfte ~** to attribute supernatural powers to sb ❷ *(zur Last legen)* **jdm/etw die Schuld an etw** *dat* **~** to blame sb/sth for sth
Zu·schrift *f (geh)* reply
zu·schul·den, zu Schul·den^{RR} ['tsu:ʃʊldn̩] *adv* **sich** *dat* **etwas/nichts ~ kommen lassen** to do something/nothing wrong
Zu·schuss^{RR} <-es, -schüsse> *m,* **Zu·schuß**^{ALT} <-sses, -schüsse> ['tsu:ʃʊs, *pl* 'tsu:ʃʏsə] *m* subsidy; *(regelmäßig von den Eltern)* allowance
zu|schüt·ten I. *vt* to fill in *sep* II. *vr (fam)* ▪ **sich ~** to get pissed *[or* AM drunk]
zu|se·hen *vi irreg* ❶ *(mit Blicken verfolgen)* to watch; *unbeteiligter Zuschauer a.* to look on ❷ *(etw geschehen lassen)* ▪ **einer S.** *dat* **~** to sit back and watch sth; **tatenlos musste er ~, wie ...** he could only stand and watch, while ...; **da sehe ich nicht mehr lange zu!** I'm not going to put up with this spectacle for much longer! ❸ *(dafür sorgen)* ▪ **~, dass ...** to see [to it] that ...; **sieh mal zu, was du machen kannst!** *(fam)* see what you can do!
zu·se·hends ['tsu:ze:ənts] *adv* noticeably
zu|sen·den *vt irreg s.* **zuschicken**
zu|set·zen I. *vt* ▪ **[einer S.** *dat]* **etw ~** to add sth [to sth] II. *vi* ▪ **jdm ~** ❶ *(bedrängen)* to badger sb ❷ *(überbelasten)* to take a lot out of sb
zu|si·chern *vt* ▪ **jdm etw ~** to assure sb of sth; **jdm seine Hilfe ~** to promise sb one's help
Zu·si·che·rung *f* promise, assurance
zu|sper·ren *vt* to lock
Zu·spiel *nt kein pl* SPORT passing
zu|spie·len *vt* ❶ SPORT ▪ **jdm den Ball ~** to pass the ball to sb ❷ *(heimlich zukommen lassen)* **etw der Presse ~** to leak sth [to the press]
zu|spit·zen I. *vr* ▪ **sich ~** to come to a head II. *vt* to sharpen
zu|spre·chen *irreg* I. *vt* ❶ *(offiziell zugestehen)* ▪ **jdm etw ~** to award sth to sb; **jdm ein Kind ~** to award sb custody [of a child] ❷ *(geh)* **jdm Mut/Trost ~** to encourage/comfort sb ❸ *(zuerkennen)* ▪ **jdm/einer S.** *dat* **etw ~** to attribute sth to sb/sth II. *vi (geh)* ❶ *(zu sich nehmen)* ▪ **einer S.** *dat* **~** to do justice to sth ❷ *(zureden)* **jdm beruhigend ~** to calm sb; **jdm ermutigend ~** to encourage sb
Zu·spruch *m kein pl (geh)* ❶ *(Popularität, Anklang)* **sich großen ~s erfreuen** to be very popular; **wir rechnen mit starkem ~** *(viele Besucher)* we're expecting a

lot of visitors; (*starkem Anklang*) we're expecting this to be very popular ❷(*Worte*) **ermutigender/tröstender ~** words of encouragement/comfort

Zu·stand <-[e]s, -stände> ['tsu:ʃtant, *pl* 'tsu:ʃtɛndə] *m* ❶(*Verfassung*) state, condition; **im wachen ~** while awake ❷ *pl* (*Verhältnisse*) conditions; **in den besetzten Gebieten herrschen katastrophale Zustände** conditions are catastrophic in the occupied zones; **das ist doch kein ~!** it's a disgrace! ▸**Zustände bekommen** (*fam*) to have a fit

zu·stan·de, zu Stan·de^RR [tsu'ʃtandə] *adv* **etw ~ bringen** to manage sth; **die Arbeit ~ bringen** to get the work done; **eine Einigung ~ bringen** to reach an agreement; **es ~ bringen, dass jd etw tut** to [manage to] get sb to do sth; **~ kommen** to materialize; (*stattfinden*) to take place; (*besonders Schwieriges*) to come off; **nicht ~ kommen** to fail

Zu·stan·de·kom·men <-s> *nt kein pl* realization

zu·stän·dig ['tsu:ʃtɛndɪç] *adj* ❶(*verantwortlich*) responsible; **der ~e Beamte** the official in charge; **dafür ist er ~** that's his responsibility ❷(*Kompetenz besitzend*) competent *form*

Zu·stän·dig·keit <-, -en> *f* ❶(*betriebliche Kompetenz*) competence ❷(*Jurisdiktion*) jurisdiction *no indef art*

Zu·stän·dig·keits·be·reich *m* area of responsibility

zu|ste·cken *vt* ❶(*schenken*) ■**jdm etw ~** to slip sb sth ❷(*heften*) to pin up *sep*

zu|ste·hen *vi irreg* ❶(*von Rechts wegen gehören*) ■**etw steht jdm zu** sb is entitled to sth; **etw steht jdm von Rechts wegen zu** sb is lawfully entitled to sth ❷(*zukommen*) **es steht dir nicht zu, so über ihn zu reden** it's not for you to speak of him like that

zu|stei·gen *vi irreg sein* to get on; **noch jemand zugestiegen?** (*im Bus*) any more fares, please?; (*im Zug*) tickets please!

Zu·stell·be·zirk *m* postal district **Zu·stell·dienst** *m* delivery service

zu|stel·len *vt* ■**etw ~** ❶(*überbringen*) to deliver sth ❷(*durch Gegenstände verstellen*) to block sth

Zu·stel·ler(in) <-s, -> *m(f)* postman *masc*, postwoman *fem,* AM *usu* mailman [*or fem* -woman]

Zu·stel·lung <-, -en> *f* delivery

zu|stim·men *vi* ■**jdm ~** to agree [with sb]; ■**[einer S.** *dat*] **~** (*mit etw einverstanden sein*) to agree [to sth]; (*einwilligen*) to consent [to sth]

zu·stim·mend I. *adj* affirmative; **ein ~es Nicken** a nod of assent **II.** *adv* in agreement

Zu·stim·mung *f* agreement; (*Einwilligung*) consent; (*Billigung*) approval

zu·stim·mungs·pflich·tig *adj* (*geh*) *Gesetzesantrag, Reform* requiring approval (**in** from)

zu|sto·ßen *irreg* **I.** *vi* ❶ *haben* (*in eine*

Zuständigkeit ausdrücken

nach Zuständigkeit fragen	*asking about responsibility*
Sind Sie die behandelnde Ärztin?	*Are you the doctor in attendance?*
Sind Sie dafür zuständig?	*Is it your responsibility?/Are you in charge?*

Zuständigkeit ausdrücken	*expressing responsibility*
Ja, bei mir sind Sie richtig.	*Yes, you've come to the right person.*
Ich bin für die Organisation des Festes verantwortlich/zuständig.	*I am responsible for organizing the party.*

Nicht-Zuständigkeit ausdrücken	*expressing lack of responsibility*
Da sind Sie bei mir an der falschen Adresse. *(fam)*	*You've come to the wrong person.*
Dafür bin ich (leider) nicht zuständig.	*I'm not responsible for that (I'm afraid).*
Dazu bin ich (leider) nicht berechtigt/befugt.	*(I'm sorry,) I'm not entitled/authorized to do that.*
Das fällt nicht in unseren Zuständigkeitsbereich.	*That isn't our responsibility.*

Richtung stoßen) to stab; *Schlange* to strike ❷ *sein* (*passieren*) ■ **jdm ~** to happen to sb; **hoffentlich ist ihr kein Unglück zugestoßen!** I hope she hasn't had an accident! **II.** *vt* **die Tür mit dem Fuß ~** to push the door shut with one's foot

Zu·strom *m kein pl* ❶ METEO inflow ❷ (*massenweise Zuwanderung*) influx ❸ (*Andrang*) **auf der Messe herrschte reger ~ von Besuchern** crowds of visitors thronged to the fair

zu·ta·ge, zu Ta·ge^{RR} [tsu'ta:gə] *adj* **etw ~ bringen** to bring sth to light; **~ treten** to come to light *fig*

Zu·tat <-, -en> ['tsu:ta:t] *f meist pl* ❶ (*Bestandteil*) ingredients *pl* ❷ (*benötigte Dinge*) necessaries *pl* ❸ (*Hinzufügung*) addition

zu|tei·len *vt* ❶ (*austeilen*) **im Krieg wurden die Lebensmittel zugeteilt** food was rationed during the war ❷ (*zuweisen*) to allocate; **jdm eine Aufgabe/Rolle ~** to assign a task/role to sb

Zu·tei·lung *f* ❶ (*Rationierung*) **auf ~** (*rationiert*) on rations ❷ (*Zuweisung*) allocation; *einer Aufgabe, Rolle a.* allotment; *von Mitarbeitern* assignment

zu·teil·wer·den [tsu'tajl-] *vt irreg sein* (*geh*) ■ **jdm etw ~ lassen** to grant sb sth; ■ **jdm wird etw zuteil** sb is given sth

zu·tiefst [tsu'ti:fst] *adv* deeply; **~ verärgert** furious

zu|tra·gen *irreg* **I.** *vt* (*geh*) ■ **jdm etw ~** ❶ (*übermitteln*) to report sth to sb ❷ (*hintragen*) to carry sth to sb **II.** *vr* (*geh*) ■ **sich ~** to happen

zu|trau·en *vt* **jdm viel Mut ~** to believe sb has great courage; **sich** *dat* **nichts ~** to have no self-confidence; **sich** *dat* **zu viel ~** to take on too much; **das hätte ich dir nie zugetraut!** I would never have expected that from you!; (*bewundernd*) I never thought you had it in you!; **dem traue ich alles zu!** I wouldn't put anything past him!

Zu·trau·en <-s> *nt kein pl* confidence (**zu** in)

zu·trau·lich ['tsu:traulɪç] *adj* trusting; *Hund* friendly

zu|tref·fen *vi irreg* ❶ (*richtig sein*) to be correct; (*sich bewahrheiten*) to prove right; (*gelten*) to apply; (*wahr sein*) to be true; ■ **es trifft zu, dass ...** it is true that ... ❷ (*anwendbar sein*) ■ **auf jdn** [**nicht**] **~** to [not] apply to sb; **genau auf jdn ~** *Beschreibung* to fit sb['s description] perfectly

zu·tref·fend **I.** *adj* ❶ (*richtig*) correct; **Z~es bitte ankreuzen** tick [*or* AM mark] where applicable ❷ (*anwendbar*) **eine auf jdn ~e Beschreibung** a description fitting that of sb **II.** *adv* correctly; **wie meine Vorrednerin schon ganz ~ sagte, ...** as the previous speaker quite rightly said ...

Zu·tritt *m kein pl* admission (**zu** to); (*Zugang*) access; [**keinen**] **~ zu etw** *dat* **haben** to [not] be admitted to sth; **~ verboten!** [*o* **kein ~!**] no admittance; (*als Schild a.*) private

Zu·tun *nt* **ohne jds ~** (*ohne jds Hilfe*) without sb's help; (*ohne jds Schuld*) through no fault of sb's own

zu|tun *irreg* **I.** *vt* ❶ (*schließen*) to close ❷ (*fam: hinzufügen*) to add **II.** *vr* (*zugehen*) **die Tür tat sich hinter ihm zu** the door closed behind him

zu·un·guns·ten [tsu'ʔʊŋɡʊnstn̩] **I.** *präp* +*gen* to the disadvantage of **II.** *adv* **~ einer S.** *gen*/**von jdm** to the disadvantage of sth/sb

---

Zustimmung geben

zustimmen, beipflichten	agreeing
Ja, das denke ich auch.	Yes, I think so too.
Da bin ich ganz deiner Meinung.	I completely agree with you on that.
Dem schließe ich mich an. *(form)*	I endorse that. *(form)*
Ich stimme Ihnen voll und ganz zu.	I absolutely agree with you.
Ja, das sehe ich genauso.	Yes, that's exactly what I think.
Ich sehe es nicht anders.	That's exactly how I see it.
Ich gebe Ihnen da vollkommen Recht.	You're absolutely right.
Da kann ich Ihnen nur Recht geben.	I can only agree with you on that.
(Das) habe ich ja (auch) gesagt.	That's (just) what I said.
Finde ich auch.	I think so too.
Genau!/Stimmt!	Exactly!/(That's) right!

zu·un·terst [tsuˈʔʊntəst] *adv* right at the bottom; **ganz ~** at the very bottom

zu·ver·läs·sig [ˈtsuːfɛɐ̯lɛsɪç] *adj* reliable

Zu·ver·läs·sig·keit <-> *f kein pl* reliability

Zu·ver·sicht <-> [ˈtsuːfɛɐ̯zɪçt] *f kein pl* confidence; **voller ~** full of confidence

zu·ver·sicht·lich *adj* confident

zu·vor [tsuˈfoːɐ̯] *adv* before; (*zunächst*) beforehand; **im Monat/Jahr ~** the month/year before; **noch nie ~** never before

zu·vor|kom·men *vi irreg sein* ❶ (*schneller handeln*) ▪**jdm ~** to beat sb to it *fam*, to get in ahead of sb ❷ (*verhindern*) ▪**einer S. ~ Vorwürfen, Unheil** to forestall

zu·vor·kom·mend I. *adj* (*gefällig*) accommodating; (*höflich*) courteous **II.** *adv* (*gefällig*) obligingly; (*höflich*) courteously

Zu·vor·kom·men·heit <-> *f kein pl* (*gefällige Art*) obligingness; (*höfliche Art*) courtesy

Zu·wachs <-es, Zuwächse> [ˈtsuːvaks, *pl* ˈtsuːvɛksə] *m* increase

zu|wach·sen *vi irreg sein* ❶ (*überwuchert werden*) to become overgrown ❷ *Wunde* to heal [over [*or* up]] ❸ (*geh: zuteilwerden*) ▪**jdm wächst etw zu** sb gains in sth; **jdm wachsen immer mehr Aufgaben zu** sb is faced with ever more responsibilities

Zu·wachs·ra·te *f* growth rate

Zu·wan·de·rer, Zu·wan·de·rin *m, f* immigrant

zu|wan·dern *vi sein* to immigrate

Zu·wan·de·rung *f* immigration

zu·we·ge, zu We·ge [tsuˈveːgə] *adv* **gut/schlecht ~ sein** to be in good/poor health; **etw ~ bringen** to achieve sth; **es ~ bringen, dass jd etw tut** to [manage to] get sb to do sth

zu·wei·len [tsuˈvaɪlən] *adv* (*geh*) occasionally; (*öfter*) sometimes

zu|wei·sen *vt irreg* ▪**jdm/einer S. etw ~** to allocate sth to sb/sth; ▪**jdm etw ~** *Aufgaben* to assign sth to sb

Zu·wei·sung <-, -en> *f* allocation

zu|wen·den *irreg* **I.** *vt* ❶ (*hinwenden*) **jdm das Gesicht/den Kopf ~** to turn one's face towards sb; **jdm den Rücken ~** to turn one's back on sb; **einer S.** *dat* **seine Aufmerksamkeit ~** to turn one's attention to sth ❷ (*zukommen lassen*) ▪**jdm etw ~** to give sb sth **II.** *vr* ▪**sich** **jdm/einer S.** *dat* **~** to devote oneself to sb/sth; **wollen wir uns dem nächsten Thema ~?** shall we go on to the next topic?

Zu·wen·dung *f* ❶ *kein pl* (*intensive Hinwendung*) love and care ❷ (*zugewendeter Betrag*) sum [of money]; (*Beitrag*) [financial] contribution; (*regelmäßig*) allowance

zu|wer·fen *vt irreg* ❶ (*hinwerfen*) ▪**jdm/einem Tier etw ~** to throw sth to sb/an animal; **jdm einen Blick ~** to cast a glance at sb ❷ (*zuschlagen*) ▪**etw ~** *eine Tür* to slam sth [shut]

zu·wi·der¹ [tsuˈviːdɐ] *adv* ▪**jdm ist jd/etw ~** sb finds sb/sth unpleasant; (*stärker*) sb loathes sb/sth; (*widerlich*) sb finds sb/sth revolting

zu·wi·der² [tsuˈviːdɐ] *präp* ▪**einer S.** *dat* **~** contrary to sth; **allen Verboten ~** in defiance of all bans

zu·wi·der|han·deln [tsuˈviːdəhandl̩n] *vi* (*geh*) ▪**einer S.** *dat* **~** to act against sth

zu|win·ken *vi* ▪**jdm ~** to wave to sb

zu|zah·len I. *vt* **100 Euro ~** to pay an extra 100 euros **II.** *vi* to pay extra

zu|zie·hen *irreg* **I.** *vt haben* ❶ (*fest zusammenziehen*) to tighten ❷ *Gardinen* to draw; *Tür* to pull ❸ (*hinzuziehen*) to consult **II.** *vr haben* ❶ (*erleiden*) **sich** *dat* **eine Krankheit ~** to catch an illness; **sich** *dat* **eine Verletzung ~** to sustain an injury *form* ❷ (*einhandeln*) **sich** *dat* **jds Zorn ~** to incur sb's wrath *form* ❸ (*sich eng zusammenziehen*) ▪**sich ~** to tighten **III.** *vi sein* to move into the area

zu·züg·lich [ˈtsuːtsyːglɪç] *präp* ▪**~ einer S.** *gen* plus sth; (*geschrieben a.*) incl[.] sth

zu|zwin·kern *vi* ▪**jdm ~** to wink at sb; (*als Zeichen a.*) to give sb a wink

zwang [tsvaŋ] *imp von* **zwingen**

Zwang <-[e]s, Zwänge> [tsvaŋ, *pl* ˈtsvɛŋə] *m* ❶ (*Gewalt*) force; (*Druck*) pressure; **gesellschaftliche Zwänge** social constraints; **~ auf jdn ausüben** to exert pressure on sb; **unter ~** under duress ❷ (*Notwendigkeit*) compulsion; **aus ~** out of necessity ❸ (*Einfluss*) influence ▶ **tu dir keinen ~ an** feel free [to do sth]

zwän·gen [ˈtsvɛŋən] *vt* ▪**etw in/zwischen etw** *akk* **~** to force sth into/between sth; **Sachen in einen Koffer ~** to cram things into a case; ▪**sich durch/in etw** *akk* **~** to squeeze through/into sth; **sich durch die Menge ~** to force one's way through the crowd

zwang·haft *adj* compulsive; (*besessen*) obsessive

zwang·los I. *adj* ❶ (*ungezwungen*) casual; (*ohne Förmlichkeit*) informal ❷ (*unregelmäßig*) irregular **II.** *adv* (*ungezwungen*) casually; (*ohne Förmlichkeit*) informally

Zwangs·ar·beit f kein pl forced labour **Zwangs·ein·wei·sung** f compulsory hospitalization **zwangs·er·näh·ren*** vt ▪jdn ~ to force-feed sb **Zwangs·er·näh·rung** f force-feeding no indef art **Zwangs·hand·lung** f PSYCH compulsive act **Zwangs·ja·cke** f strai[gh]tjacket **Zwangs·la·ge** f predicament; **in eine ~ geraten** to get into a predicament

zwangs·läu·fig I. adj inevitable II. adv inevitably; **dazu musste es ja ~ kommen** it had to happen

Zwangs·maß·nah·me f compulsory measure **Zwangs·räu·mung** f eviction **zwangs·ver·ord·net** [tsvaŋsfɛɐ̯ˈɔrdnət] adj decreed by law **Zwangs·ver·stei·ge·rung** f compulsory sale **Zwangs·vor·stel·lung** f obsession

zwangs·wei·se I. adj compulsory II. adv compulsorily

zwan·zig [ˈtsvantsɪç] adj twenty; s. a. **achtzig**

Zwan·zi·ger¹ <-s, -> [ˈtsvantsɪɡɐ] m ❶(fam) twenty-euro note ❷SCHWEIZ twenty-rappen coin

Zwan·zi·ger² [ˈtsvantsɪɡɐ] pl ▪**die ~** the twenties; (geschrieben a.) the 20[']s; **in den ~n sein** to be in one's twenties

Zwan·zi·ger·jah·re pl ▪**die ~** the twenties; (geschrieben a.) the 20[']s

zwan·zig·ste(r, s) [ˈtsvantsɪçstə, -stɐ, -stəs] adj attr ❶(nach dem 19. kommend) twentieth; s. a. **achte(r, s) 1** ❷(Datum) twentieth; s. a. **achte(r, s) 2**

zwar [tsvaːɐ̯] adv (einschränkend) **sie ist ~ 47, sieht aber wie 30 aus** although she's 47, she looks like 30; **das mag ~ stimmen, aber ...** that may be true, but ...; ▪**und ~** (erklärend) namely

Zweck <-[e]s, -e> [tsvɛk] m ❶(Verwendungs~) purpose; **ein guter ~** a good cause; **seinen ~ erfüllen** to serve its/one's purpose ❷(Absicht) aim; **seinen ~ verfehlen** to fail to achieve its/one's object; **einem bestimmten ~ dienen** to serve a particular aim; **zu welchem ~?** for what purpose? ❸(Sinn) point; **der ~ soll sein, dass ...** the point of it is that ...; **das hat doch alles keinen ~!** there's no point in any of that ▶ **der ~ heiligt die Mittel** (prov) the end justifies the means

zweck·dien·lich adj (nützlich) useful; (angebracht) appropriate

Zwe·cke <-, -n> [ˈtsvɛkə] f DIAL (Nagel) nail; (Reiß~) drawing pin BRIT, thumbtack AM

zweck·ent·frem·den* vt to use for another purpose; ▪**etw** [**als etw** akk] **~** to use sth as sth **Zweck·ge·mein·schaft** f partnership of convenience

zweck·los adj futile; (sinnlos a.) pointless **Zweck·lo·sig·keit** <-> f kein pl futility; (Sinnlosigkeit a.) pointlessness

zweck·mä·ßig adj ❶(für den Zweck geeignet) suitable ❷(sinnvoll) appropriate; (ratsam) advisable

Zweck·mä·ßig·keit <-, -en> f usefulness

zwecks [tsvɛks] präp (geh) ▪**~ einer S.** gen for [the purpose of form] sth

zweck·wid·rig adj inappropriate

zwei [tsvaɪ] adj two; **für ~ arbeiten/essen** to work/eat for two; s. a. **acht¹**

Zwei <-, -en> [tsvaɪ] f two

zwei·bän·dig adj two-volume attr, in two volumes pred **Zwei·bett·zim·mer** nt double room

zwei·deu·tig [ˈtsvaɪdɔytɪç] I. adj ambiguous; (anrüchig) suggestive II. adv ambiguously; (anrüchig) suggestively

Zwei·deu·tig·keit <-, -en> f ambiguity **zwei·di·men·si·o·nal** I. adj two-dimensional II. adv in two dimensions

Zwei·drit·tel·mehr·heit f two-thirds majority; **mit ~** with a two-thirds majority

zwei·ein·halb [ˈtsvaɪʔaɪnˈhalp] adj two-and-a-half

Zwei·er·be·zie·hung f relationship **Zwei·er·bob** m two-man bob

zwei·er·lei [ˈtsvaɪɐˈlaɪ] adj attr two [different]; **mit ~ Maß messen** to apply double standards; s. a. **achterlei**

Zwei·er·rei·he f row of two abreast, double row; **in ~n antreten** to line up in twos; **in ~n marschieren** to march two abreast

Zwei·eu·ro·stück, 2-Eu·ro·Stück nt two-euro piece [or coin]

zwei·fach, 2·fach [ˈtsvaɪfax] I. adj ❶(doppelt) **die ~e Dicke** twice [or double] the thickness; **die ~e Menge** twice as much ❷(zweimal erstellt) **eine ~e Kopie** a duplicate; **in ~er Ausfertigung** in duplicate II. adv **etw ~ ausfertigen** to issue sth in duplicate

Zwei·fa·mi·li·en·haus [tsvaɪfaˈmiːliənhaʊs] nt two-family house

Zwei·fel <-s, -> [ˈtsvaɪfl̩] m doubt; (Bedenken a.) reservation; **darüber besteht kein ~** there can be no doubt about that; **da habe ich meine ~!** I'm not sure about that!; **sich** dat [**noch**] **im ~ sein** to be [still] in two minds; **jdm kommen ~** sb begins to doubt; **außer ~ stehen, dass ...** to be beyond [all] doubt that ...

zwei·fel·haft *adj* ❶ (*anzuzweifeln*) doubtful ❷ (*pej: dubios*) dubious
zwei·fel·los ['tsvaɪflˌloːs] *adv* undoubtedly
zwei·feln ['tsvaɪfln̩] *vi* ■ **an jdm/etw ~** to doubt sb/sth; (*skeptisch sein a.*) to be sceptical about sb/sth; ■ [daran] ~, **ob ...** to doubt whether ...; **ich habe keine Minute gezweifelt, dass ...** I did not doubt for a minute that ...
Zwei·fels·fall *m* ■ **im ~** if in doubt **zwei·fels·frei** *adj* without doubt *pred*, unambiguous **zwei·fels·oh·ne** [tsvaɪfls̩ˈʔoːnə] *adv* (*geh*) s. **zweifellos**
Zweig <-[e]s, -e> [tsvaɪk] *m* ❶ (*Ast*) branch; (*dünner, kleiner*) twig; (*mit Blättern/Blüten a.*) sprig ❷ (*Sparte*) branch ❸ (*Fachrichtung*) branch ▶ **auf keinen grünen ~ kommen** (*fam*) to get nowhere
zwei·glei·sig ['tsvaɪˌglaɪzɪç] I. *adj* ❶ (*liter*) double tracked, double-track *attr* ❷ (*fig*) ~**e Verhandlungen führen** to transact negotiations along two [different] lines II. *adv* **etw ~ verhandeln** to negotiate sth along two [different] lines
Zweig·nie·der·las·sung *f* subsidiary **Zweig·stel·le** *f* branch office
zwei·hän·dig ['tsvaɪhɛndɪç] *adj* two-handed
zwei·hun·dert ['tsvaɪˌhʊndɐt] *adj* two hundred
zwei·jäh·rig, 2-jäh·rigᴿᴿ *adj* ❶ (*Alter*) two-year-old *attr*, two years old *pred*; s. a. **achtjährig 1** ❷ (*Zeitspanne*) two-year *attr*, two years *pred*; s. a. **achtjährig 2** ❸ BOT biennial
Zwei·kam·mer·sys·tem [tsvaɪˈkamɐzʏsteːm] *nt* JUR two-chamber system **Zwei·kampf** *m* duel **Zwei·klas·sen·ge·sell·schaft** *f* SOZIOL, POL divided society

zwei·mal, 2-malᴿᴿ ['tsvaɪmaːl] *adv* twice, two times; **sich** *dat* **etw nicht ~ sagen lassen** to not need telling twice; **sich** *dat* **etw ~ überlegen** to think over *sep* sth carefully; (*zweifelnd*) to think twice about sth
zwei·mo·to·rig *adj* twin-engined; **~ sein** to have twin engines
Zwei·par·tei·en·sys·tem *nt* two-party system
zwei·po·lig *adj* bipolar
Zwei·rad *nt* (*allgemein*) two-wheeled vehicle *form;* (*Motorfahrrad*) motorcycle; (*Fahrrad*) [bi]cycle; (*für Kinder a.*) two-wheeler
Zwei·rei·her <-s, -> *m* double-breasted suit/coat
zwei·rei·hig ['tsvaɪraɪɪç] I. *adj* double-row *attr*, in two rows *pred;* *Anzug* double-breasted II. *adv* in two rows
Zwei·sam·keit <-, -en> ['tsvaɪzaːm-] *f* (*geh*) togetherness
zwei·schnei·dig ['tsvaɪʃnaɪdɪç] *adj* two-edged ▶ **ein ~es Schwert** a double-edged sword
zwei·sei·tig *adj* ❶ (*zwei Seiten umfassend*) two-page *attr*, of two pages *pred;* **~ sein** to be two pages ❷ (*von zwei Parteien unterzeichnet*) bilateral
zwei·spal·tig *adj* double-column[ed] *attr*, in two columns *pred*
zwei·spra·chig ['tsvaɪʃpraːxɪç] I. *adj* ❶ (*in zwei Sprachen gedruckt*) in two languages *pred;* *Wörterbuch* bilingual ❷ (*zwei Sprachen anwendend*) bilingual II. *adv* **erzogen sein** to be brought up speaking two languages
Zwei·spra·chig·keit <-> *f kein pl* bilingualism *form*

---

zweifeln

Zweifel ausdrücken	*expressing doubt*
Ich bin mir da nicht so sicher.	*I'm not so sure about that.*
Es fällt mir schwer, das zu glauben.	*I find that hard to believe.*
Das kaufe ich ihm nicht ganz ab. *(fam)*	*I don't quite buy his story. (fam)*
So ganz kann ich daran nicht glauben.	*I cannot really believe that.*
Ich weiß nicht so recht.	*I don't really know.*
Ob die Kampagne die gewünschten Ziele erreichen wird, ist noch zweifelhaft.	*It is by no means certain that the campaign will achieve the desired aims.*
Ich habe da so meine Zweifel, ob er es wirklich ernst gemeint hat.	*I have my doubts as to whether he really was serious about it/that.*
Ich glaube kaum, dass wir noch diese Woche damit fertig werden.	*I very much doubt (that) we will finish this week.*

zwei·spu·rig *adj* two-lane *attr;* ■ ~ **sein** to have two lanes

zwei·stel·lig *adj* two-digit *attr,* with two digits *pred*

zwei·stim·mig I. *adj* two-part *attr,* for two voices *pred* II. *adv* etw ~ **singen** to sing sth in two parts

Zwei·strom·land *nt kein pl* ■ **das ~** Mesopotamia

zwei·stün·dig, 2-stün·dig^{RR} ['tsvaɪʃtʏndɪç] *adj* two-hour *attr,* lasting two hours *pred*

zweit [tsvaɪt] *adv* **wir sind zu ~** there are two of us

zwei·tä·gig, 2-tä·gig^{RR} *adj* two-day *attr*

Zwei·takt·mo·tor *m* two-stroke engine

zweit·äl·tes·te(r, s) *adj attr* second oldest [*or* eldest]

zwei·tau·send ['tsvaɪ'tauznt] *adj* two thousand

Zwei·tau·sen·der *m* mountain over 2,000 metres

Zweit·aus·fer·ti·gung <-, -en> *f* ❶ *kein pl* (*das Ausfertigen*) duplication ❷ (*Ausgefertigtes*) duplicate

zweit·bes·te(r, s) ['tsvaɪt'bɛstə, -'bɛstɐ, -'bɛstəs] *adj* second best; ■ **Z~[r] werden** to come second best

zwei·te(r, s) ['tsvaɪtə, 'tsvaɪtɐ, 'tsvaɪtəs] *adj* ❶ (*hinsichtlich der Reihenfolge*) second, 2nd; **in der ~n Klasse sein** to be in second grade ❷ (*bei der Datumsangabe*) 2nd; **am ~n Mai** on May 2nd, on 2nd May ❸ (*hinsichtlich des Preises, des Prestiges*) second; **ein Fahrschein ~r Klasse** a second-class ticket; *s. a.* **achte(r, s) 2**

Zwei·tei·ler <-s, -> *m* ❶ MODE two-piece; (*Badeanzug a.*) bikini ❷ TV, RADIO two-parter

zwei·tei·lig ['tsvaɪtaɪlɪç] *adj* in two parts

zwei·tens ['tsvaɪtn̩s] *adv* secondly; (*bei Aufzählung a.*) second

zweit·größ·te(r, s) *adj attr* second-biggest; *Mensch a.* second-tallest

zweit·klas·sig *adj* (*pej*) second-rate

zweit·letz·te(r, s) ['tsvaɪtlɛtstə] *adj* penultimate

zweit·ran·gig *adj s.* **zweitklassig**

Zweit·schlüs·sel *m* duplicate key **Zweitschrift** *f* (*geh*) copy, duplicate copy *form* **Zweit·stim·me** *f* second vote

Zwei·tü·rer *m* two-door car

Zweit·wa·gen *m* second car **Zweit·wohnung** *f* second home

zwei·wö·chig *adj* two-week *attr,* of two weeks *pred;* **von ~er Dauer sein** to last/take two weeks

Zwei·zei·ler *m* ❶ (*Gedicht*) couplet ❷ (*Text aus zwei Zeilen*) two-line text

zwei·zei·lig *adj* ❶ (*aus zwei Zeilen bestehend*) two-line *attr;* of two lines *pred;* ■ ~ **sein** to have two lines ❷ TYPO **mit ~em Abstand** double-spaced

Zwei·zim·mer·woh·nung *f* apartment with two rooms excluding kitchen and bathroom

Zwerch·fell ['tsvɛrçfɛl] *nt* diaphragm

Zwerg(in) <-[e]s, -e> [tsvɛrk, *pl* 'tsvɛrɡə] *m(f)* ❶ (*im Märchen*) dwarf; **Schneewittchen und die sieben ~e** Snow White and the Seven Dwarfs ❷ (*zwergwüchsiger Mensch*) dwarf

zwer·gen·haft *adj* dwarfish; (*auffallend klein*) tiny

Zwerg·huhn *nt* bantam

Zwer·gin <-, -nen> ['tsvɛrɡɪn] *f fem form von* **Zwerg**

Zwerg·wuchs *m* dwarfism

Zwetsch·ge <-, -n> ['tsvɛtʃɡə] *f* damson; (*~nbaum*) damson tree

Zwetsch·gen·mus *nt* plum jam **Zwetsch·gen·was·ser** *nt* plum brandy

Zwi·ckel <-s, -> ['tsvɪkl̩] *m* ❶ MODE gusset ❷ ARCHIT spandrel

zwi·cken ['tsvɪkn̩] *vi, vt* to pinch

Zwi·cker <-s, -> ['tsvɪkɐ] *m* ÖSTERR, SÜDD (*Kneifer*) pince-nez

Zwick·müh·le *f* ▶ **in der ~ sein** (*fam*) to be in a dilemma

Zwie·back <-[e]s, -e *o* -bäcke> ['tsviːbak, *pl* -bɛkə] *m* rusk

Zwie·bel <-, -n> ['tsviːbl̩] *f* ❶ KOCHK onion ❷ (*Blumen~*) bulb

zwie·bel·för·mig *adj* onion-shaped

Zwie·bel·ge·wächs *nt* bulbiferous plant **Zwie·bel·ku·chen** *m* onion tart **Zwiebel·ring** *m* onion ring **Zwie·bel·suppe** *f* onion soup **Zwie·bel·turm** *m* cupola

Zwie·ge·spräch *nt* (*geh*) tête-à-tête

Zwie·licht ['tsviːlɪçt] *nt kein pl* twilight; (*morgens a.*) half-light; (*abends a.*) dusk

zwie·lich·tig *adj* (*pej*) dubious

Zwie·spalt ['tsviːʃpalt] *m kein pl* conflict

zwie·späl·tig ['tsviːʃpɛltɪç] *adj* conflicting; *Charakter* ambivalent; *Gefühle* mixed

Zwie·tracht <-> ['tsviːtraxt] *f kein pl* (*geh*) discord

Zwil·ling <-s, -e> ['tsvɪlɪŋ] *m* ❶ (*meist pl*) twin; **eineiige ~e** identical twins; **siamesische ~e** Siamese twins; **zweieiige ~e** fraternal twins ❷ *pl* ASTROL ■ **die ~e** Gemini; **im Zeichen der ~e geboren** born under the sign of Gemini; **[ein] ~ sein** to be [a] Gemini

Zwil·lings·bru·der *m* twin brother **Zwil·lings·paar** *nt* twins *pl* **Zwil·lings·schwes·ter** *f* twin sister

Zwin·ge <-, -n> ['tsvɪŋə] *f* TECH [screw] clamp; (*kleiner*) thumbscrew *spec*

zwin·gen <zwang, gezwungen> ['tsvɪŋən] I. *vt* ❶ (*mit Druck veranlassen*) to force [*or* compel]; **ich lasse mich nicht [dazu] ~** I won't be forced [into it]; (*allgemein*) I won't give in to force ❷ (*geh*) **jdn zu Boden ~** to wrestle sb to the ground ❸ (*notwendig veranlassen*) to force; ■ **gezwungen sein, etw zu tun** to be forced into [doing] sth II. *vr* ■ **sich zu etw** *dat* **~** to force oneself to do sth III. *vi* **zum Handeln/Umdenken ~** to force sb to act/rethink

zwin·gend I. *adj* urgent; *Gründe* compelling II. *adv* **sich ~ ergeben** to follow conclusively

Zwin·ger <-s, -> ['tsvɪŋɐ] *m* cage

zwin·kern ['tsvɪŋkɐn] *vi* to blink; [**mit einem Auge**] **~** to wink; **mit dem rechten Auge ~** to wink one's right eye; **freundlich ~** to give [sb] a friendly wink

zwir·beln ['tsvɪrbl̩n] *vt* ■ **etw ~** to twirl sth [between one's finger and thumb]

Zwirn <-s, -e> [tsvɪrn] *m* [strong] thread

zwi·schen ['tsvɪʃn] *präp* ❶ (*sich dazwischen befindend:* **~ 2 Personen, Dingen**) between; **das Kind saß ~ seinem Vater und seiner Mutter** the child sat between its father and mother; **sein Gewicht schwankt ~ 70 und 80 kg** his weight fluctuates between 70 and 80 kilos; (**~ mehreren: unter**) among[st]; **es kam zu einem Streit ~ den Angestellten** it came to a quarrel between the employees ❷ (*zeitlich dazwischenliegend*) between; **~ Weihnachten und Neujahr** between Christmas and New Year ❸ (*als wechselseitige Beziehung*) **~ dir und mir** between you and me

Zwi·schen·auf·ent·halt *m* stopover **Zwi·schen·be·mer·kung** *f* interjection **Zwi·schen·be·richt** *m* interim report **Zwi·schen·bi·lanz** *f* FIN interim balance **Zwi·schen·deck** *nt* 'tween decks *pl* **Zwi·schen·ding** *nt s.* **Mittelding**

zwi·schen·drin [tsvɪʃn̩'drɪn] *adv* ❶ (*räumlich*) amongst ❷ (*fam: zeitlich*) in between [times]

zwi·schen·durch [tsvɪʃn̩'dʊrç] *adv* ❶ *zeitlich* in between times; (*inzwischen*) [in the] meantime; (*nebenbei*) on the side ❷ *örtlich* in between [them] **Zwi·schen·fall** *m* ❶ (*unerwartetes Ereignis*) incident ❷ *pl* (*Ausschreitungen*) serious incidents; (*schwerwiegend*) clashes **Zwi·schen·fra·ge** *f* question [thrown in] **Zwi·schen·grö·ße** *f* in-between size **Zwi·schen·händ·ler(in)** *m(f)* middleman **Zwi·schen·la·ger** *nt* temporary store; (*für Produkte*) intermediate store **zwi·schen|la·gern** *vt* to store [temporarily] **zwi·schen·lan·den** *vi sein* to stop over **Zwi·schen·lan·dung** *f* stopover **Zwi·schen·mahl·zeit** *f* snack [between meals] **zwi·schen·mensch·lich** *adj* interpersonal **Zwi·schen·prü·fung** *f* intermediate exam[ination *form*] (*on completion of an obligatory set of studies*) **Zwi·schen·raum** *m* ❶ (*Lücke*) gap ❷ (*zeitlicher Intervall*) interval **Zwi·schen·ruf** *m* interruption; ■ **~e** heckling **Zwi·schen·run·de** *f* SPORT intermediate round **zwi·schen·spei·chern** *vt* INFORM to buffer **Zwi·schen·spiel** *nt* ❶ MUS (*Interludium*) interlude ❷ MUS (*instrumentale Überleitung zwischen Strophen*) intermezzo ❸ LIT (*Episode*) interlude **zwi·schen·staat·lich** *adj attr* international; (*bundesstaatlich*) interstate **Zwi·schen·sta·di·um** *nt* intermediate stage; (*bei einer Planung a.*) intermediate phase **Zwi·schen·sta·ti·on** *f* [intermediate] stop; **in einer Stadt ~ machen** to stop off in a town **Zwi·schen·ste·cker** *m* ELEK adapter [plug] **Zwi·schen·stopp**[RR] <-s, -s> *m* AUTO stop-off **Zwi·schen·stück** *nt* TECH connecting piece **Zwi·schen·sum·me** *f* subtotal **Zwi·schen·wand** *f* dividing wall; (*Stellwand*) partition **Zwi·schen·zeit** *f* ■ **in der ~** [in the] meantime **zwi·schen·zeit·lich** *adv* meanwhile **Zwi·schen·zeug·nis** *nt* ❶ (*vorläufiges Arbeitszeugnis*) interim reference ❷ (*vorläufiges Schulzeugnis*) end of term report

Zwist <-es, -e> [tsvɪst] *m* (*geh*) discord; (*stärker*) strife *no indef art*; (*Streit*) dispute

zwit·schern ['tsvɪtʃɐn] I. *vi* to twitter, to chir[ru]p II. *vt* ▶ **einen ~** (*fam*) to have a drink

Zwit·ter <-s, -> ['tsvɪtɐ] *m* hermaphrodite

zwit·ter·haft *adj* hermaphroditic

zwo [tsvo:] *adj* (*fam*) two

zwölf [tsvœlf] *adj* twelve; *s. a.* **acht**[1]

Zwölf·fin·ger·darm [tsvœlfˈfɪŋɐdarm] *m* duodenum

zwölf·te(r, s) ['tsvœlftə, 'tsvœlfte, 'tsvœlftəs] *adj attr* ❶ (*nach dem elften kommend*) twelfth; **die ~ Klasse** sixth form BRIT, twelfth grade AM; *s. a.* **achte(r, s) 1** ❷ (*Datum*) twelfth, 12th; *s. a.* **achte(r, s) 2**

Zwölf·ton·mu·sik ['tsvœlfto:nmuzi:k] *f* twelve-tone music

Zy·a·nid <-s, -e> [tsÿa'ni:t] *nt* cyanide

Zy·an·ka·li <-s> [tsÿa:nka:li] *nt kein pl* potassium cyanide

zy·klisch ['tsy:klɪʃ] *adj* cyclical

Zy·klon <-s, -e> [tsy'klo:n] *m* cyclone

Zy·klop <-en, -en> [tsy'klo:p] *m* Cyclops

Zy·klus <-, Zyklen> ['tsy:klʊs, *pl* 'tsy:- klən] *m* cycle; **ein ~ von Vorträgen** a series of lectures

Zy·lin·der <-s, -> [tsi'lɪndɐ] *m* ❶ MATH, TECH cylinder ❷ (*Hut*) top hat

zy·lin·der·för·mig *adj s.* **zylindrisch**

Zy·lin·der·kopf *m* cylinder head **Zy·lin·der·kopf·dich·tung** *f* [cylinder] head gasket

zy·lind·risch [tsi'lɪndrɪʃ] *adj* cylindrical

Zy·ni·ker(in) <-s, -> ['tsy:nikɐ] *m(f)* cynic

zy·nisch ['tsy:nɪʃ] I. *adj* cynical II. *adv* cynically; **~ grinsen** to give a cynical grin

Zy·nis·mus <-, -ismen> [tsy'nɪsmʊs, *pl* -'nɪsmən] *m* ❶ *kein pl* (*zynische Art*) cynicism ❷ (*zynische Bemerkung*) cynical remark

Zy·pern ['tsy:pɐn] *nt* Cyprus; *s. a.* **Deutschland**

Zy·prer(in) <-s, -> ['tsy:prɐ] *m(f)* Cypriot; *s. a.* **Deutsche(r)**

Zy·pres·se <-, -n> [tsy'prɛsə] *f* cypress

Zy·pri·er(in) <-s, -> ['tsy:priɐ] *m(f) s.* **Zyprer**

zy·prisch ['tsy:prɪʃ] *adj* Cypriot; *s. a.* **deutsch**

Zys·te <-, -n> ['tsʏstə] *f* cyst

zz(t). *Abk von* **zurzeit** at the moment

Anhang
Appendix

Seite / page

1919	Englische Kurzgrammatik	Brief English grammar
1931	Unregelmäßige englische Verben	Irregular English verbs
1933	Deutsche Kurzgrammatik	Brief German grammar
1946	Unregelmäßige deutsche Verben	Irregular German verbs
1949	Gegenüberstellung: amerikanisches und britisches Englisch	American and British English – A brief comparison
1955	Zahlwörter	Numerals
1959	Britische und amerikanische Maße und Gewichte	British and American weights and measures
1962	Deutsche Maße und Gewichte	German weights and measures
1964	Temperaturumrechnung	Temperature conversion table
1965	Deutschland – Länder (und Hauptstädte)	Germany – Federal states (and capital cities)
1966	Österreich – Bundesländer (und Hauptstädte)	Austria – Provinces (and capital cities)
1967	Die Schweiz – Kantone (und Hauptorte)	Switzerland – Cantons (and capital cities)
1969	Vereinigtes Königreich - England - Wales - Schottland - Nordirland	United Kingdom - England - Wales - Scotland - Northern Ireland
1973	Republik Irland – Provinzen und Grafschaften	Republic of Ireland – Provinces and counties
1974	Vereinigte Staaten von Amerika – Bundesstaaten (und Hauptstädte)	United States of America – Federal states (and capital cities)
1976	Kanada – Provinzen und Territorien (und Hauptstädte)	Canada – Provinces and territories (and capital cities)
1977	Australien – Staaten und Territorien (und Hauptstädte)	Australia – States and territories (and capital cities)
1978	Neuseeland – Inseln und Schutzgebiete	New Zealand – Islands and dependencies
	Landkarten	Maps

Englische Kurzgrammatik
Brief English grammar

Das Substantiv
Nouns

Das Geschlecht der Substantive stimmt im Englischen mit dem natürlichen Geschlecht überein. Da der Artikel immer gleich ist, erkennt man es nur an dem Pronomen (persönliches Fürwort).

the boy	he	er
the lady	she	sie
the book	it	es

Schiffsnamen sind meist weiblich. Auch Länder, Autos und Flugzeuge werden oft durch den Gebrauch der weiblichen Pronomen personifiziert.

Im Plural wird an den Singular eines Substantivs ein -s angehängt. Dieses s wird nach Vokalen und stimmhaften Konsonanten stimmhaft [z] gesprochen:

days	[deɪz]	Tage
dogs	[dɒgz]	Hunde
boys	[bɔɪz]	Jungen

Nach allen stimmlosen Konsonanten wird es stimmlos ausgesprochen:

books	[bʊks]	Bücher
hats	[hæts]	Hüte

Bei Wörtern, die auf -ce, -ge, -se, -ze enden, wird das im Singular stumme -e wie [ɪ] ausgesprochen:

pieces	[ˈpiːsɪz]	Stücke
sizes	[ˈsaɪzɪz]	Größen

Auf einen Zischlaut (s, ss, sh, ch, x, z) endende Wörter bekommen -es [ɪz] angehängt:

boxes	[ˈbɒksɪz]	Schachteln
bosses	[ˈbɒsɪz]	Chefs

Auslautendes y, dem ein Konsonant vorausgeht, wird im Plural zu -ies [ɪz]:

lady	Dame	ladies	Damen
pony	Pony	ponies	Ponys

auch Wörter, die auf -o enden, und einen Konsonanten vorangestellt haben, bekommen oft -es:

tomatoes	[təˈmɑːtəʊz]	Tomaten
heroes	[ˈhɪərəʊz]	Helden

Einige auf -f oder -fe endende Wörter erhalten im Plural die Endung -ves:

Singular			Plural		
half	[hɑːf]	Hälfte	halves	[hɑːvz]	Hälften
knife	[naɪf]	Messer	knives	[naɪvz]	Messer
leaf	[liːf]	Blatt	leaves	[liːvz]	Blätter
wife	[waɪf]	Ehefrau	wives	[waɪvz]	Ehefrauen

Andere ändern ihren Vokal bzw. ihre Vokale:

Singular			Plural		
foot	[fʊt]	Fuß	feet	[fiːt]	Füße
man	[mæn]	Mann	men	[men]	Männer
woman	['wʊmən]	Frau	women	['wɪmɪn]	Frauen

Unregelmäßige Pluralbildungen und solche auf *-ves*, *-oes* bzw. *-os* sind im englisch-deutschen Teil des Wörterbuchs angegeben.

Nominativ/Akkusativ/Dativ/Genitiv
Nominative/accusative/dative/genitive

Nominativ und Akkusativ haben dieselbe Form. Der Genitiv wird meist mit Hilfe von *of*, der Dativ mit *to* ausgedrückt.

- Der Dativ kann auch ohne *to* gebildet werden, wenn das Dativobjekt unbetont ist. Das Dativobjekt steht dann direkt hinter dem Verb:

	He gives the porter the ticket.
anstelle von:	He gives the ticket to the porter.

- Im Unterschied zum Deutschen wird auch bei folgenden Ausdrücken die Form des Genitivs mit *of* gebraucht:

a cup of coffee	eine Tasse Kaffee
the city of London	London
the Isle of Wight	die Insel Wight

- Der sächsische Genitiv, der häufig bei Personen und personifizierten Begriffen zur Bezeichnung des Besitzes verwendet wird und vor dem Substantiv steht, das er näher bestimmt, ist ähnlich wie im Deutschen: „Vaters Hut". Er wird im Singular durch Apostroph und *s* gekennzeichnet:

my sister's room	das Zimmer meiner Schwester

und im Plural durch den Apostroph allein:

my sisters' room	das Zimmer meiner Schwestern

Wörter wie z. B. *shop, church, cathedral* werden nach dem sächsischen Genitiv oft weggelassen:

at the butcher's	*statt:* at the butcher's shop	beim Metzger
St. Paul's	*statt:* St. Paul's Cathedral	die St.-Pauls-Kathedrale

Das Adjektiv
Adjectives

Das Adjektiv bleibt nach Geschlecht und Zahl immer unverändert.

Steigerung

Bei der **regelmäßigen Steigerung** erhalten einsilbige Adjektive im Komparativ die Endung *-er* [ə(r)] und im Superlativ *-est* [ɪst].

great	great**er** (than)	great**est**
groß	größer (als)	am größten

- Bei Adjektiven, die auf *-e* enden, entfällt bei der Steigerung mit *-er, -est* ein *e:* fine, fin**er**, fin**est**.

- Bei Endbuchstaben *d, g, n* und *t* werden bei der Steigerung mit *-er, -est* verdoppelt, wenn ihnen ein kurzes, betontes *a, e, i* oder *o* vorausgeht: big, big**g**er, big**g**est.

Zwei- und mehrsilbige Adjektive werden im Komparativ mit *more* [mɔː] (mehr) und im Superlativ mit *most* [məʊst] (meist) gesteigert.

difficult	**more** difficult (than)	**most** difficult
schwierig	schwieriger (als)	am schwierigsten

Unregelmäßige Steigerung

Unregelmäßige Steigerungsformen sind im englisch-deutschen Teil des Wörterbuchs angegeben.

good gut	**better** besser	**best** am besten
bad schlecht	**worse** schlechter	**worst** am schlechtesten
much/many viel/viele	**more** mehr	**most** am meisten

Das Adverb
Adverbs

Adverbien werden gebildet, indem man an ein Adjektiv *-ly* anhängt.

slow	slow**ly**	He speaks slow**ly**.	Er spricht langsam.
quick	quick**ly**	He runs quick**ly**.	Er läuft schnell.

- Ein Sonderfall ist *well*, das Adverb zu *good* (gut).

He speaks English **well**.	Er spricht gut Englisch.

Englische Kurzgrammatik

- Adverbien mit der Endung *-ly* werden mit *more* und *most* gesteigert.

slowly	more slowly	most slowly
langsam	langsamer	am langsamsten

Das Verb
Verbs

Präsens

Infinitiv:		to knock	to call	to go	to wash	to study
(Grundform)		klopfen	rufen	gehen	waschen	studieren
I	(ich)	knock	call	go	wash	study
you	(du, Sie)	knock	call	go	wash	study
he she it	(er) (sie) (es)	knocks [nɒks]	calls [kɔːlz]	goes [gəʊz]	washes [ˈwɒʃɪz]	studies [ˈstʌdɪz]
we	(wir)	knock	call	go	wash	study
you	(ihr, Sie)	knock	call	go	wash	study
they	(sie)	knock	call	go	wash	study

Nur die 3. Person Singular wird verändert.

Das *-s* ist stimmlos nach stimmlosen Konsonanten *(he knocks)* und stimmhaft nach Vokalen *(he goes)* sowie stimmhaften Konsonanten *(he calls).*

Präteritum und Partizip Perfekt

Die Vergangenheitsform wird gebildet, indem man *-ed* an die Grundform des Verbs anhängt.

Infinitiv:	to open	to arrive	to stop	to carry
(Grundform)	öffnen	ankommen	anhalten	tragen
I	opened [ˈəʊpənd]	arrived [əˈraɪvd]	stopped [stɒpt]	carried [ˈkærɪd]
you, he, she, it, we, you, they	opened	arrived	stopped	carried

- Bei Verben, die auf *-e* enden, entfällt ein *e:*

  agreed, arrived.

- Ein auslautendes *-y* verwandelt sich in *-ied:*

  hurried.

- Auslautendes *b, d, g, m, n, p, s, t* wird verdoppelt, wenn es nach kurzem, betonten Vokal steht.

- Bei mehrsilbigen Verben, die auf *-l* enden, wird im britischen Englisch dieses meist verdoppelt:

  travel, travelled.

- Das Partizip Perfekt ist gleich dem Präteritum:

open**ed**	geöffnet
arriv**ed**	angekommen
stopp**ed**	angehalten
carri**ed**	getragen

Die Formen der unregelmäßigen Verben sind in einer gesonderten Liste aufgeführt.

Die Hilfsverben
Auxiliary verbs

Präsens und Partizip Präsens

Infinitiv:	to be	to have	to do
(Grundform)	sein	haben	tun, machen
I	am ich bin	have ich habe	do ich tue
you	are du bist; Sie sind	have du hast; Sie haben	do du tust; Sie tun
he, she, it	is er, sie, es ist	has er, sie, es hat	does er, sie, es tut
we	are wir sind	have wir haben	do wir tun
you	are ihr seid; Sie sind	have ihr habt; Sie haben	do ihr tut; Sie tun
they	are sie sind	have sie haben	do sie tun
Partizip:	being seiend	having habend	doing tuend

Im gesprochenen Englisch werden häufig Kurzformen gebraucht:

am	→ 'm	I'm
are	→ 're	you're
is	→ 's	he's, she's
have	→ 've	I've
has	→ 's	he's, she's

Verneinung	Kurzform
are not	aren't
is not	isn't
have not	haven't
has not	hasn't
do not	don't
does not	doesn't

Präteritum und Partizip Perfekt

Infinitiv:	to be	to have	to do
(Grundform)	sein	haben	tun, machen
I	was ich war	had ich hatte	did ich tat
you	were du warst; Sie waren	had du hattest; Sie hatten	did du tatest; Sie taten
he, she, it	was er, sie, es war	had er, sie, es hatte	did er, sie, es tat
we	were wir waren	had wir hatten	did wir taten
you	were ihr wart; Sie waren	had ihr hattet; Sie hatten	did ihr tatet; Sie taten
they	were sie waren	had sie hatten	did sie taten
Partizip:	been gewesen	had gehabt	done getan
Verneinung:	wasn't weren't	hadn't	didn't

Perfekt

Das Perfekt bildet man im Unterschied zum Deutschen immer mit *have* + Partizip Perfekt.

I have had	ich habe gehabt
I have been	ich bin gewesen
I have done	ich habe getan
I have called	ich habe gerufen
I have arrived	ich bin angekommen
I have gone	ich bin gegangen

Plusquamperfekt

Das Plusquamperfekt wird mit *had* + Partizip Perfekt gebildet.

I had had	ich hatte gehabt
I had been	ich war gewesen
I had done	ich hatte getan
I had called	ich hatte gerufen
I had arrived	ich war angekommen
I had gone	ich war gegangen

Unselbstständige Hilfsverben

Sie können nicht selbstständig auftreten, sondern müssen immer von einem anderen Verb (im Infinitiv ohne *to*) begleitet werden.

I, you, he, she, it we, you, they	can	may	shall	will	must
	können	dürfen	sollen	wollen, werden	müssen

Verneinung:	cannot	must not	shall not	will not	need not
	can't	mustn't	shan't	won't	needn't

Diese Verben sind bei allen Personen gleich; die dritte Person Singular hat **kein -s**.

Präteritum		Ersatz	
could	konnte	to be able (to)	können, im Stande sein (zu)
might	könnte	to be allowed (to)	mögen, dürfen, können
would	würde	to want, to wish (to)	wollen, wünschen
should	sollte	to be obliged (to)	verpflichtet sein (zu)

Verneinung:	could not	might not	would not	should not
	couldn't	mightn't	wouldn't	shouldn't

- Die Formen des Präteritums, die denen des Konditionals gleich sind, findet man oft in Höflichkeitswendungen:

Could you give me ...?	Können Sie mir ... geben?
Would you ..., please.	Würden Sie bitte ... .
Would you like ...?	Wollen/Möchten Sie ...?
I should like	Ich möchte ... .

Futur und Konditional
Future and conditional tenses

Das Futur wird mit *will* (in der 1. Person Singular auch *shall*) gebildet. Der Konditional wird mit *would* (in der 1. Person auch *should*) gebildet. **In der gesprochenen Sprache wird fast nur die Kurzform verwendet.**

Futur		Konditional	
I shall/will go	ich werde gehen	I should/ would go	ich würde gehen
you will go	du wirst gehen; Sie werden gehen	you would go	du würdest gehen; Sie würden gehen
he, she, it will go	er, sie, es wird gehen	he, she, it would go	er, sie, es würde gehen
we shall/ will go	wir werden gehen	we should/ would go	wir würden gehen
you will go	ihr werdet gehen; Sie werden gehen	you would go	ihr würdet gehen; Sie würden gehen
they will go	sie werden gehen	they would go	sie würden gehen
Kurzform:	I'll go, you'll go, he'll go, we'll go, you'll go, they'll go	I'd go, you'd go, he'd go, we'd go, you'd go, they'd go	

Frage und Verneinung mit *do*
Questions and negation using *do*

Das Hilfsverb *do* wird zur Bildung der fragenden und der mit *not* verneinten Form der selbstständigen Verben verwendet.

Do you speak German?	Sprechen Sie Deutsch?
Does he know?	Weiß er es?
Did you call?	Haben Sie angerufen?
I **do not** (**don't**) speak German.	Ich spreche nicht Deutsch.
He **does not** (**doesn't**) know.	Er weiß es nicht.
I **did not** (**didn't**) call.	Ich habe nicht angerufen.
Didn't he come?	Ist er nicht gekommen?
Didn't she call?	Hat sie nicht angerufen?

- *do* wird nicht verwendet in Fragesätzen, in denen ein Fragewort selbst das Subjekt ist:

Who wrote the letter?	Wer schrieb den Brief?
Which of these trains goes to London?	Welcher dieser Züge fährt nach London?

- und auch nicht in Sätzen mit den Hilfsverben:

am, are, is, was, were, can, could, may, might, must, shall, should, will, would

Die Verlaufsform
The continuous form

Die Verlaufsform wird mit dem Hilfsverb *be* und dem Partizip Präsens *(-ing)* gebildet. Mit der Verlaufsform wird eine Handlung ausgedrückt, die gerade abläuft, noch andauert oder noch nicht abgeschlossen ist, war oder sein wird.

I **am** work**ing**.	Ich arbeite gerade./Ich bin am Arbeiten.
I **was** work**ing**.	Ich arbeitete (gerade).
I **will** be work**ing**.	Ich werde arbeiten.
It **is** rain**ing**.	Es regnet.

- Bei Verben, die auf *-e* enden, entfällt das *e:* **arrive, arriving**.

- Bei Verben, die auf *-ie* enden, verwandelt sich dies in *y:* **lie, lying**.

- Für die Verdoppelung der Endkonsonanten gelten dieselben Regeln wie zur Bildung des Präteritums: **stop, stopping; travel, travelling**.

- Die Form *be going to* wird für eine beabsichtigte Handlung, die in naher Zukunft stattfinden wird, verwendet.

I **am going to** go to London next week.	Ich werde nächste Woche nach London fahren.
She **is going to** buy a new dress.	Sie wird sich ein neues Kleid kaufen.

Das Gerundium
The gerund

Das Gerundium (Verb + *-ing*) ist die substantivierte Form des Infinitivs.

Instead of **writing** I'd rather go for a walk.	Anstatt zu schreiben würde ich lieber spazieren gehen.
Smoking is dangerous.	Rauchen ist gefährlich.

Das Passiv
The passive tense

Zur Bildung des Passivs verwendet man das Hilfsverb *be* und das Partizip Perfekt.

The doctor examines Peter.	Der Arzt untersucht Peter.
Peter **is examined** (by the doctor).	Peter wird (vom Arzt) untersucht.
Somebody stole my bike.	Jemand hat mein Fahrrad gestohlen.
My bike **was stolen**.	Mein Fahrrad wurde gestohlen.

Pronomen
Pronouns

Personalpronomen

Subjektsfall		Objektsfall	
I	ich	me	mir/mich
you	du; Sie	you	dir/dich; Ihnen/Sie
he	er	him	ihm/ihn
she	sie	her	ihr/sie
it	es	it	ihm/es
we	wir	us	uns/uns
you	ihr; Sie	you	euch/euch; Ihnen/Sie
they	sie	them	ihnen/sie

Englische Kurzgrammatik

- Im Objektsfall steht *to* (Dativ), wenn das Pronomen besonders hervorgehoben werden soll:

I gave the book **to** him.	Ich gab ihm *(betont)* das Buch.
anstatt: I gave him the book.	Ich gab ihm *(unbetont)* das Buch.

Possessivpronomen

Das Possessivpronomen ist für Singular und Plural gleich. Es hat adjektivische und substantivische Formen.

Adjektivisch (verbunden)

my	book	mein Buch	my	books	meine Bücher
your	book	dein/Ihr Buch	your	books	deine/Ihre Bücher
his	book	sein Buch	his	books	seine Bücher
her	book	ihr Buch	her	books	ihre Bücher
its	book	sein Buch	its	books	seine Bücher
our	car	unser Auto	our	cars	unsere Autos
your	car	euer/Ihr Auto	your	cars	eure/Ihre Autos
their	car	ihr Auto	their	cars	ihre Autos

Substantivisch (alleinstehend)

mine	meines/der, die, das meinige/die meinigen
yours	deines/Ihres; der, die, das deinige/Ihrige; die deinigen/Ihrigen
his	seines/der, die, das seinige/die seinigen
hers	ihres/der, die, das ihrige/die ihrigen
ours	unseres/der, die, das unsrige/die unsrigen
yours	eures/Ihres; der, die, das eurige/Ihrige; die eurigen/Ihrigen
theirs	ihres/der, die, das ihrige/die ihrigen

It's not my book. It's **yours**.	Es ist nicht mein Buch. Es ist deines.

Demonstrativpronomen

Singular:	this	dieser, diese, dieses	Plural:	these	diese
	that	jener, jene, jenes		those	jene

This is an English book and **that** is a German book.
Dies hier ist ein englisches Buch und das da ist ein deutsches Buch.

These pictures are nicer than **those**.
Diese Bilder sind schöner als jene.

Reflexivpronomen

myself	mich	ourselves	uns
yourself	dich; sich	yourselves	euch; sich
himself	sich	themselves	sich
herself	sich		
itself	sich		

I enjoy myself.	Ich amüsiere mich.
You enjoy yourself.	Du amüsierst dich./Sie amüsieren sich.
He enjoys himself.	Er amüsiert sich.
She enjoys herself.	Sie amüsiert sich.
We enjoy ourselves.	Wir amüsieren uns.
You enjoy yourselves.	Ihr amüsiert euch./Sie amüsieren sich.
They enjoy themselves.	Sie amüsieren sich.

Relativpronomen

	Personen	Sachen	Personen und Sachen
Nominativ (Wer? Was?)	who	which	that
Genitiv (Wessen)	whose	of which	
Dativ (Wem?)	to whom	to which	
Akkusativ (Wen? Was?)	whom/who	which	that

Das Relativpronomen hat im Singular und im Plural die gleiche Form.

- Im Akkusativ kann *that* auch wegfallen:

  > This is the strangest book (that) I have ever read.
  >
  > Das ist das merkwürdigste Buch, das ich je gelesen habe.

Interrogativpronomen

Substantivisch (alleinstehend)

who?	wer?	Who are you?	Wer sind Sie?
whose?	wessen?	Whose car is this?	Wessen Auto ist das?
whom?/who?	wem/wen?	Who(m) did you help?	Wem hast du geholfen?
		Who(m) did you see?	Wen hast du gesehen?
what?	was?	What is that?	Was ist das?
which?	welche/ welcher/ welches?	Which is the quickest way?	Welches ist der kürzeste Weg?

who/whose/whom fragen nach Personen, *what* nach Sachen und *which* nach Sachen aus einer bestimmten Anzahl.

- **Präpositionen** im Fragesatz werden **nachgestellt**:

Where do you come from?	woher?
What are you looking for?	wonach?
What do you want this for?	wofür?
What are you laughing at?	worüber?
Who are you speaking to?	mit wem?

Adjektivisch (verbunden)

What book?	*Was für ein* Buch?
What English songs?	*Was für* englische Lieder?
Which book?	*Welches* Buch? (von mehreren Büchern)

Die indefinitiven Pronomen: *some* und *any*

some/somebody/someone/something

some und seine Zusammensetzungen stehen

1. in bejahenden Sätzen,

   I'd like some strawberry jam.
   Ich hätte gern die Erdbeermarmelade.

   Somebody/Someone has stolen my purse.
   Jemand hat meinen Geldbeutel gestohlen.

   I'd like something to drink.
   Ich hätte gern etwas zu trinken.

2. in Fragesätzen, wenn darauf eine bejahende Antwort erwartet wird.

   May I have some more tea, please? – Yes, of course.
   Kann ich noch etwas Tee haben? – Aber selbstverständlich.

any/anybody/anyone/anything

any und seine Zusammensetzungen werden verwendet in

1. verneinten Sätzen,

   I don't have any friends in London.
   Ich habe keine Freunde in London.

2. in Fragesätzen, auf welche die Antwort ungewiss ist,

   Is there anybody/anyone who speaks German?
   Spricht hier jemand Deutsch?

   Have you got any stamps?
   Haben Sie vielleicht ein paar Briefmarken?

   Can I do anything for you?
   Kann ich irgendetwas für Sie tun?

3. in Bedingungssätzen.

   If I had any stamps I would post the letter.
   Wenn ich Briefmarken hätte, würde ich den Brief einwerfen.

Unregelmäßige englische Verben
Irregular English verbs

Infinitiv Infinitive	Präteritum Preterite	Partizip Perfekt Past Participle
arise	arose	arisen
awake	awoke	awaked, awoken
be	was *sing*, were *pl*	been
bear	bore	borne
beat	beat	beaten
become	became	become
begin	began	begun
bend	bent	bent
beseech	besought	besought
bet	bet, betted	bet, betted
bid	bid	bid
bind	bound	bound
bite	bit	bitten
bleed	bled	bled
blow	blew	blown
break	broke	broken
breed	bred	bred
bring	brought	brought
build	built	built
burst	burst	burst
buy	bought	bought
can	could	–
cast	cast	cast
catch	caught	caught
choose	chose	chosen
cling	clung	clung
come	came	come
cost	cost	cost
creep	crept	crept
cut	cut	cut
deal	dealt	dealt
dig	dug	dug
do	did	done
draw	drew	drawn
dream	dreamed, dreamt	dreamed, dreamt
drink	drank	drunk
drive	drove	driven
dwell	dwelt	dwelt
eat	ate	eaten
fall	fell	fallen
feed	fed	fed
feel	felt	felt
fight	fought	fought
find	found	found
flee	fled	fled
fling	flung	flung
fly	flew	flown
forbid	forbad(e)	forbidden
forget	forgot	forgotten
forsake	forsook	forsaken
freeze	froze	frozen
get	got	got, AM gotten
give	gave	given
go	went	gone
grind	ground	ground
grow	grew	grown
hang	hung, *jur* hanged	hung, *jur* hanged
have	had	had
hear	heard	heard
heave	heaved, hove	heaved, hove
hide	hid	hidden
hit	hit	hit
hold	held	held
hurt	hurt	hurt
keep	kept	kept
kneel	knelt	knelt
know	knew	known
lay	laid	laid
lead	led	led
lean	leaned, leant	leaned, leant
leap	leaped, leapt	leaped, leapt
learn	learned, learnt	learned, learnt

Unregelmäßige englische Verben

Infinitiv Infinitive	Präteritum Preterite	Partizip Perfekt Past Participle
leave	left	left
lend	lent	lent
let	let	let
lie	lay	lain
light	lit, lighted	lit, lighted
lose	lost	lost
make	made	made
may	might	–
mean	meant	meant
meet	met	met
mistake	mistook	mistaken
mow	mowed	mown, mowed
pay	paid	paid
put	put	put
quit	quit, quitted	quit, quitted
read	read	read
rend	rent	rent
rid	rid	rid
ride	rode	ridden
ring	rang	rung
rise	rose	risen
run	ran	run
saw	sawed	sawed, sawn
say	said	said
see	saw	seen
seek	sought	sought
sell	sold	sold
send	sent	sent
set	set	set
sew	sewed	sewed, sewn
shake	shook	shaken
shave	shaved	shaved, shaven
shear	sheared	sheared, shorn
shed	shed	shed
shine	shone	shone
shit *vulg*	shit, shat *vulg*	shit, shat *vulg*
shoot	shot	shot
show	showed	shown

Infinitiv Infinitive	Präteritum Preterite	Partizip Perfekt Past Participle
shrink	shrank	shrunk
shut	shut	shut
sing	sang	sung
sink	sank	sunk
sit	sat	sat
sleep	slept	slept
slide	slid	slid
sling	slung	slung
slink	slunk	slunk
slit	slit	slit
smell	smelled, smelt	smelled, smelt
sow	sowed	sowed, sown
speak	spoke	spoken
speed	speeded, sped	speeded, sped
spell	spelled, spelt	spelled, spelt
spend	spent	spent
stand	stood	stood
steal	stole	stolen
swell	swelled	swollen
swim	swam	swum
swing	swung	swung
take	took	taken
teach	taught	taught
tear	tore	torn
tell	told	told
think	thought	thought
thrive	throve, thrived	thriven, thrived
throw	threw	thrown
thrust	thrust	thrust
tread	trod	trodden
wake	woke, waked	woken, waked
wear	wore	worn
weave	wove	woven
weep	wept	wept
win	won	won
wind	wound	wound
wring	wrung	wrung
write	wrote	written

Deutsche Kurzgrammatik
Brief German grammar

Articles
Der Artikel

The article indicates the gender of a noun. There are three genders in German: masculine, feminine and neuter, as well as four cases: nominative, accusative, genitive and dative.

definite article					indefinite article			
	m	f	nt	pl	m	f	nt	pl
nom.	der	die	das	die	ein	eine	ein	no article used with plural nouns
acc.	den	die	das	die	einen	eine	ein	
gen.	des	der	des	der	eines	einer	eines	
dat.	dem	der	dem	den	einem	einer	einem	

Nouns
Das Substantiv

All German nouns are written with a capital letter. There are three declensions: strong, weak and mixed. These terms classify nouns according to their endings in the genitive case.

1. **Strong masculine and neuter nouns**

	nom. plural: +e	nom. plural: umlaut+e	nom. plural: +er	nom. plural: umlaut+er
singular				
nom.	der Tag	der Traum	das Kind	das Dach
	the day	*the dream*	*the child*	*the roof*
acc.	den Tag	den Traum	das Kind	das Dach
gen.	des Tag(e)s	des Traum(e)s	des Kind(e)s	des Dach(e)s
dat.	dem Tag(e)	dem Traum(e)	dem Kind(e)	dem Dach(e)
plural				
nom.	die Tage	die Träume	die Kinder	die Dächer
acc.	die Tage	die Träume	die Kinder	die Dächer
gen.	der Tage	der Träume	der Kinder	der Dächer
dat.	den Tagen	den Träumen	den Kindern	den Dächern

Deutsche Kurzgrammatik

	nom. plural: +s	nom. plural: umlaut only	nom. plural: no change	nom. plural: no change
singular				
nom.	das Auto	der Vogel	der Tischler	der Lappen
	the car	*the bird*	*the carpenter*	*the cloth*
acc.	das Auto	den Vogel	den Tischler	den Lappen
gen.	des Autos	des Vogels	des Tischlers	des Lappens
dat.	dem Auto	dem Vogel	dem Tischler	dem Lappen
plural				
nom.	die Autos	die Vögel	die Tischler	die Lappen
acc.	die Autos	die Vögel	die Tischler	die Lappen
gen.	der Autos	der Vögel	der Tischler	der Lappen
dat.	den Autos	den Vögeln	den Tischlern	den Lappen

2. Strong feminine nouns

	nom. plural: umlaut+e	nom. plural: umlaut only	nom. plural: +s
singular			
nom.	die Wand	die Mutter	die Bar
	the wall	*the mother*	*the bar*
acc.	die Wand	die Mutter	die Bar
gen.	der Wand	der Mutter	der Bar
dat.	der Wand	der Mutter	der Bar
plural			
nom.	die Wände	die Mütter	die Bars
acc.	die Wände	die Mütter	die Bars
gen.	der Wände	der Mütter	der Bars
dat.	den Wänden	den Müttern	den Bars

3. Weak masculine nouns

singular			
nom.	der Bauer	der Bär	der Hase
	the farmer	*the bear*	*the hare*
acc.	den Bauern	den Bären	den Hasen
gen.	des Bauern	des Bären	des Hasen
dat.	dem Bauern	dem Bären	dem Hasen
plural			
nom.	die Bauern	die Bären	die Hasen
acc.	die Bauern	die Bären	die Hasen
gen.	der Bauern	der Bären	der Hasen
dat.	den Bauern	den Bären	den Hasen

4. Weak feminine nouns

singular

nom.	die Uhr	die Feder	die Gabe	die Ärztin
	the clock	*the feather*	*the gift*	*the doctor*
acc.	die Uhr	die Feder	die Gabe	die Ärztin
gen.	der Uhr	der Feder	der Gabe	der Ärztin
dat.	der Uhr	der Feder	der Gabe	der Ärztin

plural

nom.	die Uhren	die Federn	die Gaben	die Ärztinnen
acc.	die Uhren	die Federn	die Gaben	die Ärztinnen
gen.	der Uhren	der Federn	der Gaben	der Ärztinnen
dat.	den Uhren	den Federn	den Gaben	den Ärztinnen

5. Mixed masculine and neuter nouns

These are declined as strong nouns in the singular and weak nouns in the plural.

singular

nom.	das Auge	das Ohr	der Name	das Herz
	the eye	*the ear*	*the name*	*the heart*
acc.	das Auge	das Ohr	den Namen	das Herz
gen.	des Auges	des Ohr(e)s	des Namens	des Herzens
dat.	dem Auge	dem Ohr(e)	dem Namen	dem Herzen

plural

nom.	die Augen	die Ohren	die Namen	die Herzen
acc.	die Augen	die Ohren	die Namen	die Herzen
gen.	der Augen	der Ohren	der Namen	der Herzen
dat.	den Augen	den Ohren	den Namen	den Herzen

6. Nouns declined as adjectives

masculine

singular

nom.	der Reisende	ein Reisender
	the traveller	*a traveller*
acc.	den Reisenden	einen Reisenden
gen.	des Reisenden	eines Reisenden
dat.	dem Reisenden	einem Reisenden

plural

nom.	die Reisenden	Reisende
acc.	die Reisenden	Reisende
gen.	der Reisenden	Reisender
dat.	den Reisenden	Reisenden

feminine

singular

nom.	die Reisende	eine Reisende
acc.	die Reisende	eine Reisende
gen.	der Reisenden	einer Reisenden
dat.	der Reisenden	einer Reisenden

plural

nom.	die Reisenden	Reisende
acc.	die Reisenden	Reisende
gen.	der Reisenden	Reisender
dat.	den Reisenden	Reisenden

neuter

singular

nom.	das Neugeborene	ein Neugeborenes
	the new born (baby)	*a new born (baby)*
acc.	das Neugeborene	ein Neugeborenes
gen.	des Neugeborenen	eines Neugeborenen
dat.	dem Neugeborenen	einem Neugeborenen

plural

nom.	die Neugeborenen	Neugeborene
acc.	die Neugeborenen	Neugeborene
gen.	der Neugeborenen	Neugeborener
dat.	den Neugeborenen	Neugeborenen

Adjectives

Das Adjektiv

When an adjective stands in front of a noun it has to agree with the gender, case and number of the noun. As with nouns, the declension of adjectives is classified as strong, weak and mixed.

The strong declension

The strong declension is used when there is no article, pronoun or other word preceding the adjective indicating the case (e.g. *manch(e), mehrere* etc.). It is also used with cardinal numbers and expressions like *ein paar* and *ein bisschen*.

	m	f	nt
singular			
nom.	guter Wein	schöne Frau	liebes Kind
	good wine	*beautiful woman*	*well-behaved child*
acc.	guten Wein	schöne Frau	liebes Kind
gen.	guten Wein(e)s	schöner Frau	lieben Kindes
dat.	gutem Wein(e)	schöner Frau	liebem Kind(e)

	m	f	nt
plural			
nom.	gute Weine	schöne Frauen	liebe Kinder
acc.	gute Weine	schöne Frauen	liebe Kinder
gen.	guter Weine	schöner Frauen	lieber Kinder
dat.	guten Weinen	schönen Frauen	lieben Kindern

The weak declension

The weak declension is used with adjectives preceded by the definite article or with any other word already clearly showing the case of the noun (e.g. *diese(r, s), folgende(r, s)* etc.).

	m	f	nt
singular			
nom.	der gute Wein	die schöne Frau	das liebe Kind
acc.	den guten Wein	die schöne Frau	das liebe Kind
gen.	des guten Wein(e)s	der schönen Frau	des lieben Kindes
dat.	dem guten Wein	der schönen Frau	dem lieben Kind(e)
plural			
nom.	die guten Weine	die schönen Frauen	liebe Kinder
acc.	die guten Weine	die schönen Frauen	liebe Kinder
gen.	der guten Weine	der schönen Frauen	lieber Kinder
dat.	den guten Weinen	den schönen Frauen	lieben Kindern

The mixed declension

The mixed declension is used with singular masculine and neuter nouns and the indefinite articles *ein* and *kein,* as well as with the possessive pronouns *mein, dein, sein, unser, euer, ihr.*

	m	nt
singular		
nom.	ein guter Wein	ein liebes Kind
	a good wine	*a well-behaved child*
acc.	einen guten Wein	ein liebes Kind
gen.	eines guten Wein(e)s	eines lieben Kindes
dat.	einem guten Wein(e)	einem lieben Kind

Adverbs

Das Adverb

When an adjective is used as an adverb it remains unchanged.

er singt **gut**	*he sings well*
sie schreibt **schön**	*she writes well*
er läuft **schnell**	*he runs fast*

Verbs
Das Verb

Present tense

The basic ending of German verbs is '-en' (machen, sagen, essen etc.). To form the present tense, remove the '-en' and add the corresponding personal endings to the stem of the verb. There is no continuous form in German, e.g.

Ich gehe um acht Uhr ins Büro.	can be translated as	*I go to the office at eight o'clock.* (routine)
	or	*I'm going to the office at eight o'clock.* (single event)

Regular verbs (weak conjugation)

	machen to do	legen to put	sagen to say
ich	mache	lege	sage
du	machst	legst	sagst
er sie es	macht	legt	sagt
wir	machen	legen	sagen
ihr	macht	legt	sagt
sie/Sie	machen	legen	sagen

Irregular verbs (strong conjugation)

Irregular verbs usually change their stem vowels.

	tragen to wear	blasen to blow	laufen to run	essen to eat
ich	trage	blase	laufe	esse
du	trägst	bläst	läufst	isst
er sie es	trägt	bläst	läuft	isst
wir	tragen	blasen	laufen	essen
ihr	tragt	blast	lauft	esst
sie/Sie	tragen	blasen	laufen	essen

Past tense

There are three tenses for the past in German, the imperfect, the present perfect and the past perfect. There is no past continuous form.

The imperfect tense

The imperfect tense expresses a past event.

| Letztes Jahr reisten wir nach Spanien. | *We went to Spain last year.* |

The following verb endings are added to the stem of **regular verbs** to form the imperfect:

	machen to do	**begegnen** to meet	**wetten** to bet
ich	mach**te**	begegne**te**	wett**ete**
du	mach**test**	begegne**test**	wett**etest**
er			
sie	mach**te**	begegne**te**	wett**ete**
es			
wir	mach**ten**	begegne**ten**	wett**eten**
ihr	mach**tet**	begegne**tet**	wett**etet**
sie/Sie	mach**ten**	begegne**ten**	wett**eten**

Irregular verbs usually change their stem vowels in the imperfect.

	tragen to wear	**blasen** to blow	**laufen** to run	**essen** to eat
ich	trug	blies	lief	aß
du	trugst	bliest	liefst	aßt
er				
sie	trug	blies	lief	aß
es				
wir	trugen	bliesen	liefen	aßen
ihr	trugt	bliest	lieft	aßt
sie/Sie	trugen	bliesen	liefen	aßen

The present perfect tense

The present perfect is the most common way of referring to the past and is formed with the present tense of either *haben* (to have) or *sein* (to be) followed by the past participle of the verb.

Der Zug ist abge-fahren.	*The train has gone.*
Heute Nacht hat es geregnet.	*It rained last night.*

Verbs which express movement or a change of state form the perfect tense with **sein**.

	radeln to ride a bike	**fahren** to drive	**sterben** to die
ich	bin geradelt	bin gefahren	bin gestorben
du	bist geradelt	bist gefahren	bist gestorben
er			
sie	ist geradelt	ist gefahren	ist gestorben
es			
wir	sind geradelt	sind gefahren	sind gestorben
ihr	seid geradelt	seid gefahren	seid gestorben
sie/Sie	sind geradelt	sind gefahren	sind gestorben

Transitive, reflexive and impersonal verbs form the perfect tense with **haben**, as do most intransitive verbs when they express a permanent condition.

	machen to do	**sich freuen** to be happy	**leben** to live
ich	habe es gemacht	habe mich gefreut	habe gelebt
du	hast es gemacht	hast dich gefreut	hast gelebt
er			
sie	hat es gemacht	hat sich gefreut	hat gelebt
es			
wir	haben es gemacht	haben uns gefreut	haben gelebt
ihr	habt es gemacht	habt euch gefreut	habt gelebt
sie/Sie	haben es gemacht	haben sich gefreut	haben gelebt

Forming the present perfect

Most past participles are formed by putting **-ge** in front of the verb stem and adding either **-t** (weak verbs) or **-en** (strong verbs).

bauen	*to build*	(hat) **ge**baut
hören	*to hear*	(hat) **ge**hört
lesen	*to read*	(hat) **ge**lesen
singen	*to sing*	(hat) **ge**sungen

In compound verbs with a „separable" adverbial prefix, the syllable -ge- is inserted between the prefix and the stem of the verb.

auf|bauen	to build up	(hat) aufgebaut
zu|hören	to listen	(hat) zugehört
vor|lesen	to read out	(hat) vorgelesen

There are however many verbs which form the past participle without the prefix -ge-. Most of these verbs belong to two basic groups:

1. Verbs ending in -ieren.

| marschieren | to march | (ist) marschiert |
| probieren | to try | (hat) probiert |

2. All verbs beginning with one of the following unstressed prefixes:

be-, emp-, ent-, er-, ge-, ver-, zer-

bebauen	to build on	(hat) bebaut
erhören	to answer	(hat) erhört
gestalten	to design	(hat) gestaltet
verlangen	to demand	(hat) verlangt

The past perfect tense

The past perfect is used to describe an event that had already finished when another event happened. It is formed with the imperfect tense of haben or sein and the past participle.

| Als er im Kino ankam, hatte der Film schon begonnen. | When he arrived at the cinema the film had already started. |

	fahren to drive	**sterben** to die	**legen** to put	**leben** to live
ich	war gefahren	war gestorben	hatte gelegt	hatte gelebt
du	warst gefahren	warst gestorben	hattest gelegt	hattest gelebt
er	war gefahren	war gestorben	hatte gelegt	hatte gelebt
sie				
es				
wir	waren gefahren	waren gestorben	hatten gelegt	hatten gelebt
ihr	wart gefahren	wart gestorben	hattet gelegt	hattet gelebt
sie/Sie	waren gefahren	waren gestorben	hatten gelegt	hatten gelebt

Future tense

The future tense is formed with auxiliary verb *werden* and the infinitive of the main verb.

Morgen wird es schneien.	It will snow tomorrow.
Er wird noch im Urlaub sein.	He will still be on holiday.
Ich werde dich immer lieben.	I will always love you.

	legen to put	**fahren** to drive	**sein** to be	**haben** to have	**können** to be able to
ich	werde legen	werde fahren	werde sein	werde haben	werde können
du	wirst legen	wirst fahren	wirst sein	wirst haben	wirst können
er sie es	wird legen	wird fahren	wird sein	wird haben	wird können
wir	werden legen	werden fahren	werden sein	werden haben	werden können
ihr	werdet legen	werdet fahren	werdet sein	werdet haben	werdet können
sie/Sie	werden legen	werden fahren	werden sein	werden haben	werden können

Note that the present tense is also frequently used to express the future.

Pronouns

Die Pronomen

Pronouns agree with the gender and case/number of the noun they refer to.

Personal pronouns

nominative	accusative	genitive	dative
ich *(I)*	mich *(me)*	meiner	mir
du *(you)*	dich *(you)*	deiner	dir
er *(he)*	ihn *(him)*	seiner	ihm
sie *(she)*	sie *(her)*	ihrer	ihr
es *(it)*	es *(it)*	seiner	ihm
wir *(we)*	uns *(us)*	unser	uns
ihr *(you)*	euch *(you)*	euer	euch
sie *(they)*	sie *(them)*	ihrer	ihnen
Sie *(you)*	Sie *(you)*	Ihrer	Ihnen

- **du** is the familiar form of address when speaking to family, friends and children.
- **Sie** is the polite form of address (for both the singular and plural).
- **ihr** is the familiar form of address used when speaking to more than one person.

Reflexive pronouns

These are used with reflexive verbs such as *sich freuen, sich waschen, sich bedanken*. They refer to the subject of a sentence and must agree with the subject in case and number.

myself	mich	ich freue mich
yourself	dich *(familiar)*	du freust dich
	sich *(polite)*	Sie freuen sich
himself/herself/itself	sich	sich er/sie/es freut sich
ourselves	uns	wir freuen uns
yourselves	euch *(familiar)*	ihr freut euch
	sich *(polite)*	Sie freuen sich
themselves	sich	sie freuen sich

Possessive pronouns

A possessive pronoun indicates belonging or ownership and agrees in case, gender and number with the noun to which it refers.

	m	f	nt	pl
singular				
nom.	mein	meine	mein	meine
acc.	meinen	meine	mein	meine
gen.	meines	meiner	meines	meiner
dat.	meinem	meiner	meinem	meinen

dein *(your)*, **sein** *(his)*, **ihr** *(her)*, **sein** *(its)* are declined like **mein** *(my)*.

	m	f	nt	pl
1st person plural *(our)*				
nom.	unser	uns(e)re	unser	uns(e)re
acc.	uns(e)ren / unsern	uns(e)re	unser	unsre
gen.	uns(e)res	uns(e)rer	uns(e)res	uns(e)rer
dat.	uns(e)rem	uns(e)rer	uns(e)rem	uns(e)ren
2nd person plural *(your)*				
nom.	euer	eure	euer	eure
acc.	euren	eure	euer	eure
gen.	eures	eurer	eures	eurer
dat.	eurem / unserm	eurer	eurem / unserm	euren
3rd person plural *(their)*				
nom.	ihr	ihre	ihr	ihre
acc.	ihren	ihre	ihr	ihre
gen.	ihres	ihrer	ihres	ihrer
dat.	ihrem	ihrer	ihrem	ihren

Demonstrative pronouns

A demonstrative pronoun indicates which person or thing is being referred to.

	m	f	nt	pl
nom.	dieser	diese	dieses	diese
acc.	diesen	diese	dieses	diese
gen.	dieses	dieser	dieses	dieser
dat.	diesem	dieser	diesem	diesen
nom.	jener	jene	jenes	jene
acc.	jenen	jene	jenes	jene
gen.	jenes	jener	jenes	jener
dat.	jenem	jener	jenem	jenen
nom.	derjenige	diejenige	dasjenige	diejenigen
acc.	denjenigen	diejenige	dasjenige	diejenigen
gen.	desjenigen	derjenigen	desjenigen	derjenigen
dat.	demjenigen	derjenigen	demjenigen	denjenigen
nom.	derselbe	dieselbe	dasselbe	dieselben
acc.	denselben	dieselbe	dasselbe	dieselben
gen.	desselben	derselben	desselben	derselben
dat.	demselben	derselben	demselben	denselben

The definite article *der, die, das* is also used as a demonstrative pronoun.

Relative pronouns

The most common relative pronouns are *der, die, das*. Less common are *welcher, welche, welches*. All relative pronouns introduce a subordinate clause which supplements the main clause. Relative pronouns agree in gender and number with the word in the main clause to which they refer.

| Sie putzt ihr neues Auto, das/welches sie sich gekauft hat. | *She is cleaning the new car that/which she bought.* |

	m	f	nt	pl
nom.	welcher	welche	welches	welche
acc.	welchen	welche	welches	welche
gen.	dessen	deren	dessen	deren
dat.	welchem	welcher	welchem	welchen

Interrogative pronouns

An interrogative pronoun distinguishes between a person (Wer?) and a thing (Was?). It only occurs in the singular.

	Person		Thing	
nom.	**Wer** spielt mit?	*Who is joining in the game?*	**Was** ist das?	*What is that?*
acc.	**Wen** liebst du?	*Who do you love?*	**Was** höre ich da?	*What do I hear?*
gen.	**Wessen** Haus ist das?	*Whose house is that?*		
dat.	**Wem** gehört das Haus?	*Who does the house belong to?*		

Was für ein(er) … (What sort of a…) is used to ask after the particular character of a person or thing.

| Was für ein Mensch ist Janet eigentlich? | *What is Janet really like?* |
| Was für einen Anzug möchten Sie? | *What sort of suit would you like?* |

The interrogative pronouns *welcher, welche* und *welches* are used to ask after one particular person or item amongst several.

Welche Schuhe soll ich nehmen? (die braunen oder die schwarzen?)	*Which shoes shall I take? (the brown ones or the black ones?)*
Mit welchem Bus kommst du? (mit dem um 16 oder um 17 Uhr?)	*Which bus will you be on? (the 4 or 5 o'clock?)*
Welches Eis schmeckt dir besser? (Erdbeer- oder Schokoladeneis?)	*Which ice cream do you prefer? (strawberry or chocolate?)*

	m	f	nt	pl
nom.	welcher	welche	welches	welche
acc.	welchen	welche	welches	welche
gen.	welches	welcher	welches	welcher
dat.	welchem	welcher	welchem	welchen

Unregelmäßige deutsche Verben
Irregular German verbs

Ableitungen und Zusammensetzungen sind unter dem Grundverb nachzuschlagen; ab|brechen unter brechen.

The preterite forms and past participles of compound verbs and derivations can be found by referring to the simple verb. In the case of ab|brechen for instance, see brechen.

Infinitiv / Infinitive	Präteritum / Preterite	Partizip Perfekt / Past Participle
backen	backte o alt buk	gebacken
befehlen	befahl	befohlen
beginnen	begann	begonnen
beißen	biss	gebissen
bergen	barg	geborgen
bersten	barst	geborsten
bewegen	bewog	bewogen
biegen	bog	gebogen
bieten	bot	geboten
binden	band	gebunden
bitten	bat	gebeten
blasen	blies	geblasen
bleiben	blieb	geblieben
bleichen	bleichte o alt blich	gebleicht o alt geblichen
braten	briet	gebraten
brechen	brach	gebrochen
brennen	brannte	gebrannt
bringen	brachte	gebracht
denken	dachte	gedacht
dreschen	drosch	gedroschen
dringen	drang	gedrungen
dürfen	durfte	dürfen, gedurft
empfangen	empfing	empfangen
empfehlen	empfahl	empfohlen
empfinden	empfand	empfunden
essen	aß	gegessen
fahren	fuhr	gefahren
fallen	fiel	gefallen
fangen	fing	gefangen
fechten	focht	gefochten
finden	fand	gefunden
flechten	flocht	geflochten
fliegen	flog	geflogen
fliehen	floh	geflohen
fließen	floss	geflossen
fressen	fraß	gefressen
frieren	fror	gefroren
gären	gärte o gor	gegärt o gegoren
gebären	gebar	geboren
geben	gab	gegeben
gedeihen	gedieh	gediehen
gefallen	gefiel	gefallen
gehen	ging	gegangen
gelingen	gelang	gelungen
gelten	galt	gegolten
genesen	genas	genesen
genießen	genoss	genossen
geraten	geriet	geraten
geschehen	geschah	geschehen
gestehen	gestand	gestanden
gewinnen	gewann	gewonnen
gießen	goss	gegossen
gleichen	glich	geglichen
gleiten	glitt	geglitten
glimmen	glimmte o selten glomm	geglimmt o selten geglommen
graben	grub	gegraben
greifen	griff	gegriffen
haben	hatte	gehabt
halten	hielt	gehalten
hangen	hing	gehangen

Unregelmäßige deutsche Verben

Infinitiv Infinitive	Präteritum Preterite	Partizip Perfekt Past Participle
hängen	hing (hängte)	gehangen, (gehängt)
heben	hob	gehoben
heißen	hieß	geheißen
helfen	half	geholfen
kennen	kannte	gekannt
klimmen	klimmte o klomm	geklommen o geklimmt
klingen	klang	geklungen
kneifen	kniff	gekniffen
kommen	kam	gekommen
können	konnte	können, ge- konnt
kriechen	kroch	gekrochen
laden	lud	geladen
lassen	ließ	gelassen *nach Infini- tiv* lassen
laufen	lief	gelaufen
leiden	litt	gelitten
leihen	lieh	geliehen
lesen	las	gelesen
liegen	lag	gelegen
lügen	log	gelogen
mahlen	mahlte	gemahlen
meiden	mied	gemieden
melken	melkte o *veraltend* molk	gemolken
messen	maß	gemessen
misslingen	misslang	misslungen
mögen	mochte	mögen, ge- mocht
nehmen	nahm	genommen
nennen	nannte	genannt
pfeifen	pfiff	gepfiffen
preisen	pries	gepriesen
quellen	quoll	gequollen
raten	riet	geraten
reiben	rieb	gerieben
reißen	riss	gerissen
reiten	ritt	geritten
rennen	rannte	gerannt
riechen	roch	gerochen

Infinitiv Infinitive	Präteritum Preterite	Partizip Perfekt Past Participle
ringen	rang	gerungen
rinnen	rann	geronnen
rufen	rief	gerufen
salzen	salzte	gesalzen o *selten* ge- salzt
saufen	soff	gesoffen
saugen	sog o saug- te	gesogen o gesaugt
schaffen	schuf	geschaffen
schallen	schallte o scholl	geschallt
scheiden	schied	geschieden
scheinen	schien	geschienen
scheißen	schiss	geschissen
schelten	schalt	gescholten
scheren	schor	geschoren
schieben	schob	geschoben
schießen	schoss	geschossen
schinden	schindete	geschunden
schlafen	schlief	geschlafen
schlagen	schlug	geschlagen
schleichen	schlich	geschlichen
schleifen	schliff	geschliffen
schließen	schloss	geschlossen
schlingen	schlang	geschlun- gen
schmeißen	schmiss	geschmis- sen
schmelzen	schmolz	geschmol- zen
schnauben	schnaubte o *veraltet* schnob	geschnaubt o *veraltet* geschnoben
schneiden	schnitt	geschnitten
schrecken vt vi	schreckte schrak	geschreckt geschrocken
schreiben	schrieb	geschrieben
schreien	schrie	geschrie[e]n
schreiten	schritt	geschritten
schweigen	schwieg	geschwie- gen
schwellen	schwoll	geschwollen

Unregelmäßige deutsche Verben

Infinitiv Infinitive	Präteritum Preterite	Partizip Perfekt Past Participle
schwimmen	schwamm	geschwommen
schwinden	schwand	geschwunden
schwingen	schwang	geschwungen
schwören	schwor	geschworen
sehen	sah	gesehen
senden	sandte o sendete	gesandt o gesendet
sieden	siedete o sott	gesiedet o gesotten
singen	sang	gesungen
sinken	sank	gesunken
sinnen	sann	gesonnen
sitzen	saß	gesessen
sollen	sollte	sollen, gesollt
spalten	spaltete	gespalten o gespaltet
speien	spie	gespie[e]n
spinnen	spann	gesponnen
sprechen	sprach	gesprochen
sprießen	spross o sprießte	gesprossen
springen	sprang	gesprungen
stechen	stach	gestochen
stecken	steckte o geh stak	gesteckt
stehen	stand	gestanden
stehlen	stahl	gestohlen
steigen	stieg	gestiegen
sterben	starb	gestorben
stieben	stob o stiebte	gestoben o gestiebt
stinken	stank	gestunken
stoßen	stieß	gestoßen
streichen	strich	gestrichen
streiten	stritt	gestritten
tragen	trug	getragen
treffen	traf	getroffen
treiben	trieb	getrieben
treten	trat	getreten
triefen	triefte o geh troff	getrieft o geh getroffen
trinken	trank	getrunken
trügen	trog	getrogen
tun	tat	getan
verbieten	verbot	verboten
verbrechen	verbrach	verbrochen
verderben	verdarb	verdorben
vergessen	vergaß	vergessen
verlieren	verlor	verloren
verraten	verriet	verraten
verstehen	verstand	verstanden
verwenden	verwendete o verwandte	verwendet o verwandt
verzeihen	verzieh	verziehen
wachsen	wuchs	gewachsen
waschen	wusch	gewaschen
weben	webte o geh wob	gewebt o geh gewoben
weichen	wich	gewichen
weisen	wies	gewiesen
wenden	wendete o geh gewandt	gewendet o geh gewandt
werben	warb	geworben
werden	wurde	worden, geworden
werfen	warf	geworfen
wiegen	wog	gewogen
winden	wand	gewunden
winken	winkte	gewinkt o dial gewunken
wissen	wusste	gewusst
wollen	wollte	wollen, gewollt
wringen	wrang	gewrungen
ziehen	zog	gezogen
zwingen	zwang	gezwungen

Gegenüberstellung: Amerikanisches und britisches Englisch
American and British English – A brief comparison

Amerikanisches Englisch (AM) American English (AM)	Britisches Englisch (BRIT) British English (BRIT)	Deutsch German
airplane	aeroplane	Flugzeug *nt*
antenna	aerial	Antenne *f*
apartment	flat	(Miets)wohnung *f*
apartment house	block of flats	Mietshaus *nt*
attorney	lawyer, solicitor, barrister	Rechtsanwalt *m*/-anwältin *f*
baby carriage	pram	Kinderwagen *m*
baby-stroller	pushchair, buggy	(*für Babys*) Sportwagen *m*
backpack	rucksack, backpack	Rucksack *m*
baggage car	luggage van	Gepäckwagen *m*
band-aid	plaster, elastoplast	Pflaster *nt*
bangs	fringe	Pony *m* (*Frisur*)
bathroom	toilet	Toilette *f*
bill	(bank)note	Geldschein *m*
billfold	wallet	Brieftasche *f*
bleachers	uncovered stand (seats)	Zuschauersitze (*im Freien*)
blow away (*sl*)	hammer (*sl*)	vernichtend schlagen
bookstore	bookshop	Buchhandlung *f*
buck (*sl: $*)	quid (*sl: £*)	Dollar *m*/Pfund *nt*
buddy (*fam*)	mate (*fam*)	Kumpel *m*
bulletin board	notice board	schwarzes Brett
burglarize	burgle	einbrechen in
busy TELEC	engaged	besetzt TELEK
candy, a piece of	sweet	Bonbon *nt*
candy store	sweet shop	Süßwarenladen *m*
car	carriage	Waggon *m*
car, freight car	(goods) waggon	(Güter)wagen *m*
carnival	funfair	Jahrmarkt *m*
casket, coffin	coffin	Sarg *m*
catchall	junk room	Rumpelkammer *f*
checkbook	cheque-book	Scheckheft *nt*
checkers	draughts	Damespiel *nt*
checking account	current account	Girokonto *nt*
chips, potato chips	crisps	Kartoffelchips *pl*

Gegenüberstellung: Amerikanisches und britisches Englisch

Amerikanisches Englisch (AM) American English (AM)	Britisches Englisch (BRIT) British English (BRIT)	Deutsch German
clothes-dryer	tumble-dryer	Wäschetrockner *m*
coat check	cloakroom	Garderobe *f*
collect call	reverse-charge call	R-Gespräch *nt*
condo(minium)	owner-occupied flat	Eigentumswohnung *f*
conductor	chief guard	Zugführer(in) *m(f)*
cookie	biscuit	Keks *m*
cot	folding bed	Klappbett *nt*
counterclockwise	anticlockwise	gegen den Uhrzeigersinn
crossing guard	lollipop man/lady	Schülerlotse *m*/-lotsin *f*
crosswalk	pedestrian crossing	Fußgängerüberweg *m*
curb(stone)	kerb(stone)	Bordstein *m*
custom-made clothes	made-to-measure clothes	Maßkleidung *f*
diaper	nappy	Windel *f*
dishtowel, tea towel	tea towel	Geschirrtuch *nt*
divided highway	dual carriageway	vierspurige Schnellstraße
dorm(itory)	hall of residence	Studentenwohnheim *nt*
downtown	city/town centre	Stadtzentrum *nt*
dresser	dressing table	(Frisier)kommode *f*
driver's license	driving licence	Führerschein *m*
duplex	semi-detached house	Doppelhaushälfte *f*
efficiency (apartment)	bedsit	Einzimmerapartment *nt*
eggplant	aubergine	Aubergine *f*
elective	option	Wahlfach *nt*
elementary school	primary school	Grundschule *f*
elevator	lift	Aufzug *m*
emergency room	casualty	Notaufnahme *f*
exclamation point	exclamation mark	Ausrufezeichen *nt*
fall, autumn	autumn	Herbst *m*
fanny pack	bum bag	Gürteltasche *f*
faucet, tap	tap	Wasserhahn *m*
fender	wing	Kotflügel *m*
fire department	fire brigade	Feuerwehr *f*
first floor	ground floor	Erdgeschoss *nt*
flashlight	torch	Taschenlampe *f*
freeway	motorway	Autobahn *f*
french fries	chips	Pommes frites *pl*
galoshes	Wellingtons	Gummistiefel *pl*
garbage	rubbish	Müll *m*
garbage can	rubbbish bin	Mülleimer *m*
garbageman	dustman, bin man (*fam*)	Müllmann *m*
garbage truck	dustcart, bin lorry (*fam*)	Müllwagen *m*
gas(oline)	petrol	Benzin *nt*

Amerikanisches Englisch (AM) / American English (AM)	Britisches Englisch (BRIT) / British English (BRIT)	Deutsch / German
gas station	petrol station	Tankstelle f
gawker (pej)	gawper (fam)	Gaffer(in) m(f)
general delivery	poste restante	postlagernd
German shepherd	Alsatian	Schäferhund m
girl scout	girl guide	Pfadfinderin f
godawful (fam)	terrible	fürchterlich
goddam(ned) (sl)	bloody awful (sl)	beschissen (sl)
gotten	got	bekommen (haben)
grade	1. class; 2. mark	1. Klasse f; 2. Note f
grade school	primary school	Grundschule f
green thumb	green fingers	grüner Daumen
ground ELEC	earth	Erde, erden ELEK
guy (fam)	bloke (fam), guy (fam)	Kerl m (fam)
high school	secondary school	weiterführende Schule
hightail it (fam)	clear off (fam)	abhauen (fam)
highway	motorway	Autobahn f
hood	bonnet	Motorhaube f
hooky, play hooky (fam)	play truant, bunk off (fam)	(die Schule) schwänzen (fam)
house-break (an animal)	house-train	(ein Tier) stubenrein machen
housing development	housing estate	Wohnsiedlung f
ice pop, popsicle	ice lolly	Eis nt am Stiel
John Doe	Joe Bloggs	Otto Normalverbraucher
jumper	pinafore dress	Trägerkleid nt
jumper cables	jump leads	Starthilfekabel nt
know-it-all (fam)	know-all (fam)	Besserwisser(in) m(f)
ladybug	ladybird	Marienkäfer m
last name	surname	Nachname m
layover, stopover	stopover	Zwischenlandung f
license plate	number plate	Autokennzeichen nt
life preserver	lifebelt	Rettungsring m
line	queue	(Menschen)schlange f
line up, stand in line	queue	Schlange stehen
liquor store	off-licence	Wein- und Spirituosenhandlung f
lunchroom	canteen	Kantine f
lush (sl pej)	piss artist (sl pej)	Säufer(in) m(f) (pej)
mailbox	letter box	Briefkasten m
mailman	postman	Briefträger m
major	main subject	Hauptfach nt
math	maths	Mathe f
men's room	Gents	Herrentoilette f

Gegenüberstellung: Amerikanisches und britisches Englisch

Amerikanisches Englisch (AM) American English (AM)	Britisches Englisch (BRIT) British English (BRIT)	Deutsch German
metermaid	traffic warden	Politesse f
movie	film	Film m
natality, birthrate	birthrate	Geburtenziffer f
neat (fam)	ace (fam)	super (fam)
newsdealer	newsagent	Zeitungshändler(in) m(f)
nightstick	truncheon	Schlagstock m
notebook	exercise book	Übungsheft nt
odometer	mileage indicator, mileometer	Kilometerzähler m
on-ramp, off-ramp	slip road	Zubringer m; Auffahrt, Ausfahrt f
pacifier	dummy	Schnuller m
pack (of cigarettes)	packet (of cigarettes)	Schachtel f (Zigaretten)
panhandle	scrounge	schnorren
panhandler	scrounger	Schnorrer(in) m(f)
pants	trousers	Hose f
pantsuit	trouser suit	Hosenanzug m
pantyhose	tights	Strumpfhose f
parentheses	brackets	(runde) Klammern pl
parking lot	car park	Parkplatz m
parochial school	denominational school	Konfessionsschule f
part (in hair)	parting	Scheitel m
patrolman	policeman on patrol	Streifenpolizist m
pavement	road surface	Fahrbahn f
paycheck	pay packet	Gehalt m
pen pal	penfriend	Brieffreund(in) m(f)
period	full stop	Punkt m
pharmacist	chemist	Drogist(in) m(f)/Apotheker(in) m(f)
phone booth	phone box, phone booth	Telefonzelle f
pickle	gherkin	Essigurke f
plastic wrap	cling film	Frischhaltefolie f
principal	headteacher	Rektor(in) m(f)
pry (open)	prize (open)	aufbrechen
public school	state school	staatliche Schule
purse, pocketbook	handbag	Handtasche f
quiz	short test	kurze Prüfung
railroad	railway	Eisenbahn f
railroad crossing	level crossing	Bahnübergang m
realtor, real estate agent	estate agent	Grundstücksmakler(in) m(f)
recreational vehicle, RV	camper van	Wohnmobil nt
regular, normal	normal	normal
rent	rent, hire	mieten

Amerikanisches Englisch (AM) American English (AM)	Britisches Englisch (BRIT) British English (BRIT)	Deutsch German
rent (out)	rent out, let; hire out	vermieten
re-run TV	repeat	Wiederholung *f* TV
restroom	toilet	Toilette *f*
résumé	CV	Lebenslauf *m*
review	revision	Wiederholung *f* (*von Lernstoff*)
robe, bathrobe	dressing gown	Morgenmantel *m*
round-trip ticket	return ticket	Rückfahrkarte *f*
rowboat	rowing boat	Ruderboot *nt*
rowhouse	terraced house	Reihenhaus *nt*
rumpus room	playroom	Spielzimmer *nt*
run (*in stocking*)	ladder	Laufmasche *f*
sailboat	sailing boat	Segelschiff *nt*
sales clerk, salesperson	shop assistant	Verkäufer(in) *m(f)*
sales tax	value-added tax	Mehrwertsteuer *f*
schedule	timetable	Stundenplan *m*
school principal	headteacher; headmaster, headmistress	Rektor(in) *m(f)*
second floor	first floor	erster Stock
Secretary of the Interior	Home Secretary	Innenminister(in) *m(f)*
sedan	saloon	Limousine *f*
semi(trailer)	articulated lorry	Sattelschlepper *m*
shopping cart	shopping trolley	Einkaufswagen *m*
sick	ill	krank
sidewalk	pavement	Gehweg *m*
silent partner	sleeping partner	stiller Gesellschafter
squad car	patrol car	Streifenwagen *m*
station wagon	estate (car)	Kombi(wagen) *m*
store	shop	Laden *m*
storekeeper	shopkeeper	Ladenbesitzer(in) *m(f)*
strip mining	open-cast mining	Tagebau *m*
stroller	pushchair, buggy	(*für Babys*) Sportwagen *m*
student	pupil	Schüler(in) *m(f)*
subway	underground, tube (*fam*)	U-Bahn *f*
sunroom	conservatory	Wintergarten *m*
suspenders	braces	Hosenträger *pl*
switch	points	Weiche *f*
switchblade (knife)	flick knife	Schnappmesser *nt*
tailpipe, exhaust pipe	exhaust pipe	Auspuffrohr *nt*
third-class mail, printed matter	printed matter	Drucksache *f*
thumb-tack	drawing pin	Reißnagel *m*

Amerikanisches Englisch (AM) American English (AM)	Britisches Englisch (BRIT) British English (BRIT)	Deutsch German
tideland	mud-flats	Watt *nt*
toiletries bag	sponge bag	Kulturbeutel *m*
toll-free	free of charge	gebührenfrei
tow-truck	breakdown vehicle	Abschleppwagen *m*
tractor-trailer	articulated lorry	Sattelschlepper *m*
traffic circle	roundabout	Kreisverkehr *m*
training wheels	stabilisers	Stützräder *pl*
trainman	railway man	Eisenbahner *m*
trash	rubbish	Abfall *m*
trash can	rubbish bin	Abfalleimer *m*
Treasury Secretary	Chancellor of the Exchequer	Finanzminister(in) *m(f)*
truck	lorry	Lastwagen *m*
trucker	lorry driver	Lastwagenfahrer(in) *m(f)*
trucking	road haulage	Spedition *f*
trunk	boot	Kofferraum *m*
turn signal	indicator	Blinker *m*
tuxedo	dinner-jacket	Smoking *m*
undershirt	vest	Unterhemd *nt*
underwear	pants	Unterhose *f*
upgrade	upward slope	Steigung *f* (*im Gelände*)
vacation	holiday	Ferien *pl*
vacationer	holiday-maker	Urlauber(in) *m(f)*
vendue, auction	auction	Auktion *f*
vest	waistcoat	(Herren)weste *f*
vocational school	technical college	Berufsschule *f*
wallet	purse	Geldbeutel *m*
washcloth, wash-rag	flannel	Waschlappen *m*
windshield	windscreen	Windschutzscheibe *f*
workweek	working week	Arbeitswoche *f*
wrecker	breakdown vehicle	Abschleppwagen *m*
wrench	spanner	Schraubenschlüssel *m*
yard	garden	Garten *m*
yellow (*color of traffic light*)	amber	gelb (*Ampelfarbe*)
yellow jacket	wasp	Wespe *f*
zip code, ZIP code	postcode, postal code	Postleitzahl *f*
zipper	zip (fastener)	Reißverschluss *m*
zucchini	courgette	Zucchini *f*

Zahlwörter
Numerals

null	0	nought, zero
eins	1	one
zwei	2	two
drei	3	three
vier	4	four
fünf	5	five
sechs	6	six
sieben	7	seven
acht	8	eight
neun	9	nine
zehn	10	ten
elf	11	eleven
zwölf	12	twelve
dreizehn	13	thirteen
vierzehn	14	fourteen
fünfzehn	15	fifteen
sechzehn	16	sixteen
siebzehn	17	seventeen
achtzehn	18	eighteen
neunzehn	19	nineteen
zwanzig	20	twenty
einundzwanzig	21	twenty-one
zweiundzwanzig	22	twenty-two
dreiundzwanzig	23	twenty-three
dreißig	30	thirty
einunddreißig	31	thirty-one
zweiunddreißig	32	thirty-two
vierzig	40	forty
einundvierzig	41	forty-one
fünfzig	50	fifty
einundfünfzig	51	fifty-one
sechzig	60	sixty
einundsechzig	61	sixty-one
siebzig	70	seventy
einundsiebzig	71	seventy-one
achtzig	80	eighty
einundachtzig	81	eighty-one
neunzig	90	ninety
einundneunzig	91	ninety-one
hundert	100	a [o one] hundred

hundert(und)eins	101	hundred and one
hundert(und)zwei	102	hundred and two
hundert(und)zehn	110	hundred and ten
zweihundert	200	two hundred
dreihundert	300	three hundred
vierhundert(und)einundfünfzig	451	four hundred and fifty-one
tausend	1000	a [o one] thousand
zweitausend	2000	two thousand
zehntausend	10 000	ten thousand
eine Million	1 000 000	a [o one] million
zwei Millionen	2 000 000	two million
eine Milliarde	1 000 000 000	a [o one] billion
eine Billion	1 000 000 000 000	a [o one] trillion

Die Ordnungszahlen
Ordinal numbers

erste	1.	1st	first
zweite	2.	2nd	second
dritte	3.	3rd	third
vierte	4.	4th	fourth
fünfte	5.	5th	fifth
sechste	6.	6th	sixth
siebente	7.	7th	seventh
achte	8.	8th	eighth
neunte	9.	9th	ninth
zehnte	10.	10th	tenth
elfte	11.	11th	eleventh
zwölfte	12.	12th	twelfth
dreizehnte	13.	13th	thirteenth
vierzehnte	14.	14th	fourteenth
fünfzehnte	15.	15th	fifteenth
sechzehnte	16.	16th	sixteenth
siebzehnte	17.	17th	seventeenth
achtzehnte	18.	18th	eighteenth
neunzehnte	19.	19th	nineteenth
zwanzigste	20.	20th	twentieth
einundzwanzigste	21.	21st	twenty-first
zweiundzwanzigste	22.	22nd	twenty-second
dreiundzwanzigste	23.	23rd	twenty-third
dreißigste	30.	30th	thirtieth
einunddreißigste	31.	31st	thirty-first

vierzigste	40.	40th	fortieth
einundvierzigste	41.	41st	forty-first
fünfzigste	50.	50th	fiftieth
einundfünfzigste	51.	51st	fifty-first
sechzigste	60.	60th	sixtieth
einundsechzigste	61.	61st	sixty-first
siebzigste	70.	70th	seventieth
einundsiebzigste	71.	71st	seventy-first
achtzigste	80.	80th	eightieth
einundachtzigste	81.	81st	eighty-first
neunzigste	90.	90th	ninetieth
hundertste	100.	100th	(one) hundredth
hundertunderste	101.	101st	hundred and first
zweihundertste	200.	200th	two hundredth
dreihundertste	300.	300th	three hundredth
vierhundert(und)ein- undfünfzigste	451.	451st	four hundred and fifty-first
tausendste	1000.	1000th	(one) thousandth
tausend(und)einhun- dertste	1100.	1100th	thousand and (one) hun- dredth
zweitausendste	2000.	200th	two thousandth
einhunderttausendste	100 000.	100 000th	(one) hundred thousandth
millionste	1 000 000.	1 000 000th	millionth
zehnmillionste	10 000 000.	10 000 000th	ten millionth

Die Bruchzahlen
Fractions

ein halb	$1/2$	one [o a] half
ein drittel	$1/3$	one [o a] third
ein viertel	$1/4$	one [o a] quarter
ein fünftel	$1/5$	one [o a] fifth
ein zehntel	$1/10$	one [o a] tenth
ein hundertstel	$1/100$	one hundredth
ein tausendstel	$1/1000$	one thousandth
ein millionstel	$1/1000000$	one millionth
zwei drittel	$2/3$	two thirds
drei viertel	$3/4$	three quarters
zwei fünftel	$2/5$	two fifths
drei zehntel	$3/10$	three tenths
anderthalb	$1 1/2$	one and a half
zwei(und)einhalb	$2 1/2$	two and a half

fünf(und)dreiachtel	5³⁄₈		five and three eighths
eins Komma eins	1,1	1.1	one point one
zwei Komma drei	2,3	2.3	two point three

Vervielfältigungszahlen
Multiples

einfach	single		vierfach	fourfold, quadruple
zweifach	double		fünffach	fivefold
dreifach	threefold, treble, triple		hundertfach	(one) hundredfold

Britische und amerikanische Maße und Gewichte
British and American weights and measures

Längenmaße
Linear measures

1 inch (in) 1″		= 2,54 cm
1 foot (ft) 1′	= 12 inches	= 30,48 cm
1 yard (yd)	= 3 feet	= 91,44 cm
1 furlong (fur)	= 220 yards	= 201,17 m
1 mile (m)	= 1760 yards	= 1,609 km
1 league	= 3 miles	= 4,828 km

Nautische Maße
Nautical measures

1 fathom	= 6 feet	= 1,829 m
1 cable	= 608 feet	= 185,31 m
1 nautical, sea mile	= 10 cables	= 1,853 km
1 sea league	= 3 nautical miles	= 5,550 km

Feldmaße
Surveyors' measures

1 link	= 7,92 inches	= 20,12 cm
1 rod, perch, pole	= 25 links	= 5,029 m
1 chain	= 4 rods	= 20,12 m

Flächenmaße
Square measures

1 square inch		= 6,452 cm^2
1 square foot	= 144 sq inches	= 929,029 cm^2
1 square yard	= 9 sq feet	= 0,836 m^2
1 square rod	= 30,25 sq yards	= 25,29 m^2
1 acre	= 4840 sq yards	= 40,47 Ar
1 square mile	= 640 acres	= 2,59 km^2

Raummaße
Cubic measures

1 cubic inch (Kubikzoll)	= 16,387 cm³	
1 cubic foot (Kubikfuß)	= 1728 cu inches	= 0,028 m³
1 cubic yard (Kubikyard)	= 27 cu feet	= 0,765 m³
1 register ton (Registertonne)	= 100 cu feet	= 2,832 m³

Britische Hohlmaße
British measures of capacity

Flüssigkeitsmaße
Liquid measures of capacity

1 gill	= 0,142 l	
1 pint (pt) (Pint)	= 4 gills	= 0,568 l
1 quart (qt)	= 2 pints	= 1,136 l
1 gallon (gal) (Gallone)	= 4 quarts	= 4,546 l
1 barrel (Barrel)	= *(für Öl)* 35 gallons	= 159,106 l
	(Bierbrauerei) 36 gallons	= 163,656 l

Trockenmaße
Dry measures of capacity

1 peck	= 2 gallons	= 9,092 l
1 bushel	= 4 pecks	= 36,368 l
1 quarter	= 8 bushels	= 290,935 l

Amerikanische Hohlmaße
American measures of capacity

Flüssigkeitsmaße
Liquid measures of capacity

1 gill	= 0,118 l	
1 pint	= 4 gills	= 0,473 l
1 quart	= 2 pints	= 0,946 l
1 gallon	= 4 quarts	= 3,785 l
1 barrel	= *(für Öl)* 42 gallons	= 159,106 l

Handelsgewichte
Avoirdupois weights

1 grain (gr)	= 0,0648 g	
1 dram (dr)	= 27,3438 grains	= 1,772 g
1 ounce (oz)	= 16 drams	= 28,35 g
1 pound (lb)	= 16 ounces	= 453,59 g
1 stone	= 14 pounds	= 6,348 kg
1 quarter	= 28 pounds	= 12,701 kg
1 hundredweight (cwt)	= (BRIT *long cwt*) 112 pounds	= 50,8 kg
	(AM *short cwt*) 100 pounds	= 45,36 kg
1 ton	= (BRIT *long ton*) 20 cwt	= 1016 kg
	(AM *short ton*) 2000 pounds	= 907,185 kg

Deutsche Maße und Gewichte
German weights and measures

Längenmaße
Linear Measures

		Zeichen	Vielfaches der Einheit
Seemeile	*nautical mile*	sm	1852 m
Kilometer	*kilometre*	km	1000 m
Meter	*metre*	m	Grundeinheit
Dezimeter	*decimetre*	dm	0,1 m
Zentimeter	*centimetre*	cm	0,01 m
Millimeter	*millimetre*	mm	0,001 m

Flächenmaße
Square Measures

Quadratkilometer	*square kilometre*	km^2	$1\,000\,000\ m^2$
Hektar	*hectare*	ha	$10\,000\ m^2$
Ar	*are*	a	$100\ m^2$
Quadratmeter	*square metre*	m^2	$1\ m^2$
Quadratdezimeter	*square decimetre*	dm^2	$0{,}01\ m^2$
Quadratzentimeter	*square centimetre*	cm^2	$0{,}0001\ m^2$
Quadratmillimeter	*square millimetre*	mm^2	$0{,}000\,001\ m^2$

Kubik- und Hohlmaße
Measures of Capacity

Kubikmeter	*cubic metre*	m^3	$1\ m^3$
Hektoliter	*hectolitre*	hl	$0{,}1\ m^3$
Kubikdezimeter	*cubic decimetre*	dm^3	$0{,}001\ m^3$
Liter	*litre*	l	
Kubikzentimeter	*cubic centimetre*	cm^3	$0{,}000\,001\ m^3$

Gewichte
Weights

Tonne	*ton*	t	1000 kg
Doppelzentner	–	dz	100 kg
Kilogramm	*kilogramme*	kg	1000 g
Gramm	*gramme*	g	1 g
Milligramm	*milligramme*	mg	0,001 g

Temperaturumrechnung
Temperature conversion table

°F	°C	°C	°F
0	-17,8	-10	14
32	0	0	32
50	10	10	50
70	21,1	20	68
90	32,2	30	86
98.4	37	37	98.4
212	100	100	212

zur Umrechnung 32 abziehen und durch 1,8 teilen
to convert, subtract 32 and divide by 1.8

zur Umrechnung mit 1,8 multiplizieren und 32 addieren
to convert, multiply by 1.8 and add 32

Deutschland
Germany

Länder (und Hauptstädte)
Federal states (and capital cities)

Baden-Württemberg (Stuttgart)	Baden-Württemberg (Stuttgart)
Bayern (München)	Bavaria (Munich)
Berlin (Berlin)	Berlin (Berlin)
Brandenburg (Potsdam)	Brandenburg (Potsdam)
Bremen (Bremen)	Bremen (Bremen)
Hamburg (Hamburg)	Hamburg (Hamburg)
Hessen (Wiesbaden)	Hesse (Wiesbaden)
Mecklenburg-Vorpommern (Schwerin)	Mecklenburg-West Pomerania (Schwerin)
Niedersachsen (Hannover)	Lower Saxony (Hanover)
Nordrhein-Westfalen (Düsseldorf)	North Rhine-Westphalia (Düsseldorf)
Rheinland-Pfalz (Mainz)	Rhineland-Palatinate (Mainz)
Saarland (Saarbrücken)	Saarland (Saarbrücken)
Sachsen (Dresden)	Saxony (Dresden)
Sachsen-Anhalt (Magdeburg)	Saxony-Anhalt (Magdeburg)
Schleswig-Holstein (Kiel)	Schleswig-Holstein (Kiel)
Thüringen (Erfurt)	Thuringia (Erfurt)

Österreich
Austria

Bundesländer (und Hauptstädte)
Provinces (and capital cities)

Burgenland (Eisenstadt)	Burgenland (Eisenstadt)
Kärnten (Klagenfurt)	Carinthia (Klagenfurt)
Niederösterreich (St. Pölten)	Lower Austria (St. Pölten)
Oberösterreich (Linz)	Upper Austria (Linz)
Salzburg (Salzburg)	Salzburg (Salzburg)
Steiermark (Graz)	Styria (Graz)
Tirol (Innsbruck)	Tyrol (Innsbruck)
Vorarlberg (Bregenz)	Vorarlberg (Bregenz)
Wien (Wien)	Vienna (Vienna)

Die Schweiz
Switzerland

Kantone (und Hauptorte)
Cantons (and capital cities)

Aargau (Aarau)	Aargau (Aarau)
Appenzell Außerrhoden (Herisau)	Appenzell Outer Rhodes (Herisau)
Appenzell Innerrhoden (Appenzell)	Appenzell Inner Rhodes (Appenzell)
Basel-Landschaft (Liestal)	Basel-Land (Liestal)
Basel-Stadt (Basel)	Basel-Stadt (Basel, Basle)
Bern (Bern)	Bern (Bern)
Freiburg (Freiburg)	Fribourg (Fribourg)
Genf (Genf)	Geneva (Geneva)
Glarus (Glarus)	Glarus (Glarus)
Graubünden (Chur)	Graubünden, Grisons (Chur)
Jura (Delsberg)	Jura (Delémont)
Luzern (Luzern)	Lucerne (Lucerne)
Neuenburg (Neuenburg)	Neuchâtel (Neuchâtel)
Nidwalden (Stans)	Nidwalden (Stans)
Obwalden (Sarnen)	Obwalden (Sarnen)
Sankt Gallen (Sankt Gallen)	St. Gall(en) (St. Gall(en))
Schaffhausen (Schaffhausen)	Schaffhausen (Schaffhausen)
Schwyz (Schwyz)	Schwyz (Schwyz)
Solothurn (Solothurn)	Solothurn (Solothurn)

Tessin	Ticino
(Bellinzona)	(Bellinzona)
Thurgau	Thurgau
(Frauenfeld)	(Frauenfeld)
Uri	Uri
(Altdorf)	(Altdorf)
Waadt	Vaud
(Lausanne)	(Lausanne)
Wallis	Valais
(Sitten)	(Sion)
Zug	Zug
(Zug)	(Zug)
Zürich	Zürich
(Zürich)	(Zürich)

Vereinigtes Königreich
United Kingdom

England

Grafschaft County	Abkürzung Abbreviation	Hauptstadt Administrative centre
Bedfordshire	Beds	Bedford
Berkshire	Berks	Reading
Buckinghamshire	Bucks	Aylesbury
Cambridgeshire	Cambs	Cambridge
Cheshire	Ches	Chester
Cornwall	Corn	Truro
Cumbria		Carlisle
Derbyshire	Derbs	Matlock
Devon		Exeter
Dorset		Dorchester
Durham	Dur	Durham
East Sussex	E. Sussex	Lewes
Essex		Chelmsford
Gloucestershire	Glos	Gloucester
Greater London		London
Greater Manchester		Manchester
Hampshire	Hants	Winchester
Hertfordshire	Herts	Hertford
Kent		Maidstone
Lancashire	Lancs	Preston
Leicestershire	Leics	Leicester
Lincolnshire	Lincs	Lincoln
Merseyside		Liverpool
Norfolk		Norwich
Northamptonshire	Northants	Northampton
Northumberland	Northd	Morpeth
North Yorkshire	N. Yorks	Northallerton
Nottinghamshire	Notts	Nottingham
Oxfordshire	Oxon	Oxford
Shropshire	Salop	Shrewsbury
Somerset	Som	Taunton
South Yorkshire	S. Yorks	Barnsley
Staffordshire	Staffs	Stafford
Suffolk	Suff	Ipswich
Surrey		Kingston upon Thames
Tyne and Wear		Newcastle upon Tyne
Warwickshire	Warks	Warwick

Grafschaft / County	Abkürzung / Abbreviation	Hauptstadt / Administrative centre
West Midlands	W. Midlands	Birmingham
West Sussex	W. Sussex	Chichester
West Yorkshire	W. Yorks	Wakefield
Wiltshire	Wilts	Trowbridge
Worcestershire	Worcs	Worcester

Wales
Wales, *Welsh:* **Cymru**

Verwaltungsregion / Unitary authority	Hauptstadt / Administrative centre
Anglesey	Llangefni
Blaenau Gwent	Ebbw Vale
Bridgend	Bridgend
Caerphilly	Hengoed
Cardiff	**Cardiff**
Carmarthenshire	Carmarthen
Ceredigion	Aberaeron
Conwy	Conwy
Denbighshire	Ruthin
Flintshire	Mold
Gwynedd	Caernarfon
Merthyr Tydfil	Merthyr Tydfil
Monmouthshire	Cwmbran
Neath Port Talbot	Port Talbot
Newport	Newport
Pembrokeshire	Haverfordwest
Powys	Llandrindod Wells
Rhondda Cynon Taff	Clydach Vale
Swansea	Swansea
Torfaen	Pontypool
Vale of Glamorgan	Barry
Wrexham	Wrexham

Schottland
Scotland

Grafschaft / County	Hauptstadt / Administrative centre
Aberdeen City	
Aberdeenshire	Aberdeen
Angus	Forfar
Argyll and Bute	Lochgilphead
Clackmannanshire	Alloa
Dumfries and Galloway	Dumfries
Dundee City	
East Ayrshire	Kilmarnock
East Dunbartonshire	Kirkintilloch
East Lothian	Haddington
East Renfrewshire	Giffnock
Edinburgh City	
Falkirk	Falkirk
Fife	Glenrothes
Glasgow City	
Highland	Inverness
Inverclyde	Greenock
Midlothian	Dalkeith
Moray	Elgin
North Ayrshire	Irvine
North Lanarkshire	Motherwell
Orkney Islands	Kirkwall
Perth and Kinross	Perth
Renfrewshire	Paisley
Scottish Borders	Melrose
Shetland Islands	Lerwick
South Ayrshire	Ayr
South Lanarkshire	Hamilton
Stirling	Stirling
West Dunbartonshire	Dunbarton
Western Isles	Stornoway
West Lothian	Livingston

Nordirland
Northern Ireland

Grafschaft / County	Hauptstadt / Principal town
Antrim	Belfast
Armagh	Armagh
Down	Downpatrick
Fermanagh	Enniskillen
Londonderry	Londonderry
Tyrone	Omagh

Republik Irland
Republik of Ireland, *Gaelic:* Èire

Provinz und Grafschaften Province and counties	Hauptstadt Principal town
Connacht, *formerly:* **Connaught**	
Galway, *Gaelic:* Gaillimh	Galway
Leitrim, *Gaelic:* Liathdroma	Carrick-on-Shannon
Mayo, *Gaelic:* Mhuigheo	Castlebar
Roscommon, *Gaelic:* Ros Comáin	Roscommon
Sligo, *Gaelic:* Sligeach	Sligo
Leinster	
Carlow, *Gaelic:* Cheatharlach	Carlow
Dublin, *Gaelic:* Baile Átha Cliath	**Dublin**
Kildare, *Gaelic:* Chill Dara	Naas
Kilkenny, *Gaelic:* Chill Choinnigh	Kilkenny
Laois/Laoighis/Leix	Portlaoise
Longford, *Gaelic:* Longphuirt	Longford
Louth, *Gaelic:* Lughbhaidh	Dundalk
Meath, *Gaelic:* na Midhe	Navan
Offaly, *Gaelic:* Ua bhFailghe	Tullamore
Westmeath, *Gaelic:* na h-Iarmhidhe	Mullingar
Wexford, *Gaelic:* Loch Garman	Wexford
Wicklow, *Gaelic:* Cill Mhantáin	Wicklow
Munster	
Clare, *Gaelic:* An Cláir	Ennis
Cork, *Gaelic:* Chorcaigh	Cork
Kerry, *Gaelic:* Chiarraighe	Tralee
Limerick, *Gaelic:* Luimneach	Limerick
Tipperary, *Gaelic:* Thiobrad Árann	Clonmel
Waterford, *Gaelic:* Phort Láirge	Waterford
Ulster	
Cavan, *Gaelic:* Cabháin	Cavan
Donegal, *Gaelic:* Dún na nGall	Lifford
Monaghan, *Gaelic:* Mhuineachain	Monaghan

Vereinigte Staaten von Amerika
United States of America

Bundesstaat Federal state	Hauptstadt Capital city
Alabama	Montgomery
Alaska	Juneau
Arizona	Phoenix
Arkansas	Little Rock
California	Sacramento
Colorado	Denver
Connecticut	Hartford
Delaware	Dover
Florida	Tallahassee
Georgia	Atlanta
Hawaii	Honolulu
Idaho	Boise
Illinois	Springfield
Indiana	Indianapolis
Iowa	Des Moines
Kansas	Topeka
Kentucky	Frankfort
Louisiana	Baton Rouge
Maine	Augusta
Maryland	Annapolis
Massachusetts	Boston
Michigan	Lansing
Minnesota	Saint Paul
Mississippi	Jackson
Missouri	Jefferson City
Montana	Helena
Nebraska	Lincoln
Nevada	Carson City
New Hampshire	Concord
New Jersey	Trenton
New Mexico	Santa Fe
New York	Albany
North Carolina	Raleigh
North Dakota	Bismarck
Ohio	Columbus
Oklahoma	Oklahoma City
Oregon	Salem
Pennsylvania	Harrisburg

Bundesstaat Federal state	Hauptstadt Capital city
Rhode Island	Providence
South Carolina	Columbia
South Dakota	Pierre
Tennessee	Nashville
Texas	Austin
Utah	Salt Lake City
Vermont	Montpelier
Virginia	Richmond
Washington	Olympia
West Virginia	Charleston
Wisconsin	Madison
Wyoming	Cheyenne

Kanada
Canada

Provinz Province	Hauptstadt Capital city
Alberta	Edmonton
British Columbia	Victoria
Manitoba	Winnipeg
New Brunswick	Fredericton
Newfoundland	Saint John's
Novia Scotia	Halifax
Ontario	Toronto
Prince Edward Island	Charlottetown
Québec	Québec
Saskatchewan	Regina

Territorium Territory	Hauptstadt Capital city
Northwest Territories	Yellowknife
Nunavut Territory (*since 1st April 1999*)	Iqaluit
Yukon Territory	Whitehorse

Australien
Australia

Staat State	Hauptstadt Capital city
New South Wales	Sydney
Queensland	Brisbane
South Australia	Adelaide
Tasmania	Hobart
Victoria	Melbourne
Western Australia	Perth

Territorium Territory	Hauptstadt Capital city
Australian Capital Territory	Canberra
Northern Territory	Darwin

Neuseeland
New Zealand

North Island
South Island

Weitere Inseln Small outlying islands
Auckland Islands
Kermadec Islands
Campbell Island
the Antipodes
Three Kings Islands
Bounty Island
Snares Island
Solander Island
Stewart Island
Chatham Islands

Schutzgebiete Dependencies
Tokelau Islands
Ross Dependency
Niue Island (free associate)
Cook Islands (free associates)

Notizen

Notizen

Notizen

Notizen

Notizen

Notizen

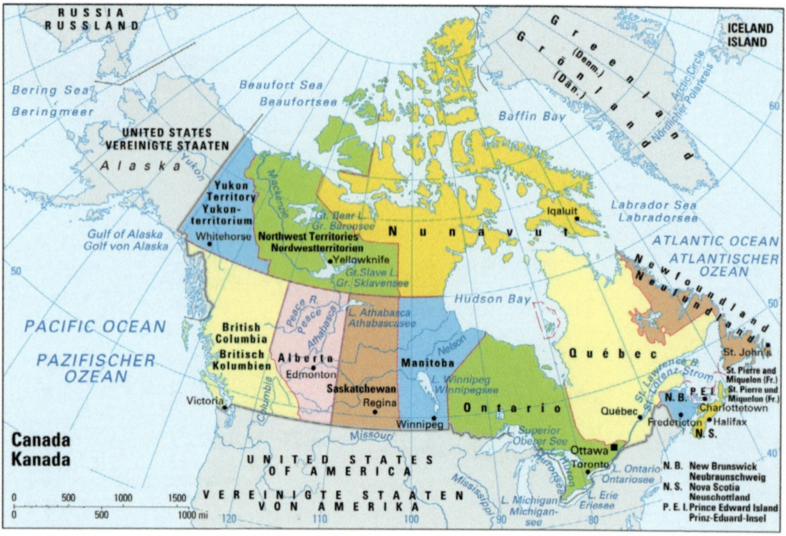

Canada
Kanada
RUSSIA
RUSSLAND
Bering Sea
Beringmeer
Beaufort Sea
Beaufortsee
UNITED STATES
VEREINIGTE STAATEN
Alaska
Yukon
Greenland (Denm.)
Grönland (Dän.)
ICELAND
ISLAND
Arctic Circle
Nördlicher Polarkreis
Baffin Bay
Labrador Sea
Labradorsee
Yukon Territory
Yukon-territorium
Whitehorse
Northwest Territories
Nordwestterritorien
Yellowknife
Mackenzie
Gr. Bear L.
Gr. Bärensee
Gt. Slave L.
Gr. Sklavensee
Nunavut
Iqaluit
ATLANTIC OCEAN
ATLANTISCHER OZEAN
Newfoundland
Neufundland
Gulf of Alaska
Golf von Alaska
Hudson Bay
PACIFIC OCEAN
PAZIFISCHER OZEAN
British Columbia
Britisch Kolumbien
Peace R.
Athabasca
L. Athabasca
Athabascasee
Alberta
Edmonton
Saskatchewan
Regina
Manitoba
Nelson
L. Winnipeg
Winnipegsee
Winnipeg
Ontario
Québec
St. John's
St. Pierre and Miquelon (Fr.)
St. Pierre und Miquelon (Fr.)
St. Lawrence R.
St. Lorenz-Strom
N. B.
P. E. I.
Charlottetown
Fredericton
Halifax
N. S.
Victoria
Columbia
Missouri
Superior
Oberer See
Ottawa
Toronto
L. Ontario
Ontariosee
L. Erie
Eriesee
L. Michigan
Michigansee
Huron
Huronsee
Mississippi
UNITED STATES OF AMERICA
VEREINIGTE STAATEN VON AMERIKA
0 500 1000 1500
0 500 1000 mi
120 110 100 90 80
50 40 60
N. B. New Brunswick
Neubraunschweig
N. S. Nova Scotia
Neuschottland
P. E. I. Prince Edward Island
Prinz-Eduard-Insel

United States of America
Vereinigte Staaten von Amerika
C. Connecticut
D. C. District of Columbia
M. Maryland
Ma. Massachusetts
N. H. New Hampshire
R. I. Rhode Island
S. C. South Carolina
Südkarolina
V. Vermont
W. V. West Virginia
Westvirginia
CANADA
KANADA
Olympia
Washington
Salem
Oregon
Boise
Idaho
Montana
Helena
Missouri
North Dakota
Norddakota
Bismarck
South Dakota
Süddakota
Pierre
Minnesota
St. Paul
Wisconsin
Madison
Michigan
Lansing
L. Superior
Oberer See
Huron
Huronsee
L. Michigan
Michigansee
L. Erie
Eriesee
Ontario
Ontariosee
St. Lawrence R.
St. Lorenz-Strom
Maine
Augusta
Albany
Boston
Hartford
New York
Pennsylvania
Harrisburg
Trenton
New Jersey
Dover
Delaware
Washington D.C.
Richmond
Virginia
Wyoming
Cheyenne
Nevada
Carson City
Sacramento
California
Kalifornien
Salt Lake City
Utah
Colorado
Denver
Rio Grande
Arkansas
Nebraska
Lincoln
Iowa
Des Moines
Illinois
Springfield
Indiana
Indianapolis
Ohio
Columbus
W. V.
Charleston
Kansas
Topeka
Jefferson City
Missouri
Kentucky
Frankfort
Raleigh
North Carolina
Nordkarolina
Nashville
Tennessee
S. C.
Columbia
Arizona
Phoenix
New Mexico
Santa Fe
Oklahoma
Oklahoma City
Arkansas
Little Rock
Mississippi
Alabama
Montgomery
Georgia
Atlanta
Louisiana
Baton Rouge
Texas
Austin
Tallahassee
Florida
PACIFIC OCEAN
PAZIFISCHER OZEAN
ATLANTIC OCEAN
ATLANTISCHER OZEAN
MEXICO
MEXIKO
Gulf of Mexico
Golf von Mexiko
BAHAMAS
Straits of Florida
Floridastraße
Tropic of Cancer
Nördlicher Wendekreis
A. Annapolis
C. Concord
J. Jackson
M. Montpelier
P. Providence
Midway (USA)
Hawaii (USA)
PACIFIC OCEAN
Tropic of Cancer
Nördl. Wendekreis
Honolulu
PAZIFISCHER OZEAN
0 500 1000 km
RUSSIA
RUSSLAND
Alaska (USA)
Yukon
CANADA
KANADA
Bering Sea
Beringmeer
Juneau
0 500 1000 km
0 200 400 600 km
0 200 400 mi
120 110 100 90 80 70
40 30

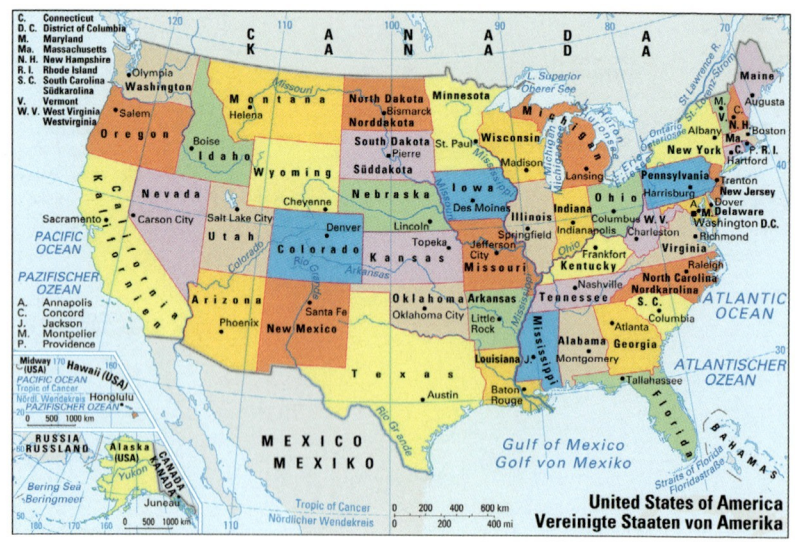

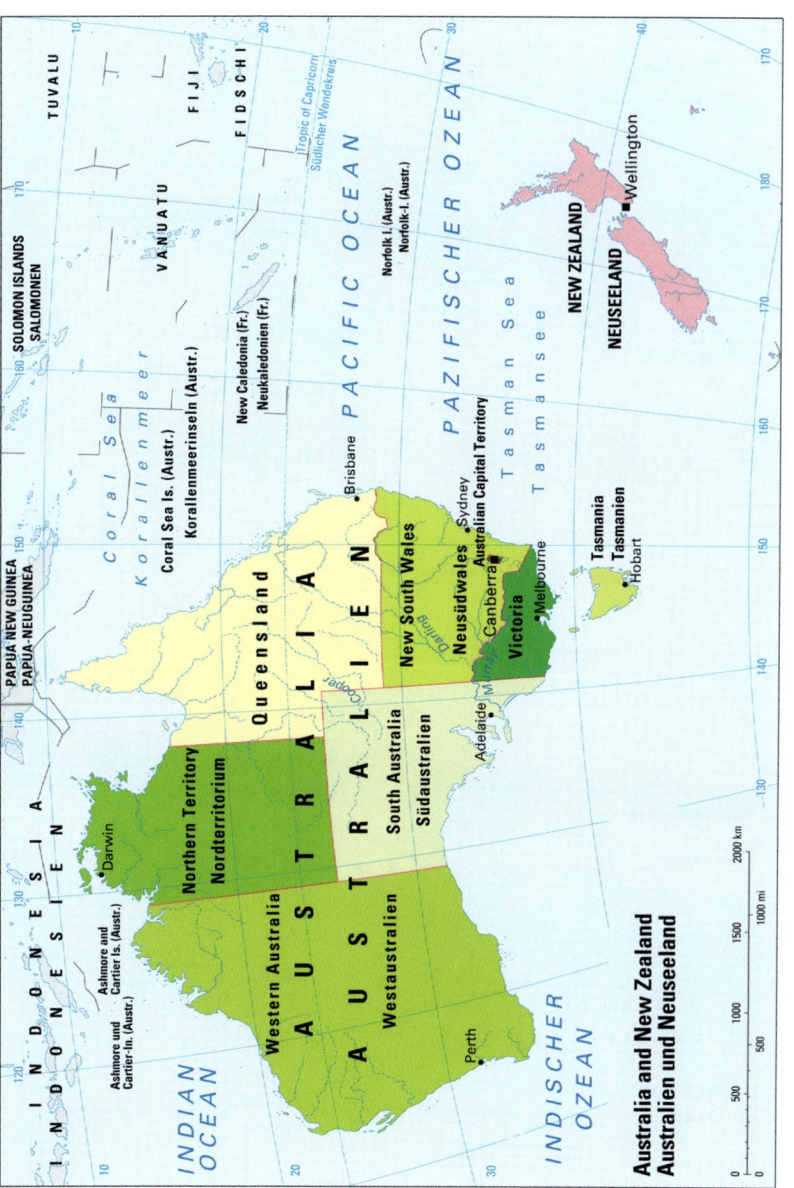

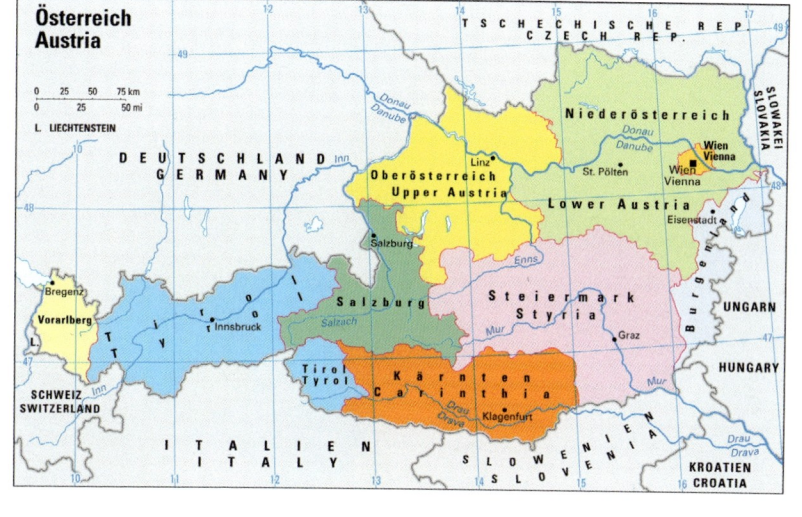

Treatment of the German-English entries

The headwords are arranged in alphabetical order and printed in blue.

Phonetics are given according to the International Phonetic Alphabet.
Syllable divisions are given for all headwords.

Words with the same spelling but different meanings are marked with superscript numbers.

Old German spellings are labelled [ALT].
Reformed spellings are marked [RR].

Feminine forms are given.

A superscript star indicates that the perfect participle is formed without *ge-*.
The vertical line shows where a separable verb can be separated.

A swung dash substitutes headwords in examples and idioms.

The irregular inflection of nouns, verbs and adjectives is given in angle brackets.

Roman numerals structure the entry according to part of speech.
Arabic numerals introduce different meanings within a part of speech category.

Grammatical constructions are marked with a small square.

A small triangle introduces a separate section containing idioms. Guide words are underlined for ease of consultation.

Usage labels, age labels and rhetoric labels provide information on style and register.

Regional labels are used when usage is restricted to a certain region.